Schaub
Arbeitsrechts-Handbuch

Arbeitsrechts-Handbuch

Systematische Darstellung und Nachschlagewerk für die Praxis

Begründet von

Dr. h.c. Günter Schaub †
Vorsitzender Richter am Bundesarbeitsgericht a.D.

Bearbeitet von

Dr. Martina Ahrendt
Richterin am Bundesarbeitsgericht

Prof. Dr. Ulrich Koch
Vorsitzender Richter am Bundesarbeitsgericht
Honorarprofessor an der Universität Göttingen

Dr. Rüdiger Linck
Vizepräsident des Bundesarbeitsgerichts

Dr. Ursula Rinck
Richterin am Bundesarbeitsgericht

Prof. Dr. Jürgen Treber
Vorsitzender Richter am Bundesarbeitsgericht
Honorarprofessor an der Universität Trier

Dr. Hinrich Vogelsang
Richter am Bundesarbeitsgericht

19., neu bearbeitete Auflage 2021

C.H.BECK

Zitiervorschlag:
Schaub ArbR-HdB/Bearbeiter § ... Rn. ...

www.beck.de

ISBN 978 3 406 77000 5

Wilhelmstraße 9, 80801 München
Druck und Bindung: Druckerei C.H. Beck Nördlingen
(Adresse wie Verlag)

Satz: Meta Systems Publishing & Printservices GmbH, Wustermark
Umschlaggestaltung: Ralph Zimmermann – Bureau Parapluie

CO_2 neutral
chbeck.de/nachhaltig

Gedruckt auf säurefreiem, alterungsbeständigem Papier
(hergestellt aus chlorfrei gebleichtem Zellstoff)

Vorwort zur 19. Auflage

Das Erscheinen der 19. Auflage fällt mit dem Ende der Wahlperiode des 19. Deutschen Bundestages zusammen, der auf dem Gebiet des Arbeits- und Sozialrechts zuletzt noch einige signifikante Gesetzesvorhaben umgesetzt hat. Zu diesen gehören das im Juni 2021 verkündete Betriebsrätemodernisierungsgesetz mit seinen in der Neubearbeitung berücksichtigten Änderungen im Bereich des BetrVG, SprAuG und KSchG sowie im SGB VII. Vorangegangen waren noch umfangreiche Änderungen bei der Ausgestaltung des Pfändungsschutzkontos und des AEntG durch das Pflegelöhneverbesserungsgesetz sowie das Gesetz zur Umsetzung der Richtlinie (EU) 2018/957 über die Entsendung von Arbeitnehmern im Rahmen der Erbringung von Dienstleistungen.

Im Hinblick auf die Vielzahl der zwischenzeitlich ergangenen Gerichtsentscheidungen wurden weite Teile des Handbuchs gründlich überarbeitet. Dies betrifft neben dem AGB-Recht (§ 35) und den Diskriminierungsverboten nach dem AGG (§ 36) das Entgelttransparenzgesetz (§ 37), das Eingruppierungsrecht (§§ 64 f.), den Annahmeverzug bei Freistellung (§ 95), das Urlaubsrecht (§ 104), das Kündigungsrecht (§§ 123 ff.), insbesondere den Massenentlassungsschutz (§ 142), das Arbeitsschutzrecht (§§ 154–156) und die Mitbestimmung des Betriebsrats in sozialen Angelegenheiten (§ 235) sowie – aufgrund der Rechtsprechung des EuGH – die Insolvenzsicherung (§ 278). Die branchenbezogene Übersicht über die Rechtsprechung im Betriebsübergangsrecht (§ 117 Rn. 26a) wurde fortgeschrieben.

Naturgemäß nehmen in dieser Auflage die Ausführungen zu pandemiebedingten Problemstellungen breiten Raum ein. In diesem Zusammenhang ist besonders hinzuweisen auf die Erläuterungen zur Arbeitsverhinderung des Arbeitnehmers aus persönlichen Gründen (§ 97 Rn. 24 ff.), zum Betriebsrisiko (§ 101 Rn. 5 ff.), dem Beweiswert von Arbeitsunfähigkeitsbescheinigungen aufgrund einer Onlinesprechstunde (§ 98 Rn. 112a, 117), den Auswirkungen der pandemiebedingten Arbeitsschutzregeln (§§ 154 ff.), insbesondere zum Homeoffice (§ 164) sowie der sozialen Mitbestimmung (§ 235 Rn. 32, 70).

Das Individualarbeitsrecht und das Betriebsverfassungsrecht stehen nach wie vor im Vordergrund der Darstellung. Breiten Raum haben aber auch das Arbeitskampf- und das Tarifvertragsrecht sowie die betriebliche Altersversorgung erhalten. Rechtsprechung und Schrifttum sind auf dem Stand vom 30. Juni 2021. Zur besseren Auffindbarkeit der Bearbeitungsabschnitte ist dem Werk eine Schnellübersicht vorangestellt. Aufgrund des herstellungsbedingten beschränkten Umfangs des Werks musste die Darstellung des Personalvertretungsrechts entfallen.

Neu hinzugetreten in den Autorenkreis ist Frau Richterin am Bundesarbeitsgericht Dr. Ursula Rinck. Die Bearbeitung orientiert sich in erster Linie an der für die Praxis maßgeblichen Rechtsprechung des Bundesarbeitsgerichts. Unionsrechtliche Normen und die unverändert das nationale Recht stark beeinflussende Rechtsprechung des Gerichtshofs der Europäischen Union und des Europäischen Gerichtshofs für Menschenrechte sind ebenso berücksichtigt.

Die Autoren danken den Mitarbeitern des Verlags C.H. Beck für ihre Unterstützung bei der Erstellung dieser Auflage. Unser ganz besonderer Dank gilt Frau Claudia Schöberl für ihre wertvollen Anregungen und Hilfestellungen bei der Manuskripterstellung. Sie hat diese – wie in der Vergangenheit – stets zuverlässig und mit großem Engagement begleitet sowie die Schlussbearbeitung geduldig und mit der gebotenen Umsicht einem erfolgreichen Abschluss zugeführt.

Konstruktive Anregungen, Hinweise und Verbesserungsvorschläge aus dem Leserkreis sind uns stets willkommen.

Erfurt, im Juli 2021

Martina Ahrendt, Ulrich Koch, Rüdiger Linck
Ursula Rinck, Jürgen Treber, Hinrich Vogelsang

Schnellübersicht

Angegeben sind die Kapitel (§§)

Inhaltsübersicht

Inhaltsverzeichnis

II. Buch. Arbeitsförderungsrecht

VI. Buch. Haftung im Arbeitsverhältnis

VII. Buch. Entgeltzahlungspflicht

1. Abschnitt. Arbeitswissenschaftliche Grundlagen der Arbeitsvergütung

2. Abschnitt. Eingruppierung

3. Abschnitt. Arbeitsvergütung

4. Abschnitt. Sonderformen der Vergütung

VIII. Buch. Pfändung von Arbeitseinkommen und Insolvenz

1. Abschnitt. Pfändung von Arbeitseinkommen

2. Abschnitt. Das Arbeitsverhältnis in der Insolvenz

IX. Buch. Arbeitsvergütung ohne Arbeitsleistung

1. Abschnitt. Annahmeverzug und Unmöglichkeit

3. Abschnitt. Betriebliche Übung, Gesamtzusage und Gleichbehandlungsgrundsatz

XI. Buch. Das Recht am Arbeitsergebnis und an den Arbeitsgerätschaften

XII. Buch. Umwandlung und Betriebsübergang

XIII. Buch. Arbeitnehmerüberlassung

XIV. Buch. Die Beendigung des Arbeitsverhältnisses

1. Abschnitt. Überblick

2. Abschnitt. Einvernehmliche Beendigung des Arbeitsverhältnisses

3. Abschnitt. Kündigungserklärung und vorherige Unterrichtung der Arbeitnehmervertretung

4. Abschnitt. Weiterbeschäftigungsanspruch und Kündigungsfristen

5. Abschnitt. Die außerordentliche Kündigung

6. Abschnitt. Kündigungsschutz außerhalb des Kündigungsschutzgesetzes

7. Abschnitt. Der allgemeine gesetzliche Kündigungsschutz

XV. Buch. Zeugnis und Arbeitspapiere

XVI. Buch. Arbeitsschutz und Beschäftigtendatenschutz

XVII. Buch. Schutz besonderer Personengruppen

1. Abschnitt. Schwangerschaft

2. Abschnitt. Elternzeit

3. Abschnitt. Berufsbildung

7. Abschnitt. Gestaltung von Arbeitsplatz, Arbeitsablauf und Arbeitsumgebung

8. Abschnitt. Beteiligung des Betriebsrats in personellen Angelegenheiten

9. Abschnitt. Beteiligung des Betriebsrats in wirtschaftlichen Angelegenheiten

4. Abschnitt. Beteiligung des Betriebsrats

5. Abschnitt. Betriebsverfassungsrechtliche Grundrechte

6. Abschnitt. Mitbestimmung in sozialen Angelegenheiten

XVIII. Buch. Das Recht der Koalitionen

XIX. Buch. Arbeitskampf- und Schlichtungsrecht

XXI. Buch. Betriebsverfassung

1. Abschnitt. Allgemeines

2. Abschnitt. Betriebsratswahlen

3. Abschnitt. Betriebsverfassungsorgane

Abkürzungsverzeichnis

aA	anderer Ansicht
AA	Agentur für Arbeit (früher Arbeitsamt)
AAG	Gesetz über den Ausgleich der Arbeitgeberaufwendungen für Entgeltfortzahlung (Aufwendungsausgleichsgesetz)
ABA	Arbeitsgemeinschaft für betriebliche Altersversorgung
Abfallbeseitigungs G	Gesetz über die Beseitigung von Abfällen
abgedr.	abgedruckt
AbgG	Gesetz über die Rechtsverhältnisse der Mitglieder des Deutschen Bundestages (Abgeordnetengesetz)
abl.	ablehnend(er)
ABl.	Amtsblatt
ABl. EG	Amtsblatt der Europäischen Gemeinschaften
ABlMR	Amtsblatt der Militärregierung
Abs.	Absatz
Abschn.	Abschnitt
Abt.	Abteilung
abw.	abweichend
AcP	Archiv für civilistische Praxis
ADR	Alternative Dispute Resolution
AE	Arbeitsrechtliche Entscheidungen, Zeitschrift
ÄAppO	Approbationsordnung für Ärzte
ÄArbVtrG	Gesetz über befristete Arbeitsverträge mit Ärzten in der Weiterbildung
Änd.	Änderung
ÄndG	Gesetz zur Änderung
AEntG	Gesetz über zwingende Arbeitsbedingungen für grenzüberschreitend entsandte und für regelmäßig im Inland beschäftigte Arbeitnehmer und Arbeitnehmerinnen (Arbeitnehmer-Entsendegesetz)
AErlV	Arbeitserlaubnisverordnung
AETR	Europäisches Übereinkommen über die Arbeit des im internationalen Straßenverkehr beschäftigten Fahrpersonals
AEUV	Vertrag über die Arbeitsweise der Europäischen Union
aF	alte Fassung
AFG	Arbeitsförderungsgesetz (aK, siehe jetzt SGB III)
AfP	Archiv für Presserecht
AfS	Archiv für Sozialgeschichte
AG	Arbeitgeber, Aktiengesellschaft
AG	Die Aktiengesellschaft, Zeitschrift
AGB	Allgemeine Geschäftsbedingungen
AGB-DDR	Arbeitsgesetzbuch der ehemaligen DDR
AGG	Allgemeines Gleichbehandlungsgesetz
AiB	Arbeitsrecht im Betrieb, Zeitschrift
AiP	Arzt im Praktikum
aK	außer Kraft
AKB	Allgemeine Bedingungen für die Kraftfahrtversicherung
AktG	Aktiengesetz
ALB	Allgemeine Bedingungen für die kapitalbildende Lebensversicherung
ALG	Gesetz über die Alterssicherung der Landwirte
Alg.	Arbeitslosengeld
Alg II-V	Verordnung zur Berechnung von Einkommen sowie zur Nichtberücksichtigung von Einkommen und Vermögen beim Arbeitslosengeld II/Sozialgeld (Arbeitslosengeld II/Sozialgeld-Verordnung)
allg.	allgemein
allgA	allgemeine Ansicht
AltPflG	Gesetz über die Berufe in der Altenpflege (Altenpflegegesetz)

AltvDV	Verordnung zur Durchführung der steuerlichen Vorschriften des Einkommensteuergesetzes zur Altersvorsorge und zum Rentenbezugsmitteilungsverfahren sowie zum weiteren Datenaustausch mit der zentralen Stelle (Altersvorsorge-Durchführungsverordnung)
AMG	Gesetz über den Verkehr mit Arzneimitteln (Arzneimittelgesetz)
Amtl. Begr.	Amtliche Begründung
Amtl. Mitt.	Amtliche Mitteilungen
AN	Arbeitnehmer, Arbeitnehmerin
ANBA	Amtliche Nachrichten der Bundesagentur für Arbeit
AnfG	Gesetz betreffend die Anfechtung von Rechtshandlungen eines Schuldners außerhalb des Konkursverfahrens (Anfechtungsgesetz)
AngKSchG	Gesetz über die Fristen für die Kündigung von Angestellten
Anh.	Anhang
Anl.	Anlage
Anm.	Anmerkung
ANS	Amt für nationale Sicherheit der DDR
AnVG	Angestelltenversicherungsgesetz
AnVNG	Gesetz zur Neuregelung des Rechts der Rentenversicherung der Angestellten
AnwBl.	Anwaltsblatt
AO	Abgabenordnung, alternativ: Anordnung
ao.	außerordentlich
AöR	Archiv für öffentliches Recht
AOG	Gesetz zur Ordnung der nationalen Arbeit (Arbeitsordnungsgesetz)
AOGÖ	Gesetz zur Ordnung der Arbeit in öffentlichen Verwaltungen und Betrieben
AOK	Allgemeine Ortskrankenkasse
AP	*Bauer/Dörner/Linck/Oetker* (Hrsg.), Arbeitsrechtliche Praxis, Nachschlagewerk des Bundesarbeitsgerichts (Sammlung der Entscheidungen des Bundesarbeitsgerichts, der Landesarbeitsgerichte und Arbeitsgerichte), Loseblatt
APFG	Gesetz zur Förderung des Angebots an Ausbildungsplätzen in der Berufsausbildung
AR	Aktueller Rentenwert
ARB	Allgemeine Bedingungen für die Rechtsschutzversicherung
ArbGegw.	Arbeitsrecht der Gegenwart, Jahrbuch
Arbeitgeber	Der Arbeitgeber, Zeitschrift
ArbG	Arbeitsgericht
ArbGG	Arbeitsgerichtsgesetz
ArbKrankhG	Gesetz zur Verbesserung der wirtschaftlichen Sicherung der Arbeiter im Krankheitsfall
AR-Blattei	Arbeitsrecht-Blattei, Loseblattausgabe
ArbMedVV	Verordnung zur arbeitsmedizinischen Vorsorge
ArbNErfG	Gesetz über Arbeitnehmererfindungen
ArbnKG	Gesetz über die Arbeitnehmerkammern im Lande Bremen vom 3.7.1956 (GBl. 79)
ArbPlSchG	Gesetz über den Schutz des Arbeitsplatzes bei Einberufung zum Wehrdienst (Arbeitsplatzschutzgesetz)
ArbRAktuell	Arbeitsrecht Aktuell, Zeitschrift
ArbRB	Arbeits-Rechts-Berater, Zeitschrift
ArbSchG	Arbeitsschutzgesetz
ArbSG	Gesetz zur Sicherstellung von Arbeitsleistungen für Zwecke der Verteidigung einschließlich des Schutzes der Zivilbevölkerung (Arbeitssicherstellungsgesetz)
ArbStättR	Arbeitsstättenrichtlinien
ArbStättV	Verordnung über Arbeitsstätten (Arbeitsstättenverordnung)
ArbStoffV	Verordnung über gefährliche Arbeitsstoffe
ArbuR	Arbeit und Recht, Zeitschrift
ArbuSozPol.	Arbeit und Sozialpolitik, Zeitschrift
ArbuSozR	Arbeits- und Sozialrecht, Mitteilungsblatt des Arbeitsministeriums Baden-Württemberg

ArbZG .... Arbeitszeitgesetz
ArbZRG .... Gesetz zur Vereinheitlichung und Flexibilisierung des Arbeitszeitrechtes (Arbeitszeitrechtsgesetz)
ArchBürgR .... Archiv für Bürgerliches Recht, Zeitschrift
arg. .... argumentum
ARGE .... Arbeitsgemeinschaft
ArGV .... Verordnung über die Arbeitsgenehmigung für ausländische Arbeitnehmer (Arbeitsgenehmigungsverordnung)
ARRG .... Arbeitsrechtsregelungsgesetz
ARS .... Arbeitsrechtssammlung mit Entscheidungen des Reichsarbeitsgerichts, der Landesarbeitsgerichte und Arbeitsgerichte
ARSt. .... Arbeitsrecht in Stichworten, Arbeitsrechtliche Entscheidungssammlung
Art. .... Artikel
ArVNG .... Gesetz zur Neuregelung des Rechts der Rentenversicherung der Arbeiter
ArztR .... Arztrecht, Zeitschrift
ASiG .... Gesetz über Betriebsärzte, Sicherheitsingenieure und andere Fachkräfte für Arbeitssicherheit
ASJ .... Arbeitsgemeinschaft Sozialdemokratischer Juristen
ASKG .... Gesetz zur Verbesserung des Vollzugs im Arbeitsschutz (Arbeitsschutzkontrollgesetz)
ASP .... Arbeit und Sozialpolitik, Zeitschrift
ASR .... Technische Regeln für Arbeitsstätten
ASTA .... Ausschuss für Arbeitsstätten
AsylbLG .... Asylbewerberleistungsgesetz
AsylVfG .... Asylverfahrensgesetz
ATG .... Altersteilzeitgesetz
ATO .... Allgemeine Tarifordnung für Arbeitnehmer im öffentlichen Dienst
AtSMV .... Atomrechtliche Sicherheitsbeauftragten- und Meldeverordnung
ATV .... Tarifvertrag über die betriebliche Altersversorgung der Beschäftigten des öffentlichen Dienstes (Tarifvertrag Altersversorgung – ATV) vom 1.3.2002
AuA .... Arbeit und Arbeitsrecht, Zeitschrift
AuAS .... Schnelldienst AuAS – Ausländer- und Asylrecht
AuB .... Arbeit und Beruf, Zeitschrift
AÜG .... Gesetz zur Regelung der gewerbsmäßigen Arbeitnehmerüberlassung (Arbeitnehmerüberlassungsgesetz)
AÜKostV .... Verordnung über die Kosten der Erlaubnis zur gewerbsmäßigen Arbeitnehmerüberlassung (Arbeitnehmerüberlassungs-Kostenverordnung)
AufenthG .... Gesetz über den Aufenthalt, die Erwerbstätigkeit und die Integration von Ausländern im Bundesgebiet
Auff. .... Auffassung(en)
Aufl. .... Auflage
AufzugsVO .... Verordnung über Aufzugsanlagen
AuR .... Arbeit und Recht, Zeitschrift für arbeitsrechtliche Praxis
AusbPlFG .... Gesetz zur Förderung des Angebots an Ausbildungsplätzen in der Berufsausbildung (Ausbildungsplatzförderungsgesetz)
ausf. .... ausführlich
Ausf. .... Ausführung(en
AusfVO .... Ausführungsverordnung
Ausl. .... Ausländer
AuslandsrentenVO .... Verordnung über die Zahlung von Renten ins Ausland
AuslG .... Ausländergesetz
AuslInvestmG .... Gesetz über den Vertrieb ausländischer Investmentanteile und über die Besteuerung der Erträge aus ausländischen Investmentanteilen (Auslandinvestmentgesetz)
AVB .... Allgemeine Versicherungsbedingungen
AVE .... Allgemeinverbindlicherklärung
AVG .... Angestelltenversicherungsgesetz
AVmG .... Altersvermögensgesetz
AVO .... Ausführungsverordnung

Abkürzungsverzeichnis

AVR	Arbeitsvertragsrichtlinien
AVV	Allgemeine Verwaltungsvorschrift
AWbG	Arbeitnehmerweiterbildungsgesetz
AWD	Außenwirtschaftsdienst des Betriebsberaters, Zeitschrift
AZ	Arbeitszeit
AZO	Arbeitszeitordnung
AZR	Arzt Zahnarzt Recht (Zeitschrift)
BA	Bundesagentur für Arbeit
BABl.	Bundesarbeitsblatt
BÄO	Bundesärzteordnung
BaFin	Bundesanstalt für Finanzdienstleistungsaufsicht
BAFlugsÜbernG	Gesetz zur Übernahme der Beamten und Arbeitnehmer der Bundesanstalt für Flugsicherung
BAföG	Bundesausbildungsförderungsgesetz
BAG	Bundesarbeitsgericht
BAGE	Entscheidungen des Bundesarbeitsgerichtes, Amtliche Sammlung
BAnz.	Bundesanzeiger
BArbBl.	Bundesarbeitsblatt
BarwertVO	Verordnung zur Ermittlung des Barwerts einer auszugleichenden Versorgung
BAT	Bundesangestelltentarifvertrag
BAuA	Bundesanstalt für Arbeitsschutz und Arbeitsmedizin
BAV	Betriebliche Altersversorgung
BAV	Bundesaufsichtsamt für das Versicherungswesen
BAVAZ	Bedarfsabhängige variable Arbeitszeit
Bay	Bayern
Bay BS	Bereinigte Sammlung des Bayerischen Landesrechts
BayObLG	Bayerisches Oberstes Landesgericht (bis 30.6.2006)
BayVBl.	Bayerisches Verwaltungsblatt
BayVGH	Bayerischer Verwaltungsgerichtshof
BB	Betriebs-Berater, Zeitschrift
BB	Brandenburg [beim LPersVG]
BBergG	Bundesberggesetz
BBesG	Bundesbesoldungsgesetz
Bbg	Brandenburg
BBG	Bundesbeamtengesetz
BBiG	Berufsbildungsgesetz
Bd.	Band
BDA	Bundesvereinigung der Deutschen Arbeitgeberverbände
BdF	Bundesminister der Finanzen
BDG	Bundesdisziplinargesetz
BDI	Bundesverband der Deutschen Industrie
BDO	Bundesdisziplinarordnung
BDSG	Bundesdatenschutzgesetz
BDSG-E	Entwurf eines Gesetzes zur Regelung des Beschäftigtendatenschutzes vom 25.8.2010
BE	Berlin [beim LPersVG]
BeamtStG	Gesetz zur Regelung des Statusrechts der Beamtinnen und Beamten in den Ländern (Beamtenstatusgesetz)
BeamtVG	Gesetz über die Versorgung der Beamten in Bund und Ländern (Beamtenversorgungsgesetz)
beE	betriebsorganisatorisch eigenständige Einheit
BEEG	Gesetz zum Elterngeld und zur Elternzeit (Bundeselterngeld- und Elternzeitgesetz)
BEG	Bundesentschädigungsgesetz
Begr.	Begründung
Beil.	Beilage
Bek.	Bekanntmachung
BEM	Betriebliches Eingliederungsmanagement

ber. .... bereinigt
BerBiFG .... Gesetz zur Förderung der Berufsbildung durch Planung und Forschung (Berufsbildungsförderungsgesetz)
BergPDV .... Verordnung zur Durchführung des Gesetzes über Bergmannsprämien
BergPG .... Gesetz über Bergmannsprämien
BergWohn-FördG .... Gesetz zur Förderung des Bergarbeiterwohnungsbaues im Kohlenbergbau
Berl. .... Berlin
BErzGG .... Gesetz zum Erziehungsgeld und zur Elternzeit (Bundeserziehungsgeldgesetz; aK, siehe jetzt: BEEG)
BeschFG 1985 ... Gesetz über arbeitsrechtliche Vorschriften zur Beschäftigungsförderung (Beschäftigungsförderungsgesetz; aK)
BeschSchG .... Gesetz zum Schutz der Beschäftigten vor sexueller Belästigung am Arbeitsplatz (Beschäftigtenschutzgesetz; aK, siehe jetzt: AGG)
BeschV .... Verordnung über die Zulassung von neueinreisenden Ausländern zur Ausübung einer Beschäftigung (Beschäftigungsverordnung)
BeschVerfV .... Verordnung über das Verfahren und die Zulassung von im Inland lebenden Ausländern zur Ausübung einer Beschäftigung (Beschäftigungsverfahrensverordnung)
betr. .... betreffend
BetrAV .... Betriebliche Altersversorgung, Zeitschrift
BetrAVG .... Gesetz zur Verbesserung der betrieblichen Altersversorgung (Betriebsrentengesetz)
BetrRStärkG ..... Gesetz zur Stärkung der betrieblichen Altersversorgung und zur Änderung anderer Gesetze (Betriebsrentenstärkungsgesetz)
BetrSichV .... Verordnung über Sicherheit und Gesundheitsschutz bei der Verwendung von Arbeitsmitteln (Betriebssicherheitsverordnung)
BetrVG .... Betriebsverfassungsgesetz
BetrVG-ReformG .... Gesetz zur Reform des BetrVG vom 28.7.2001
BeurkG .... Beurkundungsgesetz
BEV .... Bundeseisenbahnvermögen
BfA .... Bundesversicherungsanstalt für Angestellte
BfAIPG .... Gesetz über das Personal der Bundesagentur für Außenwirtschaft (BfAI-Personalgesetz)
BFDG .... Gesetz über den Bundesfreiwilligendienst (Bundesfreiwilligendienstgesetz)
BfG .... Bank für Gemeinwirtschaft
BFH .... Bundesfinanzhof
BFHE .... Sammlung d. Entscheidungen des Bundesfinanzhofs
BFH/NV .... Sammlung amtlich nicht veröffentlichter Entscheidungen des Bundesfinanzhofs, Zeitschrift
BFQG .... Bildungsfreistellungs- und Qualifizierungsgesetz für das Land Schleswig-Holstein
BG .... Berufsgenossenschaft, Zeitschrift
BGAG .... Beteiligungsgesellschaft für Gewerkschaften
BGB .... Bürgerliches Gesetzbuch
BGBl. .... Bundesgesetzblatt
BGG .... Gesetz zur Gleichstellung behinderter Menschen (Behindertengleichstellungsgesetz)
BGH .... Bundesgerichtshof
BGH GS .... Bundesgerichtshof Großer Senat
BGHSt .... Entscheidungen des Bundesgerichtshofs in Strafsachen
BGHZ .... Entscheidungen des Bundesgerichtshofs in Zivilsachen
BGleiG .... Gesetz zur Gleichstellung von Frauen und Männern in der Bundesverwaltung und in den Gerichten des Bundes (Bundesgleichstellungsgesetz)
BGleiSV .... Verordnung über die Schlichtungsstelle nach § 16 des Behindertengleichstellungsgesetzes und ihr Verfahren (Behindertengleichstellungsschlichtungsverordnung)
BGremBG .... Gesetz über die Berufung und Entsendung von Frauen und Männern in Gremien im Einflussbereich des Bundes (Bundesgremienbesetzungsgesetz)

BGV	Berufsgenossenschaftliche Vorschriften
BHO	Bundeshaushaltsordnung
BI	Bundesinstitut
BildscharbV	Verordnung über Sicherheit und Gesundheitsschutz bei der Arbeit an Bildschirmgeräten (Bildschirmarbeitsverordnung) (aK)
BImSchG	Gesetz zum Schutz vor schädlichen Umwelteinwirkungen durch Luftverunreinigungen, Geräusche, Erschütterungen und ähnliche Vorgänge (Bundesimmissionsschutzgesetz)
BinSchAufgG	Binnenschifffahrtsaufgabengesetz
BinSchUO	Verordnung über die Schiffssicherheit in der Binnenschifffahrt (Binnenschiffsuntersuchungsordnung)
BITV 2.0	Verordnung zur Schaffung barrierefreier Informationstechnik nach dem Behindertengleichstellungsgesetz
BKGG	Bundeskindergeldgesetz
BKVO	Berufskrankheitenverordnung
BLBV	Verordnung des Bundes über leistungsbezogene Besoldungsinstrumente (Bundesleistungsbesoldungsverordnung)
BLJ	Bucerius Law Journal
Bln	Berlin
BlStSozArbR	Blätter für Steuerrecht, Sozialversicherung und Arbeitsrecht, Zeitschrift
BLV	Verordnung über die Laufbahnen der Bundesbeamtinnen und Bundesbeamten (Bundeslaufbahnverordnung)
BM	Bundesministerium
BMAS	Bundesministerium für Arbeit und Soziales
BMBF	Bundesministerium für Bildung und Forschung
BMELV	Bundesministerium für Ernährung, Landwirtschaft und Verbraucherschutz
BMF	Bundesministerium der Finanzen
BMFSFJ	Bundesministerium für Familie, Senioren, Frauen und Jugend
BMG	Bundesmeldegesetz
BMI	Bundesministerium des Inneren
BMJV	Bundesministerium der Justiz und für Verbraucherschutz
BMT-G	Bundesmanteltarifvertrag für Arbeiter gemeindlicher Verwaltung und Betriebe
BMT-G-O	Tarifvertrag zur Anpassung des Tarifrechts Manteltarifliche Vorschriften für Arbeiter gemeindlicher Verwaltungen und Betriebe
BMTV	Bundesmanteltarifvertrag
BMTV-Arb.	Bundesmanteltarifvertrag Arbeiter
BMVg	Bundesministerium der Verteidigung
BMWi	Bundesministerium für Wirtschaft und Energie
BND	Bundesnachrichtendienst
BNV	Verordnung über die Nebentätigkeit der Bundesbeamten, Berufssoldaten und Soldaten auf Zeit (Bundesnebentätigkeitsverordnung)
BörsG	Börsengesetz
BORA	Berufsordnung [für Rechtsanwälte]
b + p	Betrieb und Personal, Zeitschrift
BPatG	Bundespatentgericht
BPersVG	Bundespersonalvertretungsgesetz
BQFG	Gesetz über die Feststellung der Gleichwertigkeit von Berufsqualifikationen (Berufsqualifikationsfeststellungsgesetz)
br	Behindertenrecht, Fachzeitschrift für Fragen der Rehabilitation
BR	Betriebsrat
BRAO	Bundesrechtsanwaltsordnung
BRAGO	Bundesrechtsanwaltsgebührenordnung (jetzt RVG)
BRAK	Bundesrechtsanwaltskammer
BR-Drs.	Bundesrats-Drucksache
BRD	Bundesrepublik Deutschland
BReg.	Bundesregierung
Breithaupt	Sammlung von Entscheidungen aus dem Gebiet der Sozialversicherung, Versorgung und Arbeitslosenversicherung
Brem	Bremen

BRG .... Betriebsrätegesetz von 1920
BRKG .... Gesetz über die Reisekostenvergütung für die Bundesbeamten, Richter im Bundesdienst und Soldaten (Bundesreisekostengesetz)
BRModG .... Gesetzes zur Förderung der Betriebsratswahlen und der Betriebsratsarbeit in einer digitalen Arbeitswelt (Betriebsrätemodernisierungsgesetz)
BRRG .... Beamtenrechtsrahmengesetz
BRT .... Bundesrahmentarif
BRTV .... Bundesrahmentarifvertrag
BRTV-Bau .... Bundesrahmentarifvertrag für das Baugewerbe
BrZ .... Britische Zone
BSchiffG .... Gesetz betreffend die privatrechtlichen Verhältnisse der Binnenschifffahrt (Binnenschifffahrtsgesetz)
BSG .... Bundessozialgericht
BSGE .... Entscheidungen des Bundessozialgerichts
BSHG .... Bundessozialhilfegesetz (aK, siehe jetzt: SGB XII)
BStBl. .... Bundessteuerblatt
BT .... Deutscher Bundestag
BT-Drs. .... Bundestagsdrucksache
BtPrax .... Betreuungsrechtliche Praxis, Newsletter
BT-Sten. Ber. .... Stenografische Berichte des Deutschen Bundestags
Bühnengen. ...... Bühnengenossenschaft, Zeitschrift
BUKG .... Bundesumzugskostengesetz
Bul. .... Bulletin
BUrlG .... Bundesurlaubsgesetz
BuW .... Betrieb und Wirtschaft, Zeitschrift für Rechnungswesen, Steuern, Wirtschafts-, Arbeits- und Sozialrecht im Betrieb
[II.] BV .... Verordnung über wohnungswirtschaftliche Berechnungen (Zweite Berechnungsverordnung)
BVerfG .... Bundesverfassungsgericht
BVerfGE .... Entscheidungen des Bundesverfassungsgerichts (amtliche Sammlung)
BVerwG .... Bundesverwaltungsgericht
BVerwGE .... Entscheidungen des Bundesverwaltungsgerichts (amtliche Sammlung)
BVG .... Gesetz über die Versorgung der Opfer des Krieges (Bundesversorgungsgesetz)
BVS .... Bergmannsversorgungsschein
BVSG .... Gesetz über einen Bergmannsversorgungsschein
BW .... Baden-Württemberg
BwKoopG .... Kooperationsgesetz der Bundeswehr
BWpVerwPG .... Gesetz über das Personal der Bundeswertpapierverwaltung (Bundeswertpapierverwaltungspersonalgesetz)
BWV .... Bundeswehrverwaltung, Zeitschrift
BY .... Bayern [beim LPersVG]
BZA .... Bundesverband Zeitarbeit
BZR(G) .... Bundeszentralregister(gesetz)
bzw. .... beziehungsweise

CCZ .... Corporate Compliance Zeitschrift
CEEP .... Centre Européen des Entreprises à participation publique et des entreprises d'intérêt économique général (Europäischer Zentralverband der öffentlichen Wirtschaft)
CGB .... Christlicher Gewerkschaftsbund Deutschland
CGD .... Gesamtverband der Christlichen Gewerkschaften Deutschlands
CGZP .... Tarifgemeinschaft Christlicher Gewerkschaften für Zeitarbeit und Personal-Service-Agenturen
ChemG .... Gesetz zum Schutz vor gefährlichen Stoffen (Chemikaliengesetz)
c. i. c. .... culpa in contrahendo (Verschulden bei Vertragsschluss)
CIPR .... CIPReport – Der Newsletter des Zentrums für Gewerblichen Rechtsschutz
Co-Pers. .... Computer und Personal, Zeitschrift

Abkürzungsverzeichnis

Corona-ArbSchV .... SARS-CoV-2-Arbeitsschutzverordnung (gültig bis 10.9.2021)
CoronaImpfV .... Verordnung zum Anspruch auf Schutzimpfung gegen das Coronavirus SARS-CoV-2 (Coronavirus-Impfverordnung) (aK)
COVID-19-ArbZV .... Verordnung zu Abweichungen vom Arbeitszeitgesetz infolge der COVID-19-Epidemie (aK)
COVInsAG .... Gesetz zur vorübergehenden Aussetzung der Insolvenzantragspflicht und zur Begrenzung der Organhaftung bei einer durch die COVID-19-Pandemie bedingten Insolvenz (COVID-19-Insolvenzaussetzungsgesetz)
COVuR .... COVID-19 und Recht, Zeitschrift
CR .... Computer und Recht, Zeitschrift
CTA .... Contractual Trust Arrangement

DA .... Dienstanweisung, Durchführungsanordnung
DAG .... Deutsche Angestellten-Gewerkschaft
DampfkesselVO . Verordnung über Dampfkesselanlagen
DAngVers. .... Die Angestellten-Versicherung
DAR .... Deutsches Autorecht, Zeitschrift
DAWAG .... Deutsche Angestellten WohnungsbauAG
DB .... Der Betrieb, Zeitschrift
DBGrG .... Deutsche Bahn AG Gründungsgesetz
dbr .... der betriebsrat, Zeitschrift
DDR .... Deutsche Demokratische Republik
ders. .... derselbe
DEÜV .... Verordnung über die Erfassung und Übermittlung von Daten für die Träger der Sozialversicherung (Datenerfassungs- und -übermittlungsverordnung)
DEVO .... Verordnung über die Erfassung von Daten für die Träger der Sozialversicherung und für die Bundesanstalt für Arbeit (Datenerfassungs-Verordnung)
DGB .... Deutscher Gewerkschaftsbund
dgl. .... dergleichen, desgleichen
DGUV .... Deutsche Gesetzliche Unfallversicherung
DGVZ .... Deutsche Gerichtsvollzieher Zeitung
dh .... das heißt
dies. .... dieselbe(n)
diff. .... differenziert, differenzierend
DIHK .... Deutsche Industrie- und Handelskammer
Diss. .... Dissertation
DJ .... Deutsche Justiz
djbZ .... Zeitschrift des Deutschen Juristinnenbundes
DJT .... Deutscher Juristentag
DJV .... Deutscher Journalisten-Verband
DOK .... Die Ortskrankenkasse, Zeitschrift
DÖD .... Der Öffentliche Dienst, Zeitschrift
DÖV .... Die Öffentliche Verwaltung, Zeitschrift
DPAGBefugAnO .... Anordnung zur Übertragung dienstrechtlicher Befugnisse im Bereich der Deutschen Post AG
DPG .... Deutsche Postgewerkschaft
DPMA .... Deutsches Patent- und Markenamt
DRdA .... Das Recht der Arbeit, Zeitschrift in Österreich
DRiG .... Deutsches Richtergesetz
DrittelbG .... Gesetz über die Drittelbeteiligung der Arbeitnehmer im Aufsichtsrat
DRiZ .... Deutsche Richterzeitung
DruckgasVO ...... Druckgasverordnung
DruckluftVO ..... Verordnung über Arbeiten in Druckluft
DS-GVO .... Verordnung (EU) 2016/679 des Europäischen Parlaments und des Rates vom 27. April 2016 zum Schutz natürlicher Personen bei der Verarbeitung

personenbezogener Daten, zum freien Datenverkehr und zur Aufhebung der Richtlinie 95/46/EG (Datenschutz-Grundverordnung)
DStR .... Deutsches Steuerrecht, Zeitschrift
DStRE .... DStR-Entscheidungsdienst
DStZ .... Deutsche Steuer-Zeitung
DSuDS .... Datenschutz und Datensicherung, Zeitschrift
DtZ .... Deutsch-Deutsche Rechtszeitschrift
DuD .... Datenschutz und Datensicherung, Zeitschrift
DÜVO .... Verordnung über die Datenübermittlung auf maschinell verwertbaren Datenträgern im Bereich der Sozialversicherung und der Bundesanstalt für Arbeit (Datenübermittlungs-Verordnung)
DuR .... Demokratie und Recht, Zeitschrift
Durchf. Best. ..... Durchführungsbestimmung
DVAuslG .... Durchführungsverordnung zum Ausländergesetz
DVBl. .... Deutsches Verwaltungsblatt, Zeitschrift
DV-EG .... Verordnung zur Durchführung der Verordnung (EG)
DVersZ .... Deutsche Versicherungszeitschrift
DVO .... Durchführungsverordnung
DVP .... Deutsche Verwaltungspraxis, Zeitschrift
DWV .... Dienstwohnungsvorschriften
DZWIR .... Deutsche Zeitschrift für Wirtschaftsrecht

E .... Entwurf, Entscheidung, amtliche Sammlung
EA .... Vertrag zur Gründung der Europäischen Atomgemeinschaft (neue Zitierweise)
EBR .... Europäischer Betriebsrat
EBRG .... Europäische Betriebsräte-Gesetz
Ed. .... Edition
EEA .... Einheitliche Europäische Akte
EEK .... *Sabel* (Hrsg.), Entscheidungssammlung zur Entgeltfortzahlung an Arbeiter und Angestellte bei Krankheit, Kur und anderen Arbeitsverhinderungen, Asgard-Verlag
EFG .... Entscheidung(en) der Finanzgerichte
EFTA .... European Free Trade Association (Europäische Freihandelsassoziation)
EFZG .... Gesetz über die Zahlung des Arbeitsentgelts an Feiertagen und im Krankheitsfall (Entgeltfortzahlungsgesetz)
EG .... Europäische Gemeinschaft(en), Vertrag über die Europäische Union (aK)
EG AktG .... Einführungsgesetz zum Aktiengesetz
EGB .... Europäischer Gewerkschaftsbund
EGBGB .... Einführungsgesetz zum Bürgerlichen Gesetzbuch
EGGVG .... Einführungsgesetz zum Gerichtsverfassungsgesetz
EGInsO .... Einführungsgesetz zur Insolvenzordnung
EGKS .... Vertrag über die Gründung der Europäischen Gemeinschaft für Kohle und Stahl
EGMR .... Europäischer Gerichtshof für Menschenrechte
EGO VKA .... Entgeltordnung der Vereinigung der kommunalen Arbeitgeberverbände
EGZPO .... Gesetz betreffend die Einführung der Zivilprozessordnung
EheG .... Ehegesetz
EheRG .... Erstes Gesetz zur Reform des Ehe- und Familienrechts
EhfG .... Entwicklungshelfer-Gesetz
EignÜbG .... Gesetz über den Einfluss von Eignungsübungen der Streitkräfte auf Vertragsverhältnisse der Arbeitnehmer und Handelsvertreter sowie auf Beamtenverhältnisse (Eignungsübungsgesetz)
Einf. .... Einführung
Einl. .... Einleitung
Einzelh. .... Einzelheiten
EKD .... Evangelische Kirche in Deutschland
EKDGO .... Grundordnung der Evangelischen Kirche in Deutschland
EKMR .... Europäische Kommission für Menschenrechte
ELJ .... European Law Journal

ELR	European Law Reporter
EMAS	Eco-Management and Audit Scheme
EMRK	Konvention zum Schutz der Menschenrechte und Grundfreiheiten (Europäische Menschenrechtskonvention)
endg.	endgültig
engl.	englisch(en)
ENeuOG	Eisenbahnneuordnungsgesetz
EntgTransG	Gesetzes zur Förderung der Transparenz von Entgeltstrukturen (Entgelttransparenzgesetz)
entspr.	entsprechen(d)
Entw.	Entwurf
EPA	Europäisches Patentamt
EPÜ	Europäisches Patentübereinkommen
ERA	Entgeltrahmenabkommen für die Metall- und Elektroindustrie
ErfBenVO	Erfinderbenennungsverordnung
Erg.	Ergänzung
ErgVO	Ergänzungsverordnung
Erl.	Erlass, Erläuterungen
Ersk.	Die Ersatzkasse, Zeitschrift
ESC	Europäische Sozialcharta
EStG	Einkommensteuergesetz
EStR	Einkommensteuer-Richtlinien
ESZB	Europäisches System der Zentralbanken
EU	Europäische Union; Vertrag über die Europäische Union (Amsterdamer Fassung, aK)
EuAbgG	Gesetz über die Rechtsverhältnisse der Mitglieder des Europäischen Parlaments aus der Bundesrepublik Deutschland (Europaabgeordnetengesetz)
EuG	Gericht der Europäischen Union
EuGH	Gerichtshof der Europäischen Union
EuGRZ	Europäische Grundrechte, Zeitschrift
EUMobRLUmsG	Gesetz zur Umsetzung der EU-Mobilitäts-Richtlinie (gültig ab 1.1.2018)
Euratom	Europäische Atomgemeinschaft
EURES	EURopean Employment Services (Europäisches Portal zur Beruflichen Mobilität)
EuroAS	Informationsdienst europäisches Arbeits- und Sozialrecht, Zeitschrift
EuroEinfG	Euro-Einführungsgesetz
EUV	Vertrag über die Europäische Union i.d.F. des Vertrags von Lissabon
EuZA	Europäische Zeitschrift für Arbeitsrecht
EuZW	Europäische Zeitschrift für Wirtschaftsrecht
EV	Vertrag zwischen der BRD und der DDR über die Herstellung der Einheit Deutschlands vom 31.8.1990 (BGBl. II 889)
e. V.	eingetragener Verein
EVS	Einkommens- und Verbrauchsstichprobe
EVÜ	(Römisches) Übereinkommen vom 19.6.1980 über das auf vertragliche Schuldverhältnisse anwendbare Recht
EWG	Europäische Wirtschaftsgemeinschaft
EWG-Richtl.	Richtlinien der Europäischen Wirtschaftsgemeinschaft
EWG-VO	Verordnungen der Europäischen Wirtschaftsgemeinschaft
EWiR	Entscheidungen zum Wirtschaftsrecht, Zeitschrift
EWR	Europäischer Wirtschaftsraum
EWS	Europäisches Währungssystem; Europäisches Wirtschafts- und Steuerrecht, Zeitschrift
EzA	*Stahlhacke* (Hrsg.), Entscheidungen zum Arbeitsrecht, Loseblatt
EzAÜG	Entscheidungssammlung zum Arbeitnehmerüberlassungsgesetz
EZB	Europäische Zentralbank
EzBAT	Entscheidungssammlung zum BAT
f.	folgende
FA	Finanzamt; Fachanwalt Arbeitsrecht, Zeitschrift
FamG	Familiengericht

FamRB	Familien-Rechts-Berater, Zeitschrift
FamRZ	Ehe und Familie im privaten und öffentlichen Recht, Zeitschrift für das gesamte Familienrecht
FARG	Gesetz über Fremdrenten der Sozialversicherung an Berechtigte im Bundesgebiet und im Land Berlin, über Leistungen der Sozialversicherung an Berechtigte im Ausland sowie über freiwillige Sozialversicherung (Fremdrenten- und Auslandsrentengesetz)
FAZ	Frankfurter Allgemeine Zeitung
FD-ArbR	Fachdienst Arbeitsrecht
FernUSG	Gesetz zum Schutz der Teilnehmer am Fernunterricht (Fernunterrichtsschutzgesetz)
ff.	folgende
FFG	Gesetz zur Förderung von Frauen und der Vereinbarkeit von Familie und Beruf in der Bundesverwaltung und den Gerichten des Bundes (Frauenfördergesetz; aK, siehe jetzt BGleiG)
FG	Finanzgericht
FGG	Gesetz über die freiwillige Gerichtsbarkeit
FGO	Finanzgerichtsordnung
Film u. Recht	Film und Recht, Zeitschrift
FinDAG	Gesetz über die Bundesanstalt für Finanzdienstleistungsaufsicht (Finanzdienstleistungsaufsichtsgesetz)
FinMin.	Finanzminister, Finanzministerium
FlRG	Flaggenrechtsgesetz
FlüchtlAbk	Abkommen über die Rechtsstellung der Flüchtlinge
Fn.	Fußnote
FPersG	Gesetz über das Fahrpersonal von Kraftfahrzeugen und Straßenbahnen (Fahrpersonalgesetz)
FPersV	Verordnung zur Durchführung des Fahrpersonalgesetzes (Fahrpersonalverordnung)
FPfZG	Gesetz über die Familienpflegezeit (Familienpflegezeitgesetz)
FreizeitAO	Anordnung über Arbeitszeitverkürzung für Frauen, Schwerbeschädigte und minderleistungsfähige Personen
FreizügG/EU	Gesetz über die allgemeine Freizügigkeit von Unionsbürgern
FRG	Fremdrentengesetz
FS	Festschrift
FW AÜG	Fachliche Weisungen Arbeitnehmerüberlassungen (AÜG) der Bundesagentur für Arbeit
G	Gesetz
GA	Geschäftsanweisung
GAL	Gesetz über eine Altershilfe für Landwirte
GaststG	Gaststättengesetz
GBA	Gesetzbuch der Arbeit der ehemaligen DDR
GBl.	Gesetzblatt
GBl.-DDR	Gesetzblatt der ehemaligen DDR
GbR	Gesellschaft bürgerlichen Rechts
GBR	Gesamtbetriebsrat
GbV	Verordnung über die Bestellung von Gefahrgutbeauftragten in Unternehmen (Gefahrgutbeauftragtenverordnung)
GdB	Grad der Behinderung
GdF	Gewerkschaft der Flugsicherung
GDL	Gewerkschaft Deutscher Lokomotivführer
geänd.	geändert
GebrMG	Gebrauchsmustergesetz
GefStoffV	Verordnung zum Schutz vor gefährlichen Stoffen (Gefahrstoffverordnung)
GEG	Großeinkaufsgenossenschaft deutscher Konsumgenossenschaften mbH
gem.	gemäß
GenDG	Gesetz über genetische Untersuchungen bei Menschen (Gendiagnostikgesetz)
GenG	Genossenschaftsgesetz

Abkürzungsverzeichnis

GenTG .... Gesetz zur Regelung der Gentechnik (Gentechnikgesetz)
GenTSV .... Verordnung über die Sicherheitsstufen und Sicherheitsmaßnahmen bei gentechnischen Anlagen (Gentechnik-Sicherheitsverordnung)
GeschGehG .... Gesetz zum Schutz von Geschäftsgeheimnissen
GeschmMG .... Gesetz über das Urheberrecht an Mustern und Modellen
GesO .... Gesamtvollstreckungsordnung
GewArch .... Gewerbe-Archiv, Zeitschrift
Gewerkschafter .. Der Gewerkschafter, Zeitschrift
GewMonH .... Gewerkschaftliche Monatshefte
GewO .... Gewerbeordnung
GewStG .... Gewerbesteuergesetz
GFG .... Graduiertenförderungsgesetz
GG .... Grundgesetz
GGBefG .... Gesetz über die Beförderung gefährlicher Güter (Gefahrgutbeförderungsgesetz)
ggf. .... gegebenenfalls
ggü. .... gegenüber
GKG .... Gerichtskostengesetz
GKH .... Gewerkschaft für Kunststoffgewerbe und Holzverarbeitung
GKÖD .... Gesamtkommentar öffentliches Dienstrecht
GleiBG .... Gleichberechtigungsgesetz
GmbH .... Gesellschaft mit beschränkter Haftung
GmbHG .... Gesetz über die Gesellschaften mit beschränkter Haftung
GmbHR .... GmbH-Rundschau, Zeitschrift
GMBl. .... Gemeinsames Ministerialblatt
GmS-OGB .... Gemeinsamer Senat der obersten Gerichte des Bundes
GO .... Gemeindeordnung; Grundordnung
GPR .... Gesamtpersonalrat
GRCh .... Charta der Grundrechte der Europäischen Union
GRG .... Gesundheits-Reformgesetz
Grundeigentum . Das Grundeigentum – Zeitschrift für die gesamte Grundstücks-, Haus- und Wohnungswirtschaft
GRUR .... Gewerbl. Rechtsschutz und Urheberrecht, Zeitschrift
GRUR-Int. .... Gewerblicher Rechtsschutz und Urheberrecht – Internationales, Zeitschrift
GS .... Großer Senat
GS .... Gedächtnisschrift
GSA Fleisch ...... Gesetz zur Sicherung von Arbeitnehmerrechten in der Fleischwirtschaft
GSG .... Gesetz über technische Arbeitsmittel (Gerätesicherheitsgesetz; aK, siehe jetzt Produktsicherheitsgesetz)
GSiG .... Gesetz über eine bedarfsorientierte Grundsicherung im Alter und bei Erwerbsminderung
GS NW .... Gesetzessammlung Nordrhein-Westfalen
GüKG .... Güterkraftverkehrsgesetz
GUG .... Gesamtvollstreckungs-Unterbrechungsgesetz
GUV-V .... Unfallverhütungsvorschriften der Gesetzlichen Unfallversicherung
GVBl., GVOBl. . Gesetz- und Verordnungsblatt
GVG .... Gerichtsverfassungsgesetz
GVGA .... Geschäftsanweisung für Gerichtsvollzieher
GV NW .... Gesetz und Verordnungsblatt des Landes Nordrhein-Westfalen
GWB .... Gesetz gegen Wettbewerbsbeschränkungen
GwG .... Gesetz über das Aufspüren von Gewinnen aus schweren Straftaten (Geldwäschegesetz)
GWR .... Gesellschafts- und Wirtschaftsrecht, Zeitschrift

hA .... herrschende Ansicht
HaftpflichtG ...... Haftpflichtgesetz
HAG .... Heimarbeitsgesetz
HAGDV .... Erste Rechtsverordnung zur Durchführung des Heimarbeitsgesetzes
HB .... Bremen [beim LPersVG]

HE	Hessen [beim LPersVG]
HebG	Hebammengesetz
Hess	Hessen
HessLAG	Hessisches Landesarbeitsgericht
HEZG	Hinterbliebenenrenten- und Erziehungszeiten-Gesetz
HGB	Handelsgesetzbuch
HGrG	Gesetz über die Grundsätze des Haushaltsrechts des Bundes und der Länder (Haushaltsgrundsätzegesetz)
HH	Hamburg [beim LPersVG]
HHG	Häftlingshilfegesetz
HinterlO	Hinterlegungsordnung
hL	herrschende Lehre
hM	herrschende Meinung
Hmb	Hamburg
HPflG	Haftpflichtgesetz
HPVG	Hessisches Personalvertretungsgesetz
HRG	Hochschulrahmengesetz; Gesetz zur Regelung von Härten im Versorgungsausgleich
Hrsg.	Herausgeber
Hs.	Halbsatz
HwO	Handwerksordnung
HWV	Hauptwahlvorstand
HwVG	Handwerkerversicherungsgesetz
IAA	Internationales Arbeitsamt
IAO	Internationale Arbeitsorganisation
ICB	Internationaler Christlicher Gewerkschaftsbund
idF	in der Fassung
idR	in der Regel
idS	in diesem Sinne
iE	im Einzelnen
iErg	im Ergebnis
ieS	im engeren Sinne
IfSG	Gesetz zur Verhütung und Bekämpfung von Infektionskrankheiten beim Menschen (Infektionsschutzgesetz)
IG	Industriegewerkschaft
IGBE	Industriegewerkschaft Bergbau und Energie
iHd	in Höhe des
IHK	Industrie- und Handelskammer
iHv	in Höhe von
ILO	International Labour Organization
IMS	Inoffizieller Mitarbeiter des Staatssicherheitsdienstes
InkrG	Gesetz über die Inkraftsetzung von Rechtsvorschriften der BRD in der DDR
InsO	Insolvenzordnung
Internat.	International
InvG	Investmentgesetz
InVo	Insolvenz und Vollstreckung, Zeitschrift
InvVerOV	Verordnung zur Konkretisierung der Verhaltensregeln und Organisationsregeln nach dem Investmentgesetz (Investment-Verhaltens- und Organisationsverordnung)
IPR	Internationales Privatrecht
IPRax.	Praxis des Internationalen Privatrechts, Zeitschrift
IPRG	Gesetz zur Neuregelung des Internationalen Privatrechts vom 25.7.1986 (BGBl. I 1142)
IPRspr	Die deutsche Rechtsprechung auf dem Gebiete des Internationalen Privatrechts
iRd	im Rahmen des/der
iRv	im Rahmen von
iSd	im Sinne des(r)

iSv .... im Sinne von
IT-ArGB .... Verordnung über die Arbeitsgenehmigung für hoch qualifizierte ausländische Fachkräfte der Informations- und Kommunikationstechnologie
iVm .... in Verbindung mit
IWB .... Internationale Wirtschaftsbriefe, Zeitschrift
iwS .... im weiteren Sinne
iZw .... im Zweifel

JA .... Juristische Arbeitsblätter, Zeitschrift
JArbSchG .... Jugendarbeitsschutzgesetz
JAV .... Jugend- und Auszubildendenvertretung
JAV .... Verordnung über den Lohnsteuerjahresausgleich
JbArbR .... Jahrbuch des Arbeitsrechts
JBeitrO .... Justizbeitreibungsordnung
JFDG .... Gesetz zur Förderung von Jugendfreiwilligendiensten (Jugendfreiwilligendienstegesetz)
JGG .... Jugendgerichtsgesetz
jM .... juris – Die Monatszeitschrift
JMBl. .... Justizministerialblatt
JMStV .... Staatsvertrag über den Schutz der Menschenwürde und den Jugendschutz in Rundfunk und Telemedien (Jugendmedienschutz-Staatsvertrag)
JÖSchG .... Gesetz zum Schutz der Jugend in der Öffentlichkeit (Jugendschutzgesetz)
JR .... Juristische Rundschau, Zeitschrift
Jura .... Juristische Ausbildung, Zeitschrift
JurBüro .... Das juristische Büro, Zeitschrift
jurisPR-ArbR ... juris PraxisReport Arbeitsrecht
JuS .... Juristische Schulung, Zeitschrift
JuSchG .... Jugendschutzgesetz
JVEG .... Justizvergütungs- und -entschädigungsgesetz
JW .... Juristische Wochenschrift
JZ .... Juristenzeitung, Zeitschrift

KABl. .... Kirchliches Amtsblatt
KAG .... Kommunalabgabengesetz
KAGG .... Gesetz über Kapitalanlagegesellschaften
KAGH .... Kirchlicher Arbeitsgerichtshof
Kapovaz .... Kapazitätsorientierte Arbeitszeit
KArbT .... Kirchlicher Tarifvertrag Arbeiter
KAT .... Kirchlicher Arbeitsvertrag Angestellte
KAUG .... Konkursausfallgeld
KAV .... Kommunale Arbeitgeberverbände
KAZO .... Kirchliche Arbeitszeitordnung
KBR .... Konzernbetriebsrat
KdU .... Kosten der Unterkunft
KG .... Kammergericht; Kommanditgesellschaft
KgfEG .... Gesetz über die Entschädigung ehemaliger deutscher Kriegsgefangener (Kriegsgefangenenentschädigungsgesetz)
KGH.EKD .... Kirchengerichtshof der Evangelischen Kirche in Deutschland
KGVOBl. .... Gesetz- und Verordnungsblatt der Kirche
KHE .... Entscheidungen zum Krankenhausrecht
KHV .... Verordnung zur Verwendung von Gebärdensprache und anderen Kommunikationsmitteln im Verwaltungsverfahren nach dem Behindertengleichstellungsgesetz (Kommunikationshilfenverordnung)
KI .... Künstliche Intelligenz
KiGG.EKD .... Kirchengerichtsgesetz der Evangelischen Kirche in Deutschland
KindArbSchV .... Verordnung über den Kinderarbeitsschutz (Kinderarbeitsschutzverordnung)
KJ .... Kritische Justiz, Zeitschrift
KLG .... Kindererziehungsleistungsgesetz
KO .... Konkursordnung
KODA .... Kommission zur Ordnung des diözesanen Arbeitsvertragsrechts

KohleG	Gesetz zur Anpassung und Gesundung des deutschen Steinkohlebergbaues
KOV	Kriegsopferversorgung
KreisO	Kreisordnung
KrG	Kreisgericht
KRG	Kontrollratsgesetz
krit.	kritisch
KritV	Kritische Vierteljahreszeitschrift für Gesetzgebung und Rechtswissenschaft
KrPflVO	Verordnung über die Arbeitszeit in Krankenpflegeanstalten
KRS	Krankenhaus-Rechtsprechung, Zeitschrift
KrV	Die Krankenversicherung, Zeitschrift
KrWG	Gesetz zur Förderung der Kreislaufwirtschaft und Sicherung der umweltverträglichen Bewirtschaftung von Abfällen (Kreislaufwirtschaftsgesetz)
KSchG	Kündigungsschutzgesetz
KStDV	Körperschaftssteuer-Durchführungsverordnung
KStG	Körperschaftssteuergesetz
KSVG	Künstler-Sozialversicherungsgesetz
KSZE	Konferenz über Sicherheit und Zusammenarbeit in Europa
KSzW	Kölner Schrift zum Wirtschaftsrecht
KTS	Zeitschrift für Insolvenzrecht – Konkurs, Treuhand, Sanierung
KUG	Gesetz betreffend das Urheberrecht an Werken der bildenden Künste und der Photographie
KUG	Kurzarbeitergeld
KugV	Verordnung über Erleichterungen der Kurzarbeit (Kurzarbeitergeldverordnung)
K & R	Kommunikation und Recht
KV	Kassenärztliche Vereinigung
KVLG 1989	Zweites Gesetz über die Krankenversicherung der Landwirte
KVRS	Die Krankenversicherung in Rechtsprechung und Schrifttum
kw	künftig wegfallend
KWG	Gesetz über das Kreditwesen (Kreditwesengesetz)
LadSchlG	Gesetz über den Ladenschluss
LAG	Landesarbeitsgericht
LAG Bbg	Landesarbeitsgericht Brandenburg (bis 31.12.2006)
LAG Bln	Landesarbeitsgericht Berlin (bis 31.12.2006)
LAG Bln-Bbg	Landesarbeitsgericht Berlin-Brandenburg (seit 1.1.2007)
LAG Brem	Landesarbeitsgericht Bremen
LAG BW	Landesarbeitsgericht Baden-Württemberg
LAG Hmb	Landesarbeitsgericht Hamburg
LAG LSA	Landesarbeitsgericht Sachsen-Anhalt
LAG MV	Landesarbeitsgericht Mecklenburg-Vorpommern
LAG Nds	Landesarbeitsgericht Niedersachsen
LAG RhPf	Landesarbeitsgericht Rheinland-Pfalz
LAG Saarl	Landesarbeitsgericht Saarland
LAG SchlH	Landesarbeitsgericht Schleswig-Holstein
LAGE	*Lipke* (Hrsg.), Entscheidungen der Landesarbeitsgerichte
LBG	Landesbeamtengesetz
LFZG	Gesetz über die Fortzahlung des Arbeitsentgelts im Krankheitsfalle (Lohnfortzahlungsgesetz)
LG	Landgericht
LHO	Landeshaushaltsordnung
lit.	littera (Buchstabe)
LitUrhG	Literatur- und Urhebergesetz
LM	Lindenmaier-Möhring, Nachschlagewerk des BGH
LohnabzVO	Lohnabzugsverordnung
LohnUGAÜV	Zweite Verordnung über die Lohnuntergrenze in der Arbeitnehmerüberlassung
LPartG	Gesetz über die Eingetragene Lebenspartnerschaft (Lebenspartnerschaftsgesetz)
LPersVG	Landespersonalvertretungsgesetz

LPG .... Landwirtschaftliche Produktionsgenossenschaft
LReg. .... Landesregierung
LS .... Leitsatz
LSA .... Sachsen-Anhalt
LSchlichtO .... [Badisches] Landesgesetz über das Schlichtungswesen bei Arbeitsstreitigkeiten (Landesschlichtungsordnung)
LSG .... Landessozialgericht
LStDVO .... Lohnsteuerdurchführungsverordnung
LStH .... Amtliches Lohnsteuer-Handbuch
LStR .... Lohnsteuerrichtlinien
[2.] LUGrVO .... Zweite Verordnung über eine Lohnuntergrenze in der Arbeitnehmerüberlassung
LVerf. .... Landesverfassung

m. .... mit
mablAnm .... mit ablehnender Anmerkung
mAnm .... mit Anmerkung
MAVO .... Rahmenordnung für eine Mitarbeitervertretungsordnung in der kath. Kirche
maW .... mit anderen Worten
MB .... Marburger Bund – Verband der angestellten und beamteten Ärztinnen und Ärzte in Deutschland e.V.
MBG SH .... Mitbestimmungsgesetz Schleswig-Holstein
MB/KK .... Musterbedingungen des Verbandes der privaten Krankenversicherung; Musterbedingungen Krankheitskosten- und Krankenhaustagegeldversicherung
Mbl. .... Ministerialblatt
MDK .... Medizinischer Dienst der Krankenkassen
MDR .... Monatsschrift für Deutsches Recht, Zeitschrift
mE .... meines Erachtens
MedR .... Medizinrecht, Zeitschrift
MfS .... Ministerium für Staatssicherheit
MgVG .... Gesetz über die Mitbestimmung der Arbeitnehmer bei einer grenzüberschreitenden Verschmelzung
MHRG .... Gesetz zur Regelung der Miethöhe (Art. 3 Zweites Wohnraum-Kündigungsschutzgesetz)
MiArbG .... Gesetz über die Festsetzung von Mindestarbeitsbedingungen (Mindestarbeitsbedingungengesetz)
MietRÄndG ...... Mietrechtsänderungsgesetz
MietSchG .... Mieterschutzgesetz
MiLoAufzV .... Verordnung zur Abwandlung der Pflicht zur Arbeitszeitaufzeichnung nach dem Mindestlohngesetz und dem Arbeitnehmer-Entsendegesetz (Mindestlohnaufzeichnungsverordnung)
MiLoDokV .... Verordnung zu den Dokumentationspflichten nach den §§ 16 und 17 des Mindestlohngesetzes in Bezug auf bestimmte Arbeitnehmergruppen (Mindestlohndokumentationspflichten-Verordnung)
MiLoG .... Gesetz zur Regelung eines allgemeinen Mindestlohns (Mindestlohngesetz)
MiLoGMeld-StellV .... Verordnung zur Bestimmung der zuständigen Behörde nach § 16 Absatz 6 des Mindestlohngesetzes
MiLoMeldV ...... Verordnung über Meldepflichten nach dem Mindestlohngesetz, dem Arbeitnehmer-Entsendegesetz und dem Arbeitnehmerüberlassungsgesetz (Mindestlohnmeldeverordnung)
MiLoV .... Verordnung zur Anpassung der Höhe des Mindestlohns (Mindestlohnanpassungsverordnung)
Mio. .... Million(en)
MiStra .... Anordnung über Mitteilungen in Strafsachen
MitbestBeiG ...... Gesetz zur Beibehaltung der Mitbestimmung beim Austausch von Anteilen und der Erbringung von Unternehmensteilen, die Gesellschaften verschiedener Mitgliedstaaten der Europäischen Union betreffen (Mitbestimmungs-Beibehaltungsgesetz)

MitbestG .... Gesetz über die Mitbestimmung der Arbeitnehmer (Mitbestimmungsgesetz)
Mitbestimmung . Die Mitbestimmung, Zeitschrift
Mitt. .... Mitteilungen
mkritAnm .... mit kritischer Anmerkung
mN .... mit Nachweisen
Montan-MitbestErgG ...... Gesetz zur Ergänzung des Gesetzes über die Mitbestimmung der Arbeitnehmer in den Aufsichtsräten und Vorständen der Unternehmen des Bergbaus und der Eisen und Stahl erzeugenden Industrie (Montan-Mitbestimmungsergänzungsgesetz)
Montan-MitbestG .... Gesetz über die Mitbestimmung der Arbeitnehmer in den Aufsichtsräten und Vorständen der Unternehmen des Bergbaus und der Eisen und Stahl erzeugenden Industrie (Montan-Mitbestimmungsgesetz)
Mrd. .... Milliarde(n)
MRG .... Militärregierung
MTArb .... Manteltarifvertrag für Arbeiterinnen und Arbeiter des Bundes und der Länder
MTArb-O .... Tarifvertrag zur Anpassung des Tarifrechts für Arbeiter an den MTArb
MTB .... Manteltarifvertrag für Arbeiter des Bundes
MTL .... Manteltarifvertrag für Arbeiter der Länder
MTM .... Methods Time Measurement
MTV .... Manteltarifvertrag
MuKStiftG .... Gesetz zur Errichtung einer Stiftung „Mutter und Kind – Schutz des ungeborenen Lebens"
MuSchArbV ...... Verordnung zum Schutz der Mütter am Arbeitsplatz (aK)
MuSchG .... Gesetz zum Schutz von Müttern bei der Arbeit, in der Ausbildung und im Studium (Mutterschutzgesetz)
MV .... Mecklenburg-Vorpommern
MVG-EKD .... Zweites Kirchengesetz über Mitarbeitervertretungen in der Evangelischen Kirche in Deutschland (Mitarbeitervertretungsgesetz der EKD)
mWv .... mit Wirkung vom
mwN .... mit weiteren Nachweisen
mzN .... mit zahlreichen Nachweisen
mzustAnm .... mit zustimmender Anmerkung

Nachw. .... Nachweis(e)
NachwG .... Gesetz über den Nachweis der für ein Arbeitsverhältnis geltenden wesentlichen Bestimmungen (Nachweisgesetz)
NATO .... North Atlantic Treaty Organization (Nordatlantikpakt-Organisation)
Nds .... Niedersachsen
NEK .... Nordelbische Kirche
nF .... neue Fassung
NI .... Niedersachsen [beim LPersVG]
NJ .... Neue Justiz, Zeitschrift
NJOZ .... Neue Juristische Online Zeitschrift
NJW .... Neue Juristische Wochenschrift, Zeitschrift
NJW-CoR .... Computerreport der NJW
NJW-RR .... NJW-Rechtsprechungs-Report
NLMR .... Newsletter Menschenrechte
NordÖR .... Zeitschrift für öffentliches Recht in Norddeutschland
NotSanG .... Gesetz über den Beruf der Notfallsanitäterin und des Notfallsanitäters (Notfallsanitätergesetz)
Nr. .... Nummer
nrkr. .... nicht rechtskräftig
NRW .... Nordrhein-Westfalen
NS .... Nationalsozialismus
NStZ .... Neue Zeitschrift für Strafrecht

NTS-ZA	Zusatzabkommen zu dem Abkommen zwischen den Parteien des Nordatlantikvertrages über die Rechtsstellung ihrer Truppen hinsichtlich der in der Bundesrepublik Deutschland stationierten ausländischen Truppen
nv	nicht veröffentlicht
NV Bühne	Normalvertrag Bühne
NVwZ	Neue Zeitschrift für Verwaltungsrecht
NW	Nordrhein-Westfalen [beim LPersVG]
NZA	Neue Zeitschrift für Arbeitsrecht
NZA-RR	Neue Zeitschrift für Arbeitsrecht – Rechtsprechungsreport
NZBau	Neue Zeitschrift für Baurecht und Vergaberecht
NZI	Neue Zeitschrift für Insolvenzrecht
NZKart	Neue Zeitschrift für Kartellrecht
NZM	Neue Zeitschrift für Miet- und Wohnungsrecht
NZS	Neue Zeitschrift für Sozialrecht
öAT	Öffentliches Arbeits- und Tarifrecht, Zeitschrift
OECD	Organization for Economic Cooperation and Development
OEEC	Organization for European Economic Cooperation, Organisation für Europäische wirtschaftliche Zusammenarbeit
öffentl.	öffentlich
OEG	Gesetz über die Entschädigung für Opfer von Gewalttaten (Opferentschädigungsgesetz)
ÖJZ	Österreichische Juristen-Zeitung
ÖTV	Öffentliche Dienste, Transport und Verkehr (Gewerkschaft)
OFD	Oberfinanzdirektion
o.g.	oben genannt
OGH brZ	Oberster Gerichtshof für die britische Zone
OHG	Offene Handelsgesellschaft
OLG	Oberlandesgericht
OLGR	OLG-Report, Zeitschrift
OS	Orientierungssatz(-sätze)
OSchG VBL	Oberschiedsgericht der VBL
OT-Mitglieder	Mitglieder ohne tarifliche Bindung
OVG	Oberverwaltungsgericht
OWiG	Gesetz über Ordnungswidrigkeiten
PAO	Patentanwaltsordnung
PartGG	Gesetz über Partnerschaftsgesellschaften Angehöriger Freier Berufe (Partnerschaftsgesellschaftsgesetz)
PatG	Patentgesetz
PatV	Verordnung zum Verfahren in Patentsachen vor dem Deutschen Patent- und Markenamt (Patentverordnung)
PEP	Persönliche Entgeltpunkte
Personal	Personal Mensch und Arbeit im Betrieb, Zeitschrift
PersR	Personalrat
PersF	Personalführung, Zeitschrift
PersV	Personalvertretung, Zeitschrift
PersVG	Personalvertretungsgesetz
PersVR	Personalvertretungsrecht
PfDG.EKD	Kirchengesetz zur Regelung der Dienstverhältnisse der Pfarrerinnen und Pfarrer in der Evangelischen Kirche in Deutschland (Pfarrdienstgesetz der EKD)
PflBG	Gesetz über die Pflegeberufe (Pflegeberufegesetz)
PflegeArbbV	Verordnung über zwingende Arbeitsbedingungen für die Pflegebranche (Pflegearbeitsbedingungenverordnung)
PflegeZG	Gesetz über die Pflegezeit (Pflegezeitgesetz)
PflR	PflegeRecht, Zeitschrift für Rechtsfragen in der stationären und ambulanten Pflege
PGH	Produktionsgenossenschaft des Handwerks (DDR)
P-Konto	Pfändungsschutzkonto

PostPersRG .... Postpersonalrechtsgesetz
PostSVOrgG ...... Gesetz über die Träger der gesetzlichen Sozialversicherung im Bereich der früheren Deutschen Bundespost (Postsozialversicherungsorganisationsgesetz) (aK)
P&R .... Personalpraxis und Recht, Zeitschrift
PR .... Personalrat
pr. ABG .... Preußisches Allgemeines Berggesetz
PreisAngG .... Gesetz über Preisangaben (Preisangabengesetz)
PresseG .... Gesetz über die Presse
PrHBG .... Gesetz zur Beseitigung von Hemmnissen bei der Privatisierung
PrKG .... Gesetz über das Verbot der Verwendung von Preisklauseln bei der Bestimmung von Geldschulden (Preisklauselgesetz)
ProdHaftG .... Gesetz über die Haftung für fehlerhafte Produkte (Produkthaftungsgesetz)
ProdSG .... Gesetz über die Bereitstellung von Produkten auf dem Markt (Produktsicherheitsgesetz)
Prot. .... Protokoll(e)
PSA .... Personal-Service-Agentur
PStV .... Verordnung zur Ausführung des Personenstandsgesetzes (Personenstandsverordnung)
PSVaG .... Pensions-Sicherungs-Verein
PTNeuOG .... Postneuordnungsgesetz
PublG .... Gesetz über die Rechnungslegung von bestimmten Unternehmen und Konzernen (Publizitätsgesetz)
PuR .... Personal und Recht bzw. Personalpraxis und Recht, Zeitschrift

RABl. .... Reichsarbeitsblatt
RAG .... Reichsarbeitsgericht
RAM .... Reichsarbeitsminister, Reichsarbeitsministerium
RAusglG .... Rentenausgleichungsgesetz
RB .... Rechtsbeschwerde
RBEG .... Gesetz zur Ermittlung der Regelbedarfe nach § 28 des Zwölften Buches Sozialgesetzbuch (Regelbedarfs-Ermittlungsgesetz)
RBerG .... Rechtsberatungsgesetz, Rechtsbereinigungsgesetz
RBSFV 2017 ..... Verordnung zur Bestimmung des für die Fortschreibung der Regelbedarfsstufen nach § 28a des Zwölften Buches Sozialgesetzbuch maßgeblichen Prozentsatzes sowie zur Ergänzung der Anlage zu § 28 des Zwölften Buches Sozialgesetzbuch für das Jahr 2017 (Regelbedarfsstufen-Fortschreibungsverordnung 2017)
RdA .... Recht der Arbeit, Zeitschrift
RdErl. .... Runderlass
RDG .... Gesetz über außergerichtliche Rechtsdienstleistungen (Rechtsdienstleistungsgesetz)
RdSchr. .... Rundschreiben
RdTW .... Recht der Transportwirtschaft, Zeitschrift
RDV .... Recht der Datenverarbeitung, Zeitschrift
REFA .... Reichsausschuss für Arbeitszeitermittlung, jetzt: REFA Bundesverband e.V.
RefE .... Referentenentwurf
RegBl. .... Regierungsblatt
RegelungsG ...... Regelungsgesetz
RegEntw .... Regierungsentwurf
RegErkl. .... Regierungserklärung
RegPräs. .... Regierungspräsident
Reha-AO .... Anordnung des Verwaltungsrats der Bundesanstalt für Arbeit über die Arbeits- und Berufsförderung der Behinderten
RehaG .... Gesetz über die Angleichung der Leistungen zur Rehabilitation
RettG .... Gesetz über die staatliche Anerkennung für Rettungstaten (Rettungstatengesetz)
RFH .... Reichsfinanzhof
RG .... Reichsgericht
RGBl. .... Reichsgesetzblatt

RGG .... Ruhegeldgesetz
RGSt .... Entscheidungen des Reichsgerichts in Strafsachen
RGZ .... Entscheidungen des Reichsgerichts in Zivilsachen
RhPf .... Rheinland-Pfalz
RiA .... Recht im Amt, Zeitschrift
RIW .... Recht der Internationalen Wirtschaft, Zeitschrift
RKG .... Reichsknappschaftsgesetz (aK)
rkr. .... rechtskräftig
Rn. .... Randnummer
RL .... Richtlinie
RöV .... Verordnung über den Schutz vor Schäden durch Röntgenstrahlen (Röntgenverordnung) (aK)
Rom I-VO .... Verordnung (EG) Nr. 593/2008 des Europäischen Parlaments und des Rates vom 17. Juni 2008 über das auf vertragliche Schuldverhältnisse anzuwendende Recht
RP .... Rheinland-Pfalz [beim LPersVG]
RPflG .... Rechtspflegergesetz
Rpfleger .... Der Deutsche Rechtspfleger, Zeitschrift
RRG .... Rentenreformgesetz
r+s .... recht und schaden, Zeitschrift
Rspr. .... Rechtsprechung
RTV .... Rahmentarifvertrag
RÜG .... Rentenüberleitungsgesetz
RuW .... Recht und Wirtschaft, Zeitschrift
RV .... Rahmenvereinbarung
RV .... Die Rentenversicherung, Zeitschrift
RVA .... Reichsversicherungsamt
RVA in AN .... Amtliche Nachrichten des früheren Reichsversicherungsamtes
RVerwBl. .... Reichsverwaltungsblatt
RVG .... Gesetz über die Vergütung der Rechtsanwältinnen und Rechtsanwälte (Rechtsanwaltsvergütungsgesetz)
RVO .... Reichsversicherungsordnung
RzK .... *Etzel* (Hrsg.), Rechtsprechung zum Kündigungsrecht, Entscheidungssammlung

s. .... siehe
S. .... Seite; Satz
Saarl .... Saarland
SaBremR .... Sammlung des bremischen Rechts
SachBezV .... Sachbezugsverordnung (aK, siehe jetzt: SvEV)
SAE .... Sammlung arbeitsrechtlicher Entscheidungen, Zeitschrift
Sächs .... Sächsisch
SächsLAG .... Sächsisches Landesarbeitsgericht
SächsVBl. .... Sächsische Verwaltungsblätter
Saison-KUG ...... Saisonkurzarbeitergeld
SAM .... Strukturanpassungsmaßnahme
SARS-CoV-2 .... severe acute respiratory syndrome coronavirus type 2
SBG .... Soldatinnen- und Soldatenbeteiligungsgesetz
SBl. .... Sammelblatt
SBV .... Schwerbehindertenvertretung
SCE .... Societas Cooperativa Europaea, Europäische Genossenschaft
SCEAG .... Gesetz zur Ausführung der Verordnung (EG) Nr. 1435/2003 des Rates vom 22. Juli 2003 über das Statut der Europäischen Genossenschaft (SCE-Ausführungsgesetz)
SCEBG .... Gesetz über die Beteiligung der Arbeitnehmer und Arbeitnehmerinnen in einer Europäischen Genossenschaft (SCE-Beteiligungsgesetz)
SCE-RL .... Richtlinie 2003/72/EG des Rates vom 22. Juli 2003 zur Ergänzung des Statuts der Europäischen Genossenschaft hinsichtlich der Beteiligung der Arbeitnehmer

SCE-VO .... Verordnung (EG) Nr. 1435/2003 des Rates vom 22. Juli 2003 über das Statut der Europäischen Genossenschaft
ScheckG .... Scheckgesetz
SchiedsG .... Gesetz über die Errichtung und das Verfahren der Schiedsstellen für Arbeitsrecht vom 29.6.1990 (GBl.-DDR I S. 505)
SchlH .... Schleswig-Holstein
SchliG .... Schlichtungsgesetz
SchliO .... Schlichtungsordnung
SchulPflG .... Schulpflichtgesetz
SchwarzArbG .... Gesetz zur Bekämpfung der Schwarzarbeit und illegalen Beschäftigung (Schwarzarbeitsbekämpfungsgesetz)
SchwbAV .... Schwerbehinderten-Ausgleichsabgabeverordnung
SchwbG .... Schwerbehindertengesetz (aK, siehe jetzt: SGB IX)
SchwbVWO ...... Wahlordnung Schwerbehindertenvertretungen
SDSRV .... Schriftenreihe des Deutschen Sozialrechtsverbands
SE .... Societas Europaea, Europäische Gesellschaft
SEAG .... Gesetz zur Ausführung der Verordnung (EG) Nr. 2157/2001 des Rates vom 8. Oktober 2001 über das Statut der Europäischen Gesellschaft (SE-Ausführungsgesetz)
SEBG .... Gesetz über die Beteiligung der Arbeitnehmer in einer Europäischen Gesellschaft (SE-Beteiligungsgesetz)
SE-BR .... Betriebsrat einer Europäischen Gesellschaft
SeeArbG .... Seearbeitsgesetz
SeemG .... Seemannsgesetz (aK, siehe jetzt: SeeArbG)
Sen. .... Senat
SeuffA .... Seufferts Archiv
SE-VO .... Verordnung (EG) Nr. 2157/2001 des Rates vom 8. Oktober 2001 über das Statut der Europäischen Gesellschaft
SF .... Sozialer Fortschritt, Zeitschrift
SG .... Gesetz über die Rechtsstellung der Soldaten (Soldatengesetz)
SG .... Sozialgericht
SGB .... Sozialgesetzbuch
SGB I .... Sozialgesetzbuch – Allgemeiner Teil
SGB II .... Sozialgesetzbuch – Grundsicherung für Arbeitsuchende (ab 1.1.2005)
SGB III .... Sozialgesetzbuch – Arbeitsförderung
SGB IV .... Sozialgesetzbuch – Gemeinsame Vorschriften für die Sozialversicherung
SGB V .... Sozialgesetzbuch – Gesetzliche Krankenversicherung
SGB VI .... Sozialgesetzbuch – Gesetzliche Rentenversicherung
SGB VII .... Sozialgesetzbuch – Gesetzliche Unfallversicherung
SGB VIII .... Sozialgesetzbuch – Kinder- und Jugendhilfe
SGB IX .... Sozialgesetzbuch – Rehabilitation und Teilhabe von Menschen mit Behinderungen
SGB X .... Sozialgesetzbuch – Sozialverwaltungsverfahren und Sozialdatenschutz
SGB XI .... Sozialgesetzbuch – Soziale Pflegeversicherung
SGB XII .... Sozialgesetzbuch – Sozialhilfe (ab 1.1.2005)
SGb .... Die Sozialgerichtsbarkeit, Zeitschrift
SGG .... Sozialgerichtsgesetz
SH .... Schleswig-Holstein [beim LPersVG]
sj .... Steuer-Journal
SL .... Saarland [beim LPersVG]
Slg. .... Sammlung
SMBl. NW .... Sammelblatt des Bereinigten Ministerialblattes für das Land Nordrhein-Westfalen
SN .... Sachsen [beim LPersVG]
sog. .... sogenannt(e)
SOG .... Gesetz zum Schutz der öffentlichen Sicherheit und Ordnung
SokaSiG .... Gesetz zur Sicherung der Sozialkassenverfahren im Baugewerbe (Sozialkassenverfahrensicherungsgesetz)
SozFort. .... Sozialer Fortschritt, Zeitschrift
SozplKonkG ..... Gesetz über den Sozialplan im Konkurs- und Vergleichsverfahren

SozPolInf. .... Sozialpolitische Informationen
SozR .... Sozialrecht (Loseblattsammlung)
SozSich. .... Soziale Sicherheit, Zeitschrift
SozVers. .... Die Sozialversicherung, Zeitschrift
spät. Änd. .... spätere Änderung
SparPDV .... Spar-Prämiengesetz Durchführungsverordnung
SparPG .... Spar-Prämiengesetz
SPE .... Societas Privata Europaea – Europäische Privatgesellschaft
SPersVG .... Saarländisches Personalvertretungsgesetz
SprAuG .... Sprecherausschussgesetz
SprengG .... Gesetz über explosionsgefährliche Stoffe (Sprengstoffgesetz)
SprengstoffVO ... Durchführungsverordnung zum SprengG
SpTrUG .... Gesetz über die Spaltung der von der Treuhandanstalt verwalteten Unternehmen vom 5.4.1991 (BGBl. I 854)
SpuRt .... Sport und Recht, Zeitschrift
SR .... Sonderregelung zum BAT
SR .... Soziales Recht, Wissenschaftliche Zeitschrift für Arbeits- und Sozialrecht
st. .... ständig
ST .... Sachsen-Anhalt [beim LPersVG]
StA .... Staatsanwaltschaft
Staatsvertrag .... Vertrag über die Schaffung einer Währungs-, Wirtschafts-, und Sozialunion zwischen der BRD u. der DDR vom 18.5.1990 (BGBl. II 537)
StabG .... Gesetz zur Förderung der Stabilität und des Wachstums der Wirtschaft
StAnpG .... Steueranpassungsgesetz
Stbg. .... Die Steuerberatung, Zeitschrift
StEntlG .... Steuerentlastungsgesetz
StGB .... Strafgesetzbuch
StHG .... Staatshaftungsgesetz
StPG .... Gesetz zur Einrichtung eines Zentralen Personalüberhangmanagements (Stellenpool) (Stellenpoolgesetz; aK)
str. .... streitig
StrEG .... Gesetz über die Entschädigung für Strafverfolgungsmaßnahmen
Streit .... Streit – Feministische Rechtszeitschrift
StrlSchV .... Verordnung zum Schutz vor der schädlichen Wirkung ionisierender Strahlen (Strahlenschutzverordnung)
stRspr .... ständige Rechtsprechung
StuB .... Steuer und Bilanzen, Zeitschrift
StVG .... Straßenverkehrsgesetz
StVO .... Straßenverkehrsordnung
StVollzG .... Gesetz über den Vollzug der Freiheitsstrafe und der freiheitsentziehenden Maßregeln der Besserung und Sicherung
StVZO .... Straßenverkehrszulassungsordnung
SÜG .... Gesetz über die Voraussetzungen und das Verfahren von Sicherheitsüberprüfungen des Bundes
SuKPflV .... Säuglings- und Kinderpflegeverordnung
SUrlV .... Verordnung über den Sonderurlaub für Bundesbeamtinnen und Bundesbeamte sowie für Richterinnen und Richter des Bundes (Sonderurlaubsverordnung)
SUV .... Verordnung über den Urlaub der Soldatinnen und Soldaten (Soldatinnen- und Soldatenurlaubsverordnung)
SvEV .... Verordnung über die sozialversicherungsrechtliche Beurteilung von Zuwendungen des Arbeitgebers als Arbeitsentgelt (Sozialversicherungsentgeltverordnung)
SVG .... Soldatenversorgungsgesetz

TarifAStG .... Gesetz zur Stärkung der Tarifautonomie (Tarifautonomiestärkungsgesetz)
TDDSG .... Teledienstedatenschutzgesetz (aK; siehe jetzt TMG)
TdL .... Tarifgemeinschaft der Länder
teilw. .... teilweise

TelekomAZV .... Verordnung über die Arbeitszeit der Beamtinnen und Beamten bei der Deutschen Telekom AG (Telekom-Arbeitszeitverordnung)
TH .... Thüringen [beim LPersVG]
Thür .... Thüringen
ThürLAG .... Thüringisches Landesarbeitsgericht
TKG .... Telekommunikationsgesetz
TMG .... Telemediengesetz
TOA .... Tarifordnung für Angestellte
TOK .... Tarifordnung für die deutschen Kulturorchester
TreuhandG .... Treuhandgesetz vom 17.6.1990 (GBl.-DDR I S. 300)
TSG .... Transsexuellengesetz
TV .... Tarifvertrag
TVAL .... Tarifvertrag für Angehörige alliierter Dienststellen
TV-BA .... Tarifvertrag für die Bundesagentur für Arbeit
TV FlexAZ .... Tarifvertrag zu flexiblen Arbeitszeitregelungen für ältere Beschäftigte
TVG .... Tarifvertragsgesetz
TVGDV .... Verordnung zur Durchführung des Tarifvertragsgesetzes
TVK .... Tarifvertrag für Musiker in Kulturorchestern
TV-L .... Tarifvertrag für den öffentlichen Dienst der Länder
TVLohngrV ...... Tarifvertrag über das Lohngruppenverzeichnis des Bundes zum MTArb
TV-N .... Tarifvertrag Nahverkehr
TVöD .... Tarifvertrag für den öffentlichen Dienst
TVÜ-L .... Tarifvertrag zur Überleitung der Beschäftigten der Länder in den TV-L und zur Regelung des Übergangsrechts
TV UmBw .... Tarifvertrag über sozialverträgliche Begleitmaßnahmen im Zusammenhang mit der Umgestaltung der Bundeswehr
TVÜ-VKA .... Tarifvertrag zur Überleitung der Beschäftigten der kommunalen Arbeitgeber in den TVöD und zur Regelung des Übergangsrechts
TVVO .... Tarifvertragsordnung von 1918 (aK)
TzBfG .... Gesetz über Teilzeitarbeit und befristete Arbeitsverträge (Teilzeit- und Befristungsgesetz)

u. .... und
u.a. .... unter anderem/und andere
UAbs. .... Unterabsatz
uÄ .... und Ähnliches
Übk. .... Übereinkommen
UFITA .... Archiv für Urheber-, Film-, Funk- und Theaterrecht, Zeitschrift
UFO .... Unabhängige Flugbegleiter Organisation
UKlaG .... Gesetz über Unterlassungsklagen bei Verbraucherrechts- und anderen Verstößen (Unterlassungsklagengesetz)
ULA .... Union der Leitenden Angestellten, jetzt: Deutscher Führungskräfteverband (ULA)
ULAK .... Urlaubs- und Lohnausgleichskasse der Bauwirtschaft (Wiesbaden)
UStG .... Umsatzsteuergesetz
UmstG .... Drittes Gesetz zur Neuordnung des Geldwesens (Umstellungsgesetz)
umstr. .... umstritten
UmwBerG .... Gesetz zur Bereinigung des Umwandlungsrechtes
UmwG .... Umwandlungsgesetz
UN-BRK .... Übereinkommen der Vereinten Nationen über die Rechte von Menschen mit Behinderungen
UNICE .... Union of Industrial and Employers Confederations of Europe (Union der Industrie- und Arbeitgeberverbände Europas)
UNO .... United Nations Organization
UnternehmensG Gesetz über die Gründung und Tätigkeit privater Unternehmen und über Unternehmensbeteiligungen vom 7.3.1990 (GBl.-DDR I S. 141)
UrhRG .... Gesetz über Urheberrechte und verwandte Schutzrechte
UrlG .... Urlaubsgesetz
USG .... Gesetz über die Sicherung des Unterhalts der zum Wehrdienst einberufenen Wehrpflichtigen und ihrer Angehörigen (Unterhaltssicherungsgesetz)

USK	Urteilssammlung für die gesetzliche Krankenversicherung
UStG	Umsatzsteuergesetz
usw.	und so weiter
uU	unter Umständen
UVG	Gesetz zur Sicherung des Unterhalts von Kindern alleinstehender Mütter und Väter durch Unterhaltsvorschüsse oder -ausfallleistungen (Unterhaltsvorschussgesetz)
UVV	Unfallverhütungsvorschrift
UWG	Gesetz über den unlauteren Wettbewerb
v.	vom; von
VAB	Versicherungsanstalt Berlin
VAG	Gesetz über die Beaufsichtigung der privaten Versicherungsunternehmen und Bausparkassen (Versicherungsaufsichtsgesetz)
VAHRG	Gesetz zur Regelung von Härten im Versorgungsausgleich (aK)
VBD	Verordnung zur Zugänglichmachung von Dokumenten für blinde und sehbehinderte Menschen im Verwaltungsverfahren nach dem Behindertengleichstellungsgesetz (Verordnung über barrierefreie Dokumente in der Bundesverwaltung)
VBL	Versorgungsanstalt des Bundes und der Länder
VBLS	Satzung der Versorgungsanstalt des Bundes und der Länder
VC	Vereinigung Cockpit e. V.
VDR	Verband Deutscher Rentenversicherer
VEB	Volkseigener Betrieb
Vela.	Vereinigung leitender Angestellter
Vereinb.	Vereinbarung
Verf.	Verfassung
VerfDDR	Verfassung der Deutschen Demokratischen Republik
VerfIAO	Verfassung Internationale Arbeitsorganisation
VerglO, VglO	Vergleichsordnung
Verg.Gr.	Vergütungsgruppe
VerlG	Verlagsgesetz
VermBDV	Durchführungsverordnung zum Vermögensbildungsgesetz
VermBG	[Fünftes] Gesetz zur Förderung der Vermögensbildung der Arbeitnehmer
VermG	Gesetz zur Regelung offener Vermögensfragen
VersMedV	Versorgungsmedizin-Verordnung
VersR	Versicherungsrecht, Zeitschrift
VersTV	Versorgungstarifvertrag
VerwArch	Verwaltungsarchiv
VerwG.EKD	Verwaltungsgericht der EKD
VerwR	Verwaltungsrecht
VG	Verwaltungsgericht
VGB I	Unfallverhütungsvorschriften, Allgemeine Vorschriften
VGH	Verwaltungsgerichtshof
vgl.	vergleiche
vH	vom Hundert
VKA	Vereinigung der kommunalen Arbeitgeberverbände
VkBl.	Verkündungsblatt
VO (VOBl.)	Verordnung (Verordnungsblatt)
Vorbem.	Vorbemerkung
VRG	Gesetz zur Förderung von Vorruhestandsleistungen (Vorruhestandsgesetz)
VSSAR	Vierteljahresschrift für Sozial- und Arbeitsrecht
VTV	Tarifvertrag über das Sozialkassenverfahren im Baugewerbe
VU	Versäumnisurteil
VuR	Verbraucher und Recht, Zeitschrift
VVA	Allgemeine Verwaltungsvorschrift über Versicherungskarten und Aufrechnungsbescheinigungen
VVaG	Versicherungsverein auf Gegenseitigkeit
VVG	Versicherungsvertragsgesetz
VWA	Verband weiblicher Angestellter

VwGO	Verwaltungsgerichtsordnung
VwKostG	Verwaltungskostengesetz
VwVfG	Verwaltungsverfahrensgesetz
VwVG	Verwaltungs-Vollstreckungsgesetz
VwZG	Verwaltungszustellungsgesetz
WA	Westdeutsche Arbeitsrechtspraxis, Zeitschrift
WährG	Währungsgesetz
WBG	Weiterbildungsgesetz
WEG	Wohnungseigentumsgesetz
WehrpflG	Wehrpflichtgesetz
WHG	Gesetz zur Ordnung des Wasserhaushalts (Wasserhaushaltsgesetz)
WiB	Wirtschaftsberatung, Zeitschrift
Wirt. u. Wiss.	Wirtschaft und Wissen, Die Deutsche Angestelltenzeitschrift
WissZeitVG	Gesetz über befristete Arbeitsverträge in der Wissenschaft (Wissenschaftszeitvertragsgesetz)
WiVerw	Wirtschaft und Verwaltung, Zeitschrift
WM	Wertpapier-Mitteilungen, Zeitschrift
WMVO	Werkstätten-Mitwirkungsverordnung
WO	Wahlordnung
WoBauG	Wohnungsbaugesetz
II. WoBauG	Zweites Wohnungsbaugesetz (Wohnungsbau und Familienheimgesetz)
WoBindG	Gesetz zur Sicherung der Zweckbestimmung von Sozialwohnungen (Wohnungsbindungsgesetz)
WoFG	Gesetz über die soziale Wohnraumförderung (Wohnraumförderungsgesetz)
WoGG	Wohngeldgesetz
WoKSchG	Gesetz über den Kündigungsschutz für Mietverhältnisse über Wohnraum
WoPDV	Durchführungsverordnung zum Wohnungsbauprämiengesetz
WoPG	Wohnungsbau-Prämiengesetz
WOS	Zweite Verordnung zur Durchführung des Betriebsverfassungsgesetzes (Wahlordnung Seeschifffahrt)
WPflG	Wehrpflichtgesetz
WpHG	Gesetz über den Wertpapierhandel (Wertpapierhandelsgesetz)
WPO	Gesetz über eine Berufsordnung der Wirtschaftsprüfer (Wirtschaftsprüferordnung)
WRegG	Gesetz zur Einrichtung und zum Betrieb eines Registers zum Schutz des Wettbewerbs um öffentliche Aufträge und Konzessionen (Wettbewerbsregistergesetz)
WRP	Wettbewerb in Recht und Praxis, Zeitschrift
WRV	Weimarer Reichsverfassung
WSI	Wirtschafts- und Sozialwissenschaftliches Institut
WSI-Mitteilungen	Mitteilungen des Wirtschafts- und Sozialwissenschaftlichen Instituts des Deutschen Gewerkschaftsbundes
WuM	Wohnungswirtschaft und Mietrecht, Zeitschrift
WV	Weimarer Verfassung
WZG	Warenzeichengesetz
WzS	Wege zur Sozialversicherung
ZAF	Zeitschrift für Arbeitsmarktforschung
ZAG	Gesetz über die Beaufsichtigung von Zahlungsdiensten (Zahlungsdiensteaufsichtsgesetz)
ZaöRV	Zeitschrift für ausländisches öffentliches Recht und Völkerrecht
ZAP	Zeitschrift für die Anwaltspraxis
ZAR	Zeitschrift für Ausländerrecht und Ausländerpolitik
ZArbwiss	Zeitschrift für Arbeitswissenschaft
ZAS	Zeitschrift für Arbeits- und Sozialrecht, Österreich
ZAT	Zeitschrift für Arbeitsrecht und Tarifpolitik in Kirche und Caritas
ZAV	Zentralstelle für Arbeitsvermittlung
zB	zum Beispiel

ZBF	Zentrale Bühnen-, Fernseh- und Filmvermittlung der BA
ZBR	Zeitschrift für Beamtenrecht
ZBVR	Zeitschrift für Betriebsverfassungsrecht
ZD	Zeitschrift für Datenschutz
ZDG	Gesetz über den Zivildienst der Kriegsdienstverweigerer (Zivildienstgesetz)
ZDVG	Gesetz über den Vertrauensmann der Zivildienstleistenden (Zivildienstvertrauensmann-Gesetz)
ZESAR	Zeitschrift für europäisches Sozial- und Arbeitsrecht
ZEuS	Zeitschrift für europarechtliche Studien
ZevKr.	Zeitschrift für evangelisches Kirchenrecht
ZF	Zugangsfaktor
ZFA	Zeitschrift für Arbeitsrecht
ZfA	Zentrale für Altersvermögen
ZfF	Zeitschrift für das Fürsorgewesen
ZfPR	Zeitschrift für Personalvertretungsrecht
ZfS	Zentralblatt für Sozialversicherung
ZfSH	Zeitschrift für Sozialhilfe
ZFSH/SGB	Zeitschrift für sozialrechtliche Praxis
ZG	Zeitschrift für Gesetzgebung
ZGE/IPJ	Zeitschrift für geistiges Eigentum/Intellectual Property Journal
ZGR	Zeitschrift für Unternehmens- und Gesellschaftsrecht
ZGS	Zeitschrift für das gesamte Schuldrecht
ZHR	Zeitschrift für das gesamte Handelsrecht und Wirtschaftsrecht
ZIAS	Zeitschrift für ausländisches und internationales Arbeits- und Sozialrecht
Ziff.	Ziffer
ZInsO	Zeitschrift für das gesamte Insolvenzrecht
ZIP	Zeitschrift für Wirtschaftsrecht
ZJS	Zeitschrift für das Juristische Studium
ZMV	Zeitschrift für die Praxis der Mitarbeitervertretungen in Einrichtungen der katholischen und evangelischen Kirche
ZPO	Zivilprozessordnung
ZRP	Zeitschrift für Rechtspolitik
ZSEG	Gesetz über die Entschädigung von Zeugen und Sachverständigen (aK)
ZSKG	Gesetz über den Zivilschutz und die Katastrophenhilfe des Bundes (Zivilschutz- und Katastrophenhilfegesetz)
ZSR	Zeitschrift für Sozialreform
ZStV	Zeitschrift für Stiftungs- und Vereinswesen
zT	zum Teil
ZTR	Zeitschrift für Tarif-, Arbeits- und Sozialrecht des öffentlichen Dienstes
ZTV	Zulagentarifvertrag für die Arbeitnehmer der Deutsche Bahn AG
zul.	zulässig
ZUM	Zeitschrift für Urheber- und Medienrecht
ZuSEntschG	Gesetz über die Entschädigung von Zeugen und Sachverständigen
zust.	zuständig; zustimmend
ZustG	Zustimmungsgesetz
ZV	Zusatzversorgung
zVb	zur Veröffentlichung bestimmt
ZVFV	Verordnung über Formulare für die Zwangsvollstreckung (Zwangsvollstreckungsformular-Verordnung)
ZVG	Zwangsversteigerungsgesetz
ZVI	Zeitschrift für Verbraucher- und Privat-Insolvenzrecht
ZVK	Zusatzversorgungskasse des Baugewerbes
ZVKLG	Gesetz über die Errichtung einer Zusatzversorgungskasse in der Land- und Forstwirtschaft
zVv	zur Veröffentlichung vorgesehen
zzt.	zur Zeit
ZZP	Zeitschrift für Zivilprozess

Literaturverzeichnis

(Übergreifende oder abgekürzt zitierte Literatur)

Adomeit/Mohr .... Kommentar zum Allgemeinen Gleichbehandlungsgesetz, 2. Aufl. 2011

Ahrend/Förster/Rößler .... Steuerrecht der betrieblichen Altersversorgung, 1. Teil, Loseblatt

AKRR/*Bearbeiter* .. *Annuß/Kühn/Rudolph/Rupp*, Europäische Betriebsräte-Gesetz, 2014

Aligbe .... Einstellungs- und Eignungsuntersuchungen, 2. Aufl. 2021

Altmeppen .... GmbHG, 10. Aufl. 2021

Andres/Leithaus ..... Insolvenzordnung, 4. Aufl. 2018

Annuß/Thüsing/*Bearbeiter* .... *Annuß/Thüsing* (Hrsg.), Teilzeit- und Befristungsgesetz, 3. Aufl. 2012

Anzinger/Koberski .. Kommentar zum Arbeitszeitgesetz, 5. Aufl. 2020

APS/*Bearbeiter* ...... *Ascheid/Preis/Schmidt* (Hrsg.), Kündigungsrecht, Großkommentar zum gesamten Recht der Beendigung von Arbeitsverhältnissen, 6. Aufl. 2021

AR/*Bearbeiter* .... *Dornbusch/Fischermeier/Löwisch* (Hrsg.), AR, Kommentar zum gesamten Arbeitsrecht, 9. Aufl. 2019

ArbRBGB/*Bearbeiter* .... *Schliemann* (Hrsg.), Das Arbeitsrecht im BGB, 2. Aufl. 2002

Arnold/Gräfl/*Bearbeiter* .... *Arnold/Gräfl* (Hrsg.), Teilzeit- und Befristungsgesetz, 5. Aufl. 2021

Arnold/Tillmanns/*Bearbeiter* .... *Arnold/Tillmanns* (Hrsg.), Bundesurlaubsgesetz, 4. Aufl. 2019

Ascheid .... Beweislastfragen, Beweislastfragen im Kündigungsschutzprozess, 1989

Bader/Bram/*Bearbeiter* .... *Bader/Bram/Ahrendt/Klug/Kreutzberg-Kowalczyk/Nungeßer/Suckow/Volk*, Kündigungs- und Bestandsschutz im Arbeitsverhältnis, Loseblatt

Baeck/Deutsch/Winzer .... Arbeitszeitgesetz, 4. Aufl. 2020

Bartenbach/Volz ..... Arbeitnehmererfindungsgesetz, Kommentar, 6. Aufl. 2019

Battis .... BBG – Bundesbeamtengesetz, 5. Aufl. 2017

Bauer .... SprAuG – Sprecherausschussgesetz, 2. Aufl. 1990

Bauer/Bockholt .... Eingruppierung im öffentlichen Dienst, 10. Aufl. 2010

Bauer/Diller .... Wettbewerbsverbote, 8. Aufl. 2019

Bauer/Krieger .... Kündigungsrecht – Reformen 2004, 2004

Bauer/Krieger/Arnold .... Arbeitsrechtliche Aufhebungsverträge, 9. Aufl. 2014

Bauer/Krieger/Günther .... AGG, EntgeltTranspG, 5. Aufl. 2018

Bauer/Röder/Lingemann .... Krankheit im Arbeitsverhältnis, 3. Aufl. 2006

Baumbach/Hopt/*Bearbeiter* .... *Baumbach/Hopt* Handelsgesetzbuch, 39. Aufl. 2020, 40. Aufl. 2021

Baumbach/Hueck/*Bearbeiter* .... *Baumbach/Hueck* (Hrsg.), GmbHG, 22. Aufl. 2019

Baumgärtel/*Bearbeiter* .... *Baumgärtel/Laumen/Prütting*, Handbuch der Beweislast im Privatrecht, Band 1, 4. Aufl. 2018

Bayreuther .... Tarifautonomie als kollektiv ausgeübte Privatautonomie, Tarifrecht im Spannungsgeld von Arbeits-, Privat- und Wirtschaftsrecht, 2005

Becker/Kingreen/*Bearbeiter* .... *Becker/Kingreen* (Hrsg.), SGB V, 7. Aufl. 2020

BeckOGK/*Bearbeiter* .... *Gsell/Krüger/Lorenz/Reyman* (Hrsg.), beck-online.GROSSKOMMENTAR

Literaturverzeichnis

BeckOK ArbR/*Bearbeiter* .... *Rolfs/Giesen/Kreikebohm/Meßling/Udsching* (Hrsg.), Beck'scher Online-Kommentar Arbeitsrecht, 59. Ed. 2021

BeckOK BGB/*Bearbeiter* .... *Hau/Poseck* (Hrsg.), Kommentar zum Bürgerlichen Gesetzbuch, 57. Ed. 2021

BeckOK DatenschutzR/*Bearbeiter* . *Wolff/Brink* (Hrsg.), Beck'scher Online-Kommentar Datenschutzrecht, 35. Ed. 2021

BeckOK InfSchR/*Bearbeiter* .... *Eckart/Winkelmüller* (Hrsg.), Beck'scher Online-Kommentar Infektionsschutzrecht, 5. Ed. 2021

BeckOK SozR/*Bearbeiter* .... *Rolfs/Giesen/Kreikebohm/Meßling/Udsching* (Hrsg.), Beck'scher Online-Kommentar Sozialrecht, 60. Ed. 2021

BeckOK TVöD/*Bearbeiter* .... *Rinck/Böhle/Pieper/Geyer* (Hrsg.), Beck'scher Online-Kommentar TVöD, 56. Ed. 2021

Beck TKG/*Bearbeiter* .... *Geppert/Schütz* (Hrsg.), Beck'scher TKG-Kommentar. Telekommunikationsgesetz, 4. Aufl. 2013

Belling .... Das Günstigkeitsprinzip im Arbeitsrecht, 1984

Benecke/Hergenröder .... BBiG – Berufsbildungsgesetz. Kommentar, 2. Aufl. 2021

Bengelsdorf .... Pfändung und Abtretung von Lohn, 2. Aufl. 2002

Berkowsky .... Die betriebsbedingte Kündigung, 6. Aufl. 2008

Bernsau/Dreher/Hauck .... Betriebsübergang, 3. Aufl. 2010

Besgen/Prinz/*Bearbeiter* .... *Besgen/Prinz* (Hrsg.), Arbeiten 4.0 – Arbeitsrecht und Datenschutz in der digitalisierten Arbeitswelt, 4. Aufl. 2018 (Handbuch Internet.Arbeitsrecht, 3. Aufl. 2012)

Biebl .... Das neue Kündigungs- und Befristungsrecht, 2004

Bieler/Cordes/Kaune/Lammich/Westermann .... Organisation von Telearbeit, 2001

BKS/*Bearbeiter* ...... *Berg/Kocher/Schumann* (Hrsg.), Tarifvertragsgesetz und Arbeitskampfrecht, 7. Aufl. 2020

BLAH/*Bearbeiter* ... *Baumbach/Lauterbach/Hartmann/Anders/Gehle,* Zivilprozessordnung, 79. Aufl. 2021

Boecken .... Unternehmensumwandlung und Arbeitsrecht, 1996

Boemke/*Bearbeiter* . *Boemke* (Hrsg.), Gewerbeordnung. Kommentar zu §§ 105–110 GewO, 2003

Boldt .... Mitbestimmungsgesetz Eisen und Kohle, 1952

Borgwardt/Fischer/Janert .... Sprecherausschussgesetz für leitende Angestellte, 2. Aufl. 1990

Boewer .... Teilzeit- und Befristungsgesetz, 2002

Boewer .... Handbuch Lohnpfändung und Lohnabtretung, 3. Aufl. 2015

Brand/*Bearbeiter* .... *Brand* (Hrsg.), Sozialgesetzbuch Arbeitsförderung – SGB III, 8. Aufl. 2018

Braun/*Bearbeiter* .... *Braun* (Hrsg.), Insolvenzordnung, 8. Aufl. 2020

Braun/Wisskirchen KonzernArbR/*Bearbeiter* .... *Braun/Wisskirchen* (Hrsg.), Konzernarbeitsrecht – Handbuch, 2015

Bredemeier/Neffke/Cerff/Weizenegger ... TVöD/TV-L, 5. Aufl. 2017

BRO/*Bearbeiter* ..... *Blomeyer/Rolfs/Otto,* Betriebsrentengesetz, Gesetz zur Verbesserung der betrieblichen Altersversorgung, 7. Aufl. 2018

Brose/Weth/Volk .... Mutterschutzgesetz und Bundeselterngeld- und Elternzeitgesetz, 9. Aufl. 2020

Brox/Rüthers/
Bearbeiter .... *Brox/Rüthers/Henssler,* Arbeitsrecht, 20. Aufl. 2020
Bruns .... Teilzeit- und Befristungsrecht, 2013
Buschmann/Ulber ... Arbeitszeitgesetz, 8. Aufl. 2015
Byers .... Mitarbeiterkontrollen, 2016

Calliess/Ruffert/
Bearbeiter .... *Calliess/Ruffert* (Hrsg.), EUV, AEUV, 5. Aufl. 2016
v. Campenhausen/de Wall .... Staatskirchenrecht, 4. Aufl. 2006
Chicha .... Gendergerechtigkeit stärken – Entgeltgleichheit sicherstellen – ein ILO-Leitfaden für genderneutrale Tätigkeitsbewertung, 2016
CKK/*Bearbeiter* ..... *Clemenz/Kreft/Krause* (Hrsg.), AGB – Arbeitsrecht, 2. Aufl. 2019
Clemens/Scheuring/Steingen/Wiese ...... Kommentar zum Tarifvertrag öffentlicher Dienst (TVöD), Loseblatt
Cramer/Fuchs/Hirsch/Ritz .... SGB IX, Kommentar zum Recht schwerbehinderter Menschen, 6. Aufl. 2011 (neue Auflage unter *Fuchs)*

Dassau/Langenbrinck .... TVöD, Loseblatt
Dassau/Wiesend-Rothbrust .... BAT-Kompaktkommentar, 4. Aufl. 2004
Däubler .... Das Arbeitsrecht, Bd. 1, 16. Aufl. 2006; Bd. 2, 12. Aufl. 2009
Däubler .... Gewerkschaftsrechte im Betrieb, 12. Aufl. 2016
Däubler .... Gläserne Belegschaften, 8. Aufl. 2019
Däubler .... Die Unternehmerfreiheit im Arbeitsrecht, 2012
Däubler .... Tarifverträge zur Unternehmenspolitik, 2016
Däubler Arbeits-kampfR-HdB/
Bearbeiter .... *Däubler* (Hrsg.), Arbeitskampfrecht, 4. Aufl. 2018
Däubler/Bepler .... Das neue Tarifeinheitsrecht, 2015
Däubler/Hege .... Koalitionsfreiheit. Ein Kommentar, Arbeits- und Sozialrecht, Bd. 9, 1976
Dauner-Lieb/Henssler/Preis .... Inhaltskontrolle im Arbeitsrecht, 2006
DDW/*Bearbeiter* .... *Däubler/Deinert/Walser,* AGB-Kontrolle im Arbeitsrecht, 5. Aufl. 2021
DDZ/*Bearbeiter* ..... *Däubler/Deinert/Zwanziger* (Hrsg.), KSchR – Kündigungsschutzrecht, 11. Aufl. 2019
Deinert .... Internationales Arbeitsrecht, 2013
DKW/*Bearbeiter* .... *Däubler/Klebe/Wedde* (Hrsg.), BetrVG, Betriebsverfassungsgesetz, 17. Aufl. 2020
Dobberahn .... Das neue Arbeitszeitgesetz in der Praxis, 2. Aufl. 1996
Dörner, H.-J. .... Der befristete Arbeitsvertrag, 2. Aufl. 2011
Dörner/Luczak/Wildschütz/
Bearbeiter .... *Dörner/Luczak/Wildschütz/Baeck/Hoß* (Hrsg.), Handbuch des Arbeitsrechts, 15. Aufl. 2020
Dörring/Kutzki/Polzer .... TVöD-Kommentar, Arbeitsrecht für den öffentlichen Dienst, 2007
Dreier/*Bearbeiter* ... *Dreier* (Hrsg.), Kommentar zum Grundgesetz, 3 Bde, 3. Aufl. 2013 ff.
Dütz/Thüsing ArbR/*Bearbeiter* .... Arbeitsrecht, 25. Aufl. 2020
Düwell/Lipke/
Bearbeiter .... *Düwell/Lipke* (Hrsg.), ArbGG – Arbeitsgerichtsgesetz, Kommentar zum gesamten Arbeitsverfahrensrecht, 5. Aufl. 2019

EBJS/*Bearbeiter* ..... *Ebenroth/Boujong/Joost/Strohn* (Hrsg.), HGB, 4. Aufl. 2020
Ehmann/Selmayr/
Bearbeiter .... *Ehmann/Selmayr* (Hrsg.), Datenschutz-Grundverordnung, 2. Aufl. 2018

ErfK/*Bearbeiter* ...... *Müller-Glöge/Preis/Schmidt* (Hrsg.), Erfurter Kommentar zum Arbeitsrecht, 21. Aufl. 2021

Erman/*Bearbeiter* ... *Westermann* (Hrsg.), BGB, 2 Bde., 16. Aufl. 2020

EUArbRK/*Bearbeiter* .... *Franzen/Gallner/Oetker* (Hrsg.), Kommentar zum europäischen Arbeitsrecht, 3. Aufl. 2020

Feldes/Helbig/Krämer/Rehwald/Westermann .... Schwerbehindertenrecht, Basiskommentar zum SGB IX mit Wahlordnung, 15. Aufl. 2020

Fey/Joussen/Steuernagel .... Das Arbeits- und Tarifrecht der Evangelischen Kirche, 2012

Fitting .... *Fitting/Engels/Schmidt/Trebinger/Linsenmaier,* Betriebsverfassungsgesetz, 30. Aufl. 2020

FK-InsO/*Bearbeiter* *Bornemann,* Frankfurter Kommentar zur Insolvenzordnung, 10. Aufl. 2021

Friese .... Urlaubsrecht, 2003

Frowein/Peukert ..... Europäische Menschenrechtskonvention, 4. Aufl. 2019

Fuchs/Köstler .... Handbuch zur Aufsichtsratswahl, 6. Aufl. 2016

Fuchs/Marhold .... Europäisches Arbeitsrecht, 6. Aufl. 2020

Fuchs/Reichold .... Tarifvertragsrecht, 2. Aufl. 2006

Fuchs/Ritz/Rosenow .... SGB IX, Kommentar zum Recht schwerbehinderter Menschen, 7. Aufl. 2021

Gagel/*Bearbeiter* .... *Knickrehm/Deinert* (Hrsg.), SGB II/SGB III, Loseblatt

Gamillscheg Koll-ArbR I .... *Gamillscheg,* Kollektives Arbeitsrecht, Band I, 1997

Gedon/Spiertz .... Berufsbildungsrecht, 1992

Geiger/Khan/Kotzur .... EUV und AEUV, 6. Aufl. 2017 (unter *Daniels*)

Geyer/Knorr/Krasney .... Entgeltfortzahlung Krankengeld Mutterschaftsgeld, Loseblatt

GHN/*Bearbeiter* ..... *Grabitz/Hilf/Nettesheim* (Hrsg.), Das Recht der Europäischen Union, Loseblatt

GK-AFG/*Bearbeiter* .... Gemeinschaftskommentar zum Arbeitsförderungsgesetz, Loseblatt

GK-ArbGG/*Bearbeiter* .... Gemeinschaftskommentar zum Arbeitsgerichtsgesetz, Loseblatt

GK-BetrVG/*Bearbeiter* .... Gemeinschaftskommentar zum Betriebsverfassungsgesetz, 2 Bde, 11. Aufl. 2018

GK-BUrlG/*Bearbeiter* .... Gemeinschaftskommentar zum Bundesurlaubsgesetz, 5. Aufl. 1992

GK-MitbestG/*Bearbeiter* .... Gemeinschaftskommentar zum Mitbestimmungsgesetz, Loseblatt

GK-SGB III/*Bearbeiter* .... Gemeinschaftskommentar zum Arbeitsförderungsrecht, Loseblatt

GK-SGB VI/*Bearbeiter* .... Gemeinschaftskommentar zum SGB VI, Loseblatt

GK-TzA/*Bearbeiter* Gemeinschaftskommentar zum Teilzeitarbeitsrecht, 1987

GMP/*Bearbeiter* ..... *Germelmann/Matthes/Prütting,* Arbeitsgerichtsgesetz, 9. Aufl. 2017

Goebel .... Der betriebsverfassungsrechtliche Durchführungsanspruch gem. § 77 Abs. 1 S. 1 BetrVG, 2006

Gola .... Datenschutz am Arbeitsplatz, 5. Aufl. 2014; *Gola,* Entgeltfortzahlungsgesetz, 3. Aufl. 1999

Gola/*Bearbeiter* ...... *Gola* (Hrsg.), Datenschutz-Grundverordnung, 2. Aufl. 2018

Gola Beschäftigtendatenschutz-HdB/*Bearbeiter* .... Gola (Hrsg.), Handbuch Beschäftigtendatenschutz, 8. Aufl. 2019

Gola/Schomerus ..... Bundesdatenschutzgesetz, 13. Aufl. 2019
Gotthardt .... Arbeitsrecht nach der Schuldrechtsreform, 2. Aufl. 2003
Gottwald/Haas InsR-HdB/ *Bearbeiter* .... *Gottwald/Haas* (Hrsg.), Insolvenzrechts-Handbuch, 6. Aufl. 2020
Greiner .... Rechtsfragen der Koalitions-, Tarif- und Arbeitskampfpluralität, 2010
von der Groeben/ Schwarze/Hatje ...... *Groeben/Schwarze* (Hrsg.), Europäisches Unionsrecht, 4 Bde., 7. Aufl. 2015
Gröninger/Gehring/ Taubert .... Jugendarbeitsschutzgesetz, Loseblatt
Gussone/Voelzke .... Altersteilzeitrecht, 2000
GWBG/*Bearbeiter* . *Grunsky/Waas/Benecke/Greiner* (Hrsg.), Arbeitsgerichtsgesetz, 8. Aufl. 2014

Habersack/ Henssler/*Bearbeiter* Mitbestimmungsrecht, 4. Aufl. 2018
HaKo-KSchR/ *Bearbeiter* .... *Gallner/Mestwerdt/Nägele* (Hrsg.), Kündigungsschutzrecht, 7. Aufl. 2021
HambKomm/ *Bearbeiter* .... *Schmidt* (Hrsg.), Hamburger Kommentar zum Insolvenzrecht, 9. Aufl. 2021
Hamacher (Hrsg.) ... Antragslexikon Arbeitsrecht, 3. Aufl. 2019
Hanau/Adomeit ..... Arbeitsrecht, 14. Aufl. 2006
HBKP/*Bearbeiter* .. *Henkes/Baur/Kopp/Polduwe,* Handbuch Arbeitsförderung, SGB III, 4. Aufl. 2014
HBW Beratungspraxis in Krisenzeiten/*Bearbeiter* .... *Helm/Bundschuh/Wulff* (Hrsg.), Arbeitsrechtliche Beratungspraxis in Krisenzeiten, 2020
Henn/Frodermann/ Jannott (Hrsg.) .... Handbuch des Aktienrechts, 9. Aufl. 2017
Hennig/*Bearbeiter* .. *Eicher/Schlegel,* SGB III – Arbeitsförderungsrecht, Loseblatt
Henssler/Strohn/ *Bearbeiter* .... Gesellschaftsrecht, 5. Aufl. 2021
Henssler/v. Westphalen .... Praxis der Schuldrechtsreform, 2. Aufl. 2002
Herkert/Töltl .... Das neue Berufsbildungsgesetz, Loseblatt
Heubeck/Höhne/ Paulsdorff/Rau/ Weinert .... Kommentar zum Betriebsrentengesetz, Bd. 1, Arbeitsrechtliche Vorschriften, 2. Aufl. ab 1982
Hilgenstock .... Mindestlohngesetz, 2014
HK-AGG/ *Bearbeiter* .... *Däubler/Bertzbach* (Hrsg.), Allgemeines Gleichbehandlungsgesetz, 4. Aufl. 2018
HK-ArbR/ *Bearbeiter* .... *Däubler/Hjort/Schubert/Wolmerath* (Hrsg.), Arbeitsrecht, Handkommentar, 4. Aufl. 2017
HK-ArbSchR/ *Bearbeiter* .... *Kohte/Faber/Feldhoff* (Hrsg.), Gesamtes Arbeitsschutzrecht, Handkommentar, 2. Aufl. 2018
HK-BBiG/ *Bearbeiter* .... *Wohlgemuth* (Hrsg.), BBiG, Berufsbildungsgesetz, 2. Aufl. 2020
HK-BUrlG/ *Bearbeiter* .... *Hohmeister/Oppermann,* Bundesurlaubsgesetz, Handkommentar, 3. Aufl. 2013
HK-EFZR/ *Bearbeiter* .... *Feichtinger/Malkmus* (Hrsg.), Entgeltfortzahlungsrecht, Handkommentar, 2. Aufl. 2010

HK-InsO/
Bearbeiter .... *Kayser/Thole* (Hrsg.), Heidelberger Kommentar zur Insolvenzordnung, 10. Aufl. 2020
HK-KSchG/
Bearbeiter .... *Dorndorf/Weller/Hauck/Kriebel/Höland/Neef,* Heidelberger Kommentar zum Kündigungsschutzgesetz, 4. Aufl. 2001
HK-MiLoG/
Bearbeiter .... *Düwell/Schubert* (Hrsg.), Mindestlohngesetz, Handkommentar, 2. Aufl. 2017
HKMM/*Bearbeiter* . *Hailbronner/Klein/Magiera/Müller-Graff,* Handkommentar zum EU-Vertrag, Loseblatt
HK-MuSchG/
Bearbeiter .... *Rancke* (Hrsg.), Mutterschutz, Elterngeld, Elternzeit, Handkommentar, 5. Aufl. 2018
HK-TzBfG/
Bearbeiter .... *Boecken/Joussen* (Hrsg.), Teilzeit- und Befristungsgesetz, 6. Aufl. 2019
HMB/*Bearbeiter* ..... *Henssler/Moll/Bepler* (Hrsg.), Der Tarifvertrag: Handbuch für das gesamte Tarifrecht, 2. Aufl. 2016
Hock/Hock .... Lohnpfändung und Verbraucherinsolvenz, Handbuch mit Lohnpfändungs-ABC, Praxistipps und Mustern, 2. Aufl. 2014
Höfer BetrAVG I/
Bearbeiter .... *Höfer/Groot/Küpper/Reich* (Hrsg.), Betriebsrentenrecht (BetrAVG), Bd. 1: Arbeitsrecht, Loseblatt
Höpfner .... Tarifgeltung im Arbeitsverhältnis, 2015
Hopt/Wiedemann ... Großkommentar zum Aktiengesetz, 7 Bde., 4. Aufl. 1992 ff.
HP/*Bearbeiter* .... *Helml/Pessinger,* ArbGG, Arbeitsgerichtsgesetz, 5. Aufl. 2021
Hromadka/Sieg ...... SprAuG, Kommentar zum Sprecherausschussgesetz, 4. Aufl. 2017
HS-KV/*Bearbeiter* .. *Schulin* (Hrsg.), Handbuch des Sozialversicherungsrechts, 4 Bde., Bd. 1, Krankenversicherungsrecht, 1994
HS-RV/*Bearbeiter* .. *Schulin* (Hrsg.), Handbuch des Sozialversicherungsrechts, 4 Bde., Bd. 3, Rentenversicherungsrecht, 1999
HS-UV/*Bearbeiter* .. *Schulin* (Hrsg.), Handbuch des Sozialversicherungsrechts, 4 Bde., Bd. 2, Unfallversicherungsrecht, 1996
Hueck/Nipperdey ... Lehrbuch des Arbeitsrechts, 7. Aufl. Bd. 1 1967; Bd. 2, 1. und 2. Halbbd. 1967, 1970
Hüffer/*Koch* .... Aktiengesetz, 15. Aufl. 2021
Hurlebaus/
Baumstümmler/
Schulien .... Berufsbildungsrecht, Loseblatt
HVV BetrAVG II/
Bearbeiter .... *Höfer/Veit/Verhuven* (Hrsg.), Betriebsrentenrecht (BetrAVG), Bd. 2: Steuerrecht/Sozialabgaben, HGB/IFRS, Loseblatt
HWGNRH/
Bearbeiter .... *Hess/Worzalla/Glock/Nicolai/Rose/Huke,* Kommentar zum Betriebsverfassungsgesetz, 10. Aufl. 2018
HWK/*Bearbeiter* ... *Henssler/Willemsen/Kalb* (Hrsg.), Arbeitsrecht Kommentar, 9. Aufl. 2020
HzA/*Bearbeiter* ...... *Leinemann* (Hrsg.), HzA, Handbuch zum Arbeitsrecht, Arbeitsrecht in der Praxis, Loseblatt

Jaeger/*Bearbeiter* ..... *Jaeger* (Hrsg.), Großkommentar der Insolvenzordnung, 2004 ff.
Jaeger/Röder/
Heckelmann (Hrsg.) Praxishandbuch Betriebsverfassungsrecht, 2003
Jarass .... GRCh – Charta der Grundrechte, 4. Aufl. 2021
Jarass/Pieroth .... GG, Grundgesetz für die Bundesrepublik Deutschland, 16. Aufl. 2020
Jauernig BGB/
Bearbeiter .... *Jauernig* (Hrsg.), BGB, Bürgerliches Gesetzbuch, 18. Aufl. 2021
JKOS TVR/*Bearbeiter* .... *Jacobs/Krause/Oetker/Schubert,* Tarifvertragsrecht, 2. Aufl. 2013

KAEW/*Bearbeiter* .. *Koberski/Asshoff/Eustrup/Winkler* (Hrsg.), Arbeitnehmer-Entsendegesetz, Kommentar, 3. Aufl. 2011

Kaiser – Sprecherausschüsse für leitende Angestellte. Organisation, Aufgaben und Mitwirkungsrechte, 1995

Kallmeyer/*Bearbeiter* – *Kallmeyer* (Hrsg.), Umwandlungsgesetz, 7. Aufl. 2020

Karpenstein/Mayer – EMRK – Konvention zum Schutz der Menschenrechte und Grundfreiheiten, 2. Aufl. 2015

Karst/Cisch – Betriebsrentengesetz, Gesetz zur Verbesserung der betrieblichen Altersversorgung, 15. Aufl. 2018

KassHdB/*Bearbeiter* – Kasseler Handbuch zum Arbeitsrecht, 2 Bde., 2. Aufl. 2000

KassKomm/*Bearbeiter* – *Körner/Leitherer/Mutschler/Rolfs* (Hrsg.), Kasseler Kommentar Sozialversicherungsrecht, Loseblatt

Kemper/Kisters-Kölkes/Berenz/Huber/Betz-Rehm – BetrAVG. Kommentar zum Betriebsrentengesetz, 9. Aufl. 2020

KeZa/*Bearbeiter* – *Kempen/Zachert*, TVG – Tarifvertragsgesetz, 5. Aufl. 2014

Kießling/*Bearbeiter* – *Kießling* (Hrsg.), Infektionsschutzgesetz, 2020

Kissel Arbeits-kampfR – *Kissel*, Arbeitskampfrecht, 2002

Kissel/Mayer – Gerichtsverfassungsgesetz, 10. Aufl. 2021

Kittner – Arbeitskampf, 2005

Kittner/Pieper – ArbSchR – Arbeitsschutzrecht, 3. Aufl. 2005

Kittner/Zwanziger/*Bearbeiter* – *Kittner/Zwanziger/Deinert/Heuschmid* (Hrsg.), Arbeitsrecht, Handbuch für die Praxis, 10. Aufl. 2019

KKMW/*Bearbeiter* – *Knigge/Ketelsen/Marschall/Wissing/Wittrock*, Kommentar zum Arbeitsförderungsgesetz (AFG), 3. Aufl. 1996

KKRM/*Bearbeiter* – *Koller/Kindler/Roth/Drüen*, HGB, Handelsgesetzbuch, 9. Aufl. 2019

KKS/*Bearbeiter* – *Kollmer/Klindt/Schucht* (Hrsg.) Arbeitsschutzgesetz, 4. Aufl. 2021

KKW/*Bearbeiter* – *Knickrehm/Kreikebohm/Waltermann* (Hrsg.), Kommentar zum Sozialrecht, 6. Aufl. 2019

Kingreen/Poscher – Grundrechte, Staatsrecht II, 36. Aufl. 2020

Klebe/Ratayczak/Heilmann/Spoo – Betriebsverfassungsgesetz, 21. Aufl. 2020

Kleinebrink – Abmahnung, 3. Aufl. 2017

Kluckert Neues InfektionsschutzR/*Bearbeiter* – *Kluckert* (Hrsg.), Das neue Infektionsschutzrecht, 2. Aufl. 2021

Knopp/Kraegeloh – Berufsbildungsgesetz, 5. Aufl. 2005

Köhler/Bornkamm/Feddersen/*Bearbeiter* – *Köhler/Bornkamm/Feddersen*, Gesetz gegen den unlauteren Wettbewerb – UWG, 39. Aufl. 2021

v. Koppenfels-Spies – Angehörigenpflege und Beschäftigung, 2016

Köstler/Zachert/Müller – Aufsichtsratspraxis, 10. Aufl. 2013

Kötter – Mitbestimmungsrecht, 1952

KPB/*Bearbeiter* – *Kübler/Prütting/Bork*, InsO, Kommentar zur Insolvenzordnung, Loseblatt

KPK/*Bearbeiter* – *Sowka/Schiefer/Heise* (Hrsg.), Kölner Praxiskommentar zum Kündigungsschutzgesetz, 4. Aufl. 2012

KR/*Bearbeiter* – Gemeinschaftskommentar zum Kündigungsschutzgesetz und zu sonstigen kündigungsschutzrechtlichen Vorschriften, 12. Aufl. 2019

Kramer – Kündigungsvereinbarungen im Arbeitsvertrag, 1994

Kramer IT-ArbR/*Bearbeiter* – *Kramer* (Hrsg.), IT-Arbeitsrecht, 2. Aufl. 2019

Krasemann – Das Eingruppierungsrecht des BAT/BAT-O, 8. Aufl. 2005

Krauskopf KrankenV/*Bearbeiter* ..... *Wagner/Knittel* (Hrsg.), Soziale Krankenversicherung, Pflegeversicherung, Loseblatt

Kreikebohm SGB IV/*Bearbeiter* . *Kreikebohm* (Hrsg.), SGB IV Sozialgesetzbuch – Gemeinsame Vorschriften für die Sozialversicherung, 3. Aufl. 2018

Kreikebohm SGB VI/*Bearbeiter* . *Kreikebohm* (Hrsg.), SGB VI Sozialgesetzbuch – Gesetzliche Rentenversicherung, 5. Aufl. 2017

Krings .... Der Betriebsübergang gem. § 613a BGB im kirchlichen Arbeitsrecht, 2009

KSW/*Bearbeiter* ..... *Kreikebohm/Spellbrink/Waltermann* (Hrsg.), Kommentar zum Sozialrecht, 6. Aufl. 2019

Kübler/Prütting/*Bearbeiter* .... *Kübler/Prütting/Bork* (Hrsg.), InsO – Kommentar zur Insolvenzordnung, Loseblatt

Kühling/Buchner/*Bearbeiter* .... *Kühling/Buchner* (Hrsg.), Datenschutz-Grundverordnung, BDSG, 3. Aufl. 2020

Küttner Personalbuch 2021/*Bearbeiter* .... *Röller* (Hrsg.), Personalbuch 2021, Arbeitsrecht, Lohnsteuerrecht, Sozialversicherungsrecht, 28. Aufl. 2021

Kuner .... TVöD Allgemeiner Teil und TVÜ, 2. Aufl. 2010

KWS ArbStättV/*Bearbeiter* .... *Kollmer/Wiebauer/Schucht* (Hrsg.), Arbeitsstättenverordnung, 4. Aufl. 2019

Lakies .... Mindestlohngesetz, Basiskommentar zum MiLoG, 5. Aufl. 2021

Lakies/Malottke ..... BBiG – Berufsbildungsgesetz, 7. Aufl. 2020

Lakies/Schoden ...... Jugendarbeitsschutzgesetz, 8. Aufl. 2018

Lang/Weidmüller .... Genossenschaftsgesetz, 39. Aufl. 2019

Laux/Schlachter ...... Teilzeit- und Befristungsgesetz, 2. Aufl. 2011

Leinemann/Linck ... Urlaubsrecht, 2. Aufl. 2001

Leinemann/Taubert . Berufsbildungsgesetz, 2. Aufl. 2008

Leinenweber .... Landesschlichtungsgesetze, 2011

Lepke .... Kündigung bei Krankheit, Handbuch für die betriebliche, anwaltliche und gerichtliche Praxis, 16. Aufl. 2018

Leydecker .... Der Tarifvertrag als exclusives Gut, 2005

Lieb/Jacobs .... Arbeitsrecht, 10. Aufl. 2017

Lindemann .... Seearbeitsgesetz und Manteltarifvertrag für die deutsche Seeschifffahrt, 2014

Linnenkohl/Rauschenberg .... Arbeitszeitgesetz, 2. Aufl. 2004

LKB/*Bearbeiter* ...... *Linck/Krause/Bayreuther,* Kündigungsschutzgesetz, 16. Aufl. 2019

Löwisch .... SprAuG, Kommentar zum Sprecherausschussgesetz, 2. Aufl. 1994

Löwisch/Kaiser .... BetrVG, Kommentar zum Betriebsverfassungsgesetz, 7. Aufl. 2020

Löwisch/Rieble .... Tarifvertragsgesetz, 4. Aufl. 2017

LPK-SGB II/*Bearbeiter* .... *Münder/Geiger* (Hrsg.), Sozialgesetzbuch II. Lehr- und Praxiskommentar, 7. Aufl. 2021

LPK-SGB IX/*Bearbeiter* .... *Dau/Düwell/Joussen* (Hrsg.), Sozialgesetzbuch IX. Rehabilitation und Teilhabe behinderter Menschen. Lehr- und Praxiskommentar, 5. Aufl. 2019

LSSW/*Bearbeiter* ..... *Löwisch/Schlünder/Spinner/Wertheimer* (Hrsg.), KSchG, Kündigungsschutzgesetz, 11. Aufl. 2018

Lutter UmwG/*Bearbeiter* .... *Lutter/Winter* (Hrsg.), UmwG, 6. Aufl. 2019

MAH IT-R/*Bearbeiter* .... *Leupold/Wiebe/Glossner* (Hrsg.), Münchener Anwaltshandbuch IT-Recht, 4. Aufl. 2021

v. Mangoldt/Klein/Starck/*Bearbeiter*	*Starck* (Hrsg.), GG, Kommentar zum Grundgesetz, 3 Bde., 7. Aufl. 2018
Mankowski/Müller/Schmidt/*Bearbeiter*	*Mankowski/Müller/Schmidt* (Hrsg.), EuInsVO 2015, 2016
Marienhagen/Künzel	Entgeltfortzahlung, Loseblatt
Maschmann/Fritz/*Bearbeiter*	*Maschmann/Fritz* (Hrsg.), Matrixorganisationen, 2019
Maunz/Dürig/*Bearbeiter*	*Herzog/Scholz/Herdegen/Klein* (Hrsg.), Grundgesetz, Loseblatt
Meinel/Heyn/Herms	AGG, Allgemeines Gleichbehandlungsgesetz, 2. Aufl. 2010
Meinel/Heyn/Herms	TzBfG, Teilzeit- und Befristungsgesetz, 5. Aufl. 2015
Meisel/Sowka	Mutterschutz und Erziehungsurlaub, 5. Aufl. 1999
Mengel	Compliance und Arbeitsrecht, 2009
Mengel	Umwandlungen im Arbeitsrecht, 1997
MHdB ArbR/*Bearbeiter*	*Kiel/Lunk/Oetker* (Hrsg.), Münchener Handbuch zum Arbeitsrecht, Bd. 1, 5. Aufl. 2021, Bde. 2–4, 4. Aufl. 2019
MHdB GesR IV/*Bearbeiter*	*Hoffmann-Becking* (Hrsg.), Münchener Handbuch des Gesellschaftsrechts, 6 Bde., Bd. 4, 5. Aufl. 2020
Molitor/Volmer/Germelmann	Jugendarbeitsschutzgesetz, 3. Aufl. 1986
MSG Vertragsgestaltung ArbR/*Bearbeiter*	*Maschmann/Sieg/Göpfert* (Hrsg.), Vertragsgestaltung im Arbeitsrecht, 3. Aufl. 2020
MüKoAktG/*Bearbeiter*	*Goette/Habersack/Kalss* (Hrsg.), Münchener Kommentar zum AktG, 5. Aufl. 2019 ff.
MüKoBGB/*Bearbeiter*	*Säcker/Rixecker/Oetker/Limperg* (Hrsg.), Münchener Kommentar zum BGB, 14 Bde., 8. Aufl. 2018 ff.
MüKoHGB/*Bearbeiter*	*Schmidt* (Hrsg.), Münchener Kommentar zum HGB, 7 Bde., Bd. 1, 5. Aufl. 2021, und Bd. 7, 4. Aufl. 2020
MüKoInsO/*Bearbeiter*	*Kirchhof/Stürner/Eidenmüller* (Hrsg.), Münchener Kommentar zur InsO, 3 Bde., 4. Aufl. 2019 ff.
MüKoZPO/*Bearbeiter*	*Rauscher/Krüger* (Hrsg.), Münchener Kommentar zur ZPO, 3 Bde., 6. Aufl. 2020
Müller	Homeoffice in der arbeitsrechtlichen Praxis, 2. Aufl. 2020
Müller G./Lehmann	Kommentar zum Mitbestimmungsgesetz, Bergbau und Eisen, 1952
Müller/Berenz	Entgeltfortzahlungsgesetz und Aufwendungsausgleichsgesetz, 2006
Musielak/Voit/*Bearbeiter*	*Musielak/Voit* (Hrsg.), Kommentar zur ZPO, 18. Aufl. 2021
MVHdB V BürgerlR I/*Bearbeiter* bzw. MVHdB VI BürgerlR II/*Bearbeiter*	Münchener Vertragshandbuch, 6 Bde., 8. Aufl. 2018 ff.
Nägele	Der Dienstwagen, 2. Aufl. 2010
Natzel	Bundesurlaubsrecht, 4. Aufl. 1988

Neumann/Biebl ...... Arbeitszeitgesetz, 16. Aufl. 2012
Neumann/Fenski/Kühn .... Bundesurlaubsgesetz, 11. Aufl. 2016
Nikisch .... Arbeitsrecht, Bd. 1, 3. Aufl. 1961; Bd. 2, 2. Aufl. 1959; Bd. 3, 2. Aufl. 1966
NK-BGB/*Bearbeiter* .... *Dauner-Lieb/Langen* (Hrsg.), BGB, Schuldrecht, 3 Bde., 4. Aufl. 2021
NK-DatenschutzR/*Bearbeiter* .... *Simitis/Hornung/Spiecker* (Hrsg.), Datenschutzrecht, 2019
NK-GA/*Bearbeiter* . *Boecken/Düwell/Diller/Hanau* (Hrsg.), Gesamtes Arbeitsrecht, 2016
NK-TVG/*Bearbeiter* .... *Däubler* (Hrsg.), Tarifvertragsgesetz, 4. Aufl. 2016
NPWJ/*Bearbeiter* ... *Neumann/Pahlen/Greiner/Winkler/Jabben,* Sozialgesetzbuch IX, Rehabilitation und Teilhabe behinderter Menschen, 14. Aufl. 2020

Obermüller/Hess ..... InsO. Eine systematische Darstellung des Insolvenzrechts, 4. Aufl. 2003
OBHS/*Bearbeiter* .. *Obenhaus/Brügge/Herden/Schönhöft,* Schwarzarbeitsbekämpfungsgesetz, 2016
Oppermann/Classen/Nettesheim . Europarecht, 9. Aufl. 2021
Oetker .... Das Dauerschuldverhältnis und seine Beendigung, 1994
Oetker/Preis .... *Oetker/Preis* (Hrsg.), Europäisches Arbeits- und Sozialrecht, Loseblatt
Otto Arbeitskampf R .... *Otto,* Arbeitskampf- und Schlichtungsrecht, 2006
Otto/Schwarze/Krause .... Die Haftung des Arbeitnehmers, 4. Aufl. 2014

Paal/Pauly/*Bearbeiter* .... *Paal/Pauly* (Hrsg.), Datenschutz-Grundverordnung, Bundesdatenschutzgesetz, 3. Aufl. 2021
Palandt/*Bearbeiter* .. Bürgerliches Gesetzbuch, 80. Aufl. 2021
Patett .... Das Verhältnis des Arbeitskampfrechts zu Art. 12 GG und den europäischen Grundfreiheiten, 2015
Paulsdorff .... Kommentar zur Insolvenzsicherung der betrieblichen Altersversorgung, 2. Aufl. 1999
Peters .... *Peters, D.-B.,* Das Weisungsrecht der Arbeitgeber, 2. Aufl. 2021
Peters .... *Peters, H.,* Handbuch der Krankenversicherung, Loseblatt
Pieper .... ArbSchR – Arbeitsschutzrecht, 6. Aufl. 2017
Powietzka/Rolfs ..... Bundesurlaubsgesetz, 2. Aufl. 2017
Preis Arbeitsvertrag/*Bearbeiter* .... *Preis* (Hrsg.), Der Arbeitsvertrag, 6. Aufl. 2020
Preis, Prinzipien .... *Preis,* Prinzipien des Kündigungsrechts bei Arbeitsverhältnissen, 1987
Preis, Vertragsgestaltung .... *Preis,* Grundfragen der Vertragsgestaltung im Arbeitsrecht, 1993
Preis WissZeitVG .. *Preis,* Kommentar zum Wissenschaftszeitvertragsgesetz, 2. Aufl. 2017
Preis/Peramato .... Das neue Recht der Allgemeinverbindlicherklärung im Tarifautonomiestärkungsgesetz, 2017
Preis/Sagan EurArbR/*Bearbeiter* .... *Preis/Sagan* (Hrsg.), Europäisches Arbeitsrecht, 2. Aufl. 2019
Preis/Ulber .... Ausschlussfristen und Mindestlohngesetz, HSI-Schriftenreihe, Bd. 12, 2014
Prölss/Martin/*Bearbeiter* .... *Prölls/Martin* (Hrsg.), Versicherungsvertragsgesetz, 31. Aufl. 2021
PWW/*Bearbeiter* ... *Prütting/Wegen/Weinreich,* BGB, Kommentar, 15. Aufl. 2020

Raiser .... *Raiser/Veil/Jacobs,* Mitbestimmungsgesetz und Drittelbeteiligungsgesetz, 7. Aufl. 2020
RDW/*Bearbeiter* .... *Richardi/Dörner/Weber* (Hrsg.), Personalvertretungsrecht, 5. Aufl. 2020

Reinfeld Neues GeschGehG/*Bearbeiter* .... *Reinfeld* (Hrsg.), Das neue Gesetz zum Schutz von Geschäftsgeheimnissen, 2019

Reinhard/Ackermann u.a./*Bearbeiter* .... *Reinhard/Ackermann u.a.*, Entgeltfortzahlungsgesetz, 2006

RGRK/*Bearbeiter* .. Kommentar zum Bürgerlichen Gesetzbuch, hrsg. von Reichsgerichtsräten und Bundesrichtern, 12. Aufl. 1974 ff.

Richardi BetrVG/*Bearbeiter* .... *Richardi* (Hrsg.), Betriebsverfassungsgesetz, 16. Aufl. 2018

Richardi Kirchen-ArbR .... *Richardi,* Arbeitsrecht in der Kirche, 8. Aufl. 2020

Richter/Gamisch Eingruppierung .... Eingruppierung AVR. Diakonie in der Praxis, 2. Aufl. 2014

Richter/Gamisch Tarifvertrag .... Tarifvertrag Sozial- und Erziehungsdienst, 2. Aufl. 2016

Rieble .... Zukunft des Arbeitskampfs, 2005

Riechert/Nimmerjahn .... Mindestlohngesetz, 2. Aufl. 2017

Riesenhuber .... Europäisches Arbeitsrecht, 2009

Rittweger/Petri/Schweikert .... Altersteilzeit, 2. Aufl. 2002

Röger InsArbR/*Bearbeiter* .... *Röger* (Hrsg.), Insolvenzarbeitsrecht, 2018

Roggendorff .... Arbeitszeitgesetz, 1994

Rolfs .... Teilzeit- und Befristungsgesetz, 2002

Roos/Bieresborn/*Bearbeiter* .... *Roos/Bieresborn* (Hrsg.), MuSchG, BEEG, Kommentar, 2. Aufl. 2019

Ruland .... Versorgungsausgleich, 4. Aufl. 2015

Sachs/*Bearbeiter* ..... *Sachs* (Hrsg.), GG, Grundgesetz, 9. Aufl. 2021

Sahmer/Busemann .. Gesetz über den Schutz des Arbeitsplatzes bei Einberufung zum Wehrdienst, Loseblatt

Salamon Entg-HdB/*Bearbeiter* ...... *Salamon* (Hrsg.), Entgeltgestaltung. Recht und Praxis maßgeschneiderter Vergütungsstrukturen, 2019

Sandmann/Marschall .... *Sandmann/Marschall/Schneider,* Arbeitnehmerüberlassungsgesetz, Loseblatt

Schaub ArbRFV-HdB/*Bearbeiter* ...... *Schaub/Schrader/Straube/Vogelsang,* Arbeitsrechtliches Formular- und Verfahrenshandbuch, 14. Aufl. 2021

Schaub/Koch ArbR A–Z .... Arbeitsrecht von A–Z, 25. Aufl. 2021

Schlegel/Meßling/Bockholdt .... COVID-19 – Corona-Gesetzgebung – Gesundheit und Soziales, 2020

Schleßmann .... Das Arbeitszeugnis, 23. Aufl. 2021

Schleusener/Suckow/Plum .... AGG, Kommentar zum Allgemeinen Gleichbehandlungsgesetz, 5. Aufl. 2019

Schliemann .... Arbeitszeitgesetz mit Nebengesetzen, 4. Aufl. 2018

Schmidt/*Bearbeiter* . *Weber-Grellet* (Hrsg.), Einkommensteuergesetz, 40. Aufl. 2021

Schmidt, B. .... Tarifpluralität im System der Arbeitsrechtsordnung, 2011

Schmidt, B. .... Gestaltung und Durchführung des BEM, 2. Aufl. 2017

Schmidt COVID-19/*Bearbeiter* .... *Schmidt* (Hrsg.), COVID-19 – Rechtsfragen zur Corona-Krise, 2. Aufl. 2020

Schmidt InsO/*Bearbeiter* .... *K. Schmidt* (Hrsg.), Insolvenzordnung, 19. Aufl. 2016

Schmidt/Koberski/Tiemann/Wascher ... Heimarbeitsgesetz, 4. Aufl. 1998
Schmitt EFZG/*Bearbeiter* .... *Schmitt,* Entgeltfortzahlungsgesetz, Aufwendungsausgleichsgesetz, 8. Aufl. 2018
Schrader/Straube ..... Der Dienstwagen im Arbeits- und Steuerrecht, 2013
Schubert/Jerchel/Düwell .... Das neue Mindestlohngesetz, Grundlagen und Auswirkungen, 2015
Schüren/Hamann .... *Schüren* (Hrsg.), Arbeitnehmerüberlassungsgesetz, 5. Aufl. 2018
Semler/Stengel .... Umwandlungsgesetz, 4. Aufl. 2017
SH/*Bearbeiter* .... *Schmitt/Hörtnagl* (Hrsg.), UmwG, UmwStG, Umwandlungsgesetz, Umwandlungssteuergesetz, 9. Aufl. 2020
SHU ArbeitsvölkerR/*Bearbeiter* ..... *Schlachter/Heuschmid/Ulber* (Hrsg.), Arbeitsvölkerrecht, 2019
Sieg/Maschmann .... Unternehmensumstrukturierung aus arbeitsrechtlicher Sicht, 3. Aufl. 2020
Sievers .... Kommentar zum Teilzeit- und Befristungsgesetz, 6. Aufl. 2018
Sittard .... Voraussetzungen und Wirkungen der Tarifnormerstreckung nach § 5 TVG und dem AEntG, 2010
Soergel/*Bearbeiter* .. BGB, Bürgerliches Gesetzbuch, 27 Bde., 13. Aufl. 1999 ff.
SozVersGesKomm/*Bearbeiter* .... *Baumeister/Bley/Gagel/Gitter/Heinze/Knopp/Lilge/Müller/Schneider-Danwitz/Schoeter/Schwerdtfeger,* Gesamtkommentar SGB, Sozialversicherung, Loseblatt
Spindler/Schuster/*Bearbeiter* .... *Spindler/Schuster* (Hrsg.), Recht der elektronischen Medien, 4. Aufl. 2019
SPV Kündigung/*Bearbeiter* .... *Stahlhacke/Preis/Vossen,* Kündigung und Kündigungsschutz im Arbeitsverhältnis, 11. Aufl. 2015
SRS/*Bearbeiter* ...... *vom Stein/Rothe/Schlegel* (Hrsg.), Gesundheitsmanagement und Krankheit im Arbeitsverhältnis, 2. Aufl. 2021
Staudacher/Hellmann/Hartmann/Wenk .... Teilzeitarbeit, 2003
Staudinger/*Bearbeiter* .... Kommentar zum BGB, bandweise Aktualisierungen
Steck/Kossens ALG II .... *Steck/Kossens* (Hrsg.), Arbeitslosengeld II, 2. Aufl. 2008
Stege/Weinspach/Schiefer .... Betriebsverfassungsgesetz, Kommentar, 9. Aufl. 2002
Stein/Jonas/*Bearbeiter* .... *Stein/Jonas* (Hrsg.), ZPO, Kommentar zur ZPO, 12 Bde., 23. Aufl. 2014 ff.
Stober .... Ladenschlussgesetz, LSchlG, 4. Aufl. 2000
Stöber/Rellermeyer .. Forderungspfändung, 20. Aufl. 2020
Stoffels .... Der Vertragsbruch des Arbeitnehmers, 1994
Stoffels .... AGB-Recht, 3. Aufl. 2015
Streinz .... Europarecht, 11. Aufl. 2019

TASEG .... *Oetker/Preis,* Technisches Arbeitsschutzrecht der EG, Loseblatt
Terhorst .... Ende der Tarifbindung, 2016
Theis .... Kommentar zum Ladenschlussgesetz, 1991
Thiel/Fuhrmann/Jüngst .... Kommentar zur Rahmenordnung für eine Mitarbeitervertretungsordnung – MAVO, 8. Aufl. 2019
Thomas/Putzo .... ZPO, 42. Aufl. 2021
Thüsing .... AGB-Kontrolle im Arbeitsrecht, 2007
Thüsing .... Arbeitsrechtlicher Diskriminierungsschutz, 2. Aufl. 2013
Thüsing .... Europäisches Arbeitsrecht, 3. Aufl. 2017

Thüsing AÜG/ *Bearbeiter* .... *Thüsing* (Hrsg.), Arbeitnehmerüberlassungsgesetz, 4. Aufl. 2018

Thüsing Beschäftigtendatenschutz/ *Bearbeiter* .... *Thüsing* (Hrsg.), Beschäftigtendatenschutz und Compliance, 3. Aufl. 2021

Thüsing MiLoG/ *Bearbeiter* .... *Thüsing* (Hrsg.), MiLoG und AEntG, 2. Aufl. 2016

Thüsing/Rachor/ Lembke/*Bearbeiter* . *Thüsing/Rachor/Lembke* (Hrsg.), Kündigungsschutzgesetz, 4. Aufl. 2018

Thüsing/Wurth Social Media/*Bearbeiter* .... *Thüsing/Wurth* (Hrsg.), Social Media im Betrieb, 2: Aufl. 2020

TM/*Bearbeiter* .... *Tillmanns/Mutschler* (Hrsg.), MuSchG und BEEG, 2. Aufl. 2018

Treber .... Aktiv produktionsbehindernde Maßnahmen, 1996

Treber EFZG .... Kommentar zum Entgeltfortzahlungsgesetz und zu den wesentlichen Nebengesetzen, 2. Aufl. 2007

Treber TEG .... Das neue Tarifeinheitsgesetz, 2017

TZA/*Bearbeiter* ..... *Buschmann/Dieball/Stevens-Bartol,* TZA. Das Recht der Teilzeitarbeit, 2. Aufl. 2001

Uhlenbruck/ *Bearbeiter* .... *Hirte/Vallender* (Hrsg.), Insolvenzordnung, Europäische Insolvenzordnung, 15. Aufl. 2019 f.

Ulber .... Arbeitnehmer-Entsendegesetz, Basiskommentar zum AEntG, 2009

Ulber .... Arbeitnehmerüberlassungsgesetz, 5. Aufl. 2017

Ulber D. .... Tarifdispositives Gesetzesrecht im Spannungsfeld von Tarifautonomie und grundrechtlichen Schutzpflichten, 2010

Ulmer/Brandner/ Hensen/*Bearbeiter* .. AGB-Recht, Kommentar, 12. Aufl. 2016

Vogelsang .... Entgeltfortzahlung, 2003

Vogt .... Arbeitsrecht im Konzern, 2014

Volmer/Gaul .... Arbeitnehmererfindungsgesetz, 2. Aufl. 1983

Wächter Datenschutz .... *Wächter,* Datenschutz im Unternehmen, 5. Aufl. 2017

Waltermann .... Arbeitsrecht, 19. Aufl. 2018

Waltermann .... Differenzierungsklauseln im Tarifvertrag in der auf Mitgliedschaft aufbauenden Tarifautonomie, 2015

Wank .... Telearbeit, 1997

Weber .... Berufsbildungsgesetz und Berufsbildungsförderungsgesetz, 13. Aufl. 1999

Wedde/Kunz .... Entgeltfortzahlungsgesetz, 4. Aufl. 2015

Wendeling-Schröder/ Stein .... Allgemeines Gleichbehandlungsgesetz, 2008

WHSS Umstrukturierung/*Bearbeiter* .. *Willemsen/Hohenstatt/Schweibert/Seibt* Umstrukturierung und Übertragung von Unternehmen, 5. Aufl. 2016

WHWS Arbeitnehmerdatenschutz-HdB/ *Bearbeiter* .... *Weth/Herberger/Wächter/Sorge,* Daten- und Persönlichkeitsschutz im Arbeitsverhältnis, 2. Aufl. 2019

Widmann/Mayer .... *Widmann/Mayer* (Hrsg.), Umwandlungsrecht, Loseblatt

Wiedemann/ *Bearbeiter* .... *Wiedemann* (Hrsg.), Tarifvertragsgesetz, 8. Aufl. 2019

Willemsen, Eva-Maria .... Die arbeitsvertragliche Bezugnahme auf den Tarifvertrag bei Tarifwechsel, 2009

Wißmann/ Kleinsorge/Schubert . Mitbestimmungsrecht, 5. Aufl. 2017

WLP/*Bearbeiter* ..... *Lindacher/Pfeiffer* (Hrsg.), AGB-Recht, 7. Aufl. 2020
Wöhe .... Einführung in die Betriebswirtschaftslehre, 27. Aufl. 2020
Worzalla .... Teilzeitarbeit und befristete Arbeitsverträge, 2001
Wybitul/Schultze-Melling .... Datenschutz im Unternehmen, 2. Aufl. 2014

Zimmer .... Tarifeinheit und Tarifpluralität in Europa, 2011
Zimmerling .... Arbeitsrechtliche Konkurrentenklage und Eingruppierungsklage im öffentlichen Dienst, 1999
Zmarzlik/Anzinger . JArbSchG, Jugendarbeitsschutzgesetz, 5. Aufl. 1998
Zmarzlik/Roggendorff .... Kommentar zum Ladenschlussgesetz, 2. Aufl. 1997
Zmarzlik/Zipperer/Viethen/Vieß .... Mutterschutzgesetz, Mutterschaftsleistungen, Bundeserziehungsgeldgesetz, 9. Aufl. 2006
Zöller/*Bearbeiter* .... ZPO, Zivilprozessordnung, 33. Aufl. 2020
Zöllner .... *Zöllner/Noack* (Hrsg.), Kölner Kommentar zum Aktiengesetz, 8 Bde., 3. Aufl. 2004 ff., 4. Aufl. 2020
Zöllner/Loritz/Hergenröder .... Arbeitsrecht, 7. Aufl. 2015
Zwanziger .... Kommentar zum Arbeitsrecht in der Insolvenzordnung, 5. Aufl. 2015

Internetadressen

http://www.arbeitsagentur.de	Bundesagentur für Arbeit
http://www.arbeitsrecht.de	Serviceseite des Bund-Verlags GmbH
http://www.bag-selbsthilfe.de	Bundesarbeitsgemeinschaft SELBSTHILFE von Menschen mit Behinderung und chronischer Erkrankung und ihren Angehörigen e.V.
http://www.baua.de	Bundesanstalt für Arbeitsschutz und Arbeitsmedizin (BAuA)
http://www.bda-online.de oder http://arbeitgeber.de	Bundesvereinigung der Deutschen Arbeitgeberverbände e.V.
http://www.bdi.eu	Bundesverband der Deutschen Industrie e. V.
http://www.beck.de	Verlag C.H.Beck, beck-online
http://www.bibb.de	Bundesinstitut für Berufsbildung
http://www.bmas.de	Bundesministerium für Arbeit und Soziales
http://www.bmfsfj.de	Bundesministerium für Familie, Senioren, Frauen und Jugend
http://www.bundesgesundheitsministerium.de	Bundesministerium für Gesundheit
http://www.bmjv.de	Bundesministerium der Justiz und für Verbraucherschutz
http://www.bmwi.de	Bundesministerium für Wirtschaft und Energie
http://www.boeckler.de	Tarifverträge (Tarifarchiv der Hans Böckler Stiftung)
http://www.bundesanzeiger.de	Bundesanzeiger Verlag
http://www.bundesarbeitsgericht.de	Bundesarbeitsgericht
http://www.bundesrat.de	Deutscher Bundesrat
http://www.bundesregierung.de	Deutsche Bundesregierung
http://www.bundestag.de	Deutscher Bundestag
http://curia.europa.eu	Europäischer Gerichtshof
http://www.dbb.de	dbb beamtenbund und tarifunion
http://www.deutsche-rentenversicherung.de	Deutsche Rentenversicherung
http://www.dgb.de	Deutscher Gewerkschaftsbund
http://www.dguv.de	Deutsche Gesetzliche Unfallversicherung
http://eur-lex.europa.eu/de/index.htm	Recht der Europäischen Union
https://www.g-ba.de/	Gemeinsamer Bundesausschutz (Arbeitsunfähigkeitsrichtlinien)
http://osha.europa.eu/de	Europäische Agentur für Sicherheit und Gesundheitsschutz am Arbeitsplatz
http://www.personaldienstleister.de	Bundesarbeitgeberverband der Personaldienstleister e.V.
http://www.psvag.de	Pensions-Sicherungs-Verein
http://www.rechtliches.de	Gesetze im www
http://www.refa.de	REFA Bundesverband e.V. Verband für Arbeitsgestaltung, Betriebsorganisation und Unternehmensentwicklung
http://www.rehadat.de	REHADAT – Informationssystem zur beruflichen Teilhabe
http://www.soka-bau.de	Service und Vorsorge für die Bauwirtschaft
http://www.ula.de	Vereinigung der deutschen Führungskräfteverbände (ULA)
http://www.vbl.de	Versorgungsanstalt des Bundes und der Länder
http://www.verdi.de	Vereinte Dienstleistungsgewerkschaft ver.di

Siehe auch Linksammlung bei http://www.bmas.de.

I. Buch. Grundbegriffe des Arbeitsrechts

§ 1. Grundlagen des Arbeitsrechts

Übersicht

I. Begriff des Arbeitsrechts

Arbeitsrecht ist die Summe der Rechtsregeln, die sich mit der in abhängiger Tätigkeit geleisteten Arbeit beschäftigen. Es bezieht sich auf das Verhältnis von AG und AN, das normalerweise im Arbeitsvertrag seine Grundlage hat, aber auch auf das Verhältnis des einzelnen AN zu den im gleichen Betrieb tätigen Mitarbeitern sowie auf die Beziehungen der Betriebsparteien zueinander und auf das Verhältnis der Arbeitsvertragsparteien und ihrer Verbände zum Staat. Es enthält öffentliches und privates Recht. 1

II. Vertragsfreiheit und Schutz des Arbeitnehmers

Im Arbeitsrecht gilt zwar **grundsätzlich Vertragsfreiheit.** Da im Arbeitsverhältnis ein echtes Aushandeln der Arbeitsbedingungen wegen der strukturellen Unterlegenheit des AN gegenüber dem AG kaum möglich ist, unterliegen die zumeist vom AG gestellten Arbeitsverträge in der Regel einer **AGB-Kontrolle** (→ § 35 Rn. 1 ff.). Zudem gibt es zahlreiche Schutzgesetze, die das Arbeitsverhältnis inhaltlich ausgestalten. Diese enthalten einseitig zwingende Rechtsbestimmungen, die den sozial schwächeren AN schützen, von denen aber zu seinen Gunsten abgewichen werden kann. Es fehlt allerdings eine einheitliche Kodifikation des Arbeitsrechts. Zahlreiche Spezialgesetze regeln in Ergänzung zum BGB Einzelfragen. Versuche, ein Arbeitsvertragsgesetz zu kodifizieren, sind bislang gescheitert. Auch im Zuge der Wiedervereinigung unternommene Versuche sind erfolglos geblieben. Wegen der Rechtsentwicklung nach Abschluss des Staatsvertrags wird auf die 10. und 11. Auflage verwiesen. 2

III. Schutzrecht der Arbeitnehmer

1. Allgemeines. Die Entwicklung des Arbeitsrechts als Schutzrecht bezieht ihre innere Rechtfertigung aus der besonderen Situation des AN. Dieser unterscheidet sich von allen anderen zur Dienstleistung verpflichteten Personen durch seine nunmehr in § 611a I BGB hervorgehobene **persönliche Abhängigkeit** (→ § 8 Rn. 26 ff.). Mit der persönlichen Abhängigkeit geht zumeist auch die **wirtschaftliche Abhängigkeit** einher. Zum deren Ausgleich bedarf der AN eines besonderen Schutzes. Das Arbeitsrecht muss deshalb auch die Grundrechte des AN berücksichtigen (dazu → § 3 Rn. 1 ff.). Darüber hinaus ist zu beachten, dass den berechtigten Schutzinteressen des AN grundsätzlich ebenso berechtigte **wirtschaftliche Interessen des AG** entgegenstehen können. Hinzu kommen mitunter auch **Belange der Allgemeinheit.** So wird mit dem Ladenschlussgesetz auch aus Gründen des Arbeitsschutzes weit in die Interessen der Allgemeinheit eingegriffen. Arbeitskämpfe, insbesondere bei der Bahn, der Luftfahrt oder dem öffentlichen Dienst, können das öffentliche Leben nachhaltig beeinflussen. 3

Ein Arbeitsrecht, das den Schutz des AN bewirkt, muss auch den Interessen des AG und der Allgemeinheit an **wirtschaftlicher Flexibilität** Rechnung tragen. Denn nur eine leistungsfä- 4 hige Wirtschaft schafft Arbeitsplätze. Arbeitsrechtspolitik von Staat und Verbänden und die Rechtsanwendung durch die Rechtsprechung müssen die Belastungsfähigkeit der Wirtschaft und ihre internationale Verflechtung berücksichtigen. Insoweit muss das Arbeitsrecht einen Ausgleich zwischen dem erforderlichen Schutz des AN vor unangemessenen Arbeitsbedingungen und ungerechtfertigten Kündigungen einerseits und der notwendigen wirtschaftlichen Handlungsfreiheit auf Arbeitgeberseite herstellen. Dass über die konkrete Ausgestaltung dieses Ausgleichs leidenschaftlich gestritten werden kann, versteht sich von selbst.

5 **2. Öffentlich-rechtlicher und privatrechtlicher Schutz.** Das Arbeitsrecht enthält öffentliches und privates Recht. Das **Privatrecht** regelt die Rechtsverhältnisse der Privatpersonen zueinander. **Öffentliches Recht** ist das spezifische „Amtsrecht" der Träger hoheitlicher Gewalt und ihrer Organe, durch das nur ein Träger oder ein bestimmtes Organ hoheitlicher Gewalt berechtigt oder verpflichtet wird.[1] Öffentlich-rechtlich sind insbesondere Teile des **Arbeitsschutzrechts** (dazu → §§ 151 ff. Rn. 1 ff.). Neben den für alle AN geltenden Schutzvorschriften zur Einschränkung der betrieblichen Gefahren bestehen Sondervorschriften für bestimmte Gruppen von AN, denen eine besondere Schutzbedürftigkeit zukommt, wie zB Schwangeren, schwerbehinderten Menschen, Jugendlichen, Heimarbeitern usw. Die **vertragliche Beziehung** des AN zum AG unterliegt demgegenüber privatrechtlichen Schutzvorschriften. Vor dem Verlust des Arbeitsplatzes ist der AN durch das Kündigungsschutzgesetz geschützt (dazu → §§ 130 ff. Rn. 1 ff.). Die Ausgestaltung des Arbeitsvertrags durch Allgemeine Geschäftsbedingungen unterliegt einer Klauselkontrolle nach §§ 305 ff. BGB (dazu → § 35 Rn. 1 ff.). Vor Diskriminierung schützt das Allgemeine Gleichbehandlungsgesetz (dazu → § 36 Rn. 1 ff.). Der AN ist aber nicht nur während seiner Erwerbstätigkeit geschützt, aus wirtschaftlichen und sozialen Gründen gelten auch im Ruhestand bei der Gewährung zusätzlicher betrieblicher Ruhegelder besondere Schutzvorschriften (dazu → §§ 272 ff. Rn. 1 ff.). Die meisten dieser arbeitsrechtlichen Vorschriften sind dabei wegen ihrer arbeitnehmerschützenden Zielrichtung einseitig zwingend, dh sie können nicht zum Nachteil des AN vertraglich abbedungen werden.

6 **3. Arbeitsgerichtsbarkeit.** Damit der AN seine Ansprüche effektiv durchsetzen kann, andererseits aber auch den berechtigten Interessen des AG hinreichend Rechnung getragen wird, besteht für Streitigkeiten aus dem Arbeitsverhältnis eine Sondergerichtsbarkeit in Form der Arbeitsgerichtsbarkeit. Diese hat aufbauend auf der Zivilprozessordnung mit dem Arbeitsgerichtsgesetz eine eigene Verfahrensordnung (dazu Schaub ArbRFV-HdB/*Straube* C. Rn. 1 ff.).

IV. Tarifvertragsrecht

7 Das Grundgesetz hat in Art. 9 III GG den Tarifparteien die Aufgabe übertragen, die Arbeits- und Wirtschaftsbedingungen zu regeln. Ihnen muss die Gesetzgebung deshalb Regelungsspielräume belassen (dazu → § 196 Rn. 1 ff.). Dem kollektiven Arbeitsrecht liegt im Wesentlichen das Modell einer Sozialpartnerschaft der Tarifvertragsparteien zugrunde. Dies bedingt u. a., dass sich der Staat aus Arbeitskämpfen heraushält und keine Zwangsschlichtung vornimmt. Soweit dies im öffentlichen Interesse geboten erscheint, erstreckt der Staat im Wege der Allgemeinverbindlicherklärung Tarifverträge auch auf nichtorganisierte AG und AN (dazu → § 205 Rn. 1 ff.). Besonderheiten gelten für kirchliche Arbeitsverhältnisse, in denen die Arbeitsbedingungen auf dem sog. Dritten Weg vereinbart werden (dazu → § 184 Rn. 1 ff.).

V. Mitbestimmung

8 **1. Betriebsverfassung.** Durch die Beteiligung der AN an den sozialen, personellen und wirtschaftlichen Angelegenheiten im Rahmen des **Betriebsverfassungsgesetzes** soll auf betrieblicher Ebene eine Form demokratischer Mitwirkung der AN an betrieblichen Entscheidungsprozessen sichergestellt werden (dazu → §§ 210 ff. Rn. 1 ff.). Das Betriebsverfassungsrecht dient aber auch dem Schutz des AN gegenüber einseitigen Maßnahmen des AG und der Wahrung kollektiver Belegschaftsinteressen. Die moderne Betriebsverfassung hat eine am Wohl des Betriebs, seiner AN und der Allgemeinheit orientierte Zusammenarbeit von AG und AN zum Ziel.

9 **2. Unternehmensmitbestimmung.** Der 7. Deutsche Bundestag hat das **Mitbestimmungsgesetz** vom 4.5.1976 (BGBl. I 1153) verabschiedet. Damit hat die Mitbestimmungsidee

[1] MüKoBGB/*Säcker* Einl. Rn. 3.

nach fast 25 Jahren gesetzgeberischen Bemühens einen vorläufigen Abschluss gefunden (dazu → § 257 Rn. 1 ff.). Im Zweiten Gesetz zur Vereinfachung der Wahl der Arbeitnehmervertreter in den Aufsichtsrat ist das Drittelbeteiligungsgesetz vom 18.5.2004 (BGBl. I 974) enthalten, das die Mitbestimmung neu regelt (dazu → § 258 Rn. 1 ff.). Das MitbestG 1976, unter das in den Altbundesländern etwa 600 bis 650 Unternehmen und Konzerne fielen, regelt die Mitbestimmung bei Beschäftigung von mehr als 2000 AN. Seit dem 29.12.2004 können Unternehmen mit Sitz in Deutschland die Rechtsform einer Europäischen Aktiengesellschaft wählen. Deren amtliche Kurzbezeichnung *SE* steht für die lateinische Bezeichnung „Societas Europaea" (vgl. Art. 1 I der VO des Rates über das Statut der Europäischen Gesellschaft Nr. 2157/2001 vom 8.10.2001).[2]

VI. Europäisierung des Arbeitsrechts

Die Mitgliedschaft in der EU hat bedeutenden Einfluss auf die Entwicklung des deutschen Arbeitsrechts. Nach Art. 3 III EUV errichtet die Union einen Binnenmarkt und wirkt auf die nachhaltige Entwicklung Europas auf der Grundlage einer wettbewerbsfähigen sozialen Marktwirtschaft hin, die auf Vollbeschäftigung und sozialen Fortschritt abzielt. In Bezug auf die Sozialpolitik und damit auch das Arbeitsrecht teilt sich die Union gem. Art. 4 AEUV ihre Zuständigkeit mit den Mitgliedstaaten. Die Kompetenzen der Union sind in Art. 153 AEUV geregelt. Auf dem **Gebiet des Arbeits- und Sozialrechts** hat die EU von ihren Kompetenzen umfangreich Gebrauch gemacht. Die von ihr erlassenen Richtlinien haben tiefgreifende Veränderungen des deutschen Arbeitsrechts bewirkt (dazu → § 4 Rn. 1 ff.). Die Rechtsprechung des EuGH beeinflusst die nationale Rechtsanwendung nachhaltig. Sie hat allerdings auch deutliche Kritik erfahren. Das BVerfG hat jedoch bislang im Rahmen der von ihm vorgenommenen „Ultra-vires-Kontrolle" noch keinen „ausbrechenden Rechtsakt" festgestellt.[3] Besondere Bedeutung hat das Unionsrecht im Antidiskriminierungsrecht (dazu → § 36 Rn. 1 ff.) und den hiervon ausgehenden Ausstrahlungen in alle Rechtsgebiete des Arbeitsrechts sowie dem Arbeitszeitrecht und beim Betriebsübergang. 10

VII. Arbeitsrechtliche Behörden in der Bundesrepublik Deutschland

1. Staatliche Arbeitsbehörden. a) Selbstverwaltung. Wichtige arbeitsrechtliche Aufgaben werden von Berufsverbänden und öffentlich-rechtlichen Selbstverwaltungskörperschaften und Gerichten wahrgenommen. Bei diesen ist die Mitwirkung von Arbeitgeber- und Arbeitnehmervertretern vorgesehen. Nach dem Grundsatz der Parität von AN und AG werden diese in gleicher Zahl hinzugezogen und zumeist von den Berufsverbänden benannt. 11

b) Bundesministerium für Arbeit und Soziales. Im Bund ist das Bundesministerium für Arbeit und Soziales für Fragen des Arbeitsrechts zuständig. Zum Geschäftsbereich dieses Ministeriums gehören u.a. 12

(a) das **Bundesarbeitsgericht** in Erfurt als oberstes Bundesgericht für das Gebiet der Arbeitsgerichtsbarkeit;
(b) die **Bundesanstalt für Arbeitsschutz und Arbeitsmedizin (BauA).**[4] Sie ist aus der Fusion der Bundesanstalt für Arbeitsmedizin, Dortmund, und der Bundesanstalt für Arbeitsmedizin, Berlin, hervorgegangen. Sie hat ihren Sitz in Dortmund und Standorte in Berlin und Dresden sowie eine Außenstelle in Chemnitz. Zu ihren zentralen Aufgaben gehört die Unterstützung des Ministeriums in allen Fragen des Arbeitsschutzes sowie die Beobachtung und Analyse der Arbeitssicherheit. Sie ist in Fachbereiche gegliedert, die sich auf die einzelnen Standorte verteilen.
(c) die **Bundesagentur für Arbeit** mit der Hauptstelle in Nürnberg und den nachgeordneten Regionaldirektionen und Arbeitsagenturen;
(d) die **Deutsche Rentenversicherung Bund** sowie die **Berufsgenossenschaften.**

c) Bundesagentur für Arbeit. Die Bundesagentur für Arbeit[5] ist eine rechtsfähige bundesunmittelbare Körperschaft des öffentlichen Rechts (§ 367 SGB III). Sie befasst sich mit der Arbeitsförderung (→ § 19 Rn. 1 ff.). 13

[2] ABl. EG 2001 L 294, 1; dazu *Heinze* ZGR 2002, 66; Habersack/Henssler/*Henssler* SEBG Einl. Rn. 1 ff.
[3] BVerfG 6.7.2010 NZA 2010, 995.
[4] http://www.baua.de.
[5] http://www.arbeitsagentur.de.

14 **d) Oberste Arbeitsbehörden der Länder.** Die **Landesarbeitsministerien**[6] sind die obersten Landesarbeitsbehörden. Sie bearbeiten idR Angelegenheiten aus den Bereichen Arbeitspolitik, Arbeitsrecht, Arbeitsgerichtsbarkeit, Lohn-, Tarif- und Schlichtungswesen, Heimarbeit, Jugend- und Berufsnachwuchsfragen, Gewerbeaufsicht, Arbeitsschutz, Arbeitszeit, Mutterschutz, Strahlenschutz, Technisches Messungswesen, Reaktorsicherheit, Sozialversicherung, Sozialgerichtsbarkeit, Kriegsopferversorgung und schwerbehinderte Menschen.

15 **e) Weitere Behörden.** Für **arbeitsrechtliche Einzelaufgaben** sind die wichtigsten Behörden auf dem Gebiet

(a) des **Arbeitnehmerschutzes** (→ § 152 Rn. 20): die **Gewerbeaufsichtsämter.** Sie sind als Landesbehörden errichtet. Ihnen sind idR als Mittelinstanz die Regierungspräsidenten bzw. Bezirksregierungen und als oberste Instanz die Landesarbeitsministerien vorgeordnet. Sie beschäftigen sich vor allem mit dem allgemeinen Arbeitsschutz, dem Arbeitszeitschutz (§ 17 I ArbZG), dem Mutterschutz (§ 29 I MuSchG) und dem Jugendarbeitsschutz (§ 51 JArbSchG).

(b) des **Bergarbeiterschutzes:** die **Berg- und Oberbergämter** sowie die Zentralstellen für den Bergmannsversorgungsschein (→ 16. Aufl. § 180 Rn. 1 ff.).

(c) des **Heimarbeitsschutzes:** die **Heimarbeitsausschüsse,** die nach § 4 HAG durch die Landesbehörden errichtet werden. Ferner sind nach dem HAG Entgeltprüfer vorgesehen, die häufig in die Gewerbeaufsichtsämter eingegliedert sind (→ § 163 Rn. 1 ff.).

(d) der **Rechtsprechung: Arbeits- und Landesarbeitsgerichte,** die erst- und zweitinstanzlich Gerichte der Länder sind, sowie das **Bundesarbeitsgericht.**

(e) des **Schutzes schwerbehinderter Menschen: Integrationsämter** (§ 184 SGB IX) und Beschwerdeausschüsse, die im Rahmen der Kündigung von schwerbehinderten Menschen tätig werden (→ § 178 Rn. 1 ff.).

16 **2. Arbeitnehmerkammern.**[7] Arbeitnehmerkammern bestehen in **Bremen,**[8] im **Saarland** heißen sie Arbeitskammern.[9] Im Ausland sind Arbeitnehmerkammern in Österreich und in Luxemburg errichtet. Die Aufgaben der Arbeitnehmerkammern bestehen in der äußeren und inneren Interessenwahrung der AN. Ihre Aufgaben unterscheiden sich von denen der Gewerkschaften, die vorwiegend auf die kollektive Gestaltung der Arbeitsbedingungen ausgerichtet sind. Ihre Errichtung ist verfassungsrechtlich zulässig.[10] Zu den Arbeitnehmerkammern sind auch die Mitgliedsbürger der EU wahlberechtigt, weil andernfalls ein Verstoß gegen die Freizügigkeit vorläge.[11]

§ 2. Gestaltungsfaktoren und Rechtsquellen des Arbeitsrechts

Übersicht

I. Arbeitsvertrag

1 Der Inhalt des Arbeitsverhältnisses richtet sich zunächst nach dem Arbeitsvertrag (dazu → § 29 ff. Rn. 1 ff.). Hieraus ergibt sich für den AG das **Weisungsrecht** nach § 106 GewO (dazu → § 45 Rn. 1 ff.), womit er die Arbeitspflichten des AN konkretisiert.

II. Tarifverträge und Betriebsvereinbarungen

2 Das vertraglich Vereinbarte muss seinerseits mit den einschlägigen kollektivrechtlichen Normen aus im Einzelfall anwendbaren **Tarifverträgen** (dazu → §§ 203 ff. Rn. 1 ff.) und **Betriebsverein-**

[6] Anschriften des Bundesministeriums für Arbeit und Soziales und der Länderarbeitsministerien ergeben sich aus http://www.bund.de, siehe dort Anschriftenverzeichnis.
[7] http://www.arbeitnehmerkammer.de (Bremen); http://arbeitskammer.de (Saarland).
[8] G. über die Arbeitnehmerkammern im Lande Bremen v. 28.3.2000 (BremGBl. 83) mit spät. Änd.
[9] Art. 59 LVerf. Saarl. v. 15.7.1947 iVm G. Nr. 1290 über die Arbeitskammer des Saarlandes v. 8.4.1992 (ABl. 590, ber. 627, 858) mit spät. Änd.; dazu Beiträge-VO v. 20.1.1977 (ABl. 190).
[10] BVerfG 18.12.1974 AP Nr. 23 zu Art. 9 GG = NJW 1975, 1265; dazu *Bull* AuR 1975, 271; *G. Müller* DB 1980, 91; *Zacher* RdA 1971, 194 ff.; BVerwG 23, 304; BFH BStBl. 1965 III 450.
[11] EuGH 18.5.1994 – C-118/92.

barungen (dazu → § 231 Rn. 1 ff.) vereinbar sein. Dabei ist in Bezug auf Betriebsvereinbarungen der Tarifvorrang des § 77 III BetrVG zu beachten (→ § 231 Rn. 21 ff.). Tarifverträge können nach § 5 TVG für allgemeinverbindlich erklärt werden (dazu → § 205 Rn. 1 ff.). Die **Allgemeinverbindlicherklärung** ist im Verhältnis zu den ohne sie nicht tarifgebundenen AG und AN ein Rechtsetzungsakt eigener Art zwischen autonomer Regelung und staatlicher Rechtsetzung, der seine eigenständige Rechtsgrundlage in Art. 9 III GG hat und nicht an Art. 80 I GG zu messen ist.[1]

III. Gesetze und Rechtsverordnungen

Der Arbeitsvertrag sowie die Kollektivregelungen dürfen ihrerseits nicht gegen **Gesetze** verstoßen. In Bundesgesetzen können nach Art. 80 GG die Bundesregierung, ein Bundesminister oder die Landesregierung ermächtigt werden, **Rechtsverordnungen** zu erlassen. Bundesgesetze und Rechtsverordnungen des Bundes gehen dem **Landesrecht** im Range vor. Macht der Bund von seiner Rechtsetzungsbefugnis Gebrauch, tritt das entsprechende Landesrecht außer Kraft. Bundesrecht bricht gem. Art. 31 GG Landesrecht. Die Länder haben im Bereich des zur konkurrierenden Gesetzgebung gehörenden Arbeitsrechts gem. Art. 72 I GG ein Gesetzgebungsrecht nur, soweit der Bund hiervon keinen Gebrauch macht. Dies betrifft zB den Bildungsurlaub (dazu → § 105 Rn. 1 ff.). Wie für den Bund ist in den Landesverfassungen die Möglichkeit zum Erlass von Rechtsverordnungen auf der Grundlage landesgesetzlicher Vorschriften vorgesehen. 3

Gesetzliche Regelungen des Arbeitsverhältnisses sind regelmäßig **einseitig zwingend,** dh von ihnen kann nur zugunsten des AN abgewichen werden.[2] Das gilt im Grundsatz ebenso für Tarifverträge und Betriebsvereinbarungen. Einzelne gesetzliche Bestimmungen sind allerdings tarifvertrags- und betriebsvereinbarungsdispositiv ausgestaltet. Neben dem gesetzten Recht kann auf allen Ebenen **Gewohnheitsrecht** gelten, das den Rang seiner Rechtsquelle hat. Keinen Rechtsquellencharakter haben die **Erlasse** eines öffentlichen AG; sie sind lediglich interne Verwaltungsanweisungen. Sie können jedoch zum Inhalt eines Arbeitsvertrags gemacht werden.[3] 4

IV. Grundgesetz und Unionsrecht

Gesetzliche Regelungen müssen mit den verfassungsrechtlichen Bestimmungen des **Grundgesetzes** (dazu → § 3 Rn. 1 ff.) sowie dem **Unionsrecht** (dazu → § 4 Rn. 1 ff.) und den anwendbaren **internationalen Vereinbarungen** (dazu → § 5 Rn. 1 ff.) vereinbar sein. Bei der Auslegung und Anwendung von Gesetzen ist grundsätzlich das höherrangige Recht zu berücksichtigen. 5

§ 3. Grundrechte im Arbeitsverhältnis

Übersicht

I. Überblick

Arbeitsrechtliche Gesetze müssen mit dem Grundgesetz vereinbar sein. Nach Art. 74 Nr. 12 GG gehört das Arbeitsrecht zur **konkurrierenden Gesetzgebung des Bundes.** Hierfür hat der Bund 1

[1] BAG 21.9.2016 AP Nr. 35 zu § 5 TVG = NZA-Beil. 1/2017, 12; BVerfG 10.1.2020 AP Nr. 35 zu § 5 TVG = NZA 2020, 253.
[2] MHdB ArbR/*Fischinger* § 5 Rn. 10.
[3] BAG 22.4.2004 AP Nr. 28 zu §§ 22, 23 BAT-O mwN.

gem. Art. 72 II GG eine Regelungskompetenz, wenn und soweit die Herstellung gleichwertiger Lebensverhältnisse im Bundesgebiet oder die Wahrung der Rechts- und Wirtschaftseinheit im gesamtstaatlichen Interesse eine bundesgesetzliche Regelung erfordert. Hiervon ausgehend hat das BVerfG entschieden, dass eine landesrechtliche Begrenzung der Samstagsarbeit im Einzelhandel Art. 74 I Nr. 12 GG zuzuordnen ist. Die Kompetenz zur Regelung des Ladenschlusses in Art. 74 I Nr. 11 GG erstrecke sich nicht auf arbeitszeitrechtliche Regelungen. Da allerdings der Bund von seiner konkurrierenden Gesetzgebungskompetenz für Regelungen zur Arbeitszeit in Verkaufsstellen an Samstagen bisher nicht erschöpfend iSd Art. 72 I GG Gebrauch gemacht habe, seien landesrechtliche hierzu zulässig.[1]

2 Die Zivilgerichte und damit auch die Arbeitsgerichte müssen bei der **Auslegung und Anwendung zivilrechtlicher Vorschriften** Bedeutung und Tragweite der von ihren Entscheidungen berührten Grundrechte beachten, damit deren wertsetzende Bedeutung auch auf der Rechtsanwendungsebene gewahrt bleibt. Das verlangt in der Regel eine Abwägung zwischen den widerstreitenden grundrechtlichen Schutzgütern, die im Rahmen der auslegungsfähigen Tatbestandsmerkmale der zivilrechtlichen Vorschriften vorzunehmen ist und die besonderen Umstände des Falles zu berücksichtigen hat.[2] Ein Grundrechtsverstoß liegt dann vor, wenn übersehen worden ist, dass bei Auslegung und Anwendung der verfassungsmäßigen Vorschriften des Privatrechts Grundrechte zu beachten waren, wenn der Schutzbereich der zu beachtenden Grundrechte unrichtig oder unvollkommen bestimmt oder ihr Gewicht unrichtig eingeschätzt worden ist, so dass darunter die Abwägung der beiderseitigen Rechtspositionen im Rahmen der privatrechtlichen Regelung leidet, und die Entscheidung auf diesem Fehler beruht.[3]

3 Bei der Prüfung, ob durch arbeitsvertragliche Regelungen oder die Anwendung gesetzlicher Vorschriften Grundrechte des AN beeinträchtigt werden, ist zu berücksichtigen, dass der AN mit dem Abschluss des Arbeitsvertrags und den damit eingegangenen Bindungen in zulässiger Weise auch über **Grundrechtspositionen verfügt.** Mit der Begründung des Arbeitsverhältnisses sagt der AN dem AG zu, ihm im Rahmen der vertraglich vereinbarten Arbeitszeit seine Arbeitskraft zur Verfügung zu stellen. Damit nimmt er zugleich in diesem zeitlichen Umfang Einschränkungen seiner privaten Lebensführung hin. Dies ist eine wesentliche Form des Grundrechtsgebrauchs und um der personalen Selbstbestimmung willen grundsätzlich zulässig. Die Verfügung über Grundrechtspositionen muss allerdings freiwillig und nicht in einer Zwangslage erfolgen.[4] Die verfassungsrechtlich geschützten Freiheitsrechte verlieren indes mit der Eingehung eines Arbeitsverhältnisses und der damit verbundenen Grundrechtsdisposition nicht jede Bedeutung, denn durch den Arbeitsvertrag werden gem. § 241 II BGB auch vertragliche Rücksichtnahmepflichten begründet. Diese sind unter Beachtung verfassungsrechtlicher Wertentscheidungen zu konkretisieren. Entsprechendes gilt bei der Ausübung des dem AG nach § 106 GewO zustehenden Weisungsrechts zur Verteilung der vertraglich geschuldeten Arbeitszeit.[5]

3a Im **Verhältnis zum Unionsrecht** gilt Folgendes: **Unionsrechtlich nicht vollständig determiniertes innerstaatliches Recht** prüft das BVerfG vorrangig am Maßstab der Grundrechte des GG, auch wenn das innerstaatliche Recht der Durchführung des Unionsrechts dient.[6] Dem liegt die Annahme zugrunde, dass das Unionsrecht dort, wo es den Mitgliedstaaten fachrechtliche Gestaltungsspielräume einräumt, regelmäßig nicht auf eine Einheitlichkeit des Grundrechtsschutzes zielt, sondern Grundrechtsvielfalt zulässt. In diesem Fall greift die Vermutung, dass das Schutzniveau der GRCh durch die Anwendung der Grundrechte des GG mitgewährleistet ist. Anderes kommt nur in Betracht, wenn hierfür konkrete und hinreichende Anhaltspunkte vorliegen. Bei der Anwendung **unionsrechtlich vollständig vereinheitlichter Regelungen** sind nach dem Grundsatz des Anwendungsvorrangs des Unionsrechts in aller Regel nicht die Grundrechte des GG, sondern allein die Unionsgrundrechte maßgeblich. Der Anwendungsvorrang steht u.a. unter dem Vorbehalt, dass der Schutz des jeweiligen Grundrechts durch die stattdessen zur Anwendung kommenden Grundrechte der Union hinreichend wirksam ist.[7] Im Übrigen geht das BVerfG davon aus, dass der mit der Funktionszuweisung des Art. 19 I 2 EUV

[1] BVerfG 14.1.2015 NVwZ 2015, 582.
[2] BVerfG 23.11.2006 AP Nr. 22 zu § 307 BGB = NZA 2007, 85; BAG 20.11.2012 NZA 2013, 448.
[3] BVerfG 23.11.2006 AP Nr. 22 zu § 307 BGB = NZA 2007, 85; 15.12.1999 NJW 2000, 1021.
[4] BAG 13.8.2010 NZA-RR 2010, 640; ErfK/*Schmidt* GG Einl. Rn. 60, 62.
[5] BAG 24.2.2011 AP Nr. 9 zu Art. 4 GG = NZA 2011, 1087; 15.9.2009 NJW 2010, 394.
[6] BVerfG 6.11.2019 AP Nr. 50 zu Art. 2 GG = NJW 2020, 300 – Recht auf Vergessen I.
[7] BVerfG 6.11.2019 AP Nr. 49 zu Art. 2 GG = NJW 2020, 314 – Recht auf Vergessen II.

verbundene Rechtsprechungsauftrag des EuGH dort endet, wo eine Auslegung der Verträge nicht mehr nachvollziehbar und daher objektiv willkürlich ist (Ultra-vires-Kontrolle).[8]

II. Bedeutung der einzelnen Grundrechte

1. Menschenwürde (Art. 1 I GG). Gem. Art. 1 I GG ist die **Würde des Menschen unantastbar.** Alle staatliche Gewalt ist verpflichtet, sie zu achten und zu schützen. Der Parlamentarische Rat stellte das Gebot der Achtung der Menschenwürde an den Anfang des Grundgesetzes, „um den ganzen Geist des neuen Staatswesens in seinem Gegensatz zu der im Mai 1945 vernichteten Staatsordnung darzutun".[9] Art. 1 I GG schützt den einzelnen Menschen nicht nur vor Erniedrigung, Brandmarkung, Verfolgung, Ächtung und ähnlichen Handlungen durch Dritte oder durch den Staat selbst. Ausgehend von der Vorstellung des Grundgesetzgebers, dass es zum Wesen des Menschen gehört, in Freiheit sich selbst zu bestimmen und sich frei zu entfalten, und dass der Einzelne verlangen kann, in der Gemeinschaft grundsätzlich als gleichberechtigtes Glied mit Eigenwert anerkannt zu werden, schließt es die Verpflichtung zur Achtung und zum Schutz der Menschenwürde vielmehr generell aus, den Menschen zum bloßen Objekt des Staates zu machen.[10] Schlechthin verboten ist damit jede Behandlung des Menschen durch die öffentliche Gewalt, die dessen Status als Rechtssubjekt grundsätzlich in Frage stellt,[11] indem sie die Achtung des Wertes vermissen lässt, der jedem Menschen um seiner selbst willen, kraft seines Personseins, zukommt. Wann eine solche Behandlung vorliegt, ist im Einzelfall mit Blick auf die spezifische Situation zu konkretisieren, in der es zum Konfliktfall kommen kann.[12] 4

Art. 1 I GG ist nicht nur Abwehrrecht gegen Eingriffe des Staates. Der Staat muss die Menschenwürde auch positiv schützen. So ergibt sich aus Art. 1 I iVm Art. 20 I GG das Grundrecht auf Gewährleistung eines **menschenwürdigen Existenzminimums.**[13] Dieses Grundrecht gewinnt im Arbeitsrecht Bedeutung bei der Beurteilung sittenwidriger Entgeltvereinbarungen in Arbeitsverträgen und der Prüfung von Lohntarifverträgen am Maßstab des Sozialstaatsprinzips.[14] Unter Berücksichtigung der neueren Rechtsprechung des BVerfG zu den Regelsätzen des SGB II erscheint es naheliegend, die von ihm aus Art. 1 I GG hergeleitete Pflicht des Staates zur Gewährleistung eines menschenwürdigen Existenzminimums, dh Regelleistung und Unterkunftsbedarf für einen Alleinstehenden nach dem SGB II, als Leitlinie zur Bestimmung einer **absoluten Lohnuntergrenze** bei der Auslegung des § 138 BGB sowie bei der Prüfung der Wirksamkeit tarifvertraglicher Entgeltregelungen zu beachten.[15] Bedeutung kommt diesem Grundrecht in Wechselwirkung mit Art. 12 I und Art. 14 I GG auch im Bereich der Insolvenzanfechtung zu (→ § 92 Rn. 9 ff.).[16] 5

2. Freie Entfaltung der Persönlichkeit (Art. 2 I GG). Aus Art. 2 I iVm Art. 1 I GG hat das BVerfG den Schutz des **allgemeinen Persönlichkeitsrechts** entwickelt.[17] Dieses ergänzt als unbenanntes Freiheitsrecht die speziellen (benannten) Freiheitsrechte, die, wie etwa die Gewissensfreiheit oder die Meinungsfreiheit, ebenfalls konstituierende Elemente der Persönlichkeit schützen.[18] Seine Aufgabe ist es, die engere persönliche Lebenssphäre und die Erhaltung ihrer Grundbedingungen zu gewährleisten, die sich durch die traditionellen konkreten Freiheitsgarantien nicht abschließend erfassen lassen. Insoweit hat es eine lückenschließende Funktion.[19] Die Zuordnung eines konkreten Rechtsschutzbegehrens zu den verschiedenen Aspekten des Persönlichkeitsrechts richtet sich vor allem nach der Art der Persönlichkeitsgefährdung.[20] Aus dem allgemeinen Persönlichkeitsrecht folgt kein uneinge- 6

[8] BVerfG 5.5.2020 NJW 2020, 1647.
[9] Maunz/Dürig/*Herdegen* GG Art. 1 Rn. 16.
[10] BVerfG 16.7.1969 NJW 1969, 1707; Maunz/Dürig/*Herdegen* GG Art. 1 Rn. 33.
[11] BVerfG 12.11.1997 NJW 1998, 519.
[12] BVerfG 15.2.2006 NJW 2006, 751.
[13] BVerfG 9.2.2010 NJW 2010, 505.
[14] Zu Letzterem BAG 24.3.2004 AP Nr. 59 zu § 138 BGB = NZA 2004, 971.
[15] ErfK/*Schmidt* GG Art. 1 Rn. 13; krit. dazu *Lobinger* GS Brugger, 2013, 355.
[16] Vgl. BAG 29.1.2014 AP Nr. 2 zu § 133 InsO = NZA 2014, 1266; wenig reflektiert hiergegen BGH 10.7.2014 NJW 2014, 2579; näher hierzu *Fischermeier* ZInsO 2015, 1237; *Zwanziger* DB 2014, 2391.
[17] Dazu *Wiese* ZfA 2006, 631.
[18] BVerfG 3.6.1980 NJW 1980, 2070.
[19] BVerfG 9.10.2002 NJW 2002, 3619.
[20] BVerfG 27.2.2008 NJW 2008, 822.

schränktes **„Recht auf Vergessenwerden"** in einem grundsätzlich allein von den Betroffenen beherrschbaren Sinn und damit nicht das Recht, alle früheren personenbezogenen Informationen, die im Rahmen von Kommunikationsprozessen ausgetauscht wurden, aus dem Internet löschen zu lassen. Insbesondere gibt es kein Recht, öffentlich zugängliche Informationen nach freier Entscheidung und allein eigenen Vorstellungen zu filtern und auf die Aspekte zu begrenzen, die Betroffene für relevant oder für dem eigenen Persönlichkeitsbild angemessen halten.[21] Außerhalb des absoluten Kernbereichs privater Lebensgestaltung wird das allgemeine Persönlichkeitsrecht in den **Schranken der verfassungsmäßigen Ordnung** garantiert. Es kann deshalb durch verfassungsgemäße Gesetze eingeschränkt werden. Derartige Regelungen können auch Betriebsvereinbarungen enthalten.[22] Das allgemeine Persönlichkeitsrecht schützt beispielsweise vor der Nutzung einer **Mithöreinrichtung,** die ein Gesprächsteilnehmer einem nicht an dem Gespräch beteiligten Dritten bereitstellt (→ § 53 Rn. 43).[23] Aus Art. 2 I iVm Art. 1 I GG ergibt sich des Weiteren das **Recht auf informationelle Selbstbestimmung.** Es umfasst die aus dem Gedanken der Selbstbestimmung folgende Befugnis der Person, grundsätzlich selbst darüber zu entscheiden, ob, wann und innerhalb welcher Grenzen persönliche Lebenssachverhalte offenbart werden. Dieses Recht gewährt kein unbeschränktes dingliches Herrschaftsrecht über bestimmte Informationen, sondern findet seine Grenze in den Rechten Dritter.[24] Der Achtung dieses Rechts dient zudem Art. 8 I EMRK, die Bestimmungen des BDSG konkretisieren dieses Recht.[25] Eingriffe in das Persönlichkeitsrecht des AN können durch die Wahrnehmung überwiegender schutzwürdiger Interessen des AG gerechtfertigt sein. Bei einer Kollision mit den Interessen des AG ist durch eine Güterabwägung am Maßstab des Verhältnismäßigkeitsgrundsatzes im Einzelfall zu ermitteln, ob das Recht auf informationelle Selbstbestimmung Vorrang verdient.[26]

7 Das allgemeine Persönlichkeitsrecht aus Art. 2 I GG wird zB verletzt, wenn der AG einen **Keylogger** einsetzt[27] oder **heimliche Videoaufzeichnungen** eines AN vornimmt (dazu → § 153 Rn. 9 ff.; zur Beobachtung durch Detektive → § 53 Rn. 24). Auch in diesen Fällen ist durch eine Güterabwägung mit den rechtlich geschützten Eigentumsinteressen des AG einzelfallbezogen festzustellen, welche Rechtsposition Vorrang genießt. Die heimliche Videoüberwachung eines AN ist danach zulässig, wenn der konkrete Verdacht einer strafbaren Handlung oder einer anderen schweren Verfehlung zu Lasten des AG besteht, weniger einschneidende Mittel zur Aufklärung des Verdachts ergebnislos ausgeschöpft sind, die verdeckte Videoüberwachung damit praktisch das einzig verbleibende Mittel darstellt und sie insgesamt nicht unverhältnismäßig ist.[28] Geschützt ist auch das **Recht am eigenen Bild.**[29] Dieses ist in §§ 22, 23 KUG näher ausgestaltet (→ § 53 Rn. 23).[30] Es gehört zum Selbstbestimmungsrecht eines jeden Menschen, darüber zu entscheiden, ob Filmaufnahmen von ihm gemacht und möglicherweise gegen ihn verwendet werden dürfen. Das Recht am eigenen Bild ist nicht auf bestimmte Örtlichkeiten beschränkt. Auch unterfällt nicht erst die Verwertung, sondern bereits die Herstellung von Abbildungen dem Schutz des allgemeinen Persönlichkeitsrechts.[31] Der AN ist hierdurch nicht nur vor Maßnahmen des AG geschützt, sondern ebenso vor Beeinträchtigungen, die aus **Handlungen von Arbeitskollegen** herrühren. Insoweit ist es Aufgabe des AG, den betroffenen AN vor Mobbingangriffen zu schützen (→ § 36 Rn. 43a ff.). Auch die Betriebsparteien sind gem. § 75 II BetrVG zum Schutz des allgemeinen Persönlichkeitsrechts verpflichtet.[32] – Das allgemeine Persönlichkeitsrecht des AN ist nicht nur im bestehenden Arbeitsverhältnis geschützt, sondern auch bei der **Vertragsanbahnung** (→ § 26 Rn. 1 ff.).

---

[21] BVerfG 6.11.2019 AP Nr. 50 zu Art. 2 GG = NJW 2020, 300 – Recht auf Vergessen I.
[22] BAG 25.4.2017 AP Nr. 48 zu § 87 BetrVG 1972 Überwachung = NZA 2017, 1205; 15.4.2014 AP Nr. 9 zu § 29 BetrVG 1972 = NZA 2014, 551.
[23] BVerfG 9.10.2002 AP Nr. 34 zu § 611 BGB Persönlichkeitsrecht = NJW 2002, 3619; dazu einschränkend BAG 23.4.2009 AP Nr. 40 zu § 611 BGB Persönlichkeitsrecht = NZA 2009, 974.
[24] BVerfG 28.7.2016 NJW 2017, 466; BAG 29.6.2017 AP Nr. 265 zu § 626 BGB = NZA 2017, 1605.
[25] BAG 17.11.2016 AP Nr. 15 zu § 626 BGB Unkündbarkeit = NZA 2017, 394.
[26] BAG 23.8.2012 AP Nr. 67 zu § 307 BGB = NZA 2013, 268 mwN.
[27] BAG 27.7.2017 AP Nr. 263 zu § 626 BGB = NZA 2017, 1327.
[28] BAG 20.10.2016 AP Nr. 260 zu § 626 BGB = NZA 2017, 443; zur offenen Videoüberwachung BAG 23.8.2018 AP Nr. 271 zu § 626 BGB = NZA 2018, 1329.
[29] BVerfG 9.10.2002 AP Nr. 34 zu § 611 BGB Persönlichkeitsrecht.
[30] Eingehend hierzu BAG 11.12.2014 AP Nr. 42 zu § 611 BGB Persönlichkeitsrecht = NZA 2015, 604.
[31] BAG 26.8.2008 AP Nr. 54 zu § 75 BetrVG 1972 = NZA 2008, 1187.
[32] BAG 26.8.2008 AP Nr. 54 zu § 75 BetrVG 1972 = NZA 2008, 1187.

Die Einführung einer einheitlichen **Arbeitskleidung** verletzt nicht das allgemeine Persönlichkeitsrecht der betroffenen AN, wenn damit eine Verbesserung des äußeren Erscheinungsbildes des Unternehmens bezweckt und der AN durch die Kleidung nicht der Lächerlichkeit preisgegeben wird.[33] Die mit **Taschen- und Torkontrollen** einhergehenden Beeinträchtigungen des Persönlichkeitsrechts können gerechtfertigt sein, wenn sie geeignet und erforderlich sind, das Eigentum des AG zu schützen und dem Gebot der Verhältnismäßigkeit im engeren Sinn Rechnung tragen.[34] Dem AN zugeordnete **persönliche Schränke** dürfen nur bei Vorliegen zwingender Gründe ohne sein Einverständnis geöffnet und durchsucht werden.[35] Demgegenüber wird nach Auffassung des BAG durch die vertragliche Verpflichtung, im Falle eines längeren Auslandsaufenthalts des AN die **Steuererklärung durch eine vom AG ausgewählte Steuerberatungsgesellschaft** erstellen zu lassen, in unverhältnismäßiger Weise in das Recht des AN und seines Ehegatten auf informationelle Selbstbestimmung eingegriffen.[36] 8

Das allgemeine Persönlichkeitsrecht schützt grundsätzlich vor der Erhebung und Weitergabe von **Befunden über den Gesundheitszustand,** die seelische Verfassung und den Charakter des AN. Dieser ist deshalb nach Auffassung des BAG regelmäßig nicht verpflichtet, im laufenden Arbeitsverhältnis routinemäßigen **Blutuntersuchungen** zur Klärung, ob er alkohol- oder drogenabhängig ist, zuzustimmen.[37] 9

Zu dem durch das allgemeine Persönlichkeitsrecht gewährleisteten Schutzbereich gehört auch die **sexuelle Selbstbestimmung** des Menschen und damit das Finden und Erkennen der eigenen geschlechtlichen Identität sowie der eigenen sexuellen Orientierung.[38] Da dies – ebenso wie das aus § 7 I iVm § 1 AGG folgende Verbot der Benachteiligung wegen der sexuellen Identität – auch bei der Auslegung zivilrechtlicher Generalklauseln zu beachten ist, ist eine Kündigung wegen **Homosexualität** des AN auch innerhalb der Probezeit unwirksam.[39] Auch im Zusammenhang mit **Mobbing** geht es im Wesentlichen um die Verletzung des Persönlichkeitsrechts des AN (dazu → § 36 Rn. 43a ff.). Das BAG leitet schließlich aus dem allgemeinen Persönlichkeitsrecht den **Beschäftigungsanspruch** des AN her.[40] 10

3. Gleichheitssatz (Art. 3 GG). a) Allgemeiner Gleichheitssatz (Art. 3 I GG). Von großer praktischer Bedeutung im Arbeitsrecht ist Art. 3 I GG. Der allgemeine Gleichheitssatz gebietet, unter steter Orientierung am **Gerechtigkeitsgedanken wesentlich Gleiches gleich und wesentlich Ungleiches ungleich** zu behandeln.[41] Verboten ist daher auch ein gleichheitswidriger Begünstigungsausschluss, bei dem eine Begünstigung einem Personenkreis gewährt, einem anderen Personenkreis aber vorenthalten wird.[42] Eine Differenzierung bei ungleichen Sachverhalten ist geboten, wenn die tatsächliche Ungleichheit so groß ist, dass sie bei einer am Gerechtigkeitsgedanken orientierten Betrachtungsweise nicht unberücksichtigt bleiben darf. Bei der Ordnung von Massenerscheinungen können typisierende und generalisierende Regelungen notwendig sein.[43] **Typisierung** bedeutet dabei, bestimmte in wesentlichen Elementen gleichgeartete Lebenssachverhalte normativ zusammenzufassen. Besonderheiten, die im Tatsächlichen durchaus bekannt sind, können generalisierend vernachlässigt werden. Der Normgeber darf sich grundsätzlich am Regelfall orientieren und ist nicht gehalten, allen Besonderheiten jeweils durch Sonderregelungen Rechnung zu tragen. Die Verallgemeinerungen müssen allerdings auf eine möglichst breite, alle betroffenen Gruppen und Regelungsgegenstände einschließende Beobachtung aufbauen. Für die Typisierung darf kein atypischer Fall als Leitbild gewählt werden, es muss vielmehr realitätsgerecht der typische Fall als Maßstab zugrunde liegen.[44] Dabei entstehende Härten und Ungerechtigkeiten müssen hingenommen werden, wenn die Benachteiligung nur eine kleine Zahl von Personen betrifft und der Verstoß gegen den Gleichheitssatz nicht sehr intensiv 11

[33] BAG 13.2.2007 AP Nr. 40 zu § 87 BetrVG 1972 Ordnung des Betriebes = NZA 2007, 640; 1.12.1992 AP Nr. 20 zu § 87 BetrVG 1972 Ordnung des Betriebes = NZA 1993, 711; vgl. hierzu auch LAG Köln 18.8.2010 NZA-RR 2011, 85.
[34] Dazu BAG 15.4.2014 AP Nr. 9 zu § 29 BetrVG 1972 = NZA 2014, 551.
[35] BAG 20.6.2013 AP Nr. 244 zu § 626 BGB = NZA 2014, 143; dazu *Wybitul/Pötters* BB 2014, 437.
[36] BAG 23.8.2012 NZA 2013, 268.
[37] BAG 12.8.1999 AP Nr. 41 zu § 1 KSchG 1969 Verhaltensbedingte Kündigung = NZA 1999, 1209.
[38] BVerfG 27.5.2008 NJW 2008, 3117.
[39] BAG 23.6.1994 AP Nr. 9 zu § 242 BGB Kündigung = NZA 1994, 1080.
[40] BAG 27.2.1985 AP Nr. 14 zu § 611 BGB Beschäftigungspflicht.
[41] BVerfG 30.7.2008 NJW 2008, 2409.
[42] BVerfG 11.12.2019 AP Nr. 74 zu § 1 BetrAVG Zusatzversorgungskassen = NZA 2020, 37.
[43] BAG 29.1.2014 NZA-RR 2014, 446; 16.12.2010 AP Nr. 4 zu § 1 TVG Tarifverträge: Bundesagentur für Arbeit = NZA-RR 2011, 322.
[44] BVerfG 9.12.2008 NJW 2009, 48.

ist. Stehen die wirtschaftlichen Folgen einer Regelung jedoch in einem Missverhältnis zu den mit der Typisierung verbundenen Vorteilen, genügt diese nicht dem Maßstab des Art. 3 I GG.[45] Der allgemeine Gleichheitssatz ist ein **fundamentales Rechtsprinzip.**[46] Er kommt insbesondere bei der Überprüfung von Gesetzen und Tarifverträgen zur Anwendung (→ Rn. 12). Darüber hinaus überprüft das BVerfG gerichtliche Entscheidung auch am Maßstab des aus Art. 3 I GG hergeleiteten Willkürverbots. Willkürlich ist hiernach eine gerichtliche Entscheidung dann, wenn sie unter keinem denkbaren Aspekt rechtlich vertretbar ist und sich daher der Schluss aufdrängt, dass sie auf sachfremden Erwägungen beruht.[47]

12 Die gerichtliche Kontrolle von **Tarifregelungen** am Maßstab von Art. 3 I GG wird durch die den Tarifvertragsparteien in Art. 9 III GG gewährleistete Tarifautonomie begrenzt. Den Tarifvertragsparteien steht eine Einschätzungsprärogative zu, soweit es um die Beurteilung des tatsächlichen Regelungsbedarfs, insbesondere der betroffenen Interessen und die Rechtsfolgen geht. Bei der inhaltlichen Gestaltung der Regelungen haben sie einen Beurteilungs- und Gestaltungsspielraum.[48] Auch wenn es nicht Aufgabe der Gerichte ist zu prüfen, ob die Tarifvertragsparteien die zweckmäßigste, vernünftigste und gerechteste Lösung für das Regelungsproblem gefunden haben, sind sie doch aufgrund der Schutzpflichtfunktion der Grundrechte verpflichtet, solchen Tarifregelungen die Durchsetzung zu verweigern, die zu gleichheits- und sachwidrigen Differenzierungen führen und deshalb Art. 3 I GG verletzen.[49]

13 Auf **Arbeitsverträge** ist Art. 3 I GG nicht unmittelbar anwendbar. Hier gilt vielmehr der arbeitsrechtliche Gleichbehandlungsgrundsatz (dazu → § 112 Rn. 1 ff.). Er ist heute gewohnheitsrechtlich anerkannt und wurzelt in dem überpositiven Ideal der Gerechtigkeit, das es gebietet, Gleiches gleich und Ungleiches seiner Eigenart entsprechend ungleich zu behandeln.[50]

14 Bei der Prüfung einer Verletzung des Gleichheitssatzes sind zunächst die **Vergleichsgruppen** festzustellen.[51] Eine Gruppenbildung kann nicht nur dadurch erfolgen, dass für verschiedene Arbeitnehmergruppen unterschiedliche Rechtsfolgen vorgesehen werden oder eine bestimmte Gruppe von einer Regelung ausdrücklich ausgenommen wird. Vielmehr werden unterschiedliche Gruppen auch dann gebildet, wenn eine Regelung nur für eine Arbeitnehmergruppe getroffen wird und für eine andere unterbleibt.[52]

15 Es gilt ein stufenloser, am Grundsatz der Verhältnismäßigkeit orientierter verfassungsrechtlicher **Prüfungsmaßstab.** Dessen Inhalt und Grenzen lassen sich nicht abstrakt, sondern nur nach den jeweils betroffenen unterschiedlichen Sach- und Regelungsbereichen bestimmen. Je nach Regelungsgegenstand und Differenzierungsmerkmalen reicht er vom bloßen Willkürverbot bis zu einer strengen Bindung an Verhältnismäßigkeitserfordernisse.[53] Die verfassungsrechtlichen Anforderungen verschärfen sich, je weniger die Merkmale, an welche die Differenzierung anknüpft, für den Einzelnen verfügbar sind oder je mehr sich die personenbezogenen Merkmale den in Art. 3 III GG genannten nähern (→ Rn. 17).[54] Überdies sind dem Gestaltungsspielraum umso engere Grenzen gesetzt, je stärker sich die Ungleichbehandlung von Personen oder Sachverhalten auf die Ausübung grundrechtlich geschützter Freiheiten, etwa der durch Art. 12 GG geschützten Berufsfreiheit, nachteilig auswirken kann.[55] In diesen Fällen prüft das BVerfG im Einzelnen nach, ob für die vorgesehene Differenzierung Gründe von solcher Art und solchem Gewicht bestehen, dass sie die ungleichen Rechtsfolgen rechtfertigen können.[56]

16 Bei **verhaltensbezogenen Unterscheidungen** hängt das Maß der Bindung an den Gleichheitsatz davon ab, inwieweit die Betroffenen in der Lage sind, durch ihr Verhalten die Verwirklichung der Merkmale zu beeinflussen, nach denen unterschieden wird. Die Gestaltungsfreiheit

---

45 BVerfG 15.7.1998 AP Nr. 26 zu § 18 BetrAVG = NZA 1999, 194.
46 BVerfG 31.5.1988 BVerfGE 78, 232 (248).
47 BVerfG 6.6.2016 – 1 BvR 3494/14.
48 BAG 25.1.2018 AP Nr. 6 § 16 TVöD = NZA 2018, 1200; 26.4.2017 AP Nr. 29 zu § 1 TVG Tarifverträge: Bewachungsgewerbe = NZA-RR 2017, 478.
49 BAG 26.4.2017 AP Nr. 29 zu § 1 TVG Tarifverträge: Bewachungsgewerbe = NZA-RR 2017, 478; ErfK/*Schmidt* GG Art. 3 Rn. 25 ff.
50 BAG 3.9.2014 AP Nr. 218 zu § 242 BGB Gleichbehandlung = NZA 2015, 222; MüKoBGB/*Müller-Glöge* § 611 Rn. 1121 f.
51 ErfK/*Schmidt* GG Art. 3 Rn. 33.
52 BAG 22.3.2005 AP Nr. 48 zu § 75 BetrVG 1972 = NZA 2005, 773.
53 BVerfG 11.12.2019 AP Nr. 74 zu § 1 BetrAVG Zusatzversorgungskassen = NZA 2020, 37.
54 BVerfG 8.6.2016 AP Nr. 49 zu § 17 KSchG 1969 = NZA 2016, 939; 7.2.2012 NJW 2012, 1711.
55 BVerfG 14.4.2010 BVerfGE 126, 29.
56 BVerfG 30.7.2008 NJW 2008, 2409; 18.4.2008 ZTR 2008, 374; 27.1.1998 AP Nr. 17 zu § 23 KSchG 1969 = NZA 1998, 470; ErfK/*Schmidt* GG Art. 3 Rn. 38 ff.; HWK/*Hergenröder* GG Art. 3 Rn. 41.

des Normgebers geht dann besonders weit, wenn er Lebenssachverhalte verschieden behandelt und die Betroffenen sich durch eigenes Verhalten auf die unterschiedliche Regelung einstellen können.[57] In diesem Fall kommt den Besonderheiten des geregelten Lebens- und Sachbereichs für die Frage, ob die Ungleichbehandlung gerechtfertigt ist, maßgebliche Bedeutung zu. Die Regelung ist zu beanstanden, wenn die Differenzierung willkürlich erscheint.[58] Die Grenzen werden enger, je weniger der Einzelne nachteilige Folgen durch eigenes Verhalten vermeiden kann.[59]

Bei einer **personenbezogenen Ungleichbehandlung** ist der Gleichheitssatz verletzt, wenn **17** eine Gruppe von Normadressaten im Vergleich zu anderen Normadressaten anders behandelt wird, obwohl zwischen beiden Gruppen keine Unterschiede von solcher Art und solchem Gewicht bestehen, dass sie die ungleiche Behandlung rechtfertigen könnten.[60] Zur Begründung einer Ungleichbehandlung von Personengruppen reicht es nicht aus, dass der Normgeber ein seiner Art nach geeignetes Unterscheidungsmerkmal berücksichtigt hat. Vielmehr muss auch für das Maß der Differenzierung ein innerer Zusammenhang zwischen den vorgefundenen Verschiedenheiten und der differenzierenden Regelung bestehen, der sich als sachlich vertretbarer Unterscheidungsgesichtspunkt von hinreichendem Gewicht anführen lässt.[61] Dabei gilt ein stufenloser am Grundsatz der Verhältnismäßigkeit orientierter verfassungsrechtlicher Prüfungsmaßstab, dessen Inhalt und Grenzen sich nicht abstrakt, sondern nur nach den jeweils betroffenen unterschiedlichen Sach- und Regelungsbereichen bestimmen lassen.[62] Eine strengere Bindung an den Gleichheitssatz kann sich insbesondere aus den jeweils betroffenen Freiheitsrechten ergeben.[63] Die Anforderungen bei einer Ungleichbehandlung von Personengruppen sind umso strenger, je größer die Gefahr ist, dass eine Anknüpfung an Persönlichkeitsmerkmale, die mit denen des Art. 3 III GG vergleichbar sind, zur Diskriminierung einer Minderheit führt. Das ist bei der sexuellen Orientierung der Fall.[64] Arbeitsrechtliche Regelungen, die eine ungleiche Behandlung von AN vorsehen, sind idR auf die Person bezogen.

Für das Vorliegen eines hinreichenden Sachgrundes ist vor allem der mit der Regelung ver- **18** folgte **Zweck** maßgeblich. Unter dessen Berücksichtigung müssen die Merkmale, an welche die Gruppenbildung anknüpft, die Differenzierung bei den Rechtsfolgen rechtfertigen. Die **unterschiedliche Vergütung** angestellter Lehrer nach der Schulform und der Dauer ihrer Tätigkeit lässt sich auf einleuchtende Gründe von hinreichendem Gewicht zurückführen und ist deshalb gerechtfertigt.[65] Dagegen ist es mit dem allgemeinen Gleichheitssatz nicht zu vereinbaren, die Gewährung eines ruhegehaltsfähigen Zuschusses davon abhängig zu machen, dass der Abschluss einer allgemeinbildenden Schule oder einer Berufsausbildung in den alten und nicht in den **neuen Bundesländern** erworben worden ist.[66] **Tarifnormen** sind uneingeschränkt am Gleichheitssatz des Art. 3 I GG zu messen. Tarifvertragsparteien steht bei ihrer Normsetzung aufgrund der durch Art. 9 III GG geschützten Tarifautonomie allerdings ein **weiter Gestaltungsspielraum** zu. Ihnen kommt eine Einschätzungsprärogative zu, soweit die tatsächlichen Gegebenheiten, die betroffenen Interessen und die Regelungsfolgen zu beurteilen sind. Darüber hinaus verfügen sie über einen Beurteilungs- und Ermessensspielraum hinsichtlich der inhaltlichen Gestaltung der Regelung. Es genügt, wenn für die getroffene Regelung ein sachlich vertretbarer Grund vorliegt.[67] Die Prüfung der sachlichen Rechtfertigung einer unterschiedlichen Behandlung hat sich an dem mit der Leistung verfolgten Zweck zu orientieren. Dabei kommt es bei tariflichen Regelungen auf die Zwecke an, welche die Tarifvertragsparteien im Rahmen ihrer durch Art. 9 III GG geschützten Tarifautonomie durch die maßgeblichen Tarifregelungen ausdrücklich festgelegt haben oder sich aus diesen im Wege der Auslegung ergeben.[68] Beziehen

[57] BVerfG 21.7.2010 NJW 2010, 2783; 15.7.1998 AP Nr. 26 zu § 18 BetrAVG = NZA 1999, 194.
[58] Vgl. ErfK/*Schmidt* GG Art. 3 Rn. 39.
[59] BVerfG 14.4.2010 BVerfGE 126, 29.
[60] BAG 29.1.2014 NZA-RR 2014, 446; 27.5.2004 AP Nr. 5 zu § 1 TVG Gleichbehandlung = NZA 2004, 1399.
[61] BVerfG 14.4.2010 BVerfGE 126, 29; BAG 27.5.2004 AP Nr. 5 zu § 1 TVG Gleichbehandlung = NZA 2004, 1399.
[62] BVerfG 21.3.2015 NZA-RR 2015, 669; BAG 23.2.2016 AP Nr. 9 zu § 8a ATG = NZA 2016, 703.
[63] BVerfG 8.6.2016 AP Nr. 49 zu § 17 KSchG 1969 = NZA 2016, 939; 19.2.2013 NJW 2013, 847.
[64] BVerfG 11.12.2019 AP Nr. 74 zu § 1 BetrAVG Zusatzversorgungskassen = NZA 2020, 37; 7.7.2009 NJW 2010, 1439.
[65] BAG 6.7.2005 AP Nr. 166 zu § 611 BGB Lehrer, Dozenten.
[66] BAG 10.2.2005 NZA-RR 2006, 38.
[67] BAG 19.12.2019 AP Nr. 5 zu § 46 TVöD = NZA 2020, 734; aA Wiedemann/*Jacobs* Einl. Rn. 307 ff. mwN.
[68] BAG 29.1.2020 AP Nr. 167 zu § 99 BetrVG 1972 = NZA 2020, 813.

Tarifvertragsparteien eine bestimmte Arbeitnehmergruppe nicht in den **Geltungsbereich eines Tarifvertrags** ein, verzichten sie auf eine ihnen mögliche Normsetzung. Das ist Teil der grundrechtlichen Gewährleistung des Art. 9 III GG. Ein solcher Regelungsverzicht verstößt nicht gegen Art. 3 I GG, wenn bei typisierender Betrachtung der jeweiligen Gruppen sachbezogene Gruppenunterschiede erkennbar sind, die eine Nichteinbeziehung der betreffenden Arbeitnehmergruppe in den persönlichen Geltungsbereich eines solchen Tarifvertrags rechtfertigen.[69] Die **Nichtregelung der Arbeitszeit von Hausmeistern** durch Tarifvertragsparteien verstößt hiernach nicht gegen Art. 3 I GG.[70] **Tarifvertragliche Stichtagsregelungen** sind zulässig[71] und unterliegen nur einer Willkürkontrolle.[72] Tarifregelungen, die niedrigere Zulagen für Nachtschichtarbeitnehmer als für AN, die außerhalb von Schichtsystemen Nachtarbeit leisten, vorsehen, können gegen Art. 3 I GG verstoßen.[73] Zudem soll fraglich sein, ob solche Regelungen mit Unionsrecht vereinbar sind.[74]

19 **Verstößt eine Tarifbestimmung gegen Art. 3 I GG,** ist sie grundsätzlich gem. § 134 BGB nichtig.[75] Sofern der noch gültige Teil des Tarifvertrags eine sinnvolle und in sich geschlossene Regelung enthält, bleibt er jedoch wirksam. § 139 BGB findet keine Anwendung.[76] Die im Tarifvertrag unzulässigerweise von Vergünstigungen ausgenommenen AN haben dann einen Anspruch auf die vorenthaltene Leistung, wenn die Auslegung des Tarifwerks ergibt, dass die Tarifvertragsparteien nur auf diesem Wege dem Gleichheitssatz Rechnung tragen können. Dies ist regelmäßig – vorbehaltlich eines besonderen Vertrauensschutzes des AG – für den zurückliegenden Zeitraum anzunehmen.[77] Eine Angleichung für die Zukunft kommt demgegenüber grundsätzlich nicht in Betracht, weil die Tarifvertragsparteien insoweit einen weiten Gestaltungsspielraum haben. In diesem Fall kommt jedoch eine Aussetzung des Verfahrens für einen befristeten Zeitraum in Betracht, um den Tarifvertragsparteien Gelegenheit für eine Neuregelung zu geben.[78] Eine Angleichung für die Zukunft ist ausnahmsweise möglich, wenn nach dem Regelungsplan keine anderen Regelungsmöglichkeiten ersichtlich sind.[79]

20 **b) Gleichberechtigungsgebot (Art. 3 II GG).** Das Grundgesetz enthält nicht nur ein Verbot der Diskriminierung wegen des Geschlechts. Art. 3 II GG stellt ein Gleichberechtigungsgebot auf und erstreckt dieses auch auf die gesellschaftliche Wirklichkeit. Das ist durch die Anfügung von Satz 2 in Art. 3 II GG ausdrücklich klargestellt worden.[80] Der Durchsetzung der Gleichberechtigung stehen Regelungen entgegen, die zwar geschlechtsneutral formuliert sind, im Ergebnis aber aufgrund natürlicher Unterschiede oder der gesellschaftlichen Bedingungen überwiegend Frauen betreffen.[81] Es kommt deshalb nicht darauf an, dass eine Ungleichbehandlung unmittelbar und ausdrücklich an das Geschlecht anknüpft. Über eine solche unmittelbare Ungleichbehandlung hinaus erlangen für Art. 3 II GG vielmehr auch die unterschiedlichen Auswirkungen einer Regelung für Frauen und Männer Bedeutung.[82] Der Satz „Männer und Frauen sind gleichberechtigt" in Art. 3 II GG steht nicht nur Rechtsnormen entgegen, die Vor- und Nachteile an Geschlechtsmerkmale anknüpfen. Art. 3 II GG zielt auf die Angleichung der Lebensverhältnisse. Frauen müssen die gleichen Erwerbschancen haben wie Männer.[83]

21 **c) Diskriminierungsverbote (Art. 3 III GG).** Art. 3 III 1 GG verbietet u.a. Benachteiligungen wegen des Geschlechts, der Herkunft, des Glaubens und der religiösen oder weltanschaulichen Überzeugungen. Diese Merkmale dürfen grundsätzlich nicht als Anknüpfungspunkt

[69] BAG 27.5.2004 AP Nr. 5 zu § 1 TVG Gleichbehandlung = NZA 2004, 1399; 16.12.2003 AP Nr. 1 zu § 2 MTArb SR 2 g.
[70] BAG 1.12.2004 AP Nr. 15 zu § 1 TVG Versicherungsgewerbe.
[71] BVerfG 14.11.2018 AP Nr. 153 zu Art. 9 GG = NZA 2019, 112.
[72] Vgl. BAG 19.12.2019 AP Nr. 5 zu § 46 TVöD = NZA 2020, 734.
[73] BAG 9.12.2020 – 10 AZR 334/20; 21.3.2018 AP Nr. 17 zu § 6 ArbZG= NZA 2019, 622.
[74] BAG 9.12.2020 – 10 AZR 332/20 (A).
[75] BAG 29.1.2020 AP Nr. 167 zu § 99 BetrVG 1972 = NZA 2020, 813.
[76] BAG 26.2.2020 AP Nr. 6 zu § 1 TVG Sozialplan = NZA 2020, 1121.
[77] BAG 24.6.2010 AP Nr. 5 zu § 5 TVÜ.
[78] Vgl. ErfK/*Schmidt* GG Art. 3 Rn. 59; HWK/*Hergenröder* GG Art. 3 Rn. 63.
[79] BAG 24.6.2010 AP Nr. 5 zu § 5 TVÜ.
[80] Vgl. BVerfG 14.4.2010 BVerfGE 126, 29; 24.1.1995 BVerfGE 92, 91, 109.
[81] BVerfG 5.4.2005 NJW 2005, 2443.
[82] BVerfG 14.4.2010 BVerfGE 126, 29.
[83] BVerfG 18.11.2003 AP Nr. 23 zu § 14 MuSchG 1968 = NZA 2004, 33.

für eine rechtliche Ungleichbehandlung herangezogen werden.[84] Das Diskriminierungsverbot gilt auch dann, wenn eine Regelung nicht auf eine verbotene Ungleichbehandlung angelegt ist, sondern in erster Linie – oder gänzlich – andere Ziele verfolgt.[85] Eine Benachteiligung wegen des **Geschlechts** ist nach Art. 3 III 1 GG nur zulässig, soweit sie zur Lösung von Problemen, die ihrer Natur nach nur bei Männern oder nur bei Frauen auftreten können, zwingend erforderlich ist (→ § 37 Rn. 1 ff.).[86] Eine nach Art. 3 III 2 GG verbotene Benachteiligung wegen einer **Behinderung** liegt nicht nur bei Maßnahmen vor, die die Situation von Behinderten wegen der Behinderung verschlechtern. Eine Benachteiligung kann auch bei einem Ausschluss von Entfaltungs- und Betätigungsmöglichkeiten gegeben sein, wenn dieser Ausschluss nicht durch eine auf die Behinderung bezogene Förderungsmaßnahme hinlänglich kompensiert wird. Wann er so weit kompensiert ist, dass er nicht benachteiligend wirkt, kann nicht generell und abstrakt, sondern nur aufgrund einer Gesamtwürdigung im Einzelfall entschieden werden.[87] Die in Art. 3 III GG enthaltenen Benachteiligungsverbote entsprechen im Wesentlichen den nunmehr in § 1 AGG kodifizierten Verboten. Auf die Ausführungen hierzu wird deshalb ergänzend verwiesen (→ § 36 Rn. 11 f.).

4. Glaubens- und Gewissensfreiheit (Art. 4 GG). Art. 4 GG garantiert in Abs. 1 die Freiheit des Glaubens, des Gewissens und des religiösen und weltanschaulichen Bekenntnisses, in Abs. 2 das Recht der ungestörten Religionsausübung. Beide Absätze des Art. 4 GG enthalten ein umfassend zu verstehendes einheitliches Grundrecht.[88] Die in Art. 4 I GG verbürgte Glaubensfreiheit umfasst daher auch den Anspruch, nach eigenen Glaubensüberzeugungen leben und handeln zu dürfen.[89] Sie erstreckt sich nicht nur auf die innere Freiheit, zu glauben oder nicht zu glauben, dh einen Glauben zu haben, zu verschweigen oder sich vom bisherigen Glauben loszusagen und einem anderen Glauben zuzuwenden, sondern auch auf die äußere Freiheit, den Glauben zu bekunden und zu verbreiten. Dies betrifft nicht nur imperative Glaubenssätze, sondern ebenso das Recht des Einzelnen, sein gesamtes Verhalten an den Lehren seines Glaubens auszurichten und dieser Überzeugung gemäß zu handeln, also glaubensgeleitet zu leben.[90] Auch wenn dieses Grundrecht keinem Gesetzesvorbehalt unterliegt, ist es Einschränkungen zugänglich, die sich aus der Verfassung selbst ergeben.[91] Namentlich findet die positive Bekenntnisfreiheit dort ihre Grenzen, wo ihre Ausübung durch den Grundrechtsträger auf kollidierende Grundrechte Andersdenkender trifft. Im Arbeitsverhältnis kann die Glaubensfreiheit des AN mit der durch Art. 12 I GG geschützten wirtschaftlichen Betätigungsfreiheit des AG kollidieren.[92] In diesem Fall sind nach dem Gebot der praktischen Konkordanz die konfligierenden Grundrechtspositionen abzuwägen.[93] Art. 4 I und II GG gewährleistet darüber hinaus in Verbindung mit den durch Art. 140 GG einbezogenen Weimarer Kirchenartikeln die religiöse Vereinigungsfreiheit der Religionsgesellschaften.[94] Diese ordnen und verwalten gem. Art. 140 GG iVm Art. 137 III 1 WRV ihre Angelegenheiten innerhalb der Schranken der für alle geltenden Gesetze. Das hat Auswirkungen im Kündigungsrecht, weil die Kirchen an ihre Mitarbeiter besondere **Loyalitätsanforderungen** stellen können (näher dazu → § 127 Rn. 100).[95] Entsprechendes gilt für die in Art. 137 III 2 WRV ausdrücklich gewährleistete Ämterautonomie. Diese umfasst das Recht festzulegen, welche Kirchenämter einzurichten, wie diese zu besetzen und welche Anforderungen an die Amtsinhaber zu stellen sind.[96] Deshalb stellt der **Entzug der *„missio canonica"*** einen innerkirchlichen Akt dar, der einer arbeitsgerichtlichen Überprüfung nicht zugänglich ist.[97] 22

[84] Dazu BVerfG 27.11.1997 BVerfGE 97, 35.
[85] BVerfG 8.6.2016 AP Nr. 49 zu § 17 KSchG 1969 = NZA 2016, 939.
[86] BVerfG 28.1.1992 AP Nr. 2 zu § 19 AZO = NZA 1992, 270.
[87] BVerfG 25.3.2015 AP Nr. 226 zu § 112 BetrVG 1972 = NZA 2015, 1248.
[88] BVerfG 14.1.2020 AP Nr. 10 zu Art. 4 GG = NJW 2020, 1049.
[89] BVerfG 27.1.2015 NJW 2015, 1359; 21.7.2009 NJW 2009, 3151.
[90] BVerfG 14.1.2020 AP Nr. 10 zu Art. 4 GG = NJW 2020, 1049; 27.6.2017 NJW 2017, 2333.
[91] BVerfG 14.1.2020 AP Nr. 10 zu Art. 4 GG = NJW 2020, 1049; 21.7.2009 NJW 2009, 3151.
[92] BVerfG 30.7.2003 AP Nr. 134 zu Art. 12 GG = NZA 2003, 959; BAG 24.9.2014 AP Nr. 135 zu § 615 BGB = NZA 2014, 1407; 24.2.2011 AP Nr. 9 zu Art. 4 GG = NZA 2011, 1087.
[93] ErfK/*Schmidt* GG Art. 4 Rn. 23; zu Fragen des „muslimischen Kopftuchs" *Neugebauer/Sura* RdA 2018, 350.
[94] BVerfG 22.10.2014 NZA 2014, 1387; 5.2.1991 BVerfGE 83, 341 – Bahá'i; v. Mangoldt/Klein/Starck/*v. Campenhausen/Unruh,* 6. Aufl., GG Art. 137 Rn. 27 ff.
[95] BAG 20.2.2019 AP Nr. 94 zu § 1 KSchG 1969 = NZA 2019, 901 mwN.
[96] BVerfG 9.12.2008 NJW 2009, 1195.
[97] BAG 10.4.2014 AP Nr. 159 zu § 2 KSchG 1969 = NZA 2014, 653.

Des Weiteren bezieht sich der grundrechtliche Schutz aus Art. 4 GG auch auf die Kirche sowie die ihr zugeordneten juristischen Personen und von ihr getragenen Einrichtungen, durch die der jeweils selbst gewählte Auftrag unabhängig von der jeweiligen Rechtsform seine Wirkung entfalten soll.[98] Geschützt ist auch die Entscheidung der Kirche, ihre kollektive Arbeitsrechtsordnung auf dem **Dritten Weg** zu regeln. Es handelt sich hierbei um eine eigene Angelegenheit iSd Art. 4 I und II iVm Art. 140 GG und Art. 137 III WRV (dazu → § 184 Rn. 8 f.).[99]

23 Im Einzelfall schwierig ist die Abgrenzung der Freiheit, einen Glauben zu bekunden, zu **allgemeinen Überzeugungen und Tendenzen,** die nicht dem Schutz des Art. 4 I und II GG unterfallen. Allein die Behauptung und das Selbstverständnis, eine Gemeinschaft bekenne sich zu einer Religion und sei eine Religionsgemeinschaft, begründet für diese und ihre Mitglieder nicht das Recht, sich auf Art. 4 I und II GG berufen zu können. Es muss sich vielmehr auch tatsächlich, nach geistigem Gehalt und äußerem Erscheinungsbild, um eine Religion und Religionsgemeinschaft handeln.[100]

24 Das Tragen eines **Kopftuchs** durch eine Muslima fällt in den Schutzbereich der durch Art. 4 I und II GG verbürgten Glaubensfreiheit.[101] Wenn die AN das Tragen eines Kopftuchs als für sich verbindlich von den Regeln ihrer Religion vorgegeben betrachtet, ist das Befolgen dieser Bekleidungsregel für sie Ausdruck ihres religiösen Bekenntnisses. Auf die umstrittene Frage, ob und inwieweit die Verschleierung für Frauen von Regeln des islamischen Glaubens vorgeschrieben ist, kommt es nicht an.[102] Trägt eine Sozialpädagogin muslimischen Glaubens in der Schule zu jeder Zeit eine (Woll-)Mütze, die Haare, Haaransatz und Ohren vollständig bedeckt, kann darin – wie in dem Tragen eines Kopftuchs – die Kundgabe einer religiösen Überzeugung liegen. Diese kann nach Auffassung des BVerfG nicht durch ein generelles gesetzliches Verbot religiöser Bekundungen in Schulen eingeschränkt werden. Ein angemessener Ausgleich der Glaubensfreiheit der Lehrkräfte, der negativen Glaubensfreiheit der Schüler und der Eltern verlangt vielmehr eine einschränkende Auslegung der Verbotsnorm, nach der zumindest eine hinreichend konkrete Gefahr für diese Schutzgüter vorliegen muss.[103]

25 Der Anordnung von **Samstagsarbeit** kann nach Auffassung des LAG Schleswig-Holstein die religiöse Überzeugung eines Mitglieds der evangelischen Freikirche Gemeinschaft der **Siebenten-Tags-Adventisten** entgegenstehen, wonach der siebente Tag der Ruhetag (Sabbat) ist.[104] Weigert sich ein AN, an einem Sonntag entsprechend dem Schichtenplan zu arbeiten, weil nach seiner religiösen Überzeugung als **Baptist** der Sonntag Gott gehöre, berechtigt dies nach Auffassung des LAG Hamm den AG nicht zu einer verhaltensbedingten Kündigung.[105] In Betracht kommt allerdings ein personenbedingter Kündigungsgrund. Zu den subjektiven Leistungshindernissen iSd § 616 I BGB kann auch die Erfüllung religiöser Pflichten gehören.[106] Die Glaubens- und Gewissensfreiheit des AN kann ferner bei der Ausübung des Weisungsrechts Bedeutung erlangen, wenn der AN darlegt, ihm sei es aus religiösen Gründen nicht zuzumuten, die an sich vertraglich geschuldete Leistung zu erbringen (dazu → § 45 Rn. 41).[107] Hierbei ist die Intensität des umstrittenen Eingriffs ebenso zu berücksichtigen wie der Umstand, dass die Vertragspartner mit dem Abschluss des Vertrags in eine Begrenzung grundrechtlicher Freiheiten eingewilligt haben.[108] Ein Moslem ist nur unter Berücksichtigung der betrieblichen Belange berechtigt, nach Rücksprache mit seinem Vorgesetzten seinen Arbeitsplatz zur Abhaltung **kurz-**

[98] BVerfG 30.4.2015 AP Nr. 88 zu § 118 BetrVG 1972 = NZA 2015, 820.
[99] BAG 20.11.2012 AP Nr. 179 zu Art. 9 GG Arbeitskampf = NZA 2013, 448.
[100] BVerfG 5.2.1991 BVerfGE 83, 341 – Bahá'i; BAG 22.3.1995 AP Nr. 21 zu § 5 ArbGG 1979 = NZA 1995, 823 – Scientology.
[101] BVerfG 14.1.2020 AP Nr. 10 zu Art. 4 GG = NJW 2020, 1049; 27.6.2017 NJW 2017, 2333 (Rechtsreferendarin); 18.10.2016 NZA 2016, 1522; vgl. auch EuGH 14.3.2017 AP Nr. 38 zu Richtlinie 2000/78/EG = NZA 2017, 375; 14.3.2017 AP Nr. 37 zu Richtlinie 2000/78/EG = NZA 2017, 373; s. auch BAG 30.1.2019 AP Nr. 41 zu § 106 GewO = NZA 2019, 693; *Neugebauer/Sura* RdA 2018, 350; *Kucsko-Stadlmayer* RdA 2019, 197.
[102] BVerfG 27.6.2017 NJW 2017, 2333 (Rechtsreferendarin); 27.1.2015 NJW 2015, 1359.
[103] BVerfG 18.10.2016 NZA 2016, 1522; 27.1.2015 NJW 2015, 1359; ebenso LAG Bbg 9.2.2017 NZA-RR 2017, 378.
[104] LAG SchlH 22.6.2005 AuA 2005, 617.
[105] LAG Hamm 8.11.2007 LAGE Art. 4 GG Nr. 5.
[106] Vgl. BAG 27.4.1983 AP Nr. 61 zu § 616 BGB (zur Arbeitsbefreiung wegen Eheschließung).
[107] LAG Nürnberg 27.3.2018 NZA-RR 2018, 356.
[108] BAG 24.2.2011 AP Nr. 9 zu Art. 4 GG = NZA 2011, 1087.

zeitiger Gebete zu verlassen.[109] Der AG ist jedoch nicht verpflichtet, hierdurch entstehende betriebliche Störungen hinzunehmen.[110] In allen Fällen ist von erheblicher Bedeutung, ob dem AN bei Abschluss des Arbeitsvertrags die durch seine Tätigkeit bedingten Einschränkungen seiner Religionsausübung bekannt waren und ob er bei der Einstellung den AG über seine religiösen Überzeugungen in Kenntnis gesetzt hat oder diese für den AG offenkundig waren.

Die durch Art. 4 I GG geschützte **Gewissensfreiheit** erlangt insbesondere bei der Ausübung des Direktionsrechts (§ 106 GewO) arbeitsrechtliche Bedeutung (→ § 45 Rn. 41 und → § 49 Rn. 2). Es gilt der sog. „subjektive Gewissensbegriff". Danach ist unter Gewissen iSd Art. 4 I GG ein real erfahrbares seelisches Phänomen zu verstehen, dessen Forderungen, Mahnungen und Warnungen für den Menschen unmittelbar evidente Gebote unbedingten Sollens sind. Als Gewissensentscheidung ist jede ernste sittliche dh an den Kategorien von „gut" und „böse" orientierte Entscheidung anzusehen, die der Einzelne in einer bestimmten Lage als für sich bindend und unbedingt verpflichtend innerlich erfährt, so dass er gegen sie nicht ohne ernste Gewissensnot handeln könnte.[111] Auch wenn es sich bei einer Gewissensentscheidung um einen rein inneren Vorgang handelt, sind die Gerichte keineswegs gezwungen, jede nur behauptete Gewissensentscheidung hinzunehmen. Der AN muss seine Entscheidung im Einzelnen darlegen und erläutern. Es muss hierbei erkennbar sein, dass es sich um eine nach außen tretende, rational mitteilbare und intersubjektiv nachvollziehbare Tiefe, Ernsthaftigkeit und absolute Verbindlichkeit einer Selbstbestimmung handelt.[112] 26

5. Meinungs-, Presse und Kunstfreiheit (Art. 5 GG). Das Grundrecht der Meinungsfreiheit aus Art. 5 I GG gibt jedem das Recht, seine **Meinung in Wort, Schrift und Bild frei zu äußern und zu verbreiten.** Es besteht unabhängig davon, ob eine Äußerung rational oder emotional, begründet oder grundlos ist, und ob sie von anderen für nützlich oder schädlich, wertvoll oder wertlos gehalten wird. Dass eine Aussage polemisch oder verletzend formuliert ist, entzieht sie nicht dem Schutzbereich des Grundrechts.[113] Der Grundrechtsschutz bezieht sich sowohl auf den Inhalt als auch auf die Form der Äußerung. Auch eine polemische oder verletzende Formulierung entzieht einer Äußerung noch nicht den Schutz der Meinungsfreiheit.[114] Art. 5 I GG unterscheidet nicht ausdrücklich zwischen Werturteil und Tatsachenbehauptung.[115] Letztere werden durch die objektive Beziehung zwischen der Äußerung und der Wirklichkeit charakterisiert und sind der Überprüfung mit Mitteln des Beweises zugänglich. Meinungen sind im Unterschied dazu durch das Element der Stellungnahme, des Dafürhaltens oder Meinens geprägt. Die Behauptung einer Tatsache fällt in den Schutzbereich dieses Grundrechts, soweit sie Voraussetzung für die Bildung von Meinungen ist.[116] **Erwiesen oder bewusst unwahre** Tatsachenbehauptungen werden nicht vom Schutz des Art. 5 I 1 GG umfasst.[117] Gleiches gilt für **Schmähkritik** (→ Rn. 30).[118] 27

Das Grundrecht auf Meinungsfreiheit aus Art. 5 I GG besteht allerdings **nicht schrankenlos,** 28 sondern in den Grenzen der allgemeinen Gesetze, der Bestimmungen zum Schutz der Jugend und des Rechts der persönlichen Ehre (Art. 5 II GG). Das verlangt eine abwägende Gewichtung der Beeinträchtigungen, die der persönlichen Ehre auf der einen und der Meinungsfreiheit auf der anderen Seite drohen. Nur ausnahmsweise tritt die Meinungsfreiheit bei herabsetzenden Äußerungen, die die Menschenwürde anderer antasten oder sich als Formalbeleidigung oder Schmähung darstellen (dazu → Rn. 30), zurück, ohne dass es einer Einzelfallabwägung bedarf. An diese Ausnahmefälle sind aber jeweils strenge Kriterien anzulegen und ihr Vorliegen ist ausführlich zu begründen.[119] Im Rahmen der **Abwägung** fällt die Richtigkeit des Tatsachengehalts, der dem Werturteil zugrunde liegt, ins Gewicht. Meinungsäußerungen, die auf einer gesicherten Tatsachenbasis beruhen, hat der AG eher hinzunehmen, als solche, bei denen sich

[109] Vgl. LAG Hamm 26.2.2002 AP Nr. 3 zu § 611 BGB Gewissensfreiheit = NZA 2002, 1090.
[110] LAG Hamm 20.4.2011 NZA-RR 2011, 640 („Jesus hat Dich lieb"); 18.1.2002 NZA 2002, 675.
[111] BAG 20.12.1984 AP Nr. 27 zu § 611 BGB Direktionsrecht = NZA 1986, 21.
[112] BAG 24.5.1989 AP Nr. 1 zu § 611 BGB Gewissensfreiheit = NZA 1990, 144.
[113] BVerfG 19.5.2020 NJW 2020, 2622; 16.10.1998 AP Nr. 24 zu § 611 BGB Abmahnung = NZA 1999, 77.
[114] BVerfG 10.10.1995 BVerfGE 93, 266 = NJW 1995, 3303.
[115] BVerfG 25.10.2012 NJW 2013, 217.
[116] BVerfG 13.2.1996 NJW 1996, 1529.
[117] BAG 24.5.2018 AP Nr. 72 zu § 9 KSchG 1969 = NZA 2018, 1131; 18.12.2014 AP Nr. 250 zu § 626 BGB = NZA 2015, 797.
[118] BVerfG 30.5.2018 NZA 2018, 924.
[119] BVerfG 2.11.2020 – 1 BvR 2727/19.

der AN auf unzutreffende Tatsachen stützt.[120] Auch bei wahren Aussagen können jedoch ausnahmsweise Persönlichkeitsbelange überwiegen und die Meinungsfreiheit in den Hintergrund drängen. Das ist insbesondere dann der Fall, wenn die Aussagen die Intim-, Privat- oder Vertraulichkeitssphäre betreffen und sich nicht durch ein berechtigtes Informationsinteresse der Öffentlichkeit rechtfertigen lassen oder wenn sie einen Persönlichkeitsschaden anzurichten drohen, der außer Verhältnis zu dem Interesse an der Verbreitung der Wahrheit steht.[121] Des Weiteren sind bei der Abwägung **auf Seiten des AG verfassungsrechtlich geschützte Positionen zu berücksichtigen.** Dazu gehört nicht nur das allgemeine Persönlichkeitsrecht (Art. 2 II GG), sondern auch die durch Art. 12 GG geschützte wirtschaftliche Betätigungsfreiheit des AG, die insbesondere durch eine Störung des Arbeitsablaufs und des Betriebsfriedens berührt werden kann.[122] Ebenso gehört die Pflicht zur gegenseitigen Rücksichtnahme auf die Interessen der anderen Vertragspartei (§ 241 II BGB) zu den allgemeinen Gesetzen (Art. 5 II GG). Zwischen der Meinungsfreiheit und dem beschränkenden Gesetz findet eine Wechselwirkung statt. Die Regelungen, die dem Grundrecht aus Art. 5 I GG Schranken setzen, sowie die gegenläufigen verfassungsrechtlich geschützten Positionen müssen ihrerseits aus der Erkenntnis der Werte setzenden Bedeutung des Grundrechts auf Meinungsfreiheit ausgelegt und so in ihrer dieses Grundrecht begrenzenden Wirkung selbst wieder eingeschränkt werden.[123]

29 Für eine zutreffende Abwägung ist entscheidend, den **Sinn der Meinungsäußerung richtig zu erfassen.**[124] Maßgeblich ist weder die subjektive Absicht des sich Äußernden noch das subjektive Verständnis des von der Äußerung Betroffenen, sondern der Sinn, den sie nach dem Verständnis eines unvoreingenommenen und verständigen Publikums hat.[125] Dabei ist stets vom Wortlaut der Äußerung auszugehen. Dieser legt ihren Sinn aber nicht abschließend fest. Er wird vielmehr auch von dem **sprachlichen Kontext,** in dem die umstrittene Äußerung steht und von den erkennbaren Begleitumständen, unter denen sie fällt, bestimmt. Die isolierte Betrachtung eines umstrittenen Äußerungsteils wird den Anforderungen an eine tragfähige Sinnermittlung regelmäßig nicht gerecht.[126] Bei mehrdeutigen Äußerungen muss eine ebenfalls mögliche Deutung mit überzeugenden Gründen ausgeschlossen werden.[127] Bei Aussagen, die bildlich eingekleidet sind, müssen sowohl die Einkleidung der Aussage als auch die sog. Kernaussage selbst je für sich daraufhin überprüft werden, ob sie die gesetzlichen Grenzen überschreiten.[128]

30 Ausnahmen vom Abwägungsgebot (→ Rn. 28) bestehen, wenn sich die Äußerung als Angriff auf die Menschenwürde, als Schmähkritik oder als Formalbeleidigung darstellt.[129] Eine **Schmähung** ist eine Äußerung – unter Berücksichtigung von Anlass und Kontext – jedoch nur dann, wenn jenseits auch polemischer und überspitzter Kritik nicht mehr die Auseinandersetzung in der Sache, sondern allein die Diffamierung der Person im Vordergrund steht. Eine überzogene, völlig unverhältnismäßige oder sogar ausfällige Kritik ist nach der Rechtsprechung des BVerfG noch keine Schmähung, denn gerade Kritik darf auch grundlos, pointiert, polemisch und überspitzt ausfallen. Merkmal der Schmähung ist eine das sachliche Anliegen völlig in den Hintergrund drängende persönliche Kränkung, die darauf zielt, die Person zu verletzen.[130] Handelt es sich um Äußerungen in einer öffentlichen Auseinandersetzung, liegt nur ausnahmsweise eine Schmähkritik vor.[131] Eine **Formalbeleidigung** im verfassungsrechtlichen Sinn liegt in mit Bedacht und nicht nur in der Hitze einer Auseinandersetzung verwendeten, nach allgemeiner Auffassung besonders krassen, aus sich heraus herabwürdigenden Schimpfwörtern. Entscheidend ist die kontextunabhängig gesellschaftlich absolut missbilligte und tabuisierte Begrifflichkeit.[132] Dem liegt zugrunde, dass die Bezeichnung anderer Personen mit solchen Begriffen – etwa aus

[120] BVerfG 25.10.2012 NJW 2013, 217; BAG 29.8.2013 NZA 2014, 660.
[121] BVerfG 10.11.1998 NJW 1999, 1322.
[122] Zur Abwägung zwischen Art. 5 I und Art. 12 I GG allgemein BVerfG 8.5.2007 NJW 2008, 358 sowie BAG 29.8.2013 AP Nr. 70 zu § 9 KSchG 1969 = NZA 2014, 660.
[123] Vgl. BVerfG 12.12.2000 NJW 2001, 591; 16.10.1998 AP Nr. 24 zu § 611 BGB Abmahnung = NZA 1999, 77.
[124] BVerfG 2.11.2020 – 1 BvR 2727/19; 25.8.1994 NJW 1994, 2943.
[125] BVerfG 10.10.1995 NJW 1995, 3303; BAG 18.12.2014 AP Nr. 250 zu § 626 BGB = NZA 2015, 797.
[126] BVerfG 25.10.2012 NJW 2013, 217.
[127] BVerfG 9.10.1991 NJW 1992, 1439; BAG 24.11.2005 AP Nr. 198 zu § 626 BGB = NZA 2006, 650.
[128] BVerfG 14.2.2005 NJW 2005, 3271.
[129] BVerfG 2.11.2020 – 1 BvR 2727/19; 14.6.2019 NJW 2019, 2600.
[130] BVerfG 2.11.2020 – 1 BvR 2727/19; BAG 5.12.2019 AP Nr. 77 zu § 1 KSchG 1969 Verhaltensbedingte Kündigung mAnm *Kerwer/Fischer* = NZA 2020, 647.
[131] BVerfG 30.5.2018 NZA 2018, 924 („Ausbeuter") mwN; 5.12.2008 NJW 2009, 749 („Dummschwätzer").
[132] BVerfG 2.11.2020 – 1 BvR 2727/19.

der Fäkalsprache – gerade auf die Verächtlichmachung zielt, um andere unabhängig von einem etwaigen sachlichen Anliegen herabzusetzen. Sie ist daher in aller Regel unabhängig von den konkreten Umständen als Beleidigung zu werten.[133] Da die **Menschenwürde** als Wurzel aller Grundrechte mit keinem Einzelgrundrecht abwägungsfähig ist, muss die Meinungsfreiheit stets zurücktreten, wenn eine Äußerung die Menschenwürde eines anderen verletzt. Eine Menschenwürdeverletzung kommt allerdings nur in Betracht, wenn sich eine Äußerung nicht lediglich gegen einzelne Persönlichkeitsrechte richtet, sondern einer konkreten Person den ihre menschliche Würde ausmachenden Kern der Persönlichkeit abspricht.[134]

Arbeitsrechtlich spielt die Meinungsfreiheit insbesondere im Zusammenhang mit Kündigungen wegen **beleidigender Äußerungen**[135] und beim sog. Whistleblowing eine Rolle. Die in Strafanzeigen enthaltenen Werturteile sind grundsätzlich vom Schutzbereich des Art. 5 I GG erfasst. Die Anzeige des AN darf aber nicht als eine unverhältnismäßige Reaktion auf das Verhalten des AG oder das seiner Repräsentanten darstellen.[136] Wegen der Einzelheiten hierzu wird auf → § 127 Rn. 83 ff. und 66 ff. verwiesen. 31

Das Grundrecht der **Pressefreiheit aus Art. 5 I 2 GG** sichert die Freiheit der Herstellung und Verbreitung von Druckerzeugnissen und damit das Kommunikationsmedium Presse. Demgegenüber schützt die Meinungsfreiheit des Art. 5 I 1 GG Form und Inhalt von Meinungsäußerungen, auch wenn sie in einem Presseerzeugnis verbreitet werden.[137] Die Pressefreiheit ist ein Wesenselement des freiheitlichen Staates und für eine Demokratie unentbehrlich. Art. 5 I 2 GG schützt die Grundrechtsträger vor Einflussnahmen des Staates auf die mit Hilfe der Presse verbreiteten Informationen. Das Grundrecht umfasst das Recht, die inhaltliche Tendenz einer Zeitung festzulegen, beizubehalten, zu ändern und diese Tendenz zu verwirklichen.[138] Der Schutzbereich der Pressefreiheit erfasst den gesamten Inhalt eines Presseerzeugnisses, darunter auch die in ihm enthaltenen Werbeanzeigen für Anzeigenkunden.[139] Auf die Meinungs- und Pressefreiheit können sich gem. Art. 19 III GG auch juristische Personen des Privatrechts berufen.[140] Arbeitsrechtlich ist das Grundrecht aus Art. 5 I 2 GG bei der Bestimmung des **Tendenzschutzes** zu berücksichtigen.[141] Ein **Redaktionsstatut** für einen Zeitungsverlag, das die Bildung eines Redaktionsrats zur Beteiligung der Redakteure bei tendenzbezogenen Maßnahmen vorsieht, ist mit Art. 5 I 2 GG vereinbar.[142] 32

Die durch Art. 5 I 2 GG geschützte **Rundfunkfreiheit** gibt Rundfunkanstalten das Recht, frei von fremdem, insbesondere staatlichem Einfluss über die Auswahl, Einstellung und Beschäftigung derjenigen Mitarbeiter zu bestimmen, die an Hörfunk- und Fernsehsendungen inhaltlich gestaltend mitwirken.[143] Die Rundfunkfreiheit in ihrer Bedeutung als Programmfreiheit gewährleistet, dass Auswahl, Inhalt und Gestaltung des Programms Sache des Rundfunks bleiben und sich an publizistischen Kriterien ausrichten können. Unvereinbar mit der Rundfunkfreiheit sind nicht nur unmittelbare Einflussnahmen Dritter auf das Programm, sondern auch Einflüsse, welche die Programmfreiheit mittelbar beeinträchtigen können.[144] Die Gefahr einer solchen Beeinträchtigung besteht auch bei fremdbestimmter Einflussnahme auf **Auswahl, Einstellung und Beschäftigung des Personals,** von dem die Programmgestaltung abhängt. Insbesondere können veränderte Berichtsgegenstände, Programmtechniken, Wettbewerbslagen und Publikumsbedürfnisse eine Veränderung von Programmstrukturen und der in den Sendungen zu vermittelten Inhalte erforderlich machen. Die Rundfunkanstalten müssen solchen Erfordernissen durch den Einsatz von für die jeweilige Aufgabe qualifizierten Mitarbeitern gerecht werden. Sie müssen daher die rechtliche Möglichkeit haben, auf einen breit gestreuten Kreis unterschiedlich geeigneter Mitarbeiter zurückgreifen und bei der Begründung von Mitarbeiter- 33

133 BVerfG 19.5.2020 NJW 2020, 2622.
134 BVerfG 19.5.2020 NJW 2020, 2622.
135 Zuletzt BAG 5.12.2019 AP Nr. 77 zu § 1 KSchG 1969 Verhaltensbedingte Kündigung mAnm *Kerwer/Fischer* = NZA 2020, 647.
136 BAG 15.12.2016 AP Nr. 76 zu § 1 KSchG 1969 Verhaltensbedingte Kündigung = NZA 2017, 703.
137 BVerfG 24.5.2005 NJW 2005, 2912.
138 BVerfG 6.11.1979 AP Nr. 14 zu § 118 BetrVG 1972 = NJW 1980, 1093.
139 BVerfG 12.12.2000 NJW 2001, 591; BAG 25.4.2018 AP Nr. 13 zu § 1 MiLoG = NZA 2018, 1145.
140 BVerfG 24.5.2005 NJW 2005, 2912.
141 Vgl. ErfK/*Schmidt* GG Art. 5 Rn. 73 ff.
142 BAG 19.6.2001 AP Nr. 3 zu § 3 BetrVG 1972 = NZA 2002, 397.
143 BAG 25.8.2020 AP Nr. 49 zu § 611 BGB Rundfunk = NZA 2020, 1537; 20.5.2009 AP Nr. 16 zu § 611 BGB Arbeitnehmerähnlichkeit = NZA-RR 2010, 172.
144 BVerfG 13.1.1982 AP Nr. 48 zu § 611 BGB Abhängigkeit.

verhältnissen den insoweit jeweils geeigneten Vertragstyp wählen zu können.[145] Dazu wären sie aber nicht in der Lage, wenn sie ausschließlich auf unbefristet beschäftigte AN angewiesen wären.[146] Allerdings kommt der Rundfunkfreiheit gegenüber dem Interesse des AN an einer Dauerbeschäftigung kein genereller Vorrang zu. Ist der Schutzbereich der Rundfunkfreiheit berührt, sind die Belange der Rundfunkanstalten und des betroffenen AN im Einzelfall abzuwägen.[147]

34 Der grundrechtliche Schutz der Rundfunkanstalten ist auf **programmgestaltende Rundfunkmitarbeiter** beschränkt, die an Hörfunk- und Fernsehsendungen inhaltlich gestaltend mitwirken.[148] Nicht vom Schutz des Art. 5 I 2 GG umfasst sind Personalentscheidungen, bei denen der Zusammenhang mit der Programmgestaltung fehlt. Ein Zusammenhang mit der inhaltlichen Gestaltung des Programms liegt vor, wenn die Rundfunkmitarbeiter typischerweise ihre eigenen Auffassungen zu politischen, wirtschaftlichen, künstlerischen oder anderen Sachfragen, ihre Fachkenntnisse und Informationen, ihre individuelle künstlerische Befähigung und Aussagekraft in die Sendungen einbringen, wie dies etwa bei Regisseuren, Moderatoren, Kommentatoren, Wissenschaftlern und Künstlern der Fall ist. Der Zusammenhang mit der Programmgestaltung fehlt dagegen, wenn sich die Personalentscheidungen auf Mitarbeiter beziehen, die nicht unmittelbar den Inhalt der Sendungen mitgestalten. Hierzu zählen nicht nur das betriebstechnische und Verwaltungspersonal,[149] sondern ebenso solche Mitarbeiter, deren Tätigkeit sich, wenn auch im Zusammenhang mit der Verwirklichung des Programms stehend, in dessen technischer Umsetzung erschöpft und ohne inhaltlichen Einfluss auf dieses bleibt. Dazu kann auch, je nach den konkreten Umständen des Einzelfalls, die Tätigkeit eines Rundfunksprechers gehören.[150]

35 Die Rundfunkfreiheit findet gem. Art. 5 II GG ihre **Schranken in den allgemeinen Gesetzen.** Dazu gehören die bürgerlich-rechtlichen Vorschriften über den Dienstvertrag und die besonderen Bestimmungen des Arbeitsrechts, namentlich des KSchG. Bei der Auslegung und Anwendung dieser Vorschriften müssen die Gerichte die grundrechtlich gewährleistete Rundfunkfreiheit beachten. Erforderlich ist eine fallbezogene Abwägung.[151] Hierbei ist auf Seiten der Rundfunkanstalt der Zusammenhang zwischen Programmfreiheit und Personalentscheidungsbefugnis zu berücksichtigen. Auf Seiten der Rundfunkmitarbeiter ist insbesondere der arbeitsrechtliche Bestandsschutz von Bedeutung. Bei der Abwägung darf weder den programmgestaltend tätigen Rundfunkmitarbeitern der arbeitsrechtliche Schutz generell versagt werden noch dürfen bei der Entscheidung über diesen Schutz die Regeln und Maßstäbe des Arbeitsrechts in einer Weise auf die Anstellungsverhältnisse dieser Mitarbeiter angewendet werden, die das durch die Verfassung geschützte Recht der Anstalten, frei von fremder Einflussnahme über die Auswahl, Einstellung und Beschäftigung dieser Mitarbeiter zu bestimmen, unberücksichtigt lässt.[152]

36 Das Grundrecht der **Kunstfreiheit aus Art. 5 III GG** schützt die Herstellung des Kunstwerks und den damit verbundenen schöpferischen Prozess. Art. 5 III GG ist eine das Verhältnis der Kunst zum Staat regelnde wertentscheidende Grundsatznorm.[153] Künstlerische Betätigung in diesem Sinne ist die freie schöpferische Gestaltung, in der Eindrücke, Erfahrungen und Erlebnisse des Künstlers durch das Medium einer bestimmten Formensprache zu unmittelbarer Anschauung gebracht werden. Alle künstlerische Tätigkeit ist ein Ineinander von bewussten und unbewussten Vorgängen, die rational nicht aufzulösen sind. Beim künstlerischen Schaffen wirken Intuition, Phantasie und Kunstverstand zusammen; es ist primär nicht Mitteilung, sondern Ausdruck und zwar unmittelbarster Ausdruck der individuellen Persönlichkeit des Künstlers.[154] Die Kunstfreiheitsgarantie betrifft nicht nur die künstlerische Betäti-

[145] BVerfG 18.2.2000 NZA 2000, 653; BAG 14.3.2007 AP Nr. 13 zu § 611 BGB Arbeitnehmerähnlichkeit = NZA-RR 2007, 424.
[146] BVerfG 3.12.1992 NZA 1993, 741.
[147] BAG 4.12.2013 AP Nr. 113 zu § 14 TzBfG = NZA 2014, 1018.
[148] BAG 25.8.2020 AP Nr. 49 zu § 611 BGB Rundfunk = NZA 2020, 1537; 13.12.2017 AP Nr. 164 zu § 14 TzBfG; 4.12.2013 AP Nr. 113 zu § 14 TzBfG = NZA 2014, 1018 mwN.
[149] BAG 25.8.2020 AP Nr. 49 zu § 611 BGB Rundfunk = NZA 2020, 1537.
[150] BVerfG 18.2.2000 NZA 2000, 653; BAG 20.5.2009 AP Nr. 16 zu § 611 BGB Arbeitnehmerähnlichkeit = NZA-RR 2010, 172.
[151] BAG 20.5.2009 AP Nr. 16 zu § 611 BGB Arbeitnehmerähnlichkeit = NZA-RR 2010, 172.
[152] BVerfG 13.1.1982 AP Nr. 48 zu § 611 BGB Abhängigkeit.
[153] BVerfG 24.2.1971 NJW 1971, 1645.
[154] BAG 19.12.2018 AP Nr. 10 zu § 1 WissZeitVG = NZA 2019, 451.

gung, sondern auch die Darbietung und Verbreitung des Kunstwerks. Grundrechtsträger ist jeder, der künstlerisch tätig ist oder tätig werden will. Das Grundrecht kann auch einem öffentlich-rechtlichen Träger kunstvermittelnder Medien zugutekommen. Die Kunstfreiheit wird dann von dem jeweils künstlerisch Verantwortlichen wahrgenommen.[155]

Eine **Fernsehserie** ist unabhängig von ihrem Niveau oder ihrem künstlerischen Wert eine freie schöpferische Gestaltung, in der Eindrücke, Erfahrungen und Erlebnisse des Künstlers durch das Medium einer bestimmten Formensprache zur unmittelbaren Anschauung gebracht werden, und damit ein Kunstwerk iSd Art. 5 III GG. Deshalb kann eine **auflösende Bedingung,** bei deren Eintritt das Arbeitsverhältnis einer Schauspielerin in einer Fernsehserie enden soll, weil ihre Rolle in dieser Serie nicht mehr enthalten ist, gerechtfertigt sein, wenn die Entscheidung über den Wegfall der Rolle Ausdruck künstlerischer Gestaltungsfreiheit ist und die Abwägung der beiderseitigen Belange, bei der auch das Bestandsschutzinteresse des AN angemessen Berücksichtigung findet, dem nicht entgegen steht.[156] Da Art. 5 III GG auch die künstlerischen Vorstellungen schützt, können subjektive künstlerische Gesichtspunkte dem **Teilzeitwunsch** entgegenstehen. An die Darlegung der Beeinträchtigung der Kunstfreiheit durch die verlangte Verringerung der Arbeitszeit dürfen keine überzogenen Anforderungen gestellt werden. Die Gründe müssen jedoch nachvollziehbar sein.[157] 37

6. Ehe und Familie (Art. 6 GG). Art. 6 I GG ist eine wertentscheidende Grundsatznorm, die nicht nur eine Institutsgarantie beinhaltet, sondern zugleich eine **verbindliche Wertentscheidung** für den gesamten Bereich des Ehe und Familie betreffenden privaten und öffentlichen Rechts enthält. Diese Wertentscheidung der Verfassung verpflichtet auch die staatlichen Gerichte bei der Auslegung und Anwendung des materiellen Rechts.[158] Aus der grundrechtlichen Verankerung des **Elternrechts in Art. 6 II 1 GG** folgt die Verpflichtung des Staates, die Kinderbetreuung in der jeweils von den Eltern gewählten Form zu ermöglichen und zu fördern. Der Staat hat dafür Sorge zu tragen, dass es Eltern gleichermaßen möglich ist, Familientätigkeit und Erwerbstätigkeit miteinander zu verbinden.[159] Diese verfassungsrechtliche Wertentscheidung ist auch bei der Auslegung und Anwendung von § 40 I BetrVG zu beachten.[160] Aus Art. 6 IV GG folgt die Verpflichtung des Staates, Schwangeren und Müttern nach der Entbindung einen wirksamen arbeitsrechtlichen Kündigungsschutz zu gewährleisten.[161] Bei der Erfüllung dieses Schutzauftrages aus Art. 6 IV GG hat der Gesetzgeber auch mögliche faktische Diskriminierungen zu berücksichtigen, die von Schutzgesetzen zugunsten von Frauen ausgehen können. Er ist deshalb gehalten, der Gefahr, dass sich die von ihm erlassenen Schutzvorschriften in der Wirklichkeit des Arbeitslebens diskriminierend auswirken können, zu begegnen und sie so weit wie möglich durch geeignete Regelungsmechanismen auszugleichen.[162] Der Schutz der Ehe führt zur Unwirksamkeit sog. **„Zölibatsklauseln“,** wonach sich AN verpflichten, in einem näher bestimmten Zeitraum nicht zu heiraten.[163] Da die **Tarifvertragsparteien** bei der tariflichen Normsetzung nicht unmittelbar grundrechtsgebunden sind, müssen sie nicht durch tarifvertragliche Regelungen zum besonderen Schutz von Ehe und Familie beitragen. Die Schutzfunktion der Grundrechte verpflichtet allerdings die Gerichte, solchen Tarifregelungen die Durchsetzung zu versagen, welche die durch Art. 6 GG geschützten Belange von Ehe und Familie gleichheits- oder sachwidrig außer Betracht lassen und deshalb Art. 3 GG verletzen.[164] 38

7. Vereinigungsfreiheit (Art. 9 III GG). Durch Art. 9 GG ist die Vereinigungs- und Koalitionsfreiheit geschützt (dazu → §§ 189 ff. Rn. 1 ff.). 39–41

8. Berufsfreiheit (Art. 12 GG). Dieses Grundrecht garantiert die **freie Wahl des Arbeitsplatzes.** Der Einzelne wird in seinem Entschluss, eine konkrete Beschäftigungsmöglichkeit in 42

[155] BAG 27.4.2004 AP Nr. 12 zu § 8 TzBfG = NZA 2004, 1225.
[156] BAG 2.7.2003 AP Nr. 29 zu § 620 BGB Bedingung = NZA 2004, 311; 30.8.2017 AP Nr. 162 zu § 14 TzBfG = NZA 2018, 229 zur Befristung.
[157] BAG 27.4.2004 AP Nr. 12 zu § 8 TzBfG = NZA 2004, 1225.
[158] BAG 18.12.2008 AP Nr. 2 zu § 11 TVÜ = NZA 2009, 391.
[159] BVerfG 10.11.1998 NJW 1999, 557.
[160] BAG 23.6.2010 AP Nr. 106 zu § 40 BetrVG 1972 = NZA 2010, 1298.
[161] BVerfG 24.4.1991 AP Nr. 70 zu Art. 12 GG = NJW 1991, 1667.
[162] BVerfG 18.11.2003 AP Nr. 23 zu § 14 MuSchG 1968 = NZA 2004, 33.
[163] BAG 10.5.1957 AP Nr. 1 zu Art. 6 Abs. 1 GG Ehe und Familie.
[164] BAG 17.3.2016 AP Nr. 2 zu § 2 TV SozSich.

dem gewählten Beruf zu ergreifen oder ein bestehendes Arbeitsverhältnis beizubehalten oder aufzugeben, vor staatlichen Maßnahmen geschützt, die ihn am Erwerb eines zur Verfügung stehenden Arbeitsplatzes hindern oder zur Annahme, Beibehaltung oder Aufgabe eines bestimmten Arbeitsplatzes zwingen. **Beruf iSd Art. 12 I GG** ist jede auf Dauer angelegte Tätigkeit zur Schaffung und Erhaltung einer Lebensgrundlage. Dazu gehört auch ein Zweitberuf und damit die Freiheit, eine nebenberufliche Tätigkeit zu ergreifen. Dies berücksichtigt, dass auch Nebentätigkeiten (→ § 42 Rn. 1 ff.) einen Beitrag zur Lebensgrundlage leisten.[165] Die an sich durch das Grundrecht der allgemeinen Handlungsfreiheit gem. Art. 2 I GG gewährleistete Vertragsfreiheit wird in Bezug auf die Gestaltung von Arbeitsverträgen durch Art. 12 I GG geschützt, weil Art. 2 I GG gegenüber anderen Freiheitsrechten subsidiär ist.[166] Dagegen ist mit der Berufswahlfreiheit weder ein Anspruch auf Bereitstellung eines Arbeitsplatzes eigener Wahl noch eine Bestandsgarantie für den einmal gewählten Arbeitsplatz verbunden. Ebenso wenig gewährt Art. 12 I GG einen unmittelbaren Schutz gegen den Verlust des Arbeitsplatzes aufgrund privater Disposition.[167] Insofern obliegt dem Staat aber eine aus dem Grundrecht folgende Schutzpflicht, der die geltenden Kündigungsvorschriften Rechnung tragen (dazu → § 129 Rn. 4 ff.).[168] Im Falle des Betriebsübergangs wird dem Grundrechtsschutz mit der gesetzlichen Anordnung des § 613a I 1 BGB Rechnung getragen.[169] Dem durch Art. 12 I GG geschützten Interesse des AN an einer Erhaltung seines Arbeitsplatzes steht das Interesse des AG gegenüber, in seinem Unternehmen nur Mitarbeiter zu beschäftigen, die seinen Vorstellungen entsprechen, und ihre Zahl auf das von ihm bestimmte Maß zu beschränken. Er übt damit regelmäßig seine Berufsfreiheit im Sinne von Art. 12 I GG, jedenfalls aber seine wirtschaftliche Betätigungsfreiheit aus, die ebenfalls vom Schutzbereich des Art. 12 I GG erfasst ist.[170]

43 Das Grundrecht aus Art. 12 I GG hat im **Arbeitsrecht** insbesondere Auswirkungen auf den Kündigungsschutz,[171] die Befristungskontrolle (dazu → § 40 Rn. 1 ff.),[172] das Nebentätigkeitsrecht (→ § 42 Rn. 1 ff.), das Wettbewerbsrecht (→ § 57 Rn. 1 ff.),[173] die Rückzahlung von Zuwendungen (dazu → § 78 Rn. 43 ff.),[174] Stichtagsregelungen bei Sonderzahlungen (→ § 78 Rn. 34 ff.)[175] und die Inhaltskontrolle von Arbeitsverträgen.[176]

44 **9. Eigentum (Art. 14 GG).** Durch Art. 14 I GG wird das Privateigentum gewährleistet. Die Eigentumsgarantie ist ein Grundrecht, das eine elementare Wertentscheidung von besonderer Bedeutung für den sozialen Rechtsstaat enthält.[177] In seinen Schutzbereich fallen grundsätzlich alle vermögenswerten Rechte, die Berechtigten von der Rechtsordnung in der Weise zugeordnet sind, dass sie die damit verbundenen Befugnisse nach eigenverantwortlicher Entscheidung zum privaten Nutzen ausüben dürfen.[178] Die Eigentumsgarantie gewährleistet jedoch nur Rechtspositionen, die einem Rechtssubjekt bereits zustehen.[179] **Art. 14 GG schützt das Erworbene, nicht den Erwerb.** Dieser wird durch die in Art. 12 GG gewährleistete Berufsfreiheit gesichert.[180] Das Grundrecht schützt nicht in der Zukunft liegende Chancen und Verdienstmöglichkeiten.

---

165 BAG 19.12.2019 AP Nr. 1 zu § 3 TV-L = NZA 2020, 952.
166 BVerfG 23.11.2006 AP Nr. 22 zu § 307 BGB = NZA 2007, 85.
167 BVerfG 15.1.2015 – 1 BvR 2796/13.
168 BVerfG 15.1.2015 – 1 BvR 2796/13; 27.1.1998 AP Nr. 17 zu § 23 KSchG 1969 = NZA 1998, 470.
169 BVerfG 15.1.2015 – 1 BvR 2796/13.
170 BAG 22.6.2010 AP Nr. 142 zu Art. 9 GG = NZA 2010, 1365.
171 Dazu BVerfG 27.1.1998 AP Nr. 17 zu § 23 KSchG 1969 = NZA 1998, 470; BAG 8.12.2011 NZA 2012, 286; ErfK/*Schmidt* GG Art. 12 Rn. 36 ff.
172 Dazu BVerfG 25.11.2004 AP Nr. 25 zu § 620 BGB Altersgrenze; BAG 21.9.2011 AP Nr. 86 zu § 14 TzBfG = NZA 2012, 255; *I. Schmidt* FS Dieterich, 585.
173 BAG 24.3.2010 AP Nr. 141 zu Art. 12 GG = NZA 2010, 693.
174 BAG 25.4.2007 AP Nr. 29 zu §§ 22, 23 BAT Zuwendungs-TV = NZA 2007, 875.
175 BAG 18.1.2012 NZA 2012, 561.
176 BAG 19.2.2004 AP Nr. 33 zu § 611 BGB Ausbildungsbeihilfe zu Rückzahlungsklauseln; ErfK/*Schmidt* GG Art. 12 Rn. 33 ff.
177 BVerfG 7.8.1962 BVerfGE 14, 263, 277.
178 BVerfG 8.5.2012 NZA 2012, 905; BAG 17.7.2012 DB 2012, 2873.
179 BAG 28.6.2012 AP Nr. 24 zu § 611 BGB Fleischbeschauer-Dienstverhältnis; 29.1.2008 NZA-RR 2008, 438.
180 Vgl. BVerfG 24.4.1991 AP Nr. 70 zu Art. 12 GG = NJW 1991, 1667; HWK/*Hergenröder* GG Art. 14 Rn. 10.

§ 4. Unionsrecht und Arbeitsrecht

Übersicht

I. Überblick

Rechtliche Grundlagen der Europäischen Union sind gem. Art. 1 III EUV der **EUV und der AEUV.** Beide Verträge sind gleichrangig und aufeinander bezogen. Der EUV enthält die Grundlagenbestimmungen der Union, Regelungen über das auswärtige Handeln sowie über die gemeinsame Sicherheits- und Verteidigungspolitik. Der AEUV gestaltet die Arbeitsweise der Union und bildet den Rahmen für die Wahrnehmung der Kompetenzen. Darüber hinaus enthält er Regelungen über allgemeine Prinzipien der Union (Art. 7 ff. AEUV). Im Verhältnis zum nationalen Recht gilt ein **Anwendungsvorrang des Unionsrechts.**[1] Dieser bezieht sich sowohl auf das Primärrecht als auch auf das Sekundärrecht (zu Besonderheiten bei Richtlinien → Rn. 12)[2] und gilt gegenüber dem nationalen Recht jeder Rangstufe und damit auch gegenüber dem Verfassungsrecht.[3] Rechtsfolge des Anwendungsvorrangs ist nicht die Unwirksamkeit der unionsrechtswidrigen Norm. Diese besteht fort und kann beim Wegfall der Unionsrechtswidrigkeit wieder Geltung erlangen.[4] Das nationale Gericht, das Unionsrecht anwendet, hat jede – auch spätere – entgegenstehende Bestimmung des nationalen Rechts aus eigener Entscheidungsbefugnis unangewendet zu lassen, ohne dass es die vorherige Beseitigung dieser Bestimmung auf gesetzgeberischem Wege oder durch irgendein anderes verfassungsrechtliches Verfahren beantragen oder abwarten müsste.[5] 1

Das BVerfG hat die durch Art. 23 GG bewirkte **Übertragung von Hoheitsrechten auf die EU** im Ergebnis nicht beanstandet.[6] Es hat sich dabei vorbehalten zu prüfen, ob sich Rechtsakte der europäischen Organe und Einrichtungen unter Wahrung des gemeinschafts- und unionsrechtlichen Subsidiaritätsprinzips (Art. 5 I 2 und III EUV) in den Grenzen der ihnen im Wege der begrenzten Einzelermächtigung eingeräumten Hoheitsrechte halten **(Ultra-vires-Kontrolle).** Ein Verstoß hiergegen ist nur dann ersichtlich, wenn die Organe, Einrichtungen und sonstigen Stellen der Europäischen Union die Grenzen ihrer Kompetenzen in einer das Prinzip der begrenzten Einzelermächtigung spezifisch verletzenden Art überschritten haben (Art. 23 I GG), der Kompetenzverstoß mit anderen Worten hinreichend qualifiziert ist. Darüber hinaus prüft das BVerfG, ob der unantastbare Kerngehalt der Verfassungsidentität des Grundgesetzes nach Art. 23 I 3 iVm Art. 79 III GG gewahrt ist.[7] Überschreitet der Gerichtshof diese Grenze, ist sein Handeln vom Mandat des Art. 19 I 2 EUV iVm dem Zustimmungsgesetz nicht mehr gedeckt, so dass seiner Entscheidung jedenfalls für Deutschland das gem. Art. 23 I 2 iVm Art. 20 I und II sowie Art. 79 III GG erforderliche Mindestmaß an demokratischer Legitimation fehlt.[8] Die Ausübung dieser Prüfungskompetenz folgt dem Grundsatz der Europarechtsfreundlichkeit 2

[1] Calliess/Ruffert/*Ruffert* AEUV Art. 1 Rn. 16; ErfK/*Schlachter* AEUV Vorbem. Rn. 36; EuArbRK/*Schubert* EUV Art. 6 Rn. 40 f.
[2] Calliess/Ruffert/*Ruffert* AEUV Art. 1 Rn. 20.
[3] BVerfG 6.11.2019 NJW 2020, 314; 21.6.2016 NJW 2016, 2473 (2474); 15.12.2015 NJW 2016, 1149 (1150); *Oppermann/Classen/Nettesheim* EuropaR § 10 Rn. 9.
[4] BVerfG 19.7.2011 NJW 2011, 3428; Calliess/Ruffert/*Ruffert* AEUV Art. 1 Rn. 18.
[5] EuGH 26.2.2013 NJW 2013, 1415 – Åkerberg Fransson.
[6] BVerfG 30.6.2009 NJW 2009, 2267; krit. *Kirchhof* ZFA 2019, 163.
[7] BVerfG 21.6.2016 NJW 2016, 2473 (2475).
[8] BVerfG 5.5.2020 NJW 2020, 1647.

des Grundgesetzes und widerspricht deshalb auch nicht dem Grundsatz der loyalen Zusammenarbeit (Art. 4 III EUV). Ein Kompetenzverstoß der europäischen Organe ist hinreichend qualifiziert, wenn das kompetenzwidrige Handeln der Unionsgewalt offensichtlich ist und der angegriffene Akt im Kompetenzgefüge zu einer strukturell bedeutsamen Verschiebung zulasten der Mitgliedstaaten führt.[9] In Anwendung dieses Prüfungsmaßstabs hat das BVerfG in der Mangold-Entscheidung des EuGH[10] keine Rechtsfortbildung ultra vires gesehen und damit einen hinreichend qualifizierten Verstoß des EuGH gegen das Prinzip der begrenzten Einzelermächtigung verneint.[11]

II. Europäische Grundrechte (GRCh)

3 **1. Überblick.** Der Grundrechtsschutz in der Union setzt sich nach Art. 6 EUV aus drei Teilelementen zusammen:[12] **(1)** den **Allgemeinen Grundsätzen des Unionsrechts,**[13] **(2)** der **Charta der Grundrechte der Europäischen Union (GRCh)** vom 7.12.2000 idF vom 12.12.2007, **(3)** der **Europäischen Menschenrechtskonvention – EMRK** (dazu → § 6 Rn. 1 ff.). Mit der Regelung in Art. 6 III EUV ist der schon vor dem Vertrag von Lissabon vom EuGH entwickelte Grundrechtsschutz in das Primärrecht der Union ausdrücklich aufgenommen worden. Der Gerichtshof stützte sich hierbei insbesondere auf die gemeinsamen Verfassungstraditionen der Mitgliedstaaten[14] sowie auf völkerrechtliche Verträge zum Schutz der Menschenrechte.[15] Zu den ungeschriebenen Grundsätzen des Unionsrechts gehören der Grundsatz der Effektivität und der Äquivalenz,[16] die Rechtssicherheit,[17] das Gebot wirksamen gerichtlichen Rechtsschutzes,[18] der Verhältnismäßigkeitsgrundsatz[19] (nunmehr Art. 5 IV EUV) sowie das Verbot der Diskriminierung wegen des Alters.[20]

4 **2. Die Charta der Grundrechte (GRCh). a) Überblick.** In Art. 6 I EUV hat die Union die Rechte, Freiheiten und Grundsätze anerkannt, die in der GRCh niedergelegt sind, und bestimmt, dass die GRCh mit den Verträgen gleichrangig ist. Die GRCh bildet damit gemeinsam mit dem EUV und AEUV das **Primärrecht.**[21] Sie ist damit zugleich Maßstab für das Sekundärrecht.[22] Verstößt dieses gegen Grundrechte der GRCh und ist auch eine grundrechtskonforme Auslegung ausgeschlossen, ist es unwirksam.[23] Die GRCh regelt die Grundrechte in sechs Titeln: Würde des Menschen (Art. 1–5), Freiheiten (Art. 6–19), Gleichheit (Art. 20–26), Solidarität (Art. 27–38), Bürgerrechte (Art. 39–46) und Justizielle Rechte (Art. 47–50). Die GRCh schließt mit einem Titel über die Auslegung und Anwendung der Charta. Arbeitsrechtlich bedeutsam sind insbesondere der in Art. 8 geregelte Schutz personenbezogener Daten, die Vereinigungsfreiheit (Art. 12) und damit zusammenhängend das Recht auf Abschluss von Tarifverträgen einschließlich des Streikrechts (Art. 28), die Berufsfreiheit und die unternehmerische Freiheit (Art. 15, 16), die Diskriminierungsverbote (Art. 21), die Gleichheit von Männern und

---

[9] BVerfG 5.5.2020 NJW 2020, 1647 mwN.
[10] EuGH 22.11.2005 AP Nr. 1 zu Richtlinie 2000/78/EG = NZA 2005, 1345 – Mangold.
[11] BVerfG 6.7.2010 NZA 2010, 995.
[12] *Oppermann/Classen/Nettesheim* EuropaR § 17 Rn. 3; HWK/*Tillmanns* EUV Art. 6 Rn. 1.
[13] Dazu EuArbRK/*Schubert* EUV Art. 6 Rn. 17 ff.
[14] Vgl. EuGH 22.11.2005 AP Nr. 1 zu Richtlinie 2000/78/EG = NZA 2005, 1345 – Mangold; EuArbRK/*Schubert* EUV Art. 6 Rn. 18.
[15] Vgl. EuGH 9.3.2006 AP Nr. 2 zu Richtlinie 77/187/EWG = NZA 2006, 376 – Werhof; näher dazu *Geiger/Khan/Kotzur* EUV Art. 6 Rn. 23 ff.; *Jarass* GRCh Einl. Rn. 28; zum Verhältnis zur GRCh *Wißmann* JbArbR 48 (2011), 73, 82 ff.
[16] EuGH 7.3.2018 AP Nr. 16 zu Richtlinie 99/70/EG = NZA 2018, 503 – Santoro; 25.11.2010 AP Nr. 4 zu Richtlinie 2003/88/EG = NZA 2011, 53 – Fuß II; 28.10.2009 AP Nr. 10 zu EWG-Richtlinie Nr. 92/85 = NZA 2009, 1327 – Pontin.
[17] EuGH 21.3.2013 NJW 2013, 2253 – RWE Vertrieb.
[18] EuGH 22.9.1998 AP Nr. 18 zu EWG-Richtlinie Nr. 76/207 = NZA 1998, 1223.
[19] EuGH 17.4.2018 AP Nr. 42 zu Richtlinie 2000/78/EG = NZA 2018, 569 – Egenberger; dazu auch *v. Danwitz* EWS 2003, 393.
[20] EuGH 19.1.2010 AP Nr. 14 zu Richtlinie 2000/78/EG = NZA 2010, 85 – Kücükdeveci; 22.11.2005 AP Nr. 1 zu Richtlinie 2000/78 – Mangold; zu Recht krit. dazu u.a. *Preis* NZA 2006, 401.
[21] EuGH 21.6.2012 AP Nr. 9 zu Richtlinie 2003/88/EG = NZA 2012, 851 – ANGED; 19.1.2010 AP Nr. 14 zu Richtlinie 2000/78/EG = NZA 2010, 85 – Kücükdeveci; *Jarass* GRCh Einl. Rn. 9; ErfK/*Schlachter* AEUV Vorbem. Rn. 4.
[22] Calliess/Ruffert/*Kingreen* EUV Art. 6 Rn. 12; EuArbRK/*Schubert* EUV Art. 6 Rn. 31.
[23] *Jarass* GRCh Einl. Rn. 64; EuArbRK/*Schubert* EUV Art. 6 Rn. 32 f.

Frauen (Art. 23) sowie die im Titel „Solidarität" enthaltenen sozialen Grundrechte und Grundsätze.[24]

5 **b) Geltungsbereich.** Nach Art. 51 I GRCh gilt die Charta für die Organe der Union und für die Mitgliedstaaten ausschließlich bei der **Durchführung des Unionsrechts.**[25] Hiervon ist auszugehen, wenn die Mitgliedstaaten im Anwendungsbereich des Unionsrechts handeln.[26] Ist ihnen hierbei ein Ermessen eröffnet, haben sie dies unter Beachtung der allgemeinen Grundsätze des Unionsrechts auszuüben.[27] Die Charta dehnt gemäß Art. 51 II den Geltungsbereich des Unionsrechts nicht über die Zuständigkeiten der Union hinaus aus. Der Begriff der „Durchführung des Rechts der Union" iSv Art. 51 I GRCh setzt dabei einen Zusammenhang zwischen einem Unionsrechtsakt und der fraglichen nationalen Maßnahme voraus, der darüber hinausgeht, dass die fraglichen Sachbereiche benachbart sind oder der eine von ihnen mittelbare Auswirkungen auf den anderen haben kann.[28] Um festzustellen, ob eine nationale Maßnahme die Durchführung des Rechts der Union iSv Art. 51 I GRCh betrifft, ist zu prüfen, ob mit der fraglichen nationalen Regelung die Durchführung einer Bestimmung des Unionsrechts bezweckt wird, welchen Charakter diese Regelung hat und ob mit ihr andere als die unter das Unionsrecht fallenden Ziele verfolgt werden, selbst wenn sie das Unionsrecht mittelbar beeinflussen kann, sowie ferner, ob es eine Regelung des Unionsrechts gibt, die für diesen Bereich spezifisch ist oder ihn beeinflussen kann.[29] Die Grundrechte der Union sind daher im Verhältnis zu einer nationalen Regelung unanwendbar, wenn die unionsrechtlichen Vorschriften in dem betreffenden Sachbereich keine bestimmten Verpflichtungen der Mitgliedstaaten im Hinblick auf den im Ausgangsverfahren fraglichen Sachverhalt schaffen.[30]

6 **c) Bedeutung im Arbeitsrecht.** Im Arbeitsrecht gewinnt die GRCh Bedeutung bei Sachverhalten, die von **Richtlinien** erfasst werden, die in nationales Recht umzusetzen sind.[31] Dies betrifft zB das Urlaubsrecht (→ § 104 Rn. 2 ff.) oder den Betriebsübergang (→ § 117 Rn. 1 ff.).[32] Das hat zur Folge, dass dem Gerichtshof nach Art. 267 AEUV nicht Fragen des Arbeitskampfrechts vorzulegen sind, wenn diese keinen weiteren Bezug zum Unionsrecht haben, denn die Europäische Union hat gem. Art. 153 V AEUV keine Kompetenz zur Regelung des Koalitionsrechts, Streikrechts sowie des Aussperrungsrechts. Das in Art. 28 GRCh geregelte Recht, Tarifverträge auf den geeigneten Ebenen auszuhandeln und zu schließen sowie bei Interessenkonflikten kollektive Maßnahmen zur Verteidigung ihrer Interessen, einschließlich Streiks, zu ergreifen,[33] ändert daran nichts.[34] Ebenso wenig ändert Art. 30 GRCh, wonach jede AN und jeder AN nach dem Unionsrecht und den einzelstaatlichen Rechtsvorschriften und Gepflogenheiten Anspruch auf Schutz vor ungerechtfertigter Entlassung hat, etwas daran, dass nach dem gegenwärtigen Stand des Unionsrechts die §§ 138, 242 BGB keine Durchführung einer europäischen Richtlinie darstellen und auch keine sonstigen Anknüpfungspunkte an das Unionsrecht aufweisen.[35]

III. Rechtsetzung der EU in arbeits- und sozialrechtlichen Fragen

7 **1. Primärrecht.** Zum primären Unionsrecht gehören der **EUV, AEUV, die GRCh sowie die ungeschriebenen Grundsätze des Unionsrechts** (dazu → Rn. 3).[36] Für das Arbeitsrecht

[24] Dazu *Kokott/Sobotta* EuGRZ 2010, 265; *Riesenhuber,* Europäisches Arbeitsrecht, § 2 Rn. 34 ff.
[25] EuGH 19.11.2019 AP Nr. 31 zu Richtlinie 2003/88/EG = NZA 2019, 1631.
[26] Näher EuArbRK/*Schubert* GRC Art. 51 Rn. 15 ff.
[27] EuGH 9.3.2017 NZA 2017, 439 – Milkova.
[28] EuGH 10.7.2014 – C-198/13 – Hernández; im Ergebnis weitergehend EuGH 26.2.2013 – C-617/10 – Åkerberg Fransson; dazu einschränkend BVerfG 24.4.2013 NJW 2013, 1499; ErfK/*Schlachter* Vorbem. zum AEUV Rn. 7.
[29] EuGH 8.5.2013 – C-87/12 – Ymeraga; 10.7.2014 – C-198/13 – Hernández.
[30] EuGH 10.7.2014 – C-198/13 – Hernández; Calliess/Ruffert/*Kingreen* GRCh Art. 51 Rn. 8.
[31] ErfK/*Schlachter* AEUV Vorbem. Rn. 6; EuArbRK/*Schubert* GRC Art. 51 Rn. 22; ausf. dazu die Kommentierung der Richtlinien mit arbeitsrechtlichem Bezug in EuArbRK.
[32] EuGH 27.4.2017 AP Nr. 13 zu Richtlinie 2001/23/EG – Asklepios Kliniken; 18.7.2013 AP Nr. 10 zu Richtlinie 2001/23/EG = NZA 2013, 835 – Alemo Herron.
[33] Dazu *Bryde* SR 2012, 2 (9 ff.); *Thüsing/Traut* RdA 2012, 65.
[34] BAG 20.11.2012 AP Nr. 179 zu Art. 9 GG Arbeitskampf = NZA 2013, 448; einschränkend EuArbRK/*Schubert* GRC Art. 51 Rn. 21.
[35] BAG 8.12.2011 NZA 2012, 286; dazu auch *Willemsen/Sagan* NZA 2011, 258.
[36] EuArbRK/*Höpfner* AEUV Art. 288 Rn. 3; EuGH 19.1.2010 AP Nr. 14 zu Richtlinie 2000/78/EG = NZA 2010, 85 – Kücükdeveci; 22.11.2005 AP Nr. 1 zu Richtlinie 2000/78/EG = NZA 2005, 1345 – Mangold; EuArbRK/*Schubert* EUV Art. 6 Rn. 17 mwN.

sind neben der GRCh die in Art. 45 AEUV geregelte **Freizügigkeit** von AN sowie die Garantie der **Entgeltgleichheit von Männern und Frauen** aus Art. 157 AEUV bedeutsam (näher dazu → § 37 Rn. 1 ff.).

8 **2. Verordnungen.** Verordnungen sind gegenüber dem Primärrecht nachrangig und müssen sich an diesem messen lassen.[37] Sie sind jedoch in allen ihren Teilen verbindlich und **gelten unmittelbar** in jedem Mitgliedstaat (Art. 288 II AEUV). Eine Umsetzung in nationales Recht ist nicht erforderlich. Die Verordnung schafft einheitliches Recht in der EU mit Wirkung für und gegen jeden Normadressaten. Sie verdrängt nationales Recht und verhindert dessen Wirksamkeit für die Zukunft. Enthält eine Verordnung bewusst Lücken, werden diese durch das nationale Recht geschlossen (sog. hinkende Verordnung). Im Arbeitsrecht kommt u.a. der Datenschutz-Grundverordnung (VO 2016/679/EU) und der Verordnung 574/72/EWG über die Beweiskraft ausländischer Arbeitsunfähigkeitsbescheinigungen Bedeutung zu (dazu → § 98 Rn. 133).[38] Daneben sind die Regelungen im Straßenverkehr (dazu die LenkzeitenVO Nr. 561/2006)[39] zu beachten. Jeder Bürger eines Mitgliedstaats kann sich auf Verordnungen berufen.

9 **3. Richtlinien. a) Umsetzung durch die Mitgliedstaaten.** Richtlinien sind an den einzelnen **Mitgliedstaat gerichtet.** Für diesen sind sie hinsichtlich des zu erreichenden Ziels verbindlich. Dem Mitgliedstaat bleibt jedoch die Wahl der Form und der Mittel zur Umsetzung der Richtlinie überlassen (Art. 288 III AEUV). Für durch Richtlinien geregelte Regelungskomplexe gilt grundsätzlich ein zweistufiges Verfahren. Auf der ersten Stufe erlassen die für die Rechtsetzung zuständigen Organe der EU die Richtlinie. Auf der zweiten Stufe bedarf es der Umsetzung der Richtlinie durch nationale Gesetze und Verordnungen. Gem. Art. 153 II lit. b, IV AEUV können Richtlinien zur Regelung von Arbeitsbedingungen nur Mindestvorschriften enthalten; der nationale Gesetzgeber kann daher einen weitergehenden Schutz vorsehen.[40] Derartige Richtlinien sind somit nicht vollharmonisierend.

10 **b) Vor- und Sperrwirkung.** Erlassene Richtlinien entfalten während der Umsetzungsfrist eine Vorwirkung. In dieser Zeit dürfen die Mitgliedstaaten keine Vorschriften erlassen, die geeignet wären, die Erreichung des in dieser Richtlinie vorgeschriebenen Ziels ernstlich infrage zu stellen **(„Frustrationsverbot“).**[41] Sind Richtlinien ergangen, entfalten sie eine Sperrwirkung. Dem nationalen Gesetzgeber ist dann für die Geltungsdauer der Richtlinie untersagt, eigenes Recht zu erlassen, das dem Inhalt der Richtlinie widerspricht.[42] Ob diese Sperrwirkung sowohl für nationale Regelungen gilt, die den AN begünstigen, als auch für solche, die ihn benachteiligen, ist durch Auslegung der Richtlinie festzustellen. Der EuGH hat jedenfalls die strengere Rspr. des BAG im Rahmen der Betriebsnachfolge zum Widerspruchsrecht des einzelnen AN bestätigt.[43]

11 Ob eine **Umsetzung der Richtlinie durch Richterrecht** ausreicht, ist zweifelhaft, richtigerweise aber wohl zu verneinen.[44] Nach der Rechtsprechung des EuGH verlangt die Umsetzung einer Richtlinie zwar nicht notwendig in jedem Mitgliedstaat ein Tätigwerden des Gesetzgebers, es ist jedoch unerlässlich, dass das fragliche nationale Recht tatsächlich die vollständige Anwendung der Richtlinie durch die nationalen Behörden gewährleistet. Die sich aus diesem Recht ergebende Rechtslage muss hinreichend bestimmt und klar sein. Die Begünstigten müssen in die Lage versetzt werden, von allen ihren Rechten Kenntnis zu erlangen und diese gegebenenfalls vor den nationalen Gerichten geltend zu machen.[45] Unzureichend ist eine Umsetzung durch **Tarifvertragsrecht,** weil dieses nach §§ 3, 4 TVG nur für die der Tarifbindung unterliegenden Personen gilt. Zureichend werden dagegen Normen des Unfallverhütungsrechts sein.

---

[37] Dazu EuArbRK/*Höpfner* AEUV Art. 288 Rn. 9 ff.

[38] Dazu EuGH 3.6.1992 AP Nr. 1 zu Art. 18 EWG-Verordnung Nr. 574/72 = NZA 1992, 735 – Paletta; BAG 19.2.1997 AP Nr. 3 zu Art. 18 EWG-Verordnung Nr. 574/72 = NZA 1997, 705.

[39] Dazu BAG 19.5.2021 – 5 AS 2/21.

[40] EuArbRK/*Höpfner* AEUV Art. 288 Rn. 19; Preis/Sagan EurArbR/*Sagan* § 1 Rn. 53.

[41] EuGH 15.4.2008 NZA 2008, 581 – Impact; 22.11.2005 AP Nr. 1 zu Richtlinie 2000/78 = NZA 2000, 1345 – Mangold; BAG 23.3.2011 AP Nr. 23 zu § 10 AÜG = NZA 2011, 850; Calliess/Ruffert/*Ruffert* AEUV Art. 288 Rn. 24; EuArbRK/*Höpfner* AEUV Art. 288 Rn. 60; Preis/Sagan EurArbR/*Sagan* § 1 Rn. 115.

[42] *Oppermann/Classen/Nettesheim* EuropaR § 9 Rn. 98.

[43] EuGH 16.12.1992 AP Nr. 97 zu § 613a BGB.

[44] Dazu Calliess/Ruffert/*Ruffert* AEUV Art. 288 Rn. 32 ff.

[45] Vgl. EuGH 19.5.2011 NZA 2011, 967 – Fernández; 10.5.2001 NJW 2001, 2244; *Thüsing* EurArbR § 1 Rn. 39.

c) Wirkungen der Richtlinien. Gem. Art. 288 III AEUV begründen Richtlinien grundsätzlich nur Verpflichtungen der Mitgliedstaaten zur Schaffung entsprechenden nationalen Rechts.[46] Richtlinien entfalten **keine unmittelbare Wirkung zwischen Privaten.**[47] Dies hat der EuGH bislang zu Recht abgelehnt, weil nach Art. 288 II AEUV neben den Vorschriften des Vertrags allein Verordnungen mit unmittelbarer Wirkung Verpflichtungen zulasten Einzelner begründen können. Eine Ausdehnung der Möglichkeit, sich auf eine Bestimmung einer nicht oder unrichtig umgesetzten Richtlinie zu berufen, auf den Bereich der Beziehungen zwischen Privaten, liefe darauf hinaus, der Union die Befugnis zuzuerkennen, mit unmittelbarer Wirkung zulasten der Einzelnen Verpflichtungen anzuordnen, obwohl sie dies nur dort darf, wo ihr die Befugnis zum Erlass von Verordnungen zugewiesen ist.[48] Selbst eine klare, genaue und unbedingte Richtlinienbestimmung, mit der dem Einzelnen Rechte gewährt oder Verpflichtungen auferlegt werden sollen, kann im Rahmen eines Rechtsstreits, in dem sich ausschließlich Private gegenüberstehen, nicht als solche Anwendung finden.[49] Doch müssen die Gerichte stets eine richtlinienkonforme Auslegung des nationalen Rechts prüfen (→ Rn. 14).[50] Auch können Rechtsstreitigkeiten zwischen ihnen auszusetzen sein.[51] Der EuGH prüft allerdings auch, ob sich Verpflichtungen allein aus der jeweiligen Richtlinien ergeben oder bereits – vorgelagert wie beim Urlaubsanspruch – **aus völkerrechtlichen Verträgen oder wesentlichen Grundsätzen des Sozialrechts, die in Art. 31 II GRCh** Ausdruck gefunden haben. Auf diesem Weg gelangt der Gerichtshof zu dem Ergebnis, dass dieses Grundrecht schon für sich allein dem AN ein Recht einräumt, das er in einem Rechtsstreit gegen seinen AG geltend machen kann.[52] Wegen der fehlenden Umsetzung von Richtlinien können dem Einzelnen auch **Entschädigungsansprüche** gegen den Staat zustehen (dazu → Rn. 16 ff.). Richtlinien verdrängen jedoch nicht das nationale Recht. **Richtlinienwidriges nationales Recht** muss deshalb angewendet werden; das Unionsrecht enthält keinen Mechanismus, der es dem nationalen Gericht erlaubt, von einer Vorschrift einer nicht umgesetzten Richtlinie abweichende nationale Regelungen zu eliminieren.[53] Ein **Anwendungsvorrang des Unionsrechts** in dem Sinne, dass das nationale Gericht widersprechendes nationales Recht unangewendet zu lassen hat, besteht nur, soweit das Unionsrecht unmittelbar anwendbar ist.[54] Dies betrifft das Primärrecht (→ Rn. 7) und Verordnungen, nicht jedoch Richtlinien. Dabei hat der EuGH das Verbot der Diskriminierung wegen des Alters als einen dem Primärrecht zuzuordnenden allgemeinen Grundsatz des Unionsrechts angesehen, der durch die Richtlinie 2000/78/EG lediglich konkretisiert werde. Bei einem Verstoß des nationalen Rechts hiergegen haben die nationalen Gerichte entgegenstehendes nationales Recht unangewendet zu lassen.[55] Erforderlich ist dabei stets, dass das Primärrecht selbst dem Einzelnen ein subjektives Recht verleiht, das er als solches geltend machen kann. Nicht ausreichend ist, wenn erst eine Richtlinie einer Regelung in der GRCh Wirkung verschafft.[56] Ein subjektives Recht und damit eine unmittelbare Drittwirkung eines Grundrechts im Verhältnis zwischen Privaten hat der EuGH in Bezug auf den durch Art. 31 II GRCh gewährleisteten Urlaubsanspruch bejaht.[57] 12

[46] EuGH 14.7.1994 – C-91/92 – Faccini Dori.

[47] EuGH 19.4.2016 AP Nr. 33 zu Richtlinie 2000/78/EG = NZA 2016, 537; 5.10.2004 AP Nr. 12 zu EWG-Richtlinie Nr. 93/104 = NZA 2004, 1145; Calliess/Ruffert/*Ruffert* AEUV Art. 288 Rn. 57; EuArbRK/*Höpfner* AEUV Art. 288 Rn. 24.

[48] EuGH 6.11.2018 AP Nr. 26 zu Richtlinie 2003/88/EG = NZA 2018, 1474 – Max-Planck-Gesellschaft.

[49] EuGH 5.10.2004 AP Nr. 12 zu EWG-Richtlinie Nr. 93/104 = NZA 2004, 1145; ebenso BAG 18.2.2003 AP Nr. 12 zu § 611 BGB Arbeitsbereitschaft.

[50] EuGH 24.1.2012 AP Nr. 7 zu Richtlinie 2003/88/EG = NZA 2012, 139 – Dominguez; BAG 21.2.2017 AP Nr. 67 zu § 99 BetrVG 1972 Einstellung = NZA 2017, 662.

[51] EuGH 26.9.2000 NJW 2001, 1847 – Unilever Italia/Central Food.

[52] EuGH 6.11.2018 AP Nr. 26 zu Richtlinie 2003/88/EG = NZA 2018, 1474 – Max-Planck-Gesellschaft; ebenso zur Richtlinie 2000/78EG und den in Art. 21 GRCh niedergelegten Diskriminierungsverboten EuGH 17.4.2018 AP Nr. 42 zu Richtlinie 2000/78/EG mAnm *Klumpp* = NZA 2018, 569 – Egenberger.

[53] BAG 28.5.2014 AP Nr. 135 zu § 14 TzBfG = NZA 2015, 1131; EuArbRK/*Höpfner* AEUV Art. 288 Rn. 25.

[54] Dazu EuGH 15.1.2014 NZA 2014, 193 – AMS; ErfK/*Schlachter* AEUV Vorbem. Rn. 22, 43.

[55] EuGH 19.1.2010 AP Nr. 14 zu Richtlinie 2000/78/EG = NZA 2010, 85 – Kücükdeveci; 19.4.2016 AP Nr. 33 zu Richtlinie 2000/78/EG = NZA 2016, 537 – Dansk Industri; krit. hierzu *Willemsen/Sagan* NZA 2011, 258 (261); ausf. hierzu *Winter* FS Bepler, 633 (641 ff.).

[56] EuGH 15.1.2014 NZA 2014, 193 – AMS.

[57] EuGH 6.11.2018 AP Nr. 26 zu Richtlinie 2003/88/EG = NZA 2018, 1474 – Max-Planck-Gesellschaft; dazu ErfK/*Schlachter* AEUV Vorbem. Rn. 22.

13 Der einzelne Bürger kann sich **ausnahmsweise gegenüber dem Staat** auf Richtlinien berufen.[58] Voraussetzung dafür ist erstens, dass zum anspruchsbegründenden Zeitpunkt[59] die **Umsetzungsfrist abgelaufen** ist und der Mitgliedstaat die Richtlinie innerhalb der vorgegebenen Frist noch nicht in nationales Recht umgesetzt hat.[60] Des Weiteren muss die Richtlinie einen **klaren und hinreichend genauen Inhalt** haben, der dem Mitgliedstaat bei der Umsetzung keine Handlungsalternativen lässt.[61] Unter diesen Voraussetzungen gilt die direkte Wirkung von Richtlinien allein im Verhältnis des von der Richtlinie begünstigten Bürgers **gegenüber dem Mitgliedstaat.** Denn Grund für die direkte Anwendung der Richtlinie ist, dass sich der Mitgliedstaat gegenüber dem einzelnen Bürger nicht auf eine Rechtslage berufen können soll, deren Beseitigung der Mitgliedstaat unter Missachtung der Richtlinie unterlassen hat.[62] Die einzelnen Bürger können sich damit auf inhaltlich unbedingte und hinreichend genaue Bestimmungen einer Richtlinie gegenüber Organisationen oder Einrichtungen berufen, die unabhängig von ihrer Rechtsform kraft staatlichen Rechtsakts unter staatlicher Aufsicht eine Dienstleistung im öffentlichen Interesse zu erbringen haben und die hierzu mit besonderen Rechten ausgestattet sind, die über das hinausgehen, was für die Beziehungen zwischen Privatpersonen gilt.[63] Betroffen sind damit **alle öffentlichen AG.**[64] Hierzu zählen beispielsweise Gebietskörperschaften oder Eigenbetriebe öffentlicher Körperschaften[65] und Gesellschaften mit beschränkter Haftung des Privatrechts, deren einziger Gesellschafter ein öffentlich-rechtlicher Sozialhilfeverband ist,[66] sowie die als AG geführte, aber in alleinigem staatlichen Eigentum stehende italienische Post.[67] Hierin liegt keine ungerechtfertigte Benachteiligung der AN außerhalb des öffentlichen Dienstes.[68] – Die Behörden eines Mitgliedstaats, der eine Richtlinie nicht umgesetzt hat, können sich demgegenüber nicht auf eine in der Richtlinie eröffnete Möglichkeit zur Regelung abweichender Bestimmungen berufen.[69] Der Staat hat vielmehr eine richtlinienkonforme Rechtslage im nationalen Recht herzustellen.[70]

14 **4. Unionsrechtskonforme Auslegung.** Die sich aus einer Richtlinie ergebende Verpflichtung der Mitgliedstaaten, das **in der Richtlinie vorgesehene Ziel zu erreichen,** und die Pflicht der Mitgliedstaaten gem. Art. 4 III EUV, alle zur Erfüllung dieser Verpflichtung geeigneten Maßnahmen allgemeiner oder besonderer Art zu treffen, haben insbesondere die Gerichte zu beachten. Sie haben ggf. eine unionsrechtskonforme Auslegung des nationalen Rechts vorzunehmen.[71] Bei der Anwendung des innerstaatlichen Rechts, insbesondere der Bestimmungen einer speziell zur Umsetzung der Vorgaben einer Richtlinie erlassenen Regelung, muss das nationale Gericht das innerstaatliche Recht so weit wie möglich anhand des Wortlauts und des Zwecks dieser Richtlinie auslegen, um das in ihr festgelegte Ergebnis zu erreichen und so Art. 288 III AEUV nachzukommen.[72] Das umfasst die Verpflichtung, eine gefestigte Rechtsprechung gegebenenfalls abzuändern, wenn sie auf einer Auslegung des nationalen Rechts beruht, die mit den Zielen einer Richtlinie unvereinbar ist.[73] Diese Verpflichtung findet ihre Grenze in

[58] Vgl. EuGH 15.1.2014 NZA 2014, 193 – AMS; 24.1.2012 AP Nr. 7 zu Richtlinie 2003/88/EG = NZA 2012, 139 – Dominguez; 5.10.2004 AP Nr. 12 zu EWG-Richtlinie Nr. 93/104 = NZA 2004, 1145; 26.2.1986 Slg. 1986, 723, 748.

[59] EuGH 17.1.2008 AP Nr. 2 zu Richtlinie 80/87/EWG = NZA 2008, 287 – Navarro.

[60] EuGH 5.2.2004 EuZW 2004, 279.

[61] EuGH 15.2.2017 – C-592/15 – British Film Institute; 19.11.1991 NJW 1992, 165 – Francovich.

[62] EuGH 7.3.1996 NJW 1996, 140; *Geiger/Khan/Kotzur* AEUV Art. 288 Rn. 17; EuArbRK/*Höpfner* AEUV Art. 288 Rn. 28.

[63] EuGH 12.12.2013 NZA 2014, 79 – Carratu; 12.9.2013 AP Nr. 40 zu EWG-Richtlinie Nr. 76/207 = NZA 2013, 1071 – Kuso; 12.7.1990 NJW 1991, 3086 – Foster.

[64] EuGH 15.1.2014 NZA 2014, 193 – AMS; HWK/*Tillmanns* AEUV Vorb. Rn. 16; ErfK/*Wißmann* AEUV Vorbem. Rn. 25.

[65] EuGH 7.9.2006 AP Nr. 4 zu Richtlinie 99/70/EG = NZA 2006, 1265 – Marrosu; EuArbRK/*Höpfner* AEUV Art. 288 Rn. 36.

[66] EuGH 26.5.2005 ZESAR 2005, 477.

[67] EuGH 12.12.2013 NZA 2014, 79 – Carratù.

[68] BAG 2.4.1996 AP Nr. 5 zu § 87 BetrVG 1972 Gesundheitsschutz = NZA 1996, 998.

[69] EuGH 21.10.2010 NZA 2011, 215 – Accardo; EuArbRK/*Höpfner* AEUV Art. 288 Rn. 36.

[70] *Oppermann/Classen/Nettesheim* EuropaR § 9 Rn. 111.

[71] EuGH 8.5.2019 AP Nr. 3 zu Richtlinie 96/34/EG = NZA 2019, 1131 – Praxair MRC; 24.1.2012 AP Nr. 7 zu Richtlinie 2003/88/EG = NZA 2012, 139 – Dominguez; BAG 19.11.2019 AP Nr. 21 zu § 106 BetrVG 1972 = NZA 2020, 598; ausf. EuArbRK/*Höpfner* AEUV Art. 288 Rn. 37 ff.; Preis/Sagan EurArbR/*Sagan* § 1 Rn. 142 ff.

[72] EuGH 8.5.2019 AP Nr. 3 zu Richtlinie 96/34/EG = NZA 2019, 1131 – Praxair MRC; 19.4.2016 AP Nr. 33 zu Richtlinie 2000/78/EG = NZA 2016, 537 – Dansk Industri.

[73] EuGH 17.4.2018 AP Nr. 42 zu Richtlinie 2000/78/EG = NZA 2018, 569 – Egenberger mwN.

dem nach innerstaatlicher Rechtstradition methodisch Erlaubten.[74] Dies bestimmt sich nach den allgemeinen Rechtsgrundsätzen, wie insbesondere dem Grundsatz der Rechtssicherheit und dem Rückwirkungsverbot.[75] Ist eine mit den Anforderungen dieser Richtlinie übereinstimmende Auslegung nicht möglich, muss richtlinienwidriges nationales Recht gleichwohl grundsätzlich weiter angewendet werden. Nur soweit eine unionsrechtswidrige nationale Regelung in den Anwendungsbereich unmittelbar geltenden Unionsrechts fällt, greift der Grundsatz des Vorrangs des Unionsrechts, der nach der Rechtsprechung des EuGH dem Verbot der Diskriminierung wegen des Alters (dazu → Rn. 12)[76] und der Religion[77] zukommt.

Der **Grundsatz der unionsrechtskonformen Auslegung** des nationalen Rechts betrifft zwar in erster Linie die zur Umsetzung der fraglichen Richtlinie erlassenen innerstaatlichen Bestimmungen, beschränkt sich jedoch nicht auf die Auslegung dieser Bestimmungen, sondern verlangt, dass das nationale Gericht das gesamte nationale Recht berücksichtigt, um zu beurteilen, inwieweit es so angewendet werden kann, dass es nicht zu einem der Richtlinie widersprechenden Ergebnis führt.[78] Ermöglicht es das nationale Recht durch die Anwendung seiner Auslegungsmethoden, eine innerstaatliche Bestimmung unter bestimmten Umständen so auszulegen, dass eine Kollision mit einer anderen Norm innerstaatlichen Rechts vermieden wird, oder die Reichweite dieser Bestimmung zu diesem Zweck einzuschränken und sie nur insoweit anzuwenden, wie sie mit dieser Norm vereinbar ist, ist das nationale Gericht verpflichtet, die gleichen Methoden anzuwenden, um das von der Richtlinie verfolgte Ziel zu erreichen.[79] Dies kann die Pflicht zur richtlinienkonformen Rechtsfortbildung einschließen.[80] Die richtlinienkonforme Auslegung darf allerdings nicht zu einer Auslegung contra legem („Beugung") des nationalen Rechts führen.[81] Ob und inwieweit das innerstaatliche Recht eine entsprechende richtlinienkonforme Auslegung zulässt, haben nur die innerstaatlichen Gerichte zu beurteilen.[82] Der EuGH kann nationales Recht weder anwenden noch auslegen und darf daher auch nicht feststellen, ob innerstaatlich ein entsprechender Auslegungsspielraum besteht.[83] Die Pflicht zur richtlinienkonformen Auslegung beginnt bei verspäteter Umsetzung einer Richtlinie mit dem Ablauf der Umsetzungsfrist, soweit nicht das Frustrationsverbot eine vorherige richtlinienkonforme Auslegung gebietet.[84] 15

5. Entschädigungsanspruch. Sofern ein Mitgliedstaat eine Richtlinie nicht rechtzeitig oder nicht ordnungsgemäß umgesetzt hat und der einzelne EU-Bürger nicht durch Berufung auf eine unmittelbare Wirkung von Richtlinienbestimmungen zu seinem Recht kommen kann, hat der EuGH eine Schadensersatzverpflichtung des Mitgliedstaates für die durch die verspätete Umsetzung entstandenen Schäden bejaht.[85] Hierbei handelt es sich um einen Anspruch, der auf dem 16

[74] EuGH 8.5.2019 AP Nr. 3 zu Richtlinie 96/34/EG = NZA 2019, 1131 – Praxair MRC; BVerfG 23.5.2016 NJW-RR 2016,1366; BAG 23.5.2018 AP Nr. 27 zu § 14 MuSchG 1968 = NZA 2019, 39 mwN.

[75] EuGH 10.3.2011 AP Nr. 8 zu Richtlinie 99/70/EG = NZA 2011, 397 – Deutsche Lufthansa.

[76] EuGH 19.4.2016 AP Nr. 33 zu Richtlinie 2000/78/EG = NZA 2016, 537 – Dansk Industri; 19.6.2014 – C-501/12 – Specht; 19.1.2010 AP Nr. 14 zu Richtlinie 2000/78/EG = NZA 2010, 85 – Kücükdeveci.

[77] EuGH 17.4.2018 AP Nr. 42 zu Richtlinie 2000/78/EG = NZA 2018, 569 – Egenberger.

[78] EuGH 19.6.2014 – C-501/12 – Specht; 10.3.2011 AP Nr. 8 zu Richtlinie 99/70/EG = NZA 2011, 397 – Deutsche Lufthansa; 23.4.2009 – C-378/07; 5.10.2004 AP Nr. 12 zu EWG-Richtlinie Nr. 93/104 = NZA 2004, 1145 – Pfeiffer.

[79] EuGH 13.12.2018 AP Nr. 28 zu Richtlinie 2003/88/EG = NZA 2019, 47 – Hein; 24.1.2012 AP Nr. 7 zu Richtlinie 2003/88/EG = NZA 2012, 139 – Dominguez; BAG 19.2.2019 AP Nr. 83 zu § 7 BUrlG = NZA 2019, 977.

[80] BAG 7.8.2012 AP Nr. 61 zu § 7 BUrlG = NZA 2012, 1216; 24.3.2009 AP Nr. 39 zu § 7 BUrlG = NZA 2009, 538; Preis/Sagan EurArbR/*Sagan* § 1 Rn. 153.

[81] EuGH 13.12.2018 AP Nr. 28 zu Richtlinie 2003/88/EG = NZA 2019, 47 – Hein; 19.4.2016 AP Nr. 33 zu Richtlinie 2000/78/EG = NZA 2016, 537 – Dansk Industri mwN; EuArbRK/*Höpfner* AEUV Art. 288 Rn. 47; Preis/Sagan EurArbR/*Sagan* § 1 Rn. 151.

[82] BVerfG 23.5.2016 NJW-RR 2016, 1366.

[83] BVerfG 26.9.2011 NJW 2012, 669.

[84] EuGH 4.7.2006 AP Nr. 1 zu Richtlinie 99/70/EG = NZA 2006, 909 – Adeneler; *Kokott* RdA-Beil. 6/2006, 30 (33).

[85] EuGH 15.11.2016 – C-268/15; 25.11.2010 AP Nr. 4 zu Richtlinie 2003/88/EG = NZA 2011, 53 – Fuß II; 24.3.2009 NVwZ 2009, 771 – Danske Slagterier; 19.11.1991 NJW 1992, 165 – Francovich; Calliess/Ruffert/*Ruffert* AEUV Art. 340 Rn. 36 ff.; EuArbRK/*Höpfner* AEUV Art. 288 Rn. 88 ff.; ErfK/*Schlachter* AEUV Vorbem. Rn. 32 ff.

Unionsrecht beruht.[86] Der Entschädigungsanspruch hängt von **drei Voraussetzungen** ab: **(1)** Das durch die Richtlinie vorgeschriebene Ziel muss die Verleihung von Rechten an den Einzelnen beinhalten; **(2)** deren Inhalt muss auf der Grundlage der Richtlinien hinreichend bestimmt werden können; **(3)** zwischen dem Verstoß gegen die dem Staat auferlegte Verpflichtung und dem Schaden muss ein Kausalzusammenhang bestehen.[87]

17 Ein Verstoß gegen das Unionsrecht ist **hinreichend qualifiziert,** wenn der betreffende Mitgliedstaat bei der Wahrnehmung seiner Rechtsetzungsbefugnisse die Grenzen, die der Ausübung seiner Befugnisse gesetzt sind, offenkundig und erheblich überschritten hat.[88] Nur wenn der Mitgliedstaat zum Zeitpunkt der Rechtsverletzung über einen erheblich verringerten oder gar auf Null reduzierten Gestaltungsspielraum verfügte, kann schon die bloße Verletzung des Unionsrechts ausreichen, um einen hinreichend qualifizierten Verstoß anzunehmen.[89] Ob diese Voraussetzungen vorliegen, haben die nationalen Gerichte unter Beachtung der vom EuGH entwickelten Leitlinien festzustellen.[90] Hierzu gehört, dass die im nationalen Schadensersatzrecht festgelegten Voraussetzungen nicht weniger günstig sein dürfen als bei ähnlichen Rechtsbehelfen, die nur nationales Recht betreffen (Äquivalenzgrundsatz), und nicht so ausgestaltet sein dürfen, dass sie die Erlangung der Entschädigung praktisch unmöglich machen oder übermäßig erschweren (Effektivitätsgrundsatz).[91]

18 Das nationale Gericht hat bei der **Bestimmung des ersatzfähigen Schadens** zu prüfen, ob sich der Geschädigte in angemessener Form um die Verhinderung des Schadenseintritts oder um die Begrenzung des Schadensumfangs bemüht und ob er insbesondere rechtzeitig von allen ihm zur Verfügung stehenden Rechtsschutzmöglichkeiten Gebrauch gemacht hat.[92] Das Unionsrecht steht der Anwendung einer nationalen Regelung nicht entgegen, nach der ein Einzelner keinen Ersatz für einen Schaden verlangen kann, bei dem er es vorsätzlich oder fahrlässig unterlassen hat, ihn durch Gebrauch eines Rechtsmittels abzuwenden, vorausgesetzt, dass der Gebrauch dieses Rechtsmittels dem Geschädigten zumutbar ist; es ist Sache des nationalen Gerichts, dies anhand aller Umstände des Ausgangsrechtsstreits zu prüfen.[93] Daher können die den §§ 254, 839 III BGB zugrunde liegenden Rechtsgedanken auf den gemeinschaftsrechtlichen Staatshaftungsanspruch angewendet werden.[94] Für die Erhebung von Schadensersatzansprüchen können auch Ausschlussfristen normiert werden.[95]

IV. Der Gerichtshof der Europäischen Union

19 **1. Zusammensetzung und Zuständigkeiten.** Zum Gerichtshof der Europäischen Union (EuGH) gehören gem. Art. 19 EUV der **Gerichtshof, das Gericht und Fachgerichte.** Er ist damit dreistufig aufgebaut. Art. 19 EUV wird durch Art. 251 ff. AEUV ergänzt. Aufgabe des Gerichtshofs ist die Wahrung des Rechts bei der Auslegung und Anwendung der Verträge. Ihm obliegt damit die Sicherung der Einheit der Unionsrechtsordnung wie auch des Rechtsschutzes gegenüber den Unionsorganen. Dagegen ist der EuGH nicht zuständig für die Auslegung und Anwendung des Rechts der Mitgliedstaaten.

20 **2. Auslegung des Unionsrechts.** Der EuGH hat gem. Art. 19 I 2 EUV die Wahrung des Unionsrechts bei der Auslegung und Anwendung der Verträge zu sichern. Die Auslegung des Unionsrechts erfolgt unter Berücksichtigung vor allem von Wortlaut, Entstehungsgeschichte,

[86] EuGH 25.11.2010 AP Nr. 4 zu Richtlinie 2003/88/EG = NZA 2011, 53 – Fuß II.
[87] EuGH 11.6.2015 – C-98/14 – Berlington Hungary; 24.3.2009 – C-445/06 – Danske Slagterier; Preis/Sagan EurArbR/*Sagan* § 1 Rn. 162.
[88] EuGH 10.1.2019 – C-415/18; 25.11.2010 AP Nr. 4 zu Richtlinie 2003/88/EG = NZA 2011, 53 – Fuß II; 16.10.2008 – C-452/06; EuArbRK/*Höpfner* AEUV Art. 288 Rn. 89; Calliess/Ruffert/*Ruffert* AEUV Art. 340 Rn. 59.
[89] BGH 24.6.2010 NJW 2011, 772.
[90] BGH 16.4.2015 NVwZ 2015, 1309.
[91] EuGH 25.11.2010 AP Nr. 4 zu Richtlinie 2003/88/EG = NZA 2011, 53 – Fuß II; 26.1.2010 EuGRZ 2010, 183 – Transportes Urbanos.
[92] EuGH 5.3.1996 NJW 1996, 1267 – Brasserie; zur Folgeentscheidung des BGH 24.10.1996 NJW 1997, 123; EuGH 8.10.1996 NJW 1996, 3141 – Dillenkofer; 10.7.1997 NJW 1997, 2585 – Maso u.a. Istituto nationale; 10.7.1997 NJW 1997, 2588 – Bonifaci u.a./Wanda Berto.
[93] EuGH 24.3.2009 NVwZ 2009, 771 – Danske Slagterier.
[94] BGH 4.6.2009 EuZW 2009, 865; 9.10.2003 NJW 2004, 1241.
[95] EuGH 24.3.2009 NVwZ 2009, 771 – Danske Slagterier; 10.7.1997 NZA 1997, 988 – Maso u.a./Istituto nazionale della previdenza sociale; 10.7.1997 ZIP 1997, 1663 – Bonifaci; 10.7.1997 NZA 1997, 1041 – Palmisani/Istituto.

Systematik und Zweck der jeweiligen Normen.[96] Dabei berücksichtigt der Gerichtshof, dass eine unionsweite Rechtsvereinheitlichung sich nicht verwirklichen ließe, wenn mitgliedstaatliche Gerichte das Unionsrecht nach ihrem jeweiligen nationalen Vorverständnis anwendeten. Der EuGH legt der Rechtsfindung deshalb einen **unionsrechtlich autonomen Ansatz** zugrunde.[97] Im Rahmen der **teleologischen Auslegung** sind die Normzwecke aus den Ermächtigungsgrundlagen, den Erwägungsgründen und der inneren Systematik des Regelwerkes zu erschließen. Die Vorschriften sind dabei so zu interpretieren, dass sie größtmögliche Wirksamkeit entfalten **(„effet utile")**[98] und die fortschreitende Integration der Gemeinschaft unterstützen **(„dynamische Auslegung").**[99]

3. Vorabentscheidungsverfahren. a) Vorlagepflicht. Zweck des Vorabentscheidungsverfahrens ist, eine einheitliche Anwendung des Unionsrechts durch die nationalen Gerichte zu gewährleisten. Art. 267 III AEUV soll verhindern, dass sich in einem Mitgliedstaat eine nationale Rechtsprechung herausbildet, die mit den Normen des Unionsrechts nicht in Einklang steht.[100] Vorlageberechtigt sind nach Art. 267 II AEUV alle Gerichte,[101] zur Vorlage verpflichtet sind alle Gerichte, gegen deren Entscheidungen ein Rechtsmittel nicht mehr gegeben ist.[102] Dies sind vor allem die **obersten Gerichtshöfe des Bundes,**[103] aber auch solche Gerichte, gegen deren Entscheidungen kein Rechtsmittel an die obersten Gerichtshöfe des Bundes gegeben ist (Art. 267 III AEUV). Die Vorlagepflicht entfällt in Eilverfahren, soweit im nachfolgenden Verfahren zur Hauptsache eine erneute Prüfung der im summarischen Verfahren bereits entschiedenen Frage des Unionsrechts möglich ist.[104] Aus dem Grundsatz der Prozessökonomie folgt, dass der Gerichtshof nur mit entscheidungserheblichen Vorlagefragen befasst wird.[105] Es ist allein Sache des vorlegenden nationalen Gerichts, die Entscheidungserheblichkeit der dem Gerichtshof vorgelegten Fragen zu beurteilen. Die Zurückweisung des Vorabentscheidungsersuchens durch den EuGH ist nur möglich, wenn offensichtlich ist, dass die erbetene Auslegung des Unionsrechts in keinem Zusammenhang mit dem Gegenstand des Ausgangsrechtsstreits steht oder das Problem hypothetischer Natur ist.[106] 21

Unterfällt ein Sachverhalt nicht dem Unionsrecht und geht es auch nicht um die Anwendung nationaler Regelungen, mit denen Unionsrecht durchgeführt wird, ist der **EuGH nicht zuständig.**[107] Eine Vorlagepflicht besteht auch dann nicht, wenn das nationale Gericht feststellt, **(1)** dass die betreffende unionsrechtliche Frage bereits Gegenstand einer Auslegung durch den Gerichtshof war und hierdurch die betreffende Rechtsfrage gelöst ist **(„acte éclairé"),**[108] und zwar auch dann, wenn die strittigen Fragen nicht vollkommen identisch sind, oder **(2)** dass die richtige Anwendung des Unionsrechts derart offenkundig ist, dass für einen vernünftigen Zweifel keinerlei Raum bleibt **(„acte clair").**[109] Ob ein solcher Fall gegeben ist, ist unter Berücksichtigung der Eigenheiten des Unionsrechts, der besonderen Schwierigkeiten seiner Auslegung, der unterschiedlichen Sprachfassungen und der Gefahr voneinander abweichender Gerichtsentscheidungen innerhalb der Union zu beurteilen.[110] Es bleibt dem nationalen Gericht überlassen, zu beurteilen, ob die richtige Anwendung des Unionsrechts derart offenkundig ist, dass für einen vernünftigen Zweifel kein Raum bleibt, und demgemäß davon abzusehen, dem Gerichtshof eine vor ihm aufgeworfene Frage nach der Auslegung des Unionsrechts vorzulegen.[111] 22

---

[96] Dazu *Oppermann/Classen/Nettesheim* EuropaR § 9 Rn. 165 ff.; Preis/Sagan EurArbR/*Sagan* § 1 Rn. 81 ff.
[97] *Oppermann/Classen/Nettesheim* EuropaR § 9 Rn. 168.
[98] Preis/Sagan EurArbR/*Sagan* § 1 Rn. 100.
[99] Callies/Ruffert/*Wegener* EUV Art. 19 Rn. 16; *Oppermann/Classen/Nettesheim* EuropaR § 9 Rn. 176; ErfK/*Schlachter* AEUV Art. 267 Rn. 9.
[100] EuGH 6.12.2005 EuGRZ 2006, 253; Preis/Sagan EurArbR/*Roloff* § 2 Rn. 5.
[101] Hierzu EuArbRK/*Höpfner* Art. 267 Rn. 18.
[102] Preis/Sagan EurArbR/*Roloff* § 2 Rn. 40 ff.
[103] Dazu BAG 17.6.2020 NZA 2020, 1551.
[104] *Geiger/Khan/Kotzur* AEUV Art. 267 Rn. 22; Preis/Sagan EurArbR/*Roloff* § 2 Rn. 45.
[105] EuArbRK/*Höpfner* Art. 267 Rn. 21.
[106] EuGH 16.6.2016 NZA 2016, 935 – Rodríguez Sánchez.
[107] EuGH 1.3.2011 – C-457/09.
[108] BVerfG 29.5.2012 NZA 2013, 164; EuArbRK/*Höpfner* AEUV Art. 267 Rn. 44; Preis/Sagan EurArbR/*Roloff* § 2 Rn. 55.
[109] EuGH 9.9.2016 – C-160/14 – Ferreira da Silva e Brito; 6.10.1982 NJW 1983, 1257 – CILFIT; BVerfG 29.5.2012 NZA 2013, 164; Preis/Sagan EurArbR/*Roloff* § 2 Rn. 54.
[110] Dazu BAG 27.1.2011 AP Nr. 1 zu § 17 TVöD = NZA 2011, 1361.
[111] EuGH 15.9.2005 – C-495/03 – Intermodal Transports; zur Kritik an diesen praktisch nicht erfüllbaren Anforderungen EuArbRK/*Höpfner* AEUV Art. 267 Rn. 49; Calliess/Ruffert/*Wegener* AEUV Art. 267 Rn. 33.

23 **b) Rechtsfolgen der Verletzung der Vorlagepflicht.** Nach der Rechtsprechung des BVerfG ist der Anspruch auf den **gesetzlichen Richter nach Art. 101 I 2 GG verletzt,** wenn ein letztinstanzliches Gericht seiner Pflicht zur Anrufung des Gerichtshofs im Wege des Vorabentscheidungsverfahrens nach Art. 267 III AEUV nicht nachkommt.[112] Dabei stellt allerdings nicht jede Verletzung der unionsrechtlichen Vorlagepflicht zugleich einen Verstoß gegen Art. 101 I 2 GG dar. Denn das BVerfG beanstandet die Auslegung und Anwendung von Zuständigkeitsnormen nur, wenn sie bei verständiger Würdigung der das Grundgesetz bestimmenden Gedanken nicht mehr verständlich erscheint und offensichtlich unhaltbar ist.[113]

24 Die Vorlagepflicht wird insbesondere in den Fällen offensichtlich unhaltbar gehandhabt, in denen ein letztinstanzliches Hauptsachegericht eine Vorlage trotz der – seiner Auffassung nach bestehenden – Entscheidungserheblichkeit der unionsrechtlichen Frage überhaupt nicht in Erwägung zieht, obwohl es selbst Zweifel hinsichtlich der richtigen Beantwortung der Frage hegt und das Unionsrecht somit eigenständig fortbildet **(grundsätzliche Verkennung der Vorlagepflicht).** Dies gilt erst recht, wenn sich das Gericht hinsichtlich des (materiellen) Unionsrechts nicht hinreichend kundig macht und damit regelmäßig die Bedingungen für die Vorlagepflicht verkennt. Eine Verkennung der Vorlagepflicht ist ebenso anzunehmen, wenn das Fachgericht offenkundig einschlägige Rechtsprechung des Gerichtshofs nicht auswertet. Um eine Kontrolle am Maßstab des Art. 101 I 2 GG zu ermöglichen, hat es die Gründe für seine Entscheidung über die Vorlagepflicht anzugeben.[114] Art. 101 I 2 GG ist offenkundig verletzt, wenn das letztinstanzliche Hauptsachegericht in seiner Entscheidung bewusst von der Rechtsprechung des Gerichtshofs zu entscheidungserheblichen Fragen abweicht und gleichwohl nicht oder nicht neuerlich vorlegt **(bewusstes Abweichen ohne Vorlagebereitschaft).**

25 Liegt zu einer entscheidungserheblichen Frage des Unionsrechts einschlägige Rechtsprechung des Gerichtshofs noch nicht vor oder hat eine vorliegende Rechtsprechung die entscheidungserhebliche Frage möglicherweise noch nicht erschöpfend beantwortet oder erscheint eine Fortentwicklung der Rechtsprechung des Gerichtshofs nicht nur als entfernte Möglichkeit, wird Art. 101 I 2 GG nur verletzt, wenn das letztinstanzliche Hauptsachegericht den ihm in solchen Fällen notwendig zukommenden Beurteilungsrahmen in unvertretbarer Weise überschritten hat **(Unvollständigkeit der Rechtsprechung).** Dies kann insbesondere dann der Fall sein, wenn das Fachgericht das Vorliegen eines „acte clair" oder eines „acte éclairé" (→ Rn. 22) willkürlich bejaht.[115] Nach Auffassung des Zweiten Senats des BVerfG ist in diesen Fällen ein Verstoß gegen Art. 101 I 2 GG zu verneinen, wenn das Fachgericht die entscheidungserhebliche Frage in zumindest vertretbarer Weise beantwortet hat.[116] Dagegen kommt es nach Kammerentscheidungen des Ersten Senats des BVerfG für die Prüfung einer Verletzung von Art. 101 I 2 GG nicht in erster Linie auf die Vertretbarkeit der fachgerichtlichen Auslegung des für den Streitfall maßgeblichen materiellen Unionsrechts an, sondern auf die Vertretbarkeit der Handhabung der Vorlagepflicht nach Art. 267 III AEUV.[117]

§ 5. Arbeitsvölkerrecht

Übersicht

[112] Dazu *Britz* NJW 2012, 1313.
[113] BVerfG 14.1.2021 AP Nr. 68 zu Art. 101 GG = NJW 2021, 1005.
[114] BVerfG 19.7.2016 NJW 2016, 3153 = NVwZ 2016, 1553 (jew. mAnm); 10.12.2014 AP Nr. 66 zu Art. 101 GG = NZA 2015, 375.
[115] BVerfG 4.3.2021 AP Nr. 69 zu Art. 101 GG.
[116] BVerfG 6.7.2010 NZA 2010, 995.
[117] BVerfG 25.2.2010 NZA 2010, 439; 30.8.2010 GRUR 2010, 999; 29.5.2012 NZA 2013, 164; so allerdings nunmehr auch der Beschluss des Zweiten Senats, BVerfG 10.12.2014 AP Nr. 66 zu Art. 101 GG = NZA 2015, 375.

I. Überblick

Das Arbeitsvölkerrecht **richtet sich an die vertragsschließenden Staaten** und nicht an die einzelnen Subjekte des Arbeitsrechts wie AN, AG, Gewerkschaften und Arbeitgeberverbände. Die Staaten müssen es im Wege der Ratifizierung für sich völkerrechtlich für verbindlich erklären. In der Bundesrepublik Deutschland erfolgt die Transformation völkerrechtlicher Verträge in das innerstaatliche Recht durch ein sog. Vertragsgesetz (Art. 59 II 1 GG). Nach Art. 59 I GG bestätigt alsdann der Bundespräsident, der den Bund völkerrechtlich vertritt, das Abkommen. Dadurch wird der völkerrechtliche Vertrag für die Staatsorgane im Range eines einfachen Gesetzes für anwendbar erklärt.[1] Völkerrechtliche Vorschriften sind bei der Auslegung des nationalen Rechts, auch des Verfassungsrechts zu beachten.[2] Zum Arbeitsvölkerrecht gehören internationale Vereinbarungen, wie die **Europäische Sozialcharta** vom 18.10.1961, die **Europäische Menschenrechtskonvention** von 1950 (→ § 6 Rn. 1 ff.) sowie der **Internationale Pakt über bürgerliche und politische Rechte** vom 19.12.1966. 1

II. Übereinkommen der Internationalen Arbeitskonferenz

Zu den **bedeutenden internationalen Abkommen** gehören die Übereinkommen der Internationalen Arbeitskonferenz (International Labour Organization – ILO).[3] Das Deutsche Reich war vom 2.10.1919 bis 1933 Mitglied der ILO. Am 12.6.1951 wurde die Bundesrepublik Deutschland auf Antrag der Bundesregierung erneut aufgenommen. Hauptaufgabe der ILO ist nach der Präambel ihrer Verfassung, „wirklich menschengerechte Arbeit" zu schaffen. Die ILO beschließt Übereinkommen. Um innerstaatlich verbindliches Recht zu werden, bedürfen die Übereinkommen der ILO der Ratifizierung und Transformation nach Art. 59 II GG. Aus den ILO-Übereinkommen können die einzelnen Bürger keine subjektiven Rechte herleiten. Bis heute hat die ILO 187 Übereinkommen beschlossen. Zu den wichtigsten ILO-Übereinkommen gehören das Übereinkommen Nr. 132 vom 2.6.1970 über den bezahlten Jahresurlaub,[4] das Übereinkommen Nr. 87 über die Vereinigungsfreiheit und den Schutz des Vereinigungsrechts vom 9.7.1948,[5] das Übereinkommen Nr. 135 vom 23.6.1971 über Schutz und Erleichterungen für Arbeitnehmervertreter im Betrieb[6] und das Übereinkommen Nr. 182 über das Verbot und unverzügliche Maßnahmen zur Beseitigung der schlimmsten Formen der Kinderarbeit vom 17.6.1999. 2

III. UN-Behindertenrechtskonvention (UN-BRK)

Eine zunehmende praktische Bedeutung kommt dem Übereinkommen der Vereinten Nationen vom 13.12.2006 über die Rechte von Menschen mit Behinderungen – **UN-Behindertenrechtskonvention (UN-BRK)** – zu. Nachdem die Europäische Union dieses Übereinkommen durch Beschluss vom 26.11.2009 (2010/48/EG) genehmigt hat, sind dessen Bestimmungen integrierter Bestandteil der Unionsrechtsordnung und zur Auslegung von Richtlinien, insbes. der Richtlinie 2000/78/EG heranzuziehen.[7] Dadurch sind sie zugleich Bestandteil des – ggf. unionsrechtskonform auszulegenden – deutschen Rechts.[8] Die UN-BRK hat in Deutschland aufgrund des Zustimmungsgesetzes nach Art. 59 II GG vom 21.12.2008 Gesetzeskraft (BGBl II 1419) und kann auch als Auslegungshilfe für die Bestimmung von Inhalt und Reichweite anderer Gesetze und der Grundrechte herangezogen werden.[9] 3

IV. Internationaler Pakt über wirtschaftliche, soziale und kulturelle Rechte

Durch Gesetz vom 23.11.1973 (BGBl. II 1569) stimmte die Bundesrepublik dem in New York am 9.10.1968 von ihr unterzeichneten Internationalen Pakt vom 19.12.1966 über wirt- 4

---

[1] MHdB ArbR/*Oetker* § 12 Rn. 22; ausf. dazu *Krebber* JZ 2008, 53 ff.
[2] BVerfG 6.6.2018 AP Nr. 170 zu § 14 TzBfG = NZA 2018, 774 mwN.
[3] Ausf. dazu MHdB ArbR/*Birk,* 2. Aufl., § 17.
[4] Dazu *Leinemann/Linck* BUrlG Einl. Rn. 41 ff.
[5] Dazu BVerfG 20.10.1981 BVerfGE 58, 233; BAG 20.11.2012 AP Nr. 179 zu Art. 9 GG Arbeitskampf = NZA 2013, 448.
[6] Dazu BAG 22.6.2010 AP Nr. 142 zu Art. 9 GG = NZA 2010, 1365.
[7] EuGH 9.3.2017 NZA 2017, 439 – Milkova; 11.4.2013 AP Nr. 28 zu Richtlinie 2000/78/EG = NZA 2013, 553 – Ring.
[8] BAG 21.4.2016 NZA 2016, 1131; 19.12.2013 AP Nr. 3 zu § 2 AGG = NZA 2014, 372.
[9] BVerfG 23.3.2011 NJW 2011, 2113; näher EuArbRK/*Denecke* Anh. B 2010/48/EG Rn. 24 f.

schaftliche, soziale und kulturelle Rechte zu.[10] Nach Art. 22 des Paktes hat jedermann das **Recht, sich frei mit anderen zusammenzuschließen,** zum Schutz seiner Interessen Gewerkschaften zu bilden und ihnen beizutreten. Der Pakt ist inzwischen in Kraft getreten. Nach Art. 27 I bedurfte es der Hinterlegung von 35 Ratifikationsurkunden.

§ 6. Europäische Menschenrechtskonvention (EMRK) und Europäische Sozialcharta (ESC)

Übersicht

I. Überblick

1 Die Menschenrechtskonvention des Europarats vom 4.11.1950 mit spät. Änd. (EMRK) ist ihrer Rechtsnatur nach ein völkerrechtlicher Vertrag. Die EMRK und ihre Zusatzprotokolle – soweit sie für die Bundesrepublik Deutschland in Kraft getreten sind – stehen innerhalb der deutschen Rechtsordnung im Rang eines Bundesgesetzes. Sie **verpflichten die Konventionsstaaten, nicht aber Privatpersonen.** Der Staat hat allerdings angemessene Maßnahmen zu ergreifen, um die Menschenrechte im Einzelfall durchzusetzen (Gewährleistungspflichten – positive obligations).[1] Zugleich besitzen die Gewährleistungen der Konvention verfassungsrechtliche Bedeutung, indem sie die Auslegung der Grundrechte und rechtsstaatlichen Grundsätze des Grundgesetzes beeinflussen und dies nicht zu einer – von der Konvention selbst nicht gewollten (vgl. Art. 53 EMRK) – Einschränkung oder Minderung des Grundrechtsschutzes nach dem Grundgesetz führt.[2] Die Fachgerichte haben die Gewährleistungen der Konvention zu berücksichtigen und in den betroffenen Teilbereich der nationalen Rechtsordnung einzupassen.[3] Die Möglichkeiten einer konventionsfreundlichen Auslegung enden jedoch dort, wo diese nach den anerkannten Methoden der Gesetzesauslegung und Verfassungsinterpretation nicht mehr vertretbar erscheint, etwa wenn die Beachtung der Entscheidung des Gerichtshofs gegen eindeutig entgegenstehendes Gesetzesrecht verstößt. Die EMRK hat nicht ohne Weiteres Vorrang vor anderem Bundesrecht.[4] Entscheidungen des EGMR haben jedoch stets eine Orientierungs- und Leitfunktion. Durch die Heranziehung der EMRK und der hierzu ergangenen Rechtsprechung des EGMR soll den Garantien der Menschenrechtskonvention in Deutschland möglichst umfassend Geltung verschafft werden.[5]

II. Bedeutung für das Arbeitsrecht

2 Arbeitsrechtlich bedeutsam sind vor allem die in Art. 8 EMRK gewährleistete Achtung des Familien- und Privatlebens,[6] die in Art. 9 EMRK geregelte Religionsfreiheit[7] und die in Art. 11 EMRK garantierte Vereinigungsfreiheit.[8] So liegt etwa in der Kündigung eines bei einer Religionsgemeinschaft beschäftigten AN wegen Ehebruchs ein Eingriff in dessen Recht auf **Achtung des „Privatlebens" iSv Art. 8 EMRK.** In diesem Fall bedarf es einer sehr sorgfältigen Abwägung der hierdurch geschützten Interessen des AN mit den Konventionsrechten des kirchlichen AG (dazu → § 133 Rn. 29).[9] Die verdeckte Videoüberwachung eines AN am Arbeitsplatz kann zur Aufklärung eines begründeten Diebstahlsverdachts zulässig sein, wenn sie zeitlich und örtlich begrenzt ist (→ § 153 Rn. 9 ff.).[10] Die Zulässigkeit der Verwertung persönlicher Daten, die ein

---

[10] *Zuleeg* RdA 1974, 321.

[1] EuArbRK/*Schubert* EMRK Art. 1 Rn. 31 ff.

[2] BVerfG 20.4.2016 NZA 2016, 1163; 4.5.2011 NJW 2011, 1931.

[3] BVerfG 14.10.2004 NJW 2004, 3407; *Karpenstein/Mayer* EMRK Einl. Rn. 80.

[4] BVerfG 20.4.2016 NZA 2016, 1163.

[5] BVerfG 4.5.2011 NJW 2011, 1931.

[6] Dazu EuArbRK/*Schubert* EMRK Art. 8 Rn. 4 ff.

[7] Dazu EuArbRK/*Schubert* EMRK Art. 9 Rn. 9 ff.

[8] Hierzu EGMR 2.6.2016 NZA 2016, 1519 sowie allgemein *Nußberger* RdA 2012, 270.

[9] EGMR 23.9.2010 NZA 2011, 277 – Obst und 23.9.2010 NZA 2011, 279 – Schüth.

[10] Dazu EGMR 9.1.2018 – 1874/13, 8567/13, NLMR 2018, 38 – Ribalda; 5.10.2010 – 420/07, EzA Nr. 12 zu § 611 BGB 2002 Persönlichkeitsrecht – Köpke.

AN auf seinem dienstlichen PC gespeichert hat, ist an Art. 8 EMRK zu messen.[11] Eine Strafanzeige wegen Missständen am Arbeitsplatz fällt in den Schutzbereich der durch Art. 10 EMRK geschützten **Freiheit der Meinungsäußerung.** Wegen der Pflicht des AN zur Loyalität und Vertraulichkeit[12] müssen Informationen über Missstände im Betrieb zunächst dem Vorgesetzten oder einer anderen innerbetrieblichen Stelle oder Einrichtung gegeben werden. Nur wenn das eindeutig unmöglich ist, kann der AN damit an die Öffentlichkeit gehen.[13]

Nach der Rechtsprechung des EGMR ist die in Art. 9 EMRK garantierte **Gedanken-, Gewissens- und Religionsfreiheit** einer der Grundpfeiler der „demokratischen Gesellschaft" im Sinne der Konvention. Das unabhängige Bestehen von Religionsgemeinschaften ist unabdingbare Voraussetzung für den Pluralismus in einer demokratischen Gesellschaft und damit Kernstück des durch Art. 9 EMRK gewährten Schutzes.[14] Das Recht auf Religionsfreiheit schließt dabei jede Beurteilung der Legitimität der religiösen Überzeugungen oder deren Ausdrucksformen durch den Staat aus.[15] Durch Art. 11 EMRK ist das Recht, Tarifverhandlungen mit dem AG zu führen, ein wesentliches Element der hierin garantierten **Vereinigungsfreiheit.** Aus Art. 11 EMRK hat der EGMR zwei Leitgedanken hergeleitet: Er berücksichtigt einerseits die Gesamtheit der vom betroffenen Staat zur Gewährleistung der gewerkschaftlichen Freiheit im Rahmen seines Ermessensspielraums getroffenen Maßnahmen. Andererseits akzeptiert er vorbehaltlich Art. 11 II 2 EMRK keine Einschränkungen, die wesentliche Bestandteile der gewerkschaftlichen Freiheit beeinträchtigen.[16] Die Pflicht zur Entrichtung von Beiträgen zu den Sozialkassen des Baugewerbes nach dem für allgemeinverbindlich erklärten Tarifvertrag über das Sozialkassenverfahren im Baugewerbe (VTV-Bau) verletzt Unternehmen des Baugewerbes weder in ihren Rechten auf Vereinigungsfreiheit nach Art. 11 EMRK noch in ihren Rechten auf Schutz des Eigentums nach Art. 1 I des Zusatzprotokolls zur Konvention zum Schutze der Menschenrechte und Grundfreiheiten.[17] 3

Die **Europäische Sozialcharta (ESC)** aus dem Jahre 1961 idF vom 1.7.1999 regelt soziale Grundrechte, die sich auf den Inhalt von Arbeitsbedingungen und auch das kollektive Arbeitsrecht, u.a. das in Art. 6 geregelte Streikrecht beziehen. Einschränkungen oder Begrenzungen des Streikrechts sind nach Teil III Art. 31 I ESC nur zulässig, wenn sie gesetzlich vorgeschrieben und in einer demokratischen Gesellschaft zum Schutze der Rechte und Freiheiten anderer oder zum Schutze der öffentlichen Sicherheit und Ordnung, der Sicherheit des Staates, der Volksgesundheit und der Sittlichkeit notwendig sind.[18] Rechte und Freiheiten anderer, die geeignet sind, das Streikrecht einzuschränken, ergeben sich aus der verfassungsrechtlich und völkerrechtlich anerkannten Religionsfreiheit. Insoweit bedarf es einer verhältnismäßigen Abwägung beider Gewährleistungen.[19] 4

§ 7. Internationales Arbeitsrecht

Übersicht

[11] EGMR 22.2.2018 – 588/13, ZD 2018, 263 – Libert; 5.9.2017 – 61496/08, NZA 2017, 1443 – Bărbulescu; dazu *Sagan* AuR 2018, 93; EuArbRK/*Schubert* EMRK Art. 8 Rn. 6; *Seifert* EuZA 2018, 502.

[12] Dazu EGMR 17.9.2015 – 14464/11, NZA 2017, 237 – Langner.

[13] EGMR 21.7.2011 AP Nr. 235 zu § 626 BGB mkritAnm *Windel* = NZA 2011, 1269 – Heinisch.

[14] EGMR 5.4.2007 NJW 2008, 495 – Scientology Kirche Moskau/Russland.

[15] EGMR 9.7.2013 – 2330/09, BeckRS 2014, 17572– Sindicatul Pastorul Cel Bun; dazu *Klumpp* ZAT 2014, 39; *Reichold* EuZA 2014, 386; EuArbRK/*Schubert* EMRK Art. 9 Rn. 16f.

[16] Dazu EGMR 12.11.2008 NZA 2008, 1425 – Demir u. Baykara; 21.4.2009 NZA 2010, 1423 – Enerji Yapi-Yol Sen; 27.11.2014 AuR 2015, 146.

[17] EGMR 2.6.2016 NZA 2016, 1519.

[18] BAG 12.9.1984 AP Nr. 81 zu Art. 9 GG Arbeitskampf = NZA 1984, 393; näher EuArbRK/*Schubert* ESC Rn. 32ff.

[19] BAG 20.11.2012 AP Nr. 179 zu Art. 9 GG Arbeitskampf = NZA 2013, 448.

I. Allgemeines

1 Internationales Arbeitsrecht ist das Rechtsgebiet, das klärt, welches materielle Recht welcher Rechtsordnung auf einen arbeitsrechtlichen Fall mit Auslandsberührung zur Anwendung kommt.[1] Das anwendbare Recht wird entsprechend dem Sprachgebrauch im Internationalen Privatrecht **Arbeitsstatut** genannt.

II. Bestimmung des Arbeitsstatuts

2 **1. Rechtsquellen.** Im (römischen) Übereinkommen vom 19.6.1980 über das auf vertragliche Schuldverhältnisse anwendbare Recht (EVÜ) wurde das **internationale Kollisionsrecht** geregelt. Das Übereinkommen galt in Belgien, Deutschland, Dänemark, Finnland, Frankreich, Griechenland, Irland, Italien, Luxemburg, den Niederlanden, Österreich, Portugal, Schweden, Spanien und dem Vereinigten Königreich. Deutschland hat das EVÜ am 25.7.1986 (BGBl. 1986 II 810) ratifiziert und zugleich das IPRG verabschiedet (BGBl. 1986 II 809). Der größte Teil der Bestimmungen des EVÜ wurde mit den **Art. 27–37 EGBGB** in das nationale Recht überführt.[2]

3 Im Hinblick auf die Erweiterung der EU erschien eine Fortentwicklung des EVÜ erforderlich, die auch eine verbindliche Auslegungskompetenz des EuGH beinhalten sollte. Nach langen Beratungen sah der europäische Normgeber allerdings von einer Reform des EVÜ ab und ersetzte dieses durch die Verordnung (EG) Nr. 593/2008 des Europäischen Parlaments und des Rates vom 17.6.2008 über das auf vertragliche Schuldverhältnisse anzuwendende Recht **(Rom I-VO).** Die Rom I-VO ist nach deren Art. 28 auf Verträge anzuwenden, die ab dem 17.12.2009 geschlossen wurden. Da die Rom I-VO unmittelbar anzuwendendes Unionsrecht ist (§ 288 UAbs. 2 AEUV) und innerhalb ihres Anwendungsbereichs das nationale Kollisionsrecht verdrängt, war eine entsprechende Änderung des deutschen IPR notwendig. Die Art. 27–37 EGBGB wurden deshalb durch das Gesetz zur Anpassung der Vorschriften des Internationalen Privatrechts an die Verordnung (EG) Nr. 593/2008 vom 25.6.2009 (BGBl. I 1574) zum 17.12.2009 aufgehoben.[3] Bei der Auslegung und Anwendung der Rom I-VO sind die allgemeinen für das sekundäre Unionsrecht geltenden Grundsätze zu beachten. Insbesondere gilt nunmehr die Pflicht zur Durchführung eines Vorabentscheidungsverfahrens nach Maßgabe des Art. 267 AEUV (dazu → § 4 Rn. 26 ff.).[4]

4 Im Hinblick darauf, dass die Rom I-VO nach deren Art. 28 nur auf Verträge anwendbar ist, die ab dem 17.12.2009 geschlossen wurden und daher die **Art. 27–37 EGBGB weiterhin für bis zu diesem Zeitpunkt abgeschlossene Verträge gelten,**[5] werden die entsprechenden Regelungen nachfolgend weiterhin erläutert. Am Ende der jeweiligen Abschnitte wird dann auf die durch die Rom I-VO erfolgten Veränderungen hingewiesen. Art. 28 Rom I-VO ist dabei in Bezug auf ein vor dem 17.12.2009 begründetes vertragliches Arbeitsverhältnis so zu verstehen, dass dieses nur dann in den Anwendungsbereich dieser Verordnung fällt, wenn es durch gegenseitiges Einvernehmen der Vertragsparteien, das sich ab diesem Zeitpunkt manifestiert hat, in einem solchen Umfang geändert wurde, dass davon auszugehen ist, dass ab diesem Zeitpunkt ein neuer Arbeitsvertrag geschlossen wurde. Das zu prüfen ist Aufgabe der nationalen Gerichte.[6]

5 **2. Rechtswahl im Individualarbeitsrecht. a) Grundsatz.** Nach Art. 27 I 1 EGBGB unterliegt der Vertrag dem von den Parteien gewählten Recht (Grundsatz der Rechtswahlfreiheit). Diese Vorschrift gilt auch im Arbeitsrecht, denn in Art. 30 I EGBGB wird die Rechtswahl gerade vorausgesetzt. Es gibt **kein „primäres" Schuldvertragsstatut,** das ein an sich geltendes Recht bestimmen würde.[7] Zulässig ist die Rechtswahl eines ausländischen Arbeitsstatutes bei rein innerdeutschen Unternehmen wie auch bei international auftretenden Unternehmen und schließlich bei einer Tätigkeit im Ausland. Denkbar ist, dass in einem deutschen Unternehmen für Mitarbeiter, die zB aus den USA nach Deutschland versetzt werden, amerikanisches Recht gewählt wird. Die Rechtswahl muss sich nicht auf alle Rechte und Pflichten aus dem Arbeitsverhältnis erstrecken. Eine Teilrechtswahl ist nach Art. 27 I 3 EGBGB grundsätzlich wirksam.[8]

---

[1] *Deinert,* Internationales Arbeitsrecht, 2013, § 1 Rn. 11.
[2] MüKoBGB/*Martiny,* 4. Aufl., EGBGB Vor Art. 27 Rn. 22.
[3] Vgl. zur Rom I-VO im Arbeitsrecht *Deinert* RdA 2009, 144; MHdB ArbR/*Oetker* § 13 Rn. 1 ff.
[4] MüKoBGB/*Martiny* Rom I-VO Vorbem. zu Art. 1 Rn. 22.
[5] BAG 7.5.2020 AP Nr. 11 zu Art. 30 EGBGB nF; 18.9.2019 AP Nr. 15 zu § 20 GVG mAnm *Mankowski.*
[6] EuGH 18.10.2016 AP Nr. 4 zu Rom I-Verordnung = NZA 2016, 1389 – Nikiforidis.
[7] MüKoBGB/*Martiny,* 4. Aufl., EGBGB Art. 27 Rn. 8.
[8] BAG 20.4.2004 AP Nr. 21 zu § 38 ZPO Internationale Zuständigkeit = NZA 2005, 297.

b) Recht eines Drittstaates. Möglich ist in den Grenzen des Art. 27 III EGBGB die Wahl des Rechts eines Drittstaates. Hat das Arbeitsverhältnis im Zeitpunkt der Rechtswahl **keinen Auslandsbezug,** darf nach dieser Bestimmung allerdings nicht von zwingenden Vorschriften des Staates abgewichen werden, mit dem der Vertrag wegen des Erfüllungsorts allein verbunden ist.[9] Zwingend sind dabei Bestimmungen, von denen nach dem Recht des maßgeblichen Staates durch Vertrag nicht abgewichen werden kann. Dazu gehört auch Gewohnheits- oder Richterrecht.[10] 6

c) Konkludente Rechtswahl. Die Rechtswahl kann konkludent erfolgen. Dies ist anzunehmen, wenn sich mit hinreichender Sicherheit aus den Bestimmungen des Vertrags oder aus den **Umständen des Falles** eine Rechtswahl ergibt (Art. 27 I 2 EGBGB). Obgleich es keinen abschließenden Katalog von Rechtswahlindizien gibt, sind bei Schuldverträgen aus Gerichtsstandsklauseln,[11] Schiedsklauseln, vertraglichen Bezugnahmen auf ein Recht sowie aus der Vereinbarung eines für beide Parteien gemeinsamen Erfüllungsorts typische Hinweise auf eine konkludente Rechtswahl zu entnehmen.[12] Ist der Arbeitsvertrag in deutscher Sprache abgefasst und wird darin auf deutsche Rechtsvorschriften Bezug genommen, kann dies ein Indiz für die Wahl des deutschen Rechts sein,[13] es sei denn, die deutsche Sprache wird in beiden in Betracht kommenden Rechtsordnungen gesprochen (zB Deutschland und Schweiz).[14] Ein gewichtiges Indiz für eine konkludente Rechtswahl ist die im Vertrag vereinbarte Währung für die Vergütung sowie das im Vertrag wiedergegebene Gesetzesrecht.[15] Die arbeitsvertragliche Bezugnahme auf Tarifverträge und sonstige Regelungen am Sitz des AG sprechen für eine daran ausgerichtete Rechtswahl.[16] Die Rechtswahl muss nicht zwingend bei Vertragsschluss erfolgen, sondern kann auch zu einem späteren Zeitpunkt vereinbart werden.[17] Gehen die Parteien während eines Rechtsstreits übereinstimmend von der Anwendung deutschen Rechts aus, liegt darin regelmäßig eine stillschweigende Rechtswahl.[18] 7

d) Grenzen der Rechtswahlfreiheit. Die Rechtswahlfreiheit ist für Arbeitsverträge durch Art. 30 I EGBGB eingeschränkt. Die Rechtswahl der Parteien darf nicht dazu führen, dass dem AN der Schutz entzogen wird, der ihm durch die zwingenden Bestimmungen des Rechts gewährt wird, das mangels einer Rechtswahl nach der objektiven Bestimmungsmethode anzuwenden wäre (dazu → Rn. 10).[19] Deshalb ist ein **Günstigkeitsvergleich** anzustellen zwischen den zwingenden Bestimmungen des objektiv anwendbaren Rechts, die dem AN Schutz gewähren, und denen der gewählten Rechtsordnung.[20] Aus Art. 30 I EGBGB ergibt sich allerdings nicht, welcher Art die zwingenden Vorschriften sein müssen. Gemeint sind Bestimmungen des Individualarbeitsrechts, die vertraglich nicht abbedungen werden können und dem Schutz des AN dienen.[21] Das können auch allgemeinverbindlich erklärte Tarifverträge sein.[22] Die zwingenden Vorschriften des Art. 30 I EGBGB sind nicht mit den nach Art. 34 EGBGB international zwingenden Normen identisch.[23] Zu den zwingenden Vorschriften des Art. 30 I EGBGB gehören jedenfalls die §§ 1–14 KSchG,[24] § 613a BGB,[25] der Diskriminierungsschutz des AGG sowie der Inhaltskontrolle von AGB (§§ 305 ff. BGB).[26] Maßgeblich für den Günstigkeitsvergleich sind die Ergebnisse der Anwendung der jeweils berührten Rechtsordnungen im Einzelfall.[27] 8

[9] Vgl. ErfK/*Schlachter,* 10. Aufl., EGBGB Art. 27–34 Rn. 15.
[10] MüKoBGB/*Martiny,* 4. Aufl., EGBGB Art. 27 Rn. 89.
[11] BAG 10.4.2014 AP Nr. 8 zu § 20 GVG; ebenso *Deinert,* Internationales Arbeitsrecht, § 9 Rn. 28 zur Rom I-VO.
[12] BAG 13.11.2007 AP Nr. 8 zu Art. 27 EGBGB nF = NZA 2008, 761; *Junker* SAE 2002, 258 (259).
[13] BAG 19.3.2014 AP Nr. 26 zu § 130 BGB = NZA 2014, 1076; 9.10.2002 AP Nr. 18 zu § 38 ZPO Internationale Zuständigkeit = NZA 2003, 339.
[14] BAG 15.12.2016 AP Nr. 85 zu § 4 KSchG 1969 = NZA 2017, 502; 23.3.2016 AP Nr. 3 zu Rom I-Verordnung = NZA 2017, 78.
[15] BAG 15.12.2016 AP Nr. 85 zu § 4 KSchG 1969 = NZA 2017, 502.
[16] BAG 25.4.2013 AP Nr. 7 zu § 20 GVG; 12.12.2001 AP Nr. 10 zu Art. 30 EGBGB = NZA 2002, 734.
[17] BAG 23.8.2012 NZA 2013, 227.
[18] BAG 19.3.2014 AP Nr. 26 zu § 130 BGB = NZA 2014, 1076.
[19] MüKoBGB/*Martiny,* 4. Aufl., EGBGB Art. 30 Rn. 17.
[20] BAG 19.3.2014 AP Nr. 26 zu § 130 BGB = NZA 2014, 1076.
[21] BAG 10.4.2014 AP Nr. 8 zu § 20 GVG.
[22] MHdB ArbR/*Birk,* 2. Aufl., § 20 Rn. 79.
[23] *Franzen* AR-Blattei SD 920 (2006) Rn. 122; MüKoBGB/*Martiny,* 4. Aufl., EGBGB Art. 30 Rn. 34.
[24] BAG 24.8.1989 AP Nr. 30 zu Internat. Privatrecht, Arbeitsrecht = NZA 1990, 841.
[25] BAG 10.4.2014 AP Nr. 8 zu § 20 GVG; 29.10.1992 AP Nr. 31 zu Internat. Privatrecht, Arbeitsrecht = NZA 1993, 743.
[26] *Franzen* AR-Blattei SD 920 (2006) Rn. 125.
[27] BAG 19.3.2014 AP Nr. 26 zu § 130 BGB = NZA 2014, 1076.

9 **e) Rechtswahl nach der Rom I-VO.** Nach **Art. 8 I Rom I-VO,** der an die Stelle des Art. 30 EGBGB getreten ist, unterliegen Arbeitsverträge grundsätzlich der Rechtswahl nach Art. 3 Rom I-VO. Der Begriff „Arbeitsvertrag" ist einheitlich auszulegen, für eine Heranziehung der (nationalen) lex fori besteht kein Raum.[28] Erfasst werden sämtliche Formen von Arbeitsbeziehungen, die ein AN individuell mit einem AG eingeht. Darunter fallen sowohl rechtlich wirksame Arbeitsverträge als auch nichtige, aber durchgeführte Verträge oder faktische Arbeitsverhältnisse.[29] Arbeitsverträge sind Vereinbarungen zwischen AG und AN, welche eine abhängige, weisungsgebundene und entgeltliche Tätigkeit zum Gegenstand haben.[30] Die Vertragsparteien müssen nicht Angehörige eines Mitgliedsstaats der EU sein.[31] Die Arbeitsvertragsparteien dürfen das Recht frei wählen, zulässig ist nach Art. 8 I iVm Art. 3 III Rom I-VO auch die Wahl des Rechts eines Drittstaates.[32] Auch die teilweise erfolgte Rechtswahl ist zulässig,[33] denn die Vertragsautonomie der Parteien bei der Wahl des anwendbaren Rechts ist als allgemeiner Grundsatz in der Rom I-VO verankert.[34] Gleiches gilt für die konkludente Rechtswahl (dazu → Rn. 7). Voraussetzung einer stillschweigenden Rechtswahl ist, dass sie sich eindeutig aus den Bestimmungen des Vertrags oder den Umständen des Falls ergibt.[35] Freie Dienstverträge werden von Art. 8 Rom I-VO nicht erfasst.[36] Die Rechtswahl darf allerdings gem. Art. 8 I 2 Rom I-VO und dem Erwägungsgrund 35 zur Rom I-VO nicht dazu führen, dass dem AN der Schutz entzogen wird, der ihm von den zwingenden Bestimmungen des Rechts gewährt wird, das nach Art. 8 II–IV Rom I-VO mangels Rechtswahl anwendbar wäre. Diese Bestimmung entspricht Art. 30 I EGBGB (dazu → Rn. 8). Erforderlich ist damit ein **Günstigkeitsvergleich** (→ Rn. 8), wobei weder ein abstrakter Gesamtvergleich noch ein auf einzelne Bestimmungen bezogener Vergleich vorzunehmen ist. Erforderlich ist vielmehr ein Sachgruppenvergleich.[37] Maßgeblicher Zeitpunkt, auf den der Günstigkeitsvergleich abzustellen hat, ist der Zeitpunkt, in dem über die streitige Rechtsfrage zu entscheiden ist.[38] Die Anwendung des Günstigkeitsprinzips kann damit im Ergebnis zu einem „Mischrecht" führen, das auf das Arbeitsverhältnis anwendbar ist.

10 **3. Fehlende Rechtswahl. a) Grundsätze des Art. 30 II Nr. 1 EGBGB.** Nach Art. 30 II Nr. 1 EGBGB ist auf Arbeitsverträge und Arbeitsverhältnisse das Recht des Staates objektiv anwendbar, in dem der AN in Erfüllung des Vertrags gewöhnlich seine Arbeit verrichtet, selbst wenn er vorübergehend in einen anderen Staat entsandt ist. Der **Begriff des „gewöhnlichen Arbeitsorts"** ist nach der Auslegung des EuGH zu Art. 6 II lit. a EVÜ (dazu → Rn. 2), die auch für Art. 27 ff. EGBGB maßgeblich ist (Art. 36 EGBGB), weit zu verstehen.[39] Der Arbeitsort wird hiernach regelmäßig durch den gewöhnlichen Einsatz- und Tätigkeitsort bestimmt. Er ist nach dem Wortlaut des Art. 30 II Nr. 1 EGBGB nicht auf eine bestimmte politische Gemeinde begrenzt, sondern umfasst beim Einsatz an wechselnden Orten innerhalb eines Landes das gesamte Staatsgebiet.[40] Übt ein AN seine **Tätigkeit in mehreren Vertragsstaaten** aus, ist der Ort zu ermitteln, an dem oder von dem aus der AN seine beruflichen Tätigkeiten tatsächlich ausübt. In Ermangelung eines Mittelpunkts seiner Tätigkeiten, ist der Ort maßgeblich, an dem der AN den größten Teil seiner Tätigkeiten verrichtet.[41] So ist etwa bei einem Kraftfahrer

[28] MüKoBGB/*Martiny* Rom I-VO Art. 8 Rn. 21.
[29] Staudinger/*Magnus* Rom I-VO Art. 8 Rn. 33.
[30] MüKoBGB/*Martiny* Rom I-VO Art. 8 Rn. 22; ErfK/*Schlachter* Rom I-VO Rn. 4.
[31] LAG Köln 18.9.2013 NZA-RR 2014, 214.
[32] BAG 15.12.2016 AP Nr. 85 zu § 4 KSchG 1969 = NZA 2017, 502; 23.3.2016 AP Nr. 3 zu Rom I-Verordnung = NZA 2017, 78.
[33] Vgl. *Deinert,* Internationales Arbeitsrecht, § 9 Rn. 35; ErfK/*Schlachter* Rom I-VO Rn. 5 unter Bezug auf BAG 20.4.2004 AP Nr. 21 zu § 38 ZPO Internationale Zuständigkeit = NZA 2005, 297.
[34] EuGH 18.10.2016 AP Nr. 4 zu Rom I-Verordnung = NZA 2016, 1389 – Nikiforidis.
[35] BAG 23.3.2016 AP Nr. 3 zu Rom I-Verordnung = NZA 2017, 78.
[36] ErfK/*Schlachter* Rom I-VO Rn. 4.
[37] *Deinert* RdA 2009, 144 (149); MüKoBGB/*Martiny* Rom I-VO Art. 8 Rn. 44; ErfK/*Schlachter* Rom I-VO Rn. 19; HWK/*Tillmanns* Rom I-VO Rn. 31.
[38] Staudinger/*Magnus* Rom I-VO Art. 8 Rn. 89.
[39] EuGH 12.9.2013 NZA 2013, 1163 – Schlecker; 15.12.2011 NZA 2012, 227 – Voogsgeerd; BAG 19.3.2014 AP Nr. 26 zu § 130 BGB = NZA 2014, 1076.
[40] BAG 20.6.2007 AP Nr. 26 zu § 1 TVG Tarifverträge: Holz = NZA-RR 2008, 24; 12.12.2001 AP Nr. 10 zu Art. 30 EGBGB = NZA 2002, 734; 29.10.1992 AP Nr. 31 zu Internat. Privatrecht, Arbeitsrecht = NZA 1993, 743; MüKoBGB/*Martiny,* 4. Aufl., EGBGB Art. 27 Rn. 47.
[41] EuGH 15.3.2011 AP Nr. 5 zu Art. 5 Brüsseler Abkommen = NZA 2011, 625 – Koelzsch; BAG 7.5.2020 AP Nr. 11 zu Art. 30 EGBGB nF; 19.3.2014 AP Nr. 26 zu § 130 BGB = NZA 2014, 1076; im Ergebnis auch zu einer Lehrerin an einer griechischen Schule in Deutschland BAG 18.9.2019 AP Nr. 15 zu § 20 GVG.

festzustellen, in welchem Staat sich der Ort befindet, von dem aus er seine Transportfahrten durchführt, Anweisungen zu diesen Fahrten erhält und seine Arbeit organisiert, sowie der Ort, an dem sich seine Arbeitsmittel befinden.[42] Hinsichtlich des Ortes, „an dem" **Flugpersonal** gewöhnlich seine Arbeit verrichtet, ist von einer indiziengestützten Methode auszugehen, mit der in Zweifelsfällen der Ort, „von dem aus" der AN den wesentlichen Teil seiner Verpflichtungen gegenüber seinem AG tatsächlich erfüllt, zu bestimmen ist. Dabei ist festzustellen, in welchem Mitgliedstaat der Ort liegt, von dem aus der AN seine Verkehrsdienste erbringt, an den er danach zurückkehrt, an dem er Anweisungen dazu erhält und seine Arbeit organisiert und an dem sich die Arbeitsmittel befinden. Außerdem ist der Ort zu berücksichtigen, an dem die Flugzeuge stationiert sind, in denen die Arbeit gewöhnlich verrichtet wird.[43] Bei einer fehlenden Rechtswahl kann sich das Arbeitsvertragsstatut eines AN bei einem Wechsel von Deutschland ins Ausland infolge eines Betriebsübergangs ändern. Eine solche Änderung tritt allerdings erst ein, nachdem das Arbeitsverhältnis übergegangen ist, also nach dem Betriebsübergang in das Ausland.[44]

Der gewöhnliche Arbeitsort ist auch dann maßgeblich, wenn der AN seine **Arbeit vorübergehend in einem anderen Staat verrichtet.** Eine Entsendung ist „vorübergehend", wenn sie nicht endgültig ist. Auf zeitliche Höchstgrenzen kommt es insoweit nicht an, entscheidend sind vielmehr die getroffenen Vereinbarungen. Es ist zu prüfen, ob sich durch den Einsatz des AN in einem anderen als dem bisherigen Staat der Schwerpunkt des Arbeitsverhältnisses verschoben hat.[45] 11

Auf die **„Niederlassung, die den Arbeitnehmer eingestellt hat"**, ist nur dann abzustellen, wenn der Staat, in dem gewöhnlich die Arbeit verrichtet wird, nicht bestimmt werden kann.[46] Eine Niederlassung ist jede auf Dauer angelegte arbeitsorganisatorische Einheit eines Unternehmens. Sie muss keine eigene Rechtspersönlichkeit besitzen. Daher können nicht nur Tochtergesellschaften und Zweigstellen, sondern auch andere Einheiten wie etwa die Büros eines Unternehmens eine Niederlassung sein.[47] Eine in einem Staat lediglich vorübergehend bestehende Präsenz eines Beauftragten eines Unternehmens aus einem anderen Staat zur Einstellung von AN kann dagegen nicht als Niederlassung angesehen werden.[48] Maßgeblich ist deshalb die vertragsschließende Niederlassung[49] und nicht die sog. Einsatzniederlassung, in welcher der AN erstmals eingesetzt bzw. der er erstmals zugeordnet wird.[50] 12

Nach Art. 30 II Hs. 2 EGBGB gilt die nach Art. 30 II Nr. 1 und 2 EGBGB getroffene Zuordnung des Arbeitsverhältnisses nicht, wenn sich aus der Gesamtheit der Umstände ergibt, dass der Arbeitsvertrag **engere Verbindungen zu einem anderen Staat** aufweist. In diesem Fall ist das Recht dieses anderen Staates anzuwenden. Diese Regelung bezweckt die Gewährleistung international-privatrechtlicher Gerechtigkeit, indem sie dem Gericht gestattet, von der Regelanknüpfung abzuweichen, wenn diese im Einzelfall die Interessenlage der Parteien nicht zutreffend erfasst.[51] Die Regelung verfolgt jedoch nicht das Ziel, die Anwendung des dem AN günstigsten Rechts zu gewährleisten.[52] Um zu klären, ob „engere Verbindungen" zu einem anderen Staat vorliegen, ist nicht allein die Anzahl der für eine Verbindung zu dem einen oder dem anderen Staat sprechenden Kriterien maßgebend.[53] Vielmehr **müssen die Anknüpfungsmomente gewichtet werden.**[54] Wesentlich ist in diesem Zusammenhang der Ort, an welchem der AN 13

---

[42] EuGH 15.12.2011 NZA 2012, 227 – Voogsgeerd.
[43] EuGH 14.9.2017 NZA 2017, 1477 – Nogueira; BAG 7.5.2020 AP Nr. 11 zu Art 30 EGBGB nF.
[44] BAG 26.5.2011 AP Nr. 409 zu § 613a BGB = NZA 2011, 1143.
[45] MHdB ArbR/*Birk*, 2. Aufl. § 20 Rn. 37 f.; HessLAG 1.9.2008 – 16 Sa 1296/07; ausf. zur entsprechenden Regelung in Art. 8 II Rom I-VO ErfK/*Schlachter* Rom I-VO Rn. 13 f.
[46] EuGH 12.9.2013 NZA 2013, 1163 – Schlecker; 15.12.2011 NZA 2012, 227 – Voogsgeerd; 15.3.2011 AP Nr. 5 zu Art. 5 Brüsseler Abkommen = NZA 2011, 625 – Koelzsch; BAG 7.5.2020 AP Nr. 11 zu Art. 30 EGBGB nF; 19.3.2014 AP Nr. 26 zu § 130 BGB = NZA 2014, 1076.
[47] EuGH 15.12.2011 NZA 2012, 227 – Voogsgeerd; BAG 19.3.2014 AP Nr. 26 zu § 130 BGB = NZA 2014, 1076.
[48] EuGH 15.12.2011 NZA 2012, 227 – Voogsgeerd.
[49] BAG 19.3.2014 AP Nr. 26 zu § 130 BGB = NZA 2014, 1076; *Schlachter* NZA 2000, 57 (60); *Gragert/Drenckhahn* NZA 2003, 305.
[50] MüKoBGB/*Martiny*, 4. Aufl., EGBGB Art. 30 Rn. 65; Erman/*Hohloch*, 11. Aufl., EGBGB Art. 30 Rn. 19; offen gelassen von BAG 13.11.2007 AP Nr. 8 zu Art. 27 EGBGB nF = NZA 2008, 76; 1.7.2010 AP Nr. 5 zu Art. 25 GG.
[51] BAG 18.9.2019 AP Nr. 15 zu § 20 GVG; *Deinert*, Internationales Arbeitsrecht, § 9 Rn. 126.
[52] EuArbRK/*Krebber* VO 593/2008/EG Art. 8 Rn. 40.
[53] BAG 22.10.2015 AP Nr. 13 zu § 85 SGB IX = NZA 2016, 473; *Joussen* RdA 2017, 58; *Mankowski* RIW 2016, 383.
[54] BAG 7.5.2020 AP Nr. 11 zu Art. 30 EGBGB nF.

seine Steuern und Abgaben entrichtet und der Sozialversicherung angeschlossen ist.[55] Des Weiteren sind die Staatsangehörigkeit der Vertragsparteien, der Sitz des AG und der Wohnort des AN von Bedeutung.[56] Nachrangig zu berücksichtigen sind vertragsimmanente Gesichtspunkte, wie die Vertragssprache und die Währung, in der die Vergütung bezahlt wird.[57] Die Zuordnung des AN zu einer bestimmten Niederlassung und die Eingliederung in die betreffende Organisationsstruktur begründen keinen gewöhnlichen Arbeitsort. Das Gesetz knüpft nach seinem Wortlaut gerade nicht an eine organisatorische Zuordnung, sondern an den Ort der tatsächlichen Ausführung der geschuldeten Arbeitsleistung an.[58] Das nach der Regelanknüpfung des Art. 30 II Nr. 1 und 2 EGBGB an sich geltende Recht wird nur verdrängt, wenn die Gesamtheit wichtiger und nicht nur nebensächlicher Anknüpfungsmerkmale zu einem anderen Ergebnis führt. Die genannten Einzelumstände müssen insgesamt das Gewicht der Regelanknüpfung deutlich übersteigen.[59] Die Würdigung des Berufungsgerichts ist **revisionsrechtlich nur eingeschränkt überprüfbar,** soweit sie auf tatsächlichem Gebiet liegt.[60]

14 **b) Grundsätze des Art. 8 II Rom I-VO.** Fehlt eine wirksame Rechtswahl, ist nach Maßgabe von Art. 8 II–IV Rom I-VO eine objektive Anknüpfung vorzunehmen.[61] Maßgeblich ist dann nach Abs. 2 in erster Linie das **Recht des gewöhnlichen Arbeitsorts (lex loci laboris).** Dieses Recht bleibt auch anwendbar, wenn der AN vorübergehend in einem anderen Staat seine Arbeitsleistung erbringt.[62] Das entspricht im Wesentlichen Art. 30 II Nr. 1 EGBGB (dazu → Rn. 11). Nach Erwägungsgrund 36 der Rom I-VO soll die Erbringung der Arbeitsleistung in einem anderen Staat als vorübergehend gelten, wenn von dem AN erwartet wird, dass er nach seinem Arbeitseinsatz im Ausland seine Arbeit im Herkunftsstaat wieder aufnimmt.[63] Nur wenn danach das anzuwendende Recht nicht bestimmt werden kann, ist an die einstellende Niederlassung anzuknüpfen.[64] Maßgeblich ist dabei der Ort des Vertragsabschlusses, weil dort die „Einstellung" erfolgt und nicht die „Eingliederung" in einen Betrieb (dazu → Rn. 12).[65] Von den Anknüpfungen an den Arbeitsort und die einstellende Niederlassung kann gem. Art. 8 IV Rom I-VO abgewichen werden, wenn im Einzelfall eine engere Verbindung zu einer anderen Rechtsordnung besteht (dazu → Rn. 13).[66]

15 **4. Zwingendes Recht. a) Grundsätze des Art. 34 EGBGB.** Nach Art. 34 EGBGB lassen die Kollisionsnormen des vertraglichen Schuldrechts die Anwendung derjenigen Bestimmungen des deutschen Rechts unberührt, die ohne Rücksicht auf das auf den Vertrag anzuwendende Recht den Sachverhalt zwingend regeln (sog. **Eingriffsnormen**). Es reicht nicht aus, dass die betreffende Norm als Arbeitnehmerschutznorm einseitig zwingend und günstiger als die nach dem an sich anwendbaren ausländischen Recht einschlägige Regelung ist.[67] Dies folgt für arbeitsrechtliche Vorschriften aus Art. 30 I EGBGB. Diese Bestimmung wäre, soweit es die Anwendung deutschen Rechts angeht, überflüssig, wenn jede vertraglich unabdingbare arbeitsrechtliche Norm über Art. 34 EGBGB auf das Arbeitsverhältnis einwirken würde. Art. 34 EGBGB will dagegen zwingende Bestimmungen des deutschen Rechts ohne Rücksicht auf ihren Schutznormcharakter und „ohne Rücksicht auf das auf den Vertrag anwendbare Recht" durchsetzen.[68] Inländische Gesetze sind deshalb nur dann Eingriffsnormen in diesem Sinne, wenn sie entweder ausdrücklich (so zB § 2 AEntG) oder nach ihrem Sinn und Zweck ohne Rücksicht auf das nach den deutschen Kollisionsnormen anwendbare Recht gelten sollen. Erfor-

---

[55] EuGH 12.9.2013 NZA 2013, 1163 – Schlecker; BAG 18.9.2019 AP Nr. 15 zu § 20 GVG; 10.4.2014 AP Nr. 8 zu § 20 GVG; dazu *Knöpfel* EuZA 2014, 375; *Krebber* RIW 2013, 873; *Lüttringhaus* EuZW 2013, 821.
[56] BAG 19.3.2014 AP Nr. 26 zu § 130 BGB = NZA 2014, 1076.
[57] Vgl. BAG 7.5.2020 AP Nr. 11 zu Art. 30 EGBGB nF; 22.10.2015 AP Nr. 13 zu § 85 SGB IX = NZA 2016, 473; 13.11.2007 AP Nr. 8 zu Art. 27 EGBGB nF = NZA 2008, 761.
[58] BAG 12.12.2001 AP Nr. 10 zu Art. 30 EGBGB = NZA 2002, 734.
[59] BAG 10.4.2014 AP Nr. 8 zu § 20 GVG.
[60] BAG 7.5.2020 AP Nr. 11 zu Art. 30 EGBGB nF; 18.9.2019 AP Nr. 15 zu § 20 GVG; 22.10.2015 AP Nr. 13 zu § 85 SGB IX = NZA 2016, 473.
[61] HWK/*Tillmanns* Rom I-VO Rn. 16.
[62] EuGH 15.3.2011 AP Nr. 5 zu Art. 5 Brüsseler Abkommen = NZA 2011, 625 – Koelzsch.
[63] Ausf. dazu MüKoBGB/*Martiny* Rom I-VO Art. 8 Rn. 65 ff.
[64] EuGH 12.9.2013 NZA 2013, 1163 – Schlecker.
[65] EuGH 15.12.2011 NZA 2012, 227 – Voogsgeerd.
[66] MüKoBGB/*Martiny* Rom I-VO Art. 8 Rn. 78.
[67] BAG 7.5.2020 AP Nr. 11 zu Art. 30 EGBGB nF.
[68] BAG 7.5.2020 AP Nr. 11 zu Art. 30 EGBGB nF.

derlich ist, dass die Vorschrift nicht nur auf den Schutz von Individualinteressen der AN gerichtet ist, sondern mit ihr zumindest auch öffentliche Gemeinwohlinteressen verfolgt werden.[69]

Eine Eingriffsnorm ist **beispielsweise** § 14 I MuSchG aF (jetzt § 20 MuSchG).[70] Gleiches gilt für § 3 EFZG, sofern auf die betreffenden Arbeitsverhältnisse deutsches Sozialversicherungsrecht Anwendung findet und damit ein hinreichender Inlandsbezug besteht.[71] Diese Anforderung ist bei Wanderarbeitnehmern, die nicht deutschem Sozialversicherungsrecht unterliegen, nicht erfüllt. § 2 EFZG ist dagegen keine Eingriffsnorm. Diese Vorschrift erleichtert den AN die Einhaltung der Arbeitsruhe und weist das Vergütungsrisiko dem AG zu, sie ist aber nicht selbst Voraussetzung der im öffentlichen Interesse liegenden Arbeitsruhe an Feiertagen.[72] In Bezug auf das Seemannsgesetz und § 613a BGB sowie die Vorschriften des Kündigungsschutzgesetzes hat das BAG diesen Charakter verneint.[73] Die Vorschriften der §§ 1–14 KSchG stellen keine „Eingriffsnormen" iSd Art. 34 EGBGB dar.[74] Das gilt ebenso für die Regelungen zur außerordentlichen Kündigung (§ 626 BGB) und zu den Kündigungsfristen (§ 622 BGB), § 174 BGB und § 18 BEEG.[75] Auch § 8 TzBfG ist keine Eingriffsnorm, weil sie nicht öffentlichen Gemeinwohlinteressen dient.[76] Soweit § 1 aF AEntG Tarifnormen auf einen ausländischen AG erstreckt, handelt es sich um „Eingriffsnormen" iSv Art. 34 EGBGB, die ausländischen Rechtsvorschriften vorgehen.[77] Ohne eine solche Gesetzesvorschrift sind allgemeinverbindliche Tarifverträge keine Eingriffsnormen.[78] 16

b) Grundsätze des Art. 9 Rom I-VO. Art. 9 Rom I-VO ist Nachfolger von Art. 34 EGBGB. Abweichend vom bisherigen Recht (dazu → Rn. 16) wird in Art. 9 I Rom I-VO der Begriff „Eingriffsnorm" definiert. Dies ist eine zwingende Vorschrift des Staates des angerufenen Gerichts,[79] deren Einhaltung von einem Staat als so entscheidend für die Wahrung seines öffentlichen Interesses, insbesondere seiner politischen, sozialen oder wirtschaftlichen Organisation, angesehen wird, dass sie ungeachtet des nach Maßgabe dieser Verordnung auf den Vertrag anzuwendenden Rechts auf alle Sachverhalte anzuwenden ist, die in ihren Anwendungsbereich fallen. Die Eingriffsnormen setzen sich nach Art. 9 II Rom I-VO nicht nur gegenüber dem gewählten Vertragsstatut, sondern auch gegenüber den nach § 8 II–IV Rom I-VO geltenden zwingenden Vorschriften durch.[80] Nach dem Erwägungsgrund 37 zur Rom I-VO ist der Begriff „Eingriffsnorm" von dem Begriff „Bestimmungen, von denen nicht durch Vereinbarung abgewichen werden kann" in Art. 8 I Rom I-VO zu unterscheiden und eng auszulegen.[81] Hiernach spricht einiges dafür, **§ 1 MiLoG** und den darin geregelten gesetzlichen Mindestlohn von derzeit 9,50 EUR als Eingriffsnorm zu behandeln.[82] Gleiches gilt für die Diskriminierungsverbote des AGG.[83] 17

5. Ordre public. Dem nach den Art. 27 ff. EGBGB vereinbarten ausländischen Vertragsstatut darf gem. Art. 6 EGBGB nicht der ordre public entgegenstehen. Nach dieser Bestimmung ist „eine Rechtsnorm" eines anderen Staates nicht anzuwenden, wenn dies zu einem Ergebnis führt, das mit **wesentlichen Grundsätzen des deutschen Rechts** offensichtlich unvereinbar 18

[69] BAG 7.5.2020 AP Nr. 11 zu Art. 30 EGBGB nF; 18.4.2012 AP Nr. 14 zu § 2 EntgeltFG = NZA 2012, 1152; weitergehend BAG 13.11.2007 AP Nr. 8 zu Art. 27 EGBGB nF = NZA 2008, 761, wonach die Kollisionsregel des Art. 34 EGBGB nur ausscheidet, wenn eine arbeitsrechtliche Norm primär dem Interessenausgleich zwischen Privaten dient und nur mittelbar im Nebeneffekt auch öffentliche Gemeinwohlinteressen fördert. Ein solcher nur reflexartiger Schutz öffentlicher Gemeinwohlinteressen reiche für eine Anwendung des Art. 34 EGBGB nicht aus.
[70] BAG 12.12.2001 AP Nr. 10 zu Art. 30 EGBGB = NZA 2002, 734.
[71] BAG 18.4.2012 AP Nr. 14 zu § 2 EntgeltFG = NZA 2012, 1152.
[72] BAG 18.4.2012 AP Nr. 14 zu § 2 EntgeltFG = NZA 2012, 1152.
[73] BAG 3.5.1995 AP Nr. 32 zu Internat. Privatrecht, Arbeitsrecht = NZA 1995, 1191; 29.10.1992 AP Nr. 31 zu Internat. Privatrecht, Arbeitsrecht = NZA 1993, 743.
[74] BAG 22.10.2015 AP Nr. 13 zu § 85 SGB IX = NZA 2016, 473; 1.7.2010 AP Nr. 5 zu Art. 25 GG.
[75] BAG 7.5.2020 AP Nr. 11 zu Art. 30 EGBGB nF.
[76] BAG 13.11.2007 AP Nr. 8 zu Art. 27 EGBGB nF = NZA 2008, 761; dazu *Pietras* NZA 2008, 1051.
[77] BAG 15.2.2012 AP Nr. 340 zu § 1 TVG Tarifverträge: Bau; 12.1.2005 EzA Nr. 7 zu § 1 AEntG.
[78] BAG 7.5.2020 AP Nr. 11 zu Art. 30 EGBGB nF; 9.7.2003 AP Nr. 261 zu § 1 TVG Tarifverträge: Bau.
[79] EuGH 18.10.2016 AP Nr. 4 zu Rom I-Verordnung = NZA 2016, 1389 – Nikiforidis.
[80] Palandt/*Thorn* Rom I-VO Art. 9 Rn. 6; HWK/*Tillmanns* Rom I-VO Rn. 33.
[81] EuGH 18.10.2016 AP Nr. 4 zu Rom I-Verordnung = NZA 2016, 1389 – Nikiforidis; BAG 18.4.2012 NZA 2012, 1152.
[82] ErfK/*Franzen* MiLoG § 20 Rn. 1; AR/*Krebber* MiLoG § 20 Rn. 2.
[83] Dahin tendierend BAG 22.10.2015 AP Nr. 13 zu § 85 SGB IX = NZA 2016, 473.

ist. Sie ist insbesondere nicht anzuwenden, wenn die Anwendung mit den Grundrechten nicht vereinbar ist. Durch diesen die gesamte Anwendung ausländischen Rechts in Deutschland beherrschenden allgemeinen Grundsatz wird nicht die Anwendung des ausländischen Rechts in Deutschland schlechthin ausgeschlossen, sondern nur die Anwendbarkeit einzelner Sätze des ausländischen Rechts. Die Ausnahmevorschrift des Art. 6 EGBGB greift nur ein, wenn die Anwendung der ausländischen Rechtsnormen im Einzelfall zu einem Ergebnis führt, das mit der in der entsprechenden deutschen Regelung liegenden Gerechtigkeitsvorstellung in unerträglichem Widerspruch steht.[84] Im Geltungsbereich der Rom I-VO wird Art. 6 EGBGB durch **Art. 21 Rom I-VO** verdrängt, hieraus ergeben sich indes keine inhaltlichen Veränderungen.[85]

III. Internationale Zuständigkeit

19 Von der internationalen Zuständigkeit ist die Frage der **Gerichtsbarkeit oder Gerichtshoheit** (§§ 18–20 GVG) zu unterscheiden. Die deutsche Gerichtsbarkeit erstreckt sich nicht auf die Leiter und Mitglieder der bei der Bundesrepublik Deutschland beglaubigten diplomatischen Vertretungen (§ 18 I 1 GVG) ausländischer Staaten, soweit sie hoheitlich tätig geworden sind,[86] sowie ausländische Angehörige der Nato-Truppen einschließlich des zivilen Gefolges. Die Abgrenzung zwischen hoheitlicher und nicht-hoheitlicher Staatstätigkeit richtet sich nach dem rechtlichen Charakter des konkreten staatlichen Handelns oder des entstandenen Rechtsverhältnisses. Geht es um eine Streitigkeit aus einem Arbeitsverhältnis, ist maßgebend, ob die dem AN übertragenen Aufgaben ihrer Art nach hoheitlich oder nicht-hoheitlich sind. Entscheidend sind hierfür der Inhalt der ausgeübten Tätigkeit sowie ihr – bestehender oder nicht bestehender – Zusammenhang mit den diplomatischen und konsularischen Aufgaben.[87] Die internationale Zuständigkeit folgt grundsätzlich der örtlichen Zuständigkeit nach den §§ 12 ff. ZPO. Fällt ein Rechtsstreit hiernach in die örtliche Zuständigkeit eines deutschen Gerichts, ist die internationale Zuständigkeit regelmäßig indiziert und sind die deutschen Gerichte auch im Verhältnis zu einem ausländischen Gericht zuständig. Allerdings ist bei der Beurteilung der internationalen Zuständigkeit stets die Verordnung Nr. 1215/2012 des Europäischen Parlaments und Rates vom 12.12.2012 (EuGVVO), in Kraft getreten am 10.1.2015, zu beachten, welche an die Stelle der Verordnung Nr. 44/2001 des Rates vom 22.12.2000 getreten ist. Sie geht nationalem Recht im Rang vor.[88]

IV. Entsendung deutscher Arbeitnehmer ins Ausland

Vertragsmuster: Schaub ArbRFV-HdB/*Novak* A. Rn. 270 ff.

20 Ob der AN verpflichtet ist, für seinen AG im Ausland zu arbeiten, hängt von den **vertraglichen Vereinbarungen** ab. Wenn hierzu keine besondere Regelung getroffen worden ist, richtet sich die Verpflichtung des AN zu einem Auslandseinsatz nach dem Umfang des Direktionsrechts des AG (§ 106 GewO). Hierfür ist die vereinbarte Tätigkeit maßgeblich (dazu → § 45 Rn. 22 ff.). So wird man von einem Vertriebsmitarbeiter erwarten können, dass er auch vorübergehend im Ausland tätig ist. Ob ein AN eines Bauunternehmens auf ausländischen Baustellen eingesetzt werden kann, hängt vom jeweiligen Ort und der Entfernung zum Sitz des Unternehmens ab. Ein Einsatz auf Baustellen in benachbarten Ländern in Grenznähe wird grundsätzlich eher angeordnet werden können als beispielsweise ein Einsatz in Dubai.

21 Hat der AN seine Arbeitsleistung **länger als einen Monat** außerhalb der Bundesrepublik Deutschland zu erbringen, hat der AG dem AN gem. § 2 II NachwG vor der Abreise eine Niederschrift zu übergeben bzw. eine entsprechende schriftliche Vereinbarung zu treffen, in der folgende Angaben enthalten sind: **(1)** Dauer der im Ausland auszuübenden Tätigkeit, **(2)** Währung, in der das Arbeitsentgelt gezahlt wird, **(3)** zusätzliches, mit dem Auslandsaufenthalt verbundenes Arbeitsentgelt und damit verbundene zusätzliche Sachleistungen, **(4)** die vereinbarten Bedingungen für die Rückkehr. Wird eine Niederschrift nicht erstellt, führt dies allerdings nicht zur Unwirksamkeit der Anordnung des AG. Der AN hat lediglich einen Anspruch auf Übergabe einer Niederschrift der Arbeitsbedingungen. Der AG muss den AN nicht von sich aus darauf

[84] BAG 3.5.1995 AP Nr. 32 zu Internat. Privatrecht, Arbeitsrecht = NZA 1995, 1191; 29.10.1995 AP Nr. 31 zu Internat. Privatrecht, Arbeitsrecht = NZA 1993, 743.
[85] Palandt/*Thorn* Rom I-VO Art. 21 Rn. 6.
[86] BAG 14.12.2017 AP Nr. 14 zu § 20 GVG = NZA 2018, 739 mwN.
[87] BAG 10.4.2014 AP Nr. 8 zu § 20 GVG.
[88] BAG 25.6.2013 AP Nr. 6 zu Verordnung Nr. 44/2001/EG = NZA-RR 2014, 46.

hinweisen, dass er bei einem längeren Auslandseinsatz in dem ausländischen Staat der dortigen Besteuerung unterliegt.[89]

Bei einem vorübergehenden Auslandsaufenthalt endet das Arbeitsverhältnis zum AG nur, wenn dies schriftlich (§ 623 BGB) vereinbart wird. Wird das Arbeitsverhältnis beendet und ein **neuer Arbeitsvertrag mit dem ausländischen AG** geschlossen, untersteht das Arbeitsverhältnis mit dem ausländischen AG regelmäßig ausländischem Recht, es sei denn, die Parteien treffen wirksam eine andere Rechtswahl (dazu → Rn. 5 ff.). Denkbar ist auch, das Arbeitsverhältnis zum bisherigen AG **ruhen zu lassen** und daneben ein zusätzliches Arbeitsverhältnis zu dem ausländischen AG zu begründen. In diesem Fall lebt das inländische Arbeitsverhältnis wieder auf, wenn das im Ausland bestehende beendet wird. 22

§ 8. Arbeitnehmer

Übersicht

I. Allgemeines

1. Arbeitnehmerbegriff in Gesetzen und in der Literatur. a) Bedeutung. Die Arbeitnehmereigenschaft ist Voraussetzung für die Geltung der arbeitsrechtlichen Gesetze. Ferner ist sie bedeutsam für die Frage des Rechtsweges zu den Arbeitsgerichten. Auch wenn traditionell für die Abgrenzung auf den Begriff des AN abgestellt wird, geht es inhaltlich nicht um die Eigenschaft einer Person, sondern um die **Qualifizierung eines Rechtsverhältnisses.** Dies stellt nunmehr die ab dem 1.4.2017 geltende Begriffsdefinition in **§ 611a BGB** klar.[1] Mit dieser Bestimmung werden nicht nur (wie in § 611 I BGB) die Hauptleistungspflichten geregelt, die sich aus dem Arbeitsverhältnis für den AN (§ 611a I 1 BGB) und den AG (§ 611a II BGB) ergeben, sondern es wird auch der Begriff des Arbeitsvertrages definiert. Dabei ging es dem Gesetzgeber nicht um eine inhaltliche Änderung, sondern um die Kodifizierung der gefestigten höchstrichterlichen Rechtsprechung.[2] Einige weitere Gesetze enthalten nach wie vor eine Begriffsbestimmung des AN (s. § 5 I 1 ArbGG, § 2 II ArbZG, § 17 I 1 BetrAVG, § 5 I BetrVG, § 2 S. 1 BUrlG, § 1 II EFZG). Die dort verwendete Formulierung „Arbeitnehmer sind Arbeiter, Angestellte sowie die zu ihrer Berufsausbildung Beschäftigten" stellt jedoch keine wirkliche Begriffsdefinition dar, sondern benennt lediglich bestimmte Arbeitnehmergruppen, wobei die Unterscheidung zwischen Arbeitern und Angestellten ohnehin arbeitsrechtlich bedeutungslos geworden ist. Andere Gesetze stellen auf den Begriff des **Beschäftigten** ab, der allerdings nicht einheitlich definiert wird (vgl. § 4 BPersVG, § 2 ArbSchG, § 6 I AGG, § 26 VIII BDSG, § 5 II EntgTranspG). Neuerdings findet sich zudem der Begriff des Mitarbeiters (§ 33b I WpHG). 1

Die Vertragsparteien sind aufgrund der Vertragsautonomie frei in ihrer Entscheidung, welchen Vertragstyp sie wählen. Erfüllt der Vertrag jedoch nach objektiv-rechtlichen Kriterien die Merkmale eines Arbeitsverhältnisses, gelten die arbeitsrechtlichen Schutzgesetze, auch wenn die 2

---

[89] BAG 22.1.2009 AP Nr. 46 zu § 242 BGB Auskunftspflicht = NZA 2009, 608.
[1] Vgl. BT-Drs. 18/10064, 17.
[2] Vgl. BT-Drs. 18/9232, 31 f.; s. auch BT-Drs. 18/9232, 4, 18: hier wird von einer „1:1-Kodifizierung" gesprochen; krit. *Richardi* NZA 2017, 36; *Hromadka* NZA 2018, 1583; einen Überblick über die Lit. zu § 611a BGB gibt *Reinecke* ArbuR 2019, 56.

Parteien ihre Rechtsbeziehung beispielsweise als freien Dienstvertrag bezeichnen. Dies stellt § 611a I 6 BGB nunmehr explizit klar. Die Vertragstypenzuordnung unterliegt damit einer Inhaltskontrolle. Der Rechtsbegriff des AN ist weder vertrags- noch tarifdispositiv. Die Parteien können aber für ein Rechtsverhältnis, das nicht die Merkmale eines Arbeitsverhältnisses erfüllt, die Geltung der arbeitsrechtlichen Schutzgesetze vereinbaren (→ Rn. 31).

3 Die Regelungen des Arbeitsrechts unterstellen ein grundsätzliches Ungleichgewicht zwischen AG und AN. Dieses Ungleichgewicht ist aber nicht im Einzelfall Voraussetzung für das Vorliegen eines Arbeitsverhältnisses. Auch § 611a I BGB stellt hierauf nicht ab. Denn gerade bei qualifizierten Tätigkeiten kann aufgrund der Marktsituation in bestimmten Bereichen eine stärkere Verhandlungsposition auf Arbeitnehmerseite bestehen. Problematisch ist häufig die Abgrenzung des Arbeitsverhältnisses von anderen Vertragstypen, bei denen eine Vertragspartei gegen Entgelt für die andere Vertragspartei tätig wird und die einen weniger ausgeprägten Schutz desjenigen gewährleisten, der eine Tätigkeit erbringt (zB bei einem Dienstvertrag oder Werkvertrag). Das geringere Schutzniveau kann zum einen auf dem Fehlen von entsprechenden Schutznormen und zum anderen auf deren Abdingbarkeit beruhen. Grund für den erhöhten Schutz des AN ist seine persönliche und wirtschaftliche Abhängigkeit. Umstritten war allerdings, in welchem Umfang persönliche und wirtschaftliche Abhängigkeit bei der Bestimmung des Arbeitnehmerbegriffs zugrunde zu legen sind. Insoweit gab es in der arbeitsrechtlichen Literatur unterschiedliche Definitionsansätze.

4 **b) Definition nach Hueck.** Nach *Hueck* war als AN anzusehen, wer aufgrund privatrechtlichen Vertrags oder eines ihm gleichgestellten Rechtsverhältnisses im Dienst eines anderen zur Arbeit verpflichtet ist.[3] Näher 16. Aufl. § 8 Rn. 4.

5 **c) Andere Lösungsansätze.** *Nikisch* definierte den AN als eine Person, die im Dienst eines anderen beschäftigt wird, die in einem Betrieb eingegliedert ist.[4] Nach einer Mindermeinung, die vor allem von *Wank*[5] vertreten wurde,[6] war das Merkmal der persönlichen Abhängigkeit zur Abgrenzung von AN und Selbständigen ungeeignet. Er ersetzte die persönliche Abhängigkeit durch die **wirtschaftliche Abhängigkeit.** Näher hierzu sowie zu weiteren Definitionsansätzen in der Lit. 16. Aufl. § 8 Rn. 5.

6 **2. Arbeitnehmerbegriff in der Rechtsprechung.** Nach der Rspr. des BAG ist AN, wer aufgrund eines privatrechtlichen Vertrags in persönlicher Abhängigkeit zur Arbeit im Dienste eines anderen verpflichtet ist. Das BAG ging damit von der Definition *Huecks*[7] aus:

Danach sind für den Begriff des AN **drei Voraussetzungen** zu erfüllen, nämlich **(1)** das Leisten von Arbeit (→ Rn. 9 f.) **(2)** aufgrund eines privatrechtlichen Vertrags (→ Rn. 11 ff.) und **(3)** das Bestehen einer persönlichen Abhängigkeit (→ Rn. 21 ff.). Diese Begriffselemente finden sich auch in der seit dem 1.4.2017 geltenden Begriffsbestimmung des Arbeitsverhältnisses in § 611a I BGB wieder. Zum **Arbeitnehmerbegriff iSd BetrVG** → § 212 Rn. 5 ff.

7 **3. Unionsrecht.** Der EuGH bestimmt den Begriff des AN nach Unionsrecht.[8] Insoweit kann sich dieser nach den verschiedenen Rechtsquellen unterscheiden.[9] Einen einheitlichen, immer gleich auszulegenden unionsrechtlichen Arbeitnehmerbegriff gibt es nicht.[10] Für Art. 39 EG (jetzt: Art. 45 AEUV) hat der EuGH definiert, dass AN nur ist, wer eine tatsächliche und echte Tätigkeit ausübt, wobei Tätigkeiten außer Betracht bleiben, die einen so geringen Umfang

[3] *Hueck/Nipperdey* § 9 II; RAG 4, 143; 9, 513; 13, 311, 469, 470, 480 (allerdings wird hier auch noch die wirtschaftliche Abhängigkeit genannt); dagegen nur noch persönliche Abhängigkeit RAG 13, 43; 15, 505, 550; 20, 302; 27, 7; 34, 45; 36, 143.
[4] *Nikisch* § 14 I.
[5] *Wank*, Arbeitnehmer und Selbständige, 1988, 32 ff.
[6] Vgl. ArbG Nürnberg 31.7.1996 NZA 1997, 37; LAG Köln 30.6.1995 ArbuR 1996, 413.
[7] BAG AP Nr. 7 zu § 5 ArbGG 1953; AP Nr. 1, 3, 4, 15–36, 42, 43, 45 zu § 611 BGB Abhängigkeit; 16.2.2000 AP Nr. 70 zu § 2 ArbGG 1979 = NZA 2000, 385; 12.12.2001 AP Nr. 111 zu § 611 BGB Abhängigkeit = NZA 2002, 787; BGH AP Nr. 2, 6 zu § 611 BGB Abhängigkeit; BVerwG 12.4.1961 AP Nr. 4 zu § 611 BGB Öffentlicher Dienst; BSG AP Nr. 5, 9, 11 zu § 611 BGB Abhängigkeit, alle mwN.
[8] Ausf. *Borelli* AuR 2011, 472 ff; krit. zur Rspr. des EuGH *Wank* EuZW 2018, 21.
[9] *Fischer* NJW 2011, 2229 (2230); *Rebhahn* EuZA 2012, 3 (5).
[10] EuGH 13.1.2004 AP Nr. 7 zu Art. 141 EG = NZA 2004, 201 – Allonby.

haben, dass sie sich als völlig untergeordnet und unwesentlich darstellen. Das wesentliche Merkmal des Arbeitnehmerverhältnisses besteht darin, dass jemand während einer bestimmten Zeit für einen anderen nach dessen Weisung Leistungen erbringt, für die er als Gegenleistung eine Vergütung erhält. In diesem Zusammenhang ist die Art des Rechtsverhältnisses zwischen dem AN und dem AG für die Anwendung des Art. 45 AEUV (vormals: Art. 39 EG) unerheblich.[11] AN kann daher auch ein Beamter im Sinne des deutschen Rechts sein. Unionsrechtlich ist nur dann der jeweilige nationale Arbeitnehmerbegriff maßgeblich, wenn die Rechtsakte der Union ausdrücklich an den nationalen Arbeitnehmerbegriff anknüpfen, wie zB Art. 2 I lit. d Abs. 2 RL 2001/23/EG. Für die meisten Richtlinien gilt dies dagegen nicht.[12]

4. Arbeitnehmer als Verbraucher. Die Verankerung des Verbraucherbegriffs im BGB geht zurück auf die Richtlinie 93/13/EWG vom 5.4.1993 über missbräuchliche Klauseln in Verbraucherverträgen. Verbraucher ist nach Art. 2 lit. b der Richtlinie eine natürliche Person, die bei Verträgen, die unter die Richtlinie fallen, zu einem Zweck handelt, der nicht ihrer gewerblichen oder beruflichen Tätigkeit zugerechnet werden kann. Die Definition in § 13 BGB ist weiter gefasst. Von der Frage der Verbrauchereigenschaft hängt die Anwendbarkeit verschiedener Schutzvorschriften ab, so § 312g I iVm §§ 355 ff. BGB (Widerrufsrecht bei Haustürgeschäften; → § 122 Rn. 7), § 310 III BGB (Inhaltskontrolle bei AGB; → § 35 Rn. 1 ff.), § 288 II BGB (Verzugszinsen; → § 71 Rn. 13), §§ 491 ff. BGB (Verbraucherdarlehensvertrag; → § 70 Rn. 20). Nach § 13 BGB ist Verbraucher jede natürliche Person, die ein Rechtsgeschäft zu einem Zweck abschließt, der weder ihrer gewerblichen noch ihrer selbständigen beruflichen Tätigkeit zugerechnet werden kann. Von dieser Definition wird auch der AN erfasst, da nur selbständig Berufstätige, nicht aber abhängig Berufstätige aus dem Begriff herausfallen. Der AN schließt keinen Vertrag zur selbständigen beruflichen Tätigkeit. Das BAG bejaht die Verbrauchereigenschaft des AN, es ist allerdings durch Auslegung der verbraucherschützenden Norm jeweils zu ermitteln, ob sie auf AN Anwendung findet. Auf das Arbeitsverhältnis anwendbar ist § 310 III BGB.[13] Ein Widerrufsrecht nach § 312g I BGB, das vornehmlich bei Aufhebungsverträgen Bedeutung erlangen könnte, besteht nicht. Das folgt aus dem systematischen Zusammenhang der §§ 312 ff. BGB.[14] 8

II. Voraussetzungen des arbeitsrechtlichen Arbeitnehmerbegriffs

1. Arbeit. Der AN muss zur Leistung von „Arbeit" verpflichtet sein (§ 611a I 1 BGB). 9
Arbeit ist jede Betätigung oder jedes Verhalten, das zur Befriedigung des Bedürfnisses eines anderen dient[15] und im Wirtschaftsleben als Arbeit qualifiziert wird. Dabei kann es sich um eine geistige oder körperliche Betätigung handeln, die niederer oder höherer Art sein kann. In diesem Sinne leistet auch ein Malermodell oder eine Artistin, die sich nur über das Seil tragen lässt, Arbeit. Ihre Betätigung erfordert, zumindest idR, die Überwindung psychischer Hemmnisse. Nicht ausreichend ist ein bloßes Unterlassen, wohl aber eine Arbeitsbereitschaft (→ § 45 Rn. 48 ff., → § 156 Rn. 16 ff.), denn sie setzt eine bestimmte Leistung des AN, die wache Achtsamkeit im Zustand der Entspannung voraus und der AN kann nicht frei über die Nutzung dieses Zeitraums entscheiden.[16] Wie die Arbeit zu vergüten ist, ist für die Begriffsbestimmung des Arbeitsvertrages grundsätzlich nicht entscheidend (→ Rn. 29). Zwar enthält § 611a II BGB die Verpflichtung zur Zahlung der vereinbarten Vergütung. Insoweit handelt es sich aber um eine ausschließliche Rechtsfolgenregelung und nicht um eine Voraussetzung für das Vorliegen

---

[11] EuGH 6.11.2003 AP Nr. 13 zu Art. 39 EG = NZA 2004, 87 – Ninni-Orasche; 26.2.1992 NJW 1992, 1493 – Raulin; 31.5.1989 – 344/87.

[12] Zur RL 98/59/EG: EuGH 9.7.2015 AP Nr. 6 zu Richtlinie 98/59/EG = NZA 2015, 861 – Balkaya; zur RL 2003/88/EG: EuGH 21.2.2018 AP Nr. 22 zu Richtlinie 2003/88/EG = NZA 2018, 293 – Matzak; 26.3.2015 AP Nr. 15 zu Richtlinie 2003/88/EG = NZA 2015, 1444 – Fenoll; zur RL 2008/104/EG: EuGH 17.11.2016 AP Nr. 2 zu Richtlinie 2008/104/EG = NZA 2017, 41 – BR der Ruhrlandklinik.

[13] BAG 25.5.2005 AP Nr. 1 zu § 310 BGB = NZA 2005, 1111.

[14] BAG 7.2.2019 – 6 AZR 75/18; zu § 312 BGB aF BAG 15.3.2005 AP Nr. 7 zu § 781 BGB = NZA 2005, 682; 27.11.2003 AP Nr. 1 zu § 312 BGB = NZA 2004, 597; 27.11.2003 AP Nr. 2 zu § 312 BGB = NZA 2004, 809; hierzu auch → § 122 Rn. 5.

[15] BAG 25.4.2018 NZA 2018, 1211; 6.9.2017 AP Nr. 51zu § 611 BGB Arbeitszeit = NZA 2018, 180; 26.10.2016 AP Nr. 48 zu § 611 BGB Arbeitszeit; 16.1.2002 AP Nr. 7 zu § 2 EntgeltFG = NZA 2002, 1163; 11.10.2000 AP Nr. 20 zu § 611 BGB Arbeitszeit = NZA 2001, 458; 25.4.1962 AP Nr. 6 zu § 611 BGB Mehrarbeitsvergütung; 8.3.1961 AP Nr. 12 zu § 611 BGB Lohnanspruch.

[16] BAG 29.6.2016 AP Nr. 2 zu § 1 MiLoG = NZA 2016, 1332; vgl. auch schon BAG 10.6.1959 AP Nr. 5 zu § 7 AZO; abw. *Thüsing/Hütter* NZA 2016, 970 (973).

eines Arbeitsverhältnisses. Allerdings können Verträge über Arbeitsleistung ohne eine Vergütung sittenwidrig sein.[17]

10 Dagegen wird die **spielerische oder sportliche Betätigung** zum Selbstzweck **nicht** als Arbeit angesehen. Anders ist es, wenn gerade die sportliche Betätigung, wie die eines Fußballers, Trainers, Lehrers usw. zur Befriedigung eines Fremdbedarfes geleistet wird.[18] AN sind daher zB die Lizenzspieler nach § 8 Nr. 3 DFB-Spielordnung, während die Amateure gem. § 8 Nr. 1 DFB-Spielordnung den Sport als Freizeitvergnügen betreiben. Bei den Vertragsspielern (oder Vertragsamateuren) iSv § 8 Nr. 2 DFB-Spielordnung, die zwar aufgrund ihrer Vereinsmitgliedschaft tätig werden, gleichzeitig aber eine Vergütung von mindestens 250 EUR monatlich erhalten, kommt es auf das Maß ihrer persönlichen Abhängigkeit an.[19] Keine Arbeitnehmereigenschaft ist dann anzunehmen, wenn bei der praktischen Handhabung des Sportbetriebes kein Unterschied zwischen den Amateuren und Vertragsspielern gemacht wird.[20]

11 **2. Vertrag. a) Privatrechtlicher Vertrag.** Die Verpflichtung zur Arbeitsleistung muss auf einem privatrechtlichen Vertrag oder einem gleichgestellten Verhältnis beruhen.[21] Gegen die Definition *Huecks* wurde eingewandt, sie mache die **Rechtswirksamkeit** des Vertrags zur Voraussetzung des Begriffes eines AN. Sei der Arbeitsvertrag aus irgendeinem Grunde rechtsunwirksam, entfalle damit gleichzeitig auch die Qualifizierung des Dienste Leistenden als AN. Zur Begegnung dieser Einwände ist in die Definition das Merkmal des gleichgestellten Verhältnisses aufgenommen worden. Durch die Voraussetzung des **privatrechtlichen Vertrags** für den Begriff des AN soll klargestellt werden, dass der AN sich freiwillig in den Dienst eines anderen begeben hat und andererseits auch der AG den Willen zur Beschäftigung haben muss.[22] § 611a I BGB erwähnt diese Voraussetzung zwar nicht ausdrücklich, macht dies aber durch die Verwendung des Begriffs „Arbeitsvertrag“ hinreichend deutlich.

12 Kein geeignetes Abgrenzungskriterium ist der **zeitliche Umfang** der Arbeitsleistung.[23] Auch Beschäftigte mit Eintagsrechtsverhältnissen oder mit Teilzeitarbeit, also verkürzter Arbeitszeit oder mit flexibler Arbeitszeit können AN sein. Ebenso wenig ändert sich an der Eigenschaft als AN etwas dadurch, dass dieser lediglich für die Produktionsdauer beschäftigt wird. Insoweit kann ein befristetes Arbeitsverhältnis vorliegen. Aus der Vereinbarung muss sich eine Pflicht zur Arbeitsleistung ergeben. Ein bloßer **Rahmenvertrag,** der nur die Bedingungen erst noch abzuschließender Arbeitsverträge wiedergibt und aus dem sich keine Verpflichtung zur Leistung ergibt, ist noch kein Arbeitsvertrag.[24] Besteht dagegen nach dem Rahmenvertrag eine solche Verpflichtung, kommt es darauf an, inwieweit im Rahmen der Einzelverträge ein Weisungsrecht besteht.[25]

13 **b) Öffentlich-rechtliche Rechtsverhältnisse.** Die Voraussetzung des Vertrags dient dazu, den AN von anderen Personengruppen zu unterscheiden, die auch abhängige Arbeit leisten, aber nicht dem Arbeitsrecht unterstehen. Arbeitsverhältnisse werden im Rahmen der Vertragsfreiheit aufgrund eines schuldrechtlichen Vertrags begründet, der nach der Systematik des BGB eine besondere Form des Dienstvertrages gem. §§ 611 ff. BGB ist.

14 Keine Vertrag iSv § 611a I 1 BGB liegt vor bei Personen, die ihre Tätigkeit aufgrund eines **öffentlich-rechtlichen Rechtsverhältnisses** erbringen (Beamte, Richter, Soldaten, Wehr- und Zivildienstleistende, Bundesfreiwilligendienstleistende) sowie bei Teilnehmern an einem freiwilligen sozialen oder ökologischen Jahr. Dagegen liegt eine Doppelrechtsbeziehung vor, wenn ein nach dem PostPersRG iVm der SUrlV beurlaubter Beamter im Rahmen eines Arbeitsverhältnisses tätig wird.[26] Strafgefangene, die nach § 41 StVollzG Arbeit im Rahmen der Anstaltsgewalt und damit in einem **öffentlich-rechtlichen Gewaltverhältnis** leisten, tun dies

[17] BAG 10.3.1960 AP Nr. 2 zu § 138 BGB; LAG Hamm 16.10.1989 LAGE § 138 BGB Nr. 4 = ZIP 1990, 880 mAnm *Gaul*.

[18] BAG 10.5.1990 AP Nr. 51 zu § 611 BGB Abhängigkeit, auch → Rn. 48; zum professionellen eSport *Francken/Nothelfer/Schlotthauer* NZA 2019, 865.

[19] Vgl. hierzu *Schmidt* ArbRAktuell 2015, 261.

[20] BAG 10.5.1990 AP Nr. 51 zu § 611 BGB Abhängigkeit.

[21] *Hueck/Nipperdey* § 9 III 2.

[22] *Hueck/Nipperdey* § 9 III 2; iErg ebenso *Nikisch* § 14 I 2.

[23] BAG 25.8.1982 AP Nr. 32 zu § 611 BGB Lehrer, Dozenten; *Zöllner* § 4 III 4; abw. *Beuthien* RdA 1978, 2 (6).

[24] BAG 15.2.2012 AP Nr. 122 zu § 611 BGB Abhängigkeit = NZA 2012, 733;.

[25] BAG 21.5.2019 AP Nr. 122 zu § 611 BGB Abhängigkeit = NZA 2012, 733.

[26] BAG 8.12.2015 AP Nr. 233 zu § 112 BetrVG 1972 = NZA 2016, 767.

nicht aufgrund eines privatrechtlichen Vertrags.[27] Demgegenüber sind sog. Freigänger gem. § 39 StVollzG AN.[28] Keine AN sind Personen in Sicherungsverwahrung,[29] in einer Heil- und Pflegeanstalt Untergebrachte, Fürsorgezöglinge usw., wenn sie die Arbeit im Rahmen der Anstaltsgewalt leisten. Menschen, die in einer Werkstatt für behinderte Menschen tätig sind, können je nachdem, ob das Erbringen einer wirtschaftlich verwertbaren Leistung und nicht lediglich die Ermöglichung einer angemessenen Beschäftigung Hauptzweck der Beschäftigung ist, AN oder lediglich arbeitnehmerähnliche Personen sein (§ 221 I SGB IX).[30]

Gem. § 16 I SGB II können über das Instrumentarium des SGB III Beschäftigungsverhältnisse 15 gefördert werden. Dabei handelt es sich um reguläre Arbeitsverhältnisse. Ferner besteht gem. § 16d I 1 SGB II die Möglichkeit, im öffentlichen Interesse liegende zusätzliche Arbeiten zu fördern, indem zuzüglich zum Arbeitslosengeld II eine angemessene Entschädigung für Mehraufwendungen gezahlt wird. Durch diese „Aufwendungsentschädigungsarbeit"[31] bzw. **„Ein-Euro-Jobs"** wird, wie § 16d VII 2 SGB II explizit regelt, kein Arbeitsverhältnis im Sinne des Arbeitsrechts begründet, es sei denn die Parteien treffen eine entsprechende Vereinbarung. Das Rechtsverhältnis ist vielmehr als öffentlich-rechtlicher Dienstvertrag zu qualifizieren,[32] und zwar auch dann, wenn die Zulässigkeitsschranken nach § 16d SGB II für Arbeitsgelegenheiten mit Mehraufwandsentschädigung nicht eingehalten sind.[33] Entsprechendes gilt für die Tätigkeit im Rahmen einer vom zuständigen Träger als Eingliederungsleistung bewilligten betrieblichen Praxiserprobung.[34] Wegen der öffentlich-rechtlichen Ausgestaltung kommt eine Zuständigkeit der Arbeitsgerichte für Streitigkeiten zwischen dem Hilfebedürftigen und dem Dritten nach § 17 SGB II auch nicht gem. § 5 I 2 ArbGG in Betracht, weil keine bürgerliche Rechtsstreitigkeit vorliegt.[35] Materiellrechtlich sind gem. § 16d VII 2 SGB II aber die Vorschriften über den Arbeitsschutz, das BUrlG[36] sowie die Grundsätze über die Haftung von AN für Schäden bei der Ausübung ihrer Tätigkeit entsprechend anzuwenden (§ 16d VII 3 SGB II).

Bei einer **Beschäftigung zur stufenweisen Wiedereingliederung gem. § 74 SGB V** liegt 16 dagegen kein Arbeitsverhältnis vor, sondern ein Rechtsverhältnis eigener Art gem. § 311 I BGB, das aufgrund der fortbestehenden Arbeitsunfähigkeit nicht auf eine Arbeitsleistung im üblichen Sinne gerichtet ist. Das Wiedereingliederungsverhältnis soll dem Beschäftigten als Maßnahme der Rehabilitation lediglich ermöglichen, die Arbeitsfähigkeit wiederherzustellen, eine Verpflichtung zur Arbeitsleistung besteht hierbei nicht.[37]

Sofern Lehrbeauftrage an Hochschulen durch **bestandskräftigen Verwaltungsakt** mit 17 bestimmten Lehrtätigkeiten betraut werden, begründet dies ein öffentlich-rechtliches Dienstverhältnis eigener Art. Die Bindungswirkung entfällt nur bei Nichtigkeit des Verwaltungsaktes. Sofern ein institutioneller Rechtsmissbrauch (hierzu → § 14 Rn. 24) vorliegt, ändert dies nichts an dem Bestehen eines öffentlich-rechtlichen Dienstverhältnisses, sondern betrifft lediglich die inhaltliche Ausstattung des Anstellungsverhältnisses, insbes. die Frage eines aus Art. 12 GG abzuleitenden Mindestbestandsschutzes oder eines Schutzes zur Vermeidung von Missbrauch aufeinanderfolgender befristeter Verträge (hierzu → § 40 Rn. 6a).[38]

---

[27] BAG 18.11.1986 AP Nr. 5 zu § 2 ArbGG; 3.10.1978 AP Nr. 18 zu § 5 BetrVG 1972; 24.4.1969 AP Nr. 18 zu § 5 ArbGG 1953; OLG Hamburg 15.7.2015 ArbuR 2016, 124.

[28] LAG BW 15.9.1988 NZA 1989, 886.

[29] OLG Hamburg 18.9.2015 ArbuR 206, 124 (LS).

[30] LAG SchlH 21.1.2016 NZA-RR 2016, 291; vgl. insoweit zum unionsrechtlichen Arbeitnehmerbegriff nach der RL 2003/88/EG: EuGH 26.3.2015 AP Nr. 15 zu Richtlinie 2003/88/EG = NZA 2015, 1444 – Fenoll.

[31] So *Bieback* NZS 2005, 337.

[32] BAG 26.9.2007 AP Nr. 3 zu § 16 SGB II = NZA 2007, 1422; 20.2.2008 AP Nr. 4 zu § 16 SGB II = NZA-RR 2008, 401; BSG 13.11.2008 BSGE 102, 73 = NJW 2009, 2478; *Zwanziger* ArbuR 2005, 10; aA ArbG Berlin 25.8.2005 NJW 2005, 3741; zur Geltung des BetrVG vgl. *Schulze* NZA 2005, 1332 ff.

[33] BAG 20.2.2008 AP Nr. 4 zu § 16 SGB II = NZA-RR 2008, 401; 26.9.2007 AP Nr. 3 zu § 16 SGB II = NZA 2007, 1422.

[34] BAG 19.3.2008 AP Nr. 5 zu § 16 SGB II = NZA 2008, 760.

[35] BAG 17.1.2007 AP Nr. 40 zu § 64 ArbGG 1979 = NZA 2007, 644; 8.11.2006 AP Nr. 89 zu § 2 ArbGG 1979 = NZA 2007, 53; LAG Bln 27.3.2006 BB 2006, 2140 (LS); ArbG Chemnitz 16.8.2005 DB 2006, 1688 (LS); aA ArbG Bln 25.8.2005 NZA 2005, 1309 = NJW 2005, 3741; *Schulze* NZA 2005, 1332; vgl. auch *Zwanziger* ArbuR 2005, 15 (für Ansprüche auf Schmerzensgeld wegen der Verletzung des Allgemeinen Persönlichkeitsrechts).

[36] Zum Urlaubsentgeltanspruch s. *Düwell* FA 2006, 2.

[37] BAG 28.7.1999 AP Nr. 3 zu § 74 SGB V = NZA 1999, 1295; 29.1.1992 AP Nr. 1 zu § 74 SGB V = NZA 1992, 643.

[38] BAG 8.5.2018 AP Nr. 196 zu § 611 BGB Lehrer, Dozenten.

18 Im Bereich **kirchlicher Tätigkeiten** sind nicht als AN anzusehen Personen, die in einem so engen Verhältnis zur Kirche stehen, dass sie mit der von ihnen gewählten Lebensform einen Stand der Kirche bilden, so etwa Geistliche, Diakonissen und Ordensangehörige.[39]

19 Die Arbeitsleistung von **Rote-Kreuz-Schwestern** beruht nach der Rspr. des BAG auf der Zugehörigkeit zum DRK und erschöpft sich in den vereinsrechtlichen Rechten und Pflichten,[40] sofern nicht daneben ein gesonderter Arbeitsvertrag geschlossen wird.[41] Das soll auch dann gelten, wenn die Tätigkeit in keinem von der Schwesternschaft getragenen, sondern aufgrund eines Gestellungsvertrags in einem von einem Dritten betriebenen Krankenhaus ausgeübt wird.[42] Dem kann nicht gefolgt werden.[43] Die Tätigkeit erfüllt alle o.g. Merkmale des Arbeitnehmerbegriffs (→ Rn. 6). Die Schwester verpflichtet sich zur Leistung von Arbeit, der Vertragsbeziehung liegt ein privatrechtlicher Vertrag zugrunde (Beitritts- sowie Aufnahmeerklärung) und es besteht eine persönliche Abhängigkeit.[44] Zwar gilt der Grundsatz der Vertragsfreiheit und es gibt im Schuldrecht keinen Typenzwang.[45] Aber für Vertragsverhältnisse privatrechtlicher Natur (also nicht im Beamtenrecht), die alle genannten Merkmale aufweisen, sollen die Schutznormen des Arbeitsrechts eingreifen. Die Vertragstypenzuordnung unterliegt einer Inhaltskontrolle (→ Rn. 2, 31). Ansonsten hätten es die Parteien nämlich letztlich in der Hand, das zwingende Arbeitsrecht durch eine abweichende Vertragsbezeichnung abzubedingen.[46] Auch die besondere Pflicht, die Zwecke des DRK zu fördern, schließt die Arbeitnehmereigenschaft nicht aus. Zum einen folgt die Verpflichtung aus der – daneben bestehenden – Vereinsmitgliedschaft und zum anderen bestehen solche Pflichten auch in anderen arbeitsvertraglichen Beziehungen, insbesondere im kirchlichen Bereich. Ebenso wenig steht die (gleichermaßen für andere AG geltende) Vereinigungsfreiheit in Art. 9 III GG der Annahme eines Arbeitsverhältnisses entgegen,[47] weil sie durch die Geltung der arbeitsrechtlichen Schutzvorschriften nicht in Frage gestellt wird. Die vereinsrechtliche Organisation gebietet für sich genommen keine Privilegierung gegenüber sonstigen AG. Unionsrechtlich sind Rote-Kreuz-Schwestern jedenfalls AN iSd der Leiharbeitsrichtlinie (RL 2008/104/EG).[48]

20 Die **familiäre Mitarbeit** (näher → § 9 Rn. 21 ff.) beruht nicht auf einem privatrechtlichen Vertrag, sondern auf den Vorschriften des Familienrechts (§§ 1353, 1360, 1619 BGB). Es kann aber neben der familienrechtlichen Rechtsbeziehung ein Arbeitsvertrag abgeschlossen werden. Für das Vorliegen eines Arbeitsverhältnisses spricht insbesondere, wenn der Beschäftigte für seinen Lebensunterhalt auf die Verwertung seiner Arbeitskraft angewiesen ist und wenn die Arbeit nicht nur gelegentlich und aushilfsweise (zB als Nebentätigkeit neben einer anderen Erwerbstätigkeit) ausgeübt wird, sondern ein Ausmaß annimmt, das über den Umfang üblicher familienrechtlicher Dienstleistungen hinausgeht.[49] Es gibt im Rahmen des § 1619 BGB keine Vermutungsregel für eine familienrechtliche Grundlage der Mitarbeit eines Kindes.[50]

21 **3. Persönliche Abhängigkeit.** Drittes Merkmal des Arbeitnehmerbegriffes ist die persönliche Abhängigkeit.[51] Diese Formulierung findet sich auch in § 611a I 1 BGB, wobei außerdem eine weisungsgebundene, fremdbestimmte Arbeit gefordert wird. Hierin liegt jedoch keine inhaltliche Änderung, sondern lediglich eine Klarstellung unter Verwendung der in der Rechtsprechung schon bisher verwendeten Unterscheidungskriterien.[52] Auf eine wirtschaftliche Abhängigkeit kommt es dagegen nicht an. AN kann auch sein, wer aufgrund seiner wirtschaftlichen Verhältnisse auf den Arbeitsverdienst nicht angewiesen ist. § 611a BGB ist auch nicht etwa

---

[39] BAG 25.4.1978 AP Nr. 2 zu Art. 140 GG; 14.2.1978 AP Nr. 26 zu Art. 9 GG.
[40] BAG 21.2.2017 AP Nr. 67 zu § 99 BetrVG 1972 Einstellung = NZA 2017, 662; 17.3.2015 ZTR 2015, 400; 22.4.1997 AP Nr. 18 zu § 99 BetrVG 1972 = NZA 1997, 1297; 3.6.1975 AP Nr. 1 zu § 5 BetrVG 1972 Rotes Kreuz; 18.2.1956 AP Nr. 1 zu § 5 ArbGG 1953.
[41] BAG 6.7.1995 AP Nr. 22 zu § 5 ArbGG 1979 mablAnm *Diller* = NZA 1996, 33.
[42] BAG 20.2.1986 AP Nr. 2 zu § 5 BetrVG 1972 Rotes Kreuz = NZA 1986, 690.
[43] *Mestwerdt* NZA 2014, 281; *Nebe/Schulze-Doll* ArbuR 2010, 216; *Fitting* BetrVG § 5 Rn. 334a; aA *Groeger* ZTR 2014, 379.
[44] *Mestwerdt* NZA 2014, 281 (283); zur Weisungsgebundenheit BAG 23.6.2010 AP Nr. 60 zu § 99 BetrVG 1972 Einstellung = NZA 2010, 1302.
[45] *Groeger* ZTR 2014, 379 (385).
[46] Teilweise spricht man hier auch von einem institutionellen Rechtsmissbrauch, vgl. *Forst* RdA 2014, 157 (163).
[47] *Mestwerdt* NZA 2014, 281 (283); aA *Groeger* ZTR 2014, 379 (389 ff.).
[48] EuGH 17.11.2016 AP Nr. 2 zu Richtlinie 2008/104/EG = NZA 2017, 41 – BR der Ruhrlandklinik; so jetzt auch BAG 21.2.2017 AP Nr. 67 zu § 99 BetrVG 1972 Einstellung = NZA 2017, 662.
[49] S. die Nachw. bei → § 9 Rn. 34.
[50] BGH 6.11.1990 NJW 1991, 1226.
[51] *Hueck/Nipperdey* § 9 III 3.
[52] BT-Drs. 18, 9232, 31 f.

teleologisch dahin zu ergänzen, dass Elemente einer wirtschaftlichen Abhängigkeit über ein weiteres Tatbestandsmerkmal „ohne Möglichkeit zu unternehmerischen Entscheidungen auf eigene Rechnung" eingefügt werden.[53] Umgekehrt sind Personen, die nach § 5 I 3 ArbGG aufgrund ihrer wirtschaftlichen Unselbständigkeit als **arbeitnehmerähnliche Personen** (→ § 10 Rn. 1 ff.) anzusehen sind, keine AN. § 5 I 3 ArbGG begründet für diesen Personenkreis eine Zuständigkeit der Arbeitsgerichte, materiellrechtliche Bestimmungen des Arbeitsrechts finden für sie dagegen grundsätzlich keine Anwendung (→ § 10 Rn. 6 ff.).

Das Merkmal der weisungsgebundenen, fremdbestimmten Arbeit in persönlicher Abhängigkeit (§ 611a I 1 BGB) dient der Abgrenzung vom freien Dienstvertrag. In § 611a I 2–6 BGB hat der Gesetzgeber insoweit die von der Rechtsprechung entwickelten Kriterien, die ihrerseits an der Regelung des § 84 I 2, II HGB orientiert sind, übernommen.[54] Nach § 611a I 2 BGB kann das Weisungsrecht Inhalt, Durchführung, Zeit und Ort der Tätigkeit betreffen. Weisungsgebunden ist, wer nicht im Wesentlichen frei seine Tätigkeit gestalten und seine Arbeitszeit bestimmen kann (§ 611a I 3 BGB). Gem. § 611a I 4 BGB hängt der Grad der persönlichen Abhängigkeit dabei auch von der Eigenart der jeweiligen Tätigkeit ab. Da für die Feststellung, ob ein Arbeitsvertrag vorliegt, nach § 611a I 5 BGB eine Gesamtbetrachtung aller Umstände vorzunehmen ist, kann in § 611a I BGB **keine abschließende Regelung aller Begriffselemente** gesehen werden und es bleiben auch die bisher in der Rechtsprechung genannten Elemente des Arbeitnehmerbegriffs maßgeblich. Nach wie vor können auch die Besonderheiten oder Eigenarten einer Tätigkeit zu berücksichtigen sein, wie sie sich in bestimmten Branchen oder Bereichen ergeben, die Spezifika aufgrund grundrechtlich geschützter Werte aufweisen.[55] Zeigt die tatsächliche Durchführung des Vertragsverhältnisses, dass es sich um ein Arbeitsverhältnis handelt, kommt es auf die Bezeichnung des Vertrages nicht an (§ 611a I 6 BGB). 22

Wesentlicher Indikator der persönlichen Abhängigkeit ist damit das **Weisungsrecht** (→ § 45 Rn. 13 ff.) des AG hinsichtlich **Inhalt, Durchführung, Zeit** und **Ort** der Tätigkeit (§ 611a I 2 BGB). Eine Weisungsgebundenheit kann allerdings auch bei einem Auftrag oder einem Werkvertrag vorliegen (§§ 665, 675, 645 BGB). Gleichzeitig ist das Weisungsrecht gem. § 106 GewO auch Rechtsfolge der Qualifizierung des Dienstnehmers als AN. Soweit sich die Formulierung in § 611a I 2 BGB leicht von der in § 106 S. 1 GewO unterscheidet, ist hiermit inhaltlich nichts Abweichendes geregelt. Da der Umfang des Weisungsrechts davon abhängt, inwieweit die Arbeitsbedingungen nicht schon durch den Arbeitsvertrag oder kollektivrechtliche Regelungen festgelegt wurden, sind Einschränkungen des Weisungsrechts nicht immer gleichbedeutend mit einer weitergehenden Unabhängigkeit des Dienstnehmers. Sie können vielmehr darauf beruhen, dass bereits der Arbeitsvertrag Arbeitsart, Arbeitsort und Arbeitszeit genau vorgibt.[56] Abgrenzungsmerkmal kann damit nicht das Weisungsrecht selbst sein,[57] sondern vielmehr die Frage, inwieweit dem Beschäftigten Arbeitszeit, Arbeitsart und Arbeitsort durch den Arbeitsvertrag oder durch einseitige Leistungsbestimmung des AG vorgegeben werden. Entscheidend ist, welche Gestaltungsspielräume dem Beschäftigten verbleiben und ob seine persönliche Abhängigkeit das für Arbeitsverhältnisse typische Maß erreicht.[58] Dabei hängt der Grad der persönlichen Abhängigkeit auch von der Eigenart der jeweiligen Tätigkeit ab (§ 611a I 4 BGB).[59] Abstrakte, für alle Arbeitsverhältnisse geltende Maßstäbe lassen sich nicht aufstellen.[60] Eine fachliche Weisungsgebundenheit ist gerade bei Diensten höherer Art nicht immer typisch, ohne dass deshalb eine Arbeitnehmereigenschaft verneint werden müsste.[61] Auf der anderen Seite gibt es häufig auch in Vertragsverhältnissen, die keine Arbeitsverhältnisse sind, Abhängigkeit, Weisungen und eine gewisse Eingliederung in eine fremde Arbeitsorganisation (vgl. §§ 86, 384, 418 HGB).[62] Die Verpflichtung, im Rahmen der Tätigkeit öffentlich-rechtliche Vorgaben einzuhalten, trifft jedermann und ist daher kein Merkmal arbeitsvertraglicher Weisungsgebundenheit.[63] 23

---

[53] So aber *Wank* AuR 2017, 140 (152 f.); abl. *Preis* NZA 2018, 817 (819).
[54] BT-Drs. 18/9232, 31 f.; vgl. etwa die Formulierungen bei BAG 19.1.2000 AP Nr. 33 zu § 611 BGB Rundfunk = NZA 2000, 1102; 26.9.2002 AP Nr. 83 zu § 2 ArbGG 1979 = NZA 2002, 1412.
[55] BT-Drs. 18/9232, 32.
[56] BAG 15.2.2012 AP Nr. 122 zu § 611 BGB Abhängigkeit = NZA 2012, 733.
[57] So aber offenbar noch BAG 30.11.1991 AP Nr. 59 zu § 611 BGB Abhängigkeit = NZA 1992, 407.
[58] BAG 15.2.2012 AP Nr. 122 zu § 611 BGB Abhängigkeit = NZA 2012, 733; 30.9.1998 AP Nr. 103 zu § 611 BGB Abhängigkeit = NZA 1999, 374.
[59] BAG 30.11.1994 AP Nr. 74 zu § 611 BGB Abhängigkeit = NZA 1995, 622; 15.3.1978 AP Nr. 26 zu § 611 BGB Abhängigkeit.
[60] BAG 22.8.2001 AP Nr. 109 zu § 611 BGB Abhängigkeit = NZA 2003, 662.
[61] BAG 30.11.1991 AP Nr. 59 zu § 611 BGB Abhängigkeit = NZA 1992, 407; 15.3.1978 AP Nr. 26 zu § 611 BGB Abhängigkeit.
[62] *Reinicke* NZA-RR 2016, 393 (396).
[63] BAG 25.5.2005 AP Nr. 117 zu § 611 BGB Abhängigkeit.

24 Wesentlich für die **Eingliederung in eine fremde Arbeitsorganisation** ist ferner, ob der Beschäftigte in eine bestimmte Hierarchie und einen Vertretungsplan eingebunden ist, ob er betriebliche Einrichtungen, wie etwa ein Arbeitszimmer, ein Büro, Arbeitsgeräte und technische Hilfsmittel nutzt[64] und ob eine ständige Dienstbereitschaft erwartet wird.[65] Nicht ausreichend ist die Bindung an bestimmte Öffnungszeiten (ohne Vorgabe einer bestimmten täglichen Arbeitszeitdauer und -Lage), weil es auch für Selbständige üblich ist, dass sie ihre Dienstleistungen im Rahmen der organisatorischen Gegebenheiten ihres Auftraggebers zu erbringen haben.[66]

25 AN kann zwar auch sein, wer die Arbeitsleistung nicht persönlich zu erbringen hat, die **Verpflichtung zur persönlichen Dienstleistung** ist aber ein typisches Merkmal für ein Arbeitsverhältnis. Nach § 613 BGB hat schon der zur Dienstleistung Verpflichtete, der ja nicht notwendigerweise auch AN sein muss, die Dienste im Zweifel in Person zu leisten. Darf der Dienstverpflichtete die Leistung durch Dritte erbringen lassen, steht ihm ein eigener Gestaltungsspielraum zu, der gegen eine persönliche Abhängigkeit gem. § 611a I 1 BGB und damit gegen das Vorliegen eines Arbeitsvertrages spricht.[67]

26 Prägend für einen AN ist die **Fremdnützigkeit** seiner Leistung. Der AN verwertet seine Arbeitskraft nicht nach selbst gesetzten Zielen unter eigener Verantwortung und mit eigenem Risiko am Markt, sondern überlässt die Arbeitsleistung dem Plan des AG.[68]

27 Für eine persönliche Abhängigkeit iSv § 611 I 1 BGB spricht es, wenn der Beschäftigte die **gesamte Arbeitskraft** schuldet. Eine Vereinbarung, wonach der Beschäftigte andere berufliche oder gewerbliche Aktivitäten entfalten darf oder sogar soll, ist ein Hinweis auf eine selbständige Tätigkeit.[69] Das bedeutet allerdings nicht etwa im Umkehrschluss, dass eine Teilzeitbeschäftigung ein wesentliches Indiz gegen das Vorliegen der Arbeitnehmereigenschaft darstellt.[70]

28 Weitere Indizien für eine persönliche Abhängigkeit sind die Kontrolle durch den Unternehmer, umfassende Berichtspflichten,[71] Einordnung in Organisations-, Dienst- und Produktionspläne, Verpflichtung alle Aufträge anzunehmen, Verbot Preise zu gestalten und eigene Kunden zu akquirieren.

29 **Keine entscheidende Bedeutung** kommt der Frage zu, ob es sich um ein **auf Dauer angelegtes Rechtsverhältnis** handelt[72] und welche **Vergütungsvereinbarung** die Parteien getroffen haben.[73] Auch Beschäftigte, die erfolgsabhängig vergütet werden, können AN sein. Umgekehrt kann auch bei einer selbständigen Tätigkeit ein festes Entgelt vereinbart werden. Überhaupt gehört eine ausdrückliche **Entgeltvereinbarung** nicht zwingend zum Begriff des Arbeitsvertrages. Die Vergütungspflicht nach § 611a II BGB ist vielmehr Rechtsfolge des Bestehens eines Arbeitsverhältnisses. Bei Vorliegen der Voraussetzungen des Dienstverhältnisses gilt zudem eine Vergütung gem. § 612 I BGB als stillschweigend vereinbart, wenn die Dienstleistung den Umständen nach nur gegen eine Vergütung zu erwarten ist. Reine Gefälligkeitsverhältnisse oder ehrenamtliche Tätigkeiten, mit denen keine Entgelterzielungsabsicht verfolgt wird, erfüllen dagegen nicht den Arbeitsvertragsbegriff.[74] Generell unerheblich sind die Modalitäten der Entgeltzahlung (Festbetrag, erfolgsabhängige Vergütung).[75] Zum Begriff des Arbeitsvertrages gehört ferner nicht die **berufsmäßige Arbeitsleistung.** Auch der Werkstudent, der sich die Mittel für die Ausbildung zu einem anderen Beruf verdient, oder der nebenberuflich Tätige können AN sein.

30 Kein wesentliches Indiz ist die Vereinbarung eines **Wettbewerbsverbots.** Das ist zB auch für einen Handelsvertreter durchaus üblich. Nicht maßgeblich sind auch formelle Merkmale, wie die **Abführung von Steuern und Sozialversicherungsbeiträgen** sowie die Führung von

---

[64] S. zB BAG 15.3.1978 AP Nr. 26 zu § 611 BGB Abhängigkeit.
[65] BAG 7.5.1980 AP Nr. 35 zu § 611 BGB Abhängigkeit.
[66] BAG 21.7.2015 NZA-RR 2016, 344.
[67] BAG 21.5.2019 AP Nr. 131 zu § 611 BGB Abhängigkeit = NZA 2019, 411; 11.8.2015 AP Nr. 128 zu § 611 BGB Abhängigkeit = NZA-RR 2016, 288.
[68] Vgl. BAG 15.3.1978 AP Nr. 26 zu § 611 BGB Abhängigkeit.
[69] BAG 21.5.2019 AP Nr. 131 zu § 611 BGB Abhängigkeit = NZA 2019, 411.
[70] BAG 9.10.2002 AP Nr. 114 zu § 611 BGB Abhängigkeit = NZA 2003, 688 (LS); 8.10.1975 AP Nr. 18 zu § 611 BGB Abhängigkeit.
[71] Sofern sie als Grundlage für die Ausübung des Direktionsrechts dienen, vgl. BAG 25.5.2005 AP Nr. 117 zu § 611 BGB Abhängigkeit.
[72] BAG 27.3.1991 AP Nr. 53 zu § 611 BGB Abhängigkeit = NZA 1991, 933; 30.11.1991 AP Nr. 59 zu § 611 BGB Abhängigkeit = NZA 1992, 407.
[73] BAG 16.3.1994 AP Nr. 68 zu § 611 BGB Abhängigkeit = NZA 1994, 1132.
[74] BAG 29.8.2012 NZA 2012, 1433.
[75] BAG 21.7.2015 NZA-RR 2016, 344.

Personalakten.[76] Die Gewährung von **Urlaub** oder **Entgeltfortzahlung** im Krankheitsfall ist ebenfalls nicht ausschlaggebend. Hierdurch dokumentieren die Parteien allenfalls ihre eigene rechtliche Einschätzung. Darüber hinaus ist das Bestehen solcher Ansprüche sowie die sozialversicherungsrechtliche und steuerliche Behandlung nicht Voraussetzung, sondern Rechtsfolge der Arbeitnehmereigenschaft. Auch das **Lebensalter** des Beschäftigten ist nicht relevant. Auch ein älterer Dienstnehmer, der bereits Rente bezieht, kann AN sein.[77]

Welcher Vertragstyp vorliegt, bestimmt sich nach dem wirklichen **Geschäftsinhalt.** Widersprechen sich **Vereinbarung** und **tatsächliche Durchführung,** ist gem. § 611a I 6 BGB letztere maßgebend.[78] Voraussetzung ist allerdings, dass die zum Vertragsschluss berechtigten Personen die vom Vertragswortlaut abweichende Praxis kennen oder sie zumindest billigen.[79] Insoweit bewirkt § 611a I 6 BGB, der auf die tatsächliche Durchführung abstellt und insoweit keine weitere Klarstellung enthält, keine Änderung der Rechtslage, weil hiermit lediglich die in der Rechtsprechung aufgestellten Grundsätze übernommen werden sollten. Allerdings reichen einzelne Vorgänge bei der Vertragsabwicklung zur Feststellung eines vom Vertragswortlaut abweichenden Geschäftsinhalts nur dann aus, wenn es sich dabei nicht um untypische Einzelfälle, sondern um beispielhafte Erscheinungsformen einer durchgehend geübten Vertragspraxis handelt.[80] Ist nach den Gesamtumständen ein Arbeitsverhältnis anzunehmen, ändert eine von den Parteien gewählte **abweichende Vertragsbezeichnung** oder eine ausdrücklich gewünschte Rechtsfolge hieran gemäß § 611a I 6 BGB nichts.[81] Die an die Arbeitnehmereigenschaft anknüpfende Geltung der Schutzvorschriften des Arbeitsrechts kann durch Parteivereinbarung nicht abbedungen werden.[82] Unbenommen bleibt es den Vertragsparteien dagegen, für ein Rechtsverhältnis, das nicht als Arbeitsverhältnis zu qualifizieren ist, die Geltung von arbeitsrechtlichen Schutznormen zu vereinbaren. Haben die Vertragsparteien ein **Arbeitsverhältnis vereinbart,** so ist es nach der Rspr. des BAG auch als solches einzuordnen,[83] und zwar auch dann, wenn das Weisungsrecht tatsächlich nicht ausgeübt wird. Auch § 611a I BGB enthält insoweit keine Einschränkung der Vertragsfreiheit. Wird das Rechtsverhältnis für bestimmte Zeiträume als freies Mitarbeiterverhältnis, für andere als Arbeitsverhältnis bezeichnet, so spricht der Beweis des ersten Anscheins dafür, dass ein Arbeitsverhältnis vorliegt.[84] Nach älteren Entscheidungen des BAG kann es für den Status als AN sprechen, wenn der AG andere Beschäftigte, die mit denselben Aufgaben betraut sind, als AN qualifiziert.[85] 31

4. Einzelne Beschäftigtengruppen. a) Rundfunk und Fernsehen.[86] Das BAG hatte in gefestigter Rspr. entschieden, dass ständige Mitarbeiter von Rundfunk und Fernsehen **AN** der Anstalt sind, wenn sie in die Arbeitsorganisation der Anstalt eingegliedert und deshalb persönlich abhängig sind.[87] Durch Beschluss des BVerfG vom 13.1.1982 war die frühere Rspr. des BAG, soweit sie die Mitarbeiter der Rundfunk- und Fernsehanstalten betraf, aufgehoben worden,[88] weil sie nicht zu einem verhältnismäßigen Ausgleich zwischen dem verfassungsrechtlichen 32

[76] BAG 12.12.2001 AP Nr. 111 zu § 611 BGB Abhängigkeit = NZA 2002, 787; 16.3.1994 AP Nr. 68 zu § 611 BGB Abhängigkeit = NZA 1994, 1132.

[77] Vgl. für den europarechtlichen Arbeitnehmerbegriff OVG Hamburg 5.1.2012 AuAS 2012, 74 = NVwZ-RR 2012, 372 (LS).

[78] So auch schon die bisherige stRspr des BAG, s. zB BAG 6.5.1998 AP Nr. 102 zu § 611 BGB Abhängigkeit = NZA 1999, 205.

[79] BAG 15.4.2014 AP Nr. 71 § 1 BetrAVG; 18.3.2014 AP Nr. 25 zu § 4 TzBfG; 13.8.2008 AP Nr. 19 zu § 10 AÜG; 30.1.1991 AP Nr. 8 zu § 10 AÜG = NZA 1992, 19.

[80] BAG 14.6.2016 AP Nr. 129 zu § 611 BGB Abhängigkeit = NZA 2016, 1453; 6.8.2003 AP Nr. 6 zu § 9 AÜG = NZA 2004, 1182 (LS).

[81] Zur dogmatischen Einordnung als arbeitsrechtlicher Formenzwang: *Schwarze* RdA 2020, 38.

[82] So schon die stRspr des BAG, vgl. BAG 19.11.1997 AP Nr. 90 zu § 611 BGB Abhängigkeit = NZA 1998, 36; 9.6.1993 AP Nr. 66 zu § 611 BGB Abhängigkeit = NZA 1994, 169.

[83] BAG 25.1.2007 AP Nr. 1 zu § 16 SGB II = NZA 2007, 580; 12.9.1996 AP Nr. 1 zu § 611 BGB Freier Mitarbeiter = NZA 1997, 194.

[84] BAG 19.6.1970 AP Nr. 144 zu § 242 BGB Ruhegehalt.

[85] BAG 28.6.1973 AP Nr. 10 zu § 611 BGB Abhängigkeit; 3.10.1975 AP Nr. 16 zu § 611 BGB Abhängigkeit; 3.10.1975 AP Nr. 17 zu § 611 BGB Abhängigkeit.

[86] *Boss* NZS 2010, 483; *Bruns* RdA 2008, 135; *Wrede* NZA 1999, 1019.

[87] BAG 23.4.1980 AP Nr. 34 zu § 611 BGB Abhängigkeit; 15.3.1978 AP Nr. 26 zu § 611 BGB Abhängigkeit.

[88] BVerfG 13.1.1982 AP Nr. 1 zu Art. 5 I GG Rundfunkfreiheit; 3.12.1992 AP Nr. 5 zu Art. 5 I GG Rundfunkfreiheit = NZA 1993, 741.

Schutz der Freiheit des Rundfunks nach Art. 5 I 2 GG und den sozialen Belangen der Mitarbeiter führte. Andererseits sieht sich das BVerfG nicht als befugt, allgemeine Lösungswege zum Arbeitnehmerbegriff zu entwickeln. Das ist vielmehr Aufgabe der Fachgerichte. Die Rundfunkfreiheit schließt es nach Ansicht des BVerfG nicht aus, auch in diesem Bereich von den für das Arbeitsreicht allgemein entwickelten Merkmalen abhängiger Arbeit auszugehen.[89] Das BAG hat in den Folgeentscheidungen ausgeführt, für den Medienbereich sei kein besonderer Arbeitnehmerbegriff zu entwickeln. Vielmehr könne der Rundfunkfreiheit auch durch den Abschluss befristeter Arbeitsverträge Rechnung getragen werden.[90] Bei der Frage der Arbeitnehmereigenschaft unterscheidet das BAG zwischen programmgestaltenden Tätigkeiten und solchen, bei denen der Zusammenhang mit der Programmgestaltung fehlt. Letztere werden im Allgemeinen als Arbeitnehmertätigkeiten angesehen. Insoweit handelt es sich aber nicht um eine verbindliche Regel, sondern um einen Erfahrungswert, wonach nicht programmgestaltende Mitarbeiter häufiger die Kriterien des Arbeitnehmerbegriffs erfüllen.[91] In jedem Fall ist die Arbeitnehmereigenschaft anhand der allgemeinen Voraussetzungen zu überprüfen. **Programmgestaltende Mitarbeiter** sind solche, die inhaltlich gestaltend mitwirken, typischerweise ihre eigene Auffassung zu politischen, wirtschaftlichen, künstlerischen oder anderen Sachfragen, ihre Fachkenntnisse und Informationen, ihre individuelle künstlerische Befähigung und Aussagekraft in die Sendung einbringen, zB Regisseure, Moderatoren, Kommentatoren, Wissenschaftler und Künstler.[92] Die Tätigkeit im Rahmen der Programmgestaltung kann je nach den Umständen sowohl im Rahmen von Arbeitsverhältnissen als auch im Rahmen freier Mitarbeiterverhältnisse erbracht werden.[93] Entscheidend ist, inwieweit der Mitarbeiter inhaltlichen Weisungen unterliegt und welches Maß an Gestaltungsfreiheit, Eigeninitiative und Selbständigkeit ihm bleibt.[94] Für eine Arbeitnehmereigenschaft spricht eine ständige Dienstbereitschaft, die Zuweisung bestimmter Arbeiten sowie die Einbindung in vorgegebene Dienstpläne. Das Angewiesensein auf Mitarbeiter und technische Einrichtungen eines Senders ist für sich genommen kein Umstand, der auf eine Eingliederung und persönliche Abhängigkeit schließen lässt.[95] Auch die Aufnahme in bestehende Dienstpläne reicht für die Annahme eines Arbeitsverhältnisses nicht ohne weiteres aus.[96] In jedem Fall ist eine Gesamtbetrachtung aufgrund der konkreten Umstände vorzunehmen. Die Unterscheidung zwischen programmgestaltender und nicht programmgestaltender Tätigkeit ist dabei nur insofern von Bedeutung, als bestimmte Gegebenheiten, zB die räumliche und zeitliche Einbindung, einen unterschiedlichen Aussagewert für den Arbeitnehmerstatus haben.[97] An diesen von der Rechtsprechung entwickelten Grundsätzen hat sich durch die Neuregelung in § 611a I BGB nichts geändert. Der Gesetzgeber geht vielmehr davon aus, dass nach wie vor auch die Besonderheiten oder Eigenarten einer Tätigkeit zu berücksichtigen sein können, wie sie sich in bestimmten Branchen oder Bereichen ergeben, die Spezifika aufgrund grundrechtlich geschützter Werte aufweisen, und verweist dabei in den Gesetzesmaterialien ausdrücklich auf die Rundfunk-, Presse und Kunstfreiheit.[98]

33 Als AN wurden zB angesehen: Fotoreporter bei fester Einbindung in den Arbeitsablauf,[99] Rundfunkreporter in ständiger Dienstbereitschaft auch bei programmgestaltender Mitarbeit,[100] Sprecher und Übersetzer im fremdsprachlichen Dienst,[101] Kameraassistenten[102] (auch

[89] BVerfG 18.2.2000 AP Nr. 9 zu Art. 5 Abs. 1 GG Rundfunkfreiheit = NZA 2000, 653.

[90] BAG 13.1.1983 AP Nr. 42 zu § 611 BGB Abhängigkeit; 13.1.1983 AP Nr. 43 zu § 611 BGB Abhängigkeit; 9.6.1993 AP Nr. 66 zu § 611 BGB Abhängigkeit = NZA 1994, 169; 16.2.1994 AP Nr. 15 zu § 611 BGB Rundfunk = NZA 1995, 21.

[91] BAG 25.8.2020 AP Nr. 49 zu § 611 BGB Rundfunk = NZA 2020, 1537; 17.4.2013 AP Nr. 125 zu § 611 BGB Abhängigkeit = NZA 2013, 903.

[92] BVerfG 13.1.1982 AP Nr. 1 zu Art. 5 I GG Rundfunkfreiheit; BAG 14.3.2007 AP Nr. 13 zu § 611 BGB Arbeitnehmerähnlichkeit = NZA-RR 2007, 424.

[93] BAG 14.3.2007 AP Nr. 13 zu § 611 BGB Arbeitnehmerähnlichkeit = NZA-RR 2007, 424; 22.4.1998 AP Nr. 96 zu § 611 BGB Abhängigkeit = NZA 1998, 1275.

[94] BAG 17.4.2013 AP Nr. 125 zu § 611 BGB Abhängigkeit = NZA 2013, 903; 19.1.2000 AP Nr. 33 zu § 611 BGB Rundfunk = NZA 2000, 1102.

[95] BAG 19.1.2000 AP Nr. 33 zu § 611 BGB Rundfunk = NZA 2000, 1102; 30.11.1994 AP Nr. 74 zu § 611 BGB Abhängigkeit = NZA 1995, 622.

[96] BAG 20.9.2000 AP Nr. 37 zu § 611 BGB Rundfunk = NZA 2000, 551.

[97] BAG 17.4.2013 AP Nr. 125 zu § 611 BGB Abhängigkeit = NZA 2013, 903.

[98] BT-Drs. 18/9232, 32.

[99] BAG 16.6.1998 AP Nr. 44 zu § 5 ArbGG 1979 = NZA 1998, 839.

[100] Vgl. BAG 22.4.1998 AP Nr. 96 zu § 611 BGB Abhängigkeit = NZA 1998, 1275.

[101] BAG 11.3.1998 AP Nr. 23 zu § 611 BGB Rundfunk = NZA 1998, 705.

[102] BAG 22.4.1998 AP Nr. 24 zu § 611 BGB Rundfunk = NZA 1998, 1277.

→ Rn. 48 f.), eine Cutterin.[103] Für die sozialrechtliche Einordnung wird der Abgrenzungskatalog der Spitzenverbände der Sozialversicherungsträger (Stand 13.4.2010) für im Bereich Theater, Orchester, Rundfunk- und Fernsehanbieter, Film- und Fernsehproduktionen tätige Personen zugrunde gelegt.[104]

b) Franchisenehmer. Der Franchisenehmer (auch → § 9 Rn. 17 f.) vertreibt im eigenen Namen und für eigene Rechnung Waren oder Dienstleistungen. Gegen Entgelt wird ihm gestattet, Waren, Namen, Schutzrechte, technische Ausstattung etc. des Franchisegebers zu nutzen. Typischerweise bestehen weitgehende Bindungen und Weisungsrechte. Das BAG hat in der Eismann-Entscheidung angenommen, dass die Franchisenehmer aufgrund der Umstände des Einzelfalles jedenfalls als arbeitnehmerähnliche Personen anzusehen sind, die Frage der Arbeitnehmereigenschaft aber offen gelassen.[105] Entscheidend ist der tatsächliche Geschäftsinhalt, insbesondere inwieweit Kontroll- oder Weisungsrechte des Franchisegebers bestehen[106] und Vorschriften im Hinblick auf Arbeitszeit und Arbeitsort gemacht werden.[107] Gegen eine Arbeitnehmereigenschaft spricht es insbesondere, wenn der Franchisenehmer den Betrieb im Wesentlichen selbst organisiert und eigene Mitarbeiter beschäftigt. 34

c) Handelsvertreter, Versicherungsvertreter, Kommissionäre. Hier gelten, wie § 611a I 3 BGB jetzt ausdrücklich klarstellt, die allgemeinen, am Leitbild des § 84 I 1 und 2 HGB orientierten Kriterien.[108] Typologisch kann die Tätigkeit sowohl in einem Arbeitsverhältnis als auch selbständig erbracht werden.[109] Maßgeblich ist, inwieweit der Beschäftigte Weisungen im Hinblick auf Inhalt, Durchführung, Zeit, Dauer und Ort der Tätigkeit unterliegt.[110] Ein faktischer Zwang, Kunden nur während der üblichen Geschäftszeiten zu besuchen, berührt die freie Bestimmung der Arbeitszeit nicht.[111] Das Gleiche gilt für die Verpflichtung, einige Stunden wöchentlich in der Geschäftsstelle präsent zu sein.[112] Indizien für eine Selbständigkeit sind das Bestehen eines eigenen Unternehmens mit eigener Buchführung und eigenen Geschäftsräumen,[113] ein eigener Firmenname, die Beschäftigung eigenen Personals sowie das Recht, auch andere Unternehmen zu vertreten. Das Bestehen eines fachlichen Weisungsrechts schließt für sich genommen die Selbständigkeit noch nicht aus, ebenso wenig wie Rechnungslegungspflichten (§ 86 II HGB),[114] die Zuweisung eines bestimmten Bezirks oder Kundenkreises (§ 87 II HGB), Verschwiegenheitspflichten (§ 90 HGB) oder ein Wettbewerbsverbot (§§ 86 I, 90a HGB).[115] Das Gleiche gilt für Regelungen, die dem Mitarbeiter vorschreiben, dass er nur für einen Unternehmer tätig sein darf. Denn die Regelung in § 92a HGB geht erkennbar von der Möglichkeit der selbständigen Tätigkeit auch eines Einfirmenvertreters aus. 35

d) Gesellschafter/Geschäftsführer. Hierzu → § 14 Rn. 1 ff. 36

e) Lehrer/Dozenten. Bei Unterrichtstätigkeiten kommt es darauf an, wie intensiv die Lehrkraft in den Unterrichtsbetrieb eingebunden ist und in welchem Umfang sie den Unterrichtsinhalt, die Art und Weise seiner Erteilung, ihre Arbeitszeit und die sonstigen Umstände der Dienstleistung mitgestalten und inwieweit sie zu Nebenarbeiten herangezogen werden kann.[116] Lehrkräfte, die an **allgemeinbildenden Schulen** unterrichten, sind daher ohne Rücksicht auf den zeitlichen Arbeitsumfang regelmäßig AN, weil sie aufgrund der Einbindung der Schüler in ein Schul- und Ausbildungssystem ihrerseits in eine vom Schulträger bestimmte Arbeitsorganisa- 37

[103] BAG 17.4.2013 AP Nr. 125 zu § 611 BGB Abhängigkeit = NZA 2013, 903.
[104] http://www.deutsche-rentenversicherung.de; s. hierzu auch *Boss* NZS 2010, 483.
[105] BAG 16.7.1997 AP Nr. 37 zu § 5 ArbGG 1979 = NZA 1997, 1126; so auch BGH 4.11.1998 BGHZ 140, 11 = NZA 1999, 53.
[106] Vgl. BAG 21.2.1990 AP Nr. 57 zu § 611 BGB Abhängigkeit; BGH 11.10.2018 WM 2019, 419.
[107] Vgl. BGH 27.1.2000 NZA 2000, 390; OLG Düsseldorf 30.1.1998 NJW 98, 2978; LAG Köln 23.1.1989 NZA 1989, 601 (LS); LAG Düsseldorf 20.10.1987 LAGE § 5 BetrVG 1972 Nr. 16 = NJW 1988, 725; OLG Schleswig 27.8.1986 NJW-RR 1987, 220; dagegen LAG RhPf 12.7.1996 LAGE § 611 BGB Arbeitnehmerbegriff Nr. 32.
[108] Vgl. zB BAG 15.12.1999 AP Nr. 5 zu § 92 HGB = NZA 2000, 534.
[109] Vgl. BAG 9.6.2010 AP Nr. 121 zu § 611 BGB Abhängigkeit = NZA 2010, 877.
[110] BAG 20.8.2003 NZA 2004, 39; 15.12.1999 AP Nr. 6 zu § 92 HGB = NZA 2000, 481.
[111] BAG 15.12.1999 AP Nr. 6 zu § 92 HGB = NZA 2000, 481.
[112] BAG 15.12.1999 AP Nr. 9 zu § 84 HGB = NZA 2000, 447.
[113] Vgl. BAG 24.4.1980 AP Nr. 1 zu § 84 HGB.
[114] BAG 15.12.1999 AP Nr. 12 zu § 84 HGB = NZA 2000, 1162.
[115] BAG 15.12.1999 AP Nr. 6 zu § 92 HGB = NZA 2000, 481; 15.12.1999 AP Nr. 12 zu § 84 HGB = NZA 2000, 1162.
[116] BAG 15.2.2012 AP Nr. 123 zu § 611 BGB Abhängigkeit = NZA 2012, 731.

tion eingebunden sind, zahlreiche Nebenarbeiten (Korrekturen, Prüfungen, Konferenzen, Pausenaufsichten, Sprechstunden) auszuführen haben und der Kontrolle durch die Schulaufsicht unterliegen.[117] Das Gleiche gilt für Lehrkräfte, die in schulischen Kursen des zweiten Bildungsweges, zB an Abendgymnasien, unterrichten.[118] Dagegen sind **Volkshochschuldozenten,** die außerhalb schulischer Lehrgänge unterrichten, zumeist keine AN, da hier auch die Verbindung der Schüler oder Kursteilnehmer zum Unterrichtsträger deutlich lockerer ist und sich die Schüler leicht von der Schule lösen können. Etwas anderes gilt nur dann, wenn die Vertragsparteien dies vereinbart haben oder wenn die Dozenten aufgrund besonderer Umstände einen entsprechenden Grad an persönlicher Abhängigkeit aufweisen.[119] Entsprechendes gilt für Lehrkräfte an **Musikschulen.**[120]

38 **f) Außendienstmitarbeiter.** Außendienstmitarbeiter, die (auch) im Hinblick auf den Ort ihrer Tätigkeit Weisungen unterliegen, sind AN.[121] Sofern sie den Ort der Dienstleistung frei bestimmen kann, spricht dies zwar indiziell gegen das Vorliegen eines Arbeitsvertrages. Dies kann sich aber aufgrund einer ansonsten bestehenden, fachlichen, organisatorischen und zeitlichen Weisungsgebundenheit ergeben. Freier Mitarbeiter ist dagegen derjenige, der dem Auftraggeber keine Rechenschaft schuldet, in der Zeitplanung frei ist und weitgehende Gestaltungsspielräume hat.

39 **g) Frachtführer.** Bei Frachtführern ist die gesetzliche Wertung des § 418 HGB zu beachten, wonach sie weitreichenden Weisungsrechten unterliegen, gleichwohl aber als selbständige Gewerbetreibende angesehen werden.[122] Ein Arbeitsvertrag liegt nur dann vor, wenn Vereinbarungen getroffen und praktiziert werden, die dazu führen, dass der Frachtführer nicht mehr im Wesentlichen frei seine Tätigkeit gestalten und seine Arbeitszeit bestimmen kann. Ein Frachtführer, der nur für einen Auftraggeber fährt, ist nicht AN, wenn weder Dauer noch Beginn und Ende der täglichen Arbeitszeit vorgeschrieben sind und er die nicht nur theoretische Möglichkeit hat, auch Transporte für eigene Kunden und Rechnung durchzuführen.[123] Ist er aber ganztägig nur für einen Auftraggeber tätig und bilden die Einkünfte hieraus seine wirtschaftliche Existenzgrundlage, ist er arbeitnehmerähnliche Person.[124]

40 **h) Telearbeit.** Wenn sich die Telearbeit (→ § 164 Rn. 1 ff.) von sonstigen Arbeitsverhältnissen nur dadurch unterscheidet, dass die physische Anwesenheit im Betrieb fehlt, ist von einer arbeitsvertraglichen Tätigkeit auszugehen. Das ist anzunehmen bei einer Eingliederung in die betriebliche Organisation des AG mit bestehendem inhaltlichem Weisungsrecht, der Zusammenarbeit mit anderen AN oder dem Angewiesensein auf Arbeitsmittel des AG sowie die Abhängigkeit von Betriebszeiten des Zentralrechners.[125] Kein Arbeitsverhältnis liegt vor, wenn der Telemitarbeiter bei Verwendung eigener Arbeitsmittel lediglich Arbeitsergebnisse beim Auftraggeber abliefert.[126] Für den Bereich der Betriebsverfassung gilt § 5 I 2 BetrVG (hierzu → § 212 Rn. 6a).

41 **i) Crowdwork.** Das Crowdwork ist dadurch gekennzeichnet, dass bestimmte Arbeiten an eine unbestimmte Menge von Personen vergeben werden. Bei einem internen Crowdsourcing an die AN eines Betriebes ändert sich hierdurch nichts am Vorliegen eines Arbeitsvertrages.[127] Beim externen Crowdsourcing an einen nicht begrenzten Personenkreis unterscheidet man zwi-

117 BAG 9.7.2003 AP Nr. 158 zu § 611 BGB Lehrer, Dozenten = NZA-RR 2004, 9 mwN.

118 BAG 15.2.2012 AP Nr. 123 zu § 611 BGB Abhängigkeit = NZA 2012, 731; 20.1.2010 ZTR 2010, 424 = NZA 2010, 840 (LS); 12.9.1996 AP Nr. 122 zu § 611 BGB Lehrer, Dozenten = NZA 1997, 600.

119 BAG 27.6.2017 AP Nr. 193 zu § 611 BGB Lehrer, Dozenten = NZA 2017, 1463; 29.5.2002 AP Nr. 152 zu § 611 BGB Lehrer, Dozenten = NZA 2002, 1232 (LS); 12.9.1996 AP Nr. 122 zu § 611 BGB Lehrer, Dozenten = NZA 1997, 600; 24.6.1992 AP Nr. 61 zu § 611 BGB Abhängigkeit = NZA 1993, 174; krit. zu dieser typisierenden Unterscheidung ErfK/*Preis* BGB § 611a Rn. 68.

120 BAG 21.11.2017 AP Nr. 194 zu § 611 BGB Lehrer, Dozenten = NZA 2018, 448; 27.6.2017 AP Nr. 193 zu § 611 BGB Lehrer, Dozenten = NZA 2017, 1463; 12.9.1996 AP Nr. 122 zu § 611 BGB Lehrer, Dozenten = NZA 1997, 600; 24.6.1992 AP Nr. 61 zu § 611 BGB Abhängigkeit = NZA 1993, 174; krit. *Schneider* RdA 2018, 306; zum Sozialrecht vgl. BSG 14.3.2018 ArbuR 2018, 261.

121 BAG 6.5.1998 AP Nr. 102 zu § 611 BGB Abhängigkeit = NZA 1999, 205.

122 BAG 30.9.1998 AP Nr. 103 zu § 611 BGB Abhängigkeit = NZA 1999, 374; 19.11.1997 AP Nr. 90 zu § 611 BGB Abhängigkeit = NZA 1998, 364.

123 BAG 30.9.1998 AP Nr. 103 zu § 611 BGB Abhängigkeit = NZA 1999, 374.

124 LAG Köln 29.5.2006 BB 2006, 2312 (LS).

125 *Wank* NZA 1999, 230; *Boemke* BB 2000, 149; *Peter* DB 1998, 574.

126 ErfK/*Preis* BGB § 611a Rn. 59.

127 *Däubler/Klebe* NZA 2015, 1032 (1033).

schen einem unmittelbaren Crowdworking, bei dem die Plattform die Aufträge nur vermittelt und ein Vertrag unmittelbar mit dem Auftraggeber geschlossen wird, und einem mittelbaren Crowdworking, bei dem ein Vertrag mit der zwischengeschalteten Plattform geschlossen wird. Typischerweise wird beim externen Crowdsourcing weder eine Pflicht zum Tätigwerden noch ein Anspruch auf Zuteilung von Aufträgen geregelt. Regelmäßig wird hierbei wegen der fehlenden Weisungsgebundenheit durch die Vergabe kein Arbeitsverhältnis begründet.[128] Crowdworker sind aber dann als AN anzusehen, wenn die Vertragsbeziehung durch arbeitsleistungsbezogene Weisungs- und Kontrollmechanismen und eine Eingliederung in die Betriebsorganisation geprägt ist[129] oder wenn der Auftraggeber die Zusammenarbeit über die von ihm betriebene Online-Plattform so steuert, dass der Auftragnehmer seine Tätigkeit nach Ort, Zeit und Inhalt nicht frei gestalten kann.[130] Denkbar ist auch die Eigenschaft als arbeitnehmerähnliche Person (hierzu → § 10 Rn. 4)[131] oder als Heimwerker.[132] In diesem Fall kommt eine Anwendbarkeit von Art. 28 GrCh und damit die Möglichkeit von Kollektivvereinbarungen in Betracht.[133]

5. Prozessuale Durchsetzung. a) Statusklage. Auf die Feststellung des Vorliegens eines Arbeitsverhältnisses kann eine (gegenwartsbezogene) **Feststellungsklage** (Statusklage)[134] erhoben werden, ohne dass es darauf ankommt, sofort den Inhalt des Arbeitsverhältnisses festzustellen.[135] Dagegen ist es unzulässig, die Statusklage davon abhängig zu machen, dass über einzelne Arbeitsbedingungen im Sinne des Klägers entschieden wird.[136] Bei einem beendeten Vertragsverhältnis besteht für eine (vergangenheitsbezogene) Feststellungsklage nur dann ein Feststellungsinteresse, wenn sich aus der Entscheidung Rechtsfolgen für Gegenwart und Zukunft ergeben.[137] Unzulässig ist daher eine Statusklage, wenn es nur darum geht, rückwirkend die Sozialversicherungspflicht festzustellen, auch wenn der Sozialversicherungsträger erklärt, er werde das Ergebnis der arbeitsgerichtlichen Entscheidung bei der Prüfung der sozialrechtlichen Versicherungspflicht übernehmen.[138] Darüber hinaus kann der Beschäftigte aber auch unmittelbar die Ansprüche geltend machen, die sich aus dem (geltend gemachten) Bestehen eines Arbeitsverhältnisses ergeben. Das Bestehen der Arbeitnehmereigenschaft ist dann ggf. als materielle Voraussetzung für den Anspruch zu prüfen. Ungeklärt ist, ob das Recht des AN, sich auf das Bestehen eines Arbeitsverhältnisses zu berufen, verwirken kann.[139] Eine langjährige Tätigkeit reicht für das Vorliegen des erforderlichen Umstandsmoments jedenfalls für sich genommen nicht aus.[140] 42

Für das Vorliegen eines Arbeitsverhältnisses ist der Beschäftigte darlegungs- und beweispflichtig, sofern er sich hierauf beruft. Kommt es für die Einordnung – insbesondere bei der Abgrenzung zwischen Arbeitnehmerüberlassung und Werkvertrag – auf den Inhalt der vertraglichen Vereinbarungen zwischen Vertragsarbeitgeber (Aufraggeber bzw. Entleiher) und Dritten (Auftragnehmer bzw. Verleiher) an, muss der Beschäftigte Tatsachen vortragen, die eine Würdigung rechtfertigen, wonach er einem Entleiher zur Arbeitsleistung überlassen ist, soweit diese Tatsachen seiner Wahrnehmung zugänglich sind. Es ist dann Aufgabe des Entleihers/Auftragnehmers, die Tatsachen darzulegen, die gegen eine Arbeitnehmerüberlassung sprechen, zB durch Vorlage des Werkvertrages. In diesem Fall ist es nunmehr Sache des Beschäftigten, zu der Frage einer 43

---

[128] *Däubler/Klebe* NZA 2015, 1032 (1033); *Hanau* NJW 2016, 2613 (2615); ausf. hierzu auch *Meyer-Michaelis/Falter/Schäfer* DB 2016, 2543; *Schubert* RdA 2018, 200 (203 f.); *Bourazeri* NZA 2019, 741 (744); *Fuhlrott/Oltmanns* NJW 2020, 958; vgl. auch LAG München 4.12.2019 NZA 2020, 316.

[129] *Hanau* NJW 2016, 2613 (2615); *Bayreuther* RdA 2020, 241 (243); *Schubert* RdA 2020, 248.

[130] BAG 1.12.2020 NZA 2021, 552; krit. *Fuhlrott/Mai* ArbRAktuell 2021, 251.

[131] *Schubert* RdA 2018, 200 (204) sowie RdA 2020, 248 (253).

[132] *Schubert* RdA 2020, 248 (253).

[133] Vgl. hierzu *Frank/Heine* NZA 2020, 292.

[134] S. hierzu auch *Hochrathner* NZA 1999, 1016.

[135] BAG AP Nr. 15, 17, 20, 22, 26 zu § 611 BGB Abhängigkeit; 20.7.1994 AP Nr. 26 zu § 256 ZPO = NZA 1995, 190.

[136] BAG 14.2.1979 AP Nr. 32 zu § 611 BGB Abhängigkeit.

[137] BAG 9.7.2003 AP Nr. 158 zu § 611 BGB Lehrer, Dozenten = NZA-RR 2004, 9.

[138] BAG 21.6.2000 AP Nr. 60 zu § 256 ZPO 1977 = NZA 2002, 164; LAG Hamm 9.9.1999 NZA-RR 2000, 575.

[139] Bejahend BAG 30.1.1991 – 7 AZR 239/19; kritisch BAG 18.2.2003 AP Nr. 5 zu § 13 AÜG = DB 2003, 2181; offengelassen u.a. von BAG 25.8.2020 AP Nr. 49 zu § 611 BGB Rundfunk = NZA 2020, 1537; 25.1.2018 AP Nr. 474 zu § 613a BGB = NZA 2018, 933 (auch zur Prozessverwirkung).

[140] BAG 25.8.2020 AP Nr. 49 zu § 611 BGB Rundfunk = NZA 2020, 1537.

evtl. abweichenden Vertragsdurchführung (zu deren Bedeutung → Rn. 31) und deren Kenntnis auf Seiten der zum Vertragsschluss berechtigten Personen vorzutragen.[141]

44 **b) Vertrauensschutz.** Auch wenn die Kriterien des Arbeitnehmerbegriffs erfüllt sind, kann es einer Partei gem. § 242 BGB aufgrund eines **widersprüchlichen Verhaltens** ausnahmsweise verwehrt sein, sich auf das Vorliegen eines Arbeitsverhältnisses zu berufen. Wer bei seinem Vertragspartner zunächst das Vertrauen erweckt, er wolle gerade nicht geltend machen, AN zu sein, sich dann aber auf seine Arbeitnehmerstellung beruft, handelt uU rechtsmissbräuchlich. Das gilt zB dann, wenn ein Beschäftigter nach einem zuvor erstrittenen Urteil, das die Arbeitnehmereigenschaft feststellt, eine Umwandlung in ein vermeintlich freies Mitarbeiterverhältnis initiiert, um sich dann wieder auf seine Arbeitnehmereigenschaft zu berufen[142] oder wenn er sich zuvor jahrelang geweigert hat, den ihm angebotenen Arbeitsvertrag abzuschließen.[143] Rechtsmissbräuchlich handelt uU auch ein AN, der eine Statusklage zurücknimmt, sich aber später auf seinen Arbeitnehmerstatus beruft.[144] Nicht ausreichend für die Annahme eines Rechtsmissbrauchs ist aber das bloße Unterzeichnen eines Vertragsangebots des AG, das die Rechtsbeziehung – zu Unrecht – als freies Mitarbeiterverhältnis bezeichnet,[145] oder die Entgegennahme der höheren Entgeltleistungen (Honorare) eines freien Mitarbeiters.[146] Vielmehr muss der Dienstverpflichtete erkennen lassen, dass es ihm trotz der Kenntnis der Umstände gerade darauf ankommt, nicht in einem Arbeitsverhältnis zu stehen.

45 Der Vertrauensschutz des AG kann in diesen Fällen allerdings nicht so weit gehen, für alle Zukunft eine Anwendbarkeit der Arbeitnehmerschutzvorschriften auszuschließen. Der AG wäre nämlich, sofern nicht besondere Vertragsvereinbarungen entgegenstehen, in der Lage, die Vertragsbeziehungen durch eine ordentliche Kündigung zu beenden, weil es dem AN aufgrund seines widersprüchlichen Verhaltens ja verwehrt wäre, sich auf die für AN geltenden Kündigungsschutzbestimmungen (KSchG, MuSchG, SGB IX) zu berufen. Beschäftigt der AG den AN jedoch weiter, nachdem sich dieser nunmehr in Widerspruch zu seinem früheren Verhalten gesetzt hat, dürfte sein Vertrauen auf die frühere Negierung des Arbeitnehmerstatus jedenfalls nach Ablauf der hypothetischen Kündigungsfrist nicht mehr schutzwürdig sein.

46 **c) Vergütungshöhe.** Steht fest, dass ein vermeintlich freier Mitarbeitertatsächlich AN ist, führt das nicht zu einem Recht des AG auf Vertragsauflösung; auch eine Anfechtung nach § 119 BGB scheidet aus, da allenfalls ein unbeachtlicher Rechtsfolgenirrtum vorliegt. Wegen der **Höhe der geschuldeten Vergütung**[147] gilt grundsätzlich die getroffene Vergütungsabrede. Die Fiktion des Nettogehalts nach § 14 II 2 SGB IV wirkt sich arbeitsrechtlich nicht aus, weil ihre Wirkung auf das Sozialversicherungsrecht beschränkt ist.[148] Die Vergütungsvereinbarung ist bei einem beiderseitigen Irrtum der Vertragsparteien über die rechtliche Qualifizierung des Vertrags für die Zukunft nur dann nach den Grundsätzen über die Störung der Geschäftsgrundlage (§ 313 BGB) anzupassen, wenn der Vertrag ohne diesen Irrtum nicht, wie geschehen, geschlossen worden wäre und das Festhalten am Vertrag für den Schuldner ein unzumutbares Opfer darstellt. Die Verpflichtung zur Entrichtung von Sozialversicherungsbeiträgen reicht für die Annahme eines unzumutbaren Opfers für den AG aber nicht aus.[149] Soweit die Grundsätze über die Störung der Geschäftsgrundlage (§ 313 BGB) eingreifen, findet § 812 I 2 BGB daneben keine Anwendung.[150] Fehlt es an einer wirksamen Vergütungsvereinbarung, ist die Vergütung gem. § 612 II BGB zu ermitteln.[151] Hat der AG das Honorar für freie Mitarbeit gezahlt und wird rückwirkend der Status des AN festgestellt, steht gleichzeitig fest, dass der Dienstverpflichtete

[141] BAG 15.4.2014 AP Nr. 71 zu § 1 BetrAVG; 13.8.2008 AP Nr. 19 zu § 10 AÜG (LS); *Grimm/Linden* ArbRB 2013, 341 (343 f.); *Reiserer* DB 2014, 2026 (2029).

[142] BAG 11.12.1996 AP Nr. 35 zu § 242 BGB Unzulässige Rechtsausübung – Verwirkung = NZA 1997, 817; ausf. zum Rechtsmissbrauch *Schwarze* ZfA 2021, 44.

[143] BAG 11.12.1996 AP Nr. 36 zu § 242 BGB Unzulässige Rechtsausübung – Verwirkung = NZA 1997, 817.

[144] BAG 12.8.1999 AP Nr. 41 zu § 242 BGB Unzulässige Rechtsausübung – Verwirkung = NZA 2000, 106.

[145] BAG 17.4.2013 AP Nr. 125 zu § 611 BGB Abhängigkeit = NZA 2013, 903.

[146] BAG 8.11.2006 AP Nr. 118 zu § 611 BGB Abhängigkeit = NZA 2007, 321.

[147] Hierzu *Hohmeister* NZA 1999, 1009; *Bodem* ArbRAktuell 2012, 213; vgl. zum Beginn der Versicherungspflicht bei Statusfeststellungen BB 2001, 316.

[148] BAG 17.3.2010 AP Nr. 1 zu § 14 SGB IV = NZA 2010, 881.

[149] BAG 12.12.2001 AP Nr. 65 zu § 612 BGB = NZA 2002, 1338; 9.7.1986 AP Nr. 7 zu § 242 BGB Geschäftsgrundlage = NZA 1987, 16.

[150] BAG 9.7.1986 AP Nr. 7 zu § 242 BGB Geschäftsgrundlage = NZA 1987, 16.

[151] BAG 21.11.2001 AP Nr. 63 zu § 612 BGB = NZA 2002, 624.

als AN zu vergüten war und kein Rechtsgrund für die Honorarzahlung bestand. Wenn bei dem Dienstberechtigten unterschiedliche Vergütungsordnungen für freie Mitarbeiter und AN galten, kann er die Rückzahlung überzahlter Honorare aus ungerechtfertigter Bereicherung in Höhe der Differenz zwischen der gezahlten und der geschuldeten Vergütung verlangen. Ohne das Vorliegen besonderer Anhaltspunkte kann nicht angenommen werden, dass das für das vermeintliche freie Dienstverhältnis vereinbarte Entgelt auch für ein Arbeitsverhältnis maßgeblich sein sollte.[152] Ein Bereicherungsanspruch kommt dabei allerdings von vornherein nur in insoweit in Betracht, als die Summe von Bruttoverdienst und Arbeitgeberanteile zum Gesamtsozialversicherungsbeitrag über den geleisteten Honoraren liegt.[153] Das gilt aber nur für den Zeitraum, für den der AN das Bestehen der Arbeitnehmereigenschaft geltend gemacht hat.[154] Außerdem kann einem Anspruch die Regelung des § 814 BGB entgegenstehen, wenn der AG in Kenntnis der Arbeitnehmereigenschaft bewusst ein freies Mitarbeiterverhältnis vereinbart hat, um Sozialversicherungsabgaben zu sparen.[155] Nicht ausreichend ist dagegen die bloße Kenntnis der Tatsachen, aus denen sich das Vorliegen eines Arbeitsverhältnisses ergibt.[156]

d) Sozialversicherungsrechtliche Folgen. Sozialversicherungsrechtlich entsteht rückwirkend die Pflicht zur Leistung von Sozialversicherungsbeiträgen, die gem. § 28e SGB IV vom AG zu entrichten sind. Die Fiktion einer Nettolohnvereinbarung nach § 14 II 2 SGB IV greift dabei allerdings nicht schon bei einer bloßen Fehleinschätzung wegen der Arbeitnehmereigenschaft ein, sondern aufgrund der Voraussetzung eines „illegalen" Beschäftigungsverhältnisses erst dann, wenn ein zumindest bedingt vorsätzliches Handeln angenommen werden kann.[157] Die Möglichkeit, die geleisteten Arbeitnehmeranteile zur Sozialversicherung zurückzufordern, ist durch § 28g SGB IV erheblich eingeschränkt (→ § 71 Rn. 21). 47

6. Einzelfälle. Die Rspr. hat sich u.a. in folgenden Fällen mit der Arbeitnehmereigenschaft von zur Dienstleistung Verpflichteten beschäftigt. Sie hat die **Arbeitnehmereigenschaft bejaht** für folgende Beschäftigte: Außendienstmitarbeiter (→ Rn. 38); Außenrequisiteur bei einer Fernsehanstalt;[158] Bühnen- und Szenenbildner;[159] Chefarzt;[160] Croupier, der aus dem Tronc entlohnt wird;[161] Dienstordnungs-Angestellte der Krankenkassen;[162] ehrenamtliche Beigeordnete in der Gemeindeverwaltung, die Verwaltungsaufgaben erledigt und eine den tatsächlichen Aufwand übersteigende Aufwandsentschädigung erhält;[163] Familienhelferin;[164] (mitarbeitende) Familienmitglieder (→ Rn. 20, → § 9 Rn. 32 ff.); Fernsehreporter (→ Rn. 32 f.); Fleischbeschau-Tierärzte;[165] Fotomodell, bei einer entsprechenden Eingliederung in einen Betrieb;[166] Fotoreporter, wenn sie durch Dienstpläne in die Organisation eingebunden sind (→ Rn. 32 f.); Frachtführer (→ Rn. 39); Franchisenehmer (→ Rn. 34); Freigänger gem. § 39 StVollzG (→ Rn. 14); Fußballspieler (→ Rn. 9) sowie „Sportler"; Fußballtrainer;[167] Gebührenbeauftragte des Rundfunks, je nach den 48

[152] BAG 26.6.2019 AP Nr. 37 zu § 812 BGB = NZA 2019, 1558; 21.11.2001 AP Nr. 63 zu § 612 BGB = NZA 2002, 624; 21.1.1998 AP Nr. 55 zu § 612 BGB = NZA 1998, 594.

[153] BAG 26.6.2019 AP Nr. 37 zu § 812 BGB = NZA 2019, 1558; 9.2.2005 AP Nr. 12 zu § 611 BGB Lohnrückzahlung = NZA 2005, 814; 29.5.2002 AP Nr. 27 zu § 812 BGB = NZA 2002, 1328; 21.11.2001 AP Nr. 63 zu § 612 BGB = NZA 2002, 624; 14.3.2001 AP Nr. 35 zu § 1 TVG Tarifverträge: Rundfunk = NZA 2002, 155; 21.1.1998 AP Nr. 55 zu § 612 BGB = NZA 1998, 594; *Kolmhuber* ArbRB 2003, 12; *Niepalla/Dütemeyer* NZA 2002, 712; vgl. hierzu auch *Haidn* ArbRAktuell 2020, 281.

[154] BAG 8.11.2006 AP Nr. 118 zu § 611 BGB Abhängigkeit = NZA 2007, 321.

[155] *Bodem* ArbRAktuell 2012, 213.

[156] BAG 26.6.2019 AP Nr. 37 zu § 812 BGB = NZA 2019, 1558.

[157] BSG 9.11.2011 DStR 2012, 662 = NZA 2012, 662 (LS).

[158] BAG 2.6.1976 AP Nr. 20 zu § 611 BGB Abhängigkeit; auch → Rn. 32.

[159] BAG 3.10.1975 AP Nr. 17 zu § 611 BGB Abhängigkeit; LAG Bln 16.8.1983 AP Nr. 44 zu § 611 BGB Abhängigkeit = LAGE § 611 BGB Arbeitnehmerbegriff Nr. 5.

[160] BAG 27.7.1961 AP Nr. 24 zu § 611 BGB Ärzte, Gehaltsansprüche.

[161] Vgl. BAG 30.6.1966 AP Nr. 1 zu § 611 BGB Croupier.

[162] BAG 25.4.1979 AP Nr. 49 zu § 611 BGB Dienstordnungs-Angestellte; 16.5.1955 AP Nr. 7 zu § 2 ArbGG 1953.

[163] BSG 22.2.1996 NZS 1996, 531.

[164] BAG 6.5.1998 AP Nr. 94 zu § 611 BGB Abhängigkeit = NZA 1998, 873.

[165] BAG 16.12.1965 AP Nr. 9 zu § 611 BGB Fleischbeschauer-Dienstverhältnis; BSG 24.11.1967 AP Nr. 11 zu § 611 BGB Fleischbeschauer-Dienstverhältnis.

[166] BSG 12.12.1990 NZA 1991, 907.

[167] Kein AN, soweit nebenberuflich: LAG Frankfurt 27.10.1964 AP Nr. 4 zu § 611 BGB Abhängigkeit; LAG Düsseldorf 26.3.1992 LAGE § 611 BGB Arbeitnehmerbegriff Nr. 25; LAG Hamm 13.3.2012 – 2 Ta 680/11.

Umständen;[168] Handelsvertreter (→ Rn. 35); Hörfunk-Korrespondent[169] (auch → Rn. 32 f.); Kameraassistent (→ Rn. 32 f.); Kommissionär (→ Rn. 35); Kraftfahrer, der als selbständiger Spediteur tätig wird und von dem Speditionsunternehmen LKW mietet;[170] Kundenberater;[171] Lehrer (→ Rn. 37); Lektor, zur Herausgabe einer Buchreihe, entscheidend Umstände des Einzelfalles;[172] Nachrichtensprecher[173] (auch → Rn. 32); Orchestermusiker;[174] Pharmaberater;[175] Piloten;[176] Propagandistin im Kaufhaus;[177] Rechtsanwalt, der in fremder Kanzlei Arbeitszeit einhalten muss und dem Mandate zugewiesen werden;[178] Rechtsanwalt in den Vermögensämtern der Landkreise der neuen Bundesländer, je nach den Umständen;[179] Rechtsanwalt als Syndikusanwalt;[180] Rundfunkmitarbeiter (→ Rn. 32 f.); Sargträger in Dienstkleidung und mit täglicher Meldepflicht;[181] Schauspieler bei Funk, Fernsehen und Film;[182] Scientology, hauptamtlich tätiges außerordentliches Mitglied;[183] Sportler, Berufssportler, sofern sie ihre Leistungen in einem persönlichen Abhängigkeitsverhältnis erbringen, das über die bereits durch die Vereinsmitgliedschaft begründete Weisungsgebundenheit hinausgeht[184] (auch → Rn. 10); Tankwart;[185] Taxifahrer, je nach den Umständen;[186] Telearbeit (→ Rn. 40); Trainee (→ § 15 Rn. 9); Vertreter (→ Rn. 35); Werbesprecher;[187] Werkstudent;[188] Zeitungsredakteur;[189] Zeitungszusteller, je nach Eingliederung[190] bei Einstellung von Hilfskräften spricht dies gegen Arbeitnehmereigenschaft.[191]

49 Dagegen wurde die **Arbeitnehmereigenschaft verneint** für folgende Beschäftigte: Ärztin in Justizvollzugsanstalt mit Rahmenvertrag;[192] Ärztlicher Gutachter beim Medizinischen Dienst;[193] Betriebsarzt (→ § 154 Rn. 45): Ein Betriebsarzt ist nicht allein deshalb AN, weil er im Rahmen der Aufgaben nach dem ASiG Betrieb regelmäßige Sprechstunden abhält und bei Bedarf arbeits-

[168] BAG 26.5.1999 AP Nr. 104 zu § 611 BGB Abhängigkeit = NZA 1999, 983; bei erheblichem Honorar Gewerbetreibender: BFH 2.12.1998 NZA-RR 1999, 376.
[169] BAG 7.5.1980 AP Nr. 35 zu § 611 BGB Abhängigkeit.
[170] BAG 19.11.1997 AP Nr. 90 zu § 611 BGB Abhängigkeit = NZA 1998, 364; ArbG Ludwigshafen 12.3.1996 NZA-RR 1997, 122; auch → Rn. 39.
[171] BAG 6.5.1998 AP Nr. 102 zu § 611 BGB Abhängigkeit = NZA 1999, 205.
[172] BAG 27.3.1991 AP Nr. 53 zu § 611 BGB Abhängigkeit = NZA 1991, 730.
[173] BAG 28.6.1973 AP Nr. 10 zu § 611 BGB Abhängigkeit.
[174] BAG 9.10.2002 AP Nr. 114 zu § 611 BGB Abhängigkeit; 22.8.2001 AP Nr. 109 zu § 611 BGB Abhängigkeit = NZA 2003, 662; 7.5.1980 AP Nr. 36 zu § 611 BGB Abhängigkeit; 26.11.1975 AP Nr. 19 zu § 611 BGB Abhängigkeit; 3.10.1975 AP Nr. 16 zu § 611 BGB Abhängigkeit; 14.2.1974 AP Nr. 12 zu § 611 BGB Abhängigkeit.
[175] LAG Hamm 5.10.1989 LAGE § 611 BGB Arbeitnehmerbegriff Nr. 13 = DB 1990, 2027; 13.10.1989 LAGE § 611 BGB Arbeitnehmerbegriff Nr. 14 = DB 1990, 2028.
[176] BAG 16.3.1994 AP Nr. 68 zu § 611 BGB Abhängigkeit.
[177] LSG Bln 14.8.1996 AP Nr. 83 zu § 611 BGB Abhängigkeit = NZS 1997, 31; anders BGH 11.3.1982 AP Nr. 3 zu § 84 HGB = NJW 1982, 1757.
[178] LAG Düsseldorf 23.7.2002 NZA-RR 2002, 567; ThürLAG 6.2.1998 NZA-RR 1998, 296; HessLAG 1.6.1995 NZA-RR 1996, 64 (arbeitnehmerähnlich); 16.3.1990 LAGE § 611 BGB Arbeitnehmerbegriff Nr. 16 = BB 1990, 2492; LAG Bln 16.12.1986 LAGE § 2 ArbGG 1979 Nr. 6 = NZA 1987, 488; LAG BW 14.3.1985 NZA 1985, 739.
[179] S. einerseits ThürLAG 28.3.1996 LAGE § 611 BGB Arbeitnehmerbegriff Nr. 31; 22.9.1998 BB 1999, 322; andererseits BAG 3.6.1998 AP Nr. 97 zu § 611 BGB Abhängigkeit = NZA 1998, 1165.
[180] Vgl. BSG 3.4.2014 NZA 2014, 971 (zur Befreiung von der gesetzl. Versicherungspflicht).
[181] LAG Düsseldorf 9.9.1997 NZA-RR 1998, 193.
[182] LAG Saarl 22.9.1965 AP Nr. 10 zu § 611 BGB Film; BFH 27.11.1962 AP Nr. 4 zu § 611 BGB Film; einschränkend LAG Brem 25.10.1989 ZTR 1990, 163 = BB 1990, 780 (LS); ausf. *Pallasch* RdA 2019, 61.
[183] BAG 22.3.1995 AP Nr. 21 zu § 5 ArbGG 1979 = NZA 1995, 823.
[184] BAG 10.5.1990 AP Nr. 51 zu § 611 BGB Abhängigkeit; LAG RhPf 27.1.2000 – 7 Ta 195/99; ausf. *Reinecke* NJW 2018, 2081.
[185] BAG 12.6.1996 AP Nr. 4 zu § 611 BGB Werkstudent = NZA 1997, 191.
[186] BAG 29.5.1991 AP Nr. 2 zu § 9 BetrVG 1972 = NZA 1992, 36.
[187] ArbG Bochum 6.8.1969 DB 1970, 1087.
[188] BAG 8.2.1963 AP Nr. 7 zu § 1 FeiertagslohnzahlungsG Berlin; 12.6.1996 AP Nr. 4 zu § 611 BGB Werkstudent = NZA 1997, 191.
[189] BAG 19.6.1970 AP Nr. 144 zu § 242 BGB Ruhegehalt.
[190] BAG 29.1.1992 AP Nr. 1 zu § 7 BetrVG 1972 = NZA 1992, 894; s. auch die Nachweise bei BAG 16.7.1997 AP Nr. 4 zu § 611 BGB Zeitungsträger = NZA 1998, 368.
[191] BAG 16.7.1997 AP Nr. 4 zu § 611 BGB Zeitungsträger = NZA 1998, 368; ArbG Oldenburg 7.6.1996 NZA-RR 1997, 162 = BB 1996, 2148; keine Arbeitnehmereigenschaft bei (minderjährigen) Prospektverteilern LG Darmstadt 9.3.2000 NZA-RR 2001, 631.
[192] ArbG Ludwigshafen 7.4.1998 NZA 1999, 154 (LS).
[193] BAG 21.7.2015 NZA-RR 2016, 344.

medizinische Fragen begutachtet;[194] Diakonissen[195] (auch → Rn. 19); Doktorand;[196] Dozent an Volkshochschule (→ Rn. 37); ehrenamtliche Mitarbeiter in der Telefonseelsorge;[197] Entwicklungshelfer (→ § 212 Rn. 8); Filmkritiker mit eigener Sendung;[198] Frachtführer (→ Rn. 39); Gebührenbeauftragter;[199] Geschäftsführer (→ § 14 Rn. 1 ff.); Handelsvertreter (→ Rn. 35); Honorarärzte;[200] Hostess, die von wechselnden Auftraggebern stundenweise engagiert wird;[201] Kantinenpächter bei der Bundeswehr;[202] Kommissionär[203] (auch → Rn. 35); Kurierdienstfahrer;[204] Kurorchester, Organisator und Dirigent;[205] Lehrbeauftragten an Hochschulen;[206] Leiterin einer Außenwohngruppe;[207] Lektor, der frei über die Arbeitszeit verfügt;[208] Lotse, der mit verschiedenen Auftraggebern Lotsverträge abschließt;[209] Opernsänger im Rahmen eines Gastvertrags mit einem Staatstheater;[210] Ordensgeistliche[211] (auch → Rn. 19); Organmitglieder juristischer Personen (→ § 14 Rn. 1 ff.); Produktionsgenossenschaftsmitglieder bei Produktionsgenossenschaften der ehemaligen DDR;[212] Prospektverteiler;[213] Prostituierte in einem Nachtclub;[214] Psychologen in Behindertenfürsorge, die ihre Tätigkeit in 18stündiger Arbeitszeit frei bestimmen können;[215] Reiseleiterin;[216] Rote-Kreuz-Schwestern (→ Rn. 19); Rundfunkgebührenermittler, s. „Gebührenbeauftragter"; Rundfunkreporter, der nebenberuflich arbeitet[217] (auch → Rn. 32 f.); Sportler, der sich vertraglich verpflichtet, für einen Verein zu spielen und lediglich Auslagenerstattung erhält[218] (auch → Rn. 10); Sportreporter[219] (auch → Rn. 32 f.); Sprach- und Spieltherapeutin mit im Wesentlichen freier inhaltlicher Ausgestaltung und maßgeblicher Einflussnahme auf die zeitliche Lage der Therapiestunden;[220] Stand- und Pausenbewirter in Festhalle, der selbst Angestellte beschäftigt;[221] Stipendiaten;[222] Strafgefangene (→ Rn. 14); Subunternehmer im Paketdienst mit 18 Angestellten;[223] Synchronsprecher beim Rundfunk[224] (auch → Rn. 32 f.); Telefonberater eines Versandunternehmens;[225] Theaterintendant (im Nebenberuf) der Karl May

---

194 LAG München 2.8.1984 NJW 1985, 696 (LS); LAG Köln 25.8.1999 DB 1999, 2648.
195 ArbG Bremen 31.5.1956 AP Nr. 4 zu § 5 ArbGG 1953.
196 BAG 24.2.1994 AP Nr. 15 zu § 62 BAT = NZA 1995, 237; näher hierzu *Natzel* BB 2011, 1589 (1592 f.).
197 BAG 29.8.2012 NZA 2012, 1433; SächsLAG 20.5.2011 ZStV 2012, 109.
198 BAG 19.2.2000 AP Nr. 33 zu § 611 BGB Rundfunk = NZA 2000, 1102.
199 BAG 26.5.1999 AP Nr. 104 zu § 611 BGB Abhängigkeit = NZA 1999, 983; HessVGH 17.3.1998 ZTR 1998, 422 (LS).
200 LAG Düsseldorf 6.2.2018 – 3 Sa 632/17; anders für das SozialR BSG 4.6.2019 BSGE 128, 191; abl. insoweit *Hanau* NZA 2019, 1552.
201 LAG SchlH 27.11.1988 NZA 1988, 751.
202 BAG 13.8.1980 AP Nr. 37 zu § 611 BGB Abhängigkeit.
203 BAG 4.12.2002 AP Nr. 115 zu § 611 BGB Abhängigkeit = NZA 2003, 1112 (LS).
204 BAG 27.6.2001 AP Nr. 6 zu § 611 BGB Arbeitnehmerähnlichkeit = NZA 2002, 2125; dazu *Linnenkohl* BB 2002, 622.
205 BAG 20.1.2010 AP Nr. 119 zu § 611 BGB Abhängigkeit.
206 BAG 16.12.1957 AP Nr. 3 zu § 611 BGB Lehrer, Dozenten; BSG 25.9.1981 AP Nr. 23 zu § 611 BGB Lehrer, Dozenten.
207 BAG 25.5.2005 AP Nr. 117 zu § 611 BGB Abhängigkeit.
208 BAG 27.3.1991 AP Nr. 53 zu § 611 BGB Abhängigkeit = NZA 1991, 933.
209 BGH 28.9.1972 AP Nr. 1 zu § 611 BGB Lotse = NJW 1973, 101; BAG 25.7.1963 AP Nr. 1 zu § 611 BGB Kanalsteurer.
210 BAG 7.2.2007 ZTR 2007, 391 = NZA 2007, 1072 (LS).
211 LAG Hamm 9.9.1971 AP Nr. 3 zu § 611 BGB Ordensangehörige.
212 BAG 13.6.1996 AP Nr. 1 zu § 15 AGB-DDR = NZA 1997, 542; LAG Bln 11.9.1991 LAGE § 2 ArbGG 1979 Nr. 9 = AuA 1992, 123 = BB 1992, 496 (LS).
213 LG Darmstadt 9.3.2000 NZA-RR 2001, 631.
214 HessLAG 12.8.1997 LAGE § 2 ArbGG 1979 Nr. 27 = NZA 1998, 221; FG München 18.6.2009 – 15 K 2482/06; s. aber jetzt § 3 II ProstG § → 9 Rn. 36.
215 BAG 9.9.1981 AP Nr. 38 zu § 611 BGB Abhängigkeit.
216 LAG Düsseldorf 3.12.1996 ARSt. 1997, 141.
217 BAG 22.4.1998 AP Nr. 96 zu § 611 BGB Abhängigkeit = NZA 1998, 1275; LAG Köln 30.1.1997 NZA-RR 1997, 283.
218 LAG Nürnberg 27.1.1995 NZA-RR 1996, 1.
219 BAG 14.3.2007 AP Nr. 13 zu § 611 BGB Arbeitnehmerähnlichkeit = NZA-RR 2007, 424; 22.4.1998 AP Nr. 96 zu § 611 BGB Abhängigkeit.
220 HessLAG 26.9.1991 ZTR 1992, 123.
221 BAG 12.12.2001 AP Nr. 111 zu § 611 BGB Abhängigkeit = NZA 2002, 787.
222 BAG 24.2.1994 AP Nr. 15 zu § 62 BAT = NZA 1995, 237.
223 LAG Köln 5.3.1997 LAGE § 2 ArbGG 1979 Nr. 22 = NZA-RR 1998, 373 (LS).
224 SG Hamburg 6.12.1991 BB 1992, 715; vgl. aber BAG 30.11.1994 AP Nr. 74 zu § 611 BGB Abhängigkeit = NZA 1995, 622.
225 LAG Bln 2.12.1998 NZA-RR 2000, 69.

Festspiele;[226] Versicherungsvertreter (→ Rn. 35); Vorstand, s. Organmitglieder; Wiedereingliederung gem. § 74 SGB V (→ Rn. 16).

III. Sozialrecht

50 **1. Arbeitnehmerbegriff.** Sozialrechtlich wird an den Begriff der Beschäftigung angeknüpft. Beschäftigung ist gem. § 7 I 1 SGB IV die nichtselbständige Arbeit, insbesondere in einem Arbeitsverhältnis. Anhaltspunkte für eine Beschäftigung sind nach § 7 I 2 SGB IV eine Tätigkeit nach Weisungen und eine Eingliederung in die Arbeitsorganisation des Weisungsgebers. Nach § 2 I SGB VI sind allerdings auch einige selbständig Tätige versicherungspflichtig, zB Lehrer und Erzieher, die regelmäßig keine AN beschäftigen.[227]

51 **a) Arbeit.** Der Begriff der Arbeit wird sozialrechtlich ebenso definiert wie im Arbeitsrecht (→ Rn. 9 f.). Auch hier ist eine wirtschaftliche Tätigkeit erforderlich, die nicht nur spielerische oder sportliche Betätigung zum Selbstzweck darstellt.[228]

52 **b) Vertrag.** Wie beim arbeitsrechtlichen Begriff, muss es sich um eine Beschäftigung aufgrund eines privatrechtlichen Vertrages oder eines gleichgestellten Verhältnisses handeln.[229]

53 **c) Unselbständigkeit.** Wesentliches Merkmal des Beschäftigungsbegriffes ist die unselbständige Tätigkeit, also eine persönliche Abhängigkeit. § 7 I 2 SGB IV nennt hier als „Anhaltspunkte" die typischen arbeitsrechtlichen Unterscheidungskriterien der Weisungsgebundenheit[230] und der Eingliederung in die Arbeitsorganisation des AG.[231] Insoweit kann auf die Ausführungen zum arbeitsrechtlichen Arbeitnehmerbegriff (→ Rn. 21 ff.) verwiesen werden. In Rechtsprechung und Literatur sind zahlreiche Einzelkriterien zur Abgrenzung entwickelt worden.[232] Die Entscheidung, ob eine Beschäftigung nach § 7 I SGB IV vorliegt, ist dabei aufgrund einer Gesamtwürdigung aller Umstände des Einzelfalles zu treffen.[233] Weichen die tatsächlichen Verhältnisse und die Vereinbarungen der Parteien voneinander ab, geben erstere den Ausschlag, soweit hierin ein Abbedingen der ursprünglichen Vereinbarung gesehen werden kann.[234]

54 **2. Scheinselbständigkeit.** Von Scheinselbständigkeit wird dann gesprochen, wenn Erwerbstätige nach der Ausgestaltung ihrer Rechtsbeziehungen wie **Selbständige** behandelt werden, tatsächlich jedoch wie **abhängig Beschäftigte** arbeiten und sich auch wegen ihrer sozialen Schutzbedürftigkeit nicht von diesen unterscheiden.

55 Durch das Gesetz zu Korrekturen in der Sozialversicherung und zur Sicherung der Arbeitnehmerrechte vom 19.12.1998 (BGBl. I 3843) wurde für die Sozialversicherung in § 7 IV SGB IV die **Scheinselbständigkeit** geregelt.[235] Das Gesetz wurde inzwischen mehrfach geändert. Ziel der Änderungen ist, die Arbeitslosigkeit zu beheben und die Selbständigkeit zu fördern. Insbesondere wurde die sog. **Ich-AG** eingeführt und ab dem 1.8.2006 durch den **Gründungszuschuss** (§ 93 SGB III; → § 21 Rn. 20) abgelöst. Nach § 7 I 1 SGB IV ist Beschäftigung die nichtselbständige Arbeit, insbesondere in einem Arbeitsverhältnis. Anhaltspunkte für eine Beschäftigung sind eine Tätigkeit nach Weisungen und eine Eingliederung in die Arbeitsorganisation des AG (§ 7 I 2 SGB IV). Mit dieser Definition wird an den arbeitsrechtlichen Begriff des AN angeknüpft. Insoweit obliegt es dem Sozialversicherungsträger, nach dem Amtsermittlungsprinzip die Beschäftigung aufzuklären.

---

[226] BAG 16.8.1977 AP Nr. 23 zu § 611 BGB Abhängigkeit.
[227] Hierzu BSG 30.10.2013 SozR 4–2600 § 2 Nr. 18 = NZA 2014, 1014.
[228] Vgl. BSG 12.7.1979 SozR 2200 § 539 Nr. 60; 24.1.1992 SozSich 1993 RsprNr. 4432 = ArbuR 1992, 249 (LS) jew. zur früheren Regelung in § 539 RVO.
[229] ErfK/*Rolfs* SGB IV § 7 Rn. 6.
[230] S. hierzu BSG 29.1.1981 BSGE 51, 164 = AP Nr. 4 zu § 92 HGB; BeckOK SozR/*Rittweger* SGB IV § 7 Rn. 10 f.
[231] S. hierzu BSG 24.1.2007 NZS 2007, 648; 9.12.2003 BSGE 91, 302 = NZS 2004, 548. Die Sozialversicherungsträger haben am 13.4.2010 ein gemeinsames Rundschreiben zur Statusfeststellung von Erwerbstätigen erstellt, durch das frühere Rundschreiben abgelöst wurden, veröffentlicht bei beck-online sowie u.a. unter https://deutsche-rentenversicherung.de.
[232] S. die Aufstellung bei BeckOK SozR/*Rittweger* SGB IV § 7 Rn. 9h; *Brand* NZS 2007, 552.
[233] BSG 14.3.2018 NJW 2018, 2662 = NZS 2018, 778; 25.1.2006 ZIP 2006, 678 = GmbHR 2006, 645; 13.7.1978 AP Nr. 29 zu § 611 BGB Abhängigkeit.
[234] BSG 30.4.2013 DB 2014, 728 (LS); 29.8.2012 NZA-RR 2013, 252.
[235] Vgl. hierzu *Holthausen* RdA 2020, 92; ausf. zur Solo-Selbständigkeit *Uffmann* RdA 2019, 360.

3. Arbeitnehmerähnliche Selbständige. Durch § 2 S. 1 Nr. 9 SGB VI wurde die Versicherungspflicht von arbeitnehmerähnlichen Selbständigen in der gesetzlichen Rentenversicherung eingeführt. Rentenversicherungspflichtig sind Personen, **(a)** die im Zusammenhang mit ihrer selbständigen Tätigkeit keinen versicherungspflichtigen AN beschäftigen und **(b)** auf Dauer und im Wesentlichen nur für einen Auftraggeber tätig sind. Als AN gelten auch Personen, die berufliche Kenntnisse erwerben, dagegen nicht Personen, die als geringfügig Beschäftigte nach § 5 II 2 SGB VI auf die Versicherungsfreiheit verzichtet haben (§ 2 S. 2 Nr. 1 u. 2 SGB VI). Arbeitnehmerähnliche Selbständige werden nach § 6 Ia SGB VI für einen Zeitraum von drei Jahren nach erstmaliger Aufnahme einer selbständigen Tätigkeit von der Versicherungspflicht befreit sowie nach Vollendung des 58. Lebensjahres, wenn sie nach einer zuvor ausgeübten selbständigen Tätigkeit erstmals nach § 2 S. 1 Nr. 9 SGB VI versicherungspflichtig werden. 56

4. Anfrageverfahren. Die Beteiligten können schriftlich eine **Entscheidung beantragen,** ob eine Beschäftigung vorliegt, es sei denn, es ist bereits ein Amtsermittlungsverfahren eingeleitet worden. Über den Antrag entscheidet die Deutsche Rentenversicherung Bund aufgrund der Gesamtwürdigung aller Umstände (§ 7a II SGB IV). Sie teilt den Beteiligten schriftlich mit, welche Angaben und Unterlagen sie benötigt. Sie hat den Beteiligten zur Entscheidung rechtliches Gehör zu gewähren (§ 7a IV SGB IV). Wird dieser Antrag innerhalb eines Monats seit Aufnahme der Arbeit gestellt, tritt die Versicherungspflicht mit der Bekanntgabe der Entscheidung ein, wenn die erwerbsmäßig tätige Person zustimmt und anderweitig Vorsorge für die soziale Absicherung getroffen worden ist (§ 7a VI SGB IV). Hierdurch sollen hohe Beitragsnachzahlungen verhindert werden. Gegen die Entscheidung kann Widerspruch eingelegt und Klage zu den Sozialgerichten erhoben werden. Stellt ein Versicherungsträger bei Stellung des Antrags nach § 7a I SGB IV innerhalb eines Monats nach Aufnahme der Tätigkeit fest, dass eine versicherungspflichtige Beschäftigung vorliegt, tritt die versicherungspflichtige Beschäftigung erst mit der Bekanntgabe dieser Entscheidung ein, wenn der erwerbsmäßig Tätige zustimmt und für die Zeit zwischen Aufnahme der Beschäftigung und der Entscheidung eine anderweitige Absicherung erfolgt ist (§ 7a VI SGB IV). Für geschäftsführende Gesellschafter einer GmbH ist das Statusfeststellungsverfahren gem. § 7a I 2 SGB V obligatorisch, ebenso wenn der Beschäftigte Ehegatte, Lebenspartner oder Abkömmling des AG ist. 57

IV. Steuerrecht

Steuerrechtlich ist der Begriff des AN in **§ 1 I LStDV** definiert. AN sind Personen, die in öffentlichem oder privatem Dienst angestellt sind oder waren und hieraus Arbeitslohn beziehen sowie deren Rechtsnachfolger, soweit sie noch Vergütung daraus beziehen. Nach der Rechtsprechung des BFH kommt es darauf an, ob der Beschäftigte dem AG seine Arbeitskraft schuldet. Der Beschäftigte muss in der Betätigung seines geschäftlichen Willens unter der Leitung des AG stehen oder im geschäftlichen Organismus des AG verpflichtet sein, dessen Weisungen zu folgen. Dabei soll der Arbeitnehmerbegriff sich nicht durch Aufzählung fester Merkmale abschließend bestimmen lassen, sondern einen **offenen Typusbegriff** darstellen, der nur durch eine größere und unbestimmte Zahl von Merkmalen beschrieben werden kann. Die Frage, ob eine selbständige oder unselbständige Tätigkeit vorliegt, ist anhand einer Vielzahl in Betracht kommender Merkmale nach dem Gesamtbild der Verhältnisse zu beurteilen.[236] Folgende Merkmale sprechen nach der Rspr. des BFH für eine Arbeitnehmereigenschaft: persönliche Abhängigkeit, Weisungsgebundenheit hinsichtlich Ort, Zeit und Inhalt der Tätigkeit, feste Arbeitszeiten, Ausübung der Tätigkeit gleichbleibend an einem bestimmten Ort, feste Bezüge, Urlaubsanspruch, Anspruch auf sonstige Sozialleistungen, Fortzahlung der Bezüge im Krankheitsfall, Überstundenvergütung, zeitlicher Umfang der Dienstleistungen, Unselbständigkeit in Organisation und Durchführung der Tätigkeit, kein Unternehmerrisiko, keine Unternehmerinitiative, kein Kapitaleinsatz, keine Pflicht zur Beschaffung von Arbeitsmitteln, Notwendigkeit der engen ständigen Zusammenarbeit mit anderen Mitarbeitern, Eingliederung in den Betrieb, Schulden der Arbeitskraft und nicht eines Arbeitserfolges, Ausführung von einfachen Tätigkeiten, bei denen eine Weisungsgebundenheit die Regel ist.[237] Auch wenn sich einzelne Merkmale finden, die arbeitsrechtlich eher auf der Rechtsfolgenseite anzusiedeln sind, entsprechen die Kriterien weitgehend denen 58

[236] BFH 29.3.2017 GmbHR 2018, 107; 23.4.2009 BFHE 225, 33. = DB 2009, 1571.

[237] BFH 2.12.1998 BFHE 188, 101 = DB 1999, 1049; 23.10.1992 BFHE 170, 48 = DB 1993, 1117 (LS); 14.6.1985 BFHE 144, 225 = DB 1985, 2489; für Geschäftsführer vgl. BFH 29.3.2017 GmbHR 2018, 107.

der Rspr. des BAG. Wer arbeitsrechtlich AN ist, wird dies durchweg auch steuerrechtlich sein und umgekehrt.

59 Wegen der **Eigenständigkeit des arbeitsrechtlichen und steuerrechtlichen Arbeitnehmerbegriffs** führt aber eine Verurteilung zu Vergütungszahlungen nach § 612 II BGB zB wegen einer fehlgeschlagenen Vergütungserwartung (→ § 67 Rn. 16 ff.) nicht automatisch zur steuerrechtlichen Annahme eines Arbeitsverhältnisses.[238] Die sozialrechtliche und arbeitsrechtliche Rechtsprechung zur Scheinselbständigkeit (→ Rn. 55) ist für die steuerrechtliche Einordnung nicht bindend.[239] Die Qualifizierung als arbeitnehmerähnliche Person führt steuerrechtlich nicht zu einer Arbeitnehmereigenschaft.[240]

§ 9. Abgrenzung des Arbeitsvertrags von verwandten Verträgen

Übersicht

I. Arbeitsvertrag und Dienstvertrag

1 **1. Dienstvertrag als Oberbegriff.** Der Arbeitsvertrag gem. § 611a BGB ist ein Unterfall des **Dienstvertrags.** Für beide Arten von Verträgen sind die §§ 611 ff. BGB anzuwenden. Zunächst waren nur wenige Vorschriften vorwiegend auf AN zugeschnitten (§§ 617–619, 624, 629, 630 aF BGB). Inzwischen sind in §§ 611 ff. aber auch Vorschriften eingefügt worden, die nur für Arbeitsverhältnisse gelten (§§ 611a, 612a, 613a, 619a, 622, 623 BGB). Für beide Vertragsarten gelten mit Einschränkungen die allgemeinen Vorschriften des BGB über Nichtigkeit und Anfechtung (→ § 34 Rn. 1 ff., 23 ff.) sowie die über die gegenseitigen Verträge (→ § 29 Rn. 4). Die Abgrenzung von Arbeitsvertrag und Dienstvertrag ist notwendig, weil das arbeitsrechtliche Sonderrecht auf den Dienstvertrag nicht anzuwenden ist. Das gilt zB für das das Kündigungsschutzrecht, das Tarif- und Betriebsverfassungsrecht und das Arbeitsgerichtsgesetz. Die Arbeitsgerichte sind grundsätzlich nur für Rechtsstreitigkeiten aus Arbeitsverhältnissen zuständig (§ 2 ArbGG; dazu Schaub ArbRFV-HdB/*Straube* C. Rn. 1 ff.).

[238] BFH 8.5.2008 BFHE 221, 157 = AP Nr. 17 zu § 19 EStG; *v. Bornhaupt* BB 2008, 1888.
[239] BFH 2.12.1998 BFHE 188, 101 = NZA-RR 1999, 376.
[240] BFH 2.12.1998 BFHE 188, 101 = NZA-RR 1999, 376.

2. Abgrenzungsmethoden. Die Frage, ob im Einzelfall ein Arbeitsvertrag oder ein Dienstvertrag vorliegt, ist gleichbedeutend mit der Frage, ob aufgrund des Vertrags fremdbestimmte oder selbständige Arbeit zu leisten ist. Die Abgrenzung erfolgt mithin nach dem Begriff des Arbeitsvertrages (→ § 8 Rn. 1 ff.). Entscheidend ist nicht die Bezeichnung, sondern die praktische Durchführung des Rechtsverhältnisses (§ 611a I 6 BGB; → § 8 Rn. 31). UU kann ein Dienstvertrag auch neben einem Arbeitsvertrag zwischen denselben Personen bestehen, sofern das aufgrund des Arbeitsvertrages bestehende Weisungsrecht nicht für die aufgrund des Dienstvertrages geschuldeten Tätigkeiten gilt.[1] 2

3. Abgrenzungsmerkmale. Für ein Arbeitsverhältnis spricht es, wenn 3

(a) der Dienstberechtigte oder sein Vertreter dem Dienstverpflichteten für die Durchführung und das Verhalten bei der Arbeit **Weisungen** erteilen darf (→ § 8 Rn. 23). Ein Arbeitsverhältnis kann auch dann gegeben sein, wenn die eigentliche Arbeitsleistung fachlich weisungsfrei ist (zB ärztliche Tätigkeit), aber in sonstigen Beziehungen eine Weisungsgebundenheit vorliegt. Völlig selbständige Arbeitsdurchführung im Übrigen spricht mehr für ein Dienstverhältnis;

(b) der Dienstpflichtige verpflichtet ist, bestimmte **Arbeitszeiten** einzuhalten oder Anordnungen für die zeitliche Einteilung der Arbeit zu befolgen (vgl. § 84 I 2 HGB). Nicht entscheidend ist dagegen, ob die Einhaltung von Arbeitszeiten nur üblich ist; allerdings spricht die Pflicht zum regelmäßigen Erscheinen für ein Arbeitsverhältnis (näher hierzu → § 8 Rn. 23);

(c) der Dienstpflichtige die Arbeit an einem **zugewiesenen Arbeitsplatz** an einem **bestimmten Ort** verrichten muss, sofern die Tätigkeit nicht schon wegen ihrer Natur an einem bestimmten Ort erbracht werden muss.[2] Die Selbständigkeit wird allerdings noch nicht dadurch beseitigt, dass bei einem Handelsvertreter ein bestimmter räumlicher Arbeitsbezirk vereinbart wird (→ § 8 Rn. 35) oder dass sich ein Filmschauspieler während der Dreharbeiten an einem bestimmten Ort aufhalten muss. Die Erledigung von Arbeiten im eigenen Büro spricht dagegen für einen Dienstvertrag;

(d) der Dienstpflichtige in einen fremden Betrieb, eine fremde Arbeitsorganisation eingegliedert ist und er weiterhin zur Erfüllung seiner Dienste auf die Organisation und Arbeitskräfte des Dienstberechtigten angewiesen ist (→ § 8 Rn. 24);

(e) die vertragliche Beschäftigung die **Arbeitskraft** des Dienstpflichtigen ganz oder überwiegend **in Anspruch nimmt** (→ § 8 Rn. 27). Ist dagegen der Dienstverpflichtete berechtigt, für mehrere Dienstberechtigte tätig zu werden oder uneingeschränkt Nebentätigkeiten aufzunehmen, so spricht dies mehr für einen freien Dienstvertrag (vgl. § 92a HGB);

(f) dem Dienstpflichtigen eine **regelmäßige Berichterstattung** auferlegt ist (→ § 8 Rn. 28);

(g) der Dienstberechtigte das **Unternehmerrisiko** sowie die **Kosten der Arbeitsausführung** zu tragen hat, ihm andererseits aber das Ergebnis der Arbeit zugute kommt (Fremdnützigkeit, → § 8 Rn. 26);

(h) eine **untergeordnete Tätigkeit** verrichtet wird, die typischerweise in abhängiger Beschäftigung verrichtet wird. Andererseits können auch Dienste höherer Art in einem weisungsabhängigen Arbeitsverhältnis verrichtet werden (→ § 8 Rn. 23).

4. Nicht maßgebliche Merkmale. Kein zwingendes Abgrenzungsmerkmal ergibt sich dagegen aus 4

(a) der **Art der Vergütung.** Die Zahlung eines Festgehaltes kommt sowohl beim Arbeits- als auch beim Dienstvertrag vor. Die Orientierung am Arbeitserfolg (Provision, Akkord) ist auch beim Arbeitsverhältnis nicht ungewöhnlich (→ § 8 Rn. 29);

(b) der Bezeichnung im Vertrag (→ Rn. 2);

(c) aus **formalen Abgrenzungsmerkmalen.** Dies sind vor allem diejenigen Umstände, die sich aus der äußeren Form des Vertrags herleiten lassen, wie die **steuerliche** und **sozialversicherungsrechtliche** Behandlung (→ § 8 Rn. 30), die Regelung im Hinblick auf **gewerbepolizeiliche** und **handelsregisterliche** Vorschriften. Insbesondere die steuerliche und sozialversicherungsrechtliche Behandlung ist lediglich eine Folge der Beurteilung der Parteien. Allerdings kommt der Abführung von Lohnsteuern und Sozialversicherungsbeiträgen größere indizielle Wirkung für das Bestehen eines Arbeitsverhältnisses zu als umgekehrt deren Unterbleiben für die Annahme eines Dienstvertrags. Die gewerberechtliche Meldung lässt keine Schlüsse auf das Nichtbestehen eines Arbeitsverhältnisses zu.

---

[1] BAG 27.6.2017 AP Nr. 193 zu § 611 BGB Lehrer, Dozenten = NZA 2017, 1463.
[2] BAG 9.5.1984 AP Nr. 45 zu § 611 BGB Abhängigkeit.

II. Werkvertrag

5 **1. Notwendigkeit der Abgrenzung.** Dienst- und Werkvertrag beziehen sich beide auf die menschliche Arbeitsleistung. Da sich in beiden Vertragstypen die Leistungspflichten unterscheiden, sind die Vorschriften über den Werkvertrag (§§ 631 ff. BGB) nicht auf den Arbeits- oder Dienstvertrag und mit Ausnahme von § 618 BGB auch die §§ 611 ff. BGB nicht auf den Werkvertrag anzuwenden. Lediglich auf den Vertrag der **Heimarbeiter** oder **Hausgewerbetreibenden** finden die §§ 631 ff. BGB Anwendung, da dieser Personenkreis wegen Art und Durchführung der Arbeit selbständig sein kann (→ § 10 Rn. 13; → § 163 Rn. 1 ff.).

6 **2. Unterschied zum Dienst- und Arbeitsvertrag.** Der Hauptunterschied zwischen Dienst- und Arbeitsvertrag einerseits und Werkvertrag andererseits liegt in dem **verschiedenartigen Inhalt der Leistungspflichten.** Beim **Dienstvertrag** wird eine Tätigkeit als solche, beim **Werkvertrag** ein vertraglich definierter Erfolg, und zwar entweder ein Leistwerk (Rasur, Haarschnitt) oder ein Sachwerk (Hausbau) unabhängig von der dazu notwendigen Arbeit geschuldet.[3] Beim **Werkvertrag** ist die Arbeit nur das **Mittel für den Erfolg.** Beim **Dienstvertrag** bemisst sich die zu leistende Tätigkeit zumeist nach der **Zeitdauer,** beim Werkvertrag nach dem herbeizuführenden Erfolg. Die **Gefahr des Erfolges** trägt beim Dienst- und Arbeitsvertrag der Dienstberechtigte, beim Werkvertrag der Verpflichtete.

7 **3. Abgrenzung im Einzelfall.** Im Einzelfall kann die Abgrenzung trotz der unterschiedlichen Leistungspflichten schwierig sein, weil dieselbe Tätigkeit sowohl in Form eines Dienst- wie eines Werkvertrags möglich ist. Entscheidend ist die Auslegung des in den Vertragserklärungen zum Ausdruck gekommenen Willens.[4] Der Behandlungsvertrag mit einem Arzt[5] und der Beratungsvertrag mit einem Rechtsanwalt[6] ist im Allgemeinen Dienstvertrag, der Architektenvertrag[7] ist auch über die Bauausführung Werkvertrag. Forschungs- und Entwicklungsarbeiten können sowohl Gegenstand eines Dienstvertrags wie auch eines Werkvertrags sein.[8] Dabei spricht mehr für einen Werkvertrag die Verpflichtung zur Herbeiführung eines Erfolges, die konkrete Festlegung des Umfangs der Arbeiten, die Risikoverteilung und Gefahrtragung, die wirtschaftliche Selbständigkeit des Herstellers. Je mehr die Parteien den Eintritt des Erfolges für wahrscheinlich halten, umso eher kann angenommen werden, dass der Erfolg geschuldet ist, also ein Werkvertrag vorliegt.[9] Aus der Art der **Vergütungsberechnung** sind zwingende Schlussfolgerungen nicht zu ziehen. Auch beim Dienstvertrag oder Arbeitsvertrag kann die Vergütung nach dem Erfolg bemessen sein, zB im Akkord- oder Prämienvertrag (→ § 30 Rn. 3 f.); dagegen kann auch beim Werkvertrag die Vergütung nach dem Zeitaufwand berechnet werden. Vielfach bestehen für die Verrichtung von Arbeiten Erfahrungswerte, so dass ohne Schwierigkeiten Stückpreise in Lohnstunden und umgekehrt umgerechnet werden können. Eine erfolgsabhängige Vergütung spricht dabei aber eher für einen Werkvertrag.[10] Ein Werkvertrag ist dann nicht anzunehmen, wenn die **Erreichung des Erfolges** nicht in der Macht des Verpflichteten liegt.

8 Vor allem im Bereich der Arbeitnehmerüberlassung spielt die **Abgrenzung von Werkverträgen und Arbeitnehmerüberlassungsverträgen** eine Rolle. Aufgrund der stärkeren gesetzlichen Regulierung durch das AÜG[11] kommt es zunehmend zu Bestrebungen, die Schutznormen des AÜG durch ein Ausweichen in das Werkvertragsrecht zu umgehen. Zur Abgrenzung ist dabei auf die in → § 8 Rn. 21 ff. dargestellten Kriterien abzustellen, insbesondere auf das Bestehen von Weisungsrechten und die Eingliederung in die Arbeitsorganisation des Auftraggebers. Erschwert wird die Unterscheidung durch das auch im Werkvertragsrecht bestehende Weisungsrecht wegen der Ausführung des Werkes (werk-/objektbezogene Anweisungen, vgl. § 645 I 1 BGB). Maßgeblich ist, ob lediglich eine Verpflichtung des Auftragnehmers besteht, dem Auf-

[3] BGH 16.7.2002 BGHZ 151, 330 = NJW 2002, 3323; 9.3.1972 BGHZ 58, 225 = NJW 1972, 901; 4.6.1970 BGHZ 54, 106 = NJW 1970, 1596; 26.11.1959 BGHZ 31, 224 = NJW 1960, 431.
[4] BGH 16.7.2002 BGHZ 151, 330 = NJW 2002, 3323.
[5] BGH 18.3.1980 BGHZ 76, 259 = NJW 1980, 1452; 9.12.1974 BGHZ 63, 306 = NJW 1975, 305.
[6] BGH 20.10.1964 NJW 1965, 106 = BB 1965, 121; anders bei Rechtsgutachten BGH 6.7.1971 BGHZ 56, 355 = NJW 1971, 1801.
[7] BGH 22.10.1981 BGHZ 82, 100 = NJW 1982, 438; 5.12.1968 BGHZ 51, 190 = NZW 1969, 419; 1.2.1965 BGHZ 43, 227 = WM 1965, 427; 26.11.1959 BGHZ 31, 224 = NJW 1960, 431.
[8] BGH 16.7.2002 BGHZ 151, 330 = NJW 2002, 3323.
[9] BGH 16.7.2002 BGHZ 151, 330 = NJW 2002, 3323.
[10] BGH 16.7.2002 BGHZ 151, 330 = NJW 2002, 3323.
[11] Vgl. hierzu *Reiserer* DB 2013, 2026.

traggeber zur Förderung von dessen Betriebszwecken AN zur Verfügung zu stellen (Arbeitnehmerüberlassung) oder ob der Auftragnehmer die zur Erreichung des wirtschaftlichen Erfolges notwendigen Handlungen nach eigenen betrieblichen Voraussetzungen organisiert und für die Herstellung des im Vertrag vorgesehenen Werks gegenüber dem Auftraggeber verantwortlich bleibt (Werkvertrag).[12] Gegen einen Werkvertrag spricht es, wenn es an einem abgrenzbaren, dem Auftragnehmer als eigene Leistung zurechenbaren Werk fehlt, weil der Auftraggeber dann durch weitere Weisungen den Gegenstand der zu erbringenden Leistung erst bestimmen und damit Arbeit und Einsatz erst bindend organisieren muss. Weiteres Indiz gegen das Vorliegen eines Werkvertrages ist es, wenn sich die zu erbringenden Leistungen nach dem jeweiligen Bedarf des Auftraggebers richten und wenn die Beschäftigten in einen vom Auftraggeber organisierten Produktionsprozess eingegliedert sind.[13] Wegen der Einzelheiten → § 120 Rn. 14 ff., zur Frage der Beweislast → § 8 Rn. 43. Durch eine Neuregelung in § 6a II des Gesetzes zur Sicherung von Arbeitnehmerrechten in der Fleischwirtschaft gilt nunmehr ab dem 1.1.2021 ein Verbot von Werkverträgen in der Fleischwirtschaft.[14]

4. Austausch von Dienst- und Werkvertrag. Im Allgemeinen können Dienst- und Werkverträge gegeneinander ausgetauscht werden; der Arzt kann einen Behandlungserfolg versprechen, der Architekt ein bloßes Tätigwerden. Die Personalberatung zur Anwerbung und Auswahl des Personals wird im Allgemeinen in einem Dienstvertrag erfolgen, weil dem Beratenen die freie Entscheidung der Einstellung verbleibt.[15] Nicht austauschbar sind dagegen Arbeits- und Werkverträge. Liegen die Voraussetzungen des Arbeitsvertrages vor (→ § 8 Rn. 1 ff.), so kann der persönlich abhängige AN nicht dadurch zum Werkunternehmer gemacht werden, dass er einen besonderen Erfolg verspricht.[16] 9

III. Auftrag

1. Abgrenzung. Vom Auftrag unterscheiden sich Dienst- und Werkvertrag dadurch, dass der **Beauftragte unentgeltlich,** der Dienstverpflichtete dagegen **entgeltlich** tätig wird.[17] Ist nach den objektiven Umständen eine Dienstleistung nur gegen Entgelt zu erwarten, folgt aus § 612 I BGB die Fiktion einer stillschweigend vereinbarten Vergütung, so dass kein unentgeltlicher Vertrag vorliegt (→ § 8 Rn. 29),[18] sondern nach den Umständen entweder ein (freier) Dienstvertrag oder ein Arbeitsvertrag. Die Vereinbarung von **Auslagenersatz** macht den Beauftragten umgekehrt nicht zum Dienstverpflichteten. Einzelne Vorschriften des Auftragsrechts (§§ 667, 670 BGB) finden aber auch im Arbeitsrecht Anwendung (→ § 82 Rn. 1 ff.). 10

2. Geschäftsbesorgung. Der Geschäftsbesorgungsvertrag ist ein Dienstvertrag oder Werkvertrag, der einen bestimmten vertragliche Verpflichtung, nämlich eine selbständige Tätigkeit wirtschaftlicher Art zur Wahrnehmung fremder Vermögensinteressen, zum Gegenstand hat.[19] Aus dem Merkmal der Selbständigkeit ergibt sich die Abgrenzung zum Arbeitsvertrag. Auf die Vertragsbeziehungen finden vielfach die Regeln des Auftragsrechts Anwendung. Das BAG hat die Haftung des AG für von keiner Partei des Arbeitsvertrags verschuldete Sachschäden des AN aus § 670 BGB abgeleitet (→ § 60 Rn. 2 ff.). 11

IV. Gesellschaftsvertrag

1. Grundsatz. Dienst- und Arbeitsvertrag sind als gegenseitige Austauschverträge (→ § 29 Rn. 4) auf den Austausch von Arbeitsleistung gegen Entgelt gerichtet. Die Partner eines Gesellschaftsvertrags wirken dagegen zur Erreichung eines **gemeinsamen Zweckes** zusammen. Beim Arbeitsverhältnis besteht ein Über- und Unterordnungsverhältnis (→ § 8 Rn. 1 ff.) zwischen AG und AN. Die Gesellschafter sind dagegen regelmäßig **gleichgeordnet.**[20] 12

[12] BAG 15.4.2014 AP Nr. 71 zu § 1 BetrAVG.
[13] BAG 25.9.2013 AP Nr. 126 zu § 611 BGB Abhängigkeit = NZA 2013, 1348.
[14] Krit. hierzu *Bayreuther* NZA 2020, 773; *Tuengerthal/Greulich/Hennecke* AuA 2021, 8.
[15] OLG Köln 5.7.1996 BB 1996, 1889 = NJW-RR 1997, 885.
[16] BAG 25.9.2013 AP Nr. 126 zu § 611 BGB Abhängigkeit = NZA 2013, 1348; ErfK/*Preis* BGB § 611a Rn. 97.
[17] BAG 29.8.2012 AP Nr. 124 zu § 611 BGB Abhängigkeit = NZA 2012, 1433.
[18] ErfK/*Preis* BGB § 611a Rn. 101.
[19] BGH 25.4.1966 BGHZ 45, 223.
[20] MüKoBGB/*Spinner* § 611a Rn. 21 ff.

13 **2. Dienstleistungspflichten der Gesellschafter.** Sind die Partner einer Personengesellschaft einander zur Dienstleistung verpflichtet, so beruht diese regelmäßig auf dem **Gesellschaftsrecht** (s. § 706 III BGB). Dies gilt insbesondere dann, wenn der Gesellschafter bei der Zwecksetzung und der Durchführung der Arbeitsaufgabe wie ein Unternehmer mitwirkt. Gesellschafter einer GbR sollen keine AN sein können, weil Anspruch und Verpflichtung zusammenfallen.[21] Neben den gesellschaftsrechtlichen Beziehungen bestehen im Allgemeinen nur für den Kommanditisten bei einer KG oder den stillen Gesellschafter arbeitsvertragliche Beziehungen zur Gesellschaft, wenn sie zur Dienstleistung verpflichtet sind.[22] Dagegen können nicht geschäftsführende (zu Organvertretern → § 14 Rn. 2 ff.) Gesellschafter von Kapitalgesellschaften, die zugleich zur Dienstleistung verpflichtet sind, grundsätzlich AN der Gesellschaft sein.[23] Entscheidend ist, ob die für das Vorliegen eines Arbeitsverhältnisses erforderliche persönliche Abhängigkeit vorliegt. Eine persönliche Abhängigkeit (→ § 8 Rn. 21 ff.) kann aber nicht angenommen werden, wenn der Gesellschafter, insbes. als Mehrheitsgesellschafter oder aufgrund einer Sperrminorität, weitreichende Mitbestimmungsrechte hat und damit faktisch nicht dem Weisungsrecht des Geschäftsführers unterliegt (→ § 14 Rn. 3). Besteht neben dem Gesellschaftsvertrag ein Arbeitsvertrag, so kann der Arbeitsvertrag grundsätzlich unabhängig von der Gesellschafterstellung gekündigt werden, es sei denn es besteht eine gesellschaftsrechtliche Mitarbeitsverpflichtung, weil das Unternehmen auf eine tätige Mitarbeit des/der Gesellschafter angewiesen ist.[24]

14 Für die **neuen Bundesländer** war vor allem problematisch, ob die Mitglieder der ehemaligen landwirtschaftlichen Produktionsgenossenschaften neben den genossenschaftsrechtlichen Beziehungen noch in arbeitsrechtlichen Rechtsbeziehungen zur Genossenschaft standen. Hiervon scheint das Landwirtschaftsanpassungsgesetz 3.7.1991 (BGBl. I 1418, zuletzt geändert am 23.7.2013, BGBl. I 2856) auszugehen.[25] Die Rspr. hat eine Arbeitnehmereigenschaft verneint.[26] Entsprechendes gilt bei der Produktionsgenossenschaft des Handwerks.[27] Das BAG hat angenommen, dass Mitglieder von landwirtschaftlichen Produktionsgenossenschaften nach §§ 29, 31 des Gesetzes über die landwirtschaftlichen Genossenschaften vom 2.7.1982 (GBl.-DDR I 443) zur Arbeitsleistung verpflichtet waren. Ihr Rechtsverhältnis zur LPG war vom Geltungsbereich des AGB ausgenommen. Mit Inkrafttreten des Gesetzes zur Änderung des Landwirtschaftsanpassungsgesetzes und anderer Gesetze vom 3.7.1991 (BGBl. I 1418) sind die bestehenden Genossenschaftsverhältnisse nach dem LPG-Gesetz kraft Gesetzes mit ex nunc-Wirkung in Mitgliedschaftsverhältnisse nach dem LPG-Gesetz nF und daneben bestehende Arbeitsverhältnisse aufgespalten worden.[28]

15 **3. Gewinnbeteiligung.** Die Abgrenzung von Gesellschaftsvertrag und Dienst- bzw. Arbeitsvertrag bereitet besondere Schwierigkeiten, wenn der Dienstverpflichtete am **Gewinn beteiligt** ist. Auch bei der Zusage einer Gewinnbeteiligung bleibt der Dienstverpflichtete AN, wenn ein **persönliches Abhängigkeitsverhältnis** besteht (→ § 8 Rn. 21 ff.). Leistungen nach dem 5. VermBG machen den Dienstverpflichteten nicht zum Gesellschafter. Der Vertrag zwischen Künstler und Manager ist idR Dienst-, nicht Gesellschaftsvertrag.[29]

16 **4. Freiberufliche Partnerschaft.** Durch das Gesetz zur Schaffung von Partnerschaftsgesellschaften und zur Änderung anderer Gesetze vom 25.7.1994 (Partnerschaftsgesellschaftsgesetz – PartGG (BGBl. I 1744, zul. geänd. 22.12.2015 (BGBl. I 2569)) wird Freiberuflern die Möglichkeit eröffnet, eine gesellschaftsrechtliche Rechtsform für die gemeinsame Berufsausübung zu wählen. Was Ausübung eines freien Berufes im Sinne des PartGG ist, ergibt sich aus § 1 II PartGG. Der Partnerschaftsvertrag bedarf der Schriftform. Er muss enthalten **(1)** den Namen und den Sitz der Partnerschaft, **(2)** den Namen und den Vornamen sowie den in der Partnerschaft ausgeübten Beruf und den Wohnort jedes Partners, **(3)** den Gegenstand der Partnerschaft

21 LAG RhPf 19.10.2007 – 6 Sa 332/07; HessLAG 7.8.2001 NZA-RR 2002, 263.
22 Zur Abgrenzung BAG 8.1.1970 AP Nr. 14 zu § 528 ZPO.
23 BAG 9.1.1990 AP Nr. 6 zu § 35 GmbHG = NZA 1990, 525.
24 BAG 11.5.1978 AP Nr. 2 zu § 161 HGB = NJW 1979, 999.
25 Vgl. BGH 21.1.1993 ZIP 1993, 389 = NJ 1993, 225; 4.12.1992 BGHZ 120, 361 = ZIP 1993, 390.
26 BAG 13.6.1996 AP Nr. 1 zu § 15 AGB-DDR = NZA 1997, 542; 16.2.1995 AP Nr. 1 zu Einigungsvertrag Anlage II Kap VI = NZA 1995, 881; LAG Chemnitz 22.7.1992 – 2 Ta BV 2/92, AuA 1993, 27 (LS).
27 LAG Bln 11.9.1991 LAGE § 2 ArbGG 1979 Nr. 9 = NZA 1992, 652 (LS); 13.1.1992 LAGE § 48 ArbGG 1979 Nr. 5 = DB 1992, 742; dazu *Gerlach/Hoppe* NJ 1991, 400.
28 BAG 16.2.1995 AP Nr. 1 zu Einigungsvertrag Anlage II Kap VI = NZA 1995, 881.
29 BGH 28.10.1982 AP Nr. 1 zu § 611 BGB Künstlerbetreuer = NJW 1983, 1191.

(§ 3 PartGG). Die Partner erbringen ihre beruflichen Leistungen aufgrund des gesellschaftsrechtlichen Innenverhältnisses (§ 6 III PartGG). Weitgehend verweist das PartGG auf die Regelungen des HGB zur OHG. Das Arbeitsrecht findet keine Anwendung.

V. Franchise-Vertrag

1. Begriff. Der Begriff des Franchise stammt aus der französischen Rechtssprache und bedeutete die Belehnung mit den Regalien. Im englisch-amerikanischen Recht bedeutete er zunächst die Einräumung eines Privilegs durch den Staat. In der modernen Rechtssprache wird damit eine Vertragsbeziehung bezeichnet, in der der Franchisenehmer befugt ist, Rechte des Franchisegebers auszunutzen. Das Franchisesystem ist ein besonderes Waren- oder Dienstleistungsvertriebssystem. In (echten) Franchise-Systemen kann kein Gesamt- oder Konzernbetriebsrat gewählt werden, weil kein einheitliches Unternehmen oder Konzern vorliegt.[30] 17

2. Vertrag. Der Franchise-Vertrag[31] ist ein Vertrag zur Begründung eines Dauerschuldverhältnisses, aufgrund dessen der Franchisegeber dem Franchisenehmer gegen Entgelt das Recht gewährt, bestimmte Waren- und/oder Dienstleistungen unter Verwendung von Namen, Warenzeichen, Ausstattung oder sonstigen Schutzrechten sowie der technischen und gewerblichen Erfahrungen des Franchisegebers und unter Beachtung seiner Organisation zu vertreiben, wobei dem Franchisegeber dem Franchisenehmer gegenüber Beistand, Rat und Schulungspflichten obliegen sowie eine Kontrolle über den Geschäftsbetrieb eingeräumt wird.[32] Der Franchisenehmer schuldet dagegen regelmäßig einen Prozentsatz seines Erlöses als Vergütung. Charakteristisch für den Franchisevertrag ist, dass der Franchisenehmer rechtlich selbständig ist. Gleichwohl können die Bindungen so stark werden, dass typologisch die Schwelle zum Arbeitsvertrag überschritten wird (→ § 8 Rn. 34). Sog. abhängige Selbständige (Unterfrachtführer), die vertraglich in ihrer Berufsausübung so stark eingeschränkt sind, dass sie weitgehend dem Berufsbild eines abhängig beschäftigten Kraftfahrers entsprechen, sind sozialversicherungsrechtlich Beschäftigte im Sinne von § 7 SGB IV.[33] 18

VI. Dienstverschaffungsvertrag

1. Beschaffung einer Arbeitskraft. Der Dienstverschaffungsvertrag ist gesetzlich nicht geregelt. Er ist nicht auf die Leistung von Diensten gegen Entgelt gerichtet, sondern allein auf die Beschaffung einer Arbeitskraft.[34] Er kommt vor allem vor bei der Vermietung einer bemannten Maschine (→ § 120 Rn. 17),[35] beim (Eigen-)Gruppenarbeitsverhältnis (→ § 181 Rn. 1 ff.) und den Schwesterngestellungsverträgen (→ § 8 Rn. 19). Zu unterscheiden ist der Dienstverschaffungsvertrag von der **Arbeitsvermittlung** (→ § 21 Rn. 6 ff.), die sich auf die Arbeits- und Kräftenachweisung beschränkt, und dem **Arbeitnehmerüberlassungsvertrag** (→ § 120 Rn. 1 ff.). Für die Abgrenzung zwischen Dienst- oder Werkvertrag und Dienstverschaffungsvertrag ist entscheidend, ob der Unternehmer, bei dem das Personal angestellt ist, die zur Erreichung eines wirtschaftlichen Erfolges notwendigen Handlungen selbst vornimmt, was allerdings mit einer Eingliederung der eingesetzten Beschäftigten in die Organisation des Auftraggebers verbunden sein kann[36] (dann Dienst- oder Werkvertrag) oder ob er dem Vertragspartner geeignete Arbeitskräfte überlässt, die dieser nach eigenen Erfordernissen in seinem Betrieb einsetzt (Dienstverschaffungsvertrag mit Leiharbeitsverhältnis).[37] 19

2. Rechtsbeziehungen. Im Rahmen eines Dienstverschaffungsverhältnisses sind **drei Rechtsbeziehungen** zu unterscheiden. **(a)** Der Dienstverschaffende haftet dem Dienstberechtigten nur für die ordnungsgemäße Vermittlung und für Verschulden bei der Auswahl des zu 20

[30] *Buschbeck-Bülow* BB 1989, 352; 1990, 1061; *Skaupy* BB 1990, 1061; *Selzner,* Betriebsverfassungsrechtliche Mitbestimmung im Franchise-Systemen, 1994.

[31] Zur Abgrenzung vom Arbeitsvertrag *Franzen* FS 50 Jahre BAG, 2004, 31; zur Anwendbarkeit des AGG *Budde* BB 2007, 731; *Giesler/Güntzel* ZIP 2008, 11.

[32] BAG 30.5.1978 AP Nr. 9 zu § 60 HGB = NJW 1979, 335.

[33] LSG Bln 27.10.1993 NZA 1995, 139.

[34] Vgl. BAG 1.2.1973 AP Nr. 29 zu § 615 BGB Betriebsrisiko = NJW 1973, 1629.

[35] BAG 17.2.1993 AP Nr. 9 zu § 10 AÜG = NZA 1993, 1125; OLG Düsseldorf 29.10.1993 NJW-RR 1995, 160; zum gemischten Miet- und Dienstleistungsvertrag s. auch BAG 2.8.2006 NZA 2007, 1432 (LS).

[36] Vgl. BGH 2.2.2006 VersR 2006, 1497.

[37] S. die Nachweise bei → § 120 Rn. 6; vgl. auch OLG Celle 22.5.1996 NJW-RR 1997, 469; LAG RhPf 3.5.2006 – 10 Sa 913/05.

beschaffenden Dienstpflichtigen, dagegen haftet er nicht nach § 278 BGB für dessen Verschulden bei der Ausführung der Arbeit.[38] Er darf nur solche Arbeitskräfte zur Verfügung stellen, die für die vertraglich vorausgesetzte Dienstleistung tauglich und geeignet sind.[39] Bei Verletzung liegt Vertragsverletzung (§ 280 BGB) vor. Insoweit besteht auch eine Überwachungsverpflichtung. Der Dienstverschaffende haftet gegenüber Dritten für Verschulden seines Personals nach § 831 BGB.[40] **(b)** Der Dienstverschaffende und der Dienstberechtigte können das Rechtsverhältnis zwischen dem Dienstpflichtigen und dem Dienstberechtigten durch einen Vertrag zugunsten Dritter näher bestimmen. Häufig wird der Dienstverpflichtete zum Dienstberechtigten in ein unmittelbares Dienst- oder Arbeitsverhältnis treten. Bei abhängiger Arbeit wird zumeist ein mittelbares Arbeitsverhältnis (→ § 181 Rn. 28) begründet. **(c)** Zwischen dem Dienstverschaffenden und dem Dienstpflichtigen können ein Arbeits- oder Dienstverhältnis, ein Gesellschafts- oder Mitgliedschaftsverhältnis oder nur familienrechtliche Beziehungen bestehen.

VII. Familienrechtliche Mitarbeit

Musterverträge: *Nörenberg,* Ehegatten-Arbeitsverträge, 8. Aufl. 2000.

21 **1. Familienrechtliche Arbeitsverpflichtung.** Werden Dienste allein aufgrund familienrechtlicher Verpflichtung geleistet, liegt kein Dienst- oder Arbeitsvertrag zwischen dem Beschäftigten und dem Beschäftigenden vor. Zur familienrechtlichen Mitarbeit können die Ehegatten aufgrund der Beistandspflicht nach § 1353 I BGB ausnahmsweise verpflichtet sein.[41] Für Kinder (auch volljährige), die dem elterlichen Hausstand angehören und von den Eltern erzogen oder unterhalten werden, kann eine Verpflichtung aus § 1619 BGB folgen.[42] Familienrechtliche Mitarbeit kann zB vorliegen, wenn der Mann für die von seiner Ehefrau und ihren Brüdern geführte OHG Dienste leistet.[43] Auf die Fälle der familienrechtlichen Beschäftigung findet grundsätzlich Arbeits- und Sozialversicherungsrecht keine Anwendung. Ausnahmen gelten für einige Vorschriften des Arbeitsschutzrechts (zB §§ 12 ff. HAG; → § 163 Rn. 23 ff.). Nach § 850h II ZPO kann im Verhältnis zwischen dem Gläubiger und dem Drittschuldner eine angemessene Vergütung der familienrechtlichen Mitarbeit durch den Schuldner fingiert werden (→ § 87 Rn. 8).

22 **2. Gefälligkeitsverhältnisse.** Die gesetzlichen Fälle einer Arbeitsverpflichtung können rechtsgeschäftlich nicht erweitert werden. So besteht keine familienrechtliche Mitarbeitspflicht für Verlobte, Enkel, Nichten, Kinder, die sich selbst unterhalten usw. Zwischen diesen Personen und einem Dienstgeber braucht bei Mitarbeit nicht unbedingt ein Dienst- oder Arbeitsvertrag vorzuliegen. Vielmehr können die Dienste auch im Rahmen von Gefälligkeitsschuldverhältnissen, also unentgeltlich, geleistet werden. Gefälligkeitsschuldverhältnisse liegen häufig bei Verlobten oder in außerehelichen Lebensgemeinschaften vor. Zur fehlgegangenen Vergütungserwartung → § 67 Rn. 16.

23 **3. Dienst- und Arbeitsvertrag.** Dienst- und Arbeitsverträge können auch bei familienrechtlicher Mitarbeit oder sonstiger Arbeitsleistung unter Verwandten (Lebensgefährten) geschlossen werden. Ob neben den familienrechtlichen Beziehungen ein Dienst- bzw. Arbeitsvertrag gewollt ist, richtet sich nach dem Willen der Beteiligten. Fehlt eine ausdrückliche Vereinbarung, so **spricht für ein Arbeitsverhältnis:** Erhebliche, den familienrechtlichen Umfang überschreitende Arbeitsleistung, Zahlung des ortsüblichen oder tariflichen Lohnes, Ersatz einer fremden Arbeitskraft, Weisungsgebundenheit des Dienstleistenden, Abführung von Lohnsteuer- und Sozialversicherungsbeiträgen.[44] Gegen die Annahme eines Arbeitsverhältnisses

---

38 BGH 9.3.1971 AP Nr. 1 zu § 611 BGB Leiharbeitsverhältnis = NJW 1971, 1129; OLG Celle 22.5.1996 NJW-RR 1997, 469.

39 BGH 13.5.1975 AP Nr. 1 zu § 12 AÜG = NJW 1975, 1695 mAnm *Händel; F. Becker* NJW 1976, 1827.

40 BGH 26.1.1995 NJW-RR 1995, 659.

41 Vgl. hierzu Palandt/*Brudermüller* BGB § 1356 Rn. 7; ausf. Staudinger/*Voppel* BGB § 1353 Rn. 86.

42 Vgl. BGH 21.1.1958 AP Nr. 1 zu § 1617 BGB = NJW 1958, 706.

43 BAG 19.7.1973 AP Nr. 19 zu § 611 BGB Faktisches Arbeitsverhältnis mAnm *Buchner* = NJW 1974, 380.

44 BVerfG 7.11.1995 AP Nr. 5 zu § 611 BGB Ehegatten-Arbeitsverhältnis = NZA 1996, 470; BAG 8.1.1970 AP Nr. 14 zu § 528 ZPO; 20.7.1993 AP Nr. 4 zu § 1 BetrAVG Unverfallbarkeit = NZA 1994, 121; 9.2.1995 NZA 1996, 249 = NJW 1996, 1299; BFH 17.2.1955 AP Nr. 1 zu § 611 BGB Arbeitsverhältnis zwischen Eltern und Kindern; 6.10.1961 AP Nr. 5 zu § 611 BGB Arbeitsverhältnis zwischen Eltern und Kindern; 12.4.1979 AP Nr. 3 zu § 161 HGB; 14.10.1981 NJW 1982, 791; BGH 15.3.1989 AP Nr. 40 zu § 612 BGB = NJW-RR 1989, 706; OLG Frankfurt 11.1.1996 NZA-RR 1996, 229; LAG RhPf 28.1.2002 DB 2002, 2050; MüKoBGB/*v. Sachsen Gessaphe* § 1619 Rn. 35 mwN; zum Sozialrecht

kann die Verkehrsanschauung sprechen. Vor allem im Handwerk ist die Mitarbeit des Ehepartners üblich. Jedoch lässt sich infolge der veränderten gesellschaftlichen Verhältnisse nicht eine Vermutung aufstellen, im Zweifel sei nur eine familienrechtliche Mitarbeit gewollt.[45] Allein die Auflösung der Ehe oder Lebenspartnerschaft rechtfertigt nicht die Beendigung des Arbeitsvertrags (→ § 131 Rn. 25).[46] In einem Ehegattenarbeitsverhältnis ist nach Beendigung der AN arbeitsrechtlich nicht zur Herausgabe des Dienstfahrzeugs verpflichtet, wenn die Überlassung in Wirklichkeit eine Unterhaltsleistung war und keine arbeitsrechtliche Leistung.[47]

4. Steuerrecht. Im Steuerrecht wird ein Arbeitsverhältnis zwischen nahen Angehörigen anerkannt, wenn es klar vereinbart, ernsthaft gewollt und tatsächlich durchgeführt wird und auch zwischen Fremden ebenso abgeschlossen worden wäre.[48] Im Allgemeinen geht man davon aus, dass es bei Rechtsverhältnissen unter nahen Verwandten an einem Interessengegensatz fehlt. Es wird daher überprüft, ob mit Fremden entsprechende Entgeltregelungen vereinbart worden sind und ob das Arbeitsverhältnis auch tatsächlich durchgeführt wird. Zahlungen an den anderen Ehegatten waren nach Ansicht des BFH nur dann Betriebsausgaben, wenn sie auf ein Konto des Ehegatten erfolgten, über das dieser alleine verfügungsberechtigt ist.[49] Das BVerfG hat dagegen entschieden, dass die Anerkennung eines Ehegattenarbeitsverhältnisses nicht allein mit der Begründung verweigert werden kann, dass die Zahlung des Arbeitsentgelts auf ein oder mehrere Konten erfolgt.[50] Das von einem AG an seinen Ehegatten gezahlte Arbeitsentgelt, aus dem Beiträge nachgewiesen und gezahlt worden sind, bleibt auch insoweit beitragspflichtig, als es vom Finanzamt später nicht in vollem Umfang als Betriebsausgabe anerkannt wird.[51] 24

5. Sozialversicherung.[52] Ein **versicherungspflichtiges Beschäftigungsverhältnis** ist anzunehmen, wenn **(a)** das Familienmitglied in den Betrieb des AG eingegliedert und dessen Weisungsrecht, wenn auch in abgeschwächter Form, unterworfen ist, **(b)** regelmäßig ein der Arbeitsleistung angemessenes Arbeitsentgelt gezahlt wird, **(c)** Lohnsteuer entrichtet wird, **(d)** das Entgelt als Betriebsausgabe verbucht wird.[53] Im Rahmen der Gesamtwürdigung ist die Nichtauszahlung des vereinbarten Arbeitsentgeltes ein gewichtiges Indiz gegen die Annahme eines beitragspflichtigen Beschäftigungsverhältnisses. Sozialrechtliche Sonderregelungen gelten für Rentenansprüche mitarbeitender Familienangehöriger in der Landwirtschaft (s. § 13 III ALG). Gem. § 7a I 2 SGB IV ist das Statusfeststellungsverfahren (hierzu → § 8 Rn. 57) obligatorisch, wenn der Beschäftigte Ehegatte, Lebenspartner oder Abkömmling des AG ist. 25

6. Eheähnliches Verhältnis. Das Bestehen eines eheähnlichen Verhältnisses schließt einen Arbeitsvertrag nicht aus. Vielmehr ist nach den Umständen des Einzelfalles zu entscheiden.[54] 26

BSG 30.4.2013 BSGE 111, 257 = NZA-RR 2013, 252; 23.6.1994 AP Nr. 4 zu § 611 BGB Ehegatten-Arbeitsverhältnis = NZS 1995, 31; 21.4.1993 AP Nr. 67 zu § 611 BGB Abhängigkeit = NJW 1994, 341; 29.3.1962 AP Nr. 3 zu § 611 BGB Arbeitsverhältnis zwischen Eltern und Kindern; 29.3.1962 AP Nr. 4 zu § 611 BGB Arbeitsverhältnis zwischen Eltern und Kindern = BSGE 17, 1; BSG 29.3.1962 AP Nr. 2 zu § 611 BGB Arbeitsverhältnis zwischen Eltern und Kindern = BSGE 17, 6; 5.4.1956 AP Nr. 2 zu § 611 BGB Arbeitsverhältnis zwischen Eltern und Kindern.

[45] Vgl. für die Mitarbeit eines Kindes BGH 6.11.1990 NJW 1991, 1226.

[46] BAG 9.2.1995 NZA 1996, 249 = NJW 1996, 1299; ArbG Berlin 20.3.1990 BB 1990, 1845 (LS); LAG Köln 28.11.2002 LAGE § 1 KSchG Personenbedingte Kündigung Nr. 18 = NZA-RR 2003, 416; sehr weitgehend LAG Köln 26.1.1994 LAGE § 1 KSchG Personenbedingte Kündigung Nr. 11.

[47] LAG Köln 27.1.1999 NZA-RR 1999, 572.

[48] BFH 22.3.1988 NJW 1988, 3232 (LS); 10.8.1988 NJW 1989, 1631 = BB 1989, 540 (für eine Darlehensgewährung); 25.7.1991 DB 1991, 2264 = BB 1991, 2287; abw. zu eheähnlichen Lebensgemeinschaften BFH 14.4.88 NJW 1988, 2135 = DB 1988, 1788; 27.10.1989 NJW 1990, 734; zu Kindern BFH 25.1.1989 NJW 1989, 2152; 9.12.1993 NJW 1994, 3374; vgl. auch arbeits- und sozialrechtliche Hinweise DB 1990, 2603.

[49] BFH GS 27.11.89 NJW 1990, 853.

[50] BVerfG 19.12.1995 NJW 1996, 834; 7.11.1995 AP Nr. 5 zu § 611 BGB Ehegatten-Arbeitsverhältnis = NZA 1996, 470.

[51] BSG 7.2.2002 NJW 2002, 1972 = NZS 2002, 645.

[52] Hierzu: Grundsätze der Spitzenorganisationen der Sozialversicherung zur Beurteilung der Beschäftigung von Angehörigen, BB 2000, 2103.

[53] BSG 5.4.1956 AP Nr. 2 zu § 611 BGB Arbeitsverhältnis zwischen Eltern und Kindern = NJW 1957, 155; 21.4.1993 AP Nr. 67 zu § 611 BGB Abhängigkeit = NJW 1994, 341; vgl. auch arbeits- und sozialrechtliche Hinweise DB 1990, 2603.

[54] BAG 24.9.1960 AP Nr. 15 zu § 612 BGB; 25.1.1963 AP Nr. 2 zu § 146 KO; BSG 21.4.1993 AP Nr. 67 zu § 611 BGB Abhängigkeit = NJW 1994, 341; LAG Düsseldorf BB 1962, 716.

27 **7. Gleichgeschlechtliche Lebenspartnerschaft.**[55] Zwei Personen gleichen Geschlechts, die gegenüber dem Standesbeamten persönlich und bei gleicher Anwesenheit erklären, miteinander eine Partnerschaft auf Lebenszeit führen zu wollen (Lebenspartnerinnen oder Lebenspartner), begründen eine Lebenspartnerschaft. Durch das Gesetz zur Beendigung der Diskriminierung gleichgeschlechtlicher Gemeinschaften vom 16.2.2001 (BGBl. I 266), das in Art. 1 das Gesetz über die Eingetragene Lebenspartnerschaft (Lebenspartnerschaftsgesetz – LPartG, zul. geänd. 18.12.2018 (BGBl. I 2639)) enthält und weitere Gesetze ändert, wurden familienrechtliche Rechte und Pflichten geschaffen. Es ist aber denkbar, dass daneben auch arbeitsrechtliche Rechtsbeziehungen bestehen (→ Rn. 21 ff.). Zur Frage der betriebsrentenrechtlichen Gleichbehandlung bei der Hinterbliebenenversorgung → § 274 Rn. 158.

VIII. Sonstige Verträge

28 **1. Maklervertrag.** Der Maklervertrag (§§ 652 ff. BGB) ist **dem Werkvertrag verwandt.** Bei ihm kann eine Vergütung nur verlangt werden, wenn ein gewisser Erfolg eingetreten ist. Der Makler ist nicht zur Entfaltung einer Tätigkeit verpflichtet, es sei denn es liegt ein Maklerdienstvertrag (Makleralleinvertrag) vor.[56]

29 Auf den **Eheanbahnungsdienstvertrag** finden die Vorschriften des Maklerrechts entsprechende Anwendung.[57] Allgemeine Geschäftsbedingungen eines Partnerschaftsvermittlers, welche die mit Kunden geschlossenen Verträge als Werkverträge hinstellen und die gesamte Vergütung noch vor Bekanntgabe der Adressen Partnerschaftswilliger fällig werden lässt, sind unwirksam. Derartige Verträge sind keine Dienstverträge, sondern kommen einem Maklervertrag gleich.[58] Auch auf einen **Partnerschaftsvermittlungs- oder -anbahnungsvertrag** ist § 656 BGB entsprechend anzuwenden.[59] Das dem Vertragspartner zustehende Kündigungsrecht (§ 627 BGB) kann hier nicht in Allgemeinen Geschäftsbedingungen ausgeschlossen werden.[60]

30 **2. Miet- und Pachtvertrag.** Durch Miet- und Pachtvertrag wird der Vermieter/Verpächter verpflichtet, dem Mieter/Pächter den Gebrauch von **Sachen** zu gewähren. Dienst- und Arbeitsvertrag beziehen sich dagegen auf die menschliche Arbeitsleistung. Abgrenzungsschwierigkeiten erwachsen dann, wenn dem Dienstberechtigten bemannte Maschinen zur Verfügung zu stellen sind (auch → Rn. 19 und → § 120 Rn. 17). Ein Dienst- oder Arbeitsvertrag ist dann anzunehmen, wenn der Dienstleistungspflichtige zur Erfüllung seiner Leistung die Maschinen bemannt zu stellen hat und den Weisungen des Dienstberechtigten unterliegt.[61] Dagegen ist eine Sachmiete neben einem Dienstverschaffungsvertrag gegeben, wenn das Schwergewicht des Vertrags auf der Maschinenüberlassung liegt (Maschinenüberlassungsvertrag).[62]

31 **3. Schiedsgutachtervertrag.** Der Vertrag des Schiedsgutachters mit den Parteien steht dem Dienstvertrag näher. Er unterscheidet sich von ihm dadurch, dass der Schiedsrichter über den Parteien steht. Diese haften ihm als Gesamtschuldner auf die Vergütung. Er ist beiden Parteien zur ordnungsmäßigen Erfüllung seiner Amtspflichten verpflichtet.

32 **4. Öffentliche Bedienstete.** Beamte, Richter und Soldaten werden aufgrund eines öffentlich-rechtlich begründeten und gestalteten Dienstverhältnisses tätig. Ein **nichtiges Beamtenverhältnis** kann nicht ohne weiteres in ein Arbeitsverhältnis umgedeutet werden.[63] Nach den Beamtengesetzen des Bundes und der Länder erlischt im Allgemeinen mit der Ernennung zum Beamten ein mit demselben Dienstherrn bestehendes Arbeitsverhältnis.[64] Ein vor Ernennung zum Beamten bestehendes Arbeitsverhältnis lebt nach Rücknahme der Beamtenernennung nicht wieder auf.[65] Wird ein Beamter von seinem öffentlichen Dienstherrn unter Fortzahlung des Gehalts zur Dienstleistung bei einer privaten Einrichtung beurlaubt, kann je nach den Umstän-

55 BR-Drs. 738/00 und BR-Drs. 739/00. Vgl. *Powietzka* BB 2002, 146; *Scheurig* ZTR 2001, 289.
56 Vgl. BGH 9.11.1966 NJW 1967, 198; 8.4.1987 NJW-RR 1987, 944.
57 BGH 25.5.1983 AP Nr. 2 zu § 656 BGB = NJW 1983, 2817.
58 OLG Hamburg 28.8.1985 AP Nr. 1 zu § 611 BGB Partnervermittlung = NJW 1986, 325.
59 BGH 2.7.2009 NJW-RR 2010, 410; 4.3.2004 NJW-RR 2004, 778; 11.7.1990 BGHZ 112, 122 = NJW 1990, 2550; zu Anlaufkosten BGH 29.5.1991 EWiR AGBG § 10 Nr. 1/91.
60 BGH 1.2.1989 AP Nr. 4 zu § 627 BGB = NJW 1989, 1479.
61 BAG 13.8.1980 AP Nr. 37 zu § 611 BGB Abhängigkeit = BAGE 34, 111.
62 BAG 17.2.1993 AP Nr. 9 zu § 10 AÜG = NZA 1993, 1125; 16.6.1982 AP Nr. 41 zu § 1 TVG Tarifverträge: Bau.
63 BAG 8.12.1959 AP Nr. 18 zu § 2 ArbGG 1953 Zuständigkeitsprüfung = NJW 1960, 358.
64 Vgl. BAG 27.7.1994 AP Nr. 72 zu § 611 BGB Abhängigkeit = NZA 1995, 901.
65 BAG 24.4.1997 AP Nr. 2 zu § 611 BGB Ruhen des Arbeitsverhältnisses = NZA 1997, 1045.

den des Einzelfalles neben dem Beamtenverhältnis ein Arbeitsverhältnis mit der privaten Einrichtung zu Stande kommen.[66] Für die Rechtsverhältnisse bei der Bahn- und Post AG gibt es Sondervorschriften. Neben dem Beamtenverhältnis gibt es noch andere öffentlich-rechtliche Dienstverhältnisse, für die die Arbeitsgerichte nicht zuständig sind.[67] Dies gilt vor allem für den Hochschulbereich. Privatdozenten, Verwalter von Professorenstellen und Lehrbeauftragte stehen im Allgemeinen in einem öffentlich-rechtlichen Beschäftigungsverhältnis.[68] Das Rechtsverhältnis zu den internationalen Organisationen ist häufig beamtenähnlich ausgestaltet.[69]

5. Beschäftigungsgesellschaften.[70] Die Beschäftigten der Beschäftigungsgesellschaften stehen im Allgemeinen in einem Arbeitsverhältnis. 33

6. Virtuelles Büro.[71] Ein virtuelles Unternehmen ist dann gegeben, wenn räumlich flexibel verteilte Standorte bestehen, zeitliche Instabilität bzw. dynamische Zusammensetzung der Kooperationspartner und rechtliche und teilweise wirtschaftliche Selbständigkeit der Kooperationspartner gegeben sind, diese aber einheitlich am Markt auftreten. Der rechtliche Status der Mitarbeiter richtet sich nach der Vertragsausgestaltung. Für die Abgrenzung zwischen Dienstvertrag und Arbeitsvertrag gelten die allgemeinen arbeitsrechtlichen Grundsätze. 34

7. Call-Center.[72] Bei einem Call-Center kommen drei Vertragsbeziehungen in Betracht: **(1)** Die Durchführung der Telefonkontakte für den Auftraggeber. Hierfür wird ein Dienstvertrag zwischen dem Auftraggeber und dem Call-Center geschlossen. **(2)** Die Übernahme von Serviceleistungen. Es ist ein Vertrag zwischen dem Kunden und dem Call-Center notwendig. Das können Kaufverträge, Dienstverträge sein, aber auch Reiseverträge, Werkverträge oder Maklerverträge. Dies hängt von den Leistungen ab. **(3)** Schließlich bestehen Rechtsbeziehungen zu den AN des Call-Centers. Für die Arbeitsverträge bestehen keine arbeitsrechtlichen Besonderheiten. 35

8. Prostituierte.[73] Durch das Gesetz zur Regelung der Rechtsverhältnisse der Prostituierten vom 20.12.2001 (ProstG, BGBl. I 3983, zul. geänd. 21.10.2016, BGBl. I 2372 mWv 1.7.2017) sollen diese in die Sozialversicherung einbezogen und ihre zivilrechtliche Stellung gegenüber der bisherigen Rspr. verbessert werden. Sie erhalten gegen ihre Kunden einklagbare Vergütungsansprüche. Aus § 1 ProstG folgt aber, dass nach wie vor kein Anspruch auf Vornahme einer sexuellen Handlung begründet werden kann und andererseits Prostituierte keinen Anspruch auf Entgelt vor Vornahme einer sexuellen Handlung haben. Normiert wird demgegenüber (entgegen § 138 BGB), dass nach der Vornahme der Handlung Entgeltansprüche bestehen.[74] Der Entgeltanspruch setzt gem. § 1 S. 2 ProstG lediglich voraus, dass die/der Prostituierte sich für eine bestimmte Zeitdauer bereithält. Nach § 3 I ProstG regelt die Unzulässigkeit von Weisungen über das Ob, die Art und das Ausmaß der Erbringung sexueller Dienstleistungen. Dies schließt gem. § 3 II ProstG die Annahme eines sozialversicherungsrechtlichen Arbeitsverhältnisses im Rahmen einer abhängigen Tätigkeit nicht aus.[75] Insoweit enthält das ProstG Vorgaben für die sozialrechtliche Einordnung gem. § 7 I SGB IV,[76] die auch bei der Prüfung des arbeitsrechtlichen Arbeitnehmerbegriffs zu beachten sind. Möglich ist auch das Bestehen eines Arbeitsverhältnisses mit einem Bordellbetreiber, das die Zahlung eines Festentgeltes vorsieht. Die Bestimmung des § 138 BGB steht der Wirksamkeit des Vertrags nicht entgegen. Das Gleiche gilt für einen Vertrag, der auf das Führen von Telefonsex-Gesprächen gerichtet ist.[77] Seit dem 1.1.2017 gilt darüber hinaus das Prostituiertenschutzgesetz (ProstSchG) vom 21.10.2016 (BGBl. I 2372), das 36

---

[66] BAG 27.6.2001 AP Nr. 20 zu § 611 BGB Faktisches Arbeitsverhältnis = NZA 2002, 83.

[67] BAG 28.6.1989 AP Nr. 13 zu § 2 ArbGG 1979 = NZA 1990, 325; LAG BW 23.1.1979 AP Nr. 15 zu § 611 BGB Lehrer, Dozenten.

[68] BAG 30.11.1984 AP Nr. 43 zu § 611 BGB Lehrer, Dozenten = BAGE 47, 275; 27.6.1984 AP Nr. 42 zu § 611 BGB Lehrer, Dozenten = BAGE 46, 218.

[69] *Lörcher* PersR 1989, 34.

[70] *Filzeg* AiB 1998, 661.

[71] Bundesministerium für Bildung und Forschung, Gestaltung der Arbeit in virtuellen Unternehmen, https://virtuelleunternehmen.files.wordpress.com/2011/05/virtuelle_unternehmen.pdf.

[72] Vgl. *Ewert* AuA 2000, 305; *Menzler/Trott* RDV 1999, 257; *Middendorf/Wysocki* AuA 2000, 296; *Olbert*, Recht im Call-Center, 2001.

[73] Vgl. *Braun* AuA 2002, 457; *Laskowski* ArbuR 2002, 406; *Vahle* NZA 2002, 1977.

[74] *Majer* NJW 2008, 1926 (1927).

[75] Zur Frage der Selbständigkeit bei einer Tätigkeit in einem Nachtclub s. FG München 18.6.2009 – 15 K 2482/06; 19.3.2010 – 8 K 1157/06.

[76] HessLSG 26.3.2009 – L 1 KR 331/08 B ER.

[77] Vgl. BGH 8.11.2007 NJW 2008, 140 (zur Vermarktung von Telekommunikationsmehrwertdiensten); krit. *Majer* NJW 2008, 1926; aA LAG SchlH 14.10.2002 – 4 Sa 31/02.

insbes. Anmeldepflichten mit obligatorischen Informations- und Beratungsgesprächen, Erlaubnispflichten für das Betreiben eines Prostitutionsgewerbes, Mindestanforderungen für Prostitutionsstätten (einschließlich Prostitutionsfahrzeuge), die Freiheit von Weisungen (§ 26 ProstSchG) sowie eine Kondompflicht regelt. Ferner enthält das Gesetz Bußgeldvorschriften.

IX. Gemischte Verträge

37 **1. Mehrere Vertragstypen.** Weist das Rechtsverhältnis der Parteien **Elemente verschiedener Vertragstypen** auf, zB Arbeitsvertrag, Darlehen, Miete, so ist im Allgemeinen die Beurteilung des konkreten Streits dem jeweils einschlägigen Vertragselement zu entnehmen, und zwar in unmittelbarer oder entsprechender Anwendung seiner Normen **(Kombinationsgrundsatz).** Eine Ausnahme gilt dann, wenn das ganze Rechtsverhältnis beendet werden soll. In diesen Fällen ist die Beurteilung aus solchen Vertragselementen zu entnehmen, die eine Auflösung des Gesamtvertrags sinnvoll ermöglichen und die darüber hinaus das wirtschaftliche Schwergewicht des Vertragswerkes bilden **(Absorptionsprinzip).**[78]

38 **2. Organstellung.** Übernimmt ein Angestellter zusätzlich die Aufgaben des Geschäftsführers einer in der Rechtsform der GmbH betriebenen Tochterfirma seines AG, dann liegt in der Regel kein einheitlicher gemischter Vertrag vor, wenn sich die beiden Tätigkeitsbereiche funktional und sachlich voneinander trennen lassen. Daher können die Verträge zum AG und zur Tochterfirma selbständig gekündigt werden.[79] Zu der Frage, ob das Arbeitsverhältnis wieder auflebt, wenn der frühere AN als Geschäftsführer abberufen wird, → § 14 Rn. 4.

§ 10. Arbeitnehmerähnliche Personen

Formulare: Schaub ArbRFV-HdB/*Siebert* A. Rn. 400 ff.; *Streit,* Freie Mitarbeit, 2. Aufl., 2000.

Übersicht

I. Begriff

1 **1. Allgemeines.** Arbeitnehmerähnliche Personen sind Dienstleistende, die **mangels persönlicher Abhängigkeit** (→ § 8 Rn. 21 ff.) keine AN, aber wegen ihrer **wirtschaftlichen Abhängigkeit** keine Unternehmer sind.

2 Sie werden regelmäßig persönlich ohne Mithilfe dritter Personen tätig, sind nicht in eine fremde Betriebsorganisation eingegliedert, erbringen ihre Leistung nicht am Markt, sondern nur gegenüber bestimmten Unternehmen.[1] Der Begriff des Arbeitnehmerähnlichen findet sich u.a. in § 2 BUrlG und § 5 I 2 ArbGG, wird dort aber nicht definiert sondern als bekannt vorausgesetzt. In § 12a TVG werden als arbeitnehmerähnliche Personen solche Personen bezeichnet, die wirtschaftlich abhängig und vergleichbar einem AN sozial schutzbedürftig sind. Auch diese Bestimmung geht vom allgemeinen Begriff der arbeitnehmerähnlichen Person aus und setzt die Unterscheidung vom AN voraus.[2] Die weiteren Voraussetzungen, die § 12a TVG dann im Fol-

[78] BAG 6.2.1969 AP Nr. 1 zu § 611 BGB Gemischter Vertrag = NJW 1969, 1192; 15.8.1975 AP Nr. 32 zu § 2 ArbGG 1953 Zuständigkeitsprüfung = NJW 1976, 206.

[79] BAG 13.7.1995 AP Nr. 23 zu § 5 ArbGG 1979 = NZA 1995, 1070; 24.8.1972 AP Nr. 2 zu § 611 BGB Gemischter Vertrag.

[1] Vgl. BAG 16.7.1997 AP Nr. 37 zu § 5 ArbGG 1979 = NZA 1997, 1126; 28.6.1973 AP Nr. 2 zu § 2 BUrlG; 8.6.1967 AP Nr. 6 zu § 611 BGB Abhängigkeit; 23.12.1961 AP Nr. 2 zu § 717 ZPO; 13.9.1956 AP Nr. 2 zu § 5 ArbGG.

[2] BAG 15.3.1978 AP Nr. 26 zu § 611 BGB Abhängigkeit.

genden aufführt, beziehen sich nach der Gesetzessystematik nicht auf den allgemeinen Begriff der arbeitnehmerähnlichen Person, sondern allein auf die Anwendbarkeit des TVG, das nur für eine Sondergruppe der arbeitnehmerähnlichen Personen gelten soll.[3]

2. Begriffsmerkmale. Arbeitnehmerähnliche Personen unterscheiden sich von AN durch 3
den Grad der persönlichen Abhängigkeit, wobei vor allem die Eigenart der jeweiligen Tätigkeit zu berücksichtigen ist. Sie sind wegen einer fehlenden Eingliederung in eine betriebliche Organisation und im Wesentlichen freier Zeitbestimmung nicht persönlich abhängig. An die Stelle der persönlichen Abhängigkeit und Weisungsgebundenheit tritt das Merkmal der wirtschaftlichen Unselbständigkeit.[4] Wirtschaftliche Abhängigkeit bedeutet, dass die Dienst- oder Werkleistung für Rechnung von Auftraggebern erfolgt, die das Unternehmerrisiko tragen, aber andererseits die Dienstnehmer nach Höhe der Vergütung,[5] Art und Dauer der Tätigkeit[6] vom Dienstgeber abhängig sind. Ferner müssen Arbeitnehmerähnliche ihrer gesamten sozialen Stellung nach einem AN vergleichbar schutzbedürftig sein. Das ist der Fall, wenn das Maß der Abhängigkeit nach der Verkehrsanschauung einen solchen Grad erreicht, wie es im Allgemeinen nur in einem Arbeitsverhältnis vorkommt[7] und die geleisteten Dienste nach ihrer sozialen Typik denen eines AN vergleichbar sind.[8] Hierbei sind unter Berücksichtigung der Verkehrsanschauung die gesamten Umstände des Einzelfalles zu betrachten.[9] Arbeitnehmerähnliche können dabei auch für mehrere Auftraggeber tätig sein, kennzeichnend ist aber, dass die Beschäftigung für einen Auftraggeber wesentlich ist und die hieraus fließende Vergütung die entscheidende Existenzgrundlage darstellt.[10] Liegt zwar formal eine Tätigkeit für verschiedene Auftraggeber vor, sind diese aber wie zB in einem Konzern unter einheitlicher Leitung verbunden und besteht ein völliger Gleichlauf der Auftragsverhältnisse, ist von einer wirtschaftlichen Abhängigkeit von einem einzigen Auftraggeber auszugehen.[11]

3. Einzelfälle. Zu den arbeitnehmerähnlichen Personen gehören vor allem: Heimarbeiter, 4
Hausgewerbetreibende und Zwischenmeister (→ § 163 Rn. 1 ff.), Handelsvertreter, hier vor allem die Einfirmenvertreter mit geringem Einkommen (→ § 11 Rn. 1 ff.) und freie Mitarbeiter. Weitere Beispielsfälle, in denen die Rspr. die Arbeitnehmerähnlichkeit angenommen hat: Callcenteragentin,[12] Dozent bei einem gewerblichen Weiterbildungsinstitut,[13] Dozent/Kursusleiter eines juristischen Repetitoriums,[14] Frachtführer, der nur für einen Auftraggeber tätig ist,[15] Franchisenehmer,[16] freie Mitarbeiter von Rundfunk- und Fernsehanstalten,[17] Geschäftsführer einer Betriebskrankenkasse,[18] Kommissionär,[19] Liquidator, der aufgrund eines Generalvertrags für wechselnde Treuhandgesellschaften tätig ist,[20] Motorrad-Rennfahrerin im Rahmen eines

---

[3] BAG 17.10.1990 AP Nr. 9 zu § 5 ArbGG = NZA 1991, 402.

[4] BAG 21.1.2019 AP Nr. 75 zu § 5 ArbGG 1979 = NZA 2019, 490; 21.12.2010 AP Nr. 68 zu § 5 ArbGG 1979 = NZA 2011, 309; 16.7.1997 AP Nr. 37 zu § 5 ArbGG 1979 = NZA 1997, 1126; 11.4.1997 AP Nr. 30 zu § 5 ArbGG 1979 = NZA 1998, 499; 15.4.1993 AP Nr. 12 zu § 5 ArbGG 1979 = NZA 1993, 789.

[5] BGH 21.10.1998 NJW 1999, 648 = NZA 1999, 110; vgl. *Lund* BArbBl. 1974, 682 (683); *Wlotzke* DB 1974, 2252 (2257).

[6] BAG 8.6.1967 AP Nr. 6 zu § 611 BGB Abhängigkeit.

[7] BAG 2.10.1990 AP Nr. 1 zu § 12a TVG = NZA 1991, 239.

[8] Vgl. BAG 21.1.2019 AP Nr. 75 zu § 5 ArbGG 1979 = NZA 2019, 490; 15.11.2005 AP Nr. 12 zu § 611 BGB Arbeitnehmerähnlichkeit = NZA 2007, 1230 (LS); 17.12.1968 AP Nr. 17 zu § 5 ArbGG 1953; 23.12.1961 AP Nr. 2 zu § 717 ZPO.

[9] BAG 16.7.1997 AP Nr. 37 zu § 5 ArbGG 1979 = NZA 1997, 1126; 11.4.1997 AP Nr. 30 zu § 5 ArbGG 1979 = NZA 1998, 499; 15.4.1993 AP Nr. 12 zu § 5 ArbGG 1979 = NZA 1993, 789.

[10] BAG 21.12.2010 AP Nr. 68 zu § 5 ArbGG 1979 = NZA 2011, 309; 17.10.1990 AP Nr. 9 zu § 5 ArbGG 1979 = NZA 1991, 402; 28.6.1973 AP Nr. 2 zu § 2 BUrlG.

[11] LAG Bln-Bbg 31.8.2010 NZA-RR 2010, 657.

[12] LAG Bln 6.5.2003 LAGE § 2 ArbGG 1979 Nr. 42.

[13] BAG 11.4.1997 AP Nr. 30 zu § 5 ArbGG 1979 = NZA 1998, 499; HessLAG 11.7.1996 ZTR 1996, 518 (LS).

[14] LAG Hamm 22.8.1989 AP Nr. 7 zu § 5 ArbGG 1979; LAG Bln 18.5.1998 NZA 1998, 943.

[15] LAG Köln 29.5.2006 BB 2006, 2312 (LS).

[16] BAG 16.7.1997 AP Nr. 37 zu § 5 ArbGG 1979 = NZA 1997, 1126; BGH 4.11.1998 NZA 1999, 53 = NJW 1999, 218.

[17] BAG 17.10.1990 AP Nr. 9 zu § 5 ArbGG 1979 = NZA 1991, 402.

[18] BAG 25.7.1996 AP Nr. 28 zu § 5 ArbGG 1979 = NZA 1997, 62.

[19] BAG 8.9.1997 AP Nr. 38 zu § 5 ArbGG 1979 = NZA 1997, 1302.

[20] BAG 19.12.1997 AP Nr. 40 zu § 5 ArbGG 1979 = NZA 1998, 668.

„Sportvertrags" für einen Motorradentwickler,[21] Rundfunkgebührenbeauftragter mit geringem Einkommen,[22] Theaterintendant.[23] Bei Vorliegen der oben genannten Voraussetzungen (→ Rn. 3) können auch Crowdworker als arbeitnehmerähnliche Personen anzusehen sein,[24] vgl. hierzu auch → § 8 Rn. 41. Im Allgemeinen keine arbeitnehmerähnlichen Personen sind selbständige Architekten, Rechtsanwälte[25] usw. oder solche Personen, die für mehrere Auftraggeber arbeiten dürfen, es sei denn, dass ihre Arbeitskraft praktisch in vollem Umfang von einem in Anspruch genommen wird. Nicht arbeitnehmerähnlich ist ein Rechtsanwalt jedenfalls dann, wenn er im Rahmen eines Sozietätsvertrags tätig wird, der berufsrechtlichen Anforderungen genügt.[26] Ein bei einem anderen Rechtsanwalt angestellter Anwalt kann aber AN sein (→ § 8 Rn. 48). Keine arbeitnehmerähnlichen Personen sind zB Beschäftigte im Rahmen von Arbeitsgelegenheiten mit Mehraufwandsentschädigung (Ein-Euro-Jobs),[27] Rote-Kreuz-Schwestern (zur Arbeitnehmereigenschaft → § 8 Rn. 19)[28] sowie Künstler im Rahmen von einmaligen, kurzfristigen Dienstleistungen.[29] Arbeitnehmerähnliche Personen sind dagegen Menschen, die in einer Werkstatt für behinderte Menschen tätig sind (§ 221 I SGB IX). Wenn allerdings das Erbringen einer wirtschaftlich verwertbaren Leistung und nicht lediglich die Ermöglichung einer angemessenen Beschäftigung Hauptzweck der Beschäftigung ist, sind sie AN.[30]

5 **4. § 12a TVG.** Eine Sonderregelung für eine besondere Personengruppe enthält § 12a TVG. Zweck der Norm ist die Regelung der Rechtsverhältnisse der freien Mitarbeiter bei den **Rundfunk- und Fernsehanstalten.**[31] Diese Beschäftigten fallen dann zugleich unter die Zuständigkeitsregel des § 5 I 2 ArbGG.[32] Um der sozialen Schutzbedürftigkeit dieser Beschäftigtengruppe Rechnung zu tragen, bestimmt das Gesetz, dass für sie Tarifverträge abgeschlossen werden können, sofern bestimmte zusätzliche Voraussetzungen (s. § 12a I und II TVG) vorliegen. Die Tarifvertragsparteien sind dabei nach Ansicht des BAG befugt, den Geltungsbereich von Tarifverträgen für arbeitnehmerähnliche Personen selbst zu bestimmen und den unbestimmten Rechtsbegriff iSv § 12a TVG auszufüllen, solange sie sich am Leitbild des § 12a TVG orientieren.[33] **Handelsvertreter** iSv § 84 HGB sind von der Regelung des § 12a TVG gem. Abs. 4 ausdrücklich ausgenommen. In der Lit. ist umstr., ob diese Ausnahme verfassungsgemäß ist[34] oder gegen Art. 3 I GG verstößt.[35]

II. Rechtsfolgen

6 **1. Allgemeines.** Die für die Vertragsbeziehung anwendbaren Rechtsvorschriften richten sich nach dem jeweils zugrunde liegenden Vertragstyp, zB Dienstvertrag (§§ 611 ff. BGB, insbes. §§ 615, 616 BGB), Werkvertrag (§§ 631 ff. BGB), Werklieferungsvertrag (§ 651 BGB). Für Arbeitnehmerähnliche gilt u.a. auch das AGB-Recht (§§ 305 ff. BGB),[36] nicht aber die Bestimmung des § 310 IV 2 BGB.[37]

---

[21] BAG 17.6.1999 AP Nr. 39 zu § 17a GVG = NZA 1999, 1175.
[22] BAG 15.2.2005 AP Nr. 6 zu § 12a TVG = NZA 2006, 223; 30.8.2000 AP Nr. 75 zu § 2 ArbGG 1979 = NZA 2000, 1359; anders bei hohem Einkommen BAG 2.10.1990 AP Nr. 1 zu § 12a TVG = NZA 1991, 239.
[23] BAG 17.12.1968 AP Nr. 17 zu § 5 ArbGG 1953; anders bei einem nebenberuflichen Intendanten: BAG 16.8.1977 AP Nr. 23 zu § 611 BGB Abhängigkeit.
[24] *Hanau* NJW 2016, 2613 (2616); *Däubler/Klebe* NZA 2015, 1032 (1035 f.).
[25] LAG Köln 3.2.2011 NZA-RR 2011, 211.
[26] BAG 15.4.1993 AP Nr. 12 zu § 5 ArbGG 1979 = NZA 1993, 789; vgl. dagegen für einen „Scheinsozius" HessLAG 1.6.1995 NZA-RR 1996, 64.
[27] BAG 26.9.2007 AP Nr. 3 zu § 16 SGB II = NZA 2007, 1422; auch → § 8 Rn. 15.
[28] BAG 6.7.1995 AP Nr. 22 zu § 5 ArbGG 1979 = NZA 1996, 33.
[29] BAG 6.12.1974 AP Nr. 14 zu § 611 BGB Abhängigkeit.
[30] LAG SchlH 21.1.2016 NZA-RR 2016, 291.
[31] BAG 17.10.1990 AP Nr. 9 zu § 5 ArbGG = NZA 1991, 402; Wiedemann/*Wank* TVG § 12a Rn. 23.
[32] BAG 17.10.1990 AP Nr. 9 zu § 5 ArbGG = NZA 1991, 402.
[33] BAG 15.2.2005 AP Nr. 6 zu § 12a TVG = NZA 2006, 223; anders noch BAG 2.10.1990 AP Nr. 1 zu § 12a TVG = NZA 1991, 239.
[34] So *Löwisch/Rieble* TVG § 12a Rn. 3; ErfK/*Franzen* TVG § 12a Rn. 2.
[35] So Wiedemann/*Wank* TVG § 12a Rn. 53.
[36] Offen gelassen für das alte Recht im AGBG BGH 18.2.1982 AP Nr. 1 zu § 23 AGBG; bejahend ErfK/*Preis* BGB § 611a Rn. 83.
[37] ErfK/*Preis* BGB §§ 305–310 Rn. 10.

2. Arbeitsrechtliche Gesetze. Arbeitsrechtliche Bestimmungen, die das Vorliegen eines Arbeitsverhältnisses voraussetzen, sind für arbeitnehmerähnliche Personen grundsätzlich nicht anwendbar.[38] Einzelne Arbeitsrechtsnormen gelten aber aufgrund ausdrücklicher Regelung auch für arbeitnehmerähnliche Personen oder für bestimmte Gruppen von ihnen. Nach § 5 ArbGG sind für ihre Rechtsstreitigkeiten die Arbeitsgerichte zuständig.[39] Arbeitnehmerähnliche Personen haben einen Urlaubsanspruch nach § 2 BUrlG (→ § 104 Rn. 138 ff.). Anwendbar ist das am 1.7.2008 in Kraft getretene PflegeZG (s. § 7 I Nr. 3 PflegeZG).[40] Für Handels- und Versicherungsvertreter, die entweder aufgrund vertraglicher Vereinbarung oder wegen des Umfangs ihrer Inanspruchnahme nur für einen Unternehmer tätig werden können (§ 92a I HGB), kann durch RechtsVO die untere Grenze der vom Dienstgeber zu gewährenden Leistungen festgesetzt werden. Ihre Vergütungsforderung kann im Insolvenzverfahren Masseforderung sein (§ 55 InsO). Weitere arbeitsrechtliche Normen, die Arbeitnehmerähnliche erfassen, sind § 2 II Nr. 3 ArbSchG, § 6 I Nr. 3 AGG sowie § 221 SGB IX. Nicht anwendbar ist das EFZG. Sofern ein Dienstvertrag vorliegt, gilt bei einer Arbeitsverhinderung § 616 BGB. 7

Die besondere Schutzbedürftigkeit der arbeitnehmerähnlichen Personen kann es rechtfertigen, einzelne arbeitsrechtliche Vorschriften entsprechend anzuwenden.[41] Arbeitnehmerähnlichen gegenüber besteht eine Fürsorgepflicht. Ferner wird ihnen ein Zeugnisanspruch (bei Vorliegen eines Dienstvertrags folgt das schon aus § 630 BGB) zuzubilligen sein. Nicht anwendbar sind die Grundsätze der privilegierten Arbeitnehmerhaftung (→ § 59 Rn. 24 ff.).[42] Dagegen spricht u. a., dass auch die nunmehr eingeführte Haftungsnorm des § 619a BGB, die allerdings die Arbeitnehmerhaftung nur partiell regelt, lediglich AN erfasst. Die vertraglichen Nebenpflichten des freien Mitarbeiters sind geringer ausgestaltet. Ihm obliegen keine Treuepflichten außerhalb seines Aufgabenbereiches. So braucht er zB Verstöße Dritter gegen ein vertragliches Wettbewerbsverbot dann nicht anzuzeigen, wenn sich der Pflichtverstoß des Dritten außerhalb des Aufgabenbereiches des freien Mitarbeiters vollzieht.[43] Keine Anwendung findet § 613a BGB.[44] Zur Geltung des BetrVG → § 212 Rn. 8, zur Geltung des BetrAVG → § 273 Rn. 17. 8

Gesetzliche Regelungen für eine besondere Gruppe der arbeitnehmerähnlichen Personen sind im HAG enthalten (→ § 163 Rn. 1 ff.). Die in Heimarbeit Beschäftigten sowie im Allgemeinen die ihnen Gleichgestellten haben Anspruch auf wirtschaftliche Sicherung im Krankheitsfall sowie auf Feiertagsbezahlung (§§ 10, 11 EFZG). Für Heimarbeiter gelten gem. § 5 I 2 BetrVG die Bestimmungen des BetrVG (→ § 212 Rn. 6b). Heimarbeiter und ihnen Gleichgestellte können Anspruch auf Gewährung von Insolvenzgeld haben (§§ 183 ff. SGB III; → § 94 Rn. 3). 9

3. Vertragsbeendigung/Kündigungsschutz. Das KSchG ist nicht, auch nicht entsprechend anwendbar.[45] Das Gleiche gilt für den Sonderkündigungsschutz nach den § 17 MuSchG, §§ 168 ff. SGB IX, § 2 ArbPlSchG.[46] Es gilt aber der Sonderkündigungsschutz nach § 5 PflegeZG (s. § 7 I Nr. 3 PflegeZG).[47] Nicht anzuwenden sind die Befristungsregelungen des TzBfG. Ein Sachgrund für eine Befristung ist daher nicht erforderlich,[48] und zwar grundsätzlich auch nicht für Heimarbeiter (näher → § 163 Rn. 58).[49] Kündigungsschutz kann aber durch Tarifvertrag geschaffen sein. Ob der aus Art. 12 GG abzuleitende Mindestkündigungsschutz[50] besteht, ist bisher nicht entschieden.[51] Die Frage ist zu bejahen, weil Arbeitnehmerähnliche aufgrund ihrer wirtschaftlichen Abhängigkeit in gleicher Weise eines Willkürschut- 10

---

[38] ErfK/*Preis* BGB § 611a Rn. 83; MHdB ArbR/*Schneider* § 21 Rn. 4.
[39] BAG 17.10.1990 AP Nr. 9 zu § 5 ArbGG 1979; 5.9.1997 AP Nr. 38 zu § 5 ArbGG 1979 = NZA 1997, 1302.
[40] S. hierzu *Freihube/Sasse* DB 2008, 1320; *Preis/Nehring* NZA 2008, 729; *Linck* BB 2008, 2738.
[41] ErfK/*Preis* BGB § 611a Rn. 83; KR/*Rost/Keutzberg-Kowalczyk* ArbNähnl. Pers. Rn. 42 ff.; abw. *Neuvians,* Die arbeitnehmerähnliche Person, 171.
[42] BGH 7.10.1969 AP Nr. 51 zu § 611 BGB Haftung des Arbeitnehmers = NJW 1970, 34; LAG Bln 29.10.1990 LAGE § 611 BGB Arbeitnehmerhaftung Nr. 15; 11.4.2003 AR-Blattei ES 160.10.2 (1979) Nr. 70; ErfK/*Preis* BGB § 619a Rn. 19; aA *Hromadka* NZA 1997, 569 (578, 579).
[43] Vgl. BGH 23.2.1989 AP Nr. 9 zu § 611 BGB Treuepflicht.
[44] BAG 3.7.1980 AP Nr. 23 zu § 613a BGB (für Heimarbeiter).
[45] ErfK/*Oetker* KSchG § 1 Rn. 27.
[46] Für Heimarbeiter → § 163 Rn. 56.
[47] Krit. hierzu *Freihube/Sasse* DB 2008, 1320 (1322); *Preis/Nehring* NZA 2008, 730.
[48] APS/*Steffan/Backhaus* BGB § 620 Rn. 2.
[49] APS/*Steffan/Backhaus* BGB § 620 Rn. 3.
[50] BVerfG 27.1.1998 BVerfGE 97, 169 = AP Nr. 17 zu § 23 KSchG 1969 = NZA 1999, 470 (für Kleinbetriebe); hierzu → § 129 Rn. 4 ff.
[51] So *Appel/Frantzioch* ArbuR 1998, 93 (97); wN bei APS/*Preis* Grundlagen C. Rn. 72.

zes bedürfen wie zB AN in Kleinbetrieben. Es gelten die Kündigungsfristen gem. § 621 BGB, nicht dagegen die verlängerten Kündigungsfristen des § 622 BGB[52] oder die Fristen nach § 29 III und IV HAG (→ § 163 Rn. 48 ff.).[53] Bei langjähriger Beschäftigung gilt bei zweckbefristeten Verträgen und bei ständig wiederholten Einzelbeauftragungen nach älteren Entscheidungen des BAG aufgrund der Fürsorgepflicht eine zweiwöchige Ankündigungsfrist, wobei das Gericht auf die damals geltende Frist des § 29 HAG abstellte.[54] Nach der Änderung der Kündigungsfristen im HAG ist davon auszugehen, dass sich die Ankündigungsfrist in Anlehnung an die Regeln des § 29 HAG verlängert.[55] Dabei ist eine Dauerrechtsbeziehung, die eine Ankündigungsfrist auslöst, anzunehmen, wenn die Dauer und Häufigkeit der befristeten Beschäftigungen dies im Einzelfall geboten erscheinen lassen.[56] Jedenfalls nach einer mehr als sechsmonatigen durchgehenden Tätigkeit ist hiervon auszugehen. Insoweit kann auf die gesetzgeberische Wertung der § 1 I KSchG, § 173 I Nr. 1 SGB IX zurückgegriffen werden.

11 **4. Steuerrecht.**[57] Im Steuerrecht ist die wirtschaftliche Abhängigkeit kein Merkmal des Arbeitnehmerbegriffs (→ § 8 Rn. 58). Die arbeitsrechtliche Qualifizierung als arbeitnehmerähnliche Person führt steuerrechtlich nicht zu einer Arbeitnehmereigenschaft.[58] Arbeitnehmerähnliche sind daher nicht lohnsteuer- (§ 1 I LStDVO), sondern **einkommensteuerpflichtig** (§§ 1, 2, 18, 19, 38 EStG).

12 **5. Sozialversicherungsrecht.**[59] Die Versicherungspflicht in der **gesetzlichen Krankenversicherung** hängt ab (§ 5 I Nr. 1 SGB V) **(1)** von der Zugehörigkeit zum Kreis der Angestellten, Arbeiter oder zur Berufsausbildung Beschäftigten, **(2)** dem Bestehen eines Beschäftigungsverhältnisses und **(3)** der Beschäftigung gegen Entgelt. Beschäftigung ist die nicht selbständige Arbeit, insbesondere in einem Arbeitsverhältnis. Als Beschäftigung gilt auch der Erwerb beruflicher Kenntnisse (§ 7 II SGB IV). Nach der Rspr. des BSG setzt ein Arbeitsverhältnis voraus, dass der AN vom AG persönlich abhängig ist.[60] Das Arbeitsentgelt ist in § 14 (iVm § 7 I 1) SGB IV definiert. Hieraus folgt, dass freie Mitarbeiter grundsätzlich nicht in der Krankenversicherung versicherungspflichtig sind. Es werden aber strenge Anforderungen zur Abgrenzung von AN gestellt (§ 8 III 1 SGB IV). Dasselbe gilt grundsätzlich für die **gesetzliche Rentenversicherung** (§ 1 SGB VI). Versicherungspflichtig sind hier aber gem. § 2 Nr. 9 SGB VI Selbständige, die keinen versicherungspflichtigen AN beschäftigen und auf Dauer und im Wesentlichen nur für einen Auftraggeber tätig sind. Besonderheiten können für Heimarbeiter, Hausgewerbetreibende[61] und Künstler bestehen. Heimarbeiter gelten nach § 12 II SGB IV als Beschäftigte. In der **gesetzlichen Unfallversicherung** versichert sind gem. § 2 II 1 SGB VII Beschäftigte, die nicht AN sind, aber wie ein nach § 2 I Nr. 1 SGB VII Versicherter tätig werden. Hierzu gehört, dass es sich um eine ernstliche, einem fremden Unternehmen dienende, dem Willen des Unternehmers entsprechende Tätigkeit handelt, die ungeachtet des Beweggrundes des Tätigwerdens ihrer Art nach sonst von einer Person verrichtet werden könnte, welche in einem abhängigen Beschäftigungsverhältnis steht.[62] Für diese Personen gilt dann auch der Haftungsausschluss gem. §§ 104, 105 SGB VII.

III. Heimarbeit

13 Das Recht der Heimarbeit ist im Heimarbeitsgesetz (HAG) geregelt. Erfasst werden Heimarbeiter, Hausgewerbetreibende und Zwischenmeister. Soziologisch stehen diese Personen zwi-

[52] BAG 8.5.2007 AP Nr. 15 zu § 611 BGB Arbeitnehmerähnlichkeit = BB 2007, 2298; ErfK/*Müller-Glöge* BGB § 622 Rn. 6; aA LAG Köln 29.5.2006 BB 2006, 2312.
[53] BAG 8.5.2007 AP Nr. 15 zu § 611 BGB Arbeitnehmerähnlichkeit = BB 2007, 2298; aA *Hromadka* NZA 1997, 2249 (2256).
[54] BAG 7.1.1971 AP Nr. 8 zu § 611 BGB Abhängigkeit; 8.6.1967 AP Nr. 6 zu § 611 BGB Abhängigkeit; KR/*Lipke* BGB § 620 Rn. 5; ErfK/*Müller-Glöge* BGB § 620 Rn. 4.
[55] KR/*Treber* ArbNähnl. Pers. Rn. 84; KDZ/*Zwanziger/Däubler* BGB § 620 Rn. 3.
[56] Ausf. KR/*Treber* ArbNähnl. Pers. Rn. 79 ff.
[57] *Olbing* ZIP 1999, 226.
[58] BFH 2.12.1998 BFHE 188, 101 = NZA-RR 1999, 376.
[59] *Kunz/Kunz* DB 1999, 583; *Kunz* BuW 1999, 235.
[60] BSG 1.12.1977 AP Nr. 27 zu § 611 BGB Abhängigkeit.
[61] *Schmidt/Koberski/Tiemann/Wascher* HAG Anh. § 19 Rn. 211 ff.
[62] BSG 17.3.1992 NZA 1992, 862 mwN.

schen den AN und Unternehmern. Wegen der insoweit geltenden Rechtsbeziehungen und der Anwendbarkeit arbeitsrechtlicher Schutzvorschriften → § 163 Rn. 1 ff.

§ 11. Handelsvertreter

Formulare: Schaub ArbRFV-HdB/*Siebert* A. Rn. 388 ff.

Übersicht

I. Begriff

1. Handelsvertreter. Handelsvertreter ist, wer als **selbständiger Gewerbetreibender** ständig damit betraut ist, für einen anderen Unternehmer Geschäfte zu vermitteln oder in dessen Namen abzuschließen (§ 84 I 1 HGB; s. auch die nahezu gleichlautende Definition in Art. 1 (2) der Richtlinie 86/653/EWG des Rates vom 18.12.1986 (Handelsvertreterrichtlinie, ABl. EG L 382, 17)).[1] Er unterscheidet sich vom kaufmännischen Angestellten durch seine **Selbständigkeit** (§ 84 II HGB). Nach § 84 I 2 HGB ist selbständig, wer im Wesentlichen frei seine Tätigkeit gestalten und seine Arbeitszeit bestimmen kann. Wegen der Einzelheiten → § 8 Rn. 21 ff., → § 8 Rn. 35. Dabei kommt es nicht allein auf die vertragliche Vereinbarung, sondern auch auf die tatsächliche Ausgestaltung des Vertrags an (→ § 8 Rn. 31). Handelsvertreter sind Kaufleute, es sei denn, dass das Unternehmen nach Art und Umfang einen in kaufmännischer Weise eingerichteten Geschäftsbetrieb nicht erfordert (§ 1 HGB). 1

2. Einfirmenvertreter. Einfirmenvertreter sind Handelsvertreter, die vertraglich nicht für mehrere Unternehmen tätig sein dürfen oder denen dies nach Art und Umfang der von ihnen verlangten Tätigkeit nicht möglich ist (§ 92a I HGB). Die Abgrenzung gilt entsprechend für Versicherungsvertreter (§ 92a II HGB). 2

3. Scheinselbständigkeit. Haben Parteien einen Handelsvertretervertrag geschlossen, so kann sich gleichwohl ergeben, dass der zur Dienstleistung Verpflichtete nicht als selbständiger Handelsvertreter, sondern als unselbständiger Angestellter tätig geworden ist und dass Streitigkeiten aus dem Vertragsverhältnis in die Zuständigkeit der Arbeitsgerichte fallen. Die Abgrenzung richtet sich nach dem Grad der persönlichen Abhängigkeit (→ § 8 Rn. 21 ff., → § 8 Rn. 35). Ob echte oder nur Scheinselbständigkeit vorliegt, ist in der Gesamtwürdigung von Vertrag und tatsächlicher Handhabung zu ermitteln. Immer dann, wenn die mit der Rechtsstellung eines Handelsvertreters verbundenen Vorteile zu weit eingeschränkt werden, wird dieser zum AN. Das gilt insbesondere dann, wenn ihm nur die Übernahme des wirtschaftlichen Risikos der Tätigkeit verbleibt.[2] 3

II. Anwendung des Arbeitsrechts

1. Dienstverhältnis. Das zwischen Handelsvertreter und Auftraggeber bestehende **Rechtsverhältnis** ist ein auf Geschäftsbesorgung gerichteter unabhängiger Dienstvertrag, auf den §§ 84 ff. HGB,[3] hilfsweise §§ 611 ff. BGB sowie § 675 BGB iVm §§ 663, 665, 670, 672–674 BGB anwendbar sind. Ein Zeugnisanspruch gem. § 630 BGB besteht, sofern der Handelsvertreter Arbeitnehmerähnlicher bzw. Einfirmenvertreter ist.[4] Der sozialen Absicherung dient eine Verlängerung der Kündigungsfristen nach § 89 HGB, die teilweise über die 4

[1] Vgl. zur nebenberuflichen Tätigkeit als Handelsvertreter *Valdini* MDR 2019, 774.
[2] OLG Düsseldorf 5.12.1997 NZA-RR 1998, 145.
[3] Die am 1.1.1990 in Kraft getretenen Änderungen des Handelsvertreterrechts gehen zurück auf die EG-Richtlinie zur Koordinierung des Handelsvertreterrechts vom 18.12.1986 (ABl. EG 1986 L 382, 17).
[4] ErfK/*Müller-Glöge* BGB § 630 Rn. 2; MüKoBGB/*Henssler* § 630 Rn. 9; Erman/*Belling/Riesenhuber* BGB § 630 Rn. 3; abl. für Einfirmenvertreter OLG Celle 23.5.1967 BB 1967, 775; auch → § 10 Rn. 8.

des § 622 BGB hinausgehen. Ferner findet § 626 II BGB auf die fristlose Kündigung des Vertrags nach § 89a HGB keine Anwendung.[5] Bei Beendigung des Vertragsverhältnisses erlangt der Handelsvertreter einen Ausgleichsanspruch nach § 89b HGB. Das **Arbeitsrecht** findet grundsätzlich **keine Anwendung.** Nach § 12a IV TVG gilt das Tarifvertragsrecht für Handelsvertreter nicht, und zwar auch dann nicht, wenn sie als arbeitnehmerähnliche Personen anzusehen sind. In der Lit. ist umstr., ob diese Ausnahme verfassungsgemäß ist oder ob sie gegen Art. 3 I GG verstößt.[6]

5 **2. Einfirmenvertreter.** Wegen der wirtschaftlichen Abhängigkeit gelten **einige Vorschriften des formellen Arbeitsrechts** auch für den Einfirmenvertreter: **(a)** Nach § 92a HGB können Mindestleistungen des Unternehmers durch RechtsVO festgesetzt werden. Eine entspr. RechtsVO ist bisher nicht erlassen. **(b)** Nach § 5 III ArbGG gelten Einfirmenvertreter als AN im Sinne des ArbGG, wenn sie während der letzten sechs Monate des Vertragsverhältnisses durchschnittlich nicht mehr als 1 000 EUR an Vergütung bezogen haben. Dabei sind die letzten 6 Monate auch dann maßgebend, wenn der Handelsvertreter in diesen Monaten nicht gearbeitet und nichts verdient hat. Nach dem Wortlaut des Gesetzes ist nämlich allein auf den rechtlichen Bestand des Vertragsverhältnisses abzustellen.[7] Bei der Berechnung der Vergütung ist von den tatsächlich erzielten Bezügen auszugehen;[8] dabei bleiben rückzahlbare Provisionsvorschüsse außer Betracht.[9] Die Vergütungsgrenze kann durch Rechtsverordnung erhöht werden (bislang unverändert). Für Rechtsstreitigkeiten der Einfirmenvertreter mit dem Unternehmer sind die Arbeitsgerichte ausschließlich zuständig. **(c)** Für die unter (b) genannten Einfirmenvertreter gilt ein Vorrecht im Insolvenzverfahren wie bei AN (§§ 55 ff. InsO). **(d)** Einfirmenvertreter haben einen Zeugnisanspruch (→ Rn. 4). **(e)** Dem Unternehmer obliegen Fürsorgepflichten.

6 **3. Urlaub.** Handelsvertreter haben Anspruch auf Urlaub nach dem BUrlG, wenn sie zu dem Kreis der **arbeitnehmerähnlichen Personen** iSv § 2 BUrlG gehören (→ § 104 Rn. 138 ff.). Ob dies der Fall ist, entscheidet sich nach der allgemeinen Begriffsbestimmung (insoweit → § 10 Rn. 1 ff.). Regelmäßig sind nur Einfirmenvertreter wirtschaftlich abhängig, weil andere Handelsvertreter bei Wegfall eines Unternehmens für ein anderes tätig werden können, es sei denn, dass gerade das Unternehmen wegfällt, auf dem der wesentliche Verdienst und die Lebensgrundlage beruhen. Zur Berechnung des Urlaubsentgelts bei erfolgsabhängiger Vergütung → § 104 Rn. 105.

III. Steuer und Sozialversicherung

7 Handelsvertreter sind nicht lohnsteuerpflichtig, weil sie keine AN iSv § 1 II LStDVO sind. Sie haben Einkommensteuer zu zahlen. Sie unterliegen grundsätzlich nicht der Sozialversicherung (§§ 2, 7 SGB IV), können aber unter den Voraussetzungen des § 2 I Nr. 9 SGB VI rentenversicherungspflichtig sein, dh wenn sie im Wesentlichen für einen Auftraggeber tätig sind und selbst keine AN beschäftigen. Zur Sozialversicherungspflicht auch → § 10 Rn. 12.

§ 12. Berufliche Gliederung der Arbeitnehmer

Übersicht

5 BGH 3.7.1986 AP Nr. 23 zu § 626 BGB = NJW 1987, 57.
6 Nachw. bei → § 10 Rn. 5.
7 BAG 15.2.2005 AP Nr. 60 zu § 5 ArbGG 1979 = NZA 2005, 487; Düwell/Lipke/*Krasshöfer* ArbGG § 5 Rn. 8; GK-ArbGG/*Schleusener* § 5 Rn. 161.
8 LAG BW 27.12.1965 DB 1966, 908 (LS); HessLAG 12.4.1995 NZA 1995, 1071; vgl. auch OLG Stuttgart BB 1966, 1396; ErfK/*Koch* ArbGG § 5 Rn. 12.
9 BAG 9.12.1963 AP Nr. 27 zu § 2 ArbGG 1953 = NJW 1964, 497; ErfK/*Koch* ArbGG § 5 Rn. 12.

I. Überblick

1. Gliederung. Der beruflichen Gliederung kommt im Arbeitsrecht **kaum noch rechtliche Bedeutung** zu. Man unterscheidet im Wesentlichen: 1

(1) **Gewerbliche AN: (a)** gewerbliche Arbeiter (Gesellen, Gehilfen, Fabrikarbeiter); die Unterscheidung zwischen Handwerk und Industrie spielt arbeitsrechtlich nur noch im Ausbildungsrecht eine Rolle (→ § 173 Rn. 11), **(b)** die gewerblichen Angestellten, **(c)** gewerblichen Auszubildende, **(d)** Praktikanten.

(2) Die in einem **Handelsgewerbe beschäftigten AN: (a)** kaufmännische Angestellte: **(aa)** Handlungsgehilfen, **(bb)** Auszubildende, **(cc)** Handlungsvolontäre, **(b)** gewerbliche AN, **(c)** Schiffsbesatzungen auf **(aa)** Seeschiffen, **(bb)** Binnenschiffen, **(cc)** Flößen.

(3) Die im **Bergbau beschäftigten AN: (a)** Bergarbeiter, **(b)** technische Bergbauangestellte (zB Steiger, Grubeninspektoren usw.), **(c)** kaufmännische Bergbauangestellte (zB Buchhalter, Verkäufer, Einkäufer usw.).

(4) **Land- und forstwirtschaftliche AN: (a)** Landwirtschaftliche Arbeiter, **(b)** landwirtschaftliche Angestellte (zB Inspektoren, Güterverwalter, Privatförster usw.), **(c)** landwirtschaftliche Auszubildende und Volontäre.

(5) **Hausangestellte: (a)** Hausangestellte, die mit einfacheren Diensten beschäftigt werden, vor allem die Hausgehilfinnen, **(b)** Hausangestellte, die mit höheren Diensten beschäftigt werden (zB Privatsekretäre, Hauslehrer, Hausdamen, Kindergärtnerinnen [Erzieherinnen] usw.).

(6) Sonstige AN.

2. Praktische Bedeutung. Die Gliederung hat ihre Bedeutung weitgehend verloren, weil gesetzliche Spezialregelungen kaum noch bestehen. Völlig überholt ist sie aber noch nicht, weil zB noch Sonderregeln nach §§ 8 III, 14 II, 17 II JArbSchG, § 617 BGB sowie dem SeeArbG gelten. 2

II. Arbeiter und Angestellte

Die AN wurden in die Gruppe der Arbeiter und Angestellten gegliedert, wobei als Angestelltentätigkeit eine überwiegend geistige Tätigkeit und als Arbeitertätigkeit eine überwiegend körperliche Tätigkeit angesehen wurde. Im Zuge der fortschreitenden Technisierung und der Notwendigkeit stärkerer Ausbildung aller AN wurde die Unterscheidung immer fragwürdiger. Im Unterschied zur früheren Zeit werden Arbeiter heute zum Teil mit schwierigsten Arbeiten beschäftigt. Angestellte gibt es aber auch in der Funktion des Büroboten. 3

Die Unterscheidung war im **Arbeitsrecht** vor allem von Bedeutung für die Art und die Berechnung der Vergütung (Monatsvergütung; Stundenlohn oder Akkordvergütung), die Ausübung des Weisungsrechts, das Betriebsverfassungsrecht (§ 5 BetrVG), das Recht der Entgeltfortzahlung und für die Geltung tarifvertraglicher Regelungen. Nachdem das BVerfG ungleiche Kündigungsfristen für verfassungswidrig erklärt hat,[1] sind die Kündigungsfristen für Arbeiter und Angestellte vereinheitlicht worden. Mit dem am 1.6.1994 in Kraft getretenen EFZG hat der Gesetzgeber das Recht der Entgeltfortzahlung ebenfalls einheitlich geregelt. Im BetrVG ist die Unterscheidung zwischen Arbeitern und Angestellten seit dem 28.7.2001 aufgegeben. Die Tarifverträge sind in den verschiedenen Wirtschaftszweigen vereinheitlicht; dies gilt insbes. auch für den öffentlichen Dienst nach den Regelungen des TVöD/TV-L. 4

Das BAG geht davon aus, dass vor allem bei der Gewährung von sozialen Nebenleistungen Unterschiede in der Behandlung von Arbeitern und Angestellten gegen den Gleichheitssatz verstoßen, wenn für die unterschiedliche Behandlung kein sachlich rechtfertigender Grund besteht (→ § 112 Rn. 18). Dies ist vor allem für Sonderzuwendungen bedeutsam (→ § 78 Rn. 31 ff.), gilt aber auch für die betriebliche Altersversorgung (insoweit → § 273 Rn. 37). 5

Das Schwergewicht der Unterscheidung lag zuletzt noch im **Sozialversicherungsrecht.** Das Recht der gesetzlichen Altersversorgung folgte zwar für beide Gruppen aus dem SGB VI. Jedoch waren die verschiedenen Sozialversicherungsträger nicht beseitigt. Nach dem Gesetz zur Organisationsreform der gesetzlichen Rentenversicherung vom 9.12.2004 (RVOrgG, BGBl. I 3424) 6

[1] BVerfG 30.5.1990 BVerfGE 82, 126 = NZA 1990, 721.

werden die Aufgaben der gesetzlichen Rentenversicherung mit Wirkung vom 1.10.2005 von neuen Rentenversicherungsträgern wahrgenommen (§§ 125 ff., 274d SGB VI).[2] Die Zuordnung der Versicherten erfolgt nunmehr nicht mehr nach der überkommenen Unterscheidung zwischen Arbeitern und Angestellten. Die bisherige Regelung in § 133 II SGB VI für die rentenversicherungsrechtliche Zuordnung ist entfallen.

7 Wegen der Kriterien für die Unterscheidung und einzelner Beispiele aus der Rspr. wird auf die Ausführungen in der 11. Aufl. (§ 13) verwiesen.

III. Gewerbliche Arbeitnehmer

8 **1. Begriff.** Gewerbliche AN sind diejenigen, die in einem der Gewerbeordnung unterstehenden Betriebe für die Zwecke des Gewerbebetriebes Arbeit leisten. Gewerbebetrieb im Sinne der GewO ist jede fortgesetzte, erlaubte, private, auf Dauer angelegte und auf die Erzielung von Gewinn gerichtete Tätigkeit.[3] Welche Betriebe im Einzelnen der GewO unterliegen, entscheidet sich nach dem Gewerberecht, das zum besonderen Teil des Verwaltungsrechts zählt.[4]

9 Nicht der GewO unterliegen:

(a) Die **Urproduktion.**[5] Hierzu gehören die Land- und Forstwirtschaft einschließlich ihrer Hilfs- und Nebenbetriebe. Ein **Nebenbetrieb** der Land- und Forstwirtschaft ist gegeben, wenn er zwar eine selbständige und voll ausgebildete arbeitstechnische Betriebsorganisation besitzt, der mit ihr verfolgte Zweck aber in einer Hilfeleistung für den Hauptbetrieb besteht.[6] Dies kann zB der Fall sein bei Brauereien, Müllereien, Ziegeleien, Brennereien, Sand- und Kiesgewinnung usw. Zur Urproduktion zählen ferner Fischereien, Viehzucht[7] und Gartenbau;[8] der **Gartenbau** jedoch nur dann, wenn er nicht in Form der Handelsgärtnereien, das sind Gartenbaubetriebe, die ausschließlich oder überwiegend mit gärtnerischen Erzeugnissen Handel treiben, oder der Landschaftsgärtnereien betrieben wird. Letztere befassen sich im Wesentlichen mit der Anlage und Pflege von Gärten, Parks und Friedhöfen.

(b) Der Bergbau.

(c) Die privaten und öffentlichen Eisenbahnunternehmen.

(d) Die **freien Berufe.** Der Begriff der freien Berufe wird gesetzlich verwandt in § 18 I Nr. 1 EstG, § 20 I 1 Nr. 3 UStG, § 2 I BRAO, § 1 II BÄO, § 1 II 1 WPO, § 2 I PAO. Für sie ist nach der Rspr. des BVerfG kennzeichnend der persönliche Einsatz bei der Berufsausübung, der Charakter des jeweiligen Berufes, wie er sich in der allgemeinen rechtlichen und berufsrechtlichen Ausgestaltung und in der Verkehrsanschauung darstellt, die Stellung und Bedeutung der Berufe im Sozialgefüge sowie die Qualität und Länge der beruflichen Bildung.[9] Dagegen definiert das BVerwG[10] die freien Berufe als die Ausübung freier wissenschaftlicher, künstlerischer und schriftstellerischer Tätigkeit höherer Art sowie persönliche Dienstleistungen höherer Art, die eine höhere berufliche Bildung erfordern. Bei der wissenschaftlichen Tätigkeit steht die Anwendung erarbeiteter wissenschaftlicher Methoden im Vordergrund. Bei der künstlerischen Betätigung wird eine Dreiteilung vorgenommen in freie Kunst, Kunstgewerbe und Kunsthandwerk. Zu den Künstlern gehören mithin Sänger, Schauspieler, Regisseure (alle auch beim Film) sowie Orchestermitglieder bei Theatern und Orchestern. Dagegen gelten die sog. Artisten und Musiker in Kapellen usw. als gewerbliche AN.[11] Zu den persönlichen Dienstleistungen höherer Art gehören solche, die eine wissenschaftliche Ausbildung voraussetzen.

(e) Die in § 6 I GewO ausdrücklich ausgenommenen Bereiche, wie zB die Fischerei, das Unterrichtswesen, Rechtsanwälte und Notare, Steuerberater, Wirtschaftsprüfer (wobei es sich zT ohnehin um freie Berufe handelt).

---

2 Zur Reform *Ruland/Dünn* NZS 2005, 113.

3 Vgl. BVerwG 26.1.1993 NVwZ 1993, 775; 1.7.1987 BVerwGE 78, 6 = NVwZ 1988, 56; 24.6.1976 NJW 1977, 772; § 1 Gewerbesteuer-DVO.

4 Vgl. *Schaub/Reiserer,* Ich mache mich selbständig, 6. Aufl., 2008.

5 *Honig* GewA 1996, 314.

6 BAG 5.3.1958 AP Nr. 8 zu § 4 TVG Geltungsbereich; vgl. auch BAG 1.2.1963 AP Nr. 5 zu § 3 BetrVG 1952.

7 BAG 3.10.1979 AP Nr. 1 zu § 1 TVG Tarifverträge: Land- und Forstwirtschaft.

8 RAG 34, 14; 36, 153; 37, 9.

9 BVerfG 15.1.2008 BVerfGE 120, 1 = NVwZ 2008, 1102; 25.10.1977 BVerfGE 46, 224 (241 f.) = NJW 1978, 365.

10 BVerwG 27.2.2013 NJW 2013, 2214; 26.1.1993 NVwZ 1993, 775.

11 Vgl. RAG 11, 174; 20, 308.

2. Rechtsfolgen. Für die gewerblichen AN **galten Vorschriften der Gewerbeordnung** (§§ 105 ff. GewO aF), die für die in Handwerksbetrieben Beschäftigten durch die Handwerksordnung ergänzt wurden (§§ 21–51 HwO). Die Vorschriften der §§ 105 ff. GewO nF gelten für alle AN. 10

IV. Kaufmännische Arbeitnehmer

1. Handlungsgehilfen. Handlungsgehilfen sind Personen, die in einem Handelsgewerbe zur Leistung kaufmännischer Dienste angestellt sind (§ 59 HGB). Der AG muss **Kaufmann** iSd §§ 1 ff. HGB sein. Das ist der Istkaufmann, der ein Handelsgewerbe betreibt. Handelsgewerbe ist jeder Gewerbebetrieb, es sei denn, dass das Unternehmen nach Art und Umfang einen in kaufmännischer Weise eingerichteten Geschäftsbetrieb nicht erfordert (§ 1 HGB). Ein gewerbliches Unternehmen, dessen Geschäftsbetrieb nach Art oder Umfang einen in kaufmännischer Weise eingerichteten Geschäftsbetrieb nicht erfordert, gilt als Handelsgewerbe, wenn es in das Handelsregister eingetragen ist (Kannkaufmann; § 2 HGB). Der Geschäftsinhaber kann Eintragung und Löschung herbeiführen. Formkaufmann sind schließlich die in § 6 HGB genannten Handelsgesellschaften und Vereine. **Kaufmännische Dienste** sind solche, die nach der Verkehrsanschauung als kaufmännisch angesehen werden und nicht mechanischer oder technischer Natur sind. Die Abgrenzung zwischen kaufmännischer und nichtkaufmännischer Tätigkeit kann im Einzelfall schwierig sein.[12] Sie entspricht häufig derjenigen von Arbeitern und Angestellten. Bei Mischtätigkeit ist auf das Schwergewicht der Tätigkeit abzustellen. 11

2. Rechtsfolgen. Die kaufmännischen AN gehören zu den gewerblichen AN. Für die **Handlungsgehilfen** gelten die §§ 59 ff. HGB. 12

V. Schiffsbesatzungen

Für Besatzungsmitglieder von Seeschiffen/Kauffahrteischiffen, die die Bundesflagge führen, gelten das Seearbeitsgesetz vom 20.4.2013 (SeeArbG, BGBl. I 868; bis zum 31.7.2013 galt das Seemannsgesetz) sowie u.a. die See-Arbeitszeitverordnung vom 9.4.2013 (SeeAZV, BGBl. I 803 m. spät. Änd.), die See-Arbeitszeitnachweisverordnung vom 25.7.2013 (See-ArbZNV, BGBl. I 2795) und die Seeleute-Befähigungsverordnung vom 8.5.2014 (See-BV, BGBl. I 460 m. spät. Änd.). Auf **Binnenschiffen** gelten das Binnenschifffahrtsgesetz idF vom 20.5.1898 (RGBl. S. 370, 868, zul. geänd. durch Gesetz v. 5.7.2016, BGBl. I 1578) und die Verordnung über die Schiffssicherheit in der Binnenschifffahrt vom 6.12.2008 (BinSchUO, BGBl. I 2450 m. spät. Änd.) sowie im Ausbildungsbereich die VO über Befähigungszeugnisse in der Binnenschifffahrt (Binnenschifferpatentverordnung – BinSchPatentV) idF vom 15.12.1997 (BGBl. I 3066 m. spät. Änd.). Für den Bereich der Binnenschifffahrt gilt das ArbZG (§ 21 ArbZG). Eine Sonderregelung enthält § 20 JArbSchG. 13

VI. Bergbau

Für die im Bergbau beschäftigten Personen galten **landesrechtliche Berggesetze,** die vielfach dem preußischen ABG nachgebildet waren. Sie sind außer Kraft getreten. Die letzten arbeitsrechtlichen Vorschriften wurden durch das BBergG aufgehoben. Im BBergG sind Vorschriften des Arbeitsschutzes und der Betriebssicherheit enthalten. Im Übrigen gelten die allgemeinen arbeitsrechtlichen Gesetze. 14

Neben den staatlichen Rechtsquellen haben im Bergbau vor allem die Tarifnormen Bedeutung. Die mit der IG Chemie, Bergbau abgeschlossenen **Tarifverträge** werden vielfach ohne Rücksicht auf die Tarifbindung betriebsüblich auf die AN angewandt. Besonderheiten gelten insbesondere im Bereich der Leistungsentlohnung (Gedinge, → § 67 Rn. 57 ff.). 15

VII. Land- und Forstwirtschaft

Für die AN der Land- und Forstwirtschaft einschließlich der Nebenbetriebe gelten, nachdem die vorläufige Landarbeitsordnung vom 24.1.1919 (RGBl. S. 111) aufgehoben worden ist, die 16

[12] Neuere Entscheidungen gibt es nicht; als kaufmännische Angestellte sind angesehen worden: Werkstattschreiber (RAG 11, 317); Bezieherwerber im Zeitungsunternehmen (RAG 29, 237; BAG 9.4.1960 AP Nr. 12 zu § 63 HGB = NJW 1960, 1413); Werber im Außendienst (RAG 41, 9); Verkaufsingenieur (RAG 34, 225); dagegen als gewerbliche Arbeiter: Kellner, Zigarettenboys (RAG 18, 437); Milchhallenverkäuferin (RAG 38, 152).

Vorschriften des allgemeinen Arbeitsrechts; im Arbeitnehmerschutzrecht bestehen für sie noch einige Sondernormen. Zum Verbandsrecht vgl. Gesetz zu dem Übereinkommen Nr. 141 der IAO vom 23.6.1975 über die Verbände ländlicher Arbeitskräfte und ihre Rolle in der wirtschaftlichen und sozialen Entwicklung vom 8.6.1977 (BGBl. II 481; auch BArbBl. S. 323). Im Tarifrecht bestehen für den Bereich der betrieblichen Altersversorgung allgemeinverbindliche Zusatzversorgungstarifverträge.[13] Besonderheiten gelten im Bereich des Arbeitszeitrechts (§§ 5 II, 10 I Nr. 12 ArbZG, §§ 16 I Nr. 4, 17 II Nr. 2 JArbSchG).

VIII. Hausangestellte

17 Hausangestellte im weiteren Sinne sind diejenigen AN, die für einen fremden Haushalt Dienste leisten. Im engeren Sinne versteht man darunter nur die AN, die in die häusliche Gemeinschaft aufgenommen worden sind.[14] Nachdem die Landesrechtlichen Gesindeordnungen aufgehoben worden sind, gelten für alle Hausangestellten die Vorschriften des BGB. Nicht anwendbar sind aber die verlängerten Kündigungsfristen gem. § 622 II BGB, weil diese die Beschäftigung in einem Betrieb oder Unternehmen voraussetzen (→ § 126 Rn. 5).[15] Diese Regelung ist verfassungsgemäß und unionsrechtskonform.[16]

IX. Arbeitnehmer der internationalen Organisationen

18 Für die AN der internationalen Organisationen gilt ein Sonderrecht, das durch die Kollision der verschiedenen Rechtssysteme bedingt ist.[17]

§ 13. Leitende Angestellte und außertarifliche Angestellte

Übersicht

I. Leitende Angestellte

Muster: Schaub ArbRFV-HdB/*Klagges* A. Rn. 237 ff.

1 **1. Begriff des leitenden Angestellten.** Es gibt für das Arbeitsrecht **keinen einheitlichen Begriff** des leitenden Angestellten. In der historischen Entwicklung ging es zunächst darum, die leitenden Angestellten aus der arbeitsrechtlichen Schutzgesetzgebung auszugrenzen, weil man sie nicht in gleicher Weise als schutzwürdig ansah. So waren Angestellte, die bestimmte Verdienstgrenzen überschritten, von der gesetzlichen Sozialversicherung ausgenommen; mit ihnen konnten Wettbewerbsverbote geschlossen werden, ohne dass ihnen eine Karenzentschädigung gezahlt wurde. Die leitenden Angestellten standen dem AG näher, weil sie zur Unternehmensleitung von Großunternehmen herangezogen wurden. In der neueren Arbeitsschutzgesetzgebung wurden sie dagegen wieder zu den AN gezählt; gleichwohl sind sie soziologisch und rechtlich eine besondere Gruppe, die zwischen AN und AG stehen.

2 Die **Abgrenzung des Begriffs leitender Angestellter** wird in den arbeitsrechtlichen Gesetzen unterschiedlich definiert (→ § 130 Rn. 7; → § 212 Rn. 17 ff.). Im Allgemeinen arbeitsrechtlichen Sinn sind leitende Angestellte AN mit spezifischen Arbeitnehmerinteressen.

[13] Abrufbar unter http://www.zla.de.
[14] Ausf. hierzu *Steinke* RdA 2018, 232; *Legerlotz* ArbRB 2021, 89.
[15] APS/*Linck* BGB § 622 Rn. 17; ErfK/*Müller-Glöge* BGB § 622 Rn. 6a; KR/*Spilger* BGB § 622 Rn. 58 (der allerdings verfassungsrechtliche Bedenken erhebt); *Steinke* RdA 2018, 232 (235 ff.).
[16] BAG 11.6.2020 NZA 2020, 1241.
[17] *Demke* ZTR 2003, 483; *Kalbe* ArbuR 2003, 332; *Kempen* ZESAR 2010, 367; *Pflüger* ArbuR 2001, 125.

Sie unterscheiden sich aber von den übrigen AN, da sie für das Unternehmen oder einen Betrieb des Unternehmens als dessen Teilorganisation oder eigener Verantwortung typische Unternehmerfunktionen mit einem eigenen erheblichen Entscheidungsspielraum ausüben. Es müssen zumindest Teilbereiche eigentlicher Unternehmerfunktionen wahrgenommen werden. Leitende Angestellte können sowohl solche mit unmittelbarer personeller Anordnungsbefugnis sein, als auch solche mit einem erheblichen Einfluss auf die wirtschaftliche, technische, kaufmännische, organisatorische oder wissenschaftliche Führung des Unternehmens, uU auch ohne Bestehen einer unmittelbaren Vorgesetzteneigenschaft (→ § 212 Rn. 17 ff.).

Leitende Angestellte sind **zu unterscheiden von außertariflichen Angestellten** → Rn. 13 ff. 3

2. Leitende Angestellte in Einzelgesetzen. In den einzelnen arbeitsrechtlichen Gesetzen 4 wird der allgemeine arbeitsrechtliche Begriff des leitenden Angestellten vorausgesetzt und durch zusätzliche Merkmale entweder eingeschränkt oder erweitert. Dabei besteht auch keine einheitliche Begriffsbildung, soweit die leitenden Angestellten einerseits im Außenverhältnis in Gegensatz zu der übrigen Arbeitnehmerschaft gestellt sind (§ 5 III, IV BetrVG; § 3 I Nr. 2 MitbestG; § 1 I SprAuG; §§ 22 II Nr. 2, 37 II, 43 III ArbGG; § 16 IV Nr. 4 SGG) oder andererseits ihre Interessen im Innenverhältnis in Gegensatz zu denen des AG gesetzt sind (§ 18 ArbZG; §§ 14, 17 V KSchG; § 6 TzBfG). Häufig wird dabei auf den Begriff des leitenden Angestellten nach § 5 III BetrVG verwiesen.

3. Sonderstellung. a) Gesetzliche Sonderregeln. Für leitende Angestellte gelten vor allem 5 sechs gesetzliche Sonderregeln. Leitende Angestellte sind **(1)** von den Vorschriften über die Arbeitszeit ausgenommen (§ 18 ArbZG), **(2)** gelten nicht als AN iSd § 5 BetrVG, **(3)** dürfen nur auf Arbeitgeberseite als ehrenamtliche Richter bei den Arbeits- und Sozialgerichten tätig sein (§§ 22 II Nr. 2, 37 II, 43 III ArbGG, § 16 IV Nr. 4 SGG), **(4)** sind zum Sprecherausschuss wahlberechtigt, **(5)** unterliegen besonderen Vorschriften nach dem MitbestG und **(6)** ihr Arbeitsverhältnis kann im Kündigungsschutzprozess auf nicht zu begründenden Antrag des AG gegen Zahlung einer Abfindung aufgelöst werden (§ 14 II 2 KSchG). Der Begriff des leitenden Angestellten ist in den gesetzlichen Regelungen unterschiedlich. Die größte Bedeutung kommt allerdings der Begriffsbildung im BetrVG, SprAuG und MitbestG zu, auf die auch in § 18 I Nr. 1 ArbZG verwiesen ist. Die leitenden Angestellten haben sich in **besonderen Organisationen** zusammengeschlossen, die ihrerseits in der Union der Leitenden Angestellten (ULA) zusammengefasst sind. Die **Arbeitsverträge** leitender Angestellter werden idR nicht von den allgemeinen Tarifverträgen erfasst; vielmehr beruhen diese auf Einzelvereinbarungen. Gelegentlich schließen auch die Organisationen leitender Angestellter Tarifverträge ab.[1]

Die rechtliche Sonderbehandlung der leitenden Angestellten in einzelnen arbeitsrechtlichen 6 Gesetzen ist durch die **Rspr. des BAG** erheblich erweitert worden (→ Rn. 7–9).

b) Vertragsbeendigung. Bei ihnen werden an den **wichtigen Grund** zur außerordentli- 7 chen Kündigung oder – sofern das KSchG Anwendung findet – an personen- oder verhaltensbedingte Gründe zur ordentlichen Kündigung geringere Anforderungen gestellt.[2] Ihr Arbeitsverhältnis muss von besonderem Vertrauen des AG getragen werden, so dass sich verhältnismäßig kleine Dienstverfehlungen im Rahmen der Zumutbarkeit der Weiterbeschäftigung auswirken können. Dagegen bleibt die Abfindungsregelung in §§ 9, 10 KSchG unberührt. Für sie können mit dem Sprecherausschuss Sozialpläne verhandelt werden (→ § 254 Rn. 5).

Beim Betriebsübergang (§ 613a BGB) gelten für leitende Angestellte keine Besonderheiten. Im 8 Falle der **Betriebsübernahme** geht ihr Arbeitsverhältnis automatisch auf den Betriebsnachfolger über.[3] Die frühere Bestimmung in § 75b S. 1 HGB, die bei „Hochbesoldeten" die Zulässigkeit eines nachvertraglichen Wettbewerbsverbots ohne Karenzentschädigung vorsah,[4] ist weggefallen. Für die **Haftung** gegenüber dem AG bestehen keine Besonderheiten (→ § 59 Rn. 24 ff.).

[1] ZB Manteltarifvertrag für akademisch gebildete Angestellte in der chemischen Industrie idF vom 1.7.1979 m. spät. Änd.

[2] BAG 2.6.1960 AP Nr. 42 zu § 626 BGB; 22.11.1962 AP Nr. 49 zu § 626 BGB (geringfügiger Spesenbetrug); OLG Köln 21.1.1994 BB 1994, 1150 (LS); vgl. BAG 11.3.1999 AP Nr. 149 zu § 626 BGB = NZA 1999, 587.

[3] BAG 13.2.2003 AP Nr. 249 zu § 613a BGB = NZA 2003, 854; 19.1.1988 AP Nr. 70 zu § 613a BGB = NZA 1988, 501; 22.2.1978 AP Nr. 11 zu § 613a BGB; anders zur früheren Rechtslage BAG 18.2.1960 AP Nr. 1 zu § 419 BGB Betriebsnachfolge.

[4] Das BAG hatte die Bestimmung ohnehin für verfassungswidrig erklärt: BAG 2.10.1975 AP Nr. 14 zu § 75b HGB.

9 **c) Besondere Verpflichtungen.** Bei ihnen wird die **Rücksichtnahmepflicht** bei Kollisionen zwischen ihren und den Interessen des AG erheblich erweitert.[5]

10 Sie treffen erhöhte **Rechenschafts-,[6] Prüfungs-, Warnungs-[7] und Überwachungspflichten.**[8]

11 Von ihnen wird ein **erhöhtes Maß an Arbeitsleistung** erwartet. Sie können nur dann die Vergütung von **Überstunden** verlangen, wenn ihre Bezüge lediglich auf eine bestimmte Arbeitszeit zugeschnitten oder wenn ihnen nicht nur vorübergehend zusätzliche Aufgaben außerhalb ihres eigenen Aufgabenbereiches übertragen oder wenn ihnen diese besonders zugesagt wird.[9] Eine Vergütungserwartung gem. § 612 I BGB, dass Überstunden gesondert zu bezahlen sind, besteht für sie im Allgemeinen nicht.[10]

12 **4. Arbeitsentgelt.** Die Arbeitsvergütung leitender Angestellter ist regelmäßig nicht tariflich geregelt. Sofern in ihren Arbeitsverträgen keine Anpassungsklauseln enthalten sind, steht es weitgehend im Ermessen des AG, die Anpassung an eine Veränderung des Lohngefüges vorzunehmen. Eine Anpassungsverpflichtung kann sich allerdings aus dem Gleichbehandlungsgrundsatz (→ § 112 Rn. 1 ff.) und bei grober Störung des Äquivalenzverhältnisses ergeben. Leitende Angestellte können aber nicht von Regelungen des Konkursausfallgeldes/Insolvenzgeldes ausgenommen werden.[11]

II. Außertarifliche Angestellte

13 **1. Begriff.** Außertarifliche Angestellte (AT-Angestellte) sind solche AN, die aufgrund ihrer Tätigkeitsmerkmale und/oder ihrer Vergütungshöhe von dem persönlichen Geltungsbereich eines einschlägigen Tarifvertrags nicht mehr erfasst werden.[12] Dies gilt vor allem für Vergütungstarifverträge.[13] Teilweise wird diese Arbeitnehmergruppe in Tarifverträgen in der Weise definiert, dass ihr Entgelt das Tarifgehalt der höchsten Entgeltstufe um einen bestimmten Prozentsatz übersteigt (Abstandsgebot).[14] Im Zweifel ist dann bei der Abstandsberechnung allein auf das Monatsentgelt abzustellen, auch wenn die Arbeitszeit des betreffenden AN die tarifliche Arbeitszeit überschreitet.[15] Maßgeblich für die Qualifizierung als AT-Angestellter ist die objektive Rechtslage, also der persönliche Geltungsbereich des Tarifvertrages und nicht etwa eine Festlegung durch die Arbeitsvertragsparteien.[16] Außertarifliche Angestellte können zugleich leitende Angestellte sein. Umgekehrt ist es begrifflich denkbar, dass leitende Angestellte ausnahmsweise nicht zugleich außertarifliche Angestellte sind, weil sie eine tarifliche Vergütung erhalten.

14 **2. Rechtsstellung.** Sofern sie keine leitenden Angestellten iSv § 5 III BetrVG sind, unterfallen außertarifliche Angestellte dem **BetrVG.** Zum Mitbestimmungsrecht nach § 87 I Nr. 10 BetrVG → § 235 Rn. 104. Mitbestimmungsrechte des BR gem. § 99 BetrVG bestehen, wenn Gehaltsgruppen für AT-Angestellte in einem betrieblichen Entgeltschema festgelegt sind und

[5] BAG 11.5.1982 AP Nr. 4 zu § 1 BetrAVG Treuebruch; 21.8.1967 AP Nr. 122 zu § 242 BGB Ruhegehalt; 17.7.1965 AP Nr. 101 zu § 242 Ruhegehalt; 26.11.1964 AP Nr. 53 zu § 626 BGB; 18.6.1963 AP Nr. 25 zu § 138 BGB; LAG Nürnberg 5.9.1990 LAGE § 626 BGB Nr. 51 = DB 1990, 2330; vgl. zu erhöhten Loyalitätspflichten von AN in leitender Funktion BAG 8.9.2011 AP Nr. 92 zu § 1 KSchG 1969 = NZA 2012, 443.

[6] BAG 13.3.1964 AP Nr. 32 zu § 611 BGB Haftung des Arbeitnehmers; 9.4.1957 AP Nr. 4 zu § 611 BGB Haftung des Arbeitnehmers.

[7] BAG 14.10.1970 AP Nr. 60 zu § 611 BGB Haftung des Arbeitnehmers; 25.5.1962 AP Nr. 1 zu § 628 BGB.

[8] BAG 12.5.1958 AP Nr. 5 zu § 611 BGB Treuepflicht.

[9] BAG 17.11.1966 AP Nr. 1 zu § 611 BGB Leitende Angestellte; 16.1.1965 AP Nr. 1 zu § 1 AZO; 16.11.1961 AP Nr. 5 zu § 611 BGB Mehrarbeitsvergütung; 26.1.1956 AP Nr. 1 zu § 15 AZO.

[10] BAG 21.9.2011 AP Nr. 74 zu § 612 BGB = NZA 2012, 145; 17.8.2011 AP Nr. 55 zu § 307 BGB = NZA 2011, 1335.

[11] EuGH 16.12.1993 NJW 1994, 921.

[12] Vgl. BAG 25.4.2018 AP Nr. 31 zu § 611 BGB = NZA-RR 2018, 556; 8.10.2009 AP Nr. 143 zu § 2 KSchG 1969 = NZA 2010, 465; 23.11.1993 AP Nr. 111 zu § 99 BetrVG 1972 = NZA 1994, 461; 28.5.1974 AP Nr. 5 zu § 80 BetrVG 1972; 18.9.1973 AP Nr. 3 zu § 80 BetrVG 1972.

[13] Vgl. für den Bereich des öffentlichen Dienstes: *Hoffmann* ZTR 1993, 234; zum Betriebsverfassungsrecht: *Wohlgemuth* BB 1993, 286; zur Überstundenvergütung: *Gaul/Bonanni* ArbRB 2002, 307.

[14] Vgl. den Sachverhalt bei BAG 19.5.2009 NZA 2010, 184 (LS) (Abstand 25%).

[15] BAG 18.11.2020 AP Nr. 255 zu § 1 TVG Tarifverträge: Metallindustrie = NZA 2021, 581; 25.4.2018 AP Nr. 31 zu § 611 BGB = NZA-RR 2018, 556; 26.11.2003 AP Nr. 186 zu § 1 TVG Tarifverträge: Metallindustrie = NZA 2004, 1107; abw. LAG Nds 29.10.2020 – 9 Sa 222/20.

[16] *Kleinebrink* ArbRB 2009, 247.

Angestellte in eine dieser Gruppen eingestuft werden sollen. Tariflich festgelegte Arbeitszeiten gelten für sie grundsätzlich nicht, es sei denn deren Geltung ist arbeitsvertraglich vereinbart. Gibt es keine vertragliche Arbeitszeitregelung, gilt die betriebsübliche Arbeitszeit.[17] Ist die tarifliche Arbeitszeit gleichzeitig die betriebsübliche, ist sie auch für AT-Angestellte maßgeblich.[18] Häufig finden sich Vereinbarungen, wonach Überstunden durch das Entgelt pauschal abgegolten sein sollen (hierzu → § 69 Rn. 10). Ohne eine solche Vereinbarung sind Überstunden auch bei außertariflichen Angestellten gesondert zu vergüten.[19] Die Bestimmungen des ArbZG sind zu beachten, § 18 I Nr. 1 ArbZG nimmt lediglich leitende Angestellte iSd § 5 III BetrVG aus dem Geltungsbereich aus. Aus der Vereinbarung, dass ein AN außertariflicher Angestellter ist, kann sich ein Anspruch auf Zahlung einer Mindestvergütung oder eines Mindestabstands zum Tarifentgelt ergeben, so dass das Entgelt insbes. dann anzuheben ist, wenn das Gehalt von zwischenzeitlichen Tarifanhebungen eingeholt wird.[20] Das gleiche dürfte gelten, wenn derart hohe Arbeitszeiten geleistet werden, dass das pro Stunde erzielte Entgelt unter die (höchste) tarifliche Vergütung fällt.[21] Ob und wieweit erhöhte Anforderungen wegen der Nebenpflichten nach § 241 II BGB gestellt werden können, hängt von der Stellung im Unternehmen ab (→ § 53 Rn. 4). Im Hinblick auf Wettbewerbsverbote (→ §§ 54, 55 Rn. 1 ff.) bestehen nach Aufhebung des § 75b S. 2 HGB[22] keine Besonderheiten mehr.

Innerhalb der Gruppe der außertariflichen Angestellten können sich aufgrund des **Gleichbehandlungsgrundsatzes** Ansprüche auf eine Vergütungserhöhung ergeben, wenn der AG bei der Vergütungsanpassung nach einem erkennbar generalisierenden Prinzip aufgrund einer abstrakten Regelung verfährt.[23] Denkbar sind aufgrund des Gleichbehandlungsgrundsatzes beispielsweise auch Ansprüche auf Gewährung einer betrieblichen Altersversorgung.[24] Umgekehrt kann die Eigenschaft als außertariflicher Angestellter ein Differenzierungskriterium darstellen, das eine abweichende Behandlung im Verhältnis zu tariflich vergüteten AN rechtfertigen kann.[25] Die Zuordnung zur Gruppe der außertariflichen Angestellten kann ferner eine Rolle spielen bei der Frage, auf welche Beschäftigtengruppe bei der Ermittlung der reallohnbezogenen Obergrenze im Rahmen einer Betriebsrentenanpassung abzustellen ist (hierzu → § 276 Rn. 26). 15

III. Steuerrecht, Sozialversicherungsrecht

Steuerrechtlich und im Bereich der gesetzlichen Sozialversicherung ergeben sich weder aus der Qualifizierung als leitender Angestellte noch als außertariflicher Angestellte Besonderheiten. Beide Gruppen sind als AN steuer- und sozialabgabenpflichtig. In der Sozialversicherung dürfte das Entgelt allerdings häufig oberhalb der Beitragsbemessungsgrenzen liegen. 16

§ 14. Organmitglieder

Musterverträge: Schaub ArbRFV-HdB/*Siebert* A. Rn. 383 ff.; *Kleinebrink,* Besonderheiten bei der Vertragsgestaltung mit außertariflich Beschäftigten und ihre Auswirkungen in Krisenzeiten, ArbRB 2009, 247; *Jaeger,* Der Anstellungsvertrag des GmbH-Geschäftsführers, 6. Aufl. 2016.

Übersicht

[17] BAG 18.11.2020 AP Nr. 255 zu § 1 TVG Tarifverträge: Metallindustrie = NZA 2021, 581.
[18] BAG 15.5.2013 AP Nr. 42 zu § 611 BGB Arbeitszeit = DB 2013, 2215.
[19] BAG 18.11.2020 AP Nr. 255 zu § 1 Tarifverträge: Metallindustrie = NZA 2021, 581.
[20] BAG 25.4.2018 AP Nr. 31 zu § 611 BGB = NZA-RR 2018, 556; LAG München 8.5.1996 NZA 1997, 735; LAG Düsseldorf 27.7.1999 – 16 (3) Sa 213/99.
[21] *Hunold* AuA 2010, 468 (469).
[22] Hierzu *Bauer/Diller* Wettbewerbsverbote Rn. 552 f.
[23] BAG 1.12.2004 AP Nr. 38 zu § 242 BGB Auskunftspflicht = NZA 2005, 289.
[24] BAG 15.5.2012 AP Nr. 13 zu § 1b BetrAVG = NZA 2012, 1279.
[25] Vgl. BAG 10.12.2013 NZA 2014, 675; LAG München 27.3.2012 AiB 2013, 460.

I. Bestellung

1 Grundsätzlich ist bei Organmitgliedern zwischen der **Bestellung zum Organ** und dem **Anstellungsvertrag** zu unterscheiden.[1] **(1)** Hat der Aufsichtsrat einer AG die Entscheidung über Abschluss, Änderung und Aufhebung des Anstellungsvertrags einem aus seiner Mitte zusammengesetzten Ausschuss übertragen, so darf dieser die dem Gesamtorgan vorbehaltene Bestellung nicht durch den vorzeitigen Abschluss des Anstellungsvertrags unterlaufen.[2] **(2)** Bei einer mitbestimmten GmbH ist für die Bestellung und Anstellung des Geschäftsführers der Aufsichtsrat zuständig.[3] In der nicht mitbestimmten GmbH obliegt die Anstellung der Gesellschafterversammlung (§ 46 Nr. 5 GmbHG).[4] Entsprechendes gilt für Änderungen und Ergänzungen des Vertrages.[5] Bei Abschluss des Anstellungsvertrages handelt der (Fremd-)Geschäftsführer als Verbraucher iSv § 13 BGB.[6] **(3)** Für Genossenschaften ist der Aufsichtsrat nach § 39 I GenG ermächtigt, Verträge mit Vorstandsmitgliedern abzuschließen und zu kündigen. Bei sachlichen Kollisionen hat jedoch die Generalversammlung einen Vorrang.[7]

II. Keine Arbeitnehmereigenschaft

2 Ganz überwiegend werden Organmitglieder grundsätzlich nicht als AN angesehen,[8] weil die Organe juristischer Personen die oberste Weisungsbefugnis in der Gesellschaft ausüben, selbst weisungsunabhängig sind und in einer kollektiven, häufig auch individuellen Interessenkollision zur Arbeitnehmerschaft stehen. Sie sind regelmäßig auch keine arbeitnehmerähnlichen Personen.[9]

3 Sie repräsentieren aufgrund ihrer gesetzlichen Vertretungsmacht (§ 78 I AktG, § 35 I GmbHG, § 24 GenG, § 188 I 2 VAG iVm § 78 I AktG) die jeweilige juristische Person als AG. Eine Arbeitnehmereigenschaft folgt auch nicht etwa daraus, dass der Vorstand einer Aktiengesellschaft unter der Aufsicht des Aufsichtsrates steht (§§ 84 III, 111 AktG) oder ein GmbH-Geschäftsführer gegenüber den Gesellschaftern weisungsgebunden ist (§ 37 GmbHG). Die Organmitglieder üben im **Außenverhältnis** letztlich die Weisungsbefugnis aus und sind damit die sozialen Gegenspieler der Arbeitnehmerschaft. Im **Innenverhältnis** zur Gesellschaft können sie sich allerdings in abhängiger Position befinden. Bei Vorliegen einer Weisungsgebundenheit und damit eines Unterordnungsverhältnisses im Sinne des unionsrechtlichen Arbeitnehmerbegriffs (→ § 8 Rn. 7) kann daher auch ein Schutz nach der RL 92/85/EWG im Falle einer Schwangerschaft bestehen[10] sowie eine Arbeit-

---

[1] BGH 28.10.2002 NJW 2003, 351; BAG 25.10.2007 AP Nr. 11 zu § 14 KSchG 1969 = NZA 2008, 168.

[2] BGH 24.11.1980 BGHZ 79, 38, 42 = NJW 1981, 757; vgl. auch BGH 14.11.1983 BGHZ 89, 48 = NJW 1984, 733; 25.2.1982 BGHZ 83, 144 = NJW 1982, 1528; vgl. auch BGH 2.3.2009 ZIP 2009, 1058.

[3] BGH 14.11.1983 BGHZ 89, 48 = NJW 1984, 733.

[4] BGH 3.7.2000 NZA 2000, 945 = NJW 2000, 2983; zur fehlenden Vertretungsmacht eines Gesellschafters BGH 9.10.1989 AP Nr. 2 zu § 179 BGB = NJW 1990, 387.

[5] BGH 25.3.1991 NJW 1991, 1680 = DB 1991, 1065; 21.1.1991 BGHZ 113, 237 = NJW 1991, 1727 (für einen eingetragenen Verein); anders die frühere Rspr. des BGH, s. BGH 17.4.1958 NJW 1958, 945.

[6] BAG 19.5.2010 AP Nr. 13 zu § 310 BGB = NZA 2010, 939.

[7] BGH 14.11.1983 BGHZ 89, 48 = NJW 1984, 733 unter II 4 der Gründe. Zu Vereinen s. BGH 21.1.1991 BGHZ 113, 237 = NJW 1991, 1727.

[8] *Hueck/Nipperdey* Bd. I § 12 IV 4, § 15 III; *Nikisch* Bd. I § 14 II 3, § 17 II 1; *Fleck* WM 1985, 677; *Henssler* RdA 1992, 289; ErfK/*Preis* BGB § 611a Rn. 88; s. auch BGH 9.2.1978 AP Nr. 1 zu § 38 GmbHG = NJW 1978, 1435; 7.12.1961 BGHZ 36, 142 = NJW 1962, 340; 16.12.1953 BGHZ 12, 1 = NJW 1954, 505; 11.7.1953 = BGHZ 10, 187; BSG 8.8.1990 ZIP 1990, 1566 = NZA 1991, 324 (LS); BAG 21.1.2019 AP Nr. 75 zu § 5 ArbGG 1979 = NZA 2019, 490; 25.10.2007 AP Nr. 11 zu § 14 KSchG 1969 = NZA 2008, 168; abw. *Trinkhaus* DB 1968, 1756; *Müller* BB 1977, 723.

[9] BAG 21.1.2019 AP Nr. 75 zu § 5 ArbGG 1979 = NZA 2019, 490; BGH 1.10.2019 NZA 2020, 120; *Mohr/Bourazeri* NZA 2019, 595.

[10] EuGH 11.11.2010 AP Nr. 13 zu EWG-Richtlinie Nr. 92/85 = NZA 2011, 143 – Danosa; hierzu *Reiserer* DB 2011, 2662; *Schrader/Hilgenstock* ArbRAktuell 2011, 370; *v. Alvensleben/Haug/Schnabel* BB 2012, 774; *Fischer* NJW 2011, 2329; einschränkend für Vorstandsmitglieder *Reinhard/Bitsch* ArbRB 2011, 241 (243).

nehmereigenschaft iSd RL 98/59/EG.[11] Dabei reicht es aus, wenn das Gesellschaftsorgan zwar einen eigenen Entscheidungsspielraum in der Wahrnehmung seiner Aufgaben besitzt, aber nach Weisung oder unter der Aufsicht eines übergeordneten Organs handelt und von diesem jederzeit abberufen werden kann. Generell ist für jede unionsrechtliche Norm gesondert zu untersuchen, inwieweit der Arbeitnehmerbegriff erfüllt ist, weil es keinen einheitlichen unionsrechtlichen Arbeitnehmerbegriff gibt.[12] Für die Anwendbarkeit des KSchG bleibt es bei der Maßgeblichkeit des nationalen Arbeitnehmerbegriffs, so dass des KSchG gem. § 14 I grundsätzlich nicht gilt.[13] Der Geschäftsführer einer Komplementär-GmbH kann AN der GmbH & Co. KG sein,[14] ebenso wie nicht alleinvertretungsberechtigte weisungsabhängige Mitgeschäftsführer einer Mehrpersonen-Geschäftsführung.[15] Das gilt aber nur, sofern der Geschäftsführer nicht aufgrund seiner Kapitalbeteiligung maßgeblichen Einfluss auf die Beschlussfassung der Gesellschafter hat. Maßgebend sind dabei in erster Linie die Stimmrechtsverhältnisse; regelmäßig kann daher ein Gesellschafter, dem mehr als 50% der Stimmrechte zustehen, nicht zugleich AN sein.[16] Außerdem kann ein Geschäftsführer einer **konzernabhängigen Gesellschaft** gleichzeitig AN der Obergesellschaft sein.[17] Allein die konzernrechtliche Weisungsbefugnis reicht für die Annahme der Arbeitnehmereigenschaft der Vorstandsmitglieder einer konzernabhängigen AG oder der Geschäftsführer einer konzernabhängigen GmbH aber nicht aus.

Werden bisher als **AN** Beschäftigte **zu Organvertretern bestellt,** stellt sich die Frage, ob damit das Arbeitsverhältnis beendet worden ist oder ob es als ruhendes fortbesteht. Das BAG nahm zunächst an, im Zweifel werde das Arbeitsverhältnis nur suspendiert und lebe nach einer etwaigen Aufhebung der Organstellung mit seinem früheren Inhalt wieder auf.[18] Später hat das BAG diese Vermutungsregel eingeschränkt[19] bzw. eine umgekehrte Vermutung zugrunde gelegt und geht im Zweifel von einer konkludenten Aufhebung des Arbeitsvertrags aus.[20] Aufgrund der nunmehr nach **§ 623 BGB** für Aufhebungsverträge geltenden Schriftformerfordernisses muss der neue Dienstvertrag schriftlich geschlossen sein, damit bei einer Bestellung zum Organvertreter eine Aufhebung des Arbeitsverhältnisses angenommen werden kann.[21] Nach wie vor besteht dann die Vermutung dafür, dass ein bis dahin bestehendes Arbeitsverhältnis einvernehmlich beendet werden soll.[22] Dies gilt erst recht, wenn die Geschäftsführerbestellung die Bestimmung enthält, dass mit dem neuen Vertrag alle früheren Vereinbarungen der Parteien ersetzt werden sollen oder wenn der neue Vertrag vollständig neue Regelungen enthält, einen neuen Aufgabenbereich und eine höhere Vergütung festlegt.[23] Diese Grundsätze gelten auch bei einem Geschäftsführerdienstvertrag, der einer AGB-Kontrolle nach §§ 305 ff. BGB unterliegt. Die Unklarheitenregel des § 305c II BGB ist nicht einschlägig, weil es um den Eintritt einer typischen Rechtsfolge bei der Bestellung zum Organ geht.[24] Ein Geschäftsführer, der sich darauf beruft, es hätten zwei schuldrechtliche Rechtsverhältnisse bestanden, ist für die entsprechenden Tatsachen darlegungs- und beweispflich- 4

---

[11] EuGH 9.7.2015 AP Nr. 6 zu Richtlinie 98/59/EG = NZA 2015, 861 – Balkaya; hierzu *Lunk* NZA 2015, 917.
[12] Ausf. *Vielmeier* NJW 2014, 2678; → § 8 Rn. 7.
[13] *Reiserer* DB 2011, 2262 (2267); *Oberthür* NZA 2011, 253 (257).
[14] BAG 13.5.1992 ZIP 1992, 1496; 15.4.1982 AP Nr. 1 zu § 14 KSchG 1969 = NJW 1983, 2405; einer Zuständigkeit der Arbeitsgerichte steht hier aber die Fiktion des § 5 I 3 ArbGG entgegen, → Rn. 5.
[15] BAG 26.5.1999 AP Nr. 10 zu § 35 GmbHG = NZA 1999, 987.
[16] BAG 17.1.2017 AP Nr. 40 zu § 1 AÜG = NZA 2017, 527; 17.9.2014 AP Nr. 1 zu § 2 ArbGG 1979 = NZA 2014, 1293; 6.5.1998 AP Nr. 95 zu § 611 Abhängigkeit = NZA 1998, 939.
[17] BAG 25.10.2007 AP Nr. 11 zu § 14 KSchG 1969 = NZA 2008, 168; 20.10.1995 AP Nr. 36 zu § 2 ArbGG 1979 = NZA 1996, 200; dagegen geht der BGH generell davon aus, dass Geschäftsführer keine AN sind, vgl. BGH 24.10.1989 NJW-RR 1990, 349; 26.3.1984 BGHZ 91, 217 = NJW 1984, 2528; 29.11981 BGHZ 79, 291 = NJW 1981, 1270.
[18] BAG 12.3.1987 AP Nr. 6 zu § 5 ArbGG 1979 = NZA 1987, 845; 27.6.1985 AP Nr. 2 zu § 1 AngestelltenkündigungsG; 9.5.1985 AP Nr. 3 zu § 5 ArbGG 1979 = NZA 1986, 792.
[19] BAG 7.10.1993 AP Nr. 16 zu § 5 ArbGG 1979 = NZA 1994, 212.
[20] BAG 8.6.2000 AP Nr. 49 zu § 5 ArbGG 1979 = NZA 2000, 1013; 25.4.2002 AP Nr. 11 zu § 543 ZPO 1977 = NZA 2003, 272; 24.11.2005 AP Nr. 19 zu § 1 KSchG 1969 Wartezeit = NZA 2006, 366; 14.6.2006 AP Nr. 62 zu § 5 ArbGG 1979 = NZA 2006, 1154; aA *Jooß* RdA 2008, 285 (286).
[21] BAG 3.2.2009 AP Nr. 66 zu § 5 ArbGG 1979 = NZA 2009, 669; 19.7.2007 AP Nr. 18 zu § 35 GmbHG = NZA 2007, 1095; LAG Nds 5.3.2007 NZA-RR 2007, 522 = LAGE § 623 BGB Nr. 5a.
[22] BAG 15.3.2011 AP Nr. 95 zu § 2 ArbGG 1979 = NZA 2011, 874; 6.6.2008 NZA 2008, 1002; 19.7.2007 AP Nr. 18 zu § 35 GmbHG = NZA 2007, 1095; *Baeck/Hopfner* DB 2000, 1915; *Müller-Glöge* FS Hromadka, 2008, 255; einschränkend: *Krause* ZIP 2000, 2289; *Fischer* NJW 2003, 2419.
[23] Vgl. LAG Bln 15.2.2006 LAGE § 623 BGB Nr. 5.
[24] BAG 19.7.2007 AP Nr. 18 zu § 35 GmbHG.

tig.[25] Fehlt es dagegen an der Form des § 623 BGB, kann allenfalls in Ausnahmefällen angenommen werden, dem (ehemaligen) Organmitglied sei es nach § 242 BGB verwehrt, sich auf die Formnichtigkeit zu berufen.[26] Wird ein AN zum Geschäftsführer einer konzernabhängigen Gesellschaft bestellt, so liegt darin noch kein stillschweigender Aufhebungsvertrag des Arbeitsverhältnisses mit der Obergesellschaft.[27] Umgekehrt wird ein Dienstnehmer, der zum Geschäftsführer einer GmbH bestellt werden soll, nicht dadurch zum AN, dass die Bestellung unterbleibt[28] oder er als Organvertreter abberufen wird.[29] Das als freies Dienstverhältnis begründete Anstellungsverhältnis des Vorstandsmitglieds einer Sparkasse wandelt sich nicht ohne weiteres mit dem Verlust der Organstellung infolge einer Sparkassenfusion in ein Arbeitsverhältnis um.[30] Wird in einer GmbH & Co. KG ein AN der KG zum Geschäftsführer der Komplementär-GmbH bestellt, bleibt er AN der KG. Im Verhältnis zur GmbH ist er Dienstnehmer.[31] Nicht geklärt ist, ob das Arbeitsverhältnis endet, wenn der bisherige AN zB durch den Erwerb weiterer Anteile einen Einfluss gewinnt, der die Annahme eines weisungsgebundenen Arbeitsverhältnisses nunmehr ausschließt. Eine stillschweigende Beendigung des Arbeitsverhältnisses kann in Ermangelung einer schriftlichen Vereinbarung gem. § 623 BGB nicht angenommen werden. Vielmehr ist in diesem Fall von einem Ruhen des Arbeitsverhältnisses auszugehen.[32]

5 In einigen **arbeitsrechtlichen Gesetzen** wird ausdrücklich geregelt, dass Organmitglieder nicht als AN gelten (§ 5 II Nr. 1 BetrVG, § 14 I 1 KSchG, § 5 I 3 ArbGG usw.). Das gilt aufgrund der gesetzlichen Fiktion auch dann, wenn sie aufgrund bestehender Weisungsgebundenheit an sich ausnahmsweise (→ Rn. 2 f.) als AN der juristischen Person anzusehen wären.[33] In diesem Fall sind für sie im Übrigen aber die arbeitsrechtlichen Schutzgesetze anwendbar. Daher kann auch der Sonderkündigungsschutz nach dem SGB IX eingreifen. Umgekehrt schließt eine Qualifizierung des Geschäftsführeranstellungsvertrages als freier Dienstvertrag nicht aus, dass die Vertragsparteien gleichwohl die Geltung arbeitsrechtlicher Normen vereinbaren. Solche Abreden dürfen aber wegen des grundsätzlichen Vorrangs des Gesellschaftsrechts[34] nicht in die gesetzliche oder statuarische Ausgestaltung des Organverhältnisses eingreifen, weil dies die Funktionstüchtigkeit der Gesellschaft beeinträchtigen könnte. Mit diesen Grundsätzen ist es vereinbar, wenn zB die Geltung des KSchG vereinbart wird.[35] Die Prozesse von Organmitgliedern können gem. § 2 IV ArbGG aufgrund einer Vereinbarung der Parteien vor die Arbeitsgerichte gebracht werden.

III. Rechtsstellung der Organmitglieder

6 **1. Vergütungsanspruch.** Der Vergütungsanspruch richtet sich nach §§ 611 ff. BGB. Ein Geschäftsführer, der an der Gesellschaft nicht oder nicht nennenswert beteiligt und als arbeitnehmerähnliche Person anzusehen ist, kann nach dem arbeitsrechtlichen Gleichbehandlungsgrundsatz eine Anpassung seiner Gehaltsbezüge verlangen, wenn Mitgeschäftsführer oder leitende Angestellte Gehaltsanpassungen erhalten haben. Dasselbe gilt für Ansprüche auf Sonderzuwendungen. Eine Gleichbehandlung zwischen Geschäftsführern einer GmbH und leitenden Angestellten eines Unternehmens kommt jedoch nur in Betracht, wenn die Arbeits- und Dienstverträge nach einem einheitlichen Standard abgeschlossen werden oder die Geschäftsführer als leitende Angestellte behandelt werden und ihre Dienstverträge sich im Übrigen entsprechen.[36] Die Überstundenvergü-

---

[25] BAG 25.10.2007 AP Nr. 11 zu § 14 KSchG 1969 = NZA 2008, 168.
[26] *Fischer* NJW 2003, 2419; zu weitgehend dagegen *Niebler/Schmiedl* NZA-RR 2001, 286.
[27] BAG 20.10.1995 AP Nr. 36 zu § 2 ArbGG 1979 = NZA 1996, 200.
[28] BAG 22.6.1997 AP Nr. 36 zu § 5 ArbGG 1979 = NZA 1997, 1363.
[29] BAG 21.1.2019 AP Nr. 75 zu § 5 ArbGG 1979 = NZA 2019, 490.
[30] BGH 10.1.2000 AP Nr. 15 zu § 611 BGB Organvertreter = NZA 2000, 376.
[31] BAG 20.10.1995 AP Nr. 36 zu § 2 ArbGG 1979 = NZA 1996, 200; 13.7.1995 AP Nr. 23 zu § 5 ArbGG 1979 = NZA 1995, 1070; 15.4.1982 AP Nr. 1 zu § 14 KSchG 1969 = NJW 1983, 2405; 17.8.1972 AP Nr. 4 zu § 626 BGB Ausschlussfrist.
[32] So *Reinfelder* RdA 2016, 87 (90).
[33] Zu § 14 I Nr. 1 KSchG: BAG 21.9.2017 AP Nr. 14 zu § 14 KSchG 1969 = NZA 2018, 358; 17.1.2002 AP Nr. 8 zu § 14 KSchG 1969 = NZA 2002, 854; zu § 5 ArbGG: BAG 20.8.2003 AP Nr. 58 zu § 5 ArbGG 1979 = NZA 2003, 1108; 23.8.2001 AP Nr. 54 zu § 5 ArbGG 1979 = NZA 2002, 52; 6.5.1999 AP Nr. 46 zu § 5 ArbGG 1979 = NZA 1999, 839; 13.5.1996 AP Nr. 27 zu § 5 ArbGG 1979 = NZA 1996, 952 (für den Geschäftsführer einer Vor-GmbH); zu § 5 BetrVG → § 212 Rn. 10; *Fitting* BetrVG § 5 Rn. 327; abw. allerdings die hM zu § 14 I KSchG für den Geschäftsführer der Komplementär-GmbH einer GmbH & Co KG, s. hierzu APS/*Biebl* KSchG § 14 Rn. 10 jew. mwN.
[34] *Götte* FS Wiedemann, 2002, 873 (886); *Stagat* NZA 2010, 975 (976).
[35] BGH 10.5.2010 NZA 2010, 889.
[36] BGH 14.5.1990 AP Nr. 7 zu § 35 GmbHG = DB 1990, 1810.

tung an Gesellschafter-Geschäftsführer kann eine verdeckte Gewinnausschüttung sein.[37] Für die Verjährung gilt die dreijährige Verjährungsfrist nach § 195 BGB. Erhält ein am Kapital beteiligter Geschäftsführer eine Vergütung, der keine entsprechende Tätigkeit gegenübersteht, kann eine Kapitalentnahme vorliegen.[38]

2. Anwendbare Regelungen. Es gelten die Regelungen über den Annahmeverzug (§ 615 BGB)[39] sowie die vorübergehende Dienstverhinderung (§ 616 BGB).[40] Für Organmitglieder anwendbar ist die Bestimmung des § 629 BGB über die Gewährung von Zeit zum Aufsuchen eines anderen Dienstverhältnisses (→ § 25 Rn. 7 ff.), des § 630 BGB über die Ausstellung eines Zeugnisses (hierzu → § 147 Rn. 1 ff.)[41] sowie des Gleichbehandlungsgrundsatzes der Organmitglieder untereinander bei der Ruhegeldgewährung. Die arbeitsrechtlichen Gesetze, die an die Arbeitnehmereigenschaft anknüpfen, gelten dagegen nicht. Daher besteht auch kein Urlaubsanspruch nach dem BUrlG.[42] Der BGH hat allerdings die analoge Anwendung einzelner auf der Treue- und Fürsorgepflicht beruhender Vorschriften des Arbeitsrechts auf das Dienstverhältnis der Organmitglieder für geboten erachtet.[43] Das AGG findet gem. § 6 III Anwendung, soweit es um den Zugang zur Erwerbstätigkeit geht,.[44] Ferner ist ein Fremdgeschäftsführer in unionsrechtskonformer Auslegung von § 6 I 1 Nr. 1 AGG jedenfalls insoweit als AN iSd AGG anzusehen, als bei einer Kündigung des Geschäftsführerdienstvertrages der sachliche Anwendungsbereich des AGG über § 2 I Nr. 2 AGG eröffnet ist.[45] 7

3. Pflichten. Organmitglieder unterliegen für die Dauer ihrer Beschäftigung einem **Wettbewerbsverbot,**[46] zum nachvertraglichen Wettbewerbsverbot → § 55 Rn. 13. Sie haben in allen Angelegenheiten den Nutzen der Gesellschaft im Auge zu behalten.[47] Sie haben die Weisungen der Gesellschafterversammlung zu beachten.[48] Sie dürfen ihre Vertretungsmacht nicht missbrauchen.[49] 8

4. Haftung. Wegen der Haftung eines Organmitgliedes ist zwischen der Haftung im Innenverhältnis und im Außenverhältnis zu unterscheiden. Der Geschäftsführer haftet im **Innenverhältnis** für seine Tätigkeit nach § 43 GmbHG mit der Sorgfalt eines ordentlichen Kaufmanns. Entsprechendes gilt gem. § 92 AktG für Vorstandsmitglieder einer AG. Die Haftungsmilderung wegen gefahrgeneigter Arbeit (→ § 59 Rn. 24 ff.) kann bei normaler Geschäftsführertätigkeit nicht in Anspruch genommen werden.[50] Mitverschulden wegen mangelhafter Beaufsichtigung durch andere Gesellschaftsorgane kann er der Gesellschaft regelmäßig nicht entgegenhalten.[51] 9

---

[37] BFH 27.3.2001 NJW 2002, 86.

[38] BFH 15.12.2004 GmbHR 2005, 635; 5.10.1994 DB 1995, 957 = BB 1995, 966.

[39] Vgl. zB BGH 9.10.2000 AP Nr. 88 zu § 615 BGB = NZA 2001, 36; zum Betriebsrisiko s. BGH 11.7.1953 BGHZ 10, 187.

[40] Vgl. BSG 14.12.1995 BSGE 77, 169 = NZS 1996, 343.

[41] BGH 9.11.1967 BGHZ 40, 30 = NJW 1968, 396; KG Berlin 6.11.1978 BB 1979, 988; *Trinkhaus* DB 1968, 1758.

[42] *Leinemann/Linck* BUrlG § 2 Rn. 37; *Neumann/Fenski/Kühn* BUrlG § 2 Rn. 34.

[43] Vgl. BGH 26.3.1984 BGHZ 97, 1 = NJW 1984, 2366; 11.7.1953 BGHZ 10, 187; 29.1.1981 BGHZ 79, 291 = AP Nr. 14 zu § 622 BGB.

[44] Vgl. hierzu für den Fall einer Neubewerbung nach Ablauf einer Befristung BGH 23.4.2012 BGHZ 193, 110 = AP Nr. 6 zu § 22 AGG = NZA 2012, 797; *Reufels/Molle* NZA-RR 2011, 281 (282).

[45] BGH 26.3.2019 BGHT 221, 325 = NZA 2019, 706 für einen GmbH-Geschäftsführer; vgl. auch EuGH 11.11.2010 AP Nr. 13 zu EWG-Richtlinie Nr. 92/85 = NZA 2011, 143 – Danosa; hierzu *Oberthür* NZA 2011, 253.

[46] Für Vorstandsmitglieder einer AG s. § 88 AktG; für GmbH-Geschäftsführer ergibt sich dies aus der Treuepflicht: BGH 9.11.1967 BGHZ 49, 30 = NJW 1968, 396; 23.9.1985 NJW 1986, 585 = DB 1986, 214; Baumbach/Hueck/*Zöllner/Noack* GmbHG § 35 Rn. 41 ff.; *Bauer/v. Medem* ArbRAktuell 2012, 473; ausf. ferner *Wirbelauer* MDR 2018, 61; zur Mitteilungspflicht jeder gewerblichen Tätigkeit OLG Karlsruhe 8.7.1988 NJW-RR 1988, 1497.

[47] BGH 12.6.1989 DB 1989, 1762 = NJW 1989, 2697 (LS); 23.9.1985 NJW 1986, 585 = DB 1986, 214; 21.2.1983 WM 1983, 498 = ZIP 1983, 689; 10.2.1977 DB 1977, 716 = BB 1977, 465; 8.5.1967 DB 1967, 1170 = BB 1967, 731.

[48] Vgl. BGH 14.11.1983 BGHZ 89, 48 = NJW 1984, 733.

[49] Vgl. zB BGH 5.12.1983 NJW 1984, 1461.

[50] Vgl. BGH 14.2.1985 BGHZ 94, 18 = NJW 1985, 2194; 7.10.1969 AP Nr. 51 zu § 611 BGB Haftung des Arbeitnehmers = NJW 1970, 34; *Pullen* BB 1984, 989; *Köhl* DB 1996, 2597.

[51] Vgl. BGH 16.2.1981 AP Nr. 1 zu § 43 GmbHG; 14.3.1983 NJW 1983, 1856.

10 Im **Außenverhältnis** haftet grundsätzlich die Kapitalgesellschaft (dies gilt auch für eine Vor-GmbH[52]). Jedoch besteht insbesondere für GmbH-**Geschäftsführer** in zahlreichen Fällen eine **Durchgriffshaftung.** Diese kommt in Betracht, wenn die Berufung auf das Trennungsprinzip zwischen Gesellschaft und Gesellschaftern eine unzulässige Rechtsausübung darstellt, weil die Rechtsform der juristischen Person offenkundig dazu benutzt worden ist, einen von der Rechtsordnung nicht mehr zu billigenden Erfolg herbeizuführen.[53] Der **Gesellschafter** einer GmbH haftet zudem dann, wenn die Voraussetzungen einer **Ausfallhaftung wegen existenzvernichtenden Eingriffs** vorliegen (insoweit gilt nicht mehr das Haftungssystem des AktienG nach den Grundsätzen der Haftung aus qualifiziert faktischen Konzernen). Bei einem solchen Eingriff des Gesellschafters in das Vermögen der Gesellschaft kann der Gesellschafter sich nicht auf die Haftungsbegrenzung des § 13 II GmbHG berufen. Die Ausfallhaftung ist auf die Erhaltung des Stammkapitals und die Gewährleistung des Bestandes der GmbH beschränkt.[54] Anspruchsnorm ist dabei nach der aktuellen Rspr. des BGH die Bestimmung des **§ 626 BGB,**[55] allerdings mit der Rechtsfolge einer **Innenhaftung** gegenüber der Gesellschaft. Die Gläubiger, die den Gesellschafter in Anspruch nehmen wollen, müssen daher einen Titel gegen die Gesellschaft erstreiten und einen Pfändungs- und Überweisungsbeschluss wegen der Ansprüche der Gesellschaft gegen den Gesellschafter erwirken.[56] In der Insolvenz kann eine Durchgriffshaftung nur vom Insolvenzverwalter geltend gemacht werden.[57]

11 Der Geschäftsführer haftet unmittelbar den Gläubigern im Falle eines von ihm gesetzten **Rechtsscheines.**[58] Nach § 35 III GmbHG geschieht die Zeichnung in der Weise, dass die Zeichnenden bei der Firma der Gesellschaft ihre Namensunterschrift beifügen. Die Firma muss aber immer die Kennzeichnung enthalten, dass nur eine beschränkte Haftung besteht. Eine Außenhaftung tritt bereits dann ein, wenn gegen die Offenlegung der Verhältnisse über die Vertragsparteien verstoßen wird und potentielle Gläubiger nicht gewarnt werden. Eine persönliche Haftung des Geschäftsführers kommt auch in Betracht, wenn das Vermögen der GmbH mit dem der Gesellschaft vermischt wird.[59]

12 Bei der Haftung aus **Verschulden bei Vertragsschluss** (§ 311 II und III BGB, vormals: culpa in contrahendo) haftet grundsätzlich die GmbH. Diese muss sich das Verhalten ihres Vertreters zurechnen lassen. Der Verhandlungspartner vertraut in den Vertretenen und nicht den Vertreter. Ausnahmsweise kommt aber auch eine persönliche Haftung des Organvertreters in Betracht. Eine ausdrückliche Regelung enthält nunmehr § 311 III BGB. Diese Bestimmung knüpft an die von der Rspr. entwickelten Grundsätze[60] an. Sie betrifft insoweit allerdings nur eine Fallgruppe, stellt aber keine abschließende Regelung dar.[61] Die bisher von der Rspr. entwickelten Grundsätze bleiben weiterhin maßgeblich.

13 Der Geschäftsführer haftet nach § 311 III 2 BGB persönlich, wenn er über das normale Verhandlungsvertrauen ein **besonderes persönliches Vertrauen** in Anspruch genommen hat und dadurch die Vertragsverhandlungen oder den Vertragsabschluss erheblich beeinflusst. Dies ist dann der Fall, wenn der Geschäftsführer über das normale Verhandlungsvertrauen hinausgegangen ist und dem Verhandlungspartner eine zusätzlich von ihm persönlich ausgehende Gewähr für den Bestand und die Erfüllung des in Aussicht gestellten Geschäfts geboten hat, die für den Willensentschluss des anderen Teiles erheblich war.[62] UU kann in solchen Fällen auch ein Schuldbeitritt vorliegen.[63]

---

[52] Zur Haftung der Gesellschafter für die Nichtabführung von Beiträgen s. BSG 8.12.1999 BSGE 85, 192 = NZS 2000, 348.

[53] BGH 4.5.1977 BGHZ 68, 312 = NJW 1977, 1449; BSG 1.2.1996 AP Nr. 8 zu § 11 GmbHG; BAG 3.9.1998 AP Nr. 21 zu § 826 BGB = NZA 1999, 39.

[54] BGH 24.6.2002 BGHZ 151, 181 = NJW 2002, 3024; 17.9.2001 BGHZ 149, 10 = NJW 2001, 3622; BAG 28.7.2005 AP Nr. 59 zu § 16 BetrAVG = NZA 2006, 1008 (LS); 14.12.2004 AP Nr. 32 zu § 611 BGB Haftung des Arbeitgebers = NZA 2005, 818.

[55] BGH 16.7.2007 BGHZ 173, 246 = NJW 2007, 2689; 2.6.2008 NJW-RR 2008, 1417.

[56] BGH 16.7.2007 BGHZ 173, 246 = NJW 2007, 2689.

[57] BAG 14.12.2004 AP Nr. 32 zu § 611 BGB Haftung des Arbeitgebers = NZA 2005, 818.

[58] BGH 15.1.1990 NJW 1990, 2678; 24.6.1991 NJW 1991, 2627.

[59] BGH 13.4.1994 BGHZ 125, 366 = NJW 1994, 1801.

[60] S. zB BGH 24.5.2005 NJW-RR 2005, 1137 = ZIP 2005, 1327, 3.4.1990 NJW 1990, 1907; jeweils mwN.

[61] BAG 20.3.2014 AP Nr. 21 zu § 823 BGB = NZA 2014, 1023; 18.8.2011 AP Nr. 1 zu § 311 BGB = DB 2012, 285; Palandt/*Grüneberg* BGB § 311 Rn. 60.

[62] Vgl. BGH 11.10.1988 NJW-RR 1989, 110; 8.10.1987 NJW-RR 1988, 615; BAG 20.3.2014 NJW 2014, 2669; 18.8.2011 AP Nr. 1 zu § 311 BGB = DB 2012, 285; 12.4.2011 AP Nr. 3 zu § 7d SGB IV = NZA 2011, 1350.

[63] BGH 25.9.1980 NJW 1986, 580; LAG Köln 19.1.2001 NZA-RR 2002, 17 = LAGE § 611 BGB Gratifikation Nr. 65.

Eine persönliche Haftung besteht nach der Rspr. des BGH ferner dann, wenn der Geschäftsführer dem Verhandlungsgegenstand besonders nahe steht, weil er wirtschaftlich selbst stark an dem Vertragsschluss interessiert ist und aus dem Geschäft eigenen Nutzen erstrebt, so dass er gleichsam als in eigener Sache handelnd angesehen werden kann.[64] Der BGH hat die zunächst sehr weit gehende Haftung in der Folgezeit jedoch erheblich eingeschränkt: So reicht es für die Annahme eines **wirtschaftlichen Eigeninteresses** des Geschäftsführers nicht aus, dass er der alleinige Gesellschafter der GmbH (& Co. KG) ist[65] oder selbst Sicherheiten stellt (sich zB verbürgt).[66] Das Gleiche gilt für einen Provisionsanspruch des Geschäftsführers aufgrund des Geschäfts.[67] 14

Eine Durchgriffshaftung wird angenommen, wenn dem Geschäftsführer bekannt ist, dass die Verletzung von absoluten Rechten Dritter erfolgt und er Gegenmaßnahmen unterlässt.[68] Der Geschäftsführer haftet ferner persönlich, wenn er eine **Garantenstellung** hat, dass Außenstehende vor der Verletzung ihrer Schutzgüter geschützt werden.[69] Hierzu gibt es eine umfangreiche Rspr. So ist eine Haftung zB bejaht worden, wenn der Geschäftsführer die Arbeitnehmerbeiträge nicht abgeführt hat, auch wenn er dafür einen Prokuristen beauftragt hat,[70] oder die Beiträge für Schwarzarbeiter nicht gemeldet und nicht abgeführt hat,[71] wenn das beitragspflichtige Entgelt zwar rechtzeitig gemeldet und den AN abgezogen, aber nicht weitergeleitet worden ist[72] oder wenn eine wegen Geringfügigkeit nicht versicherungspflichtige Beschäftigung als versicherungspflichtige gemeldet worden ist und die Krankenkasse irrtümlich Leistungen erbracht hat.[73] 15

Die gesetzlichen Vertreter natürlicher und juristischer Personen und die Geschäftsführer von nicht rechtsfähigen Personenvereinigungen und Vermögensmassen haben deren **steuerliche Pflichten** zu erfüllen (§ 34 I AO). Sie haften, soweit Ansprüche aus dem Steuerschuldverhältnis infolge vorsätzlicher oder grobfahrlässiger Verletzung der ihnen auferlegten Pflichten nicht oder nicht rechtzeitig festgesetzt oder erfüllt werden oder soweit infolgedessen Steuervergütungen oder Erstattungen ohne rechtlichen Grund gezahlt werden (§ 69 AO).[74] Allein der Antrag auf Insolvenzeröffnung befreit den Geschäftsführer nicht von der Haftung wegen Nichtabführung einbehaltener Lohnsteuer, weil seine Verfügungsbefugnis hierdurch noch nicht eingeschränkt ist.[75] 16

Eine bloße **Unterkapitalisierung** der Gesellschaft begründet für sich genommen keine Durchgriffshaftung.[76] 17

Der Geschäftsführer haftet nicht für das pflichtwidrige Verhalten früherer Geschäftsführer.[77] Ebenso wenig haftet er für Verbindlichkeiten der Gesellschaft, die erst nach der Beendi- 18

[64] Vgl. BGH 7.11.1994 NJW 1995, 398.

[65] BGH 7.11.1994 NJW 1995, 398; 6.6.1994 BGHZ 126, 181 = NJW 1994, 2220; 23.10.85 NJW 1986, 586; anders noch BGH 23.2.1983 BGHZ 87, 27 = NJW 1983, 1607; 27.10.1982 DB 1983, 37 = BB 1982, 2161.

[66] BGH 7.11.1994 NJW 1995, 398 = GmbHR 1995, 226; 6.6.1994 BGHZ 126, 181 = NJW 1994, 2220; anders noch BGH 23.10.85 NJW 1986, 586.

[67] BGH 16.3.1992 NJW-RR 1992, 1061.

[68] Vgl. BGH 6.7.1990 BGHSt 37, 106 = NJW 1990, 2560.

[69] BGH 5.12.1989 BGHZ 109, 297 = NJW 1990, 976; vgl. auch BGH 13.4.1994 BGHZ 125, 366 = NJW 1994, 1801; BAG 23.2.2010 AP Nr. 5 zu § 8a ATG = DB 2010, 1538.

[70] BGH 9.1.2001 AP Nr. 22 zu § 823 BGB Schutzgesetz = NJW 2001, 969, 130; 21.1.1997 BGHZ 134, 304 = AP Nr. 23 zu § 823 BGB Schutzgesetz = NJW 1997, 1237; 15.10.1996 BGHZ 133, 370 = AP Nr. 21 zu § 823 BGB Schutzgesetz = NJW 1997, 130; OLG Naumburg 10.2.1999 NJW-RR 1999, 1343; OLG Rostock 16.5.1997 NJW-RR 1998, 688; zur Vor-GmbH BSG 8.12.1999 NZA-RR 2000, 273 = NZS 2000, 348; BAG 15.12.1999 AP Nr. 13 zu § 11 GmbHG = NJW 2000, 2915; dagegen KG 4.7.2001 ZIP 2002, 438.

[71] BGH 31.10.1989 NZA 1990, 311 = NJW-RR 1990, 288.

[72] BGH 12.2.1985 DB 1985, 1630 = ZIP 1985, 487; OLG Düsseldorf 18.6.1993 NJW-RR 1993, 1448 = NZA 1994, 178 (LS); OLG München 25.9.1986 BB 1987, 2096 (LS).

[73] OLG Frankfurt 21.9.1988 NJW-RR 1989, 225.

[74] Vgl. BFH 8.11.1988 NJW 1989, 1383; 26.7.1988 DB 1988, 2238 = BB 1988, 2234; BVerwG 9.12.1988 NJW 1989, 1873; OFD Erfurt Vfg. 26.2.1996 NZA 1996, 926 (zur Lohnsteuerpauschalierung); BFH 19.7.1988 ZIP 1989, 788 (zum Auswahlermessen, wenn nur ein Organmitglied in Anspruch genommen wird).

[75] BFH 23.9.2008 DB 2009, 101.

[76] BGH 28.4.2008 BGHZ 176, 204 = NJW 2008, 2437; 4.5.1977 BGHZ 68, 312 = NJW 1977, 1449; BAG 10.2.1999 AP Nr. 6 zu § 13 GmbHG = NZA 1999, 653; 3.9.1998 AP Nr. 21 zu § 826 BGB = NZA 1999, 39; anders aber BSG 1.2.1996 AP Nr. 8 zu § 11 GmbHG; 27.9.1994 BSGE 75, 82 = NJW-RR 1995, 730.

[77] BGH 11.12.2001 AP Nr. 16 zu § 35 GmbHG = NZA 2002, 1400; OLG Düsseldorf 20.12.2002 = NZS 2003, 597.

gung seiner Geschäftsführung durch vertragswidriges Verhalten der Gesellschaft entstanden sind.[78]

19 Der Geschäftsführer haftet persönlich bei Verstoß gegen die **Insolvenzantragspflicht.** Außerdem haftet er, wenn er in einer dauernden Geschäftsverbindung nicht auf die Konkurs-/Insolvenzreife des Unternehmens aufmerksam macht.[79] Nach § 15a InsO hat der Geschäftsführer bei Zahlungsunfähigkeit oder Überschuldung ohne schuldhaftes Zögern, spätestens aber binnen drei Wochen nach Eintritt der Zahlungsunfähigkeit oder Überschuldung Insolvenzantrag zu stellen. Verstößt der Geschäftsführer schuldhaft gegen diese Pflicht, macht er sich gem. § 823 II BGB iVm § 15a InsO schadensersatzpflichtig. Gegenüber den Gläubigern, die ihre Forderung bereits vor dem Zeitpunkt erworben haben, in dem Insolvenzantrag hätte gestellt werden müssen (sog. Altgläubiger), ist die Haftung auf den Differenzschaden zwischen der ursprünglich erzielbaren Insolvenzquote und der tatsächlich erzielten beschränkt (Quotenschaden). Später hinzu kommende Gläubiger (sog. Neugläubiger) haben dagegen Anspruch auf Ausgleich des Schadens, der ihnen dadurch entstanden ist, dass sie in Rechtsbeziehungen zu einer überschuldeten oder zahlungsunfähigen Gesellschaft getreten sind. Sie sind so zu stellen, als hätten sie den Vertrag mit dem insolvenzreifen Unternehmen nicht geschlossen.[80] Darlegungs- und beweispflichtig für das Vorliegen der objektiven Voraussetzungen für die Insolvenzantragspflicht ist der Gläubiger. Steht fest, dass die Gesellschaft zu einem bestimmten Zeitpunkt rechnerisch überschuldet war, ist es Sache des Geschäftsführers, die Umstände darzulegen, die es aus damaliger Sicht rechtfertigten, das Unternehmen dennoch weiterzuführen.[81] Eine Haftung des Geschäftsführers gegenüber der Bundesagentur für Arbeit wegen des bezahlten Insolvenzgeldes gem. § 823 II BGB iVm § 15a InsO kommt nach diesen Grundsätzen nicht in Betracht, weil die Bundesagentur weder Altgläubiger noch Neugläubiger ist. Sie erwirbt Ansprüche erst mit der Insolvenzeröffnung. Eine Schadensersatzpflicht des Geschäftsführers kann sich aber aus § 826 BGB ergeben.[82] Denkbar ist ferner eine Haftung des Geschäftsführers gegenüber den Sozialversicherungsträgern gem. § 823 II BGB iVm § 266a StGB auf Zahlung der Sozialversicherungsbeiträge, die nach dem Zeitpunkt entstanden sind, an dem Insolvenzantrag hätte gestellt werden müssen.[83] Da für Altgläubiger kein Anspruch auf Ersatz des Schadens besteht, der nicht in einer Quotenverringerung besteht,[84] scheidet für sie ein Anspruch auf Ersatz von Vermögensnachteilen, die sich aus dem Verlust von Ansprüchen gegenüber Dritten, zB dem Pensions-Sicherungs-Verein, ergeben, aus.[85] Der Geschäftsführer haftet gem. § 64 S. 1 u. 2 GmbHG gegenüber der Gesellschaft, wenn er nach Insolvenzreife der Gesellschaft Arbeitgeberbeiträge zur Sozialversicherung leistet. Dies ist – anders als das weitere Abführen von Arbeitnehmerbeiträgen[86] (s. § 266a I StGB) – mit der Sorgfalt eines ordentlichen Kaufmanns nicht vereinbar.[87] Die Haftung gegenüber der Gesellschaft ist in § 64 GmbHG geregelt.

20 Gründet der geschäftsführende Gesellschafter einer in finanziellen Schwierigkeiten geratenen OHG eine GmbH, auf die der Geschäftsbetrieb der OHG einschließlich der Arbeitsverhältnisse übertragen wird, haftet er bei einer späteren Insolvenz der GmbH nicht nach § 826 BGB, wenn die Insolvenz für ihn noch nicht absehbar war.[88]

IV. Beendigung des Rechtsverhältnisses

21 **1. Rechtliche Unterscheidung von Bestellung und Anstellung.** Bei Organmitgliedern ist zwischen **Bestellung** und **Anstellung** zu unterscheiden. Grundsätzlich sind beide

[78] BAG 20.1.1998 AP Nr. 12 zu § 11 GmbHG = NZA 1998, 539; zur Haftung des faktischen Geschäftsführers s. KG 26.11.1996 NJW-RR 1997, 1126.

[79] Vgl. BGH 7.11.1994 NJW 1995, 398; 16.3.1992 NJW-RR 1992, 1061; 26.6.1989 BGHZ 108, 134 = AP Nr. 1 zu § 64 GmbHG; OLG München 14.7.1992 NJW-RR 1993, 491; zur Beschränkung auf das negative Interesse s. BGH 8.3.1999 NZS 1999, 392.

[80] BGH 19.11.2019 NZI 2020, 167; 21.10.2014 NZI 2015, 234; 25.7.2005 NJW 2005, 3137; 30.3.1998 BGHZ 138, 211 = NJW 1998, 2667; 7.11.1994 NJW 1995, 398; 6.6.1994 BGHZ 126, 181 = NJW 1994, 2220; Baumbach/Hueck/*Haas* GmbHG § 64 Rn. 127 ff. mwN.

[81] BGH 6.6.1994 BGHZ 126, 181= NJW 1994, 2220.

[82] BGH 7.5.2019 NZI 2019, 717; 26.6.1989 BGHZ 108, 134 = AP Nr. 1 zu § 64 GmbHG = NJW 1989, 3277.

[83] BGH 29.9.2008 NJW 2009, 295.

[84] BAG 17.9.1991 – 3 AZR 521/90.

[85] LAG Bln 15.12.1981 ZIP 1982, 211 (zu § 92 II AktG); BRO/*Rolfs* BetrAVG Vor § 7 Rn. 18.

[86] Hierzu BGH 25.1.2011 DB 2011, 462; 2.6.2008 NJW-RR 2008, 1253; 14.5.2007 NJW 2007, 2118; anders noch BGH 8.1.2001 BGH 146, 264 = NJW 2001, 1280.

[87] BGH 8.6.2009 NJW 2009, 2599.

[88] BAG 3.9.1998 AP Nr. 21 zu § 826 BGB = NZA 1999, 39.

Rechtsverhältnisse rechtlich selbständig und können unabhängig voneinander nach den jeweiligen dafür geltenden Vorschriften beendet werden.[89]

22 Das Dienstverhältnis kann aber an die Organbestellung geknüpft werden.[90] Für das Dienstverhältnis bleibt in diesem Fall allerdings die gesetzliche Kündigungsfrist (gem. § 621 bzw. § 622 BGB; → Rn. 25) unberührt.[91]

23 **2. Bestellung.** Die Bestellung zum Vorstandsmitglied einer AG kann nach § 84 I AktG nur für jeweils höchstens 5 Jahre erfolgen.[92] Der **Widerruf der Bestellung** ist gem. § 84 III AktG nur aus wichtigem Grund möglich. Die Bestellung der Geschäftsführer einer GmbH ist dagegen nach § 38 I GmbHG grundsätzlich frei widerruflich (das gleiche gilt für den Vorstand einer Genossenschaft, s. § 24 II 2 GenG). Bei einer GmbH (oder einer anderen Rechtspersönlichkeit gem. § 1 I Nr. 1 MitbestG), die dem MitbestG unterfällt, gilt gem. § 31 MitbestG aber die Regelung des § 84 AktG. Das gleiche gilt gem. § 12 für den Bereich des Montan-MitbestG. Eine Abberufung aus wichtigem Grund kann nicht auf Umstände gestützt werden, die der Gesellschaft bereits bei der Bestellung bekannt waren.[93] Wird die Bestellung zu Unrecht widerrufen oder das Amt vom Organmitglied niedergelegt, ohne dass hierfür ein wichtiger Grund besteht, kann für die Gegenseite ein Recht zur außerordentlichen Kündigung erwachsen.[94] Das Kündigungsrecht steht dem für die Bestellung und Abberufung zuständigen Organ zu.[95] Der Widerruf der Bestellung eines Geschäftsführers gem. § 38 I GmbHG stellt für sich genommen kein vertragswidriges Verhalten der Gesellschaft im Sinne des § 628 II BGB dar.[96] Etwas Abweichendes soll nach Ansicht des BAG aber gelten, wenn sie einen Verstoß gegen eine schuldrechtliche Bestellungsvereinbarung darstellt.[97]

24 **3. Anstellungsverhältnis.** Die **Beendigung des Anstellungsverhältnisses** richtet sich nach den Bestimmungen des Dienstvertragsrechts, insbes. §§ 620, 626 BGB. Die ordentliche Kündigung bedarf keines rechtfertigenden Grundes.[98] Das KSchG findet gem. § 14 I keine Anwendung[99] (seine Geltung kann aber vereinbart werden, → Rn. 5), ebenso wenig wie der Sonderkündigungsschutz des MuSchG sowie des SGB IX.[100] Wenn ein AN allerdings nur deshalb zum Geschäftsführer bestellt wird, um ihn vom Kündigungsschutz auszuschließen, kann ein institutioneller Rechtsmissbrauch vorliegen.[101] Bei Vorliegen einer Weisungsgebundenheit im Innenverhältnis und damit eines Unterordnungsverhältnisses kann ein Schutz nach der Richtlinie 92/85/EWG im Falle einer Schwangerschaft bestehen; außerdem kann ein Arbeitsvertrag im Verhältnis zu einer Obergesellschaft bestehen (→ Rn. 3). Zur Anwendbarkeit des AGG → Rn. 7.

25 Vor Erlass des KündFrG war umstr., ob sich die gesetzliche Kündigungsfrist nach § 621 oder § 622 BGB richtet. Der BGH hat sich für die entsprechende Geltung des § 622 BGB ausgesprochen,[102] sofern es sich nicht um einen herrschenden Gesellschafter handelt.[103] Dies kann nach der Änderung von § 622 BGB zum 15.10.1993 nicht mehr gelten; vielmehr ist diese Bestimmung jetzt ausschließlich auf die Kündigung von Arbeitsverhältnissen anzuwenden.[104] Das nur für Arbeitsverhältnisse geltende Schriftformerfordernis für Kündigungen in § 623 BGB findet

[89] Vgl. BGH 28.10.2002 NJW 2003, 351.

[90] BGH 21.6.1999 NJW 1999, 3263; 29.5.1989 AP Nr. 26 zu § 622 BGB = NJW 1989, 2683.

[91] BGH 29.5.1989 AP Nr. 26 zu § 622 BGB = NJW 1989, 2683.

[92] Zur Umgehung dieser Bestimmung durch die Vereinbarung eines Arbeitsvertrages für den Fall der Beendigung der Organstellung BAG 26.8.2009 AP Nr. 2 zu § 84 AktG = NZA 2009, 1205.

[93] BGH 12.7.1993 DB 1993, 1814 = BB 1993, 1681.

[94] Vgl. BGH 14.7.1980 BGHZ 78, 82 = NJW 1980, 2415.

[95] BGH 27.3.1995 NJW 1995, 1750.

[96] BGH 28.10.2002 NJW 2003, 351.

[97] BAG 8.8.2002 AP Nr. 14 zu § 628 BGB = NZA 2002, 1323; krit. *Bauer/Diller/Krets* DB 2003, 2687.

[98] BGH 3.11.2003 NJW-RR 2003, 2174.

[99] BAG 25.10.2007 AP Nr. 11 zu § 14 KSchG 1969 = NZA 2008, 168.

[100] S. zum SchwbG BGH 9.2.1978 AP Nr. 1 zu § 38 GmbHG = NJW 1978, 1435.

[101] Vgl. hierzu BAG 21.9.2017 AP Nr. 14 zu § 14 KSchG 1969 = NZA 2018, 358.

[102] BGH 26.3.1984 BGHZ 91, 217 = NJW 1984, 2528; 29.1.1981 BGHZ 79, 291 = AP Nr. 14 zu § 622 BGB = NJW 1981, 1270.

[103] BGH 9.3.1987 NJW 1987, 2073.

[104] BAG 11.6.2020 NZA 2020, 1179; Baumbach/Hueck/*Zöller/Noack* GmbHG § 35 Rn. 243; *Stöhr* RdA 2021, 104; anders aber die bisher hM Staudinger/*Preis* BGB § 622 Rn. 14; MüKoBGB/*Hesse* § 622 Rn. 10; Roth/*Altmeppen* GmbHG § 6 Rn. 132; *Nägele* BB 2001, 305 (309, 310).

auf Dienstverhältnisse von Organmitgliedern keine Anwendung. Es gilt aber für das Arbeitsverhältnis, sofern ein AN zum Geschäftsführer aufrückt und das Arbeitsverhältnis als ruhendes weiter besteht (→ Rn. 4). Die außerordentliche Kündigung richtet sich nach § 626 BGB. Ist sie unwirksam, kann sie nach § 140 BGB in eine ordentliche Kündigung umgedeutet werden, wenn nach der Sachlage anzunehmen ist, dass die ordentliche Kündigung dem Willen des Kündigenden entspricht und dieser Wille in seiner Erklärung für den Empfänger der Kündigung erkennbar zum Ausdruck kommt.[105] Eine Umdeutung scheidet jedoch aus, wenn die Gesellschaft durch die ausgelösten Abfindungs- und Versorgungsansprüche schwerer belastet würde als durch eine Kündigung aus wichtigem Grund. Die Ausschlussfrist des § 626 II BGB beginnt mit der Kenntnis des für die außerordentliche Kündigung zuständigen Organs.[106] Diese Kenntnis liegt vor, wenn das Organ zur Beratung über die Frage der Entlassung des Geschäftsführers zusammentritt.[107] Das gilt auch bei einer vorherigen Kenntnis aller Gesellschafter der Gesellschafterversammlung. Die Einberufung des zuständigen Organs darf aber nicht beliebig hinausgeschoben werden. Bei einer unangemessenen Verzögerung ist derjenige Termin zugrunde zu legen, der zumutbarer Beschleunigung entsprochen hätte.[108] Kündigungsgründe können nachgeschoben werden, wenn sie dem Kündigenden bei Ausspruch der Kündigung nicht bekannt waren und das zuständige Organ beschlossen hat, die Kündigung auch auf sie zu stützen.[109]

V. Sozialrecht

26 **Vorstandsmitglieder** einer Aktiengesellschaft sind aufgrund ihrer selbständigen Tätigkeit[110] und regelmäßig zudem wegen des Überschreitens der Jahresarbeitsentgeltgrenze des § 6 I Nr. 1 SGB V nicht in der gesetzlichen **Krankenversicherung** versicherungspflichtig (§ 5 SGB V).[111] Versicherungspflicht besteht nur für Personen, die gegen Arbeitsentgelt als Arbeiter, Angestellte oder zur Berufsausbildung in einem Beschäftigungsverhältnis (§ 7 SGB IV) stehen. Nach § 1 S. 3 SGB VI sind Mitglieder des Vorstandes einer Aktiengesellschaft nicht versicherungspflichtig in der gesetzlichen **Rentenversicherung.** Nach früher hM galt der Ausschluss der Rentenversicherungspflicht nicht nur für die Vorstandstätigkeit, sondern auch für alle daneben ausgeübten Tätigkeiten bei anderen AG, und zwar selbst dann, wenn die anderweitigen Tätigkeiten gegenüber der Vorstandstätigkeit überwogen. Nunmehr regelt § 1 S. 3 SGB VI, dass das Nichtbestehen der Versicherungspflicht auf die Beschäftigung als Vorstandsmitglied beschränkt ist. Dieser Personenkreis kann von dem Recht der Versicherungspflicht auf Antrag Gebrauch machen.[112] Dasselbe gilt für Stellvertreter[113] und für Vorstandsmitglieder größerer Versicherungsvereine auf Gegenseitigkeit.[114] Nach § 27 I Nr. 5 SGB III sind Mitglieder des Vorstandes einer Aktiengesellschaft in Beschäftigungen für das Unternehmen, dessen Vorstand sie angehören, nicht beitragspflichtig. Konzernunternehmen im Sinne des § 18 AktG gelten als ein Unternehmen. Mitglieder des Vorstands sind in Tätigkeiten für das Unternehmen, dessen Vorstand sie angehören, in der gesetzlichen **Unfallversicherung** nicht als Beschäftigte versichert.[115] Es besteht jedoch eine Beitragspflicht der Vorstandsmitglieder in anderen, daneben ausgeübten Beschäftigungen.[116] Für

---

[105] BGH 14.2.2000 AP Nr. 16 zu § 620 BGB Kündigungserklärung = NZA 2000, 430; 8.8.1997 AP Nr. 8 zu § 140 BGB = NJW 1998, 76; 28.1.1985 DB 1985, 1837 = WM 1985, 567; 26.3.1956 BGHZ 20, 239 = WM 1956, 631.

[106] BGH 10.1.2000 AP Nr. 15 zu § 611 BGB Organvertreter = NZA 2000, 376; 15.6.1998 BGHZ 139, 89 = AP Nr. 41 zu § 626 BGB Ausschlussfrist = NZA 1998, 1005; 9.11.1992 NJW 1993, 463; 2.6.1997 GmbHR 1997, 998.

[107] BGH 15.6.1998 BGHZ 139, 89 = AP Nr. 41 zu § 626 BGB Ausschlussfrist = NZA 1998, 1005.

[108] BGH 15.6.1998 BGHZ 139, 89 = AP Nr. 41 zu § 626 BGB Ausschlussfrist = NZA 1998, 1005; 18.6.1984 NJW 1984, 2689; Baumbach/Hueck/*Zöllner/Noack* GmbHG § 35 Rn. 226 mwN; Hüffer/*Koch* AktG § 84 Rn. 54.

[109] BGH 11.7.1978 DB 1979, 117 = WM 1978, 1123; 29.3.1973 BGHZ 60, 333 = AP Nr. 1 zu § 40 GenG; 5.5.1958 BGHZ 27, 220 = AP Nr. 5 zu § 70 HGB = NJW 1958, 1136.

[110] Vgl. BSG 14.12.1999 NZA-RR 2000, 434.

[111] Näher *Grimm* DB 2012, 175 (177 f.); zur Sozialversicherungspflicht von Vorstandsmitgliedern gesetzlicher Krankenkassen vgl. *Dudda* NZS 1997, 23; zu Vorstandsmitgliedern eingetragener Genossenschaften vgl. *Bösche* NZS 2004, 466; zu Vorstandsmitgliedern der ärztlichen Selbstverwaltung *Hantel* NZS 2005, 580.

[112] BSG 26.3.1992 BB 1993, 442; 31.5.1989 BSGE 65, 113 = NZA 1990, 668; vgl. auch die Zusammenfassung BB 1991, 982 u. BB 1993, 441.

[113] BSG 18.9.1973 BSGE 36, 164 = NJW 1974, 208.

[114] BSG 27.3.1980 BB 1980, 1473.

[115] BSG 14.12.1999 NZA-RR 2000, 434.

[116] Vgl. zur versicherungsrechtlichen Beurteilung die Zusammenfassung BB 1993, 441 und DB 1993, 277.

Leitungsorgane einer europäischen Aktiengesellschaft (SE) gelten dieselben Grundsätze wie bei einer AG.[117]

Ob der **Geschäftsführer einer GmbH** versicherungspflichtig ist, muss nach den zu § 7 27
SGB IV entwickelten Grundsätzen beurteilt werden.[118] Es kommt also darauf an, ob ein abhängiges Beschäftigungsverhältnis zur Gesellschaft besteht. Grundsätzlich ist der Geschäftsführer einer GmbH sozialversicherungsrechtlich als ein nicht selbständig Beschäftigter anzusehen, der der Sozialversicherungspflicht unterliegt. Seine Organstellung schließt eine Abhängigkeit gegenüber der Gesellschaft bzw. den Gesellschaftern nicht aus.[119] Maßgebend ist die Ausgestaltung des Dienstverhältnisses. Hierbei kommt den Regelungen des Geschäftsführervertrags über das Innenverhältnis, den Weisungen durch die Gesellschafterversammlungen, Abdingungen des Selbstkontrahierungsverbotes besonderes Gewicht zu.[120] Aber auch nicht am Kapital beteiligte Geschäftsführer können von der Versicherungspflicht befreit sein.[121] Die für Gesellschafter einer GmbH entwickelten Grundsätze lassen sich auf Mitarbeitende und in Deutschland tätige Gesellschafter einer englischen Limited übertragen.[122]

Besonderheiten gelten, wenn der Geschäftsführer **am Kapital der Gesellschaft beteiligt** ist. 28
Allerdings ist die Abhängigkeit nicht bereits durch die Stellung als Gesellschafter-Geschäftsführer von vornherein ausgeschlossen.[123] Entscheidend ist allein die Weisungsunterworfenheit, so dass ein abhängiges Beschäftigungsverhältnis immer dann ausscheidet, wenn der Geschäftsführer Weisungen ihm gegenüber aufgrund seiner Stellung jederzeit verhindern könnte. Die sozialrechtliche Rspr. verneint eine Arbeitnehmereigenschaft eines Gesellschaftergeschäftsführers, wenn er über mindestens die Hälfte des Stammkapitals der Gesellschaft verfügt.[124] Bei einem geringeren Kapitalanteil stellt die Rspr. darauf ab, ob er aufgrund seines Kapitalanteils, insbesondere bei Bestehen einer Sperrminorität in der Lage ist, ihn belastende Entscheidungen zu verhindern.[125] Der Besitz einer Sperrminorität schließt eine abhängige Beschäftigung auch dann aus, wenn ein anderer Gesellschafter ein wirtschaftliches Übergewicht hat und dieses auch einsetzt.[126] Auch dann, wenn der Kapitalanteil eines Gesellschaftergeschäftsführers für eine Beherrschung der Gesellschaft nicht ausreicht, er aber nach der tatsächlichen Gestaltung der Verhältnisse im Wesentlichen nach Zeit, Umfang und Ort seiner Tätigkeit weisungsfrei ist, liegt ein versicherungspflichtiges Beschäftigungsverhältnis nicht vor.[127] Ferner wird die Versicherungspflicht verneint, wenn der **tatsächliche Einfluss** größer ist, als dem Kapitalanteil entspricht. Versicherungspflichtig ist aber ein Geschäftsführer, der mit 50% an einer Komplementär GmbH, nicht dagegen an der KG, beteiligt ist und deren Geschicke nicht bestimmen kann.[128] Soweit das BSG in der Vergangenheit

---

[117] Ausf. *Hinrichs/Plitt* DB 2011, 1692; hierzu gibt es ein Besprechungsergebnis der Spitzenverbände der Sozialversicherungsträger vom 13./14.10.2009 (veröffentlicht bei beck-online sowie u.a. unter www.aok-business.de/fachthemen/besprechungsergebnisse/jahr-2009), wonach die Leistungsorgane bei einem monistischen Aufbau (geschäftsführende Direktoren) der SE der Sozialversicherungspflicht unterliegen sollen.

[118] Die Sozialversicherungsträger haben am 13.4.2010 ein gemeinsames Rundschreiben zur Statusfeststellung von Erwerbstätigen erstellt, durch das frühere Rundschreiben abgelöst wurden, veröffentlicht bei beck-online sowie u.a. unter https://www.deutsche-rentenversicherung.de. Näher hierzu *Grimm* DB 2012, 175; *Müller/Schulz* BB 2008, 2010; *Reiserer* BB 2009, 718; *Ebert* ArbRB 2012, 24; s. auch *Lau* NZS 2019, 452.

[119] BSG 6.3.2003 GmbHR 2004, 494; 18.12.2001 NZA-RR 2003, 325; 14.12.1999 EzA Nr. 1 zu § 7 SGB IV = BB 2000, 674; 18.4.1991 NZA 1991, 869; dazu *Reiserer* BB 2000, 676.

[120] BSG 9.8.1990 NZA 1991, 159 = NJW 1991, 862; vgl. 8.12.1994 DB 1995, 429; 30.1.1997 NZS 1997, 432 (als Treuhänder eines Dritten).

[121] Vgl. BSG 14.12.1999 GmbHR 2000, 618; 18.12.2001 NZA-RR 2003, 325; *Reiserer* BB 2009, 718.

[122] BSG 27.2.2008 BSGE 100, 62 = ZIP 2008, 2231.

[123] BSG 4.7.2007 GmbHR 2007, 1324.

[124] BSG 14.3.2018 NJW 2018, 2662 = NZS 2018, 778 (mAnm *Stäbler*); 25.1.2006 ZIP 2006, 678 = GmbHR 2006, 645; 9.11.1989 BSGE 66, 69 = BB 1990, 783; 24.6.1982 BB 1984, 1049; 22.8.1973 AP Nr. 11 zu § 3 AVG (nF) = NJW 1974, 207; 29.6.1972 AP Nr. 1 zu § 539 RVO = NJW 1973, 167; 15.12.1971 BB 1972, 404; 25.5.1965 BSGE 23, 83; 30.3.1962 BSGE 17, 15 = NJW 1962, 1539; 13.12.1960 BSGE 13, 196 = AP Nr. 1 zu § 165b RVO = NJW 1961, 1134; zur Versicherungspflicht des Treuhandgeschäftsführers BSG 30.1.1997 NZS 1997, 432 = BB 1997, 1642 (LS); 8.12.1994 NZS 1995, 753 = NJW-RR 1995, 993.

[125] BSG 14.3.2018 NJW 2018, 2662 = NZS 2018, 778 (mAnm *Stäbler*); 5.5.1988 SozR 2400 § 2 Nr. 25; vgl. auch BSG 8.12.1994 NZS 1995, 373 = NJW-RR 1995, 993.

[126] BSG 23.6.1994 WiB 1994, 776; 24.9.1992 NZA 1993, 430 = NZS 1993, 54; 18.4.1991 NZA 1991, 869.

[127] BSG 24.6.1982 USK 1982, 160.

[128] LSG NRW 12.6.1991 ZIP 1992, 53.

darauf abgestellt hat, es komme bei einem Familienunternehmen darauf an, ob der Beschäftigte faktisch als „Kopf und Seele" des Unternehmens keine Weisungen erhalten habe, hat es diese Rspr. ausdrücklich aufgegeben.[129] Für die **Rentenversicherungspflicht** regelt § 2 S. 1 Nr. 9 SGB VI, dass an sich als selbständig anzusehende Personen versicherungspflichtig sind, wenn sie regelmäßig keinen versicherungspflichtigen AN beschäftigen und sie auf Dauer und im Wesentlichen nur für einen Auftraggeber tätig sind. Nach Ansicht des BSG sollte ein Geschäftsführer-Gesellschafter nach dieser Regelung als arbeitnehmerähnlicher Selbständiger rentenversicherungspflichtig sein, wenn er selbst (nicht: die GmbH) keine AN beschäftige und er nur für eine Gesellschaft tätig war.[130] Durch eine am 1.7.2006 in Kraft getretene Änderung des § 2 S. 1 Nr. 9 lit. b und S. 4 Nr. 3 (jetzt S. 2 Nr. 3) SGB VI hat der Gesetzgeber daraufhin aber klargestellt, dass die genannten Tatbestandsvoraussetzungen in der Person der GmbH und nicht des Gesellschafters begründet sein müssen. Da insoweit keine Neuregelung, sondern eine Klarstellung gewollt war, gilt dies für alle ab dem 1.1.1999 ausgeübten Tätigkeiten, so dass Gesellschafter-Geschäftsführer weitgehend aus der Rentenversicherungspflicht ausgenommen sind. Ist ein Geschäftsführer nicht versicherungspflichtig, so ist sein Gehalt bei der Bemessung der Beiträge zur Unfallversicherung nicht zu berücksichtigen.[131] Zur Feststellung der Versicherungspflicht kann ein **Anfrageverfahren nach § 7a SGB IV** eingeleitet werden (hierzu → § 8 Rn. 57), dessen Ergebnis gem. § 336 SGB III auch für die Bundesagentur verbindlich ist. Für geschäftsführende Gesellschafter einer GmbH ist dieses Statusfeststellungsverfahren gem. § 7 I 2 SGB IV obligatorisch.

§ 15. Sonstige Arbeitnehmergruppen, insbesondere die zu ihrer Berufsausbildung beschäftigten Personen

Übersicht

I. Allgemeines

1 **1. Berufsausbildung.** Zu ihrer Berufsausbildung werden **Auszubildende** (→ Rn. 4), der **Lehrling** im Sinne des neuen Ausbildungsrechts (→ Rn. 4), der **Volontär** (→ Rn. 7) und der **Praktikant** (→ Rn. 9) beschäftigt. Regelmäßig nicht zu ihrer Berufsausbildung werden dagegen der Werkstudent und der Schüler tätig (→ Rn. 13). Erste umfassende Regelung des Vertragsrechts sowie des öffentlich-rechtlichen Berufsbildungsrechts war das am 1.9.1969 in Kraft getretene BBiG vom 14.8.1969 (BGBl. I 1112). Dieses Gesetz sowie das BerBiFG vom 23.12.1981 (BGBl. I 1692) wurden durch das am 1.4.2005 in Kraft getretene BBiG vom 23.3.2005 (BGBl. I 931) abgelöst und am 4.5.2020 neu gefasst (BGBl. I 920). Das Gesetz regelt die Berufsbildung (Berufsausbildungsvorbereitung, Berufsausbildung, berufliche Fortbildung und berufliche Umschulung, s. § 1 BBiG) sowie sonstige Vertragsverhältnisse iSv § 26 BBiG. Diese Rechtsverhältnisse unterscheiden sich vom Arbeitsverhältnis dadurch, dass die Beschäftigten sich nicht in erster Linie zur Leistung von Arbeit nach Weisung des AG verpflichtet haben, sondern der Lernzweck im Vordergrund steht.[1]

[129] BSG 29.7.2015 BSGE 119, 216.

[130] BSG 24.11.2005 NZA 2006, 396 = NJW 2006, 1162; s. hierzu *Müller* DB 2006, 614; *Hidalgo/Schmidt* BB 2006, 602; nach Ansicht von *Gach/Kock* NJW 2006, 1089 (1092) sind von dieser Entscheidung aber Gesellschafter-Geschäftsführer, deren Gesellschaft über mehrere Kunden verfügt und zumindest einen sozialversicherungspflichtigen AN beschäftigt, nicht betroffen.

[131] LSG SchlH 11.11.1992 NZS 1993, 265.

[1] BAG 5.12.2002 AP Nr. 2 zu § 2 BBiG.

2. Lehrling und Anlernling. Vor Inkrafttreten des BBiG vom 14.8.1969 wurden der Lehrling und der Anlernling unterschieden. Lehrlinge waren AN, die systematisch in einem anerkannten Lehrberuf ausgebildet wurden.[2] Anlernlinge waren dagegen AN, die in einem engeren Fachgebiet eine planmäßige Spezialausbildung erhalten haben.[3] Der Anlernling unterschied sich vom Lehrling durch die kürzere Dauer der Ausbildung, die geringeren persönlichen Bindungen an den Ausbildungsherrn und die begrenzte Ausbildung auf einem Spezialgebiet. Die Unterscheidung zwischen Lehrlingen und Anlernlingen ist inzwischen überholt. 2

II. Berufsausbildungsvorbereitung

Durch das 2. Gesetz für moderne Dienstleistungen am Arbeitsmarkt (BGBl. 2003 I 4621) hat der Gesetzgeber die Regelungen über die Berufsausbildungsvorbereitung in das BBiG aufgenommen. § 1 II und § 68 I BBiG definieren die Berufsausbildungsvorbereitung nicht, sondern umschreiben nur deren Ziele. Sie richtet sich an lernbeeinträchtigte oder sozial benachteiligte Personen, deren Entwicklungsstand eine erfolgreiche Ausbildung in einem anerkannten Ausbildungsberuf oder eine gleichwertige Berufsausbildung noch nicht erwarten lässt. Maßnahmen der Berufsausbildungsvorbereitung müssen nach Inhalt, Art, Ziel und Dauer den in § 68 I BBiG genannten Personenkreisen entsprechen und durch umfassende sozialpädagogische Betreuung und Unterstützung begleitet werden (§ 68 I 2 BBiG). Die Berufsausbildungsvorbereitung kann sowohl nach Maßgabe des SGB III als öffentliche Maßnahme im Rahmen eines öffentlich-rechtlichen Leistungsverhältnisses zur BA durchgeführt werden als auch durch Betriebe, die lediglich von den zuständigen Stellen beraten und überwacht werden. Im letzteren Fall liegt ein Qualifizierungsverhältnis eigener Art vor, das **kein anderes Vertragsverhältnis nach § 26 BBiG** darstellt und daher auch nicht der Vergütungspflicht gem. § 17 BBiG unterliegt.[4] Während nämlich § 26 BBiG Rechtsverhältnisse betrifft, bei denen berufliche Fertigkeiten, Kenntnisse, Fähigkeiten oder berufliche Erfahrungen vermittelt werden, ist die Berufsausbildungsvorbereitung auf die Vermittlung von Fertigkeiten im Vorfeld des beruflichen Bereichs gerichtet.[5] Anwendbar sind gem. § 68 II BBiG die Bestimmungen der §§ 27–33 BBiG über die Eignung von Ausbildungsstätte und Ausbildungspersonal. 3

III. Auszubildender

1. Begriff. Auszubildender ist gem. § 1 III BBiG, wer aufgrund eines Berufsausbildungsvertrags in einem geordneten Ausbildungsgang die für die Ausübung einer qualifizierten beruflichen Tätigkeit in einer sich wandelnden Arbeitswelt notwendigen beruflichen Fertigkeiten, Kenntnisse und Fähigkeiten (berufliche Handlungsfähigkeit) vermittelt erhält. Der Begriff des Auszubildenden umfasst den alten Begriff des Lehrlings und des Anlernlings (→ Rn. 2). Lediglich aus historischen Gründen ist im **Bereich des Handwerks** der Begriff des Lehrlings beibehalten worden. Aber auch hier deckt sich der Begriff des Lehrlings mit dem des Auszubildenden. Die HwO setzt daher jeweils hinter dem Wort Lehrling in Klammern den Begriff Auszubildender (zB § 21 HwO). Regelmäßig keine Auszubildende iSd BBiG sind **Studierende dualer Studiengänge** (§ 3 II Nr. 1 BBiG; auch → Rn. 12). Bei ihnen besteht neben dem öffentlich-rechtlichen Rechtsverhältnis zur Hochschule ein privatrechtliches Rechtsverhältnis zum Ausbildungsbetrieb, das als Arbeitsverhältnis zu qualifizieren ist.[6] 4

2. Geltende Regelungen. Der **Auszubildende ist kein AN.**[7] Nach § 10 II BBiG sind auf den Berufsbildungsvertrag, soweit sich aus seinem Wesen und Zweck und dem BBiG nichts anderes ergibt, die für den Arbeitsvertrag geltenden Rechtsvorschriften und Rechtsgrundsätze anzuwenden (→ § 174 Rn. 1 ff.). Ob auch ein **Tarifvertrag** für Auszubildende anzuwenden ist, muss im Wege der Auslegung des jeweiligen Tarifes ermittelt werden (→ § 202 Rn. 20 ff.). Häufig sind Auszubildende von dem persönlichen Geltungsbereich der für AN geltenden Tarifverträge ausgenommen. Insbesondere die Vergütung der Auszubildenden wird zumeist in Sondertarifen geregelt. Prozessual besteht die Besonderheit, dass gem. § 111 II ArbGG Ausschüsse 5

---

[2] Vgl. LAG Düsseldorf 18.8.1955 AP Nr. 8 zu § 11 KSchG.

[3] LAG Brem 29.7.1959 AP Nr. 1 zu § 611 BGB Anlernverhältnis.

[4] *Natzel* DB 2003, 719 (720); *ders.* BB 2011, 1589 (1590); ErfK/*Schlachter* BBiG § 1 Rn. 2; aA *Leinemann/Taubert* BBiG § 68 Rn. 7; *Lakies/Malottke* BBiG § 68 Rn. 15.

[5] *Benecke/Hergenröder* BBiG § 68 Rn. 6.

[6] *Brecht-Heitzmann* AuR 2009, 392.

[7] BAG 10.7.2003 AP Nr. 1 zu MTA-O = NZA 2004, 269.

für Ausbildungsstreitigkeiten gebildet werden können, die vor der Erhebung einer Klage vor dem ArbG anzurufen sind (→ § 174 Rn. 99).

6 **3. Anerkannter Ausbildungsberuf.** Die Ausbildung muss **systematisch** in einem anerkannten Ausbildungsberuf erfolgen. In anderen als anerkannten Ausbildungsberufen dürfen Jugendliche nicht ausgebildet werden (§ 4 BBiG; → § 174 Rn. 25 ff.).

IV. Volontär

7 Volontäre waren nach **§ 82a HGB** solche Personen, die, ohne als Lehrling oder Anlernling angenommen worden zu sein, unentgeltlich im Dienste eines anderen mit kaufmännischen Arbeiten beschäftigt werden. Die Begriffsbestimmung wurde auf nicht kaufmännische Volontäre (zB technische und landwirtschaftliche) entsprechend angewandt. Volontäre waren mithin Personen, die nicht aufgrund Lehr- oder Anlernvertrags beschäftigt wurden, zum Zwecke ihrer Berufsausbildung arbeiteten und unentgeltlich tätig wurden.

8 Nach Inkrafttreten des BBiG 1969 ist die Regelung in § 82a HGB, insbes. die dort vorgesehene Unentgeltlichkeit, gegenstandslos geworden. Volontäre können sowohl aufgrund eines Arbeitsverhältnisses als auch aufgrund eines anderen Vertragsverhältnisses iSv § 26 (vormals § 19) BBiG tätig sein. Für die Unterscheidung kommt es auf das Schwergewicht der vertraglichen Pflichten an. Überwiegt die Pflicht zur Erbringung der vertraglich geschuldeten Arbeitsleistung, liegt ein Arbeitsverhältnis vor. Steht der Lernzweck im Vordergrund, ist **§ 26 BBiG** anwendbar.[8] Diese Bestimmung gilt für Personen, mit denen ein Arbeitsverhältnis nicht vereinbart worden ist und die nicht im Rahmen eines anerkannten Ausbildungsberufes ausgebildet werden,[9] die aber eingestellt werden, um berufliche Kenntnisse, Fertigkeiten oder Erfahrungen zu erwerben. Für sie findet das BBiG mit einigen Ausnahmen entsprechende Anwendung. Es gelten die Bestimmungen der §§ 10–16 und 17 I, VI und VII sowie die §§ 18–23 und 25 BBiG. Anwendbar sind insbesondere die Vorschriften über die zwingende Vergütungspflicht. Zulässig ist eine Abkürzung der gesetzlichen Probezeit (§ 20 BBiG) und der Verzicht auf eine schriftliche Vertragsniederschrift (§ 11 BBiG). Nicht anwendbar ist die Regelung in § 23 BBiG über den Schadensersatz bei vorzeitiger Beendigung. Gem. § 10 II BBiG gelten im Übrigen **die für den Arbeitsvertrag geltenden Rechtsvorschriften und Rechtsgrundsätze,** also das gesamte Arbeitnehmerschutzrecht. Der Volontariatsvertrag ist ein Verbrauchervertrag gem. § 310 III BGB.[10] Zur Geltung von § 78a BetrVG → § 227 Rn. 14, zur Geltung des MiLoG → § 66 Rn. 11.

V. Praktikant

Vertragsmuster: Praktika – Nutzen für Praktikanten und Unternehmen, gemeinsamer Leitfaden von BMAS, BMBF, BDA, DIHK, ZDH und BFB, abrufbar unter https://www.arbeitgeber.de.

9 **1. Begriff.** Praktikant ist nach der allgemein üblichen Definition, wer sich einer bestimmten Tätigkeit und Ausbildung in einem Betrieb unterzieht, weil er diese im Rahmen einer Gesamtausbildung nachweisen muss, zB um die Zulassung zum Studium oder zur Hochschulprüfung zu erlangen.[11] Dabei handelt es sich stets um eine zeitlich befristete Tätigkeit.[12] Eine gesetzliche Definition findet sich in § 22 I 3 MiLoG. Danach ist Praktikant oder Praktikantin, wer sich nach der tatsächlichen Ausgestaltung und Durchführung des Vertragsverhältnisses für eine begrenzte Dauer zum Erwerb praktischer Kenntnisse und Erfahrungen einer bestimmten betrieblichen Tätigkeit zur Vorbereitung auf eine berufliche Tätigkeit unterzieht, ohne dass es sich dabei um eine Berufsausbildung im Sinne des BBiG oder um eine damit vergleichbare praktische Ausbildung handelt. Dabei verweist § 22 I 2 MiLoG auf die Regelung in § 26 S. 1 BBiG (→ § 175 Rn. 4 f.) und orientiert sich an Erwägungsgrund 27 der Empfehlung des Rates der Europäischen Union vom 10.3.2014 zu einem Qualitätsrahmen für Praktika. Von AN unterscheiden sich Praktikanten dadurch, dass bei ihnen die Ausbildungsabsicht im Vordergrund steht,[13] von Auszubildenden dadurch, dass keine Ausbildung im Rahmen eines geordneten Ausbildungsgangs in einem anerkannten Lehrberuf erfolgt.[14] Das Prakti-

---

[8] BAG 1.12.2004 NZA 2005, 779.

[9] Vgl. BAG 23.6.1983 AP Nr. 10 zu § 78a BetrVG 1972 = NJW 1984, 1779.

[10] BAG 18.3.2008 AP Nr. 12 zu § 310 BGB = NZA 2008, 1004.

[11] BAG 5.8.1965 AP Nr. 2 zu § 21 KSchG 1951; *Scherer* NZA 1986, 280; *Schade* NZA 2012, 654.

[12] *Nebeling/Dippel* NZA-RR 2004, 617; s. auch den gemeinsamen Leitfaden von BMBF, BDA, DIHK, ZDH und BFB, https://www.arbeitgeber.de.

[13] BAG 5.8.1965 AP Nr. 2 zu § 21 KSchG; LAG BW 8.2.2008 NZA 2008, 768; LAG Köln 31.5.2006 NZA-RR 2006, 525.

[14] BAG 5.8.1965 AP Nr. 2 zu § 21 KSchG 1951.

kantenverhältnis ist ferner zu unterscheiden vom **(1) Anlernverhältnis.**[15] Bei diesem steht die Arbeitsleistung gegen Entgelt im Vordergrund. Der AN soll lediglich vorab die erforderlichen Kenntnisse sammeln. **(2) Redaktionsvolontariat.** Dieses kommt im Rahmen der Ausbildung zum Redakteur vor. Es besteht eine Ausbildungsverpflichtung wie eine Beschäftigungs- und Arbeitspflicht. Redaktionsvolontäre werden idR nach den Manteltarifverträgen für Redakteure behandelt. **(3) Berufsanwärter (Aspirantenverhältnis).** Durch dieses wird namentlich eine Vorbildung ausländischer Jugendlicher angestrebt, um sie in dieselbe Ausgangsposition wie deutsche Jugendliche zu versetzen. Insoweit werden Sprachunterricht und sonstige Anpassungsmaßnahmen vermittelt. Zur betrieblichen Einstiegsqualifizierung → § 175 Rn. 4. **(4) Berufspraktisches Jahr.** Hierbei handelt es sich um Bildungsmaßnahmen der Wirtschaft für junge Arbeitslose im Alter von 18 bis 25 Jahren, um ihre Chancen auf dem Arbeitsmarkt zu fördern. Die Maßnahmen dauern zwölf Monate und werden von der Arbeitsverwaltung finanziert. **(5) Traineeverhältnis.** Hierunter versteht man typischerweise befristete Berufseinstiegsprogramme für Hochschulabsolventen, die von dem AG im Betrieb als Nachwuchskräfte (meist für Führungsaufgaben) aufgebaut werden.[16] Im Allgemeinen wird hier ein Arbeitsverhältnis vorliegen, weil der Arbeitszweck gegenüber dem Lernzweck überwiegt.[17] Es handelt sich insofern eher um eine betriebliche Einarbeitung in Form eines „learning by doing". **(6) Einfühlungsverhältnis.** Hierzu → § 182 Rn. 2.

2. Rechtsstellung. Für Praktikanten gelten gem. § 26 BBiG grundsätzlich die Bestimmungen 10
der §§ 10–16 und 17 I, VI und VII sowie die §§ 18–23 und 25 BBiG. Anwendbar sind insbesondere die Vorschriften über die zwingende Vergütungspflicht.[18] Wegen der Angemessenheit der Vergütung sind die für Auszubildende entwickelten Grundsätze zu übertragen (näher hierzu → § 174 Rn. 63).[19] Zulässig ist eine Abkürzung der gesetzlichen Probezeit (§ 20 BBiG) und der Verzicht auf eine schriftliche Vertragsniederschrift (§ 11 BBiG). Nicht anwendbar ist die Regelung in § 23 BBiG über den Schadensersatz bei vorzeitiger Beendigung. Gem. § 10 II BBiG gelten im Übrigen die **für den Arbeitsvertrag geltenden Rechtsvorschriften und Rechtsgrundsätze,** also das gesamte Arbeitnehmerschutzrecht. Nicht anwendbar ist § 26 BBiG nach hM für **Studenten,** die im Rahmen ihres Hochschul- oder Fachhochschulstudiums (auch an einer staatlich anerkannten Privatschule[20]) ein Praktikum absolvieren müssen (praxisintegriertes duales Studium).[21] Für sie gelten die arbeitsrechtlichen Schutznormen nicht, also auch nicht die Vergütungspflicht nach § 17 BBiG.[22] Sie sind grundsätzlich auch keine Auszubildenden. Das BBiG ist auf sie aber nur dann nicht anzuwenden, wenn das Praktikum durch staatliche Entscheidung anerkannt ist.[23] Das MiLoG gilt für solche Praktikumsverhältnisse ebenfalls nicht (→ § 66 Rn. 13). Für Praktikanten iSv § 22 I MiLoG gilt auch das NachwG (§ 1 S. 2 NachwG). Generell kann ein Praktikantenverhältnis allerdings im Einzelfall aufgrund der getroffenen Vereinbarungen als Ausbildungsverhältnis nach § 26 BBiG ausgestaltet sein; dann hat der Praktikant gem. §§ 17 ff. BBiG Anspruch auf Vergütung.[24] Außerdem gelten dann grundsätzlich nach § 10 II BBiG die für den Arbeitsvertrag geltenden Rechtsvorschriften und Rechtsgrundsätze. Werden dagegen über einen längeren Zeitraum Leistungen abverlangt, die nicht einer Aus- oder Fortbildung dienen, sondern ganz überwiegend im betrieblichen Interesse liegen, kann ein Arbeitsverhältnis vorliegen[25] und ein Vergütungsanspruch nach § 612 BGB erwachsen.[26] Ferner sind die Bestimmungen des BBiG anwendbar, soweit im Rahmen eines ausbildungsintegrierten Studiums vor (Vorpraktikum) oder parallel zu einem Studiengang bzw. anschließend (Nachpraktikum) eine betriebliche Ausbildung

[15] LAG Düsseldorf 22.4.1971 DB 1971, 1068.
[16] *Maties* RdA 2007, 135 (141).
[17] *Maties* RdA 2007, 135 (141); *Lakies/Malottke* BBiG § 26 Rn. 9; *Orlowski*, Diss. 2013, S. 381 f.; vgl. auch BAG 24.8.2011 AP Nr. 85 zu § 14 TzBfG = DB 2012, 292 (LS); aA *Natzel* BB 2011, 1589 (1591).
[18] *Alexa* ArbuR 2014, 136 (137).
[19] *Alexa* ArbuR 2014, 136 (138).
[20] BAG 18.11.2008 NZA 2009, 435.
[21] BAG 18.11.2008 NZA 2009, 435; 16.10.2002 AP Nr. 181 zu § 1 TVG Tarifverträge: Metallindustrie; 19.6.1974 AP Nr. 3 zu § 3 BAT; *Scherer* NZA 1986, 282 mwN, jew. zur inhaltsgleichen Vorgängerregelung des § 19 BBiG 1969; ErfK/*Schlachter* BBiG § 26 Rn. 4; *Alexa* ArbuR 2014, 136; *Grimm/Freh* ArbRAktuell 2015, 316; krit. *Fangmann* ArbuR 1977, 205; *Roscher* BB 1978, 1120; aA *Schade* NZA 2012, 654 (655) sowie NJW 2013, 1039, der alle Praktika den Regelungen der §§ 26, 10–23 BBiG unterstellen will.
[22] AA *Schade* NZA 2012, 654 (657); von einer Vergütungspflicht geht offenbar auch die Begründung des Gesetzentwurfs aus, vgl. BT-Drs. 18/1558, 50.
[23] BAG 17.6.2020 AP Nr. 58 zu § 78a BetrVG 1972 = NZA 2020, 1723; 18.11.2008 NZA 2009, 435.
[24] Vgl. BAG 30.10.1991 AP Nr. 2 zu § 5 BetrVG 1972 Ausbildung = NZA 1992, 808.
[25] Vgl. BAG 13.3.2003 – 6 AZR 564/01.
[26] LAG LSA 18.5.2009 – 6 Sa 432/08; *Alexa* ArbuR 2014, 136.

erfolgt.[27] Nicht anwendbar ist § 26 BBiG für **Betriebspraktika von Schülern.**[28] Generell für jugendliche Praktikanten analog anwendbar sind die Regelungen des JArbSchG (→ § 161 Rn. 1 ff.)[29] Teilweise wird auch eine Anwendbarkeit des ArbZG für alle Praktikantenverhältnisse (also auch für Rechtsverhältnisses außerhalb des Geltungsbereichs von § 26 BBiG) angenommen.[30]

11 **3. Sozialversicherung.** Nach § 20 I 2 Nr. 10 SGB XI sind Praktikanten Personen, die zu ihrer Berufsausbildung ohne Arbeitsentgelt beschäftigt sind oder die eine Fachschule oder Berufsfachschule besuchen oder eine in Studien- oder Prüfungsordnungen vorgeschriebene berufspraktische Tätigkeit ohne Arbeitsentgelt verrichten. Der Begriff ist enger als der arbeitsrechtliche. Die Sozialversicherung ist sehr unübersichtlich geregelt. Es ist zu unterscheiden: **(1) Vorgeschriebenes Praktikum ohne Arbeitsentgelt.** Es besteht Versicherungspflicht nach § 5 I Nr. 10 SGB V in der Krankenversicherung und nach § 20 I 2 Nr. 10 SGB XI in der Pflegeversicherung. Die berufspraktische Tätigkeit muss in Studien oder Prüfungsordnungen vorgeschrieben sein. Sie kann vor, während oder nach dem Studium liegen. Die Versicherungspflicht in der Krankenversicherung ist gegenüber einer beitragsfreien Familienversicherung (§ 10 SGB V) subsidiär (§ 5 VII SGB V). **(2) Vorgeschriebenes Praktikum mit Arbeitsentgelt.** Es besteht keine Versicherungspflicht nach § 5 I Nr. 10 SGB V, § 20 I 2 Nr. 10 SGB XI. Regelmäßig erwächst aber eine Versicherungspflicht nach § 5 I Nr. 1 SGB V, § 20 I 2 Nr. 1 SGB XI, weil diese Praktikanten zur Berufsausbildung beschäftigt werden. **(3) Nicht vorgeschriebenes Praktikum mit Arbeitsentgelt;** es ist keine Beschäftigung zur Berufsausbildung. Aber es kann Versicherungspflicht als AN bestehen. **(4) Nicht vorgeschriebenes Praktikum ohne Arbeitsentgelt** ist in der Kranken- und Pflegeversicherung versicherungsfrei. In der gesetzlichen Rentenversicherung sind Praktikanten versicherungsfrei, wenn sie ein vorgeschriebenes Praktikum während der Dauer des Studiums als eingeschriebene Studenten ableisten oder ein Praktikum ohne Entgelt oder mit Entgelt unter 450 EUR ableisten (§ 5 II, III SGB VI). Praktikanten sind unfallversicherungspflichtig (§ 2 SGB VII).

12 Die Sozialversicherungspflicht im Rahmen einer **außerbetrieblichen Einrichtung** im Rahmen eines Berufsausbildungsvertrags nach dem BBiG, für Teilnehmer an **dualen Studiengängen** und für Teilnehmer an Ausbildungen mit Abschnitten des schulischen Unterrichts und der praktischen Ausbildung, für die ein Ausbildungsvertrag und Anspruch auf Ausbildungsvergütung besteht **(praxisintegrierte Ausbildungen),** ist in § 25 I 2 SGB III, § 5 IVa 1 SGB V und § 1 S. 5 SGB VI geregelt.[31]

VI. Werkstudent, Schüler

13 **1. Werkstudenten. a) Arbeitsverhältnis.** Werkstudenten und Schüler werden regelmäßig nicht zu ihrer Berufsausbildung, sondern im Rahmen eines Arbeitsverhältnisses beschäftigt, wenn die Tätigkeit neben dem Studium ausgeübt wird. Allerdings wird zumeist nur ein **Aushilfsarbeitsverhältnis** (→ § 182 Rn. 5 ff.) gewollt sein. Auf das Vertragsverhältnis findet das Arbeitsrecht in vollem Umfang Anwendung.[32] Im Allgemeinen wird die Beschäftigung befristet erfolgen. Wegen einer Befristung mit und ohne Sachgrund vgl. § 14 TzBfG (→ § 39 Rn. 1 ff., → § 40 Rn. 1 ff.).

14 **b) Sozialversicherung.** Studenten sind in der **Krankenversicherung** für Studenten **versicherungspflichtig,**[33] wenn sie an einer staatlichen oder an einer staatlich anerkannten Hochschule immatrikuliert sind (§ 5 I Nr. 9 SGB V). Um aber zu lange Studiendauern und damit eine Ausnutzung des sozialen Netzes zu verhindern, ist die Versicherungspflicht grundsätzlich auf 14 Fachsemester, längstens bis zum 30. Lebensjahr begrenzt. Dies gilt auch bei einem Doktoranden nach dem 14. Semester[34] und nach der Rspr. des BSG ebenfalls bei Aufnahme eines Zweitstudiums.[35] Zum zweiten Bildungsweg.[36] Hiervon gibt es weitergehende Ausnahmen, wenn die Verlängerung aus fachspezifischen oder persönlichen Gründen notwendig war (§ 5 I Nr. 9 Hs. 2 SGB V). Die Aufnahme

[27] *Natzel* BB 2011, 1589 (1592); *Schade* NZA 2012, 654 (655 f.).
[28] *Scherer* NZA 1986, 283; vgl. auch BAG 8.5.1990 AP Nr. 80 zu § 99 BetrVG 1972 = NZA 1990, 896.
[29] *Scherer* NZA 1986, 280 (286).
[30] *Schade* NZA 2012, 654 (656).
[31] Hierzu *Düwell* NZA 2021, 28.
[32] BAG 11.11.2008 AP Nr. 35 zu § 99 BetrVG 1972 Eingruppierung mAnm *Kort* = NZA 2009, 450; *Alexa* ArbuR 2014, 136 (137).
[33] *Felix* NZS 2000, 477.
[34] BSG 23.3.1993 NJW 1993, 3021 (LS).
[35] BSG 30.9.1992 NJW 1993, 959; s. dagegen Besprechungsergebnis vom 11.2.1992 BB 1992, 1144, 1072.
[36] Vgl. BSG 30.9.1992 NJW 1993, 959.

einer Berufstätigkeit zwischen Abitur und Aufnahme des Studiums, um Berufserfahrung zu sammeln, rechtfertigt das Überschreiten der Altersgrenze nicht.[37] Die Begrenzung der Krankenversicherung der Studenten nach dem Alter von 30 Jahren ist nicht verfassungswidrig.[38] Werkstudenten sind nach den Grundsätzen der Sozialversicherung grundsätzlich in allen Versicherungszweigen sozialversicherungspflichtig (§ 5 I Nr. 1 SGB V; § 1 I Nr. 1 SGB VI; § 25 I SGB III; § 20 I S. 2 Nr. 1 SGB XI). Es können aber die allgemeinen Befreiungstatbestände eingreifen. Daneben besteht das sog. Werkstudentenprivileg. In der Kranken-, Pflege- und Arbeitslosenversicherung sind Personen, die während der Dauer ihres Studiums als ordentliche Studierende einer Hochschule oder einer der fachlichen Ausbildung dienenden Schule gegen Arbeitsentgelt eine Beschäftigung ausüben, **versicherungsfrei** (§ 6 I Nr. 3 SGB V; § 27 IV Nr. 2 SGB III; § 20 I SGB XI).[39] Die Versicherungs- und Beitragsfreiheit endet nicht ohne weiteres, wenn der Beschäftigte nach dem erfolgreichen Bestehen der ersten juristischen Staatsprüfung sein Studium fortsetzt, um durch eine Wiederholungsprüfung eine Notenverbesserung zu erreichen.[40] Die Versicherungspflicht besteht jedoch, wenn Beschäftigte vom AG für das Studium beurlaubt sind und von ihm gefördert werden, soweit sie in den Semesterferien die Tätigkeit wieder aufnehmen.[41] Dagegen sind sie seit dem 1.10.1996 in der gesetzlichen Rentenversicherung versicherungspflichtig, es sei denn, die Beschäftigung ist geringfügig iSd § 8 SGB IV und damit nach § 5 II Nr. 1 SGB VI versicherungsfrei.

2. Schüler. Werden Schüler im Rahmen eines Betriebspraktikums im Betrieb tätig, so findet im Allgemeinen Arbeitsrecht keine Anwendung, da die Schüler nur in die Arbeitswelt eingeführt werden sollen.[42] Richten sie bei ihrer Tätigkeit Schaden an, so scheidet ihre Haftung idR wegen überwiegenden Mitverschuldens des Betriebsinhabers aus.[43] Gehen sie dagegen einer Ferienarbeit nach, so gilt Arbeitsrecht uneingeschränkt. Schüler sind während einer Beschäftigung in den Ferien nicht versicherungspflichtig. Dies gilt jedoch längstens für eine Zeit von drei Monaten oder 70 Arbeitstagen innerhalb eines Kalenderjahres (§ 7 I SGB V; § 5 II Nr. 1 SGB VI; § 27 II SGB III; § 20 I SGB XI jeweils iVm § 8 I Nr. 2 SGB IV). Sind Schüler in einem Betrieb eingegliedert, kann im Falle eines Unfalls für die Arbeitskollegen das Haftungsprivileg nach §§ 104 ff. SGB VII eingreifen.[44] Zum Unfallversicherungsschutz beim Schüleraustausch.[45] 15

VII. Umschüler

Das Umschulungsverhältnis kann ein Berufsbildungsverhältnis (§ 1 III BBiG) oder ein Arbeitsverhältnis sein, in dem der AN für eine bestimmte Tätigkeit angelernt wird. Die Unterscheidung richtet sich nach den getroffenen Vereinbarungen[46] bzw. nach der tatsächlichen Durchführung (→ § 8 Rn. 31). Der Sache nach ist Umschulung die Summe derjenigen Maßnahmen, die darauf abzielen, den Übergang in eine andere berufliche Tätigkeit zu ermöglichen. Maßnahmen der systematischen beruflichen Umschulung müssen nach Inhalt, Art, Ziel und Dauer den besonderen Erfordernissen der beruflichen Erwachsenenbildung entsprechen (§ 62 I BBiG). Umschüler und Teilnehmer an berufsvorbereitenden Maßnahmen für jugendliche Arbeitslose, die in einem Betrieb ausgebildet werden, der hierfür Förderungsmittel erhält, sind zu ihrer Berufsausbildung Beschäftigte im Sinne von § 5 I BetrVG. Dagegen unterliegen ihre Verträge nicht den Anforderungen der §§ 10 ff. BBiG. Zwar ist die Umschulung in § 1 I BBiG ausdrücklich erwähnt, das BBiG enthält hierzu aber in den §§ 58 ff. nur allgemeine Grundsätze. Regelungen über die inhaltliche Ausgestaltung trifft das Gesetz dagegen nur für Berufsausbildungsverträge und andere Vertragsverhältnisse, aufgrund derer erstmals die in § 3 III BBiG genannte berufliche Handlungsfähigkeit vermittelt wird.[47] Auch die Regelung in § 26 BBiG ist nicht einschlägig (→ § 175 Rn. 4). Für die Aufhebung eines Umschulungsvertrags, der nicht Arbeits- 16

[37] BSG 30.1.1997 NJW 1997, 2621; 30.9.1992 NJW 1993, 957 = NZS 1993, 111.
[38] BSG 30.9.1992 NJW 1993, 3017.
[39] S. zB BSG 21.5.1996 NZS 1997, 29; 29.9.1992 BSGE 71, 144 = VersR 1993, 903.
[40] BAG 20.8.2002 AP Nr. 8 zu § 611 BGB Werkstudent.
[41] BSG 21.5.1996 NZS 1997, 29.
[42] Vgl. *Schade* NZA 2012, 654 (655).
[43] ArbG Hagen 27.8.1969 DB 1969, 1850.
[44] BGH 3.4.1984 DB 1984, 2690.
[45] BSG 25.2.1993 NJW 1993, 2006.
[46] BAG 19.1.2006 AP Nr. 7 zu § 623 BGB = NZA 2007, 97.
[47] BAG 12.2.2013 AP Nr. 6 zu § 16 BBiG = NZA 2014, 31; 19.1.2006 AP Nr. 7 zu § 623 BGB = NZA 2007, 97; 15.3.1991 AP Nr. 2 zu § 47 BBiG = NZA 1992, 425; 20.2.1975 AP Nr. 2 zu § 611 BGB Ausbildungsbeihilfe = BB 1975, 1206.

vertrag ist, gilt § 623 BGB nicht, auch nicht analog.[48] Die Begriffe der Berufsausbildung im BetrVG und BBiG stimmen nicht überein.[49] Zur Geltung der §§ 96 ff. BetrVG → § 239 Rn. 2. Werden die Umschüler aufgrund eines privatrechtlichen Vertrags beschäftigt, sind für Rechtsstreitigkeiten die Gerichte für Arbeitssachen zuständig.[50]

17 Bei der Umschulung für einen anerkannten Ausbildungsberuf sind das Ausbildungsberufsbild (§ 5 I Nr. 3 BBiG), der Ausbildungsrahmenplan (§ 5 I Nr. 4 BBiG) und die Prüfungsordnungen (§ 5 I Nr. 5 BBiG) zugrunde zu legen (§ 60 BBiG).

§ 16. Arbeitgeber

Übersicht

I. Begriff

1 **1. Arbeitgeber als Partei des Arbeitsvertrags.** Der Begriff „Arbeitgeber" ist nicht allgemeingültig gesetzlich definiert. Er erschließt sich jedoch aus § 611 BGB. In diesem Sinne ist AG derjenige, der (mindestens) einen AN beschäftigt[1] und von diesem die Erbringung von **Dienstleistungen auf der Grundlage eines Arbeitsvertrags (§ 611a BGB) fordern kann.**[2] Dem Begriff AG entspricht im HGB der altertümliche Begriff des „Prinzipals" (§§ 60 ff. HGB). Da der AG als Vertragspartner des AN definiert wird, kommt es für die Begriffsbestimmung nicht auf wirtschaftsrechtliche Zusammenhänge an. Die Begriffe AG und Unternehmer sind daher zu trennen (näher dazu → § 18 Rn. 1 ff.).[3] AG kann auch sein, wer selbst AN ist,[4] so etwa wenn ein Angestellter eine Haushaltshilfe beschäftigt. AG können sowohl Kaufleute iSd HGB sein als auch Angehörige der sog. freien Berufe oder Privatpersonen, die Hausangestellte beschäftigen. Dieser Begriffsbestimmung entspricht im Wesentlichen § 6 II 1 AGG, wonach AG juristische oder natürliche Personen sowie rechtsfähige Personengesellschaften sind, welche AN, zu ihrer Berufsbildung Beschäftigte oder arbeitnehmerähnliche Personen beschäftigen.

2 Die im älteren Schrifttum vorgenommene Unterscheidung zwischen dem **abstrakten und konkreten Arbeitgeber**[5] ist überholt. Danach sollte insbesondere bei juristischen Personen danach unterschieden werden, wer aus dem Arbeitsvertrag Berechtigter ist (juristische Person als abstrakter AG), und demjenigen, der die Weisungsbefugnis wahrnimmt, also etwa der Geschäftsführer der GmbH. Diese Unterscheidung führt zu einer Begriffsverwirrung und ist in der Sache auch nicht geboten. Sie lässt unberücksichtigt, dass eine juristische Person immer nur durch

[48] BAG 19.1.2006 AP Nr. 7 zu § 623 BGB = NZA 2007, 97.
[49] BAG 30.10.1991 AP Nr. 2 zu § 5 BetrVG 1972 Ausbildung = NZA 1992, 808; 10.2.1981 AP Nr. 25 zu § 5 BetrVG 1972.
[50] BAG 21.5.1997 AP Nr. 32 zu § 5 ArbGG 1979 = NZA 1997, 1013.
[1] BAG 21.1.1999 AP Nr. 9 zu § 1 KSchG 1969 Konzern = NZA 1999, 539; MüKoBGB/*Spinner* § 611a Rn. 148.
[2] BAG 9.9.1982 AP Nr. 1 zu § 611 BGB Hausmeister; 8.4.1992 AP Nr. 15 zu § 20 BetrVG 1972 = NZA 1993, 415.
[3] MüKoBGB/*Spinner* § 611a Rn. 148; MHdB ArbR/*Temming* § 23 Rn. 1.
[4] ErfK/*Preis* BGB § 611a Rn. 183.
[5] *Birk*, Die arbeitsrechtliche Leitungsmacht, 1973, 141 f.; *Hueck/Nipperdey*, Arbeitsrecht I, 89 f.; *Nikisch*, Arbeitsrecht I, 145.

ihre gesetzlichen Vertreter handeln kann. Die Organe juristischer Personen nehmen lediglich Arbeitgeberfunktionen wahr, ohne jedoch selbst AG zu sein.[6]

3 **2. Einheitliches Arbeitsverhältnis.** Stehen **mehrere natürliche oder juristische Personen** in arbeitsrechtlichen Beziehungen zu demselben AN, liegen nicht notwendig mehrere getrennte Arbeitsverhältnisse vor. Vielmehr kann auch ein einheitliches Arbeitsverhältnis gegeben sein.[7] Wie sich aus den §§ 420 ff. BGB ergibt, geht auch das Gesetz davon aus, dass auf einer Seite eines Rechtsverhältnisses mehrere Personen stehen können. Für die Annahme eines solchen einheitlichen Arbeitsverhältnisses mehrerer AG ist nicht Voraussetzung, dass die AG zueinander in einem bestimmten – insbesondere gesellschaftsrechtlichen – Rechtsverhältnis stehen, einen gemeinsamen Betrieb führen oder den Arbeitsvertrag gemeinsam abschließen. Erforderlich ist vielmehr ein **rechtlicher Zusammenhang** der arbeitsvertraglichen Beziehungen des AN zu den einzelnen AG, der es verbietet, diese Beziehungen rechtlich getrennt zu behandeln.[8] Dieser rechtliche Zusammenhang kann sich aus einer Auslegung des Vertragswerks der Parteien, aber auch aus zwingenden rechtlichen Wertungen ergeben.[9] Im Rahmen einer gem. §§ 133, 157 BGB vorzunehmenden Auslegung des gesamten Vertragswerks ist zu prüfen, ob nach den Vorstellungen der Vertragsschließenden die einzelnen Vereinbarungen nur gemeinsam gelten und zusammen durchgeführt werden sollen, dh Teile eines Gesamtgeschäfts sein sollen. Dabei genügt es nach Auffassung des BAG, wenn nur einer der Vertragspartner einen solchen Einheitlichkeitswillen hatte, dieser aber dem anderen Partner erkennbar war und von ihm gebilligt oder zumindest hingenommen wurde.[10]

4 Auf der Grundlage des Gesamthafenbetriebsgesetzes vom 3.8.1950 (BGBl. I 352) kann durch schriftliche Vereinbarung von zuständigen Arbeitgeberverbänden und Gewerkschaften oder von einzelnen AG und Gewerkschaften von den Betrieben eines Hafens, in denen Hafenarbeit geleistet wird, zur Schaffung stetiger Arbeitsverhältnisse für Hafenarbeiter ein besonderer AG **(Gesamthafenbetrieb)** gebildet werden. AG sind hier die einzelnen Hafenfirmen und der Gesamthafenbetrieb.[11]

5 **3. Mittelbares Arbeitsverhältnis.** Beim mittelbaren Arbeitsverhältnis besteht ein Arbeitsverhältnis zwischen dem AN und dem **Arbeitgeber erster Stufe,** der zugleich AN im Verhältnis zum **Arbeitgeber zweiter Stufe** ist (Einzelheiten → § 182 Rn. 1 ff.).

II. Rechtsform des Arbeitgebers

6 **1. Allgemeines.** Auf die Rechtsform des AG kommt es nicht an. AG kann eine **natürliche oder juristische Person** des privaten (zB Aktiengesellschaft oder GmbH) oder des öffentlichen Rechts (zB Gebietskörperschaft wie Stadt, Land, Bund usw., Anstalt) sein.

7 **2. Natürliche Person.** AG kann eine natürliche Person sein. In diesem Fall **endet das Arbeitsverhältnis nicht mit dem Tod** des AG. Es besteht vielmehr mit den Erben fort, denen dann nach Maßgabe des allgemeinen und besonderen Kündigungsschutzes ein Kündigungsrecht zusteht.

8 **3. Gesellschaft bürgerlichen Rechts.** Eine Gesellschaft bürgerlichen Rechts (GbR) kann als solche AG sein.[12] Wird etwa eine Anwaltskanzlei von mehreren Rechtsanwälten als GbR betrieben, ist regelmäßig diese Gesellschaft und nicht jeder einzelne Gesellschafter AG der in der Kanzlei beschäftigten AN.[13] Wird ein Arbeitsvertrag mit einer (Außen-)Gesellschaft bürgerlichen Rechts geschlossen, ist diese im Prozess auch parteifähig.[14] Ein AN, der von einer mit der Grundstücksadresse bezeichneten Wohnungseigentümergemeinschaft als Hauswart angestellt ist, hat gegen den Hausverwalter, der den Arbeitsvertrag als Vertreter der WEG geschlossen hat,

[6] MüKoHGB/*Thüsing* § 59 Rn. 12; MHdB ArbR/*Temming* § 23 Rn. 10.

[7] Dazu BAG 5.12.2019 AP Nr. 25 zu § 174 BGB = NZA 2020, 505; 19.4.2012 AP Nr. 13 zu § 14 KSchG 1969 = NZA 2013, 27; 27.3.1981 AP Nr. 1 zu § 611 BGB Arbeitgebergruppe; *Schwerdtner* ZIP 1982, 900; siehe auch BAG 9.9.1982 AP Nr. 1 zu § 611 BGB Hausmeister.

[8] Staudinger/*Richardi/Fischinger,* 2020, BGB § 611a Rn. 125.

[9] BAG 10.4.2014 AP Nr. 69 zu § 622 BGB = NZA 2015, 162; 19.4.2012 AP Nr. 13 zu § 14 KSchG 1969 = NZA 2013, 27; 15.12.2011 NZA-RR 2012, 570.

[10] BAG 27.3.1981 AP Nr. 1 zu § 611 BGB Arbeitgebergruppe; krit. dazu *Schulin* SAE 1983, 288 ff.; *Schwerdtner* ZIP 1982, 900 ff.

[11] MüKoBGB/*Spinner* § 611 Rn. 150.

[12] MüKoBGB/*Spinner* § 611 Rn. 148.

[13] BAG 30.10.2008 AP Nr. 358 zu § 613a BGB = NZA 2009, 485.

[14] BAG 1.12.2004 AP Nr. 14 zu § 50 ZPO = NZA 2005, 318.

keinen Anspruch auf Erfüllung seines Entgeltanspruchs, wenn dieser sich weigert, ihm die Namen der Gesellschafter zu nennen.[15] Der AN hat vielmehr die WEG als Gesellschaft bürgerlichen Rechts (GbR) zu verklagen. Ihm steht es darüber hinaus frei, auch die einzelnen Gesellschafter persönlich in Anspruch zu nehmen.[16] Der in eine GbR eintretende Gesellschafter muss grundsätzlich auch für die Altschulden haften.[17] Die GbR muss für das zum Schadensersatz verpflichtende Verhalten des geschäftsführenden Gesellschafters nach § 31 BGB einstehen.[18]

9 **4. Personenhandelsgesellschaften.** Bei einer Personenhandelsgesellschaft ist AG die **Gesamthand (OHG, KG, GmbH & Co. KG).** In welchem Umfang die Mitgesellschafter als Gesamtschuldner neben der Gesellschaft den AN haften, bestimmt sich nach den allgemeinen gesellschaftsrechtlichen Bestimmungen. Für einen Rechtsstreit eines AN gegen den **Kommanditisten** über seine Einstandspflicht nach § 171 HGB sind die Gerichte für Arbeitssachen nicht zuständig. Der Kommanditist ist weder AG nach § 2 I Nr. 3a ArbGG noch dessen Rechtsnachfolger (§ 3 ArbGG).[19] Der **persönlich haftende Gesellschafter** der Kommanditgesellschaft, der von einem AN auf Zahlung von Arbeitsvergütung in Anspruch genommen wird, welche die Kommanditgesellschaft dem AN schuldet, ist neben der Kommanditgesellschaft AG iSd § 2 I Nr. 3 ArbGG. Der persönlich haftende Gesellschafter vertritt die Kommanditgesellschaft (§ 161 II iVm § 125 HGB). Er ist die einzige Person, die von Natur aus – dh ohne besondere rechtsgeschäftliche Vertretungsmacht – für die Kommanditgesellschaft auftreten und für sie Arbeitgeberfunktionen wahrnehmen kann. Dies rechtfertigt es, persönlich haftende Gesellschafter einer Kommanditgesellschaft als AG iSd des ArbGG zu behandeln.[20] Ist ein **Mitgesellschafter zugleich AN,** können die arbeitsrechtlichen Rechtsbeziehungen durch das Gesellschaftsrecht überlagert werden.[21] Stellt eine Personenhandelsgesellschaft ihre Geschäftstätigkeit vollständig ein und beschäftigt sie sich nur noch in geringem Umfang mit der Verwaltung ihres Grundbesitzes, wandelt sie sich in eine Gesellschaft bürgerlichen Rechts um. Tritt ein Gesellschafter in diese Gesellschaft, die noch als Kommanditgesellschaft ins Handelsregister eingetragen ist, ein, haftet er nach der Rechtsprechung des BAG nicht für Altschulden.[22]

10 **5. Partnerschaftsgesellschaften Freier Berufe.** Nach § 1 PartGG ist die Partnerschaft eine Gesellschaft, in der sich Angehörige Freier Berufe zur Ausübung ihrer Berufe zusammenschließen. Sie übt kein Handelsgewerbe aus. Da nach § 1 IV PartGG auf die Partnerschaft grundsätzlich die Vorschriften über die Gesellschaft bürgerlichen Rechts Anwendung finden (dazu → Rn. 8), ist die Partnerschaft AG. Die Partnerschaft wird im Verhältnis zu Dritten mit ihrer Eintragung in das Partnerschaftsregister wirksam und kann gem. § 7 II PartGG iVm § 124 HGB unter ihrem Namen (§ 2 PartGG) verklagt werden.

11 **6. Kapitalgesellschaften.** Kapitalgesellschaften sind juristische Personen und als solche rechtsfähig. Dies ergibt sich für die Aktiengesellschaft aus § 1 I AktG, für die GmbH aus § 13 GmbHG. Als juristische Person ist sie selbst Träger von Rechten und Pflichten. Nur die Aktiengesellschaft bzw. GmbH selbst ist Zuordnungssubjekt, nicht auch ihre Aktionäre und Gesellschafter. Deshalb ist zwischen dem Gesellschaftsvermögen und dem Privatvermögen der Aktionäre und Gesellschafter zu unterscheiden. Es gilt das Trennungsprinzip. Für Gesellschaftsschulden haftet nur die Gesellschaft (Aktiengesellschaft bzw. GmbH) mit ihrem Vermögen (§ 13 II GmbHG bzw. § 1 I 2 AktG), für persönliche Schulden haftet dagegen allein der Aktionär bzw. Gesellschafter selbst.[23] Aktiengesellschaft und GmbH einerseits sowie die Aktionäre und Gesellschafter – auch der Alleingesellschafter – andererseits sind nicht nur selbständige, voneinander grundsätzlich unabhängige Rechtsträger, sie verfügen auch über gesonderte Vermögensmassen, die unterschiedlichen Gläubigern haften. Tritt ein Geschäftsführer oder ein Gesellschafter für eine Gesellschaft auf, nimmt er in der Regel nur normales Verhandlungsvertrauen in Anspruch.

---

[15] LAG Bln 22.1.1999 NZA-RR 1999, 572.
[16] BGH 29.1.2001 NZA 2001, 408; ebenso BAG 27.9.2012 AP Nr. 18 zu § 611 BGB Hausmeister = NJW 2013, 1692.
[17] BGH 7.4.2003 NJW 2003, 1803.
[18] BGH 24.2.2003 ZIP 2003, 664.
[19] BAG 23.6.1992 AP Nr. 23 zu § 2 ArbGG 1979 = NZA 1993, 862; vgl. dazu *Grunsky* FS Henckel, 1995, 329.
[20] BAG 28.2.2006 AP Nr. 88 zu § 2 ArbGG 1979 = NZA 2006, 453.
[21] Dazu BAG 17.9.2014 NZA 2014, 1293.
[22] BAG 17.2.1987 AP Nr. 9 zu § 161 HGB = NZA 1988, 55; s. aber auch OLG Hamm 22.11.2001 ZIP 2002, 527.
[23] BGH 16.10.2003 NJW 2004, 217.

Sein allgemeines Interesse als Geschäftsführer oder Gesellschafter am Erfolg seines Unternehmens begründet keine Eigenhaftung neben der Haftung der Gesellschaft.[24]

7. Kapitalgesellschaften in Gründung. a) Vorgründungsgesellschaft und Vorgesellschaft. Besondere Probleme ergeben sich, wenn ein Arbeitsvertrag mit einer in Gründung befindlichen Kapitalgesellschaft geschlossen wird. Hier ist zwischen der Vorgründungsgesellschaft und der Vorgesellschaft zu unterscheiden. 12

b) GmbH in Gründung. aa) Vorgründungsgesellschaft. Die Vorgründungsgesellschaft ist ein vorbereitender Zusammenschluss der Gründer durch einen Vorvertrag mit dem Ziel, zur Gründung einer Gesellschaft zusammenzuwirken. Der Vertrag bedarf der Form des § 2 GmbHG. Die Vorgründungsgesellschaft ist eine auf Abschluss des Gesellschaftsvertrags gerichtete Gesellschaft bürgerlichen Rechts nach §§ 705 ff. BGB.[25] Sie ist mit der nach notarieller Beurkundung entstehenden Vorgesellschaft und mit der hieraus hervorgehenden GmbH nicht identisch. Für Verbindlichkeiten aus Geschäften der Vorgründungsgesellschaft haften die Gesellschafter nach Regeln der OHG bzw. GbR unmittelbar persönlich.[26] Etwas anderes gilt nur bei einer vereinbarten Haftung auf das Vermögen der Vorgründungsgesellschaft mit dem jeweiligen Vertragspartner, die auch konkludent erfolgen kann.[27] Rechte und Verbindlichkeiten der Vorgründungsgesellschaft gehen nicht automatisch mit der GmbH-Gründung auf die Vorgesellschaft oder später auf die GmbH über, sondern müssen, wenn sie in die GmbH eingebracht werden sollen, durch besonderes Rechtsgeschäft übertragen werden. Die persönliche Haftung der Gesellschafter aus Geschäften der Vorgründungsgesellschaft erlischt grundsätzlich nicht mit Gründung oder Eintragung der GmbH, wenn nicht etwas anderes mit dem Geschäftspartner vereinbart ist.[28] Das gilt auch für die Einmann-Gründung.[29] 13

Eine OHG wird gem. § 123 II HGB bereits **vor der Eintragung in das Handelsregister wirksam,** wenn die Gesellschafter einem Dritten gegenüber eine den vereinbarten Geschäftsbetrieb vorbereitende Handlung vornehmen, sofern der Gesellschaftszweck auf den Betrieb eines Handelsgewerbes gerichtet ist und ausreichende Anhaltspunkte dafür bestehen, dass das Unternehmen eine entsprechende Ausgestaltung und Einrichtung in Kürze erfahren wird. Hierfür kann die Eröffnung eines Bankkontos ebenso ausreichen, wie Verhandlungen über den Kauf eines Betriebsgrundstücks oder die Vorbereitung des notariellen Abschlusses des Grundstückskaufvertrags.[30] 14

bb) Vorgesellschaft (Vor-GmbH). Die GmbH entsteht mit der Eintragung ins Handelsregister. In der Zeit zwischen dem Abschluss des Gesellschaftsvertrags und der Eintragung besteht die Vorgesellschaft (Vor-GmbH). Diese ist eine rechtsfähige Personengesellschaft eigener Art, die mit Abschluss des Gesellschaftsvertrags gem. § 2 GmbHG entsteht und auf die teilweise bereits GmbH-Recht zur Anwendung kommt, sofern dieses nicht die Eintragung zwingend voraussetzt.[31] Sie kann durch Kündigung eines Gesellschafters aus wichtigem Grund entsprechend § 723 I 2 und 3 Nr. 1 BGB aufgelöst werden. Ein wichtiger Grund für die Kündigung kann dabei insbesondere vorliegen, wenn der Fortgang der Gesellschaftsgründung daran scheitert, dass ein Mitgesellschafter zur Erbringung seiner Einlage außerstande ist.[32] Die Gesellschafter einer Vorgesellschaft haften gem. § 11 II GmbHG für die Verbindlichkeiten dieser Gesellschaft in Form einer bis zur Eintragung der Gesellschaft andauernden Verlustdeckungshaftung. Die Geschäftsführer haften hierbei vor Eintragung der GmbH nicht schärfer als die Gesellschafter. Scheitert die Eintragung, können die gem. § 11 II GmbHG in Anspruch genommenen Geschäftsführer ihren Regressanspruch mittels der Verlustdeckungshaftung bei den Gesellschaftern durchsetzen.[33] Die Haftung der Gründer aus Verbindlichkeiten der Vorgesellschaft erlischt mit der Eintragung der GmbH. Gläubiger der Vorgesellschaft können im Wege der Pfändung den Verlustdeckungsanspruch der Vorgesellschaft gegen die Gründer verwerten. 15

Eine Vor-GmbH ist im Zivilprozess aktiv **parteifähig.**[34] Dass die Gründer die Eintragungsabsicht aufgegeben haben, lässt die Parteifähigkeit nicht entfallen. Die Vorgesellschaft bleibt als Liquidationsgesellschaft bis zur vollständigen Abwicklung oder, wenn sie die Gesellschafter fort- 16

[24] BAG 18.8.2011 AP Nr. 1 zu § 311 BGB.
[25] Vgl. Baumbach/Hueck/*Fastrich* GmbHG § 11 Rn. 36.
[26] BGH 9.3.1998 NJW 1998, 1645.
[27] BGH 20.6.1983 NJW 1983, 2822.
[28] BGH 25.10.2000 NJW-RR 2001, 1042.
[29] BGH 22.6.1992 NJW 1992, 2698.
[30] BGH 26.4.2004 BB 2004, 1357.
[31] Henssler/Strohn/*Schäfer* GmbHG § 11 Rn. 13.
[32] BGH 23.10.2006 NJW 2007, 589.
[33] BGH 27.1.1997 AP Nr. 10 zu § 11 GmbHG = NJW 1997, 1507.
[34] BGH 28.11.1997 NJW 1998, 1079.

führen, als Personengesellschaft rechts- und parteifähig. Wenn die Gesellschafter die Eintragung der Gesellschaft ins Handelsregister aufgeben, ist die Vor-GmbH grundsätzlich nach den für die GmbH geltenden Regeln abzuwickeln, soweit sie eine Eintragung ins Handelsregister nicht voraussetzen. Solange die Liquidation dauert, besteht sie als rechtsfähige und nach § 50 I ZPO parteifähige Abwicklungsgesellschaft fort.[35]

17 Auch wenn der **Mantel einer „auf Vorrat" gegründeten GmbH** verwendet wird, stellt dies wirtschaftlich eine Neugründung dar. Auf diese wirtschaftliche Neugründung durch Ausstattung der Vorratsgesellschaft mit einem Unternehmen und die erstmalige Aufnahme ihres Geschäftsbetriebs sind die der Gewährleistung der Kapitalausstattung dienenden Gründungsvorschriften des GmbHG einschließlich der registergerichtlichen Kontrolle entsprechend anzuwenden.[36] Die Wiederverwendung eines zwischenzeitlich leer gewordenen Gesellschaftsmantels ist dabei gegenüber dem Registergericht offenzulegen und mit der – am satzungsmäßigen Stammkapital auszurichtenden – Versicherung gem. § 8 II GmbHG zu verbinden. Die reale Kapitalaufbringung ist sowohl bei der Mantelverwendung als auch bei der Aktivierung einer Vorratsgesellschaft durch entsprechende Anwendung des Haftungsmodells der Unterbilanzhaftung – bezogen auf den Stichtag der Offenlegung der wirtschaftlichen Neugründung gegenüber dem Registergericht – sicherzustellen. Werden vor Offenlegung der wirtschaftlichen Neugründung die Geschäfte aufgenommen, ohne dass alle Gesellschafter dem zugestimmt haben, kommt neben der Unterbilanzhaftung auch eine Handelndenhaftung analog § 11 II GmbHG in Betracht.[37]

18 Die Verlustdeckungshaftung ist eine **Innenhaftung** für Anlaufverluste gegenüber der Gesellschaft bei Scheitern der Eintragung.[38] Scheitert die Gründung einer GmbH, die im Einverständnis ihrer Gesellschafter schon vor der Eintragung in das Handelsregister die Geschäfte aufgenommen hat, finden die Grundsätze der Verlustdeckungshaftung allein dann Anwendung, wenn die Geschäftstätigkeit sofort beendet und die Vorgesellschaft abgewickelt wird. Werden dagegen die Geschäfte nach diesem Zeitpunkt fortgeführt, haben die Gründer für sämtliche Verbindlichkeiten der Vorgesellschaft, auch für die bis zum Scheitern entstandenen, nach personengesellschaftsrechtlichen Grundsätzen einzustehen.[39]

19 **c) Aktiengesellschaft in Gründung.** Eine Aktiengesellschaft ist gem. § 29 AktG mit der Übernahme aller Aktien durch die Gründer errichtet. Da nach § 23 II Nr. 1 und 2 AktG in der notariellen Urkunde über die Satzungsfeststellung die Gründer sowie die von ihnen übernommenen Aktien anzugeben sind, ist die Gesellschaft mit dem Abschluss dieses Beurkundungsvorgangs, dh dem Abschluss des Gesellschaftsvertrags errichtet. Nach der Gründungsprüfung nach §§ 33 ff. AktG erfolgt gem. § 39 AktG die Eintragung ins Handelsregister. Nach § 41 I AktG besteht die Aktiengesellschaft vor der Eintragung in das Handelsregister als solche nicht. Die **Vor-AG** ist vielmehr eine Organisationsform eigener Art, die den im Gesetz oder im Gesellschaftsvertrag statuierten Gründungsvorschriften sowie dem Recht der angestrebten Gesellschaftsform unterliegt, soweit es mit ihrem besonderen Zweck vereinbar ist und nicht die Eintragung im Handelsregister voraussetzt.[40] Sie ist partei- und insolvenzfähig.[41] Wer vor der Eintragung der Gesellschaft in ihrem Namen handelt, haftet persönlich; handeln mehrere, so haften sie als Gesamtschuldner.[42] Diese Haftung setzt voraus, dass die Gesellschaft bereits errichtet, jedoch noch nicht in das Handelsregister eingetragen ist.[43] Das für die GmbH entwickelte Haftungskonzept gilt auch für die Aktiengesellschaft.[44] Die Haftung erlischt mit der Eintragung der Gesellschaft ins Handelsregister. Ab diesem Zeitpunkt steht die Aktiengesellschaft dem Gläubiger als Schuldnerin zur Verfügung, die mit ihrem Gesellschaftsvermögen haftet (§ 1 I 2 AktG).

20 **8. Konzern.** Der Konzern ist grundsätzlich nicht AG.[45] Arbeitsverträge werden daher nicht mit dem Konzern abgeschlossen, sondern mit den Konzerngesellschaften. Wird ein konzernabhängiges Unternehmen notleidend, ist umstr., in welchem Umfang eine Haftung

[35] BGH 31.3.2008 NJW 2008, 2441.
[36] BGH 9.12.2002 NJW 2003, 892; 7.7.2003 NJW 2003, 3198.
[37] BGH 7.7.2003 NJW 2003, 3198; BAG 25.10.2007 AP Nr. 333 zu § 613a BGB = NZA-RR 2008, 367.
[38] BGH 27.1.1997 NJW 1997, 1507.
[39] BGH 4.11.2002 NJW 2003, 429.
[40] BGH 23.10.2006 NJW 2007, 589.
[41] Hüffer/*Koch* AktG § 41 Rn. 10 mwN.
[42] Dazu BAG 1.12.2004 AP Nr. 1 zu § 41 AktG.
[43] BAG 12.7.2006 ZIP 2006, 1672.
[44] BAG 1.12.2004 AP Nr. 1 zu § 41 AktG.
[45] MHdB ArbR/*Temming* § 25 Rn. 9.

der Konzernobergesellschaft in Betracht kommt. Dies ist arbeitsrechtlich vor allem bei der Verweigerung der Ruhegeldanpassung nach § 16 BetrAVG und für Sozialplanabfindungen von Bedeutung (§§ 112 ff. BetrVG). Näher dazu → § 18 Rn. 1 ff.

9. Verein. Ein **eingetragener Idealverein** ist gem. § 21 BGB rechtsfähig und kann damit AG sein. **Nichtrechtsfähige Vereine** hat der Gesetzgeber in § 54 BGB dem Gesellschaftsrecht der §§ 705 ff. BGB unterstellt. Das betrifft insbesondere Gewerkschaften, die als nichtrechtsfähige Vereine organisiert sind. Der damit ursprünglich verfolgte Zweck, sie zur Eintragung zu veranlassen und so kontrollieren zu können, ist jedoch nicht mit Art. 9 III GG vereinbar. Dies ist heute weitgehend anerkannt. Es entspricht deshalb ganz hM, auf Gewerkschaften, die als nichtrechtsfähige Vereine verfasst sind, die §§ 21 ff. BGB anzuwenden.[46] Sie sind daher parteifähig. Andere nichtrechtsfähige Vereine hat die Rechtsprechung zunächst als nicht parteifähig angesehen.[47] Hiervon ist der BGH mit Urteil vom 2.7.2007 abgerückt. Im Hinblick auf die zwischenzeitlich erfolgte Anerkennung der aktiven und passiven Parteifähigkeit der (Außen-)Gesellschaft bürgerlichen Rechts (dazu → Rn. 8) geht nunmehr auch der BGH von der aktiven Parteifähigkeit nichtrechtsfähige Vereine aus.[48] 21

10. Insolvenzverwalter. Die **Eröffnung des Insolvenzverfahrens** führt gem. § 80 I InsO dazu, dass der Schuldner das Recht verliert, das zur Insolvenzmasse gehörende Vermögen zu verwalten und über es zu verfügen. Die Verwaltungs- und Verfügungsbefugnis und damit die Arbeitgeberfunktionen gehen auf den Insolvenzverwalter über; dieser rückt in die Arbeitgeberstellung der nach § 108 I 1 InsO fortbestehenden Arbeitsverhältnisse ein (→ § 91 Rn. 15).[49] Für die Zeit **zwischen Antragstellung (§ 13 InsO) und Eröffnung des Insolvenzverfahrens** ist zu unterscheiden: Wird gem. § 21 II Nr. 2 Alt. 1 InsO ein starker vorläufiger Verwalter bestellt, rückt auch dieser in die Arbeitgeberfunktion ein, denn nach § 22 I InsO geht im Falle eines allgemeinen Verfügungsverbots die Verwaltungs- und Verfügungsbefugnis über das Vermögen des Schuldners auf den vorläufigen Verwalter über.[50] Wird ein vorläufiger Verwalter bestellt, dem Schuldner jedoch nicht nach § 21 II Nr. 2 Alt. 1 InsO ein allgemeines Verfügungsverbot auferlegt – schwacher vorläufiger Verwalter – verbleiben die Arbeitgeberfunktionen beim Schuldner (→ § 91 Rn. 8). 22

§ 17. Betrieb und Unternehmen

Übersicht

I. Betrieb

1. Allgemeines. Der Betriebsbegriff wird in den meisten arbeitsrechtlichen Vorschriften **vorausgesetzt und nicht näher bestimmt.** Die Begriffsbestimmung hat sich am Zweck des jeweiligen Gesetzes zu orientieren. Für den Betriebsübergang wird auf der Grundlage der Rechtsprechung des EuGH auf den Begriff der wirtschaftlichen Einheit abgestellt (dazu → § 117 Rn. 8 ff.). Zur Massenentlassungsrichtlinie 98/59/EG definiert der EuGH den Betrieb als Einheit, dem die von Entlassungen betroffenen AN zur Erfüllung ihrer Aufgaben angehören. Ob die fragliche Einheit eine Leitung hat, die selbständig Massenentlassungen vornehmen kann, ist für die Definition des Begriffs „Betrieb“ nicht entscheidend.[1] Teilweise finden sich auch eigenständige Begriffsbestimmungen. So gelten nach § 4 I BetrVG unter den dort genannten Voraussetzungen Betriebsteile als selbständige Betriebe. Kleinstbetriebe werden nach § 4 II BetrVG dem Hauptbetrieb zugeordnet (näher dazu → § 211 Rn. 13 ff.). Auch Tarifverträge 1

[46] BGH 11.7.1968 BGHZ 50, 325.
[47] BGH 6.10.1989 NJW 1990, 186.
[48] BGH 2.7.2007 NJW 2008, 69.
[49] ErfK/*Müller-Glöge* InsO Einf. Rn. 37.
[50] Gottwald/Haas InsR-HdB/*Bertram/Künzl* § 102 Rn. 22.
[1] EuGH 30.4.2015 NZA 2015, 601; EuArbRK/*Spelge* RL 98/59/EG Rn. 58.

enthalten eigenständige Definitionen des Betriebs. So ist in § 1 II Abschn. VI BRTV-Bau bestimmt, dass Betrieb iSd Tarifvertrags auch eine selbständige Betriebsabteilung ist. Als solche gilt auch eine Gesamtheit von AN, die außerhalb der stationären Betriebsstätte eines nicht vom BRTV-Bau erfassten Betriebs baugewerbliche Arbeiten ausführt.[2]

2 **2. Begriff. a) Organisatorische Einheit.** Soweit es keine eigenständige Begriffsbildung gibt, ist unter einem Betrieb die organisatorische Einheit zu verstehen, innerhalb derer der AG mit seinen AN durch Einsatz technischer und immaterieller Mittel bestimmte arbeitstechnische Zwecke fortgesetzt verfolgt, die sich nicht in der Befriedigung von Eigenbedarf erschöpfen.[3] Die einen Betrieb konstituierende Leitungsmacht wird dabei dadurch bestimmt, dass der Kern der Arbeitgeberfunktionen in personellen und sozialen Angelegenheiten von derselben institutionalisierten Leitung im Wesentlichen selbständig ausgeübt wird. Entscheidend ist, wo schwerpunktmäßig über Arbeitsbedingungen und Organisationsfragen entschieden wird und in welcher Weise Einstellungen, Entlassungen und Versetzungen vorgenommen werden.[4] Zum Betrieb gehören Betriebsmittel im weitesten Sinne, wie Grundstücke, Gebäude, Maschinen, Rohstoffe usw.; Gleiches gilt für Rechte, dh Forderungen, Patent-, Musterrechte usw. und immaterielle Werte wie Erfahrungen, Erfindungen, Beziehungen zu Kunden und Lieferanten usw. Nicht begriffsnotwendig gehören Mitarbeiter zum Betrieb, wenngleich arbeitsrechtlich nur solche Einrichtungen relevant sind, in denen neben dem Inhaber weitere Personen tätig werden.

3 **b) Arbeitstechnischer Zweck.** Die arbeitstechnischen Zwecke, die ein Betrieb verfolgt, können sehr unterschiedlich sein. Hierzu gehören neben der Produktion auch die Verwaltung, Dienstleistung und der Vertrieb.[5] Betriebe können daher neben Produktionsstätten auch Büros oder Bühnen sein. Betriebe sind auch landwirtschaftliche Güter, Verwaltungen, Kliniken, Arztpraxen oder Rechtsanwaltskanzleien. Der arbeitstechnische Zweck darf sich nicht in der Befriedigung des Eigenbedarfs erschöpfen, weshalb **Familienhaushalte** keine Betriebe sind.[6] In einem Betrieb können mehrere arbeitstechnische Zwecke verfolgt werden.[7] Dies kann innerhalb einer einheitlichen, auf einen arbeitstechnischen Gesamtzweck gerichteten Organisation geschehen, wenn in einem Betrieb Waren produziert werden und dort zugleich der Vertrieb und die Verwaltung untergebracht sind. Arbeitstechnische Zwecke müssen fortgesetzt verfolgt werden. Der arbeitstechnische Zweck grenzt den Betrieb vom Unternehmen ab, das idR wirtschaftliche Zwecke verfolgt.[8]

4 **c) Einheitliche Leitung.** Ein Betrieb muss unter einer einheitlichen Leitung stehen, der die für den Betrieb **maßgeblichen Entscheidungen** trifft. Das ist nicht allein die technische oder kaufmännische Leitung. Trifft die Unternehmensleitung selbst die nach dem Betriebsverfassungsgesetz mitbestimmungsrelevanten Entscheidungen für eine oder mehrere Produktionsstätten, handelt es sich um nur einen Betrieb. Werden diese Aufgaben in getrennten selbständigen Leitungsapparaten erfüllt, kann man regelmäßig auch von mehreren Betrieben ausgehen.[9] Die Einheit der Entscheidungen in mitbestimmungspflichtigen Angelegenheiten erfordert nicht, dass bei der Betriebsleitung alle Kompetenzen für die arbeitsrechtlichen Beziehungen zu den Beschäftigten angesiedelt sind. Maßgeblich ist vor allem die Selbständigkeit der Entscheidungen in personellen und sozialen, weniger dagegen in den wirtschaftlichen Angelegenheiten.

5 **3. Gemeinschaftsbetrieb.** Mehrere Unternehmen können einen gemeinsamen Betrieb unterhalten. Ein solcher gemeinsamer Betrieb liegt vor, wenn mindestens zwei Unternehmen die in einer Betriebsstätte vorhandenen materiellen und immateriellen Mittel für einen oder mehrere einheitliche arbeitstechnische Zwecke zusammenfassen, ordnen, gezielt einsetzen und der Einsatz der menschli-

[2] Dazu BAG 19.11.2014 AP Nr. 352 zu § 1 TVG Tarifverträge: Bau = NZA-RR 2015, 202.
[3] BAG 27.6.2019 AP Nr. 78 zu § 15 KSchG 1969 = NZA 2019, 1427; 19.7.2016 AP Nr. 51 zu § 23 KSchG 1969 = NZA 2016, 1196.
[4] BAG 2.3.2017 AP Nr. 52 zu § 23 KSchG 1969 = NZA 2017, 859.
[5] BAG 23.9.1982 AP Nr. 3 zu § 4 BetrVG 1972.
[6] BAG 11.6.2020 AP Nr. 78 zu § 622 BGB = NZA 2020, 1241; ausf. *Steinke* RdA 2018, 232.
[7] BAG 18.1.2012 AP Nr. 33 zu § 1 BetrVG 1972 Gemeinsamer Betrieb; 4.9.1988 AP Nr. 9 zu § 1 BetrVG 1972.
[8] BAG 24.2.1976 AP Nr. 2 zu § 4 BetrVG 1972.
[9] BAG 23.9.1982 AP Nr. 3 zu § 4 BetrVG 1972.

cher Arbeitskraft von einem **einheitlichen Leitungsapparat** gesteuert wird.[10] Dazu müssen sich die beteiligten Unternehmen zumindest stillschweigend zu einer gemeinsamen Führung rechtlich verbunden haben. Diese einheitliche Leitung hat sich auf die **wesentlichen Funktionen eines AG in personellen und sozialen Angelegenheiten** zu beziehen.[11] Eine lediglich unternehmerische Zusammenarbeit genügt nicht.[12] Vielmehr müssen die Funktionen des AG in den sozialen und personellen Angelegenheiten des BetrVG institutionell einheitlich für die beteiligten Unternehmen wahrgenommen werden.[13] Die AN eines Gemeinschaftsbetriebs werden nicht nur durch die Entscheidungen desjenigen Unternehmens betroffen, mit dem sie einen Arbeitsvertrag geschlossen haben, sondern gleichermaßen von den unternehmerischen Entscheidungen des (oder der) weiteren am Gemeinschaftsbetrieb beteiligten Unternehmen. Deren Entscheidungen wirken in einem Gemeinschaftsbetrieb über die Unternehmensgrenzen hinaus.[14] Eine einheitliche Leitung liegt daher nicht schon dann vor, wenn die AG bei der Durchführung ihrer Unternehmenstätigkeiten aufeinander angewiesen sind oder bei konzernrechtlichen Weisungen aufgrund von Beherrschungsverträgen. An der Wahrnehmung der maßgeblichen Arbeitgeberfunktionen in personellen und sozialen Angelegenheiten durch eine einheitliche Leitung fehlt es des Weiteren in Fällen der unternehmerischen Zusammenarbeit zwischen AG, in denen sich die Beteiligung eines AG auf das Zurverfügungstellen seiner AN an einen anderen AG beschränkt. Stets erforderlich ist, dass es sich überhaupt um einen Betrieb handelt. Führen mehrere Unternehmen gemeinsam verschiedene Betriebe, werden die Betriebe durch die gemeinsame Führung nicht zu einem einheitlichen Betrieb.[15] Werden die AN einem anderen AG zur Arbeitsleistung überlassen, liegt eine Personalgestellung vor, und zwar regelmäßig in Form der Arbeitnehmerüberlassung.[16] Ein **gemeinsamer Betrieb zwischen einer Konzernholding und einer Tochtergesellschaft** kann nicht schon dann angenommen werden, wenn die Holding aufgrund ihrer konzernrechtlichen Leitungsmacht gegenüber dem Vorstand der Tochter-AG anordnet, die Tochter solle bestimmte Arbeiten (zB Schreibarbeiten) für die Holding mit erledigen.[17] Erforderlich ist, dass die Betriebsmittel in einer gemeinsamen Betriebsstätte zusammengefasst sind und zur Erreichung des einheitlichen arbeitstechnischen Zwecks von den beteiligten AG unter einer einheitlichen Leitung eingesetzt werden.[18] An einem gemeinsamen Betrieb müssen nicht ausschließlich (juristische) Personen des Privatrechts, sondern können auch Anstalten und **Körperschaften des öffentlichen Rechts** beteiligt sein. Maßgebend ist, dass sich die Betriebsführung auf der Grundlage einer privatrechtlichen Vereinbarung vollzieht.[19]

Der einheitliche Leitungsapparat erfordert eine **Führungsvereinbarung,** eine lediglich tatsächliche Zusammenarbeit reicht nicht aus. Die Führungsvereinbarung kann auch in der stillschweigenden Vereinbarung einer Gesellschaft bürgerlichen Rechts gesehen werden.[20] Werden die Arbeitgeberfunktionen im personellen und sozialen Bereich im Wesentlichen einheitlich ausgeübt, kann regelmäßig auf eine solche konkludente Führungsvereinbarung geschlossen werden.[21] Maßgeblich sind insoweit die innerbetriebliche Entscheidungsfindung und deren Umsetzung. Die nur formale Ausübung von Arbeitgeberbefugnissen durch den jeweiligen Vertragsarbeitgeber steht dem nicht entgegen.[22] Der Umstand, dass eine Person mehrere Unternehmen leitet, bedeutet noch nicht, dass sie diese Aufgaben für alle Unternehmen einheitlich wahrnimmt.[23] 6

4. Nebenbetrieb und Betriebsteil. Nebenbetriebe weisen sämtliche Merkmale eines Betriebes auf, also auch eine eigene Leitung. Sie haben jedoch, ohne organisatorisch in den Hauptbetrieb eingegliedert zu sein, eine in ihrer Zwecksetzung ausgesprochene Hilfsfunktion für einen Haupt- 7

[10] BAG 23.11.2016 AP Nr. 65 zu § 19 BetrVG 1972 = NZA 2017, 1003; 10.4.2014 AP Nr. 69 zu § 622 BGB = NZA 2015, 162 mwN; näher dazu *Kreutz* FS Richardi, 637.
[11] BAG 11.2.2004 AP Nr. 22 zu § 1 BetrVG 1972 Gemeinsamer Betrieb = NZA 2004, 618.
[12] BAG 13.8.2008 NZA-RR 2009, 255.
[13] BAG 14.8.2013 AP Nr. 2 zu § 5 DrittelbG; 14.8.2007 AP Nr. 325 zu § 613a BGB = NZA 2007, 1431 mwN.
[14] BAG 13.3.2013 NZA 2013, 853.
[15] BAG 18.1.2012 AP Nr. 33 zu § 1 BetrVG 1972 Gemeinsamer Betrieb = NZA-RR 2013, 133.
[16] BAG 17.2.2010 AP Nr. 14 zu § 8 BetrVG 1972 = NZA 2010, 832.
[17] BAG 29.4.1999 AP Nr. 21 zu § 23 KSchG 1969 = NZA 1999, 932.
[18] BAG 22.6.2005 AP Nr. 23 zu § 1 BetrVG 1972 Gemeinsamer Betrieb = NZA 2005, 1248.
[19] BAG 9.6.2011 AP Nr. 164 zu § 102 BetrVG 1972.
[20] Vgl. BAG 16.4.2008 AP Nr. 32 zu § 1 BetrVG 1972 Gemeinsamer Betrieb = NZA-RR 2008, 583; 31.5.2000 AP Nr. 12 zu § 1 BetrVG 1972 Gemeinsamer Betrieb = NZA 2000, 1350.
[21] BAG 11.2.2004 AP Nr. 22 zu § 1 BetrVG 1972 Gemeinsamer Betrieb = NZA 2004, 618.
[22] BAG 24.1.1996 AP Nr. 8 zu § 1 BetrVG 1972 Gemeinsamer Betrieb = NZA 1996, 1110.
[23] BAG 25.5.2005 EzA Nr. 3 zu § 1 BetrVG 2001.

betrieb.[24] In § 4 BetrVG wird der Begriff des Nebenbetriebs nicht mehr verwendet (näher zur betriebsverfassungsrechtlichen Bedeutung → § 211 Rn. 13).

8 Dagegen hat ein **Betriebsteil** oder eine **Betriebsabteilung** keine selbständige betriebliche Zwecksetzung und keine selbständige, in sich geschlossene Organisation, sondern ist in Zielsetzung und Organisation dem Betrieb eingegliedert.[25] Er ist gegenüber dem Hauptbetrieb allerdings organisatorisch abgrenzbar und relativ verselbständigt. Für die Abgrenzung von Betrieb und Betriebsteil ist der Grad der Verselbständigung entscheidend, der im Umfang der Leitungsmacht zum Ausdruck kommt. Erstreckt sich die in der organisatorischen Einheit ausgeübte Leitungsmacht auf alle wesentlichen Funktionen des AG in personellen und sozialen Angelegenheiten, handelt es sich um einen eigenständigen Betrieb iSv § 1 BetrVG. Für das Vorliegen eines Betriebsteils reicht es demgegenüber aus, dass in der organisatorischen Einheit überhaupt eine den Einsatz der AN bestimmende Leitung institutionalisiert ist, die Weisungsrechte des AG ausübt.[26] Zur Bedeutung von Betriebsteilen im Betriebsverfassungsrecht → § 211 Rn. 14 ff. Die Betriebsabteilung hat kündigungsschutzrechtliche Bedeutung im Zusammenhang mit der Kündigung von Betriebsratsmitgliedern nach § 15 V KSchG (dazu → § 143 Rn. 42).

II. Unternehmen

9 Vom Betrieb ist das Unternehmen zu unterscheiden. Einen für die Gesamtrechtsordnung einheitlichen Unternehmensbegriff gibt es nicht. Der Begriffsinhalt ist vielmehr für die einzelnen Rechtsgebiete jeweils nach Sinn und Zweck des betreffenden Gesetzes zu ermitteln.[27] Im Arbeitsrecht, insbesondere im Betriebsverfassungsrecht ist Unternehmen „die organisatorische Einheit, die bestimmt wird durch den wirtschaftlichen oder ideellen Zweck, dem ein Betrieb oder mehrere organisatorisch verbundene Betriebe desselben Unternehmens dienen."[28] Ein Unternehmen setzt einen einheitlichen Rechtsträger voraus.[29] Alle Betriebe, die einem Inhaber gehören, brauchen nicht notwendig ein Unternehmen zu bilden. Dies ist dann nicht der Fall, wenn sie wirtschaftlich getrennte Zwecke verfolgen oder organisatorisch nicht zusammengefasst sind, zB ein Unternehmer betreibt eine Chemie- und Autofabrik. Die **Bedeutung des Unternehmerbegriffs** liegt vornehmlich auf handelsrechtlichem und wirtschaftlichem Gebiet; arbeitsrechtlich ist er zB bei Bildung eines GBR (→ § 224 Rn. 1 ff.) und bei der Mitbestimmung in wirtschaftlichen Angelegenheiten von Bedeutung (→ §§ 243 f. Rn. 1 ff.).

§ 18. Konzern

Übersicht

I. Begriff

1 Nach § 18 AktG ist ein Konzern die Zusammenfassung mehrerer rechtlich selbständiger Unternehmen unter einheitlicher Leitung. Das Gesetz geht von einem einheitlichen Konzernbegriff aus. Es ist zwischen einem **Unterordnungskonzern** (§ 18 I AktG) und **Gleichordnungs-**

[24] BAG 24.9.1968 AP Nr. 9 zu § 3 BetrVG; 24.2.1976 AP Nr. 2 zu § 4 BetrVG 1972; 17.1.1978 AP Nr. 1 zu § 1 BetrVG 1972; 29.1.1992 AP Nr. 1 zu § 7 BetrVG 1972 = NZA 1992, 894.

[25] *Fitting* BetrVG § 4 Rn. 7 ff.; BAG 19.2.2002 AP Nr. 13 zu § 4 BetrVG 1972 = NZA 2002, 1300.

[26] BAG 18.1.2012 AP Nr. 33 zu § 1 BetrVG 1972 Gemeinsamer Betrieb = NZA-RR 2013, 133; 17.1.2007 AP Nr. 18 zu § 4 BetrVG 1972 = NZA 2007, 703.

[27] BAG 5.12.1975 AP Nr. 1 zu § 47 BetrVG 1972; 11.12.1987 AP Nr. 7 zu § 47 BetrVG 1972.

[28] BAG 23.9.1980 AP Nr. 4 zu § 47 BetrVG 1972; 7.8.1986 AP Nr. 5 zu § 1 BetrVG 1972 = NZA 1987, 131; 5.3.1987 AP Nr. 30 zu § 15 KSchG 1969 = NZA 1988, 32; MüKoBGB/*Spinner* § 611a Rn. 156; s. auch Staudinger/*Richardi/Fischinger* BGB § 611a Rn. 266 ff.

[29] BAG 11.12.1987 AP Nr. 7 zu § 47 BetrVG 1972; 29.11.1989 AP Nr. 3 zu § 10 ArbGG 1979 = NZA 1990, 615; 9.8.2000 AP Nr. 9 zu § 47 BetrVG 1972 = NZA 2001, 116; 18.9.2002 AP Nr. 7 zu § 77 BetrVG 1972 Betriebsvereinbarung = NZA 2003, 670.

konzern (§ 18 II AktG) zu unterscheiden.[1] Ein Unterordnungskonzern liegt vor, wenn sich die Zusammenfassung unter einheitlicher Leitung auf herrschende und abhängige Unternehmen (§ 17 AktG) bezieht. Ein Gleichordnungskonzern besteht dagegen bei einer Zusammenfassung unter einheitlicher Leitung ohne Abhängigkeit des einen von dem anderen Unternehmen. Da der Konzernbegriff arbeitsrechtlich insbesondere Bedeutung im Betriebsverfassungsrecht erlangt, wird auf die dortigen Ausführungen verwiesen (→ § 226 Rn. 1 ff.).

II. Gesellschafterhaftung im GmbH-Konzern

1. Überblick. Besondere konzernrechtliche Haftungsfragen stellen sich im **GmbH-Konzern.** Die durch Beteiligung ihres Gesellschafters an anderen Unternehmen verbundene GmbH kann Mitglied eines faktischen Konzerns sein. Voraussetzung ist eine maßgebliche Beteiligung des Gesellschafters in mehreren Unternehmen. Befindet sich die GmbH in einem Abhängigkeitsverhältnis gegenüber einem herrschenden Unternehmen, besteht die Gefahr, dass das herrschende Unternehmen sein anderweitig verfolgtes unternehmerisches Interesse auch in der abhängigen GmbH auf deren Kosten durchsetzt. In diesen Fällen muss die abhängige GmbH im Interesse ihrer Gläubiger vor Schädigungen durch das faktisch herrschende Unternehmen geschützt werden.[2] 2

2. Existenzvernichtungshaftung. Nach der **älteren Rechtsprechung des BGH** haftete der Allein- oder Mehrheitsgesellschafter einer GmbH, der gleichzeitig deren alleiniger Geschäftsführer war und sich außerdem als Einzelkaufmann unternehmerisch betätigte, grundsätzlich nach den Haftungsregeln im qualifizierten faktischen Konzern, wenn er die Konzernleitungsmacht in einer Weise ausübte, die keine angemessene Rücksicht auf die eigenen Belange der abhängigen Gesellschaft nahm.[3] 3

Hiervon ist der BGH schrittweise abgerückt.[4] Zunächst hat er angenommen, der Gesellschafter einer GmbH hafte für die Gesellschaftsschulden persönlich, wenn er auf die Zweckbindung des Gesellschaftsvermögens keine Rücksicht nehme und der Gesellschaft durch offene oder verdeckte Entnahmen ohne angemessenen Ausgleich Vermögenswerte entziehe, die sie zur Erfüllung ihrer Verbindlichkeiten benötige (sog. „existenzvernichtender Eingriff"). Der **Gesellschafter missbrauche die Rechtsform der GmbH,** wenn er auf das der Gesellschaft überlassene und als Haftungsfonds erforderliche Vermögen zugreife und dadurch die Gesellschaft in die Lage bringe, ihre Verbindlichkeiten nicht mehr oder nur noch in geringerem Maß erfüllen zu können. Damit verliere er grundsätzlich die Berechtigung, sich auf die Haftungsbeschränkung des § 13 II GmbHG zu berufen, soweit sich die der Gesellschaft insgesamt zugefügten Nachteile nicht mehr quantifizieren lassen und daher nicht bereits durch Ansprüche nach §§ 30, 31 GmbHG ausgeglichen werden könnten.[5] 4

Diese Rechtsprechung ist fortentwickelt worden. Mit der Entscheidung „Trihotel" vom 16.7.2007 hat der BGH das bisherige Haftungskonzept einer eigenständigen Haftungsfigur, die an den Missbrauch der Rechtsform anknüpft, zugunsten einer besonderen Fallgruppe der **Haftung wegen vorsätzlicher sittenwidriger Schädigung** aufgegeben.[6] Stattdessen knüpft er die Existenzvernichtungshaftung des Gesellschafters an die missbräuchliche Schädigung des im Gläubigerinteresse zweckgebundenen Gesellschaftsvermögens an und ordnet sie – in Gestalt einer schadensersatzrechtlichen Innenhaftung gegenüber der Gesellschaft – allein in § 826 BGB als eine besondere Fallgruppe der sittenwidrigen vorsätzlichen Schädigung ein. Schadensersatzansprüche aus Existenzvernichtungshaftung gem. § 826 BGB sind gegenüber Erstattungsansprüchen aus §§ 30, 31 GmbHG nicht subsidiär; vielmehr besteht zwischen ihnen – soweit sie sich überschneiden – Anspruchsgrundlagenkonkurrenz. 5

Nach dem neuen Haftungskonzept des BGH wird durch die in § 826 BGB **als Innenhaftung eingeordnete Fallgruppe der Existenzvernichtungshaftung** lediglich eine im Hinblick auf den engen Anwendungsbereich der §§ 30, 31 GmbHG entstehende Schutzlücke für das Gesellschaftsvermögen auch jenseits der Stammkapitalziffer, soweit es zur Gläubigerbefriedigung benötigt wird, systemkonform geschlossen. Die Existenzvernichtungshaftung soll wie eine das gesetz- 6

[1] Hüffer/*Koch* AktG § 18 Rn. 2.
[2] Näher dazu *Altmeppen* GmbHG Anh. zu § 13 Rn. 157 ff.; Baumbach/Hueck/*Beurskens* Anh. Rn. 66 ff.
[3] BGH 23.9.1991 NJW 1991, 3142; 29.3.1993 NJW 1993, 1200.
[4] Vgl. BGH 17.9.2001 NJW 2001, 3622 – Bremer Vulkan; 24.6.2002 NJW 2002, 3024 – KBV.
[5] BGH 13.12.2004 BB 2005, 286.
[6] BGH 16.7.2007 NJW 2007, 2689 – Trihotel; zur Weiterentwicklung *Altmeppen* GmbHG § 13 Rn. 76 ff.

liche Kapitalerhaltungssystem ergänzende, aber deutlich darüber hinausgehende Entnahmesperre wirken, indem sie die sittenwidrige, weil insolvenzverursachende oder -vertiefende „Selbstbedienung" des Gesellschafters vor den Gläubigern der Gesellschaft durch die repressive Anordnung der Schadensersatzpflicht in Bezug auf das beeinträchtigte Gesellschaftsvermögen ausgleichen soll.[7] Eine Existenzvernichtungshaftung des GmbH-Gesellschafters aus § 826 BGB für missbräuchliche, zur Insolvenz der GmbH führende oder diese vertiefende kompensationslose Eingriffe in das der Zweckbindung zur vorrangigen Befriedigung der Gesellschaftsgläubiger dienende Gesellschaftsvermögen kommt auch im Stadium der Liquidation der Gesellschaft (§§ 69 ff. GmbHG) in Betracht.[8]

[7] BGH 28.4.2008 NJW 2008, 2437 – Gamma.
[8] BGH 9.2.2009 NJW 2009, 2127 – Sanitary.

II. Buch. Arbeitsförderungsrecht

§ 19. Überblick über die Leistungen nach dem SGB III

Übersicht

I. Allgemeines

1. Einführung. Das Gesetz zur Reform der Arbeitsförderung (AFRG) vom 24.3.1997 (BGBl. I 594) hat das Arbeitsförderungsgesetz im Wesentlichen mit Wirkung zum 1.1.1998 aufgehoben und das Recht der Arbeitsförderung als SGB III in das Sozialgesetzbuch aufgenommen. Die gesetzliche Neuregelung verfolgt im Wesentlichen die folgenden Ziele: **(a)** die Erwerbschancen vom Arbeitslosen sollten verbessert und Arbeitslosigkeit soweit wie möglich vermieden werden; **(b)** das Arbeitsförderungsrecht soll bedarfsgerecht weiterentwickelt und in seiner Anwendbarkeit verbessert werden; **(c)** die Effektivität und die Effizienz der Arbeitsverwaltung sollten erhöht werden; **(d)** Leistungsmissbrauch sollte besser feststellbar und ebenso wie die illegale Beschäftigung wirksam bekämpft werden; **(e)** die Beitragszahler sollten entlastet werden (vgl. BT-Drs. 13/4941, 1). Das SGB III ist in der Vergangenheit vielfach geändert worden, besonders hervorzuheben sind die Änderungen durch die Gesetze zu modernen Dienstleistungen am Arbeitsmarkt, die nach dem Vorsitzenden der Hartz-Kommission als „Hartz I–IV" bezeichnet werden. 1

2. Aufbau des SGB III. Am Anfang des Gesetzes werden zunächst in den §§ 1–10 SGB III die Aufgaben der Arbeitsförderung sowie die bei der Aufgabenerledigung zu beachtenden Grundsätze aufgeführt. Es folgt eine Übersicht über die einzelnen Leistungen der Arbeitsförderung (§ 3 SGB III). Daneben werden der Vermittlungsvorrang (§ 4 SGB III) sowie die Verpflichtung zur aktiven Arbeitsförderung (§ 5 SGB III) besonders erwähnt. Weiterhin werden als besondere Ziele der Arbeitsförderung wie zB die Vermeidung von Langzeitarbeitslosigkeit (§ 6 SGB III) sowie die Vereinbarkeit von Familie und Beruf (§ 8 SGB III) genannt. 2

Der 2. Abschnitt des 1. Kapitels enthält im Wesentlichen Begriffsbestimmungen über die Berechtigten des SGB III. Es folgen dann Regelungen über die Grundsätze der **Nachrangigkeit und Vorleistungspflicht** der Arbeitsförderung (→ Rn. 4) und die Bestimmungen zur Beratungs- und Vermittlungstätigkeit der Arbeitsverwaltung (→ § 21 Rn. 1, 6). Die Leistungen an AN sind im 4. Kapitel des SGB III geregelt (→ Rn. 6), hierzu zählen insbesondere die sog. Entgeltersatzleistungen wie zB das Alg. und das Alg. II (Einzelheiten → § 23 Rn. 1, → § 24 Rn. 1). Das 5. bzw. 6. Kapitel enthalten die Leistungen an AG und Träger (→ Rn. 7, 8). Die genehmigungspflichtige Beschäftigung von ausländischen Staatsangehörigen ist in § 284 SGB III enthalten, sie orientiert sich an den Begrifflichkeiten des geltenden Ausländerrechts (Einzelheiten → § 27 Rn. 1). Es folgen dann Bestimmungen über die Pflichtenstellung (§§ 309 ff. SGB III, Arbeitsbescheinigung § 312 SGB III), die Leistungserbringung (§§ 323 ff. SGB III), die Finanzierung der Arbeitslosenversicherung (§§ 340 ff. SGB III), die Organisation und den Datenschutz (§§ 367 ff. SGB III) sowie die Straf- bzw. Bußgeldvorschriften (§§ 404 ff. SGB III). Besondere Bedeutung bei der zeitlichen Geltung von Rechtsänderungen haben die Sonderregelungen (§§ 408 ff. SGB III). 3

4 **3. Grundsätze der Leistungsgewährung.** Die Leistungen der BA nach dem SGB III sind im Wesentlichen in § 3 SGB III zusammengefasst. Unterschieden werden Leistungen der aktiven Arbeitsförderung und andere Leistungen. Die Leistungen der aktiven Arbeitsförderung sind in den §§ 29–135 SGB III geregelt, hinzu kommt das Alg. bei beruflicher Weiterbildung (§ 136 I Nr. 2 SGB III). Auf die in § 3 III SGB III genannten Leistungen besteht bei Vorliegen der gesetzlichen Voraussetzungen ein Anspruch des Begünstigten, während es sich bei den anderen Leistungen der aktiven Arbeitsförderung um sog. Ermessensleistungen handelt. § 23 I SGB III begründet eine **Vorleistungspflicht** der AA bei Leistungen der aktiven Arbeitsförderung; solange und soweit eine vorrangige Stelle Leistungen nicht gewährt, sind Leistungen der aktiven Arbeitsförderung so zu erbringen, als wenn die Verpflichtung dieser Stelle nicht bestünde, zum Vermittlungsvorrang § 4 SGB III.

5 **4. Ermessensleistungen.** Bei den als Ermessensleistungen ausgestalteten Leistungen besteht für die Arbeitsverwaltung ein echter Ermessensspielraum. Danach begründet selbst das Vorliegen der gesetzlichen Anspruchsvoraussetzungen keinen gerichtlich durchsetzbaren Leistungsanspruch. Vielmehr besteht lediglich ein Anspruch auf fehlerfreie Ermessensausübung durch die AA. Dies folgt aus § 39 I SGB I. Nach dieser Vorschrift haben die Leistungsträger ihr Ermessen entsprechend dem Zweck der Ermächtigung auszuüben und die gesetzlichen Grenzen des Ermessens einzuhalten. Der Anspruch des Hilfebedürftigen ist auf die pflichtgemäße Ausübung des Ermessens beschränkt. Daneben werden für den Bereich der aktiven Arbeitsförderung die für die Ermessensausübung der Arbeitsverwaltung geltenden Grundsätze durch § 7 SGB III ausgestaltet. Die Norm regelt die Ausübung des Auswahlermessens durch die AA. Diese müssen unter Beachtung des Grundsatzes der Wirtschaftlichkeit und Sparsamkeit die für den Einzelfall am besten geeignete Leistung oder Kombination von Leistungen wählen. Dabei sind die individuellen Fähigkeiten der zu fördernden Personen, die Aufnahmefähigkeit des Arbeitsmarkts und der arbeitsmarktpolitische Handlungsbedarf zu berücksichtigen.

6 **5. Leistungen an Arbeitnehmer, Arbeitgeber und Träger. Arbeitnehmer** (Arbeit-/Ausbildungsuchende) erhalten folgende Leistungen:

(a) Berufsberatung (§§ 29 ff. SGB III; → § 21 Rn. 1) sowie Ausbildungs- und Arbeitsvermittlung (§§ 35 ff. SGB III) und diese unterstützenden Leistungen (→ § 21 Rn. 6),
(b) Förderung aus dem Vermittlungsbudget (§ 44 SGB III; → § 21 Rn. 16),
(c) Maßnahmen zur Aktivierung und beruflichen Eingliederung (§ 45 SGB III; → § 21 Rn. 18),
(d) Gründungszuschuss zur Aufnahme einer selbständigen Tätigkeit (§§ 93 f. SGB III; → § 21 Rn. 20),
(e) Berufsausbildungsbeihilfe während einer beruflichen Ausbildung oder einer berufsvorbereitenden Bildungsmaßnahme (§§ 56 ff. SGB III; → § 22 Rn. 5),
(f) Übernahme der Weiterbildungskosten während der Teilnahme an einer beruflichen Weiterbildung (§§ 81 ff. SGB III; → § 22 Rn. 13),
(g) allgemeine und als behinderte Menschen zusätzlich besondere Leistungen zur Teilhabe am Arbeitsleben und diese ergänzenden Leistungen nach dem SGB III und SGB IX, insbesondere Ausbildungsgeld (§§ 122 ff. SGB III; → § 22 Rn. 24), Übernahme der Teilnahmekosten (§§ 127 ff. SGB III; → § 22 Rn. 25) und Übergangsgeld (§§ 119 ff. SGB III; → § 22 Rn. 26),
(h) Arbeitslosengeld während Arbeitslosigkeit (§§ 136 ff. SGB III; → § 23 Rn. 1), Teilarbeitslosengeld (§ 162 SGB III; → § 23 Rn. 36) sowie Arbeitslosengeld bei beruflicher Weiterbildung (→ § 22 Rn. 19),
(i) Kurzarbeitergeld bei Arbeitsausfall (§§ 95 ff. SGB III; → § 48 Rn. 1a) sowie Saison-Kurzarbeitergeld bei saisonbedingtem Arbeitsausfall (§§ 101 ff. SGB III; → § 48 Rn. 17),
(j) Insolvenzgeld bei Zahlungsunfähigkeit des AG (§§ 165 ff. SGB III; → § 94 Rn. 1),
(k) Wintergeld in der Bauwirtschaft (§ 102 SGB III; → § 48 Rn. 25a) sowie
(l) Transferleistungen (§§ 110 f. SGB III; → § 245 Rn. 1).

7 **Arbeitgeber** erhalten folgende Leistungen:

(a) Arbeitsmarktberatung sowie Ausbildungs- und Arbeitsvermittlung (§§ 34, 35 ff. SGB III; → § 21 Rn. 1),
(b) Kostenübernahme bei einer Probebeschäftigung und Zuschüsse für Arbeitshilfen für behinderte Menschen (§ 46 SGB III; → § 22 Rn. 27),
(c) Zuschüsse zu den Arbeitsentgelten bei Eingliederung von leistungsgeminderten AN (§§ 88 ff. SGB III; → § 21 Rn. 26),

(d) Zuschüsse zur Ausbildungsvergütung für die betriebliche Aus- oder Weiterbildung und weitere Leistungen zur Teilhabe behinderter und schwerbehinderter Menschen (§ 73 SGB III; → § 22 Rn. 27),
(e) Zuschüsse zur Vergütung bei einer Einstiegsqualifizierung (§ 54a SGB III; → § 22 Rn. 4),
(f) Erstattung von Beiträgen zur Sozialversicherung für Bezieher von Saison-Kurzarbeitergeld (§ 102 SGB III; → § 48 Rn. 25a).

Träger sind natürliche oder juristische Personen oder Personengesellschaften, die Maßnahmen der Arbeitsförderung selbst durchführen oder durch Dritte durchführen lassen (§ 21 SGB III). Das Verfahren für die Zulassung von Trägern durch fachkundige Stellen ist in §§ 176 ff. SGB III geregelt. Träger von Arbeitsförderungsmaßnahmen erhalten folgende Leistungen: 8
(a) Zuschüsse zu zusätzlichen Maßnahmen der betrieblichen Berufsausbildung und Assistierten Ausbildung (§§ 49, 74 SGB III; → § 22 Rn. 4, 13),
(b) Übernahme der Kosten für die Ausbildung in einer außerbetrieblichen Einrichtung (§ 76 SGB III; → § 22 Rn. 11) sowie
(c) Darlehen und Zuschüsse für Jugendwohnheime (§§ 80a f. SGB III).

Sinngemäß zählen zu den Leistungen an Träger auch die Honorarzahlungen für die Leistungen aufgrund eines Bildungsgutscheins (§ 81 IV SGB III; → § 22 Rn. 16). 9

6. Besondere Vorschriften für die Leistungserbringung. a) Verfahren. Das Verfahrensrecht für die Bewilligung und den Entzug von Leistungen durch die Arbeitsverwaltung wird überwiegend durch die Vorschriften des SGB X geregelt. In den §§ 323–329 SGB III finden sich lediglich ergänzende Regelungen für bestimmte Leistungsarten. In § 336a S. 2 SGB III wird auf § 86a II Nr. 2 SGG verwiesen, der die aufschiebende Wirkung bei Entscheidungen in Angelegenheiten der Arbeitslosenversicherung, die laufende Leistungen entziehen, ausschließt. Schließlich trifft § 330 SGB III eine Sonderregelung für die Aufhebung oder Rücknahme von Bewilligungsbescheiden, die insoweit die §§ 44 f. SGB X modifiziert. 10

b) Antrag. Leistungen der Arbeitsförderung werden regelmäßig nur auf Antrag erbracht (§ 323 I 1, 3 SGB III), für Alg. ist bis zum 1.1.2022 eine persönliche Antragstellung vorgesehen. Der Antrag ist eine einseitige, empfangsbedürftige, öffentlich-rechtliche Willenserklärung, auf die grds. die Vorschriften des BGB Anwendung finden. Nach dem **Grundsatz der Meistbegünstigung** ist davon auszugehen, dass – sofern eine ausdrückliche Beschränkung auf eine bestimmte Leistung nicht vorliegt – der Antragsteller die nach der Lage des Falls ernsthaft in Betracht kommenden Leistungen begehrt, unabhängig davon welchen Antragsvordruck er hierfür benutzt oder welchen Ausdruck er gewählt hat.[1] Der Antrag muss grundsätzlich vor Eintritt des jeweils leistungsbegründenden Ereignisses gestellt werden, eine verspätete Antragstellung kann von der AA nur zur Vermeidung einer besonderen Härte zugelassen werden (§ 324 SGB III). Der Antrag hat je nach Leistungsart nur begrenzte Rückwirkung (Einzelheiten § 325 SGB III). 11

c) Zuständigkeit. Die Zuständigkeit der AA ergibt sich aus § 327 SGB III. Danach sind für **Leistungen an AN** die AA zuständig, in dessen Bezirk der AN bei Eintritt der leistungsbegründenden Tatbestände seinen Wohnsitz hat. Dies gilt nicht für die Leistungen, die vom AG beantragt werden (Kurzarbeiter-, Winter- bzw. Winterausfallgeld) und das Insolvenzgeld. Für diese Leistungen sind regelmäßig die AA zuständig, in dessen Bezirk die für den AG zuständige Lohnabrechnungsstelle liegt. Für **Leistungen an AG** liegt die örtliche Zuständigkeit bei der AA, in dessen Bezirk der Betrieb des AG liegt. Für **Leistungen an Träger** ist grundsätzlich die AA zuständig, in dessen Bezirk das Projekt oder die Maßnahme durchgeführt wird; nur für Zuschüsse zu Sozialplanmaßnahmen ist die Regionaldirektion zuständig, in deren Bezirk die Maßnahme durchgeführt wird. Für die Berufsberatung, Arbeitsmarktberatung und Vermittlung kann die Zuständigkeit auf andere Dienststellen übertragen werden. 12

d) Auszahlung. Laufende Geldleistungen werden regelmäßig monatlich nachträglich ausgezahlt. Zur Vermeidung unbilliger Härten können angemessene Abschlagszahlungen geleistet werden (§ 337 II, IV SGB III). 13

II. Arbeitsrechtliche Bedeutung des SGB III

1. Beschränkungen des Kündigungsrechts? In § 2 II SGB III werden die Aufgaben der AG im Verhältnis zur Arbeitsverwaltung geregelt. Diese haben bei ihren Entscheidungen verant- 14

[1] BSG 2.4.2014 BSGE 115, 225 = SozR 4–4200 § 37 Nr. 6.

wortungsvoll die Auswirkungen auf die Beschäftigung der AN und von Arbeitslosen zu berücksichtigen und damit die hiermit verbundene mögliche Inanspruchnahme von Leistungen der Arbeitsförderung einzubeziehen. Nach § 2 II 2 Nr. 2 SGB III sollen AG vorrangig durch betriebliche Maßnahmen die Inanspruchnahme von Leistungen der Arbeitsförderung sowie Entlassungen von AN vermeiden. Nach der Gesetzesbegründung (BT-Drs. 13/4941, 152) soll durch eine entsprechende Arbeitsorganisation und flexible Arbeitszeiten die Inanspruchnahme von KUG vermieden werden, wenn ein betrieblicher Ausgleich zwischen Kurzarbeit und Überstunden möglich ist. Sofern dieser Ausgleich nicht möglich ist, sollen wiederum Entlassungen durch die Inanspruchnahme von Kurzarbeit vermieden werden. Nach dem Willen des Gesetzgebers sollen zwar Entlassungen nur noch die Ultima-ratio sein. Umstritten war, ob die Regelung nur ein sozialversicherungsrechtlicher Programmsatz ist oder ob er auch zivilrechtliche Folgen hat, wenn der AG seine Verpflichtungen aus § 2 II SGB III vernachlässigt. Letzteres ist zu verneinen. Der Gesetzgeber hat durch die Änderung von § 2 SGB III im Zusammenhang mit dem Job-AQTIV-Gesetz klargestellt, dass die Vorschrift nur auf die sozialversicherungsrechtlichen Auswirkungen abhebt, was in dem geänderten Wortlaut und Aufbau der Vorschrift zum Ausdruck kommt. Die kündigungsschutzrechtlichen Regelungen der §§ 1, 23 KSchG sind abschließend und werden nicht durch § 2 II Nr. 2 SGB III ergänzt (→ § 134 Rn. 14).[2]

15 **2. Informationspflichten der Arbeitgeber.** In § 2 III SGB III werden für die AG gegenüber der Arbeitsverwaltung Unterrichtspflichten geschaffen. Hierzu gehören insbesondere Mitteilungen über **(a)** zu besetzende Ausbildungs- und Arbeitsplätze, **(b)** geplante Betriebserweiterungen und den damit verbundenen Arbeitskräftebedarf, **(c)** die Qualifikationsanforderungen an die einzustellenden AN, **(d)** geplante Betriebseinschränkungen oder Betriebsverlagerungen sowie die damit verbundenen Auswirkungen und **(e)** Planungen, wie Entlassungen von AN vermieden oder Übergänge in andere Beschäftigungsverhältnisse organisiert werden können. Die Verletzung der Pflichten ist allerdings sanktionslos.

16 **3. Hinweis- und Freistellungspflicht bei der Beendigung des Arbeitsverhältnisses. a) Hinweispflicht.** Nach § 2 II 2 Nr. 3 SGB III ist der AG vor der Beendigung des Arbeitsverhältnisses zur frühzeitigen Information des AN über **(a)** die Notwendigkeit von Eigenbemühungen bei der Beschäftigungssuche (§ 138 IV SGB III; → § 23 Rn. 8) sowie **(b)** die Verpflichtung zur unverzüglichen Arbeitsuchend-Meldung (§ 38 I SGB III; → § 23 Rn. 22) verpflichtet. Eine besondere Form für den Hinweis sieht das Gesetz nicht vor. Zweckmäßig ist ein entsprechender Hinweis im Kündigungsschreiben oder im Aufhebungsvertrag; die Wiedergabe des einschlägigen Gesetzeswortlauts ist stets ausreichend. Keine Hinweispflicht besteht bei einer Eigenkündigung des AN. Ein unterbliebener Hinweis des AG hat jedoch keine Auswirkungen auf die Wirksamkeit des der Beendigung zugrunde liegenden individualrechtlichen Rechtsgeschäfts (Kündigung, Aufhebungsvertrag). Nach Auffassung des BAG führt der unterbliebene Hinweis auf die Verpflichtung aus § 2 II Nr. 2 SGB III nicht zu einer Schadensersatzpflicht des AG.[3] Dies ist allerdings fragwürdig, da die Norm insoweit letztlich zu einer sanktionslosen Ordnungsvorschrift degradiert wird. Ist der Hinweis entweder unrichtig oder unvollständig, schließt dies jedoch eine Schadensersatzpflicht nicht aus. So hat das BAG eine aus § 242 BGB abgeleitete gesteigerte Aufklärungspflicht im Zusammenhang mit der Beendigung von Arbeitsverhältnissen zB bejaht, wenn Aufhebungsverträge auf Veranlassung des AG zustande gekommen sind und dieser den Eindruck erweckt, dass auch die Interessen des AN hinsichtlich eines etwaigen Bezugs von Alg. gewahrt würden.[4]

17 **b) Freistellungspflicht.** Neben der Hinweispflicht enthält § 2 II Nr. 3 SGB III eine entsprechende Freistellungsverpflichtung für die Beschäftigungssuche, die Arbeitslosmeldung und die Teilnahme an erforderlichen Qualifikationsmaßnahmen. Der Umfang der Freistellungspflicht des AG richtet sich nach § 629 BGB (→ § 25 Rn. 12) bzw. ergänzenden tarif- bzw. arbeitsvertraglichen Bestimmungen oder solchen in einer Betriebsvereinbarung. Eine etwaige Vergütungspflicht für Freistellungszeiten folgt aus § 616 BGB bzw. den diesen ersetzenden Regelungen (→ § 25 Rn. 13). Nach dem bisherigen Wortlaut des § 629 BGB findet dieser aber keine Anwendung auf kurzzeitige Arbeitsverhältnisse und solche, die lediglich zur Aushilfe oder zur Probe begründet worden sind. Da jedoch § 38 SGB III auch für diese Beschäftigten gilt, wird insoweit § 629 BGB analog anzuwenden sein.

---

[2] Offengelassen von BAG 12.11.1998 AP Nr. 51 zu § 2 KSchG 1969 = NZA 1999, 471; für Auswirkungen hingegen ArbG Gelsenkirchen 28.10.1997 NZA 1998, 944 zu § 2 I Nr. 2 SGB III aF.
[3] BAG 29.9.2005 AP Nr. 2 zu § 2 SGB III = NZA 2005, 1406.
[4] BAG 12.12.2002 AP Nr. 25 zu § 611 BGB Haftung des Arbeitgebers.

4. Sonstige Pflichten der Arbeitnehmer. In § 2 IV, V SGB III sind die allgemeinen Verpflichtungen der AN geregelt. Nach § 2 IV SGB III haben diese bei ihrer Entscheidung verantwortungsvoll deren Auswirkungen auf ihre beruflichen Möglichkeiten einzubeziehen. Sie sollen insbesondere ihre berufliche Leistungsfähigkeit den sich ändernden Anforderungen anpassen. Die gegenseitige Pflichtenstellung von Arbeitsuchenden und Arbeitsverwaltung wird durch die Eingliederungsvereinbarung konkretisiert (§ 37 II SGB III). § 2 V SGB III enthält einige besonders wichtige Verpflichtungen des AN, deren Einhaltung jeweils durch den Eintritt einer Sperrfrist (§ 159 SGB III; → § 23 Rn. 49) sanktioniert wird. Besondere Pflichtenstellungen ergeben sich aus § 2 IV, V SGB III nicht, insbesondere wirkt sich die sozialversicherungsrechtliche Pflichtenstellung nicht auf die Zumutbarkeit bei der Annahme eines Änderungsangebots bei einer Änderungskündigung aus. Insoweit enthält § 2 KSchG eine abschließende Regelung; ebenso wenig besteht nach dem SGB III eine Pflicht zur Neuverhandlung der Arbeitsbedingungen mit dem AG.[5] **18**

§ 20. Beschäftigungsverhältnis und Versicherungspflicht

Übersicht

I. Beschäftigungsverhältnis

1. Beitrags- und Leistungsrecht. Personen, die gegen Arbeitsentgelt beschäftigt sind, unterliegen in der Kranken-, Pflege-, Renten- und Arbeitslosenversicherung der Versicherungs- bzw. der Beitragspflicht (§ 5 I Nr. 1 SGB V; § 20 I 2 Nr. 1 SGB XI; § 1 S. 1 Nr. 1 SGB VI; § 25 I SGB III). Im Arbeitsförderungsrecht unterscheidet die Rechtsprechung zwischen dem **leistungsrechtlichen** Begriff des Beschäftigungsverhältnisses, der an den tatsächlichen Verhältnissen ausgerichtet ist (→ § 23 Rn. 6), und einen **beitragsrechtlichen** bzw. versicherungsrechtlichen Begriff, der im Wesentlichen mit den Merkmalen des Arbeitsverhältnisses übereinstimmt. **1**

2. Voraussetzungen. Nach § 25 I SGB III sind Personen versicherungspflichtig, die gegen Arbeitsentgelt oder zu ihrer Berufsausbildung beschäftigt sind. Die Beschäftigung wird in § 7 SGB IV, der gem. § 1 I 1 SGB IV auch für die Arbeitslosenversicherung gilt, gesetzlich definiert. Nach § 7 I 1 SGB IV ist Beschäftigung die nichtselbständige Arbeit, insbesondere in einem Arbeitsverhältnis. Das Beschäftigungsverhältnis wird nicht durch den privatrechtlichen Arbeitsvertrag, sondern durch den faktischen Leistungsaustausch begründet, der für das Sozialversicherungsrecht die Grundlage der zu beurteilenden Arbeitsleistung darstellt. Anhaltspunkte für eine Beschäftigung sind eine Tätigkeit nach Weisungen und eine Eingliederung in die Arbeitsorganisation des Weisungsgebers (§ 7 I 2 SGB IV). Nach der Rspr. des BSG setzt eine Beschäftigung voraus, dass der AN vom AG[1] (höchst)persönlich abhängig ist. Bei einer Beschäftigung in einem fremden Betrieb ist dies der Fall, wenn der Beschäftigte in den Betrieb eingegliedert ist und dabei einem Zeit, Dauer, Ort und Art der Ausführung umfassenden Weisungsrecht des AG unterliegt. Das Weisungsrecht kann insbesondere bei Diensten höherer Art, eingeschränkt und „zur funktionsgerecht dienenden Teilhabe am Arbeitsprozess" verfeinert sein.[2] Eine etwaige **2**

[5] So aber wohl *Löwisch* NZA 1998, 729.

[1] Zum Begriff BSG 27.7.2011 SozR 4–2400 § 28e Nr. 4.

[2] BSG 7.6.2019 BSGE 128, 205 SozR 4–2400 § 7 Nr. 44 (Pflegekräfte).

Sittenwidrigkeit der ausgeübten Tätigkeit steht der Begründung eines beitragspflichtigen Beschäftigungsverhältnisses nicht entgegen.[3] Eine **selbständige Tätigkeit** ist eine auf Dauer angelegte, in persönlicher Unabhängigkeit berufsmäßig zu Erwerbszwecken ausgeübte Tätigkeit. Sie ist vornehmlich durch das eigene Unternehmerrisiko, das Vorhandensein einer eigenen Betriebsstätte, die Verfügungsmöglichkeit über die eigene Arbeitskraft und die im Wesentlichen frei gestaltete Tätigkeit und Arbeitszeit gekennzeichnet.[4] Tätigkeiten, die nur aus Liebhaberei oder zum Zeitvertreib verrichtet werden, scheiden damit ebenso aus wie reine Vorbereitungshandlungen, um eine selbständige Tätigkeit aufzunehmen.[5] Ob jemand abhängig beschäftigt oder selbständig tätig ist, hängt davon ab, welche Merkmale überwiegen. Kein Beschäftigungsverhältnis besteht, wenn die Arbeitsleistung nicht freiwillig erfolgt.

3 **3. Beurteilungsgrundlagen.** Ausgangspunkt ist zunächst das Vertragsverhältnis der Beteiligten, so wie es sich aus den von ihnen getroffenen Vereinbarungen ergibt oder sich aus ihrer gelebten Beziehung erschließen lässt. Eine im Widerspruch zu den ursprünglich getroffenen Vereinbarungen stehende tatsächliche Beziehung und die sich hieraus ergebende Schlussfolgerung auf die tatsächlich gewollte Natur der Rechtsbeziehung geht der nur formellen Vereinbarung vor, soweit eine (formlose) Abbedingung rechtlich möglich ist. Umgekehrt gilt, dass die Nichtausübung eines Rechts unbeachtlich ist, solange diese Rechtsposition nicht wirksam abbedungen ist. Zu den tatsächlichen Verhältnissen idS gehört daher unabhängig von ihrer Ausübung auch die einem Beteiligten zustehende Rechtsmacht.[6] Die tatsächlichen Verhältnisse geben den Ausschlag, wenn sie von Vereinbarungen abweichen.[7] Maßgeblich ist die Rechtsbeziehung so wie sie praktiziert wird und die praktizierte Beziehung, so wie sie rechtlich zulässig ist.[8] Einem im Vertrag dokumentierten Willen, kein sozialversicherungspflichtiges Beschäftigungsverhältnis zu wollen, kommt nur dann indizielle Bedeutung zu, wenn dieser den tatsächlichen Verhältnissen nicht offensichtlich widerspricht und er durch weitere Aspekte gestützt wird.[9] Kann die Tätigkeit sowohl aufgrund einer Beschäftigung als auch selbständig erbracht werden, kommt den vertraglichen Vereinbarungen zwischen den Parteien zwar keine allein ausschlaggebende, doch eine gewichtige Rolle zu.[10] Für die nur ausnahmsweise in Betracht kommende selbständige Tätigkeit müssen dann gewichtige Indizien bestehen.[11] Liegt das vereinbarte Honorar deutlich über dem Arbeitsentgelt eines vergleichbar eingesetzten sozialversicherungspflichtigen Beschäftigten und lässt es dadurch Eigenvorsorge zu, ist dies ein gewichtiges Indiz für eine selbständige Tätigkeit.[12]

4 **4. Einzelfälle. a) Ehegatten, Familienangehörige.** Eine (abhängige) Beschäftigung wird nicht dadurch ausgeschlossen, dass jemand für ein Familienmitglied tätig ist. Allerdings kann ein Angehöriger in einem Familienunternehmen als Beschäftigter, als Mitunternehmer oder Mitgesellschafter eines Angehörigen oder als familienhafter Mithelfer anzusehen sein.[13] Die für die Annahme eines Beschäftigungsverhältnisses bestehenden Grundsätze gelten auch für die Beurteilung eines unter Ehegatten geltenden Beschäftigungsverhältnisses. Die Annahme eines solchen scheidet nicht schon deshalb aus, weil die Abhängigkeit unter Ehegatten im Allgemeinen weniger stark ausgeprägt und deshalb das Weisungsrecht möglicherweise mit gewissen Einschränkungen ausgeübt wird.[14] Die Grenze zwischen einem abhängigen Beschäftigungsverhältnis mit Entgeltzahlung und einer nicht versicherungspflichtigen Mitarbeit aufgrund einer familienhaften Zusammengehörigkeit ist nur unter Berücksichtigung der gesamten Umstände des Einzelfalls zu ziehen. Der Höhe des Entgelts kommt dabei lediglich Indizwirkung zu. Eine untertarifliche Bezahlung des Ehegatten schließt die Annahme eines beitragspflichtigen Beschäftigungsverhältnisses nicht aus.[15]

5 **b) Ehrenamt.** Sie stehen in einem abhängigen Beschäftigungsverhältnis nach § 7 I SGB IV, wenn sie dem allgemeinen Erwerbsleben zugängliche Verwaltungsaufgaben wahrnehmen und

---

[3] BSG 10.8.2000 BSGE 87, 53 = SozR 3–2400 § 7 Nr. 15.
[4] BSG 14.3.2018 SozR 4–2400 § 7 Nr. 34.
[5] BSG 18.11.2015 SozR 4–2400 § 7 Nr. 25; 16.9.1999 SozR 3–4100 § 101 Nr. 10.
[6] BSG 14.3.2018 SozR 4–2400 § 7 Nr. 34; 18.11.2015 SozR 4–2400 § 7 Nr. 25.
[7] BSG 10.8.2000 BSGE 87, 53 = SozR 3–2400 § 7 Nr. 15; 4. 6 1998 SozR 3–2400 § 7 Nr. 13.
[8] BSG 24.1.2007 SozR 4–2400 § 7 Nr. 7; 25.1.2006 ZIP 2006, 678.
[9] BSG 18.11.2015 SozR 4–2400 § 7 Nr. 25; 28.5.2008 SGb 2008, 401.
[10] BSG 14.3.2018 SozR 4–2400 § 7 Nr. 36.
[11] BSG 7.6.2019 BSGE 128, 205 SozR 4–2400 § 7 Nr. 44 (Pflegekräfte).
[12] BSG 31.3.2017 SozR 4–2400 § 7 Nr. 30.
[13] BSG 30.4.2013 SozR 4–2400 § 7 Nr. 21.
[14] BSG 21.4.1993 SozR 3–4100 § 168 Nr. 11.
[15] BSG 17.12.2002 – B 7 AL 34/02 R.

hierfür eine den tatsächlichen Aufwand übersteigende pauschale Aufwandsentschädigung erhalten. Weder das Rechtsverhältnis als Ehrenbeamter als solches noch dessen Rechtsstellung als Organ oder Mitglied eines Organs einer juristischen Person des öffentlichen Rechts mit eigenen gesetzlichen Befugnissen noch die Zahlung einer pauschalen Aufwandsentschädigung ohne Bezug zu einem konkreten Verdienstausfall schließen danach die Annahme eines versicherungspflichtigen Beschäftigungsverhältnisses aus. Eine ehrenamtliche Tätigkeit ist im Unterschied zu erwerbsorientierten Beschäftigungsverhältnissen dadurch geprägt, dass sie ideelle Zwecke verfolgt und ohne Erwerbsabsicht unentgeltlich ausgeübt wird. Bei einem ehrenamtlichen Engagement wird typischerweise keine Gegenleistung erbracht und erwartet, sondern allenfalls eine Entschädigung gewährt, die Aufwände konkret oder pauschal abdeckt.[16] Ob der Beschäftigte in seinem Amt zur weisungsgebundenen Wahrnehmung von Verwaltungsaufgaben verpflichtet ist und damit dieser Aufgabenbereich seine Tätigkeit prägt, ist in einer Gesamtwürdigung der Umstände des Einzelfalls unter Berücksichtigung der Ausgestaltung des Ehrenamts in der kommunalen Verfassung des jeweiligen Bundeslandes zu beurteilen.[17]

c) GmbH-Geschäftsführer. Die Tätigkeit eines Gesellschafter-Geschäftsführers einer GmbH 6
zu dieser unterliegt der Beitragspflicht, wenn dieser in einem abhängigen Beschäftigungsverhältnis zu der Gesellschaft steht, zu Einzelheiten → § 14 Rn. 26.

5. Beginn. Das beitragsrechtliche Versicherungsverhältnis beginnt für Beschäftigte mit dem 7
Tag des Eintritts in das Beschäftigungsverhältnis oder mit dem Tag nach dem Erlöschen der Versicherungsfreiheit, für die sonstigen Versicherungspflichtigen mit dem Tag, an dem erstmals die Voraussetzungen für die Versicherungspflicht erfüllt sind. Die Versicherungspflicht beginnt bei einer Beschäftigung gegen Arbeitsentgelt im Regelfall mit der tatsächlichen Aufnahme der Arbeit. Die Rspr. hat aus Gründen des Arbeitnehmerschutzes in folgenden Fällen Ausnahmen vom Erfordernis der tatsächlichen Arbeitsaufnahme zugelassen und trotz Nichtaufnahme der tatsächlichen Arbeit das Bestehen einer zur Leistung führenden Versicherungspflicht bejaht: bei einem Unfall des AN auf dem Weg zur erstmaligen Arbeitsaufnahme, bei fristgerechter Kündigung durch den AG vor Arbeitsantritt und Freistellung des AN von der Arbeit bis zum Wirksamwerden der Kündigung,[18] bei nahtlosem Übergang eines versicherungspflichtigen Ausbildungsverhältnisses in ein beim selben AG bestehendes Beschäftigungsverhältnis, zu dessen Beginn jedoch Arbeitsunfähigkeit bestanden hat,[19] wenn die Wiederaufnahme der Arbeit durch ein Beschäftigungsverbot für Schwangere nach dem MuSchG verhindert worden ist[20] sowie bei dem Wechsel eines AN zu einer Auffanggesellschaft mit „Kurzarbeit-Null".[21]

6. Beendigung. Das Beschäftigungsverhältnis besteht, solange der AN vom AG gegen 8
Arbeitsentgelt tatsächlich beschäftigt wird. Es besteht fort bei Zeiten eines erheblichen Arbeitsausfalls mit Entgeltfortzahlung iSd Vorschriften über das Kurzarbeitergeld (→ § 48 Rn. 1a) oder eines witterungsbedingten Arbeitsausfalls (→ § 48 Rn. 17). Zeiten ohne Arbeitsentgelt führen erst nach Ablauf eines Monats zu einer Beendigung des Beschäftigungsverhältnisses (§ 7 III SGB IV). Unterbrechungen der tatsächlichen Beschäftigung „von begrenzter Dauer" sind für den Fortbestand des Beschäftigungsverhältnisses ohne Bedeutung, solange das Arbeitsverhältnis fortbesteht und AG und AN den Willen haben, das Beschäftigungsverhältnis fortzusetzen.[22] Das beitragsrechtliche Beschäftigungsverhältnis endet erst, wenn eine tatsächliche Arbeitsleistung nicht mehr erbracht wird und die charakteristischen Merkmale der Beschäftigung nicht mehr gegeben sind, dh die persönliche Abhängigkeit, die sich in der Verfügungsbefugnis des AG und der Dienstbereitschaft des AN ausdrückt, entfallen sind. Die ist regelmäßig der Fall bei einer Vereinbarung zwischen den Arbeitsvertragsparteien, wonach eine tatsächliche Arbeitsleistung nicht mehr erbracht werden soll, dh auch der AN muss sich mit dem Verzicht des AG auf seine Verfügungsbefugnis einverstanden erklärt haben.[23]

7. Freistellung. Die Versicherungspflicht Beschäftigter und die sie begründende entgeltliche 9
Beschäftigung enden grundsätzlich mit dem Ende des Beschäftigungsverhältnisses (→ Rn. 8). Maßgeblich für das Ende der Beschäftigung ist nicht bereits die Einstellung der tatsächlichen

[16] BSG 16.8.2017 SozR 4–2400 § 7 Nr. 31.
[17] BSG 27.1.2010 SozR 4–4300 § 27 Nr. 5.
[18] BSG 18.9.1973 BSGE 36, 161 = SozR Nr. 73 zu § 165 RVO.
[19] BSG 15.12.1994 BSGE 75, 277 = SozR 3–2500 § 186 Nr. 2.
[20] BSG 17.2.2004 BSGE 92, 172 = SozR 4–2200 § 200 Nr. 1.
[21] BSG 14.12.2006 SozR 4–2500 § 47 Nr. 6 (zur Krankenversicherung).
[22] BSG 3.12.1998 SozR 3–4100 § 104 Nr. 16; 18.4.1991 BSGE 68, 236 = SozR 3–4100 § 104 Nr. 6.
[23] BSG 21.8.1997 – 12 BK 63/97.

Arbeitsleistung, sondern das kumulative Entfallen sowohl des arbeitsvertraglichen Bandes wie auch sonstiger Umstände, die im Sinne der sozialversicherungsrechtlichen Beschäftigung dessen Vollzug begründen. Das versicherungsrechtliche Beschäftigungsverhältnis besteht insbesondere fort, wenn durch gerichtliche Entscheidung oder arbeitsgerichtlichen Vergleich das Ende des Arbeitsverhältnisses auf einen Zeitpunkt nach dem letzten Arbeitstag festgelegt und dem AN für die Zeit nach Beendigung der tatsächlichen Arbeitsleistung das bisherige Arbeitsentgelt gezahlt wird. Dies gilt gleichermaßen, wenn die Arbeitsvertragsparteien im gegenseitigen Einvernehmen unwiderruflich auf die vertraglich geschuldete Arbeitsleistung verzichten (zB in einem Aufhebungs-/Abwicklungsvertrag).[24] Für die Freistellung unter Auflösung von Wertguthaben enthält § 7 Ia SGB IV eine Sonderregelung. Diese gilt auch für Zeiten einer bis zu dreimonatigen Freistellung, in denen Arbeitsentgelt aus einer Vereinbarung zur flexiblen Gestaltung der werktäglichen oder wöchentlichen Arbeitszeit oder dem Ausgleich betrieblicher Produktions- und Arbeitszeitzyklen fällig ist (§ 7 Ia 2 SGB IV). Danach ist das Beschäftigungsverhältnis nicht mehr unterbrochen, wenn Zeitkonten aufgelöst werden, die keine Wertgutvereinbarungen iSd § 7 Ia 1 SGB IV darstellen. Allerdings besteht für diese Zeiten keine Sondervorschrift bei der Berechnung des Bemessungsentgelts (→ § 23 Rn. 38); dieses berechnet sich nach dem tatsächlich bezogenen Arbeitsentgelt; zum Bezug von Alg. während einer Freistellung → § 23 Rn. 6.

II. Versicherungspflicht in der Arbeitslosenversicherung

10 **1. Überblick.** Mit der Einordnung der Arbeitsförderung in das SGB III ist das Arbeitsförderungsrecht näher am Sozialversicherungsrecht ausgerichtet worden. Es ist zu unterscheiden die Versicherungspflicht (§§ 24 ff. SGB III) und die Beitragspflicht (§§ 340 ff. SGB III). In einem Versicherungspflichtverhältnis stehen die Beschäftigten (§§ 24, 25 SGB III) und sonstige Versicherungspflichtige (§ 26 SGB III). Daneben besteht die Möglichkeit der freiwilligen Weiterversicherung (§ 28a SGB III). Der Beitragssatz in der Arbeitslosenversicherung beträgt seit dem 1.1.2019 2,6 Prozent (§ 341 II SGB III).

11 **2. Versicherungspflichtige Personen. a) Beschäftigte. aa) Begriff.** Versicherungspflichtig sind Personen, die gegen Arbeitsentgelt beschäftigt sind (§ 25 I 1 SGB III). Der Begriff des Beschäftigungsverhältnisses ist identisch mit dem in § 7 I SGB IV (dazu näher → Rn. 1 ff.). Für Heimarbeiter besteht nach § 12 II SGB IV eine Fiktion, wonach diese als Beschäftigte gelten, wenn sie Roh- oder Hilfsstoffe selbst beschaffen (§ 13 SGB III). Der Versicherungspflicht unterliegen auch die zu ihrer Berufsausbildung Beschäftigten.[25] Dies sind entsprechend der Regelung in § 1 I BBiG die im Rahmen einer Berufsausbildung, beruflichen Fortbildung und beruflichen Umschulung Beschäftigten. Die Ausbildung muss aufgrund eines Vertrags in persönlicher Abhängigkeit und bei Eingliederung des Auszubildenden in einen Betrieb (§ 1 V BBiG) erfolgen. Auszubildende, die im Rahmen eines Berufsausbildungsvertrags nach dem BBiG in einer außerbetrieblichen Einrichtung ausgebildet werden, sowie Teilnehmer an dualen Studiengängen und an praxisintegrierten Ausbildungen, stehen nach S. 2 den Beschäftigten zur Berufsausbildung iSd § 25 I 1 SGB III gleich.[26]

12 **bb) Geringfügig Beschäftigte.** Diese sind in der Arbeitslosenversicherung nicht versicherungspflichtig, wenn es sich bei ihrer Beschäftigung um eine geringfügige Beschäftigung iSd §§ 8, 8a SGB IV handelt (→ § 44 Rn. 1 ff.). Nach § 27 II 1 SGB III werden in der Arbeitslosenversicherung geringfügige und nicht geringfügige Tätigkeiten nicht zusammengerechnet (Ausn. § 27 II 2 SGB III). Eine Sonderregel über die **Versicherungspflicht während des Arbeitslosengeldbezugs** enthält daneben § 27 V SGB III. Danach sind während dieser Zeit versicherungsfrei Personen, die eine Beschäftigung von bis zu 14 Stunden wöchentlich ausüben, gelegentliche Abweichungen bleiben unberücksichtigt; auf das erzielte Entgelt kommt es für die Versicherungsfreiheit nicht an.

13 **b) Sonstige Versicherungspflichtige.** Der Versicherungspflicht unterliegen auch die in § 26 I SGB III aufgezählten sonstigen Versicherungspflichtigen. Nach § 26 II SGB III sind versicherungspflichtig auch die Bezieher der dort abschließend genannten Sozialleistungen; maßgeblich ist nicht der Anspruch auf die Leistungen, sondern der tatsächliche Bezug. Versicherungspflicht besteht gem. § 26 IIa SGB III unter den dort bestimmten Voraussetzungen für Personen

[24] BSG 30.8.2018 NZA-RR 2019, 217; 15.9.2016 SozR 4–2400 § 22 Nr. 5.
[25] Zu einem geringfügigen Entgelt: BSG 15.7.2009 SozR 4–2500 § 7 Nr. 1 = NZA-RR 2010, 381.
[26] BSG 29.1.2008 SozR 4–4300 § 25 Nr. 2.

in der Zeit, in der sie ein Kind, das das 3. Lebensjahr noch nicht vollendet hat, erziehen. Weiter sind versicherungspflichtig Personen in der Zeit, in der sie als Pflegeperson einen Pflegebedürftigen nicht erwerbstätig pflegen (§ 26 IIb SGB III; → § 107 Rn. 59; zur Bemessung des Alg. → § 23 Rn. 37) sowie eine Rente wegen voller Erwerbsminderung beziehen (§ 26 II Nr. 3 SGB III). Beschäftigungen nach dem BFDG sowie dem JFDG unterliegen in der Arbeitslosenversicherung der Versicherungspflicht (§ 27 II Nr. 1 SGB III).

3. Feststellung der versicherungspflichtigen Beschäftigung. Der Anspruch auf Leistungen ist grundsätzlich von dem Bestehen eines Versicherungspflichtverhältnisses abhängig. Hierüber entscheidet nach § 7a I 1, § 28h II SGB IV – auch nach dem Ende der Beschäftigung[27] – die Einzugsstelle, die Entscheidung gilt auch gegenüber der Arbeitsverwaltung. Nach § 336 SGB III ist die Arbeitsverwaltung an eine auf Antrag der Beteiligten im Anfrageverfahren getroffene Entscheidung gebunden. Hingegen entscheidet über einen Leistungsanspruch nach dem SGB III die BA. 14

4. Versicherungsfreie Beschäftigung. Zu den versicherungsfrei Beschäftigten (§§ 27, 28 SGB III) gehören Beamte, Geistliche, bestimmte Lehrer, Vorstandsmitglieder[28] und Personen, die während einer Zeit, in der ein Anspruch auf Alg. besteht, eine Beschäftigung ausüben, eine Regelaltersrente beanspruchen können bzw. eine Rente wegen Erwerbsminderung beziehen;[29] zur geringfügigen Beschäftigung → Rn. 12. 15

5. Versicherungspflicht auf Antrag. Nach § 28a I SGB III können Personen, die eine selbständige Tätigkeit mit einem Umfang von mindestens 15 Stunden wöchentlich aufnehmen und ausüben[30] (Nr. 2), im Ausland mit zumindest 15 Stunden beschäftigt werden (Nr. 3, Ausnahme EU und assoziierte Länder), eine Elternzeit (§ 15 BEEG) in Anspruch nehmen (Nr. 4) oder sich beruflich weiterbilden (Nr. 5) ein Versicherungspflichtverhältnis in der Arbeitslosenversicherung auf Antrag begründen. Voraussetzung für die Versicherungspflicht ist, dass der Antragsteller entweder **(a)** innerhalb der letzten 30 Monate vor der Aufnahme der Tätigkeit oder Beschäftigung oder dem Beginn der Elternzeit oder beruflichen Weiterbildung mindestens zwölf Monate in einem Versicherungspflichtverhältnis gestanden hat oder **(b)** unmittelbar vor der Aufnahme der Tätigkeit oder der Beschäftigung oder dem Beginn der Elternzeit oder der beruflichen Weiterbildung Anspruch auf eine Entgeltersatzleistung nach dem SGB III hatte[31] und **(c)** er nicht anderweitig nach dem SGB III pflichtversichert oder versicherungsfrei ist.[32] Eine geringfügige Beschäftigung (§ 27 II SGB III) schließt die Versicherungspflicht nicht aus. Ein gelegentliches Unterschreiten von geringer Dauer des wöchentlichen Tätigkeits- und Beschäftigungsumfangs ist ebenso unbeachtlich. Nach der Neufassung des § 28a SGB III kann die erforderliche Vorversicherungszeit auch durch Zeiten der freiwilligen Weiterversicherung erfüllt werden. Um zu vermeiden, dass Selbständige Zeiten der freiwilligen Versicherung wiederkehrend mit Zeiten des Arbeitslosengeldbezugs verbinden, sieht § 28a II 2 SGB III vor, dass nach einem zweimaligen Bezug von Alg. die erneute Absicherung der gleichen selbständigen Tätigkeit in der Arbeitslosenversicherung ausgeschlossen ist (BT-Drs. 17/1945, 14). Die freiwillige Versicherung muss innerhalb einer Ausschlussfrist von drei Monaten nach Aufnahme der Tätigkeit beantragt werden (§ 28a III 1 SGB III). Das Versicherungspflichtverhältnis beginnt nicht erst mit der Antragstellung. Der Antrag wirkt auf den längstens drei Monate zurückliegenden Tag der Beschäftigungsaufnahme zurück. Abs. 4 enthält Regelungen für den Fall, dass während des Versicherungspflichtverhältnisses auf Antrag weitere Versicherungspflichttatbestände eintreten. Abs. 5 normiert die Beendigungstatbestände, zu denen auch der Verzug mit der Beitragszahlung für länger als drei Monate gehört.[33] Der Beitragssatz für das Jahr 2021 beträgt 2,4% auf der Basis der Bezugsgröße (3 290 EUR West/3 115 EUR Ost). Daraus errechnet sich für das Jahr 2021 ein Beitrag iHv 78,96/74,76 EUR und ein hälftiger Beitrag von 39,38/37,38 EUR für selbständig Tätige in der 2-jährigen Startphase sowie für Personen in Elternzeit und in beruflicher Weiterbildung. Bei den Beiträgen handelt es sich um solche nach § 11b I 1 Nr. 3 lit. a SGB II, die vom Einkom- 16

---

[27] BSG 4.6.2009 SozR 4–2400 § 7a Nr. 3 = NZA-RR 2010, 435.

[28] Die Vorschrift ist auf Vorstandsmitglieder anderer juristischer Personen nicht anzuwenden: BSG 12.1.2011 SozR 4–2600 § 1 Nr. 6 = BSGE 107, 185; 27.2.2008 SozR 4–2600 § 1 Nr. 3 (Board of Directors).

[29] Zur Verfassungsmäßigkeit bis zum 31.12.2002: BSG 28.8.2007 SozR 4–4300 § 123 Nr. 4.

[30] Dazu BSG 30.3.2011 SozR 4–4300 § 28a Nr. 2; 30.3.2011 SozR 4–4300 § 28a Nr. 4.

[31] BSG 7.4.2016 NZS 2016, 714 (Leistungsbezug erforderlich).

[32] Zur Verfassungsmäßigkeit: BSG 2.3.2010 SozR 4–4300 § 28a Nr. 1 = NZS 2011, 75.

[33] BSG 30.3.2011 SozR 4–4300 § 28a Nr. 3 (keine vorherige Mahnung erforderlich).

men abgesetzt werden können.[34] Weitere Einzelheiten sind in der Anordnung zu § 352a SGB III geregelt.[35]

§ 21. Berufsberatung, Arbeitsvermittlung und arbeitsmarktpolitische Förderinstrumente

Übersicht

I. Berufsberatung

1 **1. Grundsatz.** Die AA hat Jugendlichen und Erwachsenen, die am Arbeitsleben teilnehmen und teilnehmen wollen, geschlechtersensibel zu Fragen des Arbeitslebens Berufsberatung, einschließlich einer Weiterbildungsberatung, und AG Arbeitsmarktberatung, einschließlich einer Qualifizierungsberatung anzubieten. Die Beratung richtet sich nach dem Beratungsbedarf des einzelnen Ratsuchenden. Sie soll dabei die Kenntnisse über den Arbeitsmarkt des europäischen Wirtschaftsraumes und die Erfahrungen aus der Zusammenarbeit mit den Arbeitsverwaltungen anderer Staaten nutzen (§ 29 SGB III).

2 **2. Umfang.** Die Berufsberatung umfasst nach § 30 SGB III die Erteilung von Auskunft und Rat **(a)** zur Berufswahl, beruflichen Entwicklung und zum Berufswechsel sowie zu Möglichkeiten der Anerkennung ausländischer Berufsabschlüsse, **(b)** zur Lage und Entwicklung des Arbeitsmarkts und der Berufe, **(c)** zu den Möglichkeiten der beruflichen Bildung sowie zur Verbesserung der individuellen Beschäftigungsfähigkeit und zur Entwicklung individueller beruflicher Perspektiven, **(d)** zur Ausbildungs- und Arbeitsplatzsuche und **(e)** zu Leistungen der Arbeitsförderung. Die Berufsberatung erstreckt sich auch auf Auskunft und Rat zu Fragen der Ausbildungsförderung und der schulischen Bildung, soweit sie für die Berufswahl und die berufliche Bildung von Bedeutung sind. Bei der Berufsberatung sind Eignung, Neigung, berufliche Fähigkeiten und Leistungsfähigkeit der Ratsuchenden sowie aktuelle und zu erwartende Beschäftigungsmöglichkeiten zu berücksichtigen (§ 31 S. 1 SGB III). Die AA hat junge Menschen, die nach ihrer Kenntnis bei Beendigung der Schule oder einer vergleichbaren Ersatzmaßnahme keine konkrete berufliche Anschlussperspektive haben, zu kontaktieren und über Angebote der Berufsberatung und Berufsorientierung zu informieren, soweit diese noch nicht genutzt werden (§ 31a S. 1 SGB III).

3 **3. Psychologische und ärztliche Begutachtung.** Auf Wunsch von Auszubildenden und AN kann die AA auch nach Beginn einer Berufsausbildung oder einer Arbeit die Beratung

[34] BSG 1.6.2010 SozR 4–4200 § 11 Nr. 28.

[35] Anordnung des Verwaltungsrats der BA zum Antrags-, Kündigungs- und Beitragsverfahren bei einem Versicherungspflichtverhältnis auf Antrag vom 8.10.2010 (ANBA 2010, Nr. 12, S. 5).

fortsetzen. Sofern die Betroffenen damit einverstanden sind, bietet die Arbeitsverwaltung auch eine notwendige ärztliche oder psychologische Untersuchung/Begutachtung an, um größere Klarheit zur Berufseignung oder Vermittlungsfähigkeit des Einzelnen zu erhalten (§§ 31, 32 SGB III).

4. Berufsberatung durch Dritte. Berufsberatung kann auch außerhalb der AA durch Privatpersonen oder öffentliche Einrichtungen ausgeführt werden. Eine Erlaubnis hierfür ist nicht notwendig. Die Arbeitsverwaltung kann die Ausübung in Missbrauchsfällen untersagen (§ 288a SGB III); zu Vergütungsfragen § 290 SGB III. 4

5. Berufsorientierung. Die AA hat Berufsorientierung durchzuführen zur Vorbereitung von jungen Menschen und Erwachsenen auf die Berufswahl und zur Unterrichtung der Ausbildungsuchenden, Arbeitsuchenden, AN und AG (§ 33 S. 1, 2 SGB III). Die AA kann Schüler allgemeinbildender Schulen durch vertiefte Berufsorientierung und Berufswahlvorbereitung fördern (Berufsorientierungsmaßnahme). Die Maßnahme kann bis zu vier Wochen dauern und soll regelmäßig in der unterrichtsfreien Zeit durchgeführt werden. Voraussetzung ist, dass sich Dritte mit mindestens 50% an der Förderung beteiligen (§ 48 I SGB III). 5

II. Arbeitsvermittlung

1. Vorrang der Vermittlung. Jeder, der eine Arbeitsstelle sucht, weil er von Arbeitslosigkeit bedroht, bereits arbeitslos ist oder sich beruflich verändern will, kann die Vermittlung der AA in Anspruch nehmen. Dies gilt auch für Jugendliche, die erst eine Ausbildung beginnen wollen. Die Vermittlung in Ausbildung und Arbeit hat Vorrang vor dem Bezug von Alg. Der Vermittlungsvorrang gilt auch im Verhältnis zu den sonstigen Leistungen der aktiven Arbeitsförderung (§ 4 SGB III). Finanzielle und sonstige Leistungen können daher nur bezogen werden, wenn ohne sie die dauerhafte Eingliederung in den Arbeitsmarkt nicht gelingen kann. Für ausländische Staatsangehörige mit einer Aufenthaltsgestattung gilt die besondere Regelung in § 39a SGB III. 6

2. Vermittlungsangebot. a) Grundsatz. Die AA hat Ausbildungsuchenden, Arbeitsuchenden und AG Ausbildungsvermittlung und Arbeitsvermittlung (Vermittlung) anzubieten. Die Vermittlung umfasst alle Tätigkeiten, die darauf gerichtet sind, Ausbildung- bzw. Arbeitsuchende mit AG zur Begründung eines Ausbildungs- bzw. Beschäftigungsverhältnisses zusammenzuführen. Die AA hat darauf hinzuwirken, dass Auszubildende und AN die entsprechende Stelle und AG geeignete AN erhalten. Es hat dabei die Neigung, Eignung und Leistungsfähigkeit der Ausbildung- und Arbeitsuchenden sowie die Anforderungen der angebotenen Stellen zu berücksichtigen (§ 35 II SGB III); zur ärztlichen Begutachtung → Rn. 3. Für besonders qualifizierte Berufe bestehen Fachvermittlungsstellen; zur Vermittlung über das Internet §§ 35 III, 40 II, III SGB III.[1] 7

b) Potenzialanalyse, Eingliederungsvereinbarung. Die AA hat unverzüglich nach der Ausbildungsuchend- oder Arbeitsuchendmeldung zusammen mit dem Beschäftigungsuchenden dessen für die Vermittlung erforderlichen beruflichen und persönlichen Merkmale, seine beruflichen Fähigkeiten und seine Eignung festzustellen (Potenzialanalyse, § 37 I SGB III). Die hieraus abzuleitende individuelle Vermittlungsstrategie ist in einer Eingliederungsvereinbarung festzuhalten. Diese enthält die auf die individuelle berufliche und arbeitsmarktpolitische Situation zugeschnittenen Schritte zur Wiedereingliederung, dh die erforderlichen Angebote der Arbeitsverwaltung sowie die Eigenbemühungen des Arbeitslosen (§ 37 II, III SGB III). Seinen in der Vereinbarung festgelegten Eigenbemühungen muss eine Gegenleistung aus dem Vermittlungsbudget gegenüberstehen, ansonsten ist die Eingliederungsvereinbarung nichtig.[2] Kommt eine Vereinbarung nicht zustande, sollen die nach § 37 II 1 Nr. 3 SGB III erforderlichen Eigenbemühungen durch Verwaltungsakt festgesetzt werden. 8

c) Grenzen der Vermittlung. Nicht vermitteln darf die AA in ein Ausbildungs- oder Arbeitsverhältnis, bei dem die Arbeitsinhalte gegen ein Gesetz oder die guten Sitten verstoßen würden. Als Gesetz gilt auch ein Tarifvertrag, wenn dessen Inhalte entweder kraft Tarifbindung oder Allgemeinverbindlichkeit anwendbar sind.[3] Einschränkungen, die der AG in seinem Stellenangebot vornimmt und die nicht die berufliche Qualifikation betreffen, müssen 9

---

[1] Die BA hat mit dem Angebot „Check-in" die Möglichkeit eröffnet, die persönlichen Daten und das Bewerberprofil von zu Hause aus über das Internet selbst einzugeben (http://www.arbeitsagentur.de).

[2] BSG 4.4.2017 – B 11 AL 5/16 R SozR 4–4300 § 37 Nr. 1 = NZS 2017, 707.

[3] BSG 18.8.2005 SozR 4–4300 § 415 Nr. 1 zur Zuweisung bei einer AB-Maßnahme.

dann berücksichtigt werden, wenn sie für die Ausübung des Berufs unerlässlich sind und geltenden Gesetzen nicht widersprechen. Weitere Einschränkungen für die Vermittlungstätigkeit bestehen bei Arbeitskämpfen (§ 36 III SGB III). Daneben dürfen auch Stellenangebote mit nationalitätenspezifischen Einschränkungen („nur deutsche Staatsangehörige") nicht entgegengenommen werden. Nach § 36 IV SGB III ist die AA nicht zur Prüfung verpflichtet, ob der vorgesehene Vertrag ein Arbeitsvertrag ist; auf Angebote für selbständige Tätigkeiten kann sie hinweisen.

10 **3. Mitwirkung bei Bewerbungen.** Die AA hat unverzüglich nach der Arbeitsuchendmeldung (→ § 23 Rn. 24) Berufsberatung und während des Bezugs von Alg./Transfer-KUG sowie bis zur Beendigung des bisherigen Beschäftigungsverhältnisses Arbeitsvermittlung durchzuführen (§ 38 II und IV 1 SGB III). AN müssen ihr die dazu erforderlichen Auskünfte erteilen und sachdienliche Unterlagen vorlegen. Sie können die Weitergabe der Unterlagen an bestimmte AG ausschließen (§ 38 III SGB III). Im Übrigen kann die AA die Vermittlung einstellen, solange der Ausbildung- und Arbeitsuchende nicht ausreichend mitwirkt (§ 38 IV 2, V 2 SGB III).

11 **4. Mitwirkung des Arbeitgebers.** Der AG hat die für eine Vermittlung erforderlichen Auskünfte zu erteilen und die entsprechenden Unterlagen vorzulegen. Er kann ihre Weitergabe an Dritte ausschließen oder beschränken (§ 39 I SGB III). Wenn die Vermittlung erfolglos bleibt, weil die angebotene Stelle gegenüber vergleichbaren Angeboten ungünstiger und deshalb für den Betreffenden nicht zumutbar ist, kann die Arbeitsvermittlung eingestellt werden, wenn die AA den AG darauf hingewiesen hat. Dasselbe gilt, wenn dieser unzureichende Angaben gemacht hat und die Vermittlung dadurch erschwert wird oder die Stelle nach drei bzw. sechs Monaten nicht besetzt werden konnte (§ 39 III 1 SGB III).

12 **5. Vermittlung durch Dritte. a) Private Arbeitsvermittlung.** Die Vermittlung durch private Vermittler regeln die §§ 292, 296–298 SGB III, die weitergehenden Beschränkungen der privaten Arbeitsvermittlung sind entfallen.[4] Der mit einem Dritten geschlossene Vermittlungsvertrag bedarf der Schriftform (§ 296 I 1 SGB III). Eine ohne Beachtung der Form geschlossener Vertrag ist unwirksam (§ 297 Nr. 1 SGB III). Der Arbeitsuchende ist zur Zahlung der in § 296 III SGB III geregelten Vergütung für die Vermittlung nur verpflichtet, wenn infolge der Vermittlung des Vermittlers der Arbeitsvertrag zustande gekommen ist (§§ 296 II 1, 297 Nr. 1 SGB III).

13 **b) Aktivierungsförderung und Vermittlungsgutschein.** Ausbildungsuchende, von Arbeitslosigkeit bedrohte Arbeitsuchende und Arbeitslose können bei Teilnahme an Maßnahmen gefördert werden, die ihre berufliche Eingliederung durch **(1)** Heranführung an den Ausbildungs- und Arbeitsmarkt, **(2)** Feststellung, Verringerung oder Beseitigung von Vermittlungshemmnissen, **(3)** Vermittlung in eine versicherungspflichtige Beschäftigung, **(4)** Heranführung an eine selbständige Tätigkeit oder **(5)** Stabilisierung einer Beschäftigungsaufnahme unterstützen (§ 45 I 1 SGB III). Solche Maßnahmen können von AG oder von Trägern (→ § 19 Rn. 8) durchgeführt werden. Die Förderung umfasst die Übernahme der angemessenen Kosten für die Teilnahme, soweit dies für die berufliche Eingliederung notwendig ist. Sie kann auf die Weiterleistung von Alg. beschränkt werden (§ 45 I 4, 5 SGB III). Die Maßnahmedauer bei einem AG darf sechs Wochen nicht überschreiten (§ 45 II 2 SGB III).

14 Die Arbeitsverwaltung kann mit der Durchführung von Maßnahmen nach § 45 I 1 SGB III auch **Träger** beauftragen. Gegenüber dem Berechtigten sind dabei in einem Aktivierungs- und Vermittlungsgutschein das Vorliegen der Voraussetzungen für die Förderung zu bescheinigen und das Maßnahmeziel sowie der Maßnahmeinhalt festzulegen. Der Gutschein berechtigt seinen Inhaber zur Auswahl eines geeigneten Maßnahmeträgers. Zu diesen gehören auch private Arbeitsvermittler (§ 45 IV 3 Nr. 2 SGB III). Wird durch einen solchen Träger ein versicherungspflichtiges Beschäftigungsverhältnis begründet, hat der Gutscheininhaber aufgrund des Gutscheins Anspruch gegenüber der Arbeitsverwaltung auf Zahlung einer Vergütung. Der Betrag erhöht sich auf 2 500 EUR bei Langzeitarbeitslosigkeit oder Vorliegen einer Behinderung iSd § 2 I SGB IX (§ 45 VI 3, 4 SGB III). Die Vergütung wird in zwei Teilbeträgen gezahlt. Sie fällt nicht an bei Beschäftigungsverhältnissen, die von vornherein auf weniger als drei Monate begrenzt sind oder bei einer Vermittlung in ein Beschäftigungsverhältnis bei einem vormaligen AG (§ 45 VI 5, 6 SGB III). § 45 SGB III gilt auch für ausländische Staatsangehörige mit einer Aufenthaltsgestattung (§ 39a SGB III).

[4] VO über die Zulässigkeit der Vereinbarung von Vergütungen von privaten Vermittlern mit Angehörigen bestimmter Berufe und Personengruppen vom 27.6.2002 (BGBl. I 2439).

III. Arbeitsmarktpolitische Förderinstrumente für Arbeitnehmer

1. Neuausrichtung des bisherigen Förderungssystems. Bereits durch die Neufassung der §§ 45 ff. SGB III durch das G zur Neuausrichtung der arbeitsmarktpolitischen Instrumente vom 21.12.2008 (BGBl. I 2917) sind die bisher ausdrückl. geregelten Ansprüche von Arbeit- und Ausbildungsuchenden auf Leistungen zur Aufnahme einer Beschäftigung entfallen und durch die Leistungen aus dem Vermittlungsbudget (§ 44 SGB III; → Rn. 16 ff.) ersetzt worden, die ggf. durch eine RechtsVO weiter ausgestaltet werden können (§ 47 SGB III); zu Förderungsleistungen bei der Berufsausbildung und Weiterbildung → § 22 Rn. 2, 13, zu Leistungen an Asylbewerber → Rn. 7 sowie zu Transfermaßnahmen bei Betriebsänderungen → § 245 Rn. 1. 15

2. Förderung aus dem Vermittlungsbudget. Von Arbeitslosigkeit bedrohte Arbeitsuchende und Arbeitslose sowie ausländische Staatsangehörige mit einer Aufenthaltsgestattung (§ 39a SGB III), die eine versicherungspflichtige Beschäftigung aufnehmen wollen, sowie Ausbildungssuchende, sofern sie keine schulische oder sonstige nicht versicherungspflichtige Ausbildung anstreben, können aus dem Vermittlungsbudget der AA bei der Anbahnung oder Aufnahme einer versicherungspflichtigen Beschäftigung gefördert werden, wenn dies für die berufliche Eingliederung notwendig ist. Sie sollen insbesondere bei der Erreichung der in der Eingliederungsvereinbarung festgelegten Eingliederungsziele unterstützt werden. Die Förderung umfasst die Übernahme der angemessenen Kosten, soweit der AG gleichartige Leistungen nicht oder voraussichtlich nicht erbringen wird (§ 44 I SGB III). Leistungen werden auch nicht erbracht, wenn andere öffentlich-rechtliche Stellen zur Zahlung gleichartiger Leistungen gesetzlich verpflichtet sind. Im Vermittlungsbudget sollen Leistungen zusammengefasst werden, die bislang in Einzelvorschriften geregelt waren und die die Arbeitsaufnahme durch verschiedene Mobilitätshilfen unterstützen sollten. Die Gewährung dieser Hilfen steht im Ermessen des Vermittlers (→ § 19 Rn. 5). 16

Die AA entscheidet über den Umfang der zu erbringenden Leistungen; sie kann Pauschalen festlegen. Die notwendige Förderung aus dem Vermittlungsbudget wird grundsätzlich in der Eingliederungsvereinbarung festgehalten. Leistungen zur Sicherung des Lebensunterhalts sind ausgeschlossen. Die Förderung aus dem Vermittlungsbudget darf die anderen Leistungen nach dem SGB III nicht aufstocken, ersetzen oder umgehen (§ 44 III 3 SGB III). Die Leistungen müssen bei der AA beantragt werden, bevor die Kosten entstehen. Zu den aus dem Vermittlungsbudget förderfähigen Maßnahmen gehören **(a)** eine Übergangsbeihilfe zum Bestreiten des Lebensunterhalts bis zur ersten Arbeitsentgeltzahlung, **(b)** eine Ausrüstungsbeihilfe für Arbeitskleidung und Arbeitsgerät und **(c)** bei auswärtiger Arbeitsaufnahme eine Reisebeihilfe für die Fahrt zum Antritt einer Arbeitsstelle, **(d)** Fahrtkostenbeihilfe für die täglichen Fahrten zwischen Wohnung und Arbeitsstelle, **(e)** Trennungskostenbeihilfe bei getrennter Haushaltsführung sowie **(f)** eine Umzugskostenbeihilfe. 17

3. Maßnahmen zur Aktivierung und beruflichen Eingliederung. Ausbildungsuchende, von Arbeitslosigkeit bedrohte Arbeitsuchende und Arbeitslose können bei Teilnahme an Maßnahmen gefördert werden, die ihre berufliche Eingliederung durch **(a)** Heranführung an den Ausbildungs- und Arbeitsmarkt, **(b)** Feststellung, Verringerung oder Beseitigung von Vermittlungshemmnissen, **(c)** Vermittlung in eine versicherungspflichtige Beschäftigung, **(d)** Heranführung an eine selbständige Tätigkeit oder **(e)** Stabilisierung einer Beschäftigungsaufnahme unterstützen (§ 45 I 1 SGB III). Die Förderung umfasst die Übernahme der angemessenen Kosten für die Teilnahme, soweit dies für die berufliche Eingliederung notwendig ist. Die Förderung kann auf die Weiterleistung von Alg. beschränkt werden (§ 45 I 4, 5 SGB III); zur Dauer der Maßnahme § 45 II 2, VIII SGB III. Arbeitslose erhalten von der AA einen Aktivierungs- und Eingliederungsgutschein, der den Arbeitsuchenden zur Auswahl eines geeigneten Maßnahmeträgers oder eines AG berechtigt (§ 45 IV SGB III). 18

4. Förderung einer Vermittlung in das Ausland. Vermittlungsunterstützende Leistungen (§ 44 I SGB III) und Maßnahmen zur Aktivierung und beruflichen Eingliederung (§ 45 SGB III) können auch für die Anbahnung oder die Aufnahme einer versicherungspflichtigen Beschäftigung mit einer Arbeitszeit von mindestens 15 Stunden wöchentlich in einem anderen Mitgliedstaat der Europäischen Union, einem anderen Vertragsstaat des Abkommens über den Europäischen Wirtschaftsraum gefördert werden (§ 44 II, § 45 I 3 SGB III). 19

5. Leistungen zur Förderung der Aufnahme einer selbständigen Tätigkeit (Gründungszuschuss). a) Voraussetzungen. Ein Gründungszuschuss (§ 93 SGB III) kann geleistet werden, wenn der AN durch Aufnahme der selbständigen Tätigkeit seine Arbeitslosigkeit been- 20 det (dh die Gründung muss einen Arbeitsumfang von mindestens 15 Stunden pro Woche aufweisen), und der AN **(1)** noch über einen Anspruch auf Alg. von mindestens 150 Tagen verfügt (Ausnahme: § 116 VII SGB III),[5] **(2)** die Tragfähigkeit der Existenzgründung nachweist, indem er eine Stellungnahme einer fachkundigen Stelle über die Tragfähigkeit der Existenzgründung vorgelegt hat, und **(3)** die Kenntnisse und Fähigkeiten zur Ausübung der selbständigen Tätigkeit darlegt. Bei Zweifeln an den erforderlichen Fachkenntnissen kann die AA die Teilnahme an einer Maßnahme zur Eignungsfeststellung oder zur Gründungsvorbereitung verlangen (§ 93 II 2 SGB III). Als fachkundige Stellen werden von der AA insbesondere angesehen Industrie- und Handelskammern, Handwerkskammern, berufsständische Kammern, Fachverbände und Kreditinstitute. Das Gesetz verlangt keine Nahtlosigkeit zwischen der Existenzgründung und dem Anspruch auf Alg., sondern lediglich einen engen zeitlichen Zusammenhang. Die tatsächliche Aufnahme der selbständigen Tätigkeit innerhalb eines Monats nach dessen Auslaufen ist ausreichend.[6] Dies gilt auch für Vorbereitungshandlungen für die anschließende selbständige Tätigkeit, soweit diese im Geschäftsverkehr Außenwirkung entfalten und nach dem zugrunde liegenden Gesamtkonzept ernsthaft und unmittelbar auf die spätere Geschäftstätigkeit ausgerichtet sind.[7]

21 **b) Beginn der Förderung.** Eine selbständige Tätigkeit wird aufgenommen, wenn erstmals eine unmittelbare auf berufsmäßigen Erwerb gerichtete und der Gewinnerzielung dienende Handlung mit Außenwirkung vorgenommen wird. Dies kann auch der Wechsel von einer Nebentätigkeit in eine die 15-Stunden-Grenze überschreitende Tätigkeit sein. Der Nachweis kann zB durch eine Gewerbeanzeige (§ 14 GewO) oder durch eine entsprechende Anzeige beim Finanzamt (§ 18 EStG) erfolgen. Eine Altersbeschränkung für den Gründungszuschuss enthält § 93 V SGB III. Vollendet der Anspruchsberechtigte während der Förderung die Regelaltersrente, besteht ab dem folgenden Monat kein Anspruch auf den Gründungszuschuss.

22 **c) Dauer und Höhe der Förderung.** Der Gründungszuschuss wird in zwei Phasen gewährt. Für die Dauer von sechs Monaten umfasst der Zuschuss die Höhe des zuletzt gewährten Alg. zuzügl. 300 EUR zur sozialen Absicherung. Weitere neun Monate kann (Ermessensleistung) er iHv 300 EUR geleistet werden. Dazu muss die Geschäftstätigkeit anhand geeigneter Unterlagen dargelegt werden. Wird die Tätigkeit aufgegeben, gelten die allgemeinen Voraussetzungen für den Anspruch auf Alg. Für jeden Tag, den der Gründungszuschuss zur Sicherung des Lebensunterhalts und der sozialen Absicherung geleistet wird, verringert sich der bestehende Restanspruch auf Alg. um einen Tag (§ 148 I Nr. 8 SGB III). Ein zu Beginn des Leistungsbezugs noch bestehender Anspruch auf Alg. wird daher während der Förderung aufgebraucht.

23 **d) Bezug von Alg. II und Verfahren.** Empfänger von Alg. II können keinen Gründungszuschuss beanspruchen; bei Aufnahme einer selbständigen Tätigkeit erfolgt die Förderung über das Einstiegsgeld (→ § 24 Rn. 7). Der Antrag auf Gründungszuschuss ist vor Aufnahme der selbständigen Tätigkeit bei der AA zu stellen (§ 324 I 1 SGB III). Die wiederholte Förderung einer selbständigen Tätigkeit ist eine Ermessensleistung der AA und wird durch § 93 IV SGB III beschränkt.

24 **e) Sozialversicherung.** Für die Sozialversicherung bestehen besondere Regelungen während des Bezugs eines Gründungszuschusses. Die monatlichen Mindestbeiträge bei einer freiwilligen Mitgliedschaft in der gesetzlichen **Krankenversicherung** werden beim Bezug des Gründungszuschusses auf Basis der halben monatlichen Mindestbemessungsgrundlage (2021: 1 096,67 EUR) berechnet. Der tatsächliche Beitrag zur gesetzlichen Krankenversicherung kann jedoch höher sein, da bei der Berechnung der beitragspflichtigen Einnahmen der Gründungszuschuss in Höhe des Alg. I und das erzielte Arbeitseinkommen aus selbständiger Tätigkeit berücksichtigt werden. Die Pauschale in Höhe von 300 EUR bleibt hingegen unberücksichtigt. Für freiwillig gesetzlich versicherte Selbständige gilt grundsätzlich der einheitliche ermäßigte Beitragssatz von 14%. Für diese besteht überdies ein Wahlrecht, dh sie können sich zum ermäßigten Beitragssatz von 14% ohne Krankengeldanspruch oder wahlweise zum allgemeinen Beitragssatz von 14,6% mit Krankengeldanspruch versichern. In diesem Fall wird das Krankengeld ab der 7. Woche gezahlt werden. Da eine obligatorische **Rentenversicherungspflicht** für die Bezieher eines Gründungszuschusses nicht vorgesehen ist, müssen die Leistungsberechtigten ihre entsprechende Absicherung selbst vornehmen. Eine gesetzliche Versicherungspflicht kann eintreten, wenn einer der in § 2 I SGB VI genannten Tatbestände erfüllt ist. Anstelle der Versicherungspflicht kraft Gesetzes besteht die Möglichkeit der Versicherungspflicht auf Antrag nach § 4 II SGB VI

[5] BSG 23.10.2014 SozR 4–1500 § 141 Nr. 3.
[6] BSG 9.6.2017 SozR 4–4300 § 93 Nr. 1 = NZS 2018, 225.
[7] BSG 5.5.2010 SozR 4–4300 § 57 Nr. 5.

bzw. der freiwilligen Versicherung nach § 7 SGB VI. In der Arbeitslosenversicherung kann eine Pflichtversicherung auf Antrag begründet werden (→ § 20 Rn. 16). Der Gründungszuschuss ist nicht steuerpflichtig (§ 3 Nr. 2 EStG) und unterliegt nicht dem Progressionsvorbehalt, da § 32a EStG nur von einem Zuschuss zum Arbeitsentgelt spricht.

IV. Arbeitsmarktpolitische Förderinstrumente für Arbeitgeber und Träger

1. Überblick. Eine Förderung können AG erhalten bei der Einstellung von leistungsgeminderten bzw. förderungsbedürftigen AN (→ Rn. 26). Zu den Zuschüssen bei Maßnahmen der Berufsausbildung und Weiterbildung → § 22 Rn. 10, 23 und zur Förderung von Transfermaßnahmen bei Betriebsänderungen → § 245 Rn. 1. 25

2. Eingliederungszuschüsse für besondere Personengruppen. a) Grundsatz. AG können zur Eingliederung von AN, deren Vermittlung wegen in ihrer Person liegender Gründe erschwert ist, einen Zuschuss zum Arbeitsentgelt zum Ausgleich einer Minderleistung erhalten. Die Förderhöhe und die Förderdauer richten sich nach dem Umfang einer Vermittlungserschwernis des AN und nach den jeweiligen Eingliederungserfordernissen (§§ 88, 89 SGB III). 26

b) Minderleistung. Der Eingliederungszuschuss wird bei einer Beschäftigung zum Ausgleich von Minderleistungen gezahlt. Diese bestimmt sich nach der Einschränkung der Arbeitsleistung des AN und den Anforderungen des jeweiligen Arbeitsplatzes. Zu dem förderfähigen Personenkreis gehören AN mit in ihrer Person liegenden Vermittlungshemmnissen. Bei diesen kann es sich um das Lebensalter, eine Behinderung/Krankheit (§ 90 SGB III), die Dauer der bisherigen Arbeitslosigkeit sowie eine unzureichende berufliche Qualifikation, die auch nicht durch eine Einarbeitung beseitigt werden kann, handeln. Kein Vermittlungshemmnis stellt eine Mobilitätsbeschränkung dar. 27

c) Umfang der Förderung. Der Eingliederungszuschuss kann im Regelfall 50% des berücksichtigungsfähigen Arbeitsentgelts betragen (§ 89 S. 2 SGB III). Als solches gelten die vom AG regelmäßig gezahlten Tariflöhne bzw. die ortsübliche Vergütung und sein pauschalierter Anteil an den Sozialversicherungsbeiträgen. Ein Arbeitsentgelt, das einmalig gezahlt wird, ist nicht berücksichtigungsfähig (§ 91 I SGB III). Die Regelförderungsdauer beträgt 12 Monate. Nach § 89 S. 3 SGB III kann bei AN, die das 50. Lebensjahr vollendet haben, die Förderdauer bis zu 36 Monate betragen, wenn die Förderung bis zum 31. Dezember 2023 begonnen hat. Die Zuschüsse werden zu Beginn der Maßnahme in monatlichen Festbeträgen für die Förderungsdauer festgelegt. Sie werden angepasst, wenn sich das berücksichtigungsfähige Arbeitsentgelt verringert. Wird dem AG aufgrund eines Ausgleichsystems (zB nach dem AAG) Arbeitsentgelt erstattet, ist für den betreffenden Zeitraum der Zuschuss entsprechend zu mindern. 28

d) Förderungsausschluss und Rückzahlung. Der Eingliederungszuschuss wird nicht bei Leistungsmissbrauch gewährt oder wenn der AN bei dem AG während der letzten vier Jahre vor Förderungsbeginn mehr als drei Monate versicherungspflichtig beschäftigt war (§ 92 I SGB III). Er ist bei vorzeitiger Beendigung des Beschäftigungsverhältnisses während des Förderungszeitraums anteilig zurückzuzahlen, ebenso bei einem Ausscheiden des AN vor Ablauf von 12 Monaten nach dem Ende der Förderung (Nachbeschäftigungszeitraum). Die Rückzahlungspflicht besteht nicht, wenn **(1)** der AG zur Kündigung des Arbeitsverhältnisses nach § 1 KSchG, § 626 BGB berechtigt war, **(2)** die Beendigung des Arbeitsverhältnisses auf das Bestreben des AN hin erfolgt, ohne dass der AG den Grund hierfür zu vertreten hat, **(3)** der AN das Mindestalter für den Bezug der gesetzlichen Altersrente erreicht hat oder **(4)** der Eingliederungszuschuss für die Einstellung eines besonders betroffenen schwerbehinderten Menschen (§ 90 II SGB III) geleistet worden ist (§ 92 II SGB III). 29

e) Behinderte Menschen. Erweiterte Fördermöglichkeiten bestehen nach § 90 SGB III für schwerbehinderte oder sonstige behinderte Menschen. Für behinderte Menschen kann die Förderhöhe bis zu 70% des berücksichtigungsfähigen Arbeitsentgelts und die Förderdauer bis zu 24 Monate betragen (§ 90 I SGB III). Nach Ablauf von 12 Monaten ist der Eingliederungszuschuss um mindestens 10% zu vermindern (§ 90 IV SGB III). Für die in § 187 I Nr. 3 lit. a–d SGB IX beschriebenen schwerbehinderten Menschen und die ihnen nach § 2 III SGB IX Gleichgestellten werden die Fördermöglichkeiten durch § 90 II SGB III nochmals ausgeweitet. 30

§ 22. Berufsaus- und -weiterbildung und sonstige öffentlich-rechtliche Förderung

Übersicht

I. Förderung der Berufsausbildung

1 **1. Abgrenzung.** Die Förderung der Berufsausbildung erfolgt sowohl durch Leistungen an AN wie auch an AG bzw. Träger von Maßnahmen. Die Abgrenzung zu den Leistungen nach dem Bundesausbildungsförderungsgesetz (BAföG) erfolgt dabei nach der Vermittlung der Ausbildungsinhalte. Werden diese Kenntnisse schwerpunktmäßig durch praktische Arbeit vermittelt, kann die Förderung nach dem SGB III erfolgen. Bei einer überwiegend theoretisch-abstrakten Vermittlungsform handelt es sich um eine schulische Ausbildung, die nach dem BAföG förderfähig ist.

2 **2. Berufswahl und Berufsvorbereitung. a) Überblick.** Die Arbeitsverwaltung fördert Maßnahmen vom Übergang von der Schule in die Berufsausbildung (→ Rn. 3) sowie die Berufsvorbereitung. Zu dieser gehören die berufsvorbereitenden Bildungsmaßnahmen, die Vorbereitung auf einen Hauptschulabschluss sowie die Einstiegsqualifizierung (→ Rn. 4).

3 **b) Berufsorientierung und Berufseinstiegsbegleitung.** Die AA kann Schüler allgemeinbildender Schulen durch vertiefte Berufsorientierung und Berufswahlvorbereitung fördern (Berufsorientierungsmaßnahmen), wenn sich Dritte mit mindestens 50% an der Förderung beteiligen oder sich mit bis zu 50% an der Förderung von Maßnahmen beteiligen, die von Dritten eingerichtet werden (§ 48 I SGB III). Im Rahmen der Berufseinstiegsbegleitung kann die Arbeitsverwaltung förderungsbedürftige junge Menschen (§ 49 IV SGB III) durch Maßnahmen der fördern, um sie beim Übergang von der allgemeinbildenden Schule in eine Berufsausbildung zu unterstützen, wenn sich Dritte mit mindestens 50% an der Förderung beteiligen (§ 49 I SGB III). Förderungsfähig sind Maßnahmen zur individuellen Begleitung und Unterstützung förderungsbedürftiger junger Menschen durch Berufseinstiegsbegleiter, um die Eingliederung der jungen Menschen in eine Berufsausbildung zu erreichen. Unterstützt werden sollen insbesondere das Erreichen des Abschlusses einer allgemeinbildenden Schule, die Berufsorientierung und -wahl, die Suche nach einer Ausbildungsstelle und die Stabilisierung des Berufsausbildungsverhältnisses (§ 49 II SGB III). Die Erstattungsfähigkeit von Maßnahmekosten an Träger richtet sich nach § 49 V SGB III.

4 **c) Berufsvorbereitende Bildungsmaßnahmen.** Berufsvorbereitende Bildungsmaßnahmen sollen förderungsberechtigten jungen Menschen und ausländischen Staatsangehörigen (§ 52 SGB III) helfen, sich auf die Aufnahme einer Berufsausbildung vorzubereiten, oder, wenn die Aufnahme einer Berufsausbildung wegen in ihrer Person liegender Gründe nicht möglich ist, ihnen die berufliche Eingliederung erleichtern (§ 51 I SGB III). Eine berufsvorbereitende Bildungsmaßnahme ist förderungsfähig, wenn sie **(1)** nicht den Schulgesetzen der Länder unterliegt und **(2)** nach Aus- und Fortbildung sowie Berufserfahrung der Leitung und der Lehr- und

Fachkräfte, nach Gestaltung des Lehrplans, nach Unterrichtsmethode und Güte der zum Einsatz vorgesehenen Lehr- und Lernmittel eine erfolgreiche berufliche Bildung erwarten lässt (§ 51 II SGB III). Berufsvorbereitende Maßnahmen können auch allgemeinbildende Fächer enthalten und auf den nachträglichen Erwerb des Hauptschulabschlusses oder eines gleichwertigen Schulabschlusses vorbereiten (§ 51 III SGB III). Förderungsberechtigte junge Menschen ohne Schulabschluss haben nach Maßgabe von § 53 SGB III einen Anspruch, im Rahmen einer berufsvorbereitenden Bildungsmaßnahme auf den nachträglichen Erwerb des Hauptschulabschlusses oder eines gleichwertigen Schulabschlusses vorbereitet zu werden. Die Erstattungsfähigkeit von Maßnahmekosten an Träger richtet sich dabei nach § 54 SGB III. Daneben können AG, die eine **betriebliche Einstiegsqualifizierung** (§ 54a II SGB III) durchführen, bis durch Zuschüsse zur Vergütung bis zu einer Höhe von 247 EUR monatlich zuzüglich eines pauschalierten Anteils am durchschnittlichen Gesamtsozialversicherungsbeitrag der oder des Auszubildenden gefördert werden. Durch die betriebliche Einstiegsqualifizierung sollen bei Jugendlichen mit erschwerten Vermittlungsperspektiven und bei benachteiligten Auszubildenden die Grundlagen für den Erwerb betrieblicher Handlungsfähigkeit im Vorfeld der Aufnahme einer Berufsausbildung geschaffen werden.

3. Berufsausbildungsbeihilfe. a) Grundsatz. Auszubildende haben Anspruch auf Berufsausbildungsbeihilfe während einer Berufsausbildung, wenn **(1)** die Berufsausbildung förderungsfähig ist, **(2)** sie zum förderungsfähigen Personenkreis gehören und die sonstigen persönlichen Voraussetzungen für eine Förderung erfüllt sind und **(3)** ihnen die erforderlichen Mittel zur Deckung des Bedarfs für den Lebensunterhalt, die Fahrtkosten, die sonstigen Aufwendungen und die Lehrgangskosten (Gesamtbedarf) nicht anderweitig zur Verfügung stehen (§ 56 SGB III). 5

b) Förderfähige Ausbildung. Eine Berufsausbildung ist förderungsfähig, wenn sie in einem nach dem BBiG, der Handwerksordnung oder dem SeeArbG staatlich anerkannten Ausbildungsberuf betrieblich oder außerbetrieblich oder nach dem Altenpflegegesetz/Teil 2 iVm Teil 5 des Pflegeberufegesetzes betrieblich durchgeführt wird und der dafür vorgeschriebene Berufsausbildungsvertrag abgeschlossen worden ist (§ 57 I SGB III). Behinderte Menschen können bei Bedarf auch abweichend von den Ausbildungsordnungen für staatlich anerkannte Ausbildungsberufe oder nach Sonderregelungen ausgebildet werden (§ 116 II SGB III). Förderungsfähig ist grundsätzlich nur die erstmalige Ausbildung.[1] Ein Anspruch auf eine Berufsausbildungsbeihilfe bei betrieblicher Ausbildung in einem staatlich anerkannten Ausbildungsberuf besteht dann nicht, wenn der Auszubildende zuvor eine schulische Ausbildung absolviert hat, die in Ausbildungszeit und Ausbildungsabschluss einer betrieblichen Ausbildung gleichwertig ist.[2] Eine zweite Ausbildung kann gefördert werden, wenn zu erwarten ist, dass eine berufliche Eingliederung dauerhaft auf andere Weise nicht erreicht werden kann und durch die zweite Ausbildung die berufliche Eingliederung erreicht wird (§ 57 II 2 SGB III). Bei einer vorzeitigen Auflösung des Ausbildungsverhältnisses wird die Förderung eingestellt. Eine weitere Ausbildung darf nur gefördert werden, wenn für die Lösung ein berechtigter Grund bestand (§ 57 III SGB III). Eine im Ausland durchgeführte betriebliche Ausbildung ist unter den Voraussetzungen des § 58 II SGB III förderfähig. Aufgrund der Verweisung in § 56 II SGB III haben auch Auszubildende während einer berufsvorbereitenden Bildungsmaßnahme (§ 51 SGB III) und Teilnehmende in einer Vorphase (§ 74 I 2 SGB III) Anspruch auf Berufsausbildungsbeihilfe. 6

c) Begünstigter Personenkreis. Gefördert werden deutsche Staatsangehörige und bestimmte Gruppen von ausländischen Staatsangehörigen (zu Einzelheiten § 60 III SGB III). Ein Auszubildender ist bei einer beruflichen Ausbildung förderungsberechtigt, wenn er **(1)** außerhalb des Haushalts der Eltern oder eines Elternteils wohnt und **(2)** die Ausbildungsstätte von der Wohnung der Eltern oder eines Elternteils aus nicht in angemessener Zeit erreichen kann. Die letztgenannte Voraussetzung ist nicht anzuwenden, wenn der Auszubildende entweder das 18. Lebensjahr vollendet hat, verheiratet oder in einer Lebenspartnerschaft verbunden ist oder war, mit mindestens einem Kind zusammenlebt oder aus schwerwiegenden sozialen Gründen nicht auf die Wohnung der Eltern oder eines Elternteils verwiesen werden kann (§ 60 I, II SGB III). Der Anspruch auf Berufsausbildungsbeihilfe richtet sich bei behinderten Menschen nach § 116 III, IV SGB III. 7

d) Förderungsdauer. Anspruch auf Berufsausbildungsbeihilfe besteht für die gesamte Dauer der beruflichen Ausbildung oder der berufsvorbereitenden Bildungsmaßnahme. Eine Förderung allein für die Dauer des Berufsschulunterrichts in Blockform ist ausgeschlossen (§ 65 II SGB III). 8

[1] BSG 29.1.2008 SozR 4-4300 § 60 Nr. 1 = NZA-RR 2008, 433 (gleichwertige schulische Ausbildung).
[2] BSG 29.10.2008 SGb 2008, 721.

Über den Anspruch wird bei Berufsausbildung in der Regel für 18 Monate, im Übrigen in der Regel für ein Jahr (Bewilligungszeitraum) entschieden (§ 69 I SGB III). Für Fehlzeiten während der Ausbildung infolge Zeiten einer Schwangerschaft oder nach der Entbindung besteht Anspruch auf Berufsausbildungsbeihilfe unter den in § 69 II SGB III bestimmten Voraussetzungen. Arbeitslose, die zu Beginn der berufsvorbereitenden Bildungsmaßnahme anderenfalls Anspruch auf Alg. gehabt hätten, der höher ist als der zugrunde zulegende Bedarf für den Lebensunterhalt, haben Anspruch auf Berufsausbildungsbeihilfe in Höhe des Alg. (§ 70 S. 1 SGB III). Bei behinderten Menschen wird eine Verlängerung der Ausbildung über das vorgesehene Ausbildungsende hinaus, eine Wiederholung der Ausbildung ganz oder in Teilen sowie eine erneute berufliche Ausbildung gefördert, wenn Art oder Schwere der Behinderung es erfordern und ohne die Förderung eine dauerhafte Teilhabe am Arbeitsleben nicht erreicht werden kann (§ 116 V SGB III).

9 **e) Leistungen und Verfahren.** Die Berufsausbildungsbeihilfe deckt in pauschalierter Form die Kosten zur Bestreitung des Lebensunterhalts, die je nach Wohn- und familiärer Situation unterschiedlich hoch sind. Die Bedarfssätze sind an die jeweilige Situation angepasst. Bei Unterbringung außerhalb des Haushalts der Eltern oder eines Elternteils wird grundsätzlich bei einer beruflichen Ausbildung der jeweils geltende Förderungssatz für Studierende nach § 13 I Nr. 1 BAföG, bei Unterbringung im Haushalt der Eltern wird der Förderungssatz für Schüler zugrunde gelegt (§§ 61, 62 SGB III). Bei behinderten Menschen, die im Haushalt ihrer Eltern wohnen, berechnet sich der Bedarf nach § 116 III 2, 3, IV 2 SGB III. Ferner werden als allgemeine Leistungen zusätzlich die Fahrtkosten, Lernmittel- und Lehrgangskosten und sonstige Aufwendungen (zB Kinderbetreuungskosten) übernommen (§§ 63, 64 SGB III). Auf den Gesamtbedarf der Förderung ist das Einkommen des Auszubildenden und seiner Eltern oder des Ehegatten anzurechnen (§ 67 SGB III), für Teilnehmer an berufsvorbereitenden Bildungsmaßnahmen gelten Ausnahmen. Bei der Berechnung der Berufsausbildungsbeihilfe ist ausgehend von der für den Bewilligungszeitraum absehbaren Gesamtvergütung ein monatliches Durchschnittseinkommen zu bilden.[3] Bei der Ermittlung des Einkommens bleiben Werbungskosten außer Betracht (§ 67 II 2 Nr. 1 SGB III), da sie bereits bedarfserhöhend berücksichtigt wurden. Berufsausbildungsbeihilfe wird auf Antrag gewährt; der Antrag kann auch nachträglich, dh nach Aufnahme der Ausbildung gestellt werden (§ 324 II 1 SGB III). Eine Leistung von Amts wegen ist möglich, wenn der Berechtigte zustimmt (§ 323 I SGB III). Leistungen werden jedoch frühestens vom Beginn des Monats der Antragstellung an geleistet (§ 325 I SGB III). Die Auszahlung erfolgt monatlich nachträglich; unter den Voraussetzungen des § 68 SGB III können Vorausleistungen erbracht werden.

10 **4. Förderung der Berufsausbildung. a) Berufsausbildung.** Nach § 74 I SGB III kann die AA förderungsberechtigte junge Menschen und deren Ausbildungsbetriebe während einer betrieblichen Berufsausbildung oder einer Einstiegsqualifizierung (begleitende Phase, § 75 SGB III) durch Maßnahmen der Assistierten Ausbildung fördern. Die Maßnahme kann auch eine idR sechsmonatige vorgeschaltete Phase enthalten, die die Aufnahme einer betrieblichen Berufsausbildung unterstützt (Vorphase, § 75a SGB III). Daneben kann die AA förderungsberechtigte junge Menschen durch eine nach § 57 I SGB III (→ Rn. 6) förderungsfähige Berufsausbildung in einer außerbetrieblichen Einrichtung fördern (§ 76 I 1 SGB III).

11 **b) Assistierte Ausbildung.** Ziele der Assistierten Ausbildung sind die Aufnahme einer Berufsausbildung und die Hinführung auf den Abschluss der betrieblichen Berufsausbildung. Ihr Inhalt ist die Möglichkeit, Unterstützung vor und während der Berufsausbildung beim selben Träger der Maßnahmen anzubieten (BT-Drs. 19/17740, 33). **Förderungsberechtigt** sind junge Menschen, die ohne Unterstützung **(1)** eine Berufsausbildung nicht aufnehmen oder fortsetzen können oder voraussichtlich Schwierigkeiten haben werden, die Berufsausbildung abzuschließen, oder **(2)** wegen in ihrer Person liegender Gründe nach der vorzeitigen Lösung eines betrieblichen Berufsausbildungsverhältnisses eine weitere Berufsausbildung nicht aufnehmen oder nach Abschluss einer mit Assistierter Ausbildung unterstützten Berufsausbildung ein Arbeitsverhältnis nicht begründen oder festigen können (§ 74 III SGB). Förderungsberechtigt sind **(3)** auch junge Menschen, die wegen in ihrer Person liegender Gründe während einer Einstiegsqualifizierung zusätzlicher Unterstützung bedürfen. Die Förderungsberechtigung endet spätestens sechs Monate nach Begründung eines Arbeitsverhältnisses (§ 74 III Nr. 2 lit. b SGB III) oder spätestens ein Jahr nach Ende der Berufsausbildung. In der begleitenden Phase bestimmt sich die Förderungsberechtigung nach § 75 I SGB III. In der Vorphase ist die Förde-

[3] BSG 8.7.2009 SozR 4–4300 § 71 Nr. 5.

rungsberechtigung gegeben, wenn die Voraussetzungen des § 74 III Nr. 1 SGB III vorliegen und die Vollzeitschulpflicht nach den Gesetzen der Länder erfüllt haben.

c) Förderung. Mit der Durchführung der Assistierten Ausbildung beauftragt die AA einen Träger (§ 74 VI SGB III). **Förderfähig** ist eine Berufsausbildung, die die Voraussetzungen des § 57 I SGB III (→ Rn. 6) erfüllt (§ 74 V SGB III). In der Assistierten Ausbildung wird der Förderungsberechtigte während der gesamten Ausbildung kontinuierlich unterstützt und sozialpädagogisch begleitet; ihm wird eine feste Ausbildungsbegleitung zur Verfügung gestellt (§ 74 IV SGB III). In der begleitenden Phase umfassen die Leistungen eine sozialpädagogische Begleitung, Maßnahmen zur Stabilisierung des Berufsausbildungsverhältnisses oder der Einstiegsqualifizierung, Angebote zum Abbau von Bildungs- und Sprachdefiziten und solche zur Vermittlung fachtheoretischer Fertigkeiten, Kenntnissen und Fähigkeiten (§ 75 II SGB III). In der Vorphase wird der junge Mensch bei der Suche nach und Aufnahme einer betrieblichen Berufsausbildung unterstützt. Abgestimmt auf den individuellen Förderbedarf sind in angemessenem Umfang betriebliche Praktika vorzusehen (§ 75a II SGB III). Betriebe, die einen mit Assistierter Ausbildung geförderten jungen Menschen ausbilden, können Unterstützung nach § 75 VII SGB III erhalten; dies gilt aufgrund der Verweisung in § 75a V SGB III auch für die Vorphase. Wird die Berufsausbildung unter den in § 76 SGB III genannten Voraussetzungen in einer außerbetrieblichen Einrichtung durchgeführt, zahlt die AA dem Träger, der die außerbetriebliche Berufsausbildung durchführt, für jede vorzeitige und nachhaltige Vermittlung aus einer außerbetrieblichen Berufsausbildung in eine betriebliche Berufsausbildung eine Pauschale iHv 2 000 EUR (§ 76 II 2 SGB III). 12

II. Förderung der beruflichen Weiterbildung

1. Grundsatz. Ziel der Weiterbildungsförderung sind die Erhöhung der Vermittlungschancen und eine erfolgreiche Eingliederung in den Arbeitsmarkt. Die Förderung der Weiterbildung ist durch das erste und dritte Gesetz für moderne Dienstleistungen neu strukturiert worden. So ist das Erfordernis der Anerkennung einer Maßnahme für die Weiterbildung durch das der Zulassung von Maßnahme und Träger ersetzt („Hartz I") und Arbeitslosen- und Unterhaltsgeld zusammengeführt worden („Hartz III"). 13

2. Übernahme der Weiterbildungskosten. a) Voraussetzungen. aa) Überblick. AN können bei Teilnahme an Maßnahmen der beruflichen Weiterbildung durch Übernahme der Weiterbildungskosten und Leistung von Unterhaltsgeld gefördert werden, wenn **(a)** die Weiterbildung notwendig ist, um sie bei Arbeitslosigkeit beruflich einzugliedern, eine ihnen drohende Arbeitslosigkeit abzuwenden, bei Ausübung einer Teilzeitbeschäftigung eine Vollzeitbeschäftigung zu erlangen oder weil bei ihnen wegen fehlenden Berufsabschlusses die Notwendigkeit der Weiterbildung anerkannt ist, **(b)** vor Beginn der Teilnahme eine Beratung durch die Arbeitsverwaltung erfolgt ist und **(c)** die Maßnahme und der Träger der Maßnahme für die Förderung zugelassen sind (§ 81 I SGB III). In § 81 II SGB III ist unter den dort bestimmten Voraussetzungen ein Rechtsanspruch auf Förderung einer beruflichen Weiterbildung mit dem Ziel des Erreichens eines Berufsabschlusses normiert. Nach § 131a III SGB III fördert die BA bei einer Weiterbildung, die zum Abschluss in einem Ausbildungsberuf führt und bis zum 31. Dezember 2023 beginnt, das Bestehen der Zwischen- und Abschlussprüfung mit einer **Prämie** (1 000/1 500 EUR). 14

bb) Notwendigkeit der Weiterbildung. Die Notwendigkeit zur beruflichen Eingliederung setzt eine Prognose dahingehend voraus, dass der Arbeitslose nach der Maßnahme seine Arbeitslosigkeit beendet und eine versicherungspflichtige und für ihn zumutbare Tätigkeit aufnehmen wird.[4] Der Begriff des von Arbeitslosigkeit bedrohten AN ist in § 17 SGB III definiert. Die Notwendigkeit einer Weiterbildung wird bei arbeitslosen AN auch anerkannt, wenn durch den Erwerb erweiterter beruflicher Kompetenzen die individuelle Beschäftigungsfähigkeit verbessert wird und sie nach Lage und Entwicklung des Arbeitsmarktes zweckmäßig ist (§ 81 Ia SGB III). Während eines bestehenden Arbeitsverhältnisses können AN durch volle oder teilweise Übernahme der Weiterbildungskosten unter den in § 82 I SGB III genannten Voraussetzungen gefördert werden. Die Maßnahme soll AN, die berufliche Tätigkeiten ausüben, die durch Technologien ersetzt werden können oder in sonstiger Weise vom Strukturwandel betroffen sind, eine Anpassung und Fortentwicklung ihrer beruflichen Kompetenzen ermöglichen, um den genann- 15

[4] Dazu BSG 7.4.1987 SozR 4100 § 44 Nr. 46; 23.6.1981 SozR 4100 § 44 Nr. 33.

ten Herausforderungen besser begegnen zu können. Gleiches gilt für AN, die eine Weiterbildung in einem Engpassberuf anstreben (§ 82 I 2 und 3 SGB III). Die Förderung soll nach § 82 II SGB III aber nur erfolgen, sofern sich auch der AG in angemessenem Umfang an den Lehrgangskosten beteiligt; in § 82 IV, V SGB III ist unter den dortigen Voraussetzungen eine Reduzierung der Mindestbeteiligung des AG bzw. Erhöhung der Zuschüsse vorgesehen. Daneben kann die berufliche Weiterbildung von AN durch den AG durch Zuschüsse zum Arbeitsentgelt gefördert werden (§ 82 III SGB III). Die Höhe der Förderungen ist jeweils abhängig von der Beschäftigtenzahl. Nach § 81 III SGB III wird der nachträgliche Erwerb eines Hauptschulabschlusses oder eines gleichwertigen Schulabschlusses und nach Abs. 3a der Erwerb von Grundkompetenzen gefördert. Für **behinderte Menschen** gelten die in § 116 VI 1 SGB III genannten (erleichterten) Voraussetzungen für die Förderung einer Weiterbildung. Förderungsfähig nach Satz 2 sind auch schulische Ausbildungen, deren Abschluss für die Weiterbildung erforderlich ist.

16 **cc) Bildungsgutschein.** Dem AN wird das Vorliegen der Voraussetzungen für eine Förderung bescheinigt (sog. Bildungsgutschein). In diesem erklärt die Arbeitsverwaltung, dass die Förderungsvoraussetzungen erfüllt sind und dass sie ihr Ermessen dahingehend ausgeübt hat, die Teilnahme an der zugelassenen Maßnahme durch die gesetzlichen Leistungen zu fördern. Der Bildungsgutschein kann zeitlich befristet sowie regional und auf bestimmte Bildungsziele beschränkt werden. Der vom AN ausgewählte Träger hat der Arbeitsverwaltung den Bildungsgutschein vor Beginn der Maßnahme vorzulegen (§ 81 IV, § 82 VII SGB III). Die Leistungsbewilligung der Höhe nach für die Übernahme der Weiterbildungskosten enthält der Bildungsgutschein jedoch nicht. Diese können erst nach Auswahl der Maßnahme durch den AN bewilligt werden.

17 **b) Weiterbildungskosten.** Weiterbildungskosten sind die durch die Weiterbildung unmittelbar entstehenden **(1)** Lehrgangskosten, **(2)** Fahrtkosten, **(3)** Kosten für auswärtige Unterbringung und Verpflegung sowie **(4)** Kinderbetreuungskosten. Als Lehrgangskosten gelten Lehrgangsgebühren einschließlich der Kosten für erforderliche Lernmittel, Arbeitskleidung, Prüfungsstücke und der Prüfungsgebühren für gesetzlich geregelte oder allgemein anerkannte Zwischen- und Abschlussprüfungen sowie Kosten für eine notwendige Eignungsfeststellung (§ 84 SGB III). Fahrtkosten können übernommen werden für Fahrten zwischen Wohnung und Bildungsstätte oder bei einer erforderlichen auswärtigen Unterbringung für die An- und Abreise und für eine monatliche Familienheimfahrt oder entsprechende Fahrt eines Angehörigen zum Aufenthaltsort des AN (§ 85 SGB III). Daneben können die Kosten für eine erforderliche auswärtige Unterbringung einschließlich Verpflegungskosten nach näherer Maßgabe des § 86 SGB III sowie Kinderbetreuungskosten bis zu 150 EUR monatlich übernommen werden (§ 87 SGB III).

18 **c) Anforderungen an Träger und Maßnahmen.** Diese ergeben sich im Einzelnen aus den §§ 176 ff. SGB III. Die Entscheidung über die Eignung eines Trägers für die Durchführung einer Weiterbildungsmaßnahme und die Feststellung der Eignung einer Maßnahme wird nicht von der Arbeitsverwaltung, sondern einer fachkundigen Stelle, dh einer sog. Zertifizierungsagentur getroffen. Hierdurch sollen Interessenkollisionen bei der Durchführung von Weiterbildungsmaßnahmen verhindert und der Wettbewerb unter den Bildungsanbietern verstärkt werden. Die AA hat die Durchführung der Maßnahmen zu überwachen sowie den Erfolg zu beobachten (§ 183 SGB III); eine bis zum 31. Dezember 2023 befristete Sonderregelung gilt für die berufliche Weiterbildung für die in § 131a II SGB III beschriebenen besonderen Kenntnisse.

19 **3. Arbeitslosengeld bei beruflicher Weiterbildung.** Während einer geförderten Bildungsmaßnahme hat der AN trotz seiner eingeschränkten Verfügbarkeit Anspruch auf Alg. (§§ 136 I Nr. 2, 144 SGB III). Nimmt der Leistungsberechtigte an einer nicht geförderten Maßnahme der beruflichen Weiterbildung teil, schließt dies die Verfügbarkeit für die Beschäftigungssuche nicht aus, wenn **(a)** die AA der Teilnahme zustimmt und **(b)** er seine Bereitschaft erklärt, die Maßnahme abzubrechen, sobald eine berufliche Eingliederung in Betracht kommt und zu diesem Zweck die Möglichkeit zum Abbruch mit dem Träger der Maßnahme vereinbart hat (§ 139 III SGB III). Ein Anspruch auf Alg. bei beruflicher Weiterbildung setzt aber keine Verfügbarkeit voraus.[5] Nach § 148 I Nr. 7 SGB III werden die Leistungen des Alg. bei beruflicher Weiterbildung im Verhältnis nur zur Hälfte auf einen nachfolgenden Anspruch auf Alg. wegen Arbeitslo-

[5] BSG 10.12.2019 SozR 4–4300 § 144 Nr. 28 (keine Erreichbarkeit erforderlich); zur Teilverfügbarkeit bei Fehlen der Voraussetzungen des § 81 SGB III BSG 27.6.2019 SozR 4–4300 § 144 Nr. 27.

sigkeit angerechnet. Behinderte Menschen können nach näherer Maßgabe von § 119 S. 3 SGB III trotz fehlenden Bezugs von Alg. Übergangsgeld (→ Rn. 27) erhalten.

III. Förderung der Berufsausbildung und beruflichen Weiterbildung von behinderten Menschen

1. Begriff. Behinderte Menschen iSd Arbeitsförderungsrechts sind körperlich, geistig oder seelisch beeinträchtigte Personen, deren Aussicht, beruflich eingegliedert zu werden oder zu bleiben, wegen Art oder Schwere ihrer Behinderung nicht nur vorübergehend wesentlich gemindert ist und die deshalb Hilfen zur beruflichen Eingliederung benötigen (§ 19 SGB III). 20

2. Förderung von behinderten Menschen. a) Überblick. Für behinderte Menschen können Leistungen zur Förderung der Teilhabe am Arbeitsleben erbracht werden, um ihre Erwerbsfähigkeit zu erhalten, zu verbessern, herzustellen oder wiederherzustellen und ihre Teilhabe am Arbeitsleben zu sichern, soweit Art oder Schwere der Behinderung dies erfordern (§ 112 I SGB III). Bei der Auswahl der Leistungen sind Eignung, Neigung, bisherige Tätigkeit sowie Lage und Entwicklung des Arbeitsmarkts angemessen zu berücksichtigen. Soweit erforderlich, ist auch die berufliche Eignung abzuklären oder eine Arbeitserprobung durchzuführen (§ 112 II SGB III). Die Leistungen werden als allgemeine Leistungen sowie als besondere Leistungen zur Teilhabe am Arbeitsleben und diese ergänzende Leistungen erbracht (§ 113 I SGB III). 21

b) Allgemeine Leistungen. Die allgemeinen Leistungen umfassen nach § 115 SGB III **(1)** solche zur Aktivierung und beruflichen Eingliederung, **(2)** Leistungen zur Förderung der Berufsvorbereitung und Berufsausbildung einschließlich der Berufsausbildungsbeihilfe sowie einer Assistierten Ausbildung (§ 130 SGB III), **(3)** Leistungen zur Förderung der beruflichen Weiterbildung sowie **(4)** Leistungen zur Förderung der Aufnahme einer selbständigen Tätigkeit. Die Besonderheiten bei der Leistungsgewährung an behinderte Menschen ergeben sich aus § 116 SGB III; sie sind bei der Darstellung der allgemeinen Leistungen im Zusammenhang erwähnt. 22

c) Besondere Leistungen. Die besonderen Leistungen für behinderte Menschen umfassen nach § 118 SGB III **(1)** das Übergangsgeld (→ Rn. 26), **(2)** das Ausbildungsgeld (→ Rn. 24) und **(3)** die Übernahme der Teilnahmekosten für eine Maßnahme (→ Rn. 25). 23

3. Besondere Leistungen an behinderte Menschen während der Berufsbildung bzw. Weiterbildung. a) Ausbildungsgeld. Behinderte Menschen haben Anspruch auf Ausbildungsgeld während **(1)** einer beruflichen Ausbildung oder berufsvorbereitenden Bildungsmaßnahme einschließlich einer Grundausbildung und **(2)** einer individuellen betrieblichen Qualifizierung im Rahmen der Unterstützten Beschäftigung nach § 55 SGB IX und **(3)** einer Maßnahme im Eingangsverfahren oder Berufsbildungsbereich einer Werkstatt für behinderte Menschen oder bei einem anderen Leistungsanbieter nach § 60 SGB IX, wenn ein Übergangsgeld nicht gewährt wird. Auf die Gewährung des Ausbildungsgeldes finden die Vorschriften über die Berufsbildungsbeihilfe (→ Rn. 5) entsprechende Anwendung (§ 104 II SGB III). Für die Bedarfsberechnung gelten die §§ 123 ff. SGB III und für die Einkommensanrechnung § 126 SGB III. 24

b) Teilnahmekosten. Nach § 127 I SGB III hat ein behinderter Mensch Anspruch auf Übernahme von Teilnahmekosten an einer behindertenspezifischen Maßnahme. Die Vorschrift verweist hinsichtlich der Anspruchsvoraussetzungen auf die §§ 49, 64, 73 f. SGB IX. Daneben gelten besondere Bestimmungen für die Kostenübernahme für Sonderfälle der Unterkunft und Verpflegung bei auswärtiger Unterbringung (§ 128 SGB III). 25

c) Übergangsgeld. Behinderte Menschen haben nach § 119 SGB III Anspruch auf Übergangsgeld, wenn **(1)** die Vorbeschäftigungszeit für das Übergangsgeld erfüllt ist und sie **(2)** an einer Maßnahme der Berufsausbildung, der Berufsvorbereitung einschließlich einer wegen der Behinderung erforderlichen Grundausbildung, der individuellen betrieblichen Qualifizierung im Rahmen der Unterstützten Beschäftigung nach § 55 SGB IX, einer Maßnahme im Eingangsverfahren oder Berufsbildungsbereich einer Werkstatt für behinderte Menschen oder bei einem anderen Leistungsanbieter nach § 60 SGB IX oder an einer Maßnahme der beruflichen Weiterbildung teilnehmen, für die die besonderen Leistungen erbracht werden. Übergangsgeld wird auch bei Arbeitslosigkeit nach Abschluss der Maßnahme befristet weitergezahlt. Die Vorbeschäftigungszeit ist erfüllt, wenn der behinderte Mensch innerhalb der letzten drei Jahre vor Beginn der Teilnahme mindestens 12 Monate versicherungspflichtig beschäftigt war oder die Vorausset- 26 zungen für den Anspruch auf Alg. erfüllt sind (§ 120 SGB III). Die Vorbeschäftigungszeit gilt nicht für die in § 121 SGB III genannten Arbeitnehmergruppen. Die Höhe des Übergangsgelds ergibt sich aus den §§ 66 ff. SGB IX.

27 **4. Förderleistungen an Arbeitgeber. a) Zuschüsse zur Berufsausbildungsvergütung.** AG können für die betriebliche Aus- oder Weiterbildung von behinderten Menschen durch Zuschüsse zur Ausbildungsvergütung oder zu einer vergleichbaren Vergütung gefördert werden, wenn die Aus- oder Weiterbildung sonst nicht zu erreichen ist. Die Zuschüsse sollen regelmäßig 60% der monatlichen Ausbildungsvergütung für das letzte Ausbildungsjahr nicht übersteigen. In begründeten Ausnahmefällen können Zuschüsse bis zur Höhe der Ausbildungsvergütung für das letzte Ausbildungsjahr erbracht werden (§ 73 I und II SGB III).

28 **b) Probebeschäftigung und Arbeitshilfen.** AG können die Kosten für eine befristete Probebeschäftigung behinderter, schwerbehinderter und ihnen gleichgestellter Menschen (§ 2 SGB IX) bis zu einer Dauer von drei Monaten erstattet werden, wenn dadurch die Möglichkeit einer Teilhabe am Arbeitsleben verbessert wird oder eine vollständige und dauerhafte Teilhabe am Arbeitsleben zu erreichen ist (§ 46 I SGB III). Nach Abs. 2 können Zuschüsse für eine behinderungsgerechte Ausgestaltung von Ausbildungs- oder Arbeitsplätzen erbracht werden, soweit dies erforderlich ist, um die dauerhafte berufliche Eingliederung Behinderter zu erreichen oder zu sichern (§ 46 II SGB III). Nicht erstattungsfähig sind Arbeitshilfen für behinderte Menschen, die im Rahmen der Beschäftigungsverpflichtung nach §§ 154 ff. SGB IX tätig sind.

§ 23. Arbeitslosengeld I

Übersicht

I. Voraussetzungen für die Bewilligung von Arbeitslosengeld

1. Überblick. Die Entgeltersatzleistungen sind in § 3 IV SGB III aufgeführt. Zu diesen zählen neben Alg. (→ Rn. 2) das Übergangsgeld (§§ 119 ff. SGB III; → § 22 Rn. 27), Kurzarbeitergeld (§§ 95 ff. SGB III; → § 48 Rn. 1 ff.), Insolvenzgeld (§§ 165 ff. SGB III; → § 94 Rn. 1) sowie sinngemäß die Leistungen zur Förderung der ganzjährigen Beschäftigung in der Bauwirtschaft (§§ 101 ff. SGB III; → § 48 Rn. 17 ff.). Alg. und Unterhaltsgeld sind in einer einheitlichen Leistung zusammengefasst. Nach § 136 I SGB III haben AN Anspruch auf Alg. bei Arbeitslosigkeit oder beruflicher Weiterbildung. Begrifflich werden daher das Alg. bei Arbeitslosigkeit (§ 137 SGB III) und bei beruflicher Weiterbildung (§ 144 SGB III) unterschieden. Einen Anspruch auf Alg. wegen Arbeitslosigkeit hat nach § 137 SGB III, wer **(a)** arbeitslos ist (§§ 138 ff. SGB III; → Rn. 4 ff.), **(b)** sich arbeitslos meldet (§ 141 SGB III; → Rn. 22 f.), **(c)** eine Anwartschaft besitzt (§§ 142 ff. SGB III; → Rn. 31 f.) und **(d)** ein Antrag auf Alg. gestellt hat (§§ 137 II, 323 SGB III; → Rn. 35). Keinen Anspruch auf Alg. haben Personen nach Vollendung des Regelrentenalters[1] (§ 136 II SGB III). 1

2. Auslandssachverhalte. a) Grundsatz. Im Verhältnis der EU-Staaten untereinander gelten die VO (EG) Nr. 883/04 und 987/09 (→ § 27 Rn. 37). Im Verhältnis zu den EWR-Staaten (Island, Liechtenstein, Norwegen) und zur Schweiz sind die VO (EWR) Nr. 1408/71 und 574/72 bis zur Anpassung der bilateralen Verträge zwischen der EU und diesen Staaten angewandt worden (Art. 90 I 2 VO [EG] Nr. 883/04), seither gelten die VO (EG) Nr. 883/04 und 987/09. Bestimmte Territorialgebiete der Mitgliedstaaten sind vom Geltungsbereich allerdings ausgeschlossen. Durch die VO (EU) Nr. 1231/2010 vom 24. November 2010 zur Ausdehnung der VO (EG) Nr. 883/2004 und der VO (EG) Nr. 987/2009 wurden für den Bereich der EU zum 1. Januar 2011 die Bestimmungen der VO (EG) Nr. 883/04 und Nr. 987/09 auf Drittstaatsangehörige ausgedehnt. Dies sind Personen, die ausschließlich aufgrund ihrer Staatsangehörigkeit nicht bereits unter die vorgenannten VO fallen, sofern sie einen rechtmäßigen Wohnsitz in einem Mitgliedstaat haben.[2] Die Leistungsmitnahme ist nur möglich, wenn der Anspruchsteller berechtigt ist, sich in dem jeweiligen Mitgliedstaat arbeitslos zu melden und dort rechtmäßig eine Beschäftigung auszuüben. Dessen Aufenthalts- und Arbeitsgenehmigungsvorschriften sind zu beachten. Eine Beschäftigung in Staaten außerhalb der EU/des EWR, der Schweiz und den Staaten des früheren Jugoslawien kann für den Anspruch auf Alg. nicht berücksichtigt werden. Flüchtlinge nach der Genfer Flüchtlingskonvention und Staatenlose nach dem New Yorker Abkommen sind in die Regelungen des EU-Rechts mit einbezogen. Für andere Sachverhalte richtet sich die Bewilligung von Alg. nach § 4 SGB IV und den für die **Ausstrahlung** geltenden Grundsätzen. Maßgeblich ist danach, wo der Schwerpunkt der rechtlichen und tatsächlichen Merkmale des Beschäftigungsverhältnisses liegt bzw. gelegen hat. Die Zuordnung zum inländischen AG bleibt bei einem in das Ausland entsandten AN erhalten, wenn er weiterhin in den inländischen Betrieb eingegliedert ist und er Arbeitsentgelt von dem inländischen AG beanspruchen kann.[3] 2

b) Berücksichtigung von ausländischen Versicherungs- und Beschäftigungszeiten für das Arbeitslosengeld. Ausländische Versicherungs- oder Beschäftigungszeiten können für einen Anspruch auf Alg. oder zur Erhöhung der Anspruchsdauer nur berücksichtigt werden, wenn zwischen der Auslandsbeschäftigung und dem Eintritt der Arbeitslosigkeit sowie der Antragstellung im Inland eine versicherungspflichtige Beschäftigung in Deutschland ausgeübt wurde. Eine bestimmte Mindestdauer für diese Beschäftigung ist nicht vorgeschrieben. Eine Beschäftigung in Deutschland nach einer Auslandsbeschäftigung ist nicht erforderlich, wenn die Auslandsbeschäftigung entweder als Grenzgänger ausgeübt wurde („echte“ Grenzgänger[4]), der Lebensmittelpunkt trotz der Auslandsbeschäftigung in Deutschland beibehalten wurde („unechte“ Grenzgänger) oder es sich um eine Auslandsbeschäftigung im Rahmen einer Entsendung handelte. Die ausländischen Versicherungs- und Beschäftigungszeiten sind der AA durch ein Formblatt nachzuweisen, das von der zuständigen ausländischen Stelle ausgestellt wird. Dabei können auch Beschäftigungszeiten im Ausland, die dort nicht versicherungspflichtig waren, für 3

[1] BSG 16.5.2012 SozR 4–4200 § 7 Nr. 30 (zu Leistungen nach dem SGB II).

[2] BSG 12.12.2017 SozR 4–6065 Art. 65 Nr. 1; 23.10.2018 – B 11 AL 9/17 R, NZS 2019, 510 (EuGH-Vorlage).

[3] BSG 5.12.2006 SozR 4–2400 § 4 Nr. 1; weiterführend *Bieresborn* RdA 2008, 165.

[4] Dazu BVerfG 30.12.1999 SozR 3–1200 § 30 Nr. 20 = NZA 2000, 391; EuGH 11.4.2013 NZA-RR 2013, 438 – Jeltes; BSG 7.10.2009 SozR 4–1200 § 30 Nr. 5 (grenznaher Wohnsitz).

das Alg. berücksichtigt, wenn die Beschäftigung im Inland versicherungspflichtig gewesen wäre. Die Berechnung des Alg. richtet sich stets nach dt. Recht.

3a **c) Arbeitsuche außerhalb der Bundesrepublik und Bezug von Arbeitslosengeld.** Ein inländischer Arbeitsloser, der in einem anderen Mitgliedstaat der EU Arbeit suchen will, behält seinen Anspruch auf Alg. für die Dauer von drei Monaten (Leistungsmitnahme). Der Mitnahmezeitraum kann für eine Arbeitsuche bis zu sechs Monaten verlängert werden, wenn der Verlängerungsantrag spätestens am letzten Tag des Mitnahmezeitraums bei der dt. AA eingegangen ist und der Antragsteller sich noch im Ausland befindet. Eine Leistungsmitnahme in andere Staaten außerhalb der EU ist ausgeschlossen. Ein Anspruch auf Leistungsmitnahme setzt voraus: **(1)** das Vorliegen von Beschäftigungslosigkeit (→ Rn. 4 ff.), **(2)** eine Meldung bei einer dt. AA (→ Rn. 23), **(3)** ein Anspruch auf Alg., **(4)** die Arbeitsuche in einem EU-Mitgliedstaat, **(5)** die Erfüllung der Wartezeit (→ Rn. 31 f.) und **(6)** eine EU-Staatsangehörigkeit. Die Leistungsmitnahme muss vor der Ausreise zur Arbeitsuche auf einem Formblatt bei der dt. AA beantragt werden. Der Antragsteller muss dieser während seiner Arbeitslosigkeit vor der Ausreise mindestens 4 Wochen zur Verfügung stehen, damit die AA ihre Vermittlungsbemühungen einleiten kann (Vorrang des nationalen Arbeitsmarkts). Die AA kann auf Antrag eine frühere Ausreise gestatten, wenn eine Vermittlung in Arbeit in absehbarer Zeit nicht möglich ist. Die 4-Wochen-Frist kann ferner verkürzt werden, wenn zwingende Gründe vorliegen, die eine Beschäftigung im Inland unzumutbar machen, aber einer Beschäftigung im Ausland bei der Arbeitsuche nicht entgegenstehen. Die Zahlung von Alg. kann grundsätzlich erst ab dem Tag der Meldung bei der zuständigen Stelle im Land der Arbeitsuche beansprucht werden. Für den Leistungsanspruch (zB für den Nachweis der Eigenbemühungen oder die Beschäftigungsaufnahme) sind die Vorschriften des SGB III maßgeblich. Endet während des Mitnahmezeitraums der Anspruch auf Alg., kommt für den restlichen Mitnahmezeitraum die Zahlung von Alg. II in Betracht. Während des Bezugs von Alg. besteht grundsätzlich eine Mitgliedschaft in der gesetzlichen Krankenversicherung und der Deutschen Rentenversicherung.

4 **3. Arbeitslosigkeit.** Nach § 138 I SGB III ist ein AN arbeitslos, wenn er **(a)** nicht in einem Beschäftigungsverhältnis steht (Beschäftigungslosigkeit), **(b)** sich bemüht, seine Beschäftigungslosigkeit zu beenden (Eigenbemühungen) und **(c)** den Vermittlungsbemühungen der AA zur Verfügung steht (Verfügbarkeit). Die Beschäftigungslosigkeit, die eigene Beschäftigungssuche und die Verfügbarkeit sind kumulative Anspruchsvoraussetzungen für das Alg.

5 **a) Arbeitnehmereigenschaft.** Voraussetzung für die Arbeitslosigkeit ist die Suche nach einer Tätigkeit in einem versicherungspflichtigen **Beschäftigungsverhältnis,** insb. als AN (§ 15 SGB III). Als solche gelten alle abhängig Beschäftigten einschließlich der zu ihrer Berufsausbildung Beschäftigten (§ 14 SGB III). Hierzu zählen auch die Heimarbeiter (§ 13 SGB III, § 12 II SGB IV), nicht aber die Hausgewerbetreibenden und Zwischenmeister (§ 12 I, IV SGB IV). Nicht erforderlich ist, dass es sich um eine zeitlich unbefristete Beschäftigung handelt.[5] Keinen Anspruch auf Alg. haben Personen, die nicht in einem versicherungspflichtigen Beschäftigungsverhältnis tätig werden wollen. Dies sind zB Personen, die ihre Dienste nicht in persönlicher Abhängigkeit leisten oder aus religiösen bzw. karitativen Gründen erbringen wollen. Hingegen steht eine entsprechende Vorbeschäftigung ihrer Eigenschaft als Arbeitsuchende nicht entgegen (§ 15 S. 3 SGB III).

6 **b) Beschäftigungslosigkeit. aa) Begriff.** Beschäftigungslosigkeit liegt vor, wenn der Arbeitslose vorübergehend in keinem Beschäftigungsverhältnis mehr steht oder dieses unterbrochen ist. Im Arbeitsförderungsrecht ist dabei zwischen dem beitragsrechtlichen (→ § 20 Rn. 1) und leistungsrechtlichen Beschäftigungsverhältnis zu unterscheiden. Wann im leistungsrechtlichen Sinne Beschäftigungslosigkeit vorliegt, ergibt sich aus § 138 I Nr. 1 SGB III. Diese Vorschrift knüpft nicht an den rechtlichen Bestand eines Arbeitsverhältnisses an, sondern an die tatsächliche Nichtbeschäftigung des AN durch den AG und den fehlenden Bezug der Arbeitsvergütung. Der AN steht regelmäßig nicht mehr in einem leistungsrechtlichen Beschäftigungsverhältnis, wenn die Beschäftigung faktisch ein Ende gefunden hat, dh mit Wegfall des Direktionsrechts und der Dienstbereitschaft des AN. Dies ist nach einer Gesamtwürdigung der tatsächlichen Verhältnisse im Einzelfall zu beurteilen. Darauf bezogene Erklärungen des Arbeitsvertragsparteien haben als Anzeichen einer faktischen Gebundenheit Bedeutung, können aber auch als „leere Hülse" unbeachtlich sein.[6] Beschäftigungslosigkeit ist deshalb bei einer tatsächlichen Nichtbeschäftigung des Versicherten

[5] BSG 15.6.1976 SozR 4100 § 101 Nr. 2.
[6] BSG 12.9.2019 – B 11 AL 20/18 R; 4.7.2012 SozR 4–4300 § 123 Nr. 6.

unabhängig vom Bestehen oder Nichtbestehen eines Arbeitsverhältnisses iSd Arbeitsrechts gegeben.[7] Beschäftigungslosigkeit liegt auch vor, wenn der AN einvernehmlich und unwiderruflich bis zum Ende des Arbeitsverhältnisses von der Arbeitsleistung freigestellt wird,[8] der AN nach seinem Ausscheiden aus dem Betrieb einen Kündigungsschutzprozess führt (weitere Beispiele → Rn. 17 ff.). Bei einer nur **widerruflichen Freistellung** fehlt es an einer Beschäftigungslosigkeit, wenn ein zukünftiger Einsatz des AN nach den tatsächlichen Verhältnissen nicht ausgeschlossen ist.[9] Die Ausübung einer Erwerbstätigkeit als AN, Selbständiger[10] oder mithelfender Familienangehöriger von weniger als 15 Stunden wöchentlich (gerechnet auf eine 7-Tage-Woche) steht der Beschäftigungslosigkeit nicht entgegen; mehrere Beschäftigungen werden zusammengerechnet (§ 138 III SGB III). Eine gelegentliche Abweichung von geringer Dauer iSd § 138 III SGB III liegt vor, wenn die Überschreitung der Kurzzeitigkeitsgrenze nicht vorhersehbar ist und sich innerhalb des Beschäftigungsverhältnisses voraussichtlich nicht wiederholt.[11]

bb) Besondere Fälle der Beschäftigungslosigkeit. Der AN steht auch nicht mehr in einem Beschäftigungsverhältnis und gilt als beschäftigungslos, wenn **(1)** das Arbeitsverhältnis zB bei einem **Arbeitskampf** ruht (§ 160 SGB III), **(2)** der AN entlassen wird und einen **Kündigungsschutzprozess** führt, auch wenn sich später herausstellt, dass das Arbeitsverhältnis durch die Kündigung nicht beendet worden ist,[12] **(3)** das **Direktionsrecht** des AG vom AN nicht **mehr anerkannt** wird (zB nach einer Eigenkündigung) sowie **(4)** in den Fällen, in denen der AG die **Arbeitskraft** des AN **nicht annimmt,**[13] so etwa bei einem Streit über einen Betriebsübergang bzw. die Wirksamkeit eines Vertragsschlusses, oder der AG auf die Ausübung des Direktionsrechts verzichtet, zB bei lang anhaltender Krankheit und fehlender Beschäftigungsmöglichkeit, wenn das Arbeitsverhältnis aufrechterhalten bleibt (sog. **Aussteuerung**).[14] Eine bestehende Beschäftigungslosigkeit wird nicht durch die Aufnahme einer Tätigkeit zur stufenweisen Wiedereingliederung beendet.[15] Das Beschäftigungsverhältnis endet und Beschäftigungslosigkeit tritt ein, wenn die Arbeitsvertragsparteien eine Freistellung ohne Fortzahlung des Arbeitsentgelts vereinbaren. Beschäftigungslosigkeit liegt auch bei sog. Aussetzzeiten vor. Um solche handelt es sich, wenn der AN vertragsgemäß trotz eines bestehenden Arbeitsverhältnisses tatsächlich nicht beschäftigt wird. § 7 III SGB IV fingiert in diesem Fall das Beschäftigungsverhältnis nur bis zum Ablauf eines Monats fort. Keine Beschäftigungslosigkeit besteht bei Freistellungszeiten, für die der AN eine Vorleistung erbracht hat und das gezahlte Arbeitsentgelt für die Freistellungszeit und den vorangegangenen Zeitraum 400 EUR übersteigt (§ 7 Ia SGB IV); zur **Gleichwohlgewährung** bei Beschäftigungslosigkeit → Rn. 97. Eine Tätigkeit zur stufenweisen Wiedereingliederung schließt das Vorliegen von Beschäftigungslosigkeit nicht aus.[16] 7

c) Beschäftigungssuche. aa) Bedeutung. Das Merkmal der Arbeitslosigkeit ist u.a. nur erfüllt, wenn der AN sich selbst bemüht, seine Arbeitslosigkeit zu beenden. Durch diese Regelung wird der Arbeitslose stärker als nach dem AFG zur Eigeninitiative bei der Arbeitsplatzsuche angehalten. Nicht ausreichend ist, wenn er lediglich für Vermittlungsbemühungen der AA zur Verfügung steht. Die Pflicht zur Beschäftigungssuche stellt für den Arbeitslosen eine Rechtspflicht dar, deren Nichterfüllung zum Eintritt einer Sperrzeit führen kann (§ 159 I Nr. 3 SGB III). Die Nichtbefolgung einer rechtzeitigen und ausreichend konkretisierten Aufforderung des Arbeitslosen, Eigenbemühungen zumutbar nachzuweisen, führt zu einer Umkehr der materiellen Beweislast.[17] 8

bb) Inhalt. Die Pflicht zur Beschäftigungssuche beginnt nach § 2 V Nr. 3 SGB III bereits während eines laufenden, aber in absehbarer Zeit endenden Beschäftigungsverhältnisses. Der Umfang der Eigenbemühungen wird durch § 138 IV SGB III näher umschrieben. Danach ist der Arbeitslose verpflichtet, **(1)** die Verpflichtungen aus der Eingliederungsvereinbarung (§ 6 9

---

[7] BSG 3.6.2004 SozR 4–4300 § 123 Nr. 2 = NZA-RR 2005, 52.
[8] BSG 11.12.2014 SozR 4–4300 § 124 Nr. 6 = NZS 2015, 314; zum Beitragsrecht → § 20 Rn. 9.
[9] BSG 12.9.2019 – B 11 AL 20/18 R (einzelfallbezogene Würdigung).
[10] Zum Begriff BSG 3.6.2009 – B 12 AL 1/08 R; 16.9.1999 SozR 3–4100 § 101 Nr. 10.
[11] Keine Kurzzeitbeschäftigung liegt bei einem von vornherein auf kurzfristige Überschreitung angelegten Arbeitsverhältnis vor: BSG 29.10.2008 SozR 4–4300 § 118 Nr. 2 = NZA-RR 2009, 446; 29.10.2008 SozR 4–4300 § 118 Nr. 3.
[12] BSG 25.9.1981 SozR 2200 § 405 Nr. 10.
[13] BSG 24.7.1986 SozR 4100 § 117 Nr. 16.
[14] BSG 28.9.1993 SozR 3–4100 § 101 Nr. 5.
[15] BSG 21.3.2007 SozR 4–4300 § 118 Nr. 1.
[16] BSG 17.12.2013 SozR 4–4300 § 118 Nr. 6.
[17] BSG 31.1.2006 SozR 4–1200 § 66 Nr. 3; 20.10.2005 SozR 4–4300 § 119 Nr. 3.

SGB III; → § 21 Rn. 8) einzuhalten, **(2)** bei der Vermittlung durch Dritte mitzuwirken und **(3)** die Selbstinformationseinrichtungen der AA zu nutzen. Ist eine Eingliederungsvereinbarung nicht geschlossen worden, bestimmt der Vermittler den Umfang der Eigenbemühungen des Arbeitslosen (BT-Drs. 15/1515, 83). Auf welche Arbeitsplätze sich die Eigenbemühungen des Arbeitslosen beziehen müssen, ist dem Gesetz nicht zu entnehmen. Jedoch wird der Arbeitslose seine Beschäftigungssuche auf zumutbare Beschäftigungsmöglichkeiten (§ 140 SGB III) beschränken können.

10 **cc) Verfügbarkeit. (1) Begriff.** Der Arbeitslose gilt nur als beschäftigungsuchend, wenn er neben seinen Eigenbemühungen um die Beendigung der Beschäftigungslosigkeit den Vermittlungsbemühungen der AA zur Verfügung steht (§ 138 I Nr. 3 SGB III). Bei der Verfügbarkeit handelt es sich um eine eigenständige Anspruchsvoraussetzung für den Anspruch auf Alg.; die Einzelheiten ergeben sich aus § 138 V SGB III. Die Verfügbarkeit setzt die Arbeitsfähigkeit (**objektive Verfügbarkeit;** § 138 V Nr. 1, 2 SGB III) und Arbeitsbereitschaft iwS (**subjektive Verfügbarkeit;** § 138 V Nr. 3, 4 SGB III) des Arbeitslosen voraus. Fehlt es an der objektiven oder subjektiven Verfügbarkeit des Arbeitslosen oder entfällt diese, liegt Arbeitslosigkeit iSd § 138 I SGB III nicht (mehr) vor.[18] § 138 V Nr. 3 SGB III stellt dabei klar, dass der Arbeitslose den Vermittlungsbemühungen der AA nur dann zur Verfügung steht, wenn er bereit ist, jegliche Arbeit anzunehmen, die er ausüben kann und darf. Einschränkungen der Arbeitsfähigkeit und -bereitschaft sind nur zulässig, soweit sich dies aus den §§ 139, 121 SGB III ergibt. Objektiv verfügbar ist daneben der Arbeitslose, der eine versicherungspflichtige Beschäftigung unter den üblichen Bedingungen des für ihn in Betracht kommenden Arbeitsmarktes aufnehmen und ausüben kann und für die Arbeitsverwaltung erreichbar ist (→ Rn. 11). Die subjektive Verfügbarkeit setzt die Bereitschaft des Arbeitslosen voraus, alle zumutbaren Beschäftigungen anzunehmen, die er ausüben kann und darf bzw. an (erforderlichen) Maßnahmen der beruflichen Eingliederung in das Erwerbsleben teilnehmen. Die subjektive Verfügbarkeit dokumentiert der Arbeitslose regelmäßig mit seiner Arbeitslosmeldung. Meldeversäumnisse können Zweifel an der Verfügbarkeit eines Arbeitslosen begründen, die von diesem auszuräumen sind.[19] Die Verfügbarkeit kann nicht nachträglich im Wege des sozialrechtlichen Herstellungsanspruchs fingiert werden.[20] Ein Anspruch auf Alg. bei beruflicher Weiterbildung setzt keine Verfügbarkeit voraus;[21] zu weiteren Sonderregelungen → Rn. 12.

11 **(2) Erreichbarkeit.** Nach § 138 V Nr. 2 SGB III setzt die objektive Verfügbarkeit u. a. voraus, dass der Arbeitslose Vorschlägen zur beruflichen Eingliederung zeit- und ortsnah Folge leisten kann. Dies ist der Fall, wenn der Arbeitslose aktuell und durch nichts gehindert ist, ohne Verzug eine zumutbare Beschäftigung aufzunehmen. Die Einzelheiten zu den Anforderungen für die Erreichbarkeit sind in der **Erreichbarkeits-Anordnung** der BA vom 23.10.1997 (EAO – ANBA 1997, S. 1685, zul. geänd. 26.9.2008 ANBA Nr. 12, S. 5) geregelt. Danach muss der Arbeitslose in der Lage sein, unverzüglich **(a)** Vorschläge der Arbeitsverwaltung persönlich zur Kenntnis zu nehmen, **(b)** die AA aufzusuchen, **(c)** mit einem möglichen AG oder Träger einer beruflichen Eingliederungsmaßnahme in Verbindung zu treten und bei Bedarf persönlich mit diesem zusammenzutreffen und **(d)** eine vorgeschlagene Arbeit anzunehmen oder an einer beruflichen Eingliederungsmaßnahme teilzunehmen (§ 1 I 1 EAO). § 1 I 2 EAO verlangt weiterhin, dass die AA den Arbeitslosen persönlich an jedem Werktag an seinem Wohnsitz oder gewöhnlichen Aufenthalt unter der von ihm benannten Anschrift (Wohnung) durch Briefpost erreichen kann. Der Anspruch auf Alg. entfällt daher, wenn sich der Arbeitsuchende nicht in der bei der Arbeitsverwaltung angegebenen Wohnung aufhält und nicht täglich mindestens zur Zeit des Eingangs der Briefpost erreichbar ist[22] oder wenn ein Kontakt zum Arbeitslosen lediglich über eine Mittelsperson möglich ist.[23] Ein Umzug ist der zuständigen AA zu melden, da der Arbeitslose ansonsten mit dem Zeitpunkt seines Umzugs nicht mehr für die AA erreichbar ist und ihm damit die Verfügbarkeit fehlt; ein Nachsendeantrag ist nicht ausreichend.[24] Eine

[18] BSG 14.5.2014 SozR 4–4300 § 309 Nr. 2.
[19] BSG 14.5.2014 SozR 4–4300 § 309 Nr. 2.
[20] BSG 7.5.2009 – B 11 AL 72/08 B.
[21] BSG 10.12.2019 SozR 4–4300 § 144 Nr. 28 (keine Erreichbarkeit erforderlich); zur Teilverfügbarkeit BSG 27.6.2019 SozR 4–4300 § 144 Nr. 27; weiterführend *Bienert* NZS 2020, 692.
[22] BSG 2.3.2000 SozR 3–4100 § 103 Nr. 22 = AP Nr. 1 zu § 119 SGB III; 14.9.1995 NZA-RR 1996, 110.
[23] BSG 9.2.2006 – B 7 a AL 58/05 R.
[24] BSG 9.8.2001 SozR 3–4300 § 119 Nr. 4; 29.11.1989 SozR 4100 § 103 Nr. 47; anders beim Bezug von Alg. nach § 428 SGB III: BSG 30.6.2005 SozR 4–4300 § 428 Nr. 2.

Abwesenheitszeit von bis zu 3 Wochen außerhalb des Nahbereiches der AA ist dem Arbeitslosen nach Rücksprache mit der Arbeitsverwaltung gestattet (§ 3 I EAO); eine Verpflichtung, diesen Zeitraum an die Länge des Mindesturlaubs anzupassen, besteht nicht.[25] Die Feststellungslast für die fehlende Erreichbarkeit trägt die Arbeitsverwaltung.[26]

(3) Einzelfälle zur Verfügbarkeit. (a) Ältere Arbeitslose. Sie haben ab Vollendung des 58. Lebensjahres Anspruch auf Alg. auch dann, wenn sie nicht arbeitsbereit sind und nicht alle Möglichkeiten nutzen wollen, um Beschäftigungslosigkeit zu vermeiden oder zu beenden (§ 428 SGB III). Die sog. „58er-Regelung“ ist im Hinblick auf die fehlenden Beschäftigungsmöglichkeiten älterer Menschen auf dem Arbeitsmarkt verlängert worden (BT-Drs. 16/109, 5, 8). Die Vorschrift gilt vom 1.1.2008 an mit der Maßgabe, dass der Anspruch vor dem 1.1.2008 entstanden ist und das 58. Lebensjahr ebenfalls vor diesem Tag vollendet worden ist. Arbeitslose iSd § 428 SGB III müssen nicht notwendig unverzüglich und unmittelbar postalisch erreichbar sein.[27] 12

(b) Aufsichtsbedürftige Kinder, Pflegezeiten. Nach früherem Recht führten Einschränkungen bei der Verfügbarkeit hinsichtlich der Dauer, Lage und Verteilung der Arbeitszeit aufgrund der Betreuung und Erziehung von aufsichtsbedürftigen Kindern sowie die Pflege von Angehörigen nicht zum Verlust des Anspruchs auf Alg. Nunmehr gilt auch für diesen Personenkreis § 139 IV SGB III, wonach bei einer Beschränkung der Verfügbarkeit auf Teilzeittätigkeiten maßgeblich ist, ob sich die Arbeitsbereitschaft auf Teilzeittätigkeiten erstreckt, die versicherungspflichtig sind, mindestens 15 Stunden wöchentlich umfassen und den üblichen Bedingungen des für ihn in Betracht kommenden Arbeitsmarkts entsprechen. Ist dies der Fall, bleibt der Anspruch auf Alg. bestehen (BT-Drs. 15/1515, 83). Allerdings führt die Bereitschaft nur zur Ausübung einer Teilzeitbeschäftigung nach § 151 V SGB III zu einem geringeren Bemessungsentgelt bzw. Alg. Wird während des laufenden Bezugs von Alg. eine Beaufsichtigung, Betreuung oder Pflege eines erkrankten Kinds (bis zum vollendeten 12. Lebensjahr) durch den Arbeitslosen erforderlich, erfolgt bei entsprechendem ärztlichem Zeugnis eine Leistungsfortzahlung von 10, bei allein erziehenden Arbeitslosen bis zu 20 Tagen pro Kind und Kalenderjahr (§ 146 II SGB III). 13

(c) Ausländische Arbeitnehmer. Benötigen sie einen besonderen Aufenthaltstitel (→ § 27 Rn. 1 ff.) für die Beschäftigung, sind sie grundsätzlich für die Arbeitsvermittlung verfügbar, sofern sie über die erforderliche Genehmigung verfügen oder zu erwarten ist, dass diese erteilt wird.[28] Durch die Teilnahme an einem Kurs der berufsbezogenen Deutschsprachförderung wird ihre Verfügbarkeit nicht ausgeschlossen (§ 139 I 2 SGB III). 14

(d) Ehrenamt. Eine ehrenamtliche Tätigkeit schließt das Merkmal der Arbeitslosigkeit nicht aus, wenn durch sie die berufliche Eingliederung des Arbeitslosen nicht beeinträchtigt wird (§ 138 II SGB III). Dazu ist die VO über die ehrenamtliche Betätigung von Arbeitslosen vom 24.5.2002 (BGBl. I 1783) zul. geänd. durch G vom 21.3.2013 (BGBl. I 556), ergangen. Danach liegt eine ehrenamtliche Tätigkeit vor, wenn diese unentgeltlich ausgeübt wird, dem Gemeinwohl dient und bei einer Organisation erfolgt, die ohne Gewinnerzielungsabsicht Aufgaben ausführt, welche im öffentlichen Interesse liegen oder gemeinnützige, mildtätige oder kirchliche Zwecke fördern. Der Ersatz von Auslagen, die dem ehrenamtlich Tätigen durch Ausübung der ehrenamtlichen Tätigkeit entstehen, berührt die Unentgeltlichkeit nicht. Dies gilt auch, wenn der Auslagenersatz in pauschalierter Form erfolgt und die Pauschale 200 EUR im Monat nicht übersteigt. 15

(e) Krankheit, Beschäftigungsverbot. {tbIst der Arbeitslose bei der Arbeitslosmeldung erkrankt, kann es an der Verfügbarkeit fehlen. Die Krankheit beseitigt die Verfügbarkeit nicht, wenn der Arbeitslose trotz der Arbeitsunfähigkeit bereit und in der Lage ist, seinem verbleibenden Leistungsvermögen entsprechende Beschäftigungen aufzunehmen. Ein Arbeitsloser ist arbeitsunfähig, wenn er krankheitsbedingt Arbeiten nicht mehr in dem zeitlichen Umfang verrichten kann, für den er sich der Arbeitsverwaltung zuvor zur Arbeitsvermittlung zur Verfügung gestellt hat.[29] Ist die Verfügbarkeit aufgrund einer unverschuldeten Krankheit vollständig entfallen, bleibt dem Arbeitslosen während des laufenden Bezugs von Alg. der Anspruch bis zu einem Zeitraum von 6 Wochen erhalten (§ 146 I SGB III). Erforderlich ist aber, dass ein Anspruch auf Alg. bestanden hat, 16

[25] BSG 10.8.2000 SozR 3–4100 § 103 Nr. 23.
[26] BSG 8.9.2010 – B 11 AL 4/09 R.
[27] BSG 30.6.2006 SozR 4–4300 § 428 Nr. 2 = NZA-RR 2006, 160; BVerfG 5.7.2016 – 1 BvR 979/12.
[28] BSG 27.8.2008 SozR 4–4300 § 119 Nr. 7= NZA-RR 2009, 277; 19.6.1979 SozR 4100 § 103 Nr. 22.
[29] BSG 7.12.2004 SozR 4–2500 § 44 Nr. 3.

dh auch keine Ruhenszeiten eingetreten sind.[30] Etwas anderes gilt, wenn die Krankheit bereits zu Beginn der Arbeitslosigkeit besteht. Der Leistungsanspruch entsteht dann erst mit Wiederherstellung der Arbeitsfähigkeit und der Arbeitslosmeldung bei der AA. Bei dauerhaft verminderter Leistungsfähigkeit gilt § 145 SGB III (sog. Nahtlosigkeitsregelung). Durch diese Vorschrift wird ein aus gesundheitlichen Gründen objektiv nicht bestehendes Leistungsvermögen des Arbeitslosen bis zur Feststellung der Erwerbsminderung fingiert.[31] Die **Anzeige- und Nachweispflicht** von Leistungsempfängern bei Arbeitsunfähigkeit ist in § 311 SGB III enthalten, sie entspricht dem für AN geltenden Recht. Die Verfügbarkeit einer schwangeren Arbeitslosen entfällt nicht allein dadurch, dass ihr ein ärztliches Beschäftigungsverbot nach § 3 I MuSchG erteilt wird.[32]

17 **(f) Kündigungsschutzprozess.** Führt der Arbeitslose nach seiner Entlassung einen Kündigungsschutzprozess, kann er seine Verfügbarkeit auf Tätigkeiten beschränken, die von ihm jederzeit kurzfristig wieder beendet werden können. Zur Aufnahme von länger andauernden Fortbildungs- und Umschulungsmaßnahmen ist er nicht verpflichtet.[33]

18 **(g) Schüler und Studierende.** Bei ihnen gilt nach § 139 II SGB III die Vermutung, dass sie nur versicherungsfreie Beschäftigungen ausüben können. Die Vermutung ist widerlegt, wenn sie darlegen und nachweisen, dass ihr Ausbildungsgang die Ausübung einer versicherungspflichtigen, mindestens 15 Stunden wöchentlich umfassenden Beschäftigung bei ordnungsgemäßer Erfüllung der in den Ausbildungs- und Prüfungsbestimmungen vorgeschriebenen Anforderungen zulässt.[34]

19 **dd) Zumutbare Beschäftigungen. (1) Grundsatz.** Der Kreis der zumutbaren Beschäftigungen ist in § 140 SGB III geregelt. Grundsätzlich ist dem Arbeitslosen jede seiner Arbeitsfähigkeit entsprechende Beschäftigung zumutbar, soweit nicht allgemeine oder personenbezogene Gründe entgegenstehen (§ 140 I SGB III). Danach kann eine Sperrzeit auch eintreten, wenn der Arbeitslose ein angebotenes Leiharbeitsverhältnis nicht angenommen oder nicht angetreten hat.[35] Allgemeine Gründe liegen vor, wenn die Beschäftigung selbst und nicht die sich daraus ergebene Gegenleistung gegen gesetzliche, tarifliche oder in Betriebsvereinbarungen festgelegte Bestimmungen über Arbeitsbedingungen oder Arbeitsschutz verstößt (§ 140 II SGB III). Persönliche Gründe sind in § 140 III, IV SGB III geregelt. Darüber hinausgehende Beschränkungen bei der Zumutbarkeit aufgrund einer Berufsausbildung oder Vortätigkeit sind nicht möglich.

20 **(2) Entgeltschutz und Pendelzeiten.** In § 140 III SGB III ist der Entgeltschutz geregelt. Der Arbeitslose muss in den ersten drei Monaten seiner Arbeitslosigkeit nur eine Beschäftigung annehmen, bei der er zumindest 80% von dem Entgelt erzielt, dass er in der Beschäftigung erzielt hat, nach der sich sein Alg. berechnet. In dem 3. bis 6. Monat reduziert sich der Satz auf 70%, ab dem 7. Monat kommt eine Unzumutbarkeit wegen des zu erzielenden Arbeitsentgelts nur dann in Betracht, wenn das Nettoeinkommen abzüglich der berufsbedingten Aufwendungen niedriger ist als das Alg. Allerdings darf das zu erzielende Entgelt nicht sittenwidrig sein.[36] Fahrzeiten zur Arbeit können überhaupt nur zur Unzumutbarkeit führen, wenn sie bei einer Vollzeitbeschäftigung insgesamt 2½ Stunden täglich übersteigen. Längere Fahrzeiten sind nur dann zumutbar, wenn diese in der Region ortsüblich sind (§ 140 IV 1–3 SGB III).

21 **(3) Umzug.** Der Arbeitslose ist uU auch zur Aufnahme einer Beschäftigung außerhalb des zumutbaren Pendelbereichs verpflichtet. Dies gilt jedenfalls dann, wenn nicht zu erwarten ist, dass er innerhalb der ersten drei Monate der Arbeitslosigkeit eine Beschäftigung innerhalb des für ihn zumutbaren Pendelbereichs aufnehmen wird. Nach Ablauf des 3. Monats ist ein Umzug unabhängig von den Erwartungen einer Beschäftigungsaufnahme im Pendelbereich zumutbar (§ 140 IV 4, 5 SGB III). Die Kosten eines Umzugs können als Leistungen nach § 44 I SGB III übernommen werden. Ein Umzug und damit eine Beschäftigung außerhalb des zumutbaren Pendelbereichs kann nicht verlangt werden, wenn dem Umzug ein **wichtiger Grund** entgegensteht, der sich insbesondere aus familiären Bindungen ergeben kann[37] (§ 140 IV 6, 7 SGB III). Unter familiäre Bindungen fallen auch solche nach dem Lebenspartnerschaftsgesetz, ebenso die

---

[30] BSG 24.7.1986 SozR 4100 § 105b Nr. 6.
[31] BSG 12.12.2017 – B 11 AL 27/16 R (keine Fiktion der Verfügbarkeit).
[32] BSG 2.5.2012 SozR 4–4300 § 144 Nr. 23 (zur Bedeutung einer Erklärung nach § 3 II MuSchG aF); 30.11.2011 SozR 4–4300 § 119 Nr. 11.
[33] SG Frankfurt 6.12.1989 info also 1990, 73.
[34] Rundschreiben vom 6.10.1999 NZA 2000, 994; Besprechung vom 10./11.4.2002 NZA 2002, 1026.
[35] BSG 8.11.2001 SozR 3–4300 § 144 Nr. 7 = AP Nr. 1 zu § 144 SGB III = NZA 2002, 437.
[36] BSG 2.5.2012 SozR 4–4300 § 144 Nr. 24.
[37] *Urmersbach* NZS 2004, 414.

sog. ernsthaften eheähnlichen Lebensgemeinschaften.[38] Nach § 140 V SGB III ist eine Beschäftigung schließlich nicht nur deswegen unzumutbar, weil sie befristet ist oder vorübergehend eine getrennte Haushaltsführung erfordert.

4. Arbeitslosmeldung und die Meldung als arbeitsuchend. a) Unterschiede. Die Arbeitslosmeldung (§ 141 SGB III) ist als Anspruchsvoraussetzung für das Alg. in § 137 I Nr. 2 SGB III ausdrücklich genannt. Hiervon ist die vorherige Meldung als arbeitsuchend zu unterscheiden; für diese gelten die § 38 I, § 144 I Nr. 9, VI SGB III. Während mit der Arbeitslosmeldung die Tatsache der Arbeitslosigkeit angezeigt wird, ist die Arbeitsuchendmeldung als versicherungsrechtliche Obliegenheit ausgestaltet, die den Eintritt von Arbeitslosigkeit verhindern soll.[39] 22

b) Persönliche Arbeitslosmeldung. Nach § 141 I 1 SGB III hat sich der Arbeitslose oder – im Fall des § 145 I 3 SGB III – dessen Vertreter[40] elektronisch im Fachportal der BA (ab 1.1.2022) oder persönlich bei der zuständigen AA arbeitslos zu melden. Nach Satz 3 ist eine Meldung auch zulässig, wenn die Arbeitslosigkeit noch nicht eingetreten, der Eintritt der Arbeitslosigkeit aber innerhalb der nächsten drei Monate zu erwarten ist. Die Arbeitslosmeldung soll die BA davon in Kenntnis zu setzen, dass Arbeitslosigkeit droht bzw. eintreten wird, damit diese mit Aktivitäten dazu beitragen kann, den Leistungsfall zu verhindern oder ihn möglichst rasch zu beenden. Eine Arbeitslosmeldung, die früher als drei Monate vor Eintritt der Arbeitslosigkeit zeitnah erfolgt, ist jedenfalls wirksam, wenn sie von der BA akzeptiert wird.[41] Eine Stellvertretung bei der Arbeitslosmeldung durch Familienangehörige oder andere Bevollmächtigte ist nicht zulässig (Ausnahme: § 145 I 3 SGB III). Die Meldung kann auch noch erfolgen, wenn die Arbeitslosigkeit zwischenzeitlich bereits eingetreten ist. Nach § 141 III SGB III erlischt die Meldung bei einer mehr als sechswöchigen Unterbrechung der Arbeitslosigkeit oder mit der Aufnahme einer Beschäftigung, selbständigen Tätigkeit oder Tätigkeit als mithelfender Familienangehöriger, wenn der Arbeitslose diese der AA nicht unverzüglich mitgeteilt hat.[42] Die Anzeigepflicht gilt für alle Beschäftigungsverhältnisse, auf den zeitlichen Umfang der Beschäftigung kommt es nicht an.[43] Erlischt die Wirkung der Arbeitslosmeldung bei mehr als sechswöchiger Unterbrechung der Arbeitslosigkeit, entfällt wegen Nichterfüllung dieser Anspruchsvoraussetzung (Arbeitslosmeldung) auch der Anspruch auf Alg.[44] Teilt der Arbeitslose die Beschäftigungsaufnahme der Arbeitsverwaltung nicht unverzüglich mit, führt dies daher zum Verlust seines Leistungsanspruchs und ggf. zu einer Rückforderung der überzahlten Beträge. Auch unentgeltliche Beschäftigungen können erfasst werden, wenn der Gegenstand der Beschäftigung gerade die Leistung fremdnütziger Arbeit von wirtschaftlichem Wert ist.[45] Nach dem Erlöschen der Arbeitslosmeldung führt erst wieder die erneute persönliche Arbeitslosmeldung zu einer Arbeitslosengeldzahlung. Der Arbeitslosmeldung kommt nur in beschränktem Umfang Rückwirkung zu[46] (§ 141 II SGB III). Dessen Abs. 4 normiert die Verpflichtung zu einem Beratungs- und Vermittlungsgespräch mit dem Arbeitslosen. 23

c) Meldung als arbeitsuchend. aa) Normzweck. Nach § 38 I SGB III sind Personen, die in einem Arbeits- oder Ausbildungsverhältnis stehen, zur frühzeitigen Meldung bei der Arbeitsverwaltung als Arbeitsuchender verpflichtet. Sie haben sich spätestens drei Monate vor der Beendigung des Vertragsverhältnisses arbeitsuchend zu melden. Liegen zwischen der Beendigung des Arbeits- oder Ausbildungsverhältnisses weniger als drei Monate, hat die Meldung innerhalb von drei Tagen nach Kenntnis des Beendigungszeitpunkts zu erfolgen. Eine Anzeige unter Angabe der persönlichen Daten des Beendigungszeitpunkts reicht zur Fristwahrung aus, wenn die Meldung nach Terminabsprache nachgeholt wird.[47] Die Pflicht zur Meldung gilt nicht bei betrieblichen Ausbildungsverhältnissen. Die Vorschrift soll es der Arbeitsverwaltung ermöglichen, die Zeit bis zum Ablauf des Arbeitsverhältnisses für Vermittlungs- und Qualifikationsbemühungen zu nutzen; zur Hinweispflicht der AG → § 19 Rn. 16. Arbeitsuchende unterliegen der Meldepflicht nach § 309 SGB III. 24

[38] BSG 17.10.2002 SozR 3–4100 § 119 Nr. 26; 29.4.1998 SozR 3–4100 § 119 Nr. 15.
[39] Zu § 37b SGB III aF: BSG 3.12.2009 SozR 4–4170 § 3 Nr. 2 = NZA-RR 2010, 547.
[40] BSG 23.10.2014 SozR 4–4300 § 125 Nr. 5 = NZA-RR 2015, 217.
[41] BSG 18.5.2010 SozR 4–4300 § 122 Nr. 8.
[42] BSG 7.10.2004 SozR 4–4300 § 122 Nr. 2 (unschädliche Unterbrechung).
[43] BSG 29.10.2008 SozR 4–4300 § 118 Nr. 2 = NZA-RR 2009, 446.
[44] BSG 11.3.2014 SozR 4–4300 § 126 Nr. 3.
[45] BSG 13.7.2006 SozR 4–4300 § 122 Nr. 5 = NZA-RR 2007, 382.
[46] BSG 17.3.2015 SozR 4-4300 § 131 Nr. 6.
[47] Gegenwärtig kann eine fernmündliche Meldung unter 0800/4555500 oder eine Online-Anzeige über die JOBBÖRSE (http://www.arbeitsagentur.de) erfolgen.

25 **bb) Beendigungstatbestand.** Für die Meldepflicht kommt es auf das rechtliche Ende des Arbeitsverhältnisses und nicht des Beschäftigungsverhältnisses an. Die Pflicht zur Meldung besteht auch, wenn der AN beabsichtigt, gegen die Beendigung seines Arbeitsverhältnisses gerichtlich vorzugehen bzw. bereits Kündigungsschutzklage erhoben hat. Bei einer Änderungskündigung entfällt die Meldepflicht nur, wenn der AN das Änderungsangebot vor Ablauf der 3-Monats-Frist des § 38 I SGB III bzw. binnen 3 Tagen (Satz 2) vorbehaltlos und fristgerecht annimmt.

26 **cc) Fristbeginn.** Die Berechnung der 3-Monats-Frist des § 38 I 1 SGB III richtet sich nach § 26 SGB X iVm § 187 II 1, § 188 II BGB. Ist eine persönliche Arbeitsuchendmeldung oder eine Anzeige wegen objektiver Gründe nicht rechtzeitig möglich, muss diese spätestens am ersten Tag nach Wegfall des Hinderungsgrunds erfolgen. Liegen zwischen Kenntnis des Beendigungszeitpunkts und der Beendigung des Arbeitsverhältnisses weniger als drei Monate, hat die Meldung innerhalb von drei Tagen nach der Kenntnis des Beendigungszeitpunkts zu erfolgen. Kenntnis erlangt der AN nach Zugang der Arbeitgeberkündigung bzw. nach Ausspruch einer Eigenkündigung, bei einem Aufhebungsvertrag mit dessen beiderseitiger Unterzeichnung. Die 3-Tages-Frist für die Meldung beginnt am Tag nach der Kenntnis des Beendigungszeitpunkts. Tage mit fehlender Dienstbereitschaft der AA sowie Tage, an denen der AN aus objektiven Gründen (zB Krankheit, Auslandsaufenthalt, fehlende Freistellung durch den AG) an der Meldung gehindert war, werden nicht in die Frist hinein gerechnet.

27 **dd) Fristende.** Die 3-Monats-Frist des § 38 I 1 SGB III ist nach dem Kalender zu berechnen. Auch die 3-Tages-Frist läuft kalendermäßig ab, ohne dass es auf ein Verschulden des AN oder die Dienstbereitschaft der AA ankommt. Diese Umstände sind erst im Rahmen des Sperrzeittatbestands des § 159 I 2 Nr. 9 SGB III von Bedeutung.[48] Der AN hat daher nur drei Kalendertage für seine Meldung bei der Arbeitsverwaltung Zeit. Fällt das Fristende auf einen Tag, an dem die Arbeitsverwaltung nicht dienstbereit ist, muss die Meldung spätestens am nächstmöglichen Tag erfolgen, an dem die AA für eine Meldung zur Verfügung steht (§ 26 III SGB I).

Beispiel: Erlangt der Arbeitslose an einem Donnerstag Kenntnis von der Beendigung seines Beschäftigungsverhältnisses, muss er sich am Montag bei der AA melden. Erlangt er am Gründonnerstag Kenntnis, ist nur die Meldung am Dienstag nach Ostern rechtzeitig.

28 **ee) Sanktion. (1) Sperrzeit.** Ist der AN seiner Meldepflicht nach § 38 I SGB III nicht oder nicht rechtzeitig nachgekommen, stellt dies ein versicherungswidriges Verhalten dar, dass zu einer Sperrzeit von einer Woche führt (§ 159 I Nr. 9, VI SGB III). Der Zeitpunkt für das Ruhen beginnt mit der Beschäftigungslosigkeit des Arbeitslosen;[49] für die Dauer einer Woche mindert sich auch die Anspruchsdauer auf Alg. (§ 148 I Nr. 3 SGB III). Allerdings tritt eine Sperrzeit nicht ein, wenn der AN aufgrund einer Arbeitsunfähigkeit an der Meldung gehindert war, was bei der Möglichkeit zur fernmündlichen Meldung aber kaum denkbar sein wird.

29 **(2) Kenntnis von der Meldepflicht.** Nach der zu § 37b SGB III aF ergangenen Rspr. des BSG trat eine Sanktion bei einem Verstoß gegen die Meldepflicht nicht ein, wenn der AN keine Kenntnis von seiner Pflicht zur frühzeitigen Meldung als Arbeitsuchender hatte.[50] Diese Rspr. hat das Gericht nach der Neuregelung aufgegeben.[51] Nach § 37b SGB III aF war die Meldepflicht als versicherungsrechtliche Obliegenheit ausgestaltet, während ein Verstoß gegen die Meldpflicht nach der Neuregelung ein versicherungswidriges Verhalten darstellt (§ 159 I Nr. 9 SGB III). Dieses bleibt nur sanktionslos, wenn der Arbeitslose einen wichtigen Grund für sein Verhalten hat.

30 **ff) Wichtiger Grund.** Nach Auffassung der Arbeitsverwaltung soll bei einer verspäteten Meldung als arbeitsuchend ein wichtiger Grund, der nicht zum Eintritt einer Sperrzeit führt, vorliegen, wenn sich der AN nicht (fristgerecht) arbeitsuchend gemeldet hat, weil er im Anschluss an das Arbeitsverhältnis entweder Wehr- oder Zivildienst leistet, eine selbständige Tätigkeit aufnimmt, eine Aus- oder Weiterbildung beginnt oder wegen Pflege-, Erziehungs- und Betreuungszeiten oder innerhalb der Schutzfristen nach dem MuSchG der Vermittlung nicht zur Verfügung steht (GA 159.1.2.7).

[48] LSG BW 21.8.2008 info also 2009, 24.
[49] BSG 13.3.2018 SozR 4–4300 § 159 Nr. 5 = NZS 2018, 658.
[50] BSG 18.8.2005 SozR 4–4300 § 140 Nr. 2; 25.5.2005 SozR 4–4300 § 140 Nr. 1.
[51] BSG 13.3.2018 SozR 4–4300 § 159 Nr. 5 = NZS 2018, 658.

5. Anwartschaft. a) Anwartschaftszeiten. Der Arbeitslose muss vor der Arbeitslosigkeit innerhalb von 30 Monaten (sog. Rahmenfrist, § 143 SGB III; Übergangsregelung § 447 SGB III) mindestens 12 Monate in einem Versicherungspflichtverhältnis (§§ 24–28 SGB III; → § 20 Rn. 10) gestanden haben (§ 142 I 1 SGB III). Erkennt der AG seine Weisungsbefugnis nicht (mehr) an, kann – wenn während des Beschäftigungsverhältnisses Alg. bezogen wird – keine Anwartschaft entstehen.[52] Anwartschaftsbegründend können Zeiten der freiwilligen Weiterversicherung (→ § 20 Rn. 16) und unter den in § 26 II SGB III genannten Voraussetzungen auch Zeiten des Bezugs von Mutterschaftsgeld und ähnlichen Leistungen, Krankentagegeld sowie einer Rente wegen voller Erwerbsminderung[53] sein. Die Berücksichtigung von Kindererziehungszeiten richtet sich nach § 26 IIa SGB III bzw. der VO (EG) 883/2004 (→ Rn. 3).[54] Die anwartschaftsbegründenden Zeiten müssen nicht zusammenhängend zurückgelegt werden, Unterbrechungen zwischen den Versicherungspflichtverhältnissen sind daher unschädlich. Jedoch werden Zeiten vor einer 2. Sperrfrist nicht berücksichtigt (§ 142 I 2 SGB III). Maßgeblich für die Erfüllung der Anwartschaft ist die objektiv bestehende Beitragspflicht, ob tatsächlich Beiträge entrichtet worden sind, ist unerheblich. § 142 II SGB III enthält eine bis zum 31.12.2022 befristete Ausnahmeregelung, wonach die Anwartschaft in den dort angeführten Sonderfällen (Befristung, Arbeitsentgeltbezug unterhalb des 1,5fachen der Bezugsgröße des § 18 I SGB IV[55]) auch bei einer nur sechsmonatigen Zeit in einem versicherungspflichtigen Beschäftigungsverhältnis erfüllt ist. In diesen Fällen richtet sich die Anspruchsdauer nach § 147 III SGB III. Zur Bindung der Arbeitsverwaltung an Entscheidungen der Einzugsstelle → § 20 Rn. 17. 31

b) Rahmenfrist. Nur innerhalb der Rahmenfrist liegende Anwartschaftszeiten sind für die Begründung des Anspruchs auf Alg. maßgeblich. Die Rahmenfrist beträgt nach § 143 I SGB III 30 Monate. Sie ist eine in die Vergangenheit gerichtete Frist und beginnt 30 Monate vor dem Zeitpunkt, in dem die Voraussetzungen für die Arbeitslosigkeit und die Arbeitslosmeldung erstmalig gemeinsam vorgelegen haben. Hat sich ein Arbeitsloser zB am 12. Mai 2021 arbeitslos gemeldet, dessen Beschäftigungsverhältnis am 30. Juni 2021 endete, beginnt die (Grund-)Rahmenfrist am 30. Juni 2021 und endet am 1. Januar 2019. Die Fristberechnung richtet sich nach den §§ 188 ff. BGB. Ruhenstatbestände wie zB der Eintritt einer Sperrzeit (§ 159 SGB III) bleiben für die Berechnung der Rahmenfrist unberücksichtigt. Nach § 143 II SGB III bleiben ebenfalls Zeiten innerhalb der Rahmenfrist unberücksichtigt, die bereits in der Vergangenheit zur Begründung eines Anspruchs auf Alg. herangezogen worden sind. In diesem Fall wird die Grundrahmenfrist entsprechend verkürzt. Die Rahmenfrist verlängert sich lediglich bei Bezug von Übergangsgeld wegen einer berufsfördernden Maßnahme auf bis zu 5 Jahre (§ 143 III SGB III); ihr Beginn wird durch eine Verlängerung der Kündigungsfrist nicht hinausgeschoben. Wird der AN vor dem Zeitpunkt der rechtlichen Beendigung seines Arbeitsverhältnisses von der Arbeit freigestellt oder wird dessen Beendigungstermin nachträglich hinausgeschoben, ist dies für die Berechnung der Rahmenfrist ohne Bedeutung. Diese beginnt stets mit dem Vorliegen aller Voraussetzungen für das Alg.[56] (→ Rn. 2). 32

6. Anspruchsdauer. a) Grundanspruchsdauer. Die Dauer des Anspruchs auf Alg. ist abhängig von der Dauer der zurückgelegten Versicherungspflichtverhältnisse innerhalb der um 30 Monate erweiterten Grundrahmenfrist (→ Rn. 32) und dem Lebensalter des Arbeitslosen. Die Grundanspruchsdauer beträgt nach einer zumindest zwölfmonatigen versicherungspflichtigen Beschäftigung 6 Monate und steigert sich nach näherer Maßgabe der Tabelle in § 147 II SGB III auf bis zu 12 Monate bei einer Beschäftigungsdauer von 24 Monaten. 33

b) Verlängerte Anspruchsdauer bei älteren Arbeitnehmern. Der Grundanspruch auf Alg. von bis zu 12 Monaten erhöht sich bei älteren AN, wenn diese bei Entstehung des Anspruchs, dh dem Eintritt der Arbeitslosigkeit und Zeitpunkt der Arbeitslosmeldung, das 50. Lebensjahr vollendet haben bei einer Dauer des Versicherungspflichtverhältnisses von 30 Monaten auf 15 Monate. Bei AN, die das 55. Lebensjahr vollendet haben, beträgt die Anspruchsdauer 18 bzw. 24 Monate nach Versicherungspflichtverhältnissen von 30 bzw. 36 Monaten in der Frist des § 147 I Nr. 1 SGB III. 34

---

[52] BSG 4.7.2012 SozR 4–4300 § 123 Nr. 6.

[53] BSG 23.2.2017 SozR 4–4300 § 26 Nr. 8 = NZS 2017, 866 (Unterbrechung); nicht Bezug von Unfalltagegeld nach dem Recht der Schweiz BSG 23.10.2018 SozR 4–6065 Art. 61 Nr. 1.

[54] BSG 26.2.2019 SozR 4–4300 § 26 Nr. 9 (Versicherungszeiten in Österreich).

[55] Diese beträgt im Jahr 2021 monatlich 3 290/3 115 EUR; jährlich 39 480/37 380 EUR (jeweils West/Ost).

[56] BSG 11.12.2014 SozR 4–4300 § 124 Nr. 6; 30.4.2010 – B 11 AL 160/09 B.

35 **7. Antragstellung.** Voraussetzung für die Leistungsgewährung von Alg. ist die entsprechende Antragstellung. Zwar wird diese in § 137 SGB III als Anspruchsvoraussetzung nicht ausdrücklich genannt, das Antragserfordernis folgt jedoch aus § 323 I SGB III, wonach Leistungen der Arbeitsförderung (nur) auf Antrag erbracht werden. Nach Satz 2 gilt jedoch Alg. mit der persönlichen Arbeitslosmeldung (nicht: Meldung als arbeitsuchend → Rn. 24) als beantragt, sofern der Arbeitslose keine entgegenstehende Erklärung abgibt.[57] Allerdings eröffnet § 137 II SGB III dem AN eine Wahlmöglichkeit über das Wirksamwerden seines Antrags; er kann bis zur Entscheidung der Arbeitsverwaltung bestimmen, dass der Anspruch auf Alg. nicht oder zu einem späteren Zeitpunkt entstehen soll. Die AA ist verpflichtet, einen Antragsteller zu beraten, seinen Anspruch auf Alg. erst zu einem späteren Zeitpunkt zu stellen, wenn offensichtlich ist, dass diese Verschiebung für den Antragsteller vorteilhaft sein könnte (zB beim Sperrzeiteintritt oder einer längeren Bezugsdauer). Unterbleibt die Beratung, ist der Arbeitslose im Wege des sozialrechtlichen Herstellungsanspruchs[58] so zu behandeln, als hätte er den Antrag erst zu diesem Zeitpunkt gestellt. Eine rückwirkende Antragstellung ist nicht möglich (§ 325 II 1 SGB III).

36 **8. Teilarbeitslosengeld.** Eine Sonderform des Alg. ist das Teilarbeitslosengeld (§ 162 SGB III). Einen entsprechenden Anspruch hat ein AN, der **(a)** arbeitslos ist, **(b)** sich teilarbeitslos gemeldet hat und **(c)** die Anwartschaftszeit auf Teilarbeitslosengeld erfüllt hat. Er muss innerhalb der letzten zwei Jahre neben der weiterhin ausgeübten Beschäftigung mindestens zwölf Monate die verlorene Beschäftigung ausgeübt haben; sie müssen als zwei versicherungspflichtige Beschäftigungsverhältnisse parallel bestehen; diese können auch zum selben AG begründet sein. Die entsprechenden Tätigkeiten müssen sich in zeitlicher und sachlicher Hinsicht und nach dem erzielten Entgelt trennen lassen. Teilarbeitslosigkeit liegt nicht vor, wenn eine neben einer selbständigen Tätigkeit ausgeübte versicherungspflichtige Teilzeitbeschäftigung beendet[59] oder eine Vollzeitbeschäftigung zeitlich verringert wird. Für das Teilarbeitslosengeld gelten die Vorschriften über das Alg. entsprechend. Der Anspruch auf Teilarbeitslosengeld beträgt längstens sechs Monate.

II. Höhe des Arbeitslosengelds

37 **1. Überblick.** Das Alg. richtet sich grundsätzlich nach dem wöchentlichen Bruttoarbeitsentgelt, das der Berechtigte regelmäßig im Durchschnitt des letzten Jahres verdient hat (Bemessungsentgelt). Zum Bestreiten seines Lebensunterhalts und dem seiner Familienangehörigen steht ihm jedoch nur das aus dem Bruttoverdienst erzielte Nettoentgelt zur Verfügung. Dessen Höhe ist insbesondere von dem Steuersatz und der Höhe der Sozialversicherungsbeiträge abhängig. Die Berechnung des Nettoentgelts für die Festsetzung des Alg. erfolgt aus Gründen der Verwaltungsvereinfachung in pauschalierter Form, dh unter Berücksichtigung der Lohnabzüge, die bei AN gewöhnlich anfallen. Dass so errechnete pauschalierte Nettoentgelt wird als Leistungsentgelt bezeichnet. Die Höhe des Alg. ergibt sich dann aus der Multiplikation des Leistungsentgelts mit dem für den Arbeitslosen maßgeblichen Leistungssatz (60% bzw. 67%). Für die Ermittlung des Alg. sind daher maßgeblich **(a)** das Bemessungsentgelt (→ Rn. 38), **(b)** das Leistungsentgelt (→ Rn. 43) und **(c)** der Leistungssatz (→ Rn. 46).

38 **2. Bemessungsentgelt. a) Bemessungsrahmen. aa) Länge.** Das Bemessungsentgelt ist der durchschnittlich auf den Tag entfallende (Brutto-)Verdienst, den der Arbeitslose in dem Jahr vor der Beendigung seines Beschäftigungsverhältnisses erzielt hat[60] (§§ 150 I, 131 I SGB III). Ein Jahreseinkommen wird durch 365 Tage geteilt.[61] Hingegen wird das Alg. für den Tag berechnet und für volle Kalendermonate gleichbleibend für 30 Tage gezahlt (§ 154 SGB III).[62] Sind im letzten Jahr vor Beginn der Arbeitslosigkeit keine 150 Tage mit Anspruch auf beitragspflichtiges Entgelt enthalten, verlängert sich der Zeitraum (Bemessungsrahmen) auf zwei Jahre. Daneben kann der Bemessungszeitraum auf Antrag auf zwei Jahre erweitert werden, wenn die Berücksichtigung des im regulären Bemessungszeitraum erzielten Entgelts wegen des im vorletzten Jahr bezogenen höheren Entgelts eine unbillige Härte darstellen würde; eine solche ist erst

[57] Zur Antragsauslegung: BSG 16.5.2012 SozR 4–4200 § 7 Nr. 31.
[58] Dazu: BSG 11.12.2014 SozR 4–4300 § 124 Nr. 6 = NZS 2015, 314.
[59] BSG 13.3.2018 SozR 4–4300 § 162 Nr. 1; 3.12.2009 SozR 4–4300 § 118 Nr. 5.
[60] Zur Neuberechnung: BSG 8.2.2007 SozR 4–4300 § 434j Nr. 2.
[61] BSG 6.5.2009 SozR 4–4300 § 130 Nr. 5.
[62] BSG 19.11.2008 – B 11 AL 94/08 B; 8.2.2007 SozR 4–4300 § 434j Nr. 2.

anzunehmen, wenn das Bemessungsentgelt aus dem erweiterten Bemessungsrahmen das um 10% erhöhte Bemessungsentgelt aus dem Regelbemessungsrahmen übersteigt;[63] notwendig ist aber stets, dass die erforderlichen Unterlagen vorgelegt werden (§ 150 III Nr. 1, 2 SGB III). Eine Erweiterung des Bemessungsrahmens über zwei Jahre hinaus sieht das Gesetz nicht vor.[64] Eine Sonderregel für das Bemessungsentgelt enthält § 151 IV SGB III. Hat innerhalb der letzten zwei Jahre vor der Entstehung des Anspruchs auf Alg. ein Stammrecht auf Alg. bestanden, ist Bemessungsentgelt mindestens das Entgelt, nach dem das Alg. seinerzeit bemessen wurde.[65]

bb) Atypische Beschäftigungszeiten. Daneben bleiben nach § 150 II 1 SGB III auch ohne Antrag die sog. atypischen Beschäftigungszeiten außer Betracht. Dies sind u.a. Beschäftigungszeiten, während der Übergangsgeld, Teilübergangsgeld oder Teilarbeitslosengeld geleistet worden ist (Nr. 1) oder Zeiten, in denen der Arbeitslose **Elterngeld** oder Erziehungsgeld bezogen[66] oder nur wegen der Berücksichtigung von Einkommen nicht bezogen hat oder ein Kind unter drei Jahren betreut und erzogen hat, wenn wegen der Betreuung und Erziehung des Kinds das Arbeitsentgelt oder die durchschnittliche wöchentliche Arbeitszeit gemindert war (Nr. 3). Die Regelung gilt nicht, wenn im Bezugszeitraum des Elterngelds eine versicherungspflichtige Teilzeitbeschäftigung ausgeübt wird.[67] Bei einer Verringerung der Arbeitszeit aufgrund einer **Teilzeitvereinbarung** (nicht: Altersteilzeit § 150 II 2 SGB III) bleiben die Zeiten der geringeren Arbeitsleistung nach § 150 II 1 Nr. 5 SGB III unberücksichtigt, wenn **(1)** die Verringerung mindestens 5 Stunden beträgt, **(2)** eine regelmäßige wöchentliche Arbeitszeit von weniger als 80% der regelmäßigen tariflichen Wochenarbeitszeit vereinbart worden ist und **(3)** der AN innerhalb der letzten 3½ Jahre vor Beginn der Arbeitslosigkeit eine Beschäftigung mit einer höheren Arbeitszeit für zumindest einen 6-Monats-Zeitraum ausgeübt hat. Der Arbeitslose soll davor geschützt werden, dass in die Ermittlung des Bemessungsentgelts Entgeltabrechnungszeiträume versicherungspflichtiger Beschäftigungen einfließen, die nach § 151 I, § 150 SGB III eigentlich zu berücksichtigen wären, in denen aber das erzielte Arbeitsentgelt atypisch niedrig und daher nicht repräsentativ war.[68] Um dies sicherzustellen, bleiben auch eine Pflegezeit sowie Zeiten einer Familienpflegezeit oder Nachpflegephase nach dem FamilienpflegezeitG bei der Ermittlung des Bemessungszeitraums außer Betracht (§ 150 II 1 Nr. 4 SGB III). Die in § 150 II 1 SGB III geregelten Tatbestände führen aber zu keiner Erweiterung des Bemessungsrahmens (→ Rn. 38) auf mehr als zwei Jahre. Die Berücksichtigung von Zeiten einer Beschäftigung als Freiwillige nach dem JFDG/BFDG regelt § 150 II 1 Nr. 2 SGB III nur für den Fall, dass diesen Zeiten unmittelbar ein Versicherungspflichtverhältnis vorausgegangen ist.[69] Bei Arbeitslosigkeit im Anschluss an eine betriebliche **Ausbildung** bemisst sich das Alg. nach der bezogenen Ausbildungsvergütung.[70] 39

cc) Fiktive Bemessung. Kann ein Bemessungszeitraum von mindestens 150 Tagen mit Anspruch auf Arbeitsentgelt innerhalb des auf zwei Jahre erweiterten Bemessungsrahmens nicht festgestellt werden, ist als Bemessungsentgelt ein fiktives Arbeitsentgelt für die Bemessung des Alg. zugrunde zu legen (§ 152 I SGB III). Die Vorschrift ist unionsrechtskonform und verfassungsgemäß.[71] Sie findet auch auf Arbeitslose Anwendung, die während ihrer Ausbildung keine Ausbildungsvergütung und somit innerhalb des Bemessungsrahmens kein Arbeitsentgelt erhalten haben.[72] Das fiktive Bemessungsentgelt ist daher stets festzusetzen, wenn in dem erweiterten Bemessungszeitraum nicht ausreichende Zeiten einer berücksichtigungsfähigen versicherungspflichtigen Beschäftigung vorhanden sind. Die Höhe des fiktiven Arbeitsentgelts ist in mehreren Schritten zu prüfen. In welche der Qualifikationsgruppen der Arbeitslose einzustufen ist, bestimmt sich zunächst nach der Beschäftigung, auf die die Arbeitsverwaltung die Vermittlungsbemühungen für den Arbeitslosen zu erstrecken hat (1. Prüfungsschritt). Ist diese festgestellt worden, ist sie einer der vier Qualifikationsgruppen zuzuordnen (2. Prüfungsschritt). Für die 40

[63] BSG 6.3.2013 NZS 2013, 594; 24.11.2010 SozR 4–4300 § 130 Nr. 7.
[64] BSG 6.5.2009 SozR 4–4300 § 130 Nr. 5; zu einer Auslandsbeschäftigung und anschließendem Arbeitsentgeltbezug im Inland BSG 17.3.2015 SozR 4–4300 § 131 Nr. 6.
[65] BSG 7.5.2019 SozR 4–4300 § 151 Nr. 2.
[66] BSG 29.5.2008 SozR 4–4300 § 132 Nr. 1.
[67] BSG 21.6.2018 – B 11 AL 8/17 R, NZS 2018, 955 (keine fiktive Bemessung).
[68] BSG 6.5.2009 SozR 4–4300 § 130 Nr. 5.
[69] BSG 23.2.2017 SozR 4–4300 § 131 Nr. 8 = NZS 2018, 146 (keine fiktive Bemessung).
[70] BSG 14.5.2014 NZS 2014, 672; 6.3.2013 SozR 4–4300 § 132 Nr. 9.
[71] BSG 25.8.2011 SozR 4–4300 § 132 Nr. 7; 29.5.2008 SozR 4–4300 § 132 Nr. 1; 23.10.2018 – B 11 AL 9/17 R, NZS 2019, 510 (EuGH-Vorlage wg. Auslandssachverhalt).
[72] BSG 3.12.2009 SozR 4–4300 § 132 Nr. 4.

Zuordnung zu der jeweiligen Qualifikationsgruppe ist entscheidend, ob der Arbeitslose tatsächlich über den für die angestrebte Beschäftigung erforderlichen förmlichen Berufsabschluss verfügt;[73] zu Einzelheiten § 152 II SGB III.[74] Nach der Rspr. des EuGH steht allerdings Art. 62 I VO (EG) 883/2004 einer fiktiven Bemessung entgegen.[75]

41 **b) Arbeitsentgelt.** Maßgeblich für die Berechnung des Alg. ist nach § 151 I 1 SGB III nur das beitragspflichtige Entgelt (§ 14 SGB IV), das der Arbeitslose im Bemessungszeitraum erzielt hat. Die Vorschrift modifiziert nicht § 150 SGB III, sondern regelt, welches Arbeitsentgelt als erzielt gilt. In den Bemessungsrahmen lediglich hineinragende Entgeltabrechnungszeiträume sind nicht zu berücksichtigen.[76] Entgelte, die nicht der Versicherungspflicht unterliegen und Vergütungsbestandteile über der Beitragsbemessungsgrenze bleiben daher für die Berechnung des Alg. außer Betracht (§ 341 III, § 342 SGB III). Bei Nettolohnvereinbarungen ist das Arbeitsentgelt entsprechend hochzurechnen (§ 14 II SGB IV). Nach § 151 I 2 SGB III gilt als Bemessungsentgelt nur das dem Arbeitslosen im Bemessungszeitraum tatsächlich zugeflossene Arbeitsentgelt. Erforderlich ist daher, dass das Entgelt vor dem Ausscheiden abgerechnet und ausgezahlt worden ist; die Nichtberücksichtigung von nicht abgerechnetem Arbeitsentgelt ist verfassungsgemäß.[77] Das für Zeiträume einer unwiderruflichen Freistellung gezahlte Arbeitsentgelt ist zu berücksichtigen.[78] Arbeitsentgelt gilt auch dann als erzielt, wenn **(1)** der Arbeitslose auf die Vergütung bei seinem Ausscheiden aus dem Beschäftigungsverhältnis einen Anspruch hatte und **(2)** sie ihm tatsächlich zufließt oder der Zufluss lediglich wegen Zahlungsunfähigkeit des AG unterbleibt.[79] An letzterem fehlt es, bei Arbeitsentgelt, auf das der AN zunächst wegen einer Sanierung verzichtet hat;[80] sie sind hingegen berücksichtigungsfähig, wenn der Lohnverzicht erfolglos war und das Entgelt nachträglich gezahlt wird.[81] Gleiches gilt für Entgelte, die ein AN nachträglich erfolgreich einklagt und die auf den Bemessungszeitraum entfallen, nicht aber eine Tariflohnerhöhung, die erst nach seinem Ausscheiden vereinbart wird, selbst wenn der Anspruch rückwirkend begründet wird.[82] Ist Arbeitsentgelt nachträglich zu berücksichtigen, ist der ursprüngliche Leistungsbescheid nach § 48 SGB X zu korrigieren.

42 **c) Sonderfälle.** Bei der Festsetzung des Bemessungsentgelts bleiben außer Betracht Arbeitsentgelte, die wegen der Beendigung des Arbeitsverhältnisses gewährt oder vereinbart werden (§ 151 II Nr. 1 SGB III). Die ursprünglich in § 134 I 3 Nr. 1 SGB III aF vorgesehene gänzliche Nichtberücksichtigung von **Einmalzahlungen** bei der Berechnung des Bemessungsentgeltes ist vom BVerfG für verfassungswidrig erklärt worden.[83] Daraufhin ist die Vorschrift ersatzlos gestrichen worden, im Bemessungszeitraum einmalig gezahltes Arbeitsentgelt wirkt sich damit anspruchserhöhend aus. Schließlich bleiben unberücksichtigt **Wertguthaben,** die nicht innerhalb einer Vereinbarung über flexible Arbeitszeitregelungen verwendet werden (§ 151 I Nr. 2 SGB III). Der Bemessung des Alg. ist das für die Höhe des Transfer-Kurzarbeitergelds maßgebende Arbeitsentgelt zugrunde zu legen, wenn der Arbeitslose im Bemessungsrahmen in einer Transfergesellschaft war.[84]

43 **3. Leistungsentgelt. a) Begriff.** Das Bemessungsentgelt dient als Grundlage für die Berechnung des sog. Leistungsentgelts (§ 153 SGB III). Das Leistungsentgelt stellt ein pauschaliertes Nettoentgelt dar. Es wird ermittelt, indem vom Bemessungsentgelt die gesetzlichen Abzüge, die bei AN gewöhnlich anfallen, in Abzug gebracht werden. Dies ist erforderlich, weil es sich beim Alg. um eine Nettoleistung handelt. Bei den danach zu berücksichtigenden gesetzlichen Abzügen handelt es sich um eine Sozialversicherungspauschale (20% des Bemessungsentgelts), die Lohnsteuer unter Berücksichtigung der Vorsorgepauschale und den Solidaritätszuschlag ohne Berücksichtigung von Kinderfreibeträgen.[85] Freibeträge und Pauschalen, die nicht jedem AN

---

[73] BSG 4.7.2012 SozR 4–4300 § 132 Nr. 8.
[74] BSG 25.8.2011 SozR 4–4300 § 132 Nr. 6; 18.5.2010 SozR 4–4300 § 122 Nr. 8 (Bezugsgröße West).
[75] EuGH 23.1.2020 NZA 2020, 371; BSG 17.9.2020 – B 11 AL 1/20 R, zVb.
[76] BSG 8.7.2009 SozR 4–4300 § 130 Nr. 6.
[77] BSG 8.7.2009 SozR 4–4300 § 130 Nr. 6.
[78] BSG 30.8.2018 SozR 4–4300 § 150 Nr. 5 = NZA-RR 2019, 217.
[79] BSG 5.12.2006 SozR 4–4300 § 134 Nr. 1.
[80] BSG 11.6.2015 SozR 4–4300 § 131 Nr. 7 = NZI 2016, 409 (SanierungsTV).
[81] BSG 24.8.2017 SozR 4–4300 § 151 Nr. 1 = NZS 2018, 405.
[82] So schon BSG 28.6.1995 SozR 3–4100 § 249e Nr. 7.
[83] BVerfG 24.5.2000 NZA 2000, 845 (zu § 112 AFG); 11.1.1995 AP Nr. 209 zu Art. 3 GG.
[84] BSG 6.3.2013 – B 11 AL 1/12 R; 4.7.2012 SozR 4–4300 § 131 Nr. 5 = NZA-RR 2013, 103.
[85] Zur Verfassungsmäßigkeit: BSG 27.6.1996 SozR 3–4100 § 111 Nr. 14.

zustehen, sind nicht zu berücksichtigen. Ein Abzug von Kirchensteuer fand nur bis zum 31.12.2004 statt.[86]

44 **b) Lohnsteuer. aa) Grundsatz.** Maßgebend ist für die Berechnung des Abzugs grundsätzlich die Lohnsteuerklasse, die zu Beginn des Jahres, in dem der Leistungsanspruch entstanden ist, auf der Lohnsteuerkarte des Arbeitslosen eingetragen war. Eine für den Arbeitslosen günstige oder ungünstige Änderung der Lohnsteuerklasse im laufenden Steuerjahr wird unabhängig von einem Eintrag auf der Lohnsteuerkarte bei der Höhe des Alg. von dem Tag an berücksichtigt, an dem erstmals die Voraussetzungen für die Änderung vorlagen (§ 153 II SGB III). Individuelle Freibeträge und Pauschalen des Arbeitslosen bleiben unberücksichtigt. Dies gilt auch, wenn wegen einer selbständigen Tätigkeit im Bemessungszeitraum ein Lohnsteuerabzugsverfahren nicht stattgefunden hat.[87]

45 **bb) Lohnsteuerklassenwechsel von Ehegatten.** § 153 III SGB III ist als Sonderregelung auf den Steuerklassenwechsel von Ehegatten anzuwenden. Zweck der Vorschrift ist, die durch den Wechsel von Lohnsteuerklassen unter Eheleuten bestehende Manipulationsmöglichkeit bei der Höhe des Alg. zu verhindern. Uneingeschränkt einkommensteuerpflichtige Ehegatten können zwischen verschiedenen Kombinationen von Lohnsteuerklassen wählen (III/V; IV/IV; V/III). Nach § 39 V 3 EStG können Ehegatten einmal im Kalenderjahr die ursprünglich getroffene Wahl ihrer Lohnsteuerklasse ohne besonderen Grund ändern. Wählt der arbeitslose Ehegatte die Steuerklasse III, so ergibt sich ein höheres Alg. als bei der Steuerklasse IV oder V. Zwar wird das Alg. im Rahmen des Lohnsteuerjahresausgleichs berücksichtigt, durch die Lohnsteuerklassenwahl können sich dennoch vorläufige steuerliche Vorteile ergeben, denen § 153 III SGB III begegnen soll. Die Vorschrift ermöglicht einen Steuerklassenwechsel nur, wenn beide Ehegatten im Leistungsbezug stehen und sich nach dem Wechsel ein geringeres Alg. ergibt[88] (§ 153 III Nr. 2 SGB III) oder die neu eingetragenen Lohnsteuerklassen dem Verhältnis der Einkommen der Ehegatten entsprechen (§ 153 III Nr. 1 SGB III). Ob Letzteres der Fall ist, wird von der AA nach einer Ermittlung des Einkommens des Ehegatten im Rahmen einer Zweckmäßigkeitsprüfung beurteilt, die sich nach den Empfehlungen des BMF für die Steuerklassenwahl unter Eheleuten richtet.[89] Wurde der Arbeitslose bei einer Mitteilung des Lohnsteuerklassenwechsels nicht ordnungsgemäß beraten, kann ein sozialrechtlicher Herstellungsanspruch in Betracht kommen.[90]

46 **4. Leistungssatz.** Es werden unterschieden der erhöhte und der allgemeine Leistungssatz. Das Alg. beträgt nach § 149 I Nr. 2 SGB III für einen Arbeitslosen, der mindestens ein steuerlich zu berücksichtigendes Kind iSd § 32 I, III–V EStG hat, 67% (erhöhter Leistungssatz), für die übrigen Berechtigten 60% des um die gesetzlichen Abzüge, die bei AN gewöhnlich anfallen, verminderten (Brutto-)Entgelts (allgemeiner Leistungssatz). Der erhöhte Leistungssatz wird auch bei unbeschränkt einkommensteuerpflichtigen und nicht dauernd getrennt lebenden Personen der Leistung zugrunde gelegt, wenn der Ehegatte/Lebenspartner[91] ein Kind iSd § 32 I, III–V EStG hat. Dies sind eheliche oder angenommene Kinder, für ehelich erklärte Kinder, nichteheliche Kinder sowie Pflegekinder und – unter den Voraussetzungen des § 32 IV, V EStG – Kinder nach Vollendung des 18. Lebensjahres.

47 **5. Anpassung des Arbeitslosengelds.** Eine Anpassung der Höhe des Alg. findet nicht statt.

48 **6. Anrechnung von Nebeneinkommen.** Übt der Arbeitslose während einer Zeit, für die ihm Alg. zusteht, eine Erwerbstätigkeit aus, ist das Arbeitsentgelt aus der Beschäftigung nach Abzug der Steuern, der Sozialversicherungsbeiträge und der Werbungskosten sowie eines Freibetrags iHv 165 EUR auf das Alg. in dem Kalendermonat der Ausübung anzurechnen (§ 155 I 1 SGB III).[92] Der Bezug von Lohnersatzleistungen steht dem von Arbeitsentgelt nicht gleich.[93] Das Nebeneinkommen muss während des Bezugs von Alg. erarbeitet werden („zeitliche Kongruenz"). Eine Anrechnung setzt die Möglichkeit seiner Zuordnung zu einem Alg-Leistungsmonat voraus. Bei einer selbständigen Tätigkeit muss das anzurechnende Einkommen in einem sachlichen Zusammenhang gerade mit der selbständigen Tätigkeit während des Alg-Bezugs

[86] Zum Kirchensteuerabzug: BVerfG 23.3.1994 BVerfGE 90, 226 = SozR 3–4100 § 111 Nr. 6.
[87] BSG 11.3.2014 SozR 4–4300 § 133 Nr. 6.
[88] BSG 16.3.2005 SozR 4–4300 § 137 Nr. 2; *Gläser/Schöllhorn* DStR 2013, 312.
[89] BSG 27.9.1989 SozR 4100 § 113 Nr. 11.
[90] BSG 31.1.2006 SozR 4–4300 § 330 Nr. 3; 16.3.2005 SozR 4–4300 § 137 Nr. 2 (Beratungspflicht der BA).
[91] Nicht: eheähnliche Lebensgemeinschaft BVerfG 17.7.2002 NJW 2002, 2543.
[92] BSG 5.9.2006 SozR 4–4300 § 141 Nr. 3 (Freibetrag bei 2 Tätigkeiten).
[93] BSG 1.3.2011 SozR 4–4300 § 141 Nr. 5.

bestehen.[94] Keine Anrechnung erfolgt in den Zeiträumen, in denen eine geringfügige Beschäftigung zeitweise nicht ausgeübt worden ist. Die Privilegierung des § 155 SGB III verlangt nicht, dass die ursprüngliche Tätigkeit weitergeführt wird. Auch eine einheitliche Beschäftigung oder eine zusammenhängende Ausübung verlangt das Gesetz nicht.[95] Bei einer selbständigen Tätigkeit gilt S. 1 mit der Maßgabe, dass pauschal 30% der Betriebseinnahmen als Betriebsausgaben angesetzt werden, es sei denn, der Arbeitslose weist höhere Betriebsausgaben nach. Höhere Beträge können sich bei einer vor Beginn der Arbeitslosigkeit ausgeübten geringfügigen oder selbständigen Beschäftigungen ergeben (§ 155 II SGB III). § 155 III SGB III enthält eine Sonderregelung für Bezieher von Alg. bei beruflicher Weiterbildung.

III. Ruhen des Arbeitslosengelds aufgrund einer Sperrzeit

49 **1. Überblick über die Sperrzeittatbestände.** Der Anspruch auf Alg. kann ruhen, wenn sich der Arbeitslose versicherungswidrig verhalten hat (sog. Sperrzeit). Die Vorschrift beruht auf dem Grundgedanken, dass sich die Versichertengemeinschaft gegen Risikofälle (Arbeitslosigkeit) wehren muss, deren Eintritt der Versicherte selbst zu vertreten hat. Die Sperrzeittatbestände sind in § 159 I SGB III abschließend aufgeführt. Dies sind die Sperrzeit wegen Arbeitsaufgabe (§ 159 I 1 Nr. 1 SGB III; → Rn. 50 ff.), Arbeitsablehnung (Nr. 2), ungenügenden Eigenbemühungen (Nr. 3), Ablehnung einer beruflichen Eingliederungsmaßnahme (Nr. 4), Abbruchs einer beruflichen Eingliederungsmaßnahme (Nr. 5), bei einem Meldeversäumnis[96] (Nr. 6) oder bei verspäteter Meldung als arbeitsuchend (Nr. 9); neu hinzugetreten sind die Nrn. 7 und 8 (Ablehnung bzw. Abbruch eines Integrationskurses oder einer berufsbezogenen Deutschsprachförderung). Allen Sperrzeittatbeständen ist gemeinsam, dass eine Sperrzeit nicht eintritt, wenn der Arbeitslose für sein Verhalten einen wichtigen Grund hat. Mehrere Sperrzeiten, die durch dasselbe Ereignis begründet werden, laufen nacheinander ab (§ 159 II 2 SGB III). Schließt der Arbeitslose ohne wichtigen Grund einen Aufhebungsvertrag und erfüllt er seine sich aus § 38 I SGB III ergebende Meldepflicht nicht, führt dies zB zu einer insgesamt dreizehnwöchigen Sperrfrist, deren Lauf mit Eintritt der Beschäftigungslosigkeit beginnt. Das BSG hat bisher den mit einer Sperrzeit für den Arbeitslosen verbundenen Verlust von Leistungen der Arbeitslosenversicherung stets als verfassungsgemäß angesehen.[97]

50 **2. Sperrzeit wegen Arbeitsaufgabe. a) Voraussetzungen.** Im Zusammenhang mit der Beendigung des Arbeitsverhältnisses kann es zu einer Sperrzeit wegen Arbeitsaufgabe kommen. Nach § 159 I 1 Nr. 1 SGB III tritt eine Sperrzeit wegen Arbeitsaufgabe ein, wenn der AN **(1)** das Beschäftigungsverhältnis gelöst oder durch ein vertragswidriges Verhalten Anlass für die Lösung des Beschäftigungsverhältnisses gegeben hat und **(2)** er hierdurch seine Arbeitslosigkeit vorsätzlich oder zumindest grob fahrlässig herbeigeführt hat, **(3)** ohne dass hierfür ein wichtiger Grund vorlag. Sinn und Zweck der Sperrzeit ist es, die Versichertengemeinschaft typisierend gegen Risikofälle zu schützen, deren Eintritt der Versicherte selbst zu vertreten hat.[98]

51 **b) Auflösungstatbestände. aa) Gesetzeswortlaut.** Als Auflösungstatbestände der Sperrzeit wegen Arbeitsaufgabe kommen nach § 159 I 1 Nr. 1 SGB III nur **(1)** die eigene Kündigung des AN, **(2)** der Abschluss eines Aufhebungsvertrags iwS (sog. Beteiligungssachverhalte) sowie **(3)** eine Kündigung des AG wegen vertragswidrigen Verhaltens des AN (verhaltensbedingte Kündigung) in Betracht.[99] Jedoch kann auch bei einer Herabsetzung der wöchentlichen Arbeitszeit unter 15 Stunden oder die Vereinbarung einer Freistellung[100] eine Sperrzeit eintreten, da in diesen Fällen Beschäftigungslosigkeit und damit ein Anspruch auf Alg. entsteht. Die Beendigung eines Berufsausbildungsverhältnisses kann unter den genannten Bedingungen zu einer Sperrzeit führen, da die Rspr. § 159 I 1 Nr. 1 SGB III auch auf Auszubildende anwendet.[101] Daneben endet das Beschäftigungsverhältnis auch durch seine tatsächliche Aufgabe, wenn sich der AN zB der Verfügungsgewalt des AG entzieht und seine Dienstbereitschaft aus diesem Grund endet.

---

[94] BSG 7.5.2019 SozR 4-4300 § 155 Nr. 1.
[95] BSG 1.7.2010 SozR 4–4300 § 141 Nr. 4.
[96] BSG 25.8.2011 SozR 4–4300 § 144 Nr. 22 (Verspätung von einem Tag).
[97] BSG 25.4.1991 SozR 3–4100 § 119a Nr. 1 = NZA 1992, 95 f. zu § 119 AFG.
[98] BSG 6.5.2009 SozR 4–4300 § 144 Nr. 19 = NZA-RR 2010, 105.
[99] BSG 6.3.2003 SozR 4–4300 § 144 Nr. 2 (Berufskraftfahrer).
[100] Weiter HessLSG 21.5.2010 info also 2010, 159 (Hinnahme einer Freistellung).
[101] BSG 13.3.1990 SozR 3–4100 § 119 Nr. 2 = NZA 1990, 956; 26.4.1989 SozR 4100 § 119 Nr. 35.

Kein Lösungssachverhalt liegt vor, wenn der AN von seinem Widerspruchsrecht aus Anlass eines Betriebsübergangs Gebrauch macht.[102]

bb) Arbeitgeberkündigung ohne vertragswidriges Arbeitnehmerverhalten und Auflösungsurteil. Anders als bei einer verhaltensbedingten Kündigung tritt bei einer wirksamen personenbedingten Kündigung keine Sperrzeit ein, da den AN an der Auflösung des Beschäftigungsverhältnisses regelmäßig kein Verschulden trifft; gleiches gilt für eine betriebsbedingte Kündigung. Eine Kündigung durch den AG ist deshalb nur sperrzeitauslösend, wenn das zugrunde liegende Verhalten des AN eine Verletzung des Arbeitsvertrags darstellt und die Kündigung nach § 626 BGB, § 1 KSchG rechtfertigen kann (→ Rn. 56). Schließlich ist auch die Beendigung des Arbeitsverhältnisses nach **Ablehnung eines Änderungsangebots** (zB bei einer Änderungskündigung) kein Sperrzeittatbestand nach § 159 I 1 Nr. 2 SGB III (GA 159.1.1.1 [4]), da das Arbeitsangebot durch die AA erfolgen und mit einem Hinweis auf die Folgen der Ablehnung versehen sein muss. Eine **gerichtliche Auflösung des Arbeitsverhältnisses** auf Antrag des AN (§ 9 KSchG) führt zu keiner Sperrzeit, da Voraussetzung für eine solche Entscheidung das Bestehen eines wichtigen Grunds ist, der zugleich einer Sperrzeit entgegensteht. Löst das Gericht das Arbeitsverhältnis auf Antrag des AG auf, fehlt es nur an einem vertragswidrigen Verhalten, wenn der Auflösungsgrund erst nach dem Ende des aufgelösten Arbeitsverhältnisses entstanden ist. 52

cc) Beteiligungssachverhalte. Nach der Geschäftsanweisung der BA zu § 159 SGB III[103] (GA) setzt ein Beteiligungssachverhalt ein aktives Mitwirken des AN an der Beendigung des Beschäftigungsverhältnisses voraus. Die bloße Hinnahme einer Kündigung ist daher nicht sperrzeitbegründend (GA 159.1.1.1 [4]). Ein Beteiligungssachverhalt, der zu einer Sperrzeit wegen Arbeitsaufgabe führen kann, liegt nicht nur bei einem Aufhebungsvertrag, sondern auch dann vor, wenn das Ende des Beschäftigungsverhältnisses ohne aktives Zutun durch den AN nicht eingetreten wäre. Der AN beteiligt sich an der Beendigung, indem er **(1)** eine schriftliche oder mündliche Vereinbarung über eine noch auszusprechende Arbeitgeberkündigung schließt (vorausgegangene Absprache, GA 159.1.1.1 [3]), **(2)** die Vereinbarung erst nach der Kündigung oder Beendigung des Beschäftigungsverhältnisses – zB in einem Abwicklungsvertrag – festgehalten wird (GA 159.1.1.1 [3]) oder **(3)** eine Arbeitgeberkündigung vom AN initiiert wird (GA 159.1.1.1 [3]). Wird das Arbeits- bzw. Beschäftigungsverhältnis durch rechtmäßige ordentliche Arbeitgeberkündigung beendet, liegt allein in der Annahme einer Abfindung oder einer ähnlichen Leistung kein versicherungswidriges Verhalten (GA 159.1.1.1 [4]). Dies gilt auch, wenn die Kündigung offensichtlich rechtswidrig ist,[104] diese kann aber Ausgangspunkt für Ermittlungen der Arbeitsverwaltung für das Vorliegen eines Beteiligungssachverhalts sein (GA 159.1.1.1 [1]). Eine nachträgliche Einigung über die Beendigung des Beschäftigungsverhältnisses durch einen arbeitsgerichtlichen Vergleich stellt gleichfalls keinen Beteiligungssachverhalt dar[105] (GA 159.1.1.1 [4]). Dies gilt gleichermaßen, wenn die arbeitgeberseitige Kündigung auf betriebsbedingte Gründe gestützt wird und mit einer Abfindung gem. § 1a KSchG verbunden ist. Eine Lösung des Beschäftigungsverhältnisses liegt auch bei der Vereinbarung eines befristeten oder eines Altersteilzeitarbeitsverhältnisses vor, wenn zuvor ein unbefristetes Arbeitsverhältnis bestanden hat. 53

dd) Aufhebungs- und Abwicklungsvertrag. (1) Orientierung an § 1a KSchG. Im Hinblick auf die in § 1a KSchG zum Ausdruck kommende gesetzgeberische Wertung wird von der Rspr. des BSG beim Abschluss eines Abwicklungs- bzw. Aufhebungsvertrags ein wichtiger Grund ohne eine Prüfung der Rechtmäßigkeit der drohenden Arbeitgeberkündigung anerkannt, wenn die vereinbarte Abfindung die in § 1a II KSchG vorgesehene Abfindungshöhe nicht überschreitet.[106] Nur wenn die vereinbarte Abfindungssumme die Grenzen des § 1a II KSchG deutlich übersteigt, kann aus Sicht des BSG ein Anhaltspunkt für einen „Freikaufen" gegeben sein.[107] Dem ist grundsätzlich zuzustimmen. Erkennt man das Bemühen des AN um eine Entschädigung für den Verlust des Arbeitsplatzes trotz des mit einem Aufhebungs- oder Abwicklungsvertrag verbundenen Verzichts auf eine gerichtliche Anfechtung als wichtigen Grund iSd § 159 I 54

[102] BSG 8.7.2009 SozR 4–4300 § 144 Nr. 20.
[103] Internet unter http://www.arbeitsagentur.de, Stichworte: „Geschäftsanweisung Sperrzeit".
[104] BSG 25.4.2002 SozR 3–4300 § 144 Nr. 8 = AP Nr. 1 zu § 128 SGB III = NZA-RR 2003, 105.
[105] AA BSG 17.10.2007 SozR 4–4300 § 144 Nr. 17 = NZA-RR 2008, 383.
[106] BSG 12.7.2006 AP Nr. 8 zu § 144 SGB III = NZA 2006, 1359.
[107] BSG 2.5.2012 SozR 4–4300 § 144 Nr. 23.

SGB III an, ist die Orientierung bis zu einer durch § 1a II KSchG legitimierten Obergrenze nicht zu halten.

55 **(2) Praxis der Arbeitsverwaltung.** Nach der Weisungslage der BA (GA § 159 Nr. 159.1 ff.) sind Abwicklungs- und Aufhebungsverträge bei der Prüfung des wichtigen Grunds gleichgestellt (GA 159.1.2.1.2). Danach liegt bei einem ordentlich kündbaren AN **ein wichtiger Grund** für einen Aufhebungs- und Abwicklungsvertrag vor, wenn **(a)** dem AN eine Kündigung durch den AG mit Bestimmtheit in Aussicht gestellt worden ist, **(b)** die drohende Arbeitgeberkündigung auf betriebliche Gründe gestützt würde, **(c)** die Arbeitgeberkündigung zu demselben Zeitpunkt, zu dem das Beschäftigungsverhältnis geendet hat, oder früher wirksam geworden wäre, **(d)** im Falle der Arbeitgeberkündigung die Kündigungsfrist eingehalten würde und **(aa)** eine Abfindung von 0,5 Monatsgehältern, mindestens aber 0,25 pro Beschäftigungsjahr an den AN gezahlt wird oder **(bb)** der (unter 58jährige) Arbeitslose **(1)** objektive Nachteile aus einer arbeitgeberseitigen Kündigung für sein berufliches Fortkommen vermieden hat oder **(2)** – bei einer rechtmäßigen Arbeitgeberkündigung – sonstige Gründe darlegt, aus denen er objektiv Nachteile aus einer arbeitgeberseitigen Kündigung befürchten musste. Solche Gründe können Vergünstigungen sein, auf die im Falle der Kündigung kein Anspruch bestanden hätte (GA 159.1.2.1.1 [2]). Dabei sind die Verhältnisse bei Auflösung des Beschäftigungsverhältnisses mit denen bei arbeitgeberseitiger Kündigung zu vergleichen. Danach sieht die BA bei einer Abfindungshöhe von 0,25 bis 0,5 Bruttomonatsverdiensten pro Beschäftigungsjahr von der Prüfung der Rechtmäßigkeit der Arbeitgeberkündigung ab, während sie bei einer höheren Abfindung die Erfolgsaussicht der beabsichtigten oder tatsächlichen Arbeitgeberkündigung prüft (→ Rn. 55).

55a Bei **schwerbehinderten Menschen** führt ein Aufhebungsvertrag insbesondere nicht zu einer Sperrzeit, wenn der Aufhebungsvertrag ohne Einschaltung des Integrationsamts geschlossen wurde und eine Zustimmung zur Kündigung nach § 172 SGB IX zu erwarten war, sofern durch den Aufhebungsvertrag das Beschäftigungsverhältnis zum Zeitpunkt der voraussichtlichen Wirksamkeit einer arbeitgeberseitigen Kündigung mit Zustimmung des Integrationsamts beendet wurde (GA 159.1.2.1 [t]). Demgegenüber gelten nach Auffassung des BSG bei der Beurteilung von Lösungssachverhalten gegenüber schwerbehinderten Menschen keine Besonderheiten.[108]

56 **c) Kausalzusammenhang.** Eine Sperrzeit wegen Arbeitsaufgabe tritt nur ein, wenn das Verhalten des AN für die Kündigung und diese wiederum für die Arbeitslosigkeit kausal war. Vertragswidriges Verhalten des AN ist deshalb unschädlich, wenn der AG auch aus personen- bzw. betriebsbedingten Gründen hätte kündigen können[109] oder das Arbeitsverhältnis aufgrund eines anderen Beendigungstatbestands (etwa durch eine Befristung) zum gleichen Termin geendet hätte. Verweigert die Arbeitsverwaltung zu Unrecht Vermittlungsbemühungen, tritt gleichfalls wegen des fehlenden Kausalzusammenhangs keine Sperrzeit ein, wenn die realistische Möglichkeit einer Vermittlung bis zum Zeitpunkt des Eintritts der Arbeitslosigkeit bestand.[110] Die Arbeitslosigkeit muss vorsätzlich oder grob fahrlässig **verschuldet** sein. Grobe Fahrlässigkeit liegt nur dann vor, wenn der AN unter Berücksichtigung seiner persönlichen Einsichtsfähigkeit eine Sorgfaltspflichtverletzung ungewöhnlich hohen Ausmaßes, dh eine besonders grobe und subjektiv schlechthin unentschuldbare Leichtfertigkeit begeht, wenn er also schon einfachste, ganz nahe liegende Überlegungen nicht anstellt und nicht beachtet, was jedem einleuchten muss.[111] Maßgebend ist eine subjektiv/objektive Betrachtungsweise. Der Schuldvorwurf gegenüber dem AN muss sich durchgehend beziehen auf **(1)** das vertragswidrige Verhalten, **(2)** die Erwartung nicht gekündigt zu werden und **(3)** kein Anschlussarbeitsverhältnis zu finden. An der Kausalität kann es daher fehlen, wenn der AN aus verhaltensbedingten Gründen gekündigt worden ist, dem Kündigungsausspruch aber – obwohl erforderlich – keine Abmahnung vorausgegangen ist (GA 159.1.1.1 [6]). Bei notwendiger Abmahnung musste der AN nicht ohne Weiteres mit der Kündigung und damit der Beendigung des Beschäftigungsverhältnisses rechnen; insoweit fehlt es an der Kausalität.

57 **3. Weitere Sperrzeiten. a) Arbeitsablehnung.** Eine Sperrzeit tritt ein, wenn ein Arbeitsuchender oder Arbeitsloser trotz Belehrung über die Rechtsfolgen eine von der Arbeitsverwaltung unter Benennung des AG und der Art der Tätigkeit angebotene Beschäftigung nicht angenommen oder nicht angetreten hat oder die Anbahnung eines solchen Beschäftigungsverhältnisses, insbesondere das Zustandekommen eines Vorstellungsgesprächs durch sein Verhalten verhindert

[108] BSG 2.5.2012 SozR 4–4300 § 144 Nr. 23.
[109] BSG 15.5.1985 SozR 4100 § 119 Nr. 26 = AP Nr. 1 zu § 119 AFG.
[110] BSG 28.6.1991 SozR 3–4100 § 119 Nr. 6 = NZA 1992, 285.
[111] BSG 31.8.1976 SozR 4100 § 152 Nr. 3.

(Sperrzeit wegen Arbeitsablehnung, § 159 I 1 Nr. 2 SGB III). Ein Arbeitsangebot ist nicht notwendig ein Arbeitsvertragsangebot, ausreichend ist der Nachweis einer Gelegenheit zum Abschluss eines Arbeitsvertrags. Das Angebot muss hinreichend konkretisiert sein und alle Angaben enthalten, damit sich der Arbeitslose über die Ablehnung und die Rechtsfolgen schlüssig werden kann. Es muss zudem zumutbar sein (vgl. § 140 SGB III). Nicht angenommen ist die Arbeit, wenn sie ausdrücklich oder konkludent abgelehnt wird,[112] ein vereinbarter Vorstellungstermin nicht wahrgenommen oder die Einstellung durch übertriebenes und provokantes Verhalten hintertrieben wird (überzogene Gehalts- und Urlaubsforderungen).[113] Dasselbe gilt, wenn der Arbeitslose sich weigert, eine Arbeitsprobe zu fertigen, zB ein Zahntechniker. Zwischen der Arbeitsablehnung und der Arbeitslosigkeit muss ein Kausalzusammenhang bestehen. Eine Sperrzeit tritt nur ein, wenn der Arbeitslose hinreichend belehrt worden ist; ein Widerspruch gegen einen Betriebsübergang führt daher auch bei einer nachfolgenden Kündigung nicht zum Eintritt einer Sperrzeit nach der Nr. 2.[114] Bei mehreren Beschäftigungsangeboten, die in einem engen zeitlichen Zusammenhang durch die AA unterbreitet werden, ist in der Regel von einem einheitlich zu betrachtenden Lebenssachverhalt auszugehen, der bei Nichtbewerbung nur eine Sperrzeit rechtfertigt.[115]

b) Sonstige Sperrzeiten. Durch „Hartz III" sind die Sperrzeittatbestände erweitert worden. 58
Hinzugekommen sind seinerzeit die Sperrzeiten wegen unzureichender Eigenbemühungen, wenn der Arbeitslose trotz einer Belehrung die von der AA rechtmäßig[116] geforderten Eigenbemühungen nicht (oder fristgerecht)[117] nachweist (§ 159 I Nr. 3 SGB III), bei einem Verstoß gegen die Meldepflicht bzw. Nichterscheinen zu einem ärztlichen oder psychologischen (§ 309 I 1 SGB III) Untersuchungstermin (§ 159 I Nr. 6 SGB III) und bei Verletzung der Meldepflicht nach § 38 I SGB III (→ Rn. 24). Daneben tritt nach § 159 I Nr. 4 SGB III eine Sperrzeit ein, wenn der Arbeitslose sich trotz Belehrung über die Rechtsfolgen geweigert hat, an einer Maßnahme zur Aktivierung und beruflichen Eingliederung (→ § 21 Rn. 18), einer Maßnahme zur beruflichen Ausbildung oder Weiterbildung (→ § 22 Rn. 1, 13) oder einer Maßnahme zur Teilhabe am Arbeitsleben (→ § 22 Rn. 22) teilzunehmen (Sperrzeit wegen Ablehnung einer beruflichen Eingliederungsmaßnahme, § 159 I Nr. 4 SGB III). Gleichfalls führt es zu einer Sperrfrist, wenn der Arbeitslose die Teilnahme an den vorgenannten Maßnahmen abbricht oder durch maßnahmewidriges Verhalten Anlass für den Ausschluss aus einer dieser Maßnahmen gibt (Sperrzeit wegen Abbruchs einer beruflichen Eingliederungsmaßnahme, § 159 I Nr. 5 SGB III). Die Belehrung über die Rechtsfolgen des versicherungspflichtigen Handelns muss konkret, verständlich, richtig und vollständig sein. Nach Ansicht des BSG ist es nicht ausreichend, dem Arbeitslosen ein Merkblatt auszuhändigen, aus dem er die für seinen Fall maßgebenden Voraussetzungen und Rechtsfolgen selbständig ermitteln muss.[118] Schließlich bestehen Sperrzeittatbestände bei Ablehnung bzw. Abbruch eines Integrationskurses oder einer berufsbezogenen Deutschsprachförderung (Nrn. 7 und 8).

4. Wichtiger Grund. a) Begriff. Eine Sperrzeit tritt nur ein, wenn der Arbeitslose keinen 59
wichtigen Grund für sein Verhalten hat. Der Begriff des wichtigen Grunds ist im SGB III nicht definiert. Er ist dann gegeben, wenn dem Arbeitslosen unter Berücksichtigung aller Umstände des Einzelfalls und unter Abwägung seiner Interessen mit denen der Versichertengemeinschaft ein anderes Verhalten nicht zugemutet werden kann. Für das Vorliegen des wichtigen Grunds kommt es auf die objektive Rechtslage an. Ein wichtiger Grund liegt daher nicht vor, wenn der Arbeitslose irrigerweise Umstände als gegeben angesehen hat, die als wichtiger Grund zu werten wären, oder tatsächlich richtig erkannte Umstände fehlerhaft als wichtigen Grund bewertet hat; in diesen Fällen kommt jedoch das Vorliegen einer besonderen Härte in Betracht. Als wichtiger Grund für den AN zur Lösung eines Arbeitsverhältnisses kommen alle Gründe in Betracht, die ihn zum Ausspruch einer fristlosen Kündigung aus wichtigem Grund (§ 626 I BGB) berechtigt hätten. Jedoch verlangt das BSG vor Ausspruch einer Eigenkündigung regelmäßig, dass sich der AN zunächst unter Zurückstellung seiner eigenen Interessen und Aufrechterhaltung des bisherigen Arbeitsverhältnisses um eine andere Arbeitsmöglichkeit bemüht. Bleiben diese erfolglos, muss der wichtige Grund so schwerwiegend sein, dass er die mit der Beendigung des bisherigen

[112] BSG 5.9.2006 SozR 4–4300 § 144 Nr. 15.
[113] BSG 3.5.2018 SozR 4–4300 § 159 Nr. 6 (Ablehnung von 2 Angeboten).
[114] BSG 8.7.2009 SozR 4–4300 § 144 Nr. 20 (kein Lösungssachverhalt).
[115] BSG 3.5.2018 SozR 4–4300 § 159 Nr. 6.
[116] BSG 4.4.2017 SozR 4–4300 § 37 Nr. 1 = NZS 2017, 707 (Eingliederungsvereinbarung).
[117] BSG 4.4.2017 SozR 4–4300 § 144 Nr. 25.
[118] BSG 16.12.2008 SozR 4–4200 § 16 Nr. 4.

Beschäftigungsverhältnisses verbundene Inanspruchnahme der Arbeitslosenversicherung rechtfertigt.[119]

60 **b) Einzelfälle. aa) Altersteilzeit.** In der Altersteilzeitvereinbarung (GA 159.1.2.1 [r]) liegt regelmäßig die Lösung des bisherigen Arbeitsverhältnisses. Hierfür besteht ein wichtiger Grund, wenn der AN bei Abschluss der Vereinbarung beabsichtigt, aus dem Arbeitsleben auszuscheiden und eine entsprechende Annahme objektiv prognostisch gerechtfertigt ist;[120] der wichtige Grund entfällt nicht, wenn entgegen der ursprünglichen, anhand objektiver Anhaltspunkte prognostisch belegten Absicht unmittelbar nach der Altersteilzeit keine Altersrente, sondern zunächst Alg. in Anspruch genommen wird.[121]

60a **bb) Arbeitsbedingungen, Arbeitsentgelt.** Rechtfertigungsgründe für die Eigenkündigung eines AN können insbesondere gesetz- oder tarifwidrige Arbeitsbedingungen (GA 159.1.2.1 [a]), erhebliche Lohnrückstände (GA 159.1.2.1 [c] – Insolvenz des AG) oder ein sittenwidriges Arbeitsentgelt (GA 159.1.2.1 [b] – 20% unter Tariflohn oder ortsüblicher Vergütung) sein.[122] Gleiches gilt bei Vorliegen von **Mobbing** oder sexuellen Belästigungen durch den AG oder andere Mitarbeiter[123] (GA 159.1.2.1 [d]).

60b **cc) Betriebliche Umstände.** Diese stellen einen Grund für eine Lösung des Beschäftigungsverhältnisses durch eine Eigenkündigung dar, wenn dem AN eine objektiv rechtmäßige Kündigung zu gleichen oder einem früheren Termin droht, unerheblich ist, ob ihm das Abwarten der Arbeitgeberkündigung zumutbar war.[124] Daneben können betriebliche Umstände einen wichtigen Grund für einen Aufhebungsvertrag darstellen, wenn zB der AG den AN im Zuge von **Umstrukturierungsmaßnahmen** nur noch unterwertig einsetzen will, ohne dass dies dem AN zumutbar ist,[125] erheblicher Druck vom AG oder anderen AN ausgeübt wird, der zur Lösung des Arbeitsverhältnisses führt,[126] wie auch der Wunsch, einen Arbeitsplatz zugunsten eines nahen Angehörigen freizumachen. Der Arbeitslose hat einen wichtigen Grund für die **Lösung eines unbefristeten Beschäftigungsverhältnisses** zugunsten der Aufnahme einer befristeten Beschäftigung, wenn im Zeitpunkt der Lösung objektiv eine konkrete Aussicht bestand, dass sich das neue Beschäftigungsverhältnis in ein dauerhaftes umwandelt[127] (weitere Gründe in GA 159.1.2.1 [o, p]). Der Wechsel in eine **Transfergesellschaft** oder aus einer solchen zur Aufnahme einer selbständigen Tätigkeit, die Anspruch auf Gewährung eines **Gründungszuschuss** vermittelt, stellt gleichfalls einen wichtigen Grund iSd § 159 SGB III dar (GA 159.1.2.1 [m, n]).

60c **dd) Ehe und Kindererziehung.** Die Aufgabe einer Beschäftigung zur Herstellung einer **ehelichen Lebensgemeinschaft** (GA 159.1.2.1 [j]) oder **Erziehungsgemeinschaft** (GA 159.1.2.1 [k]) stellt regelmäßig einen wichtigen Grund dar, wenn der Arbeitslose die bisherige Arbeitsstelle von der gemeinsamen Wohnung nicht in zumutbarer Zeit (§ 140 IV SGB III; → Rn. 21) erreichen kann;[128] entsprechendes wird für die eingetragene Lebenspartnerschaft gelten. Der Zuzug zu einem Partner einer bestehenden eheähnlichen Gemeinschaft wird nur dann als wichtiger Grund anerkannt, wenn es sich um eine ernsthafte Lebensgemeinschaft handelt (BSG: Bestand etwa drei Jahre;[129] nach GA 159.1.2.1 [l] ist ein Jahr ausreichend) und sich der Arbeitslose vor der Kündigung seines Beschäftigungsverhältnisses so intensiv um eine andere Arbeit in der Nähe des gemeinsamen Wohnorts bemüht hat, dass dadurch sein Bedürfnis nach einem engeren Zusammenleben dokumentiert wird.[130] Die erstmalige Herstellung einer ernsthaften und auf Dauer angelegten Erziehungsgemeinschaft durch Zuzug mit dem minderjährigen Kind zum nichtehelichen Partner bildet unabhängig davon, ob es sich bei dem Partner um ein leibliches Elternteil handelt, einen wichtigen Grund, wenn Gründe des Kindeswohls dies

---

[119] BSG 18.2.1987 SozR 4100 § 119 Nr. 30.
[120] BSG 12.9.2019 SozR 4–4300 § 330 Nr. 8; 12.10.2017 SozR 4–4300 § 159 Nr. 4.
[121] BSG 12.9.2017 SozR 4–4300 § 159 Nr. 3 = NZS 2018, 533.
[122] *Peter* ArbuR 2007, 56; SG Berlin 27.2.2006 ArbuR 2007, 54.
[123] BSG 21.10.2003 SozR 4–4300 § 144 Nr. 4.
[124] BSG 12.7.2006 AP Nr. 8 zu § 144 SGB III = NZA 2006, 1359; 17.11.2005 SozR 4–4300 § 144 Nr. 11; aA BSG 17.10.2002 SozR 3–4300 § 144 Nr. 12 (Abwarten der Kündigung grundsätzlich zumutbar).
[125] BSG 13.8.1986 SozR 4100 § 119 Nr. 28 = NZA 1987, 180.
[126] BSG 29.11.1989 SozR 4100 § 119 Nr. 36.
[127] BSG 26.10.2004 SozR 4–4300 § 144 Nr. 9 = AP Nr. 6 zu § 144 SGB III.
[128] BSG 29.11.1988 SozR 4100 § 119 Nr. 34 = NZA 1989, 616; 12.11.1981 SozR 4100 § 119 Nr. 17.
[129] BSG 29.4.1998 SozR 3–4100 § 119 Nr. 15.
[130] BSG 17.10.2002 SozR 3–4100 § 119 Nr. 26; 29.4.1998 SozR 3–4100 § 119 Nr. 15.

erfordern;[131] unschädlich ist es, wenn der Umzug zum Wohl des Kindes auf den Schuljahreswechsel vorgezogen wird.[132]

60d **ee) Persönlicher Bereich.** Anerkannt sind weiterhin Gründe aus dem persönlichen Bereich des AN, wie etwa religiöse Gründe oder solche, die einen Gewissenskonflikt auslösen (GA 159.1.2.1 [i]), zB ein Kirchenaustritt[133] oder die Herstellung oder Wartung von Kriegsmaterial durch einen Kriegsdienstverweigerer.[134] Daneben werden regelmäßig solche Umstände, die nach §§ 36 I, 121 SGB III die Unzulässigkeit bzw. Unzumutbarkeit eines Arbeitsangebots ausmachen, einen wichtigen Grund zur Aufgabe der (unzumutbaren) Beschäftigung darstellen. Jedoch muss sich der AN vor der Lösung seines Beschäftigungsverhältnisses regelmäßig um eine Beseitigung der Beeinträchtigung ggf. mit dem AG bemühen. Dies gilt nicht, wenn die Abhilfe keine Erfolgsaussicht hat.[135] Auch **krankheitsbedingte Einschränkungen** der Leistungsfähigkeit können die Aufgabe der Beschäftigung rechtfertigen (GA 159.1.2.1 [e]); allerdings ist zum Nachweis ein amtsärztliches Attest empfehlenswert. Die Eigenkündigung oder der Abschluss eines Aufhebungsvertrags zur Pflege eines Angehörigen kann einen wichtigen Grund darstellen (GA 159.1.2.1 [g]). Schließlich können Berufswahlentscheidungen die Beendigung eines Arbeits- bzw. Berufsausbildungsverhältnisses (GA 159.1.2.1 [h, p]) rechtfertigen.[136]

61 **c) Feststellungslast.** Nach § 159 I 1 SGB III wird unter den dort genannten Voraussetzungen eine Sperrzeit verhängt, wenn der AN für das sperrzeitbegründende Verhalten keinen wichtigen Grund hatte. Nach der Rspr. des BSG hat die Arbeitsverwaltung die Feststellungslast für das Vorliegen der Voraussetzungen für den Eintritt einer Sperrzeit. Hierzu zählte das Gericht auch das Vorliegen der tatsächlichen Voraussetzungen dafür, dass der Arbeitslose für sich keinen sperrzeitausschließenden wichtigen Grund geltend machen konnte.[137] Dies war für die Arbeitsverwaltung trotz der nach § 20 SGB X bestehenden Amtsermittlungspflicht dann schwierig bzw. nahezu unmöglich, wenn sich der Arbeitslose auf Gründe berief, die in seiner persönlichen Sphäre lagen. Nunmehr regelt § 159 I 2 SGB III, dass der Arbeitslose die für die Beurteilung des wichtigen Grunds maßgebenden Tatsachen darzulegen und ggf. zu beweisen hat, wenn diese in seiner Sphäre oder seinem Verantwortungsbereich liegen. Nach der Gesetzesbegründung soll die Beweislastumkehr für alle Sperrzeittatbestände gelten; sie ist daher nicht nur auf die Gründe beschränkt, die zur Arbeitsaufgabe geführt haben, sondern greift auch, wenn der Arbeitslose eine ihm angebotene Arbeit wegen fehlender Zumutbarkeit ablehnt. Die Regelung betrifft insbesondere die (deutlich) verspätete Angabe wichtiger Gründe durch den Arbeitslosen. Jedoch trifft die Beweislast bei einer Sperrzeit wegen Arbeitsaufgabe für die fehlende Wirksamkeit der fiktiven Arbeitgeberkündigung nach wie vor die Arbeitsverwaltung.

62 **5. Dauer. a) Sperrzeit wegen Arbeitsaufgabe. aa) Regeldauer.** Die Dauer der Sperrzeit bei Arbeitsaufgabe beträgt regelmäßig 12 Wochen (§ 159 III 1 SGB III). Die Sperrzeit beginnt mit dem Tag nach dem Ereignis, das die Sperrzeit begründet oder mit dem Ende einer bereits zuvor verhängten Sperrzeit. Die Regeldauer von 12 Wochen kann sich verkürzen, wenn **(1)** das Arbeitsverhältnis kurze Zeit später ohnehin ohne den Eintritt einer Sperrzeit geendet hätte (§ 159 III 2 Nr. 1, 2 lit. a SGB III) oder **(2)** sie für den Arbeitslosen eine besondere Härte darstellen würde (→ Rn. 63). Eine gesetzlich nicht vorgesehene Verkürzung der Sperrzeit auf die Dauer der durch die Lösung des Beschäftigungsverhältnisses verursachten längeren Arbeitslosigkeit ist daneben auch bei verfassungskonformer Auslegung des § 159 III 2 Nr. 1 SGB III nicht möglich.[138] Auch die vorgezogene Verkürzung des Beschäftigungsverhältnisses durch eine Eigenkündigung um nur einen Tag kann den Eintritt einer sechswöchigen Sperrzeit rechtfertigen.[139]

63 **bb) Verkürzung bei besonderer Härte.** Eine besondere Härte iSv § 159 III 2 Nr. 2 lit. b SGB III liegt vor, wenn nach den Umständen des Einzelfalls die Regeldauer im Hinblick auf die für den Eintritt der Sperrzeit maßgebenden Tatsachen objektiv als unverhältnismäßig anzusehen ist. Die Beurteilung richtet sich allein nach den für den Eintritt der Sperrzeit maßgebenden Tatsachen; außerhalb des Sperrzeittatbestands liegende sowie nach Eintritt des sperrzeitbegrün-

---

131 BSG 17.10.2007 SozR 4–4300 § 144 Nr. 16.
132 BSG 17.11.2005 SozR 4–4300 § 144 Nr. 10.
133 LSG RhPf 30.3.2006 ArbuR 2006, 448.
134 BSG 18.2.1987 SozR 4100 § 119 Nr. 30.
135 BSG 6.2.2003 SozR 4–4100 § 119 Nr. 1 = NZA 2003, 658.
136 BSG 13.3.1990 SozR 3–4100 § 119 Nr. 2 = NZA 1990, 956.
137 Vgl. BSG 25.4.2002 ArbuR 2002, 239; 26.11.1992 SozR 3–4100 § 119 Nr. 7.
138 BSG 5.2.2004 SozR 4–4300 § 144 Nr. 7 = AP Nr. 4 zu § 144 SGB III.
139 BSG 14.9.2010 – B 7 AL 33/09 R.

denden Ereignisses eintretende Umstände sind nicht berücksichtigungsfähig. Daneben sind nach der Rspr. auch die rechtlichen Folgewirkungen, die mit dem Eintritt einer Regelsperrzeit verbunden sind, und die Grundsätze der Verhältnismäßigkeit und des Übermaßverbots zu beachten.[140] Zur Annahme einer Härte können nicht nur die für den Eintritt der Sperrzeit maßgebenden Tatsachen, sondern auch Umstände persönlicher bzw. wirtschaftlicher Art gehören, die zwar von ihrem Gewicht her nicht den Eintritt der Sperrzeit hindern, jedoch aufgrund der Besonderheiten des Einzelfalles eine Sperrzeit von einer Regeldauer als besonders hart erscheinen lassen.[141] Zu den für den Eintritt der Sperrzeit maßgebenden Tatsachen kann bei Vorliegen der vorstehend genannten Voraussetzungen der **unverschuldete (Rechts-)Irrtum** des AN gehören, für die Ablehnung eines Arbeitsangebotes einen wichtigen Grund zu haben. Das setzt allerdings voraus, dass der Rechtsirrtum des AN durch die konkrete Auskunft einer hiermit vertrauten Stelle – idR einer Dienststelle der Arbeitsverwaltung – hervorgerufen oder gestützt wurde.[142] Als Härtefälle kommen zB in Betracht: eine unzureichende oder bewusst **falsche Information** durch eine ansonsten zuverlässige Stelle,[143] die Fehlbeurteilung der eigenen gesundheitlichen Leistungsfähigkeit, soweit der AN keine entspr. Belehrung erfahren hat; Geringfügigkeit der Verfehlungen, die zur Kündigung geführt haben[144] sowie besondere Umstände, den Arbeitsplatz aufzugeben, wie zB unbefriedigende Wohnverhältnisse.

64 **cc) Rechtsfolge: Ruhen und Anspruchsverkürzung.** Während einer Sperrzeit ruht der Anspruch auf Alg. (§ 159 II 2 SGB III), der Arbeitslose erhält keine Leistungen. Daneben mindert sich die Anspruchsdauer für den Anspruch auf Alg. um die Tage der Sperrzeit. Bei einer Sperrzeit von 12 Wochen beträgt die Kürzung des Anspruchs jedoch mindestens ¼ der Gesamtanspruchsdauer des Alg. (§ 148 I Nr. 4 SGB III), was insbesondere für ältere AN zu einer über 12 Wochen hinausgehenden Schmälerung ihrer Ansprüche führt. Der Anspruch auf Alg. entfällt nach näherer Maßgabe des § 161 SGB III, wenn gegen den Arbeitslosen **mehrere Sperrzeiten** von insgesamt 21 Wochen verhängt werden, er zwischenzeitlich noch keine erneute Anwartschaft auf Alg. erworben hatte, über den möglichen Eintritt einer 2. Sperrzeit und die Rechtsfolgen von der AA belehrt worden ist[145] und bereits ein Bescheid über die vorangegangene (frühere) Sperrzeit vorliegt;[146] zum Krankengeldanspruch → Rn. 89.

65 **b) Dauer bei anderen Sperrzeiten.** Die Dauer der Sperrzeit wegen Arbeitsablehnung, Ablehnung einer beruflichen Eingliederungsmaßnahme oder Abbruchs einer beruflichen Eingliederungsmaßnahme richtet sich nach der Staffelung in § 159 IV SGB III und beträgt zwischen drei und zwölf Wochen. Die Dauer einer Sperrzeit bei unzureichenden Eigenbemühungen beträgt zwei Wochen, die einer Sperrzeit bei Meldeversäumnis oder verspäteter Arbeitsuchendmeldung eine Woche (§ 159 V–VII SGB III). Nach § 148 I Nr. 3 SGB III verkürzt sich die Anspruchsdauer für das Alg. für die Zeit einer Sperrzeit nach § 159 IV SGB III, sodass der Anspruch auf Alg. stets um die Dauer der Sperrzeit gemindert wird.

66 **6. Vermeidung von Sperrzeiten. a) Verzögerte Antragstellung.** Der AN kann den Eintritt einer Sperrzeit nicht dadurch vermeiden, dass er Alg. erst für die Zeit beansprucht, in der er ohnedies aufgrund der Kündigung arbeitslos gewesen wäre. Ob der Versichertengemeinschaft ein Schaden zugeführt wird, ist ohne Bedeutung.[147] Gleiches gilt, wenn er den Antrag auf Alg. erst dann stellt, wenn bei einer Sperrzeit wegen Arbeitsaufgabe die 12-Wochen-Frist abgelaufen ist, in der der Anspruch auf Alg. ohnehin ruht. Der Arbeitslose kann lediglich die Verkürzung der Anspruchsdauer (§ 148 I Nr. 4 SGB III) dadurch verhindern, dass er den Antrag auf Alg. erst nach Ablauf eines Jahres stellt (§ 148 II 2 SGB III). Die Arbeitsverwaltung ist insoweit zur ordnungsgemäßen Beratung des Arbeitslosen bei der Antragstellung (§ 137 II SGB III) verpflichtet; bei Verstößen muss der Anspruchsteller nach dem sozialrechtlichen Herstellungsanspruch so behandelt werden, als hätte er seinen Arbeitslosengeldantrag erst zu einem Zeitpunkt gestellt, zu dem der Eintritt einer Sperrzeit nicht mehr zu einer Minderung der Anspruchsdauer führt.[148]

---

140 BSG 4.9.2001 SozR 3–4100 § 119 Nr. 22 = AP Nr. 7 zu § 119 AFG.
141 BSG 26.3.1998 SozR 3–4100 § 119 Nr. 14 = AP Nr. 5 zu § 119 AFG.
142 BSG 5.6.1997 SozR 3–1500 § 144 Nr. 12.
143 BSG 22.4.1997 SozR 3–1500 § 160a Nr. 23; 13.3.1997 SozR 3–4100 § 119 Nr. 11.
144 BSG 21.7.1988 SozR 4100 § 119 Nr. 32.
145 Dazu BSG 27.6.2019 SozR 4–4300 § 159 Nr. 7; 13.5.1987 SozR 4100 § 119 Nr. 31.
146 BSG 27.6.2019 SozR 4–4300 § 159 Nr. 8.
147 BSG 20.1.2000 AP Nr. 6 zu § 119 AFG = NZA 2000, 644; 5.8.1999 SozR 3–4100 § 119 Nr. 17.
148 BSG 5.8.1999 SozR 3–4100 § 119 Nr. 17.

b) Arbeitsgerichtlicher Vergleich. Die Arbeitsverwaltung ist hinsichtlich der tatsächlichen Voraussetzungen für den Eintritt einer Sperrzeit nicht an einen gerichtlichen Vergleich gebunden.[149] Beruht die Kündigung auf verhaltensbedingten Gründen, ist es rechtlich ohne Bedeutung, wenn in einem Vergleich ausdrücklich vereinbart wird, dass der Kündigungsausspruch aus betriebs- oder personenbedingten Gründen erfolgt ist;[150] gleiches gilt, wenn die Parteien vereinbaren, dass die ursprünglichen Vorwürfe „widerrufen" bzw. „zurückgenommen" oder nicht aufrechterhalten werden. Vielmehr müssen die Sozialgerichte von Amts wegen das Vorliegen der Voraussetzungen des § 159 I 2 Nr. 1 SGB III prüfen.[151] 66a

IV. Ruhen des Arbeitslosengelds wegen einer Entlassungsentschädigung

1. Einführung. Der Anspruch auf Alg. ruht, wenn die ordentliche Kündigungsfrist nicht eingehalten und wegen der Beendigung des Arbeitsverhältnisses eine Abfindung oder ähnliche Leistung an den AN gezahlt wird[152] (§ 158 SGB III). Rechtssystematisch liegt der Regelung die Überlegung zugrunde, dass eine gezahlte Abfindung bei Nichteinhaltung der Kündigungsfrist durch den AG typischerweise Arbeitsentgeltanteile enthält. Diese müssen vom AN vorrangig eingesetzt werden und vor der Inanspruchnahme der Versicherungsleistung (Alg.) verbraucht sein. Durch die Anrechnung einer Entlassungsentschädigung wird nur der Eintritt des Versicherungsfalls (Arbeitslosigkeit) zeitlich hinausgeschoben, im Gegensatz zu einer Sperrzeit führt die Anrechnung nicht zu einer Verkürzung der Anspruchsdauer. Wird hingegen die Kündigungsfrist eingehalten, wird selbst bei Eintritt einer Sperrzeit eine vereinbarte Entlassungsentschädigung nicht angerechnet, eine § 117a AFG entsprechende Regelung ist nicht in das SGB III aufgenommen worden. Zum Krankenversicherungsschutz → Rn. 89. 67

2. Der Tatbestand des § 158 SGB III. a) Anrechnung. Eine Anrechnung auf das Alg. erfolgt, wenn der Arbeitslose **(1)** eine Abfindung, Entschädigung oder ähnliche Leistung erhalten oder zu beanspruchen hat **(2)** wegen der Beendigung des Arbeitsverhältnisses und **(3)** das Arbeitsverhältnis ohne Einhaltung einer der ordentlichen Kündigungsfrist des AG entsprechenden Frist beendet worden ist (§ 158 I SGB III). Der Anspruch ruht auch, wenn der AN langfristig krank war und bei Beendigung des Arbeitsverhältnisses keine Entgeltansprüche mehr bestanden.[153] 68

b) Entlassungsentschädigung. aa) Begriff. Entlassungsentschädigungen sind Zahlungen, die der AG des Beschäftigungsverhältnisses an den ausscheidenden AN zahlt. Zwischen der Zahlung und der Beendigung des Arbeitsverhältnisses muss ein Kausalzusammenhang bestehen. Daneben muss das Arbeitsverhältnis vorzeitig beendet werden. Der Begriff der Entlassungsentschädigung umfasst die Zahlung einer Entschädigung für den Verlust des sozialen Besitzstandes, aber auch für das zukünftig zu erwartende niedrigere Alg. oder Arbeitsentgelt. 69

bb) Kausalzusammenhang. Als Entlassungsentschädigung gelten nach der zur inhaltsgleichen Vorgängervorschrift (§ 117 II 1 AFG) ergangenen Rspr. alle im Zusammenhang mit einer vorzeitigen Beendigung des Arbeitsverhältnisses gewährten Leistungen, unabhängig von ihrer Bezeichnung, dem Zweck der Leistung, ihrer Fälligkeit und davon, ob sie auf Raten oder in einer Summe gezahlt werden, sofern nur ein ursächlicher Zusammenhang zwischen der Beendigung des Arbeitsverhältnisses und der Gewährung der Leistung besteht.[154] Für das Ruhen des Anspruchs ist es ausreichend, dass eine Abfindung wegen der Beendigung des Arbeitsverhältnisses gezahlt wird und die Kündigungsfrist nicht eingehalten wird. Nicht erforderlich ist das Bestehen eines ursächlichen Zusammenhangs gerade zwischen der Nichteinhaltung der ordentlichen Kündigungsfrist und der Abfindung.[155] Hat der Arbeitslose aus unterschiedlichen Gründen eine Entlassungsentschädigung erhalten oder zu beanspruchen, werden die entsprechenden Beträge zusammengerechnet. 70

Nicht zu den Entlassungsentschädigungen zählen **Leistungen,** die nicht wegen, sondern **anlässlich der Beendigung des Beschäftigungsverhältnisses** gezahlt werden. Dies sind Ver- 71

[149] BSG 6.3.2003 SozR 4–4300 § 144 Nr. 2; BAG 23.7.2015 NZA-RR 2015, 628.
[150] BSG 3.6.2004 SozR 4–4300 § 123 Nr. 2.
[151] BSG 27.4.2011 – B 11 AL 11/11 B.
[152] Zur Verfassungsmäßigkeit: BSG 17.10.2007 SozR 4–4300 § 144 Nr. 17 = NZA-RR 2008, 383.
[153] BSG 20.1.2000 SozR 3–4100 § 117 Nr. 20 = AP Nr. 18 zu § 117 AFG.
[154] BSG 15.11.1984 NZA 1985, 438.
[155] BSG 21.9.1995 SozR 3–4100 § 117 Nr. 12 = AP Nr. 13 zu § 117 AFG.

gütungszahlungen, die der Arbeitslose als Gegenleistung für seine erbrachte Arbeitsleistung beanspruchen kann und alle sonstigen Zahlungen, die sich auf die Zeit vor Beendigung des Arbeitsverhältnisses beziehen. Gleiches gilt für solche Zahlungen, mit denen der Arbeitslose unabhängig von der erfolgten Beendigung des Arbeitsverhältnisses rechnen konnte.[156] Nicht angerechnet werden zB Leistungen, die nicht vom Ausscheiden des AN aus dem Arbeitsverhältnis abhängig sind, sondern die davon unabhängig zu einem von vornherein bestimmten oder bestimmbaren Zeitpunkt gewährt werden. Dies trifft zB zu für Treueprämien bei Erreichen eines bestimmten Alters und einer bestimmten Betriebszugehörigkeit. Keine Entlassungsentschädigungen iSd § 158 SGB III sind Erfindervergütungen, rückständige Vergütung, Urlaubsabgeltungsbeträge, anteilige einmalige Leistungen, soweit sie erarbeiteter Arbeitslohn sind und Aufwendungsersatz. Nicht angerechnet werden auch Karenzentschädigungen nach den §§ 74 ff. HGB oder Schadensersatzansprüche nach § 113 InsO. Bei ihnen handelt es sich um Entgelt für die Einhaltung des Wettbewerbsverbots bzw. Schadensersatzleistungen für die Zeit nach Ablauf der ordentlichen Kündigungsfrist.

72 **cc) Einzelfälle.** Zu den Entlassungsentschädigungen zählen zB Rentenzahlungen aus einer **betrieblichen Altersversorgung,** auf die im Ausscheidenszeitpunkt kein Anspruch bestand,[157] Ausgleichszahlungen in Zusammenhang mit einem **Betriebsübergang** (§ 613a BGB),[158] **Übergangsgeld** bzw. **Übergangsbeihilfe,**[159] **Schadensersatzansprüche** aufgrund einer berechtigten fristlosen Kündigung des Arbeitslosen wegen vertragswidrigen Verhaltens des AG (§ 628 II BGB),[160] **Abfindungen** in einem gerichtlichen Auflösungsurteil[161] (§§ 9, 10 KSchG) oder nach § 1a KSchG,[162] Sozialplanabfindungen,[163] **Beträge,** deren Höhe zum Zeitpunkt des Ausscheidens des AN **noch unbestimmt** sind, weil sie zB von der Dauer der Arbeitslosigkeit oder von der Höhe des Alg. oder sonstigem Einkommen abhängig sind, die nicht vom AG selbst, sondern von einem **Dritten,** zB einer betrieblichen Sozialeinrichtung, **erbracht werden,** sowie **Darlehen** oder eine **Befreiung** des AN **von Darlehensansprüchen Dritter,** wenn zwischen AG und AN Einigkeit besteht, dass der Betrag nicht rückzahlbar ist.[164]

73 **c) Ruhen des Anspruchs auf Arbeitslosengeld. aa) Vorzeitige Beendigung.** Abfindungen führen nur zum Ruhen, wenn das Arbeitsverhältnis vorzeitig beendet worden ist, also zu einem Zeitpunkt, zu dem der AG das Arbeitsverhältnis nicht beenden konnte. Kein Ruhen tritt ein bei einer Beendigung des Arbeitsverhältnisses durch eine fristgemäße Kündigung oder durch eine Befristung. Hingegen führt eine Verkürzung der ordentlichen Kündigungsfrist auch dann zu einem Ruhen, wenn der Arbeitslose Alg. erst zu einem Zeitpunkt beantragt, in dem er ohnehin arbeitslos gewesen wäre.[165]

74 **bb) Normstruktur. (1) Normalfall.** § 158 I 1 SGB III betrifft den Grundfall, dass für den AG (arbeitsrechtlich) eine ordentliche Kündigung möglich ist, aber bei der Auflösung des Arbeitsverhältnisses die für die ordentliche Kündigungsfrist geltende Frist nicht eingehalten wird. Hierunter ist diejenige Frist zu verstehen, die der Kündigende nach gesetzlicher, kollektivvertraglicher oder einzelvertraglicher Regelung für seine Kündigungserklärung einhalten muss, um ein unbefristetes Arbeitsverhältnis einseitig beenden zu können.[166] In diesen Fällen geht der Gesetzgeber typisierend davon aus, dass eine wegen der Beendigung gewährte Abfindung Ersatz für ausgefallenes Arbeitsentgelt enthält bzw. die Abfindung teilweise zum Ausgleich von Arbeitsentgelt gewährt wird, das der Arbeitslose verdient hätte, wenn die ordentliche Kündigungsfrist eingehalten worden wäre. Deshalb ruht der Anspruch auf Alg. für die Dauer der nicht eingehaltenen Kündigungsfrist (vom Ende des Arbeitsverhältnisses bis zu dem Tag, an dem es bei Einhaltung der ordentlichen Kündigungsfrist geendet hätte).

74a **(2) Besonderheit. (a) Kündigungsausschluss.** § 158 I 3, 4 SGB III betrifft bestimmte Fallgruppen, in denen die ordentliche Kündigung kraft Gesetzes oder Kollektiv- bzw. Einzelvertrags

[156] BSG 25.10.1989 SozR 4100 § 117 Nr. 26.
[157] BSG 22.2.1984 SozR 4100 § 118 Nr. 13.
[158] BSG 8.12.1987 SozR 4100 § 117 Nr. 21 = NZA 1988, 443.
[159] *Düwell* FA 1997, 8 (9).
[160] BSG 13.3.1990 SozR 3–4100 § 117 Nr. 2 = NZA 1990, 956.
[161] BSG 8.12.1987 SozR 4100 § 117 Nr. 21 = NZA 1988, 443.
[162] BSG 8.12.2016 SozR 4–4300 § 143a Nr. 3 = NZS 2017, 310.
[163] BSG 29.8.1991 SozR 3–4100 § 117 Nr. 6 = NZA 1992, 387.
[164] BSG 3.3.1993 SozR 4100 § 117 Nr. 10.
[165] BSG 5.8.1999 NZA-RR 2000, 553.
[166] BSG 21.6.2018 – B 11 AL 13/17 R.

uneingeschränkt oder eingeschränkt ausgeschlossen ist. In derartigen Fällen hat der Gesetzgeber im Hinblick auf die Vermeidung des Doppelbezugs von Arbeitsentgelt und Alg. anstelle fehlender Kündigungsfristen für den AG (arbeitsförderungsrechtlich) Kündigungsfristen fingiert, deren jeweilige Dauer nach der Intensität des erreichten Kündigungsstatus gestaffelt ist und jeweils anzeigt, inwieweit das Arbeitsverhältnis bei Nichteinhaltung dieser Frist als „vorzeitig" beendet gilt.

(b) Zeitlich unbegrenzter Kündigungsausschluss. Ist die ordentliche Kündigung für den AG (arbeitsrechtlich[167]) zeitlich uneingeschränkt ausgeschlossen (zB bei einzelvertraglicher oder tariflicher Unkündbarkeit), so gilt gem. § 158 I 3 Nr. 1 SGB III eine Kündigungsfrist von 18 Monaten, die dem erreichten Status eines ordentlich Unkündbaren Rechnung trägt. Wird diese Frist nicht eingehalten, ruht der Anspruch auf Alg. vom Ende des Arbeitsverhältnisses bis zu dem Tag, an dem dieses bei Einhaltung der genannten (fingierten) Kündigungsfrist geendet hätte. **74b**

(c) Zeitlich befristeter Kündigungsausschluss. Ist die ordentliche Kündigung für den AG (arbeitsrechtlich) zeitlich befristet ausgeschlossen (1. Alt., zB nach § 15 KSchG) oder ist eine der ordentlichen Kündigungsfrist des AG entsprechende (Auslauf-)Frist nur deshalb einzuhalten, weil die (besonderen) Voraussetzungen für eine fristgebundene Kündigung aus wichtigem Grund vorliegen (2. Alt.), so gilt – arbeitsförderungsrechtlich – die ordentliche Kündigungsfrist, die ohne den Ausschluss der ordentlichen Kündigung gegolten hätte (§ 158 I 3 Nr. 2 SGB III). **74c**

(d) Kündigungsmöglichkeit bei Zahlung einer Abfindung. Ist die ordentliche Kündigung nur mit der Einschränkung „bei Zahlung einer Abfindung" möglich, so gilt gem. § 158 I 4 SGB III eine Kündigungsfrist von einem Jahr. Wird diese (fingierte) Kündigungsfrist nicht eingehalten und ist damit das Arbeitsverhältnis iSv § 158 I 1 und 2 SGB III „vorzeitig" aufgelöst, ruht das Alg. vom Ende des Arbeitsverhältnisses bis zu dem Tag, an dem dieses bei Einhaltung dieser fingierten Frist geendet hätte. § 158 I 4 SGB III erfasst ausschließlich den Fall, in dem die ordentliche Kündigung für den AG einzelvertraglich oder durch eine Kollektivvereinbarung ausgeschlossen ist und die ordentliche Kündigungsmöglichkeit in den vorgenannten Bestimmungen lediglich bei Zahlung einer Abfindung wiedereröffnet wird; die Zahlung einer Abfindung in einem Auflösungsvertrag ist nicht ausreichend.[168] Allerdings ist die einjährige Kündigungsfrist teleologisch auf die Dauer der ordentlichen Kündigungsfrist des AG zu reduzieren, wenn ohne die Möglichkeit der ordentlichen Kündigung wegen des Sozialplans zugleich die Voraussetzungen für eine fristgebundene Kündigung aus wichtigem Grund vorgelegen hätten (→ Rn. 74c 2. Alt.); in diesem Fall gilt die ordentliche Kündigungsfrist (§ 158 I 3 Nr. 2 SGB III).[169] **74d**

cc) Berechnung der ordentlichen Kündigungsfrist. Nach § 158 I 1 SGB III ruht der Anspruch auf Alg. von dem tatsächlichen Ende des Arbeitsverhältnisses an bis zu dem Tag, an dem es bei Einhaltung der ordentlichen Kündigungsfrist geendet hätte. Es tritt kein Ruhen ein, wenn bei einer zunächst nicht fristgerecht ausgesprochenen Kündigung ein Beendigungszeitpunkt gewählt wird, der auch bei ordentlicher Kündigung eingetreten wäre. Zu den ordentlichen Kündigungsfristen gehören auch besondere Kündigungsfristen aufgrund eines Gesetzes (zB § 113 InsO), Tarifvertrags, Betriebsvereinbarung und Einzelarbeitsvertrags. Ist die Kündigungsfrist nicht eindeutig, ist sie von der Arbeitsverwaltung zu ermitteln; maßgeblich ist dabei die rechtlich zutreffende Kündigungsfrist. Hat der Arbeitslose noch Urlaubsabgeltung zu beanspruchen, verlängert sich der Ruhezeitraum entsprechend (§ 158 I 5 SGB III). **75**

dd) Berechnung der längsten Ruhensdauer. (1) Grundsatz: Ablauf der ordentlichen Kündigungsfrist. Grundsätzlich ruht der Anspruch bis zum vollständigen Ablauf der (nicht eingehaltenen) Kündigungsfrist. Zugunsten des Arbeitslosen wird dieser Zeitraum durch die § 158 II SGB III enthaltenen Bestimmungen zeitlich begrenzt. Diese sind **76**

- die **Höchstdauer** von einem Jahr nach Beendigung des Arbeitsverhältnisses (§ 158 II 1 SGB III; → Rn. 77);
- der **berücksichtigungsfähige Zeitraum** bei Zahlung einer Abfindung (§ 158 II 2 Nr. 1, 3 SGB III; → Rn. 78);
- eine Beendigung aufgrund einer vereinbarten **Befristung** des Arbeitsverhältnisses (§ 158 II 2 Nr. 2 SGB III; → Rn. 80);

[167] BSG 17.12.2013 SozR 4–4300 § 143a Nr. 2.
[168] BSG 30.8.2018 – B 11 AL 16/17 R, NZS 2019, 157.
[169] BSG 9.2.2006 SozR 4–4300 § 143a Nr. 1.

– der Zeitpunkt zu dem der AG (nicht: der AN) berechtigt war, das Arbeitsverhältnis durch **Kündigung aus wichtigem Grund** zu beenden (§ 158 II 2 Nr. 3 SGB III; → Rn. 81).

76a **(2) Mehrere Begrenzungen. (a) Zusammentreffen mehrerer Begrenzungen.** Bei Zusammentreffen mehrerer zeitlicher Begrenzungen ist diejenige maßgeblich, nach der das Ruhen zum frühestmöglichen Zeitpunkt endet.

77 **(b) Einjahreszeitraum.** Nach § 158 II 1 SGB III ruht der Anspruch längstens ein Jahr nach der Beendigung des Arbeitsverhältnisses.

78 **(c) Verbrauch der einzusetzenden Abfindung.** Nach § 158 II 2 Nr. 1 SGB III ruht der Anspruch auf Alg. nicht über den Tag hinaus, bis zu dem der Arbeitslose bei Weiterzahlung des während der letzten Beschäftigungszeit kalendertäglich verdienten Arbeitsentgelts einen Betrag in Höhe von 60% der nach Absatz 1 zu berücksichtigenden Entlassungsentschädigung als Arbeitsentgelt verdient hätte (berücksichtigungsfähiger Zeitraum). Der anzurechnende Anteil vermindert sich nach längerer Beschäftigung und höherem Lebensalter (§ 158 II 3 SGB III). Nach einer von der BA erarbeiteten Tabelle ergeben sich folgende Prozentsätze:

	Lebensalter bei Beendigung des Arbeitsverhältnisses					
	unter 40 Jahre	ab 40 Jahre	ab 45 Jahre	ab 50 Jahre	ab 55 Jahre	ab 60 Jahre
Betriebszugehörigkeit						
weniger als 5 Jahre	60%	55%	50%	45%	40%	35%
5 und mehr Jahre	55%	50%	45%	40%	35%	30%
10 und mehr Jahre	50%	45%	40%	35%	30%	25%
15 und mehr Jahre	45%	40%	35%	30%	25%	25%
20 und mehr Jahre	40%	35%	30%	25%	25%	25%
25 und mehr Jahre	35%	30%	25%	25%	25%	25%
30 und mehr Jahre		25%	25%	25%	25%	25%
35 und mehr Jahre			25%	25%	25%	25%

79 **Beispiel für die Berechnung des Ruhenszeitraums nach § 158 II 1 Nr. 1, 3 SGB III (Normalfall):** Ein 30-jähriger AN verdient 3 000 EUR monatlich, dies entspricht einem Bemessungsentgelt von 100 EUR kalendertäglich. Er beendet sein Arbeitsverhältnis vor Ablauf von 2 Jahren Betriebszugehörigkeit durch Abschluss eines Aufhebungsvertrags am 31. März 2021; die ordentliche Kündigungsfrist wäre erst am 30. April 2021 abgelaufen. Im Aufhebungsvertrag wird eine Abfindung von 3 000 EUR vereinbart. Anrechenbar nach § 158 II 1 Nr. 1 SGB III sind 60% der Bruttoabfindung, dies entspricht 1 800 EUR. Der Anspruch auf Alg. ruht dementsprechend für 18 Kalendertage (1 800 : 100 = 18) bis einschließlich zum 18. April 2021, danach endet der Ruhenszeitraum nach § 158 SGB III und der Bezug von Alg. beginnt.

80 **(d) Befristung.** Der Anspruch auf Alg. ruht nicht über den Tag hinaus, an dem das Arbeitsverhältnis infolge einer Befristung, die unabhängig von der Vereinbarung über die Beendigung des Arbeitsverhältnisses bestanden hat, geendet hätte. Gedacht ist an solche Fälle, bei denen das Arbeitsverhältnis befristet war und dem AN die Möglichkeit zur Verlängerung des Arbeitsverhältnisses eingeräumt worden ist, sowie jene Fälle, die sich aus § 78a BetrVG ergeben, soweit während der Befristung das Arbeitsverhältnis noch einmal gekündigt oder im Wege der Vereinbarung beendet worden ist. Wird also zB ein Mitglied der Jugendvertretung zu Unrecht fristlos gekündigt, ruht der Anspruch auf Alg. längstens bis zum Auslaufen des Ausbildungsverhältnisses, wenn es von dem Recht zur Übernahme in ein Dauerarbeitsverhältnis keinen Gebrauch macht.

81 **(e) Kündigungsmöglichkeit aus wichtigem Grund.** Nach § 158 I 2 Nr. 3 SGB III ruht das Alg. nicht über den Tag hinaus, an dem der AG das Arbeitsverhältnis aus wichtigem Grund ohne Einhaltung einer Kündigungsfrist hätte kündigen können. Ohne Bedeutung ist, ob der AN zur Kündigung einen wichtigen Grund hatte. Der Gesetzgeber geht von der Vorstellung aus, dass ein AG im Falle berechtigter außerordentlicher Kündigung regelmäßig keine Abfindung zahlt; nach seiner Vorstellung findet die Vorschrift dann keine Anwendung, wenn unkündbare

AN, zB aufgrund eines Sozialplans, eine Abfindung erhalten.[170] Ob ein Grund zur fristlosen Kündigung vorliegt, ist ggf. im Verfahren vor den Sozialgerichten von Amts wegen zu prüfen, es findet also ein fiktiver Kündigungsschutzprozess statt.

ee) Beispiel für das Zusammentreffen von Sperrzeit und Ruhenszeiträumen. **82**

(1) Der AG und ein 55 Jahre alter AN, dem tariflich nicht mehr ordentlich gekündigt werden kann, schließen nach 25-jähriger Betriebszugehörigkeit am 31.3.2021 einen Aufhebungsvertrag zum 30.6.2021. Der AN hat in den letzten Jahren im Durchschnitt 3 067,74 EUR verdient. Er erhält eine Abfindung von 30 677,40 EUR brutto. Der Ruhenszeitraum wird durch drei Rechenschritte ermittelt:

(2) Da eine ordentliche Kündigung durch Tarifvertrag ausgeschlossen ist, gilt ab dem Beendigungszeitpunkt eine fiktive Kündigungsfrist von 18 Monaten zum 30.9.2022.

(3) Der Anspruch auf Alg. ruht maximal für ein Jahr nach Beendigung des Beschäftigungsverhältnisses, im Beispielsfall vom 1.7.2021 bis zum 30.6.2022.

(4) Der Anspruch ruht nur, bis die berücksichtigungsfähige Abfindung verbraucht ist. Dies sind nach der Tabelle in → Rn. 78 vorliegend 25%, dies entspricht 7 669,35 EUR. Zur Ermittlung des Zeitraums, bis zu dem der Betrag von 7 669,35 EUR verbraucht ist, wird das zuletzt erzielte monatliche Arbeitsentgelt von 3 067,74 EUR geteilt durch 30 Kalendertage, dies ergibt ein kalendertägliches Arbeitsentgelt von 102,26 EUR. Die zu berücksichtigende Abfindung von 7 669,35 EUR wird nun geteilt durch das kalendertägliche Arbeitsentgelt, das ergibt einen berücksichtigungsfähigen Zeitraum von 75 Tagen (1.7.2021 bis zum 13.9.2021).

(5) Ergebnis: Der Arbeitslose erhält daher ab dem 14.9.2021 Alg.

(6) Hatte der AN für den Abschluss des Aufhebungsvertrags keinen wichtigen Grund, tritt für 12 Wochen vom 1.7.–23.9.2021 eine **Sperrzeit** wegen Arbeitsaufgabe ein; Sperrzeit- und Ruhenszeiträume laufen insoweit parallel. Zur Krankenversicherungspflicht → Rn. 89.

3. Anspruchsübergang und arbeitsgerichtlicher Vergleich. Vereinbarungen über den Beendigungszeitpunkt sind nur eingeschränkt gegenüber der Arbeitsverwaltung wirksam. So haben Vereinbarungen, mit denen der Beendigungszeitpunkt zurückverlegt wird, dann keine Wirkung gegenüber Sozialversicherungsträgern, wenn das Arbeitsverhältnis unstreitig fortbestand, gesicherte Entgeltansprüche bestanden, die bereits übergegangen waren und die Parteien den Anspruchsübergang kannten. Hat der AG aufgrund der Überleitungsanzeige Vergütungsbestandteile an die BA abzuführen, sind diese regelmäßig von den an den AN zu erbringenden Leistungen abzuziehen.[171] Es bedarf daher einer ausdrücklichen Regelung in einem Vergleich, wenn eine Abfindung im Kündigungsschutzprozess entgegen § 158 SGB III nicht um die auf die BA übergegangenen Ansprüche gekürzt werden soll, sondern diese vom AG zu tragen sind.[172] Allerdings kann die Arbeitsverwaltung durch Genehmigung der Zahlung die befreiende Wirkung von Zahlungen des AG an den Arbeitslosen und damit dessen Erstattungspflicht nach § 158 IV 2 SGB III auslösen.[173] Macht die BA geltend, ein Teil der zwischen AG und AN vereinbarten Abfindung für den Verlust des Arbeitsplatzes sei wegen der Gewährung von Alg. auf sie übergegangen, so sind für die gegen den AN gerichtete Klage auf Zustimmung zur Auszahlung des vom AG hinterlegten Betrages die Gerichte für Arbeitssachen zuständig.[174] **83**

V. Sonstige Ruhenstatbestände des Anspruchs auf Arbeitslosengeld

1. Allgemeines. Der Anspruch des Arbeitslosen ruht in vier Fällen, die in §§ 156–160 SGB III aufgezählt sind. **84**

2. Andere Sozialleistungen.[175] Der Anspruch auf Alg. ruht während der Zeit, für die dem Arbeitslosen ein Anspruch auf folgende Leistungen zuerkannt ist: **(a)** Berufsausbildungsbeihilfe für Arbeitslose, **(b)** Krankengeld, Versorgungskrankengeld, Verletztengeld, Mutterschaftsgeld oder Übergangsgeld, **(c)** Rente wegen voller Erwerbsminderung aus der gesetzlichen Renten- **85**

[170] BSG 9.2.2006 SozR 4–4300 § 143a Nr. 1.
[171] BAG 9.10.1996 AP Nr. 9 zu § 115 SGB X = NZA 1997, 376.
[172] BAG 25.3.1992 AP Nr. 12 zu § 117 AFG = NZA 1992, 1081.
[173] BSG 14.9.1990 SozR 3–4100 § 117 Nr. 3 = NZA 1991, 365.
[174] BAG 12.6.1997 AP Nr. 49 zu § 2 ArbGG 1979 = NZA 1997, 1070.
[175] VO über das Ruhen von Entgeltersatzleistungen nach dem SGB III bei Zusammentreffen mit Versorgungsleistungen der Sonderversorgungssysteme v. 22.12.1997 (BGBl. I 3359) zul. geänd. 20.12.2011 (BGBl. I 2854).

versicherung, **(d)** Altersrente aus der gesetzlichen Rentenversicherung oder Knappschaftsausgleichsleistung oder ähnliche Leistungen öffentlich-rechtlicher Art[176] (§ 156 I SGB III). Aus § 156 II SGB III ergeben sich dabei eine Reihe von Besonderheiten der Ruhenstatbestände.

86 **3. Arbeitsentgelt und Urlaubsabgeltung. a) Arbeitsentgelt.** Nach § 157 I SGB III ruht der Anspruch auf Alg. während der Zeit, für die der Arbeitslose Arbeitsentgelt erhält oder zu beanspruchen hat. Die Vorschrift beruht auf dem Grundgedanken, dass Alg. als Lohnersatz nicht benötigt wird, wenn der Arbeitslose noch Vergütungsansprüche hat. Allerdings führt nur solches Entgelt zum Ruhen, das für dieselbe Zeit gezahlt wird oder zu zahlen ist, in der Alg. beantragt wird. Hat der Arbeitslose vor Entstehung seines Leistungsanspruchs (§ 136 SGB III) einen bestimmten Endtermin für das Arbeitsverhältnis vereinbart und gleichzeitig für eine bestimmte Zeit auf Arbeitsentgelt verzichtet,[177] ist § 157 I SGB III nicht anwendbar. Ist zB das Arbeitsverhältnis am 10. März zum 30. Juni gekündigt und haben die Parteien am 30. März vereinbart, dass der AN bis zum 30. Juni nur das halbe Gehalt bezieht, so ruht der Anspruch auf Alg., da Entgeltansprüche bestehen. Haben sie hingegen vereinbart, dass er nur bis zum 31. Mai Gehalt bezieht, ruht der Anspruch nur bis zum 31. Mai, anschließend kann Alg. gewährt werden, sofern keine Sperrzeit eintritt. Erlässt der AN dem AG vor Entstehung des Anspruchs auf Alg. Ansprüche auf Arbeitsentgelt, ist dieser Erlass wirksam, und § 157 I SGB III ist nicht anzuwenden.

87 **b) Urlaubsabgeltung.** Der Anspruch ruht auch, wenn der Arbeitslose wegen der Beendigung des Arbeitsverhältnisses noch eine Urlaubsabgeltung (§ 157 II SGB III) oder eine nach Art. 5 EG-VO Nr. 883/2004 (→ Rn. 3) vergleichbare Leistung[178] zu beanspruchen hat; der Bezug der Urlaubsabgeltung verlängert allerdings das Beschäftigungsverhältnis nicht.[179] Der Ruhenszeitraum beginnt mit dem Ende des die Urlaubsabgeltung begründenden Arbeitsverhältnisses und läuft kalendermäßig ab. Bezieht der AN während des Ruhezeitraums Krankengeld, verschiebt sich der Ruhezeitraum nicht bis zum Ende des Krankengeldbezugs. Der AN erhält sowohl Urlaubsabgeltung als auch Krankengeld.[180] Die Zahlung einer Urlaubsabgeltung führt auch dann zum Ruhen des Anspruchs auf Alg., wenn das Arbeitsverhältnis formal fortbesteht.[181] Der arbeitsrechtliche Anspruch auf Schadensersatz wegen eines im Verzug des AG untergegangenen Urlaubsanspruchs ist keine Urlaubsabgeltung iSd § 157 II SGB III.[182]

88 **4. Arbeitskampf.** Die Regelung bei Arbeitskämpfen ist Gegenstand verfassungsrechtlicher Nachprüfung gewesen.[183] In § 160 SGB III sind die Regelungen unter Berücksichtigung der Vorgaben des BVerfG zusammengefasst (→ § 194 Rn. 44, 50).

VI. Sozialversicherungsschutz beim Bezug von Arbeitslosengeld

89 **1. Krankenversicherung und Pflegeversicherung. a) Tatsächlicher Leistungsbezug.** Während des Bezugs von Alg. sind die AN in der gesetzlichen Kranken- und Pflegeversicherung pflichtversichert (§ 5 I Nr. 2 SGB V, § 20 I Nr. 2 SGB XI). Dies gilt auch im Fall der Gleichwohlgewährung (§ 157 III SGB III), wenn sich nachträglich herausstellt, dass das Beschäftigungsverhältnis nicht bzw. nicht mehr bestanden hat. Der Krankenversicherungsschutz besteht nur bei tatsächlichem Leistungsbezug. Es ist dabei ohne Belang, ob ein Anspruch auf Alg. materiell besteht und aus welchen Gründen die Leistungsgewährung unterblieben ist. Dementsprechend besteht kein Versicherungsschutz, wenn das Alg. allein wegen Anrechnung einer Entlassungsentschädigung (§ 158 SGB III) ruht. Im Gegenzug entfällt der Krankenversicherungsschutz dann nicht, wenn die Leistungen zu Unrecht gewährt worden sind und von der Arbeitsverwaltung zurückgefordert werden.[184]

90 **b) Übernahme der Beiträge.** Die Beiträge für die Krankenversicherung des Arbeitslosen trägt allein die Arbeitsverwaltung (§ 251 IVa SGB V, § 59 I SGB XI). Der Beitrag wird auf Grundlage von 80% des der Bemessung des Alg. zugrunde liegenden Arbeitsentgelts berechnet

[176] BSG 23.10.2014 SozR 4–4300 § 142 Nr. 5 = NZS 2015, 154 (Ruhegehalt als Soldat).
[177] Vgl. BAG 10.5.1978 AP Nr. 25 zu § 794 BGB.
[178] BSG 17.3.2016 SozR 4–4300 § 143 Nr. 2.
[179] BSG 4.3.2014 SozR 4–2500 § 5 Nr. 22.
[180] BAG 17.11.2010 AP Nr. 2 zu § 143 SGB III = NZA 2011, 288.
[181] BSG 23.1.1997 SozR 3–4100 § 117 Nr. 14.
[182] BSG 21.6.2001 SozR 3–4100 § 117 Nr. 24 = NZA-RR 2002, 275.
[183] BVerfG 4.7.1995 AP Nr. 4 zu § 116 AFG = NZA 1995, 754.
[184] BSG 25.1.1995 SozR 3–2400 § 26 Nr. 6.

(§ 232a I 1 Nr. 1 SGB V). Bei unrechtmäßigem Leistungsbezug kommt neben der Rückforderung der überzahlten Leistungen auch eine Rückforderung der Kranken- und Pflegeversicherungsbeiträge in Betracht.

c) Ausnahmen: Sperrzeit und Urlaubsabgeltung. Von dem Erfordernis des tatsächlichen Leistungsbezugs machen die § 5 I Nr. 2 SGB V, § 20 I Nr. 2 SGB XI eine teilweise Ausnahme für Zeiten, in denen der Anspruch auf Alg. ausschließlich wegen einer Sperrzeit ruht. Die Pflichtversicherung nach den § 5 I Nr. 2 SGB V, § 20 I Nr. 2 SGB XI tritt erst mit Beginn des zweiten Monats nach Beginn der Sperrzeit ein. Bis zu diesem Zeitpunkt haben zuvor in der gesetzlichen Krankenversicherung versicherte Arbeitslose den sog. nachgehenden Krankenversicherungsschutz aus dem (beendeten) Arbeitsverhältnis nach § 19 II SGB V. Dieser beträgt einen Monat nach dem Ende der durch die Beschäftigung vermittelten Mitgliedschaft und umfasst die Sachleistungen der Krankenversicherung. Er ist allerdings nur subsidiär gegenüber einem anderen bestehenden Krankenversicherungsschutz.[185] Nach den § 5 I Nr. 2 SGB V, § 20 I Nr. 2 SGB XI besteht darüber hinaus Kranken- und Pflegeversicherungsschutz ab dem 2. Monat, wenn der Anspruch auf Alg. wegen einer Urlaubsabgeltung ruht. Für den Versicherungsschutz nach den § 5 I Nr. 2 SGB V, § 20 I Nr. 2 SGB XI ist stets erforderlich, dass sich der Arbeitslose bei der Arbeitsverwaltung arbeitslos gemeldet und einen Antrag auf Alg. gestellt hat. Nach der Verwaltungspraxis der BA besteht Krankenversicherungsschutz nach § 5 I Nr. 2 SGB V auch, wenn Ruhenszeiträume wegen einer Sperrzeit mit solchen nach § 158 SGB III zusammentreffen. 91

Während einer Sperrzeit ruht auch der Anspruch auf **Krankengeld** (§ 49 I Nr. 3 SGB V). Der Versicherte erhält jedoch das Krankengeld während einer Sperrzeit weitergezahlt, wenn der Anspruch vor dem Sperrzeiteintritt, zB noch während des laufenden Arbeitsverhältnisses entstanden ist.[186] 92

d) Private Krankenversicherung. Durch den Bezug von Alg. tritt Versicherungspflicht in der gesetzlichen Krankenversicherung auch dann ein, wenn der Arbeitslose zuvor versicherungsfrei war, zB nach § 6 I Nr. 1 SGB V (Überschreiten der Jahresarbeitsentgeltsgrenze). Dieser Personenkreis kann den privaten Krankenversicherungsvertrag bei Eintritt der Arbeitslosigkeit vorzeitig kündigen (§ 13 III MB/KK 2009, § 27 SGB XI). Die bisher privat Versicherten können sich auch für die Fortsetzung ihres Versicherungsvertrags entscheiden. Eine Befreiung auf Antrag von der mit dem Bezug von Alg. eintretenden Versicherungspflicht ist möglich, wenn die Versicherungsfreiheit zuvor 5 Jahre bestanden hat, die Krankenversicherung fortgesetzt wird und der gesetzlichen Krankenversicherung entsprechende Leistungen erbringt (§ 8 I Nr. 1a, § 6 I Nr. 1, VI SGB V). In diesem Fall trägt die Arbeitsverwaltung die Beiträge für die Krankenversicherung nach Maßgabe des § 174 II SGB III.[187] Gleiches gilt für Personen, die in der gesetzlichen Krankenversicherung nach § 6 IIIa SGB V versicherungsfrei sind (Lebensalter über 54 Jahre, keine gesetzliche Versicherung in den letzten 5 Jahren vor Eintritt der Arbeitslosigkeit). Die Ausführungen gelten sinngemäß auch für die Pflegeversicherung, auch insoweit werden die Beiträge nach § 174 SGB III von der Arbeitsverwaltung übernommen. 93

e) Freiwillige Versicherung während Ruhenszeiten nach § 158 SGB III. Insbesondere bei Ruhen des Anspruchs auf Alg. wegen Anrechnung einer Entlassungsentschädigung (§ 158 SGB III) besteht wegen des fehlenden Leistungsbezugs kein Krankenversicherungsschutz über die Arbeitsverwaltung. Bei Bestehen einer Familienversicherung (§ 10 SGB V, § 25 SGB XI) ist dies für den Arbeitslosen unschädlich, da er Kranken- und Pflegeversicherungsschutz über die Familienversicherung erhält. Gleiches gilt im Ergebnis, wenn der Arbeitslose freiwillig versichert ist und die Versicherung während der Arbeitslosigkeit fortgeführt wird. Insbesondere für die zuvor in der gesetzlichen Krankenversicherung Versicherten kann während des Ruhenszeitraums erforderlich sein, dass sie sich zur Vermeidung von Lücken im Krankenversicherungsschutz freiwillig weiterversichern (§ 9 I Nr. 1 SGB V). Der Beitritt ist dabei der Krankenkasse innerhalb von drei Monaten nach Beendigung der bisherigen Mitgliedschaft anzuzeigen (§ 9 II SGB V). 94

2. Rentenversicherung. Die Berücksichtigung von Zeiten der Arbeitslosigkeit in der Rentenversicherung richtet sich nach den § 3 S. 1 Nr. 3, § 4 III 1 Nr. 1 SGB VI. Nach der letztgenannten Bestimmung können auch vor der Arbeitslosigkeit nicht pflichtversicherte Personen auf Antrag in die gesetzliche Rentenversicherung aufgenommen werden. Für Zeiten der Arbeitslosigkeit und Krankheit werden während des Leistungsbezugs von der BA regelmäßig Beiträge gezahlt (§ 170 I Nr. 2b SGB VI), die sich aus 80% des Bemessungsentgelts berechnen (§ 166 I 95

[185] BSG 4.3.2014 SozR 4–2500 § 5 Nr. 22.
[186] BSG 14.3.1985 SozR 4100 § 105b Nr. 3 = NZA 1985, 676.
[187] BSG 19.2.2013 – B 11 AL 94/12 B (Verfassungsmäßigkeit bejaht).

Nr. 2 SGB VI). Sind die Versicherten zum Zeitpunkt des Beginns der Arbeitslosigkeit von der Versicherungspflicht nach § 6 I Nr. 1 SGB VI (Mitgliedschaft in einer berufsständischen Versorgungseinrichtung) oder § 231 I, II SGB VI befreit, erstattet die Arbeitsverwaltung die Beiträge nach Maßgabe des § 173 SGB III. Während eines Ruhenszeitraums nach den §§ 156 ff. SGB III besteht keine Versicherungspflicht, da diese an den Leistungsbezug anknüpft und eine § 5 I Nr. 2 SGB V entsprechende Regelung fehlt. Bei fehlendem Leistungsbezug von Alg. ist die Zeit der Arbeitslosigkeit als Anrechnungszeit in der Rentenversicherung nach § 58 I Nr. 3, II SGB VI berücksichtigungsfähig (Meldung als Arbeitsuchender, Leistungsbezug einer öffentlich-rechtlichen Leistung bzw. fehlender Leistungsbezug wegen berücksichtigungsfähigen Einkommens oder Vermögens; Unterbrechung der versicherungspflichtigen Tätigkeit). Ruhenszeiten wegen einer Sperrzeit werden rentenrechtlich als Überbrückungszeit behandelt.

96 **3. Unfallversicherung.** Nach § 2 I Nr. 14 SGB VII ist ein Arbeitsloser nach der Antragstellung auf dem Weg zur AA in der gesetzlichen Unfallversicherung versichert, sofern er einer besonderen, an ihn gerichteten Aufforderung zum Aufsuchen der AA oder einer anderen Stelle nachkommt. Tätigkeiten, die im Zusammenhang mit nur allgemeinen Hinweisen, Empfehlungen oder Aushändigung von Merkblättern stehen, begründen keinen Unfallversicherungsschutz (BT-Drs. 13/2204, 75). Um eine besondere Aufforderung wird es sich jedenfalls dann handeln, wenn der Arbeitslose zu einer persönlichen Vorsprache bzw. Vorstellung aufgefordert wird.[188] Daneben besteht eine Versicherungspflicht in der Unfallversicherung für Arbeitslosen, die an einer Maßnahme teilnehmen, wenn die Person selbst oder die Maßnahme über die BA gefördert wird.

VII. Gleichwohlgewährung von Arbeitslosengeld

97 **1. Einführung.** Nach § 157 I SGB III ruht der Anspruch auf Alg. während der Zeit, für die der Arbeitslose Arbeitsentgelt erhält oder zu beanspruchen hat. Die Vorschrift beruht auf dem Grundgedanken, dass Alg. als Lohnersatz nicht benötigt wird, wenn der Arbeitslose noch Vergütungsansprüche hat und diese auch durchsetzen kann. Erhält der Arbeitslose kein Arbeitsentgelt, ist die Arbeitsverwaltung trotz eines bestehenden Beschäftigungsverhältnisses zur Bewilligung von Alg. verpflichtet, wenn die übrigen Voraussetzungen für die Bewilligung gegeben sind (sog. Gleichwohlgewährung). Diese soll dem Arbeitslosen die für seinen Lebensunterhalt erforderlich Mittel zur Verfügung stellen, insoweit geht die Arbeitsverwaltung in Höhe des geleisteten Alg. in Vorleistung.

98 **2. Voraussetzungen.** Die Gleichwohlgewährung steht nicht im Ermessen der Arbeitsverwaltung, liegen die Voraussetzungen des § 157 III SGB III vor, besteht ein Anspruch auf entsprechende Leistungen. Dieser entsteht, wenn der AN zum Fälligkeitszeitpunkt kein Arbeitsentgelt vom AG erhält und mit einer Zahlung nicht zu rechnen ist. Der Arbeitslose muss dazu sämtliche Voraussetzungen für die Bewilligung von Alg. erfüllen (Arbeitslosigkeit, Arbeitslosmeldung und Bestehen einer Anwartschaft). Der Bestand eines Arbeitsverhältnisses ist für die Gleichwohlgewährung ohne Bedeutung, wenn der AN tatsächlich von seinem AG nicht beschäftigt wird, da insoweit Beschäftigungslosigkeit vorliegt. Wird der AN beschäftigt und zahlt der AG die Vergütung nicht, können für den Zeitraum der unterbliebenen Lohnzahlung keine Leistungen nach § 157 III SGB III gewährt werden, da es an dem Merkmal der Beschäftigungslosigkeit fehlt. Die Gleichwohlgewährung kommt insbesondere in Betracht während der Dauer eines Kündigungsschutzprozesses,[189] da wegen der Erhebung der Kündigungsschutzklage nicht feststeht, ob das Arbeitsverhältnis beendet worden ist. Weiterhin können Leistungen nach § 157 III SGB III auch beansprucht werden, bei einem Streit um die Begründung eines Arbeitsverhältnisses, einem Betriebsübergang, wenn der AN tatsächlich nicht beschäftigt wird oder wenn der AG den AN während der Dauer der Kündigungsfrist ohne Fortzahlung der Vergütung freistellt.

99 **3. Anspruchsübergang.** Gewährt die Arbeitsverwaltung nach § 157 III SGB III Alg., geht der Anspruch des AN auf Arbeitsentgelt in Höhe der erhaltenen Leistungen auf die Arbeitsverwaltung über (§ 115 SGB X). Ein gesonderter Feststellungsbescheid ist nicht erforderlich, ebenso ist ohne Belang, ob die Arbeitsvertragsparteien den Forderungsübergang kannten. Der AN verliert durch den Anspruchsübergang seine Gläubigerstellung und kann über die übergegangenen

[188] BSG 11.11.2001 SozR 3–2700 § 2 Nr. 3.
[189] Vgl. BSG 8.12.1987 SozR 4100 § 117 Nr. 21 = BB 1988, 1827.

Teile seiner Vergütung nicht mehr verfügen.[190] Der Forderungsübergang steht daher auch einer gerichtlichen Geltendmachung entgegen, da dem AN insoweit die Aktivlegitimation fehlt; nur ein bereits rechtshängiger Anspruch kann wegen § 265 II ZPO in Prozessstandschaft weiterverfolgt werden, jedoch muss der Anspruchsteller wegen der veränderten materiellen Rechtslage die Leistung an den Rechtsnachfolger verlangen.[191] Der AG kann der Arbeitsverwaltung alle Einwendungen gegenüber geltend machen, die er gegenüber dem AN geltend machen könnte (zB Anspruchsuntergang wegen einer Ausschlussfrist). Von dem gesetzlichen Anspruchsübergang nicht mit erfasst werden die auf die übergegangenen Vergütungsteile entfallenden Sozialversicherungsbeiträge, diese muss der AG nur erstatten, wenn er zur Zahlung der Sozialversicherungsbeiträge verpflichtet war und diese zunächst von der BA getragen wurden (§ 335 III, V SGB III). Nur in dem verbleibenden Umfang kann der AN seine Forderung gegen den AG gerichtlich durchsetzen. Hat der AG in Unkenntnis des Anspruchsübergangs an den AN gezahlt, kann die Arbeitsverwaltung durch die Genehmigung die befreiende Wirkung von Zahlungen des AG an den Arbeitslosen und damit dessen Erstattungspflicht herbeiführen.[192] Sind aufgrund des Forderungsübergangs vom AG Leistungen an die Arbeitsverwaltung zu erbringen, können diese regelmäßig mit den an den AN zu erbringenden Leistungen verrechnet werden;[193] zum arbeitsgerichtlichen Verfahren auch → Rn. 83.

4. Anspruchsverkürzung. Die Gleichwohlgewährung führt zur Minderungsdauer eines nachfolgenden Anspruchs auf Alg. Die Minderung unterbleibt, wenn der AG der Arbeitsverwaltung die gezahlten Alg.-Beträge zuzügl. der darauf entfallenden Sozialversicherungsbeiträge erstattet (§ 148 III SGB III). Dem steht es gleich, wenn diese für die Zeit der Arbeitslosengeldgewährung einen Anspruch auf Insolvenzgeld erlangt.[194] Die Minderung tritt auch ein, wenn der Anspruch zwar auf die Arbeitsverwaltung übergegangen ist, diese den Anspruch gegenüber dem AG aber nicht geltend macht, obwohl ihr dies möglich ist. Das BSG hält für diesen Fall offenbar eine Klage des AN gegen den AG auf Zahlung des übergegangenen Arbeitsentgelts an die Arbeitsverwaltung für zulässig;[195] nach anderer Ansicht soll sich die Bezugsdauer des Alg. nach den Grundsätzen des sozialrechtlichen Herstellungsanspruchs verlängern; möglich ist auch eine Ermächtigung des AN zur gerichtlichen Geltendmachung der übergegangenen Vergütungsansprüche durch die BA.[196] 100

§ 24. Arbeitsförderungsrechtliche Regelungen beim Arbeitslosengeld II

Übersicht

I. Arbeitsvermittlung

1. Vorbemerkung. Die im Zweiten Buch Sozialgesetzbuch (SGB II) geregelte Grundsicherung für Arbeitsuchende war wesentlicher Inhalt des Vierten Gesetzes für moderne Dienstleistungen am Arbeitsmarkt. Sie soll nach dem gesetzgeberischen Willen **(1)** die Eigenverantwortung von erwerbsfähigen Leistungsberechtigten und Personen, die mit ihnen in einer Bedarfsgemeinschaft leben, stärken und dazu beitragen, dass sie ihren Lebensunterhalt unabhängig von der Grundsicherung aus eigenen Mitteln und Kräften bestreiten können sowie **(2)** erwerbsfähige Leistungsberechtigte bei der Aufnahme oder Beibehaltung einer Erwerbstätig- 1

[190] BAG 23.9.1981 – 5 AZR 527/79, ZIP 1981, 1364; LAG Hamm 19.2.1988 NZA 1988, 773.
[191] LAG Hamm 11.10.2000 BB 2001, 787 für den Anspruch auf KAUG.
[192] BSG 14.9.1990 SozR 3–4100 § 117 Nr. 3 = NZA 1991, 365.
[193] BAG 9.10.1996 AP Nr. 9 zu § 115 SGB X = NZA 1997, 376.
[194] BSG 24.7.1986 SozR 4100 § 117 Nr. 16.
[195] BSG 29.11.1988 SozR 4100 § 117 Nr. 23.
[196] BAG 19.3.2008 AP Nr. 14 zu § 115 SGB X = NZA 2008, 900.

keit unterstützen und den Lebensunterhalt sichern, soweit sie ihn nicht auf andere Weise bestreiten können (§ 1 II SGB II). Die Grundsicherung umfasst nach § 1 III SGB II Leistungen zur Beendigung oder Verringerung der Hilfebedürftigkeit insbesondere durch die Eingliederung von erwerbsfähigen Personen in Arbeit und durch Sicherung ihres Lebensunterhalts.

2 **2. Leistungen der Arbeitsverwaltung. a) Grundsätze.** Leistungen zur Eingliederung in Arbeit können erbracht werden, soweit sie zur Vermeidung oder Beseitigung, Verkürzung oder Verminderung der Hilfebedürftigkeit für die Eingliederung erforderlich sind. Bei den Leistungen zur Eingliederung in Arbeit sind die Eignung, die individuelle Lebenssituation, insbesondere die familiäre Situation, die voraussichtliche Dauer der Hilfebedürftigkeit und die Dauerhaftigkeit der Eingliederung der erwerbsfähigen Leistungsberechtigten zu berücksichtigen. Vorrangig sollen Maßnahmen eingesetzt werden, die die unmittelbare Aufnahme einer Erwerbstätigkeit ermöglichen (§ 3 I SGB II). Nach § 14 II SGB II erhalten leistungsberechtigte Personen Beratung. Deren Aufgabe ist u.a. die Erteilung von Auskunft und Rat zu Selbsthilfeobliegenheiten und Mitwirkungspflichten und zur Auswahl der Leistungen im Rahmen des Eingliederungsprozesses.

3 **b) Eingliederungsleistungen.** Die AA benennt jedem erwerbsfähigen Leistungsberechtigten einen Fallmanager, der ihn und die mit ihm in einer Bedarfsgemeinschaft lebenden Angehörigen umfassend mit dem Ziel der Eingliederung in eine versicherungspflichtige Beschäftigung[1] unterstützt. Der erwerbsfähige Leistungsberechtigte schließt mit dem Fallmanager für sechs Monate eine Eingliederungsvereinbarung (§ 15 SGB II). Diese stellt einen öffentlich-rechtlichen Vertrag dar.[2] Sie erhält grundsätzlich die Leistungen, die für seine Eingliederung in Arbeit erforderlich sind: Darüber hinaus besteht eine generalklauselartige Regelung, die dem individuellen Bedarf angepasste Leistungen wie zB Schuldner- und Suchtberatung[3] oder Kinderbetreuungsleistungen ermöglicht (zu Einzelheiten §§ 16, 16a, 16c SGB II). Als weitere Eingliederungsleistungen iSd § 16 II 1 SGB II kommen auch Leistungen zur Fortsetzung einer selbständigen Erwerbstätigkeit in Betracht, wenn sie zur Eingliederung erforderlich sind und die Leistungsempfänger zum Kreis der erwerbsfähigen Leistungsberechtigten gehören.[4] Die Erforderlichkeit setzt voraus, dass der Eingliederungserfolg mit hinreichender Sicherheit eintreten wird. Durch § 16f SGB II ist schließlich die Möglichkeit zur freien Förderung geschaffen worden; § 16g SGB II regelt die Ausgestaltung der Förderungsleistungen nach dem Wegfall der Hilfebedürftigkeit.

4 **3. Beschäftigungsaufnahme. a) Zumutbare Beschäftigungen.** Nach § 10 I SGB II ist dem Leistungsberechtigten jede Arbeit zumutbar, es sei denn, einer der dort aufgeführten Ausnahmetatbestände liegt zu seinen Gunsten vor. Eine Arbeit ist nicht zumutbar, wenn **(1)** der Erwerbsfähige zu der bestimmten Arbeit körperlich, geistig oder seelisch nicht in der Lage ist, **(2)** die Ausübung der Arbeit ihm die künftige Ausübung seiner bisherigen überwiegenden Arbeit wesentlich erschweren würde, weil die bisherige Tätigkeit besondere körperliche Anforderungen stellt, **(3)** die Ausübung der Arbeit die Erziehung seines Kindes oder des Kindes seines Partners gefährden würde; die Erziehung eines Kindes, das das dritte Lebensjahr vollendet hat, ist in der Regel nicht gefährdet, soweit seine Betreuung in einer Tageseinrichtung oder in Tagespflege im Sinne der Vorschriften des SGB VIII oder auf sonstige Weise sichergestellt ist; die AA soll in Zusammenarbeit mit dem örtlichen Träger der Sozialhilfe darauf hinwirken, dass Erziehenden vorrangig ein Platz zur Tagesbetreuung des Kindes angeboten wird, **(4)** die Ausübung der Arbeit mit der Pflege eines Angehörigen nicht vereinbar wäre und die Pflege nicht auf andere Weise sichergestellt werden kann oder **(5)** der Ausübung der Arbeit ein sonstiger wichtiger Grund entgegensteht.

5 **b) Normierte Tatbestände.** Nach § 10 II SGB II ist eine Arbeit nicht allein deshalb unzumutbar, weil **(1)** sie nicht einer früheren beruflichen Tätigkeit des erwerbsfähigen Leistungsberechtigten entspricht, für die er ausgebildet ist oder die er ausgeübt hat, **(2)** sie im Hinblick auf die Ausbildung des erwerbsfähigen Leistungsberechtigten als geringerwertig anzusehen ist, **(3)** der Beschäftigungsort vom Wohnort des erwerbsfähigen Leistungsberechtigten weiter entfernt ist als ein früherer Beschäftigungs- oder Ausbildungsort, **(4)** die Arbeitsbedingungen ungünstiger sind als bei den bisherigen Beschäftigungen des erwerbsfähigen Leistungsberechtigten oder **(5)** sie mit der Beendigung einer Erwerbstätigkeit verbunden ist, es sei denn, es liegen

---

[1] BSG 12.12.2013 SozR 4–4200 § 16 Nr. 14.
[2] Dazu tendierend BSG 2.4.2014 BSGE 115, 210 = SozR 4–4200 § 15 Nr. 3.
[3] BSG 13.7.2010 SozR 4–4200 § 16 Nr. 5 = BSGE 106, 268 (nicht vor Eintritt der Hilfebedürftigkeit).
[4] BSG 1.6.2010 – B 4 AS 63/09 R; 23.11.2006 SozR 4–4200 § 16 Nr. 1.

begründete Anhaltspunkte vor, dass durch die bisherige Tätigkeit künftig die Hilfebedürftigkeit beendet werden kann. Eine Entlohnung unterhalb des Tariflohns oder des ortsüblichen Entgelts steht danach der Zumutbarkeit der Arbeitsaufnahme grundsätzlich nicht entgegen. Allerdings darf die Arbeit nicht gegen Gesetz oder die guten Sitten verstoßen.

4. Ablehnung von Beschäftigungsangeboten, Sperrzeit. Die Voraussetzungen und die Rechtsfolgen bei Ablehnung von zumutbaren Beschäftigungsmöglichkeiten sind in §§ 31 ff. SGB II geregelt. § 31 SGB II enthält verschiedene dem Sperrzeitrecht des SGB III (→ § 23 Rn. 49) nachgebildete Tatbestände bei Pflichtwidrigkeiten des Leistungsberechtigten; die Sanktionierung ist nur bei Kenntnis des Leistungsberechtigten von seiner Pflichtenstellung oder einer vorangegangenen Belehrung zulässig. Sanktionen kommen in Betracht **(a)** bei der Verletzung der Pflichten aus einer Eingliederungsvereinbarung (§ 15 III 3 SGB II), **(b)** der Weigerung eine zumutbare Arbeit, Ausbildung, Arbeitsgelegenheit (§ 16d SGB II; → Rn. 10) oder eine nach § 16e SGB II geförderte Arbeit aufzunehmen, fortzuführen oder deren Anbahnung durch ihr Verhalten verhindern sowie **(c)** bei Nichtantritt, Abbruch oder einem veranlassten Abbruch einer zumutbaren Maßnahme zur Eingliederung in Arbeit (§ 31 I SGB II). Eine Pflichtverletzung liegt auch vor, wenn **(d)** der Eintritt einer Sperrzeit oder eines Erlöschens des Anspruchs auf Alg. I festgestellt wird oder **(e)** die im SGB III genannten Voraussetzungen für das Eintreten einer Sperrzeit vorliegen, die das Ruhen oder Erlöschen eines Anspruchs auf Alg. I begründen (§ 31 II Nr. 3, 4 SGB II). Bei einer Pflichtverletzung nach § 31 SGB II wird das Alg. II in einer ersten Stufe um 30% des Regelbedarfs abgesenkt.[5] Im Wiederholungsfall wird die Regelleistung erneut gemindert (§ 31a I SGB II).[6] Eine Sanktion ist unzulässig, wenn der erwerbsfähige Leistungsberechtigte einen wichtigen Grund für sein Verhalten nachweist (§ 31 I 2 SGB II). Beginn und Dauer der Minderung richten sich nach § 31b SGB II. § 32 SGB II regelt die Rechtsfolgen bei einem Verstoß gegen die Melde- und Untersuchungspflicht. 6

II. Arbeitsmarktpolitische Fördermaßnahmen

1. Einstiegsgeld für Arbeitslose. Die Gewährung eines zeitlich befristeten Arbeitnehmerzuschusses (Einstiegsgeld) ist nach § 16b SGB II möglich, wenn dies zur Eingliederung in den allgemeinen Arbeitsmarkt erforderlich ist, selbst wenn die Hilfebedürftigkeit durch oder nach Aufnahme der (sozialversicherungspflichtigen) Erwerbstätigkeit entfällt. Das Einstiegsgeld wird für deren Dauer, höchstens für 24 Monate erbracht. Bei der Bemessung seiner Höhe soll die vorherige Dauer der Arbeitslosigkeit sowie die Größe der Bedarfsgemeinschaft berücksichtigt werden, in der der erwerbsfähige Leistungsberechtigte lebt. Bei dem Einstiegsgeld handelt es sich um eine Ermessensleistung. Deren Gewährung setzt voraus, dass durch die Erwerbstätigkeit der Hilfebedarf zumindest des Antragstellers prognostisch überwunden werden kann.[7] Die weiteren Einzelheiten sind in der VO zur Bemessung von Einstiegsgeld (Einstiegsgeld-Verordnung) vom 29.7.2009 (BGBl. I 2342) geregelt. 7

2. Eingliederungszuschuss für Arbeitgeber. a) Langzeitlose Arbeitnehmer. AG können für die (nicht nur geringfügige) Beschäftigung von erwerbsfähigen Leistungsberechtigten, die seit mindestens zwei Jahren arbeitslos (§ 18 SGB III) sind, durch Zuschüsse zum Arbeitsentgelt gefördert werden, wenn sie mit einer erwerbsfähigen leistungsberechtigten Person ein Arbeitsverhältnis für die Dauer von mindestens zwei Jahren begründen (§ 16e I SGB II); eine Zuweisung durch die AA erfolgt nicht. Die im Rahmen des Arbeitsverhältnisses vereinbarten Tätigkeitsinhalte müssen nicht die in § 16d SGB II genannten Kriterien Zusätzlichkeit, öffentliches Interesse und Wettbewerbsneutralität erfüllen (→ Rn. 10). Der Zuschuss beträgt im ersten Jahr des Arbeitsverhältnisses 75% bzw. im zweiten Jahr des Arbeitsverhältnisses 50% des zu berücksichtigenden Arbeitsentgelts. Bei den so begründeten Arbeitsverhältnissen ist der AG nicht von den Verpflichtungen aus dem MiLoG entbunden; § 22 IV MiLoG findet keine Anwendung (§ 16e II 4 SGB II). Während des Arbeitsverhältnisses soll eine erforderliche ganzheitliche beschäftigungsbegleitende Betreuung durch die AA oder einen durch diese beauftragten Dritten erbracht werden; in den ersten sechs Monaten hat der AG den AN in angemessenem Umfang für eine solche Betreuung unter Fortzahlung des Arbeitsentgelts freizustellen (§ 16e IV SGB II). Wird das Arbeitsverhältnis während der Förderungszeit beendet, ist der Zuschuss regelmäßig zurückzuerstatten. Eine Pflicht zum Abschluss einer Anschlussbeschäftigung sieht das Gesetz nicht vor. Andere Eingliederungsmaßnahmen aus dem Katalog der §§ 16 ff. SGB II werden 8

[5] BSG 29.4.2015 SozR 4–4200 § 31a Nr. 1 (Verfassungsmäßigkeit bejaht).
[6] Einschränkend dazu BVerfG 5.11.2019 NJW 2019, 3703; *Berlit* info also 2020, 3.
[7] BSG 5.8.2015 SozR 4–4200 § 16b Nr. 1.

durch § 16e SGB II nicht ausgeschlossen. Die Ablehnung einer durch einen Beschäftigungszuschuss geförderten Arbeit oder die Lösung eines nach § 16e I SGB II geförderten Arbeitsverhältnisses kann zum Eintritt einer Sperrzeit (→ Rn. 7; → § 23 Rn. 49) führen. Erleichterte Lösungsmöglichkeiten für das nach § 16e I SGB II begründete Arbeitsverhältnis sind nicht vorgesehen. Nach § 16e SGB II geförderte Arbeitsverhältnisse sind nur in der **Arbeitslosenversicherung** versicherungsfrei (§ 27 III Nr. 5 SGB III).

9 **b) Besonders arbeitsmarktferne Personen.** Um die sozialversicherungspflichtige Beschäftigung von sehr arbeitsmarktfernen Personen zu fördern, ist in § 16i SGB II ein besonderer Zuschuss für AG geschaffen worden. Gefördert werden Arbeitsverhältnisse mit (förderfähigen) erwerbsfähigen leistungsberechtigten Personen, die das 25. Lebensjahr vollendet haben, insgesamt mindestens sechs Jahre innerhalb der letzten sieben Jahre Leistungen nach dem SGB II erhalten haben und in dieser Zeit nicht oder nur kurzzeitig erwerbstätig waren (§ 16i III Nrn. 1–4 SGB II). Der Lohnkostenzuschuss beträgt in den ersten beiden Jahren des Arbeitsverhältnisses 100% des gesetzlichen Mindestlohns und sinkt danach um 10 Prozentpunkte jährlich bis auf 70%. Die Förderdauer beträgt bis zu fünf Jahre. Die Zuweisung des Leistungsberechtigten an den AG erfolgt durch die AA und erfolgt regelmäßig auf der Basis einer vor Arbeitsaufnahme abgeschlossenen Eingliederungsvereinbarung bzw. der in einem Verwaltungsakt nach § 15 I 6 SGB II festgelegten Bestimmungen.[8] Allerdings begründet die Zuweisung keinen (arbeitsrechtlichen) Einstellungsanspruch gegenüber dem durch die Förderung begünstigten AG. Besondere Regelungen bestehen für die **Beendigung** eines nach § 16i I SGB II begründeten Arbeitsverhältnisses (§ 16i VI SGB II). Danach soll die AA den AN umgehend abberufen, wenn sie ihn in eine zumutbare Arbeit oder Ausbildung vermitteln kann oder die Förderung aus anderen Gründen beendet wird. Der AN kann seinerseits das Arbeitsverhältnis ohne Einhaltung einer Frist kündigen, wenn er eine Arbeit oder Ausbildung aufnehmen kann, an einer Maßnahme der Berufsausbildung oder beruflichen Weiterbildung zum Erwerb eines Berufsabschlusses teilnehmen kann oder von der AA abberufen wird. Der AG kann das Arbeitsverhältnis ohne Einhaltung einer Frist kündigen, wenn der AN abberufen wird. Die **Befristung** eines Arbeitsvertrages mit dem AN ist bis zu einer Dauer von fünf Jahren zulässig, wenn dem AG ein Zuschuss nach § 16i I SGB II gewährt wird. Bis zu der Gesamtdauer von fünf Jahren ist auch die höchstens einmalige Verlängerung des Arbeitsvertrages zulässig (§ 16i VIII SGB II). Nach § 16i SGB II geförderte Arbeitsverhältnisse sind nur in der **Arbeitslosenversicherung** versicherungsfrei (§ 27 III Nr. 5 SGB III).

10 **3. Arbeitsgelegenheiten.** Erwerbsfähige Leistungsberechtigte können zur Erhaltung oder Wiedererlangung ihrer Beschäftigungsfähigkeit, die für eine Eingliederung in Arbeit erforderlich ist, in Arbeitsgelegenheiten zugewiesen werden, wenn die darin verrichteten Arbeiten zusätzlich sind, im öffentlichen Interesse liegen und wettbewerbsneutral sind (§ 16d I SGB II). Die in Betracht kommenden Tätigkeiten sind in § 16d II–IV SGB II bestimmt. Dabei können im öffentlichen Interesse liegende, zusätzliche Arbeitsgelegenheiten im sog. Sozialrechtsverhältnis geschaffen werden, für die zuzüglich zum Alg. II eine angemessene Mehraufwandsentschädigung gezahlt wird.[9] Die Zuweisung an einen Rechtsträger, der den Leistungsberechtigten tatsächlich beschäftigt, begründet regelmäßig kein Arbeitsverhältnis. Dies gilt auch dann, wenn bei der Verschaffung der Arbeitsgelegenheit die Zulässigkeitsschranken für Arbeitsgelegenheiten mit Mehraufwandsentschädigung nicht eingehalten werden. Fehlt es am Merkmal der Zusätzlichkeit, kann der Teilnehmer für die rechtsgrundlos erbrachte Arbeitsleistung vom Träger der Grundsicherung Wertersatz auf Grundlage eines öffentlich-rechtlichen Erstattungsanspruchs verlangen.[10] Hält sich der Maßnahmeträger nicht an die Bedingungen der Eingliederungsvereinbarung oder der Vereinbarung zwischen ihm und dem Leistungsträger, wirkt sich dies nur in den Rechtsverhältnissen zwischen dem Berechtigten und dem Leistungsträger einerseits und zwischen dem Maßnahmeträger und dem Leistungsträger andererseits aus.[11] Allerdings sind auf das durch Zuweisung begründete Rechtsverhältnis die Vorschriften über den Arbeitsschutz und das BUrlG mit Ausnahme der Regelungen über das Urlaubsentgelt entsprechend anzuwenden. Für Schäden bei der Ausübung ihrer Tätigkeit gelten die Grundsätze über die Arbeitnehmerhaftung (§ 16d VII SGB II); die mögliche (Höchst-)Dauer der Zuweisung in Arbeitsgelegenheiten ist in § 16 VI SGB II bestimmt.

---

[8] BSG 22.8.2013 BSGE 114, 129 = SozR 4–4200 § 16 Nr. 13.

[9] Dazu BSG 13.11.2008 BSGE 102, 73 = SozR 4–4200 § 16 Nr. 3 (keine Fahrtkostenerstattung); SozR 4–4200 § 16 Nr. 4 = BSGE 102, 201 (Umfang von 30 Stunden); zu befristungsrechtlichen Fragen → § 40 Rn. 62.

[10] BSG 13.4.2011 SozR 4–4200 § 16 Nr. 7 = BSGE 108, 116.

[11] BAG 19.3.2008 AP Nr. 5 zu § 16 SGB II = NZA 2008, 760.

III. Buch. Die Begründung des Arbeitsverhältnisses

§ 25. Stellenausschreibung und Stellensuche

Übersicht

I. Allgemeines

Grundlage der Begründung neuer Arbeitsverhältnisse ist idealerweise eine **Personalplanung,** die sich auf den gegenwärtigen und künftigen Personalbedarf in quantitativer und qualitativer Hinsicht, auf dessen Deckung im weitesten Sinne sowie auf den abstrakten Einsatz der personellen Kapazität bezieht. Zur Personalplanung gehören jedenfalls die Personalbedarfsplanung, die Personaldeckungsplanung (Personalbeschaffung, Personalabbau), die Personalentwicklungsplanung und die Personaleinsatzplanung.[1] Nach § 92 I BetrVG hat der AG den BR über die Personalplanung, insbesondere über den gegenwärtigen und künftigen Personalbedarf, sowie über die sich daraus ergebenden personellen Maßnahmen und Maßnahmen der Berufsbildung anhand von Unterlagen rechtzeitig und umfassend zu unterrichten. Dabei hat er mit dem BR über Art und Umfang der erforderlichen Maßnahmen und über die Vermeidung von Härten zu beraten (dazu → § 238 Rn. 2 ff.). 1

Der AG hat **vielfältige Möglichkeiten,** AN anzuwerben. Die Anwerbung kann zB erfolgen über innerbetriebliche Stellenausschreibungen, Stellenanzeigen auf seiner Homepage oder in Zeitungen, Einschaltung der Arbeitsagenturen, Personal-Service-Agenturen (→ § 21 Rn. 12 f.), Personalberater, Headhunter (dazu → § 51 Rn. 24 ff.) usw. Darüber hinaus bedienen sich Unternehmen bei der Personalgewinnung im Rahmen der Fach- und Führungskräftebereiche auch der Hilfe von Privatpersonen, gelegentlich auch der eigenen Mitarbeiter. Ob den Mitarbeitern für die Anwerbung Prämien gezahlt werden dürfen, ist wettbewerbsrechtlich umstritten, aber richtigerweise zu bejahen.[2] 2

II. Stellenausschreibung

1. Allgemeines. Mit einer Stellenausschreibung macht ein AG regelmäßig auf eine bei ihm vorhandene Beschäftigungsmöglichkeit aufmerksam und fordert den angesprochenen Personenkreis zu Bewerbungen auf. Je nach betrieblichem Bedürfnis enthält die Ausschreibung mehr oder weniger differenzierte Angaben zum Unternehmen, eine Beschreibung der freien Stelle einschließlich des vom AG vorausgesetzten **Anforderungsprofils** sowie die in Aussicht genommenen finanziellen Leistungen. Ziel des AG ist, aus dem Bewerberkreis denjenigen auszuwählen und einzustellen, der seinen Vorstellungen am ehesten entspricht.[3] Es unterliegt dabei grundsätzlich der freien unternehmerischen Entscheidung des AG, das Anforderungsprofil für den Arbeitsplatz festzulegen (zur Mitbestimmung des BR → § 238 Rn. 13). Im Bereich des **öffentlichen Dienstes** obliegt es dem Dienstherrn, die Dienstposten nach organisatorischen Bedürfnissen und Möglichkeiten einzurichten und näher auszugestalten. Er ist deshalb dem Grundsatz nach berechtigt, die Kriterien der Eignung, Befähigung und fachlichen Leistung in Bezug auf den Aufgabenbereich der Stelle 3

[1] BAG 6.11.1990 AP Nr. 3 zu § 92 BetrVG 1972 = NZA 1991, 358.
[2] *Schlosser* BB 2003, 47.
[3] BAG 25.1.2000 AP Nr. 15 zu § 157 BGB = NZA 2000, 879.

im Vorfeld seiner Auswahlentscheidung in einem Anforderungsprofil zu konkretisieren, sofern er dieses in Übereinstimmung mit den in Art. 33 II GG bestimmten Kriterien erstellt.[4] Die im Anforderungsprofil genannten leistungsbezogenen Auswahlkriterien müssen stets in einem engen inhaltlichen Zusammenhang mit den Anforderungen der zu besetzenden Stelle stehen, weil mit dem Anforderungsprofil die Zusammensetzung des Bewerberfelds gesteuert und eingeengt wird.[5] Ihm dürfen keine sachfremden Erwägungen zugrunde liegen.[6] Das Bestreben des öffentlichen AG, bestimmte Tätigkeiten von AN mit einer bestimmten Qualifikation ausführen zu lassen, ist von den Beschäftigten grundsätzlich hinzunehmen.[7] Die Grenzen der Gestaltungsfreiheit des Dienstherrn bei der Festlegung des Anforderungsprofils ergeben sich aus dem Prinzip der „Bestenauslese" für die zu besetzende Stelle. Fehler im Anforderungsprofil führen grundsätzlich zur Fehlerhaftigkeit des Auswahlverfahrens, weil die Auswahlerwägungen dann auf sachfremden, nicht am Leistungsgrundsatz orientierten Gesichtspunkten beruhen.[8] Diese Grundsätze gelten auch dann, wenn bei einer Gesellschaft bürgerlichen Rechts ausschließlich öffentlich-rechtliche Anstalten Gesellschafterinnen sind und sich der Gesellschaftszweck in der Wahrnehmung öffentlicher Aufgaben erschöpft.[9] Eine Stellenanzeige enthält im Regelfall keine rechtsverbindlichen Erklärungen zum Abschluss oder zum Inhalt des Arbeitsvertrags. In einer Stellenausschreibung liegt daher **kein Angebot des AG auf Abschluss eines Arbeitsvertrags,** sondern die Aufforderung auf Abgabe eines Arbeitsangebots.[10] Der Ort, an dem die Stellenanzeige veröffentlicht wird – externe Zeitschrift, Hauszeitschrift, Internet oder Schwarzes Brett – ist insoweit ohne Bedeutung.[11] – Zu **Diskriminierungsverboten des AGG** bei Stellenausschreibungen (→ § 36 Rn. 83 f.).

4 **2. Unzutreffende Angaben.** Unzutreffende Angaben in einer Stellenausschreibung können nur ausnahmsweise Schadensersatzansprüche des AN zur Folge haben. Macht ein AG in einer Stellenanzeige unrichtige Angaben über die Höhe eines zu erzielenden Mindesteinkommens und weist er in einem Vorstellungsgespräch den AN nicht darauf hin, dass das angegebene, nur durch Provisionen erzielbare Mindesteinkommen lediglich von wenigen Mitarbeitern erreicht wird, kann er im Einzelfall wegen fehlerhafter Aufklärung aus Verschulden bei Vertragsschluss (§§ 311 II, 280 BGB) haften, wenn der Bewerber dieses Einkommen nicht erzielt.[12]

5 **3. Mitbestimmung des Betriebsrats.** Nach § 93 BetrVG kann der BR verlangen, dass Arbeitsplätze, die besetzt werden sollen, allgemein oder für bestimmte Arten von Tätigkeiten vor ihrer Besetzung **innerhalb des Betriebs ausgeschrieben** werden. Die durch ein entsprechendes Verlangen ausgelöste Ausschreibungspflicht bezieht sich auch auf Arbeitsplätze, die vorübergehend mit Leiharbeitnehmern besetzt werden sollen[13] (→ § 238 Rn. 13 ff.). Kommt der AG dem nicht nach, kann der BR nach § 99 II Nr. 5 BetrVG grundsätzlich seine Zustimmung zu einer personellen Maßnahme verweigern (→ § 241 Rn. 50).

6 **4. Bewerbungsunterlagen.** Der AN hat seine Bewerbungsunterlagen **ordnungsgemäß zusammenzustellen.** Unzutreffende Angaben oder Fälschungen von Zeugnissen können den AG nach der Einstellung gem. § 123 I BGB zur Anfechtung wegen arglistiger Täuschung berechtigen (dazu → § 34 Rn. 37 ff.). Kommt es nach Eingang der Bewerbung zu einem Vorstellungsgespräch, schriftlichen oder telefonischen Vertragsverhandlungen, entsteht ein vorvertragliches Schuldverhältnis (→ § 26 Rn. 1 ff.). Der AN kann die von ihm im Rahmen des Bewerbungsverfahrens **eingereichten Unterlagen zurückverlangen.** Erstellt der AG darüber hinaus weitere Unterlagen, wird insbesondere ein Personalfragebogen aufgenommen, ist dieser nach Abschluss des Bewerbungsverfahrens grundsätzlich zu vernichten, wenn ein Arbeitsverhältnis nicht zustande kommt. Der **Löschungsanspruch** folgt aus Art. 17 I lit. a DS-GVO, soweit diese Unterlagen in elektronische Datenbanken eingepflegt oder in einer Papier-Personalakte aufbewahrt wurden, und erfasst auch die vom AG gefertigten manuellen Aufzeichnungen über den Bewerber. Eine Papier-Akte ist eine „strukturierte Sammlung, die nach bestimmten Kriterien" zugänglich ist und damit ein „Dateisystem" iSv Art. 4 Nr. 6 DS-DVO. Bloße Notizen,

[4] BAG 28.1.2020 AP Nr. 81 zu Art. 33 Abs. 2 GG = NZA 2020, 582.
[5] BAG 10.2.2015 AP Nr. 76 zu Art. 33 Abs. 2 GG.
[6] BAG 6.5.2014 AP Nr. 75 zu Art. 33 Abs. 2 GG = NZA 2015, 446.
[7] BAG 18.3.2010 AP Nr. 228 zu § 626 BGB; 7.7.2005 AP Nr. 138 zu § 1 KSchG 1969 Betriebsbedingte Kündigung = NZA 2006, 266; einschränkend BAG 18.3.2010 AP Nr. 2 zu § 8 AGG = NZA 2010, 872.
[8] BAG 10.2.2015 AP Nr. 76 zu Art. 33 Abs. 2 GG.
[9] BAG 12.4.2016 AP Nr. 78 zu Art. 33 Abs. 2 GG mAnm *Battis* = NZA 2016, 1279.
[10] HWK/*Thüsing* BGB § 611a Rn. 153.
[11] BAG 25.1.2000 AP Nr. 15 zu § 157 BGB = NZA 2000, 879.
[12] Vgl. HessLAG 13.1.1993 NZA 1994, 884.
[13] BAG 7.6.2016 AP Nr. 12 zu § 93 BetrVG 1972 = NZA 2016, 1226.

etwa in einem Bewerbungsgespräch, die nicht Teil einer strukturierten Akte werden, fallen dagegen aus dem Anwendungsbereich der DS-GVO heraus.[14] Sie werden indes von § 26 VII BDSG erfasst.[15] Der AG kann die bei ihm vorhandenen Unterlagen noch angemessene Zeit aufbewahren, um sich gegen eine von dem abgelehnten Bewerber möglicherweise erhobene Klage zur Wehr setzen zu können. Dies folgt aus Art. 17 III lit. e DS-GVO. Mit Blick auf die Ausschlussfristen des § 15 IV AGG, § 61b ArbGG wird man ihm hierfür unter Berücksichtigung der Fristen für eine Zustellung der Klage einen Zeitraum von bis zu sechs Monaten zubilligen können.[16] Aufgrund dieser geänderten datenschutzrechtlichen Rechtslage ist die ältere Rechtsprechung, die den Löschungsanspruch auf § 1004 BGB gestützt hatte, überholt.[17]

III. Freizeit zur Stellensuche

1. Allgemeines. Nach § 629 BGB hat der AG nach der Kündigung eines dauernden Dienstverhältnisses dem AN auf Verlangen angemessene Zeit zum Aufsuchen eines anderen Dienstverhältnisses zu gewähren. Die Regelung ist **zwingend** und nicht abdingbar.[18] 7

2. Dauerndes Dienstverhältnis. Ein Anspruch auf Freizeit zur Stellensuche besteht in dauernden Arbeitsverhältnissen. Das Gesetz verwendet hier dieselbe Wortwahl wie in §§ 617, 627 und 630 BGB. Das Tatbestandsmerkmal „dauerndes Dienstverhältnis" soll eine Inanspruchnahme des AG verhindern, wenn von vornherein mit einem baldigen Stellenwechsel zu rechnen ist.[19] Ein dauerndes Arbeitsverhältnis liegt nur dann vor, wenn der Vertrag auf unbestimmte Zeit oder eine bestimmte, **längere Dauer abgeschlossen** ist oder wenn das Arbeitsverhältnis tatsächlich längere Zeit bestanden hat. Das kann auch bei einem auf längere Zeit befristeten oder auflösend bedingten Arbeitsverhältnis zutreffen. Bei einer Kündigung innerhalb einer vereinbarten **Probezeit** (→ § 40 Rn. 1 ff.) besteht der Anspruch, weil das Arbeitsverhältnis auf Dauer angelegt war. Anders ist freilich zu entscheiden, wenn die Probezeit befristet vereinbart wurde. Das Arbeitsverhältnis ist in dieser Zeit nicht auf längere Dauer abgeschlossen.[20] Nicht ausreichend ist ein **Aushilfsarbeitsverhältnis** (→ § 41 Rn. 1 ff.), weil dieses schon begrifflich nur auf eine vorübergehende Zeit angelegt ist.[21] Gem. § 10 II BBiG findet § 629 BGB auch auf **Auszubildende** Anwendung.[22] Nach § 4 I TzBfG kommt es nicht darauf an, ob der AN **vollzeit- oder teilzeitbeschäftigt** ist. Bei Teilzeitbeschäftigten kann allerdings im Einzelfall die Erforderlichkeit der Freistellung fraglich sein. 8

3. Kündigung. Der Freizeitanspruch entsteht mit der Kündigung des Arbeitsverhältnisses. Unerheblich ist, wer aus welchem Grund gekündigt hat. Bei einer Änderungskündigung entsteht der Anspruch, wenn der AN das Angebot nicht, und zwar auch nicht unter Vorbehalt annimmt.[23] § 629 BGB wird entsprechend angewendet, wenn dem AN zwar noch nicht gekündigt worden ist, ihm jedoch **dringend empfohlen** wird, eine neue Stelle zu suchen. Gleiches gilt bei **Fristablauf** eines befristeten oder eines auflösend bedingten Arbeitsverhältnisses. Maßgeblich ist der Zeitpunkt, der bei einer Kündigung zum Vertragsende als Beginn der Kündigungsfrist in Betracht käme.[24] Der Kündigung soll ein **Aufhebungsvertrag** mit Auslauffrist gleichstehen.[25] 9

4. Freizeitverlangen. Der AN hat die Freizeitgewährung rechtzeitig zu verlangen.[26] Die Freizeit ist dann vom AG zu gewähren.[27] Es gibt **kein Recht auf „Selbstbeurlaubung"**.[28] Der AG muss den AN nicht von sich aus freistellen. Der AN muss die voraussichtliche Dauer 10

[14] *Ehmann/Selmayr/Selk* DS-GVO Art. 88 Rn. 37 f.
[15] Vgl. *Kort* ZD 2017, 319 (323).
[16] Vgl. dazu *Greßlin* BB 2015, 117 (118); *Bettinghausen/Wiemers* DB 2018, 1277 (1283); Kühling/Buchner/*Maschmann* § 26 Rn. 28.
[17] Dazu BAG 6.6.1984 AP Nr. 7 zu § 611 BGB Persönlichkeitsrecht = NZA 1984, 321.
[18] MüKoBGB/*Henssler* § 629 Rn. 2; Staudinger/*Preis* BGB § 629 Rn. 5.
[19] HWK/*Sandmann* BGB § 629 Rn. 2.
[20] MüKoBGB/*Henssler* § 629 Rn. 7 f.; ErfK/*Müller-Glöge* BGB § 629 Rn. 3; Staudinger/*Preis* BGB § 629 Rn. 8; aA *Brune* AR-Blattei SD 1510 Rn. 16 zur befristeten Probezeit.
[21] MüKoBGB/*Henssler* § 629 Rn. 8; ErfK/*Müller-Glöge* BGB § 629 Rn. 2a; aA NK-ArbR/*Düwell* BGB § 629 Rn. 9.
[22] ErfK/*Müller-Glöge* BGB § 629 Rn. 2b; Staudinger/*Preis* BGB § 629 Rn. 7.
[23] NK-ArbR/*Düwell* BGB § 629 Rn. 13; MüKoBGB/*Henssler* § 629 Rn. 9; ErfK/*Müller-Glöge* BGB § 629 Rn. 3; HWK/*Sandmann* BGB § 629 Rn. 3.
[24] ErfK/*Müller-Glöge* BGB § 629 Rn. 3.
[25] Staudinger/*Preis* BGB § 629 Rn. 12; HWK/*Sandmann* BGB § 629 Rn. 3.
[26] LAG Düsseldorf 11.1.1973 DB 1973, 676.
[27] NK-ArbR/*Düwell* BGB § 629 Rn. 17.
[28] MüKoBGB/*Henssler* § 629 Rn. 19.

angeben, nicht jedoch den Namen des AG, bei dem er sich bewirbt.[29] Unerlaubte Freizeitnahme rechtfertigt idR keine außerordentliche Kündigung, wenn ein Anspruch bestand.[30] Anderes gilt, wenn der AN Freizeit nach § 629 in Anspruch genommen, diese aber nachweislich nicht zur Stellensuche verwendet hat.[31] Ein Freistellungsanspruch besteht nicht nur für **Vorstellungsgespräche,** sondern auch für etwaige **Eignungsuntersuchungen** sowie das Aufsuchen der **Agentur für Arbeit** oder einer **privaten Jobvermittlung.**[32] Insoweit ist auch § 2 II 2 Nr. 3 SGB III zu beachten.

11 Wurde dem AN bis zum Ablauf der Kündigungsfrist **Urlaub gewährt,** kann er nach der Beendigung des Arbeitsverhältnisses nicht Urlaubsabgeltung mit der Begründung fordern, er habe den Urlaub zur Stellensuche verwenden müssen.[33] Ist für die Zeit bis zum Ablauf der Kündigungsfrist Erholungsurlaub bewilligt worden, muss auf Verlangen des AN die Zweckbestimmung der Freizeitgewährung noch vor Urlaubsantritt geändert werden, wenn ansonsten die Voraussetzungen des § 629 BGB erfüllt sind.[34]

12 **5. Umfang der Freizeitgewährung.** Der AG hat dem AN **angemessene Freizeit** zu gewähren in Bezug auf Ort und Dauer, die Zahl und den Zeitpunkt der Ausgänge zur Stellensuche.[35] Der Begriff angemessen kann nur so ausgelegt werden, dass eine verständige Abwägung der beiderseitigen Interessen erfolgt.[36] Nicht nur die unbedingt und zwingend notwendige, sondern die dem Zweck entsprechende Zeit ist zu gewähren.[37] Tariflich kann der Begriff der Angemessenheit näher definiert werden.

13 **6. Vergütung der Freizeit.** Besteht ein Rechtsanspruch auf Freizeitgewährung, hat der bisherige AG die vereinbarte Vergütung gem. § 616 BGB fortzuzahlen. Das gilt allerdings nur für eine **nicht erhebliche Zeit** (→ § 97 Rn. 1 ff.). Die Freizeit zur Stellensuche ist nicht ohne Weiteres mit der „verhältnismäßig nicht erheblichen Zeit" bei vorübergehender Arbeitsverhinderung iSd Vergütungsanspruchs nach § 616 S. 1 BGB gleichzusetzen.[38] § 616 BGB ist einzel- und tarifvertraglich abdingbar. Dabei ist im Einzelfall genau zu prüfen, ob die Abbedingung auch den Freistellungsanspruch nach § 629 BGB erfasst.[39] Das hat zur Folge, dass zwar nach § 629 BGB ein Freistellungsanspruch bestehen kann, nicht aber zugleich ein entsprechender Entgeltfortzahlungsanspruch.[40]

14 **7. Verweigerung der Freizeit.** Verweigert der AG **unberechtigt** die Gewährung angemessener Zeit zur Vorstellung, kann der AN auf Gewährung klagen, eine einstweilige Verfügung erwirken, nach erfolgloser Abmahnung fristlos kündigen und nach § 628 II BGB Schadensersatz verlangen. Besteht das Arbeitsverhältnis bis zum Ablauf der Kündigungsfrist fort, folgt der Schadensersatzanspruch aus § 280 BGB. Ein Zurückbehaltungsrecht nach § 273 BGB kann nur so lange ausgeübt werden, wie noch Freistellung gewährt werden könnte. Es darf jedoch nicht die Erfüllung des Freizeitanspruchs bewirken.[41]

IV. Ersatz der Vorstellungskosten

15 **1. Voraussetzungen.** Fordert ein AG einen AN zur Vorstellung auf, hat er diesem nach §§ 670, 662 BGB ohne Rücksicht darauf, ob später ein Arbeitsverhältnis zustande kommt, die **notwendigen Auslagen zu ersetzen,** die der Bewerber den Umständen nach für erforderlich

29 ErfK/*Müller-Glöge* BGB § 629 Rn. 4.
30 LAG Düsseldorf 23.4.1963 BB 1963, 1137.
31 Staudinger/*Preis* BGB § 629 Rn. 15.
32 MüKoBGB/*Henssler* § 629 Rn. 12 f.; Staudinger/*Preis* BGB § 629 Rn. 16.
33 LAG Düsseldorf 11.1.1973 DB 1973, 676; zust. NK-ArbR/*Düwell* BGB § 629 Rn. 18; ErfK/*Müller-Glöge* BGB § 629 Rn. 5; Staudinger/*Preis* BGB § 629 Rn. 14.
34 BAG 26.10.1956 AP Nr. 14 zu § 611 BGB Urlaubsrecht; ErfK/*Müller-Glöge* BGB § 629 Rn. 5; HWK/*Sandmann* BGB § 629 Rn. 4.
35 Staudinger/*Preis* BGB § 629 Rn. 18 f.
36 MüKoBGB/*Henssler* § 629 Rn. 21.
37 MüKoBGB/*Henssler* § 629 Rn. 22; ErfK/*Müller-Glöge* BGB § 629 Rn. 7.
38 NK-ArbR/*Düwell* BGB § 629 Rn. 22; Staudinger/*Preis* BGB § 629 Rn. 22.
39 ErfK/*Müller-Glöge* BGB § 629 Rn. 12; Staudinger/*Preis* BGB § 629 Rn. 24.
40 BAG 11.6.1957 AP Nr. 1 zu § 629 BGB; 13.11.1969 AP Nr. 41 zu § 616 BGB; MüKoBGB/*Henssler* § 629 Rn. 25; HWK/*Sandmann* BGB § 629 Rn. 6.
41 NK-ArbR/*Düwell* BGB § 629 Rn. 31; MüKoBGB/*Henssler* § 629 Rn. 25; ErfK/*Müller-Glöge* BGB § 629 Rn. 8.

halten durfte.[42] Die Vereinbarung eines Vorstellungsgesprächs kann auch durch einen mit der Personalsuche beauftragten Unternehmensberater erfolgen. Dessen Erklärung ist dem AG zuzurechnen (§ 164 I BGB).[43]

Ist der AG zur Kostenübernahme nicht bereit, muss er dies rechtzeitig bei der Aufforderung zur Vorstellung unmissverständlich zum Ausdruck bringen.[44] Ein **Ausschluss der Kostenerstattung** ist noch nicht ohne Weiteres anzunehmen, wenn dem Bewerber anheimgegeben wird, sich vorzustellen, oder wenn er zur unverbindlichen Rücksprache aufgefordert wird.[45] Auch in diesem Fall geht eine Einladung von dem AG aus. Dieser bekundet ersichtlich ein Interesse an einer Anstellung. Vom AG kann auch in diesem Fall erwartet werden, dass er die Kostenübernahme vorab ausdrücklich ausschließt, wenn er zu ihr nicht bereit ist. Anders zu entscheiden ist, wenn die Äußerung des AG als freundliches Entgegenkommen zu bewerten ist, die kein erkennbares Interesse an der Anstellung deutlich macht.[46] Ist die Anregung vom Bewerber ausgegangen, reicht es aus, dass der Bewerber sich mit Wissen und Wollen des AG vorstellt.[47] Ein Ersatzanspruch besteht allerdings nicht, wenn der AN sich unaufgefordert vorstellt, etwa aufgrund einer Zeitungsanzeige oder auf Vorschlag der Agentur für Arbeit.[48] Anders zu entscheiden ist, wenn der AN auf Vermittlung der Agentur für Arbeit vom AG eingeladen wird.[49] Der Anspruch ist auch dann ausgeschlossen, wenn der Bewerber offensichtlich für die Stelle nicht in Betracht kommt oder den AG über notwendige Qualifikationen getäuscht und so den Vorstellungstermin erschlichen hat.[50] 16

2. Erstattungsfähige Kosten. Erstattungspflichtig sind alle Kosten, die der AN **nach den Umständen für erforderlich halten** konnte. Die Erforderlichkeit ist anhand eines objektiven Maßstabs mit subjektivem Einschlag zu bestimmen. Dem Bewerber steht dabei ein gewisses Ermessen zu.[51] Dabei muss er die Interessen des Unternehmens als Auftraggeber, die Höhe der Aufwendungen und deren Verhältnis zur Bedeutung der ausgeschriebenen Stelle berücksichtigen.[52] Zu den erstattungsfähigen Kosten gehören insbesondere Fahrtkosten sowie Mehrkosten für Übernachtung und Verpflegung.[53] **Reisekosten** sind grundsätzlich bis zur Höhe der Kosten eines öffentlichen Verkehrsmittels (Bahn 2. Klasse) erstattungsfähig.[54] Bei Führungskräften kommen bei längeren Fahrzeiten die Erstattung der Kosten der 1. Wagenklasse sowie im Einzelfall auch der Flugreisekosten in Betracht.[55] Diese sind auch bei längerer Anreise in Betracht zu ziehen, wenn hierdurch Übernachtungskosten vermieden werden können. Eine Absprache ist hier allerdings empfehlenswert. Kraftfahrzeugkosten sind regelmäßig bis zur Höhe der Kosten für eine Bahnfahrt 2. Klasse erstattungsfähig. Jedenfalls bei ungünstiger Bahnverbindung sind auch Kraftfahrzeugkosten nach der Steuerpauschale für Dienstreisen zu ersetzen.[56] Zu den erstattungsfähigen Kosten können bei ungünstiger Verbindung im öffentlichen Personennahverkehr auch die Kosten für ein Taxi gehören.[57] Nicht erstattungsfähig sind Unfallschäden, die auf der Fahrt zum Vorstellungstermin entstehen.[58] **Übernachtungskosten** sind nur erstattungsfähig, 17

[42] BAG 14.2.1977 AP Nr. 8 zu § 196 BGB; 29.6.1988 NZA 1989, 468.
[43] BAG 29.6.1988 NZA 1989, 468.
[44] ArbG Kempten 12.4.1994 BB 1994, 1504; MüKoBGB/*Henssler* § 629 Rn. 27; ErfK/*Müller-Glöge* BGB § 629 Rn. 13.
[45] ArbG Solingen 12.6.1991 ARST 1992, 17; MüKoBGB/*Henssler* § 629 Rn. 27; ErfK/*Müller-Glöge* BGB § 629 Rn. 13; Staudinger/*Preis* BGB § 629 Rn. 25; aA *Müller* ZTR 1990, 237 (239).
[46] MüKoBGB/*Henssler* § 629 Rn. 27.
[47] LAG Nürnberg 25.7.1995 LAGE § 670 BGB Nr. 12; MüKoBGB/*Henssler* § 629 Rn. 27; Staudinger/*Preis* BGB § 629 Rn. 25; aA *Brune* AR-Blattei SD 1770 Rn. 11; ErfK/*Müller-Glöge* BGB § 629 Rn. 13.
[48] ErfK/*Müller-Glöge* BGB § 629 Rn. 13; *Rothe* DB 1968, 1906; ausf. hierzu *Brune* AR-Blattei SD 1770 Rn. 14 ff. mwN.
[49] *Brune* AR-Blattei SD 1770 Rn. 17; MüKoBGB/*Henssler* § 629 Rn. 28.
[50] MüKoBGB/*Henssler* § 629 Rn. 28; ErfK/*Müller-Glöge* BGB § 629 Rn. 13; HWK/*Sandmann* BGB § 629 Rn. 7.
[51] MüKoBGB/*Henssler* § 629 Rn. 31.
[52] ErfK/*Müller-Glöge* BGB § 629 Rn. 14; HWK/*Sandmann* BGB § 629 Rn. 7.
[53] BAG 14.2.1977 AP Nr. 8 zu § 196 BGB; 29.6.1988 NZA 1989, 468.
[54] ErfK/*Müller-Glöge* BGB § 629 Rn. 14.
[55] Vgl. ArbG Wuppertal 28.4.1983 BB 1983, 1473; *Brune* AR-Blattei SD 1770 Rn. 41 ff.; Staudinger/*Preis* BGB § 629 Rn. 28; aA ArbG Hamburg 2.11.1994 NZA 1995, 428.
[56] Vgl. LAG Nürnberg 25.7.1995 LAGE § 670 BGB Nr. 12; *Brune* AR-Blattei SD 1770 Rn. 36; MüKoBGB/*Henssler* § 629 Rn. 31; Staudinger/*Preis* BGB § 629 Rn. 28; einschränkend LAG München 30.5.1985 LAGE § 670 BGB Nr. 4.
[57] ArbG Köln 20.5.2005 NZA-RR 2005, 577.
[58] MüKoBGB/*Henssler* § 629 Rn. 33.

wenn eine An- und Abreise am selben Tag nicht zumutbar ist.[59] Erhöhte **Verpflegungskosten** können in Höhe der Steuerpauschalen geltend gemacht werden.[60] Ein möglicher **Verdienstausfall,** für den Fall, dass der Vertragsarbeitgeber nach § 616 BGB nicht zur Entgeltfortzahlung verpflichtet ist (dazu → Rn. 23), ist nicht erstattungsfähig. Hierbei handelt es sich nicht um eine notwendige Aufwendung, weil der AN das Risiko des Arbeitsplatzwechsels und damit einhergehende Verdiensteinbußen zu tragen hat.[61]

18 **3. Verjährung.** Der Anspruch verjährt in **drei Jahren** (§ 195 BGB).[62] Wird ein Arbeitsverhältnis vom AG gekündigt und schließen die Parteien im Kündigungsschutzprozess einen **Vergleich,** werden Vorstellungskosten aus Anlass der Eingehung des Arbeitsverhältnisses, wenn sich aus den Umständen nichts anderes ergibt, von einer Ausgleichsklausel in einem gerichtlichen Vergleich erfasst, die eine Erledigung „aller eventueller finanzieller Ansprüche aus dem Arbeitsverhältnis und seiner Beendigung" vorsieht.[63]

19 **4. Darlegungs- und Beweislast.** Die tatbestandlichen Voraussetzungen des § 629 BGB hat der AN darzulegen und ggf. zu beweisen. Den angemessenen Zeitraum hat im Streitfall das Gericht nach § 315 III BGB zu bestimmen.[64]

§ 26. Vertragsanbahnung und Fragerecht des Arbeitgebers

Übersicht

I. Vorvertragliches Schuldverhältnis

1 **1. Allgemeines.** Durch die **Aufnahme von Vertragsverhandlungen** entsteht nach § 311 II Nr. 1 BGB ein gesetzliches Schuldverhältnis. Ausreichend ist, dass ein Arbeitsuchender zu einem Vorstellungsgespräch eingeladen wird.[1] Nach § 311 II Nr. 2 BGB entsteht ein gesetzliches Schuldverhältnis auch durch die **Anbahnung eines Vertrags.** Hiervon ist auszugehen, wenn die Parteien zwar in rechtsgeschäftliche Kontakte eingetreten sind, aber das Stadium von Vertragsverhandlungen noch nicht erreicht ist. Ein Schuldverhältnis entsteht deshalb bereits durch Bewerbung auf eine Stellenausschreibung oder wenn man einem Unternehmen eine sog. Blindbewerbung zuleitet.[2] AG und Bewerber haben während der Vertragsanbahnung nach § 241 II BGB wechselseitige **Aufklärungs-, Mitwirkungs-, Obhuts- und Rücksichtnahmepflichten.**[3] Deren Verletzung kann gem. § 280 I BGB Schadensersatzansprüche nach sich ziehen.[4]

---

[59] *Brune* AR-Blattei SD 1770 Rn. 45 f.; HWK/*Sandmann* BGB § 629 Rn. 7; Staudinger/*Preis* BGB § 629 Rn. 27.
[60] MüKoBGB/*Henssler* § 629 Rn. 34.
[61] *Brune* AR-Blattei SD 1770 Rn. 48; ArbRBGB/*Eisemann* § 629 Rn. 23; MüKoBGB/*Henssler* § 629 Rn. 35; Staudinger/*Preis* BGB § 629 Rn. 27; aA *Müller* ZTR 90, 237 (241); ErfK/*Müller-Glöge* BGB § 629 Rn. 15.
[62] Zum früheren Recht: BAG 14.2.1977 AP Nr. 8 zu § 196 BGB.
[63] LAG Nürnberg 29.9.2003 NZA-RR 2004, 290.
[64] MüKoBGB/*Henssler* § 629 Rn. 38; ErfK/*Müller-Glöge* BGB § 629 Rn. 17.
[1] Vgl. ArbG Köln 20.5.2005 NZA-RR 2005, 577.
[2] NK-ArbR/*Mestwerdt* BGB § 611 Rn. 235.
[3] Vgl. dazu *Hümmerich* NZA 2002, 1305; *Kursawe* NZA 1997, 245.
[4] NK-ArbR/*Mestwerdt* BGB § 611 Rn. 199; ErfK/*Preis* BGB § 611a Rn. 251; HWK/*Thüsing* BGB § 611a Rn. 172.

2. Pflichten des Arbeitgebers. a) Überblick. Der AG hat sich während der Vertragsanbahnung redlich zu verhalten. Er oder seine Vertreter dürfen deshalb während der Vertragsverhandlungen dem AN nicht mitteilen, er könne sein bisheriges Arbeitsverhältnis ohne Risiko kündigen, weil es bestimmt zum Abschluss des Arbeitsvertrags kommen werde, wenn dies objektiv nicht zutreffend ist, weil der interne Entscheidungsbildungsprozess noch nicht abgeschlossen ist.[5] Kommt es in einem solchen Fall nicht zum Abschluss des Arbeitsvertrags, hat der schuldhaft handelnde AG dem AN den Vertrauensschaden zu ersetzen. Beauftragt ein AG einen Mitarbeiter, Verhandlungen mit einem Bewerber über den Abschluss eines Arbeitsvertrags zu führen, muss er sich ein etwaiges Verschulden dieses Bediensteten bei den Vertragsverhandlungen nach § 278 BGB zurechnen lassen. Es kommt – auch bei öffentlich-rechtlichen Körperschaften – nicht darauf an, ob der Verhandlungsgehilfe auch Abschlussvollmacht hatte.[6] Eine diskriminierende Ausschreibung einer AA muss sich der AG zurechnen lassen (→ § 36 Rn. 101).[7] Der AG haftet allerdings nicht für eine unsachgemäße und unrichtige Entscheidung des BR bei der Einstellung.[8] 2

Wird bei den Verhandlungen kein besonderes Vertrauen erweckt, entstehen beim **Abbruch der Vertragsverhandlungen** keine Schadensersatzansprüche.[9] Im Rahmen der Vertragsfreiheit hat jeder bis zum Vertragsabschluss das Recht, von dem in Aussicht genommenen Vertragsabschluss Abstand zu nehmen. Aufwand, der in Erwartung des Vertragsabschlusses gemacht wird, erfolgt daher grundsätzlich auf eigene Gefahr. Nur wenn der Vertragsschluss nach den Verhandlungen zwischen den Parteien als sicher anzunehmen ist und in dem hierdurch begründeten Vertrauen Aufwendungen zur Durchführung des Vertrags vor dessen Abschluss gemacht werden, können diese vom Verhandlungspartner (§ 280 I iVm § 311 II BGB) zu erstatten sein, wenn er den Vertragsabschluss später ohne triftigen Grund ablehnt.[10] Der Schadensersatzanspruch ist in diesen Fällen damit nur auf das negative Interesse gerichtet (→ Rn. 7). 3

b) Aufklärungspflichten. Auch wenn grundsätzlich jede Vertragspartei selbst für die Wahrnehmung ihrer Interessen zu sorgen hat,[11] ist der AG verpflichtet, den AN vor Abschluss des Arbeitsvertrags über die Gegenstände aufzuklären, die für den Vertragsabschluss erkennbar von besonderer Bedeutung sind.[12] Maßstab ist insoweit § 81 I 1 BetrVG.[13] Der jeder Partei zuzubilligende Eigennutz findet seine Grenze in dem schutzwürdigen Lebensbereich des Vertragspartners.[14] Der AG darf deshalb gem. § 241 II BGB Umstände, welche die vollständige **Durchführung des Rechtsverhältnisses in Frage stellen** können, nicht verschweigen, soweit sie ihm bekannt sind oder bekannt sein müssen. Er muss den Bewerber auf Sachverhalte hinweisen, die dazu führen können, dass das auf unbestimmte Dauer angelegte Arbeitsverhältnis alsbald beendet wird oder seinen wirtschaftlichen Sinn verliert.[15] Ein AG muss einen AN, der **im Ausland eingesetzt** werden soll, bei Vertragsabschluss jedoch grundsätzlich nicht von sich aus darauf hinweisen, dass ab einer bestimmten Aufenthaltsdauer in einem ausländischen Staat dort eine Verpflichtung zur Abführung von Einkommens-/Lohnsteuer entstehen kann.[16] 4

Ein Verschulden bei Vertragsabschluss kann sich dabei auch noch nach Abschluss eines Arbeitsvertrags auswirken.[17] Befindet sich ein Unternehmen in massiven **Zahlungsschwierigkeiten** und hat der AG deshalb Anlass zu Zweifeln, ob er in der Lage sein wird, die in absehbarer Zeit fälligen Löhne und Gehälter auszuzahlen, muss er vor Abschluss neuer Arbeitsverträge die Bewerber hierüber aufklären, soweit er nicht seine Zahlungsschwierigkeiten als bekannt voraussetzen kann.[18] Allein das **Bestehen einer schlechten wirtschaftlichen Lage,** die dem neu eingestellten AN zudem bekannt ist, in der aber noch kein konkreter Arbeitsplatzabbau 5

5 ErfK/*Preis* BGB § 611a Rn. 262.
6 BAG 2.12.1976 AP Nr. 9 zu § 276 BGB Verschulden bei Vertragsabschluss; 7.6.1963 AP Nr. 4 zu § 276 BGB Verschulden bei Vertragsabschluss.
7 BAG 5.2.2004 AP Nr. 23 zu § 611a BGB = NZA 2004, 540.
8 LAG Bln 16.5.1978 AR-Blattei [D] Betriebsverfassung VII Entsch. 2.
9 MHdB ArbR/*Benecke* § 35 Rn. 11; Staudinger/*Richardi/Fischinger* BGB § 611a Rn. 610.
10 BGH 29.3.1996 NJW 1996, 1884.
11 BAG 22.1.2009 AP Nr. 46 zu § 242 BGB Auskunftspflicht = NZA 2009, 608.
12 BeckOK ArbR/*Joussen*, 59. Ed., BGB § 611a Rn. 46.
13 MHdB ArbR/*Benecke* § 35 Rn. 10.
14 BAG 22.1.2009 AP Nr. 46 zu § 242 BGB Auskunftspflicht = NZA 2009, 608.
15 BAG 14.7.2005 AP Nr. 41 zu § 242 BGB Auskunftspflicht = NZA 2005, 1298; Staudinger/*Richardi/Fischinger* BGB § 611a Rn. 611.
16 BAG 22.1.2009 AP Nr. 46 zu § 242 BGB Auskunftspflicht = NZA 2009, 608.
17 BAG 2.12.1976 AP Nr. 10 zu § 276 BGB Verschulden bei Vertragsabschluss.
18 BAG 24.9.1974 AP Nr. 1 zu § 13 GmbHG.

geplant ist, begründet dagegen noch keine Auskunftspflicht des AG über einen theoretischen Stellenabbau.[19] Der AG, der den AN zum Zeitpunkt des Arbeitsvertragsschlusses nicht davon in Kenntnis setzt, dass für die zu erwartenden Aufträge noch keine schriftlichen Verträge vorliegen, verletzt keine Aufklärungspflicht. Es ist Gegenstand jeder Personalplanung, sich frühzeitig um entsprechende Arbeitskräfte zu bemühen, wenn ein späterer Auftragseingang zu erwarten ist.[20] **Verweigert der BR die Zustimmung** zur beabsichtigten Einstellung (§ 99 BetrVG), hat der AG dem AN dies mitzuteilen.[21] Führt der AG die Einstellung nach Maßgabe von § 100 BetrVG vorläufig durch, hat er den AN nach § 100 I 2 BetrVG über die Sach- und Rechtslage aufzuklären.

6 Der AG muss einen Bewerber bei den Einstellungsverhandlungen nicht von sich aus über die **an ihn gestellten Anforderungen unterrichten,** soweit sich diese im Rahmen des Üblichen halten. Wer sich von seinem bisherigen Arbeitsplatz abwerben lässt und mit dem abwerbenden AG nicht die Anwendung des KSchG ab dem ersten Tag der Beschäftigung vereinbart, übernimmt das Risiko, dass der neue AG ihn vor Ablauf der Wartezeit des § 1 I KSchG kündigt, weil er mit ihm nicht zufrieden ist.[22] Der AG darf den Bewerber bei den Vertragsverhandlungen **nicht täuschen.** Macht ein AG gegenüber einem Bewerber in einer dem schriftlichen Arbeitsvertrag vorangestellten Präambel unwahre Tatsachenangaben, aufgrund derer sich der Bewerber zum Abschluss des Arbeitsvertrags entschließt, kann der AG dem Bewerber zum Schadensersatz verpflichtet sein.[23]

7 **c) Schadensersatz.** Der Schadensersatzanspruch wegen Verletzung der Aufklärungspflichten geht auf den **Ersatz des Vertrauensschadens.** Den Ersatz des Erfüllungsinteresses kann der AN nicht verlangen.[24] Das negative Interesse ist freilich nicht unbedingt niedriger als das positive.[25] Bei Schadensersatzansprüchen nach §§ 280 I, 311 II Nr. 2 BGB ist das Erfüllungsinteresse daher nicht die obere Grenze des Ersatzanspruchs.[26]

8 **3. Pflichten des Arbeitnehmers. a) Offenbarungspflichten.** Den AN treffen Offenbarungspflichten. Rechtsgrund für derartige Pflichten ist das vorvertragliche Schuldverhältnis.[27] Die Offenbarungspflichten können **Qualifikation und Eignung** des AN betreffen.[28] Dieser muss von sich aus allerdings nur auf solche Tatsachen hinweisen, deren Mitteilung der AG nach Treu und Glauben erwarten darf. Das sind Umstände, die dem AN nach seinem Kenntnisstand zum Zeitpunkt der Vertragsanbahnung die Erfüllung der arbeitsvertraglichen Leistungspflicht unmöglich machen oder doch seine Eignung für den in Aussicht genommenen Arbeitsplatz entscheidend beeinträchtigen.[29] Der Bewerber muss generell keine Umstände offenlegen, nach denen der AG auch nicht fragen dürfte.[30] Kommt der AN bestehenden Offenbarungspflichten nicht nach, kann der AG gem. § 280 I, § 311 II, § 241 II BGB Ersatz des Vertrauensschadens verlangen oder den Arbeitsvertrag nach § 123 BGB anfechten.[31]

9 **b) Einzelne Offenbarungspflichten.** Hat der Bewerber alsbald den **Vollzug einer Freiheitsstrafe** anzutreten, hat er den AG hierüber von sich aus zu unterrichten, denn in dieser Zeit ist er nicht in der Lage zu arbeiten. Das gilt auch, wenn sich der Bewerber um die Erlangung des Freigängerstatus bemüht, die Staatsanwaltschaft hierüber aber bei Vertragsschluss noch nicht entschieden hat.[32] Anders ist der Fall zu beurteilen, wenn eine entsprechende Entscheidung schon

---

[19] BAG 14.7.2005 AP Nr. 41 zu § 242 BGB Auskunftspflicht = NZA 2005, 1298.
[20] LAG Köln 2.9.1998 – 8 Sa 532/98; aA *Hümmerich* NZA 2002, 1305.
[21] BeckOK ArbR/*Joussen*, 59. Ed., BGB § 611a Rn. 46; ErfK/*Preis* BGB § 611a Rn. 264.
[22] BAG 12.12.1957 AP Nr. 2 zu § 276 BGB Verschulden bei Vertragsabschluss.
[23] Dazu ArbG Wiesbaden 12.6.2001 NZA-RR 2002, 349.
[24] BAG 15.3.2012 AP Nr. 11 zu § 15 AGG = NZA 2012, 910; MHdB ArbR/*Benecke* § 34 Rn. 5.
[25] MHdB ArbR/*Benecke* § 34 Rn. 6; ErfK/*Preis* BGB § 611a Rn. 267; Staudinger/*Richardi/Fischinger* BGB § 611a Rn. 610.
[26] BAG 2.12.1976 AP Nr. 9 zu § 276 BGB Verschulden bei Vertragsabschluss; ErfK/*Preis* BGB § 611a Rn. 267; für eine Begrenzung des Schadensersatzanspruchs auf die Kündigungsfrist BeckOK ArbR/*Joussen*, 59. Ed., BGB § 611a Rn. 52; HWK/*Thüsing* BGB § 611a Rn. 173.
[27] MHdB ArbR/*Benecke* § 33 Rn. 132 ff.; BeckOK ArbR/*Joussen*, 59. Ed., BGB § 611a Rn. 102 ff.
[28] ErfK/*Preis* BGB § 611a Rn. 288.
[29] BAG 20.3.2014 AP Nr. 73 zu § 123 BGB = NZA 2014, 1131; 6.9.2012 AP Nr. 72 zu § 123 BGB = NZA 2013, 1087.
[30] HWK/*Thüsing* BGB § 123 Rn. 32.
[31] MHdB ArbR/*Benecke* § 33 Rn. 144, 149 ff.; BeckOK ArbR/*Joussen*, 59. Ed., BGB § 611a Rn. 106.
[32] *Conze* Anm. zu BAG 18.9.1987 AP Nr. 32 zu § 123 BGB.

vorliegt. Soll ein AN als Fahrer der Geschäftsleitung eingestellt werden, hat er den AG nicht von sich aus über eine Vorstrafe wegen vorsätzlicher Körperverletzung zu unterrichten.[33] Ob der Bewerber den AG über seine **Transsexualität** zu unterrichten hat, hängt von der ausgeschriebenen Stelle ab (§ 8 AGG), denn in der unterbliebenen Einstellung eines Transsexuellen kann eine Benachteiligung wegen des Geschlechts liegen (dazu → § 36 Rn. 13). Das BAG hat vor Inkrafttreten des AGG eine Offenbarungspflicht bejaht bei der Bewerbung eines transsexuellen Mannes um die Stelle einer Sprechstundenhilfe bei einem Frauenarzt.[34] Der AN muss nach einer älteren Entscheidung des BAG seinen **Gesundheitszustand** bei den Einstellungsverhandlungen dem AG offenbaren, wenn er damit rechnen muss, infolge einer bereits vorliegenden Krankheit seiner Arbeitspflicht im Zeitpunkt des Beginns des Arbeitsverhältnisses nicht nachkommen zu können (zum Fragerecht des AG in Bezug auf den Gesundheitszustand → Rn. 30).[35] Entscheidend ist, ob die Krankheit oder körperliche Beeinträchtigung Auswirkungen auf das einzugehende Arbeitsverhältnis hat. Davon kann ausgegangen werden, wenn der AN aufgrund der Erkrankung für die Tätigkeit nicht geeignet ist oder eine Gefährdung Dritter zu befürchten ist. Das kann bei einer chronischen ansteckenden Krankheit der Fall sein.[36] Bei einer befristeten Einstellung hat der AN ein bevorstehendes Heilverfahren mitzuteilen, wenn hierdurch seine Verfügbarkeit für die Dauer der Befristung ausgeschlossen ist.[37] Entsprechendes gilt für das Fehlen einer **Arbeitserlaubnis** ausländischer AN.[38] Hat ein AN auf Befragen bei der Einstellung erklärt, er sei gesund, wird ihm dann aber auf einen zuvor gestellten Antrag nach Beginn des Arbeitsverhältnisses eine **Kur** bewilligt, kann der AG allerdings nach Auffassung des BAG die während der Kur zu gewährende Entgeltfortzahlung nicht als entstandenen Schaden geltend machen, weil die bloße Erfüllung einer vom Gesetz bestimmten Verpflichtung keinen Schaden darstelle.[39] Wer sich um die Stelle eines Kraftfahrers bewirbt, muss seine **Alkoholabhängigkeit** offenbaren.[40] Ein bestehendes **nachvertragliches Wettbewerbsverbot** ist offenzulegen, weil der AG damit rechnen muss, dass der frühere AG dies durchzusetzen versucht und der Bewerber daher die Stelle nicht antreten kann oder die Arbeit abbrechen muss.[41] Gleiches gilt für das aktive Unterstützen eines Wettbewerbers des AG.[42] Eine für die zu besetzende Stelle nützliche, aber nicht vorhandene **Qualifikation** muss der Bewerber grundsätzlich nicht von sich aus offenbaren. Es ist regelmäßig Sache des AG, sich über die Qualifikationen seines Bewerbers ein ausreichendes Bild zu verschaffen, denn er bestimmt das Anforderungsprofil. Eine Offenbarungspflicht besteht nur dann, wenn der Bewerber erkennen kann, dass bestimmte Umstände ihm die Erfüllung angemessener und ihm erkennbarer Leistungserwartungen des AG unmöglich machen oder für den in Aussicht genommenen Arbeitsplatz bei objektiver Betrachtung von ausschlaggebender Bedeutung sind.[43] Eine bestehende **Schwangerschaft** hat eine AN nicht offenzulegen, weil insoweit auch kein Fragerecht des AG besteht (→ Rn. 41).[44] Gleiches gilt für eine kurzfristig geplante Schwangerschaft.[45] Über eine **Behinderung** muss der AN den AG nur dann von sich aus unterrichten, wenn sie die Ausübung der Tätigkeit objektiv ausschließt.[46]

c) Führungszeugnis. Nach § 30 BZRG wird auf Antrag ein Führungszeugnis erteilt. Dieses 10
ist nach § 30 IV BZRG grundsätzlich nur dem Antragsteller zu übersenden. Wird das Führungszeugnis zur Vorlage bei einer Behörde beantragt, ist es dieser unmittelbar zuzuleiten. Die Behörde hat dem Antragsteller gem. § 30 V BZRG auf dessen Verlangen Einsicht zu gewähren. Der Inhalt des Führungszeugnisses richtet sich grundsätzlich nach § 32 BZRG (Einzelheiten dazu → Rn. 45 ff.). Für ein erweitertes Führungszeugnis zur Vorlage bei einer Behörde gelten nach § 32 III und IV BZRG weniger weitreichende Einschränkungen bezüglich der Aufnahme

---

[33] BAG 6.9.2012 AP Nr. 72 zu § 123 BGB = NZA 2013, 1087.
[34] BAG 21.2.1991 AP Nr. 35 zu § 123 BGB = NZA 1991, 719.
[35] BAG 7.2.1964 AP Nr. 6 zu § 276 BGB Verschulden bei Vertragsabschluss.
[36] MHdB ArbR/*Benecke* § 33 Rn. 134 f.; HWK/*Thüsing* BGB § 123 Rn. 33.
[37] HWK/*Thüsing* BGB § 123 Rn. 33.
[38] MHdB ArbR/*Benecke* § 33 Rn. 137.
[39] BAG 27.3.1991 AP Nr. 92 zu § 1 LohnFG = NZA 1991, 895.
[40] ArbG Kiel 21.1.1982 BB 1982, 804; *Gola* BB 1987, 538; BeckOK ArbR/*Joussen*, 59. Ed., BGB § 611a Rn. 112; ErfK/*Preis* BGB § 611a Rn. 289.
[41] ErfK/*Preis* BGB § 611a Rn. 289.
[42] LAG RhPf 23.1.2008 – 8 Sa 592/07.
[43] BeckOK ArbR/*Joussen*, 59. Ed., BGB § 611 Rn. 113.
[44] HWK/*Thüsing* BGB § 123 Rn. 33.
[45] LAG Köln 17.1.2020 – 4 Sa 862/17.
[46] BAG 18.10.2000 AP Nr. 59 zu § 123 BGB = NZA 2001, 315; MHdB ArbR/*Benecke* § 33 Rn. 133; BeckOK ArbR/*Joussen*, 59. Ed., BGB § 611a Rn. 111; ErfK/*Preis* BGB § 611a Rn. 290.

von Verurteilungen als für ein einfaches Führungszeugnis zur Vorlage bei Privatpersonen. Der AG hat grundsätzlich nur dann einen Anspruch auf Vorlage eines Führungszeugnisses, wenn dies **gesetzlich vorgesehen** ist. Dies betrifft zB § 72a SGB VIII, wonach sich die Träger der öffentlichen Jugendhilfe bei der Einstellung und in regelmäßigen Abständen danach von den betroffenen Personen ein Führungszeugnis nach § 30 V und § 30a I BZRG vorlegen lassen können (dazu → Rn. 11). Besteht eine derartige Rechtsgrundlage nicht, ist das Verlangen des AG nach Vorlage eines Führungszeugnisses grundsätzlich rechtswidrig, da dieses nicht auf arbeitsplatzbezogene Vorstrafen beschränkt ist und sich damit aus ihm Hinweise auf Verurteilungen ergeben, die der AN auf eine entsprechende Frage des AG nach Vorstrafen nicht angeben müsste (dazu näher → Rn. 45 ff.).[47] Verlangt der AG gleichwohl die Vorlage eines Führungszeugnisses, befindet sich der vorbestrafte AN in einer misslichen Lage. Legt er das Führungszeugnis nicht vor, weil in ihm nicht einschlägige Verurteilungen aufgeführt sind, wird der AG den AN vermutlich nicht einstellen. Legt er es vor, wird möglicherweise Gleiches geschehen. In diesem Fall kommt ein Schadensersatzanspruch in Betracht, wenn sich der AG im Vertragsanbahnungsverhältnis rechtswidrig verhält. Da die Einschränkung des Fragerechts den Schutz des Persönlichkeitsrechts des AN bezweckt und das nicht berechtigte Verlangen nach Vorlage eines Führungszeugnisses diesen Schutz des Persönlichkeitsrechts objektiv umgeht, kommt ein Ersatz des immateriellen Schadens wegen Verletzung des Persönlichkeitsrechts in Betracht.[48]

11 Besonderheiten gelten für das **erweiterte Führungszeugnis nach § 30a BZRG.** Es wird auf Antrag erteilt, wenn dies gesetzlich besonders vorgesehen ist oder wenn es benötigt wird für die Prüfung der Eignung nach § 72a SGB VIII, eine sonstige berufliche oder ehrenamtliche Beaufsichtigung, Betreuung, Erziehung oder Ausbildung Minderjähriger oder eine Tätigkeit, die in vergleichbarer Weise geeignet ist, Kontakt zu Minderjährigen aufzunehmen.[49] Die Regelung dient dem Schutz von Kindern und Jugendlichen. Sie soll sicherstellen, dass AG auch über sexualstrafrechtliche Verurteilungen im niedrigen Strafbereich, die nicht in das einfache Führungszeugnis aufgenommen werden, Kenntnis erhalten. So wird in das erweiterte Führungszeugnis nach § 30a BZRG beispielsweise eine Verurteilung zu 60 Tagessätzen wegen der Verbreitung kinderpornographischer Schriften aufgenommen, während diese nach § 32 II Nr. 5 lit. a BZRG in das einfache Führungszeugnis nicht aufzunehmen wäre, sofern im Register keine weitere Strafe eingetragen ist.[50] Die Regelung ist nicht unproblematisch, weil das Gesetz eine Einschränkung des erweiterten Führungszeugnisses auf einschlägige Verurteilungen nicht vorsieht. Das hat zur Folge, dass die in § 30a BZRG und § 72a SGB VIII aufgeführten AG durch die Vorlage eines erweiterten Führungszeugnisses auch Kenntnis über alle rechtskräftigen Verurteilungen und sonstige Eintragungen erhalten. Das ist zwar grundsätzlich hinzunehmen. Im Hinblick auf diese Rechtsfolgen ist jedoch einer ausufernden Anwendung dieser Vorschriften durch eine am Gesetzeszweck orientierte Bestimmung des persönlichen Anwendungsbereichs entgegenzuwirken und dieser auf Personen zu beschränken, die beruflich oder ehrenamtlich „kinder- oder jugendnah" tätig sind oder tätig werden sollen.[51] Erfasst sind damit insbesondere Erzieher, Ausbilder, Betreuer, Trainer von Kinder- und Jugendsportmannschaften,[52] ebenso aber auch Kinderkrankenpfleger und Kinderärzte. Demgegenüber dürften Büromitarbeiter ohne tatsächlichen Kontakt zu Kindern und Jugendlichen nicht zu dem in § 30a BZRG und § 72a SGB VIII angesprochenen Personenkreis gehören.

II. Eignungsuntersuchungen und Fragerecht des Arbeitgebers

12 **1. Allgemeines zur Datenerhebung.** Der AG hat vor Abschluss des Arbeitsvertrags grundsätzlich ein berechtigtes Interesse an Informationen über den Bewerber, die für die auszuübende Tätigkeit erforderlich sind. Dieses Informationsinteresse wird durch das allgemeine Persönlichkeitsrecht des AN begrenzt. Gesetzlichen Niederschlag hat diese unterschiedliche Interessenlage im **BDSG und in der DS-GVO** gefunden. Nach Art. 6 I DS-GVO gilt ein Verbot mit Erlaubnisvorbehalt (dazu → § 153 Rn. 5).[53] Danach ist die Erhebung personenbezogener Daten nur zulässig, soweit die Verordnung oder eine andere Rechtsvorschrift dies erlaubt oder anordnet

---

[47] Ebenso *Joussen* NZA 2012, 776 (777 f.); *Thüsing* Beschäftigtendatenschutz/*Thüsing/Forst* § 7 Rn. 31; aA *Hohenstatt/Hinrichs/Stamer* NZA 2006, 1065 (1067 f.).
[48] So offenbar auch *Thüsing* Beschäftigtendatenschutz/*Thüsing/Forst* § 7 Rn. 32.
[49] Hierzu *Pfeiffer* NJW 2010, 1109.
[50] *Joussen* NZA 2012, 776 (778).
[51] Zu diesem Regelungszweck BT-Drs. 16/12427, 7.
[52] *Joussen* NZA 2012, 776 (779).
[53] Vgl. Ehmann/Selmayr/*Heberlein* DS-GVO Art. 6 Rn. 1; Gola/*Schulz* DS-GVO Art. 6 Rn. 2.

oder der Betroffene eingewilligt hat. Gem. Art. 88 I 1 DS-GVO können die Mitgliedstaaten durch Rechtsvorschriften oder Kollektivvereinbarungen spezifischere Vorschriften zur Gewährleistung des Schutzes der Rechte und Freiheiten hinsichtlich der Verarbeitung personenbezogener Beschäftigtendaten u.a. für Zwecke der Einstellung vorsehen. Von dieser Möglichkeit hat der deutsche Gesetzgeber in § 26 I 1 BDSG Gebrauch gemacht (→ § 153 Rn. 1 f.).[54] Diese Bestimmung ist damit **Erlaubnistatbestand für die Datenerhebung** bei der Begründung des Arbeitsverhältnisses.[55] Sie beruht auf der Öffnungsklausel des Art. 88 DS-GVO, die nationale Regelungen zur Datenverarbeitung im Beschäftigungskontext zulässt[56] und verdrängt in ihrem Anwendungsbereich Art. 6 I lit. b DS-GVO.[57] Die Verarbeitung sensibler Daten richtet sich nach § 26 III BDSG iVm Art. 9 I DS-GVO (→ § 153 Rn. 18).[58] Sind die Voraussetzungen des § 26 I 1 BDSG tatbestandlich nicht gegeben, bedarf die Datenerhebung der Einwilligung (§ 26 II BDSG iVm Art. 7 DS-GVO).

Nach § 26 I 1 BDSG dürfen personenbezogene Daten eines Beschäftigten für die Zwecke 13 des Beschäftigungsverhältnisses verarbeitet werden, wenn dies für die Entscheidung über die Begründung eines Beschäftigungsverhältnisses **erforderlich** ist.[59] Das gilt nach § 26 VII BDSG auch dann, wenn die Daten nicht in einem Dateisystem gespeichert sind oder gespeichert werden sollen. Im Rahmen der Erforderlichkeitsprüfung sind die widerstreitenden Grundrechtspositionen zur Herstellung praktischer Konkordanz abzuwägen. Dabei sind die Interessen des AG an der Datenverarbeitung und das Persönlichkeitsrecht des AN zu einem schonenden Ausgleich zu bringen, der beide Interessen möglichst weitgehend berücksichtigt.[60] Hierzu bedarf einer Prüfung am Maßstab des **Verhältnismäßigkeitsgrundsatzes** (→ § 153 Rn. 8).[61] Die Datenverarbeitung muss geeignet und erforderlich sein, es darf also zur Verwirklichung des vom Verantwortlichen verfolgten Zwecks kein milderes Mittel geben. Schließlich ist zu prüfen, ob die durch die konkrete Datenverarbeitung eintretende Beeinträchtigung der Rechte und Interessen des betroffenen Beschäftigten in einem angemessenen Verhältnis zu dem beabsichtigten Zweck der Datenverarbeitung steht.[62] Hiervon ausgehend besteht ein Anspruch des AG auf Vorlage eines polizeilichen Führungszeugnisses nur ausnahmsweise (→ Rn. 10 f.) und regelmäßig kein Anspruch auf eine SCHUFA-Auskunft oder Einblick in Gesundheitsakten. Derartig weitgehende und detailreiche Auskünfte zu den persönlichen Verhältnissen, die ohnehin nur der AN selbst bei den zuständigen Stellen einholen kann, sind regelmäßig nicht erforderlich zur Begründung eines Arbeitsverhältnisses[63] und dürften – soweit es Auskünfte über die Vermögensverhältnisses betrifft – nur ganz ausnahmsweise bei besonderen Vertrauensstellungen,[64] wie etwa bei angestellten Wirtschaftsprüfern in Wirtschaftsprüfungsgesellschaften, in Betracht zu ziehen sein.

2. Datenerhebung über das Internet. Umstritten ist, ob die Datenverarbeitung im Internet 14 im Zusammenhang mit sog. **„background-checks"**[65] nach § 26 I 1 BDSG zulässig ist. Dies wird teilweise mit Hinweis auf die alte Rechtslage in § 4 II BDSG aF und dem Hinweis verneint, eine solche Datenerhebung sei treuwidrig und unverhältnismäßig, weil sie nicht vom gemeinsamen Willen der Beteiligten im Anbahnungsverhältnis erfasst sei.[66] Die Gegenauffassung weist mit guten Gründen darauf hin, dass § 4 II BDSG aF aufgehoben sei und die DS-GVO den Grundsatz der Direkterhebung nicht enthalte.[67] Hiervon ausgehend wird man zu differenzieren haben: Die

---

[54] BT-Drs. 18/11325, 96.

[55] HWK/*Lembke* DS-GVO Art. 88 Rn. 13.

[56] BAG 7.5.2019 AP Nr. 87 zu § 80 BetrVG 1972 = NZA 2019, 1218.

[57] ErfK/*Franzen* BDSG § 26 Rn. 4 f.; HWK/*Lembke* Einl. DS-GVO Rn. 64; Gola/*Pötters* DS-GVO Art. 88 Rn. 53; aA hierzu Kühling/Buchner/*Maschmann* DS-GVO Art. 88 Rn. 63; *Kort* ZD 2016, 555 (556).

[58] ErfK/*Franzen* BDSG § 26 Rn. 46; HWK/*Lembke* DS-GVO Art. 88 Rn. 13; näher dazu *Düwell/Brink* NZA 2017, 1081 (1083).

[59] Dazu *Gola* NZA 2019, 654 (655 f.).

[60] BT-Drs. 18/11325, 97; zu Unrecht krit. hierzu *Düwell/Brink* NZA 2017, 1081 (1084).

[61] Gola/*Pötters* DS-GVO Art. 88 Rn. 46; HWK/*Lembke* DS-GVO Art. 88 Rn. 23; *Wybitul* NZA 2017, 413 (415).

[62] Gola/*Pötters* DS-GVO Art. 88 Rn. 50.

[63] WHWS Arbeitnehmerdatenschutz-HdB/*Weth* B I Rn. 95.

[64] BeckOK DatenschutzR/*Riesenhuber,* 35. Ed., BDSG § 26 Rn. 87; weitergehend *Hohenstatt/Stamer/Hinrichs* NZA 2006, 1065 (1068 f.).

[65] Dazu LAG BW 21.2.2019 – 3 Sa 65/17 mAnm *Tiedemann* ZD 2020, 53 und *Fuhlrott* NZA-RR 2020, 167; WHWS Arbeitnehmerdatenschutz-HdB/*Weth* B I Rn. 101 ff.; *Kort* RdA 2018, 24 (26); *Schwarz* ZD 2018, 353.

[66] *Gola* NZA 2019, 654 (655); Kühling/Buchner/*Maschmann* BDSG § 26 Rn. 36; NK-DatenschutzR/*Seifert* DS-GVO Art. 88 Rn. 97; wohl auch Kramer IT-ArbR/*Oberthür* B Rn. 886.

[67] Ehmann/Selmayr/*Knyrim* DS-GVO Art. 13 Rn. 3; WHWS Arbeitnehmerdatenschutz-HdB/*Weth* B I Rn. 79.

Verarbeitung von Daten aus **Suchmaschinen wie Google oder Bing** über einen Bewerber ist zulässig. Dies ergibt sich aus Art. 9 II lit. e DS-GVO.[68] Bei der Bewertung der Erforderlichkeit nach § 26 I 1 BDSG ist insoweit zu berücksichtigen, dass solche Daten im Internet weltweit jedermann zugänglich sind. Die Erhebung durch den AG ist für den Bewerber damit absehbar.[69] Demgegenüber dürfte die Datenerhebung in **sozialen Netzwerken wie Facebook oder studivz,** die nur nach vorheriger Anmeldung genutzt werden können, grundsätzlich unzulässig sein, soweit die darin verfügbaren Informationen nicht allgemein, sondern nur, ggf. weiter abgestuft, anderen Mitgliedern zugänglich sind.[70] Zudem sind diese Netzwerke nach ihren AGB nur auf eine private und nicht auf eine geschäftliche Nutzung gerichtet.[71] Für **berufsorientierte Netzwerke wie LinkedIn, XING** ist dagegen zu berücksichtigen, dass sich ihre Teilnehmer dort gerade auch für AG und Geschäftspartner darstellen. Die Verarbeitung derartiger Daten ist deshalb mangels entgegenstehender schutzwürdiger Interessen des AN verhältnismäßig.[72]

15 **3. Eignungstests. a) Nichtärztliche Untersuchungen.** Der AG darf bei der Einstellung Untersuchungen durchführen lassen, an denen er ein berechtigtes Interesse hat. Stets erforderlich sind ein Bezug zur auszuübenden Tätigkeit und die Einwilligung des Bewerbers (→ § 153 Rn. 12 ff.), sofern nicht eine gesetzliche Pflicht hierzu besteht.[73] Maßgeblich ist das Anforderungsprofil der zu besetzenden Stelle (→ § 25 Rn. 3). Der Beschäftigte muss in den Eignungstest nach Aufklärung über dessen Art und Umfang sowie in die Weitergabe des Ergebnisses des Eignungstests an den AG **eingewilligt** haben. Der Eignungstest ist nach wissenschaftlich anerkannten Methoden durchzuführen, sofern solche bestehen. Dem Beschäftigten ist das Ergebnis des Eignungstests mitzuteilen. Werden Eignungstests ganz oder teilweise von Personen durchgeführt, die einer beruflichen Schweigepflicht unterliegen, darf dem AG nur mitgeteilt werden, ob der Beschäftigte nach dem Ergebnis des Eignungstests für die vorgesehenen Tätigkeiten geeignet ist.

16 **b) Graphologische Gutachten.** Die Einholung graphologischer Gutachten mit **Einwilligung des Bewerbers** ist zulässig. Soll der einer Bewerbung beigefügte handgeschriebene Lebenslauf auch der Einholung eines graphologischen Gutachtens dienen, bedarf es hierzu der ausdrücklichen Zustimmung des Bewerbers.[74] In der Einsendung eines handgeschriebenen Lebenslaufs kann nach der Rechtsprechung des BAG grundsätzlich noch keine konkludente Einwilligung gesehen werden.[75] Etwas anderes gilt allerdings dann, wenn der AG einen handgeschriebenen Lebenslauf zur Anfertigung eines graphologischen Gutachtens angefordert und der Bewerber kommentarlos den erbetenen Lebenslauf übermittelt.[76] Lässt der Bewerber einen angeforderten Lebenslauf von einem Dritten schreiben, kann eine Anfechtung des Arbeitsvertrags wegen arglistiger Täuschung gerechtfertigt sein.[77]

17 **c) Psychologische Tests.** Psychologische Tests sind nur zulässig, wenn der Bewerber nach einer Aufklärung über die Funktionsweise und den Zweck des Tests in dessen Durchführung einwilligt und der Test von diplomierten Psychologen, die der strafbewehrten Schweigepflicht nach § 203 StGB unterliegen, durchgeführt wird.[78] Hat der AG aus berechtigtem Anlass mit Einwilligung des AN eine psychologische Eignungsuntersuchung, zB bei einem Kraftfahrer, veranlasst, stellt deren Verwendung keinen Verstoß gegen Art. 1 I GG dar.[79] Gleiches gilt für **Intelligenz- und Kreativitätstests**[80] und Stressinterviews, durch die herausgefunden werden soll, wie sich der Bewerber in unvorhergesehenen Situationen verhält. **Assessment-Center** dienen zur

68 ErfK/*Franzen* BDSG § 26 Rn. 19.

69 BeckOK DatenschutzR/*Riesenhuber,* 35. Ed., BDSG § 26 Rn. 100; Besgen/Prinz/*Schiller,* Arbeiten 4.0, § 10 Rn. 16; *Tiedemann* ZD 2020, 53.

70 BeckOK DatenschutzR/*Riesenhuber,* 35. Ed., BDSG § 26 Rn. 101; Besgen/Prinz/*Schiller,* Arbeiten 4.0, § 10 Rn. 18.

71 WHWS Arbeitnehmerdatenschutz-HdB/*Weth* B I Rn. 105.

72 *Fuhlrott* NZA-RR 2020, 167; BeckOK DatenschutzR/*Riesenhuber,* 35. Ed., BDSG § 26 Rn. 101; Besgen/Prinz/*Schiller,* Arbeiten 4.0, § 10 Rn. 17; WHWS Arbeitnehmerdatenschutz-HdB/*Weth* B I Rn. 108 f.; ausf. *Aszmons/Raben/Reiners* DB 2018, 1593 f.

73 ErfK/*Preis* BGB § 611a Rn. 303 ff.; HWK/*Thüsing* BGB § 611a Rn. 163.

74 BAG 16.9.1982 AP Nr. 24 zu § 123 BGB = NJW 1984, 446.

75 *Bepler* NJW 1976, 1872; *Brox* Anm. zu BAG 16.9.1982 AP Nr. 24 zu § 123 BGB; *Michel/Wiese* NZA 1986, 505.

76 ErfK/*Preis* BGB § 611a Rn. 304.

77 BAG 16.9.1982 AP Nr. 24 zu § 123 BGB = NJW 1984, 446.

78 BeckOK ArbR/*Joussen*, 59. Ed., BGB § 611a Rn. 142; ErfK/*Preis* BGB § 611a Rn. 309; HWK/*Thüsing* BGB § 611a Rn. 166; ausf. hierzu *Franzen* NZA 2013, 1.

79 BAG 13.2.1964 AP Nr. 1 zu Art. 1 GG; vgl. BVerwG 20.12.1963 NJW 1964, 607.

80 BAG 16.9.1982 AP Nr. 24 zu § 123 BGB; aA HWK/*Thüsing* BGB § 611a Rn. 166.

systematischen Erfassung von Verhaltensleistungen und Verhaltensdefiziten.[81] Sie werden von mehreren Beobachtern gleichzeitig für mehrere Teilnehmer durchgeführt. Insoweit gelten die obigen Grundsätze entsprechend. Wegen der Mitwirkungsrechte des BR → § 238 Rn. 1 ff.

4. Ärztliche Untersuchungen. Nach geltender Rechtslage ist eine ärztliche Einstellungsuntersuchung zulässig, wenn sie **für die angestrebte Tätigkeit erforderlich** ist, der AG daher ein **berechtigtes Interesse** an den Untersuchungen hat und der **AN einwilligt (Art. 9 II lit a DS-GVO, § 22 III 2 BDSG).**[82] Dies gilt auch für Blut- und Urinproben zur Feststellung eines etwaigen Alkohol- oder Drogenmissbrauchs.[83] Nicht ausreichend hierfür ist, dass der AG lediglich das allgemeine Risiko einer Schlechtleistung durch den AN verhindern will. Es müssen vielmehr besondere Gefahren für Leib und Leben oder kostspielige Wirtschaftsgüter des AG bestehen.[84] Das Interesse des AG an dem Wissen um diese Umstände muss das Interesse des AN, Gesundheitsdaten nicht offenbaren zu müssen, überwiegen. Diese Beschränkung beruht auf dem mit der ärztlichen Untersuchung verbundenen Eingriff in das Persönlichkeitsrecht (Art. 2 I GG) des Bewerbers. Das in Art. 8 EMRK verankerte Recht auf Achtung des Privatlebens verlangt gleichfalls vom AG, Daten über den Gesundheitszustand der Beschäftigten geheim zu halten.[85] Die ärztliche Untersuchung wird regelmäßig der Betriebsarzt durchführen (§§ 2 ff. ASiG). Die Einwilligung des AN muss sich ausdrücklich auf die Verarbeitung der Gesundheitsdaten beziehen.[86] Sie ist auch erforderlich, wenn die Untersuchung gesetzlich vorgeschrieben ist (zB §§ 32 ff. JArbSchG, § 43 IfSG, § 12 SeeArbG, §§ 77 ff. StrlSchV). Willigt der AN nicht ein, kann er nicht beschäftigt werden. Er wird deshalb auch nicht eingestellt werden. Sofern keine besonderen Vereinbarungen darüber vorliegen, hat der AG die Kosten der Untersuchung zu tragen (§ 670 BGB).[87] 18

5. Genomanalyse. Durch eine Genomanalyse können Erbanlagen für Krankheiten und sonstige körperliche und geistige Beeinträchtigungen aufgedeckt werden. Das „Gesetz über genetische Untersuchungen bei Menschen (Gendiagnostikgesetz – GenDG)" vom 31.7.2009 enthält ein **generelles Verbot** der Anordnung und Verwertung genetischer Untersuchungen im Arbeitsverhältnis (§§ 19–21 GenDG).[88] Die Sonderregelungen des GenDG sind unionsrechtlich durch Art. 9 IV DS-GVO erlaubt.[89] Nach § 19 GenDG ist es dem AG verboten, vom Beschäftigten genetische Untersuchungen oder Analysen oder die Mitteilung der Ergebnisse früherer Untersuchungen zu verlangen, entgegenzunehmen oder zu verwenden. Ausnahmen bestehen nur unter den engen Voraussetzungen des § 20 II und III GenDG, wobei bislang noch keine auf Abs. 3 dieser Bestimmung gestützte Rechtsverordnung erlassen worden ist. Unter einer genetischen Untersuchung ist gem. § 3 Nr. 1 GenDG u.a. eine auf den Untersuchungszweck gerichtete genetische Analyse zur Feststellung genetischer Eigenschaften einschließlich der Beurteilung des jeweiligen Ergebnisses zu verstehen. Die genetische Untersuchung betrifft daher neben der genetischen Analyse auch deren Auswertung.[90] Das gesetzliche Verbot genetischer Untersuchungen dient der Verwirklichung des in § 1 GenDG niederlegten Zweckes des Gesetzes, die Würde des Menschen zu achten und zu schützen und das Recht auf informationelle Selbstbestimmung zu wahren. Das Verbot besteht auch nach der Begründung des Beschäftigungsverhältnisses. Eine Einwilligung des Beschäftigten ändert an dem Verbot des § 19 GenDG nichts.[91] Dies folgt mittelbar aus § 20 IV GenDG, der durch den Verweis auf § 8 GenDG verdeutlicht, dass für genetische Untersuchungen zum Arbeitsschutz eine Einwilligung erforderlich ist. Da in § 19 GenDG ein entsprechender Ver- 19

[81] WHWS Arbeitnehmerdatenschutz-HdB/*Weth* B.I. Rn. 133.

[82] ErfK/*Preis* BGB § 611a Rn. 293; HWK/*Thüsing* BGB § 611a Rn. 159; WHWS Arbeitnehmerdatenschutz-HdB/*Weth* B.I. Rn. 136 ff.; ausf. *Aligbe*, Einstellungs- und Eignungsuntersuchungen, 2. Aufl. 2021, Rn. 82 ff.

[83] NK-DatenschutzR/*Seifert* DS-GVO Art. 88 Rn. 91.

[84] *Burger*, Der Schutz gesundheitsbezogener Beschäftigungsdaten, 2013, S. 149 f.; HWK/*Thüsing* BGB § 611a Rn. 159.

[85] EuGH 5.10.1994 NJW 1994, 3005.

[86] WHWS Arbeitnehmerdatenschutz-HdB/*Weth* B.I. Rn. 143.

[87] *Aligbe* Einstellungsuntersuchungen Rn. 136; ErfK/*Preis* BGB § 611a Rn. 296.

[88] Dazu *Aligbe* Einstellungsuntersuchungen Rn. 919; *Burger*, Der Schutz gesundheitsbezogener Beschäftigungsdaten, 2013, S. 175 ff.; *Fischinger* NZA 2010, 65; *Genenger* AuR 2009, 285; *Krimphove* AuA 2010, 340; *Oberthür* ArbRB 2010, 81; *Tinnefeld* RDV 2010, 209; *Wiese* BB 2009, 2198; zur früheren Rechtslage *Deutsch* NZA 1989, 657; *Wiese* BB 2005, 2073.

[89] Kühling/Buchner/*Maschmann* DS-GVO Art. 88 Rn. 75.

[90] *Wiese* BB 2009, 2198 (2199).

[91] *Aligbe* Einstellungsuntersuchungen Rn. 923; *Fischinger* NZA 2010, 65 (68); *Genenger* AuR 2009, 285 (288).

weis auf § 8 GenDG fehlt, wird deutlich, dass nach dem Regelungsplan des Gesetzes außerhalb des Anwendungsbereichs des § 20 GenDG genetische Untersuchungen oder Analysen einschränkungslos unzulässig sein sollen.

20 Nach § 20 GenDG sind im Rahmen **arbeitsmedizinischer Vorsorgeuntersuchungen** diagnostische Untersuchungen durch Genproduktanalysen zulässig, soweit sie zur Feststellung genetischer Eigenschaften erforderlich sind, die für schwerwiegende Erkrankungen oder schwerwiegende gesundheitliche Störungen, die bei einer Beschäftigung an einem bestimmten Arbeitsplatz oder mit einer bestimmten Tätigkeit entstehen können, ursächlich oder mitursächlich sind. Hierdurch soll dem Beschäftigten ermöglicht werden, genetische Untersuchungen zum persönlichen Gesundheitsschutz durchführen lassen zu können.[92] Auch diese bedürfen nach § 20 IV iVm § 8 GenDG der Einwilligung des Betroffenen. Diese muss nach umfassender vorheriger Aufklärung ausdrücklich und schriftlich erteilt werden.[93] § 21 I GenDG enthält ein **Benachteiligungsverbot.** Danach darf der AG Beschäftigte bei einer Vereinbarung oder Maßnahme, insbesondere bei der Begründung des Beschäftigungsverhältnisses, beim beruflichen Aufstieg, bei einer Weisung oder der Beendigung des Beschäftigungsverhältnisses nicht wegen ihrer oder der genetischen Eigenschaften einer genetisch verwandten Person benachteiligen. Dieses Verbot gilt auch, wenn sich Beschäftigte weigern, genetische Untersuchungen oder Analysen bei sich vornehmen zu lassen oder die Ergebnisse bereits vorgenommener genetischer Untersuchungen oder Analysen zu offenbaren. Verstößt der AG hiergegen, hat der AN nach § 21 II GenDG iVm § 15 II AGG einen Schadensersatzanspruch. Dabei kommen ihm die Beweiserleichterungen des § 22 AGG zugute. Ein Einstellungsanspruch besteht dagegen nicht.[94]

21 **6. Fragerecht des Arbeitgebers. a) Allgemeines.** Durch die Befragung eines Bewerbers im Einstellungsgespräch erhebt der AG **personenbezogene Daten.** Zu deren Verarbeitung ist der AG berechtigt, wenn deren wahrheitsgemäße Beantwortung zur Begründung des Arbeitsverhältnisses erforderlich ist (§ 26 I 1 BDSG). Soweit es um sensible Daten iSv Art. 9 I DS-GVO geht, ist § 26 III BDSG zu beachten (→ § 153 Rn. 18). Die Beantwortung der Frage muss für den angestrebten Arbeitsplatz und die zu verrichtende Tätigkeit selbst von Bedeutung sein. Je weniger die Frage hiermit in Zusammenhang steht und je mehr sie die Person selbst ausforscht, desto eher ist sie als unzulässig einzustufen. An der wahrheitsgemäßen Beantwortung von Fragen, die eine unmittelbare oder mittelbare Benachteiligung wegen der in § 1 AGG genannten Merkmale zur Folge haben, besteht regelmäßig kein „berechtigtes" Interesse, sofern die Fragen nicht nach §§ 8–10 AGG gerechtfertigt sind (→ § 36 Rn. 49 ff.).[95] Derartige Fragen sind deshalb grundsätzlich für die Entscheidung über die Begründung eines Arbeitsverhältnisses nicht erforderlich iSv § 26 I 1 BDSG.[96] Auf eine unzulässige Frage braucht der AN nicht wahrheitsgemäß zu antworten. Die wahrheitswidrige Beantwortung einer unzulässigen Frage löst weder ein Anfechtungsrecht des AG nach §§ 119, 123 BGB aus (dazu → § 34 Rn. 23 ff.) noch berechtigt sie den AG zur verhaltensbedingten Kündigung (dazu → § 133 Rn. 1 ff.). Der AN hat insoweit faktisch ein **„Recht zur Lüge".**[97]

22 **b) Einzelfälle.** Im Folgenden sind die wichtigsten Fragen nach Themen in alphabetischer Reihenfolge aufgelistet (zu Besonderheiten in Tendenzunternehmen → Rn. 42).

23 **Alkohol- und Drogenabhängigkeit.** Die Frage ist nicht ohne Weiteres zulässig, denn eine Alkohol- oder Drogenabhängigkeit kann eine Behinderung darstellen.[98] Nach der Rechtsprechung des BAG sind in den Behindertenbegriff des § 2 I 1 SGB IX auch suchtkranke Menschen einbezogen, soweit bei ihnen die jeweiligen Voraussetzungen gegeben sind.[99] Folgt man dem auch für den Behindertenbegriff des AGG, ist die Frage nur zulässig, wenn die Tätigkeit zwin-

[92] *Fischinger* NZA 2010, 65 (68); *Wiese* BB 2009, 2198 (2205).
[93] Dazu *Burger,* Der Schutz gesundheitsbezogener Beschäftigungsdaten, 2013, S. 186.
[94] ErfK/*Franzen* GenDG § 19 Rn. 6.
[95] HK-AGG/*Däubler* § 7 Rn. 35; ErfK/*Preis* BGB § 611a Rn. 272; SRS Gesundheitsmanagement/*Krieger* 1 § 2 Rn. 5; HWK/*Thüsing* BGB § 123 Rn. 6; aA *Wisskirchen/Bissels* NZA 2007, 169 (170 f.).
[96] NK-DatenschutzR/*Seifert* DS-GVO Art. 88 Rn. 78.
[97] Staudinger/*Richardi/Fischinger* BGB § 611a Rn. 551; HWK/*Thüsing* BGB § 123 Rn. 8.
[98] Dazu MüKoBGB/*Thüsing* AGG § 1 Rn. 51.
[99] BAG 14.1.2004 AP Nr. 3 zu AVR Caritasverband Anlage 1 = NZA 2005, 839; aA *Adomeit/Mohr* AGG § 2 Rn. 49; ErfK/*Preis* BGB § 611a Rn. 274d; für eine einschränkende Auslegung des Behindertenbegriffs im AGG mit guten Gründen ErfK/*Preis* BGB § 611a Rn. 274b; MüKoBGB/*Thüsing* AGG § 1 Rn. 51.

gend voraussetzt, dass der AN nicht alkohol- oder drogenabhängig ist.[100] Die Frage nach gelegentlichem Alkoholgenuss ist unzulässig.[101]

Alter. Im Schrifttum wird die Frage nach dem Alter teilweise als unzulässig angesehen.[102] 24
Dagegen spricht, dass das Alter ein wesentlicher Gesichtspunkt für die Beurteilung eines AN ist. Persönlichkeit und berufliche Entwicklung des AN können nicht aussagekräftig gewürdigt werden, wenn die einzelnen Entwicklungsschritte nicht im Zusammenhang mit dem jeweiligen Lebensalter bewertet werden können.[103] Hinzu kommt, dass auch das AGG selbst in § 10 das Alter sehr differenziert bewertet. Problematisch ist die Frage nach dem Alter allerdings dann, wenn der AG für die Einstellung unzulässige Höchst- oder Mindestgrenzen vorsieht und die Frage darauf zielt festzustellen, ob diese Grenzen erreicht sind.

Arbeitserlaubnis. Der AG darf einen Bewerber fragen, ob er im Besitz einer Arbeitserlaubnis 25
ist. Hierin liegt keine unzulässige mittelbare Benachteiligung ausländischer AN wegen Rasse oder ethnischer Herkunft.[104] Der AG hat ein überaus berechtigtes Interesse am aufenthaltsrechtlichen Status des Bewerbers (§§ 4, 18 AufenthG), weil er Ausländer aus Drittstaaten ohne den erforderlichen Aufenthaltstitel nicht beschäftigen darf (→ § 27 Rn. 9 ff.).[105]

Ausbildung und beruflicher Werdegang. Die Frage nach Ausbildung, Qualifikation und 26
beruflichem Werdegang ist zulässig. Der AN hat auf Frage seine früheren AG zu benennen und die Dauer der Beschäftigungsverhältnisse anzugeben.[106] Zum **früheren Gehalt** → Rn. 43.

Behinderung. Nach bisheriger Rechtsprechung, die allerdings vor der Einführung des § 81 27
II SGB IX 2001 (§ 164 II SGB IX 2018) bzw. des Inkrafttretens des AGG ergangen ist, ist die Frage nach einer Schwerbehinderung grundsätzlich zulässig.[107] Daran kann nicht mehr uneingeschränkt festgehalten werden (näher dazu → § 179 Rn. 49 ff.).

Familienplanung. Fragen nach der Familienplanung sind unzulässig. Dies folgt aus der 28
grundrechtlichen Wertung des Art. 6 I GG, die insoweit dem Informationsinteresse des AG vorgeht.[108]

Familienstand. Die Frage nach dem Familienstand ist regelmäßig **unzulässig.**[109] Der AG 29
hat kein berechtigtes Interesse an der Beantwortung. Hinzu kommt, dass bei gleichgeschlechtlichen Partnerschaften nach dem LPartG die Gefahr einer Benachteiligung wegen sexueller Identität besteht.[110] **Nach der Einstellung** ist die Frage dagegen schon im Hinblick auf eine mögliche Sozialauswahl bei betriebsbedingter Kündigung und im Hinblick auf eine etwaige betriebliche Altersversorgung zulässig.

Gesundheitszustand.[111] Der Umfang des Fragerechts des AG hinsichtlich bestehender Krank- 30
heiten richtet sich danach, ob diese im **Zusammenhang mit dem einzugehenden Arbeitsverhältnis** stehen. Das BAG hat bislang das Fragerecht des AG im Wesentlichen auf folgende Punkte beschränkt: Liegt eine Krankheit bzw. eine Beeinträchtigung des Gesundheitszustandes vor, durch die die Eignung für die vorgesehene Tätigkeit auf Dauer oder in periodisch wiederkehrenden Abständen eingeschränkt ist? Liegen ansteckende Krankheiten vor, die zwar nicht die Leistungsfähigkeit beeinträchtigen, jedoch die zukünftigen Kollegen oder Kunden gefährden? Ist zum Zeitpunkt des Dienstantritts bzw. in absehbarer Zeit mit einer Arbeitsunfähigkeit zu rechnen, zB durch eine geplante Operation, eine bewilligte Kur oder auch durch eine zurzeit bestehende akute Erkrankung?[112] Das ist nach Inkrafttreten des AGG nicht unproblematisch, weil diese Fragen auch auf das Vorliegen einer Behinderung zielen können.[113] Nach der Rechtsprechung des EuGH erfasst der Begriff „Behinde-

---

[100] *Wisskirchen/Bissels* NZA 2007, 169 (171).

[101] MHdB ArbR/*Benecke* § 33 Rn. 56; Staudinger/*Richardi/Fischinger* BGB § 611a Rn. 579; HWK/*Thüsing* BGB § 123 Rn. 20.

[102] *Wisskirchen* DB 2006, 1491 (1494); diff. *Adomeit/Mohr* AGG § 2 Rn. 50 f.; zweifelnd *Bauer/Krieger/Günther* AGG § 2 Rn. 23; *Schrader* DB 2006, 2571.

[103] *Hanau* ZIP 2006, 2189 (2193); Staudinger/*Richardi/Fischinger* BGB § 611a Rn. 580; iErg auch *Kania/Merten* ZIP 2007, 8 (12).

[104] MHdB ArbR/*Benecke* § 33 Rn. 90; *Wisskirchen/Bissels* NZA 2007, 169 (171).

[105] ErfK/*Preis* BGB § 611a Rn. 273.

[106] LAG Köln 13.11.1995 NZA-RR 1996, 403; MHdB ArbR/*Benecke* § 33 Rn. 34 f.; HWK/*Thüsing* BGB § 123 Rn. 9.

[107] Zuletzt BAG 18.10.2000 AP Nr. 59 zu § 123 BGB = NZA 2001, 315.

[108] *Adomeit/Mohr* AGG § 2 Rn. 39; MHdB ArbR/*Benecke* § 33 Rn. 82; ErfK/*Preis* BGB § 611a Rn. 275.

[109] MHdB ArbR/*Benecke* § 33 Rn. 82; NK-ArbR/*Mestwerdt* BGB § 611 Rn. 302.

[110] *Adomeit/Mohr* AGG § 2 Rn. 61; ErfK/*Preis* BGB § 611a Rn. 275.

[111] Dazu MHdB ArbR/*Benecke* § 33 Rn. 46 ff.; *Iraschko-Luscher/Kiekenbeck* NZA 2009, 1239; SRS Gesundheitsmanagement/*Krieger* 1 § 2 Rn. 10 ff.

[112] BAG 7.6.1984 AP Nr. 26 zu § 123 BGB = NZA 1985, 57.

[113] Vgl. *Adomeit/Mohr* AGG § 2 Rn. 47; ErfK/*Preis* BGB § 611a Rn. 274b; HWK/*Thüsing* BGB § 123 Rn. 19.

rung" iSd Richtlinie 2000/78/EG Einschränkungen, die insbesondere auf physische oder psychische Beeinträchtigungen zurückzuführen sind und die ein Hindernis für die Teilhabe des Betreffenden am Berufsleben bilden. Damit die Einschränkung unter den Begriff „Behinderung" fällt, muss wahrscheinlich sein, dass sie von langer Dauer sein wird.[114] Eine erhebliche Krankheit, die lange Zeit andauert, kann daher eine Behinderung im Sinne dieser Rechtsprechung sein. Hinzu kommt, dass es sich bei Fragen nach dem Gesundheitszustand um die Erhebung sensibler Daten iSv Art. 9 I DS-GVO handelt, die nur nach § 26 III BDSG zulässig ist.

31 Aus der **Frage nach bestimmten Erkrankungen** oder Leiden kann je nach den Einzelfallumständen auch auf eine Erkundigung nach einer Behinderung geschlossen werden. Dies gilt zB für Fragen nach einer psychischen Behandlung. Diese können den Schluss nahelegen, dass der AG in der in einer psychiatrischen Behandlung zum Ausdruck kommenden Einschränkung ein Hindernis für die Teilhabe des AN am Gesellschafts- bzw. Berufsleben von längerer Dauer sieht und damit eine Behinderung vermutet.[115] Zu Recht wird deshalb geraten, nach Krankheiten und damit verbundenen körperlichen Beeinträchtigungen nur zu fragen, wenn dies wegen der Art der auszuübenden Tätigkeit oder der Bedingungen ihrer Ausübung eine wesentliche und entscheidende berufliche Anforderung iSd § 8 I AGG darstellt.[116] Fragen des AG nach Erkrankungen eines Familienangehörigen sind regelmäßig unzulässig. Sie zielen zumindest objektiv auf eine Umgehung des Verbots genetischer Untersuchungen aus § 19 GenDG (dazu → Rn. 19) und verletzen das Recht auf informationelle Selbstbestimmung.[117] Hinzu kommt, dass aus der bloßen Tatsache bestimmter Erkrankungen einzelner Familienangehöriger regelmäßig allenfalls laienhafte und letztlich unseriöse Schlussfolgerungen gezogen werden, so dass die Antwort auf entsprechende Fragen letztlich ohne belastbaren Erkenntniswert ist.

32 **Gewerkschaftszugehörigkeit.** Die Frage nach einer Gewerkschaftszugehörigkeit ist **grundsätzlich unzulässig,** weil sie zu einer nach Art. 9 III 2 GG unzulässigen Benachteiligung wegen Gewerkschaftsmitgliedschaft führen kann.[118] Im Schrifttum ist für die Zeit nach der Einstellung bezweifelt worden, dass hieran festgehalten werden kann, wenn ein Tarifvertrag Differenzierungsklauseln enthält und einzelne Ansprüche nur Gewerkschaftsmitgliedern zustehen, oder wenn in einem Unternehmen mehrere Tarifverträge anwendbar sind, die sich im persönlichen Geltungsbereich überschneiden (Tarifkollision, § 4a TVG).[119] Das BAG ist dem nicht gefolgt, weil die Beantwortung der Frage die Koalitionsfreiheit der betroffenen Gewerkschaft unzulässig einschränken kann. Die geforderte Auskunft verschafft dem AG genaue Kenntnis vom Umfang und Verteilung des Mitgliederbestands der Gewerkschaft in seinem Betrieb.[120]

33 **Heirat.** Die vor allem an weibliche AN gerichtete Frage, ob sie alsbald heiraten wollen, ist unzulässig. An der Beantwortung besteht kein berechtigtes Interesse. Ihre unrichtige Beantwortung hat keine Rechtsfolgen.[121]

34 **Lohnpfändung.** Nach Lohnpfändungen darf der AG **grundsätzlich nicht fragen.** Die Frage ist allenfalls gegenüber Personen in Vertrauenspositionen zulässig.[122]

35 **Mindestlohn.** Nach § 22 IV MiLoG gilt der Mindestlohn in den ersten sechs Monaten der Beschäftigung nicht für AN, die unmittelbar vor Beginn der Beschäftigung langzeitarbeitslos iSd § 18 I SGB III waren. Um feststellen zu können, ob ein Anspruch auf den gesetzlichen Mindestlohn besteht, ist der AG berechtigt, den Bewerber nach der Zugehörigkeit zu diesem Personenkreis zu fragen (zur selbständigen Offenbarungspflicht → § 66 Rn. 9). Der AN ist zu einer wahrheitsgemäßen Auskunft verpflichtet, ansonsten liefe die gesetzlich geregelte Einschränkung des Mindestlohnanspruchs und das damit verbundene beschäftigungspolitische Ziel der Wiedereingliederung der Langzeitarbeitslosen in den Arbeitsmarkt leer. Die Einholung

---

114 EuGH 1.12.2016 – C-395/15 – Daouidi; 18.12.2014 AP Nr. 30 zu Richtlinie 2000/78/EG – FOA; 11.4.2013 AP Nr. 28 zu Richtlinie 2000/78/EG = NZA 2013, 553 – Ring; 11.7.2006 AP Nr. 3 zu Richtlinie 2000/78/EG = NZA 2006, 839 – Chacón Navas; BAG 19.12.2013 AP Nr. 3 zu § 2 AGG = NZA 2014, 372; MüKoBGB/*Thüsing* AGG § 1 Rn. 49.

115 BAG 17.12.2009 AP Nr. 2 zu § 7 AGG = NZA 2010, 383.

116 MüKoBGB/*Thüsing* AGG § 11 Rn. 29; *Wisskirchen/Bissels* NZA 2007, 169 (171 f.).

117 Ebenso *Bayreuther* NZA 2010, 679 (681); iErg auch VG Darmstadt 24.6.2004 NVwZ-RR 2006, 566.

118 Vgl. BAG 28.3.2000 AP Nr. 27 zu § 99 BetrVG 1972 Einstellung = NZA 2000, 1294.

119 Staudinger/*Richardi/Fischinger* BGB § 611a Rn. 566.

120 BAG 18.11.2014 AP Nr. 150 zu Art. 9 GG = NZA 2015, 306; dazu *Arnold* DB 2015, 867.

121 MHdB ArbR/*Benecke* § 33 Rn. 15.

122 *C. S. Hergenröder* AR-Blattei SD 715 Rn. 24; NK-ArbR/*Mestwerdt* BGB § 611 Rn. 298; ErfK/*Preis* BGB § 611a Rn. 280; aA Staudinger/*Richardi/Fischinger* BGB § 611a Rn. 563; MüKoBGB/*Spinner* § 611a Rn. 538; HWK/*Thüsing* BGB § 123 Rn. 10 (für Kleinbetriebe).

einer Auskunft bei den Jobcentern oder Arbeitsagenturen ist nur mit Einwilligung (Art. 6 DS-GVO) zulässig.

Ministerium für Staatssicherheit (MfS/Stasi). Die von den AG des **öffentlichen Dienstes** in Personalfragebogen gestellten Fragen über frühere Parteifunktionen in der SED und nach einer Tätigkeit für das MfS sind **zulässig** und daher wahrheitsgemäß zu beantworten (näher dazu → § 127 Rn. 109 f.).[123] 36

Nichtrauchereigenschaft. Unzulässig ist die Frage, ob der Bewerber Raucher oder Nichtraucher ist.[124] Dies betrifft die Privatsphäre des AN. Bestehen betriebliche Rauchverbote, sind diese vom AN allerdings zu beachten. 37

Parteimitgliedschaft. Die Frage nach der Mitgliedschaft in einer politischen Partei ist mangels eines berechtigten Interesses grundsätzlich unzulässig. Anderes kann bei Tätigkeiten in einer politischen Partei gelten.[125] 38

Qualifikation. Fragen nach Ausbildung, Qualifikationen und beruflichem Werdegang einschließlich Ausbildungs- und Weiterbildungszeiten sind zulässig und daher wahrheitsgemäß zu beantworten.[126] 39

Religionszugehörigkeit. Die Frage nach der Religionszugehörigkeit ist nach hM grundsätzlich **unzulässig,** weil der AG an der Beantwortung regelmäßig kein berechtigtes Interesse hat.[127] Zu Besonderheiten in kirchlichen Einrichtungen (→ § 36 Rn. 75 ff.). Zur Scientology-Organisation (→ § 36 Rn. 10). 40

Schwangerschaft. Die Frage nach einer Schwangerschaft war bereits vor Inkrafttreten des AGG **unzulässig,**[128] und zwar unabhängig davon, ob sich nur Frauen oder auch Männer um den Arbeitsplatz beworben haben.[129] Sie stellt nach § 3 I 2 AGG eine unmittelbare Benachteiligung wegen des Geschlechts dar. Nach der Rechtsprechung des EuGH ist die Frage nach der Schwangerschaft auch losgelöst davon unzulässig, ob die Arbeitnehmerin befristet oder auf Dauer eingestellt wird, sie während der Schwangerschaft die Arbeit verrichten kann oder nicht, Nachtarbeitsverbote bestehen oder ihre Anwesenheit für das Unternehmen unerlässlich ist oder nicht. Unzulässig ist auch die Zurückweisung einer Bewerberin, weil sie schwanger ist.[130] 41

Tendenzbetriebe. In Tendenzbetrieben gelten je nach Ausrichtung **erweiterte Fragerechte.**[131] In Presseunternehmen, Rundfunk- und Fernsehanstalten dürfen Daten über die religiöse Überzeugung, die Religionszugehörigkeit oder die Weltanschauung des Beschäftigten erhoben werden, soweit diese Daten wegen der Art der auszuübenden Tätigkeit oder der Bedingungen ihrer Ausübung wesentliche und entscheidende berufliche Anforderungen darstellen. Dabei ist die Frage nach der Religion oder Weltanschauung nur unter den gleichen strengen Voraussetzungen zulässig, unter denen eine unterschiedliche Behandlung nach § 8 AGG wegen der Religion oder Weltanschauung zulässig ist. § 9 AGG ist hier nicht einschlägig, weil es nicht um eine Beschäftigung bei einer Religions- oder Weltanschauungsgemeinschaft geht. Durch das Abstellen auf die Art der Tätigkeit wird die Erweiterung des Fragerechts des AG in einem Tendenzbetrieb auf die Bewerber beschränkt, für deren zukünftige Tätigkeit die genannten Merkmale von Bedeutung sind (Tendenzträger), was zB bei einem Pförtner oder Hausmeister nicht ohne Weiteres der Fall ist. 42

Verdienst beim bisherigen Arbeitgeber. Die Frage an einen Stellenbewerber nach der bei dem früheren AG bezogenen Vergütung ist jedenfalls dann unzulässig, wenn die bisherige Vergütung für die erstrebte Stelle keine Aussagekraft und der Bewerber sie auch nicht von sich aus als Mindestvergütung für die neue Stelle gefordert hat.[132] 43

---

[123] BVerfG 8.7.1997 AP Nr. 39 zu Art. 2 GG; BAG 26.8.1993 AP Nr. 8 zu Art. 20 Einigungsvertrag; 14.12.1995 EzA Nr. 52 zu Art. 20 Einigungsvertrag; HWK/*Thüsing* BGB § 123 Rn. 28.

[124] MHdB ArbR/*Benecke* § 33 Rn. 85; HWK/*Thüsing* BGB § 123 Rn. 21; *Wisskirchen/Bissels* NZA 2007, 169 (172).

[125] MHdB ArbR/*Benecke* § 33 Rn. 12; ErfK/*Preis* BGB § 611a Rn. 278.

[126] ErfK/*Preis* BGB § 611a Rn. 273; zur Zulässigkeit dieser Frage im bestehenden Arbeitsverhältnis vgl. BAG 7.9.1995 AP Nr. 24 zu § 242 BGB Auskunftspflicht = NZA 1996, 637.

[127] *Adomeit/Mohr* AGG § 2 Rn. 53; Wendeling-Schröder/*Stein* AGG § 8 Rn. 19; *Wisskirchen/Bissels* NZA 2007, 169 (173).

[128] BAG 6.2.2003 AP Nr. 21 zu § 611a BGB = NZA 2003, 848; ErfK/*Preis* BGB § 611a Rn. 274; HWK/*Thüsing* BGB § 123 Rn. 24; teilw. aA *Adomeit/Mohr* AGG § 2 Rn. 38.

[129] BAG 15.10.1992 AP Nr. 8 zu § 611a BGB = NZA 1993, 257.

[130] EuGH 4.10.2001 AP Nr. 27 zu EWG-Richtlinie Nr. 76/207 = NZA 2001, 1241 – Tele Danmark; 4.10.2001 AP Nr. 3 zu EWG-Richtlinie Nr. 92/85 = NZA 2001, 1243; 3.2.2000 AP Nr. 18 zu § 611a BGB = NZA 2000, 255 – Mahlburg; 5.5.1994 AP Nr. 3 zu EWG-Richtlinie Nr. 76/207 = NZA 1994, 609 – Habermann-Beltermann.

[131] MHdB ArbR/*Benecke* § 33 Rn. 102.

[132] BAG 19.5.1983 AP Nr. 25 zu § 123 BGB; MHdB ArbR/*Benecke* § 33 Rn. 36; ErfK/*Preis* BGB § 611a Rn. 279; aA BeckOK ArbR/*Joussen,* 59. Ed., BGB § 611a Rn. 121.

44 **Vermögensverhältnisse.** Der AG hat regelmäßig **kein berechtigtes Interesse** an einer Auskunft über die Vermögensverhältnisse des AN. Etwas anderes mag im Einzelfall bei leitenden Angestellten oder Personen gelten, die in besonderer Weise die Vermögensinteressen des Unternehmens vertreten. Hier kann der AG ein berechtigtes Interesse an Beschäftigten in geordneten finanziellen Verhältnissen haben.[133]

44a **Vorbeschäftigung.** Der AG darf den AN wegen des Verbots der Vorbeschäftigung bei „demselben Arbeitgeber" nach § 14 II 2 TzBfG fragen, ob in der Vergangenheit ein Arbeitsverhältnis mit demselben AG bestand.[134] In gleicher Weise kann im Hochschulbereich nach Umständen gefragt werden, die für die Wirksamkeit der Befristung nach dem WissZeitVG relevant sind.[135]

45 **Vorstrafen.** Der AG darf den Bewerber bei der Einstellung nach einschlägigen Vorstrafen fragen, wenn und soweit die Art des zu besetzenden Arbeitsplatzes dies erfordert, dh die Frage **bei objektiver Betrachtung berechtigt** erscheinen lässt.[136] So kann bei der Einstellung eines Berufskraftfahrers nach Straßenverkehrsdelikten, nicht aber nach Körperverletzungsdelikten,[137] bei Bankangestellten nach Vermögensdelikten und bei Erziehern nach Sittlichkeits- oder Körperverletzungsdelikten gefragt werden. Stellt der AG ohne eine gegenständliche Beschränkung Fragen nach möglichen Vorstrafen, ist der Bewerber zu einer wahrheitsgemäßen Antwort rechtlich nicht verpflichtet, da eine solche Fragestellung das schutzwürdige Informationsinteresse des AG übersteigt.[138]

46 Der AN kann sich gem. § 53 I BZRG grundsätzlich gegenüber Behörden und Privatpersonen als unbestraft bezeichnen, wenn die Verurteilung nicht in das **Führungszeugnis** oder nur in ein Führungszeugnis für Behörden nach § 32 III und IV BZRG **aufzunehmen** oder wenn sie zu **tilgen** ist (zum Anspruch auf Vorlage eines Führungszeugnisses → Rn. 10 f.).[139] Nach § 32 II BZRG werden in das Führungszeugnis u.a. nicht aufgenommen Verwarnungen mit Strafvorbehalt nach § 59 StGB und Verurteilungen, durch die auf Geldstrafe von nicht mehr als 90 Tagessätzen oder Freiheitsstrafe von nicht mehr als drei Monaten erkannt worden ist, wenn im Register keine weitere Strafe eingetragen ist. Hiervon ausgenommen sind Verurteilungen wegen sexuellen Missbrauchs von Kindern und Jugendlichen nach §§ 174–180 oder 182 StGB. Für ein Führungszeugnis zur Vorlage bei einer Behörde nach § 30 V BZRG gelten nach § 32 III und IV BZRG weniger weitreichende Aufnahmebeschränkungen. Gem. §§ 45, 46 BZRG sind Straftaten nach fünf Jahren u.a. dann zu tilgen, wenn es sich um eine Verurteilung zu einer Geldstrafe von nicht mehr als 90 Tagessätzen handelt und im Register keine weitere Strafe eingetragen ist. Die Tilgungsfrist beträgt zehn Jahre u.a. bei Verurteilungen zu Freiheitsstrafe von mehr als drei Monaten aber nicht mehr als einem Jahr, wenn die Vollstreckung zur Bewährung ausgesetzt worden ist. Einzelheiten sind in § 46 BZRG geregelt.

47 Besonderheiten gelten für den **öffentlichen Dienst.** Hier ist Art. 33 II GG zu beachten. Geeignet im Sinne dieser Vorschrift ist nur, wer dem angestrebten Amt in körperlicher, psychischer und charakterliche Hinsicht gewachsen ist. Dazu gehören die Fähigkeit und innere Bereitschaft, die dienstlichen Aufgaben nach den Grundsätzen der Verfassung wahrzunehmen und insbesondere die Freiheitsrechte der Bürger und rechtsstaatliche Regeln einzuhalten.[140] Aus diesem Grunde ist der öffentliche AG berechtigt, Bewerber auch nach nicht einschlägigen, jedoch noch nicht getilgten Vorstrafen zu fragen. Ein weitergehendes berechtigtes und schutzwürdiges Interesse an einer Auskunft über getilgte oder zu tilgende Vorstrafen besteht nicht.[141] Dem steht nicht nur § 53 I BZRG entgegen, wonach sich der Verurteilte in Bezug auf nicht in das Führungszeugnis aufzunehmende oder getilgte Verurteilungen als nicht vorbestraft bezeichnen darf, sondern auch die in § 51 BZRG enthaltener Anordnung, dass nach der Tilgung die Tat und die Verurteilung dem Betroffenen im Rechtsverkehr nicht mehr vorgehalten und nicht zu seinem Nachteil verwendet werden dürfen. Aus § 52 I Nr. 4 BZRG folgt nichts anderes. Soweit nach dieser Bestimmung die frühere Tat abweichend von § 51 I BZRG bei einer Einstellung in den öffentlichen Dienst berücksichtigt werden darf, betrifft dies nur den Fall, dass dem öffentlichen AG getilgte Verurteilungen auf andere Weise als durch Registerauskünfte bekannt geworden sind. Die Offenbarungspflichten eines Bewerbers werden hierdurch jedoch nicht erweitert.[142]

---

133 Vgl. MHdB ArbR/*Benecke* § 33 Rn. 127; Staudinger/*Richardi/Fischinger* BGB § 611a Rn. 562; HWK/*Thüsing* BGB § 123 Rn. 10.
134 BAG 23.1.2019 – 7 AZR 161/15.
135 Staudinger/*Richardi/Fischinger* BGB § 611a Rn. 556.
136 BAG 20.3.2014 AP Nr. 73 zu § 123 BGB = NZA 2014, 1131; MHdB ArbR/*Benecke* § 33 Rn. 116 ff.
137 BAG 6.9.2012 AP Nr. 72 zu § 123 BGB = NZA 2013, 1087.
138 BAG 6.9.2012 AP Nr. 72 zu § 123 BGB = NZA 2013, 1087.
139 LAG BW 21.2.2019 – 3 Sa 65/17.
140 BAG 15.11.2012 AP Nr. 69 zu § 138 BGB = NZA 2013, 429.
141 BAG 20.3.2014 AP Nr. 73 zu § 123 BGB = NZA 2014, 1131; LAG BW 21.2.2019 – 3 Sa 65/17.
142 BAG 20.3.2014 AP Nr. 73 zu § 123 BGB = NZA 2014, 1131.

Die Frage nach **anhängigen Straf- und Ermittlungsverfahren** ist nach der Rechtsprechung des Bundesarbeitsgerichts zulässig, wenn bereits ein solches Verfahren geeignet ist, Zweifel an der persönlichen Eignung des Bewerbers für die in Aussicht genommene Tätigkeit zu begründen.[143] Dagegen besteht für die Frage nach **eingestellten Ermittlungsverfahren** an den Stellenbewerber grundsätzlich kein berechtigtes Interesse des potentiellen AG. Eine solche Frage ist im Bewerbungsverfahren im Regelfall nicht erforderlich iSv § 26 I 1 BDSG. Hiergegen spricht insbesondere die Wertentscheidung der §§ 51, 53 BZRG. Besteht ein Verschweigerecht bereits in den von § 53 BZRG ausdrücklich geregelten Fällen, gilt dies umso mehr, wenn nach Vorgängen gefragt wird, die von vornherein nicht in ein Führungszeugnis aufzunehmen sind.[144] 48

Wehr- oder Zivildienst. Die Frage nach künftigem noch abzuleistenden Wehr- oder Zivildienst war **unzulässig.** Sie führte zu einer mittelbaren Benachteiligung männlicher Bewerber wegen des Geschlechts. Das Interesse des AG, die Verfügbarkeit des AN über einen längeren Zeitraum sicherzustellen, war nicht geeignet, die geschlechtsspezifische Benachteiligung zu rechtfertigen.[145] Es galten insoweit dieselben Grundsätze wie bei der Frage nach einer Schwangerschaft (dazu → Rn. 41). Mit der Aussetzung der Pflichtdienste hat die Frage an Bedeutung verloren; sie stellt sich auch nicht im Hinblick auf die Möglichkeit, freiwilligen Wehrdienst leisten zu können, da dieser nach § 58b SG von Frauen und Männern geleistet werden kann. Die hierauf bezogene Frage ist zwar nicht diskriminierend,[146] sie dürfte jedoch in aller Regel für die Entscheidung über die Begründung eines Beschäftigungsverhältnisses nicht erforderlich und deshalb nicht nach § 26 I 1 BDSG erlaubt sein. Nach abgeleistetem Wehr- oder Zivildienst („Haben Sie gedient?") darf gleichfalls nicht gefragt werden. Die Frage ist für das Arbeitsverhältnis regelmäßig ohne Bedeutung.[147] 49

Wettbewerbsverbote. Nach einem nachvertraglichen Wettbewerbsverbot darf der AG fragen, soweit es sich auf die auszuübende Tätigkeit bezieht. In diesen Fällen besteht die Gefahr, dass der Bewerber die Stelle nicht antreten kann oder die Arbeit abbrechen muss.[148] 50

§ 27. Beschäftigung ausländischer Arbeitnehmer in der Bundesrepublik Deutschland

Übersicht

I. Anwerbung und Arbeitsvermittlung mit Auslandsbezug

1. Allgemeines. Die Globalisierung der Wirtschaft, die Abwanderung von Menschen aus Spannungs- und Krisengebieten sowie die Auswirkungen der Finanz- und Wirtschaftskrise haben zu einem Zustrom von ausländischen AN auf den deutschen Arbeitsmarkt geführt. Gleichzeitig verlagern zunehmend Unternehmen aus dem Inland ihre Produktion in das Ausland. Während zunächst die Initiative für den Zuzug von ausländischen AN von der Anwerbung 1

[143] BAG 15.11.2012 AP Nr. 69 zu § 138 BGB = NZA 2013, 429; 27.7.2005 AP Nr. 63 zu Art. 33 Abs. 2 GG = NZA 2005, 1243.
[144] BAG 20.3.2014 AP Nr. 73 zu § 123 BGB = NZA 2014, 1131; 15.11.2012 AP Nr. 69 zu § 138 BGB = NZA 2013, 429.
[145] *Boemke* RdA 2008, 129 (133); HK-AGG/*Däubler* § 7 Rn. 45; HWK/*Thüsing* BGB § 123 Rn. 27; aA Staudinger/*Richardi/Fischinger* BGB § 611a Rn. 581.
[146] MHdB ArbR/*Benecke* § 33 Rn. 89; ErfK/*Preis* BGB § 611a Rn. 273.
[147] *Boemke* RdA 2008, 129 (132); ErfK/*Preis* BGB § 611a Rn. 273; HWK/*Thüsing* BGB § 123 Rn. 27.
[148] MHdB ArbR/*Benecke* § 33 Rn. 91; HWK/*Thüsing* BGB § 123 Rn. 9.

inländischer AG ausging, ist Deutschland nach wie vor einer verstärkten Migration ausgesetzt. Die Darstellung der Rechtslage bei der Rechtswahl und der Entsendung von in Deutschland beschäftigten AN in das Ausland erfolgt unter → § 7 Rn. 1 ff.

2 **2. EURES.** EURES (EURopean Employment Services) ist ein Kooperationsnetz der öffentlichen Arbeitsverwaltungen der EU und der EFTA-Staaten. Ziel ist, die Mobilität der ArbeitnehmerInnen innerhalb der Länder der EU und der Europäischen Freihandelsassoziation (EFTA) zu erleichtern. EURES wurde im Jahr 1993 gegründet. Rechtsgrundlage ist gegenwärtig die VO (EU) 2016/589 des Europäischen Parlaments und des Rates vom 13.4.2016 über ein Europäisches Netz der Arbeitsvermittlungen (EURES) und den Zugang von Arbeitnehmern zu mobilitätsfördernden Diensten (ABl. L 107, 1). Aufgabe von EURES ist die Information und Beratung über Beschäftigungsmöglichkeiten bzw. deren Vermittlung für alle Bürger, die in einem anderen Mitgliedstaat eine Arbeitsmöglichkeit suchen. EURES fördert auch das Entstehen eines gemeinsamen europäischen Arbeitsmarkts sowie – in bestimmten Grenzregionen – integrierter regionaler Arbeitsmärkte. Über das EURES-Portal besteht eine Zugangsmöglichkeit zu den Stellenangeboten in den EU-Mitgliedsländern und zu Informationen über alle Themen, die Arbeit und Leben in der EU betreffen.[1]

II. Öffentlich-rechtliche Voraussetzungen für die Arbeitsaufnahme von Ausländern in der BRD

3 **1. Rechtsgrundlagen.** Am 5.8.2004 ist das Gesetz zur Steuerung und Begrenzung der Zuwanderung und zur Regelung des Aufenthalts und der Integration von Unionsbürgern und Ausländern vom 30.7.2004 (Zuwanderungsgesetz – BGBl. I 1950) verkündet worden. Das Zuwanderungsgesetz ist ein Artikelgesetz, dessen Kernstücke das Gesetz über den Aufenthalt, die Erwerbstätigkeit und die Integration von Ausländern im Bundesgebiet (Aufenthaltsgesetz – AufenthG, BGBl. I 1950) idF der Bekanntmachung v. 25.2.2008 (BGBl. I 162) sowie das Gesetz über die allgemeine Freizügigkeit von Unionsbürgern (Freizügigkeitsgesetz/EU – FreizügG/EU, BGBl. I 1986) sind.[2] Die Vorschriften im Dritten Buch des SGB (§§ 284, 288 SGB III) haben gegenwärtig keinen Anwendungsbereich. Die Zulässigkeit der Beschäftigung von ausländischen AN richtet sich ergänzend nach der VO über die Beschäftigung von Ausländerinnen und Ausländern (Beschäftigungsverordnung – BeschV) vom 6.6.2013 (BGBl. I 1499). Mit der BeschV soll das Recht des Arbeitsmarktzugangs für Drittstaatenangehörige einheitlich und übersichtlich geregelt werden (BR-Drs. 182/13, 1). Insoweit galt zunächst der Grundsatz, dass eine Neueinreise nach Deutschland zum Zweck der Beschäftigung grundsätzlich nicht möglich ist, es sei denn, dass eine Rechtsnorm dies ausdrücklich zulässt. Durch das Fachkräfteeinwanderungsgesetz vom 15.8.2019 (BGBl. I 1307) sind die Voraussetzungen für die Einwanderung von qualifizierten AN aus Drittstaaten erleichtert worden. Gegenwärtig dürfen Fachkräfte (→ Rn. 19) bei Vorliegen eines Arbeitsangebots und einer anerkannten Qualifikation (Hochschulstudium/qualifizierte Berufsausbildung) unter den im AufenthG und der BeschV bestimmten Voraussetzungen in das Inland einreisen und dort beschäftigt werden.

4 **2. Überblick über die Regelungssystematik.** Die rechtlichen Rahmenbedingungen für die Beschäftigung von ausländischen AN lassen sich in drei Kategorien einteilen. **(a)** Keine Beschränkungen bei der Beschäftigungsausübung bestehen inzwischen für alle Unionsbürger. Für diese gilt das FreizügG/EU (→ Rn. 5). Für Angehörige aus Staaten, die nachträglich der EU beigetreten sind, bestehen keine Besonderheiten bei der Freizügigkeit und der Beschäftigungsausübung mehr, dies gilt auch grundsätzlich für die Unionsbürgern gleichgestellten Staatsangehörigen aus den EWR-Staaten, Schweiz und (seit 1.1.2021) auch Großbritannien (→ Rn. 7). **(b)** Für türkische AN bestehen aufgrund zwischenstaatlicher Vereinbarungen Sonderregelungen (→ Rn. 8). **(c)** Für Staatsangehörige aus Drittstaaten gelten die weitergehenden Beschränkungen des AufenthG (→ Rn. 10).

5 **3. Unionsbürger und ihnen gleichgestellte Staatsangehörige. a) Aufenthaltsrechtliche Stellung und Beschäftigungsaufnahme. aa) Unionsbürger.** Die Einreise und der Aufenthalt von Unionsbürgern erfolgen im Rahmen der Richtlinie 2004/38/EG vom 29. April

[1] Internetadresse: https://ec.europa.eu/eures/public/de/homepage.

[2] Die Arbeitsverwaltung hat Durchführungsanweisungen zur Beschäftigung von ausländischen Staatsangehörigen erlassen, die im Internet ebenso wie weitere Merkblätter unter http://www.arbeitsagentur.de abgerufen werden können.

2004 (ABl. EG 2004 L 158, 77). Diese fasst Rechte und Pflichten von Unionsbürgern und ihren Familienangehörigen bei der Einreise und dem Aufenthalt in andere Mitgliedstaaten zusammen. Die RL 2004/38/EG wird durch das Freizügigkeitsgesetz/EU in nationales Recht umgesetzt; die Vorschriften des AufenthG finden für Unionsbürger grundsätzlich keine Anwendung; Ausnahmen bestehen, soweit das AufenthG eine günstigere Rechtstellung vermittelt als das FreizügG/EU, bei Wegfall des Freizügigkeitsrechts oder soweit ausdrücklich etwas anderes bestimmt ist (§ 11 FreizügG/EU). Nach § 2 II Nr. 1 FreizügG/EU können Unionsbürger (§ 1 II Nr. 1 FreizügG/EU) für ihre Tätigkeit als AN oder zur Berufsausbildung (Nr. 1) in das Bundesgebiet einreisen und sich dort aufhalten, ebenso Unionsbürger für einen Aufenthalt zur Arbeitsuche für bis zu sechs Monate und darüber hinaus nur, solange sie nachweisen können, dass sie weiterhin Arbeit suchen und begründete Aussicht haben, eingestellt zu werden (Nr. 1a). Eine nur vorübergehende Arbeitsunfähigkeit oder Zeiten unfreiwilliger Arbeitslosigkeit des AN führen bei Unionsbürgern nicht zum Verlust des Einreise- und Aufenthaltsrechts (§ 2 III Nrn.1–3 FreizügG/EU). Unter den Voraussetzungen des § 4a I 1 FreizügG/EU (fünfjähriger rechtmäßiger Aufenthalt im Bundesgebiet) erwerben Unionsbürger ein Daueraufenthaltsrecht; zu Ausnahmen § 4a II FreizügG/EU. Unionsbürger benötigen für ihre Einreise kein Visum und für ihren weiteren Aufenthalt keinen Aufenthaltstitel (§ 2 IV 1 FreizügG/EU). Sie sind jedoch u. a. verpflichtet, bei der Einreise einen Pass mit sich zu führen und während der Dauer des Aufenthalts zu besitzen sowie diesen ggf. zu Prüfungszwecken auszuhändigen (§ 8 FreizügG/EU). Für einen Aufenthalt von bis zu 3 Monaten ist nur ein Personalausweis oder Reisepass erforderlich (§ 2 V FreizügG/EU). Die zuständige Behörde kann die Vorlage einer Einstellungsbestätigung oder einer Beschäftigungsbescheinigung des AG verlangen (§ 5a I Nr. 1 FreizügG/EU), bei Arbeitsuche: Nachweise über ernstliche Arbeitsuche mit begründeten Erfolgsaussichten. Angehörige aus EU-Staaten unterliegen keinen Beschränkungen bei der **Beschäftigungsaufnahme.** Ihr Recht auf Zugang zu einer Beschäftigung folgt unmittelbar aus Art. 45 AEUV. Das AufenthG, das die Beschäftigung von ausländischen Staatsangehörigen an die Festlegungen im Aufenthaltstitel bindet, ist für Unionsbürger nicht anzuwenden (§ 1 II Nr. 1 AufenthG).

b) Familienangehörige und nahestehende Personen des Unionsbürgers. Nach § 3 FreizügG/EU sind als **Familienangehörige** von Unionsbürgern freizügigkeitsberechtigt **(1)** Ehegatten oder Lebenspartner (1 II Nr. 2 FreizügG/EU) sowie **(2)** Verwandte in absteigender Linie (Kinder und Kindeskinder), von freizügigkeitsberechtigten Unionsbürgern, ihren Ehegatten oder Lebenspartnern, welche noch nicht 21 Jahre alt sind, **(3)** Verwandte in auf- oder absteigender Linie von freizügigkeitsberechtigten Unionsbürgern, ihren Ehegatten oder Lebenspartnern, welchen von den Unionsbürgern, ihren Ehegatten oder Lebenspartnern Unterhalt gewährt wird. Familienangehörige und ihre Lebenspartner erhalten ein Daueraufenthaltsrecht, wenn sie sich 5 Jahre rechtmäßig mit dem Unionsbürger im Inland aufgehalten haben (§ 4a I 2 FreizügG/EU). **Nahestehende Personen** eines Unionsbürgers (§ 1 I Nr. 5, II Nr. 4 FreizügG/EU) sind **(1)** mit diesem verwandte sowie verschwägerte (§ 1589 BGB) Personen, **(2)** ledige Kinder, die das 18. Lebensjahr noch nicht vollendet haben, unter Vormundschaft von oder in einem Pflegekindverhältnis zu dem Unionsbürger stehen, und **(3)** Personen, mit denen eine (nachgewiesene) langandauernde Partnerschaft besteht, die nach nationalem Recht nicht bereits anderweitig rechtlich anerkannt ist, so dass sie nicht unter den Nachzug von Ehegatten fällt (BR-Drs. 263/20, 38 f.). Anders als bei Unionsbürgern und ihren Familienangehörigen besteht bei nahestehenden Personen kein Anspruch auf die Einreise und den Aufenthalt im Bundesgebiet. Vielmehr hat die zuständige Behörde ein durch § 3a II FreizügG/EU näher bestimmtes Entscheidungsermessen. Danach ist für die Verleihung eines Aufenthaltsrechts in allen Fallgruppen die Intensität der Beziehung zwischen der nahestehenden Person und dem Unionsbürger maßgeblich sowie von der finanziellen oder physischen Abhängigkeit sowie dem Verwandtschaftsgrad zwischen der nahestehenden Person und dem Unionsbürger (BR-Drs. 263/20, 42). Mit der erst im Jahr 2020 eingefügten Regelung in § 3a FreizügG/EU hat der dt. Gesetzgeber Art. 3 II RL 2004/38/EG und die dazu ergangene Rspr. des EuGH umgesetzt. 6

c) Staatsangehörige aus dem EWR-Staaten und der Schweiz sowie dem Vereinigten Königreich Großbritannien und Nordirland. Die vorgenannten Regelungen des FreizügG/EU für Unionsbürger, ihre Familienangehörigen und nahestehende Personen finden jeweils auch für Staatsangehörige der **EWR-Staaten** (Island, Norwegen und Liechtenstein), die nicht Unionsbürger sind, und für ihre Familienangehörigen und ihre nahestehenden Personen Anwendung (§ 12 FreizügG/EU); Bürger der **Schweizer Eidgenossenschaft** sind wiederum nach dem „Freizügigkeitsabkommen EU/Schweiz“ EWR-Staatsangehörigen seit dem 1. Juni 2002 7 gleichgestellt.[3] Sie sind verpflichtet, ihren länger als drei Monate dauernden Aufenthalt in Deutschland bei der Ausländerbehörde des Wohnortes anzuzeigen, und erhalten dann eine Karte, in der ihr Aufenthaltsrecht bescheinigt ist. Für **britische Staatsangehörige** und ihre Familienangehörigen, die von ihrem unionsrechtlichen Freizügigkeitsrecht bis zum Ende des Übergangszeitraums am 31. Dezember 2020 Gebrauch gemacht haben, sowie für Familienangehörige, die zu solchen britischen Staatsangehörigen noch später nachziehen, ist das Recht auf Einreise und Aufenthalt im Unionsgebiet im Austrittsabkommen geregelt.[4] Dessen Bestimmungen enthalten im Bundesgebiet unmittelbar anwendbares Recht. Danach werden britische Staatsangehörige und ihre Familienangehörigen in Bezug auf die Freizügigkeit letztlich wie Unionsbürger behandelt. Für die nachfolgende Zeit sieht das Abkommen aufenthaltsrechtliche Regelungen nur für britische Staatsangehörige und deren drittstaatsangehörige Familienangehörigen vor, die bis zum Ende des Übergangszeitraums in der EU freizügigkeitsberechtigt waren („Alt-Briten"). Zudem ist ein Familiennachzug von Angehörigen aus Drittstaaten zu „Alt-Briten" auch nach Ende des Übergangszeitraums nur für neugeborene oder neu adoptierte Kinder, die weder Deutsche noch sonst Unionsbürger oder Bürger eines EWR-Staats sind, möglich. Für nach dem Ende der Übergangszeit neu einreisende britische Staatangehörige und deren Familienangehörigen („Neu-Briten") gilt hingegen das AufenthG. Nach § 16 II 2 FreizügG/EU besteht – anders als bei Unionsbürgern – eine Verpflichtung zur Anzeige des Aufenthaltes. Für britische Staatsangehörige, die am Tag vor dem Tag des Austritts des Vereinigten Königreichs Großbritannien und Nordirland aus der EU ein Aufenthaltsrecht nach dem Gesetz über die allgemeine Freizügigkeit von Unionsbürgern für das Bundesgebiet besitzen, bedarf die Erteilung eines Aufenthaltstitels zur Ausübung einer Beschäftigung unabhängig vom Sitz des AG keiner Zustimmung der BA (§ 26 III BeschV).

8 **4. Türkische Staatsangehörige.** Nach § 4 I 1 AufenthG iVm Art. 1 I, Anhang I der Verordnung (EG) Nr. 539/2001 des Rates vom 15. März 2001 zur Aufstellung der Liste der Drittländer, deren Staatsangehörige beim Überschreiten der Außengrenzen im Besitz eines Visums sein müssen, sowie der Liste der Drittländer, deren Staatsangehörige von dieser Visumpflicht befreit sind (ABl. L 81, 1), bedürfen türkische Staatsangehörige für die Einreise in die Bundesrepublik Deutschland grundsätzlich der vorherigen Erteilung eines Visums (§ 6 AufenthG). Ihnen ist durch Art. 12 des Assoziierungsabkommens EG-Türkei vom 12.9.1963 (BGBl. 1964 II 509) und Art. 36 des Brüsseler Zusatzprotokolls vom 23.11.1970 (BGBl. 1972 II 385) die stufenweise Herstellung der Freizügigkeit garantiert. Bei Erfüllung der assoziationsrechtlichen Voraussetzungen erwerben türkische Staatsangehörige automatisch ein Aufenthaltsrecht und sind daher von der Aufenthaltstitelpflicht befreit. Sie müssen nur eine (deklaratorische) Aufenthaltserlaubnis beantragen (§ 4 II AufenthG). Die Befreiung von der Aufenthaltstitelpflicht gilt nicht für die erstmalige Einreise zum Zwecke der Arbeitsaufnahme, da das Assoziationsabkommen kein Zugangsrecht zum Bundesgebiet enthält. Türkische Staatsangehörige unterliegen in diesem Fall den allgemeinen Einreisebestimmungen, die für Drittstaatsangehörige gelten. Die **Beschäftigung** von türkischen AN richtet sich nach dem Beschluss Nr. 1/80 des Assoziationsrats EWG/Türkei über die Entwicklung der Assoziation vom 19. September 1980 (ANBA 1981, 4). Nach Art. 6 I ARB Nr. 1/80 hat ein türkischer AN, der dem regulären Arbeitsmarkt eines Mitgliedstaats angehört, in diesem Mitgliedstaat nach einem Jahr ordnungsgemäßer Beschäftigung das Recht, weiterhin eine unselbstständige Erwerbstätigkeit bei dem gleichen AG auszuüben. Türkische Staatsangehörige, die sich auf dieses Recht berufen wollen, müssen daher drei Voraussetzungen erfüllen: **(a)** sie müssen AN sein, **(b)** dem regulären Arbeitsmarkt im Aufnahmemitgliedstaat angehören und **(c)** dort mindestens ein Jahr beim gleichen AG einer ordnungsgemäßen Beschäftigung nachgehen.[5] Nach drei Jahren sind sie berechtigt, auch bei einem anderen AG in der gleichen Tätigkeit zu arbeiten, und nach vier Jahren, sich bei jedem AG auf jede Tätigkeit zu bewerben. Sobald eine der vorgenannten Stufen erreicht ist, kann das Arbeitsverhältnis auch vorübergehend unterbrochen werden, ohne dass die erworbenen Rechte verloren gehen. **Familienangehörige** der assoziationsberechtigten AN, die eine Aufenthaltserlaubnis zum Familiennachzug erhalten haben, erlangen ebenfalls nach drei bzw. fünf Jahren Aufenthaltsdauer ein eigenes Recht auf Zugang zum Arbeitsmarkt. Die **Kinder** türkischer AN haben unabhängig

[3] Abkommen zwischen der Europäischen Gemeinschaft und ihren Mitgliedstaaten einerseits und der Schweizerischen Eidgenossenschaft andererseits über die Freizügigkeit vom 21.6.1999 (ABl. L 114 vom 30.4.2002, S. 6).

[4] Abkommen über den Austritt des Vereinigten Königreichs Großbritannien und Nordirland aus der Europäischen Union und der Europäischen Atomgemeinschaft (ABl. L 29 vom 31.1.2020, S. 7).

[5] BVerwG 14.5.2013 NVwZ 2013, 1336; EuGH 4.2.2010 NZA 2010, 213 – Genc.

von der Dauer ihres Aufenthalts in Deutschland ein eigenes Recht auf uneingeschränkten Zugang zum deutschen Arbeitsmarkt, wenn sie in Deutschland eine Berufsausbildung abgeschlossen haben.

5. Angehörige aus Drittstaaten. a) Aufenthaltstitel. Angehörige aus Drittstaaten unterliegen dem Anwendungsbereich des AufenthG, Ausnahmen bestehen u.a. für die in den §§ 18–20 GVG genannten Angehörigen der diplomatischen Missionen und konsularischen Vertretungen (§ 1 II AufenthG) sowie Personen, die unter das NATO-Truppenstatut fallen. Nach § 4 I AufenthG dürfen ausländische Staatsangehörige nur in das Bundesgebiet einreisen und sich dort aufhalten, wenn sie über einen Aufenthaltstitel verfügen. Das Aufenthaltsrecht eines Drittstaatenangehörigen und der Inhalt des Aufenthaltstitels richten sich dabei nach dem Aufenthaltszweck (Ausbildung, Erwerbstätigkeit, Familiennachzug oder humanitäre Gründe). Als Aufenthaltstitel normiert das AufenthG das Visum (§ 6 I Nr. 1, III AufenthG), die Aufenthaltserlaubnis (§ 7 AufenthG), die Blaue Karte EU (§ 18b II AufenthG; → Rn. 22), die ICT-Karte (§ 19 AufenthG; → Rn. 23a), die Mobiler-ICT-Karte (§ 19b AufenthG; → Rn. 23a), die Niederlassungserlaubnis (§ 9 AufenthG, berechtigt zur Ausübung einer Erwerbstätigkeit) und die Erlaubnis zum Daueraufenthalt – EU (§ 9a AufenthG, fünf Jahre rechtmäßiger Aufenthalt innerhalb der EU, berechtigt zur Ausübung einer Erwerbstätigkeit). Eine Aufenthaltserlaubnis zum Zweck des **Familiennachzugs** darf längstens für den Gültigkeitszeitraum der Aufenthaltserlaubnis des ausländischen Staatsangehörigen erteilt werden, zu dem der Familiennachzug stattfindet, zur Dauer in diesen Fällen § 27 IV 2 AufenthG. Zur Erwerbstätigkeit sind auch berechtigt ausländische Staatsangehörige mit einem Aufenthaltsrecht aufgrund einer Rückkehroption (§ 37 I AufenthG) sowie mit einem Aufenthaltstitel für ehemalige Deutsche (§ 38 IV AufenthG) und Drittstaatsangehörige mit einem Daueraufenthaltsrecht in einem anderen Mitgliedstaat der EU (§ 38a AufenthG). Nicht zur Erwerbstätigkeit berechtigt eine Aufenthaltserlaubnis aus humanitären Zwecken (§ 25 I, IV 3 AufenthG), allerdings kann die Beschäftigung nach § 4a I AufenthG erlaubt werden. Keine Aufenthaltstitel sind die Duldung (§ 60a AufenthG, → Rn. 25) und die Aufenthaltsgestattung (§ 55 I AsylG, → Rn. 26). Aufenthaltsrechtliche Entscheidungen werden von der örtlich zuständigen Ausländerbehörde getroffen (§ 71 I AufenthG). 9

b) Gesetzliches Regelungssystem für die Beschäftigungsaufnahme. aa) Grundsatz: Erlaubnis mit Verbotsvorbehalt. Für die Beschäftigung von ausländischen AN bestimmt § 4a I 1 AufenthG, dass diese eine Erwerbstätigkeit ausüben dürfen, wenn sie einen **Aufenthaltstitel besitzen** (→ Rn. 9), es sei denn, ein Gesetz bestimmt ein Verbot. Erwerbstätigkeit ist die selbständige Tätigkeit und die nichtselbständige Beschäftigung im Rahmen eines (sozialversicherungsrechtlichen) **Beschäftigungsverhältnisses** (§ 7 I SGB IV, → § 20 Rn. 1). Als Beschäftigung gilt auch der Erwerb beruflicher Kenntnisse, Fertigkeiten oder Erfahrungen im Rahmen einer betrieblichen Berufsausbildung (Fortbildung, Umschulung, Ausbildung, Weiterbildung). Die Erwerbstätigkeit kann aber bei einem gesetzlichen Verbot oder Beschränkung im Einzelfall durch die Ausländerbehörde erlaubt werden (§ 4a I 2, 3 AufenthG). Sofern die Ausübung einer Beschäftigung gesetzlich verboten oder beschränkt ist, bedarf die Ausübung einer Beschäftigung oder einer über die Beschränkung hinausgehenden Beschäftigung der Erlaubnis; diese kann dem Vorbehalt der Zustimmung durch die BA unterliegen (§ 4a II AufenthG, → Rn. 13). **Ohne Aufenthaltstitel** darf ein ausländischer Staatsangehöriger nur im Rahmen von erlaubter Saisonbeschäftigung (§ 15a BeschV, → Rn. 28) tätig werden oder wenn ihm die Beschäftigung ohne Aufenthaltstitel aufgrund einer zwischenstaatlichen Vereinbarung, einer Rechtsvorschrift oder einer behördlichen Erlaubnis gestattet ist (§ 4a IV, V 1, 2 AufenthG). **Arbeitgeber** dürfen ausländische Staatsangehörige nur beschäftigen oder mit anderen entgeltlichen Dienst- oder Werkleistungen beauftragen, wenn diese einen Aufenthaltstitel besitzen und kein diesbezügliches Verbot oder keine diesbezügliche Beschränkung besteht (zu den Prüfpflichten der AG und Rechtsfolgen bei Zuwiderhandlungen → Rn. 35). 10

bb) Erforderlich: Aufenthaltstitel zur Beschäftigungsaufnahme. § 18 AufenthG enthält als vorangestellte Grundsatznorm allgemeine Vorschriften, Definitionen sowie Erteilungsvoraussetzungen für die Erteilung eines Aufenthaltstitels zum Zweck der (abhängigen) Beschäftigung. Für diesen sind stets erforderlich **(1)** das Vorliegen eines konkreten Arbeitsplatzangebots und **(2)** die Zustimmung der BA (zu Ausnahmen → Rn. 13). Hinzukommen als weitere Voraussetzungen – je nach angestrebter Beschäftigung – **(a)** die Zusage oder Erteilung einer ggf. erforderlichen Berufsausübungserlaubnis, **(b)** Feststellungen zur Gleichwertigkeit der Qualifikation oder 11 das Vorliegen eines erforderlichen vergleichbaren ausländischen Hochschulabschlusses sowie **(c)** bei Aufenthaltstiteln nach §§ 18a, 18b AufenthG das Erreichen der festgelegten Mindestvergütung (§ 18 II AufenthG).

12 **cc) Verfahren. (1) Grundsatz: Zustimmung durch die Arbeitsverwaltung.** Die Erteilung eines Aufenthaltstitels zur Ausübung einer Beschäftigung setzt grundsätzlich die Zustimmung der BA voraus, es sei denn, die Zustimmung ist kraft Gesetzes, aufgrund der BeschV (§ 42 AufenthG; → Rn. 27) oder Bestimmung in einer zwischenstaatlichen Vereinbarung (→ Rn. 33) nicht erforderlich. Die Zustimmung kann erteilt werden, wenn dies durch eine Rechtsvorschrift oder zwischenstaatliche Vereinbarung bestimmt ist (§ 39 I AufenthG). Zu den wesentlichen Neuerungen des Zuwanderungsgesetzes (→ Rn. 3) zählt die Abschaffung des doppelten Genehmigungsverfahrens für die Beschäftigungsaufnahme nach dem AuslG und dem SGB III. Die Entscheidung über den Aufenthalt und die Ausübung einer Beschäftigung ergeht einheitlich im Rahmen der Entscheidung über den Aufenthaltstitel (One-stop-Government). Die Ausländerbehörden haben vor ihrer Entscheidung grundsätzlich die erforderliche Zustimmung der BA einzuholen (→ Rn. 16).

13 **(2) Voraussetzungen für die Zustimmung.** Die Zustimmung der Arbeitsverwaltung zur Beschäftigungsausübung wird durch gesetzliche Vorgaben eingeschränkt (§ 39 III AufenthG, sog. Arbeitsmarktprüfung). Die BA kann der Ausübung einer Beschäftigung durch einen ausländischen Staatsangehörigen unabhängig von einer Qualifikation als Fachkraft nur zustimmen, wenn dieser nach einem Arbeitsangebot **(a)** nicht zu ungünstigeren Arbeitsbedingungen als vergleichbare inländische AN beschäftigt wird **(Vergleichbarkeitsprüfung);** den Vergleichsmaßstab dafür bilden dabei die (inländischen) gesetzlichen, tarifvertraglichen und betrieblichen Bestimmungen insbesondere über Höhe und Fälligkeit des Arbeitsentgelts, Arbeitszeiten, Probezeit, Kündigungsfristen, Arbeitsort, Urlaubsansprüche oder Überstundenregelungen; bestehen keine Tarifnormen, sind die ortsüblichen Bedingungen maßgeblich; **(b)** die in den §§ 19, 19b, 19c III, § 19d I Nr. 1 AufenthG oder durch die BeschV geregelten Voraussetzungen für die Zustimmung in Bezug auf die Ausübung der Beschäftigung vorliegen und **(c)** deutsche AN, Unionsbürger bzw. diesen Gleichgestellte (→ Rn. 5) nicht zur Verfügung stehen (sog. Vorrangprüfung, → Rn. 14), soweit diese Prüfung durch die BeschV oder Gesetz vorgesehen ist. Der AG hat der BA Auskunft über Arbeitsentgelt, Arbeitszeiten und sonstige Arbeitsbedingungen zu erteilen. Nach der Arbeitsaufnahme hat die Auskunft innerhalb eines Monats zu erfolgen (§ 39 IV AufenthG).

14 **(3) Vorrangprüfung.** Ist eine Vorrangprüfung durchzuführen (→ Rn. 13), sind dafür Person und Qualifikation des ausländischen AN unerheblich. Maßgeblich sind das konkrete Arbeitsplatzangebot des AG für den ausländischen Bewerber sowie die von der Arbeitsverwaltung eingeholte Stellenbeschreibung. Die BA darf nur von einem Vorrang ausgehen, wenn bevorrechtigte Bewerber vorhanden sind, die die offene Stelle auch zeitnah antreten können und wollen. Berücksichtigt werden dafür solche Personen, die arbeitslos oder arbeitsuchend gemeldet sind, und Personen, die von den Trägern der Grundsicherung nach dem SGB II betreut werden.[6] Inländische oder ihnen gleichgestellte Bewerber sind auch dann bevorrechtigt, wenn sie nur mit Leistungen der Arbeitsförderung in Arbeit vermittelt werden können.

15 **(4) Versagung der Zustimmung und Widerruf.** Die Zustimmung zur Beschäftigungsaufnahme (§ 39 AufenthG) ist zwingend zu versagen, wenn **(a)** das Arbeitsverhältnis aufgrund einer unerlaubten Arbeitsvermittlung oder Anwerbung zustande gekommen ist (zu Pflegeberufen: § 38 BeschV) oder **(b)** der ausländische Staatangehörige als **Leiharbeitnehmer** (§ 1 I AÜG) tätig werden will (§ 40 I AufenthG; zu Asylbewerbern → Rn. 27). Die BA kann die Zustimmung bei Vorliegen der in § 40 II AufenthG genannten Voraussetzungen versagen. Hierzu gehören Verstöße des ausländischen AN gegen die in § 404 I Nr. 2, II Nr. 2–13 SGB III genannten Bußgeldvorschriften oder die Straftatbestände der §§ 10, 10a, 11 SchwarzArbG, §§ 15, 15a, 16 I Nr. 2 AÜG oder wenn wichtige Gründe in seiner Person vorliegen. In diesen Fällen kann eine bereits erteilte Zustimmung auch widerrufen werden; gleiches gilt, wenn der ausländische AN zu ungünstigeren Arbeitsbedingungen als vergleichbare deutsche AN beschäftigt wird (§ 41 AufenthG). Nach § 40 II Nr. 3 AufenthG kann auch die Beschäftigung bei einem AG versagt werden, der gegen die dort genannten Straf- und Bußgeldtatbestände verstoßen hat. Darüber hinaus kann die Zustimmung unter den in § 40 III AufenthG normierten Gründen versagt werden; dies sind die Unzuverlässigkeit des AG (Nr. 1), eine Abwicklung des Geschäfts nach

[6] *Bünte/Knödler* NZA 2008, 743 (749).

Insolvenz (Nrn. 2–4), die fehlende Geschäftstätigkeit (Nr. 5), unzulässige Einflussnahmen (Nr. 6) sowie bei missbräuchlicher Gründung (Nr. 7).

(5) Verfahrensgrundsätze. Die Erteilung des Aufenthaltstitels erfolgt auf Antrag (§ 81 I AufenthG) durch die Ausländerbehörden. Diese oder die angegangene deutsche Auslandsvertretung haben zu prüfen, ob der beantragte Aufenthaltstitel nach § 39 III AufenthG der Zustimmung der BA bedarf. Ist dies der Fall, muss diese von den Ausländerbehörden eingeholt werden. Da die BA von den Ausländerbehörden nur verwaltungsintern beteiligt wird, stellt die Verweigerung der Zustimmung oder eine vorgenommene Beschränkung (§ 39 IV AufenthG) keinen Verwaltungsakt (§ 35 VwVfG) dar, da es an der dafür erforderlichen Außenwirkung fehlt. Die Entscheidung der BA kann daher nicht gesondert vor den Sozialgerichten angefochten werden, sondern nur im Rahmen der Entscheidung über den Aufenthaltstitel. Zuständig sind die Verwaltungsgerichte, die BA ist notwendig beizuladen (§ 65 II VwGO). Regelungen zur **Verfahrensbeschleunigung** enthält § 36 II BeschV. Nach der dort bestimmten Zustimmungsfiktion gilt die Zustimmung der BA zur Ausübung einer Beschäftigung als erteilt, wenn diese nicht innerhalb von zwei Wochen nach der Übermittlung der Zustimmungsanfrage der zuständigen Stelle mitteilt, dass die übermittelten Informationen für die Entscheidung über die Zustimmung nicht ausreichen oder der AG die erforderlichen Auskünfte nicht oder nicht rechtzeitig erteilt hat. Daneben soll die BA bereits vor der Übermittlung der Zustimmungsanfrage der Ausübung der Beschäftigung gegenüber der zuständigen Stelle zustimmen oder prüfen, ob die arbeitsmarktbezogenen Voraussetzungen für eine spätere Zustimmung vorliegen, wenn der AG die hierzu erforderlichen Auskünfte erteilt hat und das Verfahren dadurch beschleunigt wird (§ 36 III BeschV). Die Entscheidung der BA ist keine gebundene, sondern stets eine – gegenüber der Entscheidung der Ausländerbehörden – interne Ermessensentscheidung, bei der allerdings ein umfassendes Weisungsrecht des BMAS gegenüber der BA besteht (§ 42 III AufenthG). Die BA kann die Zustimmung zur Ausübung einer Beschäftigung beschränken hinsichtlich ihrer Dauer, der Betriebsstätte, beruflichen Tätigkeit, des AG sowie der Region, in der die Beschäftigung ausgeübt werden kann, und der Lage und Verteilung der Arbeitszeit (§ 34 BeschV). Der Aufenthaltstitel muss ergeben, ob und ggf. welche Erwerbstätigkeit ausgeübt werden darf und inwieweit sie Beschränkungen unterliegt. Ebenso müssen etwaige durch die BA festgelegte Beschränkungen darin enthalten sein (§ 4a III 1, 2 AufenthG). 16

c) Einzelregelungen für Beschäftigtengruppen und Beschäftigungsarten im AufenthG. aa) Aufenthaltstitel zu Ausbildungs- oder Qualifizierungszwecken. (1) Grundsatz. In § 16 AufenthG sind die Grundsätze für die unterschiedlichen Aufenthaltstitel zu Zwecken der Ausbildung festgelegt. Danach dient der Zugang von ausländischen Staatsangehörigen zur Ausbildung der allgemeinen Bildung und der internationalen Verständigung ebenso wie der Sicherung des Bedarfs des deutschen Arbeitsmarktes an Fachkräften. Geregelt werden der Aufenthalt zur Berufsausbildung sowie beruflichen Weiterbildung (§ 16a AufenthG, → Rn. 18), für ein Studium (§§ 16b, 16c AufenthG), zur Arbeitsplatzsuche nach einem inländischen Studium (§ 20 III Nr. 1 AufenthG), zur Anerkennung ausländischer Berufsqualifikationen (§ 16d AufenthG, → Rn. 19b), für ein studienbezogenes Praktikum (§ 16e AufenthG) sowie für Sprachkurse und Schulbesuche (§ 16f AufenthG) und zur Suche eines Ausbildungs- oder Studienplatzes (§ 17 AufenthG). 17

(2) Betriebliche Ausbildung. Einem ausländischen Staatsangehörigen kann eine Aufenthaltserlaubnis zur betrieblichen Aus- und Weiterbildung erteilt werden, wenn die BA nach § 39 AufenthG (mit Vorrangprüfung → Rn. 14; § 8 I BeschV) zugestimmt hat oder durch die BeschV oder eine zwischenstaatliche Vereinbarung bestimmt ist, dass die Aus- und Weiterbildung ohne Zustimmung der BA zulässig ist (§ 16a I 1 AufenthG). Die Vorschrift verlangt keine Ausbildungsmindestdauer für die Ausbildung, weshalb nicht nur qualifizierte Ausbildungen (§ 2 XIIa AufenthG), sondern auch solche mit einer kürzeren Ausbildungsdauer einbezogen sind. Handelt es sich um eine qualifizierte Berufsausbildung, berechtigt die Aufenthaltserlaubnis nur zur Ausübung einer von der Berufsausbildung unabhängigen Beschäftigung bis zu zehn Stunden je Woche; handelt es sich nicht um eine qualifizierte Berufsausbildung, ist eine **Erwerbstätigkeit neben der Berufsausbildung** oder beruflichen Weiterbildung nicht erlaubt. Bei einer qualifizierten Berufsausbildung ist ein Nachweis über ausreichende deutsche Sprachkenntnisse erforderlich, wenn die für die konkrete qualifizierte Berufsausbildung erforderlichen Sprachkenntnisse weder durch die Bildungseinrichtung geprüft worden sind noch sie durch einen vorbereitenden Deutschsprachkurs erworben werden sollen (§ 16a III AufenthG). Nach § 32 II 1 Nr. 2 BeschV ist die Aufnahme einer Berufsausbildung in einem staatlich anerkannten oder 18 vergleichbar geregelten Ausbildungsberuf auch bei einem seit drei Monaten **erlaubten, geduldeten Aufenthalt** oder einem solchen mit einer **Aufenthaltsgestattung** ohne Zustimmung der BA möglich. Darüber hinaus können langfristige Aufenthaltsrechte von Drittstaatenangehörigen in anderen Mitgliedstaaten der EU zu einer Aufenthaltserlaubnis in der Bundesrepublik führen (§ 38a AufenthG). Mit diesem Aufenthaltstitel kann im Bundesgebiet eine betriebliche Aus- oder Weiterbildung ohne Zustimmung der BA durchgeführt werden (§ 38a III 3, 4 AufenthG). Unter den in § 17 I AufenthG bestimmten Bedingungen kann eine Aufenthaltserlaubnis bis zu sechs Monaten zur Ausbildungsplatzsuche für eine qualifizierte Berufsausbildung erteilt werden. **Nach erfolgreichem Abschluss einer qualifizierten Berufsausbildung im Inland** kann eine Aufenthaltserlaubnis für bis zu zwölf Monaten zur Suche eines diesem Abschluss angemessenen Arbeitsplatzes ohne Zustimmung der BA erteilt werden, sofern dieser von ausländischen Staatsangehörigen besetzt werden darf (§ 20 III Nr. 3 AufenthG). Die Aufenthaltserlaubnis nach § 20 AufenthG setzt stets voraus, dass der Lebensunterhalt für den Zeitraum des Aufenthalts gesichert ist. Ihre Verlängerung über den 6-Monats-Zeitraum hinaus ist ausgeschlossen (§ 20 IV 1, 2 AufenthG; zur erneuten Erteilung § 20 IV 3 AufenthG).

19 **bb) Aufenthaltstitel für Fachkräfte. (1) Begriff.** Fachkraft iSd AufenthG ist nach § 18 III AufenthG ein ausländischer Staatsangehöriger, der entweder **(a)** eine inländische qualifizierte Berufsausbildung oder eine mit einer inländischen qualifizierten Berufsausbildung gleichwertige ausländische Berufsqualifikation besitzt **(Fachkraft mit Berufsausbildung)** oder **(b)** einen deutschen, einen anerkannten ausländischen oder einen einem deutschen Hochschulabschluss vergleichbaren ausländischen Hochschulabschluss besitzt **(Fachkraft mit akademischer Ausbildung).** Ob diese Voraussetzungen vorliegen, prüft die BA im Rahmen der nach § 39 II AufenthG erforderlichen Zustimmung. Dabei ist die Einschätzung des AG, ob er die betroffene Person für geeignet hält, ebenso zu berücksichtigen wie die in bisherigen beruflichen Tätigkeiten erworbenen Fähigkeiten. Daneben darf die ausländische Fachkraft nicht zu ungünstigeren Arbeitsbedingungen beschäftigt werden als vergleichbare inländische AN. Die bis Anfang 2020 bestehende Beschränkung auf eine Engpassbetrachtung ist entfallen, ebenso findet bei den vorgenannten Fachkräften gegenwärtig keine Vorrangprüfung (→ Rn. 14) statt (deren Einführung ist aber nach § 39 II 2, § 42 AufenthG möglich). Bei Ersterteilung eines Aufenthaltstitels nach §§ 18a, 18b I AufenthG muss einer ausländischen Fachkraft nach Vollendung des 45. Lebensjahres grundsätzlich ein Bruttogehalt iHv mindestens 46 860 EUR (55% der Beitragsbemessungsgrenze in der allgemeinen Rentenversicherung) gezahlt werden. Das gilt nicht, wenn bereits eine angemessene Altersversorgung besteht (§ 18 II Nr. 5 AufenthG, zur Blauen Karte EU → Rn. 22). Aufenthaltstitel für Fachkräfte werden für die Dauer von vier Jahren oder, wenn das Arbeitsverhältnis oder die Zustimmung der BA auf einen kürzeren Zeitraum befristet sind, für diesen kürzeren Zeitraum erteilt (§ 18 IV 1 AufenthG). Unter den in § 18c I AufenthG bestimmten Voraussetzungen wird einer Fachkraft eine Niederlassungserlaubnis (§ 9 AufenthG) erteilt. Besonderheiten bestehen bei Inhabern einer Blauen Karte EU (→ Rn. 22) und hochqualifizierten Fachkräften (→ Rn. 23); in § 81a AufenthG ist ein **Beschleunigtes Fachkräfteverfahren** für die Beschäftigungsaufnahme von Fachkräften vorgesehen.

19a **(2) Fachkraft mit Berufsausbildung. (a) Beschäftigung.** Seit Inkrafttreten des Fachkräfteeinwanderungsgesetzes am 1. März 2020 können alle ausländischen Fachkräfte mit anerkannter Berufsausbildung in einem Ausbildungsberuf eine Aufenthaltserlaubnis erhalten. Einer Fachkraft mit Berufsausbildung kann eine Aufenthaltserlaubnis zur Ausübung einer qualifizierten Beschäftigung erteilt werden, wenn sie nach dem Arbeitsvertrag eine Tätigkeit ausüben wird, zu der ihre erworbene Qualifikation sie befähigt (Akzessorietät von qualifizierter Ausbildung und Tätigkeit, § 18a AufenthG). Eine qualifizierte Beschäftigung liegt vor, wenn zu ihrer Ausübung Fertigkeiten, Kenntnisse und Fähigkeiten erforderlich sind, die in einem Studium oder einer qualifizierten Berufsausbildung erworben werden (§ 2 XIIb AufenthG). Qualifizierte Berufsausbildungen sind Berufsausbildungen in staatlich anerkannten oder vergleichbar geregelten Ausbildungsberufen, deren generelle Ausbildungsdauer mindestens zwei Jahre beträgt (§ 2 XIIa AufenthG). Die beabsichtigte Tätigkeit muss nicht genau dem Berufsabschluss entsprechen. Es kann grundsätzlich auch eine Tätigkeit in einem verwandten Ausbildungsberuf ausgeübt werden.

19b **(b) Vorbereitende Maßnahmen für die Beschäftigungsaufnahme.** Nach § 16d I AufenthG, § 8 II BeschV soll einem ausländischen Staatsangehörigen zur Anerkennung seiner im Ausland erworbenen Berufsqualifikation eine **Aufenthaltserlaubnis für die Durchführung einer Qualifizierungsmaßnahme** einschließlich sich daran anschließender Prüfungen bis maximal zwei Jahren erteilt werden, wenn von einer nach den Regelungen des Bundes oder der Länder für die berufliche Anerkennung zuständigen Stelle festgestellt wurde, dass Anpassungs- oder Ausgleichsmaßnahmen oder weitere Qualifikationen für die Feststellung der Gleichwertigkeit der Berufsqualifikation mit einer inländischen Berufsqualifikation oder in einem im Inland reglementierten Beruf für die Erteilung der Berufsausübungserlaubnis erforderlich sind. Daneben soll unter den in § 16d III 1 AufenthG, § 8 III BeschV genannten Voraussetzungen eine Aufenthaltserlaubnis zur **Anerkennung der im Ausland erworbenen Berufsqualifikation** für zwei Jahre erteilt und die Ausübung einer qualifizierten Beschäftigung in einem im Inland nicht reglementierten Beruf, zu dem seine Qualifikation befähigt, erlaubt werden. Der Aufenthalt zur Anerkennung eines ausländischen Berufsabschlusses in einem **Gesundheits- und Pflegeberuf** oder anderen reglementierten Berufen im Rahmen von Vermittlungsabsprachen ist zulässig, während dieses Aufenthalts ist der Erwerb weiterer beruflicher Qualifikationen zur Anerkennung des ausländischen Abschlusses möglich (§ 16d IV Nr. 1 AufenthG, § 2 I BeschV). Der Aufenthaltstitel nach § 16d AufenthG gilt nach der erfolgten Anerkennung bis zur Entscheidung der Ausländerbehörde über den nach § 18a AufenthG erforderlichen Anschlussaufenthaltstitel für die nachfolgende Erwerbstätigkeit weiter (§ 81 IV 1 AufenthG). Die Aufenthaltserlaubnis kann zur Suche eines der Berufsqualifikation entsprechenden Arbeitsplatzes bis zu einem Jahr verlängert werden (§ 20 III Nr. 4 AufenthG), wenn der Arbeitsplatz mit ausländischen Staatsangehörigen besetzt werden darf.

(c) Arbeitsplatzsuche. Der Fachkraft mit Berufsausbildung (→ Rn. 19) kann eine Aufent- **19c**
haltserlaubnis für bis zu sechs Monate zur qualifizierungsentsprechenden Arbeitsplatzsuche erteilt werden, wenn die Fachkraft über der angestrebten Tätigkeit entsprechende deutsche Sprachkenntnisse verfügt und aus dem Ausland einreisen muss (§ 20 I 1 AufenthG, zu Ausnahmen Satz 2). Die Aufenthaltserlaubnis zur Arbeitsplatzsuche berechtigt nur zur Ausübung von Probebeschäftigungen bis zu zehn Stunden je Woche, zu deren Ausübung die erworbene Qualifikation die Fachkraft befähigt (§ 20 I 1, 4 AufenthG). Nach einer **im Inland absolvierten qualifizierten Berufsausbildung** (§ 16a AufenthG) kann eine Aufenthaltserlaubnis für bis zu zwölf Monaten erteilt werden, sofern der Arbeitsplatz von ausländischen Staatsangehörigen besetzt werden darf (§ 20 III Nr. 3 AufenthG). Die Aufenthaltserlaubnis nach § 20 AufenthG setzt stets voraus, dass der Lebensunterhalt für den Zeitraum des Aufenthalts gesichert ist. Ihre Verlängerung über den 6-Monats-Zeitraum hinaus ist ausgeschlossen (§ 20 IV 1, 2 AufenthG; zur erneuten Erteilung § 20 IV 3 AufenthG).

(3) Fachkraft mit akademischer Ausbildung. (a) Beschäftigung. Einer Fachkraft mit **20**
akademischer Ausbildung (→ Rn. 19) kann eine Aufenthaltserlaubnis zur Ausübung einer qualifizierten Beschäftigung erteilt werden, zu der ihre Qualifikation sie befähigt. Allerdings kann die Beschäftigung nicht nur in Berufen ausgeübt werden, die einen Hochschulabschluss voraussetzen, sondern auch in Berufen, die im bestehenden fachlichen Kontext üblicherweise Fertigkeiten, Kenntnisse und Fähigkeiten voraussetzen, die in der Regel in einer qualifizierten Berufsausbildung erworben werden. Damit wird akademischen Fachkräften der Berufseinstieg auch unterhalb ihrer Qualifikation ermöglicht. Es muss sich jedoch immer um eine qualifizierte Beschäftigung handeln, also eine Tätigkeit, zu deren Ausübung üblicherweise Fertigkeiten, Kenntnisse und Fähigkeiten erforderlich sind, die in einer qualifizierten Berufsausbildung oder einem Studium erworben werden. Anlerntätigkeiten sind nicht zulässig. Ebenso kann grundsätzlich auch eine Tätigkeit in einem verwandten akademischen oder in einem Ausbildungsberuf ausgeübt werden, wenn der vorhandene akademische Abschluss dazu befähigt.

(b) Arbeitsplatzsuche. Einer Fachkraft mit akademischer Ausbildung (→ Rn. 19) kann **21**
eine Aufenthaltserlaubnis für bis zu sechs Monate zur qualifizierungsentsprechenden **Arbeitsplatzsuche** erteilt werden, wenn sie aus dem Ausland einreisen muss (§ 20 II 1 AufenthG, zu Ausnahmen § 20 II 2, I 2 AufenthG). Anders als bei Fachkräften mit Berufsausbildung ist dafür das Vorhandensein von deutschen Sprachkenntnissen nicht erforderlich. Die Aufenthaltserlaubnis zur Arbeitsplatzsuche berechtigt nur zur Ausübung von Probebeschäftigungen bis zu zehn Stunden je Woche, zu deren Ausübung die erworbene Qualifikation die Fachkraft befähigt (§ 20 II, I 4 AufenthG). Nach einem **im Inland absolvierten Studium** (§ 16b, § 16c AufenthG) kann eine Aufenthaltserlaubnis zur Arbeitsplatzsuche für bis zu 18 Monaten erteilt werden, sofern der Arbeitsplatz von ausländischen Staatsangehörigen besetzt werden darf (§ 20 III Nr. 4 AufenthG). Die Aufenthaltserlaubnis nach § 20 AufenthG setzt stets voraus, dass der Lebensunterhalt für den Zeitraum des Aufenthalts gesichert ist. Ihre Verlängerung über den 6-Monats-Zeitraum hinaus ist ausgeschlossen (§ 20 IV 1, 2 AufenthG; zur erneuten Erteilung § 20 IV 3 AufenthG).

22 **(4) Blaue Karte EU.** Einer Fachkraft mit akademischer Ausbildung (→ Rn. 19) wird unter den Voraussetzungen des § 18 II AufenthG (→ Rn. 11, Arbeitsplatzangebot, ggf. erforderliche Berufsausübungserlaubnis und ein anerkannter oder vergleichbarer Hochschulabschluss) **ohne Zustimmung der BA** eine Blaue Karte EU zum Zweck einer ihrer Qualifikation angemessenen Beschäftigung erteilt, wenn sie ein Gehalt in Höhe von mindestens zwei Dritteln der jährlichen Bemessungsgrenze in der allgemeinen Rentenversicherung (2021 = 56 800 EUR) erhält und keine Ablehnungsgrund (§ 19f I, II AufenthG) vorliegt. Fachkräften mit akademischer Ausbildung, die einen Beruf ausüben, der zu den Gruppen 21, 221 oder 25 nach der Empfehlung der Kommission vom 29. Oktober 2009 über die Verwendung der Internationalen Standardklassifikation der Berufe (ISCO-08, sog. Mangelberufe: Naturwissenschaftler, Mathematiker und Ingenieure, Humanmediziner mit einer Berufserlaubnis oder Approbation für eine ärztliche Tätigkeit im Bundesgebiet [nicht: Zahn- oder Tiermediziner] und akademische Fachkräfte in der IuK-Technologie)[7] gehört, wird die Blaue Karte EU davon abweichend nur **mit Zustimmung der BA** (→ Rn. 13) aber ohne Vorrangprüfung (→ Rn. 14) erteilt, wenn die Höhe des Gehalts mindestens 52% der jährlichen Beitragsbemessungsgrenze in der allgemeinen Rentenversicherung (2021 = 44 304 EUR) beträgt.[8] Das Zustimmungserfordernis entfällt nach einer versicherungspflichtigen Beschäftigung von zwei Jahren oder einem dreijährigen erlaubten Aufenthalt (§ 9 BeschV). Die Blaue Karte EU wird für die Dauer des Arbeitsvertrags zuzüglich dreier Monate ausgestellt oder verlängert, wenn die Dauer des Arbeitsvertrages weniger als vier Jahre beträgt (§ 18 IV 2 AufenthG). Bei einem Arbeitsplatzwechsel des Karteninhabers ist die Erlaubnis durch die Ausländerbehörde nur in den ersten zwei Jahren der Beschäftigung erforderlich; sie wird erteilt, wenn die Voraussetzungen der Erteilung einer Blauen Karte EU auch beim neuen AG vorliegen (§ 18b II AufenthG). Unter den in § 18c II AufenthG bestimmten Voraussetzungen wird dem Inhaber einer Blauen Karte EU nach einer zumindest 21 bzw. 33-monatigen Beschäftigung eine Niederlassungserlaubnis (§ 9 AufenthG) erteilt.

23 **(5) Hochqualifizierte Fachkraft.** Einer hoch qualifizierten Fachkraft (→ Rn. 17) mit akademischer Ausbildung kann ohne Zustimmung der BA in besonderen Fällen eine Niederlassungserlaubnis erteilt werden, wenn die Annahme gerechtfertigt ist, dass die Integration in die Lebensverhältnisse der Bundesrepublik und die Sicherung des Lebensunterhalts ohne staatliche Hilfe gewährleistet sind, sowie die Voraussetzung des § 9 II 1 Nr. 4 AufenthG (fehlendes Sicherheitsrisiko) vorliegt. Hoch qualifiziert sind insbesondere Wissenschaftler mit besonderen fachlichen Kenntnissen oder Lehrpersonen sowie wissenschaftliche Mitarbeiter in herausgehobener Funktion (§ 18c III AufenthG).

23a **(6) Unternehmensinterne Transfers (ICT-Karte, Mobiler-ICT-Karte).** Das AufenthG ist im Rahmen der Umsetzung der Richtlinie 2014/66/EU (ICT-Richtlinie) um zwei Aufenthaltstitel ergänzt worden. Die **ICT-Karte** (§ 19 AufenthG) berechtigt Drittstaatsangehörige zum Aufenthalt und zur Beschäftigung, die als **(a)** Führungskräfte, Spezialisten oder Trainees in einem Unternehmen in der EU tätig sind und **(b)** in eine Niederlassung derselben Unternehmensgruppe entsandt werden. AN, denen bereits in einem anderen EU-Mitgliedstaat ein Aufenthaltstitel iSd ICT-Richtlinie erteilt wurde, können sich ohne deutschen Aufenthaltstitel in der BRD aufhalten und in einer inländischen Niederlassung arbeiten, sofern das im Inland erzielte Arbeitsentgelt mit dem deutscher AN vergleichbar ist (§ 19a, § 39 II Nr. 1 AufenthG). Drittstaatsangehörige, die sich im Rahmen eines unternehmensinternen Transfers in der EU aufhalten, können, sofern ihnen bereits in einem anderen EU-Mitgliedstaat ein Aufenthaltstitel iSd ICT-Richtlinie erteilt wurde **(Mobiler-ICT-Karte),** sich ohne deutschen Aufenthaltstitel in Deutschland unter den in § 19b AufenthG bestimmten Voraussetzungen aufhalten und arbeiten. Für die Erteilung einer ICT-Karte ist die Zustimmung der BA (→ Rn. 13) erforderlich (§ 39 I 1 AufenthG, § 10a BeschV). Der unternehmensinterne Transfer von Führungskräften und Spezialisten mit einer Dauer von bis zu 90 Tagen fällt ebenso nicht in den Anwendungsbereich der ICT-RL wie der unternehmensinterne Transfer von Drittstaatsangehörigen, die in einem Unternehmen mit Sitz in einem Drittstaat beschäftigt sind, dessen Staatsangehörige das Recht auf freien Personenverkehr genießen, für diesen Personenkreis kann die BA ihre Zustimmung nach § 29 V BeschV erteilen.

24 **(7) Forscher.** Nach § 18d I AufenthG wird einem ausländischen Staatsangehörigen nach der Richtlinie (EU) 2016/801 ohne Zustimmung der BA zum Zweck der Forschung erteilt, wenn

[7] ABl. L 292 vom 10.11.2009, S. 31.

[8] Das BMI gibt die Mindestgehälter für jedes Kalenderjahr jeweils bis zum 31. Dezember des Vorjahres im Bundesanzeiger bekannt (§ 18b II 3 AufenthG).

(a) er **(aa)** eine wirksame Aufnahmevereinbarung oder einen entsprechenden Vertrag zur Durchführung eines Forschungsvorhabens mit einer Forschungseinrichtung abgeschlossen hat, die für die Durchführung des besonderen Zulassungsverfahrens für Forscher im Bundesgebiet anerkannt ist, oder **(bb)** eine wirksame Aufnahmevereinbarung oder einen entsprechenden Vertrag mit einer Forschungseinrichtung abgeschlossen hat, die Forschung betreibt, und **(b)** die Forschungseinrichtung sich schriftlich zur Übernahme der Kosten verpflichtet hat, die öffentlichen Stellen bis zu sechs Monaten nach der Beendigung der Aufnahmevereinbarung entstehen für den Lebensunterhalt des ausländischen Staatsangehörigen während eines unerlaubten Aufenthalts in einem Mitgliedstaat der EU und eine Abschiebung des ausländischen Staatsangehörigen. Forschungseinrichtungen können auch private Unternehmen sein, die Forschung betreiben. Zur **Arbeitsplatzsuche** kann einem **Forscher nach Abschluss einer inländischen Forschungstätigkeit** eine Aufenthaltserlaubnis für bis zu neun Monaten erteilt werden, sofern der Arbeitsplatz von ausländischen Staatsangehörigen besetzt werden darf (§ 20 III Nr. 2 AufenthG). Diese Aufenthaltserlaubnis setzt stets voraus, dass der Lebensunterhalt für den Zeitraum des Aufenthalts gesichert ist. Ihre Verlängerung über den 6-Monats-Zeitraum hinaus ist ausgeschlossen (§ 20 IV 1, 2 AufenthG).

cc) Aufenthaltserlaubnis aus völkerrechtlichen, humanitären oder politischen Gründen und ausländische Staatsangehörige mit einer aufenthaltsrechtlichen Duldung. 25
Wird eine Aufenthaltserlaubnis aus **völkerrechtlichen, humanitären oder politischen Gründen** erteilt, kann die Aufnahme einer Beschäftigung ohne Zustimmung der BA von der Ausländerbehörde erlaubt werden (§ 24 VI 2, § 25 IV 3 AufenthG; § 31 BeschV). Nach § 19d I 1 AufenthG kann einem (aufenthaltsrechtlich) geduldeten ausländischen Staatsangehörigen (§ 60a VI AufenthG) mit Zustimmung der BA (→ Rn. 13) aber ohne Vorrangprüfung (→ Rn. 14) eine Aufenthaltserlaubnis zur Ausübung einer der beruflichen Qualifikation entsprechenden Beschäftigung erteilt werden, wenn die BA nach § 39 I 1 AufenthG zugestimmt hat und der ausländische Staatsangehörige im Bundesgebiet **(1)** eine qualifizierte Berufsausbildung in einem Ausbildungsberuf (§ 2 XIIa AufenthG) oder ein Hochschulstudium abgeschlossen hat, **(2)** mit einem bestimmten ausländischen Hochschulabschluss seit zwei Jahren ununterbrochen eine dem Abschluss angemessene Beschäftigung ausgeübt hat oder **(3)** als Fachkraft seit drei Jahren ununterbrochen eine Beschäftigung ausgeübt hat, die eine qualifizierte Berufsausbildung voraussetzt. Der ausländische Staatsangehörige muss u.a. seinen Lebensunterhalt und den seiner Familienangehörigen bestreiten können, über ausreichenden Wohnraum sowie über ebensolche Sprachkenntnisse verfügen. Die Aufenthaltserlaubnis berechtigt nach Ausübung einer zweijährigen der beruflichen Qualifikation entsprechenden Beschäftigung zu jeder Beschäftigung (§ 19d II AufenthG). Die Vorschrift ermöglicht qualifizierten Geduldeten den Wechsel in einen rechtmäßigen Aufenthalt mit Aufenthaltserlaubnis. Dazu muss der geduldeten Person ein konkretes Arbeitsplatzangebot vorliegen für eine Beschäftigung, die der beruflichen Qualifikation entspricht. Das Zustimmungserfordernis zur Beschäftigungsaufnahme von Personen mit einer Duldung oder Aufenthaltsgestattung richtet sich im Übrigen nach § 32 BeschV. Danach kann eine Zustimmung zur Ausübung einer Beschäftigung ohne Vorrangprüfung erteilt werden, wenn diese sich seit drei Monaten erlaubt, geduldet oder mit einer Aufenthaltsgestattung im Bundesgebiet aufhalten (§ 32 I BeschV). Keiner Erlaubnispflicht unterliegen die in § 32 II Nrn. 1–5 BeschV genannten Beschäftigungen, zu denen u.a. ein Praktikum (§ 22 I 2 Nr. 1–4 MiLoG) oder eine Berufsausbildung in einem staatlich anerkannten oder vergleichbar geregelten Ausbildungsberuf gehören.

dd) Asylbewerber mit einer Aufenthaltsgestattung. Asylbewerbern ist der Aufenthalt zur Durchführung des Asylverfahrens ab Ausstellung des Ankunftsnachweises (§ 63a I AsylG) gestattet (§ 55 I AsylG), jedenfalls aber nach der Stellung des Asylantrags. Sie sind nach § 47 I AsylG verpflichtet, für die gesamte Dauer des Asylverfahrens in einer Aufnahmeeinrichtung zu wohnen, maximal aber für 18 Monate (vorbehaltlich einer landesrechtlichen Regelung). Sofern und solange Asylbewerber zum Bewohnen einer Aufnahmeeinrichtung verpflichtet sind, gilt für sie grundsätzlich ein Beschäftigungsverbot (§ 61 I 1 AsylG). Ist das Verfahren nach neun Monaten noch nicht unanfechtbar abgeschlossen, haben Asylbewerber mit einer Aufenthaltsgestattung trotz Wohnpflicht in einer Erstaufnahmeeinrichtung Anspruch auf Erteilung einer Erlaubnis zur Ausübung einer Beschäftigung. Letzteres gilt nicht, wenn der Bewerber Staatsangehöriger eines sicheren Herkunftsstaates (§ 29a AsylG) ist und der Asylantrag ohne Anordnung der aufschiebenden Wirkung der Klage als offensichtlich unbegründet oder als unzulässig abgelehnt wurde (§ 61 I 2 Nrn. 3, 4 AsylG). Asylbewerbern ohne Wohnpflicht in einer Erstaufnahmeeinrichtung kann die Ausländerbehörde im Wege einer Ermessensentscheidung bereits nach drei Monaten Aufenthalt die Ausübung einer Beschäftigung erlauben (§ 61 II 1 AsylG). Dies gilt auch für Asylbewer- 26 ber mit minderjährigen Kindern, deren Wohnpflicht nach sechs Monaten endet (§ 47 I 1 AsylG). Für Asylbewerber aus sicheren Herkunftsstaaten, die nach dem 31. August 2015 einen Asylantrag gestellt haben, gilt ein generelles Beschäftigungsverbot (§ 61 II 4 AsylG). Die Zustimmung der BA zur Beschäftigung von Asylbewerbern wird ohne Vorrangprüfung erteilt. Sie kann sich auch auf eine Beschäftigung in **Leiharbeitsverhältnissen** erteilt werden (arg. e § 61 II 3 AsylG, der nur § 40 I Nr. 1 AufenthG in Bezug nimmt). Schließlich regeln besondere Vorschriften im AufenthG die Ausbildungsduldung (§ 60c AufenthG) und Beschäftigungsduldung für ausreisepflichtige ausländische Staatangehörige (§ 60d AufenthG).

27 **d) Das Zustimmungserfordernis der Arbeitsverwaltung für einzelne Beschäftigtengruppen und Beschäftigungsarten nach der Beschäftigungsverordnung. aa) Zuwanderung von Fachkräften.** Die BeschV sieht eine Reihe von Ausnahmetatbeständen vor, bei denen die Arbeitsverwaltung der Beschäftigungsaufnahme entgegen § 39 I 1 AufenthG nicht zustimmen muss. **Keine Zustimmung** der BA ist erforderlich für die Beschäftigung von Hochqualifizierten mit einer Niederlassungserlaubnis (§ 18c III Nr. 1 AufenthG), Inhaber einer Blauen Karte EU, deren Gehalt mindestens zwei Drittel der jährlichen Beitragsbemessungsgrenze in der allgemeinen Rentenversicherung beträgt (§ 18b II AufenthG, → Rn. 22), Lehrpersonen, wissenschaftlichen Mitarbeitern, Gastwissenschaftlern sowie Ingenieuren und Technikern, die dem Forschungsteam eines Gastwissenschaftlers angehören, sowie Lehrkräften öffentlicher Schulen, staatlich genehmigter privater Ersatzschulen oder anerkannter privater Ergänzungsschulen (§ 5 BeschV), ausländischen Staatsangehörigen, die eine Blaue Karte EU (→ Rn. 22) oder eine Aufenthaltserlaubnis besitzen und 2 Jahre rechtmäßig eine versicherungspflichtige Beschäftigung im Bundesgebiet ausgeübt haben oder sich seit 3 Jahren im Bundesgebiet ununterbrochen erlaubt, geduldet oder mit einer Aufenthaltsgestattung aufhalten (§ 9 BeschV). Die Erteilung eines Aufenthaltstitels zur Beschäftigung bedarf der **Zustimmung der BA** (→ Rn. 13) für ausländische Staatsangehörige mit einer Berufsausbildung für eine qualifizierte Tätigkeit, zu der die erworbene Qualifikation sie befähigt (§ 18a AufenthG, → Rn. 19a), Akademiker, die eine qualifizierte Beschäftigung aufnehmen und deren Qualifikation sie zur Ausübung der Tätigkeit befähigt, die aber die Voraussetzungen der Blauen Karte nicht erfüllen (§ 18b I AufenthG, → Rn. 20), Leitende Angestellte und Spezialisten mit unternehmensspezifischen Spezialkenntnissen eines im Inland ansässigen Unternehmens für eine qualifizierte Beschäftigung in diesem Unternehmen (§ 3 BeschV), IT-Spezialisten ohne formalen Abschluss mit einer mindestens 3-jährigen Berufserfahrung und einem Gehalt von mindestens 60% der Beitragsbemessungsgrenze in der allgemeinen Rentenversicherung (§ 6 BeschV) und ausländische Staatsangehörige, die zur Feststellung der Gleichwertigkeit im Ausland erworbener Berufsabschlüsse eine befristete praktische Tätigkeit ausüben müssen (§ 8 III BeschV).

28 **bb) Vorübergehende Beschäftigungen.** Keine Zustimmung der BA ist erforderlich für die Beschäftigung von AN, die nach der Anerkennung ihrer Berufsqualifikation auf der Suche nach einem adäquaten Arbeitsplatz sind (§ 20 III Nr. 4 AufenthG), ausländischen Staatsangehörigen im Anschluss an eine im Inland erworbene qualifizierte Berufsausbildung zur Suche nach einem staatlich anerkannten oder vergleichbar geregelten Ausbildungsberuf (§ 20 III Nr. 3 AufenthG), Studierenden und Hochschulabsolventen für ein studienbezogenes Praktikums nach der Richtlinie (EU) 2016/801 für bis zu 6 Monate (§ 16e II AufenthG), Absolventen inländischer Hochschulen für die Suche nach einer dem Abschluss adäquaten Beschäftigung (§ 20 III Nr. 1 AufenthG), Teilnehmer an einem Freiwilligendienst, in einer vorwiegend karitativen oder religiösen Beschäftigung mit einfachen deutschen Sprachkenntnissen, Studierenden und Schülern ausländischer Hochschulen und Fachschulen für eine Ferienbeschäftigung nach Vermittlung durch die BA (§ 14 BeschV), von AN in Praktika zu Weiterbildungszwecken im Rahmen von § 16e AufenthG (studienbezogenes Praktikum EU) sowie – im Einvernehmen mit der BA – in Praktika zu Weiterbildungszwecken im Rahmen eines nachgewiesenen internationalen Austauschprogramms (§ 15 BeschV). Die Erteilung eines Aufenthaltstitels zur Beschäftigung bedarf **der Zustimmung der BA** (→ Rn. 13) für Aus- und Weiterzubildende für eine betriebliche (Teil-)Aus- oder Weiterbildung (§ 16a I AufenthG iVm § 8 I BeschV), AN, die eine Berufsqualifikation besitzen und zu deren Anerkennung eine Qualifizierungsmaßnahme absolvieren müssen, eine zeitlich nicht eingeschränkte Tätigkeit, die in engen berufsfachlichen Zusammenhang zu der Tätigkeit stehen muss, für die die Anerkennung erworben wird, oder AN, die eine Berufsqualifikation besitzen und zu deren Anerkennung sie eine Prüfung ablegen müssen und über ein entsprechendes Arbeitsangebot verfügen (§ 16d AufenthG iVm § 8 II BeschV), AN mit einer Hochschulausbildung oder vergleichbaren Qualifikation im Rahmen des Personalaustausches von international tätigen Unternehmen oder Konzernen (§ 10 I Nr. 1 BeschV), AN eines international tätigen

Konzerns oder Unternehmensteil mit einer deutschen Facharbeitern vergleichbaren Qualifikation zur Vorbereitung einer Auslandstätigkeit (§ 10 I Nr. 2 BeschV), unternehmensintern transferierte AN zur Erteilung einer ICT-Karte (§ 19b AufenthG, → Rn. 23a) oder einer Mobiler ICT-Karte (§ 19b AufenthG, → Rn. 23a) für eine beabsichtigte Beschäftigung als Führungskraft in der aufnehmenden Niederlassung; diese Zustimmung wird ohne Vorrangprüfung erteilt (§ 10a I BeschV), Lehrkräfte zur Erteilung von Sprachunterricht in Schulen unter Aufsicht der berufskonsularischen Vertretung (§ 11 I BeschV), Spezialitätenköche (§ 11 II BeschV), Au-pair unter 27 Jahren (notwendig: Grundkenntnissen der deutschen Sprache in einer deutschsprachigen Familie), diese Zustimmung wird ohne Vorrangprüfung erteilt (§ 12 BeschV), Hausangestellte von Entsandten zur Kindesbetreuung oder Pflege von Angehörigen (§ 13 BeschV), **Saisonbeschäftigungen,** Schaustellergehilfen und Haushaltshilfen auf der Grundlage einer Vermittlungsabsprache mit der ausländischen Arbeitsverwaltung (§§ 15a–15c BeschV).

cc) Entsandte Arbeitnehmer. Keine Zustimmung der BA ist erforderlich für die Beschäftigung von Geschäftsreisenden (§ 16 BeschV), im Ausland tätigen Fachkräften eines international tätigen Konzerns oder Unternehmens zu betrieblichen Weiterbildungszwecken (§ 17 BeschV), anerkannten Pressevertretern (§ 18 BeschV), dem von einem AG mit Auslandssitz bis zu 90 Tage in das Inland entsandten Montagepersonal (§ 19 I 1 BeschV, sog. **Werklieferungsverträge**), Fahrpersonal im internationalen Straßen- und Schienenverkehr (§ 20 BeschV), entsandten AN aus Drittstaaten zur Erbringung von vorübergehenden Dienstleistungen (§ 21 BeschV). Die Erteilung eines Aufenthaltstitels **mit Zustimmung** der BA (→ Rn. 13) ist erforderlich für von einem AG mit Auslandssitz länger als 90 Tage bis zu 3 Jahren in das Inland entsandtes Montagepersonal (§ 19 Abs. 2 BeschV, sog. Werklieferungsverträge). 29

dd) Besondere Berufs- oder Personengruppen. Keine Zustimmung der BA ist erforderlich für die Beschäftigung von Künstlern bis zu 90 Tagen (§ 22 Nrn. 1 und 2 BeschV), Personen mit Auftritten in Tagesdarbietungen bis zu 15 Tagen (§ 22 Nr. 3 BeschV), Sportlern (§ 22 Nrn. 4 und 5 BeschV), Fotomodellen, Werbetypen, Mannequins oder Dressmen (§ 22 Nr. 6 BeschV), Reiseleitern bis zu 90 Tagen (§ 22 Nr. 7 BeschV), Dolmetschern bis zu 90 Tagen (§ 22 Nr. 8 BeschV), Hausangestellten bis zu 90 Tagen (§ 22 Nr. 9 BeschV), Akkreditierten bei Sportveranstaltungen (§ 23 BeschV) sowie Schifffahrts- und Luftverkehrspersonal (§ 24 BeschV). Die Erteilung eines Aufenthaltstitels zur Beschäftigung bedarf der Zustimmung der BA (→ Rn. 13) bei Berufskraftfahrern im Güterverkehr und Personenverkehr (§ 24a I BeschV), Künstlern und Artisten sowie deren Hilfspersonal (§ 25 Nr. 1 BeschV), Personen, die zu einer länger als drei Monate dauernden Beschäftigung im Rahmen von Gastspielen oder ausländischen Film- und Fernsehproduktionen entsandt werden (§ 25 Nr. 2 BeschV). Ebenso kann die Zustimmung zur Erteilung einer **Grenzgängerkarte** nach § 12 I AufenthV (§ 27 BeschV) sowie deutschen Volkszugehörigen zu einem Aufenthaltstitel zur Ausübung einer vorübergehenden Beschäftigung (§ 28 BeschV) jeweils mit Vorrangprüfung erteilt werden. 30

ee) Werkverträge und Gastarbeitnehmer. Die Beschäftigung von ausländischen AN aus Türkei, Serbien, Bosnien-Herzegowina und Nordmazedonien im Rahmen von **Werkverträgen**[9] richtet sich nach § 29 I BeschV. Danach kann die BA die Zustimmung für das zur Durchführung der Werkvertragstätigkeit erforderliche leitende Personal oder Verwaltungspersonal mit betriebsspezifischen Kenntnissen für die Dauer von bis zu vier Jahren erteilen. Grundlage für die Beschäftigung ausländischer AN im Rahmen von Werkverträgen sind bilaterale Vereinbarungen, die von der Bundesregierung abgeschlossen werden. Bei **Gastarbeitnehmern** (§ 29 II BeschV) handelt es sich um ausländische Staatsangehörige, die bereits im Heimatland eine berufliche Qualifikation erworben haben, über deutsche Sprachkenntnisse verfügen und zur Vervollkommnung ihrer beruflichen und sprachlichen Kenntnisse in Deutschland eine Beschäftigung aufnehmen (Höchstdauer 180 Tage). Grundlage für ihre Vermittlung sind bilaterale Abkommen (Gastarbeitnehmerabkommen), in denen unter anderem das Jahreskontingent festgelegt ist. Bilaterale Abkommen bestehen mit Albanien und der Russischen Föderation. 31

ff) Anknüpfung an die Staatsangehörigkeit. Nach § 26 I BeschV kann für Staatsangehörige von Andorra, Australien, Israel, Japan, Kanada, der Republik Korea, von Monaco, Neuseeland, San Marino, des Vereinigten Königreichs Großbritannien und Nordirland iSd § 1 II 2 Nr. 6 FreizügG/EU (→ Rn. 7, „Neu-Briten") sowie der Vereinigten Staaten von Amerika die **Zustimmung mit Vorrangprüfung** (→ Rn. 13) zur Ausübung jeder Beschäftigung unabhängig vom Sitz des AG erteilt werden. Für Staatsangehörige von Albanien, Bosnien und Herzego- 32

[9] Einzelheiten im Merkblatt 16 „Werkverträge" der BA.

wina, Kosovo, Montenegro, Nordmazedonien und Serbien können in den Jahren 2021 bis einschließlich 2023 Zustimmungen mit Vorrangprüfung zur Ausübung jeder Beschäftigung erteilt werden. Die erstmalige Zustimmung darf nur erteilt werden, wenn der Antrag auf Erteilung des Aufenthaltstitels bei der deutschen Auslandsvertretung in dem jeweiligen Herkunftsstaat gestellt wird. Die Anzahl dieser Zustimmungen ist auf bis zu 25 000 je Kalenderjahr begrenzt. Sie darf nicht erteilt werden, wenn der Antragsteller in den letzten 24 Monaten vor Antragstellung Leistungen nach dem AsylbLG bezogen hat (§ 26 II 1-4 BeschV).

33 **gg) Internationale Abkommen.** Für Beschäftigungen aufgrund Festlegungen in zwischenstaatlichen Vereinbarungen bedarf es keiner Zustimmung der BA (zB bei Luftverkehrsabkommen oder Konsularabkommen). Beschäftigungen aufgrund solcher Vereinbarungen, in denen bestimmt ist, dass eine Arbeitsgenehmigung oder Arbeitserlaubnis erteilt werden kann, bedürfen der Zustimmung der BA (§ 29 III 1, 2 BeschV; → Rn. 13). Für Beschäftigungen im Rahmen des Pariser Übereinkommens über internationale Ausstellungen gilt § 29 IV BeschV, das Zustimmungserfordernis für Beschäftigungen im Geltungsbereich des Allgemeinen Übereinkommens über den Handel mit Dienstleistungen (GATS) und anderer Freihandelsabkommen regelt § 29 V BeschV.

III. Besonderheiten bei der Beschäftigung von ausländischen Arbeitnehmern

34 **1. Antragstellung.** Nach dem vor Inkrafttreten des Zuwanderungsgesetzes geltenden Recht konnte auch der AG die Arbeitserlaubnis für den AN beantragen.[10] Hieran kann unter der Geltung des AufenthG nicht mehr festgehalten werden. Die Entscheidung über die Zulässigkeit einer Erwerbstätigkeit richtet sich vorrangig an den Interessen des Arbeitsmarkts aus, während die Individualinteressen des AG allenfalls im Rahmen der Ermessensentscheidung der BA zu berücksichtigen sind; insoweit fehlt ihm auch die Klagebefugnis. Er kann lediglich die Feststellung beantragen, dass er berechtigt ist, einen bestimmten ausländischen Staatsangehörigen zu beschäftigen.[11] Ein ausländischer AN ist grundsätzlich selbst berechtigt und verpflichtet, sich um die Erteilung und rechtzeitige Verlängerung des erforderlichen Aufenthaltstitels zu bemühen; eine besondere Hinweispflicht des AG auf den bevorstehenden Ablauf des bisherigen Titels besteht regelmäßig nicht;[12] in § 81a AufenthG ist ein Beschleunigtes Fachkräfteverfahren für die Beschäftigungsaufnahme von Fachkräften vorgesehen, für dieses ist allerdings ein Antrag des AG erforderlich.

35 **2. Beschäftigungsverbot.** Der fehlende Aufenthaltstitel für die in Aussicht genommene Beschäftigung führt nicht zur Nichtigkeit des Arbeitsvertrags,[13] sondern lediglich zu einem absoluten Beschäftigungsverbot für den AG. Dies gilt gleichermaßen für die nicht von einem Aufenthaltstitel umfasste Beschäftigung. Für die rechtliche Beendigung eines solchen Arbeitsverhältnisses durch den AG muss eine Kündigung ausgesprochen werden. Vor Ausspruch der Kündigung ist der allgemeine und besondere Kündigungsschutz zu beachten, bei schwangeren AN ist daher stets die behördliche Zustimmung einzuholen. Arbeitet der ausländische AN ohne einen erforderlichen Aufenthaltstitel, hat er gleichwohl einen Vergütungsanspruch. Andererseits kann der AG die Beschäftigung ohne einen gültigen Aufenthaltstitel ablehnen, ohne in Annahmeverzug zu geraten. Das Verschweigen der Ausreisepflicht kann die Anfechtung des Arbeitsvertrags rechtfertigen.[14] Grundsätzlich kann ein Arbeitsverhältnis befristet für die Dauer des Aufenthaltstitels abgeschlossen werden.[15]

36 Ein AG muss sich über die **öffentlich-rechtlichen Voraussetzungen der Beschäftigung** ausländischer AN informieren. Ihn trifft eine Erkundigungspflicht (§ 4a V AufenthG). Bei illegaler Beschäftigung kann er zur Zahlung von Abschiebungskosten herangezogen werden (§ 66 IV AufenthG).[16] Die Beschäftigung ohne gültigen Aufenthaltstitel ist für den AN (§ 404 II Nr. 4 SGB III) wie für den AG eine Ordnungswidrigkeit (§ 404 II Nr. 3 SGB III). Für den Generalunternehmer kann die illegale Beschäftigung durch einen Subunternehmer zu einer Ordnungswidrigkeit führen (§ 404 I Nr. 2 SGB III); zur Auskunftspflicht des AG gegenüber der Arbeitsverwaltung → Rn. 14. Strafvorschriften für die Beschäftigung von ausländischen Staatsangehörigen ohne Genehmigung oder ohne Aufenthaltstitel sind in §§ 10, 10a SchwarzArbG enthalten. Eine besondere Sanktion bei der illegalen Beschäftigung von ausländischen AN enthält § 7 IV SGB IV.

[10] BSG 27.1.1977 SozR 4100 § 19 Nr. 2 = NJW 1978, 1125; offen BSG 2.8.2001 SozR 3–1500 § 55 Nr. 34.
[11] BSG 2.8.2001 SozR 3–4210 § 9 Nr. 2.
[12] BAG 26.6.1996 AP Nr. 2 zu § 3 EFZG = NZA 1996, 1087.
[13] So noch BAG 13.3.1969 NJW 1969, 2111.
[14] LAG Nürnberg 21.9.1994 NZA 1995, 228.
[15] BAG 12.1.2000 AP Nr. 217 zu § 620 BGB Befristeter Arbeitsvertrag = NZA 2000, 978.
[16] VGH Kassel 21.9.1994 NZA 1995, 1043.

Beschäftigt ein AG einen ausländischen Staatsangehörigen ohne die nach § 284 I SGB III erforderliche Genehmigung oder ohne die nach § 4a V AufenthG erforderliche Berechtigung zur Erwerbstätigkeit, wird vermutet, dass ein **Beschäftigungsverhältnis** gegen Arbeitsentgelt für den Zeitraum von drei Monaten bestanden hat.

3. Sozialversicherung. a) Allgemeines. Nach § 3 SGB IV gelten Vorschriften über die Versicherungspflicht und die Versicherungsberechtigung, soweit diese eine Beschäftigung oder eine selbständige Tätigkeit voraussetzen, für alle Personen, die im Geltungsbereich des SGB IV beschäftigt oder dort selbständig tätig sind (Territorialitätsprinzip). Die Versicherungspflicht und der Leistungsbezug sind daher nicht von der deutschen Staatsangehörigkeit abhängig. Besatzungsmitglieder deutscher Seeschiffe mit Ausnahme der Lotsen (§ 13 I SGB IV) sind im Inland beschäftigt, und zwar auch beim Aufenthalt in fremden Hoheitsgewässern einschl. fremder Häfen.[17] Eine Ausnahme von dem Territorialitätsprinzip gilt nach dem Recht der **Einstrahlung** (§ 5 SGB IV). Personen, die im Rahmen eines im Ausland begründeten Beschäftigungsverhältnisses in das Inland entsandt werden, sind nicht versicherungspflichtig, wenn die Entsendung infolge der Eigenart der Beschäftigung oder im Voraus zeitlich begrenzt ist. Das nationale Recht wird teilweise durch Unionsrecht und zwischenstaatliche Abkommen überlagert. Maßgeblich sind seit dem 1.5.2010 die VO (EG) Nr. 988/09 sowie die dazugehörige DurchführungsVO (EG) Nr. 987/2009. Sie gelten nur für Angehörige aus EU-Staaten sowie für Flüchtlinge und Staatenlose mit Wohnsitz in einem Mitgliedstaat der EU. Für Drittstaatsangehörige gilt die VO (EWG) Nr. 1408/71 weiter. Ebenfalls bleibt es bei deren Geltung gegenüber Staatsangehörigen aus Island, Liechtenstein, Norwegen und der Schweiz. 37

b) Einzelne Versicherungszweige. Ausländische AN sind bei einer Inlandstätigkeit unter den Voraussetzungen von § 5 SGB V in der gesetzlichen **Krankenversicherung** versicherungspflichtig. Der Anspruch auf Leistungen ruht, solange Versicherte sich im Ausland aufhalten, und zwar auch dann, wenn sie während eines nur vorübergehenden Aufenthalts erkranken, soweit im SGB V nichts anderes geregelt ist. Diese Regelung beruht auf der Überlegung, dass nach dem Sachleistungsprinzip der Krankenkassen im Ausland keine Leistungen erbracht werden können. Nach Eintritt eines Versicherungsfalls richtet sich für Angehörige der EU-Mitgliedstaaten der Leistungsbezug nach Art. 17 ff. VO Nr. 883/04, wenn der ausländische AN sich in Deutschland aufhält; für Angehörige anderer Staaten ist die Leistungserbringung zumeist in zwischenstaatlichen Abkommen geregelt. In der **Rentenversicherung** gelten für den Leistungsfall die §§ 110 ff. SGB VI. Nach § 110 I SGB VI erhalten Berechtigte, die sich nur vorübergehend im Ausland aufhalten, für die gesamte Zeit Leistungen wie Berechtigte, die ihren gewöhnlichen Aufenthalt im Inland haben. Die §§ 110 ff. SGB VI werden jedoch für Angehörige aus den EU-Mitgliedstaaten durch die Art. 44 ff. VO Nr. 883/04 überlagert. In der gesetzlichen **Unfallversicherung** sind Personen nur bei bestimmten Tätigkeiten (§ 2 SGB VI) versichert; zu Auslandssachverhalten → § 61 Rn. 2a. Die Rechtslage in der **Arbeitslosenversicherung** ist bei → § 23 Rn. 3 dargestellt. 38

§ 28. Kollektivrechtliche Einflüsse auf die Begründung des Arbeitsvertrags

Für die Begründung des Arbeitsvertrags ergeben sich zahlreiche Auswirkungen aus dem Tarifvertragsrecht und dem Betriebsverfassungsrecht. So regeln tarifliche Abschlussnormen vor allem Formvorschriften, Abschlussverbote und Abschlussgebote für den Arbeitsvertrag (→ § 201 Rn. 12). Namentlich der **BR** soll auf die Zusammensetzung der Belegschaft Einfluss nehmen können. Er besitzt vor allem Rechte bei der Personalplanung (→ § 238 Rn. 2), der Aufstellung von Auswahlrichtlinien (→ § 238 Rn. 28) und bei personellen Einzelmaßnahmen bei Einstellung und Entlassung (→ § 241 Rn. 1 ff., → § 242 Rn. 1 ff., → § 124 Rn. 1 ff.). 1

[17] BSG 29.11.1973 BSGE 36, 276 = SozR Nr. 77 zu § 165 RVO.

IV. Buch. Arbeitsvertrag und Arbeitsverhältnis

1. Abschnitt. Grundlagen

§ 29. Arbeitsvertrag und Arbeitsverhältnis

Muster: Schaub ArbRFV-HdB/*Klagges* A. Rn. 41 ff.

Übersicht

I. Arbeitsvertrag

1. Begriff. Der Arbeitsvertrag iSv § 611a BGB ist ein privatrechtlicher, gegenseitiger Austauschvertrag, durch den sich der AN zur persönlichen (§ 613 BGB) Leistung von **fremdbestimmter, abhängiger oder unselbständiger Arbeit** unter Leitung und Weisung des AG und der AG zur Zahlung einer Vergütung verpflichtet (zum Arbeitnehmerbegriff näher → § 8 Rn. 1 ff.).[1] Der Begriff der Arbeit ist dabei in einem wirtschaftlichen Sinne zu verstehen. Erforderlich ist eine Tätigkeit, die als solche der Befriedigung eines fremden Bedürfnisses dient.[2] Arbeit in diesem Sinn ist auch die vom AG veranlasste Untätigkeit, während derer der AN am Arbeitsplatz anwesend sein muss und nicht frei über die Nutzung des Zeitraums bestimmen kann, er also weder eine Pause noch Freizeit hat (zu Reisezeiten → § 45 Rn. 54 f.).[3] Während einer Rehabilitation ruhen im Allgemeinen die arbeitsvertraglichen Hauptleistungspflichten, Arbeit im Sinne des Arbeitsrechts wird nicht verrichtet.[4] Ein **Wiedereingliederungsverhältnis** ist nicht Teil des Arbeitsverhältnisses, sondern stellt neben diesem ein Vertragsverhältnis eigener Art (sui generis) dar.[5] Es ist nicht durch den Austausch von Leistung und Gegenleistung gekennzeichnet, sondern durch den Rehabilitationszweck. AG und AN sind, weil die Arbeitsunfähigkeit des AN andauert, während des Wiedereingliederungsverhältnisses weiterhin von den Hauptleistungspflichten des Arbeitsverhältnisses gem. § 275 I und § 326 I BGB befreit.[6] 1

2. Privatrechtliche Rechtsnatur. Der Arbeitsvertrag wird zwischen sich **gleichberechtigt gegenüberstehenden Personen** abgeschlossen. Dies gilt auch dann, wenn an ihm eine juristische Person des öffentlichen Rechts beteiligt ist. Juristische Personen des öffentlichen Rechts, also zB Körperschaften, Anstalten oder Stiftungen, können sowohl privat- wie öffentlich-rechtlich am Rechtsverkehr teilnehmen. Ihre Arbeitsverträge sind privatrechtlich. Allerdings weisen sie wegen der teilweisen Angleichung an das Beamtenrecht einige Besonderheiten auf. Die 2

[1] Vgl. MüKoBGB/*Spinner* § 611a Rn. 71 ff.

[2] BAG 18.3.2020 AP Nr. 62 zu § 611 BGB Arbeitszeit = NZA 2020, 868; 25.4.2018 AP Nr. 31 zu § 1 TVG Tarifverträge: Bewachungsgewerbe = NZA 2018, 1081.

[3] BAG 18.11.2015 AP Nr. 73 zu § 138 BGB = NZA 2016, 494; 20.4.2011 AP Nr. 51 zu § 307 BGB = NZA 2011, 917.

[4] BAG 19.3.2008 AP Nr. 1 zu § 611 BGB Feiertagsvergütung = NZA 2008, 1135.

[5] BAG 6.12.2017 AP Nr. 154 zu § 615 BGB = NZA 2018, 439; 29.1.1992 AP Nr. 1 zu § 74 SGB V = NZA 1992, 643.

[6] BAG 24.9.2014 AP Nr. 135 zu § 615 BGB = NZA 2014, 1407.

Rechtsnatur des Arbeitsvertrags wird nicht dadurch geändert, dass auf ihn zum öffentlichen Recht gehörende Arbeitnehmerschutzvorschriften (→ §§ 151 ff. Rn. 1 ff.) einwirken.

3 An Hochschulen können neben Beamtenverhältnissen und privatrechtlichen Dienstverhältnissen grundsätzlich auch **öffentlich-rechtliche Dienstverhältnisse eigener Art** begründet werden.[7] Ein öffentlich-rechtliches Dienstverhältnis ist gegeben, wenn es durch eine einseitige Maßnahme, dh durch einen Verwaltungsakt, begründet und im Wesentlichen öffentlich-rechtlich ausgestaltet ist. Ein Verwaltungsakt bleibt auch dann eine einseitige Maßnahme im vorgenannten Sinn, wenn er der Zustimmung bedarf. Ist mit einem wissenschaftlichen Mitarbeiter an einer Universität ein öffentlich-rechtliches Dienstverhältnis eigener Art durch Verwaltungsakt begründet worden, scheidet die Annahme eines Arbeitsverhältnisses aus, solange der zugrunde liegende Verwaltungsakt bestandskräftig und nicht nichtig ist.[8] Die Vorschriften über den Dienstvertrag (§§ 611 ff. BGB) schließen nicht aus, die Leistung von Diensten öffentlich-rechtlich zu regeln, wie das Beamtenverhältnis zeigt. Art. 33 IV GG steht der Anerkennung öffentlich-rechtlicher Dienstverhältnisse eigener Art nicht entgegen. Zwar sind Behördenbedienstete regelmäßig nur Beamte, Angestellte oder Arbeiter. Daneben gibt es aber auch anders ausgestaltete öffentlich-rechtliche Dienstverhältnisse, wie beispielsweise die Dienstverhältnisse der Richter und Soldaten sowie im Bereich der Sozialversicherungsträger die Dienstverhältnisse der Dienstordnungsangestellten (dazu → Rn. 15). Wird ein Student nach dem Landeshochschulgesetz zum Prorektor für studentische Angelegenheiten bestellt, ist hierin allein nicht das Angebot auf Abschluss eines Arbeitsvertrags zu sehen. Rechtsgrundlage des Tätigwerdens sind in diesem Fall vielmehr die öffentlich-rechtlichen Vorschriften des Landeshochschulrechts.[9]

4 **3. Gegenseitiger Austauschvertrag.** Der Arbeitsvertrag iSv § 611a BGB ist ein gegenseitiger Austauschvertrag. Er ist ein **Unterfall des Dienstvertrags.**[10] Der AN schuldet die Leistung von Arbeit, nicht dagegen einen bestimmten Erfolg. Schlagwortartig ausgedrückt: Der AN schuldet ein Wirken und nicht ein Werk. Im Arbeitsvertrag verpflichtet sich der AN zur fremdbestimmten, persönlichen Leistungserbringung nach Weisung des AG. Die gesetzliche Vergütungspflicht des AG knüpft nach § 611a II BGB hieran an, also an jede im Synallagma vom AG verlangte Tätigkeit oder Maßnahme, die mit der eigentlichen Tätigkeit oder der Art und Weise von deren Erbringung unmittelbar zusammenhängt.[11] Im Unterschied zum freien Dienstverhältnis ist es im Arbeitsverhältnis Sache des AG, aufgrund seines Weisungsrechts (§ 106 GewO) die Arbeitskraft des AN sinnvoll einzusetzen (zur Abgrenzung → § 8 Rn. 23 ff.).[12] Vom **Werkvertrag** unterscheidet sich der Arbeitsvertrag dadurch, dass es an einem abgrenzbaren, dem Auftragnehmer als eigene Leistung zurechenbaren und abnahmefähigen Werk fehlt (dazu näher → § 9 Rn. 5 ff.). Richten sich die vom Auftragnehmer zu erbringenden Leistungen nach dem jeweiligen Bedarf des Auftraggebers, kann darin ein Indiz gegen eine werk- und für eine arbeitsvertragliche Beziehung liegen, etwa wenn mit der Bestimmung von Leistungen auch über Inhalt, Durchführung, Zeit, Dauer und Ort der Tätigkeit entschieden wird.[13]

5 **4. Schuldrechtlicher Vertrag.** Da der Arbeitsvertrag ein schuldrechtlicher Vertrag ist, sind die **gesetzlichen Regelungen des Bürgerlichen Rechts** auf ihn anwendbar, soweit nicht die Eigenheiten des Arbeitsvertrags oder spezielle arbeitsrechtliche Regelungen entgegenstehen.[14] Hieraus folgt beispielsweise, dass die Anfechtung abweichend von § 142 BGB nicht immer zurückwirkt (→ § 34 Rn. 49 f.), bei Leistungsstörungen, wie etwa bei der Entgeltfortzahlung infolge Arbeitsunfähigkeit, nicht stets der Anspruch auf die Gegenleistung entfällt (dazu → § 98 Rn. 1 ff.) oder bei der Inhaltskontrolle vorformulierter Verträge nach § 310 IV BGB arbeitsrechtliche Besonderheiten zu berücksichtigen sind (dazu → § 35 Rn. 1 ff.).

[7] Dazu BAG 8.5.2018 AP Nr. 196 zu § 611 BGB Lehrer, Dozenten; 13.7.2005 EzA Nr. 5 zu § 611 BGB 2002 Arbeitnehmerbegriff; 25.2.2004 AP Nr. 1 zu § 36 HRG.
[8] BAG 8.5.2018 AP Nr. 196 zu § 611 BGB Lehrer, Dozenten; 14.9.2011 ZTR 2012, 187.
[9] BAG 9.4.2014 NZA-RR 2014, 522.
[10] ErfK/*Preis* BGB § 611a Rn. 1; HWK/*Thüsing* BGB § 611a Rn. 18.
[11] Vgl. BAG 19.8.2015 AP Nr. 140 zu § 615 BGB = NZA 2015, 1460; 19.9.2012 AP Nr. 39 zu § 611 BGB Arbeitszeit = NZA-RR 2013, 63.
[12] MüKoBGB/*Spinner* § 611a Rn. 74.
[13] BAG 25.9.2013 AP Nr. 126 zu § 611 BGB Abhängigkeit = NZA 2013, 1348.
[14] ErfK/*Preis* BGB § 611a Rn. 5.

5. Personenrechtliche Ausgestaltung. Das Arbeitsverhältnis wurde in der Zeit des Nationalsozialismus als **„personenrechtliches Gemeinschaftsverhältnis"** qualifiziert.[15] Der Begriff geht auf *Otto v. Gierke* zurück.[16] Danach war der Arbeitsvertrag kein Schuldvertrag, sondern ein personenrechtlicher Vertrag. Der Dienstvertrag begründete nach dieser Lehre ein persönliches Herrschaftsverhältnis, das seinen Ursprung im deutschrechtlichen Treudienstvertrag hatte. Nach 1945 wurde der Begriff des personenrechtlichen Gemeinschaftsverhältnisses fortgeführt, um die wechselseitigen Treue- und Fürsorgepflichten zu betonen.[17] Dieser Begriff ist heute überwunden.[18] Er trägt nichts zur Klärung des Vertragsinhalts bei. Die Nebenpflichten aus dem Arbeitsvertrag ergeben sich aus speziellen arbeitsrechtlichen Vorschriften oder aus §§ 241, 242 BGB.[19] 6

6. Dauerschuldverhältnis. Durch den Arbeitsvertrag wird ein Dauerschuldverhältnis begründet.[20] Das Arbeitsverhältnis ist **nicht auf den Austausch einzelner Leistungen** gerichtet, mit deren Erfüllung es erlischt. Es endet vielmehr mit der Verwirklichung eines Beendigungstatbestands (Befristung, Kündigung, Aufhebungsvertrag). Gerade die in einem längeren Zeitraum zu erbringende Leistung des AN führt zu seiner Abhängigkeit. 7

II. Arbeitsverhältnis

1. Begriff. Das Arbeitsverhältnis wird durch den Arbeitsvertrag begründet.[21] Der Arbeitsvertrag ist der Rechtsgrund für den Austausch von Arbeit gegen Entgelt **(Vertragstheorie).**[22] Das Erfordernis einer vertraglichen Begründung der Arbeitspflicht als Voraussetzung des Arbeitnehmerstatus hat das BAG stets für unverzichtbar gehalten.[23] Aus den Grundsätzen über das fehlerhafte (faktische) Arbeitsverhältnis (dazu → § 34 Rn. 51) ergibt sich nichts anderes, da diese lediglich der Regelung der Rechtsfolgen eines übereinstimmend in Vollzug gesetzten Arbeitsvertrags dienen. Voraussetzung eines solchen fehlerhaften Arbeitsverhältnisses ist zunächst eine Willenseinigung als tatsächlicher Akt, dh es müssen zwei korrespondierende, auf den Abschluss eines Arbeitsvertrags gerichtete, unwirksame oder anfechtbare Willenserklärungen vorliegen.[24] Ein fehlerhaftes Arbeitsverhältnis setzt damit voraus, dass die Arbeit einvernehmlich erbracht worden ist. Mag sich die vertragliche Grundlage auch als nichtig oder fehlerhaft erweisen, muss doch stets jedenfalls dem Tatbestand nach ein Vertragsschluss vorgelegen haben.[25] Nur ausnahmsweise werden aufgrund ausdrücklicher **gesetzlicher Anordnung** Arbeitsverhältnisse begründet, so etwa nach § 10 I AÜG zum Entleiher, wenn der ursprünglich zwischen dem AN und dem Verleiher begründete Vertrag nach § 9 AÜG unwirksam ist. Arbeitsverträge können rückwirkend geändert werden. Das gilt auch hinsichtlich der Pflichtenbindung des AN – jedenfalls wenn nichts anderes praktiziert worden ist.[26] Die früher vertretene **Eingliederungstheorie**[27] spielt heute als Begründungstatbestand eines Arbeitsverhältnisses keine Rolle mehr.[28] 8

2. Beschäftigungsverhältnis. Nach § 4 I SGB I hat jeder im Rahmen des SGB ein Recht auf Zugang zur **Sozialversicherung.** Sozialversicherung im Sinne des SGB ist die Kranken-, Renten-, Unfall- und Pflegeversicherung (§ 1 SGB IV). Die Sozialversicherung ist im Wesentli- 9

---

[15] Dazu eingehend *Rüthers,* Die unbegrenzte Auslegung, 3. Aufl., 379 ff.; *E. Wolf,* Das Arbeitsverhältnis. Personenrechtliches Gemeinschaftsverhältnis oder Schuldverhältnis, 41 ff.
[16] *v. Gierke,* Deutsches Privatrecht, 1917, Band III, 599 ff.; dazu *Jobs* ZfA 1972, 305.
[17] Vgl. *Hueck/Nipperdey,* Lehrbuch des Arbeitsrechts, 7. Aufl., Band 1, 128 ff.; Zöllner/*Loritz*/Hergenröder § 14 Rn. 39 ff.
[18] Vgl. BAG 27.5.2020 AP Nr. 18 zu § 611 BGB Weiterbeschäftigung = NZA 2020, 1169; MHdB ArbR/*Fischinger* § 3 Rn. 19 f.; *Schwerdtner,* Fürsorge- und Entgelttheorie im Recht der Arbeitsbedingungen, 1970, 66; MüKoBGB/*Spinner* § 611a Rn. 78 f.
[19] MHdB ArbR/*Reichold* § 53 Rn. 12 ff.; MüKoBGB/*Spinner* § 611a Rn. 895 ff. und 993 ff.
[20] Zöllner/*Loritz*/Hergenröder § 14 Rn. 40.
[21] BAG 27.2.2020 AP Nr. 1 zu § 17 MuSchG 2018 = NZA 2020, 721.
[22] BAG 27.2.2020 AP Nr. 1 zu § 17 MuSchG 2018 = NZA 2020, 721; 27.9.2012 AP Nr. 18 zu § 611 BGB Hausmeister; MüKoBGB/*Spinner* § 611a Rn. 80 f.; Staudinger/*Richardi/Fischinger* BGB § 611a Rn. 636; teilw. krit. *v. Stebut* FS Kissel, 1135 ff.
[23] BAG 16.2.2000 AP Nr. 70 zu § 2 ArbGG 1979 = NZA 2000, 385.
[24] BAG 27.2.2020 AP Nr. 1 zu § 17 MuSchG 2018 = NZA 2020, 721.
[25] BAG 16.2.2000 AP Nr. 70 zu § 2 ArbGG 1979 = NZA 2000, 385.
[26] BAG 24.9.2003 AP Nr. 3 zu § 151 BGB = NZA 2003, 1332.
[27] Vgl. hierzu *Hueck/Nipperdey,* Lehrbuch des Arbeitsrechts, 7. Aufl., S. 116 ff.; *Nikisch* RdA 1960, 1 ff. mwN.
[28] BAG 27.2.2020 AP Nr. 1 zu § 17 MuSchG 2018 = NZA 2020, 721; MüKoBGB/*Spinner* § 611a Rn. 80 f.; Staudinger/*Richardi/Fischinger* BGB § 611a Rn. 636; aA *Boemke,* Schuldvertrag und Arbeitsverhältnis, 1999, 227.

chen als Pflichtversicherung ausgestaltet; nur in Ausnahmefällen wird Versicherungsfreiheit gewährt. Nach § 2 SGB IV sind in allen Zweigen der Sozialversicherung nach Maßgabe der besonderen Vorschriften Personen versichert, die gegen Arbeitsentgelt oder zu ihrer Berufsausbildung beschäftigt sind. Beschäftigung ist nach § 7 I SGB IV die nicht selbständige Arbeit, insbesondere in einem Arbeitsverhältnis. Das sozialversicherungsrechtliche Beschäftigungsverhältnis entsteht durch die tatsächliche Aufnahme der Arbeit in persönlicher Abhängigkeit. Anhaltspunkte für eine Beschäftigung sind eine Tätigkeit nach Weisung und eine Eingliederung in die Arbeitsorganisation des Weisungsgebers (näher → § 20 Rn. 1 ff.).[29] In der neueren arbeitsrechtlichen Gesetzgebung werden statt der Begriffe „Arbeitnehmer" und „Arbeitsverhältnis" vermehrt die Begriffe „Beschäftigter" und „Beschäftigungsverhältnis" verwendet.[30]

III. Leistung von Arbeit auf anderer rechtlicher Grundlage

10 **1. Beamte, Richter, Hochschullehrer und Soldaten.** Sie arbeiten in öffentlich-rechtlich begründeten und gestalteten Dienstverhältnissen. Dagegen arbeiten die im öffentlichen Dienst beschäftigten AN aufgrund von Arbeitsverträgen.

11 **2. Strafgefangene.** Strafgefangene können zu Arbeiten im Rahmen des öffentlich-rechtlichen Anstaltsverhältnisses herangezogen werden.

12 **3. Mitglieder religiöser Gemeinschaften, Rote-Kreuz-Schwestern.** Mitglieder religiöser Orden in der katholischen Kirche oder Diakonissen in der evangelischen Kirche arbeiten nicht aufgrund eines Arbeitsvertrags zur kirchlichen Einrichtung. Werden sie aufgrund eines Gestellungsvertrags in einem Krankenhaus tätig, besteht kein Arbeitsvertrag zum Krankenhausträger. Entsprechendes gilt bei Rote-Kreuz-Schwestern.[31] Die Überlassung der Rote-Kreuz-Schwestern an einen Krankenhausträger, der nicht zur Schwesternschaft gehört, ist Arbeitnehmerüberlassung.[32] Die **Scientology Gemeinschaft** ist nach der Rechtsprechung des BAG keine Religions- und Weltanschauungsgemeinschaft.[33] Die Mitglieder der als eingetragener Verein organisierten Scientology Gemeinschaft können durch die Leistung von Diensten in persönlicher Abhängigkeit ihren Mitgliedsbeitrag erbringen, ohne dass dadurch ein Arbeitsverhältnis begründet wird.[34]

13 **4. Familienrechtliche Mitarbeit.** Ein Arbeitsverhältnis liegt regelmäßig nicht vor, wenn Ehegatten oder Kinder **aufgrund familiärer Bindung** Arbeit leisten (§§ 1353, 1356 II, 1619 BGB). Werden Familienangehörige im Privathaushalt entgeltlich tätig, kann nur ausnahmsweise ein Arbeitsverhältnis vorliegen, wenn die Beschäftigung nicht zum Schein erfolgt (§ 117 BGB) und sich die Tätigkeit nicht in familiärer Mithilfe erschöpft (dazu → § 32 Rn. 12).[35] In der Regel scheidet allerdings ein entgeltliches Beschäftigungsverhältnis im Privathaushalt zwischen Ehegatten bzw. Eltern und im Haushalt lebenden unterhaltsberechtigten Kindern aus, weil die gesetzlichen Unterhaltspflichten solche Tätigkeiten einschließen. Anders ist es, wenn Familienmitglieder aufgrund besonderen Vertrags außerhalb des Privathaushalts in abhängiger Stellung tätig sind, wenn also etwa ein Ehegatte im Geschäft des anderen oder Tochter bzw. Sohn im Unternehmen bzw. Praxis oder Kanzlei der Eltern angestellt sind. Tochter bzw. Sohn sind dann AN und können u.a. Kündigungsschutz genießen, sofern die sonstigen Voraussetzungen vorliegen.[36] Auch die Mitarbeit eines Familienmitglieds in einer KG, an der nur die Eltern als Gesellschafter beteiligt sind, kann Gegenstand eines Arbeitsverhältnisses sein.[37] Ein Verlöbnis oder das Bestehen einer eheähnlichen Gemeinschaft steht der Annahme eines Arbeitsverhältnisses nicht entgegen.[38] Die Abgrenzung zwischen arbeitsvertraglichen, familienrechtlichen oder gesell-

---

[29] Vgl. dazu BSG 18.12.2003 AP Nr. 3 zu § 144 SGB III = NZA 2004, 661; *Schlegel* NZA 2005, 972.

[30] Krit. dazu *Richardi* NZA 2010, 1101.

[31] Dazu *Groeger* ZTR 2014, 379; *Mestwerdt* NZA 2014, 281; *Wank* jM 2017, 368.

[32] BAG 21.2.2017 AP Nr. 67 zu § 99 BetrVG 1972 Einstellung = NZA 2017, 662; EuGH 17.11.2016 AP Nr. 2 zu Richtlinie 2008/104/EG = NZA 2017, 41 – Ruhrlandklinik.

[33] BAG 22.3.1995 AP Nr. 21 zu § 5 ArbGG 1979 = NZA 1995, 823.

[34] BAG 26.9.2002 AP Nr. 83 zu § 2 ArbGG 1979 = NZA 2002, 1412.

[35] BSG 23.6.1994 AP Nr. 4 zu § 611 BGB Ehegatten-Arbeitsverhältnis; 12.9.1996 USK 9635.

[36] Vgl. BAG 9.2.1995 EzA Nr. 12 zu § 1 KSchG Personenbedingte Kündigung; LAG Köln 28.11.2002 LAGE § 1 KSchG Personenbedingte Kündigung Nr. 18; *Carmen Hergenröder* AR-Blattei SD 700.1 Rn. 42 ff.

[37] BAG 20.7.1993 AP Nr. 4 zu § 1 BetrAVG Unverfallbarkeit; BSG 21.4.1993 SGb 1994, 388 mzustAnm *v. Hoyningen-Huene*.

[38] Vgl. BAG 15.3.1960 AP Nr. 13 zu § 612 BGB.

schaftsrechtlichen Mitarbeitsverhältnissen kann stets nur aufgrund der besonderen Umstände des Einzelfalles erfolgen.[39]

5. Zivildienst, Entwicklungsdienst. Die dort tätigen Personen werden nicht aufgrund eines Arbeitsverhältnisses, sondern eines besonderen Rechtsverhältnisses beschäftigt. 14

6. Dienstordnungsangestellte. Dienstordnungsangestellte (DO-Angestellte) der Sozialversicherungsträger sind trotz der weitgehend öffentlich-rechtlichen Ausgestaltung ihrer Anstellungsverhältnisse weder Beamte noch haben sie einen öffentlich-rechtlichen Status.[40] Ihr Rechtsverhältnis ist vielmehr privatrechtlicher Natur.[41] Mit Abschluss des Anstellungsvertrags gilt die maßgebliche Dienstordnung.[42] Dienstordnungen von Sozialversicherungsträgern sind dem öffentlichen Recht angehöriges, gesetzesvollziehendes autonomes Satzungsrecht. Es gestaltet normativ und zwingend die Arbeitsverhältnisse der Angestellten, die der Dienstordnung unterworfen sind, ohne dass es dazu weitergehender übereinstimmender Willenserklärungen der Arbeitsvertragsparteien bedarf.[43] Der Anstellungsvertrag hat nur die Wirkung, den Angestellten der Dienstordnung zu unterstellen. Ist die Unterstellung erfolgt, wirkt die Dienstordnung in ihrer jeweiligen Fassung gesetzesgleich auf das Dienstverhältnis ein.[44] Für Dienstordnungsangestellte gelten damit im selben Umfang wie für Beamte die jeweils gültigen von der Dienstordnung in Bezug genommenen beamtenrechtlichen Vorschriften. Dazu gehören regelmäßig auch die Anstellung auf Lebenszeit (§ 353 I Nr. 3 RVO), die Beschränkung der Folgen von Pflichtverletzungen auf die disziplinarrechtlichen Sanktionen für Beamte (§ 352 S. 2 RVO) oder die Bestimmungen über die Versetzung in den Ruhestand wegen Dienstunfähigkeit. Diese bedarf deshalb nicht der Zustimmung des Integrationsamtes. § 175 S. 1 SGB IX ist insoweit auch nicht analog anzuwenden.[45] Auch die Feststellung der begrenzten Dienstfähigkeit eines Dienstordnungsangestellten richtet sich nach Beamtenrecht (§§ 26 f. BeamtStG).[46] 15

§ 30. Arten des Arbeitsvertrags

Übersicht

I. Allgemeines

1 Arbeitsverträge kann man nach der **(1)** Art der Entgeltberechnung, **(2)** beruflichen Stellung der AN, **(3)** Einteilung in Arbeiter und Angestellte und nach **(4)** besonderen Gestaltungsformen sowie **(5)** Sonderformen untergliedern.

II. Einteilung nach der Entgeltberechnung

2 **1. Zeitlohnvertrag.** Er liegt vor, wenn die Vergütung ohne Rücksicht auf das Arbeitsergebnis oder die Qualität der Arbeit nach der Länge der Arbeitszeit berechnet wird (→ § 63 Rn. 1 ff.). Insoweit kommen Stunden-, Tage-, Wochen- oder Monatsvergütungen vor. Die rechtliche Behandlung der mangelnden oder schlechten Leistung des AN gehört in das Gebiet der Leistungsstörungen (→ § 51 Rn. 1 ff., → § 52 Rn. 1 ff.).

[39] Vgl. hierzu näher *Fenn,* Die Mitarbeit in den Diensten Familienangehöriger, 1970; *Lieb,* Die Ehegattenmitarbeit im Spannungsfeld zwischen Rechtsgeschäft, Bereicherungsausgleich und gesetzlichem Güterstand, 1970.
[40] MüKoBGB/*Spinner* § 611a Rn. 139.
[41] BAG 20.2.2008 AP Nr. 272 zu § 611 BGB Gratifikation.
[42] BAG 21.1.2014 AP Nr. 86 zu § 611 BGB Dienstordnungs-Angestellte = NZA-RR 2014, 440.
[43] BAG 21.1.2014 AP Nr. 86 zu § 611 BGB Dienstordnungs-Angestellte = NZA-RR 2014, 440.
[44] BAG 15.5.2019 AP Nr. 2 zu § 42 LPVG NW = NZA-RR 2020, 36; 22.7.2010 ZTR 2010, 606.
[45] BAG 24.5.2012 NZA 2012, 1158.
[46] BAG 26.7.2012 AP Nr. 83 zu § 611 BGB Dienstordnungs-Angestellte = NZA-RR 2013, 217.

3 **2. Akkordvertrag.** Er liegt vor, wenn die Vergütung nach dem Arbeitsergebnis berechnet wird (→ § 63 Rn. 8 ff., → § 67 Rn. 34). Bei der Akkordvergütung steht die Quantität der Arbeitsleistung im Vordergrund der Entgeltberechnung. Über die Art und Einteilung der Akkorde → § 63 Rn. 8 ff.

4 **3. Prämienlohnvertrag.** Reine Prämienlohnverträge sind selten (→ § 63 Rn. 51 ff., → § 67 Rn. 50). Bei ihnen wird dem AN für eine bestimmte Leistung eine Prämie gezahlt. Die Höhe der Vergütung ergibt sich aus der Summierung der einzelnen Prämien. Prämienlohnsysteme sind entwickelt worden, weil sie besser als die Akkordverträge auch die Qualität der Arbeit berücksichtigen können.

5 **4. Mischsystem.** Häufig gibt es Mischsysteme. So wird im Rahmen von Akkord- oder Prämienlohnsystemen dem AN oftmals eine Mindestvergütung garantiert. Diese wird als Zeitverdienst berechnet und um eine nach Quantität und Qualität berechnete Prämie erhöht.

6 **5. Rechtliche Bedeutung.** Der Untergliederung der Arbeitsverträge nach der Art der Entgeltberechnung kommt heute eine geringe rechtliche Bedeutung zu. Insbesondere wird der Arbeitsvertrag durch die Orientierung der Vergütungsberechnung am Arbeitsergebnis nicht zum Werkvertrag (→ § 9 Rn. 5 ff.). Auch in Akkord- und Prämienlohnverträgen wird nur die Arbeitsleistung geschuldet und nicht ein bestimmter Erfolg. Lediglich die Vergütungsberechnung richtet sich nach dem Arbeitsergebnis.

III. Berufliche Gliederung

7 Nach der beruflichen Gliederung der AN werden auch deren Arbeitsverträge unterschieden. So gibt es **gewerbliche, kaufmännische und bergrechtliche** Arbeitsverträge, Heuerverträge von **Schiffsmannschaften** und **rein bürgerlich-rechtliche Arbeitsverträge.** Die Unterscheidung hat Bedeutung für das auf den Arbeitsvertrag anzuwendende Recht (dazu → § 13 Rn. 1 ff.).

IV. Arbeiter- und Angestelltenverträge

8 Insoweit dazu → § 14 Rn. 1 ff. Die Unterscheidung hat kaum noch rechtliche Bedeutung.

§ 31. Die rechtlichen Grundlagen der Arbeitsbedingungen

Übersicht

I. Vorbemerkung

1 Die Arbeitsbedingungen werden insbesondere durch: **(1)** Arbeitsvertrag, **(2)** Gesetz, **(3)** kollektivrechtliche Vereinbarungen, **(4)** betriebliche Übung und **(5)** das Direktionsrecht des AG festgelegt. In ihrem Verhältnis zueinander geht die höhere Rechtsquelle der niedrigeren im Range vor und hat die dem AN günstigere den Vorrang vor der ungünstigeren.

II. Arbeitsvertrag

2 **1. Vertragsfreiheit.** Für den Arbeitsvertrag gilt grundsätzlich die verfassungsrechtlich durch Art. 2 I GG gewährleistete Vertragsfreiheit. Sie hat vier Inhalte, nämlich **(a)** die Freiheit, ob überhaupt ein Arbeitsvertrag abgeschlossen wird, **(b)** mit wem, **(c)** mit welchem

Inhalt und **(d)** in welcher Form er abgeschlossen wird. Der Vertragsfreiheit wird in § 105 GewO auch für Arbeitsverträge anerkannt.[1]

2. Gesetzliche und verfassungsrechtliche Grenzen. Die Vertragsfreiheit besteht nach § 105 GewO in den Grenzen **zwingender Gesetze** oder entgegenstehender **Tarifverträge und Betriebsvereinbarungen.** Darüber hinaus ergeben sich nach der **Rechtsprechung des BVerfG** Beschränkungen, weil im Zivilrechtsverkehr nicht nur das Recht des Stärkeren gelte. Könne ein Vertragsteil aufgrund seines starken Übergewichts vertragliche Regelung faktisch einseitig setzen, sei mit den Mitteln des Vertragsrechts allein kein sachgerechter Interessenausgleich zu gewährleisten.[2] Die Zivilgerichte seien deshalb verpflichtet, ggf. im Rahmen der zivilrechtlichen Generalklauseln korrigierend einzugreifen, wenn der Inhalt des Vertrags für eine Seite ungewöhnlich belastend und als Interessenausgleich offensichtlich unangemessen ist. Sie dürften sich nicht mit der Feststellung „Vertrag ist Vertrag" begnügen.[3] 3

3. Richterliche Inhaltskontrolle. Das BAG hat in der Vergangenheit Arbeitsverträge einer Inhaltskontrolle nach den **Generalklauseln der §§ 138, 242, 315 BGB** unterzogen und bei deren Konkretisierung und Anwendung die Grundrechte berücksichtigt. Die richterliche Inhaltskontrolle resultierte dabei aus dem verfassungsrechtlichen Schutzauftrag an den Richter, den objektiven Wertentscheidungen der Grundrechte in Fällen gestörter Vertragsparität mit den Mitteln des Zivilrechts Geltung zu verschaffen.[4] Nach Inkrafttreten des Schuldrechtsmodernisierungsgesetzes unterliegen vorformulierte Arbeitsverträge, die nach dem 31.12.2001 geschlossen wurden, der Kontrolle der am 1.1.2002 in Kraft getretenen Neufassung der **§§ 305–310 BGB** (dazu → § 35 Rn. 1 ff.). Für Altverträge gilt dies seit dem 1.1.2003 (Art. 229 § 5 S. 2 EGBGB). 4

III. Gesetz

1. Allgemeines. Arbeitsvertragliche Vereinbarungen dürfen nach § 105 GewO nicht gegen **zwingendes Gesetzesrecht** verstoßen. Das ist im Arbeitsrecht in den meisten Fällen Bundesrecht, weil das Arbeitsrecht gem. Art. 74 I Nr. 12 GG zur konkurrierenden Gesetzgebung des Bundes gehört. Nicht alle arbeitsrechtlichen Gesetze sind jedoch zwingende Gesetze iSv § 105 GewO. Arbeitsrechtliche Gesetze lassen sich vielmehr unterscheiden in zwingende, tarifdispositive und parteidispositive Vorschriften. 5

2. Zwingendes Gesetzesrecht. Arbeitsrechtliche Vorschriften dienen regelmäßig dem Schutz des AN. Hiervon ausgehend ist zwischen **einseitig** und **absolut zwingendem** Gesetzesrecht zu unterscheiden. Einseitig zwingende gesetzliche Regelungen verbieten eine Abweichung von den gesetzlichen Vorschriften zulasten des AN. Absolut zwingendes Gesetzesrecht verhindert dagegen eine Abweichung von den gesetzlichen Vorschriften schlechthin. Die meisten arbeitsrechtlichen Vorschriften sind einseitig zwingend. So kann von den Vorschriften des KSchG zugunsten der AN abgewichen werden. Dies erfolgt beispielsweise, wenn vereinbart wird, dass das Arbeitsverhältnis nur aus wichtigem Grund gekündigt werden darf. Unwirksam ist dagegen eine Vereinbarung, nach der auf das Arbeitsverhältnis das KSchG keine Anwendung findet, obwohl der Betrieb im Geltungsbereich des KSchG liegt (§ 23 KSchG). Absolut zwingend sind nur wenige individualrechtliche Vorschriften. So ist anerkanntermaßen das Recht zur außerordentlichen Kündigung nach § 626 BGB für den AG unverzichtbar (dazu → § 127 Rn. 10). 6

Ferner kann man zwischen **Verbots-** und **Gebotsnormen** unterscheiden. Verbotsnormen ordnen das Verbot bestimmter Rechtsgeschäfte an. So bedarf nach § 168 SGB IX die Kündigung eines schwerbehinderten Menschen der vorherigen Zustimmung des Integrationsamts. Damit ist die Kündigung ohne diese Zustimmung verboten und deshalb nach § 134 BGB nichtig. Weiterhin sind nach § 3 S. 1 MiLoG Vereinbarungen, die den Anspruch auf den gesetzlichen Mindestlohn unterschreiten, unwirksam. Dies ist allerdings kein Verbotsgesetz iSv § 134 BGB, weil das MiLoG die Rechtsfolgen eines Verstoßes hiergegen selbst anordnet (→ § 34 Rn. 14b).[5] Gebotsnormen fordern vom AG ein bestimmtes Handeln. Sie finden sich verbreitet in Vorschriften des Arbeitsschutzes. 7

Ist nur ein **Teil eines Rechtsgeschäfts nichtig,** erstreckt sich die Nichtigkeit nach § 139 BGB auf den ganzen Vertrag, wenn nicht anzunehmen ist, dass er auch ohne den nichtigen 8

---

[1] AR/*Kamanabrou* BGB § 611a Rn. 81.
[2] BVerfG 7.2.1990 AP Nr. 65 zu Art. 12 GG = NZA 1990, 389; dazu *Medicus* AcP 192 (1992), 35.
[3] BVerfG 19.10.1993 AP Nr. 35 zu Art. 2 GG = NJW 1994, 36.
[4] BVerfG 7.2.1990 AP Nr. 65 zu Art. 12 GG = NZA 1990, 389.
[5] BAG 20.6.2018 NZA 2018, 1494.

Teil geschlossen worden wäre. Nach der gesetzlichen Konzeption ist im Zweifel das gesamte Rechtsgeschäft nichtig. Dieser Grundsatz ist im Arbeitsrecht allerdings nicht anwendbar, wenn es sich – wie in den meisten Fällen – um Verstöße gegen Arbeitnehmerschutzvorschriften handelt.[6] Ist der Ausschluss einzelner AN von einer Gesamtzusage unwirksam, führt das nicht zur Gesamtnichtigkeit der Zusage; die zu Unrecht übergangenen AN können vielmehr verlangen, nach Maßgabe der allgemeinen Regelung behandelt zu werden.[7] Eine Abrede, die Arbeitsvergütung ohne Berücksichtigung von Steuern und Sozialversicherungsbeiträgen („schwarz") auszuzahlen, führt regelmäßig nicht zur Gesamtnichtigkeit des Arbeitsvertrags. Soll die Abführung von Steuern und Beiträgen vereinbarungsgemäß teilweise unterbleiben, sind nur diese Abreden und nicht die gesamte Vergütungsvereinbarung nichtig.[8] Anderes gilt, wenn kein Arbeitsverhältnis, sondern ein freies Dienstverhältnis vereinbart ist.[9]

9 **3. Tarifdispositives Gesetzesrecht.** Es gibt gesetzliche Regelungen, die eine **Abweichung nur durch Tarifvertrag** zulassen. So bestimmt etwa § 13 I 1 BUrlG, dass von den §§ 1–12 mit Ausnahme der §§ 1, 2, 3 I BUrlG in Tarifverträgen abgewichen werden kann. Solches tarifdispositive Gesetzesrecht entfaltet für Arbeitsverträge und Betriebsvereinbarungen zwingende Wirkung, nicht dagegen für Tarifverträge. Inhaltsnormen eines Tarifvertrags gelten gem. § 3 I TVG nur für die **tarifgebundenen Parteien** (→ § 206 Rn. 1 ff., → § 207 Rn. 1 ff.). **Nicht organisierte AN** werden von Gesetzes wegen nur von betrieblichen oder betriebsverfassungsrechtlichen Normen erfasst (§ 3 II TVG). Um eine Vereinheitlichung der Arbeitsvertragsbedingungen zu ermöglichen, sehen tarifdispositive gesetzliche Vorschriften in der Regel vor, dass die abweichenden tarifvertraglichen Bestimmungen auch zwischen nichttarifgebundenen AN und AG gelten, wenn sie die Anwendung der einschlägigen tarifvertraglichen Regelung vereinbart haben (zB § 13 I 2 BUrlG,[10] § 622 IV 2 BGB,[11] § 4 IV EFZG, §§ 7, 25 ArbZG). Durch die einzelarbeitsvertragliche Bezugnahme ist auch eine für den AN nachteilige Abweichung vom Gesetzesrecht möglich, wenn der Tarifvertrag das zulässt. Gleichwohl muss insoweit sichergestellt sein, dass der AG nicht nur die den AN benachteiligenden Normen übernimmt. Die Verweisung auf einen Tarifvertrag ist nur dann wirksam, wenn auf den einschlägigen Tarifvertrag insgesamt oder einen bestimmten Regelungsbereich (zB die Kündigungsvorschriften)[12] verwiesen wird und die tariflichen Regelungen nach ihrem fachlichen, zeitlichen und örtlichen Geltungsbereich (→ § 206 Rn. 1 ff.) für den Betrieb gelten würden. Die Bezugnahme kann auch auf einen **nachwirkenden Tarifvertrag** erfolgen.[13] Denn der nachwirkende Tarifvertrag hat lediglich seine zwingende Wirkung verloren, ist aber gleichwohl geeignet, die Rechtsvereinheitlichung herbeizuführen.

10 Die bei **kirchlichen AG** vereinbarten Arbeitsvertragsrichtlinien (dazu → § 184 Rn. 10, 26 ff.) werden durch Verweisung Inhalt des Arbeitsvertrags. Umstritten ist, ob tarifdispositives Recht auch in Bezug auf kirchliche Arbeitsvertragsrichtlinien dispositiv ist. Dagegen spricht, dass es sich bei kirchlichen Arbeitsvertragsregelungen nicht um Tarifverträge iSd Tarifvertragsgesetzes handelt, weil sie nicht nach dessen Maßgabe zustande kommen.[14]

11 **4. Parteidispositives Gesetzesrecht.** Vom dispositiven Recht können beide Arbeitsvertragsparteien sowie die Tarifvertragsparteien abweichen. Ihm kommt eine Ordnungs- und Leitbildfunktion zu und es stellt für die normale Interessenlage einen gerechten und billigen Ausgleich dar. Bedeutung kommt dem dispositiven Recht im Rahmen der AGB-Kontrolle zu, weil es gesetzliches Leitbild iSv § 307 II Nr. 1 BGB ist (dazu → § 35 Rn. 52).[15]

12 **5. Richterrecht.** Das Richterrecht ist von besonderer Bedeutung für die Entwicklung des Arbeitsrechts geworden. Die Rechtsgrundsätze des **Arbeitskampfrechts, die Betriebsrisikolehre, die Haftung der AN und die Rückzahlungsklauseln** im Individualarbeitsrecht sind nahezu ausschließlich durch die Rechtsprechung entwickelt worden. Von den

[6] BAG 4.10.1978 AP Nr. 11 zu § 611 BGB Anwesenheitsprämie; ErfK/*Preis* BGB § 611a Rn. 342.
[7] BAG 24.10.1989 AP Nr. 29 zu § 11 BUrlG = NZA 1990, 486.
[8] BAG 26.2.2003 AP Nr. 24 zu § 134 BGB = NZA 2004, 313; dazu auch BAG 17.3.2010 AP Nr. 1 zu § 14 SGB IV = NZA 2010, 881.
[9] BAG 24.3.2004 EzA Nr. 2 zu § 134 BGB 2002.
[10] Dazu *Leinemann/Linck* BUrlG § 13 Rn. 14 ff.; ErfK/*Gallner* BUrlG § 13 Rn. 20 ff.
[11] APS/*Linck* BGB § 622 Rn. 96 ff.; ErfK/*Müller-Glöge* BGB § 622 Rn. 35 ff.
[12] Vgl. MüKoBGB/*Hesse* § 622 Rn. 72 f.; Staudinger/*Preis* BGB § 622 Rn. 45.
[13] BAG 27.6.1978 AP Nr. 12 zu § 13 BUrlG; ErfK/*Müller-Glöge* BGB § 622 Rn. 36.
[14] BAG 17.11.2005 AP Nr. 45 zu § 611 BGB Kirchendienst = NZA 2006, 872; ausf. dazu *Thüsing*, Kirchliches Arbeitsrecht, 128 ff.
[15] Vgl. BAG 7.12.2005 AP Nr. 4 zu § 12 TzBfG = NZA 2006, 423 zu § 615 BGB.

dabei formulierten Rechtsgrundsätzen kann häufig nur durch Tarifverträge abgewichen werden (tarifdispositives Richterrecht). Umstritten ist, inwieweit bei einer Änderung der Rechtsprechung **Vertrauensschutz** zu gewähren ist.[16] Höchstrichterliche Urteile sind kein Gesetzesrecht und erzeugen keine damit vergleichbare Rechtsbindung. Durch das Abweichen von einer früher vertretenen Rechtsansicht verstößt der Richter damit grundsätzlich nicht gegen Art. 20 III GG.[17] Da gerichtliche Entscheidungen, welche die Wirksamkeit eines Rechtsgeschäfts betreffen, schon ihrer Natur nach auf einen in der Vergangenheit liegenden Sachverhalt einwirken, ergeben sich für Änderungen der Rechtsprechung allein aus dem rechtsstaatlichen Prinzip des Vertrauensschutzes Schranken.[18] Durfte die betroffene Partei mit der Fortgeltung der bisherigen Rechtslage rechnen und verdient dieses Vertrauen bei einer Abwägung der gegenläufigen Interessen der Beteiligten sowie der Belange der Allgemeinheit den Vorzug, greift die Rückwirkung in rechtlich geschützte Positionen ein. Dies kann anzunehmen sein, wenn nunmehr eine Handlung als fehler- oder schuldhaft qualifiziert wird, die zur Zeit ihrer Vornahme der damals herrschenden Rechtsüberzeugung entsprach. In diesem Fall muss eine Partei, die nach der geänderten neuen Rechtsauffassung das Recht auf ihrer Seite hat, ein ihr ungünstiges Urteil ausnahmsweise hinnehmen.[19]

6. Erlasse. Keine Rechtsquellen sind die Erlasse der öffentlichen AG oder die Richtlinien der Arbeitgeberverbände. Sie können lediglich zum Gegenstand einzelvertraglicher Regelung gemacht werden.[20] 13

IV. Kollektivrechtliche Vereinbarung

Kollektivrechtliche Vereinbarungen sind Tarifverträge (→ §§ 198 ff. Rn. 1 ff.) und Betriebsvereinbarungen (→ § 231 Rn. 1 ff.). **Tarifverträge** haben für tarifgebundene AN und AG unmittelbare und zwingende Wirkung (§ 4 I TVG). **Betriebsvereinbarungen** gelten gem. § 77 IV BetrVG grundsätzlich unmittelbar und zwingend für sämtliche AN iSd § 5 BetrVG. Im öffentlichen Dienst gelten **Dienstvereinbarungen.** Dienstvereinbarungen bei **kirchlichen AG** wirken dagegen nicht normativ, sie bedürfen vielmehr der Umsetzung im Arbeitsvertrag (→ § 184 Rn. 16a). Für die leitenden Angestellten kann der AG gem. § 28 SprAuG mit dem **Sprecherausschuss** Richtlinien vereinbaren. Das Verhältnis von Tarifverträgen zu Betriebsvereinbarungen wird von dem **Vorrang des Tarifvertrags** beherrscht. Nach § 77 III BetrVG können Arbeitsentgelte und sonstige Arbeitsbedingungen, die durch Tarifvertrag geregelt oder üblicherweise geregelt werden, nicht Gegenstand einer Betriebsvereinbarung sein. Das Tarifrecht entfaltet damit eine weitgehende Sperrwirkung.[21] Durch § 87 I Eingangshs. BetrVG wird das Mitbestimmungsrecht allerdings nur ausgeschlossen, soweit eine tarifvertragliche Regelung besteht (→ § 231 Rn. 1 ff.).[22] Neben § 87 I BetrVG ist § 77 III BetrVG nicht anzuwenden. 14

[16] Vgl. dazu *Koch* SR 2012, 159; *Brocker* NJW 2012, 2996; *Lambrich/Göhler* RdA 2014, 299.
[17] BGH 18.1.1996 NJW 1996, 924.
[18] BAG 14.12.2005 AP Nr. 39 zu § 1 TVG Bezugnahme auf Tarifvertrag = NZA 2006, 607.
[19] BAG 23.3.2006 AP Nr. 21 zu § 17 KSchG 1969 = NZA 2006, 971; *Medicus* NJW 1995, 2377 (2380); zum Vertrauensschutz und Unionsrecht vgl. BVerfG 10.12.2014 AP Nr. 66 zu Art. 101 GG = NZA 2015, 375; 6.7.2010 NZA 2010, 995; BAG 23.3.2010 AP Nr. 3 zu § 125 SGB IX = NZA 2010, 810; *Koch* AR der Gegenwart Bd. 44 (2007), S. 91; *Wissmann* FS Bauer, 1161.
[20] Vgl. BAG 21.7.1993 AP Nr. 33 zu §§ 22, 23 BAT Lehrer.
[21] Dazu BAG 18.3.2020 AP Nr. 62 zu § 611 BGB Arbeitszeit mAnm *Salamon* = NZA 2020, 868.
[22] Vgl. BAG GS 3.12.1991 AP Nr. 51 zu § 87 BetrVG 1972 Lohngestaltung = NZA 1992, 749.

2. Abschnitt. Abschluss des Arbeitsvertrags

§ 32. Abschluss und Form des Arbeitsvertrags

Übersicht

I. Abschluss des Arbeitsvertrags

1 **1. Parteien.** Partei des Arbeitsvertrags ist auf **Arbeitnehmerseite** eine natürliche Person oder bei Gruppenarbeitsverhältnissen (→ § 181 Rn. 1 ff.) eine Personengesamtheit. Zum Arbeitnehmerbegriff näher → § 8 Rn. 1 ff.

2 Partei des Arbeitsvertrags auf **Arbeitgeberseite** kann jede natürliche oder juristische Person des öffentlichen oder privaten Rechts sowie jede Personengesellschaft sein (näher dazu → § 17 Rn. 1 ff.).

3 **2. Zustandekommen.** Der Arbeitsvertrag wird nach Maßgabe der §§ 145 ff. BGB durch **Antrag und Annahme** geschlossen. Die aufeinander bezogenen Willenserklärungen können mündlich, schriftlich, ausdrücklich oder konkludent durch schlüssiges Verhalten abgegeben werden.[1] Weder ein Zeitungsinserat noch eine Anforderung bei der Agentur für Arbeit stellen ein Vertragsangebot dar.[2] Auch der Erklärungswert eines Rufs zur Übernahme einer Professur an einer Fachhochschule beschränkt sich auf die Erkundung der grundsätzlichen Bereitschaft eines Bewerbers. Dagegen ist er noch kein Angebot zum Abschluss eines Vertrags.[3] Im Rahmen einer **Wiedereinstellungsklage** ist nach dem Klageantrag zu entscheiden, ob der AN vom AG verlangt, ein Vertragsangebot zu unterbreiten, das der AN nach Rechtskraft der Entscheidung (§ 894 ZPO) annimmt, oder ob der AN mit der Klage den Abschluss eines

[1] BAG 9.4.2014 NZA-RR 2014, 522; *Hennige* NZA 1999, 281; *Scheffer* NJW 1995, 3166.
[2] HWK/*Thüsing* BGB § 611a Rn. 177.
[3] BAG 9.7.1997 AP Nr. 1 zu § 611 BGB Begründung eines Arbeitsverhältnisses = NZA 1998, 752.

näher bestimmten Vertrags anbietet, der durch die mit der Klage verlangte Annahmeerklärung des AG nach Rechtskraft des Urteils zustande kommt.[4] Im letzteren Fall verlangt das Bestimmtheitsgebot des § 253 II Nr. 2 ZPO, dass der Klageantrag – ggf. iVm der Klagebegründung – die wesentlichen Vertragsbedingungen festlegt. Dazu gehören neben der Art der Tätigkeit, dem Arbeitsumfang, der Vergütung und den übrigen Arbeitsbedingungen auch der Vertragsbeginn und die Angabe, ob der Vertrag befristet oder auf unbefristete Zeit abgeschlossen werden soll.[5] Wird durch Urteil die Angebotserklärung des AG fingiert, ist eine Annahme iSv §§ 147 ff. BGB erst nach Rechtskraft der Entscheidung möglich; eine zuvor erklärte Annahme des AN geht ins Leere.[6] Der Zeitpunkt, zu dem die Abgabe der Willenserklärung wirkt, beurteilt sich nach materiellem Recht. Gem. § 311a I BGB ist auch eine rückwirkende Begründung eines Arbeitsverhältnis möglich, auch wenn dieses in der Vergangenheit tatsächlich nicht mehr durchgeführt werden kann.[7]

Dem Zugang eines in deutscher Sprache verfassten schriftlichen Arbeitsvertragsangebots des 4
AG steht nicht entgegen, dass der **AN der deutschen Sprache nicht ausreichend mächtig** ist. Die Unterzeichnung eines solchen Arbeitsvertragsangebots darf der AG regelmäßig als Annahmeerklärung des AN verstehen.[8] Der AN kann sich Bedenkzeit erbeten, um eine Übersetzung des Vertrags bitten oder selbst für eine solche sorgen, bevor er über die Annahme des Vertragsangebots entscheidet. Nutzt er derartige zumutbare Möglichkeiten, sich Kenntnis vom Inhalt des Vertragsangebots zu verschaffen, nicht und schließt stattdessen ohne Zwang einen Arbeitsvertrag in einer Sprache, die er nicht versteht, darf der Erklärungsempfänger nach Treu und Glauben davon ausgehen, dass der AN trotz seiner Sprachunkundigkeit eine Erklärung mit dem aus der Vertragsurkunde ersichtlichen Inhalt abgeben wollte. Hat der AN den Arbeitsvertrag unterschrieben, ohne sich von dessen Inhalt eine bestimmte unrichtige Vorstellung zu machen, kommt auch eine Irrtumsanfechtung nicht in Betracht. Irrtum iSv § 119 I BGB ist das unbewusste Auseinanderfallen von Wille und Erklärung und liegt nicht vor, wenn jemand eine Erklärung in dem Bewusstsein abgibt, ihren Inhalt nicht zu kennen.[9]

Die Parteien müssen sich über die **wesentlichen Punkte des Arbeitsvertrags** geeinigt 5
haben. Nach § 611a I BGB gehören hierzu die im Dienste eines anderen zu leistende Arbeit und damit Inhalt und Umfang der Arbeitsleistung. Eine Einigung über weitere Inhalte ist grundsätzlich nicht erforderlich. Ist klar, dass die Arbeitsleistung vergütet werden soll und haben die Parteien die Höhe der Vergütung nicht bestimmt, richtet sich diese nach § 612 II BGB.[10] Haben die Arbeitsvertragsparteien keine wirksame Regelung über die **Dauer der Arbeitszeit** getroffen, ist im Zweifel ein Vollzeitarbeitsverhältnis vereinbart.[11] Gibt es im Vertrag keinerlei Anhaltspunkte für die vereinbarte Dauer der Arbeitszeit, ist anzunehmen, dass die Parteien die betriebsübliche Arbeitszeit vereinbart haben.[12] Haben die Parteien vereinbart, dass der AN **„in Vollzeit"** arbeitet, ist das grundsätzlich so zu verstehen, dass die regelmäßige Dauer der Arbeitszeit unter Zugrundelegung einer Fünf-Tage-Woche und der in § 3 S. 1 ArbZG vorgesehenen acht Stunden arbeitstäglich 40 Wochenstunden beträgt.[13] Sieht der Arbeitsvertrag eine „Festbeschäftigung mit flexibler Arbeitszeit nach den betrieblichen Erfordernissen" vor, kann dies nach den Umständen des Einzelfalles so verstanden werden, dass die Dauer der Arbeitszeit variabel ist und damit Abrufarbeit iSv § 12 TzBfG vereinbart ist.[14] Die nähere Ausgestaltung der Arbeitspflichten erfolgt durch den AG im Wege des Direktionsrechts (→ § 45 Rn. 13 ff.). Beabsichtigen die Parteien einen Arbeitsvertrag zu schließen und tritt der AN seinen Dienst im Einverständnis mit dem AG schon an, bevor eine **Einigung über die Vertragsdauer** erzielt worden ist, kommt gleichwohl ein Arbeitsvertrag zustande. Wegen der Vertragsdauer bedarf es alsdann weiterer Vereinbarungen, die ggf. der Befristungskontrolle unterliegen.

[4] BAG 19.10.2011 AP Nr. 58 zu § 307 BGB.
[5] BAG 28.1.2020 AP Nr. 11 zu § 6c SGB II.
[6] BAG 27.1.2016 AP Nr. 145 zu § 615 BGB = NZA 2016, 691.
[7] BAG 18.9.2018 AP Nr. 16 zu § 22 AGG; 19.8.2015 AP Nr. 140 zu § 615 BGB = NZA 2015, 1460.
[8] BAG 19.3.2014 AP Nr. 26 zu § 130 BGB = NZA 2014, 1076; hierzu auch *Bepler* FS Höland, 2015, 452; *Moll/Reichel* RdA 2001, 308 (314); *Rieble* FS Löwisch, 229 (232 ff.); *Temming* GPR 2016, 38.
[9] BAG 19.3.2014 AP Nr. 26 zu § 130 BGB = NZA 2014, 1076.
[10] BAG 15.10.2013 AP Nr. 17 zu § 611 BGB = NZA-RR 2014, 119; 15.5.2012 AP Nr. 1 zu § 30 TVöD = NZA-RR 2013, 159; BeckOK ArbR/*Joussen*, 59. Ed., BGB § 611a Rn. 74; ausf. MHdB ArbR/*Benecke* § 37 Rn. 6 ff.
[11] BAG 21.6.2011 AP Nr. 7 zu § 9 TzBfG = NZA 2011, 1274.
[12] BAG 15.5.2013 AP Nr. 42 zu § 611 BGB Arbeitszeit = NZA-RR 2014, 519.
[13] BAG 25.3.2015 AP Nr. 55 zu § 611 BGB Mehrarbeitsvergütung = NZA 2015, 1002.
[14] BAG 24.9.2014 AP Nr. 5 zu § 12 TzBfG mzustAnm *Lindemann* = NZA 2014, 1328.

6 Durch **Verwaltungsakt** einer Behörde kommt kein Arbeitsvertrag zustande (zu den öffentlich-rechtlichen Dienstverhältnissen eigener Art an Hochschulen → § 29 Rn. 3). Das gilt auch für sog. Ein-Euro-Jobber.[15] Ein privatrechtlicher Arbeitsvertrag kann durch Verwaltungsakt auch nicht unmittelbar geändert werden. Es bedarf vielmehr der Umsetzung eines Verwaltungsakts in das Arbeitsverhältnis. Die Parteien müssen sich nach den allgemeinen Regelungen über das Zustandekommen von Verträgen (§§ 145 ff. BGB) darüber einig sein, dass der bestehende Arbeitsvertrag inhaltlich geändert wird.[16] Die abweichende frühere Regelung für Inhaber eines Bergmannsversorgungsscheins ist aufgehoben.

7 **3. Abschlussfreiheit. a) Rechtliche Grundlage.** Grundsätzlich steht es im Ermessen der Parteien, ob sie überhaupt einen Arbeitsvertrag abschließen wollen (§ 105 GewO).

8 **b) Arbeitnehmer.** Für den AN besteht nach Art. 12 GG die **Freiheit der Arbeitsplatzwahl.** Sein Grundrecht kann im Spannungs- und Verteidigungsfall eingeschränkt sein (Art. 12a GG iVm Arbeitssicherstellungsgesetz (ArbSG) vom 9.7.1968 (BGBl. I 787, mit spät. Änd.)). Eine mittelbare Einschränkung ergibt sich im Falle der Arbeitslosigkeit, da der AN zur Vermeidung von Nachteilen gehalten ist, eine ihm von der Arbeitsvermittlung nachgewiesene zumutbare Beschäftigung aufzunehmen (→ § 23 Rn. 1 ff.). Zur Resozialisierung von Straftätern kann die Bewährungsauflage gerechtfertigt sein, eine Arbeitsstelle im Inland anzunehmen.[17]

9 **c) Arbeitgeber.** Für den AG ergibt sich die Abschlussfreiheit aus der **allgemeinen Handlungsfreiheit** nach Art. 2 GG. So ist der AG auch nach dem Ende einer wirksamen Befristung frei zu entscheiden, mit wem er ein Arbeitsverhältnis neu begründen will. Es besteht daher grundsätzlich keine Verpflichtung des AG zur Verlängerung eines wirksam befristeten Arbeitsvertrags.[18] Dies gilt auch dann, wenn der AG das Maßregelungsverbot des § 612a BGB verletzt, indem er einem befristet beschäftigten AN keinen Folgevertrag anbietet, weil dieser in zulässiger Weise Rechte wahrgenommen hat. Der AN kann in diesem Fall nur Geldersatz verlangen. Einem Anspruch auf Naturalrestitution durch Abschluss eines Folgevertrags steht die entsprechende Anwendung von § 15 VI AGG entgegen.[19] Dies gilt jedoch nicht, wenn der AG ein befristet beschäftigtes Betriebsratsmitglied benachteiligt, indem er wegen dessen Betriebsratstätigkeit den Abschluss eines Folgevertrags ablehnt. In diesem Fall hat das Betriebsratsmitglied gem. § 78 S. 2 BetrVG iVm § 280 I, § 823 II, § 249 I BGB Anspruch auf Schadensersatz, der im Wege der Naturalrestitution auf den Abschluss des verweigerten Folgevertrags gerichtet ist.[20] Die grundsätzlich bestehende Abschlussfreiheit wird eingeschränkt durch den gesetzlichen Weiterbeschäftigungsanspruch des AN nach Ausspruch einer Kündigung (§ 102 V BetrVG; dazu → § 125 Rn. 1 ff.), den Wiedereinstellungsanspruch (→ § 146 Rn. 1 ff.) sowie den Fortbestand des Arbeitsverhältnisses nach Beendigung der Ausbildung bei Mitgliedern der Betriebsverfassungsorgane (§ 78a BetrVG, § 9 BPersVG) und den Anspruch auf Verringerung der Arbeitszeit (§ 8 TzBfG).[21] Mittelbare Beschränkungen ergeben sich aus Abgabepflichten, die den AG treffen, wenn er bestimmte schutzbedürftige Personenkreise nicht beschäftigt. Eine Ausgleichsabgabe ist vorgesehen, wenn nicht eine Mindestzahl schwerbehinderter Menschen (§ 160 SGB IX) sowie in den Ländern Niedersachsen, NRW und Saarland eine solche von Bergmannsversorgungsscheininhabern beschäftigt wird.

10 Aber auch die Freiheit des AG zu bestimmen, **mit wem er einen Arbeitsvertrag abschließen will,** unterliegt Beschränkungen. Diese ergeben sich insbesondere aus dem AGG, wonach der AG aus den in § 1 AGG genannten Gründen grundsätzlich (zu den Ausnahmen → § 36 Rn. 49 ff.) eine Einstellung nicht verweigern darf. Der AG unterliegt des Weiteren kollektivrechtlichen Beschränkungen, weil der BR aus den in § 99 III BetrVG (entsprechend § 75 BPersVG) genannten Gründen einer Einstellung widersprechen kann (→ § 241 Rn. 1 ff.).

11 Für den **öffentlichen Dienst** gilt Art. 33 II GG, wonach Bewerber nur nach Eignung, Befähigung und Leistung ausgewählt und beurteilt werden dürfen.[22] Ein Bewerber um ein öffentliches Amt kann verlangen, dass seine Bewerbung nach Eignung, Befähigung und fachlicher Leis-

[15] BAG 8.11.2006 AP Nr. 89 zu § 2 ArbGG 1979 = NZA 2007, 53.
[16] BAG 17.1.2006 AP Nr. 6 zu § 24 BAT-O.
[17] BVerfG 10.8.1993 – 2 BvR 610/91.
[18] BAG 27.11.2008 AP Nr. 1 zu § 1 TVÜ = NZA-RR 2009, 490; idS auch zu § 14 II TzBfG BAG 13.8.2008 NZA 2009, 27.
[19] BAG 21.9.2011 AP Nr. 20 zu § 612a BGB = NZA 2012, 317.
[20] BAG 25.6.2014 AP Nr. 14 zu § 78 BetrVG 1972 = NZA 2014, 1209.
[21] Vgl. MüKoBGB/*Spinner* § 611a Rn. 512.
[22] BAG 28.1.2020 AP Nr. 81 zu Art. 33 Abs. 2 GG = NZA 2020, 582; 12.12.2017 AP Nr. 79 zu Art. 33 Abs. 2 GG = NZA 2018, 515.

tung geprüft und nicht nach unzulässigen Kriterien differenziert wird. Verstößt der öffentliche AG bei seiner Entscheidung über die Bewerbung gegen diese Verpflichtung, kann der zu Unrecht übergangene Bewerber grundsätzlich verlangen, dass seine Bewerbung neu beurteilt wird (→ § 183 Rn. 1 ff.). Ein Einstellungsanspruch ergibt sich aus Art. 33 II GG nur dann, wenn sämtliche Einstellungsvoraussetzungen in der Person des Bewerbers erfüllt sind und dessen Einstellung die einzig rechtmäßige Entscheidung der Behörde ist, weil sich jede andere Entscheidung als rechtswidrig oder ermessensfehlerhaft darstellt.[23]

4. Scheingeschäft. Ein Scheingeschäft iSv § 117 I BGB liegt vor, wenn die Parteien einverständlich nur den äußeren Schein des Abschlusses eines Rechtsgeschäfts hervorrufen, dagegen die damit verbundene **Rechtswirkung nicht eintreten lassen wollen.**[24] Den Parteien fehlt in diesem Fall der Geschäftswille.[25] Ein „Scheinarbeitsverhältnis" besteht demzufolge, wenn die Parteien des „Arbeitsvertrags" nicht wollen, dass der „Arbeitnehmer" aufgrund dieses Vertrags eine Arbeitsleistung zu erbringen hat. Denn dann beabsichtigen sie nicht, den Eintritt der rechtlichen Verpflichtungen und Folgen der von ihnen abgegebenen Willenserklärungen herbeizuführen, wonach sich eine Seite zur Leistung von Arbeit für die andere Seite verpflichtet und diese ihr als Gegenleistung dafür Arbeitsentgelt zahlen soll.[26] Das Vereinbarte soll in diesem Fall nach dem übereinstimmenden Willen der Parteien keine Geltung beanspruchen.[27] Mit anderen Worten ist eine arbeitsvertragliche Vereinbarung dann nach § 117 I BGB nichtig, wenn das vereinbarte Entgelt ganz oder zumindest teilweise nicht als Gegenleistung für die Erbringung einer Arbeitsleistung, sondern aus anderen Gründen gezahlt werden soll und eine Pflicht zur Arbeitsleistung nicht begründet wird.[28] **Kein Scheingeschäft** liegt dagegen vor, wenn es zur Herbeiführung des von den Parteien tatsächlich beabsichtigten Erfolgs der wirksamen Vornahme des betreffenden Rechtsgeschäfts gerade bedarf. Setzt der von den Parteien angestrebte Zweck die Gültigkeit des Rechtsgeschäfts voraus, spricht dies gegen ein Scheingeschäft.[29] Wer sich auf die Nichtigkeit eines Geschäfts nach § 117 I BGB beruft, trägt für den Scheincharakter des Geschäfts die Beweislast.[30] 12

Sind sich **Ehegatten** bei Abschluss des Vertrags einig, dass das darin vereinbarte Entgelt nicht als Gegenleistung für die Erbringung einer Arbeitsleistung gezahlt und eine Pflicht zur Arbeitsleistung des betreffenden Ehegatten nicht begründet wird, liegt ein Scheingeschäft vor.[31] Haben die Ehegatten dagegen einen Arbeitsvertrag geschlossen, um dem als AN angestellten Partner Ansprüche gegen Sozialversicherungsträger zugutekommen zu lassen und steuerliche Vorteile in Anspruch nehmen zu können, und hat der zur Arbeitsleistung Verpflichtete auch tatsächlich gearbeitet, ist es unerheblich, ob der als AG bezeichnete Ehegatte tatsächlich arbeitsvertragliche Weisungen erteilt hat.[32] Der Arbeitsvertrag ist wirksam, weil tatsächlich eine Arbeitspflicht bestand und die weitergehenden Rechtsfolgen gewollt waren. Dient der Arbeitsvertrag mit einem Betriebsleiter lediglich zur Vorlage bei der Handwerkskammer, um einem Betrieb die **Eintragung in die Handwerksrolle** zu ermöglichen, ist dieser Vertrag als Scheingeschäft gem. § 117 BGB nichtig.[33] Behauptet eine Partei, bei dem Arbeitsvertrag handele es sich um ein Scheingeschäft, trägt sie hierfür die Darlegungs- und Beweislast.[34] 13

5. Konkludente Vertragsänderungen. Ob ein **schlüssiges Verhalten als Willenserklärung zu verstehen** ist, bedarf der Auslegung. Maßgeblich ist, wie die Parteien das Verhalten nach Treu und Glauben unter Berücksichtigung der Verkehrssitte verstehen mussten. Dabei sind vor allem die bestehende Interessenlage und der mit dem Rechtsgeschäft verfolgte Zweck zu berücksichtigen. Im Zweifel ist der Auslegung der Vorzug zu geben, die zu einem vernünftigen, widerspruchsfreien und den Interessen beider Vertragspartner gerecht werden- 14

[23] BAG 20.3.2018 AP Nr. 80 zu Art. 33 Abs. 2 GG.
[24] BAG 14.10.2020 AP Nr. 3 zu § 117 BGB mAnm *Benecke* = NZA 2021, 37; BGH 25.11.2008 – XI ZR 413/07; ausf. *Benecke* RdA 2016, 65.
[25] BAG 15.11.2018 AP Nr. 8 zu § 4 TV SozSich = NZA 2019, 928; BGH 18.1.2018 NJW 2018, 2412.
[26] BGH 28.6.1984 NJW 1984, 2350.
[27] BGH 20.5.2011 NJW 2011, 2785.
[28] BAG 14.10.2020 AP Nr. 3 zu § 117 BGB mAnm *Benecke* = NZA 2021, 37.
[29] BAG 15.11.2018 AP Nr. 8 zu § 4 TV SozSich = NZA 2019, 928.
[30] BAG 18.9.2014 AP Nr. 2 zu § 134 InsO.
[31] BAG 14.10.2020 AP Nr. 3 zu § 117 BGB mAnm *Benecke* = NZA 2021, 37.
[32] BAG 25.1.2007 AP Nr. 1 zu § 16 SGB II = NZA 2007, 580.
[33] BAG 18.3.2009 AP Nr. 26 zu § 134 BGB = NZA 2009, 663; zust. *Benecke* RdA 2016, 65 (68).
[34] BAG 13.2.2003 AP Nr. 249 zu § 613a BGB = NZA 2003, 854; 9.2.1995 NZA 1996, 249.

den Ergebnis führt.[35] Ein schlüssiges Verhalten kann auch dann als Willenserklärung gewertet werden, wenn der Handelnde an die Möglichkeit einer solchen Wertung nicht gedacht hat. Voraussetzung ist jedoch, dass er bei Anwendung pflichtgemäßer Sorgfalt erkennen konnte, sein Verhalten könne als Willenserklärung aufgefasst werden, und der andere Teil es auch tatsächlich so verstanden hat.[36] So kann ein Vertrag durch übereinstimmendes schlüssiges Verhalten zustande kommen, wenn die Parteien über einen Zeitraum von mehreren Jahren einvernehmlich Dienstleistung und Vergütung ausgetauscht haben.[37] Das Angebot liegt regelmäßig als **Realofferte** in der tatsächlichen Leistungserbringung und die Annahme dieses Angebots in der Entgegennahme der Leistung.[38] Ob es sich bei diesem Vertrag um einen Arbeitsvertrag oder einen Dienstvertrag handelt, richtet sich nach dem Inhalt der solchermaßen begründeten Vertragsbeziehung (dazu näher → § 9 Rn. 1 ff.).[39] – Zu Schriftformerfordernissen in diesem Zusammenhang (→ Rn. 55 f.).

15 Zahlt der AG einem AN mehrfach einen jährlichen Bonus, kann darin im Zusammenhang mit Äußerungen und schlüssigem Verhalten des AG die Zusage liegen, auch **künftig einen Bonus zu zahlen.** Eine solche Zusage scheitert nicht allein daran, dass die Höhe der Zahlungen wechselt, ohne dass für den AN eine Regelhaftigkeit erkennbar ist. In Betracht kommt eine Zusage dem Grunde nach, da die Höhe der Bonuszahlung typischerweise von unterschiedlichen Voraussetzungen wie dem Betriebsergebnis oder der persönlichen Leistung des AN abhängt und deshalb schwankt. Der AN darf daraus schließen, dass der AG die Höhe einseitig nach billigem Ermessen (§ 315 BGB) festsetzt.[40] Umstr. ist die Rechtslage, wenn der AG dem AN den Vertrag verschlechternde Arbeitsbedingungen anbietet und der **AN widerspruchslos weiterarbeitet.** Hierin kann zwar eine Willenserklärung gesehen werden. Allerdings setzt dies einen konkreten Geschehenszusammenhang voraus, der unter Beachtung der Verkehrssitte und unter Berücksichtigung aller Umstände des jeweiligen Einzelfalls einen Erklärungswert für die Handlung ergibt. Auch für die konkludente Willenserklärung ist insoweit entscheidend, wie sie von dem Erklärungsempfänger unter Berücksichtigung der gegebenen Umstände nach Treu und Glauben verstanden werden durfte und musste.[41]

16 Ist in einem **Formulararbeitsvertrag** vorgesehen, dass **dieser abgeändert wird, wenn der AN nicht widerspricht,** kann dies nach § 308 Nr. 5 BGB unwirksam sein. Diese Bestimmung untersagt fingierte Erklärungen, wenn die drohende Fiktionswirkung dem Vertragspartner des Klauselverwenders nicht hinreichend bewusst gemacht und ihm keine angemessene Frist zur Abgabe einer ausdrücklichen Erklärung eingeräumt wird.[42] Hat der AG eine **Änderungskündigung** ausgesprochen und liegen die Voraussetzungen des KSchG vor, wird die Änderungskündigung wirksam (§ 7 KSchG), wenn der AN das Änderungsangebot nicht annimmt oder keine Kündigungsschutzklage erhebt. Erklärt eine teilzeitbeschäftigte Musikschullehrerin sich auf Veranlassung des Schulträgers auf einem Vordruck bereit, künftig eine bestimmte Anzahl von **Stunden zusätzlich zu übernehmen,** kann darin das Angebot auf Änderung der ursprünglich vereinbarten Arbeitszeit liegen. Erklärt der Schulträger sich mit dem von ihm veranlassten Angebot bis auf Weiteres einverstanden, braucht die AN das nicht als Ablehnung verbunden mit einem neuen Antrag zu verstehen.[43] Nimmt ein Beschäftigter nicht nur die gewährte Freizeit, sondern vorbehaltlos auch die dafür gezahlte Vergütung in Anspruch, erklärt er damit konkludent seine **Zustimmung zur Abgeltung der entsprechenden geleisteten Bereitschaftsdienste** durch Freizeitausgleich.[44] Werden dem AN **neue Aufgaben übertragen** und wird in diesem Zusammenhang ein neuer Arbeitsvertrag mit dem Inhalt geschlossen, dass nur noch die Bedingungen dieses Vertrags gelten, müssen gleichwohl unter dem früheren Vertrag verbrachte Dienstzeiten angerechnet werden.[45] Wird der AN vom AG – auch längere Zeit – unter deutli-

[35] BAG 15.2.2017 AP Nr. 151 zu § 14 TzBfG = NZA 2017, 908; 22.7.2014 NZA 2014, 1330.
[36] BAG 9.3.2005 AP Nr. 70 zu § 611 BGB Direktionsrecht.
[37] BAG 9.4.2014 NZA-RR 2014, 522; 17.4.2013 AP Nr. 125 zu § 611 BGB Abhängigkeit = NZA 2013, 903.
[38] BAG 25.8.2020 NZA 2020, 1537; 12.7.2016 – 9 AZR 51/15; BGH 22.3.2012 NJW 2012, 1948.
[39] BAG 17.4.2013 AP Nr. 125 zu § 611 BGB Abhängigkeit = NZA 2013, 903.
[40] BAG 13.5.2015 AP Nr. 304 zu § 611 BGB Gratifikation mzustAnm *Lukes* = NZA 2015, 992; 21.4.2010 AP Nr. 5 zu § 151 BGB = NZA 2010, 808.
[41] BAG 9.3.2005 AP Nr. 70 zu § 611 BGB Direktionsrecht; 19.6.1986 AP Nr. 16 zu § 2 KSchG 1969.
[42] BAG 18.3.2009 AP Nr. 83 zu § 242 BGB Betriebliche Übung = NZA 2009, 601 (zur gegenläufigen betrieblichen Übung).
[43] BAG 26.8.1997 AP Nr. 137 zu § 611 BGB Lehrer, Dozenten = NZA 1998, 548.
[44] BAG 17.12.2009 AP Nr. 9 zu § 8 TVöD.
[45] LAG Köln 6.2.2002 NZA-RR 2003, 18.

cher Überschreitung der vertraglich vorgesehenen **Arbeitszeit** eingesetzt, ergibt sich allein daraus noch keine Vertragsänderung. Vielmehr ist auf die Absprachen abzustellen, die dem erhöhten Arbeitseinsatz zugrunde liegen. Dazu zählen auch die betrieblichen Anforderungen, die vom AG gestellt und vom AN akzeptiert werden.[46] Jedoch kann eine im Rahmen eines **Bedarfsarbeitsverhältnisses** ständig erbrachte Mindestarbeitsleistung als konkludent vereinbart angesehen werden, wenn der AG die Arbeitsleistung nicht nur abgerufen und erwartet, sondern vom AN als vertraglich geschuldete Leistung gefordert hat.[47] Wird in einer Änderungsvereinbarung zum Arbeitsvertrag dem AN angeboten, das Arbeitsverhältnis mit ihm fortzusetzen und ab dem Jahr 2000 auf der Grundlage der Tarifabschlüsse im öffentlichen Dienst die dort vereinbarten prozentualen Gehaltserhöhungen weiterzugeben, liegt in der **widerspruchslosen Fortsetzung des Arbeitsverhältnisses** konkludent die Annahme des Angebots.[48] Wird der AG in einem Kündigungsschutzprozess vom Arbeitsgericht zur **vorläufigen Weiterbeschäftigung des gekündigten AN** verurteilt und wird dann im zweiten Rechtszug das die Weiterbeschäftigungspflicht aussprechende Urteil aufgehoben, schließen die Parteien regelmäßig konkludent einen Arbeitsvertrag, wenn sie gleichwohl die Beschäftigung fortsetzen. Aufgrund des klageabweisenden Berufungsurteils ist in diesem Fall das prozessuale Beschäftigungsverhältnis als Grundlage für die Beschäftigung entfallen.[49]

6. Vorvertrag. Vorverträge sind schuldrechtliche Vereinbarungen, durch die die Verpflichtung begründet wird, demnächst einen anderen schuldrechtlichen Vertrag, den Hauptvertrag zu schließen.[50] Die Zulässigkeit eines Vorvertrags, der im BGB nicht geregelt ist, ergibt sich aus der auch im Arbeitsrecht geltenden Vertragsfreiheit. Ein Vorvertrag ist grundsätzlich formfrei. Bedarf der **Hauptvertrag dagegen der Schriftform,** ist zu differenzieren: Der Vorvertrag ist auch dann ohne Beachtung der Formvorschriften wirksam, wenn dem Schriftformerfordernis keine Warnfunktion, sondern lediglich Klarstellungs- und Beweisfunktion zukommt.[51] Wird mit dem Formerfordernis dagegen eine Warnfunktion verfolgt, besteht für einen hierauf bezogenen Vorvertrag dieselbe Formvorschrift wie für den Hauptvertrag. Daher bedarf ein Vorvertrag, in dem sich die Arbeitsvertragsparteien zum Abschluss eines Aufhebungsvertrags verpflichten, ebenso wie ein Aufhebungsvertrag zu seiner Wirksamkeit der Schriftform nach § 623 BGB.[52] Gleiches gilt für die Vereinbarung eines nachvertraglichen Wettbewerbsverbots in einem Vorvertrag.[53] 17

Die Verpflichtung zum Abschluss eines anderen Vertrags kann im Vorvertrag von beiden Teilen oder nur von einem Teil eingegangen werden und entsprechend dem Zweck des Vorvertrags von bestimmten Voraussetzungen abhängen.[54] Im Vorvertrag sind die wesentlichen Elemente des abzuschließenden Vertrags **bestimmbar zu regeln.**[55] Dies gilt auch dann, wenn die Parteien sich erst zukünftig über bestimmte Vergütungsbestandteile einigen wollen (Provision, Beteiligungen usw.). Weigert sich eine Partei, vorvertraglich bereits eingeräumte Rechte zu gewähren, kann die Gegenpartei auf Erfüllung klagen,[56] oder vom Vertrag zurücktreten. Ein **Rücktrittsvorbehalt** in einem Vorvertrag ist nach § 308 Nr. 3 BGB allerdings nur wirksam, wenn darin der Grund für die Lösung vom Vertrag mit hinreichender Deutlichkeit angegeben ist und ein sachlich gerechtfertigter Grund für seine Aufnahme in die Vereinbarung besteht.[57] Ein Vorvertrag, der den AN ohne zeitliche Begrenzung zum Abschluss eines nachvertraglichen **Wettbewerbsverbots** verpflichtet, ist für den AN unverbindlich. Aufgrund des unverbindlichen Vorvertrags kann der AN wie bei einem bedingten Wettbewerbsverbot entweder Wettbewerbsfreiheit ohne Karenzentschädigung oder Wettbewerbsenthaltung zu den Bedingungen des Vorvertrags wählen.[58] 18

---

[46] BAG 24.6.2010 ZTR 2010, 646; 25.4.2007 AP Nr. 121 zu § 615 BGB = NZA 2007, 801.
[47] BAG 26.9.2012 DB 2013, 290.
[48] BAG 19.12.2007 NZA 2008, 464.
[49] BAG 8.4.2014 – 9 AZR 856/11.
[50] BAG 19.12.2018 AP Nr. 90 zu § 74 HGB = NZA 2019, 383; 14.7.2010 AP Nr. 84 zu § 74 HGB = NZA 2011, 413.
[51] BAG 19.12.2018 AP Nr. 90 zu § 74 HGB = NZA 2019, 383.
[52] BAG 17.12.2009 AP Nr. 41 zu § 620 BGB Aufhebungsvertrag = NZA 2010, 273.
[53] BAG 19.12.2018 AP Nr. 90 zu § 74 HGB = NZA 2019, 383.
[54] BAG 14.7.2010 AP Nr. 84 zu § 74 HGB = NZA 2011, 413.
[55] BAG 16.2.1983 – 7 AZR 495/79.
[56] BGH 29.9.1989 ZIP 1990, 518.
[57] BAG 27.7.2005 AP Nr. 2 zu § 308 BGB = NZA 2006, 539.
[58] BAG 14.7.2010 AP Nr. 84 zu § 74 HGB = NZA 2011, 413.

II. Vertretung bei Abschluss des Arbeitsvertrags

19 **1. Vertretung.** Sowohl AG wie AN können sich beim Abschluss des Arbeitsvertrags durch **Stellvertreter** vertreten lassen. Insoweit gelten die §§ 164 ff. BGB. Eine wirksame Vertretung setzt nach § 164 I BGB voraus, dass der Vertreter – neben der Bevollmächtigung zur Abgabe der Willenserklärung – erkennbar im Namen des Vertretenen gehandelt hat.[59] Dies kann insbesondere durch einen entsprechenden Zusatz bei der Unterschrift erfolgen.

20 Der **Zusatz „i.V."** deutet darauf hin, dass der Erklärende selbst für den Vertretenen handelt; ist eine Erklärung dagegen mit dem Zusatz „i.A." unterschrieben, kann dies im Einzelfall dafür sprechen, dass der Unterzeichner nicht selbst handelnd wie ein Vertreter die Verantwortung für den Inhalt der von ihm unterzeichneten Erklärung übernehmen will. Bei der nach §§ 133, 157 BGB gebotenen Auslegung der Erklärung ist jedoch zu berücksichtigen, dass im allgemeinen, nicht juristischen Sprachgebrauch nicht immer hinreichend zwischen „Auftrag" und „Vertretung" unterschieden wird. Da die Zusätze „i.V." und „i.A." häufig nur verwendet werden, um unterschiedliche Hierarchieebenen auszudrücken,[60] folgt nicht allein aus dem Zusatz „i.A.", dass der Erklärende lediglich als Bote und nicht als Vertreter gehandelt hat. Maßgeblich sind vielmehr die Gesamtumstände. Ergibt sich hieraus, dass der Unterzeichner die Erklärung ersichtlich im Namen eines anderen abgegeben hat, ist von einem Handeln als Vertreter auszugehen.[61] Die genaue Bezeichnung des vertretenen AG ist nicht Wirksamkeitsvoraussetzung des Vertragsschlusses.[62] Bleibt unklar, ob der den Vertrag Abschließende AG oder Vertreter ist, wird im Allgemeinen der wirkliche AG verpflichtet (zum Vertreter ohne Vertretungsmacht → Rn. 22).[63] Nach § 164 II BGB kommt dagegen der Mangel des Willens, in eigenem Namen zu handeln, nicht in Betracht, wenn der Wille, in fremdem Namen zu handeln, nicht erkennbar hervortritt. Gelegentlich kann sich eine Mithaftung des Handelnden ergeben, wenn er den Firmenzusatz nicht hinreichend deutlich gemacht hat (§ 4 GmbHG, §§ 4, 279 AktG, § 3 GenG, § 65 BGB, § 18 II VAG). Ob ein tariflicher Ausschluss der Vertretung rechtswirksam ist, erscheint zweifelhaft.[64] Der Vertreter **haftet** für Schadensersatzansprüche wegen Verschuldens bei den Vertragsverhandlungen nur dann persönlich, wenn er dem Vertragsgegenstand besonders nahesteht und bei wirtschaftlicher Betrachtung gewissermaßen in eigener Sache handelt oder er gegenüber dem Verhandlungspartner in besonderem Maß persönliches Vertrauen in Anspruch genommen und damit die Vertragsverhandlungen beeinflusst hat. Von diesem Ausnahmefall abgesehen haftet in diesen Fällen regelmäßig nur der Vertretene.[65]

21 Ein Vertreter kann im Namen des Vertretenen mit sich im eigenen Namen oder als Vertreter eines Dritten ein Rechtsgeschäft nicht vornehmen (§ 181 BGB).[66] Ausnahmen vom **Verbot des Insichgeschäfts** bestehen, wenn **(a)** ein solches besonders gestattet ist, **(b)** das Rechtsgeschäft ausschließlich in der Erfüllung einer Verbindlichkeit besteht, **(c)** dem Vertretenen lediglich einen rechtlichen Vorteil bringt,[67] **(d)** bei Eltern und Kindern zum Abschluss eines Ausbildungsvertrags nach § 10 III BBiG (→ § 174 Rn. 5), **(e)** bei Rechtsgeschäften des geschäftsführenden Alleingesellschafters.[68] Beim Abschluss von Arbeitsverträgen mit kommunalen Gebietskörperschaften sehen häufig die Gemeinde- und Kreisordnungen der Länder besondere Formvorschriften für die Vertretung der Körperschaften vor. Bei der Einstellung von Lehrern kann die schulaufsichtsrechtliche Genehmigung notwendig sein.[69] Entsprechende Regeln finden sich im kirchlichen Bereich.

22 **2. Vertreter ohne Vertretungsmacht.** Handelt ein Vertreter ohne Vertretungsmacht, kommt ein Vertrag nur zustande, wenn der **Vertretene den Vertrag genehmigt** (§ 177 BGB). Erteilt der Vertretene nicht die Genehmigung, haftet der Vertreter ohne Vertretungsmacht nach

[59] BAG 7.7.2010 AP Nr. 77 zu § 1 TVG Bezugnahme auf Tarifvertrag = NZA-RR 2011, 137.
[60] Dazu näher *Klein* NZA 2004, 1198.
[61] BAG 12.4.2017 AP Nr. 157 zu § 14 TzBfG; 4.5.2011 AP Nr. 11 zu § 17 TzBfG = NZA 2011, 1178; 25.3.2009 ZTR 2009, 441; 13.12.2007 AP Nr. 83 zu § 1 KSchG 1969 = NZA 2008, 403.
[62] BAG 21.12.1972 AP Nr. 1 zu § 24 SeemannsG.
[63] BGH 3.2.1975 NJW 1975, 1166; vgl. auch BGH 13.11.1998 ZIP 1999, 112.
[64] BAG 15.11.1957 AP Nr. 2 zu § 125 BGB.
[65] BAG 23.2.2010 AP Nr. 5 zu § 8a ATG = NZA 2010, 1418.
[66] Zur falsa demonstratio: BGH 8.3.1991 NJW 1991, 1730.
[67] BGH 27.9.1972 NJW 1972, 2262; 19.4.1971 NJW 1971, 1355; 25.11.2004 NJW 2005, 415 (zu § 107 BGB); vgl. *Reinicke* NJW 1975, 1185.
[68] BGH 19.11.1979 NJW 1980, 932.
[69] BAG 11.7.1980 AP Nr. 18 zu § 611 BGB Lehrer, Dozenten mAnm *v. Hoyningen-Huene.*

§ 179 I BGB auf Erfüllung oder Schadensersatz. Vertreter im Sinne dieser Bestimmung ist nicht nur derjenige, der ohne rechtsgeschäftliche oder gesetzliche Vertretungsmacht im Namen eines Dritten tätig wird. Die Vorschrift ist vielmehr entsprechend anzuwenden, wenn jemand im Namen einer nicht vorhandenen Person vertragliche Vereinbarungen trifft, der angeblich Vertretene also gar nicht existiert.[70] Hat der AN die Ansprüche zunächst fristgerecht gegen den vermeintlichen AG geltend gemacht, braucht er nicht erneut die Ausschlussfrist gegenüber dem Vertreter ohne Vertretungsmacht zu wahren.[71] Nimmt eine Partei des Arbeitsvertrags jemanden als Vertreter ohne Vertretungsmacht auf die Erfüllung von Ansprüchen aus dem Arbeitsverhältnis oder auf Schadensersatz für solche Forderungen in Anspruch, ist der Rechtsweg zu den Gerichten für Arbeitssachen gegeben. Der vollmachtlose Vertreter ist Rechtsnachfolger iSd § 3 ArbGG.[72]

Einseitige Rechtsgeschäfte eines Vertreters ohne Vertretungsmacht sind nach § 180 S. 1 BGB unwirksam; sie können jedoch gemäß § 180 S. 2, § 177 I BGB genehmigt werden, wenn der Erklärungsempfänger die Vertretungsmacht nicht „bei der Vornahme" beanstandet hat. Hierdurch wird die erforderliche Zurechnung zum Vertretenen hergestellt. Die Genehmigung kann nach § 182 I BGB sowohl gegenüber dem Vertreter als auch dem Erklärungsempfänger erklärt werden. Bedeutung erlangt dies insbesondere bei Kündigungen (dazu → § 123 Rn. 16).[73] In diesen Fällen ist jedenfalls in dem im Kündigungsschutzprozess erhobenen Klageabweisungsantrag des AG und der damit verbundenen Verteidigung der Kündigung eine Genehmigung zu sehen.[74] 22a

3. Gesetzliche Vertretung des Arbeitgebers.[75] Ist der AG geschäftsunfähig (§ 104 BGB) oder für ihn ein Betreuer bestellt (§ 1896 BGB), muss er sich bei Abschluss des Arbeitsvertrags durch seinen Betreuer vertreten lassen (§ 1902 BGB). Hat ein geschäftsunfähiger AG selbst einen Vertrag geschlossen, ist dieser schlechthin nichtig. Dies gilt auch dann, wenn das Arbeitsverhältnis durch **Dienstaufnahme des AN** in Vollzug gesetzt worden ist.[76] Ein in Betreuung stehender AG braucht aber keinesfalls in jedem Fall geschäftsunfähig zu sein. 23

Eine Ausnahme besteht für in der Geschäftsfähigkeit beschränkte **minderjährige AG.** Der gesetzliche Vertreter des Minderjährigen kann mit Genehmigung des Vormundschaftsgerichts den Minderjährigen zum selbständigen Betrieb eines Erwerbsgeschäftes ermächtigen (§ 112 BGB). Erwerbsgeschäft ist jede erlaubte, berufsmäßig ausgeübte, auf selbständigen Erwerb gerichtete Tätigkeit. Die Ermächtigung ist eine formfreie, an den Minderjährigen zu richtende Willenserklärung.[77] Ist der Minderjährige zum selbständigen Betrieb eines Erwerbsgeschäfts ermächtigt, ist er für solche Rechtsgeschäfte unbeschränkt geschäftsfähig, welche der Geschäftsbetrieb mit sich bringt (§ 112 I 1 BGB). Er kann also grundsätzlich auch Arbeitsverträge schließen (zu Einschränkungen → Rn. 25).[78] 24

Ausgenommen sind allerdings solche Rechtsgeschäfte, zu denen der gesetzliche Vertreter der **Genehmigung des Vormundschaftsgerichts** bedarf (§§ 112 I 2, 1643, 1821 ff. BGB). Der Umfang der Geschäftsfähigkeit ist unterschiedlich, je nachdem, ob die Ermächtigung von einem Vormund oder den Eltern des Minderjährigen erteilt ist. Die Genehmigung des Vormundschaftsgerichts ist zu solchen Verträgen erforderlich, durch die der Minderjährige zu wiederkehrenden Leistungen (Lohnzahlungen) verpflichtet ist, wenn das Vertragsverhältnis länger als ein Jahr nach dem Eintritt der Volljährigkeit fortdauern soll (§ 1822 Nr. 5 BGB). Schließt ein minderjähriger Geschäftsinhaber einen längerfristigen Arbeitsvertrag mit einem AN, wird dieser jedoch für die kürzere, zulässige Zeit aufrechterhalten werden können.[79] Soweit die Ermächtigung zum selbständigen Betrieb des Erwerbsgeschäfts reicht, ist der gesetzliche Vertreter von der Vertretung des Minderjährigen ausgeschlossen. Er kann also nicht in den Geschäftsbetrieb eingreifen, weil er die vom Minderjährigen beabsichtigten Verträge für unpraktisch hält. Die Ermächtigung kann 25

[70] BAG 12.7.2006 AP Nr. 2 zu § 41 AktG = NZA 2006, 1156; BGH 20.10.1988 BGHZ 105, 283.
[71] BAG 10.1.2007 AP Nr. 3 zu § 179 BGB = NZA 2007, 679.
[72] BAG 5.12.2013 NZA 2014, 221; 7.4.2003 AP Nr. 6 zu § 3 ArbGG 1979 = NZA 2003, 813.
[73] Dazu BAG 6.9.2012 NZA 2013, 524.
[74] BAG 10.4.2014 AP Nr. 72 zu § 1 KSchG 1969 Verhaltensbedingte Kündigung = NZA 2014, 1197; 16.12.2010 AP Nr. 232 zu § 626 BGB = NZA 2011, 571.
[75] *Lakies,* Minderjährige als Vertragspartner im Arbeitsrecht, AR-Blattei SD 1200 [2006].
[76] Zur Geschäftsunfähigkeit eines GmbH-Geschäftsführers: BGH 1.7.1991 NJW 1991, 2566.
[77] MüKoBGB/*Spickhoff* § 112 Rn. 9.
[78] MüKoBGB/*Spickhoff* § 112 Rn. 17; HWK/*Thüsing* BGB § 611a Rn. 182.
[79] Ebenso *Lakies* AR-Blattei SD 1200 Rn. 103; HWK/*Thüsing* BGB § 611a Rn. 182.

vom gesetzlichen Vertreter nur mit Genehmigung des Vormundschaftsgerichts zurückgenommen werden (§ 112 II BGB).

26 **4. Gesetzliche Vertretung des Arbeitnehmers. a) Geschäftsunfähige Arbeitnehmer.** Diese können einen Arbeitsvertrag nur durch ihren gesetzlichen Vertreter schließen (§ 104 BGB). Arbeiten sie ohne vorherigen wirksamen Vertragsschluss, sind ihre Entgeltansprüche nach den Grundsätzen des fehlerhaften Arbeitsverhältnisses abzuwickeln (dazu → § 34 Rn. 51). Steht der AN in Betreuung und ist er geschäftsunfähig, bedarf es zum Abschluss des Arbeitsvertrags der Zustimmung des Betreuers. Ferner können Genehmigungen des Vormundschaftsgerichts notwendig werden (§§ 1903 ff. BGB).

27 **b) Minderjährige. aa) Ermächtigung.** Minderjährige, also solche Personen, die das 18. Lebensjahr noch nicht vollendet haben, kann der gesetzliche Vertreter ermächtigen, in Dienst oder Arbeit zu treten (§ 113 BGB).[80]

28 Den **Umfang** der Ermächtigung kann der gesetzliche Vertreter in beliebiger Weise bestimmen; er kann sie also auch nur für ein einzelnes Arbeitsverhältnis erteilen.[81] Im Zweifel ist jedoch anzunehmen, dass die für den Einzelfall erteilte Ermächtigung als allgemeine Ermächtigung zur Eingehung von Verhältnissen derselben Art gilt (§ 113 IV BGB). Ein Arbeitsverhältnis derselben Art liegt dann vor, wenn das Arbeitsverhältnis den gleichen sozialen Gehalt hat und der Minderjährige in der gleichen Art und Weise verpflichtet wird. Die Ermächtigung kann vor und nach Begründung eines Arbeitsverhältnisses, ausdrücklich oder konkludent durch schlüssiges Verhalten erfolgen. Erklärungsempfänger ist der Minderjährige und nicht sein Vertragspartner.[82] Eine nachträglich erfolgte Ermächtigung muss hinreichend klar zum Ausdruck kommen.[83] Wenn die Eltern eines Minderjährigen diesen ermahnen, nicht in einem Nachtlokal zu arbeiten, sich damit jedoch nicht durchsetzen, liegt darin, dass sie „resignieren", noch keine Ermächtigung an den Minderjährigen, ein Arbeitsverhältnis in einem Nachtlokal anzunehmen.[84]

29 Die Ermächtigung kann vom Vertreter jederzeit sowohl gegenüber dem Minderjährigen wie nach hM auch gegenüber dem AG **zurückgenommen oder eingeschränkt** werden (§ 113 II BGB). Eine schlüssige Rücknahme oder Einschränkung ist dann gegeben, wenn der gesetzliche Vertreter in ein Arbeitsverhältnis eingreift, indem er etwa bestimmt, dass die Vergütungszahlung an ihn zu erfolgen habe. Ist der gesetzliche Vertreter ein Vormund, kann die Ermächtigung bei ihrer Verweigerung durch das Vormundschaftsgericht ersetzt werden; sie ist zu ersetzen, wenn sie im Interesse des Minderjährigen liegt (§ 113 II 2 BGB).

30 Gegenstand der Ermächtigung muss ein **Dienst- oder Arbeitsverhältnis** sein. Hierzu gehört nach Auffassung des BAG auch ein selbständiges Handelsvertreterverhältnis.[85] Dagegen gehört der Abschluss eines **Berufsausbildungsvertrags** nicht hierzu, weil es sich hierbei nicht um ein Arbeitsverhältnis handelt.[86] Entsprechendes gilt für Volontariatsverträge. Dagegen ist § 113 BGB auf den Bundesfreiwilligendienst analog anwendbar.[87]

31 **bb) Rechtsfolge der Ermächtigung.** Ist dem Minderjährigen eine Ermächtigung erteilt, ist er für solche Rechtsgeschäfte unbeschränkt geschäftsfähig, welche die Eingehung oder Aufhebung eines Dienst- oder Arbeitsverhältnisses der gestatteten Art oder die Erfüllung der sich aus einem solchen Verhältnis ergebenden Verpflichtungen betreffen (§ 113 I BGB).[88] Die Ermächtigung zur Eingehung eines Arbeitsverhältnisses umfasst daher **alle verkehrsüblichen Vereinbarungen und Rechtsgeschäfte.** Tarifvertraglich vorgesehene Gestaltungsmöglichkeiten sind jedenfalls in der Regel als verkehrsüblich anzusehen.[89] Erfasst werden damit auch Abreden über Vertragsstrafen, Vergleiche über Schadensersatzansprüche, Erteilung von Ausgleichsquittungen,[90]

[80] Ausf. *Veit* FS Birk, 2008, 87.
[81] ErfK/*Preis* BGB § 113 Rn. 4.
[82] ErfK/*Preis* BGB § 113 Rn. 4; MüKoBGB/*Spickhoff* § 113 Rn. 17.
[83] MüKoBGB/*Spickhoff* § 113 Rn. 17.
[84] BAG 19.7.1974 AP Nr. 6 zu § 113 BGB.
[85] BAG 20.4.1964 AP Nr. 1 zu § 90a HGB; zust. ErfK/*Preis* BGB § 113 Rn. 6.
[86] ErfK/*Preis* BGB § 113 Rn. 6; MüKoBGB/*Spickhoff* § 113 Rn. 14; offengelassen von BAG 8.12.2011 AP Nr. 22 zu § 174 BGB = NZA 2012, 495.
[87] SächsLAG 19.6.2013 NZA-RR 2013, 556.
[88] Vgl. zB ArbG Wilhelmshaven AuR 1966, 92: Ermächtigung zur Arbeitsaufnahme als Büromaschinenmechaniker erlaubt nicht zugleich die Tätigkeit als Kraftfahrer; LAG Bayern ARSt. 1968, 163: Wäschearbeiterin und Serviererin (nicht vergleichbar).
[89] BAG 8.6.1999 AP Nr. 7 zu § 113 BGB = NZA 2000, 34.
[90] LAG Hamm 8.9.1970 DB 1971, 779; HWK/*Thüsing* BGB § 611a Rn. 181; ErfK/*Preis* BGB § 113 Rn. 9.

Anerkennung von Schadensersatzansprüchen,[91] Auswahl der Zusatzversicherung[92] usw. Nicht erfasst werden von der Ermächtigung die Verpflichtung zur Erstattung von Lehrgangskosten im Falle der Kündigung[93] oder der Abschluss von Aufhebungsverträgen bei Schwangerschaft.[94] Ein Wettbewerbsverbot mit Minderjährigen ist nichtig.[95]

Umstritten ist, ob und inwieweit der Minderjährige für mit dem **Arbeitsleben im Zusammenhang stehende Geschäfte** geschäftsfähig ist. Nach § 36 SGB I können Minderjährige mit Vollendung des 15. Lebensjahrs Anträge auf Sozialleistungen stellen, verfolgen sowie Sozialleistungen entgegennehmen. Damit korrespondiert § 71 SGG, nach dem Minderjährige in eigenen Sachen prozessfähig sind, soweit sie für den Gegenstand des Verfahrens geschäftsfähig sind. Nach hM deckt die Ermächtigung den **Gewerkschaftsbeitritt,**[96] aber nicht die Darlehensaufnahme bei einer Gewerkschaft.[97] Sie erfasst den Abschluss von Beförderungsverträgen, um zur Arbeitsstelle zu gelangen,[98] Verträge über die entgeltliche Gewährung von Kost und Logis, wenn der Minderjährige dadurch erst zur Arbeitsleistung in die Lage versetzt wird, den Kauf erforderlicher Berufskleidung sowie die Eröffnung von Gehaltskonten bei einem Kreditinstitut.[99] Die Ermächtigung deckt dagegen nicht solche Geschäfte, zu deren Abschluss der gesetzliche Vertreter der Genehmigung des Vormundschaftsgerichts bedarf (§ 113 I 2 BGB). 32

Im Umfang der Geschäftsfähigkeit ist der Minderjährige auch **prozessfähig** (§ 52 ZPO); er kann daher klagen und verklagt werden oder einen Anwalt beauftragen und bevollmächtigen. 33

5. Gesetzliche Vertretung durch Eltern. Sind die Eltern gesetzliche Vertreter einer Arbeitsvertragspartei, vertreten sie diese grundsätzlich gemeinschaftlich (§§ 1626, 1629 BGB). Jeder Elternteil kann jedoch den anderen ausdrücklich oder stillschweigend **bevollmächtigen** (§§ 164 ff. BGB), ihn in der Vertretung des Minderjährigen zu vertreten.[100] Dem handelnden Elternteil ist es alsdann gestattet, Außenwirkungen für den Minderjährigen zu erzielen, ohne dass er auf die Bevollmächtigung seines Ehepartners hinweisen muss. Für die Bevollmächtigung des anderen Elternteils gelten auch die Grundsätze der Duldungs- und Anscheinsvollmacht.[101] Kommt eine Einigung der Eltern nicht zustande, muss das Vormundschaftsgericht angerufen werden. 34

III. Nachweisgesetz

1. Grundsatz. Für den Abschluss des Arbeitsvertrags gilt der **Grundsatz der Formfreiheit.** Arbeitsverträge können grundsätzlich mündlich, schriftlich, ausdrücklich oder durch schlüssiges Verhalten wirksam abgeschlossen werden. Auch die wechselseitige Aushändigung von Arbeitspapieren ist für das wirksame Zustandekommen des Vertrags unerheblich. Dagegen ist für die Beendigung des Arbeitsverhältnisses nach § 623 BGB die Schriftform einzuhalten. Der Grundsatz der Formfreiheit wird auch durch das Nachweisgesetz nicht infrage gestellt. Dieses Gesetz setzt die **Nachweisrichtlinie 91/533/EWG** vom 14.10.1991 um. Ab dem 1.8.2022 gilt die RL 2019/1152.[102] 35

2. Einzelheiten. a) Schriftlicher Nachweis der Arbeitsbedingungen. Das NachwG gilt für AN, es sei denn, dass sie nur zur vorübergehenden Aushilfe von höchstens einem Monat eingestellt werden. Es gilt nicht für arbeitnehmerähnliche Personen, da eine entsprechende Gleichstellung nicht in das NachwG aufgenommen ist. Der AG hat spätestens einen Monat nach dem vereinbarten Beginn des Arbeitsverhältnisses die **wesentlichen Vertragsbedingungen schriftlich niederzulegen,** die Niederschrift zu unterzeichnen und dem AN auszuhändigen. Das NachwG gilt auch für AT-Angestellte. Die vereinbarte Dauer der Arbeitszeit ist deshalb schriftlich niederzulegen.[103] Die Wirksamkeit des Arbeitsvertrags ist allerdings nicht von der 36

---

[91] LAG Hamm 8.9.1970 DB 1971, 779 (780).
[92] BAG 8.6.1999 AP Nr. 7 zu § 113 BGB = NZA 2000, 34.
[93] ArbG Wilhelmshaven AuR 1963, 347; MüKoBGB/*Spickhoff* § 113 Rn. 22.
[94] LAG Brem 15.10.1971 DB 1971, 2318.
[95] Vgl. BAG 20.4.1964 AP Nr. 1 zu § 90a HGB.
[96] Vgl. LG Essen 18.3.1965 AP Nr. 3 zu § 113 BGB; ErfK/*Preis* BGB § 113 Rn. 9; HWK/*Thüsing* BGB § 611a Rn. 181.
[97] LG Münster 10.10.1967 MDR 1968, 146.
[98] OLG Schleswig NJW 1950, 226.
[99] MüKoBGB/*Spickhoff* § 113 Rn. 28; HWK/*Thüsing* BGB § 611a Rn. 181.
[100] OLG Stuttgart 16.11.2010 NJW-RR 2011, 747.
[101] LAG Düsseldorf FamRZ 1967, 47.
[102] ABl. L 288, 32.
[103] BAG 18.11.2020 NZA 2021, 581.

Erfüllung des NachwG abhängig.[104] Einem Leiharbeitnehmer sind allein die in seinem Vertragsverhältnis zum Verleiher geltenden Bedingungen nachzuweisen. Eine Pflicht des Verleihers, die wesentlichen Arbeitsbedingungen des Entleiherbetriebs nachzuweisen, besteht nicht.[105]

37 **b) Inhalt der Niederschrift.** In die Niederschrift sind **mindestens aufzunehmen (1)** der Name und die Anschrift der Vertragsparteien,[106] die Rechtsform des AG braucht nicht angegeben werden. Bei einer GbR ist die Bezeichnung der GbR ausreichend;[107] **(2)** der Zeitpunkt des Beginns des Arbeitsverhältnisses; **(3)** bei befristeten Arbeitsverhältnissen die vorhersehbare Dauer des Arbeitsverhältnisses, wobei bei befristeten Arbeitsverhältnissen nach § 14 IV TzBfG freilich ohnehin die Schriftform einzuhalten ist; **(4)** der Arbeitsort oder, falls der AN nicht nur an einem bestimmten Arbeitsort tätig sein soll, ein Hinweis darauf, dass der AN an verschiedenen Orten beschäftigt werden kann; **(5)** eine kurze Charakterisierung oder Beschreibung der vom AN zu leistenden Tätigkeit. Die Verpflichtung zu einer kurzen Charakterisierung oder Beschreibung der vom AN zu leistenden Tätigkeit gem. § 2 I 2 Nr. 5 NachwG erfüllt der AG des öffentlichen Dienstes im Anwendungsbereich des BAT/TVöD regelmäßig durch eine Arbeitsplatz- oder Stellenbeschreibung. In diesen Fällen besteht keine Verpflichtung des öffentlichen AG, den Nachweis durch Angabe der Vergütungs- und Fallgruppe zu führen; **(6)** die Zusammensetzung und die Höhe des Arbeitsentgeltes einschl. der Zuschläge, der Zulagen, Prämien, freiwilligen Leistungen und Sonderzahlungen sowie andere Bestandteile des Arbeitsentgeltes und deren Fälligkeit; **(7)** die vereinbarte Arbeitszeit; die Auslegung der Richtlinie erfordert nicht, dass der AG gehalten ist, auf die Ableistung von Überstunden hinzuweisen;[108] **(8)** die Dauer des jährlichen Erholungsurlaubs, hingegen nicht die Angabe weiterer Modalitäten der Urlaubsgewährung oder der Befristung des Urlaubsanspruchs;[109] **(9)** die Fristen für die Kündigung des Arbeitsverhältnisses; **(10)** ein in allgemeiner Form gehaltener Hinweis auf die Tarifverträge, Betriebs- und Dienstvereinbarungen, die auf das Arbeitsverhältnis anzuwenden sind. Die Hinweispflicht besteht auch, wenn der Tarifvertrag aufgrund Allgemeinverbindlichkeit oder betrieblicher Übung gilt.[110] Auf einen erstmals abgeschlossenen Haustarifvertrag muss der AG schriftlich hinweisen.[111] Die Allgemeinverbindlicherklärung eines Tarifvertrags, die dazu führt, dass dieser erstmals auf das Arbeitsverhältnis Anwendung findet, ist eine Änderung wesentlicher Vertragsbedingungen iSd § 3 S. 1 NachwG, die dem AN spätestens einen Monat nach der Allgemeinverbindlicherklärung mitzuteilen ist.[112] Sind mehrere Tarifverträge anwendbar, ist eine detaillierte Angabe aller auf das Arbeitsverhältnis anwendbaren Tarifverträge nicht erforderlich.[113] Bei **kirchlichen AG** ist § 2 I 2 Nr. 10 NachwG weder direkt noch analog auf kirchliche Arbeitsrechtsregelungen anwendbar (zum Schadensersatz → Rn. 40).[114]

38 Hat der AN länger als einen Monat seine **Arbeitsleistung außerhalb Deutschlands** zu erbringen, bedarf es der Aufnahme der in § 2 II NachwG aufgeführten Angaben. Dazu gehört nicht die Information darüber, dass ab einer bestimmten Aufenthaltsdauer in einem ausländischen Staat dort eine Verpflichtung zur Abführung von Einkommens-/Lohnsteuer entstehen kann.[115] Bei AN, die eine **geringfügige Beschäftigung** ausüben, ist der Hinweis aufzunehmen, dass der AN in der gesetzlichen Rentenversicherung die Stellung eines versicherungspflichtigen AN erwerben kann (§ 2 I 4 NachwG).

39 Anstelle der Niederschrift können die Daten in den **Arbeitsvertrag** übernommen werden, was der Praxis entspricht. Eine Änderung der wesentlichen Vertragsbedingungen ist dem AN spätestens einen Monat nach deren Wirksamwerden schriftlich mitzuteilen. Der Nachweis der wesentlichen Vertragsbedingungen in elektronischer Form ist ausgeschlossen (§ 2 I 3 NachwG).

40 **c) Schadensersatz.** Der Verletzung der Nachweispflichten kann einen Schadensersatzanspruch begründen. Dieser ist nach § 249 BGB auf Naturalrestitution gerichtet, dh es ist dann von einem Kausalverlauf auszugehen, der sich ergeben hätte, wenn der AG seine Nachweis-

[104] MüKoBGB/*Spinner* § 611a Rn. 584.
[105] BAG 25.3.2015 AP Nr. 52 zu § 10 AÜG = NZA 2015, 877.
[106] LAG Köln 9.1.1998 LAGE § 2 NachwG Nr. 4 = FA 1998, 357.
[107] Folgt aus der Teilrechtsfähigkeit der GbR: BGH 29.1.2001 NJW 2001, 1056.
[108] EuGH 8.2.2001 AP Nr. 4 zu § 2 NachwG = NZA 2001, 381 – Wolfgang Lange/Georg Schünemann.
[109] BAG 24.5.2017 – 5 AZR 251/16.
[110] BAG 17.4.2002 AP Nr. 6 zu § 2 NachwG = NZA 2002, 1096.
[111] BAG 5.11.2003 AP Nr. 1 zu § 3 NachwG = NZA 2004, 102.
[112] HessLAG 27.4.2010 – 3 Sa 1477/09.
[113] BAG 14.11.2012 AP Nr. 118 zu § 1 TVG Bezugnahme auf Tarifvertrag.
[114] BAG 30.10.2019 AP Nr. 98 zu § 611 BGB Kirchendienst = NZA 2020, 379.
[115] BAG 22.1.2009 AP Nr. 46 zu § 242 BGB Auskunftspflicht = NZA 2009, 608.

pflicht erfüllt hätte.[116] Verstößt ein AG gegen die in § 2 I 2 Nr. 10 NachwG normierte Pflicht, auf den auf das Arbeitsverhältnis anwendbaren Tarifvertrag hinzuweisen, kann er die Erfüllung eines vom AN erhobenen Anspruchs unter Berufung auf die geltende **tarifliche Ausschlussfrist** ablehnen.[117] Wegen der Nichterfüllung der gesetzlichen Pflichten aus dem NachwG haftet er dem AN jedoch gemäß §§ 286, 280, 249 BGB auf Schadensersatz. Dass Ausschlussfristen in für allgemeinverbindlich erklärten Tarifverträgen enthalten sind, lässt die Nachweispflicht nach § 2 I NachwG nicht entfallen. Die in einem allgemeinverbindlich erklärten Tarifvertrag enthaltenen Vertragsbedingungen sind zwar nicht nochmals einzeln in die Niederschrift aufzunehmen, es hat aber ein Hinweis nach § 2 I Nr. 10 NachwG auf den Tarifvertrag zu erfolgen.[118] Eine Haftung nach § 823 II BGB scheidet aus, weil § 2 NachwG kein Schutzgesetz im Sinne dieser Bestimmung ist.[119] Ein **kirchlicher AG** genügt mit dem Hinweis auf die arbeitsvertraglich in Bezug genommenen kirchlichen Arbeitsrechtsregelungen nicht seiner Nachweispflicht in Bezug auf die darin enthaltene Ausschlussfrist. Eine solche Bezugnahme stellt keinen in allgemeiner Form gehaltenen Hinweis iSv § 2 I 2 Nr. 10 NachwG dar, der einen gesonderten Hinweis auf die in den Arbeitsrechtsregelungen enthaltene Verfallfrist entbehrlich machen könnte. § 2 I 2 Nr. 10 NachwG ist weder direkt noch analog auf kirchliche Arbeitsrechtsregelungen anwendbar.[120]

Verletzt der AG seine Pflicht zum Hinweis auf bestehende Ausschlussfristen, besteht der **Schaden iSv § 249 BGB** im Erlöschen des Vergütungsanspruchs des AN, wenn der AN seine Ansprüche nicht rechtzeitig geltend macht. Da der Schadensersatzanspruch auf Naturalrestitution gerichtet ist, kann der AN vom AG verlangen, so gestellt zu werden, als sei sein Vergütungsanspruch nicht untergegangen.[121] Der Schadensersatzanspruch ist begründet, wenn die geltend gemachte Forderung bestand und nur wegen Versäumung der Ausschlussfrist erloschen ist, bei gesetzmäßigem Nachweis seitens des AG jedoch noch bestehen würde. Der AN hat die Kausalität zwischen Pflichtverletzung und eingetretenem Schaden darzulegen.[122] Zur Begründung der Kausalität des unterbliebenen Nachweises für den eingetretenen Schaden (Verfall der Lohnansprüche) hat der AN unter Berücksichtigung seiner Ausbildung und bisherigen Tätigkeiten darzulegen, dass er die tarifliche Ausschlussfrist nicht gekannt und damit nicht gewusst habe, dass eine Ausschlussfrist auf das Arbeitsverhältnis Anwendung finde. Weiter hat er aufzuzeigen, dass er bei rechtzeitigem Nachweis die Ausschlussfrist beachtet hätte. Diesbezüglich kommt ihm zwar die Vermutung aufklärungsgemäßen Verhaltens zugute,[123] doch ersetzt diese Beweisregel keinen Parteivortrag.[124] Danach ist grundsätzlich davon auszugehen, dass jedermann bei ausreichender Information seine Eigeninteressen in vernünftiger Weise wahrt. Bei einem Verstoß gegen § 2 I Nr. 10 NachwG ist deshalb zugunsten des AN zu vermuten, dass dieser die tarifliche Ausschlussfrist beachtet hätte, wenn er auf die Geltung des Tarifvertrags hingewiesen worden wäre.[125] Eine solche Auslegung des NachwG ist unionsrechtlich geboten, um den Zweck der Nachweisrichtlinie 91/533/EWG, den AN vor Unkenntnis seiner Rechte zu schützen, wirksam zur Geltung zu bringen. Dem AG bleibt die Möglichkeit, diese tatsächliche Vermutung zu widerlegen.[126] 41

Stets ist ein **Mitverschulden des Prozessbevollmächtigten** des AN zu berücksichtigen. Wusste dieser, dass auf das Arbeitsverhältnis eine tarifvertragliche Ausschlussfrist Anwendung findet, kommt ein überwiegendes Mitverschulden in Betracht, das sich der AN nach § 278 BGB zurechnen lassen muss.[127] Hat der Prozessbevollmächtigte die Geltung des Tarifvertrags fahrlässig nicht erkannt, hat eine Schadensteilung gemäß § 254 I BGB nach dem im Einzelfall festzustel- 42

[116] BAG 30.10.2019 AP Nr. 98 zu § 611 BGB Kirchendienst = NZA 2020, 379; 20.6.2018 – 4 AZR 235/15; 21.2.2012 AP Nr. 94 zu § 7 BUrlG Abgeltung = NZA 2012, 750.
[117] BAG 21.2.2012 AP Nr. 94 zu § 7 BUrlG Abgeltung = NZA 2012, 750.
[118] BAG 29.5.2002 EzA Nr. 4 zu § 2 NachwG.
[119] BAG 24.5.2017 – 5 AZR 251/16; 21.2.2012 AP Nr. 94 zu § 7 BUrlG Abgeltung = NZA 2012, 750; 17.4.2002 AP Nr. 6 zu § 2 NachwG = NZA 2002, 1096.
[120] BAG 30.10.2019 AP Nr. 98 zu § 611 BGB Kirchendienst = NZA 2020, 379.
[121] BAG 17.4.2002 AP Nr. 6 zu § 2 NachwG = NZA 2002, 1096.
[122] BAG 20.4.2011 AP Nr. 333 zu § 1 TVG Tarifverträge: Bau = NZA 2011, 1173.
[123] BAG 30.10.2019 AP Nr. 98 zu § 611 BGB Kirchendienst = NZA 2020, 379; 20.6.2018 – 4 AZR 235/15; 20.4.2011 AP Nr. 333 zu § 1 TVG Tarifverträge: Bau = NZA 2011, 1173.
[124] BAG 24.5.2017 – 5 AZR 251/16.
[125] BAG 21.2.2012 AP Nr. 94 zu § 7 BUrlG Abgeltung = NZA 2012, 750; 17.4.2002 AP Nr. 6 zu § 2 NachwG = NZA 2002, 1096.
[126] BAG 21.2.2012 AP Nr. 94 zu § 7 BUrlG Abgeltung = NZA 2012, 750.
[127] BAG 5.11.2003 AP Nr. 7 zu § 2 NachwG = NZA 2005, 64.

lenden Gewicht der beiderseitigen Pflichtverletzungen und des beiderseitigen Verschuldens zu erfolgen. Im Gegensatz zum AN muss sich der Rechtsanwalt über das anwendbare Recht selbst informieren; denn er wird gerade zum Zweck der Rechtswahrung von dem AN beauftragt.

43 **d) Darlegungs- und Beweislast.** Der Nachweis hat auch **prozessuale Auswirkungen:**

44 Hat der AG seine **Verpflichtungen aus dem NachwG erfüllt** und beruft sich der AN zur Begründung eines Anspruchs (zB Entgeltanspruchs) auf die im Nachweis schriftlich niedergelegte Vergütungsvereinbarung, ist damit zwar noch nicht die Richtigkeit der darin angegebenen Vergütungshöhe bewiesen, weil es sich um eine Privaturkunde iSv § 416 ZPO handelt. Im Rahmen der freien Beweiswürdigung nach § 286 ZPO ist jedoch in der Regel davon auszugehen, dass einer echten und äußerlich mangelfreien (§ 419 ZPO) Urkunde erhebliches Gewicht zukommt.[128]

45 Hat der AG seine **Pflichten aus dem NachwG nicht erfüllt,** findet keine Beweislastumkehr zulasten des AG statt.[129] Nach zutr. hM sind in diesen Fällen jedoch die Grundsätze der Beweisvereitelung zur Anwendung zu bringen.[130] Denn der AG hat durch die Nichterfüllung der Nachweispflichten die Sachverhaltsaufklärung zum Nachteil des AN erschwert. Das Verhalten des AG ist jedoch nur im Rahmen der Beweiswürdigung zu berücksichtigen.[131] Der bloße Verstoß gegen das NachwG begründet noch nicht die Richtigkeit der Behauptung des AN, insoweit bedarf es zusätzlicher Anhaltspunkte. Gelingt dem AN der Beweis seiner Behauptung des Abschlusses einer bestimmten Entgeltvereinbarung nicht, ist das Gericht aber auch nicht davon überzeugt, dass die Behauptung des AN unwahr ist, geht in dieser Situation des non-liquet die Unmöglichkeit der Tatsachenaufklärung zulasten des AG, wenn dieser entgegen § 2 NachwG dem AN keinen Nachweis der wesentlichen Vertragsbedingungen erteilt hat.[132]

IV. Schriftform

46 **1. Gesetzliche Formvorschriften. a) Grundsätze.** Das Gesetz unterscheidet in § 125 BGB zwischen einer durch Gesetz vorgeschriebenen schriftlichen Form und der durch Rechtsgeschäft bestimmten Form. Gesetzliche Formvorschriften iSv § 125 BGB sind gem. Art. 2 EGBGB **alle Rechtsnormen** und damit auch Tarifverträge und Betriebsvereinbarungen.[133] Dagegen sind Formvorschriften in den Richtlinien für Arbeitsverträge in den Einrichtungen des Deutschen Caritasverbandes (AVR) keine Rechtsnormen im Sinne des Art. 2 EGBGB und haben daher nicht die gleiche Rechtswirkung wie eine durch Tarifvertrag bestimmte Formvorschrift. Sie stehen vielmehr rechtsgeschäftlichen Formvorschriften gleich.[134]

47 Ist die Schriftform normativ vorgeschrieben, ist zunächst durch Auslegung festzustellen, ob das Formerfordernis **konstitutiv oder lediglich deklaratorisch** gilt.[135] Nur die Nichtbeachtung konstitutiver Schriftformvorschriften führt zur Nichtigkeit der Vereinbarung nach § 125 BGB (zum Unterschriftserfordernis → Rn. 48). Insbesondere Tarifverträge enthalten oftmals jedoch nur deklaratorische Formvorschriften, während die gesetzlichen Vorschriften in der Regel konstitutiv wirken. Eine konstitutive Regelung kann nur angenommen werden, wenn Zweck der Schriftform ist, mündlichen Vereinbarungen die Wirksamkeit zu versagen (dazu → Rn. 47a). Ergibt die Auslegung diese weitreichende Rechtsfolge nicht, dient das Formerfordernis der Beweiserleichterung und ist damit lediglich deklaratorisch. Tarifregelungen, die bestimmen, dass Arbeitsverträge schriftlich abzuschließen sind, enthalten in der Regel nur ein deklaratorisches Formerfordernis.[136] Gilt ein in einem Tarifvertrag enthaltenes konstitutives Schriftformerfordernis nicht normativ kraft beiderseitiger Tarifbindung, sondern nur aufgrund einer vertraglich vereinbarten **Bezugnahme auf den Tarifvertrag,** geht das BAG bislang davon aus, dass diese nur vertraglich vereinbarte Schriftformklausel nicht ver-

[128] MüKoBGB/*Spinner* § 611a Rn. 593 ff.
[129] BAG 25.10.2017 AP Nr. 163 zu § 14 TzBfG = NZA 2018, 507; HWK/*Kliemt* NachwG Vorb. Rn. 42; MüKoBGB/*Spinner* § 611a Rn. 607; ErfK/*Preis* NachwG § 2 Rn. 47.
[130] HWK/*Kliemt* NachwG Vorb. Rn. 44; MüKoBGB/*Spinner* § 611a Rn. 608; ErfK/*Preis* NachwG § 2 Rn. 48.
[131] MüKoBGB/*Spinner* § 611a Rn. 613.
[132] LAG Nds 21.2.2003 NZA-RR 2003, 520.
[133] Vgl. BAG 10.2.1999 AP Nr. 3 zu § 54 BMT-G II = NZA 1999, 603; ErfK/*Preis* BGB §§ 125–127 Rn. 6, 8.
[134] BAG 28.10.1987 AP Nr. 1 zu § 7 AVR Caritasverband = NZA 1988, 425.
[135] HWK/*Thüsing* BGB § 611a Rn. 189.
[136] Vgl. dazu BAG 10.6.1988 AP Nr. 6 zu § 1 BeschFG 1985 = NZA 1989, 21.

traglich abbedungen werden kann (zur Rechtsnatur der Bezugnahme → § 206 Rn. 6). Durch die Bezugnahme auf den Tarifvertrag solle vielmehr eine Gleichbehandlung der tarifgebundenen und nicht tarifgebundenen AN erreicht werden. Die Rechtsstellung hinsichtlich des Schriftformerfordernisses sei für nicht tarifgebundene keine andere als die der tarifgebundenen AN.[137] Ob an dieser Rechtsprechung festgehalten werden kann, erscheint zweifelhaft, nachdem das BAG seit dem Jahre 2007 nicht mehr davon ausgeht, eine Bezugnahmeklausel sei eine Gleichstellungsabrede (dazu → § 206 Rn. 34). Geht man hiervon aus, hätte ein arbeitsvertraglich in Bezug genommenes tarifvertragliches Schriftformerfordernis lediglich schuldrechtliche Wirkung (§ 127 BGB) und könnte deshalb durch eine betriebliche Übung abbedungen werden (dazu → Rn. 55 f.).[138]

Besteht ein normativ geltendes konstitutives **tarifvertragliches Schriftformerfordernis für Nebenabreden,** sind Vereinbarungen, die dem nicht entsprechen, unwirksam. Im öffentlichen Dienst kann eine betriebliche Übung (dazu → § 110 Rn. 1 ff.), die eine Nebenabrede betrifft, wegen des Schriftformgebots des § 2 III TVöD/TV-L keinen Anspruch auf die üblich gewordene Leistung begründen.[139] Entsprechendes gilt für Gesamtzusagen, die sich auf Nebenabreden beziehen.[140] Nebenabreden im Sinne dieser Tarifvorschriften sind Vereinbarungen der Parteien des Arbeitsvertrags, die weder die Arbeitsleistung des AN noch die Gegenleistung des AG unmittelbar betreffen. Dazu gehört auch eine vertragliche Abrede über eine übertarifliche, dem AN günstigere Berechnung der Urlaubsdauer, da der gesetzliche Urlaubsanspruch keine Gegenleistung des AG für erbrachte oder noch zu erbringende Arbeitsleistungen ist, sondern eine gesetzlich bedingte Verpflichtung des AG aus dem Arbeitsverhältnis, den AN für die Dauer des Urlaubs von der Arbeitspflicht zu befreien.[141] 47a

b) Eigenhändige Unterschrift oder Textform. Auch bei konstitutiven Schriftformvorschriften ist stets zu prüfen, ob die Beachtung von § 126 BGB mit dem Erfordernis der **eigenhändigen Unterschrift** (§ 126 I BGB) bzw. der Ersetzung durch elektronische Form (§ 126 III BGB) tatsächlich erforderlich ist.[142] Entscheidend ist, ob im konkreten Fall der eigenhändigen Unterschrift bzw. der qualifizierten elektronischen Signatur ein funktionaler Mehrwert zukommt. So ist für die Warnfunktion maßgeblich, ob diese Anforderungen für den Erklärenden eine Warnung über die Reichweite seiner Erklärung beinhalten, die ohne eigenhändige Unterschrift nicht gewährleistet ist.[143] Verwendet der Gesetzgeber den Begriff „schriftlich" im Zusammenhang mit einer **Willenserklärung,** meint er regelmäßig die Schriftform des § 126 I BGB.[144] Hiervon ausgehend ist die Schriftform des § 126 I BGB Wirksamkeitsvoraussetzung des **Elternzeitverlangens** nach § 16 I BEEG.[145] Ebenso hat die Ablehnung des Verringerungsverlangens des AN gem. § 8 V TzBfG unter Einhaltung der Schriftform des § 126 I BGB zu erfolgen.[146] Das BAG hat andererseits in mehreren Fällen für rechtsgeschäftsähnliche Handlungen das Erfordernis der eigenhändigen Originalunterschrift für entbehrlich gehalten, weil § 126 I BGB unmittelbar nur für Rechtsgeschäfte bzw. Willenserklärungen anwendbar ist.[147] So wird ein Anspruch auch dann im Sinne einer **tariflichen Ausschlussklausel** schriftlich erhoben, wenn dies in Form eines Telefaxschreibens geschieht.[148] Dabei ist freilich zu berücksichtigen, dass es keinen allgemeinen Erfahrungssatz gibt, dass Telefaxsendungen den Empfänger vollständig und richtig erreichen. Einem Sendebericht mit „OK-Vermerk" kommt nicht der Wert eines Anscheinsbeweises zu.[149] Eine schriftliche Geltendmachung zur Wahrung der tariflichen Ausschlussfrist kann auch durch eine E-Mail erfolgen, die den Aussteller zu erkennen gibt und durch eine Grußformel mit Namensangabe das Textende kenntlich macht.[150] 48

[137] BAG 27.3.1987 AP Nr. 29 zu § 242 BGB Betriebliche Übung.
[138] Ebenso ErfK/*Preis* BGB §§ 125–127 Rn. 42.
[139] BAG 18.9.2002 AP Nr. 59 zu § 242 BGB Betriebliche Übung = NZA 2003, 337; 7.5.1986 AP Nr. 12 zu § 4 BAT.
[140] BAG 30.1.2019 AP Nr. 25 zu § 611 BGB Sachbezüge = NZA 2019, 1065.
[141] BAG 15.3.2011 AP Nr. 1 zu § 26 TVöD.
[142] ErfK/*Preis* BGB §§ 125–127 Rn. 13.
[143] BT-Drs. 14/4987, 19; zu den Normzwecken MüKoBGB/*Einsele* § 125 Rn. 8 ff.
[144] BAG 27.6.2017 AP Nr. 34 zu § 8 TzBfG.
[145] BAG 10.5.2016 AP Nr. 2 zu § 16 BEEG = NZA 2016, 1137.
[146] BAG 27.6.2017 AP Nr. 34 zu § 8 TzBfG.
[147] BAG 9.12.2008 AP Nr. 36 zu § 99 BetrVG 1972 Eingruppierung = NZA 2009, 627; 11.6.2002 AP Nr. 118 zu § 99 BetrVG 1972 = NZA 2003, 226; 11.10.2000 AP Nr. 153 zu § 4 TVG Ausschlussfristen = NZA 2001, 231.
[148] BAG 11.10.2000 AP Nr. 153 zu § 4 TVG Ausschlussfristen = NZA 2001, 231.
[149] BAG 14.8.2002 AP Nr. 166 zu § 4 TVG Ausschlussfristen = NZA 2003, 158.
[150] BAG 7.7.2010 AP Nr. 140 zu Art. 9 GG = NZA 2010, 1068.

Die Frist des **§ 99 III BetrVG** wird auch durch ein rechtzeitig als Telefax übermitteltes Verweigerungsschreiben gewahrt.[151] Gleiches gilt für ein nicht unterzeichnetes Schreiben des Betriebsratsvorsitzenden.[152] Das Schriftformgebot des **§ 15 IV 1 AGG** verlangt gleichfalls nicht die gesetzliche Schriftform nach § 126 I BGB, ausreichend ist vielmehr die Textform nach § 126b BGB.[153]

49 Gilt die **Schriftform des § 126 BGB,** müssen zweiseitig vereinbarte Vertragsbedingungen, für die der Formzwang gilt, in einer Urkunde niedergelegt werden. Besteht die Urkunde – etwa ein Aufhebungsvertrag – aus mehreren Blättern, muss sich aus der Urkunde deren Einheitlichkeit ergeben. Diese kann durch eine körperliche Verbindung der einzelnen Blätter der Urkunde erfolgen. Die Einheit der Urkunde kann ebenso aus fortlaufender Paginierung oder Nummerierung der einzelnen Bestimmungen, einheitlicher graphischer Gestaltung oder dem inhaltlichen Zusammenhang des Textes, etwa durch Verweisungen auf Anlagen und Rückverweisungen auf den Text erfolgen (sog. Auflockerungsrechtsprechung).[154] Es genügt damit die gedankliche Verbindung der einzelnen Blätter, die in einer zweifelsfreien Bezugnahme zum Ausdruck kommen muss.[155] Ausreichend ist auch, wenn über den Vertrag mehrere gleichlautende Urkunden (Schreibfehler unschädlich) aufgenommen werden und jede Partei die für die andere Partei bestimmte Urkunde unterzeichnet (§ 126 II 2 BGB).[156] Von der Einhaltung der äußeren Form ist zu trennen, ob die Vereinbarung zustande gekommen ist. Das richtet sich nach den allgemeinen Regeln über den Abschluss von Verträgen (§§ 145 ff., 130 BGB). Danach kommt ein Vertrag unter Abwesenden, für den die gesetzliche Schriftform vorgeschrieben ist, grundsätzlich nur dann rechtswirksam zustande, wenn sowohl der Antrag als auch die Annahme (§§ 145 ff. BGB) in der Form des § 126 BGB erklärt werden und in dieser Form dem anderen Vertragspartner zugegangen sind. Anders verhält es sich, wenn nach § 151 S. 1 BGB eine Annahmeerklärung entbehrlich ist.[157] Unzureichend ist, wenn eine Partei ein Angebot abgibt und die andere dies in einem gesonderten Schreiben annimmt.[158] Ebenso wenig genügt ein bloßer Briefwechsel oder der Austausch von Bestätigungsschreiben.

50 **c) Unterzeichnung.** Eine **eigenhändige Unterzeichnung** durch Namensunterschrift iSd § 126 I BGB verlangt einen Schriftzug, der sich als Wiedergabe eines Namens darstellt und die Absicht einer vollen Unterschriftsleistung erkennen lässt.[159] Dabei ist ein großzügiger Maßstab anzulegen, sofern die Autorenschaft gesichert ist. Auch ein stark vereinfachter und nicht lesbarer Namenszug kann als Unterschrift anzuerkennen sein, wenn der Unterzeichner auch sonst in gleicher oder ähnlicher Weise unterschreibt.[160] Ein bloßes Handzeichen (Paraphe) wahrt nach der gesetzlichen Regelung die Schriftform nur im Falle notarieller Beglaubigungen.[161] Das Erfordernis der Eigenhändigkeit schließt jede Form der mechanischen oder elektronischen Vervielfältigung aus.[162] Eine eingescannte Unterschrift genügt dem nicht.[163] Eine per Telefax übermittelte schriftliche Erklärung ist ebenso wenig ausreichend, weil die vom Empfangsgerät hergestellte Telekopie lediglich die Ablichtung der Originalunterschrift wiedergibt.[164] Entsprechendes gilt für ein als PDF-Dokument übermitteltes Schriftstück.

51 **d) Stellvertretung.** Ein **Bevollmächtigter** kann mit dem Namen des Vollmachtgebers unterzeichnen; unterschreibt er mit eigenem Namen, muss das Vertretungsverhältnis irgendwie in der Urkunde zum Ausdruck kommen.[165] Der Wille zu einem Handeln in alleiniger **Vertretung einer Gesellschaft bürgerlichen Rechts** wird deutlich, wenn der Vertreter mit einem klar gefassten Vertretungszusatz unterzeichnet. Fehlt ein solcher Vertretungszusatz, ist gemäß § 157 BGB maßgeblich, wie sich die Erklärung nach Treu und Glauben unter Berücksichtigung

---

[151] BAG 11.6.2002 AP Nr. 118 zu § 99 BetrVG 1972 = NZA 2003, 226.
[152] BAG 9.12.2008 AP Nr. 36 zu § 99 BetrVG 1972 Eingruppierung = NZA 2009, 627.
[153] BAG 16.2.2012 AP Nr. 4 zu § 22 AGG = NZA 2012, 667; 27.1.2011 AP Nr. 3 zu § 22 AGG = NZA 2011, 737.
[154] BAG 4.11.2015 AP Nr. 138 zu § 14 TzBfG = NZA 2016, 547; MüKoBGB/*Einsele* § 126 Rn. 8 f.
[155] BGH 29.4.2009 NJW 2009, 2195 mwN.
[156] MüKoBGB/*Einsele* § 126 Rn. 19.
[157] BAG 14.12.2016 AP Nr. 149 zu § 14 TzBfG = NZA 2017, 638.
[158] BAG 26.7.2006 AP Nr. 24 zu § 14 TzBfG = NZA 2006, 1402.
[159] BAG 25.2.2015 AP Nr. 18 zu § 130 ZPO = NZA 2015, 701.
[160] BGH 7.4.2011 NJW-RR 2011, 953.
[161] BAG 20.8.2014 AP Nr. 121 zu § 14 TzBfG = NZA-RR 2015, 9; 24.1.2008 AP Nr. 64 zu § 622 BGB = NZA 2008, 521.
[162] MüKoBGB/*Einsele* § 126 Rn. 14.
[163] Staudinger/*Hertel* BGB § 126 Rn. 133.
[164] BAG 17.12.2015 AP Nr. 10 zu § 623 BGB = NZA 2016, 361.
[165] BAG 25.3.2009 ZTR 2009, 441.

der Verkehrssitte für den Empfänger darstellt. Die gesetzliche Schriftform (§ 126 BGB) ist nur gewahrt, wenn der so ermittelte rechtsgeschäftliche Vertretungswille in der Urkunde, wenn auch nur unvollkommen, Ausdruck gefunden hat.[166] Ob der als Vertreter Unterzeichnende tatsächliche Vertretungsmacht hatte, ist eine Frage des Zustandekommens des Vertrages (§ 164 BGB) und nicht der Form.[167] Auch bedarf die rechtsgeschäftliche Bevollmächtigung nach §§ 164 ff. BGB gem. § 167 II BGB nicht der Form, die für das Rechtsgeschäft bestimmt ist, auf das sich die Vollmacht bezieht.[168]

e) Elektronische Schriftform.[169] Die schriftliche Form kann durch die elektronische Form ersetzt werden, wenn sich aus dem Gesetz nichts anderes ergibt (§ 126 BGB). Soll die gesetzlich vorgeschriebene schriftliche Form durch die elektronische Form ersetzt werden, muss der Aussteller der Erklärung dieser seinen Namen hinzufügen und das elektronische Dokument mit einer **qualifizierten elektronischen Signatur** nach dem Signaturgesetz versehen. Die elektronische Signatur ersetzt die Unterschrift. 52

Die elektronische Form ist nach § 623 BGB nicht zugelassen für die **Beendigung von Arbeitsverhältnissen** (außer der Befristung, dazu § 14 IV TzBfG[170]), entgegen § 22 III BBiG auch nicht für die Kündigung von Berufsausbildungsverhältnissen,[171] nach § 630 S. 3 BGB, § 109 III GewO für die Zeugniserteilung, § 766 S. 2 BGB eine Bürgschaftserklärung, § 780 BGB ein Schuldversprechen, § 781 BGB ein Schuldanerkenntnis und nach § 2 I 3 NachwG für den Nachweis der wesentlichen Arbeitsbedingungen. Hieraus wird folgen, dass die elektronische Form ebenfalls ausgeschlossen ist im Recht der Arbeitnehmerüberlassung (§ 11 AÜG),[172] bei Wettbewerbsverboten und in allen Fällen, in denen eine besondere Warnfunktion Beweis und Inhaltsklarheit geschaffen werden soll. 53

f) Rechtsfolge von Formverstößen. Die **Nichteinhaltung des gesetzlichen Formzwangs** führt gemäß § 125 BGB zur Nichtigkeit des Rechtsgeschäfts (zur Treuwidrigkeit → Rn. 59). 54

2. Vereinbarte Schriftform. Auch bei der rechtsgeschäftlich vereinbarten Schriftform ist zu unterscheiden, ob diese **konstitutive oder deklaratorische Bedeutung** haben soll. Bei gewollter konstitutiver Bedeutung gelten die für die gesetzliche Schriftform aufgezeigten Grundsätze entsprechend (§ 127 I BGB). Zur Wahrung der vereinbarten Schriftform genügt jedoch, soweit nicht ein anderer Wille anzunehmen ist, die telekommunikative Übermittlung und bei einem Vertrag der Austausch eines Briefwechsels mit Angebots- und Annahmeerklärungen; in diesem Falle kann nachträglich eine der gesetzlichen Schriftform entsprechende Gestaltung verlangt werden (§ 127 II BGB). Seit dem 1.10.2016 schränkt der neue **§ 309 Nr. 13 lit. b BGB** für nach dem 30.9.2016 begründete Arbeitsverhältnisse die Gestaltungsfreiheit hinsichtlich der Form der Geltendmachung von Arbeitnehmeransprüchen in AGB ein. Für die Einhaltung einer **Ausschlussfrist** darf ab diesem Zeitpunkt in AGB keine schriftliche Geltendmachung iSd gesetzlichen Schriftform des § 126 BGB verlangt werden. Verfallklauseln in vorformulierten Arbeitsverträgen, die nach dem 30.9.2016 geschlossen werden, verstoßen daher gegen § 309 Nr. 13 BGB, wenn sie die schriftliche Geltendmachung verlangen. Sie können nur noch **Textform** vorschreiben.[173] 55

Unterliegen vertragliche **Änderungen einem vereinbarten Schriftformzwang,** sind mündlich vereinbarte Änderungen wirksam, wenn die Parteien die Maßgeblichkeit der mündlichen Vereinbarung übereinstimmend gewollt haben (zu vorformulierten Klauseln → § 35 Rn. 15).[174] Dabei ist es nach Auffassung des BAG ausreichend, dass die Parteien die Maßgeblichkeit des mündlich Verabredeten gewollt haben, auch wenn sie an die Schriftform nicht gedacht haben.[175] Möglich ist 56

[166] BAG 4.5.2011 AP Nr. 11 zu § 17 TzBfG = NZA 2011, 1178; Staudinger/*Hertel* BGB § 126 Rn. 148.
[167] BAG 4.5.2011 AP Nr. 11 zu § 17 TzBfG = NZA 2011, 1178; BGH 19.9.2007 NJW 2007, 3346.
[168] BAG 28.11.2007 AP Nr. 36 zu § 620 BGB Aufhebungsvertrag = NZA 2008, 348; zur eingeschränkten Geltung dieses Grundsatzes MüKoBGB/*Schubert* BGB § 167 Rn. 18 ff.
[169] *Gotthard/Beck* NZA 2002, 876; *Hähnchen* NJW 2001, 2831; *Roßnagel* NJW 2001, 1817; *Vehslage* AnwBl. 2002, 86.
[170] *Dörner,* Der befristete Arbeitsvertrag, Rn. 80; ErfK/*Müller-Glöge* TzBfG § 14 Rn. 121b.
[171] ErfK/*Preis* BGB §§ 125–127 Rn. 24.
[172] *Schüren/Hamann* AÜG § 11 Rn. 25.
[173] *Lingemann/Otte* NZA 2016, 519 (521); HWK/*Roloff* BGB § 309 Rn. 14.
[174] BAG 10.1.1989 AP Nr. 57 zu § 74 HGB = NZA 1989, 797; ErfK/*Preis* BGB §§ 125–127 Rn. 41.
[175] BAG 10.1.1989 AP Nr. 57 zu § 74 HGB = NZA 1989, 797; aA BGH 14.4.1991 NJW-RR 1991, 1289; MüKoBGB/*Einsele* § 125 Rn. 70.

daher auch eine konkludente Aufhebung des Schriftformerfordernisses.[176] Problematisch sind sog. **doppelte Schriftformklauseln,** die nicht nur materielle Vertragsänderungen, sondern ausdrücklich auch Änderungen der Schriftformklausel selbst erfassen (dazu → § 35 Rn. 120).[177]

57 **3. Textform.** Ist durch Gesetz Textform (§ 126b BGB) vorgeschrieben, muss die Erklärung in einer Urkunde oder auf andere zur dauerhaften **Wiedergabe in Schriftzeichen geeigneten Weise** abgegeben, die Person des Erklärenden genannt und der Abschluss der Erklärung durch Nachbildung der Unterschrift oder anders erkennbar gemacht werden. Automatisierte Erklärungen sind wirksame Willenserklärungen, wenn keine bestimmte Form verlangt wird. Sofern für den Arbeitsvertrag keine Form verlangt ist, kann mithin auch die Textform gewählt werden. Gesetzlich vorgesehen ist die Textform zB in § 558a I BGB für die Mitteilung des Mieterhöhungsverlangens. Im Arbeitsrecht wird die Textform in zB § 613a V BGB für die Unterrichtung der AN beim Betriebsübergang, seit 1.1.2019 für das Teilzeitverlangen nach § 8 II 1 TzBfG und in § 108 GewO für die Abrechnung des Arbeitsentgelts gefordert.

58 **4. Vermutung der Richtigkeit und Vollständigkeit.** Ein schriftlich abgeschlossener Arbeitsvertrag hat, gleichgültig, ob eine konstitutive oder deklaratorische Schriftform gewollt war, die Vermutung der Richtigkeit und Vollständigkeit für sich. Diese Vermutung bezieht sich allerdings nur auf den Inhalt des Rechtsgeschäfts, das in der Urkunde fixiert wurde, nicht aber auf (Neben-)Abreden, die nicht zu dem in der Urkunde fixierten Geschäft gehören.[178] Die Vermutung der Vollständigkeit und Richtigkeit einer Urkunde ist begründet, wenn der Text der Urkunde nach Wortlaut und innerem Zusammenhang unter Berücksichtigung der Verkehrssitte einen bestimmten Geschäftsinhalt zum Ausdruck bringt.[179] Wer das Gegenteil behauptet, muss darlegen und beweisen, dass mündliche Nebenabreden getroffen worden sind und diese gelten sollen.[180] Gelingt der Beweis, sind diese, wenn keine zwingende Schriftform gewollt war, wirksam.

59 **5. Treuwidriges Berufen auf die Formnichtigkeit.** Der **Einwand der Arglist (§ 242 BGB)** kann begründet sein, wenn die Berufung auf den Formmangel nach den Beziehungen der Parteien und den gesamten Umständen schlechthin mit Treu und Glauben unvereinbar ist.[181] Wenn die Formvorschriften des bürgerlichen Rechts nicht ausgehöhlt werden sollen, kann ein Formmangel allerdings nur ausnahmsweise nach § 242 BGB als unbeachtlich angesehen werden.[182] Im Interesse der Rechtssicherheit dürfen Formvorschriften nicht aus bloßen Billigkeitserwägungen außer Acht gelassen werden.[183] An die Bejahung eines Ausnahmefalls sind strenge Anforderungen zu stellen. Dass die Nichtigkeit den einen Vertragsteil hart trifft, reicht nicht aus, für diesen muss das Ergebnis vielmehr schlechthin untragbar sein. Hierzu müssen Umstände vorliegen, die das Verhalten des Berechtigten als in hohem Maße widersprüchlich erscheinen lassen.[184] § 242 BGB ist nicht anwendbar, wenn beiden Seiten der Formmangel bekannt war.[185] Ist ein formnichtiger Arbeitsvertrag durchgeführt worden (zB durch Arbeitsaufnahme, Bereitstellung des AN), sind für die Vergangenheit die Rechtsbeziehungen nach den Grundsätzen des fehlerhaften Arbeitsverhältnisses zu behandeln (→ § 34 Rn. 51 f.).[186]

V. Abschluss- und Beschäftigungsverbote

60 **1. Allgemeines.** Grundsätzlich besteht für den Abschluss von Arbeitsverträgen **Vertragsfreiheit,** dh, die Parteien können bestimmen, ob und mit wem sie Arbeitsverträge abschließen wollen (§ 105 GewO). Nur in wenigen Ausnahmefällen ist dieser Grundsatz durch Abschlussverbote eingeschränkt (→ § 34 Rn. 17 ff.). Hiervon zu unterscheiden sind die Beschäftigungsverbote, die nicht den Vertragsabschluss, sondern die Beschäftigung verbieten. Der Verstoß gegen ein Beschäftigungsverbot führt nicht zur Unwirksamkeit des Arbeitsver-

---

176 BAG 25.4.2007 AP Nr. 121 zu § 615 BGB = NZA 2007, 801.
177 BAG 20.5.2008 AP Nr. 35 zu § 307 BGB = NZA 2008, 1233; BGH 21.9.2005 NJW 2006, 138.
178 MüKoBGB/*Einsele* § 125 Rn. 39.
179 BGH 5.7.2002 NJW 2002, 3164.
180 Vgl. BGH 31.5.1995 NJW 1995, 3258; näher MüKoBGB/*Einsele* § 125 Rn. 57 ff.
181 BAG 7.5.1986 AP Nr. 12 zu § 4 BAT; 9.12.1981 AP Nr. 8 zu § 4 BAT.
182 BAG 17.12.2015 AP Nr. 10 zu § 623 BGB = NZA 2016, 361; 16.9.2004 AP Nr. 1 zu § 623 BGB = NZA 2005, 162.
183 BGH 16.7.2004 NJW 2004, 3330.
184 BAG 15.3.2011 AP Nr. 95 zu § 2 ArbGG 1979 = NZA 2011, 874.
185 BGH 22.6.1973 NJW 1973, 1455.
186 BAG 15.11.1957 AP Nr. 2 zu § 125 BGB.

trags, er hindert lediglich seine Durchführung. Abschluss- und Beschäftigungsverbote können auf Gesetz, Tarifvertrag oder Betriebsvereinbarung beruhen.

2. Beispiele für die wichtigsten Abschluss- und Beschäftigungsverbote. a) Kinder und Jugendliche. Für Kinder bestehen **Beschäftigungsverbote** nach §§ 5 ff. JArbSchG, für Jugendliche nach §§ 7 ff., 22 ff. JArbSchG. Nach § 25 JArbSchG dürfen Personen, die **(1)** wegen eines Verbrechens zu einer Freiheitsstrafe von mindestens zwei Jahren, **(2)** wegen einer vorsätzlichen Straftat unter Verletzung der Pflichten als AG, Ausbildender oder Ausbilder zum Nachteil von Kindern und Jugendlichen zu einer Freiheitsstrafe von mehr als drei Monaten, **(3)** wegen Anwerbung zu fremdem Militärdienst (§ 109h StGB) oder bestimmter Delikte gegen die Sittlichkeit und körperliche Unversehrtheit (§§ 170d, 174–184b, 233b StGB), **(4)** wegen einer Straftat nach dem Betäubungsmittelgesetz oder **(5)** wegen einer Straftat nach § 21 des Gesetzes über die Verbreitung jugendgefährdender Schriften Jugendliche nicht beschäftigen, sowie im Rahmen der in § 1 JArbSchG genannten Rechtsverhältnisse nicht beaufsichtigen, anweisen, ausbilden oder nicht mit derartigen Aufgaben beauftragt werden. Ein entsprechendes Verbot gilt für Personen, gegen die mindestens dreimal eine Buße nach § 58 I–IV JArbSchG festgesetzt worden ist. Die Verbote gelten nicht mehr nach Ablauf bestimmter Fristen und für Personensorgeberechtigte. Bei Verstoß gegen die Beschäftigungsverbote sind die Arbeitsverträge wirksam, der AG kann aber unter Umständen kündigen, wenn ihm die maßgeblichen Tatsachen nicht bekannt waren. Außerdem kann die Einhaltung der Verbote durch die Aufsichtsbehörde erzwungen und der AG mit Bußgeldern belegt werden (§§ 27, 58 JArbSchG). 61

b) Ausländer. Untersagt ist die **Beschäftigung** eines **Ausländers ohne Arbeitsgenehmigung** (§ 284 SGB III; dazu → § 27 Rn. 9).[187] 62

c) Frauen. Beschäftigungsverbote für Frauen ergaben sich bis zu deren Aufhebung aus dem BBergG und dem SeemG sowie noch heute aus dem Mutterschutzrecht (→ § 167 Rn. 7 ff.). 63

d) Auszubildende. Auszubildende darf nur einstellen, wer persönlich geeignet ist und über eine für die Berufsausbildung geeignete Ausbildungsstätte verfügt (§§ 27, 29 BBiG). Ferner müssen die Zahl der Auszubildenden in einem angemessenen Verhältnis zur Zahl der Ausbildungsplätze oder der beschäftigten Fachkräfte stehen (§ 27 I Nr. 2 BBiG). Ausbilden darf nur, wer persönlich oder fachlich geeignet ist (§§ 29, 30 BBiG). Einzelheiten → § 174 Rn. 15 ff. 64

3. Rechtsfolgen bei Verstößen. Welche Rechtsfolgen eintreten, wenn entgegen bestehender **Abschlussverbote** Arbeitsverträge vereinbart werden, lässt sich nicht einheitlich beantworten, sondern ist aus dem Zweck eines jeden Verbots herzuleiten. Im Allgemeinen handelt es sich bei den Abschlussverboten um gesetzliche Verbote iSv § 134 BGB, so dass der verbotswidrig abgeschlossene Arbeitsvertrag nichtig ist, auch wenn die Parteien keine Kenntnis von dem Bestehen des Verbots hatten. Hiergegen kann nicht eingewandt werden, Sinn der Abschlussverbote sei, den AN vor den Gefahren des Vertrags zu schützen, so dass der AG sich nicht auf ein Abschlussverbot berufen könne. Wenn das Gesetz gerade den Vertragsabschluss des AN verhindern will, lässt sich dieses Ziel nur durch die Nichtigkeit des Vertrags erreichen. Sind nach Abschluss des Arbeitsvertrags Abschlussverbote vereinbart worden, kann sich hieraus eine Verpflichtung zur Kündigung ergeben. Bestehen Abschlussverbote, kann der BR der Einstellung widersprechen (§ 99 BetrVG; dazu → § 241 Rn. 1 ff.). Ist ein entgegen einem Einstellungsverbot abgeschlossener Arbeitsvertrag durch **Aufnahme der Beschäftigung** in Vollzug gesetzt worden, entsteht ein faktisches Arbeitsverhältnis, aus dem quasi-vertragliche Ansprüche folgen (→ § 34 Rn. 17 ff., 51 f.). 65

VI. Abschlussgebote

1. Allgemeines. Bei den Abschlussgeboten ist zu unterscheiden zwischen Regelungen, die einem besonders geschützten Personenkreis bevorzugt einen Arbeitsplatz verschaffen wollen **(Einstellungsgebote),** und solchen, die eine Wiedereinstellung des AN nach der rechtlichen Beendigung des Arbeitsverhältnisses erreichen wollen **(Wiedereinstellungsgebote).** Für einen bestimmten Personenkreis bestehende Abschlussgebote können für solche Personen, die nicht zu diesem Personenkreis gehören, als Abschlussverbote wirken; zB wenn nach den Auswahlrichtlinien (§ 95 BetrVG) für einen bestimmten Arbeitsplatz ein schwerbehinderter Mensch einzustellen ist. 66

[187] BAG AP Nr. 2–4 zu § 19 AFG; *Hanau* FS 25 Jahre BAG, 169.

67 **2. Gesetzliche Abschlussgebote.** Die wichtigsten gesetzlichen Abschlussgebote bestehen für: **(a)** schwerbehinderte Menschen (→ § 178 Rn. 32); **(b)** Inhaber von Bergmannsversorgungsscheinen; **(c)** alle AN nach Abschluss des Arbeitskampfes; **(d)** Opfer der nationalsozialistischen Verfolgung. Die Regelungen wegen der Opfer des Nationalsozialismus sind im Wesentlichen überholt oder haben heute praktisch keine Bedeutung mehr, da die AN das Rentenalter erreicht haben. Ein **Wiedereinstellungsanspruch** kann bestehen, wenn der Kündigungsgrund vor Ablauf der Kündigungsfrist weggefallen ist und der AG noch nicht über den Arbeitsplatz verfügt hat (dazu → § 146 Rn. 1 ff.).

68 **3. Tarifvertragliche Abschlussgebote.** Sie können nach § 1 I TVG normativ vereinbart werden. In der Tarifpraxis finden sich insbesondere Regelungen über die Verpflichtung der AG, Auszubildende **nach dem Abschluss der Ausbildung** befristet in einem Arbeitsverhältnis zu beschäftigen. Tarifvertragliche **Wiedereinstellungsgebote** werden nach der Beendigung von Arbeitskämpfen, in Rationalisierungsschutzabkommen zur Begünstigung von aus betriebsbedingten Gründen gekündigten AN oder für Kündigungen aus witterungsbedingten Gründen vereinbart.

VII. Gesetzliche Beendigungstatbestände des Arbeitsverhältnisses

69 In den **Beamtengesetzen** ist im Allgemeinen bestimmt, dass mit der Ernennung zum Beamten ein privatrechtliches Arbeitsverhältnis zum Dienstherrn erlischt (§ 10 III BBG). Damit ist aber eine Neubegründung eines Arbeitsverhältnisses nicht ausgeschlossen. Umstr. ist, in welchem Umfang der Beamte von seinem Dienstherrn noch in einem Arbeitsverhältnis beschäftigt werden kann. Zum Teil wird angenommen, dass nur eine Nebentätigkeit in einem Arbeitsverhältnis verrichtet werden dürfe. Jedenfalls ist es zulässig, dass ein Studien- oder Rechtsreferendar, mit dessen Ernennung ein früheres Arbeitsverhältnis zum Dienstherrn erlischt, erneut eingestellt wird, um ihm die Stelle zu erhalten, die er früher innehatte.[188]

VIII. Anrechnung von Vordienstzeiten

70 **1. Anrechnung.** Die **Vertragsfreiheit** gestattet, Vordienstzeiten in einem früheren Arbeitsverhältnis zu demselben oder einem anderen AG anzurechnen. Die Anrechnung von Dienstzeiten erfolgt vor allem, um die Wartezeiten des AN für soziale Nebenleistungen, zB Ruhegeld,[189] Jubiläumszuwendungen,[190] abzukürzen. Sie spielt des Weiteren im Kündigungsrecht bei der Wartezeit des § 1 I KSchG,[191] der Sozialauswahl nach § 1 III KSchG[192] und der Dauer der Kündigungsfrist nach § 622 II BGB eine Rolle.

71 **2. Öffentlicher Dienst.** Nach Maßgabe des § 20 BAT konnten im öffentlichen Dienst Dienstzeiten, die ein Angestellter bei einem anderen der AG verbracht hat, angerechnet werden. Nach § 19 I UAbs. 3 BAT-O wurden im öffentlichen Dienst der neuen Bundesländer Vordienstzeiten angerechnet, wenn die Nichtanrechnung eine unbillige Härte darstellen würde.[193]

IX. Ruhen des Arbeitsverhältnisses

72 **1. Begriff.** Ein ruhendes Arbeitsverhältnis liegt vor, wenn die wechselseitigen **Hauptpflichten** aus dem Arbeitsvertrag, also die Pflicht des AN zur Arbeitsleistung und die Pflicht des AG zur Zahlung der vereinbarten Vergütung, **suspendiert** sind und somit der jeweilige Gläubiger von seinem Schuldner die Erbringung der Leistung nicht verlangen und durchsetzen kann.[194] Dies ist bei der Gewährung von **Sonderurlaub** ohne Vergütung der Fall.[195] Ein ruhendes Arbeitsverhältnis lebt wieder auf, wenn die gegenseitigen Vertragspflichten wieder erfüllt werden müssen. Das Ruhen kann **kraft Gesetzes** eintreten, so zB während der Elternzeit (→ § 172 Rn. 16). Das Ruhen des Arbeitsverhältnisses kann auch durch ausdrückliche

[188] BAG 27.7.1994 AP Nr. 74 zu § 611 BGB Abhängigkeit.
[189] BAG 19.12.2000 AP Nr. 10 zu § 1 BetrAVG Unverfallbarkeit = NZA 2002, 615.
[190] BAG 24.5.2000 AP Nr. 1 zu § 39 BAT-O = NZA 2001, 45.
[191] Dazu BAG 24.11.2005 AP Nr. 19 zu § 1 KSchG 1969 Wartezeit = NZA 2006, 366.
[192] BAG 2.6.2005 AP Nr. 75 zu § 1 KSchG 1969 Soziale Auswahl = NZA 2006, 207.
[193] BAG 21.1.1995 AP Nr. 4 zu § 19 BAT-O = NZA 1996, 1054; näher Schaub ArbR-HdB/*Linck*, 17. Aufl., § 32 Rn. 71.
[194] BAG 1.8.2018 AP Nr. 17 zu § 1 TVG Tarifverträge Telekom = NZA-RR 2019, 106.
[195] BAG 21.5.2019 AP Nr. 89 zu § 7 BUrlG = NZA 2019, 1365.

oder konkludente **Vereinbarung** herbeigeführt werden. Denkbar sind auch tarifvertragliche Regelungen.[196] Ein konkludenter Abschluss kann gegeben sein, wenn der AN der Arbeit fernbleibt und der AG die Entgeltzahlungen einstellt. In Ausnahmefällen kann das Ruhen durch einseitige Erklärung herbeigeführt werden, wenn hierfür eine Rechtsgrundlage besteht. Dies ist zB im Baugewerbe bei der Freistellung zu einer Arbeitsgemeinschaft (§ 9 BRTV-Bau) der Fall. Die Vereinbarung eines ruhenden Arbeitsverhältnisses kommt in Betracht, wenn der AN ins Ausland entsandt, zum Organmitglied bestellt[197] oder vorübergehend erwerbsunfähig wird.[198] Ruhensvereinbarungen in vorformulierten Arbeitsverträgen verstoßen nicht gegen § 307 I BGB, wenn der AG hierfür einen **sachlichen Grund** hat[199] und die Regelung hinreichend **klar und verständlich iSv § 307 I 2 BGB** ist[200] (→ § 35 Rn. 119).

2. Rechtsfolgen des Ruhens. Während des Ruhens sind die arbeitsvertraglichen **Hauptleistungspflichten suspendiert,** die Nebenpflichten bestehen fort.[201] Der AN schuldet keine Arbeitsleistung und der AG schuldet kein Entgelt. Die Betriebszugehörigkeit und die Wartezeiten nach dem KSchG und dem BUrlG werden nicht unterbrochen. Der AG kann zwar während des Ruhenszeitraums keinen Urlaub erteilen, weil er den AN nicht von der Arbeitsleistung befreien kann. Der Vereinbarung des unbezahlten Sonderurlaubs, hindert in dieser Zeit das Entstehen gesetzlicher Urlaubsansprüche. Der Zeitraum des Sonderurlaubs ist bei der Berechnung des Urlaubsanspruchs mit „null" Arbeitstagen in Ansatz zu bringen.[202] Wegen der Gewährung von Sondervergütungen kommt es auf die Auslegung der Rechtsgrundlage an.[203] Entgeltfortzahlung im Krankheitsfall ist während des Ruhenszeitraums nicht zu leisten. Muss in einem Betrieb aus betriebsbedingten Gründen gekündigt werden, sind AN in ruhenden Arbeitsverhältnissen nach Auffassung des BAG nicht in die soziale Auswahl einzubeziehen.[204] 73

3. Wiederaufleben des Arbeitsverhältnisses. Ist das Ruhen des Arbeitsverhältnisses kraft Gesetzes herbeigeführt worden, lebt das Arbeitsverhältnis wieder auf, wenn die Ruhensvoraussetzungen entfallen. Bei vertraglich vereinbartem Ruhen kommt es darauf an, dass die Vereinbarung wieder aufgehoben wird. Ist das Ruhen durch eine einseitige Erklärung herbeigeführt worden, bedarf es der Aufhebung der Suspendierungserklärung. Zur Beendigung des Arbeitsverhältnisses während des Ruhenszeitraums bedarf es eines Beendigungstatbestands. 74

§ 33. Arbeitspapiere und Meldepflichten des Arbeitgebers

Übersicht

I. Vom Arbeitnehmer vorzulegende Arbeitspapiere

1. Vorlagepflicht. Zu Beginn des Arbeitsverhältnisses hat der AN seinem AG die Arbeitspapiere auszuhändigen. Hierzu gehört der **Sozialversicherungsausweis** 1

[196] BAG 17.3.2016 AP Nr. 3 zu § 33 TVöD = NZA 2016, 1220.
[197] Vgl. BAG 8.6.2000 AP Nr. 49 zu § 5 ArbGG 1979 = NZA 2000, 1013.
[198] Vgl. BAG 17.3.2016 AP Nr. 3 zu § 33 TVöD = NZA 2016, 1220; 5.4.2000 AP Nr. 2 zu § 39 BAT = NZA 2000, 842.
[199] BAG 10.1.2007 AP Nr. 6 zu § 611 BGB Ruhen des Arbeitsverhältnisses = NZA 2007, 384.
[200] BAG 18.11.2015 AP Nr. 73 zu § 138 BGB = NZA 2016, 494; 26.10.2016 AP Nr. 17 zu § 2 EntgeltFG = NZA 2017, 123.
[201] BAG 17.3.2016 AP Nr. 3 zu § 33 TVöD = NZA 2016, 1220.
[202] BAG 21.5.2019 AP Nr. 89 zu § 7 BUrlG = NZA 2019, 1365; aA noch BAG 6.5.2014 AP Nr. 24 zu § 1 BUrlG = NZA 2014, 959.
[203] Zur Elternzeit: BAG 24.11.1993 AP Nr. 158 zu § 611 BGB Gratifikation.
[204] BAG 26.2.1987 AP Nr. 15 zu § 1 KSchG Soziale Auswahl = NZA 1987, 775.

(→ Rn. 2), bei bestimmten Arbeitsverhältnissen sind weitere Unterlagen vorzulegen, und zwar **(1)** das Gesundheitszeugnis nach § 43 IfSG im Einzelhandel, **(2)** die Arbeitsgenehmigung von ausländischen AN (→ § 27 Rn. 1 ff.) und **(3)** die Gesundheitsbescheinigung von Jugendlichen (§ 32 JArbSchG; dazu → § 161 Rn. 1 ff.). Im Falle der Nichtvorlage bleibt die Wirksamkeit des Arbeitsvertrags unberührt.[1] Ohne die Vorlage der vorgenannten Arbeitspapiere können Beschäftigungsverbote (→ § 32 Rn. 61 ff. iVm → § 27 Rn. 1 ff., → § 161 Rn. 1 ff.) bestehen. Die Nichtvorlage des Sozialversicherungsausweises kann den AG nach vorheriger Abmahnung zur ordentlichen oder außerordentlichen Kündigung berechtigen.[2] Werden die Arbeitspapiere nicht vorgelegt, führt dies zu öffentlich-rechtlichen Nachteilen des AN. Der AN kann eine Quittung über die Vorlage der Arbeitspapiere verlangen.

2 **2. Sozialversicherungsausweis und Kontrollmeldungen.** Der zuständige Rentenversicherungsträger stellt den Sozialversicherungsausweis bei der Vergabe einer Versicherungsnummer aus (§ 18h I SGB IV). Der Sozialversicherungsausweis enthält für jeden Beschäftigten die Versicherungsnummer, den Vor- und Familiennamen und ggf. den Geburtsnamen. Der AN ist nach § 18h II 1 SGB IV verpflichtet, den Sozialversicherungsausweis **bei Beginn einer Beschäftigung** dem AG vorzulegen. Kann der Beschäftigte dies nicht zum Zeitpunkt des Beschäftigungsbeginns, hat er dies unverzüglich nachzuholen. **Nach Beschäftigungsbeginn** hat der AG umfangreiche Kontrollmeldungen vorzunehmen. In den in § 28a IV SGB IV aufgeführten Gewerben hat der AG die Beschäftigten spätestens bei Arbeitsaufnahme der Rentenversicherung zu melden und gem. § 2a Schwarzarbeitsbekämpfungsgesetz auf die Mitführungspflicht von Ausweispapieren hinzuweisen. Für Beschäftigte, die im Rahmen eines außerhalb des Geltungsbereiches des deutschen Sozialversicherungsrechts bestehenden Beschäftigungsverhältnisses in die Bundesrepublik Deutschland entsandt worden sind, prüft der Träger der Rentenversicherung, ob die Bescheinigung E 101 (§ 150 III 1 SGB VI) ausgestellt werden kann.[3]

3 **3. Meldeverfahren.** Das Meldeverfahren ergibt sich aus der Verordnung über die Erfassung und Übermittlung von Daten für die Träger der Sozialversicherung **(Datenerfassungs- und -übermittlungsverordnung – DEÜV)** idF vom 23.1.2006 (BGBl. I 152), zuletzt geändert durch Gesetz v. 12.6.2020 (BGBl. I 1248). Die Verordnung wird ergänzt durch gemeinsame Grundsätze für die Datenerfassung und Datenübermittlung zur Sozialversicherung nach § 28b II SGB IV sowie ein gemeinsames Meldeverfahren zur Kranken-, Pflege-, Renten- und Arbeitslosenversicherung vom 1.4.2002. Besondere Vorschriften bestehen gem. § 14 BinSchAufgG für **Besatzungsmitglieder auf Binnenschiffen.**

II. Vom Arbeitgeber zu übergebende Unterlagen

4 Nach § 2 I 1 NachwG hat der AG spätestens einen Monat nach dem vereinbarten Beginn des Arbeitsverhältnisses die **wesentlichen Bedingungen schriftlich niederzulegen,** die Niederschrift zu unterzeichnen und dem AN auszuhändigen (→ § 32 Rn. 35 ff.). Gem. § 9 HAG, §§ 10 ff. HAG-DVO haben AG, die **Heimarbeit** ausgeben oder weitergeben, den Heimarbeitern Entgeltbücher, uU auch Hefte mit Entgelt oder Arbeitszetteln auszuhändigen (→ § 163 Rn. 1 ff.). AG, die Personen zu ihrer Berufsausbildung beschäftigen, haben den Auszubildenden und gegebenenfalls ihren gesetzlichen Vertretern eine Niederschrift über die **vereinbarten Ausbildungsbedingungen** (§ 11 III BBiG; → § 174 Rn. 1 ff.) zu erteilen. Die Verletzung dieses Gebots führt freilich nicht zur Unwirksamkeit des Vertrags. Der **Verleiher** ist verpflichtet, dem Leiharbeitnehmer eine Urkunde auszuhändigen, die den wesentlichen Inhalt des Arbeitsverhältnisses enthält (§ 11 AÜG). Hat ein AG mit einem AN ein **Wettbewerbsverbot** vereinbart, muss er die Urkunde dem AN zur Meidung ihrer Unwirksamkeit aushändigen (§ 74 HGB; § 110 GewO; hierzu → § 55 Rn. 17). Über die Aushändigung wird zur Beweissicherung zweckmäßig eine Niederschrift aufgenommen.

---

[1] Zum Gesundheitszeugnis: BAG 25.6.1970, 2.3.1971 AP Nr. 1, 2 zu § 18 BSeuchG; 24.3.1982 AP Nr. 1 zu § 47 BSeuchG; zum Ablauf: BayObLG 20.11.1979 DB 1980, 936.
[2] LAG Düsseldorf 23.2.1961 BB 1961, 677; KR/*Fischermeier* BGB § 626 Rn. 427; KR/*Rachor* KSchG § 1 Rn. 467.
[3] Dazu *Kreikebohm* SGB VI/*Kühn* § 150 Rn. 7.

§ 34. Rechtsmängel des Arbeitsvertrags

Übersicht

I. Nichtigkeit des Arbeitsvertrags

1. Allgemeines. Für Arbeitsverträge gelten die gleichen Nichtigkeitsgründe wie für sonstige Rechtsgeschäfte. Im Arbeitsrecht kommen namentlich folgende Nichtigkeitsgründe in Betracht: **(a)** Geschäftsunfähigkeit (§ 105 BGB) oder beschränkte Geschäftsfähigkeit einer Partei (§ 107 BGB); **(b)** mangelnde Vertretungsmacht; **(c)** Formmangel; **(d)** Wucher (§ 138 II BGB); **(e)** Sittenwidrigkeit (§ 138 I BGB); **(f)** Verstoß gegen ein gesetzliches Verbot (§ 134 BGB). Zu (a)–(c) → § 32 Rn. 19 ff.; zu (d)–(f) vgl. im Folgenden. 1

2. Sittenwidrigkeit (§ 138 I BGB).[1] **a) Grundsätze.** Ein Arbeitsvertrag ist nach der allgemeinen, vom Reichsgericht entwickelten Formel sittenwidrig, wenn er gegen das **Anstandsgefühl aller billig und gerecht Denkenden** verstößt.[2] Für das Verständnis dessen, was heute unter „guten Sitten" iSv § 138 I BGB zu verstehen ist, kommt der Wertordnung des Grundgesetzes, wie sie insbesondere in den Grundrechten niedergelegt ist, wesentliche Bedeutung zu.[3] Ebenso zu berücksichtigen sind fundamentale Grundsätze des Unionsrechts.[4] Maßgeblich ist ein objektiver Maßstab, bei dem besonders strenge oder freizügige Moralvorstellungen Einzelner (etwa des entscheidenden Richters) außer Betracht zu bleiben haben.[5] Dabei bedingt der stetige Wandel der sozialethischen Inhalte der herrschenden Moral auch einen entsprechenden Wandel der aus diesen Wertvorstellungen folgenden Verhaltensanforderungen. Bei den guten Sitten handelt es sich deshalb um keinen dauerhaft festgeschriebenen Begriff, sondern um einen der jeweils herrschenden Moral anzupassenden Verhaltensmaßstab.[6] Die Würdigung, ob ein Rechtsgeschäft gegen die guten Sitten verstößt, ist eine Rechtsfrage, die der vollen Nachprüfung im Wege der Revision unterliegt.[7] 2

Die Sittenwidrigkeit des Rechtsgeschäfts kann nur aufgrund einer **umfassenden Gesamtwürdigung** unter Berücksichtigung aller Umstände, die den Vertrag kennzeichnen, der objektiven Verhältnisse, unter denen er zustande gekommen ist, seiner Auswirkungen sowie der subjektiven Merkmale, wie dem verfolgten Zweck und dem zugrunde liegenden Beweggrund, beurteilt werden. In subjektiver Hinsicht genügt es, wenn der Handelnde die Tatsachen kennt, aus denen sich die Sittenwidrigkeit ergibt, bzw. sich der Kenntnis bewusst verschließt oder 3

---

[1] Dazu *Bepler* FS Richardi, 2007, 189; *Henssler/Sittard* RdA 2007, 159.
[2] RGZ 120, 142, 148.
[3] BAG 26.4.2006 AP Nr. 63 zu § 138 BGB = NZA 2006, 1354; BGH 2.12.1998 NJW 1999, 566 (568); MüKoBGB/*Armbrüster* § 138 Rn. 20 ff.
[4] BGH 5.2.1998 NJW 1998, 2208 (2210).
[5] BGH 2.12.1998 NJW 1999, 566 (568); MüKoBGB/*Armbrüster* § 138 Rn. 14.
[6] BeckOK BGB/*Wendtland* § 138 Rn. 16.
[7] BAG 21.4.2016 AP Nr. 8 zu § 781 BGB = NZA 2016, 1409; BGH 12.4.2016 NJW 2016, 2662.

entzieht. Ein Bewusstsein der Sittenwidrigkeit oder eine Schädigungsabsicht ist dagegen nicht erforderlich.[8] Ein wegen widerrechtlicher **Drohung** nach § 123 BGB anfechtbares Rechtsgeschäft ist nur dann gem. § 138 I BGB nichtig, wenn zu der unzulässigen Willensbeeinflussung weitere Umstände hinzutreten, die das Geschäft seinem Gesamtcharakter nach als sittenwidrig erscheinen lassen. Der bloße Umstand, dass einem Vertragspartner keine oder nur eine kurze Überlegungsfrist für den Vertragsschluss eingeräumt wurde, führt noch nicht zur Sittenwidrigkeit des Rechtsgeschäfts.[9] Ebenso wenig führt in **kirchlichen Arbeitsverhältnissen** ein Verstoß gegen kirchenrechtliche Vorgaben zur Sittenwidrigkeit einer Vereinbarung, selbst wenn die kirchliche Ordnung und deren Wertvorstellungen bei der Gesamtwürdigung zu berücksichtigen wären.[10]

4 **b) Wucher und wucherähnliches Geschäft. aa) Überblick.** Nach **§ 138 II BGB** ist ein Rechtsgeschäft nichtig, durch das jemand unter Ausbeutung der Zwangslage, der Unerfahrenheit, des Mangels an Urteilsvermögen oder der erheblichen Willensschwäche eines anderen sich oder einem Dritten für eine Leistung Vermögensvorteile versprechen oder gewähren lässt, die in einem auffälligen Missverhältnis zu der Leistung stehen. Der Wucherer muss subjektiv eine Schwäche des anderen (Zwangslage, Unerfahrenheit, Mangel an Urteilsvermögen oder Willensschwäche) ausbeuten. Sind die Tatbestandsvoraussetzungen von Abs. 2 nicht vollständig erfüllt, kann das Rechtsgeschäft bei Hinzukommen weiterer, nur eben in Abs. 2 nicht genannter anstößiger Umstände gleichwohl wegen eines allgemeinen Sittenverstoßes nach Abs. 1 nichtig sein.[11] § 138 BGB enthält somit in Abs. 1 eine Generalklausel, die in Abs. 2 für den Wucher beispielhaft konkretisiert wird.

5 Ein wucherähnliches Geschäft liegt nach **§ 138 I BGB** vor, wenn Leistung und Gegenleistung in einem auffälligen Missverhältnis zueinanderstehen und weitere sittenwidrige Umstände, zB eine verwerfliche Gesinnung des durch den Vertrag objektiv Begünstigten, hinzutreten.[12] Eine verwerfliche Gesinnung des Begünstigten ist dabei nicht nur dann zu bejahen, wenn er als der wirtschaftlich oder intellektuell Überlegene die schwächere Lage des anderen Teils bewusst zu seinem Vorteil ausgenutzt hat, sondern auch dann, wenn er sich leichtfertig der Erkenntnis verschlossen hat, dass sein Vertragspartner sich nur wegen seiner schwächeren Lage auf den ungünstigen Vertrag eingelassen hat. Aus einem besonders auffälligen Missverhältnis zwischen Leistung und Gegenleistung kann auf eine verwerfliche Gesinnung des Begünstigten geschlossen werden (→ Rn. 11).[13]

6 **bb) Lohnwucher.** Sowohl der Lohnwucher als auch das wucherähnliche Geschäft haben jeweils einen objektiven und einen subjektiven Tatbestand.

7 **(1) Objektiver Tatbestand.** Der objektive Tatbestand sowohl des Lohnwuchers (§ 138 II BGB) als auch des wucherähnlichen Geschäfts (§ 138 I BGB) setzt ein **auffälliges Missverhältnis** zwischen Leistung und Gegenleistung voraus. Hiervon ist auszugehen, wenn es einem Kundigen, ggf. nach Aufklärung des Sachverhalts, ohne weiteres ins Auge springt.[14] Maßgeblich ist insoweit eine Gesamtbetrachtung der vom AN nach dem Arbeitsvertrag geschuldeten Arbeitsleistung und des vom AG dafür zu zahlenden Entgelts.[15] Der gesetzliche Mindestlohn von 9,60 EUR (ab 1.7.2021) ist bei der Prüfung der Sittenwidrigkeit nicht zugrunde zu legen. Dieser bezeichnet lediglich das Minimum der Vergütung, berücksichtigt aber nicht die übliche Vergütung dieser Arbeit, worauf die Prüfung der Sittenwidrigkeit gerade abzielt (→ Rn. 10b zum Verhältnis zum Mindestlohn).[16] Ausgangspunkt zur Feststellung des Wertes

[8] BAG 21.4.2016 AP Nr. 8 zu § 781 BGB = NZA 2016, 1409; 22.7.2010 AP Nr. 134 zu § 611 BGB Haftung des Arbeitnehmers = NZA 2011, 743.

[9] BAG 21.4.2016 AP Nr. 8 zu § 781 BGB = NZA 2016, 1409 (Schuldanerkenntnis); 15.3.2005 AP Nr. 7 zu § 781 BGB = NZA 2005, 682.

[10] BAG 24.5.2018 AP Nr. 91 zu § 611 BGB Kirchendienst.

[11] MüKoBGB/*Armbrüster* § 138 Rn. 142; BeckOK BGB/*Wendtland*, 56. Ed., § 138 Rn. 41; Palandt/*Ellenberger* BGB § 138 Rn. 65.

[12] BAG 18.11.2015 AP Nr. 73 zu § 138 BGB = NZA 2016, 494; 17.12.2014 AP Nr. 70 zu § 138 BGB mzustAnm *Henssler/Locher* = NZA 2015, 608; 18.3.2014 AP Nr. 24 zu § 4 TzBfG; 22.4.2009 AP Nr. 64 zu § 138 BGB = NZA 2009, 837; MüKoBGB/*Armbrüster* § 138 Rn. 112.

[13] BAG 18.3.2014 AP Nr. 24 zu § 4 TzBfG; BGH 18.12.2007 NJW-RR 2008, 1436; 13.6.2001 NJW 2002, 55 (56).

[14] BAG 24.5.2017 – 5 AZR 251/16.

[15] BAG 17.12.2014 AP Nr. 70 zu § 138 BGB mzustAnm *Henssler/Locher* = NZA 2015, 608; 17.10.2012 AP Nr. 68 zu § 138 BGB = NZA 2013, 266.

[16] BAG 18.11.2015 AP Nr. 73 zu § 138 BGB = NZA 2016, 494.

der Arbeitsleistung sind vielmehr in der Regel die Tariflöhne des jeweiligen Wirtschaftszweigs.[17] Dies gilt jedenfalls dann, wenn diese in dem Wirtschaftsgebiet üblicherweise gezahlt werden. Denn dann kann grundsätzlich davon ausgegangen werden, dass Arbeitskräfte auf dem Arbeitsmarkt nur zu den Tariflohnsätzen gewonnen werden können. Eine **Üblichkeit der Tarifvergütung** kann angenommen werden, wenn mehr als 50% der AG eines Wirtschaftsgebiets tarifgebunden sind oder wenn die organisierten AG mehr als 50% der AN eines Wirtschaftsgebiets beschäftigen.[18] Durch dieses Quorum wird vermieden, dass im Rahmen der Kontrolle nach § 138 BGB Tariflöhne zur Messlatte werden, die sich nicht durchgesetzt haben.[19] Erreicht die Arbeitsvergütung **nicht einmal zwei Drittel** eines in dem betreffenden Wirtschaftszweig üblicherweise gezahlten Tariflohns, liegt eine ganz erhebliche, ohne Weiteres ins Auge springende und regelmäßig nicht mehr hinnehmbare Abweichung vor, für die es einer spezifischen Rechtfertigung bedarf.[20] Dasselbe gilt, wenn bei fehlender Maßgeblichkeit der Tarifentgelte die vereinbarte Vergütung mehr als ein Drittel unter dem Lohnniveau bleibt, das sich für die auszuübende Tätigkeit in der Wirtschaftsregion gebildet hat (→ Rn. 9).[21] Zu vergleichen sind hierbei die regelmäßig gezahlte Vergütung und der regelmäßige Tariflohn. Tarifliche Zulagen und Zuschläge für besondere Arbeiten und Arbeitszeiten oder aus bestimmten Anlässen sind ebenso wenig einzubeziehen wie unregelmäßige Zusatzleistungen eines AG im streitigen Arbeitsverhältnis.[22] Derartige Leistungen bestimmen grundsätzlich weder den verkehrsüblichen Wert der Arbeit als solchen noch den Charakter des Arbeitsverhältnisses.[23]

Für die **Bestimmung der vergütungspflichtigen Arbeitszeit** ist an die „Leistung der versprochenen Dienste" iSv § 611 I BGB (seit 1.4.2017 an die „Leistung weisungsgebundener fremdbestimmter Arbeit" iSv § 611a BGB) anzuknüpfen. **Arbeit als Leistung der versprochenen Dienste** ist nicht nur jede Tätigkeit, die als solche der Befriedigung eines fremden Bedürfnisses dient, sondern auch die vom AG veranlasste Untätigkeit, während derer der AN am Arbeitsplatz anwesend sein muss und nicht frei über die Nutzung des Zeitraums bestimmen kann, er also weder eine Pause noch Freizeit hat.[24] Bei einem Busbegleiter gehören hierzu auch Leerfahrten sowie Pufferzeiten bis zum Erscheinen der Fahrgäste.[25] Zur Bestimmung eines auffälligen Missverhältnisses kommt es nicht darauf an, ob der AN für jede erbrachte Arbeitsstunde ein gleichbleibendes Stundenentgelt oder für einzelne Arbeitsstunden ein besonders hohes, für andere aber ein niedriges Stundenentgelt erhält oder – wie bei der Pauschalvergütung von Überstunden – mit der vereinbarten Vergütung weitere Arbeitsstunden „abgegolten" sind. Haben die Parteien als Abrechnungsperiode den Kalendermonat gewählt, ist unter Berücksichtigung der tatsächlich erbrachten Arbeitsstunden das sich rechnerisch ergebende Stundenentgelt pro Monat maßgeblich.[26] Daher ist eine Änderungsvereinbarung, die vorsieht, dass die regelmäßige Arbeitszeit von 35 auf 40 Stunden wöchentlich heraufgesetzt wird, von denen aber nur 35 Stunden vergütet werden, nicht schon deshalb sittenwidrig, weil einzelne Arbeitsstunden – scheinbar – unentgeltlich zu erbringen sind. Ob der Wert der Arbeitsleistung in einem auffälligen Missverhältnis zur versprochenen Vergütung steht, kann nur im Rahmen einer Gesamtbetrachtung beurteilt werden.[27] 8

Eine sittengemäße Vergütung für die in der Normalarbeitszeit geleistete Arbeit wird nicht dadurch zur sittenwidrigen, dass der AG dem AN in Verkennung der Rechtslage **Vergütung von Mehrarbeit und Sonderformen der Arbeit vorenthält.** Vielmehr sieht die Rechtsordnung in einem solchen Fall einen Anspruch auf – zusätzliche – Vergütung geleisteter Mehr- und Sonderarbeit vor. Maßgebend ist, was der AG dem AN für die vereinbarte Arbeitsleistung schuldet. Sind einzelne Abreden, wie zB eine Klausel zur Pauschalabgeltung von Überstunden bereits aus anderen Gründen (§ 307 I 2 BGB) rechtsunwirksam mit der Folge, dass dem AN insoweit ein gesonderter Entgeltanspruch nach § 612 I BGB erwächst, bleibt dies bei der Prüfung der 8a

[17] Krit. dazu *Rieble/Picker* ZfA 2014, 153 (165 ff.).
[18] BAG 24.5.2017 – 5 AZR 251/16; 18.11.2015 AP Nr. 73 zu § 138 BGB = NZA 2016, 494; 16.5.2012 AP Nr. 66 zu § 138 BGB = NZA 2012, 974.
[19] *Bayreuther* Anm. zu BAG AP Nr. 64 zu § 138 BGB.
[20] BAG 18.11.2015 AP Nr. 73 zu § 138 BGB = NZA 2016, 494; 17.12.2014 AP Nr. 70 zu § 138 BGB mzustAnm *Henssler/Locher* = NZA 2015, 608; 17.10.2012 AP Nr. 68 zu § 138 BGB = NZA 2013, 266.
[21] BAG 24.5.2017 – 5 AZR 251/16.
[22] Krit. dazu *Bayreuther* Anm. zu BAG AP Nr. 64 zu § 138 BGB.
[23] BAG 22.4.2009 AP Nr. 64 zu § 138 BGB = NZA 2009, 837.
[24] BAG 20.4.2011 AP Nr. 51 zu § 307 BGB = NZA 2011, 917.
[25] BAG 18.11.2015 AP Nr. 73 zu § 138 BGB = NZA 2016, 494.
[26] BAG 17.10.2012 AP Nr. 68 zu § 138 BGB = NZA 2013, 266.
[27] BAG 17.10.2012 AP Nr. 68 zu § 138 BGB = NZA 2013, 266.

Sittenwidrigkeit außer Betracht. Ihr unterliegen nur diejenigen Teile der arbeitsvertraglichen Vergütungsvereinbarung, die – die zu prüfende Sittenwidrigkeit hinweg gedacht – ansonsten rechtswirksam sind.[28]

9 Entspricht der **Tariflohn nicht der verkehrsüblichen Vergütung,** sondern liegt diese unterhalb des Tariflohns, ist von dem allgemeinen Lohnniveau im Wirtschaftsgebiet auszugehen. Der AN muss in diesem Fall tatsächliche Anhaltspunkte dafür vortragen, dass das vereinbarte Arbeitsentgelt nicht einmal zwei Drittel des allgemeinen Lohnniveaus für die von ihm ausgeübte Tätigkeit im Wirtschaftsgebiet beträgt.[29] Dies entspricht auch der Rechtsprechung des BGH.[30] Eine Behauptung „ins Blaue" hinein unter Berufung auf ein Sachverständigengutachten ist ein unzulässiges Ausforschungsbeweisangebot.[31] Die Zuordnung eines Unternehmens zu einem bestimmten Wirtschaftszweig richtet sich nach der Klassifikation der Wirtschaftszweige durch das Statistische Bundesamt. Diese wiederum beruht auf der Verordnung (EG) Nr. 1893/2006 vom 20.12.2006 in der jeweils geltenden Fassung. Hierauf fußt § 3 des Gesetzes über die Statistik der Verdienste und Arbeitskosten vom 21.12.2006 (BGBl. I 3291), der die Grundlage für die statistische Erfassung der Arbeitsverdienste bildet. Die vom Statistischen Bundesamt herausgegebene Klassifikation der Wirtschaftszweige ist damit Anknüpfungspunkt für die Bestimmung des maßgeblichen Wirtschaftszweigs als Grundlage für die Ermittlung des objektiven Werts einer Arbeitsleistung.[32]

10 Konkrete Umstände des Einzelfalls können zu einer **Abweichung von der Zwei-Drittel-Grenze** nach oben und unten führen. So entspricht ein 75% der Tarifvergütung unterschreitendes Gehalt einer Lehrkraft an einer privaten Schule nicht mehr den guten Sitten, wenn die öffentliche Hand dem AG 97% der Personalkosten als Zuschuss gewährt und damit Vorgaben zur Vergütungshöhe verbinden darf.[33] Zu berücksichtigen sind auch besondere Umstände in der Person des AN. Deshalb kommen Abschläge beim Wert der Arbeitsleistung von AN mit besonders einfachen Tätigkeiten oder mit erheblichen Leistungsdefiziten in Betracht, wenn der einschlägige Tarifvertrag auf diese Personen keine Rücksicht nimmt.[34] Das gilt insbesondere dann, wenn der AN zu den einschlägigen Tarifbedingungen regelmäßig überhaupt keinen AG finden würde.[35] Die weitgehende Subventionierung eines Arbeitsverhältnisses durch die öffentliche Hand kann eine entscheidende Rolle spielen. Ebenso können sonstige geldwerte oder nicht geldwerte Arbeitsbedingungen für die erforderliche Gesamtbetrachtung gerade in Grenzfällen von Bedeutung sein. Wirken sich nicht berücksichtigungsfähige tarifliche Zusatzleistungen (→ Rn. 7) praktisch erheblich aus, können sie im Einzelfall zu einer Korrektur der Zwei-Drittel-Grenze führen.[36] Unerheblich ist, wenn die neben der tarifüblichen Vergütung gezahlte Vergütung im Wirtschaftsgebiet deutlich unter der Tarifvergütung liegt.[37]

10a Nach Einführung des gesetzlichen Mindestlohns von 8,50 EUR (ab 1.7.2021: 9,60 EUR) hat die durch die Rechtsprechung des BVerfG ausgelöste Diskussion über eine **absolute Lohnuntergrenze** an Relevanz verloren (dazu → § 3 Rn. 5). Ihr kommt nunmehr nur noch Bedeutung für den nach § 22 MiLoG nicht vom gesetzlichen Mindestlohn erfassten Personenkreis zu (dazu → § 66 Rn. 6 ff.). Zur Feststellung des auffälligen Missverhältnisses zwischen Leistung und Gegenleistung kann in diesen Fällen nicht auf einen bestimmten Abstand zwischen dem Arbeitsentgelt und dem Sozialhilfesatz abgestellt werden.[38] Ob das vom AG für eine bestimmte Tätigkeit entrichtete Arbeitsentgelt in einem krassen Missverhältnis zur erbrachten Arbeitsleistung steht, hängt vom Wert der Arbeitsleistung und nicht von der Höhe möglicher Sozialhilfeansprüche ab. Die Sozialhilfe knüpft an eine wirtschaftliche Bedürfnislage an. Hierfür sind neben den Einkünften etwaige Unterhaltspflichten, die Kosten für Miete sowie andere notwendige Ausgaben und damit zahlreiche Faktoren maßgebend, die nichts mit der konkreten Arbeitsleistung zu

---

[28] BAG 18.11.2015 AP Nr. 72 zu § 138 BGB = NZA 2016, 487.
[29] BAG 18.4.2012 AP Nr. 65 zu § 138 BGB = NZA 2012, 978; 23.5.2001 EzA Nr. 29 zu § 138 BGB; *Rieble/Klebeck* ZIP 2006, 829 (835); krit. dazu *Bepler* FS Richardi, 189 (202 f.).
[30] BGH 30.11.2009 NZA 2010, 595.
[31] BAG 17.12.2014 AP Nr. 70 zu § 138 BGB mzustAnm *Henssler/Locher* = NZA 2015, 608; LAG SchlH 31.8.2010 – 5 Sa 121/10.
[32] BAG 18.4.2012 AP Nr. 65 zu § 138 BGB = NZA 2012, 978; diff. und weiterführend *Rieble/Picker* ZfA 2014, 153 (172 ff.).
[33] BAG 26.4.2006 AP Nr. 63 zu § 138 BGB = NZA 2006, 1354.
[34] BAG 22.4.2009 AP Nr. 64 zu § 138 BGB = NZA 2009, 837.
[35] BAG 26.4.2006 AP Nr. 63 zu § 138 BGB = NZA 2006, 1354.
[36] BAG 22.4.2009 AP Nr. 64 zu § 138 BGB = NZA 2009, 837.
[37] ArbG Leipzig 11.3.2010 LAGE § 138 BGB 2002 Nr. 4.
[38] BAG 24.3.2004 AP Nr. 59 zu § 138 BGB = NZA 2004, 971; LAG Brem 17.6.2008 AuR 2008, 357; aA ArbG Bremen 30.8.2000 DB 2000, 2278; SG Berlin 27.2.2006 AuR 2007, 54.

tun haben. Ebenso wenig kann aus den Pfändungsgrenzen des § 850c ZPO auf ein Missverhältnis zwischen Leistung und Gegenleistung geschlossen werden. Die Vorschriften über den Pfändungsschutz (§§ 850 ff. ZPO) bezwecken den Schutz des Schuldners vor Kahlpfändung. Ihm wird ein Teil seines Arbeitseinkommens belassen, um ihm und seiner Familie die Führung eines menschenwürdigen Lebens zu ermöglichen und ihn nicht der Sozialhilfe anheimfallen zu lassen. Beim Pfändungsschutz bleiben der Wert und die wertbildenden Besonderheiten der vertraglich geschuldeten Arbeitsleistung unberücksichtigt.

Der **gesetzliche Mindestlohn** schließt die Sittenwidrigkeit von Vergütungsvereinbarungen nicht aus.[39] Ein Mindestlohn bezeichnet lediglich das Minimum der Vergütung, berücksichtigt aber nicht die übliche Vergütung dieser Arbeit, worauf die Prüfung der Sittenwidrigkeit gerade abzielt.[40] Liegt beispielsweise in einem Wirtschaftszweig die übliche Vergütung deutlich über dem Mindestlohn (zB bei 18,00 EUR) und übersteigt das vereinbarte Entgelt (zB 11,00 EUR) zwar den Mindestlohn, erreicht aber gleichwohl nicht zwei Drittel der üblichen Vergütung (im Beispiel 12,00 EUR), liegt ein auffälliges Missverhältnis zwischen Leistung und Gegenleistung und damit der objektive Tatbestand des Lohnwuchers vor (zu den Rechtsfolgen → Rn. 14). Die Vereinbarung ist damit gem. § 138 II BGB nichtig, wenn auch der subjektive Tatbestand des § 138 II BGB erfüllt ist (dazu → Rn. 11 ff.). Das bedarf in diesen Fällen einer besonders sorgfältigen Prüfung. Sollten die subjektiven Voraussetzungen des § 138 BGB nicht vorliegen, kann die Vereinbarung nur dann nichtig sein, wenn ein **besonders grobes Missverhältnis** zwischen Leistung und Gegenleistung besteht, der Wert der Arbeitsleistung also mindestens doppelt so hoch ist wie die vereinbarte Vergütung (dazu → Rn. 11).[41] Dem entspricht im Grundsatz die Rechtsprechung des BGH zum anwaltlichen Berufsrecht, wonach Beschäftigungsbedingungen iSd § 26 BORA unangemessen sind, wenn ein – rein objektiv zu bestimmendes – auffälliges Missverhältnis zwischen Leistung und Gegenleistung besteht. Dies bejaht der BGH, wenn die einem anwaltlichen Berufsanfänger in einer Anwaltskanzlei angebotene Gesamtvergütung nur knapp über der Hälfte des branchenüblichen Gehalts liegt.[42] 10b

(2) Subjektiver Tatbestand. In subjektiver Hinsicht verlangt der Tatbestand des Lohnwuchers (§ 138 II BGB) eine Ausbeutung der Zwangslage, der Unerfahrenheit, des Mangels an Urteilsvermögen oder der erheblichen Willensschwäche eines anderen. Der subjektive Tatbestand des wucherähnlichen Geschäfts (§ 138 I BGB) erfordert eine verwerfliche Gesinnung des AG. Der klagende AN trägt im Prozess die **Darlegungs- und Beweislast** für die Erfüllung des subjektiven Tatbestands des Lohnwuchers bzw. des wucherähnlichen Geschäfts.[43] Nur bei einem **besonders groben Missverhältnis** zwischen Leistung und Gegenleistung, das anzunehmen ist, wenn der Wert der Leistung (mindestens) doppelt so hoch ist wie der Wert der Gegenleistung, kann ein tatsächlicher Schluss auf eine verwerfliche Gesinnung des Begünstigten gezogen werden.[44] Zur Behauptung der verwerflichen Gesinnung genügt in diesem Falle, dass sich der AN auf die tatsächliche Vermutung einer verwerflichen Gesinnung des AG beruft.[45] Dieser kann die tatsächliche Vermutung der verwerflichen Gesinnung durch besondere Umstände erschüttern. Insoweit trägt er die Darlegungs- und Beweislast.[46] 11

Dem Vortrag des AN zur **verwerflichen Gesinnung iSd § 138 I BGB** muss anhand von Tatsachen zu entnehmen sein, dass dem AG bewusst war oder er sich doch zumindest grob fahrlässig der Einsicht verschlossen hat, der AN habe sich nur unter dem Zwang der Verhältnisse oder aus anderen, die freie Willensentschließung beeinträchtigenden Umständen, wie einem Mangel an Urteilsvermögen oder wegen einer erheblichen Willensschwäche, auf den für ihn 12

---

[39] ErfK/*Franzen* MiLoG § 1 Rn. 1; HK-MiLoG/*Schubert* Einl. Rn. 69; HWK/*Sittard* MiLoG § 3 Rn. 2; Thüsing MiLoG/*Greiner* § 3 Rn. 3; aA NK-GA/*Forst* MiLoG § 1 Rn. 21.

[40] BAG 18.11.2015 AP Nr. 73 zu § 138 BGB = NZA 2016, 494; MüKoBGB/*Müller-Glöge* MiLoG § 1 Rn. 4.

[41] BAG 27.6.2012 AP Nr. 67 zu § 138 BGB; BGH 9.10.2009 NJW 2010, 363.

[42] BGH 30.11.2009 NZA 2010, 595; ebenso BAG 17.12.2014 AP Nr. 70 zu § 138 BGB mzustAnm *Henssler/Locher* = NZA 2015, 608.

[43] BAG 16.5.2012 AP Nr. 66 zu § 138 BGB = NZA 2012, 974.

[44] BAG 18.11.2015 AP Nr. 73 zu § 138 BGB = NZA 2016, 494; 27.6.2012 AP Nr. 67 zu § 138 BGB; BGH 9.10.2009 NJW 2010, 363.

[45] BAG 18.3.2014 AP Nr. 24 zu § 4 TzBfG; 16.5.2012 AP Nr. 66 zu § 138 BGB = NZA 2012, 974; im Grundsatz ebenso BGH 24.1.2014 NJW 2014, 1652.

[46] BAG 18.11.2015 AP Nr. 73 zu § 138 BGB = NZA 2016, 494; 27.6.2012 AP Nr. 67 zu § 138 BGB.

ungünstigen Vertrag eingelassen.[47] Das Bewusstsein der Sittenwidrigkeit und eine Schädigungsabsicht sind nicht erforderlich.[48] Der AG muss sich die Kenntnis bzw. grob fahrlässige Unkenntnis seines Vertreters oder Erfüllungsgehilfen zurechnen lassen.[49] Eine verwerfliche Gesinnung kann beispielsweise angenommen werden, wenn der Ausbildungszweck in einem sechsmonatigen sog. Praktikantenverhältnis nicht deutlich die für den Betrieb erbrachten Leistungen und Arbeitsergebnisse überwiegt, hierfür eine Vergütung von 375,00 EUR monatlich geleistet wird und der AG dies mit den Worten rechtfertigt, es finde sich immer wieder jemand, der sich darauf einlasse.[50] Zur Darlegung, der AG habe die Not oder einen anderen den AN hemmenden Umstand in verwerflicher Weise zu seinem Vorteil ausgenutzt (§ 138 I BGB), genügt nicht der pauschale Hinweis auf ein strukturelles Ungleichgewicht zwischen AG und AN sowie das Missverhältnis von Leistung und Gegenleistung.[51]

12a In Bezug auf den **Wuchertatbestand in § 138 II BGB** hat der AN darzulegen, dass einer der vier abschließend aufgezählten Schwächezustände vorliegt, er also entweder unerfahren ist, sich bei Vertragsschluss in einer Zwangslage befand, einen Mangel an Urteilsvermögen oder eine erhebliche Willensschwäche aufweist.[52] Hinzukommen muss, dass der AG eine solche Schwäche des AN bewusst ausbeutet hat.[53] **Unerfahrenheit** ist ein Mangel an allgemeiner Lebenserfahrung oder zumindest an Erfahrung in geschäftlichen Angelegenheiten. Dieser kann insbesondere bei Jugendlichen und Heranwachsenden, alten Menschen oder in ihrer Geistestätigkeit sehr einfach strukturierten Personen und Aussiedlern vorliegen.[54] Ein Jurist, der das zweite Staatsexamen gerade abgelegt und den Anwaltsberuf ergriffen hat, mag in dieser Lebensphase als Berufsanfänger und Anwalt unerfahren sein, es ist jedoch davon auszugehen, dass er den allgemeinen Anforderungen des Geschäftsverkehrs gewachsen und damit nicht unerfahren iSv § 138 II BGB ist.[55] Von einer **Zwangslage** ist auszugehen, wenn der Bewucherte sich in ernsthafter Bedrängnis befindet, so dass das Wuchergeschäft ihm als das „kleinere Übel" erscheint.[56] Dies kommt insbesondere bei einer Beschäftigung von Ausländern ohne gültige Arbeits- oder Aufenthaltserlaubnis in Betracht. Allein der Umstand, dass jemand arbeitsuchend ist, reicht jedoch für die Annahme einer Zwangslage nicht aus.[57] An **Urteilsvermögen** mangelt es einem AN, wenn er nicht in der Lage ist, die Vor- und Nachteile der Vergütungsvereinbarung sachgerecht zu bewerten. Dies kann auf zu hohem oder zu niedrigem Alter sowie einem zu geringem Bildungsgrad beruhen.[58] Der Tatbestand ist nicht erfüllt, wenn der Betroffene nach seinen Fähigkeiten in der Lage ist, Inhalt und Folgen eines Rechtsgeschäfts sachgerecht einzuschätzen, diese Fähigkeiten aber nicht oder nur unzureichend einsetzt und deshalb ein unwirtschaftliches Rechtsgeschäft abschließt.[59] Von einer **erheblichen Willensschwäche** ist auszugehen, wenn jemand zwar die Nachteile eines Geschäfts erfasst, dem Abschluss aber wegen verminderter psychischer Widerstandsfähigkeit nicht entsagen kann. Darunter fällt die durch geistige Beschränktheit, aber auch eine durch Drogen-, Alkohol- oder Spielsucht verursachte Beeinträchtigung der Entschlusskraft.[60] Anders als bei § 104 Nr. 2 BGB braucht es sich jedoch nicht um einen krankhaften Zustand zu handeln.[61] **Ausbeutung** setzt voraus, dass der Wucherer Kenntnis von dem auffälligen Missverhältnis und der Ausbeutungssituation hat und sich diese Situation vorsätzlich zunutze macht.[62] Die entsprechende Kenntnis seines Vertreters muss er sich zurechnen lassen.[63] Eine besondere Ausbeutungsabsicht ist freilich nicht erforderlich.[64]

13 **c) Maßgeblicher Zeitpunkt.** Maßgeblicher Zeitpunkt für die Beurteilung der Sittenwidrigkeit ist grundsätzlich der Zeitpunkt des Vertragsschlusses.[65] Bei arbeitsvertraglichen Vergütungs-

47 BAG 22.4.2009 AP Nr. 64 zu § 138 BGB = NZA 2009, 837; BGH 9.10.2009 NJW 2010, 363.
48 BGH 10.10.1997 NJW-RR 1998, 590.
49 BGH 15.3.1990 NJW-RR 1990, 750.
50 LAG BW 8.2.2008 NZA 2008, 768.
51 BAG 16.5.2012 AP Nr. 66 zu § 138 BGB = NZA 2012, 974.
52 Ausf. dazu *Rieble/Picker* ZfA 2014, 153 (189).
53 BeckOK BGB/*Wendtland* § 138 Rn. 50.
54 Palandt/*Ellenberger* BGB § 138 Rn. 71; BeckOK BGB/*Wendtland* § 138 Rn. 52.
55 BGH 13.11.2014 NJW 2015, 1093.
56 MüKoBGB/*Armbrüster* § 138 Rn. 149.
57 BGH 13.11.2014 NJW 2015, 1093.
58 Vgl. MüKoBGB/*Armbrüster* § 138 Rn. 151; Palandt/*Ellenberger* BGB § 138 Rn. 72.
59 BGH 23.6.2006 NJW 2006, 3054.
60 MüKoBGB/*Armbrüster* § 138 Rn. 152; Palandt/*Ellenberger* BGB § 138 Rn. 73.
61 BGH 1.10.1987 NJW-RR 1988, 763.
62 BGH 1.6.2017 NJW 2017, 2403; 25.2.2011 NJW-RR 2011, 880.
63 Vgl. BeckOK BGB/*Wendtland* § 138 Rn. 55.
64 MüKoBGB/*Armbrüster* § 138 Rn. 154.
65 MüKoBGB/*Armbrüster* § 138 Rn. 145.

abreden ist jedoch auf den jeweils streitgegenständlichen Zeitraum abzustellen. Eine Entgeltvereinbarung kann zum Zeitpunkt ihres Abschlusses noch wirksam sein, jedoch im Laufe der Zeit, wenn sie nicht an die allgemeine Lohn- und Gehaltsentwicklung angepasst wird, gegen die guten Sitten verstoßen.[66]

d) Rechtsfolge. aa) Grundsatz. Rechtsfolge des Verstoßes gegen § 138 I BGB ist grundsätzlich ein Anspruch des AN auf die übliche Vergütung nach § 612 II BGB. Bei arbeitsvertraglichen Vergütungsvereinbarungen kommt es auf den jeweils streitgegenständlichen Zeitraum an.[67] Die übliche Vergütung in dem vergleichbaren Wirtschaftskreis entspricht regelmäßig dem tariflichen Stundenlohn ohne Zuschläge, Zulagen und Sonderleistungen.[68] Bei Tarifbindung wird die nichtige Lohnvereinbarung durch den Tariflohn ersetzt. Die Heranziehung tariflicher Regelungen zur Bestimmung einer üblichen Vergütung führt nicht zur Anwendung der tariflichen Ausschlussfrist für die Vergütung.[69] 14

bb) Sittenwidrigkeit und Verstoß gegen das MiLoG. Schwierigkeiten bereitet die Bestimmung der Rechtsfolgen eines auffälligen Missverhältnisses von Leistung und Gegenleistung, wenn die Vergütungsvereinbarung nicht nur sittenwidrig ist, sondern **zugleich den gesetzlichen Mindestlohn von 9,60 EUR (ab 1.7.2021) unterschreitet** und deshalb nach § 3 S. 1 MiLoG unwirksam ist. Beträgt etwa die übliche Vergütung 17,00 EUR, liegt der objektive Tatbestand von § 138 BGB vor, wenn die vereinbarte Vergütung nicht einmal zwei Drittel hiervon, dh 11,33 EUR erreicht. Wenn in diesem Fall auch der subjektive Tatbestand des Lohnwuchers oder des wucherähnlichen Geschäfts (dazu → Rn. 11 ff.) vorliegt, ist fraglich, ob der AN gem. § 612 II BGB Anspruch auf die übliche Vergütung – im Beispiel 17,00 EUR – hat oder lediglich den gesetzlichen Mindestlohn von 9,60 EUR verlangen kann, wenn er ein Arbeitsentgelt in Höhe von 9,00 EUR vertraglich vereinbart hat. 14a

Dabei ist im Ausgangspunkt zu beachten, dass **§ 3 S. 1 Var. 1 MiLoG kein Verbotsgesetz iSv § 134 BGB** ist, da die Rechtsfolge eines Unterschreitens des gesetzlichen Mindestlohns im MiLoG selbst angeordnet ist.[70] Deshalb ist die Rechtsprechung des BAG, wonach ein Rechtsgeschäft, das sowohl gegen ein Verbotsgesetz als auch gegen die guten Sitten iSv § 138 BGB verstößt, grundsätzlich nach § 134 BGB zu behandeln sei, nicht unmittelbar heranzuziehen.[71] Für die Rechtsfolgenbestimmung ist vielmehr zunächst auf das MiLoG abzustellen (aA → § 66 Rn. 26). Danach ist der Mindestlohnanspruch aus § 1 I MiLoG ein gesetzlicher Anspruch, der eigenständig neben den arbeits- oder tarifvertraglichen Entgeltanspruch tritt. Das MiLoG greift in die Entgeltvereinbarungen der Arbeitsvertragsparteien und anwendbarer Entgelttarifverträge nur insoweit ein, als sie den Anspruch auf Mindestlohn unterschreiten. In diesem Fall führen §§ 1, 3 MiLoG zu einem Differenzanspruch.[72] Für die Anwendung des § 138 BGB ist daher nur dann Raum, wenn auch der gesetzliche Mindestlohn im konkreten Fall in einem auffälligen Missverhältnis zur Arbeitsleistung steht. Dies wäre in dem gebildeten Beispiel (→ Rn. 14a) zu bejahen, da er mit 9,60 EUR nicht einmal zwei Drittel der üblichen Vergütung (= 11,33 EUR) erreicht. Wenn auch der subjektive Tatbestand des § 138 BGB erfüllt ist (→ Rn. 10a), hat der AN nach § 612 II BGB Anspruch auf die übliche Vergütung in Höhe von 17,00 EUR.[73] Beträgt das vereinbarte Entgelt 8,00 EUR und die übliche Vergütung 13,00 EUR, bestünde ein solcher Anspruch nicht, da in diesem Fall der Mindestlohn von 9,60 EUR oberhalb der „Zwei-Drittel-Grenze" (hier: 8,66 EUR) läge. Soweit im Schrifttum die Auffassung vertreten wird, eine mindestlohnwidrige Vergütung werde im Falle ihrer Sittenwidrigkeit nicht nur „geltungserhaltend" auf den Mindestlohn, sondern unmittelbar auf die üblich Vergütung angehoben,[74] steht dem 14b

[66] BAG 22.4.2009 AP Nr. 64 zu § 138 BGB = NZA 2009, 837; 26.4.2006 AP Nr. 63 zu § 138 BGB = NZA 2006, 1354; *Joussen* SAE 2010, 95 (96); aA *Rieble/Picker* ZfA 2014, 153 (201).

[67] BAG 24.5.2017 – 5 AZR 251/16; 18.11.2015 AP Nr. 73 zu § 138 BGB = NZA 2016, 494.

[68] BAG 18.11.2015 AP Nr. 73 zu § 138 BGB = NZA 2016, 494; 22.4.2009 AP Nr. 64 zu § 138 BGB = NZA 2009, 837.

[69] BAG 22.4.2009 AP Nr. 64 zu § 138 BGB = NZA 2009, 837.

[70] BAG 20.6.2018 NZA 2018, 1494; AR/*Krebber* MiLoG Rn. 8; MüKoBGB/*Müller-Glöge* MiLoG § 3 Rn. 2; *Riechert/Nimmerjahn* MiLoG § 1 Rn. 4; HWK/*Sittard* MiLoG § 3 Rn. 2; nur iErg ebenso Thüsing MiLoG/*Greiner* § 3 Rn. 4; aA HK-MiLoG/*Trümner* § 1 Rn. 11; allg. dazu MüKoBGB/*Armbrüster* § 134 Rn. 3.

[71] Dazu BAG 24.3.1993 AP Nr. 7 zu § 134 BGB = NZA 1993, 792; MüKoBGB/*Armbrüster* § 138 Rn. 4; Staudinger/*Sack/Fischinger* BGB § 138 Rn. 113 ff.; BeckOK BGB/*Wendtland* § 138 Rn. 6.

[72] StRspr seit BAG 26.5.2016 AP Nr. 1 zu § 1 MiLoG mAnm *Lembke* = NZA 2016, 1327.

[73] HWK/*Sittard* MiLoG § 3 Rn. 2; aA *Bayreuther* NZA 2014, 865 (866).

[74] *Bayreuther* NZA 2014, 865 (866).

entgegen, dass der Mindestlohn von Gesetzes wegen für jede Form der Arbeit gilt und dessen Einhaltung damit vorrangig zu § 138 BGB zu prüfen ist.[75]

15 **e) Weitere Beispiele. (aa) Sittenwidrigkeit verneint:** Leistet eine AN durch eine **Teilzeitvereinbarung einen Sanierungsbeitrag** und soll sie bei Insolvenz für die letzten 12 Monate vor ihrem Ausscheiden bezüglich ihrer monatlichen Vergütung so gestellt werden, wie sie ohne diese Teilzeitvereinbarung gestanden hätte, ist diese Vereinbarung nicht sittenwidrig. Die Vergütungsdifferenzen sind für die Zeit nach Insolvenzeröffnung Masseverbindlichkeiten.[76] Ein **Schuldversprechen oder Schuldanerkenntnis** ist nicht allein wegen einer fehlenden oder zu kurzen Überlegungsfrist sittenwidrig.[77] Erforderlich ist, dass es nach seinem Gesamtcharakter mit den grundlegenden Wertungen der Rechts- und Sittenordnung nicht zu vereinbaren ist. Hierfür bedarf es einer umfassenden Gesamtwürdigung aller zum Zeitpunkt des Vertragsschlusses vorliegenden relevanten Umstände.[78] Allein der Umstand, dass ein Zeugnis eine objektiv unrichtige Leistungsbeurteilung enthält, führt nicht zur Annahme, der Inhalt sei sittenwidrig.[79] Maßstab für die Sittenwidrigkeit der Vergütung **angestellter Rechtsanwälte** ist nicht § 26 BORA. Auch hier gilt die Zwei-Drittel-Grenze.[80] Ein **Arbeitsvertrag auf Lebenszeit** ist nicht unter dem Gesichtspunkt sittenwidrig, dass längere Krankenhaus- oder Heimaufenthalte des AG wahrscheinlich sind, während derer die Arbeitskraft des AN nicht benötigt wird. Vor diesem Hintergrund kann dem AG allenfalls bei Unzumutbarkeit der Vertragsbindung ein außerordentliches Kündigungsrecht nach § 626 BGB zustehen.[81] Wird für eine vom **Berufsfußballer** gewünschte vorzeitige Aufhebung des Vertrags vereinbart, dass dieser dafür eine „Entschädigung" iHv 40.000,00 EUR zu zahlen habe, stellt dies die Gegenleistung für die vorzeitige Vertragsaufhebung dar, nicht aber ohne Weiteres einen unzulässigen Ausgleich für entstandene Ausbildungskosten.[82] Die **Vergütung von Bereitschaftsdienstzeiten** kann sittenwidrig sein, wenn dem AN erhebliche Leistungen ohne Vergütung abverlangt werden.[83] Bei einer Normalarbeitszeit von 184 Stunden (hier im Januar 2003) kann nicht von einer Sittenwidrigkeit der **Festlohnabrede** bei nur knapp 15 Stunden Mehrarbeit ausgegangen werden.[84] Eine **Pauschalabgeltung aller anfallenden Überstunden** ist nur sittenwidrig, wenn der AN beweist, dass ein auffälliges Missverhältnis zwischen Leistung und Gegenleistung besteht. Beträgt die vertragliche Vergütung unter Einbeziehung der Überstunden mehr als 70% des üblichen Vergleichsverdienstes, ist jedenfalls die Grenze zur Sittenwidrigkeit nicht überschritten.[85] Eine individuell vereinbarte (§ 306b BGB) **Ausschlussklausel,** nach der Ansprüche innerhalb von zwei Monaten seit ihrer Fälligkeit schriftlich und innerhalb eines Monats nach ihrer Ablehnung durch die Gegenseite oder nach Ablauf einer Frist von 14 Tagen ohne Äußerung der Gegenseite gerichtlich geltend gemacht werden müssen, ist nicht sittenwidrig (zu AGB → § 35 Rn. 89).[86] Ein **Aufhebungsvertrag** ist nicht allein deshalb unwirksam, weil der AG dem AN weder eine Bedenkzeit noch ein Rücktritts- bzw. Widerrufsrecht eingeräumt und ihm auch das Thema des beabsichtigten Gesprächs vorher nicht mitgeteilt hat.[87] Gleiches gilt, wenn die Arbeitsvertragsparteien in dem Aufhebungsvertrag, der auf Beanstandungen der Arbeitsleistung durch den AG beruht, den Ausspruch einer betriebsbedingten Kündigung vereinbaren. Der Hauptzweck des Vertrags, die Beendigung des Arbeitsverhältnisses, wird durch die möglicherweise nichtige Vereinbarung über den Grund der Beendigung nicht berührt.[88] Die Vereinbarung über das Wiederaufleben des Arbeitsverhältnisses nach Beendigung einer Geschäftsführertätigkeit des AN für eine andere Gesellschaft ist nicht schon deshalb sittenwidrig, weil dem AN für den Fall der vorzeitigen **Abberufung als Geschäftsführer ein Anspruch auf Abfindung** aus dem Geschäftsführer-

[75] Siehe nur *Däubler* NJW 2014, 1924 (1927); ErfK/*Franzen* MiLoG § 1 Rn. 1.
[76] BAG 19.1.2006 AP Nr. 13 zu § 55 InsO.
[77] BAG 15.3.2005 AP Nr. 7 zu § 781 BGB = NZA 2005, 682.
[78] BAG 21.4.2016 AP Nr. 8 zu § 781 BGB = NZA 2016, 1409.
[79] LAG Nürnberg 16.6.2009 AuR 2009, 370.
[80] BAG 17.12.2014 AP Nr. 70 zu § 138 BGB mzustAnm *Henssler/Locher* = NZA 2015, 608.
[81] BAG 24.3.2004 AP Nr. 60 zu § 138 BGB.
[82] BAG 25.4.2013 AP Nr. 23 zu § 611 BGB Berufssport = NZA 2013, 1206.
[83] BAG 28.1.2004 AP Nr. 10 zu § 611 BGB Bereitschaftsdienst = NZA 2004, 656.
[84] LAG Bln 13.1.2005 – 14 Sa 2017/04.
[85] LAG SchlH 5.11.2002 NZA-RR 2003, 242 (243).
[86] BAG 27.2.2002 AP Nr. 162 zu § 4 TVG Ausschlussfristen.
[87] BAG 20.9.1993 AP Nr. 37 zu § 123 BGB = NZA 1994, 209.
[88] LAG Nds 23.11.2004 NZA-RR 2005, 415; s. dazu aber auch LAG Hamm 27.11.1997 LAGE § 611 BGB Aufhebungsvertrag Nr. 22.

dienstvertrag zusteht.[89] Ein **Schuldanerkenntnis** kann sittenwidrig sein, wenn sich der Schuldner in einem Umfang, der seine gegenwärtigen und zukünftig zu erwartenden Einkommens- und Vermögensverhältnisse weit übersteigt, zur Zahlung verpflichtet. Weitere Voraussetzung ist allerdings stets, dass zusätzliche, dem Gläubiger zurechenbare Umstände zu einem unerträglichen Ungleichgewicht der Vertragsparteien führen.[90] Ein zur Umgehung der Rechtsfolgen des § 158 SGB III **rückdatierter Aufhebungsvertrag** ist nur dann sittenwidrig, wenn beide Parteien diesen Zweck verfolgen und der Hauptzweck des Aufhebungsvertrags in der Täuschung der Bundesagentur für Arbeit liegt.[91] Die an sich nach § 65 HGB zulässige **Vereinbarung einer Provision ohne Fixum** ist sittenwidrig, wenn es dem AN im Einzelfall nicht möglich ist, durch vollen Einsatz seiner Arbeitskraft ein ausreichendes Einkommen zu erzielen.[92] Die Verpflichtung zur **Rückzahlung von Provisionsvorschüssen** ist wirksam, es sei denn, durch die Vorschusszahlungen wird eine unzulässige Bindung des AN herbeigeführt oder die Provisionsabrede ist so getroffen, dass der AN die geforderten Umsätze überhaupt nicht erbringen kann.[93] Ein Arbeitsvertrag, der abgeschlossen wird, um dem AN den Schutz der Sozialversicherungen und **dem AG Fördermittel der Agentur für Arbeit zu verschaffen,** ist dann nicht wegen Sittenwidrigkeit nichtig, wenn tatsächlich Arbeitsleistungen erbracht und entgegengenommen werden. Sittenwidrig ist dann allein die Abrede, dass der AN nicht die vereinbarte Vergütung erhalten soll.[94] Ein Arbeitsvertrag, durch den der Geschäftsführer und Mehrheitsgesellschafter einer GmbH seine **Geliebte als Reisesekretärin anstellt,** ist selbst dann nicht sittenwidrig und nichtig, wenn diese für den Betrieb keine Dienstleistung erbringt, sofern der Vertrag nicht ausschließlich die geschlechtliche Hingabe entlohnen soll.[95]

(bb) Sittenwidrigkeit wurde bejaht bei der **Beendigung des Arbeitsverhältnisses einer arbeitnehmerähnlichen Person** allein deswegen, weil sie ihr zustehende Ansprüche geltend gemacht hat;[96] Zusagen des AG über die **Erstattung von etwaigen Geldbußen** für Verstöße der AN gegen Vorschriften über Lenkzeiten im Güterfernverkehr;[97] der **Verlustbeteiligung des Arbeitnehmers,** wenn dafür kein angemessener Ausgleich erfolgt;[98] der Vereinbarung, durch die sich der AN gegenüber dem AG zur Abgabe einer **unrichtigen Bescheinigung zur Vorlage beim Finanzamt** verpflichtet;[99] einem Vergleich, der die Abfindung einer **Versorgungsanwartschaft** durch einen Kapitalbetrag vorsieht, wenn ein grobes Missverhältnis des beiderseitigen Nachgebens besteht. Ein Indiz dafür ist gegeben, wenn die Abfindungssumme nur einen geringfügigen Bruchteil des zeitanteilig erdienten Anwartschaftswertes bildet und für einen so weitgehenden Verzicht kein Grund ersichtlich ist.[100] Ein Stundenlohn von **5,00 EUR für eine Auspackhilfe** im Einzelhandel ist nach Ansicht des LAG Bremen sittenwidrig. Daran ändere nichts, dass der AN Sozialhilfeleistungen erhalte, welche die Lebensgrundlage des AN sichere.[101] Dem ist grundsätzlich nur zu folgen, wenn dieser Lohn nicht einmal zwei Drittel der üblichen Vergütung beträgt (→ Rn. 8; zu den Rechtsfolgen im Hinblick auf den darin liegenden Verstoß gegen das MiLoG → Rn. 14a). Steht der Ausbildungszweck in einem sechsmonatigen **sog. Praktikantenverhältnis** nicht im Vordergrund, dh überwiegt der Ausbildungszweck nicht deutlich die für den Betrieb erbrachten Leistungen und Arbeitsergebnisse, ist eine Vergütung von 375,00 EUR monatlich sittenwidrig.[102] 16

3. Gesetzliche Verbote. Ein Arbeitsvertrag kann insgesamt oder in einzelnen Teilen gegen gesetzliche Verbote verstoßen und gem. § 134 BGB nichtig sein. § 134 BGB ordnet bei Verstößen gegen gesetzliche Verbote jedoch nicht ausnahmslos die Nichtigkeit an. Es kann sich aus dem Verbotsgesetz auch etwas anderes ergeben. Ist eine Rechtsfolgenregelung 17

[89] BAG 24.10.2013 NZA 2014, 540.
[90] BAG 21.4.2016 AP Nr. 8 zu § 781 BGB = NZA 2016, 1409.
[91] LAG BW 22.5.1991 LAGE § 611 BGB Aufhebungsvertrag Nr. 4.
[92] BAG 16.2.2012 AP Nr. 15 zu § 87 HGB = NZA 2012, 1307.
[93] BAG 21.1.2015 AP Nr. 8 zu § 92 HGB = NZA 2015, 871; 20.6.1989 AP Nr. 8 zu § 87 HGB = NZA 1989, 843.
[94] HessLAG 11.3.1998 LAGE § 138 BGB Nr. 13.
[95] LAG Nürnberg 4.7.1994 DB 1994, 2453.
[96] BAG 14.12.2004 AP Nr. 62 zu § 138 BGB = NZA 2005, 637.
[97] BAG 25.1.2001 AP Nr. 14 zu § 611 BGB Haftung des Arbeitgebers = NZA 2001, 653.
[98] BAG 10.10.1990 AP Nr. 47 zu § 138 BGB.
[99] BGH 23.1.1992 AP Nr. 48 zu § 138 BGB.
[100] BAG 30.7.1985 NZA 1986, 519.
[101] LAG Brem 17.6.2008 AuR 2008, 357; ebenso ArbG Dortmund 29.5.2008 – 4 Ca 274/08.
[102] LAG BW 8.2.2008 NZA 2008, 768.

nicht enthalten, sind **Sinn und Zweck des verletzten Verbots** entscheidend.[103] Die Nichtigkeitsfolge tritt ein, wenn der Inhalt des Rechtsgeschäfts gegen ein gesetzliches Verbot verstößt, insbesondere wenn der mit dem Rechtsgeschäft bezweckte Erfolg, zB die Vertragserfüllung, verbotswidrig ist.[104] Das Verbot muss sich gerade gegen die Vornahme des betreffenden Rechtsgeschäfts richten.[105]

18 So ist ein Arbeitsvertrag nichtig, wenn er die **Ausübung des ärztlichen Berufs** zum Gegenstand hat und die erforderliche Approbation oder Erlaubnis nicht vorliegt und auch nicht erteilt werden kann.[106] Die **Ausbildung in einem anerkannten Ausbildungsberuf** hat nach § 4 II BBiG grundsätzlich in einem Berufsausbildungsverhältnis zu erfolgen. Möglich ist ferner der Erwerb der dazu notwendigen Kenntnisse und Fertigkeiten in einem Arbeitsverhältnis. Unzulässig ist es, die Ausbildung in einem „anderen Vertragsverhältnis" iSd § 26 BBiG durchzuführen. Dahingehende Verträge – etwa Anlernverträge – sind nach § 4 II BBiG iVm § 134 BGB insgesamt nichtig. Für sie gelten die Regeln über das fehlerhafte (faktische) Arbeitsverhältnis (dazu → Rn. 51 f.).[107] Die Vereinbarung eines Arbeitsverhältnisses im **Anstellungsvertrag des Vorstands einer Aktiengesellschaft** für die Zeit nach Ablauf der gem. § 84 I AktG auf fünf Jahre befristeten Vorstandsbestellung ist wegen objektiver Gesetzesumgehung unwirksam, wenn der Anstellungsvertrag für den Fall der Beendigung der Organstellung die unveränderte Weiterführung des Anstellungsverhältnisses als Arbeitsverhältnis über die Fristen des § 84 I AktG hinaus vorsieht. Auch durch eine weitere Vorstandstätigkeit über den Ablauf von Anstellungsvertrag und Amtszeit hinaus kommt ein Arbeitsverhältnis nicht zustande.[108] Ein Vertrag, mit dem ein Handwerksmeister einem Handwerksbetrieb lediglich seinen **Meistertitel zur Verfügung stellt,** ohne dass er tatsächlich als technischer Betriebsleiter tätig wird, ist gem. § 134 BGB wegen **Umgehung** des § 7 HwO nichtig.[109] Die Vergütungsvereinbarung einer **Lehrkraft an einer staatlich anerkannten Privatschule** im Freistaat Sachsen ist nach § 134 BGB nichtig, wenn die Vergütung 80% der Vergütung einer vergleichbaren Lehrkraft an einer öffentlichen Schule unterschreitet. Die Lehrkraft hat Anspruch auf die übliche Vergütung (§ 612 II BGB).[110]

19 **4. Rechtsfolgen eines Verstoßes gegen ein gesetzliches Verbot.** Die Abrede in einem Arbeitsvertrag, die **Arbeitsvergütung ohne Berücksichtigung von Steuern und Sozialversicherungsbeiträgen** („schwarz") auszuzahlen, führt regelmäßig nicht zur Nichtigkeit des Arbeitsvertrags. Soll die Abführung von Steuern und Beiträgen vereinbarungsgemäß teilweise unterbleiben, ist nur diese Abrede und nicht die gesamte Vergütungsvereinbarung nichtig (→ § 71 Rn. 3).[111] In einem **freien Dienstverhältnis** führt dagegen der beiderseitige Verstoß gegen § 1 SchwarzArbG gem. § 134 BGB zur Nichtigkeit des Vertrags.[112] Ist ein Werkvertrag wegen Verstoßes gegen § 1 Abs. 2 Nr. 2 SchwarzArbG nichtig, steht dem Unternehmer für erbrachte Bauleistungen ein bereicherungsrechtlicher Anspruch auf Wertersatz gegen den Besteller nicht zu.[113] Vereinbarungen, die gegen das **Begünstigungsverbot des § 78 S. 2 BetrVG** verstoßen, sind gem. § 134 BGB nichtig, was ohne Rüge einer Partei von Amts wegen zu prüfen ist. Die Rückforderung geleisteten Entgelts richtet sich in diesen Fällen nicht nach § 812 I 1 Alt. 1 BGB, sondern nach § 817 S. 1 BGB. Dieser schließt die Anwendung des § 814 BGB aus.[114]

20 **5. Teilnichtigkeit.** Verstößt der Arbeitsvertrag nur in einzelnen Teilen gegen Verbotsgesetze, hat dies nicht gem. § 139 BGB die Nichtigkeit des gesamten Vertrags zur Folge, weil ansonsten der bestehende **Arbeitnehmerschutz** zunichtegemacht würde.[115] In diesen Fällen werden die verbotenen Teile durch die gesetzlichen oder tariflichen Bestimmungen ersetzt. Verbotsgesetze sind insbesondere die Arbeitnehmerschutzvorschriften, Arbeitszeitbestimmun-

[103] BAG 22.11.2012 AP Nr. 42 zu § 17 KSchG 1969 = NZA 2013, 845.
[104] BAG 19.8.2015 AP Nr. 71 zu § 138 BGB.
[105] BAG 18.3.2009 AP Nr. 26 zu § 134 BGB = NZA 2009, 663.
[106] BAG 3.11.2004 AP Nr. 25 zu § 134 BGB = NZA 2005, 1409.
[107] BAG 27.7.2010 AP Nr. 3 zu § 4 BBiG.
[108] BAG 26.8.2009 AP Nr. 2 zu § 84 AktG = NZA 2009, 1205.
[109] BAG 18.3.2009 AP Nr. 26 zu § 134 BGB = NZA 2009, 663; näher zur Umgehung BAG 15.11.2018 AP Nr. 8 zu § 4 TV SozSich.
[110] BAG 19.8.2015 AP Nr. 71 zu § 138 BGB.
[111] BAG 17.3.2010 AP Nr. 1 zu § 14 SGB IV = NZA 2010, 881; 26.2.2003 AP Nr. 24 zu § 134 BGB = NZA 2004, 313.
[112] BGH 1.8.2013 NJW 2013, 3167; OBHS/*Brügge* SchwarzArbG § 1 Rn. 357.
[113] BGH 10.4.2014 NJW 2014, 1805.
[114] BAG 8.11.2017 AP Nr. 168 zu § 37 BetrVG 1972 = NZA 2018, 528.
[115] BAG 4.10.1978 AP Nr. 11 zu § 611 BGB Anwesenheitsprämie; ErfK/*Preis* BGB § 611a Rn. 342.

gen (→ § 155 Rn. 1 ff., → § 156 Rn. 1 ff.), Sonn- und Feiertagsschutz (→ § 159 Rn. 1 ff.) sowie der Mutter- (→ § 165 Rn. 1 ff., → § 166 Rn. 1 ff.) und Jugendarbeitsschutz (→ § 161 Rn. 1 ff.), der Betriebsschutz (→ § 154 Rn. 1 ff.) sowie die Abschlussverbote (→ § 32 Rn. 61 ff.). So hat ein Verstoß gegen die in § 3 ArbZG geregelte Höchstarbeitszeit nach § 134 BGB nicht die Nichtigkeit der Arbeitszeitvereinbarung insgesamt, sondern deren Teilnichtigkeit zur Folge. Im Rahmen des gesetzlich Zulässigen bleibt eine gegen die gesetzlichen Höchstgrenzen verstoßende Arbeitszeitvereinbarung wirksam. Für die über die Höchstgrenzen des ArbZG geleisteten Arbeitsstunden hat der AN nach § 612 I BGB Anspruch auf die übliche Vergütung.[116]

Verstößt eine Maßnahme oder Handlung gegen ein **tarifliches Verbot,** ist die tariflich angeordnete Rechtsfolge entscheidend, hilfsweise die sich aus dem Verbotszweck ergebende Rechtsfolge. Ein Verstoß gegen das Verbot der Annahme von Geschenken (§ 10 BAT = § 3 II TVöD-AT) führt nicht zur Nichtigkeit des zugrunde liegenden Rechtsgeschäfts.[117] 21

6. Verhältnis zu anderen Vorschriften. Ist ein Rechtsgeschäft durch arglistige Täuschung oder widerrechtliche Drohung zustande gekommen, ist es nicht ohne Weiteres nichtig, sondern nur nach § 123 BGB anfechtbar. Nur dann, wenn sonstige Umstände als die unzulässige Willensbeeinflussung hinzukommen, ist es sittenwidrig. 22

II. Anfechtbarkeit des Arbeitsvertrags

1. Allgemeines. Die zum Abschluss eines Arbeitsvertrags führenden Willenserklärungen können wie jedes Rechtsgeschäft wegen Irrtums (§ 119 BGB), Drohung oder arglistiger Täuschung (§ 123 BGB) angefochten werden. In den Rechtsfolgen ist zu unterscheiden zwischen bereits in Vollzug gesetzten Arbeitsverhältnissen und den noch nicht realisierten. Die Anfechtung muss sich jedenfalls im Wege der Auslegung der entsprechenden Willenserklärung ergeben.[118] 23

2. Konkurrenzfragen. a) Außerordentliche Kündigung. Das Recht zur Anfechtung kann mit dem zur außerordentlichen Kündigung konkurrieren.[119] Beide Gestaltungsrechte bestehen grundsätzlich nebeneinander,[120] haben allerdings **verschiedene Voraussetzungen.** Für eine Anfechtung müssen die in §§ 119, 123 BGB genannten Voraussetzungen gegeben sein, während für die außerordentliche Kündigung (→ § 127 Rn. 1 ff.) ein wichtiger Grund bestehen muss. 24

Bei einer **irrtümlichen Falschbezeichnung** kann eine „außerordentliche Kündigungserklärung" als Anfechtungserklärung ausgelegt werden, wenn aus den Gesamtumständen ersichtlich ist, dass die Auflösung des Arbeitsverhältnisses aus Gründen der Täuschung oder Drohung gewollt ist.[121] Dagegen ist die **Umdeutung** einer außerordentlichen Kündigung in eine Anfechtungserklärung wegen Irrtums ausgeschlossen.[122] 25

b) Besondere Kündigungsverbote. Da es sich bei Anfechtung und Kündigung um unterschiedliche Rechtsinstitute handelt, stehen der Anfechtung die besonderen Kündigungsverbote grundsätzlich nicht entgegen.[123] Eine **Anhörung des BR** nach § 102 BetrVG ist nicht erforderlich.[124] 26

3. Anfechtungsfrist. Die Anfechtung der zum Abschluss eines Arbeitsvertrags führenden Willenserklärung ist innerhalb der in §§ 121, 124 BGB normierten Fristen zu erklären. Eine außerordentliche Kündigung aus wichtigem Grund kann nur binnen zwei Wochen seit Erlangung der Kenntnis des Kündigungsgrundes erfolgen (§ 626 II BGB). Diese Frist wird vom BAG zur **Konkretisierung der Anfechtungsfrist des § 119 BGB** herangezogen. Eine 27

116 BAG 24.8.2016 AP Nr. 10 zu § 3 ArbZG = NZA 2017, 58.
117 BGH 14.12.1999 NJW 2000, 1186.
118 BGH 15.12.1987 NJW-RR 1988, 566.
119 BAG 28.3.1974 AP Nr. 3 zu § 119 BGB; 21.2.1991 AP Nr. 35 zu § 123 BGB.
120 BAG 20.3.2014 AP Nr. 73 zu § 123 BGB = NZA 2014, 1131.
121 BAG 14.12.1979 AP Nr. 4 zu § 119 BGB; s. auch BAG 21.2.1991 AP Nr. 35 zu § 123 BGB.
122 BAG 3.11.1982 AP Nr. 12 zu § 15 KSchG.
123 ErfK/*Preis* BGB § 611a Rn. 346.
124 BAG 11.11.1993 AP Nr. 38 zu § 123 BGB = NZA 1994, 407.

Irrtumsanfechtung erfolgt danach nur dann unverzüglich, wenn sie innerhalb der Zwei-Wochen-Frist des § 626 II BGB erklärt wird.[125]

28 Dagegen hat das BAG der Frist des § 626 II BGB bei einer Anfechtung wegen widerrechtlicher Drohung oder Täuschung (§ 123 BGB) keine Bedeutung beigemessen.[126] Die Anfechtungsfrist bei einer wegen Drohung oder arglistigen Täuschung anfechtbaren Willenserklärung beträgt gem. **§ 124 I BGB ein Jahr.** Dies gilt auch bei der Anfechtung eines Aufhebungsvertrags wegen Drohung.[127] Die Frist beginnt im Falle der arglistigen Täuschung mit dem Zeitpunkt, in welchem der Anfechtungsberechtigte die Täuschung entdeckt, im Falle der Drohung mit dem Zeitpunkt, in welchem die Zwangslage aufhört. Auf den Lauf der Frist finden die für die Verjährung geltenden Vorschriften der §§ 206, 210 und 211 BGB entsprechende Anwendung. Der Drohende muss sich damit abfinden, dass auch noch längere Zeit nach Abschluss des erzwungenen Vertrags die Anfechtung erfolgt.[128] Der Getäuschte oder Bedrohte kann sich innerhalb der Anfechtungsfrist allerdings auch dafür entscheiden, die Willenserklärung ungeachtet ihres rechtswidrigen Zustandekommens gegen sich gelten zu lassen. Ein Verzicht auf das Anfechtungsrecht ist deshalb nach der anfechtbaren Handlung möglich.[129]

29 Zur Rechtfertigung einer unverzüglich zu erklärenden Anfechtung können Anfechtungsgründe **nicht nachgeschoben** werden, wenn eine selbständige Anfechtung mit diesen Gründen verspätet wäre.[130] Der Anfechtungsgegner geht davon aus, dass die Wirksamkeit der Erklärung nur aus den angegebenen oder erkennbaren Gründen in Zweifel gezogen wird. Er richtet sich in seinem weiteren Verhalten darauf ein und braucht nicht damit zu rechnen, dass noch zu einem späteren Zeitpunkt andere Gründe nachgeschoben werden. Diese Grundsätze gelten für alle Anfechtungsgründe.[131] Der AN muss allerdings im Fall der Anfechtung nicht gem. §§ 13, 4 KSchG binnen drei Wochen **Klage** erheben.[132] Eine Partei kann mit dem Einwand, sie fechte ein Rechtsgeschäft wegen arglistiger Täuschung an, nach § 340 III ZPO ausgeschlossen werden.[133]

30 **4. Schadensersatz.** Die Partei, die nach § 119 BGB den Arbeitsvertrag anficht, kann nach § 122 BGB **schadensersatzpflichtig** werden. Der nach § 123 BGB Anfechtende kann Schadensersatzansprüche aus §§ 311, 823, 826 BGB haben. Schadensersatzansprüche aus § 311 BGB können auch bei nur fahrlässiger Täuschung erwachsen. Sie sind selbst dann nicht ausgeschlossen, wenn die Anfechtungsfrist versäumt ist.[134] Im Fall der außerordentlichen Kündigung können Schadensersatzansprüche aus § 280 BGB oder § 628 II BGB entstehen (→ § 127 Rn. 53 ff.).

31 **5. Bestätigung des Rechtsgeschäfts.** Nach § 144 I BGB ist die Anfechtung ausgeschlossen, wenn das anfechtbare Rechtsgeschäft von dem Anfechtungsberechtigten bestätigt wird. Dies setzt voraus, dass die bestätigenden Vertragsparteien den Grund der Anfechtbarkeit kennen oder zumindest Zweifel an der Rechtsbeständigkeit des Vertrags haben.[135] Bestätigung ist jede Erklärung des Anfechtungsberechtigten, in der sein Wille zum Ausdruck kommt, ein ihm **bekanntes Anfechtungsrecht nicht auszuüben.**[136] Zwar kann eine solche Bestätigung auch durch schlüssige Handlung erfolgen, jedoch muss das Verhalten den eindeutigen Willen offenbaren, trotz der Anfechtbarkeit an dem Rechtsgeschäft festhalten zu wollen;[137] jede andere den Umständen nach einigermaßen verständliche Deutung muss ausgeschlossen sein.[138] Kann ein AN nach Abschluss eines Aufhebungsvertrags bis zum vereinbarten Ende des Arbeitsverhältnisses während seiner Arbeitszeit der Stellensuche nachgehen und macht er von dieser Möglichkeit auch Gebrauch, stellt

[125] BAG 14.12.1979 AP Nr. 4 zu § 119 BGB; 19.5.1983 AP Nr. 25 zu § 123 BGB; 21.2.1991 AP Nr. 35 zu § 123 BGB; HWK/*Thüsing* BGB § 119 Rn. 14; krit. *Herschel* AuR 1980, 255; *Picker* ZfA 1981, 1 (15 ff.).
[126] BAG 19.5.1983 AP Nr. 25 zu § 123 BGB.
[127] BAG 28.11.2007 AP Nr. 36 zu § 620 BGB Aufhebungsvertrag = NZA 2008, 348.
[128] BAG 6.11.1997 AP Nr. 45 zu § 242 BGB Verwirkung = NZA 1998, 374.
[129] BAG 12.3.2015 AP Nr. 47 zu § 620 BGB Aufhebungsvertrag = NZA 2015, 676.
[130] BAG 21.1.1981 AP Nr. 5 zu § 119 BGB; MüKoBGB/*Armbrüster* § 121 Rn. 3.
[131] BAG 7.11.2007 AP Nr. 329 zu § 613a BGB = NZA 2008, 530.
[132] APS/*Hesse* KSchG § 4 Rn. 16; HWK/*Thüsing* BGB § 119 Rn. 18; offengelassen BAG 14.12.1979 AP Nr. 4 zu § 119 BGB.
[133] BAG 9.11.1983 AP Nr. 3 zu § 340 ZPO.
[134] BGH 11.5.1979 NJW 1979, 1983.
[135] BGH 10.5.1995 NJW 1995, 2290.
[136] BGH 28.4.1971 NJW 1971, 1795 (1800).
[137] BAG 12.5.2010 NZA 2010, 1250.
[138] BAG 16.12.2004 AP Nr. 64 zu § 123 BGB; BGH 11.8.2010 NJW 2010, 3362.

dies ebenso wenig wie eine deutlich geringere Arbeitsleistung in dieser Zeit eine Bestätigungshandlung iSv § 144 I BGB dar, wenn ihm vom AG weniger Arbeit zugewiesen wurde.[139]

6. Inhalts- und Erklärungsirrtum. Die Anfechtung eines Arbeitsvertrags wegen Inhalts- oder Erklärungsirrtums unterliegt keinen besonderen Voraussetzungen. Irrtum iSv § 119 I BGB ist das unbewusste Auseinanderfallen von Wille und Erklärung. Ein Irrtum liegt nicht vor, wenn jemand eine Erklärung in dem Bewusstsein abgibt, ihren Inhalt nicht zu kennen.[140] Deshalb kann ein der deutschen Sprache nicht mächtiger AN seine Willenserklärung nur dann anfechten, wenn er sich von dem Inhalt des Schriftstücks, das er ungelesen unterschrieben hat, eine bestimmte unrichtige Vorstellung gemacht hat. Hat er hingegen den Arbeitsvertrag unterschrieben, ohne sich von dessen Inhalt eine bestimmte, unrichtige Vorstellung zu machen, scheidet eine Irrtumsanfechtung aus.[141] 31a

7. Eigenschaftsirrtum. a) Unkenntnis von Eigenschaften. Nach § 119 II BGB gilt als Irrtum über den Inhalt der Erklärung auch der Irrtum über solche Eigenschaften der Person oder der Sache, die im Verkehr als wesentlich angesehen werden. Hierfür genügen nicht unrichtige Vorstellungen über Person oder Leistung des AN bei Vertragsschluss. Anfechtungsgrund ist nicht die Fehlbeurteilung, sondern das **Nichtwissen von Eigenschaften** als Voraussetzung für die Beurteilung, ob der AN für die vorgesehene Arbeitsleistung geeignet ist.[142] Im Falle der Anfechtung durch den AG ist erforderlich, dass sich dieser über wesentliche körperliche, geistige Merkmale oder tatsächliche und rechtliche Verhältnisse des AN getäuscht hat, die sich auf die Eignung zur Arbeit auswirken.[143] Zur Anfechtung berechtigt ist der AG nur, wenn er die Willenserklärung „bei Kenntnis der Sachlage und bei verständiger Würdigung des Falles nicht abgegeben haben würde“. Die Anfechtung nach § 119 II BGB kommt neben der Anfechtung wegen arglistiger Täuschung in Betracht.[144] 32

b) Verkehrswesentliche Eigenschaften. Bei der Prüfung, ob eine Eigenschaft als verkehrswesentlich angesehen werden kann, ist zu berücksichtigen, dass § 1 AGG Differenzierungen nach den dort genannten Kriterien verbietet (dazu → § 36 Rn. 3 ff.). Berührt der Anfechtungsgrund **Merkmale des § 1 AGG** (zB Behinderung), besteht ein Anfechtungsrecht deshalb nur dann, wenn die Voraussetzungen des § 8 AGG vorliegen. 33

Verkehrswesentliche Eigenschaften sind etwa **Ehrlichkeit** und Vertrauenswürdigkeit eines Kassierers, dagegen nicht die Wahrheitsliebe bei einem ungelernten Arbeiter.[145] Der Grad der **Leistungsfähigkeit** des AN ist im Allgemeinen keine verkehrswesentliche Eigenschaft.[146] Eine **Krankheit** kann dann eine verkehrswesentliche Eigenschaft sein, wenn dem AN nicht nur vorübergehend die notwendige Fähigkeit zur Arbeitsleistung fehlt oder diese ständig erheblich beeinträchtigt ist.[147] Bei **Transsexualität** kann nach einer älteren Entscheidung des BAG die Anfechtung wegen verkehrswesentlicher Eigenschaften berechtigt sein, wenn der transsexuelle Mann als Sprechstundenhilfe eines Frauenarztes arbeitet. Dies soll auch dann gelten, wenn er berechtigt ist, einen weiblichen Vornamen zu führen, aber die äußeren Geschlechtsmerkmale nicht verändert sind.[148] Diese Rechtsprechung dürfte heute im Lichte der Richtlinie 2000/78/EG nicht mehr haltbar sein. 34

Keine verkehrswesentliche Eigenschaft ist die **Gewerkschaftszugehörigkeit** oder **-nichtzugehörigkeit.** Insoweit geht das Recht der Koalitionsfreiheit (Art. 9 III GG) vor. **Vorstrafen** berechtigen regelmäßig nicht zur Anfechtung, es sei denn, ein einschlägig vorbestrafter AN ist für den nach dem Arbeitsvertrag vorausgesetzten Aufgabenbereich nach der Verkehrsanschauung nicht geeignet (Kassierer, der wegen Untreue bestraft ist). Nach Tilgung aus dem Bundeszentralregister sind Vorstrafen irrelevant und daher kein Anfechtungsgrund nach § 119 II BGB (zum Fragerecht nach Vorstrafen → § 26 Rn. 45 ff.).[149] Einmalige oder geringfügige **Verkehrsstrafen** 35

---

[139] BAG 28.11.2007 AP Nr. 36 zu § 620 BGB Aufhebungsvertrag = NZA 2008, 348.
[140] Vgl. BGH 30.10.2013 NJW 2014, 1242.
[141] BAG 19.3.2014 NZA 2014, 1076.
[142] MHdB ArbR/*Benecke* § 38 Rn. 28.
[143] Vgl. BAG 21.2.1991 AP Nr. 35 zu § 123 BGB.
[144] BAG 20.3.2014 AP Nr. 73 zu § 123 BGB = NZA 2014, 1131; 6.9.2012 AP Nr. 72 zu § 123 BGB = NZA 2013, 1087.
[145] BAG 12.2.1970 AP Nr. 17 zu § 123 BGB mAnm *Beuthien* = NJW 1970, 1565.
[146] Ebenso ErfK/*Preis* BGB § 611a Rn. 350.
[147] BAG 28.3.1974 AP Nr. 3 zu § 119 BGB mAnm *Küchenhoff.*
[148] BAG 21.2.1991 AP Nr. 35 zu § 123 BGB = NZA 1991, 719; EuGH 30.4.1996 NZA 1996, 695.
[149] Vgl. BAG 6.9.2012 NJW 2013, 1115; MHdB ArbR/*Benecke* § 38 Rn. 29; ErfK/*Preis* BGB § 611a Rn. 354.

lassen bei einem Kraftfahrer noch nicht auf mangelnde Zuverlässigkeit im Straßenverkehr schließen.

36 **Schwangerschaft** ist nur ein vorübergehender Zustand und deshalb keine verkehrswesentliche Eigenschaft.[150] Hinzu kommt, dass die Ablehnung einer an sich geeigneten Bewerberin wegen der Schwangerschaft eine verbotene unmittelbare Benachteiligung wegen des Geschlechts darstellt (§ 3 II 2 AGG).[151] Wird eine Arbeitnehmerin für eine Tätigkeit eingestellt, für die bei Schwangerschaft nach §§ 4 ff. MuSchG ein Beschäftigungsverbot besteht (zB Verbot der Nachtarbeit nach § 5 MuSchG), ist der Arbeitsvertrag gleichwohl wirksam.[152] Der AG ist nicht berechtigt, seine erklärte Zustimmung zur Rückkehr einer Arbeitnehmerin an ihren Arbeitsplatz vor dem Ende der Elternzeit mit der Begründung anzufechten, er habe sich über das Bestehen einer Schwangerschaft bei der Betroffenen geirrt. Vorschriften, die wie § 119 II BGB als Grundlage für ein solches Begehren des AG dienen könnten, dürfen zur Vermeidung von Verstößen gegen Unionsrecht insoweit nicht angewendet werden.[153] Die Anfechtung wegen eines Irrtums über das Vorliegen einer **Schwerbehinderung** ist nur zulässig, wenn der schwerbehinderte Mensch für die vorausgesetzte Arbeit überhaupt nicht geeignet ist (dazu → § 179 Rn. 48 ff.).[154] Diese Grundsätze gelten für die Inhaber von **Bergmannsversorgungsscheinen** entsprechend.

37 **8. Arglistige Täuschung. a) Irrtumserregung.** Der Tatbestand der arglistigen Täuschung gem. § 123 BGB setzt in objektiver Hinsicht voraus, dass der Täuschende durch Vorspiegelung oder Entstellung von Tatsachen beim Erklärungsgegner einen Irrtum erregt und ihn zur Abgabe einer Willenserklärung veranlasst. Deshalb kann die falsche Beantwortung einer dem AN bei der Einstellung zulässigerweise gestellten Frage (dazu → § 26 Rn. 21 ff.) den AG nach § 123 I BGB dazu berechtigen, den Arbeitsvertrag wegen arglistiger Täuschung anzufechten, wenn die Täuschung für dessen Abschluss ursächlich war (dazu → Rn. 40a).[155] Eine im Laufe des Arbeitsverhältnisses begangene arglistige Täuschung kann die Anfechtung der zum Arbeitsvertragsschluss führenden Willenserklärungen dagegen nicht begründen, weil sie hierfür nicht ursächlich ist. Dass die arglistig hervorgerufene Fehlvorstellung unter Umständen nicht das einzige für den Vertragsschluss bestimmende Moment war, ist unerheblich.

38 **b) Täuschung.** Die Täuschung kann durch positives Tun, also insbesondere durch **Behaupten, Unterdrücken oder Entstellen von Tatsachen** erfolgen.[156] Eine arglistige Täuschung iSv § 123 I BGB setzt in objektiver Hinsicht voraus, dass der Täuschende hierdurch einen Irrtum erregt und den anderen so zur Abgabe einer Willenserklärung veranlasst hat. Dabei muss sich die Täuschung auf objektiv nachprüfbare Tatsachen beziehen. Die Äußerung subjektiver Werturteile genügt nicht.[157] Die Täuschung kann auch in einem Verschweigen von Tatsachen bestehen, wenn der Erklärende zur Offenbarung der entsprechenden Tatsache verpflichtet ist.[158] Das ist der Fall, wenn die betreffenden Umstände entweder dem Bewerber die Erfüllung seiner vorgesehenen arbeitsvertraglichen Leistungspflicht von vornherein unmöglich machen oder doch seine Eignung für den in Aussicht genommenen Arbeitsplatz entscheidend berühren.[159] Nicht jede falsche Angabe des AN bei den Einstellungsverhandlungen stellt danach bereits eine arglistige Täuschung iSd § 123 BGB dar, sondern nur eine falsche Antwort auf eine zulässig gestellte Frage (zum Fragerecht → § 26 Rn. 21 ff.). Stets erforderlich ist, dass die Täuschung für den Abschluss des Vertrags durch den anderen **ursächlich** war (→ Rn. 40a).[160]

39 **c) Arglist.** Die Täuschung muss arglistig erfolgt sein. Das setzt voraus, dass der Täuschende weiß oder billigend in Kauf nimmt, dass seine Behauptungen nicht der Wahrheit entsprechen oder mangels Offenbarung bestimmter Tatsachen irrige Vorstellungen beim anderen entstehen oder

150 ErfK/*Preis* BGB § 611a Rn. 352; HWK/*Thüsing* BGB § 119 Rn. 5; näher hierzu *Pallasch* NZA 2007, 306.

151 Ebenso zu § 611a BGB BAG 6.2.2003 AP Nr. 21 zu § 611a BGB = NZA 2003, 848; MHdB ArbR/*Benecke* § 38 Rn. 30.

152 EuGH 5.5.1994 AP Nr. 3 zu EWG-Richtlinie Nr. 76/207 = NZA 1994, 609.

153 EuGH 27.2.2003 AP Nr. 31 zu EWG-Richtlinie Nr. 76/207 = NZA 2003, 373.

154 BAG 7.6.1984 AP Nr. 26 zu § 123 BGB; 11.11.1993 AP Nr. 38 zu § 123 BGB = NZA 1994, 407; ErfK/*Preis* BGB § 611a Rn. 351; näher hierzu *Joussen* NZA 2007, 174.

155 BAG 20.3.2014 AP Nr. 73 zu § 123 BGB = NZA 2014, 1131.

156 BAG 21.2.1991 AP Nr. 35 zu § 123 BGB = NZA 1991, 719.

157 BAG 11.7.2012 NZA 2012, 1316; 12.5.2011 AP Nr. 69 zu § 123 BGB = NZA-RR 2012, 43.

158 BAG 12.5.2011 AP Nr. 69 zu § 123 BGB = NZA-RR 2012, 43.

159 BAG 20.3.2014 AP Nr. 73 zu § 123 BGB = NZA 2014, 1131; 6.9.2012 AP Nr. 72 zu § 123 BGB = NZA 2013, 1087.

160 BAG 7.7.2011 AP Nr. 70 zu § 123 BGB = NZA 2012, 34.

aufrechterhalten werden. Fahrlässigkeit – auch grobe Fahrlässigkeit – genügt insoweit nicht.[161] Erforderlich ist vielmehr ein **zumindest bedingt vorsätzliches Verhalten.**[162] Der Täuschende musste wissen oder erkennen, dass seine Behauptung oder die von ihm verschwiegene Tatsache für die Entscheidung des anderen zum Vertragsschluss wesentlich sein würde.[163] Das Tatbestandsmerkmal der Arglist erfasst nicht nur ein Handeln, das von betrügerischer Absicht getragen ist, sondern auch solche Verhaltensweisen, die im Sinne eines „Fürmöglichhaltens" reduziert sind und mit denen kein moralisches Unwerturteil verbunden sein muss.[164] Auch Erklärungen „ins Blaue hinein" können eine arglistige Täuschung begründen.[165] Sind in einem Vergleich mehrere Tatbestände (Beendigung des Arbeitsverhältnisses und Schadensersatzansprüche) geregelt, kann die teilweise Anfechtung zulässig sein, wenn der nicht angefochtene Teil des Vergleichs ohne die angefochtene Regelung vorgenommen sein würde.[166] Die Beweislast für das Vorliegen von Arglist trägt der Anfechtende; dass es sich hierbei um eine innere Tatsache handelt, steht dem nicht entgegen.[167]

d) Widerrechtlichkeit. Erforderlich ist des Weiteren, dass die Täuschung widerrechtlich ist. 40
Nicht jede falsche Angabe bei der Einstellung stellt daher eine arglistige Täuschung iSd § 123 BGB dar, sondern nur eine falsche Antwort auf eine zulässigerweise gestellte Frage.[168]

e) Kausalität. Der Getäuschte muss durch die Täuschungshandlung zur Abgabe der Willens- 40a
erklärung „bestimmt" worden sein. Das ist dann der Fall, wenn die Täuschung einen Irrtum des Erklärenden hervorgerufen und dadurch dessen Entschluss zur Willenserklärung beeinflusst hat.[169] Die Täuschung muss also conditio sine qua non für die Abgabe der Willenserklärung überhaupt oder für einen bestimmten Inhalt dieser Willenserklärung gewesen sein.[170] Es ist ausreichend, wenn die Täuschungshandlung eine von mehreren Ursachen ist und die Entschließung lediglich beeinflusst hat.[171] Hierbei kommt es nicht auf objektive Kriterien an, also nicht etwa darauf, wie der Getäuschte bei verständiger Würdigung des Falles hätte handeln müssen; maßgebend ist vielmehr, wie er ohne die Täuschung wirklich gehandelt hätte.[172] An der Kausalität fehlt es deshalb im Falle der Falschbeantwortung einer Frage bei der Einstellung, wenn der AG den AN auch dann eingestellt hätte, wenn dieser die Frage wahrheitsgemäß beantwortet hätte.[173]

f) Treuwidrige Anfechtung. Die Anfechtung wegen arglistiger Täuschung ist nach Treu 41
und Glauben (§ 242 BGB) ausgeschlossen, wenn die Rechtslage des Getäuschten durch die arglistige Täuschung nicht oder nicht mehr beeinträchtigt ist und deshalb der Anfechtungsgrund im Zeitpunkt des Zugangs der Anfechtungserklärung seine Bedeutung für die weitere Fortsetzung des Arbeitsverhältnisses verloren hat.[174]

g) Beweislast. Den Anfechtenden trifft die Darlegungs- und Beweislast für das Vorliegen 42
sämtlicher Umstände, die den Arglisttatbestand ausfüllen, wozu bei einer Täuschung durch Verschweigen auch die fehlende Offenbarung gehört.[175] Dass es sich bei der Arglist um eine innere Tatsache handelt, steht dem nicht entgegen.[176] Für Ursächlichkeit kann der Beweis des ersten Anscheins sprechen.

---

161 BAG 20.3.2014 AP Nr. 73 zu § 123 BGB = NZA 2014, 1131; 12.5.2011 AP Nr. 69 zu § 123 BGB = NZA-RR 2012, 43.
162 BGH 12.4.2013 NJW 2013, 2182; MüKoBGB/*Armbrüster* § 123 Rn. 18; MHdB ArbR/*Benecke* § 38 Rn. 33.
163 BAG 7.6.1984 AP Nr. 26 zu § 123 BGB; 11.11.1993 AP Nr. 38 zu § 123 BGB = NZA 1994, 407; 5.10.1995 AP Nr. 40 zu § 123 BGB = NZA 1996, 371; ErfK/*Preis* BGB § 611a Rn. 360.
164 BGH 11.5.2001 NJW 2001, 2326.
165 BGH 7.6.2006 NJW 2006, 2839; 18.1.1995 NJW 1995, 955; MüKoBGB/*Armbrüster* § 123 Rn. 16.
166 LAG Nds 8.6.1999 NZA-RR 2000, 63; dazu allg. MüKoBGB/*Busche* § 143 Rn. 11.
167 BAG 11.7.2012 NZA 2012, 1316; 12.5.2011 AP Nr. 69 zu § 123 BGB = NZA-RR 2012, 43.
168 BAG 21.2.1991 AP Nr. 35 zu § 123 BGB = NZA 1991, 719; MHdB ArbR/*Benecke* § 38 Rn. 34.
169 BGH 21.9.2011 NJW 2012, 296.
170 Treffend MüKoBGB/*Armbrüster* § 123 Rn. 21.
171 BGH 22.2.2005 NJW-RR 2005, 1082.
172 BGH 2.12.1977 WM 1978, 221.
173 BAG 7.7.2011 AP Nr. 70 zu § 123 BGB = NZA 2012, 34.
174 BAG 18.9.1987 AP Nr. 32 zu § 123 BGB = NZA 1988, 731; 11.11.1993 AP Nr. 38 zu § 123 BGB; BGH 30.6.2000 NJW 2000, 2894.
175 BGH 6.3.2020 – V ZR 2/19; MüKoBGB/*Armbrüster* § 123 Rn. 94.
176 BAG 20.3.2014 AP Nr. 73 zu § 123 BGB = NZA 2014, 1131.

43 **9. Drohung. a) Anfechtung wegen Drohung.** Eine Anfechtung wegen Drohung ist berechtigt, wenn der Abschluss des Vertrags widerrechtlich durch Drohung herbeigeführt worden ist (§ 123 BGB). Die Anfechtung wegen Drohung kommt im Zusammenhang mit dem Abschluss von Arbeitsverträgen selten vor. Sie gewinnt Bedeutung bei der Anfechtung der zum Abschluss eines Aufhebungsvertrags führenden Willenserklärungen (dazu → § 122 Rn. 27 ff.). Eine zur Anfechtung berechtigende Drohung muss nicht unmittelbar von dem Geschäftspartner ausgehen. Sie kann auch von einem Dritten herrühren. Dritter in diesem Sinne kann das **Gericht** oder eines seiner Mitglieder sein. Eine Drohung mit einem empfindlichen Übel kann dabei darin liegen, dass der Partei ein Fortgang des Prozesses in Aussicht gestellt wird, der nicht den Grundsätzen eines fairen Verfahrens entspricht.[177]

44 **b) Inaussichtstellen eines künftigen Übels.** Drohung ist das Inaussichtstellen eines künftigen Übels, dessen Zufügung in irgendeiner Weise als von der Macht des Ankündigenden abhängig hingestellt wird.[178] Weist dieser nur auf eine objektive, seinem Einfluss entzogene Zwangslage oder sonstige Schwierigkeiten hin, scheidet eine Drohung aus.[179] Der Drohende muss den Willen haben, den anderen Teil **zur Abgabe einer Willenserklärung zu bestimmen.** Ihm muss bewusst sein, dass sein Verhalten die Willensbildung des Empfängers der Drohung beeinflussen kann. Nicht erforderlich ist, dass der Drohende mit Schädigungsvorsatz handelt oder sich durch die Drohung einen Vorteil verschaffen will. Die Drohung muss auf die Vornahme einer Handlung in der Zukunft abzielen.[180] Der Bedrohte muss einer Zwangslage ausgesetzt sein, die ihm subjektiv das Gefühl gibt, sich nur noch zwischen zwei Übeln entscheiden zu können.[181] Die Anwendung unmittelbaren Zwanges (Führen der Hand) ist keine Drohung; bei dem Gezwungenen fehlt es schon an der Willenserklärung. Die Drohung muss nicht ausdrücklich erfolgen; tatbestandsmäßig ist auch eine versteckte Drohung (Hinweis, Warnung).[182] Das Ausnützen einer seelischen Zwangslage steht der widerrechtlichen Drohung nicht gleich.[183] Eine zur Anfechtung nach § 123 BGB berechtigende Drohung muss nicht unmittelbar von dem Vertragspartner ausgehen. Sie kann auch von einem Dritten herrühren.[184]

45 **c) Widerrechtlichkeit.** Die Drohung muss widerrechtlich sein. Hiervon ist auszugehen, wenn das angedrohte Verhalten oder der erstrebte Erfolg rechtswidrig ist. Bedient sich der Drohende zwar an sich erlaubter Mittel zur Verfolgung eines an sich nicht verbotenen Zwecks, kann sich die Widerrechtlichkeit aus der Inadäquanz, dh der Unangemessenheit des gewählten Mittels im Verhältnis zum verfolgten Zweck ergeben.[185] Hat der Drohende an der Erreichung des verfolgten Zwecks kein berechtigtes Interesse oder ist die Drohung nach Treu und Glauben nicht mehr als angemessenes Mittel zur Erreichung dieses Zwecks anzusehen, ist die Drohung widerrechtlich.[186] Die Drohung mit einer Strafanzeige ist rechtmäßig, wenn sie nur dazu dient, den Täter zur Wiedergutmachung des Schadens zu veranlassen.[187] Rechtmäßig ist auch die Drohung mit der Anrufung der ordentlichen Gerichte, der Einleitung des Verfahrens beim BR usw. In der Ankündigung des AG, das Arbeitsverhältnis durch Fristablauf enden zu lassen, wenn der AN nicht zu einer – objektiv unwirksamen – befristeten Fortsetzung zu den vom AG vorgeschlagenen Bedingungen bereit sei, liegt keine rechtswidrige Drohung iSv § 123 I BGB. Ein solches Angebot des AG ist kein Übel, sondern bietet dem AN die Möglichkeit, seiner Erwerbstätigkeit weiter nachgehen zu können, ohne dass er dies vom AG verlangen könnte.[188] Die Drohung mit einer außerordentlichen Kündigung ist dann widerrechtlich, wenn ein verständiger AG eine solche Kündigung nicht ernsthaft in Erwägung ziehen durfte → § 122 Rn. 28.

46 **d) Kausalität.** Die Drohung muss gem. § 123 I BGB für die angefochtene Willenserklärung des Bedrohten ursächlich gewesen sein. Dabei genügt es, dass die Drohung nach der Vorstellung

---

[177] BAG 12.5.2010 AP Nr. 68 zu § 123 BGB = NZA 2010, 1250.
[178] BAG 21.4.2016 AP Nr. 8 zu § 781 BGB = NZA 2016, 1409; 15.12.2005 AP Nr. 66 zu § 123 BGB = NZA 2006, 841.
[179] BeckOGK/*Rehberg*, 1.12.2020, BGB § 123 Rn. 154.
[180] BAG 23.11.2006 AP Nr. 8 zu § 623 BGB = NZA 2007, 466.
[181] BAG 21.4.2016 AP Nr. 8 zu § 781 BGB = NZA 2016, 1409; 13.12.2007 NZA-RR 2008, 341.
[182] BAG 6.12.2001 AP Nr. 33 zu § 286 ZPO = NZA 2002, 731.
[183] BGH 7.6.1988 NJW 1988, 2599.
[184] BAG 12.5.2010 AP Nr. 68 zu § 123 BGB = NZA 2010, 1250.
[185] BAG 21.4.2016 AP Nr. 8 zu § 781 BGB = NZA 2016, 1409; 13.12.2007 NZA-RR 2008, 341.
[186] BAG 15.12.2005 AP Nr. 66 zu § 123 BGB = NZA 2006, 841.
[187] BAG 21.4.2016 AP Nr. 8 zu § 781 BGB = NZA 2016, 1409; 22.7.2010 AP Nr. 134 zu § 611 BGB Haftung des Arbeitnehmers = NZA 2011, 743.
[188] BAG 13.12.2007 NZA-RR 2008, 341.

des Drohenden mitursächlich gewesen ist.[189] Die Ursächlichkeit der Drohung kann nicht schon dann ohne Weiteres bejaht werden, wenn die widerrechtliche Drohung conditio sine qua non, dh nicht wegzudenkende Ursache für die angefochtene Willenserklärung ist. Denn nach § 123 I BGB muss der Anfechtende durch die Drohung zur Abgabe der Willenserklärung „bestimmt" worden sein. Er muss noch bei der Abgabe der Willenserklärung unter dem Eindruck der Drohung gehandelt haben und nicht aufgrund einer davon nicht mehr maßgeblich beeinflussten autonomen Willensbildung. Davon ist zwar regelmäßig auch dann auszugehen, wenn dem widerrechtlich Bedrohten eine **Bedenkzeit** eingeräumt wurde. Ohne Hinzutreten weiterer Umstände ändert eine dem AN eingeräumte Bedenkzeit nichts an der Ursächlichkeit der Drohung.[190]

III. Rechtsfolgen der Nichtigkeit oder Anfechtung

1. Grundsatz. Ist ein Arbeitsvertrag nichtig oder berechtigt angefochten, ist zu unterscheiden zwischen den Fällen, in denen nur der Arbeitsvertrag abgeschlossen, und denjenigen, in denen das Arbeitsverhältnis bereits in Vollzug gesetzt worden ist. In Vollzug oder Funktion gesetzt ist der Arbeitsvertrag, wenn der AN an dem vom AG zugewiesenen Arbeitsplatz seine Arbeit aufgenommen hat.[191] 47

2. Rechtsfolgen der Anfechtung. a) Grundsatz. Grundsätzlich gelten die allgemeinen Regeln des Bürgerlichen Rechts über die Nichtigkeit und die Anfechtung. Ein wirksam angefochtener Arbeitsvertrag wird nach § 142 BGB mit rückwirkender Kraft (ex-tunc-Wirkung) beseitigt.[192] 48

b) Vollzogene Arbeitsverhältnisse. Von dem gesetzlichen Grundsatz der Rückwirkung der Anfechtungserklärung wird bei vollzogenen Arbeitsverhältnissen abgewichen. Ein bereits in Vollzug gesetzter Arbeitsvertrag kann wegen der Rückabwicklungsschwierigkeiten nicht mehr mit rückwirkender Kraft angefochten werden. Anstelle der rückwirkenden Nichtigkeit hat die Anfechtung nur die kündigungsähnliche Wirkung der Auflösung des Arbeitsverhältnisses für die Zukunft **(ex-nunc-Wirkung).**[193] Für die Vergangenheit ist das Arbeitsverhältnis grundsätzlich wie ein fehlerfrei zustande gekommenes zu behandeln, sog. **fehlerhaftes oder faktisches Arbeitsverhältnis.**[194] 49

Von diesem Grundsatz gibt es eine **Rückausnahme** für den Fall, dass der AN infolge krankheitsbedingter Arbeitsunfähigkeit nicht gearbeitet hat. In diesem Fall liegt der Grund für die Ausnahme von der gesetzlich angeordneten Rückwirkung der Anfechtung, die Rückabwicklungsschwierigkeiten bei Anwendung der bereicherungsrechtlichen Vorschriften, nicht vor, weil keine Arbeitsleistung erbracht worden ist, die nicht zurückgewährt werden kann. Die Anfechtung wirkt in diesen Fällen auf den Zeitpunkt des Beginns der Arbeitsunfähigkeit zurück. Das BAG hat dies bislang nur für den Fall der Anfechtung wegen arglistiger Täuschung nach § 123 BGB entschieden.[195] Stellt man jedoch maßgeblich auf das Fehlen von Rückabwicklungsschwierigkeiten ab, ist diese Rechtsprechung auch auf die weiteren Anfechtungsgründe zu erstrecken. 50

3. Nichtigkeit des Arbeitsvertrags. Ist der Arbeitsvertrag zB wegen mangelnder Geschäftsfähigkeit des AN nichtig, entsteht ein **fehlerhaftes Arbeitsverhältnis.**[196] Es ist für den Zeitraum, in dem es trotz der ihm anhaftenden Mängel in Funktion gesetzt war, grundsätzlich wie ein fehlerfrei zustande gekommenes Arbeitsverhältnis zu behandeln.[197] Eine Rückabwicklung der erbrachten Leistungen kommt regelmäßig nicht in Betracht. Hat der AN seine Arbeitsleistung erbracht, kann er die ursprünglich vereinbarte Vergütung verlangen.[198] Die Parteien kön- 51

[189] BAG 12.5.2010 AP Nr. 68 zu § 123 BGB = NZA 2010, 1250; 15.12.2005 AP Nr. 66 zu § 123 BGB = NZA 2006, 841; BGH 22.2.2005 NJW-RR 2005, 1082.
[190] BAG 28.11.2007 AP Nr. 36 zu § 620 BGB Aufhebungsvertrag = NZA 2008, 348.
[191] ErfK/*Preis* BGB § 611a Rn. 366.
[192] HWK/*Thüsing* BGB § 119 Rn. 15.
[193] BAG 3.12.1998 AP Nr. 49 zu § 123 BGB = NZA 1999, 584.
[194] HWK/*Thüsing* BGB § 119 Rn. 15; siehe auch MüKoBGB/*Müller-Glöge* § 611 Rn. 635.
[195] BAG 3.12.1998 AP Nr. 49 zu § 123 BGB = NZA 1999, 584.
[196] MHdB ArbR/*Benecke* § 38 Rn. 48 f.
[197] BAG 3.11.2004 AP Nr. 25 zu § 134 BGB = NZA 2005, 1409.
[198] BAG 15.1.1986 AP Nr. 66 zu § 1 LohnFG = NZA 1986, 561.

nen sich jedoch für die Zukunft ohne Weiteres lösen. Eine Kündigung oder Anfechtung ist nicht erforderlich, weil kein Vertragsverhältnis zustande gekommen ist.[199]

52 Ausnahmen bestehen im Falle eines **besonders schweren Mangels.** Hier führt die Nichtigkeit des Arbeitsverhältnisses zur Rückabwicklung der erbrachten Leistungen nach Bereicherungsrecht.[200] Bei einem Verstoß gegen ein gesetzliches Verbot sind Sinn und Zweck des Verbotsgesetzes maßgebend (dazu → Rn. 17). Im Falle der von Anfang an fehlenden Approbation eines Arztes kommt kein „fehlerhaftes Arbeitsverhältnis", sondern nur die rückwirkende Nichtigkeit in Betracht. Durch die strafbare Durchführung des Arbeitsvertrags kann keine Heilung für die Vergangenheit eintreten. Die Arbeitsleistung ist schon nach ihrer Art rechts- und gesetzeswidrig und eine Schutzwürdigkeit unter Vertrauensgesichtspunkten besteht nicht. Steht der Zweck des Verbotsgesetzes, Leben und Gesundheit der Patienten zu schützen, einer Heilung des nichtigen Rechtsgeschäfts entgegen, ist die angemessene Rechtsfolge allein der Ausgleich nach Bereicherungsrecht. Dabei ist gem. § 817 S. 2 BGB die Rückforderung des Wertes der Arbeitsleistung ausgeschlossen, wenn mit der Erbringung der Arbeitsleistung vorsätzlich gegen das Verbot der Ausübung der Heilkunde ohne Approbation verstoßen wurde. Nach Treu und Glauben kommt im Einzelfall eine Einschränkung des Ausschlusses der Rückforderung in Betracht.

[199] Vgl. MüKoBGB/*Spinner* § 611a Rn. 558.

[200] BAG 3.11.2004 AP Nr. 25 zu § 134 BGB = NZA 2005, 1409; 7.6.1972 AP Nr. 18 zu § 611 BGB Faktisches Arbeitsverhältnis.

3. Abschnitt. Formulararbeitsverträge und AGB-Kontrolle

§ 35. Kontrolle Allgemeiner Geschäftsbedingungen

Übersicht

I. Allgemeines

1 Nach den Bestimmungen des **AGB-Gesetzes** war eine Inhaltskontrolle vorformulierter Arbeitsverträge nicht möglich, weil in § 23 I AGBG Verträge auf dem Gebiet des Arbeitsrechts vom Geltungsbereich dieses Gesetzes ausgenommen waren. Diese Rechtslage hat sich zum 1.1.2002 durch das **Schuldrechtsmodernisierungsgesetz** geändert. Der Gesetzgeber hat unter Bezugnahme auf eine Entscheidung des BAG zur Wirksamkeit einer einmonatigen Ausschluss-

frist[1] für das Arbeitsrecht ein hinter dem AGB-Recht zurückgebliebenes Schutzniveau konstatiert und deshalb, sowie um die Einheitlichkeit der Rechtsprechung zu fördern, das Schutzsystem des AGB-Rechts auch auf Arbeitsverträge erstreckt.[2] Bei der Anwendung der §§ 305 ff. BGB sind gem. § 310 IV 2 BGB die im Arbeitsrecht geltenden Besonderheiten angemessen zu berücksichtigen.

II. Zeitlicher Geltungsbereich

2 **1. Inkrafttreten des Schuldrechtsmodernisierungsgesetzes.** Das Schuldrechtsmodernisierungsgesetz und damit verbunden die Neufassung der §§ 305–310 BGB ist am **1.1.2002** in Kraft getreten. Vorformulierte Arbeitsverträge, die nach dem 31.12.2001 geschlossen wurden, unterliegen deshalb der Kontrolle nach den §§ 305–310 BGB.[3] Auf Arbeitsverhältnisse, die vor dem 1.1.2002 entstanden sind, galt gem. Art. 229 § 5 S. 1 EGBGB bis zum 31.12.2002 das bisherige Recht weiter. Um eine Anpassung zu ermöglichen, sollte das neue Recht erst ab dem 1.1.2003 zur Anwendung kommen.[4]

3 **2. Altfälle.** Da die AGB-Kontrolle auch für Altverträge gilt, beinhaltet sie hinsichtlich der Anforderungen an die Vertragsformulierung eine **echte Rückwirkung.** Aus rechtsstaatlichen Gründen (Art. 20 GG) bedarf es deshalb der verfassungskonformen, den Grundsatz der Verhältnismäßigkeit wahrenden Auslegung und Anwendung der §§ 305–310 BGB. Leitet der AG aus einem vor dem 1.1.2002 geschlossen Formulararbeitsvertrag nach dem 31.12.2002 Rechte her und hält die maßgebliche Klausel einer Inhaltskontrolle nach §§ 307 ff. BGB nicht stand, ist die Klausel unwirksam. Der Inhalt des Vertrags richtet sich dann gem. § 306 II BGB nach den gesetzlichen Vorschriften. Gibt es keine der Vertragsklausel entsprechende gesetzliche Vorschrift, wie beispielsweise bei dem vereinbarten Recht, eine übertarifliche Leistung widerrufen zu können, ist die Rechtsausübung nicht möglich, dh der Widerruf ausgeschlossen. In solchen Fällen ist zu prüfen, ob die durch die Unwirksamkeit der Klausel im Arbeitsvertrag entstandene Lücke im Wege der **ergänzenden Vertragsauslegung** zu schließen ist (dazu → Rn. 67 ff.).

III. Allgemeine Geschäftsbedingungen

4 **1. Begriff. a) Vertragsbedingungen.** Die Vorschriften über die allgemeine Inhaltskontrolle nach §§ 305 ff. BGB gelten für Allgemeine Geschäftsbedingungen (AGB). Das sind nach der Definition des § 305 I 1 BGB Vertragsbedingungen, die für eine Vielzahl von Verträgen vorformuliert sind und von einer Vertragspartei, dem Verwender, der anderen Vertragspartei bei Abschluss des Vertrags gestellt werden.

5 **b) Arbeitnehmer als Verbraucher.** Im Arbeitsverhältnis ist der AG Verwender der AGB. Der AN ist Verbraucher iSd §§ 305 ff. BGB.[5] Der Wortlaut des § 13 BGB erfasst auch den AN bei Abschluss des Arbeitsvertrags.[6] Gleiches gilt für den Fremdgeschäftsführer einer GmbH, auch dieser handelt bei Abschluss seines Anstellungsvertrags als Verbraucher iSd § 13 BGB.[7]

6 **c) Vertragsbedingungen.** Die AGB-Kontrolle erfasst Vertragsbedingungen. Das sind Regelungen, die den Inhalt des Vertrags gestalten. Auf den Inhalt der Vertragsbedingung, Haupt- oder Nebenleistung, kommt es nicht an.[8] Auch der **Freiwilligkeitsvorbehalt** ist eine Vertragsbedingung iSv § 305 I BGB (näher dazu → Rn. 101 ff.). Er zielt darauf, die vertraglichen Beziehungen der Parteien zu gestalten und dem AG ein einseitiges Recht zur Entscheidung über den Bonus vorzubehalten sowie die Entstehung einer betrieblichen Übung zu verhindern.[9] Ebenso enthält eine **Gesamtzusage** Vertragsbedingungen, die der AGB-Kontrolle unterliegen.[10] Ent-

[1] BAG 13.12.2000 AP Nr. 2 zu § 241 BGB = NZA 2001, 723.
[2] Vgl. BT-Drs. 14/6857, 54.
[3] BAG 24.9.2019 AP Nr. 76 zu § 307 BGB = NZA 2020, 310.
[4] BAG 21.2.2017 AP Nr. 35 zu § 1 BetrAVG Hinterbliebenenversorgung = NZA 2017, 723.
[5] BGB 24.5.2018 AP Nr. 74 zu § 307 BGB = NZA 2018, 1061.
[6] BAG 11.12.2013 AP Nr. 85 zu § 74 HGB = NZA 2014, 433; 25.5.2005 AP Nr. 1 zu § 310 BGB = NZA 2005, 1111.
[7] BAG 19.5.2010 AP Nr. 13 zu § 310 BGB = NZA 2010, 939.
[8] Ulmer/Brandner/Hensen/*Ulmer/Habersack* BGB § 305 Rn. 7.
[9] BAG 19.3.2014 AP Nr. 113 zu § 315 BGB = NZA 2014, 595.
[10] BAG 3.6.2020 AP Nr. 78 zu § 1 BetrAVG Gleichbehandlung; 20.8.2014 NZA 2014, 1333; WLP/*Stoffels* ArbR Rn. 44.

sprechendes gilt für die durch **betriebliche Übung** begründeten Vertragsbedingungen.[11] Da das Vorliegen von AGB nicht an eine bestimmte Form gebunden ist, können auch Freiwilligkeits-, Widerrufs- und Anrechnungsvorbehalte, die sich auf **Gehaltsabrechnungen** finden, der AGB-Kontrolle unterliegen.

Erfasst werden auch **einseitige Rechtsgeschäfte des Vertragspartners des Verwenders,** die auf einer Vorformulierung des Verwenders beruhen.[12] Damit kann auch eine vom AG vorformulierte **Ausgleichsquittung,**[13] eine Ausgleichsklausel in einem vorformulierten Vergleich[14] oder eine vorformulierte Einwilligungserklärung[15] der AGB-Kontrolle unterliegen. Demgegenüber stellen einseitige Rechtsgeschäfte des AG, wie Kündigungserklärungen, keine AGB dar,[16] weil der Verwender ausschließlich seine eigene, nicht aber fremde Gestaltungsmacht in Anspruch nimmt.[17] 7

d) Vorformulierte Bedingungen. Die Vertragsbedingungen müssen vorformuliert sein. 8
Hiervon ist auszugehen, wenn sie für eine mehrfache Verwendung schriftlich aufgezeichnet oder in sonstiger Weise fixiert sind. Die Vorformulierung setzt voraus, dass die Vertragsbestimmungen nicht für den konkreten Vertragsschluss entworfen, sondern als Grundlage oder Rahmen für gleichartige Rechtsverhältnisse aufgestellt sind.[18] Die Vorformulierung muss zeitlich vor dem Vertragsschluss fertig vorliegen.[19] Das ist bei Vertragsformularen, die in schriftlicher Form vorliegen oder elektronisch gespeichert sind, ohne Weiteres der Fall. AGB müssen aber nicht notwendig aus schriftlich vorformulierten Texten bestehen. Sie können auch dann vorliegen, wenn sonstige ausgearbeitete oder übernommene Klauseln aus dem Gedächtnis des Verwenders in den Vertrag üblicherweise oder gegenüber einer Mehrzahl von Vertragspartnern eingefügt werden. Im Hinblick auf den Schutzzweck der §§ 305 ff. BGB macht es keinen Unterschied, ob die Vertragsbedingungen in schriftlicher Form vorbereitet bzw. übernommen werden oder ob sie zum Zwecke künftiger wiederholter Einbeziehung in den Vertragstext **„im Kopf gespeichert"** sind.[20] Auch eine **mündliche Vertragsbedingung,** die der AG für eine Vielzahl von Arbeitsverhältnissen verwendet, ist eine Allgemeine Geschäftsbedingung.[21]

Der Verwender muss den **Text nicht selbst erstellt** haben. Es genügt daher, dass der AG ein 9
von einem Dritten – zB Arbeitgeberverband – für eine Vielzahl von Verträgen angefertigtes Formular benutzt, auch wenn er es seinerseits nur für einen einzigen Vertrag verwendet.[22] Entsprechendes gilt für Arbeitsverträge aus dem Schreibwarenhandel, Formularbüchern oder dem Internet, sofern der AN als Verbraucher auf die Formulierung der jeweiligen Klausel keinen Einfluss genommen hat.[23] Nicht ganz zu Unrecht wird im Schrifttum diese Rechtsprechung des BGH, die auch im Arbeitsrecht zum Tragen kommt, als „Tod" der anwaltlichen Datenbanken bewertet. Zugleich wird zu Recht darauf aufmerksam gemacht, dass ein Anwalt bei der Beratung seines Mandanten auf die Kontrollmöglichkeiten nach § 305 BGB hinzuweisen habe.[24] Auch Vertragsbedingungen, die vor ihrer Verwendung **kollektivrechtlich ausgehandelt** wurden, sind AGB.[25]

e) Vielzahl von Verträgen. Des Weiteren müssen die Vertragsbedingungen für eine Vielzahl von Verträgen bestimmt sein. Das wird von hM bejaht, wenn mindestens ihre **dreimalige** 10

[11] BAG 16.2.2010 AP Nr. 10 zu § 1b BetrAVG = NZA 2011, 42; Ulmer/Brandner/Hensen/*Fuchs/Bieder* BGB Anh. § 310 Rn. 9; HWK/*Roloff* BGB § 305 Rn. 2; Staudinger/*Krause* BGB Anh. zu §§ 305–310 Rn. K 120; WLP/*Stoffels* ArbR Rn. 45.
[12] BGH 27.1.2000 NJW 2000, 2677.
[13] HWK/*Roloff* BGB § 305 Rn. 2.
[14] BAG 27.5.2015 AP Nr. 53 zu § 10 AÜG = NZA 2015, 1125.
[15] Ulmer/Brandner/Hensen/*Ulmer/Habersack* BGB § 305 Rn. 17.
[16] BAG 20.1.2016 AP Nr. 72 § 622 BGB = NZA 2016, 485; 20.6.2013 AP Nr. 68 zu § 622 BGB = NZA 2013, 1137.
[17] Staudinger/*Mäsch* BGB § 305 Rn. 17; Ulmer/Brandner/Hensen/*Ulmer/Habersack* BGB § 305 Rn. 18.
[18] BGH 11.7.2019 NJW 2019, 2997.
[19] MüKoBGB/*Basedow* § 305 Rn. 13.
[20] BGH 13.5.2014 NJW-RR 2014, 1133; 10.3.1999 NJW 1999, 2180; *Stoffels,* AGB-Recht, Rn. 117.
[21] BAG 16.5.2012 AP Nr. 62 zu § 307 BGB = NZA 2012, 908.
[22] Vgl. BAG 15.9.2009 AP Nr. 42 zu § 611 BGB Ausbildungsbeihilfe = NZA 2010, 342; BGH 20.2.2014 NJW-RR 2014, 937; 24.11.2005 WM 2006, 247.
[23] Vgl. Staudinger/*Krause* BGB Anh. zu §§ 305–310 Rn. K 2.
[24] So *v. Westphalen* NJW 2005, 2228.
[25] BAG 9.2.2011 AP Nr. 52 zu § 307 BGB = NZA-RR 2012, 232; 19.3.2009 AP Nr. 1 zu § 611 BGB Arbeitgeberdarlehen = NZA 2009, 896; 25.4.2007 AP Nr. 23 zu § 113 InsO.

Verwendung beabsichtigt ist.[26] Die Absicht der dreimaligen Verwendung ist auch dann belegt, wenn der Verwender die Klausel dreimal mit demselben Vertragspartner vereinbart.[27] Die Absicht der Mehrverwendung vorformulierten Vertragsbedingungen muss im Zeitpunkt des Vertragsabschlusses bestehen.[28] Aus dem Inhalt und der äußeren Gestaltung der in einem Vertrag verwendeten Bedingungen kann sich eine vom Verwender zu widerlegende **tatsächliche Vermutung** dafür ergeben, dass sie zur Mehrfachverwendung formuliert worden sind.[29] Das kann zB der Fall sein, wenn der Vertrag zahlreiche formelhafte Klauseln enthält, nicht auf die individuelle Vertragssituation abgestimmt,[30] sondern weitgehend allgemein und abstrakt gehalten ist.[31] Enthalten die Vertragsbedingungen freie Felder, in die individuelle Angaben einzufügen sind, ist nach Auffassung des BGH zwar von vorformulierten Vertragsbedingungen auszugehen, die so zu vervollständigenden Vertragsbedingungen beziehen sich indes nicht auf eine Vielzahl von Verträgen. Sie erhalten vielmehr ihren Regelungsgehalt erst durch das Vervollständigen der Lücken. Die Verwendung ist damit nur für diesen Vertrag beabsichtigt.[32]

11 **f) Einmalbedingungen.** Die Absicht der Mehrfachverwendung einer Vertragsklausel bedarf bei einem Arbeitsvertrag regelmäßig keiner Feststellung, denn dieser stellt einen Verbrauchervertrag iSv § 310 III Nr. 2 BGB dar.[33] Daher gelten § 305c II sowie §§ 306, 307–309 BGB auch dann, wenn die **vorformulierten** Vertragsbedingungen nur zur **einmaligen Verwendung** bestimmt sind und der AN aufgrund der Vorformulierung auf ihren Inhalt keinen Einfluss nehmen konnte (zur Auslegung von Einmalbedingungen → Rn. 30). Vorformuliert sind Bedingungen schon dann, wenn sie von einer Seite vor Vertragsabschluss aufgezeichnet oder in sonstiger Weise fixiert worden sind.[34] Das Merkmal des „Einflussnehmens" in § 310 III Nr. 2 BGB entspricht dabei dem des „Aushandelns" in § 305 I 3 BGB (dazu → Rn. 13).[35] Den AN trifft die **Darlegungs- und Beweislast** dafür, dass die Vertragsbedingung vorformuliert war und er nicht die Möglichkeit der Einflussnahme hatte, weil es sich hierbei um ein positiv festzustellendes Tatbestandsmerkmal handelt.[36] Ist die Möglichkeit der Einflussnahme streitig, muss der AG nach den Grundsätzen der abgestuften Darlegungslast den Vortrag des AN, er habe keine Einflussmöglichkeit gehabt, qualifiziert bestreiten (§ 138 II ZPO), indem er konkret darlegt, wie er Klauseln zur Disposition gestellt hat.[37] Das ändert aber entgegen der missverständlichen Ausführungen in einigen Entscheidungen des BAG[38] nichts daran, dass Darlegungs- und Beweislast dafür, dass die Vertragsbedingung vorformuliert war und er nicht die Möglichkeit der Einflussnahme hatte, beim AN liegt. § 310 III Nr. 2 BGB verweist **nicht auf § 305c I BGB,** so dass in diesen Fällen nicht die Einschränkungen für überraschende Klauseln gelten (→ Rn. 22).[39] Soweit die Richtlinie 93/13/EWG in Art. 5 S. 1 die klare und verständliche Abfassung vorformulierter Vertragsbedingungen vorschreibt, ist diesem Erfordernis bei der Anwendung von § 307 I 2 BGB, auf den § 310 III Nr. 2 BGB verweist, Rechnung zu tragen.[40]

---

[26] BAG 15.9.2009 AP Nr. 42 zu § 611 BGB Ausbildungsbeihilfe = NZA 2010, 342; 18.3.2008 AP Nr. 12 zu § 310 BGB = NZA 2008, 1004; 1.3.2006 AP Nr. 3 zu § 308 BGB = NZA 2006, 746; BGH 27.9.2001 NJW 2002, 138; MüKoBGB/*Basedow* § 305 Rn. 18; Ulmer/Brandner/Hensen/*Ulmer/Habersack* BGB § 305 Rn. 25a.

[27] BGH 11.12.2003 NJW 2004, 1454.

[28] BGH 13.9.2001 NJW-RR 2002, 13.

[29] BAG 11.12.2018 AP Nr. 50 zu § 611 BGB Ausbildungsbeihilfe = NZA 2019, 781; 9.6.2010 AP Nr. 82 zu § 1 TVG Bezugnahme auf Tarifvertrag; 24.9.2008 AP Nr. 11 zu § 305c BGB = NZA 2009, 154; 1.3.2006 AP Nr. 3 zu § 308 BGB = NZA 2006, 746; 26.1.2005 AP Nr. 260 zu § 611 BGB Gratifikation; BGH 23.6.2005 ZIP 2005, 1604; 24.11.2005 WM 2006, 247.

[30] BAG 18.3.2008 NZA 2008, 1004; BGH 27.11.2003 NJW 2004, 502.

[31] BGH 8.9.2016 NJW 2017, 265.

[32] BGH 11.7.2019 NJW 2019, 2997; vgl. auch BGH 3.11.1999 NJW 2000, 1110.

[33] BAG 7.10.2015 AP Nr. 44 zu § 611 BGB Musiker = NZA 2016, 441; 10.5.2016 – 9 AZR 434/15.

[34] BAG 26.10.2017 AP Nr. 74 zu § 622 BGB = NZA 2018, 297.

[35] BAG 12.12.2013 AP Nr. 5 zu § 611 BGB Arbeitgeberdarlehen = NZA 2014, 905; 19.5.2010 AP Nr. 13 zu § 310 BGB = NZA 2010, 939.

[36] BGH 15.4.2008 NJW 2008, 2250; MüKoBGB/*Basedow* § 310 Rn. 84; CKK/*Kreft* BGB § 310 Rn. 31; Palandt/*Grünberg* BGB § 310 Rn. 17; ErfK/*Preis* BGB §§ 305–310 Rn. 23; Ulmer/Brandner/Hensen/*Ulmer/Schäfer* BGB § 310 Rn. 89.

[37] BAG 19.5.2010 AP Nr. 13 zu § 310 BGB = NZA 2010, 939.

[38] BAG 18.9.2018 AP Nr. 2 zu § 3 MiLoG = NZA 2018, 1619 (Rn. 30); 26.10.2017 AP Nr. 74 zu § 622 BGB = NZA 2018, 297 (Rn. 22 ff.); 19.5.2010 AP Nr. 13 zu § 310 BGB = NZA 2010, 939.

[39] BAG 24.2.2016 AP Nr. 48 zu § 620 BGB Aufhebungsvertrag = NZA 2016, 762.

[40] BT-Drs. 13/4699, 6; MüKoBGB/*Basedow* § 310 Rn. 105; Ulmer/Brandner/Hensen/*Ulmer/Schäfer* BGB § 310 Rn. 91; WLP/*Pfeiffer* BGB § 310 Abs. 3 Rn. 29; zweifelnd HWK/*Roloff* BGB § 310 Rn. 3 unter Hinweis auf EuGH 20.9.2018 NJW 2019, 207 sowie grundsätzlich Staudinger/*Piekenbrock* BGB § 310 Rn. 133 f.

g) Gestellte Bedingungen. Für eine Vielzahl von Verträgen vorformulierte Vertragsbedingungen sind nur dann AGB, wenn sie der Verwender der anderen Vertragspartei gestellt hat. Eine Klausel ist gestellt, wenn der Verwender sie in die Verhandlungen einbringt und deren Einbeziehung in den Vertrag verlangt; maßgeblich sind insoweit die Umstände des Einzelfalles.[41] Das Stellen der Vertragsbedingungen wird nach § 310 III Nr. 1 BGB bei Verbraucherverträgen widerleglich vermutet, es sei denn der AN hat als Verbraucher[42] ausnahmsweise die AGB in den Vertrag eingeführt, wofür der AG darlegungs- und beweispflichtig wäre.[43] Dem AG bleibt in diesen Fällen damit regelmäßig nur der Einwand, die Vertragsbedingungen seien im Einzelnen ausgehandelt worden und stellten deshalb gem. § 305 I 3 BGB keine AGB dar (dazu → Rn. 13).[44] Bedeutung gewinnt § 310 III Nr. 1 BGB bei der Einbeziehung von Vertragsbedingungen auf Vorschlag Dritter, insbesondere Notaren.[45] Deshalb können auch von Notaren vorformulierte Schuldanerkenntnisse der AGB-Kontrolle unterliegen (→ Rn. 121). 12

2. Ausgehandelte Vertragsbedingungen. a) Voraussetzungen. Vorformulierte Vertragsbedingungen sind nach § 305 I 3 BGB von den im Einzelnen ausgehandelten Vertragsbedingungen zu unterscheiden.[46] Eine Individualabrede liegt freilich nicht schon dann vor, wenn der AN in einem Einzelgespräch sein Einverständnis mit der Vereinbarung erklärt und erst danach der Vertrag mit der vereinbarten Regelung ausgefertigt wird. **„Aushandeln" bedeutet mehr als verhandeln.** Es genügt nicht, dass das gestellte Formular dem Verhandlungspartner bekannt ist und nicht auf Bedenken stößt, dass der Inhalt lediglich erläutert oder erörtert wird und den Vorstellungen des Partners entspricht. Von einem Aushandeln in diesem Sinne kann vielmehr nur dann gesprochen werden, wenn der Verwender zunächst den in seinen AGB enthaltenen „gesetzesfremden Kerngehalt", also die den wesentlichen Inhalt der gesetzlichen Regelung ändernden oder ergänzenden Bestimmungen, inhaltlich ernsthaft zur Disposition stellt und dem Verhandlungspartner Gestaltungsfreiheit zur Wahrung eigener Interessen einräumt mit zumindest der realen Möglichkeit, die inhaltliche Ausgestaltung der Vertragsbedingungen zu beeinflussen.[47] Nicht ausreichend ist, wenn der Verwender den Vertragspartner – sei es auch in ausführlichen und wiederholten Gesprächen – ausschließlich vor die Wahl stellt, entweder die gestellten Bedingungen unverändert anzunehmen oder ganz von dem Vertrag Abstand zu nehmen.[48] Dies gilt auch, wenn es lediglich um eine einzige vorformulierte Klausel geht. Wenn der Verwender grundsätzlich auf dieser Klausel besteht, kann er dennoch in einem Teilpunkt, beispielsweise in der Entgeltvereinbarung, dem Vertragspartner entgegenkommen, was für das Aushandeln genügen würde.[49] Bei umfangreichen und nicht leicht verständlichen Klauseln kommt ein Aushandeln nur in Betracht, wenn der AG den AN über Inhalt und Tragweite der Klausel im Einzelnen belehrt hat, sofern nicht in anderer Weise erkennbar ist, dass der AN den Inhalt der Klausel wirklich erfasst hat.[50] Der AG muss sich also deutlich und ernsthaft zur gewünschten Änderung einzelner Klauseln bereiterklären. In aller Regel schlägt sich eine solche Bereitschaft auch in erkennbaren Änderungen des vorformulierten Textes nieder. Allenfalls unter besonderen Umständen kann ein Vertrag auch dann als Ergebnis eines „Aushandelns" gewertet werden, wenn es nach gründlicher Erörterung bei dem gestellten Entwurf verbleibt.[51] Denkbar ist auch, dass nur einzelne Klauseln eines Vertragswerks ausgehandelt sind.[52] Vorformulierte Bedingungen in einem Vertragswerk, die nicht ausgehandelt wurden, bleiben kontrollfähige AGB. Das folgt aus der Verwendung des Wortes „soweit" in § 305 I 3 und § 310 III Nr. 2 BGB.[53] 13

b) Keine Billigkeitskontrolle ausgehandelter Klauseln. Greift eine Inhaltskontrolle nach §§ 305 ff. BGB nicht ein, weil die Vertragsbedingungen im Einzelnen ausgehandelt sind 14

---

[41] BGH 13.5.2014 NJW-RR 2014, 1133.
[42] BAG 25.5.2005 AP Nr. 1 zu § 310 BGB = NZA 2005, 1111.
[43] BGH 13.5.2014 NJW-RR 2014, 1133; Ulmer/Brandner/Hensen/*Ulmer/Schäfer* BGB § 310 Rn. 71.
[44] Ulmer/Brandner/Hensen/*Ulmer/Schäfer* BGB § 310 Rn. 72.
[45] Staudinger/*Schlosser* BGB § 305 Rn. 54; Ulmer/Brandner/Hensen/*Ulmer/Schäfer* BGB § 310 Rn. 73.
[46] Ausf. dazu *Miethaner* NJW 2010, 3121.
[47] BAG 12.12.2013 AP Nr. 5 zu § 611 BGB Arbeitgeberdarlehen = NZA 2014, 905; 15.9.2009 AP Nr. 42 zu § 611 BGB Ausbildungsbeihilfe = NZA 2010, 342; BGH 19.5.2005 NJW 2005, 2543.
[48] WLP/*Pfeiffer* BGB § 305 Rn. 37.
[49] BGH 30.9.1987 NJW 1988, 410.
[50] Vgl. BGH 19.5.2005 NJW 2005, 2543.
[51] BAG 10.5.2016 – 9 AZR 434/15; 19.5.2010 AP Nr. 13 zu § 310 BGB = NZA 2010, 939; BGH 3.11.1999 NJW 2000, 1110.
[52] HWK/*Roloff* BGB § 305 Rn. 6.
[53] BAG 12.12.2013 AP Nr. 5 zu § 611 BGB Arbeitgeberdarlehen = NZA 2014, 905; 19.5.2010 AP Nr. 13 zu § 310 BGB = NZA 2010, 939.

(§ 305 I 3 BGB) oder die Voraussetzungen des § 310 III Nr. 2 BGB nicht vorliegen, findet keine Billigkeitskontrolle im Sinne einer allgemeinen, nicht auf die Besonderheiten des Falles bezogenen Angemessenheitsprüfung statt.[54] Die §§ 305 ff. BGB stellen grundsätzlich eine abschließende Konkretisierung des Gebots von Treu und Glauben (§ 242 BGB) hinsichtlich einer allgemeinen, allein den Inhalt einer Regelung überprüfenden Angemessenheitskontrolle dar.[55] Wenn für die Vertragspartner die Möglichkeit besteht, die Vertragsbedingungen im Einzelnen auszuhandeln (§ 305 I 3 BGB) oder der AN auf vom AG vorformulierte Vertragsbedingungen Einfluss nehmen kann (§ 310 III Nr. 2 BGB), ist im Grundsatz davon auszugehen, dass beide ihre Interessen selbst angemessen vertreten können. Eine Partei darf auch eine für sie nach allgemeinen Maßstäben ungünstige oder unangemessene Regelung bewusst hinnehmen, wenn sie insgesamt einen Vorteil erkennt.[56] Die Parteien sind insoweit bis zur Grenze der Sittenwidrigkeit (§ 138 BGB) frei, ihre Regelungen selbst zu treffen.[57] Lediglich aufgrund der besonderen Umstände des Einzelfalls kann sich die konkrete Wahrnehmung der wirksam vereinbarten Rechte als unzulässige Rechtsausübung erweisen.[58] Nutzt der AG seine wirtschaftliche Überlegenheit gegenüber dem AN aus, um ein für diesen ungünstiges Verhandlungsergebnis durchzusetzen, bleibt nach der Rechtsprechung des BVerfG[59] der Schutzauftrag des Richters, der Vertragsparität mit den Mitteln des Zivilrechts Geltung zu verschaffen. Es handelt sich um Fälle, in denen der Inhalt des Vertrags eine Seite ungewöhnlich belastet und als Interessenausgleich offensichtlich ungeeignet ist. Das erfordert grundsätzlich eine Gesamtschau der vertraglichen Regelungen.[60]

15 **3. Vorrang der Individualvereinbarung (§ 305b BGB).** Vereinbaren die Parteien nach dem Abschluss eines Formularvertrags eine Änderung mittels Individualabsprache, hat diese Änderung Vorrang vor kollidierenden AGB. Es kommt nicht darauf an, ob die Parteien eine Änderung der AGB beabsichtigt haben oder sich der Kollision mit den AGB bewusst geworden sind. Ebenso wenig stellt § 305b BGB darauf ab, ob die Individualvereinbarung ausdrücklich oder stillschweigend getroffen worden ist.[61] Der Vorrang der Individualvereinbarung gilt auch für vorformulierte Einmalbedingungen in Verbraucherverträgen.[62] § 305b BGB ist nichts anderes als der Ausdruck des funktionellen Rangverhältnisses zwischen Individualvereinbarungen und AGB. Die Vorschrift beruht auf der Überlegung, dass AGB als generelle Richtlinien für eine Vielzahl von Verträgen abstrakt vorformuliert und daher von vornherein auf Ergänzung durch die individuelle Einigung der Parteien ausgelegt sind. Sie können und sollen nur insoweit Geltung beanspruchen, wie die von den Parteien getroffene Individualabrede dafür Raum lässt.[63] Der Widerspruch zwischen Individualabrede und AGB führt nur dazu, dass die AGB zurücktreten, ohne zwingend unwirksam zu sein.[64] Den Vorrang haben individuelle Vertragsabreden ohne Rücksicht auf die Form, in der sie getroffen worden sind. Individuelle Abreden iSv § 305b BGB können deshalb auch auf mündlichen Erklärungen beruhen.[65] Der Vorrang (mündlicher) individueller Vertragsabreden setzt sich auch gegenüber doppelten Schriftformklauseln durch (→ Rn. 120).[66]

16 **4. Einbeziehung in den Vertrag.** Die Einbeziehung von AGB in den Arbeitsvertrag richtet sich nach den allgemeinen Bestimmungen der Rechtsgeschäftslehre. § 305 II und III BGB findet gem. § 310 IV 2 Hs. 2 BGB auf arbeitsvertragliche Vereinbarungen keine Anwendung.[67] Eine

---

[54] Ulmer/Brandner/Hensen/*Fuchs/Bieder* BGB Anh. § 310 Rn. 23; WLP/*Stoffels* ArbR Rn. 47; ausf. hierzu Staudinger/*Krause* BGB Anh. zu §§ 305–310 Rn. K 135 ff.
[55] BAG 25.5.2005 AP Nr. 1 zu § 310 BGB = NZA 2005, 1111.
[56] BAG 25.5.2005 AP Nr. 1 zu § 310 BGB = NZA 2005, 1111.
[57] ErfK/*Preis* BGB §§ 305–319 Rn. 24; WLP/*Stoffels* ArbR Rn. 47; *Thüsing,* AGB-Kontrolle im ArbR, Rn. 43 f.
[58] Dazu MüKoBGB/*Schubert* § 242 Rn. 208 ff.
[59] BVerfG 19.10.1993 AP Nr. 35 zu Art. 2 GG = NJW 1994, 36; BAG 25.5.2005 AP Nr. 1 zu § 310 BGB = NZA 2005, 1111.
[60] BAG 21.11.2001 AP Nr. 31 zu § 611 BGB Ausbildungsbeihilfe = NZA 2002, 551.
[61] BAG 24.8.2016 AP Nr. 10 zu § 3 ArbZG = NZA 2017, 58; MüKoBGB/*Basedow* § 305b Rn. 5.
[62] BAG 24.8.2016 AP Nr. 10 zu § 3 ArbZG = NZA 2017, 58.
[63] BAG 20.5.2008 AP Nr. 35 zu § 307 BGB = NZA 2008, 1233; MüKoBGB/*Basedow* § 305b Rn. 1.
[64] Staudinger/*Krause* BGB Anh. zu §§ 305–310 Rn. K 165; Ulmer/Brandner/Hensen/*Ulmer/Schäfer* BGB § 305b Rn. 11; aA HWK/*Roloff* BGB § 305b Rn. 1; *Stoffels,* AGB-Recht, Rn. 346.
[65] BAG 24.8.2016 AP Nr. 10 zu § 3 ArbZG = NZA 2017, 58.
[66] BAG 20.5.2008 AP Nr. 35 zu § 307 BGB = NZA 2008, 1233; BGH 21.9.2005 NJW 2006, 138; *Leder/Scheuermann* NZA 2008, 1222 (1224 f.) mwN.
[67] BAG 6.5.2009 AP Nr. 44 zu § 307 BGB = NZA-RR 2009, 593; 24.9.2008 AP Nr. 11 zu § 305c BGB = NZA 2009, 154.

analoge Anwendung der Regelung scheidet aufgrund der klaren gesetzgeberischen Entscheidung (BT-Drs. 14/6857, 54) aus.[68] Ein besonderer Hinweis und die Aushändigung der AGB sind deshalb nicht erforderlich. Bedeutung gewinnt diese Regelung für die Bezugnahme auf Tarifverträge (dazu → Rn. 20) und Arbeitsordnungen, die im Arbeitsvertrag selbst nicht abgedruckt sind.

5. Darlegungs- und Beweislast. Grundsätzlich muss der AN, der sich auf den Schutz des AGB-Rechts beruft, die Voraussetzungen für das Vorliegen von AGB darlegen und beweisen.[69] Er trägt daher die Darlegungs- und Beweislast für die Vorformulierung. Der AG muss entweder darlegen und beweisen, dass es sich bei den Klauseln um das Ergebnis von Vertragsverhandlungen handelt oder aber diese Bedingungen gegen die Lebenserfahrung durch den AN eingeführt worden sind.[70] Aus dem äußeren Erscheinungsbild kann sich eine tatsächliche Vermutung für das Vorliegen von AGB ergeben.[71] Folgt aus dem Inhalt und der Gestaltung der im Arbeitsvertrag verwendeten Bedingungen ein Anschein dafür, dass sie zur Mehrfachverwendung vorformuliert worden sind, hat der AG das Vorliegen von AGB zu widerlegen.[72] Ist streitig, ob eine Klausel ausgehandelt wurde (→ Rn. 13), hat der AN unter Bezeichnung der ihm bekannten Tatsachen (Art und Gang der Verhandlungen; Art der Bedingungen) vorzutragen, dass er keine Möglichkeit der Einflussnahme hatte. Der AG hat den Vortrag des AN zur fehlenden Einflussmöglichkeit qualifiziert zu bestreiten.[73] Hierzu hat er konkret darzulegen, wie er die Klausel zur Disposition gestellt hat und aus welchen Umständen darauf geschlossen werden kann, der AN habe die Klauseln nach offenen Verhandlungen freiwillig akzeptiert.[74] Zu Einmalbedingungen → Rn. 11. 17

IV. Kollektivvereinbarungen

1. Allgemeines. Nach § 310 IV 1 BGB finden die §§ 305–310 BGB auf **Tarifverträge, Betriebs- und Dienstvereinbarungen** keine Anwendung (Einzelheiten → Rn. 21; zu kollektivrechtlichen Mustern für Vertragsklauseln → Rn. 20). § 310 IV 1 BGB gilt hingegen nicht, wenn in AGB der Inhalt von **Regelungsabreden** in Bezug genommen wird, da diese keine normative Wirkung haben.[75] Diese Bestimmung enthält keine Einschränkung dahin, dass dies nur für Tarifverträge gelten soll, die kraft Tarifbindung unmittelbar und zwingend gelten (§§ 3 I, 4 I 1 TVG). Auch mit einer vertraglichen Bezugnahme auf den einschlägigen Tarifvertrag erlangen die tarifvertraglichen Bestimmungen bei nicht tarifgebundenen AN Geltung im Arbeitsverhältnis. Diese führt damit nicht zu einer Abweichung von Rechtsvorschriften iSv § 307 III 1 BGB, sondern zu deren Anwendbarkeit.[76] Auch nachwirkende Tarifverträge unterliegen gem. § 310 IV 1 BGB keiner Angemessenheitskontrolle, wenn noch kein neuer Tarifvertrag abgeschlossen worden ist.[77] § 310 IV 1 BGB betrifft nur die Kollektivregelung selbst, nicht aber die im Arbeitsvertrag vereinbarte Bezugnahmeklausel, durch die auf Tarifverträge verwiesen wird.[78] Nur diese unterliegt der Transparenzkontrolle (dazu → Rn. 58), die einzelnen Regelungen des im Arbeitsverhältnis geltenden Tarifvertrags unterliegen hingegen keiner AGB-Kontrolle.[79] Der Anwendungsausschluss des § 310 IV 1 BGB erfasst auch § 305c BGB. Diese Einschränkung der Inhaltskontrolle gilt für den gesamten Inhalt eines Tarifvertrags, der durch eine formularmäßig verwendete Klausel zum Gegenstand der arbeitsvertraglichen Vereinbarungen der Parteien wird.[80] Eine eventuelle Unklarheit des in Bezug genommenen Regelwerks wirkt sich im Übrigen nicht auf die Bezugnahme- 18

[68] BAG 19.3.2014 AP Nr. 26 zu § 130 BGB = NZA 2014, 1076; 23.3.2011 AP Nr. 88 zu § 1 TVG Bezugnahme auf Tarifvertrag = NZA 2012, 396; DDW/*Deinert* BGB § 305 Rn. 40.

[69] Vgl. BGH 13.9.2001 NJW-RR 2002, 13; Staudinger/*Mäsch* BGB § 305 Rn. 78 ff.

[70] BGH 15.4.2008 NJW 2008, 2250.

[71] BAG 18.9.2018 NZA 2018, 1619; 14.7.2015 AP Nr. 71 zu § 1 BetrAVG Ablösung = NZA-RR 2015, 595; 19.3.2014 NZA 2014, 1076; 15.12.2011 AP Nr. 89 zu § 14 TzBfG = NZA 2012, 674.

[72] BAG 1.3.2006 AP Nr. 3 zu § 308 BGB = NZA 2006, 746; so auch BGH 27.11.2003 NJW 2004, 502 (für Bauverträge).

[73] Erman/*Roloff*/*Looschelders* BGB § 310 Rn. 33.

[74] Vgl. BAG 12.12.2013 AP Nr. 5 zu § 611 BGB Arbeitgeberdarlehen = NZA 2014, 905; 11.12.2013 AP Nr. 85 zu § 74 HGB = NZA 2014, 433.

[75] BAG 21.6.2018 NZA 2018, 1413.

[76] BAG 18.9.2012 AP Nr. 96 zu § 7 BUrlG Abgeltung = NZA 2013, 216.

[77] BAG 18.9.2012 AP Nr. 96 zu § 7 BUrlG Abgeltung = NZA 2013, 216.

[78] BAG 24.9.2008 AP Nr. 11 zu § 305c BGB = NZA 2009, 154; 15.4.2008 AP Nr. 38 zu § 1 TVG Altersteilzeit = NZA-RR 2008, 586; 9.5.2007 AP Nr. 8 zu § 305c BGB.

[79] BAG 26.9.2017 AP Nr. 237 zu § 112 BetrVG 1972 = NZA 2018, 803.

[80] BAG 8.8.2007 AP Nr. 4 zu § 21 TzBfG.

klausel selbst aus.[81] Verweist ein Tarifvertrag auf das Beamtenrecht, unterliegt das hierdurch eröffnete einseitige Leistungsbestimmungsrecht des AG nicht der Inhaltskontrolle nach den §§ 305–310 BGB.[82]

19 **2. Protokollnotizen zu Tarifbestimmungen.** § 310 IV 1 BGB findet auch auf Protokollnotizen zu Tarifbestimmungen Anwendung.[83] Soweit diese eigenständige Regelungen enthalten, handelt es sich um Tarifnormen,[84] die ihrerseits gem. § 310 IV 1 BGB keiner Inhaltskontrolle zu unterziehen sind. Wird in den Protokollnotizen nur deklaratorisch auf gesetzliche Bestimmungen hingewiesen, wie in der Nr. 6 S. 1 zu Nr. 1 SR 2 y BAT, fehlt es dagegen an einem eigenständigen Normsetzungswillen der Tarifvertragsparteien. Die Tarifvertragsparteien wollen in diesem Fall kein eigenständiges Regelungswerk schaffen, sondern nur einen Hinweis auf die ohnehin geltende Rechtslage geben. Auch solche deklaratorischen Hinweise in Protokollnotizen werden bei einer arbeitsvertraglichen Bezugnahme auf die Bestimmungen eines bestimmten Tarifvertrags nicht Bestandteil des Arbeitsvertrags, denn sie erläutern lediglich die Auslegung und Handhabung des Tarifvertrags aus Sicht der Tarifvertragsparteien, ohne selbst Bestandteil des Tarifvertrags zu sein. Sie unterliegen daher nicht der Inhaltskontrolle.[85]

20 **3. Arbeitsvertragliche Bezugnahme auf Tarifverträge.** Da § 305 II und III BGB gem. § 310 IV 2 Hs. 2 BGB im Arbeitsrecht keine Anwendung findet, ist die vertragliche Bezugnahme auf Tarifverträge unabhängig von deren Aushändigung oder Kenntnisverschaffung wirksam. Für eine **analoge Anwendung des § 305 II und III BGB ist kein Raum** (dazu → Rn. 16).[86] Deshalb ist die konkludente Einbeziehung von Tarifverträgen grundsätzlich ebenso möglich wie die Bezugnahme auf Tarifverträge in der jeweils geltenden Fassung.[87] Eine Bezugnahme auf einen bestimmten Tarifvertrag („Das Arbeitsverhältnis richtet sich nach den Bestimmungen des BAT") ist auch ohne ausdrückliche Vereinbarung in der Regel dahingehend zu verstehen, dass der Tarifvertrag in der jeweils geltenden Fassung Anwendung finden soll, es sei denn, es gibt Anhaltspunkte für einen anderweitigen Regelungswillen, zB durch die begrenzte Verweisung auf einen Tarifvertrag in einer bestimmten Fassung.[88] Der Bezugnahme gleich steht eine vertragliche Vereinbarung, deren Gegenstand eine von den Tarifvertragsparteien oder den Betriebspartnern entworfene **Mustervereinbarung** ist. Dies gilt etwa für den Einstellungsbogen nach § 2 BRTV-Bau sowie für Mustervereinbarungen, die in Sozialplänen den Übertritt in Beschäftigungsgesellschaften regeln. Klauseln in Arbeitsverträgen, die auf eine Kollektivregelung iSv § 310 IV 1 BGB Bezug nehmen oder mit ihr übereinstimmen und lediglich deren gesamten Inhalt wiedergeben, unterliegen nicht der Inhaltskontrolle nach §§ 307 ff. BGB.[89] Zur Transparenzkontrolle → Rn. 58

21 **4. Inhaltskontrolle vertraglich einbezogener Tarifverträge.** Umstritten sind die Grenzen der Inhaltskontrolle bei der vertraglichen Bezugnahme auf Tarifverträge in AGB (zu Bezugnahmen auf einseitig vom AG gesetzte und kirchliche Regelwerke → Rn. 74). Dabei ist im Ausgangspunkt zu beachten, dass nach § 310 IV 3 BGB Tarifverträge Rechtsvorschriften iSv § 307 III BGB gleichstehen und keiner Inhaltskontrolle nach §§ 307 I und II, 308, 309 BGB unterliegen, und zwar unabhängig davon, ob der betreffende Tarifvertrag kraft einzelvertraglicher Vereinbarung oder kraft betrieblicher Übung auf das Arbeitsverhältnis der Parteien Anwendung findet.[90] Keine Schwierigkeiten bereitet die **Globalverweisung** auf den einschlägigen Tarifvertrag, der das Arbeitsverhältnis in seinem räumlichen, fachlichen und persönlichen Geltungsbereich erfasst. Hier findet nach dem Zweck des § 310 IV 3 BGB keine Inhaltskontrolle des in

[81] BAG 8.12.2015 AP Nr. 57 zu § 1 BetrAVG Auslegung = NZA-RR 2016, 374.
[82] Vgl. BAG 12.9.2006 AP Nr. 176 zu § 611 BGB Lehrer, Dozenten = NZA 2007, 218 sowie BAG 14.3.2007 AP Nr. 45 zu § 1 TVG Bezugnahme auf Tarifvertrag = NZA 2008, 45.
[83] BAG 24.1.2008 NZA-RR 2008, 405.
[84] BAG 27.9.2000 AP Nr. 20 zu § 2 BAT SR 2y.
[85] BAG 24.1.2008 NZA-RR 2008, 405.
[86] BAG 6.5.2009 AP Nr. 44 zu § 307 BGB = NZA-RR 2009, 593; 24.9.2008 AP Nr. 11 zu § 305c BGB = NZA 2009, 154; 15.4.2008 AP Nr. 38 zu § 1 TVG Altersteilzeit = NZA-RR 2008, 586; ErfK/*Preis* BGB §§ 305–310 Rn. 26.
[87] Vgl. BAG 18.4.2007 AP Nr. 53 zu § 1 TVG Bezugnahme auf Tarifvertrag = NZA 2007, 965.
[88] BAG 13.11.2002 AP Nr. 24 zu § 1 TVG Bezugnahme auf Tarifvertrag = NZA-RR 2003, 330.
[89] BAG 25.4.2007 AP Nr. 23 zu § 113 InsO.
[90] BAG 18.9.2012 AP Nr. 96 zu § 7 BUrlG Abgeltung = NZA 2013, 216; 13.12.2007 AP Nr. 53 zu § 242 BGB Unzulässige Rechtsausübung – Verwirkung = NZA 2008, 478.

Bezug genommenen Tarifvertrags statt.[91] Durch die Verweisung wird nicht von Rechtsvorschriften abgewichen. Dies gilt auch dann, wenn dieser Tarifvertrag nur noch nachwirkt.[92] Es findet auch dann keine Transparenzkontrolle der Tarifbestimmungen nach § 307 III 2 iVm § 307 I 2 BGB statt, wenn der AN nicht Mitglied der tarifschließenden Gewerkschaft ist.[93] Bei einem **orts- und branchenfremden Tarifvertrag** trifft dies nicht zu. Hier besteht keine Vermutung dafür, dass für das Arbeitsverhältnis angemessene Arbeitsbedingungen vereinbart sind.[94] **Einzelverweise** auf bestimmte Regelungen schließen die Inhaltskontrolle grundsätzlich auch dann nicht aus, wenn auf Vorschriften des einschlägigen Tarifvertrags verwiesen wird. Tarifverträge kommen durch ein wechselseitiges Geben und Nehmen zustande. Die Richtigkeitsgewähr beruht auf dem Ausgleich von Vor- und Nachteilen für die tarifschließenden Parteien innerhalb des Vertragswerks. Wenn eine einzelne Bestimmung aus diesem Gesamtwerk herausgenommen wird, entfällt die Richtigkeitsgewähr.[95] Die im Wege einer Teilverweisung auf **abgeschlossene Regelungskomplexe** einbezogenen Tarifbestimmungen unterliegen dagegen keiner Inhaltskontrolle.[96] Auch der Gesetzgeber lässt solche Teilverweisungen zu (zB § 622 IV 2 BGB, § 13 I 2 BUrlG). Da dem offenbar die Annahme zugrunde liegt, einzelne Regelungskomplexe seien in sich ausgewogen, muss diese Wertentscheidung auch im Rahmen von § 310 IV 1 BGB berücksichtigt werden. Aufgrund dieser arbeitsrechtlichen Besonderheit steht dem nicht entgegen, dass der BGH zur VOB/B entschieden hat, dass jede inhaltliche Abweichung von der VOB/B als eine Störung des in diesem Regelwerk zum Ausdruck kommenden Interessenausgleichs zu bewerten ist und zur Folge hat, dass der Bauvertrag vollständig der Inhaltskontrolle unterliegt.[97]

V. Überraschende Klauseln

1. Grundsatz. Nach § 305c I BGB werden Bestimmungen in AGB, die nach den Umständen, insbesondere nach dem äußeren Erscheinungsbild des Vertrags, so ungewöhnlich sind, dass der Vertragspartner des Verwenders mit ihnen nicht zu rechnen braucht, nicht Vertragsbestandteil. Vorausgesetzt ist damit eine objektiv ungewöhnliche Klausel, mit welcher der AN subjektiv nicht zu rechnen brauchte.[98] Weder erforderlich noch für sich genügend ist es, wenn eine Bestimmung inhaltlich unbillig ist.[99] § 305c I BGB gilt nicht bei der nur einmaligen Verwendung vorformulierter Vertragsbedingungen iSv § 310 III Nr. 2 BGB.[100] 22

2. Überrumpelungseffekt. Überraschenden Klauseln muss ein „Überrumpelungs- und Übertölpelungseffekt" innewohnen. Zwischen den durch die Umstände bei Vertragsschluss begründeten Erwartungen und dem tatsächlichen Vertragsinhalt muss ein deutlicher Widerspruch bestehen.[101] Die Erwartungen des Vertragspartners werden von allgemeinen und individuellen Begleitumständen des 23

[91] BAG 3.7.2019 AP Nr. 317 zu § 611 BGB Gratifikation = NZA 2019, 1440; Ulmer/Brandner/Hensen/*Fuchs/Bieder* BGB Anh. § 310 Rn. 30; Staudinger/*Krause* BGB Anh. zu §§ 305–310 Rn. K 94; ErfK/*Preis* BGB §§ 305–310 Rn. 13; HWK/*Roloff* BGB § 310 Rn. 13.

[92] BAG 18.9.2012 AP Nr. 96 zu § 7 BUrlG Abgeltung = NZA 2013, 216; DDW/*Däubler* BGB § 310 Rn. 47; Staudinger/*Krause* BGB Anh. zu §§ 305–310 Rn. K 95.

[93] BAG 13.12.2007 AP Nr. 53 zu § 242 BGB Unzulässige Rechtsausübung – Verwirkung = NZA 2008, 478; 28.6.2007 AP Nr. 27 zu § 307 BGB = NZA 2007, 1049; *Albicker/Wiesenecker* BB 2008, 2631 (2633); *Ernst* NZA 2007, 1405; Staudinger/*Krause* BGB Anh. zu §§ 305–310 Rn. K 97; HWK/*Roloff* BGB § 310 Rn. 12; aA *Deinert* Anm. zu BAG AP Nr. 27 zu § 307 BGB; Ulmer/Brandner/Hensen/*Fuchs/Bieder* BGB Anh. § 310 Rn. 31; ErfK/*Preis* BGB §§ 305–310 Rn. 15.

[94] Ulmer/Brandner/Hensen/*Fuchs/Bieder* BGB Anh. § 310 Rn. 30; Staudinger/*Krause* BGB Anh. zu §§ 305–310 Rn. K 94; ErfK/*Preis* BGB §§ 305–310 Rn. 14.

[95] BAG 27.6.2018 AP Nr. 310 zu § 611 BGB Gratifikation = NZA 2018, 1344; CKK/*Klumpp* BGB § 307 Rn. 167; Staudinger/*Krause* BGB Anh. zu §§ 305–310 Rn. K 96; ErfK/*Preis* BGB §§ 305–310 Rn. 16; *Rieble* NZA 2004, 304; Ulmer/Brandner/Hensen/*Fuchs* BGB § 307 Rn. 164.

[96] BAG 6.5.2009 AP Nr. 44 zu § 307 BGB = NZA-RR 2009, 593; 15.7.2009 AP Nr. 10 zu § 6 ArbZG; WLP/*Stoffels* ArbR Rn. 129; aA DDW/*Däubler* BGB § 310 Rn. 52; Ulmer/Brandner/Hensen/*Fuchs/Bieder* BGB Anh. § 310 Rn. 34; diff. Staudinger/*Krause* BGB Anh. zu §§ 305–310 Rn. K 96; HWK/*Roloff* BGB § 310 Rn. 13; ErfK/*Preis* BGB §§ 305–310 Rn. 18; offengelassen von BAG 27.6.2018 AP Nr. 310 zu § 611 BGB Gratifikation = NZA 2018, 1344.

[97] BGH 22.1.2004 NJW 2004, 1597; 10.5.2007 NJW-RR 2007, 1317.

[98] BAG 19.3.2014 AP Nr. 26 zu § 130 BGB = NZA 2014, 1076.

[99] Ulmer/Brandner/Hensen/*Ulmer/Schäfer* BGB § 305c Rn. 12.

[100] BAG 24.2.2016 AP Nr. 48 zu § 620 BGB Aufhebungsvertrag = NZA 2016, 762.

[101] BAG 24.5.2018 AP Nr. 91 zu § 611 BGB Kirchendienst; 20.8.2014 NZA 2014, 1333; 29.8.2012 NZA 2013, 148.

Vertragsabschlusses bestimmt. Hierzu zählen der Grad der Abweichung vom dispositiven Gesetzesrecht und die für den Geschäftskreis übliche Gestaltung einerseits,[102] Gang und Inhalt der Vertragsverhandlungen sowie der äußere Zuschnitt des Vertrags andererseits.[103] Es kommt dabei **nicht auf den Kenntnisstand des einzelnen Vertragspartners** an, maßgeblich sind vielmehr die Erkenntnismöglichkeiten des für derartige Verträge in Betracht kommenden Personenkreises.[104] Nicht entscheidend ist deshalb die Erwartungshaltung des konkreten AN. Das Überraschungsmoment kann sich aus dem **Erscheinungsbild des Vertrags** ergeben. Auch der ungewöhnliche äußere Zuschnitt der Klausel, insbesondere ihre Unterbringung an unerwarteter Stelle kann die Bestimmung zu einer ungewöhnlichen und damit überraschenden Klausel machen.[105] Das Überraschungsmoment ist umso eher zu bejahen, je belastender die Bestimmung ist.[106] Im Einzelfall kann der Verwender gehalten sein, auf die Klausel besonders hinzuweisen oder die Klausel drucktechnisch hervorzuheben.[107] Hierdurch kann das Überraschungsmoment ausgeschlossen werden.[108]

24 **3. Verhältnis zur Inhaltskontrolle.** Zwischen § 305c I BGB und den Vorschriften über die Inhaltskontrolle nach §§ 307–309 BGB besteht grundsätzlich kein Rangverhältnis. Zwar ist – strikt logisch gesehen – eine Inhaltskontrolle nur durchzuführen, wenn eine Klausel überhaupt Vertragsbestandteil geworden ist. Gleichwohl ist eine genaue Abgrenzung der Geltungsbereiche von § 305c I und §§ 307–309 BGB nicht erforderlich. Der überraschende Charakter einer Klausel schließt nicht aus, dass die Klausel auch inhaltlich, insbesondere unter Berücksichtigung des Transparenzgebots (§ 307 I 2 BGB), unangemessen ist.[109] Dementsprechend geht auch der BGH zu Recht davon aus, dass eine Klausel sowohl überraschend als auch inhaltlich unangemessen sein kann.[110] Selbständige Bedeutung behält allerdings die Inhaltskontrolle nach §§ 307–309 BGB gegenüber an sich ungewöhnlichen Klauseln, die aber nicht überraschend iSv § 305c I BGB sind, weil der Verwender auf sie besonders hingewiesen hat.[111] Befindet sich etwa an versteckter Stelle im Arbeitsvertrag eine vertraglich vereinbarte einmonatige Ausschlussfrist und weist der AG den AN bei Vertragsschluss ausdrücklich auf diese Ausschlussfrist hin, ist die Klausel wegen dieses Hinweises nicht überraschend iSv § 305c I BGB. Die Klausel bleibt aber trotz des Hinweises unangemessen iSv § 307 I 1 BGB (dazu → Rn. 89).

25 **4. Beispiele.** Eine **allgemeine Ausgleichsklausel,** nach welcher sämtliche Ansprüche „gleich nach welchem Rechtsgrund sie entstanden sein mögen, abgegolten und erledigt sind", wird nicht Vertragsinhalt, wenn der Verwender sie in eine Erklärung mit falscher oder missverständlicher Überschrift ohne besonderen Hinweis oder drucktechnische Hervorhebung einfügt (näher dazu → § 72 Rn. 15 ff.).[112] Überraschend ist ein **Klageverzicht** des AN, wenn er nicht besonders hervorgehoben in einem vom AG vorformulierten Schreiben enthalten ist, das mit „Arbeitspapiere" überschrieben ist.[113] Die Vereinbarung einer **Ausschlussfrist** ist als solche nicht überraschend.[114] Das gilt auch dann, wenn sie in einem in deutscher Sprache verfassten Arbeitsvertrag eines des Deutschen nicht mächtigen AN enthalten ist. Auch bei sprachunkundigen AN greift § 305c I BGB nur bei einem inhaltlichen Widerspruch zwischen den Erwartungen des Vertragspartners und dem Inhalt der Klausel.[115] Etwas anderes gilt nur dann, wenn sie an versteckter Stelle, beispielsweise im vorletzten Paragraphen eines umfangreichen Arbeitsvertrags mit insgesamt 19 Paragraphen unter der Überschrift „Schlussbestimmungen" enthalten ist. Mit

---

102 BAG 13.7.2005 AP Nr. 78 zu § 74 HGB; BGH 10.9.2002 NJW 2002, 3627.
103 Vgl. BAG 15.2.2007 AP Nr. 35 zu § 620 BGB Aufhebungsvertrag = NZA 2007, 614; BGH 11.12.2003 NJW-RR 2004, 780; 4.10.2000 NJW 2001, 439.
104 BGH 10.9.2002 NJW 2002, 3627.
105 BAG 25.9.2014 AP Nr. 81 zu § 4 KSchG 1969 = NZA 2015, 350; 29.8.2012 AP Nr. 104 zu § 315 BGB = NZA 2013, 148; 25.8.2010 AP Nr. 11 zu § 106 GewO = NZA 2010, 1355.
106 BAG 24.5.2018 AP Nr. 91 zu § 611 BGB Kirchendienst; 20.8.2014 NZA 2014, 1333; 19.2.2014 AP Nr. 39 zu § 10 AÜG.
107 BAG 21.6.2011 AP Nr. 53 zu § 307 BGB = NZA 2011, 1338; 25.8.2010 AP Nr. 11 zu § 106 GewO = NZA 2010, 1355; 8.8.2007 AP Nr. 4 zu § 21 TzBfG.
108 Vgl. BAG 15.2.2007 AP Nr. 35 zu § 620 BGB Aufhebungsvertrag = NZA 2007, 614; BGH 11.12.2003 NJW-RR 2004, 780.
109 Staudinger/*Mäsch* BGB § 305c Rn. 10; Ulmer/Brandner/Hensen/*Ulmer/Schäfer* BGB § 305c Rn. 5.
110 Vgl. BGH 10.9.2002 NJW 2002, 3627.
111 Ulmer/Brandner/Hensen/*Ulmer/Schäfer* BGB § 305c Rn. 5.
112 BAG 23.2.2005 AP Nr. 42 zu § 1 TVG Tarifverträge: Druckindustrie = NZA 2005, 1193.
113 BAG 25.9.2014 AP Nr. 81 zu § 4 KSchG 1969 = NZA 2015, 350.
114 BAG 27.1.2016 AP Nr. 71 zu § 307 BGB = NZA 2016, 679.
115 BAG 19.3.2014 AP Nr. 26 zu § 130 BGB = NZA 2014, 1076.

einer solchen Regelung muss ein verständiger AN nicht rechnen.[116] Behält sich der AG in einer **Zielvereinbarung** mit leitenden Mitarbeitern einer Bank durch Bezugnahme auf AGB die abschließende Leistungsbestimmung vor, verstößt dies hingegen nicht gegen § 305c I BGB.[117]

Dynamische **Verweisungen auf einschlägige Tarifverträge** sind im Arbeitsleben als Gestaltungsinstrument so verbreitet, dass ihre Aufnahme in Formularverträge nicht überraschend ist.[118] Überraschend können dagegen **Bezugnahmeklauseln auf nicht einschlägige Tarifverträge** sein.[119] Dies gilt jedenfalls für branchenfremde Tarifverträge, weil damit ein verständiger AN nicht zu rechnen braucht.[120] Anders kann im Einzelfall die Verweisung auf einen ortsfremden Tarifvertrag zu beurteilen sein. So dürfte es für einen verständigen AN nicht überraschend sein, wenn ein Unternehmen mit mehreren Betrieben in ganz Deutschland in den Arbeitsverträgen aller Beschäftigten auf den am Sitz des Unternehmens geltenden Tarifvertrag verweist. Die Bezugnahme im Arbeitsvertrag eines AN des Diakonischen Werkes auf das spezifisch **kirchliche Vertragsrecht (AVR)** in seiner jeweiligen Fassung stellt keine überraschende Klausel iSd § 305c I BGB dar, denn ein solcher AN hat davon auszugehen, dass sein AG dies zum Gegenstand des Arbeitsverhältnisses machen will und dazu auch kirchenrechtlich verpflichtet ist.[121] Entsprechendes gilt bei der Bezugnahme auf **gesetzliche Regelungen.**[122] Die Verweisung in Arbeitsverträgen des öffentlichen Dienstes auf beamtenrechtliche Regelungen der Arbeitszeit bei angestellten Lehrern ist nicht überraschend. Derartige Bezugnahmen entsprechen einer üblichen Regelungstechnik und sind im Arbeitsrecht gebräuchlich.[123] Ebenso ist die vereinbarte Geltung der nach § 622 II BGB für die Kündigung durch den AG verlängerten Kündigungsfristen auch für den Fall der Kündigung durch den AN im Arbeitsleben als Gestaltungsinstrument so verbreitet, dass ihre Aufnahme in Formularverträge nicht überraschend ist.[124] 26

Die Vereinbarung einer aufschiebenden Bedingung bei einem **nachvertraglichen Wettbewerbsverbot** ist nicht unüblich. Sie ist zulässig und entspricht der Interessenlage des AG, wenn der mit dem nachvertraglichen Wettbewerbsverbot beabsichtigte Schutz von Betriebsgeheimnissen gegen eine Auswertung durch die Konkurrenz nicht bereits bei Beginn des Arbeitsverhältnisses, sondern erst durch die Aneignung von Kenntnissen und Fähigkeiten des AN während einer Einarbeitungszeit erforderlich wird. Da das Wettbewerbsverbot und damit die Karenzentschädigungspflicht auch dann besteht, wenn das Arbeitsverhältnis bereits kurz nach Beginn wieder beendet wird, sofern ein späteres Inkrafttreten des Verbots nicht ausdrücklich vereinbart ist, kann die Vereinbarung einer solchen aufschiebenden Bedingung für das Inkrafttreten des nachvertraglichen Wettbewerbsverbots nicht als ungewöhnlich angesehen werden.[125] 27

VI. Auslegung

1. Allgemeines. Die Auslegung der AGB ist vor der Inhaltskontrolle vorzunehmen.[126] Erst der durch Auslegung festgestellte Inhalt der AGB ist einer Inhaltskontrolle nach §§ 307–309 BGB zu unterziehen. 28

2. Auslegungsgrundsätze. Da AGB Vertragsbedingungen und keine Rechtsnormen sind, richtet sich ihre Auslegung nach den § 157 BGB. Vorformulierte Vertragsklauseln sind ausgehend von ihrem Wortlaut[127] nach ihrem objektiven Inhalt und typischen Sinn einheitlich so auszulegen, wie sie von nicht rechtskundigen,[128] verständigen und redlichen Vertragspartnern 29

---

[116] BAG 31.8.2005 AP Nr. 8 zu § 6 ArbZG = NZA 2006, 324.
[117] BAG 29.8.2012 NZA 2013, 148.
[118] BAG 23.7.2014 AP Nr. 120 zu § 14 TzBfG = NZA 2014, 1341; 28.5.2009 AP Nr. 184 zu § 611 BGB Lehrer, Dozenten.
[119] Ausf. hierzu *Reinecke* BB 2006, 2637.
[120] Vgl. *Annuß* ZfA 2005, 405 (434); DDW/*Däubler* BGB § 305c Rn. 22; ErfK/*Preis* BGB §§ 305–310 Rn. 30; *Thüsing/Lambrich* NZA 2002, 1361 (1365); teilw. aA *Diehn* NZA 2004, 129 (133).
[121] BAG 28.6.2012 AP Nr. 71 zu § 611 BGB Kirchendienst mAnm *Joussen* = NZA 2012, 1440; 22.7.2010 AP Nr. 55 zu § 611 BGB Kirchendienst = NZA 2011, 634.
[122] BAG 18.8.2009 NZA 2010, 503.
[123] Vgl. BAG 14.3.2007 AP Nr. 45 zu § 1 TVG Bezugnahme auf Tarifvertrag = NZA 2008, 45.
[124] BAG 28.5.2009 AP Nr. 6 zu § 306 BGB.
[125] BAG 13.7.2005 AP Nr. 78 zu § 74 HGB.
[126] BAG 30.1.2019 AP Nr. 75 zu § 307 BGB = NZA 2019, 768; BGH 24.5.2006 NJW 2006, 2545; Ulmer/Brandner/Hensen/*Fuchs* BGB Vorb. § 307 Rn. 13; WLP/*Pfeiffer* BGB § 307 Rn. 7.
[127] BAG 18.10.2017 AP Nr. 38 zu § 106 GewO = NZA 2017, 1452; 23.1.2014 NZA 2014, 777.
[128] BAG 21.6.2018 AP Nr. 92 zu § 611 BGB Kirchendienst = NZA 2018, 1413; Ulmer/Brandner/Hensen/*Ulmer/Schäfer* BGB § 305c Rn. 82.

unter Abwägung der Interessen der normalerweise beteiligten Verkehrskreise verstanden werden.[129] Maßgeblich sind nicht die Verständnismöglichkeiten des konkreten, sondern eines durchschnittlichen Vertragspartners des Verwenders.[130] Auf das Verständnis des Wortlauts durch die konkreten Vertragspartner kommt es nur an, wenn diese den Inhalt der Norm übereinstimmend abweichend vom objektiven Wortsinn interpretieren (→ Rn. 33).[131] Von Bedeutung sind ebenso der verfolgte Regelungszweck sowie die der jeweils anderen Seite erkennbare Interessenlage der Beteiligten.[132] Klauseln sind stets vor dem Hintergrund des gesamten Formularvertrags zu interpretieren; sie dürfen nicht aus einem ihre Beurteilung mit beeinflussenden Zusammenhang gerissen werden. Es sind daher auch Formularbestimmungen eines „Gesamtklauselwerks", die mit der Klausel inhaltlich zu einer Einheit verbunden sind, bei der Auslegung zu berücksichtigen. Maßgeblich ist der Kontext, den das Klauselwerk setzt, in dem die auszulegende AGB aufgeführt ist.[133] Soweit auch der mit dem Vertrag verfolgte Zweck einzubeziehen ist, kann das nur in Bezug auf typische und von redlichen Geschäftspartnern verfolgte Ziele gelten.[134] Völlig fernliegende Auslegungsmöglichkeiten, von denen eine Gefährdung des Rechtsverkehrs ernsthaft nicht zu befürchten ist, haben dabei außer Betracht zu bleiben.[135] Die den **Vertragsschluss begleitenden Umstände** sind gem. § 310 III Nr. 3 BGB grundsätzlich nicht bei der Auslegung der AGB, sondern bei der Prüfung der unangemessenen Benachteiligung nach § 307 I und II BGB zu berücksichtigen (dazu → Rn. 55).[136] Ausgeschlossen sind allerdings nur konkret-individuelle Umstände. Zur Auslegung heranzuziehen sind hingegen Begleitumstände, die nicht ausschließlich die konkrete Vertragsabschlusssituation betreffen, sondern bei Abschluss einer jeden vergleichbaren vertraglichen Abrede vorliegen.[137] Außerdem soll § 310 III Nr. 3 BGB nur eingreifen, wenn die AGB für eine Vielzahl von Verträgen vorformulierte Vertragsbedingungen enthalten, nicht jedoch bei vorformulierten **Einmalbedingungen** (→ Rn. 30).[138]

30 **3. Einmalbedingungen.** Bei der Auslegung einseitig vom AG gestellter Einmalbedingungen iSv § 310 III Nr. 2 BGB (→ Rn. 11) ist der wirkliche Wille der Parteien auch anhand der den Vertragsschluss begleitenden Umstände zu ermitteln. § 310 III Nr. 3 BGB steht dem nicht entgegen, weil diese Regelung nur AGB betrifft, also für eine Vielzahl von Verträgen vorformulierte Vertragsbedingungen.[139] Anders als bei AGB (→ Rn. 38) unterliegt die Auslegung von Einmalbedingungen deshalb nur einer eingeschränkten **Überprüfung durch das Revisionsgericht** dahin, ob das Berufungsgericht Auslegungsregeln verletzt, gegen Denk- und Erfahrungssätze verstoßen oder wesentliche Tatsachen unberücksichtigt gelassen hat.[140]

---

[129] BAG 3.8.2016 AP Nr. 306 zu § 611 BGB Gratifikation = NZA 2016, 1334; 17.3.2016 NZA 2016, 945; 19.3.2014 AP Nr. 113 zu § 315 BGB = NZA 2014, 595; 13.3.2013 AP Nr. 31 zu § 10 AÜG = NZA 2013, 680; BGH 24.3.2010 NJW-RR 2010, 1436; Ulmer/Brandner/Hensen/*Ulmer/Schäfer* BGB § 305c Rn. 73 ff.; krit. dazu Staudinger/*Mäsch* BGB § 305c Rn. 119 ff.

[130] BAG 18.10.2017 AP Nr. 38 zu § 106 GewO = NZA 2017, 1452; 20.1.2010 AP Nr. 12 zu § 305c BGB = NZA 2010, 445; BGH 14.7.2004 NJW 2004, 2961.

[131] BAG 19.3.2009 AP Nr. 1 zu § 611 BGB Arbeitgeberdarlehen = NZA 2009, 896.

[132] BAG 23.3.2011 AP Nr. 88 zu § 1 TVG Bezugnahme auf Tarifvertrag = NZA 2012, 396; 16.12.2009 NZA 2010, 401.

[133] BGH 10.6.2020 – VIII ZR 289/19.

[134] BAG 18.10.2017 AP Nr. 38 zu § 106 GewO = NZA 2017, 1452; 15.11.2016 AP Nr. 31 zu § 1 BetrAVG Beamtenversorgung = NZA 2017, 1058; 13.11.2013 AP Nr. 303 zu § 611 BGB Gratifikation = NZA 2014, 368.

[135] BAG 20.6.2013 NZA 2013, 1265; 13.12.2011 AP Nr. 45 zu § 611 BGB Ausbildungsbeihilfe = NZA 2012, 738; BGH 17.2.2011 NJW 2011, 2122.

[136] BAG 15.11.2016 AP Nr. 31 zu § 1 BetrAVG Beamtenversorgung = NZA 2017, 1058; 7.12.2005 AP Nr. 4 zu § 12 TzBfG = NZA 2006, 423; *Stoffels,* AGB-Recht, Rn. 363; s. auch BAG 18.5.2010 NZA 2010, 935, das diesen Grundsatz zwar bestätigt, darüber hinaus jedoch von den den Vertragsschluss begleitenden Umständen die äußeren Umstände, die zum Vertragsschluss geführt haben, unterscheidet und diese bei der Auslegung berücksichtigt.

[137] BAG 15.11.2016 AP Nr. 31 zu § 1 BetrAVG Beamtenversorgung = NZA 2017, 1058; 15.2.2011 AP Nr. 13 zu § 1 BetrAVG Auslegung = NZA-RR 2011, 541.

[138] BAG 18.5.2010 AP Nr. 37 zu § 66 ArbGG 1979 = NZA 2010, 935; krit. WLP/*Stoffels* ArbR Rn. 63.

[139] BAG 18.10.2010 AP Nr. 37 zu § 66 ArbGG 1979 = NZA 2010, 935; MüKoBGB/*Basedow* § 310 Rn. 105; CKK/*Clemenz* BGB § 305 Rn. 5; Ulmer/Brandner/Hensen/*Ulmer/Schäfer* BGB § 310 Rn. 91; aA ohne Begründung BAG 9.12.2015 AP Nr. 134 zu § 14 TzBfG = NZA 2016, 695; 25.6.2015 AP Nr. 119 zu §§ 22, 23 BAT Lehrer = NZA-RR 2015, 649.

[140] BAG 18.10.2010 AP Nr. 37 zu § 66 ArbGG 1979 = NZA 2010, 935; aA BAG 24.5.2018 AP Nr. 19 zu § 611 BGB Hausmeister = NZA-RR 2018, 568; 9.12.2015 AP Nr. 134 zu § 14 TzBfG = NZA 2016, 695; 25.6.2015 AP Nr. 119 zu §§ 22, 23 BAT Lehrer = NZA-RR 2015, 649.

31 **4. Auslegung von Fachausdrücken.** Das hat Folgerungen für die Auslegung von Fachausdrücken, deren Bedeutung nicht allgemein, wohl aber den in der Branche Beschäftigten bekannt ist. Soweit die Kenntnisse generalisierungsfähig sind und sich einem bestimmten Personenkreis zuordnen lassen, ist von dessen Verständnismöglichkeiten auszugehen.[141] Haben **Rechtsbegriffe** eine festumrissene Bedeutung, sind die rechtstechnischen Begriffsmerkmale maßgebend. Ein hiervon abweichendes Verständnis kann nur in Betracht kommen, wenn das allgemeine Sprachverständnis von der Rechtssprache in einem Randbereich deutlich abweicht oder wenn der Sinnzusammenhang der Klausel etwas anderes ergibt.[142] Wird in einer AGB zur Vergütung ein fester Euro-Betrag als „Tarifentgelt" bezeichnet, darf ein durchschnittlicher AN eine derartige Verknüpfung von festem Euro-Betrag und dessen Bezeichnung als Tarifentgelt deshalb redlicherweise so verstehen, dass der in der Klausel festgehaltene Euro-Betrag nicht für die Dauer des Arbeitsverhältnisses statisch sein, sondern sich entsprechend den Tariferhöhungen entwickeln soll.[143]

32 **5. Einbezogene Kollektivregelungen.** Klauseln in arbeitsvertraglichen Vereinbarungen, die auf Vertragsbedingungen in **Betriebsvereinbarung oder Interessenausgleich konstitutiv Bezug nehmen** oder inhaltlich mit ihnen übereinstimmen, sind nach denselben Maßstäben auszulegen wie einseitig vom AG vorformulierte Klauseln (hierzu auch → Rn. 95).[144] Auch sie weisen einen Massencharakter auf, der eine einheitliche Auslegung erforderlich macht. Die AN, die solche Verträge unterzeichnen, waren zudem an der Aushandlung der Kollektivregelung nicht beteiligt und konnten sie nicht beeinflussen. Die Gründe, die zu der später in die vertragliche Vereinbarung übernommenen Kollektivnorm geführt haben, sind ihnen unbekannt. Für die Auslegung solcher Klauseln kommt es daher nicht auf das Verständnis der an den Verhandlungen über die Kollektivregelung Beteiligten, sondern gem. § 157 BGB auf die Verständnismöglichkeiten der AN an, mit denen später die darauf Bezug nehmende arbeitsvertragliche Regelung vereinbart wird.[145]

33 **6. Übereinstimmender Parteiwille.** Haben die Parteien eine Klausel übereinstimmend in einem bestimmten Sinn verstanden, geht dieser übereinstimmende Wille der objektiven Auslegung vor.[146] Das Verständnis der Parteien ist dann wie eine Individualvereinbarung zu behandeln, die nach § 305b BGB Vorrang vor AGB hat.[147] Das Verhalten der Parteien nach Vertragsschluss ist dabei ein bedeutsames Indiz für die Ermittlung des tatsächlichen Willens und Verständnisses bei Vertragsschluss.[148] Die übereinstimmende Vorstellung geht dem Ergebnis einer abweichenden objektiven Auslegung auch dann vor, wenn dies für den Verwender günstig ist.[149]

34 **7. Unklarheitenregel. a) Grundgedanke.** Bleibt nach Ausschöpfung der Auslegungsmethoden ein nicht behebbarer Zweifel, geht dies gem. § 305c II BGB zulasten des Verwenders. Die Unklarheitenregel beruht auf dem Gedanken, dass es Sache des Verwenders ist, die von ihm vorgegebenen Vertragsbedingungen klar und unmissverständlich zu formulieren. Sie bezieht sich deshalb nur auf das Verständnis der AGB, nicht auf die Bedeutung unklarer Begleitumstände. Diese sind aus der Sicht eines redlichen und verständigen Empfängers der Erklärung zu würdigen.[150] Die Anwendbarkeit der Unklarheitenregel setzt voraus, dass nach Ausschöpfung aller bekannten Auslegungsmethoden ein nicht behebbarer erheblicher Zweifel bleibt[151] und mindestens **zwei Auslegungen rechtlich vertretbar** sind,[152] die Klausel also mehrdeutig ist.[153] Die Unklarheitenregel kommt nicht schon dann zur Anwendung, wenn unterschiedliche Auslegungen möglich sind, sondern erst dann, wenn keine Auslegung den klaren Vorzug ver-

[141] MüKoBGB/*Basedow* § 305c Rn. 37; Ulmer/Brandner/Hensen/*Ulmer/Schäfer* BGB § 305c Rn. 83.
[142] BGH 5.7.1995 NJW-RR 1995, 1303; MüKoBGB/*Basedow* § 305c Rn. 37.
[143] BAG 13.2.2013 AP Nr. 119 zu § 1 TVG Bezugnahme auf Tarifvertrag = NZA 2013, 1024.
[144] BAG 9.2.2011 AP Nr. 52 zu § 307 BGB = NZA-RR 2012, 232.
[145] Vgl. BAG 19.3.2009 AP Nr. 1 zu § 611 BGB Arbeitgeberdarlehen = NZA 2009, 896.
[146] BGH 29.5.2009 NJW-RR 2010, 63; 16.6.2009 NJW 2009, 3422.
[147] Vgl. BAG 15.9.2009 AP Nr. 42 zu § 611 BGB Ausbildungsbeihilfe = NZA 2010, 342; 10.1.2007 AP Nr. 6 zu § 611 BGB Ruhen des Arbeitsverhältnisses = NZA 2007, 384; BGH 22.3.2002 NJW 2002, 2102; Ulmer/Brandner/Hensen/*Ulmer/Schäfer* BGB § 305c Rn. 84.
[148] BGH 16.6.2009 NJW 2009, 3422.
[149] BAG 24.9.2008 AP Nr. 11 zu § 305c BGB = NZA 2009, 154; BGH 9.3.1995 NJW 1995, 1494.
[150] BAG 26.9.2007 AP Nr. 58 zu § 1 TVG Bezugnahme auf Tarifvertrag = NZA 2008, 179.
[151] BAG 18.10.2017 AP Nr. 38 zu § 106 GewO = NZA 2017, 1452; 10.7.2013 AP Nr. 16 zu § 305c BGB; 25.8.2010 AP Nr. 11 zu § 106 GewO = NZA 2010, 1355.
[152] BAG 20.3.2019 AP Nr. 19 zu § 1 TVG Tarifverträge: Telekom; 3.8.2016 AP Nr. 306 zu § 611 BGB Gratifikation = NZA 2016, 1334; 21.1.2015 AP Nr. 8 zu § 92 HGB = NZA 2015, 871; 9.2.2011 AP Nr. 52 zu § 307 BGB = NZA-RR 2012, 232.
[153] Ulmer/Brandner/Hensen/*Ulmer/Schäfer* BGB § 305c Rn. 67.

dient.[154] Es müssen „erhebliche Zweifel" an der richtigen Auslegung bestehen. Die entfernte Möglichkeit, zu einem anderen Ergebnis zu kommen, genügt für die Anwendung der Bestimmung nicht.[155] § 305c II BGB ist nach Auffassung des BAG unanwendbar, wenn sich zwei Klauseln inhaltlich widersprechen und deshalb unwirksam sind. Widersprüchliche Klauseln sind nicht klar und verständlich iSd Transparenzgebots des § 307 I 2 BGB.[156]

35 **b) Kundenfeindlichste Auslegung.** Erweist sich eine Klausel als mehrdeutig, bleibt sie nicht ohne Weiteres mit dem für den Verwender nachteiligen Inhalt wirksam. Es ist vielmehr zu prüfen, ob sie bei kundenfeindlichster, dh für den AN nachteiligsten Auslegung der Inhaltskontrolle nach §§ 307–309 BGB standhält.[157] Ist das nicht der Fall, ist die Klausel nach § 306 II BGB unwirksam.[158] Hält die Klausel der Inhaltskontrolle stand, ist die kundenfreundlichste, dh die für den AN günstigste Interpretation maßgebend.[159] Der AG muss daher im Ergebnis bei Unklarheiten die ihm am wenigsten günstige Auslegungsmöglichkeit gegen sich gelten lassen.[160] Danach ist die scheinbar „kundenfeindlichste" Auslegung im Ergebnis regelmäßig die dem AN günstigste, da sie häufig erst die Inhaltskontrolle eröffnet bzw. zu einer unangemessenen Benachteiligung und damit zur Unwirksamkeit der beanstandeten Klausel führt.[161]

36 **c) Keine Anwendung auf Bezugnahmeklauseln.** Auf arbeitsvertragliche Klauseln, die auf ein Tarifwerk Bezug nehmen, ist die Unklarheitenregelung des § 305c II BGB in der Regel nicht anwendbar, weil sich die Frage der Günstigkeit für den AN nicht eindeutig beantworten lässt.[162] Nach der Gegenauffassung wäre, wenn es um die Anwendung eines Sanierungstarifvertrags mit Bestandsschutzregeln und für AN nachteiligen Eingriffen in das Entgeltgefüge geht, in einem Kündigungsschutzprozess die Anwendung für den AN günstiger, so dass die Bezugnahmeklausel anzuwenden wäre. Bei einer auf Vergütung gerichteten Leistungsklage wäre der Sanierungstarifvertrag dagegen ungünstiger und fände deshalb wegen der Unklarheitenregelung keine Anwendung. Bei einer verschlechternden Regelung wäre die Auslegung der Bezugnahmeklausel als statische Verweisung, bei einer verbessernden Bestimmung dagegen deren Auslegung als dynamische Bezugnahme für den AN günstiger.[163] Einer derart gespaltenen Auslegung der Vertragsklausel steht jedoch entgegen, dass die Reichweite der Bezugnahme und die Anwendbarkeit eines Tarifvertrages gem. § 256 ZPO zum Gegenstand einer (Zwischen-)Feststellungsklage gemacht werden und die entsprechende Feststellung dann in Rechtskraft erwachsen könnte.

37 **d) Betriebsvereinbarungsoffene AGB.** Regeln die Arbeitsvertragsparteien in AGB einen Vertragsgegenstand mit kollektivem Bezug, ist dieser regelmäßig „betriebsvereinbarungsoffen". Für den AN wird hiermit auch unter Berücksichtigung der Unklarheitenregel aus § 305c II BGB und des Transparenzgebots (§ 307 I 2 BGB) hinreichend deutlich erkennbar, dass im Betrieb einheitliche Vertragsbedingungen gelten sollen.[164] Da AGB ebenso wie Bestimmungen in einer Betriebsvereinbarung auf eine Vereinheitlichung der Regelungsgegenstände gerichtet sind, kann aus Sicht eines verständigen und redlichen AN unter Berücksichtigung der Besonder-

[154] BAG 12.6.2019 AP Nr. 16 zu § 21 TzBfG = NZA 2019, 1423; 18.10.2017 AP Nr. 38 zu § 106 GewO = NZA 2017, 1452; BGH 19.1.2005 NJW 2005, 1183; WLP/*Lindacher/Hau* BGB § 305c Rn. 129.

[155] BAG 11.12.2018 AP Nr. 50 zu § 611 BGB Ausbildungsbeihilfe = NZA 2019, 781; 3.8.2016 AP Nr. 306 zu § 611 BGB Gratifikation = NZA 2016, 1334; BGH 18.7.2012 NJW 2013, 291.

[156] BAG 20.1.2010 AP Nr. 12 zu § 305c BGB = NZA 2010, 445; 10.12.2008 AP Nr. 40 zu § 307 BGB = NZA-RR 2009, 576.

[157] BAG 18.3.2008 NZA 2008, 1004; BGH 28.10.2009 NJW 2010, 993; 16.6.2009 NJW 2009, 3422.

[158] BGH 5.10.2016 NJW 2017, 1596.

[159] MüKoBGB/*Basedow* § 305c Rn. 51; *Stoffels,* AGB-Recht, Rn. 375; Ulmer/Brandner/Hensen/*Ulmer/Schäfer* BGB § 305c Rn. 91.

[160] BAG 9.2.2011 AP Nr. 52 zu § 307 BGB = NZA-RR 2012, 232.

[161] Vgl. BGH 10.6.2020 – VIII ZR 289/19; 25.10.2016 NJW 2017, 1018.

[162] BAG 9.6.2010 – 5 AZR 122/09; 24.9.2008 AP Nr. 11 zu § 305c BGB = NZA 2009, 154; *Bayreuther* NZA 2009, 935.

[163] Vgl. dazu DDW/*Däubler* BGB § 305c Rn. 43.

[164] BAG 30.1.2019 AP Nr. 26 zu § 611 BGB Sachbezüge mAnm *Hromadka* = NZA 2019, 1076; 25.5.2016 AP Nr. 1 zu § 1 MiLoG mAnm *Lembke* = NZA 2016, 1327; 25.2.2015 AP Nr. 129 zu § 1 TVG Bezugnahme auf Tarifvertrag = NZA 2015, 943; 5.3.2013 AP Nr. 105 zu § 77 BetrVG 1972 = NZA 2013, 916; zust. *Bepler* FS Moll, 2019, 49; *Linsenmaier* RdA 2014, 336; krit. BAG 11.4.2018 AP Nr. 143 zu § 1 TVG Bezugnahme auf Tarifvertrag = NZA 2018, 1273 (obiter dictum); *Creutzfeldt* NZA 2018, 1111 ff.; *Eisemann* RdA 2020, 193 ff.; *Preis/Ulber* NZA 2014, 6 ff.; HWK/*Roloff* BGB Anh. §§ 305–310 Rn. 20; *Waltermann* RdA 2016, 296 ff.; *ders.* FS 100 Jahre BetrVG, 765 (768 ff.); diff. *Hromadka* NZA 2013, 1061; für eine teleologische Reduktion des Günstigkeitsprinzips *C. Schubert* Anm. BAG AP Nr. 78 zu § 1 BetrAVG Ablösung.

heiten des Arbeitsrechts (§ 310 IV 2 BGB) nicht zweifelhaft sein, dass es sich bei den vom AG gestellten Arbeitsbedingungen um solche handelt, die einer Änderung durch Betriebsvereinbarung zugänglich sind. Etwas anderes gilt nur dann, wenn AG und AN ausdrücklich Vertragsbedingungen vereinbaren, die unabhängig von einer für den Betrieb geltenden normativen Regelung Anwendung finden sollen.

8. Revisionsrechtliche Überprüfung. In der Revision unterliegt die vom LAG vorgenommene Auslegung der AGB der uneingeschränkten Kontrolle durch das Revisionsgericht.[165] 38

VII. Grundsätze der Inhaltskontrolle

1. Gegenstand der Inhaltskontrolle. a) Überblick. Die AGB-Kontrolle ist im gerichtlichen Verfahren Teil der erforderlichen Rechtskontrolle und deshalb von Amts wegen vorzunehmen, wenn die Voraussetzungen hierfür vorliegen.[166] Der Inhaltskontrolle nach §§ 307–309 BGB unterliegen gem. § 307 III 1 BGB nur Bestimmungen in AGB, durch die von Rechtsvorschriften abweichende oder diese ergänzende Regelungen vereinbart werden. Bei anderen Bestimmungen ist die Inhaltskontrolle auf den Verstoß gegen das Transparenzgebot gem. § 307 I 2 BGB beschränkt. Der nur eingeschränkten Kontrolle unterliegen deklaratorische Vertragsklauseln, die in jeder Hinsicht mit einer bestehenden gesetzlichen Regelung übereinstimmen.[167] Gem. § 310 IV 3 BGB stehen Tarifverträge, Betriebs- und Dienstvereinbarungen Rechtsvorschriften gleich. Keiner Inhaltskontrolle nach § 307 I 1 BGB unterliegen Abreden über den Umfang der geschuldeten Hauptleistung und das vom anderen Teil zu zahlende Entgelt (→ Rn. 43), die ihrer Art nach nicht der Regelung durch Gesetz oder andere Rechtsvorschriften unterliegen, sondern von den Vertragsparteien festgelegt werden müssen.[168] Daher unterliegt weder die Entgeltvereinbarung im Arbeitsvertrag noch die Beendigungsvereinbarung in einem Aufhebungsvertrag als solche einer Angemessenheitskontrolle. Gleiches gilt für eine als Gegenleistung für die Zustimmung des AN zur Auflösung des Arbeitsverhältnisses vorgesehene Abfindung.[169] Tarifverträge, Betriebs- und Dienstvereinbarungen sind nach § 310 IV 1 BGB von der Inhaltskontrolle ausgeschlossen (→ Rn. 18 ff.). 39

b) Abweichung von Rechtsvorschriften. Kontrollfähig sind AGB, die von Rechtsvorschriften iSd § 307 III 1 BGB abweichen. Die vertragliche Verlängerung der gesetzlichen Kündigungsfrist ist eine kontrollfähige Nebenabrede.[170] Rechtsvorschriften sind nicht nur die Gesetzesbestimmungen selbst, sondern die dem Gerechtigkeitsgebot entsprechenden **allgemein anerkannten Rechtsgrundsätze,** dh auch alle ungeschriebenen Rechtsgrundsätze, die Regeln des Richterrechts oder die aufgrund ergänzender Auslegung nach §§ 157, 242 BGB und aus der Natur des jeweiligen Schuldverhältnisses zu entnehmenden Rechte und Pflichten.[171] Hierzu gehört das im Schuldrecht verankerte und anerkannte Äquivalenzprinzip. Es dient dazu, das ursprünglich von den Parteien festgelegte Verhältnis von Leistung und Gegenleistung zu erhalten. Eine **rückwirkende Änderung des Arbeitsvertrags** ist daher unangemessen benachteiligend, wenn sie darauf zielt, bereits entstandene Ansprüche im Nachhinein zu beseitigen oder wenn sie die Geltendmachung bereits vor der Vertragsänderung entstandener Ansprüche innerhalb einer vertraglich vorgesehenen Ausschlussfrist unmöglich macht.[172] Auch Vertragstypen, die gesetzlich nicht geregelt sind, wie etwa ein vertragliches Rückkehrrecht nach Beendigung des Arbeitsverhältnisses[173] oder eine befristete Arbeitszeiterhöhung,[174] können am Maßstab der §§ 307 ff. BGB gemessen werden. Auch wenn die vertraglich vereinbarten Hauptleistungspflichten keiner Angemessenheitskontrolle nach § 307 I 1 BGB unterliegen (→ Rn. 43), sind Regelungen, welche die Umstände des vom Verwender gemachten Hauptleis- 40

165 BAG 3.7.2019 AP Nr. 35 zu § 1 TVG Tarifverträge: Bewachungsgewerbe = NZA-RR 2019, 596; 10.7.2013 AP Nr. 16 zu § 305c BGB; BGH 5.10.2016 NJW 2017, 1596.
166 BAG 21.12.2017 AP Nr. 195 zu § 611 BGB Lehrer, Dozenten.
167 BAG 15.11.2016 AP Nr. 31 zu § 1 BetrAVG Beamtenversorgung = NZA 2017, 1058; 23.3.2016 AP Nr. 73 zu § 307 BGB = NZA 2016, 881.
168 BAG 25.4.2018 AP Nr. 74 zu § 307 BGB = NZA 2018, 1061; 26.10.2017 AP Nr. 74 zu § 622 BGB = NZA 2018, 297; BGH 25.10.2016 NJW 2017, 1018.
169 BAG 26.10.2017 AP Nr. 74 zu § 622 BGB = NZA 2018, 297.
170 BAG 26.10.2017 AP Nr. 74 zu § 622 BGB = NZA 2018, 297.
171 BAG 21.1.2015 AP Nr. 8 zu § 92 HGB = NZA 2015, 871; 29.8.2012 NZA 2013, 148; 22.7.2010 AP Nr. 55 zu § 611 BGB Kirchendienst = NZA 2011, 634; 9.6.2010 NZA 2010, 877.
172 BAG 24.9.2014 – 5 AZR 254/13; 19.2.2014 AP Nr. 39 zu § 10 AÜG.
173 BAG 9.2.2011 AP Nr. 52 zu § 307 BGB = NZA-RR 2012, 232.
174 BAG 18.1.2006 AP Nr. 8 zu § 305 BGB.

tungsversprechens ausgestalten, kontrollfähig.[175] Das sind **Preisnebenabreden,** dh Klauseln, die sich nur mittelbar auf den Preis auswirken und an deren Stelle bei Fehlen einer wirksamen vertraglichen Regelung dispositives Gesetzesrecht, allgemeine Rechtsgrundsätze oder aus der Natur des Vertrags im Wege der ergänzenden Vertragsauslegung ableitbare Rechte treten können.[176] Dies betrifft etwa die Voraussetzungen, unter denen der AN die vom AG getragenen Fortbildungskosten zurückzuzahlen hat (→ Rn. 117).[177] Gleiches gilt für einseitige Leistungsbestimmungsrechte, die dem Verwender das Recht einräumen, die **Hauptleistungspflichten einzuschränken,** zu verändern, auszugestalten oder zu modifizieren. Auch sie unterliegen einer Inhaltskontrolle.[178] Sie weichen von dem allgemeinen Grundsatz pacta sunt servanda (Verträge sind einzuhalten) ab.[179] **Tarifvertragliche Regelungen** sind hingegen kein Maßstab für die Inhaltskontrolle (→ Rn. 52).[180]

41 **c) Normausfüllende AGB.** Der Inhaltskontrolle unterliegen auch normausfüllende (rechtsergänzende) AGB. Solche Klauseln, mit denen der Verwender von einer gesetzlich vorgesehenen rechtsgeschäftlichen Gestaltungsmöglichkeit Gebrauch macht, sind grundsätzlich keine lediglich deklaratorische Wiedergabe von Rechtsvorschriften.[181] Eine derartige Klausel „entspricht" zwar dem Gesetz. Gleichwohl „ergänzt" sie die gesetzliche Regelung iSv § 307 III 1 BGB, weil sie die Rechtslage in einer durch das Gesetz eröffneten Weise ausgestaltet. Im Rahmen der Inhaltskontrolle nach §§ 307 ff. BGB ist zu prüfen, ob diese Ausgestaltung durch den Verwender angemessen vorgenommen wurde.[182] So unterliegt die konkrete Festlegung der Probezeitdauer nach § 20 BBiG der Inhaltskontrolle, weil das Gesetz nur vorgibt, dass diese mindestens einen Monat und höchstens vier Monate betragen darf. Innerhalb des gesetzlichen Rahmens ist die tatsächliche Dauer der Probezeit frei vereinbar.[183] Nur dann, wenn AGB nicht von Rechtsvorschriften abweichen, sondern **in jeder Hinsicht mit einer bestehenden gesetzlichen Regelung übereinstimmen,** ist die Inhaltskontrolle auf den Verstoß gegen das Transparenzgebot gem. § 307 I 2 BGB beschränkt; eine weitergehende Angemessenheitskontrolle nach §§ 307–309 BGB findet nicht statt.[184] Eine Inhaltskontrolle derartiger Klauseln liefe leer, weil im Falle ihrer Unwirksamkeit nach § 306 II BGB an deren Stelle die inhaltsgleiche gesetzliche Bestimmung träte.[185]

42 **d) Fehlende Abweichung von Rechtsvorschriften.** Abreden, die ihrer Art nach nicht durch Gesetz oder andere Rechtsvorschriften geregelt werden, sondern von den Vertragsparteien festgelegt werden müssen, unterliegen nur einer eingeschränkten Kontrolle. Sie sind gem. § 307 III 2 iVm § 307 I 2 BGB nur bei einem Verstoß gegen das **Transparenzgebot** (dazu → Rn. 54 ff.) unwirksam.[186] Dieser eingeschränkten Überprüfung unterliegen Klauseln, die den Umfang der von den Parteien geschuldeten Vertragsleistung (Hauptleistungspflichten) festlegen.[187] § 307 III 2 BGB beruht auf der Erwägung, dass ein Mindestmaß an Transparenz der Preisgestaltung einen funktionierenden Wettbewerb erst ermöglicht.[188]

43 Im Arbeitsverhältnis sind ABG über die **Arbeitsleistung und das Arbeitsentgelt,** abgesehen von der Transparenzkontrolle, einer Inhaltskontrolle entzogen.[189] Deshalb ist eine Bruttolohnabrede gem. § 307 III 2 BGB nur am Maßstab des § 307 I 2 BGB zu überprüfen.[190] Gleiches gilt für eine Klausel in AGB, die ausschließlich die Vergütung von Überstunden, nicht aber die Anord-

---

175 BAG 11.12.2018 AP Nr. 50 zu § 611 BGB Ausbildungsbeihilfe = NZA 2019, 781; 10.5.2016 – 9 AZR 434/15.

176 BGH 25.10.2016 NJW 2017, 1018.

177 BAG 18.3.2014 AP Nr. 49 zu § 611 BGB Ausbildungsbeihilfe = NZA 2014, 957.

178 BAG 23.3.2011 AP Nr. 88 zu § 1 TVG Bezugnahme auf Tarifvertrag = NZA 2012, 396; 7.12.2005 AP Nr. 4 zu § 12 TzBfG = NZA 2006, 423; 27.7.2005 AP Nr. 6 zu § 307 BGB = NZA 2006, 40.

179 BAG 24.1.2017 AP Nr. 10 zu § 308 BGB = NZA 2017, 777; 12.1.2005 AP Nr. 1 zu § 308 BGB = NZA 2005, 465.

180 BAG 13.11.2013 AP Nr. 303 zu § 611 BGB Gratifikation = NZA 2014, 368.

181 Ulmer/Brandner/Hensen/*Fuchs* BGB § 307 Rn. 32.

182 Staudinger/*Wendland* BGB § 307 Rn. 301; MüKoBGB/*Wurmnest* § 307 Rn. 10.

183 BAG 12.2.2015 AP Nr. 1 zu § 20 BBiG = NZA 2015, 737.

184 BAG 23.3.2016 NZA 2016, 881 mwN.

185 BAG 27.7.2005 AP Nr. 6 zu § 307 BGB = NZA 2006, 40.

186 BAG 31.8.2005 AP Nr. 8 zu § 6 ArbZG = NZA 2006, 324.

187 MüKoBGB/*Wurmnest* § 307 Rn. 17; Ulmer/Brandner/Hensen/*Fuchs* BGB § 307 Rn. 6; ausf. dazu *Preis* FS Richardi, 339.

188 MüKoBGB/*Wurmnest* § 307 Rn. 22.

189 BAG 17.10.2012 AP Nr. 68 zu § 138 BGB = NZA 2013, 266; 15.4.2008 AP Nr. 38 zu § 1 TVG Altersteilzeit = NZA-RR 2008, 586; 14.3.2007 AP Nr. 45 zu § 1 TVG Bezugnahme auf Tarifvertrag = NZA 2008, 45.

190 Dazu BAG 1.3.2006 AP Nr. 40 zu § 4 TVG Übertarifl. Lohn und Tariflohnerhöhung = NZA 2006, 688.

nungsbefugnis des AG zur Leistung von Überstunden regelt (dazu → Rn. 124).[191] Es ist nicht Aufgabe des Gerichts, über die §§ 305 ff. BGB den „gerechten Preis" zu ermitteln.[192] Aus der Verweisung in § 310 IV 3 BGB auf § 307 III BGB ergibt sich nichts anderes (→ Rn. 52).[193] Hierdurch soll allein sichergestellt werden, dass die in § 310 IV 3 BGB genannten Kollektivvereinbarungen keiner Inhaltskontrolle unterliegen. Verweist der Arbeitsvertrag auf die **für Beamte geltende Arbeitszeit,** haben die Parteien die vom AN zu erbringende Hauptleistungspflicht bestimmt. Der Umfang der Arbeitszeit (und damit die Höhe des Vergütungsanspruchs) steht in diesem Fall nicht zur freien Disposition des AG, sondern ist an Regelungen des Verordnungsgebers gebunden. Eine Angemessenheitskontrolle findet nicht statt.[194] Eine **Provisionsregelung,** nach der ein AN nur die Hälfte der vereinbarten Provision erhält, wenn er aus dem Unternehmen ausscheidet, bevor die erste Kaufpreisrate eines Käufers fällig geworden ist, regelt dagegen nicht die Hauptleistungspflicht selbst, sondern modifiziert die Verpflichtung des AG zur Zahlung der vereinbarten Provision bei einer Beendigung des Arbeitsverhältnisses, indem sie den Anspruch auf Provision der Höhe nach einschränkt und damit von § 87 I 1 HGB abweicht. Sie ist deshalb der Inhaltskontrolle zugänglich und hält dieser wegen Verstoßes gegen § 307 I 1 BGB nicht stand.[195] Enthält der Arbeitsvertrag eine Regelung zu **Art und/oder Ort der Tätigkeit,** unterliegt diese Vereinbarung keiner Angemessenheitskontrolle iSv § 307 I 1 BGB, denn hierbei handelt es sich um die Bestimmung des Inhalts der Hauptpflicht. Dabei ist es unerheblich, wie eng oder weit die Leistungsbestimmung gefasst ist. Vorzunehmen ist lediglich eine Transparenzkontrolle nach § 307 I 2 BGB.[196]

2. Typisierende Betrachtung. Die Inhaltskontrolle beruht auf einer typisierenden Betrach- **44**
tung der jeweiligen Klausel, die grundsätzlich ohne Rücksicht auf individuelle Besonderheiten der Vertragsparteien und des konkreten Einzelfalls vorzunehmen ist.[197] Bei der Angemessenheitskontrolle ist deshalb auf die Möglichkeiten abzustellen, die dem Verwender durch die AGB eingeräumt werden. Die gesetzlichen Vorschriften der §§ 307 ff. BGB missbilligen bereits, dass inhaltlich unangemessene AGB gestellt werden und nicht erst den unangemessenen Gebrauch einer Klausel im Einzelfall. Daher sind auch solche Klauseln unwirksam, die in ihrem „Übermaßteil" in zu beanstandender Weise ein Risiko regeln, das sich im Entscheidungsfall nicht verwirklicht hat.[198] Bei zu weit gefassten Klauseln ist nicht zu prüfen, ob der AN im konkreten Fall schutzwürdig ist.[199] Gem. § 310 III Nr. 3 BGB sind stets bei der Beurteilung der unangemessenen Benachteiligung auch die den Vertragsschluss begleitenden Umstände zu berücksichtigen (dazu → Rn. 55).[200]

3. Kontrollmaßstäbe. In **§ 307 I 1 BGB** ist in einer Generalklausel bestimmt, dass AGB **45**
unwirksam sind, wenn sie den Vertragspartner entgegen den Geboten von Treu und Glauben unangemessen benachteiligen (→ Rn. 48). **§ 309 BGB** regelt Klauselverbote ohne Wertungsmöglichkeit. Verstößt eine Klausel gegen eines dieser Verbote, ist sie ohne weitere inhaltliche Prüfung unwirksam. Im Arbeitsrecht gilt dieser Grundsatz mit dem Vorbehalt, dass Besonderheiten des Arbeitsrechts dem nicht entgegenstehen.[201] In **§ 308 BGB** sind Klauselverbote mit Wertungsmöglichkeit enthalten. Deren Wirksamkeit ist davon abhängig, dass ihr Inhalt im Einzelfall nicht unangemessen, unzumutbar usw. erscheint.[202] Außerdem sind nach § 310 IV 2 BGB die im

---

[191] BAG 16.5.2012 AP Nr. 62 zu § 307 BGB = NZA 2012, 908.

[192] BAG 17.10.2012 AP Nr. 68 zu § 138 BGB = NZA 2013, 266; 31.8.2005 AP Nr. 8 zu § 6 ArbZG = NZA 2006, 324; ErfK/*Preis* BGB §§ 305–310 Rn. 36; MüKoBGB/*Wurmnest* § 307 Rn. 17.

[193] Ebenso MüKoBGB/*Basedow* § 310 Rn. 141; Ulmer/Brandner/Hensen/*Fuchs* BGB § 307 Rn. 155; HWK/*Roloff* BGB § 310 Rn. 12; *Henssler* RdA 2002, 129 (136); CKK/*Kreft* BGB § 310 Rn. 80; ErfK/*Preis* BGB §§ 305–310 Rn. 39; *Thüsing/Lambrich* RdA 2002, 193 (196); aA *Däubler* NZA 2001, 1329 (1334 f.); DDW/*Däubler* BGB § 307 Rn. 279 ff.; *Lakies* NZA-RR 2002, 337 (344).

[194] BAG 14.3.2007 AP Nr. 45 zu § 1 TVG Bezugnahme auf Tarifvertrag = NZA 2008, 45.

[195] BAG 20.2.2008 AP Nr. 11 zu § 87 HGB = NZA 2008, 1124.

[196] BAG 19.1.2011 AP Nr. 50 zu § 307 BGB = NZA 2011, 631; 25.8.2010 AP Nr. 11 zu § 106 GewO = NZA 2010, 1355.

[197] BAG 13.12.2011 AP Nr. 45 zu § 611 BGB Ausbildungsbeihilfe = NZA 2012, 738; HWK/*Roloff* BGB § 307 Rn. 15.

[198] BAG 13.4.2010 AP Nr. 8 zu § 308 BGB = NZA-RR 2010, 457; ErfK/*Preis* BGB §§ 305–310 Rn. 42.

[199] BAG 11.2.2009 NZA 2009, 428.

[200] Dazu BAG 21.8.2012 AP Nr. 46 zu § 611 BGB Ausbildungsbeihilfe = NZA 2012, 1428; 7.12.2005 AP Nr. 4 zu § 12 TzBfG = NZA 2006, 423.

[201] Dazu BAG 30.1.2019 AP Nr. 75 zu § 307 BGB = NZA 2019, 768; 4.3.2004 AP Nr. 3 zu § 309 BGB = NZA 2004, 727.

[202] MüKoBGB/*Wurmnest* § 308 Rn. 1.

Arbeitsrecht geltenden Besonderheiten angemessen zu berücksichtigen.[203] Die Unterscheidung zwischen § 308 und § 309 BGB ist nicht so groß, weil auch § 309 BGB unbestimmte Begriffe enthält, deren Inhalte durch eine auch am Schutzzweck des Gesetzes orientierte Auslegung zu bestimmen sind.[204] Von besonderer arbeitsrechtlicher Bedeutung ist dabei § 308 Nr. 4 BGB. Nach dieser Bestimmung ist in AGB insbesondere die Vereinbarung eines Rechts des Verwenders unwirksam, die versprochene Leistung zu ändern oder von ihr abzuweichen, wenn nicht die Vereinbarung der Änderung oder Abweichung unter Berücksichtigung der Interessen des Verwenders für den anderen Vertragsteil zumutbar ist (→ Rn. 80).

46 **4. Verstoß gegen Verbotsgesetze (§ 134 BGB).** AGB, die auch gegen ein gesetzliches Verbot iSv § 134 BGB verstoßen, sind nach dieser Bestimmung nichtig und halten bereits deshalb auch einer Inhaltskontrolle nicht stand.[205] Der zivilrechtliche Rückgriff auf §§ 307 ff. BGB ist im Arbeitsrecht allerdings entbehrlich,[206] weil er nur erfolgt, um im Verbandsprozess eine Klauselkontrolle zu ermöglichen.[207] Eine solche abstrakte gerichtliche Kontrolle vorformulierter Arbeitsverträge im Wege einer Unterlassungsklage durch Verbraucherverbände oder Gewerkschaften ist jedoch in § 15 UKlaG ausdrücklich ausgeschlossen.

47 **5. Prüfungsreihenfolge.** Die Klauselverbote der §§ 308, 309 BGB sind Ausprägungen der Generalklausel des § 307 BGB. Als Generalklausel tritt § 307 BGB zurück, wenn eine AGB den Klauselverboten der §§ 308, 309 BGB unterfällt. Soweit die AGB nach ihrem Regelungsgehalt zwar den §§ 308, 309 BGB unterfällt, danach aber nicht unwirksam ist, bedeutet dies nicht, dass ihre Wirksamkeit feststünde. Die Inhaltskontrolle gemäß § 307 BGB kann unter Berücksichtigung des Prüfungsmaßstabes dieser Norm zur Unwirksamkeit der Regelung führen.[208] Für die Inhaltskontrolle gilt daher nach der Systematik des Gesetzes folgende Prüfungsreihenfolge: Allgemeine Geschäftsbedingungen sind zunächst am Maßstab der speziellen Klauselverbote ohne Wertungsmöglichkeit in § 309 BGB zu messen. Daran anschließend sind die Klauselverbote mit Wertungsmöglichkeit in § 308 BGB, sodann § 307 II BGB und schließlich die Generalklausel des § 307 I BGB zu prüfen.[209] Die speziellen Klauselverbote werden im Zusammenhang mit der Darstellung von Einzelfällen behandelt (→ Rn. 77 ff.).

VIII. Generalklausel der Inhaltskontrolle

48 **1. Umfassende Würdigung der Interessen.** Nach § 307 I 1 BGB sind Bestimmungen in AGB unwirksam, wenn sie den Vertragspartner des Verwenders entgegen den Geboten von Treu und Glauben unangemessen benachteiligen. Hiervon ist auszugehen, wenn der Verwender die Vertragsgestaltung einseitig für sich in Anspruch nimmt und eigene Interessen missbräuchlich auf Kosten des Vertragspartners durchzusetzen versucht, ohne von vornherein die Interessen seines Partners hinreichend zu berücksichtigen und ihm einen angemessenen Ausgleich zuzugestehen. Das Interesse des Verwenders an der Aufrechterhaltung der Klausel ist also mit dem Interesse des Vertragspartners am Wegfall der Klausel und deren Ersetzung durch die maßgeblichen gesetzlichen Regelungen abzuwägen.[210] Erforderlich ist stets eine umfassende Würdigung der beiderseitigen Positionen unter Berücksichtigung des Grundsatzes von Treu und Glauben.[211] Hierbei sind auch grundrechtlich geschützte Rechtspositionen zu beachten.[212] Die im Arbeitsrecht geltenden Besonderheiten sind gem. § 310 IV 2 BGB angemessen zu berücksichti-

[203] BAG 24.1.2017 AP Nr. 10 zu § 308 BGB = NZA 2017, 777; 11.10.2006 AP Nr. 6 zu § 308 BGB = NZA 2007, 87.
[204] MüKoBGB/*Wurmnest* Vor § 307 Rn. 5.
[205] BAG 24.8.2016 AP Nr. 10 zu § 3 ArbZG = NZA 2016, 1539; 19.6.2012 NZA 2012, 1227; BGH 25.9.2002 NJW 2003, 290.
[206] CKK/*Krause* BGB Vor § 307 Rn. 3.
[207] BAG 12.2.2015 AP Nr. 1 zu § 20 BBiG = NZA 2015, 737; Ulmer/Brandner/Hensen/*Fuchs* BGB Vorb. § 307 Rn. 56; Erman/*Roloff*/*Looschelders* BGB Vorb. §§ 307–309 Rn. 10.
[208] BGH 24.7.2008 ZIP 2008, 1729.
[209] Ulmer/Brandner/Hensen/*Fuchs* BGB Vorb. § 307 Rn. 105; Palandt/*Grüneberg* BGB Vorb. § 307 Rn. 1; Staudinger/*Krause* BGB Anh. zu §§ 305–310 Rn. K 176; HWK/*Roloff* BGB § 307 Rn. 1; MüKoBGB/*Wurmnest* § 307 Rn. 25.
[210] BGH 12.2.2020 – XII ZR 61/19; 2.10.2019 NJW 2020, 328.
[211] BAG 10.5.2016 – 9 AZR 434/15; 17.3.2016 AP Nr. 6 zu § 309 BGB = NZA 2016, 945; ausf. dazu MüKoBGB/*Wurmnest* § 307 Rn. 23 ff.; Staudinger/*Wendland* BGB § 307 Rn. 89 ff.; Ulmer/Brandner/Hensen/*Fuchs* BGB § 307 Rn. 93 ff.
[212] BAG 19.3.2014 AP Nr. 113 zu § 315 BGB = NZA 2014, 595; 30.7.2008 NZA 2008, 1173; 24.10.2007 AP Nr. 32 zu § 307 BGB = NZA 2008, 40; 14.8.2007 AP Nr. 2 zu § 6 ATG = NZA 2008, 1194.

gen.[213] Gem. § 310 III Nr. 3 BGB sind auch die den Vertragsschluss begleitenden Umstände in den Blick zu nehmen (→ Rn. 55). Zur Beurteilung der Unangemessenheit ist ein genereller, typisierender, vom Einzelfall losgelöster Maßstab anzulegen. Dabei sind Art und Gegenstand, besonderer Zweck und besondere Eigenart des jeweiligen Geschäfts zu berücksichtigen.[214] Zu prüfen ist, ob der Klauselinhalt bei der in Rede stehenden Art des Rechtsgeschäfts generell unter Berücksichtigung der typischen Interessen der beteiligten Verkehrskreise eine unangemessene Benachteiligung des Vertragspartners ergibt. Werden AGB für verschiedene Arten von Geschäften oder gegenüber verschiedenen Verkehrskreisen verwendet, deren Interessen, Verhältnisse und Schutzbedürfnisse unterschiedlich gelagert sind, kann die Abwägung zu gruppentypisch unterschiedlichen Ergebnissen führen.[215]

2. Summierende und kompensatorische Effekte. Bei der Angemessenheitskontrolle einer Klausel sind summierende und kompensatorische Effekte anderer Vertragsbestandteile zu berücksichtigen.[216] Ein Summierungseffekt liegt vor, wenn jeweils für sich unbedenkliche, aber inhaltlich zusammengehörige Klauseln in ihrer Gesamtwirkung zu einer unangemessenen Benachteiligung des Vertragspartners des Verwenders führen. Das gilt auch dann, wenn die zu prüfende Klausel mit einer Individualvereinbarung zusammentrifft; denn bei der Prüfung einer Klausel nach § 307 BGB ist der gesamte Vertragsinhalt einschließlich seiner Individualteile zu würdigen.[217] Eine sich daraus ergebende etwaige Unwirksamkeit hat allerdings nur die Unwirksamkeit der Formularklausel, nicht aber der Individualabrede zur Folge, denn die Individualabrede unterliegt nicht der Inhaltskontrolle nach § 307 BGB.[218] Umgekehrt kann die Unangemessenheit einer einzelnen Klausel durch sonstige vorteilhafte Regelungen nur eingeschränkt kompensiert werden.[219] Erforderlich ist ein sachlicher Zusammenhang zwischen der isoliert betrachtet unwirksamen Klausel und den zur Kompensation herangezogenen Regelungen.[220] Die Klauseln müssen in einer Wechselbeziehung stehen.[221] 49

Noch nicht vom BAG entschieden und im Schrifttum nur gelegentlich angesprochen ist die Frage, ob bei **mehreren Leistungen, die jeweils unter einem Widerrufsvorbehalt stehen** (dazu → Rn. 130), die Grenze von 25% für jede einzelne Leistung oder für alle Leistungen zusammen gilt. Eine kumulative Betrachtung wird man annehmen können bei Entgeltzahlungen, wie zB Provisionen, erfolgsabhängigen Boni und Jahresabschlussvergütungen. Ähnliches dürfte bei einem Zusammentreffen eines Widerrufsvorbehalts mit einer Regelung über die Abrufarbeit (→ Rn. 84) gelten. Anders zu entscheiden wäre beim Zusammentreffen von Widerrufsvorbehalten beim Entgelt mit Pensionszusagen oder Leistungen mit Aufwendungsersatzcharakter, wie beispielsweise dem zur Privatnutzung überlassenen Dienstwagen oder Essenszuschüssen.[222] 50

3. Regelbeispiele der Unangemessenheit. Die Generalklausel wird in § 307 II BGB konkretisiert.[223] Diese Bestimmung enthält nicht nur eine Beweislastregelung,[224] sondern gesetzliche Regelbeispiele der Unangemessenheit.[225] 51

[213] BAG 21.1.2015 AP Nr. 8 zu § 92 HGB = NZA 2015, 871; 14.9.2011 AP Nr. 56 zu § 307 BGB = NZA 2012, 81.
[214] BAG 17.3.2016 AP Nr. 6 zu § 309 BGB = NZA 2016, 945; 13.12.2011 AP Nr. 45 zu § 611 BGB Ausbildungsbeihilfe = NZA 2012, 738; 2.9.2009 AP Nr. 66 zu § 14 TzBfG = NZA 2009, 1253; 10.1.2007 AP Nr. 6 zu § 611 BGB Ruhen des Arbeitsverhältnisses = NZA 2007, 384.
[215] BAG 27.7.2005 AP Nr. 6 zu § 307 BGB = NZA 2006, 40.
[216] BAG 18.12.2009 AP Nr. 4 zu § 309 BGB = NZA-RR 2009, 519; 25.9.2008 AP Nr. 39 zu § 307 BGB = NZA 2009, 370; 10.1.2007 NZA 2007, 384; Staudinger/*Wendland* BGB § 307 Rn. 124 ff.; MüKoBGB/*Wurmnest* § 307 Rn. 36 ff.
[217] BGH 14.1.2009 NJW 2009, 1075; 5.4.2006 NJW 2006, 2116; 30.6.2004 NJW 2004, 3045; 14.5.2003 NJW 2003, 2234; WLP/*Pfeiffer* BGB § 307 Rn. 213.
[218] BGH 18.3.2009 NJW-RR 2009, 947.
[219] Dazu BGH 20.3.1985 NJW 1985, 1836; 1.12.1981 NJW 1982, 644.
[220] Vgl. Staudinger/*Wendland* BGB § 307 Rn. 125; Ulmer/Brandner/Hensen/*Fuchs* BGB § 307 Rn. 151; WLP/*Pfeiffer* BGB § 307 Rn. 219; ausf. *Bieder* Kompensatorische Vertragsgestaltung im Arbeits- und Wirtschaftsrecht, 2015.
[221] BGH 29.11.2002 NJW 2003, 888; MüKoBGB/*Wurmnest* § 307 Rn. 38.
[222] Vgl. *Willemsen/Grau* NZA 2005, 1137 (1138 f.); krit. dazu *Schmiedl* NZA 2006, 1195 (1197); s. auch *Annuß* BB 2006, 1333 (1339), der zwar auch einen Summierungseffekt für möglich hält, zur Bestimmung des inneren Zusammenhangs aber auf den Widerrufsgrund abstellt.
[223] Staudinger/*Wendland* BGB § 307 Rn. 220; Ulmer/Brandner/Hensen/*Fuchs* BGB § 307 Rn. 193.
[224] So aber Soergel/*Stein* AGBG § 9 Rn. 31.
[225] Ulmer/Brandner/Hensen/*Fuchs* BGB § 307 Rn. 193 f.; *v. Hoyningen-Huene,* Die Inhaltskontrolle nach § 9 AGBG, 1991, Rn. 236; BeckOK BGB/*Schmidt* § 307 Rn. 32; MüKoBGB/*Wurmnest* § 307 Rn. 65;

52 Gem. **§ 307 II Nr. 1 BGB** ist eine unangemessene Benachteiligung im Zweifel anzunehmen, wenn eine Bestimmung mit wesentlichen Grundgedanken der gesetzlichen Regelung, von der abgewichen wird, nicht zu vereinbaren ist. Das dispositive **Gesetzesrecht ist hier Leitbild** der Inhaltskontrolle.[226] Von maßgeblicher Bedeutung ist insoweit, ob die dispositive gesetzliche Regelung nicht nur auf Zweckmäßigkeitserwägungen beruht, sondern eine Ausprägung des Gerechtigkeitsgebots darstellt.[227] Weicht eine Klausel vom gesetzlichen Leitbild ab, wird die unangemessene Benachteiligung des Vertragspartners des Verwenders indiziert.[228] Je weiter sich AGB vom gesetzlichen Leitbild entfernen, desto größer ist die Gefahr einer unangemessenen Benachteiligung.[229] Tarifverträge kommen als Maßstab der Angemessenheitskontrolle nicht in Betracht.[230] Mit der Verweisung in § 310 IV 3 BGB auf § 307 III BGB ist lediglich klargestellt, dass Tarifverträge auch im Falle der vertraglichen Bezugnahme keiner Inhaltskontrolle unterliegen.[231] Der Neunte Senat des BAG hat allerdings angenommen, dass einem nachwirkenden Tarifvertrag nicht mehr die gesetzliche Leitfunktion iSd § 307 III 1 BGB zukomme. Ein nachwirkender Tarifvertrag sei kein Kontrollmaßstab für die Inhaltskontrolle nach § 307 I und II BGB.[232] Damit geht er offenbar davon aus, dass ein normativ wirkender Tarifvertrag Maßstab der Angemessenheitsprüfung sein kann.

53 Eine unangemessene Benachteiligung ist nach **§ 307 II Nr. 2 BGB** im Zweifel anzunehmen, wenn eine Bestimmung wesentliche Rechte oder Pflichten, die sich aus der Natur des Vertrags ergeben, so einschränkt, dass die Erreichung des Vertragszwecks gefährdet ist. Bedeutung hat diese Bestimmung insbesondere für Vereinbarungen, bei denen nicht auf ein gesetzliches Leitbild zurückgegriffen werden kann. Hier geht es in der Regel um Vereinbarungen, durch die der Verwender seine Haftung bei nicht erfüllten Hauptpflichten, sog. **Kardinalpflichten,** beschränken oder gar entfallen lassen will.[233]

54 **4. Transparenzgebot. a) Grundsatz.** Nach § 307 I 2 BGB kann sich eine zur Unwirksamkeit der Klausel führende unangemessene Benachteiligung (§ 307 I 1 BGB) auch daraus ergeben, dass die Klausel nicht klar und verständlich ist.[234] Sinn des Transparenzgebots ist es, der Gefahr vorzubeugen, dass der Vertragspartner des Klauselverwenders von der Durchsetzung bestehender Rechte abgehalten wird.[235] Dabei ist zwischen dem Gebot der **Abschlusstransparenz** und dem der **Abwicklungstransparenz** zu differenzieren. Erstere soll die zutreffende Information des AN über die Umstände sicherstellen, die es ihm ermöglichen, die Vor- und Nachteile der beabsichtigten vertraglichen Abreden für den Vertragsabschluss zu beurteilen. Letztere soll die Wahrung seiner Rechte während der Vertragsdurchführung gewährleisten.[236] Abzustellen ist bei der Bewertung der Transparenz auf die Erwartungen und Erkenntnismöglichkeiten eines durchschnittlichen Vertragspartners des Verwenders im Zeitpunkt des Vertragsschlusses.[237] Jedes eigene Nachdenken kann ihm dabei nicht erspart bleiben.[238] Ein Verstoß gegen das Transparenzgebot liegt nicht schon dann vor, wenn der

anders Staudinger/*Wendland* BGB § 307 Rn. 226; *Stoffels,* AGB-Recht, Rn. 500, die darin in sich abgeschlossene Sondertatbestände sehen.

226 Ulmer/Brandner/Hensen/*Fuchs* BGB § 307 Rn. 193; MüKoBGB/*Wurmnest* § 307 Rn. 67.

227 BAG 29.8.2012 NZA 2013, 148; 24.10.2007 AP Nr. 32 zu § 307 BGB = NZA 2008, 40; 7.12.2005 AP Nr. 4 zu § 12 TzBfG = NZA 2006, 423.

228 BGH 19.1.2016 NJW 2016, 1382.

229 Ulmer/Brandner/Hensen/*Fuchs* BGB § 307 Rn. 193.

230 BAG 13.11.2013 AP Nr. 303 zu § 611 BGB Gratifikation = NZA 2014, 368.

231 MüKoBGB/*Basedow* § 310 Rn. 141; *Bayreuther* RdA 2003, 81; Ulmer/Brandner/Hensen/*Fuchs* BGB § 310 Rn. 178; *Henssler* RdA 2002, 131 (136); CKK/*Klumpp* BGB § 307 Rn. 35; Staudinger/*Krause* BGB Anh. zu §§ 305–310 Rn. K 182; ErfK/*Preis* BGB §§ 305–310 Rn. 39; HWK/*Roloff* BGB § 310 Rn. 12; *Stoffels,* AGB-Recht, Rn. 180; aA DDW/*Däubler* BGB § 307 Rn. 276 ff.; *Lakies* NZA-RR 2002, 337 (344).

232 BAG 3.4.2007 AP Nr. 46 zu § 4 TVG Nachwirkung = NZA 2007, 1045.

233 Ulmer/Brandner/Hensen/*Fuchs* BGB § 307 Rn. 197; MüKoBGB/*Wurmnest* § 307 Rn. 72.

234 BAG 18.9.2018 AP Nr. 2 zu § 3 MiLoG = NZA 2018, 1619 mwN.

235 BAG 29.8.2012 AP Nr. 104 zu § 315 BGB = NZA 2013, 148; 1.9.2010 AP Nr. 47 zu § 307 BGB = NZA 2011, 575.

236 BAG 24.5.2018 AP Nr. 91 zu § 611 BGB Kirchendienst; 26.1.2017 AP Nr. 192 zu § 611 BGB Lehrer, Dozenten = NZA-RR 2017, 325; Ulmer/Brandner/Hensen/*Fuchs/Bieder* BGB Anh. § 310 Rn. 47; mit Recht zurückhaltend zur Annahme, das Transparenzgebot sei ein geeignetes Instrument zur Verbesserung der Marktchancen des AN bei Abschluss des Arbeitsvertrags, Staudinger/*Krause* BGB Anh. zu §§ 305–310 Rn. K 241.

237 BAG 8.8.2007 AP Nr. 4 zu § 21 TzBfG; BGH 25.10.2006 NJW 2007, 1198.

238 BGH 23.2.2005 NJW-RR 2005, 902.

AN keine oder nur eine erschwerte Möglichkeit hat, die betreffende Regelung zu verstehen. Erst in der Gefahr, dass der Vertragspartner des Klauselverwenders wegen unklar abgefasster AGB seine Rechte nicht wahrnimmt, liegt eine unangemessene Benachteiligung.[239] Hiervon ist auszugehen bei einer Klausel, welche die Rechtslage unzutreffend oder missverständlich darstellt und auf diese Weise dem Verwender ermöglicht, begründete Ansprüche unter Hinweis auf die in der Klausel getroffene Regelung abzuwehren.[240] Bei der Beurteilung, ob eine Regelung dem Transparenzgebot genügt, ist folglich nicht auf den flüchtigen Betrachter, sondern auf den aufmerksamen und sorgfältigen Teilnehmer am Wirtschaftsverkehr abzustellen.[241] Das Transparenzgebot schließt das **Bestimmtheitsgebot** ein und verlangt, dass die tatbestandlichen Voraussetzungen und Rechtsfolgen so genau beschrieben werden, dass für den AN keine ungerechtfertigten Beurteilungsspielräume entstehen und der Gefahr vorgebeugt wird, dass der Vertragspartner von der Durchsetzung bestehender Rechte abgehalten wird.[242] Dies gilt auch bei der Kontrolle der zeitlichen Befristung einer Vertragsbedingung.[243] Das Bestimmtheitsgebot ist verletzt, wenn eine Klausel vermeidbare Unklarheiten und Spielräume enthält.[244] Der Vertragspartner des Verwenders muss bereits bei Vertragsschluss erkennen können, was „auf ihn zukommt".[245] Eine Klausel, die die Rechtslage unzutreffend oder missverständlich darstellt und auf diese Weise dem Verwender ermöglicht, begründete Ansprüche unter Hinweis auf die in der Klausel getroffene Regelung abzuwehren, und die geeignet ist, dessen Vertragspartner von der Durchsetzung bestehender Rechte abzuhalten, ist unwirksam.[246] Das Transparenzgebot verpflichtet den Verwender nicht nur, jede einzelne Regelung für sich genommen klar zu formulieren. Die Regelung muss vielmehr auch im **Kontext mit den übrigen Regelungen des Klauselwerks** verständlich sein. Erforderlich ist ferner, dass zusammengehörende Regelungen im Zusammenhang aufgeführt werden oder der Zusammenhang in anderer Weise, etwa durch Bezugnahme auf konkrete Klauseln, deutlich gemacht wird.[247] Für die Prüfung der Transparenz ist allein auf die Gesetzeslage zum **Zeitpunkt des Vertragsschlusses** abzustellen. Ist eine Klausel bei Vertragsschluss transparent, verliert sie ihre Wirksamkeit nicht, wenn spätere Gesetzesänderungen zu ihrer Intransparenz führen.[248]

Das Transparenzgebot darf den **Verwender allerdings nicht überfordern.**[249] Die Verpflichtung, AGB möglichst klar und verständlich zu formulieren, besteht nur im Rahmen des Möglichen und Zumutbaren.[250] Der Verwender muss nicht jede Klausel gleichsam mit einem Kommentar versehen. Er darf vielmehr Rechtsbegriffe aus der Gesetzessprache ebenso wie unbestimmte und auslegungsbedürftige Rechtsbegriffe verwenden. Auch müssen notwendig generalisierende Regelungen in Allgemeinen Geschäftsbedingungen nicht einen solchen Grad an Konkretisierung erreichen, dass alle Eventualitäten erfasst sind und im Einzelfall keinerlei Zweifelsfragen auftreten können. Das Transparenzgebot erfordert keine Klauselgestaltung, die eine einzelfallbezogene Subsumtion von vornherein entbehrlich macht.[251] Zum Verhältnis zu § 305c II BGB → Rn. 34. 54a

b) Berücksichtigung der den Vertragsschluss begleitenden Umstände. Da der AN Verbraucher iSv § 310 III Nr. 3 BGB ist,[252] sind bei der Beurteilung der unangemessenen Benachteiligung nach § 307 I 2 BGB auch die den Vertragsschluss begleitenden Umstände zu 55

[239] BAG 21.1.2015 AP Nr. 8 zu § 92 HGB = NZA 2015, 871; 20.8.2014 NZA 2014, 1333; 18.9.2012 AP Nr. 96 zu § 7 BUrlG Abgeltung = NZA 2013, 216; 29.8.2012 AP Nr. 104 zu § 315 BGB = NZA 2013, 148.
[240] BAG 3.12.2019 AP Nr. 78 zu § 307 BGB = NZA 2020, 586.
[241] BAG 21.6.2011 AP Nr. 54 zu § 307 BGB.
[242] BAG 12.6.2019 AP Nr. 16 zu § 21 TzBfG = NZA 2019, 1423; 17.7.2012 AP Nr. 61 zu § 77 BetrVG 1972 Betriebsvereinbarung = NZA 2013, 338.
[243] BAG 21.6.2018 NZA 2018, 1413.
[244] BAG 21.1.2015 AP Nr. 8 zu § 92 HGB = NZA 2015, 871; 23.1.2014 NZA 2014, 777; 22.2.2012 AP Nr. 75 zu § 612 BGB = NZA 2012, 861; 17.8.2011 AP Nr. 55 zu § 307 BGB = NZA 2011, 1335.
[245] BAG 21.8.2012 AP Nr. 46 zu § 611 BGB Ausbildungsbeihilfe = NZA 2012, 1428.
[246] BAG 18.9.2018 NZA 2018, 1619.
[247] BAG 21.6.2018 NZA 2018, 1413; 24.8.2017 AP Nr. 7 zu § 309 BGB = NZA 2018, 100; 23.3.2017 AP Nr. 73 zu § 622 BGB = NZA 2017, 773; BGH 25.2.2016 NJW 2016, 1575.
[248] BAG 18.9.2018 AP Nr. 2 zu § 3 MiLoG = NZA 2018, 1619; 24.9.2019 AP Nr. 76 zu § 307 BGB = NZA 2020, 310.
[249] BAG 27.7.2010 AP Nr. 46 zu § 307 BGB = NZA 2010, 1237; BGH 6.10.2004 WuM 2004, 663.
[250] BAG 18.9.2018 AP Nr. 2 zu § 3 MiLoG = NZA 2018, 1619.
[251] BAG 26.1.2017 AP Nr. 192 zu § 611 BGB Lehrer, Dozenten = NZA-RR 2017, 325.
[252] BAG 25.5.2005 AP Nr. 1 zu § 310 BGB = NZA 2005, 1111.

berücksichtigen.[253] Zu den konkret-individuellen Begleitumständen gehören bei richtlinienkonformer Auslegung des Gesetzes unter Berücksichtigung des 16. Erwägungsgrundes zur Richtlinie 93/13/EWG des Rates vom 5.4.1993 über missbräuchliche Klauseln in Verbraucherverträgen[254] insbesondere **(1) persönliche Eigenschaften** des individuellen Vertragspartners, die sich auf die Verhandlungsstärke auswirken, **(2) Besonderheiten der konkreten Vertragsabschlusssituation,** wie zB Überrumpelung, Belehrung sowie **(3) untypische Sonderinteressen** des Vertragspartners.[255] Die Berücksichtigung dieser Umstände kann sowohl zur Unwirksamkeit einer nach generell-abstrakter Betrachtung wirksamen Klausel als auch zur Wirksamkeit einer nach typisierter Inhaltskontrolle unwirksamen Klausel führen.[256] Dies ist insbesondere dann denkbar, wenn auf Verbraucherseite ein besonders erfahrener und kenntnisreicher Vertragspartner (= AN) steht[257] oder dem Vertragsschluss besonders intensive Verhandlungen vorangingen, die allerdings noch nicht die Anforderungen einer Individualabrede erfüllen. Das Transparenzgebot verlangt von dem Verwender nicht, alle gesetzlichen Folgen einer Vereinbarung ausdrücklich zu regeln.[258]

56 **Beispiele:** Eine Klausel, nach der in der vereinbarten Monatsvergütung die ersten **zwanzig Überstunden monatlich „mit drin"** sind, ist weder intransparent noch überraschend.[259] Ist arbeitsvertraglich ein beziffertes Bruttomonatsentgelt mit dem Zusatz vereinbart **„für eine monatliche Arbeitszeit bis zu 260 Stunden",** liegt hierin eine hinreichend klare Vergütungsregelung. Diese besagt, dass das Entgelt gerade unabhängig von der Erbringung einer monatlich festgelegten (Mindest-)Arbeitszeit geschuldet wird. Der AN weiß bei einer solchen Bestimmung, welche Leistung dem monatlichen Bruttoentgelt entspricht.[260] Eine die **pauschale Vergütung von Reisezeiten** regelnde Klausel ist nur dann klar und verständlich, wenn sich aus dem Arbeitsvertrag selbst ergibt, welche „Reisetätigkeit" von ihr in welchem Umfang erfasst werden soll.[261] Verzichtet ein nicht tarifgebundener AN in einer vom AG vorformulierten Erklärung auf Rechte aus einem arbeitsvertraglich in Bezug genommenen Tarifvertrag, ist dem Gebot der Abschlusstransparenz nur dann genügt, wenn die Erklärung erkennen lässt, dass von den tariflichen Regelungen abgewichen werden soll.[262] Die **Sprachunkundigkeit** des AN zählt als persönliche Eigenschaft zwar grundsätzlich zu den zu berücksichtigenden Begleitumständen, kann allerdings allein nicht zu einer Unwirksamkeit von Vertragsbestimmungen führen, die einer Inhaltskontrolle nach abstrakt-generellen Kriterien standhalten. Sonst stünde die Wirksamkeit jeder AGB – unabhängig von ihrem Inhalt – letztlich unter dem Vorbehalt, dass der Klauselinhalt von dem konkreten Vertragspartner intellektuell verstanden werden konnte. Zur Sprachunkundigkeit des AN müssen deshalb weitere Umstände hinzukommen, wie etwa das Drängen des AG, den Arbeitsvertrag ohne vorherige Übersetzung zu unterschreiben, oder die Versicherung, der Arbeitsvertrag enthalte keine Regelungsgegenstände, die nicht im Vorfeld erörtert worden seien.[263] Die Verwendung englischer Begriffe oder einer deutsch-englischen Kunstsprache – **„Denglisch"** – in den Bestimmungen einer Gesamtzusage führt jedenfalls in einem international tätigen IT-Unternehmen nicht zur Intransparenz solcher Klauseln.[264]

57 **c) Materielle Angemessenheitsprüfung.** Umstritten ist, ob die bloße Unklarheit der Vertragsklausel zur Unwirksamkeit der betreffenden Regelung führt oder ob zusätzlich eine materi-

[253] BAG 28.9.2017 AP Nr. 6 zu § 611 BGB Arbeitgeberdarlehen = NZA 2018, 589; 7.10.2015 AP Nr. 44 zu § 611 BGB Musiker = NZA 2016, 441; 31.8.2005 AP Nr. 8 zu § 6 ArbZG = NZA 2006, 324.
[254] ABl. EG L 95 vom 21.4.1993 S. 29.
[255] Ulmer/Brandner/Hensen/*Fuchs* BGB § 307 Rn. 406 ff.; *Stoffels,* AGB-Recht, Rn. 478.
[256] BAG 28.9.2017 AP Nr. 6 zu § 611 BGB Arbeitgeberdarlehen = NZA 2018, 589; 10.5.2016 – 9 AZR 434/15; 21.8.2012 AP Nr. 46 zu § 611 BGB Ausbildungsbeihilfe = NZA 2012, 1428; 31.8.2005 AP Nr. 8 zu § 6 ArbZG = NZA 2006, 324; MüKoBGB/*Basedow* § 310 Rn. 114; Ulmer/Brandner/Hensen/*Fuchs* BGB § 307 Rn. 410; *Stoffels,* AGB-Recht, Rn. 481; aA CKK/*Kreft* BGB § 310 Rn. 39; zweifelnd WLP/*Pfeiffer* BGB § 310 Abs. 3 Rn. 35.
[257] Ulmer/Brandner/Hensen/*Fuchs* BGB § 307 Rn. 410.
[258] BAG 1.3.2006 AP Nr. 40 zu § 4 TVG Übertarifl. Lohn und Tariflohnerhöhung = NZA 2006, 688; 1.2.2006 AP Nr. 4 zu § 40a EStG = NZA 2006, 682.
[259] BAG 16.5.2012 AP Nr. 62 zu § 307 BGB = NZA 2012, 908.
[260] BAG 17.10.2012 AP Nr. 40 zu § 611 BGB Arbeitszeit.
[261] BAG 20.4.2011 AP Nr. 51 zu § 307 BGB = NZA 2011, 917.
[262] BAG 15.12.2016 AP Nr. 6 zu § 4 TV SozSich = NZA-RR 2017, 305.
[263] BAG 19.3.2014 AP Nr. 26 zu § 130 BGB = NZA 2014, 1076; CKK/*Klumpp* BGB § 307 Rn. 90.
[264] BAG 20.8.2014 NZA 2014, 1333.

elle Angemessenheitsprüfung erforderlich ist.[265] Im Schrifttum wird darauf hingewiesen, dass die Unwirksamkeit einer intransparenten Regelung keineswegs zwingende Rechtsfolge sei, sondern die Gefahr einer materiellen Unangemessenheit hinzukommen müsse.[266] Eine unangemessene Benachteiligung „kann" sich auch aus einer unklaren Klausel ergeben. Diese Rechtsfolge wird allerdings in der Regel auch eintreten, insbesondere, wenn der Verwender den Eindruck des Vernebelns oder Verschleierns vermittelt,[267] denn der Vertragspartner des Verwenders der AGB, dh der AN, wird durch die fehlende Transparenz gehindert, seine Entschließungsfreiheit bei Eingehung des Vertrags in voller Kenntnis des Inhalts des Vertrags, insbesondere ihm nachteiliger Klauseln, auszuüben.[268] Die Rspr. gelangt idR ohne nähere Prüfung der Angemessenheit bei einem Verstoß gegen das Transparenzgebot zur Unwirksamkeit der Klausel.[269] Teilweise heißt es auch differenzierter, ein Verstoß gegen das Transparenzgebot liege nicht schon dann vor, wenn der AN keine oder nur eine erschwerte Möglichkeit hat, die betreffende Regelung zu verstehen. Erst die Gefahr, dass er wegen unklar abgefasster AGB seine Rechte nicht wahrnehme, begründe eine unangemessene Benachteiligung iSv § 307 I 2 BGB.[270]

IX. Verweisungs- und Bezugnahmeklauseln

1. Grundsätze. Eine Verweisung auf Vorschriften des Gesetzes oder eines anderen Rege- 58
lungswerks führt für sich genommen **nicht zur Intransparenz.**[271] Dies gilt nicht nur bei einer vollständigen arbeitsvertraglichen Bezugnahme auf einen Tarifvertrag (→ Rn. 21), sondern auch, wenn die Parteien nur für einen Regelungsgegenstand, wie der Dauer der Arbeitszeit, auf ein Tarifwerk verweisen.[272] Das ergibt sich bereits aus § 2 III NachwG, der solche Verweise in den dort aufgeführten Fällen als Nachweis der Arbeitsbedingungen ausdrücklich zulässt (zum Ausschluss der Inhaltskontrolle der einbezogenen Kollektivregelungen nach § 310 IV 1 BGB → Rn. 18). Das Transparenzgebot des § 307 I 2 BGB erfordert nicht, den Gesetzestext in den Vertragstext aufzunehmen oder eine gesetzliche Regelung mit eigenen Worten darzustellen oder zu erläutern.[273] Ebenso werden Bezugnahmen auf nicht immer einfach zugängliche Tarifverträge im tarifdispositiven Gesetzesrecht (vgl. § 622 IV 2 BGB) als allgemein zulässiges Instrument zur Regelung der Arbeitsbedingungen vorausgesetzt (zur Inhaltskontrolle → Rn. 21). Es ist ausreichend, wenn die im Zeitpunkt der jeweiligen Anwendung in Bezug genommenen tariflichen Regelungen bestimmbar sind (dazu → Rn. 59).[274] Die arbeitsvertragliche Verweisung auf andere Regelungswerke ist auch **nicht überraschend iSd § 305c I BGB.**[275] Sie entspricht einer im Arbeitsrecht gebräuchlichen Vertragsgestaltung und dient den Interessen beider Parteien eines auf die Zukunft gerichteten Arbeitsverhältnisses (→ Rn. 26).

2. Dynamische Bezugnahme auf kollektive Regelwerke und Gesetze. Auch dynami- 59
sche Bezugnahmeklauseln verstoßen nicht gegen das Transparenzgebot, wenn die im Zeitpunkt der jeweiligen Anwendung einbezogenen Regelungen jedenfalls bestimmbar sind.[276] Diese die-

[265] Dazu Staudinger/*Wendland* BGB § 307 Rn. 174; Ulmer/Brandner/Hensen/*Fuchs* BGB § 307 Rn. 330; MüKoBGB/*Wurmnest* § 307 Rn. 58; *Nobbe* in Dauner-Lieb/Henssler/Preis, Inhaltskontrolle im Arbeitsrecht, 38 (42 ff.).

[266] Staudinger/*Wendland* BGB § 307 Rn. 174; Ulmer/Brandner/Hensen/*Fuchs* BGB § 307 Rn. 330; MüKoBGB/*Wurmnest* § 307 Rn. 58; WLP/*Pfeiffer* BGB § 307 Rn. 250; *Nobbe* in Dauner-Lieb/Henssler/Preis, Inhaltskontrolle im Arbeitsrecht, 38 (42).

[267] Vgl. BGH 27.9.2000 NJW 2001, 292; Ulmer/Brandner/Hensen/*Fuchs* BGB § 307 Rn. 331; *Nobbe* in Dauner-Lieb/Henssler/Preis, Inhaltskontrolle im Arbeitsrecht, 38 (44).

[268] BAG 26.1.2017 AP Nr. 192 zu § 611 BGB Lehrer, Dozenten = NZA-RR 2017, 325; BGH 12.10.2005 NJW 2005, 3559; Palandt/*Grüneberg* BGB § 307 Rn. 24.

[269] Vgl. BAG 21.12.2017 AP Nr. 195 zu § 611 BGB Lehrer, Dozenten; 26.1.2017 AP Nr. 192 zu § 611 BGB Lehrer, Dozenten = NZA-RR 2017, 325; 1.9.2010 AP Nr. 47 zu § 307 BGB = NZA 2011, 575; BGH 24.5.2006 NJW 2006, 2545.

[270] BAG 21.1.2015 AP Nr. 8 zu § 92 HGB = NZA 2015, 871; 20.8.2014 NZA 2014, 1333.

[271] BAG 1.8.2018 AP Nr. 17 zu § 1 TVG Tarifverträge: Telekom = NZA-RR 2019, 106; 19.3.2014 AP Nr. 113 zu § 315 BGB = NZA 2014, 595; 14.11.2012 AP Nr. 118 zu § 1 TVG Bezugnahme auf Tarifvertrag.

[272] BAG 23.3.2011 AP Nr. 88 zu § 1 TVG Bezugnahme auf Tarifvertrag = NZA 2012, 396.

[273] BAG 28.5.2009 AP Nr. 6 zu § 306 BGB.

[274] BAG 1.8.2018 AP Nr. 17 zu § 1 TVG Tarifverträge: Telekom = NZA-RR 2019, 106; 17.7.2012 AP Nr. 61 zu § 77 BetrVG 1972 Betriebsvereinbarung = NZA 2013, 338; 23.3.2011 AP Nr. 88 zu § 1 TVG Bezugnahme auf Tarifvertrag = NZA 2012, 396.

[275] BAG 20.6.2018 AP Nr. 12 zu § 21 TzBfG; 18.3.2015 AP Nr. 129 zu § 14 TzBfG = NZA 2015, 821.

[276] BAG 19.11.2015 AP N. 121 zu §§ 22, 23 BAT Lehrer; 23.7.2014 AP Nr. 120 zu § 14 TzBfG = NZA 2014, 1341; 13.3.2013 AP Nr. 31 zu § 10 AÜG = NZA 2013, 680; 21.11.2012 NZA 2013, 512.

nen den Interessen beider Parteien. Die Notwendigkeit einer dynamischen Ausgestaltung von Bezugnahmeklauseln ergibt sich aus der Zukunftsgerichtetheit der Arbeitsverhältnisse.[277] Sollen durch den Arbeitsvertrag **mehrere eigenständige tarifliche Regelwerke** zur Anwendung gebracht werden, verlangt das Bestimmtheitsgebot eine Kollisionsregel, der sich entnehmen lässt, welches der mehreren in Bezug genommenen tariflichen Regelwerke bei sich widersprechenden Regelungen den Vorrang haben soll. Andernfalls lässt sich nicht für jeden Zeitpunkt bestimmen, welches der in Bezug genommenen tariflichen Regelwerke sich jeweils durchsetzen und gelten soll.[278] Die dynamische Verweisung auf ein anderes kollektives betriebliches Regelungswerk enthält auch **keinen Änderungsvorbehalt** iSd § 308 Nr. 4 BGB (→ Rn. 80).[279] Dem steht bereits entgegen, dass der AG Kollektivvereinbarungen (Tarifverträge und Betriebsvereinbarungen) und Gesetze nicht einseitig ändern oder umgestalten kann.[280] Hinzu kommt, dass **Bezugnahmen auf Betriebsvereinbarungen regelmäßig nur deklaratorische Wirkung** haben, weil sie gem. § 77 IV 1 BetrVG ohnehin normativ gelten.[281] Sind die anwendbaren Tarifverträge im Arbeitsvertrag nicht konkret benannt sind, sondern nur mit „die tariflichen Bestimmungen der Firma" bezeichnet, steht dies der Transparenz der Klausel nicht entgegen. Der AN ist in der Lage, sich über die anwendbaren Tarifverträge beim AG Kenntnis zu verschaffen, denn dieser ist gemäß § 8 TVG verpflichtet, die für den Betrieb maßgebenden Tarifverträge an geeigneter Stelle im Betrieb auszulegen.[282]

60 **3. Bezugnahme auf einseitig vom Arbeitgeber gesetzte Regelwerke.** Von der Verweisung auf Gesetze und Tarifverträge zu unterscheiden sind Bezugnahmen auf einseitig vom AG gesetzte Regelwerke, wie Arbeits- und Sozialordnungen in nicht mitbestimmten Betrieben. Wird in einem Arbeitsvertrag hierauf Bezug genommen und gleichzeitig die „jeweils gültige Fassung" zum Bestandteil des Arbeitsvertrages erklärt, wird dem AG hierdurch ein einseitiges Vertragsänderungsrecht eingeräumt (→ Rn. 80). Denn dieser allein hat es in der Hand, den Inhalt des Regelwerks inhaltlich auszugestalten und zu verändern. Ein solches Veränderungsrecht benachteiligt den AN unangemessen iSv § 308 Nr. 4 BGB, wenn bis auf die Dauer der Arbeitszeit und die Arbeitsgrundvergütung nahezu sämtliche Arbeitsbedingungen einseitig abänderbar sind und keinerlei Gründe für eine Verschlechterung genannt oder erkennbar sind. Maßgeblich sind dabei nicht die tatsächlich erfolgten Änderungen, sondern die Möglichkeiten, welche die Klausel eröffnet.[283] Eine Verweisung auf die jeweils geltenden Regelungen für die betriebliche Altersversorgung des AG hält nur dann einer Inhaltskontrolle nach § 308 Nr. 4 BGB stand, wenn die in Bezug genommenen Änderungen den Grundsätzen des Vertrauensschutzes und der Verhältnismäßigkeit entsprechen. Dabei ist davon auszugehen, dass der AG als Verwender der Jeweiligkeitsklausel nur eine rechtlich zulässige Regelung vereinbaren will. Daher ist – soweit keine gegenteiligen Anhaltspunkte vorliegen – eine dynamische Verweisung auf die geltenden Versorgungsregelungen so auszulegen, dass davon nur Regelungen erfasst sein sollen, die den von der Rechtsprechung entwickelten Grundsätzen des Vertrauensschutzes und der Verhältnismäßigkeit entsprechen.[284]

61 **4. Bezugnahmen auf kirchliche Arbeitsvertragsregelungen.** Die Bezugnahme auf die für das Arbeitsverhältnis einschlägigen kirchlichen AVR, die auf dem Dritten Weg zustande gekommen sind und von einer paritätisch Arbeitsrechtlichen Kommission beschlossen wurden, gewährleistet ebenso wie die arbeitsvertragliche Inbezugnahme eines einschlägigen Tarifvertrags eine Anpassung der Arbeitsbedingungen an veränderte Umstände, die nicht nur im Interesse des Dienstgebers erfolgt, sondern auch die Interessen der AN berücksichtigt (näher dazu → Rn. 74 ff.).

X. Besonderheiten des Arbeitsrechts

62 Bei der Anwendung der §§ 305 ff. BGB sind gem. § 310 IV 2 BGB die Besonderheiten des Arbeitsrechts angemessen zu berücksichtigen. Es geht dabei um die Berücksichtigung der dem

277 BAG 1.8.2018 AP Nr. 17 zu § 1 TVG Tarifverträge: Telekom = NZA-RR 2019, 106; 20.6.2018 AP Nr. 12 zu § 21 TzBfG; 28.5.2009 AP Nr. 184 zu § 611 BGB Lehrer, Dozenten.
278 BAG 13.3.2013 AP Nr. 31 zu § 10 AÜG = NZA 2013, 680.
279 BAG 21.11.2012 NZA 2013, 512.
280 Vgl. BAG 19.3.2014 AP Nr. 113 zu § 315 BGB = NZA 2014, 595; 21.11.2012 NZA 2013, 512.
281 Ausf. hierzu *Rieble/Schul* RdA 2006, 339; *Preis* NZA 2010, 361 (364 ff.).
282 BAG 14.11.2012 AP Nr. 118 zu § 1 TVG Bezugnahme auf Tarifvertrag.
283 BAG 11.2.2009 NZA 2009, 428; *Preis* NZA 2010, 361 (362).
284 BAG 14.7.2015 AP Nr. 71 zu § 1 BetrAVG Ablösung = NZA-RR 2015, 595.

Arbeitsverhältnis als Rechtsverhältnis innewohnenden Besonderheiten, wie etwa der Charakter eines Dauerschuldverhältnisses.[285] Die arbeitsrechtlichen Besonderheiten sind grundsätzlich auf allen Stufen des AGB-rechtlichen Prüfprogramms relevant, also von der Einbeziehungskontrolle über die Inhaltskontrolle bis hin zur Bestimmung der Rechtsfolgen unwirksamer Klauseln.[286] Von Bedeutung sind nicht nur rechtliche, sondern auch tatsächliche Besonderheiten des Arbeitslebens, denn es geht um die Beachtung der dem Arbeitsverhältnis innewohnenden Besonderheiten.[287] Zu diesen Besonderheiten gehören insbes. zweistufige Ausschlussfristen,[288] die betriebliche Übung, weil es diese nur in Anstellungsverhältnissen, nicht aber in Dienstverträgen eines Vorstands einer AG gibt,[289] sowie Anrechnungsvorbehalte.[290] Des Weiteren ist es eine Besonderheit des Arbeitsrechts, dass der AG in Betrieben mit BR im Geltungsbereich des § 87 I BetrVG die dort aufgeführten Angelegenheiten nicht nur individualvertraglich regeln kann, sondern insoweit das Mitbestimmungsrecht des BR zu beachten hat. Die hierdurch bewirkte kollektivrechtliche Überlagerung des privatautonom Vereinbarten ist eine im Arbeitsrecht geltende Besonderheit, die keine Entsprechung im allgemeinen Verbraucherschutzrecht hat.[291] Zu kirchlichen Regelungen → Rn. 74 sowie → § 184 Rn. 10.

XI. Rechtsfolgen der Unwirksamkeit

1. Grundsatz. Ist eine Klausel unwirksam, bleibt der Vertrag im Übrigen nach § 306 I BGB grundsätzlich wirksam. Die §§ 305 ff. BGB **missbilligen bereits das Stellen inhaltlich unangemessener AGB,** nicht erst deren unangemessenen Gebrauch im konkreten Einzelfall.[292] Unwirksam sind deshalb auch solche Klauseln, die in ihrem Übermaßanteil in zu beanstandender Weise ein Risiko regeln, das sich im Entscheidungsfall nicht realisiert hat.[293] Eine Ausnahme gilt für Klauseln, die nur in untypischen, vom Verwender nicht bedachten Ausnahmefällen einer Inhaltskontrolle nicht standhalten. Solche Klauseln sind wirksam.[294] Die in § 306 BGB angeordneten Rechtsfolgen kommen nicht nur zur Anwendung, wenn sich die Unwirksamkeit einer AGB-Klausel aus den §§ 305 ff. BGB selbst ergibt, sondern auch, wenn die in einem Formularvertrag verwandten Klauseln gegen sonstige **gesetzliche Verbote (§ 134 BGB)** verstoßen.[295] § 306 I BGB enthält eine kodifizierte Abweichung von der Auslegungsregel des § 139 BGB und bestimmt, dass bei Teilnichtigkeit grundsätzlich der Vertrag im Übrigen wirksam bleibt.[296] An die Stelle einer unwirksamen Klausel treten gem. § 306 II BGB die gesetzlichen Vorschriften. Steht **dispositives Gesetzesrecht** nicht zur Verfügung, ist eine ergänzende Vertragsauslegung in Betracht zu ziehen (→ Rn. 67 ff.). Zur Unwirksamkeit des ganzen Vertrags kommt es ausnahmsweise nur dann, wenn das Festhalten an der Regelung für einen der Vertragspartner unzumutbar ist (§ 306 III BGB). Dafür genügt nicht schon jeder wirtschaftliche Nachteil des Verwenders. Erforderlich ist eine einschneidende Störung des Äquivalenzverhältnisses, die das Festhalten am Vertrag für den Verwender unzumutbar macht.[297] Eine **salvatorische Klausel,** welche die Rechtsfolge einer Unwirksamkeit abweichend von dem in § 306 BGB geregelten Rechtsfolgensystem gestaltet, benachteiligt den Vertragspartner des Verwenders unangemessen nach § 307 I BGB.[298] Das gilt auch für eine AGB, nach der eine Regelung maßgebend sein soll, deren 63

[285] HWK/*Roloff* BGB § 310 Rn. 11.
[286] BAG 30.1.2019 AP Nr. 75 zu § 307 BGB = NZA 2019, 768; Staudinger/*Krause* BGB Anh. zu §§ 305–310 Rn. K 145.
[287] BAG 23.9.2010 AP Nr. 48 zu § 307 BGB = NZA 2011, 89; 25.5.2005 AP Nr. 1 zu § 310 BGB = NZA 2005, 1111; diff. Staudinger/*Krause* BGB Anh. zu §§ 305–310 Rn. K 146 ff.
[288] BAG 25.5.2005 AP Nr. 1 zu § 310 BGB = NZA 2005, 1111; *Roloff* FS Willemsen, 407 (412 ff.).
[289] BGH 24.9.2019 AP Nr. 318 zu § 611 BGB Gratifikation = NZA 2020, 244; aA HWK/*Roloff* BGB Anh. §§ 305–310 Rn. 43.
[290] BAG 1.3.2006 AP Nr. 3 zu § 308 BGB = NZA 2006, 746.
[291] BAG 30.1.2019 AP Nr. 26 zu § 611 BGB Sachbezüge mAnm *Hromadka* = NZA 2019, 1076.
[292] BAG 3.12.2019 AP Nr. 78 zu § 307 BGB = NZA 2020, 586.
[293] BAG 18.9.2018 NZA 2018, 1619; 17.3.2016 AP Nr. 6 zu § 309 BGB = NZA 2016, 945.
[294] BAG 25.5.2005 AP Nr. 1 zu § 310 BGB = NZA 2005, 1111; aA BAG 26.11.2020 – 8 AZR 58/20; BGH 15.11.2006 NJW 2007, 674 (676) (zu einem Verstoß gegen § 309 Nr. 7 BGB).
[295] BAG 3.6.2020 AP Nr. 48 zu § 1 BetrAVG Hinterbliebenenversorgung = NZA 2020, 1397 zu § 7 I AGG; 24.9.2019 AP Nr. 76 zu § 307 BGB = NZA 2020, 310; 24.8.2016 AP Nr. 10 zu § 3 ArbZG = NZA 2016 1539; 19.6.2012 NZA 2012, 1227.
[296] BAG 3.6.2020 AP Nr. 48 zu § 1 BetrAVG Hinterbliebenenversorgung = NZA 2020, 1397.
[297] BAG 21.12.2017 AP Nr. 195 zu § 611 BGB Lehrer, Dozenten.
[298] BAG 13.12.2011 AP Nr. 45 zu § 611 BGB Ausbildungsbeihilfe = NZA 2012, 738; MüKoBGB/*Basedow* § 306 Rn. 43; Ulmer/Brandner/Hensen/*H. Schmidt* BGB § 306 Rn. 39.

wirtschaftlicher Erfolg einer nach § 307 I BGB unwirksamen Klausel soweit wie möglich entspricht.[299]

64 **2. Verbot der geltungserhaltenden Reduktion.** Unwirksame Klauseln sind grundsätzlich nicht auf einen mit dem Recht der Allgemeinen Geschäftsbedingungen noch zu vereinbarenden Regelungsgehalt zurückzuführen. Eine geltungserhaltende Reduktion ist **im Gesetz nicht vorgesehen.**[300] Der Vertragspartner des Klauselverwenders soll den Umfang seiner Rechte und Pflichten zuverlässig erfahren. Dieser Umfang soll nicht erst in einem Prozess geklärt werden müssen. Dies wäre mit dem Transparenzgebot des § 307 I 2 BGB unvereinbar.[301] Wer die Möglichkeit nutzen kann, die ihm der Grundsatz der Vertragsfreiheit für die Aufstellung von AGB eröffnet, muss auch das vollständige Risiko einer Klauselunwirksamkeit tragen (zur ergänzenden Vertragsauslegung → Rn. 67).[302] Bei einem Verstoß gegen den **arbeitsrechtlichen Gleichbehandlungsgrundsatz** (→ § 112 Rn. 1 ff.) greift allerdings die Rechtsfolge des § 306 I BGB nicht ein. Der Gleichbehandlungsgrundsatz beinhaltet ein gegenüber dem **AGB-Recht** spezielleres und abgeschlossenes Regelungs- und Rechtsfolgenkonzept. Er geht der Inhaltskontrolle nach §§ 307 ff. BGB und den Rechtsfolgen des § 306 BGB im Fall von gleichheitswidrigen Regelungen vor.[303] Besonderheiten bestehen insoweit im **Betriebsrentenrecht,** wenn abgrenzbare Teile in AGB einer Versorgungsordnung AN wegen ihres Alters benachteiligen und andere Teile nicht diskriminierend sind. Die diskriminierenden Regelungen führen nicht zur Gesamtunwirksamkeit der Klausel nach den Grundsätzen des Verbots der geltungserhaltenden Reduktion. Da das Unionsrecht keine Gesamtunwirksamkeit einer solchen Klausel gebietet, gelten die Grundsätze des AGG nur so weit, wie es die Beseitigung der Benachteiligung erfordert.[304]

65 **3. Teilnichtigkeit.** § 306 I BGB enthält eine kodifizierte Abweichung von der Auslegungsregel des § 139 BGB und bestimmt, dass bei Teilnichtigkeit grundsätzlich der Vertrag im Übrigen aufrechterhalten bleibt.[305] Diese Rechtsfolge tritt bei AGB auch dann ein, wenn sich die Unwirksamkeit nicht aus den §§ 307–309 BGB, sondern aus anderen gesetzlichen Regelungen wie etwa § 134 BGB ergibt.[306] Ohne Verstoß gegen das Verbot der geltungserhaltenden Reduktion ist deshalb bei einer **teilbaren Klausel** die Inhaltskontrolle jeweils für die verschiedenen, nur formal in einer AGB verbundenen Bestimmungen vorzunehmen.[307] Nach Beanstandung einer AGB oder eines Klauselteils setzt die Aufrechterhaltung des restlichen Vertrags voraus, dass das Klauselwerk in einen zulässigen und einen unzulässigen Teil aufgespalten werden kann. Maßgeblich ist, ob die Klausel mehrere sachliche Regelungen enthält und der unzulässige Teil sprachlich eindeutig abtrennbar ist, **sog. „blue-pencil-test“.**[308] Ist die verbleibende Regelung weiterhin verständlich, bleibt sie bestehen. Darin liegt keine geltungserhaltende Reduktion, denn die Trennung ist in den vom Verwender gestellten Vertragsbedingungen bereits vorgegeben.[309] Die sprachliche Teilbarkeit einer Klausel ist dabei nur ein Indiz für die inhaltliche Teilbarkeit. Entscheidend ist, ob sich eine Klausel aus sich heraus verständlich und sinnvoll in einen inhaltlich zulässigen und in einen unzulässigen Regelungsteil trennen lässt.[310]

66 **4. Personale Teilunwirksamkeit.** Die Frage der personalen Teilunwirksamkeit stellt sich, wenn eine Klausel eine für den Verwender und den Vertragspartner einheitlich geltende Regelung enthält. Im Arbeitsrecht ist dies insbesondere bei Ausschlussfristen der Fall. Die Unwirk-

[299] BGH 26.3.2015 NJW 2015, 1952.
[300] BAG 26.11.2020 – 8 AZR 58/20; 3.12.2019 AP Nr. 78 zu § 307 BGB = NZA 2020, 586; 18.9.2018 AP Nr. 2 zu § 3 MiLoG = NZA 2018, 1619; BGH 22.9.2015 – II ZR 341/14; dazu *Schlewing* RdA 2011, 92; *Uffmann,* Das Verbot der geltungserhaltenden Reduktion, 2010.
[301] Ulmer/Brandner/Hensen/*H. Schmidt* BGB § 306 Rn. 14.
[302] BAG 13.12.2011 AP Nr. 45 zu § 611 BGB Ausbildungsbeihilfe = NZA 2012, 738; 30.7.2008 NZA 2008, 1173.
[303] BAG 3.6.2020 AP Nr. 78 zu § 1 BetrAVG Gleichbehandlung.
[304] BAG 3.6.2020 AP Nr. 48 zu § 1 BetrAVG Hinterbliebenenversorgung = NZA 2020, 1397.
[305] BAG 21.6.2011 AP Nr. 54 zu § 307 BGB; 13.4.2010 AP Nr. 45 zu § 307 BGB; ErfK/*Preis* BGB §§ 305–310 Rn. 103.
[306] BAG 26.11.2020 – 8 AZR 58/20; 21.4.2016 AP Nr. 8 zu § 781 BGB = NZA 2016, 1409.
[307] BAG 18.9.2018 AP Nr. 2 zu § 3 MiLoG = NZA 2018, 1619; 27.1.2016 AP Nr. 71 zu § 307 BGB = NZA 2016, 679.
[308] BAG 3.12.2019 AP Nr. 78 zu § 307 BGB = NZA 2020, 586; 21.4.2016 AP Nr. 8 zu § 781 BGB = NZA 2016, 1409; 27.1.2016 AP Nr. 71 zu § 307 BGB = NZA 2016, 679.
[309] BAG 18.9.2018 AP Nr. 2 zu § 3 MiLoG = NZA 2018, 1619.
[310] BAG 13.11.2013 AP Nr. 303 zu § 611 BGB Gratifikation = NZA 2014, 368; 16.5.2012 AP Nr. 128 zu § 615 BGB = NZA 2012, 971.

samkeit einer Klausel beschränkt sich dann auf den für den Verbraucher (AN) belastenden Teil. Dies folgt aus dem Zweck der §§ 305 ff. BGB, den Verbraucher vor den Gefahren der einseitigen Inanspruchnahme der Vertragsgestaltungsfreiheit zu schützen.[311] Da die Inhaltskontrolle des Weiteren das Ziel verfolgt, den Verwender an der einseitigen Ausnutzung der Vertragsgestaltungsfreiheit zu seinen Gunsten zu hindern, gibt es keinen Grund, den AG als Verwender der AGB vor seinen eigenen Bedingungen zu schützen.[312] Der **Verwender kann sich daher nicht auf die Unwirksamkeit seiner AGB berufen.**[313] Dieses Ergebnis ist unionsrechtskonform, weil nach Art. 6 I RL 93/13/EWG des Rates vom 5.4.1993 missbräuchliche Klauseln für den Verbraucher unverbindlich sein sollen. Bei zu kurz bemessenen Ausschlussfristen, die nach § 307 I 1 BGB unwirksam sind, hat dies zur Folge, dass diese nicht zum Verfall von Ansprüchen des AN führen, jedoch für Ansprüche des AG gegen den AN ihre Wirkung behalten. Entsprechendes gilt bei Vertragsstrafenvereinbarungen, die eine unangemessen hohe Vertragsstrafe für den Fall einer für beide Seiten ausgeschlossenen Kündigung vor Dienstantritt vorsehen (dazu → § 123 Rn. 61 ff.). Zu den Folgen unwirksamer Versetzungsklauseln bei der sozialen Auswahl bei betriebsbedingten Kündigungen → § 135 Rn. 10. Nach Auffassung des 8. Senats des BAG sollen die Grundsätze der personalen Teilunwirksamkeit jedoch nicht gelten, wenn eine Ausschlussfristenregelung in AGB gegen § 202 I BGB verstoße und deshalb nach § 134 BGB nichtig sei. § 202 I und § 276 III BGB verböten entsprechende Haftungsbeschränkungen schlechthin, weshalb sich auch der Verwender von AGB hierauf berufen könne.[314]

5. Ergänzende Vertragsauslegung. a) Voraussetzungen. Eine ergänzende Vertragsauslegung zur Schließung einer Lücke, die durch die Unwirksamkeit einer AGB entstanden ist, kommt nach der Rechtsprechung des BGH in Betracht, wenn der Regelungsplan der Parteien in Folge der Lücke einer Vervollständigung bedarf. Das ist dann anzunehmen, wenn dispositives Gesetzesrecht zur Füllung der Lücke nicht zur Verfügung steht und die ersatzlose Streichung der unwirksamen Klausel keine angemessene, den typischen Interessen des AGB-Verwenders und seines Vertragspartners Rechnung tragende Lösung bietet.[315] Gegen eine ergänzende Vertragsauslegung bestehen keine unionsrechtlichen Bedenken, da in der Richtlinie 93/13/EWG nicht geregelt ist, unter welchen Voraussetzungen der Vertrag ohne die unwirksame Klausel fortgilt.[316] Zudem ist zu bedenken, dass AN – wie sich aus dem Erwägungsgrund 10 der Richtlinie ergibt – nicht in den Geltungsbereich der Richtlinie fallen.[317] Die Übernahme der vom EuGH[318] entwickelten Grundsätze zur Auslegung der Richtlinie auf arbeitsvertragliche Regelungen ist daher nicht geboten. Die ergänzende Vertragsauslegung verhindert, dass sich durch den Wegfall der unwirksamen Klausel die Ausgewogenheit der beiderseitigen vertraglichen Leistungen unangemessen verändert und eine mit der Zielsetzung des AGB-Gesetzes nicht zu vereinbarende Benachteiligung des Klauselverwenders entsteht.[319] Dies entspricht auch der ganz hM im Schrifttum.[320] Die Streitfrage, ob es sich bei den Bestimmungen der §§ 157, 133 BGB, in denen die ergänzende Vertragsauslegung ihre Grundlage hat, um „gesetzliche Vorschriften" iSv § 306 67

---

311 *Stoffels,* AGB-Recht, Rn. 601.

312 BAG 28.6.2018 AP Nr. 147 zu § 611 BGB Haftung des Arbeitnehmers = NZA 2019, 34; MüKoBGB/*Basedow* § 306 Rn. 26; Erman/*Roloff/Looschelders* BGB § 306 Rn. 15; WLP/*Lindacher/Hau* BGB § 306 Rn. 44; Ulmer/Brandner/Hensen/*H. Schmidt* BGB § 306 Rn. 16; krit. Staudinger/*Wendland* BGB § 306 Rn. 18.

313 BAG 18.9.2018 NZA 2018, 1619; 28.9.2017 AP Nr. 6 zu § 611 BGB Arbeitgeberdarlehen = NZA 2018, 589; 27.10.2005 AP Nr. 5 zu § 310 BGB = NZA 2006, 257; BGH 8.5.2007 NJW 2007, 3568 (3570); 13.10.2004 NJW-RR 2005, 34 (36); Ulmer/Brandner/Hensen/*H. Schmidt* BGB § 306 Rn. 16; *Stoffels,* AGB-Recht, Rn. 89, 601.

314 BAG 26.11.2020 – 8 AZR 58/20.

315 BGH 15.2.2019 NJW 2019, 2602; 26.3.2015 NJW 2015, 1952; strenger freilich BGH 1.10.2014 NJW 2015, 49, wonach eine ergänzende Vertragsauslegung nur zulässig ist, wenn sich das Vertragsgefüge völlig einseitig zu Gunsten des Vertragspartners des Verwenders verschiebt; dazu MüKoBGB/*Basedow* § 306 Rn. 31 ff.; *Linck* FS Bauer, 2010, 645 (655 ff.); *Schlewing* RdA 2011, 92; Ulmer/Brandner/Hensen/*H. Schmidt* BGB § 306 Rn. 33 ff.; *Uffmann* RdA 2011, 154.

316 BGH 23.1.2013 NJW 2013, 991; CKK/*Schlewing* BGB § 306 Rn. 8 ff.; weiterführend *Herresthal* NJW 2021, 589; krit. HWK/*Roloff* BGB § 306 Rn. 5 mwN.

317 WLP/*Pfeiffer* RL 93/13/EWG Art. 2 Rn. 7.

318 EuGH 25.11.2020 NJW 2021, 611 – Banca B.

319 Vgl. BGH 26.10.2005 NJW 2006, 996; 13.11.1997 NJW 1998, 450.

320 Eingehend Ulmer/Brandner/Hensen/*H. Schmidt* BGB § 306 Rn. 33 ff. und *Stoffels,* AGB-Recht, Rn. 611 ff.; vgl. im Übrigen DDW/*Bonin/Walser* BGB § 306 Rn. 22 ff.; WLP/*Lindacher/Hau* BGB § 306 Rn. 15; ErfK/*Preis* BGB §§ 305–310 Rn. 104.

II BGB handelt[321] oder um eine allgemein anerkannte Methode der Lückenfüllung,[322] ist im Ergebnis ohne Relevanz.[323]

68 Das BAG hat sich dem zwar im Grundsatz angeschlossen.[324] Der Wegfall der Klausel muss demnach den Verwender über Gebühr benachteiligen und umgekehrt dessen Vertragspartner in einem Maße begünstigen, das durch dessen schutzwürdige Interessen nicht mehr gerechtfertigt ist.[325] Nach weitergehender **Rechtsprechung einzelner Senate des BAG** kann eine ergänzende Vertragsauslegung allerdings nur in Betracht kommen, wenn sich das Festhalten am Vertrag für den Verwender als unzumutbare Härte iSd § 306 III 3 BGB darstellen würde.[326] Dagegen bestehen Bedenken.[327] Unabhängig davon, dass damit ein Erfordernis aufgestellt wird, das sich in der Rechtsprechung des BGH zum AGB-Recht nicht findet (→ Rn. 67), ist es bereits nicht stimmig, wenn als Voraussetzung einer ergänzenden Vertragsauslegung einerseits gefordert wird, dass das Festhalten an dem Vertrag nach dem Wegfall der unwirksamen Klausel für den Verwender eine unzumutbare Härte iSd § 306 III BGB darstellen muss, und andererseits – weit weniger weitreichend – entscheidend darauf abgestellt wird, ob die ersatzlose Streichung der unwirksamen Klausel eine angemessene, den typischen Interessen des AGB-Verwenders und seines Vertragspartners Rechnung tragende Lösung bietet.[328] Hinzu kommt, dass eine unzumutbare Härte iSd § 306 III BGB erst dann vorliegt, wenn nach dem Wegfall nicht einbezogener und unwirksamer Klauseln die entstandenen Lücken weder nach § 306 II BGB noch im Wege ergänzender Vertragsauslegung geschlossen werden können und der Restvertrag keine hinreichende Grundlage für einen Interessenausgleich bildet. Die Möglichkeit einer ergänzenden Vertragsauslegung ist damit vorrangig zu prüfen. Erst wenn diese durchgeführt worden ist oder festgestellt wird, dass sie nicht in Betracht kommt, kann geprüft werden, ob wegen der Störung des Äquivalenzverhältnisses eine unzumutbare Härte iSd § 306 III BGB vorliegt. Dabei werden die Voraussetzungen dieser Bestimmung in der Regel nicht vorliegen, wenn eine ergänzende Vertragsauslegung möglich ist, weil diese schon definitionsgemäß zur angemessenen Schließung bestehender Lücken im Vertragswerk führt.[329]

69 Bei **Verstößen gegen das Transparenzgebot** aus § 307 I 2 BGB ist eine ergänzende Vertragsauslegung nicht möglich. Denn der Vertragspartner des Verwenders der AGB, dh der AN, wird durch die fehlende Transparenz gehindert, seine Entschließungsfreiheit bei Eingehung des Vertrags in voller Kenntnis des Inhalts des Vertrags, insbesondere ihm nachteiliger Klauseln, auszuüben. Diese Folgen des Transparenzmangels lassen sich nicht rückwirkend dadurch beseitigen, dass die unwirksame intransparente Klausel durch eine materiell inhaltsgleiche transparente Klausel ersetzt wird.[330]

70 **b) Abgrenzung zur geltungserhaltenden Reduktion.** Die ergänzende Vertragsauslegung ist von der geltungserhaltenden Reduktion zu unterscheiden. Sie ist nicht darauf gerichtet, den unangemessenen Regelungsinhalt einer Klausel abmildernd anzupassen, sondern darauf, eine durch die Unwirksamkeit einer Klausel entstandene **Vertragslücke zu füllen.**[331] Während die Klauselanpassung die unwirksame AGB als solche nur mit einem veränderten, gesetzeskonformen Inhalt aufrechterhalten will, setzt die ergänzende Vertragsauslegung die unabänderliche Unwirksamkeit der den Verbraucher benachteiligenden Klausel voraus. Denn nur dann besteht eine dem Regelungsplan der Parteien widersprechende Lücke im Vertrag, die durch Auslegung

---

321 So BGH 13.1.2010 NJW-RR 2010, 1202; 29.4.2008 NJW 2008, 2172; 1.2.1984 NJW 1984, 1177; Soergel/*U. Stein,* 12. Aufl., AGBG § 6 Rn. 15.

322 So WLP/*Lindacher/Hau* BGB § 306 Rn. 15; Ulmer/Brandner/Hensen/*H. Schmidt* BGB § 306 Rn. 26; *Canaris* ZIP 1996, 1109 (1116).

323 Zutr. BGH 12.10.2005 NJW 2005, 3559.

324 Vgl. BAG 11.2.2009 NZA 2009, 428; 11.10.2006 AP Nr. 6 zu § 308 BGB; 12.1.2005 AP Nr. 1 zu § 308 BGB.

325 BAG 24.9.2019 AP Nr. 76 zu § 307 BGB = NZA 2020, 310; 24.8.2017 AP Nr. 7 zu § 309 BGB = NZA 2018, 100; 17.3.2016 AP Nr. 6 zu § 309 BGB = NZA 2016, 945.

326 Vgl. BAG 21.2.2017 AP Nr. 35 zu § 1 BetrAVG Hinterbliebenenversorgung = NZA 2017, 723; 10.5.2016 – 9 AZR 434/15; 21.6.2011 AP Nr. 54 zu § 307 BGB; 11.2.2009 NZA 2009, 428; 18.12.2008 AP Nr. 4 zu § 309 BGB = NZA-RR 2009, 519.

327 Näher dazu *Linck* FS Bauer, 645 (655 ff.); HWK/*Roloff* BGB § 306 Rn. 4; CKK/*Schlewing* BGB § 306 Rn. 60; *Uffmann* RdA 2011, 154 (158 ff.).

328 So aber BAG 10.5.2016 – 9 AZR 434/15; 14.1.2009 AP Nr. 41 zu § 611 BGB Ausbildungsbeihilfe = NZA 2009, 666; hiergegen zu Recht Ulmer/Brandner/Hensen/*H. Schmidt* BGB § 306 Rn. 37a.

329 Vgl. Ulmer/Brandner/Hensen/*H. Schmidt* BGB § 306 Rn. 54; *Stoffels,* AGB-Recht, Rn. 633; ebenso WLP/*Lindacher/Hau* BGB § 306 Rn. 54.

330 BGH 12.10.2005 NJW 2005, 3559.

331 Ulmer/Brandner/Hensen/*H. Schmidt* BGB § 306 Rn. 34.

geschlossen werden kann. Unter Zugrundelegung des vollständigen Wegfalls der unangemessenen Klauseln ist zu prüfen, was die Parteien bei einer angemessenen, objektiv-generalisierenden Abwägung ihrer Interessen nach Treu und Glauben redlicherweise vereinbart hätten, wenn sie bedacht hätten, dass die verwendete AGB jedenfalls unsicher war. Das Ergebnis der ergänzenden Vertragsauslegung belässt es bei der Unwirksamkeit der AGB und ergänzt den Vertragsinhalt auf der Rechtsfolgenseite um eine Regelung, die gerade deswegen erforderlich ist, weil das Vertragsgefüge infolge der Unwirksamkeit der Klausel lückenhaft geworden ist.[332] Lassen sich hinreichende Anhaltspunkte für einen typischen Parteiwillen nicht finden, etwa weil mehrere gleichwertige Möglichkeiten der Lückenschließung in Betracht kommen, soll eine ergänzende Vertragsauslegung ausscheiden.[333]

Die Zulassung der ergänzenden Vertragsauslegung steht damit **nicht in Widerspruch zu dem Verbot der geltungserhaltenden Reduktion.**[334] Während diese im Grundsatz darauf gerichtet ist, die unwirksame Klausel mit einem gerade noch tragbar erscheinenden Inhalt einschränkend auszulegen,[335] sucht die ergänzende Vertragsauslegung von vornherein nach einer angemessenen Lösung, die an den Interessen der typischerweise beteiligten Verkehrskreise und nicht nur der konkret beteiligten Parteien ausgerichtet sein muss. Die Vertragsergänzung muss deshalb für den betroffenen Vertragstyp als allgemeine Lösung eines stets wiederkehrenden Interessengegensatzes angemessen sein.[336] **Maßgeblicher Zeitpunkt** für die Feststellung und Bewertung des mutmaßlichen Parteiwillens und der Interessenlage ist der Zeitpunkt des Vertragsschlusses, denn die ergänzende Vertragsauslegung schließt eine anfängliche Regelungslücke rückwirkend.[337] Die ergänzende Vertragsauslegung kann auch durch das Revisionsgericht vorgenommen werden.[338] 71

c) Altfälle. Darüber hinaus verlangen einzelne Senate des BAG für eine ergänzende Vertragsauslegung in Altfällen (dazu → Rn. 3), dass der AG in der Zeit der Übergangsfrist vom 1.1.2002 bis zum 31.12.2002 (Art. 229 § 5 S. 2 EGBGB) den Versuch unternommen hat, die nicht mehr den Anforderungen der AGB-Kontrolle entsprechende Klausel der neuen Gesetzeslage anzupassen. Habe er diesen Versuch dagegen nicht unternommen, verdiene sein Vertrauen in den Fortbestand der vor Inkrafttreten der AGB-Kontrolle vereinbarten und nunmehr unwirksam gewordenen Vertragsklausel keinen Schutz.[339] Hiergegen spricht jedoch nicht nur, dass in der Übergangszeit im Jahre 2002 keineswegs klar war, was unter Berücksichtigung der §§ 305 ff. BGB noch zulässigerweise geregelt werden konnte. Auch lässt sich der Übergangsregelung in Art. 229 § 5 EGBGB weder eine Verhandlungsobliegenheit entnehmen, deren Nichtbeachtung Rechtsfolgen nach sich ziehen soll, noch eine Verpflichtung des AN, ein entsprechendes Vertragsangebot des AG im Jahre 2002 redlicherweise annehmen zu müssen. Eine Möglichkeit der einseitigen Durchsetzung gesetzeskonformer Verträge nach Inkrafttreten der §§ 305 ff. BGB gab es nicht.[340] Es ist kein Grund ersichtlich, gerade bei Altfällen strengere Maßstäbe anzulegen.[341] Dies entspricht schließlich auch der Rechtsprechung des BGH.[342] 72

Das BAG hat **beispielsweise** eine ergänzende Vertragsauslegung bei unwirksamen Widerrufsklauseln (dazu → Rn. 130)[343] und unwirksamen Arbeitszeitregelungen[344] vorgenommen. Abgelehnt wurde die Lückenfüllung durch ergänzende Vertragsauslegung bei unwirksamen Rückzahlungsklauseln für Ausbildungskosten (→ Rn. 117).[345] Bei unwirksamen Ausschlussfristen hat die Rechtsprechung gleichfalls die Voraussetzungen einer ergänzenden Vertragsauslegung verneint 73

[332] BGH 23.1.2013 NJW 2013, 991; 14.3.2012 NJW 2012, 1865.
[333] BAG 19.2.2019 AP Nr. 43 zu § 1 BetrAVG Hinterbliebenenversorgung = NZA 2019, 918.
[334] Ulmer/Brandner/Hensen/*H. Schmidt* BGB § 306 Rn. 36.
[335] Ulmer/Brandner/Hensen/*H. Schmidt* BGB § 306 Rn. 14; ausf. Staudinger/*Mäsch* BGB § 306 Rn. 23 ff.
[336] BGH 12.10.2005 NJW 2005, 3559; näher dazu *Linck* FS Bauer, 645 (658 f.); Ulmer/Brandner/Hensen/*H. Schmidt* BGB § 306 Rn. 37.
[337] BAG 24.9.2019 AP Nr. 76 zu § 307 BGB = NZA 2020, 310.
[338] BAG 19.2.2019 AP Nr. 43 zu § 1 BetrAVG Hinterbliebenenversorgung = NZA 2019, 918.
[339] BAG 19.12.2006 AP Nr. 21 zu § 611 BGB Sachbezüge = NZA 2007, 809; 11.2.2009 NZA 2009, 428.
[340] BAG 20.4.2011 AP Nr. 9 zu § 308 BGB = NZA 2011, 796.
[341] IErg ebenso, ohne die Frage zu problematisieren BAG 24.9.2019 AP Nr. 76 zu § 307 BGB = NZA 2020, 310; abl. auch Ulmer/Brandner/Hensen/*Fuchs/Bieder* BGB Anh. § 310 Rn. 122 f.
[342] BGH 13.4.2010 NJW 2010, 1742.
[343] BAG 12.1.2005 AP Nr. 1 zu § 308 BGB = NZA 2005, 465; 11.10.2006 AP Nr. 6 zu § 308 BGB = NZA 2007, 87.
[344] BAG 7.12.2005 AP Nr. 4 zu § 12 TzBfG = NZA 2006, 423.
[345] BAG 23.1.2007 AP Nr. 38 zu § 611 BGB Ausbildungsbeihilfe = NZA 2007, 748; 11.4.2006 AP Nr. 16 zu § 307 BGB = NZA 2006, 1042.

(→ Rn. 89).[346] In diesen Fällen greifen mangels gesetzlicher oder richterrechtlicher Regelungen zu Ausschlussfristen die Verjährungsregeln der §§ 195 ff. BGB ein.

XII. Kirchliche Arbeitsverhältnisse

74 Die **Arbeitsvertragsrichtlinien (AVR)** kirchlicher AG entfalten keine normative Wirkung, sondern können als vom jeweiligen AG gestellte AGB lediglich durch einzelvertragliche Einbeziehung auf ein Arbeitsverhältnis Anwendung finden.[347] Ihre Überprüfung nach § 307 I und II BGB ist durch § 310 IV 3 BGB nicht eingeschränkt, weil **AVR keine Tarifverträge** sind. Bei der Inhaltskontrolle ist dem durch Art. 140 GG iVm Art. 137 III WRV garantierten Selbstbestimmungsrecht der Kirchen als Besonderheit des Arbeitsrechts gem. § 310 IV 2 BGB Rechnung zu tragen.[348] Werden AVR auf dem sog. **„Dritten Weg"** von einer paritätisch mit weisungsunabhängigen Mitgliedern besetzten Arbeits- und Dienstrechtlichen Kommission beschlossen, unterliegen sie nur einer Rechtskontrolle.[349] Vollständig in Bezug genommene kirchliche AVR sind dann nur darauf zu überprüfen, ob sie gegen die Verfassung, gegen anderes **höherrangiges zwingendes Recht oder die guten Sitten** verstoßen.[350] Sie unterliegen keiner Transparenzkontrolle (→ Rn. 54), müssen jedoch wie Tarifverträge dem Gebot der Normenklarheit genügen. Mit diesem Gleichlauf der Kontrolldichte wird eine nicht zu rechtfertigende Besserstellung kirchlicher AVR im Verhältnis zu Tarifverträgen vermieden.[351] Die eingeschränkte Überprüfungsmöglichkeit hängt nicht davon ab, dass die AVR einschlägige tarifvertragliche Regelungen des öffentlichen Dienstes ganz oder mit im Wesentlichen gleichen Inhalten übernehmen.[352] Da die nur eingeschränkte Überprüfung von im „Dritten Weg" zustande gekommenen Regelungen allein wegen der gleichgewichtigen Beteiligung der Arbeitnehmerseite beim Erlass der kirchlichen Regelungen gerechtfertigt ist, unterliegen Verordnungen, die kirchliche Gesetzgebungsorgane einseitig erlassen, nicht dieser begrenzten Kontrolldichte.[353] Gleiches gilt, wenn die auf dem Dritten Weg beschlossenen AVR für den Dienstgeber **nicht umfassend verbindlich gelten,** weil sie dann nicht den Anforderungen des Dritten Wegs entsprechen (→ § 184 Rn. 8). Nimmt ein kirchlicher AG unter Verstoß gegen seine kirchenrechtliche Verpflichtung die kirchlichen Arbeitsrechtsregelungen **nur teilweise** vertraglich in Bezug oder löst er sich gänzlich von ihnen und erstellt ein eigenes Vertragswerk, handelt es sich um außerhalb des Dritten Wegs zustande gekommene AGB. Eine solche Missachtung der kirchenrechtlichen Vorgaben führt zwar nicht zu deren (Teil-)Unwirksamkeit, denn das säkulare Recht ordnet diese Rechtsfolge nicht an. Die staatliche Arbeitsgerichtsbarkeit hat nicht die Aufgabe, im Urteilsverfahren für die Aufrechterhaltung der kirchlichen Ordnung zu sorgen.[354] Folge der nicht vollständigen Übernahme der auf dem Dritten Weg zustande gekommenen AVR ist vielmehr die uneingeschränkte Geltung der §§ 305 ff. BGB.[355] In Bezug auf **Ausschlussfristen** ist zu beachten, dass die Bezugnahme auf die kirchlichen AVR im Ganzen keinen Hinweis nach **§ 2 I 2 Nr. 10 NachwG** darstellt (dazu → § 32 Rn. 37), welcher einen gesonderten Hinweis auf die Verfallfrist entbehrlich machen könnte. § 2 I 2 Nr. 10 NachwG ist weder direkt noch analog auf kirchliche AVR anwendbar (→ Rn. 49 ff.). Der Nachweis der Ausschlussfrist kann auch nicht durch einen Hinweis auf den betreffenden Bereich der kirchlichen AVR gem. § 2 III 1 NachwG ersetzt werden, denn Ausschlussfristenregelungen sind im abschließenden Katalog dieser Norm nicht ange-

346 BAG 1.3.2006 AP Nr. 10 zu § 307 BGB = NZA 2006, 783; 28.9.2005 AP Nr. 7 zu § 307 BGB = NZA 2006, 149; für sog. Neufälle BAG 19.12.2007 NZA 2008, 464; 28.11.2007 AP Nr. 33 zu § 307 BGB = NZA 2008, 293.

347 BAG 30.10.2019 AP Nr. 98 zu § 611 BGB Kirchendienst = NZA 2020, 379; 24.5.2018 AP Nr. 91 zu § 611 BGB Kirchendienst; 19.4.2012 AP Nr. 69 zu § 611 BGB Kirchendienst; 24.2.2011 AP Nr. 57 zu § 611 BGB Kirchendienst; näher dazu *Fischermeier* FS Bepler, 2012, 161; *Joussen* jM 2018, 415; *Willemsen/Mehrens* FS Bepler, 2012, 622.

348 Ausf. *v. Hoyningen-Huene* FS Richardi, 909 ff.

349 BAG 19.4.2012 AP Nr. 69 zu § 611 BGB Kirchendienst; 22.7.2010 AP Nr. 55 zu § 611 BGB Kirchendienst = NZA 2011, 634.

350 BAG 22.3.2018 AP Nr. 90 zu § 611 BGB Kirchendienst mAnm *Thüsing/Mathy* = NZA 2018, 1350; 19.4.2012 AP Nr. 69 zu § 611 BGB Kirchendienst; 19.11.2009 AP Nr. 53 zu § 611 BGB Kirchendienst = NZA 2010, 583; 17.11.2005 AP Nr. 45 zu § 611 BGB Kirchendienst = NZA 2006, 872.

351 BAG 30.10.2019 AP Nr. 98 zu § 611 BGB Kirchendienst = NZA 2020, 379.

352 Eingehend dazu BAG 22.7.2010 AP Nr. 55 zu § 611 BGB Kirchendienst = NZA 2011, 634; zust. *v. Hoyningen-Huene* Anm. zu AP Nr. 55 zu § 611 BGB Kirchendienst.

353 BAG 14.7.2015 AP Nr. 71 zu § 1 BetrAVG Ablösung = NZA-RR 2015, 595.

354 Dazu BAG 24.5.2019 AP Nr. 91 zu § 611 BGB Kirchendienst = NZA 2019, 166.

355 BAG 30.10.2019 AP Nr. 98 zu § 611 BGB Kirchendienst = NZA 2020, 379.

führt.[356] Die Verletzung der Nachweispflichten kann bei Versäumen der Ausschlussfrist einen Schadensersatzanspruch des AN begründen (dazu → § 32 Rn. 40).

75 Die Grundsätze zur Auslegung von AGB finden auch auf die Auslegung von typischerweise **formularmäßigen Bezugnahmeklauseln auf kirchliche Regelungswerke** Anwendung.[357] Die hierbei erforderliche **angemessene Berücksichtigung der Besonderheiten des Arbeitsrechts** iSv § 310 IV 2 BGB bedingt, dass in einem Arbeitsvertrag mit einem kirchlich-diakonischen Anstellungsträger auf die für das Arbeitsverhältnis einschlägige, von einer paritätisch mit weisungsunabhängigen Mitgliedern besetzten Arbeitsrechtlichen Kommission beschlossene Arbeitsvertragsordnung in der jeweils gültigen Fassung Bezug genommen werden kann. Eine solche Bezugnahme gewährleistet ebenso wie die arbeitsvertragliche Bezugnahme eines einschlägigen Tarifvertrags eine Anpassung der Arbeitsbedingungen an veränderte Umstände und liegt nicht nur im Interesse des AG, sondern auch des AN.[358] Bezugnahmeklauseln auf die Bestimmungen des kirchlichen Arbeitsrechts sind daher grundsätzlich dahin auszulegen, dass sie dem kirchlichen Arbeitsrecht im privatrechtlichen Arbeitsverhältnis umfassend Geltung verschaffen und das Verfahrensrecht einbeziehen wollen.[359] Dies gilt auch bezüglich der **Anwendbarkeit des kirchlichen Mitarbeitervertretungsrechts** und der auf dessen Grundlage geschlossenen Dienstvereinbarungen. Dabei kann eine Inbezugnahme der kollektiven Regelungen des kirchlichen Arbeitsrechts durch eine ausdrückliche vertragliche Absprache oder durch eine Kettenverweisung erfolgen. Bei Letzterer verweist der Arbeitsvertrag auf eine kirchliche Arbeitsrechtsregelung oder auf einen kirchlichen Tarifvertrag, wobei dieses Bezugnahmeobjekt seinerseits auf nach dem kirchlichen Mitarbeitervertretungsrecht geschlossene Dienstvereinbarungen verweist oder auf andere Weise die Anwendbarkeit des kirchlichen Mitarbeitervertretungsrechts voraussetzt.[360] Auch mit diesem weiten Verständnis handelt es sich bei der Bezugnahmeklausel nicht um eine überraschende AGB iSv § 305c I BGB, denn der AN, der einen Arbeitsvertrag mit einem kirchlichen AG schließt, hat davon auszugehen, dass sein AG das spezifisch kirchliche Vertragsrecht in seiner jeweiligen Fassung zum Gegenstand des Arbeitsverhältnisses machen und damit idR kirchenrechtlichen Geboten genügen will.[361] Bei **katholischen Rechtsträgern,** die nicht nach Art. 2 I der Grundordnung des kirchlichen Dienstes im Rahmen kirchlicher Arbeitsverhältnisse (GrO) unmittelbar an die GrO gebunden sind, kann der kirchliche AN entsprechende Klauseln im Ausgangspunkt nur dahin verstehen, dass sie dem kirchenrechtlichen Gebot in Art. 2 II GrO genügen sollen, die GrO verbindlich zu übernehmen.[362] Die mit einem kirchlichen AG vereinbarte Inbezugnahme kirchlicher Arbeitsrechtsregelungen behält im Fall eines **Betriebsübergangs** als vertragliche Regelung gem. § 613a I 1 BGB gegenüber dem Betriebserwerber ihre Wirkung. Dies gilt auch dann, wenn ein kirchlicher Betriebserwerber nicht mehr ein Anstellungsträger im Sinne der in Bezug genommenen Dienstvertragsordnung ist oder der Betriebserwerber nicht mehr der Kirche zuzuordnen ist.[363]

76 Erstreckt sich eine Verweisungsklausel in einem Arbeitsvertrag mit einem kirchlich-diakonischen Anstellungsträger nicht nur auf die auf dem Dritten Weg vereinbarten Arbeitsvertragsregelungen, sondern darüber hinaus – etwa bei einem kirchenrechtlich vorgesehenen **Letztentscheidungsrecht der Synode oder des Bischofs** – auch auf einseitig von der Dienstgeberseite vorgegebene Regelungen, wird damit der Dienstgeberseite inhaltlich ein einseitiges Vertragsänderungsrecht eingeräumt. Dieses ist gem. § 308 Nr. 4 BGB unwirksam, wenn die Klausel sprachlich nicht teilbar ist und deshalb nicht auf einen verständlichen, zulässigen Inhalt zurückgeführt werden kann (dazu → Rn. 65).[364] Nicht unproblematisch ist auch die Regelung in § 21 VI der Ordnung der Arbeitsrechtlichen Kommission des Deutschen Caritasverbandes e.V. (AK-Ord-

[356] BAG 30.10.2019 AP Nr. 98 zu § 611 BGB Kirchendienst = NZA 2020, 379.
[357] BAG 30.10.2019 AP Nr. 98 zu § 611 BGB Kirchendienst = NZA 2020, 379.
[358] BAG 26.9.2013 AP Nr. 204 zu § 4 TVG Ausschlussfristen = NZA-RR 2014, 177; 22.7.2010 AP Nr. 55 zu § 611 BGB Kirchendienst = NZA 2011, 634.
[359] BAG 30.10.2019 AP Nr. 98 zu § 611 BGB Kirchendienst = NZA 2020, 379; 23.11.2017 AP Nr. 87 zu § 611 BGB Kirchendienst = NZA 2018, 311.
[360] BAG 22.3.2018 AP Nr. 90 zu § 611 BGB Kirchendienst = NZA 2018, 1350.
[361] BAG 22.3.2018 AP Nr. 90 zu § 611 BGB Kirchendienst = NZA 2018, 1350; 28.6.2012 AP Nr. 71 zu § 611 BGB Kirchendienst = NZA 2012, 1440; ausf. *Joussen* Anm. zu BAG AP Nr. 71 zu § 611 BGB Kirchendienst.
[362] BAG 28.6.2012 AP Nr. 71 zu § 611 BGB Kirchendienst = NZA 2012, 1440; iErg auch BAG 16.2.2012 AP Nr. 66 zu § 611 BGB Kirchendienst = NZA 2012, 1054 für die Evangelische Kirche.
[363] BAG 21.6.2018 AP Nr. 92 zu § 611 BGB Kirchendienst = NZA 2018, 1413; 23.11.2017 AP Nr. 87 zu § 611 BGB Kirchendienst = NZA 2018, 311.
[364] Zweifelnd BAG 28.6.2012 AP Nr. 71 zu § 611 BGB Kirchendienst = NZA 2012, 1440; 22.7.2010 AP Nr. 55 zu § 611 BGB Kirchendienst = NZA 2011, 634.

nung) vom 1.1.2016. Danach gilt ein nach einem Vermittlungsverfahren gefasster Beschluss der Arbeitsrechtlichen Kommission in der entsprechenden Diözese nicht, wenn sich der zuständige **Bischof nicht in der Lage sieht, diesen Beschluss in Kraft zu setzen.** Eine ähnlich formulierte Vorschrift in einer früheren Fassung der AK-Ordnung hat der Sechste Senat des BAG mit der Begründung nicht beanstandet, dass es dann beim bisherigen Vertragsinhalt verbleibe und keine Änderung iSv § 308 Nr. 4 BGB vorliege.[365] Damit dürfte indes im Lichte der neueren Rechtsprechung zur arbeitskampfrechtlichen Sonderstellung des Dritten Wegs das Prüfprogramm nicht erschöpft sein. Danach ist das Verfahrenskonzept des Dritten Wegs darauf gerichtet, das auch im kirchlichen und diakonischen Bereich vorhandene Kräfteungleichgewicht zwischen Dienstnehmern und Dienstgebern unter Beachtung der bekenntnismäßigen Besonderheiten des kirchlichen oder diakonischen Diensts auszugleichen. Dieses Ziel kann jedoch nur erreicht werden, soweit das Ergebnis dieser Verhandlungen einschließlich einer darauf gerichteten Schlichtung für die Arbeitsvertragsparteien verbindlich und einer einseitigen Abänderung durch den Dienstgeber entzogen ist.[366] An der geforderten Verbindlichkeit des Beschlusses fehlt es hier, weil der zuständige Bischof aus den in § 21 VI AK-Ordnung aufgeführten Gründen das Inkrafttreten der auf dem Dritten Weg beschlossenen Regelungen verhindern kann. Damit erscheint fraglich, ob die so beschlossen AVR wirklich das Privileg genießen können, nur einer Rechtskontrolle unterzogen werden zu können (→ Rn. 74).

XIII. Einzelfälle

77 Nachfolgend findet sich eine Aufstellung einzelner **Klauseltypen in alphabetischer Reihenfolge.** Vorausgesetzt ist dabei jeweils, soweit nichts anderes ausgeführt ist, dass es sich um AGB handelt.

78 – **Abtretungsverbote:** In AGB ist nach allgemeinen zivilrechtlichen Grundsätzen ein Abtretungsausschluss (§ 399 BGB) grundsätzlich unbedenklich. Eine derartige Klausel ist nur dann nach § 307 I 1 BGB unwirksam, wenn ein schützenswertes Interesse des Verwenders an dem Abtretungsverbot nicht besteht oder die berechtigten Belange des Vertragspartners an der freien Abtretbarkeit vertraglicher Ansprüche das entgegenstehende Interesse des Verwenders überwiegen.[367] Besonderheiten des Arbeitsrechts rechtfertigen keine hiervon abweichende Beurteilung. Der AG hat wegen der mit der Lohnabtretung verbundenen Kosten und Mühen ein berechtigtes Interesse daran, dass es dazu nicht kommt.[368] Die Einschränkungen für AN bei der Kreditaufnahme sind demgegenüber gering.

79 – **Änderungsvereinbarungen:** Ein Änderungsvertrag unterliegt bezüglich der Hauptleistungspflichten, insbes. Arbeitszeit, Arbeitsaufgabe und Arbeitsentgelt – abgesehen von der Transparenzkontrolle (§ 307 III 2 BGB; → Rn. 54 ff.) – keiner Inhaltskontrolle. Kontrollfrei ist auch die Festlegung von Sonderleistungen, wie ein über das BUrlG hinaus gehender Urlaubsanspruch.[369]

80 – **Änderungsvorbehalt:** Gem. § 308 Nr. 4 BGB ist die Vereinbarung eines Rechts des Verwenders, die versprochene Leistung zu ändern oder von ihr abzuweichen, in AGB unwirksam, wenn nicht die Vereinbarung der Änderung oder Abweichung unter Berücksichtigung der Interessen des Verwenders für den anderen Vertragsteil zumutbar ist (→ Rn. 60). Der Begriff der Zumutbarkeit in § 308 Nr. 4 BGB verlangt eine Abwägung zwischen den Interessen des Verwenders an der Möglichkeit einer Änderung seiner Leistung und denen des anderen Vertragsteils an deren Unveränderlichkeit. Die Zumutbarkeit einer Leistungsänderungsklausel ist zu bejahen, wenn die Interessen des Verwenders die für das jeweilige Geschäft typischen Interessen des anderen Vertragsteils überwiegen oder ihnen zumindest gleichwertig sind. Das setzt eine Fassung der Klausel voraus, die nicht zur Rechtfertigung unzumutbarer Änderungen dienen kann, und erfordert im Allgemeinen ferner, dass für den anderen Vertragsteil zumindest ein gewisses Maß an Kalkulierbarkeit der möglichen Leistungsänderungen besteht.[370] § 308 Nr. 4 BGB erfasst Änderungen von Leistungen des Verwenders (AG), nicht jedoch auch Änderungen

[365] BAG 28.6.2012 AP Nr. 71 zu § 611 BGB Kirchendienst = NZA 2012, 1440; zur Bedeutung dieser Entscheidung für die Auslegung von AVR vgl. BAG 11.11.2015 AP Nr. 75 zu § 611 BGB Kirchendienst = NZA 2016, 243.
[366] BAG 20.11.2012 AP Nr. 179 zu Art. 9 GG Arbeitskampf = NZA 2013, 448.
[367] BGH 13.7.2006 NJW 2006, 3486.
[368] *Preis,* Der Arbeitsvertrag, II A 10 Rn. 4; WLP/*Stoffels* ArbR Rn. 91; CKK/*Klumpp* BGB § 307 Rn. 93; aA DDW/*Däubler* Anh. Rn. 5 f.
[369] *Preis* NZA-Beil. 3/2006, 115 (119); näher dazu *Linck/Schütz* FS Leinemann, 2006, 171 ff.
[370] BAG 18.5.2017 AP Nr. 11 zu § 308 BGB = NZA 2017, 1195.

der vom anderen Vertragsteil (AN) versprochenen Leistung.[371] Die „versprochene Leistung" iSv § 308 Nr. 4 BGB umfasst auch die Modalitäten ihrer Erfüllung, also etwa Zeit und Ort der Leistung.[372] Einseitige Leistungsbestimmungsrechte, die dem AG in einem von ihm vorformulierten Arbeitsvertrag das Recht einräumen, seine Verpflichtung zur Zahlung der vereinbarten Vergütung einzuschränken, zu verändern, auszugestalten oder zu modifizieren (Widerrufsvorbehalte, dazu → Rn. 130), unterliegen einer gerichtlichen Inhaltskontrolle nach § 308 Nr. 4 BGB.[373] Eine Verweisungsklausel auf ein anderes Regelwerk enthält nur dann ein einseitiges Vertragsänderungsrecht des AG iSd § 308 Nr. 4 BGB, wenn sie andere Regelungen in ihrer jeweiligen Fassung in Bezug nimmt, die der AG als solcher einseitig aufstellen oder ändern kann.[374] Hieran fehlt es, wenn der AG zur Änderung des Regelwerks der Zustimmung des BR bedarf.[375] Einseitige Leistungsbestimmungsrechte iSd §§ 315 ff. BGB fallen nicht unter § 308 Nr. 4 BGB (dazu → Rn. 98).

- **Altersgrenzen:** Die Vereinbarung einer Beendigung des Arbeitsverhältnisses durch eine 81
  Altersgrenze ist nicht so ungewöhnlich (§ 305c I BGB), dass ein AN mit ihr nicht zu rechnen braucht (zur Zulässigkeit → § 40 Rn. 45 ff.).[376]
- **Annahmeverzug:** Soll im Arbeitsvertrag vereinbart werden, dass Vergütung nur für geleistete 82
  Arbeit gezahlt wird, muss der damit verbundene Verzicht auf die Ansprüche gem. § 615 BGB klar und deutlich geregelt werden (§ 305c II BGB).[377] § 615 BGB ist wegen seines hohen Gerechtigkeitsgehalts gesetzliches Leitbild iSv § 307 II Nr. 1 BGB.[378] Daher ist ein Anspruchsausschluss für den Fall der unterbliebenen Inanspruchnahme der Arbeitsleistung gem. § 307 I 1 BGB unwirksam, wenn die Arbeitspflicht fortbesteht und der AN – ohne dass wirksam nach § 12 TzBfG Abrufarbeit vereinbart wurde (dazu → Rn. 84) – grundsätzlich jederzeit mit einem Abruf der Arbeit rechnen muss. Es ist dann unangemessen, dem AN für mehrere Monate Ansprüche zu verwehren. Das einseitige Recht des AG, die Arbeitspflicht und damit den Vergütungsanspruch des AN zu bestimmen, ist mit wesentlichen Grundgedanken der §§ 611, 615 BGB nicht zu vereinbaren. Dem AN ist es auf dieser Grundlage über eine erhebliche Zeitdauer nicht möglich, seine Lebensplanung finanziell nach der Arbeitsvergütung auszurichten, weil deren Höhe nicht absehbar ist. Er hat auch keine sichere Möglichkeit, seine Arbeitskraft anderweitig einzusetzen, um den Lebensunterhalt zu erwirtschaften. Insofern unterscheidet sich eine solche Vertragsgestaltung von den Fällen, in denen die Arbeitspflicht für einen vorher bestimmten Zeitraum ruht (dazu → Rn. 119). Geht ein Arbeitsvertrag davon aus, dass Vergütung nur für geleistete Arbeit gezahlt wird, liegt im Zweifel kein Verzicht auf die Ansprüche gem. § 615 BGB vor (§ 305c II BGB).[379]
- **Anrechnungsklauseln:** Die Auslegung einer übertariflichen Zulage als im Falle von Tarif- 83
  lohnerhöhungen ohne Weiteres anrechenbarer Lohnbestandteil ist nicht ungewöhnlich iSv § 305c I BGB. Vielmehr muss der AN mit einer Anrechnung ohne weitere Begründung durch den AG rechnen.[380] Eine Vereinbarung über die Zahlung einer übertariflichen Vergütung stellt auch keine von Rechtsvorschriften abweichende oder diese ergänzende Regelung (§ 307 III 1 BGB) dar, sondern regelt unmittelbar das Verhältnis von Leistung und Gegenleistung. Eine solche Bruttolohnabrede ist gem. § 307 III 2 BGB nur am Maßstab des Transparenzgebots nach § 307 I 2 BGB zu überprüfen.[381] Gleichwohl ist aus Gründen der Klarheit die Aufnahme eines Anrechnungsvorbehalts in den Arbeitsvertrag empfehlenswert.[382] Wird eine Zulage unter dem ausdrücklichen Vorbehalt der Anrechnung gewährt, ohne dass die Anrechnungsgründe in der Klausel näher bestimmt sind, führt dies nicht zur Unwirksamkeit nach § 308 Nr. 4 BGB.[383] Eine solche Anrechnungsklausel verstößt auch nicht gegen das

---

371 BAG 13.6.2007 AP Nr. 11 zu § 611 BGB Film = NZA 2007, 974.
372 BAG 18.5.2017 AP Nr. 11 zu § 308 BGB = NZA 2017, 1195.
373 BAG 12.1.2005 AP Nr. 1 zu § 308 BGB = NZA 2005, 465.
374 BAG 17.2.2015 AP Nr. 65 zu § 77 BetrVG 1972 Betriebsvereinbarung; 22.7.2010 AP Nr. 55 zu § 611 BGB Kirchendienst = NZA 2011, 634; 11.2.2009 NZA 2011, 428.
375 BAG 17.7.2012 AP Nr. 61 zu § 77 BetrVG 1972 Betriebsvereinbarung = NZA 2013, 338.
376 BAG 27.7.2005 AP Nr. 27 zu § 620 BGB Altersgrenze = NZA 2006, 37.
377 Vgl. BAG 9.7.2008 AP Nr. 123 zu § 615 BGB = NZA 2008, 1407.
378 BAG 7.12.2005 AP Nr. 4 zu § 12 TzBfG = NZA 2006, 423; Erman/*Riesenhuber* BGB § 615 Rn. 4.
379 BAG 9.7.2008 AP Nr. 123 zu § 615 BGB = NZA 2008, 1407.
380 BAG 27.8.2008 AP Nr. 36 zu § 307 BGB = NZA 2009, 49; krit. dazu DDW/*Bonin/Walser* BGB § 308 Rn. 48; ErfK/*Preis* BGB §§ 305–310 Rn. 65.
381 BAG 27.8.2008 AP Nr. 36 zu § 307 BGB = NZA 2009, 49; hiervon ohne Weiteres ausgehend BAG 23.2.2016 NZA 2016, 906; 3.9.2014 AP Nr. 219 zu § 242 BGB Gleichbehandlung.
382 Ulmer/Brandner/Hensen/*Fuchs/Bieder* BGB Anh. § 310 Rn. 70; WLP/*Stoffels* ArbR Rn. 93.
383 BAG 1.3.2006 AP Nr. 3 zu § 308 BGB = NZA 2006, 746.

Transparenzgebot. Die Formulierung „anrechenbare Zulage" ist hinreichend klar und verständlich.[384] Für einen durchschnittlichen AN ist dadurch erkennbar, dass im Falle einer Erhöhung des tariflich geschuldeten Arbeitsentgelts die Zulage bis zur Höhe der Tarifsteigerung gekürzt werden kann. Anrechnungsvorbehalte sind in arbeitsvertraglichen Vergütungsabreden seit Jahrzehnten gang und gäbe. Sie stellen eine Besonderheit des Arbeitsrechts dar.[385] Die Möglichkeit der rückwirkenden Anrechnung hält ebenfalls der AGB-Kontrolle stand. Der stillschweigende Vorbehalt einer nachträglichen Tilgungsbestimmung ist nicht wegen Intransparenz unwirksam. Bei der Zahlung einer nicht zweckgebundenen Zulage zum Tariflohn ist erkennbar, dass der AG sich vorbehält, in erster Linie alle von ihm geschuldeten Tariflohnansprüche zu erfüllen, und zwar gerade auch dann, wenn diese rückwirkend gewährt werden müssen.[386]

84 – **Arbeit auf Abruf** (dazu → § 43 Rn. 9 ff.): Auf Grund der zum 1.1.2019 in Kraft getretenen Neufassung des § 12 TzBfG sind die meisten Fragen der AGB-Kontrolle entsprechender Vereinbarungen nunmehr gesetzlich gelöst. Eine Bestimmung in AGB, nach der sich der AG über einen Zeitraum von drei Monaten vorbehält, den AN zur Arbeit abzurufen oder nicht abzurufen, ist gem. § 307 I 1 BGB unwirksam, weil die Arbeitspflicht des AN nach Grund und Höhe einseitig dem AG überantwortet wird und weder ein Mindestarbeitsdeputat noch ein Höchstdeputat noch ein angemessenes Verhältnis von festen und variablen Arbeitsbedingungen vorliegt. Daran vermag die Witterungsabhängigkeit des Betriebs des AG nichts zu ändern.[387]

85 – **Arbeitszeit** (auch → Rn. 124): Die Klausel in AGB „Die Angestellte ist verpflichtet, **im monatlichen Durchschnitt 150 Stunden zu arbeiten**" ist intransparent, weil hierdurch eine Durchschnittsarbeitszeit bestimmt wird, ohne den Zeitraum, der für die Ermittlung des Durchschnitts maßgeblich ist, festzulegen.[388] In einem Formularteilzeitarbeitsvertrag für Lehrkräfte kann dem AG vertraglich das Recht eingeräumt werden, die für die Wochenarbeitszeit maßgebliche **Unterrichtsverpflichtung für angestellte Lehrer befristet zu erhöhen.** In diesem Fall ist zunächst zu klären, ob die Einräumung des Bestimmungsrechts eine unangemessene Benachteiligung iSv § 307 BGB darstellt. In einem zweiten Schritt ist zu prüfen, ob der AG in einer Art und Weise von der Ermächtigung Gebrauch gemacht hat, die der Billigkeit entspricht. Liegt der vertraglichen Erweiterung des Bestimmungsrechts und seiner Ausübung eine sog. Koalitionsvereinbarung zwischen tariffähigen Parteien zugrunde, muss der mit ihr gefundene Interessenausgleich als eine im Arbeitsrecht geltende Besonderheit iSv § 310 IV 2 BGB berücksichtigt werden. Eine unangemessene Benachteiligung des AN nach § 307 I 1 BGB scheidet regelmäßig aus. Das gilt auch dann, wenn die dem AG eingeräumte Befugnis zur Verlängerung der Mindestarbeitszeit mehr als 25% der Mindestarbeitszeit ausmacht und die einzelne Erhöhung der Dauer der Arbeitszeit die Mindestarbeitszeit um mehr als 25% überschreitet.[389] Zur befristeten Arbeitszeiterhöhung (→ § 38 Rn. 78 ff.)

86 – **Aufhebungsverträge:** Aufhebungsverträge unterliegen dem Anwendungsbereich der §§ 305 ff. BGB (→ § 122 Rn. 13 ff.). Die Vereinbarung der Beendigung des Arbeitsverhältnisses kann dabei überraschend sein (§ 305c I BGB), wenn in dem Vertrag an sich die Überleitung in eine Beschäftigungsgesellschaft geregelt ist.[390] Die in einem Aufhebungsvertrag vereinbarten Hauptleistungspflichten (Beendigung und Abfindung) unterliegen keiner Inhaltskontrolle nach §§ 307 ff. BGB, weil sie nicht von Rechtsvorschriften abweichen.[391] § 1a KSchG kommt keine Leitbildfunktion zu. Ein Recht zum Widerruf nach § 355 BGB besteht nicht.[392] Eine Inhaltskontrolle in Bezug auf die weiteren Regelungsgegenstände eines Aufhebungsvertrags, wie zB Freistellung, Rückgabe des Dienstwagens usw. ist jedoch nicht ausgeschlossen, sofern nicht eine Individualvereinbarung getroffen worden ist.[393] So ist eine Klausel in einem vorformulierten Aufhebungsvertrag nach § 307 II Nr. 2 BGB unwirksam, die dem AN für den Fall der Kündigung durch den neuen AG zwar einen Wiedereinstellungsanspruch beim früheren AG

---

384 ErfK/*Preis* BGB §§ 305–310 Rn. 65.
385 BAG 1.3.2006 AP Nr. 3 zu § 308 BGB = NZA 2006, 746.
386 BAG 27.8.2008 AP Nr. 36 zu § 307 BGB = NZA 2009, 49; aA ErfK/*Preis* BGB §§ 305–310 Rn. 65.
387 BAG 9.7.2008 AP Nr. 123 zu § 615 BGB = NZA 2008, 1407.
388 BAG 21.6.2011 AP Nr. 54 zu § 307 BGB.
389 BAG 14.8.2007 AP Nr. 2 zu § 6 ATG = NZA 2008, 1194.
390 BAG 15.2.2007 AP Nr. 35 zu § 620 BGB Aufhebungsvertrag = NZA 2007, 614.
391 BAG 21.6.2011 AP Nr. 53 zu § 307 BGB = NZA 2011, 1338; 8.5.2008 NZA 2008, 1148; 22.4.2004 AP Nr. 27 zu § 620 BGB Aufhebungsvertrag; 27.11.2003 AP Nr. 1 zu § 312 BGB = NZA 2004, 597; ErfK/*Müller-Glöge* BGB § 620 Rn. 15.
392 BAG 7.2.2019 AP Nr. 50 zu § 620 BGB Aufhebungsvertrag mAnm *St. Schmidt* = NZA 2019, 688.
393 HWK/*Roloff* BGB Anh. §§ 305–310 Rn. 8; *Preis* NZA-Beil. 3/2006, 115 (119).

einräumt, diesen aber zugleich davon abhängig macht, dass der AN „dringende betriebliche Gründe i.S.v. § 1 II KSchG" für die Kündigung beweist (dazu → Rn. 53).[394] Auch Ausgleichsklauseln sind nach Auffassung des BAG der Inhaltskontrolle nach § 307 I 1 BGB nicht entzogen (→ Rn. 87).[395] Zum Klageverzicht → Rn. 111.

– **Ausgleichsklauseln** (dazu → § 72 Rn. 15 ff.):[396] Ausgleichs- oder Abgeltungsklauseln in Aufhebungsverträgen oder Abwicklungsvereinbarungen sind grundsätzlich **nicht überraschend iSv § 305c I BGB,** sondern im Gegenteil die Regel.[397] Bei einer einvernehmlichen Beendigung des Arbeitsverhältnisses soll die Rechtsbeziehung der Parteien beendet und abschließend erledigt werden. Dies wird üblicherweise in einer generellen Erledigungsklausel zum Ausdruck gebracht. Dabei werden nach der Verkehrssitte die Punkte, die nicht erledigt sein sollen, ausdrücklich aufgeführt.[398] Eine allgemeine Ausgleichsklausel, nach welcher sämtliche Ansprüche „gleich nach welchem Rechtsgrund sie entstanden sein mögen, abgegolten und erledigt sind", wird jedoch gem. § 305c I BGB dann nicht Vertragsinhalt, wenn der Verwender sie in eine Erklärung mit falscher oder missverständlicher Überschrift ohne besonderen Hinweis oder drucktechnische Hervorhebung einfügt.[399] Eine überraschende Klausel liegt daher vor, wenn in einer Erklärung mit der Bestätigung des Empfangs von Arbeitspapieren, der Herausgabe von Firmeneigentum und der Vornahme anderer Abwicklungsformalitäten zugleich ein Globalverzicht auf Rechte und Ansprüche erfolgt. Das Verlangen nach Quittierung richtet sich auf die Abgabe einer geschuldeten Wissenserklärung nach § 368 BGB, die den AN glauben lässt, nur den vollzogenen Ausgleich von Übergabe- und Rückgabepflichten bestätigt zu haben. Mit einem damit verbundenen Anspruchsverzicht rechnet der AN in diesen Fällen jedenfalls dann nicht, wenn dies nicht drucktechnisch besonders hervorgehoben ist.[400] Das BAG geht bei der Auslegung derartiger Klauseln demgegenüber davon aus, dass ein verständiger und redlicher AG, der dem AN anlässlich der Abholung von Arbeitspapieren und Restlohn eine vorformulierte „Ausgleichsquittung" zur Unterschrift vorlegt, regelmäßig nicht davon ausgehen dürfe, der Wille des AN richte sich darauf, alle oder eine bestimmte Gruppe von bekannten oder unbekannten Ansprüchen zum Erlöschen zu bringen. Seine Erklärung sei deshalb – wenn man ihr überhaupt einen rechtsgeschäftlichen Erklärungswert beimessen wolle – als deklaratorisches und nicht als konstitutives negatives Schuldanerkenntnis zu bewerten.[401] 87

Eine Ausgleichsklausel, die **einseitig nur die Ansprüche des AN betrifft** und dafür keine entsprechende Gegenleistung gewährt, ist unangemessen iSv § 307 I 1 BGB.[402] Zum Klageverzicht → Rn. 111. 88

– **Ausschlussfristen** (ausf. → § 209 Rn. 1 ff.): Eine arbeitsvertragliche Ausschlussfristenregelung ist als solche nicht überraschend iSv § 305c I BGB.[403] Sie muss aber transparent und bestimmt formuliert sein. Wegen der weitreichenden Folgen von Ausschlussfristen muss ihr zu entnehmen sein, welche Rechtsfolgen der AN zu gewärtigen hat und was er zu tun hat, um deren Eintritt zu verhindern.[404] Diesen Anforderungen genügt eine Ausschlussfristenregelung nicht, die als AGB den Beginn der ersten Stufe sowohl an die „Entstehung" als auch die „Fälligkeit" des Anspruchs knüpft, ohne klarzustellen, wann die Frist frühestens zu laufen beginnt.[405] Eine Ausschlussfrist, welche die schriftliche Geltendmachung aller Ansprüche aus dem Arbeitsverhältnis innerhalb einer Frist von weniger als **drei Monaten** ab Fälligkeit verlangt, ist gem. § 307 I 1 BGB unwirksam.[406] Im Hinblick auf die zum 1.10.2016 in Kraft getretene **Neufassung des § 309 Nr. 13 BGB** sind Klauseln, welche die „schriftliche" Geltendmachung von Ansprüchen verlangen, unwirksam, weil die Textform ausreichend ist (→ § 32 Rn. 55). Ausschlussklauseln führen nicht zu einer Haftungsbegrenzung iSd § 309 Nr. 7 BGB, weil der Anspruch uneinge- 89

---

394 BAG 9.2.2011 AP Nr. 52 zu § 307 BGB = NZA-RR 2012, 232.
395 BAG 21.6.2011 AP Nr. 53 zu § 307 BGB = NZA 2011, 1338.
396 Dazu *Preis/Bleser/Rauf* DB 2006, 2812.
397 BAG 21.6.2011 AP Nr. 53 zu § 307 BGB = NZA 2011, 1338.
398 BAG 19.11.2008 AP Nr. 7 zu § 448 ZPO = NZA 2009, 318.
399 BAG 23.2.2005 AP Nr. 42 zu § 1 TVG Tarifverträge: Druckindustrie = NZA 2005, 1193.
400 LAG Düsseldorf 13.4.2005 DB 2005, 1463.
401 BAG 23.10.2013 AP Nr. 29 zu § 10 AÜG = NZA 2014, 200.
402 BAG 21.6.2011 AP Nr. 53 zu § 307 BGB = NZA 2011, 1338.
403 BAG 17.10.2017 AP Nr. 106 zu § 7 BUrlG Abgeltung = NZA 2018, 57.
404 BAG 18.9.2018 NZA 2018, 1619; 13.3.2013 AP Nr. 31 zu § 10 AÜG = NZA 2013, 680.
405 BAG 19.2.2014 AP Nr. 38 zu § 10 AÜG = NZA 2014, 1097.
406 BAG 13.3.2013 AP Nr. 31 zu § 10 AÜG = NZA 2013, 680; 28.9.2005 AP Nr. 7 zu § 307 BGB = NZA 2006, 149.

schränkt entsteht und lediglich für den Fall fehlender Geltendmachung befristet wird.[407] Erfasst eine Klausel nach ihrem Wortlaut („Alle Ansprüche aus dem Arbeitsverhältnis …") zwar auch die **Haftung wegen Vorsatzes,** ist sie in der Vergangenheit einschränkend dahin ausgelegt worden, dass von ihr diese fernliegende Möglichkeit einer Haftung nicht erfasst wird. Sie verstößt danach nicht gegen § 202 I BGB.[408] Sollte die Klausel gleichwohl auch diese Ansprüche erfassen, wäre sie insoweit teilnichtig (dazu → Rn. 65).[409] Hiervon ist jüngst der 8. Senat des BAG abgerückt.[410] Die anderslautende Rechtsprechung des BGH zu Pferdeauktionen und Reiseverträgen[411] steht dem nicht entgegen, weil hierbei gänzlich andere Verkehrssitten bestehen, die bei der typisierenden Auslegung zu berücksichtigen sind.[412] Die Haftung für fremdes vorsätzliches Handeln ist gem. § 278 S. 2 BGB abdingbar. Eine diese Haftung umfassende Ausschlussklausel ist daher wirksam.[413] Des Weiteren ist eine Ausschlussklausel, die **Schäden iSd § 309 Nr. 7 lit. b BGB nicht ausnimmt,** unter Berücksichtigung der im Arbeitsrecht geltenden Besonderheiten nicht unwirksam. Denn im Arbeitsverhältnis führt eine Verfallmöglichkeit von Ansprüchen wegen sonstiger Schäden iSd § 309 Nr. 7 lit. b BGB typischerweise nicht zu einer unangemessenen Benachteiligung des AN. Im Arbeitsrecht sind derartige Schäden in der Regel nicht solche Schäden, die der AN gegen den AG – also gegen den Verwender der AGB – geltend machen könnte, sondern im Gegenteil solche, deren Ersatz der AG vom AN verlangen könnte.[414] Eine Klausel, die **alle „unabdingbaren gesetzlichen Ansprüche"** aus dem Geltungsbereich der Ausschlussfristenregelung **ausnimmt,** ist nicht intransparent. Der durchschnittliche AN darf redlicherweise annehmen, dass damit nicht nur im Rechtssinne unverzichtbare, sondern auch solche Ansprüche gemeint sind, die ein Gesetz als unabdingbar bezeichnet.[415] Nach **§ 9 S. 3 AEntG iVm § 134 BGB** unwirksam ist eine arbeitsvertragliche Verfallklausel, welche die in § 8 AEntG genannten Mindestentgeltansprüche erfasst (zB das Mindestentgelt nach der PflegeArbbV).[416] Eine vom AG vorformulierte arbeitsvertragliche Ausschlussklausel, die entgegen **§ 3 S. 1 MiLoG** auch den gesetzlichen Mindestlohn erfasst, verstößt gegen das Transparenzgebot des § 307 I 2 BGB und ist deshalb insgesamt unwirksam, wenn der Arbeitsvertrag nach dem 31.12.2014 geschlossen wurde.[417] Für „Altverträge" gilt dies nicht. Für diese verbleibt es bei der von § 3 S. 1 MiLoG vorgesehenen Teilunwirksamkeit, weil eine bei Vertragsschluss transparente Klausel nicht durch eine spätere Änderung der Rechtslage intransparent wird.[418] Bei **Urlaubsabgeltungsansprüchen** bedarf es dieser zeitlichen Differenzierung nicht. Hierbei handelt sich nicht um Entgelt iSv § 3 S. 1 MiLoG. Die Bestimmungen des MiLoG finden auf den Abgeltungsanspruch aus § 7 IV BUrlG keine Anwendung.[419] Die fehlende Ausnahme sonstiger Ansprüche, für deren Geltendmachung die Vereinbarung von Ausschlussfristen kraft Gesetzes, wie zB nach **§ 77 IV 4 BetrVG, § 4 IV 3 TVG** der Regelungsmacht der Arbeitsvertragsparteien ganz oder teilweise entzogen ist, führt nicht zur Intransparenz einer vom AG gestellten arbeitsvertraglichen Verfallklausel. Die genannten Bestimmungen dienen dem Schutz der kollektiven Ordnung und „steigern" die Unabdingbarkeit der durch Betriebsvereinbarung oder Tarifvertrag begründeten Ansprüche.[420] Dieser besondere Zweck begrenzt zugleich die Rechtsfolgen eines Verstoßes gegen die Anordnung in § 77 IV 4 BetrVG, § 4 IV 3 TVG.

[407] BAG 25.5.2005 AP Nr. 1 zu § 310 BGB = NZA 2005, 1111.
[408] BAG 20.6.2013 AP Nr. 14 zu § 305 BGB = NZA 2013, 1265; zu einem Altfall und der dabei gebotenen ergänzenden Vertragsauslegung BAG 24.9.2019 AP Nr. 76 zu § 307 BGB = NZA 2020, 310.
[409] BAG 28. 9 2005 AP Nr. 7 zu § 307 = NZA 2006, 149; 25.5.2005 AP Nr. 1 zu § 310 BGB = NZA 2005, 1111; zust. insoweit *Bayreuther* NZA 2005, 1337 (1338); aA *Bieder* RdA 2011, 142 (150); *Matthiessen* NZA 2006, 361 (366); *Preis/Franz* Anm. zu BAG AP Nr. 1 zu § 310 BGB; *Preis/Roloff* RdA 2005, 144 (147); *G. Reinecke* BB 2005, 378 (379).
[410] BAG 26.11.2020 – 8 AZR 58/20.
[411] BGH 15.11.2006 NJW 2007, 674; 26.2.2009 NJW 2009, 1486.
[412] Näher dazu *Linck* FS Bauer, 645 (648 f.).
[413] BAG 16.5.2007 AP Nr. 5 zu § 611 BGB Mobbing = NZA 2007, 1154.
[414] BAG 28.9.2017 AP Nr. 6 zu § 611 BGB Arbeitgeberdarlehen = NZA 2018, 589; ebenso BAG 22.10.2019 AP Nr. 77 zu § 307 BGB = NZA 2020, 513 auch zu § 309 Nr. 7 lit. a BGB.
[415] BAG 30.1.2019 AP Nr. 75 zu § 307 BGB = NZA 2019, 768.
[416] BAG 24.8.2016 AP Nr. 1 zu § 9 AEntG = NZA 2016, 1539.
[417] BAG 18.9.2018 NZA 2018, 1619.
[418] BAG 17.4.2019 AP Nr. 4 zu § 203 BGB = NZA 2019, 1050; 30.1.2019 AP Nr. 75 zu § 307 BGB = NZA 2019, 768; 18.9.2018 AP Nr. 2 zu § 3 MiLoG = NZA 2018, 1619; aA *Seiwerth* NZA 2019, 17 (18).
[419] BAG 22.10.2019 AP Nr. 77 zu § 307 BGB = NZA 2020, 513.
[420] BAG 30.1.2019 AP Nr. 75 zu § 307 BGB = NZA 2019, 768; im Grundsatz auch BAG 22.10.2019 AP Nr. 77 zu § 307 BGB = NZA 2020, 513.

Verstößt eine Ausschlussklausel gegen diese Bestimmungen, indem sie diese Ansprüche nicht ausnimmt, ist sie nur in diesem Umfang unwirksam. Insoweit handelt es sich um eine gesetzlich angeordnete (Teil-)Nichtigkeit der Verfallklausel. Der verbleibende Teil der Klausel bleibt hiervon unberührt. Eine Klausel, die für den **Beginn der Ausschlussfrist** nicht auf die **Fälligkeit der Ansprüche,** sondern auf das Entstehen oder die Beendigung des Arbeitsverhältnisses abstellt, ist gemäß § 307 I 1 BGB unwirksam.[421] Der Begriff der Fälligkeit in Ausschlussfristen ist unter Einbeziehung des Kenntnisstandes des Gläubigers und subjektiver Zurechnungsgesichtspunkte interessengerecht auszulegen.[422] Entstehungs- und Fälligkeitszeitpunkt einer Forderung können auseinanderfallen.[423] Entstanden ist ein Anspruch, wenn die jeweiligen Tatbestandsmerkmale erfüllt sind. Fällig wird er, wenn sich die Leistungspflicht des Schuldners aktualisiert. Die Fälligkeit kann daher auch erst zu einem späteren Zeitpunkt eintreten. Beginnt die Ausschlussfrist mit der Beendigung des Arbeitsverhältnisses zu laufen, kann das dazu führen, dass dem Gläubiger eine kürzere Frist zur Geltendmachung des Anspruchs verbleibt, wenn dieser erst nach Beendigung des Arbeitsverhältnisses fällig wird.[424] Um zu gewährleisten, dass der Leiharbeitnehmer den **Anspruch auf „equal pay"** auch dann fristwahrend geltend machen kann, wenn er die Höhe des vergleichbaren Stammarbeitnehmern des Entleihers gewährten Arbeitsentgelts (noch) nicht im Einzelnen kennt, muss die erste Stufe einer arbeitsvertraglichen Ausschlussfristenregelung im Leiharbeitsverhältnis es zulassen, dass eine schriftliche Geltendmachung des Anspruchs aus § 10 IV AÜG „dem Grunde nach" ausreicht.[425] **Einseitige Ausschlussfristen,** die nur für den AN zum Anspruchsverlust führen, widersprechen einer ausgewogenen Vertragsgestaltung und sind deshalb nach § 307 I 1 BGB unwirksam.[426]

In Formulararbeitsverträgen können **zweistufige Ausschlussklauseln** wirksam vereinbart werden, nach denen der Anspruch verfällt, wenn er nicht innerhalb von drei Monaten nach Ablehnung (erste Alternative) oder, wenn sich die Gegenseite innerhalb von zwei Wochen **nach Geltendmachung „nicht erklärt"** (zweite Alternative), innerhalb von drei Monaten nach dem Fristablauf gerichtlich geltend gemacht wird. Klauseln mit diesem Inhalt entsprechen einer weit verbreiteten Übung im Arbeitsleben.[427] Dagegen soll eine Klausel, die eine gerichtliche Geltendmachung innerhalb von drei Monaten nach Fristablauf verlangt, wenn sich der Anspruchsgegner **„nicht … dagegen"** erkläre, unwirksam sein. Sie sei weiter gefasst als eine Ausschlussfristenregelung, die in ihrer zweiten Stufe auf eine Nichterklärung, dh das Schweigen des Anspruchsgegners abstelle. Hierdurch werde eine Klageobliegenheit nicht nur dann begründet, wenn der AG als Anspruchsgegner nach erfolgter Geltendmachung schweige, sondern auch dann, wenn er die Erfüllung des Anspruchs zugesagt oder diesen anerkannt oder streitlos gestellt habe, denn auch in diesen Fällen habe er sich nach Geltendmachung „nicht … dagegen" erklärt. Die Klausel verlange damit vom Anspruchsteller ausnahmslos, den Anspruch zur Vermeidung seines Verfalls gerichtlich geltend zu machen. Eine solche Ausschlussfristenregelung, die in ihrer zweiten Stufe für den Beginn der Frist zur gerichtlichen Geltendmachung alternativ auf zwei unterschiedliche Zeitpunkte abstelle, sei nicht teilbar, weil durch Streichung einer Alternative der Anwendungsbereich der verbleibenden Alternative erweitert würde.[428] Hält die erste Stufe einer vertraglichen Ausschlussfristenregelung der AGB-Kontrolle nach den §§ 305 ff. BGB stand, beeinträchtigt die Unwirksamkeit der zweiten Stufe, die eine zu kurze Frist für die gerichtliche Geltendmachung vorsieht, die Wirksamkeit der ersten Stufe nicht, wenn die **Klausel teilbar** ist und auch ohne die unwirksame Regelung weiterhin verständlich und sinnvoll bleibt.[429] Sind umgekehrt nach der ersten Stufe die Ansprüche innerhalb von vier Wochen nach Fälligkeit gegenüber dem anderen Vertragspartner schriftlich geltend zu machen, ist dieser Teil der Ausschlussfrist gem. § 307 I 1 BGB unwirksam. Wegen der **Unwirksamkeit der ersten Stufe** gibt es allerdings keinen Zeitpunkt mehr, an den der Fristenlauf der zweiten Stufe anknüpfen könnte. Dies hat zur Folge, dass auch diese 90

---

421 BAG 28.8.2019 AP Nr. 61 zu § 611 BGB Arbeitszeit = NZA 2019, 1645.

422 BAG 14.11.2018 AP Nr. 13 zu § 38 EStG = NZA 2019, 250; 1.3.2006 AP Nr. 10 zu § 307 BGB = NZA 2006, 783.

423 BAG 19.6.2018 AP Nr. 82 zu § 7 BUrlG = NZA 2018, 1480.

424 BAG 28.8.2019 AP Nr. 61 zu § 611 BGB Arbeitszeit = NZA 2019, 1645.

425 BAG 13.3.2013 AP Nr. 31 zu § 10 AÜG = NZA 2013, 680; ebenso BAG 16.12.2020 NZA 2021, 642.

426 BAG 31.8.2005 AP Nr. 8 zu § 6 ArbZG = NZA 2006, 324.

427 BAG 17.4.2019 AP Nr. 4 zu § 203 BGB = NZA 2019, 1050.

428 BAG 3.12.2019 AP Nr. 78 zu § 307 BGB = NZA 2020, 586.

429 BAG 23.10.2013 AP Nr. 33 zu § 10 AÜG = NZA 2014, 313; 12.3.2008 AP Nr. 10 zu § 305 BGB = NZA 2008, 699.

unwirksam ist.[430] Ist in AGB vereinbart, dass von der Gegenseite abgelehnte Ansprüche binnen einer Frist von drei Monaten **einzuklagen** sind, um deren Verfall zu verhindern, genügt die Erhebung der Kündigungsschutzklage, um das Erlöschen der vom Ausgang des Kündigungsrechtsstreits abhängigen Annahmeverzugsansprüche des AN zu verhindern.[431] Irreführend und wegen Verstoßes gegen das Transparenzgebot (§ 307 I 2 BGB) unwirksam ist eine Ausschlussklausel, die in ihrer zweiten Stufe vom Anspruchsteller verlangt, den Anspruch zur Vermeidung seines Verfalls auch dann gerichtlich geltend zu machen, wenn der Anspruchsgegner die Erfüllung des Anspruchs zugesagt oder den Anspruch anerkannt oder streitlos gestellt hat. Sie berücksichtigt nicht, dass eine Forderung, die der Schuldner – zB mit einer Lohnabrechnung oder durch eine Gutschrift auf einem Arbeitszeitkonto – vorbehaltlos streitlos gestellt oder anerkannt hat bzw. deren Erfüllung er zugesagt hat, vom Gläubiger nicht innerhalb einer vertraglichen Ausschlussfrist geltend gemacht werden muss. Die Obliegenheit zur Geltendmachung lebt auch nicht wieder auf, wenn der Schuldner die Forderung später bestreitet.[432] Für das in vorformulierten Vertragsbedingungen eines **Fremdgeschäftsführer-Anstellungsvertrags** geregelte Erfordernis der gerichtlichen Geltendmachung von Ansprüchen gilt das Gleiche. Auch ein Geschäftsführer, der über nicht mehr als rechtliche Grundkenntnisse verfügt, kann und muss eine entsprechende Klausel nicht als einen Hinweis auf das Erfordernis einer bezifferten Leistungsklage verstehen.[433]

91 Ist die Ausschlussfrist zu kurz bemessen, benachteiligt sie den AN unangemessen und ist deshalb unwirksam. Die **Ausdehnung auf eine zulässige Dauer ist nicht möglich.** Es gilt dann allein das gesetzliche Verjährungsrecht. Das gilt auch für vor dem 1.1.2002 abgeschlossene Arbeitsverträge (sog. Altfälle). Es kommen weder eine geltungserhaltende Reduktion der unwirksamen Ausschlussklausel noch eine ergänzende Vertragsauslegung in Betracht.[434] Hält eine Verfallklausel der AGB-Kontrolle nicht stand, hat dies zur Folge, dass sich **allein der AG** als Verwender der von ihm gestellten Klausel nicht auf die darin gesetzte Ausschlussfrist berufen kann. Dem AN wäre die Berufung auf die unwirksame Ausschlussfristenregelung nicht versagt.[435] (dazu → Rn. 66).

92 – **Befristung einzelner Vertragsbedingungen:** Die in AGB vereinbarte befristete Änderung der Vertragsbedingungen unterliegt der Inhaltskontrolle nach § 307 I 1 BGB (dazu → § 38 Rn. 78 ff.).[436]

93 – **Betriebliche Übung:** Da es nach § 305 I 2 BGB auf die Form der AGB nicht ankommt, unterliegt auch eine betriebliche Übung der Klauselkontrolle nach den §§ 305 ff. BGB.[437] Eine sog. negative betriebliche Übung (dazu → § 110 Rn. 32) verstößt gegen § 308 Nr. 5 BGB und ist daher unwirksam.[438]

94 – **Beweislastregelungen:** Nach § 309 Nr. 12 BGB sind Veränderungen der Beweislastverteilung zulasten des AN unwirksam.[439] Diese Regelung hat Bedeutung für den Bereich der Arbeitnehmerhaftung (dazu → § 59 Rn. 1 ff.).

95 – **Bezugnahmeklauseln** (ausf. → § 206 Rn. 1 ff.): Eine Verweisung im Arbeitsvertrag auf Tarifverträge führt für sich genommen nicht zur Intransparenz (→ Rn. 58). Die in Bezug genommenen Tarifverträge selbst unterliegen nach § 310 IV 1 BGB grundsätzlich keiner Inhaltskontrolle (Einzelheiten und Ausnahmen → Rn. 18, 21). Verknüpft der AG **in AGB die dort genannte Vergütung mit einer konkreten tariflichen Entgeltgruppe** eines dem Anwendungsbereich nach einschlägigen Tarifvertrags, bringt er damit zum Ausdruck, er vergüte den AN entsprechend den Entwicklungen des maßgebenden Tarifvertrags.[440] Ebenso ist die pauschale Bezugnahme im Arbeitsvertrag auf tarifliche Vergütungsbestimmungen ohne Angabe einer konkret nach Datum festgelegten Fassung des in Bezug genommenen Tarifver-

[430] BAG 16.5.2012 AP Nr. 128 zu § 615 BGB = NZA 2012, 971.
[431] BAG 19.3.2008 AP Nr. 11 zu § 305 BGB = NZA 2008, 757; dazu *Matthiessen* NZA 2008, 1165.
[432] BAG 3.12.2019 AP Nr. 78 zu § 307 BGB = NZA 2020, 586.
[433] BAG 19.5.2010 AP Nr. 13 zu § 310 BGB = NZA 2010, 939.
[434] BAG 19.12.2007 NZA 2008, 464; 28.11.2007 AP Nr. 33 zu § 307 BGB = NZA 2008, 293.
[435] BAG 18.9.2018 NZA 2018, 1619.
[436] BAG 25.4.2018 AP Nr. 74 zu § 307 BGB = NZA 2018, 1061.
[437] BAG 5.8.2009 AP Nr. 85 zu § 242 BGB Betriebliche Übung = NZA 2009, 1105; 27.8.2008 AP Nr. 36 zu § 307 BGB = NZA 2009, 49; DDW/*Deinert* BGB § 305 Rn. 5a; ErfK/*Preis* BGB §§ 305–310 Rn. 22.
[438] BAG 18.3.2009 AP Nr. 83 zu § 242 BGB Betriebliche Übung = NZA 2009, 601.
[439] ErfK/*Preis* BGB §§ 305–310 Rn. 80; WLP/*Stoffels* ArbR Rn. 122; *Thüsing,* AGB-Kontrolle im ArbR, Rn. 173.
[440] BAG 3.7.2019 AP Nr. 153 zu § 1 TVG Bezugnahme auf Tarifvertrag = NZA 2019, 1592.

trags regelmäßig dynamisch zu verstehen. Nur wenn es eindeutige Hinweise für eine statische Bezugnahme gibt, kann von dieser Auslegungsregel abgewichen werden.[441]

- **Bürgschaft:** Verlangt der AG von einem Dritten – hier: Vater des AN – in einer vorformulierten Erklärung eine Bürgschaft zur Sicherung aller künftigen Forderungen aus dem Arbeitsverhältnis bis zur Höhe von 2 500,00 EUR, benachteiligt dies den Bürgen regelmäßig unangemessen iSv § 307 I 1 BGB.[442] 96
- **Darlehen:** Wird die Fälligkeit des Rückzahlungsanspruchs bei einem Arbeitgeberdarlehen an die Beendigung des zugrunde liegenden Arbeitsverhältnisses geknüpft, kann dies den AN entgegen § 307 I 1 BGB unangemessen benachteiligen, wenn die sofortige Rückzahlungspflicht auch Fallgestaltungen betrifft, für die kein schützenswertes Interesse des AG besteht. Dies ist der Fall, wenn das Arbeitsverhältnis auf Grund einer arbeitgeberseitigen Kündigung endet, deren Gründe nicht im Verhalten des AN liegen, oder bei einer vom AG veranlassten Eigenkündigung des AN.[443] 96a
- **Dienstwagen:** Verträge, in denen die private Nutzung des Dienstwagens geregelt ist, können der Inhaltskontrolle unterliegen (dazu → § 68 Rn. 8 ff.). Zum Entzug der Nutzung bedarf es keiner Änderungskündigung, wenn durch den Wegfall der privaten Nutzungsmöglichkeit des Firmenwagens das Verhältnis von Leistung und Gegenleistung im Arbeitsverhältnis nicht grundlegend gestört wird. Eine Störung liegt dann nicht vor, wenn weniger als 25% des regelmäßigen Verdienstes betroffen sind.[444] In diesem Fall kann der AG bei einem wirksam vereinbarten Vorbehalt (dazu → Rn. 130) die private Nutzung des Dienstwagens einseitig widerrufen. Eine Klausel, nach der ein AN einen auch privat nutzbaren Dienstwagen im Falle der Freistellung an den AG zurückgeben muss, ist wirksam. Neben der Inhaltskontrolle steht jedoch eine einzelfallbezogene Ausübungskontrolle nach § 315 BGB, da die Erklärung des Widerrufs eine einseitige Leistungsbestimmung durch den AG darstellt. Der Widerruf muss deshalb billigem Ermessen entsprechen.[445] Die Vereinbarung in einem Formularvertrag, nach welcher der AG berechtigt ist, „jederzeit" die Überlassung eines auch zur Privatnutzung zur Verfügung gestellten Firmenwagens zu widerrufen, ist allerdings zu weit gefasst. Sie hält einer Inhaltskontrolle nach § 307 iVm § 308 Nr. 4 BGB nicht stand. Sie benachteiligt den AN unangemessen, weil hier das Widerrufsrecht an keinen Sachgrund gebunden ist.[446] Gleiches gilt für einen Widerrufsvorbehalt, der daran anknüpft, dass die Überlassung des Kfz zur privaten Nutzung unter „Markt- und wirtschaftlichen Gesichtspunkten nicht mehr sinnvoll" erscheint.[447] 97
- **Einseitige Leistungsbestimmungsrechte:** Dem AG kann im Arbeitsvertrag ein einseitiges Leistungsbestimmungsrecht iSv § 315 BGB zur Festlegung eines Bonus eingeräumt werden. Höhe und Art einer Bonuszahlung müssen nicht abschließend im Arbeitsvertrag festgelegt werden.[448] Unwirksam ist dagegen eine AGB, die es dem AG erlaubte, nach Ablauf eines Geschäftsjahres die versprochene Leistungsbestimmung nach billigem Ermessen zu unterlassen. Es würde den AN unangemessen benachteiligen (§ 307 I 1 BGB), wenn der AG von der Leistungsbestimmung für ein bestimmtes Geschäftsjahr absehen dürfte, obwohl der AN in diesem Geschäftsjahr seine Arbeitsleistung erbracht hat und die Leistung auch Teil der Gegenleistung für die erbrachte Arbeitsleistung des AN war.[449] 98
- **Entreicherung:** Durch AGB dürfte der Einwand des Wegfalls der Bereicherung (§ 818 III BGB) nicht ausgeschlossen werden können. Zwar konnte nach älterer Rechtsprechung des BAG vertraglich vereinbart werden, dass der AN ohne Rücksicht auf den Wegfall der Bereicherung zur Rückzahlung überzahlter Beträge verpflichtet ist.[450] Eine solche Klausel dürfte heute jedoch nicht mehr der Inhaltskontrolle nach § 307 I, II Nr. 1 BGB standhalten.[451] Sie 98a

[441] BAG 11.4.2018 AP Nr. 144 zu § 1 TVG Bezugnahme auf Tarifvertrag; 25.2.2015 AP Nr. 129 zu § 1 TVG Bezugnahme auf Tarifvertrag = NZA 2015, 943.
[442] Vgl. BAG 27.4.2000 AP Nr. 1 zu § 765 BGB = NZA 2000, 940.
[443] BAG 28.9.2017 AP Nr. 6 zu § 611 BGB Arbeitgeberdarlehen = NZA 2018, 589.
[444] BAG 21.3.2012 AP Nr. 24 zu § 611 BGB Sachbezüge = NZA 2012, 616; 11.10.2006 AP Nr. 6 zu § 308 BGB = NZA 2007, 87; 16.12.2006 AP Nr. 21 zu § 611 BGB Sachbezüge = NZA 2007, 809.
[445] BAG 21.3.2012 AP Nr. 24 zu § 611 BGB Sachbezüge = NZA 2012, 616.
[446] BAG 16.12.2006 AP Nr. 21 zu § 611 BGB Sachbezüge = NZA 2007, 809; vgl. auch HessLAG 20.7.2004 MDR 2005, 459.
[447] BAG 13.4.2010 AP Nr. 8 zu § 308 BGB = NZA-RR 2010, 457.
[448] BAG 3.8.2016 AP Nr. 306 zu § 611 BGB Gratifikation = NZA 2016, 1334; 16.1.2013 AP Nr. 108 zu § 315 BGB = NZA 2013, 1013; 29.8.2012 AP Nr. 104 zu § 315 BGB = NZA 2013, 148.
[449] BAG 3.8.2016 AP Nr. 306 zu § 611 BGB Gratifikation = NZA 2016, 1334.
[450] BAG 8.2.1964 AP Nr. 2 zu § 611 BGB Lohnrückzahlung.
[451] Näher zur AGB-Kontrolle solcher Klauseln *Bieder* DB 2006, 1318; Preis/*Sagan*, Der Arbeitsvertrag, Arbeitsentgelt, überzahltes Rn. 4 ff.

weicht vom gesetzlichen Leitbild des § 818 III BGB ab und führt zu einer unangemessenen Benachteiligung des AN, weil diesem im Falle der Überzahlung das alleinige Risiko einschränkungslos übertragen wird.[452]

99 – **Fälligkeitsregelungen:** Die Vereinbarung eines von § 614 BGB abweichen Fälligkeitstermins für die laufende Vergütung ist zulässig, wenn der AG hierfür sachliche Gründe anführen kann. Dies ist etwa anzunehmen, wenn einzelne Vergütungsbestandteile Monat für Monat neu berechnet werden müssen. In solchen Fällen ist das Hinausschieben der Fälligkeit bis zum 15. des Folgemonats nicht zu beanstanden.[453]

100 – **Freistellungsklauseln:** Die Behandlung von Freistellungsklauseln in Arbeitsverträgen ist noch nicht abschließend geklärt.[454] Freistellungsklauseln sind nicht am Maßstab des § 308 Nr. 4 BGB zu messen, maßgeblich ist vielmehr § 307 I BGB.[455] Nach einer Auffassung sind generelle, einschränkungslose Freistellungsklauseln gemäß § 307 II Nr. 1 BGB unwirksam, weil bei der Angemessenheitskontrolle der allgemeine Beschäftigungsanspruch als Leitbild berücksichtigt werden müsse.[456] Damit werden die beiderseitigen Interessen von AG und AN jedoch nicht vollständig erfasst. Im Rahmen der Angemessenheitskontrolle sind vielmehr sachliche Gründe des AG für eine Freistellung zu berücksichtigen. Diese Gründe sind in die Freistellungsklausel aufzunehmen und zumindest rahmenmäßig („nach einer Kündigung bis zum Ablauf der Kündigungsfrist") zu bezeichnen.[457] Damit wird dem Transparenzgebot Rechnung getragen. In Betracht kommen Freistellungsklauseln in Arbeitsverhältnissen, in denen bei typisierender Betrachtung nach einer Kündigung die Gefahr der Weitergabe vertraulicher Informationen an Konkurrenten besteht. Das kann angenommen werden bei Außendienstmitarbeitern, die Kundenkontakte pflegen, und AN, die Zugriff auf vertrauliches „Know-how" haben, sowie bei Führungskräften, denen ein besonderes Vertrauen entgegengebracht wird.[458] Freistellungsklauseln in vorformulierten Vertragsbedingungen außertariflicher Mitarbeiter verstoßen regelmäßig nicht gegen § 307 I 1 BGB. Die Ausübung des Freistellungsrechts kann allerdings der Billigkeitskontrolle nach § 315 BGB unterliegen.[459]

101 – **Freiwilligkeitsvorbehalt:** Der AG kann mit einem Freiwilligkeitsvorbehalt das Entstehen eines Rechtsanspruchs des AN auf künftige Sonderzahlungen auf Grund einer betrieblichen Übung (→ § 110 Rn. 12) nur unter Beachtung besonderer Anforderungen verhindern (auch → § 78 Rn. 20). Hierfür genügt ein **pauschaler vertraglicher Freiwilligkeitsvorbehalt,** der alle zukünftigen Leistungen unabhängig von ihrer Art und ihrem Entstehungsgrund erfasst, nicht. Dieser ist nach § 307 I 1 BGB unwirksam.[460] Ein solcher Vorbehalt umfasst unzulässigerweise auch laufende Leistungen (dazu → Rn. 108) und ist auch nicht allein auf die Verhinderung einer betrieblichen Übung gerichtet, sondern schließt auch konkludente, zB auf einer Gesamtzusage beruhende Vereinbarungen und sogar ausdrückliche vertragliche Einzelabreden ein. Damit verstößt er auch gegen den Vorrang von Individualvereinbarungen aus § 305b BGB.[461] Darüber hinaus benachteiligt er den AN unangemessen, wenn er dem AG das Recht zubilligt, trotz Abschluss einer vergütungsorientierten Zielvereinbarung nach Ablauf der Beurteilungsperiode frei darüber zu entscheiden, ob eine Vergütungszahlung erfolgt oder nicht.[462] Hiervon ausgehend sind pauschale Freiwilligkeitsvorbehalte in AGB des Arbeitsvertrags, wonach die Gewährung von Sonderzahlungen durch den AG freiwillig und mit der Maßgabe erfolgt, dass auch mit einer wiederholten Zahlung kein Rechtsanspruch für die Zukunft begründet wird, unwirksam.[463] Wirksam ist dagegen ein mit der jeweiligen

---

452 Ebenso ErfK/*Preis* BGB §§ 305–310 Rn. 93; WLP/*Stoffels* ArbR Rn. 200.

453 Ebenso HWK/*Roloff* BGB Anh. §§ 305–310 Rn. 29.

454 Dazu *Bauer* NZA 2007, 409.

455 *Fesenmeyer,* Die Freistellung des Arbeitnehmers von der Arbeit, 2007, 69 ff.; *Krause* NZA-Beil. 1/2005, 51 (61 ff.).

456 So ArbG Frankfurt/M. 19.11.2003 NZA-RR 2004, 409; ähnlich DDW/*Däubler* Anh. Rn. 217; *Fischer* NZA 2004, 233 (234 ff.).

457 Vgl. HWK/*Roloff* BGB Anh. §§ 305–310 Rn. 30; *Krause* NZA-Beil. 1/2005, 51 (61 ff.); *Thüsing,* AGB-Kontrolle im ArbR, Rn. 307; weitergehend wohl *Ohlendorf/Salamon* NZA 2008, 856.

458 *Thüsing/Leder* BB 2005, 1563 (1569); *Worzalla* NZA-Beil. 3/2006, 122 (129).

459 LAG München 7.5.2003 LAGE § 307 BGB 2002 Nr. 2; ArbG Berlin 24.2.2005 BB 2006, 559.

460 BAG 16.1.2013 AP Nr. 108 zu § 315 BGB = NZA 2013, 1013.

461 BAG 13.11.2013 AP Nr. 303 zu § 611 BGB Gratifikation = NZA 2014, 368; 14.9.2011 AP Nr. 56 zu § 307 BGB = NZA 2012, 81.

462 BAG 19.3.2014 AP Nr. 113 zu § 315 BGB = NZA 2014, 595.

463 BAG 13.11.2013 AP Nr. 303 zu § 611 BGB Gratifikation = NZA 2014, 368; *Preis/Sagan* NZA 2012, 697 (699 ff.); ebenso *Bayreuther* ZfA 2011, 45 (51 f.); *Worzalla* SAE 2012, 92; dagegen *Bauer/v. Medem* NZA 2012, 894; *Crisolli/Zumseil* BB 2012, 1281 f.; *Hromadka* DB 2012, 1037; *Niebling* NJW 2013, 3011.

Sonderzahlung einhergehender klar und verständlich formulierter Vorbehalt, der jeden Rechtsanspruch des AN auf eine Sonderzahlung ausschließt. Hiermit kann der AG das Entstehen einer entsprechenden Übung verhindern.[464] Der Freiwilligkeitsvorbehalt muss dabei unter Berücksichtigung des Transparenzgebots aus § 307 I 2 BGB so abgefasst sein, dass der AN erkennen kann, dass er keinen Rechtsanspruch auf künftige Leistungen hat. Dem genügt eine Klausel, die bestimmt, dass es sich bei der näher bezeichneten Leistung um eine einmalige freiwillige Leistung handelt, die ohne Anerkennung einer Rechtspflicht gewährt wird und zukünftige Ansprüche nicht begründet. Unzureichend ist dagegen ein Vorbehalt, der lediglich erklärt, die Sonderzahlung erfolge „freiwillig" und „ohne jede rechtliche Verpflichtung.[465]

Transparenzprobleme entstehen des Weiteren, wenn im Vertrag konkrete **Leistungszusagen mit Freiwilligkeitsvorbehalten verknüpft** werden. Deshalb ist folgende Klausel intransparent: „Die Angestellte erhält eine Weihnachtsgratifikation in Höhe des Bruttogehaltes nach den betrieblichen Vereinbarungen. Ein Rechtsanspruch auf eine Weihnachtsgratifikation besteht nicht. Wird eine solche gewährt, stellt sie eine freiwillige, stets widerrufbare Leistung des AG dar." Diese Klausel enthält im ersten Satz die Zusage einer bestimmten Sonderzahlung und im zweiten Satz den Hinweis darauf, dass der AN keinen Rechtsanspruch auf die Sonderzahlung hat. Das ist widersprüchlich und damit intransparent iSv § 307 I 1 BGB.[466] Ist bestimmt, dass sämtliche Sonderzahlungen freiwillige Zuwendungen sind, auf die kein Rechtsanspruch besteht, und soll sich nach einem Klammerzusatz die Weihnachtsgratifikation nach den Bestimmungen des BAT richten, ist diese Regelung unklar iSv § 305c II BGB.[467] Da der Klammerzusatz einen Anspruch formuliert, kann die Klausel auch so verstanden werden, dass Sonderzahlungen zwar grundsätzlich freiwillige Zuwendungen sind, aber die Weihnachtsgratifikation nach den Bestimmungen des BAT gezahlt wird. Wegen der Unklarheit erfasst der Freiwilligkeitsvorbehalt nicht den Anspruch auf eine Weihnachtsgratifikation. Ein solchermaßen unwirksamer Freiwilligkeitsvorbehalt kann nicht im Wege einer ergänzenden Vertragsauslegung in einen Widerrufsvorbehalt umgedeutet werden.[468] Bestimmen AGB, dass „die Zahlung eines 13. Gehalts eine freiwillige Leistung der Firma ist, die anteilig als Urlaubs- und Weihnachtsgeld gewährt werden kann", begründet dies bei Anwendung der Unklarheitenregel des § 305c II BGB einen unbedingten Anspruch auf Zahlung.[469] 102

Die Vereinbarung einer **„freiwilligen, jederzeit widerruflichen Zulage"** ist gleichfalls unwirksam. In einer derartigen Kombination von Freiwilligkeits- und Widerrufsvorbehalt liegt regelmäßig ein zur Unwirksamkeit der Klausel führender Verstoß gegen das Transparenzgebot (§ 307 I 2 BGB), so dass der AG sich auf den Freiwilligkeitsvorbehalt nicht berufen kann.[470] Hier wird auch für den um Verständnis bemühten Vertragspartner nicht deutlich, ob nun jegliche zukünftige Bindung ausgeschlossen oder lediglich eine Möglichkeit eröffnet werden soll, sich später wieder von einer vertraglichen Bindung loszusagen. **§ 308 Nr. 4 BGB** ist auf Freiwilligkeitsvorbehalte nicht anwendbar.[471] Dem AG wird hierdurch kein Recht zur Änderung der versprochenen Leistung verliehen, denn dies setzt voraus, dass bereits eine vertragliche Leistungspflicht besteht. Hieran fehlt es beim Freiwilligkeitsvorbehalt, weil erst mit der vorbehaltlosen Zusage, leisten zu wollen, oder mit der tatsächlichen Zahlung nach Maßgabe des arbeitsrechtlichen Gleichbehandlungsgrundsatzes eine Leistungspflicht entsteht. 103

Ob eine Sonderzahlung **vom Vorliegen weiterer Voraussetzungen abhängig** gemacht werden kann, richtet sich nach dem Leistungszweck. Insoweit ist zu differenzieren:[472] 104

[464] BAG 16.1.2013 AP Nr. 108 zu § 315 BGB = NZA 2013, 1013; 14.9.2011 AP Nr. 56 zu § 307 BGB = NZA 2012, 81; *Preis/Sagan* NZA 2012, 697 (703); *Rheinfelder* NZA-Beil. 1/2014, 10 (13).

[465] Vgl. zu dieser Formulierung BAG 17.4.2013 NZA 2013, 787; ebenso BAG 3.9.2014 AP Nr. 235 zu § 1 TVG Tarifverträge: Metallindustrie; 20.2.2013 AP Nr. 299 zu § 611 BGB Gratifikation = NZA 2013, 1015.

[466] BAG 24.10.2007 AP Nr. 32 zu § 307 BGB = NZA 2008, 40; 30.7.2008 NZA 2008, 1173; 10.12.2008 AP Nr. 40 zu § 307 BGB = NZA-RR 2009, 576.

[467] BAG 20.1.2010 AP Nr. 12 zu § 305c BGB = NZA 2010, 445; s. auch BAG 10.12.2008 AP Nr. 40 zu § 307 BGB = NZA-RR 2009, 576 und BAG 30.7.2008 AP Nr. 274 zu § 611 BGB Gratifikation = NZA 2008, 1173, wo ähnliche Klauseln als intransparent iSv § 307 I 2 BGB angesehen wurden.

[468] BAG 10.12.2008 AP Nr. 40 zu § 307 BGB = NZA-RR 2009, 576.

[469] BAG 17.4.2013 NZA 2013, 787.

[470] BAG 14.9.2011 AP Nr. 56 zu § 307 BGB = NZA 2012, 81, noch offengelassen von BAG 8.12.2010 AP Nr. 91 zu § 242 BGB Betriebliche Übung = NZA 2011, 628; aA BAG 1.3.2006 AP Nr. 3 zu § 308 BGB = NZA 2006, 746.

[471] BAG 18.3.2009 AP Nr. 282 zu § 611 BGB Gratifikation = NZA 2009, 535; 30.7.2008 AP Nr. 274 zu § 611 BGB Gratifikation = NZA 2008, 1173.

[472] Dazu BAG 18.1.2012 AP Nr. 59 zu § 307 BGB = NZA 2012, 620.

(1) Steht eine **Sonderzuwendung im Synallagma** zur erbrachten Arbeitsleistung und ist sie vom AN durch die Erbringung der geschuldeten Arbeitsleistung verdient worden, kann ihre Zahlung nicht vom Vorliegen weiterer Voraussetzungen abhängig gemacht werden. Auch eine erfolgsabhängige Vergütung wird als unmittelbare Gegenleistung für die entsprechend der Zielvereinbarung erbrachte Arbeitsleistung geschuldet. Der Anspruch auf eine solche Zuwendung entsteht während des Bezugszeitraums entsprechend der zurückgelegten Dauer und wird nur zu einem anderen Zeitpunkt insgesamt fällig.[473] Dies gilt gleichermaßen für Sonderzuwendungen, die nur an den Unternehmenserfolg anknüpfen. Auch diese werden regelmäßig als zusätzliche Vergütung für eine im Geschäftsjahr erbrachte Arbeitsleistung des AN gezahlt.[474]

105 **(2)** Dient eine Sonderzuwendung hingegen nicht der Vergütung erbrachter Arbeitsleistungen, sondern der **Honorierung der Betriebstreue,** kann ihre Zahlung grundsätzlich an den Eintritt weiterer Bedingungen geknüpft werden.[475] Der AG macht dem AN damit deutlich, welchen Wert das Verbleiben im Arbeitsverhältnis für ihn darstellt. Der AN seinerseits kann darüber entscheiden, ob er die Verdienstchancen bei einem Arbeitsplatzwechsel vorzieht oder die Treueprämie in Anspruch nehmen will.[476] Künftige Betriebstreue wird regelmäßig dadurch sichergestellt, dass die Sonderzuwendung nur bei Fortbestand des Arbeitsverhältnisses über einen Stichtag hinaus bis zum Ende eines dem AN noch zumutbaren Bindungszeitraums gezahlt wird oder der AN diese zurückzuzahlen hat, wenn das Arbeitsverhältnis vor Ablauf zumutbarer Bindungsfristen endet. Erwiesene Betriebstreue kann dadurch sichergestellt werden, dass die Zahlung der Sonderzuwendung vom (ungekündigten) Bestand des Arbeitsverhältnisses am Auszahlungstag abhängig gemacht wird. In beiden Fällen hängt die Zahlung der Sonderzuwendungen nicht von einer bestimmten Arbeitsleistung, sondern nur vom Bestand des Arbeitsverhältnisses ab.

106 **(3)** Welche Zwecke der AG mit der Zahlung verfolgt, ist durch **Auslegung der vertraglichen Bestimmungen** zu ermitteln. Maßgeblich sind hierbei die tatsächlichen und rechtlichen Voraussetzungen, von deren Vorliegen und Erfüllung die Leistung abhängig gemacht wird.[477] Der Vergütungscharakter ist eindeutig, wenn die Sonderzahlung an das Erreichen quantitativer oder qualitativer Ziele geknüpft ist. Gleiches gilt, wenn die Sonderzuwendung einen wesentlichen Anteil der Gesamtvergütung des AN ausmacht. Fehlt es hieran und sind auch weitere Anspruchsvoraussetzungen nicht vereinbart, spricht dies ebenfalls dafür, dass die Sonderzahlung als Gegenleistung für die Arbeitsleistung geschuldet wird.[478] Eine **Weihnachtsgratifikation,** die an den Bestand des Arbeitsverhältnisses anknüpft und nicht der Vergütung geleisteter Arbeit dient, kann dagegen vom ungekündigten Bestehen des Arbeitsverhältnisses zum Auszahlungszeitpunkt abhängig gemacht werden, ohne dass danach differenziert werden muss, wer die Kündigung ausgesprochen hat und ob sie auf Gründen beruht, die in der Sphäre des AG oder des AN liegen.[479] Wird ein **Urlaubsgeld** pro genommenen Urlaubstag vereinbart, handelt es sich nicht um eine Leistung, die vom AN durch Arbeitsleistung verdient werden muss. Es ist deshalb nicht unangemessen benachteiligend, dass das Urlaubsgeld nicht zur Auszahlung kommt, wenn das Arbeitsverhältnis zum Auszahlungstag durch den AG gekündigt ist und die Beendigung damit nicht auf Gründen beruht, die in der Sphäre des AN liegen.[480]

107 **(4)** Bemisst sich die Höhe einer Sonderzahlung jedenfalls auch nach der erbrachten Arbeitsleistung im Bezugsjahr, dient die Zahlung zumindest auch der Vergütung geleisteter Arbeit. Lässt sich durch Auslegung daneben als Leistungszweck die „Honorierung der Betriebstreue" feststellen, handelt es sich um eine **Sonderzahlung mit Mischcharakter.** Diese kann nach neuer Rechtsprechung des BAG nicht vom ungekündigten Bestand des Arbeitsverhältnisses zu einem Zeitpunkt außerhalb des Bezugszeitraums der Sonderzahlung abhängig gemacht werden.[481] Aber auch wenn der Stichtag innerhalb des Bezugsjahres liegt und

[473] BAG 18.1.2012 AP Nr. 59 zu § 307 BGB = NZA 2012, 620; ebenso bereits BAG 12.4.2011 AP Nr. 57 zu § 75 BetrVG 1972 = NZA 2011, 989 zu entsprechenden Regelungen in Betriebsvereinbarungen.

[474] BAG 18.1.2012 AP Nr. 59 zu § 307 BGB = NZA 2012, 620.

[475] BAG 18.1.2012 AP Nr. 59 zu § 307 BGB = NZA 2012, 620.

[476] BAG 22.7.2014 AP Nr. 24 zu § 11 BUrlG Urlaubsgeld = NZA 2014, 1136.

[477] BAG 13.5.2015 AP Nr. 304 zu § 611 BGB = NZA 2015, 992.

[478] BAG 13.5.2015 AP Nr. 304 zu § 611 BGB = NZA 2015, 992; 18.1.2012 AP Nr. 59 zu § 307 BGB = NZA 2012, 620.

[479] BAG 18.1.2012 AP Nr. 59 zu § 307 BGB = NZA 2012, 620.

[480] BAG 22.7.2014 AP Nr. 24 zu § 11 BUrlG Urlaubsgeld = NZA 2014, 1136.

[481] BAG 13.5.2015 AP Nr. 304 zu § 611 BGB = NZA 2015, 992; 13.11.2013 AP Nr. 303 zu § 611 BGB Gratifikation = NZA 2014, 368; 18.1.2012 AP Nr. 292 zu § 611 BGB Gratifikation = NZA 2012, 561 unter Aufgabe von BAG 28.3.2007 AP Nr. 265 zu § 611 BGB Gratifikation = NZA 2007, 687.

die Sonderzahlung auch Arbeitsleistung abgelten soll, die in dem Zeitraum vor dem Stichtag erbracht wurde, wird diese Zahlung zum Teil als Gegenleistung für erbrachte Arbeit geleistet. Ein im Austausch von Arbeit und Vergütung liegender Grund für die Kürzung der Vergütung besteht indes nicht. Die Kürzung erfolgt vielmehr ausschließlich wegen einer aus Sicht des AG nicht hinreichend erwiesenen Betriebstreue. Dieser Gesichtspunkt ändert aber nichts daran, dass der AN die nach dem Vertrag geschuldete Leistung erbracht hat.[482] Es widerspricht der gesetzlichen Wertung des § 611a BGB und ist deshalb gem. § 307 II Nr. 1 BGB unangemessen, vereinbartes Arbeitsentgelt dem AN über eine Stichtagsklausel oder eine sonstige Zahlungsbedingung wieder zu entziehen, wenn der vorleistungsverpflichtete AN die geschuldete Arbeitsleistung erbracht hat.[483] Nur dann, wenn die Arbeitsleistung gerade in einem bestimmten Zeitraum vor dem Stichtag besonderen Wert hat, mag anderes gelten. Das kann bei Saisonbetrieben der Fall sein, aber auch auf anderen branchen- oder betriebsbezogenen Besonderheiten beruhen. Möglich ist auch, dass eine Sonderzahlung an bis zu bestimmten Zeitpunkten eintretende Unternehmenserfolge anknüpft; in diesen Fällen ist eine zu bestimmten Stichtagen erfolgende Betrachtung oftmals zweckmäßig und nicht zu beanstanden.[484]

Unwirksam sind Regelungen, die **Zuschläge zur laufenden Vergütung,** etwa einen übertariflichen Zuschlag auf den tariflichen Stunden- oder Monatslohn, unter einen Freiwilligkeitsvorbehalt stellen. Hier ist der Zuschlag nicht eine Vergünstigung, die in keinem unmittelbaren Zusammenhang mit der Arbeitsleistung steht, sondern Gegenleistung für die vom AN erbrachte Arbeitsleistung. Die Vereinbarung eines Freiwilligkeitsvorbehalts bei solchen Zuschlägen weicht von allgemeinen vertragsrechtlichen Grundsätzen ab (§ 307 II Nr. 1 BGB). Der Arbeitsvertrag ist ein gegenseitiger Vertrag, in dem sich der AN zur Erbringung der Arbeitsleistung und der AG zur Zahlung der Vergütung verpflichtet. Die Hauptleistungspflichten des § 611a BGB stehen in einem Synallagma. Der Vertragszweck der Gegenseitigkeit von Rechten und Pflichten wird durch Freiwilligkeitsvorbehalte zum Nachteil des AN gefährdet. Das rechtfertigt es, auf Freiwilligkeitsvorbehalte, die Zuschläge zur laufenden Vergütung betreffen, dieselben Grundsätze anzuwenden, die zum Widerrufsvorbehalt entwickelt worden sind (dazu → Rn. 130).[485] Demgegenüber weicht ein Freiwilligkeitsvorbehalt, der nur einen Rechtsanspruch auf Sonderzahlungen, die nicht im unmittelbaren Gegenseitigkeitsverhältnis stehen, ausschließt (zu den stets zu beachtenden weiteren Anforderungen → Rn. 101), nicht von § 611a BGB ab. § 4a S. 1 EFZG ist Ausdruck einer gesetzlichen Wertung iSd § 307 II Nr. 1 BGB, dass Freiwilligkeitsvorbehalte bei Sonderzahlungen keine unangemessene Benachteiligung des AN bedeuten. Während nach § 4a S. 1 EFZG eine Vereinbarung über die Kürzung von Sonderzahlungen aufgrund von Arbeitsunfähigkeit des AN infolge Krankheit grundsätzlich zulässig ist (→ § 79 Rn. 3 ff.), verbietet § 12 EFZG, den gesetzlichen Anspruch des AN auf fortzuzahlendes, laufendes Arbeitsentgelt bei Arbeitsunfähigkeit infolge Krankheit abzubedingen. Der Gesetzgeber hält danach den AN bei Sonderzahlungen nicht für ebenso schutzwürdig wie bei der Zahlung laufenden Arbeitsentgelts.[486] **108**

Von der Inhaltskontrolle des Freiwilligkeitsvorbehalts ist die Überprüfung der damit zusammenhängend geregelten **Modalitäten der Abwicklung** der gewährten Leistungen zu trennen.[487] Hier spielen insbesondere Stichtagsregelungen eine Rolle (dazu → § 78 Rn. 37). **109**

- **Haftungsverschärfung:** Eine arbeitsvertraglich vereinbarte Abweichung von den von der Rechtsprechung entwickelten zwingenden[488] Grundsätzen zur Arbeitnehmerhaftung (→ § 59 Rn. 1) ist unwirksam. **110**
- **Klageverzicht:** Der formularmäßige Verzicht auf die Erhebung einer **Kündigungsschutzklage** ohne angemessene Gegenleistung stellt nach Auffassung des BAG eine unangemessene Benachteiligung iSv § 307 I 1 BGB dar (→ § 138 Rn. 6).[489] Hiergegen spricht indes, dass nach **111**

---

[482] BAG 13.11.2013 AP Nr. 303 zu § 611 BGB Gratifikation = NZA 2014, 368.
[483] BAG 18.1.2012 AP Nr. 59 zu § 307 BGB = NZA 2012, 620.
[484] BAG 13.11.2013 AP Nr. 303 zu § 611 BGB Gratifikation = NZA 2014, 368.
[485] BAG 25.4.2007 AP Nr. 7 zu § 308 BGB = NZA 2007, 853; hierzu *Gaul* FS Hromadka, 99; *Junker* FS Buchner, 369 (381 ff.); *Schramm* NZA 2007, 1325.
[486] BAG 18.3.2009 AP Nr. 282 zu § 611 BGB Gratifikation = NZA 2009, 535; 30.7.2008 AP Nr. 274 zu § 611 BGB Gratifikation = NZA 2008, 1173.
[487] ErfK/*Preis* BGB §§ 305–310 Rn. 73.
[488] BAG 2.12.1999 AP Nr. 3 zu § 611 BGB Mankohaftung = NZA 2000, 715.
[489] BAG 24.9.2015 AP Nr. 83 zu § 4 KSchG 1969 = NZA 2016, 351 (gutes Zeugnis ist kein angemessener Ausgleich); 25.9.2014 AP Nr. 81 zu § 4 KSchG 1969 = NZA 2015, 350; 6.9.2007 AP Nr. 62 zu § 4 KSchG 1969 = NZA 2008, 219; ebenso Ulmer/Brandner/Hensen/*Fuchs/Bieder* BGB Anh. § 310 Rn. 107; ErfK/*Preis* BGB §§ 305–310 Rn. 77a.

Auffassung des BAG Klageverzichtsvereinbarungen, die im unmittelbaren Zusammenhang mit einer Kündigung getroffen werden, formbedürftige Auflösungsverträge iSd § 623 BGB darstellen (dazu → § 122 Rn. 47). Wenn der Klageverzicht danach als Teil der Aufhebungsvereinbarung angesehen wird und damit eine Hauptpflicht betrifft, ist es widersprüchlich, andererseits den Klageverzicht als Nebenabrede einer Inhaltskontrolle zu unterziehen. Der Verzicht auf die gerichtliche Geltendmachung der Unwirksamkeit eines **Aufhebungsvertrags** in einem Aufhebungsvertrag, der zur Vermeidung einer vom AG angedrohten außerordentlichen Kündigung geschlossen wird, benachteiligt den AN unangemessen iSv § 307 I BGB, wenn ein verständiger AG die angedrohte Kündigung nicht ernsthaft in Erwägung ziehen durfte.[490] Letzterem kann indes nicht gefolgt werden.[491]

112 – **Kündigung vor Dienstantritt:** Der Ausschluss des Rechts zur ordentlichen Kündigung vor Dienstantritt kann in einem Formulararbeitsvertrag wirksam vereinbart werden (→ § 123 Rn. 70). Hierin liegt keine unangemessene Benachteiligung des AN iSv § 307 I BGB. Der Ausschluss des Kündigungsrechts darf sich freilich nur auf die ordentliche Kündigung vor Arbeitsaufnahme beziehen; das Recht zur außerordentlichen Kündigung nach § 626 BGB ist unabdingbar.[492]

113 Wird der Ausschluss des Kündigungsrechts im Arbeitsvertrag **nicht ausdrücklich auf die ordentliche Kündigung begrenzt** (zB „Vor Beginn des Arbeitsverhältnisses ist die ordentliche Kündigung ausgeschlossen“), sondern wird ganz allgemein die Kündigung vor Dienstantritt ausgeschlossen (zB „Die Kündigung vor Arbeitsaufnahme ist ausgeschlossen“), ist durch Auslegung nach § 157 BGB festzustellen, ob auch das Recht zur außerordentlichen Kündigung ausgeschlossen werden sollte. Dieser Weg der Vertragsauslegung ist bei AGB trotz des Verbots der geltungserhaltenden Reduktion nicht generell verschlossen (→ Rn. 29). Die Vereinbarung über den generellen Ausschluss des Kündigungsrechts ist im Übrigen teilbar in den Ausschluss der ordentlichen und der außerordentlichen Kündigung. Unwirksam ist nur der Teil der Klausel, durch den das Recht zur außerordentlichen Kündigung ausgeschlossen wird. Der andere Teil ist wirksam. Die Klausel ist damit lediglich in Bezug auf den Ausschluss der außerordentlichen Kündigung teilnichtig iSv § 139 BGB. Der in dem generellen Kündigungsausschluss enthaltene Ausschluss der ordentlichen Kündigung bleibt hiervon unberührt und wirksam.

114 – **Kündigungsvereinbarungen:** Die formularmäßige Verpflichtung eines Tankstellenpächters, bei Beendigung des Tankstellenvertrags die mit Familienmitgliedern eingegangenen Arbeitsverhältnisse „auf seine Kosten zu beenden“, andernfalls den Verpächter oder den Nachfolgebetreiber „von allen daraus entstehenden Kosten freizuhalten bzw. entstandene Kosten zu erstatten“, ist unangemessen benachteiligend und daher unwirksam (§ 307 I 1 BGB). Sie ist – soweit damit die Kündigung der Arbeitsverhältnisse verlangt wird – mit § 613a I und IV BGB nicht vereinbar.[493] Die Klausel in einem Arbeitsvertrag mit einer Lehrkraft, die nur eine **einmalige jährliche Kündigungsmöglichkeit** zu einem bestimmten Kündigungstermin mit einer zweimonatigen Kündigungsfrist vorsieht, benachteiligt die Lehrkraft nicht unangemessen iSd § 307 I 1 BGB.[494] Dagegen ist nach Auffassung des BAG eine Klausel unwirksam, wonach sich die gesetzliche Kündigungsfrist für beide Seiten auf drei Jahre zum Monatsende verlängert, wenn die Verlängerung der Kündigungsfrist nicht angemessen kompensiert wird.[495]

115 – **Lehrer-Richtlinien:** Soweit die Besoldung angestellter Lehrkräfte in einzelnen Bundesländern in Richtlinien geregelt ist, handelt es sich hierbei um AGB. Diese unterliegen der Vertragskontrolle nach §§ 305 ff. BGB.[496]

116 – **Rücktrittsvorbehalt:** Ein Rücktrittsvorbehalt ist nach § 308 Nr. 3 BGB nur wirksam, wenn in dem Vorbehalt der **Grund für die Lösung** vom Vertrag mit hinreichender Deutlichkeit angegeben ist und ein sachlich gerechtfertigter Grund für seine Aufnahme in die Vereinbarung besteht.[497]

---

490 BAG 12.3.2015 AP Nr. 47 zu § 620 BGB Aufhebungsvertrag = NZA 2015, 676.
491 Abl. auch *Bauer/Günther* NJW 2008, 1617; HWK/*Roloff* BGB Anh. §§ 305–310 Rn. 55; *Reuter* FS 50 Jahre BAG, 177 (190); *Schöne* SAE 2008, 155.
492 BAG 19.12.1974 AP Nr. 3 zu § 620 BGB Bedingung; ErfK/*Niemann* BGB § 626 Rn. 194.
493 BGH 23.3.2006 NZA 2006, 551.
494 BAG 25.9.2008 AP Nr. 39 zu § 307 BGB = NZA 2009, 370.
495 BAG 26.10.2017 AP Nr. 74 zu § 622 BGB = NZA 2018, 297.
496 BAG 26.1.2017 AP Nr. 192 zu § 611 BGB Lehrer, Dozenten = NZA-RR 2017, 325; 16.4.2015 AP Nr. 118 zu §§ 22, 23 BAT Lehrer.
497 BAG 27.7.2005 AP Nr. 2 zu § 308 BGB = NZA 2006, 539.

– **Rückzahlungsklauseln bei Aus- und Fortbildung** (→ § 176 Rn. 18 ff.): Rückzahlungsabreden für vom AG verauslagte Aus- und Fortbildungskosten benachteiligen den AN nicht generell unangemessen iSv § 307 I BGB. Sie sind nicht zu beanstanden, wenn die Rückzahlungsverpflichtung bei verständiger Betrachtung einem billigenswerten Interesse des AG entspricht und der AN mit der Fortbildungsmaßnahme eine angemessene Gegenleistung erhalten hat, die für ihn bei erfolgreichem Abschluss von geldwertem Vorteil ist.[498] Eine unangemessene Benachteiligung kann sich allerdings daraus ergeben, dass der AG die Rückzahlungsverpflichtung bei Vertragsbeendigung mit einer (teilweisen) Abgeltung der Ausbildungskosten durch eine in den ersten drei Beschäftigungsjahren verringerte Vergütung kombiniert.[499] Bei der im Rahmen von § 307 I 1 BGB anzustellenden Interessenabwägung ist auch der die Rückzahlungspflicht auslösende Tatbestand zu berücksichtigen. Es ist nicht zulässig, die Rückzahlungspflicht schlechthin an das Ausscheiden des AN zu knüpfen, das innerhalb der mit der Klausel vorgesehenen Bindungsfrist stattfindet. Zahlungsverpflichtungen des AN, die an eine von diesem ausgesprochene Kündigung des Arbeitsverhältnisses anknüpfen, sind geeignet, das Grundrecht auf freie Wahl des Arbeitsplatzes nach Art. 12 I 1 GG einzuschränken. Ihnen muss deshalb ein angemessener Ausgleich gegenüberstehen; der AN muss mit der Ausbildungsmaßnahme eine angemessene Gegenleistung für die Rückzahlungsverpflichtung erhalten.[500] Hiervon ausgehend muss bei einer **Eigenkündigung** nach dem Grund des vorzeitigen Ausscheidens unterschieden werden: Eine Rückzahlungspflicht wird nicht ausgelöst, wenn die Beendigung des Arbeitsverhältnisses durch den AG (mit)veranlasst wurde, zum Beispiel durch ein vertragswidriges Verhalten des AG.[501] Gleiches gilt, wenn der AN die Fortbildungskosten zu erstatten hat, wenn er das Arbeitsverhältnis vor Ablauf der Bindungsdauer kündigt, weil er wegen eines ihm nicht im Sinne eines Verschuldens zuzurechnenden dauerhaften Wegfalls seiner medizinischen Tauglichkeit die geschuldete Arbeitsleistung nicht mehr erbringen kann und der Arbeitsvertrag für diesen Fall eine Suspendierung der beiderseitigen Hauptleistungspflichten vorsieht.[502] Dem ist bei der Klauselformulierung Rechnung zu tragen. Ist dies nicht erfolgt, sondern besteht einschränkungslos bei einer Eigenkündigung eine Rückzahlungspflicht, kann die Klausel nicht mit dem Inhalt aufrechterhalten werden, dass der AN nur bei einer Eigenkündigung aus Gründen, die seinem Verantwortungsbereich zuzurechnen sind, zur Rückzahlung der Ausbildungskosten verpflichtet ist. Dies wäre eine unzulässige geltungserhaltende Reduktion (dazu → Rn. 64).[503] Weiter ist zu beachten, dass die §§ 305 ff. BGB bereits das Stellen inhaltlich unangemessener Formularklauseln missbilligen und nicht erst deren unangemessenen Gebrauch im konkreten Einzelfall. Der Rechtsfolge der Unwirksamkeit sind auch solche Klauseln unterworfen, die in ihrem Übermaßteil in zu beanstandender Weise ein Risiko regeln, das sich im Entscheidungsfall nicht realisiert hat.[504] Eine Klausel über die Erstattung von Fortbildungskosten genügt dem **Transparenzgebot** iSd § 307 I 2 BGB nur dann, wenn der Vertragspartner sein Rückzahlungsrisiko abschätzen kann. Deshalb müssen die durch die Fortbildung entstehenden Kosten dem Grunde und der Höhe nach im Rahmen des Möglichen und Zumutbaren bezeichnet sein. Dazu müssen zumindest Art und Berechnungsgrundlagen der Fortbildungskosten benannt werden.[505] Diese Grundsätze gelten auch dann, wenn die Weiterbildung nicht kontinuierlich, sondern in mehreren zeitlich voneinander getrennten Ausbildungsabschnitten erfolgt, sofern die zeitliche Lage der einzelnen Ausbildungsabschnitte den Vorgaben der Weiterbildungseinrichtung entspricht und die vertragliche Vereinbarung dem AG nicht die Möglichkeit eröffnet, allein nach seinen Interessen die Teilnahme an den jeweiligen Ausbildungsabschnitten festzulegen.[506] Gibt der AG eine zu lange Bindungsdauer vor, ist die daran geknüpfte Rückzahlungsklausel grundsätzlich insgesamt unwirksam. Ein Rückzahlungsanspruch besteht nicht. Doch kann ausnahmsweise im Wege der ergänzenden Vertragsauslegung die unzulässige Bindungsdauer auf eine 117

[498] BAG 15.9.2009 AP Nr. 42 zu § 611 BGB Ausbildungsbeihilfe = NZA 2010, 342; 14.1.2009 AP Nr. 41 zu § 611 BGB Ausbildungsbeihilfe = NZA 2009, 666; dazu *Schönhöft* NZA-RR 2009, 625.
[499] BAG 10.5.2016 – 9 AZR 434/15.
[500] BAG 11.12.2018 AP Nr. 50 zu § 611 BGB Ausbildungsbeihilfe = NZA 2019, 781.
[501] BAG 18.3.2014 NZA 2014, 957.
[502] BAG 11.12.2018 AP Nr. 50 zu § 611 BGB Ausbildungsbeihilfe = NZA 2019, 781.
[503] BAG 28.5.2013 AP Nr. 47 zu § 611 BGB Ausbildungsbeihilfe = NZA 2013, 1419; 13.12.2011 AP Nr. 45 zu § 611 BGB Ausbildungsbeihilfe = NZA 2012, 738.
[504] BAG 11.12.2018 AP Nr. 50 zu § 611 BGB Ausbildungsbeihilfe = NZA 2019, 781.
[505] BAG 6.8.2013 AP Nr. 47 zu § 611 BGB Ausbildungsbeihilfe = NZA 2013, 1361; 21.8.2012 AP Nr. 46 zu § 611 BGB Ausbildungsbeihilfe = NZA 2012, 1428.
[506] BAG 19.1.2011 AP Nr. 44 zu § 611 BGB Ausbildungsbeihilfe = NZA 2012, 85.

zulässige zurückgeführt werden, wenn es wegen der einzelfallbezogenen Betrachtung für den AG objektiv schwierig war, die konkret zulässige Bindungsdauer zu bestimmen. Verwirklicht sich dieses Prognoserisiko, ist die Bindungsdauer durch ergänzende Vertragsauslegung zu bestimmen. Dies ist jedoch nicht der Fall, wenn die vom AG gewählte Bindungsdauer ersichtlich zu lang ist.[507]

118 Dementsprechend ist eine **Bindung des AN** für die Dauer von drei Jahren nicht unangemessen, wenn sich die Fortbildung über mehr als sechs Monate erstreckt, er in dieser Zeit bezahlt freigestellt ist und der AG neben den Unterrichts- und Prüfungsgebühren die Kosten für die auswärtige Unterbringung und wöchentlichen Heimfahrten übernimmt.[508] Unangemessen ist eine Klausel, die eine Rückzahlungsverpflichtung auch für den Fall vorsieht, dass der AG, der das Studium eines Studenten finanziert, der die betrieblichen Praxisphasen des dualen Studiums im Betrieb des AG durchführt, diesem nach Abschluss des Studiums keinen **ausbildungsadäquaten Arbeitsplatz** anbieten kann oder will.[509] Will oder kann der AG die durch die Fortbildung erlangte weitere **Qualifikation des AN nicht nutzen,** kann der Bleibedruck, den die Dauer der Rückzahlungsverpflichtung auf den AN ausübt, nicht gegen ein Interesse des AG an einer möglichst weitgehenden Nutzung der erworbenen Qualifikation des AN abgewogen werden. Eine Bindungsdauer von drei Jahren ist dann regelmäßig unangemessen lang.[510] Wird in einer Nebenabrede zum „Volontariatsvertrag" geregelt, dass die für die Dauer der reinen Studienzeit zu erbringenden Ausbildungsvergütungen und Zuschüsse nur als „Darlehen … zur Verfügung gestellt werden" und nach erfolgreichem Abschluss des Studiums in 60 Monaten **durch „Berufstätigkeit" beim Darlehensgeber „abgebaut"** werden sollen, muss bereits bei Vertragsabschluss mindestens rahmenmäßig bestimmt sein, zu welchen Bedingungen die „Berufstätigkeit" bei dem Darlehensgeber erfolgen soll. Dazu gehören Angaben zum Beginn des Vertragsverhältnisses, zu Art und Umfang der Beschäftigung und zur Gehaltsfindung für die Anfangsvergütung. Unerheblich ist, wenn der Darlehensgeber erst kurz vor Ende der Vertragslaufzeit ein ausreichend konkretisiertes Angebot auf Abschluss eines Arbeitsvertrags für die Zeit nach Beendigung des Studiums abgibt. Nach § 310 III Nr. 3 BGB sind bei der Beurteilung der unangemessenen Benachteiligung nur der Vertragstext und die den Vertragsabschluss begleitenden Umstände, nicht jedoch spätere Ereignisse zu berücksichtigen.[511]

119 – **Ruhensvereinbarungen:** Vorformulierte Arbeitsverträge, die vorsehen, dass das Arbeitsverhältnis **zu bestimmten Zeiten ruht,** können wirksam sein, wenn der AG ein berechtigtes Interesse an solchen Vereinbarungen aufzeigen kann und von vornherein feststeht, in welcher Zeit das Arbeitsverhältnis ruht. Das BAG hat deshalb eine Klausel in einem Arbeitsvertrag einer Gebäudereinigerin, die in einer Schule eingesetzt und deren Arbeitsverhältnis in den Schulferien ruhen sollte, als wirksam angesehen.[512]

120 – **Schriftformklauseln:** Eine vom AG im Arbeitsvertrag als AGB aufgestellte doppelte Schriftformklausel kann beim AN den Eindruck erwecken, jede spätere vom Vertrag abweichende mündliche Abrede sei gem. § 125 S. 2 BGB nichtig.[513] Das entspricht nicht der wahren Rechtslage. Denn gem. § 305b BGB haben individuelle Vertragsabreden Vorrang vor AGB. Dieses Prinzip des Vorrangs (mündlicher) individueller Vertragsabreden setzt sich auch gegenüber doppelten Schriftformklauseln durch.[514] Der Vorrang von Individualabreden gem. § 305b BGB gilt allerdings nicht für die betriebliche Übung (dazu → § 110 Rn. 1 ff.). Diese ist keine Individualabrede.[515]

121 – **Schuldversprechen:** Ein selbständiges, auch als abstrakt oder konstitutiv bezeichnetes Schuldversprechen und Schuldanerkenntnis nach §§ 780, 781 BGB, in dem ein AN anerkennt, dem

---

507 BAG 14.1.2009 AP Nr. 41 zu § 611 BGB Ausbildungsbeihilfe = NZA 2009, 666.
508 BAG 5.6.2007 AP Nr. 40 zu § 611 BGB Ausbildungsbeihilfe = NZA-RR 2008, 107.
509 BAG 18.11.2008 NZA 2009, 435.
510 BAG 18.3.2014 NZA 2014, 957.
511 BAG 18.3.2008 NZA 2008, 1004; dazu *Maier/Mosig* NZA 2008, 1168.
512 BAG 10.1.2007 AP Nr. 6 zu § 611 BGB Ruhen des Arbeitsverhältnisses = NZA 2007, 384; anders wegen fehlender Erkennbarkeit der Urlaubszeiträume BAG 26.10.2016 AP Nr. 17 zu § 2 EntgeltFG = NZA 2017, 123.
513 Vgl. dazu *Lingemann/Gotham* NJW 2009, 268.
514 BGH 25.1.2017 NJW 2017, 1017; anders BAG 20.5.2008 AP Nr. 35 zu § 307 BGB = NZA 2008, 1233; 25.4.2007 AP Nr. 121 zu § 615 BGB = NZA 2007, 801, das derartige Klauseln nach § 307 I 1 BGB für unwirksam hält.
515 BAG 20.5.2008 AP Nr. 35 zu § 307 BGB = NZA 2008, 1233; 24.6.2003 AP Nr. 63 zu § 242 BGB Betriebliche Übung = NZA 2003, 1145; dazu *Bauer* BB 2009, 1588; *Lingemann/Gotham* NJW 2009, 268; aA HWK/*Roloff* BGB Anh. §§ 305–310 Rn. 43.

AG einen bestimmten Geldbetrag zu schulden, ist grundsätzlich wirksam (→ § 72 Rn. 15).[516] Ein deklaratorisches Schuldanerkenntnis verstößt weder gegen das Klauselverbot des § 309 Nr. 12 BGB noch ist es unangemessen iSv § 307 I 1 BGB.[517] Die Anerkenntniswirkung liegt allein in der Feststellung des Ausgangsschuldverhältnisses. Es verlagert nicht die Beweislast der Parteien, vielmehr sind mögliche Beweisfragen durch das materielle Recht geregelt. Da der Zweck eines deklaratorischen Schuldanerkenntnisses darin besteht, das Schuldverhältnis insgesamt oder in einzelnen Punkten dem Streit oder der Ungewissheit der Parteien zu entziehen und es insoweit endgültig festzulegen, hat es vergleichsähnlichen Charakter mit der Folge, dass § 779 BGB auf das deklaratorische Schuldanerkenntnis entsprechend anwendbar ist. Eine unangemessene Benachteiligung liegt jedoch vor, wenn dem AN das Recht genommen wird, geltend zu machen, dass die dem Schuldversprechen oder -anerkenntnis zugrunde liegende **Forderung nicht besteht.** Darin liegt eine Abweichung vom Recht der ungerechtfertigten Bereicherung (§§ 812 I, 821 BGB). Sie benachteiligt den AN entgegen Treu und Glauben unangemessen und ist deshalb gem. § 307 I 1 BGB in AGB unwirksam.[518]

– **Steuererklärung:** Treffen die Parteien bei einer Entsendung ins Ausland eine Nettolohnab- 122
rede verbunden mit der Vereinbarung, die Einkommensteuererklärung des AN durch eine bestimmte, vom AG beauftragte Steuerberatungsgesellschaft erstellen zu lassen, wird hierdurch in das Recht des AN auf informationelle Selbstbestimmung eingegriffen.[519] Bei Eheleuten wird durch solche Vereinbarungen zudem das Recht des Ehegatten auf informationelle Selbstbestimmung und das gemeinsame Recht beider Eheleute auf gemeinsame steuerliche Veranlagung und damit Art. 6 I GG betroffen. Diese Beeinträchtigung ist nicht durch das an sich anzuerkennende Interesse eines börsennotierten Unternehmens, die unternehmensinternen Complianceregelungen einzuhalten und die Gefahr von Haftungs- und Reputationsschäden gering zu halten, gerechtfertigt. Auch stellt nach Auffassung des Achten Senats des BAG die Übernahme der Kosten einer Steuerberatung durch den AG keine hinreichende Kompensation durch anderweitige Vorteile dar. Diese stehe nicht im Zusammenhang mit der Verpflichtung des AN, seine Daten an die Steuerberatungsgesellschaft weitergeben zu müssen. Zwar gehörten beide Regelungen zur Frage „Behandlung der Lohnsteuer". Sie beträfen aber unterschiedliche Materien. Durch die Übernahme der Kosten für die Hinzuziehung eines Steuerberaters werde dem AN ein zusätzlicher Lohnbestandteil gewährt und damit eine Regelung über die Hauptleistungspflichten im Arbeitsverhältnis getroffen. Der Eingriff in das Recht auf informationelle Selbstbestimmung des AN könne nicht durch höheren Lohn „kompensiert" werden.[520] Letzteres überzeugt nicht. Der für eine Kompensation erforderliche sachliche Zusammenhang der Klauseln (dazu → Rn. 50) ist vielmehr gegeben. Voraussetzung hierfür ist, dass die Klauseln in einer Wechselbeziehung stehen.[521] Das ist hier der Fall, weil der AG vom AN verlangt, seine Steuererklärung durch eine bestimmte Steuerberatungsgesellschaft erstellen zu lassen und ihm die hierdurch entstehenden Kosten erstattet. Diese Kompensation ist geeignet, die eintretenden Beeinträchtigungen auszugleichen.

– **Stichtagsregelungen:** Stellt eine Sonderzahlung jedenfalls auch eine Gegenleistung für im 123
Geschäftsjahr laufend erbrachte Arbeit dar, kann sie in AGB nicht von dem ungekündigten Bestand des Arbeitsverhältnisses am 31.12. des Jahres abhängig gemacht werden, in dem die Arbeitsleistung erbracht wurde (näher dazu → § 78 Rn. 37).[522] Nur wenn eine Sonderzahlung nicht der Vergütung geleisteter Arbeit dient, sondern ausschließlich anderen Zwecken, kann ihre Zahlung von der Erbringung einer angemessenen Betriebstreue abhängig gemacht werden (dazu → Rn. 105). Steht sie dagegen auch im Synallagma zur erbrachten Arbeitsleistung und ist sie vom AN durch die Erbringung der geschuldeten Arbeitsleistung verdient worden, kann ihre Zahlung in AGB nicht vom Vorliegen weiterer Voraussetzungen abhängen.[523]

– **Überstundenpauschalen:** Kontrollfähig sind Klauseln, die dem AG einerseits die Befugnis 124
einräumen, Überstunden anordnen zu können, und andererseits hierfür eine pauschale Vergü-

---

516 BAG 21.4.2016 AP Nr. 8 zu § 781 BGB = NZA 2016, 1409; 22.7.2010 AP Nr. 134 zu § 611 BGB Haftung des Arbeitnehmers = NZA 2011, 743; krit. dazu *Zimmer* NJW 2011, 576.

517 BAG 21.4.2016 AP Nr. 8 zu § 781 BGB = NZA 2016, 1409.

518 BAG 15.3.2005 AP Nr. 7 zu § 781 BGB = NZA 2005, 682.

519 BAG 23.8.2012 NZA 2013, 268.

520 BAG 23.8.2013 NZA 2013, 268.

521 BGH 29.11.2002 NJW 2003, 888; MüKoBGB/*Wurmnest* § 307 Rn. 38.

522 BAG 27.6.2018 AP Nr. 310 zu § 611 BGB Gratifikation = NZA 2018, 1344; 13.5.2015 AP Nr. 304 zu § 611 BGB Gratifikation mAnm *Lukes* = NZA 2015, 992.

523 BAG 22.7.2014 AP Nr. 24 zu § 11 BUrlG Urlaubsgeld = NZA 2014, 1136; 13.11.2013 AP Nr. 303 zu § 611 BGB Gratifikation = NZA 2014, 368; 18.1.2012 AP Nr. 59 zu § 307 BGB = NZA 2012, 620.

tung vorsehen. Hierbei handelt es sich um Preisnebenabreden.[524] Eine die pauschale Vergütung von Überstunden regelnde Klausel ist nur dann **klar und verständlich,** wenn sich aus dem Arbeitsvertrag selbst ergibt, welche Arbeitsleistungen in welchem zeitlichen Umfang von ihr erfasst werden sollen. Der AN muss bereits bei Vertragsschluss erkennen können, welche Leistung er für die vereinbarte Vergütung maximal erbringen muss.[525] Die Verwendung des Begriffspaares „Über- und Mehrarbeit" in einer Klausel deutet darauf hin, dass auch eine Überschreitung der gesetzlichen Höchstarbeitszeit von der Klausel erfasst sein soll.[526] Eine Klausel, die bestimmt, dass mit der monatlichen Bruttovergütung „erforderliche Überstunden des AN mit abgegolten" seien, ist mangels näherer Bestimmung des Umfangs der geschuldeten Arbeitsleistung intransparent iSv § 307 I 2 BGB und deshalb gemäß § 306 I BGB unwirksam.[527] Dagegen ist eine Klausel, nach der in der vereinbarten Monatsvergütung die ersten zwanzig Überstunden monatlich „mit drin" sind, weder intransparent noch überraschend.[528] Empfehlenswert ist es daher, die Zahl der monatlich zu leistenden Überstunden im Vertrag konkret anzugeben. Dabei dürfte es auch zulässig sein, in Anlehnung an Art. 16 der Arbeitszeitrichtlinie 2003/88/EG einen Durchschnittswert in Bezug auf einen Zeitraum von vier Monaten zu bestimmen. Auch in diesem Fall kann der AN noch hinreichend deutlich erkennen, welche Leistung er für die vereinbarte Vergütung maximal erbringen muss. Denkbar ist, für leitende Angestellte iSv § 5 III BetrVG diese Grundsätze nicht anzuwenden.[529] Da der Gesetzgeber diesen Personenkreis auch aus dem Geltungsbereich des ArbZG herausgenommen hat (§ 18 I Nr. 1 ArbZG), wird deutlich, dass von dieser Personengruppe die volle Hingabe zum Beruf verlangt werden kann, die mit dem vereinbarten Gehalt pauschal vergütet ist. Insbesondere bei diesem Personenkreis kann sich die Angemessenheit der Vereinbarung auch aus den den Vertragsschluss begleitenden Umständen (§ 310 III Nr. 3 BGB) ergeben (dazu → Rn. 55). Nach einer älteren Entscheidung des BAG kommt bei einem leitenden Angestellten eine besondere Vergütung für Überstunden mangels ausdrücklicher Vereinbarung auch nur in Betracht, wenn seine vertraglichen Bezüge lediglich eine bestimmte zeitliche Normalleistung abgelten sollen oder wenn ihm zusätzliche Arbeiten außerhalb seines eigentlichen Aufgabenkreises übertragen werden.[530]

125 Bei Fehlen einer (wirksamen) Vergütungsregelung verpflichtet § 612 I BGB den AG, geleistete **Überstunden zu vergüten,** wenn diese den Umständen nach nur gegen eine Vergütung zu erwarten sind.[531] Dies kann sich insbesondere daraus ergeben, dass im betreffenden Wirtschaftsbereich Tarifverträge gelten, die für vergleichbare Arbeiten eine Überstundenvergütung vorsehen. An der objektiven Erwartung einer besonderen Vergütung von Überstunden wird es regelmäßig fehlen, wenn arbeitszeitbezogene und arbeitszeitunabhängig vergütete Arbeitsleistungen zeitlich verschränkt sind oder wenn Dienste höherer Art geschuldet sind oder insgesamt eine deutlich herausgehobene Vergütung gezahlt wird. Das ist anzunehmen, wenn das Entgelt die Beitragsbemessungsgrenze in der gesetzlichen Rentenversicherung überschreitet.[532] Hieran hat die Einführung des gesetzlichen Mindestlohns nichts geändert. In diesen Fällen wird der Quotient aus vereinbartem Entgelt und monatlichen Arbeitsstunden regelmäßig über 9,60 EUR (ab 1.7.2021) liegen. Anderes dürfte nach der Einführung des gesetzlichen Mindestlohns jedoch in den Fällen gelten, in denen der AN eine arbeitszeitbezogene Vergütung und zusätzlich für einen Teil seiner Arbeitsaufgaben in nicht unerheblichem Maße Provisionen erhält. Hier konnte nach bisheriger Rechtsprechung eine Überstundenvergütung nur verlangt werden, wenn sie arbeitsvertraglich vereinbart war.[533] Dies gilt nicht mehr, wenn der Stundenlohn (= monatliche Gesamtvergütung : Arbeitsstunden) unter 9,60 EUR (ab 1.7.2021) liegt. Das MiLoG sieht insoweit keine Ausnahmen vor.

---

[524] ErfK/*Preis* BGB §§ 305–310 Rn. 91; CKK/*Klumpp* BGB § 307 Rn. 109.

[525] BAG 18.11.2015 NZA 2016, 487; 16.5.2012 AP Nr. 53 zu § 611 BGB Mehrarbeitsvergütung = NZA 2012, 939; 22.2.2012 NZA 2012, 861; 17.8.2011 AP Nr. 55 zu § 307 BGB = NZA 2011, 1335.

[526] BAG 22.2.2012 NZA 2012, 861; insoweit krit. *Bauer/Merten* RdA 2012, 178; zust. dagegen *Walker* SAE 2012, 51.

[527] Vgl. BAG 1.9.2010 AP Nr. 47 zu § 307 BGB = NZA 2011, 575; HWK/*Roloff* BGB Anh. §§ 305–310 Rn. 34; ErfK/*Preis* BGB §§ 305–310 Rn. 92; *Schrader/Schubert* NZA-RR 2005, 225 (226); *Schramm/Kuhnke* NZA 2012, 127.

[528] BAG 16.5.2012 AP Nr. 62 zu § 307 BGB = NZA 2012, 908.

[529] Ebenso HWK/*Roloff* BGB Anh. §§ 305–310 Rn. 34.

[530] BAG 17.11.1966 AP Nr. 1 zu § 611 BGB Leitende Angestellte = NJW 1967, 413.

[531] Zur Darlegungs- und Beweislast BAG 16.5.2012 AP Nr. 53 zu § 611 BGB Mehrarbeitsvergütung = NZA 2012, 939.

[532] BAG 22.2.2012 AP Nr. 75 zu § 612 BGB = NZA 2012, 861.

[533] BAG 27.6.2012 AP Nr. 76 zu § 612 BGB = NZA 2012, 1147.

– **Versetzungsklauseln:**[534] Eine formularmäßige Versetzungsklausel, die materiell der Regelung in § 106 S. 1 GewO nachgebildet ist, stellt keine unangemessene Benachteiligung des AN nach § 307 I 1 BGB dar. Sie verstößt auch nicht gegen das Transparenzgebot des § 307 I 2 BGB, wenn keine konkreten Versetzungsgründe genannt sind.[535] Das Transparenzgebot verlangt vom Verwender nicht, alle möglichen Konkretisierungen der Arbeitspflicht und des Weisungsrechts ausdrücklich zu regeln. Vielmehr ist das Weisungsrecht gem. § 106 GewO Ausfluss und Folge der vertraglichen Festlegung der Arbeitspflicht. Die Vertragsparteien können es dabei belassen.[536] Ist im Vertrag ein konkreter **Ort** der Tätigkeit genannt und weiterhin bestimmt, dass der AN im gesamten Unternehmen bundesweit eingesetzt werden kann, wird hierdurch regelmäßig die vertragliche Beschränkung auf den im Vertrag genannten Ort der Arbeitsleistung verhindert (näher dazu → § 45 Rn. 22 ff.).[537] Denn es macht keinen Unterschied, ob im Arbeitsvertrag auf eine Festlegung des Orts der Arbeitsleistung verzichtet und diese dem AG nach § 106 GewO vorbehalten bleibt oder ob der Ort der Arbeitsleistung bestimmt, aber die Möglichkeit der Zuweisung eines anderen Orts vereinbart wird.[538] Eine Klausel, nach der ein AG eine andere als die vertraglich vereinbarte **Tätigkeit** einem AN „falls erforderlich" und nach „Abstimmung der beiderseitigen Interessen" einseitig zuweisen kann, ist allerdings dann als unangemessene Benachteiligung iSv § 307 BGB anzusehen, wenn nicht gewährleistet ist, dass die Zuweisung eine mindestens gleichwertige Tätigkeit zum Gegenstand haben muss (→ § 45 Rn. 32 ff.).[539] Behält sich der AG vor, einseitig ohne den Ausspruch einer Änderungskündigung die vertraglich vereinbarte Tätigkeit unter Einbeziehung geringerwertiger Tätigkeiten zulasten des AN ändern zu können, liegt darin regelmäßig eine unangemessene Benachteiligung iSd § 307 I 1 iVm § 307 II Nr. 1 BGB.[540] Zulässig sind dagegen nach Auffassung des BAG Klauseln, die dem AG das Recht einräumen, dem AN ein anderes Aufgabengebiet zuzuweisen. 126

– **Vertragsstrafe** (dazu → § 57 Rn. 1 ff.): Vertragsstrafenabreden in Formularverträgen sind zwar nach § 309 Nr. 6 BGB generell unzulässig. Wegen der erforderlichen angemessenen Berücksichtigung der im **Arbeitsrecht geltenden Besonderheiten** nach § 310 IV 2 Hs. 1 BGB sind jedoch Vertragsstrafenabreden in Arbeitsverträgen nicht generell unwirksam.[541] Die Unwirksamkeit solcher Vereinbarungen kann sich aber aufgrund einer unangemessenen Benachteiligung durch die jeweilige Fassung der Klausel ergeben (§ 307 I BGB).[542] Die vereinbarte Vertragsstrafe muss nicht nur die zu leistende Strafe, sondern auch die sie auslösende Pflichtverletzung so klar bezeichnen, dass sich der Versprechende in seinem Verhalten darauf einstellen kann.[543] 127

Globale Strafversprechen, die auf die Absicherung aller arbeitsvertraglichen Pflichten zielen, sind wegen Verstoßes gegen das Bestimmtheitsgebot unwirksam. Eine Klausel, nach der bei „schuldhaft vertragswidrigem Verhalten" ohne nähere Konkretisierung der Pflichtverletzung eine Vertragsstrafe verwirkt ist, erfüllt nach Auffassung des BAG nicht die nötige Warnfunktion und entspricht wegen des Strafcharakters der Vertragsstrafe nicht rechtsstaatlichen Grundsätzen.[544] Wird für den Fall der nicht fristgerechten Eigenkündigung des AN eine Vertragsstrafe in Höhe eines vollen Monatsgehalts vereinbart, beeinträchtigt dies den AN unangemessen iSv § 307 I 1 BGB, wenn er sich rechtmäßig mit einer Kündigungsfrist von zwei Wochen vom Vertrag lösen könnte.[545] Ist eine Vertragsstrafe in einem Formulararbeitsvertrag zu hoch, kommt eine geltungserhaltende Reduktion grundsätzlich nicht in Betracht (näher dazu → § 60 Rn. 24). 128

---

534 Dazu *Hunold* NZA 2007, 19.

535 BAG 25.8.2010 AP Nr. 11 zu § 106 GewO = NZA 2010, 1355; 11.4.2006 AP Nr. 17 zu § 307 BGB = NZA 2006, 1149.

536 BAG 30.4.2008 AP Nr. 183 zu § 611 BGB Lehrer, Dozenten = NZA-RR 2008, 551; 13.6.2007 AP Nr. 11 zu § 611 BGB Film = NZA 2007, 974.

537 BAG 18.10.2017 AP Nr. 38 zu § 106 GewO = NZA 2017, 1452.

538 BAG 28.8.2013 AP Nr. 26 zu § 106 GewO = NZA-RR 2014, 181; 26.9.2012 AP Nr. 21 zu § 106 GewO = NZA-RR 2013, 403; 19.1.2011 AP Nr. 50 zu § 307 BGB = NZA 2011, 631.

539 BAG 3.12.2008 AP Nr. 42 zu § 307 BGB; 9.5.2006 AP Nr. 21 zu § 307 BGB = NZA 2007, 145.

540 BAG 25.8.2010 AP Nr. 11 zu § 106 GewO = NZA 2010, 1355.

541 BAG 17.3.2016 NZA 2016, 945; 4.3.2004 AP Nr. 3 zu § 309 BGB = NZA 2004, 727.

542 Dazu BAG 17.3.2016 AP Nr. 6 zu § 309 BGB = NZA 2016, 945; 23.1.2014 NZA 2014, 777; 23.9.2010 AP Nr. 48 zu § 307 BGB = NZA 2011, 89.

543 BAG 14.8.2007 AP Nr. 28 zu § 307 BGB = NZA 2008, 170.

544 BAG 21.4.2005 AP Nr. 3 zu § 307 BGB = NZA 2005, 1053; krit. dazu *Bauer/Krieger* SAE 2006, 11.

545 BAG 4.3.2004 AP Nr. 3 zu § 309 BGB = NZA 2004, 727; s. auch BAG 25.9.2008 DB 2009, 569.

129 – **Wettbewerbsverbote:** Auch nachvertragliche Wettbewerbsverbote unterliegen einer Transparenzkontrolle nach § 307 I 2 BGB, die gemäß § 307 III 2 BGB auch stattfindet, wenn in der Klausel keine Abweichung von Rechtsvorschriften erfolgt (dazu → Rn. 54 ff.).[546] Ein Verstoß gegen das Transparenzgebot liegt nicht vor, wenn der Gegenstand eines nachvertraglichen Wettbewerbsverbots mit der Beendigung des Arbeitsverhältnisses objektiv feststellbar ist.[547]

130 – **Widerrufsvorbehalt:** Die Vertragsklausel in einem Formulararbeitsvertrag, nach der dem AG das Recht zustehen soll, „übertarifliche Lohnbestandteile jederzeit unbeschränkt zu widerrufen", ist gem. § 308 Nr. 4 BGB unwirksam. Die widerrufliche Leistung muss nach Art und Höhe eindeutig sein. Die Vertragsklausel muss zumindest die Richtung angeben, aus der der Widerruf möglich sein soll (wirtschaftliche Gründe, Leistung oder Verhalten des AN).[548] Dem genügt eine Klausel, nach der der AN im Fall der wirtschaftlichen Notlage mit dem Widerruf der zugesagten Zahlung eines Weihnachtsgelds rechnen muss.[549] Das Widerrufsrecht muss wegen der unsicheren Entwicklung der Verhältnisse als Instrument der Anpassung notwendig sein.[550] Nach der weitergehenden Rechtsprechung des Neunten Senats des BAG ist die Vereinbarung eines Widerrufsrechts für den AN nur dann zumutbar iSv § 308 Nr. 4 BGB, wenn es für den Widerruf einen sachlichen Grund gibt und dieser sachliche Grund in der Klausel in einer Weise konkretisiert ist, die für den AN deutlich macht, was ggf. auf ihn zukommt.[551] Materiell-rechtlich ist die Vereinbarung eines Widerrufsrechts nach § 308 Nr. 4 BGB zumutbar, wenn der Widerruf nicht grundlos erfolgen soll, sondern wegen der unsicheren Entwicklung der Verhältnisse als Instrument der Anpassung notwendig ist. Das richtet sich in Anlehnung an § 307 BGB insbesondere nach der Art und Höhe der Leistung, die widerrufen werden soll, nach der Höhe des verbleibenden Verdienstes und der Stellung des AN im Unternehmen. Auch wenn der AG im Grundsatz ein anerkennenswertes Interesse daran hat, bestimmte Leistungen, insbesondere „Zusatzleistungen" flexibel auszugestalten, darf das Wirtschaftsrisiko des Unternehmers nicht auf den AN verlagert werden. Eingriffe in den Kernbereich des Arbeitsvertrags sind nach der Wertung des § 307 II BGB nicht zulässig.[552] Der widerrufliche Anteil muss deshalb idR unter 25% der Gesamtvergütung liegen.[553] Neben der Inhaltskontrolle der Widerrufsklausel steht die Ausübungskontrolle gem. § 315 BGB. Die Erklärung des Widerrufs stellt eine Bestimmung der Leistung durch den AG nach § 315 I BGB dar und muss deshalb im Einzelfall billigem Ermessen entsprechen.[554] Die Regelung eines Widerrufsvorbehalts in einer **Betriebsvereinbarung** oder einem Tarifvertrag unterliegt gem. § 310 IV 1 BGB nicht der Inhaltskontrolle nach §§ 305 ff. BGB.[555]

131 – **Zugangsfiktion:** Die Vereinbarung einer Fiktion des Zugangs empfangsbedürftiger Willenserklärungen ist nach § 308 Nr. 6 BGB unwirksam.[556]

---

[546] Insoweit aA *Bauer/Diller,* Wettbewerbsverbote, Rn. 233.
[547] LAG Nds 8.12.2005 NZA-RR 2006, 426.
[548] BAG 24.1.2017 AP Nr. 10 zu § 308 BGB = NZA 2017, 777; 20.4.2011 AP Nr. 9 zu § 308 BGB = NZA 2011, 796; 12.1.2005 AP Nr. 1 zu § 308 BGB = NZA 2005, 465; näher *Pfrogner* BB 2019, 2228; *Stoffels* NZA 2017, 1217.
[549] BAG 24.1.2017 AP Nr. 10 zu § 308 BGB = NZA 2017, 777.
[550] BAG 11.2.2009 NZA 2009, 428.
[551] BAG 13.4.2010 NZA-RR 2010, 457; krit. dazu *Gaul/Kaul* BB 2011, 181.
[552] BAG 24.1.2017 AP Nr. 10 zu § 308 BGB = NZA 2017, 777.
[553] BAG 11.10.2006 AP Nr. 6 zu § 308 BGB = NZA 2007, 87.
[554] BAG 24.1.2017 AP Nr. 10 zu § 308 BGB = NZA 2017, 777.
[555] BAG 1.2.2006 AP Nr. 28 zu § 77 BetrVG 1972 Betriebsvereinbarung = NZA 2006, 563; 7.7.2011 AP Nr. 2 zu § 18 TVöD.
[556] ErfK/*Preis* BGB §§ 305–310 Rn. 97.

4. Abschnitt. Schutz vor Diskriminierungen

§ 36. Allgemeines Gleichbehandlungsgesetz und Mobbing

Übersicht

A. Allgemeines Gleichbehandlungsgesetz

I. Einführung

Durch das zum 18.8.2006 in Kraft getretene AGG soll u.a. der Schutz Beschäftigter vor Diskriminierungen iSd Art. 3 III GG (dazu → § 3 Rn. 21) verbessert werden. Zu diesem Zweck nor- 1 miert das Gesetz nicht nur ausdrücklich ein entspr. **Benachteiligungsverbot** (→ Rn. 97 ff.), sondern auch **Entschädigungs- und Schadensersatzansprüche** (→ Rn. 108 ff.), die im Falle eines Verstoßes geltend gemacht werden können. Ergänzend wird dem AG die Pflicht auferlegt, die erforderlichen Maßnahmen zum Schutz der AN vor Benachteiligungen zu treffen (→ Rn. 148 ff.).

2 In seinem arbeitsrechtlichen Teil setzt das AGG die folgenden drei auf Art. 19 AEUV bzw. der Vorgängervorschrift Art. 13 EG beruhenden **EU-Richtlinien** um:

- RL 2000/43/EG des Rates vom 29. Juni 2000 zur Anwendung des Gleichbehandlungsgrundsatzes ohne Unterschied der Rasse oder der ethnischen Herkunft (ABl. EG L 180, 22).
- RL 2000/78/EG des Rates vom 27. November 2000 zur Festlegung eines allgemeinen Rahmens für die Verwirklichung der Gleichbehandlung in Beschäftigung und Beruf (ABl. EG L 303, 16);
- RL 2002/73/EG des Europäischen Parlaments und des Rates vom 23. September 2002 zur Änderung der RL 76/207/EWG des Rates zur Verwirklichung des Grundsatzes der Gleichbehandlung von Männern und Frauen hinsichtlich des Zugangs zur Beschäftigung, zur Berufsbildung und zum beruflichen Aufstieg sowie in Bezug auf die Arbeitsbedingungen (ABl. EG L 269, 15). Die beiden RL 2002/73/EG und 76/207/EWG sind mit Wirkung zum 15.8.2009 durch die RL 2006/54/EG zur Verwirklichung des Grundsatzes der Chancengleichheit und Gleichbehandlung von Männern und Frauen in Arbeits- und Beschäftigungsfragen aufgehoben (Art. 34 I) und ersetzt worden.

II. Benachteiligungsgründe

3 Das AGG bietet keinen Schutz vor jedweder ungerechtfertigten Benachteiligung, sondern erfasst nur Diskriminierungen, die wegen eines der **in § 1 AGG genannten Gründe** erfolgen.[1] Die Gründe, aus denen oder wegen derer eine ungünstigere Behandlung nicht erfolgen darf, sind in § 1 AGG **abschließend** aufgezählt. Hierzu gehört neben der Rasse, der ethnischen Herkunft und dem Geschlecht die Religion, die Weltanschauung, eine Behinderung, das Alter oder die sexuelle Identität. Die Merkmale entsprechen den in Art. 21 GRCh genannten (→ § 4 Rn. 4).[2] Eine Benachteiligung „wegen" eines dieser Merkmale kann auch gegeben sein, wenn das Merkmal nicht in der Person des Benachteiligten verwirklicht wird. Wird etwa ein nicht selbst behinderter AN aus Gründen benachteiligt, die mit der Behinderung seines Kindes im Zusammenhang stehen, für das er notwendige Pflegeleistungen erbringt, liegt – in unionsrechtskonformer Auslegung von §§ 1, 3 I AGG – eine unmittelbare Diskriminierung dieses AN wegen einer Behinderung vor.[3]

4 **1. Rasse und ethnische Herkunft.** Die Merkmale „Rasse" und „ethnische Herkunft" dienen der Umsetzung der RL 2000/43/EG. Die Begriffe sind in einem umfassenden Sinne zu verstehen, denn sie sollen einen möglichst lückenlosen Schutz vor ethnisch motivierter Benachteiligung gewährleisten.

5 Die Verwendung des Begriffs **„Rasse"** ist nicht unproblematisch. Er wurde gewählt, weil „Rasse" den sprachlichen Anknüpfungspunkt zum Begriff „Rassismus" bildet und die hiermit verbundene Signalwirkung – nämlich die konsequente Bekämpfung rassistischer Tendenzen – genutzt werden soll.[4] Zugleich entspricht die Wortwahl dem Wortlaut von Art. 19 AEUV (ex-Art. 13 EG) sowie von Art. 3 III 1 GG. In Übereinstimmung mit dem Erwägungsgrund 6 der RL 2000/43/EG sind allerdings Theorien zurückzuweisen, mit denen versucht wird, die Existenz verschiedener menschlicher Rassen zu belegen. Die Verwendung des Begriffs „Rasse" bedeutet keinesfalls eine Akzeptanz solcher Vorstellungen.[5] Der Begriff umschreibt die **Zugehörigkeit eines Menschen zu einer bestimmten Personengruppe** aufgrund lebenslänglicher, vererblicher äußerer Erscheinungsmerkmale.[6] Im Anschluss an die Definition im internationalen Übereinkommen zur Beseitigung jeder Form von Rassendiskriminierung vom 7.3.1966[7] erfasst

[1] BAG 23.11.2017 NZA-RR 2018, 287.
[2] EuGH 13.9.2011 AP Nr. 23 zu Richtlinie 2000/78/EG = NZA 2011, 1039 – Prigge.
[3] EuGH 17.7.2008 AP Nr. 10 zu Richtlinie 2000/78/EG = NZA 2008, 932 – Coleman; dazu *Bayreuther* NZA 2008, 986; *Schlachter* RdA 2010, 104; *Sutschet* EuZA 2009, 245.
[4] BT-Drs. 16/1780, 30 f.
[5] Wendeling-Schröder/*Stein* AGG § 1 Rn. 9; vgl. BT-Drs.16/1780, 31.
[6] *Adomeit/Mohr* AGG § 1 Rn. 45; HK-AGG/*Däubler* § 1 Rn. 24; *Annuß* BB 2006, 1629 (1630); *Zimmer/Volk* FA 2006, 258: vgl. auch SächsLAG 17.9.2010 NZA-RR 2011, 72.
[7] Ratifiziert durch Gesetz v. 9.5.1969, BGBl. II 961.

das Verbot der Benachteiligung aus Gründen der „Rasse" jede auf der Hautfarbe, der Abstammung, dem nationalen Ursprung und dem Volkstum beruhende Unterscheidung.[8]

Das Merkmal der **„ethnischen Herkunft"** ist in einem weiten Sinn zu verstehen. Der 6 Begriff beruht auf der Idee, dass gesellschaftliche Gruppen insbesondere u.a. durch eine gemeinsame kulturelle und traditionelle Herkunft, Sprache, Staatsangehörigkeit, Religion und Lebensumgebung gekennzeichnet sind.[9] Die Aufzählung dieser Kriterien ist nicht abschließend; auch kann idR kein Kriterium als alleinentscheidend angesehen werden.[10] Die ethnische Herkunft kann sich auch in der Hautfarbe, einem besonderen Erscheinungsbild oder der Verwendung eines Dialekts äußern. Ethnische Gruppen sind zB Sinti und Roma, Kurden sowie die Sorben in Ostsachsen und die dänische Minderheit in Schleswig-Holstein.[11] Keine Ethnien sind mangels hinreichender Homogenität Ost- und Westdeutsche[12] sowie Bayern, Sachsen,[13] Schwaben[14] oder Rheinländer.[15] Wie sich aus dem Erwägungsgrund 13 der RL 2000/43/EG ergibt, ist das bloße Anknüpfen an die **Staatsangehörigkeit** nicht erfasst;[16] diese begründet alleine auch noch kein Indiz für eine mittelbare Benachteiligung wegen der ethnischen Herkunft.[17] Ob mit Hilfe einer bestimmten Begrifflichkeit auf die Zugehörigkeit zu einer bestimmten Volksgruppe abgestellt wird, ist immer konkret zu prüfen. Der EuGH hat zB eine Diskriminierung wegen der Rasse bzw. ethnischen Herkunft bejaht, weil der AG öffentlich erklärt hatte, keine AN „fremder Herkunft" beschäftigen zu wollen.[18] Unerheblich ist, ob die ethnische Unterscheidung positiv oder negativ definiert ist. Erfasst werden daher sowohl Fälle, in denen die Benachteiligung an eine bestimmte Herkunft anknüpft, als auch solche, in denen darauf abgestellt wird, dass der Betroffene nichtdeutscher Herkunft ist.[19] Da die erworbene **Muttersprache** typischerweise den primären Spracherwerb betrifft und damit mittelbar mit der Herkunft verknüpft ist,[20] kann die in einer Stellenausschreibung enthaltene Anforderung „Deutsch als Muttersprache" eine mittelbare Diskriminierung wegen der ethnischen Herkunft bewirken.[21] Gleiches gilt für eine Absage, die erfolgt, weil der Bewerber „kein deutscher Muttersprachler" ist.[22]

2. Geschlecht. Das Verbot der Benachteiligung wegen des Geschlechts war bereits in § 611a 7 BGB in der bis 17.8.2006 geltenden Fassung vorgesehen.[23] Der Begriff Geschlecht meint die **biologische Zuordnung zu einer Geschlechtsgruppe** (männlich/weiblich/intersexuell). Intersexualität, auch Zwischengeschlechtlichkeit genannt, liegt vor, wenn bei einem Menschen die männlichen oder weiblichen Geschlechtsmerkmale nicht eindeutig ausgeprägt sind.[24] Nach Ansicht des BAG gehört entspr. der Rspr. des EuGH auch die **Transsexualität** zum Geschlecht,[25] obwohl für ein solches Verständnis angesichts des Merkmals der sexuellen Identität in § 1 AGG zumindest vor einer erfolgten Geschlechtsumwandlung kein Bedarf besteht. Gemäß § 3 I 2 AGG ist auch die ungünstigere Behandlung einer Frau wegen ihrer **Schwangerschaft** oder Mutterschaft eine unmittelbare Benachteiligung wegen des Geschlechts. Dies entspricht der Rspr. des EuGH.[26]

---

[8] BAG 21.6.2012 AP Nr. 5 zu § 22 AGG = NZA 2012, 1345; *Adomeit/Mohr* AGG § 1 Rn. 47; *Bauer/Krieger/Günther* AGG § 1 Rn. 18.
[9] BAG 23.11.2017 NZA-RR 2018, 287; EuGH 6.4.2017 NJW 2017, 3139; 16.7.2015 EuGRZ 2015, 482.
[10] BAG 23.11.2017 NZA-RR 2018, 287; EuGH 6.4.2017 NJW 2017, 3139.
[11] *Bauer/Krieger/Günther* § 1 Rn. 21; HK-AGG/*Däubler* § 1 Rn. 36 f.
[12] ArbG Stuttgart 15.4.2010 NZA-RR 2010, 344 („Ossi-Fall"); MüKoBGB/*Thüsing* AGG § 1 Rn. 21; *Adomeit/Mohr* AGG § 1 Rn. 59; aA *Bauer/Krieger/Günther* AGG § 1 Rn. 23; HK-AGG/*Däubler* § 1 Rn. 43a; *Meinel/Heyn/Herms* AGG § 1 Rn. 13.
[13] AA *Bauer/Krieger/Günther* AGG § 1 Rn. 23.
[14] AA *Bauer/Krieger/Günther* AGG § 1 Rn. 23.
[15] ArbG Würzburg 23.1.2009 – 3 Ca 664/08; *Thüsing,* Arbeitsrechtl. Diskriminierungsschutz, Rn. 181; Wendeling-Schröder/*Stein* AGG § 1 Rn. 12; aA HK-AGG/*Däubler* § 1 Rn. 43a; *Greiner* DB 2010, 1940.
[16] BAG 21.6.2012 AP Nr. 5 zu § 22 AGG = NZA 2012, 1345; 23.11.2017 NZA-RR 2018, 287.
[17] BAG 23.11.2017 NZA-RR 2018, 287.
[18] EuGH 10.7.2008 AP Nr. 1 zu Richtlinie 2000/43/EG = NZA 2008, 929 – Feryn.
[19] BAG 21.6.2012 AP Nr. 5 zu § 22 AGG = NZA 2012, 1345.
[20] *Rieble* FS Löwisch, 2007, 229 (246); *Hinrichs/Stütze* NZA-RR 2011, 113 (114).
[21] BAG 29.6.2017 AP Nr. 24 zu § 15 AGG = NZA 2018, 33; vgl. aber auch BAG 15.12.2016 ArbRAktuell 2017, 246: Auf die Frage nach den Deutschkenntnissen sind mehrere Angaben möglich.
[22] ArbG Berlin 11.2.2009 NZA-RR 2010, 16.
[23] Dazu BAG 14.8.2007 AP Nr. 1 zu § 33 AGG = NZA 2008, 99; 5.2.2004 AP Nr. 23 zu § 611a BGB = NZA 2004, 540.
[24] Vgl. hierzu auch BVerfG 10.10.2017 NJW 2017, 3643.
[25] BAG 17.12.2015 NZA 2016, 888; vgl. EuGH 30.4.1996 NZA 1996, 695; anders BT-Drs. 16/1780, 31.
[26] EuGH 18.11.1990 AP Nr. 23 zu Art. 119 EWG-Vertrag = NZA 1991, 171.

Bei einer künstlichen Befruchtung ist es ausreichend, wenn sich die Frau in einem vorgerückten Behandlungsstadium einer In-vitro-Fertilisation befindet, nämlich zwischen der Follikelpunktion und der sofortigen Einsetzung der in vitro befruchteten Eizellen in ihre Gebärmutter. Nicht ausreichend ist es, wenn die in vitro befruchteten Eizellen noch nicht in die Gebärmutter eingesetzt worden sind.[27] Kündigt der AG einer schwangeren AN in Unkenntnis der Schwangerschaft, liegt insoweit keine Benachteiligung wegen des Geschlechts vor, da die Schwangerschaft bei Ausspruch der Kündigung keine Rolle gespielt haben kann.[28]

8 **3. Religion und Weltanschauung.** Weder das Gesetz noch die RL 2000/43/EG definieren die Merkmale Religion oder Weltanschauung. Nach der Rspr. des BAG zu Art. 4 GG zeichnen sich diese „durch eine mit der Person des Menschen verbundene Gewissheit über bestimmte **Aussagen zum Weltganzen** sowie zur Herkunft und zum Ziel des menschlichen Lebens" aus. Während die Religion auf eine den Menschen überschreitende und umgreifende („transzendente") Wirklichkeit gerichtet ist, beschränkt sich die Weltanschauung auf innerweltliche („immanente") Bezüge.[29] Der Glaube an Gott ist dabei für das Vorliegen einer Religion keine notwendige Bedingung.[30] Unerheblich für beide Merkmale ist die zahlenmäßige Stärke oder die soziale Relevanz einer Religions- bzw. Weltanschauungsgemeinschaft.[31] Ausschließlich individuelle Überzeugungen werden von § 1 AGG nicht erfasst.[32]

9 Unter das Merkmal **Religion** fällt nicht nur die Zugehörigkeit zu einer religiösen Gemeinschaft, sondern auch das Vorhandensein religiöser Vorstellungen des Einzelnen im Sinne eines Bekenntnisses zu den Verhaltensanforderungen einer Religion. Entspr. der Rspr. des EGMR zu Art. 9 EMRK gehört hierzu auch die Freiheit, eine Religion einzeln oder gemeinsam mit anderen öffentlich und im Kreis derer zu praktizieren, die demselben Glauben anhängen.[33] Größere **Glaubensgemeinschaften** iSd § 1 AGG sind die Katholische Kirche, die Evangelischen und Orthodoxen Kirchen, die Islamischen, Buddhistischen und Hinduistischen Gemeinschaften sowie die Jüdische Gemeinde. In der Praxis spielen vor allem religiöse Überzeugungen u.a. beim **Tragen von Kopftüchern** durch muslimische AN eine Rolle (dazu auch → § 3 Rn. 24 f.). Darüber hinaus erfasst § 1 AGG auf alle Fälle auch sonstige Glaubensgemeinschaften, die den Status einer Körperschaft des öffentlichen Rechts besitzen, u.a. die Zeugen Jehovas,[34] die Neuapostolische Kirche, die Mormonen,[35] die Baptisten, der Bund freikirchlicher Pfingstgemeinden, die Christengemeinschaft, die Deutschen Unitarier, die Herrnhuter Brüdergemeinde, die Gemeinschaft der Siebenten-Tags-Adventisten, die Heilsarmee sowie die Mennoniten-Gemeinden.[36] Auch der Bahá'í-Glaube[37] stellt eine Religion iSd § 1 AGG dar.

10 Als **Weltanschauung** sind diejenigen Lehren anzusehen, die – wenn auch ohne transzendentalen Bezug – Antworten mit universellem Geltungsanspruch auf die Grundfragen menschlicher Existenz zu geben behaupten. Hierzu gehört etwa der Marxismus-Leninismus[38] oder auch die Anthroposophie Rudolf Steiners.[39] Die Sympathie für ein Land ist dagegen keine Weltanschauung.[40] Nicht erfasst werden auch tagespolitische Richtigkeitsvorstellungen und Überzeugungen.[41] Auch das Vorschieben einer Religion oder Weltanschauung zur Rechtfertigung von Verhaltensweisen (Piercing oder Drogenkonsum) wird nicht geschützt.[42] Gleiches gilt für Regeln (nur) zu Teilfragen des Lebens.[43] Ob sich ein Verkäufer eines Kaufhauses, der überzeugter Vegetarier ist, weigern kann, in der Fleischwarenabteilung zu arbeiten, weil dies seiner „Weltanschau-

---

27 EuGH 26.2.2008 AP Nr. 7 zu EWG-Richtlinie Nr. 92/85 = NZA 2008, 345 – Mayr.
28 BAG 17.10.2013 AP Nr. 15 zu § 15 AGG = NZA 2014, 303.
29 BAG 22.3.1995 AP Nr. 21 zu § 5 ArbGG 1979 = NZA 1995, 823; näher dazu *Thüsing*, Arbeitsrechtl. Diskriminierungsschutz, Rn. 194 ff.
30 *Thüsing*, Arbeitsrechtl. Diskriminierungsschutz, Rn. 191; MüKoBGB/*Thüsing* AGG § 1 Rn. 66.
31 BVerfG 19.10.1971 NJW 1972, 327.
32 EGMR 5.4.2007 NJW 2008, 495.
33 Vgl. EGMR 10.11.2005 NVwZ 2006, 1389; 3.12.1996 – 24949/94; 13.4.2006 NZA 2006, 1401.
34 BVerfG 19.12.2000 NJW 2001, 429.
35 BAG 24.4.1997 AP Nr. 27 zu § 611 BGB Kirchendienst = NZA 1998, 145.
36 Vgl. BVerfG 19.12.2000 NJW 2001, 429.
37 BVerfG 5.2.1991 NJW 1991, 2623.
38 ArbG Berlin 30.7.2009 NZA-RR 2010, 70; *Adomeit/Mohr* AGG § 1 Rn. 105; HK-AGG/*Däubler* § 1 Rn. 60.
39 HK-AGG/*Däubler* § 1 Rn. 60.
40 BAG 21.2.2013 AP Nr. 20 zu § 81 SGB IX = NZA 2013, 840.
41 *Annuß* BB 2006, 1629 (1631).
42 *Adomeit/Mohr* AGG § 1 Rn. 97.
43 ErfK/*Schlachter* AGG § 1 Rn. 8; aA *Säcker* ZRP 2002, 286 (289).

ung" widerspreche,[44] erscheint deshalb mehr als fraglich. Von § 1 AGG erfasst sind nur Weltanschauungen, die im Einklang mit der **freiheitlich-demokratischen Grundordnung** stehen. Eine nationalsozialistische Weltanschauung fällt deshalb ebenso wenig in den Schutzbereich der Norm wie eine religiöse Überzeugung, die anderen Personengruppen das Existenzrecht abspricht.[45] Probleme können sich in Bezug auf die Behandlung der **Scientology-Gemeinschaft** ergeben.[46] Zahlreiche Arbeitsverträge sehen eine Erklärung des AN vor, nicht dieser Gemeinschaft anzugehören. Das BAG hat die Religions- und Weltanschauungseigenschaft der Scientology-Gemeinschaft bislang verneint;[47] dagegen wird dieser Status in Frankreich und den USA bejaht.[48] Ob hieran festgehalten werden kann, erscheint angesichts des weiten Begriffs der Weltanschauung in § 1 AGG fraglich.[49] Der EGMR hat die in Russland abgelehnte Registrierung der Scientology-Gemeinschaft als Religionsgemeinschaft jedenfalls als Verstoß gegen Art. 9 EMRK angesehen.[50]

4. Behinderung. Nach der Rspr. des BAG entspricht der Begriff der Behinderung iSv § 1 11
AGG der gesetzlichen Definition in § 2 I 1 SGB IX. Danach liegt eine Behinderung vor, wenn die körperliche Funktion, geistige Fähigkeit oder seelische Gesundheit eines Menschen langfristig eingeschränkt ist und dadurch – in Wechselwirkung mit verschiedenen sozialen Kontextfaktoren *(Barrieren)* – seine **Teilhabe an der Gesellschaft,** wozu auch die Teilhabe am Berufsleben gehört, substantiell beeinträchtigt sein kann.[51] Auf einen bestimmten Grad der Behinderung kommt es nicht an. Dies entspricht weitgehend dem vom EuGH in Anlehnung an Art. 1 UAbs. 2 der UN-Behindertenrechtskonvention vom 13.12.2006 entwickelten Verständnis von „Behinderung" iSd RL 2000/78/EG. Danach ist eine Behinderung eine Einschränkung, die u.a. auf langfristige physische, geistige oder psychische Beeinträchtigungen zurückzuführen ist, die in Wechselwirkung mit verschiedenen Barrieren den Betreffenden an der vollen und wirksamen **Teilhabe am Berufsleben,** gleichberechtigt mit den anderen AN, hindern können.[52] Soweit beide Definitionen zu unterschiedlichen Ergebnissen führen, ist wegen der gebotenen unionsrechtskonformen Auslegung von § 1 AGG zunächst diejenige des EuGH maßgebend; der zu § 2 SGB IX kommt aber Bedeutung zu, soweit sie weiter als das unionsrechtliche Verständnis ist.[53] Eine Behinderung liegt danach nicht erst dann vor, wenn die Ausübung einer Tätigkeit unmöglich, sondern bereits dann, wenn sie lediglich beeinträchtigt ist.[54] Auch das Vorliegen einer Krankheit ist noch nicht zwangsläufig mit einer Behinderung gleichzusetzen.[55] Nach Ansicht des EuGH kommt es für das Vorliegen einer Behinderung im Gegensatz zur bloßen **Erkrankung** vor allem darauf an, dass dadurch eine „langfristige" Einschränkung am Berufsleben gegeben ist. Anhaltspunkte hierfür sind zB, dass ein Ende der Arbeitsunfähigkeit nicht genau absehbar ist oder sich diese bis zur Genesung noch erheblich hinzieht.[56] Vor allem bei dauerhaften oder langanhaltenden Erkrankungen können daher die Voraussetzungen für eine Behinderung erfüllt sein.[57] Treten die Gesundheitsstörungen in Schüben auf und können sie auf ein Grundleiden zurückgeführt werden, kann es sich ebenfalls um ein Dauerleiden mit entspr. andauernder Funktionsbeeinträchtigung handeln, selbst wenn die einzelnen – ggf. eine Arbeitsunfähigkeit bedingenden – akuten funktionalen Einschränkungen für sich gesehen nur kürzere Zeit andauern.[58] Im Streitfall hat der AN die behaupteten Beeinträchtigungen näher darzulegen und zu beweisen.

Die lange Zeit andauernde Einschränkung der Teilhabe am Berufsleben kann sowohl **körperliche als auch geistige Ursachen** haben.[59] So kann eine **symptomlose HIV-Infektion** eine 12

[44] So *Däubler* NJW 2006, 2608.
[45] *Bauer/Krieger/Günther* AGG § 1 Rn. 31.
[46] Dazu *Adomeit/Mohr* AGG § 1 Rn. 94 f.; *Röder/Krieger* FA 2006, 199 (200).
[47] BAG 22.3.1995 AP Nr. 21 zu § 5 ArbGG 1979 = NZA 1995, 823; offengelassen von BVerfG 16.8.2002 NJW 2002, 3458.
[48] Dazu *Wiedemann/Thüsing* DB 2002, 466.
[49] Krit. auch *Thüsing* ZfA 2001, 397 (405).
[50] EGMR 5.4.2007 NJW 2008, 495.
[51] BAG 16.2.2012 AP Nr. 4 zu § 22 AGG = NZA 2012, 667; BAG 19.12.2013 AP Nr. 3 zu § 2 AGG = NZA 2014, 372.
[52] EuGH 11.4.2013 NZA 2013, 553 – Ring; 1.12.2016 EuZW 2017, 263 – Daouidi.
[53] BAG 19.12.2013 AP Nr. 3 zu § 2 AGG = NZA 2014, 372.
[54] EuGH 18.12.2014 AP Nr. 30 zu Richtlinie 2000/78/EG = NZA 2015, 33 – FOA; 11.4.2013 AP Nr. 28 zu Richtlinie 2000/78/EG = NZA 2013, 553 – Ring.
[55] BAG 20.6.2013 AP Nr. 2 zu § 7 TVUmBw = NZA-RR 2013, 662.
[56] EuGH 1.12.2016 EuZW 2017, 263 – Daouidi.
[57] Vgl. BAG 12.5.2016 NZA 2016, 1345; 14.1.2015 AP Nr. 2 zu § 33 TVöD.
[58] BAG 22.10.2009 AP Nr. 2 zu § 15 AGG = NZA 2010, 280.
[59] Vgl. dazu auch BAG 3.4.2007 AP Nr. 14 zu § 81 SGB IX = NZA 2007, 1098.

Behinderung darstellen.[60] Auch **Adipositas** vermag eine Behinderung zu begründen, wenn der AN aufgrund seines Übergewichts – zB infolge eingeschränkter Mobilität oder dem Auftreten von Krankheitsbildern, die ihn bei der Verrichtung seiner Arbeit beeinträchtigen – an der gleichberechtigten Teilhabe am Berufsleben gehindert ist.[61] Keine Behinderung sind typische altersbedingte Beeinträchtigungen (leichte Schwerhörigkeit, Sehschwächen usw.). Darüber hinausgehende Funktionsbeeinträchtigungen können ggf. eine Behinderung begründen. Ob **Drogensucht** eine Behinderung darstellt, wird unterschiedlich beurteilt.[62] Regelmäßig wird nach der Therapiefähigkeit und den im Einzelfall bestehenden und andauernden Beeinträchtigungen zu differenzieren sein, so dass eine schematische Einordnung ausscheidet. Das Verbot der Diskriminierung wegen einer Behinderung ist nicht auf Personen beschränkt, die selbst behindert sind (dazu → Rn. 38).[63]

13 **5. Sexuelle Identität.** Der Inhalt des Begriffs „sexuelle Identität" erschließt sich über den in der RL 2000/78/EG verwendeten Begriff der „sexuellen Ausrichtung". Gemeint ist danach die sexuelle Ausrichtung, die als identitätsprägend wahrgenommen wird. Erfasst wird sowohl die Hetero- als auch die Homo-, Bi- oder Transsexualität.[64] Als transsexuell werden Personen bezeichnet, die sich dem Geschlecht, dem sie aufgrund ihrer äußerlichen körperlichen Geschlechtsmerkmale zum Zeitpunkt der Geburt zugeordnet wurden, nicht (mehr) zugehörig fühlen, sondern sich mit dem anderen Geschlecht identifizieren.[65] § 1 AGG erfasst damit u.a. die Benachteiligung gleichgeschlechtlicher Ehepartner im Verhältnis zu heterosexuellen. Nicht geschützt sind hingegen besondere sexuelle Praktiken oder Vorlieben, weil diese nicht der Person selbst eigen sind, sondern von ihr beeinflusst werden können.[66]

14 Der in der Praxis häufigste Anwendungsfall dieses Merkmals betrifft bislang die **eingetragenen Lebenspartnerschaften.** Nach der Rspr. des EuGH stellt es eine gegen Art. 1 und Art. 2 RL 2000/78/EG verstoßende Ungleichbehandlung dar, wenn der überlebende Partner (anders als ein Ehegatte) nach Versterben seines Lebenspartners keine Hinterbliebenenversorgung erhält, obwohl die Lebenspartnerschaft nach nationalem Recht Personen gleichen Geschlechts in eine Situation versetzt, die in Bezug auf diese Hinterbliebenenversorgung mit der Situation von Ehegatten vergleichbar ist.[67] Die danach erforderliche Vergleichbarkeit zwischen der Situation von Lebenspartnern und Ehegatten ist nach der Rspr. des BAG **in Bezug auf die Hinterbliebenenversorgung** seit dem 1.1.2005 gegeben. Durch das zu diesem Zeitpunkt in Kraft getretene Gesetz zur Überarbeitung des Lebenspartnerschaftsrechts vom 15.12.2004 (BGBl. I 3396) wurde das Recht der Lebenspartnerschaft weitgehend und vor allem im Bereich der gesetzlichen Rentenversicherung durch die Zuerkennung einer Hinterbliebenenversorgung an das Recht der Ehe angeglichen.[68] Eingetragene Lebenspartner sind damit hinsichtlich der Hinterbliebenenversorgung ab diesem Zeitpunkt den Ehegatten gleich zu stellen. Dies gilt nach der Rspr. des BVerfG auch für die VBL.[69] **Entgeltbestandteile,** die an einen im Haushalt lebenden Ehegatten, den Bestand einer Familie oder an das Vorhandensein von Kindern anknüpfen, sind Lebenspartnern ebenfalls zu gewähren.[70] Auch in einem kirchlichen Arbeitsverhältnis ist der Ausschluss eingetragener Lebenspartnerschaften von einer heterosexuellen Ehegatten gewährten, finanziellen Leistung nicht zulässig. Soweit das BAG in seiner Entscheidung vom 26.10.2006[71] dies anders gese-

---

[60] BAG 19.12.2013 AP Nr. 3 zu § 2 AGG = NZA 2014, 372.

[61] EuGH 18.12.2014 AP Nr. 30 zu Richtlinie 2000/78/EG = NZA 2015, 33 – FOA; dazu auch Wendeling-Schröder/*Stein* AGG § 1 Rn. 52; MüKoBGB/*Thüsing* AGG § 1 Rn. 82.

[62] Vgl. BAG 14.1.2004 AP Nr. 3 zu AVR Caritasverband Anlage 1, das von einer Behinderung ausgeht, diff. MüKoBGB/*Thüsing* AGG § 3 Rn. 85.

[63] EuGH 17.7.2008 AP Nr. 10 zu Richtlinie 2000/78/EG = NZA 2008, 932 – Coleman; dazu *Schlachter* RdA 2010, 104 (106).

[64] Vgl. BAG 17.12.2015 NZA 2016, 888.

[65] BAG 17.12.2015 NZA 2016, 888.

[66] *Adomeit/Mohr* AGG § 1 Rn. 164 f.; aA *Annuß* BB 2006, 1629 (1630 f.).

[67] EuGH 1.4.2008 AP Nr. 9 zu Richtlinie 2000/78/EG = NZA 2008, 459 – Maruko.

[68] BAG 14.1.2009 AP Nr. 315 zu Art. 3 GG = NZA 2009, 489; BAG 15.9.2009 AP Nr. 318 zu Art. 3 GG = NZA 2010, 216; zust. *Rolfs* SR 2014, 41 (51); krit. *Bruns* NZA 2009, 596; vgl. auch BAG 11.12.2012 NZA-RR 2013, 1063 für einen sog. DO-Angestellten.

[69] BVerfG 7.7.2009 NJW 2010, 1439 Rn. 124; im Bereich des Steuerrechts ist dagegen bereits seit dem 1.8.2001 (Inkrafttreten des LPartG) eine Vergleichbarkeit gegeben, vgl. BVerfG 7.5.2013 NJW 2013, 2257 (Ehegattensplitting).

[70] Vgl. BAG 18.3.2010 NZA 2010, 824 (kinderbezogener Entgeltbestandteil im Ortszuschlag nach § 29 Abschn. B Abs. 3 BAT-O); BAG 18.3.2010 AP Nr. 321 zu Art. 3 GG = NZA-RR 2010, 664 (Auslandszuschlag für im Haushalt lebenden Partner); anders noch BVerfG 20.9.2007 NJW 2008, 209.

[71] AP Nr. 49 zu § 611 BGB Kirchendienst = NZA 2007, 1179.

hen hat, kann angesichts der unions- und verfassungsrechtlichen Vorgaben[72] hieran nicht festgehalten werden.

6. Alter. Das Verbot der Diskriminierung wegen des Alters ist nach der Rspr. des EuGH ein allgemeiner Grundsatz des Unionsrechts, der durch die RL 2000/78/EG für den Bereich Beschäftigung und Beruf konkretisiert worden ist.[73] Der Begriff „Alter" erfasst **jedes Lebensalter.** Obwohl es bei Erlass der RL 2000/78/EG vorrangig darum gegangen sein dürfte, vor allem ältere Menschen vor Benachteiligungen im Arbeitsleben zu schützen, lässt sich dem Wortlaut von § 1 AGG keine Beschränkung auf diese – ohnehin völlig unbestimmte – Personengruppe entnehmen. In der jüngeren arbeitsgerichtlichen Praxis dürfte das Merkmal Alter eines der am häufigsten geltend gemachten Benachteiligungsgründe sein. Eine unmittelbare Benachteiligung wegen des Alters liegt immer dann vor, wenn das Ob oder der Umfang einer Leistung vom Alter der Begünstigten abhängen. Dies ist zB bei einer altersabhängigen Vergütung oder Urlaubsdauer (→ Rn. 66 f.) sowie bei einer Höchstaltersgrenze für die Gewährung von Leistungen der betrieblichen Altersversorgung der Fall. Auch ein Einstellungshöchstalter[74] sowie die Nichtberücksichtigung von Beschäftigungszeiten vor Vollendung eines bestimmten Alters bewirken eine Benachteiligung wegen des Alters.[75] Selbst Stellenausschreibungen kommt diese Wirkung zu, wenn sie sich an Personen „mit 0–2 Jahren Berufserfahrung" oder AN „im ersten Berufs-/Tätigkeitsjahr" wenden, die Anforderung „gerade frisch gebacken aus der Ausbildung" enthalten oder eine Arbeitsperspektive in einem „jungen und dynamischen Team" bieten (dazu auch → Rn. 83 ff.).[76] Da das Alter ein ambivalentes, relatives Differenzierungsmerkmal ist, bereitet die Feststellung einer Benachteiligung wegen des Alters nicht selten Schwierigkeiten.[77] 15

III. Anwendungsbereich des Gesetzes

1. Zeitlich. Das AGG erfasst Benachteiligungen eines Beschäftigten wegen eines in § 1 AGG genannten Grundes, die seit dem 18.8.2006 stattgefunden haben (§ 33 AGG). Maßgeblich ist der Zeitpunkt der Benachteiligungshandlung,[78] jedoch reicht es aus, wenn die Benachteiligung nach Inkrafttreten des AGG noch andauert. Keine Anwendung findet das AGG auf Sachverhalte, die vor dem 18.8.2006 bereits abgeschlossen waren.[79] Ein Bewerber, der vor Inkrafttreten des AGG aufgrund seines Alters abgelehnt worden ist, hat daher keinen Anspruch auf eine Entschädigung nach § 15 II AGG.[80] 16

2. Persönlich. Das AGG schützt nach § 6 I 1 AGG nicht nur **AN,** sondern auch zu ihrer Berufsbildung Beschäftigte und arbeitnehmerähnliche Personen. Da die Norm den Vorgaben der dadurch umgesetzten Richtlinien entsprechen muss, ist der Begriff des AN iSd autonom zu bestimmenden **unionsrechtlichen Arbeitnehmerbegriffs** zu verstehen. Danach ist wesentliches Merkmal des Arbeitsverhältnisses, dass eine Person während einer bestimmten Zeit für eine andere nach deren Weisung Leistungen erbringt, für die sie als Gegenleistung eine Vergütung erhält.[81] Beschäftigte iSd AGG sind nach § 6 I 2 AGG auch Personen, deren Beschäftigungsverhältnis bereits beendet wurde. Leiharbeitnehmer genießen zudem nach § 6 II 2 AGG auch gegenüber dem Entleiher Schutz. Für Organmitglieder gelten die §§ 6–18 AGG nach § 6 III AGG in Bezug auf Einstellungen und Beförderungen. 17

[72] EuGH 1.4.2008 AP Nr. 9 zu Richtlinie 2000/78/EG = NZA 2008, 459 – Maruko; 12.12.2013 NZA 2014, 153 – Hay; BVerfG 19.2.2013 NJW 2013, 847.
[73] EuGH 19.1.2010 AP Nr. 14 zu Richtlinie 2000/78/EG = NZA 2010, 85 – Kücükdeveci.
[74] Vgl. EuGH 15.11.2016 EzA Nr. 41 zu Richtlinie 2000/78 EG-Vertrag 1999.
[75] Vgl. EuGH 19.1.2010 AP Nr. 14 zu Richtlinie 2000/78/EG = NZA 2010, 85 – Kücükdeveci; 18.6.2009 AP Nr. 13 zu Richtlinie 2000/78/EG = NZA 2009, 891 – Hütter.
[76] Vgl. BAG 19.5.2016 AP Nr. 11 zu § 3 AGG = NZA 2016, 1394; 15.12.2016 AP Nr. 12 zu § 3 AGG = NZA 2017, 715; vgl. aber auch BAG 26.1.2017 AP Nr. 14 zu § 22 AGG; 18.8.2009 AP Nr. 1 zu § 3 AGG = NZA 2010, 222.
[77] *Linsenmaier* RdA-Beil. 5/2003, 22 (25).
[78] Vgl. BAG 24.9.2009 AP Nr. 2 zu § 3 AGG = NZA 2010, 387; 17.6.2009 AP Nr. 64 zu § 14 TzBfG; 14.1.2009 AP Nr. 315 zu Art. 3 GG = NZA 2009, 489.
[79] BAG 25.3.2015 AP Nr. 6 zu § 7 AGG = NZA 2015, 1059; 17.12.2009 AP Nr. 2 zu § 7 AGG = NZA 2010, 383.
[80] BAG 24.9.2009 AP Nr. 41 zu § 611 BGB Persönlichkeitsrecht = NZA 2010, 129.
[81] EuGH 20.9.2007 AP Nr. 8 zu EWG-Richtlinie Nr. 92/85 = NZA 2007, 1274 – Kiiski; 9.7.2015 AP Nr. 6 zu Richtlinie 98/59/EG = NZA 2015, 861 – Balkaya.

18 Das AGG gilt gem. § 6 I 2 auch für **Bewerber** und ausgeschiedene AN. § 6 I 2 AGG enthält einen **formalen Bewerberbegriff,** der nur voraussetzt, dass eine Person beim AG eine Bewerbung einreicht.[82] Ausreichend hierfür ist ihr Zugang iSv § 130 BGB; eine tatsächliche Kenntnisnahme des AG oder des für Bewerbungen zuständigen Entscheidungsträgers ist nicht notwendig.[83] Der Begriff „Bewerber" verlangt nicht die subjektive Ernsthaftigkeit der Bewerbung für die in Aussicht genommene Stelle. Ein solches ungeschriebenes Kriterium ergibt sich weder aus dem Wortlaut der Norm und dem durch ihn vermittelten Wortsinn noch aus ihrem Gesamtzusammenhang oder Sinn und Zweck. Die mangelnde Ernsthaftigkeit einer Bewerbung kann allenfalls im Rahmen eines Rechtsmissbrauchseinwands nach § 242 BGB von Bedeutung sein (dazu → Rn. 137 ff.).[84] Für den Bewerberstatus unerheblich ist, ob ein Arbeitsverhältnis oder ein freies Mitarbeiterverhältnis begründet werden soll, denn nach § 6 III AGG gelten die §§ 7 ff. AGG in Bezug auf die Bedingungen für den Zugang zur Erwerbstätigkeit sowie den beruflichen Aufstieg auch für Selbständige.[85]

19 **3. Sachlich. a) Zugang zur Erwerbstätigkeit sowie beruflicher Aufstieg.** Nach § 2 I Nr. 1 AGG ist eine Benachteiligung beim Zugang zur unselbständigen und selbständigen Erwerbstätigkeit sowie beim beruflichen Aufstieg[86] unzulässig. Gemeint sind damit **Einstellungen** – nicht nur erstmalige, sondern auch wiederholte etwa im Fall der Verlängerung befristeter Verträge – sowie **Beförderungen.** Die Norm erfasst nicht nur die Auswahlkriterien und die Einstellungsbedingungen, sondern das gesamte Auswahl- und Vertragsanbahnungsverfahren einschließlich etwaiger Bewerberfragebögen und Vorstellungsgespräche. Große praktische Bedeutung hat § 2 I Nr. 1 AGG vor allem für **Stellenanzeigen** (dazu → § 25 Rn. 3 ff.).[87] Nach § 11 AGG darf ein Arbeitsplatz nicht unter Verstoß gegen § 7 I AGG ausgeschrieben werden.[88] Genügt die Stellenausschreibung diesen Vorgaben nicht, kann dies die Vermutung iSv § 22 AGG begründen, dass der erfolglose Bewerber wegen eines Grundes iSv § 1 AGG benachteiligt wurde (→ Rn. 83 f.). Bedient sich der AG zur Stellenausschreibung Dritter (zB der Agentur für Arbeit oder einer Unternehmensberatung), ist ihm deren Fehlverhalten zuzurechnen (dazu → Rn. 100).[89]

20 Ein Bewerber kann bei einer Stellenbesetzung idR nur dann benachteiligt werden, wenn im **Zeitpunkt der Besetzungsentscheidung** die Bewerbung bereits vorlag. Dies gilt jedenfalls, solange nicht besondere Anhaltspunkte für eine diskriminierende Gestaltung des Bewerbungsverfahrens ersichtlich sind.[90] Diese können zB gegeben sein, wenn der AG eine Stelle vor Ablauf einer von ihm gesetzten Bewerbungsfrist besetzt. In Bezug auf schwerbehinderte Menschen kann darin ein Indiz iSd § 22 AGG liegen, dass der AG das Verfahren nach § 164 I 4 SGB IX 2018 vermeiden will.[91] Soweit der EuGH angenommen hat, auch öffentliche Äußerungen mit diskriminierendem Inhalt könnten unabhängig davon, ob sich eine konkrete Person benachteiligt fühlt, einen Verstoß gegen die RL 2000/43/EG darstellen, weil sie Bewerber ernsthaft davon abhalten könnten, ihre Bewerbung einzureichen,[92] führt dies nicht zu einer generell anderen Beurteilung.[93] Jedoch können, wenn ein AN nachvollziehbar darlegt, dass er sich bei dem AG um eine ausgeschriebene Stelle, für die er persönlich und fachlich geeignet war, nur wegen solcher Äußerungen nicht beworben hat, ausnahmsweise Entschädigungsansprüche nach § 15 II AGG in Betracht kommen.

[82] BAG 15.12.2016 AP Nr. 12 zu § 3 AGG = NZA 217, 715; 11.8.2016 AP Nr. 21 zu § 15 AGG = NZA 2017, 310; 19.5.2016 AP Nr. 11 zu § 3 AGG = NZA 2016, 1394.
[83] BAG 23.1.2020 AP Nr. 3 zu § 82 SGB IX.
[84] BAG 11.8.2016 AP Nr. 22 zu § 15 AGG; 19.5.2016 AP Nr. 11 zu § 3 AGG = NZA 2016, 1394 unter Aufgabe seiner früheren teilweise abweichenden Rspr., vgl. dazu BAG 18.6.2015 AP Nr. 1 zu § 6 AGG = NZA 2015, 1063.
[85] BAG 23.8.2012 AP Nr. 9 zu § 3 AGG = NZA 2013, 37; 17.12.2009 AP Nr. 2 zu § 7 AGG = NZA 2010, 383.
[86] Vgl. dazu die noch zu § 611a BGB ergangene Entscheidung BAG 24.4.2008 AP Nr. 2 zu § 33 AGG = NZA 2008, 1351.
[87] Dazu *Kania/Merten* ZIP 2007, 8 ff.; *Schrader* DB 2006, 2571 ff.; *Wickert/Zange* DB 2007, 970.
[88] Vgl. dazu auch *Pieper* RdA 2018, 337.
[89] BAG 5.2.2004 AP Nr. 23 zu § 611a BGB = NZA 2004, 540; BVerfG 21.9.2006 AP Nr. 24 zu § 611a BGB = NJW 2007, 137.
[90] BAG 19.8.2010 AP Nr. 19 zu § 81 SGB IX = NZA 2011, 200.
[91] BAG 17.8.2010 AP Nr. 4 zu § 15 AGG = NZA 2011, 153.
[92] EuGH 10.7.2008 AP Nr. 1 zu Richtlinie 2000/43/EG – Feryn.
[93] BAG 19.8.2010 AP Nr. 19 zu § 81 SGB IX = NZA 2011, 200.

Eine Benachteiligung bei einer **Beförderungsentscheidung** kann auch vorliegen, wenn eine Bewerbung unterblieben ist, weil der AG seine Auswahl ohne eine Ausschreibung der Stelle oder eine Aufforderung zu Bewerbungen getroffen hat.[94] Auch **Leistungsbeurteilungen,** die Grundlage von Beförderungsentscheidungen sind, müssen den Vorgaben des AGG genügen. So darf der AG zB AN, die sich im Mutterschaftsurlaub befinden, nicht von einer Beurteilung ausnehmen.[95] Mit Unionsrecht vereinbar sind nach Auffassung des EuGH Maßnahmen, die den Zugang von Frauen zur Beschäftigung verbessern sollen, indem ausschließlich weiblichen AN subventionierte Kindertagesstättenplätze vorbehalten werden, während männliche Beschäftigte nur in Notfällen Zugriff auf diese Plätze haben.[96] 21

b) Arbeitsbedingungen. Nach § 2 I Nr. 2 AGG sind Benachteiligungen in Bezug auf die Arbeitsbedingungen einschließlich des **Entgelts** unzulässig (dazu auch → § 37 Rn. 1). Die Aufzählung im zweiten Halbsatz des § 2 I Nr. 2 AGG dient der Konkretisierung, sie ist nicht abschließend und umfasst zB auch Weisungen oder sonstige Anordnungen wie Versetzungen oder Umsetzungen durch den AG. Der Begriff der Vereinbarung ist weit zu verstehen. Hierzu gehören zB vertragliche Regelungen zwischen AG und den Beschäftigten, **Betriebs- und Dienstvereinbarungen** sowie **Tarifverträge.**[97] Erfasst werden von § 2 I Nr. 2 AGG auch Benachteiligungen bei **Entlassungsbedingungen** (dazu → Rn. 25 ff.). Hierzu zählen nicht nur Regelungen über Altersgrenzen oder zur Dauer der Kündigungsfristen,[98] sondern auch eine Vereinbarung über die Befristung des Arbeitsverhältnisses,[99] die Anfechtung des Arbeitsvertrags, die Zahlung von Abfindungen[100] oder sonstige finanzielle Anreize zur Beendigung des Arbeitsverhältnisses[101] sowie der Abschluss von Aufhebungsverträgen.[102] 22

c) Berufsbildung. Das Verbot der Benachteiligung bei der Berufsbildung nach § 2 I Nr. 3 AGG erfasst alle Formen der Aus- und Weiterbildung. Hierzu gehören zB die Berufsausbildung, Fortbildung und Umschulung (vgl. § 1 BBiG). 23

d) Mitgliedschaft in Vereinigungen. § 2 I Nr. 4 AGG betrifft die Mitgliedschaft und Mitwirkung in berufsbezogenen Vereinigungen auf Beschäftigten- und Arbeitgeberseite. Gemeint sind Arbeitgeberverbände, Gewerkschaften sowie Innungen, Handwerkskammern und sonstige Vereinigungen freier Berufe. Die Unionsrichtlinien wollen umfassend der Benachteiligung in Beschäftigung und Beruf entgegenwirken. Um dieses Ziel zu erreichen, kommt der Möglichkeit der ungehinderten Mitwirkung in entspr. Berufsverbänden und ähnlichen Vereinigungen erhebliche Bedeutung zu.[103] 24

e) Kündigungen. aa) Grundsätze. Nach § 2 IV AGG gelten für Kündigungen ausschließlich die Bestimmungen des allgemeinen und besonderen Kündigungsschutzes. Welche **Bedeutung** dieser Norm zukommt, ist im Schrifttum umstritten. Teilweise wird angenommen, sie solle eine Anwendung des AGG auf Kündigungen unionsrechtswidrig ausschließen[104] und sei daher unanwendbar;[105] andere gehen von der Möglichkeit ihrer unionsrechtskonformen Auslegung aus mit der Folge, dass es bei der Anwendung der Vorschriften des KSchG eines Rückgriffs auf die entspr. unionsrechtlichen Regelungen bedürfe.[106] Das BAG ist dem nicht gefolgt, sondern hat den Widerspruch zu den unionsrechtlichen Vorgaben durch eine **Auslegung von § 2 IV AGG** aufgelöst. Aus dem systematischen Zusammenhang der Regelung mit § 2 I Nr. 2 AGG, der das AGG ausdrücklich auch für Entlassungsbedingungen für anwendbar erklärt, ihrem Zweck und der Gesetzesgeschichte schließt es, dass der 25

[94] BAG 22.7.2010 AP Nr. 2 zu § 22 AGG = NZA 2011, 93.
[95] EuGH 30.4.1998 DVBl. 1998, 632.
[96] EuGH 19.3.2002 AP Nr. 29 zu EWG-Richtlinie Nr. 76/207 = NZA 2002, 501 – Lommers; dazu *Thüsing* DB 2002, 1452.
[97] Vgl. BAG 5.9.2019 AP Nr. 6 zu § 11 TVUmBw; 13.10.2009 AP Nr. 1 zu § 7 AGG = NZA 2010, 327; BT-Drs. 16/1780, 31.
[98] Vgl. BAG 18.9.2014 AP Nr. 70 zu § 622 BGB = NZA 2014, 1400.
[99] BAG 17.3.2016 – 8 AZR 677/14; 9.12.2015 AP Nr. 134 zu § 14 TzBfG = NZA 2016, 695.
[100] EuGH 16.2.1982 NJW 1982, 2726.
[101] EuGH 21.7.2005 – C-207/04.
[102] BAG 25.2.2010 AP Nr. 3 zu § 3 AGG = NZA 2010, 561.
[103] BT-Drs. 16/1780, 31.
[104] Vgl. *Annuß* BB 2006, 1630; *Thüsing* NZA 2006, 777; *Wisskirchen* DB 2006, 1495.
[105] Vgl. *Busch* AiB 2006, 467 (468); *Däubler* AiB 2006, 738; *Wenckebach* AuR 2008, 70 (71); *Thüsing* BB 2007, 1506 (1507); *Düwell* FA 2007, 107 (109); *Thüsing,* Arbeitsrechtl. Diskriminierungsschutz, Rn. 115 ff.; vgl. auch *Meinel/Heyn/Herms* AGG § 2 Rn. 66; *Sagan* NZA 2006, 1259.
[106] *Wendeling-Schröder* AuR 2007, 389; vgl. auch *Willemsen/Schweibert* NJW 2006, 2583 (2585).

Gesetzgeber durch § 2 IV AGG lediglich die Schaffung eines „zweiten Kündigungsrechts im AGG" verhindern wollte. Durch die Norm sollte lediglich eine Kohärenz zwischen dem Antidiskriminierungsrecht des AGG einerseits und dem nationalen Kündigungsrecht hergestellt werden. Die Diskriminierungsverbote des AGG seien daher in das bisherige System des Kündigungsschutzrechts einzupassen.[107] Der betroffene AN kann im Fall einer gegen §§ 1, 7 I AGG verstoßenden Kündigung nicht nur deren **Unwirksamkeit,** sondern auch einen **Entschädigungsanspruch** nach § 15 II AGG (→ Rn. 114 ff.) geltend machen.[108]

26 **bb) Kündigung nach dem KSchG und § 626 BGB.** Das vom BAG zugrunde gelegte Verständnis von § 2 IV AGG hat zur Folge, dass bei der Prüfung der Wirksamkeit von **Kündigungen, die dem KSchG unterfallen,** die Diskriminierungsverbote des AGG als **Konkretisierungen der Sozialwidrigkeit** iSv § 1 KSchG bzw. bei der Auslegung des Begriffs „wichtiger Grund" iSv § 626 BGB zu beachten sind.[109] Danach verstößt eine auf dauerhafte krankheitsbedingte Arbeitsunfähigkeit gestützte Kündigung nicht gegen das Verbot der Benachteiligung wegen einer Behinderung, wenn der AG nicht imstande ist, die bestehende Leistungsunfähigkeit des AN durch angemessene Vorkehrungen, dh durch effektive und praktikable, ihm nicht unzumutbar belastende Maßnahmen zu beseitigen.[110] Problematisch ist es, inwieweit Kündigungen wegen des Tragens von **muslimischen Kopftüchern** angesichts der Vorgaben des AGG gerechtfertigt sein können (→ Rn. 57; → § 3 Rn. 24 f.). Im Fall einer Verkäuferin hat das BAG die soziale Rechtfertigung einer entspr. Kündigung verneint, weil die AN weder gehindert war, ihre vertraglich geschuldete Arbeitsleistung zu erbringen, noch dadurch konkrete betriebliche Störungen oder wirtschaftliche Einbußen eingetreten waren.[111] Da sich § 2 IV AGG nur auf den gesetzlichen Kündigungsschutz bezieht, steht er einer Überprüfung von tarif- oder individualvertraglichen Vereinbarungen über Kündigungsfristen und -erschwernissen anhand des AGG nicht entgegen.[112]

27 **cc) Kündigung während der Wartezeit und im Kleinbetrieb.** Ist das KSchG während der Wartezeit nach § 1 I KSchG und im Kleinbetrieb nach § 23 I KSchG nicht anwendbar, sind Kündigungen unmittelbar am AGG zu messen ist und bei einem Verstoß hiergegen nach § 134 BGB iVm § 7 I, §§ 1, 3 AGG unwirksam.[113] § 2 IV AGG regelt für Kündigungen nur das Verhältnis zwischen dem AGG und dem KSchG sowie den speziell auf Kündigungen zugeschnittenen Bestimmungen. Die zivilrechtlichen Generalklauseln werden dagegen von § 2 IV AGG nicht erfasst. Dieses Gesetzesverständnis hat zur Folge, dass die **Beweislastregel** des § 22 AGG (→ Rn. 80 ff.) zur Anwendung kommt und sich damit die Rechtsstellung von AN bei potentiell diskriminierenden Kündigungen gegenüber der von AN, bei denen keine Diskriminierung in Betracht kommt, deutlich verbessert.[114]

28 Soweit das BAG in der Vergangenheit eine Kündigung in der Wartezeit wegen **Homosexualität** des AN als treuwidrig angesehen hat,[115] ist heute das gleiche Ergebnis – Unwirksamkeit der Kündigung – aus § 134 BGB iVm § 7 I, §§ 1, 3 AGG herzuleiten. Kann ein **Sinto** wegen seines Glaubens oder seiner religiösen Überzeugungen Bestattungsarbeiten nicht ausüben, liegt im Fall einer Kündigung nicht ohne weiteres eine Diskriminierung wegen der Religion oder Weltanschauung vor. Kündigungsgrund ist vielmehr die Weigerung, die verlangte Tätigkeit zu verrichten. Dass die Kündigung ihre Ursache mittelbar in einer bestimmten religiösen Überzeugung hat, ändert an ihrer Wirksamkeit nichts, wenn es für den AN keine andere Beschäftigungsmöglichkeit gibt.[116]

---

[107] Ausf. BAG 6.11.2008 AP Nr. 182 zu § 1 KSchG 1969 Betriebsbedingte Kündigung= NZA 2009, 361.
[108] BAG 12.12.2013 AP Nr. 17 zu § 15 AGG = NZA 2014, 722; 19.12.2013 AP Nr. 3 zu § 2 AGG = NZA 2014, 372.
[109] BAG 20.11.2014 AP Nr. 53 zu § 1 KSchG 1969 Krankheit = NZA 2015, 931; 12.12.2013 AP Nr. 17 zu § 15 AGG = NZA 2014, 722; 5.11.2009 AP Nr. 183 zu § 1 KSchG 1969 Betriebsbedingte Kündigung = NZA 2010, 457.
[110] BAG 20.11.2014 AP Nr. 53 zu § 1 KSchG 1969 Krankheit = NZA 2015, 931.
[111] BAG 10.10.2002 AP Nr. 44 zu § 1 KSchG 1969 Verhaltensbedingte Kündigung = NZA 2003, 483.
[112] BAG 20.6.2013 AP Nr. 3 zu § 626 BGB Unkündbarkeit = NZA 2014, 208.
[113] BAG 23.7.2015 AP Nr. 7 zu § 7 AGG = NZA 2015, 1380; 26.3.2015 AP Nr. 39 zu § 9 MuSchG 1968 = NZA 2015, 734; 19.12.2013 AP Nr. 3 zu § 2 AGG = NZA 2014, 372.
[114] BAG 26.3.2015 AP Nr. 39 zu § 9 MuSchG 1968 = NZA 2015, 734; 12.12.2013 AP Nr. 17 zu § 15 AGG = NZA 2014, 722.
[115] BAG 23.6.1994 AP Nr. 9 zu § 242 BGB Kündigung.
[116] BAG 22.5.2003 AP Nr. 18 zu § 1 KSchG 1969 Wartezeit.

f) Betriebliche Altersversorgung. § 2 II 2 AGG sieht vor, dass für die betriebliche „Altersvorsorge" – gemeint ist die Alters*versorgung* – das Betriebsrentengesetz gilt. Diese Aussage ist angesichts von § 1 I 1 BetrAVG zwar zutreffend, aber wenig hilfreich. Nach der Gesetzesbegründung (BT-Drs. 16/1780, 32) sollte damit klargestellt werden, dass für die betriebliche Altersversorgung die auf der Grundlage des BetrAVG geregelten Benachteiligungsverbote gelten. Dieses enthält aber keine entspr. Verbote. Im Schrifttum ist daher umstritten, ob die Vorgaben des AGG auch im Bereich der betrieblichen Altersversorgung anzuwenden sind. Während einige Stimmen dies verneinen,[117] wollen andere die Regelung wegen Unionsrechtswidrigkeit unangewendet lassen.[118] Nach Auffassung des BAG enthält § 2 II 2 AGG **keine „Bereichsausnahme"**, sondern stellt lediglich eine **Kollisionsregel** dar:[119] Wenn und soweit das Betriebsrentengesetz Differenzierungen enthält, die einen Bezug zu den in § 1 AGG genannten Merkmalen haben, hat das AGG keinen Vorrang, sondern es verbleibt bei den Regelungen im Betriebsrentengesetz.[120] Hingegen sind die vom AG einseitig aufgestellten Versorgungsordnungen sowie die betrieblichen und tariflichen Versorgungssysteme grundsätzlich am Maßstab des AGG zu messen. Dieser Auslegung ist zuzustimmen. Sie entspricht den unionsrechtlichen Vorgaben, denn der Regelungsbereich der RL 2000/78/EG erfasst auch die betriebliche Altersversorgung. Dies zeigt bereits Art. 6 II RL 2000/78/EG. Auch der Gesetzgeber selbst geht davon aus, dass die Vorgaben des AGG bei den betrieblichen Versorgungssystemen zu beachten sind. Andernfalls hätte es der Regelung in § 10 S. 3 Nr. 4 AGG nicht bedurft. 29

IV. Benachteiligungsformen

Wann eine Benachteiligung iSd AGG vorliegt, bestimmt § 3 AGG. Die dortigen **Begriffsbestimmungen** sind weitgehend wörtlich den dem AGG zugrunde liegenden Richtlinien entnommen. Nur vereinzelt sind Ergänzungen erfolgt. 30

1. Unmittelbare Benachteiligung. Eine unmittelbare Benachteiligung liegt nach § 3 I AGG vor, wenn eine Person wegen eines in § 1 AGG genannten Grundes eine weniger günstige Behandlung erfährt, als eine andere Person in einer vergleichbaren Situation erfährt, erfahren hat oder erfahren würde (zu Letzterem → Rn. 38). Von § 3 I AGG wird auch eine sog. **verdeckte unmittelbare Ungleichbehandlung** erfasst. Hierbei erfolgt die Differenzierung zwar nicht ausdrücklich wegen eines in § 1 AGG genannten Grundes, jedoch knüpft sie an ein Kriterium an, das in einem untrennbaren Zusammenhang mit einem in § 1 AGG aufgeführten Grund steht (→ Rn. 36). Eine unmittelbare Benachteiligung kann sowohl auf einem aktiven Tun als auch einem Unterlassen beruhen.[121] Sie setzt **keine subjektive Komponente** voraus, insbesondere ist ein Benachteiligungsvorsatz nicht erforderlich.[122] 31

a) Weniger günstige Behandlung. Nicht jede objektiv andere Behandlung ist bereits eine weniger günstige iSv § 3 I AGG. Maßgebend ist, dass die betroffene Person in einer vergleichbaren Situation eine Zurücksetzung erfährt. Dabei kommt es nicht auf das Empfinden des Betroffenen an.[123] Erforderlich ist eine Vergleichsbetrachtung anhand objektiver Maßstäbe. Bei einer **Einstellung** oder **Beförderung** wird der Bewerber bereits dann benachteiligt, wenn er nicht in die Auswahl einbezogen wird. Die Ablehnung einer Bewerbung stellt – ohne dass es zu einem Vorstellungsgespräch gekommen sein muss und unabhängig davon, ob eine Einstellung andernfalls erfolgt wäre – eine Benachteiligung dar, weil dem Bewerber hierdurch eine **Chance auf eine Einstellung versagt** wird.[124] Unerheblich ist, ob später tatsächlich ein anderer Bewerber eingestellt oder befördert wurde. Entschließt sich der AG, keinen Bewerber einzustellen, wird hierdurch idR die bereits zuvor erfolgte Benachteiligung des Bewerbers nicht beseitigt.[125] 32

[117] *Steinmeyer* BetrAV 2006, 601; *ders* ZfA 2007, 27; *Langohr-Plato* BetrAV 2006, 451.
[118] *Rengier* NZA 2006, 1251.
[119] StRspr seit BAG 11.12.2007 AP Nr. 1 zu § 2 AGG = NZA 2008 532.
[120] Vgl. etwa BAG 12.8.2014 AP Nr. 71 zu § 1 BetrAVG Gleichbehandlung; 18.3.2014 NZA 2014, 606; 11.12.2012 NZA 2013, 564; 17.4.2012 NZA 2012, 929; 11.8.2009 NZA 2010, 408; 14.1.2009 NZA 2009, 489; 29.4.2008 NZA 2008, 1417.
[121] BAG 21.4.2016 NZA 2016, 1131.
[122] MüKoBGB/*Thüsing* AGG § 3 Rn. 8.
[123] BAG 25.2.2010 AP Nr. 3 zu § 3 AGG = NZA 2010, 561.
[124] BAG 22.8.2013 AP Nr. 9 zu § 22 AGG = NZA 2014, 82; 23.8.2012 AP Nr. 9 zu § 3 AGG = NZA 2013, 37; 17.8.2010 AP Nr. 4 zu § 15 AGG = NZA 2011, 153.
[125] BAG 22.10.2015 AP Nr. 11 zu § 22 AGG = NZA 2016, 625; 23.8.2012 AP Nr. 9 zu § 3 AGG = NZA 2013, 37.

Etwas anderes gilt nur dann, wenn der AG substantiiert vorträgt und ggf. beweist, dass das Auswahlverfahren aus sachlichen Gründen – zB weil zwischenzeitlich das Erfordernis, die Stelle überhaupt (neu) zu besetzen, entfallen ist – abgebrochen wurde, bevor die Bewerbung bei ihm eingegangen ist. In einem solchen Fall hat es kein Auswahlverfahren mehr gegeben, in dem der Bewerber hätte diskriminiert werden können.[126] Eine ungünstigere Behandlung kann auch darin liegen, dass ein befristetes Arbeitsverhältnis nicht verlängert wird.[127] Keine ungünstigere Behandlung soll nach Ansicht des BAG gegeben sein, wenn ältere AN von einem Personalabbauprogramm des AG, in dem jüngere AN freiwillig gegen Zahlung einer Abfindung aus dem Unternehmen ausscheiden können, ausgenommen werden. Der Zweck des Diskriminierungsverbots wegen des Alters werde in diesem Fall gerade durch den weiteren Verbleib der älteren AN im Arbeitsverhältnis verwirklicht.[128]

33 Die weniger günstige Behandlung muss grundsätzlich **tatsächlich** erfolgt sein. Dies zeigt § 3 I AGG, wonach maßgeblich ist, dass eine Person eine ungünstige Behandlung „erfährt" oder „erfahren hat". Entgegen der Gesetzesbegründung genügt nicht schon die Gefahr einer Benachteiligung[129] (→ vgl. aber auch zu sog. hypothetischen Diskriminierungen Rn. 38). Die Formulierung „erfahren würde" bezieht sich nicht auf die ungünstigere Behandlung, sondern allein auf die vergleichbare Person. Eine ungünstigere Behandlung kann auch in Betracht kommen, wenn es an einer konkreten Person in einer vergleichbaren Lage mangelt.[130] Bezugspunkt ist dann eine **fiktive oder hypothetische Vergleichsperson.**[131] Der Vergleich mit einer hypothetischen Vergleichsperson ist vor allem dann von Bedeutung, wenn es beim AG bislang keinen vergleichbaren AN gibt. Fehlt lediglich aktuell eine entspr. Vergleichsperson, ist zunächst auf früher beschäftigte zurückzugreifen, bevor eine hypothetische Betrachtung angestellt werden darf.[132] Ein erfolgloser Bewerber erfährt stets eine weniger günstige Behandlung, unabhängig davon, ob es andere Bewerber gab, diese Erfolg hatten oder die Stelle überhaupt besetzt wurde.[133]

34 **b) Vergleichbare Lage.** Eine weniger günstige Behandlung einer Person kann idR nur festgestellt werden, wenn sie sich in einer vergleichbaren Lage mit einer anderen befindet (zum Fehlen einer Vergleichsperson → Rn. 33). Insoweit hat der Gesetzgeber Art. 2 II lit. a RL 2000/78/EG, der ebenfalls eine vergleichbare Situation voraussetzt, unverändert umgesetzt.[134] Die Situationen müssen nicht identisch, sondern nur vergleichbar sein.[135] Dies ist nicht allgemein und abstrakt, sondern spezifisch und konkret im Einzelfall festzustellen.[136] Dabei ist das Ziel der zu einer Ungleichbehandlung führenden Regelung,[137] Leistung[138] oder Maßnahme[139] zu würdigen. Der Vergleichsmaßstab darf die Rechtsausübung allerdings nicht praktisch unmöglich machen oder übermäßig erschweren (Grundsatz der Effektivität).[140] Nach der früheren Rspr. des BAG war bei einer Bewerbung eine vergleichbare Lage nur dann gegeben, wenn der Bewerber für die ausgeschriebene Stelle **objektiv geeignet** war.[141] Diese Rspr. hat der Senat aufgegeben. Er verlangt nunmehr lediglich, dass eine Person beim AG eine Bewerbung einreicht (→ Rn. 18).[142] Auf ein vom AG aufgestelltes Anforderungsprofil kommt es deshalb nicht mehr

---

126 BAG 16.5.2016 NZA 2016, 1394.
127 BAG 21.6.2012 AP Nr. 5 zu § 22 AGG = NZA 2012, 1345.
128 BAG 25.2.2010 AP Nr. 3 zu § 3 AGG mkritAnm *Schlachter*; krit. auch *Grünberger* EuZA 2011, 171.
129 *Annuß* BB 2006, 1629 (1631); MüKoBGB/*Thüsing* AGG § 3 Rn. 10.
130 BAG 20.6.2013 AP Nr. 8 zu § 22 AGG = NZA 2014, 21.
131 BAG 19.12.2019 AP Nr. 3 zu § 8 AGG = NZA 2020, 707; *Kamanabrou* RdA 2006, 321 (324).
132 *Diller/Krieger/Arnold* NZA 2006, 887 (892).
133 BAG 19.12.2019 AP Nr. 3 zu § 8 AGG = NZA 2020, 707.
134 Dazu EuGH 12.12.2013 NZA 2014, 153 – Hay; 10.5.2011 AP Nr. 20 zu Richtlinie 2000/78/EG = NZA 2011, 557 – Römer; 18.11.2010 AP Nr. 38 zu EWG-Richtlinie Nr. 76/207 = NZA 2010, 1401 – Kleist.
135 BAG 10.12.2014 AP Nr. 1 zu § 33 TVöD = NZA-RR 2016, 83; 14.11.2013 AP Nr. 16 zu § 15 AGG = NZA 2014, 489.
136 BAG 21.11.2017 AP Nr. 9 zu § 7 AGG; 12.5.2016 NZA 2016, 1345; 17.11.2015 AP Nr. 232 zu § 112 BetrVG 1972 = NZA 2016, 501; EuGH 12.12.2013 NZA 2014, 153 – Hay; 10.5.2011 AP Nr. 20 zu Richtlinie 2000/78/EG = NZA 2011, 557 – Römer.
137 EuGH 12.9.2013 AP Nr. 40 zu EWG-Richtlinie Nr. 76/207 = NZA 2013, 1071 – Kuso.
138 EuGH 12.12.2013 NZA 2014, 153 – Hay.
139 EuGH 30.9.2010 AP Nr. 39 zu EWG-Richtlinie Nr. 76/207 = NZA 2010, 1281 – Roca Alvarez.
140 BAG 26.6.2014 AP Nr. 10 zu § 22 AGG.
141 Zuletzt BAG 23.1.2014 AP Nr. 18 zu § 15 AGG mwN.
142 BAG 23.11.2017 NZA-RR 2018, 287; 15.12.2016 AP Nr. 12 zu § 3 AGG = NZA 2017, 715; 11.8.2016 AP Nr. 2 zu § 82 SGB IX = NZA 2017, 43; 19.5.2016 AP Nr. 11 zu § 3 AGG = NZA 2016, 1394.

an; eine von ihm zulässigerweise gestellte Anforderung kann lediglich bei der Widerlegung der Benachteiligungsvermutung Bedeutung erlangen (→ Rn. 93 f.; zur Bedeutung des Anforderungsprofils im Rahmen von Art. 33 II GG → § 183 Rn. 15).

Bei **Sozialplanleistungen** sind AN, die kurz vor dem Renteneintritt unterschiedlichen Altersgruppen angehören, in einer vergleichbaren Lage, da ihr Arbeitsverhältnis mit ihrem AG aus demselben Grund und unter denselben Voraussetzungen endet.[143] AN, die wegen des Bezugs einer befristeten vollen **Erwerbsminderungsrente** nicht mehr beschäftigt sind und bei denen damit zu rechnen ist, dass ihre Arbeitsunfähigkeit auf nicht absehbare Zeit fortbesteht, befinden sich in Bezug auf Sozialplanleistungen dagegen nicht in einer vergleichbaren Situation mit AN, bei denen diese Einschränkungen nicht vorliegen.[144] Nicht schwerbehinderte und schwerbehinderte AN, die eine **Vorruhestandsvereinbarung** mit dem AG schließen, sind in einer vergleichbaren Situation.[145] Zwischen AN, die Rente wegen voller Erwerbsminderung auf unbestimmte Dauer beziehen und deren Arbeitsverhältnis nach § 33 II TVöD endet, und AN, die nicht erwerbsgemindert sind, besteht im Hinblick auf die Fortsetzung des Arbeitsverhältnisses keine vergleichbare Situation, da erstere ihre vertragsgemäße Leistung nicht mehr erbringen können und es unwahrscheinlich ist, dass sich daran zukünftig etwas ändert.[146] 35

c) Verdeckte unmittelbare Benachteiligung. Eine unmittelbare Benachteiligung kann auch verdeckt erfolgen. Hiervon ist auszugehen, wenn die Maßnahme nicht ausdrücklich an eines der in § 1 AGG genannten Merkmale anknüpft, sondern nach einem scheinbar objektiven, nicht diskriminierenden Kriterium unterschieden wird, das jedoch in untrennbarem Zusammenhang mit einem in § 1 AGG genannten Grund steht und damit kategorial ausschließlich Träger eines Diskriminierungsmerkmals trifft.[147] So besteht ein untrennbarer Zusammenhang mit dem Merkmal der sexuellen Identität, wenn nach einer Versorgungsordnung nur Ehepaare eine Hinterbliebenenversorgung erhalten, nicht jedoch auch **gleichgeschlechtliche Lebenspartnerschaften.**[148] Der EuGH hat einen solchen Zusammenhang bezogen auf das Merkmal Geschlecht angenommen, wenn an die Rentenberechtigung angeknüpft wird, die rentenversicherungsrechtlichen Vorschriften jedoch unterschiedliche Renteneintrittsalter für Männer und Frauen vorsehen.[149] Nach Ansicht des BAG soll eine verdeckte unmittelbare Benachteiligung **Behinderter** gegeben sein, wenn ein Tarifvertrag vorsieht, dass das Altersteilzeitarbeitsverhältnis mit der Möglichkeit des Bezugs einer abschlagsfreien Altersrente endet; dies führt bei einem schwerbehinderten AN dazu, dass seine Freistellungsphase erheblich kürzer ist als die bereits absolvierte Arbeitsphase.[150] Hier erscheint es zutreffender von einer mittelbaren Benachteiligung iSv § 3 II AGG (→ Rn. 39 ff.) auszugehen.[151] Dem entspricht auch die Rspr. des EuGH, der bei **Sozialplanregelungen,** die an den frühestmöglichen Renteneintritt anknüpfen, wegen der Möglichkeit der Inanspruchnahme einer vorgezogenen Altersrente wegen Schwerbehinderung nach § 236a SGB VI eine mittelbare Diskriminierung Behinderter annimmt.[152] Eine verdeckte unmittelbare Benachteiligung liegt dagegen vor, wenn die Laufzeit einer **Vorruhestandsvereinbarung** mit dem Bezug einer vorzeitigen Altersrente für schwerbehinderte Menschen enden soll.[153] Demgegenüber fehlt es an einem untrennbaren Zusammenhang zwischen der in einer Stellenausschreibung verlangten Beherrschung der deutschen Schriftsprache und dem Merkmal Ethnie, da die geforderten Sprachfähigkeiten auch bei Personen anderer ethnischer Herkunft gegeben sein können.[154] 36

---

[143] BAG 16.7.2019 AP Nr. 242 zu § 112 BetrVG 1972; EuGH 6.12.2012 NZA 2012, 1435 – Odar.
[144] BAG 7.6.2011 AP Nr. 217 zu § 112 BetrVG 1972 = NZA 2011, 1370.
[145] BAG 21.11.2017 AP Nr. 9 zu § 7 AGG = NZA 2018, 786; vgl. auch für die Begrenzung des Krankengeldzuschusses nach § 22 IV TVöD BAG 12.5.2016 AP Nr. 1 zu § 22 TVöD = NZA 2016, 1345.
[146] BAG 14.1.2015 EzTöD 100 § 33 TVöD-AT Erwerbsminderungsrente Nr. 12.
[147] BAG 21.11.2017 AP Nr. 9 zu § 7 AGG; 13.10.2016 AP Nr. 74 zu § 1 BetrAVG Ablösung; 12.5.2016 NZA 2016, 1345; 19.12.2013 AP Nr. 3 zu § 2 AGG = NZA 2014, 372; 7.6.2011 AP Nr. 217 zu § 112 BetrVG 1972 = NZA 2011, 1370.
[148] Vgl. EuGH 1.4.2008 AP Nr. 9 zu Richtlinie 2000/78/EG – Maruko.
[149] EuGH 18.11.2010 AP Nr. 38 zu EWG-Richtlinie Nr. 76/207 = NZA 2010, 1401 – Kleist.
[150] BAG 12.11.2013 ZTR 2014, 279.
[151] Ebenso BAG 5.9.2019 AP Nr. 6 zu § 11 TVUmBw (für eine Ausgleichszahlung); *Wißmann* RdA 2011, 181 (187).
[152] EuGH 6.12.2012 NZA 2012, 1435 – Odar; so auch BAG 16.7.2019 AP Nr. 242 zu § 112 BetrVG 1972 (für eine Abfindung).
[153] BAG 21.11.2017 AP Nr. 9 zu § 7 AGG = NZA 2018, 786.
[154] BAG 28.1.2010 AP Nr. 4 zu § 3 AGG = NZA 2010, 625; 22.6.2011 AP Nr. 8 zu § 3 AGG = NZA 2011, 1226; vgl. auch BAG 29.6.2017 AP Nr. 24 zu § 15 AGG = NZA 2018, 33.

37 **d) Kausalität.** Die weniger günstige Behandlung muss auf einem der Merkmale des § 1 AGG beruhen. Knüpft die nachteilige Maßnahme direkt an das verbotene Merkmal an, ist die erforderliche Kausalität idR zu bejahen.[155] Eine Benachteiligungsabsicht ist nicht notwendig. Ausreichend ist, dass das verpönte Merkmal in einem Motivbündel für die Maßnahme enthalten und damit zumindest mitbestimmend war[156] (zur Bedeutung von Indiztatsachen → Rn. 80 ff.). Der betreffende Grund muss weder das ausschließliche noch das wesentliche Motiv oder der vorherrschender Beweggrund für das Handeln des Benachteiligenden gewesen sein; eine bloße Mitursächlichkeit genügt.[157] Eine **Gremienentscheidung** ist für eine Benachteiligung kausal, wenn die für die Beschlussfassung erforderliche Mehrheit der Mitglieder aus unzulässigen Gründen gehandelt. Auch hier ist es ausreichend, wenn der diskriminierende Umstand lediglich als Teil eines Motivbündels die Entscheidung beeinflusst hat.[158]

38 Nach der Rspr. des EuGH können auch **drittbezogene oder hypothetische Diskriminierungen** zu einer unmittelbaren Benachteiligung führen.[159] Danach betrifft zB das Verbot der Diskriminierung wegen einer Behinderung nicht nur behinderte Personen. Erfährt ein AN, der nicht selbst behindert ist, wegen der Behinderung seines von ihm gepflegten Kindes durch seinen AG eine weniger günstige Behandlung als ein anderer AN in einer vergleichbaren Situation, verstößt dies gegen Art. 2 II lit. a RL 2000/78/EG.[160] Auch die öffentliche Äußerung eines AG, er werde keine AN einer bestimmten ethnischen Herkunft oder Rasse einstellen, begründet eine unmittelbare Diskriminierung bei der Einstellung, weil solche Äußerungen Bewerber ernsthaft davon abhalten können, ihre Bewerbungen einzureichen, und damit ihren Zugang zum Arbeitsmarkt behindern (zur Beweislast → Rn. 158).[161] Diese Rspr. ist auch bei der Auslegung und Anwendung von § 3 I AGG zu beachten. Soweit der EuGH unter Hinweis auf Art. 15 RL 2000/43/EG zusätzlich fordert, dass dann, wenn es kein identifizierbares Opfer gibt, die Sanktionen, die bei einem Verstoß gegen die einzelstaatlichen Vorschriften zur Umsetzung dieser Richtlinie zu verhängen sind, wirksam, verhältnismäßig und abschreckend sein müssen, besteht gesetzgeberischer Handlungsbedarf. Denkbar ist beispielsweise die Aufnahme von Bußgeldvorschriften in das AGG.[162]

39 **2. Mittelbare Benachteiligung.** Eine mittelbare Benachteiligung liegt nach § 3 II AGG vor, wenn dem Anschein nach neutrale Vorschriften, Maßnahmen, Kriterien oder Verfahren Personen oder Personengruppen, bei denen eines der in § 1 AGG genannten Merkmale vorliegt, in besonderer Weise gegenüber anderen Personen oder Personengruppen benachteiligen, bei denen die in § 1 AGG genannten Merkmale nicht vorliegen. Diese Begriffsbestimmung entspricht der Definition in Art. 2 II lit. b RL 2000/78/EG. Während unmittelbare Ungleichbehandlungen nur nach Maßgabe von §§ 8–10 und § 5 AGG gerechtfertigt werden können, stellen diejenigen Vorschriften, Kriterien oder Verfahren, die mittelbar nachteilig wirken können, nach § 3 II AGG schon tatbestandlich keine Benachteiligung dar, wenn sie durch ein rechtmäßiges Ziel sachlich gerechtfertigt und die Mittel zur Erreichung dieses Ziels angemessen und erforderlich sind.[163]

40 **a) Benachteiligende Wirkung.** Eine mittelbare Benachteiligung erfordert, dass die Gruppe der Merkmalsträger iSd § 3 I AGG durch die an sich objektiven Vorschriften, Maßnahmen, Kriterien oder Verfahren besonders nachteilig betroffen wird. Hierbei kommt es auf die **tatsächliche Wirkungsweise** an. Es müssen Vergleichsgruppen gebildet werden, aus

---

155 BAG 19.8.2010 AP Nr. 5 zu § 3 AGG = NZA 2011, 203; 18.3.2010 AP Nr. 2 zu § 8 AGG = NZA 2010, 872.

156 Vgl. BVerfG 21.9.2006 AP Nr. 24 zu § 611a BGB = NZA 2007, 195; 16.11.1993 AP Nr. 9 zu § 611a BGB = NZA 1994, 745; BAG 26.6.2014 AP Nr. 10 zu § 22 AGG; 22.8.2013 AP Nr. 21 zu § 81 SGB IX; 21.6.2012 AP Nr. 5 zu § 22 AGG = NZA 2012, 1345; 17.8.2010 AP Nr. 4 zu § 15 AGG = NZA 2011, 153; 22.7.2010 NZA 2011, 93; 18.3.2010 AP Nr. 3 zu § 15 AGG = NZA 2010, 1129 mwN.

157 BAG 11.8.2016 NZA 2017, 43; 20.1.2016 AP Nr. 12 zu § 22 AGG = NZA 2016, 681; 26.6.2014 AP Nr. 10 zu § 22 AGG.

158 Vgl. BGH 23.4.2012 NJW 2012, 2346; *Bauer/Arnold* ZIP 2008, 993 (1001).

159 Dazu *Bayreuther* NZA 2008, 986.

160 EuGH 17.7.2008 AP Nr. 10 zu Richtlinie 2000/78/EG = NZA 2008, 932 – Coleman; dazu *Schlachter* RdA 2010, 104 (106); *Sutschet* EuZA 2009, 245.

161 EuGH 10.7.2008 AP Nr. 1 zu Richtlinie 2000/43/EG = NZA 2008, 929 – Feryn; dazu *Böhm* DB 2008, 2193; *Lindner* NJW 2008, 2750; *Lobinger* EuZA 2009, 365; *Sprenger* BB 2008, 2405.

162 *Bayreuther* NZA 2008, 986 (989).

163 Vgl. etwa BAG 15.12.2016 AP Nr. 12 zu § 3 AGG = NZA 2017, 715; 11.12.2012 AP Nr. 68 zu § 2 BetrAVG = NZA 2013, 564; 7.7.2011 AP Nr. 237 zu § 626 BGB = NZA 2011, 1413.

deren jeweils unterschiedlich intensive Begünstigung oder Benachteiligung ein Rückschluss darauf gezogen werden kann, dass sich die Vorschriften oder Maßnahmen vorrangig zu Lasten von Personen mit einem Merkmal iSd § 1 AGG auswirken. Die Vergleichsgruppen sind dem persönlichen Geltungsbereich der Differenzierungsregel und deren Zweck entspr. zu bilden.[164] Bei einem Tarifvertrag ist daher die Gesamtheit der von der Regelung erfassten Personen in den Blick zu nehmen.[165] Bei Einstellungsanforderungen ist auf die mögliche Bewerbergruppe abzustellen; bei Betriebsvereinbarungen auf die Belegschaft des Betriebs. Bei Tarifverträgen kommt es auf den gesamten Kreis der von der fraglichen Bestimmung erfassten Normunterworfenen an.[166] Der Gesamtheit der Personen, die von der Regelung erfasst werden, ist die Gesamtheit der Personen gegenüberzustellen, die durch die Regelung benachteiligt werden. Im Vergleich dieser Gruppen ist zu prüfen, ob die Träger eines Merkmals des § 1 AGG besonders benachteiligt sind.[167]

Die von § 3 II AGG geforderte besondere Benachteiligung der Gruppe der Merkmalsträger kann sich aus einer zahlenmäßig hohen Betroffenheit dieser Personengruppe ergeben. Allerdings unterscheidet sich der in § 3 II AGG definierte Begriff der mittelbaren Benachteiligung vom **früheren Verständnis der mittelbaren Diskriminierung,** der Art. 2 II RL 97/80/EG idF der RL 98/52/EG (ABl. EG L 205, 66) zugrunde lag. Danach erforderte eine mittelbare Diskriminierung, dass „ein wesentlich höherer Anteil der Angehörigen eines Geschlechts" benachteiligt wird. Wann ein solcher Anteil gegeben war, richtete sich nach einem statistischen Vergleich.[168] Auf eine solche erhebliche zahlenmäßige Belastung stellen § 3 II AGG und die RL 2000/78/EG nicht mehr ab. Daher bedarf es für die Annahme einer besonderen Betroffenheit auch nicht unbedingt des statistischen Nachweises einer Benachteiligung. Ausreichend ist, wenn das fragliche Kriterium bei wertender, typisierender Betrachtung hierzu geeignet ist.[169] Dies entspricht den Vorgaben der RL 2000/78/EG, denn nach deren Erwägungsgrund Nr. 15 ist es zulässig, mittelbare Diskriminierungen mit „allen Mitteln … festzustellen".[170] Dadurch wird berücksichtigt, dass § 1 AGG auch vor solchen Benachteiligungen schützt, für die aussagekräftiges Zahlenmaterial fehlt.[171] So werden zB durch die in einer Stellenausschreibung enthaltene Anforderung „Deutsch als Muttersprache" typischerweise Menschen nicht deutscher Herkunft benachteiligt, da diese Bedingung in besonderer Weise den Sprachraum und damit die ethnische Herkunft betrifft.[172] Keine Benachteiligung liegt dagegen vor, wenn für eine Tätigkeit „sehr gute Deutsch- und gute Englischkenntnisse in Wort und Schrift" verlangt werden. Ein derartiges **Sprachniveau** ist weder untrennbar mit einer bestimmten ethnischen Herkunft verbunden, noch begründet dies alleine ein Indiz für eine mittelbare Benachteiligung von Personen „nichtdeutscher" Herkunft.[173] Auch ein AG, der von seinen AN Kenntnisse der **deutschen Schriftsprache** verlangt, damit sie schriftliche Arbeitsanweisungen verstehen und die betrieblichen Aufgaben so gut wie möglich erledigen können, benachteiligt die hierüber nicht verfügenden AN nicht wegen ihrer ethnischen Herkunft.[174] Die in einer Ausschreibung enthaltenen Wendungen „Berufsanfänger", „mit erster Berufserfahrung" oder „gerade frisch gebacken aus einer Ausbildung" knüpfen dagegen mittelbar an das Lebensalter an und benachteiligen damit regelmäßig ältere Bewerber.[175] 41

b) Vergleichbarkeit. Obwohl § 3 II AGG – anders als § 3 I 1 AGG – nicht ausdrücklich das Erfordernis „einer vergleichbaren Situation" enthält, setzt auch eine mittelbare Benachteili- 42

[164] BAG 19.4.2012 ZTR 2012, 451.
[165] BAG 19.11.2020 – 6 AZR 449/19.
[166] BAG 16.10.2014 AP Nr. 4 zu § 8 TVÜ; 27.1.2011 AP Nr. 1 zu § 17 TVöD = NZA 2011, 1361; 22.4.2010 AP Nr. 322 zu Art. 3 GG = NZA 2010, 947.
[167] BAG 27.1.2011 AP Nr. 1 zu § 17 TVöD = NZA 2011, 1361.
[168] Vgl. BAG 8.6.2005 AP Nr. 1 zu § 42 MitarbeitervertretungG-EK Rheinland-Westfalen = NZA 2006, 611; *Wißmann* FS Wlotzke, 807 ff.
[169] Vgl. etwa BAG 16.10.2014 AP Nr. 4 zu § 8 TVÜ; 27.1.2011 AP Nr. 1 zu § 17 TVöD = NZA 2011, 1361; 22.4.2010 AP Nr. 322 zu Art. 3 GG = NZA 2010, 947; 18.8.2009 AP Nr. 1 zu § 3 AGG = NZA 2010, 222.
[170] Zu den Anforderungen hieran BAG 22.7.2010 AP Nr. 2 zu § 22 AGG = NZA 2011, 93.
[171] *Kamanabrou* RdA 2006, 321 (325); ErfK/*Schlachter* AGG § 3 Rn. 12; vgl. auch *Schiek* NZA 2004, 873 (875).
[172] BAG 15.12.2016 ArbRAktuell 2017, 246.
[173] BAG 23.11.2017 AP Nr. 15 zu § 22 AGG = NZA-RR 2018, 287; aA ErfK/*Schlachter* AGG § 1 Rn. 5.
[174] BAG 28.1.2010 AP Nr. 4 zu § 3 AGG; 22.6.2011 AP Nr. 8 zu § 3 AGG = NZA 2011, 1226; *Natzel* SAE 2010, 248; ausf. dazu *Herbert/Oberrath* DB 2009, 2434 und DB 2010, 391.
[175] BAG 18.8.2009 AP Nr. 1 zu § 3 AGG = NZA 2010, 222.

gung voraus, dass die begünstigte und die benachteiligte Personengruppe vergleichbar sind. Grund hierfür ist, dass das Diskriminierungsverbot in § 7 I AGG letztlich nur eine spezielle Ausprägung des allgemeinen Gleichheitssatzes ist. Dieser gebietet, gleiche Sachverhalte nicht sachgrundlos unterschiedlich zu behandeln, und erfordert damit ebenfalls eine Vergleichbarkeit der benachteiligten und der begünstigten Personen.[176] Zu den Anforderungen an eine vergleichbare Lage → Rn. 34 f.

43 **c) Rechtfertigung.** Liegt eine Ungleichbehandlung zwischen der begünstigten und der benachteiligten Personengruppe vor, ist weiter zu prüfen, ob diese durch ein **rechtmäßiges Ziel** sachlich gerechtfertigt ist und die zu dessen Erreichung eingesetzten Mittel angemessen und erforderlich sind. Sind diese Voraussetzungen gegeben, liegt nach § 3 II AGG bereits tatbestandlich keine mittelbare Benachteiligung vor.[177] Es muss sich um ein objektives Ziel handeln, das selbst nichts mit einer Diskriminierung aufgrund des verbotenen Anknüpfungsgrundes nach § 1 AGG zu tun hat. Rechtmäßige Ziele iSd § 3 II AGG können alle nicht ihrerseits diskriminierenden und auch sonst legalen Ziele sein.[178] Dazu gehören auch privatautonom bestimmte Ziele des AG, zB betriebliche Notwendigkeiten und Anforderungen an persönliche Fähigkeiten des AN, sofern sie einem wirklichen Bedürfnis des AG entsprechen.[179] Auf die weiteren speziellen Rechtfertigungsgründe, die das Gesetz in den §§ 5, 8–10 AGG vorsieht, kommt es regelmäßig nicht an; sind ihre Voraussetzungen allerdings erfüllt, liegt erst recht keine mittelbare Benachteiligung iSd § 3 II AGG vor. Anders als bei einer unmittelbaren Benachteiligung wegen des **Alters** bedarf es damit zur Rechtfertigung einer mittelbaren Altersdiskriminierung auch keines sozialpolitischen Ziels (→ Rn. 60).[180] Die durch die Vorschriften, Maßnahmen, Kriterien oder Verfahren bewirkte Ungleichbehandlung ist **erforderlich,** wenn sie geeignet ist, das damit angestrebte Ziel zu erreichen und bei gleicher Erfolgsgeeignetheit kein milderes, weniger einschneidendes Mittel zur Verfügung steht. **Angemessen** ist die unterschiedliche Behandlung, wenn die Mittel nicht zu einer übermäßigen Beeinträchtigung der legitimen Interessen der Personen führen, die wegen eines in § 1 AGG genannten Grundes benachteiligt werden.[181] Die **Darlegungs- und Beweislast** für die die Rechtfertigung iSv § 3 II AGG begründenden Tatsachen trägt der AG.[182] Liegen die tatbestandlichen Voraussetzungen einer mittelbaren Benachteiligung iSv § 3 II AGG vor, kann diese nicht nach § 8 AGG gerechtfertigt werden, da die Regelung strengere Anforderungen stellt als § 3 II Hs. 2 AGG.[183]

44 **3. Belästigung.** Eine Benachteiligung kann auch in einer Belästigung liegen. Diese ist nach § 3 III AGG gegeben, wenn unerwünschte Verhaltensweisen, die mit einem in § 1 AGG genannten Grund in Zusammenhang stehen, bezwecken oder bewirken, dass die **Würde der betroffenen Person verletzt** und ein durch Einschüchterungen, Anfeindungen, Erniedrigungen, Entwürdigungen und Beleidigungen gekennzeichnetes – sog. **feindliches – Umfeld** geschaffen wird. Da die unerwünschten Verhaltensweisen geeignet sein müssen, die Würde der betreffenden Person zu verletzen, scheiden geringfügige Eingriffe aus.[184] Andererseits muss das Verhalten auch nicht die Qualität einer Verletzung der Menschenwürde iSd Art. 1 GG erreichen.[185] Die Belästigung kann verbal oder nonverbal erfolgen. Sie kann zB in Beleidigungen, abwertenden Äußerungen, Drohungen, aber auch in Gesten, Blicken, Zeigen, körperlichen Übergriffen und dem Herbeiführen von Begegnungen (Stalking) Ausdruck finden.[186] Zusätzlich zur Verletzung der Würde der betroffenen Person muss das in § 3 III AGG

[176] BAG 13.10.2016 AP Nr. 74 zu § 1 BetrAVG Ablösung; 4.8.2016 AP Nr. 80 zu § 611 BGB Kirchendienst; 19.5.2016 AP Nr. 11 zu § 3 AGG = NZA 2016, 1394; 12.5.2016 NZA 2016, 1345; 6.10.2011 NZA 2011, 143; BT-Drs. 16/1780, 32 f.
[177] BAG 29.1.2014 NZA-RR 2014, 446; 18.8.2009 AP Nr. 1 zu § 3 AGG = NZA 2010, 222.
[178] Vgl. dazu EuGH 5.3.2009 AP Nr. 12 zu Richtlinie 2000/78/EG = NZA 2009, 305 – Age Concern; BAG 15.12.2016 AP Nr. 12 zu § 3 AGG = NZA 2017, 715; 29.1.2014 NZA-RR 2014, 446.
[179] BAG 15.12.2016 AP Nr. 12 zu § 3 AGG = NZA 2017, 715; 28.1.2010 AP Nr. 4 zu § 3 AGG = NZA 2010, 625.
[180] BAG 15.11.2012 AP Nr. 6 zu § 6 TVUmBw = NZA 2013, 629; 7.7.2011 AP Nr. 237 zu § 626 BGB = NZA 2011, 1412; EuGH 5.3.2009 AP Nr. 12 zu Richtlinie 2000/78/EG = NZA 2009, 305 – Age Concern.
[181] BAG 15.12.2016 AP Nr. 12 zu § 3 AGG = NZA 2017, 715.
[182] BAG 15.12.2016 AP Nr. 12 zu § 3 AGG = NZA 2017, 715.
[183] BAG 29.6.2017 AP Nr. 24 zu § 15 AGG = NZA 2018, 33; 26.1.2017 EzTöD 100 § 2 TVöD-AT Auswahlverfahren Nr. 71.
[184] *Kamanabrou* RdA 2006, 321 (326); *Wendeling-Schröder*/Stein AGG § 3 Rn. 32.
[185] BT-Drs. 16/1780, 33.
[186] Vgl. *Göpfert/Siegrist* NZA 2007, 473; ErfK/*Schlachter* AGG § 3 Rn. 16.

näher bestimmte – sog. feindliche – Umfeld geschaffen werden. Beide Voraussetzungen müssen kumulativ vorliegen.[187] Dies entspricht den Vorgaben von Art. 2 III RL 2000/78/EG und RL 2000/43/EG sowie von Art. 2 I lit. c RL 2006/54/EG. Ob ein solches Umfeld geschaffen ist, muss im Wege einer wertenden Gesamtschau aller Faktoren beurteilt werden.[188] Dies setzt idR ein länger anhaltendes Verhalten des Belästigenden voraus. Einmalige Vorfälle, wenn sie nicht erheblich sind, stellen regelmäßig keine Belästigung iSv § 3 III AGG dar.[189]

Die Verhaltensweise ist **unerwünscht,** wenn der Belästigende aus der Sicht eines objektiven Beobachters davon ausgehen kann, sein Verhalten werde unter den gegebenen Umständen vom Betroffenen abgelehnt. Dies muss nicht bereits vorher ausdrücklich gegenüber dem Belästigenden zum Ausdruck gebracht worden sein.[190] Von Vorgesetzten kann grundsätzlich ein förmlicheres Verhalten als von Gleichgeordneten erwartet werden. Ein „unverkrampfter Umgangston" schließt die Unerwünschtheit regelmäßig nur aus, wenn er gegenseitig praktiziert und zugelassen wird.[191] Die unerwünschten Verhaltensweisen müssen lediglich eine Verletzung der Würde des Betroffenen **„bewirken".** Eine Belästigung iSv § 3 III AGG erfordert damit kein vorsätzliches Verhalten des Belästigenden; ausreichend ist es, wenn die Beeinträchtigung der Würde objektiv eintritt.[192] Ist eine solche allerdings vom Handelnden bezweckt, kommt es auf ihren tatsächlich Eintritt nicht an. 45

4. Sexuelle Belästigung. Eine sexuelle Belästigung ist gem. § 3 IV AGG eine Benachteiligung in Bezug auf § 2 I Nr. 1–4 AGG, wenn ein **unerwünschtes, sexuell bestimmtes Verhalten** bezweckt oder bewirkt, dass die Würde der betreffenden Person verletzt wird, insbesondere wenn ein von Einschüchterungen, Anfeindungen, Erniedrigungen, Entwürdigungen oder Beleidigungen gekennzeichnetes Umfeld geschaffen wird. Erfasst werden u.a. unerwünschte sexuelle Handlungen oder Aufforderungen zu diesen, sexuell bestimmte körperliche Berührungen, Bemerkungen sexuellen Inhalts sowie unerwünschtes Zeigen und sichtbares Anbringen von pornographischen Darstellungen. Die gesetzliche Definition baut auf der Struktur der Belästigungsdefinition in § 3 III AGG auf. Auch hier ist ein vorsätzliches Verhalten des Belästigenden nicht erforderlich. Anders als bei der Belästigung nach § 3 III AGG ist aber die Schaffung eines „feindlichen Umfelds" nicht erforderlich. Zudem können auch bereits **einmalige Verhaltensweisen** den Tatbestand einer sexuellen Belästigung erfüllen.[193] Eine sexuelle Belästigung stellt nach § 7 III AGG eine Verletzung vertraglicher Pflichten dar. Sie ist „an sich" geeignet, einen wichtigen Grund iSv § 626 I BGB für eine fristlose Kündigung zu bilden.[194] 46

An die Stelle des früher nach § 2 II BeschSchG erforderlichen „vorsätzlichen" und „erkennbar abgelehnten" Verhaltens ist in § 3 IV AGG die Formulierung **„unerwünscht"** getreten. Für den Handelnden muss objektiv erkennbar sein, dass die betreffende Person sein Verhalten ablehnt.[195] Dies kann sich aus den Umständen, insbesondere der Art der sexuellen Handlung, aber auch aus Äußerungen der betroffenen Person ergeben. Für das **„Bewirken"** genügt der bloße Eintritt der Belästigung. Vorsätzliches Verhalten der für dieses Ergebnis objektiv verantwortlichen Person ist nicht erforderlich; gegenteilige Absichten oder Vorstellungen der handelnden Person spielen keine Rolle.[196] Ob eine Handlung sexuell bestimmt ist, hängt weder allein 47

[187] BAG 18.5.2017 AP Nr. 23 zu § 15 AGG = NZA 2017, 1530; 17.10.2013 AP Nr. 15 zu § 15 AGG = NZA 2014, 303; 22.6.2011 AP Nr. 8 zu § 3 AGG = NZA 2011, 1226.

[188] BAG 17.10.2013 AP Nr. 15 zu § 15 AGG = NZA 2014, 303.

[189] BAG 18.5.2017 AP Nr. 23 zu § 15 AGG = NZA 2017, 1530; 24.9.2009 AP Nr. 2 zu § 3 AGG = NZA 2010, 387; 24.9.2009 AP Nr. 2 zu § 3 AGG = NZA 2010, 387.

[190] MüKoBGB/*Thüsing* AGG § 3 Rn. 57.

[191] Vgl. auch ErfK/*Schlachter* AGG § 3 Rn. 16; *Wendeling-Schröder*/Stein AGG § 3 Rn. 30.

[192] *Annuß* BB 2006, 1629 (1632); *Bonanni* ArbRB 2013, 82; aA *Hadeler* NZA 2003, 77 (78).

[193] BAG 29.6.2017 AP Nr. 261 zu § 626 BGB = NZA 2017, 1121; 20.11.2014 AP Nr. 249 zu § 626 BGB = NZA 2015, 294; 9.6.2011 AP Nr. 236 zu § 626 BGB = NZA 2011, 1342.

[194] BAG 29.6.2017 AP Nr. 261 zu § 626 BGB = NZA 2017, 1121; 20.11.2014 AP Nr. 249 zu § 626 BGB = NZA 2015, 294; 9.6.2011 AP Nr. 236 zu § 626 BGB = NZA 2011, 1342.

[195] BAG 29.6.2017 AP Nr. 261 zu § 626 BGB = NZA 2017, 1121; 9.6.2011 AP Nr. 236 zu § 626 BGB = NZA 2011, 1342; 9.1.1986 AP Nr. 20 zu § 626 BGB Ausschlussfrist.

[196] BAG 29.6.2017 AP Nr. 261 zu § 626 BGB = NZA 2017, 1121; 9.6.2011 AP Nr. 236 zu § 626 BGB = NZA 2011, 1342.

vom subjektiv erstrebten Ziel des Handelnden noch von seiner Motivation ab;[197] dies ist vielmehr nach dem Eindruck eines objektiven Betrachters, der alle Umstände kennt, zu beurteilen.[198] Erfolgt eine absichtliche Berührung primärer oder sekundärer Geschlechtsmerkmale liegt – unabhängig davon, ob die Körperteile bekleidet oder unbekleidet sind – schon deshalb ein sexuell bestimmtes Verhalten vor, weil es sich um einen auf die körperliche Intimsphäre gerichteten Übergriff handelt.[199] Zu den sexualbezogenen Handlungen gehören zudem Küsse, das Kneifen und Klapsen des Gesäßes, aber auch Umarmungen. Auch obszöne Äußerungen[200] oder anzügliche Bemerkungen über sexuelle Neigungen und Vorlieben sowie über die Partnerwahl können eine sexuelle Belästigung darstellen. Selbst das sichtbare Anbringen pornografischer Darstellungen im strafrechtlichen Sinne – dh aufdringlich vergröbernde, aufreißerische und verzerrende Darstellungen der Sexualität – kann hierzu gehören.

48 **5. Anweisung zur Benachteiligung.** Nach § 3 V AGG gilt auch die Anweisung zur Benachteiligung als Benachteiligung. Voraussetzung ist, dass der Anweisende eine Weisungsbefugnis gegenüber dem Angewiesenen hat.[201] Der Anweisende muss daher der AG oder ein Vorgesetzter sein. Die Weisung kann einzelfallbezogen oder abstrakt erfolgen. Der Anweisende muss sich der Verbotswidrigkeit der Handlung allerdings nicht bewusst sein, denn das gesetzliche Benachteiligungsverbot erfasst alle Benachteiligungen, ohne dass ein Verschulden erforderlich ist. Unerheblich ist, ob die angewiesene Person die Benachteiligung **tatsächlich ausführt.** Durch § 3 V AGG wird der Diskriminierungsschutz vorverlagert.[202] Fehlt es an der Ausführung, hat die Benachteiligung keine unmittelbaren negativen Folgen für den Betroffenen. Es ist deshalb fraglich, ob der Betroffene Entschädigung nach § 15 II AGG verlangen kann. Das wird wohl zu bejahen sein, weil die Entschädigung auch eine Straffunktion hat.[203] Die fehlende Ausführung der Weisung wird allerdings bei der Bemessung der Entschädigungshöhe zu berücksichtigen sein.[204] Zur Haftung des Angewiesenen enthält das AGG keine Regelung. Führt er die Weisung aus, kann er nach allgemeinen deliktsrechtlichen Grundsätzen gem. § 823 I BGB wegen Verletzung des allgemeinen Persönlichkeitsrechts haften.[205]

V. Rechtfertigungsgründe für Benachteiligungen

49 **1. Überblick.** Nicht jede Benachteiligung aus einem in § 1 AGG genannten Grund ist unzulässig. Die Benachteiligung kann – mit Ausnahme der sexuellen Belästigung – vielmehr nach Maßgabe der §§ 5, 8–10 AGG gerechtfertigt sein. Während § 8 einen für alle Benachteiligungsgründe geltenden Rechtfertigungsgrund enthält, gelten § 9 und § 10 AGG nur für Benachteiligungen wegen der Religion oder Weltanschauung bzw. des Alters. Darüber hinaus sind nach § 5 AGG unterschiedliche Behandlungen zulässig, wenn durch geeignete und angemessene Maßnahmen bestehende Nachteile wegen eines in § 1 AGG genannten Grundes verhindert oder ausgeglichen werden sollen. Sowohl die Systematik des AGG als auch § 4 AGG zeigen, dass bei einer Benachteiligung, die durch **mehrere Gründe** iSd § 1 AGG motiviert ist, die Rechtfertigung für jeden einzelnen gesondert zu prüfen ist. Ist eine unterschiedliche Behandlung im Hinblick auf einen Grund gerechtfertigt, liegt darin nicht zugleich die Rechtfertigung dieser Benachteiligung wegen eines anderen Grundes.[206]

50 **2. Wesentliche und entscheidende berufliche Anforderung. a) Grundsätze.** § 8 I AGG enthält den **zentralen Rechtfertigungsgrund** des AGG. Die Norm dient der Umsetzung von Art. 4 I RL 2000/78/EG in das nationale Recht. Sie ist unionsrechtskonform und – entspr. der Rspr. des EuGH – eng auszulegen.[207] Danach kann eine ungünstigere Behandlung nur dann keine Diskriminierung darstellen, wenn sie auf ein Merkmal gestützt

---

197 BAG 29.6.2017 AP Nr. 261 zu § 626 BGB = NZA 2017, 1121.

198 BAG 2.3.2017 AP Nr. 55 zu § 626 BGB Verdacht strafbarer Handlung = NZA 2017, 1051.

199 BAG 29.6.2017 AP Nr. 261 zu § 626 BGB = NZA 2017, 1121; 2.3.2017 AP Nr. 55 zu § 626 BGB Verdacht strafbarer Handlung = NZA 2017, 1051.

200 Dazu LAG Nds 25.11.2008 NZA-RR 2009, 249.

201 *Annuß* BB 2006, 1629 (1632); *Kamanabrou* RdA 2006, 321 (326).

202 *Kamanabrou* RdA 2006, 321 (326).

203 *Wendeling-Schröder*/Stein AGG § 3 Rn. 51.

204 Ebenso ErfK/*Schlachter* AGG § 3 Rn. 23.

205 Vgl. MüKoBGB/*Thüsing* AGG § 3 Rn. 84.

206 Vgl. BT-Drs. 16/1780, 33; BAG 23.11.2017 NZA 2018, 584; 26.1.2017 ArbRAktuell 2017, 336; 15.12.2016 ArbRAktuell 2017, 246.

207 Vgl. nur BAG 19.5.2016 AP Nr. 11 zu § 3 AGG = NZA 2016, 1394.

ist, das im Zusammenhang mit einem der in § 1 AGG genannten Diskriminierungsgründe steht, und dieses Merkmal eine „wesentliche und entscheidende" berufliche Anforderung darstellt. Nicht der Grund, auf den die Ungleichbehandlung gestützt ist, sondern ein mit diesem Grund im Zusammenhang stehendes Merkmal – oder sein Fehlen – muss eine wesentliche und entscheidende berufliche Anforderung darstellen.[208] Entscheidend ist die Anforderung nur, wenn die ordnungsgemäße Durchführung der Tätigkeit von dem Merkmal (oder seinem Fehlen) abhängt;[209] wesentlich ist sie, wenn sie für einen wesentlichen Teil der auszuübenden Tätigkeiten unerlässlich ist. Die Anforderung muss von der Art der betreffenden beruflichen Tätigkeit oder den Bedingungen ihrer Ausübung objektiv vorgegeben sein; subjektive Erwägungen reichen nicht. Es muss ein direkter, objektiv durch entspr. Analysen belegter und überprüfbarer Zusammenhang zwischen der vom AG aufgestellten beruflichen Anforderung und der fraglichen Tätigkeit bestehen.[210] Nach § 8 I AGG muss die Ungleichbehandlung zudem einem rechtmäßigen Zweck dienen und angemessen sein. Dies erfordert eine **Verhältnismäßigkeitsprüfung.**

Die **Vereinbarung einer geringeren Vergütung** für gleiche oder gleichwertige Arbeit kann nach § 8 II AGG nicht dadurch gerechtfertigt werden, dass aufgrund eines in § 1 AGG genannten Grundes besondere Schutzvorschriften für den AN gelten. Damit ist die Berufung auf etwaige durch Schutzvorschriften verursachte höhere Kosten als Grund für eine unterschiedliche Vergütung ausgeschlossen. **51**

b) Einzelfälle. Eine Benachteiligung wegen des Geschlechts, des Alters oder der ethnischen Herkunft ist nach § 8 I AGG gerechtfertigt, wenn dies für die authentische Erfüllung einer bestimmten Rolle erforderlich ist. Dies betrifft neben **Modellen** und **Mannequins** vor allem den **schauspielerischen** und **künstlerischen** Bereich.[211] So kann bei Film-, Fernseh- oder Theaterdarstellern eine Benachteiligung gerechtfertigt sein, wenn die authentische Ausfüllung einer Rolle eine bestimmte Hautfarbe, die Zugehörigkeit zu einem bestimmten Phänotypus oder ein bestimmtes Alter verlangt. Nicht ausreichend ist dagegen das vermeintliche Interesse männlicher Fluggäste, junge weibliche Stewardessen zu sehen.[212] Auch die bloße Erwartung, der Umsatz steige bei der Beschäftigung von attraktivem, weiblichen Verkaufspersonal („sex sells"), rechtfertigt keine Geschlechts- oder Altersdiskriminierung.[213] Die Wahrnehmung der Stelle einer **Gleichstellungsbeauftragten** rechtfertigt ebenfalls nicht deren Besetzung ausschließlich mit einer Frau.[214] Frauenpolitische Kenntnisse, Erfahrungen in der Frauenarbeit sowie die Fähigkeit zur Lösung von Gleichstellungsproblemen sind keine Gesichtspunkte, die allein von Frauen erfüllt werden können. Besteht jedoch ein wesentlicher Teil der Aufgaben der Gleichstellungsbeauftragten darin, Projekte und Beratungsangebote zur Integration zugewanderter Frauen zu betreuen, stellt die Zugehörigkeit zum weiblichen Geschlecht eine zulässige Anforderung iSd § 8 AGG dar.[215] Gleiches gilt für eine Tätigkeit in einem Frauenhaus oder für die von einer politischen Partei zu besetzende Position einer Bundesfrauenreferentin, die mit feministischen Gruppen Kontakte halten soll.[216] Ob sich auch ein Finanzdienstleistungsunternehmen, dessen erklärtes Ziel es ist, Versorgungskonzepte für Frauen ausschließlich durch Frauen zu vermarkten, auf § 8 I AGG berufen kann, ist zweifelhaft.[217] Kein Verstoß gegen § 1 AGG dürfte vorliegen, wenn ein **Fitnessstudio** nur weibliche Mitglieder aufnimmt und damit wirbt, ausschließlich weibliche Trainer zu beschäftige. Für eine **Frauenbuchhandlung,** die nur weibliche Buchhändlerinnen beschäftigen möchte, treffen diese Erwägungen hingegen nicht zu; der **52**

---

208 BAG 19.12.2019 AP Nr. 3 zu § 8 AGG = NZA 2020, 707; 26.1.2017 EzTöD 100 § 2 TVöD-AT Auswahlverfahren Nr. 71; 15.12.2016 AP Nr. 12 zu § 3 AGG = NZA 2017, 715; 22.5.2014 AP Nr. 19 zu § 15 AGG = NZA 2014, 924; EuGH 14.3.2017 AP Nr. 38 zu Richtlinie 2000/78/EG = NZA 2017, 375 – Bougnaoui und ADDH; 15.11.2016 EzA Nr. 41 zu Richtlinie 2000/78 EG-Vertrag 1999.

209 BAG 26.1.2017 EzTöD 100 § 2 TVöD-AT Auswahlverfahren Nr. 71; 19.5.2016 NZA 2016, 1394; 22.5.2014 AP Nr. 19 zu § 15 AGG = NZA 2014, 924; 17.6.2009 AP Nr. 64 zu § 14 TzBfG = NZA 2009, 1355.

210 BAG19.12.2019 AP Nr. 3 zu § 8 AGG = NZA 2020, 707.

211 Vgl. auch *Richardi* NZA 2006, 881 (883).

212 *Wagner/Potsch* JZ 2006, 1085 (1089); *Wisskirchen* DB 2006, 1491 (1492).

213 *Wendeling-Schröder*/Stein AGG § 8 Rn. 9; vgl. dazu auch *Duchstein* NJW 2013, 3066.

214 BAG 12.11.1998 AP Nr. 16 zu § 611a BGB = NZA 1999, 371; aA ArbG München 14.2.2001 NZA-RR 2001, 365 für einen Frauenverband; LAG SH 2.11.2017 – 2 Sa 262 d/17.

215 BAG 18.3.2010 AP Nr. 2 zu § 8 AGG = NZA 2010, 872.

216 LAG Bln 14.1.1998 NZA 1998, 312.

217 Vgl. zu § 611a BGB aF ArbG Bonn 8.3.2001 NZA-RR 2002, 100.

Zusammenhang zwischen der Tätigkeit als Buchhändler und dem unternehmerischen Konzept dürfte nicht so eng und gewichtig sein, dass er die Benachteiligung rechtfertigen könnte. Demgegenüber dürfte ein Einzelhandelsgeschäft, das **trendorientierte Mode** für Jugendliche anbietet, berechtigt sein, nur nach „jungem" Verkaufspersonal zu suchen.[218]

53 Bloße **Kundenerwartungen** oder -wünsche sind grundsätzlich nicht geeignet, eine unterschiedliche Behandlung zu rechtfertigen.[219] Anders wird dies zu beurteilen sein, wenn es um Tätigkeiten geht, bei denen ein Kontakt zur Intimsphäre der Kunden – wie etwa im **Pflegebereich** – gegeben ist. Deshalb kann das weibliche Geschlecht wesentliche und entscheidende berufliche Anforderung beim Pflegepersonal einer kleinen gynäkologischen Belegarztklinik mit überwiegend muslimischen Patientinnen sein.[220] Die Zugehörigkeit zum weiblichen Geschlecht stellt keine zulässige Anforderung iSd § 8 I AGG dar, wenn eine Privatschule für den Sportunterricht von Mädchen eine Lehrerin sucht;[221] hingegen ist die geschlechtsbedingte Ungleichbehandlung gerechtfertigt, wenn ein Schulträger eine Erzieherstelle in einem Mädcheninternat nur mit einer Frau besetzen will, weil die Tätigkeit auch mit Nachtdiensten verbunden ist.[222] Ob das auch für den **Verkauf von Damenoberbekleidung** einschließlich Badebekleidung in einem Einzelhandelsgeschäft mit Anprobemöglichkeit zutrifft, ist zweifelhaft.[223]

54 Überhaupt dürfte es heute kaum noch rechtlich anzuerkennende **typische Frauen- oder Männerberufe** geben. So ist in Deutschland das **Hebammenmonopol** für Frauen schon 1985 durch eine Gesetzesänderung entfallen.[224] Für die Tätigkeit als **Arzthelferin/Arzthelfer** ist ein bestimmtes Geschlecht grundsätzlich keine wesentliche und entscheidende berufliche Anforderung (zur Ausnahme → Rn. 52). Unerheblich ist insoweit, dass es nur wenige Männer gibt, die den Beruf eines Arzthelfers ausüben.[225] Entspr. gilt für die Begründung eines Arbeitsverhältnisses im **Polizeidienst,** denn weibliche Polizisten sind bei der Dienstausübung nicht größeren Gefahren ausgesetzt als ihre männlichen Kollegen. Mit Recht hat daher der EuGH vor 30 Jahren entschieden, Art. 2 III RL 76/207/EWG erlaube auch unter den besonderen Gefahren in Nordirland nicht, Frauen bei der Ausübung des Polizeidienstes das Tragen von Schusswaffen mit der Begründung zu untersagen, die öffentliche Meinung fordere für sie einen im Verhältnis zu Männern stärkeren Schutz vor Anschlägen.[226] Müssen an einem Arbeitsplatz körperlich schwere Arbeiten geleistet werden, u.a. gelegentliches Tragen von 50-kg-Säcken, liegt in der **körperlichen Leistungsfähigkeit** des Bewerbers ein Einstellungskriterium (→ Rn. 56), nicht aber per se in der Zugehörigkeit zu einem bestimmten Geschlecht.[227] Frauen dürfen von einer Beschäftigung auch nicht nur deshalb ausgeschlossen werden, weil sie im Durchschnitt kleiner und weniger stark sind als der Durchschnitt der Männer, solange Männer mit ähnlichen körperlichen Merkmalen zu dieser Beschäftigung zugelassen werden.[228] Sofern Regelungen ein bestimmtes Geschlecht zur Voraussetzung für die Ausübung von Tätigkeiten machen, sind sie auf ihre Vereinbarkeit mit Art. 3 II und III GG, Art. 31 GRCh und den RL 2006/54/EG und 2000/78/EG zu überprüfen. So hat der EuGH zB entschieden, ein allgemeines Beschäftigungsverbot für Frauen im untertägigen **Bergbau** sei mit Art. 2 III der früheren RL 76/207/EWG unvereinbar. Zwar lasse diese Richtlinie zum Schutz von Frauen, insbesondere bei Schwangerschaft und Mutterschaft, eine unterschiedliche Behandlung zu; sie erlaube es jedoch nicht, Frauen mit der Begründung von einer Tätigkeit auszuschließen, sie müssten im Verhältnis zu Männern stärker gegen Gefahren geschützt werden, wenn diese für beide Geschlechter gleichermaßen bestünden.[229]

55 Eine wesentliche und entscheidende berufliche Anforderung iSd § 8 AGG können auch **besondere körperliche Fähigkeiten** sein, die ab einem bestimmten Lebensalter abnehmen.[230]

---

218 *Kamanabrou* RdA 2006, 321 (327).

219 Ebenso *Wisskirchen* DB 2006, 1491 (1493); vgl. auch EuGH 14.3.2017 AP Nr. 38 zu Richtlinie 2000/78/EG = NZA 2017, 375; großzügiger *Linsenmaier* RdA-Sonderbeil. 5/2003, 22 (26); *Richardi* NZA 2006, 881 (883).

220 Vgl. ArbG Hamburg 10.4.2001 PflR 2001, 322; enger ArbG Bonn 31.3.2001 PflR 2001, 318.

221 BAG 19.12.2019 AP Nr. 3 zu § 8 AGG = NZA 2020, 707.

222 BAG 28.5.2009 AP Nr. 1 zu § 8 AGG = NZA 2010, 1016.

223 So aber LAG Köln 19.7.1996 NZA-RR 1997, 384; krit. auch HK-AGG/*Brors* § 8 Rn. 20.

224 Zum Dienst mit der Waffe in der Bundeswehr vgl. EuGH 11.1.2000 NZA 2000, 137; zur Zulässigkeit der Beschränkung der Wehrpflicht auf Männer EuGH 11.3.2003 NZA 2003, 427.

225 Zutr. ArbG Düsseldorf 15.11.2000 PflR 2001, 437.

226 EuGH 15.5.1986 AP Nr. 18 zu Art. 119 EWG-Vertrag – Marguerite Johnston; zust. *Colneric* FS Gnade, 627 (636).

227 LAG Köln 8.11.2000 LAGE § 611a BGB Nr. 4 = NZA 2001, 787.

228 EuGH 1.2.2005 – C-203/03.

229 EuGH 1.2.2005 – C-203/03.

230 Vgl. dazu EuGH 11.3.2003 NZA 2003, 427 – Dory; 11.1.2000 NJW 2000, 497 – Krell; 30.6.1988 Slg 1988, 3559; 26.10.1999 NZA 2000, 25; 15.5.1986 Slg 1986, 1651 – Johnston.

Mit dieser Begründung hat der EuGH ein **Einstellungshöchstalter** von 34 Jahren für den Polizeidienst, der sämtliche Einsatz- und Vollzugsaufgaben (u.a. Fest- und Ingewahrsamnahme von Straftätern sowie präventiver Streifendienst) beinhaltet, als gerechtfertigt angesehen.[231] Auch eine Regelung, die das Höchstalter für die Einstellung in den mittleren feuerwehrtechnischen Dienst auf 30 Jahre festlegt, hat er aus diesem Grund nicht beanstandet.[232] Ein Höchstalter für die Einstellung örtlicher Polizeibeamter von 30 Jahren hat er dagegen für unverhältnismäßig gehalten, da nicht nachgewiesen war, dass die für die Ausübung der Tätigkeiten erforderliche physische Eignung bei Personen, die dieses Alter überschritten haben, nicht mehr gegeben ist.[233] Für die Ausführung der **Badeaufsicht** – einschließlich des Rettungsdienstes – in einem öffentlichen Schwimmbad stellt eine gute körperliche Konstitution hingegen eine zulässige Anforderung iSd § 8 I AGG dar, da die Sicherheit der Badegäste betroffen ist und körperliche Schwächen beträchtliche Konsequenzen haben können.[234]

Die **unternehmerische Vorstellung,** mit welchem Personal gearbeitet werden soll, vermag nur unter ganz engen Voraussetzungen eine Rechtfertigung nach § 8 I AGG zu begründen. Erforderlich sind ein enger Tätigkeitsbezug der Anforderung sowie der Nachweis, dass das Auswahlmerkmal vor dem Hintergrund des unternehmerischen Gesamtkonzepts für den Unternehmenserfolg erweislich von entscheidender Bedeutung ist.[235] Beschäftigt ein **„China-Restaurant"** nur Bedienungspersonal asiatischer Herkunft, kann eine darin liegende Benachteiligung wegen ethnischer Herkunft daher ggf. gerechtfertigt sein, wenn dies nach dem unternehmerischen Gesamtkonzept zur Authentizität der Gaststätte gehört. Erfasst sind aber nur solche Tätigkeiten, zu deren Aufgaben auch der Kontakt zu den Gästen gehört. Nicht ausreichend ist dagegen der Wunsch, in einer **„griechischen Taverne"** nur griechische Kellner zu beschäftigen.[236] Schwierig zu beurteilen ist die Praxis einiger Unternehmen der **Rüstungsindustrie,** die keine AN aus arabischen Staaten einstellen, weil die Staaten, die Käufer der Rüstungsgüter sind, aus Sicherheitsgründen zur Auflage machen, dass der Hersteller keine AN bestimmter Nationalität beschäftigt. Hierin dürfte nicht nur eine Benachteiligung wegen der Staatsangehörigkeit liegen, sondern eine Diskriminierung wegen der ethnischen Herkunft. **56**

Soweit in Schulgesetzen der Länder **religiöse Bekundungen durch Lehrer** in der Schule **generell verboten** werden, lag hierin nach früherer Auffassung des BAG eine nach § 8 I AGG gerechtfertigte unmittelbare Benachteiligung.[237] Daran konnte nach der neueren Rspr. des BVerfG[238] in dieser Pauschalität nicht mehr festgehalten werden. Das Verbot des Tragens eines sog. islamischen Kopftuchs stellt danach nur im Fall einer konkreten Gefahr für den Schulfrieden oder die staatliche Neutralität einen nicht unverhältnismäßigen Eingriff in die Religionsfreiheit nach Art. 4 GG dar (→ § 3 Rn. 24 f.).[239] Demgegenüber hat der EuGH sogar für die Privatwirtschaft ein striktes Neutralitätsgebot, das den mit Kunden in Kontakt tretenden AN aller Religionen und Weltanschauungen gleichermaßen religiös geprägte Kleidung untersagt, nicht als Verstoß gegen die RL 200/78/EG beanstandet. Eine darin allein liegende etwaige mittelbare Benachteiligung bestimmter Religionen sieht er als gerechtfertigt an, weil das Interesse des AG an Neutralität im Verhältnis zu seinen Kunden als Teil der unternehmerischen Freiheit ein legitimes Ziel sei.[240] Hingegen stellt der bloße Wille des AG, dem Wunsch eines Kunden zu entsprechen, die Leistungen nicht mehr von einer ein islamisches Kopftuch tragenden AN ausführen zu lassen, keine zulässige Anforderung iSd § 8 I AGG dar.[241] **57**

c) Vorkehrungen für Menschen mit Behinderung. Bei der Benachteiligung wegen einer Behinderung (→ Rn. 11 ff.) kommt eine Rechtfertigung nach § 8 I AGG nur in Betracht, wenn der AG angemessene Vorkehrungen iSd Art. 5 RL 2000/78/EG getroffen hat und diese nicht zu einer Einsatzmöglichkeit führen. Unterlässt der AG die danach gebotenen Vorkehrungen und kann er den AN deshalb nicht einsetzen, ist dieser Umstand regelmäßig nicht auf die Behinde- **58**

---

231 EuGH 15.11.2016 EzA Nr. 41 zu Richtlinie 2000/78 EG-Vertrag 1999.

232 EuGH 12.1.2010 NVwZ 2010, 244.

233 EuGH 13.11.2014 NVwZ 2015, 427.

234 BAG 22.5.2014 NZA 2014, 924.

235 Vgl. auch ErfK/*Schlachter* AGG § 8 Rn. 5; *Duchstein* NJW 2013, 3066 (3068).

236 AA *Adomeit/Mohr* AGG § 8 Rn. 32; *Meinel/Heyn/Herms* AGG § 8 Rn. 15; *Thüsing,* Arbeitsrechtl. Diskriminierungsschutz, Rn. 338; *Wendeling-Schröder*/Stein AGG § 8 Rn. 7.

237 BAG 10.12.2009 AP Nr. 7 zu Art. 4 GG; 12.8.2010 AP Nr. 8 zu Art 4 GG.

238 BVerfG 18.10.2016 NJW 2017, 381.

239 BAG 27.8.2020 AP Nr. 29 zu § 15 AGG = NZA 2021, 189; vgl. auch *Neugebauer/Sura* RdA 2018, 350 (351).

240 EuGH 14.3.2017 AP Nr. 37 zu Richtlinie 2000/78/EG = NZA 2017, 373 – Achbita.

241 EuGH 14.3.2017 AP Nr. 38 zu Richtlinie 2000/78/EG = NZA 2017, 375 – Bougnaoui und ADDH.

rung des AN, sondern auf die Untätigkeit des AG zurückzuführen.[242] **„Angemessene Vorkehrungen"** sind nicht nur materielle, sondern auch organisatorische Maßnahmen, wobei die Aufzählung der möglichen Vorkehrungen im 20. Erwägungsgrund RL 2000/78/EG nicht abschließend ist.[243] Die Angemessenheit richtet sich nach den mit ihnen verbundenen finanziellen und sonstigen Aufwendungen unter Berücksichtigung der Größe und der Finanzkraft des AG sowie der Möglichkeit, öffentliche Mittel oder andere Unterstützungen in Anspruch zu nehmen. Beurteilungsgrundlage für die Rechtfertigungsprüfung ist der mit verhältnismäßigem Aufwand geänderte Arbeitsplatz. Kann der Arbeitsplatz mit zumutbaren Anstrengungen angepasst werden, ist der AN für die geschuldete Tätigkeit geeignet; auf eine Rechtfertigung nach § 8 I AGG kommt es dann grundsätzlich nicht mehr an. Nur wenn der AN zwar auf dem zumutbar angepassten Arbeitsplatz eingesetzt werden kann, aber trotzdem wegen der Behinderung schlechter gestellt wird, kann noch eine Rechtfertigung dieser gleichwohl erfolgenden Benachteiligung nach § 8 AGG in Betracht kommen. Der AG hat darzulegen und ggf. zu beweisen, dass er nicht imstande ist, das infolge der Behinderung vorliegende Beschäftigungshindernis durch angemessene Vorkehrungen zu beseitigen.[244]

59 **3. Unterschiedliche Behandlung wegen des Alters. a) Allgemeines.** Nach § 10 AGG, ist eine unterschiedliche Behandlung wegen des Alters (→ Rn. 15) auch zulässig, wenn sie objektiv und angemessen und durch ein legitimes Ziel gerechtfertigt ist; die Mittel zur Erreichung dieses Ziels müssen angemessen und erforderlich sein. Die Norm enthält eine **Generalklausel für zulässige Differenzierungen wegen des Alters.**[245] Da sie Art. 6 I RL 2000/78/EG umsetzt, ist sie in Übereinstimmung mit der hierzu ergangenen Rspr. des EuGH auszulegen.[246] In § 10 S. 3 sind exemplarisch legitime Ziele und Regelungsbeispiele für altersbedingte Ungleichbehandlungen aufgeführt. Die Aufzählung ist nicht abschließend. Die konkrete Ausgestaltung durch den AG oder durch Kollektivregelungen unterliegt zudem einer Überprüfung nach § 10 S. 2 AGG am Maßstab der Angemessenheit und Erforderlichkeit. Hieraus ergibt sich unionsrechtskonform eine **dreistufige Prüfung:**[247] Zunächst ist festzustellen, ob die Regelung, die zu einer unterschiedlichen Behandlung wegen des Alters führt, ein **legitimes Ziel** verfolgt. Sodann ist zu prüfen, ob die Mittel, die zur Verwirklichung dieser Ziele eingesetzt werden, **„angemessen"** und **„erforderlich"** sind. Der Sache nach handelt es sich bei diesen beiden Gesichtspunkten um eine Verhältnismäßigkeitsprüfung.

60 **b) Legitimes Ziel.** Die unterschiedliche Behandlung wegen des Alters muss nach § 10 S. 1 AGG durch ein legitimes Ziel gerechtfertigt sein. Anders als Art. 6 I RL 2000/78/EG definiert das Gesetz nicht, welche Ziele hierzu gehören. Wie die Gesetzesbegründung zeigt (BT-Drs. 16/1780, 36), sollte dadurch die Möglichkeit eröffnet werden, eine altersbedingte Benachteiligung nicht nur auf Grundlage der in Art. 6 I RL 2000/78/EG genannten Beispiele zu rechtfertigen; auch sonstige berechtigte Interessen des AG sollten eine Differenzierung rechtfertigen können. Allerdings muss § 10 S. 1 AGG im Hinblick auf Art. 6 I der RL 2000/78/EG und die hierzu ergangene Rspr. des EuGH unionsrechtskonform ausgelegt werden. Legitime Ziele sind wegen der in Art. 6 I RL 2000/78/EG enthaltenen beispielhaften Aufzählung der Bereiche Beschäftigungspolitik, Arbeitsmarkt und berufliche Bildung deshalb nur solche, die **sozialpolitischer Art** sind.[248] Ausschließlich **individuelle Beweggründe** des AG, wie zB das Interesse an einer Kostenreduzierung oder der Verbesserung seiner Wettbewerbsfähigkeit sind deshalb nicht geeignet, eine altersbedingte unmittelbare Ungleichbehandlung zu rechtfertigen.[249] Welches Ziel mit

[242] BAG 19.12.2013 AP Nr. 3 zu § 2 AGG = NZA 2014, 372.

[243] EuGH 11.4.2013 AP Nr. 28 zu Richtlinie 2000/78/EG = NZA 2013, 553 – Ring.

[244] BAG 19.12.2013 AP Nr. 3 zu § 2 AGG = NZA 2014, 372.

[245] BAG 25.2.2010 AP Nr. 3 zu § 3 AGG = NZA 2010, 561.

[246] BAG 19.5.2016 NZA 2016, 1394.

[247] Vgl. EuGH 6.11.2012 EuGRZ 2012, 752 – Kommission ./. Ungarn; 13.9.2011 AP Nr. 23 zu Richtlinie 2000/78/EG = NZA 2011, 1039 – Prigge; 12.10.2010 AP Nr. 17 zu Richtlinie 2000/78/EG = NZA 2010, 1341 – Andersen und 12.10.2010 AP Nr. 18 zu Richtlinie 2000/78/EG = NZA 2010, 1167 – Rosenbladt; hierzu *Kaiser* ZESAR 2014, 473; *Preis* NZA 2010, 1323.

[248] EuGH 13.9.2011 AP Nr. 23 zu Richtlinie 2000/78/EG = NZA 2011, 1039 – Prigge; 12.10.2010 AP Nr. 18 zu Richtlinie 2000/78/EG = NZA 2010, 1167 – Rosenbladt; 5.3.2009 AP Nr. 12 zu Richtlinie 2000/78/EG = NZA 2009, 305 – Age Concern; BAG 15.12.2016 AP Nr. 12 zu § 3 AGG = NZA 2017, 715; 11.8.2016 AP Nr. 21 zu § 15 AGG = NZA 2017, 310; 19.5.2016 NZA 2016, 1394; 15.11.2012 AP Nr. 6 zu § 6 TVUmBw.

[249] BAG 15.12.2016 AP Nr. 12 zu § 3 AGG = NZA 2017, 715; 23.7.2015 AP Nr. 7 zu § 7 AGG = NZA 2015, 1380; 19.5.2016 AP Nr. 11 zu § 3 AGG = NZA 2016, 1394; 15.11.2012 AP Nr. 6 zu § 6 TVUmBw = NZA 2013, 629.

der jeweiligen Regelung oder Maßnahme verfolgt werden soll, ist von den Gerichten der Mitgliedstaaten zu prüfen.[250] Der Gesetzgeber kann auch die Tarif- und Betriebsparteien ermächtigen, im Einklang mit Art. 6 I RL 2000/78/EG Regelungen zu treffen, die Ungleichbehandlungen wegen des Alters einschließen. Diese verfügen – ebenso wie die Mitgliedstaaten – über ein weites Ermessen sowohl bei der Entscheidung, welches konkrete sozialpolitische Ziel sie verfolgen wollen, als auch bei der Festlegung der Maßnahmen zu dessen Erreichung.[251] Das jeweilige Ziel muss in der Regelung nicht ausdrücklich benannt werden; ausreichend ist, wenn es sich aus dem Kontext ergibt.[252]

Dementsprechend hat der EuGH die Zulässigkeit von Klauseln über die automatische **Beendigung des Arbeitsverhältnisses bei Erreichen des Rentenalters** gebilligt, weil hiermit eine Arbeitsteilung zwischen den Generationen angestrebt werde. Der darin liegende Ausgleich zwischen politischen, wirtschaftlichen, sozialen, demografischen und/oder haushaltsbezogenen Erwägungen bilde ein legitimes Ziel.[253] Auch die Förderung von Einstellungen, um insbesondere den Zugang jüngerer Personen zur Ausübung eines Berufs zu begünstigen, stellt ein legitimes Ziel iSd Art. 6 I RL 2000/78/EG dar.[254] Auch mit einer Dienstvereinbarung, die AN vor möglicherweise altersbedingt steigenden **Belastungen bei Versetzungen** schützen will, wird ein sozialpolitisches Ziel verfolgt.[255] Der Ausgleich schlechterer Chancen älterer AN auf dem **Arbeitsmarkt** kann je nach Regelungszusammenhang – insbesondere im Kündigungsrecht[256] und bei der Bemessung von Sozialplanabfindungen[257] – ebenfalls ein legitimes, sozialpolitisches Ziel iSd § 10 AGG darstellen. Gleiches gilt grundsätzlich für den Ausgleich alterungsbedingter Minderungen der Leistungsfähigkeit durch Verdienstsicherungsklauseln in Tarifverträgen.[258] 61

Bei **Sozialplänen** stellt die Gewährung eines Ausgleichs für die Zukunft entspr. den Bedürf- 62
nissen der betroffenen AN, die der Notwendigkeit der für den Sozialplan nur begrenzt zur Verfügung stehenden Mittel Rechnung trägt, ein rechtmäßiges Ziel dar.[259] Daher kann es nicht zu beanstanden sein, AN keine Abfindung zukommen zu lassen, die nach dem Ausscheiden oder einem möglichen Bezug von Arbeitslosengeld eine gekürzte oder ungekürzte Altersrente in Anspruch nehmen können.[260] Auch eine mit einem „Systemwechsel" bei der Berechnung einer Sozialplanabfindung einhergehende unterschiedliche altersbedingte Behandlung der AN kann zulässig sein.[261] Die Honorierung der von einem AN erworbenen **Berufserfahrung,** die es diesem ermöglicht, seine Arbeit besser zu verrichten, ist ebenfalls idR ein berechtigtes Anliegen.[262] Aus diesem Grund kann auch auf das Kriterium Dienstalter als entgeltbestimmender Faktor abgestellt werden; dieses geht regelmäßig mit der Berufserfahrung einher und befähigt die AN im Allgemeinen, ihre Arbeit besser zu verrichten.[263] Das mit einer Regelung verfolgte Ziel, die Situation jüngerer Menschen auf dem Arbeitsmarkt zu verbessern, um ihre berufliche Eingliederung zu fördern oder ihren Schutz sicherzustellen, ist ebenfalls legitim; gleiches gilt für die Erleichterung der Anstellung jüngerer AN durch Erhöhung der personalwirtschaftlichen Flexibilität.[264] Auch die vorübergehende **Wahrung des Besitzstandes** einer bislang begünstigten Personengruppe kann ein zulässiges Ziel sein, wenn diese im Rahmen der Schaffung eines –

---

250 EuGH 21.7.2011 AP Nr. 21 zu Richtlinie 2000/78/EG = NVwZ 2011, 1249 – Fuchs.
251 EuGH 8.9.2011 AP Nr. 22 zu Richtlinie 2000/78/EG = NZA 2011, 1100 – Hennigs.
252 Vgl. etwa BAG 26.9.2017 AP Nr. 12 zu § 10 AGG = NZA 2018, 315; EuGH 5.3.2009 AP Nr. 12 zu Richtlinie 2000/78/EG = NZA 2009, 305 – Age Concern.
253 EuGH 12.10.2010 AP Nr. 18 zu Richtlinie 2000/78/EG = NZA 2010, 1167 – Rosenbladt; ebenso EuGH 5.7.2012 NZA 2012, 785 – Hörnfeldt; im Anschluss daran BAG 21.9.2011 AP Nr. 84 zu § 14 TzBfG = NZA 2012, 271; 12.6.2013 NZA 2013, 1428.
254 EuGH 6.11.2012 EuGRZ 2012, 752 – Kommission ./. Ungarn; 12.10.2010 AP Nr. 19 zu Richtlinie 2000/78/EG = NZA 2011, 29 – Georgiev.
255 BAG 13.10.2009 AP Nr. 1 zu § 7 AGG = NZA 2010, 327.
256 BAG 15.12.2011 AP Nr. 21 zu § 1 KSchG 1969 Namensliste = NZA 2012, 1044.
257 BAG 12.4.2011 AP Nr. 215 zu § 112 BetrVG 1972 = NZA 2011, 985.
258 So auch *Linsenmaier* RdA-Beil. 5/2003, 22 (29); *Adomeit/Mohr* AGG § 10 Rn. 98.
259 Vgl. EuGH 19.9.2018 AP Nr. 44 zu Richtlinie 2000/78/EG – Bedi; 6.12.2012 AP Nr. 27 zu Richtlinie 2000/78/EG = NZA 2012, 1435 – Odar; BAG 16.7.2019 AP Nr. 5 zu § 1 TVG Sozialplan.
260 BAG 7.5.2019 AP Nr. 241 zu § 112 BetrVG 1972.
261 BAG 16.7.2019 AP Nr. 242 zu § 112 BetrVG 1972.
262 EuGH 8.9.2011 AP Nr. 22 zu Richtlinie 2000/78/EG = NZA 2011, 1100 – Hennigs.
263 EuGH 3.10.2006 AP Nr. 15 zu Art. 141 EG = NZA 2006, 1205 – Cadman.
264 EuGH 19.7.2017 AP Nr. 39 zu Richtlinie 2000/78/EG = NZA 2017, 1247.

nunmehr – altersdiskriminierungsfreien Systems erfolgt.[265] Dagegen stellt der Ausgleich eines angeblichen höheren finanziellen Bedarfs älterer AN kein legitimes sozialpolitisches Ziel dar.[266]

63 **c) Erforderlichkeit.** Die jeweilige Regelung muss zur Erreichung des legitimen Ziels erforderlich sein. Nach der Rspr. des EuGH ist dies gegeben, wenn das eingesetzte Mittel nicht über das hinausgeht, was zur Erreichung des angestrebten Ziels notwendig ist.[267] Maßgeblich ist eine genaue Analyse der Regelungsziele und der jeweiligen Regelung, die zur Umsetzung dieser Ziele dient. Dabei wird dem nationalen Gesetzgeber und den Sozialpartnern ein weiter Gestaltungsspielraum eingeräumt.

64 **d) Angemessenheit.** Erforderlich ist zudem die Angemessenheit des eingesetzten Mittels. Das Mittel muss es erlauben, das mit ihm verfolgte Ziel iSv § 10 S. 1 AGG zu erreichen, ohne zu einer **übermäßigen Beeinträchtigung der legitimen Interessen** derjenigen AN zu führen, die dadurch benachteiligt werden.[268] Auch bei der „Angemessenheit" der eingesetzten Mittel verfügt der Normgeber nach der Rspr. des EuGH zu Art. 6 I RL 2000/78/EG über einen weiten Ermessensspielraum. Von Bedeutung ist dabei auch die innere Folgerichtigkeit einer Bestimmung. Eine Regelung ist nach der Rspr. des EuGH nur dann geeignet, die Verwirklichung des geltend gemachten Ziels zu gewährleisten, wenn sie tatsächlich dem Anliegen gerecht wird, es in kohärenter und systematischer Weise zu erreichen.[269] Ausnahmen von den Bestimmungen einer Norm können in bestimmten Fällen deren **Kohärenz** beeinträchtigen, insbesondere wenn sie wegen ihres Umfangs zu einem Ergebnis führen, das dem mit dem Gesetz verfolgten Ziel widerspricht.[270] So hat der EuGH zB die Altersgrenze von 68 Jahren für die Kassenzulassung von Ärzten in der gesetzlichen Krankenversicherung als nicht angemessen angesehen, wenn damit das Ziel verfolgt wird, die Gesundheit der Patienten vor einem altersbedingten Nachlassen der Leistungsfähigkeit eines Arztes schützen; ein derartiger Schutz wird durch die Regelung nicht umfassend gewährleistet, da Ärzte, die ausschließlich privat Versicherte behandeln, nicht von ihr betroffen sind.[271]

65 **e) Darlegungs- und Beweislast.** Der AG hat die tatsächlichen Umstände darzulegen und ggf. zu beweisen, die eine unterschiedliche Behandlung wegen des Alters nach § 10 AGG rechtfertigen. Hierzu genügt es nicht, allgemein zu behaupten, die ungünstigere Maßnahme oder Regelung sei geeignet, einem Ziel sozialpolitischer Art zu dienen. Der AG hat diesen Vortrag vielmehr durch substantiierten Sachvortrag zu verdeutlichen.[272]

66 **f) Gesetzliche Regelungsbeispiele. aa) § 10 S. 3 Nr. 1 AGG.** Danach ist eine unterschiedliche Behandlung wegen des Alters zulässig, wenn hierdurch besondere Bedingungen für den Zugang zur Beschäftigung und zur beruflichen Bildung festgelegt werden.[273] Gleiches gilt für Regelungen besonderer Beschäftigungs- und Arbeitsbedingungen, einschließlich der Entlohnung und Beendigung des Beschäftigungsverhältnisses, um die berufliche Eingliederung von Jugendlichen, älteren Beschäftigten und Personen mit Fürsorgepflichten zu fördern oder ihren Schutz sicherzustellen. Der Schutz älterer Beschäftigter kann auch erreicht werden, wenn **zusätzliche Urlaubstage** in Abhängigkeit vom Lebensalter gewährt werden. Dies setzt jedoch voraus, dass mit der Regelung einem **gesteigerten Erholungsbedürfnis** älterer Menschen Rechnung getragen werden soll und mit zunehmendem Alter tatsächlich ein erhöhtes – vom AG nachvollziehbar darzulegendes – Erholungsbedürfnis entsteht, das durch die konkrete Regelung der Urlaubsansprüche gefördert wird.[274] So hat das BAG in der Gewährung von zwei

---

[265] EuGH 9.9.2015 NVwZ 2016, 131; 11.11.2014 NVwZ-RR 2015, 43; 8.9.2011 AP Nr. 22 zu Richtlinie 2000/78/EG = NZA 2011, 1100 – Hennings und Mai; vgl. *Thüsing/Pötters* EuZW 2015, 935 (936).

[266] BAG 15.11.2012 AP Nr. 6 zu § 6 TVUmBw = NZA 2013, 629.

[267] Vgl. EuGH 26.2.2015 NZA 2015, 473 – Ingeniørforeningen i Danmark; 5.7.2012 NZA 2012, 785 – Hörnfeldt; 12.10.2010 AP Nr. 17 zu Richtlinie 2000/78/EG = NZA 2010, 1341 – Andersen und 12.10.2010 AP Nr. 18 zu Richtlinie 2000/78/EG = NZA 2010, 1167 – Rosenbladt.

[268] Vgl. EuGH 26.2.2015 NZA 2015, 473 – Ingeniørforeningen i Danmark.

[269] EuGH 10.3.2009 EuZW 2009, 298 – Hartlauer.

[270] EuGH 21.7.2011 AP Nr. 21 zu Richtlinie 2000/78/EG = NVwZ 2011, 1249 – Fuchs; 12.1.2010 AP Nr. 15 zu Richtlinie 2000/78/EG = NJW 2010, 587 – Petersen.

[271] EuGH 12.1.2010 AP Nr. 15 zu Richtlinie 2000/78/EG = NJW 2010, 587 – Petersen; ähnlich EuGH 18.6.2009 AP Nr. 13 zu Richtlinie 2000/78/EG = NZA 2009, 891 – Hütter.

[272] BAG 19.5.2016 AP Nr. 11 zu § 3 AGG = NZA 2016, 1394.

[273] Vgl. dazu auch EuGH 22.11.2005 AP Nr. 1 zu Richtlinie 2000/78/EG = NZA 2005, 1345 – Mangold.

[274] Vgl. dazu BAG 27.4.2017 AP Nr. 11 zu § 10 AGG = NZA 2017, 1116; 15.11.2016 NZA 2017, 339; 18.10.2016 AP Nr. 10 zu § 10 AGG = NZA 2017, 267; 12.4.2016 AP Nr. 9 zu § 10 AGG; 21.10.2014 AP Nr. 7 zu § 10 AGG = NZA 2015, 297; 12.3.2012 AP Nr. 2 zu § 26 TVöD = NZA 2012, 803.

zusätzlichen Urlaubstagen an in der Schuhproduktion beschäftigte AN nach Vollendung des 58. Lebensjahres keine Altersdiskriminierung gesehen.[275] Hingegen hat es eine solche bei einer tarifvertraglich in Bezug genommenen beamtenrechtlichen Urlaubsstaffelung bejaht, nach der AN vor Vollendung des 50. Lebensjahres einen um drei Tage kürzeren Urlaub erhielten als ältere Beschäftigte.[276] Entsprechendes galt für die tarifliche Urlaubsstaffelung in § 26 I 2 TVöD aF, wonach Beschäftigte nach Vollendung des 30. Lebensjahres drei weitere Urlaubstage und dann nach Vollendung des 40. Lebensjahres noch einen zusätzlichen Urlaubstag beanspruchen konnten.[277] Auch eine altersabhängige **Herabsetzung der regelmäßigen wöchentlichen Arbeitszeit** kann danach gerechtfertigt sein (dazu auch → Rn. 68).[278] Hingegen erfasst § 10 S. 3 Nr. 1 AGG nicht Maßnahmen zur Eingliederung von Berufsanfängern, sofern es sich hierbei nicht gleichzeitig um Jugendliche handelt.[279]

bb) § 10 S. 3 Nr. 2 AGG. Nach dieser Norm können Mindestanforderungen an das Alter, die Berufserfahrung oder das Dienstalter für die **Einstellung** oder für bestimmte mit der Beschäftigung verbundene **Vorteile** festgelegt werden. § 10 S. 3 Nr. 2 AGG bestimmt selbst kein legitimes Ziel, sondern beschreibt nur ein mögliches Mittel; insoweit muss daher auf die Generalklausel in § 10 S. 1 AGG zurückgegriffen werden.[280] Die Mindestanforderungen sind daher nur wirksam, wenn sie einem legitimen Ziel dienen. Darüber hinaus müssen sie erforderlich und angemessen sein. 67

Eine allein vom Lebensalter abhängige **unterschiedliche Vergütungshöhe** kann nicht auf der Grundlage von § 10 S. 3 Nr. 2 AGG gerechtfertigt werden. Die in § 27 Abschn. A BAT angeordnete Bemessung der Grundvergütungen nach Lebensaltersstufen ist daher altersdiskriminierend.[281] Dieser Verstoß gegen §§ 1, 7 AGG kann nur dadurch beseitigt werden, dass das Entgelt der wegen ihres Alters diskriminierten Angestellten „nach oben" angepasst wird und sie einen Anspruch auf die Grundvergütung der höchsten Lebensaltersstufe ihrer Vergütungsgruppe haben (→ Rn. 103).[282] Die Ersetzung des Vergütungssystems des BAT durch das des TVöD bzw. des TV-L und die damit für einen befristeten Übergangszeitraum verbundene Fortwirkung einiger benachteiligender Regelungen des alten Systems, die erfolgt, um für die bereits in einem Beschäftigungsverhältnis stehenden Angestellten den Übergang zum neuen System ohne Einkommensverluste zu gewährleisten, verstößt dagegen nicht gegen das Verbot der Altersdiskriminierung.[283] Die Pflicht des AG, durch das lebensaltersstufenbezogene Grundvergütungssystem des BAT diskriminierten jüngeren AN eine Vergütung aus der höchsten Lebensaltersstufe ihrer Vergütungsgruppe zu zahlen, endet daher mit der Ablösung durch ein diskriminierungsfreies Entgeltsystem.[284] Die Staffelung der regelmäßigen **wöchentlichen Arbeitszeit nach dem Lebensalter** bei unveränderter Fortzahlung des Entgelts benachteiligt jüngere AN gegenüber älteren unmittelbar wegen des Alters. Für den Beleg, dass diese unterschiedliche Behandlung gerechtfertigt ist, reicht es nicht aus, dass der AG lediglich allgemein behauptet, die Maßnahme diene dem Schutz älterer AN.[285] 68

Als Unterscheidungsmerkmale für unterschiedliche Vergütungen können lediglich die in § 10 S. 3 Nr. 2 AGG genannten Gesichtspunkte **Dienstalter und Berufserfahrung** herangezogen werden.[286] So kann mit der Gewährung einer Zulage bei einem Dienstjubiläum die Betriebstreue belohnt werden.[287] Die Honorierung der erworbenen Berufserfahrung, die es dem AN ermöglicht, seine Arbeit besser zu verrichten, wird auch vom EuGH idR als ein legitimes Ziel anerkannt.[288] Auch wenn ein hohes Dienstalter typischerweise eher von älteren AN erreicht wird und damit eine mittelbare Benachteiligung jüngerer Beschäftigter wegen des Lebensalters 69

---

275 BAG 21.10.2014 NZA 2015, 297.
276 BAG 12.4.2016 AP Nr. 9 zu § 10 AGG = NZA-RR 2016, 438.
277 BAG 20.3.2012 AP Nr. 2 zu § 26 TVöD = NZA 2012, 803.
278 Vgl. BAG 22.10.2015 AP Nr. 8 zu § 10 AGG = NZA 2016, 1081.
279 Vgl. BAG 14.1.2013 AP Nr. 2 zu § 10 AGG = NZA 2013, 498.
280 BAG 12.3.2012 AP Nr. 2 zu § 26 TVöD = NZA 2012, 803.
281 EuGH 8.9.2011 AP Nr. 22 zu Richtlinie 2000/78/EG = NZA 2011, 1100 – Hennigs.
282 BAG 10.11.2011 AP Nr. 13 zu § 27 BAT = NZA-RR 2012, 100.
283 EuGH 8.9.2011 AP Nr. 22 zu Richtlinie 2000/78/EG = NZA 2011, 1100 – Hennigs.
284 BAG 8.12.2011 AP Nr. 5 zu § 6 TVÜ = NZA 2012, 275.
285 BAG 22.10.2015 AP Nr. 8 zu § 10 AGG = NZA 2016, 1081.
286 BAG 27.1.2011 AP Nr. 2 zu § 1 TVG Tarifverträge: Versorgungsbetriebe; *Bauer/Krieger/Günther* AGG § 10 Rn. 30; *Wendeling-Schröder*/Stein AGG § 10 Rn. 37 f.
287 *Lingemann/Müller* BB 2007, 2006 (2007).
288 EuGH 18.6.2009 AP Nr. 13 zu Richtlinie 2000/78/EG = NZA 2009, 891 – Hütter; 3.10.2006 AP Nr. 15 zu Art. 141 EG = NZA 2006, 1205 – Cadman.

iSv § 3 II AGG vorliegt, ist die Unterscheidung wirksam. Im Dienstalter kommen die Dauer der Betriebszugehörigkeit und damit das im Unternehmen des AG erworbene Erfahrungswissen sowie die Betriebstreue des AN zum Ausdruck. Aus diesem Grund besteht auch keine mittelbare Benachteiligung wegen des Alters, wenn ein Tarifvertrag bei der Eingruppierung und damit bei der Bestimmung der Höhe des Entgelts nur die als Flugbegleiter bei einer bestimmten Luftlinie erworbene Berufserfahrung berücksichtigt, nicht aber die inhaltlich identische Erfahrung, die bei einer anderen konzerninternen Luftlinie erworben wurde.[289] Werden Entgeltstufen in einem Vergütungssystem gebildet, dem eine Bewertung der zu verrichtenden Arbeit zugrunde liegt, braucht vom AG nicht nachgewiesen zu werden, dass ein individuell betrachteter AN während des einschlägigen Zeitraums eine Erfahrung erworben hat, die es ihm ermöglicht, seine Arbeit besser zu verrichten.[290]

70 **cc) § 10 S. 3 Nr. 3 AGG.** Die Bestimmung erlaubt grundsätzlich die Festsetzung eines Höchstalters für die **Einstellung** aufgrund der spezifischen Ausbildungsanforderungen eines bestimmten Arbeitsplatzes oder aufgrund der Notwendigkeit einer angemessenen Beschäftigungszeit vor dem Eintritt in den Ruhestand. Dem liegt die Überlegung zugrunde, dass bei älteren Beschäftigten, deren Rentenalter bereits absehbar ist, einer aufwendigen Einarbeitung am Arbeitsplatz auch eine betriebswirtschaftlich sinnvolle Mindestdauer einer produktiven Arbeitsleistung gegenüberstehen muss.[291]

71 Die in § 10 S. 3 Nr. 3 AGG zum Ausdruck kommende Einschränkung bei Regelungen des Höchstalters für Einstellungen hat insbesondere Konsequenzen für **Stellenausschreibungen** (dazu → § 25 Rn. 1). Hier bedarf es einer einzelfallbezogenen Prüfung des Ziels, das mit der jeweiligen Altersgrenze verfolgt wird. Pauschale Altersgrenzen sind damit nicht vereinbar. Ob bei der Suche nach **Führungskräftenachwuchs** ein junges Höchstalter unter dem Gesichtspunkt gerechtfertigt sein kann, der AG dürfe den Investitionen in die weitere Bildung des AN noch eine längere „Schaffensperiode" in der angestrebten Position gegenüberstellen,[292] steht zu bezweifeln. Der Achte Senat des BAG hat angenommen, der AG könne sich zur Rechtfertigung der altersbedingten Benachteiligung eines erfolglosen 36-jährigen Bewerbers mit Berufserfahrung nicht darauf berufen, er habe seinen Führungskräftenachwuchs „formen" wollen; es gebe keinen allgemeinen Erfahrungssatz, dass ein älterer AN weniger gut lerne als ein jüngerer. Allenfalls verringere sich mit zunehmendem Alter die Lerngeschwindigkeit.[293] Auch eine tarifliche Regelung, die für ein Luftfahrtunternehmen das Höchstalter für die Einstellung von in anderen Luftfahrtunternehmen ausgebildeten Piloten auf knapp 33 Jahre festlegt, ist nicht nach § 10 S. 3 Nr. 3 AGG gerechtfertigt; da den Flugzeugführern wegen des niedrigen **Einstellungshöchstalters** bereits nach etwa einem Viertel ihrer insgesamt möglichen Berufstätigkeit ein Wechsel zum AG unmöglich gemacht wird, ist eine solche Altersgrenze unangemessen.[294]

72 **dd) § 10 S. 3 Nr. 4 AGG.** § 10 S. 3 Nr. 4 AGG betrifft Altersgrenzen in der betrieblichen Altersversorgung. Danach kann die Festsetzung von Altersgrenzen als Voraussetzung für die Mitgliedschaft in der Altersversorgung oder den Bezug von Altersrente oder von Leistungen bei Invalidität einschließlich der Festsetzung unterschiedlicher Altersgrenzen im Rahmen der betrieblichen Altersversorgung für bestimmte Beschäftigte oder Gruppen von Beschäftigten und die Verwendung von Alterskriterien im Rahmen dieser Systeme für versicherungsmathematische Berechnungen zulässig sein. Die damit zusammenhängenden Fragen werden in → § 274 Rn. 27 erörtert.

73 **ee) § 10 S. 3 Nr. 5 AGG.** Die Vereinbarung einer Altersgrenze für die Beendigung des Arbeitsverhältnisses ohne Kündigung ist gem. § 10 S. 3 Nr. 5 AGG zulässig, wenn sie an einen Zeitpunkt anknüpft, zu dem eine Regelaltersrente wegen Alters beantragt werden kann. Nach der Rspr. des EuGH sind auf das **Regelrentenalter bezogene Altersgrenzen** gerechtfertigt, da mit ihnen arbeitsmarkt- und sozialpolitische Ziele – Begünstigung der Neueinstellung jüngerer AN, Vornahme einer Nachwuchsplanung und Erhaltung einer ausgewogenen Altersstruktur – verfolgt werden. Auf eine Einzelfallprüfung der konkreten Verhältnisse kommt es nicht an; auch die Höhe der zu erwartenden Regelaltersrente ist unbeachtlich.[295] Dementsprechend hält

[289] EuGH 7.6.2012 AP Nr. 25 zu Richtlinie 2000/78/EG = NZA 2012, 742 – Tyrolean Airways.
[290] EuGH 3.10.2006 AP Nr. 15 zu Art. 141 EG = NZA 2006, 1205 – Cadman.
[291] BT-Drs. 16/1780, 36.
[292] Vgl. *Wisskirchen* DB 2006, 1491 (1493); *Hanau* ZIP 2006, 2189 (2197).
[293] BAG 24.1.2013 AP Nr. 2 zu § 10 AGG = NZA 2013, 498; siehe auch BAG 15.12.2016 AP Nr. 12 zu § 3 AGG = NZA 2017, 715 zu § 3 II AGG, das sehr hohe Anforderungen an den Vortrag des AG stellt.
[294] BAG 8.12.2010 AP Nr. 62 zu § 99 BetrVG 1972 Einstellung = NZA 2011, 751.
[295] Vgl. statt aller EuGH 12.10.2010 AP Nr. 18 zu Richtlinie 2000/78/EG = NZA 2010, 1167.

das BAG auf die Regelaltersgrenze bezogene Befristungsvereinbarungen in Tarifverträgen,[296] Betriebsvereinbarungen,[297] kirchlichen Arbeitsrechtsregelungen[298] sowie in Arbeitsverträgen[299] für zulässig. Soweit § 41 SGB VI in diesen Fällen ein Hinausschieben des Beendigungszeitpunkts ermöglicht, begegnet dies nach der Rspr. des EuGH keinen unionsrechtlichen Bedenken.[300]

ff) § 10 S. 3 Nr. 6 AGG. Differenzierungen von Leistungen in Sozialplänen sind gem. § 10 S. 3 Nr. 6 AGG zulässig, wenn die Betriebsparteien eine nach Alter oder Betriebszugehörigkeit gestaffelte Abfindungsregelung geschaffen haben, in der die wesentlich vom Alter abhängenden Chancen auf dem Arbeitsmarkt durch eine verhältnismäßig starke Betonung des Lebensalters erkennbar berücksichtigt worden sind. Gleiches gilt, wenn sie Beschäftigte von den Leistungen des Sozialplans ausgeschlossen haben, die wirtschaftlich abgesichert sind, weil sie – gegebenenfalls nach Bezug von Arbeitslosengeld – rentenberechtigt sind. Hierin liegt keine unzulässige Benachteiligung jüngerer AN (ausf. dazu → § 244 Rn. 52 ff.). Hiervon zu unterscheiden sind vom öffentlichen AG zu erbringende Leistungen nach dem TV UmBw. Die dortigen Regelungen zur Verringerung der persönlichen Zulage in § 6 III TV UmBw sind altersdiskriminierend, soweit bei einer Beschäftigungszeit von weniger als 25 Jahren nach der Vollendung des 55. Lebensjahres differenziert wird.[301] 74

4. Unterschiedliche Behandlung wegen Religion oder Weltanschauung. § 9 I AGG enthält Sonderregelungen für die Beschäftigung bei Religionsgemeinschaften oder den ihnen zugeordneten Einrichtungen. In diesem Fall soll eine unterschiedliche Behandlung wegen der Religion oder der Weltanschauung zulässig sein, wenn diese (1. Alt.) im Hinblick auf das **kirchliche Selbstbestimmungsrecht** oder (2. Alt.) nach der **Art der Tätigkeit** eine gerechtfertigte berufliche Anforderung darstellen. Die Bestimmung weicht von den Vorgaben in Art. 4 II RL 2000/78/EG ab. Danach können die Mitgliedstaaten nur vorsehen, dass eine Ungleichbehandlung wegen der Religion oder Weltanschauung keine Benachteiligung darstellt, wenn die Religion oder Weltanschauung einer Person nach der Art der Tätigkeit oder der Umstände ihrer Ausübung angesichts des Ethos der Organisation eine wesentliche und gerechtfertigte berufliche Anforderung darstellt. Aus diesem Grund hatte der Achte Senat des BAG den EuGH in der Rechtssache **Egenberger** um Vorabentscheidung zur Vereinbarkeit von § 9 I AGG mit Art. 4 II RL 2000/78/EG gebeten.[302] Der EuGH hat darauf erkannt, dass eine Ungleichbehandlung nur zulässig ist, wenn es sich bei der Religion oder Weltanschauung einer Person um eine Anforderung handelt, die notwendig und angesichts des Ethos der betreffenden Kirche aufgrund der Art der in Rede stehenden beruflichen Tätigkeit oder der Umstände ihrer Ausübung objektiv geboten ist; zudem muss die Anforderung mit dem Grundsatz der Verhältnismäßigkeit im Einklang stehen. Ob diese Voraussetzungen gegeben sind, müsse Gegenstand einer wirksamen gerichtlichen Kontrolle sein.[303] 75

Ob die vom EuGH gestellten Anforderungen an die Rechtfertigung im Einklang mit den **verfassungsrechtlichen Vorgaben**[304] stehen (Art. 4 I GG), ist zweifelhaft. Nach Art. 140 GG iVm Art. 137 III WRV steht den Kirchen und sonstigen Religionsgesellschaften sowie den der Kirche in bestimmter Weise zugeordneten Einrichtungen ohne Rücksicht auf ihre Rechtsform das Recht zu, über Ordnung und Verwaltung ihrer Angelegenheiten selbständig zu entscheiden (näher dazu → § 185 Rn. 1). Die Verfassungsgarantie des **kirchlichen Selbstbestimmungsrechts** ermöglicht es den Kirchen, in den Schranken der für alle geltenden Gesetze den kirchlichen Dienst nach ihrem Selbstverständnis zu regeln und die spezifischen Obliegenheiten kirchlicher AN verbindlich zu machen.[305] 76

Ausgehend hiervon scheidet die Rechtfertigung der religionsbedingten Benachteiligung nach § 9 I Alt. 1 AGG aus, da die Norm im Hinblick auf die Vorgaben des EuGH einer unionsrechtskonformen Auslegung im Einklang mit Art. 4 II RL 2000/78/EG nicht zugänglich ist und daher 77

---

[296] BAG 21.9.2011 AP Nr. 84 zu § 14 TzBfG = NZA 2012, 271.
[297] BAG 5.3.2013 AP Nr. 105 zu § 77 BetrVG 1972 = NZA 2013, 916.
[298] BAG 12.6.2013 AP Nr. 72 zu § 611 BGB Kirchendienst = NZA 2013, 1428.
[299] BAG 25.10.2017 NZA 2018, 507; 9.12.2015 AP Nr. 134 zu § 14 TzBfG = NZA 2016, 695.
[300] EuGH 28.2.2018 AP Nr. 17 zu Richtlinie 99/70/EG = NZA 2018, 355.
[301] BAG 18.2.2016 NZA 2016, 709.
[302] BAG 17.3.2016 – 8 AZR 501/14 (A), BAGE 154, 285.
[303] EuGH 17.4.2018 AP Nr. 42 zu Richtlinie 2000/78/EG = NZA 2018, 569 – Egenberger.
[304] Vgl. dazu BVerfG 4.6.1985 AP Nr. 24 zu Art. 140 GG = NJW 1986, 367.
[305] Eingehend dazu BVerfG 22.10.2014 NZA 2014, 1387; vgl. dazu auch *Fischermeier* FS Richardi, 875 (888); *Mohr/v. Fürstenberg* BB 2008, 2122; *Richardi* NZA 2006, 881 (884 f.).

unangewendet bleiben muss.[306] Auch eine Rechtfertigung nach § 9 I 1 Alt. 2 AGG kommt – in unionsrechtskonformer Auslegung – danach nur in Betracht, wenn die Religion oder Weltanschauung nach der Art der Tätigkeiten oder den Umständen ihrer Ausübung eine wesentliche, rechtmäßige und gerechtfertigte berufliche Anforderung angesichts des Ethos der Religionsgemeinschaft bzw. Organisation darstellt. Die Zugehörigkeit zu einer Religion oder das Bekenntnis zu einer Weltanschauung muss aufgrund der Bedeutung der beruflichen Tätigkeit für die Bekundung dieses Ethos notwendig erscheinen und darf nicht zur Verfolgung sachfremder Ziele dienen. Die Kirche bzw. Organisation muss dartun, dass die geltend gemachte Gefahr einer Beeinträchtigung ihres Ethos oder ihres Rechts auf Autonomie ohne die verlangte berufliche Anforderung wahrscheinlich und erheblich ist. Zudem muss die fragliche Anforderung angemessen sein und darf nicht über das zur Erreichung des angestrebten Ziels Erforderliche hinausgehen.[307] Auch ein der römisch-katholischen Kirche verbundener AG darf seine Beschäftigten in leitender Stellung bei der Anforderung, sich loyal und aufrichtig iSd katholischen Selbstverständnisses zu verhalten, nur dann nach ihrer Religionszugehörigkeit unterschiedlich behandeln, wenn dies im Hinblick auf die Art der betreffenden beruflichen Tätigkeiten oder die Umstände ihrer Ausübung eine wesentliche, rechtmäßige und gerechtfertigte berufliche Anforderung darstellt. Dies folgt aus einer unionsrechtskonformen Auslegung von § 9 II AGG, jedenfalls aber aus dem Anwendungsvorrang des Unionsrechts. Eine vertraglich vereinbarte Loyalitätspflicht, keine nach dem Glaubensverständnis und der Rechtsordnung der katholischen Kirche ungültige Ehe zu schließen, ist danach gem. § 7 II AGG unwirksam, weil sie Katholiken gegenüber nicht der katholischen Kirche angehörenden AN in nicht gerechtfertigter Weise benachteiligt.[308]

78 **5. Positive Maßnahmen.** § 5 AGG lässt unterschiedliche Behandlungen zu, wenn durch geeignete und angemessene Maßnahmen bestehende Nachteile wegen eines in § 1 AGG genannten Grundes verhindert oder ausgeglichen werden sollen.[309] Gezielte **Maßnahmen zur Förderung bisher benachteiligter Gruppen** sind danach nicht nur durch den Gesetzgeber, sondern auch durch AG, Tarifvertrags- und Betriebsparteien sowie seitens der Arbeitsvertragsparteien möglich.[310] Die Vorschrift lässt Maßnahmen zur Behebung bestehender Nachteile ebenso zu wie präventive Maßnahmen zur Vermeidung künftiger Nachteile. Die Maßnahmen müssen nach objektivem Maßstab geeignet und angemessen sein und bedürfen im konkreten Fall der Abwägung mit Rechtspositionen der von ihnen negativ Betroffenen.[311] Praktische Bedeutung haben Frauenförderpläne. So sind Maßnahmen zulässig, die Frauen spezifisch begünstigen und darauf ausgerichtet sind, deren Fähigkeit zu verbessern, auf dem Arbeitsmarkt mit anderen zu konkurrieren und unter den gleichen Bedingungen wie Männer einen beruflichen Aufstieg zu verwirklichen. Eine Regelung, die den Frauen bei Ernennungen oder Beförderungen allerdings absolut und unbedingt den Vorrang einräumt, stellt keine rechtswirksame Maßnahme dar. Sie geht über die Förderung der Chancengleichheit hinaus und setzt an deren Stelle das Ergebnis, zu dem allein die Verwirklichung einer solchen Chancengleichheit führen könnte.[312]

VI. Darlegungs- und Beweislast

79 **1. Überblick.** § 22 AGG sieht für Rechtsstreitigkeiten nach dem AGG im Hinblick auf den **haftungsbegründenden Kausalzusammenhang** eine Erleichterung der Darlegungslast, eine Absenkung des Beweismaßes und eine Umkehr der Beweislast vor.[313] Die Norm setzt Art. 19 I RL 2006/54/EG und Art. 10 I RL 2000/78/EG um. Anders als nach den allgemeinen zivilprozessualen Grundsätzen muss der AN die Benachteiligung *wegen* eines in § 1 AGG genannten Grundes nicht beweisen. Eine entspr. Beweisführung über die Motivation des AG dürfte ihm praktisch auch nur schwer möglich sein. Der betreffende Grund muss

[306] BAG 25.10.2018 AP Nr. 25 zu § 15 AGG = NZA 2019, 455.

[307] BAG 25.10.2018 AP Nr. 25 zu § 15 AGG = NZA 2019, 455.

[308] BAG 20.2.2019 AP Nr. 94 zu § 1 KSchG 1969.

[309] Die Regelung setzt Art. 5 der Richtlinie 2000/43/EG, Art. 7 I der Richtlinie 2000/78/EG, Art. 3 der Richtlinie RL 2006/54/EG und Art. 6 der Richtlinie 2004/113/EG um.

[310] BT-Drs. 16/1780, 34; krit. hierzu *Annuß* BB 2006, 1629 (1634); *Willemsen/Schweibert* NJW 2006, 2583 (2587 f.).

[311] EuGH 30.9.2004 AP Nr. 37 zu EWG-Richtlinie Nr. 76/207; 19.3.2002 AP Nr. 29 zu EWG-Richtlinie Nr. 76/207 = NZA 2002, 501.

[312] EuGH 17.10.1995 AP Nr. 6 zu EWG-Richtlinie Nr. 76/207 = NZA 1995, 1095 – Kalanke; BAG 21.1.2003 AP Nr. 60 zu Art. 33 Abs. 2 GG = NZA 2003, 1036.

[313] ZB BAG 26.1.2017 EzTöD 100 § 2 TVöD-AT Auswahlverfahren Nr. 71; 21.6.2012 AP Nr. 5 zu § 22 AGG = NZA 2012, 1345; *Windel* ZGS 2007, 60 (62).

nicht das ausschließliche Motiv für das Handeln des AG sein; ausreichend ist es, dass das Merkmal **Bestandteil eines Motivbündels** ist, welches die Entscheidung beeinflusst hat.[314] § 22 AGG lässt es ausreichen, wenn der AN Indizien darlegt und im Bestreitensfall beweist, die die Vermutung begründen, dass ein in § 1 AGG genanntes Merkmal für die ungünstigere Behandlung mitursächlich war.[315] In diesem Fall trägt der AG die Darlegungs- und Beweislast dafür, dass ausschließlich andere als die in § 1 AGG genannten Gründe zu einer ungünstigeren Behandlung geführt haben.[316]

2. Darlegungs- und Beweislast des Arbeitnehmers. a) Grundsätze. Der AN muss im Rahmen eines Klageverfahrens gem. § 22 AGG Tatsachen vortragen und im Streitfall beweisen, die eine Benachteiligung aufgrund eines in § 1 AGG genannten Grundes vermuten lassen. Die Tatsache muss – entweder für sich genommen oder im Rahmen einer Gesamtwürdigung des Sachverhalts – aus objektiver Sicht mit **überwiegender Wahrscheinlichkeit** darauf schließen lassen, dass eine Benachteiligung (auch) *wegen* eines in § 1 AGG genannten Grundes erfolgt ist.[317] Einen zwingenden Indizienschluss für eine Verknüpfung der Benachteiligung mit einem Benachteiligungsmerkmal müssen die vorgetragenen **Hilfstatsachen** nicht zulassen.[318] Für die Beweiswürdigung ist gem. § 286 I 1 ZPO die freie Überzeugung des Tatsachengerichts maßgebend.[319] Erforderlich ist stets ein substantiierter Sachvortrag. Nicht ausreichend ist es, wenn die klagende Partei lediglich vorbringt, Träger eines oder mehrerer Merkmale iSd § 1 AGG bzw. der einzige Merkmalsträger in einer Bewerbergruppe zu sein und deswegen eine ungünstigere Behandlung erfahren zu haben.[320] Auch die unterbliebene Einladung zum Vorstellungsgespräch oder das Erfüllen der formalen Qualifikationsanforderungen begründen alleine keine hinreichenden Indizien iSd § 22 AGG.[321] Dagegen soll nach Ansicht des EuGH die Weigerung des AG, Auskünfte über die getroffene Einstellungsentscheidung zu erteilen, ein Gesichtspunkt sein, der im Rahmen des Nachweises von Tatsachen, die das Vorliegen einer Diskriminierung vermuten lassen, heranzuziehen ist.[322] Dies darf jedoch im Rahmen der freien Beweiswürdigung nach § 286 ZPO nicht dazu führen, dass dem AG ein rechtmäßiges Verhalten zum Nachteil gereicht. 80

Die Beweiserleichterung nach § 22 AGG bezieht sich nur auf den **Benachteiligungsgrund** und damit lediglich auf die Kausalität zwischen einem Merkmal iSd § 1 AGG und der ungünstigeren Behandlung. Die Benachteiligung selbst wird von der Norm nicht erfasst; hier obliegt dem AN die volle Darlegungs- und Beweislast. 81

Die **Indiztatsachen** selbst hat der AN nach den Vorschriften der ZPO zu beweisen, wenn sie vom AG nach Maßgabe des § 138 III ZPO bestritten worden sind. Eine Glaubhaftmachung nach § 294 ZPO ist nicht ausreichend.[323] Der AN hat also zB die nicht geschlechtsneutrale Stellenausschreibung im Wege des Urkundenbeweises zu beweisen oder den Mitarbeiter des AG als Zeugen für die behaupteten benachteiligenden Äußerungen zu benennen. Eine Parteivernehmung kommt grundsätzlich nach Maßgabe der §§ 445 ff. ZPO in Betracht.[324] 82

b) Einzelne Indizien. Schreibt der AG eine Stelle unter Verstoß gegen § 11 AGG aus (→ Rn. 19), begründet dies die Vermutung nach § 22 AGG, dass der erfolglose Bewerber im Auswahlverfahren wegen eines Grundes iSv § 1 AGG unmittelbar (§ 3 I AGG) benachteiligt wurde. Hierfür reicht es jedoch nicht aus, wenn die Ausschreibung lediglich Formulierungen enthält, die „auf den ersten Blick" den Anschein erwecken, es liege ein Verstoß gegen § 11 AGG vor. Eine Vermutung iSd § 22 AGG besteht vielmehr nur, wenn die Stellenausschreibung gegen § 11 AGG verstößt. Bei Anforderungen in **Stellenausschreibungen,** die eine unmittelbare Benachteiligung wegen eines in 83

[314] BAG 12.12.2013 AP Nr. 17 zu § 15 AGG = NZA 2014, 722.
[315] Ausf. *Windel* RdA 2011, 193.
[316] BAG 15.12.2016 AP Nr. 22 zu § 15 AGG; 11.8.2016 NZA 2017, 43; 19.5.2016 NZA 2016, 1394.
[317] Vgl. etwa BAG 26.1.2017 EzTöD 100 § 2 TVöD-AT Auswahlverfahren Nr. 71; 11.8.2016 AP Nr. 22 zu § 15 AGG; 16.10.2014 AP Nr. 4 zu § 8 TVÜ; 26.6.2014 AP Nr. 10 zu § 22 AGG; 17.8.2010 AP Nr. 4 zu § 15 AGG = NZA 2011, 153.
[318] BAG 21.6.2012 AP Nr. 5 zu § 22 AGG = NZA 2012, 1345; 19.8.2010 AP Nr. 5 zu § 15 AGG = NZA 2010, 1412; 22.7.2010 AP Nr. 2 zu § 22 AGG = NZA 2011, 93; 17.12.2009 AP Nr. 2 zu § 7 AGG = NZA 2010, 383.
[319] BAG 26.6.2014 AP Nr. 10 zu § 22 AGG.
[320] Vgl. BAG 25.4.2013 EzA Nr. 9 zu § 22 AGG; 26.1.2017 AP Nr. 13 zu § 22 AGG = NZA 2017, 854.
[321] *Ch. Picker* NZA 2012, 641 (644).
[322] EuGH 19.4.2012 AP Nr. 24 zu Richtlinie 2000/78/EG = NZA 2012, 493 – Meister.
[323] *Windel* RdA 2007, 1 (4).
[324] Dazu BAG 19.11.2008 AP Nr. 7 zu § 448 ZPO = NZA 2009, 318; 22.5.2007 AP Nr. 6 zu § 448 ZPO = NZA 2007, 885; vgl. dazu auch EGMR 27.10.1993 NJW 1995, 1413.

§ 1 AGG genannten Grundes bewirken, ist dies lediglich dann der Fall, wenn die benachteiligende Anforderung nicht nach §§ 5, 8, 9 oder § 10 AGG gerechtfertigt ist (→ Rn. 49 ff.). Hat die in der Stellenausschreibung genannte Bewerbungsvoraussetzung nur eine mittelbare Benachteiligung iSd § 3 II AGG zur Folge, scheidet ein Verstoß gegen § 11 AGG aus, wenn die Anforderung durch ein rechtmäßiges Ziel sachlich gerechtfertigt und zur Erreichung dieses Ziels angemessen und erforderlich ist (→ Rn. 39 f.).[325]

84 So lässt zB eine **geschlechtsspezifisch formulierte Stellenausschreibung** mit überwiegender Wahrscheinlichkeit darauf schließen, dass ein abgelehnter Bewerber des in der Ausschreibung nicht bezeichneten Geschlechts aus diesem Grund nicht eingestellt wurde.[326] Sucht ein AG in einer Zeitungsanzeige Altenpfleger/innen oder Krankenschwestern, begründet dies hingegen noch keine Vermutung für eine Benachteiligung von Krankenpflegern.[327] Wird in einer Stellenanzeige ein **„junger" Bewerber** oder eine „junge" Bewerberin gesucht, so lässt dies den Schluss zu, dass ein abgelehnter Bewerber wegen seines Alters benachteiligt worden ist, wenn eine deutlich jüngere Person eingestellt wird.[328] Werden für ein Traineeprogramm „Hochschulabsolventen/Young Professionells" gesucht und richtet sich die Ausschreibung ausdrücklich an „Berufsanfänger", stellt dies ein Indiz für die Vermutung einer unzulässigen altersbedingten Benachteiligung eines nicht in das Auswahlverfahren einbezogenen 36-jährigen Juristen mit Berufserfahrung dar.[329] Gleiches gilt für eine Ausschreibung, mit der ein Rechtsanwalt mit **„0–2 Jahren Berufserfahrung"** für ein **„junges und dynamisches Team"** gesucht wird[330] oder die sich an **„Rechtsanwälte mit erster Berufserfahrung oder Berufsanfänger"** richtet.[331] Auch die Erwähnung der „Pensionsberechtigung" des betroffenen AN in einer Kündigungserklärung des AG lässt eine unmittelbare Benachteiligung wegen des Lebensalters vermuten.[332]

85 **Diskriminierende Äußerungen** des AG oder eines seiner Vertreter während des Bewerbungsverfahrens, wie „diese Arbeit ist für Frauen zu schwer", begründen ebenfalls eine Vermutung iSv § 22 AGG. Aus der Frage nach bestimmten Erkrankungen oder Leiden kann je nach den Einzelfallumständen auf eine Erkundigung nach einer Behinderung geschlossen werden. Dies ist etwa anzunehmen, wenn der AG äußert, der steife Gang des Bewerbers lasse auf Morbus Bechterew schließen.[333] Auch Verhaltensweisen des AG während des Auswahlverfahrens – wie zB die grundlose Absage eines zunächst **angekündigten Vorstellungsgesprächs** – kommen als Hilfstatsachen in Betracht.[334] Die Ergebnisse sog. **Testing-Verfahren** können ebenfalls hinreichende Indizien für eine unzulässige Benachteiligung begründen.[335] Hierbei wird zB eine Vergleichsperson eingesetzt, um zu überprüfen, ob ein Verhalten gegenüber einer Person, bei der eines der in § 1 AGG genannten Merkmale vorliegt, gleichermaßen auch gegenüber der Vergleichsperson, bei der dies nicht der Fall ist, erfolgt. Die Vermutungswirkung von Testing-Verfahren steht und fällt mit dem Grad der Vergleichbarkeit der Testpersonen. Dabei darf bei der Anfertigung der vorgelegten Unterlagen für die Testing-Bewerbung (zB Zeugnisse von tatsächlich bestehenden Unternehmen) nicht die Grenze zu einem strafbaren Verhalten (zB Urkundenfälschung) überschritten werden.[336] Die bloße **Anforderung eines Lichtbilds** indiziert noch keine unzulässige Benachteiligung.

86 Besetzt der AG eine **Beförderungsstelle** mit einem männlichen AN und nicht mit einer schwangeren AN, welche eine mit diesem vergleichbare Stellung im Unternehmen innehatte, so stellt dies für sich allein betrachtet keine Tatsache dar, die eine Benachteiligung der AN wegen ihres Geschlechts vermuten lässt.[337] Gleiches gilt für die Versendung eines **standardisierten**

---

325 BAG 23.11.2017 NZA-RR 2018, 287; 23.11.2017 NZA 2018, 584; 15.12.2016 AP Nr. 12 zu § 3 AGG = NZA 2017, 715; 11.8.2016 AP Nr. 21 zu § 15 AGG = NZA 2017, 310; 19.5.2016 NZA 2016, 1394.

326 BAG 5.2.2004 AP Nr. 23 zu § 611a BGB = NZA 2004, 540; BVerfG 21.9.2006 NJW 2007, 137.

327 LAG Bln 16.5.2001 PflR 2001, 439.

328 BAG 19.8.2010 AP Nr. 5 zu § 15 AGG = NZA 2010, 1412.

329 BAG 24.1.2013 AP Nr. 2 zu § 10 AGG = NZA 2013, 498.

330 BAG 19.5.2016 NZA 2016, 1394.

331 BAG 11.8.2016 AP Nr. 21 zu § 15 AGG = NZA 2017, 310; ebenso BAG 15.12.2016 AP Nr. 12 zu § 3 AGG = NZA 2017, 715.

332 BAG 23.7.2015 AP Nr. 7 zu § 7 AGG = NZA 2015, 1380.

333 BAG 17.12.2009 AP Nr. 2 zu § 7 AGG = NZA 2010, 383.

334 Vgl. BVerfG 16.11.1993 AP Nr. 9 zu § 611a BGB = NZA 1994, 745; MüKoBGB/*Müller-Glöge*, 4. Aufl., § 611a Rn. 82; aA MüKoBGB/*Thüsing* AGG § 22 Rn. 13; dazu auch BVerfG 6.10.1999 NZA 2000, 110.

335 Vgl. BT-Drs. 16/1780, 47.

336 LAG SchlH 9.4.2014 – 3 Sa 401/13.

337 BAG 27.1.2011 AP Nr. 6 zu § 3 AGG = NZA 2011, 689; 24.4.2008 AP Nr. 2 zu § 33 AGG = NZA 2008, 1351.

Ablehnungsschreibens. Öffentliche Äußerungen, durch die ein AG kundtut, dass er im Rahmen seiner Einstellungspolitik **keine AN einer bestimmten ethnischen Herkunft beschäftigen** werde, reichen hingegen aus, um eine Vermutung für das Vorliegen einer unmittelbar diskriminierenden Einstellungspolitik zu begründen.[338] Hält ein AG, der eine schwangere AN **in Unkenntnis der Schwangerschaft gekündigt** hat, nach Mitteilung der Schwangerschaft an der Kündigung fest, indiziert dies jedenfalls dann keine Benachteiligung wegen des Geschlechts, wenn die AN ihrerseits nicht zu einer einvernehmlichen Regelung bereit ist, um die Rechtsfolgen der zugegangenen Kündigung im Vertragsweg zu beseitigen.[339]

Indizien für eine Diskriminierung können sich auch aus **Statistiken** ergeben. Dazu ist aber erforderlich, dass sie sich konkret auf den betreffenden AG beziehen und aussagekräftig sind, was sein Verhalten gegenüber der Gruppe der Merkmalsträger anbelangt.[340] Der Umstand, dass ein AG im gesamten Unternehmen AN aus 13 Nationen beschäftigt, in einem Betrieb jedoch zeitweise keine AN nichtdeutscher Herkunft, reicht hierfür nichts aus.[341] Ebenso wenig lassen statistische Daten über den Erfolg oder Misserfolg von Bewerbungen schwerbehinderter Menschen sowie zu den Arbeitslosenzahlen schwerbehinderter im Vergleich zu denen nicht schwerbehinderter Menschen auf einen kausalen Zusammenhang zwischen der konkreten Ablehnung eines Bewerbers und seiner Behinderung schließen.[342] Auch das Verhältnis zwischen dem **Frauenanteil in der Gesamtbelegschaft** und dem in oberen Führungspositionen lässt keinen Rückschluss auf eine geschlechterbedingte Ungleichbehandlung beim beruflichen Aufstieg in bestimmte Hierarchieebenen eines Unternehmens zu. Um beurteilen zu können, ob signifikant weniger Frauen als Männer solche Ebenen erreichen, bedarf es der Feststellung, wie viele Frauen tatsächlich unterhalb dieser angekommen sind. Darüber gibt der Anteil von Frauen an der Gesamtbelegschaft keinen Aufschluss.[343] Hat der AG bei ungefähr gleicher Anzahl von Bewerbungen von Frauen und Männern ausschließlich Frauen ausgewählt, lässt dies ebenfalls ohne weitere Anhaltspunkte keine Benachteiligung wegen des Geschlechts vermuten.[344] Gleiches gilt, wenn er trotz anderslautender Angaben in der Stellenanzeige keinen Bewerber mit sehr gutem Hochschulabschluss auswählt; denn in Anforderungsprofilen werden häufig Qualifikationen verlangt, deren Vorhandensein der AG sich lediglich für den Idealfall wünscht.[345] Dagegen kann es ein Indiz für eine Diskriminierung darstellen, wenn ein AG bei der **Auskunftserteilung** Gründe angibt, die im Widerspruch zu seinem sonstigen Verhalten stehen.[346] Ist das Entgelt einer weiblichen AN geringer als das vom AG nach §§ 10 ff. EntgTranspG mitgeteilte **Median-Entgelt** vergleichbarer männlicher AN, begründet dies nach der Rspr. des BAG ebenfalls eine Vermutung für eine geschlechtsbedingte Benachteiligung[347] (→ § 37 Rn. 26). 87

Die Verletzung von **Verfahrens- und Förderpflichten nach dem SGB IX zugunsten schwerbehinderter Menschen** begründet nach der Rspr. des BAG grundsätzlich die Vermutung einer behinderungsbedingten Benachteiligung.[348] Dabei ist eine umfassende Gesamtwürdigung vorzunehmen und nicht nur auf einzelne Umstände abzustellen.[349] Lädt ein **öffentlicher AG** einen Bewerber, dessen Schwerbehinderung ihm bekannt ist und dem die fachliche Eignung für die ausgeschriebene Stelle nicht offensichtlich fehlt,[350] entgegen § 165 S. 2 SGB IX nicht zu einem Vorstellungsgespräch ein, lässt dies den Schluss darauf zu, dass ihm die Chance auf eine Einstellung oder Beförderung wegen seiner Behinderung nicht gewährt wurde.[351] Dieser Verfah- 88

---

[338] EuGH 10.7.2008 NZA 2008, 929.
[339] BAG 17.10.2013 AP Nr. 15 zu § 15 AGG = NZA 2014, 303.
[340] BAG 18.9.2014 AP Nr. 10 zu § 3 AGG; 27.1.2011 AP Nr. 6 zu § 3 AGG = NZA 2011, 689.
[341] BAG 21.6.2012 AP Nr. 5 zu § 22 AGG = NZA 2012, 1345.
[342] BAG 28.9.2017 NZA 2018, 519.
[343] BAG 27.1.2011 AP Nr. 6 zu § 3 AGG = NZA 2011, 689; 22.7.2010 AP Nr. 2 zu § 22 AGG = NZA 2011, 93.
[344] Vgl. BAG 26.1.2017 EzTöD 100 § 2 TVöD-AT Auswahlverfahren Nr. 71.
[345] BAG 26.1.2017 EzTöD 100 § 2 TVöD-AT Auswahlverfahren Nr. 71.
[346] BAG 21.6.2012 AP Nr. 5 zu § 22 AGG = NZA 2012, 1345 zu einem Widerspruch zwischen der guten Leistungsbeurteilung im Arbeitszeugnis und der angeblich schlechten Leistung als Begründung für die unterbliebene Übernahme in ein unbefristetes Arbeitsverhältnis.
[347] BAG 21.1.2021 – 8 AZR 488/19.
[348] BAG 26.9.2013 AP Nr. 14 zu § 15 AGG = NZA 2014, 258; 21.2.2013 AP Nr. 20 zu § 81 SGB IX = NZA 2013, 840.
[349] BAG 26.6.2014 AP Nr. 10 zu § 22 AGG.
[350] Dazu BAG 11.8.2016 NZA 2017, 43; 7.4.2011 AP Nr. 6 zu § 15 AGG = NZA-RR 2011, 494.
[351] BAG 23.1.2020 AP Nr. 3 zu § 82 SGB IX; 11.8.2016 NZA 2017, 43; 20.1.2016 AP Nr. 12 zu § 22 AGG = NZA 2016, 681.

rensfehler kann nicht durch eine nachträgliche Einladung „ungeschehen" gemacht werden.[352] § 165 S. 2 SGB IX gilt auch für ausschließlich interne Stellenausschreibungen.[353] Entspr. Indizwirkung hat ein Verstoß des AG gegen seine Pflicht nach § 164 I 9 SGB IX, die getroffene Besetzungsentscheidung unverzüglich mit allen Beteiligten zu erörtern. Eine solche Pflicht obliegt dem AG allerdings nur, wenn beide Voraussetzungen des § 164 I 7 SGB IX – Nichterfüllung der Beschäftigungsquote nach § 154 I SGB IX und fehlendes Einverständnis der Schwerbehindertenvertretung oder einer in § 93 SGB IX genannten Vertretung mit der beabsichtigten Entscheidung – erfüllt sind.[354] Unterrichtet der AG entgegen § 164 I 4, § 178 II SGB IX die Schwerbehindertenvertretung nicht über alle Bewerbungen schwerbehinderter Menschen, sondern entspr. der Absprache mit der Schwerbehindertenvertretung nur über die in die nähere Auswahl kommenden, lässt dies ebenfalls eine behinderungsbedingte Benachteiligung eines erfolglosen Bewerbers vermuten.[355] Demgegenüber begründet die Rüge eines Bewerbers, der öffentliche AG habe bei der Auswahl gegen Art. 33 II GG verstoßen, keine überwiegende Wahrscheinlichkeit für eine Benachteiligung wegen einer Behinderung.[356]

89 Soweit die **Schwerbehinderteneigenschaft** dem AG nicht bekannt ist, muss der Bewerber den AG hierüber grundsätzlich im Bewerbungsschreiben unterrichten, wenn die besonderen Verfahrens- und Förderpflichten des SGB IX ausgelöst werden sollen. Dabei reicht es aus, über das Vorliegen einer „Schwerbehinderung" zu **informieren,** die zusätzliche Angabe des GdB ist nicht erforderlich.[357] Wird die Information im Lebenslauf gegeben, hat dies an hervorgehobener Stelle und deutlich – etwa durch eine besondere Überschrift hervorgehoben – zu erfolgen. „Eingestreute" bzw. unauffällige Hinweise in beigefügten Dokumenten oder eine in den weiteren Bewerbungsunterlagen befindliche Kopie des Schwerbehindertenausweises genügen diesen Anforderungen nicht.[358] Auf Erklärungen bei früheren Bewerbungen kommt es nicht an.[359]

90 Verstößt der AG unabhängig davon gegen **bewerbungsunabhängige Förderpflichten** nach dem SGB IX, kommt es auf die Kenntnis des AG von der Schwerbehinderteneigenschaft des konkreten Bewerbers dagegen nicht an. So ist der AG nach § 164 I 2 SGB IX verpflichtet, vor der Besetzung einer freien Stelle frühzeitig mit der **Agentur für Arbeit Verbindung aufzunehmen.** Die Verletzung dieser Pflicht ist als Vermutungstatsache für einen Zusammenhang zwischen Benachteiligung und Behinderung geeignet.[360] Fragt der AG im Vorstellungsgespräch, welche Einschränkungen sich aus einer in den Bewerbungsunterlagen angegebenen Behinderung ergeben, stellt dies hingegen kein Indiz iSv § 22 AGG dar, wenn er damit seiner Verpflichtung zu „angemessenen Vorkehrungen" iSv Art. 5 RL 2000/78/EG nachkommen will. Die Frage muss deshalb einen objektiven Anlass haben.[361] Die in einem Vorstellungsgespräch gestellte Frage, ob der Bewerber **in der Lage sei, Überstunden zu leisten,** bewirkt ebenfalls keine Vermutung für eine behinderungsbedingte Benachteiligung. Sie zielt lediglich darauf ab, dass sich der AG allgemein ein Bild über die Einsatzfähigkeit in Bezug auf die geplante Stellenbesetzung machen kann. Das Ableisten von Überstunden kann nicht nur bei Schwerbehinderten problematisch sein, sondern auch bei Müttern oder Vätern in Bezug auf die Kinderbetreuung oder bei einem Bewerber mit einem von der Arbeitsstelle weit entfernten Wohnsitz.[362] Auch ein Verstoß gegen § 7 II AGG lässt den Schluss auf eine Benachteiligung wegen einer Behinderung nicht zu.[363]

91 Der bloße Ausspruch einer im Kündigungsschutzprozess für unwirksam befundenen **personenbedingten Kündigung,** die der AG mit häufigen und wiederkehrenden Arbeitsunfähigkeiten des AN begründet hat, lässt keinen Rückschluss auf eine Benachteiligung wegen einer Behinderung zu.[364] Die Kündigung erfolgt in diesen Fällen regelmäßig nicht wegen der Behinderung als solcher oder der in diesem Zusammenhang oftmals befristet bewilligten Erwerbsmin-

[352] BAG 22.8.2013 AP Nr. 9 zu § 22 AGG = NZA 2014, 82.
[353] BAG 25.6.2020 AP Nr. 4 zu § 82 SGB IX = NZA 2020, 1626.
[354] BAG 28.9.2017 NZA 2018, 519; 21.2.2013 AP Nr. 20 zu § 81 SGB IX = NZA 2013, 840.
[355] BAG 20.1.2016 AP Nr. 12 zu § 22 AGG = NZA 2016, 681.
[356] BAG 28.9.2017 NZA 2018, 519.
[357] BAG 22.10.2015 AP Nr. 11 zu § 22 AGG = NZA 2016, 625.
[358] BAG 26.9.2013 AP Nr. 14 zu § 15 AGG = NZA 2014, 258.
[359] BAG 18.9.2014 AP Nr. 20 zu § 15 AGG.
[360] BAG 13.10.2011 AP Nr. 9 zu § 15 AGG; 17.8.2010 AP Nr. 4 zu § 15 AGG = NZA 2011, 153.
[361] BAG 26.6.2014 AP Nr. 10 zu § 22 AGG.
[362] BAG 21.2.2013 AP Nr. 20 zu § 81 SGB IX = NZA 2013, 840.
[363] BAG 26.1.2017 AP Nr. 13 zu § 22 AGG = NZA 2017, 854.
[364] BAG 28.4.2011 AP Nr. 7 zu § 15 AGG = NJW 2011, 2458; 22.10.2009 AP Nr. 2 zu § 15 AGG = NZA 2010, 280.

derungsrente, sondern weil der AN nach Auffassung des AG auch künftig nicht in der Lage sein wird, seine vertraglich geschuldete Arbeitsleistung zu erbringen.[365] Kündigt der AG einer schwangeren AN in Kenntnis der Schwangerschaft unter Missachtung der besonderen Schutzvorschriften des MuSchG zu Gunsten der werdenden Mutter, indiziert dies hingegen eine Benachteiligung wegen der Schwangerschaft und damit wegen des Geschlechts.[366]

3. Beweislast des Arbeitgebers. a) Grundsätze. Hat der AN Indiztatsachen dargelegt und ggf. bewiesen, die eine unzulässige Motivation der unterschiedlichen Behandlung vermuten lassen, trägt der **AG die volle Beweislast** dafür, dass es ausschließlich andere als die in § 1 AGG aufgeführten Gründe waren, die für die ungünstige Behandlung ursächlich waren.[367] Der AG muss insoweit den (Voll-)Beweis des Gegenteils führen.[368] Aus seinem Vortrag muss sich ergeben, dass das in § 1 AGG genannte Merkmal weder negativ noch positiv Teil des Motivbündels ist, dass der Maßnahme zugrunde liegt.[369] In der Praxis ist ein solcher Beweis für den AG häufig nur schwer zu erbringen. **92**

b) Bewerbersituation. Bei einer **erfolglosen Bewerbung** kann die Vermutung nach § 22 AGG widerlegt werden, wenn der AG darlegt und im Bestreitensfall beweist, dass die klagende Partei eine **formale Qualifikation** nicht aufweist oder eine formale Anforderung nicht erfüllt, die **unverzichtbare Voraussetzung** für die Ausübung der Tätigkeit oder des Berufs an sich ist. Dann kann idR davon ausgegangen werden, dass die Bewerbung ausschließlich aus diesem Grund ohne Erfolg geblieben ist.[370] Der bloße Hinweis auf die **bessere Eignung** des ausgewählten Bewerbers reicht hingegen ebenso wenig aus wie der Umstand, dass der AG bereits entspr. Merkmalsträger beschäftigt.[371] **93**

Der AG kann die Vermutung nach § 22 AGG auch dadurch widerlegen, dass er substantiiert vorträgt (und im Bestreitensfall beweist), dass er bei der Behandlung aller Bewerbungen nach einem **Verfahren** vorgegangen ist, das eine Benachteiligung der klagenden Partei wegen eines in § 1 AGG genannten Grundes ausschließt. Dies ist zB der Fall, wenn er alle Bewerbungen zunächst daraufhin sichtet, ob die Bewerber die von ihm – zulässigerweise – gestellten **formalen Anforderungen** (etwa eine bestimmte Examensnote) erfüllen, und er diejenigen Bewerbungen von vornherein aus dem weiteren Auswahlverfahren aussondert, bei denen dies nicht zutrifft.[372] Liegen bei der klagenden Partei die formalen Anforderungen nicht vor, kann dann idR davon ausgegangen werden, dass ihre Bewerbung einzig und allein aus diesem Grund ohne Erfolg geblieben ist. Der AG muss hierzu darlegen und ggfs. beweisen, wie viele Bewerbungen eingegangen sind, welche Bewerber aus welchem Grund aus dem Auswahlverfahren ausgenommen wurden, welche Bewerber im weiteren Verfahren verblieben sind und dass der letztlich ausgewählte Bewerber die Anforderung, wegen deren Fehlens die klagende Partei vorab aus der weiteren Auswahl ausgenommen wurde, erfüllt. Die vom AG verlangte formale Anforderung, muss sich nicht ausdrücklich aus der Stellenausschreibung selbst ergeben; ausreichend ist es, wenn sie dort nur „Anklang" gefunden hat und sich etwa aus dem angegebenen Anforderungsprofil ableiten lässt (zB „herausragende", „hervorragende" oder „erstklassige" juristische Qualifikation für eine bestimmte Examensnote). Fehlt es hieran, muss der AG dartun und ggf. beweisen, dass die bislang nicht erwähnte Anforderung nicht nur vorgeschoben ist.[373] **94**

Eine Widerlegung der Kausalitätsvermutung ist auch möglich, wenn der AG substantiiert vorträgt und ggf. beweist, dass das **Auswahlverfahren bereits abgeschlossen** war, bevor die Bewerbung bei ihm eingegangen ist. Dabei kommt es auf die Umstände des Einzelfalls an. Hat der AG die ausgeschriebene Stelle bereits vor Eingang der Bewerbung besetzt, schließt dies eine Benachteiligung nicht aus, wenn die angegebene Bewerbungsfrist nicht eingehalten wurde oder sonstige Anhaltspunkte dafür vorliegen, dass der nicht berücksichtigte Bewerber benachteiligt **95**

---

365 BAG 20.11.2014 AP Nr. 53 zu § 1 KSchG 1969 Krankheit = NZA 2015, 931.

366 BAG 12.12.2013 AP Nr. 17 zu § 15 AGG = NZA 2014, 722.

367 BAG 15.12.2016 AP Nr. 12 zu § 3 AGG = NZA 2017, 715; 19.8.2010 AP Nr. 5 zu § 15 AGG = NZA 2010, 1412; 21.6.2012 AP Nr. 5 zu § 22 AGG = NZA 2012, 1345; BT-Drs. 16/1780, 47.

368 BAG 20.1.2016 AP Nr. 12 zu § 22 AGG = NZA 2016, 681; 17.12.2015 NZA 2016, 888; HK-AGG/*Bertzbach* § 22 Rn. 58; *Windel* RdA 2007, 1 (6).

369 BAG 5.2.2004 AP Nr. 23 zu § 611a BGB = NZA 2004, 540; krit. zu Recht *Windel* RdA 2007, 1 (6 f.).

370 BAG 15.12.2016 AP Nr. 12 zu § 3 AGG = NZA 2017, 715; 11.8.2016 AP Nr. 21 zu § 15 AGG = NZA 2017, 310; 19.5.2016 AP Nr. 11 zu § 3 AGG = NZA 2016, 1394.

371 Vgl. etwa BAG 29.6.2017 AP Nr. 24 zu § 15 AGG = NZA 2018, 33.

372 Hierzu und zum Folgenden BAG 15.12.2016 AP Nr. 12 zu § 3 AGG = NZA 2017, 715; 11.8.2016 AP Nr. 21 zu § 15 AGG = NZA 2017, 310; 19.5.2016 AP Nr. 11 zu § 3 AGG = NZA 2016, 1394.

373 BAG 11.8.2016 AP Nr. 21 zu § 15 AGG = NZA 2017, 310; 19.5.2016 AP Nr. 11 zu § 3 AGG = NZA 2016, 1394.

wurde.[374] Der AG kann die Vermutung zudem dadurch widerlegen, dass er substantiiert vorträgt und ggf. beweist, dass die über die Einstellung entscheidende Person aufgrund besonderer ihm nicht zurechenbarer Umstände nicht die Möglichkeit hatte, die Bewerbung **tatsächlich zur Kenntnis zu nehmen.**[375]

96 Hat der **öffentliche AG** gegen seine Pflicht aus § 165 S. 3 SGB IX verstoßen, setzt die Widerlegung der dadurch begründeten Vermutung den Nachweis voraus, dass die Einladung des Schwerbehinderten zu einem Vorstellungsgespräch aufgrund von Umständen unterblieben ist, die weder einen Bezug zur Behinderung aufweisen noch dessen **fachliche Eignung** berühren.[376] Dies folgt aus § 165 S. 4 SGB IX: Ist der Bewerber fachlich nicht offensichtlich ungeeignet, soll er die Möglichkeit haben, den AG im persönlichen Gespräch von seinen Fähigkeiten zu überzeugen; dieser Schutzzweck steht einer Berufung auf fachliche Mängel des Schwerbehinderten entgegen.[377] Auch der Umstand, dass der AG sich im Übrigen hinsichtlich der Vorgaben des SGB IX gesetzeskonform verhält, reicht nicht aus, um ausschließen zu können, dass die Behinderung Teil des Motivbündels war.[378] Ebenso wenig entfällt die Vermutungswirkung dadurch, dass der öffentliche AG nach Hinweis durch den schwerbehinderten Bewerber die zunächst unterbliebene Einladung zum Vorstellungsgespräch nachholt.[379] Kann der AG darlegen, dass bei ihm die Praxis besteht, überqualifizierte Bewerber von vornherein von der Auswahl auszuschließen, um einer Frustration von AN wegen mangelnder Auslastung sowie der Gefahr von „Rangordnungskämpfen" unter den Beschäftigten vorzubeugen, kann dies eine Widerlegung begründen. Hierbei handelt es sich um personalpolitische Gründe, die nicht die fachliche Eignung des Bewerbers, sondern die Mitarbeiterzufriedenheit und die Personalplanung betreffen.[380]

VII. Benachteiligungsverbot

97 **1. Allgemeines.** § 7 I AGG normiert – als eine der zentralen Vorschriften des AGG – ein **generelles Verbot** der Benachteiligung von Beschäftigten aufgrund eines in § 1 genannten Grundes (→ Rn. 3 ff.). Untersagt sind alle benachteiligenden Behandlungen, die durch eins der in § 1 AGG aufgeführten Merkmale mitmotiviert und nicht nach den §§ 5, 8–10 AGG gerechtfertigt sind (→ Rn. 50 ff.).[381] Als Benachteiligung kommen die in § 3 I–V AGG genannten Handlungsformen in Betracht (dazu → Rn. 30 ff.). § 7 I AGG ist nach zutreffender Ansicht **kein Schutzgesetz** iSd § 823 II BGB.[382] Die Regelung in § 7 III AGG zeigt, dass sich ein Verstoß gegen dieses Verbot nur innerhalb der jeweiligen vertraglichen Beziehung auswirken soll.

98 Das Benachteiligungsverbot richtet sich nicht nur an den **AG,** sondern auch an **Arbeitskollegen** und **Dritte** (zB Kunden des AG).[383] Nach § 7 III AGG stellt eine Benachteiligung eine Vertragsverletzung dar. Damit fingiert die Norm – unabhängig vom tatsächlichen Vertragsinhalt – eine Verletzung vertraglicher Pflichten, wenn die Benachteiligung eines AN durch einen Beschäftigten erfolgt; letzterer verstößt dann gegen seine ihm aus dem Arbeitsverhältnis mit dem AG obliegenden Nebenpflichten.[384] Ein solcher Verstoß kann auch kündigungsrechtliche Folgen haben.[385] Nicht fingiert wird durch § 7 III AGG das Bestehen eines Vertrags. Ansprüche des Benachteiligten aus dem AGG bestehen deshalb regelmäßig nur gegen den AG. Soweit der AG für ein benachteiligendes Verhalten seiner AN einzustehen hat (→ Rn. 100), besteht die

[374] Vgl. BAG 17.8.2010 AP Nr. 4 zu § 15 AGG = NZA 2011, 153; 19.8.2010 AP Nr. 19 zu § 81 SGB IX = NZA 2011, 200.
[375] BAG 23.1.2020 AP Nr. 3 zu § 82 SGB IX = NZA 2020, 851.
[376] BAG 20.1.2016 AP Nr. 12 zu § 22 AGG = NZA 2016, 681; 16.2.2012 AP Nr. 4 zu § 22 AGG = NZA 2012, 667; 21.7.2009 AP Nr. 1 zu § 82 SGB IX = NZA 2009, 1087; abl. *Wank* Anm. AP Nr. 1 zu § 82 SGB IX.
[377] BAG 24.1.2013 AP Nr. 7 zu § 22 AGG = NZA 2013, 896.
[378] BAG 24.1.2013 AP Nr. 7 zu § 22 AGG = NZA 2013, 896.
[379] BAG 22.8.2013 AP Nr. 9 zu § 22 AGG = NZA 2014, 82.
[380] BAG 20.1.2016 AP Nr. 12 zu § 22 AGG = NZA 2016, 681.
[381] StRspr, vgl. BAG 22.8.2013 AP Nr. 21 zu § 81 SGB IX; 17.8.2010 AP Nr. 4 zu § 15 AGG = NZA 2011, 153; 22.7.2010 NZA 2011, 93.
[382] HWK/*Rupp* AGG § 7 Rn. 1; *Adomeit/Mohr* AGG § 15 Rn. 146; *Stoffels* RdA 2009, 204 (215); aA HK-AGG/*Deinert* § 15 Rn. 124 mwN.
[383] BT-Drs. 16/1780, 34.
[384] ErfK/*Schlachter* AGG § 7 Rn. 9.
[385] Vgl. BAG 29.6.2017 AP Nr. 261 zu § 626 BGB = NZA 2017, 1121; 20.11.2014 AP Nr. 249 zu § 626 BGB = NZA 2015, 294.

Möglichkeit, bei diesen Regress zu nehmen. Dabei können – je nach Art der Benachteiligung – dem schädigenden AN die Grundsätze des innerbetrieblichen Schadensausgleichs (Arbeitnehmerhaftung → § 59 Rn. 1) zugutekommen, wenn die Verletzungshandlung in einem hinreichenden Zusammenhang zur geschuldeten Tätigkeit steht.[386] Gegenüber **außenstehenden Dritten** können dem AN Schadensersatzansprüche nur nach § 823 I BGB bei einer Verletzung des Persönlichkeitsrechts, der körperlichen Unversehrtheit oder des Rechts auf sexuelle Selbstbestimmung zustehen. Im Einzelfall kann das Verhalten Dritter dem AG zugerechnet werden (→ Rn. 101). Zudem können sich gegenüber dem AG auch Ansprüche aus § 12 AGG ergeben (dazu → Rn. 148 ff.).

2. Irrige Vorstellung. Nach § 7 I Hs. 2 AGG gilt das Benachteiligungsverbot auch bei bloßen **Fehlvorstellungen** der handelnden Person, also wenn diese das Vorliegen eines in § 1 AGG genannten Grundes lediglich annimmt.[387] Damit berücksichtigt das Gesetz, dass Menschen oft bestimmte Eigenschaften oder Verhaltensweisen zugeschrieben werden, zB allein aufgrund ihres äußeren Erscheinungsbildes.[388] Macht sich der Benachteiligende Vorstellungen über das Vorliegen eines Benachteiligungsgrundes, kann dies daher für einen Verstoß gegen § 7 I AGG ausreichen.[389] Ein Verschulden dieser Fehlvorstellung ist nicht erforderlich.[390] Macht ein Bewerber geltend, er sei wegen seiner Transsexualität benachteiligt worden, genügt er seiner Darlegungslast gem. § 22 AGG bereits dann, wenn er Indizien vorträgt, die mit überwiegender Wahrscheinlichkeit darauf schließen lassen, dass er als eine solche Person wahrgenommen und deshalb benachteiligt wurde. In einem solchen Fall ist die Vermutung begründet, dass der AG die Transsexualität iSv § 7 I Hs. 2 AGG angenommen hat und diese Annahme mitursächlich für seine Entscheidung war.[391] 99

3. Zurechnung. Ist der AG eine juristische Person (zB GmbH, AG) oder eine OHG, KG bzw. GbR, kommt es nach bzw. entspr. § 31 BGB für einen Verstoß gegen das Benachteiligungsverbot auf das Verhalten seiner verfassungsmäßigen Vertreter an.[392] Auch ein Verschulden von **Erfüllungsgehilfen** ist dem AG nach § 278 BGB zurechenbar. Hierzu gehören zB Vorgesetzte, die gegenüber dem AN Rechte und Pflichten des AG wahrnehmen,[393] insbesondere Abteilungsleiter und Personalleiter. Für von ihnen ausgehende Benachteiligungen hat der AG einzustehen.[394] Die Zurechnung nach § 278 BGB setzt voraus, dass die jeweiligen Vorgesetzten die ungünstigere Behandlung in Ausübung ihrer Tätigkeit vorgenommen haben.[395] Dies ist zu verneinen, wenn ein Vorgesetzter eine Mitarbeiterin bei einem zufälligen privaten Zusammentreffen sexuell belästigt. Da nach § 278 BGB keine Exkulpationsmöglichkeit besteht, kann der AG bei einem Verstoß eines Erfüllungsgehilfen gegen die Benachteiligungsverbote des AGG nicht einwenden, die betreffende Person sei ordnungsgemäß geschult worden (§ 12 II AGG).[396] Möglich ist aber ein Regressanspruch des AG gegenüber dem Erfüllungsgehilfen (→ Rn. 98). 100

Bedient sich der AG zur Personalgewinnung eines Dritten – etwa einer Personal- oder Unternehmensberatung, eines **„Headhunters“** oder der Bundesagentur für Arbeit – hat er ebenfalls für deren benachteiligendes Verhalten im Rahmen des Auswahlverfahrens einzustehen.[397] Nach § 311 II BGB besteht zwischen dem AG und dem Stellenbewerber ein vorvertragliches Schuldverhältnis, in dessen Rahmen der Dritte auf Wunsch und mit Willen des AG tätig wird. Nach Ansicht des BAG geht es in diesem Fall allerdings nicht um die Zurechnung fremden Verschuldens, sondern nur um die Zurechnung eines diskriminierenden Verhaltens des Dritten im vor- 101

[386] Str., vgl. auch *Wendeling-Schröder*/Stein AGG § 7 Rn. 44; MüKoBGB/*Thüsing* AGG § 7 Rn. 27.
[387] BAG 17.12.2015 NZA 2016, 888; 21.2.2013 AP Nr. 20 zu § 81 SGB IX = NZA 2013, 840; 17.12.2009 AP Nr. 2 zu § 7 AGG = NZA 2010, 383.
[388] BT-Drs. 16/1780, 34.
[389] BAG 17.12.2015 NZA 2016, 888.
[390] MüKoBGB/*Thüsing* AGG § 7 Rn. 10.
[391] BAG 17.12.2015 NZA 2016, 888.
[392] Dazu *Adomeit/Mohr* AGG § 3 Rn. 270 ff.; *Herresthal* Anm. zu BAG EzA Nr. 3 zu § 611a BGB 2002; *Wagner/Potsch* JZ 2006, 1085 (1090).
[393] Vgl. *Annuß* BB 2006, 1629 (1634); *Willemsen/Schweibert* NJW 2006, 2583 (2590).
[394] Vgl. BAG 18.3.2010 AP Nr. 3 zu § 15 AGG = NZA 2010, 1129; 17.12.2009 AP Nr. 2 zu § 7 AGG = NZA 2010, 383.
[395] *Hanau* ZIP 2006, 2189 (2201); *Willemsen/Schweibert* NJW 2006, 2583 (2590).
[396] Vgl. BAG 22.8.2013 AP Nr. 9 zu § 22 AGG = NZA 2014, 82; *Bauer/Evers* NZA 2006, 893 (894); *Gaul/Neumann* ArbRB 2007, 47 (49); *Willemsen/Schweibert* NJW 2006, 2583 (2590).
[397] Vgl. BAG 22.8.2013 AP Nr. 9 zu § 22 AGG = NZA 2014, 82; 17.12.2009 AP Nr. 2 zu § 7 AGG = NZA 2010, 383; 5.2.2004 AP Nr. 23 zu § 611a BGB = NZA 2004, 540; BVerfG 21.9.2006 AP Nr. 24 zu § 611a BGB = NZA 2007, 195.

vertraglichen Vertrauensverhältnis.[398] Der in Anspruch genommene AG kann sich daher nicht mit dem Argument entlasten, der Dritte habe die Benachteiligung **aus eigenem Antrieb** und ohne seine Veranlassung eigenständig vorgenommen.[399] Andernfalls besteht die Gefahr, dass der AG die Verantwortung für ein diskriminierungsfreies Verhalten bei Ausschreibungen (§ 11 AGG) durch die Behauptung, andere Personen seien für deren Inhalt verantwortlich, auf diese abwälzt. Eine Zurechnung erfolgt selbst dann, wenn die Handlung auf einem bloßen „Büroversehen" beruht. Unerheblich ist auch, wenn ein Auszubildender ohne entspr. Weisung gehandelt und damit seine Befugnisse im Innenverhältnis überschritten hat.[400] Eigene Ansprüche des Bewerbers gegen den Dritten bestehen grundsätzlich nicht;[401] **Schadensersatz- und Entschädigungsansprüche** (→ Rn. 108 ff.) sind gegen den AG und nicht gegen den Dritten zu richten.[402] Der AN kann den Personalberater auf **Auskunft** über die Person des AG (Auftraggebers) verklagen, wenn er Schadensersatz- oder Entschädigungsansprüche geltend machen will und den AG nicht kennt.[403] Hierfür sind nicht die Arbeitsgerichte, sondern die ordentlichen Gerichte zuständig.[404] Verletzt ein Personalberater seine Verschwiegenheitspflicht, indem er gegen das AGG verstoßende Ablehnungsgründe an einen erfolglosen Bewerber weitergibt, kann er sich nach Auffassung des OLG Frankfurt gegenüber dem AG schadensersatzpflichtig machen.[405]

102 **4. Rechtsfolgen eines Verstoßes. a) Unwirksamkeit von Rechtsgeschäften. aa) Vereinbarungen.** Nach § 7 II AGG sind Bestimmungen in Vereinbarungen, die gegen das Benachteiligungsverbot des § 7 I AGG verstoßen, unwirksam. Hierunter fallen neben **arbeitsvertraglichen Regelungen** auch **Betriebs- und Dienstvereinbarungen**[406] sowie **Tarifverträge.**[407] Auch diese müssen dem Unionsrecht und insbesondere der RL 2000/78/EG entsprechen. Aus Art. 28 GRCh folgt nichts Anderes. Das dort normierte Recht auf Kollektivverhandlungen kann im Geltungsbereich des Unionsrechts nur im Einklang mit diesem ausgeübt werden.[408] Die Unwirksamkeit bezieht sich nur auf die verbotswidrige Bestimmung selbst, erfasst jedoch nicht die gesamte Vereinbarung. § 139 BGB findet in diesem Fall keine Anwendung.[409] Dies gilt aufgrund des Schutzzwecks von § 7 I AGG auch für Arbeitsverträge. Ist zB ein Arbeitsvertrag wegen einer Benachteiligung nach § 1 AGG befristet worden, erstreckt sich die Nichtigkeitsfolge nur auf die Befristung, nicht jedoch auf den gesamten Vertrag.[410] Verstößt eine Regelung gegen § 7 I AGG, weil sie AN wegen eines in § 1 AGG genannten Grundes von einer Leistung ausnimmt, ohne dass dies gerechtfertigt ist, hat dies daher zur Folge, dass nur der **unwirksame Ausschlusstatbestand** entfällt.[411] Die bislang ausgeschlossenen – benachteiligten – AN haben (bei Vorliegen der sonstigen Voraussetzungen) dann ebenfalls einen Anspruch auf die Leistung. Entspr. gilt, wenn die unwirksame Regelung die Leistungen nur in der Höhe begrenzt.[412] Den Parteien der Betriebs- oder Dienstvereinbarung bzw. des Tarifvertrags steht es allerdings frei, für die Zukunft für alle Begünstigten eine neue – diskriminierungsfreie – Regelung zu treffen.

103 Auch in den sonstigen Fällen, in denen eine **Entgeltvereinbarung** wegen eines Verstoßes gegen § 7 I AGG nichtig ist, kann der Benachteiligte grundsätzlich eine **„Anpassung nach oben"**, dh die Gleichstellung mit den nicht benachteiligten Beschäftigten verlangen.[413] Nach

---

[398] BAG 5.2.2004 AP Nr. 23 zu § 611a BGB = NZA 2004, 540; BVerfG 21.9.2006 AP Nr. 24 zu § 611a BGB = NJW 2007, 137.
[399] Vgl. BVerfG 21.9.2006 AP Nr. 24 zu § 611a BGB = NJW 2007, 137.
[400] BAG 22.8.2013 AP Nr. 9 zu § 22 AGG = NZA 2014, 82.
[401] Vgl. BAG 23.1.2014 AP Nr. 18 zu § 15 AGG; *Diller* NZA 2007, 649 (651).
[402] BAG 23.1.2014 AP Nr. 18 zu § 15 AGG.
[403] *Diller* NZA 2007, 649 (652).
[404] BAG 27.8.2008 AP Nr. 91 zu § 2 ArbGG 1979 = NZA 2008, 1259.
[405] OLG Frankfurt a.M. 8.5.2014 NZA-RR 2014, 437.
[406] BAG 13.10.2009 AP Nr. 1 zu § 7 AGG = NZA 2010, 327.
[407] BAG 18.2.2016 AP Nr. 9 zu § 6 TVUmBw = NZA 2016, 709; 12.5.2016 NZA 2016, 1345; 14.1.2015 EzTöD 100 § 33 TVöD-AT Erwerbsminderungsrente Nr. 12.
[408] BAG 18.1.2012 AP Nr. 91 zu § 14 TzBfG = NZA 2012, 575; EuGH 13.9.2011 AP Nr. 23 zu Richtlinie 2000/78/EG = NZA 2011, 1039 – Prigge; 8.9.2011 AP Nr. 22 zu Richtlinie 2000/78/EG = NZA 2011, 1100 – Hennigs.
[409] Vgl. etwa BAG 18.2.2016 AP Nr. 9 zu § 6 TVUmBw = NZA 2016, 709; 16.11.2011 AP Nr. 60 zu § 1 TVG.
[410] BAG 6.4.2011 AP Nr. 1 zu § 10 AGG = NZA 2011, 970.
[411] Vgl. etwa BAG 18.3.2014 AP Nr. 6 zu § 10 AGG = NZA 2014, 606.
[412] Vgl. etwa BAG 17.10.2017 ZTR 2018, 334; 18.2.2016 AP Nr. 9 zu § 6 TVUmBw = NZA 2016, 709.
[413] BAG 18.2.2016 NZA 2016, 709; 9.12.2015 NZA 2016, 897; 10.11.2011 AP Nr. 12 zu § 27 BAT = NZA 2012, 161; 27.1.2011 AP Nr. 1 zu § 17 TVöD = NZA 2011, 1361; *Willemsen/Schweibert* NJW 2006, 2583 (2588); diff. *Wendeling-Schröder*/Stein AGG § 7 Rn. 20 ff.; ausf. *Henssler/Tillmanns* FS Birk, 2008, 179 (188 ff.).

der Rspr. des EuGH erstreckt sich bei einer Diskriminierung die Unwirksamkeit nur auf die benachteiligenden Regelungen. Dies hat zur Folge, dass die für die nicht benachteiligten Beschäftigten geltenden Entgeltbestimmungen als einzig gültige auch für die benachteiligten AN anzuwenden sind, solange das Unionsrecht nicht richtig durchgeführt ist.[414] Diese Lösung setzt allerdings voraus, dass ein gültiges Bezugssystem verbleibt.[415] Dementsprechend hat das BAG eine „Anpassung nach oben" bei der Bemessung der Grundvergütungen in den Vergütungsgruppen des BAT nach Lebensaltersstufen vorgenommen.[416] Gleiches gilt auch für sonstige **Leistungen,** deren Rückabwicklung – wie etwa im Fall von Urlaubsgewährung – für die Vergangenheit nicht möglich ist.[417]

Besteht keine Notwendigkeit zur Beseitigung vergangenheitsbezogener Benachteiligungen, **104** reicht es aus, wenn die benachteiligende Regelung für die **Zukunft nicht mehr angewendet** wird. Dies hat das BAG in einem Fall bejaht, in dem eine Betriebsvereinbarung über die Grundsätze der Dienstplangestaltung gegen das Verbot der Altersdiskriminierung verstieß. Eine „Anpassung nach oben" zugunsten der benachteiligten (jüngeren) AN hätte zur Folge gehabt, dass hierdurch der Betrieb zum Erliegen gekommen wäre und die Arbeitsleistung der klagenden Partei nicht mehr hätte in Anspruch genommen werden können.[418] Der Wegfall einer begünstigenden Regelung kann daher für die Zukunft auch eine „Anpassung nach unten" zu Lasten der bislang Begünstigten bewirken.[419]

bb) Einseitige Rechtsgeschäfte. § 7 I AGG stellt ein Verbotsgesetz iSd § 134 BGB dar.[420] **105** Daher ist die ordentliche Kündigung eines AN, auf den das Kündigungsschutzgesetz (noch) keine Anwendung findet, und die gegen § 7 Abs. 1 AGG verstößt, unwirksam.[421] Entspr. gilt für eine diskriminierende Nichtverlängerungsmitteilung, auch wenn es sich hierbei ggf. nur um eine rechtsgeschäftsähnliche Erklärung handelt.[422] § 15 VI AGG steht dieser Rechtsfolge nicht entgegen.

b) Schadensersatz- und Entschädigungsansprüche. § 15 I und II AGG sehen bei einem **106** Verstoß gegen das Benachteiligungsverbot für den Benachteiligten Ansprüche auf Ersatz des materiellen und immateriellen Schadens vor (dazu → Rn. 108 ff.). Nach der Rspr. des BAG kommen daneben Ansprüche gegen den AG auf Schadensersatz auf der Grundlage von §§ 280 I, 241 II, 311 II BGB iVm § 7 III AGG wegen Verstoßes gegen das Benachteiligungsverbot in § 7 I AGG nicht in Betracht, da § 15 I AGG als speziellere Regelung insoweit die allgemeinen vertraglichen Ansprüche verdrängt.[423] Die Vorschrift normiert einen besonderen vertraglichen Schadensersatzanspruch, der sich allein gegen den AG richtet und hinsichtlich seiner Voraussetzungen und Rechtsfolgen besonderen Vorgaben unterliegt. Hingegen können zu den Ansprüchen aus § 15 I und II nach § 15 V AGG auch **deliktische Ansprüche** nach § 823 ff. BGB auf Schadensersatz und ggf. Schmerzensgeld treten, wenn die Benachteiligung zugleich die Tatbestandsvoraussetzungen dieser Normen erfüllt (dazu auch → § 106 Rn. 22). Die deliktischen Ansprüche werden nicht durch § 15 I AGG verdrängt, da dieser nur einen (vor-)vertraglichen Schadensersatzanspruch regelt.[424]

5. Leistungsverweigerungsrecht. Nach § 14 I AGG kann dem AN bei einem Verstoß **107** gegen § 7 I AGG ein Leistungsverweigerungsrecht zustehen (dazu → Rn. 144 f.). Dieses greift aber nur, wenn die Benachteiligung in einer **Belästigung** (→ Rn. 44 f.) oder einer **sexuellen Belästigung** (→ Rn. 46 f.) besteht. Auf die anderen Benachteiligungsformen findet die Norm keine Anwendung.

---

414 EuGH 7.2.1991 AP Nr. 25 zu § 23a BAT = NJW 1991, 2207 – Nimz; zuletzt EuGH 22.6.2011 EuGRZ 2012, 643 – Landtová.
415 EuGH 19.6.2014 NZA 2014, 831 – Specht; 9.9.2015 – C-20/13 – Unland; dazu *Löwisch/Becker* EuZA 2015, 83; *Lingemann* NZA 2014, 827.
416 BAG 10.11.2011 AP Nr. 12 zu § 27 BAT = NZA 2012, 161.
417 Vgl. etwa BAG 20.3.2012 AP Nr. 2 zu § 26 TVöD = NZA 2012, 803.
418 BAG 14.5.2013 AP Nr. 59 zu § 75 BetrVG 1972 mAnm *Krebber* = NZA 2013, 1160.
419 BAG 18.2.2016 AP Nr. 9 zu § 6 TVUmBw = NZA 2016, 709; dazu auch *Krebber* JZ 2012, 1078 (1079).
420 *Bauer* NZA 2005, 32 (33); *Kamanabrou* RdA 2006, 321.
421 BAG 19.12.2013 AP Nr. 3 zu § 2 AGG = NZA 2014, 372.
422 BAG 20.3.2019 AP Nr. 69 zu § 611 BGB Bühnenengagementsvertrag = NZA 2019, 1492.
423 BAG 21.6.2012 AP Nr. 12 zu § 15 AGG = NZA 2012, 1211; ebenso *Meinel/Heyn/Herms* AGG § 15 Rn. 96; Wendeling-Schröder/*Stein* AGG § 15 Rn. 88; *Adomeit/Mohr* AGG § 15 Rn. 137; *Richardi* NZA 2006, 881 (886); *Stoffels* RdA 2009, 204 (214).
424 BAG 21.6.2012 AP Nr. 12 zu § 15 AGG = NZA 2012, 1211.

VIII. Schadensersatz- und Entschädigungsansprüche nach dem AGG

108 **1. Überblick.** Verstößt der AG gegen das Benachteiligungsverbot des § 7 I AGG (dazu → Rn. 97 f.), ist er gem. § 15 I AGG verpflichtet, den hierdurch entstandenen materiellen Schaden zu ersetzen. Andere Personen als der AG, insbesondere Beschäftigte oder Geschäftspartner, haften nicht nach dieser Bestimmung, sondern nur nach allgemeinen zivilrechtlichen Grundsätzen gem. § 823 I BGB. Das Verhalten von Beschäftigten und Dritten, wie etwa Personalberatern, kann dem AG jedoch zuzurechnen sein (dazu → Rn. 100 f.). Für immaterielle Schäden, die auf Verstößen gegen das Benachteiligungsverbot des § 7 AGG beruhen, haftet der AG gem. § 15 II AGG. Sowohl für den Schadensersatz- als auch für den Entschädigungsanspruch nach dem AGG gilt die Ausschlussfrist des § 15 IV AGG (dazu → Rn. 120 ff.). Die Schadensersatzpflicht führt nicht zu einer **Naturalrestitution,** dh weder zur Begründung eines Arbeitsverhältnisses noch zu einer Beförderung. Dies ist nach § 15 VI AGG ausgeschlossen. Die Regelungen in § 15 I und II AGG lassen sonstige Ansprüche gegen den AG unberührt (§ 15 V AGG). In Betracht kommen insbesondere Ansprüche auf Unterlassung nach § 1004 BGB oder auf Ersatz des materiellen Schadens nach §§ 823, 831 BGB (zum Mobbing → Rn. 156 ff.; zu Schadensersatzansprüchen aus §§ 280 I, 241 II, 311 II BGB → Rn. 106).

109 **2. Schadensersatzanspruch. a) Haftungsausfüllende Kausalität.** Ein Schadensersatzanspruch nach § 15 I AGG kommt nur in Betracht, wenn dem Beschäftigten *durch* den Verstoß gegen das Benachteiligungsgebot in § 7 I AGG (→ Rn. 97 f.) ein materieller Schaden entstanden ist. Dies betrifft zB die Fälle, in denen ein Bewerber geltend macht, bei benachteiligungsfreier Auswahl hätte er eingestellt oder befördert werden müssen. Ein Anspruch auf entgangene Vergütung kann in diesem Fall nur dann bestehen, wenn er bei diskriminierungsfreier Auswahl die Stelle erhalten hätte. Die **Darlegung- und Beweislast** hierfür obliegt dem Beschäftigten, wobei von einer abgestuften Darlegungslast auszugehen ist. Wendet der AG ein, der Bewerber wäre auch bei benachteiligungsfreier Auswahl nicht eingestellt worden, der tatsächlich Eingestellte oder Beförderte sei besser geeignet, hat der AN schlüssig darzulegen und im Bestreitensfall zu beweisen, dass dies nicht zutrifft. Die Beweiserleichterung nach § 22 AGG kommt ihm dabei nicht zugute; diese findet bei der haftungsausfüllenden Kausalität keine Anwendung.[425] Bei der Beurteilung der Eignung sind nicht nur „harte" Kriterien, wie das Vorliegen bestimmter Qualifikationen und Examensnoten von Bedeutung. Zu berücksichtigen sind vielmehr auch „weiche" Kriterien, wie Selbstbewusstsein, Teamfähigkeit, Führungsstärke und soziale Kompetenz. Gelingt dem unzulässig benachteiligten AN die Beweisführung nicht, bleibt ihm immer noch der Entschädigungsanspruch nach § 15 II AGG (dazu → Rn. 107 ff.).

110 **b) Schaden.** Bei dem nach § 15 I AGG zu ersetzenden Schaden handelt es sich um den positiven Schaden; eine Beschränkung der Ersatzpflicht auf das bloße Vertrauensinteresse scheidet aus.[426] Auch ein im Wege des Schadensersatzes geltend gemachter Anspruch auf Abschluss eines Arbeitsvertrags besteht nach § 15 VI AGG nicht. Der materielle Schaden bemisst sich gem. §§ 249 ff. BGB nach der sog. **Differenzhypothese.** Der Benachteiligte ist finanziell so zu stellen, wie er stünde, wenn er eingestellt oder befördert worden wäre. Nach § 252 BGB umfasst der zu ersetzende Schaden auch das entgangene Arbeitsentgelt.[427] Anzurechnen sind ggf. bezogenes Arbeitslosengeld und anderweitiger Verdienst, weil der AN diese Leistungen im Falle einer Einstellung nicht bezogen hätte.[428] Ein Anspruch auf Ersatz von Rechtsanwaltskosten zur Durchsetzung der Rechte nach dem AGG kommt nach § 12a ArbGG nicht in Betracht.[429]

111 Eine **Höchstgrenze** für den ersatzfähigen Schaden enthält das Gesetz nicht. Im Schrifttum wird die Ansicht vertreten, der ersatzfähige Schaden sei der Verdienst, den der AN bis zum ersten **fiktiven Kündigungstermin** nach § 622 I BGB bzw. bis zum Ablauf einer fiktiven ordentlichen Kündigungsfrist erhalten hätte;[430] teilweise wird unter Rückgriff auf die zu § 628 II BGB entwickelten Grundsätze in analoger Anwendung von §§ 9, 10 KSchG noch ein Anspruch auf Abfindung hinzu-

[425] BAG 26.1.2017 EzTöD 100 § 2 TVöD-AT Auswahlverfahren Nr. 71; 20.6.2013 AP Nr. 8 zu § 22 AGG = NZA 2014, 21; 19.8.2010 AP Nr. 5 zu § 15 AGG = NZA 2010, 1412.
[426] AA *Bauer/Evers* NZA 2006, 893 (894).
[427] BAG 19.8.2010 AP Nr. 5 zu § 15 AGG = NZA 2010, 1412; *Bauer/Evers* NZA 2006, 893 (894).
[428] *Willemsen/Schweibert* NJW 2006, 2583 (2589); *Wisskirchen* DB 2006, 1491 (1499).
[429] *Bauer/Evers* NZA 2006, 895.
[430] *Stoffels* RdA 2009, 204 (213); *Kania/Merten* ZIP 2007, 14; *Annuß* BB 2006, 1629 (1634); *Oetker* ZIP 1997, 802 (803); *Ehmann/Emmert* SAE 1997, 254 (260); *Hergenröder* JZ 1997, 1174 (1175); *Wisskirchen* DB 2006, 1491 (1499); mit Bedenken auch *Willemsen/Schweibert* NJW 2006, 2583 (2589).

gerechnet,[431] wobei zum Teil bei der Berechnung der Höhe der Abfindung auf eine generell übliche durchschnittliche Beschäftigungsdauer abgestellt wird.[432] Das BAG hat diese Rechtsfrage bislang noch nicht entschieden. Jedenfalls bei einer geschlechtsbezogenen Diskriminierung dürfte das Unionsrecht einer solchen generellen Obergrenze entgegenstehen.[433] Zudem greift dieser Ansatz nicht in den Fällen einer unterbliebenen Beförderung, in denen das Arbeitsverhältnis bereits unter den Geltungsbereich des KSchG fällt. Umgekehrt kann allerdings auch nicht angenommen werden, dass damit ein Anspruch auf Entgeltersatz bis zum Erreichen der Regelaltersgrenze gegeben ist. Dies übersieht, dass dem Benachteiligten im Rahmen seiner Schadensminderungspflicht nach § 254 II 1 BGB die Obliegenheit trifft, sich anderweitig um Arbeitsmöglichkeiten zu bemühen. Da es sich insoweit um einen **hypothetischen Schadensverlauf** handelt, erscheint es naheliegender, in diesem Fall eine Schadensschätzung nach § 287 I ZPO vorzunehmen, bei der etwa darauf abgestellt wird, wie lange AN üblicherweise im Betrieb tätig sind.[434]

c) Verschulden. Der Schadensersatzanspruch setzt nach § 15 I 2 AGG ein Verschulden des AG voraus. Allerdings hat der AG sein fehlendes Verschulden einzuwenden; er ist deshalb hierfür darlegungs- und beweispflichtig. Nach § 276 I BGB haftet der AG für **Vorsatz und Fahrlässigkeit.** Das Verhalten Dritter ist ihm nach § 278 BGB zuzurechnen (dazu → Rn. 100 f.). 112

Die verschuldensabhängige Ausgestaltung des Schadensersatzanspruchs verstößt gegen die **unionsrechtlichen Vorgaben.**[435] Nach der Rspr. des EuGH zu der RL 2006/54/EG und der RL 76/207/EWG muss, wenn sich ein Mitgliedstaat dafür entscheidet, Verstöße gegen das Diskriminierungsverbot mit zivilrechtlichen Sanktion zu belegen, die finanzielle Wiedergutmachung es ermöglichen, den durch die diskriminierende Handlung tatsächlich entstandenen Schaden in vollem Umfang auszugleichen. Zudem darf die Haftung des Urhebers einer Diskriminierung nicht vom Vorliegen oder dem Nachweis eines Verschuldens abhängig gemacht werden.[436] In Bezug auf § 611a BGB aF hat der EuGH die Verschuldensabhängigkeit des Anspruchs auf Schadensersatz ausdrücklich beanstandet.[437] Diese Rspr. des EuGH ist auch auf die RL 2000/78/EG übertragbar. Der Umstand, dass § 15 II AGG einen verschuldensunabhängigen Entschädigungsanspruch gewährt, rechtfertigt keine andere Bewertung. Denn diese Norm beschränkt sich lediglich auf den Ersatz immaterieller Schäden und gewährleistet damit gerade nicht die vom EuGH geforderte „volle Haftung" für die durch eine Diskriminierung erlittenen Einbußen. Darüber hinaus verstößt die Bestimmung gegen das in Art. 8 II RL 2000/78/EG und Art. 8e II RL 2002/73/EG enthaltene Absenkungsverbot. Sowohl § 611a II BGB aF als auch § 81 SGB IX aF sahen einen verschuldensunabhängigen Entschädigungsanspruch vor, der neben dem Ersatz des materiellen auch den immateriellen Schaden umfasste.[438] Im Rahmen der Umsetzung der Gleichbehandlungsrichtlinien wurden daher die Rechte dieser Betroffenen in § 15 I AGG verschlechtert.[439] Ob § 15 I 2 AGG **richtlinienkonform ausgelegt** werden kann, steht zu bezweifeln.[440] Hiergegen dürften vor allem die bewusst unterschiedliche Regelung in § 15 II AGG sowie § 15 III AGG (→ Rn. 118 f.) sprechen. Da insoweit aber kein Verstoß gegen primäres Unionsrecht gegeben sein dürfte, ist die Regelung nicht unanwendbar;[441] vielmehr wird der Gesetzgeber aufgefordert sein, für eine richtlinienkonforme Ausgestaltung von § 15 I AGG zu sorgen.[442] 113

431 *Seel* MDR 2006, 1321 (1323); *Willemsen/Schweibert* NJW 2006, 2583 (2589).
432 Vgl. *Wagner/Potsch* JZ 2006, 1096.
433 Vgl. EuGH 17.12.2015 AP Nr. 2 zu Richtlinie 2006/54/EG = NZA 2016, 471 – Arjona Camacho; 2.8.1993 EuZW 1993, 706; ebenso ErfK/*Schlachter* AGG § 15 Rn. 4.
434 Ebenso MüKoBGB/*Thüsing* AGG § 15 Rn. 29; vgl. auch *Stoffels* RdA 2009, 204 (213).
435 Vgl. VG Frankfurt 21.4.2008 ArbRB 2008, 261; *Stoffels* RdA 2009, 204 (210); *Deinert* DB 2007, 398 (399); *Kamanabrou* RdA 2006, 321 (336); MüKoBGB/*Thüsing* AGG § 15 Rn. 34; offengelassen von BAG 18.5.2017 AP Nr. 23 zu § 15 AGG = NZA 2015, 1530; aA BVerwG 25.7.2013 NVwZ 2014, 300; *Bauer/Evers* NZA 2006, 893; *Walker* NZA 2009, 5 (6); *Wendeling-Schröder/Stein* AGG § 15 Rn. 38; *Hanau* ZIP 2006, 2189 (2201).
436 EuGH 17.12.2015 AP Nr. 2 zu Richtlinie 2006/54/EG = NZA 2016, 471 – Arjona Camacho; 22.4.1997 AP Nr. 13 zu § 611a BGB = NZA 1997, 645 – Draehmpaehl; 2.8.1993 EuZW 1993, 706 – Marshall; 8.11.1990 AP Nr. 23 zu Art. 119 EWG-Vertrag = NZA 1991, 171 – Dekker.
437 EuGH 22.4.1997 AP Nr. 13 zu § 611a BGB = NZA 1997, 645 – Draehmpaehl.
438 Vgl. *Annuß* NZA 1999, 738 (740 f.).
439 Ebenso *Stoffels* RdA 2009, 204 (210).
440 Verneinend *Wagner/Potsch*, JZ 2006, 1091.
441 AA etwa *Deinert* DB 2007, 399.
442 Ebenso *Stoffels* RdA 2009, 204 (210).

114 **3. Entschädigungsanspruch.** Von großer praktischer Bedeutung ist der in § 15 II AGG geregelte Entschädigungsanspruch. Danach kann der Beschäftigte wegen des Schadens, der nicht Vermögensschaden ist, vom AG eine angemessene Entschädigung in Geld verlangen, wenn eine Benachteiligung (→ Rn. 30 ff.) wegen eines in § 1 AGG genannten Grundes (→ Rn. 3 ff.) durch den AG oder durch ein ihm zurechenbares Handeln Dritter (→ Rn. 100 f.) erfolgt ist. Die Entschädigung hat eine Doppelfunktion: Sie dient einerseits der vollen Schadenskompensation und andererseits der Prävention.[443] Anders als bei § 823 II BGB muss keine Verletzung des allgemeinen Persönlichkeitsrechts eingetreten sein.[444] Der vom Wortlaut des Gesetzes verlangte Nichtvermögensschaden ist stets bei einer ungerechtfertigten Benachteiligung aus den in § 1 genannten Gründen gegeben.[445] Auch auf ein Verschulden des AG kommt es – anders als beim Schadensersatzanspruch nach § 15 I AGG – nicht an.[446] Etwas anders gilt lediglich dann, wenn die Benachteiligungen in Kollektivvereinbarungen erfolgt (→ Rn. 118 f.).

115 **a) Umfang der Entschädigung.** Die Höhe der Entschädigung ist grundsätzlich **einzelfallbezogen festzusetzen.** Maßgeblich ist in erster Linie die Schwere des Verstoßes gegen § 7 I AGG. Von Bedeutung sind weiterhin dessen Dauer und Folgen, der Anlass und der Beweggrund des Handelns, der Grad der Verantwortlichkeit des AG, etwa geleistete Wiedergutmachung oder erhaltene Genugtuung.[447] Die Entschädigung muss einen tatsächlichen und wirksamen rechtlichen Schutz darstellen, indem sie eine wirklich abschreckende Wirkung gegenüber dem AG gewährleistet, zugleich aber den allgemeinen Grundsatz der Verhältnismäßigkeit wahrt.[448] Wird der AN zugleich aus mehreren Gründen unzulässig benachteiligt, ist eine höhere Entschädigung geboten, um die erforderliche abschreckende Wirkung zu erzielen.[449] Die bloße Befristung einer Stelle ist kein bei der Bemessung zu berücksichtigender Umstand.[450] Soweit ein Ersatz materieller Schäden nach § 15 I AGG erfolgt, führt dies nicht zu einer Kürzung der Entschädigung für den Nichtvermögensschaden.[451] Wiederholungsfälle können eine höhere Entschädigung rechtfertigen.[452] Eine Obergrenze gibt es nach § 15 II 2 AGG nur bei der Einstellungsdiskriminierung (dazu → Rn. 110 f.). Bei der Bestimmung der angemessenen Entschädigung steht den Tatsachengerichten ein – in der Revisionsinstanz nur eingeschränkt überprüfbarer – weiter Ermessensspielraum (§ 287 I ZPO) zu.[453]

116 **b) Begrenzung bei Nichteinstellung.** Bei einer Nichteinstellung ist der Entschädigungsanspruch nach § 15 II 2 AGG begrenzt, wenn der AN auch bei benachteiligungsfreier Auswahl nicht eingestellt worden wäre. Die Entschädigung darf dann **drei Monatsverdienste** nicht übersteigen. Diese schon in § 611a BGB enthaltene **Kappungsgrenze** – die nur bezogen auf den einzelnen Bewerber gilt[454] – hat der EuGH nicht beanstandet.[455] Als Monatsverdienst iSv § 15 II 2 AGG ist der monatliche Bruttoverdienst anzusehen, den der Beschäftigte erzielt hätte, wenn er eingestellt worden wäre.[456] Vom Tatsachenrichter ist zunächst die Höhe einer angemessenen (unbegrenzten) Entschädigung zu ermitteln, die dann ggf. zu reduzieren ist.[457] Für die Voraussetzungen des § 15 II 2 AGG ist der AG **darlegungs- und beweispflichtig.** Dabei gilt eine abgestufte Darlegungslast. Der AN, der eine die Begrenzung des § 15 II 2 AGG übersteigende Entschädigung begehrt, muss lediglich pauschal

[443] BAG 28.5.2020 AP Nr. 28 zu § 15 AGG = NZA 2020, 1392.
[444] BAG 19.8.2010 AP Nr. 5 zu § 15 AGG = NZA 2010, 1412; 18.3.2010 AP Nr. 3 zu § 15 AGG = NZA 2010, 1129; 22.1.2009 AP Nr. 1 zu § 15 AGG = NZA 2009, 945.
[445] Vgl. auch BT-Drs. 16/1780, 38.
[446] BAG 28.5.2020 AP Nr. 28 zu § 15 AGG = NZA 2020, 1392; 22.8.2013 AP Nr. 9 zu § 22 AGG = NZA 2014, 82; 19.8.2010 AP Nr. 5 zu § 15 AGG = NZA 2010, 1412; 22.1.2009 AP Nr. 1 zu § 15 AGG = NZA 2009, 945.
[447] Vgl. etwa BAG 16.2.2012 AP Nr. 4 zu § 22 AGG = NZA 2012, 667.
[448] BAG 11.8.2016 AP Nr. 21 zu § 15 AGG = NZA 2017, 310; 11.8.2016 – 8 AZR 406/15; 19.5.2016 NZA 2016, 1394.
[449] Zur abschreckenden Wirkung der Entschädigung EuGH 25.4.2013 NZA 2013, 891 – ACCEPT.
[450] BAG 28.5.2020 AP Nr. 28 zu § 15 AGG = NZA 2020, 1392.
[451] BAG 26.1.2017 EzTöD 100 § 2 TVöD-AT Auswahlverfahren Nr. 71.
[452] BAG 18.3.2010 AP Nr. 3 zu § 15 AGG = NZA 2010, 1129.
[453] BAG 28.5.2020 AP Nr. 28 zu § 15 AGG = NZA 2020, 1392; 23.1.2020 AP Nr. 3 zu § 82 SGB IX = NZA 2020, 851.
[454] *Adomeit/Mohr* AGG § 15 Rn. 57; Wendeling-Schröder/*Stein* AGG § 15 Rn. 47; *Willemsen/Schweibert* NJW 2006, 2583 (2590).
[455] EuGH 22.4.1997 AP Nr. 13 zu § 611a BGB = NZA 1997, 645 – Draehmpaehl.
[456] BAG 17.8.2010 AP Nr. 4 zu § 15 AGG = NZA 2011, 153.
[457] BAG 19.12.2019 AP Nr. 3 zu § 8 AGG = NZA 2020, 707.

geltend machen, dass er bei einer benachteiligungsfreien Auswahl eingestellt worden wäre.[458] Es obliegt dann dem in Anspruch genommenen AG, wenn er sich auf die gesetzliche Höchstgrenze berufen möchte, im Einzelnen darzulegen und ggf. zu beweisen, dass der abgelehnte Bewerber die zu besetzende Position auch dann nicht erhalten hätte, wenn keine Diskriminierung stattgefunden hätte.[459] Dies erfordert nicht nur eine Vergleichsbetrachtung mit den Anforderungen der Stellenausschreibung, sondern auch mit dem tatsächlich eingestellten Bewerber.[460]

Die Beschränkung des § 15 II 2 AGG gilt nicht nur bei Neueinstellungen, sondern auch bei **Beförderungsentscheidungen.** Dafür spricht ein Erst-Recht-Schluss.[461] Auch der Wortsinn lässt diese Auslegung zu. Denn als Einstellung kann im weitläufigen Sinn auch die Übertragung einer anderen Arbeitsaufgabe im Rahmen einer Vertragsänderung bezeichnet werden. Die Anwendung der Norm auf Fälle des beruflichen Aufstiegs führt jedoch nicht dazu, dass die Entschädigungssumme auf die dreifache Vergütungsdifferenz beschränkt ist, wenn der Beschäftigte die Stelle auch bei benachteiligungsfreier Auswahl nicht erhalten hätte. Da der durch die Diskriminierung bewirkte immaterielle Schaden in diesem Fall nicht geringer ist als bei der erstmaligen Einstellung, besteht kein Grunde für eine solche Beschränkung. 117

c) Besonderheiten bei Kollektivvereinbarungen. Erfolgen Benachteiligungen in Kollektivvereinbarungen, trifft den AG nach § 15 III AGG eine Entschädigungspflicht nur, wenn er **vorsätzlich oder grob fahrlässig** handelt. Das Haftungsprivileg bezieht sich nur auf „Entschädigungen" nach § 15 II AGG, nicht jedoch auf den Schadensersatzanspruch wegen Vermögensschäden nach § 15 I AGG.[462] Kollektivvereinbarungen sind Tarifverträge sowie Betriebs- oder Dienstvereinbarungen. Ob hierzu auch kirchenrechtliche Arbeitsrechtsregelungen gehören, ist streitig.[463] 118

Die Regelung des § 15 III AGG begegnet **Bedenken.** Nach der Gesetzesbegründung soll die vermutete „höhere Richtigkeitsgewähr" von Kollektivvereinbarungen es rechtfertigen, die Rechtsfolgen benachteiligender kollektiver Regelungen anders auszugestalten als bei Maßnahmen, für die der AG allein verantwortlich ist. Dies gelte auch dann, wenn – mangels Tarifbindung – die Geltung von Tarifverträgen im Arbeitsvertrag vereinbart oder ein Tarifvertrag für allgemeinverbindlich erklärt sei.[464] Hiergegen spricht jedoch, dass sich die sog. „Richtigkeitsgewähr" auf die Angemessenheit des Ausgleichs von Arbeitgeber- und Arbeitnehmerinteressen bezieht, nicht jedoch auf die Rechtmäßigkeit der Regelungen.[465] Für eine Haftungsbegrenzung besteht damit keine Veranlassung. Im Übrigen dürfte die eingeschränkte Haftung wohl kaum mit dem Unionsrecht vereinbar sein.[466] 119

4. Ausschlussfristen. a) Überblick. Die Regelung der gesetzlichen Ausschlussfristen für Schadensersatz- und Entschädigungsansprüche ist unübersichtlich und deshalb wenig geglückt. Nach § 15 IV 1 AGG besteht eine Frist von zwei Monaten zur schriftlichen Geltendmachung der Ansprüche nach Abs. 1 und 2, sofern nicht tarifvertraglich abweichende Regelungen vereinbart worden sind. Diese Regelung wird durch § 61b ArbGG ergänzt. Eine Klage auf Entschädigung nach § 15 AGG muss innerhalb von drei Monaten, nachdem der Anspruch schriftlich geltend gemacht worden ist, erhoben werden. Bei den Fristen handelt es sich um **materiell-rechtliche Ausschlussfristen;**[467] ihre Versäumung führt zum Erlöschen der Ansprüche, ohne dass es einer entspr. Einrede des AG bedarf. Eine Wiedereinsetzung in den vorigen Stand findet nicht statt. Die Aufrechnung mit einem wegen Versäumung der Ausschlussfristen erloschenen Entschädigungsanspruch ist nicht möglich. § 390 S. 2 BGB ist nicht entspr. anzuwenden.[468] 120

[458] Vgl. BAG 17.8.2010 AP Nr. 4 zu § 15 AGG = NZA 2011, 153.
[459] BAG 26.1.2017 EzTöD 100 § 2 TVöD-AT Auswahlverfahren Nr. 71; 11.8.2016 AP Nr. 21 zu § 15 AGG = NZA 2017, 310.
[460] BAG 26.1.2017 EzTöD 100 § 2 TVöD-AT Auswahlverfahren Nr. 71.
[461] BAG 17.8.2010 AP Nr. 4 zu § 15 AGG = NZA 2011, 153.
[462] BAG 20.3.2012 AP Nr. 2 zu § 26 TVöD = NZA 2012, 803.
[463] Dafür MüKoBGB/*Thüsing* AGG § 15 Rn. 38; dagegen Wendeling-Schröder/*Stein* AGG § 15 Rn. 62.
[464] BT-Drs. 16/1780, 38.
[465] *Kamanabrou* RdA 2006, 321 (337); *Thüsing,* Arbeitsrechtl. Diskriminierungsschutz, Rn. 551; *Walker* NZA 2009, 5 (6 f.).
[466] Vgl. *Thüsing* NZA 2005, 32 (35); *Kamanabrou* RdA 2006, 321; *Wagner* JZ 2006, 1085 (1091); *Walker* NZA 2009, 5 (6); aA *Krebber* EuZA 2009, 200 (214).
[467] BAG 26.9.2013 AP Nr. 14 zu § 15 AGG = NZA 2014, 258.
[468] Ebenso zu § 611a BGB MüKoBGB/*Müller-Glöge,* 4. Aufl., § 611a Rn. 90.

121 **b) Erste Stufe: Geltendmachung gegenüber dem Arbeitgeber. aa) Unionsrechtskonformität.** Auf der ersten Stufe hat der AN seinen Anspruch gem. § 15 II 1 AGG innerhalb einer Frist von zwei Monaten schriftlich geltend zu machen. Die zweimonatige Ausschlussfrist wahrt die unionsrechtlichen **Grundsätze der Äquivalenz und der Effektivität.**[469] Die Ausübung der vom Unionsrecht verliehenen Rechte wird weder unmöglich gemacht, noch übermäßig erschwert, sofern die Frist nicht ohne Weiteres mit dem Zugang der Ablehnung zu laufen beginnt, sondern erst mit dem Zeitpunkt, zu dem der AN von der behaupteten Diskriminierung Kenntnis erlangt.[470] Diese weitere Einschränkung bezieht sich nicht nur auf den gesetzlich geregelten Fall des § 15 IV 2 Alt. 2 AGG, sondern auch auf die Fälle der Benachteiligung bei der Bewerbung und dem beruflichen Aufstieg. Insoweit ist § 15 IV 2 Alt. 1 AGG unionsrechtskonform auszulegen.[471] § 15 IV 1 AGG verstößt, soweit es um die Gründe Behinderung, Alter, Religion, Weltanschauung, Behinderung, Alter und sexuelle Ausrichtung geht, auch nicht gegen den in Art. 8 II RL 2000/78/EG niedergelegten Grundsatz des **Verbots einer Absenkung des Schutzniveaus.** Vor der Einführung des AGG gab es bei einer Diskriminierung wegen dieser Gründe keine mit § 15 I und II AGG vergleichbaren Ersatzansprüche; soweit § 81 II Nr. 2 SGB IX aF einen Entschädigungsanspruch für Schwerbehinderte (nicht: Behinderte) vorsah, enthielt diese Regelung ebenfalls eine zweimonatige Geltendmachungsfrist (§ 81 II Nr. 4 SGB IX aF). Anders ist die Rechtslage allerdings bei der **geschlechtsbezogenen Benachteiligung.** Nach dem Absenkungsverbot in Art. 8e II RL 2002/73/EG durfte bei Umsetzung der durch die RL 2002/73/EG neu gefassten RL 76/207/EWG und damit bei Erlass des AGG auch bezüglich dieses Merkmals keine Verschlechterung eintreten.[472] § 611a IV 2 BGB aF sah indes eine Frist von sechs Monaten vor, sofern sich nicht aus dem angestrebten Arbeitsverhältnis eine andere Ausschlussfrist, die mindestens zwei Monate betragen musste, ergab. Damit weicht § 15 IV 1 AGG vom früher geltenden Schutzniveau zu Ungunsten der Benachteiligten ab.[473] Eine unionsrechtskonforme Auslegung von § 15 IV 1 AGG dürfte nicht in Betracht kommen.[474] Allerdings führt dies auch nicht zur teilweisen Unanwendbarkeit der Bestimmung, da kein Verstoß gegen Primärrecht gegeben ist.

122 **bb) Abweichende Tarifregelungen.** Die gesetzliche Ausschlussfrist nach § 15 IV 1 AGG findet keine Anwendung, wenn die Tarifvertragsparteien „etwas anderes" vereinbart haben. Da das Gesetz keine Vorgaben enthält, können die anderen tarifvertraglichen Ausschlussfristen nicht nur **länger,** sondern auch **kürzer** sein.[475] § 31 AGG, der Abweichungen vom Gesetz zu Ungunsten der geschützten Personen untersagt, steht dem nicht entgegen, da § 15 IV 1 Hs. 2 AGG insoweit eine ausdrückliche Tariföffnungsklausel enthält.[476] Ob das unionsrechtliche Erfordernis der Gleichwertigkeit gebietet, im Hinblick auf § 4 KSchG, § 17 TzBfG keine kürzere Frist als drei Wochen im Tarifvertrag festzulegen, ist zweifelhaft.[477] Jedenfalls muss aber die tarifliche Frist dem Grundsatz der Effektivität genügen;[478] daher darf sie nicht derart kurz bemessen sein, dass die Ausübung der von den Richtlinien verliehenen Rechte unmöglich gemacht oder übermäßig erschwert wird.

123 Eine andere tarifliche Vereinbarung iSd § 15 IV AGG verlangt nicht, dass diese ausdrücklich im Hinblick auf die Frist nach § 15 IV AGG getroffen wurde. Ausreichend ist, wenn ein Tarifvertrag für Ansprüche aus oder in Zusammenhang mit dem Arbeitsverhältnis eine Ausschlussfrist vorsieht.[479] Anders als der Wortlaut von § 15 IV AGG vermuten lässt, erfordert die Regelung jedoch, dass die tarifliche Ausschlussfrist auch auf das Arbeitsverhältnis anwendbar ist. Dies kann sich nicht lediglich aus einer beiderseitigen Tarifbindung oder einer Allgemeinverbindlicherklä-

[469] Vgl. etwa EuGH 8.7.2010 AP Nr. 16 zu Richtlinie 2000/78/EG = NZA 2010, 869 – Bulicke; 28.1.2015 NZA 2015, 217 – Starjakob.

[470] BAG 18.5.2017 AP Nr. 23 zu § 15 AGG = NZA 2017, 1530; 21.6.2012 AP Nr. 12 zu § 15 AGG = NZA 2012, 1211; 15.3.2012 AP Nr. 11 zu § 15 AGG = NZA 2012, 910; EuGH 8.7.2010 AP Nr. 16 zu Richtlinie 2000/78/EG = NZA 2010, 869 – Bulicke.

[471] BAG 21.6.2012 AP Nr. 12 zu § 15 AGG = NZA 2012, 1211; *Fischinger* NZA 2010, 1048; *Jacobs* RdA 2009, 193 (200); *Kock* NJW 2010, 2716; *Walker* NZA 2009, 5 (10).

[472] Vgl. zur Bedeutung von Art. 8e II der Richtlinie 2002/73/EG *Fischinger* NZA 2010, 1048 (1049).

[473] Offengelassen von BAG 18.5.2017 AP Nr. 23 zu § 15 AGG = NZA 2015, 1530.

[474] Abl. *Fischinger* NZA 2010, 1048 (1049).

[475] *Jacobs* RdA 2009, 193 (201).

[476] AA ErfK/*Schlachter* AGG § 15 Rn. 16.

[477] Für eine Untergrenze von drei Wochen: HK-AGG/*Deinert* § 15 Rn. 110; *Jacobs* RdA 2009, 193 (201).

[478] Vgl. EuGH 8.7.2010 AP Nr. 16 zu Richtlinie 2000/78/EG = NZA 2010, 869 – Bulicke.

[479] *Adomeit/Mohr* AGG § 15 Rn. 92; *Jacobs* RdA 2009, 193 (201).

rung ergeben, sondern auch aus einer arbeitsvertraglichen Bezugnahme auf den Tarifvertrag oder einer Anwendung desselben kraft betrieblicher Übung.[480]

Im Gegensatz zu § 611a IV 2 BGB aF stellt § 15 IV AGG nicht auf die im „angestrebten Arbeitsverhältnis vorgesehene Ausschlussfrist" ab. Damit kann bei einer benachteiligenden Ablehnung einer **Einstellungsbewerbung** die Regelung selbst dann nicht greifen, wenn auf das Arbeitsverhältnis im Fall seines Zustandekommens ein Tarifvertrag anwendbar gewesen wäre.[481] Für Entschädigungsansprüche diskriminierter Bewerber gilt in diesem Fall deshalb die gesetzliche Ausschlussfrist; etwas anders gilt nur dann, wenn der Tarifvertrag auch vorvertragliche Ansprüche in den Geltungsbereich der Ausschlussfrist einbezieht und AG sowie Bewerber an diesen normativ gebunden sind. 124

cc) Gegenstand der Ausschlussfrist. Die zweimonatige Ausschlussfrist des § 15 IV AGG gilt nur für Ansprüche, die auf § 15 I und II AGG gestützt werden; dies erfasst auch den Fall der Haftungsbegrenzung nach § 15 III AGG, da es sich hierbei nicht um eine eigene Anspruchsgrundlage für einen Entschädigungsanspruch handelt. Nach der bisherigen Rspr. des BAG galt § 15 IV AGG über seinen Wortlaut hinaus zudem entspr. für konkurrierende **deliktische Schadensersatzansprüche** nach § 823 BGB, die auf denselben Lebenssachverhalt wie Ansprüche aus § 15 I AGG gestützt wurden.[482] Diese Rspr. hat das BAG zwischenzeitlich allerdings wieder eingeschränkt. Danach kann § 15 IV AGG als Sonderregelung nur solche Ansprüche erfassen, bei denen die Beweislastregelung des § 22 AGG anwendbar ist.[483] Da die Ausschlussfrist den AG von den Lasten einer langfristigen Dokumentation entlasten soll, steht sie in untrennbarem Zusammenhang mit § 22 AGG. Dies hat zur Folge, dass § 15 IV AGG auf Schadensersatzansprüche wegen **Mobbings** (dazu → Rn. 156 ff.) keine – auch keine analoge – Anwendung findet. Auch bei Erfüllungsansprüchen, die sich wegen § 7 II AGG aus einer „Anpassung nach oben" (→ Rn. 103) ergeben, greift die Frist nicht.[484] 125

dd) Fristbeginn und -berechnung. Die Frist beginnt bei unionsrechtskonformer Auslegung des § 15 IV 2 AGG (dazu → Rn. 121) erst mit dem Zeitpunkt, in dem der Benachteiligte **von der Benachteiligung Kenntnis** erlangt, bei einer Bewerbung oder einem beruflichen Aufstieg **frühestens** jedoch mit dem **Zugang der Ablehnung.**[485] Die unterschiedliche Formulierung in § 15 II 2 AGG zum Fristbeginn erklärt sich aus dem Umstand, dass der Gesetzgeber davon ausging, bei einer Bewerbung sei die erforderliche Kenntnis regelmäßig mit der Absage gegeben.[486] Die erforderliche Kenntnis hat der Beschäftigte dann, wenn er Kenntnis von den anspruchsbegründenden Tatsachen hat und damit erkennen kann, dass und in welchem Umfang er diskriminiert wurde.[487] Bei einer Bewerbung auf eine gegen § 11 AGG verstoßende Stellenanzeige liegt die erforderliche Kenntniserlangung regelmäßig bereits mit Erhalt der Absage vor; weiterer Informationen bedarf es in diesem Fall nicht.[488] 126

Auch wenn der Beschäftigte bei einer **Bewerbung** bereits vor dem Zugang der **Ablehnung** durch den AG – etwa durch Arbeitskollegen – Kenntnis von der Benachteiligung erlangt hat, kommt es für den Fristbeginn frühestens auf den Zugang einer Ablehnung an.[489] Die Ablehnung, die eine **rechtsgeschäftsähnliche Handlung** darstellt,[490] erfordert eine auf den Beschäftigten bezogene Erklärung des AG, aus der sich aus Sicht eines objektiven Erklärungsempfängers eindeutig ergibt, dass die Bewerbung keine Aussicht auf Erfolg hat. Ein Schweigen reicht nicht aus.[491] Die Ablehnung muss dem Bewerber nach § 130 I 1 BGB zugehen. Da § 15 IV 2 AGG keine bestimmte Form vorschreibt, kann sie nicht nur schriftlich und mündlich, sondern auch 127

---

480 Ebenso *Jacobs* RdA 2009, 193 (202); aA HK-AGG/*Deinert* § 15 Rn. 110.

481 Ebenso *Thüsing,* Arbeitsrechtl. Diskriminierungsschutz, Rn. 557.

482 BAG 21.6.2012 AP Nr. 12 zu § 15 AGG = NZA 2012, 1211.

483 BAG 18.5.2017 AP Nr. 23 zu § 15 AGG = NZA 2017, 1530.

484 BAG 18.2.2016 AP Nr. 9 zu § 6 TVUmBw = NZA 2016, 709; 22.10.2015 AP Nr. 8 zu § 10 AGG = NZA 2015, 1081.

485 BAG 18.5.2017 AP Nr. 23 zu § 15 AGG = NZA 2015, 1530; 22.8.2013 AP Nr. 21 zu § 81 SGB IX; 15.3.2012 AP Nr. 11 zu § 15 AGG = NZA 2012, 910.

486 Vgl. BT-Drs. 16/2022, 12; vgl. dazu auch *Kamanabrou* RdA 2006, 338; *Deinert* DB 2007, 402.

487 BAG 18.5.2017 AP Nr. 23 zu § 15 AGG = NZA 2018, 1530.

488 BAG 21.6.2012 AP Nr. 12 zu § 15 AGG = NZA 2012, 1211.

489 BAG 29.6.2017 AP Nr. 24 zu § 15 AGG = NZA 2018, 33; 21.6.2012 AP Nr. 12 zu § 15 AGG = NZA 2012, 1211; 15.3.2012 AP Nr. 11 zu § 15 AGG = NZA 2012, 910.

490 BAG 29.6.2017 AP Nr. 24 zu § 15 AGG = NZA 2018, 33; anders noch BAG 22.8.2013 AP Nr. 21 zu § 81 SGB IX.

491 BAG 29.6.2017 AP Nr. 24 zu § 15 AGG = NZA 2018, 33.

konkludent erklärt werden.[492] Nicht ausreichend ist damit der bloße Hinweis in einer Stellenausschreibung, dass alle Bewerber als ablehnt gelten, die bis zu einem bestimmten Zeitpunkt keine gegenteilige Mitteilung erhalten haben.

128 Nur ausnahmsweise kann der Zugang einer Ablehnung für den Fristbeginn nicht erforderlich sein. Dies ist anzunehmen, wenn sich ein solches Erfordernis als „reine Förmelei" darstellen würde, weil zB der Bewerber selbst in der Bewerbung unmissverständlich erklärt hat, ausschließlich innerhalb eines bestimmten Zeitraums zur Verfügung zu stehen und dieser Zeitraum abgelaufen ist oder wenn für die Arbeitsleistung zweifelsfrei eine bestimmte Leistungszeit unerlässlich ist (zB Saisonarbeiten).[493]

129 Werden Ansprüche nach § 15 I und II AGG auf eine verbotene Benachteiligung nach dem AGG in Form der **Belästigung** iSv § 3 III AGG (→ Rn. 44 f.) gestützt wird, kommt es für den Beginn der Frist auf den Abschluss des letzten geschilderten Vorfalls an.[494] Handelt es sich bei der Benachteiligung um einen sonstigen **Dauertatbestand,** beginnt die Frist erst mit Beseitigung des Zustands.[495]

130 Für die **Berechnung** der Frist gelten die §§ 187, 188 BGB. Obwohl die Geltendmachung eine geschäftsähnliche Handlung ist, dürfte dabei auch § 193 BGB entspr. anwendbar sein.[496]

131 **ee) Schriftliche Geltendmachung.** Die Geltendmachung hat schriftlich zu erfolgen. Da es sich bei der Geltendmachung lediglich um eine **rechtsgeschäftsähnliche Erklärung** handelt, findet § 126 I BGB keine Anwendung. Einfache Textform nach § 126b BGB reicht vielmehr aus. Daher kann die Geltendmachung auch per Telefax oder E-Mail erfolgen, wenn die Person des Erklärenden angegeben wird.[497] Die Geltendmachung kann auch durch eine Klage gewahrt werden. Dabei findet nach Ansicht des BAG § 167 ZPO Anwendung, so dass der rechtzeitige Eingang der Klage bei Gericht zur Fristwahrung ausreicht, wenn die Klage „demnächst" zugestellt wird.[498] Mit der Geltendmachung muss der AN den Lebenssachverhalt zumindest umreißen. Ein bloßer Widerspruch gegen die Ablehnung ist keine Geltendmachung von Schadensersatz- oder Entschädigungsansprüchen. Ebenso wenig kann in der Erhebung einer Befristungskontrollklage zugleich die Geltendmachung eines Entschädigungsanspruchs nach § 15 II AGG gesehen werden.[499] Eine betragsmäßige Bezifferung der Ansprüche ist nach der Rspr. des BAG nicht erforderlich.[500]

132 **ff) Darlegungs- und Beweislast.** Da es sich bei der Ausschlussfrist um eine materiell-rechtlich zugunsten des AG wirkende Einwendung handelt, hat er die tatsachlichen Umstände für den Fristbeginn darzulegen und ggf. zu beweisen. Im Fall einer Bewerbung erfordert dies entspr. Vortrag und ein Beweisangebot zum Zeitpunkt des Zugangs der Ablehnung. Dem AN obliegt die Darlegungs- und Beweislast dafür, dass eine schriftliche Geltendmachung erfolgt und dem AG zugegangen ist.[501]

133 **c) Zweite Stufe: Gerichtliche Geltendmachung.** Gem. § 61b I ArbGG muss der AN auf der zweiten Stufe innerhalb von drei Monaten, nachdem der Anspruch schriftlich geltend gemacht worden ist, eine Klage auf Entschädigung nach § 15 AGG erheben, wenn der AG auf die Geltendmachung des Anspruchs nicht gezahlt hat.

134 **aa) Fristbeginn und -berechnung.** Die Frist des § 61b I ArbGG beginnt mit dem Zugang der schriftlichen Geltendmachung beim AG. Für die Fristwahrung genügt der rechtzeitige Eingang der Klage beim Arbeitsgericht (§ 167 ZPO), wenn deren Zustellung demnächst erfolgt. Der Fristbeginn ist unabhängig davon, ob und wie der AG auf die schriftliche Geltendmachung reagiert. Auf die etwaige Ablehnung des Anspruchs durch den AG kommt es nicht an. Der AN kann auch unmittelbar Klage erheben. Da die Klage dann an die Stelle der schriftlichen Geltendmachung tritt, muss sie die zweimonatige Ausschlussfrist des § 15 IV 1 AGG wahren. Nach Ansicht des BAG genügt hierfür gem. § 167 ZPO der rechtzeitige Eingang der Klage bei

[492] BAG 29.6.2017 AP Nr. 24 zu § 15 AGG = NZA 2018; 22.8.2013 AP Nr. 21 zu § 81 SGB IX.
[493] BAG 29.6.2017 AP Nr. 24 zu § 15 AGG = NZA 2018, 33.
[494] BAG 18.5.2017 AP Nr. 23 zu § 15 AGG = NZA 2017, 1530.
[495] BAG 20.6.2013 AP Nr. 8 zu § 22 AGG = NZA 2014, 21.
[496] MHdB ArbR/*Oetker* § 17 Rn. 78.
[497] BAG 19.8.2010 AP Nr. 5 zu § 15 AGG = NZA 2010, 1412; aA *Annuß* BB 2006, 1629 (1635); HK-AGG/*Deinert* § 15 Rn. 110.
[498] BAG 22.5.2014 AP Nr. 19 zu § 15 AGG = NZA 2014, 924.
[499] BAG 21.2.2013 AP Nr. 13 zu § 15 AGG = NZA 2013, 955.
[500] BAG 21.6.2012 AP Nr. 5 zu § 22 AGG = NZA 2012, 1345; 19.8.2010 AP Nr. 5 zu § 3 AGG = NZA 2011, 203; 15.2.2005 AP Nr. 7 zu § 81 SGB IX = NZA 2005, 870.
[501] Vgl. nur BAG 19.8.2010 AP Nr. 5 zu § 15 AGG = NZA 2010, 1412.

Gericht, wenn die Klage „demnächst" zugestellt wird.[502] Die **Berechnung** der Frist bestimmt sich wegen § 46 II ArbGG iVm § 222 I ZPO nach den §§ 187 ff. BGB.

bb) Gegenstand der gerichtlichen Geltendmachung. Wie der Wortlaut von § 61b I ArbGG zeigt, erfasst die Frist nur den Anspruch auf Entschädigung nach § 15 II AGG, nicht aber den auf Schadensersatz nach § 15 I AGG.[503] Auch auf Erfüllungsansprüche, die sich wegen § 7 II AGG aus einer „Anpassung nach oben" (→ Rn. 103) ergeben, findet die Frist keine Anwendung.[504] **135**

cc) Mehrere Bewerber. Machen mehrere Bewerber wegen Benachteiligung bei der Begründung eines Arbeitsverhältnisses oder beim beruflichen Aufstieg eine Entschädigung nach § 15 AGG gerichtlich geltend, wird gem. § 61b II ArbGG auf Antrag des AG das Arbeitsgericht, bei dem die erste Klage erhoben ist, auch für die übrigen Klagen ausschließlich zuständig. Die Rechtsstreitigkeiten sind von Amts wegen an dieses Arbeitsgericht zu verweisen; die Prozesse sind zur gleichzeitigen Verhandlung und Entscheidung zu verbinden. Auf Antrag des AG findet die mündliche Verhandlung nicht vor Ablauf von sechs Monaten seit Erhebung der ersten Klage statt (§ 61b III ArbGG). **136**

5. Rechtsmissbrauch. Die Ansprüche eines erfolglosen Bewerbers auf Schadensersatz und Entschädigung können nach § 242 BGB dem Rechtsmissbrauchseinwand ausgesetzt sein. Dies ist der Fall, wenn sich der Anspruchsteller nicht beworben hat, um die ausgeschriebene Stelle zu erhalten, sondern es ihm darum gegangen ist, nur den formalen Status als Bewerber iSv § 6 I 2 AGG zu erlangen, mit dem ausschließlichen Ziel, Ansprüche auf Entschädigung und/oder Schadensersatz geltend zu machen.[505] Die nach der Rspr. des BAG an einen durchgreifemden Rechtsmissbrauchseinwand zu stellenden **Anforderungen** sind **hoch.** Es müssen im Einzelfall besondere Umstände vorliegen, die ausnahmsweise den Schluss auf ein rechtsmissbräuchliches Verhalten rechtfertigen. Dabei können idR nur Umstände aus der Zeit bis zur Absage durch den AG berücksichtigt werden, nicht jedoch solche, die zeitlich danach liegen.[506] Die **Darlegungs- und Beweislast** für den rechtshindernden Einwand des Rechtsmissbrauchs obliegt dem AG.[507] **137**

Für die Annahme eines rechtsmissbräuchlichen Verhaltens reicht ein lediglich **unsorgfältig formuliertes Bewerbungsschreiben** alleine noch nicht aus. Eine andere Bewertung kann jedoch geboten sein, wenn entweder dem Bewerbungsschreiben selbst oder in Verbindung mit weiteren Umständen zu entnehmen ist, dass der Anspruchsteller eine Ablehnung seiner Bewerbung provozieren wollte mit dem ausschließlichen Ziel, Ansprüche nach § 15 AGG geltend zu machen.[508] Der Umstand, dass ein Bewerber nicht alle Stellenanforderungen erfüllt, lässt hingegen noch nicht auf Rechtmissbrauch schließen. **138**

Hingegen liegt ein rechtsmissbräuchliches Verhalten vor, wenn sich das Vorgehen des Anspruchstellers im konkreten Fall als Teil eines **systematischen und zielgerichteten Vorgehens** darstellt, das auf der Erwägung beruht, bei wirtschaftlicher Betrachtungsweise werde letztlich ein auskömmlicher „Gewinn" verbleiben, weil der AG – sei es bereits unter dem Druck einer angekündigten Entschädigungs- bzw. Schadensersatzklage oder im Verlaufe eines Prozesses – freiwillig die Forderung erfüllt oder sich vergleichsweise auf eine Zahlung einlässt. Der Umstand, dass der Anspruchsteller **zahlreiche Bewerbungen** verschickt hat, mit denen er sich auf Stellen mit unterschiedlichen Schwerpunkten bei verschiedenen AG beworben hat, erlaubt – für sich betrachtet – noch nicht den Schluss auf ein solches Vorgehen. Ebenso wenig kann ein Rechtsmissbrauch bereits daraus abgeleitet werden, dass eine Person eine Vielzahl erfolgloser Bewerbungen versandt und mehrere Entschädigungsprozesse geführt hat oder führt.[509] Demgegenüber lässt der Umstand, dass Bewerbungen häufig auf solche Stellenausschreibungen erfolg- **139**

---

[502] BAG 22.5.2014 AP Nr. 19 zu § 15 AGG = NZA 2014, 924 unter Aufgabe von BAG 21.6.2012 AP Nr. 12 zu § 15 AGG = NZA 2012, 1211; zust. *Bauer* NJW 2014, 2896.

[503] BAG 18.5.2017 AP Nr. 23 zu § 15 AGG = NZA 2017, 1530; 20.6.2013 AP Nr. 8 zu § 22 AGG = NZA 2014, 21; aA *Jacobs* RdA 2009, 193 (202); *Willemsen/Schweibert* NJW 2006, 2583 (2591).

[504] BAG 18.2.2016 AP Nr. 9 zu § 6 TVUmBw = NZA 2016, 709.

[505] BAG 26.1.2017 EzTöD 100 § 2 TVöD-AT Auswahlverfahren Nr. 71; 11.8.2016 AP Nr. 21 zu § 15 AGG = NZA 2017, 310; 19.5.2016 AP Nr. 11 zu § 3 AGG = NZA 2016, 1394.

[506] Vgl. BAG 26.1.2017 EzTöD 100 § 2 TVöD-AT Auswahlverfahren Nr. 71.

[507] BAG 19.5.2016 NZA 2016, 1394.

[508] Vgl. BAG 26.1.2017 EzTöD 100 § 2 TVöD-AT Auswahlverfahren Nr. 71.

[509] BAG 26.1.2017 EzTöD 100 § 2 TVöD-AT Auswahlverfahren Nr. 71; 11.8.2016 AP Nr. 21 zu § 15 AGG = NZA 2017, 310; 19.5.2016 AP Nr. 11 zu § 3 AGG = NZA 2016, 1394; 24.1.2013 AP Nr. 2 zu § 10 AGG = NZA 2013, 498; 13.10.2011 AP Nr. 9 zu § 15 AGG.

ten, deren Inhalt den Anschein eines Verstoßes gegen § 11 AGG erwecken, zwar den Schluss auf ein systematisches und zielgerichtetes Vorgehen im Rahmen eines „Geschäftsmodells" zu. Der Rechtsmissbrauchseinwand ist aber in diesem Fall erst dann begründet, wenn auch das konkrete Bewerbungsverfahren Teil dieses Modells ist. Hiervon ist regelmäßig auszugehen, wenn über die vom AG konkret ausgeschriebene Stelle hinaus in demselben Medium weitere Stellen ausgeschrieben waren, deren Inhalt keinen Anlass für die Annahme einer Diskriminierung wegen des von der Person geltend gemachten Grundes bot und auf die der Anspruchsteller sich ohne Weiteres hätte bewerben können.[510]

140 Der Rechtsmissbrauchseinwand begegnet keinen **unionsrechtlichen** Bedenken.[511] Auch der EuGH verlangt eine Gesamtwürdigung der objektiven Umstände, aus der sich ergibt, dass trotz formaler Einhaltung der objektiven Tatbestandsvoraussetzungen das Ziel der RL 2000/78/EG nicht erreicht wurde, weil wesentlicher Zweck der Bewerbung nicht die Einstellung, sondern die Erlangung eines ungerechtfertigten finanziellen Vorteils ist.[512]

IX. Sonstige Rechte der Beschäftigten

141 **1. Beschwerderecht der Arbeitnehmer.** Nach § 13 AGG haben die Beschäftigten das Recht, sich wegen einer eingetretenen Benachteiligung bei den zuständigen Stellen des Betriebs, des Unternehmens oder der Dienststelle zu beschweren. Ausreichend ist das subjektive Gefühl einer Benachteiligung im Zusammenhang mit dem Beschäftigungsverhältnis.[513] Ob eine Benachteiligung tatsächlich vorliegt, soll gerade geprüft werden.

142 Die für die Entgegennahme der Beschwerden **zuständige Stelle** bestimmt der AG. Hierbei hat er einen Gestaltungsspielraum.[514] Er ist nicht verpflichtet, eine besondere Stelle einzurichten; zuständig kann auch ein Vorgesetzter oder der BR sein. Nach dem Wortlaut von § 13 AGG können aber keine externen Stellen beauftragt werden. Mitbestimmungsrechtlich gilt Folgendes:[515] Bei der Frage, wo der AG eine Beschwerdestelle nach § 13 I 1, § 12 V 1 AGG errichtet, besteht kein Mitbestimmungsrecht des BR. Ebenso wenig besteht ein Mitbestimmungsrecht bei der personellen Besetzung einer Beschwerdestelle. Der BR hat jedoch gem. § 87 I Nr. 1 BetrVG bei der Einführung und Ausgestaltung des Verfahrens einer Beschwerdestelle mitzubestimmen. Das Mitbestimmungsrecht umfasst auch ein entspr. Initiativrecht. Errichtet der AG eine überbetriebliche Beschwerdestelle, steht das Mitbestimmungsrecht beim Beschwerdeverfahren nicht dem örtlichen BR, sondern dem GBR zu.

143 Die Beschwerde nach § 13 AGG ist nicht fristgebunden und kann formlos **eingelegt** werden. Der AG hat der Beschwerde nachzugehen und ihr, soweit sie begründet ist, abzuhelfen. Hierzu hat er die nach § 12 I, III und IV AGG erforderlichen Maßnahmen zu ergreifen. Dem Beschwerdeführer ist das Ergebnis der Prüfung mitzuteilen. Die Durchführung eines Beschwerdeverfahrens ist nicht Voraussetzung für Schadensersatz- oder Entschädigungsansprüche.

144 **2. Leistungsverweigerungsrecht.** Ergreift der AG bzw. Dienstvorgesetzte keine oder offensichtlich ungeeignete Maßnahmen zur Unterbindung einer Belästigung (→ Rn. 44 f.) oder sexuellen Belästigung (→ Rn. 46 f.) am Arbeitsplatz, kann der AN nach § 14 AGG seine Tätigkeit **ohne Verlust des Entgeltanspruchs** einstellen. Für die anderen Fälle der unmittelbaren und mittelbaren Benachteiligung nach § 3 I und II AGG findet § 14 AGG keine – auch keine analoge – Anwendung. Allerdings ist durch den Verweis auf § 273 BGB klargestellt, dass das allgemeine Leistungsverweigerungsrecht für weitere Fallkonstellationen unberührt bleibt (dazu → § 50 Rn. 1).[516] Das Leistungsverweigerungsrecht nach § 14 AGG setzt voraus, dass der AG untätig bleibt, obwohl die zuständigen Stellen des Betriebs von der Belästigung Kenntnis haben. Dem gleichgestellt sind offensichtlich ungeeignete Maßnahmen des AG. Dies ist objektiv zu bestimmen.

145 Das Leistungsverweigerungsrecht besteht nur, soweit es zum Schutz des betroffenen Beschäftigten **erforderlich** ist. Angesichts von Art und Schwere der Belästigung darf dem Betroffenen objektiv kein geeigneteres milderes Mittel zur Verfügung stehen. Das Risiko einer Fehleinschät-

[510] BAG 11.8.2016 AP Nr. 21 zu § 15 AGG = NZA 2017, 310.
[511] Dazu EuGH 28.7.2016 NZA 2016, 1014 – Kratzer.
[512] EuGH 28.7.2016 NZA 2016, 1014 – Kratzer.
[513] *Oetker* NZA 2008, 264 (265).
[514] BAG 21.7.2009 AP Nr. 1 zu § 13 AGG = NZA 2009, 1049.
[515] BAG 21.7.2009 AP Nr. 1 zu § 13 AGG = NZA 2009, 1049.
[516] Wendeling-Schröder/*Stein* AGG § 14 Rn. 2; MüKoBGB/*Thüsing* AGG § 14 Rn. 16 f.

zung trägt der AN. Es kann deshalb nach vorheriger Abmahnung zu einer Kündigung kommen, wenn die Ausübung des Leistungsverweigerungsrechts nicht erforderlich ist. Dabei ist das Maß der Fehleinschätzung durch den AN zu berücksichtigen, weil hiervon die Erheblichkeit der Pflichtverletzung abhängt. Wegen der aus § 241 II BGB folgenden vertraglichen Rücksichtnahmepflicht ist der AN gehalten, den AG über die Ausübung des Leistungsverweigerungsrechts zu **unterrichten.** Nur so erfährt der AG, warum der AN nicht arbeitet. Sein Recht zur Beschwerde nach § 13 AGG muss der AN hingegen vorher nicht ausgeübt haben. Übt der AN sein Leistungsverweigerungsrecht berechtigterweise aus, verliert er dadurch nicht seinen Entgeltanspruch. Nach dem Lohnausfallprinzip hat der AG dem AN das Arbeitsentgelt weiterzuzahlen, das der AN verdient hätte, wenn er in dieser Zeit gearbeitet hätte.[517]

3. Maßregelungsverbot. Der AG darf den AN nach § 16 AGG weder wegen der Inan- 146
spruchnahme von Rechten nach dem AGG noch wegen der Weigerung, eine gegen das AGG verstoßende Weisung auszuführen, benachteiligen. Die Vorschrift entspricht im Wesentlichen § 612a BGB (dazu → § 108 Rn. 1). Der Schutz vor Nachteilen wird nach Vorgabe der Gleichbehandlungsrichtlinien auch auf Personen, die Beschäftigte unterstützen, und auf Zeugen erstreckt. Damit sind zB Arbeitskollegen einer sexuell belästigten AN geschützt, welche die Betroffene in Gesprächen mit Vorgesetzten begleiten und sich für sie einsetzen. Nach § 16 II AGG darf der AG aus der Zurückweisung oder Duldung benachteiligender Verhaltensweisen keine Folgen herleiten. Verstöße des AG gegen § 16 AGG begründen keinen Anspruch nach § 15 I oder II AGG; denkbar sind aber ggfs. Schadensersatzansprüche aus §§ 280 I, 241 II und aus § 823 II BGB iVm § 16 AGG (Schutzgesetz).[518]

4. Kein Unterlassungsanspruch. Dem AN steht kein Anspruch auf Unterlassung künftiger 147
diskriminierender Ausschreibungen gegen den AG zu. Lediglich für den BR oder eine im Betrieb vertretene Gewerkschaft ist in § 17 II AGG iVm § 23 III BetrVG bei einem groben Verstoß des AG ein Unterlassungsanspruch vorgesehen. Beseitigungs- und Unterlassungsansprüche ergeben sich für Stellenbewerber auch nicht aus § 21 I AGG. Diese Bestimmung betrifft nicht den Schutz von Beschäftigten und Bewerbern vor Benachteiligungen, sondern ausschließlich den Schutz vor Benachteiligungen im Zivilrechtsverkehr iSd § 19 AGG.[519]

X. Organisationspflichten des Arbeitgebers

1. Überblick. Der AG ist nach der Generalklausel des § 12 I AGG verpflichtet, die erfor- 148
derlichen Maßnahmen zum Schutz der Beschäftigten vor Benachteiligungen durch Arbeitskollegen oder Dritte, wie etwa Kunden, zu treffen. Diese Regelung bezweckt nach der Gesetzesbegründung (BT-Drs. 16/1780, 37) einen präventiven Schutz der AN. § 12 II AGG konkretisiert die vorbeugenden Schutzpflichten und verlangt vom AG, die AN in geeigneter Art und Weise auf die Unzulässigkeit von Benachteiligungen hinzuweisen und darauf hinzuwirken, dass sie unterbleiben. Kommt es gleichwohl zu Benachteiligungen, hat der AG nach § 12 III und IV AGG die im Einzelfall verhältnismäßigen Maßnahmen zu ergreifen. Nach § 12 V AGG ist der AG schließlich verpflichtet, das AGG und § 61b ArbGG sowie Informationen über die für die Behandlung von Beschwerden zuständige Stelle im Betrieb bekanntzumachen.

2. Allgemeine Handlungspflichten. Der AG hat nach § 12 I AGG die erforderlichen Maß- 149
nahmen zum Schutz vor Benachteiligungen zu treffen. Das bezieht sich in erster Linie auf vorbeugende Maßnahmen, schließt aber ebenso repressive Handlungen ein. Der AG ist auch verpflichtet, Beschwerden (§ 13 AGG) nachzugehen und ggf. den Verdacht von Benachteiligungen aufzuklären.[520] Die Erforderlichkeit der zu treffenden Maßnahmen ist nach objektiven Gesichtspunkten und nicht nach der subjektiven Einschätzung auf Arbeitgeber- oder Arbeitnehmerseite zu bestimmen. Welche Maßnahmen geboten sind, kann je nach der Größe des Betriebs unterschiedlich zu beurteilen sein. Von der Komplexität der Betriebsorganisation hängt ab, was der AG zu tun hat. So hat der AG in einem kleinen Handwerksbetrieb idR selbst einen recht genauen Überblick über das Betriebsgeschehen, was bei Großunternehmen der Automobilindustrie mit Beschäftigten aus ganz unterschiedlichen Kulturkreisen oder Filialunternehmen des

[517] Wendeling-Schröder/*Stein* AGG § 14 Rn. 10; *Thüsing,* Arbeitsrechtl. Diskriminierungsschutz, Rn. 582.
[518] BAG 18.5.2017 AP Nr. 23 zu § 15 AGG = NZA 2017, 1530.
[519] BAG 14.11.2013 AP Nr. 16 zu § 15 AGG = NZA 2014, 489.
[520] *Göpfert/Siegrist* ZIP 2006, 1710 (1711).

Lebensmitteleinzelhandels nicht ohne Weiteres angenommen werden kann. Hier besteht demzufolge die Notwendigkeit umfangreicherer organisatorischer Maßnahmen, um einen präventiven Schutz vor Benachteiligungen zu erreichen.

150 **3. Präventiver Schutz.** Nach der Vorstellung des Gesetzgebers (§ 12 II AGG) soll der AG die Beschäftigten in geeigneter Art und Weise auf die Unzulässigkeit von Benachteiligungen aus den in § 1 AGG genannten Gründen hinweisen und darauf hinwirken, dass diese zu unterbleiben haben. Kommt er dieser Schulungspflicht nach, gilt dies gem. § 12 II 2 AGG als Erfüllung der Pflicht aus § 12 I AGG, die erforderlichen Maßnahmen zu treffen.

151 Was eine **„geeignete" Schulung** ist, hängt von der Art des Betriebs und den dort Beschäftigten ab. Die Aufklärung über das Verbot der Benachteiligung wegen der in § 1 AGG genannten Gründe muss nicht eine detaillierte Rechtsberatung zum Gegenstand haben.[521] Es geht vielmehr darum, Grundlagen des menschlichen Miteinanders zu vermitteln. Der AG hat den AN insbesondere zu vermitteln, dass obszöne Äußerungen, „das Begrapschen" und „Anmachen" weiblicher Kolleginnen sowie Beleidigungen und Bedrohungen ebenso zu unterbleiben haben wie jede Form des Rassismus und abschätzige Äußerungen gegenüber Homosexuellen und behinderten Menschen.

152 Die Vermittlung dieses „Wissens" ist auch durch **Mitarbeiter der Personalabteilung** möglich. Dies kann in sonstigen Fortbildungsveranstaltungen, Betriebsversammlungen oder besonders angesetzten Terminen erfolgt. Dabei sind die jeweiligen intellektuellen und sprachlichen Fähigkeiten der Beschäftigten zu berücksichtigen. Ob allein ein Merkblatt genügt, ist zweifelhaft.[522] Im eigenen Interesse wird der AG die Durchführung der Schulungsmaßnahme dokumentieren und festhalten, wann er welche AN geschult hat. Die Schulung ist in regelmäßigen Abständen zu **wiederholen.** Hierbei dürfte ein Abstand von zwei bis drei Jahren angebracht sein. Kürzere Abstände können geboten sein, wenn es zwischenzeitlich zu Verstößen gegen das AGG gekommen ist; dies ist ein Indiz dafür, dass die Schulung zu intensivieren ist.[523] Neu eintretende AN sind alsbald nach der Arbeitsaufnahme auf die Verbote des AGG hinzuweisen.

153 **4. Repressive Maßnahmen.** Verstoßen Beschäftigte gegen das Benachteiligungsverbot, hat der AG gem. § 12 III AGG die im Einzelfall geeigneten, erforderlichen und angemessenen Maßnahmen zum Schutz der Beschäftigten zu ergreifen. Diese Bestimmung konkretisiert den Verhältnismäßigkeitsgrundsatz.[524] Die Regelung greift auch zugunsten der im Unternehmen eingesetzten **Leiharbeitnehmer.**[525] Der AG hat zunächst den Sachverhalt sorgfältig aufzuklären und dabei nach Möglichkeit die Beteiligten anzuhören.[526] Dies ist für den AG schon im Hinblick auf eine mögliche Verdachtskündigung notwendig. Der AG hat einen Ermessensspielraum, mit welchen Maßnahmen er auf Belästigungen eines AN durch Vorgesetzte oder Mitarbeiter reagiert. Er muss nur solche Maßnahmen ergreifen, die er nach den Umständen des Einzelfalles als verhältnismäßig ansehen darf und die ihm zumutbar sind.[527] Das Auswahlermessen ist nach § 12 III AGG jedoch insoweit eingeschränkt, als der AG die Benachteiligung zu „unterbinden" hat. Geeignet im Sinne der Verhältnismäßigkeit sind daher nur solche Maßnahmen, von denen der AG annehmen darf, dass sie die Benachteiligung für die Zukunft abstellen, dh eine Wiederholung ausschließen.[528] Sexuelle Belästigungen können je nach Schwere eine Kündigung zur Folge haben[529] (→ § 127 Rn. 119). Der AG hat vor Ausspruch einer Kündigung erforderlichenfalls zu prüfen, ob durch mildere Maßnahmen, insbesondere eine Versetzung oder Abmahnung, der Konflikt gelöst werden kann.[530]

154 **5. Individualrechtliche Rechtsfolgen.** Das AGG ordnet bei einer Verletzung der sich aus § 12 AGG ergebenden Organisationspflichten keine Rechtsfolgen an. Die Vorschrift dürfte allerdings Bedeutung gewinnen, wenn ein AN einen anderen belästigt und der AG den AN zuvor nicht nach § 12 II AGG auf die Unzulässigkeit eines solchen Verhaltens in geeigneter Art und

[521] Zutr. *Grobys* NJW 2006, 2950 (2952).
[522] Dagegen Wendeling-Schröder/*Stein* AGG § 12 Rn. 17; aA *Hoch* BB 2007, 1732 (1736); *Wisskirchen* DB 2006, 1491 (1496).
[523] Vgl. HK-AGG/*Buschmann* § 12 Rn. 21.
[524] BAG 20.11.2014 AP Nr. 249 zu § 626 BGB = NZA 2015, 294; 9.6.2011 AP Nr. 236 zu § 626 BGB = NZA 2011, 1342.
[525] BAG 29.6.2017 AP Nr. 261 zu § 626 BGB = NZA 2017, 1121.
[526] Dazu *Göpfert/Siegrist* ZIP 2006, 1710 (1712 ff.); Wendeling-Schröder/*Stein* AGG § 12 Rn. 30.
[527] BAG 25.10.2007 AP Nr. 6 zu § 611 BGB Mobbing = NZA 2008, 223.
[528] BAG 9.6.2011 AP Nr. 236 zu § 626 BGB = NZA 2011, 1342.
[529] Vgl. etwa BAG 29.6.2017 AP Nr. 261 zu § 626 BGB = NZA 2017, 1121.
[530] Vgl. BAG 20.11.2014 AP Nr. 249 zu § 626 BGB = NZA 2015, 294.

Weise hingewiesen hat. Die Ansprüche des Belästigten ergeben sich aus §§ 280, 823 BGB,[531] § 831 BGB, nach anderer Ansicht direkt aus § 15 iVm § 12 AGG.[532]

6. Unterlassungsanspruch des Betriebsrats. Der BR kann nach § 17 II 1 AGG bei einem groben Verstoß des AG gegen Vorschriften aus dem 2. Abschnitt des AGG unter den Voraussetzungen des § 23 III 1 BetrVG die dort genannten Rechte gerichtlich geltend machen. Damit kann er dem AG gerichtlich aufgeben lassen, eine Handlung zu unterlassen, die Vornahme einer Handlung zu dulden oder eine Handlung vorzunehmen. Der Antrag setzt voraus, dass der AG bereits grob gegen seine sich aus dem 2. Abschnitt des AGG ergebenden Pflichten verstoßen hat. Die bloße Gefahr eines groben Pflichtenverstoßes genügt nicht. Ein grober Verstoß ist regelmäßig zu bejahen, wenn der AG mehrfach und erkennbar gegen seine sich aus dem AGG ergebenden Pflichten verstoßen hat, ohne dass er seine Rechtsposition in einer schwierigen und ungeklärten Rechtsfrage verteidigt.[533] **155**

B. Mobbing

I. Begriff

Unter dem schillernden Begriff „Mobbing" ist das **systematische Anfeinden, Schikanieren und Diskriminieren von AN** untereinander oder durch Vorgesetzte zu verstehen.[534] „Mobbing" ist kein Rechtsbegriff und damit auch keine mit einer Rechtsnorm vergleichbare selbständige Anspruchsgrundlage für Ansprüche eines AN gegen seinen AG oder gegen Vorgesetzte bzw. Arbeitskollegen.[535] Vielmehr handelt es sich beim „Mobbing" um ein soziales Phänomen, das es schon immer in der Arbeitswelt gegeben hat, das aber in den letzten Jahren vermehrt in den Blick der Allgemeinheit getreten ist.[536] Mit dem in § 3 III AGG definierten Begriff der „Belästigung" (dazu → Rn. 44 f.) hat der Gesetzgeber den Begriff des „Mobbings" umschrieben, soweit die Belästigung durch einen in § 1 AGG genannten Grund (mit)motiviert wird;[537] dieser Begriff gilt darüber hinaus auch für alle anders motivierten Fälle der Belästigung eines AN.[538] Beim **Bossing** ist Täter der Vorgesetzte, der die Gruppe der ihm unterstellten Mitarbeiter schikaniert. **Staffing** ist dagegen die Schikane der Mitarbeiter gegen den Vorgesetzten. Ansprüche wegen Mobbings oder Bossings scheiden regelmäßig aus, wenn eine eindeutige Täter-Opfer-Zuordnung nicht möglich ist, vielmehr beide Arbeitsvertragsparteien zugleich Täter und Opfer sind. **156**

II. Anspruchsgrundlagen

Bei den gemeinhin als Mobbing bezeichneten Handlungen können Ansprüche gegen die Arbeitskollegen und den AG entstehen. Ansprüche wegen Mobbings setzen voraus, dass der in Anspruch Genommene in den zu bezeichnenden Einzelfällen entweder arbeitsrechtliche Pflichten, ein **absolutes Recht** des AN (§ 823 I BGB) oder ein **Schutzgesetz** (§ 823 II BGB) verletzt oder eine **sittenwidrige vorsätzliche Schädigung** iSd § 826 BGB begangen hat.[539] Allerdings stellt nicht jede Auseinandersetzung oder jede Meinungsverschiedenheit zwischen AN bereits eine unerlaubte Handlung iSd § 823 I BGB dar. Vielmehr ist es der Zusammenarbeit im Arbeitsleben immanent, dass sich Reibungen und Konflikte ergeben, ohne dass diese – selbst wenn es dabei zu Kraftausdrücken, verbalen Entgleisungen und ähnlichen zu missbilligenden Verhaltensweisen kommt – als Ausdruck des Ziels anzusehen sind, den anderen systematisch in seiner Wertigkeit gegenüber Dritten oder sich selbst zu verletzen. Ob das erforderliche **systematische Anfeinden, Schikanieren und Diskriminieren** vorliegt, hängt immer von den Umständen des Einzelfalls ab. Erforderlich ist eine Abgrenzung zu dem in einem Betrieb im Allgemeinen **157**

[531] MüKoBGB/*Thüsing* AGG § 15 Rn. 13; *Willemsen/Schweibert* NJW 2006, 2583 (2590).
[532] So *Bauer/Evers* NZA 2006, 893; *Göpfert/Siegrist* ZIP 2006, 1710 (1712); *Hoch* BB 2007, 1732 (1733).
[533] BAG 18.8.2009 AP Nr. 1 zu § 3 AGG = NZA 2010, 222.
[534] BAG 15.1.1997 AP Nr. 118 zu § 37 BetrVG 1972 = NZA 1997, 781.
[535] BAG 28.10.2010 AP Nr. 7 zu § 611 BGB Mobbing = NZA-RR 2011, 378; 24.4.2008 DB 2008, 2086.
[536] LAG SchlH 19.3.2002 DB 2002, 1056 = NZA-RR 2002, 457.
[537] BAG 22.7.2010 AP Nr. 2 zu § 22 AGG = NZA 2011, 93.
[538] BAG 25.10.2007 AP Nr. 6 zu § 611 BGB Mobbing = NZA 2008, 223.
[539] BAG 11.12.2014 AP Nr. 9 zu § 611 BGB Mobbing = NZA 2015, 808; 28.10.2010 AP Nr. 7 zu § 611 BGB Mobbing = NZA-RR 2011, 378; 22.7.2010 NZA 2011, 93; 25.10.2007 AP Nr. 6 zu § 611 BGB Mobbing = NZA 2008, 223; 16.5.2007 AP Nr. 5 zu § 611 BGB Mobbing = NZA 2007, 1154.

üblichen oder rechtlich erlaubten und deshalb hinzunehmenden Verhalten. Es ist daher im Einzelfall von den Gerichten zu beurteilen, ob die hinzunehmenden Grenzen überschritten sind. Dabei ist zu beachten, dass sich Vertrags- oder Rechtsgutverletzungen auch erst aus einer **Zusammenschau** der einzelnen unerwünschten Verhaltensweisen ergeben können, wenn die einzelnen, vom AN dargelegten Handlungen oder Verhaltensweisen seiner Arbeitskollegen oder seiner Vorgesetzten bzw. seines AG für sich allein betrachtet diese Grenze zwar noch nicht überschreiten, die Gesamtschau jedoch auf Grund der den Handlungen zugrunde liegenden Systematik und Zielrichtung zu einer Beeinträchtigung eines geschützten Rechts des AN führt.[540] Ein Anspruch nach § 1 I OEG kommt nur bei einem tätlichen Angriff auf den benachteiligten AN in Betracht.[541]

III. Verjährung, Verwirkung und Ausschlussfristen

158 Für einen Schmerzensgeldanspruch wegen Mobbings beginnt gem. § 199 I BGB die regelmäßige **Verjährungsfrist** von drei Jahren (§ 195 BGB) mit dem Zeitpunkt des Abschlusses der zeitlich letzten vorgetragenen Mobbinghandlung.[542] Für eine **Verwirkung** des Schmerzensgeldanspruchs genügt ein bloßes „Zuwarten" oder die Untätigkeit des Anspruchstellers nicht.[543] In Bezug auf vertragliche und tarifvertragliche **Ausschlussfristen** ist sorgfältig zu prüfen, ob diese auch Ansprüche wegen vorsätzlicher unerlaubter Handlungen erfassen (zur AGB-Kontrolle → § 35 Rn. 89).

IV. Rechtsverhältnis zwischen den Arbeitnehmern

159 Wenn das Verhalten der Arbeitskollegen zu **Körper- oder Ehrverletzungen** führt, kann strafrechtlich der Tatbestand der Körperverletzung oder der Beleidigung vorliegen. Im Allgemeinen ist aber kaum zu erwarten, dass für die Strafverfolgung ein öffentliches Interesse bejaht wird, so dass dem Verletzten nur eine Privatklage verbleibt. Zivilrechtlich bestehen zwischen den AN eines Betriebs keine Rechtsbeziehungen, so dass vertragliche Ansprüche ausscheiden. Insoweit können nur Ansprüche aus unerlaubter Handlung (§§ 823 ff. BGB) einschl. eines Schmerzensgeldanspruchs (§ 253 BGB)[544] gegeben sein. Verliert der Verletzte seine Arbeit, kann der Mobber nach §§ 823, 826 BGB auf Schadenersatz haften.[545] Die Schädiger können sich nicht auf die Haftungsprivilegierung nach § 105 SGB VII berufen.[546]

V. Ansprüche gegenüber dem Arbeitgeber

160 Der AG hat die arbeitsvertragliche **Nebenpflicht,** den AN vor einer Verletzung seines Persönlichkeitsrechts und seines Rechts auf körperliche Unversehrtheit zu bewahren. Er muss daher den unangemessen behandelten Mitarbeiter schützen und die notwendigen organisatorischen Maßnahmen treffen, damit Eingriffe in das Persönlichkeitsrecht des AN zukünftig unterbleiben.[547] Diese Pflicht entspricht § 12 III AGG, wonach der AG bei einem Verstoß von Beschäftigten gegen das Benachteiligungsverbot die im Einzelfall geeigneten, erforderlichen und angemessenen Maßnahmen zur Unterbindung der Benachteiligung wie Abmahnung, Umsetzung, Versetzung oder Kündigung zu ergreifen hat. Bei der Auswahl der Maßnahmen zur Beseitigung der Belästigungen hat der AG grundsätzlich einen Ermessensspielraum. Der AG muss nur solche Maßnahmen ergreifen, die er nach den Umständen des Einzelfalls als verhältnismäßig ansehen darf und die ihm zumutbar sind. Nur im Ausnahmefall beschränkt sich sein Ermessen auf die Durchführung einer bestimmten Maßnahme (zB Versetzung oder Kündigung der störenden AN, Umsetzung des benachteiligten AN).[548] Dies gilt im Grundsatz auch bei schikanösem Verhalten

[540] BAG 24.4.2008 DB 2008, 2086; 25.10.2007 AP Nr. 6 zu § 611 BGB Mobbing = NZA 2008, 223.
[541] BSG 14.2.2001 AP Nr. 1 zu § 611 BGB Mobbing = NJW 2001, 3213.
[542] BAG 18.5.2017 AP Nr. 23 zu § 15 AGG = NZA 2017, 1530; 11.12.2014 AP Nr. 9 zu § 611 BGB Mobbing = NZA 2015, 808.
[543] BAG 11.12.2014 AP Nr. 9 zu § 611 BGB Mobbing = NZA 2015, 808.
[544] LAG BW 5.3.2001 AP Nr. 2 zu § 611 BGB Mobbing; LAG RhPf 16.8.2001 NZA-RR 2002, 121.
[545] Einschr. BAG 18.1.2007 AP Nr. 17 zu § 823 BGB = NZA 2007, 1167 (Verdienstausfallschaden).
[546] BAG 25.10.2007 AP Nr. 6 zu § 611 BGB Mobbing = NZA 2008, 223.
[547] LAG Nds 3.5.2000 LAGE § 273 BGB Nr. 2 = NZA-RR 2000, 517; ThürLAG 10.4.2001 BB 2001, 1358 = NZA-RR 2001, 347; vgl. auch BGH 1.8.2002 NJW 2002, 3172 = NZA 2002, 1214 (Amtshaftungsanspruch).
[548] Zur Kündigung: BAG 25.10.2007 AP Nr. 6 zu § 611 BGB Mobbing = NZA 2008, 223.

von Dritten (Kunden, Schülern[549]) gegenüber dem AN, wenngleich die Möglichkeiten für den AG in tatsächlicher oder rechtlicher Hinsicht begrenzt sein dürften. Verletzt der AG diese Schutzpflicht schuldhaft, haftet er nach § 280 I BGB auf **Schadensersatz** und bei immateriellen Schäden ggf. auf **Schmerzensgeld** (§ 253 II BGB). Daneben kommt ein **Zurückbehaltungsrecht** (§ 273 BGB) in Betracht, allerdings reicht hierzu ein pauschales Berufen auf einen „Mobbingsachverhalt" nicht aus.[550]

Daneben haftet der AG dem betroffenen AN gegenüber nach § 278 BGB für schuldhaft **161** begangene Rechtsverletzungen, die von ihm **als Erfüllungsgehilfen eingesetzte Mitarbeiter oder Vorgesetzte** begehen. Dazu muss die schuldhafte Handlung des als Erfüllungsgehilfen des AG handelnden Mitarbeiters in einem inneren sachlichen Zusammenhang mit den ihm vom AG zugewiesenen Aufgaben stehen. Dies ist regelmäßig dann der Fall, wenn der Erfüllungsgehilfe dem benachteiligten AN gegenüber weisungsbefugt ist.[551] Eine Zurechnung kommt hingegen nicht in Betracht, wenn der AN ohne Kenntnis des AG oder Vorgesetzten von andern, gleichgestellten Arbeitskollegen benachteiligt wird.[552] Ein Schadensersatzanspruch setzt voraus, dass die Verletzung einer vertraglichen oder gesetzlichen Pflicht adäquat kausal für den eingetretenen Schaden gewesen ist. Dies ist der Fall, wenn die beanstandeten (Mobbing-)Handlungen üblicherweise zur Herbeiführung der eingetreten Verletzung(en) geeignet waren.[553] Der AG kann sich gegenüber Personenschäden des AN nicht auf die Haftungsprivilegierung aus § 104 SGB VII berufen.

VI. Betriebsrat

Nach § 75 I BetrVG haben AG und BR darüber zu wachen, dass alle im Betrieb tätigen **162** Personen nach den Grundsätzen von Recht und Billigkeit behandelt werden (→ § 230 Rn. 18). Der Verletzte hat das Beschwerderecht an den AG (§ 84 BetrVG; → § 234 Rn. 16) oder über den BR (§ 85 BetrVG; → § 234 Rn. 24). In Betriebsvereinbarungen wird vielfach versucht, Anlaufstellen für die unangemessen behandelten AN zu schaffen. Die Einrichtung einer Einigungsstelle zum Thema „Schutz vor Mobbing und sexueller Belästigung am Arbeitsplatz" ist bei Auftreten von entspr. Vorfällen nicht offensichtlich unzuständig.[554] Die Teilnahme eines Betriebsratsmitglieds an einer Schulungsveranstaltung zum Thema Mobbing kann nach § 37 VI 1 BetrVG erforderlich sein. Dazu muss der BR eine betriebliche Konfliktlage darlegen, aus der sich für ihn ein Handlungsbedarf zur Wahrnehmung einer gesetzlichen Aufgabenstellung ergibt und zu deren Erledigung er das auf der Schulung vermittelte Wissen benötigt.[555]

VII. Gerichtliches Verfahren

Der AN, der Ansprüche wegen einer unangemessenen Behandlung geltend macht, muss im **163** Prozess die beanstandeten Verhaltensweisen so **konkret darlegen und ggf. beweisen,** dass in jedem Einzelfall beurteilt werden kann, ob diese Verhaltensweisen rechtswidrige, diskriminierende Handlungen darstellen und ob diese die Erkrankung des AN verursacht haben. Lediglich pauschaler und wertender Vortrag (wie zB „gängeln", „beschimpfen", „verbale Übergriffe", „Beleidigungen und massive Drohungen") reicht hierfür nicht aus.[556] Das vom benachteiligten AN darzulegende Verschulden des AG muss sich nicht nur auf die einzelnen „Tathandlungen" beziehen, sondern auch auf die hierdurch verursachte Erkrankung beim AN;[557] besondere Beweiserleichterungen bestehen insoweit nicht.[558] Dieser hat daher darzulegen, dass der AG zumindest damit rechnen musste, dass seine rechtswidrigen Handlungen geeignet waren, bei

549 Dazu *Beck* MMR 2008, 77.
550 BAG 13.3.2008 AP Nr. 87 zu § 1 KSchG 1969; zum Beschäftigungsverbot nach dem MuSchG BAG 7.11.2007 AP Nr. 21 zu § 3 MuSchG 1968.
551 BAG 25.10.2007 AP Nr. 6 zu § 611 BGB Mobbing = NZA 2008, 223.
552 BAG 16.5.2007 AP Nr. 5 zu § 611 BGB Mobbing = NZA 2007, 1154.
553 BAG 24.4.2008 DB 2008, 2086.
554 ArbG Köln 21.11.2000 AiB 2002, 374; aA LAG Hmb 15.7.1998 NZA 1998, 1245; vgl. allerdings auch BAG 23.2.2016 AP Nr. 47 zu § 87 BetrVG 1972 Ordnung des Betriebes = NZA 2016, 838.
555 BAG 15.1.1997 AP Nr. 118 zu § 37 BetrVG 1972 = NZA 1997, 781.
556 LAG SchlH 24.1.2017 – 1 Sa 6/16.
557 LAG Bln 15.7.2004 LAGE Art. 2 GG Persönlichkeitsrecht Nr. 9 = NZA-RR 2005, 13; zur Darlegungslast auch LAG Bln 1.11.2002 LAGE Art. 2 GG Persönlichkeitsrecht Nr. 6 = NZA-RR 2003, 232; LAG Brem 17.10.2002 LAGE Art. 2 GG Persönlichkeitsrecht Nr. 5 = NZA-RR 2003, 234; LAG Nürnberg 2.7.2002 LAGE Art. 2 GG Persönlichkeitsrecht Nr. 4 = NZA-RR 2003, 121.
558 BAG 16.5.2007 AP Nr. 5 zu § 611 BGB Mobbing = NZA 2007, 1154.

ihm, dem AN, Gesundheitsschäden auszulösen. Bei dem zu beurteilenden Verschulden des AG ist unter dem Gesichtspunkt der **Schadensminderungspflicht** des AN zu berücksichtigen, dass der AN grundsätzlich die Möglichkeit hat, sich gegen unrechtmäßige Arbeitsanweisungen tatsächlich und rechtlich zur Wehr zu setzen. Es ist daher zu prüfen, ob es dem AN möglich war, sich beim AG über die unangemessene Behandlung zu beschweren und entspr. Abhilfe zu fordern.[559] Eine Haftung des AG wird danach wegen fehlenden Verschuldens zu verneinen sein, wenn der AN nicht zuvor entweder den AG oder seinen Vertreter auf das rechtswidrige Verhalten aufmerksam gemacht hat. Zur Abwehr von schwerwiegenden Gesundheitsbeeinträchtigungen kann der benachteiligte AN einstweiligen Rechtsschutz in Anspruch nehmen.[560]

§ 37. Entgeltgleichheit

Übersicht

I. Überblick

1 Den Grundsatz der Entgeltgleichheit hat das BAG zunächst aus Art. 3 III GG hergeleitet.[1] Ein entspr. unmittelbarer Anspruch ergibt sich daneben aus Art. 157 AEUV, der durch die Richtlinie 2006/54/EG zur Verwirklichung des Grundsatzes der Chancengleichheit und **Gleichbehandlung von Männern und Frauen** in Arbeits- und Beschäftigungsfragen vom 5.7.2006 (ABl. 2006 L 204/23) konkretisiert wird (→ Rn. 77). Auch § 8 II AGG setzt zwar ein Entgeltgleichheitsgebot voraus; anders als § 612 III 1 BGB aF normiert er nach zutreffender Ansicht jedoch keine unmittelbare Anspruchsgrundlage.[2] Seit Inkrafttreten des Entgelttransparenzgesetzes (→ Rn. 2) zum 6.7.2017 (BGBl. I 2152) enthält § 7 EntgTranspG nunmehr ausdrücklich ein Entgeltgleichheitsgebot für Männer und Frauen, dessen Einhaltung und Überwachung durch Auskunftsansprüche und Prüfverfahren gewährleistet werden soll. Für die geschlechtsbedingte Entgeltungleichheit kommt dem AGG (→ § 36 Rn. 1) damit insoweit keine Bedeutung mehr zu, als dass das EntgTranspG abschließende Regelungen enthält (→ Rn. 24).[3]

II. Entgelttransparenzgesetz

2 **1. Einführung.** Das zum 6.7.2017 in Kraft getretene EntgTranspG soll das Gebot des gleichen Entgelts für Frauen und Männer bei gleicher oder gleichwertiger Arbeit durchsetzen (§ 1 EntgTranspG). Der statistisch messbare Entgeltunterschied lag bei gleicher formaler Qualifikation und im Übrigen gleichen Merkmalen im Jahr 2016 bei etwa 7%.[4] Diese sog. bereinigte Entgeltlücke stellt nach Ansicht des Gesetzgebers ein „klares Indiz“ für eine zumeist mittelbare geschlechtsbedingte Entgeltbenachteiligung dar, die dadurch geschlossen werden soll, dass die Transparenz für Entgeltregelungen und -strukturen erhöht wird.[5] Damit folgt der Gesetzgeber

559 LAG SchlH 28.3.2006 NZA-RR 2006, 402.
560 LAG BW 27.7.2001 PersR 2002, 9.
1 BAG 1.12.1961 AP Nr. 70 zu Art. 3 GG.
2 Vgl. BAG 25.6.2020 NZA 2020, 1613: „nicht hinreichend deutlich“; BAG 10.11.2011 AP Nr. 12 zu § 27 BAT = NZA 2012, 161; aA LAG RhPf 13.8.2014 NZA-RR 2015, 236; s. auch BAG 11.12.2007 AP Nr. 1 zu § 2 AGG = NZA 2008, 532: „Wertung in § 2 I Nr. 2, § 8 II“.
3 ErfK/*Schlachter* EntgTranspG § 1 Rn. 3.
4 Vgl. BT-Drs. 18/11133, 1, 19.
5 Vgl. BT-Drs. 18/11133, 1, 19, 21, 47.

der Annahme der EU-Kommission, wonach ein höheres Maß an Transparenz geschlechtsabhängige Ungleichbehandlungen und Diskriminierungen in den Vergütungsstrukturen eines Unternehmens offenlegen kann.[6] Ob das EntgTranspG dieses Ziel tatsächlich erreichen wird, steht zu bezweifeln.[7] Im Einzelnen sieht es neben einem ausdrücklichen **Gebot der Entgeltgleichheit** für Frauen und Männer (→ Rn. 12), einen **individuellen Auskunftsanspruch** (→ Rn. 29), ein fakultatives **betriebliches Prüfverfahren** (→ Rn. 68) und für nach dem HGB lageberichtspflichtige Unternehmen **Berichtspflichten** über Maßnahmen zu Gleichstellung von Frauen und Männern und zur Herstellung der Entgeltgleichheit (§§ 21 f. EntgTranspG) vor. Vor allem der individuelle Auskunftsanspruch kann für die Unternehmen mit einem erheblichen bürokratischen Aufwand verbunden sein.[8]

2. Persönlicher Anwendungsbereich. Nach § 5 II EntgTranspG gelten dessen Regelungen 3 u.a. für AN, die zu ihrer Berufsausbildung sowie die in Heimarbeit Beschäftigten und die ihnen Gleichgestellten. **Arbeitnehmerähnliche Personen** sind – abweichend von § 6 I Nr. 3 AGG – damit zwar nicht ausdrücklich vom Geltungsbereich erfasst; da AN iSd § 5 II Nr. 1 EntgTranspG bei gebotener unionrechtskonformer Auslegung der Norm aber AN iSd Begriffsverständnisses der Richtlinie 2006/54/EG sind, können diese auch unter das Gesetz fallen.[9] Lokal Beschäftigte an den Auslandsvertretungen des Auswärtigen Amtes sind dagegen keine Beschäftigte iSd § 5 II EntgTranspG.[10] Auf **Leiharbeitnehmer** findet das Entgeltgleichheitsgebot nur im Verhältnis zum Vertragsarbeitgeber, nicht aber im Verhältnis zum Entleiher Anwendung.[11]

Die Regelungen zum Entgeltgleichheitsgebot (→ Rn. 12) erfassen alle AG ungeachtet ihrer 4 Rechtsform (vgl. § 5 III 1 EntgTranspG). Der Auskunftsanspruch (→ Rn. 29) besteht allerdings grundsätzlich nur ab einer bestimmten Betriebsgröße. Erfasst sind insoweit auch der **öffentliche Dienst** (§ 16 EntgTranspG) sowie die **Kirchen** und die ihnen zugeordneten caritativen und erzieherischen Einrichtungen (vgl. § 11 IV EntgTranspG).

Für sog. **tarifgebundene und tarifanwendende AG** sieht das Gesetz – insbesondere beim 5 individuellen Auskunftsanspruch (→ Rn. 29) – Privilegierungen vor. Der Gesetzgeber geht davon aus, dass die Entgeltlücke bei einer Anwendung bzw. Geltung von tariflichen Entgeltbestimmungen geringer ausfällt. Allerdings werfen die in § 5 IV und V EntgTranspG vorgesehenen Legaldefinitionen dieser Gruppen von AG zahlreiche Fragen auf.

Tarifgebundene AG sind nach § 5 IV EntgTranspG solche, die normativ und damit kraft 6 Tarifabschluss, Mitgliedschaft im Verband (§§ 3 I, 4 I TVG) oder aufgrund einer Allgemeinverbindlicherklärung (§ 5 TVG) an einen **Entgelt- oder Entgeltrahmentarifvertrag** gebunden sind. Im Hinblick auf den Zweck der Regelung fallen auch AG, die im Betrieb an mehrere verschiedene Entgelttarifverträge gebunden sind, hierunter.[12] Nach dem Wortlaut von § 5 IV EntgTranspG kommt es nicht darauf an, ob und in welchem Umfang die AN des Betriebs an den Tarifvertrag gebunden sind.[13] Für § 5 IV EntgTranspG unschädlich ist auch, wenn der Tarifvertrag nicht alle AN des Betriebs erfasst.[14] Von einer Tarifbindung iSd Norm ist zudem auszugehen, wenn der AG im Betrieb **übertarifliche Zulagen** gewährt oder **außertarifliche Mitarbeiter** beschäftigt. Anhaltspunkte, dass der Gesetzgeber solche AG in Bezug auf die nicht vom Geltungsbereich erfasste Personengruppe oder die nicht im Tarifvertrag vorgesehenen Vergütungsbestandteile als „nicht tarifgebunden" behandeln wollte, bestehen nicht. Die sprachliche Fassung von § 5 IV EntgTranspG steht einer solchen differenzierten Betrachtungsweise entgegen. Da das EntgTranspG auch im Übrigen strikt zwischen den tarifgebundenen und -anwendenden AG einerseits und den übrigen AG andererseits unterscheidet (vgl. etwa § 22 I und II EntgTranspG), fallen diese AG unter § 5 IV EntgTranspG.[15] Damit richtet sich auch in diesen Fällen der Auskunftsanspruch (→ Rn. 29) ausschließlich nach § 14 EntgTranspG.

---

[6] Vgl. Empfehlung der Kommission vom 7.3.2014 Stärkung des Grundsatzes des gleichen Entgelts für Frauen und Männer durch Transparenz, ABl. L 69 vom 8.3.2014, S. 112.

[7] Krit. auch *Wank* RdA 2018, 34; *Göpfert/Giese* NZA 2018, 207; *Grimm/Freh* ArbRB 2017, 1.

[8] *Wank* RdA 2018, 45; *Franzen* NZA 2017, 814 (818); *Bauer/Günther/Romero* NZA 2017, 809 (814); *Gaul* ArbRB 2017, 47 (50).

[9] BAG 25.6.2020 NZA 2020, 1613; *Brune/Brune* BB 2019, 436 (439); vgl. auch *Wank* RdA 2018, 34 (40).

[10] BT-Drs. 18/11133, 54.

[11] *Wank* RdA 2018, 34 (40); *Müller* BB 2017, 2101; *Brune/Brune* BB 2019, 436 (439).

[12] Vgl. *Weigert* NZA 2018, 210.

[13] Vgl. *Weigert* NZA 2018, 210 (211); *Bauer/Krieger/Günther* EntgTranspG § 5 Rn. 25; aA ErfK/*Schlachter* EntgTranspG § 5 Rn. 10.

[14] *Roloff* RdA 2018, 28 (31).

[15] Vgl. auch *Franzen* NZA 2012, 814 (817 f.).

7 **Tarifanwendende AG** sind nach § 5 V EntgTranspG solche, die im Geltungsbereich eines Entgelt- oder Entgeltrahmentarifvertrags die tariflichen Regelungen zum Entgelt durch **schriftliche Vereinbarung verbindlich und inhaltsgleich** für alle Tätigkeiten und Beschäftigten übernommen haben, für die diese tariflichen Regelungen zum Entgelt angewendet werden. Die Regelung, die an das Vorliegen einer „Tarifanwendung" strenge Anforderungen stellen soll,[16] ist nicht nur sprachlich missglückt. Nicht erfasst werden zunächst die AG, die die in § 5 V EntgTranspG genannten Tarifverträge lediglich kraft **betrieblicher Übung** zur Anwendung bringen[17] (→ § 110 Rn. 24). Die Norm verlangt zudem eine „inhaltsgleiche"- wenn auch nicht wortlautidentische[18] – vertragliche Bezugnahmeklausel. Diese ist gegeben, wenn die Verweisungsklauseln dasselbe tarifliche Bezugsobjekt (Entgelt- oder -rahmentarifvertrag) haben. Die vertragliche Verweisung muss sich allerdings nur auf die auch bei einer normativen Tarifbindung vom Geltungsbereich des Tarifvertrags erfassten Arbeitsverhältnisse beziehen.[19] Daher bedarf es auch mit den übertariflich vergüteten AN der Vereinbarung einer Bezugnahme, nicht aber mit den außertariflichen Angestellten.[20] Nicht ausreichend ist es, wenn nur die Anwendung von Teilen des Entgelttarifvertrags vereinbart wurde.[21] Unklar ist, ob § 5 V EntgTranspG auch greift, wenn der AG – etwa infolge eines Betriebsübergangs – nur auf einen Teil der Arbeitsverhältnisse tarifliche Entgeltregelungen anwenden muss. Hiergegen spricht, dass sich der Auskunftsanspruch (→ Rn. 29) auf alle AN mit vergleichbarer Tätigkeit im Betrieb richtet und daher nach § 12 II Nr. 2 EntgTranspG alle – somit auch unterschiedliche – Entgeltregelungen im Betrieb erfasst.[22] Eine „Aufspaltung" eines AG in einen nicht und in einen Tarifanwendenden ist dem EntgTranspG fremd. Eine analoge Anwendung von § 5 V EntgTranspG auf **kirchliche AG,** die im Dritten Weg zustande gekommene Vertragsbedingungen anwenden, scheidet vor dem Hintergrund von § 11 IV EntgTranspG mangels Regelungslücke aus.[23]

8 **3. Sachlicher Anwendungsbereich.** Das Gesetz bezieht sich nach § 2 I inhaltlich nicht nur auf das vereinbarte oder gezahlte **Entgelt** iSd § 5 I EntgTranspG – und damit auf die einzelnen vom AG gewährten Entgeltbestandteile –, sondern auch auf **Entgeltsysteme.** Entgelt sind nach der Legaldefinition in § 5 I EntgTranspG alle Grund- oder Mindestarbeitsentgelte sowie alle sonstigen Vergütungen, die unmittelbar oder mittelbar in bar oder in Sachleistungen aufgrund eines Beschäftigungsverhältnisses gewährt werden. Die Entgeltdefinition entspricht fast wörtlich der Regelung in Art. 157 II 1 AEUV (→ Rn. 79). Entspr. der Rspr. des BAG[24] ist ein **weiter Entgeltbegriff** zugrunde zu legen.[25] Die Gesetzesbegründung zeigt, dass die Formulierung „in bar" lediglich als Gegensatz zur Sachleistung zu verstehen ist. Eine „Barvergütung" liegt damit auch bei einer Zahlung durch Überweisung auf ein Bankkonto vor.[26] Die Vergütung muss nicht als Gegenleistung für die erbrachte Arbeitsleistung gewährt werden; ausreichend ist es, wenn sie im Hinblick auf das Beschäftigungsverhältnis erbracht wird. Auch auf die rechtliche Grundlage der Vergütungsgewährung kommt es nicht an. Erfasst werden daher Leistungen, die die AN aufgrund einer betrieblichen Übung, einer Gesamtzusage, einer Betriebs- oder Dienstvereinbarung, eines Tarifvertrags oder aufgrund Gesetzes vom AG erhalten.[27]

9 Zum Arbeitsentgelt gehören daher zB variable Vergütungsbestanteile – wie Bonus- und Prämienzahlungen –, Leistungen der betrieblichen Altersversorgung, Essengutscheine,[28] die Überlassung eines Dienstwagens,[29] Personalrabatte, die Entgeltfortzahlung im Krankheitsfall,[30] Aktienoptionen des AG, Übergangszahlungen,[31] Zuschläge sowie die Zahlung einer Abfindung.[32]

---

16 BT-Drs. 18/11133, 55.
17 *Kuhn/Schindling* DB 2018, 509 (515); krit. *Grimm/Freh* ArbRB 2017, 1 (3).
18 Ebenso *Weigert* NZA 2018, 210 (212).
19 Vgl. *Weigert* NZA 2018, 210 (211); *Grimm/Freh* ArbRB 2017, 1 (3); *Roloff* RdA 2018, 28 (31); so auch BT-Drs. 18/11133, 55.
20 Ebenso *Weigert* NZA 2018, 210 (211).
21 *Wank* RdA 2018, 34 (44); *Grimm/Freh* ArbRB 2017, 1 (3).
22 Ebenso *Oberthür* NJW 2017, 2228; aA *Bauer/Günther/Romero* NZA 2017, 809 (810); wohl auch *Müller* BB 2017, 2101 (2103); *Brune/Brune* BB 2019, 436 (443); vgl. auch *Weigert* NZA 2018, 210 (212).
23 AA *Roloff* RdA 2018, 28 (31).
24 BAG 14.8.2007 AP Nr. 1 zu § 33 AGG = NZA 2008, 99.
25 BT-Drs. 18/11133, 54.
26 BT-Drs. 18/11133, 54; *Grimm/Freh* ArbRB 2017, 1 (3).
27 BT-Drs. 18/11133, 54.
28 *Müller* BB 2017, 2101 (2102).
29 Vgl. auch *Benkert* NJW-Spezial 2017, 434.
30 EuGH 13.7.1989 AP Nr. 16 zu Art. 119 EWG-Vertrag = NZA 1990, 437; *Kuhn/Schwindling* DB 2018, 509 (511).
31 BAG 18.5.2006 AP Nr. 1 zu § 8 TV-SozSich = NZA 2007, 103.
32 ArbG Köln 20.3.2008 – 22 Ca 8411/07.

Kein Entgelt sind dagegen die Zurverfügungstellung subventionierter Kindertagesstättenplätze,[33] die Gewährung von Beihilfeleistungen[34] sowie Kurzarbeiter-, Eltern- und Krankengeld.[35] Ob auch die Gewährung von Aktienoptionen durch die Muttergesellschaft des AG Entgelt iSd § 5 I EntgTranspG ist zweifelhaft.[36]

Verwendet der AG für das Entgelt, das den Beschäftigten zusteht, ein **Entgeltsystem,** müssen nicht nur die einzelnen Entgeltbestandteile, sondern auch das System als Ganzes nach § 4 I EntgTranspG so ausgestaltet sein, dass eine Benachteiligung wegen des Geschlechts ausgeschlossen ist (§ 4 IV EntgTranspG). Das Gesetz macht keine Vorgaben zur Verwendung konkreter Arbeitsbewertungsverfahren, sondern legt lediglich die Mindestkriterien fest, die das Entgeltsystem erfüllen muss.[37] So müssen die Art der zu verrichtenden Tätigkeit „objektiv" berücksichtigen werden (Nr. 1), die Entgeltfindung muss auf für weibliche und männliche Beschäftigte gemeinsamen Kriterien beruhen (Nr. 2), die einzelnen Differenzierungskriterien müssen diskriminierungsfrei gewichtet werden (Nr. 3) und das System muss insgesamt durchschaubar sein (Nr. 4). Die sibyllinische Formulierung in § 4 I 2 Nr. 1 EntgTranspG soll zum Ausdruck bringen, dass die für die Bewertung der Tätigkeit verwendeten Kriterien diese richtig und vollständig widerspiegeln müssen und die für die Tätigkeit relevanten Aspekte umfassend erfasst sein sollen.[38] Die Entgeltfindung beruht nur dann auf für weibliche und männliche Beschäftigte gemeinsame Kriterien iSv Nr. 2, wenn zB bei körperlicher Arbeit nicht lediglich auf eine aktive muskulöse Belastung, sondern auch auf eine einseitige, physische belastende Körperhaltung, auf nervliche bzw. sensorische Belastungen oder eine Belastung durch Lärm oder sonstige Umwelteinflüsse abgestellt wird.[39] Das Entgeltsystem iSd § 4 EntgTranspG kann tariflicher Natur sein, sich aus einer Betriebsvereinbarung ergeben oder vom AG einseitig aufgestellt worden sein. Erfasst sind auch Vergütungssysteme für leitende oder außertarifliche Angestellte. Um die Überprüfung der Vorgaben nach § 4 I EntgTranspG für die Praxis zu erleichtern, kann der von der ILO herausgegebene Leitfaden herangezogen werden.[40] 10

Tariflichen Entgeltregelungen räumt der Gesetzgeber im Hinblick auf Art. 9 III GG dabei einen besonderen Stellenwert ein.[41] Für diese gilt nach § 4 V 1 EntgTranspG eine „Angemessenheitsvermutung". Im Kontext des EntgTranspG bleibt der Inhalt dieser Aussage allerdings unklar. Die Vermutung der Angemessenheit kollektivrechtlich vereinbarter Tarifregelungen, die auf der von Verfassungs wegen vorausgesetzten Verhandlungsparität der Tarifpartner beruht, bezieht sich normalerweise nicht darauf, dass die von ihnen geschaffenen Tarifnormen diskriminierungsfrei sind.[42] Da auch die Tarifvertragsparteien an die verfassungs- und auch unionsrechtlichen Diskriminierungsverbote gebunden sind,[43] kann § 4 V 1 EntgTranspG deshalb keine derartige Bedeutung zukommen.[44] Vielmehr dürfte die Norm wohl als Hinweis darauf zu verstehen sein, dass den Tarifparteien wegen der verfassungsrechtlich gewährleisteten Tarifautonomie sowohl ein weiter Gestaltungsspielraum als auch eine Einschätzungsprärogative hinsichtlich der tatsächlichen Gegebenheiten und der betroffenen Interessen zukommt. Bei der Lösung tarifpolitischer Konflikte sind sie nicht verpflichtet, die jeweils zweckmäßigste, vernünftigste oder gerechteste Vereinbarung zu treffen; es genügt, wenn für die vereinbarten Regelungen ein sachlich vertretbarer Grund besteht.[45] § 4 V 1 EntgTranspG soll lediglich diesen Bewertungsspielraum der Tarifvertragsparteien für die Rechtfertigung etwaiger mittelbarer Entgeltbenachteiligungen noch einmal 11

[33] BAG 14.8.2007 AP Nr. 1 zu § 33 AGG = NZA 2008, 99; EuGH 19.3.2002 NZA 2002, 501 – Lommers; aA *Brune/Brune* BB 2019, 436 (441).

[34] BAG 14.8.2007 AP Nr. 1 zu § 33 AGG = NZA 2008, 99.

[35] *Kuhn/Schwindling* DB 2018, 509 (511).

[36] Vgl. dazu *Müller* BB 2017, 2101 (2103); abl. *Kuhn/Schwindling* DB 2018, 509 (513); vgl. auch BAG 12.2.2003 AP Nr. 243 zu § 613a BGB = NZA 2003, 487.

[37] BT-Drs. 18/11133, 53.

[38] BT-Drs. 18/11133, 53; krit. zu dieser Anforderung *Wank* RdA 2018, 34 (44).

[39] Vgl. auch BAG 29.7.1992 AP Nr. 32 zu § 1 TVG Tarifverträge: Einzelhandel = NZA 1993, 181; *Oberthür* NJW 2017, 2228 (2231).

[40] *Chicha,* Gendergerechtigkeit stärken – Entgeltgleichheit sicherstellen – ein ILO-Leitfaden für genderneutrale Tätigkeitsbewertung, 2016.

[41] Vgl. BT-Drs. 18/11133, 53.

[42] Ebenso *Thüsing* BB 2017, 565 (566).

[43] Vgl. etwa EuGH 27.6.1990 AP Nr. 21 zu Art. 119 EWG-Vertrag = NZA 1990, 771; 15.12.1994 AP Nr. 7 zu § 611 BGB Teilzeit = NZA 1995, 218; BAG 22.4.2010 AP Nr. 322 zu Art. 3 GG = NZA 2010, 947.

[44] Ebenso ErfK/*Schlachter* EntgTranspG § 4 Rn. 9; aA *Weigert* NZA 2018, 210 (214).

[45] Vgl. etwa BAG 26.4.2017 AP Nr. 29 zu § 1 TVG Tarifverträge: Bewachungsgewerbe; 21.5.2014 AP Nr. 220 zu § 242 BGB Gleichbehandlung = NZA 2015, 115.

hervorheben (→ Rn. 21).[46] Nach ihrem eindeutigen Wortlaut erfasst die Norm nur Tarifverträge, nicht jedoch **Betriebs- oder Dienstvereinbarungen;**[47] eine analoge Anwendung scheidet angesichts der insoweit bewussten Entscheidung des Gesetzgebers aus.

12 **4. Entgeltgleichheitsgebot. a) Allgemeines.** § 7 EntgTranspG regelt – entspr. § 612 III 1 BGB aF – ein ausdrückliches Gebot der Entgeltgleichheit für Männer und Frauen. Danach darf bei Beschäftigungsverhältnissen für gleiche oder gleichwertige Arbeit nicht wegen des Geschlechts der oder des Beschäftigten ein geringeres Entgelt vereinbart oder gezahlt werden als bei einer oder einem Beschäftigten des anderen Geschlechts. Entspr. Art. 4 II 1 RL 2006/54/EG ordnet § 3 I EntgTranspG ergänzend an, dass bei gleicher oder gleichwertiger Arbeit sowohl eine **unmittelbare als auch mittelbare geschlechtsbedingte Benachteiligung** im Hinblick auf sämtliche Entgeltbestandteile und Entgeltbedingungen verboten ist.[48] Mit § 7 I EntgTranspG hat der Gesetzgeber dem Umstand Rechnung getragen, dass das AGG selbst keine ausdrückliche rechtliche Grundlage für einen Anspruch auf gleiches Entgelt enthält (→ Rn. 1).[49] Die Regelung untersagt nicht nur die Vereinbarung eines geringeren Entgelts, sondern auch dessen Zahlung.

13 **b) Benachteiligungsformen.** Nach § 3 II 1 EntgTranspG liegt eine **unmittelbare Entgeltbenachteiligung** vor, wenn eine Beschäftigte oder ein Beschäftigter wegen des Geschlechts bei gleicher oder gleichwertiger Arbeit ein geringeres Entgelt erhält, als eine Beschäftigte oder ein Beschäftigter des jeweils anderen Geschlechts erhält, erhalten hat oder erhalten würde. Eine solche Benachteiligung ist auch gegeben, wenn eine Frau wegen Schwangerschaft oder Mutterschaft ein geringeres Entgelt erhält (§ 3 II 2 EntgTranspG). Die Regelung lehnt sich eng an § 3 I AGG an – daher kann insoweit auf die dortigen Ausführungen (→ § 36 Rn. 30) verwiesen werden – beschränkt ihre inhaltliche Reichweite jedoch ausschließlich auf das Entgelt.

14 Auch der Begriff der **mittelbaren Diskriminierung** in § 3 III 1 EntgTranspG entspricht – allerdings lediglich bezogen auf das Entgelt – § 3 II AGG (→ § 36 Rn. 39). Danach liegt eine mittelbare Entgeltbenachteiligung vor, wenn dem Anschein nach neutrale Vorschriften, Kriterien oder Verfahren Beschäftigte wegen des Geschlechts gegenüber Beschäftigten des jeweils anderen Geschlechts in Bezug auf das Entgelt in besonderer Weise benachteiligen können, es sei denn, die betreffenden Vorschriften, Kriterien oder Verfahren sind durch ein rechtmäßiges Ziel sachlich gerechtfertigt und die Mittel sind zur Erreichung dieses Ziels angemessen und erforderlich (→ Rn. 84). Zu den neutralen Verfahren gehören auch **Arbeitsbewertungsverfahren.**[50] Eine mittelbare Entgeltbenachteiligung kann zB gegeben sein, wenn Beschäftigte, die in geringer Teilzeit erwerbstätig sind, bei bestimmten Entgeltbestandteilen ohne sachlichen Grund nicht berücksichtigt werden, sofern davon in besonderer Weise Frauen betroffen sind, zB weil sie aufgrund fehlender Kinderbetreuungsmöglichkeiten nur in geringem Umfang erwerbstätig sind.[51]

15 Eine mittelbare Entgeltdiskriminierung liegt nicht vor, wenn die Benachteiligung eines Geschlechts durch ein legitimes Ziel **gerechtfertigt** ist und die eingesetzten Mittel **verhältnismäßig** sind (→ § 36 Rn. 43). Der Gesetzgeber hat als legitime Ziele in § 3 III 2 EntgTranspG exemplarisch **arbeitsmarkt-, leistungs- und arbeitsergebnisbezogene Aspekte** aufgeführt. So kann etwa die Zahlung eines höheren Entgelts für Tätigkeiten, die typischerweise von einem Geschlecht ausgeübt werden, durch die angespannte Lage auf dem Arbeitsmarkt gerechtfertigt sein, wenn ein objektiver Mangel an Bewerbern für eine Tätigkeit besteht und durch ein höheres Gehalt ein Anreiz geboten werden soll.[52] Haushaltsrechtliche Vorgaben rechtfertigen hingegen keine Benachteiligung beim Arbeitsentgelt.[53] Auch die lediglich allgemeine Behauptung, die höhere Bezahlung sei beschäftigungspolitisch bedingt, reicht nicht aus.[54] Hingegen kann eine differenzierte Anwendung von Arbeitsbewertungskriterien wie körperliche Anforderungen, Geschicklichkeit und Stressbelastung im Rahmen eines systematischen Gesamtvergleichs zu gerechtfertigten Lohnunterschieden führen.[55]

[46] BeckOK ArbR/*Roloff* EntgTranspG § 4 Rn. 14; *Bauer/Krieger/Günther* EntgTranspG § 4 Rn. 46.
[47] Für eine Erstreckung *Bauer/Krieger/Günther* EntgTranspG § 4 Rn. 49; *Franzen* NZA 2017, 812 (818).
[48] Wegen der – eigentlich überflüssigen – Dopplung dieses Ge- und Verbots zu Recht krit. *Thüsing* BB 2017, 565 (566).
[49] BT-Drs. 18/11133, 56.
[50] BT-Drs. 18/11133, 49.
[51] BT-Drs. 18/11133, 49.
[52] Vgl. BT-Drs. 18/11133, 50; *Müller* BB 2017, 2101 (2102); *Grimm/Freh* ArbRB 2017, 1 (3).
[53] BT-Drs. 18/11133, 49; EuGH 24.2.1994 ABl. EG 1994, Nr. C 90, 4.
[54] BT-Drs. 18/11133, 49.
[55] BT-Drs. 18/11133, 50.

c) Gleiche oder gleichwertige Arbeit. Das Entgeltgleichheitsgebot gilt nur für gleiche oder gleichwertige Arbeit. Nach § 4 I EntgTranspG üben weibliche und männliche Beschäftigte die **gleiche Arbeit** aus, wenn sie entweder an **verschiedenen Arbeitsplätzen** oder nacheinander an **demselben Arbeitsplatz** eine identische oder gleichartige Tätigkeit ausführen. Mit dieser Legaldefinition hat der Gesetzgeber die frühere Rspr. des BAG zu § 612 III BGB aF übernommen.[56] Die Bewertung, ob die Arbeit gleich ist, erfordert einen Gesamtvergleich der Tätigkeiten. Dabei kommt es auf die jeweiligen Arbeitsvorgänge und das Verhältnis dieser Vorgänge zueinander an. Soweit Tätigkeiten oder ihre Merkmale voneinander abweichen, ist auf die jeweils überwiegend auszuübende Tätigkeit abzustellen. Einzelne gleiche Arbeitsvorgänge für sich allein genügen nicht für die Annahme, die insgesamt jeweils geschuldete Arbeitstätigkeit sei gleich.[57] Die AN müssen sich bei Bedarf gegenseitig ersetzen können.[58] Eine gleichartige Tätigkeit liegt nicht vor, wenn diese eine andere Berufsausbildung erfordert. 16

Schwieriger ist die Beurteilung, ob eine **gleichwertige Tätigkeit** gegeben ist. Die gesetzlichen Vorgaben sind hier bewusst sehr abstrakt gefasst,[59] damit sie auf alle Tätigkeiten und in allen Branchen anwendbar sind. Nach § 4 II 1 EntgTranspG üben weibliche und männliche Beschäftigte eine gleichwertige Arbeit aus, wenn sie unter Zugrundelegung einer Gesamtheit von Faktoren als in einer **vergleichbaren Situation** befindlich angesehen werden können. Auch hier lehnt sich der Gesetzgeber an die Bestimmung in § 3 I AGG an. Für die Frage, ob eine gleichwertige Tätigkeit vorliegt, sind deren Arbeitswert, nicht die von den AN erbrachten Arbeitsleistungen entscheidend; deren Qualität und Quantität sind ebenso ohne Belang[60] wie die unterschiedlichen Fähigkeiten der AN.[61] Die Gleichwertigkeit ist vielmehr gem. § 4 II 2 EntgTranspG u.a. nach der **Art der Arbeit,** den **Ausbildungsanforderungen** und den **Arbeitsbedingungen** zu beurteilen. Zu den Arbeitsbedingungen gehören nicht nur die äußerlichen Umstände der Tätigkeit (zB Arbeiten im Außen- oder Innendienst[62]), sondern auch die physischen und psychischen Anforderungen, die die Tätigkeit stellt (zB statische oder einseitig dynamische Muskelarbeit).[63] 17

Nach der Vorstellung des Gesetzgebers können zur Beurteilung der Gleichwertigkeit im Bedarfsfall auch noch weitere **Unterkategorien** gebildet werden. Hierzu gehören zB erforderliche Qualifikation oder Fertigkeiten für die Tätigkeiten sowie eine etwaige Verantwortung sowohl sachlicher, finanzieller oder personeller Art.[64] Da auch die Ausbildungsanforderungen – wie zB unterschiedliche Abschlüsse oder öffentlich-rechtliche Berufszulassungen[65] – eine Rolle spielen, können selbst auf den ersten Blick gleichgeartete Tätigkeiten nicht als gleichwertig einzustufen sein, wenn sie unterschiedliche berufliche Qualifikationen erfordern.[66] Gegen eine Gleichwertigkeit spricht auch, wenn AN andere Aufgaben zugewiesen werden können.[67] 18

Die Faktoren iSd § 4 II 2 EntgTranspG dürfen nicht isoliert bewertet, sondern müssen im Rahmen einer **Gesamtschau** beurteilt werden.[68] Maßgeblich sind nach § 4 II 3 EntgTranspG immer die tatsächlichen, für die jeweilige Tätigkeit wesentlichen Anforderungen. Auf die subjektiven Vorstellungen des AG kommt es nicht an.[69] Die Person, die eine gleichwertige Tätigkeit ausübt, muss nicht tatsächlich im Betrieb beschäftigt sein, es kann auch ein hypothetischer AN auf einem Arbeitsplatz mit gleichwertiger Tätigkeit in Betracht kommen.[70] 19

Nach § 4 V 2 EntgTranspG werden Tätigkeiten, die aufgrund **tarifvertraglicher Entgeltregelungen** unterschiedlichen Entgeltgruppen zugewiesen sind, als nicht gleichwertig angesehen, sofern die Regelungen nicht gegen höherrangiges Recht verstoßen. Die Reichweite dieser Bestimmung bleibt unklar. Sie dürfte – über ihren unmittelbaren Wortlaut hinaus – auch die 20

---

[56] Vgl. BAG 26.1.2005 AP Nr. 1 zu AVR Diakonisches Werk Anlage 18 = NZA 2005, 259.
[57] BAG 26.1.2005 AP Nr. 1 zu AVR Diakonisches Werk Anlage 18 = NZA 2005, 259; 23.8.1995 AP Nr. 48 zu § 612 BGB = NZA 1996, 579.
[58] BT-Drs. 18/11133, 51; *Grimm/Freh* ArbRB 2017, 182 (183); *dies.* ArbRB 2017, 1 (5).
[59] Krit. *Benkert* NJW-Spezial 2017, 434 (435).
[60] *Bauer/Günther/Romero* NZA 2017, 809 (811); *Grimm/Freh* ArbRB 2017, 1 (6).
[61] Krit. *Wank* RdA 2018, 34 (40).
[62] Vgl. *Müller* BB 2017, 2101 (2102); *Kuhn/Schwindling* DB 2018, 509 (510).
[63] BT-Drs. 18/11133, 51.
[64] BT-Drs. 18/11133, 51.
[65] *Müller* BB 2107, 2101 (2102).
[66] Vgl. *Oberthür* NJW 2017, 2228.
[67] *Oberthür* NJW 2017, 2228.
[68] BT-Drs. 18/11133, 51.
[69] *Grimm/Freh* ArbRB 2017, 1 (6).
[70] *Wank* RdA 2018, 34 (42).

Vermutung enthalten, dass Tätigkeiten der gleichen Tarifgruppe gleichwertig sind.[71] Allerdings erscheint es zweifelhaft, ob eine solche Privilegierung tariflicher Entgeltsysteme unionsrechtlich zulässig ist.[72] Denn nach der Rspr. des EuGH stellt die Einstufung von Tätigkeiten in dieselbe Entgeltgruppe nur *eines* von mehreren Indizien für die Gleichwertigkeit von Tätigkeiten dar.[73] Auf Entgeltsysteme, die auf einer Betriebsvereinbarung beruhen (zB für außertarifliche Mitarbeiter), findet § 4 V 2 EntgTranspG keine – auch keine entspr. – Anwendung, da das EntgTranspG bewusst nur tarifliche Normen privilegiert.

21 **d) Rechtfertigung.** Eine Rechtfertigung der geschlechtsbedingten Entgeltbenachteiligung soll sich gem. § 3 IV EntgTranspG nach § 5 AGG (→ § 36 Rn. 78) und § 8 I AGG (→ § 36 Rn. 50) ergeben können. Von praktischer Relevanz dürfte allenfalls § 5 AGG sein, wenn die unterschiedliche Vergütung Ausdruck einer positiven Maßnahme ist, um bestehende Nachteile einer bestimmten Geschlechtergruppe zu beseitigen.[74] Dass die wesentlichen beruflichen Anforderungen iSd § 8 I AGG eine unterschiedliche geschlechtsbedingte Entgelthöhe rechtfertigen, erscheint kaum vorstallbar.[75] Auf etwaige durch gesetzliche Schutzvorschriften verursachte höhere Kosten kann eine unterschiedliche Bezahlung nach § 8 II AGG jedenfalls nicht gestützt werden (→ § 36 Rn. 51).

22 **e) Rechtsfolgen eines Verstoßes. aa) Unwirksamkeit der Vereinbarungen.** Nach § 8 I EntgTranspG sind Bestimmungen in Vereinbarungen, die gegen § 3 oder § 7 EntgTranspG verstoßen, unwirksam. Die Norm ist angesichts von § 2 II 1 EntgTranspG, § 7 II AGG eigentlich überflüssig. Nach Vorstellung des Gesetzgebers soll sie lediglich „die primäre Sanktionierung derartiger Rechtsverstöße deutlich machen".[76] Obwohl das EntgTranspG im Gegensatz zu § 7 I des früheren Referentenentwurfs keinen unmittelbaren Erfüllungsanspruch der benachteiligten AN vorsieht, haben diese einen Anspruch auf **„Anpassung nach oben"** (→ § 36 Rn. 104) und damit auf Gewährung der Vergütung, die die nicht benachteiligte Geschlechtergruppe erhält. Schwierigkeiten bestehen allerdings dann, wenn sich innerhalb dieser Gruppe kein einheitlicher Wert feststellen lässt. In diesem Fall dürfte ein Anspruch auf die durchschnittliche Vergütung in Betracht kommen.[77]

23 Da es sich bei dem Anspruch auf das gleiche Entgelt um einen Erfüllungsanspruch handelt, findet die Frist des § 15 IV AGG hierauf keine Anwendung. Allerdings können die sich aus einer „Anpassung nach oben" ergebenden Ansprüche der AN gegen den AG auf Nachzahlung rückständiger Vergütung – je nach Rechtscharakter der diskriminierenden Regelung (vgl. § 4 IV 3 TVG, § 77 IV 4 BetrVG) – auch vertraglichen oder tariflichen **Ausschlussfristen** unterliegen.[78] Denn anders als § 7 I des früheren Referentenentwurfs bestimmt das EntgTranspG nicht, dass für die Geltendmachung der Erfüllungsansprüche (nur) die Verjährungsfristen des BGB Anwendung finden. Unabhängig davon gelten für diese Ansprüche auch die gesetzlichen Verjährungsfristen (§§ 195, 199 BGB).

24 **bb) Entschädigungs- und Schadensersatzansprüche.** Darüber hinaus steht den benachteiligten AN bei einem Verstoß gegen §§ 3 oder 7 EntgTranspG ein Anspruch auf Entschädigung und ggf. Schadensersatz nach § 15 I und II AGG (→ § 36 Rn. 108) zu.[79] Dies ergibt sich auf § 2 II 1 AGG.[80] Danach bleibt das Allgemeine Gleichbehandlungsgesetz „unberührt". Mit dieser unpräzisen Formulierung wollte der Gesetzgeber – wie die Gesetzesbegründung zeigt – zum Ausdruck bringen, dass das EntgTranspG nur insoweit Vorrang gegenüber dem AGG genießt, als es abschließende Regelungen enthält. Letzteres ist hinsichtlich etwaiger Entschädigungs- und Schadensersatzansprüchen nicht der Fall. Allerdings gelten insoweit auch die Fristen nach § 15 IV AGG (→ § 36 Rn. 20) und § 61b I ArbGG (→ § 36 Rn. 133). Da es sich bei der

[71] *Thüsing* BB 2017, 565 (566).
[72] Ebenso *Oberthür* NJW 2017, 2228 (2231).
[73] EuGH 26.6.2001 AP Nr. 2 zu Art. 138 EG = NZA 2001, 883 – Brunnhofer.
[74] *Oberthür* NJW 2017, 2228.
[75] Ebenso *Oberthür* NJW 2017, 2228 (2231); *Bauer/Krieger/Günther* EntgTranspG § 3 Rn. 41; aA wohl *Göpfert/Giese* NZA 218, 207 (209).
[76] BT-Drs. 18/11133, 57.
[77] Vgl. *Kuhn/Schwindling* DB 2017, 785, die dies unzutreffender Weise aus § 11 III 2 EntgTranspG ableiten wollen.
[78] Ebenso *Kuhn/Schwindling* DB 2018, 509 (514); *Göpfert/Giese* NZA 2018, 207 (210); *Bauer/Günther/Romero* NZA 2017, 809 (812).
[79] *Wank* RdA 2018, 34 (46); *Grimm/Freh* ArbRB 2107, 1 (4); *Göpfert/Giese* NZA 2018, 207 (209); *Behrendt/Witz* BB 2017, 3060 (3062).
[80] Vgl. auch die Kritik von *Thüsing* an der dortigen Formulierung BB 2017, 565 (566).

Entgeltbenachteiligung regelmäßig um einen Dauertatbestand handelt, beginnt die Ausschlussfrist nach § 15 IV AGG jedoch erst mit der Beendigung der Diskriminierung zu laufen.[81] Soweit der AN Ansprüche nach § 15 I und II AGG geltend macht, darf er zur Darlegung von Indizien iSv § 22 AGG für die Geschlechtsbedingtheit der Entgeltbenachteiligung auch etwaige sich aus der ihm erteilten Auskunft nach § 10 II EntgTranspG ergebende Umstände verwenden. § 8 II EntgTranspG steht dem nicht entgegen. Die Regelung erlaubt vielmehr die Verwendung dieser Informationen zur Geltendmachung von Rechten „im Sinne dieses Gesetzes". Hierzu gehören ausweislich der Gesetzesmaterialien auch die Rechte der AN aus dem AGG.[82]

f) Darlegungs- und Beweislast. Der AN muss grundsätzlich darlegen, dass er für eine gleiche oder gleichwertige Tätigkeit weniger Entgelt erhält.[83] Hinsichtlich der erforderlichen Kausalität, also dem Vortrag, dass die Entgeltbenachteiligung wegen des Geschlechts erfolgt, greift aufgrund von § 2 II 1 EntgTranspG zu seinen Gunsten **§ 22 AGG** (→ § 36 Rn. 80).[84] § 15 V EntgTranspG steht dem nicht entgegen, da die Bestimmung keine abschließende Regelung zur Darlegungs- und Beweislast enthält. Dies hat zur Folge, dass der AN nur Indizien vortragen und ggf. beweisen muss, die aus objektiver Sicht mit überwiegender Wahrscheinlichkeit darauf schließen lassen, dass eine Benachteiligung (auch) wegen des Geschlechts erfolgt ist. 25

Zur Darlegung von Indizien kann sich der AN auch auf die ihm im Rahmen seines **Auskunftsanspruchs nach § 11 EntgTranspG erteilten Auskünfte** stützen. Gem. § 8 II EntgTranspG ist deren Verwertung insoweit ausdrücklich erlaubt (→ Rn. 24). Allerdings begründet alleine der Umstand, dass sein Bruttoentgelt oder einzelne Entgeltbestandteile **unterhalb des Medians** der dem anderen Geschlecht angehörenden AN mit vergleichbaren Tätigkeiten liegen, noch kein Indiz iSd § 22 AGG.[85] Denn diese Aussage ist für sich genommen für eine geschlechtsbedingte Entgeltbenachteiligung noch nicht aussagekräftig, da unklar ist, wie hoch der Median in der Geschlechtsgruppe des AN ist und in welchen Verhältnis hierzu das Gehalt des betroffenen AN liegt. Zudem lässt sich aus dem Median ablesen, dass es auch AN des anderen Geschlechts gibt, die weniger Arbeitsentgelt erhalten. Denkbar ist jedoch, dass weitere sich aus der Auskunft ergebende Umstände – ggf. gemeinsam mit dem Median – ein Indiz iSd § 22 AGG begründen können.[86] Dies wäre zB anzunehmen, wenn die in der Auskunft angegebenen Kriterien zur Entgeltfindung völlig undurchschaubar sind,[87] sie einen Hinweise auf ein nicht den Vorgaben des § 4 IV EntgTranspG entsprechendes Entgeltsystem liefern[88] oder sich herausstellt, dass der AG nur den Männern, die eine gleichwertige Tätigkeit ausüben, einen bestimmten Entgeltbestandteil gewährt.[89] 26

Für den Fall, dass der tariffreie AG trotz Geltendmachung eines Auskunftsanspruchs nach § 11 EntgTranspG **keine Auskunft erteilt,** enthält § 15 V 1 EntgTranspG eine im Verhältnis zu § 22 AGG speziellere Anordnung zur Beweislastumkehr (→ Rn. 63). Diese gilt nach zutreffender Ansicht allerdings nicht zulasten tarifgebundener (→ Rn. 6) oder -anwendender AG (→ Rn. 7). Ob der Nichtbeantwortung eines Auskunftsbegehrens durch diese zumindest eine Indizwirkung iSd § 22 AGG zukommt, ist str.[90] Hierfür könnte zwar sprechen, dass nach dem Willen des Gesetzgebers der Auskunftsanspruch ein Mittel sein soll, um die Einhaltung des Entgeltgleichheitsgebots überprüfen zu können. Anders als die Verfahrensrechte zugunsten Schwerbehinderter im SGB IX bestehen diese Rechte allerdings nicht ausdrücklich nur zugunsten eines Geschlechts. Daher dürfte allein aus einer nicht erteilten Auskunft nur schwer ein Indiz für eine geschlechtsbedingte Entgeltbenachteiligung abgeleitet werden können.[91] Demgegen- 27

---

[81] *Kuhn/Schwindling* DB 2018, 509 (514); *Grimm/Freh* ArbRB 2017, 1 (4).

[82] BT-Drs. 18/11133, 57; *Roloff* RdA 2018, 28 (40); aA *Bauer/Krieger/Günther* EntgTranspG § 8 Rn. 20.

[83] *Oberthür* NJW 2017, 2228 (2232); *Kuhn/Schwindling* DB 2017, 785 (787).

[84] *Göpfert/Giese* NZA 2018, 207 (209); *Oberthür* NJW 2017, 2228 (2232); *Franzen* NZA 2017, 814 (815); aA *Bauer/Krieger/Günther* EntgTranspG § 2 Rn. 12, § 3 Rn. 45.

[85] AA BAG 21.1.2021 – 8 AZR 488/19; wie hier *Oberthür* NJW 2017, 2228 (2233); *Thüsing* BB 2017, 565 (567); *Göpfert/Giese* NZA 2018, 207 (209); *Behrendt/Witzke* BB 2017, 3060 (3063); *Benkert* NJW-Spezial 2018, 178 (179); *Müller* BB 2107, 2101 (2104); *Grimm/Freh* ArbRB 2017, 1 (9); *Koller-van Delden* DStR 2018, 254 (260); *Franzen* NZA 2014, 814 (816); für den ersten Anschein einer geschlechtsbedingten Benachteiligung *Roloff* RdA 2018, 28 (38).

[86] Vgl. auch *Müller* BB 2107, 2101 (2104); *Behrendt/Witzke* BB 2017, 3060 (3063).

[87] *Franzen* NZA 2014, 814 (817).

[88] Ebenso wohl *Behrendt/Witzke* BB 2017, 3060 (3063).

[89] Vgl. BeckOK ArbR/*Roloff* EntgTranspG § 10 Rn. 37.

[90] Dafür ErfK/*Schlachter* EntgTranspG § 14 Rn. 9; wohl auch *Behrendt/Witzke* BB 2017, 3060 (3062); aA BeckOK ArbR/*Roloff* EntgTranspG § 10 Rn. 41.

[91] BeckOK ArbR/*Roloff* EntgTranspG § 10 Rn. 41.

über kann einer ersichtlich **unvollständigen oder fehlerhaften Auskunft** ggf. eine Indizfunktion zukommen, wenn zB die Darstellung völlig unnachvollziehbar ist oder erkennbar zweifelhafte Verfahren und Kriterien offenbart.[92] Ein Indiz iSd § 22 AGG kann sich auch aus einem Zusammenspiel verschiedener anderer Faktoren ergeben.

28 Da das **betriebliche Prüfverfahren** nach §§ 17 ff. EntgTranspG fakultativ ist, kommt seiner Nichtdurchführung keine Vermutungswirkung für eine geschlechtsbedingte Entgeltbenachteiligung zu.[93] Unterlässt der AG es, entgegen § 20 II 1 EntgTranspG die Ergebnisse eines durchgeführten Prüfverfahrens den AN mitzuteilen, soll dies hingegen ein Indiz iSd § 22 AGG darstellen.[94] Ein Verstoß gegen die Berichtspflichten nach § 21 I 1 und 2 EntgTranspG begründet hingegen keine entspr. Vermutung, da dieser Pflichtenverstoß für das individuelle Arbeitsverhältnis nicht aussagekräftig ist.[95]

29 **5. Individueller Auskunftsanspruch. a) Allgemeines.** Der Auskunftsanspruch nach §§ 10 ff. EntgTranspG soll dem einzelnen AN ermöglichen, die Einhaltung des Entgeltgleichheitsgebots zu überprüfen, und ihm die Durchsetzung des Anspruchs auf gleiches Entgelt erleichtern. Angesichts der begrenzten Aussagekraft der zu erteilenden Informationen (→ Rn. 26) muss freilich bezweifelt werden, ob der Anspruch zur Erreichung dieses Ziels überhaupt geeignet ist.[96] Es handelt sich um einen selbständig **einklagbaren Anspruch** des AN.[97] Dies zeigt bereits die Überschrift von § 10 sowie der Wortlaut von § 10 I 1 EntgTranspG („Auskunftsanspruch"). Auch die Gesetzesbegründung (BT-Drs. 18/11133, 57) spricht in diesem Zusammenhang von einem „Rechtsanspruch".

30 Wird der vom AN geltend gemachte Auskunftsanspruch entgegen § 10 III EntgTranspG nicht erfüllt, ist eine **Klage auf Auskunft gegen den AG zu richten.** Dies gilt auch dann, wenn der BR nach § 14 I, § 15 II EntgTranspG die Auskünfte zu erteilen hat.[98] Schon der Zweck des Auskunftsanspruchs spricht für einen Gleichlauf zwischen der Verantwortlichkeit für die zu erteilende Auskunft und einer Betroffenheit durch spätere Klagen auf gleiches Entgelt. Zudem ist der BR außerhalb des Beschlussverfahrens nicht parteifähig; der individualrechtliche Auskunftsanspruch muss allerdings nach zutreffender Ansicht im Urteilsverfahren verfolgt werden.[99] Die Annahme, es handele sich um einen betriebsverfassungsrechtlichen Auskunftsanspruch des AN, führt zu zahlreichen für die betroffenen AN nicht hinnehmbaren Schwierigkeiten.[100] Mit der Zuständigkeit des BR für die Auskunftserteilung wollte der Gesetzgeber den betroffenen AN lediglich die Angst nehmen, diesen Anspruch geltend zu machen, nicht jedoch dem BR eine Schuldnerstellung zuweisen. Auch eine Inanspruchnahme tariflicher Vertreter nach § 14 III, § 6 I 2 EntgTranspG – ggf. vor den Zivilgerichten – wäre für die AN nicht zumutbar.[101] Sowohl BR als auch die tariflichen Vertreter sind daher letztlich nur Erfüllungsgehilfen des AG bei der Erteilung der Auskunft.

31 Der Auskunftsanspruch richtet sich immer nur gegen den **Vertragsarbeitgeber,** da dieser das Entgelt schuldet. LeihAN steht daher gegenüber dem Entleiher kein Anspruch nach § 10 I EntgTranspG zu.[102] Insoweit können sich für sie nur Auskunftsansprüche aus § 13 AÜG ergeben. Der Auskunftsanspruch unterliegt keinen **Ausschlussfristen.**[103]

32 **b) Voraussetzungen. aa) Betriebsgröße.** Nach § 12 I EntgTranspG besteht der Auskunftsanspruch nur für Beschäftigte in Betrieben mit in der Regel mehr als 200 Beschäftigten bei demselben AG. Wer „in der Regel" im Betrieb beschäftigt ist, richtet sich nach den für § 23 KSchG geltenden Grundsätzen (→ § 130 Rn. 12). Obwohl das EntgTranspG keine § 6 II 2 AGG vergleichbare Regelung enthält, sind nach dem Sinn und Zweck der Norm bei der Berechnung des Schwellenwerts auch LeihAN mitzuzählen.[104] Die Einschränkung „bei demsel-

---

92 *Koller-van Delden* DStR 2018, 254 (260); vgl. auch *Behrendt/Witzke* BB 2017, 3060 (3062).
93 Ebenso *Behrendt/Witzke* BB 2017, 3060 (3064).
94 *Behrendt/Witzke* BB 2017, 3060 (3064).
95 AA *Behrendt/Witzke* BB 2017, 3060 (3063).
96 Vgl. etwa *Oberthür* NJW 2017, 2228 (2234): Keine „werthaltige Verbesserung" der Rechtsposition.
97 Vgl. etwa BAG 25.6.2020 NZA 2020, 1613.
98 BAG 25.6.2020 NZA 2020, 1613; aA *Holler* NZA 2017, 822.
99 Ebenso BeckOK ArbR/*Roloff* EntgTranspG § 10 Rn. 4; *Wank* RdA 2018, 34 (43); aA *Holler* NZA 2017, 822.
100 Ausf. dazu *Holler* NZA 2017, 822 (826 ff.).
101 BeckOK ArbR/*Roloff* EntgTranspG § 10 Rn. 4.
102 *Kuhn/Schwindling* DB 2017, 785 (786).
103 AA *Bauer/Krieger/Günther* EntgTranspG § 10 Rn. 49 f.
104 Ebenso ErfK/*Schlachter* EntgTranspG § 12 Rn. 1; *Brune/Brune* BB 2019, 436 (439); aA *Grimm/Freh* ArbRB 2017, 1 (6); *Müller* BB 2107, 2101; *Kuhn/Schwindling* DB 2017, 785 (786); *dies.* DB 208, 509; aA.

ben AG" in § 12 I EntgTranspG ist bedeutsam für **Gemeinschaftsbetriebe.** Hier kommt es darauf an, dass der einzelne Vertragsarbeitgeber im Betrieb mehr als 200 Beschäftigte hat.[105] Bei AN im **öffentlichen Dienst** ist nach § 16 EntgTranspG die Anzahl der Beschäftigten in einer Dienststelle entscheidend.

bb) Zeitlich. Unabhängig davon, dass nach § 25 I EntgTranspG der Auskunftsanspruch nach § 10 erstmals sechs Kalendermonate nach Inkrafttreten des EntgTranspG am 6.7.2017 und damit ab dem 6.1.2018 geltend gemacht werden konnte,[106] muss der AN bei einem **wiederholten Auskunftsbegehren** ggf. zeitliche Vorgaben beachten. So kann gem. § 10 II 2 EntgTranspG ein erneutes Auskunftsverlangen vor Ablauf von zwei Jahren nach Einreichen des letzten Auskunftsbegehrens – also: Zugang beim AG[107] – nur dann gestellt werden, wenn der AN darlegt, dass sich die Voraussetzungen wesentlich verändert haben. Dies ist zB bei einem Stellenwechsel, bei einem Aufstieg in den außertariflichen Bereich oder bei einem Wechsel der für das Arbeitsverhältnis maßgebenden tariflichen Entgeltbestimmungen der Fall.[108] Mit dieser Einschränkung soll der Arbeitsaufwand des AG begrenzt werden. Die bloße Änderung des Medians der maßgebenden Vergleichsgruppe begründet keine Abweichung von der Regelfrist.[109] 33

§ 25 I 3 EntgTranspG bestimmt **für eine Übergangszeit abweichende Fristen.** Danach besteht der Anspruch nach § 10 EntgTranspG, wenn er in den ersten drei Kalenderjahren nach dem 6.1.2018 geltend gemacht wird, erst wieder nach drei weiteren Jahren nach Einreichen des Auskunftsverlangens, soweit nicht auch hier dargelegt wird, dass sich die Voraussetzungen wesentlich verändert haben (§ 25 I 3 EntgTranspG). Nach zutreffender – sich aus dem Wortlaut und der Systematik ergebender – Lesart ist davon auszugehen, dass die Drei-Jahres-Frist bis zum 6.1.2021 läuft.[110] 34

cc) Textform. Gem. § 10 II 1 EntgTranspG muss das Auskunftsverlangen in Textform iSd § 126b BGB gestellt werden.[111] Die Anfrage kann damit sowohl schriftlich als auch per E-Mail erfolgen. Erforderlich ist nur, dass aus der Anfrage die Person des Anfragenden erkennbar ist und die Anfrage auf einem dauerhaften Datenträger iSd § 126b BGB abgegeben wird.[112] 35

dd) Mindestangaben. Die Geltendmachung des Auskunftsanspruchs erfordert nicht, dass der AN eine Benachteiligung darlegt oder Indizien für eine Entgeltdiskriminierung vorbringt. Gem. § 10 II 2 EntgTranspG muss er lediglich „in zumutbarer Weise" eine **gleiche oder gleichwertige Tätigkeit benennen.** Hieran sind keine strengen Anforderungen zu stellen.[113] Es genügt, wenn der AN die Vergleichstätigkeit möglichst konkret beschreibt. Ausreichend,[114] aber nicht erforderlich ist, dass er andere AN, deren Tätigkeit er für vergleichbar hält, namentlich benennt. Zudem muss der AN angeben, wozu er Auskunft begehrt. Die Auskunft kann in Bezug auf das durchschnittliche monatliche Bruttoentgelt iSd § 5 I EntgTranspG in Form des statistischen Medians sowie für bis zu zwei weitere einzelne Entgeltbestandteile verlangt werden. Hierbei kann es sich auch um Leistungen halten, die der Antragsteller selbst nicht erhält.[115] Trotz der missverständlichen Formulierung in § 10 II 2 EntgTranspG („und") kann das Antragsbegehren auch nur auf einzelne Entgeltbestandteile beschränkt werden,[116] da der Gesetzgeber den AN bewusst die Möglichkeit einräumen wollte, nach bestimmten Vergütungsbestandteilen zu fragen.[117] 36

c) Adressat. aa) Betrieb mit Betriebsrat. (1) Grundsatz. Ist im Betrieb ein BR gebildet, muss sich der AN mit seinem Auskunftsbegehren an diesen wenden (§ 14 I 1, § 15 II EntgTranspG). Dies gilt unabhängig davon, ob der AG nach § 5 IV EntgTranspG tarifgebunden ist oder Entgelttarifverträge kraft arbeitsvertraglicher Bezugnahme iSv § 5 V EntgTranspG auf die 37

---

[105] *Franzen* NZA 2014, 814; *Grimm/Freh* ArbRB 2017, 182; *Müller* BB 2107, 2101; *Kuhn/Schwindling* DB 2018, 509; *Kania* NZA 2017, 819 (820).
[106] So auch *Roloff* RdA 2018, 28 (34); *Wank* RdA 2018, 34 (41); aA *Koller-van Delden* DStR 2018, 254 (255).
[107] Vgl. auch *Kuhn/Schwindling* DB 2018, 509 (510); *Roloff* RdA 2018, 28 (34).
[108] BT-Drs. 18/11133, 58.
[109] *Kuhn/Schwindling* DB 2017, 785 (788).
[110] Ausf. *Roloff* RdA 2018, 28 (34); aA *Kocher* AuR 2018, 8 (15).
[111] BAG 25.6.2020 NZA 2020, 1613.
[112] BT-Drs. 18/11133, 58.
[113] BAG 25.6.2020 NZA 2020, 1613.
[114] AA *Bauer/Krieger/Günther* EntgTranspG § 10 Rn. 21.
[115] *Koller-van Delden* DStR 2018, 254 (259).
[116] *Bauer/Krieger/Günther* EntgTranspG § 10 Rn. 27.
[117] BT-Drs. 18/11133, 13.

Arbeitsverhältnisse anwendet. Durch die Einbindung des BR will der Gesetzgeber den AN die Scheu vor einem Auskunftsverlangen nehmen. Zuständig ist der örtliche BR, da diesem auch das Einsichtsrecht nach § 13 II und III EntgTranspG zusteht.[118] Zur fehlerhaften Adressierung → Rn. 47.

38 Damit der BR das Auskunftsersuchen des AN beantworten kann, steht seinem **Betriebsausschuss** nach § 13 II 1 EntgTranspG ein mit einer Auswertungsbefugnis verbundenes Einsichtsrecht in die **Bruttoentgeltlisten** zur Verfügung.[119] Anders als § 80 II 2 BetrVG[120] erfordert die Norm die Existenz eines Betriebsausschusses.[121] Zudem knüpft das Einsichts- und Auswertungsrecht in § 13 II 1 EntgTranspG an die Beantwortung individueller Auskunftsverlangen durch den BR nach § 10 Abs. 1 EntgTranspG an und besteht daher nicht, wenn der AG die Erfüllung der Auskunftsverpflichtung berechtigterweise an sich gezogen oder diese auf Verlangen des BR übernommen hat.[122] Bezugsobjekt der Einsichts- und Auswertungsberechtigung nach Abs. 2 sind – ggf. in einem für das Auskunftsverlangen relevanten Umfang – die in § 80 II 2 Hs. 2 BetrVG genannten Listen über die Bruttolöhne und -gehälter und damit diejenigen, die vom AG tatsächlich geführt werden.[123] Weil der Inhalt dieser Listen für eine Beantwortung von Auskunftsbegehren ggf. nicht ausreichend aussagekräftig ist, gewährt § 13 III 2 EntgTranspG dem Betriebsausschuss darüber hinaus ein Einblicksrecht in Entgeltlisten, die vom AG zuvor so aufzubereiten sind, dass der BR seiner Auskunftspflicht nachkommen kann (§ 13 III 3 EntgTranspG). Diese Listen müssen nach Geschlecht unterteilt alle Entgeltbestandteile – auch übertarifliche Zulagen und solche Zahlungen, die individuell ausgehandelt und gezahlt werden – enthalten. Der Betriebsausschuss muss auf der Grundlage der ihm zur Verfügung gestellten Informationen das erfragte Vergleichsentgelt iSd § 11 II EntgTranspG ermitteln können. Hierzu benötigt er u.a. eine auf Vollzeitäquivalente hochgerechnete und nach Gehaltshöhe sortierte Auflistung, mit der er den Median des durchschnittlichen monatlichen Bruttogehalts berechnen kann.[124] Verfügt der AG nicht bereits über solche Listen, ist er zu ihrer Herstellung verpflichtet.[125] Wie § 13 III 3 EntgTranspG zeigt, kann der Betriebsausschuss die in diesem Absatz vorgesehenen Rechte nur zum Zwecke der Beantwortung von Auskunftsersuchen geltend machen.[126] Zudem ergibt sich aus der Gesetzesbegründung unmissverständlich, dass weder § 13 II noch § 13 III EntgTranspG dem Betriebsausschuss ein **Recht auf dauerhafte Überlassung** der Entgeltlisten einräumen.[127] Allerdings muss die Einsichts- und die Auswertungsmöglichkeit vom AG derart gewährt werden, dass der BR auch tatsächlich in die Lage versetzt wird, das Auskunftsverlangen zu beantworten.

39 Darüber hinaus sieht § 15 IV 5 EntgTranspG vor, dass der nicht tarifgebundene (→ Rn. 6) oder tarifanwendende AG (→ Rn. 7) dem BR die für die **Prüfung der Vergleichstätigkeit** in § 4 II EntgTranspG genannten Informationen zur Verfügung stellen muss.[128] Der Betriebsausschuss benötigt zudem Informationen zu den Kriterien der Entgeltfindung für die ermittelte Vergleichstätigkeit und die angefragten Entgeltbestandteile.

40 Ist der BR für die Beantwortung der begehrten Auskunft zuständig, hat er den AG gem. § 14 I 2, § 15 II EntgTranspG über eingehende Auskunftsverlangen in anonymisierter Form umfassend zu **informieren.** Der BR muss lediglich mitteilen, welcher Beschäftigtengruppe der auskunftbegehrende AN angehört, welche vergleichbare Tätigkeit angefragt wurde und auf welche Entgeltkomponenten sich die Auskunft bezieht.

41 Nach § 16 EntgTranspG haben auch die Beschäftigten des öffentlichen Dienstes einen Auskunftsanspruch. Aufgrund dieser Regelung tritt daher bei diesen an die Stelle des BR der **Personalrat.**

42 **(2) Abgabe an den Arbeitgeber.** Der BR kann verlangen, dass der **AG die Auskunftsverpflichtung übernimmt** (§ 14 I 2, § 15 II EntgTranspG). Ausweislich der Gesetzesmaterialien soll der BR die Beantwortung dem AG überlassen können, wenn ihm dies „aufgrund der

---

118 *Günther/Heup/Mayr* NZA 2018, 545 (546); *Kania* NZA 2017, 819 (822).
119 BAG 29.9.2020 NZA 2021, 53.
120 Vgl. BAG 14.1.2014 AP Nr. 77 zu § 80 BetrVG 1972 = NZA 2014, 738.
121 BeckOK ArbR/*Roloff* EntgTranspG § 13 Rn. 4; *Kleinebrink* FA 2018, 38 (40).
122 BAG 28.7.2020 AP Nr. 88 zu § 80 BetrVG 1972 = NZA 2020, 1251.
123 BAG 28.7.2020 AP Nr. 88 zu § 80 BetrVG 1972 = NZA 2020, 1251.
124 BT-Drs. 18/11133, 63.
125 BAG 28.7.2020 NZA 2020, 1251; *Kania* NZA 2017, 819 (820).
126 Vgl. BAG 29.9.2020 NZA 2021, 53.
127 BAG 29.9.2020 NZA 2021, 53.
128 Vgl. BT-Drs. 18/11133, 66.

Umstände des Einzelfalls" geboten erscheint.[129] Dies lässt – trotz des weitergehenden Gesetzeswortlauts – den Schluss darauf zu, dass der BR seine Zuständigkeit nach § 14 I 1 EntgTranspG nicht generell oder auf Dauer an den AG abgeben kann.[130] Für eine solche einschränkende Auslegung spricht neben dem Sinn und Zweck der vorrangigen Zuständigkeit des BR auch der systematische Vergleich mit § 14 II 1 EntgTranspG, der dem AG erlaubt, die Zuständigkeit für die Auskunftserteilung für die Dauer der Amtszeit des BR an sich zu ziehen. Das Übernahmeverlangen des BR kann sich daher allenfalls auf konkrete Gesuche oder bestimmte Beschäftigtengruppen beziehen. Wie der Vergleich mit § 14 II 1 EntgTranspG zeigt, bedarf das Verlangen keiner Begründung.[131] Die AN sind in allgemein zugänglicher Form darüber in Kenntnis zu setzen, wer die Auskunft erteilt, damit sie wissen, an wen sie sich wenden müssen (§ 14 II 2, § 15 II EntgTranspG). Zur fehlerhaften Adressierung → Rn. 47.

(3) Übernahme durch den Arbeitgeber. Der AG kann die Erfüllung der Auskunftsverpflichtung generell oder in bestimmten Fällen **übernehmen,** wenn er dies zuvor gegenüber dem BR erläutert hat. Die Übernahme kann jeweils längstens für die Dauer der Amtszeit des jeweils amtierenden BR erfolgen (§ 14 II 1 und 2, § 15 II EntgTranspG). Der AG muss dem BR seine Gründe für die Übernahme erläutern und ggf. angeben, wie lange er die Auskunft selbst erteilen will. Der BR kann die Übernahme nicht verhindern; seiner Zustimmung hierfür bedarf es nicht. Der Wortlaut von § 14 II 1 EntgTranspG („zuvor") lässt erkennen, dass der AG die Übernahme nach Eingang eines Auskunftsverlangens nicht mehr für dieses erklären kann;[132] seine Übernahme kann sich damit nur auf künftige Auskunftsbegehren beziehen. Die Übernahme für „bestimmte Fälle" gestattet es dem AG nicht, mögliche künftige Auskunftsersuchen einzelner AN zu übernehmen. Es muss sich vielmehr um eine (abstrakt definierbare) Gruppe von Beschäftigten (zB außertarifliche Angestellte) handeln.[133] Die AN sind auch in diesem Fall darüber in Kenntnis zu setzten, wer die Auskunft erteilt (§ 14 II 2, § 15 II EntgTranspG). Zur fehlerhaften Adressierung → Rn. 47. 43

Übernimmt der AG die Erfüllung der Auskunftsverpflichtung, hat er den BR umfassend und rechtzeitig über eingehende Auskunftsverlangen sowie über seine Antwort zu **informieren.** Wie der Vergleich mit § 14 I 3 EntgTranspG zeigt, muss der AG dem BR den Namen des Auskunftssuchenden mitteilen. Damit der BR seiner Überwachungspflicht aus § 80 I BetrVG nachkommen kann, hat die Unterrichtung jeweils zeitnah nach Eingang des Auskunftsersuchens und Erteilung der Auskunft zu erfolgen. Der BR hat die Möglichkeit, zur Antwort des AG im Rahmen seiner betriebsverfassungsrechtlichen Zuständigkeiten Stellung zu nehmen.[134] 44

(4) Leitende Angestellte. Für das Auskunftsbegehren leitender Angestellter ist der BR entspr. der betriebsverfassungsrechtlichen Rechtslage nach § 13 IV EntgTranspG nicht zuständig; diese müssen sich immer an den AG wenden. Wegen des systematischen Zusammenhangs bestimmt sich der Begriff des leitenden Angestellten nach § 5 III BetrVG.[135] 45

bb) Betrieb ohne Betriebsrat. Besteht kein BR, müssen sich die AN an den **AG** wenden (§ 14 III, § 15 I EntgTranspG). Bei tarifgebundenen (→ Rn. 6) oder tarifanwendenden AG (→ Rn. 7) kann der AG mit den von den zuständigen Tarifvertragsparteien nach § 6 I 2 EntgTranspG benannten Vertretern vereinbaren, dass diese die Beantwortung von Auskunftsverlangen übernehmen. In der Praxis dürfte hiervon nur selten Gebrauch gemacht werden, da der AG ohnehin gehalten ist, diesen die für die Beantwortung des Auskunftsbegehrens erforderlichen Informationen auf Verlangen zukommen zu lassen (§ 14 IV 1 EntgTranspG). Für die AN bleibt auch bei einer entspr. Vereinbarung der AG der Adressat für den Auskunftsanspruch;[136] er ist nach § 14 III 4 EntgTranspG gehalten, die Auskunftsbegehren an die Vertreter der Tarifparteien weiterzuleiten. Erteilt der AG die Auskunft selbst, hat er die benannten Tarifvertreter über seine 46

[129] BT-Drs. 18/11133, 64.

[130] Ebenso BeckOK ArbR/*Roloff* EntgTranspG § 14 Rn. 3; *Koller-van Delden* DStR 2018, 254 (255); aA *Günther/Heup/Mayr* NZA 2018, 545 (548).

[131] *Günther/Heup/Mayr* NZA 2018, 545 (548); *Brune/Brune* BB 2019, 436 (444); aA *Kuhn/Schwindling* DB 2017, 785 (788).

[132] Ebenso *Koller-van Delden* DStR 2018, 254 (256); *Kuhn/Schwindling* DB 2017, 785 (788); aA *Günther/Heup/Mayr* NZA 2018, 545 (548).

[133] Vgl. BT-Drs. 18/11133, 64; *Kocher* AuR 2018, 8 (15); ErfK/*Schlachter* EntgTranspG § 14 Rn. 6; aA *Bauer/Krieger/Günther* EntgTranspG § 14 Rn. 30; *Brune/Brune* BB 2019, 436 (445).

[134] BT-Drs. 18/11133, 64.

[135] BT-Drs. 18/11133, 63.

[136] *Günther/Heup/Mayr* NZA 2018, 545 (549).

Antwort zu informieren. Die AN sind auch in diesem Fall darüber in Kenntnis zu setzen, wer die Auskunft erteilt (§ 14 III 5 EntgTranspG). Zur fehlerhaften Adressierung → Rn. 47.

47 **cc) Fehlerhafte Adressierung.** Richtet der AN sein Auskunftsverlangen nicht an die zuständige Stelle, steht dies der Ordnungsgemäßheit seines Auskunftsverlangens nicht entgegen. Ein solcher Fehler hat nach dem Gesetz keine nachteiligen Folgen. Dies gilt selbst dann, wenn der AG die Beschäftigten darüber informiert hat, an wen sie sich wenden sollen und wer ihr Auskunftsverlangen beantworten wird.[137]

48 **d) Inhalt. aa) Bezugsobjekte.** Nach § 10 I 3 EntgTranspG kann der AN bezüglich der Gruppe der AN, die die von ihm benannte Vergleichstätigkeit ausüben, Auskunft über das **durchschnittliche monatliche Bruttoentgelt** iSd § 5 I EntgTranspG (Vergleichsentgelt) und über bis zu **zwei einzelne Entgeltbestandteile** verlangen. Der Begriff des Bruttoentgelts erfasst nicht nur eine monatliche Grundvergütung, sondern alle geldwerten Entgeltbestandteile, die unmittelbar oder mittelbar in bar oder in Sachleistungen aufgrund des Beschäftigungsverhältnisses gewährt werden.[138] Durch die Möglichkeit, gesonderte Auskünfte für spezifische Vergütungsbestandteile abzufragen, sollen die AN gezielt Information zu solchen Entgelten erlangen können, bei denen sie eine Benachteiligung vermuten.[139] Unerheblich ist, auf welcher rechtlichen Grundlage diese vom AG gewährt werden[140] und ob der AN den angefragten Bestandteil selbst erhält.[141] Vergleichbare Entgeltbestandteile können auch zu einer Gruppe (zB Zulagen mit und ohne Tätigkeitsbezug) zusammengefasst werden. Der AG muss dann den Median der jeweiligen Gruppe angeben und diesen erläutern.[142] Auf die konkrete Bezeichnung des Entgeltbestandteils (zB statt als Zulage als Zuschlag) kommt es nicht an.[143] Maßgeblich sind insoweit immer die (AN-)Bruttobeträge.

49 **bb) Einschränkungen.** Die Auskunftspflicht umfasst nach § 12 II Nr. 1 EntgTranspG nur Entgeltregelungen, die in demselben Betrieb und bei demselben AG angewendet werden. Die Bedeutung dieser Regelung – insbesondere ihr Verhältnis zu § 12 II Nr. 2 EntgTranspG, wonach „keine regional unterschiedlichen Entgeltregelungen" erfasst sind – bleibt letztlich unklar. Es dürfte davon auszugehen sein, dass sich aufgrund von § 12 II Nr. 1 EntgTranspG der Anspruch nach § 10 EntgTranspG nur auf den Betrieb, nicht auf das Unternehmen bezieht. Ausgeschlossen ist auch ein Vergleich zwischen den Beschäftigtengruppen nach § 5 II EntgTranspG. Dies hat zB zur Folge, dass AN und Auszubildende nicht miteinander verglichen werden können (§ 5 II Nr. 1 und Nr. 5 EntgTranspG).

50 **cc) Umfang der Auskunft. (1) Median.** Obwohl § 10 I 3 EntgTranspG vom „durchschnittlichen monatlichen Bruttoentgelt" spricht, kann der AN nach § 11 III 2 EntgTranspG nur Auskunft über den **„statistischen Median" des Bruttoentgelts sowie der Entgeltbestandteile** der Vergleichstätigkeit verlangen. Der AG hat daher bezogen auf die gesamte Gruppe der AN mit vergleichbaren Tätigkeiten keine Durchschnittsvergütung mitzuteilen, sondern lediglich den **mittleren Wert** der durchschnittlichen Entgelte der AN des anderen Geschlechts in der Vergleichsgruppe.[144] Haben zB sieben AN des anderen Geschlechts mit vergleichbarer Tätigkeit durchschnittlich im letzten Kalenderjahr je 1 800, 2 000, 2 100, 2 200, 2 500, 2 900 und 3 500 EUR verdient, so beläuft sich der Median auf 2 200 EUR im Monat; der Durchschnitt läge hingegen bei ca. 2 429 EUR.

51 Der Median ist vom AG nach den Vorgaben in § 11 III 2 EntgTranspG zu ermitteln: Zunächst ist die jeweils maßgebliche Vergleichsgruppe festzulegen. Die **nicht tarifgebundenen oder -anwendenden AG** haben dabei nach § 11 III 2 Nr. 2 EntgTranspG alle Beschäftigten einzubeziehen, die die erfragte – oder aus Sicht des AG bzw. des BR stattdessen zutreffende (→ Rn. 58) – Vergleichstätigkeit ausüben. Dabei müssen sich gem. § 12 III 2 EntgTranspG in der Vergleichsgruppe mindestens sechs AN des anderen Geschlechts befinden. Fehlt es hieran, muss der AG das Vergleichsentgelt zum Schutz des informationellen Selbstbestimmungsrechts

---

137 BAG 25.6.2020 NZA 2020, 1613.
138 BAG 25.6.2020 NZA 2020, 1613.
139 BT-Drs. 18/11133, 60.
140 BAG 25.6.2020 NZA 2020, 1613.
141 *Brune/Brune* BB 2019, 436 (441).
142 BAG 25.6.2020 NZA 2020, 1613.
143 BAG 25.6.2020 NZA 2020, 1613.
144 Vgl. etwa *von Steinau/Steinrück* NJW-Spezial 2017, 306 (307); *Göpfert/Giese* NZA 2018, 207 (208); *Bauer/Romero* NZA 2017, 409 (411).

der betroffenen AN nicht angeben, da andernfalls Rückschlüsse auf deren konkretes Entgelt möglich sein könnten.[145]

Tarifgebundene und -anwendende AG (→ Rn. 6) dürfen hingegen nach § 11 III 2 Nr. 1 EntgTranspG als maßgebliche **Vergleichsgruppe** auf die Beschäftigten des jeweils anderen Geschlechts abstellen, die in die gleiche Entgeltgruppe des Tarifvertrags wie der Auskunftssuchende eingruppiert sind. Gleiches gilt, wenn sich die Vergütung der AN nach den AVR der Kirchen oder ihrer caritativen und erzieherischen Einrichtungen richtet (§ 11 IV EntgTranspG). Die durch die Entgeltgruppe bestimmte Vergleichsgruppe ist auch maßgebend, wenn der AG eine übertarifliche Vergütung zahlt oder sich die Auskunft auf **übertarifliche Entgeltbestandteile** bezieht. § 11 III 2 Nr. 1 EntgTranspG sieht insoweit keine Differenzierung vor. Zudem wäre andernfalls die mit der Norm beabsichtigte Privilegierung erheblich eingeschränkt.[146] Im Fall eines Auskunftsersuchens eines **außertariflichen AN** gegenüber einem AG iSd § 5 IV oder § 5 V EntgTranspG ist das Gesetz lückenhaft, da es an einer Eingruppierung in eine Entgeltgruppe fehlt und gleichzeitig nicht § 15, sondern § 14 EntgTranspG für den AG gilt (→ Rn. 5). In diesem Fall bietet es sich an, § 11 III 2 Nr. 2 EntgTranspG entspr. anzuwenden.[147] Wegen der im EntgTranspG grundsätzlich nur tariflichen und gesetzlichen Normen vorbehaltenen Sonderstellung kommt eine Anwendung von § 11 III 2 Nr. 1 EntgTranspG dagegen nicht in Betracht, selbst wenn die Vergütung der außertariflichen Mitarbeiter auf einer Betriebsvereinbarung beruht.[148] 52

Ist die maßgebliche Vergleichsgruppe ermittelt, sind im nächsten Schritt jeweils bezogen auf das Bruttoentgelt iSd § 5 I EntgTranspG und die angefragten Entgeltbestandteile die **Durchschnittswerte** (also das arithmetische Mittel) für jeden AN des anderen Geschlechts dieser Gruppe zu berechnen. Bei der Berechnung des Bruttoentgelts sind alle geldwerten Entgeltbestandteile iSd § 5 I EntgTranspG zu berücksichtigen, die unmittelbar oder mittelbar in bar oder in Sachleistungen aufgrund des Beschäftigungsverhältnisses gewährt werden.[149] Sachleistungen sind mit dem steuerlichen geldwerten Vorteil anzusetzen.[150] Maßgeblicher **Bezugszeitraum** ist dabei nach § 11 III 2 EntgTranspG das „Kalenderjahr". Zwar lässt die Formulierung darauf schließen, dass damit nicht die letzten vollen 12 Kalendermonate vor Eingang des Auskunftsersuchens gemeint sind, sondern das laufende Kalenderjahr.[151] Ein solches Verständnis wirft aber Schwierigkeiten auf, wenn die Auskunft am Jahresbeginn begehrt wird. Ein Rückgriff auf das letzte – abgeschlossene – Kalenderjahr[152] begegnet Bedenken, da es an der gebotenen Aktualität fehlt; zudem stellt die Gesetzesbegründung auf das „zurückliegende Kalenderjahr" ab.[153] Zutreffend ist es daher, auf die letzten 12 Monate vor Eingang des Auskunftsgesuchs abzustellen.[154] Ist ein Beschäftigter kürzer beschäftigt, sind diese Monate nur anteilig zu berücksichtigen.[155] Zeiten, in denen das Arbeitsverhältnis ruht (zB während der Elternzeit), müssen ebenfalls außen vor bleiben.[156] Das im maßgeblichen Bezugszeitraum tatsächlich gezahlte, nicht das vereinbarte Gehalt ist (zB bei Bonusprämien) in Ansatz zu bringen.[157] 53

Das derart ermittelte durchschnittliche monatliche Bruttoentgelt der AN des anderen Geschlechts aus der maßgeblichen Vergleichsgruppe ist – soweit erforderlich – nach § 11 III 2 EntgTranspG auf sog. **Vollzeitäquivalente** hochzurechnen. Arbeitet ein AN zB nur 50% der regelmäßigen Arbeitszeit, ist seine Vergütung zu verdoppeln. Abschließend ist dann aus allen berechneten Durchschnittswerten der Median (→ Rn. 50) zu ermitteln. Hierzu sind die gefundenen Beträge in einer Reihe aufzulisten. Bei einer ungeraden Anzahl von Zahlen bildet der **Median** den mittleren Wert; besteht die Vergleichsgruppe aus einer geraden Anzahl von 54

[145] BAG 25.6.2020 NZA 2020, 1613.
[146] *Franzen* NZA 2017, 814 (817); *Bauer/Krieger/Günther* EntgTranspG § 11 Rn. 47 f.; *Weigert* NZA 2018, 210 (214).
[147] So auch *Weigert* NZA 2018, 210 (214); für eine unmittelbare Anwendung *Franzen* NZA 2017, 814 (818).
[148] AA *Franzen* NZA 2017, 814 (818); *Bauer/Krieger/Günther* EntgTranspG § 11 Rn. 49; *Roloff* RdA 2018, 28 (36).
[149] BAG 25.6.2020 NZA 2020, 1613.
[150] *Koller-van Delden* DStR 2018, 254 (258).
[151] So auch *Kuhn/Schwindling* DB 2018, 509 (510).
[152] Vgl. *Bauer/Heup/Mayr* DB 2018, 1213 (1216); *Koller-van Delden* DStR 2018, 254 (258 f.); *Grimm/Freh* ArbRB 2017, 1 (9).
[153] Vgl. BT-Drs. 18/11133, 59.
[154] *Roloff* RdA 2018, 28 (35).
[155] *Koller-van Delden* DStR 2018, 254 (259); *Kuhn/Schwindling* DB 2018, 509 (511).
[156] *Kuhn/Schwindling* DB 2018, 509 (511); *Koller-van Delden* DStR 2018, 254 (259); *Bauer/Krieger/Günther* EntgTranspG § 11 Rn. 14.
[157] *Kuhn/Schwindling* DB 2018, 509 (512).

AN, errechnet sich der Median aus der Hälfte der Summen der beiden in der Mitte liegenden Werte.

55 **(2) Kriterien und Verfahren der Entgeltfindung.** Nach § 11 I und II EntgTranspG erstreckt sich die Auskunftsverpflichtung auch auf die Kriterien und Verfahren der Entgeltfindung sowohl zum **eigenen Entgelt** als auch zum **Entgelt für die Vergleichstätigkeit.** Eine Erläuterung der maßgebenden Bemessungsregeln muss sowohl für das Bruttoentgelt iSd § 5 I EntgTranspG als auch für die angefragten Entgeltbestandteile erfolgen. Setzt sich das Bruttoentgelt aus verschiedenen Komponenten zusammen, sind dessen Bestandteile und deren Bemessungsregeln darzulegen.[158]

56 Soweit die maßgebenden Kriterien sich aus im Betrieb anwendbaren gesetzlichen oder **tariflichen Regelungen** ergeben, reicht nach § 11 II 2 EntgTranspG die Nennung dieser Bestimmungen und die Angabe, wo sie einzusehen sind. Die Norm verlangt nicht, dass der AG tarifgebunden oder tarifanwendend iSd § 5 IV und V EntgTranspG ist.[159] Sie gilt entspr., wenn die Vergütung auf den im sog. Dritten Weg vereinbarten AVR der Kirchen oder der ihnen zugeordneten karitativen und erzieherischen Einrichtungen beruht (§ 11 IV EntgTranspG).[160] Nach dem Wortlaut von § 11 II EntgTranspG genügt es dagegen nicht, wenn der tarifgebundene oder -anwendende AG für die Bemessung der übertariflichen Zulagen oder der Vergütung der außertariflichen AN lediglich auf den Tarifvertrag verweist.[161] Sind die maßgeblichen Entgeltfindungsregelungen in einer Betriebsvereinbarung enthalten, erlaubt § 11 II 2 EntgTranspG es ebenfalls nicht, lediglich auf diese hinzuweisen.[162] Vielmehr bedarf es insoweit einer Erläuterung. Kriterien für eine vertragliche Entgeltfindung können zB Ausbildungsnoten, Fremdsprachenkenntnisse oder die Dauer der Betriebszugehörigkeit sein.

57 **(3) Geschlechterverhältnis und andere Vergleichstätigkeit.** Für den **nicht tarifgebundenen oder -anwendenden AG** hat der Gesetzgeber in § 15 IV 1–4 EntgTranspG weitergehende Informationsverpflichtungen normiert: Danach muss sich die zu erteilende Auskunft auch auf die Angabe erstrecken, inwiefern die vom AN benannte Vergleichstätigkeit überwiegend von Beschäftigten des jeweils anderen Geschlechts ausgeübt wird. Mit dieser zusätzlichen Information zum Geschlechterverhältnis innerhalb der Vergleichsgruppe will der Gesetzgeber dem Umstand Rechnung tragen, dass die mittelbare Entgeltdiskriminierung eine tatsächliche Betroffenheit von mehr Angehörigen eines Geschlechts erfordert.[163] Allerdings ist die dadurch gewonnene statistische Angabe nur begrenzt aussagekräftig, da AG bzw. BR nicht den Durchschnitt der Vergütung des eigenen Geschlechts des Anspruchstellers angeben müssen.[164] Die Formulierung „inwiefern" (statt „ob") sowie der mit dieser Angabe verfolgte Zweck sprechen dafür, dass es konkreter Zahlenangaben zum Geschlechterproporz für die Vergleichstätigkeit bedarf.[165]

58 Darüber hinaus sieht § 15 IV 2 und 3 EntgTranspG für nicht tarifgebundene oder -anwendende AG vor, dass wenn AG oder BR die vom AN im Auskunftsersuchen angegebene **Vergleichstätigkeit** für **unzutreffend** halten, sie dies dem AN gegenüber nachvollziehbar anhand der in § 4 genannten Kriterien begründen müssen. Mit der Begründungspflicht will der Gesetzgeber den Transparenzgedanken des Gesetzes stärken.[166] Die Nachvollziehbarkeit erfordert die schlüssige Darlegung, aus welchen Gründen die benannte Tätigkeit nicht vergleichbar ist. Die Argumentation muss sich dabei auf die Maßstäbe des § 4 EntgTranspG beziehen. Damit kommt der Benennung einer Vergleichstätigkeit im Auskunftsverlangen (→ Rn. 36) letztlich nur eine geringe Bedeutung zu. Ist die Annahme des AN unzutreffend, sind AG bzw. BR aufgefordert, die aus ihrer Sicht zutreffende Vergleichstätigkeit zu ermitteln. Die zu erteilende Auskunft muss sich in diesem Fall gem. § 15 IV 5 EntgTranspG auf den Median und die Kriterien zur Entgeltfindung der nach Ansicht des AG bzw. BR gleichen oder gleichwertigen Tätigkeit beziehen. Die in der Gesetzesbegründung enthaltene weitergehende Einschränkung, wonach sich die Auskunft auf eine Vergleichstätigkeit beziehen muss, „die überwiegend von Beschäftigten des jeweils

---

158 *Weigert* NZA 2018, 210 (215); *Koller-van Delden* DStR 2018, 254 (258).
159 AA *Bauer/Krieger/Günther* EntgTranspG § 11 Rn. 53.
160 Vgl. BT-Drs. 18/11133, 61.
161 Ebenso *Koller-van Delden* DStR 2018, 254 (254).
162 Ebenso *Franzen* NZA 2017, 814 (818).
163 BT-Drs. 18/11133, 66.
164 BeckOK ArbR/*Roloff* EntgTranspG § 10 Rn. 22.
165 AA BeckOK ArbR/*Roloff* EntgTranspG § 10 Rn. 22; *Kuhn/Schwindling* DB 2018, 509 (514).
166 BT-Drs. 18/11133, 66.

anderen Geschlechts ausgeübt wird",[167] findet im Gesetz keine Stütze. Auf das Geschlechterverhältnis der maßgeblichen Vergleichsgruppe kommt es nicht an.[168]

Die Vorschriften in § 15 IV 1–4 EntgTranspG gelten nach der Systematik, der Überschrift von § 15 und dem gesamten Regelungszusammenhang **nicht für tarifgebundene oder -anwendende AG** iSv § 5 IV und V EntgTranspG.[169] Auch die Gesetzesbegründung lässt nicht erkennen, dass diese weiterreichende Auskunftsverpflichtung auch privilegierten AG iSv § 5 IV und V EntgTranspG (→ Rn. 6) auferlegt werden sollte. Zwar bezieht sich der Verweis in § 15 IV 3 EntgTranspG nur auf die „in § 4 genannten Kriterien" und erfasst damit an sich auch den für tarifliche Entgeltbestimmungen geltenden § 4 V EntgTranspG. Allerdings lassen die Ausführungen des Gesetzgebers zu dem in § 15 IV 5 EntgTranspG verankerten Informationsanspruch des BR gegenüber dem AG erkennen, dass damit vor allem auf die in § 4 II EntgTranspG genannten Kriterien abgezielt werden sollte.[170] Angesichts der Regelungen in § 4 V 2 und § 11 III 2 Nr. 1 EntgTranspG besteht auch kein Grund für die Annahme, der Gesetzgeber habe für tarifgebundene und -anwendende Betriebe weitergehende Informationspflichten normieren wollen. Das Erfordernis der „nachvollziehbaren Begründung" zeigt vielmehr, dass hiervon nur diejenigen Unternehmen erfasst werden sollten, bei denen die Vergleichstätigkeit nicht mit Hilfe einer tariflichen Entgeltgruppe, sondern ggf. anhand der Vorgaben in § 4 II 2 und 3 EntgTranspG zu ermitteln ist. Auch für eine analoge Anwendung von § 15 IV 1–4 EntgTranspG ist angesichts dessen kein Raum. Hält der tarifgebundene oder -anwendende AG die vom Antragsteller angegebenen Tätigkeiten angesichts der unterschiedlichen tariflichen Entgeltgruppen nicht für vergleichbar, genügt er daher seiner Auskunftspflicht, wenn er lediglich hierauf verweist.[171] 59

e) Form und Frist. Für die nicht tarifgebundenen oder -anwendenden AG ordnet § 15 III 1 EntgTranspG an, dass AG bzw. BR verpflichtet sind, die Auskunft innerhalb von **drei Monaten nach Zugang des Auskunftsverlangens in Textform** – und damit nach Maßgabe von § 126b BGB – zu erteilen. Droht Fristversäumnis, haben der AG bzw. der BR den AN darüber zu informieren und die Antwort ohne weiteres Verzögern zu erteilen (§ 15 III 2 EntgTranspG). Die Information an den AN über die drohende Zeitverzögerung muss rechtszeitig vor Ablauf der dreimonatigen Frist erfolgen. Nach einer solchen Mitteilung muss die Auskunft alsbald – spätestens binnen weiterer drei Wochen[172] – erteilt werden. 60

Der das Verfahren für tarifgebundene und tarifanwendende AG regelnde § 14 EntgTranspG enthält demgegenüber keine entspr. Form- und Fristvorgaben. Zwar sprechen Wortlaut, Systematik und die Überschrift der Regelung in § 14 und § 15 EntgTranspG daher auf den ersten Blick dafür, dass die Frist und Formvorgaben in § 15 III 1 nicht für AG iSv § 5 IV und V EntgTranspG (→ Rn. 6) gelten sollen. Die Gesetzesbegründung zeigt jedoch, dass die Regelung auch für tarifgebundene und tarifanwendende AG Anwendung finden soll: Zum einen geht der Gesetzgeber davon aus, die dreimonatige Frist räume auch der – freilich tarifgebundenen – „Bundesverwaltung" ausreichend Zeit für eine Antwort ein. Zum anderen soll die Antwort deshalb in Textform erfolgen, weil diese Form auch für die Anfrage vorgesehen sei.[173] Das in § 10 II 1 EntgTranspG vorgesehene Formerfordernis gilt allerdings für alle Auskunftsersuchen gleichermaßen. Da eine unterschiedliche Behandlung der AG bei den Frist- und Formvorgaben für eine Antwort – selbst vor dem Hintergrund einer weitreichenden Einschätzungsprärogative des Gesetzgebers – verfassungsrechtlichen Bedenken begegnet, findet § 15 III EntgTranspG **auf alle auskunftspflichtigen AG Anwendung.**[174] 61

Bei der Zeitangabe von drei Monaten handelt es sich nicht um eine Fälligkeits-, sondern um eine **Fristbestimmung,**[175] die für das Eingreifen von § 15 V EntgTranspG (→ Rn. 63) von Bedeutung ist. Die Frist berechnet sich nach §§ 187 ff. BGB.[176] 62

---

[167] BT-Drs. 18/11133, 66.

[168] Ebenso BeckOK ArbR/*Roloff* EntgTranspG § 10 Rn. 26.

[169] AA *Roloff* RdA 2018, 28 (31).

[170] BT-Drs. 18/11133, 66.

[171] Ebenso *Koller-van Delden* DStR 2018, 254 (257).

[172] *Roloff* RdA 2018, 28 (39); *Brune/Brune* BB 2019, 436 (446).

[173] Vgl. BT-Drs. 18/11133, 65.

[174] *Roloff* RdA 2018, 28 (31); wohl auch *Kocher* AuR 2018, 8 (15); vgl. auch ErfK/*Schlachter* EntgTranspG § 15 Rn. 3 „Orientierungswirkung"; *Gaul* ArbRB 2017, 47 (49); für eine analoge Anwendung *Müller* BB 2017, 2101 (2103); *Bauer/Krieger/Günther* EntgTranspG § 14 Rn. 53; aA *Glaser/Groß* AuA 2017, 302 (305); *Oberthür* NJW 2017, 2228 (2232); *Weigert* NZA 2018, 211 (213); *Grimm/Freh* ArbRB 2017, 1 (11); *Grimm/Freh* ArbRB 2017, 182 (185).

[175] *Holler* NZA 2017, 822 (824).

[176] BT-Drs. 18/11133, 65.

63 **f) Rechtsfolgen bei Verstößen.** Unterlässt der AG die Erfüllung seiner Auskunftspflicht, ordnet § 15 V 1 EntgTranspG für das gegen den **nicht tarifgebundenen oder -anwendenden AG** gerichtete Auskunftsverlangen eine **Beweislastumkehr** an. Danach trägt der AG im Streitfall die Beweislast dafür, dass kein Verstoß gegen das Entgeltgleichheitsgebot vorliegt.[177] Angesichts der Fristvorgabe in § 15 III EntgTranspG ist ein Unterlassen im Sinne dieser Norm immer dann gegeben, wenn AG bzw. BR die Antwort **nicht fristgemäß** erteilen.[178]

64 Eine zwar fristgemäß erteilte, jedoch offensichtlich **unzutreffende Antwort** reicht dagegen nicht aus, um die Beweislastumkehr nach § 15 V EntgTranspG herbeizuführen.[179] Zwar könnte die Formulierung „Unterlassen der Erfüllung" angesichts der Regelung in § 10 III EntgTranspG auch die **nicht ordnungsgemäße Auskunftserteilung** erfassen; die Gesetzesmaterialien zeigen jedoch, dass dies nicht ausreichen sollte. Der im früheren Referentenentwurf noch enthaltene Hinweis, wonach eine nicht erteilte Antwort auch vorliegt, wenn diese „offensichtlich unvollständig" ist, findet sich nicht mehr. Allerdings kann eine solche Antwort ggf. als Indiz iSd § 22 AGG gewertet werden[180] (→ Rn. 27). Ein Unterlassen der Antwort iSv § 15 VI 1 EntgTranspG und nicht eine lediglich fehlerhafte Beantwortung ist hingegen gegeben, wenn die Auskunft **keinerlei Angaben zu einem der angefragten Bezugsobjekte** (→ Rn. 48; zB zu einem Entgeltbestandteil) enthält. Insoweit liegt eine teilweise Nichtbeantwortung vor.[181]

65 Die Beweisverlagerung auf den AG tritt nach § 15 V 2 EntgTranspG auch ein, wenn der BR aus Gründen, die der AG zu vertreten hat, die Auskunft nicht erteilen konnte. Dies ist insbesondere dann der Fall, wenn der AG den BR unzureichend informiert oder dem Ausschuss die Rechte nach § 13 I, II EntgTranspG nicht im erforderlichen Umfang gewährt hat. Hat der BR alle notwendigen Informationen für eine fristgerechte Auskunftserteilung erhalten, erteilt er die Antwort aber dennoch nicht oder nicht fristgemäß, greift die Beweislastumkehr dagegen nicht.

66 Nach § 15 V 2 EntgTranspG muss der AG im Streitfall beweisen, **dass kein Verstoß gegen das Entgeltgleichheitsgebot vorliegt.** Damit entspricht die Norm in ihrer Wirkung zwar § 22 AGG, geht aber insoweit hierüber hinaus, als der klagende AN keine Indizien für eine Geschlechtsbedingtheit der Entgeltungleichheit darlegen muss.[182] Hinsichtlich der Anforderungen an einen entspr. Beweis wird auf die dortigen Ausführungen verwiesen (→ § 36 Rn. 92). Da der AG die erbetene Auskunft nicht erteilt hat, wird man es im Prozess für ausreichend ansehen müssen, wenn der AN einen Kollegen des anderen Geschlechts benennt, der die gleiche oder gleichartige Tätigkeit ausübt und dafür höher vergütet wird. Kennt der AN keine konkreten Vergleichsentgelte, kann er zunächst, ggf. im Wege einer Stufenklage, auf Auskunft klagen.

67 Die Beweislastumkehr nach § 15 V EntgTranspG gilt nicht – auch nicht analog – für **tarifgebundene oder -anwendende AG.**[183] Dies zeigen Systematik und Regelungszusammenhang der Normen. Auch die Gesetzesbegründung liefert – anders als bei § 15 III EntgTranspG (→ Rn. 61) – in diesem Fall keine gegenteiligen Anhaltspunkte. Der AN kann, wenn sein Auskunftsbegehren nicht erfüllt wird, gegen den AG klagen (→ Rn. 29). Zur Indizwirkung einer unterbliebenen Auskunft → Rn. 27.

68 **6. Betriebliches Prüfverfahren. a) Allgemeines.** Nach § 17 I 1 EntgTranspG sind private AG mit in der Regel mehr als 500 Beschäftigten aufgefordert, mithilfe betrieblicher Prüfverfahren ihre Entgeltregelungen und die verschiedenen gezahlten Entgeltbestandteile sowie deren Anwendung regelmäßig auf die Einhaltung des Entgeltgleichheitsgebots zu überprüfen. Die Durchführung eines solchen Verfahrens ist **freiwillig.**[184] Sieht der AG hiervon ab, ergeben sich für die einzelnen AN hieraus keine Rechtsfolgen. Nach Vorstellungen des Gesetzgebers sollte das Verfahren etwa alle fünf Jahre wiederholt werden.

---

[177] Krit. hierzu *Thüsing* BB 2017, 565 (567).

[178] IdS auch BT-Drs. 18/11133, 66: ebenso *Roloff* RdA 2018, 28 (40).

[179] ErfK/*Schlachter* EntgTranspG § 15 Rn. 10; *Langemann/Wilking* BB 2017, 501 (504); *Franzen* NZA 2017, 814 (818); *Göpfert/Giese* NZA 2018, 207 (209); *Kuhn/Schwindling* DB 2018, 509 (513, 515); *Koller-van Delden* DStR 2018, 254 (259); aA *Bauer/Krieger/Günther* EntgTranspG § 15 Rn. 44; *Kuhn/Schwindling* DB 2017, 785 (787); für die „erkennbar falsche Auskunft" *Behrendt/Witzke* BB 2017, 3060 (3062); *Roloff* RdA 2018, 28 (40).

[180] Wohl aA *Franzen* NZA 2017, 814 (818).

[181] BT-Drs. 11133/18, 66; ErfK/*Schlachter* EntgTranspG § 15 Rn. 10.

[182] Dies verkennen *Kuhn/Schwindling* DB 2018, 509 (514).

[183] *Franzen* NZA 2017, 814 (819); ErfK/*Schlachter* EntgTranspG § 15 Rn. 10, § 14 Rn. 9; *Langemann/Wilking* BB 2017, 501 (504); *Glaser/Groß* AuA 2017, 302 (305); *Bauer/Krieger/Günther* EntgTranspG § 14 Rn. 61; *Brune/Brune* BB 2019, 436 (447); aA *Roloff* RdA 2018, 28 (31 f.); für eine analoge Anwendung *Behrendt/Witzke* BB 2017, 3060 (3062).

[184] Krit. dazu *Thüsing* BB 2017, 565 (568).

b) Voraussetzungen. aa) Private Arbeitgeber. Die §§ 17 ff. EntgTranspG gelten nur für privatrechtlich organisierte AG, unabhängig von der konkret gewählten Organisationsform.[185] Öffentliche AG werden dagegen nicht erfasst. Auch privatisierte AG, wie die Deutsche Bahn AG, die Post oder die Telekom, fallen unter die Bestimmungen. Allerdings soll sich ausweislich der Gesetzesbegründung das Prüfverfahren nicht auf die bei ihnen eingesetzten Beamten beziehen.[186] 69

bb) Unternehmensgröße. Obwohl die §§ 17 ff. EntgTranspG von einem „betrieblichen" Prüfverfahren sprechen, stellt das Gesetz in § 17 I 1 lediglich auf die in der Regel beim AG Beschäftigten ab. Dies spricht dafür, dass die Anzahl der Beschäftigten unternehmens- und nicht betriebsbezogen zu bestimmen ist.[187] 70

c) Inhalt und Verfahren. Nach § 17 II EntgTranspG führt der AG das Prüfverfahren in **eigener Verantwortung** durch. Er ist in der Wahl der Analysemethoden und Arbeitsbewertungsverfahren frei. Soweit § 18 II EntgTranspG dies unter einen Vorbehalt betrieblicher Mitwirkungsrechte stellt, will der Gesetzgeber damit ausdrücklich keine neuen Mitbestimmungsrechte des BR begründen.[188] Als mögliche Instrumente erwähnt die Gesetzesbegründung den von der Antidiskriminierungsstelle des Bundes geförderten „eg-check" sowie den ILO-Leitfaden „Gendergerechtigkeit stärken – Entgeltgleichheit sicherstellen".[189] 71

Nach § 18 I EntgTranspG sind alle Tätigkeiten in die Prüfung einzubeziehen, die demselben Entgeltsystem unterliegen, unabhängig davon auf welcher Rechtsgrundlage sie beruhen. Der AG kann dabei für jede Region ein betriebliches Prüfverfahren durchführen (vgl. § 18 III 3 iVm § 12 II Nr. 1 und 2 EntgTranspG). Zudem müssen nicht alle Betriebe in einem einheitlichen Prüfverfahren untersucht werden. Ebenso ist es aus Praktikabilitätsgründen zulässig, das Prüfverfahren nur innerhalb von Beschäftigtengruppen durchzuführen und keine Tätigkeiten zu vergleichen, die von verschiedenen Beschäftigtengruppen ausgeübt werden.[190] Dem AG steht es damit frei, zunächst nur bestimmte Tätigkeiten zu überprüfen oder nur einzelne Betriebsteile in das Prüfverfahren einzubeziehen.[191] 72

Das Gesetz ordnet nicht die Durchführung eines bestimmten Verfahrens an, sondern benennt lediglich **inhaltliche Mindestvorgaben,** denen das gewählte Verfahren entsprechen muss. Erforderlich ist, dass das betriebliche Prüfverfahren aus drei Phasen – Bestandsaufnahme, Analyse und Ergebnisbericht – bestehen muss. Bei der **Bestandsaufnahme** und der **Analyse** müssen die aktuellen Entgeltregelungen, Entgeltbestandteile und Arbeitsbewertungsverfahren erfasst und diese und deren Anwendung im Hinblick auf die Einhaltung des Entgeltgleichheitsgebots ausgewertet werden. Die Analyse umfasst auch die Überprüfung der Tätigkeiten im Hinblick auf ihre Gleichwertigkeit unter Berücksichtigung der in § 4 II und IV EntgTranspG genannten Kriterien. Bei **tarifvertraglichen Entgeltregelungen** ist der AG allerdings nicht zur Überprüfung der Gleichwertigkeit von Tätigkeiten verpflichtet. Gleiches gilt für kollektiv-rechtliche Entgeltregelungen der Kirchen oder der öffentlich-rechtlichen Religionsgesellschaften (§ 18 III 4 und 5 EntgTranspG). Soweit eine Gleichwertigkeit zwischen den Tätigkeiten bejaht wird, ist zu prüfen, inwiefern die Entgelte benachteiligungsfrei sind und ob kein ungerechtfertigtes geringeres Entgelt für ein bestimmtes Geschlecht gewährt wird.[192] Nach den Vorstellungen des Gesetzgebers soll die Analyse soweit wie möglich automatisiert erfolgen, um den Arbeitsaufwand gering zu halten. Er hält es für zielführend, Tätigkeiten aufzuführen, die jeweils von mindestens zwei Dritteln der AN eines Geschlechts ausgeübt werden. Diese Informationen sollten mit der Angabe verknüpft werden, ob es sich bei der Tätigkeit um eine „frauen- oder eine männerdominierte" handelt.[193] 73

Gem. § 18 IV EntgTranspG müssen die Bestandsaufnahme und die Analyse in einem **Ergebnisbericht** zusammengefasst werden. Mit Hilfe dieser Dokumentation sollen sowohl für den AG als auch den BR die bestehenden Defizite und der erforderliche Anpassungsbedarf aufgezeigt werden. Der Ergebnisbericht kann – muss aber nicht – betriebsintern veröffentlicht werden. 74

---

[185] BT-Drs. 18/11133, 68.
[186] BT-Drs. 18/11133, 68.
[187] Ebenso BeckOK ArbR/*Roloff* EntgTranspG § 17 Rn. 2; offen *Kania* NZA 2017, 819 (820).
[188] BT-Drs. 18/11133, 69; vgl. dazu ausf. *Kania* NZA 2017, 819 (821); siehe auch *Oberthür* NJW 2017, 2228 (2232); *Grimm/Freh* ArbRB 2017, 1 (12).
[189] BT-Drs. 18/11133, 69; zu Prüfverfahren vgl. *Jochmann-Döll* RdA 2017, 169.
[190] BT-Drs. 18/11133, 70.
[191] BT-Drs. 18/11133, 69.
[192] BT-Drs. 18/11133, 70.
[193] BT-Drs. 18/11133, 70.

75 Der AG hat nach § 20 I EntgTranspG den **BR** über die Planung des betrieblichen Prüfverfahrens rechtzeitig unter Vorlage der erforderlichen Unterlagen zu unterrichten. Er hat den BR u.a. über die Auswahl der Prüfungsinstrumente und den Ablauf des Verfahrens zu informieren.[194]

76 **d) Beseitigungspflicht.** Ergeben sich aus einem betrieblichen Prüfverfahren Benachteiligungen wegen des Geschlechts in Bezug auf das Entgelt, hat der AG nach § 19 EntgTranspG die geeigneten Maßnahmen zu deren Beseitigung zu ergreifen. Die Formulierung „geeignet" soll zum Ausdruck bringen, dass dem AG ggf. eine Abhilfe etwa bei diskriminierenden Flächentarifverträgen nicht einfach einseitig möglich ist.[195]

III. Unionsrecht

77 **1. Allgemeines.** Neben dem EntgTranspG gewährt auch **Art. 157 AEUV** (ex-Art. 119 EWG-Vertrag bzw. ex-Art. 141 EG) einen unmittelbaren Anspruch auf das gleiche Entgelt für Männer und Frauen bei gleicher oder gleichwertiger Arbeit. Das Gebot gilt in den einzelnen Mitgliedstaaten der Europäischen Union **unmittelbar.** Der einzelne AN kann sich daher gegenüber dem AG hierauf berufen.[196] Nach Art. 157 II 2 AEUV bedeutet Gleichheit des Arbeitsentgelts ohne Diskriminierung aufgrund des Geschlechts, dass für eine nach Zeit bezahlte Arbeit das Entgelt bei gleichem Arbeitsplatz gleich ist und für eine gleiche, nach Akkord bezahlte Arbeit aufgrund der gleichen Maßeinheit festgesetzt wird. Konkretisiert wird das unionsrechtliche Gebot der Entgeltgleichheit durch die **Richtlinie 2006/54/EG** zur Verwirklichung des Grundsatzes der Chancengleichheit und Gleichbehandlung von Männern und Frauen in Arbeits- und Beschäftigungsfragen vom 5.7.2006 (ABl. 2006 L 204/23). Zudem sieht Art. 23 I GRCh vor, dass die Gleichheit von Männern und Frauen in allen Bereichen, einschließlich der Beschäftigung, der Arbeit und des Arbeitsentgelts, sicherzustellen ist. Bei einem Widerspruch zwischen Unionsrecht und nationalem Recht hat das in Art. 157 AEUV enthaltene Gebot des gleichen Entgelts von Männern und Frauen bei gleicher Arbeit Vorrang vor innerstaatlichen Regelungen. Dieser Vorrang des Unionsrechts gilt auch gegenüber Tarifverträgen.[197] Als unmittelbar geltendes Primärrecht der Union und allgemeines Gesetz iSv Art. 137 III WRV bindet Art. 157 AEUV auch den kirchlichen AG.[198]

78 **2. Begriff des Entgelts. a) Grundsätze.** Nach Art. 157 II AEUV sind unter Entgelt die üblichen Grund- oder Mindestlöhne und -gehälter sowie alle sonstigen Vergütungen zu verstehen, die der AG aufgrund des Dienstverhältnisses dem AN unmittelbar oder mittelbar in bar oder in Sachleistungen zahlt. Die Norm gilt damit zunächst für Arbeitsentgelt im engeren Sinne, dh für den Stunden- oder Monatslohn. Sie erfasst aber auch Stücklohnsysteme, bei denen das Entgelt ganz oder in wesentlichem Umfang vom Arbeitsergebnis des AN abhängt.[199] Zudem ist Art. 157 AEUV anwendbar auf **alle sonstigen gegenwärtigen oder künftigen Vergütungen,** die der AG dem AN auf Grund des Dienstverhältnisses gewährt, unabhängig davon, ob sie auf Grund eines Arbeitsvertrags, kraft einer Rechtsvorschrift oder freiwillig erbracht werden.[200] Hierzu gehört zB eine Zulage für ungünstige Arbeitszeiten[201] sowie eine monatliche Zulage, die den betroffenen AN aufgrund ihres Arbeitsvertrags gezahlt wird.[202]

79 **b) Einzelfälle.** Entgelt iSd Art. 157 AEUV sind nach der Rspr. des EuGH zB Sonderzahlungen, Gratifikationen[203] oder Weihnachtsgeld.[204] Weiterhin gehören hierzu die Entgeltfortzah-

---

[194] *Kania* NZA 2017, 819 (821).
[195] BT-Drs. 18/11133, 71.
[196] BAG 9.10.2012 AP Nr. 19 zu § 1 BetrAVG Unverfallbarkeit = NZA-RR 2013, 150; EuGH 26.6.2001 AP Nr. 2 zu Art. 138 EG = NZA 2001, 883 – Brunnhofer; 17.5.1990 AP Nr. 20 zu Art. 119 EWG-Vertrag; BAG 7.9.2004 AP Nr. 15 zu § 1 BetrAVG Gleichberechtigung = NZA 2005, 1239.
[197] EuGH 18.11.2004 NZA 2005, 399; 27.6.1990 AP Nr. 21 zu Art. 119 EWG-Vertrag = NZA 1990, 771; BAG 19.1.2011 AP Nr. 7 zu § 3 AGG = NZA 2011, 860; 3.6.1997 AP Nr. 35 zu § 1 BetrAVG Gleichbehandlung.
[198] BAG 11.11.2008 AP Nr. 51 zu § 611 BGB Kirchendienst.
[199] EuGH 31.5.1995 AP Nr. 68 zu Art. 119 EWG-Vertrag.
[200] EuGH 4.6.1992 AP Nr. 39 zu Art. 119 EWG-Vertrag; 13.2.1996 AP Nr. 74 zu Art. 119 EWG-Vertrag.
[201] EuGH 30.3.2000 AP Nr. 15 zu EWG-Richtlinie 75/117.
[202] EuGH 26.6.2001 AP Nr. 2 zu Art. 138 EG; BAG 21.5.2008 AP Nr. 1 zu § 15 BEEG = NZA 2008, 955.
[203] Vgl. EuGH 9.9.1999 AP Nr. 11 zu Art. 119 EWG-Vertrag.
[204] EuGH 21.10.1999 AP Nr. 14 zu Art. 119 EWG-Vertrag = NZA 1999, 1325.

lung im Krankheitsfall,[205] bezahlte Freistellungen von Betriebsratsmitgliedern für Schulungsveranstaltungen[206] sowie die Leistungen der betrieblichen Altersversorgung,[207] und zwar auch dann, wenn die für die Betriebsrenten gezahlten Beiträge und die sich hieraus ergebenden Leistungen teilweise an die Stelle der Beiträge und Leistungen des gesetzlichen Altersrentensystems treten.[208] Auch Zusatzleistungen, die im Fall der Arbeitslosigkeit gewährt werden, Entschädigungsleistungen bei betriebsbedingter Entlassung[209] und nach Beendigung des Arbeitsverhältnisses gezahltes tarifliches Übergangsgeld[210] fallen unter den Begriff des Entgelts iSv Art. 157 AEUV.

3. Unmittelbare Entgeltdiskriminierung. a) Begriff. Art. 157 AEUV verbietet zunächst nur die unmittelbare Diskriminierung wegen des Geschlechts. Nach Art. 2 I lit. a RL 2006/54/EG bezeichnet eine **„unmittelbare Diskriminierung"** eine Situation, in der eine Person aufgrund ihres Geschlechts eine weniger günstige Behandlung erfährt, als eine andere Person in einer vergleichbaren Situation erfährt, erfahren hat oder erfahren würde. Nach der Rspr. des EuGH ist Art. 157 AEUV auf jede Art von Diskriminierung anwendbar, die sich schon allein anhand der in dieser Bestimmung verwendeten Merkmale „gleiche Arbeit" und „gleiches Entgelt" feststellen lässt, ohne dass unionsrechtliche oder nationale Maßnahmen zur Bestimmung dieser Kriterien für deren Anwendung erforderlich wären.[211] Eine unmittelbare Entgeltdiskriminierung wegen des Geschlechts kann nicht gerechtfertigt werden. Eine Rechtfertigung kommt nur bei der mittelbaren Diskriminierung in Betracht (→ Rn. 87). 80

b) Gleiche oder gleichwertige Arbeit. Zur Feststellung, ob AN gleiche oder gleichwertig Arbeiten verrichten, ist zu prüfen, ob diese AN unter Zugrundelegung der Gesamtumstände – wie der Art der Arbeit, der an die Ausübung dieser Tätigkeit geknüpften Ausbildungsanforderungen und der Arbeitsbedingungen – als in einer vergleichbaren Situation befindlich angesehen werden können.[212] Dies gilt auch, wenn verschiedene Gruppen von AN, die nicht dieselbe Berufsberechtigung oder -qualifikation für ihren Beruf besitzen, eine anscheinend identische Tätigkeit ausüben. Die Berufsausbildung stellt damit nicht nur einen Faktor dar, der eine unterschiedliche Vergütung der AN, die die gleiche Arbeit verrichten, objektiv rechtfertigen kann;[213] sie gehört vielmehr auch zu den Kriterien, anhand derer sich feststellen lässt, ob die AN die „gleiche" bzw. „gleichwertige" Arbeit verrichten.[214] Aus der **tariflichen Eingruppierung** allein kann hierauf noch nicht geschlossen werden. Die in einem Tarifvertrag enthaltenen allgemeinen Entgeltgruppenmerkmale sind hierfür lediglich ein Indiz, das noch einer Bestätigung durch eindeutige und konkrete Faktoren bedarf, die sich aus den von den betroffenen AN ausgeübten Tätigkeiten ergeben (zur Beweislast → Rn. 88).[215] 81

c) Ungleichbehandlung. Ein Verstoß gegen Art. 157 AEUV liegt vor, wenn an die Zugehörigkeit zu einem der beiden Geschlechter eine nachteilige Wirkung geknüpft wird; die unterschiedliche Entgelthöhe muss bei gleicher Arbeit also an das Geschlecht oder an geschlechtsspezifische Umstände gebunden sein. So ist eine unmittelbare Diskriminierung zB anzunehmen, wenn ein Tarifvertrag sog. **„Frauenabschläge"** enthält, die dazu führen, dass Frauen – bei im Übrigen gleicher oder gleichwertiger Arbeit – eine geringere Vergütung erhalten. Gleiches gilt, wenn Kindererziehungszeiten in der Rentenversicherung nur bei Müttern berücksichtigt werden, nicht aber bei Vätern, die nachweisen können, dass sie die Erziehung ihrer Kinder wahrgenommen haben.[216] Auch eine tarifliche Vergütungsregelung, die dazu führt, dass **Mutter-** 82

---

[205] EuGH 8.9.2005 AP Nr. 13 zu Art. 141 EG.

[206] EuGH 4.6.1992 AP Nr. 39 zu Art. 119 EWG-Vertrag.

[207] EuGH 22.11.2012 NZA 2012, 1425 – Elbal Moreno; 10.6.2010 AP Nr. 2 zu Richtlinie 97/81/EG = NZA 2010, 753; 13.5.1986 DB 1986, 1525; 17.5.1990 AP Nr. 20 zu Art. 119 EWG-Vertrag; EuGH 28.9.994 Slg. 1994 I-4471; BAG 26.9.2017 AP Nr. 38 zu § 1 BetrAVG Hinterbliebenenversorgung; 9.10.2012 AP Nr. 19 zu § 1 BetrAVG Unverfallbarkeit = NZA-RR 2013, 150; 20.4.2010 AP Nr. 3 zu § 15 BEEG = NZA 2010, 1188; 17.9.2008 EzA Nr. 31 zu § 2 BetrAVG; 29.4.2008 AP Nr. 58 zu § 2 BetrAVG = NZA 2008, 1417; 7.9.2004 AP Nr. 15 zu § 1 BetrAVG Gleichberechtigung = NZA 2005, 1239; 20.11.1990 AP Nr. 8 zu § 1 BetrAVG Gleichberechtigung.

[208] EuGH 17.5.1990, 24.10.1996 AP Nr. 20, 75 zu Art. 119 EWG-Vertrag.

[209] EuGH 8.6.2004 EuGHE 2004 I 5907 (5952).

[210] EuGH 9.12.2004 AP Nr. 20 zu EWG-Richtlinie 75/117.

[211] EuGH 17.5.1990 AP Nr. 20 zu Art. 119 EWG-Vertrag; 14.12.1993 AP Nr. 16 zu § 1 BetrAVG Gleichbehandlung.

[212] EuGH 26.6.2001 AP Nr. 2 zu Art. 138 EG = NZA 2001, 883 – Brunnhofer.

[213] EuGH 28.2.2013 AP Nr. 19 zu Art. 141 EG – Kenny.

[214] EuGH 11.5.1999 AP Nr. 1 zu Art. 141 EG-Vertrag = NZA 1999, 699.

[215] EuGH 26.6.2001 AP Nr. 2 zu Art. 138 EG = NZA 2001, 883 – Brunnhofer.

[216] EuGH 19.11.2001 NZA 2002, 143.

schutzfristen nicht in die Bemessungsgrundlage eines ergebnisbezogenen Entgelts einbezogen werden, verstößt gegen Art. 157 AEUV.[217] Der Grundsatz der Entgeltgleichheit gilt für jeden einzelnen **Bestandteil** des den AN gezahlten Entgelts und ist nicht nur im Wege einer Gesamtbewertung auf die den AN insgesamt gezahlte Vergütung anzuwenden. Eine Ungleichbehandlung liegt deshalb auch vor, wenn männliche und weibliche AN eine unterschiedlich hohe individuelle monatliche Zulage erhalten, selbst wenn beide das gleiche Grundgehalt beziehen oder ihre Gehälter aufgrund weiterer Zahlungen insgesamt gleich hoch sind.[218]

83 Eine unmittelbare Benachteiligung ist auch gegeben, wenn die Maßnahme zwar nicht ausdrücklich an das Geschlecht, aber an ein Kriterium anknüpft, das in **untrennbarem Zusammenhang** mit dem Geschlecht steht (→ § 36 Rn. 36). Einen solchen Zusammenhang hat der EuGH zB bei einer Regelung bejaht, die – bei einem unterschiedlichen gesetzlichen Renteneintrittsalter für Männer und Frauen – an die Rentenberechtigung anknüpft.[219]

84 **4. Mittelbare Entgeltdiskriminierung. a) Praktische Bedeutung.** Neben der unmittelbaren Diskriminierung erfasst Art. 157 AEUV auch die mittelbare Entgeltdiskriminierung (→ § 36 Rn. 39).[220] Von praktischer Relevanz war die mittelbare Entgeltdiskriminierung insbesondere bei Teilzeitbeschäftigten. Dort hat sie allerdings inzwischen ihre Bedeutung weitgehend verloren, weil § 4 I TzBfG ein ausdrückliches Verbot der Benachteiligung wegen der Teilzeitbeschäftigung enthält (→ § 43 Rn. 26). Diese Bestimmung ist gegenüber Art. 157 AEUV vorrangig zu prüfen, weil sie einen weiteren Anwendungsbereich hat (→ § 43 Rn. 53). § 4 I TzBfG ist nicht auf Fälle der Geschlechtsdiskriminierung beschränkt und erstreckt sich über die Gleichheit des Arbeitsentgelts hinaus auch auf die Gleichheit der sonstigen Arbeitsbedingungen.

85 **b) Voraussetzungen.** Eine mittelbare Diskriminierung liegt vor, wenn die nachteiligen Folgen einer Regelung erheblich mehr Angehörige des einen als des anderen Geschlechts betreffen, und diese Benachteiligung nicht **durch objektive Gründe gerechtfertigt** ist, die nichts mit der Geschlechtszugehörigkeit der benachteiligten AN zu tun haben.[221] Eine objektive Rechtfertigung ist nur anzuerkennen, wenn die Vorschriften, Kriterien oder Verfahren, die eine mittelbare Diskriminierung bewirken können, der Erreichung eines legitimen Ziels dienen und geeignet sowie erforderlich sind.[222] Notwendig ist damit eine detaillierte **Verhältnismäßigkeitsprüfung.**

86 **aa) Vergleichsgruppen.** Zur Feststellung, ob eine mittelbare Benachteiligung gegeben ist, sind Vergleichsgruppen zu bilden, die dem persönlichen Geltungsbereich der Differenzierungsregel entspr. zusammengesetzt sein müssen. Dabei ist auf den gesamten Kreis der von der fraglichen Bestimmung erfassten Normunterworfenen abzustellen. Der Gesamtheit der Personen, die von der Regelung erfasst werden, ist die Gesamtheit der Personen gegenüberzustellen, die durch die Regelung benachteiligt werden. Im Vergleich dieser Gruppen ist zu prüfen, ob die Träger des verpönten Merkmals **besonders benachteiligt** sind.[223] Dies erfordert nicht zwingend einen statistischen Nachweis, dass die Träger eines verpönten Merkmals zahlenmäßig wesentlich stärker von einer Regelung betroffen werden als Personen, bei denen dieses Merkmal nicht vorliegt. Es reicht aus, wenn das fragliche Kriterium hierzu bei wertender, typisierender Betrachtung geeignet ist. Soll der Nachweis einer mittelbaren Diskriminierung anhand von Statistiken geführt werden, ist hierfür aussagekräftiges Datenmaterial heranzuziehen, das sich auf eine ausreichende Zahl von Personen bezieht und nicht rein zufällige oder konjunkturelle Erscheinungen widerspiegelt.[224] Nicht aussagekräftig ist ein Vergleich, wenn er sich auf Gruppen bezieht, die willkürlich so zusammengestellt sind, dass die eine überwiegend Frauen und die andere überwiegend Männer umfasst.[225]

---

217 BAG 2.8.2006 AP Nr. 72 zu § 612 BGB = NZA 2006, 1411.

218 EuGH 26.6.2001 AP Nr. 2 zu Art. 138 EG = NZA 2001, 883 – Brunnhofer.

219 EuGH 18.11.2010 AP Nr. 38 zu EWG-Richtlinie Nr. 76/207 = NZA 2010, 1401 – Kleist.

220 BAG 9.10.2012 AP Nr. 19 zu § 1 BetrAVG Unverfallbarkeit = NZA-RR 2013, 150.

221 Vgl. etwa EuGH 9.11.2017 AP Nr. 3 zu Richtlinie 97/81/EG = NZA 2018, 29 – Espadas Recio; 28.2.2013 AP Nr. 19 zu Art. 141 EG = NZA 2013, 315 – Kenny; 22.11.2012 NZA 2012, 1425 – Elbal Moreno; 31.5.1995 AP Nr. 68 zu Art. 119 EWG-Vertrag – Danks Industri.

222 EuGH 28.2.2013 AP Nr. 19 zu Art. 141 EG = NZA 2013, 315 – Kenny; 26.6.2001 AP Nr. 2 zu Art. 138 EG = NZA 2001, 883 – Brunnhofer; 3.10.2006 Slg. 2006, I-9583 – Cadman.

223 Vgl. EuGH 30.11.1993 Slg. 1993, I-6185 – Kirsammer-Hack; 28.2.2013 AP Nr. 19 zu Art. 141 EG = NZA 2013, 315 – Kenny.

224 EuGH 27.10.1993 AP Nr. 50 zu Art. 119 EWG-Vertrag = NZA 1994, 797 – Enderby.

225 Vgl. EuGH 28.2.2013 AP Nr. 19 zu Art. 141 EG – Kenny.

bb) Rechtfertigung. Eine mittelbare Entgeltdiskriminierung liegt nur vor, wenn die geschlechtsbedingte Ungleichbehandlung nicht sachlich gerechtfertigt ist. Zur Rechtfertigung bedarf es **objektiver Faktoren,** die nichts mit einer Diskriminierung aufgrund des Geschlechts zu tun haben. Das mit den benachteiligenden Vorschriften, Kriterien oder Verfahren verfolgte Ziel muss rechtmäßig sei. Der für die Ungleichbehandlung angeführte Grund muss einem wirklichen Bedürfnis des AG entsprechen[226] und das unterschiedliche Entgelt rechtfertigen;[227] hierbei kann es sich auch um einen – objektiv gegebenen – wirtschaftlichen Grund handeln.[228] Zudem müssen die Mittel zum Erreichen dieses Ziels geeignet und erforderlich sein. Eine Maßnahme ist erforderlich, wenn zur Erreichung des Ziels kein milderes, gleich wirksames Mittel zur Verfügung steht.[229] 87

c) Darlegungs- und Beweislast. Die Darlegungs- und Beweislast für das Vorliegen einer **geschlechtsspezifischen Diskriminierung** beim Entgelt obliegt dem AN, der sich zur Begründung seines geltend gemachten Anspruchs auf die Diskriminierung beruft.[230] Er muss darlegen und beweisen, dass sein AG ihm ein niedrigeres Entgelt zahlt als seinen zum Vergleich herangezogenen Kollegen und dass er tatsächlich die gleiche oder eine gleichwertige, mit deren Arbeit vergleichbare Arbeit verrichtet, so dass er dem ersten Anschein nach Opfer einer nur mit dem unterschiedlichen Geschlecht erklärbaren Diskriminierung ist.[231] 88

Erbringt der AN diesen Beweis, obliegt es dem AG darzulegen und zu beweisen, dass nicht gegen den Grundsatz des gleichen Entgelts für Männer und Frauen verstoßen wurde. Hierzu muss er nachweisen, dass entweder die von den betroffenen AN tatsächlich ausgeübten Tätigkeiten in Wirklichkeit nicht vergleichbar sind, oder die festgestellte unterschiedliche Entlohnung durch objektive Faktoren, die nichts mit einer Diskriminierung aufgrund des Geschlechts zu tun haben, gerechtfertigt ist.[232] Wendet der AG ein **Entlohnungssystem an, dem jede Durchschaubarkeit fehlt,** obliegt ihm nach der Rspr. des EuGH ebenfalls der Nachweis, dass seine Lohnpolitik nicht diskriminierend ist, wenn ein AN darlegt, eine größere Zahl von AN seines Geschlechts verdiene durchschnittlich weniger als AN des anderen Geschlechts. Da die benachteiligten AN in einem solchen System die verschiedenen Bestandteile ihres Gehalts nicht mit denen der Mitglieder des anderen Geschlechts, die derselben Gehaltsgruppe angehören, vergleichen, sondern nur Unterschiede zwischen Durchschnittsgehältern benennen können, haben sie letztlich kein wirksames Mittel, die Beachtung des Grundsatzes des gleichen Entgelts zu kontrollieren. Aus diesem Grund obliegt es in diesem Fall dem AG vorzutragen, wie er die Vergütungskriterien angewandt hat.[233] 89

d) Einzelfälle. Der AG kann sich zur Rechtfertigung einer Ungleichbehandlung nicht auf in der Person des AN liegende Umstände berufen, die sich bei seiner Einstellung noch nicht objektiv bestimmen lassen, sondern sich erst während der konkreten Ausübung der Tätigkeit herausstellen (zB die persönliche Leistungsfähigkeit oder die Qualität der tatsächlich erbrachten Leistungen). Solche Gründe können denknotwendig bei Abschluss der Vergütungsvereinbarung für den AG nicht bestimmend gewesen sein.[234] Zulässig ist jedoch eine spätere Änderung der Entgelthöhe, wenn die unterschiedliche Vergütung auf Unterschieden zwischen den **individuellen Arbeitsergebnissen** der AN beruht. Die unterschiedlichen Arbeitsleistungen sind dabei anhand gleicher Maßstäbe zu messen.[235] Ein Vergütungssystem darf des Weiteren die Vergütungshöhe von der Dauer der **tatsächlichen Beschäftigungszeit** abhängig machen und damit Zeiten, in der das Arbeitsverhältnis während der Elternzeit ruht, unberücksichtigt lassen, wenn mit der tatsächlichen Arbeitsleistung ein Zuwachs an Erfahrungswissen verbunden ist, der durch 90

---

[226] EuGH 28.2.2013 AP Nr. 19 zu Art. 141 EG = NZA 2013, 315 – Kenny; 26.6.2001 AP Nr. 2 zu Art. 138 EG = NZA 2001, 883 – Brunnhofer; 13.5.1986 Slg. 1986, 1607 – Bilka-Kaufhaus.

[227] EuGH 28.2.2013 AP Nr. 19 zu Art. 141 EG – Kenny.

[228] EuGH 31.3.1981 Slg. 1981, 911 – Jenkins.

[229] EuGH 13.5.1986 AP Nr. 10 zu Art. 119 EWG-Vertrag; 26.6.2001 AP Nr. 2 zu Art. 138 EG = NZA 2001, 883 – Brunnhofer.

[230] EuGH 28.2.2013 AP Nr. 19 zu Art. 141 EG – Kenny; 26.6.2001 AP Nr. 2 zu Art. 138 EG = NZA 2001, 883 – Brunnhofer; 27.10.1993 AP Nr. 50 zu Art. 119 EWG-Vertrag = NZA 1994, 797 – Enderby.

[231] EuGH 28.2.2013 AP Nr. 19 zu Art. 141 EG – Kenny.

[232] EuGH 28.2.2013 AP Nr. 19 zu Art. 141 EG – Kenny; 26.6.2001 AP Nr. 2 zu Art. 138 EG – Brunnhofer; 27.10.1993 AP Nr. 50 zu Art. 119 EWG-Vertrag = NZA 1994, 797 – Enderby.

[233] EuGH 17.10.1989 AP Nr. 19 zu Art. 119 EWG-Vertrag – Danfoss; 27.10.1994 EzA Nr. 20 zu Art. 119 EWG-Vertrag; 26.6.2001 AP Nr. 2 zu Art. 138 EG = NZA 2002, 883.

[234] EuGH 26.6.2001 AP Nr. 2 zu Art. 138 EG = NZA 2001, 883 – Brunnhofer.

[235] Vgl. EuGH 31.5.1995 AP Nr. 68 zu Art. 119 EWG-Vertrag.

das Entgelt vergütet werden soll.[236] Zulässig ist es nach der Rspr. des EuGH auch, an das **Dienstalter** als entgeltbestimmenden Faktor anzuknüpfen, mit dem die Berufserfahrung honoriert werden soll, die einen AN befähigt, die Arbeit besser zu verrichten.[237] Der AG muss die Geeignetheit dieses Kriteriums zur Erreichung des genannten Ziels nicht in Bezug auf den konkreten Arbeitsplatz nachweisen.[238]

91 Nicht im Einklang mit Art. 157 AEUV steht hingegen eine Regelung, nach der **teilzeitbeschäftigte Lehrkräfte** ebenso wie vollzeitbeschäftigte eine **Vergütung für Mehrarbeit** erst erhalten, wenn die Mehrarbeit drei Unterrichtsstunden im Kalendermonat übersteigt. Der EuGH begründet dies damit, dass Mehrarbeit von drei Unterrichtsstunden im Kalendermonat für Teilzeitbeschäftigte im Verhältnis zur individuellen Arbeitszeit eine stärkere Mehrbelastung darstellt als für Vollzeitbeschäftigte.[239] Ebenfalls nicht mit Art. 157 AEUV vereinbar ist es, wenn Vollzeit- und Teilzeitkräfte dadurch ungleich vergütet werden, dass sie für jeweils die gleiche **Stundenzahl** nicht die gleiche Gesamtvergütung erhalten.[240]

92 Tarifliche Eingruppierungsregelungen können eine Diskriminierung von Frauen bewirken, wenn sie an die **Schwere der körperlichen Arbeit** anknüpfen. Den Erfordernissen des unionsrechtlichen Entgeltgleichheitssatzes ist zwar grundsätzlich genügt, wenn zur Differenzierung der Entgeltstufen ein Kriterium verwendet wird, das auf den objektiv messbaren, für die Verrichtung der Tätigkeit erforderlichen Krafteinsatz abstellt. Ein Entlohnungssystem muss jedoch, soweit die Art der Tätigkeit dies zulässt, um nicht insgesamt diskriminierend zu sein und damit den Grundsätzen der RL 2006/54/EG zu entsprechen, so ausgestaltet sein, dass es andere Arbeitsplätze als gleichwertig anerkennt, bei denen auch weitere Kriterien berücksichtigt werden, die von weiblichen AN besonders gut erfüllt werden können.[241] Hieran anschließend hat das BAG im Wege einer **unionsrechtskonformen Auslegung** des tariflichen Lohngruppenmerkmals „schwere körperliche Arbeit" auf alle den Körper belastenden Umstände abgestellt, die – so das BAG – bei Männern und Frauen zu körperlichen Reaktionen führen können. Hierzu gehören u.a. die zur Verrichtung der Arbeit notwendige Körperhaltung sowie die nervliche oder sensorische Belastung durch Lärm bzw. taktgebundene oder repetitive Arbeit. Das Tarifmerkmal wird daher nicht nur durch starke muskelmäßige Belastung erfüllt.[242]

93 **5. Rechtsfolgen einer Diskriminierung.** Ein Verstoß gegen Art. 157 AEUV führt zunächst zur Unanwendbarkeit der diskriminierenden Bestimmung. Für die benachteiligten AN besteht jedoch kein rechtloser Zustand. Die diskriminierten AN sind vielmehr grundsätzlich so zu stellen wie die begünstigten.[243] Bei diskriminierenden Entlohnungsregelungen haben daher die benachteiligten AN Anspruch auf die gleiche – bei kürzerer Arbeitszeit anteilige – Vergütung wie die begünstigten AN.

---

236 BAG 21.5.2008 AP Nr. 1 zu § 15 BEEG = NZA 2008, 955.
237 Vgl. EuGH 8.9.2011 AP Nr. 22 zu Richtlinie 2000/78/EG = NZA 2011, 1100 – Hennigs.
238 EuGH 3.10.2006 AP Nr. 15 zu Art. 141 EG = NZA 2006, 1205 – Cadman.
239 EuGH 27.5.2004 AP Nr. 10 zu Art. 141 EG = NZA 2004, 783.
240 Vgl. dazu EuGH 15.12.1994 AP Nr. 7 zu § 611 BGB Teilzeit = NZA 1995, 218; vgl. auch EuGH 2.12.2007 AP Nr. 17 zu Art. 141 EG = NZA 2008, 31.
241 Vgl. EuGH 1.7.1986 AP Nr. 13 zu Art. 119 EWG-Vertrag; zu Stücklohnsystemen vgl. EuGH 31.5.1995 AP Nr. 68 zu Art. 119 EWG-Vertrag.
242 BAG 29.7.1992 AP Nr. 32 zu § 1 TVG Tarifverträge: Einzelhandel = NZA 1993, 181.
243 EuGH 27.6.1990 AP Nr. 21 zu Art. 119 EWG-Vertrag; 7.2.1991 AP Nr. 25 zu § 23a BAT.

5. Abschnitt. Befristung von Arbeitsverträgen

§ 38. Allgemeine Grundsätze des Befristungsrechts

Übersicht

I. Allgemeines

1. Rechtsentwicklung. a) Umgehung des Kündigungsschutzes. Nach dem Grundsatz 1
der Vertragsfreiheit (Art. 2 I GG) können Arbeitsverhältnisse nicht nur unbefristet, sondern auch befristet abgeschlossen werden (zu den verschiedenen Formen der Befristung → Rn. 28 ff.). Da das befristete Arbeitsverhältnis ohne Ausspruch einer Kündigung endet, finden die Kündigungsschutzbestimmungen auf die Beendigung des befristeten Arbeitsvertrags keine Anwendung. Aus diesem Grund hatte die Rspr. bereits frühzeitig den Abschluss von befristeten Arbeitsverträgen einer bestandsschutzrechtlichen Kontrolle unterworfen. Nach der Entscheidung des Großen Senats aus dem Jahr 1960 war die Vereinbarung über die Befristung eines Arbeitsvertrags rechtsunwirksam, wenn beim Vertragsschluss für die Befristung keine sachlichen Gründe vorgelegen haben und durch die Befristung dem AN der Schutz von zwingenden Kündigungsschutzbedingungen entzogen worden ist.[1] Maßgeblich war danach, ob **(1)** zum Zeitpunkt der vereinbarten Befristung **(2)** ein von der Rechtsordnung anerkannter Grund vorlag, der den Abschluss eines befristeten, anstatt eines unbefristeten Arbeitsvertrags rechtfertigte. Allerdings war die Befristungsabrede nur auf einen sachlichen Grund zu kontrollieren, wenn es **(3)** hierdurch zu einer objektiven Umgehung des allgemeinen oder besonderen Kündigungsschutzes kam. Lagen die Voraussetzungen für die Anwendung des KSchG oder der besonderen Kündigungsschutzbestimmungen nicht vor, war grundsätzlich die Befristung wirksam, auch wenn kein sachlicher Grund vorlag.[2] Fehlte es hingegen an einem erforderlichen sachlichen Grund, war nicht der Arbeitsvertrag, sondern nur die vereinbarte Befristung unwirksam. Diese Voraussetzungen für einen die

[1] BAG GS 12.10.1960 AP Nr. 16 zu § 620 BGB Befristeter Arbeitsvertrag.
[2] BAG 17.2.1983 AP Nr. 74 zu § 620 BGB Befristeter Arbeitsvertrag.

Befristung rechtfertigenden sachlichen Grund sind bis zum Inkrafttreten des TzBfG von den Fachsenaten des BAG weiterentwickelt worden. Erst durch das TzBfG ist das Recht der befristeten Arbeitsverträge zum 1.1.2001 umfassend kodifiziert worden. Im Jahr 2017 wurden 3,154 Mio. befristete Arbeitsverträge abgeschlossen.[3]

2 **b) Koalitionsvertrag 2018.** Nach dem Koalitionsvertrag von CDU/CSU/SPD soll die Befristung eines Arbeitsverhältnisses nicht (mehr) zulässig sein, wenn mit demselben AG bereits zuvor ein unbefristetes oder ein oder mehrere befristete Arbeitsverhältnisse mit einer Gesamtdauer von fünf oder mehr Jahren bestanden haben (zur gegenwärtigen Rechtslage → § 40 Rn. 6). Für den Sachgrund nach § 14 I 2 Nr. 4 TzBfG (Eigenart des Arbeitsverhältnisses, Künstler, Fußballer, → § 40 Rn. 28) sollen Ausnahmen möglich sein. Auf die Höchstdauer von fünf Jahren sollen auch vorherige Entleihungen des nunmehr befristet eingestellten AN angerechnet werden. Ein erneutes befristetes Arbeitsverhältnis mit demselben AG soll erst nach Ablauf einer Karenzzeit von drei Jahren möglich sein. Die Befristung eines Arbeitsvertrags ohne Vorliegen eines sachlichen Grundes (§ 14 II TzBfG; → § 39 Rn. 7) soll nur noch für die Dauer von 18 statt bislang von 24 Monaten zulässig sein und die Anzahl der Verlängerungen auf eine begrenzt werden. AG mit mehr als 75 Beschäftigten sollen nur noch maximal 2,5% der Belegschaft sachgrundlos befristen dürfen. Zu einer Umsetzung dieses Vorhabens ist es bis zum Redaktionsschluss dieser Auflage nicht gekommen.

3 **2. Rechtsgrundlagen. a) Unionsrecht. aa) Befristungsrichtlinie.** Die europäischen Sozialpartner (EGB, UNICE, CEEP), zu denen auch die BDA und der DGB gehören, haben am 18.3.1999 eine Rahmenvereinbarung über befristete Arbeitsverträge geschlossen. Diese war Grundlage der Richtlinie des Rates zu der EGB-UNICE-CEEP-Rahmenvereinbarung über befristete Arbeitsverträge (1999/70/EG) vom 28.6.1999 (ABl. EG 1999 L 175, 43). In den Anwendungsbereich der RL 1999/70/EG fallen alle AN, die entgeltliche Arbeitsleistungen im Rahmen eines befristeten Arbeitsverhältnisses mit ihrem AG erbringen, unabhängig von der Zahl der von diesen AN geschlossenen befristeten Verträge. Nach § 2 der in die Befristungsrichtlinie inkorporierten EGB-UNICE-CEEP-Rahmenvereinbarung über befristete Arbeitsverträge (RV 1999/70/EG; → Rn. 4) gilt diese für alle befristet beschäftigten AN mit einem Arbeitsvertrag oder -verhältnis gemäß der gesetzlich, tarifvertraglich oder nach den Gepflogenheiten in jedem Mitgliedstaat geltenden Definition. Nach der Präambel der Befristungsrichtlinie stellt der unbefristete Arbeitsvertrag die übliche Form des Beschäftigungsverhältnisses dar. Ihre Regelungen sollen daher zur Vermeidung des Missbrauchs von befristeten Arbeitsverhältnissen dienen. Allerdings erkennen die Sozialpartner den befristeten Arbeitsvertrag als charakteristische Vertragsform für die Beschäftigung in bestimmten Branchen, Berufen und Tätigkeiten an.

4 **bb) Rahmenvereinbarung.** Sie enthält eine Definition des Begriffs des befristet beschäftigten AN und des vergleichbaren Dauerbeschäftigten. Nach § 3 RV 1999/70/EG ist ein befristet beschäftigter AN eine Person mit einem direkt zwischen dem AG und dem AN geschlossenen Arbeitsvertrag oder -verhältnis, dessen Ende durch objektive Bedingungen wie das Erreichen eines bestimmten Datums, die Erfüllung einer bestimmten Aufgabe oder das Eintreten eines bestimmten Ereignisses bestimmt wird.[4] Zum Schutz der befristet beschäftigten AN enthält die RV 1999/70/EG ein Diskriminierungsverbot (§ 4 RV 1999/70/EG; → § 41 Rn. 1) sowie mögliche Maßnahmen zum Missbrauch aufeinander folgender Arbeitsverträge (§ 5 RV 1999/70/EG; → § 40 Rn. 2); das Unionsrecht sieht zwar eine Pflicht für die Mitgliedstaaten vor, präventive Maßnahmen zu erlassen, nennt aber keine spezifischen Sanktionen für den Fall, dass Missbräuche festgestellt wurden. In einem solchen Fall obliegt es den nationalen Stellen, Maßnahmen zu erlassen, die nicht nur verhältnismäßig, sondern auch effektiv und abschreckend genug sein müssen, um die volle Wirksamkeit der zur Durchführung der Rahmenvereinbarung erlassenen Normen sicherzustellen.[5] Auf den erstmaligen Abschluss eines befristeten Arbeitsvertrags ist § 5 RV 1999/70/EG nicht anzuwenden. Daneben sind weitere Informationsrechte des befristet beschäftigten AN und der zuständigen Arbeitnehmervertretung (§§ 6, 7 RV 1999/70/EG) geregelt. Nach der amtl. Anmerkung des deutschen Gesetzgebers dient das am 21.12.2000 verkündete TzBfG der Umsetzung der RV 1999/70/EG. Dementsprechend sind die unionsrechtlichen Vorgaben von den nationalen Gerichten bei der Auslegung seiner Bestimmungen zu berücksichtigen.

[3] IAB-Kurzbericht 16/2018, 1 (3).
[4] EuGH 24.6.2010 AP Nr. 7 zu Richtlinie 99/70/EG = NZA 2010, 805.
[5] EuGH 28.2.2018 AP Nr. 17 zu Richtlinie 99/70/EG = NZA 2018, 355 – John.

cc) Bedienstete der Europäischen Union. Die Zulässigkeit einer Befristung für die bei der Europäischen Union beschäftigten Vertragsbediensteten richtet sich nach den Beschäftigungsbedingungen für die sonstigen Bediensteten der Europäischen Gemeinschaften.[6] Danach ist maßgeblich, in welcher Funktion der Bedienstete beschäftigt wird. Art. 2 des Statuts unterscheidet vier Beschäftigtengruppen: den Bediensteten, **(1)** der zur Besetzung einer zeitlich begrenzt ausgebrachten Planstelle eingestellt wird, **(2)** der auf Zeit zur Besetzung einer Dauerplanstelle eingestellt wird, **(3)** der für eine Person in hervorgehobener Stellung tätig ist sowie **(4)** der vorübergehend zur Besetzung einer aus Forschungs- und Investitionsmitteln finanzierten Dauerplanstelle eingestellt wird. Daneben regeln die Art. 3 ff. des Statuts weitere Beschäftigtengruppen, deren Einstellung sich nach haushaltsrechtlichen Grundsätzen richtet. Für diese Beschäftigten sind in Art. 8 ff. des Statuts unterschiedliche Anforderungen an den erstmaligen und den wiederholten Abschluss von Zeitverträgen bestimmt. 5

b) Gesetz. aa) TzBfG. Das Gesetz über Teilzeitarbeit und befristete Arbeitsverträge (Teilzeit- und Befristungsgesetz – TzBfG) vom 21.12.2000 (BGBl. I 1966) ist am 1.1.2001 in Kraft getreten. Das TzBfG enthält in § 3 eine Definition des befristeten Arbeitsvertrags und in § 4 II ein Diskriminierungsverbot des befristet beschäftigten AN. Die Zulässigkeit der Befristung von Arbeitsverträgen wird erstmals zusammenhängend geregelt. Mit dem TzBfG hat der Gesetzgeber die früher richterrechtlich erfolgte Ankoppelung der Befristungskontrolle an das KSchG abgelöst (→ Rn. 1) und einen Paradigmenwechsel eingeleitet. Das TzBfG erfasst auch solche befristeten Arbeitsverträge, die früher wegen fehlender Umgehung des Kündigungsschutzes kontrollfrei waren. Eine generelle Ausnahme für Kleinbetriebe oder den wiederholten Abschluss von befristeten Arbeitsverträgen mit einer Laufzeit von bis zu 6 Monaten enthält das TzBfG nicht.[7] Sie wären auch nicht mit den unionsrechtlichen Vorgaben zu vereinbaren, die diese Ausnahmetatbestände nicht enthalten. Nach § 14 I TzBfG bedarf die Befristung eines Arbeitsvertrags grundsätzlich eines sachlichen Grundes. Eine sachgrundlose Befristung ist nur bei einer erstmaligen Beschäftigung (§ 14 II TzBfG), einer Neugründung (§ 14 IIa TzBfG) oder mit einem älteren AN (§ 14 III TzBfG) möglich. Das TzBfG hat das bereits seit dem 1.5.2000 für befristete Arbeitsverträge geltende Schriftformerfordernis (§ 14 V TzBfG, früher § 623 BGB) ebenso übernommen wie die Klagefrist für die Befristungskontrollklage (§ 17 TzBfG, früher § 1 V BeschFG 1996). Seit dem Inkrafttreten des TzBfG findet § 620 BGB nur noch Anwendung auf die Befristung von Dienstverhältnissen (§ 620 III BGB). Da das TzBfG keine § 14 I KSchG vergleichbare Bestimmung enthält, fallen auch die befristeten Vertragsverhältnisse von Organvertretern unter das TzBfG, wenn diese auf der Grundlage eines Arbeitsvertrags beschäftigt werden; wegen der Fiktion des § 5 I 3 ArbGG müssen diese ihre Ansprüche jedoch regelmäßig vor den ordentlichen Gerichten durchsetzen.[8] 6

bb) Weitere gesetzliche Ausgestaltungen des Befristungsrechts; Landesrecht. In einzelnen Gesetzen ist eine Reihe von Spezialregelungen über die Befristung von Arbeitsverhältnissen enthalten. Diese gelten auch nach Inkrafttreten des TzBfG weiter. Nach § 23 TzBfG bleiben u.a. besondere Regelungen über die Befristung von Arbeitsverträgen unberührt. Mit dem TzBfG und dem WissZeitVG hat der Bundesgesetzgeber von seiner Gesetzgebungskompetenz Gebrauch gemacht. Landesrechtliche Regelungen im Hochschulbereich über die Befristung bzw. Verlängerung von Arbeitsverhältnissen sind daher im Geltungsbereich des TzBfG und der nachfolgend angeführten bundesrechtlichen Regelungen nach Art. 31 GG regelmäßig nichtig.[9] 7

(1) ÄArbVtrG. Nach dem Gesetz über befristete Arbeitsverträge mit Ärzten in der Weiterbildung v. 15.5.1986 (BGBl. I 742) liegt ein die Befristung eines Arbeitsvertrags rechtfertigender Grund vor, wenn die Beschäftigung des Arztes seiner zeitlich und inhaltlich strukturierten Weiterbildung zum Facharzt oder dem Erwerb einer Anerkennung für einen Schwerpunkt oder dem Erwerb einer Zusatzbezeichnung, eines Fachkundenachweises oder einer Bescheinigung über eine fakultative Weiterbildung dient (§ 1 I ÄArbVtrG). Die Befristung setzt nicht voraus, dass der Arzt ausschließlich zu seiner Weiterbildung beschäftigt wird. Es genügt, dass die Befris- 8

---

[6] https://eurlex.europa.eu/LexUriServ/LexUriServ.do?uri=CONSLEG:1962R0031:20140101:DE:PDF; dazu EuGH 9.11.2000 AP Nr. 224 zu § 620 BGB Befristeter Arbeitsvertrag; zur Klagefrist EuGH 14.9.2006 – C-417/05 P.

[7] BAG 6.11.2003 AP Nr. 7 zu § 14 TzBfG = NZA 2005, 218.

[8] Zu § 620 BGB aF: BGH 25.7.2002 AP Nr. 9 zu § 14 KSchG 1969 = NZA 2002, 1040.

[9] BAG 26.7.2006 AP Nr. 2 zu § 14 TzBfG Verlängerung = NZA 2007, 151; 14.8.2002 AP Nr. 1 zu § 90 LPVG Brandenburg; nicht für angestellte Hochschulprofessoren BAG 11.9.2013 AP Nr. 1 zu § 46 HRG = NZA 2013, 1352; dazu *Gronemeyer* RdA 2016, 24.

tung diesen Zweck fördert.[10] Allerdings muss die ärztliche Tätigkeit dem Arzt die für seine Weiterbildung erforderliche Ableistung der einzelnen Weiterbildungsabschnitte tatsächlich ermöglichen (BT-Drs. 13/8668, 1 (6)). Damit ist eine gelegentliche oder nur beiläufige Förderung der Weiterbildung während der befristeten Beschäftigung nicht mehr erlaubt. Vielmehr muss die Weiterbildung den wesentlichen Inhalt des Arbeitsverhältnisses ausmachen und zeitlich sowie inhaltlich strukturiert sein.[11] Die Befristungsabrede muss kalendermäßig bestimmt sein. Eine auflösende Bedingung ist ebenso ausgeschlossen wie eine Zweckbefristung.[12] Die Höchstdauer der Befristung beträgt acht Jahre. Das soll selbst dann gelten, wenn die eingeräumte Zeitspanne nicht ausreichend ist.[13] Nach § 1 III 5 ÄArbVtrG darf die nach § 1 I ÄArbVtrG vereinbarte Befristung eines Arbeitsvertrags mit einem Arzt in der Weiterbildung die Dauer der Weiterbildungsbefugnis des weiterbildenden Arztes nicht unterschreiten. Die Vorschrift lässt den Abschluss weiterer befristeter Arbeitsverträge nach § 1 I ÄArbVtrG mit demselben Weiterbildungsziel und demselben weiterbildenden Arzt zu. Die Laufzeit des Weiteren befristeten Arbeitsvertrags kann in diesem Fall kürzer bemessen sein als die Dauer der Weiterbildungsbefugnis des weiterbildenden Arztes, wenn bei Vertragsschluss absehbar ist, dass der weiterzubildende Arzt das Weiterbildungsziel innerhalb der in Aussicht genommenen Vertragslaufzeit erreichen wird.[14] Das ÄArbVtrG findet keine Anwendung, wenn der Arbeitsvertrag unter die §§ 1 ff. WissZeitVG fällt (§ 1 V ÄArbVtrG). Ebenso ist ein Rückgriff auf § 14 II TzBfG nicht zulässig, wenn in dem Arbeitsvertrag vereinbart ist, dass die Beschäftigung des Arztes der Weiterbildung zu einem der in § 1 I ÄArbVtrG genannten Weiterbildungsziele dienen soll.[15] Die befristete Anstellung ausgebildeter Ärzte außerhalb der Weiterbildung nach § 14 II TzBfG ist dagegen zulässig.[16]

9 **(2) ATG.** Auch das Altersteilzeitverhältnis ist ein befristetes Arbeitsverhältnis. Nach § 8 III ATG ist eine Vereinbarung zwischen AN und AG über die Altersteilzeitarbeit zulässig, die die Beendigung des Arbeitsverhältnisses ohne Kündigung zu einem Zeitpunkt vorsieht, in dem der AN Anspruch auf eine Rente wegen Alters hat (→ § 40 Rn. 42); die Norm verdrängt in ihrem Anwendungsbereich § 41 S. 2 SGB VI (→ Rn. 13).

10 **(3) BBiG.** Das BBiG sieht für Berufsausbildungsverhältnisse den befristeten Vertrag zwingend vor (§§ 21, 24 BBiG), da eine zeitliche Grenze vorhanden sein muss, innerhalb derer die Ausbildung beendet ist (zur befristeten Übernahme nach Beendigung der Berufsausbildung → § 40 Rn. 15).

11 **(4) BEEG, PflegeZG, SGB II und III.** Nach § 21 I BEEG ist die Befristung sachlich gerechtfertigt, wenn ein AG einen AN zur Vertretung eines anderen AN für die Dauer der Beschäftigungsverbote nach dem MuSchG und/oder für die Dauer der Elternzeit, aufgrund einer auf Tarifvertrag, Betriebsvereinbarung oder einzelvertraglicher Vereinbarung beruhenden Arbeitsfreistellung zur Betreuung eines Kindes oder für diese Zeiten zusammen oder für Teile davon einstellt. Die Regelung ist eine gesetzgeberische Klarstellung, dass in den in § 21 I BEEG genannten Fällen der Sachgrund der Vertretung (§ 14 I Nr. 3 TzBfG; → § 40 Rn. 19) gegeben ist. Gleiches gilt für die Befristung während einer Pflegezeit (§ 6 I, II PflegeZG; → § 107 Rn. 1). Zu den befristungsrechtlichen Vorschriften im SGB II bzw. SGB III → § 40 Rn. 62.

12 **(5) HRG, WissZeitVG.** Das Hochschulrahmengesetz (HRG) enthielt seit 1985 in den §§ 57a ff. HRG Regelungen über die Zulässigkeit von befristeten Arbeitsverträgen mit wissenschaftlichen und künstlerischen Mitarbeitern an Hochschulen, Fachhochschulen und Forschungseinrichtungen. Das Zeitbefristungsrecht des HRG ist nach der Neuverteilung der Gesetzgebungszuständigkeiten im Rahmen der Föderalismusreform in das Gesetz über befristete Arbeitsverträge in der Wissenschaft – WissZeitVG vom 12.4.2007 (BGBl. I 506; → § 39 Rn. 25) überführt worden.

13 **(6) SGB VI.** Nach § 41 S. 2 SGB VI in der ab 1.1.2008 geltenden Fassung gilt eine Vereinbarung, die die Beendigung des Arbeitsverhältnisses eines AN ohne Kündigung zu einem Zeitpunkt vorsieht, in dem der AN vor Erreichen der Regelaltersgrenze eine Rente wegen Alters beantragen kann, dem AN gegenüber als auf die Vollendung des 65. Lebensjahres abgeschlossen, es sei denn, dass die Vereinbarung innerhalb der letzten drei Jahre vor diesem Zeitpunkt abgeschlossen oder

[10] BAG 24.4.1996 AP Nr. 10 zu § 57b HRG = NZA 1997, 256.
[11] BAG 14.6.2017 AP Nr. 160 zu § 14 TzBfG = NZA 2018, 40.
[12] BAG 14.8.2002 AP Nr. 1 zu § 1 ÄArbVtrG; LAG Nürnberg 18.12.2019 ZTR 2020, 305.
[13] LAG Bln 22.1.1991 ZTR 1991, 337; ArbG Wesel 15.3.1990 BB 1990, 1418.
[14] BAG 13.6.2007 AP Nr. 39 zu § 14 TzBfG = NZA 2008, 108.
[15] BAG 14.6.2017 AP Nr. 160 zu § 14 TzBfG = NZA 2018, 40.
[16] LAG Hamm 2.10.2008 – 17 Sa 816/08.

von dem AN bestätigt worden ist. Die Norm dient dem Schutz der (sozialrechtlichen) Dispositionsbefugnis des AN, vor Erreichen der Regelaltersgrenze frei über den Beginn des Ruhestands entscheiden zu können. Sie soll sicherstellen, dass ein vorzeitiger Rentenanspruch nicht zur Auflösung des Arbeitsverhältnisses führt, wenn der AN einer solchen nicht im rentennahen Alter zugestimmt hat (BT-Drs. 16/3794, 34). Die – ausschließlich auf die Zulässigkeit von Befristungsabreden bezogene – Vorschrift ist auf nicht in der gesetzlichen Rentenversicherung beschäftigte Personen nicht auszuwenden.[17] Allerdings enthält sie selbst keinen sachlichen Grund für die Befristung eines Arbeitsverhältnisses auf die Vollendung des Regelrentenalters,[18] sondern begründet nur ein Wahlrecht des AN in Bezug auf den Beendigungszeitpunkt des befristeten Arbeitsverhältnisses. Sie erfasst alle versicherten AN unabhängig von der Anwendbarkeit des KSchG, sofern die Vereinbarung innerhalb der letzten drei Jahre vor Erreichen des Anspruchs auf die Regelaltersrente[19] (§§ 36 ff., 236 ff. SGB VI) abgeschlossen worden ist. Die in § 8 III ATG vorgesehene Befristungsmöglichkeit verdrängt § 41 S. 2 SGB VI in ihrem Anwendungsbereich.[20] Die Vorschrift gilt nur für die einzelvertragliche Vereinbarung einer Altersgrenze vor Vollendung des Regelrentenalters, sofern der AN die Möglichkeit hat, zum Beendigungszeitpunkt eine vorzeitige Altersrente zu beantragen;[21] auf tarifvertragliche Vereinbarungen oder solche in Betriebsvereinbarungen ist sie nicht anzuwenden.[22] Als **Rechtsfolge** begründet § 41 S. 2 SGB VI eine Fiktion („gilt"). Sie gibt (nur) dem AN ein Wahlrecht in Bezug auf den Zeitpunkt, zu dem das Arbeitsverhältnis endet. Er kann zum vereinbarten Termin ausscheiden oder das Arbeitsverhältnis bis zum Entstehen des Anspruchs auf Regelaltersrente fortsetzen; die Vorschrift führt – anders als in § 16 S. 1 TzBfG vorgesehen – nicht zur vollständigen Unwirksamkeit der Befristungsabrede und zur Fiktion eines auf unbestimmte Zeit abgeschlossenen Arbeitsvertrags, sondern nur zum Hinausschieben des vereinbarten Beendigungszeitpunkts. Aus diesem Grund muss die gegen den vereinbarten Beendigungszeitpunkt gerichtete Klage nicht innerhalb der Klagefrist der §§ 21, 17 S. 1 TzBfG erhoben werden.[23] Die Rechtsfolge tritt nicht ein, wenn der AN die vereinbarte Befristung zu einem beliebigen Zeitpunkt innerhalb der letzten drei Jahre vor Erreichen des Regelrentenalters bestätigt hat. Maßgeblich für die Berechnung der Drei-Jahres-Frist ist nicht die Vollendung des 65. Lebensjahres, sondern der mit dem AN vereinbarte Zeitpunkt seines Ausscheidens.[24] Die **Bestätigung** ist eine (einseitige) Willenserklärung des AN, die mit ihrem Zugang wirksam wird. Sie ist formfrei möglich, insoweit ist § 14 IV TzBfG unanwendbar, auf die Erklärung des AN sind die für Willenserklärungen geltenden Vorschriften sinngemäß anzuwenden. § 41 S. 3 SGB VI sieht seit dem 1.7.2014 die Möglichkeit vor, den Beendigungszeitpunkt bei einer Befristung auf die Regelaltersgrenze hinauszuschieben (→ § 40 Rn. 52).

c) Tarifvertrag. aa) Zulässigkeit. Befristungsrechtliche Regelungen können auch Gegenstand von Tarifverträgen sein. Diese stellen regelmäßig Abschlussnormen[25] und nur ausnahmsweise Beendigungsnormen[26] dar und betreffen vielfach formelle Bedingungen für den Abschluss des befristeten Arbeitsvertrags und die Befristungsgründe. Mit solchen Tarifnormen nehmen die Tarifvertragsparteien ihr Grundrecht aus Art. 9 III GG zur Regelung der Arbeits- und Wirtschaftsbedingungen wahr. Dazu zählen auch Tarifnormen, die einen Sachgrund für die Beendigung von Arbeitsverhältnissen ohne den Ausspruch einer Kündigung regeln. Jedoch unterliegt die Ausgestaltung der tariflichen Sachgründe der arbeitsgerichtlichen Befristungskontrolle. Die Tarifvertragsparteien dürfen daher bei ihren Regelungen den durch Unionsrecht, nationales Gesetz und dessen Auslegung durch die Rspr. für den AN vermittelten Mindestschutz nicht unterschreiten (→ Rn. 16). Überdies kann nach § 22 I TzBfG von den befristungsrechtlichen Vorschriften des TzBfG nur bei der Verlängerung einer sachgrundlosen Befristung (§ 14 II 3 und 4 TzBfG; → § 39 Rn. 17) zuungunsten des AN abgewichen werden.[27] 14

[17] BAG 14.10.1997 AP Nr. 10 zu § 41 SGB VI = NZA 1998, 652; 26.4.1995 AP Nr. 6 zu § 41 SGB VI = NZA 1995, 889 (beamtenrechtliche Versorgung).
[18] BAG 19.11.2003 AP Nr. 3 zu § 17 TzBfG = NZA 2004, 1336.
[19] Ohne Bedeutung ist der (tatsächliche) „Bezug von" Rente wegen Alters ErfK/*Rolfs* SGB VI § 41 Rn. 16.
[20] BAG 22.5.2012 – 9 AZR 453/10.
[21] BAG 4.11.2015 AP Nr. 8 zu § 15 TzBfG = NZA 2016, 634.
[22] BAG 1.12.1993 AP Nr. 4 zu § 41 SGB VI = NZA 1994, 369.
[23] Offen BAG 4.11.2015 AP Nr. 8 zu § 15 TzBfG = NZA 2016, 634; aA ErfK/*Rolfs* SGB VI § 41 Rn. 18.
[24] BAG 19.11.2003 AP Nr. 3 zu § 17 TzBfG = NZA 2004, 1336; 17.4.2002 AP Nr. 14 zu § 41 SGB VI.
[25] BAG 28.8.1996 AP Nr. 181 zu § 620 BGB Befristeter Arbeitsvertrag = NZA 1997, 550.
[26] BAG 6.12.2000 AP Nr. 3 zu § 1 TVG Tarifverträge: Deutsche Post = NZA 2001, 792 (Bedingung).
[27] Zu § 14 II 3 TzBfG: BAG 15.8.2012 AP Nr. 101 zu § 14 TzBfG = NZA 2013, 45.

15 **bb) Abschluss des befristeten Arbeitsvertrags und Befristungsgründe.** Die Tarifpartner können den Abschluss befristeter Arbeitsverträge gänzlich untersagen oder begrenzen. Allerdings muss der Wille der Tarifvertragsparteien, die Vereinbarung befristeter Arbeitsverhältnisse solle unzulässig oder nur begrenzt zulässig sein, deutlich zum Ausdruck kommen. Die bloße tarifliche Regelung der Kündigungsfristen enthält noch kein Verbot der Befristung;[28] zu den Sonderregelungen im öffentlichen Dienst → § 39 Rn. 6. Tarifliche Regelungen über die Beendigung von Arbeitsverhältnissen aufgrund von Befristungen unterliegen der arbeitsgerichtlichen Befristungskontrolle und bedürfen zu ihrer Wirksamkeit eines sie rechtfertigenden Sachgrundes. Auch ein tariflich geregelter Sachgrund muss den Wertungsmaßstäben des § 14 I TzBfG genügen, da von dieser Vorschrift nach § 22 I TzBfG auch durch Tarifvertrag nicht zuungunsten des AN abgewichen werden darf. Die befristungsrechtlichen Bestimmungen in § 14 I TzBfG sind ebenso wie die von der Rechtsprechung vor Inkrafttreten des TzBfG entwickelten Grundsätze zur Befristungskontrolle nicht tarifdispositiv. Diese Grundsätze stehen nach Ansicht des BAG mit der durch Art. 9 III GG gewährleisteten Tarifautonomie und der Rahmenvereinbarung über befristete Arbeitsverträge (→ Rn. 4) im Einklang.[29] Die Tarifvertragsparteien können daher nur Befristungsgründe festlegen, die den gesetzlichen Wertungen genügen oder den durch das TzBfG vermittelten Arbeitnehmerschutz verstärken (Ausnahme § 17 S. 1 TzBfG). Tarifverträge enthalten regelmäßig Altersgrenzen (→ § 40 Rn. 45) und vielfach auflösende Bedingungen für den Fall der Erwerbsminderung (→ § 40 Rn. 57).

16 **d) Betriebsvereinbarung.** Befristungsregelungen können in freiwilligen Betriebsvereinbarungen (§ 88 BetrVG) enthalten sein. Allerdings dürfen auch sie nach § 22 TzBfG keine Bestimmungen zuungunsten der AN enthalten. Sie sind nach § 77 III 1 BetrVG unwirksam, wenn eine tarifliche Regelung besteht oder üblich ist. Die Beendigung des Arbeitsverhältnisses durch eine Altersgrenze kann unter den gleichen Voraussetzungen wie eine tarifvertragliche Vereinbarung durch Betriebsvereinbarung geregelt werden.[30] Ist bereits eine Altersgrenze einzelvertraglich vereinbart, kann durch Betriebsvereinbarung wegen des Günstigkeitsprinzips nur eine andere Altersgrenze eingeführt werden, wenn der Arbeitsvertrag betriebsvereinbarungsoffen ist.[31] Eine betriebliche Altersgrenzenregelung kann sowohl der BR als auch der GBR abschließen (→ § 224 Rn. 23). Bestimmungen in einer Betriebsvereinbarung darüber, dass das Arbeitsverhältnis mit Eintritt einer Erwerbsminderung (→ § 40 Rn. 56) enden soll, müssen nach den für betriebliche Normen geltenden Grundsätzen hinreichend bestimmt sein.[32]

II. Die Befristung einzelner Arbeitsbedingungen

17 **1. Grundsatz.** Bei der Befristung von einzelnen Arbeitsbedingungen wird der Arbeitsvertrag für eine zeitlich begrenzte Dauer teilweise geändert. Die Arbeitsvertragsparteien kommen überein, dass bestimmte Vertragsbedingungen nur befristet oder auflösend bedingt gelten sollen und anschließend wieder der ursprüngliche Vertragsinhalt in Kraft tritt. Gegen den Willen des AN kann der AG eine nur vorübergehende Vertragsänderung nur im Wege der Änderungskündigung durchsetzen. Gegenüber dieser kann der AN unter den Voraussetzungen der §§ 1 I, 23 I KSchG Änderungsschutzklage (§§ 2, 8 KSchG) erheben. Das BAG geht davon aus, dass auch einzelne Arbeitsbedingungen befristet werden können. Nach dem Inkrafttreten des Schuldrechtsmodernisierungsgesetzes hat der 7. Senat des BAG seine bisherige Rspr, die sich an der Umgehung des § 2 KSchG orientiert hat, aufgegeben.[33] Für die gerichtliche Kontrolle der Befristung einzelner Arbeitsbedingungen ist nunmehr maßgeblich, ob es sich um Allgemeine Geschäftsbedingungen iSd §§ 305 ff. BGB oder zumindest Verbraucherverträge iSd § 310 III BGB handelt. Da nach § 310 III Nr. 2 BGB idR jeder vom AG formulierte Arbeits-/Änderungsvertrag als Einmalbedingung der AGB-Kontrolle unterliegt, werden durchweg alle befristeten Vertragsänderungen erfasst.[34] Eine ausgehandelte Vereinbarung über eine nur vorübergehende Änderung des Arbeitsvertrags ist hingegen nach den

[28] BAG 7.8.1980 AP Nr. 15 zu § 620 BGB Probearbeitsverhältnis.
[29] BAG 15.2.2012 AP Nr. 93 zu § 14 TzBfG = NZA 2012, 866 (zum Unionsrecht); 9.12.2009 AP Nr. 67 zu § 14 TzBfG = NZA 2010, 495.
[30] BAG 5.3.2013 AP Nr. 105 zu § 77 BetrVG 1972 = NZA 2013, 916.
[31] BAG GS 7.11.1989 AP Nr. 46 zu § 77 BetrVG 1972 = NZA 1990, 816.
[32] BAG 27.10.1988 AP Nr. 16 zu § 620 BGB Bedingung = NZA 1989, 432.
[33] BAG 27.7.2005 AP Nr. 6 zu § 307 BGB = NZA 2006, 40; zuvor BAG 14.1.2004 AP Nr. 10 zu § 14 TzBfG = NZA 2004, 719.
[34] ErfK/*Müller-Glöge* TzBfG § 3 Rn. 18.

Grundsätzen der Vertragsfreiheit innerhalb der allgemein durch die Rechtsordnung gezogenen Grenzen (zB §§ 134, 138, 242 BGB) zulässig. Eine Inhalts- oder Angemessenheitskontrolle findet bei nach § 305 I 3 BGB ausgehandelten Vereinbarungen daneben nicht mehr statt (→ § 35 Rn. 35).

2. Vertragsinhaltskontrolle. a) Prüfungsgegenstand. Nach der Rspr. des BAG unterliegt die in AGB/Verbraucherverträgen vereinbarte vorübergehende Änderung von Arbeitsbedingungen der Inhaltskontrolle (§ 307 BGB). Dies gilt nicht nur für die sog. Nebenabreden, sondern auch dann, wenn die synallagmatischen Pflichten aus dem Arbeitsverhältnis (Arbeitszeit, Arbeitsvergütung) geändert und die Änderung zeitlich begrenzt wird.[35] So kann zB eine nur zeitlich begrenzte Beschäftigung eines AN während des jeweiligen Jahreszeitraums vereinbart werden.[36] Gegenstand der gerichtlichen Kontrolle ist nur die vorübergehende Änderung der betreffenden Vertragsbedingungen. Die mögliche Benachteiligung liegt daher nicht in den geänderten Vertragsbedingungen selbst, sondern in ihrer zeitlich begrenzten Geltung. Der Prüfungsmaßstab richtet sich dabei nach allgemeinen befristungsrechtlichen Grundsätzen (→ § 35 Rn. 35); maßgeblich ist regelmäßig nur die letzte vorbehaltlos vereinbarte befristete Änderung.[37] Der AG ist bei einer reinen kalendermäßigen Befristung von einzelnen Arbeitsbedingungen nicht zur Angabe des Grundes verpflichtet; § 307 I 2 BGB ist auch nicht entspr. anzuwenden.[38] Die vorgenannten Grundsätze gelten auch für die Vereinbarung von auflösenden Bedingungen für einzelne Vertragsbedingungen. 18

b) Prüfungsmaßstab. aa) Erhebliche Änderung der Vertragsbedingungen.[39] Für die bei der Befristung einzelner Vertragsbedingungen vorzunehmende Inhaltskontrolle nach § 307 I BGB gelten andere Maßstäbe als für die Befristungskontrolle nach § 14 I TzBfG. Während die Befristung des gesamten Arbeitsvertrags regelmäßig daraufhin zu überprüfen ist, ob sie durch einen sachlichen Grund gem. § 14 I TzBfG gerechtfertigt ist, unterliegt die Befristung einzelner Vertragsbedingungen nach § 307 I BGB einer Angemessenheitskontrolle, die anhand einer Berücksichtigung und Bewertung rechtlich anzuerkennender Interessen beider Vertragsparteien vorzunehmen ist. Hierbei ist zu berücksichtigen, dass der unbefristete Vertrag der sozialpolitisch erwünschte Normalfall ist, der dem AN ein dauerhaftes Auskommen sichern und zu einer längerfristigen Lebensplanung beitragen soll. Bei der Prüfungsdichte unterscheidet das BAG zwischen solchen Änderungen, durch die die bisherigen Arbeitsbedingungen in erheblichem Umfang geändert werden, und anderen Vereinbarungen. Hingegen ist es für die Angemessenheitskontrolle ohne Bedeutung, ob das Vertragsverhältnis sachgrundlos nach § 14 II, III TzBfG befristet werden konnte.[40] 19

bb) Anforderungen: Sachgrund. Bei Änderungen in erheblichem Umfang sind trotz des unterschiedlichen Prüfungsmaßstabs bei der Inhaltskontrolle Umstände, die die Befristung eines Arbeitsvertrags insgesamt nach § 14 I TzBfG rechtfertigen könnten, von Bedeutung. Liegt der befristeten Vertragsänderung ein Sachverhalt zugrunde, der die Befristung eines Arbeitsvertrags insgesamt mit einem Sachgrund iSv § 14 I TzBfG (zB Vertretung,[41] Erprobung,[42] Saisonbeschäftigung[43]) rechtfertigen könnte, überwiegt in aller Regel das Interesse des AG an der zeitlich begrenzten Vereinbarung der Vertragsbedingung das Interesse des AN an deren unbefristeter Vereinbarung. Nur bei Vorliegen außergewöhnlicher Umstände auf Seiten des AN kann in Ausnahmefällen eine andere Beurteilung in Betracht kommen.[44] Solche Umstände hat das Gericht zB angenommen, wenn der AN den Wunsch nach einer Verlängerung seiner vertraglich vereinbarten Arbeitszeit angezeigt hat und ein freier Arbeitsplatz vorhanden war, den er nach Maßgabe des § 9 TzBfG hätte einnehmen können,[45] nicht aber, wenn ein dauerhafter Anspruch 20

[35] BAG 27.7.2005 AP Nr. 6 zu § 307 BGB = NZA 2006, 40.
[36] BAG 19.11.2019 AP Nr. 184 zu § 14 TzBfG = NZA 2020, 374.
[37] BAG 7.10.2015 AP Nr. 44 zu § 611 BGB Musiker = NZA 2016, 441.
[38] BAG 2.9.2009 AP Nr. 66 zu § 14 TzBfG = NZA 2009, 1253.
[39] BAG 18.5.2011 NZA 2011, 1289.
[40] AA *Lunk/Leder* NZA 2008, 504.
[41] BAG 2.9.2009 AP Nr. 66 zu § 14 TzBfG = NZA 2009, 1253; 8.8.2007 AP Nr. 41 zu § 14 TzBfG = NZA 2008, 229.
[42] BAG 24.2.2016 AP Nr. 72 zu § 307 BGB = NZA 2016, 814.
[43] BAG 19.11.2019 AP Nr. 184 zu § 14 TzBfG = NZA 2020, 374 (Bademeister).
[44] BAG 23.3.2016 AP Nr. 73 zu § 307 BGB = NZA 2016, 881; 15.12.2011 AP Nr. 89 zu § 14 TzBfG = NZA 2012, 674; krit. *Lunk* AP Nr. 89 zu § 14 TzBfG.
[45] BAG 2.9.2009 AP Nr. 66 zu § 14 TzBfG = NZA 2009, 1253.

auf die Übertragung der nur zeitlich begrenzten Vertragsbedingungen bestanden hat.[46] Eine vorübergehende Arbeitszeiterhöhung bedarf bei einem erheblichen Umfang besonderer berechtigter Belange auf Arbeitgeberseite; als erheblich ist die Veränderung der Arbeitszeit angesehen worden, wenn sich das Erhöhungsvolumen auf etwa 25% eines entspr. Vollzeitarbeitsverhältnisses beläuft;[47] dies wird gleichermaßen gelten, wenn sich bei der vorübergehenden Übertragung einer höherwertigen Arbeitsaufgabe das Entgelt entspr. erhöht. Hingegen dürfte keine unangemessene Benachteiligung der zeitweilig geänderten Vertragsbedingungen vorliegen, wenn der AG zur Vereinbarung eines entsprechenden Vorbehalts für eine zeitlich begrenzte Tätigkeitsänderung im Arbeitsvertrag berechtigt gewesen wäre.[48] Eine vorübergehende Verringerung der Arbeitszeit ist nicht unangemessen, wenn kein Anspruch auf deren unbefristete Verringerung nach § 8 TzBfG besteht.[49]

21 **cc) Kritik.** Der Kontrollmaßstab des BAG wird im Schrifttum teilweise als zu wenig rechtssicher[50] bzw. insgesamt als verfehlt angesehen. Es wird vorgeschlagen, die vorübergehende Vertragsänderung danach zu beurteilen, ob durch die mehrfache (nicht: die erstmalige) Befristung von Einzelarbeitsbedingungen das Wirtschafts- und Beschäftigungsrisiko bzw. das Bestandsschutzrisiko auf den AN verlagert wird.[51] Problematisch ist an diesem Ansatz, dass er seine Prüfung nicht auf die vorübergehende Änderung des Arbeitsvertrags beschränkt, sondern darüber hinaus die Bedeutung der Vertragsbedingung berücksichtigen will, die Gegenstand der Befristungsabrede ist. Wünschenswert ist es allerdings, den Prüfungsmaßstab in geeigneten Fällen in materieller und formeller Hinsicht dem von Widerrufs- oder Änderungsvorbehalten anzugleichen. Dann müsste allerdings wegen des Transparenzgebots der Grund für die vorübergehende Änderung der Arbeitsbedingungen zumindest schlagwortartig angegeben werden.

22 **3. Form.** Die Befristung einzelner Arbeitsbedingungen unterliegt nicht dem Schriftformerfordernis des § 14 IV TzBfG;[52] allerdings kann ein einzelvertraglich oder ein in einem Tarifvertrag enthaltenes Schriftformerfordernis der Wirksamkeit einer nur mündlich vereinbarten Vertragsänderung entgegenstehen.[53]

23 **4. Prozessuales.** Die Unwirksamkeit der Befristung einzelner Arbeitsbedingungen kann Gegenstand einer allgemeinen Feststellungsklage (§ 256 I ZPO) sein; die Klagefrist des § 17 TzBfG findet keine Anwendung.[54] Ist die Befristung der Arbeitsbedingung wegen unangemessener Benachteiligung unwirksam, bleibt der Vertrag im Übrigen wirksam mit der Folge, dass die Vertragsbedingung auf unbestimmte Zeit gilt.

III. Arbeitsverhältnis auf Dauer und auf Lebenszeit

24 **1. Dauerndes Arbeitsverhältnis.** Ein „dauerndes Arbeitsverhältnis" im Rechtssinn (vgl. §§ 617, 627,[55] 629, 630 BGB) liegt vor, wenn der Arbeitsvertrag auf bestimmte, längere Dauer oder auf unbestimmte Zeit abgeschlossen wird und die Parteien im letzteren Fall mit einer längeren Dauer rechnen.[56] Dem steht nicht entgegen, dass keine Kündigungsfristen vereinbart wurden. Da die Parteien häufig ein „dauerndes Arbeitsverhältnis" und eine Dauerstellung miteinander verwechseln, ist der Inhalt einer auf Begründung einer „Lebens- oder Dauerstellung" gerichteten Vereinbarung unter Beachtung der Umstände des Einzelfalles auszulegen.[57] Das Arbeitsverhältnis ist auf mehr als fünf Jahre eingegangen, wenn es von vornherein auf eine längere Zeit als fünf Jahre befristet war oder die Kündigung bis zum Eintritt eines bestimmten Ereignisses ausgeschlossen sein soll, das Ereignis aber bei Ablauf von fünf Jahren noch nicht eingetreten ist.[58] Das vorzeitige Kündigungsrecht kann bei Umgehungstatbeständen bestehen,

[46] BAG 24.2.2016 AP Nr. 72 zu § 307 BGB = NZA 2016, 814 (Verfolgung mit einer Leistungsklage).
[47] BAG 25.4.2018 AP Nr. 74 zu § 307 BGB = NZA 2018, 1061; 23.3.2016 AP Nr. 73 zu § 307 BGB = NZA 2016, 881.
[48] Zur Befristung von Auslandseinsätzen *Falder* NZA 2016, 401.
[49] BAG 10.12.2014 AP Nr. 70 zu § 307 BGB = NZA 2015, 811.
[50] *Fuhlrott* NZA 2016, 1000; *Lunk* Anm. AP Nr. 89 zu § 14 TzBfG; *Bayreuther* ZfA 2011, 45.
[51] Ausführlich dazu ErfK/*Preis* BGB §§ 305–310 Rn. 74 ff.
[52] BAG 3.9.2003 AP Nr. 4 zu § 14 TzBfG = NZA 2004, 255.
[53] BAG 24.2.2016 AP Nr. 72 zu § 307 BGB = NZA 2016, 814.
[54] BAG 25.4.2018 AP Nr. 74 zu § 307 BGB = NZA 2018, 1061.
[55] Zum Begriff des dauernden Dienstverhältnisses mit festen Bezügen BGH 22.9.2011 NJW 2011, 3575.
[56] Zur Kündbarkeit nach § 627 BGB: BAG 12.7.2006 AP Nr. 5 zu § 627 BGB = NZA 2006, 1094.
[57] BAG 7.11.1968 AP Nr. 3 zu § 66 HGB.
[58] KR/*Fischermeier* BGB § 624 Rn. 23 f.

wenn das Arbeitsverhältnis auf mehreren Arbeitsverträgen beruht, zB wenn der erste Arbeitsvertrag frühzeitig durch einen zweiten zu denselben Bedingungen verlängert worden ist. Es kommt dann darauf an, ob die vereinbarte Gesamtdauer fünf Jahre übersteigt.[59] Jedoch ist es zulässig, in einer nach den Umständen des Einzelfalls zu bemessenden Frist vor Ablauf von fünf Jahren, insbesondere wenn der AN die Folgen übersehen kann, den ersten Arbeitsvertrag auf weitere fünf Jahre zu verlängern.[60] Nicht zu beanstanden ist auch, wenn sich ein Vertrag um weitere fünf Jahre verlängert, wenn er nicht zuvor (1 Jahr) vom AN gekündigt wird.[61]

2. Arbeitsverhältnis auf Lebenszeit, Lebensstellung. Nach § 624 BGB, § 15 IV TzBfG 25
kann ein für die Lebenszeit einer Person oder für längere Zeit als fünf Jahre eingegangenes Dienstverhältnis von dem Verpflichteten (AN) nach Ablauf von fünf Jahren mit einer Kündigungsfrist von 6 Monaten gekündigt werden. Wann ein Dienstverhältnis auf Lebenszeit eingegangen ist, regelt das Gesetz nicht näher. Ein solches liegt vor, wenn es mit dem Tod des Dienstberechtigten, Dienstverpflichteten oder einer dritten Person (zB bei einer Anstellung zur Pflege einer dem AG nahestehenden Person) enden soll. Der Anstellung auf Lebenszeit gleichgestellt ist die Begründung eines Dienstverhältnisses für mehr als fünf Jahre. Der Abschluss eines Arbeitsvertrags auf Lebenszeit einer Vertragspartei oder eines Dritten ist im Zweifel nur dann anzunehmen, wenn dies ausdrücklich und eindeutig vereinbart worden ist. Der Abschluss eines Arbeitsvertrags auf Lebenszeit des AG, des AN oder eines Dritten ist nicht sittenwidrig.[62] Ob ein Arbeitsverhältnis auf Lebenszeit vereinbart wurde, ist durch Auslegung zu ermitteln. An eine entsprechende Vereinbarung sind strenge Anforderungen zu stellen. Es entspricht regelmäßig nicht dem Parteiwillen, sich miteinander auf Lebenszeit zu binden und die Möglichkeit der ordentlichen Kündigung auszuschließen. Die Zusage einer „Lebensstellung" bedeutet ebenso wie die einer betrieblichen Altersversorgung nicht ohne Weiteres die Vereinbarung einer Anstellung auf Lebenszeit.[63]

3. Kündigung. Ist eine Lebens- oder Dauerstellung zugesagt, kann daher darin liegen: 26
(a) der Ausschluss der ordentlichen Kündigung überhaupt[64] oder für eine angemessene Zeit,[65] **(b)** eine angemessene Verlängerung der Kündigungsfrist[66] oder **(c)** die Vereinbarung der Geltung des KSchG bereits ab der Einstellung,[67] Im Zweifel wird aus dem bloßen Hinweis auf eine Dauer- bzw. Lebenszeitstellung noch kein Ausschluss oder eine Beschränkung der ordentlichen Kündigung folgen.[68] Wird dagegen ohne vorherige Probezeit eine Lebens- oder Dauerstellung zugesagt, dürfte die sofortige Geltung des KSchG mit den sich daraus ergebenden Kündigungsbeschränkungen gewollt sein.[69] Für den Abschluss eines Arbeitsvertrags auf Lebenszeit oder mehr als fünf Jahre Dauer ist derjenige darlegungs- und beweispflichtig, der sich auf seine Rechtsfolgen beruft.[70] Ist das Dienstverhältnis einer Person auf Lebenszeit oder auf mehr als 5 Jahre eingegangen, besteht nach Ablauf von 5 Jahren für den Dienstnehmer ein vorzeitiges Kündigungsrecht (§ 624 S. 1 BGB). Das Kündigungsrecht ist unabdingbar[71] und kann auch noch nach Ablauf der 5-Jahresfrist ausgeübt werden. Die Kündigungsfrist beträgt 6 Monate (§ 624 S. 2 BGB), was auch im Hinblick auf Art. 12 I GG keinen Bedenken unterliegt.[72] Die Kündigungsfrist kann vertraglich verkürzt werden. Sie beginnt ab dem tatsächlichen Vollzug des Vertrags.[73]

Ein entstandenes Kündigungsrecht kann zu jeder Zeit ausgeübt werden, also auch nach Ablauf 27
von fünf Jahren. Es unterliegt als sog. Dauertatbestand keinen tariflichen Ausschlussfristen; im Allgemeinen wird es auch nicht verwirken, weil die bloße Untätigkeit weder einen Vertrauenstatbestand für den AG begründet noch die Kündigung für den AG unzumutbar wird.[74] Für AN besteht ein unabdingbares Kündigungsrecht nach § 15 IV TzBfG, der hingegen ein Kündigungs-

---

[59] ErfK/*Müller-Glöge* TzBfG § 15 Rn. 19 f.
[60] BAG 19.12.1991 AP Nr. 2 zu § 624 BGB = NZA 1992, 543; Staudinger/*Preis* BGB § 624 Rn. 20.
[61] BAG 19.12.1991 AP Nr. 2 zu § 624 BGB = NZA 1992, 543.
[62] BAG 25.3.2004 AP Nr. 60 zu § 138 BGB.
[63] ErfK/*Müller-Glöge* TzBfG § 15 Rn. 18.
[64] BAG 12.10.1954 AP Nr. 1 zu § 52 RegelungsG = NJW 1954, 1860.
[65] BAG 7.11.1968 AP Nr. 3 zu § 66 HGB.
[66] RAG 9.4.1907 SeuffA 63 Nr. 40.
[67] BAG 8.6.1972 AP Nr. 1 zu § 1 KSchG 1969; 18.2.1967 AP Nr. 81 zu § 1 KSchG.
[68] *Konzen* Anm. AP Nr. 1 zu § 1 KSchG 1969.
[69] Vgl. Staudinger/*Preis* BGB § 624 Rn. 16.
[70] Staudinger/*Preis* BGB § 624 Rn. 27; ErfK/*Müller-Glöge* TzBfG § 15 Rn. 24.
[71] *Kramer* NZA 1993, 1115.
[72] BAG 24.10.1996 AP Nr. 37 zu § 256 ZPO 1977 = NZA 1997, 597.
[73] Dazu BAG 24.10.2013 AP Nr. 27 zu § 1 KSchG 1969 Wartezeit = NZA 2014, 725.
[74] ErfK/*Müller-Glöge* TzBfG § 15 Rn. 21.

recht für den AG nicht enthält.[75] Das **Recht zur außerordentlichen Kündigung** des Arbeitsverhältnisses bleibt für beide Vertragsparteien unberührt. Ein vereinbarter Ausschluss des außerordentlichen Kündigungsrechts ist unwirksam. Ist das Kündigungsrecht nach § 624 BGB, § 15 IV TzBfG ausgeschlossen, können wichtige Kündigungsgründe vereinbart werden, die zur fristgemäßen Kündigung berechtigen (→ § 128 Rn. 3). Ist das Arbeitsverhältnis auf die Lebenszeit des AN eingegangen, besteht für den AG ein außerordentlicher Kündigungsgrund, wenn der AN zur Leistung der Arbeit nicht mehr in der Lage ist. Hat der AG eine Lebens- oder Dauerstellung zugesagt und kündigt der AG dann gleichwohl, kann dieser nach § 311 BGB wegen c. i. c. (→ § 26 Rn. 2) schadensersatzpflichtig werden.

IV. Kalendermäßige Befristung, Zweckbefristung und auflösende Bedingung

28 **1. Überblick.** Das TzBfG enthält Regelungen für befristete und auflösend bedingte Arbeitsverhältnisse; es gilt grundsätzlich der nationale Arbeitnehmerbegriff. Fällt das Arbeitsverhältnis allerdings in den Anwendungsbereich des Unionsrechts (→ Rn. 3), ist auch der unionsrechtliche Begriff des AN maßgeblich. Unionsrecht ist zB einschlägig bei der wiederholten (nicht: erst- oder einmaligen) Befristung eines Arbeitsverhältnisses oder bei Verstößen gegen das unionsrechtliche Benachteiligungsverbot (→ § 41 Rn. 2). Auf das Anstellungsverhältnis eines Organs einer juristischen Person kann das TzBfG anwendbar sein, wenn dieser nach § 611a BGB als AN der Gesellschaft anzusehen, zum Unionsrecht (→ Rn. 3 und → § 40 Rn. 2). Auf arbeitnehmerähnliche Personen und freie Mitarbeiter finden die Regeln des TzBfG hingegen keine Anwendung. Ob die Parteien einen befristeten Arbeitsvertrag geschlossen haben, ist durch **Auslegung** aller maßgebenden Begleitumstände zu ermitteln. Maßgeblich dafür ist der erklärte Wille beider Parteien; die Bereitschaft zur Vereinbarung einer Befristungsabrede muss für den jeweils anderen Vertragsteil erkennbar geworden sein. Unklarheiten über den Inhalt der getroffenen Abrede in AGB oder in Einmalbedingungen (§ 310 III Nr. 2 BGB) gehen zu Lasten des AG als deren Verwender (§ 305c II BGB). Die Vereinbarung eines befristeten Arbeitsvertrags kann insbesondere fraglich sein, wenn die Parteien nur eine Rahmenvereinbarung über die Arbeitsbedingungen bei befristeten Arbeitseinsätzen getroffen haben. Enthält diese bereits eine Arbeitsverpflichtung, die entweder im Vertrag selbst geregelt ist oder wird dem AG ein einseitiges Anordnungsrecht über den zeitlichen Einsatz des AN eingeräumt, unterliegt dieser Vertrag der Befristungskontrolle. Wird der AN durch die Vereinbarung nicht zu einer Arbeitsleistung verpflichtet, unterliegen erst die nachfolgend vereinbarten befristeten Arbeitseinsätze der Befristungskontrolle.[76]

29 **2. Befristung. a) Definition.** § 3 I TzBfG enthält eine Legaldefinition des befristet beschäftigten AN. Danach ist ein AN mit einem auf bestimmte Zeit geschlossenen Arbeitsvertrag befristet beschäftigt. Daneben unterscheidet das Gesetz die Zeit- und die Zweckbefristung. Ein auf bestimmte Zeit geschlossener Arbeitsvertrag liegt vor, wenn seine Dauer entweder kalendermäßig bestimmt ist (kalendermäßig befristeter Arbeitsvertrag) oder sich aus Art, Zweck oder Beschaffenheit der Arbeitsleistung ergibt (zweckbefristeter Arbeitsvertrag). Nicht geregelt in § 3 TzBfG ist die auflösende Bedingung (§ 158 II BGB; → Rn. 35), § 21 TzBfG setzt den Begriff voraus und erklärt § 4 II, § 5, § 14 I und IV, § 15 II, III und V, §§ 16–20 TzBfG für entsprechend anwendbar.

30 **b) Kalendermäßige Befristung.** Das kalendermäßig befristete Arbeitsverhältnis kann entweder für eine bestimmte Dauer (Tag, Woche, Monat, Jahr), aber auch nach dem Kalender (bis zum 20. des M.) eingegangen sein. Es endet dann – bei Fehlen einer anderweitigen Vereinbarung über den Beendigungszeitpunkt – am letzten Tag um 24.00 Uhr. Eine gesetzliche Begrenzung der Höchst- oder Mindestdauer für die Dauer einer Zeitbefristung besteht nicht. Auch die auf den jeweiligen Einsatz bezogenen Ein-Tages-Arbeitsverhältnisse stellen keine unzulässige Vertragsgestaltung dar. Insbesondere sind die Arbeitsvertragsparteien nicht gezwungen, statt Einzelarbeitsverträgen ein Abrufarbeitsverhältnis (§ 12 TzBfG) zu begründen.[77] Allerdings muss die kalendermäßige Befristung hinreichend bestimmt oder zumindest bestimmbar (§§ 133, 157 BGB) sein; bei AGB ist § 307 I 2 BGB anwendbar.[78] Fehlt es an einer Bestimmbarkeit (zB Einstellung für 3–4 Wochen), fehlt es an einer wirksamen Befristungsabrede und der Arbeitsvertrag

[75] BAG 25.3.2004 AP Nr. 60 zu § 138 BGB.
[76] BAG 16.4.2003 AP Nr. 1 zu § 4 BeschFG 1996 = NZA 2004, 40.
[77] BAG 16.5.2012 AP Nr. 66 zu § 138 BGB = NZA 2012, 974 (Rettungssanitäter).
[78] BAG 15.2.2017 AP Nr. 152 zu § 14 TzBfG = NZA 2017, 912.

ist auf unbestimmte Zeit abgeschlossen. Als zulässig wird jedoch auch eine Befristung für eine bestimmte Saison angesehen, wenn die Saison bei Vertragsschluss objektiv bestimmbar ist.[79] Unzureichend ist die Befristung für eine unbestimmte Zeit, zB den „Sommer" oder in der Getränkeindustrie „die heißen Tage". Ist die Befristung als kalendermäßige unwirksam, kann eine wirksame Zweckbefristung in Betracht kommen. Der Vereinbarung einer bestimmten Zeit steht es gleich, wenn sich die Dauer des Arbeitsverhältnisses objektiv eindeutig[80] aus Art, Zweck oder Beschaffenheit der Arbeitsleistung ergibt (§ 3 I 2 TzBfG), zB wenn Pflegepersonal zur Pflege für einen bestimmten Schwerkranken eingestellt wird.[81] Das Arbeitsverhältnis endet dann mit der Genesung oder dem Tod des Patienten.

c) Zweckbefristung. aa) Voraussetzungen. Nach § 3 I 2 Alt. 2 TzBfG liegt ein zweckbefristeter Arbeitsvertrag vor, wenn sich seine Dauer aus Art, Zweck oder Beschaffenheit der Arbeitsleistung ergibt. Bei einer Zweckbefristung machen die Parteien die Beendigung des Arbeitsverhältnisses vom Eintritt eines künftigen Ereignisses abhängig, dessen Eintritt sie für gewiss halten, ungewiss ist jedoch der Zeitpunkt, zu dem das Ereignis eintreten wird. Eine Zweckbefristung setzt daher voraus, dass die Parteien den **Zweck des Arbeitsvertrags vereinbart** haben. Dies erfordert **(1)** eine unmissverständliche Einigung darüber, dass das Arbeitsverhältnis bei Zweckerreichung enden soll; **(2)** dass der Zweck, mit dessen Erreichung das Arbeitsverhältnis enden soll, so genau bezeichnet ist, dass hieraus das Ereignis, dessen Eintritt zur Beendigung des Arbeitsverhältnisses führen soll, zweifelsfrei feststellbar ist.[82] Allein die Zuweisung eines begrenzten Aufgabenbereiches reicht regelmäßig nicht für die Annahme eines konkludenten Abschluss eines zweckbefristeten Arbeitsvertrags aus.[83] Unzulässig ist eine Zweckbefristung, wenn die Dauer der Befristung überhaupt nicht absehbar ist. Der Beendigungszeitpunkt hingegen kann durchaus in weiter Zukunft liegen. Daneben bedarf die Abrede über die Zweckbefristung zu ihrer Wirksamkeit der **Schriftform**[84] (§ 14 IV TzBfG; → Rn. 50). Da bei einer Zweckbefristung die Dauer des Arbeitsverhältnisses allein von dem Vertragszweck abhängt, muss deshalb auch der Vertragszweck schriftlich vereinbart werden. Dessen Bezeichnung tritt an die Stelle der Datumsangabe oder der Zeitangabe bei der Zeitbefristung.[85] Fehlt es an einer (form)wirksamen Einigung über die Zweckbefristung des Arbeitsvertrags, kommt ein Arbeitsvertrag von unbestimmter Dauer zustande, bei dem die Zwecksetzung allenfalls Motiv für seinen Abschluss sein kann. 31

bb) Auslauffrist. Kann der AN bei einem zweckbefristeten Abschluss des Arbeitsvertrags das Ende des Arbeitsverhältnisses nicht absehen, führt dies nicht zu einem unbefristeten Arbeitsverhältnis, sondern lediglich dazu, dass das Arbeitsverhältnis frühestens zwei Wochen nach Zugang der schriftlichen Unterrichtung des AN durch den AG über den Zeitpunkt der Zweckerreichung endet (gesetzliche Auslauffrist, § 15 II TzBfG). Die **Unterrichtung** ist keine Willens-, sondern nur eine einseitige rechtsgeschäftsähnliche Handlung (Wissenserklärung), auf die §§ 126 ff. BGB nicht unmittelbar, sondern lediglich entsprechende Anwendung findet. Sie dient der rechtzeitigen Information des AN über den genauen Zeitpunkt des Bedingungseintritts; insoweit hat das Formerfordernis in § 15 II TzBfG Informations-, Klarstellungs- und Beweisfunktion. Zur Erfüllung dieses Zwecks genügt die Einhaltung der **Textform** (§ 126b BGB).[86] Die Unterrichtung kann durch einen Vertreter des AG erfolgen.[87] Sie muss den Tag der voraussichtlichen Zweckerreichung (bei § 21 TzBfG: des Bedingungseintritts) eindeutig bezeichnen. Es handelt sich um eine Mindestfrist, die auch durch Tarifvertrag nicht verkürzt werden kann (§ 22 TzBfG).[88] Enthält die Unterrichtung des AG ein unzutreffendes Beendigungsdatum, endet das Arbeitsverhältnis nicht zu dem angegebenen Zeitpunkt, sondern erst mit dem Ablauf der Auslauffrist.[89] Ist die Angabe objektiv unrichtig, sind die Rechtsfolgen davon abhängig, ob der 32

[79] Zur Auslegung einer Vereinbarung über eine zeitlich begrenzte Beschäftigungspflicht während des Jahreszeitraums BAG 19.11.2019 AP Nr. 184 zu § 14 TzBfG = NZA 2020, 374 (Bademeister).
[80] BAG 17.2.1983 AP Nr. 14 zu § 15 KSchG 1969 = NJW 1983, 1927.
[81] LAG Saarl 26.2.1997 EzA Nr. 46 zu § 620 BGB; LAG Bln 13.7.1990 BB 1990, 1909.
[82] BAG 15.2.2017 AP Nr. 152 zu § 14 TzBfG = NZA 2017, 912 („aus Gründen der Rechtssicherheit und Rechtsklarheit"); 9.9.2015 AP Nr. 1 zu § 21 BEEG = NZA 2016, 169.
[83] ErfK/*Müller-Glöge* TzBfG § 3 Rn. 10.
[84] BAG 14.12.2016 AP Nr. 149 zu § 14 TzBfG = NZA 2017, 638; 15.5.2012 AP Nr. 97 zu § 14 TzBfG = NZA 2012, 1366.
[85] BAG 21.12.2005 AP Nr. 18 zu § 14 TzBfG = NZA 2006, 321.
[86] BAG 1.8.2018 NZA 2019, 314; 20.6.2018 AP Nr. 12 zu § 21 TzBfG = NZA 2019, 331.
[87] BAG 1.8.2018 AP Nr. 17 zu § 1 TVG Tarifverträge Telekom = NZA-RR 2019, 106.
[88] BAG 12.8.2015 AP Nr. 7 zu § 15 TzBfG = NZA 2016, 173.
[89] BAG 17.6.2020 – 7 AZR 398/18, NZA 2020, 1470.

Zeitpunkt der tatsächlichen Zweckerreichung (des Bedingungseintritts) vor oder nach dem in der Unterrichtung angegebenen Zeitpunkt eintritt. Liegt er davor, endet das Arbeitsverhältnis zu dem mitgeteilten Zeitpunkt (um 24 Uhr), ansonsten erst mit dem Erreichen des Zweckes (des Bedingungseintritts).[90] Der Tag des Zugangs der Unterrichtung rechnet nicht mit.[91] Das Vertragsende tritt auch dann ein, wenn zu diesem Zeitpunkt die Möglichkeit der Weiterbeschäftigung besteht. Unterlässt der AG die Unterrichtung oder ist diese nicht formgerecht, besteht das Arbeitsverhältnis als zweckbefristetes fort, sein unbefristeter Fortbestand kann unter den Voraussetzungen des § 15 V TzBfG (→ Rn. 45) fingiert werden. Denkbar ist auch, dass der AG schadensersatzpflichtig wird, wenn der AN ein Ersatzarbeitsverhältnis wegen des entstandenen Vertrauenstatbestands nicht abgeschlossen hat.

33 **cc) Einzelfälle.** Eine Zweckbefristung erfordert stets eine nachweisbare Prognose, wonach der in den Arbeitsvertrag aufgenommene Vertragszweck nicht nur möglicherweise oder wahrscheinlich erreicht wird, sondern dass im Rahmen des Vorhersehbaren sicher angenommen werden kann, dass er eintreten wird. Es reicht nicht aus, dass sich lediglich unbestimmt abzeichnet, aufgrund welcher Abläufe eine Tätigkeit des AN in der Zukunft entbehrlich sein könnte.[92] Eine Zweckbefristung kommt zB in Betracht zur Aushilfe oder Vertretungsfällen bei urlaubs-, elternzeit- oder krankheitsbedingt abwesenden AN[93] oder zur Erledigung bestimmter, nicht ständiger Arbeitsaufgaben[94] bzw. Einstellung für eine bestimmbare Saison[95] oder eines bestimmten Ereignisses (Schluss- bzw. Räumungsverkauf).[96]

34 **dd) Doppelbefristung.** Eine Zweckbefristung kann auch mit einer Zeitbefristung verbunden werden.[97] In diesem Fall sind jedoch an die Bestimmtheit der Befristungsabrede und ihre Transparenz besondere Anforderungen zu stellen. Es muss eindeutig erkennbar sein, wann und unter welchen Voraussetzungen die beiden Befristungstatbestände eingreifen.[98] Die Befristungen können auf unterschiedliche gesetzliche Rechtsgrundlagen gestützt werden und sind hinsichtlich ihrer Rechtfertigung gesondert zu prüfen. Die Unwirksamkeit der Zweckbefristung hat auf eine zugleich vereinbarte Zeitbefristung keinen Einfluss. Sie führt nur dazu, dass das Arbeitsverhältnis nicht bereits aufgrund der etwaigen früheren Zweckerreichung endet, sondern bis zu der vereinbarten kalendermäßig bestimmten Höchstfrist fortbesteht. Ist das Arbeitsverhältnis ohnehin bis zu diesem Zeitpunkt fortgesetzt worden, greift die Zweckbefristung nicht ein.[99] Dies gilt auch dann, wenn eine gesetzliche Bestimmung nur Zeitbefristungen, aber keine Zweckbefristungen gestattet. Eine neben der Zeitbefristung vereinbarte Zweckbefristung führt auch nicht dazu, dass der Beendigungszeitpunkt für das Arbeitsverhältnis im Zeitpunkt des Vertragsschlusses insgesamt unbestimmt ist.[100] Auch ist die Verbindung einer Befristung mit einer auflösenden Bedingung grundsätzlich zulässig (befristet für die Dauer der Erkrankung des AN XY, längstens bis zum [Datum]).[101]

35 **3. Auflösende Bedingung. a) Begriff.** Nach § 158 II BGB kann ein Rechtsgeschäft unter einer auflösenden Bedingung vorgenommen werden; mit dem Eintritt der Bedingung enden die Wirkungen des Rechtsgeschäfts. Eine auflösende Bedingung ist danach gegeben, wenn das Arbeitsverhältnis bei Eintritt eines zukünftigen ungewissen Ereignisses enden soll.[102] Die Abgrenzung der auflösenden Bedingung insbesondere von der Zweckbefristung lässt sich vielfach nicht einfach vornehmen. Bei der Zweckbefristung steht die Erreichung des vereinbarten Zwecks fest, ungewiss ist lediglich der Termin, zu dem die Zweckerreichung

[90] ErfK/*Müller-Glöge* TzBfG § 15 Rn. 3; aA APS/*Backhaus* TzBfG § 15 Rn. 10 (neue Unterrichtung erforderlich).
[91] BAG 27.7.2011 AP Nr. 9 zu § 21 TzBfG.
[92] BAG 21.3.2017 AP Nr. 153 zu § 14 TzBfG = NZA 2017, 631.
[93] BAG 9.9.2015 AP Nr. 1 zu § 21 BEEG = NZA 2016, 169 (Elternzeit).
[94] BAG 17.2.1983 AP Nr. 14 zu § 15 KSchG 1969 = NJW 1983, 1927; dagegen anders bei immer wiederkehrendem Bedarf: BAG 7.5.1980 AP Nr. 36 zu § 611 BGB Abhängigkeit.
[95] BAG 19.11.2019 AP Nr. 184 zu § 14 TzBfG = NZA 2020, 374 (Bademeister); 29.1.1987 AP Nr. 1 zu § 620 BGB Saisonarbeit.
[96] ErfK/*Müller-Glöge* TzBfG § 3 Rn. 5.
[97] BAG 19.2.2014 AP Nr. 116 zu § 14 TzBfG = NZA-RR 2014, 408.
[98] BAG 14.6.2017 AP Nr. 161 zu § 14 TzBfG= NZA 2018, 385; 14.12.2016 AP Nr. 149 zu § 14 TzBfG = NZA 2017, 638.
[99] BAG 14.6.2017 AP Nr. 161 zu § 14 TzBfG = NZA 2018, 385.
[100] BAG 13.6.2007 AP Nr. 39 zu § 14 TzBfG = NZA 2008, 108.
[101] BAG 29.6.2011 AP Nr. 8 zu § 21 TzBfG = NZA 2011, 1346.
[102] BAG 9.2.1984 AP Nr. 7 zu § 620 Bedingung = NZA 1984, 266.

eintritt. Hingegen steht bei der auflösenden Bedingung nicht fest, ob und ggf. zu welchem Zeitpunkt sie überhaupt eintritt.

b) Zulässigkeit. Die Rechtsprechung hat zwar stets die auflösende Bedingung eines Arbeitsverhältnisses als Unterfall des befristeten Arbeitsvertrags angesehen, die Beurteilung ihrer Wirksamkeit hat jedoch gewissen Schwankungen unterlegen.[103] So sind auflösende Bedingungen u.a. nur als wirksam angesehen worden, wenn der Bedingungseintritt vom Willen des AN abhängt.[104] Der Gesetzgeber hat den auflösend bedingten Arbeitsvertrag durch § 21 TzBfG in das TzBfG einbezogen und so die grundsätzliche Zulässigkeit auflösend bedingter Arbeitsverträge ausdrücklich anerkannt. Aufgrund der Verweisung in § 21 TzBfG gelten auch für das auflösend bedingte Arbeitsverhältnis die Folgen bei unwirksamer Bedingung (§ 16 TzBfG; → Rn. 48), die Anrufung des Arbeitsgerichts (§ 17 TzBfG; → Rn. 69), die Information über unbefristete und unbedingte Arbeitsverhältnisse (§ 18 TzBfG), die Aus- und Weiterbildung (§ 19 TzBfG), die Information der Arbeitnehmervertretung (§ 20 TzBfG) sowie die Beteiligung des Integrationsamts[105] (§ 175 SGB IX). 36

c) Voraussetzungen. Eine auflösende Bedingung kann unter den gleichen Bedingungen vereinbart werden wie eine Befristung mit Sachgrund.[106] Auf eine mögliche Umgehung des Kündigungsschutzes des AN kommt es nicht (mehr) an. Die auflösende Bedingung bedarf zu ihrer Wirksamkeit der Schriftform (§ 21 iVm § 14 IV TzBfG) und eines sie rechtfertigenden Sachgrundes[107] (§ 14 I TzBfG; → § 40 Rn. 1). Der Abschluss von auflösend bedingten Arbeitsverträgen ohne Sachgrund ist nicht zulässig. In § 21 TzBfG wird nicht auf § 14 II, IIa bzw. III TzBfG verwiesen. Der AN wird bei der Beendigung seines Arbeitsverhältnisses durch eine auflösende Bedingung zusätzlich durch § 162 II BGB geschützt. Nach dieser Norm gilt der Eintritt einer Bedingung als nicht erfolgt, wenn der Eintritt der Bedingung von der Partei, zu deren Vorteil er gereicht, wider Treu und Glauben herbeigeführt wird. Diese Regelung ist Ausdruck des allgemeinen Rechtsgedankens, dass niemand aus einem von ihm treuwidrig herbeigeführten Ereignis Vorteile herleiten darf. Unter welchen Voraussetzungen die Beeinflussung des Geschehensablaufs treuwidrig ist, lässt sich der Rspr. zufolge nicht abstrakt bestimmen, sondern nur im Einzelfall beurteilen. Maßgeblich ist, welches Verhalten von einem loyalen Vertragspartner erwartet werden konnte.[108] Daneben muss die Vereinbarung der auflösenden Bedingung wie die Zweckbefristung eindeutig bestimmt oder zumindest bestimmbar sein.[109] Eine Verbindung von auflösender Bedingung und kalendermäßiger Höchstbefristung ist grundsätzlich zulässig; die Wirksamkeit der beiden Beendigungstatbestände ist rechtlich getrennt zu beurteilen (→ Rn. 31).[110] 37

d) Einzelfälle. aa) Wirksame Vereinbarungen. Die Beendigung des Arbeitsverhältnisses durch auflösende Bedingungen ist u. a. als wirksam angesehen worden bei einem Anspruch auf Altersrente (→ § 40 Rn. 45),[111] auf teilweise oder voller Erwerbsminderungsrente, sofern eine rentenrechtliche Absicherung auf unbestimmte Zeit besteht und keine Beschäftigungsmöglichkeit mehr besteht (→ § 40 Rn. 56),[112] auf Berufsunfähigkeitsrente,[113] bei Fehlen bzw. Wegfall der für die Berufsausübung erforderlichen rechtlichen Voraussetzungen,[114] Flugdienstuntauglichkeit, sofern keine Verwendung im Bodendienst möglich ist,[115] Wiederaufleben des 38

[103] An der Zulässigkeit zweifelnd BAG 9.7.1981 AP Nr. 4 zu § 620 BGB Bedingung = NJW 1982, 788; dagegen BAG 4.12.1991 AP Nr. 17 zu § 620 BGB Bedingung = NZA 1992, 838.
[104] BAG 9.2.1984 AP Nr. 7 zu § 620 BGB Bedingung = NZA 1984, 266 (Kündigungsrechtsstreit).
[105] BAG 9.2.2011 AP Nr. 10 zu § 17 TzBfG = NZA 2011, 854.
[106] BAG 4.12.2002 AP Nr. 28 zu § 620 BGB Bedingung = NZA 2003, 611.
[107] BAG 4.12.2002 AP Nr. 28 zu § 620 BGB Bedingung = NZA 2003, 611.
[108] BAG 20.6.2018 AP Nr. 13 zu § 21 TzBfG = NZA 2019, 324 (Mitglied des BR).
[109] BAG 23.7.2014 AP Nr. 120 zu § 14 TzBfG = NZA 2014, 1341.
[110] BAG 29.6.2011 AP Nr. 8 zu § 21 TzBfG = NZA 2011, 1346.
[111] BAG 9.12.2015 AP Nr. 134 zu § 14 TzBfG = NZA 2016, 695.
[112] Volle Erwerbsminderung: BAG 20.6.2018 AP Nr. 4 zu § 33 TVöD; 15.2.2017 AP Nr. 155 zu § 14 TzBfG = NZA-RR 2017, 398; 10.12.2014 AP Nr. 1 zu § 33 TVöD = NZA-RR 2016, 83; teilweise Erwerbsminderung BAG 1.12.2004 AP Nr. 13 zu § 59 BAT = NZA 2006, 211.
[113] BAG 31.7.2002 AP Nr. 19 zu § 620 BGB Altersgrenze = NZA 2003, 620.
[114] BAG 19.3.2008 AP Nr. 5 zu § 21 TzBfG = NZA-RR 2008, 570 (Entzug der Einsatzgenehmigung).
[115] BAG 26.2.2020 AP Nr. 64 zu § 1 TVG Tarifverträge: Lufthansa = NZA 2020, 795; 17.4.2019 AP Nr. 15 zu § 21 TzBfG = NZA 2019, 1355; 16.10.2008 – 7 AZR 185/07.

Beamtenverhältnisses,[116] in Fällen der Eigenart der Arbeitsleistung (→ § 40 Rn. 28),[117] Organvertretern,[118] bei Änderungen der Arbeitsmenge (→ § 40 Rn. 9)[119] und einem Arbeitsverhältnis mit Ehegatten.[120]

39 **bb) Unwirksame Vereinbarungen.** Die Vereinbarung einer auflösenden Bedingung ist unzulässig, wenn hierdurch gegen zwingende Schutzbestimmungen zugunsten der AN verstoßen wurde, also zB bei Vereinbarungen, wonach das Arbeitsverhältnis endet bei Heirat und/oder Schwangerschaft, bei nicht fristgemäßer Rückkehr aus dem Urlaub,[121] bei Krankheit, bei schlechten Noten im Berufsausbildungsverhältnis,[122] bei Alkoholgenuss durch einen Alkoholgefährdeten,[123] bei Wegfall der staatlichen Förderung[124] oder Verfehlen des Ziels einer Zielvereinbarung.[125] Die Berufung auf den Eintritt einer Bedingung kann aber im Einzelfall rechtsmissbräuchlich sein.[126]

V. Beendigung des zeitbestimmten Arbeitsverhältnisses

40 **1. Zeitablauf.** Ein kalendermäßig befristeter Arbeitsvertrag endet mit Ablauf der vereinbarten Zeit (§ 15 I TzBfG). Die Beendigung erfolgt automatisch und ohne Rücksicht auf eine etwaige bei Vertragsschluss bestehende oder zwischenzeitlich eingetretene Kündigungsbeschränkung wie zB eine Schwangerschaft, eine Schwerbehinderung oder die Wahl in eine Arbeitnehmervertretung.

41 **2. Zweckbefristung/auflösende Bedingung.** Ein zweckbefristeter Arbeitsvertrag endet nach § 15 II TzBfG mit Erreichen des Zwecks/Eintritt der auflösenden Bedingung (zB Rückkehr des Vertretenen), frühestens jedoch zwei Wochen nach Zugang der schriftlichen Unterrichtung des AN durch den AG über den Zeitpunkt der Zweckerreichung/des Bedingungseintritts. Die Vorschrift hält lediglich das Arbeitsverhältnis aufrecht[127] und ist auch anzuwenden, wenn der vereinbarte Zweck wegfällt[128] (zB Einstellung eines Projekts). Tritt die Zweckerreichung/auflösende Bedingung vor Ablauf der Zwei-Wochen-Frist ein, endet das Arbeitsverhältnis dennoch erst mit Ablauf der Frist.[129] Die Unterrichtung hat durch den AG oder einen Vertreter[130] zu erfolgen, eine Kenntniserlangung durch Dritte ist nicht ausreichend. Das Gesetz schreibt Schriftform vor, die allerdings durch die elektronische (§ 126a BGB) oder die Textform (§ 126b BGB) ersetzt werden kann;[131] die Nichtbeachtung der Form löst die Folgen des § 15 II TzBfG nicht aus. Inhaltlich muss die Mitteilung die Beendigung des Arbeitsverhältnisses zu einem bestimmten Zeitpunkt erkennen lassen; empfehlenswert ist daher insbesondere die Angabe des Datums der Zweckerreichung und des Beendigungszeitpunkts. Eine ungenügende Unterrichtung führt nur unter den Voraussetzungen des § 15 V TzBfG (→ Rn. 43) zu einem unbefristeten Arbeitsverhältnis, ansonsten kann die Mitteilung nach § 15 II TzBfG nachgeholt werden. Bis zu einer ordnungsgemäßen Unterrichtung und der sich daran anschließenden 14-tägigen Auslauffrist besteht das Arbeitsverhältnis jedoch fort; zur Klagefrist → Rn. 69.

42 **3. Kündigung.** Ein befristetes oder bedingtes Arbeitsverhältnis unterliegt nur dann der ordentlichen Kündigung, wenn dies einzelvertraglich[132] oder im anwendbaren Tarifvertrag ver-

116 BAG 15.5.2019 AP Nr. 21 zu § 1 TVG Tarifverträge: Telekom.
117 BAG 25.10.2017 AP Nr. 45 zu § 611 BGB Musiker = NZA-RR 2018, 180 (Erprobung eines Orchestermusikers); 30.8.2017 AP Nr. 162 zu § 14 TzBfG = NZA 2018, 229 (Schauspieler in Krimiserie); 4.12.2002 AP Nr. 28 zu § 620 BGB Bedingung = NZA 2003, 611 (Bundesligatrainer).
118 BAG 17.6.2020 NZA 2020, 1470 (vorzeitige Abwahl); 12.6.2019 AP Nr. 16 zu § 21 TzBfG = NZA 2019, 1423 (Berufung als Organvertreter in eine andere Gesellschaft).
119 BAG 21.3.2017 AP Nr. 153 zu § 14 TzBfG = NZA 2017, 631 (Betriebsschließung).
120 BAG 17.5.1962 AP Nr. 2 zu § 620 BGB Bedingung.
121 BAG 25.6.1987 AP Nr. 14 zu § 620 Bedingung = NZA 1988, 391.
122 BAG 5.12.1985 AP Nr. 10 zu § 620 BGB Bedingung = NZA 1987, 20.
123 LAG München 29.10.1987 NZA 1988, 506.
124 BAG 15.3.1991 AP Nr. 2 zu § 47 BBiG = NZA 1992, 452.
125 LAG Köln 10.7.2003 LAGE § 2 KSchG Nr. 44.
126 LAG Bln 4.3.1974 BB 1974, 1349.
127 BAG 23.9.2015 AP Nr. 143 zu § 615 BGB = NZA 2016, 293 (kein Entgeltanspruch).
128 *Dörner*, Der befristete Arbeitsvertrag, Rn. 703.
129 BAG 12.8.2015 AP Nr. 7 zu § 15 TzBfG = NZA 2016, 173; 10.10.2012 AP Nr. 10 zu § 21 TzBfG.
130 BAG 20.6.2018 AP Nr. 13 zu § 21 TzBfG = NZA 2019, 324 (BR-Mitglied).
131 BAG 20.6.2018 AP Nr. 12 zu § 21 TzBfG = NZA 2019, 331.
132 BAG 28.6.2007 AP Nr. 27 zu § 307 BGB = NZA 2007, 1049; anders KR/*Lipke* TzBfG § 15 Rn. 22.

einbart ist (§ 15 III TzBfG).[133] Die isolierte Regelung in einer Betriebsvereinbarung ist nicht zulässig. Die in § 113 InsO, § 6 PflegeZG, § 9 V FPfZG enthaltene Möglichkeit zur Kündbarkeit ordentlich nicht kündbarer Arbeitsverhältnisse gilt auch für befristete Arbeitsverhältnisse, für die eine Kündigungsmöglichkeit nach § 15 III TzBfG nicht besteht.[134] Noch nicht entschieden ist, ob § 15 III TzBfG auch für ein durch eine Altersgrenze befristetes Arbeitsverhältnis gilt, oder – wofür mE vieles spricht – ein auf das Erreichen des Regelrentenalters befristetes Arbeitsverhältnis bei teleologischer Auslegung nicht unter die Vorschrift fällt.[135] Die Vereinbarung einer Kündigungsmöglichkeit in AGB oder Einmalbedingungen (§ 310 III Nr. 2 BGB) unterliegt als gesetzlich vorgesehene Abrede keiner Angemessenheitskontrolle nach § 307 BGB, die Vertragsgestaltung muss den Anforderungen aus § 305c I BGB genügen. Sie unterliegt anders als die Vereinbarung der Befristung nicht dem Schriftformerfordernis des § 14 IV TzBfG; sie muss jedoch hinreichend bestimmt oder bestimmbar sein.[136] Eine ordentliche Kündigungsmöglichkeit gilt in einem befristeten Arbeitsverhältnis als vereinbart, wenn im Vertrag die Dauer von Kündigungsfristen festgelegt ist, auf einen Tarifvertrag verwiesen wird, der eine ordentliche Kündigungsmöglichkeit für befristete Arbeitsverhältnisse vorsieht oder die Parteien beiderseits ein Kündigungsrecht aus bestimmten als wichtig bezeichneten Gründen mit einer Kündigungsfrist vereinbaren.[137] Vereinbaren die Parteien ein befristetes Arbeitsverhältnis mit einer Mindestdauer, ist die ordentliche Kündigung bis zum Ablauf der Mindestdauer regelmäßig ausgeschlossen, selbst wenn im Übrigen eine Kündigungsfrist vereinbart wird. Ist ein Recht zur ordentlichen Kündigung vereinbart, gilt es grundsätzlich für beide Seiten. Das Recht zur außerordentlichen Kündigung besteht stets in einem befristeten Arbeitsverhältnis und kann nicht ausgeschlossen werden. Die Darlegungs- und Beweislast für die eine ordentliche Kündbarkeit des befristeten Arbeitsverhältnisses begründenden Tatsachen trägt die Vertragspartei, die Rechte aus der Kündigungsmöglichkeit für sich herleiten möchte.

4. Weiterarbeit. a) Abgrenzung. Wird das Arbeitsverhältnis nach Ablauf der Zeit, für die 43
es eingegangen ist, oder nach Zweckerreichung mit Wissen des AG – auch stillschweigend – fortgesetzt, gilt es als auf unbestimmte Zeit verlängert, wenn der AG nicht unverzüglich widerspricht oder dem AN die Zweckerreichung nicht unverzüglich mitteilt (§ 15 V TzBfG). Die Vorschrift schränkt den Anwendungsbereich von § 625 BGB ein, der jedoch dann anwendbar bleibt, wenn das Arbeitsverhältnis durch Kündigung, Anfechtung oder Aufhebungsvertrag beendet wird. Die Fortsetzung des Arbeitsverhältnisses iSv § 15 V TzBfG oder § 625 BGB ist ein Tatbestand schlüssigen Verhaltens kraft gesetzlicher Fiktion. Beide Regelungen beruhen auf der Erwägung, die Fortsetzung der Arbeitsleistung durch den AN mit Wissen des AG sei im Regelfall der Ausdruck eines stillschweigenden Willens der Parteien zur Verlängerung des Arbeitsverhältnisses.[138] Die Fiktion des § 15 V TzBfG wird durch eine vor oder nach Beendigung des Arbeitsverhältnisses getroffene ausdrückliche oder konkludente Abrede über eine befristete Fortsetzung des Arbeitsverhältnisses ausgeschlossen.[139] Ebenso können sich AG und AN darüber verständigen, das Arbeitsverhältnis zu anderen Bedingungen fortzusetzen.[140] Das Recht, die unbefristete Fortsetzung des Arbeitsverhältnisses zu verlangen, kann verwirken.[141]

b) Voraussetzungen. aa) Weiterarbeit. § 15 V TzBfG setzt voraus, dass das Arbeitsverhält- 44
nis aufgrund Zeit- oder Zweckbefristung sowie auflösender Bedingung als Ganzes sein Ende gefunden hat und der AN mit Wissen des (Vertrags)AG selbst oder eines zum Abschluss von Arbeitsverträgen berechtigten Vertreters[142] zu den bisherigen Bedingungen und in Kenntnis der Beendigung seines Arbeitsvertrags unverändert seine Arbeitsleistung erbringt.[143] Das Auslaufen einzelner Vertragsbedingungen fällt nicht unter § 15 V TzBfG.[144] Die Entgeltfortzahlung für Krankheit sowie die Inanspruchnahme von Urlaub stellen keine Weiterarbeitstatbestände dar.[145]

[133] Gleiches gilt für die Arbeitsrechtsregelungen der Kirchen, BAG 21.11.2013 AP Nr. 73 zu § 611 BGB Kirchendienst = NZA 2014, 362.
[134] ErfK/*Müller-Glöge* TzBfG § 15 Rn. 10a.
[135] Ebenso *Persch* NZA 2010, 77 (80); Staudinger/*Preis* BGB § 620 Rn. 135.
[136] BAG 4.8.2011 AP Nr. 6 zu § 15 TzBfG; ErfK/*Müller-Glöge* TzBfG § 15 Rn. 10a.
[137] BAG 25.2.1998 AP Nr. 195 zu § 620 BGB Befristeter Arbeitsvertrag.
[138] BAG 7.10.2015 AP Nr. 136 zu § 14 TzBfG = NZA 2016, 358.
[139] BAG 20.2.2002 EzA Nr. 5 zu § 625 BGB = ZTR 2002, 439.
[140] BAG 21.11.2013 AP Nr. 73 zu § 611 BGB Kirchendienst = NZA 2014, 362.
[141] LAG Köln 27.6.2001 DB 2001, 2256 (Zeitmoment nach 9 Monaten als erfüllt angesehen).
[142] BAG 28.9.2016 AP Nr. 9 zu § 15 TzBfG = NZA 2017, 55; 11.7.2007 – 7 AZR 197/06.
[143] BAG 28.9.2016 AP Nr. 9 zu § 15 TzBfG = NZA 2017, 55 (LeihAN).
[144] BAG 3.9.2003 AP Nr. 4 zu § 14 TzBfG = NZA 2004, 255.
[145] BAG 2.12.1998 AP Nr. 8 zu § 625 BGB = NZA 1999, 482.

Das Wissen des AG muss sich sowohl auf die Beendigung des Arbeitsverhältnisses wie auch auf die Weiterarbeit erstrecken, ansonsten treten die Rechtsfolgen des § 15 V TzBfG nicht ein.[146] Ebenso entfällt bei einem Irrtum des AG über die Beendigung des Arbeitsverhältnisses seine Kenntnis.

45 **bb) Besonderheiten bei Zweckerreichung und auflösender Bedingung.** Ein unbefristetes Arbeitsverhältnis kommt auch bei Weiterarbeit des AN zustande, wenn der AG diesem die Zweckerreichung nicht unverzüglich mitgeteilt hat. Entsprechendes gilt für die Mitteilung des Bedingungseintritts bei einer auflösenden Bedingung. Während das Gesetz für die Unterrichtung des AN durch den AG über den Zeitpunkt der Zweckerreichung die Schriftform vorschreibt, verlangt § 15 V TzBfG für die Mitteilung der Zweckerreichung keine besondere Form. Allerdings ist Gegenstand der Mitteilungspflicht bei Zweckbefristungen und auflösenden Bedingungen nicht der Zeitpunkt der rechtlichen Beendigung des Arbeitsverhältnisses, über den der AG nach § 15 II TzBfG unterrichten muss, sondern der des tatsächlichen Eintritts der Zweckerreichung oder der auflösenden Bedingung. Die Mitteilungen nach § 15 II TzBfG und § 15 V TzBfG betreffen daher unterschiedliche Erklärungen des AG. Die Rechtsfolgen des § 15 V TzBfG treten erst ein, wenn der AN nach dem tatsächlichen Eintritt der Zweckerreichung oder der auflösenden Bedingung seine Arbeitsleistung mit Kenntnis des AG fortsetzt und dieser dem AN die Zweckerreichung oder den Bedingungseintritt nicht unverzüglich mitteilt.[147] Schwierigkeiten macht § 15 V TzBfG bei einer Doppelbefristung von Zeit- und Zweckbefristung bzw. auflösender Bedingung. Liegt die Zweckerreichung oder der Bedingungseintritt vor dem Ablauf der Zeitbefristung und wird das Arbeitsverhältnis danach nach § 15 V TzBfG fortgesetzt, ist umstritten, ob die Zeitbefristung damit obsolet wird. Dies ist zu verneinen, § 15 V TzBfG ist teleologisch dahin zu reduzieren, dass bei einer Doppelbefristung die Fortsetzung des zuerst beendeten Arbeitsverhältnisses hiervon nicht erfasst wird.[148]

46 **c) Widerspruch.** Die Rechtsfolgen des § 15 V TzBfG treten nicht ein, wenn der AG der Fortsetzung der Tätigkeit des AN ausdrücklich oder konkludent widerspricht. Der Widerspruch ist an keine bestimmte Form gebunden; er muss jedoch unverzüglich erfolgen. Unverzüglich bedeutet wie bei dem gleichlautenden Merkmal in § 121 BGB nicht sofort, sondern ohne schuldhaftes Zögern. Dem AG ist eine kurze Überlegungsfrist einzuräumen, innerhalb derer er ggf. Rechtsrat einholen kann.[149] Auch der Versuch einer gütlichen Einigung soll möglich sein.[150] § 15 V TzBfG ist wegen § 22 TzBfG anders als § 625 BGB unabdingbar, ein Widerspruch kann zwar nicht bereits im Arbeitsvertrag,[151] jedoch kurz vor Ablauf des Arbeitsverhältnisses erklärt werden (zB durch die Aufforderung zur Herausgabe der vom AG überlassenen Gegenstände)[152] oder auf den Hinweis auf eine nur vorübergehende oder vorläufige Weiterbeschäftigung. Der AG kann die Mitteilung über den Zeitpunkt der Zweckerreichung (§ 15 II TzBfG) mit dem vorsorglichen Widerspruch nach § 15 V TzBfG verbinden.

47 **d) Rechtsfolgen.** Ist der Tatbestand des § 15 V TzBfG erfüllt, gilt das Arbeitsverhältnis als unbefristetes zu seinen bisherigen Bedingungen fort.[153] Das verlängerte Arbeitsverhältnis ist dann ordentlich und außerordentlich kündbar. Im Wege der Auslegung ist zu ermitteln, ob die zuvor vereinbarte oder die gesetzliche Kündigungsfrist gelten soll.[154] Auch bei der Vollziehung eines nach § 15 V TzBfG begründeten unbefristeten Arbeitsverhältnisses ist der BR nach § 99 BetrVG zu beteiligen.[155]

48 **5. Unwirksamkeit der Befristung. a) Rechtsfolge: unbefristeter Arbeitsvertrag.** Ist die Befristung rechtsunwirksam, so gilt der befristete Arbeitsvertrag als auf unbestimmte Zeit geschlossen (§ 16 S. 1 TzBfG). Die Vorschrift stellt eine gesetzlich geregelte Ausnahme von § 139 BGB dar. Die Unwirksamkeit einer vereinbarten Befristung führt nicht zur Unwirksamkeit des bestehenden Arbeitsvertrags, vielmehr ist nur die vereinbarte Zeitbestimmung unwirksam. § 16 TzBfG erfasst alle befristungsrechtlich bedeutsamen Unwirksamkeitsgründe

[146] BAG 30.11.1984 AP Nr. 1 zu § 22 MTV Ausbildung.
[147] ErfK/*Müller-Glöge* TzBfG § 15 Rn. 30.
[148] BAG 29.6.2011 AP Nr. 8 zu § 21 TzBfG = NZA 2011, 1346.
[149] BAG 11.7.2007 AP Nr. 12 zu § 57a HRG.
[150] ErfK/*Müller-Glöge* TzBfG § 15 Rn. 34.
[151] BAG 22.7.2014 AP Nr. 30 zu § 611 BGB Beschäftigungspflicht = NZA 2014, 1330.
[152] BAG 7.10.2015 AP Nr. 136 zu § 14 TzBfG = NZA 2016, 358.
[153] LAG Hamm 15.9.1997 NZA 1999, 1050 (Vertragsstrafe).
[154] BAG 11.8.1988 AP Nr. 5 zu § 625 BGB = NZA 1989, 595.
[155] BAG 7.8.1990 AP Nr. 82 zu § 99 BetrVG 1972 = NZA 1991, 150.

(zB fehlende Bestimmtheit der Befristungsabrede, personalvertretungsrechtliche Mängel, Schriftform, fehlender Sachgrund, umstr.[156]).

b) Kündigung. Die Regelungen für die ordentliche Kündigungsmöglichkeit eines befristeten Arbeitsvertrags in § 15 III TzBfG (→ Rn. 42) werden durch § 16 TzBfG für die Kündigung des AG für den Fall einer unwirksamen Befristung ergänzt. Hat sich der AG gem. § 15 III TzBfG das Recht zur ordentlichen Kündigung vorbehalten, gilt dieses Kündigungsrecht auch bei der Unwirksamkeit der Befristungsabrede weiter. § 16 TzBfG eröffnet ihm darüber hinaus weitere Möglichkeiten, eine ordentliche Kündigung auszusprechen. Ist diese nicht bereits nach § 15 III TzBfG zulässig, kann der AG eine ordentliche Kündigung während der Laufzeit der (unwirksamen) Befristung nach § 16 S. 1 Hs. 2 TzBfG frühestens zum vereinbarten Befristungsende aussprechen. Nur wenn die Befristung ausschließlich nach § 14 IV TzBfG wegen der Nichtbeachtung des Schriftformerfordernisses unwirksam ist, besteht für den AG auch ohne besondere Vereinbarung eine Kündigungsmöglichkeit nach § 16 S. 2 TzBfG.[157] Die Möglichkeit einer jederzeitigen ordentlichen Kündigung besteht für den AG auch dann, wenn wegen unklarer Vertragsregelungen das Ende einer an sich gewollten Befristung nicht bestimmbar ist; von der Regelung in § 16 TzBfG kann nur zugunsten des AN abgewichen werden.[158] Die Kündigung des AG bedarf eines Kündigungsgrunds nach §§ 1, 23 I KSchG, wenn zum Zeitpunkt ihres Zugangs die Wartezeit (§ 1 I KSchG) abgelaufen ist und der AG unter den betrieblichen Geltungsbereich des KSchG fällt. Eine außerordentliche Kündigung kann der AG unter den Voraussetzungen des § 626 BGB jederzeit aussprechen. Über die Kündigung des AN bei einer unwirksamen Befristungsabrede enthält § 16 TzBfG keine Regelung, der Gesetzgeber hat sie offenbar unterstellt.[159] 49

VI. Schriftform

1. Normzweck. Die Befristung des Arbeitsvertrags bedarf nach § 14 IV TzBfG der Schriftform. Das Formerfordernis dient zunächst der Rechtssicherheit. Der AN soll bei Vertragsbeginn durch die schriftlich niedergelegte Befristungsabrede erkennen, dass er keinen Dauerarbeitsplatz erhält, um ggf. den Vertragsschluss zugunsten anderer Angebote ablehnen zu können. Außerdem dient das Schriftformerfordernis der Beweiserleichterung. Dadurch soll unnötiger Streit der Parteien über das Vorliegen und den Inhalt einer Befristung vermieden werden (BT-Drs. 14/626, 11 zu § 623 BGB aF). Anders als nach § 623 BGB ist die elektronische Form nicht ausgeschlossen. 50

2. Geltungsbereich. a) Sachlicher Geltungsbereich. aa) Befristungsabrede. § 14 IV TzBfG verlangt nicht den Abschluss eines schriftlichen Arbeitsvertrags, sondern unterwirft nur die Vereinbarung über die Befristung des Arbeitsvertrags der gesetzlichen Schriftform (§ 126 BGB). In der Praxis führt das Schriftformerfordernis regelmäßig zum Abschluss eines schriftlichen Arbeitsvertrags. § 14 IV TzBfG gilt für alle vertraglich vereinbarten Befristungsabreden, unabhängig davon, ob die Befristung auf das TzBfG gestützt wird oder eine andere Befristungsnorm.[160] Daher unterliegen auch die sachgrundlosen Befristungen nach dem WissZeitVG, dem ÄArbVtrG, sowie eine auf § 21 BEEG gestützte Befristung dem Schriftformgebot. § 14 IV TzBfG gilt auch für die Verlängerung eines sachgrundlos befristeten Arbeitsvertrags nach § 14 II 1 TzBfG und einen sog. unselbständigen Annex-Vertrag, mit dem ein bestehender befristeter Arbeitsvertrag verlängert wird,[161] für eine Altersgrenze[162] sowie eine Vereinbarung über die befristete Weiterbeschäftigung während eines Kündigungsschutzprozesses.[163] Die Vertragsdauer ist ohne Bedeutung, so dass auch Ein-Tages-Arbeitsverträge der Schriftform bedürfen.[164] § 14 IV TzBfG findet keine Anwendung auf das Einverständnis nach § 2 V 1 WissZeitVG[165] sowie in Betriebsvereinbarungen enthaltene Befristungen. Bei beiderseitiger Tarifbindung oder Allgemeinverbindlichkeit ist es ausreichend, wenn der die Befristung enthal- 51

[156] *Dörner*, Der befristete Arbeitsvertrag, Rn. 969; aA ErfK/*Müller-Glöge* TzBfG § 16 Rn. 1.
[157] Krit. dazu *Persch* NZA 2012, 1079 (1081).
[158] BAG 23.4.2009 AP Nr. 2 zu § 16 TzBfG = NZA 2009, 1260.
[159] ErfK/*Müller-Glöge* TzBfG § 16 Rn. 3.
[160] BAG 23.6.2004 AP Nr. 12 zu § 14 TzBfG = NZA 2004, 1333.
[161] BAG 16.3.2005 AP Nr. 16 zu § 14 TzBfG = NZA 2005, 923.
[162] BAG 25.10.2017 AP Nr. 163 zu § 14 TzBfG = NZA 2018, 507.
[163] BAG 22.10.2003 AP Nr. 6 zu § 14 TzBfG = NZA 2004, 1275.
[164] BAG 15.2.2012 AP Nr. 122 zu § 611 BGB Abhängigkeit = NZA 2012, 733.
[165] BAG 30.8.2017 AP Nr. 11 zu § 2 WissZeitVG = NZA 2018, 305.

tene Tarifvertrag von den Tarifvertragsparteien unterzeichnet ist. Nach Ansicht des BAG gilt das Schriftformgebot des § 14 IV TzBfG auch nicht, wenn das Arbeitsverhältnis insgesamt (nicht nur teilweise) den Bedingungen eines einschlägigen Tarifvertrags unterstellt wird, der eine Befristung oder auflösende Bedingung vorsieht.[166] Die Einbeziehung sämtlicher Vertragswerke einer Branche verlangt der 7. Senat des BAG nicht. Ob das Schriftformerfordernis bei einer vollständigen Inbezugnahme eines nicht einschlägigen (fachlich/persönlich) Tarifvertrags gilt, lässt der Senat nicht eindeutig erkennen. Er begründet die Herausnahme mit dem Gleichlauf von tarifgebundenen und nicht tarifgebundenen AN sowie der Richtigkeitsgewähr von Tarifverträgen, wegen derer es der Klarstellungs-, Beweis- und Warnfunktion des Schriftformerfordernisses nicht bedürfe. Folgt man dem, ließe die Bezugnahme auf einen nicht einschlägigen Tarifvertrag das Schriftformerfordernis des § 14 IV TzBfG nicht entfallen. Die Vorschrift findet stets auf **originäre arbeitsvertragliche Absprachen** über eine Befristung Anwendung.

52 **bb) Angabe des Sachgrundes.** Das Schriftformerfordernis des § 14 IV TzBfG erfordert nicht die schriftliche Vereinbarung des Sachgrundes für den zeitbefristeten Arbeitsvertrag[167] oder die schriftliche Niederlegung von befristeten Änderungen des Arbeitsvertrags.[168] Haben die Parteien einen Sachgrund im Vertrag genannt, ist der AG dennoch berechtigt, sich im gerichtlichen Verfahren auf einen anderen Sachgrund zu berufen[169] oder darzulegen, dass die Voraussetzungen für eine sachgrundlose Befristung vorlagen. Hiervon besteht eine Ausnahme, wenn beide Parteien die Wirksamkeit der Befristung vom Vorliegen des genannten Sachgrundes abhängig machen wollten oder tarifvertraglich ein Nachschieben anderer Befristungsgründe unzulässig ist.[170] Die hierfür erforderlichen Tatsachen hat der AN darzulegen und ggf. zu beweisen.

53 **cc) Zweckbefristung und auflösende Bedingung.** Das Schriftformerfordernis gilt nicht nur für die kalendermäßige Befristung, sondern auch für die Zweckbefristung (§ 3 I 2 Alt. 2 TzBfG). Da die Vertragsdauer bei der Zweckbefristung von dem Vertragszweck abhängt, muss bei einer Zweckbefristung der die Befristung tragende Vertragszweck schriftlich vereinbart sein.[171] Über die Verweisung in § 21 TzBfG findet § 14 IV TzBfG auch Anwendung auf die auflösende Bedingung.[172]

54 **b) Zeitlicher Geltungsbereich.** Für die (Form-)Wirksamkeit einer vereinbarten Befristung ist die Rechtslage im Zeitpunkt des Vertragsschlusses maßgebend. § 14 IV TzBfG gilt nur für die seit dem Inkrafttreten des TzBfG am 1.1.2001 getroffenen Befristungsabreden. Vor diesem Zeitpunkt enthielt § 623 BGB in der vom 1.5.2000 bis zum 31.12.2000 geltenden Fassung gleichfalls ein gesetzliches Schriftformerfordernis für die Befristung eines Arbeitsvertrags. Für Befristungsabreden vor dem 1.5.2000 besteht hingegen kein gesetzliches Formerfordernis. Aus diesem Grund sind insbesondere Altersgrenzen, die vor dem 1.5.2000 vereinbart worden sind, nicht wegen Verstoß gegen § 14 IV TzBfG unwirksam.[173]

55 **3. Voraussetzungen.** Ist durch Gesetz schriftliche Form vorgeschrieben, muss die Urkunde nach § 126 I BGB vom Aussteller eigenhändig durch Namensunterschrift unterzeichnet sein. Bei einem Vertrag muss die Unterzeichnung nach § 126 II 1 BGB durch beide Parteien oder deren Vertreter[174] auf derselben Urkunde erfolgen, eine Paraphe reicht nicht. Ein Briefwechsel (Übersendung eines Angebots und die Rücksendung einer Annahmeerklärung) genügt zur Wahrung der Schriftform nicht, weil sich die Willensübereinstimmung der Parteien nicht aus einer, sondern erst aus der Zusammenfassung zweier Urkunden ergibt. Die Form des § 14 IV TzBfG ist jedoch gewahrt, wenn **(a)** eine Vertragspartei in einem von ihr unterzeichneten, an die andere Vertragspartei gerichteten Schreiben den Abschluss eines befristeten Arbeitsvertrags anbietet und **(b)** die andere Partei dieses Angebot annimmt, indem sie das Schriftstück ebenfalls unterzeichnet[175] und **(c)** der erstunterzeichnenden Partei wieder zuleitet.[176] Das Angebot und die

[166] BAG 23.7.2014 AP Nr. 120 zu § 14 TzBfG = NZA 2014, 1341; aA *Schneider* RdA 2015, 263.
[167] BAG 13.10.2004 AP Nr. 14 zu § 14 TzBfG = NZA 2005, 401; 23.6.2004 AP Nr. 12 zu § 14 TzBfG = NZA 2004, 1333; 6.8.2003 AP Nr. 253 zu § 620 BGB Befristeter Arbeitsvertrag.
[168] BAG 14.1.2004 AP Nr. 8 zu § 14 TzBfG; 3.9.2003 AP Nr. 4 zu § 14 TzBfG = NZA 2004, 255.
[169] BAG 23.6.2004 AP Nr. 12 zu § 14 TzBfG = NZA 2004, 1333.
[170] BAG 28.3.2001 AP Nr. 227 zu § 620 BGB Befristeter Arbeitsvertrag = NZA 2002, 666 (BAT).
[171] BAG 21.12.2005 AP Nr. 18 zu § 14 TzBfG = NZA 2006, 321.
[172] BAG 23.7.2014 AP Nr. 120 zu § 14 TzBfG = NZA 2014, 1341.
[173] BAG 27.7.2005 AP Nr. 27 zu § 620 BGB Altersgrenze = NZA 2006, 37.
[174] BAG 12.4.2017 AP Nr. 157 zu § 14 TzBfG = NZA 2017, 1125.
[175] BAG 26.7.2006 AP Nr. 24 zu § 14 TzBfG = NZA 2006, 1402.
[176] BAG 14.12.2016 AP Nr. 149 zu § 14 TzBfG = NZA 2017, 638.

Annahme der Befristungsabrede müssen der jeweils anderen Vertragspartei vor Vertragsbeginn schriftlich zugehen. Hat zB der AN die vom AG vorformulierte, aber noch nicht unterschriebene Vertragsurkunde unterzeichnet an den AG zurückgegeben, genügt zur Wahrung der Schriftform für die Befristung nicht, dass der AG die Vertragsurkunde nunmehr seinerseits unterzeichnet. Vielmehr muss seine schriftliche Annahmeerklärung dem AN vor dem Vertragsbeginn auch zugegangen sein.[177] Nach § 126 II 2 BGB genügt die Unterschrift einer Partei auf der für die andere Partei bestimmten Urkunde, wenn über den Vertrag mehrere gleichlautende Urkunden aufgenommen werden; die Darlegungs- und Beweislast trägt insoweit der AG.[178] Bei einem aus mehreren Teilen bestehenden Vertragswerk ist die Zusammengehörigkeit der einzelnen Schriftstücke in geeigneter Weise zweifelsfrei kenntlich zu machen; die Unterzeichnung eines Vertragsbestandteils muss auch die schriftformbedürftigen Inhalte eines anderen Vertragsbestandteils abdecken.[179] Die Schriftform des § 14 IV TzBfG kann ersetzt werden durch die elektronische Form (§ 126 III BGB), die notarielle Beurkundung (§ 126 IV BGB) sowie die Protokollierung eines gerichtlichen Vergleichs[180] (§ 127a BGB).

55a Problematisch ist die Wahrung der Schriftform bei den Arbeitsverhältnissen der **Bühnenkünstler.** Diese erhalten im Regelfall einen auf eine Spielzeit befristeten Arbeitsvertrag, der sich um eine weitere Spielzeit verlängert, wenn der Theaterveranstalter nicht bis zu einem bestimmten Zeitpunkt eine Nichtverlängerungsmitteilung (→ § 186 Rn. 4) ausspricht. Die Rspr. hat diese Praxis bisher nicht beanstandet, weil sie den schriftlichen Abschluss des Ausgangsvertrags als ausreichend ansieht. Dieser umfasse alle befristeten Folgeverträge bis zum Eingang der Nichtverlängerungsmitteilung.[181]

56 **4. Zeitpunkt und Vorbehalt des Arbeitgebers.** Die Voraussetzungen des § 14 IV TzBfG müssen grundsätzlich bis zum Vertragsbeginn, dh der erstmaligen Arbeitsaufnahme vorliegen. Vereinbaren die Parteien vor Vertragsbeginn zunächst nur mündlich die Befristung des Arbeitsvertrags und halten sie die (mündlich) getroffene Befristungsabrede in einem nach Vertragsbeginn unterzeichneten Arbeitsvertrag schriftlich fest, ist die zunächst mündlich vereinbarte Befristung nichtig, sodass nach Vertragsbeginn ein unbefristetes Arbeitsverhältnis entsteht (→ Rn. 57). Zur Vermeidung dieser Rechtsfolge kann der AG den Abschluss eines befristeten Arbeitsvertrags von der Unterzeichnung der Vertragsurkunde durch den AN abhängig machen. Der AN kann das schriftliche Angebot des AG dann noch nach der Arbeitsaufnahme durch die Unterzeichnung des Arbeitsvertrags annehmen. Der AG macht den Vertragsschluss von der Einhaltung der Schriftform abhängig, wenn er zB in den Vertragsverhandlungen der Parteien den Abschluss des befristeten Arbeitsvertrags ausdrücklich unter den Vorbehalt eines schriftlichen Vertragsschlusses gestellt oder dem AN die schriftliche Niederlegung des Vereinbarten angekündigt hat. Dies gilt gleichermaßen, wenn der AG dem AN – ohne vorangegangene Absprache – ein von ihm bereits unterschriebenes Vertragsformular mit der Bitte um Unterzeichnung übersendet. Der AN kann in diesen und anderen Fällen, in denen der Abschluss des befristeten Arbeitsvertrags nach den Vertragsumständen von der Einhaltung des Schriftformerfordernisses abhängen soll, ein ihm **spätestens bei der Arbeitsaufnahme vorliegendes schriftliches Vertragsangebot des AG** nicht durch die Arbeitsaufnahme konkludent annehmen, sondern nur durch die Unterzeichnung der Vertragsurkunde. Nimmt der AN vor diesem Zeitpunkt die Arbeit auf, besteht zwischen den Parteien nur ein faktisches Arbeitsverhältnis. In der bloßen Entgegennahme der Arbeitsleistung des AN liegt dann regelmäßig keine Annahme eines Vertragsangebots des AN an den AG, die zu einer formunwirksamen Befristungsabrede führen würde.[182] Liegt dem AN bei der Arbeitsaufnahme kein schriftliches Vertragsangebot des AG vor, kommt mit der Arbeitsaufnahme hingegen ein unbefristetes Arbeitsverhältnis zustande.[183] Haben die Parteien zunächst eine formwirksame Befristungsabrede getroffen, diese aber in einer nicht den Anforderungen des § 14 IV TzBfG genügenden (mündlichen) Form abgeändert, entsteht kein unbefristetes Arbeitsverhältnis, vielmehr bleibt die ursprüngliche formwirksame Befristungsabrede bestehen.[184] Sollte mit der formunwirksamen Befristungsabrede das Vertragsende hinausgeschoben werden, entsteht durch

[177] BAG 25.10.2017 AP Nr. 163 zu § 14 TzBfG = NZA 2018, 507.
[178] BAG 20.8.2014 AP Nr. 121 zu § 14 TzBfG = NZA-RR 2015, 9; krit. *Günther* DB 2015, 74.
[179] BAG 4.11.2015 AP Nr. 138 zu § 14 TzBfG = NZA 2016, 547 (keine Heftklammer nötig).
[180] BAG 23.11.2006 AP Nr. 8 zu § 623 BGB = NZA 2007, 466; BGH 1.2.2017 NJW 2017,1946.
[181] LAG Köln 21.1.2008 LAGE TzBfG § 14 Nr. 42; krit. dazu *Genenger* NJW 2009, 714 (718).
[182] BAG 7.10.2015 AP Nr. 136 zu § 14 TzBfG = NZA 2016, 358.
[183] BAG 15.2.2017 AP Nr. 151 zu § 14 TzBfG = NZA 2017, 908 (Erlöschen des AG-Vorbehalts); 14.12.2016 AP Nr. 149 zu § 14 TzBfG = NZA 2017, 638.
[184] ErfK/*Müller-Glöge* TzBfG § 14 Rn. 124; aA *Preis/Gotthardt* NZA 2000, 348 (360).

die Weiterarbeit des AN über das wirksam vereinbarte Vertragsende hinaus nur dann nach § 15 V TzBfG ein unbefristetes Arbeitsverhältnis, wenn der AG die Formunwirksamkeit kannte.

57 **5. Formunwirksame Befristungsabreden.** Eine nur mündlich oder konkludent vereinbarte Befristungsabrede ist nach § 125 S. 1 BGB nichtig und hat nach § 16 S. 1 TzBfG die Entstehung eines unbefristeten Arbeitsverhältnisses zur Folge. Eine formnichtig vereinbarte Befristung kann nach Vertragsbeginn nicht mehr durch die Unterzeichnung eines befristeten Arbeitsvertrags mit rückwirkender Kraft geheilt werden. Die Vorschriften über die Bestätigung eines nichtigen Rechtsgeschäfts (§ 141 BGB) sind weder unmittelbar noch analog anwendbar.[185] Der mündlich geschlossene Arbeitsvertrag ist abgesehen von der Befristung von Anfang an wirksam. Die §§ 139 ff. BGB werden insoweit durch § 16 S. 1 TzBfG verdrängt, der die Rechtsfolgen einer unwirksamen Befristung regelt. Der Arbeitsvertrag gilt danach als unbefristet geschlossen, wenn u.a. die Befristungsabrede bei der Arbeitsaufnahme nicht der Form des § 126 BGB genügt. Die nach Arbeitsaufnahme erfolgte schriftliche Niederlegung einer zuvor nur mündlich getroffenen aber ansonsten wirksamen Befristungsvereinbarung stellt nach einer vom BAG aufgestellten Auslegungsregel keine nachträgliche Befristung eines nach § 16 S. 1 TzBfG unbefristet zustande gekommenen Arbeitsvertrags dar.[186] Zwar kann ein unbefristet geschlossener Arbeitsvertrag nachträglich befristet werden. Halten die Vertragsparteien die bereits zuvor vereinbarte Befristungsabrede nach Arbeitsaufnahme durch den AN in einem schriftlichen Arbeitsvertrag fest, liegt darin regelmäßig keine eigenständige Befristungsabrede über die nachträgliche Befristung des unbefristet entstandenen Arbeitsverhältnisses, sondern nur die befristungsrechtlich bedeutungslose Wiedergabe des bereits mündlich Vereinbarten. Die wirksame nachträgliche Befristung setzt in einem solchen Fall daher das Bewusstsein beider Parteien von der Formunwirksamkeit der ursprünglichen Vereinbarung voraus. Haben die Parteien hingegen vor der Unterzeichnung des schriftlichen Arbeitsvertrags mündlich keine Befristung vereinbart oder eine Befristungsabrede getroffen, die inhaltlich mit der später in dem schriftlichen Vertrag enthaltenen Befristung nicht übereinstimmt, enthält der nachträglich unterzeichnete schriftliche Arbeitsvertrag eine eigenständige, dem Schriftformgebot des § 14 IV TzBfG genügende Befristung.[187] Eine nachträgliche Befristung eines **sachgrundlos befristeten Arbeitsvertrags** ist wegen des Anschlussverbots des § 14 II 2 TzBfG nur bis zur Arbeitsaufnahme des AN möglich. Bei einer späteren formwirksamen Vereinbarung hat zwischen den Parteien bereits ein unbefristetes Arbeitsverhältnis bestanden, das nach § 14 II 2 TzBfG einer sachgrundlosen Befristung nach § 14 II 1 TzBfG entgegensteht.[188] Noch nicht durch das BAG entschieden ist die Frage, ob der Abschluss eines sachgrundlos befristeten Arbeitsvertrags noch möglich ist, wenn dem AN bei der Arbeitsaufnahme ein schriftliches Vertragsangebot des AG vorliegt (→ Rn. 56). Die Frage dürfte zu bejahen sein, weil ein faktisches Arbeitsverhältnis kein Arbeitsverhältnis iSd § 14 II 2 TzBfG ist. Ist die Befristungsabrede formunwirksam getroffen, kann das dann entstandene unbefristete Arbeitsverhältnis vom AG nach § 16 S. 2 TzBfG ordentlich gekündigt werden.

VII. Beteiligung der Arbeitnehmervertretung

58 **1. BetrVG.** Nach § 99 I BetrVG muss der BR u.a. der beabsichtigten Einstellung eines befristet beschäftigten AN im Betrieb zustimmen. Die Zustimmung wegen der vermeintlich unwirksamen Befristung kann nach § 99 II Nr. 1 BetrVG nur verweigert werden, wenn die maßgebliche Norm gerade die Einstellung, dh die Beschäftigung des AN als solche verbietet.[189] Dies ist jedoch regelmäßig nicht der Fall; der BR kann daher die Zustimmung nicht mit der Begründung verweigern, für die beabsichtigte Befristung fehle es an einem sachlichen Grund. Wird ein befristetes Arbeitsverhältnis aufgrund einer Vereinbarung verlängert oder in ein Arbeitsverhältnis auf unbestimmte Zeit umgewandelt, ist der BR nach § 99 BetrVG erneut zu beteiligen.[190] Eine Ausnahme kann in Betracht kommen, wenn die Zustimmung des BR zur Verlängerung oder zur Entfristung bereits bei der Einstellung eingeholt worden ist.[191] Ein besonderer Zustimmungsverweigerungsgrund zugunsten der Übernahme von befristet beschäftigten AN besteht in § 99 II Nr. 3 BetrVG (→ § 240 Rn. 48a).

[185] BAG 16.3.2005 AP Nr. 16 zu § 14 TzBfG = NZA 2005, 923; dazu *Dörner* FS Richardi, 227 ff.
[186] BAG 15.2.2017 AP Nr. 151 zu § 14 TzBfG = NZA 2017, 908.
[187] BAG 15.2.2017 AP Nr. 151 zu § 14 TzBfG = NZA 2017, 908.
[188] ErfK/*Müller-Glöge* TzBfG § 14 Rn. 123; anders *Greiner* RdA 2009, 82 (90 f.).
[189] BAG 28.6.1994 AP Nr. 4 zu § 99 BetrVG 1972 Einstellung = NZA 1995, 387.
[190] BAG 28.10.1986 AP Nr. 32 zu § 118 BetrVG 1972 = NZA 1987, 530.
[191] BAG 7.8.1990 AP Nr. 82 zu § 99 BetrVG 1972 = NZA 1991, 151.

59 **2. Personalvertretung. a) Beteiligungstatbestände.** Der PR hat im Bereich des BPersVG bei der Befristung von Arbeitsverträgen nicht mitzubestimmen.[192] Nach den PersVG der Länder Baden-Württemberg (§ 69 I, § 79 III Nr. 15 lit. b LPersVG BW), Brandenburg (§ 61 I, § 63 I Nr. 4 LPersVG BB) sowie Nordrhein-Westfalen (§ 72 I 1 Nr. 1, § 66 I LPersVG NW) hat der PR beim Abschluss befristeter Arbeitsverträge ein Mitbestimmungsrecht. Liegt die erforderliche Zustimmung des PR zur Befristung eines Arbeitsvertrags nicht vor, ist eine vereinbarte Befristung unwirksam;[193] dies gilt auch, wenn bei der Vereinbarung der Zeitdauer der Befristung von der eingeholten Zustimmung des PR abgewichen wird.[194] Verlängert sich das Arbeitsverhältnis kraft Gesetzes und ohne dass es einer Vereinbarung der Parteien bedarf, besteht hingegen kein Zustimmungserfordernis für das kraft Gesetz entstandene befristete Arbeitsverhältnis.[195] Die Zustimmung kann nicht nachträglich erteilt werden. In Rheinland-Pfalz ist die Rechtslage auf der Rechtsfolgenseite nicht eindeutig. § 78 II Nr. 2 LPersVG RP enthält ein Mitbestimmungsrecht bei der Zeit- oder Zweckbefristung des Arbeitsverhältnisses. Das LPersVG RP ordnet bei fehlender oder fehlerhafter Beteiligung des PR aber nicht die Unwirksamkeit der Maßnahme[196] (der Befristung) an. Nach § 74 I 2 LPersVG RP ist die Maßnahme, soweit nicht zwingende gesetzliche Bestimmungen entgegenstehen, rückgängig zu machen. Dies ist bei dem Abschluss eines befristeten Arbeitsvertrags nur bei Vereinbarung eines entsprechenden Vorbehalts im Arbeitsvertrag möglich; fehlt es daran, ist daher auch im Rheinland-Pfalz bei einem Verstoß gegen das Beteiligungsrecht des PR die vereinbarte Befristung unwirksam. Das in einigen LPersVG (§ 68 I Nr. 8 LPersVG MV; § 65 II Nr. 4 LPersVG NI; § 75 I Nr. 3 PersVG TH) enthaltene Mitbestimmungsrecht des PR bei der „Verlängerung befristeter Arbeitsverhältnisse" bezieht sich auf die mit der Verlängerung verbundene Einstellung des AN. Eine Verletzung dieses Mitbestimmungsrechts führt nicht zur Unwirksamkeit der Verlängerung des befristeten Arbeitsvertrags.[197] In anderen Bundesländern und im Bereich des BPersVG besteht kein Beteiligungsrecht bei dem Abschluss des befristeten Arbeitsvertrags, sondern nur wie im Bereich des BetrVG hinsichtlich der Einstellung.[198]

60 **b) Umfang der Personalratsbeteiligung in Brandenburg, Baden-Württemberg, Nordrhein-Westfalen und Rheinland-Pfalz.** Die in diesen Bundesländern erforderliche Zustimmung des PR setzt die Mitteilung der Befristungsdauer und des Befristungsgrunds voraus.[199] Auf einen dem PR nicht mitgeteilten Befristungsgrund kann der AG eine Befristung nicht stützen. Der AG ist dabei nicht verpflichtet, gegenüber dem PR unaufgefordert das Vorliegen des Sachgrundes für die Befristung im Einzelnen darzulegen. Vielmehr genügt er zunächst seiner Unterrichtungspflicht, wenn für den PR der Sachgrund seiner Art nach hinreichend deutlich wird; zur weiteren Substantiierung ist er erst auf Initiative des PR hin verpflichtet.[200] Der PR muss in seiner Stellungnahme das Wort „Zustimmung" nicht ausdrücklich verwenden, ausreichend ist, dass seine Erklärung vom Erklärungsempfänger als Zustimmung aufgefasst werden kann.[201] Auf die Ordnungsmäßigkeit des Beteiligungsverfahrens wirken sich in der Regel solche Mängel nicht aus, die in den Zuständigkeits- und Verantwortungsbereich des PR fallen, es sei denn, dem Dienststellenleiter war die Rechtsfehlerhaftigkeit der Beschlussfassung bekannt.[202] Der Abschluss des Arbeitsvertrags darf erst nach Ablauf der Äußerungsfrist oder der erklärten Zustimmung des PR erfolgen.[203]

VIII. Gerichtliches Verfahren

61 **1. Gegenstand der gerichtlichen Befristungskontrolle. a) Sachliche Rechtfertigung.** Nach der Rspr. des BAG ist bei mehreren aufeinanderfolgenden befristeten Arbeits-

[192] BAG 29.6.2011 AP Nr. 83 zu § 14 TzBfG = NZA 2011, 1151.
[193] BAG 20.2.2002 AP Nr. 23 zu § 72 LPVG NW = NZA 2002, 811; 27.9.2000 AP Nr. 1 zu § 61 LPVG Brandenburg = NZA 2001, 339; 9.6.1999 AP Nr. 2 zu § 63 LPVG Brandenburg = NZA 2000, 109.
[194] BAG 8.7.1998 AP Nr. 18 zu § 72 LPVG NW = NZA 1998, 1296.
[195] BAG 14.8.2002 AP Nr. 1 zu § 90 LPVG Brandenburg.
[196] BAG 29.6.2011 AP Nr. 83 zu § 14 TzBfG = NZA 2011, 1151.
[197] BAG 5.5.2004 AP Nr. 27 zu § 1 BeschFG 1996 = NZA 2004, 1346 (zum PersVG TH).
[198] BAG 8.6.2016 AP Nr. 7 zu § 2 WissZeitVG = NZA 2016, 1463 (SN); 6.10.2010 AP Nr. 79 zu § 14 TzBfG = NZA 2011, 1155 (SH).
[199] BAG 14.6.2017 AP Nr. 161 zu § 14 TzBfG = NZA 2018, 385 (zu § 14 II 1 TzBfG).
[200] BAG 27.9.2000 AP Nr. 1 zu § 61 LPVG Brandenburg = NZA 2001, 339; 8.7.1998 AP Nr. 18 zu § 72 LPVG NW = NZA 1998, 1296 (typisierende Benennung des Befristungsgrunds erforderlich).
[201] BAG 20.2.2008 – 7 AZR 972/06.
[202] BAG 18.4.2007 AP Nr. 33 zu § 72 LPVG NW = NZA-RR 2008, 219.
[203] BAG 21.3.2018 AP Nr. 16 zu § 17 TzBfG.

verträgen im Rahmen der arbeitsgerichtlichen Befristungskontrolle grundsätzlich nur die Befristung des letzten Vertrags auf ihre sachliche Rechtfertigung hin zu prüfen. Von diesem Grundsatz bestehen drei Ausnahmen; **(1)** die Befristungskontrolle erstreckt sich auf einen vorherigen befristeten Arbeitsvertrag, wenn die Parteien bei Abschluss des letzten Vertrags einen entsprechenden Vorbehalt vereinbart haben, **(2)** wenn es sich bei dem letzten Vertrag um einen unselbständigen Annex (→ Rn. 65) zum vorherigen Vertrag handelt oder **(3)** die Parteien in einem Änderungsvertrag unter Beibehaltung der vereinbarten Befristungsdauer eine Änderung der Tätigkeit und ggf. der Vergütung vereinbart haben.[204] Die Parteien können ein unbefristetes Arbeitsverhältnis nachträglich befristen, wenn hierfür ein sachlicher Grund besteht. Schließen sie hingegen einen **Aufhebungsvertrag,** unterliegt dieser nicht der Befristungs-, sondern ggf. der Inhaltskontrolle (→ § 122 Rn. 13).

62 **b) Vereinbarung eines Vorbehalts. aa) Grundsatz.** Bei mehreren aufeinander folgenden befristeten Arbeitsverträgen ist grundsätzlich nur die Befristung des letzten Arbeitsvertrags auf ihre Rechtfertigung zu prüfen. Durch den Abschluss eines weiteren befristeten Arbeitsvertrags stellen die Parteien ihr Arbeitsverhältnis auf eine neue Rechtsgrundlage, die künftig für ihre Rechtsbeziehung allein maßgebend ist. Damit wird zugleich ein etwaiges unbefristetes Arbeitsverhältnis aufgehoben, das nach § 16 S. 1 TzBfG durch die Unwirksamkeit der vorangehenden Befristung entstanden sein könnte. Allerdings kann der AN im Rahmen der ihm obliegenden Bestimmung des Streitgegenstands eine frühere Befristung zum Gegenstand einer von ihm erhobenen Klage machen. Diese bleibt hinsichtlich dieses Streitgegenstands (dh der früheren Befristung) erfolglos, wenn die Parteien vorbehaltlos einen neuen unbefristeten Arbeitsvertrag geschlossen haben.[205] Gleiches gilt, wenn die Klagefrist gegenüber einer vorhergehenden Befristung nicht eingehalten worden ist. Ob die Arbeitsvertragsparteien mit dem Abschluss eines Folgevertrags einen vorherigen Vertrag aufheben, bestimmt sich nach dem Inhalt der auf den Vertragsschluss gerichteten Willenserklärungen. Deren Inhalt ist von den Tatsachengerichten durch Auslegung der bei Abschluss des Folgevertrags abgegebenen ausdrücklichen und konkludenten Erklärungen der Parteien zu ermitteln.[206]

63 **bb) Vorbehalt. (1) Ausdrückliche oder konkludente Vereinbarung.** Von dem Grundsatz, dass lediglich der zuletzt abgeschlossene Arbeitsvertrag Gegenstand der Befristungskontrolle ist, besteht eine Ausnahme, wenn die Parteien in einem nachfolgenden befristeten Arbeitsvertrag dem AN ausdrücklich oder konkludent das Recht vorbehalten haben, trotz des nachfolgenden Arbeitsvertrags die Wirksamkeit der vorangegangenen Befristung prüfen zu lassen. In diesem Fall ist die arbeitsgerichtliche Befristungskontrolle auch für den davor liegenden Vertrag eröffnet. Ein solcher Vorbehalt kann nicht einseitig vom AN erklärt werden. Vielmehr muss der Vorbehalt vertraglich vereinbart werden.[207] Eine Befristungskontrolle des vorangegangenen Vertrags findet nur statt, wenn die Parteien den Folgevertrag unter dem Vorbehalt abgeschlossen haben, dass zwischen ihnen nicht bereits ein unbefristetes Arbeitsverhältnis besteht.[208] Ein Anspruch auf Abschluss eines weiteren befristeten Arbeitsvertrags unter einem Vorbehalt besteht nicht.[209] Ist der AN nicht zum Abschluss eines vorbehaltlosen befristeten Arbeitsvertrags bereit, kommt ein neues Vertragsverhältnis nicht zustande. Unterzeichnet der AN einen vorbehaltlos angebotenen Arbeitsvertrag nur mit einem Vorbehalt, stellt dies eine Ablehnung des (vorbehaltlosen) Vertragsangebots des AG und zugleich als neuer Antrag des AN zum Abschluss eines befristeten Arbeitsvertrags mit einem Vorbehalt dar.[210]

64 **(2) Klageerhebung.** Einen konkludent vereinbarten Vorbehalt nimmt das BAG an, wenn die Parteien nach Rechtshängigkeit einer Befristungskontrollklage einen weiteren befristeten Arbeitsvertrag abschließen. Da der AG aufgrund der zugestellten Klage damit rechnen muss, dass er mit dem AN möglicherweise bereits in einem unbefristeten Arbeitsverhältnis steht, darf der AN als Empfänger des Angebots des AG, einen weiteren befristeten Arbeitsvertrag abzuschließen, der ausdrücklichen Erklärung den zusätzlichen Inhalt entnehmen, dieser Vertrag solle nur dann das Arbeitsverhältnis der Parteien regeln, wenn nicht bereits der der gerichtlichen

---

[204] BAG 17.5.2017 AP Nr. 158 zu § 14 TzBfG = NZA 2017, 1340 (Klagefrist).
[205] BAG 24.8.2011 AP Nr. 1 zu § 2 WissZeitVG = NZA 2012, 385.
[206] BAG 15.2.2012 AP Nr. 122 zu § 611 BGB Abhängigkeit = NZA 2012, 733.
[207] BAG 24.2.2016 AP Nr. 4 zu § 1 WissZeitVG = NZA 2016, 949; 18.7.2012 AP Nr. 99 zu § 14 TzBfG = NZA 2012, 1351.
[208] BAG 4.6.2003 AP Nr. 252 zu § 620 BGB Befristeter Arbeitsvertrag = NZA-RR 2003, 621.
[209] BAG 14.2.2007 AP Nr. 18 zu § 612a BGB = NZA 2007, 803.
[210] BAG 16.11.2005 AP Nr. 264 zu § 620 BGB Befristeter Arbeitsvertrag = NZA 2006, 784.

Kontrolle übergebene Arbeitsvertrag maßgeblich für das Arbeitsverhältnis ist.[211] Wird der Folgevertrag jedoch vor der Zustellung der Klage nach § 17 TzBfG geschlossen, muss der AG bei Vertragsschluss regelmäßig nicht davon ausgehen, dass aufgrund der im vorangegangenen Vertrag möglicherweise unwirksam vereinbarten Befristung bereits ein unbefristetes Arbeitsverhältnis besteht, da die Unwirksamkeit der Befristung ihm gegenüber noch nicht geltend gemacht worden ist. Deshalb kann der AN das Angebot des AG auf Abschluss eines weiteren befristeten Arbeitsvertrags ohne weitere Anhaltspunkte nicht so verstehen, dass dieser Vertrag nur gelten soll, wenn nicht bereits aufgrund des vorangegangenen Vertrags ein unbefristetes Arbeitsverhältnis zustande gekommen ist. Will der AN bei dieser Sachlage den weiteren befristeten Arbeitsvertrag nur abschließen, wenn er die Unwirksamkeit der vorangegangenen Befristung weiterhin geltend machen kann, muss er den AG bei Vertragsschluss auf die beabsichtigte oder bereits erfolgte Klage nach § 17 TzBfG hinweisen und mit ihm einen entsprechenden Vorbehalt vereinbaren.[212]

c) Annexvertrag. aa) Bedeutung. Die Befristungskontrolle erstreckt sich grundsätzlich auf den zuletzt vereinbarten befristeten Arbeitsvertrag. Eine zweite Ausnahme besteht, wenn die Parteien einen sog. Annexvertrag geschlossen haben. Um einen solchen handelt es sich, wenn das bisherige befristete Arbeitsverhältnis nur hinsichtlich seines Endzeitpunkts modifiziert werden sollte. Liegt ein Annexvertrag vor, erstreckt sich die Befristungskontrolle auf den vorherigen befristeten Vertrag bzw. den diesem zugrunde liegenden Sachgrund. **65**

bb) Voraussetzungen. Ob die Parteien einen Annexvertrag geschlossen haben, ist durch Auslegung zu ermitteln. Das BAG erkennt eine Befristungsabrede nur als Annex an, wenn der Anschlussvertrag lediglich **(1)** eine verhältnismäßig geringfügige Korrektur des im früheren Vertrag vereinbarten Endzeitpunktes betrifft, **(2)** diese Korrektur sich am Sachgrund für die Befristung des früheren Vertrags orientiert und **(3)** allein in der Anpassung der ursprünglich vereinbarten Vertragszeit an später eintretende, im Zeitpunkt des vorangegangenen Vertragsabschlusses nicht vorhersehbare Umstände besteht. Alles in allem darf es den Parteien nur darum gegangen sein, die Laufzeit des alten Vertrags mit dem Sachgrund für die Befristung in Einklang zu bringen.[213] Zur Beurteilung des Merkmals der „verhältnismäßig geringfügigen Korrektur" ist die Laufzeit des zuletzt abgeschlossenen Vertrags der Vertragsdauer des Ursprungsvertrags gegenüberzustellen. Die Laufzeit des Annexvertrags darf nur einen geringen Bruchteil des ihm vorangegangenen befristeten Arbeitsvertrags betragen.[214] Als Zeitraum für das Hinausschieben des ursprünglich vereinbarten Endzeitpunkts sind bisher Zeiträume bis zu 3 Monaten akzeptiert worden; hinzukommen müssen jedoch stets die unter (2) und (3) genannten Voraussetzungen. Hieran fehlt es insbesondere, wenn der Folgevertrag auf eine andere Rechtfertigungsgrundlage gestützt wird.[215] Allerdings ist fraglich, ob die Rspr. wegen der Klagefrist des § 17 TzBfG in dieser Form aufrechterhalten bleiben kann. Wird der vorherige Vertrag nicht oder nicht rechtzeitig angegriffen, gilt die vereinbarte Befristung als rechtmäßig. **66**

d) Nachträgliche Befristung/Aufhebungsvertrag. Wird ein unbefristetes Arbeitsverhältnis nachträglich befristet, bedarf es hierfür eines Sachgrundes.[216] Wird ein Aufhebungsvertrag geschlossen, bei dem der Beendigungszeitpunkt zeitlich deutlich nach Ablauf der individuellen Kündigungsfrist liegt, kann hierin eine nachträgliche Befristung liegen,[217] die der Befristungskontrolle unterliegt (zur Abgrenzung → § 122 Rn. 5). Kommt es zu keiner einvernehmlichen Absprache über eine Befristung, kann der AG durch eine Änderungskündigung das Arbeitsverhältnis nachträglich befristen.[218] Besteht allgemeiner Kündigungsschutz, kann der AN die angebotene Befristung unter Vorbehalt annehmen und Änderungsschutzklage erheben. **67**

[211] BAG 10.3.2004 AP Nr. 11 zu § 14 TzBfG = NZA 2004, 925; zu einem Sonderfall BAG 18.6.2008 AP Nr. 50 zu § 14 TzBfG = NZA 2009, 35 (Zustellung der Klage bei einer anderen Bezirksregierung).
[212] BAG 13.10.2004 AP Nr. 14 zu § 14 TzBfG = NZA 2005, 401.
[213] BAG 23.5.2018 AP Nr. 13 zu § 2 WissZeitVG = NZA 2018, 1399; 24.2.2016 AP Nr. 4 zu § 1 WissZeitVG = NZA 2016, 949.
[214] BAG 7.11.2007 AP Nr. 42 zu § 14 TzBfG = NZA 2008, 467.
[215] *Dörner,* Der befristete Arbeitsvertrag, Rn. 151.
[216] BAG 8.7.1998 AP Nr. 201 zu § 620 BGB Befristeter Arbeitsvertrag; 24.1.1996 AP Nr. 179 zu § 620 BGB Befristeter Arbeitsvertrag = NZA 1996, 1089.
[217] Dazu zuletzt BAG 18.1.2017 AP Nr. 49 zu § 620 BGB Aufhebungsvertrag = NZA 2017, 849.
[218] BAG 25.4.1996 AP Nr. 78 zu § 1 KSchG 1969 Betriebsbedingte Kündigung = NZA 1996, 1197.

68 **2. Feststellungsklage vor Ablauf der Befristung.** Eine Befristungskontrollklage ist bereits nach Abschluss eines zeitbefristeten Arbeitsvertrags zulässig.[219] Eine solche Klage kann bei Abschluss eines Folgevertrags auch mit dem Ziel erhoben werden, dass bereits die Befristung im vorherigen Vertrag unwirksam war, wenn nur die Klagefrist des § 17 TzBfG gewahrt ist.[220] Gegenüber einer Zweckbefristung kann eine Befristungskontrollklage erst nach der schriftlichen Unterrichtung nach § 15 II TzBfG erhoben werden.[221] Hat ein AN Klage nach § 17 TzBfG auf Feststellung erhoben, dass sein Arbeitsverhältnis durch eine Befristungsvereinbarung nicht beendet ist, haben nachfolgende Befristungsvereinbarungen nicht zur Folge, dass der vorangehende Vertrag aufgehoben worden ist. Vielmehr werden etwaige Folgeverträge in diesem Fall unter dem konkludent vereinbarten Vorbehalt geschlossen, der nachfolgende Vertrag solle nur dann maßgeblich sein, wenn nicht bereits aufgrund einer vorherigen unwirksamen Befristung ein Arbeitsverhältnis auf unbestimmte Zeit besteht.[222] Gegenüber der schriftlichen Mitteilung des AG, wonach das Arbeitsverhältnis nicht verlängert werde, braucht der AN keine fristgebundene Klage erheben; die Erklärung stellt ohne Hinzutreten einer besonderen Erklärung auch keine vorsorgliche Kündigung dar, sondern nur eine sog. Wissenserklärung.[223]

69 **3. Befristungskontrollklage. a) Fiktion.** Will der AN geltend machen, dass die Befristung seines Arbeitsvertrags rechtsunwirksam ist, muss er innerhalb von drei Wochen nach dem vereinbarten Ende des befristeten Arbeitsverhältnisses Klage beim Arbeitsgericht auf Feststellung erheben, dass das Arbeitsverhältnis aufgrund der Befristung nicht beendet ist (§ 17 S. 1 TzBfG). Eine Klage des AG, die die Wirksamkeit einer Befristung/Eintritt der Zweckerreichung oder dessen Zeitpunkt zum Gegenstand hat, ist unzulässig. Der AG kann nur eine (Festellungs-)Klage erheben, wenn zwischen den Parteien die Vereinbarung einer Befristung streitig ist.[224] Wird die Klage vom AN nicht innerhalb von drei Wochen erhoben, ist sie wegen § 17 S. 2 TzBfG iVm § 7 Hs. 1 KSchG als unbegründet abzuweisen. Mit der Versäumung der Klagefrist werden alle Voraussetzungen einer rechtswirksamen Befristung, nicht aber eines bestimmten Befristungstatbestands fingiert.[225] Bei mehreren aufeinander folgenden Befristungsabreden wird die Frist des § 17 S. 1 TzBfG für jede Befristungsabrede mit dem Ablauf der darin vereinbarten Befristung und nicht erst mit dem Ablauf der letzten Befristung in Lauf gesetzt. Bereits der erstmals befristete Arbeitsvertrag und nicht erst die ihm nachfolgende weitere Befristung muss daher in der Klagefrist angefochten werden, ansonsten tritt die Fiktionswirkung des § 17 S. 2 TzBfG ein.[226] Da die Befristungskontrolle nur den zuletzt abgeschlossenen Arbeitsvertrag zum Gegenstand hat (→ Rn. 61), muss der AN – will er die Befristung des bisherigen Arbeitsvertrags auf ihre Wirksamkeit gerichtlich überprüfen lassen – mit dem AG bei Abschluss des Folgevertrags einen entsprechenden Vorbehalt vereinbaren; ansonsten ist seine Klage jedenfalls unbegründet.[227]

70 **b) Geltungsbereich.** Die dreiwöchige Klagefrist gilt für alle zeit- und zweckbefristeten sowie auflösend bedingten Arbeitsverträge, selbst wenn die Befristung nicht auf das TzBfG gestützt wird.[228] Sie erfasst alle Unwirksamkeitsgründe;[229] hierzu zählen auch die Beachtung des Schriftformerfordernisses (§ 14 IV TzBfG),[230] das Diskriminierungsverbot wegen der im AGG genannten Gründe[231] sowie eine fehlende oder fehlerhafte Beteiligung des PR.[232] Mit einer Feststellungsklage (§ 256 I ZPO) geltend zu machen sind das Fortbestehen nach § 15 V TzBfG,[233] das Nichtzustandekommen einer Vereinbarung über eine Befristungsabrede[234] oder deren Nichteinbeziehung in den Vertrag als überraschende Klausel[235] sowie ihre nachträgliche

[219] BAG 21.3.2018 NZA 2018, 999; 24.2.2016 AP Nr. 4 zu § 1 WissZeitVG = NZA 2016, 949.
[220] BAG 26.7.2000 AP Nr. 26 zu § 1 BeschFG 1985 = NZA 2001, 190.
[221] BAG 15.5.2012 AP Nr. 97 zu § 14 TzBfG = NZA 2012, 1366 (aber Klage nach § 256 ZPO möglich).
[222] BAG 10.3.2004 AP Nr. 11 zu § 14 TzBfG = NZA 2004, 925.
[223] BAG 24.10.1979 AP Nr. 49 zu § 620 BGB Befristeter Arbeitsvertrag.
[224] BAG 15.2.2017 AP Nr. 15 zu § 17 TzBfG = NZA 2017, 803.
[225] BAG 9.2.2000 AP Nr. 22 zu § 1 BeschFG 1985 = NZA 2000, 721.
[226] BAG 4.12.2013 AP Nr. 111 zu § 14 TzBfG = NZA 2014, 623.
[227] BAG 24.2.2016 AP Nr. 4 zu § 1 WissZeitVG = NZA 2016, 949.
[228] BAG 16.4.2003 AP Nr. 2 zu § 17 TzBfG = NZA 2004, 283.
[229] BAG 4.5.2011 AP Nr. 11 zu § 17 TzBfG = NZA 2011, 1178 („fast alle").
[230] BAG 20.8.2014 AP Nr. 121 zu § 14 TzBfG; 4.5.2011 AP Nr. 11 zu § 17 TzBfG = NZA 2011, 1178.
[231] BAG 18.1.2017 AP Nr. 49 zu § 620 BGB Aufhebungsvertrag = NZA 2017, 849 (auch § 307 I 2 BGB).
[232] BAG 4.5.2011 AP Nr. 11 zu § 17 TzBfG = NZA 2011, 1178; zuletzt offen gelassen von BAG 21.8.2019 AP Nr. 14 zu § 2 WissZeitVG = NZA 2020, 42.
[233] BAG 7.10.2015 AP Nr. 136 zu § 14 TzBfG = NZA 2016, 358.
[234] BAG 14.12.2016 AP Nr. 149 zu § 14 TzBfG = NZA 2017, 638.
[235] BAG 20.6.2018 AP Nr. 12 zu § 21 TzBfG; 16.4.2008 AP Nr. 10 zu § 305c BGB = NZA 2008, 876.

Unwirksamkeit.[236] Die Klagefrist des § 4 KSchG muss eingehalten werden, wenn eine ordentliche Kündigung des befristeten Arbeitsverhältnisses gegen das Kündigungsverbot des § 15 III TzBfG verstößt, weil der befristete Vertrag weder die Möglichkeit vorsieht, das Arbeitsverhältnis ordentlich zu kündigen noch die Anwendbarkeit eines Tarifvertrags vereinbart ist, der ein solches Kündigungsrecht enthält.[237] Die Klagefrist aus §§ 21, 17 S. 1 TzBfG gilt im Fall einer auflösenden Bedingung nicht nur für die Geltendmachung der **Rechtsunwirksamkeit** der Bedingungsabrede, sondern auch für die Geltendmachung des **Nichteintritts der auflösenden Bedingung.** Sie beginnt grundsätzlich mit dem Tag, an dem die auflösende Bedingung eingetreten ist. Da der auflösend bedingte Arbeitsvertrag nach §§ 21, 15 II TzBfG frühestens zwei Wochen nach Zugang der schriftlichen Unterrichtung des AN über den Eintritt der Bedingung endet, wird in den Fällen, in denen die Bedingung bereits vor Ablauf der Zweiwochenfrist eingetreten ist, die Klagefrist gem. §§ 21, 17 S. 1, 3, § 15 II TzBfG erst mit dem Zugang der schriftlichen Erklärung des AG, das Arbeitsverhältnis sei aufgrund des Eintritts der Bedingung beendet, in Lauf gesetzt.[238] Ist streitig, ob die auflösende Bedingung eingetreten ist, beginnt die Drei-Wochen-Frist grundsätzlich zu dem vom AG in dem Unterrichtungsschreiben angegebenen Zeitpunkt des Bedingungseintritts zu laufen.[239] Streiten die Parteien jedoch darüber, ob überhaupt eine Befristungsabrede getroffen wurde, findet die Klagefrist des § 17 TzBfG keine Anwendung.[240] Dies gilt gleichermaßen für die Befristung einzelner Arbeitsbedingungen (→ Rn. 17) und für die Einhaltung der Auslauffrist des § 15 II TzBfG sowie für eine gegenüber einer **Nichtverlängerungsmitteilung** gerichtete Feststellungsklage.[241]

c) Wirkung. Nach § 17 S. 2 TzBfG gelten die §§ 5–7 KSchG entsprechend. Die in § 17 71
S. 2, § 21 TzBfG iVm § 7 Hs. 1 KSchG angeordnete Fiktion bei Versäumung der Klagefrist bewirkt allein, dass der Arbeitsvertrag als wirksam befristet oder wirksam auflösend bedingt gilt.[242] Aus diesem Grund kann die Fiktion in § 7 KSchG keine Auflösung des Arbeitsverhältnisses zu einem bestimmten Termin herbeiführen, wenn die Befristung oder die auflösende Bedingung mangels hinreichender Bestimmtheit unwirksam ist.[243] Die Fiktion erstreckt sich auf alle Unwirksamkeitsgründe.[244] Hingegen wird ein bestimmter Befristungsgrund nicht fingiert. Gleiches gilt für die Frage, zu welchem Zeitpunkt die Beendigung des Arbeitsverhältnisses aufgrund der wirksamen Zweckbefristung oder des Eintritts der wirksamen auflösenden Bedingung eingetreten ist.[245] Mit der Rücknahme einer Befristungskontrollklage entfällt deren fristwahrende Wirkung.[246] Gegenüber der Befristungskontrollklage kann nicht eingewandt werden, aufgrund der vereinbarten Befristung sei die spätere Klageerhebung rechtsmissbräuchlich; die Zulässigkeit der gerichtlichen Kontrolle einer Befristung folgt aus § 17 TzBfG. Dies gilt auch gegenüber einer nach Vertragsbeginn nachgeholten schriftlichen Vereinbarung der Befristung.[247] Ein vor Vertragsschluss erklärter Klageverzicht ist unwirksam,[248] vielmehr kann der AN erst nach Unterzeichnung der Befristung auf die Klageerhebung verzichten. Zu den Voraussetzungen für eine nachträgliche Klagezulassung → § 139 Rn. 1 ff. und zur Hinweispflicht des ArbG → § 138 Rn. 46.

d) Inhalt. Eine Klage ist nach § 17 S. 1 TzBfG nur dann rechtzeitig erhoben, wenn aus dem 72
Klageantrag, der Klagebegründung oder sonstigen Umständen bei Klageerhebung zu erkennen ist, dass der Kläger geltend machen will, sein Arbeitsverhältnis habe nicht durch die zu einem bestimmten Zeitpunkt vereinbarte Befristung geendet. Der Klageantrag könnte zB lauten „festzustellen, dass das Arbeitsverhältnis nicht aufgrund Befristung vom (Datum) [bzw. auflösende Bedingung] mit Ablauf des (Datum) geendet hat“. Ein Feststellungsantrag, mit dem der AN die

---

236 BAG 18.1.2017 AP Nr. 49 zu § 620 BGB Aufhebungsvertrag = NZA 2017, 849 (Rücktritt).
237 BAG 22.7.2010 AP Nr. 5 zu § 15 TzBfG = NZA 2010, 1142.
238 BAG 1.8.2018 NZA-RR 2019, 106; 4.11.2015 AP Nr. 8 zu § 15 TzBfG = NZA 2016, 634.
239 BAG 20.5.2020 AP Nr. 65 zu § 1 TVG Tarifverträge: Lufthansa = NZA 2020, 1194; 26.2.2020 AP Nr. 64 zu § 1 TVG Tarifverträge: Lufthansa = NZA 2020, 795; 17.4.2019 AP Nr. 15 zu § 21 TzBfG = NZA 2019, 1355.
240 BAG 14.11.2015 AP Nr. 8 zu § 15 TzBfG = NZA 2016, 634; 20.2.2002 EzA Nr. 1 zu § 17 TzBfG.
241 BAG 2.8.2017 AP Nr. 65 zu § 611 BGB Bühnenengagementsvertrag (Änderungsnichtverlängerungsmitteilung); 15.5.2013 AP Nr. 63 zu § 611 BGB Bühnenengagementsvertrag.
242 BAG 22.3.2000 AP Nr. 1 zu § 1 BeschFG 1996 = NZA 2000, 884.
243 ErfK/*Müller-Glöge* TzBfG § 17 Rn. 4.
244 BAG 4.5.2011 AP Nr. 11 zu § 17 TzBfG = NZA 2011, 1178.
245 BAG 19.1.2005 – 7 AZR 113/04.
246 BAG 26.6.2002 AP Nr. 14 zu § 1 BeschFG 1996 = NZA 2003, 220.
247 BAG 16.3.2005 AP Nr. 16 zu § 14 TzBfG = NZA 2005, 923.
248 BAG 19.1.2005 AP Nr. 260 zu § 620 BGB Befristeter Arbeitsvertrag.

Feststellung begehrt, dass das Arbeitsverhältnis nicht aufgrund einer bestimmten Befristung beendet ist und über das entsprechende Befristungsende hinaus fortbesteht, ist ausschließlich als Befristungskontrollklage auszulegen, wenn weitere Beendigungstatbestände/-zeitpunkte zwischen den Parteien nicht im Streit stehen.[249] Der AN kann die Befristungskontrollklage mit einem für den Fall des Obsiegens gestellten Weiterbeschäftigungsantrag verbinden (→ § 125 Rn. 17).

73 **e) Klagefrist.** Bei kalendermäßigen Befristungen beginnt die Klagefrist mit dem – ggf. durch Auslegung zu bestimmenden – Ablauf der vereinbarten Befristung, sie wird aber auch durch eine vor dem Vertragsende erhobene Klage gewahrt (→ Rn. 68). Der Fristlauf beginnt auch, wenn der Arbeitnehmerstatus während eines befristeten Rechtsverhältnisses nicht oder noch nicht abschließend geklärt ist.[250] Bei Bestehen einer **Rahmenvereinbarung** über erst zukünftig abzuschließende befristete Arbeitsverträge (zB Ein-Tages-Einsätze) unterliegen erst die einzelnen Arbeitsverträge der Befristungskontrolle, die Klagefrist beginnt daher erst nach ihrem Ende zu laufen.[251] Beim **zweckbefristeten Arbeitsvertrag** ist das vereinbarte Ende (an sich) der Zeitpunkt der Zweckerreichung und bei der auflösenden Bedingung derjenige ihres Eintritts.[252] Dies gilt jedoch nur, wenn der AG die Mitteilung nach § 15 II TzBfG so rechtzeitig versandt hat, dass sie dem AN spätestens zwei Wochen vor dem im Schreiben genannten Datum zugeht. Ansonsten wird die Klagefrist erst mit dem Zugang der schriftlichen Mitteilung in Gang gesetzt,[253] das vereinbarte Vertragsende wird durch die gesetzliche Regelung teilweise modifiziert.[254] § 17 S. 3 TzBfG betrifft nur die Fälle, in denen der AN ohne Wissen des AG nach Ablauf der Befristung weiterarbeitet und der AN erst nach einem Widerspruch des AG Klage erhebt. Erfolgt die Weiterarbeit hingegen mit Wissen des AG ist § 17 S. 3 TzBfG nicht anwendbar, weil nach § 15 V TzBfG ein unbefristetes Arbeitsverhältnis entstanden ist; auf die Wirksamkeit der vorherigen Befristung kommt es nicht mehr an. Bei **Bedingungskontrollklagen** beginnt die Klagefrist grundsätzlich mit dem Tag, an dem die auflösende Bedingung eingetreten ist. Allerdings endet der auflösend bedingte Arbeitsvertrag nach §§ 21, 15 II TzBfG frühestens zwei Wochen nach Zugang der schriftlichen Unterrichtung des AN durch den AG über den Eintritt der Bedingung. Deshalb wird gemäß §§ 21, 17 S. 1, 3, § 15 II TzBfG die Klagefrist erst mit dem Zugang der schriftlichen Erklärung des AG, das Arbeitsverhältnis sei aufgrund des Eintritts der Bedingung beendet, in Lauf gesetzt, wenn die Bedingung bereits vor Ablauf der Zweiwochenfrist eingetreten ist. Das gilt nicht nur, wenn der Eintritt der auflösenden Bedingung im Streit steht, sondern auch dann, wenn die Parteien über den Zeitpunkt des Eintritts der auflösenden Bedingung streiten. In diesem Fall beginnt die Dreiwochenfrist grundsätzlich mit dem vom AG in der schriftlichen Erklärung angegebenen Zeitpunkt des Eintritts der auflösenden Bedingung zu laufen. Geht diese dem AN nach diesem Zeitpunkt zu, beginnt die Dreiwochenfrist mit dem Zugang der schriftlichen Erklärung beim AN.[255] Die Klagefrist beginnt in entspr. Anwendung des § 4 S. 4 KSchG nicht, wenn der AG weiß, dass der AN **schwerbehindert** ist und das Integrationsamt der erstrebten Beendigung durch auflösende Bedingung nicht zugestimmt hat.[256]

73a **f) Verlängerte Anrufungsfrist.** Hat der AN die Klagefrist des § 17 S. 1 TzBfG gewahrt, kann er nach § 17 S. 2 TzBfG iVm § 6 S. 1 KSchG (→ § 139 Rn. 47) bis zum Schluss der mündlichen Verhandlung erster Instanz die Unwirksamkeit der Befristung aus anderen Gründen als denjenigen geltend machen, die er innerhalb der dreiwöchigen Klagefrist benannt hat;[257] dies gilt auch für die Bedingungskontrollklage.[258] Später ist er mit der Geltendmachung weiterer Unwirksamkeitsgründe ausgeschlossen (§ 17 S. 2 TzBfG, § 6 S. 1 KSchG). Die Präklusionswirkung tritt allerdings nur ein, wenn das Arbeitsgericht seiner Hinweispflicht nach § 6 S. 2 KSchG nachgekommen ist. Wird ein derartiger Hinweis nicht einmal in allgemeiner Form erteilt, steht

---

249 BAG 2.6.2010 AP Nr. 71 zu § 14 TzBfG = NZA 2010, 1172.
250 BAG 15.2.2012 AP Nr. 122 zu § 611 BGB Abhängigkeit = NZA 2012, 733.
251 BAG 31.7.2002 AP Nr. 1 zu § 12 TzBfG.
252 BAG 20.6.2018 AP Nr. 12 zu § 21 TzBfG = NZA 2019, 331; 4.11.2015 AP Nr. 8 zu § 15 TzBfG = NZA 2016, 634; 12.8.2015 AP Nr. 7 zu § 15 TzBfG = NZA 2016, 173.
253 BAG 15.8.2012 NZA 2012, 1116; 6.4.2011 AP Nr. 7 zu § 21 TzBfG = NZA-RR 2013, 43.
254 BAG 20.6.2018 AP Nr. 12 zu § 21 TzBfG = NZA 2019, 331; 21.11.2018 AP Nr. 14 zu § 21 TzBfG = NZA 2019, 309.
255 BAG 4.11.2015 AP Nr. 8 zu § 15 TzBfG = NZA 2016, 634.
256 BAG 9.2.2011 AP Nr. 10 zu § 17 TzBfG = NZA 2011, 854.
257 BAG 21.3.2018 AP Nr. 16 zu § 17 TzBfG.
258 BAG 20.6.2018 AP Nr. 12 zu § 21 TzBfG = NZA 2019, 331 (Klage nach § 4 KSchG).

§ 17 S. 2 TzBfG der Einführung weiterer möglicher Unwirksamkeitsgründe für die Befristung in der Berufungsinstanz nicht entgegen. Das Gericht genügt seiner Hinweispflicht, wenn es die Relevanz von § 6 S. 1 KSchG für die Geltendmachung der Unwirksamkeit einer Befristung verdeutlicht. Der bloße Hinweis auf § 6 KSchG und die Wiedergabe seines Wortlauts genügen nicht.[259] Die Klagefrist ist gewahrt, wenn der AN bis zum Schluss der mündlichen Verhandlung erster Instanz einen Befristungskontrollantrag stellt und er zuvor innerhalb der Klagefrist auf anderem Weg gerichtlich geltend gemacht hat, dass die nach diesem Antrag streitgegenständliche Befristung rechtsunwirksam ist (§ 6 S. 1 KSchG analog). Das Gericht muss aber erkennen können, dass sich der Kläger gegen die Rechtswirksamkeit einer Befristung zur Wehr setzen will.[260]

4. Beweislast. Der AG ist für die Voraussetzungen, von denen die Wirksamkeit der Befristung abhängt, darlegungs- und beweispflichtig.[261] Diese Pflicht trifft hingegen den AN für die Einhaltung der Klagefrist. 74

5. Vertragsfortsetzung. Nach der Rspr. des BAG kann sich der AG auf eine an sich wirksame Befristung nicht berufen, wenn der befristet eingestellte AN aufgrund des Verhaltens des AG damit rechnen konnte, im Anschluss an den Zeitarbeitsvertrag weiterbeschäftigt zu werden. Diese Selbstbindung des AG kann unter dem Vorbehalt der Eignung stehen. Das setzt voraus, dass der AG bei Abschluss eines Zeitvertrags in Aussicht stellt, er werde den AN bei ggf. entsprechender Eignung und Bewährung anschließend unbefristet weiterbeschäftigen.[262] Diese Aussagen sind aber dahingehend zu verstehen, dass der AG dem AN bei Vertragsschluss nach allgemeinen rechtsgeschäftlichen Grundsätzen die Übernahme in ein unbefristetes Arbeitsverhältnis zugesagt haben muss. Allein die Erwartung des AN, der AG werde ihn nach Fristablauf schon weiterbeschäftigen,[263] genügt für eine Vertragsfortsetzungszusage nicht aus. Diese kann bei schuldhaftem Handeln des AG oder bei Verstößen gegen das Maßregelungsverbot lediglich einen Schadenersatzanspruch des AN begründen, der jedoch nicht auf einen Abschluss eines (unbefristeten) Arbeitsvertrags gerichtet ist.[264] Erklärt sich der AG während der Laufzeit zu einer Vertragsfortsetzung bereit, berührt dies die Wirksamkeit der vereinbarten Befristung nicht. Der Anspruch auf Vertragsfortsetzung wird nicht von der Befristungskontrollklage erfasst, sondern ist vom AN im Wege einer auf Abschluss eines Arbeitsvertrags gerichteten Leistungsklage zu verfolgen;[265] dazu auch → § 40 Rn. 3. 75

6. Wiedereinstellung. Die Rspr. des BAG zum Wiedereinstellungsanspruch nach betriebsbedingter Kündigung (→ § 146 Rn. 5) kann nicht auf befristete Arbeitsverhältnisse übertragen werden. Der Wegfall des sachlichen Grundes während der Befristungsdauer oder eine nachträglich entstandene Möglichkeit, den AN entgegen der zum Zeitpunkt der Befristungsabrede bestehenden Prognose dauerhaft zu beschäftigen, verpflichtet den AG nicht, den befristeten Arbeitsvertrag mit dem AN nach Ablauf der Befristungsdauer fortzusetzen.[266] Der AG ist auch nicht zur Verlängerung eines nach § 14 II TzBfG sachgrundlos befristeten Arbeitsverhältnisses aus dem Gleichbehandlungsgrundsatz verpflichtet;[267] allgemein zum Wiedereinstellungsanspruch → § 146 Rn. 1. Eine an sich zulässige Befristung ist auch dann nicht unwirksam, wenn der AN gegen den AG nach Beendigung des befristeten Arbeitsverhältnisses ohnehin neu einstellen muss (Einwand einer unzulässigen Rechtsausübung).[268] 76

7. Weiterbeschäftigung. Obsiegt der AN mit der Befristungskontrollklage vor dem Arbeitsgericht, hat er entsprechend den vom Großen Senat entwickelten Grundsätzen einen Weiterbeschäftigungsanspruch bis zum rechtskräftigen Abschluss des Rechtsstreits (→ § 125 Rn. 16). Der AG ist auf seinen Antrag hin von der Weiterbeschäftigungspflicht unter den Voraussetzungen des § 62 I 2, 3 ArbGG zu entbinden. Der Weiterbeschäftigungsanspruch ist vom AN ggf. als unech- 77

---

259 BAG 21.8.2019 AP Nr. 14 zu § 2 WissZeitVG = NZA 2020, 42; 20.8.2014 AP Nr. 121 zu § 14 TzBfG = NZA-RR 2015, 9.

260 BAG 24.6.2015 AP Nr. 14 zu § 17 TzBfG = NZA 2015, 1511 (Entgelt, Weiterbeschäftigung); 15.5.2012 AP Nr. 12 zu § 17 TzBfG = NZA 2012, 1148.

261 BAG 20.8.2014 AP Nr. 121 zu § 14 TzBfG = NZA-RR 2015, 9 (Schriftform).

262 BAG 26.4.1995 AP Nr. 4 zu § 91 AFG = NZA 1996, 87.

263 BAG 16.3.1989 AP Nr. 8 zu § 1 BeschFG 1985 = NZA 1989, 719.

264 BAG 21.9.2011 AP Nr. 20 zu § 612a BGB = NZA 2012, 317 (Maßregelungsverbot); 26.4.2006 AP Nr. 2 zu § 611 BGB Wiedereinstellung; aA BAG 16.3.1989 AP Nr. 8 zu § 1 BeschFG 1985 = NZA 1989, 719 (Anspruch auf Vertragsschluss).

265 BAG 17.1.2007 – 7 AZR 81/06; 25.4.2001 EzA Nr. 177 zu § 620 BGB.

266 BAG 20.2.2002 AP Nr. 11 zu § 1 KSchG 1969 Wiedereinstellung = NZA 2002, 896.

267 BAG 13.8.2008 AP Nr. 75 zu § 14 TzBfG = NZA 2009, 27.

268 BAG 12.6.2013 AP Nr. 72 zu § 611 BGB Kirchendienst = NZA 2013, 1428.

ter Hilfsantrag geltend zu machen. Zur Befristungsmöglichkeit bei einer Prozessbeschäftigung → § 40 Rn. 60.

§ 39. Sachgrundlose Befristung nach dem TzBfG und dem WissZeitVG

Übersicht

I. Allgemeines

1 Nach § 14 I 1 TzBfG bedarf die Befristung eines Arbeitsvertrags grundsätzlich eines sie rechtfertigenden Sachgrundes. Hiervon enthalten die Regelungen in § 14 II, IIa und III TzBfG sowie die Vorschriften der §§ 1 ff. WissZeitVG über das wissenschaftliche und künstlerische Personal an Hochschulen und Forschungseinrichtungen eine Ausnahme. Unter den dort genannten Voraussetzungen ist der Abschluss eines befristeten Arbeitsvertrags ohne sachlichen Grund zulässig. Die Vorschriften über die sachgrundlose Befristung sind mit den Vorgaben der Richtlinie des Rates zu der EGB-UNICE-CEEP-Rahmenvereinbarung über befristete Arbeitsverträge (1999/70/EG) vom 28.6.1999 (ABl. EG 1999 L 175, 43; → § 38 Rn. 3) vereinbar. Sie begrenzen den möglichen Missbrauch befristeter Arbeitsverträge durch eine Befristungshöchstdauer und im Fall von § 14 II TzBfG zusätzlich durch die mögliche Anzahl der Verlängerungen.

II. Die sachgrundlose Befristung nach dem TzBfG

2 **1. Allgemeines. a) Überblick.** Das TzBfG sieht drei Fälle vor, in denen ein sachlicher Grund für die Befristung eines Arbeitsvertrags nicht vorzuliegen braucht. **(1)** Die kalendermäßige Befristung eines Arbeitsvertrags ist ohne Vorliegen eines sachlichen Grundes bis zur Dauer von zwei Jahren zulässig; bis zu dieser Gesamtdauer von zwei Jahren ist auch die höchstens dreimalige Verlängerung eines kalendermäßig befristeten Arbeitsvertrags zulässig (§ 14 II TzBfG; → Rn. 7). **(2)** In den ersten vier Jahren nach der Gründung eines Unternehmens ist die kalendermäßige Befristung eines Arbeitsvertrags ohne Vorliegen eines sachlichen Grundes bis zur Dauer von vier Jahren zulässig (§ 14 IIa TzBfG; → Rn. 18). **(3)** Die Befristung des Arbeitsvertrags bedarf keines sachlichen Grundes, wenn der AN bei Beginn des befristeten Arbeitsverhältnisses das 52. Lebensjahr vollendet hat (§ 14 III TzBfG; → Rn. 22). Im Jahr 2017 waren fast 1,6 Mio. Arbeitsverträge ohne sachlichen Grund befristet, das entspricht etwa der Hälfte aller Befristungen,[1] zur beabsichtigten Neuregelung der sachgrundlosen Befristung → § 38 Rn. 88.

3 **b) Geltungsbereich.** Die Regelungen in § 14 II, IIa und III TzBfG gelten für alle AG des privaten und öffentlichen Rechts. Die sachgrundlose Befristung muss auch in Kleinbetrieben mit bis zu zehn AN zur Rechtfertigung der Befristung herangezogen werden, da es nach der Neuregelung des Befristungsrechts nicht mehr darauf ankommt, ob der allgemeine oder besondere Kündigungsschutz durch die Befristung objektiv umgangen wird (→ § 38 Rn. 1). Es ist es daher ohne Bedeutung, ob das sachgrundlos befristete Arbeitsverhältnis mit einem schwerbehinderten Menschen oder einer schwangeren Frau eingegangen ist oder die Befristungsdauer die sechsmonatige Wartezeit des § 1 I 1 KSchG nicht überschreitet. Die Befristung eines Arbeitsver-

[1] IAB-Kurzbericht 16/2018, 1 (5).

trags mit wissenschaftlichen und künstlerischen Mitarbeitern iSd §§ 1 ff. WissZeitVG kann nach Ansicht des BAG auch auf § 14 II oder III TzBfG gestützt werden; § 2 I 4 WissZeitVG steht dem nicht entgegen.[2]

c) Angabe im Arbeitsvertrag (Zitiergebot). Die sachgrundlose Befristung nach dem TzBfG ist in ihrer Wirksamkeit nicht von einer entsprechenden Vereinbarung oder einer Angabe im Arbeitsvertrag abhängig. Ein Zitiergebot enthält das TzBfG nicht. Der AG muss den AN auch nicht darauf hingewiesen haben, dass es sich um einen Arbeitsvertrag nach § 14 II, IIa bzw. III TzBfG handelt. Fehlt es an einem sachlichen Grund für die Befristung, kann diese daher immer noch auf § 14 II TzBfG gestützt werden, wenn dessen Voraussetzungen beim Vertragsschluss vorgelegen haben. Dies gilt auch, wenn ein Befristungsgrund im Arbeitsvertrag genannt worden ist. Zwar kann die Anwendbarkeit von § 14 II, IIa bzw. III TzBfG ausdrücklich oder konkludent abbedungen werden.[3] Eine derartige Vereinbarung liegt aber nicht bereits dann vor, wenn im Arbeitsvertrag ein Sachgrund genannt wird.[4] Es müssen besondere Umstände gegeben sein, aufgrund derer der AN annehmen durfte, der AG wolle von der Möglichkeit der § 14 II, IIa, III TzBfG keinen Gebrauch machen. Dies setzt regelmäßig eine Erörterung in den Vertragsverhandlungen voraus. Auch im umgekehrten Fall ist ein Rückgriff auf die Befristung mit Sachgrund regelmäßig nicht ausgeschlossen, wenn im Arbeitsvertrag eine sachgrundlose Befristungsmöglichkeit aufgeführt ist. Etwas anderes gilt nur, wenn die Parteien ausnahmsweise die Rechtfertigung der Befristung nach § 14 I TzBfG ausschließen wollten oder aufgrund tariflicher Vorgaben die Angabe des Befristungsgrunds im Arbeitsvertrag erforderlich ist.[5] 4

d) Kündigung. Ein sachgrundlos befristeter Arbeitsvertrag nach dem TzBfG kann nach den für befristete Arbeitsverträge geltenden Grundsätzen ordentlich und außerordentlich gekündigt werden (→ § 38 Rn. 43). 5

e) Tarifvertrag. In Tarifverträgen kann der Abschluss sachgrundlos befristeter Arbeitsverträge ausgeschlossen oder beschränkt werden. Nach § 30 TVöD ist die sachgrundlose Befristung grundsätzlich zulässig. Für Beschäftigte, auf die die Regelungen des Tarifgebiets West Anwendung finden und deren Tätigkeit vor dem 1.1.2005 der Rentenversicherung der Angestellten unterlegen hätte, gelten für Befristungen ohne Sachgrund folgende Besonderheiten: Ein befristeter Arbeitsvertrag soll in der Regel zwölf Monate nicht unterschreiten; die Vertragsdauer muss mindestens sechs Monate betragen. Die ersten sechs Wochen gelten als Probezeit, wobei der Arbeitsvertrag innerhalb der Probezeit mit einer Frist von zwei Wochen zum Monatsschluss gekündigt werden kann (§ 30 III, IV TVöD). § 30 III 3 TVöD enthält nur eine Verfahrensnorm ohne materielle Bedeutung.[6] Sind die Arbeitsvertragsparteien bei Vertragsabschluss nicht tarifgebunden (→ § 205 Rn. 1), können sie etwaige tarifliche Befristungsregeln für die sachgrundlose Befristung ausschließen; entsteht die beiderseitige Tarifbindung erst nachträglich, ist dies ohne Bedeutung.[7] Ansonsten geht der Tarifvertrag als die dem AN günstigere Regelung derjenigen des TzBfG vor. Haben die Arbeitsvertragsparteien trotz bestehender Tarifgebundenheit irrtümlich angenommen, sie könnten einzelvertraglich die tariflichen Befristungsregeln ausschließen, ist die Befristung nicht ohne Weiteres unwirksam. Vielmehr besteht eine Vertragslücke, die nach den Grundsätzen der ergänzenden Vertragsauslegung zu schließen ist.[8] 6

2. Kalendermäßige Befristung bis zu zwei Jahren. a) Überblick. Nach § 14 II 1 TzBfG ist unabhängig von der Betriebsgröße die Befristung des Arbeitsvertrags bis zur Dauer von zwei Jahren zulässig. Bis zur Gesamtdauer von zwei Jahren ist auch die höchstens dreimalige Verlängerung eines befristeten Arbeitsvertrags zulässig. Unter Verlängerung ist die einvernehmliche Abänderung des Endtermins für den befristeten Arbeitsvertrag zu verstehen. Es kann daher der Beendigungszeitpunkt eines befristeten Arbeitsvertrags bis zu drei Mal hinausgeschoben werden. Der Befristungsrahmen von zwei Jahren braucht nicht ausgeschöpft werden; jedoch ist eine Verlängerung des ohne Sachgrund befristeten Arbeitsverhältnisses nur unter den Voraussetzungen des § 14 II 1 TzBfG möglich. Unberührt hiervon bleibt die Befristung des Arbeitsverhältnisses aus einem sachlichen Grund; hierfür ist die Frist von zwei Jahren ohne Belang. Gegen die erleich- 7

[2] Zu § 1 I BeschFG 1996: BAG 21.2.2001 AP Nr. 9 zu § 1 BeschFG 1996 = NZA 2001, 1141.
[3] Zu § 1 I BeschFG: BAG 15.1.2003 AP Nr. 19 zu § 1 BeschFG 1996.
[4] BAG 29.6.2011 AP Nr. 83 zu § 14 TzBfG = NZA 2011, 1151; 12.8.2009 AP Nr. 63 zu § 14 TzBfG; LAG SchlH 27.9.2012 LAGE § 14 TzBfG Nr. 72.
[5] Vgl. LAG Düsseldorf 18.11.1999 NZA-RR 2000, 291.
[6] BAG 15.5.2012 AP Nr. 1 zu § 30 TVöD = NZA-RR 2013, 159.
[7] Zur SR 2 y BAT: BAG 14.2.1990 AP Nr. 12 zu § 1 BeschFG 1985 = NZA 1990, 737.
[8] BAG 28.2.1990 AP Nr. 14 zu § 1 BeschFG 1985 = NZA 1990, 746.

terte Befristung des Arbeitsvertrags nach § 14 II 1 TzBfG bestehen keine verfassungsrechtlichen oder europarechtlichen Bedenken.[9] Dies gilt auch bei der Befristung eines Arbeitsvertrags, wenn der AN später in den **Betriebsrat** gewählt wird[10] (→ § 40 Rn. 56); zur beabsichtigten Neuregelung von § 14 II TzBfG → § 38 Rn. 88.

8 **b) Zweck.** Die in § 14 II 1 TzBfG enthaltene Möglichkeit zur sachgrundlosen Befristung von Arbeitsverträgen ermöglicht dem AG, auf eine unsichere und schwankende Auftragslage und wechselnde Marktbedingungen durch Neueinstellungen flexibel zu reagieren. Die Vorschrift soll zugleich für befristet beschäftigte AN als Alternative zur Arbeitslosigkeit eine Brücke zur Dauerbeschäftigung sein (BT-Drs. 14/4374, 13 f.).

9 **c) Verlängerung. aa) Begriff.** Die Verlängerung muss von dem Neuabschluss eines befristeten Arbeitsvertrags abgegrenzt werden, der nach § 14 II 2 TzBfG ohne Sachgrund unzulässig ist, wenn zwischen den Parteien bereits ein Arbeitsverhältnis bestanden hat. Aus diesem Grund stellt die Verlängerung lediglich das Hinausschieben (nicht: Vorziehen[11]) des ursprünglich vereinbarten Beendigungszeitpunkts dar.[12] Dies folgert das BAG aus dem Wortlaut des § 14 II 1 TzBfG, der die Verlängerung des Arbeitsvertrags, nicht aber die des Arbeitsverhältnisses zulässt. Danach liegt eine Verlängerung des Arbeitsvertrags nur vor, wenn sie **(1)** noch während der Laufzeit des zu verlängernden Vertrags **(2)** schriftlich (§ 14 IV TzBfG; → § 38 Rn. 50) vereinbart und **(3)** nur die Vertragsdauer geändert wird, nicht aber die übrigen Arbeitsbedingungen. Wird die Fortsetzung des befristeten Arbeitsverhältnisses erst nach Ablauf der Befristung formwirksam vereinbart oder werden die Vertragsbedingungen geändert, liegt der Neuabschluss eines befristeten Arbeitsvertrags vor, der ohne Sachgrund nicht zulässig ist, da zwischen den Parteien bereits ein Arbeitsverhältnis bestanden hat. In der Verlängerungsvereinbarung muss keine für den AN erkennbare Verknüpfung zu dem vorausgehenden befristeten Arbeitsvertrag enthalten sein. Es besteht auch insoweit kein **Zitiergebot** (→ Rn. 4). Die Verlängerung ist auch keine Vertragsbedingung iSd §§ 305 ff. BGB. Die Auslegungsregel des § 305c II BGB findet daher keine Anwendung.[13] Eine Vertragsverlängerung liegt auch nicht vor, wenn schon der dem Verlängerungsvertrag zugrunde liegende Ausgangsvertrag gegen das Anschlussverbot des § 14 II 2 TzBfG verstoßen hat. Dies ist insbesondere bei der nachträglichen Befristung eines unbefristeten Arbeitsverhältnisses der Fall.[14] Sollte zB der Ausgangsvertrag als befristeter Arbeitsvertrag abgeschlossen werden, ist dieser aber unter Verstoß gegen das Schriftformerfordernis (§ 14 IV TzBfG) als unbefristeter Arbeitsvertrag zustande gekommen, kann dieser zwar nachträglich (mit Sachgrund) befristet, nicht aber nach § 14 II 1 TzBfG verlängert werden.

10 **bb) Unzulässige Vertragsänderungen.** Die Rspr. des BAG ist im Schrifttum als zu formalistisch kritisiert worden. Es ist daher vorgeschlagen worden, Vertragsänderungen zuzulassen, wenn der AN hierdurch verbesserte Arbeitsbedingungen erlangt.[15] Dem ist das BAG aus Gründen der Rechtssicherheit und des Normzwecks nicht gefolgt.[16] Der AN soll bei der Entscheidung über die Verlängerung des nach § 14 II 1 TzBfG befristeten Arbeitsverhältnisses davor geschützt werden, dass der AG dessen Fortsetzung davon abhängig macht, dass der AN geänderte Arbeitsbedingungen akzeptiert oder dass der AN durch das Angebot anderer Arbeitsbedingungen zum Abschluss eines weiteren sachgrundlos befristeten Arbeitsvertrags veranlasst wird.[17]

11 **cc) Zulässige Änderungen des Vertragstextes.** Eine Verlängerung ist danach nicht gegeben, wenn neben dem Hinausschieben des Beendigungszeitpunkts die Vertragsbedingungen aufgrund eines privatautonomen Angebots des AG geändert werden; es liegt dann ein Neuabschluss eines befristeten Arbeitsvertrags vor, der durch einen Sachgrund gerechtfertigt sein muss. Allerdings steht einer Verlängerung iSd § 14 II 1 TzBfG nicht entgegen, dass Änderungen der Vertragsbedingungen, die nach der Vereinbarung des befristeten Arbeitsvertrags während der

[9] BAG 22.1.2014 AP Nr. 115 zu § 14 TzBfG = NZA 2014, 483; BVerfG 6.6.2018 NZA 2018, 774.
[10] BAG 5.12.2012 AP Nr. 102 zu § 14 TzBfG = NZA 2013, 515.
[11] BAG 14.12.2016 AP 150 zu § 14 TzBfG = NZA 2017, 634.
[12] BAG 26.10.2016 – 7 AZR 535/14; 4.12.2013 AP Nr. 111 zu § 14 TzBfG = NZA 2014, 623.
[13] BAG 23.8.2006 AP Nr. 1 zu § 14 TzBfG Verlängerung = NZA 2007, 204.
[14] BAG 12.6.2019 AP Nr. 181 zu § 14 TzBfG = NZA 2019, 1352.
[15] APS/*Backhaus* TzBfG § 14 Rn. 372 ff.; *Bauer* BB 2001, 2473 (2475); *Preis* NZA 2005, 714 (716).
[16] BAG 18.1.2008 AP Nr. 5 zu § 9 TzBfG = NZA 2008, 701; 23.8.2006 AP Nr. 1 zu § 14 TzBfG Verlängerung = NZA 2007, 204.
[17] BAG 18.1.2006 AP Nr. 22 zu § 14 TzBfG = NZA 2006, 605.

zurückliegenden Vertragslaufzeit getroffen wurden, in den Text der Vereinbarung über das zeitliche Hinausschieben des Vertragsendes aufgenommen werden. Diese können etwa auf der Änderung einer für das Arbeitsverhältnis geltenden Kollektivvereinbarung[18] oder zwischenzeitlich getroffener Abreden über die für das Vertragsverhältnis geltenden Arbeitsbedingungen beruhen. In beiden Fällen wird nur der zum Zeitpunkt der Verlängerung geltende Vertragsinhalt in der Verlängerungsvereinbarung dokumentiert. Änderungen des Vertragsinhalts können danach bis zum Abschluss der Verlängerungsvereinbarung getroffen werden. Unzulässig ist nur die Änderung des Vertragsinhalts bei der Vereinbarung über das Hinausschieben des Vertragsendes. Zulässig sind auch Änderungen der Vertragsbedingungen bei der Verlängerung, wenn zu diesem Zeitpunkt ein **Anspruch** des befristet beschäftigten AN auf die Vertragsänderung bestanden hat.[19] Dies folgt aus dem in § 4 II 1 TzBfG enthaltenen Diskriminierungsverbot für befristet beschäftigte AN, das eine sachlich nicht gerechtfertigte Ungleichbehandlung des befristet beschäftigten AN mit einem unbefristet beschäftigtem AN untersagt. Eine solche würde entstehen, wenn der AG einen Anspruch des AN auf die Vertragsänderung im Zusammenhang mit der Verlängerung des befristeten Arbeitsvertrags wegen der Auslegung des Merkmals der Verlängerung nicht erfüllen dürfte. Hingegen ist die Änderung der Arbeitsbedingungen nach Abschluss der Verlängerung während der (fortgesetzten) Laufzeit eines sachgrundlos befristeten Arbeitsvertrags zulässig. Eine derartige Vereinbarung unterliegt nicht der Befristungskontrolle, sondern ggf. der Inhaltskontrolle.[20]

d) Anschlussverbot. aa) Grundsatz. Eine Befristung ohne Sachgrund ist nach § 14 II 1 12
TzBfG ausgeschlossen, wenn mit demselben (öffentlichen oder privaten)[21] AG bereits zuvor ein befristetes oder unbefristetes Arbeitsverhältnis[22] bestanden hat (§ 14 II 2 TzBfG). Das Anschlussverbot enthält anders als noch § 1 III BeschFG 1996 keine zeitliche Begrenzung. Auf den zeitlichen Abstand zwischen dem früheren Arbeitsverhältnis bzw. dessen Vertragsinhalt und dem nunmehr ohne Sachgrund befristeten Arbeitsverhältnis kommt es deshalb nicht an.[23] Eine sachgrundlose Befristung sollte nach der Vorstellung des Gesetzgebers unzulässig sein, wenn zB ein Ingenieur eingestellt werden soll, der bereits bei dem AG während seines viele Jahre zurückliegenden Studiums als Aushilfe in der Produktion gearbeitet hat. Ein Anschlussverbot besteht auch, wenn vor der befristeten Einstellung ein betriebliches Praktikum[24] oder eine Umschulung aufgrund eines Arbeitsverhältnisses durchgeführt worden ist.[25] Hingegen sind ein Heimarbeitsverhältnis[26] oder Ausbildungsverhältnis keine Arbeitsverhältnisse iSd § 14 II 2 TzBfG.[27] Da die Norm auf die Begründung des Arbeitsverhältnisses abstellt, fällt die Verlängerung eines sachgrundlos befristeten Arbeitsverhältnisses iSd § 14 II 1 TzBfG nicht unter das Anschlussverbot,[28] wohl aber die Verkürzung der Laufzeit eines sachgrundlos befristeten Arbeitsvertrags.[29]

bb) Verfassungsmäßigkeit. (1) Die Entscheidung des BVerfG vom 6. Juni 2018. Der 13
7. Senat des BAG hatte das Anschlussverbot seit dem Jahr 2011 weitgehend ausgehöhlt. Nach seiner Auffassung lag keine Vorbeschäftigung iSv § 14 II 2 TzBfG vor, wenn das frühere Arbeitsverhältnis mehr als drei Jahre zurücklag.[30] Er hat ein zeitlich unbeschränktes Vorbeschäftigungsverbot mit Art. 12 I GG für unvereinbar gehalten und es nach dem Grundsatz der möglichst verfassungskonformen Auslegung zeitlich beschränkt. Diese Rspr. hat der 1. Senat des BVerfG in seiner Entscheidung vom 6.6.2018 von Verfassungs wegen beanstandet.[31] Der Senat hat

---

[18] BAG 24.1.2001 – 7 AZR 567/99.

[19] BAG 12.8.2009 AP Nr. 63 zu § 14 TzBfG; 23.8.2006 AP Nr. 1 zu § 14 TzBfG Verlängerung = NZA 2007, 204; krit. *Reus/Mühlhausen* RdA 2013, 226.

[20] BAG 18.1.2006 AP Nr. 22 zu § 14 TzBfG = NZA 2006, 605.

[21] BAG 9.9.2015 AP Nr. 133 zu § 14 TzBfG = NZA 2016, 232.

[22] BAG 26.2.2016 AP Nr. 140 zu § 14 TzBfG = NZA 2016, 758 (Beamtenverhältnis); 24.8.2016 AP Nr. 145 zu § 14 TzBfG = NZA 2017, 244 (Heimarbeit).

[23] BAG 29.7.2009, ZTR 2009, 544; 6.11.2003 AP Nr. 7 zu § 14 TzBfG = NZA 2005, 218; aA ErfK/*Müller-Glöge* TzBfG § 14 Rn. 99; *Persch* ZTR 2010, 2 (10).

[24] BAG 18.11.1999 AP Nr. 11 zu § 1 KSchG 1969 Wartezeit = NZA 2000, 673.

[25] BAG 21.5.1997 AP Nr. 32 zu § 5 ArbGG 1979 = NZA 1997, 1013.

[26] BAG 24.8.2016 AP Nr. 145 zu § 14 TzBfG = NZA 2017, 244.

[27] BAG 20.3.2018 AP Nr. 2 zu § 24 BBiG = NZA 2018, 943; 21.9.2011 AP Nr. 86 zu § 14 TzBfG = NZA 2012, 255.

[28] BAG 15.1.2003 AP Nr. 2 zu § 14 TzBfG = NZA 2003, 914.

[29] BAG 14.12.2016 AP Nr. 150 zu § 14 TzBfG = NZA 2017, 634.

[30] BAG 21.9.2011 AP Nr. 86 zu § 14 TzBfG = NZA 2012, 255; 6.4.2011 AP Nr. 82 zu § 14 TzBfG = NZA 2011, 905.

[31] BVerfG 6.6.2018 AP Nr. 170 zu § 14 TzBfG = NZA 2018, 774; 4.7.2018 – 1 BvR 3041/13.

§ 14 II 2 TzBfG sybillinisch „nach Maßgabe der Gründe" für verfassungsgemäß gehalten. Nach seiner Auffassung trägt die gesetzliche Beschränkung befristeter Beschäftigungsformen und die dadurch bewirkte Sicherung der unbefristeten Dauerbeschäftigung als Regelbeschäftigungsform der sich aus Art. 12 Abs. 1 GG ergebenden Pflicht des Staates zum Schutz der strukturell unterlegenen AN und dem Sozialstaatsprinzip (Art. 20 I, Art. 28 I GG) Rechnung (LS 1). Die mit einer Beschränkung der sachgrundlosen Befristung auf die erstmalige Beschäftigung bei dem jeweiligen AG einhergehende Beeinträchtigung der individuellen Berufsfreiheit sei insoweit gerechtfertigt, als es ihrer für den Schutz vor der Gefahr der Kettenbefristung in Ausnutzung einer strukturellen Unterlegenheit und zur Sicherung des unbefristeten Arbeitsverhältnisses als Regelfall bedürfe (LS 2). Das BVerfG hat die Regelung in § 14 II 2 TzBfG zu Recht als gesetzgeberische Grundentscheidung angesehen, wonach sachgrundlose Befristungen zwischen denselben Arbeitsvertragsparteien grundsätzlich nur bei der erstmaligen Einstellung zulässig sein sollen. Der Gesetzgeber habe sich damit zugleich gegen eine zeitliche Begrenzung des Verbots entschieden. Aus diesem Grund sei die Rechtsprechung des 7. Senats des BAG, die demgegenüber eine erneute sachgrundlose Befristung nach einem Zeitraum von drei Jahren für zulässig gehalten habe, eine **unzulässige richterliche Rechtsfortbildung.** Mit dieser Feststellung hat sich der der 1. Senat des BVerfG allerdings nicht begnügt. In einer „Rolle rückwärts" wird anschließend ausführt, das Verbot der sachgrundlosen Befristung bei nochmaliger Einstellung bei demselben AG sei unzumutbar, soweit **(1)** eine Gefahr der Kettenbefristung in Ausnutzung der strukturellen Unterlegenheit der Beschäftigten nicht besteht und **(2)** das Verbot der sachgrundlosen Befristung nicht erforderlich ist, um das unbefristete Arbeitsverhältnis als Regelbeschäftigungsform zu erhalten. Der mit § 14 II 2 TzBfG verfolgte Schutzzweck könne in diesen Fällen das Verbot einer sachgrundlos befristeten Wiedereinstellung nicht rechtfertigen. Ein generelles Vorbeschäftigungsverbot **könne** insbesondere unzumutbar sein, wenn **(a)** eine Vorbeschäftigung sehr lang zurückliege, **(b)** ganz anders geartet gewesen sei oder **(c)** von sehr kurzer Dauer gewesen ist. Dies soll etwa bei geringfügigen Nebenbeschäftigungen während der Schul-/Studien-/Familienzeit, bei Werkstudierenden und studentischen Mitarbeitern im Rahmen ihrer Berufsqualifizierung oder bei einer erzwungenen oder freiwilligen Unterbrechung der Erwerbsbiographie, die mit einer beruflichen Neuorientierung oder einer Aus- und Weiterbildung einhergehen. Die **Fachgerichte** könnten und müssten in derartigen Fällen durch verfassungskonforme Auslegung den Anwendungsbereich von § 14 II 2 TzBfG einschränken.

13a **(2) Kritische Würdigung.** Diese Vorgaben überraschen angesichts der Feststellung des Gerichts, wonach der Gesetzgeber ein unbeschränktes Vorbeschäftigungsverbot regeln wollte. Der 1. Senat des BVerfG hätte deshalb die Vorschrift in einem genau bestimmten Bereich (teilweise) für verfassungswidrig erklären müssen. Diesen Weg hat es vermieden und den Ball in das Feld der Arbeitsgerichtsbarkeit zurückgespielt. Seine Vorgaben bestehen aus einem systematisch und inhaltlich wenig nachvollziehbarem Konglomerat von Sachverhalten, in denen zeitliche und tätigkeitsbezogene Besonderheiten eine Ausnahme vom Vorbeschäftigungsverbot rechtfertigen sollen. Diese vermeidlichen Ausnahmesituationen wertend zu sortieren und für die Praxis rechtssicher zu definieren, obliegt nun den Arbeitsgerichten als Ersatzgesetzgeber. Dogmatisch bewegt sich die „Unzumutbarkeits-"Einschränkung des BVerfG zudem auf dünnem Eis. Der 1. Senat blendet nämlich die von ihm zuvor zur Begründung der gesetzgeberischen Zielsetzung noch herangezogene **beschäftigungspolitische Zielsetzung des Vorbeschäftigungsverbots** (→ Rn. 8) – wie schon zuvor der 7. Senat des BAG – völlig aus. Durch die Beschränkung auf „eine Chance bei einem AG" sollen nach dem gesetzgeberischen Verständnis andere AN die Möglichkeit erhalten, anstelle des bereits eingestellten AN über eine sachgrundlose Befristung in ein Dauerarbeitsverhältnis zu gelangen. Die gesetzgeberische Intension und die Interessen der nicht zum Zuge kommenden Bewerber bleiben auch beim BVerfG unberücksichtigt.

13b **(3) Die Folgeentscheidungen des 7. Senats des BAG. (a) Sehr lange zurückliegende Vorbeschäftigung.** Nach Auffassung des 7. Senats des BAG haben die Vorgaben des BVerfG aus der Entscheidung vom 6.6.2018 nach § 31 II, § 13 Nr. 11 BVerfGG zur verfassungskonformen Auslegung auch in Bezug auf die Auslegung von § 14 II TzBfG als einfachrechtlicher Norm Gesetzeskraft, da der Tenor der Entscheidung ausdrücklich auf die Entscheidungsgründe Bezug nimmt. Der 7. Senat ist in mehreren Folgeentscheidungen zunächst davon ausgegangen, dass die sachgrundlose Befristung bei einer erneuten Einstellung des AN beim selben AG auf Ausnahmefälle beschränkt sein müsse. Das Erwerbsleben umfasse bei typisierender Betrachtung mindestens 40 Jahre. Weiterhin hat das Gericht hervorgehoben, dass der Zeitraum der Vorbeschäftigung nicht nur „lange", sondern eben „sehr lange" zurück liegen müsse. Zur Konkretisierung hat der

Senat auf die Kündigungsfristenregelung in § 622 II BGB hingewiesen, nach der sich die längste Kündigungsfrist nach einer Betriebszugehörigkeit von 20 Jahren berechne. Ob die Grenze der „sehr lange" zurückliegenden Vorbeschäftigung nun bei zwanzig Jahren liegt, hat das Gericht bis zuletzt offengelassen. Als nicht ausreichend hat es Vorbeschäftigungszeiten von bis zu 15 Jahren angesehen,[32] akzeptiert hat es schließlich eine Unterbrechung von 22 Jahren.[33] Einen Vertrauensschutz der betroffenen AG hat der 7. Senat unter Hinweis auf seine stets umstrittene Rspr. zur 3-Jahres-Grenze zu Recht verneint.

(b) „Ganz anders geartete" Vorbeschäftigung und „sehr kurze Dauer". Die „ganz anders geartete" Vorbeschäftigung" als Voraussetzung für den Wegfall des Anschlussverbots für die Beschränkung eines sachgrundlos befristeten Arbeitsvertragsschluss ist in der Rspr. des 7. Senats bisher wenig konturiert. Nicht als „ganz anders geartete" Beschäftigungen hat das Gericht einzelfallbezogen die Tätigkeiten als „Montierer in (der) Abteilung Motorenbau" und „Montierer in der Fahrzeugmontage im Bereich Karosseriemontage" angesehen,[34] ebenso diejenigen als „Produktionshelfer" und „Maschinenbediener".[35] Das Gericht hält es für erforderlich, dass die im neuen Arbeitsverhältnis geschuldete Tätigkeit Kenntnisse oder Fähigkeiten erfordert, die sich wesentlich von denjenigen unterscheiden, die für die Vorbeschäftigung erforderlich waren;[36] offen geblieben ist, ob davon auch geringere Qualifikationsanforderungen im Anschlussarbeitsverhältnis erfasst werden. In Bezug auf die **Dauer der Vorbeschäftigung** hat der 7. Senat Vertragszeiten von neun[37] sowie 18 Monaten[38] nicht als „von sehr kurzer Dauer" akzeptiert. Dies ist angesichts der auf zwei Jahre beschränkten Laufzeit eines nach § 14 II TzBfG befristeten Arbeitsvertrags folgerichtig. Vielmehr spricht nach den jüngsten Ausführungen des Gerichts viel dafür, dass es nur zeitgeringfügige Beschäftigungen iSd § 8 I Nr. 2 SGB IV während der Schul-, Studien- oder Ausbildungszeit als kurzzeitig ansieht, die zudem nicht berufsmäßig ausgeübt werden.[39] Dabei orientiert sich der 7. Senat offenbar streng an den Vorgaben des BVerfG, das in diesem Zusammenhang Beschäftigungen aufführt, die während einer besonderen persönlichen oder beruflichen Situation ausgeübt werden. Der 7. Senat hatte bisher noch keine Gelegenheit, zu Laufzeiten von ganz geringer Dauer (Ein-Tages-Arbeitsverhältnisse) Stellung zu nehmen. 13c

cc) Arbeitgeberbegriff. Das BAG bestimmt den Begriff des AG wie bereits bei der Vorgängerregelung (§ 1 III BeschFG 1996) ausschließlich nach formalen Kriterien. Als AG iSd Vorschrift gilt ausschließlich der Vertragsarbeitgeber. Dies ist die natürliche oder juristische Person, die mit dem AN den Arbeitsvertrag geschlossen hat.[40] Ein vorhergehender Arbeitsvertrag hat deshalb nur mit demselben AG bestanden, wenn Vertragspartner des AN bei beiden Verträgen dieselbe juristische oder natürliche Person ist. Der Gesetzgeber hat zwar in § 14 II 2 TzBfG die sachgrundlose Befristung nach dem TzBfG ausgeschlossen, wenn bereits zuvor mit dem AG ein Arbeitsverhältnis bestanden hat. Das TzBfG hat gegenüber der Regelung im BeschFG 1996 hinsichtlich des Merkmals des AG keine Änderung erfahren. Wie im zeitlichen Geltungsbereich der Vorgängerregelung hat der Gesetzgeber des TzBfG für die Zulässigkeit der sachgrundlosen Befristung nur auf das Bestehen eines Arbeitsverhältnisses mit dem AG abgestellt. Eine mögliche Anknüpfung an die vorherige Tätigkeit des AN in dem Betrieb oder für dessen Betriebsinhaber oder an die Unternehmens- bzw. Konzernzugehörigkeit ist unterblieben. Aus diesem Grund ist es auch ohne Bedeutung, ob die Vorbe- 14

[32] BAG 12.6.2019 NZA 2019, 1563 (9 Jahre); 12.6.2019 AP Nr. 179 zu § 14 TzBfG (5 Jahre 4 Monate); 17.4.2019 AP Nr. 178 zu § 14 TzBfG = NZA 2019, 1271 (15 Jahre); 20.3.2019 AP Nr. 176 zu § 14 TzBfG = NZA 2019, 1274 (8 Jahre und 9 Monate); 23.1.2019 AP Nr. 175 zu § 14 TzBfG = NZA 2019, 700 (8 Jahre); 23.1.2019 – 7 AZR 161/15 (3 ½ Jahre); krit. dazu *Reich* RdA 2020, 31 (37) („erneute unzulässige Rechtsfortbildung"); aA wenn auch ohne konkrete Festlegung ErfK/*Müller-Glöge* TzBfG § 14 Rn. 98.

[33] BAG 21.8.2019 AP Nr. 183 zu § 14 TzBfG = NZA 2020, 40.

[34] BAG 23.1.2019 – 7 AZR 13/17.

[35] BAG 17.4.2019 AP Nr. 178 zu § 14 TzBfG = NZA 2019, 1271.

[36] BAG 16.9.2020 – 7 AZR 552/19, NZA 2021, 338; 12.6.2019 AP Nr. 179 zu § 14 TzBfG; 17.4.2019 AP Nr. 178 zu § 14 TzBfG = NZA 2019, 1271.

[37] BAG 23.1.2019 – 7 AZR 13/17.

[38] BAG 23.1.2019 AP Nr. 175 zu § 14 TzBfG = NZA 2019, 700.

[39] BAG 12.6.2019 NZA 2019, 1563 (Ferienbeschäftigung von 6 Wochen); großzügiger ErfK/*Müller-Glöge* TzBfG § 14 Rn. 98 (drei Monate); *Lembke/Tegel* NZA 2019, 1029 (1034); *Spielberger* NJW 2020, 22 (24).

[40] BAG 24.2.2016 AP Nr. 140 zu § 14 TzBfG = NZA 2016, 758; 24.6.2015 AP Nr. 131 zu § 14 TzBfG = NZA 2015, 1507; 10.11.2004 AP Nr. 14 zu § 14 TzBfG = NZA 2005, 514.

schäftigung konzerndimensionalen Charakter hatte und einen Einsatz in einem Konzernunternehmen ermöglicht hat.[41]

15 **dd) Einzelfälle.** Da es auf den rechtlichen Arbeitgeberbegriff (→ Rn. 14) ankommt, ist ohne Bedeutung, in welchem Betrieb die Beschäftigung erfolgt ist. Im Falle der Gesamtrechtsnachfolge (→ § 116 Rn. 1), insbesondere der Umwandlung von Unternehmen findet das Anschlussverbot keine Anwendung, wenn die Vorbeschäftigung mit einem anderen Vertragsarbeitgeber erfolgt ist.[42] Im Falle des Betriebsübergangs tritt der Betriebserwerber in ein bestehendes Arbeitsverhältnis ein. Eine sachgrundlose Befristung mit dem Betriebserwerber ist nur möglich, wenn die Vorbeschäftigung beim Betriebsveräußerer zum Zeitpunkt des Betriebsübergangs bereits beendet war.[43] § 14 II 2 TzBfG steht einer sachgrundlosen Befristung auch nicht entgegen, wenn der Arbeitsvertrag mit einem AN abgeschlossen wird, der unmittelbar zuvor als **Leiharbeitnehmer** im selben Betrieb tätig war, selbst wenn das Arbeitsverhältnis mit dem Verleiher nach § 14 II 1 TzBfG befristet war.[44] Dies gilt auch im umgekehrten Fall, wenn also der AN nach einer Beschäftigung bei einem Vertragsarbeitgeber bei einem Leiharbeitgeber mit einem sachgrundlos befristeten Arbeitsvertrag eingestellt wird und anschließend wieder an den Vertragsarbeitgeber verliehen wird.[45] Allerdings kann die Ausnutzung der durch das TzBfG vorgesehenen Gestaltungsmöglichkeiten rechtsmissbräuchlich sein. Das BAG hält dies für möglich, wenn mehrere rechtlich und tatsächlich verbundene Vertragsarbeitgeber in bewusstem und gewolltem Zusammenwirken mit einem AN aufeinanderfolgende befristete Arbeitsverträge ausschließlich deshalb schließen, um – auf diese Weise über die nach § 14 II TzBfG vorgesehenen Befristungsmöglichkeiten hinaus – sachgrundlose Befristungen aneinanderreihen zu können. Ein solcher Rechtsmissbrauch kann jedoch lediglich dem letzten Vertragsarbeitgeber des AN entgegengehalten werden, nicht dem AG, zu dem der AN vorher in einem Vertragsverhältnis stand.[46] Darlegungs- und beweispflichtig für das Vorliegen einer missbräuchlichen Vertragsgestaltung ist im Rahmen einer abgestuften Darlegungs- und Beweislast der AN. Dieser hat regelmäßig einen Sachverhalt vorzutragen, der die Missbräuchlichkeit der Befristung nach § 242 BGB indiziert (zB der nahtlose Anschluss der Arbeitsverträge, eine ununterbrochene Beschäftigung zumindest in demselben Arbeitsbereich zu im Wesentlichen unveränderten Arbeitsbedingungen, die unveränderte Ausübung des Weisungsrechts durch den bisherigen AG oder die Fortsetzung der gemeinsamen Weisungsrechtsausübung, die „Vermittlung" des AN zwischen den AG und deren erkennbar systematisches Zusammenwirken. Der letzte AG muss sich sodann nach § 138 II ZPO im Einzelnen auf diesen Vortrag einlassen, ansonsten gilt er nach § 138 III ZPO als zugestanden. Wird er entkräftet, fällt die Darlegungs- und Beweislast wieder an den AN zurück.[47]

16 **ee) Fragerecht.** Nach der Gesetzesbegründung zu § 14 TzBfG soll der AG nach der Vorbeschäftigung **fragen** können. Diese Frage habe der AN wahrheitsgemäß zu beantworten. Erfolgt die Frage nicht wahrheitsgemäß, sei der AG zur **Anfechtung** des Arbeitsvertrags berechtigt (BT-Drs. 14/4374, 19). Jedoch führt nicht jede unzutreffende Beantwortung der Frage zu einer Vertragsauflösung. Die Anfechtung ist nur begründet, wenn der AN die Frage nach einer Vorbeschäftigung in Täuschungsabsicht wahrheitswidrig beantwortet hat.[48]

17 **e) Tarifvertrag, kirchliche Arbeitsrechtsregelungen.** Durch Tarifvertrag kann die Anzahl der Verlängerungen oder die Höchstdauer der Befristung abweichend von § 14 II 1 TzBfG festgelegt werden. Im Geltungsbereich eines solchen Tarifvertrags können nicht tarifgebundene AG und AN durch Inbezugnahme die Anwendung der tariflichen Befristungsregelungen vereinbaren, die Anwendung des gesamten Tarifvertrags ist nicht erforderlich.[49] Die tariflichen Veränderungen können sich trotz des missverständlichen Gesetzeswortlauts auf den Zeitrahmen für die sachgrundlose Befristung und gleichzeitig auf die Anzahl der Verlängerungen erstrecken.[50] Hier-

[41] BAG 9.3.2011 AP Nr. 80 zu § 14 TzBfG = NZA 2011, 791 (Vorbeschäftigungsvereinbarung); 18.10.2006 AP Nr. 3 zu § 14 TzBfG Verlängerung = NZA 2007, 443.
[42] BAG 10.11.2004 AP Nr. 14 zu § 14 TzBfG = NZA 2005, 514.
[43] BAG 25.10.2012 ZInsO 2013, 946; 10.11.2004 AP Nr. 14 zu § 14 TzBfG = NZA 2005, 514.
[44] BAG 8.12.1988 AP Nr. 6 zu § 1 BeschFG 1985 = NZA 1989, 459.
[45] BAG 18.10.2006 AP Nr. 3 zu § 14 TzBfG Verlängerung = NZA 2007, 443; krit. *Brose* DB 2008, 1378.
[46] BAG 22.1.2014 AP Nr. 115 zu § 14 TzBfG = NZA 2014, 483; 15.5.2013 AP Nr. 107 zu § 14 TzBfG = NZA 2013, 1214.
[47] BAG 24.6.2015 AP Nr. 131 zu § 14 TzBfG = NZA 2015, 1507.
[48] *Dörner,* Der befristete Arbeitsvertrag, Rn. 453 f.
[49] BAG 21.3.2018 AP Nr. 169 zu § 14 TzBfG = NZA 2018, 999.
[50] BAG 15.8.2012 AP Nr. 101 zu § 14 TzBfG = NZA 2013, 45 (beschränkte Regelungsbefugnis).

bei sind auch für die AN ungünstigere Regelungen möglich[51] (§ 22 TzBfG). Die Regelungsbefugnis der Tarifvertragsparteien ist aus verfassungs- und unionsrechtlichen Gründen beschränkt. Ihr Gestaltungsrahmen ermöglicht nur Regelungen, bei denen die in § 14 II 1 TzBfG genannten Werte für die Höchstdauer eines sachgrundlos befristeten Arbeitsvertrags und die Anzahl der möglichen Vertragsverlängerungen nicht um mehr als das Dreifache überschritten werden.[52] In den auf dem sog. **Dritten Weg** zustande gekommenen Arbeitsrechtsregelungen der Kirchen kann von der zweijährigen Befristungsdauer des § 14 II 1 TzBfG nicht zuungunsten der AN abgewichen werden,[53] der Gesetzgeber hat diese – anders als in anderen Regelungen (zB § 12 AEntG) – Tarifverträgen wegen ihrer fehlenden rechtlichen Verbindlichkeit für die erfassten kirchlichen AG nicht gleichgestellt.

3. Existenzgründer. a) Normzweck. Nach dem erst nachträglich mit Wirkung zum 1.1.2004 in das TzBfG eingefügten § 14 IIa TzBfG ist in den ersten vier Jahren nach der Gründung eines Unternehmens die kalendermäßige Befristung eines Arbeitsvertrags ohne Vorliegen eines sachlichen Grundes bis zur Dauer von vier Jahren zulässig; bis zu dieser Gesamtdauer ist auch die mehrfache Verlängerung eines kalendermäßig befristeten Arbeitsvertrags zulässig. Durch die Vorschrift soll neu gegründeten Unternehmen in der schwierigen Aufbauphase der Abschluss befristeter Arbeitsverträge besonders erleichtert werden, weil für diese der wirtschaftliche Erfolg besonders ungewiss ist und sie in der Aufbauphase kaum abschätzen können, wie sich das Unternehmen entwickeln und wie hoch der Personalbedarf sein wird. Diese Ungewissheit besteht unabhängig von einem Konzernbezug und auch dann, wenn sich bestehende Unternehmen im Wege von Unternehmensneugründungen neu engagieren und so unternehmerisch „Neuland betreten". Demgegenüber verfügt ein Unternehmen, das (nur) einen Betrieb neu gründet, bereits über Personal und im Fall des Misserfolgs des unternehmerischen Neuengagements typischerweise über verbleibende Einsatzmöglichkeiten in seinen anderen Betrieben und dementsprechend über höhere Flexibilität.[54] 18

b) Voraussetzungen. § 14 IIa TzBfG ist von den Voraussetzungen her mit § 112a BetrVG vergleichbar, der für neu gegründete Unternehmen die Sozialplanpflicht einschränkt (→ § 244 Rn. 93). Der Zeitpunkt für die Gründung wird durch § 14 IIa 3 TzBfG geregelt. Danach ist auf den nach § 138 AO der Gemeinde oder dem Finanzamt mitzuteilenden Zeitpunkt der Aufnahme der Erwerbstätigkeit abzustellen. Durch eine verzögerte Mitteilung wird jedoch die 4-Jahres-Frist nicht verlängert.[55] Ist die Mitteilung unterblieben, scheidet eine Befristungsmöglichkeit nach § 14 IIa TzBfG aus. Die erweiterte Befristungsmöglichkeit nach dieser Vorschrift besteht aber nur bei einem **unternehmerischen Neuengagement,** nicht aber bei bloßen Sitzverlegungen oder bei Neugründungen im Zusammenhang mit der rechtlichen Umstrukturierung von Unternehmen und Konzernen. 19

c) Befristung. § 14 IIa TzBfG enthält eine doppelte 4-Jahres-Frist. Die sachgrundlose Befristung kann von (nicht: vor) der Aufnahme der Unternehmenstätigkeit[56] bis zum Ablauf des vierten Jahres nach der Unternehmensgründung vereinbart werden. Die höchstens zulässige Befristungsdauer eines bis zu diesem beträgt 4 Jahre. Der Begriff der Verlängerung stimmt mit dem in § 14 II 1 TzBfG überein, jedoch ist die Anzahl der Verlängerungen bei einer Befristung nach § 14 IIa TzBfG zahlenmäßig nicht begrenzt. Allerdings müssen auch die Verlängerungen bis zum 4. Geburtstag,[57] dh dem Ablauf der ersten 4-Jahres-Frist des neu gegründeten Unternehmens vereinbart werden. 20

d) Anschlussverbot, Tarifvertrag. Aufgrund der Bezugnahme auf § 14 II 2 TzBfG gilt das Anschlussverbot (→ Rn. 12) auch für die sachgrundlose Befristung nach § 14 IIa TzBfG. Durch Tarifvertrag kann die Höchstdauer des Befristungszeitraums verkürzt oder verlängert und die Anzahl der Verlängerungen zahlenmäßig begrenzt werden (→ Rn. 17). Da § 14 IIa TzBfG ohne 21

[51] BAG 21.3.2018 AP Nr. 169 zu § 14 TzBfG = NZA 2018, 999.
[52] BAG 17.4.2019 AP Nr. 177 zu § 14 TzBfG = NZA 2019, 1223; 26.10.2016 AP Nr. 147 zu § 14 TzBfG = NZA 2017, 463; krit. *Seiwerth* Anm. AP Nr. 177 zu § 14 TzBfG.
[53] BAG 25.3.2009 AP Nr. 59 zu § 14 TzBfG = NZA 2009, 1417 (str.).
[54] BAG 12.6.2019 AP Nr. 180 zu § 14 TzBfG = NZA 2019, 1568.
[55] *Dörner,* Der befristete Arbeitsvertrag, Rn. 594c.
[56] So jedenfalls der Wortlaut; der Gesetzgeber ging aber wohl von der Möglichkeit eines Vertragsschlusses vor Aufnahme der Unternehmenstätigkeit aus (BT-Drs. 15/1204, 14).
[57] ErfK/*Müller-Glöge* TzBfG § 14 Rn. 105.

Übergangsvorschrift in Kraft getreten ist, findet die Vorschrift auch Anwendung auf vor dem 1.1.2004 gegründete Unternehmen.

22 **4. Befristung von älteren Arbeitnehmern. a) Voraussetzungen.** Eine an das Vorliegen von besonderen Voraussetzungen geknüpfte Befristungsmöglichkeit[58] besteht für ältere AN (§ 14 III TzBfG). Nach § 14 III 4 TzBfG aF konnten mit AN, die das 52. Lebensjahr vollendet hatten, bis zum 31.12.2006 unabhängig von einer Beschäftigungslosigkeit vor Begründung des befristeten Arbeitsverhältnisses sachgrundlos befristete Arbeitsverhältnisse begründet werden. Die Vorschrift stellte nach Ansicht des EuGH eine unzulässige Diskriminierung wegen des Alters dar und war von den nationalen Gerichten nicht anzuwenden.[59] Nach der Neuregelung des § 14 III TzBfG ist eine sachgrundlose Befristung des Arbeitsvertrags zulässig, wenn der AN bei Beginn des befristeten Arbeitsverhältnisses das 52. Lebensjahr vollendet hat und unmittelbar vor Beginn des befristeten Arbeitsverhältnisses mindestens vier Monate beschäftigungslos gewesen ist (§ 138 I Nr. 1 SGB III; dazu → § 23 Rn. 6),[60] Transferkurzarbeitergeld (→ § 245 Rn. 1) bezogen oder an einer öffentlich geförderten Beschäftigungsmaßnahme nach dem SGB II bzw. III (→ § 21 Rn. 25) teilgenommen hat. Bis zu der Gesamtdauer von fünf Jahren ist auch die mehrfache Verlängerung des Arbeitsvertrags zulässig. Mit der erleichterten Befristungsmöglichkeit sollen die Einstellungschancen älterer AN verbessert werden.[61] Die Vorschrift lässt nur eine Befristungsabrede mit AN zu, die bei Vertragsbeginn das Regelrentenalter noch nicht vollendet haben. AN, die zu Beginn des Arbeitsverhältnisses dieses Alter überschritten haben, sind nicht mehr in der Arbeitslosenversicherung versicherungspflichtig (§ 28 I Nr. 1 SGB III) und können daher auch nicht beschäftigungslos iSd § 119 SGB III sein. Die Vorschrift ist bei einem erstmaligen Vertragsschluss unions- und verfassungsrechtlich unbedenklich.[62]

23 **b) Nachweis.** Für die Rechtfertigung einer auf § 14 III TzBfG gestützten Befristung ist es ausreichend, dass die Voraussetzungen (Lebensalter, Beschäftigungslosigkeit bzw. privilegierte Vorbeschäftigung) gegeben sind. Die Gesetzesbegründung geht von einem entsprechenden Fragerecht des AG aus (BR-Drs. 1/07, 15). Die Anfechtung ist nur begründet, wenn der AN die Frage nach der Beschäftigungslosigkeit oder einer Vorbeschäftigung in Täuschungsabsicht wahrheitswidrig beantwortet hat. Erklärt der AN im Viermonatszeitraum keiner Beschäftigung gegen ein Entgelt oder andere Vergünstigungen nachgegangen zu sein, kann der AG vom Vorliegen von Beschäftigungslosigkeit ausgehen. Über vom AN angegebene kurzzeitige Beschäftigungen im Viermonatszeitraum sollte ein Nachweis verlangt werden. Legt der AN einen Nachweis über den durchgehenden Bezug von Alg. im Viermonatszeitraum vor, kann der AG auch ohne besondere Nachfrage von einer Beschäftigungslosigkeit des AN ausgehen.

24 **c) Verlängerung, wiederholter Vertragsschluss.** Nach § 14 III 2 TzBfG ist die mehrfache Verlängerung des Arbeitsvertrags bis zu einer Gesamtdauer von fünf Jahren zulässig. Die Formulierung entspricht dem in § 14 II 2 TzBfG verwandten Begriff der Verlängerung (→ Rn. 9), an dem sich der Gesetzgeber offenbar orientiert hat. Zwar enthält § 14 III TzBfG keine Mindestvertragsdauer und – anders als § 14 II 1 Hs. 2 TzBfG – keine Begrenzung der Anzahl der zulässigen Verlängerungen. Der Gesetzgeber hat im Interesse möglichst großer Flexibilität innerhalb der fünfjährigen Höchstbefristungsdauer beliebig viele Verlängerungen zugelassen (BR-Drs. 1/07, 11). Dennoch spricht viel dafür, angesichts des vergleichbaren Wortlauts der Vorschriften den Begriff der Verlängerung identisch auszulegen. Danach darf auch im Geltungsbereich des § 14 III TzBfG grundsätzlich nur das vereinbarte Vertragsende und nicht der sonstige Arbeitsvertragsinhalt anlässlich der Verlängerung geändert werden.[63] Daneben ist das Schriftformgebot des § 14 IV TzBfG zu beachten. Nach der Gesetzesbegründung kann der AN unter den in § 14 III 1 TzBfG genannten Voraussetzungen von demselben AG erneut befristet beschäftigt werden (BR-Drs. 1/07, 16); die Vorschrift enthält kein Anschlussverbot bei einer Vorbeschäftigung mit demselben AG; eine solche Einschränkung könnte allerdings unter Rechtsmissbrauchsgesichtspunk-

---

[58] ErfK/*Müller-Glöge* TzBfG § 14 Rn. 110a hält § 14 III TzBfG für eine Sachgrundbefristung.
[59] EuGH 22.11.2005 AP Nr. 1 zu Richtlinie 2000/78/EG = NZA 2005, 1345.
[60] Nach LAG Köln 20.12.2019 – 10 Sa 241/19 liegen die Voraussetzungen des § 14 III TzBfG nicht vor, wenn der AN im Vier-Monats-Referenzzeitraum Beschäftigungen iSd § 138 III SGB III ausgeübt hat.
[61] Abl. *Kohte* ArbuR 2007, 168.
[62] So ausdrücklich BAG 28.5.2014 AP Nr. 135 zu § 14 TzBfG = NZA 2015, 1131; LAG Nürnberg 18.8.2020 ZTR 2020, 724.
[63] LAG MV 19.6.2020 – 5 Sa 189/19.

ten bei einer kollusiven Absprache in Betracht kommen. Ebenso könnte bei wiederholten Vertragsschlüssen eine Benachteiligung wegen des Alters in Betracht kommen.[64] Überdies ist bei einer auf § 14 III TzBfG gestützten Befristung, die in den letzten drei Jahren vor Erreichen der gesetzlichen Altersgrenze endet, § 41 S. 2 SGB VI zu beachten, der durch § 14 III TzBfG nicht verdrängt wird.

III. Die sachgrundlose Befristung nach dem WissZeitVG

1. Sachlicher und persönlicher Geltungsbereich. a) Sonderbefristungsrecht. Das Gesetz über befristete Arbeitsverträge in der Wissenschaft (Wissenschaftszeitvertragsgesetz – WissZeitVG) vom 12.4.2007 (BGBl. I 506) enthält besondere Befristungsregeln für Arbeitsverhältnisse mit wissenschaftlichem und künstlerischem Nachwuchs an Hochschulen und Forschungseinrichtungen. Das WissZeitVG hat das zuvor im Hochschulrahmengesetz (HRG) als unmittelbar geltendes Bundesrecht enthaltene Sonderbefristungsrecht abgelöst. Bei den befristungsrechtlichen Vorschriften handelt es sich um eine abschließende bundesrechtliche Regelung, die keinen Raum für arbeitsrechtliche Normen der Bundesländer lässt.[65] Diese sind nur zur Ausgestaltung der an ihren Schulen und Hochschulen tätigen Personalkategorien befugt.[66] Die Befristungsmöglichkeit nach dem WissZeitVG verstößt weder gegen die Befristungsrichtlinie 1999/70/EG noch gegen die Gleichbehandlungsrichtlinie 2000/78/EG.[67] 25

b) Erfasste Einrichtungen. Nach seinem betrieblichen Geltungsbereich gilt das Befristungsrecht des WissZeitVG für die Beschäftigung[68] an Universitäten, Pädagogischen Hochschulen, Kunsthochschulen,[69] Fachhochschulen und sonstigen Einrichtungen des Bildungswesens, die nach Landesrecht staatliche Hochschulen sind, sowie nach Maßgabe des § 4 WissZeitVG auch für die staatlich anerkannten Hochschulen. Daneben ordnet § 5 WissZeitVG die Geltung der Befristungsregeln für das wissenschaftliche Personal an staatlichen Forschungseinrichtungen[70] sowie an überwiegend staatlich, an institutionell überwiegend staatlich oder auf der Grundlage von Art. 91b GG finanzierten Forschungseinrichtungen an. Für Hochschulen in privater Trägerschaft ohne staatliche Anerkennung gelten die erleichterten Befristungsmöglichkeiten nach dem WissZeitVG hingegen nicht.[71] Voraussetzung für die Anwendbarkeit von § 2 WissZeitVG auf befristete Arbeitsverträge ist nicht, dass die staatliche Hochschule auch der Vertragsarbeitgeber ist, dieser kann auch das jeweilige Bundesland sein. Der AN muss nur nach dem Vertragsinhalt an einer Einrichtung tätig sein, die nach Landesrecht eine staatliche Hochschule ist.[72] 26

c) Persönlicher Geltungsbereich. aa) Grundsatz. Der persönliche Geltungsbereich des WissZeitVG erfasst den Abschluss von befristeten Arbeitsverträgen von wissenschaftlichem und künstlerischem Personal mit Ausnahme der Hochschullehrer (§ 1 I WissZeitVG). Für die letztgenannte Berufsgruppe gelten allerdings nur §§ 1–3 WissZeitVG nicht, während dessen §§ 4 und 5 auch Hochschullehrer einbeziehen.[73] Ansonsten gelten für diese das TzBfG und – mangels abschließender bundesgesetzlicher Gesetzgebung – die jeweiligen landesrechtlichen Befristungsregeln.[74] Der gegenüber § 57a I 1 HRG geänderte Geltungsbereich soll dem Umstand Rechnung tragen, dass die Gesetzgebungszuständigkeit für das wissenschaftliche Personal bei den Ländern liegt. Die landesrechtlich ausgestalteten Personalkategorien fallen erst unter den persönlichen Geltungsbereich des WissZeitVG, wenn ihre Angehörigen wissenschaftliche oder künstlerische Dienstleistungen erbringen;[75] auf die landesrechtlich gewählte Bezeichnung des Personals kommt es nicht an. Seine Erweiterung gegenüber dem Geltungsbereich des HRG ist verfassungsrechtlich unter dem Gesichtspunkt des Art. 3 I GG und unionsrechtlich nicht 27

---

64 Dies hält BAG 28.5.2014 AP Nr. 135 zu § 14 TzBfG = NZA 2015, 1131 für möglich.
65 BAG 14.1.1982 AP Nr. 64 zu § 620 BGB Befristeter Arbeitsvertrag.
66 BAG 25.2.2004 AP Nr. 1 zu § 36 HRG (zur Vertretungsprofessur).
67 BAG 19.3.2008 AP Nr. 265 zu § 620 BGB Befristeter Arbeitsvertrag.
68 BAG 24.8.2011 AP Nr. 1 zu § 2 WissZeitVG = NZA 2012, 385.
69 BAG 19.12.2018 AP Nr. 10 zu § 1 WissZeitVG = NZA 2019, 451.
70 BAG 19.3.2008 AP Nr. 265 zu § 620 BGB Befristeter Arbeitsvertrag.
71 Dies hält *Hirdina* NZA 2009, 712 zu Unrecht für einen Verstoß gegen den Gleichheitssatz.
72 BAG 30.8.2017 AP Nr. 11 zu § 2 WissZeitVG = NZA 2018, 305; 20.4.2016 AP Nr. 6 zu § 1 WissZeitVG = NZA 2016, 1078.
73 BAG 23.10.2019 AP Nr. 16 zu § 2 WissZeitVG = NZA 2020, 658 (Juniorprofessor).
74 BVerfG 15.11.2018 AP Nr. 148 zu Art. 12 GG = NZA 2019, 302; BAG 15.2.2017 AP Nr. 266 zu § 620 BGB Befristeter Arbeitsvertrag = NZA 2017, 1258; 11.9.2013 AP Nr. 1 zu § 46 HRG = NZA 2013, 1352.
75 BAG 25.4.2018 AP Nr. 9 zu § 1 WissZeitVG;1.6.2011 AP Nr. 1 zu § 1 WissZeitVG = NZA 2011, 1280.

unbedenklich.[76] Ein besonderes Zeitbefristungsrecht für den Hochschulbereich ist nur gerechtfertigt, sofern das sich aus Art. 5 I GG ergebende Freiheitsrecht der Hochschulen ein besonderes Befristungsrecht rechtfertigt. Ein solches Bedürfnis dürfte insbesondere bei den Lehrkräften mit besonderen Aufgaben fehlen.

28 **bb) Begriff.** Erforderlich ist nach dem WissZeitVG die Beschäftigung mit wissenschaftlichen (künstlerischen) Aufgaben; andere Tätigkeiten (zB in der Hochschulverwaltung) rechtfertigen die Befristung nach § 2 I WissZeitVG nicht.[77] § 1 I WissZeitVG definiert das „wissenschaftliche und künstlerische Personal" selbst nicht. Der Begriff des „Personals" bestimmt sich inhaltlich-aufgabenbezogen nach der Art der zu erbringenden Dienstleistung. Bei Mischtätigkeiten ist es erforderlich, dass die wissenschaftlichen und künstlerischen Dienstleistungen **zeitlich überwiegen** oder zumindest das Arbeitsverhältnis prägen.[78] Maßgeblich sind die Umstände bei **Vertragsschluss,** ggf. kann die bisherige Vertragspraxis zur Beurteilung herangezogen werden.[79]

28a **(1) Wissenschaftliches Personal.** Zum wissenschaftlichen Personal gehören AN, die nach dem Vertragsinhalt überwiegend Dienstleistungen mit wissenschaftlichem Zuschnitt erbringen. Hiervon ist alles erfasst, was nach Inhalt und Form als ernsthafter, planmäßiger Versuch zur Ermittlung der Wahrheit anzusehen ist. Die Tätigkeit muss nach Aufgabenstellung und anzuwendender Arbeitsmethode darauf angelegt sein, neue Erkenntnisse zu gewinnen und zu verarbeiten, um den Erkenntnisstand der jeweiligen wissenschaftlichen Disziplin zu sichern oder zu erweitern; eine rein repetierende Wiedergabe vorgegebener Inhalte ist nicht ausreichend.[80] Zur wissenschaftlichen Dienstleistung kann auch die Vermittlung von Fachwissen und praktischen Fertigkeiten an Studierende und deren Unterweisung in der Anwendung wissenschaftlicher Methoden gehören. Sie ist dabei von einer unterrichtenden Lehrtätigkeit ohne Wissenschaftsbezug abzugrenzen. Dem Lehrenden muss die Möglichkeit zur eigenständigen Forschung und Reflexion verbleiben. Er muss Forschungs- und Erkenntnisentwicklungen auf seinem jeweiligen Wissenschaftsgebiet permanent verfolgen, reflektieren und kritisch hinterfragen, um diese für seine Lehre didaktisch und methodisch zu verarbeiten.

28b **(2) Künstlerisches Personal.** AN gehören zum künstlerischen Personal, wenn sie künstlerische Dienstleistungen erbringen. Sie müssen – entsprechend der künstlerischen Betätigung iSv Art. 5 III 3 GG – zur Erfüllung der ihnen vertraglich obliegenden Aufgaben schöpferisch-gestaltend Eindrücke, Erfahrungen und Erlebnisse durch das Medium einer bestimmen Formensprache unmittelbar zur Anschauung bringen. Die Tätigkeit muss selbst das Merkmal des **schöpferischen Gestaltens** aufweisen. Technische oder mit Verwaltungsaufgaben befasste Mitarbeiter, die nur die Voraussetzungen für die eigentliche schöpferische Tätigkeit schaffen, zählen dagegen auch dann nicht zum künstlerischen Personal, wenn sie an einer Kunsthochschule tätig sind, dagegen kann auch eine Lehrtätigkeit zur künstlerischen Dienstleistung gehören. Hierzu gehören die Vermittlung des interpretatorischen Zugangs zu Kunstwerken und eine Lehrtätigkeit, mit denen die Studierenden unmittelbar selbst zu schöpferisch-gestaltendem Wirken befähigt werden sollen. Einbezogen ist auch die Vermittlung künstlerisch-praktischer Fertigkeiten oder das Unterrichten in der Anwendung künstlerischer Formen und Ausdrucksmittel, nicht dagegen eine Lehrtätigkeit ohne Kunstbezug.[81]

29 **cc) Weitere Personalkategorien.** Die Anwendbarkeit des WissZeitVG ist zu bejahen, soweit die Länder die bisherigen Personalkategorien des HRG fortführen.[82] Vom persönlichen Geltungsbereich können daher wissenschaftliche und künstlerische Assistenten (§ 48 HRG aF) und Mitarbeiter (§ 53 HRG aF), Oberassistenten, Oberingenieure (§ 46a HRG) und Hochschuldozenten sowie wissenschaftliche und künstlerische Hilfskräfte erfasst werden. Letztgenannte sind Personen, die zur Mithilfe und Unterstützung bei bestimmten wissenschaftlichen Arbeiten angestellt sind, dh für eine in Forschung und Lehre tätige Person unterstützende und zuarbeitende Tätigkeiten verrichten. Sie zählen zum Personenkreis des § 1 I 1 WissZeitVG, wenn sie vertragsgemäß überwiegend mit wissenschaftsspezifischen Aufgaben betraut werden

---

[76] AA *Löwisch* NZA 2007, 479.
[77] BAG 24.2.2016 AP Nr. 4 zu § 1 WissZeitVG = NZA 2016, 949.
[78] BAG 20.4.2016 AP Nr. 6 zu § 1 WissZeitVG = NZA 2016, 1078; 20.1.2016 AP Nr. 3 zu § 1 WissZeitVG = NZA 2016, 824; 29.4.2015 AP Nr. 2 zu § 1 WissZeitVG.
[79] BAG 21.3.2018 AP Nr. 8 zu § 1 WissZeitVG.
[80] BAG 25.4.2018 AP Nr. 9 zu § 1 WissZeitVG (Fremdsprachenlektoren).
[81] BAG 19.12.2018 AP Nr. 10 zu § 1 WissZeitVG = NZA 2019, 451.
[82] ErfK/*Müller-Glöge* WissZeitVG § 1 Rn. 11.

sollen. Zu ihnen können auch die sog. Bachelorabsolventen gehören.[83] Auch Ärzte, die wissenschaftlich bzw. in der Krankenversorgung tätig sind, fallen unter die §§ 1 ff. WissZeitVG (§ 1 VI ÄArbVtrG; → § 38 Rn. 8).

Nicht zu dem Personenkreis des § 1 I 1 WissZeitVG zählen Beschäftigte, die für die Organisation einer Hochschule oder einer ihrer Einrichtungen notwendige **Verwaltungsarbeit** leisten, selbst wenn sie über eine wissenschaftliche Ausbildung verfügen oder dazu beitragen, dass Wissenschaft und Forschung überhaupt erst betrieben werden können.[84] Das Zeitvertragsrecht der §§ 1 ff. WissZeitVG ist im Bereich der staatlichen Hochschulen nicht anzuwenden auf Juniorprofessoren (§ 48 I HRG) sowie Professoren im Angestelltenverhältnis[85] und wissenschaftliches (künstlerisches) Personal, welches mit weniger als einem Viertel der regelmäßigen Arbeitszeit beschäftigt wird (§ 2 III 1 WissZeitVG); zu Lektoren → § 40 Rn. 59. Wissenschaftliche und künstlerische Mitarbeiter sind die im Beamten- oder Angestelltenverhältnis Beschäftigten, denen wissenschaftliche oder künstlerische Dienstleistungen (→ Rn. 28a f.) übertragen sind, dies gilt gleichermaßen für Lehrkräfte für besondere Aufgaben (§ 56 HRG aF). 30

dd) Studentische Hilfskräfte. Arbeitsverhältnisse mit an einer deutschen Hochschule eingeschriebenen Studierenden können nach dem mWv 17.3.2016 neu eingefügten § 6 WissZeitVG arbeitgeberunabhängig bis zur Dauer von insgesamt 6 Jahren befristet werden, wenn diese nach ihrem Arbeitsvertrag mit der Erbringung von wissenschaftlichen oder künstlerischen Hilfstätigkeiten beschäftigt werden sollen. Dies sind solche, bei denen die wissenschaftliche oder künstlerische Arbeit eines an einer deutschen Hochschule tätigen Wissenschaftlers unmittelbar unterstützt wird. Hierzu zählen die Unterrichtstätigkeit als Tutor oder die Korrektur von Klausuren und sonstigen Übungsarbeiten, ebenso die Zusammenstellung wissenschaftlicher Materialien, nicht hingegen Aufgaben im Sekretariat oder in der Bibliothek.[86] Eine zeitliche Begrenzung der wöchentlichen Arbeitszeit enthält das Gesetz nicht.[87] Wegen der Bindung an den Studierendenstatus ist die Dauer der Befristung auf ein Semester beschränkt. Zeiten vor Abschluss des Studiums werden auf den Befristungsrahmen nach § 2 I 1, 2 WissZeitVG nicht angerechnet (§ 2 III 3 WissZeitVG). Anders als nach dem HRG gilt für den Abschluss von befristeten Arbeitsverträgen mit studentischen Hilfskräften das Zitiergebot des § 2 IV 1 WissZeitVG.[88] 31

ee) Wissenschaftliches Personal an Forschungseinrichtungen. Nach § 5 WissZeitVG findet das Zeitvertragsrecht auch Anwendung für den Abschluss befristeter Arbeitsverhältnisse in den in dort genannten Einrichtungen. Dabei handelt es sich um solche, die sich der Forschung widmen und keine Aufgaben in der Lehre wahrnehmen. Zu diesen zählen die Bundes- und Landesforschungsanstalten unabhängig von ihrer Rechtsform und -fähigkeit, nicht aber private Forschungsinstitute und Einrichtungen der Industrieforschung, selbst wenn sie Drittmittel von der öffentlichen Hand erhalten.[89] Die Einrichtung muss über eine Organisation verfügen, die eine freie wissenschaftliche Betätigung iSv Art. 5 III GG ermöglicht. Dies setzt die Bearbeitung von Forschungsaufträgen mit wissenschaftlichen Methoden nach freier Methodenwahl voraus.[90] Anders als nach § 1 I WissZeitVG gilt die Vorschrift auch für die dort beschäftigten Hochschullehrer. 32

2. Befristungsrahmen. a) Grundsatz. In § 2 I 1, 2 WissZeitVG sind zwei Phasen für den Abschluss von sachgrundlos befristeten Arbeitsverträgen vorgesehen. Mit wissenschaftlichen und künstlerischen Mitarbeitern, die nicht promoviert sind, ist die Befristung von Arbeitsverträgen bis zu einer Dauer von sechs Jahren zulässig (erste Qualifizierungsphase; → Rn. 34). Nach abgeschlossener Promotion ist eine Befristung bis zur Dauer von sechs Jahren, im Bereich der Medizin bis zu einer Dauer von neun Jahren zulässig (§ 2 I 2 WissZeitVG). Diese Befristung soll zB promovierten Wissenschaftlern dazu dienen, sich für die Übernahme einer Professur zu qualifizieren (zweite Qualifizierungsphase, sog. Post-doc-Phase, → Rn. 35). Die Vorschrift legt für die Befristungsmöglichkeiten in der Promotionsphase und in der Post-doc-Phase jeweils eine gesonderte Höchstbefristungsdauer für die jeweilige Qualifikationsphase fest. Danach bestehen zwei eigenständige Rechtsgrundlagen für 33

[83] *Preis* WissZeitVG § 1 Rn. 27.
[84] BAG 24.2.2016 AP Nr. 4 zu § 1 WissZeitVG = NZA 2016, 949.
[85] BAG 11.9.2013 AP Nr. 1 zu § 46 HRG = NZA 2013, 1352.
[86] ErfK/*Müller-Glöge* WissZeitVG § 6 Rn. 3.
[87] AA die Gesetzesbegründung (BT-Drs. 18/6489, 14 – Hälfte der Regelarbeitszeit).
[88] Zum HRG: BAG 20.5.2005 NZA 2005, 933.
[89] APS/*Schmidt* WissZeitVG § 5 Rn. 2 f.
[90] Überholt BAG 19.3.2008 AP Nr. 265 zu § 620 BGB Befristeter Arbeitsvertrag = NZA 2009, 84.

kalendermäßige Befristungen. Die Verlängerungsregel in § 2 I 2 Hs. 2 WissZeitVG stellt sicher, dass der zeitliche Rahmen von auf § 2 I 1 und 2 WissZeitVG gestützten Befristungen einerseits nicht überschritten, andererseits aber ausgeschöpft werden kann. Die Befristungsmöglichkeit muss in beiden Phasen seit dem 17.3.2016 mit Qualifizierungsabsicht erfolgen und der Qualifizierungszweck muss im Vordergrund stehen (→ Rn. 40).[91] Es genügt der angestrebte Erwerb einer über die allgemeine Lebenserfahrung hinausgehenden wissenschaftlichen/künstlerischen Kompetenz, die den AN auch, dh nicht ausschließlich[92] zu einem beruflichen Fortkommen außerhalb der Wissenschaft/Kunst befähigt. Zu diesen Aufgaben können auch ein Projektmanagement und organisatorische Tätigkeiten gehören (BT-Drs. 18/6489, 9 f.). Nach Wortlaut und Normzweck ist es ausreichend, wenn der Anteil der darauf bezogenen Arbeitsaufgaben überwiegt. Die Wahrnehmung von Daueraufgaben darf nur im Zusammenhang mit dem Qualifikationszweck stehen (BT-Drs. 18/6489, 6); zur Sonderregelung wegen der **pandemischen Lage** → Rn. 36a.

34 **b) Erste Qualifizierungsphase (§ 2 I 1 WissZeitVG).** § 2 I 1 WissZeitVG eröffnet für wissenschaftliche (künstlerische) Mitarbeiter eine sachgrundlose Befristungsmöglichkeit für die Dauer von sechs Jahren. Nach den ursprünglichen Vorstellungen des Gesetzgebers ist dieser Zeitraum zur Erlangung einer Promotion ausreichend bemessen, allerdings musste eine solche nicht angestrebt werden (BR-Drs. 401/01). Ein Anspruch auf Verlängerung eines zeitbefristeten Arbeitsvertrags besteht auch dann, nicht wenn das Promotionsvorhaben kurz vor dem Abschluss steht. Der Abschluss eines sachgrundlos befristeten Arbeitsvertrags ist seit dem 17.3.2016 nicht mehr möglich, wenn der Beschäftigte mit den ausgeübten Dienstleistungen nicht zumindest seine wissenschaftlichen oder künstlerischen Kenntnisse erweitern will. Der dafür vertraglich vorgesehene Zeitanteil muss die übrigen Beschäftigungen überwiegen. Erforderlich ist eine Tätigkeit, in deren Rahmen der Erwerb einer formalen wissenschaftlichen bzw. künstlerischen Qualifikation möglich ist, dieses kann auch bei einer qualifizierten Mitwirkung an der Forschung Dritter oder der Durchführung einer Lehrtätigkeit der Fall sein, wenn die dem Lehrenden die (zeitliche) Möglichkeit zur eigenständigen Forschung und Reflexion belässt.[93] Die Befristungsmöglichkeit nach § 2 I 1 WissZeitVG besteht nicht (mehr), wenn der wissenschaftliche (künstlerische) Mitarbeiter bereits über eine Promotion zB in einer anderen Fachrichtung oder an einer anderen inländischen bzw. ausländischen Hochschule verfügt. Endet ein nach § 2 I 1 WissZeitVG abgeschlossener befristeter Arbeitsvertrag nach dem Abschluss eines Promotionsverfahrens, führt dies aber nicht zur Unwirksamkeit der Befristung. Die nach Erreichen der Promotion zurückgelegte Zeit wird jedoch auf die zweite Qualifizierungsphase angerechnet. Wird die Promotion nicht innerhalb von sechs Jahren erreicht, rechtfertigt auch ein möglicherweise unmittelbar bevorstehender Abschluss für sich allein genommen keine erneute Sachgrundbefristung nach § 14 I TzBfG (umstr.), möglich ist aber eine sachgrundlose Befristung unter den Voraussetzungen des § 14 II TzBfG;[94] zur Anrechnung von Vorbeschäftigungen → Rn. 42.

35 **c) Zweite Qualifizierungsphase (§ 2 I 2 WissZeitVG). aa) Dauer.** Die Befristungshöchstdauer der Post-doc-Phase beträgt grundsätzlich sechs Jahre, im Bereich der Medizin neun Jahre (§ 2 I 2 WissZeitVG). Die längere Zeitdauer im Bereich der Medizin soll Ärzten das Erreichen eines Facharztabschlusses ermöglichen. Die über sechs Jahre hinausgehende Frist gilt ausschließlich für Ärzte, nicht für Wissenschaftler anderer Fachbereiche, die in der klinischen Forschung tätig sind.[95] Eine Befristung nach § 2 I 2 WissZeitVG erfordert nicht, dass der AN eine Habilitation anstrebt, die befristete Beschäftigung muss nur geeignet zur Förderung der eigenen wissenschaftlichen oder künstlerischen Qualifizierung sein,[96] der AN muss zudem Gelegenheit hierzu haben. Die zweite Qualifizierungsphase muss sich nicht unmittelbar an die erste Qualifizierungsphase anschließen, zeitliche Unterbrechungen sind unschädlich.[97] Der weitere befristete Arbeitsvertrag darf jedoch erst nach erfolgter Promotion abgeschlossen werden. Wann eine Promotion abgeschlossen ist, richtet sich nach den landesrechtlichen bzw. satzungsrechtli-

91 *Maschmann/Konertz* NZA 2016, 257 (258).
92 *Kroll* ZTR 2016, 235 (237); *Maschmann/Konertz* NZA 2016, 257 (259).
93 ErfK/*Müller-Glöge* WissZeitVG § 2 Rn. 2b; Revision anh. 7 AZR 573/20.
94 ErfK/*Müller-Glöge* WissZeitVG § 2 Rn. 2a (nach Maßgabe des allgemeinen Befristungsrechts); aA APS/*Schmidt* HRG § 57b Rn. 5 (ausnahmsweise).
95 BAG 2.9.2009 AP Nr. 33 zu § 57b HRG = NZA 2009, 1407.
96 BAG 23.10.2019 AP Nr. 16 zu § 2 WissZeitVG = NZA 2020, 658; 24.2.2016 AP Nr. 4 zu § 1 WissZeitVG = NZA 2016, 949.
97 BAG 29.4.2015 AP Nr. 2 zu § 1 WissZeitVG.

chen Vorschriften und der jeweiligen Promotionsordnung,[98] im Zweifelsfall ist es der Tag der förmlichen Verleihung des Doktorgrades. Der AN muss daher bei Vertragsabschluss zur Führung eines inländischen oder ausländischen Doktorgrads berechtigt sein. Ein gesetzlicher Anspruch auf Begründung eines befristeten Arbeitsverhältnisses für die zweite Qualifizierungsphase besteht nicht; zur Anrechnung vor Vorbeschäftigungszeiten → Rn. 42.

bb) Verlängerung. § 2 I 2 Hs. 2 WissZeitVG enthält eine zusätzliche Berechnungsregel der Befristungshöchstdauer, die den Abschluss eines befristeten Arbeitsvertrags über die in § 2 I 2 Hs. 1 WissZeitVG bestimmte Höchstdauer ermöglicht. Nach Hs. 2 verlängert sich die zulässige Befristungsdauer in dem Umfang, in dem Zeiten einer befristeten Beschäftigung ohne Promotion und Promotionszeiten ohne Beschäftigung zusammen weniger als sechs Jahre betragen. Hierdurch soll der schnelle Abschluss einer Promotion gefördert werden. Die „eingesparte", dh unter sechs Jahren liegende Zeit, steht für die Ausdehnung der Befristungshöchstdauer der zweiten Qualifizierungsphase zur Verfügung. Jedoch werden auch – unabhängig von dem bearbeiteten Thema – Promotionszeiten berücksichtigt, die vor dem Abschluss der Erstausbildung lagen (zB in der Medizin). Hs. 2 stellt die außerhalb eines befristeten Arbeitsverhältnisses geleisteten Promotionszeiten (zB im Rahmen eines Stipendiums) den in einem Anstellungsverhältnis zurückgelegten Zeiten gleich. Um diese Zeiträume verlängert sich die Post-doc-Phase nicht. Der maßgebliche Beginn der Promotion ist grundsätzlich nach den landesrechtlichen Vorschriften oder dem Satzungsrecht der Universität zu ermitteln, daneben kann der Zeitpunkt der Vereinbarung des Promotionsthemas von Bedeutung sein.[99] Bei der Ermittlung des die Post-doc-Phase verlängernden Zeitraums ist die gesamte Promotionszeit zu berücksichtigen, hierzu gehört auch die Zeit, in der ein später nicht mehr weiterverfolgtes Promotionsthema bearbeitet wurde. Die Promotionszeiten für das ursprüngliche und das neue Promotionsthema sind zusammenzurechnen.[100] Die Post-doc-Phase verkürzt sich nicht um die Zeit, die der AN vor seiner Promotion länger als sechs Jahre befristet tätig geworden ist.[101] 36

cc) Sonderregelung wegen der pandemischen Lage. Um die Folgen der COVID-19-Pandemie auszugleichen (BT-Drs. 19/18699. 5), werden durch § 7 III 1 WissZeitVG die Höchstbefristungsgrenzen des § 2 I 1 und 2 WissZeitVG für das wissenschaftliche und künstlerische Personal ausgedehnt. Die zulässige Befristungsgesamtdauer (für beide Zeiträume) wird um sechs Monate verlängert, wenn ein unter den Geltungsbereich des § 2 I WissZeitVG fallendes Arbeitsverhältnis im Zeitraum vom 1.3.2020 bis 30.9.2020 (zumindest teilweise) rechtlich bestanden hat. Das BMBF wird ermächtigt, die zulässige Befristungsdauer höchstens um weitere sechs Monate zu verlängern (und sie ggf. auf neu begründete Arbeitsverhältnisse zu erstrecken), soweit dies aufgrund fortbestehender Auswirkungen der COVID-19-Pandemie in der BRD geboten erscheint (§ 7 III 2 WissZeitVG). Der Zeitraum ist durch § 1 S. 1 WissZeitVG-Befristungsdauer-Verlängerungs-Verordnung vom 23.9.2020 bis zum 31.3.2021 erstreckt worden (BGBl. I 2039). Nach deren § 1 S. 2 verlängert sich für Arbeitsverhältnisse nach § 2 I WissZeitVG, die zwischen dem 1.10.2020 und dem 31.3.2021 begründet worden sind, die nach § 2 I 1 und 2 WissZeitVG insgesamt zulässige Befristungsdauer um sechs Monate. Einen (individuellen) Rechtsanspruch auf die Verlängerung eines befristeten Arbeitsvertrags oder seinen Neuabschluss wird durch § 7 III 1 WissZeitVG aber nicht begründet. Die Vorschrift findet über die Verweisung in § 2 I WissZeitVG auch auf die in §§ 4, 5 WissZeitVG genannten Einrichtungen Anwendung, nicht aber auf befristete Arbeitsverträge mit Studierenden (§ 6 WissZeitVG). 36a

d) Verlängerung der Befristungsrahmen. aa) Kinderbetreuung (§ 2 I 4 und 5 WissZeitVG). Nach § 2 I 4 und 5 WissZeitVG verlängert sich die nach § 2 I 1, 2 WissZeitVG insgesamt zulässige Befristungsdauer unabhängig von den in § 2 V WissZeitVG vorgesehenen Unterbrechungstatbeständen bei Betreuung eines oder mehrerer Kinder unter 18 Jahren um zwei Jahre je Kind, dies gilt auch bei Mehrlingsgeburten.[102] Eine diesbezügliche Obergrenze enthält das Gesetz nicht. Das Kind muss im Haushalt des AN leben, mit diesem rechtlich verbunden sein sowie von diesem selbst betreut und erzogen werden (§ 2 I 5 WissZeitVG).[103] Hierzu können gehören Stief- und Pflegekinder, die Kinder, die mit dem Ziel der Annahme als Kind aufgenommen sind, Kinder 37

---

[98] BAG 18.5.2016 AP Nr. 8 zu § 2 WissZeitVG = NZA 2017, 254; 20.1.2010 AP Nr. 34 zu § 57b HRG = NZA 2010, 636.
[99] BAG 23.3.2016 AP Nr. 5 zu § 2 WissZeitVG = NZA 2016, 954.
[100] BAG 21.8.2019 AP Nr. 14 zu § 2 WissZeitVG = NZA 2020, 42.
[101] BAG 24.8.2011 AP Nr. 1 zu § 2 WissZeitVG = NZA 2012, 385.
[102] BAG 23.3.2016 AP Nr. 5 zu § 2 WissZeitVG = NZA 2016, 954.
[103] BAG 25.4.2018 AP Nr. 12 zu § 2 WissZeitVG = NZA 2018, 1135; 8.6.2016 NZA 2017, 189.

von Ehe- und Lebenspartnern sowie Kinder, bei denen die Vaterschaft anerkannt, aber noch nicht beschieden ist. Schließlich sind Kinder erfasst, die in Vollzeitpflege iSd § 33 SGB VIII in den Haushalt aufgenommen sind.[104] Das Kind muss nicht während der Laufzeit eines befristeten Arbeitsverhältnisses geboren werden, maßgeblich ist allein die tatsächliche Betreuung eines Kindes während der Laufzeit eines befristeten Arbeitsvertrags. Ob der während der Vertragsdauer anfallende Betreuungsbedarf unmittelbar mit der Geburt eines Kindes auftritt oder erst später, ist unerheblich. Die Regelung gilt für beide Elternteile und für jedes Kind, betrifft aber nur den jeweils gesetzlich vorgesehenen Befristungsrahmen der ersten oder zweiten Stufe. Für ein vor und nach der Promotion erzogenes Kind verlängert sich der Gesamtbefristungsrahmen deshalb nur einmal um zwei Jahre.[105] Sind beide Elternteile als AN im Geltungsbereich des WissZeitVG tätig, ist die Verlängerungsoption für beide unabhängig voneinander eröffnet. Eine Aufteilung des Verlängerungszeitraums zwischen den Berechtigten sieht das WissZeitVG nicht vor.[106] Ebenso muss der zeitliche Betreuungsaufwand nicht nachgewiesen werden. Die Verlängerung des Befristungsrahmens tritt automatisch ein, sie setzt weder eine Vereinbarung der Parteien noch die Kenntnis des AG von der Betreuungssituation voraus; ausreichend ist, wenn der Betreuungsbedarf erst innerhalb der letzten zwei Jahre vor Ablauf der Höchstbefristungsdauer auftritt.[107] S. 4 begründet aber keinen Anspruch des betreuenden Elternteils auf einen weiteren Abschluss eines befristeten Arbeitsvertrags mit der Hochschule oder der Forschungseinrichtung. Die Norm verlängert nur den Rahmen, innerhalb derer nach § 2 I WissZeitVG befristete Arbeitsverträge abgeschlossen werden können.

38 **bb) Menschen mit Behinderung sowie Krankheit (§ 2 I 6 WissZeitVG).** Der höchst zulässige Befristungsrahmen in § 2 I 1, 2 WissZeitVG verlängert sich (automatisch, → Rn. 37 aE) bei Vorliegen einer Behinderung (§ 2 I SGB IX; → § 178 Rn. 7) oder einer schwerwiegenden chronischen Erkrankung um zwei Jahre (§ 2 I 6 WissZeitVG). Schwerwiegend ist die Krankheit nur dann, wenn ihre Auswirkungen von solchem Gewicht sind, dass sie geeignet sind, die angestrebte wissenschaftliche (künstlerische) Qualifizierung zu verzögern.

39 **e) Verlängerung des befristeten Arbeitsvertrags kraft Gesetzes (§ 2 V WissZeitVG).** § 2 V WissZeitVG enthält abschließend geregelte Tatbestände, bei deren Vorliegen sich ein nach § 2 I 1, 2 WissZeitVG befristeter Arbeitsvertrag aus sozialen Gründen verlängert. Die Verlängerungstatbestände betreffen Zeiten, in denen der AN gehindert ist, sein Qualifizierungsziel weiterzuverfolgen. Nur in solchen Fällen soll eine Verlängerung des Arbeitsverhältnisses eintreten. Zeiten einer Beurlaubung oder Freistellung, die der AN für seine im Arbeitsverhältnis angestrebte wissenschaftliche oder künstlerische Qualifizierung nutzen kann, führen nicht zur Verlängerung des Arbeitsverhältnisses.[108] Der AN muss sein Einverständnis mit der befristeten Vertragsfortsetzung ggü. dem AG zumindest durch schlüssiges Verhalten vor Ablauf der vereinbarten Vertragslaufzeit erklären;[109] das Schriftformgebot des § 14 IV TzBfG ist nicht anwendbar.[110] Die Einverständniserklärung des AN ist keine Willenserklärung, sondern eine einseitige rechtsgeschäftsähnliche Handlung. Das Einverständnis soll verhindern, dass der Verlängerungsautomatismus gegen den Willen des AN eintritt. Die in § 2 V WissZeitVG vorgesehene Verlängerung vollzieht sich kraft Gesetzes im unmittelbaren Anschluss an die vertraglich vereinbarte Laufzeit des befristeten Vertrags. Ein befristeter Arbeitsvertrag kann sich nur im unmittelbaren Anschluss an die ursprünglich vereinbarte Laufzeit verlängern. Bei einer Unterbrechung, also der Beendigung und Neubegründung eines Arbeitsvertrags, tritt keine Verlängerung iSd § 2 V WissZeitVG ein. Ihre Dauer soll in den Fällen der Nr. 1, 2 und 5 eine Dauer von zwei Jahren nicht überschreiten. Bei einer Elternzeit sowie für Zeiten des Grundwehr-/Zivildienstes findet diese Grenze keine Anwendung. Die Verlängerungstatbestände können nacheinander gegeben sein. Bestehen sie ausnahmsweise nebeneinander, zählt der länger währende Tatbestand.[111] § 2 V WissZeitVG verdrängt entgegenstehende landesrechtliche Regelungen.[112]

40 **3. Vertragsabschluss nach dem WissZeitVG. a) Bemessung der Befristungsdauer (§ 2 I 3 WissZeitVG).** Nach dem durch das 1. ÄndG neu eingefügten § 2 I 3 WissZeitVG muss für beide Phasen die jeweils im Arbeitsvertrag vereinbarte Befristungsdauer der konkret angestrebten

[104] ErfK/*Müller-Glöge* WissZeitVG § 2 Rn. 6a.
[105] BAG 21.8.2019 AP Nr. 15 zu § 2 WissZeitVG = NZA 2020, 178.
[106] BAG 23.3.2016 AP Nr. 5 zu § 2 WissZeitVG = NZA 2016, 954.
[107] BAG 25.4.2018 AP Nr. 12 zu § 2 WissZeitVG = NZA 2018, 1135.
[108] BAG 23.10.2019 AP Nr. 16 zu § 2 WissZeitVG = NZA 2020, 658.
[109] BAG 28.5.2014 AP Nr. 3 zu § 2 WissZeitVG = NZA 2015, 768.
[110] BAG 30.8.2017 AP Nr. 11 zu § 2 WissZeitVG = NZA 2018, 305 (kein Schriftformgebot).
[111] ErfK/*Müller-Glöge* WissZeitVG § 2 Rn. 18.
[112] BAG 23.10.2019 AP Nr. 16 zu § 2 WissZeitVG = NZA 2020, 658.

Qualifizierung gegenüber angemessen sein. Nach der Vorstellung des Gesetzgebers soll sich die Befristungsdauer nach den von den Wissenschaftseinrichtungen, dh letztlich vom AG selbst, zu erstellenden Leitlinien richten[113] (BT-Drs. 18/6489, 11). Die angemessene Befristungsdauer ist einzelfallbezogen, insbesondere unter Berücksichtigung der Verhältnisse im jeweiligen Fach, des angestrebten Qualifizierungsziels und des Qualifizierungsstands des AN zu ermitteln. Sie ist stets angemessen, wenn mit der Vertragslaufzeit die zulässige Höchstbefristungsdauer nach § 2 I 1, 2 WissZeitVG ausgeschöpft wird.[114] Wird die angemessene Frist unterschritten, kann ein Anspruch auf Neuabschluss eines Arbeitsvertrags bis zum Ablauf der angemessenen Frist in Betracht kommen. Wird sie überschritten, berührt dies die Wirksamkeit der (sachgrundlosen) Befristung nicht.

b) Abschluss eines Verlängerungsvertrags (§ 2 I 7 WissZeitVG). Innerhalb der nach § 2 I WissZeitVG zulässigen Befristungshöchstdauer sind (einvernehmliche) Verlängerungen des befristeten Arbeitsvertrags zulässig (§ 2 I 7 WissZeitVG). Das Gesetz begründet nur eine Option, aber keinen Anspruch auf Verlängerung eines befristeten Arbeitsvertrags bis zur Befristungshöchstdauer. Anders als bei § 14 II TzBfG muss ein möglicher Verlängerungsvertrag nicht bis zum Ablauf des vorherigen Vertrags abgeschlossen sein, da keine Notwendigkeit beim WissZeitVG besteht, Neuabschluss und Verlängerung gegeneinander abzugrenzen. Ein § 14 II 2 TzBfG vergleichbares Anschlussverbot enthält § 2 I WissZeitVG nicht. Eine zeitliche Unterbrechung der Beschäftigungszeiten ist daher im Geltungsbereich des § 2 I WissZeitVG zulässig, sofern nur die zulässige Befristungshöchstdauer eingehalten wird; auch der mehrfache Neuabschluss befristeter Arbeitsverträge ist möglich.[115] 41

c) Anrechnung von Vorbeschäftigungen (§ 2 III WissZeitVG). Auf die Befristungshöchstdauer (→ Rn. 33) werden – zur Vermeidung einer mehrfachen Ausschöpfung der Befristungshöchstgrenzen – die in § 2 III 1, 2 WissZeitVG genannten Vertragsverhältnisse angerechnet. Dabei handelt es sich um befristete Arbeitsverhältnisse mit mehr als ¼ der regelmäßigen Arbeitszeit an einer deutschen Hochschule oder einer Forschungseinrichtung iSd § 5 WissZeitVG, entsprechende Beamtenverhältnisse auf Zeit und Privatdienstverträge nach § 3 WissZeitVG sowie befristete Arbeitsverhältnisse nach anderen Rechtsvorschriften. Die Anrechnungsregelung zielt einerseits darauf ab, die Qualifikationsphase zeitlich zu begrenzen, um das Ziel einer zügigen wissenschaftlichen bzw. künstlerischen Qualifizierung zu sichern. Andererseits sollen durch die Anrechnungsregelung nicht sonstige Beschäftigungen an der Hochschule oder Forschungseinrichtung erfasst werden, die nicht zur wissenschaftlichen Qualifikation genutzt werden können.[116] Zeiten, in denen ein Stipendiat außerhalb eines Beschäftigungsverhältnisses aufgrund eines von einem Dritten gewährten Stipendiums an der Hochschule tätig ist, werden nicht angerechnet, ebenso Zeiten, die vor dem Abschluss des Studiums liegen (zB als studentische Hilfskraft). Entgegen dem weiter gefassten Wortlaut sind aber nur befristete Beschäftigungsverhältnisse an inländischen und ausländischen Hochschulen zu berücksichtigen, soweit diese zur wissenschaftlichen Qualifikation genutzt werden konnten. Andere Beschäftigungen an Hochschulen wie etwa reine Verwaltungstätigkeiten unterliegen deshalb nicht der Anrechnung.[117] Die Vorschrift ist nicht analog auf befristete Beschäftigungsverhältnisse an ausländischen Hochschulen anzuwenden. Die Nichtanrechnung erfasst deutsche und ausländische Staatsangehörige gleichermaßen und ist daher unionsrechtlich nicht zu beanstanden.[118] Beschäftigungszeiten, die vor der staatlichen Anerkennung an einer privaten Hochschule zurückgelegt wurden, sind auf die Höchstbefristungsdauer nicht anzurechnen. Solche Beschäftigungszeiten werden erst ab dem Zeitpunkt von deren staatlicher Anerkennung auf die Höchstbefristungsdauer berücksichtigt.[119] Daneben werden die in unbefristeten Verträgen zurückgelegten Beschäftigungszeiten und die in § 2 V WissZeitVG genannten Unterbrechungszeiten nicht auf die Befristungshöchstdauer angerechnet. Bei Letzteren verlängert sich die jeweilige Dauer des befristeten Vertrags, in dem ein Tatbestand der Vorgängerregelung in § 57c IV HRG anfällt, bei einem Einverständnis des AN um die gesetz- 42

[113] AA BAG 21.1.2021 – 7 AZR 193/20, zVb; zu Recht krit. *Maschmann/Konertz* NZA 2016, 257 (263); *Kroll* ZTR 2016, 235 (236); ErfK/*Müller-Glöge* WissZeitVG § 2 Rn. 4 (Mindestvertragslaufzeit); Staudinger/*Preis* BGB § 620 Rn. 282a; krit. dazu *Kiel* JbArbR 54 (2017), 51 (59 ff.).
[114] BAG 20.1.2021 – 7 AZR 193/20, zVb.
[115] BAG 9.12.2015 AP Nr. 4 zu § 2 WissZeitVG = NZA 2016, 552.
[116] BAG 27.9.2017 AP Nr. 10 zu § 2 WissZeitVG; 8.6.2016 NZA 2017, 189.
[117] BAG 27.9.2017 AP Nr. 10 zu § 2 WissZeitVG (teleologische Reduktion).
[118] BAG 23.3.2016 AP Nr. 5 zu § 2 WissZeitVG = NZA 2016, 954.
[119] BAG 23.10.2019 AP Nr. 16 zu § 2 WissZeitVG = NZA 2020, 658.

lich vorgesehene Zeit. Für die Form seiner Einverständniserklärung enthält § 2 WissZeitVG keine Vorgaben, § 14 IV TzBfG ist daher auch nicht analog anwendbar. Die Anrechnungsbestimmung des § 2 III WissZeitVG ist dahin auszulegen, dass volle Beschäftigungsjahre als solche anzurechnen sind, so dass nur unterjährige Teile eines Arbeitsverhältnisses nach Tagen auf die zulässige Höchstbefristungsdauer nach § 2 I WissZeitVG anzurechnen sind.[120] Die Herausnahme von Arbeitsverhältnissen mit bis zu ¼ der regelmäßigen Arbeitszeit (§ 2 III 1 WissZeitVG) ist unionsrechtskonform.[121]

43 **d) Zitiergebot und Beschränkung auf Zeitbefristungen (§ 2 IV WissZeitVG).** Nach § 2 IV 1, 2 WissZeitVG iVm § 14 IV TzBfG ist im (schriftlichen) Arbeitsvertrag anzugeben, ob die Befristung auf den Vorschriften des WissZeitVG beruht (Zitiergebot). Fehlt die Angabe, kann sie nicht auf die Vorschriften des WissZeitVG gestützt werden. Möglich ist aber eine Rechtfertigung nach dem TzBfG, diese wird durch die Zitierung des WissZeitVG im Arbeitsvertrag nicht abbedungen.[122] In § 2 IV 3 WissZeitVG wird klargestellt, dass die §§ 1 ff. WissZeitVG nur die kalendermäßig bestimmte bzw. bestimmbare Befristung erfassen; die Vereinbarung von Zweckbefristungen und auflösenden Bedingungen kann nicht mit den erleichterten Befristungsmöglichkeiten des WissZeitVG gerechtfertigt werden. Deren Zulässigkeit bestimmt sich gleichfalls nach dem TzBfG. Daneben können die Hochschulen unbefristete oder – nach Maßgabe des TzBfG – befristete Arbeitsverträge abschließen (§ 1 II WissZeitVG). Allerdings verdrängt § 2 I WissZeitVG als Spezialregelung § 14 I TzBfG, soweit die befristete Beschäftigung ausschließlich der wissenschaftlichen Qualifizierung des Mitarbeiters dient.[123]

44 **e) Bezugnahme auf das TzBfG (§ 1 I 5 WissZeitVG) sowie institutioneller Rechtsmissbrauch.** Nach § 1 I 5 WissZeitVG sind die arbeitsrechtlichen Vorschriften und Grundsätze über befristete Arbeitsverträge und deren Kündigung anzuwenden, soweit sie den Vorschriften der §§ 2–6 WissZeitVG nicht widersprechen. Aufgrund der Verweisung sind die Regelungen im TzBfG über das Diskriminierungsverbot (§ 4 II TzBfG; → § 41 Rn. 1), das Schriftformerfordernis (§ 14 IV TzBfG; → § 38 Rn. 50), das Ende des befristeten Vertrags (§ 15 TzBfG; → § 38 Rn. 40), die Rechtsfolgen einer unwirksamen Befristung (§ 16 TzBfG; → § 38 Rn. 48) sowie die Notwendigkeit zur fristgerechten Anrufung des Arbeitsgerichts (§ 17 TzBfG; → § 38 Rn. 61) auch für befristete Arbeitsverträge im Hochschulbereich anzuwenden. Bei Befristungen nach § 2 I 1 und 2 WissZeitVG findet keine zusätzliche Prüfung ihrer Wirksamkeit nach den Grundsätzen des **institutionellen Rechtsmissbrauchs** (→ § 40 Rn. 6a) statt. Bei den nach den vorgenannten Tatbeständen befristeten Arbeitsverhältnissen handelt es sich nicht um eine Sachgrundbefristung, sondern um eine sachgrundlose Befristung.[124]

45 **f) Zwingendes Recht.** Die §§ 1 ff. WissZeitVG enthalten zwingendes Recht. Von ihnen kann durch (einzelvertragliche) Vereinbarung nicht abgewichen werden (§ 1 I 2 WissZeitVG). Durch Tarifvertrag kann für bestimmte Fachrichtungen und Forschungsbereiche von den in § 2 I WissZeitVG vorgesehenen Fristen anders ausgestaltet und die Anzahl der zulässigen Verlängerungen befristeter Arbeitsverträge festgelegt werden. Die hierin liegende Beschränkung des Art. 9 III GG ist verfassungsrechtlich unbedenklich.[125] Im Geltungsbereich eines solchen Tarifvertrags können nicht tarifgebundene Vertragsparteien die Anwendung der tariflichen Regelungen vereinbaren (§ 1 I 3, 4 WissZeitVG).

46 **4. Befristungsmöglichkeiten mit wissenschaftlichem (künstlerischem) Personal außerhalb des WissZeitVG.** Nach Ausschöpfung der Höchstbefristungsdauer des § 2 I WissZeitVG kann sich eine auf einen Sachgrund des § 14 I TzBfG gestützte Befristung anschließen.[126] Als Befristungsgründe für Arbeitsverträge mit wissenschaftlichem Personal hat die Rspr. anerkannt, die zeitlich begrenzte Mitarbeit an einem Forschungsprojekt (→ § 40 Rn. 13),[127] die Möglichkeit zur Weiterbildung für eine spätere Berufstätigkeit außerhalb der Hochschule[128]

---

[120] BAG 20.5.2020 AP Nr. 17 zu § 2 WissZeitVG = NZA 2020, 1175 (entgegen § 191 BGB).
[121] BAG 23.1.2021 – 7 AZR 139/20, zVb.
[122] BAG 28.9.2016 AP Nr. 7 zu § 1 WissZeitVG = NZA 2017, 249.
[123] BAG 28.9.2016 AP Nr. 7 zu § 1 WissZeitVG = NZA 2017, 249.
[124] BAG 20.5.2020 AP Nr. 17 zu § 2 WissZeitVG = NZA 2020, 1175.
[125] BVerfG 24.4.1996 BVerfGE 94, 268 = AP Nr. 2 zu § 57a HRG.
[126] *Dörner*, Der befristete Arbeitsvertrag, Rn. 585 ff.
[127] BAG 7.4.2004 AP Nr. 4 zu § 17 TzBfG; 24.10.2001 AP Nr. 9 zu § 57c HRG = NZA 2003, 153.
[128] BAG 25.8.1999 AP Nr. 23 zu § 57b HRG = NZA 2001, 152.

sowie Haushaltsmittelbefristungen[129] (jetzt: § 14 I 2 Nr. 7 TzBfG; → § 40 Rn. 36). In Betracht kommen noch Befristungen zur Vertretung (§ 14 I 2 Nr. 3 TzBfG; → § 40 Rn. 19), auf Wunsch des Beschäftigten (§ 14 I 2 Nr. 6 TzBfG; → § 40 Rn. 63), zur sozialen Überbrückung (→ § 40 Rn. 18, 35), bei Drittmittelfinanzierung (§ 2 II WissZeitVG, § 40 Rn. 43) sowie aufgrund eines gerichtlichen Vergleichs (§ 14 I 2 Nr. 8 TzBfG; → § 40 Rn. 39). Daneben kann die Befristung auf § 14 II TzBfG gestützt werden, wenn mit dem AG zuvor noch kein Arbeitsverhältnis bestanden hat (zB bei einem Wechsel der Hochschule); allerdings begegnet eine sachgrundlose Befristungsmöglichkeit nach § 14 II oder III TzBfG unter dem Gesichtspunkt des Untermaßverbots verfassungsrechtlichen Bedenken, wenn eine Beschäftigung als wissenschaftlicher Mitarbeiter vereinbart wird („12 bzw. 15 Jahre sachgrundlose Befristung sind genug").[130]

§ 40. Befristung mit Sachgrund

Übersicht

I. Allgemeines

1 **1. Sachgrunderfordernis. a) Nationales Recht.** Nach dem Willen des Gesetzgebers ist nicht der befristete, sondern der unbefristete Arbeitsvertrag der sozialpolitisch erwünschte Normalfall (BT-Drs. 14/4374, 12). Daher regelt § 14 I 1 TzBfG einen Ausnahmetatbestand. Der Abschluss eines befristeten Arbeitsvertrags ist zwar zulässig, aber grundsätzlich nur mit Sachgrund möglich (zu den sachgrundlosen Befristungen nach dem TzBfG → § 39 Rn. 1 und dem WissZeitVG → § 39 Rn. 27). Der Gesetzgeber hat sich in § 14 I 2 TzBfG auf eine nicht abschließende Aufzählung von bisher durch die Rspr. bereits anerkannten Sachgründen beschränkt. Der Große Senat des BAG hatte noch weitgehend unbestimmt ausgeführt, dass das formelle Recht, einen Arbeitsvertrag befristen zu können, seine innere Schranke darin finden müsse, von ihm nur einen vernünftigen, sachlichen, den allgemeinen Zwecken der Rechtsordnung entsprechenden

[129] BAG 28.9.2016 AP Nr. 7 zu § 1 WissZeitVG = NZA 2017, 249.

[130] Für studentische Hilfskräfte *Haratsch/Holljesiefken* NZA 2008, 207; aA *Dörner,* Der befristete Arbeitsvertrag, Rn. 599.

Gebrauch zu machen.[1] Etwas moderner formuliert liegt ein sachlicher Grund für den Abschluss eines befristeten Arbeitsvertrags vor, wenn der AG aufgrund einer wertenden Betrachtung einen von der Rechtsordnung anzuerkennenden Grund für einen nicht auf Dauer angelegten Arbeitsvertragsschluss für sich beanspruchen kann.[2]

2 **b) Unionsrecht.** Auch nach der Präambel der Befristungsrichtlinie 1999/70/EG des Rates vom 28. Juni 1999 (dazu → § 38 Rn. 3) stellt der unbefristete Arbeitsvertrag die übliche Form der Beschäftigung zwischen AN und AG dar und soll es auch weiterhin bleiben. Zugleich wird dieses Bekenntnis dahingehend eingeschränkt, dass befristete Beschäftigungsverhältnisse unter bestimmten Umständen den Bedürfnissen von AG und AN entsprechen. Zu diesem Zweck enthält Art. 5 I der in die Befristungsrichtlinie inkorporierten EGB-UNICE-CEEP-Rahmenvereinbarung über befristete Arbeitsverträge (RV 1999/70/EG) Vorgaben zur Vermeidung von Missbrauch durch aufeinander folgende befristete Arbeitsverträge bzw. -verhältnisse, zu denen u.a. das Erfordernis eines Sachgrunds (Art. 5 I lit. a RV 1999/70/EG) zählt. Die RV 1999/70/EG findet allerdings keine Anwendung auf ein mit einem Leiharbeitnehmer abgeschlossenes befristetes Arbeitsverhältnis.[3] Die Definition eines befristet beschäftigten AN enthält Art. 3 RV 1999/70/EG.[4] Zwar überlässt es die RL den Mitgliedstaaten, die Begriffe „Arbeitsvertrag" oder „Arbeitsverhältnis" entsprechend ihrem nationalen Recht und/oder ihrer nationalen Praxis zu definieren, doch muss das nationale Recht in Einklang mit dem Normzweck der Befristungsrichtlinie und den allgemeinen Grundsätze des Unionsrechts stehen.[5] Liegen zwischen den befristeten Arbeitsverträgen Unterbrechungszeiten von mehr als 60 Tagen, liegen keine „aufeinander folgenden Arbeitsverträge" iSd Art. 5 RV 1999/70/EG vor.[6] Nach Auffassung des EuGH meint der Begriff des sachlichen Grundes genau bezeichnete, konkrete Umstände, die eine bestimmte Tätigkeit kennzeichnen und daher in diesem speziellen Zusammenhang den Einsatz aufeinanderfolgender befristeter Arbeitsverträge rechtfertigen können.[7] Diese Umstände können sich etwa aus der besonderen Art der Aufgaben, zu deren Erfüllung die Verträge geschlossen worden sind, und deren Wesensmerkmalen oder ggf. aus der Verfolgung eines legitimen sozialpolitischen Ziels durch einen Mitgliedstaat ergeben.[8] Als maßgeblich für die Auslegung des Sachgrunderfordernisses anerkannt sind die Eigenheiten der jeweiligen Branche,[9] die betreffende Tätigkeit und die Bedingungen ihrer Ausübung.[10] Als einen sachlichen Grund hat der EuGH die Deckung eines zeitweiligen Bedarfs[11] sowie eine Vertretungssituation[12] angesehen. Die RV 1999/70/EG verbietet nicht die unterschiedliche Ausgestaltung des Befristungsrechts in einzelnen Branchen, solange das nationale Recht wirksame Maßnahmen enthält, um die missbräuchliche Inanspruchnahme aufeinanderfolgender befristeter Arbeitsverträge durch AG einer Branche zu verhindern und ggf. zu ahnden.[13] Der Begriff des Sachgrundes in Art. 5 I RV 1999/70/EG ist bei der Auslegung des nationalen Rechts zu berücksichtigen, er ist aber selbst nicht hinreichend bestimmt, um von einem Einzelnen vor einem nationalen Gericht in Anspruch genommen werden zu können.[14] Als Rechtsfolge einer unzulässigen Befristung muss das nationale Recht nicht notwendigerweise das Bestehen eines unbefristeten Arbeitsverhältnisses vorsehen;[15] auf der

---

[1] BAG GS 12.10.1960 AP Nr. 16 zu § 620 BGB Befristeter Arbeitsvertrag = NJW 1961, 798.
[2] *Dörner,* Der befristete Arbeitsvertrag, Rn. 163 ff.
[3] EuGH 11.4.2013 AP Nr. 11 zu Richtlinie 99/70/EG = NZA 2013, 495 – Della Rocca.
[4] EuGH 5.2.2015 – C-117/14, NZA 2015, 349 – Poclava (zur Probezeit).
[5] EuGH 16.7.2020 – C-658/18, NZA 2020, 1697 – Governo della Repubblica italiana.
[6] EuGH 3.7.2014 – C-362/13 u.a. – Fiamingo u.a.; großzügiger allerdings das BAG bei der Prüfung des Rechtsmissbrauchs, dazu → Rn. 6a.
[7] EuGH 25.10.2018 – C-331/17, NZA 2018, 1535 – Sciotto.
[8] EuGH 23.4.2009 AP Nr. 6 zu Richtlinie 99/70/EG – Angelidaki.
[9] EuGH 26.2.2015 – C-238/14, NZA 2015, 424 – Kommission / Luxemburg; hierzu gehört auch der Anteil der dort regelmäßig befristet beschäftigten AN EuGH 19.3.2020 – C-103/18 und C-429/18, C-103/18, C-429/18 – Sánchez Ruiz.
[10] EuGH 26.11.2014 – C-22/13, NZA 2015, 153 – Mascolo; 26.1.2012 AP Nr. 9 zu Richtlinie 99/70/EG = NZA 2012, 135 – Kücük; 4.7.2006 AP Nr. 1 zu Richtlinie 99/70/EG = NZA 2006, 909 – Adeneler.
[11] EuGH 13.3.2014 AP Nr. 12 zu Richtlinie 99/70/EG = NZA 2014, 475 – Márquez Samohano.
[12] EuGH 26.2.2015 – C-238/14, NZA 2015, 424 (Aushilfe); 26.1.2012 AP Nr. 9 zu Richtlinie 99/70/EG = NZA 2012, 135 – Kücük (Vertretung).
[13] EuGH 25.10.2018 – C-331/17, NZA 2018, 1535 – Sciotto; 14.9.2016 – C-184/15, C-197/15 – Andrés und López.
[14] EuGH 15.4.2008 NZA 2008, 581 – Impact; *Rolfs/de Groot* ZESAR 2009, 5.
[15] EuGH 14.9.2016 – C-184/15, C-197/15 – Andrés und López.

Rechtsfolgenseite kann zwischen öffentlichem und privatem Sektor differenziert werden.[16] Jedoch müssen die Mitgliedstaaten Maßnahmen vorsehen, welche nicht nur verhältnismäßig, sondern darüber hinaus auch hinreichend wirksam und abschreckend sind, um die volle Wirksamkeit der Befristungs-RL zu gewähren, was von den nationalen Gerichten zu beurteilen ist.[17]

2. Zeitpunkt. a) Vertragsabschluss. Nach der Rspr. des BAG ist die Befristungskontrolle eine Vertragskontrolle. Daher ist für die Beurteilung, ob die den Sachgrund begründenden Tatsachen vorliegen, ausschließlich auf den Zeitpunkt des Abschlusses des befristeten Arbeitsvertrags abzustellen.[18] Nach Vertragsschluss eintretende Ereignisse können die Wirksamkeit eines bei Vertragsschluss vorliegenden sachlichen Grunds nicht (mehr) in Frage stellen.[19] So führt zB bei dem Sachgrund der Vertretung das endgültige Ausscheiden des Vertretenen weder zum Wegfall des Sachgrundes noch zur Verpflichtung des AG, den Vertreter in ein unbefristetes Arbeitsverhältnis zu übernehmen. Auch der Erwerb eines besonderen Kündigungsschutzes oder eine eintretende Schwangerschaft sind für die zuvor vereinbarte Befristung ohne Bedeutung. Eine Übernahmeverpflichtung in ein unbefristetes Arbeitsverhältnis kann jedoch bestehen, wenn die nachträglich eintretenden Umstände für den AG maßgebend waren, von einem ursprünglich in Aussicht gestellten Angebot auf ein Dauerarbeitsverhältnis abzusehen.[20] Eine Berücksichtigung von Tatsachen während der Laufzeit des befristeten Vertrags ist nur zur Verdeutlichung der Interessenlage der Parteien bei Vertragsabschluss möglich.[21] Spiegelbildlich kann durch Ereignisse während der Vertragslaufzeit ein bei Vertragsbeginn nicht vorhandener Sachgrund nicht nachträglich entstehen. Wird der befristete Vertrag während seiner Laufzeit unter Beibehaltung der vertraglich vereinbarten Befristungsdauer in Bezug auf die Tätigkeit und Vergütung vertraglich abgeändert, unterliegt dieser **Änderungsvertrag** als letzter Arbeitsvertrag der Befristungskontrolle, dh zum Zeitpunkt des Änderungsvertrags muss ein Sachgrund für die Befristung bestehen. Die Befristung kann aber nur auf ihre Wirksamkeit überprüft werden, wenn der AN innerhalb der Klagefrist des § 17 S. 1 TzBfG die Unwirksamkeit der Befristung des Änderungsvertrags geltend macht;[22] zum Vertragsfortsetzungsanspruch → § 38 Rn. 76. 3

b) Prognose. Die Beurteilung der den Sachgrund begründenden Tatsachen erfolgt bei einigen Sachgründen aufgrund einer Prognose des AG (zB bei den Tatbeständen der § 14 I 2 Nr. 1 und 3 TzBfG). Dafür muss im Zeitpunkt des Vertragsabschlusses mit einiger Sicherheit zu erwarten sein, dass für eine Beschäftigung des befristet eingestellten AN kein dauerhafter, sondern nur ein vorübergehender Bedarf besteht.[23] Die Prognose ist bei den Tatbeständen, bei denen die Befristung wegen einer Unsicherheit über die Entwicklung des zukünftigen Arbeitskräftebedarfs gerechtfertigt sein kann, Teil des Sachgrundes für die Befristung.[24] Der Prognose müssen jeweils konkrete Anhaltspunkte zugrunde liegen. Eine bloße Unsicherheit über die künftige Entwicklung des Arbeitskräftebedarfs reicht für die Befristung eines Arbeitsverhältnisses nicht aus.[25] 4

3. Befristungsdauer. a) Grundsatz. Der Befristungsdauer kommt nur im Ausnahmefall eine eigenständige Bedeutung bei der Befristungskontrolle zu. Sie dient zur Kontrolle, ob der geltend gemachte Sachgrund vorgeschoben ist oder nicht. Hingegen bedarf es nicht zusätzlich einer gesonderten Prüfung der gewählten Befristungsdauer auf ihre sachliche Rechtfertigung.[26] Die Befristungsdauer muss sich an dem geltend gemachten Sachgrund orientieren. Aus ihr können sich Rückschlüsse auf das Vorliegen des geltend gemachten Sachgrundes ergeben. Überschreitet zB bei dem Sachgrund der Vertretung die gewählte Befristungsdauer die voraussichtliche Abwesenheit des Vertretenen, so stellt dies den Sachgrund des § 14 I 2 Nr. 3 TzBfG zunächst in Frage. Andererseits kann die Befristungsdauer für die Laufzeit des Vertrags mit dem Vertreter hinter der Abwesenheitszeit des Vertretenen zurückbleiben. Dies stellt den Sachgrund der Vertretung grundsätzlich nicht infrage. Weil es dem AG freisteht, ob er beim zeitweiligen Ausfall eines 5

[16] EuGH 7.3.2018 AP Nr. 16 zu Richtlinie 99/70/EG = NZA 2018, 503 – Santoro.
[17] EuGH 19.3.2020 – C-103/18 und C-429/18, C-103/18, C-429/18 – Sánchez Ruiz.
[18] BAG 8.6.2016 AP Nr. 7 zu § 2 WissZeitVG = NZA 2016, 1463.
[19] BAG 4.6.2003 AP Nr. 252 zu § 620 BGB Befristeter Arbeitsvertrag = NZA-RR 2003, 621.
[20] EuGH 4.10.2001 AP Nr. 3 zu EWG-Richtlinie Nr. 92/85 = NZA 2001, 1243 – Melgar.
[21] BAG 4.12.2002 AP Nr. 28 zu § 620 BGB Bedingung = NZA 2003, 611.
[22] BAG 17.5.2017 AP Nr. 159 zu § 14 TzBfG = NZA 2017, 1600.
[23] BAG 20.2.2008 AP Nr. 45 zu § 14 TzBfG = NZA-RR 2009, 288.
[24] BAG 21.2.2018 AP Nr. 167 zu § 14 TzBfG = NZA 2018, 858.
[25] BAG 15.10.2014 NZA 2015, 362; 24.9.2014 AP Nr. 123 zu § 14 TzBfG = NZA 2015, 301.
[26] BAG 21.2.2018 AP Nr. 168 zu § 14 TzBfG = NZA 2018, 1003.

Mitarbeiters überhaupt für eine Vertretung sorgt, muss ihm auch freigestellt werden, die Vertretung zunächst nur für einen kürzeren Zeitpunkt zu regeln. Er kann zB abwarten, ob nach Ablauf der Befristungsdauer noch ein Bedarf an der Vertretung des abwesenden AN besteht oder einen anderen AN als Vertreter einstellen. Der Sachgrund wird zB bei einer Projektbefristung infrage gestellt, wenn die Dauer der Befristung des Arbeitsvertrags derart hinter der voraussichtlichen Dauer des Befristungsgrunds (Projekt) zurückbleibt, sodass eine sinnvolle, dem Sachgrund der Befristung entsprechende Mitarbeit des AN in dem Projekt nicht mehr möglich erscheint.[27] Die Wirksamkeit einer Befristung wird auch nicht dadurch beeinträchtigt, dass der AN einen Anspruch auf Abschluss eines anderen und möglicherweise weitergehenden, zB mit einer längeren Vertragslaufzeit bzw. eines unbefristeten Vertrags hat[28] oder ein solcher Vertragsabschluss dem AG möglich wäre. Allerdings führt eine nach dem AGG unzulässige Benachteiligung des AN bei der Befristungsdauer nach § 7 II AGG zur Unwirksamkeit der Befristungsabrede.[29]

6 **b) Aufeinanderfolgende Befristungen.** Nach der älteren Rspr. des BAG steigen die Anforderungen an den sachlichen Grund der Befristung mit zunehmender Dauer der Beschäftigung des AN. Dies bedeutet, dass die Prognose des AG, nach Ablauf der Befristung werde an der Arbeitsleistung des befristet eingestellten AN kein Bedarf mehr bestehen, mit erhöhter Sorgfalt zu erstellen ist. Zwar ist eine sichere Aussage über zukünftige Entwicklungen in aller Regel nicht möglich. Bei der nochmaligen befristeten Verlängerung des Arbeitsverhältnisses eines bereits langjährig befristet beschäftigten AN müssen jedoch im Zeitpunkt der Vertragsverlängerung konkrete Anhaltspunkte für eine fundierte Prognose vorliegen, diesmal werde der Beschäftigungsbedarf tatsächlich sein Ende finden.[30] Diese Rspr. hat – wenn überhaupt – nur noch Bedeutung für den Sachgrund des vorübergehenden betrieblichen Bedarfs (§ 14 I 2 Nr. 1 TzBfG; → Rn. 9), für andere Sachgründe ist sie bedeutungslos. Allerdings sind nach der Rspr. des EuGH bei Prüfung der Frage, ob die Verlängerung eines befristeten Arbeitsvertrags rechtsmissbräuchlich ist, stets alle Umstände des Einzelfalls zu prüfen und dabei namentlich die Zahl der mit derselben Person oder zur Verrichtung der gleichen Arbeit geschlossenen aufeinanderfolgenden befristeten Verträge zu berücksichtigen, um auszuschließen, dass AG missbräuchlich auf befristete Arbeitsverträge oder -verhältnisse zurückgreifen, mögen diese auch augenscheinlich zur Deckung eines Vertretungsbedarfs geschlossen worden sein[31] (→ Rn. 19); zur beabsichtigten Neuregelung → § 38 Rn. 2.

6a **c) Rechtsmissbrauch.** Die ArbG sind nach den unionsrechtlichen Vorgaben (→ Rn. 2, → § 38 Rn. 3) verpflichtet, durch Berücksichtigung aller Umstände des Einzelfalls auszuschließen, dass AG missbräuchlich auf befristete Arbeitsverträge zurückgreifen.[32] Diese Prüfung nimmt das BAG nach den **Grundsätzen des institutionellen Rechtsmissbrauchs** (§ 242 BGB) vor.[33] Sie orientiert sich an der Zulässigkeit für den Abschluss von sachgrundlos befristeten Arbeitsverträgen (§ 14 II TzBfG, Dauer 2 Jahre, höchstens drei Verlängerungen) und erfolgt in drei Stufen. **(1)** Eine Befristung mit Sachgrund, die nicht mindestens das Vierfache eines dieser Werte (alternativ: Befristungsdauer acht Jahre oder 12 befristete Arbeitsverträge) oder das Dreifache beider Werte (kumulativ: Befristungsdauer sechs Jahre und neun befristete Arbeitsverträge) überschreitet, ist danach regelmäßig unbedenklich. **(2)** Aus der Vertragsgestaltung sind Anhaltspunkte für eine missbräuchliche Inanspruchnahme der Befristung erkennbar oder werden vom AN vorgetragen. Dies ist der Fall, wenn die Gesamtdauer des befristeten Arbeitsverhältnisses acht Jahre überschreitet oder mehr als zwölf Verlängerungen des befristeten Arbeitsvertrags vereinbart wurden oder wenn die Gesamtdauer des befristeten Arbeitsverhältnisses sechs Jahre überschreitet und mehr als neun Vertragsverlängerungen vereinbart wurden. **(3)** Von einem indizierten Rechtsmissbrauch ist idR auszugehen, wenn die Gesamtdauer des Arbeitsverhältnisses zehn Jahre überschreitet oder mehr als 15 Vertragsverlängerungen vereinbart wurden oder wenn mehr als zwölf Vertragsverlängerungen bei einer Gesamtdauer von mehr als acht Jahren vorliegen. In einem solchen Fall hat der AG die Annahme des indizierten Gestaltungsmissbrauchs durch den

[27] BAG 27.7.2016 AP Nr. 143 zu § 14 TzBfG = NZA 2016, 1531.
[28] BAG 20.2.2008 AP Nr. 45 zu § 14 TzBfG; 25.4.2001 EzA Nr. 177 zu § 620 BGB.
[29] BAG 6.4.2011 AP Nr. 1 zu § 10 AGG = NZA 2011, 970.
[30] BAG 22.11.1995 AP Nr. 178 zu § 620 BGB Befristeter Arbeitsvertrag = NZA 1996, 878.
[31] EuGH 26.1.2012 AP Nr. 9 zu Richtlinie 99/70/EG = NZA 2012, 135.
[32] BAG 23.5.2018 AP Nr. 13 zu § 2 WissZeitVG = NZA 2018, 1399; 26.10.2016 AP Nr. 146 zu § 14 TzBfG = NZA 2017, 382.
[33] *Bayreuther* NZA 2013, 23; *Kiel* JbArbR 50 (2012), 25; *Persch* BB 2013, 629; krit. *Bruns* NZA 2013, 769; *Drosdeck/Bitsch* NJW 2013, 1345; *Eufinger* ArbuR 2016, 224; *Greiner* Anm. AP Nr. 99 zu § 14 TzBfG.

Vortrag besonderer Umstände zu entkräften.[34] Allerdings muss er zur Vermeidung von befristeten Arbeitsverträgen keine Personalreserve vorhalten.[35] Bei dem grundrechtsorientierten Befristungsgrund aus § 14 I 2 Nr. 4 TzBfG (**Eigenart der Arbeitsleistung,** → Rn. 28) findet eine Missbrauchsprüfung, bei der unter Würdigung aller Umstände des Einzelfalls zu ermitteln ist, ob der AG einen an sich gegebenen Sachgrund für die Befristung eines Arbeitsvertrags dazu nutzt, einen ständigen und dauerhaften Arbeitskräftebedarf zu decken, nicht statt. Denn dieser Sachgrund erfordert bereits eine umfassende Interessenabwägung.[36]

Ist nach den vorgenannten Vorgaben eine Prüfung des institutionellen Rechtsmissbrauchs **6b** veranlasst, sind hierfür die **Tätigkeitsinhalte** des AN, der **Arbeitsumfang** und etwaige **Unterbrechungen** zwischen den Arbeitsverträgen sowie die früheren **Befristungsgründe** von besonderer Bedeutung. Für einen Missbrauch spricht es, wenn der AN stets auf demselben Arbeitsplatz mit denselben Aufgaben beschäftigt wird, dagegen, wenn ihm mit den jeweiligen befristeten Arbeitsverträgen wechselnde, ganz unterschiedliche Tätigkeiten übertragen wurden. Solche Verträge sind aus der Gesamtdauer herauszunehmen. Zu berücksichtigen ist auch der betriebliche Grund für den nur vorübergehenden Einsatz des AN. Ein Gestaltungsmissbrauch ist eher anzunehmen, wenn die Laufzeit der befristeten Verträge wiederholt hinter der prognostizierten Dauer des vorübergehenden Beschäftigungsbedarfs zurückbleibt, ohne dass dafür ein berechtigtes Interesse des AG erkennbar ist.[37] Nicht der Abschluss einer Vielzahl von befristeten Arbeitsverträgen kann ein Unwerturteil begründen, sondern dass bei Vorliegen des gleichen Anlassfalls stets auf die Befristung zurückgegriffen wird. Hingegen entlastet es den AG, wenn die Verträge durch unterschiedliche Sachgründe gerechtfertigt waren.[38] Gegen einen Rechtsmissbrauch spricht auch der wechselnde zeitliche Umfang der Tätigkeiten und Unterbrechungszeiten, dh wenn sich die befristeten Arbeitsverträge nicht nahtlos angeschlossen haben.[39]

4. Gleichbehandlung. Werden vergleichbare AN sowohl in befristeten als auch in unbefristeten Arbeitsverhältnissen beschäftigt, bedarf es hierzu einheitlicher Kriterien des AG. Ansonsten wird der von ihm zur Rechtfertigung der Befristung angegebene sachliche Grund (zB Mehrbedarf, Vertretung) in Frage gestellt. Nach der vor Inkrafttreten des TzBfG ergangenen Rspr. des BAG darf es nicht dem Zufall oder der alleinigen Beurteilung des AG überlassen bleiben, welchen AN er auf Zeit und welchen er auf Dauer beschäftigt. Nur durch eine dem AN durchschaubare Konzeption, die der AG auch tatsächlich befolgt, kann ausgeschlossen werden, dass die jeweilige Befristung auf sachwidrigen Gründen beruht.[40] Die Unwirksamkeit der Befristung kann ansonsten regelmäßig nicht mit einer Verletzung des arbeitsrechtlichen Gleichbehandlungsgrundsatzes begründet werden.[41] Jedoch liegt ein Sachgrund iSd § 14 I TzBfG nicht vor, wenn die Befristung zu einer Diskriminierung iSd RL 2000/78/EG führt.[42] **7**

II. Gesetzlich geregelte Sachgründe

1. Nicht abschließende Regelung. Wegen des weitgehenden Fehlens von gesetzlich geregelten Befristungsgründen hatte die Rspr. vor Inkrafttreten des TzBfG eine Vielzahl von Gründen anerkannt, die eine Befristung des Arbeitsverhältnisses rechtfertigen konnten. An diese Typologie hat das Teilzeit- und Befristungsgesetz angeknüpft. Nach § 14 I 1 TzBfG ist die Befristung eines Arbeitsvertrags zulässig, wenn sie durch einen sachlichen Grund gerechtfertigt ist. In Satz 2 werden acht Fallgruppen genannt, in denen nach Auffassung des Gesetzgebers ein sachlicher Grund gegeben ist. Die Aufzählung von Sachgründen in § 14 I 2 Nr. 1–8 TzBfG ist jedoch nicht abschließend. Sie schließt die Rechtfertigung der Befristung aus anderen, von der bisherigen Rechtsprechung anerkannten Sachgründen nicht aus[43] (zu wei- **8**

[34] BAG 26.10.2016 AP Nr. 146 zu § 14 TzBfG = NZA 2017, 382.
[35] BAG 24.8.2016 AP Nr. 144 zu § 14 TzBfG = NZA 2017, 307.
[36] BAG 30.8.2017 AP Nr. 162 zu § 14 TzBfG = NZA 2018, 229.
[37] BAG 23.5.2018 AP Nr. 171 zu § 14 TzBfG = NZA 2018, 1549; 17.5.2017 AP Nr. 159 zu § 14 TzBfG = NZA 2017, 1600.
[38] BAG 29.4.2015 AP Nr. 130 zu § 14 TzBfG = NZA 2015, 928.
[39] BAG 23.5.2018 AP Nr. 171 zu § 14 TzBfG = NZA 2018, 1549 unter Hinweis auf EuGH 3.7.2014 – C-362/13 u.a. – Fiamingo u.a., der bei Unterbrechungszeiten von mehr als 60 Tagen sogar das Merkmal „aufeinander folgende befristete Arbeitsverträge“ verneint; BAG 21.2.2018 AP Nr. 167 zu § 14 TzBfG = NZA 2018, 858.
[40] BAG 12.9.1996 AP Nr. 183 zu § 620 BGB Befristeter Arbeitsvertrag = NZA 1997, 378.
[41] BAG 19.8.1992 AP Nr. 2 zu § 57b HRG = NZA 1993, 311.
[42] BAG 18.6.2008 AP Nr. 48 zu § 14 TzBfG = NZA 2008, 1302.
[43] BAG 16.3.2005 AP Nr. 16 zu § 14 TzBfG = NZA 2005, 923.

teren Befristungsgründen → Rn. 44). Nach § 14 I 2 TzBfG liegt ein sachlicher Grund vor, wenn **(1)** der betriebliche Bedarf an der Arbeitsleistung nur vorübergehend besteht, **(2)** die Befristung im Anschluss an eine Ausbildung oder ein Studium erfolgt, um den Übergang des AN in eine Anschlussbeschäftigung zu erleichtern, **(3)** der AN zur Vertretung eines anderen AN beschäftigt wird, **(4)** die Eigenart der Arbeitsleistung die Befristung rechtfertigt, **(5)** die Befristung zur Erprobung erfolgt, **(6)** in der Person des AN liegende Gründe die Befristung rechtfertigen, **(7)** der AN aus Haushaltsmitteln vergütet wird, die haushaltsrechtlich für eine befristete Beschäftigung bestimmt sind, und er entsprechend beschäftigt wird oder **(8)** die Befristung auf einem gerichtlichen Vergleich beruht. Daneben kann die Befristung sachlich gerechtfertigt sein, wenn der AN nach der Beendigung einer Altersteilzeit eine Rente wegen Altersteilzeit beanspruchen kann (§ 8 III ATG; dazu → Rn. 42). Schließlich hat der Gesetzgeber einen besonderen Sachgrund für drittmittelfinanzierte Forschungsvorhaben geschaffen (§ 2 II WissZeitVG; → Rn. 43).

9 **2. Befristung wegen nur vorübergehenden betrieblichen Bedarfs (§ 14 I 2 Nr. 1 TzBfG). a) Bedeutung.** Ein sachlicher Grund liegt nach § 14 I 2 Nr. 1 TzBfG vor, wenn der betriebliche Bedarf an der Arbeitsleistung nur vorübergehend besteht. Der Sachgrund ist von der regelmäßig gegebenen Unsicherheit über die künftige Entwicklung des Arbeitskräftebedarfs eines Unternehmens oder einer Behörde zu unterscheiden. Die allgemeine Unsicherheit über die Entwicklung der Arbeitsmenge und des Arbeitskräftebedarfs rechtfertigt die Befristung ebenso wenig wie der beabsichtigte Ersatz des befristet beschäftigten AN durch Leiharbeitnehmer.[44] Die gilt gleichermaßen für die zukünftige Ausübung der Arbeitgeberstellung/Trägerschaft für eine (staatliche) Daueraufgabe.[45] Das unternehmerische Risiko kann der AG nicht durch den Abschluss eines befristeten Arbeitsvertrags auf den AN überwälzen. Unzureichend für eine Befristung nach Nr. 1 ist, dass sich lediglich unbestimmt abzeichnet, aufgrund welcher Abläufe eine Tätigkeit des AN in der Zukunft entbehrlich sein könnte.[46] Maßgebend für die Feststellung des betrieblichen Bedarfs an der Arbeitsleistung sind die Verhältnisse in dem Betrieb, für den der AN befristet eingestellt ist. Der Tatbestand der Nr. 1 umfasst dabei vier Fallgruppen.[47] Zu unterscheiden sind zunächst Daueraufgaben des AG und Zusatzaufgaben. Die laufenden Daueraufgaben des AG können für einen vorübergehenden Zeitraum entweder **(1)** einmalig oder **(2)** regelmäßig wiederkehrend zunehmen. Unter § 14 I 2 Nr. 1 TzBfG fällt auch die Erledigung **(3)** einer vorübergehenden Zusatzaufgabe sowie **(4)** die vorhersehbare Abnahme der bisherigen Arbeitsmenge[48] (zB bei einer Betriebsstilllegung[49]); zu Befristungen, die auf Haushaltspläne und -mittel gestützt werden, → Rn. 36, 38.

10 **b) Voraussetzungen.** Die Befristung wegen eines vorübergehenden Mehrbedarfs an Arbeitskräften ist gerechtfertigt, wenn im Zeitpunkt des Vertragsschlusses mit hinreichender Sicherheit zu erwarten ist, dass nach dem vorgesehenen Vertragsende für die Beschäftigung des befristet eingestellten AN in dem Betrieb kein (dauerhafter) Bedarf mehr besteht;[50] ohne Bedeutung ist die Beschäftigungssituation in anderen Betrieben des Unternehmens. Hierzu hat der AG **(1)** eine auf den jeweiligen Betrieb bezogene und überprüfbare Prognose zu erstellen, der **(2)** konkrete Anhaltspunkte zugrunde liegen. Der AN muss die die Möglichkeit erhalten, deren tatsächliche Grundlage zum Zeitpunkt des Vertragsschlusses zu überprüfen. Erweist sich die Prognose als zutreffend, ist die Befristung regelmäßig gerechtfertigt; in diesem Fall spricht eine ausreichende Vermutung für den nur vorübergehenden Mehrbedarf des AG.[51] Dem Sachgrund steht nicht entgegen, dass der prognostizierte vorübergehende Bedarf an der Arbeitsleistung noch über das Vertragsende des mit dem befristet beschäftigten AN abgeschlossenen Arbeitsvertrags hinaus andauert.[52] Die Befristungsdauer stellt nur ein Indiz für die Beurteilung dar, ob der Sachgrund vorgeschoben ist. Der Sachgrund ist auch dann gegeben, wenn der Mehrbedarf nur bis zu dem vereinbarten Befristungsende gegeben ist und

[44] BAG 17.1.2007 AP Nr. 30 zu § 14 TzBfG = NZA 2007, 556.
[45] BAG 15.10.2014 AP Nr. 124 zu § 14 TzBfG = NZA 2015, 362.
[46] BAG 11.9.2013 AP Nr. 110 zu § 14 TzBfG = NZA 2014, 150.
[47] *Dörner,* Der befristete Arbeitsvertrag, Rn. 271 f.
[48] BAG 21.8.2019 AP Nr. 182 zu § 14 TzBfG = NZA 2019, 1709 (absehbare Übertragung einer Verwaltungsaufgabe auf einen anderen Aufgabenträger).
[49] BAG 21.3.2017 AP Nr. 153 zu § 14 TzBfG = NZA 2017, 631 (verneint bei Betriebsverlagerung).
[50] BAG 20.2.2008 AP Nr. 45 zu § 14 TzBfG.
[51] BAG 3.11.1999 AP Nr. 19 zu § 2 BAT SR 2 y = NZA 2000, 726.
[52] BAG 14.12.2016 AP Nr. 148 zu § 14 TzBfG = NZA 2017, 711.

erst nach einer Unterbrechung von mehreren Wochen oder einigen Monaten wieder Bedarf besteht.[53] Schließlich muss der AN **(3)** gerade zur Deckung des vorübergehenden Bedarfs und nicht zur Erledigung anderer Daueraufgaben eingestellt worden sein. Allerdings kommt in diesem Fall der Sachgrund der Vertretung in Betracht, wenn der AG seinen Arbeitsablauf wegen des Mehrbedarfs umorganisiert hat. An der **Kausalität** zwischen dem vorübergehenden Bedarf und der Einstellung fehlt es auch, wenn der AG einen Mehrbedarf zum Anlass nimmt, beliebig viele AN einzustellen[54] oder dem AN Daueraufgaben übertragen werden, die von dem in der Dienststelle beschäftigten Stammpersonal wegen einer von vornherein unzureichenden Personalausstattung nicht erledigt werden können.[55]

c) Einzelfälle. aa) Vorübergehender Zuwachs bei den Daueraufgaben des Arbeitgebers. Die Befristung nach der Nr. 1 ist gerechtfertigt, wenn die Daueraufgaben des AG bei Vertragsschluss nur für eine vorübergehende Zeit anwachsen und anschließend so abnehmen, dass für die Beschäftigung des befristet eingestellten AN kein Bedarf mehr besteht. **Daueraufgaben** des AG sind Tätigkeiten, die im Rahmen seiner unternehmerischen Ausrichtung ständig und im Wesentlichen unverändert anfallen, dauerhaft wahrgenommen werden oder zu deren Durchführung der AG verpflichtet ist. **Zusatzaufgaben** sind solche, die nur für eine begrenzte Zeit durchzuführen sind und keinen auf längere Zeit planbaren Personalbedarf mit sich bringen. Auch zeitlich begrenzte Vorhaben können zu den Daueraufgaben des AG gehören, zB wenn die in diesen Vorhaben zu verrichtenden Tätigkeiten im Rahmen des vom AG verfolgten Betriebszwecks ihrer Art nach im Wesentlichen unverändert und kontinuierlich anfallen und einen planbaren Beschäftigungsbedarf verursachen. Werden die Arbeiten nur unregelmäßig (zB nur aus besonderem Anlass) ausgeführt oder sind sie mit unvorhersehbaren besonderen Anforderungen in Bezug auf die Qualifikation des benötigten Personals verbunden und verursachen sie deshalb keinen vorhersehbaren Personalbedarf sowohl in quantitativer Hinsicht als auch in Bezug auf die Qualifikation des benötigten Personals, handelt es sich um Zusatzaufgaben.[56] Zur Rechtfertigung der Prognose hat der AG insbesondere darzulegen, welchen Umfang seine Daueraufgaben bisher hatten und aufgrund welcher Tatsachen er mit einem Anstieg des Arbeitskräftebedarfs rechnet, der zum Ende des Prognosezeitraums nicht mehr bzw. nicht mehr in einem Umfang besteht, der den Abschluss eines unbefristeten Arbeitsvertrags rechtfertigen kann. Insbesondere ist anzugeben, aufgrund welcher Umstände bei Vertragsschluss davon auszugehen war, dass nach Ablauf der vereinbarten Vertragslaufzeit das zu erwartende Arbeitspensum mit dem vorhandenen Stammpersonal würde erledigt werden können. Kein die Befristung rechtfertigender vorübergehender Bedarf an der Arbeitsleistung liegt vor, wenn dem AN Daueraufgaben übertragen werden, die von dem beschäftigten Stammpersonal wegen einer von vornherein unzureichenden Personalausstattung nicht erledigt werden können;[57] zur „Projektbefristung“ → Rn. 13. 11

bb) Saisonarbeit. Ein regelmäßig wiederkehrender Mehrbedarf kann die Befristung bei Saison- bzw. Kampagnebetrieben rechtfertigen, wenn nach Ablauf der Saison kein Bedürfnis mehr für die Beschäftigung des Saisonarbeiters bis zum Beginn der neuen Saison besteht.[58] Dazu muss jeweils die Prognose gerechtfertigt sein, dass das Arbeitspensum, das der befristet beschäftigte AN zu bewältigen hat, nur vorübergehend anfällt. Ist dies der Fall, ist es unschädlich, wenn das Arbeitspensum nach einer Unterbrechungszeit erneut anfallen wird. Der AG ist nicht verpflichtet, mit einem AN, den er über viele Wochen nicht vertraglich beschäftigen kann, einen Dauerarbeitsvertrag abzuschließen,[59] selbst wenn in der Unterbrechungszeit keine Vergütungspflicht besteht. Es ist ihm auch unzumutbar, einen solchen Zeitraum durch eine ungleichmäßige Verteilung der Arbeitszeit zu überbrücken.[60] Welchen Zeitraum der Unterbrechungszeitraum haben darf, hat das BAG bisher noch nicht entschieden. Naheliegend könnte der Rückgriff auf den 60-Tage-Zeitraum sein, bei dessen Überschreiten der EuGH nicht mehr von aufeinander folgenden Arbeitsverträgen ausgeht (→ Rn. 2).[61] 12

[53] BAG 11.2.2004 AP Nr. 256 zu § 620 BGB Befristeter Arbeitsvertrag = NZA 2004, 978.
[54] BAG 14.12.2016 AP Nr. 148 zu § 14 TzBfG = NZA 2017, 711 (keine Namensangabe).
[55] BAG 17.3.2010 AP Nr. 70 zu § 14 TzBfG = NZA 2010, 633.
[56] BAG 21.8.2019 AP Nr. 182 zu § 14 TzBfG = NZA 2019, 1709; 23.1.2019 AP Nr. 174 zu § 14 TzBfG.
[57] BAG 14.12.2016 AP Nr. 148 zu § 14 TzBfG = NZA 2017, 711.
[58] BAG 28.8.1987 – 7 AZR 249/86; 29.1.1987 AP Nr. 1 zu § 620 BGB Saisonarbeit = NZA 1987, 627.
[59] BAG 11.2.2004 AP Nr. 256 zu § 620 BGB Befristeter Arbeitsvertrag = NZA 2004, 978.
[60] BAG 19.11.2019 AP Nr. 184 zu § 14 TzBfG = NZA 2020, 374.
[61] ErfK/*Müller-Glöge* TzBfG § 14 Rn. 24a will auf die die Dauer der jeweils einschlägigen Kündigungsfrist abstellen.

13 **cc) Projekt.** Ein (einmalig) projektbedingt erhöhter Personalbedarf kann die Befristung des Arbeitsvertrags eines überwiegend projektbezogen beschäftigten AN rechtfertigen.[62] Bei den im Rahmen des Projekts zu bewältigenden Aufgaben muss es sich um eine nur auf vorübergehende Dauer angelegte und gegenüber den Daueraufgaben des AG (→ Rn. 11) abgrenzbare Zusatzaufgabe handeln. Dies ist nicht der Fall bei Tätigkeiten, die der AG im Rahmen des von ihm verfolgten Betriebszwecks dauerhaft wahrnimmt oder zu deren Durchführung er verpflichtet ist. Im Bereich der Daueraufgaben kann sich der AG nicht dadurch Befristungsmöglichkeiten schaffen, dass er diese Aufgaben künstlich in von ihm benannte Projekte zergliedert.[63] Für das Vorliegen eines Projekts spricht regelmäßig, wenn dem AG für die Durchführung der im Projekt verfolgten Tätigkeiten von einem Dritten finanzielle Mittel oder sonstige Sachleistungen zur Verfügung gestellt werden.[64] Wird ein AN für eine Aufgabe von begrenzter Dauer, zB zur Mitwirkung an einem zeitlich begrenzten Forschungsvorhaben, befristet eingestellt, muss im Zeitpunkt des Vertragsschlusses zu erwarten sein, dass die Aufgabe nicht dauerhaft anfällt.[65] Für eine solche Prognose müssen ausreichend konkrete Anhaltspunkte vorliegen. Die Prognose des AG muss sich nur auf das konkrete Projekt beziehen.[66] Sie ist nicht deshalb unzutreffend, weil der AN nach Fristablauf aufgrund seiner Qualifikation auf einem freien Arbeitsplatz in einem anderen Projekt befristet oder unbefristet hätte beschäftigt werden können und der AG dies bei Vertragsschluss erkennen konnte. Dem Sachgrund des § 14 I 2 Nr. 1 TzBfG steht nicht entgegen, dass die Vertragslaufzeit nicht mit der voraussichtlichen Dauer des Forschungsvorhabens übereinstimmt, sondern kürzer bemessen ist. Der Sachgrund wird nur dann infrage gestellt, wenn die Befristungsdauer derart hinter der voraussichtlichen Projektdauer zurückbleibt, dass bei Vertragsschluss eine sinnvolle Mitarbeit des AN in dem Projekt nicht prognostiziert werden konnte.[67]

13a Ein anerkennenswertes Interesse des AG am Abschluss eines befristeten Arbeitsvertrags zur Durchführung eines Projekts liegt aber nur vor, wenn die **projektbezogene Tätigkeit den AN voraussichtlich überwiegend**[68] **beanspruchen wird.** Dann ist der projektbedingt vorübergehende Bedarf an der Arbeitsleistung ausschlaggebend für den Abschluss des Arbeitsvertrags, weil nach Ablauf der Vertragslaufzeit voraussichtlich die Beschäftigungsmöglichkeit für den AN im Wesentlichen entfallen wird. Ist daher bei Vertragsschluss die Prognose gerechtfertigt, dass die Arbeit an dem Forschungsprojekt den AN überwiegend beanspruchen wird, schadet es nicht, wenn bereits feststeht oder absehbar ist, dass der AN nicht ausschließlich projektbezogene Tätigkeiten ausüben wird, sondern daneben auch andere Arbeiten erledigen soll. Ist hingegen bereits bei Vertragsschluss absehbar, dass die Beschäftigung des AN mit projektbezogenen Aufgaben nicht den wesentlichen Teil der Arbeitszeit in Anspruch nehmen wird, sondern der AN überwiegend für projektfremde Aufgaben eingesetzt werden soll, besteht kein anerkennenswertes Interesse des AG am Abschluss eines nur befristeten Arbeitsvertrags. In diesem Fall kann nicht angenommen werden, dass die Mitwirkung an dem Projekt ursächlich für den Vertragsschluss ist, da bereits vorhersehbar ist, dass der AN nach Ablauf der Vertragslaufzeit weiterhin in erheblichem Umfang mit projektfremden Tätigkeiten beschäftigt werden kann.[69] Die projektbezogene Befristung kann auch durch die Sachgründe Haushalt (→ Rn. 36) oder Drittmittel gerechtfertigt sein (→ Rn. 43).

14 **dd) Betriebseinschränkung/-stilllegung, Betriebsübergang.** Ein sachlicher Grund für die Befristung des Arbeitsvertrags liegt vor, wenn sich der AG bei Vertragsabschluss zur Schließung des Betriebs oder der Dienststelle entschlossen hat und er die Prognose stellen kann, dass auch eine Weiterbeschäftigung des bis zum Schließungszeitpunkt befristet eingestellten AN in einem anderen Betrieb bzw. einer anderen Dienststelle nicht möglich sein wird.[70] Ein beabsichtigter Übergang des Betriebs auf einen Erwerber kann die Befristung als solches nicht rechtfertigen. Maßgeblich ist, ob andere mit der Veräußerung zusammentreffende Umstände als der Arbeitgeberwechsel einen Grund für die Befristung des Arbeitsvertrags darstellen.[71] Dies ist

[62] BAG 21.8.2019 AP Nr. 182 zu § 14 TzBfG = NZA 2019, 1709; 23.1.2019 AP Nr. 174 zu § 14 TzBfG; 21.11.2018 AP Nr. 173 zu § 14 TzBfG = NZA 2019, 611 (zur Abgrenzung ggü. „Daueraufgaben").
[63] BAG 21.11.2018 AP Nr. 173 zu § 14 TzBfG = NZA 2019, 611.
[64] BAG 7.11.2007 AP Nr. 42 zu § 14 TzBfG = NZA 2008, 467.
[65] BAG 24.9.2014 AP Nr. 123 zu § 14 TzBfG = NZA 2013, 1271.
[66] BAG 7.11.2007 AP Nr. 42 zu § 14 TzBfG = NZA 2008, 467.
[67] BAG 27.7.2016 AP Nr. 143 zu § 14 TzBfG = NZA 2016, 1531.
[68] BAG 24.9.2014 AP Nr. 123 zu § 14 TzBfG = NZA 2013, 1271.
[69] BAG 16.11.2005 AP Nr. 264 zu § 620 BGB Befristeter Arbeitsvertrag = NZA 2006, 784.
[70] BAG 21.3.2017 AP Nr. 153 zu § 14 TzBfG = NZA 2017, 631.
[71] BAG 2.12.1998 AP Nr. 207 zu § 620 BGB Befristeter Arbeitsvertrag = NZA 1999, 926.

einmal der Fall, wenn das Bedürfnis für die Beschäftigung des AN bis spätestens zu dem Zeitpunkt entfällt, in dem der Betrieb auf den Erwerber übergeht.[72] Ein Befristungsgrund nach § 14 I 2 Nr. 1 TzBfG liegt bei einer auf einen Zeitpunkt nach dem Betriebsübergang bezogenen Befristung auch vor, wenn bereits bei Vertragsschluss mit dem Veräußerer feststeht, dass die vom AN auszuübende Tätigkeit vom Erwerber nicht fortgeführt wird. Eine Befristung kann gerechtfertigt sein, wenn die vom AN zu erledigenden Aufgaben in absehbarer Zeit auf einen anderen Betrieb des AG übertragen werden.[73]

3. Befristung im Anschluss an eine Ausbildung oder ein Studium (§ 14 I 2 Nr. 2 TzBfG). a) Bedeutung. Nach § 14 I 2 Nr. 2 TzBfG besteht für den befristeten Abschluss des Arbeitsvertrags ein Sachgrund, wenn die Befristung im Anschluss an eine Ausbildung oder ein Studium erfolgt, um den Übergang des AN in eine Anschlussbeschäftigung zu erleichtern. Ein Ausbildender ist in seiner Entscheidung frei, ob er einen Auszubildenden im Anschluss an die Ausbildung in ein Arbeitsverhältnis übernimmt oder nicht.[74] Eine Ausnahme besteht nur bei Mitgliedern der Arbeitnehmervertretungen, die nach § 78a BetrVG oder den personalvertretungsrechtlichen Vorschriften form- und fristgerecht ihre Übernahme in ein Arbeitsverhältnis verlangen. Nach § 14 II 1 TzBfG kann ein Auszubildender nach Abschluss seiner Berufsausbildung bis zu zwei Jahre aufgrund eines sachgrundlos befristeten Arbeitsvertrags beschäftigt werden. Das Anschlussverbot des § 14 II 2 TzBfG steht dem nicht entgegen, da es sich nach dem Willen des Gesetzgebers bei dem Berufsausbildungsverhältnis nicht um ein Arbeitsverhältnis iSd § 14 II 2 TzBfG handelt (BT-Drs. 14/4374, 20). Die während der Befristung zurückgelegte Dienstzeit wird aber auf die Wartezeit nach § 1 I KSchG angerechnet.[75] Wie das Berufsausbildungsverhältnis stellen auch Umschulungs-, Praktikanten- und Volontärverhältnisse keine Arbeitsverhältnisse dar, sofern das Vertragsverhältnis nicht als Arbeitsverhältnis durchgeführt worden ist. Der Sachgrund der Nr. 2 hat daher nur in den Fällen Bedeutung, in denen die sachgrundlose Befristungsmöglichkeit nicht ausreichend erscheint, tarifvertragliche Regelungen eine sachgrundlose Befristung untersagen oder mit dem AN bereits vor seiner Ausbildung oder während seines Studiums ein Arbeitsverhältnis iSv § 14 II 2 TzBfG (zB als Werkstudent) bestanden hat. Das Gesetz lässt die Befristung zu, weil der Berufsstart durch den Einstieg über eine befristete Beschäftigung erleichtert werden kann.[76] Die Wirksamkeit der Befristung ist nicht von dem Bestehen einer konkreten oder überwiegenden Aussicht auf eine Anschlussbeschäftigung abhängig, die vorübergehend auszuübende Tätigkeit muss lediglich geeignet sein, die Chance auf den Abschluss eines Folgevertrags beim gleichen oder einem anderen AG zu erhöhen. **15**

b) Voraussetzungen. aa) Ausbildung, Studium. Das befristete Arbeitsverhältnis muss im Anschluss an eine Ausbildung geschlossen werden. Der Begriff Ausbildung umfasst sowohl die Berufsausbildung wie auch eine andere Ausbildung außerhalb des BBiG; nicht erfasst von dem Sachgrund in Nr. 2 sind hingegen die berufliche Umschulung oder Fortbildung. Studium ist die Vorbereitung auf ein berufliches Tätigkeitsfeld mit dem Ziel, den Studenten Kenntnisse zu vermitteln, die sie zu wissenschaftlicher oder künstlerischer Arbeit befähigen. Das Studium muss in einer staatlichen oder staatlich anerkannten Hochschule bzw. Fachhochschule zurückgelegt sein (zu nicht von Nr. 2 erfassten Ausbildungen → Rn. 63). **16**

bb) Anschluss, Dauer. Die befristete Beschäftigung muss im Anschluss an die Ausbildung oder das Studium erfolgen. Erforderlich ist nicht der unmittelbare Anschluss an die Ausbildung oder das Studium, ein naher zeitlicher Zusammenhang zwischen dem Ausbildungsende und der (ersten) Beschäftigungsaufnahme ist ausreichend. Wie lang die Unterbrechung sein darf, hängt von den Umständen des Einzelfalls ab. Auch der Abschluss eines befristeten Arbeitsvertrags nach einer mehrwöchigen Suche nach einer Anschlussbeschäftigung kann nach der Nr. 2 gerechtfertigt sein, während eine Zwischenbeschäftigung nach der Ausbildung im Rahmen eines Arbeitsverhältnisses dem entgegensteht.[77] Hinsichtlich der Befristungsdauer enthält die Nr. 2 keine Vor- **17**

---

[72] BAG 30.10.2008 AP Nr. 359 zu § 613a BGB = NZA 2009, 723.
[73] BAG 21.8.2019 AP Nr. 182 zu § 14 TzBfG = NZA 2019, 1709; 21.11.2018 AP Nr. 173 zu § 14 TzBfG = NZA 2019, 611.
[74] Zum Schadensersatz BAG 20.11.2003 AP Nr. 28 zu § 611 BGB Haftung des Arbeitgebers.
[75] BAG 2.12.1999 AP Nr. 57 zu § 622 BGB = NZA 2000, 720.
[76] Vgl. zu entspr. Tarifverträgen BAG 17.6.1998 AP Nr. 158 zu § 1 TVG Tarifverträge: Metallindustrie = NZA 1998, 1178; 14.10.1997 AP Nr. 154 zu § 1 TVG Tarifverträge: Metallindustrie = NZA 1998, 778.
[77] BAG 24.8.2011 AP Nr. 85 zu § 14 TzBfG.

gaben, erforderlich ist eine Einzelfallbetrachtung. Eine zu lange Befristungsdauer dürfte nur dann die Rechtfertigung der Befristung in Frage stellen, wenn sie nicht mehr geeignet ist, die Chance des AN auf dem Arbeitsmarkt zu erhöhen. Dabei ist auch zu berücksichtigen, dass bereits nach § 14 II TzBfG die sachgrundlose Befristung eines nach Abschluss der Berufsausbildung abgeschlossenen Arbeitsvertrags zulässig ist. Auf § 14 I 2 Nr. 2 TzBfG kann aber nur die Befristung des ersten Arbeitsvertrags gestützt werden, den der AN im Anschluss an seine Ausbildung oder sein Studium abschließt; der erneute befristete Vertragsabschluss nach dieser Vorschrift ist nicht möglich.[78]

18 **cc) Überbrückung aus sozialen Gründen sowie Aus- und Weiterbildung.** Liegt keine Ausbildung bzw. kein Studium iSd Nr. 2 vor, kann die Befristung außerhalb des in § 14 I 2 Nr. 2 TzBfG enthaltenen Sachgrundes dennoch aus sozialen Gesichtspunkten sachlich gerechtfertigt sein. Wird ein Arbeitsvertrag abgeschlossen, um dem AN nach Abschluss seiner Ausbildung eine erste Beschäftigungsmöglichkeit oder den Erwerb von Berufserfahrung zu eröffnen, kann dies die Befristung eines solchen Vertrags sachlich rechtfertigen. Voraussetzung ist jedoch auch hier, dass gerade die sozialen Belange des AN und nicht die Interessen des Betriebs für den Abschluss des Arbeitsvertrags ausschlaggebend gewesen sind. Das ist der Fall, wenn es ohne den sozialen Überbrückungszweck überhaupt nicht zum Abschluss eines Arbeitsvertrags, auch nicht eines befristeten, mit dem betreffenden AN gekommen wäre. Hierfür ist der AG darlegungs- und beweispflichtig.[79] Insbesondere die mehrfache Befristung und Beschäftigung des AN mit Daueraufgaben sprechen gegen einen sozialen Überbrückungszweck. Ebenso kann die Aus- oder Weiterbildung eines AN die Befristung nach § 14 I 1 TzBfG sachlich rechtfertigen, wenn dem AN durch die Tätigkeit zusätzliche Kenntnisse und Erfahrungen vermittelt werden, die durch die übliche Berufstätigkeit nicht erworben werden können. Hierzu müssen ein bestimmtes Ausbildungsziel systematisch verfolgt werden und die dem AN vermittelten Kenntnisse, Erfahrungen oder Fähigkeiten auch anderweitig beruflich verwertbar sein.[80]

19 **4. Einstellung zur Vertretung eines anderen Arbeitnehmers (§ 14 I 2 Nr. 3 TzBfG). a) Grundsatz.** Die Einstellung eines AN zur Vertretung eines zeitweilig ausfallenden Mitarbeiters war bereits vor Inkrafttreten des TzBfG von der Rspr. als Befristungsgrund anerkannt.[81] Der Gesetzgeber hat den Sachgrund zur Klarstellung für die in § 21 I BEEG genannten Fälle dort aufgenommen. Der Grund für die Befristung liegt in Vertretungsfällen darin, dass der AG bereits zu einem vorübergehend wegen Krankheit oder aus sonstigen Gründen ausfallenden Mitarbeiter in einem Rechtsverhältnis steht und mit der Rückkehr dieses Mitarbeiters rechnen muss. Für die Wahrnehmung der an sich dem ausfallenden Mitarbeiter obliegenden Arbeitsaufgaben besteht daher von vornherein nur ein zeitlich begrenztes Bedürfnis. Der Sachgrund der Vertretung setzt nicht voraus, dass der zur Vertretung eingestellte Mitarbeiter die Aufgaben der vorübergehend ausfallenden Stammkraft erledigt. Der Vertreter kann auch mit anderen Aufgaben betraut werden (→ Rn. 20), wenn nur ein Kausalzusammenhang zwischen dem Ausfall des vertretenen AN und der Beschäftigung des Vertreters besteht (→ Rn. 21). Der Sachgrund aus Nr. 3 wird nicht in Frage gestellt, wenn sich die Prognose des AG über den Vertretungsbedarf nachträglich ganz oder teilweise als unzutreffend erweist.[82] Für den Sachgrund der Vertretung ist es – anders als für den vorübergehenden betrieblichen Bedarf (Nr. 1, → Rn. 11) – auch unerheblich, ob der AG über ausreichendes Personal verfügt, um die ihm obliegenden Daueraufgaben zu erledigen.[83] Der AG braucht zur Vermeidung einer auf Nr. 3 gestützten Befristung keine **Personalreserve** vorhalten,[84] selbst wenn der Vertretungsbedarf vorhersehbar, wahrscheinlich oder regelmäßig auftritt. Die Rechtsprechung des BAG zum Sachgrund der Vertretung ist mit Unionsrecht vereinbar,[85] zur Kontrolle einer Vertretungsbefristung auf Rechtsmissbrauch → Rn. 6a.

[78] BAG 10.10.2007 AP Nr. 5 zu § 14 TzBfG Verlängerung = NZA 2008, 295.
[79] BAG 12.12.1985 AP Nr. 96 zu § 620 BGB Befristeter Arbeitsvertrag = NZA 1986, 571; 26.4.1985 AP Nr. 91 zu § 620 BGB Befristeter Arbeitsvertrag.
[80] BAG 24.8.2011 AP Nr. 85 zu § 14 TzBfG.
[81] Zuletzt BAG 21.2.2001 AP Nr. 226 zu § 620 BGB Befristeter Arbeitsvertrag = NZA 2001, 1382.
[82] BAG 24.8.2016 AP Nr. 144 zu § 14 TzBfG = NZA 2017, 307; 20.1.2010 AP Nr. 68 zu § 14 TzBfG.
[83] BAG 24.8.2016 AP Nr. 144 zu § 14 TzBfG = NZA 2017, 307.
[84] BAG 26.10.2016 AP Nr. 146 zu § 14 TzBfG = NZA 2017, 382; 24.8.2016 AP Nr. 144 zu § 14 TzBfG = NZA 2017, 307; 17.11.2010 AP Nr. 74 zu § 14 TzBfG = NZA 2011, 34.
[85] Ausdrücklich EuGH 26.1.2012 AP Nr. 9 zu Richtlinie 99/70/EG = NZA 2012, 135 – Kücük; ebenso EuGH 14.9.2016 AP Nr. 14 zu Richtlinie 99/70/EG = NZA 2016, 1265 – Pérez López; 26.11.2014 NZA 2015, 153 – Mascolo.

b) Vertretungsformen. Bei der **(1) unmittelbaren** Vertretung übernimmt der Vertreter die Aufgaben des zu vertretenden AN. Der AG kann bei einem vorübergehenden Ausfall eines Stammarbeitnehmers aber frei entscheiden, ob er den Arbeitsausfall überhaupt überbrücken will, ob er im Wege der Umverteilung die von dem zeitweilig verhinderten AN zu erledigenden Arbeitsaufgaben einem anderen Mitarbeiter zuweist oder ob er dessen Aufgaben ganz oder teilweise von einer Vertretungskraft erledigen lässt.[86] Bei einer **(2) mittelbaren** Vertretung werden die Aufgaben des vorübergehend abwesenden AN ganz oder teilweise anderen AN übertragen, deren Aufgaben vom Vertreter erledigt werden.[87] **(3)** Eine **Zuordnungsvertretung** liegt vor, wenn der befristet beschäftigte AN Aufgaben wahrnimmt, die der AG einem bestimmten, vorübergehend abwesenden AN bei dessen unveränderter Weiterarbeit oder nach seiner Rückkehr tatsächlich und rechtlich übertragen könnte. Zulässig ist auch eine Kombination von verschiedenen Verhinderungsgründen, sofern der erforderliche Kausalzusammenhang besteht;[88] dies gilt auch bei einer nur teilweisen Vertretung eines vorübergehend abwesenden AN durch einen AN in Teilzeit. Bei dem vorübergehend abwesenden Mitarbeiter muss es sich nicht um einen AN handeln, viel kann der Arbeitskräftebedarf auch durch den Ausfall eines Beamten, leitenden Angestellten oder eines freien Mitarbeiters verursacht sein. 20

c) Kausalzusammenhang. aa) Bedeutung. Der Sachgrund der Vertretung setzt einen Kausalzusammenhang zwischen dem zeitweiligen Ausfall des Vertretenen und der Einstellung des Vertreters voraus. Der Einsatz des befristet beschäftigten AN muss wegen des Arbeitskräftebedarfs erfolgen, der durch die vorübergehende Abwesenheit des zu vertretenden Mitarbeiters entsteht. Das Erfordernis eines Kausalzusammenhangs soll gewährleisten, dass der Vertretungsfall für die Einstellung des befristet beschäftigten AN ursächlich und der vom AG geltend gemachte Sachgrund der Vertretung nicht nur vorgeschoben ist.[89] An der notwendigen Verknüpfung fehlt es, wenn der befristet beschäftigte AN weder mit den Aufgaben des abwesenden AN beschäftigt wird noch mit Aufgaben betraut wird, die die Stammkraft im Falle ihrer Anwesenheit tatsächlich übernehmen könnte.[90] Fehlt der Kausalzusammenhang, ist die Befristung nicht durch den Sachgrund der Vertretung gerechtfertigt. Die Anforderungen an die Darlegung des Kausalzusammenhangs durch den AG richten sich dabei nach der Form der Vertretung. Für das Vorliegen des Kausalzusammenhangs sind die Umstände bei Vertragsschluss maßgeblich. Wird der befristete Vertrag während seiner Laufzeit unter Beibehaltung der vertraglich vereinbarten Befristungsdauer in Bezug auf die Tätigkeit und Vergütung geändert, unterliegt dieser Änderungsvertrag als letzter Arbeitsvertrag der Befristungskontrolle, dh zum Zeitpunkt des Änderungsvertrags muss ein Sachgrund für die Befristung bestehen.[91] 21

bb) Unmittelbare und mittelbare Vertretung. In den Fällen der unmittelbaren Vertretung hat der AG dazulegen, dass der Vertreter nach dem Arbeitsvertrag mit Aufgaben betraut worden ist, die zuvor dem vorübergehend abwesenden AN übertragen waren. Wird die Tätigkeit des zeitweise ausgefallenen AN nicht von dem Vertreter, sondern einem anderen AN oder mehreren anderen AN ausgeübt (mittelbare Vertretung), hat der AG zum Nachweis des Kausalzusammenhangs grundsätzlich die Vertretungskette zwischen dem Vertretenen und dem Vertreter darzulegen. Dies setzt eine geschlossene Kette bei der Aufgabenübertragung voraus. Die AN, die die Kette bilden, müssen die Arbeitsaufgaben des jeweils in der Kette „vorgelagerten" Beschäftigten übernommen haben und diese Aufgabenübertragung muss eine Verbindung zwischen dem abwesenden AN und dem zur Vertretung eingestellten AN begründen.[92] Der AG muss zunächst die bisher dem vertretenen AN übertragenen Aufgaben darstellen. Anschließend ist die Neuverteilung dieser Aufgaben auf einen oder mehrere andere AN in der Kette zu schildern.[93] Schließlich ist anzugeben, dass sich die dem Vertreter zugewiesenen Tätigkeiten aus der geänderten Aufgabenzuweisung ergeben. 22

[86] BAG 21.2.2001 AP Nr. 228 zu § 620 BGB Befristeter Arbeitsvertrag = NZA 2001, 1069.
[87] BAG 21.2.2018 AP Nr. 168 zu § 14 TzBfG = NZA 2018, 1003; 6.11.2013 AP Nr. 8 zu § 14 TzBfG Vertretung = NZA 2014, 430.
[88] BAG 12.4.2017 AP Nr. 156 zu § 14 TzBfG = NZA 2017, 1253.
[89] BAG 20.1.2010 AP Nr. 68 zu § 14 TzBfG; 15.2.2006 AP Nr. 1 zu § 14 TzBfG Vertretung = NZA 2006, 781.
[90] BAG 14.4.2010 AP Nr. 72 zu § 14 TzBfG = NZA 2010, 942; 25.3.2009 NZA 2010, 34.
[91] BAG 17.5.2017 AP Nr. 159 zu § 14 TzBfG = NZA 2017, 1600.
[92] BAG 11.2.2015 AP Nr. 127 zu § 14 TzBfG = NZA 2015, 617.
[93] BAG 21.2.2018 AP Nr. 168 zu § 14 TzBfG = NZA 2018, 1003.

23 **cc) Zuordnungsvertretung.** Hier liegt der für die Vertretung erforderliche Kausalzusammenhang (→ Rn. 21) vor, wenn **(1)** der Vertreter mit Aufgaben betraut wird, die von dem Vertretenen nach dessen Rückkehr ausgeübt werden könnten. Der AG muss gegenüber dem Vertretenen tatsächlich und rechtlich die Möglichkeit haben, ihm die Aufgaben des Vertreters im Wege des Direktionsrechts zu übertragen. Eine fachliche Austauschbarkeit zwischen dem Vertretenen und dem Vertreter reicht allein nicht aus.[94] Die Stammkraft muss tatsächlich an der Stelle des Vertreters arbeiten oder dessen Tätigkeit ausüben können (→ Rn. 21).[95] Hieran fehlt es aus Rechtsgründen, wenn die von der Stammkraft geschuldete Tätigkeit tariflich nicht gleichwertig mit der dem Vertreter übertragenen Tätigkeit ist.[96] Dem Kausalzusammenhang steht nicht der Umstand entgegen, dass die Stammkraft im Falle ihrer Anwesenheit eine gewisse Einarbeitungszeit benötigen würde, um die Aufgaben der Vertretungskraft zu übernehmen.[97] Darüber hinaus **(2)** muss der AG bei Vertragsschluss mit dem Vertreter dessen Aufgaben einem oder mehreren vorübergehend abwesenden Beschäftigten gedanklich zuordnen. Dies führt zu einer Bindung des AG, er kann die Abwesenheit der Stammkraft nicht für eine Vertretungsbefristung „doppelt nutzen".[98] Die Überlegungen des AG, welchem vorübergehend abwesenden AN die vom Vertreter ausgeübten Tätigkeiten übertragen werden könnten, müssen erkennbar sein. Dies kann zB durch eine entsprechende Angabe im Arbeitsvertrag[99] oder im Rahmen der Beteiligung der Arbeitnehmervertretung bei der Einstellung erfolgen. Diese Festlegung bildet die Grundlage für die gerichtliche Kontrolle der Befristungsabrede. Ohne diese Festlegung des AG kann nicht beurteilt werden, ob der Sachgrund der Vertretung tatsächlich vorliegt oder nur vorgeschoben ist.[100] Die Darlegung eines Vertretungskonzepts ist dann nicht erforderlich. Im Falle der Abordnung einer Stammkraft kann nur deren unmittelbare oder mittelbare Vertretung die Befristung des Arbeitsverhältnisses der Vertretungskraft rechtfertigen; die Rechtsfigur einer gedanklichen Zuordnung scheidet aus. Denn der AG hat mit der Umsetzung der Stammkraft von seiner Organisationsmöglichkeit tatsächlich Gebrauch gemacht.[101] An einem Kausalzusammenhang fehlt es auch, wenn es sich bei dem Vertretenen um einen Abrufarbeitnehmer (§ 12 TzBfG) handelt.[102]

24 **d) Ausscheiden und Rückkehr des Vertretenen.** Der Sachgrund der Vertretung liegt nur vor, wenn zu erwarten ist, dass der zu vertretende AN seinen Dienst wieder antreten wird. Die Befristung kann daher nicht auf § 14 I 2 Nr. 3 TzBfG gestützt werden, wenn bereits bei Vertragsabschluss feststeht, dass der zu vertretende AN nicht mehr auf seinen Arbeitsplatz zurückkehren wird,[103] zB weil er bereits aus dem Arbeitsverhältnis ausgeschieden ist oder der zu vertretende AN dem AG bereits vor dem befristeten Vertragsschluss verbindlich erklärt hat, er werde die Arbeit nicht wieder aufnehmen.[104] Eine für einen späteren Zeitpunkt geplante anderweitige Besetzung des Arbeitsplatzes kann aber als sonstiger, in § 14 I 2 TzBfG nicht erwähnter Sachgrund geeignet sein, die befristete Einstellung eines AN bis zu diesem Zeitpunkt zu rechtfertigen. Dies setzt jedoch voraus, dass der AG bei Abschluss des Arbeitsvertrags bereits an den anderen, als Dauerbesetzung vorgesehenen AN vertraglich gebunden ist.[105] Kann und muss der AG mit der Rückkehr des Vertretenen entweder zum Ende des befristeten Arbeitsvertrags oder zu einem späteren Zeitpunkt rechnen (sog. fremdbestimmte Abwesenheit), ist es unerheblich, zu welchem Zeitpunkt der vorübergehend abwesende AN seine Arbeit wieder aufnehmen wird.[106] Der AG kann auch bei mehrfacher Vertretung davon ausgehen, dass die zu vertretende Stammkraft an ihren Arbeitsplatz zurückkehren wird. Die gegen diese Rechtsprechung im Schrifttum vorgebrachten Einwände überzeugen nicht.[107] Soweit angeführt wird, der AG müsse sich nach der Rückkehrabsicht des abwesenden AN erkundigen, bleibt unberücksichtigt, dass dieser regelmäßig keine verbindlichen Auskünfte über die Wiederaufnahme der

[94] BAG 11.2.2015 AP Nr. 127 zu § 14 TzBfG = NZA 2015, 617.
[95] BAG 10.10.2012 AP Nr. 2 zu § 14 TzBfG Vertretung = NZA-RR 2013, 185.
[96] BAG 12.1.2011 AP Nr. 78 zu § 14 TzBfG = NZA 2011, 507.
[97] BAG 14.4.2010 AP Nr. 72 zu § 14 TzBfG = NZA 2010, 942 (Fortbildungsbedarf).
[98] BAG 11.2.2015 AP Nr. 127 zu § 14 TzBfG = NZA 2015, 617.
[99] BAG 15.8.2001 AP Nr. 5 zu § 21 BErzGG = NZA 2002, 85.
[100] BAG 15.2.2006 AP Nr. 1 zu § 14 TzBfG Vertretung = NZA 2006, 781.
[101] BAG 12.4.2017 AP Nr. 156 zu § 14 TzBfG = NZA 2017, 1253; 10.7.2013 AP Nr. 109 zu § 14 TzBfG = NZA 2013, 1292.
[102] BAG 21.2.2018 AP Nr. 167 zu § 14 TzBfG = NZA 2018, 858.
[103] BAG 6.11.2013 AP Nr. 8 zu § 14 TzBfG Vertretung = NZA 2014, 430.
[104] BAG 25.3.2009 NZA 2010, 34; 13.6.2007 AP Nr. 3 zu § 14 TzBfG Vertretung.
[105] BAG 9.12.2009 AP Nr. 67 zu § 14 TzBfG = NZA 2010, 495.
[106] BAG 11.2.2015 AP Nr. 127 zu § 14 TzBfG = NZA 2015, 617.
[107] *Preis/Greiner* RdA 2010, 148 (150 f.).

Beschäftigung geben kann bzw. will und auch nicht muss. Die Pläne von AN, die zB beabsichtigen, nach einer Elternzeit aus dem Arbeitsverhältnis auszuscheiden, können sich ohne weiteres ändern. Überdies ist eine Nachfrage des AG insbesondere bei langfristig oder schwer erkrankten AN absolut unangebracht.[108] Das Vorliegen des Sachgrundes kann fraglich sein, wenn der AG über die Rückkehr des Vertretenen (mit-)entscheidet. Dies ist regelmäßig bei einer vorübergehenden Versetzung oder Abordnung des AN auf einen anderen Arbeitsplatz der Fall. Bei einer aus Sicht des AG „selbstbestimmten Abwesenheit" des Vertretenen kommt eine Vertretungsbefristung nur in Betracht, wenn die Rückkehr des abwesenden AN auf den ursprünglichen Arbeitsplatz feststeht.[109] Hierzu bedarf es regelmäßig entsprechender Erklärungen des AG vor Abschluss des befristeten Arbeitsvertrags mit dem Vertreter.

e) Zeitdauer, wiederholte Befristungen zur Vertretung. Die Prognose des AG braucht sich grundsätzlich nur darauf zu beziehen, dass der zu vertretende Mitarbeiter seinen Dienst wieder antreten wird, nicht aber zusätzlich darauf, wann dies der Fall sein wird.[110] Die Vertragslaufzeit eines mit einer Vertretungskraft abgeschlossenen befristeten Arbeitsvertrags muss auch nicht mit der voraussichtlichen Dauer der Verhinderung des zu vertretenden AN übereinstimmen, sondern kann hinter ihr zurückbleiben. Ein solches Zurückbleiben der Befristungsdauer hinter dem voraussichtlichen Bestand des Befristungsgrunds stellt den Befristungsgrund für sich allein genommen nicht infrage.[111] Die vertraglich vereinbarte Befristungsdauer bedarf keiner eigenen sachlichen Rechtfertigung. Dem AG steht es frei, den Arbeitsausfall überhaupt zu überbrücken.[112] Daher stehen auch wiederholte Befristungen wegen der mehrfachen Verhinderung der zu vertretenden Stammkraft der Prognose des künftigen Wegfalls des Vertretungsbedarfs nicht entgegen. Aus der gewählten Befristungsdauer darf lediglich nicht zu entnehmen sein, dass der Sachgrund für die Befristung vorgeschoben ist.[113] Allerdings können solche Sachverhalte Anlass für eine Prüfung sein, ob der erforderliche Kausalzusammenhang zwischen der Abwesenheit der Stammkraft und der Einstellung des Vertreters besteht. Bei dieser tatrichterlichen Würdigung verfügen Arbeitsgerichte und Landesarbeitsgerichte über einen in der Revisionsinstanz nur eingeschränkt überprüfbaren Beurteilungsspielraum. 25

f) Gesamtvertretung im Schulbereich. Anerkannt hat das BAG in der Vergangenheit bei der Befristung von Lehrkräften im Schulbereich die sog. Gesamtvertretung. Diese ging davon aus, dass innerhalb einer durch Organisationsentscheidung festgelegten Verwaltungseinheit der Vertretungsbedarf für das Lehrpersonal eines Schulbereichs bezogen auf ein Schuljahr rechnerisch ermittelt und durch befristet eingestellte Vertretungskräfte abgedeckt wird, die nicht an den Schulen der zu vertretenden Lehrkräfte eingesetzt werden oder deren Fächerkombinationen unterrichten. Eine darauf gestützte Befristung ist nach dem BAG wirksam, wenn sich für ein Schuljahr aufgrund der zu erwartenden Schülerzahlen und der unterrichtsorganisatorischen Vorgaben ein Unterrichtsbedarf ergibt, der mit den planmäßigen Lehrkräften nur deshalb nicht abgedeckt werden kann, weil ein Teil dieser Lehrkräfte in diesem Zeitraum aufgrund einer feststehenden Beurlaubung für die Unterrichtsversorgung vorübergehend nicht zur Verfügung steht. Der Sachgrund der Gesamtvertretung im Schulbereich setzt demnach umfassende Versetzungs- und Umsetzungsbefugnisse des AG hinsichtlich der beamteten und angestellten planmäßigen Lehrkräfte sowie der befristet angestellten Vertretungskräfte voraus. Verzichtet wird lediglich auf die förmliche Durchführung von Versetzungs- und Umsetzungsmaßnahmen allein zum Nachweis des Aushilfsbedarfs.[114] Ob an dieser Rspr. festzuhalten sein wird, hat das BAG zuletzt offengelassen.[115] 26

[108] Vgl. beispielhaft den Sachverhalt in BAG 23.1.2002 AP Nr. 231 zu § 620 BGB Befristeter Arbeitsvertrag = NZA 2004, 1055 (Der Vertretene ist schwer erkrankt und verstirbt; soll denn wirklich in einem solchen Fall der AG an den kranken AN herantreten und ihn nach seinem Krankheitsbild und -zustand fragen? Ein aus meiner Sicht abwegiger Gedanke).

[109] BAG 16.1.2013 AP Nr. 104 zu § 14 TzBfG = NZA 2013, 614; 16.1.2013 AP Nr. 105 zu § 14 TzBfG = NZA 2013, 611.

[110] BAG 6.12.2000 AP Nr. 22 zu § 2 BAT SR 2 y = NZA 2001, 721; 24.9.1997 AP Nr. 182 zu § 620 BGB Befristeter Arbeitsvertrag = NZA 1998, 419; 12.9.1996 AP Nr. 182 zu § 620 BGB Befristeter Arbeitsvertrag = NZA 1997, 313; 22.11.1995 AP Nr. 178 zu § 620 BGB Befristeter Arbeitsvertrag = NZA 1996, 878.

[111] BAG 11.12.1991 AP Nr. 141 zu § 620 BGB Befristeter Arbeitsvertrag = NZA 1992, 883.

[112] BAG 6.12.2000 AP Nr. 22 zu § 2 BAT SR 2 y = NZA 2001, 721.

[113] BAG 13.10.2004 AP Nr. 13 zu § 14 TzBfG = NZA 2005, 469.

[114] BAG 20.1.1999 AP Nr. 138 zu § 611 BGB Lehrer, Dozenten = NZA 1999, 928; 3.12.1986 AP Nr. 110 zu § 620 BGB Befristeter Arbeitsvertrag = NZA 1987, 739.

[115] BAG 10.12.2012 AP Nr. 2 zu § 14 TzBfG Vertretung = NZA-RR 2013, 185.

27 **g) Einzelfälle.** Ein Sachgrund nach § 14 I 2 Nr. 3 TzBfG kann zB vorliegen bei vorübergehender Abwesenheit eines AN wegen Krankheit,[116] Urlaub,[117] Mutterschutz, Elternzeit (§ 21 BEEG),[118] Wehr-/Zivildienst, einer Pflege- bzw. Familienpflegezeit (§ 6 PflegeZG, § 9 V FPfZG), Abordnung ins Ausland und Vertretung eines freigestellten Mitglieds einer Arbeitnehmervertretung[119] sowie als Ersatz für einen aus anderen Gründen vorübergehend an der Arbeitsleistung verhinderten AN (zB aufgrund Freistellung oder Sonderurlaubs[120]). Die Befristung des Arbeitsverhältnisses eines AN, der zur Vertretung einer in Elternzeit befindlichen Stammkraft beschäftigt wird, kann auch durch eine **Doppelbefristung** in der Weise erfolgen, dass das Arbeitsverhältnis zum Zeitpunkt der vorzeitigen Rückkehr der vertretenen Stammkraft, spätestens aber zum Ende der bewilligten Elternzeit beendet wird.[121]

28 **5. Eigenart der Arbeitsleistung (§ 14 I 2 Nr. 4 TzBfG). a) Bedeutung.** Mit diesem Befristungsgrund hat der Gesetzgeber der Rspr. des BAG zur Befristung im Rahmen der Medien, der Freiheit der Kunst und dem Recht der Bühnen Rechnung getragen. In § 14 I 2 Nr. 4 TzBfG ist nicht näher bestimmt, welche Eigenarten der Arbeitsleistung die Befristung eines Arbeitsvertrags rechtfertigen. Nach der Vorstellung des Gesetzgebers soll mit dem Sachgrund vor allem verfassungsrechtlichen, sich aus der Rundfunkfreiheit (Art. 5 I GG) und der Freiheit der Kunst (Art. 5 III GG) ergebenden Besonderheiten Rechnung getragen werden (BT-Drs. 14/4374, 19). Zu den Bereichen, in denen wegen der Eigenart der Tätigkeit üblicherweise befristete Arbeitsverträge abgeschlossen werden, gehören vor allem Arbeitsverträge mit programmgestaltenden Mitarbeitern in dem durch Art. 5 I 2 GG geschützten Bereich der Rundfunk- und Pressefreiheit sowie mit Bühnenkünstlern und im Bereich des Berufssports. Daneben haben Tendenzunternehmen der Presse und der Kunst haben ebenfalls die Möglichkeit, befristete Verträge mit sog. Tendenzträgern zu begründen. Unter Berücksichtigung des gesetzgeberischen Anliegens könnten von der Befristungsmöglichkeit in § 14 I 2 Nr. 4 TzBfG auch befristete Arbeitsverhältnisse mit wissenschaftlichem Personal an wissenschaftlichen Einrichtungen erfasst sein, die zur Sicherung der Innovationsfähigkeit im Bereich der wissenschaftlichen Tätigkeit auf eine ständige Personalfluktuation angewiesen sind.[122] Die nur vorübergehende Beschäftigung eines wissenschaftlichen Mitarbeiters einer Parlamentsfraktion kann auch nach § 14 I 2 Nr. 4 TzBfG gerechtfertigt sein;[123] zur beabsichtigten Neuregelung des Befristungsgrundes → § 38 Rn. 2, zur Rechtsmissbrauchsprüfung → Rn. 6a.

29 **b) Programmgestaltende Mitarbeiter der Medien.** Der Schutz des Art. 5 I 2 GG umfasst das Recht der Rundfunkanstalten, frei von fremdem, insbesondere staatlichem Einfluss über die Auswahl, Einstellung und Beschäftigung derjenigen Mitarbeiter zu bestimmen, die an Hörfunk- und Fernsehsendungen inhaltlich gestaltend mitwirken (Regisseure, Redakteure,[124] Moderatoren, Kommentatoren, Wissenschaftler oder Künstler – sog. programmgestaltende Mitarbeiter). Danach bedarf die Befristung eines Arbeitsverhältnisses mit einem programmgestaltenden Mitarbeiter im Bereich der Rundfunkfreiheit keines besonderen Sachgrundes. Nach Auffassung des BVerfG liegt dieser in der Rundfunkfreiheit selbst; weitere Gründe müssen nicht hinzutreten, sofern nur die Intensität der Einflussnahme des AN auf die Programmgestaltung dies rechtfertigt.[125] Jedoch ist stets eine einzelfallbezogene Abwägung zwischen dem Bestandsschutz des AN und den bei Bejahung des Bestandsschutzes zu erwartenden Auswirkungen auf die Rundfunkfreiheit vorzunehmen. Dabei sind die Belange der Rundfunkanstalt und der Mitarbeiter im Einzelfall ergebnisoffen abzuwägen, wobei den Rundfunkanstalten die zur Erfüllung ihres Programmauftrags notwendige Freiheit und Flexibilität nicht genommen werden darf. Bei dieser

---

[116] BAG 21.2.2001 AP Nr. 226 zu § 620 BGB Befristeter Arbeitsvertrag = NZA 2001, 1382; 23.1.2002 AP Nr. 231 zu § 620 BGB Befristeter Arbeitsvertrag.
[117] BAG 24.8.2016 AP Nr. 144 zu § 14 TzBfG = NZA 2017, 307.
[118] BAG 17.5.2017 AP Nr. 158 zu § 14 TzBfG = NZA 2017, 1340; 15.2.2017 AP Nr. 151 zu § 14 TzBfG = NZA 2017, 908.
[119] BAG 20.2.2002 AP Nr. 11 zu § 1 KSchG 1969 Wiedereinstellung.
[120] BAG 21.2.2018 AP Nr. 167 zu § 14 TzBfG = NZA 2018, 858.
[121] BAG 22.4.2009 AP Nr. 7 zu § 14 TzBfG Vertretung.
[122] BAG 18.5.2016 AP Nr. 6 zu § 2 WissZeitVG = NZA 2016, 1276 (Verhältnis zu § 2 I WissZeitVG).
[123] BAG 26.8.1998 AP Nr. 202 zu § 620 BGB Befristeter Arbeitsvertrag = NZA 1999, 149.
[124] BAG 13.12.2017 AP Nr. 164 zu § 14 TzBfG (zur Darlegungslast); 2.9.2009 AP Nr. 66 zu § 14 TzBfG = NZA 2009, 1253; 27.7.2006 AP Nr. 25 zu § 14 TzBfG = NZA 2007, 147.
[125] BVerfG 18.2.2000 AP Nr. 9 zu Art. 5 Abs. 1 GG Rundfunkfreiheit = NZA 2000, 653; 13.1.1982 AP Nr. 1 zu Art. 5 Abs. 1 GG Rundfunkfreiheit.

Abwägung ist vor allem zu berücksichtigen, in welcher Intensität der betroffene Mitarbeiter auf das Programm der Rundfunk- und Fernsehanstalt Einfluss nehmen kann und wie groß die Gefahr bei Bejahung eines unbefristeten Arbeitsverhältnisses ist, dass die Rundfunkanstalt nicht mehr den Erfordernissen eines vielfältigen Programms und den sich künftig ändernden Informationsbedürfnissen und Publikumsinteressen gerecht werden kann. Dabei kann eine lang andauernde Beschäftigung ein Indiz dafür sein, dass bei einer Rundfunkanstalt kein Bedürfnis nach einem personellen Wechsel besteht.[126] Diese Grundsätze genügen nach Ansicht des BAG den unionsrechtlichen Vorgaben, wobei das Gericht bisher eine Zuordnung der maßgeblichen Rechtskreise (Verfassungs-/Unionsrecht) bei der Prüfung des Sachgrunds noch nicht vorgenommen hat. Die erleichterten Befristungsmöglichkeiten nach Nr. 4 bestehen nicht bei programmgestaltenden Mitarbeitern, wenn deren Tätigkeit nicht den überwiegenden Teil der Arbeitszeit ausmacht oder im Einzelfall nur unwesentlich Einfluss auf die inhaltliche Gestaltung des Programms genommen wird[127] sowie bei dem sog. technischen Personal der Rundfunkanstalten, das nicht inhaltlich auf die Programmgestaltung einwirkt.

c) Bühnenkünstler, Schauspieler. Bühnenmitglieder werden regelmäßig auf der Grundlage 30
von befristeten Arbeitsverträgen beschäftigt, die mit Ablauf der vereinbarten Zeit enden, wenn der AG eine Nichtverlängerungsmitteilung ausspricht. Die Befristungsmöglichkeit für künstlerische Bühnenmitglieder, die als Solisten individuelle Leistungen erbringen und unmittelbar an der Erarbeitung und konzeptionellen Umsetzung eines Werks mitarbeiten, folgt aus § 2 II NV Bühne und entspricht nach der Rspr. der Auffassung verständiger und verantwortungsbewusster Vertragspartner.[128] Damit wird dem berechtigten Bestreben der Bühnen Rechnung getragen, künstlerische Vorstellungen des Intendanten mit dem von ihm dafür als geeignet angesehenen künstlerischen Bühnenpersonal zu verwirklichen und damit zugleich auch dem Abwechslungsbedürfnis des Publikums entgegenzukommen. Außerdem liegt es im eigenen Interesse der Künstler am Erhalt der Freizügigkeit ihres Engagementwechsels, dass an anderen Bühnen durch Beendigung befristeter Engagements Arbeitsplätze frei werden.[129] Allerdings kann allein die durch Art. 5 III GG geschützte Kunstfreiheit die Befristung des Arbeitsvertrags mit einem an der Erstellung des Kunstwerks mitwirkenden künstlerisch tätigen AN nach § 14 I 2 Nr. 4 TzBfG nicht rechtfertigen. Vielmehr ist zu berücksichtigen, dass die durch Art. 12 I GG geschützte Berufsfreiheit des AN ihrerseits das Grundrecht der Kunstfreiheit begrenzt. Daher ist ein Ausgleich der widerstreitenden grundrechtlichen Gewährleistungen im Wege einer Güterabwägung nach dem Grundsatz der praktischen Konkordanz herbeizuführen, die Bestandteil der Sachgrundprüfung ist.[130] Diesen Anforderungen genügt nach Ansicht des BAG die Befristungsregelung im NV Bühne, weshalb die Gerichte bei der Befristungskontrolle an diese von den Tarifvertragsparteien vorgenommene Abwägung gebunden sein sollen.[131] Auch der EuGH hat grundsätzlich die künstlerischen und technischen Anforderungen, die mit der Aufführung einer Vorstellung verbunden sind, als einen Sachgrund anerkannt, der eine vorübergehende Einstellung rechtfertigen kann.[132] Als Bühnenkünstler gelten Regisseure, solistisch tätige Sänger bzw. Musiker,[133] Tanzgruppenmitglieder[134] sowie technisches Bühnenpersonal iSv § 1 III NV Bühne, wenn im Arbeitsvertrag vereinbart wird, dass sie überwiegend künstlerisch tätig sind.[135] Für anderes Bühnenpersonal gelten die üblichen Befristungsregelungen. Einen besonderen Bestandsschutz haben Opernchormitglieder,[136] wenn diese nicht als Solisten auftreten; zur Nichtverlän-

---

[126] BAG 24.10.2018 AP Nr. 172 zu § 14 TzBfG = NZA 2019, 108; 4.12.2013 AP Nr. 113 zu § 14 TzBfG = NZA 2014, 1018; 27.7.2006 AP Nr. 25 zu § 14 TzBfG = NZA 2007, 147.

[127] BAG 13.12.2017 AP Nr. 164 zu § 14 TzBfG; 11.12.1991 AP Nr. 144 zu § 620 BGB Befristeter Arbeitsvertrag.

[128] BAG 6.11.1995 AP Nr. 46 zu § 611 BGB Bühnenengagementsvertrag = NZA 1996, 720.

[129] BAG 26.8.1998 AP Nr. 53 zu § 611 BGB Bühnenengagementsvertrag = NZA 1999, 442.

[130] BAG 30.8.2017 AP Nr. 162 zu § 14 TzBfG = NZA 2018, 229; ErfK/*Müller/Glöge* TzBfG § 14 Rn. 47; *Pallasch* RdA 2019, 61; eher zurückhaltend *Roloff* jM 2020, 100 (107); diff. *Schwarze* Anm. AP Nr. 162 zu § 14 TzBfG.

[131] BAG 13.12.2017 AP Nr. 66 zu § 611 BGB Bühnenengagementsvertrag = NZA 2018, 656; *Kuckuk* NZA 2019, 22 (23).

[132] EuGH 25.10.2018 NZA 2018, 1535 – Sciotto.

[133] BAG 26.8.1998 AP Nr. 53 zu § 611 BGB Bühnenengagementsvertrag = NZA 1999, 442.

[134] BAG 18.4.1986 AP Nr. 27 zu § 611 BGB Bühnenengagementsvertrag.

[135] BAG 13.12.2017 AP Nr. 66 zu § 611 BGB Bühnenengagementsvertrag = NZA 2018, 656 (Maskenbildner).

[136] Nach § 83 VIII NV Bühne kann die Nichtverlängerungsmitteilung nur aus künstlerischen Belangen erfolgen; vgl. zum NV Solo BAG 30.9.1971 AP Nr. 36 zu § 620 BGB Befristeter Arbeitsvertrag; 5.3.1970 AP Nr. 34 zu § 620 BGB Befristeter Arbeitsvertrag.

gerungsmitteilung im Bühnenarbeitsrecht → § 186 Rn. 4. Die vorgenannten Grundsätze gelten auch für Schauspieler.[137]

31 **d) Sportler, Sporttrainer.** Die Beschäftigung eines Sportlers im Rahmen eines befristeten Arbeitsverhältnisses ist unter den Voraussetzungen des § 14 II TzBfG ohne Sachgrund zulässig. Außerhalb dieser Vorschrift bedarf die Befristung eines Sachgrundes. Dieser fehlt regelmäßig bei Vertragsverhältnissen, die auf eine bestimmte Spielzeit abgeschlossen werden. Demgegenüber hat das BAG die Befristung eines Profifußballers der 1. Bundesliga wegen der prognostizierbaren nachlassenden Leistungsfähigkeit und der Teilnahme des Vereins am Transfersystem für gerechtfertigt gehalten; zumindest Ersteres wird auch für andere Sportarten gelten müssen.[138] Zuvor hatte es eine auflösende Bedingung in einem Arbeitsvertrag mit einem Lizenz-Fußballspieler, nach der das Arbeitsverhältnis bei einem Lizenzentzug beendet sein soll, für unwirksam gehalten. Die Befristung eines Arbeitsvertrags eines Sporttrainers kann nach § 14 I 2 Nr. 4 TzBfG nur gerechtfertigt sein, wenn mit der Aufgabe, Spitzensportler oder besonders talentierte Nachwuchssportler zu betreuen, die Gefahr verbunden ist, dass die Fähigkeit des Trainers zur weiteren Motivation der anvertrauten Sportler kontinuierlich nachlässt; für eine solche Aussage fehlt es an belastbaren empirischen Erkenntnissen. Der allgemeine Verschleiß durch längere Ausübung desselben Berufs kann eine Befristung auch bei Trainern – insbesondere bei häufigen Wechseln des Spielerkaders – nicht rechtfertigen.[139]

32 **e) Leitende Angestellte.** Bei leitenden Angestellten bedarf der Abschluss eines befristeten Arbeitsvertrags eines sachlichen Grundes. Dies gilt auch dann, wenn der leitende Angestellte beim Ausscheiden infolge der Befristung einen finanziellen Ausgleich erhält, der einer Abfindung nach den §§ 9, 10 KSchG zumindest gleichwertig ist.[140] Maßgeblich für den Sachgrund ist die ausgeübte Tätigkeit und nicht ein für den Zeitpunkt der Beendigung vereinbarter finanzieller Ausgleich.

33 **f) Studierende.** Für die Befristung von Arbeitsverhältnissen mit Studierenden gelten keine Besonderheiten. Ein wegen ihrer zeitlichen Beanspruchung durch das Studium bestehender Sachgrund kommt wohl nur in Betracht, wenn die Befristung erforderlich ist, um die Erwerbstätigkeit den immer wieder wechselnden Erfordernissen des Studiums anzupassen. Die Befristung kann regelmäßig nicht mit dem Interesse des Studenten, seine Arbeitsverpflichtung mit den Anforderungen des Studiums in Einklang zu bringen, gerechtfertigt werden, wenn bereits u.a. Umfang und Lage der Arbeitszeit dem Interesse des Studierenden ausreichend Rechnung tragen.[141]

34 **6. Befristung zur Erprobung (§ 14 I 2 Nr. 5 TzBfG).** Dieser Befristungsgrund war bereits vor Inkrafttreten des TzBfG in der Rspr. anerkannt. Allerdings hat er an Bedeutung verloren, da § 14 II TzBfG die sachgrundlose Befristung bis zu einem Zeitraum von 2 Jahren zulässt. Der Erprobungszweck muss dabei nicht Vertragsinhalt geworden sein und braucht nicht ausdrücklich im Arbeitsvertrag genannt werden.[142] In Nr. 5 wird keine zeitliche Vorgabe zur Erprobungsdauer bestimmt. Erprobungszweck und -dauer müssen aber in einem angemessenen Verhältnis stehen. Fehlt es hieran, spricht dies gegen das Vorliegen des Sachgrunds aus § 14 I 2 Nr. 5 TzBfG.[143] Die vereinbarte Vertragsdauer darf daher nicht den Schluss erlauben, dass der Sachgrund tatsächlich nicht besteht oder nur vorgeschoben ist.[144] Das BAG hat unter Rückgriff auf § 1 I KSchG, § 622 III BGB Erprobungszeiten bis zu sechs Monaten als angemessen angesehen.[145] Ausnahmen gelten für Berufe mit gesteigerten Leistungsanforderungen,[146] insbesondere für künstlerische und wissenschaftliche Tätigkeiten,[147] und wenn der AN zuvor für eine längere Zeit nicht mehr in seinem Beruf tätig

[137] BAG 30.8.2017 AP Nr. 162 zu § 14 TzBfG = NZA 2018, 229 („Krimiserie").
[138] BAG 16.1.2018 AP Nr. 166 zu § 14 TzBfG = NZA 2018, 703.
[139] BAG 15.4.1999 AP Nr. 1 zu § 13 AÜG = NZA 2000, 102; 29.10.1998 AP Nr. 14 zu § 611 BGB Berufssport = NZA 1999, 646.
[140] Anders BAG 26.4.1979 AP Nr. 47 zu § 620 BGB Befristeter Arbeitsvertrag.
[141] BAG 16.4.2003 AP Nr. 1 zu § 4 BeschFG 1996 = NZA 2004, 40.
[142] BAG 23.6.2004 AP Nr. 12 zu § 14 TzBfG = NZA 2004, 1333.
[143] BAG 24.2.2016 AP BGB § 307 Nr. 72 = NZA 2016, 814.
[144] BAG 25.10.2017 AP Nr. 45 zu § 611 BGB Musiker = NZA-RR 2018, 180.
[145] BAG 19.11.2019 AP Nr. 185 zu § 14 TzBfG = NZA 2020, 536; 17.2.1983 AP Nr. 74 zu § 620 BGB Befristeter Arbeitsvertrag.
[146] BAG 31.8.1994 AP Nr. 163 zu § 620 BGB Befristeter Arbeitsvertrag (Lehrer).
[147] BAG 12.9.1996 AP Nr. 27 zu § 611 BGB Musiker = NZA 1997, 841.

geworden ist[148] oder aufgrund besonderer Umstände seine persönliche Eignung festgestellt werden muss. Anhaltspunkte für die Dauer einer notwendigen Probezeit können sich aus den einschlägigen Tarifverträgen ergeben.[149] Mangelnde Bewährung innerhalb der Probezeit kann die Verlängerung eines auf die Erprobung gestützten befristeten Arbeitsvertrags rechtfertigen. Bei der Erprobungsbefristung können in der Person des AN liegende Umstände berücksichtigt werden. Die Eignung eines AN, die der AG während der Probezeit berechtigterweise prüfen will, hängt u.a. von den für die in Aussicht genommene Arbeitsleistung relevanten persönlichen Fähigkeiten ab. Der Sachgrund nach Nr. 5 kann auch vorliegen, wenn ein unbefristeter Arbeitsvertrag in einen befristeten Arbeitsvertrag „umgewandelt" wird, der AN sich noch nicht bewährt hat und eine am Sachgrund der Erprobung orientierte Änderung der bisherigen Arbeitsbedingungen vereinbart wird[150] sowie bei der erstmaligen Übertragung einer höherwertigen Tätigkeit.[151] An dem Sachgrund der Erprobung fehlt es hingegen, wenn der AN bereits ausreichende Zeit mit den zu erfüllenden Aufgaben beschäftigt war und der AG die Fähigkeiten des AN ausreichend beurteilen kann. Ein vorheriges befristetes oder unbefristetes Arbeitsverhältnis, in dem der AN mit den gleichen Arbeitsaufgaben betraut war, spricht daher regelmäßig gegen den Sachgrund der Erprobung.[152] Hiervon besteht eine Rückausnahme, wenn die zu erprobende Tätigkeit höherwertiger ist als die frühere, andere Anforderungen stellt oder das vorherige Arbeitsverhältnis längere Zeit zurückliegt.[153] Ist das Probearbeitsverhältnis unterbrochen worden, sind Vordienstzeiten in entsprechender Anwendung der Rspr. zur unterbrochenen Wartezeit nach § 1 KSchG anzurechnen.[154]

7. Befristung wegen in der Person des Arbeitnehmers liegender Gründe (§ 14 I 2 Nr. 6 TzBfG). Nach der bereits vor Inkrafttreten des TzBfG ergangenen Rechtsprechung kann die Befristung eines Arbeitsvertrags aus in der Person des AN liegenden Gründen sachlich gerechtfertigt sein, wenn das Interesse des AG, aus sozialen Erwägungen mit dem betreffenden AN nur einen befristeten Arbeitsvertrag abzuschließen, auch angesichts des Interesses des AN an einer unbefristeten Beschäftigung schutzwürdig ist. Das ist der Fall, wenn es ohne den in der Person des AN begründeten sozialen Zweck überhaupt nicht zum Abschluss eines Arbeitsvertrags, auch nicht eines befristeten Arbeitsvertrags, gekommen wäre. In diesem Fall liegt es auch im objektiven Interesse des AN, wenigstens für eine begrenzte Zeit bei diesem AG einen Arbeitsplatz zu erhalten. Die sozialen Erwägungen müssen das überwiegende Motiv des AG sein. An einem sozialen Beweggrund für den Abschluss eines befristeten Arbeitsvertrags fehlt es, wenn die Interessen des Betriebs oder der Dienststelle und nicht die Berücksichtigung der sozialen Belange des AN für den Abschluss des Arbeitsvertrags ausschlaggebend waren, zu denen auch allgemeine beschäftigungspolitische Überlegungen gehören. Denn das für den Abschluss eines Arbeitsvertrags maßgebliche Interesse des AG geht regelmäßig dahin, sich die Arbeitsleistung des AN für seine unternehmerischen Zwecke nutzbar zu machen und dadurch eine Gegenleistung für die gewährte Arbeitsvergütung zu erhalten. Dem Abschluss eines aus sozialen Gründen gerechtfertigten befristeten Arbeitsvertrags muss eine von diesem Regelfall abweichende Interessenlage zugrunde liegen. Dazu bedarf es der Feststellung konkreter Anhaltspunkte, die darauf schließen lassen, dass die für eine Beschäftigung des AN sprechenden betrieblichen oder dienstlichen Interessen des AG für den Vertragsschluss nicht ausschlaggebend waren. Solche Eigeninteressen brauchen allerdings nicht ganz zu fehlen. Die Tatsache, dass der AN mit sinnvollen Aufgaben beschäftigt wird, hindert die Annahme des Sachgrundes nicht. An einem überwiegenden Interesse des AG kann es danach fehlen, wenn der befristet eingestellte AN Arbeitsaufgaben ausführen soll, die bisher anderen AN übertragen sind und diesen aus Anlass der vorübergehenden Beschäftigung keine neuen Aufgaben zugewiesen werden. Den in der Person des AN liegenden sozialen Zweck für den Abschluss eines befristeten Arbeitsvertrags muss der AG anhand 35

[148] BAG 25.10.2017 AP Nr. 45 zu § 611 BGB Musiker = NZA-RR 2018, 180; 13.12.1962 AP Nr. 24 zu § 620 BGB Befristeter Arbeitsvertrag.

[149] BAG 19.11.2019 AP Nr. 185 zu § 14 TzBfG = NZA 2020, 536.

[150] BAG 2.6.2010 AP Nr. 73 zu § 14 TzBfG = NZA 2010, 1293.

[151] BAG 19.11.2019 AP Nr. 185 zu § 14 TzBfG = NZA 2020, 536 (zu § 31 III TV-L); 23.6.2004 AP Nr. 12 zu § 14 TzBfG = NZA 2004, 1333.

[152] BAG 25.10.2017 AP Nr. 45 zu § 611 BGB Musiker = NZA-RR 2018, 180.

[153] BAG 19.11.2019 AP Nr. 185 zu § 14 TzBfG = NZA 2020, 536; 25.10.2017 AP Nr. 45 zu § 611 BGB Musiker = NZA-RR 2018, 180.

[154] BAG 11.11.1982 AP Nr. 71 zu § 620 BGB Befristeter Arbeitsvertrag.

nachprüfbarer Tatsachen darlegen und im Bestreitensfall beweisen.[155] An diesen Grundsätzen hat das BAG auch nach Inkrafttreten des TzBfG festgehalten.[156] Die Rspr. hat eine Befristung aus sozialen Gründen für zulässig gehalten, wenn ein Auszubildender nach Beendigung seines Ausbildungsverhältnisses befristet eingestellt wird, um ihm den Wechsel in eine andere Beschäftigung zu erleichtern[157] oder ein wissenschaftlicher Assistent die Chance erhält, sich nach Abschluss seiner Promotionsarbeit eine neue Stelle zu suchen.[158] Zur Befristung von Studierenden → Rn. 33, bei Erforderlichkeit eines Aufenthaltstitels → Rn. 55 und auf Wunsch des AN → Rn. 63.

36 **8. Befristung wegen haushaltsrechtlicher Beschränkungen (§ 14 I 2 Nr. 7 TzBfG). a) Haushaltsmittel.** Der Inhalt dieses Sachgrundes ist noch nicht abschließend geklärt. Voraussetzung für eine auf Nr. 7 gestützte Befristung ist, dass die Mittel haushaltsrechtlich für eine befristete Beschäftigung bestimmt sind und der AN zulasten dieser Haushaltsmittel eingestellt und beschäftigt worden ist. Als Haushaltsmittel gelten nur die in den Haushaltsgesetzen des Bundes und der Länder, nicht hingegen Förder-/Drittmittel[159] oder Haushaltsmittel von anderen öffentlichen Stellen, da diese nicht unter Beteiligung einer demokratisch legitimierten Vertretung ausgebracht werden.[160] Insbesondere kommunale Haushaltssatzungen und der Haushalt der BA sind als Grundlage für die Befristung nach Nr. 7 keine taugliche Rechtsgrundlage. Von der Ausbringung der Haushaltsmittel und der erfolgten Zwecksetzung hängt die Zulässigkeit einer Befristung nach § 14 I 2 Nr. 7 TzBfG ab. Es ist bedenklich, den arbeitsrechtlichen Bestandsschutz bei **Identität von AG und Normgeber** von der Ausgestaltung in einer untergesetzlichen Norm abhängig zu machen. Nach der Rspr. setzt eine auf § 14 I 2 Nr. 7 TzBfG gestützte Befristung nicht voraus, dass bereits bei Abschluss des befristeten Arbeitsvertrags Haushaltsmittel in einem Haushaltsgesetz ausgebracht sind, aus denen die Vergütung des befristet beschäftigten AN während der gesamten Laufzeit des befristeten Arbeitsvertrags bestritten werden kann. Es genügt vielmehr, wenn bei Vertragsschluss aufgrund konkreter Umstände eine dahingehende Prognose gerechtfertigt ist.[161] Dies ermöglicht bei Vorliegen solcher Umstände auch die haushaltsjahrübergreifende Befristung eines Arbeitsvertrags.

36a **b) Zwecksetzung.** Der Wortlaut des § 14 I 2 Nr. 7 TzBfG könnte zu der Annahme verleiten, dass es ausreichend ist, wenn die Haushaltsmittel mit einer allgemeinen Zweckbestimmung für den Abschluss von befristeten Arbeitsverhältnissen zur Verfügung gestellt werden. In diesem Fall wäre der befristete Arbeitsvertrag unabhängig von der auszuübenden Tätigkeit des AN und der Vertragsdauer schon dann gerechtfertigt, wenn der AN aus den zur Verfügung stehenden Haushaltsmitteln vergütet wird. Da es im Normtext an Voraussetzungen für die auszuübende Tätigkeit des befristet beschäftigten AN fehlt, wäre auch die Übertragung von Daueraufgaben der Verwaltung ohne Weiteres zulässig. Eine entsprechende Interpretation des § 14 I 2 Nr. 7 TzBfG würde ein verfassungsrechtlich bedenkliches Sonderrecht des Öffentlichen Dienstes begründen, das bei einer Übertragung von zeitlich unbegrenzten Aufgaben zudem nicht mit den unionsrechtlichen Vorgaben der Befristungsrichtlinie (→ Rn. 2) im Einklang stünde. Das BAG hat daher § 14 I 2 Nr. 7 TzBfG in Anlehnung zu dem vom Wortlaut her identischen Sachgrund in § 57b II Nr. 2 HRG 1985 ausgelegt. Danach muss der Haushaltsgesetzgeber eine konkrete Mittelverwendung für Tätigkeiten anordnen, die grundsätzlich im Rahmen eines befristeten Arbeitsverhältnisses erbracht werden. Die Beschäftigung mit Daueraufgaben der öffentlichen Stelle kann die Befristung nicht rechtfertigen. Daran gemessen ist die Zwecksetzung für eine Beschäftigung, die nicht nur zeitweise, sondern dauerhaft anfällt,[162] ebenso unzureichend für eine Befristung nach Nr. 7 wie eine substanzlose Prognose des Haushaltsgesetzgebers, dass sich zukünftig ein rückläufiges Arbeitsaufkommen einstellen wird,[163] oder ein Vermerk im Haushaltsplan, wonach eine bestimmte Anzahl von Stellen einer Entgeltgruppe zu einem späteren Zeitpunkt wegfallen soll (→ Rn. 38).[164] Das BAG hat hingegen den Begriff der „Aushilfs-

155 BAG 11.2.2015 AP Nr. 128 zu § 14 TzBfG = NZA 2015, 1066.
156 BAG 24.8.2011 AP Nr. 85 zu § 14 TzBfG; 21.1.2009 AP Nr. 57 zu § 14 TzBfG = NZA 2009, 727.
157 BAG 21.4.1993 AP Nr. 148 zu § 620 BGB Befristeter Arbeitsvertrag = NZA 1994, 167.
158 BAG 2.12.1984 AP Nr. 85 zu § 620 BGB Befristeter Arbeitsvertrag.
159 BAG 16.1.2018 AP Nr. 165 zu § 14 TzBfG = NZA 2018, 663.
160 BAG 9.3.2011 AP Nr. 18 zu § 14 TzBfG Haushalt = NZA 2011, 911.
161 BAG 22.4.2009 AP Nr. 9 zu § 14 TzBfG Haushalt = NZA 2009, 1143.
162 BAG 17.3.2010 AP Nr. 70 zu § 14 TzBfG = NZA 2010, 633; 18.10.2006 AP Nr. 1 zu § 14 TzBfG Haushalt = NZA 2007, 332.
163 BAG 17.3.2010 AP Nr. 16 zu § 14 TzBfG Haushalt = NZA-RR 2010, 549.
164 BAG 23.5.2018 AP Nr. 171 zu § 14 TzBfG = NZA 2018, 1549; 2.9.2009 AP Nr. 14 zu § 14 TzBfG Haushalt = NZA 2009, 1257.

kraft" in einem Haushaltsgesetz nach der gebotenen Auslegung als ausreichende Zwecksetzung angesehen.[165]

37 **c) Überwiegende Tätigkeit.** Handelt es sich bei der Tätigkeit, für die Haushaltsmittel zur Verfügung stehen, um eine Tätigkeit, die ihrer Art nach vorübergehender Natur ist (Aushilfe, Vertretung, vorübergehender Mehrbedarf), ist die Befristung gerechtfertigt, wenn der AN aus den Haushaltsmitteln vergütet wird und er mit zumindest der Hälfte seiner Arbeitszeit mit dieser Tätigkeit betraut werden soll. Der Befristungsgrund muss nicht zum Inhalt des Arbeitsvertrags gemacht werden.[166] Maßgeblich sind die Umstände bei Vertragsschluss; ein vom Vertrag abweichender Einsatz kann allenfalls ein Indiz dafür sein, dass ein mittelgerechter Einsatz auch bei Vertragsschluss nicht beabsichtigt war. Die Bedeutung des § 14 I 2 Nr. 7 TzBfG beschränkt sich damit letztlich auf eine Erleichterung der Darlegung des der Befristung zugrunde liegenden Sachgrundes aus dem Bereich des § 14 I 2 Nr. 1 und 3 TzBfG. Die Vertragsdauer bedarf bei Vorliegen der Voraussetzung der Nr. 7 keiner besonderen Rechtfertigung (→ Rn. 5).

38 **d) Planstelle, kw-Vermerk.** Nach der bereits vor Inkrafttreten des TzBfG ergangenen Rspr. des BAG stellte die Abhängigkeit von Zuschüssen und Haushaltsmitteln grundsätzlich keinen sachlichen Grund zur Befristung dar, weil auch in der Privatwirtschaft nicht abzusehen ist, ob Finanzmittel zur Verfügung stehen. So konnten weder die zeitliche Begrenzung des Haushaltsplans auf das jeweilige Haushaltsjahr noch allgemeine Einsparungsanordnungen des Haushaltsgesetzgebers die Befristung von Arbeitsverhältnissen rechtfertigen. Allerdings konnte die Befristung des Arbeitsvertrags gerechtfertigt sein, wenn **(1)** der öffentliche AG zum Zeitpunkt des Vertragsschlusses aufgrund konkreter Tatsachen die Prognose erstellen konnte, dass für die Beschäftigung des AN eine Planstelle, aus deren Mitteln seine Vergütung gezahlt werden sollte, nur vorübergehend zur Verfügung steht.[167] In diesem Fall nahm das BAG an, der Haushaltsgesetzgeber habe sich mit den Verhältnissen dieser Stelle befasst und festgestellt, dass auch für die Beschäftigung des AN ein nur vorübergehender Bedarf besteht.[168] Dem steht **(2)** die Entscheidung eines Haushaltsgesetzgebers gleich, zusätzlichen, durch die vorhandenen und einsetzbaren Arbeitskräfte nicht abzudeckenden Arbeitsbedarf nur befriedigen zu lassen, wenn und soweit hierfür durch vorübergehende Beurlaubung freigewordene Mittel aus vorhandenen Planstellen zur Verfügung stehen und bei Erschöpfung dieser Mittel einen vorhandenen Arbeitsbedarf unerledigt zu lassen.[169] Dabei war keine gesonderte Entscheidung des Haushaltsgesetzgebers zum Wegfall des Beschäftigungsbedarfs erforderlich, sondern nur eine Verknüpfung mit den jeweils freigewordenen Planstellen oder Stellenanteilen. Darüber hinaus hat das BAG auch von dem Erfordernis einer Zuordnung zu einer konkreten vorübergehend freien Planstelle oder Planstellenteil abgesehen, sofern nur sichergestellt war, dass die Vergütung des befristet eingestellten AN aus den Mitteln vorübergehend freier Planstellen oder Planstellenteile erfolgte.[170] Schließlich konnte die Befristung gerechtfertigt sein, wenn **(3)** ein AN auf einer Stelle eingestellt wird, die im Haushaltsplan mit einem auf ein künftiges Haushaltsjahr datierten kw-Vermerk versehen ist, und aufgrund konkreter Anhaltspunkte mit einiger Sicherheit davon ausgegangen werden kann, dass die Stelle zu dem im kw-Vermerk genannten Zeitpunkt tatsächlich wegfallen wird. Allein der kw-Vermerk als solcher reicht zur sachlichen Rechtfertigung einer Befristung nicht aus.[171] An diesen Grundsätzen hat das BAG auch nach Inkrafttreten des TzBfG festgehalten, diesen Sachgrund aber nunmehr dem § 14 I 2 Nr. 1 TzBfG (→ Rn. 9) zugeordnet.[172]

38a **e) Vereinbarkeit mit Unionsrecht?** Der Siebte Senat des Bundesarbeitsgerichts hat im Jahr 2010 seine bisherige Rechtsprechung infrage gestellt und den EuGH um eine Vorabentscheidung zur generellen Zulässigkeit der dem staatlichen Bereich vorbehaltenen Haushaltsbefristung ersucht.[173] Der Senat vermochte nicht zu beurteilen, ob ein Befristungstatbestand, der allein öffentlichen AG zur Verfügung steht, mit dem unionsrechtlichen Gleichheitssatz in Einklang

---

165 BAG 7.5.2008 AP Nr. 8 zu § 14 TzBfG Haushalt = NZA 2008, 880.

166 BAG 28.9.2016 AP Nr. 7 zu § 1 WissZeitVG = NZA 2017, 249.

167 BAG 24.10.2001 AP Nr. 229 zu § 620 BGB Befristeter Arbeitsvertrag = NZA 2002, 443.

168 BAG 24.9.1997 – 7 AZR 654/96; 14.1.1982 AP Nr. 64 zu § 620 BGB Befristeter Arbeitsvertrag.

169 BAG 5.4.2001 EzA Nr. 177 zu § 620 BGB; 12.2.1997 AP Nr. 187 zu § 620 BGB Befristeter Arbeitsvertrag = NZA 1997, 941.

170 BAG 28.9.1988 AP Nr. 125 zu § 620 BGB Befristeter Arbeitsvertrag.

171 BAG 2.9.2009 AP Nr. 14 zu § 14 TzBfG Haushalt = NZA 2009, 1257.

172 BAG 17.3.2010 AP Nr. 70 zu § 14 TzBfG = NZA 2010, 633; 2.9.2009 AP Nr. 14 zu § 14 TzBfG Haushalt = NZA 2009, 1257; 16.10.2008 AP Nr. 56 zu § 14 TzBfG = NZA 2009, 676.

173 BAG 27.10.2010 AP Nr. 17 zu § 14 TzBfG Haushalt =NZA-RR 2011, 272; zuletzt BAG 15.12.2011 AP Nr. 89 zu § 14 TzBfG = NZA 2012, 674.

steht. Die Vorlage überrascht angesichts der zu öffentlichen AG ergangenen befristungsrechtlichen Entscheidungen des EuGH, bei denen der Gerichtshof die ihm zur Entscheidung vorgelegten Befristungstatbestände unter Gleichheitsgesichtspunkten nicht beanstandet hat.[174] Der 7. Senat war seinerzeit offenbar nicht mehr der Ansicht, dass die besonderen rechtlichen Bindungen, die öffentlichen AG durch das nationale Haushaltsrecht und (zusätzlich) durch die dazu ergangene Senatsrechtsprechung auferlegt werden, die Ausnahmestellung von § 14 I 2 Nr. 7 TzBfG in seiner bisherigen Ausgestaltung durch die Senatsrechtsprechung rechtfertigen. Überdies ist die Vorlage deshalb bemerkenswert, weil das Haushaltsrecht der EU ausdrücklich eine Rechtfertigung für die befristete Einstellung von Vertragskräften vorsieht (→ § 38 Rn. 5). Zu einer Entscheidung des Gerichtshofs ist es nicht gekommen, in nachfolgenden Entscheidungen hat der 7. Senat aber darauf hingewiesen, dass er ohne eine erneute Vorlage nicht über die Vereinbarkeit von § 14 I 2 Nr. 7 TzBfG mit Unionsrecht befinden kann.[175]

39 **9. Befristung aufgrund eines gerichtlichen Vergleichs (§ 14 I 2 Nr. 8 TzBfG). a) Mitwirkung des Gerichts.** Nach der Rspr. des BAG, die der Gesetzgeber bei der Kodifizierung des Sachgrunds in § 14 I 2 Nr. 8 TzBfG zugrunde gelegt hat (BT-Drs. 14/4374, 19), ist die Befristung eines Arbeitsverhältnisses in einem gerichtlichen Vergleich wirksam, soweit die Parteien darin zur Beendigung eines Kündigungsrechtsstreits oder eines Feststellungsstreits über den Fortbestand des Arbeitsverhältnisses eine Einigung erzielen. Der gerichtliche Vergleich unterliegt keiner weiteren Befristungskontrolle. Deren Funktion erfüllt das Arbeitsgericht durch seine ordnungsgemäße Mitwirkung beim Zustandekommen des Vergleichs, durch die der AN vor einem grundlosen Verlust seines Arbeitsplatzes bewahrt werden soll. Schlägt das Arbeitsgericht zur Beendigung des Verfahrens über den Bestand eines Arbeitsverhältnisses einen Vergleich vor, der eine weitere, zeitlich begrenzte Fortsetzung des Arbeitsverhältnisses vorsieht, ist das im Regelfall eine hinreichende Gewähr dafür, dass diese Befristung nicht deswegen gewählt worden ist, um dem AN grundlos den gesetzlichen Bestandsschutz zu nehmen.[176] Hieraus folgt, dass die (auch inhaltlich) verantwortliche Mitwirkung des Gerichts am Zustandekommen für den Sachgrund unerlässlich ist. Dies ist bei einem gerichtlichen Vergleich nach § 278 VI 1 Alt. 2 ZPO der Fall.[177] Ein nur gerichtlich festgestellter Vergleich nach einem Vorschlag der Parteien (§ 278 VI 1 Alt. 1, 2 ZPO) erfüllt die Voraussetzungen des § 14 I 2 Nr. 8 TzBfG nicht.[178] Ausreichend soll es aber sein, wenn sich das Gericht einen Vorschlag der Parteien zu eigen macht und ihnen unterbreitet.[179]

40 **b) Offener Streit.** Allerdings setzt der Sachgrund des gerichtlichen Vergleichs neben der Mitwirkung des Gerichts am Zustandekommen eines befristeten Arbeitsverhältnisses die Beilegung eines Rechtsstreits über den Fortbestand oder die Fortsetzung des Arbeitsverhältnisses voraus. Hierzu gehört nicht nur eine Befristungskontrollklage, sondern auch ein Verfahren, mit dem der AN die Fortführung seines Arbeitsverhältnisses durch Abschluss eines Folgevertrags erreichen will.[180] Das Merkmal soll die missbräuchliche Ausnutzung des durch § 14 I 2 Nr. 8 TzBfG eröffneten Sachgrundes verhindern. Es soll insbesondere gewährleisten, dass der gerichtliche Vergleich nicht nur zu einer Protokollierung einer von den Arbeitsvertragsparteien vor Rechtshängigkeit getroffenen Vereinbarung, durch die ein befristeter Arbeitsvertrag vereinbart oder verlängert wird, benutzt wird.[181] Ein offener Streit liegt nicht schon dann vor, wenn der AG den Ausspruch einer Kündigung lediglich angedroht hatte. Vielmehr müssen beide Parteien gegensätzliche Rechtsstandpunkte darüber eingenommen haben, ob bzw. wie lange zwischen ihnen ein Arbeitsverhältnis besteht. Insbesondere der AN musste nachdrücklich seine Rechtsposition vertreten und gegenüber dem AG geltend gemacht haben. Der AG muss es daraufhin abgelehnt haben, den AN entsprechend seiner Forderung zu beschäftigen.[182]

[174] EuGH 23.4.2009 AP Nr. 6 zu Richtlinie 99/70/EG – Angelidaki; 7.9.2006 AP Nr. 4 zu Richtlinie 99/70/EG = NZA 2006, 1265 – Marrosu und Sardino.

[175] BAG 23.5.2018 AP Nr. 171 zu § 14 TzBfG = NZA 2018, 1549; 16.1.2018 AP Nr. 165 zu § 14 TzBfG = NZA 2018, 663.

[176] BAG 12.11.2014 AP Nr. 125 zu § 14 TzBfG = NZA 2015, 379; 26.4.2006 AP Nr. 1 zu § 14 TzBfG Vergleich; *Bohlen* NZA-RR 2015, 449.

[177] BAG 14.1.2015 AP Nr. 126 zu § 14 TzBfG = NZA 2016, 39.

[178] BAG 21.3.2017 AP Nr. 154 zu § 14 TzBfG = NZA 2017, 706; 14.1.2015 AP Nr. 126 zu § 14 TzBfG = NZA 2016, 39; zu großzügig BAG 23.11.2006 AP Nr. 8 zu § 623 BGB = NZA 2007, 446.

[179] BAG 8.6.2016 AP Nr. 141 zu § 14 TzBfG = NZA 2016, 1485; 8.6.2016 AP Nr. 142 zu § 14 TzBfG = NZA 2016, 1535.

[180] BAG 12.11.2014 AP Nr. 125 zu § 14 TzBfG = NZA 2015, 379.

[181] BAG 26.4.2006 AP Nr. 1 zu § 14 TzBfG Vergleich.

[182] BAG 24.1.1996 AP Nr. 179 zu § 620 BGB Befristeter Arbeitsvertrag = NZA 1996, 1089.

c) Außergerichtlicher Vergleich. Nach der bis zum Inkrafttreten des TzBfG ergangenen Rspr. des BAG konnte auch der außergerichtliche Vergleich einen Sachgrund für die Befristung des Arbeitsverhältnisses darstellen.[183] Aufgrund des Wortlauts des Gesetzes, der nur den gerichtlichen Vergleich privilegiert, ist zweifelhaft, ob und ggf. unter welchen Voraussetzungen diese Rspr. auf die Rechtslage nach dem 1.1.2001 übertragen werden kann. Allerdings ist nicht ausgeschlossen, dass eine in einem außergerichtlichen Vergleich ausgehandelte Befristung nach § 14 I 1 TzBfG gerechtfertigt ist, wenn ein gewerkschaftlich oder anwaltlich vertretener AN nach einem offenen Streit um den Bestand seines gegenwärtigen Arbeitsverhältnisses einen befristeten Arbeitsvertrag akzeptiert. Die anwaltliche Beratung steht wertmäßig der gerichtlichen Mitwirkung gleich und ist geeignet, dem Missbrauchstatbestand des § 5 I der in die RL 1999/70/EG inkorporierten Rahmenvereinbarung wirksam zu begegnen. Denkbar ist auch, dass in einem gerichtlichen Vergleich die Modalitäten festgelegt werden, die außergerichtlich noch näher ausgestaltet werden. Dagegen muss ein sachlicher Grund vorliegen, wenn im Vergleich die Zulässigkeit künftiger Befristungen geregelt wird.[184] 41

10. Altersteilzeit. Nach § 8 III ATG sind Vereinbarungen zulässig, nach denen der Altersteilzeitarbeitsvertrag auf den Tag befristet wird, an dem der AN die Voraussetzungen für den Bezug einer Altersrente (§ 237 SGB VI) erfüllt. Die Vorschrift enthält einen Sachgrund für die Zweckbefristung des Altersteilzeitverhältnisses auf den Zeitpunkt der möglichen Inanspruchnahme einer Altersrente aus dem Katalog des § 33 II SGB VI oder einer wirtschaftlich gleichwertigen Leistung.[185] Wie bei der Altersgrenze (→ Rn. 45) ist die durch den Rentenbezug bzw. die gleichwertige Leistung vermittelte wirtschaftliche Absicherung des AN Teil des Sachgrundes. 42

11. Drittmittel. a) Grundsatz. Erfolgt die Einstellung des AN zur Mitwirkung an einem drittmittelfinanzierten Forschungsvorhaben an einer Hochschule oder an einer Forschungseinrichtung, kann die Befristung des wissenschaftlichen und künstlerischen Personals auch auf den Sachgrund der Drittmittelfinanzierung gestützt werden (§ 2 II WissZeitVG). Der Abschluss eines befristeten Arbeitsvertrags mit wissenschaftlichem und künstlerischem Personal iSd § 1 I 1 WissZeitVG (→ § 39 Rn. 28) ist danach gerechtfertigt, wenn **(a)** die Beschäftigung überwiegend aus Mitteln Dritter finanziert wird, **(b)** die Finanzierung für eine bestimmte Aufgabe und Zeitdauer bewilligt ist und **(c)** der AN überwiegend der Zweckbestimmung dieser Mittel entsprechend beschäftigt wird; **(d)** die vereinbarte Befristungsdauer soll dem bewilligten Projektzeitraum entsprechen (zu den Voraussetzungen im Einzelnen → Rn. 43a). Der Befristungsgrund übernimmt im Wesentlichen die bisherige Rspr. des BAG zur Befristung wegen Drittmitteln[186] und soll – jedenfalls nach der Vorstellung des Gesetzgebers – die rechtssichere Handhabung des Befristungsrechts erleichtern (BT-Drs. 16/673, 21). § 2 II WissZeitVG hat nur Bedeutung für das in der Forschung eingesetzte wissenschaftliche/künstlerische Personal; für das überwiegend in der Lehre tätige Personal ist er nicht einschlägig.[187] Unschädlich ist es aber, wenn der ansonsten mit Forschungsaufgaben betraute AN mit einem nicht überwiegenden Zeitanteil in der Lehre eingesetzt wird oder ihm Verwaltungsaufgaben übertragen werden. Sein Einsatz muss aber im Rahmen eines zeitlich begrenzten, gegenüber Daueraufgaben der Einrichtung abgrenzbaren Vorhabens erfolgen. Der Sachgrund des § 2 II WissZeitVG kann nicht erst in Anspruch genommen werden, wenn die Befristungsmöglichkeiten des § 2 I WissZeitVG erschöpft sind. § 2 I 2 WissZeitVG und § 2 II WissZeitVG regeln unterschiedliche Rechtfertigungstatbestände für die Befristung mit unterschiedlichen Wirksamkeitsvoraussetzungen, was auch – bei entsprechendem Landesrecht – bei der Beteiligung der Arbeitnehmervertretungen (→ § 38 Rn. 59) zu berücksichtigen ist.[188] Die Dauer einer Beschäftigung im Rahmen eines nach § 2 II WissZeitVG geschlossenen Arbeitsvertrags ist bei entsprechendem zeitlichem Umfang auf den Zeitrahmen des § 2 I WissZeitVG anzurechnen (§ 2 III 1 WissZeitVG, → § 39 Rn. 42). 43

b) Voraussetzungen. Eine „Finanzierung aus Mitteln Dritter" (**a,** → Rn. 43) liegt vor, wenn ein Projekt nicht aus den der Hochschule oder Forschungseinrichtung zur Verfügung 43a

[183] BAG 24.1.1996 AP Nr. 179 zu § 620 BGB Befristeter Arbeitsvertrag = NZA 1996, 1089.
[184] BAG 4.12.1991 AP Nr. 17 zu § 620 BGB Bedingung = NZA 1992, 838.
[185] BAG 16.11.2005 AP Nr. 2 zu § 8 ATG = NZA 2006, 535; 27.4.2004 AP Nr. 1 zu § 8 ATG = NZA 2005, 821.
[186] Zuletzt BAG 7.4.2004 AP Nr. 4 zu § 17 TzBfG.
[187] Str., wie hier ErfK/*Müller-Glöge* WissZeitVG § 2 Rn. 9a; aA Geis/*Krause* WissZeitVG § 2 Rn. 55.
[188] BAG 21.8.2019 AP Nr. 14 zu § 2 WissZeitVG = NZA 2020, 42 (zu NRW).

stehenden regulären Haushaltsmitteln, sondern anderweitig finanziert wird. Das Tatbestandsmerkmal bezieht sich nicht auf die Gesamtkosten des Projektes, sondern auf die Personalausgaben für den befristet beschäftigten AN. Die Beschäftigung wird „überwiegend" finanziert, wenn die konkrete Stelle zu mehr als 50% mit Drittmitteln ausgestattet wird. Nach der Vorstellung des Gesetzgebers kann ein drittmittelfinanziertes Anstellungsverhältnis mittel- oder zeitanteilig aus regulären Haushaltsmitteln finanziert werden (BT-Drs. 16/3438, 20).[189] Die Drittmittel (**b,** → Rn. 43) müssen hinreichend zweckgebunden für eine bestimmte Aufgabe und für eine von vornherein feststehende Zeitspanne zur Verfügung gestellt sein.[190] Der Drittmittelgeber muss sie mit einer bindenden Zweckbestimmung für eine bestimmte Aufgabe und eine bestimmte Zeit ausgebracht haben. An einer fremdbestimmten Zwecksetzung fehlt es, wenn die Einrichtung oder ein Dritter in eigener Verantwortung festlegen kann, zu welchem Zweck die Drittmittel verwendet werden. Ebenso muss die Endlichkeit der Finanzierungsbewilligung hinreichend genau feststehen.[191] Pauschale, nicht aufgaben- und zeitbezogene Mittelzuweisungen genügen ebenso wenig (BT-Drs. 16/3438, 14) wie die Zusammenfassung von Haushaltsresten. Das Merkmal (**c,** → Rn. 43) ist dahingehend auszulegen, dass es nicht auf die tatsächliche Vertragsdurchführung, sondern – nach allgemeinen befristungsrechtlichen Grundsätzen (→ Rn. 3) – nur auf die bei Vertragsschluss beabsichtigte Vertragsdurchführung ankommt; die Beschäftigung mit projektunabhängigen Tätigkeiten im Umfang von bis zu 49% führt nicht zur Unwirksamkeit der Befristung. Spätere Abweichungen vom ursprünglichen Vertragsinhalt können lediglich eine indizielle Bedeutung dafür haben, dass der Sachgrund für die Befristung bei Vertragsschluss in Wahrheit nicht vorlag, sondern lediglich vorgeschoben ist.[192] Nach dem zuletzt angefügten Halbsatz in § 2 II WissZeitVG soll (**d,** → Rn. 43) die vereinbarte Befristungsdauer dem bewilligten Projektzeitraum entsprechen. Der Gesetzgeber hat nicht geregelt, ob es sich bei einem Verstoß gegen die als Soll-Vorschrift ausgestaltete Verpflichtung der Einrichtung um einen Unwirksamkeitsgrund iSd § 17 S. 1 TzBfG handelt, der zur Unwirksamkeit der Befristung führt und zu dessen Geltendmachung eine Befristungskontrollklage erhoben werden muss (→ § 38 Rn. 69). Dies ist zu bejahen. Das Zurückbleiben der Vertragslaufzeit hinter der voraussichtlichen Dauer des Forschungsvorhabens führt aber nur zur Unwirksamkeit der Befristungsabrede, wenn in der Vertragszeit eine sinnvolle, dem Sachgrund der Befristung entsprechende Mitarbeit des AN nicht mehr möglich erscheint. Anders als bei einem Verstoß gegen § 2 I 3 WissZeitVG scheidet eine Anpassung der Vertragslaufzeit als Rechtsfolge aus (→ § 39 Rn. 40). Für diese Beurteilung ist gleichermaßen auf die zum Zeitpunkt des Vertragsschlusses vorliegenden Umstände und Absprachen über den Verlauf des geförderten Vorhabens abzustellen.

III. Von der Rechtsprechung anerkannte Sachgründe

44 **1. Vorbemerkung.** Bereits vor Inkrafttreten des TzBfG hatte die Rspr. Befristungsgründe richterrechtlich anerkannt, die der Gesetzgeber nicht in den Gesetzeswortlaut übernommen hat. Da der Katalog der Sachgründe in § 14 I 2 TzBfG nicht abschließend ist, können auch dort nicht genannte Sachgründe die Befristung eines Arbeitsvertrags rechtfertigen, wenn sie den in § 14 I TzBfG zum Ausdruck kommenden Wertungsmaßstäben entsprechen und den in dem Sachgrundkatalog des § 14 I 2 TzBfG genannten Sachgründen von ihrem Gewicht her gleichwertig sind.[193]

45 **2. Altersgrenzen.** Als Altersgrenze wird im Arbeitsleben eine Vereinbarung bezeichnet, nach der das Arbeitsverhältnis ohne Ausspruch einer Kündigung bei Erreichen eines bestimmten Alters endet. Die Vereinbarung von Altersgrenzen im Arbeitsleben ist üblich. Altersgrenzen stellen eine Befristung des Arbeitsverhältnisses dar und bedürfen daher nach § 14 I 1 TzBfG eines sie rechtfertigenden Sachgrundes. Dabei ist zwischen der Befristung auf die Regelaltersgrenze und eine vorgezogene Altersgrenze zu unterscheiden.

46 **a) Regelaltersgrenze. aa) Grundsatz.** Eine Regelaltersgrenze kann in Tarifverträgen,[194] Betriebsvereinbarungen,[195] vertraglichen Einheitsregelungen,[196] kirchlichen Arbeitsrechtsrege-

[189] ErfK/*Müller-Glöge* WissZeitVG § 2 Rn. 11; zum HRG: BAG 22.11.1995 AP Nr. 8 zu § 57b HRG.
[190] BAG 13.2.2013 AP Nr. 2 zu § 2 WissZeitVG = NZA 2013, 1271.
[191] BAG 23.5.2018 AP Nr. 13 zu § 2 WissZeitVG = NZA 2018, 1399; 8.6.2016 AP Nr. 7 zu § 2 WissZeitVG = NZA 2016, 1463.
[192] BAG 8.6.2016 AP Nr. 7 zu § 2 WissZeitVG = NZA 2016, 1463.
[193] BAG 16.1.2018 AP Nr. 165 zu § 14 TzBfG = NZA 2018, 663.
[194] BAG 27.11.2002 AP Nr. 22 zu § 620 BGB Altersgrenze.
[195] BAG 5.3.2013 AP Nr. 105 zu § 77 BetrVG 1972 = NZA 2013, 916.
[196] BAG 14.8.2002 AP Nr. 20 zu § 620 BGB Altersgrenze = NZA 2003, 1397.

lungen[197] oder in Arbeitsverträgen[198] vereinbart werden. Zumeist wird entweder allgemein oder konkret auf die Altersgrenze der gesetzlichen Rentenversicherung abgestellt. Unterschiedliche Altersgrenzen für Männer und Frauen sind auch arbeitsrechtlich unzulässig;[199] zur Bedeutung der Fiktion in § 41 S. 2 SGB VI (→ § 38 Rn. 13).

bb) Befristungszeitpunkt. Bei einer Vereinbarung, nach der das Arbeitsverhältnis mit der **47** Vollendung eines bestimmten Lebensjahres enden soll, handelt es sich nach der Rspr. des BAG um eine kalendermäßige Befristung dieses Arbeitsverhältnisses, weil der Beendigungszeitpunkt zumindest hinreichend bestimmbar ist. Das Arbeitsverhältnis endet zu einem festgelegten Zeitpunkt in der Zukunft, in dem der AN entweder ein bestimmtes Alter erreicht oder eine gesetzliche Altersrente beziehen kann.[200] Ist in der Vereinbarung der Parteien ein Lebensalter genannt, das zum Zeitpunkt des Vertragsschlusses mit der gesetzlichen Regelaltersgrenze übereinstimmte, ist die Vereinbarung regelmäßig dahingehend auszulegen, dass sie auf den Zeitpunkt der jeweiligen Regelaltersgrenze bezogen ist.[201] Daneben bestimmt § 41 S. 2 SGB VI (→ § 38 Rn. 13), dass eine einzelvertragliche Vereinbarung,[202] die die Beendigung des Arbeitsverhältnisses ohne Kündigung zu einem Zeitpunkt vorsieht, zu dem der AN vor Erreichen der Regelaltersgrenze eine Rente wegen Alters beantragen kann, dem AN gegenüber als auf den Zeitpunkt des Erreichens der Regelaltersgrenze abgeschlossen gilt, es sei denn, dass die Vereinbarung innerhalb der letzten drei Jahre vor diesem Zeitpunkt abgeschlossen oder von dem AN bestätigt worden ist. Hieraus folgt, dass der von einer vorzeitigen Altersgrenze betroffene AN ggf. frei entscheiden kann, ob er die Befristung auf einen früheren Zeitpunkt als das 65. Lebensjahr bzw. den maßgeblichen späteren Zeitpunkt akzeptiert. § 41 S. 2 SGB VI erfasst jedoch nicht Vereinbarungen, wonach das Arbeitsverhältnis endet, wenn der AN eine vom AG zugesagte Altersversorgung nach beamtenrechtlichen Grundsätzen beanspruchen kann.[203] Unwirksam ist auch eine einzelvertragliche Vereinbarung, nach der der AG das Recht erlangt, das Arbeitsverhältnis einseitig zu beenden, wenn der AN ein bestimmtes Lebensalter überschreitet.[204]

cc) Sachlicher Grund. (1) Interessenlage der Parteien. § 41 S. 2 SGB VI stellt keinen **48** Sachgrund für die Beendigung des Arbeitsverhältnisses aufgrund einer Altersgrenze dar.[205] Nach der Rspr. des BAG ist eine auf das Erreichen des Regelrentenalters bezogene Altersgrenze aufgrund einer Interessenabwägung wirksam, wenn der AN nach dem Vertragsinhalt und der Vertragsdauer eine gesetzliche Altersrente erwerben kann oder bereits erworben hat. Der AN hatte typischerweise von der Anwendung der Altersgrenzenregelung durch seinen AG Vorteile, weil durch die Fluktuation aufgrund des Alters auch seine Einstellungs-, Aufstiegs- bzw. Beschäftigungschancen verbessert worden sind. Den Interessen des AN an der Weiterarbeit steht das Bedürfnis des AG nach einer sachgerechten und berechenbaren Personal- und Nachwuchsplanung gegenüber. Diesem hat das BAG jedenfalls dann Vorrang vor dem Bestandsschutzinteresse des AN gewährt, wenn der AN durch den Bezug einer Altersrente wirtschaftlich abgesichert war.[206]

(2) Wirtschaftliche Absicherung. Das Merkmal der wirtschaftlichen Absicherung ist gegeben, wenn der befristet beschäftigte AN nach dem Vertragsinhalt und der Vertragsdauer eine Altersversorgung in der gesetzlichen Rentenversicherung erwerben kann. Die Wirksamkeit der Befristung ist nicht von der konkreten wirtschaftlichen Absicherung des AN bei Erreichen der Altersgrenze abhängig. Ein solcher Prüfungsmaßstab wäre systemwidrig, weil im Befristungsrecht nur maßgeblich ist, ob der AG beim Vertragsschluss einen von der Rechtsordnung anzuerkennenden Grund für einen nicht auf Dauer angelegten Arbeitsvertrag hatte oder nicht. Die Höhe der sich im Einzelfall aus der gesetzlichen Rentenversicherung ergebenden Ansprüche ist daher für die Wirksamkeit einer auf die Regelarbeitsgrenze bezogenen Befristung grundsätzlich ohne Bedeutung. Auch die gesetzliche Befristungsmöglichkeit in § 8 III ATG knüpft nur an den **49**

[197] BAG 12.6.2013 AP Nr. 72 zu § 611 BGB Kirchendienst = NZA 2013, 1428.
[198] BAG 25.10.2017 AP Nr. 163 zu § 14 TzBfG = NZA 2018, 507.
[199] BAG 12.10.1994 AP Nr. 2 zu § 60 BAT-O = NZA 1995, 904.
[200] BAG 14.8.2002 AP Nr. 20 zu § 620 BGB Altersgrenze = NZA 2003, 1397.
[201] BAG 25.10.2017 AP Nr. 163 zu § 14 TzBfG = NZA 2018, 507 (Arbeitsvertrag); 13.10.2015 AP Nr. 109 zu § 77 BetrVG 1972 = NZA 2016, 54 (Betriebsvereinbarung).
[202] BAG 4.11.2015 AP Nr. 8 zu § 15 TzBfG = NZA 2016, 634.
[203] BAG 26.4.1995 AP Nr. 6 zu § 41 SGB VI = NZA 1995, 889.
[204] HessLAG 20.9.1999 NZA-RR 2000, 413.
[205] BAG 19.11.2003 AP Nr. 3 zu § 17 TzBfG = NZA 2004, 1336.
[206] BAG 25.10.2017 AP Nr. 163 zu § 14 TzBfG = NZA 2018, 507; 9.12.2015 AP Nr. 134 zu § 14 TzBfG = NZA 2016, 695; 13.10.2015 AP Nr. 109 zu § 77 BetrVG 1972 = NZA 2016, 54.

Grundanspruch auf Rente wegen Altersteilzeit an, nicht aber an eine bestimmte Höhe.[207] Der sich aus Art. 12 I GG ergebenden Schutzpflicht ist gleichfalls genügt, wenn der von einer Altersgrenze betroffene AN bei Abschluss der Befristungsabrede entweder versicherungsfrei (§ 5 SGB VI) beschäftigt wird oder aufgrund einer durch Gesetz gleichgestellten anderweitigen Alterssicherung von der Rentenversicherungspflicht befreit (§ 6 SGB VI) worden und die Altersgrenze auf den Zeitpunkt des gesetzlichen Rentenalters bezogen ist.[208] Eine auf einen Zeitpunkt vor Erreichen der gesetzlichen Altersgrenze bezogene Vereinbarung ist zulässig, wenn der AN zu diesem Zeitpunkt durch den Bezug einer gesetzlichen Altersrente wirtschaftlich abgesichert ist.[209]

50 **dd) Verfassungs- und Unionsrecht. (1) Grundgesetz.** Die Beendigung des Arbeitsverhältnisses aufgrund einer auf das gesetzliche Rentenalter bezogenen Altersgrenze verletzt die betroffenen AN nicht in ihrer grundgesetzlich geschützten Berufsfreiheit.[210] Das BVerfG hat auch die durch das Gesundheitsstrukturgesetz eingeführte Altersgrenze von 68 Jahren für die Zulassung zur vertragsärztlichen Versorgung bejaht.[211] Ebenfalls hat es mit Art. 12 GG als vereinbar angesehen, dass sie nach dem 55. Lebensjahr nicht mehr zur vertragsärztlichen Versorgung zugelassen werden.[212] Eine Altersgrenze enthält kein Beschäftigungsverbot über das gesetzliche Rentenalter hinaus, die einvernehmliche Neubegründung eines durch eine Altersgrenze beendeten Arbeitsverhältnisses ist zulässig.[213]

51 **(2) Unionsrecht.** Altersgrenzen, die auf ein bestimmtes Lebensalter bei der Beendigung des Arbeitsverhältnisses abstellen, stellen eine auf dem Merkmal des Alters beruhende Ungleichbehandlung der hiervon betroffenen AN dar. Nach Art. 6 I RL 2000/78/EG stellen Ungleichbehandlungen wegen des Alters keine nach Art. 2 RL 2000/78/EG verbotene Diskriminierung dar, sofern sie objektiv und angemessen sind und im Rahmen des nationalen Rechts durch ein legitimes Ziel gerechtfertigt sind und die Mittel zur Erreichung dieses Ziels angemessen und erforderlich sind. Der EuGH hält auf das Regelrentenalter bezogene Altersgrenzen dann für gerechtfertigt, wenn mit ihnen arbeitsmarkt- und sozialpolitische Ziele verfolgt werden, insbesondere wenn diese von den Sozialpartnern vereinbart worden ist. Nach Ansicht des EuGH ist eine im Tarifvertrag ausgehandelte Altersgrenze durch legitime Ziele (Begünstigung der Neueinstellung jüngerer AN, Vornahme einer Nachwuchsplanung und Erhaltung einer ausgewogenen Altersstruktur) gerechtfertigt. Auf eine Einzelfallprüfung der konkreten Verhältnisse in der Branche kommt es nicht an. Der Gerichtshof hat auch die Höhe der zu erwartenden Regelaltersrente für die Wirksamkeit einer tariflichen Altersgrenze für unbeachtlich gehalten, da der betroffene AN nicht gezwungen sei, endgültig aus dem Berufsleben auszuscheiden und er bei der Begründung eines neuen Arbeitsverhältnisses nicht wegen seines Alters diskriminiert werden dürfe.[214] Dem ist das BAG gefolgt. Danach sind auf die Regelaltersgrenze bezogene Vereinbarungen wirksam in Tarifverträgen,[215] Betriebsvereinbarungen,[216] kirchlichen Arbeitsrechtsregelungen[217] sowie eine einzelvertraglich vereinbarte Altersgrenze.[218]

52 **b) Hinausschieben der Altersgrenze.** Ist das Arbeitsverhältnis auf das Erreichen des Regelrentenalters befristet, können AG und AN nach dem mit Wirkung zum 1.7.2014 (BGBl. I 787) eingefügten § 41 S. 3 SGB VI den Beendigungszeitpunkt durch eine Vereinbarung, ggf. mehrfach hinausschieben. Die Vorschrift ermöglicht nicht nur bei einzelvertraglichen, sondern auch in Kollektivvereinbarungen enthaltenen Altersgrenzen die Festlegung eines späteren Ausscheidenszeitpunkts als dem ursprünglich vereinbarten Termin. Sie setzt eine wirksame Befristung auf das Regelrentenalter voraus, bei vorzeitigen Altersgrenzen ist sie nicht anwendbar. Die § 41 S. 3 SGB VI zugrunde liegende Abrede über das Hinausschieben kann nur von den Arbeitsvertragsparteien getroffen werden. Sie muss vor der rechtlichen Beendigung des Arbeitsverhältnisses und damit vor Ablauf des Regelrentenaltersmonats abgeschlossen werden. Der Gesetzgeber hat

---

207 BAG 18.6.2008 AP Nr. 48 zu § 14 TzBfG = NZA 2008, 1302.
208 BAG 27.7.2005 AP Nr. 27 zu § 620 BGB Altersgrenze = NZA 2006, 37.
209 BAG 19.11.2003 AP Nr. 3 zu § 17 TzBfG = NZA 2004, 1336.
210 BAG 19.11.2003 AP Nr. 3 zu § 17 TzBfG = NZA 2004, 1336.
211 BVerfG 31.3.1998 NJW 1998, 1776 = NZA 1998, 589.
212 BVerfG 20.3.2001 NJW 2001, 1779.
213 BAG 10.3.1992 AP Nr. 96 zu § 99 BetrVG 1972 = NZA 1992, 992.
214 EuGH 12.10.2010 AP Nr. 18 zu Richtlinie 2000/78/EG = NZA 2010, 1167.
215 BAG 21.9.2011 AP Nr. 84 zu § 14 TzBfG = NZA 2012, 271.
216 BAG 5.3.2013 AP Nr. 105 zu § 77 BetrVG 1972 = NZA 2013, 916.
217 BAG 12.6.2013 AP Nr. 72 zu § 611 BGB Kirchendienst = NZA 2013, 1428.
218 BAG 9.12.2015 AP Nr. 134 zu § 14 TzBfG = NZA 2016, 695.

offengelassen, ob im Zusammenhang mit der Vereinbarung nach § 41 S. 3 SGB VI die Arbeitsbedingungen für die Zeit vor und nach Erreichen des ursprünglichen Beendigungszeitpunkts geändert werden können. Dies ist zu bejahen, weil es anders als bei § 14 II TzBfG (→ § 39 Rn. 9) nicht um die Abgrenzung zum Neuabschluss eines befristeten Arbeitsvertrags geht. Das Hinausschieben muss schriftlich vereinbart werden, insoweit ist § 14 IV TzBfG anzuwenden (→ § 38 Rn. 50). Die befristete Fortsetzung des Arbeitsverhältnisses bedarf keines besonderen, sie rechtfertigenden Sachgrundes iSd § 14 I 1 TzBfG, da der Sachgrund „Regelaltersgrenze" (offenbar auch nach der Vorstellung des Gesetzgebers) eine zeitlich begrenzte Weiterarbeit beim selben AG rechtfertigt. Der EuGH hat § 41 S. 3 SGB VI als „zulässige Ausnahme vom Grundsatz der automatischen Beendigung des Arbeitsverhältnisses beim Erreichen der Regelaltersgrenze" im Grundsatz für **unionsrechtskonform** gehalten, weil die betroffenen AN durch den Bezug einer Regelaltersrente wirtschaftlich abgesichert sind und zwischen einer Verlängerung des Arbeitsverhältnisses und dem völligen Ausscheiden aus dem Berufsleben wählen. Allerdings hat der Gerichtshof angenommen, dass die Weiterarbeit nach Erreichen der Regelaltersgrenze zu unveränderten Bedingungen erfolgt.[219] Folgt man dem, ist auch das in § 41 S. 3 SGB VI vorgesehene „mehrfache" Hinausschieben ohne Änderung der Vertragsbedingungen rechtlich unproblematisch.[220]

c) Befristung nach Erreichen des Regelrentenalters? Ein Hinausschieben des Beendigungszeitpunkts ist begrifflich nicht mehr möglich, wenn das ursprüngliche Arbeitsverhältnis bereits rechtlich beendet worden ist. In Betracht kommt dann nur der Neuabschluss eines (regelmäßig) befristeten Arbeitsvertrags, der aber einschränkungslos geltenden Regelung in § 14 I 1 TzBfG eines Sachgrundes bedarf. Ob für die Fortsetzung des bisherigen Arbeitsverhältnisses der Sachgrund „Altersgrenze" herangezogen werden kann, ist in der Rspr. des BAG noch nicht geklärt. Es spricht aber viel dafür, dass der Bezug einer gesetzlichen Altersrente auch den Abschluss von befristeten Arbeitsverhältnissen nach Beginn des Altersrentenbezug rechtfertigen kann. Denn die wirtschaftliche Absicherung, die Teil des Sachgrundes „Altersgrenze" ist, besteht für den gesamten Zeitraum nach Erreichen des Regelrentenalters. Andererseits liegen die Interessen des AG, die den Befristungsgrund „Altersgrenze" tragen, für den Abschluss von befristeten Arbeitsverträgen mit Altersrentnern nicht vor. Ein Bedürfnis des AG nach einer sachgerechten und berechenbaren (zumindest mittelfristigen) Personal- und Nachwuchsplanung besteht bei der zeitlich begrenzten Fortsetzung eines Arbeitsvertrags (in welcher Form auch immer) mit AN, die bereits das Regelrentenalter erreicht haben, nicht. Zu deren Lasten geht wiederum, dass das Sachgrunderfordernis des § 14 I 1 TzBfG auf der gesetzgeberischen Vorstellung beruht, wonach der unbefristete Arbeitsvertrag die sozialpolitisch erwünschte Beschäftigungsform darstellt (→ Rn. 1). Ein solches Bedürfnis fehlt oder wird bei AN, die Altersrente beziehen, oftmals in den Hintergrund treten. Erforderlich wäre zur Schaffung von Rechtssicherheit eine an den vorstehenden Interessen ausgerichtete legislative Ausgestaltung der Voraussetzungen für die Befristung von Arbeitsverhältnissen nach dem Renteneintritt. Mit der Regelung über das Hinausschieben des Vertragsendes in § 41 S. 3 SGB VI ist der Gesetzgeber (wenn überhaupt) auf halbem Weg stehen geblieben. 52a

d) Vorzeitige Altersgrenzen. Sie sind nur zulässig, wenn gerade für die vorzeitige Beendigung des Arbeitsverhältnisses ein sachlicher Grund besteht und der AN durch eine durch den AG vermittelte Versorgung und/oder Leistungen aus der Sozialversicherung wirtschaftlich abgesichert ist. Nach der bisherigen Rspr. des BAG konnten vorzeitige Altersgrenzen die Befristung des Arbeitsverhältnisses rechtfertigen, wenn das Erreichen eines bestimmten Lebensalters wegen der vom AN ausgeübten Tätigkeit zu einer möglichen Gefährdung wichtiger Rechtsgüter führen kann. Der EuGH und ihm folgend das BAG haben zuletzt vorzeitige Altersgrenzen von Piloten vor Erreichen des höchstzulässigen Lebensalters für Verkehrsflugzeugführer für unwirksam gehalten.[221] Auch eine vorzeitige Altersgrenze für das Kabinenpersonal von 55 bzw. 60 Jahren ist nicht sachlich gerechtfertigt.[222] 53

3. Arbeitserlaubnis (Aufenthaltstitel). Die Befristung eines die Beschäftigung gestattenden Aufenthaltstitels und die Besorgnis, der AN werde danach die arbeitsvertraglich geschuldeten Dienste nicht mehr erbringen können, können einen sachlichen Grund für die Befristung des 54

---

219 EuGH 28.2.2018 AP Nr. 17 zu Richtlinie 99/70/EG = NZA 2018, 355 – John.
220 Offengelassen von BAG 19.12.2018 – 7 AZR 70/17, NZA 2019, 523.
221 EuGH 13.9.2011 AP Nr. 23 zu Richtlinie 2000/78/EG = NZA 2011, 1039 – Prigge; BAG 15.2.2012 AP Nr. 93 zu § 14 TzBfG = NZA 2012, 866; 18.1.2012 AP Nr. 92 zu § 14 TzBfG = NZA 2012, 691.
222 BAG 16.10.2008 AP Nr. 55 zu § 14 TzBfG = NZA 2009, 378.

Arbeitsverhältnisses darstellen, wenn im Zeitpunkt des Vertragsschlusses eine hinreichend zuverlässige Prognose erstellt werden kann, eine Verlängerung des Aufenthaltstitels werde nicht erfolgen. Die Prognose muss auf konkreten Anhaltspunkten beruhen. Dabei soll von Bedeutung sein, ob sich Prognosen der vorliegenden Art in der Vergangenheit bereits wiederholt als unzutreffend erwiesen haben;[223] zu den öffentlich-rechtlichen Voraussetzungen für die Beschäftigung von ausländischen Staatsangehörigen → § 27 Rn. 3.

55 **4. Betriebsratsarbeit.** Die Sicherung der personellen Kontinuität der Betriebsratsarbeit kann die Befristung eines Arbeitsverhältnisses bis zum Ablauf der Amtszeit rechtfertigen, wenn es ansonsten vor diesem Zeitpunkt beendet worden wäre.[224] Hingegen führt die Wahl eines befristet beschäftigten AN in den Betriebs- oder Personalrat nicht zur Unwirksamkeit der Befristung oder zum Hinausschieben des Beendigungszeitpunkts bis zum Amtszeitende.[225] Die Mitgliedschaft in einer Arbeitnehmervertretung begründet auch keine Verpflichtung für den AG, nach Beendigung des befristeten Arbeitsvertrags dem AN die befristete oder unbefristete Fortsetzung des Arbeitsverhältnisses anzubieten. Ebenso ist hindert das Wiederaufleben eines Beamtenverhältnisses nicht den Eintritt einer auflösenden Bedingung bei einem Betriebsratsmitglied.[226] Benachteiligt ein AG ein befristet beschäftigtes Betriebsratsmitglied, indem er diesem wegen dessen Betriebsratstätigkeit den Abschluss eines Folgevertrags verweigert, hat dieses nach § 78 S. 2 BetrVG iVm § 280 I, § 823 II, § 249 I BGB Anspruch auf Schadensersatz. Dieser ist auf den Abschluss des verweigerten Folgevertrags gerichtet.[227]

56 **5. Erwerbsminderung. a) Sachlicher Grund.** Eine in einem Tarifvertrag enthaltene auflösende Bedingung für den Fall einer vom Rentenversicherungsträger festgestellten Erwerbsminderung kann nach der Rspr. des BAG zulässig sein. Die Beendigung des Arbeitsverhältnisses bei Eintritt einer **unbefristeten Erwerbsminderung** beruht auf der Annahme der Tarifvertragsparteien, der AN werde im Falle der Erwerbsminderung (§ 43 SGB IV) künftig die arbeitsvertraglich geschuldeten Leistungen nicht mehr erbringen können. Voll erwerbsgemindert sind nach § 43 II 2 SGB VI AN, die wegen Krankheit oder Behinderung auf nicht absehbare Zeit außerstande sind, unter den üblichen Bedingungen des allgemeinen Arbeitsmarktes mindestens drei Stunden täglich erwerbstätig zu sein. Eine daran anknüpfende auflösende Bedingung dient einerseits dem Schutz des AN, der aus gesundheitlichen Gründen nicht mehr in der Lage ist, seine bisherige Tätigkeit zu verrichten, und bei dem bei einer Fortsetzung der Tätigkeit die Gefahr einer weiteren Verschlimmerung seines Gesundheitszustandes besteht. Andererseits soll dem berechtigten Interesse des AG Rechnung getragen werden, sich von einem AN trennen zu können, der dauerhaft aus gesundheitlichen Gründen nicht mehr in der Lage ist, seine nach dem Arbeitsvertrag geschuldete Leistung zu erbringen. Diese berechtigten Interessen beider Arbeitsvertragsparteien sind grundsätzlich geeignet, einen sachlichen Grund iSd §§ 22, 14 I 1 TzBfG für die Beendigung des Arbeitsverhältnisses ohne Kündigung abzugeben.[228] Jedoch ist erforderlich, dass der AN als Ausgleich für den mit der Beendigung des Arbeitsverhältnisses verbundenen Verlust des Arbeitsentgelts einen voraussichtlich dauerhaften Rentenbezug beanspruchen kann. Erst die Einbindung der Interessen des AN durch die Anknüpfung an die rentenrechtliche Versorgung rechtfertigt die Beendigung des Arbeitsverhältnisses ohne Kündigung. In diesem Fall bewirkt die Auflösung des Arbeitsverhältnisses keine nach § 7 II AGG unzulässige Benachteiligung wegen einer Behinderung.[229] Eine Rentenbewilligung, die zu keiner rentenrechtlichen Absicherung auf unbestimmte Dauer führt, ist als Auflösungstatbestand ungeeignet.[230] Eine Tarifvorschrift, die die Beendigung des Arbeitsverhältnisses für den Fall der Erwerbsminderung als sachlich gerechtfertigt ansieht, ist daher rechtskonform dahin auszulegen, dass das Arbeitsverhältnis nur bei einem voraussichtlich dauerhaften Rentenbezug enden soll.[231] Eine im Rentenbescheid erwähnte Möglichkeit einer späteren Überprüfung der Rentenberechtigung

[223] BAG 12.1.2000 AP Nr. 217 zu § 620 BGB Befristeter Arbeitsvertrag = NZA 2000, 722.
[224] BAG 8.6.2016 AP Nr. 142 zu § 14 TzBfG = NZA 2016, 1535; 20.1.2016 AP Nr. 139 zu § 14 TzBfG = NZA 2016, 755.
[225] BAG 5.12.2012 AP Nr. 102 zu § 14 TzBfG = NZA 2013, 515.
[226] BAG 20.6.2018 AP Nr. 13 zu § 21 TzBfG.
[227] BAG 25.6.2014 AP Nr. 14 zu § 78 BetrVG 1972 = NZA 2014, 1209.
[228] BAG 15.2.2017 AP Nr. 155 zu § 14 TzBfG = NZA-RR 2017, 398; 23.3.2016 AP Nr. 1 zu § 33 TV-L.
[229] BAG 20.6.2018 AP Nr. 4 zu § 33 TVöD; 14.1.2015 AP Nr. 2 zu § 33 TVöD; 23.7.2014 AP Nr. 120 zu § 14 TzBfG = NZA 2014, 1341.
[230] BAG 14.1.2015 AP Nr. 2 zu § 33 TVöD; 23.7.2014 AP Nr. 120 zu § 14 TzBfG = NZA 2014, 1341.
[231] BAG 15.2.2017 AP Nr. 155 zu § 14 TzBfG = NZA-RR 2017, 398; 23.3.2016 AP Nr. 1 zu § 33 TV-L.

hindert die Auflösung des Arbeitsverhältnisses hingegen nicht, wenn die Rente unbefristet bewilligt wurde.[232]

b) Teilweise Erwerbsminderung und befristeter Rentenbezug. Teilweise erwerbsgemindert sind nach § 43 I 2 SGB VI AN, die wegen Krankheit oder Behinderung auf nicht absehbare Zeit außerstande sind, unter den üblichen Bedingungen des allgemeinen Arbeitsmarktes mindestens sechs Stunden täglich erwerbstätig zu sein. Bei einer vollen Erwerbsminderung darf das Restleistungsvermögen drei Stunden täglich nicht erreichen (§ 43 II 2 SGB VI). Fehlt es an einer Weiterbeschäftigungsmöglichkeit (→ Rn. 58), liegt ein sachlicher Grund iSd §§ 22, 14 I 1 TzBfG für die Beendigung des Arbeitsverhältnisses ohne Kündigung nur vor, wenn der AN im Anschluss dauerhaft eine Rente wegen Erwerbsminderung oder eine dieser gleichgestellten Versicherungsleistung beziehen wird.[233] Wird dem erwerbsgeminderten AN nur eine befristete Rente bewilligt, ist eine auflösende Bedingung, die zur Beendigung des Arbeitsverhältnisses führt unzulässig, vielmehr darf das Arbeitsverhältnis während des Rentenbezugs nur zum Ruhen gebracht werden. Nach dem Ende des Rentenbezugs lebt das Arbeitsverhältnis wieder auf.[234] Werden dem AN eine befristete Rente wegen voller Erwerbsminderung und eine unbefristete Rente wegen teilweiser Erwerbsminderung bewilligt, endet das Arbeitsverhältnis nach § 33 IV TVöD, wenn kein wirksames Weiterbeschäftigungsverlangen gestellt wird.[235] 57

c) Weiterbeschäftigungsmöglichkeit. Bei einer vollen oder teilweise verminderten Erwerbsfähigkeit ist die Vereinbarung einer auflösenden Beendigung des Arbeitsverhältnisses nicht sachlich gerechtfertigt, wenn der AN auf seinem bisherigen oder einem anderen, ihm nach seinem Leistungsvermögen zumutbaren freien Arbeitsplatz weiterbeschäftigt werden kann und der AN ein **Weiterbeschäftigungsverlangen** in der vertraglich oder tarifvertraglich gebotenen Form[236] stellt.[237] Diese Anforderungen hat das BAG bereits vor Inkrafttreten des TzBfG im Hinblick auf den Schutz der Freiheit der Berufsausübung des AN aus Art. 12 I GG entwickelt. Allerdings hat es aus Gründen der Rechtssicherheit eine vorhandene Weiterbeschäftigungsmöglichkeit nur berücksichtigt, wenn der AN spätestens im Zeitpunkt der tarifvertraglich vorgesehenen Beendigung des Arbeitsverhältnisses ein konkretes Weiterbeschäftigungsverlangen geäußert hatte. Dieses sollte so rechtzeitig erfolgen, dass der AG prüfen konnte, ob das Arbeitsverhältnis im Falle der Rentenbewilligung endete oder ob es fortbestand, weil eine Beschäftigungsmöglichkeit auf einem dem Gesundheitszustand des AN entsprechenden freien Arbeitsplatz gegeben war.[238] Die Tarifvertragsparteien sind dem gefolgt und haben ihre Tarifwerke entsprechend angepasst, so dass eine auflösende Bedingung bei der befristeten Bewilligung einer Erwerbsminderungsrente stets nur bei fehlender Weiterbeschäftigungsmöglichkeit zur Beendigung des Arbeitsverhältnisses führt (zB in § 33 III TVÖD-L). Wegen der durch Art. 12 I GG gebotenen Auslegung des § 33 III TV-L beginnt die zweiwöchige Frist für ein Weiterbeschäftigungsverlangen des AN erst ab Zugang der schriftlichen Mitteilung des AG nach § 21, § 15 II TzBfG (→ Rn. 58b).[239] 58

d) Darlegungslast und betriebliches Eingliederungsmanagement. Bei der Prüfung von Weiterbeschäftigungsmöglichkeiten gilt grundsätzlich eine abgestufte **Darlegungslast.** Der AG ist nach allgemeinen Grundsätzen für den Eintritt der auflösenden Bedingung darlegungsbelastet. Er muss daher zunächst (und zumindest) behaupten, für den AN bestehe keine anderweitige Beschäftigungsmöglichkeit. Daraufhin hat der AN konkret vorzutragen, wie er sich seine Weiterbeschäftigung vorstellt. Erst ein solches Vorbringen verpflichtet den AG wiederum zu erläutern, aus welchen Gründen eine derartige Weiterbeschäftigung nicht in Betracht kommt.[240] Daneben hat der AG vor der Beendigung des Arbeitsverhältnisses seinen Verpflichtungen aus § 167 II 1 SGB IX zu genügen. Nach dieser Vorschrift muss der AG bei einer Arbeitsunfähigkeit des AN von länger als 6 Wochen innerhalb eines Jahreszeitraums mit den dort bestimmten Stellen die Möglichkeiten zu klären, wie die Arbeitsunfähigkeit möglichst überwunden werden und mit welchen Leistungen oder Hilfen erneuter Arbeitsunfähigkeit vorgebeugt und der Arbeitsplatz erhalten werden kann. Hat der AG ein danach **notwendiges betriebliches Eingliederungsmanagement** unterlassen, trifft ihn eine erweiterte Darlegungslast zum Nichtbestehen von Wei- 58a

[232] BAG 23.3.2016 AP Nr. 1 zu § 33 TV-L; 14.1.2015 – 7 AZR 880/13 (Hinweis auf die Rechtslage).
[233] BAG 1.12.2004 AP Nr. 13 zu § 59 BAT = NZA 2006, 211.
[234] BAG 23.2.2000 AP Nr. 25 zu § 1 BeschFG 1985 = NZA 2000, 821.
[235] BAG 15.3.2006 AP Nr. 14 zu § 59 BAT.
[236] BAG 27.7.2016 AP Nr. 2 zu § 33 TV-L = NZA-RR 2017, 84 (zumindest Textform erforderlich).
[237] BAG 30.8.2017 AP Nr. 3 zu § 33 TV-L; 27.7.2016 AP Nr. 2 zu § 33 TV-L = NZA-RR 2017, 84.
[238] Zuletzt zu § 59 BAT: BAG 15.3.2006 AP Nr. 14 zu § 59 BAT.
[239] BAG 23.7.2014 AP Nr. 120 zu § 14 TzBfG = NZA 2014, 1341.
[240] BAG 30.8.2017 AP Nr. 3 zu § 33 TV-L.

terbeschäftigungsmöglichkeiten.[241] Er hat dann von sich aus denkbare oder vom AN bereits genannte Alternativen zu würdigen und im Einzelnen darzulegen, aus welchen Gründen die Beschäftigung auf einem anderen Arbeitsplatz ausscheidet. Nur wenn auch die Durchführung eines betrieblichen Eingliederungsmanagements keine positiven Ergebnisse hätte zeitigen können, ist sein Fehlen unschädlich. Will sich der AG hierauf berufen, hat er die objektive Nutzlosigkeit des betrieblichen Eingliederungsmanagements darzulegen und ggf. zu beweisen, warum ein solches Verfahren in keinem Fall dazu hätte beitragen können, das Arbeitsverhältnis zu erhalten.[242] Insoweit entspricht die Rechtslage derjenigen vor dem Ausspruch einer Kündigung wegen krankheitsbedingter Fehlzeiten (→ § 131 Rn. 9).

58b **e) Sozialrechtliche Dispositionsbefugnis und Beendigungszeitpunkt.** Das Arbeitsverhältnis endet wegen des fehlenden Rentenbezugs auch nicht, wenn der AN von seiner sozialrechtlichen Dispositionsbefugnis Gebrauch macht und seinen Rentenantrag bzw. gegen die Versagung einer Rente gerichtete Rechtsbehelfe/-mittel bis zur Beendigung des Arbeitsverhältnisses aufgrund der auflösenden Bedingung (§ 21, § 15 II TzBfG) zurücknimmt und den AG hierüber bis zum Ablauf der Klagefrist des § 17 S. 1 TzBfG unterrichtet.[243] Ein schuldhaftes Absehen von einem Rentenantrag steht einem Rentenbezug nicht gleich und rechtfertigt die Auflösung des Arbeitsverhältnisses auch in einem Tarifvertrag nicht.[244] Andererseits steht dem Eintritt der Bedingung nicht entgegen, dass der **Rentenbescheid** aufgrund eines Widerspruchs/einer Klage bislang **keine Bestandskraft** erlangt hat. Für den Eintritt einer auflösenden Bedingung bei einer Erwerbsminderung ist ein bestandskräftigen Rentenbescheid keine Voraussetzung, der seinen Arbeitsplatz verlierende AN muss nur tatsächlich auf Dauer Rentenleistungen erhalten.[245] Der 7. Senat des BAG hat zuletzt offengelassen, ob es mit dem verfassungsrechtlich zu gewährleistenden Mindestbestandsschutz des Art. 12 I GG zu vereinbaren ist, dass ein Arbeitsverhältnis nach § 33 II TV-L/§ 33 II TVöD enden kann, obwohl der AN durch die Regelung in § 33 IV TVöD (Ersetzung des Rentenantrag durch ein ärztliches Gutachten bei schuldhaft verzögerter Antragstellung) faktisch angehalten wird, einen Rentenantrag zu stellen. Nach allgemeinen befristungsrechtlichen Grundsätzen setzt die Beendigung des Arbeitsverhältnisses aufgrund einer auflösenden Bedingung auch bei einer Erwerbsminderung die **schriftliche Mitteilung des AG** (§ 21, § 15 II TzBfG, → § 38 Rn. 41) voraus. Bei einem schwerbehinderten AN ist sie darüber hinaus von der **Zustimmung des Integrationsamts** (§ 175 SGB IX) abhängig, wenn bei Zugang der schriftlichen Unterrichtung über den Eintritt der auflösenden Bedingung die Anerkennung der Schwerbehinderung oder die Gleichstellung mit einem schwerbehinderten Menschen erfolgt ist oder die entsprechende Antragstellung mindestens drei Wochen zurückliegt; die Beteiligung entfällt bei dem Eintritt einer vollen Erwerbsminderung auf Dauer.[246]

59 **6. Personalaustausch, Lektoren.** Die Sicherung eines aktualitätsbezogenen Unterrichts rechtfertigte nach den §§ 57a ff. HRG die Befristung der Arbeitsverträge mit Fremdsprachenlektoren aus den Mitgliedstaaten der EU nicht.[247] Dient die konkrete Lektorenstelle jedoch einem internationalen Austausch von Hochschulabsolventen, kann dies die Befristung eines Lektors sachlich rechtfertigen, wenn zum Zeitpunkt des Vertragsschlusses eine entsprechende Vereinbarung mit ausländischen Hochschulen oder eine entsprechende Verwaltungspraxis besteht und tatsächlich ein Austausch stattfindet.[248] Die Befristung mit Lektoren kann nach dem WissZeitVG (→ 39 Rn. 27) erfolgen, wenn diese wissenschaftliche Dienstleistungen erbringen, nicht hingegen bei der Beschäftigung mit Daueraufgaben im Bereich des Sprachunterrichts.[249]

60 **7. Prozessbeschäftigung. a) Beschäftigungsform.** Bei der Beurteilung einer Beschäftigung des AN während eines Rechtsstreits um den Bestand des Arbeitsverhältnisses ist zwischen einer vertraglich begründeten Beschäftigung und einer Beschäftigung zur Abwendung der Zwangsvollstreckung zu unterscheiden. Welche Form die Parteien gewählt haben, ist bei

[241] BAG 30.8.2017 AP Nr. 3 zu § 33 TV-L.
[242] BAG 17.4.2019 AP Nr. 15 zu § 21 TzBfG = NZA 2019, 1355.
[243] BAG 15.2.2017 AP Nr. 155 zu § 14 TzBfG = NZA-RR 2017, 398; 23.3.2016 AP Nr. 1 zu § 33 TV-L.
[244] Offengelassen von BAG 23.7.2014 AP Nr. 120 zu § 14 TzBfG = NZA 2014, 1341.
[245] BAG 15.2.2017 AP Nr. 155 zu § 14 TzBfG = NZA-RR 2017, 398; 23.3.2016 AP Nr. 1 zu § 33 TV-L.
[246] BAG 20.6.2018 AP Nr. 4 zu § 33 TVöD; 16.1.2018 AP Nr. 11 zu § 21 TzBfG = NZA 2018, 925.
[247] EuGH 20.10.1993 AP Nr. 17 zu § 48 EWG-Vertrag; BAG 16.4.2008 AP Nr. 44 zu § 14 TzBfG = ZTR 2008, 567; 25.2.1998 AP Nr. 15 zu § 57b HRG; 12.2.1997 AP Nr. 13 zu § 57b HRG = NZA 1997, 998; aA aber ohne Bindungswirkung BVerfG 24.4.1996 AP Nr. 2 zu § 57a HRG.
[248] BAG 20.9.1995 AP Nr. 4 zu § 57b HRG; 15.3.1995 AP Nr. 10 zu § 2 BAT SR 2 y = NZA 1995, 1169.
[249] BAG 1.6.2011 AP Nr. 1 zu § 1 WissZeitVG = NZA 2011, 1280.

nicht eindeutigen Vereinbarungen durch Auslegung ihrer Erklärungen zu ermitteln. Der AN wird regelmäßig zur Abwendung der Zwangsvollstreckung beschäftigt, wenn **(1)** er über einen Weiterbeschäftigungstitel verfügt und das Vollstreckungsgericht eine entsprechende Verpflichtung des AG ausspricht, **(2)** er dem AG die Vollstreckung aus einem vorhandenem Titel androht oder **(3)** der AG sich ausdrücklich im Hinblick auf einen mit dem Kündigungsschutzantrag verbundenen Weiterbeschäftigungsantrag zur Beschäftigung des AN bis zum rechtskräftigen Abschluss des Rechtsstreits bereit erklärt. Hingegen wird regelmäßig eine vertraglich vereinbarte Beschäftigung bis zum Prozessende vorliegen, wenn der AN keinen Weiterbeschäftigungsantrag erhoben hat und vom AG zur Aufnahme einer Prozessbeschäftigung aufgefordert wird. Dies wird gleichermaßen gelten, wenn die Parteien eine Beschäftigung vereinbaren, die von dem bisherigen Vertragsinhalt nicht gedeckt ist, der AG also zu ihrer Zuweisung im Wege des Direktionsrechts nicht berechtigt wäre.

b) Sachgrund, Schriftform. Für die Prozessbeschäftigung bedarf der AG nur dann eines Sachgrundes iSd § 14 I 1 TzBfG, wenn sie auf vertraglicher Grundlage erfolgt, da bei der Beschäftigung zur Abwendung der Zwangsvollstreckung kein Arbeitsverhältnis begründet wird. Für eine bis zum Abschluss des Rechtsstreits auflösend bedingte Beschäftigung liegt jedoch ein solcher sachlicher Grund vor.[250] Mit der stattgebenden oder abweisenden Entscheidung in dem Bestandsrechtsstreit steht das Bestehen oder Nichtbestehen des ursprünglich zwischen den Parteien begründeten Arbeitsverhältnisses fest. Eine Notwendigkeit für die Parteien, sich für die Beschäftigung während des Bestandsrechtsstreits unbefristet zu binden, besteht deshalb nicht. Wird eine Prozessbeschäftigung vertraglich begründet, unterliegt die entsprechende Befristungsabrede nach der Rspr. des BAG dem Schriftformerfordernis des § 14 IV TzBfG,[251] die Schriftform kann durch eine Protokollierung eines gerichtlichen Vergleichs ersetzt werden (→ § 38 Rn. 55). 61

8. Staatlich geförderte Arbeitsverhältnisse. Ein Befristungsgrund ist gegeben, wenn im Auftrag der Arbeitsverwaltung zeitlich begrenzte Maßnahmen zur Berufsvorbereitung und/oder sozialen Eingliederung von besonderen Personengruppen[252] durchgeführt werden. Die Beschäftigung von Beziehern von ALG II in einer befristeten Arbeitsgelegenheit (§ 16d SGB II) bedarf keines sachlichen Grundes, da es sich nicht um eine Beschäftigung im Rahmen eines Arbeitsverhältnisses handelt;[253] auf die fehlenden Voraussetzungen des § 16d S. 2 SGB II kann sich der Hilfeempfänger vor den Arbeitsgerichten nicht berufen. Nach § 16e SGB II können AG zur Eingliederung von erwerbsfähigen Hilfebedürftigen mit Vermittlungshemmnissen in Arbeit einen Beschäftigungszuschuss als Ausgleich der zu erwartenden Minderleistungen des AN und einen Zuschuss zu sonstigen Kosten erhalten. Dies allein rechtfertigt jedoch nicht die Befristung des Arbeitsverhältnisses nach § 14 I 1 TzBfG. Der Zuschuss dient lediglich dem Ausgleich der finanziellen Belastung des AG wegen der nur typischerweise eingeschränkten Leistungsfähigkeit des AN.[254] 62

9. Wiederbesetzung, Wiedereinstellungszusage. Die für einen späteren Zeitpunkt geplante anderweitige Besetzung des Arbeitsplatzes kann als ein nicht in § 14 I 2 TzBfG erwähnter Sachgrund geeignet sein, die befristete Einstellung eines AN bis zu diesem Zeitpunkt zu rechtfertigen.[255] Dies setzt allerdings voraus, dass der AG bei Abschluss des Arbeitsvertrags bereits mit dem anderen, als Dauerbesetzung vorgesehenen AN vertraglich gebunden ist.[256] Die Bindung durch eine gegenüber einem ausgeschiedenen AN abgegebene Wiedereinstellungszusage kann gleichermaßen einen Sachgrund nach § 14 I 1 TzBfG für die Befristung des Arbeitsvertrags mit einem anderen AN darstellen, wenn nach dem Inhalt der Wiedereinstellungszusage mit der Geltendmachung des Wiedereinstellungsanspruchs in absehbarer Zeit ernsthaft zu rechnen ist 63

[250] So wohl BAG 16.1.2013 AP Nr. 105 zu § 14 TzBfG = NZA 2013, 611.
[251] BAG 22.10.2003 AP Nr. 6 zu § 14 TzBfG = NZA 2004, 1275.
[252] BAG 28.5.1986 AP Nr. 101 zu § 620 BGB Befristeter Arbeitsvertrag = NZA 1986, 820; 28.5.1986 AP Nr. 102 zu § 620 BGB Befristeter Arbeitsvertrag.
[253] BAG 26.9.2007 AP Nr. 3 zu § 16 SGB II = NZA 2007, 1422; 8.11.2006 AP Nr. 89 zu § 2 ArbGG 1979 = NZA 2007, 53.
[254] BAG 22.4.2009 AP Nr. 60 zu § 14 TzBfG = NZA 2009, 1099 (Förderung nach § 235a I SGB III aF); 4.6.2003 AP Nr. 245 zu § 620 BGB Befristetes Arbeitsvertrag.
[255] BAG 16.3.2005 AP Nr. 16 zu § 14 TzBfG = NZA 2005, 923 (Konkurrentenklage).
[256] BAG 9.12.2009 AP Nr. 67 zu § 14 TzBfG = NZA 2010, 495.

und die befristete Einstellung einer Ersatzkraft geeignet ist, eine Beschäftigungsmöglichkeit für den Fall der Wiedereinstellung des ausgeschiedenen AN freizuhalten.[257]

64 **10. Wunsch des Arbeitnehmers.** Der Wunsch des AN nach einer nur zeitlich begrenzten Beschäftigung kann die Befristung eines Arbeitsvertrags sachlich rechtfertigen. Dazu reicht nicht aus, dass der AN überhaupt an einer Beschäftigung interessiert ist. Auch die bloße Annahme des Angebots des AG auf Abschluss eines befristeten Arbeitsvertrags für ständig wiederkehrende Arbeiten ist unzureichend. Es müssen vielmehr Tatsachen vorliegen, aus denen ein Interesse des AN gerade an einer befristeten Beschäftigung folgt. Entscheidend ist, ob der AN auch bei einem Angebot auf Abschluss eines unbefristeten Vertrags nur ein befristetes Arbeitsverhältnis vereinbart hätte.[258] Ein sachlicher Grund für eine nachträgliche Befristung eines unbefristeten Arbeitsverhältnisses liegt auch nicht darin, dass der neue befristete Arbeitsvertrag für den AN günstigere Arbeitsbedingungen vorsieht und der AN zwischen diesem neuen Arbeitsvertrag und der Fortsetzung seines bisherigen unbefristeten Arbeitsverhältnisses frei wählen konnte.[259] Zur Befristung im Anschluss an eine Berufsausbildung → Rn. 16.

§ 41. Benachteiligungsverbot von befristet beschäftigten Arbeitnehmern

Übersicht

I. Allgemeines

1 **1. Normstruktur.** Nach § 4 II 1 TzBfG darf ein befristet beschäftigter AN wegen der Befristung des Arbeitsvertrags nicht schlechter behandelt werden als ein vergleichbarer unbefristet beschäftigter AN, es sei denn, dass sachliche Gründe eine unterschiedliche Behandlung rechtfertigen. Das allgemeine Diskriminierungsverbot in § 4 II 1 TzBfG wird in § 4 II 2 TzBfG für den Bereich der Vergütung konkretisiert. Danach ist einem befristet beschäftigten AN Arbeitsentgelt oder eine andere teilbare geldwerte Leistung, die für einen bestimmten Bemessungszeitraum gewährt wird, mindestens in dem Umfang zu gewähren, der dem Anteil seiner Beschäftigungsdauer am Bemessungszeitraum entspricht (sog. pro-rata-temporis-Grundsatz). § 4 II 3 TzBfG konkretisiert den Grundsatz der Nichtdiskriminierung in § 4 II 1 TzBfG und stellt klar, dass u. a. bei Entgeltansprüchen, die von zurückzulegenden Beschäftigungszeiten abhängen, für befristet Beschäftigte dieselben Zeiten wie für unbefristet Beschäftigte zu berücksichtigen sind. Nach § 5 TzBfG darf der AG einen AN nicht wegen der Inanspruchnahme von Rechten nach dem TzBfG benachteiligen. Die letztgenannte Vorschrift entspricht im Wesentlichen § 612a BGB und hat im Befristungsrecht kaum praktische Bedeutung. Daraus ergibt sich folgendes Prüfungsschema: **(a)** liegt eine nicht (nur einzelfallbezogene) ungleiche Behandlung wegen des Bestehens eines befristeten Arbeitsvertrags vor? **(b)** sind die Gruppen der befristet und unbefristet Beschäftigten nach dem Leistungszweck (den gewährten Vorteilen) vergleichbar? **(c)** ist die unterschiedliche Behandlung – gemessen am Leistungszweck (den gewährten Vorteilen) – durch einen sachlichen (objektiven) Grund gerechtfertigt? § 4 II TzBfG ist weder durch Tarifvertrag[1] oder Betriebsvereinbarung abdingbar (§ 22 I TzBfG).

2 **2. Unionsrecht. a) Benachteiligungsverbot.** Das Benachteiligungsverbot für befristet beschäftigte AN dient der Umsetzung von § 4 Nr. 1 RV 1999/70/EG (→ § 38 Rn. 3). Die RV

[257] BAG 2.6.2010 AP Nr. 71 zu § 14 TzBfG = NZA 2010, 1172.
[258] BAG 19.1.2005 AP Nr. 260 zu § 620 BGB Befristeter Arbeitsvertrag.
[259] BAG 18.1.2017 AP Nr. 49 zu § 620 BGB Aufhebungsvertrag = NZA 2017, 849.
[1] BAG 18.1.2012 AP Nr. 3 zu § 1 TVÜ.

findet allerdings keine Anwendung auf ein mit einem Leiharbeitnehmer abgeschlossenes befristetes Arbeitsverhältnis[2] und eine unterschiedliche Behandlung zwischen Gruppen von befristet beschäftigten AN untereinander,[3] wohl aber zwischen Beamten auf Zeit und befristet beschäftigten AN.[4] Die RV will zum Schutz der befristet beschäftigten AN deren Benachteiligung ausschließen und die Gleichbehandlung mit und unbefristet beschäftigten AN sichern. Nach der RV 1999/70/EG müssen ungleiche Beschäftigungsbedingungen befristet beschäftigter AN gegenüber denen vergleichbarer Dauerbeschäftigten aus sachlichen Gründen gerechtfertigt sein.[5] Maßgeblich ist der **unionsrechtliche Arbeitnehmerbegriff** (→ § 8 Rn. 7).[6] Beschäftigungsbedingungen sind die Rechte, Ansprüche und Pflichten, die ein bestimmtes Arbeitsverhältnis ausmachen, einschließlich der Bedingungen, unter denen eine Person eine Beschäftigung aufnimmt, und der Bedingungen für die Beendigung dieses Arbeitsverhältnisses.[7] § 4 RV 1999/70/EG erfasst alle Maßnahmen, die zu dem zwischen einem AN und seinem AG begründeten Arbeitsverhältnis gehören.[8] Die unterschiedliche Behandlung muss einem echten Bedarf entsprechen und zur Erreichung des verfolgten Ziels geeignet und erforderlich sein.[9] Eine Ungleichbehandlung muss durch genau bezeichnete, konkrete Umstände gerechtfertigt sein, die die betreffende Beschäftigungsbedingung in ihrem speziellen Zusammenhang und auf der Grundlage objektiver und transparenter Kriterien für die Prüfung der Frage kennzeichnen, ob diese Ungleichbehandlung einem echten Bedarf entspricht und ob sie zur Erreichung des verfolgten Ziels geeignet und erforderlich ist.[10] Diese Prüfung obliegt den nationalen Gerichten. § 4 RV 1999/70/EG soll verhindern, dass befristete Arbeitsverhältnisse von einem AG benutzt werden, um den befristet beschäftigten AN Rechte vorzuenthalten, die Dauerbeschäftigten zuerkannt werden. Die Norm ist danach Ausdruck eines Grundsatzes des Sozialrechts der Union, der nicht restriktiv ausgelegt werden darf.[11] Der Grundsatz der Nichtdiskriminierung verlangt, dass vergleichbare Sachverhalte nicht unterschiedlich und unterschiedliche Sachverhalte nicht gleichbehandelt werden, sofern eine solche Behandlung nicht objektiv gerechtfertigt ist.[12]

b) Einzelfälle. § 4 Nr. 1 RV 1999/70/EG verbietet eine nicht gerechtfertigte Berücksichtigung 3
der Betriebszugehörigkeit von befristet beschäftigten AN beim Entgelt,[13] beim Urlaub,[14] bei der Länge der Kündigungsfristen,[15] der Eingruppierung,[16] einer Dienstalterszulage,[17] der Anerkennung von Vorbeschäftigungszeiten[18] und einer Ausgleichszulage bei Beendigung des Arbeitsverhältnisses.[19] Bei der Übernahme von zuvor befristet beschäftigten AN in ein unbefristetes Arbeitsverhältnis müssen die wesentlichen Bestimmungen des vorherigen Vertrags zwar nicht unverändert in den neuen Arbeitsvertrag übernommen werden, verschlechternde „tiefgreifende Änderungen" sind jedoch unzulässig, wenn der Tätigkeits- und Aufgabeninhalt gleich bleiben[20] (→ Rn. 6). Unterschiedliche Leistungen können zulässig sein bei der Abfindungshöhe[21] sowie bei einer Wiedereinstellung nach einer ungerechtfertigten Entlassung.[22] Die RV nimmt dem AG aber nicht die Wahlmöglichkeit zwischen dem Abschluss eines unbefristeten und eines befristeten Arbeitsvertrags.[23]

---

[2] EuGH 11.4.2013 AP Nr. 11 zu Richtlinie 99/70/EG = NZA 2013, 495 – Della Rocca.
[3] EuGH 14.9.2016 AP Nr. 14 zu Richtlinie 99/70/EG = NZA 2016, 1265 – López.
[4] EuGH 8.9.2011 NZA 2011, 1219 – Rosado Santana.
[5] EuGH 12.12.2013 NZA 2014, 79 – Carratù.
[6] EuGH 16.7.2020 NZA 2020, 1697 – Governo della Repubblica italiana.
[7] EuGH 20.12.2017 NZA 2018, 97.
[8] EuGH 8.10.2020 NZA 2020, 1704 – Universitatea „Lucian Blaga" Sibiu.
[9] EuGH 22.4.2010 AP Nr. 1 zu Richtlinie 97/81/EG = NZA 2010, 557 – LKH Tirol.
[10] EuGH 13.9.2007 AP Nr. 5 zu Richtlinie 99/70/EG = NZA 2007, 1223 – Del Cerro Alonso.
[11] EuGH 14.9.2016 NZA 2016, 1193 – de Diego Porras; 9.7.2015 AP Nr. 13 zu Richtlinie 99/70/EG = NZA 2016, 95 – Regojo Dans.
[12] EuGH 8.9.2011 NZA 2011, 1219 – Rosado Santana; 13.9.2007 AP Nr. 5 zu Richtlinie 99/70/EG = NZA 2007, 1223 – Del Cerro Alonso.
[13] EuGH 8.10.2020 – C-644/19 – Universitatea „Lucian Blaga" Sibiu.
[14] EuGH 16.7.2020 – C-658/18, NZA 2020, 1697 – Governo della Repubblica italiana.
[15] EuGH 13.3.2014 NZA 2014, 421 – Nierodzik.
[16] EuGH 20.9.2018 – C-466/17, NZA 2018, 1540 – Motter.
[17] EuGH 20.6.2019 NZA 2019, 1195 – Ustariz Aróstegui; 9.7.2015 – C-177/14, NZA 2016, 95 – Dans.
[18] EuGH 23.4.2020 AP Nr. 5 zu Art. 45 AEUV = NZA 2020, 779 – Land Niedersachsen.
[19] EuGH 22.1.2020 – C-177/18 – Baldonedo Martín; 11.4.2019 NZA 2019, 605 – Cobra Servicios Auxiliares; 21.11.2018 – C-619/17 – de Diego Porras; 14.9.2016 NZA 2016, 1193 – Porras.
[20] EuGH 8.3.2012 AP Nr. 10 zu Richtlinie 99/70/EG = NZA 2012, 441 – Huet.
[21] EuGH 11.4.2019 NZA 2019, 605 – Cobra Servicios Auxiliares; 5.6.2018 – C-574/16, NZA 2018, 771 – Grupo Norte Facility; 5.6.2018 – C-677/16, NZA 2018, 774 – Montero Mateos.
[22] EuGH 25.7.2018 – C-96/17 – Vernaza Ayovi.
[23] EuGH 21.11.2018 AP Nr. 22 zu Richtlinie 99/70/EG – Viejobueno Ibáñez und de la Vara González.

II. Das Benachteiligungsverbot in § 4 Abs. 2 TzBfG

4 **1. Benachteiligung. a) Geltungsbereich.** Der AG darf nach § 4 II 1 TzBfG befristet beschäftigte AN bei den Arbeitsbedingungen nicht ohne sachlichen Grund gegenüber vergleichbaren unbefristet beschäftigten AN benachteiligen. Die Vorschrift verbietet eine nicht gerechtfertigte Ungleichbehandlung von befristet beschäftigten AN. Der Begriff des befristet Beschäftigten richtet sich nach § 3 I TzBfG (→ § 38 Rn. 29). Erfasst werden zeit- und zweckbefristete sowie auflösend bedingte Arbeitsverhältnisse. Auf welche Norm die Befristungsabrede gestützt wird (zB TzBfG, WissZeitVG), ist für die Anwendbarkeit des Benachteiligungsverbots ohne Bedeutung. § 4 II 1 TzBfG ist anwendbar auf vertragliche Abreden und auf einseitige Maßnahmen des AG wie zB bei der Ausübung des Direktionsrechts. Es muss sich um Arbeitsbedingungen handeln, also solche Vereinbarungen oder Maßnahmen, die Gegenstand der vertraglichen Beziehungen von AN und AG sind oder sein sollen.

5 **b) Ungleichbehandlung.** Ein Verstoß gegen § 4 II 1 TzBfG setzt eine Ungleichbehandlung befristet Beschäftigter mit in vergleichbarer Lage befindlichen unbefristet Beschäftigten voraus. Eine solche Ungleichbehandlung ist immer dann zu bejahen, wenn die zeitliche Begrenzung des Arbeitsvertrags das Kriterium darstellt, an das die Differenzierung hinsichtlich der unterschiedlichen Arbeitsbedingungen geknüpft ist. Dies erfordert eine Bestimmung der maßgeblichen Vergleichsgruppen (→ Rn. 7). Bei der Beurteilung, ob im Bereich des Arbeitsentgelts eine Ungleichbehandlung vorliegt, hat die vormalige Rspr. des 10. Senats des BAG nicht eine Betrachtung der einzelnen Entgeltbestandteile vorgenommen, sondern auf die bezogene Gesamtvergütung abgestellt.[24] Diese Rspr. hat der 10. Senat des BAG bei der Beurteilung einer Ungleichbehandlung wegen der vereinbarten Arbeitszeit aufgegeben und – ohne vorheriges Vorabentscheidungsersuchen – eine Betrachtung der einzelnen Entgeltbestandteile vorgenommen.[25] Kurze Zeit später hat der 10. Senat des BAG zu Recht den EuGH um eine Vorabentscheidung zu dieser Frage ersucht, dessen Ausgang abzuwarten bleibt.[26] § 4 II TzBfG ist nach der Rspr. auch dann anwendbar, wenn eine Ungleichbehandlung **innerhalb der Gruppe der beschäftigten AN** vorliegt,[27] zB AN mit befristeten Arbeitsverträgen von bis 12 Monaten von einer Sonderzuwendung ausgeschlossen sind, während diese an befristet beschäftigte AN gezahlt wird, deren Vertragsdauer den Jahreszeitraum übersteigt. Diese Sichtweise ist aber weder vom Wortlaut der RV noch ihrer nationalen Umsetzung gedeckt; vielmehr sind Ungleichbehandlungen innerhalb der befristet beschäftigten AN neben den besonderen Benachteiligungsverboten jedenfalls am allgemeinen Gleichbehandlungsgrundsatz zu messen.[28] Nach der Vorstellung des Gesetzgebers soll der AG von der Verpflichtung zur zeitanteiligen Leistungsgewährung befreit sein, wenn diese nur zu geringfügigen Beträgen führen würde, die in keinem angemessenen Verhältnis zum Zweck der Leistung stehen (BT-Drs. 14/4374, 16). Die hierauf gestützte Unterscheidung dürfte kaum Bestand haben, da der Verwaltungsaufwand des AG keinen sachlichen Grund darstellt. Ist die Leistung nicht teilbar, wie zB ein Dienstwagen, ist auch der befristet Beschäftigte nach § 4 II 2 TzBfG wie ein unbefristet Beschäftigter anspruchsberechtigt.

6 **c) Folgearbeitsverhältnis.** § 4 II 1 TzBfG verbietet nicht nur die Ungleichbehandlung während der Dauer der Befristung. Er schützt AN auch vor einer nicht gerechtfertigten Verschlechterung ihrer Arbeitsbedingungen, wenn sie im **Anschluss an ein befristetes Arbeitsverhältnis** ein neues Arbeitsverhältnis mit dem AG eingehen. Erfasst sind auch die nunmehr unbefristet beschäftigten AN, wenn Nachteile an die frühere Befristung anknüpfen, ohne dass dafür ein sachlicher Grund vorliegt.[29] Nach Ablauf der Befristung ist der AG insbesondere gehindert, dem vormalig befristet beschäftigten AN ohne sachlichen Grund ein verschlechterndes Angebot auf Abschluss eines Arbeitsvertrags zu unterbreiten.[30] Dies gilt jedenfalls im Bereich der Vergütung, wenn es sich bei der im Rahmen eines befristeten Arbeitsvertrags ausgeübten Tätigkeit gegenüber der Folgetätigkeit um eine gleichwertige Tätigkeit handelt (horizontale Wiedereinstellung). Bei einer Folgebeschäftigung auf geringer- oder höherwertigen Stellen schützen indes § 4 II 1

[24] Zuletzt BAG 26.4.2017 AP Nr. 26 zu § 4 TzBfG = NZA 2017, 1069.
[25] BAG 19.12.2018 AP Nr. 27 zu § 4 TzBfG = NZA 2019, 790.
[26] BAG 11.11.2020 – 10 AZR 185/20 (A), NZA 2021, 57.
[27] Zu § 4 I TzBfG BAG 5.8.2009 AP Nr. 21 zu § 4 TzBfG = NZA-RR 2010, 336.
[28] Ebenso zu § 4 I TzBfG → § 43 Rn. 30.
[29] BAG 10.7.2013 AP Nr. 24 zu § 106 GewO = NZA 2013, 1142 (zu Versetzungen).
[30] So ausdrücklich BAG 21.2.2013 AP Nr. 3 zu § 16 TV-L = NZA 2013, 625 im Anschluss an EuGH 18.10.2012 NZA 2013, 261 – Valenza unter ausdrücklicher Aufgabe seiner vormaligen Rspr., zuletzt BAG 18.1.2012 AP Nr. 3 zu § 1 TVÜ.

und 3 TzBfG nicht vor der Vereinbarkeit von veränderten Arbeitsbedingungen (vertikale Wiedereinstellung).[31]

2. Vergleichbarkeit. Voraussetzung für die Anwendbarkeit von § § 4 II TzBfG ist die Vergleichbarkeit zwischen befristet und unbefristet beschäftigten AN. Fehlt sie, darf der AG die Angehörigen von beiden Personengruppen unterschiedlich behandeln. Die Beurteilung der Vergleichbarkeit bestimmt sich nach § 3 II TzBfG. Der Begriff „unbefristeter Arbeitsvertrag" wird in der RV nicht konkret definiert, ist er grundsätzlich von den Mitgliedstaaten entsprechend ihrem nationalen Recht und ihrer nationalen Praxis zu definieren, vorausgesetzt, diese Definition entspricht inhaltlich der Rahmenvereinbarung.[32] Dies gilt gleichermaßen für den Begriff des befristet beschäftigten AN.[33] Nach der Rspr. des EuGH ist für die Vergleichbarkeit festzustellen, ob „die in Rede stehenden Situationen vergleichbar" sind,[34] dh ob beide Personengruppen unter Zugrundelegung einer Gesamtheit von Faktoren wie Art der Arbeit, Ausbildungsanforderungen und Arbeitsbedingungen als in einer vergleichbaren Situation befindlich angesehen werden können.[35] Bei der Art der Arbeit stellt das BAG demgegenüber auf die Identität der Arbeitsaufgaben ab.[36] Danach sind Tätigkeiten als gleich anzusehen, wenn die Arbeitsaufgaben übereinstimmen und unter den jeweiligen AN eine wechselseitige Austauschbarkeit besteht. Tätigkeiten sind ähnlich, wenn die Arbeitsaufgaben anhand der an die AN zu stellenden Anforderungen weitgehend übereinstimmen und eine Austauschbarkeit der AN nach einer kurzen Einarbeitungszeit hergestellt werden kann.[37] Die Vergleichbarkeit ist betriebsbezogen zu beurteilen, soweit der AG nicht eine überbetriebliche Regelung anwendet oder eine entsprechende Handhabung vollzieht. Gibt es im Betrieb keinen vergleichbaren unbefristet beschäftigten AN, ist der vergleichbare AN aufgrund des anwendbaren Tarifvertrags zu bestimmen; in allen anderen Fällen ist darauf abzustellen, wer im jeweiligen Wirtschaftszweig üblicherweise als vergleichbarer AN angesehen wird. Sollen mit der Zahlung Leistungsanreize geschaffen werden, kann es mitunter erhebliche Schwierigkeiten bereiten, einen vergleichbaren AN zu bestimmen. 7

3. Rechtfertigung. Für § 4 II TzBfG ist allein das Bestehen einer objektiven Ungleichbehandlung wegen der nur zeitlich begrenzten Beschäftigung maßgeblich, eine Benachteiligungsabsicht des AG ist nicht erforderlich. Eine Schlechterstellung ist nur gerechtfertigt, wenn deren Gründe weder unmittelbar noch mittelbar durch den Umstand der Befristung selbst verursacht werden. Eine Ungleichbehandlung von befristet und unbefristet beschäftigten AN ist gerechtfertigt, wenn sich der Grund für die Differenzierung aus dem Leistungszweck der Leistung oder der Maßnahme ergibt. Bei kollektiven Regelungen wie zB einem Tarifvertrag oder einer Betriebsvereinbarung ist der von den Vertragsschließenden gewollte Leistungszweck durch Auslegung der jeweiligen Anspruchsvoraussetzungen, Ausschließungs- und Kürzungsregelungen zu ermitteln.[38] Bei einer ausschließlich vom AG bestimmten Leistungsgewährung hat dieser den Leistungszweck darzulegen. 8

4. Arbeitsbedingungen. § 4 II 1 TzBfG gebietet – abhängig vom Leistungszweck – die Gleichbehandlung befristet beschäftigter AN im Rahmen aller Arbeitsbedingungen und bei allen vom AG gewährten Leistungen. Eine Differenzierung zwischen unbefristet und befristet beschäftigten AN ist zB regelmäßig unstatthaft bei Urlaubsdauer, der Arbeitszeit oder Freistellungen von der Arbeitsleistung. Bei Versetzungen darf nicht maßgeblich auf den Umstand abgestellt werden, ob der Arbeitsvertrag zuvor befristet war.[39] Eine nach § 4 II TzBfG zu beurteilende Ungleichbehandlung kann auch in einer Beschränkung des Geltungsbereichs einer kollektiven Regelung (Tarifvertrag oder Betriebsvereinbarung) auf Beschäftigte liegen, die in einem unbefristeten Arbeitsverhältnis stehen.[40] Die Gewährung von höheren Leistungen an befristet beschäftigte AN oder dessen Besserstellung bei sonstigen Maßnahmen des AG wird nicht vom (unionsrechtlich determinierten) Benachteiligungsverbot in § 4 II TzBfG erfasst und ist daher nicht ohne weiteres erlaubt. Weder die RV noch die RL 1999/70/EG (→ Rn. 2) sehen die Zulässigkeit von positiven Maßnahmen vor. Vielmehr beurteilt 9

[31] BAG 24.10.2016 AP Nr. 4 zu § 16 TV-L = NZA-RR 2014, 98.
[32] EuGH 8.10.2020 NZA 2020, 1704 – Universitatea „Lucian Blaga" Sibiu.
[33] EuGH 19.3.2020 – C-103/18 und C-429/18, C-103/18, C-429/18 – Sánchez Ruiz.
[34] EuGH 20.9.2018 AP Nr. 19 zu Richtlinie 99/70/EG = NZA 2018, 1540 – Motter.
[35] EuGH 8.10.2020 NZA 2020, 1704 – Universitatea „Lucian Blaga" Sibiu; 14.9.2016 NZA 2016, 1193 – de Diego Porras.
[36] BAG 21.2.2013 AP Nr. 3 zu § 16 TV-L= NZA 2013, 625.
[37] Ähnlich ErfK/*Müller-Glöge* TzBfG § 3 Rn. 19.
[38] BAG 5.11.2003 AP Nr. 6 zu § 4 TzBfG = NZA 2005, 222.
[39] BAG 10.7.2013 AP Nr. 24 zu § 106 GewO = NZA 2013, 1142.
[40] BAG 9.12.2014 AP Nr. 228 zu § 112 BetrVG 1972 = NZA 2015, 557 (Treueprämie).

sich die Frage der Besserstellung von befristeten Beschäftigten gegenüber AN ohne zeitliche Begrenzung ihres Arbeitsvertrags nach dem Gleichbehandlungsgrundsatz.

10 **5. Arbeitsvergütung. a) Grundsatz.** Nach § 4 II 2 TzBfG ist einem befristet beschäftigten AN das Arbeitsentgelt oder eine andere teilbare geldwerte Leistung, die für einen bestimmten Bemessungszeitraum gewährt wird, zumindest in dem Umfang zu gewähren, der dem Anteil seiner Beschäftigungsdauer am Bemessungszeitraum entspricht (pro-rata-temporis-Grundsatz). Die Vorschrift verbietet insbesondere die nicht gerechtfertigte Schlechterstellung von befristet beschäftigten AN beim Arbeitsentgelt. Die Höhe der **laufenden Vergütung** darf daher für befristet beschäftigte AN ohne sachlichen Grund nicht geringer bemessen sein als bei vergleichbaren AN in unbefristeten Arbeitsverhältnissen. Auch ihr Ausschluss von Besitzstandszulagen[41] oder solchen, die allein den ungekündigten Bestand des Arbeitsverhältnisses erfordern,[42] ist unzulässig. Das Benachteiligungsverbot gilt auch bei der Gewährung von geldwerten Nebenleistungen wie zB Personalrabatten. Teilbare geldwerte Leistungen werden von der Verpflichtung zu einer zeitanteiligen Leistungsgewährung erfasst. Die Befristung von Lehrkräften bis zum Beginn der unterrichtsfreien Zeit am Schuljahresende (und die fehlende Vergütung für die „Sommerferien“) stellt keinen Verstoß gegen § 4 II TzBfG dar.[43]

11 **b) Sonderzuwendungen, Abfindungen.** Zuwendungen mit reinem Entgeltcharakter stehen auch befristet Beschäftigten anteilig zu, selbst wenn ihr Arbeitsverhältnis am jeweiligen Fälligkeitstag bereits beendet ist. Dies gilt auch bei Zahlungen mit sog. Mixcharakter, wenn also der AG neben der zusätzlichen Vergütung mit der Sonderzuwendung einen Zweck verfolgt, der eine unterschiedliche Behandlung zwischen den unbefristeten und befristeten Beschäftigten rechtfertigen würde. Es ist vielmehr Sache des AG, hier entweder zwei unterschiedliche Zahlungen vorzusehen oder eine § 4 II TzBfG genügende Differenzierung in den Leistungsbedingungen vorzusehen. Zahlungen, die eine Bindung für die Zukunft bewirken sollen, müssen hingegen an befristet Beschäftigte nicht erbracht werden, wenn sie an einem in der Zukunft liegenden Stichtag nicht mehr beschäftigt sind. Knüpft die Zuwendung hingegen nur an den Bestand eines Arbeitsverhältnisses zu einem bestimmten Tag (1. Dezember eines Jahres) an und ist der befristet beschäftigte AN an diesem Tag beschäftigt, ist ihm die Leistung zeitanteilig zu gewähren. Sonderzahlungen, die ausschließlich eine zurückgelegte Betriebstreue honorieren, dürfen wiederrum befristet Beschäftigte nicht ausnehmen.[44] Eine zeitanteilige Zahlung kann daher auch ein befristet beschäftigter AN beanspruchen, der vor dem 1. Dezember ausgeschieden ist; die mit der Sonderzuwendung honorierte Betriebstreue hat er gleichermaßen zurückgelegt. Befristet beschäftigte AN dürfen jedoch von einer **Sozialplanabfindung** ausgenommen werden. Diese soll die durch die vorzeitige (und nicht vereinbarungsgemäße) Beendigung des Arbeitsverhältnisses eintretenden wirtschaftlichen Nachteile ausgleichen.[45]

12 **c) Vordienstzeiten.** Bei der Auswahlentscheidung eines öffentlichen AG über die Besetzung von Beförderungsstellen müssen auch Beschäftigungszeiten, die im Rahmen von befristeten Arbeitsverträgen zurückgelegt wurden, für die geforderte Mindestbeschäftigungsdauer berücksichtigt werden.[46] Sind bestimmte Beschäftigungsbedingungen von der Dauer des Bestehens des Arbeitsverhältnisses in demselben Betrieb oder Unternehmen abhängig, sind für befristet beschäftigte AN dieselben Zeiten zu berücksichtigen wie für unbefristet beschäftigte AN, es sei denn, dass eine unterschiedliche Behandlung aus sachlichen Gründen gerechtfertigt ist (§ 4 II 3 TzBfG). Dies gilt für alle in gesetzlichen (zB § 1 I KSchG) oder in Kollektivvereinbarungen (Tarifverträgen, Betriebs-/Dienstvereinbarungen, kirchlichen Arbeitsrechtsregelungen) bestimmten Wartezeiten, die zur Erfüllung eines Anspruchs zurückgelegt sein müssen oder seine Höhe betreffen. Bei einer vergütungsrechtlich relevanten Anrechnung von Vordienstzeiten oder einer einschlägigen Berufserfahrung muss bei vergleichbaren Sachverhalten eine inhaltlich gleichartige und eingruppierungsrechtlich gleichwertige Beschäftigung in einem gleichwertigen befristeten Arbeitsverhältnis beim selben AG wie die in einem unbefristeten Arbeitsverhältnis berücksichtigt werden.[47] Durch die Ausübung identischer Tätigkei-

---

[41] BAG 11.12.2003 AP Nr. 7 zu § 4 TzBfG = NZA 2004, 723; krit zur Regelung der Besitzstandszulagen in den Tarifverträgen des öffentlichen Dienstes *Spelge* ZTR 2017, 335.

[42] BAG 9.12.2014 AP Nr. 228 zu § 112 BetrVG 1972 = NZA 2015, 557 („Treueprämie“).

[43] BAG 19.12.2007 AP Nr. 16 zu § 4 TzBfG = NZA-RR 2008, 275; ebenso für das spanische Recht: EuGH 21.11.2018 AP Nr. 22 zu Richtlinie 99/70/EG – Viejobueno Ibáñez und de la Vara González.

[44] BAG 28.3.2007 AP Nr. 265 zu § 611 BGB Gratifikation = NZA 2007, 687.

[45] So wohl BAG 9.12.2014 AP Nr. 228 zu § 112 BetrVG 1972 = NZA 2015, 557; krit. *Valgolio* ArbuR 2020, 165.

[46] BAG 12.10.2010 AP Nr. 72 zu Art. 33 Abs. 2 GG = NZA 2011, 306.

[47] BAG 27.4.2017 AP Nr. 3 zu § 16 TVöD = NZA-RR 2017, 544.

ten erwerben AN – unabhängig von der zeitlichen Begrenzung ihres Arbeitsverhältnisses – laufend Kenntnisse und Erfahrungen, die die Arbeitsgüte und Arbeitsmenge verbessern. Dies gilt grundsätzlich auch, wenn sich die Zeiten des befristeten und des befristeten oder unbefristeten Folgearbeitsverhältnis nicht nahtlos aneinander anschließen oder die Vorbeschäftigung bei einem anderen AG erfolgt ist.[48] Bleiben allerdings Vordienstzeiten auch bei zuvor unbefristet beschäftigten AN unberücksichtigt, liegt kein Verstoß gegen § 4 II TzBfG vor. Hingegen wird die **vertikale Wiedereinstellung** (→ Rn. 6) nicht von § 4 II TzBfG erfasst. Daher kann bei einer Neueinstellung mit einer höher- oder geringerwertigen Tätigkeit als die zuvor in dem befristeten Arbeitsverhältnis ausgeübte, die in dem letzteren erworbene Berufserfahrung bei der Eingruppierung im Folgearbeitsverhältnis unberücksichtigt bleiben.[49]

6. Rechtsfolgen. Verstößt eine Vereinbarung oder Maßnahme gegen § 4 II TzBfG, ist sie nach § 134 BGB unwirksam. Anstelle der unwirksamen Bestimmung besteht im Bereich der Vergütung ein Anspruch auf die übliche Vergütung[50] (§ 612 II BGB). Dies ist regelmäßig die tarifliche Vergütung, im Einzelfall kann auch eine übertarifliche Vergütung nach § 612 II BGB geschuldet sein, wenn die anderen AN eine übertarifliche Vergütung erhalten.[51] Ein Anspruch auf eine immaterielle Entschädigung oder ein Schmerzensgeld wegen Diskriminierung besteht nicht.[52] Werden befristet beschäftigte AN entgegen § 4 II TzBfG in kollektiven Regelungen von Ansprüchen ausgeschlossen, sind die leistungsgewährenden Bestimmungen auf die befristet Beschäftigten zu erstrecken.[53] Bei zeitanteiligen Leistungen folgt der Anspruch unmittelbar aus § 4 II 2 TzBfG. Für die Vergangenheit hat regelmäßig eine Angleichung „nach oben" zu erfolgen, während für die Zukunft eine Neuregelung der Leistungsvoraussetzungen durch eine kollektive Vereinbarung oder durch den AG möglich ist. 13

7. Darlegungs- und Beweislast. Die Prüfung einer nach § 4 II TzBfG unzulässigen Diskriminierung erfolgt üblicherweise in drei Stufen: **(a)** Vorliegen einer Ungleichbehandlung wegen der befristeten Beschäftigung; **(b)** Vergleichbarkeit des benachteiligten und begünstigten AN bzw. Arbeitnehmergruppe (§ 3 II TzBfG) sowie **(c)** mögliche Rechtfertigung durch einen sachlichen Grund. Der Anspruch setzt weder eine Diskriminierungsabsicht des AG voraus noch wird er durch das Vertrauen des AG in die Rechtmäßigkeit der von ihm angewandten Leistungsordnung ausgeschlossen. Der AN hat grundsätzlich die Darlegungs- und Beweislast für die Tatsachen, die eine von ihm angeführte Benachteiligung begründen. Er muss sowohl die Schlechterstellung gegenüber der Gruppe der unbefristet beschäftigten AN wie auch die Vergleichbarkeit darlegen und zumindest behaupten, dass diese ohne sachlichen Grund erfolgt ist; dabei können ihm Erleichterungen nach dem Grundsatz der abgestuften Darlegungslast zu Gute kommen. Es ist dann Aufgabe des AG ggf. den Leistungszweck[54] darzulegen und die Tatsachen, die zur Rechtfertigung für die Ungleichbehandlung dienen sollen.[55] 14

8. Verhältnis zu anderen Rechtsvorschriften. Das in § 4 II TzBfG enthaltene Verbot der schlechteren Behandlung befristet Beschäftigter gegenüber unbefristet beschäftigten AN ist ein gesetzlich geregelter Sonderfall der Gleichheitssätze in Art. 3 I, II GG[56] und konkretisiert zugleich den arbeitsrechtlichen Gleichbehandlungsgrundsatz (→ § 112 Rn. 1); im Anwendungsbereich des Unionsrechts ist der Entgeltgleichheitssatz des Art. 157 AEUV hingegen die speziellere Norm. § 4 II TzBfG ist neben den Benachteiligungsverboten des AGG (→ § 36 Rn. 7) anwendbar. Im Betriebsverfassungsrecht ist die Vorschrift Inhalt des betriebsverfassungsrechtlichen Gleichbehandlungsgrundsatzes in § 75 I BetrVG (→ § 230 Rn. 19). Bei § 4 II TzBfG handelt es sich um ein Verbotsgesetz iSv § 134 BGB und nach Ansicht des BAG auch um ein Schutzgesetz iSv § 823 II BGB.[57] Eine Anspruchskonkurrenz mit § 823 I BGB kommt ausnahmsweise in Betracht, wenn in der unterschiedlichen Behandlung zugleich eine Verletzung des Persönlichkeitsrechts liegt. 15

---

48 BAG 23.11.2017 AP Nr. 12 zu § 16 TV-L = NZA-RR 2018, 195 (andere Hochschule).
49 BAG 17.12.2015 AP Nr. 10 zu § 10 TV-L.
50 BAG 17.4.2002 AP Nr. 84 zu § 2 BeschFG 1985 = NZA 2002, 1334.
51 BAG 26.5.1993 AP Nr. 2 zu § 612 BGB Diskriminierung = NZA 1993, 1049.
52 BAG 21.2.2013 AP Nr. 13 zu § 15 AGG = NZA 2013, 955.
53 BAG 24.9.2003 AP Nr. 4 zu § 4 TzBfG = NZA 2004, 611.
54 BAG 19.8.1992 AP Nr. 102 zu § 242 BGB Gleichbehandlung = NZA 1993, 171.
55 BAG 29.1.1992 AP Nr. 18 zu § 2 BeschFG 1985 = NZA 1992, 1037.
56 BAG 11.12.2003 AP Nr. 7 zu § 4 TzBfG = NZA 2004, 723.
57 BAG 25.4.2001 AP Nr. 80 zu § 2 BeschFG 1985 = NZA 2001, 1211; 12.6.1996 AP Nr. 4 zu § 611 BGB Werkstudent = NZA 1997, 191; aA zu Recht ErfK/*Preis* TzBfG § 4 Rn. 6 „Nicht jedes arbeitsrechtlich zwingende Gesetz, das dem Individualschutz des AN dient, ist zugleich ein Schutzgesetz".

6. Abschnitt. Nebenbeschäftigung und Teilzeitarbeit

§ 42. Nebenbeschäftigung

Übersicht

I. Begriff und Allgemeines

1 **1. Rechtsgrundlagen.** Eine Nebentätigkeit kann aufgrund eines Werk-, eines Dienst- oder eines Arbeitsvertrags geleistet werden. Zur Qualifizierung, welcher dieser Vertragstypen vorliegt, kommt es nicht auf den Umfang der geleisteten Tätigkeit an, sondern allein auf die allgemeinen Abgrenzungskriterien (→ § 8 Rn. 1 ff., → § 36 Rn. 1 ff.). Die Nebentätigkeit wird im Rahmen eines Arbeitsvertrags geleistet, wenn der zur Arbeit Verpflichtete diese in persönlicher Abhängigkeit übernimmt. Sie kann auch beim Hauptarbeitgeber übernommen werden; sie ist alsdann besonders zu vergüten. Auch eine unentgeltlich oder ehrenamtlich ausgeübte Tätigkeit kann eine Nebentätigkeit sein.

2 **2. Verpflichtung zur Nebentätigkeit.** In Arbeitsverträgen mit Ärzten finden sich vielfach Regelungen, nach denen der Arzt verpflichtet ist, Nebenleistungen zu erbringen (Erteilung von Unterricht, Entnahme von Blutproben). Zumeist werden diese Aufgaben im Rahmen des Hauptarbeitsverhältnisses als Nebenleistungen übernommen.[1]

II. Arbeitsrechtliche Behandlung

3 **1. Zulässigkeit der Nebentätigkeiten.** Dem AN steht die Verwendung seiner Arbeitskraft außerhalb der Arbeitszeit grundsätzlich frei. Durch den Arbeitsvertrag verpflichtet er sich nur dazu, dem AG während der vereinbarten Arbeitszeit zur Verfügung zu stehen.[2] Die Vorstellung vom Arbeitsverhältnis als einem personenrechtlichen Gemeinschaftsverhältnis, in dem der AN mit seiner „ganzen Person" zur Verfügung stehen müsse, ist seit Langem überholt. Soweit die Nebentätigkeit beruflicher Natur ist, kann sich der AN auf das **Grundrecht der freien Berufswahl** berufen (Art. 12 I 1 GG).[3] Nichtberufliche Tätigkeiten sind durch das Recht auf freie Entfaltung der Persönlichkeit (Art. 2 I GG) geschützt und stehen daher dem AN ebenfalls als Nebentätigkeiten frei.[4] Die Untersagung einer Nebentätigkeit durch den AG ist grundsätzlich nur wirksam, wenn dieser ein berechtigtes Interesse daran hat. Erforderlich ist eine Abwägung der gegenläufigen Interessen von AN und AG.[5]

[1] BAG 14.5.1987 AP Nr. 46 zu § 611 BGB Ärzte, Gehaltsansprüche; 11.12.1974 AP Nr. 1 zu § 11 BAT.
[2] BAG 19.12.2019 AP Nr. 1 zu § 3 TV-L = NZA 2020, 952.
[3] BAG 19.12.2019 AP Nr. 1 zu § 3 TV-L = NZA 2020, 952; 13.5.2015 AP Nr. 77 zu § 15 KSchG 1969 = NZA 2016, 116; 11.12.2001 AP Nr. 8 zu § 611 BGB Nebentätigkeit = NZA 2002, 965; 24.6.1999 AP Nr. 5 zu § 611 BGB Nebentätigkeit.
[4] BAG 18.1.1996 AP Nr. 25 zu § 242 BGB Auskunftspflicht = NZA 1997, 41.
[5] BAG 19.12.2019 AP Nr. 1 zu § 3 TV-L = NZA 2020, 952.

2. Allgemeine Grenzen der Nebentätigkeiten.[6] **a) Einschränkungen.** Auch ohne besondere (tarif-)vertragliche Regelungen ergeben sich jedoch Grenzen für die Ausübung von Nebentätigkeiten. Berechtigte Interessen des AG sind im Regelfall beeinträchtigt, wenn sich Nebentätigkeiten der Beschäftigten negativ auf die Wahrnehmung des AG in der Öffentlichkeit auswirken können. Durch die Übernahme einer Nebentätigkeit darf die Integrität des AG nicht in Frage gestellt werden. Es genügt die nicht fernliegende, objektiv nachvollziehbare Gefahr einer Beeinträchtigung berechtigter Arbeitgeberinteressen.[7] Hiernach ist eine Nebenbeschäftigung unzulässig, wenn sie zu einer erheblichen Beeinträchtigung der Arbeitskraft des AN führt (→ Rn. 5), entgegenstehende Wettbewerbsinteressen des AG berührt (→ Rn. 8) oder Schwarzarbeit vorliegt (→ Rn. 20). Einschränkungen bestehen während des Urlaubs (→ Rn. 9) und während einer Arbeitsunfähigkeit des AN. 4

b) Erhebliche Beeinträchtigung der Arbeitskraft. Unzulässig ist die Aufnahme einer Nebentätigkeit, die den AN daran hindert, seinen Arbeitspflichten aus dem Hauptarbeitsverhältnis nachzukommen.[8] Das ist zB anzunehmen, wenn ein Schlosser eine Nebentätigkeit bei einem Gebäudereinigungsunternehmen aufnimmt und dort körperlich und zeitlich so beansprucht wird, dass er seinen normalen Arbeitspflichten nicht mehr genügt. In diesen Fällen kann der Hauptarbeitgeber eine Abmahnung aussprechen. Leistet der AN infolge der Nebentätigkeit schlechte Arbeit, können auch Schadensersatzansprüche (→ § 53 Rn. 1 ff.) begründet sein. 5

c) Arbeitszeitrechtliche Höchstgrenzen. Die Arbeitszeiten im Hauptarbeitsverhältnis und in der Nebenbeschäftigung dürfen zusammen die gesetzlich zulässigen Höchstgrenzen (§ 3 ArbZG) nicht übersteigen. Weiterhin muss die Ruhezeit zwischen der Beendigung der abendlichen Nebentätigkeit und dem Beginn der täglichen Haupttätigkeit mindestens 11 Stunden betragen (§ 5 ArbZG). Wird mit der Nebentätigkeit die gesetzlich zulässige Arbeitszeit erheblich überschritten, ist nach einer älteren Entscheidung des BAG der die Arbeitszeitgrenze übersteigende Arbeitsvertrag nichtig.[9] Der AN kann jedoch für die im nichtigen Arbeitsverhältnis geleistete Arbeit Vergütung nach den Grundsätzen des fehlerhaften Arbeitsverhältnisses verlangen.[10] 6

Diese Rechtsprechung wirft dann Fragen auf, wenn unklar ist, welches die Haupt- und welches die Nebentätigkeit ist. Hierzu kann man auf die zeitliche Abfolge der Vertragsschlüsse oder die Höhe der Einkünfte abstellen. Beide Lösungen befriedigen nicht recht, weil sie zu Zufallsergebnissen und Rechtsunsicherheit führen, wenn die Verdienste in beiden Arbeitsverhältnissen gleich hoch sind. Die **Abgrenzung von Haupt- und Nebentätigkeit** ist besser entsprechend dem nach außen erkennbar gewordenen Willen des AN vorzunehmen. Dieser manifestiert sich in der Anzeige der zweiten Beschäftigung gegenüber dem AG und den Eintragungen der Lohnsteuerklassen auf den jeweiligen Lohnsteuerkarten.[11] 7

d) Entgegenstehende Wettbewerbsinteressen des Arbeitgebers. Nach § 60 HGB darf der Handlungsgehilfe ohne Einwilligung des Prinzipals in dem Handelszweig des Prinzipals weder ein Handelsgewerbe betreiben, noch für eigene oder fremde Rechnung Geschäfte machen (→ § 57 Rn. 1 ff.).[12] Dies gilt auch für Nebentätigkeiten.[13] Für die übrigen AN und auch Auszubildende[14] besteht zwar keine gesetzliche Regelung. Für deren Nebenbeschäftigung gelten jedoch gem. § 241 II BGB dieselben Wettbewerbsbeschränkungen wie für Handlungsgehilfen während des Bestands des Arbeitsverhältnisses.[15] Insbesondere ist eine Nebenbeschäftigung verboten, durch die der AN eine vorsätzlich sittenwidrige Schädigung des AG (§ 826 BGB) oder unlauteren Wettbewerb im Sinne des UWG begehen würde. 8

---

[6] Vgl. *Wank,* AR-Blattei SD Nebentätigkeit des Arbeitnehmers, 2001, Rn. 20 ff.
[7] BAG 19.12.2019 AP Nr. 1 zu § 3 TV-L = NZA 2020, 952.
[8] BAG 13.5.2015 AP Nr. 77 zu § 15 KSchG 1969 = NZA 2016, 116; 11.12.2001 AP Nr. 8 zu § 611 BGB Nebentätigkeit = NZA 2002, 965.
[9] BAG 19.6.1959 AP Nr. 1 zu § 611 BGB Doppelarbeitsverhältnis; ebenso ErfK/*Preis* BGB § 611a Rn. 727; anders bei nur gelegentlich, geringfügiger Arbeitszeitüberschreitung BAG 14.12.1964 AP Nr. 2 zu § 1 AZO; krit. dazu MHdB ArbR/*Blomeyer,* 2. Aufl., § 55 Rn. 20; *Hunold* AR-Blattei SD 1190 Rn. 122; *Wank,* Nebentätigkeiten, Rn. 167 ff.
[10] BAG 19.6.1959 AP Nr. 1 zu § 611 BGB Doppelarbeitsverhältnis mAnm *Dersch.*
[11] MHdB ArbR/*Reichold* § 49 Rn. 53.
[12] BAG 23.10.2014 AP Nr. 252 zu § 626 BGB = NZA 2015, 429.
[13] BAG 13.5.2015 AP Nr. 77 zu § 15 KSchG 1969 = NZA 2016, 116.
[14] BAG 20.9.2006 AP Nr. 13 zu § 60 HGB = NZA 2007, 977.
[15] BAG 24.3.2010 AP Nr. 141 zu Art. 12 GG = NZA 2010, 693.

9 **e) Nebenbeschäftigung während des Urlaubs.** Während des gesetzlichen Mindesturlaubs ist dem AN eine dem Urlaubszweck widersprechende Erwerbstätigkeit untersagt (§ 8 BUrlG; → § 104 Rn. 62 ff.).

10 **3. Einzel- oder kollektivvertragliche Beschränkung. a) Vereinbartes Nebentätigkeitsverbot.** Das Recht, eine Nebenbeschäftigung aufzunehmen, kann nur ausnahmsweise vertraglich oder tariflich verboten werden. Hierfür bedarf es im Hinblick auf Art. 12 I GG besonderer Gründe. Das BAG hat eine tarifvertragliche Regelung, welche die nebenberufliche Ausübung von Kraftfahrertätigkeiten eines Berufskraftfahrers verboten hat, als zulässig angesehen, weil sonst eine Lenkzeitkontrolle nicht mehr möglich ist.[16] Hinzu kommt, dass der Kraftfahrer in einer anderweitigen Verwertung seiner Arbeitskraft frei bleibt. Aus diesen Gründen dürfte eine solche Regelung auch in Formulararbeitsverträgen einer Inhaltskontrolle nach § 307 I 1 BGB standhalten.[17] Ein generelles Nebentätigkeitsverbot in AGB ist demgegenüber regelmäßig unwirksam, weil der AG hieran kein berechtigtes Interesse hat. Ein solches Verbot kann auch nicht in einen zulässigen Genehmigungsvorbehalt (dazu → Rn. 11) umgedeutet werden, weil dies auf eine unzulässige geltungserhaltende Reduktion hinausliefe. Der AN kann bei einer unwirksamen vertraglichen Beschränkung von Nebentätigkeiten im Rahmen der allgemeinen Grenzen (dazu → Rn. 4 ff.) Nebenbeschäftigungen nachgehen. Verstößt der AN gegen diese Grundsätze oder gegen ein rechtswirksames Verbot, kommen eine Abmahnung, eine ordentliche verhaltensbedingte Kündigung oder in schweren Fällen eine außerordentliche Kündigung[18] in Betracht. Dabei ist stets zu prüfen, ob eine Duldung der Nebentätigkeit durch den AG vorliegt, was freilich Kenntnis von der Nebentätigkeit voraussetzt.

11 **b) Vereinbarte Anzeigepflicht.** Vom Nebentätigkeitsverbot sind die Vereinbarung einer Anzeigepflicht und der Vorbehalt der Genehmigung zu unterscheiden.[19] In diesem Fall bedarf die Nebentätigkeit der vorherigen Zustimmung des AG. Eine solche Vereinbarung dient dazu, dem AG die Überprüfung zu ermöglichen, ob durch die beabsichtigte Nebentätigkeit berechtigte betriebliche Interessen beeinträchtigt werden. Wenn das nicht gegeben ist, hat er die Zustimmung zu erteilen.[20] Derartige Regelungen sind wirksam.[21] Soweit ein Nebentätigkeitsverbot auf entgegenstehende Wettbewerbsinteressen des AG gestützt wird, ist maßgeblich, ob nach Art der Haupt- und Nebentätigkeit und der beteiligten Unternehmen überhaupt eine Gefährdung oder Beeinträchtigung der Interessen des AG vorliegt. Das wird regelmäßig nur bei einer unmittelbaren Konkurrenztätigkeit angenommen werden können und bei bloßen Hilfstätigkeiten ohne Wettbewerbsbezug in der Regel nicht in Betracht kommen.[22] Die Verletzung der Anzeigepflicht kann eine Abmahnung zur Folge haben.[23] Erteilt der AG die Genehmigung nicht und wartet ein AN mit der Ausübung einer Nebentätigkeit, durch die betriebliche Interessen nicht beeinträchtigt werden, nicht bis zu einer gerichtlichen Entscheidung über ihre Zulässigkeit ab, handelt er unter Berücksichtigung seiner Grundrechte aus Art. 12 I GG und Art. 2 I GG selbst dann nicht pflichtwidrig, wenn arbeitsvertraglich ein Erlaubnisvorbehalt vereinbart ist.[24]

12 **Beispiele:** Ein Rechtsschutzsekretär einer Gewerkschaft hat keinen Anspruch gegen seine Gewerkschaft daran mitzuwirken, dass er von der Rechtsanwaltskammer als Syndikusrechtsanwalt zugelassen wird.[25] Ein im Krankenhaus beschäftigter Krankenpfleger kann nicht verlangen, eine Nebentätigkeit als **Leichenbestatter** auszuüben.[26] Die Erstellung von **Gutachten für eine private Krankenversicherung** durch einen Arzt, der für den MDK einer gesetzlichen Krankenkasse

[16] BAG 26.6.2001 AP Nr. 8 zu § 1 TVG Tarifverträge: Verkehrsgewerbe = NZA 2002, 98.
[17] Ebenso *Gaul/Khanian* MDR 2006, 68 (69).
[18] Vgl. LAG Düsseldorf 17.5.1978 BB 1978, 1264.
[19] BAG 13.3.2003 AP Nr. 7 zu § 11 BAT = NZA 2003, 976; 11.12.2001 AP Nr. 8 zu § 611 BGB Nebentätigkeit = NZA 2002, 965; Bedenken gegen solche Klauseln in Formulararbeitsverträgen äußert *Singer* in Anm. zu BAG 11.12.2001 AP Nr. 8 zu § 611 BGB Nebentätigkeit.
[20] HWK/*Thüsing* BGB § 611a Rn. 524.
[21] Vgl. BAG 24.3.2010 AP Nr. 141 zu Art. 12 GG = NZA 2010, 693 zu einer entsprechenden tarifvertraglichen Regelung; abl. für AGB im Hinblick auf das Transparenzgebot DDW/*Däubler* Anh. Rn. 355.
[22] Vgl. BAG 24.3.2010 AP Nr. 141 zu Art. 12 GG = NZA 2010, 693.
[23] BAG 11.12.2001 AP Nr. 8 zu § 611 BGB Nebentätigkeit = NZA 2002, 965.
[24] BAG 13.5.2015 AP Nr. 77 zu § 15 KSchG 1969 = NZA 2016, 116; *Wiese* Anm. zu AP Nr. 77 zu § 15 KSchG 1969.
[25] BAG 24.10.2018 AP Nr. 12 zu § 611 BGB Gewerkschaftsangestellte = NZA 2019, 161; 21.9.1999 AP Nr. 6 zu § 611 BGB Nebentätigkeit = NZA 2000, 723; dazu *Berrisch* FA 2000, 306.
[26] BAG 28.2.2002 AP Nr. 1 zu § 5 AVR Caritasverband = DB 2002, 1560.

tätig ist, beeinträchtigt die Interessen des AG.[27] Ein **Rundfunksprecher** hat Anspruch auf Genehmigung einer Nebentätigkeit bei einem anderen Sender, wenn die Interessen seines AG nicht berührt werden.[28] Die Interessen des AG sind auch dann bedroht, wenn der AN über Jahre hinweg eine Auskunft über die Nebentätigkeit verweigert hat.[29] Eine teilzeitbeschäftigte **Sortiererin in einem Briefverteilzentrum der Deutschen Post AG** übt keine unmittelbare Konkurrenztätigkeit aus, wenn sie für ein anderes Unternehmen, das sich mit der Zeitungs- und Briefzustellung befasst, frühmorgens ausschließlich Zeitungen und Presseerzeugnisse (Süddeutsche Zeitung, Münchner Merkur, Financial Times usw.) austrägt.[30]

4. Öffentlicher Dienst. Für die Angestellten des öffentlichen Dienstes fanden nach § 11 BAT die Nebentätigkeitsvorschriften für Beamte entsprechende Anwendung. Diese Regelung ist nicht in den TVöD übernommen worden. Nach § 3 III TVöD haben die Beschäftigten Nebentätigkeiten gegen Entgelt ihrem AG rechtzeitig vorher schriftlich anzuzeigen. Der AG kann die Nebentätigkeit untersagen oder mit Auflagen versehen, wenn diese geeignet ist, die Erfüllung der arbeitsvertraglichen Pflichten der Beschäftigten oder berechtigte Interessen des AG zu beeinträchtigen.[31] Insoweit gelten nunmehr dieselben Grundsätze wie in der Privatwirtschaft. Teilzeitbeschäftigte bedürfen ebenfalls einer Nebentätigkeitsgenehmigung, auch wenn die Beanspruchung durch die Teilzeittätigkeit zusammen mit der Nebentätigkeit die regelmäßige tarifliche wöchentliche Arbeitszeit eines vollzeitbeschäftigten Angestellten nicht übersteigt.[32] Im öffentlichen Dienst unterliegen Einnahmen aus einer Nebentätigkeit für andere AG des öffentlichen Dienstes nach § 3 III 3 TVöD iVm den jeweiligen NebentätigkeitsVO einer Ablieferungspflicht.[33] 13

5. Widerruf der Genehmigung. Ist eine Nebentätigkeit genehmigt worden, kommt ein Widerruf der Genehmigung nur in Betracht, wenn sich die tatsächlichen Verhältnisse so geändert haben, dass der AG die Ausübung der Nebentätigkeit versagen könnte. Die Vereinbarung eines Widerrufsvorbehalts ist hierfür nicht erforderlich, weil der AG aufgrund der vertraglichen Rücksichtnahmepflichten aus § 241 II BGB vom AN die Unterlassung einer Nebentätigkeit verlangen kann, die nicht genehmigungsfähig ist. 14

6. Auskunft. Soweit eine Beeinträchtigung der Interessen des AG durch die Nebentätigkeit nicht ausgeschlossen werden kann, hat der AG gegen den AN einen Anspruch auf Auskunft über das „Ob" und den Umfang einer Nebentätigkeit.[34] 15

7. Rechte und Pflichten. Während der Nebentätigkeit bestehen für die Arbeitsvertragsparteien die allgemeinen Rechte und Pflichten. Der AN hat Anspruch auf Entgeltfortzahlung im Krankheitsfall und bezahlten Urlaub. Ein AN, der nebenberuflich tätig ist, darf nicht deswegen schlechter bezahlt werden, weil er noch eine hauptberufliche Tätigkeit ausübt.[35] Dies stellte auch regelmäßig einen Verstoß gegen das in § 4 I TzBfG enthaltene Verbot der Benachteiligung wegen der Teilzeitarbeit dar. Der AN kann gehindert sein, die Nebentätigkeit auszuüben, wenn er im Hauptarbeitsverhältnis arbeitsunfähig krank ist.[36] Es besteht der allgemeine und besondere Kündigungsschutz. Befristete Arbeitsverhältnisse sind nach den allgemeinen Grundsätzen zulässig (dazu → §§ 38 ff. Rn. 1 ff.). 16

III. Schwarzarbeit

1. Zweck des SchwarzArbG. Im Gesetz zur Intensivierung der Bekämpfung der Schwarzarbeit und damit zusammenhängender Steuerhinterziehung (SchwarzArbG) vom 23.7.2004 (BGBl. I 1842) m. spät. Änd. sind die Kontrollregelungen aus den verschiedenen Vorschriften, insbesondere des Sozialgesetzbuchs, inhaltlich zusammengeführt und ergänzt worden. Schwarz- 17

[27] BAG 28.2.2002 EzA Nr. 5 zu § 611 BGB Nebentätigkeit.
[28] BAG 24.6.1999 AP Nr. 5 zu § 611 BGB Nebentätigkeit.
[29] BAG 18.1.1996 AP Nr. 25 zu § 242 BGB Auskunftspflicht = NZA 1997, 41.
[30] BAG 24.3.2010 AP Nr. 141 zu Art. 12 GG = NZA 2010, 693.
[31] Näher dazu *Müller* öAT 2013, 205.
[32] BAG 30.5.1996 AP Nr. 2 zu § 611 BGB Nebentätigkeit = NZA 1997, 145.
[33] Vgl. zur entsprechenden Regelung im BAT BAG 25.7.1996 AP Nr. 6 zu § 11 BAT = NZA 1997, 320.
[34] BAG 11.12.2001 AP Nr. 8 zu § 611 BGB Nebentätigkeit = NZA 2002, 965; 18.1.1996 AP Nr. 25 zu § 242 BGB Auskunftspflicht.
[35] BAG 9.10.1996 AP Nr. 50 zu § 2 BeschFG 1985 = NZA 1997, 728.
[36] Vgl. BAG 26.8.1993 AP Nr. 112 zu § 626 BGB = NZA 1994, 63.

arbeit wird erstmalig dem allgemeinen Sprachgebrauch angepasst definiert. Zweck des Gesetzes ist die Intensivierung der Bekämpfung der Schwarzarbeit.

18 **2. Begriff. a) Pflichtverletzungen.** Nach § 1 II SchwarzArbG leistet Schwarzarbeit, wer Dienst- oder Werkleistungen erbringt oder ausführen lässt und dabei Melde-, Aufzeichnungs- und Zahlungspflichten nach Steuerrecht und Sozialgesetzbuch verletzt. Die einzelnen Tatbestände sind in den Nrn. 1–5 aufgelistet. Die Verletzung von Pflichten aus dem Ausländer- und Arbeitsgenehmigungsrecht erfüllt für sich gesehen noch nicht den Tatbestand der Schwarzarbeit. Sie werden jedoch als Formen der illegalen Beschäftigung, die regelmäßig mit Schwarzarbeit einhergehen, verfolgt.

19 **b) Dienst- oder Werkleistungen.** Unter den Begriff der Dienst- oder Werkleistungen wird die Tätigkeit des selbständigen Unternehmers (zB selbständiger Handwerker, Bauunternehmen in der Form einer GmbH) verstanden.[37] Damit wird auch der Auftraggeber erfasst, der die Schwarzarbeit erst ermöglicht oder unterstützt. Ohne den Auftraggeber würde die Schwarzarbeit gar nicht vorkommen. Auftraggeber der Schwarzarbeit kann ein Unternehmen, eine Personenvereinigung oder eine natürliche Person sein. Durch „Schein-Werkverträge" kann die Beitragspflicht zur Sozialversicherung nicht ausgeschlossen werden. Für die – strafrechtliche (§ 266a StGB) – Beurteilung, ob ein sozialversicherungs- und lohnsteuerpflichtiges Arbeitsverhältnis vorliegt, sind dabei allein die tatsächlichen Gegebenheiten maßgeblich, nicht eine zur Verschleierung gewählte Rechtsform.[38]

20 **c) Schwarzgeldabrede im Arbeitsvertrag.** Die Abrede in einem Arbeitsvertrag, die Arbeitsvergütung ohne Berücksichtigung von Steuern und Sozialversicherungsbeiträgen („schwarz") auszuzahlen, führt regelmäßig nicht zur Nichtigkeit des gesamten Arbeitsvertrags. Nichtig ist vielmehr nur die Vereinbarung, keine Steuern und Beiträge abzuführen (→ § 71 Rn. 2).[39]

21 **d) Nachbarschaftshilfe und Selbsthilfe.** Nachbarschaftshilfe, Gefälligkeit und Selbsthilfe, die nicht nachhaltig auf Gewinn gerichtet sind, werden nicht als Schwarzarbeit verfolgt. Nachbarschaftshilfe liegt vor, wenn die Hilfeleistung von Personen erbracht wird, die zueinander in persönlichen Beziehungen stehen und in gewisser räumlicher Nähe wohnen.[40] Eine Gefälligkeit ist anzunehmen, wenn Dienst- oder Werkleistungen aufgrund persönlichen Entgegenkommens im Rahmen gesellschaftlicher Gepflogenheiten oder in Notfällen erbracht werden.[41] Die Selbsthilfe ist in § 12 I 2 WoFG (Wohnraumförderungsgesetz) definiert. Zur Klarstellung ist in § 1 III Nr. 1 SchwarzArbG geregelt, dass nicht nachhaltig auf Gewinn gerichtete Leistungen von Angehörigen und Lebenspartnern vom Begriff der Schwarzarbeit ausgenommen sind. Als nicht nachhaltig auf Gewinn gerichtet gilt gem. § 1 III 2 SchwarzArbG insbesondere eine Tätigkeit, die gegen geringes Entgelt erbracht wird. Solche Hilfeleistungen begründen kein Arbeitsverhältnis und keine Unternehmereigenschaft und sind damit steuer- und sozialversicherungsrechtlich ohne Bedeutung. Wo keine Pflichten entstehen, entfällt auch der Begriff der Schwarzarbeit.

22 **e) Einkünfte aus Gewerbebetrieb.** Eine Person erzielt Einkünfte aus Gewerbebetrieb (§ 15 EStG) oder selbständiger Arbeit (§ 18 EStG), wenn sie selbständig, nachhaltig, unter Teilnahme am allgemeinen wirtschaftlichen Verkehr und mit der Absicht, Gewinn zu erzielen, tätig wird. Werden diese Kriterien nicht erfüllt, handelt es sich um steuerlich nicht relevante Tätigkeiten.

23 **3. Überprüfung.** Die Überprüfung der Erfüllung der steuer- und sozialversicherungsrechtlichen Pflichten obliegt nach § 2 SchwarzArbG der Zollverwaltung. Die Prüfung bezieht sich auf die Melde-, Beitrags- und Aufzeichnungspflichten sowie darüber hinaus auf typische Formen der illegalen Beschäftigung, die regelmäßig mit Schwarzarbeit einhergehen (§ 2 I Nr. 4 SchwarzArbG). Zur Durchführung der Prüfungen ist die Zollverwaltung gem. § 3 SchwarzArbG befugt, Geschäftsräume und Grundstücke des Unternehmers und des Auftraggebers von selbständig tätigen Personen während der Arbeitszeit der dort tätigen Personen zu betreten und dabei von diesen Auskünfte hinsichtlich ihrer Beschäftigungsverhältnisse oder ihrer Tätigkeiten einzuholen und Einsicht in von ihnen mitgeführte Unterlagen zu nehmen. Der **Begriff „Auftraggeber"** im Sinne dieser Vorschriften erfasst jeden, der eine Dienst- oder Werkleistung durch Personen ausführen lässt, die ihm dafür zur Verfügung stehen und die er verpflichtend einsetzen kann. Deshalb ist es unschädlich, dass die Taxifahrer, an die ein Auftraggeber von

[37] BAG 24.3.2004 EzA Nr. 2 zu § 134 BGB 2002.
[38] BGH 27.9.2011 NJW 2012, 471.
[39] BAG 26.2.2003 AP Nr. 24 zu § 134 BGB = NZA 2004, 313; ErfK/*Preis* BGB § 611a Rn. 342.
[40] OBHS/*Brügge* SchwarzArbG § 1 Rn. 27.
[41] OBHS/*Brügge* SchwarzArbG § 1 Rn. 22.

ihm entgegengenommenen Fahrgastanfragen weiterleitet, in aller Regel für ein Taxiunternehmen tätig werden, sei es im Angestelltenverhältnis, sei es als freie Mitarbeiter, nicht aber unmittelbar für den Auftraggeber.[42] Nach § 4 SchwarzArbG besteht die Befugnis, Einsicht in die Lohn- und Meldeunterlagen, Bücher und andere Geschäftsunterlagen zu nehmen, aus denen Umfang, Art oder Dauer von Beschäftigungsverhältnissen hervorgehen oder abgeleitet werden können. In Datenverarbeitungsanlagen gespeicherte Daten sind nach § 5 III SchwarzArbG der Zollverwaltung auf deren Verlangen auf automatisiert verarbeitbaren Datenträgern oder in Listen zu übermitteln.

4. Rechtsweg. In öffentlich-rechtlichen Streitigkeiten über Verwaltungshandeln der Behörden der Zollverwaltung ist gem. § 23 SchwarzArbG der Rechtsweg zu den **Finanzgerichten** gegeben. 24

5. Buß- und Strafvorschriften. In § 8 SchwarzArbG sind Bußgeldtatbestände geregelt. In § 9 SchwarzArbG wird das Verhalten eines Leistungsempfängers unter **Strafe** gestellt, wenn er seinen gesetzlich vorgeschriebenen Mitteilungspflichten im Zusammenhang mit Einkommen aus Dienst- oder Werkleistungen nicht nachkommt und dadurch Sozialleistungen zu Unrecht bezieht. Diese Regelung ergänzt den Betrugstatbestand des § 263 StGB. 25

6. Ausschluss von öffentlichen Aufträgen. Nach § 21 SchwarzArbG sind Bewerber von der Vergabe öffentlicher Aufträge bis zu einer Dauer von drei Jahren ausgeschlossen, die wegen Schwarzarbeit zu einer Freiheitsstrafe von mehr als drei Monaten oder einer Geldstrafe von mehr als 90 Tagessätzen verurteilt oder mit einer Geldbuße von wenigstens 2 500 EUR belegt worden sind. Das Gleiche gilt auch schon vor Durchführung eines Straf- oder Bußgeldverfahrens, wenn im Einzelfall angesichts der Beweislage kein vernünftiger Zweifel an einer schwerwiegenden Verfehlung in diesem Sinne besteht. 26

7. Nichtigkeit des Vertrags. Ein selbständiger Dienst- oder Werkvertrag, der Schwarzarbeit zum Gegenstand hat, ist gem. § 134 BGB nichtig.[43] Das hat zur Folge, dass dem Unternehmer für erbrachte Bauleistungen ein bereicherungsrechtlicher Anspruch auf Wertersatz gegen den Besteller nicht zusteht.[44] 27

8. Vertragsverletzung des Arbeitnehmers. Leistet ein AN für einen anderen Auftraggeber Schwarzarbeit, stellt dies allein noch nicht ohne Weiteres ein vertragswidriges Verhalten des AN dar. Dies ist nur dann anzunehmen, wenn hierdurch die Interessen seines AG beeinträchtigt werden, etwa weil der AN die gleichen Leistungen anbietet wie er.[45] Hat der AN mit Zustimmung seines AG Schwarzarbeit geleistet, hat der die Schwarzarbeit entgegennehmende AG außer auf den gezahlten Lohn auch auf Steuern des AN (Lohn- und Kirchensteuer) Beiträge zu entrichten, soweit er Steuern nachträglich endgültig übernommen hat.[46] 28

§ 43. Teilzeitarbeit

Übersicht

[42] BFH 23.10.2012 NZA-RR 2013, 148.
[43] BAG 24.3.2004 EzA Nr. 2 zu § 134 BGB 2002; BGH 10.4.2014 NJW 2014, 1805.
[44] BGH 1.8.2013 NJW 2013, 3167.
[45] Vgl. LAG Köln 7.1.1993 DB 1993, 941; bei Verleitung zur Schwarzarbeit: OLG Köln 18.9.1992 NJW 1993, 73.
[46] BSG 22.9.1988 BB 1989, 1762.

I. Grundlagen der Teilzeitarbeit

1 **1. Allgemeines.** Das zum 1.1.2001 in Kraft getretene TzBfG setzt in Bezug auf das Recht der Teilzeitarbeitsverhältnisse die **Richtlinie 97/81/EG in nationales Recht** um. Nach § 2 I 1 TzBfG ist ein AN teilzeitbeschäftigt, dessen **regelmäßige wöchentliche Arbeitszeit kürzer ist als die eines vergleichbaren vollzeitbeschäftigten AN.** Ist eine regelmäßige Wochenarbeitszeit nicht vereinbart, ist ein AN nach § 2 I 2 TzBfG teilzeitbeschäftigt, wenn seine regelmäßige Arbeitszeit im Durchschnitt eines bis zu einem Jahr reichenden Beschäftigungszeitraums unter der eines vergleichbaren Vollzeitbeschäftigten liegt. Gemeint ist damit der Durchschnitt der vergangenen zwölf Monate und nicht des laufenden Kalenderjahres.

2. Begriffsmerkmale. a) Regelmäßige Arbeitszeit. Maßgeblich ist die regelmäßige Arbeitszeit. Diese bestimmt sich zunächst nach der getroffenen Vereinbarung. Weicht die tatsächliche Vertragsdurchführung von der ausdrücklich vereinbarten Arbeitszeit ab, ist die tatsächlich geleistete Arbeit maßgeblich, weil sie Ausdruck des wirklichen Willens (§ 133 BGB) der Parteien ist.[1] Ist im Arbeitsvertrag die Dauer der Arbeitszeit nicht ausdrücklich vereinbart, ist anzunehmen, dass die betriebsübliche Arbeitszeit gelten soll.[2] Dies entspricht dem Vertragswillen verständiger und redlicher Vertragspartner. Zur Abgrenzung zwischen Überstunden und der wirklich gewollten Arbeitszeit kann die Rechtsprechung zu § 4 Ia EFZG herangezogen werden (→ § 98 Rn. 81).[3] **Kurzarbeit ist keine Teilzeitarbeit,** weil sie nicht der regelmäßigen Arbeitszeit entspricht.[4] Schwankt die Arbeitszeit, weil der AN stets seine Arbeitsaufgaben vereinbarungsgemäß zu erledigen hat, bemisst sich die Dauer nach dem Durchschnitt der vergangenen zwölf Monate. Merkmal einer Teilzeitbeschäftigung ist nicht, dass die Arbeitszeit stets kürzer als die eines Vollzeitbeschäftigten ist. Arbeitet ein AN in einem flexiblen Arbeitszeitmodell einige Monate des Jahres gleich lang wie ein Vollzeitbeschäftigter, andere Monate hingegen kürzer, liegt ein Teilzeitarbeitsverhältnis vor, weil die Arbeitszeit im Durchschnitt eines Jahres kürzer ist als die eines Vollzeitbeschäftigten.[5] 2

b) Vergleich Vollzeit- und Teilzeitbeschäftigter. Die Feststellung der Vergleichbarkeit zwischen Vollzeit- und Teilzeitbeschäftigten erfolgt in einem **gestuften Verfahren.**[6] Sie richtet sich gem. § 2 I 3 TzBfG zunächst nach der Art des Arbeitsverhältnisses und der Vergleichbarkeit der Tätigkeit eines vollzeitbeschäftigten AN des Betriebs. So unterscheiden sich beispielsweise befristete und unbefristete Arbeitsverhältnisse ihrer „Art" nach, so dass sie nach § 2 I TzBfG nicht verglichen werden können.[7] Um gleiche Arbeit handelt es sich dagegen, wenn die Arbeitsvorgänge übereinstimmen und AN an verschiedenen oder nacheinander an denselben technischen Arbeitsplätzen identische oder gleichartige Tätigkeiten ausüben. Die AN müssen ohne Einarbeitungszeit austauschbar sein. Soweit Tätigkeiten oder ihre Merkmale voneinander abweichen, ist auf die jeweils überwiegend auszuübende Tätigkeit abzustellen.[8] Tätigkeiten sind ähnlich, wenn die Arbeitsanforderungen weitgehend übereinstimmen und die AN nach kurzer Einarbeitungszeit austauschbar sind.[9] Aus der Stellenbeschreibung oder auch der Eingruppierung können sich Anhaltspunkte für die Gleichheit bzw. Ähnlichkeit der Arbeit ergeben.[10] Die funktionale Sichtweise ist allerdings dann nicht maßgeblich, wenn der AG bei der Leistungserbringung nicht auf die Tätigkeit, sondern auf andere Faktoren – etwa die Betriebszugehörigkeit – abstellt, wenn also die Funktion bzw. die Art und der Inhalt der Tätigkeit für die Leistungserbringung nicht maßgeblich sind. Entscheidend für die Vergleichbarkeit ist dann vielmehr, wie der AG selbst die Gruppenbildung vorgenommen hat oder an welche Gesichtspunkte er für die Erbringung der Leistung anknüpft.[11] **Bezugspunkt** zur Feststellung der Teilzeitbeschäftigung ist grundsätzlich der Betrieb und nicht das Unternehmen oder gar der Konzern.[12] Es ist auch möglich, dass es bei dem AG mehrere Arten von Vollzeitbeschäftigten gibt. So können tarifgebundene AN eine andere „Art" von Arbeitsverhältnis als nicht einem Tarifvertrag unterworfene AN haben.[13] Nach einem **Betriebsübergang** sind nur die AN vergleichbar, die in einem übernommenen Arbeitsverhältnis beschäftigt werden. War der übergegangene AN vor dem Betriebsübergang Vollzeitarbeitnehmer, bleibt er es auch nach dem Betriebsübergang, sofern sich seine Arbeitszeit nicht verringert.[14] Gibt es im Betrieb keinen vergleichbaren vollzeitbe- 3

1 Annuß/Thüsing/*Annuß* TzBfG § 2 Rn. 3; *Meinel/Heyn/Herms* TzBfG § 2 Rn. 6 f.
2 BAG 15.5.2013 AP Nr. 42 zu § 611 BGB Arbeitszeit = NZA-RR 2014, 519.
3 MüKoBGB/*Müller-Glöge* TzBfG § 2 Rn. 3.
4 *Laux*/Schlachter TzBfG § 2 Rn. 29.
5 MüKoBGB/*Müller-Glöge* TzBfG § 2 Rn. 1.
6 ErfK/*Preis* TzBfG § 2 Rn. 2; *Laux*/Schlachter TzBfG § 2 Rn. 34.
7 BT-Drs. 14/4374, 15; krit. hierzu *Meinel/Heyn/Herms* TzBfG § 2 Rn. 10.
8 Vgl. BAG 23.8.1995 AP Nr. 48 zu § 612 BGB = NZA 1996, 579.
9 MüKoBGB/*Müller-Glöge* TzBfG § 2 Rn. 6.
10 HK-TzBfG/*Joussen* § 2 Rn. 32.
11 BAG 28.5.2013 AP Nr. 17 zu § 1 BetrAVG Teilzeit.
12 Ebenso Annuß/Thüsing/*Annuß* TzBfG § 2 Rn. 5; HK-TzBfG/*Joussen* § 2 Rn. 22; *Laux*/Schlachter TzBfG § 2 Rn. 36.
13 BAG 14.3.2007 AP Nr. 1 zu § 611 BGB Lohnerhöhung = NZA 2007, 981; zu mangelnden Vergleichbarkeit nach Ablehnung eines Angebots auf Verlängerung der tariflichen Arbeitszeit BAG 14.12.2011 AP Nr. 217 zu § 242 BGB Gleichbehandlung = NZA 2012, 618.
14 BAG 14.3.2007 AP Nr. 204 zu § 242 BGB Gleichbehandlung = NZA 2007, 862.

schäftigten AN, beurteilt sich die Vergleichbarkeit nach dem im Betrieb anwendbaren **Tarifvertrag** (§ 2 I 4 TzBfG). Erforderlich ist zumindest die unmittelbare Tarifbindung des AG; eine Geltung kraft arbeitsvertraglicher Bezugnahme genügt nicht.[15] Fehlt ein unmittelbar anwendbarer Tarifvertrag, ist gem. § 2 I 4 Hs. 2 TzBfG darauf abzustellen, wer im jeweiligen Wirtschaftszweig üblicherweise als vergleichbarer vollzeitbeschäftigter AN anzusehen ist.

II. Erscheinungsformen der Teilzeitarbeit

4 **1. Überblick.** Teilzeitbeschäftigung gibt es in den verschiedensten Formen. Der AN kann bei reduzierter Stundenzahl jeden Arbeitstag beschäftigt sein oder nur an einzelnen Tagen der Woche mit der jeweils regelmäßigen täglichen Zahl der Arbeitsstunden. Er kann auch an nur einzelnen Wochentagen jeweils nur wenige Stunden arbeiten. Denkbar ist auch eine Verkürzung der Arbeitszeit gegenüber Vollzeitbeschäftigten in einzelnen Monaten des Jahres. Kennzeichen aller dieser Formen der Teilzeitbeschäftigung ist, dass die Arbeitszeit vertraglich fest vereinbart und im Verhältnis zu der eines Vollzeitbeschäftigten lediglich reduziert ist.

5 **2. Nebentätigkeit.** Möglich sind weiterhin mehrere Teilzeitarbeitsverhältnisse nebeneinander oder ein Teilzeitarbeitsverhältnis neben einem Vollzeitarbeitsverhältnis. Solche Nebentätigkeiten sind zulässig, soweit hierdurch nicht berechtigte Interessen des Hauptarbeitgebers beeinträchtigt werden (→ § 42 Rn. 4 ff.).

6 **3. Arbeit auf Abruf. a) Überblick und Zweck.** Eine weitere Form der Teilzeitarbeit ist Arbeit auf Abruf entsprechend dem Arbeitsanfall. Die rechtlichen Rahmenbedingungen hierfür finden sich in § 12 TzBfG. Arbeit auf Abruf liegt nach § 12 I 1 TzBfG vor, wenn der AN seine Arbeitsleistung entsprechend dem Arbeitsanfall zu erbringen hat. Arbeit fällt an, wenn aus Sicht des AG die Arbeitsleistung des AN benötigt wird.[16] Merkmal der Arbeit auf Abruf ist das Recht des AG, entsprechend dem Arbeitsanfall Lage und Dauer der Arbeit bestimmen zu können.[17] Deshalb besteht auch dann Arbeit auf Abruf, wenn der Umfang der zu leistenden Arbeit vertraglich nicht festgelegt ist, sondern der AN nach der getroffen Vereinbarung „flexibel" eingesetzt werden soll.[18] Mit der **zum 1.1.2019 ohne Übergangsregelung in Kraft getretenen Neuregelung** des § 12 TzBfG sollen die AN mehr Sicherheit in Bezug auf ihre Planung und ihr Einkommen erhalten.[19] Aus diesem Grund sieht § 12 I 3 TzBfG als Reaktion für den Abschluss sog. Null-Stunden-Verträge, die keine bestimmte Arbeitszeitdauer enthalten, die Fiktion einer vereinbarten wöchentlichen Arbeitszeit von 20 Stunden vor.[20] Zugleich hat der Gesetzgeber mit der neu in § 12 II TzBfG eingeführten Regelung die Rechtsprechung des BAG[21] kodifiziert und bestimmt, dass der AG im Falle einer vereinbarten Mindestarbeitszeit die regelmäßige Arbeitszeit nur um 25% erhöhen oder um 20% absenken darf. Auf Grund der fehlenden Übergangsregelung erfasst die Neufassung § 12 TzBfG auch Arbeitsverträge, die vor dem 1.1.2019 geschlossen wurden. Soweit im Schrifttum die Auffassung vertreten wird, die bisherige 10-Stunden-Fiktion habe bereits in eine Arbeitszeitvereinbarung gemündet, weshalb es keinen Raum für die nunmehrige Fiktion eine Arbeitszeit von 20 Stunden gebe,[22] kann dem nicht gefolgt werden. § 12 I 3 TzBfG verlangt vielmehr eine Festlegung der Arbeitszeit durch eine Vereinbarung der Arbeitsvertragsparteien. Die Fiktion einer Arbeitszeit ist keine Festlegung in diesem Sinne.[23] Aus diesem Grunde gilt auch für die vor dem 1.1.2019 geschlossen sog. Null-Stunden-Verträge die neue Fiktion einer Arbeitszeit von 20 Stunden.

7 **b) Persönlicher Geltungsbereich.** Der persönliche Geltungsbereich des § 12 TzBfG erstreckt sich seiner Stellung im TzBfG nach grundsätzlich nur auf Teilzeitbeschäftigte.[24] Voll-

[15] Annuß/Thüsing/*Annuß* TzBfG § 2 Rn. 6; HK-TzBfG/*Joussen* § 2 Rn. 37; *Meinel/Heyn/Herms* TzBfG § 2 Rn. 17; MüKoBGB/*Müller-Glöge* TzBfG § 2 Rn. 7; aA *Laux*/Schlachter TzBfG § 2 Rn. 44.
[16] Arnold/Gräfl/*Arnold* TzBfG § 12 Rn. 9.
[17] BAG 7.12.2005 AP Nr. 4 zu § 12 TzBfG = NZA 2006, 423; dazu *Bauer/Günther* DB 2006, 950; *Hohenstadt/Schramm* NZA 2007, 238; *Preis/Lindemann* NZA 2006, 632.
[18] BAG 24.9.2014 AP Nr. 5 zu § 12 TzBfG = NZA 2014, 1328.
[19] BT-Drs. 19/3452, 20.
[20] *Preis/Schwarz* NJW 2018, 3673 (3678).
[21] BAG 7.12.2005 AP Nr. 4 zu § 12 TzBfG = NZA 2006, 423.
[22] *Bayreuther* NZA 2018, 1577 (1581).
[23] MüKoBGB/*Müller-Glöge* TzBfG § 12 Rn. 13.
[24] *Boewer* TzBfG § 12 Rn. 10; MüKoBGB/*Müller-Glöge* TzBfG § 12 Rn. 5; *Meinel/Heyn/Herms* TzBfG § 12 Rn. 7; ErfK/*Preis* TzBfG § 12 Rn. 4; *Sievers* TzBfG § 12 Rn. 6; aA Annuß/Thüsing/*Jacobs* TzBfG § 12 Rn. 5; HK-TzBfG/*Boecken* § 12 Rn. 10; *Rolfs* TzBfG § 12 Rn. 3; diff. *Laux*/Schlachter TzBfG § 12 Rn. 31 die sich für eine analoge Anwendung des § 12 II TzBfG ausspricht.

zeitbeschäftigte unterliegen bei der Vereinbarung von Abrufarbeit allein dem Schutz durch die §§ 307 ff. BGB.[25] Hierdurch wird ein sachgerechter Schutz dieser Personengruppe gewährleistet. Die gesetzliche Regelung ist daher nicht lückenhaft, so dass die Voraussetzungen für eine analoge Anwendung des § 12 TzBfG nicht vorliegen. Dies erfolgt in § 12 I TzBfG durch das Gebot, vertraglich eine Mindestdauer der wöchentlichen Arbeitszeit festzulegen.[26] Des Weiteren wird das Direktionsrecht bezüglich der Bestimmung der Lage der Arbeitszeit (§ 106 GewO) durch die Ankündigungsfrist des § 12 II TzBfG eingeschränkt.

c) Regelung der Arbeitszeitdauer. Das Gesetz gibt **keine Mindeststundenzahl** für die vertragliche Vereinbarung vor, sondern verlangt nur die Festlegung einer bestimmten Arbeitszeitdauer. Diese kann auch 20 Stunden unterschreiten.[27] § 12 I 3 TzBfG greift nur subsidiär ein und fingiert eine Arbeitsdauer von 20 Wochenstunden, wenn vertraglich keine Dauer bestimmt ist. Es ist daher regelmäßig zu prüfen, ob die Parteien, ausdrücklich oder konkludent eine andere – auch niedrigere – wöchentliche Arbeitszeit vereinbart haben.[28] Anhaltspunkt hierfür kann auch die gelebte Vertragspraxis sein.[29] Nur dann, wenn eine ergänzende Vertragsauslegung nicht möglich ist, kann auf die in § 12 I 3 TzBfG geregelte Arbeitszeitdauer von 20 Wochenstunden zurückgegriffen werden.[30] Diese Bestimmung enthält damit einen Auffangtatbestand.[31] Der AG kommt nicht in Annahmeverzug, wenn er den AN mindestens in diesem zeitlichen Umfang zur Arbeitsleistung heranzieht.[32] Andererseits hat der AN auch keinen Anspruch auf Überstundenzuschläge, wenn er auf Abruf des AG über die vereinbarte Mindestarbeitszeit hinaus innerhalb der 25%-Korridors Arbeitsleistungen erbringt. In diesem Fall liegen keine Überstunden vor, weil der AN nur seine vertraglich vereinbarte Arbeitsleistung erbringt und nicht darüber hinaus arbeitet.[33] Die Dauer der in § 12 I 3 und 4 TzBfG gesetzlich fingierten Arbeitszeit soll einen **Mindestschutz der AN** gewährleisten. Dies gilt in gleicher Weise für den Grundtatbestand des § 12 I 2 TzBfG. Die vertragliche Vereinbarung einer bestimmten Mindestarbeitszeit verhindert, dass der AG den AN während des bestehenden Arbeitsverhältnisses überhaupt nicht zur Arbeitsleistung heranzieht.[34] 8, 9

d) Bandbreite des Arbeitsabrufs. Mit der zum 1.1.2019 in Kraft getretenen Neuregelung des § 12 II TzBfG ist die Bandbreite der Abrufarbeit gesetzlich festgelegt worden.[35] **Weitergehende vertragliche Vereinbarungen** sind gem. § 139 BGB insoweit nichtig. Das hat zur Folge, dass zwischen den Parteien weiterhin ein Abrufarbeitsverhältnis mit der vereinbarten Mindestarbeitszeit besteht, der Abrufrahmen allerdings auf das in § 12 II TzBfG vorgesehene Höchstmaß beschränkt ist. Das ergibt sich aus § 306 II BGB, wonach sich der Inhalt des Vertrags nach den gesetzlichen Vorschriften richtet, soweit einzelne Bestimmungen nicht Vertragsbestandteil geworden sind. Die dort angeordneten Rechtsfolgen kommen nicht nur zur Anwendung, wenn sich die Unwirksamkeit einer AGB-Klausel aus den §§ 305 ff. BGB selbst ergibt, sondern auch, wenn die in einem Formularvertrag verwandten Klauseln gegen sonstige gesetzliche Verbote (§ 134 BGB) verstoßen.[36] Verlangt der AG vom AN über diesen Rahmen hinaus Arbeitsleistungen, handelt es sich um Überstunden, die der AN grundsätzlich nur bei einer entsprechenden Vereinbarung zu leisten hat. Lässt es sich darauf nicht ein, steht ihm ein Leistungsverweigerungsrecht zu.[37] Zieht der AG den AN über den in § 12 II TzBfG festgelegten Rahmen von 20% nicht zur Arbeit heran, gerät er in Annahmeverzug.[38] 10

---

[25] Arnold/Gräfl/*Arnold* TzBfG § 12 Rn. 14; ErfK/*Preis* TzBfG § 12 Rn. 4.

[26] BAG 7.12.2005 AP Nr. 4 zu § 12 TzBfG = NZA 2006, 423.

[27] MüKoBGB/*Müller-Glöge* TzBfG § 12 Rn. 13; ErfK/*Preis* TzBfG § 12 Rn. 15.

[28] BAG 7.12.2005 AP Nr. 4 zu § 12 TzBfG = NZA 2006, 423; *Bayreuther* NZA 2018, 1577 (1581).

[29] HessLAG 5.6.2020 – 10 Sa 1519/19.

[30] Weitergehend BAG 24.9.2014 AP Nr. 5 zu § 12 TzBfG = NZA 2014, 1328.

[31] *Bayreuther* NZA 2018, 1577 (1581).

[32] BAG 24.9.2014 AP Nr. 5 zu § 12 TzBfG = NZA 2014, 1328.

[33] BAG 7.12.2005 AP Nr. 4 zu § 12 TzBfG = NZA 2006, 423; bestätigt durch BVerfG 23.11.2006 NZA 2007, 85; zust. *Bauer/Günther* DB 2006, 950; *Meinel/Heyn/Herms* TzBfG § 12 Rn. 29; *Preis/Lindemann* NZA 2006, 632; iErg auch *Weth/Weber* FS Birk, 2008, 993; abl. *Decruppe/Utess* AuR 2006, 347; *Laux/*Schlachter TzBfG § 12 Rn. 44.

[34] So die Gesetzesbegründung zu dem durch § 12 TzBfG abgelösten § 4 BeschFG 1985, vgl. BT-Drs. 10/3206, 30.

[35] Zur früheren Rspr., auf der diese Neuregelung beruht, vgl. BAG 7.12.2005 AP Nr. 4 zu § 12 TzBfG = NZA 2006, 423 sowie Schaub ArbR-HdB/*Linck*, 17. Aufl., § 43 Rn. 13.

[36] BAG 24.8.2016 AP Nr. 10 zu § 3 ArbZG = NZA 2016 1539; 19.6.2012 NZA 2012, 1227.

[37] MüKoBGB/*Müller-Glöge* TzBfG § 12 Rn. 14.

[38] Insoweit ebenso BeckOK ArbR/*Bayreuther*, 58. Ed., TzBfG § 12 Rn. 10; MüKoBGB/*Müller-Glöge* TzBfG § 12 Rn. 14.

11 Durch § 12 II TzBfG werden **weitergehende tarifvertragliche Regelungen nicht ausgeschlossen.** Hierfür spricht, dass der Gesetzgeber offensichtlich davon ausgegangen ist, mit dieser Regelung nur die Rechtsprechung des BAG kodifiziert zu haben.[39] Weitergehende Regelungsziele hat er nicht verfolgt.[40] Probleme können entstehen, wenn in einem **geringfügigen Beschäftigungsverhältnis** (→ § 44 Rn. 1 ff.) keine feste wöchentliche Arbeitszeit vereinbart wurde und somit an sich die Fiktion des § 12 I 3 TzBfG greift.[41] Dies hätte zur Folge, dass diese Arbeitszeit mit dem Mindestlohn zu vergüten wäre, womit die monatliche Einkommensgrenze für geringfügige Beschäftigungen überschritten würde.[42] Vor der Anwendung dieser Rechtsfolge ist indes zu prüfen, ob sich im Wege der (ergänzenden) Vertragsauslegung eine vereinbarte Mindeststundenzahl ermitteln lässt;[43] mit Wirkung für die Zukunft können klärende Vereinbarungen getroffen werden.

12 **e) Ankündigungsfrist.** Nach § 12 III TzBfG ist der AG verpflichtet, dem AN die Lage seiner Arbeitszeit jeweils mindestens vier Tage im Voraus mitzuteilen. Die Ankündigung ist nicht formgebunden, sie muss jedoch dem AN zugehen. Die Ankündigungsfrist in § 12 III TzBfG soll den AN vor allzu kurzfristig angekündigten Arbeitseinsätzen schützen und ihm eine Planung der Arbeit ermöglichen. Für die Fristberechnung gelten die §§ 186 ff. BGB. Die Frist beginnt mit dem Zugang der Mitteilung des AG. Der Tag des Zugangs der Mitteilung (§ 187 I BGB) sowie der Tag der Arbeitsleistung („vier Tage im Voraus") zählen bei der Fristberechnung nicht mit.[44] Soll also beispielsweise der AN an einem Montag arbeiten, hat ihm die Mitteilung spätestens am vorangehenden Mittwoch zuzugehen. Ist der Mittwoch ein gesetzlicher Feiertag, hat die Mitteilung in analoger Anwendung des § 193 BGB dem AN bereits am Dienstag zuzugehen.[45] Von der viertägigen Ankündigungsfrist des § 12 III TzBfG kann gem. § 22 I TzBfG nicht zuungunsten des AN in einem Arbeitsvertrag abgewichen werden. Ein im **Voraus erklärter Verzicht** des AN hierauf ist nach § 134 BGB unwirksam.[46] Gem. § 12 VI TzBfG kann die Ankündigungsfrist allerdings durch Tarifvertrag verkürzt werden. Bei der Arbeit auf Abruf können Mitbestimmungsrechte des BR nach § 87 I Nr. 2 und 3 BetrVG bestehen.[47] Rechtsfolge einer zu kurzfristigen Ankündigung ist die Unwirksamkeit der Anordnung des AG. Diese kann jedoch nach § 140 BGB in ein Angebot des AG umgedeutet werden, das der AN annehmen kann.[48] Verpflichtet hierzu ist er indes nicht.

13 **f) Entgeltfortzahlung bei Krankheit und an Feiertagen.** Nach § 4 I EFZG hat der AG dem AN bei krankheitsbedingter Arbeitsunfähigkeit das diesem zustehende Entgelt fortzuzahlen. Zur Bestimmung des **Zeitfaktors** (dazu → § 98 Rn. 75 ff.) sieht § 12 IV TzBfG ab dem 1.1.2019 eine vergangenheitsbezogene Betrachtung mit einem dreimonatigen Referenzzeitraum vor. Maßgeblich ist danach die durchschnittliche Arbeitszeit der letzten drei Monate vor Beginn der Arbeitsunfähigkeit (näher → § 98 Rn. 78). Für die Entgeltfortzahlung an Feiertagen gilt dies gem. § 12 V TzBfG entsprechend.

14 **4. Jahresarbeitszeitverträge und Arbeitszeitblöcke.** Umstritten ist, ob § 12 I 2 TzBfG der Vereinbarung flexibler **Jahresarbeitszeitverträge** entgegensteht. Dies wird von einem Teil des Schrifttums mit Hinweis auf den vermeintlich eindeutigen Wortlaut des Gesetzes bejaht.[49] Hiergegen spricht jedoch, dass nach dem Willen des Gesetzgebers die Regelung der Abrufarbeit im früheren § 4 BeschFG im Wesentlichen übernommen werden sollte.[50] Im Geltungsbereich dieser Vorschrift war die Vereinbarung von Jahresarbeitszeitverträgen zulässig.[51] Auch der Wortlaut des § 12 I TzBfG lässt Regelungen zu, die eine wöchentliche Mindestarbeitszeitdauer festlegen und zugleich eine Jahresarbeitszeit vorsehen, die nicht unbedingt der Summe der Wochenarbeitszeiten entsprechen muss. Hieran hat die zum 1.1.2019 in Kraft getretene Neuregelung

---

[39] BT-Drs. 19/3452, 20.
[40] *Bayreuther* NZA 2018, 1577 (1582); aA MüKoBGB/*Müller-Glöge* TzBfG § 12 Rn. 14.
[41] Ausf. *Uffmann/Kredig* NZA 2020, 137.
[42] MüKoBGB/*Müller-Glöge* TzBfG § 12 Rn. 13.
[43] BeckOK ArbR/*Bayreuther,* 58. Ed., TzBfG § 12 Rn. 11a.
[44] Vgl. MüKoBGB/*Müller-Glöge* TzBfG § 12 Rn. 26; ErfK/*Preis* TzBfG § 12 Rn. 26.
[45] Ebenso Annuß/Thüsing/*Jacobs* TzBfG § 12 Rn. 49; ErfK/*Preis* TzBfG § 12 Rn. 26.
[46] ErfK/*Preis* TzBfG § 12 Rn. 25.
[47] Vgl. Arnold/Gräfl/*Arnold* TzBfG § 12 Rn. 100 ff.
[48] BeckOK ArbR/*Bayreuther,* 58. Ed., TzBfG § 12 Rn. 17.
[49] *Boewer* TzBfG § 12 Rn. 13; TZA/*Buschmann* TzBfG § 12 Rn. 66; *Sievers* TzBfG § 12 Rn. 13.
[50] BT-Drs. 14/4625, 20.
[51] Vgl. dazu BAG 9.8.2000 – 4 AZR 452/99; ErfK/*Preis,* 2. Aufl., BeschFG § 4 Rn. 24 mwN.

nichts geändert.[52] Die Vereinbarung einer täglichen Arbeitszeit hat nicht zwingend zur Folge, dass der AN täglich zu arbeiten hat. Eine solche Regelung kann vielmehr auch bedeuten, dass der AN bei Abruf der Arbeit diese Arbeitszeit mindestens zusammenhängend arbeiten soll.[53] Durch die Vereinbarung einer bestimmten wöchentlichen Arbeitszeit wird dabei eine kontinuierliche Vergütung des AN sichergestellt. Zulässig sind auch **Arbeitszeitblöcke mit längerer Arbeitszeit.** Derartige Vereinbarungen können insbesondere in Saisonbetrieben sinnvoll sein.[54] Vorbehaltlich im Betrieb des AG anwendbarer entgegenstehender tariflicher Regelungen kann die Arbeitszeit bei größerem Arbeitskräftebedarf nach § 3 S. 1 ArbZG ohne Weiteres auf alle Werktage von Montag bis Samstag verteilt und damit auf bis zu 48 Stunden je Woche verlängert werden. Darüber hinaus kann nach § 3 S. 2 ArbZG die werktägliche Arbeitszeit auf zehn Stunden und damit die wöchentliche Arbeitszeit auf 60 Stunden verlängert werden, wenn innerhalb von sechs Kalendermonaten oder innerhalb von 24 Wochen im Durchschnitt acht Stunden werktäglich nicht überschritten werden (dazu → § 156 Rn. 27 ff.).[55] Durch eine entsprechende Vertragsgestaltung können damit saisonale Schwankungen ausgeglichen werden.

5. Rahmenvereinbarungen. Die Arbeit auf Abruf ist von Rahmenvereinbarungen abzugrenzen. Diese enthalten nur die Bedingungen der erst noch abzuschließenden, auf den jeweiligen Einsatz befristeten Arbeitsverträge. Durch sie wird jedoch noch keine Verpflichtung zur Arbeitsleistung begründet. Eine Rahmenvereinbarung ist kein Arbeitsvertrag.[56] Die Arbeitsvertragsparteien sind grundsätzlich auch nicht gezwungen, statt der Kombination von Rahmenvereinbarung und Einzelarbeitsverträgen ein Abrufarbeitsverhältnis nach § 12 TzBfG zu begründen. Eine Rahmenvereinbarung stellt weder eine Gesetzesumgehung noch einen Missbrauch einer an sich zulässigen rechtlichen Gestaltungsmöglichkeit dar. Eine Rahmenvereinbarung, die eine Vergütung nur für tatsächlich geleistete Stunden vorsieht und weder die Wochenarbeitszeit noch die Ausgestaltung der Arbeitszeit festlegt, sondern dem AN die Wahl lässt, ob er die vom AG angebotene Arbeit annimmt oder ablehnt, **verstößt nicht gegen Unionsrecht.**[57] Ein Verstoß gegen das Verbot der Benachteiligung wegen Teilzeitbeschäftigung nach § 4 I RL 97/81/EG liegt nicht vor, wenn Vollzeitbeschäftigte – wie im Normalfall – mit einer festen Arbeitszeitdauer und der Verpflichtung, die vereinbarte Arbeitszeit zu arbeiten, beschäftigt werden. Es fehlen dann „vergleichbare" Vollzeitbeschäftigte. 15

6. Bereitschaftsdienst und Überstunden. Die Vereinbarung von Abrufarbeit schließt Regelungen über Bereitschaftsdienst oder Überstunden nicht aus. Diese bestehen neben der Arbeit auf Abruf. Beim Bereitschaftsdienst kommt es innerhalb einer vereinbarten Dienstzeit zu Arbeitseinsätzen, während die Abrufarbeit den Abruf aus unbezahlter Freizeit erfasst.[58] Überstunden werden wegen bestimmter besonderer Umstände vorübergehend zusätzlich geleistet. Besteht dagegen für den AN eine selbständige, nicht auf Unregelmäßigkeit oder Dringlichkeit beschränkte Verpflichtung, auf Anforderung des AG zu arbeiten, handelt es sich um Arbeit auf Abruf iSv § 12 TzBfG.[59] 16

7. Arbeitsplatzteilung (Jobsharing). Nach § 13 TzBfG sind Vereinbarungen zwischen AG und AN zulässig, wonach mehrere AN sich die Arbeitszeit an einem Arbeitsplatz teilen. Dabei legen die AN ihre Arbeitszeitanteile im Rahmen der arbeitsvertraglichen Vorgaben selbst fest und teilen die Arbeitszeitaufteilung dem AG mit. Kommt eine Einigung zwischen den AN nicht zustande, kann der AG die Verteilung im Wege des Direktionsrechts vornehmen.[60] Die AN untereinander bilden keine Eigengruppe (dazu → § 182 Rn. 1 ff.).[61] Durch die Arbeitsplatzteilung wird **kein Gesamtschuldverhältnis** auf Arbeitnehmerseite begründet.[62] Jeder AN haftet 17

[52] MüKoBGB/*Müller-Glöge* TzBfG § 12 Rn. 19.

[53] Für die Zulässigkeit von Jahresarbeitszeitvereinbarungen BeckOK ArbR/*Bayreuther*, 58. Ed., TzBfG § 12 Rn. 7; Annuß/Thüsing/*Jacobs* TzBfG § 12 Rn. 22; *Busch* NZA 2001, 593 (594); *Laux*/Schlachter TzBfG § 12 Rn. 57; *Meinel/Heyn/Herms* TzBfG § 12 Rn. 23 ff.; MüKoBGB/*Müller-Glöge* TzBfG § 12 Rn. 19; ErfK/*Preis* TzBfG § 12 Rn. 18.

[54] GK-TzA/*Mikosch* BeschFG § 4 Rn. 61; MüKoBGB/*Müller-Glöge* TzBfG § 12 Rn. 20.

[55] Dazu iE *Baeck/Deutsch/Winzer* ArbZG § 3 Rn. 23 ff.

[56] BAG 31.7.2002 AP Nr. 2 zu § 4 TzBfG; 16.4.2003 AP Nr. 1 zu § 4 BeschFG 1996 = NZA 2004, 40.

[57] EuGH 12.10.2004 AP Nr. 1 zu EWG-Richtlinie Nr. 97/81 = NZA 2004, 1325 – Wippel; dazu *Nicolai* DB 2004, 2812.

[58] Annuß/Thüsing/*Jacobs* TzBfG § 12 Rn. 10.

[59] BAG 7.12.2005 AP Nr. 4 zu § 12 TzBfG = NZA 2006, 423.

[60] MüKoBGB/*Müller-Glöge* TzBfG § 13 Rn. 3; ErfK/*Preis* TzBfG § 13 Rn. 3; aA *Laux*/Schlachter TzBfG § 13 Rn. 32; Annuß/Thüsing/*Maschmann* TzBfG § 13 Rn. 12.

[61] MüKoBGB/*Müller-Glöge* TzBfG § 13 Rn. 1; ErfK/*Preis* TzBfG § 13 Rn. 2.

[62] ErfK/*Preis* TzBfG § 13 Rn. 7.

nur für seine persönlichen Fehlleistungen. Im Falle der **Verhinderung eines AN** – beispielsweise infolge Krankheit, Urlaub uÄ – ist der Partner auf dem betreffenden Arbeitsplatz gem. § 13 I 2 TzBfG zur Vertretung verpflichtet, wenn er dem im Einzelfall zugestimmt hat. Die Vertretungspflicht besteht nach § 13 I 3 TzBfG auch, wenn der Arbeitsvertrag bei Vorliegen dringender betrieblicher Gründe eine Vertretung vorsieht und diese im Einzelfall zumutbar ist.[63] Eine weitergehende allgemeine Vertretungspflicht besteht nicht. Die Vereinbarung einer generellen Vertretungspflicht vorab im Arbeitsvertrag ist nach § 134 BGB unwirksam.[64] Das Ausscheiden eines Jobsharing-Partners allein rechtfertigt nach § 13 II 1 TzBfG noch nicht die **Kündigung** des anderen AN. Der AG kann jedoch nach allgemeinen kündigungsschutzrechtlichen Grundsätzen eine Änderungskündigung oder auch eine Beendigungskündigung aussprechen. Dies ist in § 13 II 2 TzBfG klargestellt. Die Regelungen über die Verhinderung und das Kündigungsverbot (§ 13 I, II TzBfG) gelten nach § 13 III TzBfG entsprechend, wenn sich Gruppen von AN auf bestimmten Arbeitsplätzen in festgelegten Zeitabschnitten abwechseln. Für diese sog. **Turnusarbeitsverhältnisse** ist der Wechsel in festgelegten Zeitabschnitten entscheidend. Auf die Anzahl der AN, die jeweils gleichzeitig arbeiten, kommt es nicht an. Diese Regelung hat in der Praxis so gut wie keine Bedeutung.[65]

18 **8. Abweichende Vereinbarungen.** § 13 I und III TzBfG sind tarifdispositiv, dh, von diesen Bestimmungen kann durch Tarifvertrag auch zuungunsten der AN abgewichen werden, wenn der Tarifvertrag Regelungen über die Vertretung der AN enthält.

III. Verbot der Benachteiligung wegen Teilzeitarbeit

19 **1. Allgemeines.** Rechte und Pflichten teilzeitbeschäftigter AN ergeben sich grundsätzlich – wie bei Vollzeitbeschäftigten – aus dem Arbeitsvertrag und den das Arbeitsverhältnis ausgestaltenden Gesetzen, Tarifverträgen und Betriebsvereinbarungen. Die darin enthaltenen Bestimmungen können jedoch unwirksam und deshalb unbeachtlich sein, wenn sie gegen **höherrangiges Recht** verstoßen. In Betracht kommt ein Verstoß gegen **§ 4 I TzBfG,** bei Tarifverträgen zudem gegen **Art. 3 I GG.** Europäische Mindeststandards der Teilzeitarbeit regelt die **Richtlinie 97/81/EG.**[66] Des Weiteren kann in der unterschiedlichen Behandlung teilzeitbeschäftigter AN zugleich eine **mittelbare Diskriminierung wegen des Geschlechts** liegen und damit ein Verstoß gegen Unionsrecht vorliegen. Art. 157 AEUV sowie die Richtlinie 2006/54/EG enthalten arbeitsrechtliche Verbote der Benachteiligung wegen des Geschlechts (dazu näher → § 37 Rn. 77 ff.).

20 **2. Benachteiligungsverbot des § 4 I TzBfG. a) Überblick.** Teilzeitbeschäftigte dürfen nach § 4 I TzBfG wegen ihrer Teilzeitbeschäftigung nicht schlechter als Vollzeitbeschäftigte behandelt werden, sofern nicht sachliche Gründe eine unterschiedliche Behandlung rechtfertigen. Dies gilt auch für geringfügig Beschäftigte iSv § 8 SGB IV (dazu → § 44 Rn. 1 ff.).[67] § 4 I TzBfG verbietet eine Abweichung vom Pro-rata-temporis-Grundsatz (→ Rn. 35) zum Nachteil Teilzeitbeschäftigter, wenn dafür kein sachlicher Grund besteht.[68] Das Verbot der Schlechterstellung Teilzeitbeschäftigter gegenüber Vollzeitbeschäftigten in § 4 I TzBfG ist **zwingend.** § 4 TzBfG ist ein Verbotsgesetz iSv § 134 BGB[69] und Schutzgesetz iSv § 823 II BGB.[70] Ein Verstoß gegen § 4 I TzBfG stellt zugleich eine Pflichtverletzung iSv § 280 BGB dar.[71] Eine Benachteiligungsabsicht des AG ist nicht erforderlich.[72] Das Verbot der Schlechterstellung Teilzeitbeschäftigter in § 4 I TzBfG betrifft nicht die Rechtsform, erfasst wird

[63] Vgl. dazu LAG München 15.9.1993 LAGE § 5 BeschFG Nr. 1.
[64] *Laux*/Schlachter TzBfG § 13 Rn. 40; *Meinel/Heyn/Herms* TzBfG § 13 Rn. 19; MüKoBGB/*Müller-Glöge* TzBfG § 13 Rn. 6; ErfK/*Preis* TzBfG § 13 Rn. 9.
[65] *Boewer* TzBfG § 13 Rn. 30.
[66] Dazu EuArbRK/*Kietaibl* RL 97/81/EG Rn. 1 ff.; *Riesenhuber,* Europäisches Arbeitsrecht, 2009, 306 ff.
[67] Vgl. dazu *Thüsing* ZTR 2005, 118 und *Hanau* DB 2005, 946.
[68] BAG 22.10.2019 AP Nr. 29 zu § 4 TzBfG = NZA 2020, 255; 23.3.2017 AP Nr. 8 zu § 7 TVöD = NZA-RR 2018, 45.
[69] TZA/*Buschmann* TzBfG § 4 Rn. 11; Annuß/Thüsing/*Thüsing* TzBfG § 4 Rn. 4; ErfK/*Preis* TzBfG § 4 Rn. 5.
[70] BAG 24.10.2001 AP Nr. 27 zu § 823 BGB Schutzgesetz = NZA 2002, 209 zum früheren § 2 I BeschFG; *Boewer* TzBfG § 4 Rn. 10 f.; *Meinel/Heyn/Herms* TzBfG § 4 Rn. 57; MüKoBGB/*Müller-Glöge* TzBfG § 4 Rn. 3; aA Annuß/Thüsing/*Thüsing* TzBfG § 4 Rn. 4; ErfK/*Preis* TzBfG § 4 Rn. 6.
[71] *Boewer* TzBfG § 4 Rn. 12.
[72] BAG 7.3.1995 AP Nr. 26 zu § 1 BetrAVG Gleichbehandlung = NZA 1996, 48; Annuß/Thüsing/*Thüsing* TzBfG § 4 Rn. 22; *Meinel/Heyn/Herms* TzBfG § 4 Rn. 37; ErfK/*Preis* TzBfG § 4 Rn. 37.

vielmehr das gesamte rechtserhebliche Handeln des AG.[73] § 4 I TzBfG findet deshalb auf einseitige und arbeitsvertraglich vereinbarte Leistungen Anwendung, durch die teilzeitbeschäftigte AN gegenüber vollzeitbeschäftigten AN schlechtergestellt werden.[74] Das Verbot schützt vor einer **unmittelbaren Benachteiligung ebenso wie vor einer mittelbaren.**[75] Auch die tatsächliche Zuweisung der Dienste als Ausübung des Weisungsrechts des AG kann eine Benachteiligung bewirken.[76] Eine geringere Arbeitszeit darf daher grundsätzlich nur quantitativ, nicht aber qualitativ anders abgegolten werden als Vollzeitarbeit.[77]

b) Einheitliches Verbot ungerechtfertigter Benachteiligungen. § 4 I TzBfG enthält ein einheitliches Verbot der sachlich nicht gerechtfertigten Benachteiligung wegen der Teilzeitarbeit.[78] Dem steht nicht entgegen, dass in § 4 I 2 TzBfG nicht ausdrücklich eine sachlich gerechtfertigte Ungleichbehandlung bei der Gewährung von Arbeitsentgelt oder anderen teilbaren geldwerten Leistungen zugelassen ist. Zweck dieser Bestimmung ist zu verdeutlichen, dass die Gleichbehandlung teilzeit- und vollzeitbeschäftigter AN beim Arbeitsentgelt und anderen geldwerten Leistungen mindestens proportional zu erfolgen hat. Diese Regelung beruht auf dem allgemeinen Prinzip, dass die Höhe des Entgelts bei Teilzeitbeschäftigten quantitativ vom Umfang der Beschäftigung abhängt (Pro-rata-temporis-Grundsatz, dazu → Rn. 35).[79] Auch im Rahmen des § 4 I 2 TzBfG ist daher eine Schlechterstellung von Teilzeitbeschäftigten zulässig, wenn hierfür ein sachlicher Grund besteht.[80] Auch aus der Richtlinie 97/81/EG ergibt sich kein Anhaltspunkt dafür, dass der Gesetzgeber beim Arbeitsentgelt ein absolutes Benachteiligungsverbot schaffen und in den übrigen Fällen sachliche Gründe für eine ungleiche Behandlung von Teilzeit- und Vollzeitbeschäftigten zulassen wollte. Danach soll der Pro-rata-temporis-Grundsatz nicht ausnahmslos gelten, sondern nur, wo dies angemessen erscheint. 21

c) Kein Tarifvorbehalt. Auch tarifliche Regelungen müssen mit § 4 I TzBfG vereinbar sein. Die in dieser Vorschrift geregelten Diskriminierungsverbote stehen nach § 22 TzBfG **nicht zur Disposition der Tarifvertragsparteien.**[81] Eine schlechtere Behandlung von Teilzeitbeschäftigten gegenüber Vollzeitbeschäftigten ist nicht schon deshalb iSd § 4 I 1 TzBfG sachlich gerechtfertigt, weil sie in einem Tarifvertrag vorgesehen ist.[82] In vielen Tarifverträgen werden teilzeit- und vollzeitbeschäftigte AN allerdings nicht unmittelbar in konkreten Regelungen ungleich behandelt. Die Ungleichbehandlung erfolgt vielmehr dadurch, dass bestimmte Personengruppen generell **vom persönlichen Geltungsbereich des Tarifvertrags ausgenommen** sind und dadurch schon gar keinen Anspruch auf die tariflichen Leistungen haben. Da die durch Art. 9 III GG geschützte Tarifautonomie nicht nur die Entscheidung über den Regelungsinhalt tariflicher Normen umfasst, sondern auch einen entsprechenden Regelungsverzicht deckt, ist den Tarifvertragsparteien eine Einschätzungsprärogative in Bezug auf die tatsächlichen Gegebenheiten und betroffenen Interessen zuzugestehen. So ist die Nichteinbeziehung von Lektoren in den Geltungsbereich des BAT nicht zu beanstanden, weil sie auf der strukturellen, zeitlichen wie inhaltlichen Einbindung ihrer geschuldeten Arbeitsleistung in einen durch Art. 5 III GG geschützten Bereich beruht.[83] Dagegen verstößt eine tarifliche Regelung, die lediglich nicht vollbeschäftigtes Reinigungspersonal ohne sachlichen Grund aus dem persönlichen Geltungsbereich ausschließt, gegen das Diskriminierungsverbot von Teilzeitbeschäftigten (§ 4 I TzBfG). Unerheblich ist, dass 22

[73] Vgl. BAG 3.12.2008 AP Nr. 18 zu § 4 TzBfG; ErfK/*Preis* TzBfG § 4 Rn. 19.
[74] BAG 16.1.2003 AP Nr. 3 zu § 4 TzBfG; MüKoBGB/*Müller-Glöge* TzBfG § 4 Rn. 11.
[75] BAG 20.3.2018 AP Nr. 2 zu § 26 TV-L = NZA 2018, 851; 10.2.2015 AP Nr. 6 zu § 26 TVöD = NZA 2015, 1005.
[76] BAG 3.12.2008 AP Nr. 18 zu § 4 TzBfG.
[77] BAG 28.5.2013 AP Nr. 17 zu § 1 BetrAVG Teilzeit.
[78] BAG 12.5.2016 AP Nr. 23 zu § 1 TVG Tarifverträge: Verkehrsgewerbe; 18.3.2014 AP Nr. 25 zu § 4 TzBfG; 5.11.2003 AP Nr. 6 zu § 4 TzBfG = NZA 2005, 222; Annuß/Thüsing/*Thüsing* TzBfG § 4 Rn. 31; *Boewer* TzBfG § 4 Rn. 54; *Laux*/Schlachter TzBfG § 4 Rn. 57; *Meinel/Heyn/Herms* TzBfG § 4 Rn. 43; ErfK/*Preis* TzBfG § 4 Rn. 11 f.
[79] BAG 3.6.2020 AP Nr. 19 zu § 1 BetrAVG Teilzeit = NZA 2020, 1245.
[80] BAG 5.8.2009 AP Nr. 21 zu § 4 TzBfG; 22.10.2008 AP Nr. 31 zu §§ 22, 23 BAT Zuwendungs-TV mwN.
[81] BAG 22.10.2019 AP Nr. 29 zu § 4 TzBfG = NZA 2020, 255; 20.3.2018 AP Nr. 2 zu § 26 TV-L = NZA 2018, 851.
[82] BAG 29.1.2020 AP Nr. 167 zu § 99 BetrVG 1972 = NZA 2020, 813, zur Berechnung der Berufsjahre für einen Stufenaufstieg innerhalb einer Gehaltsgruppe.
[83] BAG 27.5.2004 AP Nr. 5 zu § 1 TVG Gleichbehandlung = NZA 2004, 1399; 12.10.2004 AP Nr. 2 zu § 3g BAT = NZA 2005, 1127.

die Reinigungskräfte nicht im Kernbereich des Unternehmens (im Streitfall: Banken) tätig sind, weil das Reinigungspersonal nicht insgesamt aus dem persönlichen Geltungsbereich ausgeschlossen worden ist, sondern nur das nicht vollzeitbeschäftigte Reinigungspersonal.[84]

23 **d) Geringfügig Beschäftigte.** Eine Tarifregelung, die bestimmt, dass geringfügige Beschäftigungen iSd § 8 SGB IV bei der Berechnung der tariflichen Beschäftigungszeit nur berücksichtigt werden, soweit sie nach dem 31.12.2001 zurückgelegt worden sind, verstößt gegen § 4 I TzBfG iVm dem Gleichheitssatz des Art. 3 I GG. Die Tarifregelung führt zu einer sachlich nicht gerechtfertigten Benachteiligung Teilzeitbeschäftigter. Es ist kein sachlicher Grund ersichtlich, der eine Nichtberücksichtigung der vor dem 1.1.2002 liegenden Zeiten geringfügiger Beschäftigung rechtfertigen könnte. Dies kann Bedeutung für die Unkündbarkeit des AN nach § 53 III BAT bzw. § 34 II TVöD haben, die eine Beschäftigungszeit iSd BAT von 15 Jahren voraussetzt.[85]

24 **e) Kein Kirchenvorbehalt.** Der in § 6 III BeschFG noch enthaltene Vorrang für Kirchen und öffentlich-rechtliche Religionsgemeinschaften findet sich nicht mehr im TzBfG. Auch diese Körperschaften sind nunmehr an das Verbot der Schlechterstellung teilzeitbeschäftigter AN gebunden.

25 **f) Vergleichbarkeit.** Das Verbot der Schlechterstellung von Teilzeitbeschäftigten aus § 4 I TzBfG betrifft nach dem Wortlaut des Gesetzes vergleichbare teilzeit- und vollzeitbeschäftigte AN. Vergleichbar ist nach § 2 I 3 TzBfG ein vollzeitbeschäftigter AN des Betriebs mit derselben Art des Arbeitsverhältnisses und der gleichen oder einer ähnlichen Tätigkeit (dazu näher → Rn. 3). Diese funktionale Sichtweise ist allerdings dann nicht entscheidend, wenn der AG bei der Leistungserbringung nicht auf die Tätigkeit, sondern – wie etwa in der Betrieblichen Altersversorgung – auf andere Faktoren, wie etwa die Betriebszugehörigkeit, abstellt. Ausschlaggebend für die Vergleichbarkeit ist dann, wie der AG selbst die Gruppenbildung vorgenommen hat oder an welche Gesichtspunkte er für die Erbringung der Leistung anknüpft.[86] Die unterschiedliche Behandlung **teilzeitbeschäftigter AN untereinander** wird von dem Verbot des § 4 I TzBfG erfasst, wenn eine Gruppe der teilzeitbeschäftigten AN wie vollzeitbeschäftigte AN behandelt und eine andere Gruppe der Teilzeitbeschäftigten von bestimmten Leistungen ausgeschlossen wird.[87] Maßgeblich hierfür ist, dass die unterschiedliche Behandlung einer Gruppe teilzeitbeschäftigter AN gegenüber den vollzeitbeschäftigten AN nicht deshalb entfällt, weil der AG eine andere Gruppe Teilzeitbeschäftigter nicht benachteiligt. Deshalb verstößt eine tarifliche Regelung, die einen Spätarbeitszuschlag für Teilzeitbeschäftigte bei einem Ende der regelmäßigen Arbeitszeit nach 17.00 Uhr nur vorsieht, wenn Wechselschicht geleistet wird, während Vollzeitbeschäftigte bei gleichem Arbeitszeitende den Zuschlag auch dann erhalten, wenn sie nicht in Wechselschicht tätig sind, gegen § 4 I TzBfG, selbst wenn Teilzeitbeschäftigte in Wechselschicht den Zuschlag erhalten.[88] § 4 I TzBfG findet nach seinem Wortlaut jedoch keine Anwendung, wenn nur teilzeitbeschäftigte AN untereinander ungleich behandelt werden und nicht zugleich eine schlechtere Behandlung gegenüber Vollzeitbeschäftigten vorliegt. Dies ist beispielsweise in Kleinbetrieben des Dienstleistungsgewerbes denkbar, in denen nur Teilzeitbeschäftigte beschäftigt sind. Die ungleiche Behandlung der AN ist hier am Maßstab des allgemeinen Gleichbehandlungsgrundsatzes zu prüfen (→ § 112 Rn. 1 ff.).[89] Im Einzelfall kann eine mittelbare Diskriminierung wegen des Geschlechts vorliegen. Insoweit ist auch das Verbot der Benachteiligung wegen des Geschlechts nach § 7 I AGG zu beachten (dazu → § 36 Rn. 39 ff.). Die Vergleichbarkeit ist anspruchsbegründend und daher vom AN darzulegen und ggf. zu beweisen.[90]

26 **g) Unterschiedliche Behandlung. aa) Unterscheidung nach der Arbeitszeitdauer.** Von einer Ungleichbehandlung wegen der Teilzeitarbeit ist auszugehen, wenn die Dauer der Arbeitszeit das Kriterium ist, an das die unterschiedliche Behandlung bei den Arbeitsbedingun-

---

84 BAG 15.10.2003 AP Nr. 87 zu § 2 BeschFG 1985 = NZA 2004, 551.
85 BAG 25.4.2007 AP Nr. 14 zu § 4 TzBfG = NZA 2007, 881, zu § 4 I des 77. Tarifvertrags zur Änderung des BAT vom 29.10.2001.
86 BAG 19.4.2016 AP Nr. 18 zu § 1 BetrAVG Teilzeit = NZA 2016, 820.
87 BAG 29.1.2020 AP Nr. 167 zu § 99 BetrVG 1972 = NZA 2020, 813; 19.1.2016 NZA 2016, 776; 10.2.2015 AP Nr. 6 zu § 26 TVöD = NZA 2015, 1005; 28.5.2013 AP Nr. 17 zu § 1 BetrAVG.
88 BAG 24.9.2003 AP Nr. 4 zu § 4 TzBfG = NZA 2004, 611.
89 Ebenso *Meinel/Heyn/Herms* TzBfG § 4 Rn. 21; MüKoBGB/*Müller-Glöge* TzBfG § 4 Rn. 28; ErfK/*Preis* TzBfG § 4 Rn. 22; aA *Laux*/Schlachter TzBfG § 4 Rn. 37.
90 Annuß/Thüsing/*Thüsing* TzBfG § 4 Rn. 25; MüKoBGB/*Müller-Glöge* TzBfG § 4 Rn. 55.

gen anknüpft.[91] Eine geringere Arbeitszeit darf grundsätzlich nur quantitativ, nicht aber qualitativ anders abgegolten werden als Vollzeitarbeit. Das ist beispielsweise anzunehmen, wenn der AG vollzeitbeschäftigten AN ab einem bestimmten Lebensalter eine **Ermäßigung der regelmäßigen Wochenarbeitszeit unter Fortzahlung der bisherigen Vergütung** gewährt, die Arbeitszeit teilzeitbeschäftigter AN nach Erreichen dieser Altersgrenze jedoch nicht anteilig verkürzt. Eine von der konkreten Tätigkeit unabhängige, sich allein am Umfang der wöchentlichen Arbeitszeit von älteren AN orientierende Differenzierung bei der Gewährung vergüteter Altersfreizeit ist nicht durch Unterschiede im Tatsächlichen nach § 4 I 1 TzBfG sachlich gerechtfertigt. Es gibt keinen allgemeinen Erfahrungssatz, der die Annahme rechtfertigen könnte, bei einer regelmäßigen wöchentlichen Arbeitszeit Vollzeitbeschäftigter bestehe für alle AN ab Vollendung des 57. Lebensjahres eine qualitative Belastung, die bei Teilzeitbeschäftigten derselben Altersgruppe nicht in einem Maß auftritt, der dem Umfang ihrer regelmäßigen wöchentlichen Arbeitszeit entspricht.[92] Eine Gleichbehandlung teilzeitbeschäftigter AN beim Arbeitsentgelt oder bei anderen teilbaren geldwerten Leistungen nach dem in § 4 I 2 TzBfG gesetzlich normierten **sog. Pro-rata-temporis-Grundsatz** (dazu → Rn. 35) schließt allerdings eine Benachteiligung wegen der Teilzeitarbeit nicht von vornherein aus. Eine schlechtere Behandlung kann auch darin liegen, dass aufgrund unterschiedlicher Vertragsgestaltung der teilzeitbeschäftigte AN Nachteile erleidet, die ein vollzeitbeschäftigter nicht hat.[93]

bb) Andere unterschiedliche Arbeitsbedingungen. Eine schlechtere Behandlung iSd § 4 I 1 TzBfG kann vielmehr auch darin liegen, dass aufgrund unterschiedlicher Vertragsgestaltung der teilzeitbeschäftigte AN Nachteile erleidet, die ein vollzeitbeschäftigter AN nicht hat.[94] Das ist etwa anzunehmen, wenn mit einem teilzeitbeschäftigten Lehrer fest eine bestimmte **Zahl von Unterrichtsstunden** und die anteilige Vergütung einer Vollzeitkraft vereinbart sind und später die Pflichtstundenzahl für Vollzeitkräfte angehoben wird. Dies führt zu einer entsprechenden Minderung des Vergütungsanspruchs des Teilzeitbeschäftigten, weil sich dessen Unterrichtsstundenzahl aufgrund der Vertragsgestaltung nicht zugleich quotal erhöht. In diesem Fall hat der AG dem AN zur Beseitigung der Ungleichbehandlung eine entsprechende Erhöhung der vereinbarten Arbeitszeit anzubieten.[95] Keine Ungleichbehandlung liegt nach der Rechtsprechung des BAG vor, wenn der AG am 24. und 31. Dezember **ab 12.00 Uhr Arbeitsbefreiung** unter Fortzahlung der Vergütung gewährt, jedoch teilzeitbeschäftigte AN, deren Arbeitszeit schon um 12.00 Uhr endet, keine bezahlte Freistellung erhalten. Die Ungleichbehandlung erfolge hier nicht durch eine Handlung des AG. Die bezahlte Freistellung sei vielmehr rein zeitbezogen und ergebe sich aus der individuellen Lage der Arbeitszeit.[96] Die bezahlte Freistellung knüpfe nicht an die Dauer der Arbeitszeit, sondern an deren Lage an. Eine alle Beschäftigten gleich treffende Regelung kann eine **formale Ungleichbehandlung** darstellen. Wird beispielsweise das Weihnachtsgeld für Vollzeit- und Teilzeitbeschäftigte einheitlich um 500 EUR gekürzt, führt dies zu einer Benachteiligung der Teilzeitbeschäftigten iSv § 4 I TzBfG, weil die so neu berechnete Gratifikation geringer ist als der Betrag, der sich bei einer anteiligen Kürzung ergäbe.[97] 27

h) Benachteiligung wegen Teilzeitarbeit. § 4 I TzBfG verbietet eine schlechtere Behandlung wegen Teilzeitarbeit. Das ist anzunehmen, wenn die Dauer der Arbeitszeit das Kriterium darstellt, an das die unterschiedliche Behandlung bei den Arbeitsbedingungen anknüpft.[98] Die Teilzeitbeschäftigung muss damit für die Benachteiligung **ursächlich** sein.[99] Eine Ungleichbehandlung aus anderen Gründen als der Teilzeitarbeit ist nach § 4 I TzBfG nicht verboten.[100] Die Kausalität fehlt, wenn Umstände, die keinen Bezug zur Arbeitszeit haben, für die unterschiedli- 28

---

[91] BAG 3.6.2020 AP Nr. 19 zu § 1 BetrAVG Teilzeit = NZA 2020, 1245; 22.10.2019 AP Nr. 29 zu § 4 TzBfG = NZA 2020, 255.

[92] BAG 22.10.2019 AP Nr. 29 zu § 4 TzBfG mAnm *Kaiser* = NZA 2020, 255; 23.7.2019 AP Nr. 28 zu § 4 TzBfG = NZA 2019, 1588.

[93] BAG 14.12.2011 NZA 2012, 663; teilw. aA BAG 24.9.2008 AP Nr. 1 zu § 24 TVöD = NZA 2008, 1422.

[94] Dazu *Henssler/Höpfner* FS Bauer, 434.

[95] BAG 14.12.2011 NZA 2012, 663.

[96] BAG 26.5.1993 AP Nr. 42 zu Art. 119 EWG-Vertrag = NZA 1994, 413.

[97] Vgl. BAG 24.5.2000 AP Nr. 79 zu § 2 BeschFG 1985 = NZA 2001, 216.

[98] BAG 5.8.2009 AP Nr. 21 zu § 4 TzBfG; 24.9.2008 NZA-RR 2009, 221.

[99] Annuß/Thüsing/*Thüsing* TzBfG § 4 Rn. 19; HK-TzBfG/*Joussen* § 4 Rn. 24; *Meinel/Heyn/Herms* TzBfG § 4 Rn. 28 f.; MüKoBGB/*Müller-Glöge* TzBfG § 4 Rn. 30; ErfK/*Preis* TzBfG § 4 Rn. 34.

[100] Vgl. BAG 9.2.1989 AP Nr. 4 zu § 2 BeschFG 1985 = NZA 1989, 593; 29.1.1992 AP Nr. 18 zu § 2 BeschFG 1985 = NZA 1992, 1037.

che Behandlung maßgebend sind. Das ist bei einer Regelung anzunehmen, die AN, die mit infektiösem Material arbeiten, ab einer Arbeitszeit von mehr als 51% von Vollzeitbeschäftigten einen Zusatzurlaub gewährt. In diesem Fall erfolgt die Ungleichbehandlung nicht „wegen" der Teilzeitarbeit, sondern wegen der geringeren zeitlichen Belastung durch gesundheitsgefährdende Arbeitsbedingungen.[101]

29 **i) Kompensatorische Leistungen.** Eine schlechtere Behandlung eines Teilzeitbeschäftigten gegenüber einem vergleichbaren Vollzeitbeschäftigten liegt in der Regel nicht vor, wenn der Teilzeitbeschäftigte zum Ausgleich des entstandenen Nachteils einen Vorteil erhält.[102] Berücksichtigt werden können dabei freilich nur solche Leistungen, die in einem sachlichen Zusammenhang stehen. Insoweit kann auf die Grundsätze zurückgegriffen werden, die das BAG beim Günstigkeitsvergleich von tariflichen und vertraglichen Regelungen nach § 4 III TVG herausgearbeitet hat. Danach betreffen Arbeitszeit und Arbeitsentgelt einerseits und eine Beschäftigungsgarantie andererseits unterschiedlich geartete Regelungsgegenstände, für deren Bewertung es keinen gemeinsamen Maßstab gibt. Eine Beschäftigungsgarantie ist daher nicht geeignet, Verschlechterungen beim Arbeitsentgelt oder bei der Arbeitszeit zu rechtfertigen.[103]

30 **j) Besserstellung Teilzeitbeschäftigter.** § 4 I TzBfG steht nach Auffassung der Gesetzgebung einer Besserstellung Teilzeitbeschäftigter gegenüber Vollzeitbeschäftigten nicht entgegen.[104] Allerdings läge hierin eine Ungleichbehandlung gegenüber einem Vollzeitbeschäftigten, die nach Maßgabe des allgemeinen Gleichbehandlungsgrundsatzes nur durch einen sachlichen Grund gerechtfertigt werden kann (dazu → § 112 Rn. 1 ff.). Die Arbeitszeitdauer ist kein sachliches Differenzierungskriterium.[105]

31 **3. Sachlicher Grund. a) Überblick.** Die schlechtere Behandlung von Teilzeitbeschäftigten gegenüber Vollzeitbeschäftigten bei der Gewährung von Leistungen ist gerechtfertigt, wenn es hierfür einen sachlichen Grund gibt. Die sachliche Rechtfertigung ist von der Ursächlichkeit der Ungleichbehandlung abzugrenzen. Erst wenn feststeht, dass die Benachteiligung wegen der Teilzeitbeschäftigung erfolgt, ist das Vorliegen sachlicher Gründe zu prüfen.[106] Die Grenze zwischen Kausalität und sachlichem Grund kann freilich im Einzelfall fließend sein. Bei der Auslegung des Begriffs „sachlicher Grund" in § 4 I TzBfG ist zu beachten, dass diese Bestimmung Ausfluss des allgemeinen Gleichheitssatzes aus **Art. 3 I GG** ist.[107] Es sind deshalb die vom BVerfG entwickelten abgestuften Differenzierungsmerkmale (→ § 3 Rn. 15 ff.) zu berücksichtigen. Ausgehend vom Leistungszweck (→ Rn. 33 ff.) ist zu prüfen, ob für die unterschiedliche Behandlung von Teilzeit- und Vollzeitbeschäftigten durch den AG objektive Gründe von solcher Art und solchem Gewicht bestehen, dass sie die ungleichen Rechtsfolgen rechtfertigen können. Dieser vom BVerfG für Regelungen, die Personengruppen verschieden behandeln, entwickelte Prüfungsmaßstab hat gegenüber dem Willkürverbot eine erhöhte Kontrolldichte. Berücksichtigt man dies, dürften bei der Kontrolle einseitiger oder vertraglicher Leistungen an den sachlichen Grund in § 4 I TzBfG ähnliche Anforderungen zu stellen sein wie an die Rechtfertigungsgründe für eine mittelbare Diskriminierung im Rahmen des **Art. 157 AEUV** (→ Rn. 43). Weiter ist in den Blick zu nehmen, dass durch das TzBfG die **Richtlinie 97/81/EG** umgesetzt worden ist.[108] Ein richtlinienkonformes Verständnis des Benachteiligungsverbots verlangt daher objektive Gründe zur Rechtfertigung einer Ungleichbehandlung. Die in Rede stehende Ungleichbehandlung muss deshalb einem echten Bedarf entsprechen und zur Erreichung des verfolgten Ziels geeignet und erforderlich sein.[109] Haushaltserwägungen können eine Diskriminierung nicht rechtfertigen.[110]

---

101 BAG 19.3.2002 EzA Nr. 9 zu Art. 141 EG-Vertrag 1999.
102 *Laux*/Schlachter TzBfG § 4 Rn. 32; *Meinel/Heyn/Herms* TzBfG § 4 Rn. 27.
103 BAG 5.8.2009 AP Nr. 21 zu § 4 TzBfG; 24.9.2008 NZA-RR 2009, 221.
104 Vgl. BT-Drs. 14/4374, 15.
105 Vgl. *Lindemann/Simon* BB 2001, 146 (147); MüKoBGB/*Müller-Glöge* TzBfG § 4 Rn. 9; ErfK/*Preis* TzBfG § 4 Rn. 10; *Richardi/Annuß* BB 2000, 2201; Annuß/Thüsing/*Thüsing* TzBfG § 4 Rn. 32.
106 Annuß/Thüsing/*Thüsing* TzBfG § 4 Rn. 21; MüKoBGB/*Müller-Glöge* TzBfG § 4 Rn. 33; ErfK/*Preis* TzBfG § 4 Rn. 36.
107 BAG 25.4.2007 AP Nr. 14 zu § 4 TzBfG = NZA 2007, 881; 24.6.2004 AP Nr. 10 zu § 34 BAT.
108 BAG 29.1.2020 AP Nr. 167 zu § 99 BetrVG 1972 = NZA 2020, 813.
109 Vgl. EuGH 1.3.2012 NZA 2012, 313; BAG 26.1.2017 AP Nr. 24 zu § 1 TVG Tarifverträge: Verkehrsgewerbe; ebenso iErg MüKoBGB/*Müller-Glöge* TzBfG § 4 Rn. 35; ErfK/*Preis* TzBfG § 4 Rn. 41.
110 EuGH 22.4.2010 AP Nr. 1 zu Richtlinie 97/81/EG = NZA 2010, 557.

b) Umfang der Arbeitsleistung. Der unterschiedliche Umfang der Arbeitsleistung allein ist kein sachlicher Grund für die schlechtere Behandlung von Teilzeit- gegenüber Vollzeitbeschäftigten. Die Sachgründe müssen anderer Art sein, beispielsweise auf der Arbeitsleistung, Qualifikation, Berufserfahrung oder unterschiedlichen Anforderungen am Arbeitsplatz beruhen.[111] Wird bei der Differenzierung an die Arbeitszeit angeknüpft, ist eine Schlechterstellung teilzeitbeschäftigter AN nur dann gerechtfertigt, wenn eine Leistung an Vollzeitbeschäftigte besondere Erschwernisse ausgleichen soll und diese bei Teilzeitbeschäftigten auch nicht anteilig gegeben sind. Dies ist anhand von arbeitsmedizinischen, arbeitswissenschaftlichen oder anderen objektiven Erkenntnissen festzustellen. Die **Darlegungs- und Beweislast** für das objektive Vorliegen eines diesen Anforderungen genügenden Sachgrunds liegt beim AG.[112] Dabei dürfen wegen der Schwierigkeiten, genaue Erkenntnisse über die Arbeitsbelastung bei unterschiedlicher Arbeitszeitdauer zu gewinnen, die Darlegungs- und Beweisanforderungen nicht überspannt werden. Es gibt allerdings auch keinen Erfahrungssatz, wonach die Belastung der AN durch ungünstige Schichtzeiten mit zunehmender Arbeitszeit nicht linear, sondern exponentiell ansteigt und deshalb ab einem bestimmten Zeitpunkt eine nicht nur quantitative, sondern auch eine qualitative Mehrbelastung besteht.[113] 32

c) Zweck der Leistung. Der sachliche Grund für eine unterschiedliche Behandlung bestimmt sich maßgeblich nach dem Zweck der Leistung.[114] Dieser ist insbesondere aus den jeweiligen Anspruchsvoraussetzungen, Ausschließungs- und Kürzungsregelungen zu ermitteln.[115] Dabei kommt es nicht auf die denkbaren Leistungszwecke an, sondern – bei tariflichen Regelungen – auf diejenigen, die die Tarifvertragsparteien im Rahmen ihrer durch Art. 9 III GG geschützten Tarifautonomie durch die maßgeblichen Tarifregelungen ausdrücklich festgelegt haben oder sich aus diesen im Wege der Auslegung ergeben. Sachliche Gründe liegen nur vor, wenn die in Rede stehende Ungleichbehandlung **einem echten Bedarf entspricht und zur Erreichung des verfolgten Zwecks geeignet und erforderlich ist.**[116] In Anlehnung an den Regierungsentwurf des BeschFG[117] rechnete die zu § 2 BeschFG ergangene Rechtsprechung des BAG zu den sachlichen Gründen, die eine Ungleichbehandlung rechtfertigen können, Arbeitsleistung, Qualifikation, Berufserfahrung, soziale Lage oder Arbeitsanforderungen.[118] Diese Grundsätze sind auf § 4 I TzBfG übertragbar.[119] Eine niedrigere Vergütung teilzeitbeschäftigter AN ist deshalb wirksam, wenn die Teilzeitbeschäftigten zwar die gleichen Tätigkeiten verrichten wie Vollzeitbeschäftigte, aber – im Gegensatz zu den Vollzeitbeschäftigten – noch nicht einen Studienabschluss (Diplom oder Staatsexamen) erworben haben. Denn die unterschiedliche **berufliche Qualifikation** ist ein sachliches Differenzierungsmerkmal.[120] Dies gilt auch dann, wenn für die geschuldete Arbeitsleistung ein bestimmter Berufsabschluss zwar nicht unbedingt erforderlich, aber doch sehr nützlich ist.[121] Soll sich ein **Stufenaufstieg innerhalb einer Entgeltgruppe nach der Berufserfahrung** richten, ist die von der konkreten Tätigkeit unabhängige, sich allein an der geringeren wöchentlichen Arbeitszeit orientierende Differenzierung zwischen Teilzeit- und Vollzeitbeschäftigten bei der Ermittlung der für die Vergütung maßgeblichen Berufsjahre sachlich nicht gerechtfertigt. Das 33

[111] BAG 18.3.2014 AP Nr. 25 zu § 4 TzBfG; 5.8.2009 AP Nr. 21 zu § 4 TzBfG; 24.9.2008 NZA-RR 2009, 221; 25.10.1994 AP Nr. 40 zu § 2 BeschFG 1985 = NZA 1995, 730; ErfK/*Preis* TzBfG § 4 Rn. 40.

[112] BAG 3.12.2008 AP Nr. 18 zu § 4 TzBfG.

[113] BAG 30.9.1998 AP Nr. 70 zu § 2 BeschFG 1985 = NZA 1999, 774; 29.1.1992 AP Nr. 18 zu § 2 BeschFG 1985 = NZA 1992, 1037.

[114] BAG 26.1.2017 AP Nr. 24 zu § 1 TVG Tarifverträge: Verkehrsgewerbe; 12.5.2016 AP Nr. 23 zu § 1 TVG Tarifverträge: Verkehrsgewerbe; 31.7.2014 NZA-RR 2014, 674; 28.5.2013 AP Nr. 17 zu § 1 BetrAVG Teilzeit; 5.8.2009 AP Nr. 21 zu § 4 TzBfG; *Laux*/Schlachter TzBfG § 4 Rn. 61; MüKoBGB/*Müller-Glöge* TzBfG § 4 Rn. 35; ErfK/*Preis* TzBfG § 4 Rn. 42.

[115] Vgl. BAG 25.9.1997 AP Nr. 63 zu § 2 BeschFG 1985 = NZA 1998, 151; 19.2.1998 AP Nr. 68 zu § 2 BeschFG 1985.

[116] BAG 29.1.2020 AP Nr. 167 zu § 99 BetrVG 1972 = NZA 2020, 813; 19.12.2018 AP Nr. 27 zu § 4 TzBfG = NZA 2019, 790.

[117] BT-Drs. 10/2102, 24.

[118] BAG 15.11.1990 AP Nr. 4 zu § 2 BeschFG 1985 = NZA 1989, 593; 15.5.1997 AP Nr. 9 zu § 3 BAT = NZA 1997, 1355.

[119] BAG 5.8.2009 AP Nr. 21 zu § 4 TzBfG; 3.12.2008 AP Nr. 18 zu § 4 TzBfG; Annuß/Thüsing/*Thüsing* TzBfG § 4 Rn. 47.

[120] Vgl. LAG Hamm 19.12.1991 DB 1992, 858.

[121] Zur Gleichbehandlung geringfügig Beschäftigter beim Entgelt vgl. *Thüsing* ZTR 2005, 118, wonach eine unterschiedliche Bruttovergütung zwischen geringfügig und sozialversicherungspflichtig Beschäftigten gerechtfertigt sein kann, wenn damit das Ziel verfolgt wird, die AN wegen der geringeren Abzüge bei geringfügig Beschäftigten beim Nettoentgelt annähernd gleichzustellen; krit. dazu *Hanau* DB 2005, 946.

Dienstalter geht zwar Hand in Hand mit der dienstlichen Erfahrung, jedoch hängt die sachliche Rechtfertigung von allen Umständen des Einzelfalls und insbesondere davon ab, welche Beziehung zwischen der Art der ausgeübten Tätigkeit und der Erfahrung besteht, die durch die Ausübung dieser Tätigkeit nach einer bestimmten Anzahl geleisteter Arbeitsstunden erworben wird, also ob ein besonderer Zusammenhang zwischen der Dauer der beruflichen Tätigkeit und dem Erwerb eines bestimmten Kenntnis- und Erfahrungsstands besteht.[122] Der Erwerb einschlägiger Berufserfahrung iSv § 40 Nr. 5, § 16 II 3 TV-L setzt keinen Mindestbeschäftigungsumfang in Höhe einer bestimmten Teilzeitquote voraus.[123] Eine an sich sachlich nicht begründete Unterscheidung zwischen Vollzeit- und Teilzeitbeschäftigten bei der tariflichen Anerkennung von Beschäftigungszeiten kann auch nicht im Nachhinein mit dem **hohen Verwaltungsaufwand** gerechtfertigt werden, den eine Neuberechnung der Beschäftigungszeiten verursacht. Da in diesen Fällen nicht wesentliche materielle Interessen des AG betroffen sind, darf die nach § 4 I TzBfG gebotene Gleichbehandlung nicht unterbleiben.[124] Teilzeitarbeit darf nicht deswegen schlechter bezahlt werden als Vollzeitarbeit, weil der Teilzeitarbeitnehmer einen Hauptberuf ausübt und dadurch eine gesicherte Existenzgrundlage hat. Die **Nebenberuflichkeit** ist insoweit ein sachfremdes Kriterium. Für die Bemessung des Stundensatzes des Arbeitsentgelts ist die soziale Lage des AN nicht erheblich.[125] Gewährt der AG seinen AN **Darlehen zu vergünstigten Bedingungen,** darf er Teilzeitbeschäftigte hiervon nicht ausnehmen.[126] Eine Differenzierung zwischen Vollzeit- und Teilzeitbeschäftigten kann insbesondere nicht damit gerechtfertigt werden, die zinsgünstigen Kredite sollten dazu führen, vollzeitbeschäftigte AN durch den Bau eines Eigenheims an den Betrieb zu binden und einen Wechsel zur Konkurrenz zu verhindern. Dieses Ziel wird vielmehr dadurch verwirklicht, dass die Sonderkonditionen beim Ausscheiden aus dem Unternehmen wegfallen.

34 **d) Überstundenzuschläge.** Ein Anspruch auf den Überstundenzuschlag besteht für Teilzeitbeschäftigte nach neuer Rechtsprechung ab der ersten Überstunde und nicht erst dann, wenn die tarifliche Regelarbeitszeit überschritten wird.[127] Nach bisheriger Rechtsprechung war insoweit auf die Gesamtvergütung abzustellen: Danach werden Vollzeit- und Teilzeitkräfte ungleich vergütet, wenn für jeweils die gleiche Stundenzahl nicht die gleiche **Gesamtvergütung** gezahlt wird.[128] Hiervon sind der Sechste und der Zehnte Senat abgerückt und haben angenommen, dass die **einzelnen Entgeltbestandteile** und nicht die Gesamtvergütung zu vergleichen seien. Teilzeitbeschäftigte würden benachteiligt, wenn die Zahl der Arbeitsstunden, von der an ein Anspruch auf Mehrarbeitsvergütung entstehe, nicht proportional zu ihrer vereinbarten Arbeitszeit vermindert würde.[129] Soweit diese Senate jeweils zur Begründung ihrer Entscheidung auf die Urteile des EuGH vom 27.4.2004 und 6.12.2007[130] Bezug nehmen, bleibt allerdings unberücksichtigt, dass sich der Gerichtshof hierin nicht mit der Teilzeit-Richtlinie 97/81/EG, sondern mit dem Grundsatz des gleichen Entgelts für Männer und Frauen nach Art. 141 EG und der Richtlinie 75/117/EWG in einem Fall befasst hat, in dem es nicht um Überstundenzuschläge, sondern die Bezahlung der Überstunden als solche ging. Demzufolge hat sich der EuGH auch nicht mit der für Teilzeitarbeitsverhältnisse maßgeblichen Entscheidung des Gerichtshofs vom 15.12.1994[131] auseinandergesetzt und diese unerwähnt gelassen. In diesem Urteil hat der EuGH bei der Prüfung einer Benachteiligung wegen der Teilzeitarbeit maßgeblich darauf abgestellt, ob für jeweils die gleiche Stundenzahl die gleiche Gesamtvergütung gezahlt wird. Das

[122] BAG 29.1.2020 AP Nr. 167 zu § 99 BetrVG 1972 = NZA 2020, 813, im Anschluss EuGH 3.10.2019 AP Nr. 7 zu Richtlinie 2006/54/EG = NZA 2019, 1485 – Schuch-Ghannadan.
[123] BAG 27.3.2014 AP Nr. 6 zu § 16 TV-L.
[124] Vgl. BAG 15.5.1997 AP Nr. 9 zu § 3 BAT = NZA 1997, 1355.
[125] BAG 1.11.1995 AP Nr. 45 zu § 2 BeschFG 1985 = NZA 1996, 813; 9.10.1996 AP Nr. 50 zu § 2 BeschFG 1985 = NZA 1997, 728.
[126] BAG 27.7.1994 AP Nr. 37 zu § 2 BeschFG 1985 = NZA 1994, 1130.
[127] BAG 19.12.2018 AP Nr. 27 zu § 4 TzBfG = NZA 2019, 790; 23.3.2017 AP Nr. 8 zu § 7 TVöD = NZA-RR 2018, 45, jeweils mit Hinweis auf EuGH 27.4.2004 AP Nr. 10 zu Art. 141 EG = NZA 2004, 783, der allerdings die Rechtsprechung aus EuGH 15.12.1994 AP Nr. 7 zu § 611 BGB Teilzeit = NZA 1995, 218 unerwähnt lässt; zur früheren Rechtsprechung zuletzt BAG 26.4.2017 AP Nr. 26 zu § 4 TzBfG = NZA 2017, 1069; 12.5.2016 AP Nr. 23 zu § 1 TVG Tarifverträge: Verkehrsgewerbe.
[128] BAG 26.4.2017 AP Nr. 26 zu § 4 TzBfG = NZA 2017, 1069; 12.5.2016 AP Nr. 23 zu § 1 TVG Tarifverträge: Verkehrsgewerbe; 24.9.2008 NZA-RR 2009, 221; EuGH 15.12.1994 AP Nr. 7 zu § 611 BGB Teilzeit = NZA 1995, 218.
[129] BAG 19.12.2018 AP Nr. 27 zu § 4 TzBfG = NZA 2019, 790; 23.3.2017 AP Nr. 8 zu § 7 TVöD = NZA-RR 2018, 45.
[130] AP Nr. 10 zu Art. 141 EG = NZA 2004, 783 und AP Nr. 17 zu Art. 141 EG = NZA 2008, 31.
[131] AP Nr. 7 zu § 611 BGB Teilzeit = NZA 1995, 218.

Verhältnis dieser beiden Urteile zueinander erscheint damit keinesfalls geklärt.[132] Der Zehnte Senat hat nunmehr den EuGH gem. Art. 267 III AEUV um Beantwortung folgender Fragen ersucht: **(1)** Behandelt eine nationale gesetzliche Vorschrift Teilzeitbeschäftigte schlechter gegenüber vergleichbaren Vollzeitbeschäftigten iSv § 4 Nr. 1 der Rahmenvereinbarung über Teilzeitarbeit im Anhang der Richtlinie 97/81/EG, wenn sie es zulässt, eine zusätzliche Vergütung für Teilzeit- und Vollzeitbeschäftigte einheitlich daran zu binden, dass dieselbe Zahl von Arbeitsstunden überschritten wird, und es damit erlaubt, auf die Gesamtvergütung, nicht auf den Entgeltbestandteil der zusätzlichen Vergütung abzustellen? **(2)** Ist eine nationale gesetzliche Vorschrift, die es erlaubt, einen Anspruch auf eine zusätzliche Vergütung davon abhängig zu machen, dass für Teilzeit- und Vollzeitbeschäftigte einheitlich dieselbe Zahl von Arbeitsstunden überschritten wird, mit § 4 Nr. 1 und dem Pro-rata-temporis-Grundsatz in den genannten Regelungen vereinbar, wenn mit der zusätzlichen Vergütung der Zweck verfolgt wird, eine besondere Arbeitsbelastung auszugleichen?[133]

IV. Anspruch auf anteiliges Arbeitsentgelt

1. Pro-rata-temporis-Grundsatz. In § 4 I 2 TzBfG ist der sog. Pro-rata-temporis-Grundsatz niedergelegt.[134] Er erlaubt eine unterschiedliche Abgeltung von Teilzeit- und Vollzeitarbeit in quantitativer Hinsicht, indem er dem AG gestattet, das Arbeitsentgelt oder eine andere teilbare geldwerte Leistung für Teilzeitkräfte entsprechend ihrer gegenüber vergleichbaren Vollzeitkräften verringerten Arbeitsleistung anteilig zu kürzen. Ein AN, der Teilzeitarbeit leistet, kann nicht die gleiche Vergütung verlangen wie ein vollzeitbeschäftigter AN.[135] Der Entgeltbegriff dieser Bestimmung ist weit zu verstehen. Neben der Grundvergütung umfasst er unter anderem alle Zulagen und Zuwendungen[136] sowie den Anspruch auf Erholungsurlaub.[137] Da sich Teilzeitarbeit von der Vollzeitarbeit nur in quantitativer, nicht in qualitativer Hinsicht unterscheidet, darf eine geringere Arbeitszeit grundsätzlich nur quantitativ, nicht aber qualitativ anders abgegolten werden als Vollzeitarbeit.[138] Der Pro-rata-temporis-Grundsatz erlaubt daher dem AG, das Arbeitsentgelt oder eine andere teilbare geldwerte Leistung für Teilzeitbeschäftigte entsprechend ihrer gegenüber vergleichbaren Vollzeitbeschäftigten verringerten Arbeitsleistung anteilig zu kürzen. 35

2. Einzelfälle. Gewährt der AG den Vollzeitbeschäftigten ein **Weihnachtsgeld** in Höhe 36
eines Monatsverdienstes, hat ein halbtags Beschäftigter Anspruch auf ein Weihnachtsgeld in Höhe eines halben Monatsverdienstes. Unzulässig ist die tarifliche Kürzung des Weihnachtsgelds für Vollzeit- und Teilzeitbeschäftigte einheitlich um 500 EUR.[139] Eine solche Regelung führt zu einer Benachteiligung der Teilzeitbeschäftigten iSd § 4 I TzBfG, weil der auf diese Weise errechnete Betrag unter der Summe liegt, die dem Anteil der Teilzeitarbeit im Verhältnis zur Vollzeitarbeit entspricht. **Wechselt ein AN während des Bezugszeitraums von Vollzeit in Teilzeit oder umgekehrt,** hängt die Berechnung der Sonderzahlung von der getroffenen Regelung ab. Handelt es sich bei der Sonderzuwendung nicht um eine zusätzliche Vergütung, sondern um eine Belohnung für Betriebstreue („Weihnachtsgeld"), entscheidet der Beschäftigungsumfang zum Zeitpunkt der Leistungsgewährung. Ist die Zuwendung Entgelt für geleistete Arbeit, dürfte auf den durchschnittlichen Beschäftigungsumfang im Bezugszeitraum abzustellen sein. Maßgeblich ist grundsätzlich die vereinbarte Arbeitszeit. Anderes gilt jedoch, wenn die **Teilzeitkraft regelmäßig erhebliche Mehrarbeit leistet.** Insoweit gelten die gleichen Grundsätze wie bei der Berücksichtigung von Überstunden im Rahmen der Entgeltfortzahlung im Krankheitsfall (→ § 98 Rn. 81). **Urlaubsgeld** ist regelmäßig nicht als eine von der Arbeitsleistung unabhängige Zahlung ausgestaltet, sondern hat Vergütungscharakter. Als Gegenleistung zur Arbeitsleistung ist es deshalb entsprechend der geringeren Arbeitszeit eines Teilzeitbeschäftig-

[132] Krit. auch *Rambach* ZTR 2019, 195.
[133] BAG 11.11.2020 AP Nr. 30 zu § 4 TzBfG.
[134] Annuß/Thüsing/*Thüsing* TzBfG § 4 Rn. 30; *Meinel/Heyn/Herms* TzBfG § 4 Rn. 41.
[135] BAG 3.6.2020 AP Nr. 19 zu § 1 BetrAVG Teilzeit = NZA 2020, 1245.
[136] BAG 17.6.2015 AP Nr. 305 zu § 611 BGB Gratifikation = NZA-RR 2015, 530; 5.8.2009 AP Nr. 21 zu § 4 TzBfG.
[137] BAG 10.2.2015 AP Nr. 6 zu § 26 TVöD = NZA 2015, 1005.
[138] BAG 19.4.2016 NZA 2016, 820; BVerfG 27.11.1997 AP Nr. 2 zu § 3 RuhegeldG Hamburg = NZA 1998, 247.
[139] BAG 24.5.2000 AP Nr. 79 zu § 2 BeschFG 1985 = NZA 2001, 216.

ten proportional zu kürzen.[140] Eine betriebliche Regelung, welche die Höhe einer **Jubiläumszuwendung** auch nach dem Umfang der Tätigkeit während der Betriebszugehörigkeit bemisst, verstößt nicht gegen § 4 I TzBfG, weil damit die Wertigkeit der vom AN in der Vergangenheit erbrachten Dienste honoriert wird.[141] Teilzeitbeschäftigte, die ständig Schicht- und Wechselschichtarbeit iSv § 7 TVöD leisten, haben keinen Anspruch auf die tarifliche **Schicht- und Wechselschichtzulage** in voller Höhe. Diese Zulagen stehen Teilzeitbeschäftigten nach § 24 II TVöD nur anteilig in Höhe der Quote zwischen vereinbarter und regelmäßiger tariflicher Arbeitszeit zu.[142] Leistet der Teilzeitbeschäftigte die gleiche tägliche Arbeitszeit, arbeitet er aber an weniger Arbeitstagen wie ein Vollzeitbeschäftigter, hat er für die geleisteten Arbeitstage dagegen Anspruch auf eine volle Zulage.[143] Die zeitanteilige Kürzung des **ehegattenbezogenen Ortszuschlags** nach dem BAT wahrt den Pro-rata-temporis-Grundsatz und verstößt daher nicht gegen das Verbot der Diskriminierung teilzeitbeschäftigter AN in § 4 I TzBfG.[144] Zu Überstundenzuschlägen → Rn. 34. Bietet der AG AN das freiwillige Ausscheiden aus dem Arbeitsverhältnis gegen **Abfindungszahlung** an, stellt es keine unzulässige Benachteiligung dar, wenn er Teilzeitbeschäftigten nur eine Abfindung nach dem Grundsatz „pro rata temporis" zusagt.[145] Ist tarifvertraglich bestimmt, dass Teilzeitbeschäftigte Anspruch auf ein **monatliches Tarifentgelt** haben, das dem Verhältnis ihrer vereinbarten Arbeitszeit zu der dem tariflichen Entgelt eines Vollbeschäftigten zugrunde liegenden Arbeitszeit entspricht, bemisst sich das Entgelt Teilzeitbeschäftigter nach der Formel:

$$\frac{\text{tarifliches Entgelt vergleichbarer Vollbeschäftigter} \times \text{vereinbarte Arbeitszeit des Teilzeitbeschäftigten}}{\text{wöchentliche Arbeitszeit Vollbeschäftigter}}$$ [146]

37 Probleme bestehen, wenn vergleichbare vollzeitbeschäftigte AN **individuell unterschiedlich ausgehandelte Arbeitsverdienste** haben. Denn einen allgemeinen Anspruch „Gleicher Lohn für gleiche Arbeit" gibt es im deutschen Arbeitsrecht nicht.[147] Fraglich ist hier, nach welchem Arbeitsverdienst der vergleichbaren AN sich die anteilige Vergütungshöhe iSv § 4 I 2 TzBfG richtet.[148] Da nicht ohne Weiteres davon ausgegangen werden kann, dass der Teilzeitbeschäftigte auch die höchste Vergütung ausgehandelt hätte – sonst würde sich in der Praxis die Frage nicht stellen – spricht einiges dafür, dass dem Teilzeitbeschäftigten aus § 4 I 2 TzBfG pro rata temporis keine höhere Vergütung zusteht als die niedrigste der vergleichbaren Vollzeitbeschäftigten.[149] Bei **unteilbaren Leistungen** ist aufgrund der konkreten Umstände des Einzelfalls festzustellen, ob Teilzeitbeschäftigte Anspruch auf die Leistung haben. Teilzeitbeschäftigte dürfen gem. § 4 I TzBfG nur dann von Leistungen ausgeschlossen werden, wenn es hierfür einen sachlichen Grund gibt.[150] So dürfte in der Regel das Bedürfnis an der weiteren Nutzung eines Handys oder eines Notebooks bei der Reduzierung der Arbeitszeit eines Außendienstmitarbeiters nicht entfallen, weil diese Gegenstände regelmäßig ohne Rücksicht auf die geleistete Arbeitszeit zur Verfügung gestellt werden.[151] Auch hier sind freilich abweichende Vereinbarungen möglich. Entsprechendes gilt grundsätzlich auch für die Inanspruchnahme betrieblicher Sozialeinrichtungen, wie beispielsweise Kantinen, Betriebskindergärten usw.[152] Bei Arbeitgeberdarlehen kommt ggf. eine anteilige Darlehenssumme in Betracht.[153] Ist dem AN ein Dienstwagen mit privater Nutzungsmöglichkeit überlassen, kommt bei einer Teilzeitbeschäftigung die Überlassung eines Fahrzeugs einer kleinen Klasse und eines Kfz mit entsprechend geringerem Wert in Betracht.[154]

140 BAG 21.1.2014 – 9 AZR 134/12.
141 BAG 13.12.2000 – 10 AZR 383/99.
142 BAG 25.9.2013 AP Nr. 24 zu § 4 TzBfG = NZA-RR 2014, 8; 24.9.2008 AP Nr. 1 zu § 24 TVöD = NZA 2008, 1422.
143 BAG 23.2.2011 AP Nr. 5 zu § 24 TVöD.
144 BAG 19.10.2010 AP Nr. 25 zu § 29 BAT = NZA-RR 2011, 159.
145 BAG 13.2.2007 AP Nr. 13 zu § 4 TzBfG = NZA 2007, 860.
146 BAG 25.6.2014 ZTR 2014, 718.
147 Vgl. BAG 21.6.2000 AP Nr. 60 zu § 612 BGB = NZA 2000, 1050.
148 Dazu *Dassau* ZTR 2001, 64 (65); *Kliemt* NZA 2001, 63 (70).
149 Ebenso *Kliemt* NZA 2001, 63 (70); diff. Annuß/Thüsing/*Thüsing* TzBfG § 4 Rn. 26.
150 *Meinel/Heyn/Herms* TzBfG § 4 Rn. 44.
151 Vgl. *Grobys* DB 2001, 758 (761).
152 Vgl. TZA/*Buschmann* TzBfG § 4 Rn. 41; *Grobys* DB 2001, 758 (761); *Meinel/Heyn/Herms* TzBfG § 4 Rn. 43; *Preis/Gotthardt* DB 2000, 2065 (2066); einschränkend Annuß/Thüsing/*Thüsing* TzBfG § 4 Rn. 33.
153 BAG 27.7.1994 AP Nr. 37 zu § 2 BeschFG 1985.
154 Näher dazu *Kelber/Zeißig* NZA 2001, 577.

V. Rechtsfolgen nicht gerechtfertigter unterschiedlicher Behandlung

1. Übliche Vergütung. Ein Verstoß gegen das in § 4 I TzBfG enthaltene Verbot der ungleichen Behandlung von Teilzeit- und Vollzeitbeschäftigten führt – wenn es hierfür keinen sachlichen Grund gibt – gem. § 134 BGB zur Nichtigkeit der jeweiligen Bestimmung.[155] Handelt es sich hierbei um einen – unwirksamen – Anspruchsausschluss, ist die begünstigende Regelung auch auf Teilzeitbeschäftigte anzuwenden.[156] Soweit eine Vergütungsabrede nichtig ist, hat der AN nach § 612 II BGB Anspruch auf die übliche Vergütung.[157] Der Anspruch folgt nicht unmittelbar aus § 4 I TzBfG, denn diese Bestimmung enthält allein ein einheitliches Verbot der sachlich nicht gerechtfertigten Benachteiligung wegen der Teilzeitarbeit.[158] Nach § 612 II BGB ist unter der üblichen Vergütung regelmäßig die tarifliche Vergütung zu verstehen. Dieser Grundsatz gilt jedoch dann nicht, wenn gerade die tarifliche Vergütungsregelung gegen § 4 I TzBfG verstößt und unwirksam ist.[159] Zutreffend hat das BAG zu § 2 I BeschFG angenommen, diese Bestimmung laufe leer, wenn Rechtsfolge bei einem Verstoß gegen das Verbot der ungleichen Behandlung gem. § 612 II BGB die Vergütung nach der unwirksamen Tarifbestimmung sei. Gleiches gilt für § 4 I TzBfG. Richtschnur für die Ermittlung der üblichen Vergütung iSv § 612 II BGB ist in diesen Fällen vielmehr die Vergütung, die der AG vergleichbaren Vollzeitbeschäftigten bezahlt. Der Anspruch auf die übliche Vergütung besteht nur **solange, wie eine Benachteiligung wegen Teilzeitarbeit vorliegt.**[160] Denn § 4 I TzBfG bezweckt den Schutz der AN vor einer Benachteiligung wegen Teilzeitbeschäftigung. Entfallen die tatbestandlichen Voraussetzungen dieser Vorschrift, liegt also keine Benachteiligung mehr vor, erlangt die zwischen AG und AN geschlossene Vergütungsvereinbarung wieder Geltung. Dann ist die Vergütungshöhe arbeitsvertraglich wirksam bestimmt. Für eine Anwendung des § 612 II BGB verbleibt kein Raum mehr. 38

2. Schadensersatz. Verstößt die vereinbarte Vergütung gegen § 4 I TzBfG und sind die Ansprüche auf die übliche Vergütung nach einer auf das Arbeitsverhältnis anwendbaren Ausschlussfrist verfallen, kann der betroffene AN vom AG grundsätzlich Schadensersatz nach § 823 II BGB verlangen. Denn in der schlechteren Bezahlung liegt eine unerlaubte Handlung des AG. § 4 I TzBfG ist ein Schutzgesetz iSv § 823 II BGB.[161] Dies kann im Hinblick bei Ausschlussfristen, die für Schadensersatzansprüche aus unerlaubter Handlung keine Anwendung finden, Bedeutung erlangen. 39

3. Rechtsfolgen bei sonstigen Maßnahmen. § 4 I TzBfG ordnet als Rechtsfolge einer sachlich ungerechtfertigten Schlechterbehandlung wegen der Teilzeit das Verbot der Benachteiligung an. Entsprechende Maßnahmen des AG haben zu unterbleiben. Werden teilzeitbeschäftigte Orchestermusiker bei der Heranziehung zu einer bestimmten Anzahl von Diensten gegenüber Vollzeitbeschäftigten benachteiligt, steht ihnen daher bei Fortbestand des Arbeitsverhältnisses ein Anspruch auf Gleichbehandlung in Form der bezahlten Freizeitgewährung und kein Zahlungsanspruch zu. Denn der Teilzeitbeschäftigte ist gegenüber den Vollzeitbeschäftigten nicht hinsichtlich der Vergütung, sondern des Umfangs der von ihm für die (anteilig) gleiche Vergütung zu erbringende Leistung benachteiligt.[162] 40

---

[155] BAG 3.12.2008 AP Nr. 18 zu § 4 TzBfG; 24.9.2008 NZA-RR 2009, 221; 9.10.1996 AP Nr. 50 zu § 2 BeschFG 1985 = NZA 1997, 728.

[156] BAG 22.10.2019 AP Nr. 29 zu § 4 TzBfG mAnm *Kaiser* = NZA 2020, 255; MüKoBGB/*Müller-Glöge* TzBfG § 4 Rn. 51; Annuß/Thüsing/*Thüsing* TzBfG § 4 Rn. 89.

[157] BAG 24.1.2017 AP Nr. 24 zu § 1 TVG Tarifverträge: Verkehrsgewerbe.

[158] BAG 5.8.2009 AP Nr. 21 zu § 4 TzBfG; 24.9.2008 NZA-RR 2009, 221; MüKoBGB/*Müller-Glöge* TzBfG § 4 Rn. 51; ErfK/*Preis* TzBfG § 4 Rn. 72; aA *Laux*/Schlachter TzBfG § 4 Rn. 182; MHdB ArbR/*Schüren* § 45 Rn. 120; *Mosler* AR-Blattei SD 1560 Rn. 65.

[159] BAG 26.1.2017 AP Nr. 24 zu § 1 TVG Tarifverträge: Verkehrsgewerbe; 26.5.1993 AP Nr. 2 zu § 612 BGB Diskriminierung = NZA 1993, 1049.

[160] BAG 17.4.2002 NZA 2002, 1334; 19.8.1992 EzA Nr. 52 zu § 242 BGB Gleichbehandlung; MüKoBGB/*Müller-Glöge* TzBfG § 4 Rn. 54; aA *Bepler* NZA-Beil. 3/2004, 4.

[161] Ebenso zu § 2 I BeschFG BAG 24.10.2001 AP Nr. 27 zu § 823 BGB Schutzgesetz = NZA 2002, 209; zur Verjährung vgl. BAG 25.4.2001 AP Nr. 80 zu § 2 BeschFG 1985 = NZA 2002, 1211; HK-TzBfG/*Joussen* § 4 Rn. 9; MüKoBGB/*Müller-Glöge* TzBfG § 4 Rn. 4; aA ErfK/*Preis* TzBfG § 4 Rn. 6; Annuß/Thüsing/*Thüsing* TzBfG § 4 Rn. 4.

[162] BAG 3.12.2008 AP Nr. 18 zu § 4 TzBfG.

VI. Verhältnis der Benachteiligungsverbote zueinander

41 **1. Benachteiligungsverbote.** Angesichts der verschiedenen Bestimmungen, die eine unterschiedliche Behandlung von Teilzeit- und Vollzeitbeschäftigten verbieten, stellt sich die Frage, in welchem Verhältnis diese Vorschriften zueinander stehen. Es bedarf insbesondere der Klärung, in welcher Beziehung das in § 4 I TzBfG geregelte ausdrückliche Verbot der schlechteren Behandlung von teilzeitbeschäftigten gegenüber vollzeitbeschäftigten AN zu anderen Regelungen steht.

42 **2. § 4 I TzBfG und Art. 157 AEUV.** Für eine vorrangige Überprüfung einer zwischen AG und AN umstrittenen Regelung am Maßstab des Art. 157 AEUV (ex-Art. 141 EG) spricht zunächst der Vorrang des Unionsrechts vor dem nationalen Recht. Ein Vorrang des Unionsrechts vor dem nationalen Recht mit der Folge, dass das nationale Recht nicht anwendbar ist, besteht allerdings nur bei einem Widerspruch zwischen nationalem Recht und Unionsrecht. Art. 157 AEUV und § 4 I TzBfG widersprechen sich jedoch nicht. Beide Bestimmungen haben vielmehr unterschiedliche Tatbestände.[163] Während § 4 I TzBfG unmittelbar ein Verbot der schlechteren Behandlung von teilzeit- gegenüber vollzeitbeschäftigten AN statuiert, erfasst Art. 157 AEUV diesen Fall nur dann, wenn die Benachteiligung der Teilzeitbeschäftigten sich zugleich als Diskriminierung wegen des Geschlechts beim Entgelt darstellt.

43 Bezogen auf Benachteiligungen Teilzeitbeschäftigter gegenüber Vollzeitbeschäftigten ist § 4 I TzBfG tatbestandlich weiter gefasst als Art. 157 AEUV, weil er keine geschlechtsbezogene Betroffenheit des Benachteiligten voraussetzt und nicht – wie Art. 157 AEUV – auf Benachteiligungen beim Entgelt beschränkt ist.[164] Soweit es um die Benachteiligung von AN wegen Teilzeitarbeit geht, hat **§ 4 I TzBfG daher Vorrang vor Art. 157 AEUV,** der allein eine Ungleichbehandlung beim Arbeitsentgelt wegen des Geschlechts verbietet.[165] Gibt es für die Ungleichbehandlung von Teilzeit- und Vollzeitbeschäftigten allerdings einen sachlichen Grund iSv § 4 I TzBfG, war – sofern es um Fragen des Arbeitsentgelts geht – nach der älteren Rechtsprechung des BAG weiter zu prüfen, ob die ungleiche Vergütung gegen Art. 119 EWG-Vertrag (heute: Art. 157 AEUV) verstößt. Das BAG hat angenommen, nicht jeder sachliche Grund, der eine Benachteiligung eines Teilzeitbeschäftigten nach § 2 I BeschFG (heute: § 4 I TzBfG) rechtfertige, sei zugleich auch ein Rechtfertigungsgrund für die Verletzung des Lohngleichheitsgebots aus Art. 119 EWG-Vertrag (heute: Art. 157 AEUV). Diese Vorschrift stelle vielmehr strengere Anforderungen an die Zulässigkeit einer unterschiedlichen Vergütung.[166] Folgt man dem, ist im Rahmen von Art. 157 AEUV zu prüfen, ob eine mittelbare oder unmittelbare Diskriminierung wegen des Geschlechts vorliegt. Seit dem Inkrafttreten des AGG am 18.8.2006 ist auch ein Verstoß gegen § 7 I AGG zu überprüfen. Versteht man freilich – wie auch das BAG[167] – § 4 I TzBfG als Konkretisierung des Art. 3 I GG und legt man bei der Auslegung des Begriffs „sachlicher Grund" die vom BVerfG hierzu entwickelten Kriterien zugrunde (→ § 3 Rn. 15 ff.), sind subsumtionsfähige unterschiedliche Prüfungsmaßstäbe für vertragliche Vereinbarungen oder einseitige Leistungen des AG trotz verschiedener Wortwahl nicht mehr zu erkennen.[168]

44 **3. § 4 I TzBfG und Art. 3 GG.** In § 4 I TzBfG ist der allgemeine Gleichbehandlungsgrundsatz des Art. 3 I GG konkretisiert.[169] Im Verhältnis zu § 4 I TzBfG stellt Art. 3 I GG keine strengeren Anforderungen an die sachliche Rechtfertigung einer Ungleichbehandlung.[170] Nach allgemeinen Grundsätzen ist deshalb vorrangig am Maßstab des § 4 I TzBfG zu prüfen, ob der AG Teilzeitbeschäftigte gegenüber Vollzeitbeschäftigten schlechter behandelt.[171] Dies gilt auch für die Überprüfung tarifvertraglicher Regelungen.[172] Das in **Art. 3 III GG** normierte Verbot

---

[163] MüKoBGB/*Müller-Glöge* TzBfG § 4 Rn. 15.
[164] ErfK/*Preis* TzBfG § 4 Rn. 15; anschaulich dazu BAG 3.12.2008 AP Nr. 18 zu § 4 TzBfG.
[165] BAG 24.9.2008 NZA-RR 2009, 221; ebenso EuArbRK/*Franzen* AEUV Art. 157 Rn. 36; MüKoBGB/*Müller-Glöge* TzBfG § 4 Rn. 15; ErfK/*Preis* TzBfG § 4 Rn. 15.
[166] So noch BAG 26.5.1993 AP Nr. 42 zu Art. 119 EWG-Vertrag = NZA 1994, 413; ebenso *Boewer* TzBfG § 4 Rn. 88; anders später BAG 21.4.1999 AP Nr. 72 zu § 2 BeschFG 1985 = NZA 1999, 939.
[167] BAG 25.4.2007 AP Nr. 14 zu § 4 TzBfG.
[168] Vgl. Annuß/Thüsing/*Thüsing* TzBfG § 4 Rn. 8; weitergehend MüKoBGB/*Müller-Glöge* TzBfG § 4 Rn. 16.
[169] BAG 25.4.2007 AP Nr. 14 zu § 4 TzBfG = NZA 2007, 881; 24.6.2004 AP Nr. 10 zu § 34 BAT.
[170] BAG 29.1.1992 AP Nr. 18 zu § 2 BeschFG 1985 = NZA 1992, 1037.
[171] ErfK/*Preis* TzBfG § 4 Rn. 16.
[172] BAG 25.4.2007 AP Nr. 14 zu § 4 TzBfG = NZA 2007, 881; 15.10.2003 AP Nr. 87 zu § 2 BeschFG 1985 = NZA 2004, 551.

der Ungleichbehandlung wegen des Geschlechts stellt nach Auffassung des BAG in seinem Anwendungsbereich strengere Anforderungen an die Differenzierung als § 2 I BeschFG und damit nunmehr § 4 I TzBfG. Mit Art. 3 III GG ist eine Ungleichbehandlung, die an das Geschlecht anknüpft, nur dann vereinbar, wenn sie zur Lösung von Problemen, die ihrer Natur nach nur entweder bei Frauen oder Männern auftreten können, zwingend erforderlich ist.[173] Im Ergebnis stimmen damit die Anforderungen, die von der Rechtsprechung an die Rechtfertigungsgründe für Ungleichbehandlungen im Anwendungsbereich von Art. 3 III GG einerseits und Art. 157 AEUV andererseits gestellt werden, im Wesentlichen überein.[174]

VII. Stellenausschreibung

1. Allgemeines. Nach § 7 I TzBfG hat der AG einen Arbeitsplatz, den er öffentlich oder innerhalb des Betriebs ausschreibt, auch als Teilzeitarbeitsplatz auszuschreiben, wenn sich der Arbeitsplatz hierfür eignet. Hierdurch wird allerdings keine generelle Ausschreibungspflicht begründet.[175] Eine Pflicht zur Ausschreibung als Teilzeitarbeitsplatz besteht nur dann, wenn der AG die Stelle überhaupt ausschreibt. Wann ein **Arbeitsplatz als Teilzeitarbeitsplatz geeignet** ist, erläutert das Gesetz nicht. § 7 I TzBfG stellt geringere Anforderungen an die Verpflichtung zur Ausschreibung eines Arbeitsplatzes als Teilzeitarbeitsplatz als der Regierungsentwurf. Nach der Gesetzesbegründung hatte die Ausschreibung im Rahmen der betrieblichen Möglichkeiten zu erfolgen.[176] Das Gesetz berücksichtigt damit die gegen den Regierungsentwurf vorgebrachten Bedenken.[177] Dort war vorgesehen, dass die Ausschreibung nur unterbleiben dürfte, wenn dringende betriebliche Gründe einer Teilzeitbeschäftigung an dem Arbeitsplatz entgegenstehen. Wortlaut und Entstehungsgeschichte dieser Bestimmung deuten damit bereits darauf hin, dass die Anforderungen an ein Unterbleiben der Ausschreibung eines Arbeitsplatzes als Teilzeitarbeitsplatz nicht allzu hoch sind. Die Beurteilung, ob eine Stelle als Teilzeitarbeitsplatz geeignet ist, unterliegt als **freie unternehmerische Entscheidung** dem AG. Diese ist nicht auf ihre Zweckmäßigkeit zu überprüfen.[178] Zu den freien unternehmerischen Entscheidungen gehört auch, das Anforderungsprofil zu gestalten.[179] 45

2. Erörterungspflicht. Nach dem zum 1.1.2019 neu ins Gesetz eingefügten § 7 II TzBfG hat der AG hat mit dem AN dessen Wunsch nach Veränderung von Dauer oder Lage oder von Dauer und Lage seiner vertraglich vereinbarten Arbeitszeit zu erörtern. Dies gilt unabhängig vom Umfang der Arbeitszeit. Der AN kann ein Mitglied der Arbeitnehmervertretung zur Unterstützung oder Vermittlung hinzuziehen. Die Pflicht zur Erörterung des Wunsches nach Veränderung der Arbeitszeitbedingungen gilt unabhängig vom Umfang der Arbeitszeit. Die Vorschrift dient dazu, den Arbeitszeitwünschen der AN ausreichende Aufmerksamkeit zu verschaffen und einen gegenseitigen Interessenausgleich zu fördern. Sie gilt deshalb unabhängig von der Beschäftigtenzahl auch in Kleinbetrieben.[180] Sie besteht neben der Erörterungspflicht nach § 8 III TzBfG. Das Gesetz konstituiert in § 7 II TzBfG eine echte Rechtspflicht des AG, ein Verstoß hiergegen bleibt jedoch ohne Rechtsfolgen.[181] 46

3. Mitbestimmung des Betriebsrats. Das TzBfG selbst enthält keine Sanktion für den Fall, dass die Ausschreibung eines Arbeitsplatzes als Teilzeitarbeitsplatz rechtswidrig unterbleibt.[182] Im Schrifttum ist diese Bestimmung deshalb auch als „Papiertiger" bezeichnet worden.[183] In Betrie- 47

[173] BVerfG 28.1.1992 AP Nr. 2 zu § 19 AZO = NZA 1992, 270; 26.5.1993 AP Nr. 42 zu Art. 119 EWG-Vertrag = NZA 1994, 413.
[174] BAG 26.5.1993 AP Nr. 42 zu Art. 119 EWG-Vertrag = NZA 1994, 413.
[175] Ebenso Annuß/Thüsing/*Mengel* TzBfG § 7 Rn. 2; *Boewer* TzBfG § 7 Rn. 7; MüKoBGB/*Müller-Glöge* TzBfG § 7 Rn. 1; HWK/*Schmalenberg* TzBfG § 7 Rn. 3; *Sievers* TzBfG § 7 Rn. 3.
[176] BT-Drs. 14/4625, 23.
[177] Vgl. hierzu *Preis/Gotthardt* DB 2000, 2065 (2066); *Richardi/Annuß* BB 2000, 2201 (2202); *Schiefer* DB 2000, 2118 (2119).
[178] Annuß/Thüsing/*Mengel* TzBfG § 7 Rn. 3; MüKoBGB/*Müller-Glöge* TzBfG § 7 Rn. 3; ErfK/*Preis* TzBfG § 7 Rn. 3; diff. *Meinel/Heyn/Herms* TzBfG § 7 Rn. 10.
[179] Siehe nur BAG 7.7.2005 AP Nr. 138 zu § 1 KSchG 1969 Betriebsbedingte Kündigung = NZA 2006, 266.
[180] BT-Drs. 19/3452, 16.
[181] *Bayreuther* NZA 2018, 1577 (1582); MüKoBGB/*Müller-Glöge* TzBfG § 7 Rn. 5; *Preis/Schwarz* NJW 2018, 3673 (3678).
[182] Vgl. dazu *Schloßer* BB 2001, 411.
[183] *Preis/Gotthardt* DB 2000, 2065 (2066).

ben mit BR ist freilich zu berücksichtigen, dass der BR nach § 93 BetrVG die innerbetriebliche Ausschreibung von Stellen verlangen kann. Zwar schreibt § 93 BetrVG keinen bestimmten Inhalt der Stellenausschreibung vor. Dies ist dem AG vorbehalten. § 93 BetrVG wird aber durch arbeitsvertragsrechtliche Vorschriften ergänzt. Hierzu gehört neben § 11 AGG (früher: § 611b BGB) auch § 7 TzBfG. Eine Stellenausschreibung ist deshalb grundsätzlich nur dann ordnungsgemäß, wenn die gesetzlichen Vorgaben beachtet werden.[184] Entspricht die vom BR verlangte Ausschreibung nicht den gesetzlichen Anforderungen, steht dem BR nach **§ 99 II Nr. 5 BetrVG ein Zustimmungsverweigerungsrecht** zu.[185] Dass der BR nach § 93 BetrVG keinen Einfluss auf die inhaltliche Ausgestaltung der Stellenausschreibung hat, steht dem nicht entgegen. Denn die Pflicht zur Ausschreibung eines als Teilzeitarbeitsplatz geeigneten Arbeitsplatzes ergibt sich bereits aus dem vom AG zu beachtenden § 7 I TzBfG.[186]

VIII. Anspruch auf unbefristete Teilzeit

48 **1. Überblick.** Kernstücke des Abschnitts „Teilzeitarbeit" im TzBfG sind der in § 8 TzBfG im Einzelnen geregelte Anspruch des AN auf eine zeitlich nicht befristete Verringerung der Arbeitszeit (→ Rn. 49 ff.) und der zum 1.1.2019 in Kraft getretene Anspruch aus § 9a TzBfG auf eine zeitlich befristete Verringerung der Arbeitszeit, sog. „Brückenteilzeit" (→ Rn. 104 ff.). Nach diesen Vorschriften hat der AN jedoch keinen darüber hinausgehenden Anspruch auf die Änderung anderer Vertragsinhalte, wie etwa der vertraglich geschuldeten Tätigkeit.[187] §§ 8 und 9a TzBfG werden durch § 9 TzBfG ergänzt. Danach ist ein teilzeitbeschäftigter AN, der dem AG den Wunsch nach einer Verlängerung der Arbeitszeit in Textform angezeigt hat, bei der Besetzung eines entsprechenden freien Arbeitsplatzes bevorzugt zu berücksichtigen, es sei denn, dass es sich nicht um einen entsprechenden freien Arbeitsplatz handelt (dazu → Rn. 121 ff.) oder der AN nicht mindestens gleich geeignet ist wie ein anderer vom AG bevorzugter Bewerber (dazu → Rn. 118) oder Arbeitszeitwünsche anderer teilzeitbeschäftigter AN (dazu → Rn. 124) oder dringende betriebliche Gründe entgegenstehen (dazu → Rn. 124). § 8 TzBfG ist **keine Eingriffsnorm iSv Art. 9 Rom I-VO.**[188] Entsprechendes wird für § 9a TzBfG zu gelten haben.

49 **2. Betriebsbezogenheit.** Nach Auffassung des BAG bezieht sich das Teilzeitverlangen nicht ausschließlich auf den bisherigen Arbeitsplatz, sondern auf den gesamten Betrieb. Es begründet dies insbesondere mit der Betriebsbezogenheit der in § 8 IV TzBfG aufgeführten Ablehnungsgründe und dem Normzweck. Der AG könne deshalb ein Teilzeitverlangen eines AN nicht schon dann zurückweisen, wenn auf dem Arbeitsplatz, den der AN innehabe, eine Verringerung der Arbeitszeit aus betrieblichen Gründen nicht möglich sei. Er habe vielmehr zu prüfen, ob es im Betrieb Teilzeitarbeitsplätze gebe, auf die der AN im Wege des Direktionsrechts versetzt werden könne.[189] Damit überspannt das BAG jedoch die Anforderungen (dazu → Rn. 78) an die Ablehnungsgründe schon deshalb, weil es meint, der AG habe nicht nur freie, sondern auch Arbeitsplätze, die er anderen AN zugewiesen habe, in seine Entscheidung einzubeziehen, ob er dem Antrag nach § 8 I TzBfG entsprechen könne. Die Rechtsprechung fordert vom AG zu prüfen, ob ein Tausch der Arbeitsplätze im Wege des Weisungsrechts und durch eine Umorganisation der Arbeitsabläufe in Betracht kommt, um dem Wunsch des Antragstellers nach Verringerung der Arbeitszeit entsprechen zu können. Damit geraten die berechtigten Interessen anderer AN in den Blick, auf die der AG nach § 241 II BGB Rücksicht zu nehmen hat.[190] Bei der sehr viel strengeren Prüfung der sozialen Rechtfertigung einer Kündigung nach § 1 II KSchG wird

[184] Dies übersieht *Ehler* BB 2001, 1146 (1147).
[185] Ebenso DKKW/*Bachner* BetrVG § 99 Rn. 230; *Fischer* AuR 2001, 325 (327); *Fitting* BetrVG § 99 Rn. 249; *Meinel/Heyn/Herms* TzBfG § 7 Rn. 13; Richardi BetrVG/*Thüsing* § 99 Rn. 239; *Rolfs* TzBfG § 7 Rn. 7; HWK/*Schmalenberg* TzBfG § 7 Rn. 7; *Sievers* TzBfG § 7 Rn. 11; offen gelassen von *Boewer* TzBfG § 7 Rn. 17 ff., der allerdings ein Widerspruchsrecht nach § 99 II Nr. 1 BetrVG bejaht; aA Annuß/Thüsing/*Mengel* TzBfG § 7 Rn. 5; HK-TzBfG/*Boecken* § 7 Rn. 9; MüKoBGB/*Müller-Glöge* TzBfG § 7 Rn. 4; ErfK/*Preis* TzBfG § 7 Rn. 4.
[186] Vgl. *Däubler* ZIP 2001, 217 (218).
[187] BAG 13.11.2012 AP Nr. 31 zu § 8 TzBfG = NZA 2013, 373 zu § 8 TzBfG.
[188] BAG 13.11.2007 AP Nr. 8 zu Art. 27 EGBGB nF = NZA 2008, 761.
[189] BAG 13.11.2012 AP Nr. 31 zu § 8 TzBfG = NZA 2013, 373; mit Recht aA *Heyn* Anm. zu BAG AP Nr. 31 zu § 8 TzBfG; Annuß/Thüsing/*Mengel* TzBfG § 8 Rn. 3; MüKoBGB/*Müller-Glöge* TzBfG § 8 Rn. 12.
[190] Dazu *Salamon/Reuße* NZA 2013, 865.

vom AG insoweit nicht verlangt, die konfliktvermeidende Beschäftigungsalternative unter Zurückstellung schutzwürdiger Interessen anderer AN durchzusetzen.[191] Das muss erst recht gelten, wenn es „nur“ um ein Teilzeitverlangen nach § 8 TzBfG geht. Auch wenn man dem BAG im Ausgangspunkt folgt, kommt ein Arbeitsplatztausch jedoch nur dann in Betracht, wenn der Tauschpartner damit einverstanden. § 8 TzBfG gibt dem die Verringerung der Arbeitszeit verlangenden AN kein Recht, seinen Wunsch gegen einen anderen AN durchzusetzen. § 8 IV TzBfG enthält anders als § 9 TzBfG keine Regelung über die Behandlung konkurrierender AN. Betriebsverfassungsrechtlich ist das Mitbestimmungsrecht aus § 99 BetrVG zu beachten. Sollten die Voraussetzungen einer mitbestimmungspflichtigen Versetzung vorliegen, wäre der AG jedoch nicht gehalten, im Falle einer Zustimmungsverweigerung des BR nach § 99 IV BetrVG ein Zustimmungsersetzungsverfahren durchzuführen.[192] Hierzu wäre er nicht einmal verpflichtet, wenn es um die Vermeidung einer Kündigung ginge.[193]

3. Betriebliche Anspruchsvoraussetzungen. Ein Anspruch auf Verringerung der Arbeitszeit besteht nach § 8 VII TzBfG, wenn der AG, unabhängig von der Zahl der Personen in Berufsausbildung, mehr als 15 AN beschäftigt. Dieser Ausschluss kleiner Unternehmen aus dem Geltungsbereich des § 8 TzBfG ist verfassungsgemäß.[194] Der Schwellenwert ist **unternehmensbezogen** und nicht betriebsbezogen, wie etwa im Kündigungsschutzgesetz.[195] Bei Gemeinschaftsbetrieben kommt es deshalb nicht auf die Anzahl der dort beschäftigten AN, sondern auf die Anzahl der beim Vertragsarbeitgeber im Inland[196] beschäftigten AN an.[197] Für überörtliche Rechtsanwaltssozietäten dürfte in der Regel nicht die Größe der einzelnen Kanzlei maßgeblich sein, sondern die Anzahl der insgesamt beschäftigten AN. Unerheblich ist, ob die AN bereits teilzeitbeschäftigt sind oder in einem Vollzeitarbeitsverhältnis stehen. Es erfolgt insoweit nicht eine quotale Zählung wie in § 23 I KSchG, vielmehr gilt das **„pro Kopf-Prinzip“.**[198] Auch geringfügig beschäftigte AN zählen voll mit.[199] § 8 TzBfG gilt auch in **kirchlichen Arbeitsverhältnissen.**[200] Die Beschränkung des § 6 III BeschFG findet sich im TzBfG nicht mehr. Insbesondere bei der Anwendung des § 8 IV TzBfG ist freilich dem verfassungsrechtlich geschützten kirchlichen Selbstbestimmungsrecht aus Art. 140 iVm Art. 137 III WRV Rechnung zu tragen.[201] 50

4. Anspruchsberechtigte. a) Vollzeit- und Teilzeitbeschäftigte. Einen Anspruch auf Verringerung der Arbeitszeit nach § 8 TzBfG haben alle AN einschließlich der leitenden Angestellten (vgl. § 6 TzBfG), deren Arbeitsverhältnis länger als sechs Monate bestanden hat. Hierzu gehören nicht nur Vollzeitbeschäftigte, sondern auch Teilzeitbeschäftigte[202] und damit auch geringfügig Beschäftigte, die ihre Arbeitszeit weiter verkürzen wollen.[203] Der Anspruch ist nicht ausgeschlossen, wenn der AN in einem flexiblen, auf längere Zeiträume erstreckten Arbeitszeitmodell arbeitet. Da § 8 TzBfG die vertraglich vereinbarte Arbeitszeit betrifft, erfasst diese Vorschrift auch Arbeitszeitmodelle, die eine flexible Jahresarbeitszeit vorsehen.[204] Anspruchsberechtigt sind ferner befristet beschäftigte AN, sofern ihr Arbeitsverhältnis länger als sechs Monate bestanden hat.[205] 51

b) Mindestbeschäftigungsdauer sechs Monate. Das Arbeitsverhältnis muss länger als sechs Monate bestanden haben. Erforderlich ist der ununterbrochene Bestand des Arbeitsverhältnisses, auch wenn dies im Gesetz nicht ausdrücklich geregelt ist. Insoweit liegt ein redaktionelles Versehen des Gesetzgebers vor.[206] Maßgeblich ist der rechtliche Bestand des Arbeitsverhältnisses, auf die tatsächliche Arbeitsleistung kommt es nicht an. Zeiten der Arbeitsunfähigkeit verlängern 52

[191] BAG 24.2.2011 AP Nr. 9 zu Art. 4 GG = NZA 2011, 1087.
[192] Offengelassen von BAG 13.11.2012 AP Nr. 31 zu § 8 TzBfG = NZA 2013, 373.
[193] BAG 13.5.2015 AP Nr. 54 zu § 1 KSchG 1969 Krankheit = NZA 2015, 1249; 29.1.1997 AP Nr. 32 zu § 1 KSchG 1969 Krankheit = NZA 1997, 709.
[194] Zutr. LAG Köln 18.1.2002 LAGE § 4 TzBfG Nr. 4a.
[195] Annuß/Thüsing/*Mengel* TzBfG § 8 Rn. 5.
[196] MüKoBGB/*Müller-Glöge* TzBfG § 8 Rn. 6.
[197] *Sievers* TzBfG § 8 Rn. 56.
[198] *Sievers* TzBfG § 8 Rn. 57; MüKoBGB/*Müller-Glöge* TzBfG § 8 Rn. 6.
[199] *Boewer* TzBfG § 8 Rn. 46.
[200] Dazu BAG 16.10.2007 AP Nr. 22 zu § 8 TzBfG; 18.5.2004 AP Nr. 3 zu AVR Caritasverband Anlage 5 = NZA 2005, 108.
[201] Dazu *Müller-Volbehr* NZA 2002, 301 (305); *Rolfs* TzBfG § 8 Rn. 8.
[202] BAG 13.11.2012 AP Nr. 31 zu § 8 TzBfG = NZA 2013, 373.
[203] MüKoBGB/*Müller-Glöge* TzBfG § 8 Rn. 3.
[204] BAG 13.11.2012 AP Nr. 31 zu § 8 TzBfG = NZA 2013, 373.
[205] MüKoBGB/*Müller-Glöge* TzBfG § 8 Rn. 3; *Meinel/Heyn/Herms* TzBfG § 8 Rn. 17.
[206] *Boewer* TzBfG § 8 Rn. 26; *Meinel/Heyn/Herms* TzBfG § 8 Rn. 21; ErfK/*Preis* TzBfG § 9a Rn. 14.

deshalb die Wartezeit nicht.[207] Entsprechendes gilt für Mutterschutzzeiten oder Elternzeit während der Wartezeit.[208] Zeiten der Beschäftigung als **Leiharbeitnehmer** oder als **freier Mitarbeiter** des AG werden bei der Berechnung der Wartezeit nicht berücksichtigt, weil insoweit kein Arbeitsverhältnis zum AG vorliegt.[209] Auch die Zeiten eines **Berufsausbildungsverhältnisses** sind nicht anzurechnen.[210] Dieses ist kein Arbeitsverhältnis, was der Gesetzgeber in der Begründung zu § 14 II TzBfG klargestellt hat.[211] Nicht ganz deutlich ist, ob das Arbeitsverhältnis in demselben Betrieb bestanden haben muss[212] oder ob auf den **Bestand des Arbeitsverhältnisses im Unternehmen** abzustellen ist. Die besseren Gründe sprechen für einen Unternehmensbezug, denn der Bestand des Arbeitsverhältnisses bleibt unberührt, wenn der AN innerhalb des Unternehmens von einem Betrieb in einen anderen Betrieb desselben AG wechselt.[213]

53 **c) Sonderregelungen des öffentlichen Dienstes.** Für die AN des öffentlichen Dienstes gilt § 11 TVöD/TV-L. Diese Tarifbestimmung geht dem Anspruch auf Verringerung der Arbeitszeit nach § 8 IV TzBfG vor, weil sie für die AN günstiger ist. Teilweise abweichend von § 8 IV und § 9a TzBfG wird dem AN ermöglicht, die Arbeitszeit befristet herabzusetzen (dazu → Rn. 104 ff.).[214] Soweit der BAT noch Anwendung findet, ist zu beachten, dass § 15b BAT, der nur Vollzeitbeschäftigten einen Anspruch auf Teilzeitbeschäftigung gewährt, insoweit unwirksam ist.[215] Im Übrigen begründet § 15b BAT bzw. die daran angelehnten Vorschriften in kirchlichen Arbeitsverhältnissen trotz der Formulierung als „Soll-Vorschrift" unter den in der Vorschrift näher bestimmten Voraussetzungen einen Anspruch des AN gegen den AG auf Änderung der vertraglich festgelegten Arbeitszeit. Die Verringerung der Arbeitszeit kann der AG nur wegen entgegenstehender dringender dienstlicher oder betrieblicher Belange ablehnen.[216]

54 **5. Form und Frist der Geltendmachung des Anspruchs. a) Regelungszweck.** Der AN muss nach § 8 II TzBfG die Verringerung seiner Arbeitszeit und den Umfang der Verringerung spätestens drei Monate vor deren Beginn in Textform (→ Rn. 64) geltend machen. Die Dreimonatsfrist des § 8 II TzBfG dient dem Schutz des AG.[217] Der systematische Zusammenhang mit der Ablehnungsfrist nach § 8 V 2 und 3 TzBfG zeigt, dass der AG mindestens zwei Monate Zeit haben soll, um feststellen zu können, ob das Teilzeitverlangen realisiert werden kann. Für den Fall, dass keine betrieblichen Gründe entgegenstehen, soll dann noch eine einmonatige Vorbereitungszeit gelten.[218]

55 **b) Fristberechnung.** Unter Berücksichtigung der Wartezeit von sechs Monaten kann es demnach zu einer Reduzierung der Arbeitszeit frühestens nach neun Monaten zzgl. des Tags der Erklärung des Verlangens kommen.[219] Die Frist bestimmt sich nach § 187 I, § 188 II Hs. 2 BGB. Der Tag der Geltendmachung ist nicht einzubeziehen. Zwischen dem Zugang des Antrags beim AG und dem gewünschten Beginn müssen mithin volle drei Monate liegen.[220] Der AN kann seinen Teilzeitwunsch auch mit einer **längeren Frist als der gesetzlichen Dreimonatsfrist** geltend machen. Dies hat allerdings keine Auswirkungen auf die in § 8 V TzBfG geregelte Frist von einem Monat für die Mitteilung der Entscheidung des AG über den Antrag auf Verringerung der Arbeitszeit.[221] § 8 II TzBfG enthält eine Mindestfrist. Hat der AN keine Angaben

---

[207] *Preis/Gotthardt* DB 2001, 145 (149); *Rolfs* RdA 2001, 129 (133).

[208] Annuß/Thüsing/*Mengel* TzBfG § 8 Rn. 32; TZA/*Buschmann* TzBfG § 8 Rn. 14; *Meinel/Heyn/Herms* TzBfG § 8 Rn. 21.

[209] *Meinel/Heyn/Herms* TzBfG § 8 Rn. 23.

[210] *Boewer* TzBfG § 8 Rn. 32; Annuß/Thüsing/*Mengel* TzBfG § 8 Rn. 30.

[211] BT-Drs. 14/4374, 20.

[212] So *Schiefer* DB 2000, 2118 (2119).

[213] Ebenso iErg *Däubler* ZIP 2001, 217 (218); *Lindemann/Simon* BB 2001, 146 (148); *Meinel/Heyn/Herms* TzBfG § 8 Rn. 21 f.; MüKoBGB/*Müller-Glöge* TzBfG § 8 Rn. 6; *Rolfs* RdA 2001, 129 (134).

[214] Vgl. BAG 16.12.2014 AP Nr. 1 zu § 11 TVöD = NZA 2015, 825; zur Unwirksamkeit eines Antrags auf befristete Verringerung der Arbeitszeit nach § 8 TzBfG BAG 12.9.2006 AP Nr. 17 zu § 8 TzBfG = NZA 2007, 253.

[215] BAG 18.3.2003 AP Nr. 3 zu § 8 TzBfG.

[216] BAG 16.10.2007 AP Nr. 22 zu § 8 TzBfG = NZA-RR 2008, 210.

[217] BT-Drs. 14/4374, 1.

[218] BAG 20.7.2004 AP Nr. 11 zu § 8 TzBfG = NZA 2004, 1090.

[219] MüKoBGB/*Müller-Glöge* TzBfG § 8 Rn. 5.

[220] BAG 16.12.2008 AP Nr. 27 zu § 8 TzBfG = NZA 2009, 565; 18.2.2003 AP Nr. 1 zu § 8 TzBfG = NZA 2003, 911.

[221] Annuß/Thüsing/*Mengel* TzBfG § 8 Rn. 45.

zu dem von ihm beabsichtigten Beginn der Arbeitszeitverringerung gemacht, ergibt sich nach Auffassung des BAG der Beginn aus dem Gesetz.[222]

c) Verzicht auf die Geltendmachungsfrist. Der AG kann auf die Einhaltung der Dreimonatsfrist des § 8 II TzBfG verzichten. Nach Auffassung des BAG ist ein solcher Verzicht anzunehmen, wenn der AG trotz Fristversäumnis mit dem AN ohne jeden Vorbehalt erörtert, ob dem Teilzeitverlangen betriebliche Gründe nach § 8 IV TzBfG entgegenstehen.[223] Wolle der AG die Folgen eines Verzichts nicht eintreten lassen, habe er dies klarzustellen und Verhandlungen über den Antrag ggf. abzulehnen. 56

d) Rechtsfolgen der Nichteinhaltung der Frist. Im Gesetz sind die Folgen einer nicht rechtzeitigen Geltendmachung des Wunsches nach Arbeitszeitverkürzung nicht geregelt. Nach Auffassung des BAG ist es unschädlich, wenn der AN ein zu frühes Datum des Beginns der Änderung bezeichne, weil die Auslegung des Antrags regelmäßig ergebe, dass der Antrag zu dem zulässigen späteren Zeitpunkt gestellt sei. Soweit der AN für den Beginn der Änderung einen festen Termin – etwa den Monatsanfang – wünsche, sei das bei der Auslegung zu berücksichtigen. Ein nicht fristgerechtes Verlangen müsse der AG allerdings nicht innerhalb der in § 8 V 2 und 3 TzBfG genannten Frist ablehnen, um eine kraft Gesetzes eintretende Änderung des Arbeitsvertrags zu vermeiden. Halte der AN die Dreimonatsfrist nicht ein, setze er den AG Unklarheiten bei der Fristberechnung aus. Der AG sei gezwungen, das Verlangen des AN erst auszulegen, um die für ihn maßgebliche Frist zu berechnen. Die damit verbundenen Risiken müsse der AG nicht hinnehmen. Das Risiko fehlerhafter Fristberechnungen sei insoweit dem AN zugewiesen.[224] Gegen diese Auffassung bestehen Bedenken. Sie führt zu einer **Verkomplizierung** des ohnehin schon komplexen Verfahrens, das der AG bei einem Teilzeitverlangen des AN zu beachten hat. Auch wenn der AG bei einem nicht fristgerechten Verlangen des AN durch die Unanwendbarkeit der gesetzlichen Fiktionen in § 8 V 2 und 3 TzBfG geschützt ist, wäre es klarer und näher am Gesetz gewesen, das nicht fristgerechte Teilzeitverlangen des AN als unwirksam anzusehen.[225] 57

6. Einzelheiten des Teilzeitverlangens. a) Bestimmtheit des Antrags. Die Anträge auf Verringerung und Verteilung der Arbeitszeit sind auf den Abschluss eines Änderungsvertrags gerichtet. Nicht erforderlich ist, dass der AN sein Änderungsangebot ausdrücklich als Teilzeitantrag bezeichnet.[226] Der Antrag muss gem. § 145 BGB so bestimmt formuliert sein, dass er mit einem einfachen „Ja" angenommen werden kann.[227] Ein Verringerungsverlangen des AN, das den Umfang der Reduzierung der Arbeitszeit offenlässt, ohne dem AG das Recht zur Festlegung des Umfangs der verringerten wöchentlichen Arbeitszeit nach billigem Ermessen einzuräumen, ist nicht hinreichend bestimmt. Es löst weder die Fiktionswirkungen des § 8 V 2 und 3 TzBfG noch die zweijährige Sperrfrist des § 8 VI TzBfG aus.[228] Der Inhalt des zwischen den Parteien kraft Gesetzes zustande kommenden Arbeitsvertrags muss feststehen.[229] Ein Antrag des AN, künftig im „Rahmen von 19,25 Stunden bis 25 Stunden/Woche" arbeiten zu wollen, genügt nicht dem Bestimmtheitserfordernis.[230] Will der AN dem AG die Möglichkeit geben, innerhalb einer Zeitspanne die künftige Vertragsarbeitszeit festzulegen, hat er einen Hauptantrag und Hilfsanträge zu stellen.[231] Ein in einem Rechtsstreit bei Gericht gestellter Sachantrag enthält regelmäßig kein neuerliches rechtsgeschäftliches Vertragsangebot.[232] 58

---

[222] BAG 28.6.2008 AP Nr. 26 zu § 8 TzBfG = NZA 2008, 1289.

[223] BAG 16.12.2008 AP Nr. 27 zu § 8 TzBfG = NZA 2009, 565; 14.10.2003 AP Nr. 6 zu § 8 TzBfG = NZA 2004, 975.

[224] BAG 13.11.2007 AP Nr. 25 zu § 8 TzBfG = NZA 2008, 314; 20.7.2004 AP Nr. 11 zu § 8 TzBfG = NZA 2004, 1090; ebenso *Boewer* TzBfG § 8 Rn. 133; TZA/*Buschmann* TzBfG § 8 Rn. 25; *Däubler* ZIP 2001, 217 (221); *Rolfs* RdA 2001, 129 (134).

[225] Ebenso Annuß/Thüsing/*Mengel* TzBfG § 8 Rn. 49 ff.; *Meinel/Heyn/Herms* TzBfG § 8 Rn. 40; MüKoBGB/*Müller-Glöge* TzBfG § 8 Rn. 17; *Preis/Gotthardt* DB 2001, 145; im Grundsatz auch ErfK/*Preis* TzBfG § 9a Rn. 22.

[226] BAG 20.1.2015 AP Nr. 33 zu § 8 TzBfG = NZA 2015, 805.

[227] BAG 27.6.2017 AP Nr. 34 zu § 8 TzBfG; 20.1.2015 AP Nr. 33 zu § 8 TzBfG = NZA 2015, 805.

[228] BAG 16.10.2007 AP Nr. 23 zu § 8 TzBfG = NZA 2008, 289.

[229] BAG 20.1.2015 AP Nr. 33 zu § 8 TzBfG = NZA 2015, 805; 24.6.2008 AP Nr. 26 zu § 8 TzBfG = NZA 2008, 1289.

[230] BAG 18.5.2004 AP Nr. 3 zu AVR Caritasverband Anlage 5 = NZA 2005, 108.

[231] Annuß/Thüsing/*Mengel* TzBfG § 8 Rn. 67.

[232] BAG 15.11.2011 AP Nr. 30 zu § 8 TzBfG; 24.6.2008 AP Nr. 26 zu § 8 TzBfG = NZA 2008, 1289.

59 **b) Umfang der Arbeitszeitverringerung.** § 8 TzBfG enthält keine Vorgaben hinsichtlich des Umfangs der Vertragsänderung.[233] Ein AN kann deshalb grundsätzlich auch eine verhältnismäßig geringfügige Verringerung seiner Arbeitszeit beanspruchen, ohne dass dies für sich betrachtet bereits ein rechtsmissbräuchliches Verhalten indiziert. Liegen allerdings im Einzelfall besondere Umstände vor, die darauf schließen lassen, der AN wolle die ihm gemäß § 8 TzBfG zustehenden Rechte zweckwidrig dazu nutzen, unter Inkaufnahme einer unwesentlichen Verringerung der Arbeitszeit und der Arbeitsvergütung eine bestimmte Verteilung der Arbeitszeit zu erreichen, auf die er ohne die Arbeitszeitreduzierung keinen Anspruch hätte, kann dies die Annahme eines gem. § 242 BGB **rechtsmissbräuchlichen Verringerungsverlangens** rechtfertigen. Dies ist beispielsweise anzunehmen, wenn ein Flugkapitän eine blockweise Freistellung vom 22.12. bis zum 2.1. des Folgejahres begehrt. Hier nutzt der AN eine formale Rechtsposition, um faktisch einen Urlaubsanspruch durchzusetzen, den er unabhängig von § 8 TzBfG nicht verlangen könnte. Dies ist rechtsmissbräuchlich.[234]

60 **c) Verteilung der Arbeitszeit.** Der AN soll gem. § 8 II 2 TzBfG die gewünschte Verteilung der Arbeitszeit angeben. Der AN soll selbst entscheiden können, ob er ausschließlich die Verringerung der Arbeitszeit beantragt und dem AG überlässt, die verbleibende Arbeitszeit zu verteilen (§ 106 GewO), oder ob er außerdem eine auf bestimmte Tage/Stunden verteilte Arbeitszeit wünscht.[235] Die Angabe der gewünschten Verteilung der Arbeitszeit ist **nicht Wirksamkeitsvoraussetzung** des Antrags.[236] Will der AN eine bestimmte Verteilung der reduzierten Arbeitszeit, muss er einen solchen Wunsch grundsätzlich spätestens in die Erörterung mit dem AG einbringen.[237] Nach Auffassung des BAG ist der AN dabei nicht gehindert, die Frage der Verteilung der Arbeitszeit bis zur Einigung über die Verringerung zurückzustellen und danach gesondert zu verfolgen. Er könne eine isolierte Klage auf Neuverteilung der Arbeitszeit erheben, wenn ein unmittelbarer Zusammenhang dieser Klage mit einem vorausgegangenen Verlangen auf Verringerung der Arbeitszeit nach § 8 TzBfG bestehe. Dies sei insbesondere dann anzunehmen, wenn der AG dem Verringerungswunsch des AN zugestimmt, den Neuverteilungsantrag dagegen abgelehnt habe.[238]

61 Der AN kann das Verlangen auf Verringerung der Arbeitszeit mit einem konkreten Verteilungswunsch in der Weise verbinden, dass er sein **Änderungsangebot von der Festsetzung der gewünschten Arbeitszeitverteilung abhängig** macht.[239] Für die erforderliche Auslegung der Erklärungen des AN ist gem. §§ 133, 157 BGB die Sicht des AG entscheidend. Maßgeblich ist, ob er den Antrag als Einheit auffassen durfte.[240] Macht ein AN sowohl einen Verringerungs- als auch einen Verteilungswunsch nach § 8 TzBfG geltend, hängen beide erfahrungsgemäß voneinander ab. Im Rahmen der nach § 8 III 1 TzBfG vorgeschriebene Erörterung kann der AN aufgrund etwaiger Einwände des AG seinen Verteilungswunsch noch ändern. Dies ist gerade Sinn der der Erörterung. Nach erfolgter Ablehnung durch den AG ist eine solche Änderung jedoch nicht mehr möglich. Einen einheitlichen Antrag kann der AG gem. § 150 II BGB nur einheitlich annehmen oder ablehnen.[241] Der AG kann daher den Antrag auch dann ablehnen, wenn gegen die Verringerung der Arbeitszeit als solche keine betrieblichen Gründe iSv § 8 IV TzBfG sprechen, sondern ausschließlich gegen die vom AN gewünschte zeitliche Lage der Arbeitszeit. Der AN kann dann nach § 8 VI TzBfG eine neue Verringerung frühestens nach Ablauf von zwei Jahren verlangen. Kommt es zu keiner Einigung der Arbeitsvertragsparteien über die Verringerung der Arbeitszeit, kann der AN den Eintritt der Sperrfrist nicht verhindern. Daran ändert eine spätere Rücknahme des Verteilungswunschs nichts.[242]

62 Das Teilzeitverlangen hat sich nach der Rechtsprechung des BAG **nicht notwendig** im Rahmen des **bestehenden vertraglichen Arbeitszeitmodells** zu bewegen.[243] Sei arbeitsvertraglich ein bestimmtes Arbeitszeitmodell vereinbart, müsse der in § 8 II TzBfG zugelassene Vertei-

---

[233] BAG 11.6.2013 NZA 2013, 1074.
[234] BAG 11.6.2013 NZA 2013, 1074.
[235] BAG 8.5.2007 AP Nr. 21 zu § 8 TzBfG; 23.11.2004 AP Nr. 9 zu § 8 TzBfG = NZA 2005, 769.
[236] Ebenso *Lindemann/Simon* BB 2001, 146 (148); MüKoBGB/*Müller-Glöge* TzBfG § 8 Rn. 19.
[237] BAG 23.11.2004 AP Nr. 9 zu § 8 TzBfG = NZA 2005, 769.
[238] BAG 16.12.2008 AP Nr. 27 zu § 8 TzBfG = NZA 2009, 565.
[239] BAG 11.6.2013 NZA 2013, 1074; 18.2.2003 AP Nr. 2 zu § 8 TzBfG = NZA 2003, 1392; ebenso Annuß/Thüsing/*Mengel* TzBfG § 8 Rn. 64; s. dazu auch *Rieble/Gutzeit* NZA 2002, 7 (12f.).
[240] BAG 23.11.2004 AP Nr. 9 zu § 8 TzBfG = NZA 2005, 769.
[241] BAG 11.6.2013 NZA 2013, 1074; 18.8.2009 AP Nr. 28 zu § 8 TzBfG = NZA 2009, 1207; 18.2.2003 AP Nr. 2 zu § 8 TzBfG = NZA 2003, 1392.
[242] BAG 23.11.2004 AP Nr. 9 zu § 8 TzBfG = NZA 2005, 769.
[243] BAG 24.6.2008 AP Nr. 8 zu § 117 BetrVG 1972 = NZA 2008, 1309.

lungswunsch nicht die Beschränkungen dieses Modells beachten. Ein Neuverteilungsanspruch sei bis zu den Grenzen des Rechtsmissbrauchs nicht auf das bisher vereinbarte Arbeitszeitverteilungsmodell beschränkt. Der AN könne deshalb zB verlangen, statt in der Fünftagewoche in der Viertagewoche zu arbeiten.[244] Hat die Arbeitszeitverteilung eines einzelnen AN allerdings Auswirkungen auf das kollektive System der Verteilung der betriebsüblichen Arbeitszeit, kann eine Betriebsvereinbarung oder Regelungsabrede dem Verlangen des AN auf Neuverteilung seiner Arbeitszeit nach § 8 II–V TzBfG entgegenstehen.[245]

d) Kein Begründungserfordernis. Der Antrag des AN bedarf keiner Begründung.[246] 63
Denn auf die Gründe des AN für seinen Wunsch, die Arbeitszeit zu reduzieren, kommt es beim Teilzeitverlangen nach § 8 TzBfG nicht an. Hat der AG entgegenstehende betriebliche Gründe, besteht der Anspruch allerdings auch dann nicht, wenn der AN auf die Herabsetzung seiner vertraglich vereinbarten Arbeitszeit dringlich angewiesen ist. Das Anliegen des AN, sein Kind zu betreuen und gleichwohl den Kontakt zum Beruf nicht zu verlieren, wird im TzBfG nicht berücksichtigt.[247] Das ist nur bei dem Verringerungsanspruch während der Elternzeit von Belang. Hier hat der Gesetzgeber das besondere Interesse von Eltern an einer Verringerung der Arbeitszeit berücksichtigt, indem ein solcher Antrag nach § 15 VII 1 Nr. 4 BEEG nur aus dringenden betrieblichen Gründen abgelehnt werden kann.[248]

e) Form des Verringerungsverlangens. Für die Geltendmachung des Anspruchs auf Ver- 64
ringerung der Arbeitszeit verlangt das Gesetz seit dem 1.1.2019 Textform. Das Formerfordernis dient einer erleichterten Beweisführung. Im Unterschied zur Schriftform bedarf es bei der Textform keiner eigenhändigen Unterschrift und es genügt beispielsweise ein Telefax oder eine E-Mail.[249] Durch **arbeitsvertragliche Vereinbarung, Betriebsvereinbarung oder Tarifvertrag** kann ein strengeres Formerfordernis (Schriftform) zur Geltendmachung des Antrags auf Arbeitszeitverkürzung nicht bestimmt werden. Denn nach § 22 I TzBfG kann mit Ausnahme der dort genannten Bestimmungen nicht von den Vorschriften des TzBfG – und damit auch nicht von § 8 TzBfG – zuungunsten des AN abgewichen werden. Zur Vermeidung späterer Streitigkeiten kann der AG allerdings bestimmen, wer für die Entgegennahme von Teilzeitanträgen zuständig ist (zB Personalabteilung und nicht die Fachvorgesetzten).

f) Kein Anspruch auf bloße Veränderung der Lage der Arbeitszeit. Aus § 8 I TzBfG 65
ergibt sich kein Anspruch auf eine bloße Veränderung der Lage der Arbeitszeit.[250] Dem steht der Wortlaut des Gesetzes entgegen. Verbindet der AN den Wunsch nach einer neuen Verteilung der Arbeitszeit mit einem Antrag auf Verringerung der Arbeitszeit um eine nur sehr kurze Zeitdauer, kann das Verringerungsverlangen im Einzelfall rechtsmissbräuchlich sein, wenn es offensichtlich dem alleinigen Zweck dient, eine ansonsten nicht durchsetzbare Änderung der Lage der Arbeitszeit zu erreichen.[251]

g) Befristete Verringerung der Arbeitszeit. Der AN hat nach § 8 TzBfG keinen Anspruch 66
auf eine befristete oder auflösend bedingte Verringerung der Arbeitszeit.[252] Ein solcher Anspruch besteht seit 1.1.2019 allerdings unter den in § 9a TzBfG genannten Voraussetzungen (→ Rn. 104 ff.). Liegen diese nicht vor, weil der Schwellenwert von 45 beschäftigten AN nicht überschritten wird, kann der AN aus § 8 TzBfG ein entsprechendes Verlangen nicht herleiten. Der AG kann dann frei entscheiden, ob er den Antrag auf befristete Verringerung der Arbeitszeit annimmt oder ablehnt. Ein solcher Antrag kann ohne weitere Anhaltspunkte nicht entgegen seinem Wortlaut in einen Antrag auf unbefristete Verringerung der Arbeitszeit ausgelegt werden. Bei nicht rechtzeitiger Ablehnung des Antrags auf Zustimmung zur befristeten Verringerung der Arbeitszeit tritt die Fiktionswirkung des § 8 V 2 TzBfG nicht ein.[253]

---

[244] BAG 18.8.2009 AP Nr. 28 zu § 8 TzBfG = NZA 2009, 1207; LAG Düsseldorf 1.3.2002 DB 2002, 1222.
[245] BAG 16.12.2008 AP Nr. 27 zu § 8 TzBfG = NZA 2009, 565.
[246] Annuß/Thüsing/*Mengel* TzBfG § 8 Rn. 74; *Meinel/Heyn/Herms* TzBfG § 8 Rn. 35; MüKoBGB/*Müller-Glöge* TzBfG § 8 Rn. 15.
[247] BAG 16.10.2007 AP Nr. 23 zu § 8 TzBfG = NZA 2008, 289.
[248] BAG 15.8.2006 AP Nr. 16 zu § 8 TzBfG = NZA 2007, 259.
[249] BT-Drs. 19/3452, 16.
[250] *Boewer* TzBfG § 8 Rn. 66; *Meinel/Heyn/Herms* TzBfG § 8 Rn. 30; MüKoBGB/*Müller-Glöge* TzBfG § 8 Rn. 13; *Rolfs* TzBfG § 8 Rn. 18; aA *Straub* NZA 2001, 919 f.
[251] Vgl. *Rolfs* TzBfG § 8 Rn. 20; *Hanau* NZA 2001, 1168 (1170); ArbG Stuttgart 23.11.2001 NZA-RR 2002, 183; weitergehend *Rieble/Gutzeit* NZA 2002, 7 (8).
[252] BAG 27.6.2017 AP Nr. 34 zu § 8 TzBfG; 16.12.2014 AP Nr. 1 zu § 11 TVöD = NZA 2015, 825; 12.4.2011 AP Nr. 53 zu § 1 TVG Altersteilzeit = NZA 2011, 1044.
[253] BAG 12.9.2006 AP Nr. 17 zu § 8 TzBfG = NZA 2007, 253.

67 **7. Bindung an den Antrag.** Der AN ist während der Dreimonatsfrist grundsätzlich an sein Verlangen gebunden.[254] Sowohl der Antrag auf Verringerung der Arbeitszeit als auch das Verteilungsverlangen des AN sind auf den Abschluss eines Vertrags gerichtet mit der Folge, dass der AN hieran gem. § 145 BGB gebunden ist. Damit ist allerdings nicht ausgeschlossen, dass der AN die vom AG im Rahmen der Erörterung nach § 8 III TzBfG eingewandten entgegenstehenden betrieblichen Gründe durch Änderung seines Verteilungswunsches berücksichtigt.[255] In diesem Fall lehnt der AG den Antrag des AN ab und unterbreitet ein Gegenangebot (§ 150 II BGB). Hat der AN keinen Verteilungswunsch geäußert, kann er diesen im Rechtsstreit vor dem Arbeitsgericht nicht „nachschieben". Ebenso ist er grundsätzlich gehindert, einen einmal geäußerten Wunsch im Laufe des Rechtsstreits zu ändern.[256] Etwas anderes soll nach Auffassung des BAG allerdings dann gelten, wenn der AN „neue Erkenntnisse" aus der Verhandlungsphase berücksichtige.[257] Hat der AG den zunächst gestellten Antrag des AN zu Recht aus betrieblichen Gründen abgelehnt, kann die neuerliche Geltendmachung nur erfolgreich sein, wenn die zweijährige Sperrfrist des § 8 VI TzBfG abgelaufen ist.[258] Der AN hat bis zum Ablauf der dem AG nach § 8 V 1 TzBfG eingeräumten Überlegungsfrist kein Widerrufsrecht. Dies gilt auch dann, wenn der AG die vorgeschriebene Erörterung der gewünschten Verringerung der Arbeitszeit mit dem AN unterlässt.[259]

68 **8. Erörterung. a) Obliegenheit zur Erörterung.** Nach der Geltendmachung des Anspruchs hat der AG nach § 8 III TzBfG mit dem AN die gewünschte Verringerung der Arbeitszeit mit dem Ziel einer Vereinbarung zu erörtern (zum allgemeinen Erörterungsanspruch nach § 7 II TzBfG → Rn. 46). Dem liegt die Vorstellung des Gesetzgebers zugrunde, dass sich AG und AN in aller Regel über die Verringerung der Wochenarbeitszeit einigen.[260] Eine Verhandlungspflicht im Sinne eines klagbaren Anspruchs wird durch § 8 III TzBfG indessen nicht begründet.[261] Lässt sich der AG auf eine Erörterung des Wunschs des AN nach einer bestimmten Verteilung der Arbeitszeit nicht ein, verstößt der AG zwar gegen § 8 III 2 TzBfG. Eine Verletzung dieser Obliegenheit hat aber weder die Fiktion einer Zustimmung noch die Verwirkung des Rechts zur Folge, das Änderungsangebot des AN ablehnen zu können.[262]

69 **b) Rechtsfolgen unterbliebener Erörterung.** Die gesetzlich vorgesehene Verhandlungspflicht ist nach Auffassung des BAG kein rechtlich unverbindlicher Appell des Gesetzgebers.[263] Diese Obliegenheit zeitige Rechtsfolgen. So könne der AG dem AN keine Einwendungen entgegenhalten, die im Rahmen einer Verhandlung hätten ausgeräumt werden können, wenn er entgegen der Vorschrift nicht verhandelt habe.[264] Nach Auffassung des dem BAG zustimmenden Schrifttums hat der AN darzulegen und im Streitfall zu beweisen, dass der AG seiner Verhandlungsobliegenheit nicht nachgekommen ist.[265] Diese Rechtsprechung überzeugt nicht.[266] Das Gesetz sieht eine Präklusion der betrieblichen Gründe gerade nicht vor. Auch die Gesetzesbegründung gibt hierfür keine Anhaltspunkte.[267] Unklar ist des Weiteren, was unter Einwendungen zu verstehen ist, die im Rahmen einer Verhandlung hätten beseitigt werden können. Eine solche hypothetische Betrachtung ist fragwürdig, weil der AG nur verhandeln, sich bei diesen Verhandlungen aber nicht einigen muss. Lehnt der AG das Teilzeitverlangen kategorisch ab, sind die Verhandlungen gescheitert. Der AG hat seine Ablehnung dann nach § 8 V 1 TzBfG schriftlich mitzuteilen, ohne hierfür eine Begründung geben zu müssen (dazu → Rn. 92).

---

254 *Löwisch* Anm. zu BAG EzA Nr. 2 zu § 8 TzBfG; MüKoBGB/*Müller-Glöge* TzBfG § 8 Rn. 18; ErfK/*Preis* TzBfG § 9a Rn. 21.
255 BAG 24.6.2008 AP Nr. 26 zu § 8 TzBfG = NZA 2008, 1289.
256 BAG 24.6.2008 AP Nr. 26 zu § 8 TzBfG = NZA 2008, 1289.
257 BAG 18.2.2003 AP Nr. 1 zu § 8 TzBfG = NZA 2003, 911.
258 BAG 24.6.2008 NZA 2008, 1289; 23.11.2004 AP Nr. 9 zu § 8 TzBfG = NZA 2005, 769; zust. *Feuerborn* SAE 2006, 1 (4).
259 LAG Düsseldorf 13.1.2006 – 9 Sa 1222/05.
260 Vgl. Begründung des Regierungsentwurfs BT-Drs. 14/4374, 17.
261 MüKoBGB/*Müller-Glöge* TzBfG § 8 Rn. 20.
262 BAG 18.2.2003 AP Nr. 1 zu § 8 TzBfG = NZA 2003, 911.
263 BAG 18.2.2003 AP Nr. 1 zu § 8 TzBfG = NZA 2003, 911.
264 Ebenso *Meinel/Heyn/Herms* TzBfG § 8 Rn. 46; *Thüsing* SAE 2004, 4 (5 f.); iErg auch *Laux*/Schlachter TzBfG § 8 Rn. 240 f.
265 HWK/*Schmalenberg* TzBfG § 8 Rn. 31; *Thüsing* SAE 2004, 4 (6).
266 Abl. auch Annuß/Thüsing/*Mengel* TzBfG § 8 Rn. 93; *Boewer* TzBfG § 8 Rn. 147; MüKoBGB/*Müller-Glöge* TzBfG § 8 Rn. 20; ErfK/*Preis* TzBfG § 9a Rn. 25; *Rolfs* TzBfG § 8 Rn. 23.
267 Vgl. BT-Drs. 14/4374, 17.

IX. Reaktionsmöglichkeiten des Arbeitgebers

1. Allgemeines. Der AG hat nach § 8 IV TzBfG der Verringerung der Arbeitszeit und ihrer Verteilung entsprechend den Wünschen des AN zuzustimmen, wenn **betriebliche Gründe** nicht entgegenstehen. Diese Regelung gilt auch für Angestellte bei Gewerkschaften. Aus der von Art. 9 III GG geschützten innerorganisatorischen Freiheit folgt nicht, von allgemeinen arbeitsrechtlichen Anforderungen befreit zu sein.[268] Ein der Verringerung der Arbeitszeit entgegenstehender betrieblicher Grund liegt nach § 8 IV 2 TzBfG insbesondere vor, wenn die Verringerung der Arbeitszeit die Organisation, den Arbeitsablauf oder die Sicherheit im Betrieb wesentlich beeinträchtigt oder unverhältnismäßige Kosten verursacht. Diese gesetzliche Erläuterung der entgegenstehenden betrieblichen Gründe legt die Schwelle für den AG zur Zustimmungsverweigerung freilich deutlich höher, als sie in Satz 1 allgemein definiert worden ist. Mit Recht wird im Schrifttum hierzu festgestellt, Satz 2 konkretisiere nicht Satz 1, sondern konterkariere diese Regelung.[269] 70

2. Betriebliche Gründe. Der Begriff „entgegenstehende betriebliche Gründe" bedarf der Auslegung. Eine methodengerechte Auslegung von § 8 IV 1 TzBfG macht deutlich, dass das Gesetz an die Gründe für eine Zustimmungsverweigerung keinen strengen Maßstab anlegt.[270] Das TzBfG differenziert selbst zwischen betrieblichen Gründen – so in § 8 IV 1 TzBfG – und dringenden betrieblichen Gründen, die nach § 9 S. 1 Nr. 4 TzBfG den AG berechtigen, den Wunsch eines teilzeitbeschäftigten AN nach Verlängerung der Arbeitszeit zurückzuweisen. Diese Unterscheidung ist auch ansonsten arbeitsrechtlichen Bestimmungen nicht fremd, wie etwa § 1 II und III KSchG oder § 7 BUrlG zeigen. Hinzuweisen ist auch auf § 15 VII Nr. 4 BEEG, wonach nur dringende betriebliche Gründe dem Anspruch auf Verringerung der Arbeitszeit während der Elternzeit entgegenstehen können.[271] Wesentliche betriebliche Beeinträchtigungen sowie unverhältnismäßige Kosten sind im Allgemeinen Kriterien für „dringende" betriebliche, nicht aber für einfache betriebliche Gründe. Der Begriff „wesentlich" in § 8 IV 2 TzBfG ist daher im Lichte des Grundtatbestands einfacher und nicht dringender betrieblicher Gründe auszulegen. Weiterhin belegt die Entstehungsgeschichte des Gesetzes, dass Satz 2 von § 8 IV TzBfG eine gesetzgeberische Fehlkonstruktion ist. Denn die dort genannten Gründe finden sich weitgehend wortgleich in der Begründung des ersten veröffentlichten Referentenentwurfs vom 5.9.2000 zur Erläuterung „dringender" betrieblicher Gründe, die einer Verringerung der Arbeitszeit entgegenstehen sollten. Sie können damit nicht für einfache betriebliche Gründe maßgeblich sein.[272] Wenn es schließlich in der Begründung zum Regierungsentwurf heißt, rationale, nachvollziehbare Gründe genügten für die Ablehnung, wird deutlich, dass die Anforderungen nicht besonders hoch sein dürfen. 71

Bei der Prüfung des Teilzeitverlangens des AN ist **keine Interessenabwägung** vorzunehmen, denn der AN braucht sein Verlangen nicht zu begründen (→ Rn. 63).[273] Nach § 8 TzBfG hat vielmehr jeder AN, soweit die allgemeinen Voraussetzungen vorliegen, einen Anspruch auf Verringerung der Arbeitszeit (§ 8 I TzBfG). Der AG kann dem auf § 8 TzBfG gestützten Anspruch betriebliche Gründe entgegenhalten, soweit solche vorliegen (§ 8 IV 1 TzBfG). Persönliche Belange des AN sind im Gesetz nicht erwähnt. Auch die in § 8 I 2 TzBfG aufgezählten Beispielsfälle stellen allein auf die betriebliche Situation, nicht auf die des AN ab. Gibt es entgegenstehende Gründe, kann der AN keine Verringerung seiner Arbeitszeit beanspruchen, so nachvollziehbar und wichtig sein Interesse an einer besseren Vereinbarkeit von Familie und Beruf sein mag.[274] 72

---

[268] BVerfG 29.7.2020 AP Nr. 35 zu § 8 TzBfG = NZA 2020, 1240.

[269] *Richardi/Annuß* BB 2000, 2201 (2202); ebenso *Beckschulze* DB 2000, 2598; iErg auch *Däubler* ZIP 2001, 217 (219).

[270] Ebenso iErg *Hohenhaus* DB 2003, 1954 (1959); *Hromadka* NJW 2001, 400 (402); MüKoBGB/*Müller-Glöge* TzBfG § 8 Rn. 27; ErfK/*Preis* TzBfG § 9a Rn. 35; *Preis/Gotthardt* DB 2001, 145 (147); *Rolfs* TzBfG § 8 Rn. 32; *ders.* RdA 2001, 129 (136); *Kliemt* NZA 2001, 63 (65); aA *Worzalla* TzBfG § 8 Rn. 26.

[271] Dies hebt auch das BAG – wenn auch in anderem Zusammenhang – hervor, vgl. BAG 15.8.2006 AP Nr. 6 zu § 8 TzBfG = NZA 2007, 259.

[272] MüKoBGB/*Müller-Glöge* TzBfG § 8 Rn. 26.

[273] BAG 9.12.2003 AP Nr. 8 zu § 8 TzBfG = NZA 2004, 921.

[274] BAG 15.8.2006 AP Nr. 16 zu § 8 TzBfG = NZA 2007, 259; 18.5.2004 AP Nr. 3 zu AVR Caritasverband Anlage 5 = NZA 2005, 108.

73 **3. Betriebsorganisation. a) Überblick.** Der Teilzeitwunsch des AN muss sich in das vom AG vorgegebene Organisationskonzept einfügen.[275] Hierzu hat der AG im Streitfall ein Konzept darzulegen, das von plausiblen nachvollziehbaren wirtschaftlichen und unternehmerischen Gründen getragen ist. Ob dieses Konzept das Arbeitsgericht inhaltlich überzeugt, ist unerheblich. Eine Zweckmäßigkeitskontrolle durch die Gerichte hat insoweit im Hinblick auf Art. 12, 14 GG nicht zu erfolgen.[276] Weitergehende Anforderungen an die betrieblichen Gründe sind wegen der durch Art. 12 I GG geschützten Berufsfreiheit des AG verfassungsrechtlich bedenklich.[277] Fügt sich der Teilzeitwunsch des AN nicht in eine plausible Organisationsstruktur ein, bestehen die vom Gesetzgeber in der Gesetzesbegründung geforderten rationalen, nachvollziehbaren Gründe, aus denen der AG das Verlangen des AN wirksam ablehnen kann.

74 **b) Drei-Stufen-Prüfung des BAG. aa) Ablehnungsgründe.** Nach der hiervon zum Teil abweichenden Auffassung des BAG besteht für den AG demgegenüber nur dann ein Ablehnungsgrund, wenn der Arbeitszeitwunsch den Betrieb wesentlich beeinträchtigt. Das ergebe sich aus den in § 8 IV 2 TzBfG genannten Beispielsfällen, die auch für die Neuverteilung der Arbeitszeit maßgeblich seien.[278] Davon ausgehend prüft der Neunte Senat in drei Stufen, ob dem Teilzeitwunsch des AN betriebliche Gründe entgegenstehen:[279]

75 **bb) Erste Stufe: Organisationskonzept.** Auf der ersten Stufe ist festzustellen, ob überhaupt und wenn ja, welches betriebliche Organisationskonzept der vom AG als erforderlich angesehenen Arbeitszeitregelung zugrunde liegt. Organisationskonzept ist das Konzept, mit dem die unternehmerische Aufgabenstellung im Betrieb verwirklicht werden soll. Die Darlegungslast dafür, dass das Organisationskonzept die Arbeitszeitregelung bedingt, liegt beim AG.[280] Die Richtigkeit seines Vortrags ist arbeitsgerichtlich voll überprüfbar. Die dem Organisationskonzept zugrunde liegende unternehmerische Aufgabenstellung und die daraus abgeleiteten organisatorischen Entscheidungen sind jedoch hinzunehmen, soweit sie nicht willkürlich sind. Voll überprüfbar ist dagegen, ob das vorgetragene Konzept auch tatsächlich im Betrieb durchgeführt wird. Die Darlegung des AG, seine Arbeitsabläufe „bestmöglich" und „effektiv" gestalten zu wollen, ist zu allgemein, um ein von den Gerichten für Arbeitssachen nur auf Willkür überprüfbares Organisationskonzept darstellen zu können.[281]

76 **cc) Zweite Stufe: Abweichung des Arbeitszeitwunsches vom Organisationskonzept.** Auf einer zweiten Stufe ist zu prüfen, inwieweit die betriebliche Arbeitszeitregelung dem Arbeitszeitverlangen des AN tatsächlich entgegensteht. Dabei ist auch der Frage nachzugehen, ob durch eine dem AG zumutbare Änderung von betrieblichen Abläufen oder des Personaleinsatzes der betrieblich als erforderlich angesehene Arbeitszeitbedarf unter Wahrung des Organisationskonzepts mit dem individuellen Arbeitszeitwunsch des AN zur Deckung gebracht werden kann. Insoweit ist auch zu berücksichtigen, dass dann, wenn der AN keinen besonderen Wunsch zur Verteilung der Arbeitszeit äußert (§ 8 II 2 TzBfG), dies gem. § 106 S. 1 GewO im Direktionsrecht des AG verbleibt. Etwaige entgegenstehende betriebliche Gründe dürfen deshalb auch nicht durch eine andere Verteilung der Arbeitszeit zwischen den AN ausgeräumt werden können.[282]

77 **dd) Dritte Stufe: Wesentliche Beeinträchtigung betrieblicher Belange.** Ergibt sich, dass das Arbeitszeitverlangen des AN nicht mit dem organisatorischen Konzept und der daraus folgenden Arbeitszeitregelung in Übereinstimmung gebracht werden kann, ist auf einer dritten Stufe das Gewicht der entgegenstehenden betrieblichen Belange zu prüfen: Werden durch die vom AN gewünschte Abweichung die in § 8 IV 2 TzBfG genannten besonderen betrieblichen Belange oder das betriebliche Organisationskonzept und die ihm zugrunde liegende unternehme-

[275] Ebenso *Flatten/Coeppicus* ZIP 2001, 1477 (1479); *Hromadka* NJW 2001, 400 (402); *Kliemt* NZA 2001, 63 (65); *Preis/Gotthardt* DB 2001, 145 (148); *Rolfs* RdA 2001, 129 (136).

[276] *Preis/Gotthardt* DB 2001, 145 (148).

[277] Dazu *Bayreuther* DB 2004, 1726 (1728); MüKoBGB/*Müller-Glöge* TzBfG § 8 Rn. 27; *Rolfs* RdA 2001, 129 (132).

[278] BAG 21.6.2005 AP Nr. 14 zu § 8 TzBfG = NZA 2006, 316; 18.2.2003 AP Nr. 2 zu § 8 TzBfG = NZA 2003, 1392.

[279] BAG 20.1.2015 AP Nr. 32 zu § 8 TzBfG = NZA 2015, 816; 13.11.2012 AP Nr. 31 zu § 8 TzBfG = NZA 2013, 373; 13.10.2009 AP Nr. 29 zu § 8 TzBfG = NZA 2010, 339; 16.10.2007 AP Nr. 23 zu § 8 TzBfG = NZA 2008, 289; 9.12.2003 AP Nr. 8 zu § 8 TzBfG = NZA 2004, 921; 18.2.2003 AP Nr. 2 zu § 8 TzBfG = NZA 2003, 1392.

[280] BAG 8.5.2007 AP Nr. 21 zu § 8 TzBfG.

[281] BAG 18.5.2004 AP Nr. 3 zu AVR Caritasverband Anlage 5 = NZA 2005, 108.

[282] BAG 8.5.2007 AP Nr. 21 zu § 8 TzBfG.

rische Aufgabenstellung wesentlich beeinträchtigt? Die Notwendigkeit des Informationsaustauschs zwischen zwei Teilzeitkräften begründet dabei nicht zwangsläufig einen dem Teilzeitverlangen entgegenstehenden betrieblichen Grund. Die mit einer Arbeitsplatzteilung einhergehenden üblichen Reibungsverluste und Ablaufstörungen sind vom AG grundsätzlich hinzunehmen.[283]

Bei der Anwendung dieser Prüfungsschritte auf einzelne Sachverhalte zeigt sich oftmals, dass 78
das BAG **in Wahrheit dringende betriebliche Gründe** als Ablehnungsgründe fordert. So hat der Neunte Senat angenommen, in der Entscheidung eines Teppichhauses, so weit wie möglich sicherzustellen, dass Kunden jeweils nur einen Verkäufer als Ansprechpartner haben, sei zwar ein nachvollziehbares servicefreundliches Organisationskonzept zu sehen. Da dieses Ziel jedoch unter Berücksichtigung der Ladenöffnungszeiten von 60 Stunden in der Woche auch bei Einsatz aller AN in Vollzeit nicht erreichbar sei und das Unternehmen ohnehin Vorkehrungen für den Fall treffen müsse, dass der Kunde den Verkäufer nicht antreffe, an den er sich ursprünglich gewandt hatte, werde das betriebliche Organisationskonzept bei einer Arbeitszeitverkürzung von 37,5 auf 25 Stunden nicht wesentlich beeinträchtigt.[284] Dadurch wird jedoch entgegen der Auffassung des BAG wesentlich in die Organisationsstruktur eingegriffen, da sich durch die Reduzierung der Arbeitszeit um etwa 30% die Möglichkeiten zur Umsetzung des Organisationskonzepts ganz erheblich verschlechtern.[285]

Zur unternehmerischen Entscheidungsfreiheit gehört im Bereich der Akquisition die Ent- 79
scheidung über den **zeitlichen und räumlichen Umfang des Außendienstes.** Hat ein Außendienstmitarbeiter sein Tätigkeitsgebiet bislang in 37,5 Stunden je Woche betreut, muss der AG nicht hinnehmen, dass der AN künftig die Kundenbetreuung in 30 Wochenstunden erledigt, indem er seine Arbeitsleistung verdichtet und außerhalb seiner Arbeitszeit seinen Kunden zur Verfügung steht. Die Erledigung der Aufgaben in der verringerten Arbeitszeit kann zwangsläufig nur durch eine weniger intensive Betreuung der Kunden oder durch eine Betreuung außerhalb der vereinbarten Arbeitszeit – also mittels Überstunden – erreicht werden. Beides ist dem AG nicht zuzumuten.[286] Sofern die Einstellung einer Teilzeitersatzkraft zur Sicherstellung der infolge der Arbeitszeitverringerung ausfallenden Kundenbetreuung in Betracht kommt, ist zu prüfen, ob hierdurch unverhältnismäßige Kosten entstehen (dazu → Rn. 84 ff.).

c) Keine Verpflichtung zur Anordnung von Mehrarbeit. Der AG ist nicht verpflichtet, 80
Teilzeitwünsche durch die Anordnung von Mehrarbeit für andere AN auszugleichen.[287] Hierzu wird er in den meisten Fällen bereits aus Rechtsgründen schon gar nicht in der Lage sein, wenn die Arbeitszeitdauer vertraglich vereinbart ist. Ebenso wenig muss sich der AG auf die Inanspruchnahme von Leiharbeitnehmern oder Subunternehmen verweisen lassen.[288] Denn der Entschluss, den Arbeitsablauf mit oder ohne Leiharbeitnehmer zu organisieren, gehört in den Bereich der freien unternehmerischen Entscheidung.[289] Dem entspricht die Rechtsprechung des BAG mit der Einschränkung, dass der Verweis auf Leiharbeit in Betracht komme, wenn der AG auf sie ohnehin als übliche Maßnahme zurückgreife.[290]

d) Schichtsysteme. Dem Teilzeitverlangen stehen in **Schichtsystemen** in der Regel 81
betriebliche Gründe entgegen, weil dort Teilzeit in der Form einer verringerten Arbeitszeit an einem Tag nicht möglich ist (zur Bedeutung von Betriebsvereinbarungen → Rn. 83). Ein Organisationskonzept, das in einem **Schichtbetrieb** jeder Schicht regelmäßig **zwei Betriebselektriker** zuordnet, kann deshalb einem Teilzeitverlangen eines Betriebselektrikers in diesem Betrieb entgegenstehen. Ein solches Konzept ist nicht willkürlich. Würde eine Schicht planmäßig nur mit einem Betriebselektriker besetzt, könnte bei kurzfristigen Ausfällen nicht mehr sichergestellt werden, dass in der betreffenden Schicht überhaupt ein Betriebselektriker arbeitet. Unerheblich ist, wenn der AG wegen Urlaub, Krankheit oder sonstigen Abwesenheitsgründen von der Doppelbesetzung abweicht. Hierbei handelt es sich um äußere Umstände, die vom AG regelmäßig nicht beeinflusst werden können.[291] Entsprechendes gilt bei Reisetätigkeiten als **Fernfahrer** oder **Flugbegleiter.** Hier kann allerdings je nach vertraglicher Arbeitszeitregelung

283 BAG 8.5.2007 AP Nr. 21 zu § 8 TzBfG.
284 BAG 30.9.2003 AP Nr. 5 zu § 8 TzBfG = NZA 2004, 382.
285 Ebenso *Bayreuther* DB 2004, 1726 (1727).
286 BAG 21.6.2005 AP Nr. 14 zu § 8 TzBfG = NZA 2006, 316.
287 BAG 9.12.2003 AP Nr. 8 zu § 8 TzBfG = NZA 2004, 921.
288 Ebenso Annuß/Thüsing/*Mengel* TzBfG § 8 Rn. 159; *Boewer* TzBfG § 8 Rn. 196 ff.; *Hromadka* NJW 2001, 401 (402); *Meinel/Heyn/Herms* TzBfG § 8 Rn. 74; ErfK/*Preis* TzBfG § 9a Rn. 49.
289 Vgl. *Beckschulze* DB 2000, 2598 (2599); *Richardi/Annuß* BB 2000, 2201 (2202).
290 BAG 9.12.2003 AP Nr. 8 zu § 8 TzBfG = NZA 2004, 921.
291 BAG 14.10.2003 AP Nr. 6 zu § 8 TzBfG = NZA 2004, 975.

eine Verringerung der Arbeitszeit in Betracht kommen, wenn nicht die tägliche Arbeitszeit betroffen ist, sondern einzelne Tage arbeitsfrei sein sollen.[292] Der Antrag eines Mitglieds des **Kabinenpersonals einer Luftfahrtgesellschaft,** der auf die Verringerung der Arbeitszeit auf 25% der Arbeitszeit eines Vollzeitbeschäftigten gerichtet ist, kann aus betrieblichen Gründen berechtigt abgelehnt werden, wenn der AN dann wegen seines Arbeitsvolumens nicht mehr auf allen Umlaufketten planbar ist. Dieses Arbeitszeitmodell führt bei den anderen Besatzungsmitgliedern mit einer Arbeitszeit zwischen 50% und 100% zu Mehrbelastungen, weil sie häufiger Sechs-Tages-Ketten zu fliegen haben. Dem steht eine Praxis des AG nicht entgegen, nach der die gewünschte Arbeitszeit von 25% der regelmäßigen Arbeitszeit Flugbegleitern in Elternzeit bzw. in Härtefällen eingeräumt wird. Denn nach der Konzeption des gesetzlichen Verringerungsanspruchs aus § 8 TzBfG kommt es nicht auf das Gewicht der vom AN für seinen Verringerungswunsch geltend gemachten Gründe an.[293]

82 **e) Kundenausrichtung.** Die Entscheidung einer Bank, im Interesse der Kundennähe in Zukunft auf allen Arbeitsplätzen mit Kundenkontakt den Teilzeitbegehren der Mitarbeiter nicht mehr stattzugeben, stellt für sich allein keinen dem Antrag auf Verringerung der Arbeitszeit entgegenstehenden „betrieblichen Grund" dar. Es bedarf vielmehr in einem solchen Fall zusätzlicher Erläuterungen des AG, warum die Organisationsentscheidung **„one face to the customer"** nicht unsachlich, unvernünftig oder willkürlich ist.[294] Dies gilt erst recht, wenn nach dem Organisationskonzept für Kassenarbeitsplätze nur die Regel einer Vollzeitbeschäftigung vorgesehen ist, also bereits nach dem Organisationskonzept der Bank Ausnahmen zugelassen sind.[295] Verlangt die unternehmerische Aufgabenstellung einen einheitlichen **künstlerischen Marktauftritt von Verlagsprodukten** und kann dieser nach dem Organisationskonzept des AG nur durch einen Vollzeitarbeitnehmer verwirklicht werden, steht das einer Teilung des Arbeitsplatzes entgegen. Das setzt allerdings voraus, dass das betriebliche Organisationskonzept auch tatsächlich durchgeführt und durch die vom AN gewünschte Abweichung wesentlich beeinträchtigt wird. Ist der Arbeitsplatz wegen einer zweijährigen Abwesenheit des AN (hier Elternzeit) geteilt worden, hat der AG deshalb darzulegen, aufgrund welcher Tatsachen sein Organisationskonzept während dieser Zeit beeinträchtigt wurde.[296] Der Träger eines **Kindergartens** ist berechtigt, den Arbeitszeitwunsch einer Erzieherin abzulehnen, wenn die Verringerung der Arbeitszeit oder deren Verteilung dem pädagogischen Konzept des Trägers entgegensteht und sich die Vereinbarkeit auch nicht durch zumutbare Maßnahmen des AG herstellen lässt.[297] Entsprechendes gilt, wenn nach dem bestehenden pädagogischen Konzept den besonderen Bedürfnissen der anvertrauten behinderten Kinder Rechnung getragen wird und dies den Vorgaben der zuständigen Aufsichtsbehörde entspricht.[298] Zu einem zu respektierenden pädagogischen Konzept, das der AG für eine von ihm unterhaltene Einrichtung der Kinder- und Jugendhilfe (§ 34 SGB VIII) aufgestellt hat und auch in der Praxis durchführt, kann auch die Zielsetzung gehören, im Interesse der Beziehungsfähigkeit des Kindes/Jugendlichen den Kreis der Erzieher möglichst klein zu halten, und deshalb ausschließlich vollzeitbeschäftigte Erzieher zu beschäftigen (Mentorenprinzip/Erzieherbezugssystem). Es bleibt dann allerdings nach Auffassung des BAG zu prüfen, ob unter den in der Einrichtung bestehenden Bedingungen die Umsetzung des Konzepts das Arbeitszeitmodell „ausschließlich Vollzeitbeschäftigung" erfordert. Diese wertende Beurteilung der tatsächlichen Möglichkeiten ist vorrangig den Tatsachengerichten vorbehalten.[299] Die Entscheidung des Trägers einer **Werkstatt für behinderte Menschen,** die Stellen von Gruppenleitern, die über eine handwerkliche Ausbildung und pädagogische Zusatzausbildung verfügen müssen, nur mit Vollzeitbeschäftigten zu besetzen, kann dem Teilzeitverlangen eines Gruppenleiters (hier: Verringerung der Arbeitszeit auf 3/5; und Verteilung von Montag bis Mittwoch) entgegenstehen.[300]

83 **f) Entgegenstehende Betriebsvereinbarungen.** Betriebsvereinbarungen über die Verteilung der Arbeitszeit (§ 87 I Nr. 2 BetrVG) können als betrieblicher Grund dem Arbeitszeit-

292 Vgl. *Beckschulze* DB 2000, 2598 (2602).
293 BAG 15.8.2006 AP Nr. 16 zu § 8 TzBfG = NZA 2007, 259.
294 LAG Köln 3.2.2006 NZA-RR 2006, 343.
295 BAG 16.10.2007 AP Nr. 23 zu § 8 TzBfG = NZA 2008, 289.
296 BAG 13.10.2009 AP Nr. 29 zu § 8 TzBfG = NZA 2010, 339.
297 BAG 18.3.2003 AP Nr. 3 zu § 4 TzBfG; zust. *Wendeling-Schröder* Anm. zu BAG AP Nr. 3 zu § 8 TzBfG.
298 BAG 19.8.2003 AP Nr. 4 zu § 8 TzBfG.
299 BAG 16.10.2007 AP Nr. 22 zu § 8 TzBfG = NZA-RR 2008, 210.
300 LAG RhPf 30.1.2003 – 4 Sa 1106/02.

wunsch des AN entgegenstehen.[301] Vom AG kann nicht verlangt werden, dass er sich betriebsverfassungswidrig verhält. Erfasst werden Betriebsvereinbarungen, in denen Beginn und Ende der täglichen Arbeitszeit, Pausen oder die Verteilung der Arbeitszeit auf die einzelnen Wochentage geregelt sind. Vorausgesetzt ist, dass sich der persönliche Geltungsbereich der Arbeitszeitbestimmungen auf den antragstellenden AN erstreckt. Das ist nach Auffassung des BAG nicht der Fall, wenn sich die veränderte Arbeitszeit des Antragstellers auf die Arbeitszeiten oder Arbeitsbedingungen der anderen im Betrieb beschäftigten AN nicht auswirkt.[302] Ob auch eine freiwillige Betriebsvereinbarung dem Teilzeitwunsch eines AN entgegenstehen kann, hat das BAG bislang offengelassen, dürfte jedoch zu bejahen sein.[303] Auch diese wirkt nach § 77 IV BetrVG unmittelbar und zwingend und ist vom AG durchzuführen.

4. Unverhältnismäßige Kosten. Der AG kann den Teilzeitwunsch des AN ablehnen, wenn hierdurch unverhältnismäßige Kosten entstehen. Diese können sich für den AG durch die im Einzelfall erforderlichen Anschaffungen für die Einrichtung eines weiteren Arbeitsplatzes ergeben.[304] Unerheblich sind dagegen die durch die Einstellung eines weiteren AN entstehenden höheren Verwaltungskosten und die sich in Bezug auf die Betriebsratsgröße usw. ergebenden betriebsverfassungsrechtlichen Folgen.[305] Der AG hat die prognostizierten Kosten der Verringerung und Neuverteilung der Arbeitszeit konkret darzulegen.[306] Die notwendige **Einarbeitung und Fortbildung einer Ersatzkraft** zur Abdeckung des infolge der Verringerung der Arbeitszeit entstehenden Arbeitskräftebedarfs erfordert in der Regel denselben Stundenaufwand wie die Einarbeitung und Fortbildung einer Vollzeitkraft. Will ein Pharmaunternehmen allen Außendienstmitarbeitern im Wege der betrieblichen Weiterbildung das für die Tätigkeit eines Pharmareferenten erforderliche Fachwissen vermitteln, muss die Weiterbildung einer Teilzeitkraft im selben zeitlichen und qualitativen Umfang erfolgen wie bei einer Vollzeitkraft. Der AG hat regelmäßig ein berechtigtes Interesse an einem einheitlichen Ausbildungsstand sämtlicher von ihm beschäftigten Außendienstmitarbeiter. Nur so kann er eine qualifizierte Kundenbetreuung gewährleisten. Befindet sich eine Ersatzkraft, die das infolge der Verringerung abzudeckende Fünftel der Arbeitszeit leisten würde (7,5 von 37,5 Stunden pro Woche), zu mehr als 40% ihrer Arbeitszeit auf notwendigen Fortbildungsveranstaltungen, während bei einer Vollzeitkraft der Anteil der Fortbildungsveranstaltungen weniger als 9% beträgt, ist die Diskrepanz zwischen Personalkostenaufwand und Wertschöpfung offensichtlich unverhältnismäßig.[307] 84

5. Teilzeitwünsche mehrerer Arbeitnehmer. Diese können entgegenstehende betriebliche Gründe begründen, wenn der AG darlegen kann, dass ihm gerade durch die Mehrzahl der Teilzeitwünsche organisatorisch oder finanziell unverhältnismäßige Belastungen entstehen.[308] Der bloße Hinweis auf eine bestimmte Quote genügt allerdings nicht, der AG hat die Mehrkosten bzw. organisatorischen Probleme vielmehr näher darzulegen (zu Quoten in Tarifverträgen → Rn. 91).[309] Ein Rückgriff auf § 3 I Nr. 3 ATG und die dortige 5%-Quote scheidet aus, weil mit der Altersteilzeit für den AG weitaus höhere Kosten als mit einer Teilzeitbeschäftigung nach dem TzBfG verbunden sind.[310] Schöpft der AG eine tarifliche Härtefallquote nicht vollständig aus, kann das auf die fehlende wesentliche Beeinträchtigung betrieblicher Belange hindeuten. Ein derartiges Indiz kann der AG mit dem Vortrag negativer Auswirkungen der verringerten Arbeitszeit auf das tarifliche Arbeitszeitsystem entkräften.[311] Mehrere Teilzeitwünsche hat der AG nach der Reihenfolge der Antragstellung zu bescheiden. Nur dann, wenn zeitgleich mehrere Anträge gestellt werden und der AG darlegen kann, dass er aus betrieblichen Gründen nur 85

[301] BAG 18.2.2003 AP Nr. 1 zu § 8 TzBfG = NZA 2003, 911.
[302] BAG 16.3.2004 AP Nr. 10 zu § 8 TzBfG = NZA 2004, 1047.
[303] BAG 24.6.2008 AP Nr. 8 zu § 117 BetrVG 1972 = NZA 2008, 1309; 15.8.2006 AP Nr. 16 zu § 8 TzBfG = NZA 2007, 259.
[304] *Meinel/Heyn/Herms* TzBfG § 8 Rn. 70; *Lindemann/Simon* BB 2001, 146 (149).
[305] LAG Köln 15.3.2006 NZA-RR 2006, 515; ebenso *Beckschulze* DB 2000, 2598 (2602); *Boewer* TzBfG § 8 Rn. 182; *Meinel/Heyn/Herms* TzBfG § 8 Rn. 72.
[306] BAG 20.1.2015 AP Nr. 32 zu § 8 TzBfG = NZA 2015, 816.
[307] BAG 21.6.2005 AP Nr. 14 zu § 8 TzBfG = NZA 2006, 316.
[308] Vgl. Annuß/Thüsing/*Mengel* TzBfG § 8 Rn. 163; *Boewer* TzBfG § 8 Rn. 203; *Meinel/Heyn/Herms* TzBfG § 8 Rn. 69; aA ErfK/*Preis* TzBfG § 9a Rn. 44.
[309] MüKoBGB/*Müller-Glöge* TzBfG § 8 Rn. 30.
[310] ErfK/*Preis* TzBfG § 9a Rn. 44; wohl auch Annuß/Thüsing/*Mengel* TzBfG § 8 Rn. 163.
[311] BAG 13.11.2007 AP Nr. 25 zu § 8 TzBfG = NZA 2008, 314.

einzelnen Anträgen stattgeben kann, hat er die AN nach deren Gründen für die verlangte Verringerung der Arbeitszeit zu fragen, um unter den Antragstellern nach Maßgabe von § 315 BGB eine Auswahl nach billigem Ermessen vornehmen zu können.[312]

86 **6. Einstellung einer Ersatzkraft. a) Überblick.** Nach der Gesetzesbegründung ist der Einwand des AG, er finde keine geeignete zusätzliche Arbeitskraft, beachtlich, wenn er nachweisen kann, dass eine dem Berufsbild des AN, der seine Arbeitszeit verringern will, entsprechende zusätzliche Arbeitskraft auf dem für ihn maßgeblichen Arbeitsmarkt nicht zu finden ist.[313] Es ist bedauerlich, dass dieser Teil der Gesetzesbegründung nicht in das Gesetz aufgenommen worden ist. Denn dieser Ablehnungsgrund spielt bei der Prüfung der Teilzeitwünsche von Fachkräften eine große Rolle.[314] Berücksichtigt man, dass Umfragen zufolge gerade nicht die Halbtagsbeschäftigung, sondern eine Teilzeitbeschäftigung im Umfang von etwa ⅔ bis ¾ der regelmäßigen Arbeitszeit Vollzeitbeschäftigter angestrebt wird, steht der AG vor dem Problem, das verbleibende Drittel oder Viertel der regelmäßigen Arbeitszeit aufzufüllen (dazu auch → Rn. 84). Das sind je nach Arbeitszeit etwa sieben bis zehn Stunden in der Woche. Dass dies äußerst schwierig sein wird, weil es häufig nicht genügend qualifizierte Fachkräfte gibt, die in diesem zeitlichen Umfang arbeiten wollen, liegt auf der Hand.

87 **b) Geeignetheit.** Geeignet ist eine Ersatzkraft, die in der Lage ist, die anfallenden Arbeitsaufgaben nach Einweisung in den Arbeitsplatz zu erledigen. Die Eignung ist am Anforderungsprofil der jeweiligen Stelle zu messen. Bei der Bestimmung des Anforderungsprofils für die zu besetzende Stelle hat sich der AG an den bisherigen Anforderungen zu orientieren.[315] Der AG darf an die Ersatzkraft grundsätzlich keine anderen Anforderungen stellen als an den jeweiligen Inhaber der Stelle.[316] Der AG hat zum **Nachweis des Fehlens geeigneter Ersatzkräfte** seine Anstrengungen bei der Suche eines AN darzulegen und ggf. zu beweisen. Hierzu bedarf es regelmäßig einer Nachfrage bei der Agentur für Arbeit sowie einer innerbetrieblichen Stellenausschreibung.[317] Darüber hinaus wird in der Regel auch eine Stellenanzeige in der lokalen Tageszeitung sowie auf der Unternehmenshomepage im Internet erforderlich sein.[318] Der Hinweis auf die allgemeine – schlechte – Arbeitsmarktsituation ist unerheblich, weil ihr nicht zu entnehmen ist, ob und inwieweit im Einzelfall Ersatzkräfte zu erlangen sind. Denn hierbei kommt es neben den fachlichen Anforderungen an den Bewerber auch darauf an, ob es Arbeitsuchende gibt, die bereit sind, die konkrete Arbeitszeitdauer zu den frei gewordenen Zeiten zu arbeiten. Der Hinweis des AG auf Schwierigkeiten bei der Stellenbesetzung in der Vergangenheit genügt für sich allein gleichfalls nicht.[319] In Bezug auf die Eignung eines Bewerbers steht dem AG ein weitgehender **Beurteilungsspielraum** zu.[320] Es geht bei der Einstellung einer Ersatzkraft nicht nur um die Prüfung objektiver Eignungsvoraussetzungen, sondern auch um die subjektive Eignung. Die Ablehnung von Bewerbern darf allerdings nicht missbräuchlich erfolgen, um den Teilzeitwunsch des AN zu unterlaufen. Um dies überprüfen zu können, hat der AG die Ablehnungsgründe im Streitfall plausibel darzulegen.[321]

88 **c) Unverhältnismäßige Zusatzkosten.** Dem Teilzeitverlangen des AN kann der AG entgegenhalten, durch den Einsatz einer erforderlichen Ersatzkraft entstünden unverhältnismäßige zusätzliche Kosten. Ins Verhältnis zu setzen sind die Kosten, die üblicherweise mit dem eingerichteten Arbeitsplatz verbunden sind, mit denjenigen, die bei einer Arbeitsplatzteilung anfallen.[322] Unverhältnismäßig können beispielsweise die Kosten für die laufende Fortbildung sein. Dagegen kann der AN nicht erfolgreich einwenden, die Einstellung einer Ersatzkraft erübrige sich, weil er durch Arbeitsverdichtung oder Arbeitsbereitschaft außerhalb der vereinbarten

[312] Vgl. TZA/*Buschmann* TzBfG § 4 Rn. 31b.
[313] BT-Drs. 14/4374, 17.
[314] Vgl. BAG 14.10.2003 AP Nr. 6 zu § 8 TzBfG = NZA 2004, 975.
[315] BAG 14.10.2003 AP Nr. 6 zu § 8 TzBfG = NZA 2004, 975.
[316] Annuß/Thüsing/*Mengel* TzBfG § 8 Rn. 160; ErfK/*Preis* TzBfG § 9a Rn. 48.
[317] MüKoBGB/*Müller-Glöge* TzBfG § 8 Rn. 32; ErfK/*Preis* TzBfG § 9a Rn. 47.
[318] Vgl. *Boewer* TzBfG § 8 Rn. 191 f.; *Meinel/Heyn/Herms* TzBfG § 8 Rn. 76.
[319] Ebenso ArbG Mönchengladbach 30.5.2001 EzA Nr. 1 zu § 8 TzBfG; *Beckschulze* DB 2000, 2598 (2599); Annuß/Thüsing/*Mengel* TzBfG § 8 Rn. 160.
[320] Annuß/Thüsing/*Mengel* TzBfG § 8 Rn. 161; MüKoBGB/*Müller-Glöge* TzBfG § 8 Rn. 33; ErfK/*Preis* TzBfG § 9a Rn. 48; ähnlich *Rolfs* TzBfG § 8 Rn. 33.
[321] Annuß/Thüsing/*Mengel* TzBfG § 8 Rn. 161; *Meinel/Heyn/Herms* TzBfG § 8 Rn. 77.
[322] BAG 23.11.2004 AP Nr. 9 zu § 8 TzBfG = NZA 2005, 769.

Arbeitszeit das bisherige Arbeitspensum auch in der verkürzten Arbeitszeit erledigen könne.[323] Nach Auffassung des BAG haben die Kosten, die mit der Personalverwaltung zusammenhängen, außer Ansatz zu bleiben.[324] Sollen Einarbeitungskosten als „unverhältnismäßig" beurteilt werden, bedarf es hierzu eines konkreten Sachvortrags des AG.

d) Mitbestimmung des Betriebsrats bei der Einstellung der Ersatzkraft. Verweigert der BR nach § 99 III BetrVG die Zustimmung zur Einstellung der Ersatzkraft, liegt ein betrieblicher Grund zur Ablehnung des Teilzeitverlangens vor. Die Durchführung eines Zustimmungsersetzungsverfahrens nach § 99 IV BetrVG verbunden mit einer vorläufigen Einstellung gem. § 100 BetrVG ist dem AG nicht zumutbar.[325] Für die Realisierung eines Teilzeitwunschs können keine höheren Anforderungen gelten als bei einer Versetzung zur Vermeidung einer krankheitsbedingten Kündigung.[326] 89

7. Weitere entgegenstehende Gründe. Die Aufzählung der entgegenstehenden betrieblichen Gründe in § 8 IV 2 TzBfG ist nicht abschließend.[327] Dem Teilzeitwunsch eines AN können beispielsweise auch künstlerische Belange entgegenstehen.[328] Art. 5 III 1 GG schützt auch die künstlerischen Vorstellungen. Es können deshalb auch subjektive künstlerische Gesichtspunkte dem Teilzeitwunsch entgegenstehen. 90

8. Tarifvertragliche und betriebliche Überforderungsklauseln. Nach § 8 IV 3 TzBfG können die Ablehnungsgründe in einem Tarifvertrag festgelegt werden. Die tarifliche Festlegung kann auch in einem Haustarifvertrag erfolgen. Den Tarifvertragsparteien steht eine Konkretisierungsbefugnis zu. So kann ein Tarifvertrag in einer Überforderungsklausel bestimmen, wie viele Stellen mit in Teilzeit beschäftigten AN zu besetzen sind.[329] Den Betriebspartnern ist diese Möglichkeit nicht eröffnet.[330] Eine tarifliche Härtefallquote für einen Teilzeitanspruch, die persönliche Umstände, wie zB die Betreuung pflegebedürftiger Angehöriger berücksichtigt, ist nach Auffassung des BAG keine tarifliche Konkretisierung der dem Verringerungsanspruch entgegenstehenden betrieblichen Gründe im Sinne der Überforderungsquote nach § 8 IV 3 TzBfG.[331] Im Hinblick auf § 22 TzBfG können Tarifvorschriften die Ablehnungsgründe nicht erweitern. 91

X. Ablehnung des Wunsches nach Verringerung der Arbeitszeit

1. Schriftform. Kommt zwischen AG und AN eine Einigung über die Verringerung der Arbeitszeit nicht zustande, hat der AG spätestens einen Monat vor dem gewünschten Termin den Wunsch des AN in Textform (bis 31.12.2019: schriftlich) abzulehnen.[332] Die Erklärung des AG ist eine empfangsbedürftige, an den AN gerichtete Willenserklärung.[333] Maßgebend für die Fristwahrung ist der Zugang der schriftlichen Ablehnungserklärung beim AN. Eine Begründung der Ablehnung ist anders als nach § 15 VII 2 BEEG nicht erforderlich.[334] An gleichwohl mitgeteilte Ablehnungsgründe ist der AG in einem späteren Prozess nicht gebunden, er kann dort auch neue Gründe vortragen.[335] Eine mündliche Ablehnung ist gem. § 125 S. 1 BGB nichtig.[336] 92

2. Rechtsfolgen verfristeter oder verspäteter Ablehnung. Erfolgt die Ablehnung nicht frist- und formgerecht, verringert sich nach § 8 V 2 TzBfG die Arbeitszeit in dem vom AN 93

[323] BAG 21.6.2005 AP Nr. 14 zu § 8 TzBfG = NZA 2006, 316.
[324] BAG 23.11.2004 AP Nr. 9 zu § 8 TzBfG = NZA 2005, 769.
[325] Ebenso *Boewer* TzBfG § 8 Rn. 195; *Laux*/Schlachter TzBfG § 8 Rn. 214; *Meinel/Heyn/Herms* TzBfG § 8 Rn. 77; MüKoBGB/*Müller-Glöge* TzBfG § 8 Rn. 34.
[326] Dazu BAG 13.5.2015 AP Nr. 54 zu § 1 KSchG 1969 Krankheit = NZA 2015, 1249; 29.1.1997 AP Nr. 32 zu § 1 KSchG 1969 Krankheit = NZA 1997, 709.
[327] Annuß/Thüsing/*Mengel* TzBfG § 8 Rn. 158; MüKoBGB/*Müller-Glöge* TzBfG § 8 Rn. 31; ErfK/*Preis* TzBfG § 9a Rn. 45.
[328] BAG 27.4.2004 AP Nr. 12 zu § 8 TzBfG = NZA 2004, 1225.
[329] BAG 21.11.2006 AP Nr. 18 zu § 8 TzBfG; 27.4.2004 AP Nr. 12 zu § 8 TzBfG = NZA 2004, 1225.
[330] BAG 24.6.2008 AP Nr. 8 zu § 117 BetrVG 1972 = NZA 2008, 1309.
[331] BAG 13.11.2007 AP Nr. 25 zu § 8 TzBfG = NZA 2008, 314.
[332] BAG 27.6.2017 AP Nr. 34 zu § 8 TzBfG; 20.1.2015 AP Nr. 33 zu § 8 TzBfG = NZA 2015, 805.
[333] BAG 20.1.2015 AP Nr. 33 zu § 8 TzBfG = NZA 2015, 805.
[334] Vgl. Annuß/Thüsing/*Mengel* TzBfG § 8 Rn. 115; *Boewer* TzBfG § 8 Rn. 263; *Lindemann/Simon* BB 2001, 146 (149); *Meinel/Heyn/Herms* TzBfG § 8 Rn. 88; MüKoBGB/*Müller-Glöge* TzBfG § 8 Rn. 21; ErfK/*Preis* TzBfG § 9a Rn. 26; *Rolfs* TzBfG § 8 Rn. 30; aA TZA/*Buschmann* TzBfG § 4 Rn. 39.
[335] ErfK/*Preis* TzBfG § 9a Rn. 26.
[336] BAG 18.5.2004 AP Nr. 3 zu AVR Caritasverband Anlage 5 = NZA 2005, 108.

gewünschten Umfang, sofern der AN seinen Wunsch form- und fristgerecht geltend gemacht hat. Entsprechendes gilt, wenn der AG die vom AN geäußerten Wünsche zur Verteilung der Arbeitszeit nicht spätestens einen Monat vor dem gewünschten Termin schriftlich ablehnt (§ 8 V 3 TzBfG). Das Gesetz fingiert auf diese Weise eine Vertragsänderung. Der AG muss sich so behandeln lassen, als hätte er der angetragenen Vertragsänderung zugestimmt.[337] Hat der AN keinen Wunsch zur Verteilung der Arbeitszeit geäußert, beschränkt sich die Fiktion auf die Verringerung der Arbeitszeit nach Maßgabe des § 8 V 2 TzBfG. Der AG hat dann gem. § 106 GewO nach billigem Ermessen die Lage der Arbeitszeit einseitig festzulegen.[338]

94 **3. Nachträgliche Änderung der Verteilung der Arbeitszeit.** Der AG kann nach § 8 V 4 TzBfG im Wege des Weisungsrechts[339] nachträglich die Verteilung der Arbeitszeit ändern, wenn das betriebliche Interesse daran das Interesse des AN an der Beibehaltung erheblich überwiegt und der AG die Änderung spätestens einen Monat vorher ankündigt. Das einseitige Änderungsrecht setzt voraus, dass die Verteilung der Arbeitszeit nach einem Verlangen des AN einvernehmlich gem. § 8 III 2 TzBfG oder durch Fiktion nach § 8 V 3 TzBfG festgelegt wurde.[340] Es besteht ferner bei einer vom AN erfolgreich durchgesetzten Verringerung der Arbeitszeit, weil das Urteil gem. § 894 ZPO die Zustimmung des AG zu der vom AN beantragten Vertragsänderung fingiert.[341] Gleiches gilt, wenn sich die Parteien im Laufe eines Rechtsstreits um die vom AN verlangte Absenkung der Arbeitszeit im Wege des Vergleichs auf eine bestimmte Arbeitszeitverringerung verständigen. § 8 V 4 TzBfG ist ein Korrektiv für das im Rahmen des Verringerungsverlangens nach § 8 II 1 TzBfG regelmäßig zu erzielende Einvernehmen über die Verteilung der Arbeitszeit gem. § 8 III 2 TzBfG.[342] § 8 V 4 TzBfG ist jedoch nicht anzuwenden, wenn zu Beginn eines Arbeitsverhältnisses oder in seinem Verlauf eine bestimmte Lage der Arbeitszeit vereinbart wird, ohne dass eine Geltendmachung iSv § 8 II TzBfG vorausging. Die Verringerung der Dauer der Arbeitszeit kann der AG nur im Wege der Änderungskündigung rückgängig machen. § 11 TzBfG steht dem nicht entgegen, wenn der AG dringende betriebliche Erfordernisse iSv § 2 iVm § 1 II KSchG für die Änderung der Arbeitszeit anführt.

XI. Rechtsschutz des Arbeitnehmers bei Ablehnung des Antrags

95 **1. Keine Selbsthilfe.** Lehnt der AG die Verringerung der Arbeitszeit grundlos, aber form- und fristgerecht ab, steht dem AN kein Recht auf Selbsthilfe bei der Durchsetzung seines Anspruchs zu. Bleibt er eigenmächtig der Arbeit fern, riskiert er eine fristlose Kündigung wie in den Fällen der Selbstbeurlaubung.[343]

96 **2. Klage auf Zustimmung. a) Klageantrag.** Im Falle der Ablehnung des Antrags auf Verringerung der Arbeitszeit hat der AN auf Zustimmung zu seinem Antrag zu klagen. Der Kläger hat zu beantragen, „die Beklagte zu verurteilen, der Verringerung der wöchentlichen/monatlichen Arbeitszeit auf … Stunden zuzustimmen". Der Klageantrag muss keine Angaben zur Verteilung der verringerten Arbeitszeit enthalten. Fehlen diese, überlässt der AN die Verteilung der Arbeitszeit dem AG, der sie in Ausübung seines Direktionsrechts gemäß § 106 S. 1 GewO nach billigem Ermessen festzulegen hat.[344] Der Antrag, den AG zu verurteilen, den AN mit einer auf 50% der regelmäßigen Vollarbeitszeit reduzierten Arbeitszeit durch blockweise Freistellung im Monat Februar, April, Juni, August, Oktober und Dezember eines jeden Jahres zu beschäftigen, ist hinreichend bestimmt. Ein Mangel an Bestimmtheit ergibt sich nicht aus der fehlenden Angabe, auf welche Tage/Stunden die Arbeitszeit verteilt sein soll. Daraus wird lediglich deutlich, dass die Verteilung der Arbeitszeit im Übrigen dem

---

337 BAG 20.1.2015 AP Nr. 33 zu § 8 TzBfG = NZA 2015, 805.

338 BAG 18.5.2004 AP Nr. 3 zu AVR Caritasverband Anlage 5 = NZA 2005, 108.

339 Annuß/Thüsing/*Mengel* TzBfG § 8 Rn. 183; MüKoBGB/*Müller-Glöge* TzBfG § 8 Rn. 37; aA HK-TzBfG/*Boecken* § 8 Rn. 181; ErfK/*Preis* TzBfG § 9a Rn. 61 (Teilkündigung).

340 BAG 10.12.2014 AP Nr. 30 zu § 106 GewO = NZA 2015, 483.

341 MüKoBGB/*Müller-Glöge* TzBfG § 8 Rn. 38; HK-TzBfG/*Boecken* § 8 Rn. 182 (allerdings unter der Prämisse, dass es sich hierbei um ein Teilkündigungsrecht handelt); für eine analoge Anwendung *Meinel/Heyn/Herms* TzBfG § 8 Rn. 99; ErfK/*Preis* TzBfG § 9a Rn. 62; *Sievers* TzBfG § 8 Rn. 211; aA *Laux*/Schlachter TzBfG § 8 Rn. 266.

342 BAG 17.7.2007 AP Nr. 17 zu § 50 ZPO = NZA 2008, 118.

343 Annuß/Thüsing/*Mengel* TzBfG § 8 Rn. 178; *Boewer* TzBfG § 8 Rn. 265; *Preis/Gotthardt* DB 2000, 2065 (2068); *Rolfs* RdA 2001, 129 (135).

344 BAG 13.10.2009 AP Nr. 29 zu § 8 TzBfG = NZA 2010, 339; 23.11.2004 AP Nr. 9 zu § 8 TzBfG = NZA 2005, 769.

Weisungsrecht des AG unterliegen soll.[345] Die Klage ist auf Annahme des Angebots zur Vertragsänderung gerichtet und somit auf Abgabe einer Willenserklärung.[346] Die Zustimmung des AG gilt daher gem. § 894 ZPO erst mit Rechtskraft der Entscheidung als erteilt.[347] Gem. § 311a I BGB ist die Verurteilung zur Annahme eines Vertragsangebots zulässig, das rückwirkend auf eine Verringerung der Arbeitszeit zu einem in der Vergangenheit liegenden Zeitpunkt gerichtet ist.[348]

b) Maßgeblicher Zeitpunkt der gerichtlichen Prüfung. Maßgeblicher Zeitpunkt für die gerichtliche Überprüfung der Rechtmäßigkeit der Ablehnung des Teilzeitverlangens nach § 8 TzBfG ist nach Auffassung des BAG der Zeitpunkt der Ablehnung des Antrags durch den AG.[349] Dagegen spricht jedoch, dass sich nach zivilprozessualen Grundsätzen die Schlüssigkeit einer Leistungsklage nach dem klägerischen Vorbringen im Zeitpunkt der letzten mündlichen Tatsachenverhandlung beurteilt. Eine Partei ist nicht gehindert, ihr Vorbringen im Laufe des Rechtsstreits zu ändern, insbesondere zu präzisieren, zu ergänzen oder zu berichtigen.[350] Den Regelungen des TzBfG ist nichts Abweichendes zu entnehmen.[351] Insbesondere spricht § 8 VI TzBfG nicht hiergegen.[352] Zugestimmt im Sinne dieser Vorschrift hat der AG im Falle eines Rechtsstreits erst mit Rechtskraft des Urteils, weil dieses die fehlende Zustimmung des AG gem. § 894 ZPO ersetzt.[353] Wird die Klage abgewiesen, ist die Ablehnung des Antrags zu Recht erfolgt. Die Frist des § 8 VI TzBfG beginnt in diesem Fall mit dem Zugang der Ablehnungserklärung beim AN. Über den maßgeblichen Beurteilungszeitpunkt im Prozess ist § 8 VI TzBfG somit nichts zu entnehmen. Diese Bestimmung enthält lediglich eine Fristenregelung für einen neuen Antrag auf Verringerung der Arbeitszeit. 97

Die Auffassung des BAG führt im Übrigen dazu, dass ein Gericht ein **bewusst falsches Urteil** erlassen müsste, wenn sich im Laufe des Rechtsstreits die tatsächlichen Umstände verändern, also beispielsweise infolge einer Betriebsteilstilllegung vorhandene Teilzeitarbeitsplätze wegfallen, auf die sich der Kläger zunächst zutreffend berufen hat. Dem AG dürfte in einem solchen Fall nicht einmal eine Vollstreckungsabwehrklage (§ 767 ZPO) eröffnet sein, wenn beispielsweise die Betriebsteilstilllegung vor dem Schluss der letzten mündlichen Verhandlung erfolgt ist. Auf die Grundsätze, die zur Kündigungsschutzklage entwickelt worden sind, kann nicht zurückgegriffen werden, weil im Kündigungsschutzprozess im Rahmen einer Feststellungsklage die Rechtmäßigkeit der Ausübung eines Gestaltungsrechts überprüft wird.[354] Die Wirksamkeit dieser Rechtsgestaltung kann nur unter Berücksichtigung der Umstände festgestellt werden, die zum Zeitpunkt der Kündigung vorlagen. Die Klage auf Zustimmung zur Arbeitszeitverkürzung ist demgegenüber eine Leistungsklage, deren Gegenstand die Abgabe einer Willenserklärung ist. Es geht hier nicht um eine einseitige Rechtsgestaltung, sondern um die Annahme eines Antrags iSv §§ 145 ff. BGB. Daher bleibt es bei den allgemeinen prozessualen Grundsätzen. 98

3. Einstweilige Verfügung. Die Möglichkeit des einstweiligen Rechtsschutzes scheidet grundsätzlich aus, weil hierdurch die Hauptsache vorweggenommen würde.[355] Weiterhin spricht gegen den Erlass einer einstweiligen Verfügung, dass die nach § 8 IV TzBfG erforderliche Zustimmung des AG zur Arbeitszeitverringerung gem. § 894 ZPO nur durch ein rechts- 99

[345] BAG 27.6.2017 AP Nr. 34 zu § 8 TzBfG.
[346] BAG 14.10.2003 AP Nr. 6 zu § 8 TzBfG = NZA 2007, 975; 19.8.2003 AP Nr. 4 zu § 8 TzBfG.
[347] BAG 21.6.2005 AP Nr. 14 zu § 8 TzBfG = NZA 2006, 316.
[348] BAG 24.9.2019 AP Nr. 7 zu § 15 BEEG = NZA 2020, 340 (zu § 15 VII BEEG); 20.1.2015 AP Nr. 32 zu § 8 TzBfG = NZA 2015, 816.
[349] BAG 23.11.2004 AP Nr. 9 zu § 8 TzBfG = NZA 2005, 769; 18.2.2003 AP Nr. 1 zu § 8 TzBfG = NZA 2003, 911; ebenso *Boewer* TzBfG § 8 Rn. 221 ff.; *Lindemann/Simon* BB 2001, 146 (150); HWK/*Schmalenberg* TzBfG § 8 Rn. 55; *Thüsing* SAE 2004, 4 (6).
[350] BGH 5.7.1995 NJW-RR 1995, 1340; 13.8.1997 NJW-RR 1998, 712; Zöller/*Feskorn* ZPO § 300 Rn. 3.
[351] Ebenso ArbG Hannover 31.1.2002 NZA-RR 2002, 2294; MüKoBGB/*Müller-Glöge* TzBfG § 8 Rn. 28; Annuß/Thüsing/*Mengel* TzBfG § 8 Rn. 253; *Diller* NZA 2001, 289 (290); *Grobys/Bram* NZA 2001, 1175 (1178); *Rolfs* TzBfG § 8 Rn. 55; zu Unrecht diff. *Meinel/Heyn/Herms* TzBfG § 8 Rn. 123 f.
[352] AA *Boewer* TzBfG § 8 Rn. 221.
[353] MüKoBGB/*Müller-Glöge* TzBfG § 8 Rn. 42.
[354] Vgl. LKB/*Linck* KSchG § 4 Rn. 27.
[355] IErg ebenso Annuß/Thüsing/*Mengel* TzBfG § 8 Rn. 264; *Rolfs* RdA 2001, 129 (136); aA TZA/*Buschmann* TzBfG § 4 Rn. 40 ff.; *Gotthardt* NZA 2001, 1183 ff.; *Grobys/Bram* NZA 2001, 1175 (1181); mit starken Einschränkungen *Boewer* TzBfG § 8 Rn. 288; MüKoBGB/*Müller-Glöge* TzBfG § 8 Rn. 43; ErfK/*Preis* TzBfG § 9a Rn. 76; ausführlich zum Streitstand *Hahn/Gassmann* FS Leinemann, 2006, 589.

kräftiges Urteil ersetzt werden kann und damit einer vorläufigen Regelung entzogen ist. Nur ausnahmsweise kommt aus Gründen des **effektiven Rechtsschutzes** der Erlass einer einstweiligen Verfügung in Form einer Regelungsverfügung (§ 940 ZPO) in Betracht.[356] Voraussetzung hierfür ist, dass ein Obsiegen des Verfügungsklägers in der Hauptsache überwiegend wahrscheinlich, die angestrebte einstweilige Regelung dringend geboten und sich ferner bei Abwägung der beiderseitigen Interessen ergibt, dem AG sei eher als dem AN das Risiko zuzumuten, dass die weitere Aufklärung des Sachverhalts im Hauptsacheverfahren zu einer abweichenden Beurteilung der Rechtslage führt.[357] Der **Verfügungsgrund** setzt voraus, dass der Erlass der einstweiligen Verfügung zur Abwehr wesentlicher Nachteile dringend geboten ist.[358] Dies kann der Fall sein, wenn der AN, ohne die beantragte Arbeitszeitverkürzung nicht in der Lage ist, die Betreuung seiner Kinder zuverlässig zu gewährleisten.[359] Er hat insoweit darzulegen und glaubhaft zu machen, dass er alle ihm zumutbaren Anstrengungen unternommen hat, die Betreuung der Kinder sicherzustellen.[360]

XII. Neuer Antrag des Arbeitnehmers

100 Hat der AG den Antrag des AN auf Verringerung der Arbeitszeit berechtigt abgelehnt oder hat er ihm zugestimmt, kann der AN gem. § 8 VI TzBfG **frühestens nach Ablauf von zwei Jahren eine erneute Verringerung verlangen.** Die Sperrfrist dient der Planungssicherheit des AG. Ein unwirksames, insbesondere unbestimmtes Verlangen löst keine Sperrfrist aus.[361] Gleiches gilt für die unberechtigte Ablehnung eines Antrags. Wird der Antrag unter Hinweis auf die bereits erfolgte Erfüllung einer tarifvertraglich festgelegten Quote abgelehnt, wird hierdurch nicht die Sperrfrist ausgelöst.[362] Ob die Ablehnung berechtigt erfolgt ist, ist ggf. inzidenter im Rahmen der Prüfung eines neuen Antrags festzustellen.[363]

XIII. Mitbestimmung des Betriebsrats

101 **1. Personelle Einzelmaßnahmen.** Die Verringerung der Arbeitszeit ist keine Versetzung iSv § 95 III BetrVG und unterliegt damit nicht nach § 99 BetrVG der Zustimmung des BR. Denn die geänderte Arbeitszeit allein hat noch nicht zur Folge, dass sich der Arbeitsbereich iSv § 95 III BetrVG seiner Art nach ändert (näher dazu → § 241 Rn. 20 ff.).[364]

102 **2. Soziale Angelegenheiten.** Die Verringerung der Arbeitszeit kann ein Mitbestimmungsrecht des BR nach § 87 I Nr. 2 BetrVG auslösen.[365] Denn durch die Verkürzung der Arbeitszeit verändern sich notwendigerweise Beginn oder Ende der täglichen Arbeitszeit. Ob eine Verringerung der Arbeitszeit nach § 87 I Nr. 2 BetrVG mitbestimmungspflichtig ist, hängt damit entscheidend von dem im Einzelfall festzustellenden **kollektiven Bezug der Arbeitszeitveränderung** ab (dazu → § 235 Rn. 3).[366] Ein solcher wird freilich häufig vorliegen, weil die Neuverteilung der verkürzten Arbeitszeit die Interessen anderer AN berührt.[367] Da der BR nach § 80 I Nr. 2 lit. b BetrVG u.a. die allgemeine Aufgabe hat, die Vereinbarkeit von Familie und Erwerbstätigkeit zu fördern, muss er diese Gesichtspunkte bei der Ausübung seines Mitbestimmungsrechts aus § 87 I Nr. 2 BetrVG berücksichtigen. Dies führt nicht stets zum Vorrang der Interessen des AN mit Familienpflichten. Die Betriebsparteien haben bei der Abwägung der Einzel- und Kollektivinteressen vielmehr einen Beurteilungsspielraum, den sie allerdings auch im Hinblick auf Arbeitszeitverringerungswünsche der Beschäftigten ausüben müssen.[368]

---

356 Vgl. dazu *Eisemann* FS Küttner, 155.
357 LAG Hamm 6.5.2002 NZA-RR 2003, 178.
358 MüKoBGB/*Müller-Glöge* TzBfG § 8 Rn. 43; *Sievers* TzBfG § 8 Rn. 198.
359 LAG Hmb 4.9.2006 NZA-RR 2007, 122.
360 LAG RhPf 12.4.2002 NZA 2002, 856 (857); 4.1.2006 – 9 Sa 998/05; LAG Hmb 4.9.2006 NZA-RR 2007, 122.
361 BAG 16.10.2007 AP Nr. 23 zu § 8 TzBfG = NZA 2008, 289.
362 BAG 21.11.2006 AP Nr. 18 zu § 8 TzBfG = NZA 2007, 717.
363 MüKoBGB/*Müller-Glöge* TzBfG § 8 Rn. 41; ErfK/*Preis* TzBfG § 9a Rn. 65.
364 Annuß/Thüsing/*Mengel* TzBfG § 8 Rn. 272; *Boewer* TzBfG § 8 Rn. 353; aA *Schüren* AuR 2001, 321 (325).
365 Vgl. BAG 16.3.2004 AP Nr. 10 zu § 8 TzBfG = NZA 2004, 1047; 18.2.2003 AP Nr. 2 zu § 8 TzBfG = NZA 2003, 1392.
366 Im Grundsatz ebenso *Preis/Gotthardt* DB 2001, 145 (149 f.); *Rolfs* RdA 2001, 129 (137).
367 Ebenso *Richardi/Annuß* BB 2000, 2201 (2203); *Rieble/Gutzeit* NZA 2002, 7 (11).
368 BAG 16.12.2008 AP Nr. 27 zu § 8 TzBfG = NZA 2009, 565.

XIV. Abweichende Regelungen

Gem. § 22 I TzBfG sind Regelungen unwirksam, die vom gesetzlichen Verringerungsanspruch des AN „abweichen". Erfasst werden alle Vorschriften, die den Inhalt des Anspruchs zum Nachteil des AN verändern. Dies gilt auch für die Regelungen in einer **Betriebsvereinbarung,** die nicht unmittelbar und zwingend auf das Arbeitsverhältnis einwirkt, sondern nur Kraft einer arbeitsvertraglichen Bezugnahmeklausel auf das Arbeitsverhältnis Anwendung findet.[369] Das ist nicht der Fall bei einer Tarifregelung, die das Ruhen des Arbeitsverhältnisses bei Erwerbsunfähigkeit anordnet. Die hiermit verbundene mittelbare Folge, dass der Anspruch aus § 8 TzBfG vorübergehend nicht durchgesetzt werden kann, unterliegt nicht dem Verbot des § 22 I TzBfG.[370] Die **Tarifvertragsparteien** können des Weiteren über die gesetzliche Regelung hinaus Ansprüche der AN auf befristete Verringerung der Arbeitszeit begründen.[371] Sie sind frei, die Voraussetzungen und die Reihenfolge festzulegen, nach denen Anträgen auf befristete Änderung der Arbeitszeit stattzugeben ist. Dabei können sie auch die Zahl der zur Verfügung stehenden Teilzeitarbeitsplätze festlegen.[372] **103**

XV. Zeitlich begrenzte Verringerung der Arbeitszeit (Brückenteilzeit)

1. Allgemeines. Mit dem neu eingefügten § 9a TzBfG wird in Ergänzung zu dem in § 8 TzBfG geregelten Anspruch auf zeitlich nicht begrenzte Verringerung der Arbeitszeit ein **neuer Anspruch auf eine zeitlich begrenzte Verringerung der Arbeitszeit** geschaffen. Die Anspruchsvoraussetzungen und das Verfahren der Antragstellung entsprechen überwiegend den Regelungen für den Anspruch auf zeitlich nicht begrenzte Verringerung der Arbeitszeit. Durch § 9a TzBfG sollen AN die Möglichkeit erhalten, ihrem Wunsch entsprechend für einen bestimmten Zeitraum in Teilzeit zu arbeiten, ohne befürchten zu müssen, auf unbestimmte Zeit in der Teilzeittätigkeit zu verbleiben.[373] Der begehrte Zeitraum muss mindestens ein Jahr und darf höchstens fünf Jahre betragen. Freiwillige arbeitsvertragliche Regelungen sind daneben ohne weiteres möglich.[374] **104**

Teilzeitansprüche auf Grund anderer Gesetze (zum Beispiel nach dem BEEG, dem PflegeZG oder dem FPfZG bleiben unberührt.[375] Dies gilt in gleicher Weise für tarifvertragliche Regelungen, wie § 11 TVöD. Das Verhältnis der Ansprüche auf Verringerung der Arbeitszeit ist problematisch, da es eine gesetzliche Kollisionsnorm nicht gibt. Da sich die einzelnen Ansprüche in Anspruchsvoraussetzungen und Rechtsfolgen unterscheiden, muss der AN bei der Antragstellung klarstellen, in welche Form der Teilzeit er treten möchte.[376] In Zweifelsfällen hat der AG auf eine Klarstellung hinzuwirken. Dies gilt auch im Hinblick auf öffentlich-rechtliche Ausgleichsleistungen, wie sie etwa als Familiengeld im Falle einer Verringerung der Arbeitszeit nach dem FPfZG in Betracht kommen. Eine Klarstellung ist auch von Bedeutung im Hinblick auf den Sonderkündigungsschutz, der bei Verringerung der Arbeitszeit nach dem BEEG oder dem PflegeZG, nicht aber nach dem TzBfG in Betracht kommt.[377] **105**

Durch **Tarifvertrag** kann nach § 9a VI TzBfG ein abweichender Rahmen für den begehrten Zeitraum der Arbeitszeitverringerung vereinbart werden. Die Tarifvertragsparteien können aber keine Festlegungen zum Umfang der reduzierten Arbeitszeit treffen und daher keine Mindestarbeitszeit einführen.[378] Bestehende Tarifverträge, die dem AN einen Anspruch auf eine befristete Teilzeit unter anderen Voraussetzungen und in anderem Umfang gewähren, bleiben neben § 9a TzBfG wirksam und stehen unabhängig neben dem Teilzeitanspruch aus § 9a.[379] Sie modifizieren diesen nicht, während umgekehrt § 9a keinen Einfluss auf die Regelungen des Tarifvertrags nimmt.[380] **106**

---

[369] BAG 20.1.2015 AP Nr. 32 zu § 8 TzBfG = NZA 2015, 816.
[370] BAG 14.10.2003 AP Nr. 3 zu § 81 SGB IX = NZA 2004, 614.
[371] BAG 16.12.2014 NZA 2015, 825.
[372] BAG 21.11.2006 AP Nr. 18 zu § 8 TzBfG = NZA 2007, 712.
[373] BT-Drs. 19/3452, 18.
[374] *Preis/Schwarz* NJW 2018, 3673 (3674).
[375] BT-Drs. 19/3452, 17.
[376] LAG Düsseldorf 28.10.2020 – 12 Sa 450/20, zu einem Haupt- und Hilfsangebot der AN.
[377] *Bayreuther* NZA 2018, 1577 (1578).
[378] BeckOK ArbR/*Bayreuther*, 58. Ed., TzBfG § 9a Rn. 28.
[379] HK-TzBfG/*Boecken* § 9a Rn. 86.
[380] BeckOK ArbR/*Bayreuther*, 58. Ed., TzBfG § 9a Rn. 29.

107 **2. Anspruchsvoraussetzungen. a) Wartezeit.** Wie bei der Verringerung der Arbeitszeit nach § 8 TzBfG besteht eine Wartezeit von **sechs Monaten** (→ Rn. 52).

108 **b) Schwellenwert.** Anders als bei der zeitlich unbegrenzten Teilzeitarbeit nach § 8 VII TzBfG besteht der Anspruch nicht schon in Unternehmen mit mehr als 15 beschäftigten AN, sondern gem. § 9a I 3, VII TzBfG nur, wenn der AG unabhängig von der Anzahl der Personen in Berufsausbildung **mehr als 45 AN** beschäftigt. Maßgeblich ist also auch hier nicht die Größe des Betriebs, sondern die des Unternehmens (→ Rn. 50). Leiharbeitnehmer zählen nicht mit.[381] Das Gesetz sieht eine Zählung nach Köpfen und nicht – wie § 23 I 2 KSchG – eine Zählung nach dem Umfang der Beschäftigung vor.[382] Stichtag für die Berechnung ist der geplante Tag des Beginns der Brückenteilzeit. Der AG hat zum Zeitpunkt seiner Entscheidung die voraussichtliche Situation an diesem Tag zu berücksichtigen. Eventuelle Änderungen nach der Entscheidung führen nicht zu einer Revidierung der Entscheidung.[383] Maßgeblich ist nicht die zufällige Belegschaftsstärke am Stichtag, sondern die Zahl der in der Regel Beschäftigten. Erforderlich ist damit ein Rückblick auf die bisherige Personalstärke und eine Einschätzung der künftigen Entwicklung. Insoweit kann auf die Rechtsprechung zu § 23 I 2 KSchG (→ § 130 Rn. 12) zurückgegriffen werden.[384] Der Ausschuss für Arbeit und Soziales hat in diesem Zusammenhang ausdrücklich klargestellt, dass AN, die als Ersatzkräfte für Beschäftigte in Brückenteilzeit eingestellt werden, nicht zu den in der Regel Beschäftigten zählen.[385] Eine **Doppelzählung findet nicht statt.**[386] Dieser ausdrücklich dokumentierte Wille des Gesetzgebers ist bei der Auslegung des Begriffs „in der Regel" zu beachten.[387]

109 Der gegen den Schwellenwert im **Schrifttum erhobene Einwand der Willkür**[388] **ist nicht begründet.** Soweit darauf hingewiesen wird, dass 38,4% der Betriebe mangels Überschreitung des Schwellenwerts von vornherein nicht dem Anwendungsbereich des Gesetzes unterfallen, ist dies zumindest unscharf, da es für die Erreichung Schwellenwertes nicht auf die Zahl der in einem „Betrieb" beschäftigten AN ankommt, sondern auf die beim AG insgesamt beschäftigten AN (→ Rn. 108). Die Zahl dürfte demzufolge deutlich geringer sein. Der weitere Einwand,[389] entsprechende Teilzeitverlangen machten insbesondere Frauen geltend, die eine Arbeitszeitverringerung aus Gründen der Kinderbetreuung oder sonstigen persönlichen familiären Gründen anstrebten, wobei der Anteil der weiblichen Beschäftigten in Betrieben mit 1 bis 44 Beschäftigten über dem Anteil männlicher Beschäftigter liege, mag dies eine willkürliche Festsetzung des Schwellenwerts gleichfalls nicht zu begründen. Er lässt außer Acht, dass der Antrag auf die sog. „Brückenteilzeit" nach § 9a TzBfG keiner Begründung bedarf. Dass die genannten Gesichtspunkte den Gesetzgeber mit veranlasst haben, eine „Brückenteilzeit" einzuführen, ist insoweit unerheblich. Maßgeblich ist vielmehr, dass die Wahrnehmung von Betreuungsaufgaben nicht Anspruchsvoraussetzung für den Anspruch auf zeitlich begrenzte Verringerung der Arbeitszeit ist. Hinzu kommt, dass mit der Inanspruchnahme einer zeitlich begrenzten Verringerung der Arbeitszeit für den AG in der Regel ein höherer Verwaltungsaufwand verbunden ist als bei einer zeitlich unbefristeten Verringerung der Arbeitszeit, bei der der AG nicht mit der Rückkehr des AN rechnen muss.[390] Es hält sich damit im Rahmen der gesetzgeberischen Gestaltungsfreiheit, wenn ein Anspruch auf Brückenteilzeit nur in Unternehmen mit mehr als 45 Beschäftigten besteht.

110 **3. Antragsverfahren.** § 9a III TzBfG verweist bezüglich des Verfahrens der Antragstellung auf § 8 II–V TzBfG (→ Rn. 71 ff.). Der AN hat demzufolge spätestens **drei Monate vor dem gewünschten Beginn** die Verringerung der Arbeitszeit einschließlich des begehrten Zeitraums sowie Wünsche zur Verteilung der Arbeitszeit zu verlangen. Ein zu kurzfristig gestelltes Teilzeitverlangen kann nicht als annahmefähiges Angebot zum „frühestmöglichen" Termin ausgelegt werden. Dem steht entgegen, dass aufgrund der erfolgten konkreten Festlegung von Anfang und Ende der Teilzeit im Antrag nicht erkennbar ist, ob der AN überhaupt eine Verschiebung will.[391]

---

381 MüKoBGB/*Müller-Glöge* TzBfG § 9a Rn. 7; aA HWK/*Schmalenberg* TzBfG § 9a Rn. 4.
382 *Bayreuther* NZA 2018, 1577 (1579); *Preis/Schwarz* NJW 2018, 3673 (3674).
383 BT-Drs. 19/3452, 18.
384 BT-Drs. 19/5097, 16.
385 BT-Drs. 19/5097, 16.
386 Ebenso *Bayreuther* NZA 2018, 1577 (1580).
387 Zur subjektiven Auslegungsmethode BVerfG 6.6.2018 AP Nr. 170 zu § 14 TzBfG = NZA 2018, 774.
388 *Preis/Schwarz* NJW 2018, 3673 (3674).
389 *Preis/Schwarz* NJW 2018, 3673 (3675).
390 *Boecken/Hackenbroich* DB 2018, 956 (960).
391 LAG Düsseldorf 28.10.2020 – 12 Sa 450/20; MüKoBGB/*Müller-Glöge* TzBfG § 9a Rn. 11.

Ob die mangelnde Einhaltung der Frist ohne Bedeutung ist, wenn der AG trotzdem die Arbeitszeitverringerung mit dem AN ohne Vorbehalt erörtert und erst später aus sachlichen Gründen ablehnt,[392] erscheint zweifelhaft. Das führt dazu, dass der gutwillige AG, der an einer Lösung des Problems interessiert ist, Nachteile erleidet. Vom AG zu verlangen, dass er in diesem Fall die Gespräche mit dem AN zur Wahrung seiner Rechte nur führen kann, wenn er den AN zuvor auf die Nichteinhaltung der Frist und die Freiwilligkeit und Unverbindlichkeit des Gesprächs hinweist, erscheint wenig sachgerecht. AG und AN haben den Wunsch mit dem Ziel zu erörtern, zu einer Vereinbarung über die gewünschte Verringerung der Arbeitszeit und über den begehrten Zeitraum zu gelangen. Das Gesetz sieht im Hinblick auf den **Umfang der Verringerung der Arbeitszeit** bedauerlicherweise keine Grenzen vor. Es ist damit durchaus denkbar, dass ein AN die Arbeitszeit geringfügig verringert und durch die gewünschte Lage der Arbeitszeit sich letztlich nur zusätzliche freien Tage verschafft.[393] Dies ist möglich, soweit dem nicht betriebliche Belange oder der Einwand des Rechtsmissbrauchs (→ Rn. 59) entgegenstehen.[394]

4. Ablehnung des Antrags. a) Betriebliche Gründe. Der AG kann nach § 9a II TzBfG einen Antrag auf Brückenteilzeit ablehnen, wenn betriebliche Gründe entgegenstehen. Die Regelung verweist auf die entsprechende Vorschrift in § 8 IV TzBfG. Danach liegt ein betrieblicher Grund insbesondere vor, wenn die Verringerung der Arbeitszeit die **Organisation,** den **Arbeitsablauf** oder die **Sicherheit** im Betrieb wesentlich beeinträchtigt oder unverhältnismäßige **Kosten** verursacht (→ Rn. 71 ff.). Dabei ist zu beachten, dass sich bei der Brückenteilzeit betriebliche Gründe gerade auch aus der befristeten Verringerung der Arbeitszeit ergeben können, weil für eine nur befristete Überbrückung auf dem Arbeitsmarkt keine geeigneten Fachkräfte zur Verfügung stehen oder die Einarbeitungskosten unverhältnismäßig hoch sind.[395] Bei der Prüfung der betrieblichen Gründe in sog. Filialbetrieben sind nach Auffassung des Ausschusses für Arbeit und Soziales auch die Auswirkungen auf die jeweilige Filiale zu berücksichtigen. Hiernach ist zu prüfen, ob der Teilzeitwunsch ggf. durch Versetzung des AN in eine andere Filiale ermöglicht werden kann.[396] Die Ablehnungsgründe können nach § 9a II 1 Hs. 2 iVm § 8 IV 3 TzBfG auch durch Tarifvertrag festgelegt werden, etwa durch eine Festlegung von Überforderungsregeln, zB mittels einer Quote.[397] Durch das Gesetz über die Brückenteilzeit soll dieser Spielraum nicht eingeschränkt werden. Auf Grund dieser im Gesetzgebungsverfahren geäußerten Klarstellung wird deutlich, dass die Quotenregelung in § 9a II 2 TzBfG weitergehende tarifvertragliche Regelungen nicht sperrt. 111

b) Teilzeitquote. Für AG, die in der Regel insgesamt nicht mehr als 200 AN beschäftigen, enthält § 9a II 2 TzBfG eine Zumutbarkeitsgrenze. Sie können die zeitlich begrenzte Verringerung der Arbeitszeit ablehnen, wenn zum Zeitpunkt des Beginns der begehrten Verringerung **pro angefangene 15 AN bereits mindestens ein AN** zeitlich begrenzt in Teilzeit nach § 9a I TzBfG arbeitet. In diesem Fall kann der AG auch ohne Vorliegen betrieblicher Gründe einen Antrag auf Brückenteilzeit ablehnen. Das Gesetz geht damit davon aus, dass es dem AG grundsätzlich nur zuzumuten ist, je 15 AN einem AN einen zeitlich begrenzten Verringerungsanspruch nach § 9a I TzBfG zu gewähren. Bei der Berechnung des Wertes sind sowohl bei der Unternehmensgröße als auch bei der Zahl der in befristeter Teilzeit beschäftigten AN Köpfe zu zählen, wobei Auszubildende gem. § 9a VII TzBfG nicht mitzählen. Leiharbeitnehmer dürften wohl gleichfalls nicht berücksichtigungsfähig sein, weil der AG diese von vornherein nicht bei der Zahl der bereits vorhandenen befristeten Teilzeitarbeitnehmer berücksichtigen kann.[398] Bei der Ermittlung der Zahl der in Teilzeit Beschäftigten bleiben alle AN unberücksichtigt, die aus anderen Gründen mit einer verringerten Arbeitszeit arbeiten. Der AG hat deshalb bei Wünschen nach einer befristeten Verringerung der Arbeitszeit genau zu prüfen und zu dokumentieren, auf welcher Grundlage der AN diesen Wunsch an ihn heranträgt. Der Überforderungsschutz nach § 9a II 2 TzBfG kommt dem AG nämlich nicht zugute, wenn er aufgrund einer freiwilligen Vereinbarung oder etwa aufgrund der Regelungen im BEEG oder PflegeZG mit dem AN die Arbeitszeit befristet verlängert.[399] 112

---

392 So LAG Düsseldorf 28.10.2020 – 12 Sa 450/20.
393 *Preis/Schwarz* NJW 2018, 3673 (3675).
394 *Bayreuther* NZA 2018, 1577 (1579).
395 Vgl. HK-TzBfG/*Boecken* § 9a Rn. 48.
396 BT-Drs. 19/5097, 16.
397 BT-Drs. 19/5097, 16.
398 *Bayreuther* NZA 2018, 1577 (1579); MüKoBGB/*Müller-Glöge* TzBfG § 9a Rn. 9.
399 *Bayreuther* NZA 2018, 1577 (1581).

113 Haben **mehrere AN** für den gleichen Tag den Beginn einer Brückenteilzeit beantragt und hat der AG unter ihnen eine Auswahl zu treffen, hat er **nach billigem Ermessens (§ 315 BGB) zu entscheiden,** welchem AN er den Anspruch gewährt.[400] Die Entscheidung des AG entspricht billigem Ermessen, wenn die wesentlichen Umstände des Falles abgewogen und die Interessen angemessen berücksichtigt worden sind. Dabei hat er auch persönliche, soziale und familiäre Gesichtspunkte zu berücksichtigen, wie zum Beispiel Erziehungs- oder Pflegeaufgaben, die nicht durch Ansprüche nach dem BEEG, dem PflegeZG oder dem FPfZG abgedeckt werden, die Versorgung schwer erkrankter Angehöriger oder die Ausübung eines Ehrenamtes.[401] Hat der AG eine Auswahl zu treffen, ist er nach § 241 II BGB gehalten, die antragstellenden AN nach den Beweggründen für ihren Antrag zu befragen. Eine solche Nachfrage ist geboten, weil die AN den Antrag auf Brückenteilzeit an sich nicht begründen müssen und es nicht sachgerecht ist, den AN vorrangig zu berücksichtigen, der von sich aus seinen Antrag zB auf soziale und familiäre Gesichtspunkte stützt, während ein anderer entsprechend der gesetzlichen Regelung von einer Begründung absieht. Im Rahmen der Ausübung billigen Ermessens kann der AG aber auch seine berechtigten Belange mit einbringen, die gegen den Teilzeitwunsch eines der AN sprechen, wie zB dessen schwere Ersetzbarkeit.

114 **5. Fiktion.** Aus der Verweisung in § 9a III 2 TzBfG auf § 8 V 1 und 2 TzBfG folgt eine gesetzliche Fiktion. Diese tritt ein, wenn sich AG und der AN nicht auf eine befristete Verringerung der Arbeitszeit einigen und der AG nicht form- und fristgerecht dem AN die Ablehnung seines Antrags mitteilt (→ Rn. 92 ff.). Fingiert wird in diesem Fall der Umfang der Verringerung der Arbeitszeit, die Befristung der Arbeitszeitverringerung sowie die Neuverteilung der verbleibenden Arbeitszeit. Probleme bestehen, wenn der AG nur einzelne Elemente des Antrags des AN ablehnt. Hier dürfte eine Fiktion ausscheiden, weil der Antrag des AN regelmäßig als einheitlicher Antrag auszulegen sein wird, der nur einheitlich angenommen werden kann. Lehnt der AG den Antrag ab, weil er mit einem der Elemente nicht einverstanden ist, greift § 150 II BGB.[402] In diesem Fall ist die Erklärung des AG allerdings auszulegen und zu prüfen, ob er nur mit einem der Elemente des Antrags nicht einverstanden ist, andere hingegen akzeptiert, oder ob er sich nur beispielhaft auf einen Grund stützt, tatsächlich aber auch die anderen Aspekte des Antrags ablehnt.

115 **6. Sperrfristen. a) Während der befristeten Verringerung der Arbeitszeit.** Nach § 9a IV TzBfG kann der AN während der Dauer der zeitlich begrenzten Verringerung der Arbeitszeit keine weitere Verringerung und keine Verlängerung seiner Arbeitszeit nach diesem Gesetz verlangen. Dies gilt auch für eine Verlängerung nach § 9 TzBfG. Durch diese Regelung ist allerdings eine weitere Verringerung der Arbeitszeit nach anderen Bestimmungen nicht ausgeschlossen. Ein AN kann deshalb zB während der zeitlich befristeten Verringerung der Arbeitszeit nach § 9a TzBfG die Arbeitszeit vorübergehend wegen der Inanspruchnahme von Pflegezeit oder Elternzeit weiter verkürzen. Ebenso kann ein AN umgekehrt im Anschluss an eine Teilzeit nach diesen Gesetzen in eine solche nach § 9a TzBfG wechseln. In diesem Fall hat er allerdings die dreimonatige Ankündigungsfrist zu wahren und vertragsgemäß zu arbeiten.[403]

116 **b) Nach Rückkehr zur vertraglichen Arbeitszeit.** Nach Rückkehr zur vertraglich vereinbarten Arbeitszeit nach einer zeitlich befristeten Verringerung der Arbeitszeit gem. § 9a I TzBfG kann der AN eine erneute Verringerung der Arbeitszeit nach dem TzBfG gem. § 9a V 1 TzBfG frühestens ein Jahr nach der Rückkehr zu vertraglichen Arbeitszeit verlangen. Diese Regelung erfasst auch den Antrag nach § 8 TzBfG,[404] nicht jedoch andere vorherige Teilzeitansprüche nach anderen Rechtsgrundlagen außerhalb des TzBfG.[405]

117 **c) Nach Ablehnung des Antrags.** Für einen erneuten Antrag auf Verringerung der Arbeitszeit nach berechtigter Ablehnung aufgrund entgegenstehender betrieblicher Gründe gilt gem. § 9a V 2 TzBfG die Regelung § 8 VI TzBfG entsprechend (→ Rn. 100) mit der Folge, dass der AN eine erneute Verringerung der Arbeitszeit frühestens nach Ablauf von zwei Jahren, nachdem der AG eine Verringerung berechtigt abgelehnt hat, verlangen kann. § 9a V 1 TzBfG Nach berechtigter Ablehnung auf Grund der Zumutbarkeitsregelung kann der AN frühestens

---

[400] MüKoBGB/*Müller-Glöge* TzBfG § 9a Rn. 16.
[401] BT-Drs. 19/3452, 18.
[402] *Bayreuther* NZA 2018, 1577 (1578); *Preis/Schwarz* NJW 2018, 3673 (3676).
[403] *Bayreuther* NZA 2018, 1577 (1580); *Preis/Schwarz* NJW 2018, 3673 (3677).
[404] BT-Drs. 19/3452, 19.
[405] LAG Düsseldorf 28.10.2020 – 12 Sa 450/20.

nach Ablauf von einem Jahr erneut eine Verringerung der Arbeitszeit verlangen. Der Antrag kann frühestens nach Ablauf der der Frist gestellt werden.[406]

XVI. Verlängerung der Arbeitszeit

1. Allgemeines. Nach § 9 TzBfG hat der AG einen teilzeitbeschäftigten AN, der ihm in Textform den Wunsch nach einer Verlängerung seiner vertraglich vereinbarten Arbeitszeit angezeigt hat, bei der Besetzung eines Arbeitsplatzes bevorzugt zu berücksichtigen, es sei denn, dass **(1)** es sich dabei nicht um einen entsprechenden freien Arbeitsplatz handelt oder **(2)** der teilzeitbeschäftigte AN nicht mindestens gleich geeignet ist wie ein anderer vom AG bevorzugter Bewerber oder **(3)** Arbeitszeitwünsche anderer teilzeitbeschäftigter AN oder **(4)** dringende betriebliche Gründe entgegenstehen. Mit dieser **zum 1.1.2019 in Kraft getretenen Neufassung** des § 9 TzBfG hat der Gesetzgeber die Darlegungs- und Beweislast in zwei Punkten (kein entsprechender freier Arbeitsplatz sowie nicht mindestens gleiche Eignung des teilzeitbeschäftigen AN wie ein anderer vom AG bevorzugter Bewerber) geändert und dem AG zugewiesen.[407] Eine Änderung des materiellen Rechts – mit Ausnahme der Verlagerung der Darlegungs- und Beweislast und der Textform für den Antrag – soll die Neufassung des § 9 TzBfG nicht bewirken.[408] Klarstellend sieht das Gesetz nunmehr in § 9 S. 2 TzBfG vor, dass ein freier zu besetzender Arbeitsplatz vorliegt, wenn der AG die Organisationsentscheidung getroffen hat, diesen zu schaffen oder einen unbesetzten Arbeitsplatz neu zu besetzen (→ Rn. 121). Dabei unterliegt auch der Stellenzuschnitt der Organisationsentscheidung des AG. Hierzu gehört auch die Festlegung der Lage für die Erbringung der Arbeitsleistung. Nach der Gesetzesbegründung ist ein **„entsprechender" Arbeitsplatz** regelmäßig gegeben, wenn auf diesem die gleiche oder eine zumindest vergleichbare Tätigkeit auszuüben ist, wie sie die oder der Teilzeitbeschäftigte schuldet. Beide Tätigkeiten müssen in der Regel dieselben Anforderungen an die persönliche und fachliche Eignung des AN stellen.[409] Als ein entsprechender Arbeitsplatz gilt auch ein Arbeitsplatz mit höherwertiger Tätigkeit, wenn der Teilzeitbeschäftigte vor der Arbeitszeitverringerung bereits eine höherwertige Tätigkeit ausgeübt hat und nur wegen der Teilzeitmöglichkeit auf eine niedrigere Hierarchiestufe gewechselt ist (→ Rn. 122). Bei dem Arbeitsplatz kann es sich auch um einen neu eingerichteten Arbeitsplatz handeln. Kein freier Arbeitsplatz liegt vor, wenn der AG ein freies Arbeitszeitvolumen zur Erhöhung der Arbeitszeit bereits beschäftigter Teilzeitarbeitnehmer zur Verfügung stellt (→ Rn. 123). Inhaltlich richtet sich der Anspruch auf die Zustimmung des AG zur Arbeitszeitverlängerung. Dieser hat den Antrag des AN anzunehmen, soweit nicht einer der gesetzlich bestimmten Zustimmungsverweigerungsgründe vorliegt.[410] § 9 TzBfG begründet damit – wenn sich keine besser geeigneten Konkurrenten bewerben – einen einklagbaren Rechtsanspruch des AN auf Verlängerung seiner Arbeitszeit durch Vertragsänderung.[411] Hat der AG eine freie Stelle ermessensfehlerhaft endgültig anderweitig besetzt, steht dem AN kein Anspruch auf bevorzugte Berücksichtigung zu, er kann vielmehr lediglich Schadensersatz in Geld verlangen (→ Rn. 127).[412] 118

2. Anspruchsberechtigte. Alle teilzeitbeschäftigten AN und nicht nur diejenigen, die zuvor ihre Arbeitszeit nach § 8 TzBfG reduziert haben, können nach Maßgabe von § 9 TzBfG eine Verlängerung der Arbeitszeit beanspruchen.[413] Vollzeitbeschäftigten steht dieser Anspruch nicht zu. § 9 TzBfG dient nicht dazu, Überstunden, die ein AN in der Vergangenheit geleistet hat, mit Wirkung für die Zukunft zu verstetigen. Die regelmäßige Arbeitszeit des Vollzeitbeschäftigten bildet daher die Obergrenze des Arbeitszeitverlängerungsanspruchs nach dieser Bestimmung.[414] Der Anspruch besteht in allen Betrieben. Eine Beschränkung auf Unternehmen mit 119

---

406 AA *Preis/Schwarz* NJW 2018, 3673 (3676 f.).

407 BT-Drs. 19/3452, 16; MüKoBGB/*Müller-Glöge* TzBfG § 9 Rn. 15.

408 So ausdrücklich die Begründung des Regierungsentwurfs, BT-Drs. 19/3452, 16 und der Ausschuss für Arbeit und Soziales BT-Drs. 19/5097, 17.

409 BT-Drs. 19/3452, 17.

410 BAG 13.2.2007 AP Nr. 2 zu § 9 TzBfG = NZA 2007, 807.

411 BAG 23.3.2016 AP Nr. 73 zu § 307 BGB = NZA 2016, 881; 16.9.2008 AP Nr. 6 zu § 9 TzBfG = NZA 2008, 1285; 8.5.2007 AP Nr. 3 zu § 9 TzBfG = NZA 2007, 1349.

412 BT-Drs. 19/5097, 17; *Bayreuther* NZA 2018, 1577 (1582); *Preis/Schwarz* NJW 2018, 3673 (3678).

413 BT-Drs. 14/4374, 18; BAG 8.5.2007 AP Nr. 3 zu § 9 TzBfG = NZA 2007, 1349; Annuß/Thüsing/*Jacobs* TzBfG § 9 Rn. 4; MüKoBGB/*Müller-Glöge* TzBfG § 9 Rn. 3; ErfK/*Preis* TzBfG § 9 Rn. 3.

414 BAG 21.6.2011 AP Nr. 7 zu § 9 TzBfG = NZA 2011, 1274.

in der Regel mehr als 15 AN, wie sie § 8 VII TzBfG enthält, gibt es im Geltungsbereich von § 9 TzBfG nicht.[415] Es gibt auch keine Wartezeit und keine Veränderungssperre, wie sie in § 8 VI TzBfG enthalten ist.[416] § 9 TzBfG gilt auch für befristet Beschäftigte, sofern sie teilzeitbeschäftigt sind. Diese können für die verbleibende Vertragsdauer die Erhöhung ihrer Arbeitszeit verlangen und nach einem hinreichend bestimmten Vertragsangebot bei Vorliegen der Voraussetzungen des § 9 TzBfG auch durchsetzen.[417]

120 **3. Gegenstand des Anspruchs.** § 9 TzBfG begründet unter den näher geregelten Voraussetzungen einen Anspruch des AN gegen den AG auf Verlängerung der vertraglich vereinbarten Arbeitszeit. Aufgrund eines angezeigten Verlängerungswunsches hat der AG dem AN jedoch nicht schon bei der Besetzung eines freien Arbeitsplatzes einen Antrag iSv § 145 BGB auf Abschluss eines Arbeitsvertrags mit erhöhter Arbeitszeit zu unterbreiten. Durch die Anzeige des AN wird der AG vielmehr nur verpflichtet, den AN gem. § 7 III TzBfG über den zu besetzenden Arbeitsplatz zu informieren. Es ist dann Sache des AN, sich hierfür zu entscheiden. Ist das der Fall, hat er ein hierauf bezogenes Vertragsangebot an den AG zu richten. Das Vertragsangebot hat hierbei den Anforderungen des § 145 BGB zu genügen. Es muss deshalb so formuliert sein, dass der vom AN gewünschte Änderungsvertrag durch die bloße Zustimmung des AG zustande kommt.[418] Aus dem Unterlassen einer an sich gebotenen Information durch den AG ergeben sich keine anderen Rechtsfolgen. Auch dann ist es Sache des AN, ein Vertragsangebot zu unterbreiten und, soweit keine Einigung zustande kommt, den Anspruch gerichtlich zu verfolgen.[419] An dieser Rechtslage hat sich durch die zum 1.1.2019 in Kraft getretene Neufassung des § 9 TzBfG nichts geändert, weil diese ausweislich der Gesetzesbegründung eine Änderung des materiellen Rechts – mit Ausnahme der Verlagerung der Darlegungs- und Beweislast und der Textform für den Antrag – nicht bewirken sollte.[420]

121 **4. Freier Arbeitsplatz.** Der Anspruch setzt voraus, dass der AG einen „entsprechenden freien Arbeitsplatz“ zu besetzen hat. Dazu muss zumindest ein freier und nach dem Willen des AG zu besetzender Arbeitsplatz vorhanden sein.[421] Maßgeblich ist, ob unter Berücksichtigung der Organisationsfreiheit des AG bei Antragstellung ein geeigneter Arbeitsplatz mit dem vom AN begehrten Arbeitszeitvolumen zum Zeitpunkt des beantragten Beginns der Arbeitszeitverlängerung vorliegt.[422] Dabei unterliegt es der unternehmerischen Entscheidung, ob der AG Aufgaben durch freie Mitarbeiter oder durch AN erfüllen lässt, sofern er sich dabei durch plausible wirtschaftliche oder unternehmenspolitische Überlegungen leiten lässt.[423] Die angestrebte Stelle muss mit dem bisherigen Arbeitsplatz vergleichbar sein. Das ist zu bejahen, wenn es sich um gleiche oder zumindest ähnliche Tätigkeiten handelt. Ein **entsprechender Arbeitsplatz** liegt im Regelfall vor, wenn der zu besetzende Arbeitsplatz dem vertraglich vereinbarten Tätigkeitsbereich und der dafür notwendigen Eignung und Qualifikation entspricht. Das ist insbesondere anzunehmen, wenn der AG dem AN die angestrebte Tätigkeit durch Ausübung seines Direktionsrechts nach § 106 S. 1 GewO zuweisen könnte. Ein zu besetzender Arbeitsplatz gilt auch dann als „entsprechend“ iSv § 9 TzBfG, wenn der nicht tarifgebundene AG die Tätigkeit dort ohne vertragliche Bezugnahme auf den Tarifvertrag „tariffrei“ vergüten will. Der AG ist im Übrigen nicht verpflichtet, den freien Arbeitsplatz den Arbeitszeitwünschen des AN anzupassen.[424] So kann etwa in einem Filialbetrieb mit starkem Arbeitsanfall lediglich am Vormittag ein AN, der am Vormittag arbeitet und seine Arbeitszeit verlängern möchte, nicht verlangen, dass der AG eine für den Vormittag ausgeschriebene Stelle so ändert, dass der AN zusätzlich auch am Nachmittag arbeiten kann.[425]

---

[415] *Meinel/Heyn/Herms* TzBfG § 9 Rn. 12; *Rolfs* RdA 2001, 129 (139).
[416] MüKoBGB/*Müller-Glöge* TzBfG § 9 Rn. 3.
[417] BAG 16.1.2008 AP Nr. 5 zu § 9 TzBfG = NZA 2008, 701.
[418] BAG 27.2.2018 AP Nr. 10 zu § 9 TzBfG = NZA 2018, 1075.
[419] BAG 27.2.2018 AP Nr. 10 zu § 9 TzBfG = NZA 2018, 1075; 23.3.2016 AP Nr. 73 zu § 307 BGB = NZA 2016, 881; 1.6.2011 AP Nr. 64 zu § 99 BetrVG 1972 Einstellung = NZA 2011, 1435; 16.9.2008 AP Nr. 6 zu § 9 TzBfG = NZA 2008, 1285.
[420] So ausdrücklich die Begründung des Regierungsentwurfs, BT-Drs. 19/3452, 16 und der Ausschuss für Arbeit und Soziales BT-Drs. 19/5097, 17.
[421] BAG 17.10.2017 AP Nr. 9 zu § 9 TzBfG = NZA 2018, 174; 23.3.2016 AP Nr. 73 zu § 307 BGB = NZA 2016, 881; 18.7.2017 AP Nr. 8 zu § 9 TzBfG = NZA 2017, 1401.
[422] BAG 17.10.2017 AP Nr. 9 zu § 9 TzBfG = NZA 2018, 174.
[423] BAG 2.9.2009 AP Nr. 66 zu § 14 TzBfG = NZA 2009, 1253.
[424] BAG 8.5.2007 AP Nr. 3 zu § 9 TzBfG = NZA 2007, 1349.
[425] BT-Drs. 19/3452, 17.

Der AN hat idR keinen Anspruch auf **Übertragung einer höherwertigen Tätigkeit.**[426] Nach der Rechtsprechung des BAG gilt dieser Grundsatz allerdings nicht, wenn die Personalorganisation des AG Teilzeitarbeit lediglich auf einer niedrigeren Hierarchiestufe als der bisher eingenommenen zulässt. Der AG binde sich dann selbst: Die Grenze zwischen den beiden Hierarchieebenen werde durchlässig. Der AN könne deshalb verlangen, dass sein Interesse bei der Besetzung einer höherwertigen freien Stelle mit längerer Arbeitszeit vorrangig berücksichtigt wird, wenn das Anforderungsprofil der früheren Tätigkeit entspreche.[427] Der AN hat jedoch regelmäßig keinen gesetzlichen Anspruch darauf, dass der AG einzurichtende und zu besetzende Arbeitsplätze nach den Arbeitszeitwünschen des AN zuschneidet oder die für einen anderen Arbeitsplatz vorgesehene Arbeitszeit ganz oder teilweise ihm zuteilt.[428] **122**

Der AG ist nicht verpflichtet, aus Anlass des vom AN geäußerten Wunschs einen **neuen Arbeitsplatz zu schaffen** oder Arbeitsplätze zusammenzulegen.[429] Dies gilt auch nach der Neufassung des § 9 TzBfG.[430] Er hat auch nicht zur Schaffung eines freien Arbeitsplatzes **Überstunden** abzubauen.[431] Richtet der AG einen weiteren Teilzeitarbeitsplatz ein, kann der AN nicht verlangen, dass das Arbeitszeitvolumen stattdessen seinem Arbeitsplatz zugeschlagen wird.[432] Die Einrichtung neuer Arbeitsplätze ist eine freie unternehmerische Entscheidung. Wenn der AG wegen des gestiegenen Personalbedarfs neue Teilzeitarbeitsplätze einrichtet und dadurch die Aufstockung der Arbeitszeit für die bereits Teilzeitbeschäftigten objektiv verhindert, müssen für diese Maßnahme nach Auffassung des BAG allerdings arbeitsplatzbezogene Sachgründe vorliegen.[433] Andererseits liegt in der Entscheidung, einen entstandenen Arbeitskräftebedarf durch Erhöhung der Arbeitszeit eines bereits beschäftigten AN zu befriedigen, nicht die Einrichtung eines entsprechenden freien Arbeitsplatzes iSv § 9 TzBfG.[434] Deckt der AG seinen erhöhten Arbeitskräftebedarf durch Verlängerung der Arbeitszeit teilzeitbeschäftigter AN, ist er bei der Auswahl, welcher Teilzeitkraft er zu diesem Zweck eine Vertragsänderung anbietet, frei, weil der Anwendungsbereich des § 9 TzBfG nicht eröffnet ist.[435] Der AG wird durch § 9 TzBfG nicht verpflichtet, das gestiegene Arbeitszeitvolumen anteilig auf alle interessierten Teilzeitbeschäftigten zu verteilen. Die Organisationsfreiheit darf allerdings nicht dazu genutzt werden, den Anspruch aus § 9 TzBfG leerlaufen zu lassen.[436] Bei der Feststellung der Eignung für den freien Arbeitsplatz hat der AG einen Beurteilungsspielraum.[437] **123**

5. Ablehnungsgründe. Der AG kann den Wunsch nach Verlängerung der Arbeitszeit gem. § 9 TzBfG aus den dort genannten vier Gründen ablehnen (→ Rn. 118). Bei mehreren gleich geeigneten Teilzeitbeschäftigten kann der AG unter diesen grundsätzlich frei auswählen. Er hat seine Entscheidung nach billigem Ermessen zu treffen. Es bleibt bei der bisherigen Rechtslage. Nach wie vor hat der AG auch zu belegen, dass dringende betriebliche Gründe oder Arbeitszeitwünsche anderer Teilzeitbeschäftigter entgegenstehen. Dies ist zB der Fall, wenn der AG den Arbeitsplatz aus rechtlichen Gründen an eine andere AN vergeben muss, zum Beispiel nach Rückkehr aus der Elternzeit.[438] Bezüglich der betrieblichen Gründe stellt das Gesetz in § 9 TzBfG höhere Anforderungen an die Gründe, die den AG zur Ablehnung des Wunschs nach einer Verlängerung der Arbeitszeit berechtigen als in § 8 TzBfG an die Ablehnung des Wunschs nach einer Arbeitszeitverkürzung. Gefordert werden „dringende" betriebliche und nicht nur „betriebliche" Gründe. Solche Gründe liegen nach Auffassung des BAG nur dann vor, wenn sie gleichsam zwingend sind. Erforderlich ist ein betrieblicher **124**

---

[426] *Meinel/Heyn/Herms* TzBfG § 9 Rn. 20; MüKoBGB/*Müller-Glöge* TzBfG § 9 Rn. 9; ErfK/*Preis* TzBfG § 9 Rn. 6.
[427] BAG 16.9.2008 AP Nr. 6 zu § 9 TzBfG = NZA 2008, 1285.
[428] BAG 23.3.2016 AP Nr. 73 zu § 307 BGB = NZA 2016, 881; 15.8.2006 AP Nr. 1 zu § 9 TzBfG = NZA 2007, 255.
[429] BAG 17.10.2017 AP Nr. 9 zu § 9 TzBfG = NZA 2018, 174; 23.3.2016 AP Nr. 73 zu § 307 BGB = NZA 2016, 881; ErfK/*Preis* TzBfG § 9 Rn. 5a.
[430] BT-Drs. 19/3452, 17.
[431] BAG 18.7.2017 AP Nr. 8 zu § 9 TzBfG = NZA 2017, 1401; *Meinel/Heyn/Herms* TzBfG § 9 Rn. 17.
[432] MüKoBGB/*Müller-Glöge* TzBfG § 9 Rn. 8; ErfK/*Preis* TzBfG § 9 Rn. 5a; HK-TzBfG/*Boecken* § 9 Rn. 14.
[433] BAG 17.10.2017 AP Nr. 9 zu § 9 TzBfG = NZA 2018, 174; 23.3.2016 AP Nr. 73 zu § 307 BGB = NZA 2016, 881; 13.2.2007 AP Nr. 2 zu § 9 TzBfG = NZA 2007, 807.
[434] BAG 17.10.2017 AP Nr. 9 zu § 9 TzBfG = NZA 2018, 174.
[435] BAG 17.10.2017 AP Nr. 9 zu § 9 TzBfG = NZA 2018, 174.
[436] BAG 1.6.2011 AP Nr. 64 zu § 99 BetrVG 1972 Einstellung = NZA 2011, 1435; 13.2.2007 AP Nr. 2 zu § 9 TzBfG = NZA 2007, 807.
[437] MüKoBGB/*Müller-Glöge* TzBfG § 9 Rn. 9; ErfK/*Preis* TzBfG § 9 Rn. 7; *Sievers* TzBfG § 9 Rn. 31.
[438] BT-Drs. 19/3452, 17.

Grund von ganz besonderem Gewicht. Während sich der Verlängerungsanspruch des AN auf das gesamte Unternehmen erstreckt, ist der entgegenstehende dringende Grund auf den Betrieb beschränkt.[439]

125 **6. Mitbestimmung des Betriebsrats.** § 9 TzBfG gewinnt in Betrieben mit BR an zusätzlicher Bedeutung. Der beabsichtigten Einstellung eines AN könnte der BR unter Hinweis auf § 99 II Nr. 3 BetrVG mit der Begründung widersprechen, bei einer anderweitigen Besetzung des freien Arbeitsplatzes könnte der an einer Aufstockung seiner Arbeitszeit interessierte Teilzeitarbeitnehmer den Nachteil erleiden, seinen Rechtsanspruch nach § 9 TzBfG nicht mehr durchsetzen zu können.[440]

126 **7. Durchsetzung des Anspruchs.** § 9 TzBfG begründet einen einklagbaren Rechtsanspruch des in Teilzeit beschäftigten AN auf Verlängerung seiner Arbeitszeit durch Vertragsänderung, wenn sich keine besser geeigneten Konkurrenten bewerben. Prozessual hat der AN darzulegen, dass er an den AG ein Vertragsangebot auf Verlängerung der Arbeitszeit gerichtet hat. Der AG hat sodann darzulegen und im Streitfall zu beweisen, dass im Unternehmen kein geeigneter Arbeitsplatz frei ist, der AN nicht mindestens gleich geeignet wie andere Bewerber ist oder dass der Aufstockung Arbeitszeitwünsche anderer Beschäftigter entgegenstehen. Der AN hat sich hierzu § 138 II ZPO konkret zu erklären und im Rahmen seiner sekundären Darlegungslast auszuführen, warum seiner Auffassung nach der Vortrag des AG unzutreffend ist. Hierauf wiederum hat der AG substantiiert zu erwidern. Es gelten somit die Grundsätze einer abgestuften Darlegungs- und Beweislast.[441]

127 **8. Schadensersatz.** Besetzt ein AG eine freie Stelle iSd § 9 TzBfG, führt dies zum Untergang des Anspruchs des AN auf Vertragsänderung (§ 275 I BGB). In diesem Fall hat der AG dem AN Schadensersatz nach Maßgabe der §§ 249 ff. BGB zu leisten, sofern er das zur Unmöglichkeit führende Verhalten zu vertreten hat (§ 275 I, IV, § 280 I, III, § 281 II, § 283 S. 1 BGB). Der Schadensersatzanspruch richtet sich auf den finanziellen Ausgleich der Nachteile, die der AN infolge der Stellenbesetzung in kausal-adäquater Weise erleidet. Ein Anspruch auf Vertragsänderung kommt nach der Wertung des § 15 VI AGG nicht in Betracht.[442] Hieran hat sich durch die Neufassung des § 9 TzBfG nichts geändert.[443] Der Anspruch ist nach der Rechtsprechung des BAG grundsätzlich nicht zeitlich begrenzt, weil die schuldhafte Nichterfüllung des Anspruchs aus § 9 TzBfG stetig andauert.[444]

XVII. Maßregelungs- und Kündigungsverbot

128 Nach **§ 5 TzBfG** darf der AG den AN nicht wegen der Inanspruchnahme von Rechten nach dem TzBfG benachteiligen. Dieses Benachteiligungsverbot ergibt sich bereits aus dem Maßregelungsverbot des § 612a BGB (dazu → § 108 Rn. 1 ff.). Einen weitergehenden Schutz gewährt § 5 TzBfG nicht.[445] Das in **§ 11 TzBfG** normierte Verbot einer Kündigung wegen der Weigerung eines AN, von einem Vollzeit- in ein Teilzeitarbeitsverhältnis oder umgekehrt zu wechseln, schließt nur Kündigungen aus, bei denen die Weigerung der tragende Beweggrund der Kündigung ist. Das Recht zur Kündigung aus anderen Gründen wird durch § 11 S. 2 TzBfG nicht ausgeschlossen. Zu diesen anderen Gründen gehören insbes. wirtschaftliche, technische und organisatorische Gründe, die eine Änderung oder Beendigung des Arbeitsverhältnisses bedingen.[446] Insoweit gelten die zu § 613a IV BGB entwickelten Grundsätze entsprechend. Deshalb ist eine Änderungskündigung von Vollzeitkräften zur Verringerung der Arbeitszeit wegen zurückgehendem Arbeitsanfall nach wie vor möglich.[447]

[439] BAG 16.9.2008 AP Nr. 6 zu § 9 TzBfG = NZA 2008, 1285; 15.8.2006 AP Nr. 1 zu § 9 TzBfG = NZA 2007, 255.
[440] BAG 1.6.2011 AP Nr. 64 zu § 99 BetrVG 1972 Einstellung = NZA 2011, 1435.
[441] *Bayreuther* NZA 2018, 1577 (1582).
[442] BAG 18.7.2017 AP Nr. 8 zu § 9 TzBfG = NZA 2017, 1401.
[443] BT-Drs. 19/5097, 17; *Bayreuther* NZA 2018, 1577 (1582); *Preis/Schwarz* NJW 2018, 3673 (3678).
[444] BAG 16.9.2008 AP Nr. 6 zu § 9 TzBfG = NZA 2008, 1285.
[445] Annuß/Thüsing/*Thüsing* TzBfG § 5 Rn. 1; ErfK/*Preis* TzBfG § 5 Rn. 1.
[446] Vgl. *Preis/Gotthardt* DB 2000, 2065 (2069); *Rolfs* RdA 2001, 129 (131).
[447] Ebenso *Hromadka* NJW 2001, 400 (403); *Preis/Gotthardt* DB 2000, 2065 (2069); *Rolfs* RdA 2001, 129 (131); *Schiefer* DB 2000, 2118 (2121).

§ 44. Geringfügige Beschäftigung

Übersicht

I. Allgemeines

1. Rechtliche Einordnung. Geringfügig Beschäftigte sind AN, bei denen die **allgemeinen** 1
Voraussetzungen des Arbeitnehmerbegriffs (dazu → § 8 Rn. 1 ff.) erfüllt sind. Das ist in § 2 II TzBfG klargestellt, wonach auch geringfügig Beschäftigte iSv § 8 I Nr. 1 SGB IV teilzeitbeschäftigte AN sind. Für geringfügig Beschäftigte gelten arbeitsrechtlich keine Besonderheiten. Sie haben wie Vollzeitbeschäftigte Anspruch auf den gesetzlichen Mindesturlaub, Entgeltfortzahlung im Krankheitsfall (die Sonderregelung in § 1 III Nr. 2 LFZG ist im Jahre 1994 außer Kraft getreten) und Feiertagsvergütung. Geringfügig Beschäftigte unterliegen dem allgemeinen und besonderen Kündigungsschutz.[1] Das **Verbot der Benachteiligung wegen Teilzeitarbeit** aus § 4 I TzBfG gilt auch gegenüber geringfügig Beschäftigten.[2] Sieht ein Sozialplan einen Kinderzuschlag zur Abfindung vor, haben auch geringfügig Beschäftigte einen Anspruch hierauf in der Höhe, die dem Verhältnis ihrer Arbeitszeit zu der Vollzeitbeschäftigter entspricht.[3] Ob eine geringfügige Beschäftigung vorliegt, ist vor allem von **sozialversicherungs- und steuerrechtlicher Bedeutung.** Denn nach § 7 S. 1 SGB V und § 5 II SGB VI sind geringfügig Beschäftigte grundsätzlich in der gesetzlichen Krankenversicherung und der gesetzlichen Rentenversicherung versicherungsfrei. Im Steuerrecht gibt es in § 40a EStG für die Besteuerung geringfügig Beschäftigter Sonderregelungen. Aus dieser beitrags- und abgabenrechtlichen Behandlung des Arbeitsverdienstes kann jedoch nicht auf das Zustandekommen einer arbeitsvertraglichen **Nettolohnvereinbarung**

[1] BAG 13.3.1987 AP Nr. 37 zu § 1 KSchG 1969 Betriebsbedingte Kündigung = NZA 1987, 629.
[2] BAG 25.4.2007 AP Nr. 14 zu § 4 TzBfG = NZA 2007, 881.
[3] LAG Brem 27.4.2006 NZA-RR 2007, 68.

geschlossen werden. Insoweit ist zwischen dem sozialversicherungsrechtlichen Beschäftigungsverhältnis bzw. dem öffentlich-rechtlichen Steuerschuldverhältnis einerseits und dem privatrechtlichen Arbeitsverhältnis andererseits zu unterscheiden. Aus den einschlägigen sozialversicherungsrechtlichen und steuerrechtlichen Bestimmungen ergibt sich lediglich die von Gesetzes wegen vorgegebene beitrags- und abgabenrechtliche Behandlung des Arbeitsverdienstes, nicht jedoch der übereinstimmende Wille der Vertragsparteien, die Vergütung losgelöst von diesen gesetzlichen Regelungen als Nettolohn zu behandeln.[4]

2 **2. Gesetzlicher Mindestlohn.** Der gesetzliche Mindestlohn von 9,60 EUR (ab 1.1.2022: 9,82 EUR) gilt auch für geringfügig beschäftigte AN.[5] Das hat für die „entgeltgeringfügig" Beschäftigten (dazu → Rn. 5 ff.) zur Folge, dass die Arbeitszeit ab 1.7.2021 auf eine maximale regelmäßige Stundenzahl von 46,88 Std./Monat und ab 1.1.2022 auf 45,82 Std./Monat begrenzt ist. Bei einer längeren regelmäßigen monatlichen Arbeitszeit wird unter Berücksichtigung des Mindestlohns die Geringfügigkeitsgrenze von 450,00 EUR überschritten, so dass ein sozialversicherungspflichtiges Beschäftigungsverhältnis vorliegt. Nach § 17 I MiLoG bestehen für AG geringfügig Beschäftigter Aufzeichnungspflichten. Sie sind verpflichtet, Beginn, Ende und Dauer der täglichen Arbeitszeit dieser AN spätestens bis zum Ablauf des siebten auf den Tag der Arbeitsleistung folgenden Kalendertags aufzuzeichnen und diese Aufzeichnungen mindestens zwei Jahre beginnend ab dem für die Aufzeichnung maßgeblichen Zeitpunkt aufzubewahren. Von dieser Verpflichtung ausgenommen sind gem. § 17 I 3 MiLoG geringfügige Beschäftigungsverhältnisse in Privathaushalten.

II. Formen geringfügiger Beschäftigung

3 **1. Entgelt- und Zeitgeringfügigkeit.** Das Gesetz unterscheidet in § 8 I SGB IV zwei Grundtatbestände. Eine geringfügige Beschäftigung liegt vor, wenn das Arbeitsentgelt aus dieser Beschäftigung regelmäßig im Monat 450 EUR nicht übersteigt, sog. Entgeltgeringfügigkeit (§ 8 I Nr. 1 SGB IV; dazu → Rn. 5 ff.) oder die Beschäftigung innerhalb eines Kalenderjahres auf längstens drei Monate oder 70 Arbeitstage nach ihrer Eigenart begrenzt zu sein pflegt oder im Voraus vertraglich begrenzt ist, es sei denn, dass die Beschäftigung berufsmäßig ausgeübt wird und ihr Entgelt 450 EUR übersteigt, sog. Zeitgeringfügigkeit (§ 8 I Nr. 2 SGB IV; dazu → Rn. 19 ff.). Die beiden Beschäftigungsarten unterscheiden sich damit im Kern dadurch, dass eine geringfügig entlohnte Beschäftigung regelmäßig und eine kurzfristige Beschäftigung nicht regelmäßig, sondern nur gelegentlich ausgeübt wird (dazu → Rn. 6).[6] Die Bestimmung, ob die Variante der Entgeltgeringfügigkeit vorliegt, verlangt eine Prognose; es findet keine rückschauende Betrachtung statt. Wird nur gelegentlich gearbeitet, kommt Entgeltgeringfügigkeit nicht in Betracht.[7] Maßgeblich sind die Verhältnisse bei Beschäftigungsbeginn bzw. bei jeder Änderung. Zwischen den beiden Formen der geringfügigen Beschäftigung ist wegen der unterschiedlichen Rechtsfolgen zu unterscheiden (dazu → Rn. 30). Die zu ihrer Berufsausbildung betrieblich Beschäftigten sind von den Regelungen über die Versicherungsfreiheit bei Entgeltgeringfügigkeit ausgenommen. Dies ist sachlich gerechtfertigt, weil die Betroffenen am Beginn einer typischerweise von weiteren entgeltlichen Beschäftigungen gefolgten Berufslaufbahn stehen und Entgelte am Beginn der Berufsbiografie typischerweise niedriger sind, ohne dass hierin zugleich ein Mangel an sozialer Schutzbedürftigkeit seinen Ausdruck findet.[8] Übt der AN bei demselben AG neben einer versicherungspflichtigen Beschäftigung eine geringfügige Beschäftigung aus, gelten beide als einheitliche Beschäftigung iSv § 8 SGB IV. Das hat zur Folge, dass bei demselben AG keine weitere versicherungsfreie geringfügige Beschäftigung bestehen kann.[9]

4 **2. Privathaushalte.** Besonderheiten gelten nach § 8a SGB IV für die geringfügige Beschäftigung in Privathaushalten. Diese unterscheidet sich von der Entgeltgeringfügigkeit durch die niedrigeren Beiträge zur Kranken- und Rentenversicherung sowie das nur hierfür geltende Haushaltsscheckverfahren (dazu → Rn. 29). Der AG hat anstelle des seit 1.7.2006 geltenden[10] Pauschalbeitrags zur Sozialversicherung in Höhe von 28% (13% Krankenversicherung und 15% Rentenversicherung) nur 10% (jeweils 5% Kranken- und Rentenversicherung) sowie die auch

[4] BAG 23.9.2020 AP Nr. 17 zu § 611 BGB Nettolohn = NZA 2021, 341.
[5] Dazu *Lakies* ArbRAktuell 2014, 527.
[6] BSG 5.12.2017 NZS 2018, 591; 7.5.2014 SozR 4–2400 § 8 Nr. 6.
[7] BSG 5.12.2017 NZS 2018, 625.
[8] BSG 15.7.2009 NZA-RR 2010, 381.
[9] BSG 27.6.2012 – B 12 KR 28/10 R.
[10] BGBl. I 1402.

ansonsten bei geringfügiger Beschäftigung anfallende Pauschalsteuer von 2% zu entrichten (dazu → Rn. 40, 44, 50).

III. Entgeltgeringfügigkeit (§ 8 I Nr. 1 SGB IV)

1. Entgeltgrenze von 450 EUR. Das Arbeitsentgelt darf bei einer entgeltgeringfügigen Beschäftigung regelmäßig im Monat nicht mehr als 450 EUR betragen. Die Einhaltung der Entgeltgrenze hat gem. Nr. 2.2.1 der Geringfügigkeitsrichtlinien 2019 stets bei Beginn der Beschäftigung und erneut bei jeder nicht in der bisherigen Prognose berücksichtigten Veränderung in den Verhältnissen (zB Erhöhung oder Reduzierung des Arbeitsentgelts), die nicht nur gelegentlich und unvorhersehbar ist, im Wege einer **vorausschauenden Betrachtung** zu erfolgen. Die hiernach erforderliche Prognose erfordert keine alle Eventualitäten berücksichtigende genaue Vorhersage, sondern lediglich eine ungefähre Einschätzung, welches Arbeitsentgelt oder Arbeitseinkommen nach der bisherigen Übung mit hinreichender Sicherheit zu erwarten ist. Im Prognosezeitpunkt muss davon auszugehen sein, dass sich Arbeitsentgelt oder Arbeitseinkommen bei normalem Ablauf der Dinge nicht relevant verändern. Grundlage der Prognose können dabei lediglich Umstände sein, von denen in diesem Zeitpunkt anzunehmen ist, dass sie das Arbeitsentgelt oder Arbeitseinkommen bestimmen werden.[11] Regelmäßig ist daher auf der Basis der vertraglichen Vereinbarungen bei Aufnahme der Beschäftigung zu prognostizieren, ob die 450 EUR-Grenze eingehalten wird. Maßgeblich ist das regelmäßige Arbeitsentgelt (zu schwankender Entgelthöhe → Rn. 17). Dieses ist abhängig von der Anzahl der Monate, für die eine Beschäftigung gegen Arbeitsentgelt besteht, zu ermitteln, wobei maximal ein Jahreszeitraum (zwölf Monate) zugrunde zu legen ist. Dabei darf das regelmäßige monatliche Arbeitsentgelt **im Durchschnitt einer Jahresbetrachtung 450 EUR nicht übersteigen.** Steht bereits zu Beginn der Beschäftigung fest, dass diese nicht durchgehend für mindestens zwölf Monate gegen Arbeitsentgelt besteht, ist die zulässige Arbeitsentgeltgrenze für den Gesamtzeitraum entsprechend zu reduzieren. Bei der Prüfung der absoluten Entgeltgrenze ist das im jeweiligen Monat insgesamt erzielte Entgelt dem jeweiligen monatlichen Grenzbetrag gegenüberzustellen.[12] Beginnt oder endet eine auf Dauer angelegte bzw. regelmäßig wiederkehrende Beschäftigung im Laufe eines Kalendermonats, gilt für diesen Kalendermonat ebenfalls die Arbeitsentgeltgrenze von 450 EUR. Das Arbeitsentgelt aus einer im selben Kalendermonat zuvor beendeten bzw. danach beginnenden geringfügig entlohnten Beschäftigung bei einem anderen AG bleibt unberücksichtigt. Ein Überschreiten der 450 EUR-Grenze in diesem Kalendermonat ist unschädlich. Anders verhält es sich hingegen, wenn mehrere – für sich gesehen geringfügig entlohnte – Beschäftigungen (auch bei verschiedenen AG) aufeinander folgen, die jeweils in demselben Kalendermonat beginnen und enden. Überschreitet in diesen Fällen das Arbeitsentgelt aus den Beschäftigungen insgesamt die Entgeltgrenze von 450 EUR, ist die später aufgenommene Beschäftigung, die zu einem Überschreiten der Entgeltgrenze in der Zusammenrechnung führt, nicht geringfügig entlohnt (Geringfügigkeitsrichtlinie 2019, Nr. 2.2.2.1). 5

2. Regelmäßige Beschäftigung. Die Regelmäßigkeit der Beschäftigung ist das für die **Abgrenzung** zwischen der Entgelt- und der Zeitgeringfügigkeit maßgebende Merkmal. Der Tatbestand des § 8 I Nr. 1 SGB IV liegt vor, wenn die Tätigkeit regelmäßig ausgeübt wird, § 8 I Nr. 2 SGB IV dagegen, wenn die Beschäftigung nur gelegentlich erfolgt.[13] Die Beschäftigung wird stets dann regelmäßig ausgeübt, wenn sie **bei vorausschauender Betrachtung von vornherein auf ständige Wiederholung gerichtet ist** und über mehrere Jahre hinweg ausgeübt werden soll.[14] Das bedeutet indes nicht, dass eine Beschäftigung nur dann regelmäßig ausgeübt wird, wenn von vorneherein feststeht, dass sie über mehrere Jahre hinweg ausgeübt werden soll. Vielmehr kann auch eine auf nicht mehr als ein Jahr befristete Beschäftigung bereits regelmäßig iSd § 8 I Nr. 1 SGB IV sein. Denn die Prognose einer langfristigen Beschäftigung ist auch dann möglich, wenn das Beschäftigungsverhältnis beispielsweise arbeitsrechtlich sachgrundlos befristet wird und diese Befristung als eine Art „Probezeit" fungiert. Hier steht der AN voraussichtlich langfristig für die ebenfalls langfristige Arbeitsaufgabe zur Verfügung.[15] Das Merkmal der Regelmäßigkeit ist ferner auch dann erfüllt, wenn der Beschäftigte zu den sich wiederholenden Arbeitseinsätzen **auf Abruf bereitsteht,** ohne verpflichtet zu sein, jeder Aufforderung zur 6

[11] BSG 27.7.2011 SozR 4-2600 § 5 Nr. 6.
[12] BSG 5.12.2017 NZS 2018, 625.
[13] BSG 23.5.1995 NZS 1995, 516; 11.5.1993 NZS 1993, 550; näher *Schüren* NZS 2019, 321 (322 ff.).
[14] BSG 5.12.2017 NZS 2018, 591; 11.5.1993 NZS 1993, 550; LSG Bln-Bbg 30.1.2019 – L 9 KR 252/16 zu einer Schauspielerin in einer „Daily Soap".
[15] *Schüren* NZS 2019, 321 (322 f.).

Arbeitsleistung Folge zu leisten,[16] sofern zwischen AG und AN Übereinstimmung darüber besteht, dass es zu einer regelmäßigen Wiederholung der Beschäftigung kommen soll, sich der Beschäftigte hierauf einstellen kann und er ein regelmäßiges Arbeitsentgelt erwarten darf.[17] Die vierstündige Beschäftigung als Raumpflegerin, die alle zwei Wochen erfolgt, wird regelmäßig ausgeübt.[18] Zu Rahmenvereinbarungen → Rn. 23.

7 **3. Arbeitsentgelt. a) Laufende Einnahmen aus einer Beschäftigung.** Zum Arbeitsentgelt gehören nach § 14 I 1 SGB IV alle laufenden oder einmaligen Einnahmen aus einer Beschäftigung, gleichgültig, ob ein Rechtsanspruch auf die Einnahmen besteht, unter welcher Bezeichnung oder in welcher Form sie bezogen werden und ob sie unmittelbar aus der Beschäftigung oder im Zusammenhang mit ihr erzielt werden. Arbeitsentgelt iSd § 14 I 1 SGB IV ist das Bruttoarbeitsentgelt.[19] Näheres ergibt sich aus der nach § 17 I SGB IV von der Bundesregierung erlassenen Sozialversicherungsentgeltverordnung (SvEV) vom 21.12.2006 (BGBl. I 3385) mit spät. Änd. Nach § 1 I 1 Nr. 1 SvEV sind einmalige Einnahmen oder laufende Zulagen, Zuschläge, Zuschüsse oder ähnliche Einnahmen, die zusätzlich zu Löhnen und Gehältern gewährt werden, dann nicht dem Arbeitsentgelt zuzurechnen, wenn sie lohnsteuerfrei sind (§ 3b I und III EStG).[20] Sie unterliegen damit auch nicht der Beitragspflicht zur Sozialversicherung (Nr. 2.2.1.5 der Geringfügigkeitsrichtlinien 2019). Für die Beurteilung einer zusätzlichen Einnahme als Arbeitsentgelt ist daher zunächst die lohnsteuerrechtliche Behandlung maßgeblich. Dabei ist zu beachten, dass nach § 3b I und III EStG Zuschläge, die für tatsächlich geleistete Sonntags-, Feiertags- und Nachtarbeit neben dem Grundlohn gezahlt werden, steuerfrei sind, soweit sie bestimmte Prozentsätze des Grundlohns nicht übersteigen. Die Steuerfreiheit dieser Bezüge begründet jedoch nicht in vollem Umfang auch Beitragsfreiheit in der Sozialversicherung. Diese Zuschläge sind vielmehr dann Arbeitsentgelt und beitragspflichtig, wenn das Arbeitsentgelt, aus dem sie berechnet werden, mehr als 25 EUR für jede Stunde beträgt (§ 1 I 1 Nr. 1 Hs. 2 SvEV). In der Regel dürften deshalb die in einer geringfügig entlohnten Beschäftigung gewährten Sonntags-, Feiertags- und Nachtzuschläge nicht dem Arbeitsentgelt zuzurechnen sein.

8 **b) Untertarifliche Bezahlung.** Bei einer untertariflichen Bezahlung ist für die Beurteilung der Frage, ob die Geringfügigkeitsgrenze überschritten wird und Versicherungspflicht eintritt, das laufende Entgelt zu berücksichtigen, das der Beschäftigte beanspruchen konnte, auch wenn ihm dies vom AG nicht ausgezahlt wurde. Es gilt insoweit anders als im Steuerrecht das **Entstehungsprinzip** und nicht das Zuflussprinzip (zur abweichenden Behandlung von Einmalzahlungen → Rn. 9).[21] Anderenfalls hätte es der AG in der Hand, durch verkürzte Zahlung des Arbeitsentgelts über den Versicherungsschutz des AN zu verfügen. Ob ein bestimmter AN in seiner Beschäftigung der Versicherungspflicht unterliegt, muss bereits bei Aufnahme der Beschäftigung und auch danach zu jeder Zeit mit hinreichender Sicherheit festgestellt werden können. Diese zum Schutz der Beschäftigten erforderliche Rechtssicherheit ist nur gewährleistet, wenn bei der Frage, ob das Arbeitsentgelt die Geringfügigkeitsgrenze übersteigt, auf das tariflich zustehende Arbeitsentgelt abgestellt wird. Sind die Arbeitsentgelte nicht tariflich oder einzelvertraglich bestimmt, bedarf es einer Schätzung und vorausschauenden Betrachtung.[22] Auf den Zufluss von Arbeitsentgelt kommt es nur an, soweit dem AN mehr geleistet wird, als ihm tariflich oder einzelvertraglich zusteht, soweit ihm also über das geschuldete Arbeitsentgelt hinaus überobligatorische Zahlungen zugewendet oder geleistet werden.[23]

9 **c) Einmalzahlungen.** Einmalig gezahltes Arbeitsentgelt sind gem. § 23a I SGB IV Zuwendungen, die dem Arbeitsentgelt zuzurechnen sind und nicht für die Arbeit in einem einzelnen Entgeltabrechnungszeitraum gezahlt werden. Als einmalig gezahltes Arbeitsentgelt gelten kraft ausdrücklicher gesetzlicher Fiktion in § 23a I 2 SGB IV allerdings nicht einmalige Leistungen des AG, wenn sie üblicherweise zur Abgeltung bestimmter Aufwendungen des Beschäftigten, die auch im Zusammenhang mit der Beschäftigung stehen, erbracht werden, Waren oder Dienstleistungen, die vom AG nicht überwiegend für den Bedarf seiner Beschäftigten hergestellt, vertrieben oder erbracht werden und monatlich in Anspruch genommen werden können, sonstige Sachbezüge oder vermögenswirksame Leistungen. Einmalzahlungen, wie Urlaubs- oder Weih-

[16] BSG 5.12.2017 NZS 2018, 591.
[17] BSG 7.5.2014 SozR 4–2400 § 8 Nr. 6; 23.5.1995 NZS 1995, 516.
[18] BSG 23.5.1995 NZS 1995, 516.
[19] BSG 22.9.1988 BB 1989, 176.
[20] Vgl. BAG 23.9.2020 AP Nr. 17 zu § 611 BGB Nettolohn = NZA 2021, 341.
[21] BSG 14.7.2004 NZS 2005, 538.
[22] BSG 14.7.2004 ZTR 2005, 387.
[23] BSG 14.7.2004 NZS 2005, 538; LSG NRW 28.6.2007 – L 16 R 2/07.

nachtsgeld sind bei der Prüfung der Entgeltgeringfügigkeit iSd § 8 I Nr. 1 SGB IV zu berücksichtigendes Arbeitsentgelt, soweit diese Zahlungen aufgrund einer vorausschauenden Betrachtung innerhalb des Beschäftigungszeitraums zu erwarten sind. Dies wird regelmäßig anzunehmen sein, wenn die Zahlungen auf der Grundlage eines Tarifvertrags erfolgen. Diese Leistungen sind anteilig auf den Monatsverdienst umzurechnen.[24] Erweist sich eine berechtigte Prognose im Nachhinein als unzutreffend, bleibt sie jedoch für die Vergangenheit maßgeblich.[25] Erhält ein AN beispielsweise eine monatliche Vergütung in Höhe von 400,00 EUR und ein Weihnachtsgeld in gleicher Höhe, ist diese Gratifikation durch 12 zu teilen und dem Monatsverdienst hinzuzurechnen. Da der Verdienst dann 433,33 EUR beträgt, liegt weiterhin Entgeltgeringfügigkeit vor. Da bei Einmalzahlungen iSd § 23a I SGB IV gem. § 22 I 2 SGB IV abweichend vom laufenden Arbeitsentgelt das Zuflussprinzip und nicht das Entstehensprinzip gilt (dazu → Rn. 8), sind Einmalzahlungen nur berücksichtigungsfähig, wenn sie dem AN auch tatsächlich zugeflossen sind. Obwohl § 22 I 2 SGB IV an sich nur eine beitragsrechtliche Regelung enthält, ist anerkanntermaßen das Zuflussprinzip für die in dieser Bestimmung geregelten Leistungen auch für die versicherungsrechtliche Beurteilung des Beschäftigungsverhältnisses maßgeblich.[26] Für Einmalzahlungen, die dem AN im ersten Quartal des Jahres gezahlt werden, ist die Zuordnungsregelung des § 23a IV SGB IV zu beachten.

Einmalige Einnahmen, deren Zahlung dem Grunde und der Höhe nach vom **Geschäftsergebnis oder einer individuellen Arbeitsleistung** des Vorjahres abhängig ist, bleiben dagegen bei der Ermittlung des regelmäßigen Arbeitsentgelts grundsätzlich unberücksichtigt. Hierzu gehört beispielsweise die nachträgliche Zahlung eines (anteiligen) Weihnachtsgeldes in Abhängigkeit vom Geschäftsergebnis des Vorjahres oder die Zahlung einer individuellen Prämie im Rahmen der sog. leistungsorientierten Bezahlung. Die Gewährung einer derartigen (nicht mit hinreichender Sicherheit zu erwartenden) Einmalzahlung ist in dem Monat der Zahlung als gelegentliches und unvorhersehbares Überschreiten der Entgeltgrenze zu werten und steht trotz Überschreitung der für ein Jahr maßgebenden Entgeltgrenze von 5 400,00 EUR dem Fortbestand einer geringfügig entlohnten Beschäftigung nicht entgegen (Nr. 2.2.1.1 der Geringfügigkeitsrichtlinien 2019). Jubiläumszuwendungen bleiben nach Nr. 2.2.1.1 der Geringfügigkeitsrichtlinien 2019 bei der Ermittlung des regelmäßigen Arbeitsentgelts gleichfalls außer Betracht, weil es sich um nicht jährlich wiederkehrende Zuwendungen handelt. Gleiches gilt für einmalige Einnahmen, die aus ruhenden Beschäftigungsverhältnissen (zB bei Wehrdienst oder Elternzeit) gezahlt werden. 10

d) Entgeltfortzahlung im Krankheitsfall, Urlaubsentgelt und Abfindungen. Zum Arbeitsentgelt gehören des Weiteren die Entgeltfortzahlung im Krankheitsfall und das Urlaubsentgelt.[27] Zahlungen, die anlässlich der Beendigung eines Arbeitsverhältnisses geleistet werden, sind gleichfalls beitragspflichtiges Arbeitsentgelt, wenn sie sich zeitlich der versicherungspflichtigen Beschäftigung zuordnen lassen, dh auf die Zeit der Beschäftigung und der Versicherungspflicht entfallen. Daher gehören Zahlungen von rückständigem Arbeitsentgelt anlässlich einer einvernehmlichen Beendigung von Arbeitsverhältnissen oder seiner gerichtlichen Auflösung im Kündigungsschutzprozess zum Arbeitsentgelt aus der versicherungspflichtigen Beschäftigung, selbst wenn sie von den Beteiligten als „Abfindungen" bezeichnet wurden. Unerheblich ist, ob die Zahlung vor oder nach dem Ende des Arbeitsverhältnisses vereinbart wird.[28] Eine Abfindung, die nach einer Änderungskündigung oder nach einer einvernehmlichen Änderung des Arbeitsvertrags als Gegenleistung für die Verschlechterung von Arbeitsbedingungen gezahlt wird, ist gleichfalls beitragspflichtiges Arbeitsentgelt.[29] 11

e) Sachbezüge. Zum Arbeitsentgelt gehören grundsätzlich auch Sachbezüge (dazu → § 68 Rn. 1 ff.). Werden Sachbezüge, die nicht von § 2 SvEV (Verpflegung, Wohnung und Unterkunft) erfasst werden, unentgeltlich zur Verfügung gestellt, ist als Wert für diese Sachbezüge der um übliche Preisnachlässe geminderte übliche Endpreis am Abgabeort anzusetzen (§ 3 SvEV). Ggf. sind die nach § 8 II 10 EStG festgesetzten Durchschnittswerte maßgebend. Ansonsten bleiben aufgrund des Verweises in § 3 I 4 SvEV auf § 8 II 11 EStG Sachbezüge außer Ansatz, wenn die sich nach Anrechnung der vom Beschäftigten gezahlten Entgelte ergebenden Vorteile 12

[24] BSG 28.2.1984 USK 840.
[25] Vgl. BSG 23.4.1974 SozR 2200 § 1228 Nr. 1.
[26] KKW/*Roßbach* SGB IV § 22 Rn. 6.
[27] BSG 28.1.1999 AP Nr. 1 zu § 1 ArEV = NZA 1999, 644.
[28] BSG 3.12.2002 SozR 3-2200 § 577 Nr. 2.
[29] BSG 28.1.1999 NZS 1999, 358.

insgesamt 44 EUR (ab Veranlagungszeitraum 2022: 50 EUR) im Kalendermonat nicht übersteigen.

13 **f) Personalrabatt.** Gewährt der AG für den Erwerb eigener Waren und Dienstleistungen einen Personalrabatt (dazu → § 68 Rn. 16 ff.), differenziert § 3 III SvEV danach, ob durch den AG eine Pauschalversteuerung nach § 40 I EStG erfolgt und der AG insoweit den Arbeitnehmeranteil zur Sozialversicherung übernommen hat oder ob eine solche Pauschalversteuerung nicht stattgefunden hat.

14 **g) Pauschale Lohnsteuer.** Die von AG nach § 40 III iVm § 40a V EStG getragene Pauschalsteuer ist nicht Arbeitsentgelt iSv § 14 SGB IV (zu steuerrechtlichen Fragen → Rn. 50 ff.).[30] Anderes kann dann gelten, wenn der AG die normale Lohnsteuerschuld des AN durch eine **Nettolohnvereinbarung** iSv § 14 II SGB IV übernimmt. Ist ein Nettoarbeitsentgelt vereinbart, gelten als Arbeitsentgelt die Einnahmen des Beschäftigten einschließlich der darauf entfallenden Steuern und der seinem gesetzlichen Anteil entsprechenden Beiträge zur Sozialversicherung und zur Arbeitsförderung. Eine Nettolohnvereinbarung setzt dabei voraus, dass der AG vor oder bei Auszahlung des Entgelts ausdrücklich oder wenigstens durch schlüssiges Verhalten zu erkennen gibt, er werde losgelöst von gesetzlichen Regelungen Steuern und Beitragsanteile seiner Beschäftigten übernehmen und ihnen damit zusätzlich zu dem ausgezahlten Barlohn einen weiteren Vermögensvorteil zuwenden (dazu → § 71 Rn. 4).[31] Dieser Vermögensvorteil besteht jedoch nicht, wenn der AG nach § 40a I und II EStG eine Pauschalsteuer erhebt, die an die Stelle der individuellen Lohnsteuer nach § 38 EStG tritt.

15 **h) Pauschalbeiträge zur Sozialversicherung.** Die bei geringfügigen Beschäftigungen vom AG zu tragenden Beiträge zur Sozialversicherung sind gleichfalls nicht Bestandteil des Arbeitsentgelts. Pauschalbeiträge zur Krankenversicherung (§ 249b SGB V) begründen selbst weder eine Versicherung noch Leistungsansprüche der geringfügig beschäftigten AN (→ Rn. 37). In der Rentenversicherung (§ 172 III SGB VI) wird aufgrund der nach § 172 III SGB VI abzuführenden Beiträge gem. § 76b SGB VI lediglich ein geringer Zuschlag zu den Entgeltpunkten gewährt. Im Übrigen werden die Beitragsmonate anteilig auf die Wartezeit angerechnet (§§ 50, 52 SGB VI). Etwas anderes gilt nur, wenn die Beschäftigten von der Möglichkeit einer Befreiung von der Versicherungspflicht nach § 6 Ib SGB VI abgesehen haben (sog. Opt-Out-Lösung; dazu → Rn. 41). Die Zahlungen des AG kommen damit nahezu ausschließlich der Versichertengemeinschaft zugute.[32]

16 **i) Steuerfreie Aufwandsentschädigungen.** Steuerfreie Aufwandsentschädigungen sowie die in § 3 Nr. 26 EStG genannten steuerfreien Einnahmen gelten gem. § 14 I 3 SGB IV nicht als Arbeitsentgelt. Hierzu gehören Einnahmen aus nebenberuflichen Tätigkeiten als Übungsleiter, Ausbilder, Erzieher, Betreuer oder vergleichbaren nebenberuflichen Tätigkeiten, aus nebenberuflichen künstlerischen Tätigkeiten oder der nebenberuflichen Pflege alter, kranker oder behinderter Menschen im Dienst oder im Auftrag einer inländischen juristischen Person des öffentlichen Rechts oder einer Einrichtung zur Förderung gemeinnütziger, mildtätiger und kirchlicher Zwecke bis zur Höhe von insgesamt 2 400 EUR im Jahr (= 200 EUR im Monat). Nebenberuflichkeit ist dabei anzunehmen, wenn die Tätigkeit bezogen auf ein Jahr nicht mehr als ein Drittel eines vergleichbaren Vollzeiterwerbs in Anspruch nimmt.[33] Das Instrumentengeld, das ein AG aufgrund eines Tarifvertrags an einen beschäftigten Musiker zahlt, der im Orchester ein eigenes Instrument verwendet, ist dagegen beitragspflichtiges Arbeitsentgelt.[34]

17 **4. Schwankende Höhe des Arbeitsentgelts.** Bei ungleichmäßiger Entgelthöhe, zB bei saisonbedingten Erhöhungen, ist der zu erwartende durchschnittliche Monatsverdienst zu schätzen oder eine Durchschnittsberechnung durchzuführen. Dabei ist nicht eine alle Eventualitäten berücksichtigende genaue Vorhersage erforderlich, sondern eine ungefähre Einschätzung, welches Entgelt nach den bisherigen Übungen mit hinreichender Sicherheit zu erwarten ist.[35] Im Rahmen der Schätzung ist es nach Nr. 2.2.1.2 der Geringfügigkeitsrichtlinien 2019 auch zulässig, wenn AG bei ihrer Jahresprognose allein die Einhaltung der jährlichen Geringfügigkeitsgrenze von 5 400 EUR unterstellen, ohne die Arbeitseinsätze und damit die

[30] BSG 13.10.1993 NZS 1994, 137; 19.6.2001 NZA-RR 2002, 372.
[31] BAG 23.9.2020 AP Nr. 17 zu § 611 BGB Nettolohn = NZA 2021, 341.
[32] BayLSG 25.4.2006 – L 5 KR 78/05.
[33] *Plenker/Schaffhausen* DB 2003, 957 (958).
[34] BSG 26.5.2004 ZTR 2004, 610.
[35] BSG 11.5.1993 NZS 1993, 550.

zu erwartenden Arbeitsentgelte für die einzelnen Monate im Vorfeld festzulegen. Die Tatsache, dass aufgrund des unvorhersehbaren Jahresverlaufs in einzelnen Monaten auch Arbeitsentgelte oberhalb von 450 EUR erzielt werden, ist unschädlich für das Vorliegen einer geringfügig entlohnten Beschäftigung, solange die jährliche Entgeltgrenze von 5 400 EUR nicht überschritten wird. Diese Schätzung bleibt für die Vergangenheit auch dann maßgeblich, wenn sie infolge nicht sicher voraussehbarer Umstände mit dem tatsächlichen Arbeitsentgelt aus der Beschäftigung nicht übereinstimmt.[36]

5. Überschreiten der Entgeltgrenze. Überschreitet das Arbeitsentgelt regelmäßig 450 EUR im Monat, etwa weil die Arbeitsvertragsparteien die Arbeitszeit des Beschäftigten verlängert oder das Arbeitsentgelt erhöht haben, liegt vom Tage des Überschreitens an keine geringfügige Beschäftigung mehr vor. Für die zurückliegende Zeit verbleibt es bei der geringfügig entlohnten Beschäftigung und damit nach § 8 I SGB IV bei einem versicherungsfreien Beschäftigungsverhältnis. Ein nur **gelegentliches Überschreiten der Entgeltgrenze** führt nicht zur Versicherungspflicht. Als gelegentlich ist nach Nr. 3.1 der Geringfügigkeitsrichtlinien 2019 ein Zeitraum von bis zu drei Monaten im Zeitjahr anzusehen. Der Jahreszeitraum ist in der Weise zu ermitteln, dass vom letzten Tag des zu beurteilenden Beschäftigungsmonats ein Jahr zurückgerechnet wird. Als Monat gilt der Entgeltabrechnungszeitraum (Kalendermonat). Monate, in denen die monatliche Arbeitsentgeltgrenze von 450 EUR vorhersehbar überschritten wird (zB aufgrund saisonaler Mehrarbeit), sind hierbei unberücksichtigt zu lassen. Soll in einer geringfügig entlohnten Beschäftigung mit einem Stundenlohnanspruch und schwankender Arbeitszeit im Rahmen einer sonstigen flexiblen Arbeitszeitregelung ein verstetigtes Arbeitsentgelt gezahlt werden, sind für die Ermittlung des regelmäßigen Arbeitsentgelts die sich aus der zu erwartenden Gesamtjahresarbeitszeit abzuleitenden Ansprüche auf Arbeitsentgelt zu berücksichtigen. Hierbei sind zu erwartende **Arbeitszeitguthaben** einzubeziehen. Demzufolge darf das durchschnittliche monatliche Arbeitsentgelt in einem Jahr unter Berücksichtigung des zum Ende des Jahres in einem Zeitguthaben zu erwartenden Arbeitsentgeltanspruchs die entgeltliche Geringfügigkeitsgrenze nicht übersteigen. 18

IV. Zeitgeringfügige Beschäftigung (§ 8 I Nr. 2 SGB IV)

1. Überblick. Eine geringfügige Beschäftigung liegt gem. § 8 I Nr. 2 SGB IV auch vor, wenn die Beschäftigung innerhalb eines Kalenderjahres auf längstens drei Monate oder 70 Arbeitstage nach ihrer Eigenart begrenzt zu sein pflegt oder im Voraus vertraglich begrenzt ist. Wesentliches Merkmal der kurzfristigen Beschäftigung ist deren gelegentliche und nicht regelmäßige Ausübung. Die Voraussetzungen einer kurzfristigen Beschäftigung sind mithin nur gegeben, wenn die Beschäftigung von vornherein auf nicht mehr als drei Monate oder 70 Arbeitstage (auch kalenderjahrüberschreitend) befristet ist. Nicht erforderlich ist, dass die Beschäftigung an weniger als fünf Tagen in der Woche ausgeübt wird.[37] Dies gilt allerdings dann nicht, wenn die Beschäftigung berufsmäßig ausgeübt wird und ihr Entgelt die Verdienstgrenze von 450 EUR übersteigt. Die Entgelthöhe ist bei der zeitgeringfügigen Beschäftigung nur unerheblich, soweit die Beschäftigung nicht berufsmäßig ausgeübt wird. Durch das Gesetz für den erleichterten Zugang zu sozialer Sicherheit und zum Einsatz und zur Absicherung sozialer Dienstleister aufgrund des Coronavirus SARS-CoV-2 (Sozialschutz-Paket) wurde zur Sicherung des **Erntehelfereinsatzes** in § 115 SGB IV bestimmt, dass die in § 8 I Nr. 2 SGB IV genannten Zeiträume von drei Monaten bzw. 70 Arbeitstagen in der Zeit vom 31.3.2020 bis zum 31.10.2020 auf fünf Monate oder 115 Arbeitstage verlängert werden.[38] Die Maßstäbe für die Prüfung der Berufsmäßigkeit (→ Rn. 25) sollen durch die befristete Sonderregelung nicht verschärft werden.[39] 19

2. Dreimonatsfrist. Von dem Dreimonatszeitraum ist nur bei einer Beschäftigung an mindestens fünf Arbeitstagen in der Woche auszugehen. Besteht die vertraglich geschuldete Arbeitspflicht an weniger als fünf Tagen in der Woche (zB Mittwoch bis Samstag), ist bei der Beurteilung auf den Zeitraum von 70 Arbeitstagen innerhalb eines Kalenderjahres abzustellen (Nr. 2.3.1 der Geringfügigkeitsrichtlinien 2019). Ein Nachtdienst, der sich über zwei Tage erstreckt, gilt 20

[36] BSG 27.7.2011 SozR 4–2600 § 5 Nr. 6; 23.4.1974 SozR 2200 § 1228 Nr. 1.
[37] BSG 24.11.2020 – B 12 KR 34/19 R, zu der bis zum 31.12.2018 geltenden Fassung des § 8 SGB IV.
[38] Dazu *Schlegel* NZS 2020, 335.
[39] *Voelzke* jM 2020, 235 (238).

als ein Arbeitstag.[40] Bei einer **Zusammenrechnung mehrerer Beschäftigungszeiten** treten nach Nr. 2.3.2 der Geringfügigkeitsrichtlinien 2019 an die Stelle des Dreimonatszeitraums grundsätzlich 90 Kalendertage. Das gilt allerdings nicht, wenn es sich bei den einzelnen Beschäftigungszeiten nicht um volle Kalendermonate handelt. Volle Kalendermonate werden dann mit 30 Kalendertagen und Teilmonate mit den tatsächlichen Kalendertagen berücksichtigt. Umfasst ein Zeitraum keinen Kalendermonat, aber einen Zeitmonat, ist dieser ebenfalls mit 30 Kalendertagen zu berücksichtigen. Sind bei einer Zusammenrechnung Zeiten, in denen die Beschäftigung regelmäßig an mindestens fünf Tagen in der Woche ausgeübt wurde, und Beschäftigungszeiten mit einer Arbeitszeit an weniger als fünf Tagen in der Woche zu berücksichtigen, ist einheitlich von dem Zeitraum von 70 Arbeitstagen auszugehen.

21 Bei der Prüfung, ob die Zeiträume von drei Monaten oder 70 Arbeitstagen überschritten werden, sind die **Zeiten mehrerer aufeinanderfolgender kurzfristiger Beschäftigungen** zusammenzurechnen, unabhängig davon, ob sie geringfügig entlohnt oder mehr als geringfügig entlohnt sind. Dies gilt auch dann, wenn die einzelnen Beschäftigungen bei verschiedenen AG ausgeübt werden. Es ist jeweils bei Beginn einer neuen Beschäftigung zu prüfen, ob diese zusammen mit den schon im laufenden Kalenderjahr ausgeübten Beschäftigungen die Zeitgrenze des § 8 I Nr. 2 SGB IV überschreitet. Beschäftigungen, die im Vorjahr begonnen haben, werden nur mit der im laufenden Kalenderjahr liegenden Beschäftigungszeit berücksichtigt. Wird durch eine Zusammenrechnung mehrerer kurzfristiger Beschäftigungen die Grenze von drei Monaten oder 70 Arbeitstagen überschritten, handelt es sich um eine regelmäßig ausgeübte Beschäftigung. In diesen Fällen ist zu prüfen, ob eine geringfügig entlohnte Beschäftigung vorliegt. Schließt sich an eine **kurzzeitige Beschäftigung** eine **geringfügig entlohnte Beschäftigung an,** besteht nach § 8 I Nr. 1 SGB IV Versicherungsfreiheit, sofern nicht ein einheitliches Beschäftigungsverhältnis vorliegt. Hierfür sind die Umstände des Einzelfalls maßgeblich.[41]

22 Wird ein **Beschäftigungsverhältnis über den Jahreswechsel** hinaus vereinbart und wird hierdurch zusammen mit einer Vorbeschäftigung im Kalenderjahr des Beginns des neuen Beschäftigungsverhältnisses die Grenze von drei Monaten bzw. 70 Arbeitstagen überschritten, fällt das gesamte neue Beschäftigungsverhältnis nicht unter § 8 I Nr. 2 SGB IV. Eine nach Kalenderjahren getrennte versicherungsrechtliche Behandlung der Beschäftigungsverhältnisse erfolgt nach Nr. 2.3.2 der Geringfügigkeitsrichtlinien 2019 nicht. Ist die Dauer von drei Monaten bzw. 70 Arbeitstagen bei Beginn einer kalenderjahrüberschreitenden Beschäftigung unter Hinzurechnung von Vorbeschäftigungen noch nicht erreicht, bleibt die kalenderjahrüberschreitende Beschäftigung versicherungsfrei, wenn sie auf nicht mehr als drei Monate bzw. 70 Arbeitstage befristet ist.

23 **3. Rahmenvereinbarungen.** Eine kurzfristige Beschäftigung liegt auch vor, wenn ein Rahmenvertrag zunächst auf ein Jahr befristet abgeschlossen wird und für dieses Jahr Arbeitseinsätze von maximal 70 Arbeitstagen vereinbart sind.[42] Mit der Rahmenvereinbarung wird der Rechtsprechung des BSG Rechnung getragen, wonach keine Zeitgeringfügigkeit iSv § 8 I Nr. 2 SGB IV, sondern eine Entgeltgeringfügigkeit iSv § 8 I Nr. 1 SGB IV vorliegt, wenn sie von vornherein auf ständige Wiederholung gerichtet ist und über mehrere Jahre hinweg ausgeübt werden soll (zur Regelmäßigkeit → Rn. 6).[43] Sofern ein zunächst auf ein Jahr oder weniger befristeter Rahmenvertrag mit Arbeitseinsätzen von bis zu 70 Arbeitstagen **auf über ein Jahr verlängert wird,** liegt vom Zeitpunkt der Verlängerung an eine regelmäßige Beschäftigung und keine kurzfristige Beschäftigung mehr vor. Denn in diesem Fall wird die Beschäftigung regelmäßig über einen längeren Zeitraum und nicht mehr gelegentlich ausgeübt. Wird ein Rahmenvertrag zunächst auf ein Jahr begrenzt und im unmittelbaren Anschluss daran ein neuer Rahmenarbeitsvertrag geschlossen, ist vom Beginn des neuen Rahmenarbeitsvertrags an von einer regelmäßigen Beschäftigung auszugehen. Die Beschäftigung wird in diesem Fall über einen längeren Zeitraum ausgeübt. Anderes gilt nach Nr. 3.2 der Geringfügigkeitsrichtlinien 2019 allerdings dann, wenn zwischen den beiden Rahmenverträgen ein Zeitraum von mindestens zwei Monaten liegt. Eine zeitgeringfügige Beschäftigung auf der Grundlage einer Rahmenvereinbarung liegt gleichfalls vor, wenn die einzelnen Arbeitseinsätze ohne Bestehen einer Abrufbereitschaft unvorhersehbar zu unterschiedlichen Anlässen ohne erkennbaren Rhythmus an maximal 70 Arbeitstagen im Kalenderjahr erfolgen und der Betrieb des AG nicht strukturell auf den Einsatz solcher Arbeitskräfte ausgerichtet ist. Maßgeblich ist, dass die Arbeitseinsätze von vornhe-

[40] Vgl. BFH 28.1.1994 DB 1994, 963.
[41] Vgl. LSG SchlH 19.10.2005 – L 5 KR 101/04.
[42] Ebenso *Löwisch* BB 2000, 260.
[43] BSG 11.5.1993 NZS 1993, 550.

rein nicht vorhersehbar sind und weder einem bestimmten Muster noch einem erkennbaren Schema folgen.[44] Entscheidend ist letztlich, ob eine Beschäftigung **laufend oder regelmäßig wiederkehrend** oder aber nur gelegentlich ausgeübt werden soll.[45]

4. Ihrer Eigenart nach begrenzte Beschäftigung. Ihrer Eigenart nach begrenzt – und damit nicht regelmäßig ausgeübt (dazu → Rn. 6) – sind insbesondere Saison- oder Kampagnearbeiten, wie beispielsweise befristete Beschäftigungen als Erntehelfer oder bei Festspielen. In Betracht kommen ferner insbesondere Urlaubs- oder Krankheitsvertretungen, sofern nicht eine regelmäßige Tätigkeit als Springer oder Daueraushilfe vereinbart ist. Ihrer Eigenart nach zeitlich begrenzt sind ferner projektbezogene Beschäftigungen.[46] Bei Beschäftigungen von Saisonarbeitskräften aus einem EU-Mitgliedstaat (sowie der Schweiz, Norwegen, Island und Liechtenstein), für die nach Art. 11 III lit. a der Verordnung (EWG) Nr. 883/2004 die deutschen Rechtsvorschriften über soziale Sicherheit gelten (zB Hausfrauen, Arbeitslose ohne Geldleistungsbezug), sind nach Nr. 2.3.3.6 der Geringfügigkeitsrichtlinien 2019 zur Prüfung der Berufsmäßigkeit auch Beschäftigungszeiten in anderen EU-Mitgliedstaaten (sowie der Schweiz, Norwegen, Island und Liechtenstein) zu berücksichtigen, wobei allerdings die Höhe des in den anderen Staaten erzielten Arbeitsentgelts unmaßgeblich ist. Folglich werden in diesem Zusammenhang auch Beschäftigungszeiten in anderen EU-Mitgliedstaaten (sowie der Schweiz und Norwegen, Island und Liechtenstein) mit einem Arbeitsentgelt bis zu 450 EUR im Monat angerechnet. Dem liegt die Ansicht zugrunde, dass die Berufsmäßigkeit einer Beschäftigung nicht allein vom Erwerbsverhalten in Deutschland bestimmt wird, sondern vom allgemeinen Erwerbsleben des Beschäftigten. 24

5. Berufsmäßige Ausübung. Eine kurzfristige Beschäftigung ist nicht versicherungsfrei, wenn sie berufsmäßig ausgeübt wird und ihr Entgelt 450 EUR übersteigt. Die Frage der Berufsmäßigkeit einer Beschäftigung stellt sich immer dann, wenn die Entgeltgrenze von 450 EUR überschritten, die Zeitgrenze von drei Monaten bzw. 70 Arbeitstagen jedoch eingehalten wird. Eine Tätigkeit wird berufsmäßig ausgeübt, wenn sie für den AN nicht von untergeordneter Bedeutung ist und der Beschäftigte damit seinen Lebensunterhalt überwiegend oder doch in einem solchen Umfang bestreitet, dass seine wirtschaftliche Stellung zu einem erheblichen Teil auf dieser Beschäftigung beruht.[47] Beschäftigungen, die nur gelegentlich, zB zwischen Abitur und beabsichtigtem Studium, ausgeübt werden, sind dagegen grundsätzlich von untergeordneter wirtschaftlicher Bedeutung und damit nicht berufsmäßig und auch nicht sozialversicherungspflichtig.[48] Nach Nr. 2.3.3.1 der Geringfügigkeitsrichtlinien 2019 liegt ebenso keine berufsmäßige Beschäftigung vor, wenn diese neben einer versicherungspflichtigen (Haupt-)Beschäftigung, neben einem freiwilligen sozialen oder ökologischen Jahr, neben dem Bundesfreiwilligendienst, neben einem dem freiwilligen sozialen oder ökologischen Jahr vergleichbaren Freiwilligendienst, neben dem freiwilligen Wehrdienst oder neben dem Bezug von Vorruhestandsgeld ausgeübt wird. Dagegen soll nach Nr. 2.3.3.2 der Geringfügigkeitsrichtlinien 2019 eine berufsmäßige Beschäftigung vorliegen, wenn diese zwischen Schulentlassung und Ableistung eines freiwilligen sozialen oder ökologischen Jahres, eines Bundesfreiwilligendienstes, eines dem freiwilligen sozialen oder ökologischen Jahr vergleichbaren Freiwilligendienstes oder eines freiwilligen Wehrdienstes ausgeübt wird, und zwar auch dann, wenn nach der Ableistung des freiwilligen Dienstes voraussichtlich ein Studium aufgenommen wird. Wird das Arbeitsverhältnis durch Elternzeit oder einen unbezahlten Urlaub unterbrochen und übt der Beschäftigte während dieser Zeit eine auf drei Monate oder 70 Arbeitstage befristete Beschäftigung aus, in der er mehr als 450 EUR im Monat verdient, wird er berufsmäßig tätig (Nr. 2.3.3.4 der Geringfügigkeitsrichtlinien 2019). Dabei ist unerheblich, ob die befristete Beschäftigung beim bisherigen AG oder bei einem anderen AG erfolgt. 25

V. Geringfügige Beschäftigung in Privathaushalten (§ 8a SGB IV)

Eine Beschäftigung in einem Privathaushalt liegt vor, wenn sie durch einen privaten Haushalt begründet ist und die Arbeit sonst gewöhnlich durch Mitglieder des privaten Haushalts erledigt wird. Solche haushaltsnahen Tätigkeiten sind beispielsweise Reinigung der Woh- 26

[44] BSG 7.5.2014 SozR 4–2400 § 8 Nr. 6.
[45] BSG 5.12.2017 NZS 2018, 591.
[46] Küttner Personalbuch 2021/*Schlegel* „Geringfügige Beschäftigung" Rn. 73.
[47] BAG 12.6.2019 NZA 2019, 1563; BSG 14.3.2018 SozR 4–2600 § 163 Nr. 2; 5.12.2017 NZS 2018, 625.
[48] Vgl. BSG 24.11.2020 – B 12 KR 34/19 R.

nung, Bügeln, Pflege des Gartens, Einkäufe, Kinder- und Großelternbetreuung, Kochen. Nicht hierher gehören Beschäftigungen als Privatlehrer oder Chauffeur.[49]

27 **AG** einer Beschäftigung in Privathaushalten nach § 8a SGB IV können nur natürliche Personen sein. Wird die Beschäftigung durch Dienstleister begründet, findet diese Bestimmung keine Anwendung.[50] Erforderlich ist weiterhin, dass die geringfügige Beschäftigung ausschließlich in Privathaushalten ausgeführt wird. Dies ist nicht der Fall, wenn die Dienstleistung für sonstige gewerbliche Einrichtungen erfolgt. Eine Beschäftigung in Hotels, Gaststätten, Pensionen, Wohnheimen usw. fällt daher nicht unter § 8a SGB IV. Gleiches gilt, wenn der geringfügig Beschäftigte für denselben AG in einem weiteren Beschäftigungsverhältnis tätig ist. Einer getrennten Betrachtung steht der Grundsatz der Einheitlichkeit des Beschäftigungsverhältnisses entgegen.[51] Eine Tätigkeit bei demselben AG liegt nicht vor, wenn der Beschäftigte bei einer GmbH angestellt ist und als geringfügig Beschäftigter im Haushalt des Geschäftsführers tätig wird.[52]

28 Werden **Familienangehörige** im Privathaushalt entgeltlich tätig, ist die Anwendung des § 8a SGB IV nicht von vornherein ausgeschlossen. Stets zu prüfen ist jedoch, ob die Beschäftigung nicht zum Schein erfolgt (§ 117 BGB) oder sich die Tätigkeit in familiärer Mithilfe erschöpft. Ein entgeltliches Beschäftigungsverhältnis im Privathaushalt zwischen Ehegatten bzw. Eltern und im Haushalt lebenden unterhaltsberechtigten Kindern scheidet allerdings in der Regel aus, weil die gesetzlichen Unterhaltspflichten solche Tätigkeiten einschließen.

29 Nach § 28a VII SGB IV gilt für geringfügig Beschäftigte in Privathaushalten ein vereinfachtes Meldeverfahren, das sog. **Haushaltsscheckverfahren.** Anstelle der sonst erforderlichen umfassenden Meldung nach § 28a I SGB IV hat der AG der Einzugsstelle einen Haushaltsscheck mit den in § 28a VIII SGB IV vorgesehenen Angaben zu übergeben und eine Einzugsermächtigung zum Einzug des Gesamtsozialversicherungsbeitrags zu erteilen. Der Haushaltsscheck ersetzt nach § 28f III 1 Hs. 1 SGB IV den Beitragsnachweis. Einzugsstelle ist nach § 28i S. 5 SGB IV die Deutsche Rentenversicherung Knappschaft-Bahn-See als Träger der Rentenversicherung (Vordrucke können im Internet unter http://www.knappschaft-bahn-see.de/heruntergeladen werden).

VI. Unterschiedliche Behandlung der Entgeltgeringfügigkeit und der Zeitgeringfügigkeit

30 Die Unterscheidung zwischen der geringfügig entlohnten Beschäftigung nach § 8 I Nr. 1 SGB IV und der kurzfristigen Beschäftigung nach § 8 I Nr. 2 SGB IV ist wegen der unterschiedlichen Rechtsfolgen bedeutsam. Kurzfristig Beschäftigte sind nicht sozialversicherungspflichtig. Der AG hat bei einer kurzfristigen Beschäftigung iSv § 8 I Nr. 2 SGB IV nicht den Pauschalbeitrag zur gesetzlichen Krankenversicherung in Höhe von 13% des Arbeitsentgelts (§ 249b S. 1 SGB V) zu entrichten. Diese Unterscheidung ist nach der Rechtsprechung des BSG mit Art. 3 I GG vereinbar.[53] Der kurzfristig Beschäftigte ist anders als der geringfügig entlohnte Beschäftigte nach § 5 II Nr. 1 SGB VI in der gesetzlichen Rentenversicherung versicherungsfrei. Die kurzfristige Beschäftigung wird auch nicht nach § 8 II SGB IV mit der geringfügig entlohnten Beschäftigung zusammengerechnet (dazu → Rn. 31).

VII. Zusammenrechnung mehrerer Beschäftigungen (§ 8 II SGB IV)

31 **1. Mehrere geringfügige Beschäftigungen.** Zur Feststellung einer geringfügigen regelmäßigen Beschäftigung iSv § 8 I Nr. 1 SGB IV sind gem. § 8 II 1 Alt. 1 SGB IV mehrere geringfügige Beschäftigungen nach § 8 I Nr. 1 oder Nr. 2 SGB IV zusammenzurechnen. Das ist verfassungsgemäß.[54] Eine an sich versicherungsfreie geringfügige Beschäftigung ist daher nach § 8 II SGB IV versicherungspflichtig, wenn der AN bei einem anderen AG noch eine weitere geringfügige Beschäftigung ausübt, bei deren Hinzurechnung die Entgeltgrenzen des § 8 I Nr. 1 SGB IV überschritten werden. Der AN hat dies dem AG gem. § 28o I SGB IV mitzuteilen. Eine Addition erfolgt dagegen nicht, wenn eine geringfügige regelmäßige Beschäftigung iSv § 8 I Nr. 1 SGB IV mit einer kurzfristigen Beschäftigung iSv § 8 I Nr. 2 SGB IV zusammentrifft.

[49] *Niermann/Plenker* DB 2003, 304 (305).
[50] BT-Drs. 15/26, 24.
[51] Dazu BSG 27.6.2012 – B 12 KR 28/10 R; 16.2.1983 NZA 1984, 206.
[52] *Niermann/Plenker* DB 2003, 304 (305).
[53] BSG 25.1.2006 SozR 4–2500 § 249b Nr. 2.
[54] BSG 10.9.1987 NZA 1988, 629.

Eine Zusammenrechnung der geringfügig entlohnten Beschäftigung nach § 8 I Nr. 1 SGB IV und der kurzfristigen Beschäftigung nach § 8 I Nr. 2 SGB IV findet grundsätzlich nicht statt.

2. Geringfügige und nicht geringfügige Beschäftigungen. Nach § 8 II 1 SGB IV sind mehrere entgeltgeringfügige Beschäftigungsverhältnisse und nicht geringfügige Beschäftigungsverhältnisse mit Ausnahme einer geringfügigen Beschäftigung zusammenzurechnen. Diese Vorschrift besagt, dass unabhängig davon, wie viele geringfügig entlohnte Beschäftigungen der AN neben einer nicht geringfügigen versicherungspflichtigen Hauptbeschäftigung ausübt, für eine geringfügig entlohnte Beschäftigung die Zusammenrechnung entfällt. Übt der Beschäftigte mehrere geringfügig entlohnte Beschäftigungen neben einer nicht geringfügigen versicherungspflichtigen Hauptbeschäftigung aus, soll nach Nr. 2.2.2.2 der Geringfügigkeitsrichtlinien 2019 aus Praktikabilitätsgründen die zeitlich zuerst aufgenommene geringfügig entlohnte Beschäftigung versicherungsfrei bleiben.[55] Die weiteren geringfügig entlohnten Beschäftigungen sind mit der nicht geringfügigen Beschäftigung zusammenzurechnen. Eine Zusammenrechnung kommt nach § 7 I 2 SGB V bzw. § 5 II 2 SGB VI nur dann in Betracht, wenn die nicht geringfügige Beschäftigung Versicherungspflicht begründet. In diesen Fällen besteht dann auch in der zweiten geringfügig entlohnten Beschäftigung bzw. in jeder weiteren geringfügig entlohnten Beschäftigung Versicherungspflicht in der Kranken- und Rentenversicherung. 32

VIII. Melde- und Mitteilungspflichten

1. Meldeverfahren. Die Durchführung des Beitrags- und Meldeverfahrens für geringfügig Beschäftigte – einschließlich der in Privathaushalten geringfügig Beschäftigten – obliegt der **Deutschen Rentenversicherung Knappschaft-Bahn-See** als Träger der Rentenversicherung. Die dort angesiedelte Minijob-Zentrale zieht die Pauschalbeiträge zur Kranken- und Rentenversicherung ein. Auch die Pflichtbeiträge zur Rentenversicherung für diejenigen geringfügig Beschäftigten, die der Rentenversicherungspflicht unterliegen, sind an die Minijob-Zentrale zu zahlen. Die Minijob-Zentrale erhält darüber hinaus sämtliche Meldungen für geringfügig entlohnt sowie für kurzfristig Beschäftigte. Der AG hat nach § 28a III 2 Nr. 2 lit. f SGB IV für geringfügig Beschäftigte zusätzlich zu den in § 28a SGB IV aufgeführten Daten seine Steuernummer, die Identifikationsnummer nach § 139b AO des Beschäftigten und die Art der Besteuerung anzugeben. Im Übrigen führt die Deutsche Rentenversicherung Knappschaft-Bahn-See als Träger der knappschaftlichen Krankenversicherung für die Minijob-Zentrale bei allen geringfügig Beschäftigten das Verfahren zum Ausgleich der Arbeitgeberaufwendungen für Entgeltfortzahlung bei Arbeitsunfähigkeit und Mutterschaft durch, und zwar unabhängig davon, welcher Krankenkasse der geringfügig Beschäftigte angehört. 33

2. Mitteilungspflichten des Arbeitnehmers. Ein AG, der einen AN geringfügig beschäftigt, ist im Hinblick auf die bestehenden gesetzlichen Meldepflichten berechtigt, den AN danach zu befragen, ob er in weiteren geringfügigen oder versicherungspflichtigen Beschäftigungsverhältnissen steht. Nur so kann der AG prüfen, ob ggf. eine Zusammenrechnung nach § 8 II SGB IV vorzunehmen ist, welche die Versicherungspflicht begründet. Aufgrund der Angaben des Beschäftigten kann er die ihn nach § 28a IX SGB IV treffenden umfangreichen Meldepflichten erfüllen. Dem AG ist zu empfehlen, die notwendigen Angaben zur versicherungsrechtlichen Beurteilung der Beschäftigung mittels eines Einstellungsbogens beim AN zu erfragen. Der geringfügig beschäftigte AN ist nach § 28o I SGB IV verpflichtet, seinem AG mitzuteilen, wenn er eine weitere geringfügige Beschäftigung aufnimmt. 34

3. Beginn der Versicherungspflicht bei Zusammenrechnung. Ergibt sich aufgrund der Mehrfachbeschäftigung des AN eine Zusammenrechnung nach § 8 II 1 SGB IV, tritt nach § 8 II 3 SGB IV die Versicherungspflicht mit dem Tage der Bekanntgabe der Feststellung durch die Einzugsstelle oder einen Träger der Rentenversicherung ein. Dieses Privileg gilt allerdings gem. § 8 II 4 SGB IV nicht, wenn es der AG vorsätzlich oder grob fahrlässig versäumt hat, den Sachverhalt für die versicherungsrechtliche Beurteilung aufzuklären. Vorsatz ist das Wissen und Wollen des rechtswidrigen Erfolgs. Grobe Fahrlässigkeit liegt vor, wenn die Beteiligten die verkehrsübliche Sorgfalt in besonders grobem Maße verletzt haben, also einfachste, jedem einleuch- 35

[55] Ebenso *Reiserer/Freckmann,* Freie Mitarbeit und Mini-Jobs nach der Hartzreform, 2003, Rn. 540; *Rittweger,* Leitfaden Mini-Job, Ich-AG und Familien-AG, 2. Aufl., Rn. 42; für ein Bestimmungsrecht des AN Küttner Personalbuch 2021/*Schlegel* „Geringfügige Beschäftigung" Rn. 85; *Bruns,* Teilzeit- und Befristungsrecht, Rn. 544; zweifelnd *Rolfs* NZA 2003, 65 (68).

tende Überlegungen nicht angestellt wurden. Von einem Vorsatz ist nach Nr. 6.3 der Geringfügigkeitsrichtlinien 2019 zB dann auszugeben, wenn der AG Hinweise des Beschäftigten oder anderer Personen, die zwangsläufig zu einer anderen versicherungsrechtlichen Beurteilung der Beschäftigung hätten führen müssen, bewusst ignoriert hat. Vorsätzlich werden danach Sozialversicherungsbeiträge schon dann vorenthalten, wenn der Beitragsschuldner die Beitragspflicht für möglich hielt, die Nichtabführung des Beitrags aber billigend in Kauf nahm. Grobe Fährlässigkeit liegt zB dann vor, wenn der AG nichts unternommen hat, um den Sachverhalt zu ermitteln.

IX. Krankenversicherung

36 **1. Entgeltgeringfügige Beschäftigung.** Nach § 7 S. 1 SGB V sind geringfügig Beschäftigte iSv §§ 8, 8a SGB IV in der gesetzlichen Krankenversicherung grundsätzlich versicherungsfrei. Eine Zusammenrechnung nach § 8 II SGB IV mit einer anderen nicht geringfügigen Beschäftigung erfolgt nach § 7 S. 2 SGB V nur, wenn „diese", dh die nicht geringfügige Beschäftigung für sich betrachtet eine Versicherungspflicht begründet. Ist die Hauptbeschäftigung versicherungsfrei, erfolgt keine Zusammenrechnung.

37 **2. Beitragspflicht. a) Allgemeines.** Für einen entgeltgeringfügig beschäftigten Versicherten iSv § 8 I Nr. 1 SGB IV, der in dieser Beschäftigung versicherungsfrei oder nicht versicherungspflichtig ist, hat der AG nach § 249b S. 1 SGB V einen Beitrag in Höhe von 13% des Arbeitsentgelts dieser Beschäftigung zu entrichten. Bei geringfügiger Beschäftigung in Privathaushalten beträgt der Beitrag gem. § 249b S. 2 SGB V 5%. Bei einer kurzfristigen Beschäftigung iSv § 8 I Nr. 2 SGB IV besteht keine Beitragspflicht. Der Beschäftigte erwirbt trotz der Beitragszahlung keine zusätzlichen Ansprüche aus der Krankenversicherung, weil er als „Versicherter" bereits in der gesetzlichen Krankenversicherung versichert ist. § 249b S. 1 SGB V ist mit dem Grundgesetz vereinbar.[56] Der 13%ige Beitrag zur Krankenversicherung ist vom AG allerdings dann nicht zu tragen, wenn der Beschäftigte nicht Versicherter in der gesetzlichen Krankenversicherung ist.[57]

38 **b) Versicherungsfreiheit.** Versicherungsfrei sind die in § 6 I SGB V genannten Personengruppen, also beispielsweise AN, deren regelmäßiges Einkommen über der Jahresarbeitsentgeltgrenze (bundeseinheitlich 2021: 4.837,50 EUR monatlich oder 58.050 EUR jährlich) liegt, oder Beamte. Für versicherungsfreie Beschäftigte iSv § 6 I SGB V, die privat krankenversichert sind, fällt der Beitrag iHv 13% zur Krankenversicherung nicht an. Sie sind nicht „Versicherte" iSv § 249b SGB V. Daher ist es für einen AG günstiger, privat Versicherte nebenberuflich geringfügig anzustellen. Beschäftigt beispielsweise ein privater Bildungsträger einen beamteten, privat krankenversicherten Lehrer zur Durchführung abendlicher Sprachkurse, entfällt der Beitrag nach § 249 S. 1 SGB V, während für einen angestellten Dolmetscher, dessen Einkommen nicht über der Jahresentgeltgrenze liegt, der Beitrag zu leisten wäre. Hierdurch entstehen arbeitsmarktpolitisch fragwürdige Anreize für die geringfügige Beschäftigung.[58]

39 **c) Nicht versicherungspflichtige Versicherte.** Für die in § 6 I Nr. 1 SGB V aufgeführten versicherungsfreien AN, deren Arbeitsverdienst die Jahresarbeitsentgeltgrenze übersteigt, besteht nach § 9 I Nr. 1 SGB V die Möglichkeit einer freiwilligen Versicherung. Macht ein AN hiervon Gebrauch, ist er Versicherter, weil freiwillig versichert. Auf das Arbeitsentgelt aus einer geringfügigen Beschäftigung darf abweichend von dem Grundsatz des § 240 SGB V neben dem Pauschalbeitrag des AG (§ 249b SGB V) ein Beitrag von freiwilligen Mitgliedern nicht mehr erhoben werden.[59] Zu den nicht versicherungspflichtigen Versicherten gehören darüber hinaus die Familienversicherten iSv § 10 I SGB V.

40 **3. Geringfügig Beschäftigte in Privathaushalten.** Für Beschäftigte in Privathaushalten nach § 8a SGB IV, die in dieser Beschäftigung versicherungsfrei oder nicht versicherungspflichtig sind, hat der AG nach § 249b S. 2 SGB V grundsätzlich einen Beitrag zur Krankenversicherung in Höhe von 5% des Arbeitsentgelts dieser Beschäftigung zu tragen. Diese Form der geringfügigen Beschäftigung ist damit beitragsrechtlich deutlich begünstigt. Ist der im Privathaushalt Beschäftigte nicht Versicherter einer gesetzlichen Krankenversicherung, entfällt nach Auffassung

[56] BSG 25.1.2006 FA 2006, 159; LSG NRW 30.3.2006 – L 5 KR 101/05.
[57] Küttner Personalbuch 2021/*Schlegel* „Geringfügige Beschäftigung" Rn. 60; *Rittweger,* Leitfaden Mini-Job, Ich-AG und Familien-AG, 2. Aufl., Rn. 57.
[58] Vgl. dazu *Boecken* NZA 1999, 393 (397); *Lembke* NJW 1999, 1825 (1828).
[59] BSG 16.12.2003 NZS 2004, 537; 29.11.2006 NJOZ 2007, 1895.

der Spitzenverbände der Sozialversicherungsträger ebenso wie bei der geringfügig entlohnten Beschäftigung nach § 8 I Nr. 1 SGB IV der Pauschalbeitrag von 5%.[60]

X. Rentenversicherung

41 **1. Entgeltgeringfügig Beschäftigte.** Nach § 5 II Nr. 1 SGB VI sind zeitgeringfügig Beschäftigte iSv § 8 I Nr. 2, § 8a SGB IV in dieser Beschäftigung rentenversicherungsfrei. Die entgeltgeringfügig Beschäftigten sind dagegen versicherungspflichtig. Sie haben allerdings gem. § 6 Ib SGB VI die Möglichkeit, sich auf Antrag ohne weitere Begründung von der Versicherungspflicht befreien zu lassen (sog. Opt-Out-Lösung). Eine Zusammenrechnung nach § 8 II SGB IV mit einer nicht geringfügigen Beschäftigung findet gem. § 6 Ib 3 SGB VI nur statt, wenn diese selbst versicherungspflichtig ist. Mehrere geringfügig entlohnte Beschäftigungen werden jedoch zusammengerechnet.

42 **2. Beitragspflicht. a) Nach dem 31.12.2012 Eingestellte. aa) Rentenversicherungspflichtige Beschäftigte.** Für entgeltgeringfügig Beschäftigte, die nach dem 31.12.2012 eingestellt werden, trägt der AG gem. § 168 I Nr. 1b SGB VI die Beiträge iHv 15% des der Beschäftigung zugrunde liegenden Arbeitsentgelts. In Privathaushalten beträgt der Beitragssatz gem. § 168 I Nr. 1c SGB VI 5%. Die übrigen Beiträge bis zum vollen Beitragssatz von derzeit (1.1.2021) 18,6% hat der Versicherte zu tragen. Der Eigenanteil beträgt daher derzeit 3,6%. Dieser ist vom Entgelt abzuziehen und an die Einzugsstelle abzuführen. Bei einem Verdienst von 450 EUR beläuft sich der Aufstockungsbetrag auf 16,20 EUR (450 EUR × 3,6%); auszuzahlen sind daher 433,80 EUR. Die Mindestbemessungsgrundlage für den Rentenversicherungsbeitrag beträgt nach § 163 VIII SGB VI zurzeit 175 EUR. Als Rentenversicherungsbeitrag sind daher mindestens 32,55 EUR (18,6% von 175 EUR) zu zahlen. Erhält der Beschäftigte ein geringeres Entgelt als 175 EUR, hat der er den vom AG in Höhe von 15% zu tragenden Beitragsanteil auf 32,55 EUR aufzustocken. Der Aufstockungsbetrag ergibt sich, indem der Arbeitgeberbeitragsanteil von dem Mindestbeitrag iHv zurzeit 32,55 EUR abgezogen wird. Diese Beitragsverteilung wird im Schrifttum im Hinblick auf Art. 3 I GG als nicht unproblematisch angesehen, weil der AG bei normal rentenversicherungspflichtigen Beschäftigten nur den hälftigen Beitrag, dh derzeit 9,3% zu tragen hat.[61]

43 **bb) Befreiung von der Versicherungspflicht.** Will sich der AN von der Versicherungspflicht befreien, hat er nach § 6 Ib 2 SGB VI dem AG (nicht der Rentenversicherung) einen schriftlichen Befreiungsantrag zu übergeben. Die Befreiung kann in mehreren geringfügigen Beschäftigungsverhältnissen nur einheitlich erfolgen und ist gem. § 6 Ib 4 SGB VI für die Dauer der Beschäftigungen bindend. Der AG hat der Einzugsstelle, dh der Deutschen Rentenversicherung Knappschaft-Bahn-See den Antrag des AN auf Befreiung von der Rentenversicherungspflicht zu melden und mitzuteilen, wann der Antrag gestellt wurde (§ 28a I Nr. 11, § 28 VIII Nr. 4 lit. f SGB IV). Nach § 6 III 2 SGB VI wird aus Gründen der Verwaltungsvereinfachung kein Verwaltungsakt über die Befreiung von der Rentenversicherungspflicht erteilt, diese gilt nach dieser Bestimmung vielmehr als erteilt, wenn die Rentenversicherung nicht innerhalb eines Monats nach Eingang der Meldung des AG dem Befreiungsantrag des Beschäftigten widerspricht. Die Befreiung wirkt gem. § 6 IV 2 SGB VI bei Vorliegen der Befreiungsvoraussetzungen nach Eingang der Meldung des AG bei der zuständigen Einzugsstelle rückwirkend vom Beginn des Monats, in dem der Antrag des Beschäftigten dem AG zugegangen ist, wenn der AG den Befreiungsantrag der Einzugsstelle mit der ersten folgenden Entgeltabrechnung, spätestens aber innerhalb von sechs Wochen nach Zugang gemeldet und die Einzugsstelle innerhalb eines Monats nach Eingang der Meldung des AG nicht widersprochen hat. Hat sich der AN von der Versicherungspflicht befreien lassen, hat der AG nach § 172 III SGB VI **Pauschalbeiträge** an die zuständige Einzugsstelle (§ 28i S. 5 SGB IV) zu entrichten. Diese belaufen sich auf 15% des Arbeitsentgelts, das beitragspflichtig wäre, wenn der Beschäftigte versicherungspflichtig wäre. Für Beschäftigte in Privathaushalten beträgt der Beitragssatz 5%. Der Beschäftigte erwirbt hieraus jedoch keine rentenversicherungsrechtlichen Ansprüche. Die Beitragszahlung ist lediglich bei der Berechnung der Wartezeit nach § 52 II SGB VI und den Zuschlägen bei Entgeltpunkten nach § 76b SGB VI zu berücksichtigen.

[60] Rundschreiben vom 17.2.2003 unter Nr. 3; ebenso *Niermann/Plenker* DB 2003, 304 (306).
[61] Vgl. dazu *Boecken* NZA 1999, 393 (399).

44 **b) Vor dem 31.12.2012 Eingestellte. aa) Rentenversicherungsfreie geringfügig Beschäftigte.** Nach § 230 VIII SGB VI bleiben Personen, die am 31.12.2012 als geringfügig Beschäftigte mit einem Verdienst bis zu 400 EUR in der Rentenversicherung versicherungsfrei waren, solange versicherungsfrei, wie die bis zum 31.12.2012 geltende Entgeltgrenze von 400 EUR nicht überschritten wird. In diesem Fall zahlt der AG nach § 276a I SGB VI einen Pauschalbeitrag in Höhe von 15% (Privathaushalte 5%) des Arbeitsentgelts, das beitragspflichtig wäre, wenn die Beschäftigten versicherungspflichtig wären. Die Beschäftigten haben gem. § 230 VIII 2 SGB VI aber auch die Möglichkeit, durch schriftliche Erklärung gegenüber dem AG auf die Versicherungsfreiheit zu verzichten. Der Verzicht kann dabei lediglich mit Wirkung für die Zukunft und bei mehreren Beschäftigungen nur einheitlich erklärt werden und ist für die Dauer der Beschäftigungen bindend. Dann trägt der AG nach § 168 I Nr. 1b SGB VI den Beitrag in Höhe von 15% (Privathaushalte 5%) und der AN den Rest.

45 **bb) Verzicht auf Versicherungsfreiheit.** Bis zum 31.12.2012 konnten geringfügig vergütete Beschäftigte iSv § 8 I Nr. 1 SGB IV gem. § 5 II 2 SGB VI aF auf die bis zu diesem Zeitpunkt grundsätzlich bestehende Versicherungsfreiheit in der gesetzlichen Rentenversicherung verzichten und damit eine rentenversicherungspflichtige Beschäftigung zu begründen. Der Versicherte erwarb damit Ansprüche auf alle in der Rentenversicherung bestehenden Leistungen. Nach der gesetzlichen Regelung konnte der Verzicht auf die Versicherungsfreiheit nur für die Zukunft durch schriftliche Erklärung gegenüber dem AG erfolgen. Bei mehreren geringfügigen Beschäftigungen konnte der Verzicht nur einheitlich erklärt werden. Der Verzicht war unwiderruflich und galt daher für die gesamte Dauer der geringfügigen Beschäftigung. Für diese Personengruppe bleibt es gem. § 229 V SGB VI bei der **Versicherungspflicht.** Sie haben nach dieser Bestimmung auch nicht die Möglichkeit, sich in dieser Beschäftigung auf Antrag nach § 6 Ib SGB VI von der Versicherungspflicht befreien zu lassen, da sie auch nach der früheren Rechtslage den einmal erklärten Verzicht auf die Versicherungsfreiheit nicht rückgängig machen konnten. Diese Beschäftigten haben nunmehr einen Beitrag in Höhe des Differenzbetrags zwischen der tatsächlichen aktuellen Beitragshöhe und dem vom AG zu tragenden Pauschalbeitrag von 15% zu entrichten. Ausgehend vom derzeitigen (1.1.2021) Rentenversicherungsbeitrag von 18,6% beträgt der Eigenanteil 3,6%. Dieser ist vom Entgelt abzuziehen und an die Einzugsstelle abzuführen. Bei einem Entgelt von 400 EUR beläuft sich der Aufstockungsbetrag auf 14,40 EUR (400 EUR × 3,6%), auszuzahlen sind daher 385,60 EUR. Die Mindestbemessungsgrundlage für den Rentenversicherungsbeitrag beträgt nach § 163 VIII SGB VI zurzeit 175 EUR. Von einer Übergangsregelung für die Altfälle hat der Gesetzgeber abgesehen. Als Rentenversicherungsbeitrag sind daher mindestens 32,55 EUR (18,6% von 175 EUR) zu bezahlen.

46 **cc) Rentenversicherungspflicht in der Gleitzone.** Für Personen, die vor dem 1.1.2013 mehr als 400 EUR, aber nicht mehr als 450 EUR verdient haben und deshalb nach der bis zum 31.12.2012 geltenden Rechtslage in der Gleitzone rentenversicherungspflichtig waren, bleibt die Versicherungspflicht bestehen. Diese Beschäftigten haben nach § 231 IX SGBVI nicht die Möglichkeit, sich nach § 6 Ib SGB VI von der Versicherungspflicht befreien zu lassen.

XI. Weitere Zweige der Sozialversicherung

47 **1. Arbeitslosenversicherung.** In der Arbeitslosenversicherung sind auch nach dem 1.1.2013 geringfügig Beschäftigte, auch solche in Privathaushalten, gem. § 27 II SGB III **versicherungsfrei.** Es sind auch keine Beiträge zur Arbeitslosenversicherung zu entrichten. Personen, die am 31.12.2012 mehr als 400 EUR, aber nicht mehr als 450 EUR verdient haben, blieben in dieser Beschäftigung nach § 444 I SGB III längstens bis zum 31.12.2014 versicherungspflichtig, solange das Arbeitsentgelt 400 EUR monatlich übersteigt. Aufgrund des Verweises in § 444 II SGB III auf § 276b SGB VI gilt für die Berechnung der Beiträge die bis zum 31.12.2012 geltende Gleitzonenregelung. Auf einen bei der Agentur für Arbeit zu stellenden Antrag werden diese Beschäftigten allerdings von ihrer Versicherungspflicht befreit. Die Befreiung wirkt vom 1.1.2013 an, wenn sie bis zum 31.3.2013 beantragt worden ist, im Übrigen vom Beginn des Kalendermonats an, der auf den Monat folgt, in dem der Antrag gestellt worden ist (§ 444 I 4 SGB III).

48 **2. Gesetzliche Unfallversicherung.** Geringfügig Beschäftigte sind gem. § 2 I Nr. 1 SGB VII in der gesetzlichen Unfallversicherung **versichert.**

49 **3. Pflegeversicherung.** Nach § 20 I 1 SGB XI knüpft die Versicherungspflicht in der Pflegeversicherung an die in der gesetzlichen Krankenversicherung bestehende Versicherungspflicht an. Arbeitsentgelt aus einer geringfügigen Beschäftigung eines in der gesetzlichen Krankenversicherung freiwillig Versicherten ist als beitragspflichtige Einnahme zur Beitragsbemessung in der

sozialen Pflegeversicherung auch dann heranzuziehen, wenn der Versicherte in der gesetzlichen Krankenversicherung hieraus keine Beiträge zu zahlen hat.[62]

XII. Steuerrechtliche Fragen

1. Entgeltgeringfügigkeit. a) Einheitlicher Pauschsteuersatz. Für geringfügig Beschäftigte besteht gem. § 40a II EStG die Möglichkeit einer einheitlichen Pauschalbesteuerung in Höhe von 2% des Entgelts. Nach § 40a II EStG kann der AG unter Verzicht auf den Abruf von elektronischen Lohnsteuerabzugsmerkmalen oder die Vorlage einer Bescheinigung für den Lohnsteuerabzug die Lohnsteuer einschließlich Solidaritätszuschlag und Kirchensteuern (einheitliche Pauschsteuer) für das Arbeitsentgelt aus geringfügigen Beschäftigungen – auch im Privathaushalt – mit einem einheitlichen Pauschsteuersatz in Höhe von insgesamt 2% des Arbeitsentgelts erheben, wenn er Beiträge zur Rentenversicherung nach § 168 I Nr. 1b oder 1c (versicherungspflichtig geringfügig Beschäftigte) oder nach § 172 III oder IIIa SGB VI (versicherungsfrei geringfügig Beschäftigte) zu entrichten hat. Für die Möglichkeit der Steuerpauschalierung ist unerheblich, ob der Beschäftigte in der Rentenversicherung einen Antrag auf Befreiung von der Versicherungspflicht gestellt hat. Die einheitliche Pauschsteuer beträgt auch dann 2%, wenn der AN nicht Mitglied einer Kirche ist. **Zuständig** für die Erhebung der einheitlichen Pauschsteuer ist gem. § 40a VI EStG die Deutsche Rentenversicherung Knappschaft-Bahn-See. Diese hat die Steuer auf die erhebungsberechtigten Körperschaften aufzuteilen, wobei aus Vereinfachungsgründen 90% der Pauschsteuer auf die Lohnsteuer und jeweils 5% auf den Solidaritätszuschlag und die Kirchensteuern entfallen. Die Deutsche Rentenversicherung Knappschaft-Bahn-See ist nach § 40a VI 6 EStG berechtigt, die einheitliche Pauschsteuer zusammen mit den Sozialversicherungsbeiträgen beim AG einzuziehen. Der Gesamtbetrag beläuft sich dann auf 30% des Entgelts. 50

b) Mehrere geringfügige Beschäftigungsverhältnisse. Steht der AN in mehreren geringfügigen Beschäftigungsverhältnissen, die nach § 8 II 1 SGB IV zusammenzurechnen sind, und überschreitet das in diesen Beschäftigungsverhältnissen erzielte Entgelt in der Summe die Entgeltgrenze von 450 EUR, unterliegen die Beschäftigungsverhältnisse den allgemeinen Arbeitgeberbeiträgen zur Rentenversicherung und nicht dem Pauschalbeitrag in Höhe von 15% bzw. 5% in Privathaushalten. In diesem Fall scheidet die Pauschsteuer von 2% aus. Die Besteuerung hat daher grundsätzlich individuell zu erfolgen.[63] Der einzelne AG kann jedoch in den Fällen der Zusammenrechnung mehrerer geringfügiger Beschäftigungen nach § 40a IIa EStG unter Verzicht auf den Abruf von elektronischen Lohnsteuerabzugsmerkmalen oder die Vorlage einer Bescheinigung für den Lohnsteuerabzug die pauschale Lohnsteuer mit einem Steuersatz in Höhe von 20% des Arbeitsentgelts erheben, wenn er keine pauschalen Beiträge zur Sozialversicherung nach § 168 I Nr. 1b oder 1c oder nach § 172 III oder IIIa oder nach § 276a I SGB VI zu entrichten hat und das Arbeitsentgelt bei dem einzelnen AG 450 EUR nicht übersteigt.[64] Zu dieser Steuer kommen allerdings noch der Solidaritätszuschlag iHv 5,5% sowie ggf. die Kirchensteuer hinzu. Die pauschale Lohnsteuer nach § 40a IIa EStG ist nicht an die Deutsche Rentenversicherung Knappschaft-Bahn-See, sondern an das Betriebsstättenfinanzamt abzuführen.[65] Neben der Pauschalierung nach § 40a IIa EStG besteht für den AG die Möglichkeit der Steuererhebung nach den elektronischen Lohnsteuerabzugsmerkmalen (ELStAM – § 39a IV EStG). Bei der **Prüfung der Pauschalierungsgrenzen** des § 40a EStG sind Bezüge, die nicht zum laufenden Arbeitsentgelt gehören, rechnerisch gleichmäßig auf die Lohnzahlungs- bzw. Lohnabrechnungszeiträume zu verteilen, in denen die vergütete Arbeitsleistung erbracht wird. Daher sind zB Weihnachtsgeld, Urlaubsgeld und Einmalzahlungen für eine Direktversicherung im Regelfall auf die gesamte Beschäftigungszeit des Kalenderjahres zu verteilen.[66] Wenn diese Bezüge aber erst nach Ablauf des Kalenderjahres gezahlt werden, in dem die entsprechende Arbeitsleistung erbracht worden ist, sind sie nicht mehr dem Lohnabrechnungszeitraum des vorangehenden Kalenderjahres zuzurechnen. Insoweit ist das steuerrechtliche Zuflussprinzip zu beachten.[67] 51

[62] BSG 29.11.2006 SozR 4–3300 § 57 Nr. 3.
[63] Schmidt/*Krüger* EStG § 40a Rn. 2.
[64] Küttner Personalbuch 2021/*Seidel* „Geringfügige Beschäftigung" Rn. 22.
[65] Schmidt/*Krüger* EStG § 40a Rn. 10.
[66] FG BW 20.10.2005 DStRE 2006, 602.
[67] Schmidt/*Krüger* EStG § 40a Rn. 4.

52 **c) Steuerschuldner.** Wird eine pauschalierte Lohnsteuer erhoben, ist der AG alleiniger Steuerschuldner (§§ 40a V, 40 III 2 EStG)[68] und nicht etwa Gesamtschuldner neben dem AN.[69] Die Pauschalierung der Lohnsteuer hat weiterhin zur Folge, dass bei der Lohnsteuerveranlagung des AN sowohl der insoweit erzielte Lohn als auch die pauschale Lohnsteuer außer Betracht bleiben (§ 40a V iVm § 40 III 3 EStG). Insoweit unterscheidet sich das pauschale Lohnsteuerverfahren von der sonstigen steuerrechtlichen Behandlung von Arbeitslohn gem. § 38 III EStG. Nach dieser Bestimmung hat der AG die Lohnsteuer nur für den AN abzuführen, Steuerschuldner bleibt jedoch der AN (§ 38 II 1 EStG).

53 **d) Entscheidung über pauschale Besteuerung.** Die Entscheidung, ob die Lohnsteuer pauschaliert werden soll, liegt grundsätzlich (zur Ausnahme → Rn. 65) beim AG.[70] Dieser kann die Pauschalierung auf einzelne AN beschränken und von anderen, die an sich auch die Voraussetzungen für die Lohnsteuerpauschalierung erfüllen, die Besteuerung nach den elektronischen Lohnsteuerabzugsmerkmalen (ELStAM) vornehmen. Die Pauschalierung muss nicht einheitlich für alle in Betracht kommenden AN des Betriebs durchgeführt werden.[71] Bei vereinbarter Lohnsteuerpauschalierung sind AG und AN für das laufende Kalenderjahr an diese Art der Steuererhebung gebunden. Der AG ist jedoch weder unter dem Gesichtspunkt des Rechtsmissbrauchs noch durch die Zielrichtung des § 40a EStG gehindert, nach Ablauf des Kalenderjahres die Pauschalversteuerung des Arbeitslohns für die in seinem Betrieb angestellte Ehefrau zu beenden und zur Regelbesteuerung überzugehen. Ein Wechsel der Besteuerungsart ist als Gestaltungsmissbrauch iSd § 42 AO 1977 anzusehen, wenn er während eines Kalenderjahres mit dem alleinigen Ziel erfolgt, die jeweiligen Vorteile der Besteuerungsarten zu kombinieren und durch Ausnutzung der mit den Lohneinkünften zusammenhängenden Freibeträge für einen Teil des Lohns einer Besteuerung zu entgehen.[72] Der AG muss den AN nicht von sich aus auf die Möglichkeit der Pauschalversteuerung § 40a II EStG hinweisen.[73]

54 Der **AN** kann vom AG die Besteuerung nach seiner individuellen Steuerklasse verlangen. Äußert der AN jedoch ein solches Verlangen nicht – was bei den Steuerklassen I bis IV sinnvoll wäre, weil dort bei einer Vergütung bis 450 EUR keine Steuer zu entrichten ist – kann der AG den AN im Innenverhältnis mit der Pauschalsteuer belasten. Die durch § 40 III EStG begründete Verpflichtung des AG zur Übernahme der Steuerschuld sagt nichts darüber aus, wer die Steuer wirtschaftlich zu tragen hat.[74] Zu unterscheiden ist zwischen dem öffentlich-rechtlichen Steuerschuldverhältnis und dem privatrechtlichen Arbeitsverhältnis. Liegt eine **Bruttolohnvereinbarung** vor, kann der AG, dem steuerrechtlich das Wahlrecht zwischen einer Pauschalbesteuerung und einer Besteuerung nach individuellen Merkmalen zusteht, den AN intern mit der Pauschalsteuer belasten. Insoweit ist zu berücksichtigen, dass auch die Pauschalbesteuerung auf einen Steuertatbestand zurückgeht, der sich in der Person des AN in Form des Zuflusses von Arbeitslohn verwirklicht. Einer besonderen Vereinbarung hierzu bedarf es nicht. Die Abwälzungsbefugnis des AG besteht so lange, wie dem AN das Recht vorbehalten bleibt, unter Vorlage der Lohnsteuerkarte eine Besteuerung nach seiner individuellen Steuerklasse zu verlangen. Kommt der AG einem solchen Wunsch des AN nicht nach, hat er die Pauschalbesteuerung auch im Innenverhältnis zu tragen.[75]

55 **2. Kurzfristig Beschäftigte.** Wird der AN beim AG nur gelegentlich, nicht regelmäßig wiederkehrend beschäftigt und übersteigt die Dauer der Beschäftigung nicht 18 zusammenhängende Arbeitstage, kommt nach § 40a I EStG eine Steuerpauschalierung mit einem Steuersatz von 25% in Betracht. Weitere Voraussetzungen hierfür sind, dass der Arbeitslohn während der Beschäftigungsdauer im Durchschnitt 120 EUR je Arbeitstag nicht übersteigt oder die Beschäftigung zu einem unvorhersehbaren Zeitpunkt sofort erforderlich wird. In diesem Fall darf nach § 40a IV EStG der durchschnittliche Stundenlohn 15 EUR nicht übersteigen. Ein unvorhersehbarer Zeitpunkt ist beispielsweise bei einem krankheitsbedingten Ausfall eines AN oder beim Ausfall bestellter Aushilfskräfte anzunehmen.[76]

[68] BAG 23.9.2020 AP Nr. 17 zu § 611 BGB Nettolohn = NZA 2021, 341.
[69] BAG 13.11.2014 AP Nr. 5 zu § 40a EStG = NZA 2015, 166; BFH 20.3.2006 BFH-PR 2006, 234.
[70] BAG 24.6.2003 AP Nr. 63 zu § 242 BGB Betriebliche Übung = NZA 2003, 1145.
[71] BFH 6.3.1982 DB 1982, 2067.
[72] BFH 26.11.2003 DB 2004, 361.
[73] BAG 13.11.2014 AP Nr. 5 zu § 40a EStG = NZA 2015, 166.
[74] BAG 24.6.2003 AP Nr. 63 zu § 242 BGB Betriebliche Übung = NZA 2003, 1145.
[75] BAG 1.2.2006 AP Nr. 4 zu § 40a EStG = NZA 2006, 682; LAG Hamm 8.3.2006 – 6 Sa 1631/05.
[76] Schmidt/*Krüger* EStG § 40a Rn. 6.

V. Buch. Die Pflichten des Arbeitnehmers aus dem Arbeitsvertrag

1. Abschnitt. Arbeitspflicht

§ 45. Arbeitspflicht

Übersicht

I. Persönliche Arbeitsleistung

1. Grundsatz. Nach § 613 S. 1 BGB hat der AN die Arbeit im Zweifel in Person zu leisten. 1
Aus der Auslegungsregel folgt, dass er die Arbeitsleistung nicht durch einen Ersatzmann oder Gehilfen erbringen lassen kann. Dies gilt auch für den sog. Schichttausch oder im Falle des Verlustes der Fahrerlaubnis.[1]

[1] Dazu LAG SchlH 16.6.1986 NZA 1987, 669; offengelassen von BAG 14.2.1991 RzK I 6a Nr. 70.

2 Andererseits ist der AN im Zweifel aber auch nicht verpflichtet, im Falle seiner Leistungsverhinderung einen Ersatzmann zu stellen. Aus dem Grundsatz der persönlichen Arbeitsleistung folgt, dass das Arbeitsverhältnis mit dem **Tode des AN** erlischt.[2] Der Erbe ist weder verpflichtet noch berechtigt, in den Arbeitsvertrag einzutreten. Macht er dies, wird regelmäßig ein neuer Arbeitsvertrag begründet. Aufgrund der Erbenhaftung (§ 1967 BGB) kann der Erbe verpflichtet sein, noch einzelne Pflichten aus dem Arbeitsverhältnis zu erfüllen. So ist er gehalten, dem verstorbenen AN zur Verfügung gestelltes Arbeitsmaterial herauszugeben. Andererseits folgen bereits entstandene Ansprüche aus dem Arbeitsverhältnis der allgemeinen Erbfolge, soweit sich nicht aus ihrer Höchstpersönlichkeit etwas anderes ergibt.

3 **2. Ausnahmen.** Von der Auslegungsregel des § 613 S. 1 BGB kann vertraglich abgewichen werden.[3] Es kann ausdrücklich oder stillschweigend vereinbart werden, dass der AN berechtigt oder verpflichtet ist, zur Erfüllung der Arbeitsleistung Dritte hinzuzuziehen.[4] Eine entsprechende stillschweigende Vereinbarung ergibt sich dann, wenn der AN zur Erbringung der Arbeitsleistung allein nicht in der Lage ist oder wenn die Hinzuziehung von Gehilfen bzw. Gestellung von Ersatzkräften üblich ist. Dies kann zB der Fall sein bei der Anstellung eines Hausmeisters unter gleichzeitiger Wohnungsgewährung an das Hausmeisterehepaar. In diesen Fällen kann die Ehefrau des Hausmeisters uU berechtigt und verpflichtet sein, bei Verhinderung ihres Ehemannes die Heizung zu versorgen. Zieht der AN zur Erfüllung der Arbeitsleistung Gehilfen hinzu, entsteht, sofern nicht auch zwischen dem Gehilfen und dem AG ein Arbeitsvertrag abgeschlossen wird, idR zwischen diesen ein mittelbares Arbeitsverhältnis (→ § 182 Rn. 1 ff.).[5] Denkbar ist auch ein Dienstverschaffungsvertrag, bei dem der Dienstverpflichtete nicht zur persönlichen Dienstleistung verpflichtet ist, sondern überhaupt nur eine fremde Arbeitskraft zur Verfügung stellen muss. Dies gilt oftmals für Verträge mit Rechtsanwälten. Im Falle der Arbeitsplatzteilung im Rahmen eines Job-Sharings wird das Prinzip der persönlichen Arbeitsleistung durchbrochen.

4 **3. Arbeitsleistung durch einen Dritten.** Erbringt der AN unberechtigt seine Arbeitsleistung durch einen Dritten, gerät er selbst in Schuldnerverzug. Wegen des Fixschuldcharakters der Arbeitspflicht scheidet eine Nachholung der Dienstleistung aus, es liegt vielmehr teilweise Unmöglichkeit vor.[6] Die Hinzuziehung Dritter stellt eine Pflichtverletzung des AN dar, die zu arbeitsrechtlichen Konsequenzen bis zur Kündigung führen kann.[7] Bei unerlaubter Übertragung der Arbeitsleistung auf einen Dritten entstehen grundsätzlich keine vertragsrechtlichen Ansprüche des Dritten. Ein Arbeitsverhältnis zwischen dem Ersatzmann und dem AG kommt regelmäßig nicht zustande, es sei denn, der Dritte wird mit Wissen und Wollen für den AG tätig. Der AG kann durch die Leistung des Dritten ungerechtfertigt bereichert sein (§ 812 BGB). Erleidet der AG durch einen Dritten einen Schaden, ist der AN wegen Verletzung des Arbeitsvertrags schadensersatzpflichtig. Der Dritte kann dem AG nach § 823 BGB zum Schadensersatz verpflichtet sein.

5 **4. Beweislast.** Macht der AG geltend, nicht der AN, sondern ein Dritter sei tätig geworden sei, hat der AN darzulegen und ggf. zu beweisen, dass er die Dienste nicht in Person zu leisten hatte.[8]

II. Person des Arbeitgebers

6 **1. Grundsatz.** § 613 S. 2 BGB enthält die abdingbare Auslegungsregel, dass der Anspruch auf Dienste im Zweifel nicht übertragbar ist. Diese Vorschrift dient allein dem Schutz des AN. Seine Entscheidung, ob und in welcher Weise er die eigene Arbeitskraft einsetzt, gehört zum Bereich höchstpersönlicher Lebensführung, der dem Zugriff der Gläubiger entzogen ist.[9] Da der Anspruch auf die Arbeitsleistung grundsätzlich nicht übertragbar ist, unterliegt er gem. § 851 ZPO auch nicht der Pfändung. Er ist nach § 400 BGB auch nicht abtretbar. Das heißt jedoch nicht, dass der AN nur für die Person des AG zu arbeiten hat. Der AG kann vielmehr, wie im

[2] BAG 20.9.2011 AP Nr. 92 zu § 7 BUrlG Abgeltung = NZA 2012, 326; MüKoBGB/*Müller-Glöge* § 613 Rn. 10; Staudinger/*Richardi/Fischinger* BGB § 613 Rn. 10; HWK/*Thüsing* BGB § 613 Rn. 9.
[3] MüKoBGB/*Müller-Glöge* § 613 Rn. 2; ErfK/*Preis* BGB § 613 Rn. 3.
[4] Vgl. MüKoBGB/*Müller-Glöge* § 613 Rn. 13 ff.
[5] MüKoBGB/*Müller-Glöge* § 613 Rn. 19.
[6] HWK/*Thüsing* BGB § 613 Rn. 2.
[7] MüKoBGB/*Müller-Glöge* § 613 Rn. 8; HWK/*Thüsing* BGB § 613 Rn. 2.
[8] *Baumgärtel,* Handbuch der Beweislast im Privatrecht, § 613 Rn. 2.
[9] BGH 11.12.2003 NJW-RR 2004, 696.

Normalfall, im Rahmen des Weisungsrechts (§ 106 GewO) bestimmen, dass der AN auch für andere Beschäftigte des Betriebs oder Unternehmens tätig zu werden hat.

Aus dem **Grundsatz der Unübertragbarkeit des Anspruchs auf Dienstleistung** folgt nicht ohne Weiteres seine Unvererblichkeit. Hierbei ist vielmehr zu unterscheiden, ob die Arbeitsleistung ausnahmsweise ausschließlich oder überwiegend für die Person des AG zu erbringen ist (Krankenpflege, Privatsekretär usw.) oder ob sie – wie in der Regel – in einem Betrieb für eine juristische Person oder sonst nicht personengebunden (zB Angestellte eines Rechtsanwalts) zu leisten ist. Nur bei an die Person des AG gebundener Dienstleistungsberechtigung kann überhaupt ein durch den Tod des AG auflösend bedingtes (§§ 21, 15 II TzBfG) Arbeitsverhältnis vorliegen.[10] Das Arbeitsverhältnis endet dann zwei Wochen nach Zugang der schriftlichen Unterrichtung des AN über den Tod des AG. In den übrigen Fällen tritt idR der Erbe des AG in das Arbeitsverhältnis ein; jedoch kann diesem uU ein Recht zur ordentlichen oder außerordentlichen Kündigung des Arbeitsverhältnisses zustehen, zB dann, wenn für die Arbeitsleistung kein Bedarf mehr besteht. Zur Betriebsnachfolge → §§ 116 ff. Rn. 1 ff. 7

2. Arbeitsleistung für Dritte. Der AN kann seine Arbeitsleistung im Unternehmen eines Dritten erbringen.[11] Rechtlich bestehen erhebliche Unterschiede je nach der Art des Arbeitsverhältnisses. Der AN kann, zB wie ein Monteur, verpflichtet sein, seine Arbeit für den AG im Betrieb eines Dritten zu leisten. In diesen Fällen ist nur der Ort der Arbeitsleistung geändert. Alle Rechte und Pflichten aus dem Arbeitsverhältnis bleiben jedoch beim AG. Wegen der räumlichen Eingliederung in den Betrieb des Dritten entstehen uU auch Rechtsbeziehungen zum Dritten. Dieser hat ein beschränktes Weisungsrecht und auch gewisse Rücksichtspflichten (§ 241 II BGB). Zum Arbeitsunfall → § 61 Rn. 1 ff. 8

Es kann aber auch vereinbart werden, dass der AN einem Dritten die Arbeitsleistung zu erbringen hat. Je nachdem, ob der **Dritte einen eigenen Anspruch auf die Arbeitsleistung** erwerben soll oder nicht, spricht man von einem echten oder unechten Vertrag zugunsten Dritter (§ 328 BGB). Auch in diesen Fällen bleibt der AG Vertragspartei, so dass er beispielsweise die Entgeltansprüche zu erfüllen hat. Ob auch dem Dritten wegen der Arbeitsleistung ein Direktionsrecht zusteht, ist durch Auslegung des Arbeitsvertrags zu ermitteln. Wird ein Bauarbeiter von einem beteiligten Bauunternehmer für eine Arbeitsgemeinschaft eingestellt, steht auch der Arbeitsgemeinschaft ein Weisungsrecht zu, nicht jedoch dem Bauherrn (vgl. § 9 BRTV-Bau). 9

Im Rahmen der sog. **Konzernleihe** (§ 1 III Nr. 2 AÜG) leihen miteinander verbundene Unternehmen einander Arbeitskräfte aus, wenn der AN nicht zum Zwecke der Überlassung eingestellt und beschäftigt wird (→ § 120 Rn. 25). 10

Ist der AG berechtigt, den Anspruch auf die Arbeitsleistungen an einen Dritten abzutreten, liegt ein **Leiharbeitsverhältnis** vor (dazu → § 120 Rn. 1 ff.). Dabei besteht zwischen dem Verleiher und dem Leiharbeitnehmer ein Arbeitsverhältnis und zwischen dem AG (= Verleiher) und dem Dritten (= Entleiher) ein Arbeitnehmerüberlassungsvertrag, der gem. § 12 I AÜG der Schriftform bedarf. Der Entleiher hat Anspruch auf die Arbeitsleistung und ihm steht für die Dauer der Arbeitnehmerüberlassung das Weisungsrecht zu. Dagegen bleibt der AG zur Entgeltzahlung verpflichtet. 11

3. Betriebsinhaberwechsel. Geht der Betrieb kraft Gesetzes oder kraft Rechtsgeschäftes (§ 613a BGB) auf einen Rechtsnachfolger über, tritt dieser in die bestehenden Arbeitsverhältnisse ein (→ §§ 116 ff. Rn. 1 ff.). 12

III. Grundsätze des Weisungsrechts (Direktionsrechts)

1. Grundsätze. Ist die vom AN zu erbringende Tätigkeit im Arbeitsvertrag nur rahmenmäßig umschrieben, obliegt es nach § 106 S. 1 GewO dem AG, Inhalt, Ort und Zeit der Arbeitsleistung nach billigem Ermessen unter Beachtung ggf. anwendbarer Betriebsvereinbarungen oder Tarifverträge sowie der gesetzlichen Vorschriften näher zu bestimmen.[12] Die Konkretisierung der Arbeitspflicht ist Sache des AG.[13] Das Direktionsrecht gegenüber dem 13

[10] MüKoBGB/*Müller-Glöge* § 613 Rn. 22.
[11] BAG 17.1.1979 AP Nr. 2 zu § 613 BGB.
[12] BAG 19.5.2010 AP Nr. 10 zu § 106 GewO = NZA 2010, 1119.
[13] BAG 27.5.2015 AP Nr. 138 zu § 615 BGB = NZA 2015, 1053.

AN muss nicht durch den Betriebsinhaber selbst ausgeübt werden, es kann vielmehr auch Dritten übertragen werden.[14] § 106 GewO begründet nicht das Weisungsrecht, dieses hat vielmehr seine Grundlage im Arbeitsvertrag.[15] § 315 BGB ist auf das Direktionsrecht unmittelbar anwendbar.[16] Das Direktionsrecht des AG dient der Konkretisierung des vertraglich vereinbarten Tätigkeitsinhalts, beinhaltet aber nicht das Recht zu einer Änderung des Vertragsinhalts.[17] Eine solche kann der AG nur einvernehmlich oder durch eine Änderungskündigung herbeiführen.[18] Als Leistungsbestimmungsrecht iSd § 315 BGB ist es ein Gestaltungsrecht.[19] Abweichend von dem allgemeinen Grundsatz, dass der Bestimmende an die einmal vorgenommene Leistungsbestimmung gebunden ist, kann der AG sein Direktionsrecht immer wieder neu ausüben. Dem Arbeitsverhältnis als Dauerschuldverhältnis sind ständig wechselnde Anforderungen an die vom AN zu erbringenden Leistungen immanent, so dass der AG dessen Arbeitseinsatz durch Ausübung des Weisungsrechts ständig neu konkretisieren können muss.[20] Je allgemeiner die vom AN zu leistenden Dienste im Arbeitsvertrag festgelegt sind, desto weiter geht die Befugnis des AG, dem AN unterschiedliche Aufgaben im Wege des Direktionsrechts zuzuweisen. Bei einer engen Bestimmung der Tätigkeit wird diese Befugnis hingegen eingeschränkt.[21] Der AG kann dem AN nur die betreffenden Aufgaben zuweisen. Ebenso wie § 315 BGB unterwirft § 106 GewO die Ausübung des Weisungsrechts einer Kontrolle am Maßstab billigen Ermessens. Anders als in den Fällen des § 315 BGB, wonach die Leistungsbestimmung „im Zweifel" nach billigem Ermessen zu erfolgen hat, schreibt § 106 GewO dies jedoch für die dort genannten Weisungen unabdingbar vor.[22] Hieraus ergibt sich eine zweistufige Prüfung: Zunächst ist zu prüfen, ob die konkrete Weisung nur die arbeitsvertraglichen Pflichten konkretisiert oder diese – unzulässig – einseitig zu verändern sucht. In einem zweiten Schritt ist festzustellen, ob die Anordnung des AG billigem Ermessen entspricht (dazu → Rn. 17; zur gerichtlichen Überprüfung → Rn. 21).

14 **2. Gegenstand des Weisungsrechts.** Die Ausübung des arbeitgeberseitigen Weisungsrechts ist nur innerhalb der durch den Arbeitsvertrag bestimmten Grenzen zulässig. Zur Veränderung der arbeitsvertraglich vereinbarten Bedingungen bedarf es dagegen einer Änderungskündigung (zur überflüssigen Änderungskündigung → § 137 Rn. 9).[23] Das Weisungsrecht konkretisiert den **Ort** (dazu → Rn. 22 ff.), die **Art** (dazu → Rn. 31 ff.) und die **Zeit** (dazu → Rn. 42 ff.) **der Arbeitsleistung.** Es erstreckt sich darüber hinaus auf eine nicht abschließend aufzählbare, je nach den Umständen näher zu bestimmende Vielzahl von Pflichten, deren Erfüllung unumgänglich ist, um den Austausch der Hauptleistungen sinnvoll zu ermöglichen (sog. leistungssichernde Verhaltenspflichten).[24] So hat der AG seinen Gestaltungsspielraum bei der Wahl der zur Minimierung oder Vermeidung von Gesundheitsgefahren zur Verfügung stehenden Mittel effektiv zu nutzen.[25] Die Rücksichtnahmepflicht aus § 241 II BGB kann dem AG gebieten, gegenüber einem AN, der aus in seiner Person liegenden Gründen nicht mehr in der Lage ist, die ihm nach § 106 Satz 1 GewO zugewiesene Leistung zu erbringen, von seinem Direktionsrecht erneut Gebrauch zu machen und dem AN eine **neue geeignete Tätigkeit zuzuweisen.** Hierzu hat der AN die Umsetzung auf einen seinem Leistungsvermögen entsprechenden Arbeitsplatz zuvor vom AG zu verlangen und diesem mitzuteilen, wie er sich seine weitere Beschäftigung vorstellt.[26] Das Weisungsrecht erstreckt sich **nicht auf die Höhe des Entgelts**[27] und den **Umfang**

[14] BAG 27.9.2012 AP Nr. 438 zu § 613a BGB = NZA 2013, 961; 15.12.2005 AP Nr. 294 zu § 613a BGB = NZA 2006, 597.
[15] BAG 13.10.2009 AP Nr. 1 zu § 7 AGG = NZA 2010, 327; HWK/*Lembke* GewO § 106 Rn. 4; ErfK/*Preis* GewO § 106 Rn. 1; aA NK-GA/*Boecken*/*Pils* GewO § 106 Rn. 4 f.
[16] BAG 22.2.2012 AP Nr. 127 zu § 615 BGB = NZA 2012, 858; Staudinger/*Rieble* BGB § 315 Rn. 220.
[17] BAG 16.10.2013 AP Nr. 27 zu § 106 GewO = NZA 2014, 264.
[18] BAG 25.8.2010 AP Nr. 11 zu § 106 GewO = NZA 2010, 1355.
[19] BAG 16.4.2015 AP Nr. 2 zu § 14 TVöD = NZA-RR 2015, 532; AR/*Kolbe* GewO § 106 Rn. 6.
[20] *Boemke* NZA 2013, 6 (11); *Bötticher* FS Dölle, 1963, 41 (52); *Hromadka* FS v. Hoyningen-Huene, 2014, 145 (151 f.); *Linck* FS v. Hoyningen-Huene, 2014, 255 (258); *Preis* NZA 2015, 1 (5); Staudinger/*Rieble* BGB § 315 Rn. 219; MüKoBGB/*Würdinger* § 315 Rn. 68.
[21] BAG 26.1.2012 AP Nr. 153 zu § 2 KSchG 1969 = NZA 2012, 856.
[22] AR/*Kolbe* GewO § 106 Rn. 3.
[23] BAG 17.12.2015 NZA 2016, 568.
[24] BAG 2.11.2016 AP Nr. 31 zu § 106 GewO = NZA 2017, 183; 19.1.2016 NZA 2016, 1144.
[25] Vgl. BAG 10.5.2016 NZA 2016, 1134 zu tabakrauchfreien Arbeitsplätzen.
[26] BAG 17.3.2016 AP Nr. 3 zu § 33 TVöD = NZA 2016, 1220; 27.5.2015 AP Nr. 138 zu § 615 BGB = NZA 2015, 1053.
[27] BAG 22.10.2015 NZA-RR 2016, 243.

der geschuldeten Arbeitsleistung.[28] Es ist deshalb kein geeignetes Instrument zur Einführung von Kurzarbeit (→ § 47 Rn. 2).[29] Es beinhaltet zwar die Berechtigung, den AN zur **Teilnahme an Personalgesprächen** zu verpflichten, in denen der AG Weisungen zu Inhalt, Ort und Zeit der Arbeitsleistung vorbereiten, erteilen oder ihre Nichterfüllung beanstanden will.[30] Das Weisungsrecht erstreckt sich indes nicht auf die Teilnahme an Personalgesprächen, die mit den in § 106 GewO genannten Aspekten der Arbeitsleistung in keinem Zusammenhang stehen. Der AG kann den AN daher nicht wirksam anweisen, an einem Gespräch mit ihm teilzunehmen, dessen einziges Ziel es ist, den AN zu einer bisher von ihm abgelehnten Vertragsänderung umzustimmen.[31] Ein erkrankter AN ist grundsätzlich nicht verpflichtet, zu einem Personalgespräch im Betrieb zu erscheinen.[32] Eine einseitige Anordnung, der AN möge seine **Steuererklärung** durch eine bestimmte Steuerberatungsgesellschaft erstellen lassen, dient nicht der Konkretisierung der Arbeitspflichten und ist deshalb nicht mehr von dem Weisungsrecht des AG erfasst.[33]

3. Vertragliche Beschränkungen. Die Arbeitsvertragsparteien können das Weisungsrecht 15
des AG durch eine hinreichend deutliche arbeitsvertragliche Regelung einschränken.[34] Beschränkungen können sich auch aus dem **Berufsbild** ergeben.[35] Behält sich beispielsweise der AG einer Redakteurin einer Tageszeitung im Arbeitsvertrag vor, ihr andere redaktionelle oder journalistische Aufgaben zuzuweisen, berechtigt das nicht zur Versetzung in eine „Service- und Entwicklungsredaktion", wenn sie dort für neue Verlagsprodukte ausschließlich Testbeiträge zu erarbeiten hat. Entwicklungstätigkeit ist nach allgemeinem Verständnis keine redaktionelle oder journalistische Aufgabe.[36] Treffen die Vertragsparteien keine ausdrücklichen Abreden zur Lage der Arbeitszeit, ist der Vertrag dahin auszulegen, dass die vereinbarte Arbeitsleistung zu den jeweils wirksam im Wege des Weisungsrechts bestimmten betrieblichen Arbeitszeiten zu erbringen ist.[37] Der AG kann sich bei der Ausübung seines Weisungsrechts **durch vorherige Zusagen auch selbst binden.** Das ist beispielsweise anzunehmen, wenn er die endgültige Übertragung einer höherwertigen Tätigkeit davon abhängig macht, dass der AN eine Ausbildung erfolgreich durchläuft. Erfüllt der AN diese Anforderung, ist der AG jedoch nicht gehindert, von dem Einsatz abzusehen, wenn der BR formal wirksam seine erforderliche Zustimmung zu einer damit verbundenen Versetzung nach § 99 BetrVG verweigert. Der AG ist nicht verpflichtet, ein Zustimmungsersetzungsverfahren durchzuführen.[38]

4. Konkretisierung. Arbeitspflichten können sich auf bestimmte Arbeitsbedingungen kon- 16
kretisieren. Dazu genügt jedoch **nicht schon der bloße Zeitablauf.** Vielmehr müssen besondere Umstände hinzutreten, aufgrund derer der AN erkennen kann und darauf vertrauen darf, dass er nicht in anderer Weise eingesetzt werden soll.[39] Hat der AG längere Zeit von seinem Direktionsrecht keinen Gebrauch gemacht, kann der AN daher daraus allein nicht den Schluss ziehen, der AG werde von seinem Weisungsrecht keinen Gebrauch mehr machen.[40] Die Nichtausübung des Direktionsrechts hat keinen Erklärungswert.[41] Es kann nicht im Interesse einer vertrauensvollen und gedeihlichen Zusammenarbeit in einem Arbeitsverhältnis liegen, dass der AG in bestimmten zeitlichen Abständen den AN darauf hinweist, dass er weiterhin beabsichtige, von seinem Recht, auch einen anderen Arbeitsort zuzuweisen, Gebrauch machen werde, sobald er es für erforderlich halte.[42] Die mehrjährige Durchführung eines Arbeitsverhältnisses nach

[28] BAG 24.9.2015 AP Nr. 209 zu § 1 KSchG 1969 Betriebsbedingte Kündigung = NZA 2015, 1457; HWK/*Lembke* GewO § 106 Rn. 5; ErfK/*Preis* GewO § 106 Rn. 2.
[29] BAG 18.11.2015 AP Nr. 142 zu § 615 BGB = NZA 2016, 565.
[30] BAG 2.11.2016 AP Nr. 31 zu § 106 GewO = NZA 2017, 183.
[31] BAG 23.6.2009 AP Nr. 3 zu § 106 GewO = NZA 2009, 1011.
[32] BAG 2.11.2016 AP Nr. 31 zu § 106 GewO = NZA 2017, 183.
[33] BAG 23.8.2012 AP Nr. 67 zu § 307 BGB = NZA 2013, 268.
[34] BAG 19.7.2012 AP Nr. 155 zu § 2 KSchG 1969 = NZA 2012, 1038.
[35] *Wank* NZA-Beil. 2/2012, 41 (42).
[36] BAG 23.2.2010 AP Nr. 9 zu § 106 GewO.
[37] BAG 19.7.2012 NZA 2012, 1038; 15.9.2009 AP Nr. 7 zu § 106 GewO = NZA 2009, 1333; 23.6.1992 AP Nr. 1 zu § 611 BGB Arbeitszeit = NZA 1993, 89.
[38] BAG 16.3.2010 AP Nr. 8 zu § 106 GewO = NZA 2010, 1028.
[39] BAG 18.10.2012 AP Nr. 23 zu § 106 GewO; 15.9.2009 AP Nr. 7 zu § 106 GewO = NZA 2009, 1333.
[40] BAG 13.11.2013 AP Nr. 28 zu § 106 GewO; 18.10.2012 AP Nr. 23 zu § 106 GewO; 13.6.2012 AP Nr. 15 zu § 106 GewO = NZA 2012, 1154.
[41] BAG 24.10.2018 AP Nr. 12 zu § 611 BGB Gewerkschaftsangestellte = NZA 2019, 161; 28.8.2013 AP Nr. 26 zu § 106 GewO = NZA-RR 2014, 181; 26.9.2012 AP Nr. 21 zu § 106 GewO = NZA-RR 2013, 403.
[42] BAG 19.7.2012 AP Nr. 155 zu § 2 KSchG 1969 = NZA 2012, 1038; 13.3.2007 AP Nr. 26 zu § 307 BGB.

Maßgabe einer in der Vergangenheit erteilten Arbeitsanweisung hindert den AG nicht, die darin enthaltenen Weisungen mit Wirkung für die Zukunft zu ändern.[43] Deshalb ist die Anweisung an einen Straßenbahnkontrolleur, die Kontrolltätigkeit am Betriebshof aufzunehmen, auch dann wirksam, wenn der Kontrolleur über 14 Jahre hinweg die tägliche Arbeit in der Weise begonnen hat, dass er bei Dienstbeginn an der seiner Wohnung nächstgelegenen Haltestelle in einen Bus oder eine Bahn einstieg und in dem betreffenden Fahrzeug die Kontrolltätigkeit aufnahm und bei Dienstschluss entsprechend verfuhr.[44] Der AG kann nach Auffassung des BAG eine AN, die sechs Jahre als Vorzimmersekretärin gearbeitet hat, im Wege des Weisungsrechts in den Schreibdienst versetzen, wenn die vertraglich vereinbarte Arbeitsaufgabe mit „Schreibkraft" umschrieben ist.[45]

17 **5. Billiges Ermessen.** Im Rahmen der vertraglichen Vereinbarungen hat der AG gegenüber dem AN sein Weisungsrecht gem. § 106 GewO nach billigem Ermessen auszuüben. Das verlangt von ihm eine **Abwägung der wechselseitigen berechtigten Interessen** unter Einbeziehung verfassungsrechtlicher Wertentscheidungen.[46] In diese Abwägung sind insbesondere die Vorteile aus einer Regelung und die Risikoverteilung zwischen den Vertragsparteien einzubeziehen. Dabei sind die betroffenen Interessen des AN und des AG im Sinne einer praktischen Konkordanz so zusammenzuführen, dass die geschützten Rechtspositionen für alle Beteiligten möglichst weitgehend wirksam werden.[47] Der AG hat auf **schutzwürdige familiäre Belange des AN** (Art. 6 I GG) Rücksicht zu nehmen, soweit diesen nicht betriebliche Gründe oder berechtigte Belange anderer AN entgegenstehen.[48] Entsprechendes gilt für eine koalitionspolitische Betätigung (Art. 9 III GG).[49] Bei der Ausübung des Weisungsrechts hat er auch die Diskriminierungsverbote des AGG und des Unionsrechts zu beachten.[50] Weiterhin hat der AG auch die im Interesse des Gesundheitsschutzes der AN festgelegten Grenzen der höchstzulässigen Arbeitszeiten zu beachten.[51] Soweit die Rechtsprechung annimmt, in die Abwägung seien neben den sich unmittelbar aus dem Arbeitsverhältnis ergebenden Gesichtspunkten auch die beiderseitigen Bedürfnisse, außervertragliche Vor- und Nachteile, Vermögens- und Einkommensverhältnisse sowie soziale Lebensverhältnisse einzubeziehen,[52] dürfte dies zu weit gehen, weil hierdurch uneingeschränkt und ohne Anbindung an verfassungsrechtliche Wertentscheidungen außervertragliche Umstände berücksichtigt werden. Ein **öffentlicher AG** kann sich in der Ausübung seines Ermessens selbst binden. Dies kann durch entsprechende Verwaltungsvorschriften, aber auch durch mündliche Erklärungen erfolgen.[53] Beruht die Weisung auf einer **unternehmerischen Entscheidung,** kommt dieser besonderes Gewicht zu.[54] Das unternehmerische Konzept ist dabei nicht auf seine Zweckmäßigkeit hin zu überprüfen. Die Arbeitsgerichte können vom AG nicht verlangen, von ihm nicht gewollte Organisationsentscheidungen zu treffen. Eine unternehmerische Entscheidung führt aber nicht dazu, dass die Abwägung mit Interessen des AN von vornherein ausgeschlossen wäre und sich die Belange des AN nur in dem vom AG durch die unternehmerische Entscheidung gesetzten Rahmen durchsetzen könnten. Im Einzelfall können besonders schwerwiegende, insbesondere verfassungsrechtlich geschützte Belange des AN entgegenstehen. Es kommt darauf an, ob das Interesse des AG an der Durchsetzung seiner Organisationsentscheidung auch im Einzelfall die Weisung rechtfertigt. Das ist der Fall, wenn die zugrunde liegende unternehmerische Entscheidung die Versetzung auch angesichts der für den AN entstehenden Nachteile nahelegt und sie nicht willkürlich oder missbräuchlich erscheinen lässt.[55]

---

[43] BAG 17.5.2011 AP Nr. 12 zu § 106 GewO.
[44] BAG 7.12.2000 AP Nr. 61 zu § 611 BGB Direktionsrecht = NZA 2001, 780.
[45] BAG 24.4.1996 PersR 1997, 179.
[46] BAG 24.10.2018 AP Nr. 40 zu § 106 GewO = NZA 2019, 619; 10.12.2014 AP Nr. 30 zu § 106 GewO = NZA 2015, 483; näher hierzu *Linck* FS v. Hoyningen-Huene, 2014, 255 (256 ff.).
[47] BAG 25.9.2013 AP Nr. 25 zu § 106 GewO = NZA 2014, 41.
[48] BAG 28.8.2013 AP Nr. 26 zu § 106 GewO = NZA-RR 2014, 181; 26.9.2012 AP Nr. 21 zu § 106 GewO = NZA-RR 2013, 403; 23.9.2004 AP Nr. 64 zu § 611 BGB Direktionsrecht = NZA 2005, 359.
[49] BAG 13.8.2010 AP Nr. 141 zu Art. 9 GG = NZA-RR 2010, 640.
[50] BAG 30.1.2019 AP Nr. 41 zu § 106 GewO = NZA 2019, 693.
[51] BAG 6.5.2014 AP Nr. 31 zu § 618 BGB.
[52] BAG 28.8.2013 AP Nr. 26 zu § 106 GewO = NZA-RR 2014, 181; 26.9.2012 AP Nr. 21 zu § 106 GewO = NZA-RR 2013, 403; 13.4.2010 AP Nr. 45 zu § 307 BGB mwN.
[53] BAG 24.10.2018 AP Nr. 40 zu § 106 GewO = NZA 2019, 619.
[54] BAG 10.12.2014 AP Nr. 30 zu § 106 GewO = NZA 2015, 483; 28.8.2013 AP Nr. 26 zu § 106 GewO = NZA-RR 2014, 181; 13.6.2012 AP Nr. 15 zu § 106 GewO = NZA 2012, 1154.
[55] BAG 30.11.2016 AP Nr. 32 zu § 106 GewO = NZA 2017, 1394; 28.8.2013 AP Nr. 26 zu § 106 GewO = NZA-RR 2014, 181; 26.9.2012 AP Nr. 21 zu § 106 GewO.

6. Rechtsfolgen unbilliger Weisungen. Die Rechtsfolgen einer unbilligen Weisung waren lange Zeit umstritten.[56] Mit Urteil vom 18.10.2017 hat der Zehnte Senat entschieden, dass ein AN nach § 106 S. 1 GewO, § 315 BGB nicht – auch nicht vorläufig – an eine Weisung des AG gebunden ist, die die Grenzen billigen Ermessens nicht wahrt.[57] Zuvor hatte der Zehnte Senat mit Beschluss vom 14.6.2017[58] beim Fünften Senat angefragt, ob er an seiner im Urteil vom 22.2.2012 geäußerten Auffassung[59] festhält, nach der ein AN an eine Weisung des AG, die nicht aus sonstigen Gründen unwirksam ist, vorläufig bis zu einem rechtskräftigen Urteil gem. § 315 III 2 BGB gebunden ist. Mit Beschluss vom 14.9.2017 hat der Fünfte Senat entschieden, an seiner bisherigen Rechtsauffassung nicht weiter festzuhalten.[60] 18

Hiernach gilt nunmehr Folgendes:[61] Eine Verpflichtung des AN, sich gegen unbillige Weisungen zu wehren, besteht nicht, vielmehr kann er diese hinnehmen. Ändert der AN insoweit seine Auffassung, kann sein Recht zur Geltendmachung der Unbilligkeit – wie jedes andere Recht – verwirken. Akzeptiert der AN hingegen eine Weisung, die er als unbillig ansieht, nicht und erbringt keine Arbeitsleistung, trägt er das Risiko, dass ein Gericht im Rahmen der Prüfung nach § 315 III 1 BGB seine Einschätzung nicht teilt (dazu → § 133 Rn. 6). Dabei sind an die zu beachtenden Sorgfaltspflichten strenge Maßstäbe anzulegen. Unverschuldet ist ein Rechtsirrtum nur, wenn der AN mit einem Unterliegen im Rechtsstreit nicht zu rechnen brauchte; ein normales Prozessrisiko entlastet ihn nicht.[62] Entspricht die Weisung billigem Ermessen, kann der AG Sanktionen aussprechen und der AN verliert seinen Vergütungsanspruch. Erzwingen könnte der AG die Erbringung der Arbeitsleistung im Hinblick auf § 888 III ZPO in keinem Fall. Erweist sich die Weisung hingegen als unbillig, hat der AG – soweit die sonstigen Voraussetzungen vorliegen – nach § 615 iVm § 611a II BGB bzw. im Wege des Schadensersatzes die Vergütung zu leisten, ohne einen Nachleistungsanspruch zu haben. Zu weitergehenden Schadensersatzansprüchen → Rn. 29. 19

Erweist sich eine vom AG vorgenommene Versetzung als unbillig und damit unverbindlich, hat der AN grundsätzlich einen **Anspruch auf Beschäftigung zu den bisherigen Bedingungen.**[63] Dies gilt auch dann, wenn Inhalt, Ort und Zeit der Arbeitsleistung im Arbeitsvertrag nicht abschließend festgelegt sind, sondern dem Weisungsrecht des AG unterliegen. Eine gerichtliche Ersatzleistungsbestimmung nach § 315 III 2 BGB scheidet hingegen im Anwendungsbereich des § 106 GewO aus.[64] Durch sein Weisungsrecht konkretisiert der AG die Erbringung der Arbeitsleistung im Betrieb. Der AN kann sich einer rechtlich einwandfreien Konkretisierung der Arbeitspflicht nach § 106 S. 1 GewO nicht entziehen, indem er eine andere, ebenfalls vertragsgemäße Arbeit anbietet. Ebenso wenig könnte im Fall einer unbilligen Leistungsbestimmung das Gericht Inhalt, Ort und Zeit der Arbeitsleistung an Stelle des AG festlegen. Ein solches Gestaltungsurteil scheidet aus, weil es unzulässig in die Organisationshoheit des AG eingreifen würde.[65] Solange der AG nicht rechtswirksam von seinem Weisungsrecht erneut Gebrauch gemacht oder eine wirksame Freistellung von der Arbeit ausgesprochen hat, bleibt es deshalb bei der bisher zugewiesenen Arbeitsaufgabe am bisherigen Ort und der AN hat einen dementsprechenden Beschäftigungsanspruch. 20

7. Gerichtliche Überprüfung des Direktionsrechts – Beweislast. Die Rechtswirksamkeit einer Maßnahme, die in Ausübung des Direktionsrechts vorgenommen wurde, kann zum Gegenstand einer Feststellungsklage gemacht werden.[66] Im Klageantrag sind die Maßnahmen des AG genau zu bezeichnen, durch die das Direktionsrecht überschritten worden sein soll. Die Dreiwochenfrist des § 4 KSchG ist auf eine derartige Klage auch nicht entsprechend anzuwenden.[67] Bei der Versetzung hat keine soziale Auswahl nach § 1 III KSchG zu erfolgen (dazu → Rn. 26). Der AG hat bei der Ausübung des Direktionsrechts einen **Spielraum.** Innerhalb 21

---

[56] Dazu Schaub ArbR-HdB/*Linck*, 17. Aufl., § 45 Rn. 18 ff.

[57] BAG 18.10.2017 AP Nr. 38 zu § 106 GewO = NZA 2017, 1452; ebenso BAG 28.6.2018 AP Nr. 270 zu § 626 BGB = NZA 2018, 1259.

[58] BAG 14.6.2017 AP Nr. 36 zu § 106 GewO = NZA 2017, 1185.

[59] BAG 22.2.2012 AP Nr. 127 zu § 615 BGB = NZA 2012, 858.

[60] BAG 14.9.2017 AP Nr. 37 zu § 106 GewO = NZA 2017, 1452.

[61] BAG 18.10.2017 AP Nr. 38 zu § 106 GewO = NZA 2017, 1452.

[62] BAG 23.8.2018 AP Nr. 272 zu § 626 BGB; 22.10.2015 AP Nr. 256 zu § 626 BGB = NZA 2016, 417.

[63] BAG 25.8.2010 AP GewO § 106 Nr. 11 = NZA 2010, 1355.

[64] BAG 18.10.2017 AP Nr. 38 zu § 106 GewO = NZA 2017, 1452.

[65] BAG 18.10.2017 AP Nr. 38 zu § 106 GewO = NZA 2017, 1452.

[66] BAG 28.8.2013 AP Nr. 26 zu § 106 GewO = NZA-RR 2014, 181.

[67] BAG 27.3.1980 AP Nr. 26 zu § 611 BGB Direktionsrecht; zur Verwirkung BAG 3.12.2008 AP Nr. 42 zu § 307 BGB.

dieses Spielraums können dem Bestimmungsberechtigten mehrere Entscheidungsmöglichkeiten zur Verfügung stehen. Das Gericht hat nach § 315 III BGB zu prüfen, ob der AG die Grenzen seines Bestimmungsrechts beachtet hat.[68] Bei dieser Prüfung kommt es nicht auf die vom AG angestellten Erwägungen an, sondern darauf, ob das Ergebnis der getroffenen Entscheidung den gesetzlichen Anforderungen genügt.[69] Die **Darlegungs- und Beweislast** für die Einhaltung dieser Grenzen hat der AG. Dieser hat darzulegen und ggf. zu beweisen, dass seine Entscheidung billigem Ermessen entspricht.[70] Maßgeblich ist der Zeitpunkt, zu dem der AG die Ermessensentscheidung zu treffen hat; auf nachträgliche Entwicklungen ist nicht abzustellen.[71] **Der Streit um die Versetzung ist vermögensrechtlich,** auch wenn die Vergütung sich nicht ändert.[72] Gegen eine Versetzung kann der AN auch im Wege einer einstweiligen Verfügung vorgehen.[73] Ob eine Maßnahme sich im Rahmen des dem AG eröffneten Spielraums bewegt und damit billigem Ermessen entspricht, unterliegt der **vollen gerichtlichen Kontrolle (§ 315 III 2 BGB).**[74] Diese ist wegen der zu berücksichtigenden Umstände des Einzelfalls vorrangig den Tatsachengerichten vorbehalten. Diesen kommt in Bezug auf die Beurteilung des unbestimmten Rechtsbegriffs „billiges Ermessen" ein Beurteilungsspielraum zu. Das Revisionsgericht darf nur prüfen, ob das Tatsachengericht den Rechtsbegriff verkannt, wesentliche Tatsachen außer Acht gelassen und den äußeren Ermessensrahmen überschritten oder innere Ermessensfehler begangen hat.[75] Eine Entscheidung des Revisionsgerichts ist dann geboten, wenn die Tatsachen, welche die Ablehnung rechtfertigen sollen, feststehen und nur eine zustimmende Entscheidung dem Maßstab der Billigkeit entspricht.[76]

IV. Ort der Arbeitsleistung

22 **1. Vertraglich vereinbarter Arbeitsort. a) Grundsatz.** Ist im Arbeitsvertrag ein Arbeitsort ausdrücklich bezeichnet, spricht dies – soweit es keine anderen Anhaltspunkte gibt (dazu → Rn. 23) – dafür, dass der AG den Ort der Arbeitsleistung nicht einseitig ohne Zustimmung des AN ändern kann. Zwingend ist dies indes nicht. Denkbar ist vielmehr auch, dass hiermit der **Ort der erstmaligen Erbringung der Arbeitsleistung** bezeichnet ist.[77] Ein abweichender Anhaltspunkt kann sich zB aus dem Zusatz „Derzeitiger Dienstsitz" ergeben. Eine solche Beschränkung kann objektiv nur so verstanden werden, dass eine Veränderung des gegenwärtigen Arbeitsorts möglich sein soll.[78] Ist im Arbeitsvertrag nur ein Arbeitsgebiet vereinbart, beinhaltet dies nicht zugleich eine konstitutive Festlegung des Arbeitsorts.[79] Erfüllungsort für die Arbeitsleistung eines für die Bearbeitung eines größeren Bezirks angestellten Reisenden ist dessen Wohnsitz, wenn er von dort aus seine Reisetätigkeit ausübt. Dies gilt unabhängig davon, ob er täglich nach Hause zurückkehrt und in welchem Umfang er vom Betrieb Anweisungen für die Gestaltung seiner Reisetätigkeit erhält.[80]

23 **b) Festgelegter Arbeitsort und Versetzungsvorbehalt.** Wird im Arbeitsvertrag ein bestimmter Ort der Arbeitsleistung in Kombination mit einer durch Versetzungsvorbehalt (dazu → Rn. 59 ff.) geregelten Einsatzmöglichkeit im gesamten Unternehmen vereinbart, verhindert dies regelmäßig die vertragliche Beschränkung auf den im Vertrag genannten Arbeitsort.[81] Es macht

[68] BAG 28.8.2013 AP Nr. 26 zu § 106 GewO = NZA-RR 2014, 181; 26.9.2012 AP Nr. 21 zu § 106 GewO = NZA-RR 2013, 403; 13.6.2012 AP Nr. 15 zu § 106 GewO = NZA 2012, 1154.
[69] BAG 24.10.2018 AP Nr. 40 zu § 106 GewO = NZA 2019, 619; 30.11.2016 AP Nr. 32 zu § 106 GewO = NZA 2017, 1394.
[70] BAG 24.5.2018 AP Nr. 19 zu § 611 BGB Hausmeister = NZA-RR 2018, 568; 18.4.2012 AP Nr. 103 zu § 315 BGB = NZA 2012, 927.
[71] BAG 18.10.2017 AP Nr. 38 zu § 106 GewO = NZA 2017, 1452; 26.9.2012 AP Nr. 21 zu § 106 GewO = NZA-RR 2013, 403.
[72] LAG München AnwBl. 1988, 486.
[73] Dazu *Dunkl* FS Buchner, 2009, 197; *Hilbrandt* RdA 1998, 155.
[74] BAG 28.8.2013 AP Nr. 26 zu § 106 GewO = NZA-RR 2014, 181.
[75] BAG 24.10.2018 AP Nr. 40 zu § 106 GewO = NZA 2019, 619; 18.10.2017 AP Nr. 38 zu § 106 GewO = NZA 2017, 1452.
[76] Vgl. BAG 17.8.2010 AP Nr. 22 zu § 3 ATG.
[77] BAG 28.8.2013 AP Nr. 26 zu § 106 GewO mAnm *Hromadka* = NZA-RR 2014, 181.
[78] BAG 22.9.2016 AP Nr. 169 zu § 2 KSchG 1969 = NZA 2016, 1461.
[79] BAG 11.4.2006 AP Nr. 7 zu § 307 BGB = NZA 2006, 1149.
[80] BAG 12.6.1986 AP Nr. 1 zu Art. 5 Brüsseler Abkommen.
[81] BAG 18.10.2017 AP Nr. 38 zu § 106 GewO = NZA 2017, 1452; 26.9.2012 AP Nr. 21 zu § 106 GewO = NZA-RR 2013, 403; 19.1.2011 AP Nr. 50 zu § 307 BGB = NZA 2011, 631; 13.4.2010 AP Nr. 45 zu § 307 BGB.

keinen Unterschied, ob im Arbeitsvertrag auf eine Festlegung des Orts der Arbeitsleistung verzichtet und diese dem AG im Rahmen von § 106 GewO vorbehalten bleibt oder ob der Ort der Arbeitsleistung bestimmt, aber die Möglichkeit der Zuweisung eines anderen Orts vereinbart wird. In diesem Fall wird lediglich klargestellt, dass § 106 S. 1 GewO gelten und eine Versetzungsbefugnis an andere Arbeitsorte bestehen soll.[82] Dies erfordert **nicht die Angabe von Ankündigungsfristen oder eines höchstzulässigen Versetzungsradius.**[83] Derartige Fristen und regionale Begrenzungen mögen wünschenswert sein, sind aber nicht zwingend zur Vermeidung einer unangemessenen Benachteiligung iSv § 307 I 2 BGB erforderlich, denn der AN ist durch die vom Gericht nach § 106 GewO, § 315 BGB durchzuführende Ausübungskontrolle vor unbilliger Überforderung geschützt. Hinzu kommen noch die nach dem Betriebsverfassungsgesetz zugunsten des AN eingreifenden Mitbestimmungsrechte des BR nach § 99 I BetrVG.

c) Versetzung innerhalb des Betriebs. Lediglich dann, wenn der AN nur für einen 24
bestimmten Betrieb eingestellt worden ist, kann er im Rahmen der von ihm geschuldeten Arbeitsleistung ausschließlich innerhalb des Betriebs versetzt werden. In allen anderen Fällen gibt es keine Beschränkung des Weisungsrechts auf den Beschäftigungsbetrieb.[84] Besteht nach den getroffenen Vereinbarungen das Weisungsrecht nur für einen bestimmten Betrieb, kann der AN allerdings nicht nur in eine andere Abteilung derselben Betriebsstätte versetzt werden, sondern – in Filialunternehmen – auch in eine andere Filiale des Betriebs, sofern Tätigkeitsbereich und Arbeitsort inhaltlich dem vertraglich Vereinbarten entsprechen. Eine Einschränkung kann ausnahmsweise dann bestehen, wenn mit der Veränderung des Arbeitsorts erhebliche Erschwernisse für den AN verbunden sind. Dies ist eine Frage der Ausübungskontrolle (→ Rn. 17). Bei einer Versetzung sind die Rechte des BR nach § 99 BetrVG zu beachten (dazu → § 241 Rn. 1 ff.). Hat sich ein öffentlicher AG die Änderung der Verwaltungsbezirke arbeitsvertraglich vorbehalten, ist zu unterscheiden zwischen der Rechtmäßigkeit des Verwaltungsakts, mit dem die Neueinteilung erfolgt, und der des Direktionsrechts, mit dem der Leistungsort neu festgelegt wird.

2. Fehlende Vereinbarung eines bestimmten Arbeitsorts. Fehlt es an einer Festlegung 25
des Inhalts oder des Orts der Leistungspflicht im Arbeitsvertrag, ergibt sich der Umfang des Weisungsrechts des AG aus § 106 GewO. Auf die Zulässigkeit eines darüber hinaus vereinbarten Versetzungsvorbehalts kommt es dann nicht an.[85] In diesem Fall besteht regelmäßig eine **bundesweite örtliche Versetzungsmöglichkeit,**[86] wobei die konkrete Versetzungsmaßnahme der **Ausübungskontrolle** nach § 106 GewO, § 315 BGB unterliegt.[87] Sie entspricht billigem Ermessen im Sinne dieser Bestimmungen, wenn die wesentlichen Umstände des Falls abgewogen und die beiderseitigen Interessen angemessen berücksichtigt worden sind (dazu → Rn. 17).[88] Dabei können § 140 IV SGB III (= § 121 IV SGB III aF) keine belastbaren Grenzen für die Zumutbarkeit einer Versetzung entnommen werden.[89] Das berechtigte Interesse des AN an kurzen Pendelzeiten und geringem finanziellen Aufwand ist im Rahmen der Abwägung zwar ein wesentliches Kriterium. Ob diese Interessen angemessen berücksichtigt wurden, kann nur durch Abwägung mit den dienstlichen Gründen des AG ermittelt werden, die zu der Ausübung des Direktionsrechts geführt haben. Feste Grenzen lassen sich nicht definieren. Vorbehaltlich gesonderter Vereinbarungen bestehen weitgehende Versetzungsmöglichkeiten, beispielsweise **Bau- und Montagearbeitern,** die nicht für eine bestimmte Baustelle eingestellt sind. Ebenso

[82] BAG 26.1.2012 AP Nr. 153 zu § 2 KSchG 1969 = NZA 2012, 856; 19.1.2011 AP Nr. 50 zu § 307 BGB = NZA 2011, 631; 13.4.2010 AP Nr. 45 zu § 307 BGB.

[83] BAG 13.4.2010 AP Nr. 45 zu § 307 BGB; dazu auch *Preis/Genenger* NZA 2008, 969 (971); *Fliss* NZA-RR 2008, 225.

[84] NK-GA/*Boecken/Pils* GewO § 106 Rn. 30; *Hunold* DB 2013, 636; *Preis/Wieg* AuR 2016, 313 (314); aA *Hromadka* NZA 2012, 233 (238); *Wank* RdA 2012, 139 (140).

[85] BAG 18.10.2017 AP Nr. 38 zu § 106 GewO = NZA 2017, 1452; 30.11.2016 AP Nr. 32 zu § 106 GewO = NZA 2017, 1394.

[86] BAG 29.8.2013 AP Nr. 202 zu § 1 KSchG 1969 Betriebsbedingte Kündigung = NZA 2014, 730 (zur Beschränkung auf das Bundesgebiet); *Hunold* DB 2013, 636 (637); *Preis/Genenger* NZA 2008, 969 (971); *Fliss* NZA-RR 2008, 225; offengelassen von BAG 18.10.2012 AP Nr. 23 zu § 106 GewO; aA *Hromadka* NZA 2012, 233 (238); *ders.* Anm. zu AP Nr. 26 zu § 106 GewO; *ders.* FS v. Hoyningen-Huene, 2014, 145 (149 f.): Beschränkung auf den Betriebssitz.

[87] BAG 18.10.2017 AP Nr. 38 zu § 106 GewO = NZA 2017, 1452; 18.10.2012 AP Nr. 23 zu § 106 GewO; 26.9.2012 AP Nr. 21 zu § 106 GewO = NZA-RR 2013, 403; aA *Hromadka* NZA 2012, 233 (238); *Wank* RdA 2012, 139 (140); *ders.* NZA-Beil. 2/2012, 41 (48).

[88] BAG 19.1.2011 AP Nr. 50 zu § 307 BGB = NZA 2011, 631.

[89] BAG 17.8.2011 AP Nr. 14 zu § 106 GewO = NZA 2012, 265.

ist regelmäßig ein **Gebäudereinigungsunternehmen** berechtigt, eine angestellte Raumpflegerin in verschiedenen Arbeitsstätten zu beschäftigen.[90] Ein **Schulhausmeister** kann während der Schulferien verpflichtet werden, andere Schulen des Schulbezirks zu betreuen.[91] Soll der AN an mehreren Orten eingesetzt werden, ist dies nach § 2 Nr. 4 NachwG in den Arbeitsvertrag aufzunehmen. Ein Bauarbeiter darf allerdings nicht ohne Weiteres an einem nur sehr schlecht erreichbaren Arbeitsplatz eingesetzt werden. Ein Einsatz im Ausland kommt auch bei Montagearbeiten idR nur in Betracht, wenn dies vertraglich vereinbart ist.[92] Dasselbe wird regelmäßig auch bei Begleitpersonal der Bundeswehr gelten, wenn es im Ausland eingesetzt werden soll. Namentlich mit leitenden Angestellten kann vereinbart werden, dass sie in der Nähe ihres Arbeitsorts zu wohnen haben (Residenzpflicht). Mangels konkreter vertraglicher Vereinbarung bestimmt sich auch nach dem **Berufsbild,** ob ein AN zu längeren Dienstreisen ins Ausland verpflichtet ist. So ist bei Bau- und Konstruktionsingenieuren und einem Großteil der Berufe in der Aus-, Hoch- und Tiefbauwirtschaft hiermit zu rechnen. Aufgrund der zunehmenden internationalen Verflechtung der Volkswirtschaften muss ein AN auch mit einer dynamischen Entwicklung in seiner Branche rechnen.[93]

26 **3. Berücksichtigung schutzwürdiger Belange des Arbeitnehmers bei der Auswahlentscheidung.** Die Berücksichtigung schutzwürdiger Belange des AN bei der Ausübung des Direktionsrechts kann eine **personelle Auswahlentscheidung** des AG erfordern, wenn mehrere AN betroffen sind. Die Leistungsbestimmung ist dann gegenüber demjenigen AN zu treffen, dessen Interessen unter Berücksichtigung der Belange des AG am wenigsten schutzwürdig sind. Eine soziale Auswahl nach den Grundsätzen des § 1 III KSchG hat indessen nicht zu erfolgen.[94] Maßgeblich ist vielmehr § 106 GewO. Eine Auswahlentscheidung entspricht nicht billigem Ermessen im Sinne dieser Vorschrift, wenn der AG nur Beschäftigte in die Auswahl einbezieht, deren Arbeitsverhältnisse unwirksam befristet waren.[95] Die **Anhörung des AN** vor der Versetzung ist grundsätzlich nicht notwendige Bedingung für deren Wirksamkeit. Sieht ein Tarifvertrag eine Anhörung vor, ist durch Auslegung zu ermitteln, ob eine so weitgehende Rechtsfolge wie die Unwirksamkeit der Maßnahme geboten ist. Dies wird regelmäßig zu verneinen sein, weil es im Rahmen der gerichtlichen Überprüfung einer Versetzung nicht auf die vom Bestimmungsberechtigten angestellten Erwägungen ankommt, sondern darauf, ob das Ergebnis der getroffenen Entscheidung den vertraglichen, tarifvertraglichen oder gesetzlichen Anforderungen genügt. Der Zweck des Anhörungsrechts verlangt regelmäßig nicht, die Maßnahme nur deshalb als unwirksam anzusehen, weil der AN seine Interessen nicht zuvor selbst eingebracht hat.[96] Die **Durchführung eines BEM** iSv § 167 II SGB IX ist keine formelle oder unmittelbare materielle Voraussetzung für die Wirksamkeit einer Versetzung oder einer anderen Ausübung des Weisungsrechts durch den AG. Dies gilt auch in den Fällen, in denen die Anordnung des AG (auch) auf Gründe gestützt wird, die im Zusammenhang mit dem Gesundheitszustand des AN stehen.[97]

27 **4. Öffentlicher Dienst.** Im öffentlichen Dienst ist dem AG vorbehalten, den AN an einen anderen Ort abzuordnen.[98] § 4 I TVöD/TV-L (vormals § 12 I BAT) erlaubt dem AG aus dienstlichen Gründen Versetzungen und Abordnungen, dh die Zuweisung einer auf Dauer bestimmten Tätigkeit in einer anderen Dienststelle desselben AG bzw. die Zuweisung einer vorübergehenden Beschäftigung in einer anderen Dienststelle desselben AG oder eines anderen AG, beides unter Fortsetzung des bestehenden Arbeitsverhältnisses.[99] Auch eine Teilabordnung, wonach der Beschäftigte wöchentlich oder täglich nur einige Stunden in einer anderen Dienststelle seine Arbeit zu verrichten hat, ist möglich.[100] Das Vorliegen dienstlicher Gründe iSd § 4 I TVöD-V ist Gegenstand gerichtlicher Kontrolle. Im Rahmen seiner Organisationshoheit legt der AG jedoch den Personalumfang für die zu erfüllenden Aufgaben fest. Dies hat zur Folge, dass die Gerichte nur überprüfen, ob der AG eine auf die konkrete Situation bezogene Prognose über

---

[90] LAG Bln 25.4.1988 DB 1988, 1228.
[91] BAG 11.6.1992 AP Nr. 2 zu § 12 BAT.
[92] Vgl. LAG Hamm DB 1974, 877; HWK/*Lembke* GewO § 106 Rn. 28.
[93] LAG BW 6.9.2017 NZA-RR 2017, 578; zur Abgrenzung zur Entsendung *Schulz/Stolzenberg* NZA 2019, 1320 (1322 ff.); *Edenfeld* DB 2017, 2803.
[94] BAG 30.11.2016 AP Nr. 32 zu § 106 GewO = NZA 2017, 1394.
[95] BAG 10.7.2013 AP Nr. 24 zu § 106 GewO = NZA 2013, 1142.
[96] BAG 18.10.2017 AP Nr. 38 zu § 106 GewO = NZA 2017, 1452.
[97] BAG 18.10.2017 AP Nr. 39 zu § 106 GewO = NZA 2018, 162.
[98] BAG 24.5.2018 AP Nr. 19 zu § 611 BGB Hausmeister = NZA-RR 2018, 568.
[99] Vgl. BAG 18.2.1976 AP Nr. 1 zu Saarland Universitätsgesetz; 29.10.1997 AP Nr. 51 zu § 611 BGB Direktionsrecht = NZA 1998, 329; LAG Bln 29.11.1999 LAGE § 2 KSchG Nr. 36.
[100] BAG 24.5.2018 AP Nr. 19 zu § 611 BGB Hausmeister = NZA-RR 2018, 568.

das erforderliche Personal aufgestellt und sich bei seiner Weisung auf den für die Beschäftigung in der anderen Dienststelle erforderlichen zeitlichen Umfang beschränkt hat.[101] Die in Arbeitsverträgen über die Weiterverwendung von Lehrern enthaltene Angabe einer bestimmten Schule schließt in der Regel das Recht des Landes nicht aus, den Lehrer an eine andere Schule umzusetzen.[102] Eine langjährige Übung, wonach ein Teil der Arbeitszeit außerhalb des Dienstgebäudes erbracht werden darf, hindert den AG des öffentlichen Dienstes nicht daran, die AN anzuweisen, in Zukunft die gesamte Arbeitszeit im Dienstgebäude abzuleisten.[103]

5. Betriebsverlegung. Kann der AG den AN grundsätzlich an einen anderen Ort versetzen (→ Rn. 23, 25), ist eine Ausübungskontrolle erforderlich (→ Rn. 23) und zu prüfen, ob die Maßnahme billigem Ermessen entspricht. Große Bedeutung kommt hier neben den sonstigen Gesichtspunkten (→ Rn. 17) den bestehenden Verkehrsverbindungen sowie familiären Belangen des AN zu. Wird der Betrieb im selben Ort verlegt, kann der AG regelmäßig die AN im Wege des Weisungsrechts an den neuen Standort versetzen.[104] Wird ein Betrieb geschlossen und soll deshalb zur Vermeidung einer Beendigungskündigung der AN in einen anderen entfernt gelegenen Betrieb versetzt werden, dürften einer entsprechenden Ausübung des Weisungsrechts regelmäßig keine schützenswerte Belange des AN entgegenstehen. Die Versetzung ist in diesem Falle im Verhältnis zur Beendigungskündigung „alternativlos". Eine Änderungskündigung scheidet wegen der grundsätzlich bestehenden Versetzungsmöglichkeit aus.[105] 28

6. Kostenersatz. Sofern dem AN infolge einer im Arbeitgeberinteresse erfolgten Versetzung unzumutbare Kosten entstehen, ist der AG nach der Rechtsprechung des BAG in entsprechender Anwendung von § 670 BGB zu deren Ersatz verpflichtet.[106] Danach kann der AG bei einer Betriebsverlagerung zum Ersatz der **Umzugskosten** verpflichtet sein, wenn dem AN ein tägliches Pendeln nicht zugemutet werden kann. Anders ist zu entscheiden, wenn dem AN auf seinen Wunsch ein neuer Arbeitsort im Unternehmen des AG zugewiesen wird.[107] Tarifverträge enthalten hierzu häufig eingehende Regelungen. Da § 670 BGB abdingbar ist,[108] empfehlen sich bei Versetzungen Regelungen über die Leistung von Aufwendungsersatz. Dies erfolgt idR in Sozialplänen. Befolgt der AN eine im Nachhinein als unwirksam erkannte Versetzung an einen anderen Arbeitsort, ist der AG **nach § 280 I 1 BGB zum Ersatz der zusätzlichen Reisekosten** des AN verpflichtet, die für die Fahrten von seiner Wohnung zu dem Arbeitsort, an den er versetzt wurde, entstanden sind.[109] Zur Ermittlung der Schadenshöhe können insoweit die Regelungen des JVEG herangezogen werden (0,30 EUR für jeden mit dem eigenen PKW gefahrenen km). Daneben kommt ein Ersatz zusätzlicher Unterbringungskosten, nicht jedoch ohne Weiteres der Kosten der Verpflegung in Betracht. Hierfür hat der AN grundsätzlich selbst aufzukommen. Die steuerrechtliche Behandlung eines möglicherweise bestehenden Verpflegungsmehraufwands nach § 9 I 3 Nr. 5 EStG begründet für sich betrachtet keinen arbeitsrechtlichen Anspruch.[110] Für einen Verpflegungsmehraufwand bedarf es konkreter Darlegungen durch den AN. 29

7. Rechtsfolgen unwirksamer Versetzungen. Erweist sich eine vom AG vorgenommene Versetzung als unwirksam, hat der AN einen Anspruch auf Beschäftigung in seiner bisherigen Tätigkeit am bisherigen Ort. Bei einer Versetzung handelt es sich um eine einheitliche Maßnahme, die nicht in den Entzug der bisherigen Tätigkeit und die Zuweisung einer neuen Tätigkeit aufgespalten werden kann.[111] Dies gilt auch dann, wenn Inhalt, Ort und Zeit der Arbeitsleistung im Arbeitsvertrag nicht abschließend festgelegt sind, sondern dem Weisungsrecht des AG unterliegen. Solange dieser nicht rechtswirksam von seinem Weisungsrecht erneut Gebrauch gemacht oder eine wirksame Freistellung von der Arbeit ausgesprochen hat, bleibt es bei der bisher zugewiesenen Arbeitsaufgabe am bisherigen Ort und der AN hat einen dementsprechen- 30

[101] BAG 24.5.2018 AP Nr. 19 zu § 611 BGB Hausmeister = NZA-RR 2018, 568.
[102] BAG 29.10.1997 AP Nr. 51 zu § 611 BGB Direktionsrecht = NZA 1998, 329.
[103] BAG 11.10.1995 AP Nr. 9 zu § 611 BGB Arbeitszeit = NZA 1996, 718.
[104] LAG Köln 30.1.1995 ZTR 1995, 280; HWK/*Lembke* GewO § 106 Rn. 30.
[105] BAG 22.9.2016 AP Nr. 169 zu § 2 KSchG 1969 = NZA 2016, 1461.
[106] BAG 21.3.1973 AP Nr. 4 zu § 44 BAT = BB 1973, 983; 17.10.1960 AP Nr. 1 zu § 22 TOA; aA *Novara/Römgens* NZA 2016, 668 (669).
[107] ErfK/*Preis* BGB § 611a Rn. 429.
[108] BAG 14.10.2003 AP Nr. 32 zu § 670 BGB = NZA 2004, 604.
[109] Hierzu und zum Folgenden BAG 28.11.2019 AP Nr. 42 zu § 106 GewO mAnm *Schmitt-Rolfes* = NZA 2020, 589.
[110] BAG 24.3.2004 AP Nr. 59 zu § 138 BGB = NZA 2004, 971.
[111] BAG 25.8.2010 AP Nr. 11 zu § 106 GewO = NZA 2010, 1355.

den Beschäftigungsanspruch. Eine ausgeübte Weisung kann nicht durch eine unwirksame Versetzung beseitigt werden.[112]

30a **8. Homeoffice.** Ist vertraglich ein bestimmter **Arbeitsort ohne Versetzungsvorbehalt festgelegt,** zB der Betrieb in einer bestimmten Stadt, ist eine an den AN gerichtete Weisung, vorübergehend aus dem Homeoffice oder Mobile Office tätig zu werden, grundsätzlich wegen Überschreitung der arbeitsvertraglich gesetzten Grenzen des Direktionsrechts nicht von § 106 S. 1 GewO gedeckt und deshalb unwirksam (→ Rn. 22).[113] Sofern der **Arbeitsort vertraglich nicht konkretisiert** ist oder zwar ein Arbeitsort genannt, dieser aber mit einem Versetzungsvorbehalt verbunden ist (→ Rn. 23), deckt das Weisungsrecht des AG grundsätzlich nicht die Einführung von Homeoffice oder mobiler Arbeit. Die Unverletzlichkeit der Wohnung gem. Art. 13 GG schließt eine einseitige Anordnung kraft Direktionsrecht im Regelfall aus.[114]

30b Dies gilt allerdings nicht einschränkungslos. Insoweit ist in Zeiten der **Corona-Pandemie** zu berücksichtigen, dass der AG durch die SARS-CoV-2-Arbeitsschutzverordnung verpflichtet ist, alle geeigneten technischen und organisatorischen Maßnahmen zu treffen, um betriebsbedingte Personenkontakte zu reduzieren und die gleichzeitige Nutzung von Räumen durch mehrere Personen auf das betriebsnotwendige Minimum zu reduzieren. Den Beschäftigten hatte er zudem bis 30.6.2021 im Falle von Büroarbeit anzubieten, diese Tätigkeiten in deren Wohnung auszuführen, wenn keine zwingenden betriebsbedingten Gründe entgegenstehen (§ 2 II und IV Corona-ArbSchV aF).[115] Dies legt nahe, zur Effektivierung des Arbeitsschutzes in dieser Not- und Gefahrensituation das **Weisungsrecht des AG dergestalt vorübergehend zu erweitern,** dass er den AN grundsätzlich anweisen kann, im Homeoffice oder mobil zu arbeiten.[116] Der AN hat dies gem. § 241 II BGB hinzunehmen.[117] Soweit zur Feststellung einer Not- und Gefahrensituation auf § 14 ArbZG verwiesen wird,[118] greift dies zu kurz. Diese Vorschrift hat öffentlich-rechtlichen Charakter[119] und schränkt unter den aufgeführten Voraussetzungen den gesetzlichen Arbeits(zeit)schutz ein.[120] Die Erweiterung des Weisungsrechts hat demgegenüber vertragsrechtlichen Charakter. Maßstab hierfür ist deshalb § 241 II BGB. Das schließt nicht aus, Wertungen des § 14 ArbZG zu berücksichtigen, der Tatbestand dieser Bestimmung muss jedoch nicht im Einzelnen erfüllt sein. Liegen die Voraussetzung für eine Erweiterung des Weisungsrechts an sich vor, ist in einem zweiten Schritt zu prüfen, ob die Weisung, die Arbeit im Homeoffice zu erbringen, billigem Ermessen entspricht (zu dieser Prüfungsfolge → Rn. 13 aE). Hierbei ist u.a. zu berücksichtigen, ob der AN über geeignete Räumlichkeiten verfügt und der AG geeignete Arbeitsmittel zur Verfügung stellt. Vergleichbares gilt, wenn der **Arbeitsort vertraglich festgelegt** ist.[121] Ist im Arbeitsvertrag vorgesehen, dass die Beschäftigung des AN **auch im Homeoffice erfolgen kann,** kann der AG an sich Arbeit im Homeoffice anordnen. Die Weisung unterliegt dann nur einer Billigkeitskontrolle.

V. Inhalt der Arbeitsleistung

31 **1. Allgemeines.** Nach § 106 S. 1 GewO kann der AG den Inhalt der Arbeitsleistung nach billigem Ermessen näher bestimmen, soweit die Arbeitsbedingungen nicht durch Arbeitsvertrag, Tarifvertrag, Betriebs- bzw. Dienstvereinbarung oder Gesetz festgelegt sind. Das Direktionsrecht dient nur der Konkretisierung des vertraglich vereinbarten Tätigkeitsinhalts, beinhaltet aber nicht das Recht zu einer Änderung des Vertragsinhalts. Der AN hat

[112] BAG 25.8.2010 AP Nr. 11 zu § 106 GewO = NZA 2010, 1355; zust. *Bonin* Anm. zu BAG AP Nr. 11 zu § 106 GewO.

[113] *Krieger/Rudnik/Peramato* NZA 2020, 473 (475).

[114] LAG Bln-Bbg 14.11.2018 – 17 Sa 562/18; *Krieger/Rudnik/Peramato* NZA 2020, 473 (475); *Löwisch/Kurz* BB 2020, 2804 (2805); *Müller,* Homeoffice in der arbeitsrechtlichen Praxis, 2. Aufl. 2020, Rn. 117; ErfK/*Preis* GewO § 106 Rn. 28a; *Schöllmann* NZA-Beil. 2/2019, 81 (82); Preis Arbeitsvertrag/*Temming* II T 20 Rn. 30; einschränkend *Mues/Müncheberg* ArbRB 2020, 214 (215).

[115] Zu weiteren Rechtsgrundlagen *Krieger/Rudnik/Peramato* NZA 2020, 473 (475).

[116] Zur vorübergehenden Erweiterung des Weisungsrechts allgemein BAG 16.10.2013 AP Nr. 27 zu § 106 GewO = NZA 2014, 264; NK-GA/*Boecken/Pils* GewO § 106 Rn. 48; HWK/*Lembke* GewO § 106 Rn. 21.

[117] Im Erg. ebenso *Krieger/Rudnik/Peramato* NZA 2020, 473 (476); *Müller* Homeoffice Rn. 658; Preis Arbeitsvertrag/*Temming* II T 20 Rn. 30.

[118] So etwa *Krieger/Rudnik/Povedano Peramato* NZA 2020, 473 (474 f.); *Müller* Homeoffice Rn. 659.

[119] *Baeck/Deutsch/Winzer* ArbZG § 14 Rn. 5.

[120] *Schliemann* ArbZG § 14 Rn. 2.

[121] Preis Arbeitsvertrag/*Temming* II T 20 Rn. 30.

einen Anspruch auf vertragsgemäße Beschäftigung; eine **Zuweisung geringerwertiger Tätigkeiten** ist auch dann unzulässig, wenn die bisherige Vergütung fortgezahlt wird.[122] „Arbeit" als Leistung der versprochenen Dienste iSd § 611a I BGB ist dabei jede Tätigkeit, die als solche der Befriedigung eines fremden Bedürfnisses dient.[123] Die Art der vom AN zu leistenden Arbeit ergibt sich aus dem Inhalt des Arbeitsvertrags, der unter Berücksichtigung kollektivvertraglicher Normen nach Treu und Glauben und der Verkehrssitte sowie einer etwa bestehenden Betriebsübung auszulegen ist. Zur Arbeit in diesem vergütungsrechtlichen Sinne gehört auch die **vom AG angewiesene Untätigkeit,** während derer der AN am Arbeitsplatz anwesend sein muss und nicht frei über die Nutzung dieses Zeitraums bestimmen kann, er also weder eine Pause iSd ArbZG noch Freizeit hat. Dies betrifft zB die als Beifahrer verbrachte Zeit eines LKW-Fahrers (zur abweichenden arbeitszeitrechtlichen Einordnung vgl. § 21a III Nr. 3 ArbZG), der sich in dieser Zeit auf Weisung des AG an seinem Arbeitsplatz, dem LKW, aufhalten muss und nicht frei über die Nutzung seiner Zeit bestimmen kann.[124] Ist die vom AN zu erbringende Tätigkeit im Arbeitsvertrag nur rahmenmäßig umschrieben, obliegt es nach § 106 S. 1 GewO dem AG, den Inhalt der zu leistenden Arbeit näher zu bestimmen.[125] Erfordert die Zuweisung der Arbeitsaufgaben eine personelle Auswahlentscheidung des AG zwischen mehreren AN, finden die Grundsätze zur sozialen Auswahl (§ 1 III KSchG) keine Anwendung.[126]

2. Zuweisung von Tätigkeiten. Ist im Arbeitsvertrag oder einer dort in Bezug genommenen Stellenbeschreibung[127] eine **bestimmte Tätigkeit vereinbart** worden (zB die eines Exportkaufmanns, Teppichverkäufers), besteht das Weisungsrecht nur in einer Konkretisierung dieses Tätigkeitsbereichs (zu Nebenarbeiten → Rn. 36).[128] Wird dagegen bei der Einstellung, wie im Regelfall, die Tätigkeit nur **fachlich umschrieben** (zB Verkäufer[129]), kann der AG sämtliche Arbeiten zuweisen, die sich innerhalb des vereinbarten Berufsbilds halten und gleichwertig sind (zur Konkretisierung → Rn. 16).[130] Die **Gleichwertigkeit** bestimmt sich mangels anderer Anhaltspunkte grundsätzlich nach der auf den Betrieb abgestellten Verkehrsauffassung und dem sich daraus ergebenden Sozialbild.[131] UU muss der AN eine geringfügige Minderung des Ansehens hinnehmen.[132] Gegen die Gleichwertigkeit einer anderen Beschäftigung spricht, wenn dort die Funktionen und **Vertretungsbefugnisse eingeschränkt** werden. Eine **Prokura** kann allerdings gem. § 52 I HGB in jedem Fall ohne Rücksicht auf den Arbeitsvertrag widerrufen werden.[133] **Geringerwertig** ist die Tätigkeit eines Sachbearbeiters gegenüber derjenigen eines Sachgebietsleiters.[134] Die Zuweisung eines geringwertigeren Arbeitsplatzes ist auch dann nicht vom Direktionsrecht gedeckt, wenn die **bisherige Vergütung weiter bezahlt** wird.[135] Dem AN können regelmäßig Arbeitsplätze zugewiesen werden, auf denen keine oder **geringere Schmutz- und Gefahrenzulagen,** Wegegelder, Produktionsprämien oder Ähnliches gezahlt werden. Andererseits ist die Versetzung auf einen Arbeitsplatz ohne Funktionszulage idR unzulässig, weil hier zumeist auch eine Veränderung der funktionsabhängigen Arbeitsleistung vorliegen wird.[136] Da es gesicherten arbeitswissenschaftlichen Erkenntnissen entspricht, dass **Nachtarbeit** grundsätzlich für jeden Menschen schädlich ist und negative gesundheitliche Auswirkungen hat, ist es nicht ausgeschlossen, dass diese Erkenntnis im Falle erheblicher krankheitsbedingter 32

[122] BAG 24.10.2018 AP Nr. 40 zu § 106 GewO = NZA 2019, 619; 16.10.2013 AP Nr. 27 zu § 106 GewO = NZA 2014, 264.
[123] BAG 19.3.2014 AP Nr. 45 zu § 611 BGB Arbeitszeit = NZA 2014, 787.
[124] BAG 20.4.2011 AP Nr. 51 zu § 307 BGB = NZA 2011, 917.
[125] BAG 19.5.2010 AP Nr. 10 zu § 106 GewO = NZA 2010, 1119; 29.10.1997 AP Nr. 51 zu § 611 BGB Direktionsrecht = NZA 1998, 329; AR/*Kolbe* GewO § 106 Rn. 13; HWK/*Lembke* GewO § 106 Rn. 15 ff.; Staudinger/*Richardi/Fischinger* BGB § 611a Rn. 964.
[126] Vgl. BAG 23.9.2004 AP Nr. 64 zu § 611 BGB Direktionsrecht = NZA 2005, 359.
[127] HWK/*Thüsing* BGB § 611 Rn. 441.
[128] Vgl. LAG Düsseldorf 28.1.1987 NZA 1988, 69.
[129] LAG Köln 26.10.1984 NZA 1985, 258 (Umsetzung einer Miederwarenverkäuferin in Herrenabteilung).
[130] BAG 9.5.2006 AP Nr. 21 zu § 307 BGB = NZA 2007, 145.
[131] BAG 30.8.1995 AP Nr. 44 zu § 611 BGB Direktionsrecht = NZA 1996, 440.
[132] BAG 17.1.1979 AP Nr. 2 zu § 613 BGB mkritAnm *v. Hoyningen-Huene.*
[133] BAG 26.8.1986 AP Nr. 1 zu § 52 HGB = NZA 1987, 202.
[134] LAG Hamm 9.1.1997 NZA-RR 1997, 337; ebenso LAG BW 20.4.2009 BB 2009, 1069.
[135] BAG 24.4.1996 AP Nr. 49 zu § 611 BGB Direktionsrecht = NZA 1997, 104.
[136] BAG 10.11.1992 AP Nr. 6 zu § 72 LPVG NW = NZA 1993, 331; 27.4.1988 AP Nr. 4 zu § 10 Tarifvertrag Arbeiter Bundespost; 15.11.1995 AP Nr. 20 zu § 1 TVG Tarifverträge: Lufthansa = NZA 1996, 603.

Fehlzeiten eine Umsetzung in die Wechselschicht rechtfertigen kann.[137] Die Anweisung an Reinigungskräfte in einem Flughafengebäude, **keine Pfandgegenstände für private Zwecke zu sammeln,** ist wirksam.[138]

33 Nach § 106 GewO richtet sich, inwieweit ein **Filmschauspieler** Änderungen an seiner arbeitsvertraglich vorgesehenen Filmrolle hinnehmen muss.[139] Ein Tarifvertrag für **Rundfunkorchester** kann bestimmen, dass Klangkörpermitglieder verpflichtet sind, auch in näher bezeichneten anderen Stimm- bzw. Instrumentengruppen mitzuwirken.[140] Dürfen einer **Zeitungsredakteurin** nach ihrem Arbeitsvertrag andere redaktionelle oder journalistische Aufgaben zugewiesen werden, berechtigt dies den AG nicht zur Versetzung in eine Service- und Entwicklungsredaktion, sofern sie dort für neue Verlagsprodukte ausschließlich Testbeiträge erarbeiten muss.[141] Zur Tätigkeit eines Redakteurs an Tageszeitungen gehört die Berichterstattung mit eigenen Wort- und/oder Bildbeiträgen. Auch ohne ausdrückliche Bezeichnung als „Wort- und Bildredakteur" schuldet der Redakteur Wortbeiträge und Bildbeiträge.[142] Ein leitender Oberarzt hat auf Weisung des AG **Bereitschaftsdienste** zu leisten, auch wenn kein (Assistenz-)Arzt die ärztliche Grundversorgung übernimmt.[143] Die durch eine Entwicklungsklausel gedeckte Änderung des Aufgabengebietes eines **Chefarztes** wahrt die Grenzen des billigen Ermessens, wenn der damit verbundene Rückgang seiner Einkünfte aus Privatliquidation lediglich 6% beträgt; eine Änderungskündigung ist in diesem Fall nicht erforderlich.[144] Im Allgemeinen kann die Entziehung von Leitungsaufgaben nicht auf bekannte, zwei Jahre zurückliegende Dienstverfehlungen gestützt werden.[145] Einschränkungen des Weisungsrechts können sich dann ergeben, wenn aus der Art der beruflichen Tätigkeit **Rechte Dritter** berührt werden. Einem Arzt kann keine Behandlungsmethode vorgeschrieben werden; dem Betreuer können keine Weisungen wegen der Amtsführung erteilt werden, wenn sie die Interessen des Betreuten verletzen.[146] Der AG kann von einem AN mit Fahrerlaubnis grundsätzlich auch die **Durchführung von Dienstreisen** mit einem vom Angestellten selbst zu führenden Dienstwagen verlangen.[147] Ebenso kann der AG von seinem AN die Beantragung einer qualifizierten elektronischen Signatur und die Nutzung einer **elektronischen Signaturkarte** verlangen, wenn dies für die Erbringung der vertraglich geschuldeten Arbeitsleistung erforderlich und dem AN zumutbar ist. Datenschutzrechtliche Belange des AN stehen dem grundsätzlich nicht entgegen.[148] Gehören Arbeiten, die dem AN übertragen werden sollen, zu seinem Berufsbild, kann der AG vom AN auch die **Teilnahme an Schulungen** verlangen, wenn dieser aufgrund neuer technologischer Entwicklungen nicht über die erforderlichen Kenntnisse verfügt.[149] Eine über die **vertraglichen Grenzen** hinaus erfolgende Arbeitszuweisung kann nicht im Wege des Direktionsrechts vorgenommen werden;[150] erforderlich ist dann vielmehr eine Änderungskündigung. Der AG ist aufgrund seines Direktionsrechts grundsätzlich auch befugt, den **Aufgabenbereich des AN zu verkleinern.**[151]

34 Ist vereinbart, dass der Arbeiter **im Akkord beschäftigt** wird, liegt beim Übergang vom Leistungslohn zum Zeitlohn oder umgekehrt ein Arbeitsplatzwechsel vor, der grundsätzlich nicht im Wege des Weisungsrechts vollzogen werden kann.[152] Der AG muss verakkordierbare Arbeit grundsätzlich verakkordieren, andernfalls gerät er in Annahmeverzug. Ist eine Arbeit nicht verakkordierbar, muss der AN diese zwar leisten, er behält aber den Anspruch auf Weiterzahlung des Akkorddurchschnittsverdienstes. Anders ist die Rechtslage bei sog. gemischten Arbeitsverhältnis-

---

[137] BAG 18.10.2017 AP Nr. 39 zu § 106 GewO = NZA 2018, 162.
[138] BAG 23.8.2018 AP Nr. 272 zu § 626 BGB.
[139] BAG 13.6.2007 AP Nr. 11 zu § 611 BGB Film = NZA 2007, 974.
[140] BAG 18.1.2012 AP Nr. 24 zu § 1 TVG Tarifverträge: Musiker.
[141] BAG 23.2.2010 AP Nr. 9 zu § 106 GewO.
[142] BAG 5.6.2003 – 6 AZR 237/02.
[143] BAG 16.10.2013 AP Nr. 27 zu § 106 GewO = NZA 2014, 264.
[144] BAG 13.3.2003 AP Nr. 47 zu § 611 BGB Arzt-Krankenhaus-Vertrag = NZA 2004, 735.
[145] BAG 16.9.1998 AP Nr. 2 zu § 24 BAT-O; HessLAG 5.2.1998 ZTR 1998, 474.
[146] BAG 10.4.1991 AP Nr. 37 zu § 611 BGB Direktionsrecht = BB 1991, 1420.
[147] BAG 29.8.1991 AP Nr. 38 zu § 611 BGB Direktionsrecht = NZA 1992, 67.
[148] BAG 25.9.2013 AP Nr. 25 zu § 106 GewO = NZA 2014, 41.
[149] ArbG Bonn 4.7.1990 NZA 1991, 512.
[150] BAG 28.2.1968 AP Nr. 22 zu § 611 BGB Direktionsrecht.
[151] BAG 23.6.1993 AP Nr. 42 zu § 611 BGB Direktionsrecht = NZA 1993, 1127.
[152] BAG 30.10.1983 AP Nr. 20 zu § 1 TVG Tarifverträge: Metallindustrie; 6.2.1985 AP Nr. 3 zu § 1 TVG Tarifverträge: Textilindustrie; zur Umsetzung aus gesundheitlichen Gründen: 30.10.1983 AP Nr. 20 zu § 1 TVG Tarifverträge: Metallindustrie.

sen.[153] Eine gemischte Tätigkeit ist dann gegeben, wenn der AN sowohl mit Akkord- wie Zeitlohnarbeit beschäftigt werden soll. In keinem Fall darf der AG die Arbeitswertigkeit einseitig ändern (→ Rn. 32). Behält sich der AG bei **Außendienstmitarbeitern** im Arbeitsvertrag eine Änderung des zugewiesenen Bezirks aus organisatorischen Gründen vor, ist er aus sachlichen Gründen, zB wegen einer Angleichung an Gemeindegrenzen oder einer Verlegung des Standortes des Außendienstmitarbeiters in die Mitte des Bezirkes, zur Neueinteilung der Bezirke seiner Außendienstmitarbeiter berechtigt.[154] Einschränkungen des Direktionsrechts können sich auch bei **künstlerischer Betätigung** des AN ergeben.[155] Auch wenn die Übertragung einer anderen Tätigkeit vom Direktionsrecht des AG gedeckt ist, hat der AN nach § 275 I BGB ein Leistungsverweigerungsrecht, wenn er die durchzuführenden Arbeiten wegen seines **Gesundheitszustandes** objektiv nicht ausüben kann.[156] Die Zuweisung eines Arbeitsplatzes, der den Vorgaben von § 618 I BGB iVm den **öffentlich-rechtlichen Arbeitsschutznormen nicht vollumfänglich genügt,** kann gleichwohl billigem Ermessen entsprechen, wenn es sich um bloß geringfügige oder kurzzeitige Verstöße handelt, die keinen nachhaltigen Schaden bewirken können.[157]

3. Bekleidungsvorschriften. Das Tragen einer bestimmten Kleidung kann zur vertragsgemäßen Erfüllung der Arbeitsleistung geboten sein. Ebenso kann es geboten sein, es zu unterlassen, sich in einer bestimmten Art zu kleiden. In diesen Fällen sind die Bekleidungsobliegenheiten Teil der arbeitsvertraglichen Hauptleistungspflicht. Bei der Bestimmung der sich aus dem Arbeitsvertrag ergebenden Handlungs- bzw. Unterlassungspflichten in Bezug auf die Kleidung während der Arbeitszeit hat eine Abwägung der Interessen beider Vertragsparteien unter Berücksichtigung der widerstreitenden Grundrechtspositionen und der Besonderheiten des jeweiligen Einzelfalls zu erfolgen.[158] Der AG ist mit diesen Maßgaben ebenso grundsätzlich berechtigt, im Wege seines Direktionsrechts Mitarbeiter anzuweisen, eine bestimmte Kleidung zu tragen bzw. nicht zu tragen.[159] Die Ausübung des Weisungsrechts unterliegt sodann einer Billigkeitskontrolle. Hiernach hat eine muslimische Krankenschwester in einem evangelischen Krankenhaus es zu unterlassen, während der Arbeitszeit ein **Kopftuch** als Ausdruck ihres religiösen Bekenntnisses zu tragen. Die vertraglichen Loyalitätspflichten gegenüber der Evangelischen Kirche verlangen als Mindestanforderung an die Aufgabenerfüllung im kirchlichen Dienst eine Verpflichtung nichtchristlicher Mitarbeiterinnen und Mitarbeiter zu einem neutralen Verhalten gegenüber der Kirche.[160] Ob die allgemeine Anordnung eines Einzelhandelsunternehmens, am Arbeitsplatz keine Kopftücher zu tragen, eine unzulässige Benachteiligung nach § 3 AGG und damit einen Verstoß gegen § 106 GewO darstellt, hat der EuGH auf Vorlage des BAG zu entscheiden.[161] Im **Einzelhandel** kann ein AG, der Möbel gehobenen Genres vertreibt, seinen im Verkauf tätigen AN untersagen, in Gegenwart von Kunden in Jeans, Turnschuhen, mit offenem Kragen, ohne Krawatte und ohne Sakko aufzutreten.[162] Männliche **Piloten** können dagegen durch eine Betriebsvereinbarung nicht zum Tragen einer Pilotenmütze verpflichtet werden, wenn es Pilotinnen freigestellt ist, die Pilotenmütze zu tragen. Hierin liegt eine nicht gerechtfertigte Ungleichbehandlung.[163] Ein **Schmuckverbot** für Pflegehelfer in Fachkliniken ist aus Sicherheitsgründen wirksam.[164] Die Weisung des AG, **einheitliche Arbeitskleidung** zu tragen, kann vom AN in der Regel nur dann abgelehnt werden, wenn er in seinem Persönlichkeitsrecht verletzt wird oder die Kleidung Sicherheitserfordernissen widerspricht. Eine Verletzung des **Persönlichkeitsrechts** ist anzunehmen, wenn die Firmenkleidung so beschaffen ist, dass die AN der Lächerlichkeit preisgegeben werden.[165] Das betriebliche Interesse des Betreibers eines **Spiel-** 35

[153] BAG 27.3.1980 AP Nr. 4 zu § 1 TVG Tarifverträge: Metallindustrie; 27.1.1988 AP Nr. 90 zu § 1 TVG Tarifverträge: Bau.

[154] Vgl. BAG 7.10.1982 AP Nr. 5 zu § 620 BGB Teilkündigung mkritAnm *M. Wolf;* s. auch BAG 19.5.1971 AP Nr. 12 zu § 611 BGB Fleischbeschauer-Dienstverhältnis.

[155] LAG Düsseldorf 31.3.1993 DB 1993, 1677.

[156] BAG 25.7.2002 AP Nr. 62 zu § 611 BGB Direktionsrecht = NZA 2003, 400.

[157] BAG 28.6.2018 AP Nr. 270 zu § 626 BGB = NZA 2018, 1259.

[158] BAG 24.9.2014 AP Nr. 135 zu § 615 BGB = NZA 2014, 1407.

[159] Eingehend dazu *Brose/Greiner/Preis* NZA 2011, 369; *Duchstein* BB 2011, 1717.

[160] BAG 24.9.2014 AP Nr. 135 zu § 615 BGB = NZA 2014, 1407.

[161] BAG 30.1.2019 AP Nr. 41 zu § 106 GewO = NZA 2019, 693; AZ des Gerichtshofs: C-341/19.

[162] LAG Hamm 22.10.1991 DB 1992, 280.

[163] BAG 30.9.2014 AP Nr. 46 zu § 87 BetrVG 1972 Ordnung des Betriebes mAnm *H. Otto* = NZA 2015, 121.

[164] LAG SchlH 26.10.1995 BB 1996, 222.

[165] BAG 1.12.1992 AP Nr. 20 zu § 87 BetrVG 1972 Ordnung des Betriebes; LAG Hamm 7.7.1993 LAGE § 611 BGB Direktionsrecht Nr. 14.

casinos an einem einheitlichen Erscheinungsbild der im Spielcasino beschäftigten Angestellten überwiegt deren mögliches individuelles Interesse, während des Dienstes eine andere, persönlich gewünschte Kleidung zu tragen.[166] Beabsichtigt der AG die Einführung einer einheitlichen Arbeitskleidung zur Verbesserung des äußeren **Erscheinungsbildes,** unterliegt dies der Mitbestimmung des BR.[167] Das Ankleiden vorgeschriebener Dienstkleidung im Betrieb gehört zur **Arbeitszeit** iSd § 87 I Nr. 2 BetrVG, wenn diese Kleidung besonders auffällig ist und deshalb nicht bereits auf dem Arbeitsweg getragen werden braucht. Hierfür kommt es nicht auf die subjektiven Vorstellungen des AN, sondern eine objektive Betrachtungsweise an.[168] – Im Übrigen sind **Umkleidezeiten** und durch das Umkleiden veranlasste innerbetriebliche Wegezeiten regelmäßig **vergütungspflichtige Arbeitszeit,** wenn der AG das Tragen einer bestimmten Kleidung vorschreibt und das Umkleiden im Betrieb erfolgen muss.[169] Legt der AN die Dienstkleidung zu Hause an, ist die dafür aufgewendete Zeit nicht vergütungspflichtig.[170] Auch die Abholung von Dienstkleidung ist vergütungspflichtig, wenn sie dem AN vom AG im Rahmen des ihm zustehenden Direktionsrechts abverlangt wird, mit seiner eigentlichen Tätigkeit unmittelbar zusammenhängt und ausschließlich den Interessen des AG dient. Zu vergüten ist dabei nicht nur die erforderliche Zeit zur Auswahl, Anprobe und Entgegennahme der Dienstkleidung, sondern auch die erforderliche Wegezeit.[171] Wird durch **Einigungsstellenspruch** beschlossen, dass AN eine auffällige Dienstkleidung zu tragen haben, muss der Spruch auch Regelungen über Umkleidemöglichkeiten enthalten.[172]

36 **4. Nebenarbeiten.** Der AN hat Nebenarbeiten zu verrichten, wenn deren Übernahme dem Arbeitsvertrag entspricht und Aufgaben betrifft, die typischerweise in dem vereinbarten Tätigkeitsbereich anfallen oder in zeitlicher Hinsicht nur eine untergeordnete Bedeutung haben.[173] Hierfür sind insbesondere in Bezug genommene Stellenbeschreibungen sowie das übliche Berufsbild maßgeblich.[174] Nebenarbeiten sind das Heranschaffen des Materials, Aufräumen und **Säubern des Arbeitsplatzes** sowie die Pflege der Ware.[175] Der AG kann den AN auch anweisen, die von ihm erbrachten Arbeitsleistungen in **Tätigkeitsberichten** zu dokumentieren. Dies gilt nicht nur für Vertriebsmitarbeiter, vielmehr ist grundsätzlich jeder AN verpflichtet, Auskunft über die von ihm geleistete Arbeit zu erteilen.[176] Bei einem Lehrer gehören zu den Nebenarbeiten die Durchführung von Wandertagen und **Klassenfahrten**[177] sowie in Ganztagsschulen in angemessenem Umfang die Übernahme der Lernstundenaufsicht.[178] Dabei verhält sich ein Land als Dienstherr treuwidrig, wenn es Schulfahrten grundsätzlich nur unter der Voraussetzung genehmigt, dass die teilnehmenden Lehrkräfte formularmäßig auf die Erstattung ihrer Reisekosten verzichten.[179] Der AG kann den AN anweisen, an erforderlichen **Schulungen** teilzunehmen.[180] Hierzu kann auch der Besuch eines **Sprachkurses für Migranten** gehören.[181] Der **Fahrer eines LKW** ist nur dann nicht zur Ladetätigkeit verpflichtet, wenn zwischen den Parteien ausschließlich Lenktätigkeit vereinbart ist.[182] Gehören zu der vereinbarten Tätigkeit typischerweise **Geschäftsreisen** im In- und Ausland, kann der AG diese im Wege des Weisungsrechts anordnen.[183] Eine Bäckereifachverkäuferin ist auf Anordnung des AG verpflichtet, zeitweise die im Verkaufsraum installierte automa-

[166] BAG 13.2.2007 AP Nr. 40 zu § 87 BetrVG 1972 Ordnung des Betriebes = NZA 2007, 640.
[167] BAG 1.12.1992 AP Nr. 20 zu § 87 BetrVG 1972 Ordnung des Betriebes = EzA Nr. 20 zu § 87 BetrVG 1972 Betriebliche Ordnung mzustAnm *v. Hoyningen-Huene* zur Gestellung von Arbeitskleidung in einem Bauunternehmen.
[168] BAG 9.11.2009 AP Nr. 125 zu § 87 BetrVG 1972 Arbeitszeit = NZA-RR 2010, 301.
[169] Vgl. BAG 25.4.2018 NZA 2018, 1081; 19.9.2012 NZA-RR 2013, 63.
[170] BAG 31.3.2021 – 5 AZR 292/20.
[171] BAG 26.10.2016 AP Nr. 49 zu § 611 BGB Arbeitszeit = NZA 2017, 323; 19.3.2014 NZA 2014, 787.
[172] BAG 12.1.2012 AP Nr. 41 zu § 87 BetrVG 1972 Ordnung des Betriebes = NZA 2012, 687.
[173] BAG 28.6.2018 AP Nr. 270 zu § 626 BGB = NZA 2018, 1259.
[174] HWK/*Thüsing* BGB § 611a Rn. 441.
[175] HWK/*Thüsing* BGB § 611a Rn. 441.
[176] BAG 19.4.2007 AP Nr. 77 zu § 611 BGB Direktionsrecht.
[177] BAG 26.4.1985 AP Nr. 48 zu § 611 BGB Lehrer, Dozenten = NZA 1985, 738; zur Vergütung vgl. BAG 25.5.2005 AP Nr. 165 zu § 611 BGB Lehrer, Dozenten = NZA 2005, 981; 22.8.2001 AP Nr. 144 zu § 611 BGB Lehrer, Dozenten.
[178] BAG 30.4.2008 AP Nr. 183 zu § 611 BGB Lehrer, Dozenten = NZA-RR 2008, 551.
[179] BAG 16.10.2012 AP Nr. 190 zu § 611 BGB Lehrer, Dozenten = NZA 2013, 42.
[180] HessLAG 11.4.2007 – 8 Sa 1279/06.
[181] BAG 22.6.2011 AP Nr. 8 zu § 3 AGG = NZA 2011, 1226.
[182] HessLAG 13.6.1995 NZA-RR 1996, 210.
[183] HWK/*Lembke* GewO § 106 Rn. 28.

tische Brötchenbackanlage einschließlich des vorgeschalteten Gärschranks zu bedienen.[184] **Sekretärinnen** haben Besucher zu empfangen und zu bewirten.[185] Den zu ihrer Berufsausbildung beschäftigten Personen dürfen nur solche Arbeiten zugewiesen werden, die der **Berufsausbildung** dienen und den körperlichen Kräften entsprechen (§ 14 II BBiG). Dazu gehören die Warenpflege und das gelegentliche Putzen des Verkaufsraums (Einzelheiten → § 174 Rn. 1 ff.). In Ausübung des ihm zustehenden Direktionsrechts ist der AG grundsätzlich berechtigt, den AN anzuweisen, vom Betrieb zu einer auswärtigen Arbeitsstelle zu fahren.[186]

5. Notfälle. Umstr. ist, inwieweit der AG dem AN vorübergehend eine andersartige Tätigkeit übertragen darf, wenn dies nicht vorbehalten ist. In außergewöhnlichen Fällen, insbesondere in Notfällen, muss der AN aufgrund seiner vertraglichen **Nebenpflicht, Schaden vom AG abzuwehren,** auf Verlangen vorübergehend auch solche Arbeiten übernehmen, die nicht in seinen Tätigkeitsbereich fallen.[187] Nicht jede im Betrieb auftretende Schwierigkeit kann jedoch als außergewöhnlicher Fall angesehen werden. Außergewöhnliche Fälle sind unvorhergesehene, durch rechtzeitige Personalplanung nicht behebbare Personalengpässe, die unabhängig vom Willen der Betroffenen eintreten und deren Folgen nicht auf andere Weise zu beseitigen sind. Keine außergewöhnlichen Fälle sind mithin regelmäßig auftretende Eilaufträge, permanenter Arbeitskräftemangel oder dergl. Zur Leistung unbezahlter Überstunden ist der AN auch in Notfällen nicht verpflichtet.[188] Bei plötzlicher Erkrankung oder sonstigem nicht vorhersehbaren Ausfall eines Kollegen hat der AN vorübergehend geringere[189] ebenso wie höherwertige[190] Arbeit zu verrichten. 37

6. Verbotene oder sittenwidrige Arbeit, Streikarbeit. Gesetzlich verbotene oder sittenwidrige Arbeit ist der AN niemals zu leisten verpflichtet.[191] Umstritten ist, inwieweit er zu Streikarbeit angehalten werden kann.[192] Der AG ist berechtigt, AN nur zur Ableistung von Streikarbeit einzustellen. Die bisherige Arbeit hat der AN weiter zu leisten, wenn er sich nicht am Streik beteiligt.[193] Dagegen ist er zur direkten Streikarbeit, dh zur Übernahme von Arbeiten, die bisher von Streikenden erbracht wurden, nicht verpflichtet.[194] Dies gilt nach § 11 V AÜG auch für Leiharbeitnehmer. Indirekte Streikarbeit muss grundsätzlich geleistet werden, es sei denn, es handelt sich offensichtlich um ausgelagerte Streikarbeit.[195] Nach der Rechtsprechung des BVerfG können Beamte ohne gesetzliche Regelung nicht angewiesen werden, auf bestreikten Arbeitsplätzen zu arbeiten.[196] 38

7. Öffentlicher Dienst. a) Tätigkeiten der vereinbarten Vergütungsgruppe. Für AN des öffentlichen Dienstes wird der Umfang des Weisungsrechts durch § 4 TVöD/TV-L (vormals § 12 BAT) bestimmt. Diese sind danach grundsätzlich verpflichtet, jede ihnen zugewiesene Tätigkeit zu verrichten, die dem Merkmal ihrer Vergütungsgruppe entspricht, soweit ihnen dies billigerweise zugemutet werden kann. Das Direktionsrecht des AG im öffentlichen Dienst erstreckt sich deshalb bei einer Vertragsgestaltung, die – wie üblich – den vertraglichen Aufgabenbereich allein durch eine allgemeine Tätigkeitsbezeichnung und die Nennung der Vergütungsgruppe beschreibt, auf solche Tätigkeiten des allgemein umschriebenen Aufgabenbereichs, welche die Merkmale der Vergütungsgruppe erfüllen, in die der AN eingestuft ist.[197] Dem AN können andere, dem allgemein umschriebenen Aufgabenbereich zuzuordnende Tätigkeiten nur zugewiesen werden, soweit sie den Merkmalen dieser Vergütungsgruppe ent- 39

[184] LAG Hamm 8.6.1994 LAGE § 611 BGB Direktionsrecht Nr. 20.
[185] Ebenso MHdB ArbR/*Reichold* § 40 Rn. 24; *Hromadka* DB 1995, 2601 (2602).
[186] BAG 26.10.2016 AP Nr. 48 zu § 611 BGB Arbeitszeit.
[187] BAG 16.10.2013 AP Nr. 27 zu § 106 GewO = NZA 2014, 264; 3.12.1980 AP Nr. 4 zu § 615 BGB Böswilligkeit.
[188] ArbG Leipzig 4.2.2003 NZA-RR 2003, 365.
[189] BAG 8.10.1962 AP Nr. 18 zu § 611 BGB Direktionsrecht.
[190] BAG 19.6.1985 AP Nr. 9 zu § 24 BAT = BB 1985, 1985.
[191] *Kolbe* NZA 2009, 228 (230) zu Anweisungen im Zusammenhang mit Korruptionssachverhalten.
[192] Vgl. *Nicolai*, Die Verweigerung von Streikarbeit, 1993.
[193] Das Urteil des BAG 21.10.1969 AP Nr. 41 zu Art. 9 GG Arbeitskampf betrifft den wilden Streik. Es verpflichtet den AN, zur Meidung einer fristlosen Entlassung die Arbeit aufzunehmen.
[194] BAG 25.7.1957 AP Nr. 3 zu § 615 BGB Betriebsrisiko; Staudinger/*Richardi/Fischinger* BGB § 611a Rn. 1062.
[195] MHdB ArbR/*Reichold* § 40 Rn. 30.
[196] BVerfG 2.3.1993 AP Nr. 126 zu Art. 9 GG Arbeitskampf = NJW 1993, 1379.
[197] BAG 25.9.2013 AP Nr. 25 zu § 106 GewO = NZA 2014, 41 mwN.

sprechen.[198] Davon kann bei der Zuweisung eines anderen Aufgabenbereichs in einer anderen Klinik eines Universitätsklinikums ausgegangen werden.[199] Unerheblich ist, ob aus der jeweils einschlägigen Fallgruppe dieser Vergütungsgruppe ein Bewährungsaufstieg möglich ist oder nicht.[200] Dem AN darf aber nicht ein Aufgabenbereich zugewiesen werden, der lediglich die Tätigkeitsmerkmale einer niedrigeren Vergütungsgruppe erfüllt und nur auf dem Umweg über den Bewährungsaufstieg dazu führt, dass die bisherige Vergütung erhalten bleibt.[201] Die Übertragung einer Tätigkeit, die geringere Qualifikationsmerkmale erfordert, ist auch dann nicht zulässig, wenn der AG die der bisherigen Tätigkeit entsprechende höhere Vergütung weiterzahlt.[202] Soweit nach § 4 I 1 TVöD/TV-L Beschäftigte aus dienstlichen oder betrieblichen Gründen abgeordnet werden können, wird auch dieses tarifliche Recht durch den Inhalt des Arbeitsvertrags begrenzt. Voraussetzung für die Zuweisung einer anderweitigen Tätigkeit ist somit regelmäßig, dass sie als gleichwertig anzusehen ist.[203] Grundsätzlich kann der AG dem AN auch einen kleineren Dienstbereich zuweisen. Jedoch muss dies billigem Ermessen entsprechen.[204] Bei einer Änderung der Fallgruppe kann eine Beteiligung des PR erforderlich sein.

40 **b) Vorübergehende Übertragung höher bewerteter Arbeiten.** Der AG des öffentlichen Dienstes kann dem AN im Wege des Direktionsrechts vorübergehend auch höherwertige Arbeit zuweisen. Eine rechtswirksame Übertragung einer höherwertigen Tätigkeit liegt aber noch nicht vor, wenn sie durch den unmittelbaren Dienstvorgesetzten erfolgt und die Personalabteilung hiervon nichts weiß.[205] Die Rechtmäßigkeit der vorübergehenden Übertragung einer höher bewerteten Tätigkeit durch den AG des öffentlichen Dienstes bestimmt sich nach § 106 GewO, § 315 I BGB und ist **zweistufig zu prüfen:**[206] Im ersten Schritt ist zu prüfen, ob es billigem Ermessen entspricht, dem AN die anders bewertete Tätigkeit überhaupt, wenn auch nur vorübergehend, zu übertragen. In einem zweiten Schritt ist, wenn die Übertragung von Anfang an oder auch erst nach einer bestimmten Zeit mit einer höheren Vergütung oder einer vorübergehend gewährten Zulage verbunden ist, zu prüfen, ob es billigem Ermessen entspricht, diese Tätigkeit nur vorübergehend zu übertragen. Allein die mögliche Unsicherheit über die Dauer der Beschäftigungsmöglichkeit mit den übertragenen höherwertigen Tätigkeiten reicht dabei nicht aus.[207] Entspricht die vorübergehende Übertragung der Tätigkeit nicht billigem Ermessen, erfolgt die Bestimmung der „Leistung" entsprechend § 315 III 2 BGB durch richterliche Entscheidung. Sie kann bei der vorübergehenden Übertragung einer höherwertigen Tätigkeit – je nachdem, worin die Unbilligkeit liegt – darin bestehen, dass die Übertragung der Tätigkeit nicht als nur vorübergehend, sondern als auf Dauer vorgenommen erklärt wird oder die zeitliche Dauer anders bestimmt wird.[208] Der konkretisierte Anspruch ist danach erst ab Rechtskraft des richterlichen Gestaltungsakts fällig und durchsetzbar.[209] Überträgt der AG dem AN vorläufig eine höher bewertete Aufgabe und macht er die Übertragung auf Dauer davon abhängig, dass sich der AN fachlich bewährt, darf er dem AN die höherwertige Aufgabe nicht aus anderen Gründen wieder entziehen.[210] Die Beweislast dafür, dass die Ausübung des Direktionsrechts billigem Ermessen entspricht, trägt derjenige, der das Leistungsbestimmungsrecht ausübt.[211]

41 **8. Glaubens- und Gewissenskonflikte.** Der AG darf dem AN keine Arbeiten zuweisen, durch die er in einen Glaubens- oder Gewissenskonflikt gerät. Ist dem AG die Konfliktlage nicht hinreichend deutlich bekannt, muss er sie bei Ausübung des Weisungsrechts nicht berücksichtigen. In diesem Fall hat der AN gem. § 275 III BGB ein **Leistungsverweigerungsrecht** (dazu

[198] BAG 17.8.2011 AP Nr. 13 zu § 106 GewO = NZA-RR 2012, 106; 14.4.2010 AP Nr. 72 zu § 14 TzBfG = NZA 2010, 942.
[199] BAG 22.1.2004 AP Nr. 25 zu § 91a ZPO.
[200] BAG 30.8.1995 AP Nr. 44 zu § 611 BGB Direktionsrecht = NZA 1996, 440; 21.11.2002 AP Nr. 63 zu § 611 BGB Direktionsrecht.
[201] BAG 30.8.1995 AP Nr. 44 zu § 611 BGB Direktionsrecht = NZA 1996, 440; 24.4.1996 AP Nr. 49 zu § 611 BGB Direktionsrecht = NZA 1997, 104.
[202] BAG 17.8.2011 AP Nr. 13 zu § 106 GewO = NZA-RR 2012, 106.
[203] BAG 17.8.2011 AP Nr. 13 zu § 106 GewO = NZA-RR 2012, 106.
[204] BAG 23.6.1993 AP Nr. 42 zu § 611 BGB Direktionsrecht = NZA 1993, 1127.
[205] BAG 11.3.1998 AP Nr. 68 zu §§ 22, 23 BAT Lehrer = ZTR 1998, 370.
[206] BAG 27.1.2016 NZA 2016, 903; 18.4.2012 AP Nr. 103 zu § 315 BGB = NZA 2012, 927.
[207] BAG 4.7.2012 AP Nr. 1 zu § 14 TVöD.
[208] BAG 18.4.2012 AP Nr. 103 zu § 315 BGB = NZA 2012, 927.
[209] BAG 27.1.2016 NZA 2016, 903.
[210] BAG 17.12.1997 AP Nr. 52 zu § 611 BGB Direktionsrecht = NZA 1998, 555.
[211] BAG 27.1.2016 NZA 2016, 903; 4.7.2012 AP Nr. 1 zu § 14 TVöD.

→ § 49 Rn. 2a).[212] Das BAG geht demgegenüber davon aus, der AG müsse einen Glaubens- oder Gewissenskonflikt des AN stets bei der Ausübung seines Weisungsrechts berücksichtigen. Er dürfe dem AN bei verfassungskonformer Auslegung und Anwendung von § 106 GewO regelmäßig keine Arbeit zuweisen, die diesen in einen nachvollziehbar dargelegten, ernsthaften und unüberwindbaren Glaubenskonflikt brächte. Etwas anderes könne dann gelten, wenn entgegenstehende Grundrechte oder Verfassungsaufträge – sei es auch nur vorübergehend – ein Hintanstellen der Glaubensüberzeugungen geboten erscheinen ließen. Die Prüfung von § 106 GewO sei gegenüber dem Leistungsverweigerungsrecht nach § 275 III BGB vorrangig.[213] Hiergegen bestehen Bedenken.[214] Die Lösung stößt auf Schwierigkeiten, wenn dem AG der Glaubens- oder Gewissenskonflikt nicht hinreichend deutlich bekannt ist. Erteilt der AG eine Weisung, ohne den Konflikt zu berücksichtigen, trifft den AN letztlich die Obliegenheit, seine Beweggründe offenzulegen. Der AG hat in diesem Fall sein **Weisungsrecht erneut auszuüben.** Entsprechendes gilt, wenn zum Zeitpunkt der Weisungserteilung der Glaubens- oder Gewissenskonflikt noch nicht bestand. Die Weisung war in diesem Fall wirksam, denn maßgeblich hierfür sind die objektiven Umstände zum Zeitpunkt der Ausübung des Direktionsrechts (→ Rn. 21).[215] Hier kommt § 275 III BGB tatbestandlich ohne Weiteres zur Anwendung. Das Verständnis des BAG lässt diese Bestimmung dagegen letztlich im Arbeitsrecht bedeutungslos werden.[216] Das bedeutet im Ergebnis, dass der AG bei Ausübung des Weisungsrechts nur einen ihm zu diesem Zeitpunkt bekannten Glaubens- oder Gewissenskonflikt berücksichtigen muss. Tritt der Konflikt beim AN erst später auf, hat dieser im Wege der Einrede ein Leistungsverweigerungsrecht nach § 275 III BGB auszuüben. Die Weisung des AG, während der Arbeitszeit aus religiösen Gründen kein **Kopftuch** zu tragen, kann eine mittelbare Diskriminierung iSv § 3 II AGG darstellen und deshalb nicht billigem Ermessen entsprechen.[217]

9. Corona-Schutzmaßnahmen. Der AG ist berechtigt und verpflichtet (§ 618 BGB iVm arbeitsschutzrechtlichen Regelungen, dazu → § 154 Rn. 1 ff.), zur Durchführung des Arbeitsschutzes die erforderlichen Maßnahmen in Bezug auf die Ausübung der Arbeitsleistung zu ergreifen. Nach § 106 S. 2 GewO kann und muss der AG daher die Pflicht zum Tragen einer **Mund-Nase-Bedeckung** im Betrieb durch Ausübung seines Direktionsrechts umsetzen. Ärztlichen Attesten, die auf eine Befreiung von der sog. Maskenpflicht zielen, kommt dabei nicht der Beweiswert einer Arbeitsunfähigkeitsbescheinigung nach § 5 EFZG zu.[218] Dagegen spricht bereits, dass hiermit keine Krankheit bescheinigt wird, sondern eine Erleichterung bei der Ausübung der Tätigkeit verlangt wird. Hierzu hat der AN die maßgeblichen Gründe darzulegen, also nachvollziehbare Befundtatsachen sowie eine Diagnose.[219] Im Streitfall ist hierzu Beweis zu erheben. Die Beweislast dürfte insoweit abweichend von den allgemeinen Grundsätzen (→ Rn. 21) beim AN liegen, weil der AG mit der Anordnung zum Tragen einer Mund-Nase-Bedeckung im Betrieb einer öffentlich-rechtlichen Verpflichtung zur Durchführung des Arbeitsschutzes nachkommt und der AN mithilfe der ärztlichen Bescheinigungen einen rechtlichen Vorteil, nämlich die Erteilung einer Ausnahmegenehmigung, zu erwirken sucht.[220] **41a**

Umstritten ist, ob der AG seine AN **anweisen kann, im Betrieb Antigen-Schnelltests durchzuführen.**[221] Dafür spricht, dass der AG nach der Corona-ArbeitsschutzVO v. 25.6.2021 verpflichtet ist, solche Tests anzubieten und die AN ihrerseits zwar nach der VO nicht zur Durchführung der Tests verpflichtet sind, aber nach § 16 II 1 ArbSchG den AG bei der Gewährleistung des Gesundheitsschutzes zu unterstützen haben.[222] Durch die Anweisung, in Ergänzung zu den bestehenden rechtskonformen Arbeitsschutzmaßnahmen zusätzlich kostenfreie Schnelltests durchzuführen, verbessert der AG den Gesundheitsschutz der AN, indem das Ansteckungsrisiko durch frühzeitiges Erkennen infizierter Mitarbeiter verringert wird. Eine solche Weisung **41b**

[212] *Schmidt-Räntsch,* Das neue Schuldrecht, 2001, Rn. 292 f.; *Gotthardt,* Arbeitsrecht nach der Schuldrechtsreform, 2. Aufl., Rn. 115 ff.; *Henssler* RdA 2002, 129 (131); ErfK/*Preis* BGB § 611a Rn. 687; HWK/*Thüsing* BGB § 611a Rn. 552; teilweise aA *Kamanabrou* FS Zachert, 2010, 400.

[213] BAG 24.2.2011 AP Nr. 9 zu Art. 4 GG = NZA 2011, 1087.

[214] Ebenso *Greiner* Anm. zu BAG AP Nr. 9 zu Art. 4 GG; *ders.* RdA 2013, 9; ErfK/*Preis* BGB § 611a Rn. 687; *Richardi* SAE 2012, 7; *Scholl* BB 2012, 53 (54 ff.); diff. *Kamanabrou* FS Zachert, 401 f.

[215] *Greiner* RdA 2013, 9 (13).

[216] *Greiner* Anm. zu BAG AP Nr. 9 zu Art. 4 GG.

[217] BAG 30.1.2019 AP Nr. 41 zu § 106 GewO = NZA 2019, 693.

[218] ArbG Siegburg 16.12.2020 – 4 Ga 18/20.

[219] Vgl. für Schulen BayVGH 8.12.2020 – 20 CE 20.2875.

[220] Vgl. OVG NRW 24.9.2020 – 13 B 1368/20.

[221] Dazu *Müller/Becker* ArbRAktuell 2021, 201 mwN.

[222] Dazu KKS/*Schucht* ArbSchG § 16 Rn. 30.

konkretisiert damit eine vertragliche Nebenpflicht der AN. Sie entspricht billigem Ermessen (§ 106 GewO), weil die Steigerung des Gesundheitsschutzes die mit dem Test verbundenen geringfügigen körperlichen Beeinträchtigungen deutlich überwiegt. In diesem Zusammenhang ist daran zu erinnern, dass Schulkinder beim Schulbesuch vor der Teilnahme am Präsenzunterricht derzeit nahezu flächendeckend einer Testpflicht unterliegen und die hiergegen gerichteten Klagen zu Recht zurückgewiesen worden sind.[223] Es wäre kaum verständlich, diese Testpflicht für erwachsene AN als unzumutbar anzusehen, obgleich derartige Tests von Kindern ohne Weiteres verlangt werden. Von der Testpflicht müssten freilich die Personen ausgenommen werden, die aus gesundheitlichen Gründen einen solchen Test nicht durchführen können oder bei denen bereits wegen erfolgter Impfung oder überstandener Erkrankung von Seiten des RKI ein Test als nicht geboten erachtet wird. – Zu diesbezüglichen datenschutzrechtlichen Fragen → § 53 Rn. 12a.

VI. Zeit der Arbeitsleistung

42 **1. Lage der Arbeitszeit.** Treffen die Vertragsparteien keine ausdrücklichen Abreden zur Lage der Arbeitszeit und bestehen insoweit auch keine kollektivrechtlichen Vorschriften, kann der AG die Lage der Arbeitszeit im Wege des Weisungsrechts konkretisieren.[224] Der AG ist von Gesetzes wegen nicht verpflichtet, die Verteilung der Arbeitszeit vertraglich festzulegen.[225] Fehlt eine solche Festlegung, ist der Vertrag dahin auszulegen, dass die vereinbarte Arbeitsleistung zu den durch den AG bestimmten betrieblichen Arbeitszeiten zu erbringen ist.[226] Dabei gibt es keinen allgemeinen Grundsatz, dass jeder AN von Montag bis Freitag beschäftigt werden muss.[227] Überstunden werden erst dann geleistet, wenn der vereinbarte Rahmen überschritten ist.[228] Der AN hat auf Anordnung des AG auch Sonn- und Feiertagsarbeit zu leisten, wenn diese nach dem Arbeitszeitgesetz ausnahmsweise erlaubt ist, ihr kein Kollektivrecht entgegensteht (§ 87 I Nr. 2 BetrVG) und das Direktionsrecht des AG insoweit nicht vertraglich beschränkt ist.[229] Des Weiteren kann der AG auch über die in § 4 ArbZG geregelte Mindestdauer längere Ruhepausen anordnen.[230] Stets hat der AG die im Interesse des Gesundheitsschutzes der AN festgelegten Grenzen der höchstzulässigen Arbeitszeiten einzuhalten. Zu beachten sind auch die unionsrechtlichen Regelungen des Fahrpersonalrechts über die höchstzulässigen Lenkzeiten und deren Unterbrechungen nach Art. 7 VO Nr. 561/2006.[231] In **Leiharbeitsverhältnissen** ist die Vereinbarung einer unterschiedlichen Dauer der Arbeitszeit während verleihfreier Zeiten und für die Dauer einer Überlassung grundsätzlich zulässig. Etwas anderes gilt nur dann, wenn die Aufspaltung der Dauer der Arbeitszeit für Überlassungen und überlassungsfreie Zeiten dazu dient, die Unabdingbarkeit des Anspruchs auf Vergütung bei Annahmeverzug nach § 11 IV 2 AÜG dadurch zu unterlaufen, dass für verleihfreie Zeiten eine ungewöhnlich kurze Arbeitszeit vereinbart wird.[232]

43 **2. Mehrarbeit/Überstunden. a) Arbeitsvertragliche Regelung.** Die Dauer der Arbeitszeit unterliegt grundsätzlich nicht der näheren Ausgestaltung durch das Weisungsrecht, weil hierdurch in den Kernbereich des arbeitsvertraglichen Austauschverhältnisses eingegriffen würde.[233] Maßgeblich für die Dauer der Arbeitszeit ist grundsätzlich die vertragliche Vereinbarung oder der anwendbare Tarifvertrag. Wird im Arbeitsvertrag keine ausdrückliche Vereinbarung über die Dauer der Arbeitszeit getroffen, ist anzunehmen, dass die Parteien die

[223] Vgl. OVG NRW 6.5.2021 – 13 B 619/21.NE; VGH BW 29.4.2021 – 1 S 1204/21; OVG Lüneburg 23.4.2021 – 13 MN 212/21; SächsOVG 22.4.2021 – 3 B 183/21; OVG Bremen 20.4.2021 – 1 B 180/21; BayVGH 16.4.2021 – 20 NE 21.1036; unhaltbar dagegen AG Weimar 8.4.2021 – 9 F 148/21, gegen diese Entscheidung zutr. VGH BW 20.4.2021 – 1 S 1121/21.

[224] BAG 16.4.2014 AP Nr. 134 zu § 615 BGB = NZA 2014, 1262.

[225] BAG 16.12.2014 NZA 2015, 825.

[226] BAG 19.7.2012 AP Nr. 155 zu § 2 KSchG 1969 = NZA 2012, 1038; 15.9.2009 AP Nr. 7 zu § 106 GewO = NZA 2009, 1333; 23.6.1992 AP Nr. 1 zu § 611 BGB Arbeitszeit = NZA 1993, 89.

[227] BAG 16.4.2014 AP Nr. 134 zu § 615 BGB = NZA 2014, 1262.

[228] BAG 18.4.2012 AP Nr. 52 zu § 611 BGB Mehrarbeitsvergütung = NZA 2012, 796.

[229] BAG 15.9.2009 AP Nr. 7 zu § 106 GewO = NZA 2009, 1333; krit. dazu *Preis/Ulber* NZA 2010, 729.

[230] BAG 25.2.2015 AP Nr. 136 zu § 615 BGB = NZA 2015, 494; 16.12.2009 AP Nr. 3 zu § 4 ArbZG = NZA 2010, 505.

[231] BAG 6.5.2014 AP Nr. 31 zu § 618 BGB.

[232] BAG 16.4.2014 AP Nr. 134 zu § 615 BGB = NZA 2014, 1262.

[233] Vgl. AR/*Kolbe* GewO § 106 Rn. 33; ErfK/*Preis* GewO § 106 Rn. 32; HWK/*Thüsing* BGB § 611a Rn. 460.

betriebsübliche Arbeitszeit vereinbaren wollen.[234] Über die vertraglich vereinbarte regelmäßige Arbeitszeit hinaus hat der AN grundsätzlich nur dann zu arbeiten, wenn es hierfür eine **Rechtsgrundlage gibt.**[235] Das arbeitsvertragliche Weisungsrecht reicht hierfür nicht aus.[236] Eine Verpflichtung zur Leistung von Überstunden kann allerdings arbeitsvertraglich vereinbart werden. Dabei dürfte eine Klausel, die den AN lediglich verpflichtet, bei Vorliegen betrieblicher Erfordernisse Überstunden zu leisten, die gesondert vergütet werden, grundsätzlich zulässig sein.[237] Die Ausübung des hierauf beruhenden Weisungsrechts unterliegt dann einer Billigkeitskontrolle nach § 106 GewO, § 315 BGB. Rechtlich problematisch sind dagegen Vergütungsregelungen, welche die Verpflichtung zur Leistung von Überstunden einschließen (dazu → § 35 Rn. 124). Hat der AN in der Vergangenheit über einen längeren Zeitraum hinweg Überstunden geleistet, kann hieraus allein noch nicht ein Anspruch auf Ableistung und Vergütung weiterer Überstunden hergeleitet werden. Der Einsatz eines AN unter Überschreitung der vertraglich vorgesehenen Arbeitszeit beinhaltet für sich genommen noch keine einvernehmliche Vertragsänderung.[238] Ist in einem vom AG vorformulierten Arbeitsvertrag vereinbart, dass der Beschäftigungsumfang durch den AG aus bedarfsbedingten Gründen befristet aufgestockt werden kann, wird hierdurch ein einseitiges Leistungsbestimmungsrecht des AG iSv § 106 GewO begründet. Hier ist zunächst zu klären, ob die Einräumung des Bestimmungsrechts eine unangemessene Benachteiligung iSv § 307 I BGB ist. Das hat das BAG für angestellte Lehrer verneint, wenn dem Bestimmungsrecht eine kollektive Vereinbarung über die Gestaltung eines sozialverträglichen Personalabbaus an Grundschulen zugrunde liegt.[239] In einem zweiten Schritt ist zu prüfen, ob der AG in einer Art und Weise von der Ermächtigung Gebrauch gemacht hat, die der Billigkeit entspricht. Außerhalb der besonderen Situation angestellter Lehrkräfte sind die Regeln über die Arbeit auf Abruf zu beachten (dazu → § 43 Rn. 6 ff.). Bei der Anordnung von Überstunden darf der AG AN, die Überstunden leisten wollen, nicht ohne sachliche Rechtfertigung unberücksichtigt lassen.[240]

Eine **Konkretisierung** des Arbeitsverhältnisses auf ein bestimmtes Mindestmaß an Überstunden kommt regelmäßig nicht in Betracht.[241] Wird ein AN vom AG – auch längere Zeit – unter deutlicher Überschreitung der vertraglich vorgesehenen Arbeitszeit eingesetzt, ergibt sich daraus allein noch keine Änderung der vertraglich vereinbarten Arbeitszeit.[242] Bei dem Arbeitseinsatz handelt es sich um ein tatsächliches Verhalten, dem nicht notwendig ein bestimmter rechtsgeschäftlicher Erklärungswert in Bezug auf den Inhalt des Arbeitsverhältnisses zukommt. Vielmehr ist auf die Absprachen abzustellen, die dem erhöhten Arbeitseinsatz zugrunde liegen. Dazu zählen auch die betrieblichen Anforderungen, die vom AG gestellt und vom AN akzeptiert werden. Ohne derartige zumindest konkludente Erklärungen des AG ist der konkrete Arbeitseinsatz nicht denkbar, es sei denn, der AN arbeitet eigenmächtig. Die Annahme einer dauerhaften Vertragsänderung mit einer erhöhten regelmäßigen Arbeitszeit setzt daher die Feststellung entsprechender Erklärungen der Parteien voraus. Dafür kann neben anderen Umständen von Bedeutung sein, um welche Art von Arbeit es sich handelt, wie sie in die betrieblichen Abläufe integriert ist und in welcher Weise die Arbeitszeit hinsichtlich Dauer und Lage geregelt bzw. ausgedehnt wird.[243] 44

b) Kollektivrechtliche Regelungen. Des Weiteren kann der AN aufgrund einer Betriebsvereinbarung[244] oder durch Tarifvertrag zur Ableistung von Überstunden verpflichtet sein. Gem. § 77 IV BetrVG können Betriebsvereinbarungen unmittelbar gegenseitige Rechte und Pflichten der Arbeitsvertragsparteien begründen, soweit auf diese Weise nicht zulasten der AN in hiergegen gesicherte individualrechtliche Positionen und Ansprüche eingegriffen wird. In diesen Grenzen vermag eine Betriebsvereinbarung die individuellen Arbeitsverträge auch hinsichtlich der 45

[234] BAG 15.5.2013 AP Nr. 42 zu § 611 BGB Arbeitszeit = NZA-RR 2014, 519.
[235] MüKoBGB/Spinner § 611 Rn. 940.
[236] ErfK/*Preis* BGB § 611a Rn. 663; HWK/*Lembke* GewO § 106 Rn. 34.
[237] Vgl. CKK/*Klumpp* BGB § 307 Rn. 107; HWK/*Lembke* GewO § 106 Rn. 78; *Thüsing*, AGB-Kontrolle im Arbeitsrecht, Rn. 136.
[238] BAG 22.4.2009 AP Nr. 51 zu § 611 BGB Mehrarbeitsvergütung = NZA 2010, 120.
[239] BAG 14.8.2007 AP Nr. 2 zu § 6 ATG = NZA 2008, 1194.
[240] HessLAG 12.9.2001 NZA-RR 2002, 348.
[241] Vgl. BAG 25.4.2007 AP Nr. 121 zu § 615 BGB = NZA 2007, 801; HWK/*Thüsing* BGB § 611a Rn. 467.
[242] BAG 22.4.2009 AP Nr. 51 zu § 611 BGB Mehrarbeitsvergütung = NZA 2010, 120.
[243] BAG 25.4.2007 AP Nr. 121 zu § 615 BGB = NZA 2007, 801.
[244] BAG 3.6.2003 AP Nr. 19 zu § 77 BetrVG 1972 Tarifvorrang = NZA 2005, 1155; *Fitting* BetrVG § 87 Rn. 141.

Dauer der Arbeitszeit ohne Rücksicht auf den Willen der AN vorübergehend zu ändern. Die erforderliche rechtliche Ermächtigung folgt aus § 87 I Nr. 3 BetrVG selbst.

46 **3. Schichtarbeit.** Wenn im Arbeitsvertrag oder dem einschlägigen Tarifvertrag nichts Abweichendes geregelt ist, kann der AG dem AN im Wege des Weisungsrechts grundsätzlich Schichtarbeit zuweisen. Entgegenstehende Belange des AN sind im Rahmen der Ausübungskontrolle zu berücksichtigen. Der AG hat deshalb zwar bei der Ausgestaltung von Schichtplänen gem. § 106 GewO den Wunsch eines AN, an Sitzungen einer Gewerkschaft teilnehmen zu können, angemessen zu berücksichtigen. Doch berechtigen weder Art. 9 III GG noch § 275 III BGB einen gewerkschaftlich organisierten AN, der Arbeit fernzubleiben, um an Sitzungen des Ortsvorstands seiner Gewerkschaft teilzunehmen.[245] Ist ein AN, der vertraglich verpflichtet ist, auch **Nachtarbeit** zu leisten, hierzu gesundheitlich nicht mehr in der Lage, tritt keine Unmöglichkeit der Arbeitsleistung ein. Sofern der AN ansonsten die geschuldete Arbeitsleistung in vollem zeitlichen Umfang erbringen kann, hat der AG vielmehr einen Arbeitseinsatz außerhalb der Nachtschicht zu prüfen.[246]

47 Für den **Begriff „Schichtarbeit"** ist nach seiner allgemeinen arbeitsrechtlichen Bedeutung wesentlich, dass eine bestimmte Arbeitsaufgabe über einen erheblich längeren Zeitraum als die wirkliche Arbeitszeit eines AN hinaus anfällt und diese daher von mehreren AN oder Arbeitnehmergruppen in einer geregelten zeitlichen Reihenfolge, teilweise auch außerhalb der allgemein üblichen Arbeitszeit, erbracht wird. Bei der Schichtarbeit arbeiten nicht sämtliche Beschäftigten eines Betriebs zur gleichen Zeit, sondern ein Teil arbeitet, während der andere Teil arbeitsfreie Zeit hat. Die Arbeit muss dabei nach einem Schichtplan erfolgen, wobei nicht erforderlich ist, dass dieser vom AG vorgegeben ist.[247] Der Begriff der Schichtarbeit setzt nicht notwendig die Ablösung des AN am selben Arbeitsplatz voraus. Schichtarbeit liegt nicht nur vor, wenn ein AN das begonnene Arbeitsergebnis des anderen AN mit denselben Mitteln oder mit der gleichen Intensität und Belastung vervollständigt, sondern auch dann, wenn ein gewisses Maß an Arbeitsteilung für ein und denselben Arbeitserfolg notwendig ist.[248] **Wechselschicht** liegt vor, wenn die Arbeitsschichten des AN nach einem im Voraus bestimmten Plan wechseln.[249] Tariflich bestehen häufig Ausgleichsregelungen für Schichtarbeit an Sonntagen bzw. Samstagen.[250] Tarifliche Schicht- und Wechselschichtzulagen sollen dem AN einen finanziellen Ausgleich dafür gewähren, dass die Schicht- und die Wechselschichtarbeit erheblich auf seinen Lebensrhythmus einwirkt und deren Beginn und Ende außerhalb der allgemein üblichen Arbeits- und Geschäftszeiten liegen.[251]

48 **4. Arbeitsbereitschaft.** Aufgrund einer arbeitsvertraglichen oder tarifvertraglichen Regelung kann der AG Arbeitsbereitschaft anordnen. Das ist die Zeit wacher Achtsamkeit im Zustand der Entspannung.[252] Arbeitsbereitschaft liegt vor, wenn der AN dem AG am Arbeitsplatz zur Verfügung stehen und sich ständig bereithalten muss, um im Bedarfsfall von sich aus tätig werden zu können. Ob Arbeitsbereitschaft vorliegt, beurteilt sich nach der jeweils vertraglich geschuldeten Arbeitsleistung. Arbeitsbereitschaft stellt gegenüber der geschuldeten Arbeitsleistung eine mindere Leistung dar, die den AN erheblich weniger als die volle Arbeit beansprucht und damit einen Entspannungszustand ermöglicht. Andererseits ist die Arbeitsbereitschaft von der Pause zu unterscheiden, in der sich der AN nicht in wacher Achtsamkeit zur jederzeitigen Arbeitsaufnahme bereitzuhalten braucht.[253] Hat ein AN den Lauf von Maschinen zu beobachten, erbringt er seine volle Leistung. Dasselbe gilt für einen Pförtner, der ein offenes Tor zu beobachten hat. Anders ist es dagegen, wenn er hinter geschlossenen Türen sitzt und nur auf Klingelzeichen zu öffnen hat.[254] Die Arbeitsbereitschaft muss nicht zusammenhängend auftreten. Außer Betracht bleiben „Splitterzeiten" von wenigen Minuten, die keine ins Gewicht fallende Entspannung ermöglichen und deshalb gegenüber der Vollarbeit keine mindere Leistung darstellen.[255] Bis zu

---

[245] BAG 13.8.2010 AP Nr. 141 zu Art. 9 GG = NZA-RR 2010, 640.

[246] BAG 9.4.2014 AP Nr. 29 zu § 106 GewO = NZA 2014, 719.

[247] BAG 12.12.2012 AP Nr. 5 zu § 7 TVöD.

[248] BAG 20.4.2005 AP Nr. 3 zu § 24 BMT-G II.

[249] Vgl. BAG 13.6.2012 AP Nr. 14 zu § 8 TVöD = NZA 2012, 1301.

[250] Vgl. BAG 9.10.1991 AP Nr. 17 zu § 15 BAT = NZA 1992, 262; 22.8.1995 AP Nr. 4 zu § 1 TVG Tarifverträge: DRK.

[251] BAG 24.9.2008 NZA 2008, 1422.

[252] *Baeck/Deutsch/Winzer* ArbZG § 2 Rn. 33.

[253] BAG 12.2.1986 AP Nr. 7 zu § 15 BAT; 10.1.1991 AP Nr. 4 zu MTB II = NZA 1991, 516; 19.12.1991 AP Nr. 1 zu § 67 BMT-G II; 17.7.2008 AP Nr. 1 zu § 14 BMT-G; *Baeck/Deutsch* ArbZG § 2 Rn. 33 ff.

[254] Vgl. BAG 14.1.1962 AP Nr. 8 zu § 7 AZO.

[255] BAG 9.3.2005 EzA Nr. 177 zu § 4 TVG Ausschlussfristen.

welcher Zeitdauer eine Wartezeit als unerhebliche „Splitterzeit" zu werten ist, hängt von der jeweiligen Tätigkeit ab. Für die Tätigkeit eines Rettungssanitäters ist eine Zeit von bis zu zehn Minuten unerheblich.[256]

Bei der rechtlichen Beurteilung der Arbeitsbereitschaft ist zwischen der **arbeitsschutzrechtlichen und vergütungsrechtlichen Seite** zu unterscheiden. Die Arbeitsbereitschaft gehört zur Arbeitszeit, in welcher der AN nicht seine volle, angespannte Tätigkeit zu entfalten braucht, sondern an seiner Arbeitsstelle anwesend ist und jederzeit bereit sein muss, in den Arbeitsprozess einzugreifen. Es handelt sich um eine Leistung, bei welcher der Wechsel zwischen vollem Arbeitseinsatz und bloßer Bereitschaft nicht festgelegt ist. Macht der AG von der in § 7 I Nr. 1a ArbZG eröffneten Möglichkeit Gebrauch, die werktägliche Arbeitszeit über zehn Stunden hinaus zu verlängern, hat er auch für Zeiten von Arbeitsbereitschaft und Bereitschaftsdienst für einen Ausgleich zu sorgen. Die Ausgleichspflicht ist nicht nach § 25 S. 1 ArbZG übergangsweise aufgehoben.[257] Die Vergütung der Arbeitsbereitschaft kann geringer als die der Vollarbeitszeit sein.[258] Ihre Pauschalabgeltung ist zulässig.[259] Der Mindestlohn darf indes nicht unterschritten werden. Bei der Berechnung ist die monatliche Gesamtvergütung durch die Zahl der im jeweiligen Monat geleisteten Arbeitsstunden einschließlich der Zeit der Arbeitsbereitschaft zu dividieren.[260] 49

5. Bereitschaftsdienst.[261] Bereitschaftsdienst liegt vor, wenn der AN sich **an einer vom AG bestimmten Stelle** innerhalb oder außerhalb des Betriebs **aufzuhalten hat,** um, sobald es notwendig ist, seine Arbeit aufzunehmen.[262] Bereitschaftsdienst und Arbeitsbereitschaft sind dahin abzugrenzen, dass der AN seine Arbeit beim Bereitschaftsdienst „auf Aufforderung" wahrzunehmen hat, während er sich bei der Arbeitsbereitschaft bereithalten muss, um erforderlichenfalls von sich aus tätig zu werden.[263] Während des Bereitschaftsdienstes darf der AN ruhen oder sich anderweit beschäftigen, solange seine beruflichen Leistungen nicht erforderlich sind. Grundsätzlich ist Bereitschaftsdienst danach keine volle Arbeitsleistung, sondern eine Aufenthaltsbeschränkung, die mit der Verpflichtung verbunden ist, bei Bedarf unverzüglich tätig zu werden.[264] Bereitschaftsdienst setzt auch nicht voraus, dass nur unvorhergesehene Arbeiten anfallen und nur für solche die Arbeitsleistung abgerufen wird. Der AG kann vielmehr von Erfahrungswerten ausgehen, wonach während dieser Zeit auch tatsächlich Arbeit anfällt. Dies ist ein entscheidender Unterschied zu der Anordnung von Rufbereitschaft (dazu → Rn. 52). Diese darf nur dann vom AG angeordnet werden, wenn erfahrungsgemäß lediglich in Ausnahmefällen Arbeit anfällt. Die Unvorhersehbarkeit der Arbeit ist im Unterschied zur Rufbereitschaft kein Tatbestandsmerkmal des Bereitschaftsdienstes.[265] Nach der Rechtsprechung des EuGH ist Bereitschaftsdienst, der in Form persönlicher Anwesenheit am Arbeitsort geleistet wird, insgesamt als Arbeitszeit im Sinne der Richtlinie anzusehen. Dies gilt unabhängig davon, welche Arbeitsleistung der AN während des Bereitschaftsdienstes erbringt.[266] Lediglich beim Bereitschaftsdienst in Form ständiger Erreichbarkeit, aber ohne Anwesenheit am Arbeitsort (Rufbereitschaft, dazu → Rn. 52) ist nur die Zeit, die für die tatsächliche Erbringung von Leistungen aufgewandt wird, Arbeitszeit.[267] Dies gilt freilich dann nicht, wenn der AN verpflichtet ist, die Zeit des Bereitschaftsdienstes zu Hause zu verbringen, für seinen AG verfügbar zu sein und sich innerhalb von acht Minuten an seinem Arbeitsplatz einfinden zu können.[268] Der AG kann Bereitschaftsdienst im Rahmen der Gesetze, des Kollektiv- und Einzelarbeitsvertragsrechts nach billigem Ermessen anordnen.[269] Dies gilt grundsätzlich auch für leitende Oberärzte, und zwar 50

[256] BAG 12.2.1986 AP Nr. 7 zu § 15 BAT.
[257] BAG 24.1.2006 AP Nr. 8 zu § 3 ArbZG = NZA 2006, 862.
[258] BAG 12.3.2008 AP Nr. 18 zu § 1 TVG Tarifverträge: Chemie.
[259] BAG 6.10.1969, 8.11.1973 AP Nr. 1, 2 zu § 19 MTB II; 17.7.2008 PersV 2009, 27.
[260] BAG 11.10.2017 AP Nr. 7 zu § 1 MiLoG = NZA 2018, 32.
[261] Vgl. den Überblick über die Rechtsentwicklung bei *Schliemann* NZA 2004, 513.
[262] BAG 19.11.2014 AP Nr. 24 zu § 611 BGB; 24.9.2008 NZA 2009, 272.
[263] BAG 12.12.2012 – 5 AZR 918/11.
[264] BAG 17.7.2008 – 6 AZR 505/07.
[265] BAG 25.4.2007 AP Nr. 53 zu § 15 BAT = NZA 2007, 1108.
[266] EuGH 14.10.2010 NZA 2010, 1344 – Fuss; 1.12.2005 AP Nr. 1 zu Richtlinie 93/104/EG = NZA 2006, 89 mwN – Dellas.
[267] EuGH 3.10.2000 AP Nr. 2 zu EWG-Richtlinie Nr. 93/104 = NZA 2000, 1227 – Simap; 9.9.2003 AP Nr. 7 zu EWG-Richtlinie Nr. 93/104 = NZA 2003, 1019 – Jaeger.
[268] EuGH 21.2.2018 AP Nr. 22 zu Richtlinie 2003/88/EG = NZA 2018, 293 – Matzak; fortführend EuGH 9.3.2021 NZA 2021, 485 – Radiotelevizija Slovenija; 9.3.2021 NZA 2021, 489 – Stadt Offenbach.
[269] BAG 25.10.1989 AP Nr. 36 zu § 611 BGB Direktionsrecht = NZA 1990, 561; 5.6.2003 AP Nr. 7 zu § 611 BGB Bereitschaftsdienst = NZA 2004, 164.

auch dann, wenn kein (Assistenz-)Arzt die ärztliche Grundversorgung übernimmt.[270] Wird die wöchentliche Höchstarbeitszeit der Richtlinie 2003/88/EG von 48 Arbeitsstunden überschritten, weil die Richtlinie nicht zutreffend in nationale Arbeitszeitregelungen umgesetzt ist, haben Beschäftigte des öffentlichen Dienstes einen Anspruch auf Schadensersatz (dazu auch → § 4 Rn. 31).[271]

51 Von der arbeitsschutzrechtlichen Bewertung ist die Frage der **Vergütung des Bereitschaftsdienstes** zu trennen.[272] Regelmäßig ist Bereitschaftsdienst zwar vergütungspflichtig.[273] Die Vergütung kann aber wegen der geringeren Arbeitsbelastung geringer als die Vergütung für normale Arbeitszeit sein.[274] Der Mindestlohn ist die Untergrenze (zur Berechnung → Rn. 49). Werden Bereitschaftszeiten tariflich oder arbeitsvertraglich nur anteilig als Arbeitszeit berücksichtigt, ändert dies indessen nichts daran, dass jede so erbrachte Zeitstunde mit dem gesetzlichen Mindestlohn zu vergüten ist.[275] Aus der Richtlinie 2003/88/EG ergeben sich keine Vergütungsansprüche der AN.[276] Zu vergüten ist der gesamte Bereitschaftsdienst und nicht nur die darin enthaltene Vollarbeit.[277] Eine Pauschalabgeltung ist zulässig.[278] Verschiedentlich ist in Tarifverträgen auch ein bezahlter Freizeitausgleich vorgesehen. Dieser kann auch in die gesetzliche Ruhezeit gelegt werden.[279] Bereitschaftsdienst, den ein teilzeitbeschäftigter AN über die für ihn vereinbarungsgemäß geltende Arbeitszeit hinaus leistet, braucht nach Auffassung des BAG nicht so vergütet werden, wie Bereitschaftsdienst, der über die regelmäßige Arbeitszeit hinaus geleistet wird.[280] Wird vorausgesetzt, dass innerhalb des Bereitschaftsdienstes nur eine bestimmte Arbeitszeit anfällt und wird diese überschritten, folgt hieraus nicht ohne Weiteres, dass der Bereitschaftsdienst wie normale Arbeitszeit bezahlt werden muss.[281] Hat der AN während des Bereitschaftsdienstes gearbeitet und musste daher aus arbeitszeitrechtlichen Gründen die Arbeit während der folgenden Schicht ausfallen, kann mangels näherer (tariflicher) Bestimmung auch der Vergütungsanspruch entfallen.[282] Die Anordnung von Bereitschaftsdienst außerhalb der dienstplanmäßigen Arbeitszeit, die zu einer Verringerung des Entgelts führt, kann wirksam nicht dadurch erfolgen, dass der AG bei einer Nachtwachenschicht anordnet, zwischen 23.00 und 3.00 Uhr sei eine Stunde Bereitschaftsdienst zu leisten, ohne dass zugleich angegeben wird, worin die Änderung besteht.[283]

52 **6. Rufbereitschaft.** Rufbereitschaft ist dadurch gekennzeichnet, dass der AN sich nicht an einer vom AG bestimmten Stelle bereithalten, sondern nur jederzeit erreichbar sein muss, um seine beruflichen Aufgaben auf Abruf unverzüglich wahrnehmen zu können.[284] Der AN kann sich innerhalb eines zuvor vereinbarten Gebiets an einem Ort seiner Wahl aufhalten, der dem AG anzuzeigen ist oder von dem aus er über „Piepser" oder „Handy" jederzeit erreichbar ist.[285] Die Rufbereitschaft beginnt zu dem Zeitpunkt, von dem ab der AN verpflichtet ist, auf Abruf die Arbeit aufzunehmen, und endet zu dem Zeitpunkt, zu dem diese Verpflichtung endet.[286] Sie ist keine Arbeitszeit iSd ArbZG und der Arbeitszeitrichtlinie 2003/88/EG.[287] Arbeitszeitrechtlich ist als Arbeitszeit nur die Zeit anzusehen, die für die tatsächliche Erbringung von

---

270 BAG 16.10.2013 AP Nr. 27 zu § 106 GewO = NZA 2014, 264.
271 EuGH 25.11.2010 NZA 2011, 53 – Fuss (zur Arbeitszeit eines Feuerwehrmanns).
272 BAG 22.11.2000 AP Nr. 10 zu § 1 TVG Tarifverträge: DRK = NZA 2001, 451; 5.6.2003 AP Nr. 7 zu § 611 BGB Bereitschaftsdienst = NZA 2004, 164.
273 BAG 29.6.2016 AP Nr. 2 zu § 1 MiLoG = NZA 2016, 1332.
274 StRspr, vgl. zuletzt BAG 12.3.2008 AP Nr. 18 zu § 1 TVG Tarifverträge: Chemie; 17.7.2008 – 6 AZR 505/07.
275 BAG 29.6.2016 AP Nr. 2 zu § 1 MiLoG = NZA 2016, 1332.
276 EuGH 21.2.2018 AP Nr. 22 zu Richtlinie 2003/88/EG = NZA 2018, 293 – Matzak.
277 BAG 28.1.2004 AP Nr. 10 zu § 611 BGB Bereitschaftsdienst = NZA 2004, 656; 28.1.2004 ZTR 2004, 413.
278 BAG 28.1.2004 AP Nr. 10 zu § 611 BGB Bereitschaftsdienst = NZA 2004, 656; 9.8.1978 AP Nr. 5 zu § 17 BAT.
279 BAG 22.7.2010 NZA 2010, 1194; 17.3.2010 AP Nr. 35 zu § 611 BGB Arbeitszeit.
280 BAG 21.11.1991 AP Nr. 2 zu § 34 BAT.
281 BAG 27.2.1985 AP Nr. 12 zu § 17 BAT.
282 BAG 5.7.1976 AP Nr. 10 zu § 12 AZO.
283 LAG RhPf 2.11.1995 BB 1996, 1672; Revisionsentscheidung: BAG 19.6.1997 – 6 AZR 173/96.
284 Vgl. BAG 23.9.2010 DB 2010, 2730 zu § 11 TV-Ärzte (VKA).
285 BAG 24.10.2000 AP Nr. 50 zu § 11 BUrlG = NZA 2001, 449; 29.6.2000 AP Nr. 41 zu § 15 BAT = NZA 2001, 165; 19.12.1991 AP Nr. § 67 BMT-G II = NZA 1992, 545.
286 BAG 28.7.1994 BB 1995, 731.
287 EuGH 9.9.2003 NZA 2003, 1019.

Leistungen aufgewandt wird.[288] Eine Einschränkung besteht allerdings dann, wenn der AN innerhalb einer sehr kurz bemessenen Zeit (hier acht Minuten) nach einem Ruf des AG am Arbeitsplatz zu erscheinen hat. In diesem Fall ist auch die „Rufbereitschaft“ Arbeitszeit im arbeitszeitrechtlichen Sinn (→ Rn. 50).[289]

Wird der AN während der Rufbereitschaft zur tatsächlichen Arbeitsleistung herangezogen, hat er Anspruch auf die vertraglich oder tariflich für Vollarbeit vorgesehene **Vergütung,** ggf. zuzüglich der einschlägigen Zulagen. Der AN erbringt in dieser Zeit eine andere Form der Leistung als die durch eine Rufbereitschaftszulage abgegoltene. Auch wenn er sich in dieser Zeit noch innerhalb der angeordneten Rufbereitschaft befindet, bedarf es angesichts der gänzlich verschiedenen Leistungszwecke der Vergütung für Rufbereitschaft und Vollarbeit einer ausdrücklichen Regelung, wenn eine Rufbereitschaftszulage neben dem für anfallende Arbeit während der Rufbereitschaft geschuldeten Entgelt gezahlt werden soll.[290] Der Weg von der Wohnung des AN bis zu der Stelle, an der er die Arbeit aufnimmt, zählt grundsätzlich nicht zur vergütungspflichtigen Arbeitszeit.[291] Wird ein AN während der Rufbereitschaft zur Arbeitsleistung herangezogen und besteht infolgedessen für ihn wegen der nach § 5 ArbZG einzuhaltenden Ruhezeit ein Beschäftigungsverbot während der im Voraus geplanten Arbeitszeit, hat er keinen Anspruch auf Gutschrift der ausgefallenen Zeit auf seinem Arbeitszeitkonto, wenn dies nicht besonders vereinbart ist. Bei dem Ausfall der Arbeit während der auf die geleistete Nachtarbeit folgenden Tagschicht handelt es sich nach Auffassung des BAG um eine von keiner Seite zu vertretende Unmöglichkeit, bei der gem. § 326 I BGB der Anspruch auf die Gegenleistung entfällt.[292] 53

7. Wegezeit. Nicht zur Arbeitszeit gehört die Wegezeit, die der AN von seiner Wohnung zur Arbeitsstätte benötigt.[293] Sie ist arbeitsschutzrechtlich ebenso wie vergütungsmäßig irrelevant. Anders ist es jedoch, wenn der AN, wie etwa ein **Monteur oder Außendienstmitarbeiter,** seine Tätigkeit außerhalb des Betriebs zu erbringen hat. In diesem Falle gehört das Fahren zur auswärtigen Arbeitsstelle zu den vertraglichen Hauptleistungspflichten.[294] Mangels festen Arbeitsorts können sie ihre vertraglich geschuldete Arbeit ohne dauernde Reisetätigkeit nicht erfüllen. Das **wirtschaftliche Ziel der Gesamttätigkeit** ist darauf gerichtet, verschiedene Kunden zu besuchen, wozu die jeweilige Anreise zwingend gehört. Das gilt nicht nur für die Fahrten zwischen den Kunden. Die Fahrten zum ersten Kunden und vom letzten Kunden zurück bilden mit der übrigen Tätigkeit eine Einheit und stellen nach der Verkehrsanschauung jedenfalls bei Außendienstmitarbeitern, Vertretern und „Reisenden“ insgesamt die Dienstleistung iSd §§ 611a, 612 BGB dar. Das ist unabhängig davon, ob der Fahrtantritt ab der Betriebsstätte des AG oder ab der Wohnung des AN erfolgt.[295] Für die Reisetätigkeit kann arbeitsvertraglich oder tarifvertraglich eine **niedrigere Vergütung** als für die „eigentliche“ Arbeit vereinbart werden. Dabei darf der gesetzliche Mindestlohn nicht unterschritten werden.[296] Eine in AGB enthaltene Vereinbarung muss hinreichend klar und verständlich sein (§ 307 I 2 BGB) und dem AN verdeutlichen, in welchem Umfang niedriger vergütete Reisezeiten anfallen. 54

8. Dienstreisezeit.[297] Eine Dienstreise liegt vor, wenn der Beschäftigte zu einem Ort fahren muss, an dem ein Dienstgeschäft zu erledigen ist. Hierfür ist grundsätzlich unerheblich, ob der Angestellte die Dienstreise von seiner Wohnung aus oder vom Betriebssitz aus antritt.[298] Ob es sich hierbei um Arbeitszeit handelt, war lange Zeit unklar. Nunmehr geht das BAG zu Recht davon aus, dass zu den iSv § 611a I BGB „versprochenen Diensten“ auch das vom AG angeordnete Fahren vom Betrieb zu einer **auswärtigen Arbeitsstelle** gehört.[299] Derartige Fahrten sind 55

[288] EuGH 3.10.2000 AP Nr. 2 zu EWG-Richtlinie Nr. 93/104 = NZA 2000, 1227 – Simap.
[289] EuGH 21.2.2018 AP Nr. 22 zu Richtlinie 2003/88/EG = NZA 2018, 293 – Matzak; dazu *Bayreuther* NZA 2018, 348; *Sagan* NJW 2018, 1076.
[290] BAG 20.5.2010 ZTR 2010, 476.
[291] BAG 20.8.2014 AP Nr. 70 zu § 1 TVG Tarifverträge: Arzt.
[292] BAG 13.12.2007 NZA-RR 2008, 418.
[293] BAG 31.3.2021 – 5 AZR 148/20; 18.3.2020 AP Nr. 62 zu § 611 BGB Arbeitszeit mAnm *Salamon* = NZA 2020, 868; 19.5.2012 AP Nr. 39 zu § 611 BGB Arbeitszeit = NZA-RR 2013, 63.
[294] BAG 25.4.2018 AP Nr. 12 zu § 611 BGB Wegezeit = NZA 2018, 1211.
[295] BAG 18.3.2020 AP Nr. 62 zu § 611 BGB Arbeitszeit mAnm *Salamon* = NZA 2020, 868; 25.4.2018 AP Nr. 12 zu § 611 BGB Wegezeit = NZA 2018, 1211; dazu *Salamon/Groffy* NZA 2020, 159 (160 f.); *Stöhr/Stolzenberg* NZA 2019, 505 (509); zusammenfassend *Volk* JbArbR Bd. 56 (2019) 47, 60 ff.
[296] BAG 25.4.2018 AP Nr. 12 zu § 611 BGB Wegezeit = NZA 2018, 1211.
[297] *Ricken* DB 2016, 1255.
[298] BAG 11.7.2006 AP Nr. 10 zu § 611 BGB Dienstreise = NZA 2007, 155; 22.2.1978 AP Nr. 3 zu § 17 BAT.
[299] BAG 17.10.2018 AP Nr. 53 zu § 611 BGB = NZA 2019, 159; dazu *Freyler* BB 2019, 1397; *Fuhlrott* NZA-RR 2019, 175; *Preis* jM 2020, 367.

eine primär fremdnützige, den betrieblichen Belangen des AG dienende Tätigkeit und damit „Arbeit". Durch das Anordnen der Fahrten macht der AG diese zur arbeitsvertraglichen Verpflichtung. Damit steht jedoch nicht zugleich fest, dass die aufgewendete Zeit Arbeitszeit im arbeitsschutzrechtlichen Sinne ist.[300] Vergütungspflichtig sind nur **erforderliche Reisezeiten.** Diese können sich aus den Anweisungen des AG ergeben. Überlässt dieser dem AN die Wahl Reisemittel und/oder Reiseverlauf, hat der AN im Rahmen des ihm Zumutbaren das kostengünstigste Verkehrsmittel bzw. das kostengünstigste Verkehrsmittel zu wählen. Nicht zur erforderlichen Reisezeit zählt ein eigennütziger Zeitaufwand des AN, wie zB Kofferpacken oder Duschen.[301] Im Arbeitsvertrag oder Tarifvertrag kann eine gesonderte Vergütungsregelung für eine andere als die eigentliche Tätigkeit und damit auch für Fahrzeiten vom Betrieb zur auswärtigen Arbeitsstelle vereinbart werden.[302] Die in AGB enthaltene Klausel, Reisezeiten seien mit der Bruttomonatsvergütung abgegolten, ist intransparent (§ 307 I 2 BGB), wenn sich aus dem Arbeitsvertrag nicht ergibt, welche „Reisetätigkeit" von ihr in welchem Umfang erfasst werden soll.[303] Der **Dienstgang,** den ein AN auf Weisung des AG vornimmt, um an einen außerhalb des Betriebs seines AG liegenden Arbeitsplatz zu gelangen, ist ebenso zu vergütende Arbeitszeit, sofern keine gegenteilige tarif- oder einzelvertragliche Regelung getroffen worden ist.[304] Tritt ein AN des öffentlichen Dienstes seinen Dienst von wechselnden Einsatzorten aus an, zu denen er außerhalb der täglichen Arbeitszeit anreist, handelt es sich jedoch nach älterer Auffassung des BAG nicht um Arbeitsstunden iSv § 8 II TVöD.[305] Durch das bloße Reisen erbringe der AN keine Arbeitsleistung. Reisen gehöre regelmäßig nicht zu den vertraglichen Hauptleistungspflichten, es sei denn, der betreffende AN könne – etwa als Außendienstmitarbeiter – mangels festen Arbeitsorts seine vertraglich geschuldete Tätigkeit ohne dauernde Reisetätigkeit gar nicht erfüllen. Der Umstand, dass eine Dienstreise im Interesse des AG unternommen werde, mache die dafür aufgewendete Zeit nicht automatisch zur Arbeitszeit. Dass der AN mit dem Antritt einer Dienstreise in der Gestaltung seiner Freizeit auch dann beschränkt sei, wenn er ein Fahrzeug nicht selbst steuern müsse und während der Fahrt keine Arbeitsaufgaben zu erledigen hat, rechtfertigt nach dieser älteren Auffassung des BAG keine andere Beurteilung.[306] Diese Rechtsprechung ist durch die Urteile vom 12.12.2012 und 17.10.2018[307] im Hinblick auf die Vergütung dieser Zeiten überholt.[308]

56 **9. Nachtarbeitszeit.** Nachtarbeitszeit iSd Arbeitsschutzrechts ist die **Zeit zwischen 23.00 und 6.00 Uhr** (§ 2 III ArbZG). Der AG kann kraft seines Direktionsrechts die Anzahl der in Folge zu leistenden Nachtschichten festlegen, soweit durch Arbeitsvertrag, Betriebsvereinbarung oder Tarifvertrag keine Regelung getroffen ist.[309] Nach § 6 V ArbZG ist die Nachtarbeitszeit zuschlagspflichtig (dazu → § 69 Rn. 33 ff.). Ist ein AN, der vertraglich verpflichtet ist, auch Nachtarbeit zu leisten, hierzu gesundheitlich nicht mehr in der Lage, hat der AG die Zuweisung eines Arbeitseinsatzes außerhalb der Nachtschicht zu prüfen, sofern der AN ansonsten die geschuldete Arbeitsleistung in vollem zeitlichen Umfang erbringen kann.[310]

57 **10. Sonn- und Feiertagsarbeit.** Ist Sonn- und Feiertagsarbeit nach dem Arbeitszeitgesetz ausnahmsweise erlaubt und nicht durch den einschlägigen Tarifvertrag oder eine Betriebsvereinbarung ausgeschlossen, ist der AN grundsätzlich verpflichtet, auf Weisung des AG an Sonn- und Feiertagen zu arbeiten. Die einzelne Zuweisung von Sonn- und Feiertagsarbeit muss dabei gem. § 106 GewO billigem Ermessen entsprechen und damit einer Ausübungskontrolle standhalten. Berechtigte Interessen des AN, zB persönliche oder familiäre Gründe, sind bei der Ermessensausübung zu berücksichtigen.[311] Die Vertragsparteien können das Weisungsrecht des AG für Sonn- und Feiertagsarbeit durch eine konstitutive Regelung einschränken oder ausschließen.

[300] BAG 17.10.2018 AP Nr. 53 zu § 611 BGB = NZA 2019, 159.
[301] BAG 17.10.2018 AP Nr. 53 zu § 611 BGB = NZA 2019, 159.
[302] BAG 17.10.2018 AP Nr. 53 zu § 611 BGB = NZA 2019, 159; 12.12.2012 AP Nr. 41 zu § 611 BGB Arbeitszeit = NZA 2013, 1158.
[303] BAG 20.4.2011 AP Nr. 51 zu § 307 BGB = NZA 2011, 917.
[304] BAG 26.10.2016 AP Nr. 48 zu § 611 BGB Arbeitszeit.
[305] BAG 14.12.2010 AP Nr. 11 zu § 611 BGB Dienstreise = NZA 2011, 760.
[306] BAG 14.11.2006 AP Nr. 121 zu § 87 BetrVG 1972 Arbeitszeit = NZA 2007, 458.
[307] BAG 12.12.2012 AP Nr. 41 zu § 611 BGB Arbeitszeit = NZA 2013, 1158; 17.10.2018 AP Nr. 53 zu § 611 BGB = NZA 2019, 159.
[308] IErg auch ErfK/*Preis* BGB § 611a Rn. 516h.
[309] BAG 11.2.1998 AP Nr. 54 zu § 611 BGB Direktionsrecht = NZA 1998, 647; LAG Köln 14.2.1997 NZA-RR 1997, 391.
[310] BAG 9.4.2014 AP Nr. 29 zu § 106 GewO = NZA 2014, 719.
[311] BAG 15.9.2009 AP Nr. 7 zu § 106 GewO = NJW 2010, 394; krit. dazu *Preis/Ulber* NZA 2010, 729.

VII. Erweiterung des Direktionsrechts

58 Das Direktionsrecht des AG kann grundsätzlich durch Tarifvertrag erweitert werden, sofern hierbei die Wertungen des § 2 KSchG beachtet werden. Aufgrund ihrer Einschätzungsprärogative in Bezug auf die tatsächlichen Gegebenheiten und betroffenen Interessen können die Tarifvertragsparteien die jeweiligen kündigungsschutzrechtlichen Wertvorstellungen konkretisieren und einen angemessenen Ausgleich zwischen den Interessen des AN an einem unveränderten Fortbestand seines Arbeitsverhältnisses und dem Interesse des AG an einer flexiblen Gestaltung der Arbeitsbedingungen vornehmen. Ein angemessener Interessenausgleich fehlt, wenn der Tarifvertrag dem AG ohne jede Vorgabe Einschränkungen bis hin zur Suspendierung des Arbeitsverhältnisses gestattet.[312] Dementsprechend sind Tarifnormen, die ohne Regelungen über Voraussetzungen, Umfang und Höchstdauer den AG ermächtigen, durch einseitige Anordnung Kurzarbeit einzuführen, wegen objektiver Umgehung zwingender Vorschriften des Kündigungsrechts unwirksam.[313] Eine Erweiterung des Direktionsrechts ist jedoch mit kündigungsschutzrechtlichen Vorschriften vereinbar, wenn die Ausübung des Weisungsrechts nach Grund und Umfang an konkrete Voraussetzungen geknüpft ist. Das BAG hat deshalb zu Recht eine Tarifregelung als wirksam angesehen, die dem AG das Recht einräumt, den AN vorübergehend in eine niedrigere Vergütungsgruppe einzuweisen, wenn Arbeitsmangel oder an anderer Stelle ein dringend notwendiger Bedarf besteht, und zugleich den AG verpflichtet, für zwei Wochen das Entgelt der bisherigen Vergütungsgruppe weiterzuzahlen.[314]

VIII. Versetzungsklauseln

59 **1. Überblick.** Da der AG dem AN in der Regel auf Dauer keine andere als die nach dem Arbeitsvertrag geschuldete Arbeit zuweisen kann (vgl. wegen des **Arbeitsorts** → Rn. 22 ff.), enthalten zahlreiche Arbeitsverträge sog. Versetzungsklauseln.[315] Diese unterliegen in vorformulierten Arbeitsverträgen der AGB-Kontrolle (dazu → § 35 Rn. 126). Entspricht der Versetzungsvorbehalt materiell § 106 GewO, erfolgt allerdings keine Angemessenheitskontrolle iSv § 307 I 1 BGB, sondern allein eine Transparenzkontrolle nach § 307 I 2 BGB.[316] Hiernach muss sich aus dem Inhalt der Klausel oder aus dem Zusammenhang der Regelung hinreichend deutlich ergeben, dass sich der AG nicht die Zuweisung geringerwertiger Tätigkeiten – ggf. noch unter Verringerung der Vergütung – vorbehält. Dagegen erfordert auch die Verpflichtung zur transparenten Vertragsgestaltung gem. § 307 I 2 BGB nicht, dass die Klausel Hinweise auf den Anlass der Ausübung des Weisungsrechts enthält.[317] Die Grenzen des Weisungsrechts ergeben sich in diesem Fall unmittelbar aus § 106 GewO. Eine nicht darüber hinausgehende vertragliche Zuweisung des Bestimmungsrechts kann nicht mit den Grundgedanken der gesetzlichen Regelung über das Weisungsrecht in Widerstreit treten.[318] Behält sich der AG dagegen vor, einseitig ohne den Ausspruch einer Änderungskündigung die **vertraglich vereinbarte Tätigkeit** unter Einbeziehung geringerwertigerer Tätigkeiten zulasten des AN ändern zu können, liegt darin regelmäßig eine unangemessene Benachteiligung iSd § 307 I 1 iVm § 307 II Nr. 1 BGB.[319] § 308 Nr. 4 BGB ist nicht einschlägig. Diese Vorschrift betrifft die Änderung der vom Verwender (= AG) geschuldeten Leistung (= Arbeitsentgelt). Sie ist damit nicht auf das Leistungsbestimmungsrecht des AG bezüglich der Arbeitsleistung des AN anzuwenden.[320]

60 **2. Beispiele.** Eine Klausel, nach der ein AG eine andere als die vertraglich vereinbarte Tätigkeit einem AN „falls erforderlich" und nach „Abstimmung der beiderseitigen Interessen" einseitig zuweisen kann, ist jedenfalls dann unwirksam, wenn nicht gewährleistet ist, dass die Zuweisung eine mindestens

312 BAG 23.9.2004 AP Nr. 1 zu § 27 BMT-G II = NZA 2005, 475.
313 BAG 27.1.1994 AP Nr. 1 zu § 15 BAT-O; 18.10.1994 AP Nr. 11 zu § 615 BGB Kurzarbeit.
314 BAG 23.9.2004 AP Nr. 1 zu § 27 BMT-G II = NZA 2005, 475.
315 Dazu *Dzida/Schramm* DB 2007, 1221; *Reiserer* BB 2016, 184.
316 BAG 25.8.2010 AP Nr. 11 zu § 106 GewO = NZA 2010, 1355; 13.4.2010 AP Nr. 45 zu § 307 BGB; 11.4.2006 AP Nr. 17 zu § 307 BGB = NZA 2006, 1149; aA *Hromadka* FS v. Hoyningen-Huene, 2014, 145 (148).
317 BAG 25.8.2010 AP Nr. 11 zu § 106 GewO = NZA 2010, 1355; 13.3.2007 AP Nr. 26 zu § 307 BGB; vgl. dazu *Hromadka/Schmitt-Rolfes* NJW 2007, 1777 (1778).
318 BAG 13.6.2012 AP Nr. 15 zu § 106 GewO = NZA 2012, 1154.
319 BAG 25.8.2010 AP Nr. 11 zu § 106 GewO = NZA 2010, 1355; *Annuß* BB 2002, 458 (462); *Gotthardt* ZIP 2002, 277 (285); *Kort* FS Birk, 2008, 459; *Preis/Genenger* NZA 2008, 969; *Schnitker/Grau* BB 2002, 2120 (2124).
320 BAG 11.4.2006 AP Nr. 17 zu § 307 BGB = NZA 2006, 1149.

gleichwertige Tätigkeit zum Gegenstand haben muss.[321] Dagegen berechtigt eine Versetzungsklausel, nach der sich der AG (Herausgeber einer Tageszeitung) „unter Wahrung der Interessen des Redakteurs" die Zuweisung eines anderen Arbeitsgebiets vorbehält, den AG zur Übertragung eines anderen Ressorts.[322] Zulässig ist auch die Klausel „Die Gesellschaft behält sich vor, ohne dass es einer Kündigung bedarf, der Arbeitnehmerin innerhalb des Unternehmens eine andere, ihrer Ausbildung und beruflichen Entwicklung oder vorherigen Tätigkeit entsprechende Tätigkeit zu übertragen, soweit dies mit einem Wohnungswechsel nicht verbunden ist." Der AG behält sich hiermit weder die einseitige Änderung der vertraglichen Tätigkeit unter Umgehung von § 2 KSchG noch das Recht zur Zuweisung einer geringwertigeren Tätigkeit vor. Die Klausel schließt die Abwägung der beiderseitigen Interessen im Rahmen der Ausübung billigen Ermessens iSv § 106 GewO nicht aus und erweckt auch nicht den Eindruck, die Kontrolle billigen Ermessens sei ausgeschlossen.[323]

61 **3. Konzernversetzungsklauseln.** Versetzungsklauseln, die den AG berechtigen, dem AN dauerhaft einen Arbeitsplatz in einem anderen konzernangehören Unternehmen zuzuweisen, sind nach § 307 I 1, § 307 II Nr. 1 BGB unwirksam. § 309 Nr. 10 BGB ist nicht anwendbar; dem stehen arbeitsrechtliche Besonderheiten iSd § 310 IV 2 BGB entgegen.[324] Durch den mit der Versetzung herbeigeführten Arbeitgeberwechsel wird zwingendes Kündigungsschutzrecht umgangen.[325] Erforderlich ist die Zustimmung des AN bei Vornahme der Versetzung. Wegen der Beendigung des Arbeitsverhältnisses zum ersten AG ist nach § 623 BGB die Schriftform zu beachten. Die Vereinbarung im Arbeitsvertrag nimmt diese Zustimmung nicht vorweg. Von der dauerhaften Versetzung zu trennen ist die vorübergehende konzerninterne Arbeitnehmerüberlassung nach § 1 III Nr. 2 AÜG. Versetzungsklauseln, die dies hinreichend bestimmt vorsehen, sind nicht zu beanstanden.[326]

62 **4. Chefarztverträge.** Ist das Direktionsrecht des AG erweitert worden, zB in einem Chefarztvertrag die Teilung einer Abteilung vorbehalten, ist die Ausübung des erweiterten Direktionsrechts nach § 106 GewO gerichtlich überprüfbar.[327] Eine aufgrund einer vertraglichen Entwicklungsklausel vorgenommene Beschränkung des Aufgabenbereichs eines Chefarztes ist nach bisheriger Auffassung des BAG auch dann wirksam, wenn dadurch seine Arbeitsvergütung auf 75% und die Gesamteinnahmen aus dienstlicher und genehmigter Nebentätigkeit auf 60–65% seiner bisherigen Einnahmen sinken.[328] Gleiches gilt, wenn der mit einer Änderung des Aufgabengebiets verbundene Rückgang der Einkünfte aus Privatliquidation 6% beträgt.[329] Ob hieran vor dem Hintergrund der nunmehr für Formularverträge geltenden Inhaltskontrolle festgehalten werden kann, erscheint allerdings fraglich.[330]

63 **5. Versetzung in den einstweiligen Ruhestand.** Eine Vereinbarung im Arbeitsvertrag, nach der sich der AG vorbehält, den AN in Anlehnung an das Beamtenrecht in den einstweiligen Ruhestand versetzen zu können, ohne dafür eine Kündigung erklären zu müssen, ist wegen der Umgehung zwingender kündigungsschutzrechtlicher Bestimmungen nichtig.[331]

IX. Sonderregelungen für besonders geschützte Personen

64 Der AG hat nach § 106 S. 3 GewO bei der Ermessensausübung auf **Behinderungen** Rücksicht zu nehmen. Ist eine AN während der **Schwangerschaft** wegen eines Beschäftigungsverbots gehindert, die vertragliche Arbeitsleistung zu erbringen, darf ihr der AG auch über die Grenzen des Direktionsrechts hinaus im Rahmen billigen Ermessens eine andere zumutbare Tätigkeit zuweisen. Die Zuweisung muss die Ersatztätigkeit so konkretisieren, dass beurteilt

[321] BAG 9.5.2006 AP Nr. 21 zu § 307 BGB = NZA 2007, 145.
[322] BAG 11.4.2006 AP Nr. 17 zu § 307 BGB = NZA 2006, 1149.
[323] BAG 3.12.2008 AP Nr. 42 zu § 307 BGB.
[324] DDW/*Däubler* BGB § 309 Nr. 10 Rn. 2; HWK/*Roloff* BGB § 309 Rn. 10; CKK/*Schlewing* BGB § 309 Rn. 124.
[325] HWK/*Lembke* GewO § 106 Rn. 74; ErfK/*Preis* BGB §§ 305–310 Rn. 86; *Vogt*, Arbeitsrecht im Konzern, 2014, § 1 Rn. 9; *Windbichler*, Arbeitsrecht im Konzern, 1989, 114 ff.; aA Braun/Wisskirchen KonzernArbR/*Fedder/Braner* Teil I Abschn. 3 Rn. 59.
[326] HWK/*Lembke* GewO § 106 Rn. 74; Preis Arbeitsvertrag/*Preis* II D 30 Rn. 220.
[327] Vgl. BAG 15.12.1976 AP Nr. 3 zu § 611 BGB Arzt-Krankenhaus-Vertrag.
[328] BAG 28.5.1997 AP Nr. 36 zu § 611 BGB Arzt-Krankenhaus-Vertrag = NZA 1997, 1160.
[329] BAG 13.3.2003 AP Nr. 47 zu § 611 BGB Arzt-Krankenhaus-Vertrag.
[330] Vgl. dazu *Häcker* ArbRB 2009, 51; *Hümmerich* MedR 2005, 185; *Hümmerich/Bergwitz* BB 2005, 997; *Kuhlmann* ZMGR 2010, 336; *Nebendahl* FS 50 Jahre Arbeitsgemeinschaft Arbeitsrecht im DAV, 2006, 113; *Reinecke* NJW 2005, 3383.
[331] BAG 5.2.2009 AP Nr. 69 zu § 4 KSchG 1969.

werden kann, ob billiges Ermessen gewahrt ist.[332] **Betriebsratsmitglieder** können nicht ohne Weiteres versetzt werden, wenn dadurch die Betriebsratstätigkeit beeinträchtigt (§ 78 BetrVG) oder die Versetzung zu einem Verlust des Amts führen würde (§ 103 III BetrVG) und in dem letztgenannten Fall nicht die Zustimmung des BR vorliegt.[333] Nachrückende Ersatzmitglieder des PR genießen Versetzungsschutz.[334]

X. Anspruch auf Versetzung

Aus der Rücksichtnahmepflicht (§ 241 II BGB) kann sich insbesondere **bei gesundheitlichen Beeinträchtigungen** eine Verpflichtung des AG ergeben, von seinem Direktionsrecht erneut Gebrauch zu machen und dem leistungsgeminderten AN innerhalb des arbeitsvertraglich vereinbarten Rahmens eine Tätigkeit zu übertragen, zu deren Erbringung dieser noch in der Lage ist. Dies setzt voraus, dass der AN die Umsetzung auf einen leidensgerechten Arbeitsplatz verlangt und dem AG mitgeteilt hat, wie er sich seine weitere, die aufgetretenen Leistungshindernisse ausräumende Beschäftigung vorstellt.[335] Dem Verlangen des AN muss der AG regelmäßig entsprechen, wenn ihm die in der Zuweisung einer anderen Tätigkeit liegende Neubestimmung der zu bewirkenden Arbeitsleistung zumutbar und rechtlich möglich ist.[336] Eine Verpflichtung zu einer **vertragsfremden Beschäftigung** begründet das Gebot der Rücksichtnahme nicht. Der AG kann im Rahmen der Rücksichtnahmepflicht lediglich gehalten sein, dem Wunsch des AN nach einer Vertragsanpassung nachzukommen, insbesondere wenn anderenfalls ein dauerhaftes Unvermögen des AN droht.[337] Ist ein entsprechender Arbeitsplatz nicht frei, ist weiter zu prüfen, ob der AG dem AN, der den anderweitigen Arbeitsplatz innehat, nicht im Wege des Direktionsrechts eine andere Tätigkeit zuweisen kann. Unzumutbar ist ein Austausch, wenn der auszutauschende AN seine Zustimmung zu einem Arbeitsplatzwechsel verweigert und der AG Gefahr liefe, bei Ausübung seines Direktionsrechts einem Prozess über die Wirksamkeit der Maßnahme ausgesetzt zu sein. Die Rücksichtnahmepflicht aus § 241 II BGB verlangt vom AG nicht, die Belange eines AN unter Hintanstellung eigener Belange oder solcher anderer AN durchzusetzen. Der AG braucht deshalb das Risiko, dass ein „zwangsweise" ausgetauschter AN die Wirksamkeit der Maßnahme gerichtlich überprüfen lässt, nicht einzugehen. Stimmt der BR den mit einem Austausch von AN verbundenen Versetzungen (§ 95 III BetrVG) nicht gem. § 99 I BetrVG zu, kann der AG aus Rechtsgründen dem AN keine andere Tätigkeit zuweisen. Die Rücksichtnahmepflicht verlangt vom AG nicht, ein Zustimmungsersetzungsverfahren nach § 99 IV BetrVG durchzuführen.[338] Eine Versetzung kann ferner zur Vermeidung einer Kündigung in Betracht kommen (→ § 131 Rn. 4).[339] Aus § 164 IV 1 Nr. 1 SGB IX kann sich hingegen ein Anspruch des **schwerbehinderten AN** auf anderweitige – auch vertragsfremde – Beschäftigung ergeben, wenn er seine vertraglich geschuldete Tätigkeit wegen seiner Behinderung nicht mehr ausüben kann und die vertragsfremde Beschäftigung dem AG nicht unzumutbar oder mit unverhältnismäßig hohen Aufwendungen verbunden ist (§ 164 IV 3 SGB IX). Der AG muss allerdings keinen zusätzlichen, bisher nicht vorhandenen und nicht benötigten Arbeitsplatz dauerhaft einrichten (näher → § 178 Rn. 45 ff.).[340] 65

XI. Erfüllungszwang der Arbeitsleistung

1. Klage. Der **AG kann gegen seinen AN** auf Erfüllung der Arbeitsleistung klagen.[341] 66
Besteht die Arbeitsleistung in einer unvertretbaren Leistung, ist allerdings die Zwangsvollstre-

[332] BAG 15.11.2000 AP Nr. 7 zu § 4 MuSchG 1968 = NZA 2001, 386.
[333] Anders noch vor der Reform des BetrVG BAG 11.7.2000 AP Nr. 44 zu § 103 BetrVG 1972 = NZA 2001, 516.
[334] RDW/*Schwarze* BPersVG § 31 Rn. 49.
[335] BAG 19.5.2010 AP Nr. 10 zu § 106 GewO = NZA 2010, 1119; eingehend dazu *Greiner* RdA 2013, 9.
[336] BAG 3.12.2019 AP Nr. 2 zu § 164 SGB IX 2018 = NZA 2020, 578; 27.5.2019 AP Nr. 138 zu § 615 BGB = NZA 2015, 1053.
[337] BAG 3.12.2019 AP Nr. 2 zu § 164 SGB IX 2018 = NZA 2020, 578.
[338] BAG 19.5.2010 AP Nr. 10 zu § 106 GewO = NZA 2010, 1119; 13.8.2009 AP Nr. 4 zu § 241 BGB = NZA-RR 2010, 420.
[339] BAG 20.5.1988 AP Nr. 9 zu § 1 KSchG 1969 Personenbedingte Kündigung; zu einem Arbeitsplatztausch zur Vermeidung einer krankheitsbedingten Kündigung vgl. BAG 29.1.1997 AP Nr. 32 zu § 1 KSchG 1969 Krankheit = NZA 1997, 709.
[340] BAG 3.12.2019 AP Nr. 2 zu § 164 SGB IX 2018 = NZA 2020, 578; 16.5.2019 AP Nr. 1 zu § 164 SGB IX 2018 = NZA 2019, 1198.
[341] BAG 2.12.1965 AP Nr. 27 zu § 620 BGB Befristeter Arbeitsvertrag; ArbG Frankfurt 22.8.1994 NZA 1995, 552; MüKoBGB/*Spinner* § 611a Rn. 949.

ckung ausgeschlossen (§ 888 III ZPO). Unvertretbar ist die Leistung dann, wenn sie nicht durch einen Dritten vorgenommen werden kann. Da der AN die Arbeitsleistung grundsätzlich in Person zu leisten hat (dazu → Rn. 1), wird sie nahezu immer unvertretbar sein. Für eine Klage auf Erfüllung der Arbeitsverpflichtung besteht gleichwohl ein Rechtsschutzinteresse; sie wird nach § 888 ZPO vorausgesetzt, klärt die Rechtslage und weist den AN auf die Arbeitsverpflichtung hin.[342] Mit einer Klage auf Arbeitsleistung kann, solange die arbeitsvertragliche Verpflichtung besteht, ein Antrag auf Entschädigung nach § 61 II ArbGG verbunden werden.[343]

67 **2. Einstweilige Verfügung.** Eine einstweilige Verfügung, mit welcher der Anspruch auf Arbeitsleistung verfolgt wird, wird zum Teil zugelassen,[344] nach anderer Auffassung nur dann, wenn zugleich ein Antrag nach § 61 II ArbGG gestellt wird.[345] Andere verneinen die Zulässigkeit einer einstweiligen Verfügung schlechthin, zum Teil wird auch nur der Antrag nach § 61 II ArbGG abgelehnt.[346] Richtigerweise wird man die Zulässigkeit eines Antrags des AG auf Erlass einer einstweiligen Verfügung zur Durchsetzung des Beschäftigungsanspruchs verneinen müssen. Für einen nicht vollstreckbaren Anspruch (§ 888 II ZPO) fehlt der Verfügungsgrund.[347]

§ 46. Befreiung von der Arbeitspflicht

1 Der AN ist grundsätzlich während der gesamten Dauer des Arbeitsverhältnisses zur Arbeitsleistung verpflichtet und berechtigt (→ § 110 Rn. 1 ff.). Wird die Erfüllung der Arbeitsleistung dem AN **dauernd unmöglich,** ist er von der Arbeitsleistung befreit (§ 275 I BGB). Er verliert jedoch den Anspruch auf die Gegenleistung (§ 326 I BGB). Zur Beendigung des Arbeitsverhältnisses bedarf es grundsätzlich einer Kündigung oder Aufhebungsvereinbarung. Das Arbeitsverhältnis erlischt auch im Falle der Erwerbsunfähigkeit nicht ohne Weiteres, wenn nicht eine entsprechende tarifvertragliche Regelung besteht. Die Begriffe Erwerbsminderung (§ 43 SGB VI) und dauernde Unmöglichkeit sind nicht identisch. Es sind Fälle denkbar, in denen der AN nur vorübergehend die Arbeit nicht leisten kann oder nicht zu leisten braucht. Aus systematischen Gründen ist dies bei den Pflichten des AN und des AG erörtert (→ §§ 45 ff. Rn. 1 ff. u. → §§ 106 ff. Rn. 1 ff.).

[342] BAG 2.12.1965 AP Nr. 27 zu § 620 BGB Befristeter Arbeitsvertrag.

[343] MüKoBGB/*Spinner* § 611a Rn. 949; näher hierzu *Opolony* FA 2001, 66; zur Fristbemessung: BAG 5.6.1985 AP Nr. 67 zu § 1 TVG Tarifverträge: Bau.

[344] LAG Brem AP Nr. 3 zu § 611 BGB Anspruch auf Arbeitsleistung; LAG BW BB 1968, 752; ArbG Düsseldorf BB 1979, 1245.

[345] LAG Frankfurt NJW 1961, 2132; AP Nr. 2 zu § 61 ArbGG 1953 Zwangsvollstreckung.

[346] LAG BW 27.1.1958 AP Nr. 5 zu § 611 BGB Anspruch auf Arbeitsleistung; LAG Brem AP Nr. 3 zu § 611 BGB Anspruch auf Arbeitsleistung; LAG Frankfurt 19.10.1989 NZA 1990, 614.

[347] Ebenso GMP/*Schleusener* ArbGG § 62 Rn. 107; MüKoBGB/*Spinner* § 611a Rn. 950.

2. Abschnitt. Kurzarbeit

§ 47. Einführung von Kurzarbeit

Übersicht

I. Voraussetzung von Kurzarbeit und Feierschichten

1. Begriff. Der Betriebsablauf kann Über- und Mehrarbeitsstunden, aber auch die Einschrän- 1
kung der Arbeit notwendig machen. Die vorübergehende Kürzung der betriebsüblichen normalen Arbeitszeit heißt Kurzarbeit, die vorübergehende Arbeitseinstellung Aussetzen der Arbeit, Feierschicht und zT auch vorübergehende Betriebsstilllegung (zum Kurzarbeitergeld → § 48 Rn. 1 ff.). Die dauernde Arbeitseinstellung unter Fortzahlung der Vergütung kann der AG grundsätzlich nicht anordnen. Insoweit verstößt er gegen seine Beschäftigungspflicht (→ § 110 Rn. 1 ff.).

2. Rechtsgrundlage. Da der AN während des Arbeitsverhältnisses grundsätzlich einen 2
Anspruch auf Beschäftigung hat, bedarf der AG für die Einführung der Kurzarbeit einer besonderen Rechtsgrundlage.[1] Diese kann enthalten sein **(a)** in einem Gesetz (§ 19 KSchG; dazu → § 142 Rn. 1 ff.); **(b)** in einem Tarifvertrag; **(c)** in einer Betriebsvereinbarung; **(d)** in einer Vereinbarung mit dem einzelnen AN oder **(e)** in einer Änderung des Arbeitsvertrags aufgrund einer rechtswirksam gewordenen Änderungskündigung.[2] Das Direktionsrecht des AG ist kein geeignetes Instrument zur Einführung von Kurzarbeit.[3] Neben den individualvertraglichen Rechtsgrundlagen bedarf es zur Einführung der Kurzarbeit der Mitbestimmung des BR nach § 87 I Nr. 3 BetrVG (→ § 235 Rn. 1 ff.). Dies gilt auch im Insolvenzverfahren.[4]

3. Tarifliche Kurzarbeitsklauseln. Die Gestaltung tariflicher Kurzarbeitsklauseln ist außeror- 3
dentlich vielfältig.[5] So finden sich Tarifverträge, in denen AG und BR ermächtigt werden, nach Einhaltung einer Ankündigungsfrist Kurzarbeit einzuführen. Ferner ist alsdann das Verfahren genau geregelt, das bei Einführung von Kurzarbeit einzuhalten ist. Gelegentlich finden sich auch Klauseln, nach denen Kurzarbeit nur nach Einschaltung der Tarifvertragsparteien eingeführt werden kann. Ältere Tarifverträge enthalten pauschale Ermächtigungen an den AG, Kurzarbeit einzuführen.[6] Diese sind jedoch wegen Verstoßes gegen tariflich unabdingbares Kündigungsschutzrecht unwirksam. Der Tarifvertrag muss vielmehr die Voraussetzungen der Einführung von Kurzarbeit – wie etwa deren Anlass, Ankündigungsfristen, Dauer und Umfang und ggf. die Gewährung von Kurzarbeitergeld durch die Arbeitsverwaltung – bestimmen und darf deren Einführung nicht ohne Vorgaben dem AG überlassen.[7] Schließlich können Tarifverträge die Einführung wie auch die

---

[1] Vgl. *Köhler* DB 2013, 232; *Röder/Chakrabarti* DB 2020, 1960; *Röder/Nemetz* DB 2019, 2633; *Weller/König* BB 2020, 953.

[2] Zu einer außerordentlichen Änderungskündigung ArbG Stuttgart 22.10.2020 – 11 Ca 2950/20; dazu *Fuhlrott* ArbR 2020, 633; *Lunk* ArbRB 2021, 7; weiterführend *Bauer/Günther* NZA 2020, 419; *Weller/König* BB 2020, 953 (954 ff.).

[3] BAG 18.10.1994 AP Nr. 11 zu § 615 BGB Kurzarbeit = NZA 1995, 1064.

[4] ArbG Siegen ZIP 1983, 1117.

[5] Zum Tarifvertrag zur Regelung der Kurzarbeit im Bereich der Vereinigung der kommunalen Arbeitgeberverbände (TV COVID) vom 30.4.2020 vgl. *Spree/Stier* ZTR 2020, 336.

[6] Dazu BAG 5.3.1974 AP Nr. 1 zu § 87 BetrVG 1972 Kurzarbeit = NJW 1974, 1399.

[7] BAG 27.1.1994 AP Nr. 1 zu § 15 BAT-O = NZA 1995, 134; 18.10.1994 AP Nr. 11 zu § 615 BGB Kurzarbeit = NZA 1995, 1064.

Vergütungsseite der Kurzarbeit regeln[8] oder dem AN einen Zuschuss zum Kurzarbeitergeld einräumen.[9] Enthält ein Tarifvertrag eine nicht abschließende Ermächtigung zur Einführung von Kurzarbeit, bleiben die Mitbestimmungsrechte des BR unberührt (dazu → Rn. 6).[10]

4 Nach ihrer **Rechtsnatur** sind tarifliche Kurzarbeitsklauseln **Inhaltsnormen,** die den Inhalt des Arbeitsverhältnisses – insbesondere Arbeitszeit und Vergütung – ausgestalten.[11] Soweit der Tarifvertrag Kurzarbeit vorsieht, bestimmt er die Rechte und Pflichten aus dem Arbeitsverhältnis, so dass die Entgeltkürzung bei beiderseitiger Tarifbindung nicht etwa am Günstigkeitsprinzip scheitert.[12] Tarifliche Kurzarbeitsklauseln entfalten gegenüber Nichttarifgebundenen grundsätzlich nur dann Rechtswirkungen, wenn der Tarifvertrag allgemeinverbindlich erklärt worden ist oder eine Bezugnahmeklausel auf den Tarifvertrag im Arbeitsvertrag vorliegt (→ § 205 Rn. 1 ff., → § 206 Rn. 1 ff.).

5 Ist der Tarifvertrag nach seinem Geltungsbereich und bestehender Tarifbindung bzw. der Inbezugnahme anwendbar, kann gegenüber der Belegschaft mit den regelmäßig verkürzten **Ankündigungsfristen** des Tarifvertrags Kurzarbeit eingeführt werden. Im Wege der Betriebsvereinbarung kann von einer tarifvertraglichen Ankündigungsfrist nicht abgewichen werden.[13] Die Tarifvertragsparteien können zur Sicherung der Beschäftigung auch die **regelmäßige wöchentliche Arbeitszeit vorübergehend reduzieren.** In der Verringerung der Arbeitszeit liegt in einem solchen Fall nicht die oktroyierte Einführung von Teilzeitarbeitsverhältnissen, sondern eine tarifliche Regelung von Kurzarbeit.[14]

6 **4. Mitbestimmung des Betriebsrats.** Enthält der Tarifvertrag keine Kurzarbeitsklausel, kann durch **Betriebsvereinbarung** Kurzarbeit eingeführt werden (§ 87 I Nr. 3 BetrVG).[15] Das Mitbestimmungsrecht des PR nach § 75 III Nr. 1 BPersVG erstreckt sich dagegen nicht auf die Einführung von Kurzarbeit.[16] Betriebsvereinbarungen über Kurzarbeit bewirken eine vorübergehende Herabsetzung des vertraglich vereinbarten Arbeitszeitumfangs.[17] Dasselbe gilt, wenn der Tarifvertrag dem AG ein einseitiges Anordnungsrecht einräumt.[18] Eine Regelungsabrede genügt in der Regel nicht.[19] Sie wahrt nur das Mitbestimmungsrecht, verändert aber nicht die vertraglich vereinbarte Arbeitszeit. Hierzu bedarf es ergänzender individualvertraglicher Vereinbarungen mit allen AN, die in einem größeren Betrieb praktisch kaum herbeigeführt werden können.[20] Betriebsvereinbarungen über die Einführung von Kurzarbeit sind unzulässig, wenn tarifliche Kurzarbeitsklauseln bestehen (§ 87 I Eingangss. BetrVG), die eine abschließende Regelung enthalten. In der Betriebsvereinbarung müssen Beginn und Dauer der Kurzarbeit, die Lage und Verteilung der Arbeitszeit, die Auswahl der von der Kurzarbeit betroffenen AN oder Abteilungen sowie auch die Zeiträume, in denen die Arbeit ganz ausfallen soll, festgelegt werden.[21] Eine solche Betriebsvereinbarung ändert auch vertraglich vereinbarte Arbeitszeitvereinbarungen, weil diese in der Regel dahin auszulegen sind, dass sie **betriebsvereinbarungsoffen** ausgestaltet sind (→ § 35 Rn. 37).[22] Unzureichend sind Betriebsvereinbarungen, die dem AG das Recht einräumen, allein darüber zu entscheiden, welche AN zusätzlich zu den in der

---

[8] BAG 29.11.1978 AP Nr. 18 zu § 611 BGB Bergbau; 19.11.1996 AP Nr. 147 zu § 1 TVG Tarifverträge: Metallindustrie = NZA 1997, 892.

[9] BAG 21.4.1993 AP Nr. 109 zu § 1 TVG Tarifverträge: Metallindustrie = NZA 1994, 231; 10.11.1993 AP Nr. 108 zu § 1 TVG Tarifverträge: Metallindustrie = NZA 1994, 225; 24.11.1993 AP Nr. 114 zu § 1 TVG Tarifverträge: Metallindustrie = NZA 1994, 468; 24.11.1993 AP Nr. 115 zu § 1 TVG Tarifverträge: Metallindustrie = NZA 1994, 470; 24.11.1993 AP Nr. 116 zu § 1 TVG Tarifverträge: Metallindustrie = NZA 1994, 471; 13.11.1994 AP Nr. 118 zu § 1 TVG Tarifverträge: Metallindustrie = NZA 1995, 34; 7.11.1995 AP Nr. 138 zu § 1 TVG Tarifverträge: Metallindustrie.

[10] BAG 25.11.1981 AP Nr. 3 zu § 9 TVAL II.

[11] Wiedemann/*Thüsing* TVG § 1 Rn. 361 und 451; *v. Stebut* RdA 1974, 335; siehe auch NK-TVG/*Heuschmid* § 1 Rn. 643, der darin sowohl Betriebs- als auch Inhaltsnormen sieht.

[12] NK-TVG/*Heuschmid* § 1 Rn. 643.

[13] BAG 12.10.1994 AP Nr. 66 zu § 87 BetrVG 1972 Arbeitszeit = NZA 1995, 641.

[14] BAG 25.10.2000 AP Nr. 1 zu § 1 TVG: Internationaler Bund = NZA 2001, 328.

[15] BAG 18.11.2015 AP Nr. 142 zu § 615 BGB mzustAnm *Reichold*= NZA 2016, 565; 16.12.2008 AP Nr. 40 zu § 7 BUrlG = NZA 2009, 689.

[16] BAG 10.10.2006 AP Nr. 85 zu § 75 BPersVG = NZA 2007, 637.

[17] BAG 10.10.2006 AP Nr. 85 zu § 75 BPersVG = NZA 2007, 637.

[18] BAG 21.11.1978 AP Nr. 2 zu § 87 BetrVG 1972.

[19] *Bauer/Günther* BB 2009, 662 (663).

[20] BAG 14.2.1991 AP Nr. 4 zu § 615 BGB = NZA 1991, 607.

[21] BAG 18.11.2015 AP Nr. 142 zu § 615 BGB mzustAnm *Reichold* = NZA 2016, 565; SächsLAG 31.7.2002 NZA-RR 2003, 366; HessLAG 14.3.1997 NZA-RR 1997, 479.

[22] *Kleinebrink* ArbRB 2020, 221 (223).

Betriebsvereinbarung Genannten wegen ihrer „Aufgabenstellung" von der Kurzarbeit ausgenommen werden können.[23] Von Kurzarbeit einführenden Betriebsvereinbarungen werden auch die dem MuSchG unterliegenden Frauen[24] und Schwerbehinderte[25] erfasst. Soll die Arbeitszeit leitender Angestellter (§ 5 III BetrVG) verkürzt werden, bedarf es einer Individualvereinbarung. Richtlinien des Sprecherausschusses haben nur eingeschränkte Wirkung (§ 28 SprAuG; dazu → § 250 Rn. 1 ff.).[26] Zu Einzelheiten der Mitbestimmung des BR → § 235 Rn. 1 ff.

5. Vertrag – AGB-Kontrolle. Die Einführung von Kurzarbeit oder von Feierschichten unter Wegfall der Vergütung kann vorbehaltlich entgegenstehender günstigerer tariflicher oder betrieblicher Regelungen auch einzelvertraglich vereinbart werden (Muster ArbRFV-HdB A. Rn. 265). Es bedarf dann der genauen Formulierung des Tatbestands und – sofern ein kollektiver Tatbestand gegeben ist – der Zustimmung des BR (§ 87 I Nr. 3 BetrVG). Kurzarbeitsklauseln in Formulararbeitsverträgen unterliegen der AGB-Kontrolle (dazu → § 35 Rn. 1 ff.). Sie dürften angemessen sein (§ 307 I 1 BGB), wenn Sie die Einführung von Kurzarbeit an die in § 95 SGB III geregelten Anforderungen für den Bezug von Kurzarbeitergeld knüpfen.[27] Nicht erforderlich ist, dass es tatsächlich zur Zahlung von Kurzarbeitergeld kommt. Die Voraussetzungen der Einführung von Kurzarbeit müssen klar und verständlich geregelt sein.[28] Nach Auffassung des LAG Berlin-Brandenburg genügt die Klausel „Kurzarbeit kann, wenn sie vom Arbeitsamt anerkannt wird, für den Betrieb, eine Betriebsabteilung oder einzelne AN nach deren Ankündigung eingeführt werden" bereits deshalb nicht diesen Anforderungen, weil eine Ankündigungsfrist fehlt.[29] 7

6. Fehlende Rechtsgrundlage. Fehlt es an einer besonderen Rechtsgrundlage, kann der AG vergütungsfreie Kurzarbeit und Feierschichten nur mit Zustimmung der AN einführen.[30] Wird diese nicht erteilt, bleibt nur die Möglichkeit der Änderungskündigung, die vom AN im Wege der Kündigungsschutzklage (→ § 137 Rn. 1 ff.) angefochten werden kann.[31] Sie birgt – wenn sie nicht fristlos erfolgt – für den AG die Gefahr, dass Kurzarbeit nicht für alle AN zum selben Zeitpunkt eingeführt werden kann, der AN die Änderung ablehnt und das Arbeitsverhältnis mit Fristablauf sein Ende findet. Bis zum Ablauf der Kündigungsfrist ist die Vergütung fortzuzahlen. Hat ein AG Kurzarbeit eingeführt und nehmen die AN die Zahlungen von Kurzarbeitergeld entgegen, kann im Wege einer konkludenten, einvernehmlichen Änderung des Arbeitsvertrags Kurzarbeit eingeführt sein.[32] Hat der AG durch unwirksame Einteilung eines AN zur Kurzarbeit erklärt, in diesem Zeitraum keine weiteren Arbeitsleistungen anzunehmen, hat er dem AN nach § 615 iVm § 611a II BGB **Annahmeverzugsvergütung** zu zahlen, wenn der AN ihn zumindest durch ein wörtliches Angebot nach § 295 S. 1 BGB in Annahmeverzug versetzt hat.[33] 8

7. Rechtswirkungen. a) Suspendierung der Hauptleistungspflichten. Ist die Kurzarbeit wirksam eingeführt worden, führt sie in diesem Umfang zu einer Suspendierung der Hauptleistungspflichten aus dem Arbeitsverhältnis. Der AN wird insoweit von der Verpflichtung zur Arbeitsleistung befreit, verliert aber gleichzeitig in diesem Umfang seinen Vergütungsanspruch.[34] Widerruft die BA die Gewährung von Kurzarbeitergeld, hat der AN gegen den AG einen Anspruch auf Vergütungsfortzahlung in Höhe des Kurzarbeitergeldes. In dieser Höhe trägt der AG das wirtschaftliche Risiko (dazu → § 48 Rn. 1 ff.).[35] Zu vermögenswirksamen Leistungen.[36] Bestehen bleiben während der Kurzarbeit die Nebenpflichten (→ § 53 9

[23] BAG 18.11.2015 AP Nr. 142 zu § 615 BGB = NZA 2016, 565.
[24] BAG 7.4.1970 AP Nr. 3 zu § 615 BGB Kurzarbeit.
[25] BAG 1.2.1957 AP Nr. 1 zu § 32 SchwBeschG.
[26] Dazu *Bauer/Günther* BB 2009, 662 (663).
[27] Teilweise aA *Klock* RdA 2020, 331 (333 ff.).
[28] Vgl. *Bauer/Günther* BB 2009, 662 (664); DDW/*Bonin/Walser* BGB § 307 Rn. 181.
[29] LAG Bln-Bbg 19.1.2011 – 17 Sa 2153/10; 7.10.2010 BB 2011, 114; *Grimm* ArbRB 2011, 169.
[30] BAG 10.7.1969 AP Nr. 2 zu § 615 BGB Kurzarbeit; 15.12.1961 AP Nr. 1 zu § 615 BGB Kurzarbeit.
[31] BAG 12.10.1994 AP Nr. 66 zu § 87 BetrVG 1972 Arbeitszeit = NZA 1995, 641; ArbG Stuttgart 22.10.2020 – 11 Ca 2950/20; *Bauer/Günther* NZA 2020, 419.
[32] LAG Düsseldorf 14.10.1994 DB 1995, 682; ähnlich ArbG Marburg 17.12.1999 NZA-RR 2001, 144; dazu *Klock* RdA 2020, 331 (334).
[33] BAG 18.11.2015 AP Nr. 142 zu § 615 BGB mzustAnm *Reichold* = NZA 2016, 565.
[34] *Bauer/Günther* BB 2009, 662.
[35] BAG 11.7.1990 AP Nr. 32 zu § 615 BGB Betriebsrisiko = NZA 1991, 67.
[36] BAG 9.11.1977 AP Nr. 1 zu § 1 TVG Tarifverträge: Textilindustrie; 15.11.1990 AP Nr. 16 zu § 1 TVG Tarifverträge: Textilindustrie = NZA 1991, 315.

Rn. 1 ff., → § 54 Rn. 1 ff., → § 108 Rn. 1 ff.), soweit sie sich nicht auf die Dauer der Arbeitsleistung als solche beziehen, die aktive und passive Wahlfähigkeit zum BR usw. Auch bei längerfristiger Kurzarbeit entsteht während der Kurzarbeitsperiode ein Urlaubsanspruch, da dieser nicht von der Erholungsbedürftigkeit des AN abhängt.[37]

10 **b) Urlaubsansprüche.** Wird in einem Betrieb **für einzelne Wochentage Kurzarbeit** eingeführt, verringert sich der Urlaubsanspruch der AN zeitanteilig. Es gelten insoweit dieselben Grundsätze wie bei einer dauerhaften Verringerung der Arbeitszeit (dazu → § 104 Rn. 48, 50).[38] Für den Kurzarbeitszeitraum ist der anteilige Urlaubsanspruch zu errechnen und mit dem im übrigen Urlaubsjahr ebenfalls anteilig entstandenen Urlaubsanspruch zu addieren.[39] Das ist mit Unionsrecht vereinbar.[40] Danach erwirbt der AN gem. Art. 7 I der Richtlinie 2003/88/EG Ansprüche auf bezahlten Jahresurlaub nur für die Zeiträume, in denen er tatsächlich gearbeitet hat, so dass für Kurzarbeitszeiten, in denen er nicht gearbeitet hat **(„Kurzarbeit Null"),** kein auf dieser Vorschrift beruhender Urlaubsanspruch entsteht. Hat der AN im Kalenderjahr 26 Wochen nicht tatsächlich gearbeitet, entsteht ein unionsrechtlich durch Art. 7 I RL 2003/88/EG erfasster Urlaubsanspruch von zwei statt vier Wochen. Für diese Dauer darf die Urlaubsvergütung allerdings nicht geringer ausfallen als der Durchschnitt des gewöhnlichen Arbeitsentgelts, das der AN in Zeiträumen tatsächlicher Arbeitsleistung erhält.[41] Kurzarbeit Null wirkt sich damit – jedenfalls in Bezug auf den Mindesturlaubsanspruch – auf die Zahl der Urlaubstage, nicht aber auf das an diesen zu zahlenden Urlaubsentgelt aus.[42] Befindet sich ein AN im gesamten Kalenderjahr in Kurzarbeit Null, entstehen in dieser Zeit keine Urlaubsansprüche.[43] Anders erfolgt die Berechnung des Urlaubsanspruchs, wenn infolge der **Kurzarbeit die tägliche Arbeitszeit reduziert wird** und die Zahl der Arbeitstage unverändert bleibt. In diesem Fall verändert sich die Zahl der Urlaubstage nicht,[44] der AN erhält allerdings nur für die ausgefallene, reduzierte Arbeitszeit Urlaubsentgelt. Für die weitere Zeit des Tages erhält er Kurzarbeitergeld.[45]

10a Die Einführung von „Kurzarbeit Null" durch eine Betriebsvereinbarung befreit den AN von seiner Arbeitspflicht. Das gilt auch, wenn der AG **vor Einführung der Kurzarbeit für die Zeit der Kurzarbeit Urlaub gewährt** hat. In diesem Fall kann allerdings der mit der Festsetzung des Urlaubs bezweckte Leistungserfolg, die Befreiung des AN von der Arbeitspflicht für die Dauer des Urlaubs, nicht eintreten (nachträgliche Unmöglichkeit gem. § 275 I BGB), weil die Arbeitspflicht bereits durch die Betriebsvereinbarung aufgehoben worden war.[46] Der AG wird deshalb von seiner Pflicht zur Gewährung des Urlaubs frei, denn er hatte mit der vor Abschluss der Betriebsvereinbarung erfolgten Festlegung des Urlaubszeitraums nach § 7 I BUrlG das zu seiner Leistung Erforderliche getan. Wird die Freistellung durch Einführung von Kurzarbeit **nachträglich unmöglich,** geht der durch die Festlegung des AG konkretisierte Freistellungsanspruch nach §§ 243 II, 275 I BGB unter. Der AG hat den betroffenen AN jedoch gem. §§ 280 I, 283 S. 1 BGB als Schadensersatz Ersatzurlaub zu gewähren, weil er die eingetretene Unmöglichkeit zu vertreten hat, wenn er aus betrieblichen Gründen Kurzarbeit einführt, ohne die AN hiervon auszunehmen, deren Freistellung zum Zwecke der Urlaubsgewährung er bereits festgelegt hatte. Während der Kurzarbeit hat der AN Anspruch auf Feiertagsvergütung in Höhe der reduzierten Vergütung (§ 2 EFZG).[47] Zur Entgeltfortzahlung im Krankheitsfall → § 98 Rn. 87.

[37] BAG 27.6.1978 AP Nr. 15 zu § 11 BUrlG; näher zur Berechnung der Urlaubsdauer *Leinemann/Linck* § 3 Rn. 62 ff.

[38] ErfK/*Gallner* BUrlG § 3 Rn. 23; *Leinemann/Linck* BUrlG § 3 Rn. 62 ff.

[39] *Bayreuther* NZA 2020, 1057 (1061); zur Berechnung auch *Bayreuther* NZA 2020, 353; *Gaul/Lauer* ArbRB 2020, 343; *Klasen/Haag* BB 2020, 2228 (2234).

[40] EuGH 8.11.2012 AP Nr. 10 zu Richtlinie 2003/88/EG = NZA 2012, 1273 – Heimann, Toltschin; dazu *Bayreuther* DB 2012, 2748; ErfK/*Gallner* BUrlG § 1 Rn. 6e; *Powietzka/Christ* NZA 2013, 18.

[41] EuGH 13.12.2018 AP Nr. 28 zu Richtlinie 2003/88/EG = NZA 2019, 47; dazu *Klopstock/Rittweger* NZA 2019, 433; *Schinz* EuZA 2019, 493.

[42] Zur Behandlung des vereinbarten Mehrurlaubs allgemein → § 104 Rn. 11 ff.

[43] LAG Hamm 30.8.2017 – 5 Sa 626/17.

[44] *Klasen/Haag* BB 2020, 2228 (2232).

[45] ErfK/*Gallner* BUrlG § 11 Rn. 24.

[46] BAG 16.12.2008 AP Nr. 40 zu § 7 BUrlG = NZA 2009, 689; dazu *Bauer/Kern* NZA 2009, 925; ErfK/*Gallner* BUrlG § 11 Rn. 24; HWK/*Schinz* BUrlG § 3 Rn. 41; *Walker* SAE 2010, 70; iErg auch *Bayreuther* NZA 2020, 1057 (1061).

[47] BAG 5.7.1979 AP Nr. 33 zu § 1 FeiertagslohnzahlungsG.

II. Beendigung der Kurzarbeit

Die Kurzarbeit endet nach **Ablauf der vereinbarten Zeit** oder bei Wegfall ihrer Voraussetzungen. Gelegentlich wird vertreten, die Kurzarbeit ende, wenn der AG neue AN einstelle.[48] Dies wird im Allgemeinen allerdings nur ein Anzeichen für den Wegfall der Kurzarbeitsvoraussetzungen sein; es kann aber nicht zum automatischen Wegfall der Kurzarbeit führen. Ist die Kurzarbeit durch Tarifvertrag oder Betriebsvereinbarung eingeführt worden, kann der AN sie nicht dadurch beenden, dass er seine Arbeitskraft wieder anbietet. Dem steht die normative Wirkung der Betriebsvereinbarung entgegen. 11

Kündigt der AG während der Kurzarbeit, entfällt nicht die Geschäftsgrundlage für die Verkürzung der Arbeitszeit (Bewahrung des Arbeitsplatzes). Die Einführung von Kurzarbeit indiziert allein, dass der AG zunächst von einem nur vorübergehenden Arbeitsausfall ausgegangen ist, der eine betriebsbedingte Kündigung nicht rechtfertigt. Zur Begründung einer betriebsbedingten Kündigung während der Kurzarbeitsphase hat der nach § 1 II 4 KSchG beweisbelastete AG konkret darzulegen, dass eine Beschäftigungsmöglichkeit für einzelne von der Kurzarbeit betroffene AN auf Dauer entfallen ist.[49] Auch dann sind die Kündigungsfristen einzuhalten: Dies gilt auch für die Kündigung durch den AN. Während der Kurzarbeit kann der AN – vorbehaltlich wirksamer Nebentätigkeitsverbote (→ § 42 Rn. 4 ff.) – anderweitige Aushilfsbeschäftigungen annehmen. 12

III. Öffentlich-rechtliche Verpflichtung des Arbeitgebers

Auch in den Fällen, in denen eine Massenentlassung nicht beabsichtigt ist, hat der AG unter Beifügung einer Stellungnahme der Betriebsvertretung die Einführung von Kurzarbeit oder Arbeitsaussetzung schriftlich bei der zuständigen Agentur für Arbeit anzuzeigen (§ 99 SGB III). Die Anzeige kann auch von der Betriebsvertretung erstattet werden (§ 99 I 2 SGB III). Sie ist Voraussetzung für den Bezug des Kurzarbeitergeldes (dazu → § 48 Rn. 1 ff.). Mit der Anzeige sind die betrieblichen Bezugsvoraussetzungen glaubhaft zu machen. Die Agentur für Arbeit erteilt unverzüglich einen schriftlichen Bescheid, ob die Voraussetzungen für die Gewährung vorliegen (§ 99 III SGB III). Unterbleibt die Anzeige, kann sich der AG dem AN schadensersatzpflichtig machen. 13

§ 48. Kurzarbeitergeld und Saison-Kurzarbeitergeld

Übersicht

I. Kurzarbeitergeld

1. Abgrenzung. Das (konjunkturelle) Kurzarbeitergeld (KUG) ist eine Leistung der Arbeitsförderung und soll AN die Arbeitsplätze und den Betrieben die eingearbeiteten AN erhalten sowie einen durch Kurzarbeit eintretenden Arbeitsentgeltausfall der von Kurzarbeit betroffenen 1

[48] Vgl. BAG 26.1.1959 AP Nr. 3 zu § 7 AltbankenG Berlin.
[49] BAG 26.6.1997 AP Nr. 86 zu § 1 KSchG 1969 Betriebsbedingte Kündigung = NZA 1997, 1286; vgl. auch *Haußmann/Schwab* ArbRB 2010, 84; *Löwisch/Buschbaum* BB 2010, 1789; *Wahlig/Jescke* NZA 2010, 607.

AN zumindest teilweise ausgleichen (→ Rn. 2). Besondere Regelungen für die Gewährung von KUG bestehen für Betriebe mit witterungsbedingter Auftragsnachfrage (§ 101 SGB III, sog. Saison-KUG; → Rn. 17). Daneben regelt § 103 SGB III die Sonderform des KUG für Heimarbeiter und ihre Abweichungen vom allgemeinen KUG. Schließlich bestehen Leistungen bei Transfermaßnahmen und Transferkurzarbeit (§§ 110, 111 SGB III; → § 245 Rn. 1). Bei den Leistungen auf KUG handelt es sich um Leistungen, auf die ein Rechtsanspruch besteht (§ 3 III Nr. 5 SGB III).

1a **2. Anspruchsvoraussetzungen für Kurzarbeitergeld, Corona-Pandemie.** AN haben Anspruch auf KUG, wenn **(a)** ein erheblicher Arbeitsausfall mit Entgeltausfall vorliegt, **(b)** die betrieblichen Voraussetzungen erfüllt sind, **(c)** die persönlichen Voraussetzungen vorliegen, **(d)** der Arbeitsausfall der Arbeitsverwaltung angezeigt worden ist (§ 95 SGB III). Daneben muss ein Antrag (§ 323 II SGB III) innerhalb einer Ausschlussfrist des § 325 III SGB III gestellt worden sein. § 95 S. 2 SGB III bestimmt den Vorrang des Saison-KUG für Arbeitsausfall mit Entgeltausfall. Zur Milderung der wirtschaftlichen Folgen der Corona-Pandemie in den Unternehmen haben der Gesetz- und Verordnungsgeber befristete Regelungen zur erleichterten Bewilligung von Kurzarbeit (§ 1 KugV,[1] → Rn. 6a) sowie Erhöhung der Leistungssätze des KUG (§ 421c SGB III, → Rn. 14), der Verlängerung seiner Bezugsdauer (2. KugBeV,[2] → Rn. 14) sowie der Erstattung von Aufwendungen des AG (§ 106a SGB III, § 2 KugV, → Rn. 16) erlassen. Schließlich hat er durch die Einfügung von § 11a AÜG eine vorübergehende Möglichkeit zur Bewilligung von KUG auch an LeihAN geschaffen (→ § 120 Rn. 57).

2 **3. Erheblicher Arbeitsausfall mit Entgeltausfall. a) Begriff.** Nach § 96 I SGB III ist der Arbeitsausfall erheblich, wenn **(1)** er auf wirtschaftlichen Gründen oder einem unabwendbaren Ereignis beruht, **(2)** er vorübergehend ist, **(3)** er nicht vermeidbar ist und **(4)** im jeweiligen Kalendermonat (Anspruchszeitraum) mindestens ⅓ der in dem Betrieb beschäftigten AN von einem Entgeltausfall von jeweils mehr als 10% ihres monatlichen Bruttoentgelts betroffen ist. Ergänzend zu § 96 I Nr. 1 SGB III bestimmt § 96 II SGB III, dass ein Arbeitsausfall auch dann auf wirtschaftlichen Gründen beruht, wenn er durch eine Veränderung der betrieblichen Strukturen verursacht wird, die durch die allgemeine wirtschaftliche Entwicklung bedingt ist. Nach Ansicht des BSG ist zweifelhaft, ob bei der „Kurzarbeit Null" überhaupt ein erheblicher Arbeitsausfall iSd § 96 Nr. 1 SGB III vorliegt.[3]

3 **b) Ursachen für den Arbeitsausfall. aa) Wirtschaftliche Gründe.** Ein Arbeitsausfall beruht auf wirtschaftlichen Gründen, wenn er durch eine Veränderung der betrieblichen Strukturen verursacht wird, die durch die allgemeine wirtschaftliche Entwicklung bedingt ist (§ 96 II SGB III). Dies schließt alle Arbeitsausfälle ein, die sich aus der Gesamtheit der laufenden Produktions- und Konjunkturvorgänge, den Veränderungen des Wirtschaftskreislaufes und damit aus der Teilnahme des Betriebs am Wirtschaftsleben ergeben.[4] Das KUG stellt keine Versicherung gegen das allgemeine Betriebsrisiko dar und soll nicht dazu dienen, wirtschaftlich auf Dauer nicht lebensfähige Betriebe am Markt zu erhalten. Zu den wirtschaftlichen Ursachen zählen Auftragsmangel oder Absatzschwierigkeiten, nicht jedoch ein Arbeitsausfall, wenn dieser wesentlich darauf beruht, dass ein Produkt aus der Mode kommt.[5] Dies können auch Veränderungen der Betriebsstruktur sein, soweit diese durch die allgemeine wirtschaftliche Entwicklung bedingt sind. Nicht auf wirtschaftlichen Ursachen beruht ein Arbeitsausfall, der auf einem Unglücksfall, einem Unfall und anderen unabwendbaren Ereignissen (→ Rn. 4) beruht.[6] Die wirtschaftliche Ursache muss nicht die ausschließliche, aber die wesentliche Ursache für den Arbeitsausfall sein.[7]

4 **bb) Unabwendbares Ereignis.** Ein unabwendbares Ereignis ist ein objektiv feststellbares Ereignis, das auch durch die äußerste, nach den Umständen des Falls gebotene Sorgfalt für den vom Arbeitsausfall betroffenen Betrieb nicht abwendbar ist (BT-Drs. 5/2291, 70). Es liegt

[1] VO über Erleichterungen der Kurzarbeit (Kurzarbeitergeldverordnung – KugV) vom 25.3.2020 (BGBl. I 595), zul. geänd. durch VO vom 17.6.2021 (BGBl. I 1821).
[2] Zweite Kurzarbeitergeldbezugsdauerverordnung (Zweite Kurzarbeitergeldbezugsdauerverordnung – 2. KugBeV) vom 12.10.2020 (BGBl. I 2165).
[3] BSG 14.9.2010 SozR 4–4300 § 173 Nr. 1 = NZA-RR 2011, 319.
[4] BSG 21.6.2018 – B 11 AL 4/17 R (Marktverhalten von Banken).
[5] BSG 15.12.2005 BSGE 96, 14 = SozR 4–4300 § 170 Nr. 1.
[6] BSG 15.12.2005 BSGE 96, 14 = SozR 4–4300 § 170 Nr. 1.
[7] BSG 29.4.1998 SozR 3–4100 § 64 Nr. 4 = NZA-RR 1999, 48.

insbesondere vor, wenn ein Arbeitsausfall auf von außen einwirkenden, ungewöhnlichen, dem üblichen Witterungsverlauf nicht entsprechenden Witterungsgründen beruht,[8] eine rein innerbetriebliche Entwicklung genügt nicht. Ein unabwendbares Ereignis ist weiterhin ein Arbeitsausfall, der durch behördlich oder behördlich anerkannte Maßnahmen verursacht ist, die vom AG nicht zu vertreten sind (§ 96 III SGB III). Das den Arbeitsausfall auslösende Ereignis muss sich auf den konkreten Einzelfall beziehen. Ein unabwendbares Ereignis ist deshalb gegeben, wenn der Absatz eines Unternehmens zurückgeht, weil infolge baulicher Maßnahmen der Zugang zum Unternehmen vorübergehend gestört ist. Ein unabwendbares Ereignis liegt nicht vor, wenn der Betriebsinhaber schwer erkrankt und hierdurch ein Arbeitsausfall im Betrieb bedingt ist.[9] Um Mitnahmeeffekte zu verhindern, müssen die Betriebspartner nicht nur versuchen, den Arbeitsausfall einzuschränken, sondern auch darauf hinwirken, ihn abzuwenden.[10]

c) Vorübergehender Arbeitsausfall. Ein Arbeitsausfall ist vorübergehend, wenn der von 5
Kurzarbeit betroffene Betrieb in absehbarer Zeit wieder zur Vollarbeit übergehen kann.[11] Der Arbeitsausfall ist dann nicht mehr vorübergehend, wenn er die Dauer der gesetzlichen Bezugsfrist oder der aufgrund einer RechtsVO (→ Rn. 14) verlängerten Bezugsfrist deutlich überschreiten wird. Steht eine Betriebsschließung an, ist der Arbeitsausfall nicht mehr vorübergehend.[12] Anders ist es bei einer Betriebspause, wenn der vorübergehende Charakter, zB durch eine Wiedereinstellungszusicherung, offensichtlich ist.[13] Unschädlich ist, wenn nur die Schließung einer Betriebsabteilung verhindert werden soll. Nicht erforderlich ist es, dass jeder in der Vergangenheit vorhandene Arbeitsplatz oder alle gefährdeten Arbeitsverhältnisse voraussichtlich erhalten werden. Es ist ausreichend, dass eine erhebliche, arbeitsmarktpolitisch noch vertretbare Anzahl von Arbeitsplätzen erhalten bleibt, um das Ziel der Arbeitsplatzerhaltung zu fördern.[14] Maßgeblicher Zeitpunkt für die Prognose über den nur vorübergehenden Arbeitsausfall ist der der Entscheidung über die betrieblichen Voraussetzungen des KUG (§ 99 III SGB III).

d) Unvermeidbarkeit. Der Arbeitsausfall ist nur erheblich iSd § 96 I SGB III, wenn er 6
unvermeidbar ist. Nach § 96 IV 1 SGB III ist ein Arbeitsausfall nicht vermeidbar, wenn in einem Betrieb alle zumutbaren Vorkehrungen getroffen wurden, um den Eintritt des Arbeitsausfalls zu verhindern. Dabei ist maßgeblich, was von einem sorgfältigen Unternehmer an Vorsorgemaßnahmen und ständigen Anpassungsmaßnahmen erwartet werden kann.[15] Zu geeigneten und wirtschaftlich zumutbaren Maßnahmen zählen innerbetriebliche Umsetzungen, Aufräum- und Reparaturarbeiten sowie Produktion auf Lager. Arbeitet der Betrieb jedoch in der Just-in-time-Produktion, kann eine Lagerproduktion von der Arbeitsverwaltung nicht verlangt werden, weil ansonsten in den Betriebsablauf eingegriffen würde.

In § 96 IV 2 SGB III sind drei Fälle geregelt, in denen der **Arbeitsausfall vermeidbar** ist. 6a
(1) Betriebsübliche, branchenübliche sowie saisonale Ursachen des Arbeitsausfalls (§ 96 IV 2 Nr. 1 SGB III) zählen zum Betriebsrisiko des AG, weil die hierdurch bedingten Arbeitsausfälle in die Kalkulation eingehen können und der AG den organisatorischen, technischen und kaufmännischen Ablauf störungsfrei zu gestalten hat.[16] Betriebsüblich ist zB ein Arbeitsausfall, der durch die Eigenart des Betriebs bedingt ist.[17] Branchenüblich sind Arbeitsausfälle, die im Wirtschaftszweig mit einer gewissen Regelmäßigkeit auftreten. Der Arbeitsausfall von AN in einem Betrieb der gewerbsmäßigen Arbeitnehmerüberlassung ist branchenüblich; er gilt deshalb regelmäßig als vermeidbar, sodass kein KUG gezahlt werden kann.[18] Saisonbedingte Ausfallzeiten treten regelmäßig zur selben Jahreszeit auf. **(2)** Der Arbeitsausfall kann durch die Gewährung von Urlaub vermieden werden, soweit nicht vorrangige Urlaubswünsche der betroffenen AN der Urlaubsgewährung entgegenstehen (§ 96 IV 2 Nr. 2 SGB III); dies dürfte gleichermaßen für bereits vereinbarte Betriebsferien gelten. **(3)** Vermeidbar ist der Arbeitsausfall bei der Nutzung von im Betrieb möglichen Arbeitszeitschwankungen (§ 96 IV 2 Nr. 3 SGB III). Dies kommt insbesondere in Betracht, wenn in dem Betrieb Arbeitszeitkonten geführt werden. Vorhandene

---

[8] BSG 29.4.1998 SozR 3–4100 § 64 Nr. 4 = NZA-RR 1999, 48.
[9] BSG 11.12.2014 SozR 4–4300 § 170 Nr. 3 = NZA-RR 2015, 271.
[10] BSG 29.10.1997 SozR 3–4100 § 64 Nr. 3.
[11] BSG 17.5.1983 SozR 4100 § 63 Nr. 2.
[12] BSG 25.4.1991 SozR 3–4100 § 63 Nr. 2 = NZA 1991, 952.
[13] BSG 25.4.1990 SozR 3–4100 § 63 Nr. 1 = NZA 1990, 913.
[14] AA Brand/*Kühl* SGB III § 96 Rn. 5 „Alle Arbeitnehmer".
[15] BSG 15.12.2005 BSGE 96, 14 = SozR 4–4300 § 170 Nr. 1.
[16] BSG 29.4.1998 SozR 3–4100 § 64 Nr. 4 = NZA-RR 1999, 48.
[17] BSG 18.5.1995 SozR 3–4100 § 64 Nr. 2 = NZA 1996, 1118 (Bindung an nur einen Auftraggeber).
[18] BSG 21.7.2009 SozR 4–4300 § 170 Nr. 2 = NZA-RR 2010, 216.

Zeitguthaben müssen im Rahmen der rechtlichen Möglichkeiten reduziert werden. In Betrieben, in denen Vereinbarungen zu Arbeitszeitschwankungen bestehen, müssen diese zur Vermeidung von Kurzarbeit eingesetzt und ggf. ins Minus gefahren werden (BT-Drs. 19/17740, 42). Allerdings werden die in § 96 IV 3 SGB III genannten Zeitguthaben besonders geschützt. Zu diesen gehören solche, die ausschließlich für eine vorzeitige Freistellung aus Altersgründen, zur Finanzierung einer Winterausfallgeld-Vorausleistung angespart worden sind, den Umfang von 10% der ohne Mehrarbeit geschuldeten Jahresarbeitszeit eines AN übersteigen oder länger als ein Jahr unverändert bestanden haben. Dies sind vor allem auch Arbeitszeitmodelle, die die Nutzung von Altersteilzeit ermöglichen sollen. Nach der Fiktion in § 96 IV 4 SGB III gilt ein Arbeitsausfall als nicht vermeidbar bei Betrieben mit Vereinbarungen zur flexiblen Arbeitszeit, wonach mindestens 10% der Jahresarbeitszeit für einen unterschiedlichen Arbeitsanfall eingesetzt werden können, soweit diese Flexibilitätsreserven ausgeschöpft sind. Bei Vorliegen dieser Voraussetzungen werden – anders als bei anderen Betrieben – die in § 96 IV 2 Nr. 1–3 SGB III aufgeführten Tatbestände nicht mehr geprüft. In § 1 KugV (→ Rn. 1a) ist bestimmt, dass § 96 IV 2 Nr. 3 SGB III bis zum 31. Dezember 2021 nicht für den Aufbau negativer Arbeitszeitsalden gilt, wenn in dem Betrieb bis zum 30. Juni 2021 Kurzarbeit eingeführt worden ist. Der Aufbau eines Minus-Saldos ist danach vorübergehend nicht erforderlich.

7 **e) Arbeitnehmerzahl.** Durch den Arbeitsausfall muss mindestens ⅓ der in dem Betrieb beschäftigten AN von einem Entgeltausfall von jeweils mehr als 10% ihres monatlichen Bruttoentgelts betroffen sein (§ 96 I Nr. 4 SGB III). Der Zweck der gesetzlichen Regelung liegt darin, nur solche Risikofälle auszugleichen, die für die AN einen erheblichen Entgeltausfall zur Folge haben. Zugleich soll die Arbeitsverwaltung finanziell entlastet werden. Die im Anspruchszeitraum (dh jeweiligen Kalendermonat) eingestellten und ausgeschiedenen AN sind ebenso mitzuzählen[19] wie gekündigte und freigestellte AN, die noch keine anderweitige Beschäftigung haben, soweit sie Kündigungsschutzklage erhoben haben, selbst wenn sie selbst kein KUG erhalten können; dies gilt gleichermaßen für AN in einem ruhenden Arbeitsverhältnis. Nicht mitzuzählen sind hingegen Heimarbeiter, Teilnehmer von beruflichen Weiterbildungsmaßnahmen unter Bezug von Alg. oder Übergangsgeld. Ausdrücklich ausgeschlossen sind auch Auszubildende (§ 96 I 2 SGB III). Im zeitlichen Geltungsbereich der KugV (→ Rn. 1a, 6) müssen lediglich 10% der in dem Betrieb beschäftigten AN von einem Entgeltausfall von jeweils mehr als 10% ihres monatlichen Bruttoentgelts betroffen sein.

8 **4. Betriebliche Anspruchsvoraussetzungen.** Da das KUG eine Leistung der Arbeitslosenversicherung ist, setzt die Leistungsgewährung voraus, dass der im Inland gelegene Betrieb mindestens einen AN beschäftigt (§ 97 S. 1 SGB III). Dem Betrieb sind nach Satz 2 Betriebsabteilungen gleichgestellt. Es gilt der allgemeine arbeitsrechtliche Betriebsbegriff (→ § 16 Rn. 1 ff.). Dies ist eine organisatorische Einheit, innerhalb derer ein Unternehmen allein oder in Gemeinschaft mit Hilfe sachlicher und sonstiger Mittel bestimmte arbeitstechnische Zwecke fortgesetzt verfolgt. Betriebsabteilung ist ein räumlich, personell und organisatorisch vom Gesamtbetrieb abgegrenzter Betriebsteil, der mit eigenen technischen Betriebsmitteln einen eigenen Betriebszweck erfüllt, der auch ein Hilfszweck sein kann.[20] Eine darüber hinausgehende besondere Art der Zweckrichtung, zB eine erwerbs- oder produktionswirtschaftliche, ist nicht erforderlich.[21] Als Betriebsabteilung ist eine räumlich, personell und organisatorisch vom Gesamtbetrieb abgegrenzte Betriebseinheit, in der mit eigenen Betriebsmitteln ein eigener Betriebs(hilfs)zweck erfüllt wird.[22] Dazu muss eine deutliche und relativ dauerhafte organisatorische Abgrenzung vom Gesamtbetrieb vorliegen, die nur vorübergehende oder zufällige Ausgrenzung genügt nicht. Wird ein im Inland wohnender AN von einem inländischen Unternehmen vorübergehend zu einer im Ausland gelegenen Betriebsstätte entsandt, kommt auch ein Anspruch auf KUG bei Kurzarbeit in der ausländischen Betriebsstätte in Betracht.[23] Die vorgenannten Grundsätze gelten auch für betriebliche Einheiten von Luftfahrtunternehmen.[24]

9 **5. Persönliche Anspruchsvoraussetzungen. a) Versicherungspflichtige Beschäftigung.** Die persönlichen Anspruchsvoraussetzungen für den Anspruch auf KUG sind gem. § 98 I

---

[19] BSG 29.10.1997 SozR 4100 § 64 Nr. 3.
[20] BSG 20.1.1982 SozR 4100 § 75 Nr. 9; zu dt. Niederlassungen ausl. Unternehmen *Bieback* DB 2021, 732.
[21] BSG 30.5.1978 SozR 4100 § 63 Nr. 1 = AP Nr. 1 zu § 63 AFG.
[22] BSG 29.4.1998 SozR 3–4100 § 64 Nr. 4 = NZA-RR 1999, 48; 20.1.1982 SozR 4100 § 75 Nr. 9.
[23] LSG München 1.7.2009 info also 2009, 259; Brand/*Kühl* SGB III § 97 Rn. 9.
[24] LSG Essen 17.9.2020 ZInsO 2020, 2397; LSG München 4.6.2020 NZA-RR 2020, 469.

SGB III erfüllt, wenn der AN nach Beginn des Arbeitsausfalls eine versicherungspflichtige Beschäftigung fortsetzt, aus zwingenden Gründen oder im Anschluss an die Beendigung eines Berufsausbildungsverhältnisses die versicherungspflichtige Beschäftigung aufnimmt sowie das Arbeitsverhältnis nicht gekündigt oder durch Aufhebungsvertrag aufgelöst ist.[25] Diese Voraussetzung erfasst nicht nur Fälle der Lösung des Arbeitsverhältnisses durch den AG, sondern auch Eigenkündigungen von AN.[26] AN mit einem Entgeltfortzahlungsanspruch erhalten während der Arbeitsunfähigkeit KUG (§ 98 II SGB III). Weitere persönliche Voraussetzung ist, dass der AN nicht vom Bezug des KUG ausgeschlossen ist (→ Rn. 10).

b) Ausgeschlossene Arbeitnehmer. Ausgeschlossen vom Leistungsbezug sind die in § 98 III SGB III genannten Personengruppen. Hierzu gehören u.a. Teilnehmer an einer beruflichen Weiterbildungsmaßnahme, sofern sie Alg. nach § 136 I Nr. 2 SGB III beziehen (→ § 23 Rn. 2) und Bezieher von Übergangsgeld während der Teilnahme an einer Maßnahme der beruflichen oder medizinischen Rehabilitation sowie AN, die Krankengeld erhalten sowie der Personenkreis der Nr. 3. Ferner sind solche AN vom KUG-Bezug ausgeschlossen, die der Arbeitsverwaltung nicht im erforderlichen Umfang an der Vermittlung zur Arbeitsleistung mitwirken (§ 98 IV 1 SGB III). Der Anspruch auf KUG ruht wegen einer Sperrzeit (§ 98 IV 3 SGB III iVm § 159 I 2 Nr. 2 SGB III), wenn der Kurzarbeiter im Einzelfall trotz Rechtsfolgenbelehrung eine von der AA angebotene zumutbare Beschäftigung ohne wichtigen Grund nicht annimmt oder nicht antritt. Der angebotene Arbeitsplatz muss **zumutbar** sein und dem AN eine rechtzeitige Lösungsmöglichkeit bei Beendigung der Kurzarbeit ermöglichen. Löst der AN wegen der Kurzarbeit sein Beschäftigungsverhältnis, kann eine Sperrzeit nach § 159 I 2 Nr. 1 SGB III eintreten, da der nur vorübergehende Arbeitsausfall eine endgültige Aufgabe des Beschäftigungsverhältnisses ohne Hinzutreten neuer Tatsachen nicht rechtfertigt.[27] 10

6. Verfahren. a) Anzeige. Der Arbeitsausfall ist bei der AA, in dessen Bezirk der Betrieb liegt, schriftlich oder elektronisch anzuzeigen. Die Anzeige kann nur vom AG oder von der Betriebsvertretung erfolgen. Nicht anzeigeberechtigt ist der einzelne AN. Der Anzeige ist eine Stellungnahme der Betriebsvertretung beizufügen. Die Anspruchsvoraussetzungen von KUG sind darzulegen und glaubhaft zu machen (§ 99 I 4 SGB III). Die Anzeige hat materiellrechtliche Bedeutung (§ 95 S. 1 Nr. 4 SGB III). Wird sie versäumt, besteht kein Anspruch auf KUG; eine Wiedereinsetzung in den vorigen Stand kann bei Versäumung der Anzeige nicht gewährt werden.[28] Eine auf den Gesamtbetrieb und dessen Verhältnisse bezogene Anzeige von Arbeitsausfall iSd § 96 SGB III ersetzt grundsätzlich nicht die für den Beginn der Gewährung von KUG erforderliche Anzeige von Arbeitsausfall lediglich in einer Betriebsabteilung (→ Rn. 8).[29] 11

b) Bescheid. Die AA hat dem Anzeigenden unverzüglich einen schriftlichen Bescheid darüber zu erteilen, ob aufgrund der vorgetragenen und glaubhaft gemachten Tatsachen ein erheblicher Arbeitsausfall vorliegt und die betrieblichen Voraussetzungen erfüllt sind (§ 99 III SGB III). Der Anerkennungsbescheid enthält neben der gesetzlich ausdrücklich zugelassenen Elementenfeststellung formal die „Zusicherung", dass bei Erfüllung der persönlichen Voraussetzungen und ordnungsgemäßer Antragstellung KUG für die Dauer des Arbeitsausfalls bzw. die Höchstbezugsdauer gezahlt wird.[30] Dem Anerkennungsverfahren schließt sich dann erst das Leistungsverfahren an, in dem in der zweiten Stufe jeweils für Zeiträume, die durch den Leistungsantrag (§ 323 II SGB III) bestimmt werden, das den AN zustehende KUG bewilligt wird. Erteilt die Arbeitsverwaltung einen negativen Bescheid, hat sie auf die bestehende Ausschlussfrist für den Antrag hinzuweisen. Die Anzeige ersetzt den Antrag nicht.[31] Soll mit der Anzeige ein Leistungsantrag verbunden werden, muss dies deutlich gemacht werden, zB durch Beifügen eines gesonderten Schreibens.[32] Regelmäßig ist aber in dem Widerspruch gegen den negativen Bescheid ein Antrag zu sehen,[33] sodass eine Anfechtungs- und eine Leistungsklage möglich sind.[34] Bescheide der BA 12

---

[25] Zur KUG-Gewährung an Grenzgänger EuGH 5.2.2015 NZS 2015, 261 – Mertens.
[26] BSG 21.11.2002 SozR 3–4300 § 172 Nr. 1.
[27] Brand/*Kühl* SGB III § 99 Rn. 19.
[28] BSG 20.9.1989 SozR 4100 § 78 Nr. 8; 14.2.1989 NZA 1989, 613.
[29] BSG 20.1.1987 SozR 4100 § 66 Nr. 1 = NZA 1987, 396.
[30] BSG 14.9.2010 SozR 4–4300 § 173 Nr. 1; zur Antragsfrist BSG 6.4.2000 NZA-RR 2001, 609.
[31] BSG 16.8.1989 SozR 4100 § 72 Nr. 11; 19.2.1986 SozR 4100 § 72 Nr. 9.
[32] BSG 6.4.2000 NZA-RR 2001, 609; 30.5.1978 SozR 4100 § 63 Nr. 1.
[33] BSG 16.8.1989 SozR 4100 § 72 Nr. 11 = NZA 1990, 415.
[34] BSG 18.5.1995 SozR 3–4100 § 64 Nr. 2 = NZA 1996, 1118.

über die Gewährung von KUG können nur vom AG und ggf. von der Betriebsvertretung, nicht aber von einem betroffenen AN mit Widerspruch und Klage angefochten werden.[35]

13 **7. Bemessung des Kurzarbeitergelds. a) Pauschalierung.** Die Berechnung des KUG richtet sich nach dem Unterschiedsbetrag zwischen dem pauschalierten Nettoentgelt aus dem Soll-Entgelt und dem pauschalierten Nettoentgelt aus dem Ist-Entgelt. Das Soll-Entgelt ist das Bruttoarbeitsentgelt, das der AN ohne den Arbeitsausfall erzielt hätte. Das Ist-Entgelt ist das in dem Anspruchszeitraum tatsächlich erzielte Entgelt (§ 106 I SGB III). Nach § 106 I 7 SGB III ist das BMAS ermächtigt, einen Programmablauf zur Berechnung der pauschalierten Nettoentgelte für das KUG im Bundesanzeiger bekannt zu machen. Daneben beabsichtigt die BA eine Veröffentlichung von Tabellen zur Berechnung des KUG auf ihrer Internetseite, um AG, die keine IT-gestützte Berechnung des KUG nutzen, eine Arbeitshilfe zur manuellen Berechnung zur Verfügung zu stellen (BT-Drs. 19/17740, 42). Erzielt der AN aus anderen als wirtschaftlichen Gründen kein Arbeitsentgelt, zB wegen Arbeitsmängel, so wirkt sich dies mindernd auf das KUG aus (§ 106 II 1 SGB III); zur Berücksichtigung von Arbeitszeitverringerungen aufgrund beschäftigungssichernder Kollektivvereinbarungen siehe § 106 II 3 SGB III. In § 106 III SGB III ist die Anrechnung von anderweitig erzielten Entgelten geregelt. Bis zum 31. Dezember 2021 bleibt abweichend von § 106 III SGB III Arbeitsentgelt aus einer während der Kurzarbeit aufgenommenen geringfügigen Beschäftigung (§ 8 I Nr. 1 SGB IV) beim KUG anrechnungsfrei (§ 421c I SGB III); zu weiteren Einzelheiten siehe § 106 IV SGB III.

14 **b) Anspruchshöhe und Bezugsdauer.** Das KUG beträgt nach § 105 SGB III **(1)** für AN, die beim Arbeitslosengeld die Voraussetzungen für den erhöhten Leistungssatz (→ § 23 Rn. 46) erfüllen würden, 67%, **(2)** für die übrigen AN 60% der Nettoentgeltdifferenz (§ 106 SGB III) im Anspruchszeitraum. Zur Abmilderung der wirtschaftlichen Folgen der **Corona-Pandemie** ist die Höhe des KUG vorübergehend erhöht worden. Danach gilt für AN, deren Arbeitszeit aufgrund von Kurzarbeit um zumindest die Hälfte reduziert wurde: nach dem dritten Monat beträgt das KUG 77%/70% und nach dem sechsten Monat 87%/80% der Nettoentgeltdifferenz im Anspruchszeitraum. Die erhöhten Leistungssätze gelten bis zum 31. Dezember 2021, wenn der Anspruch auf KUG bis zum 31. März 2021 entstanden ist (§ 421c II SGB III). Die Bezugsmonate müssen dabei nicht zusammenhängen. Die **Bezugsfrist** für das KUG beträgt längstens zwölf Monate (§ 104 I 1 SGB III). Nach § 109 I, Ia SGB III ist eine Verlängerung der Bezugsdauer unter den dort bestimmten Voraussetzungen bis zu 24 Monaten durch eine RechtsVO zulässig. Durch § 1 2. KugBeV (→ Rn. 1a) ist die Bezugsdauer für das KUG für AN, deren KUG-Anspruch bis zum 31. Dezember 2020 entstanden ist, auf bis zu 24 Monate, längstens bis zum 31. Dezember 2021, verlängert.

15 **8. Antrag.** Die Gewährung von KUG setzt als Anspruchsvoraussetzung einen Antrag voraus. Obwohl der einzelne **AN** Anspruchsberechtigter der Leistungen ist, sind diese von einer rechtzeitigen und formgerechten Antragstellung der in § 323 II 1, 2 SGB III Genannten abhängig. Der AN ist weder anzeige- noch antragsberechtigt und damit auch am Verwaltungs- und ggf. am gerichtlichen Verfahren nicht antragsbefugt, selbst wenn er durch den Bescheid der Arbeitsverwaltung beschwert ist.[36] Bescheide der BA über die Gewährung von KUG können nur von den in § 323 II SGB III genannten Antragsberechtigten mit Widerspruch und Klage angefochten werden.[37] Nach dieser Vorschrift sind KUG und Saison-KUG (inkl. ergänzende Leistungen nach § 102 SGB III; → Rn. 26) vom AG schriftlich oder elektronisch unter Beifügung einer Stellungnahme der Betriebsvertretung zu beantragen. Der **AG** ist nicht nur antragsberechtigt, sondern wird außerdem für die Berechnung und Auszahlung des KUG herangezogen (§ 320 I SGB III). Die Verletzung der dem AG obliegenden Mitwirkungspflichten (§ 99 I, § 100 II 4, § 320 IV SGB III) führt nicht zum Anspruchsverlust aufseiten des AN, sondern zu einer Aufklärung des maßgeblichen Sachverhalts durch die Arbeitsverwaltung.[38] Auch die **zuständige Betriebsvertretung** (BR, GBR, KBR) kann eine Anzeige einreichen (§ 99 I 2 SGB III) und einen Antrag auf KUG (§ 323 II 2 SGB III) stellen. KUG, Saison-KUG sowie ergänzende Leistungen nach § 102 SGB III sind für den jeweiligen Kalendermonat innerhalb einer Ausschlussfrist von drei Kalendermonaten zu beantragen (§ 325 III SGB III); die Frist beginnt mit Ablauf

---

[35] BSG 25.5.2005 SozR 4–4300 § 323 Nr. 1.
[36] BSG 25.5.2005 SozR 4–4300 § 323 Nr. 1 = NZA-RR 2006, 102 (Antrag auf Beiladung).
[37] BSG 25.5.2005 SozR 4–4300 § 323 Nr. 1 = NZA-RR 2006, 102.
[38] Brand/*Kühl* SGB III § 95 Rn. 18.

des Monats, in dem die Tage liegen, für die die Leistungen beantragt werden.[39] Die schuldhafte Verletzung der Anzeige nach § 99 SGB III durch den AG sowie dessen Antragstellung außerhalb der Ausschlussfrist des § 325 III SGB III begründet einen Schadenersatzanspruch des AN nach § 280 I BGB; Ansprüche gegen den BR bestehen mangels einer gegenüber dem einzelnen AN bestehenden Pflichtverletzung nicht. Der AG ist nach § 241 II BGB nur zu einem Widerspruch gegen den KUG-Bescheid verpflichtet, wenn dieser offensichtlich unzutreffend ist oder der AN die Berechnung des KUG rechtzeitig und substanziiert gerügt hat.[40] Eine Verpflichtung zur Erhebung einer Klage als Prozessstandschafter des AN besteht nur bei hinreichender Erfolgsaussicht. In einem Klageverfahren ist die Betriebsvertretung beizuladen.[41]

9. Sozialversicherung und Besteuerung. Während des Bezugs von KUG bleibt die Mitgliedschaft Versicherungspflichtiger in der gesetzlichen Krankenversicherung und in der gesetzlichen Rentenversicherung bestehen (§ 192 I Nr. 4 SGB V; §§ 1, 3 SGB VI; zur Beitragszahlung → Rn. 14). Nach § 232a II SGB V bemisst sich der Beitrag zur Krankenversicherung für Empfänger von KUG nach dem auf 80% beschränkten Unterschiedsbetrag zwischen dem Soll-Entgelt und dem Ist-Entgelt nach § 106 SGB III. Die auf das KUG entfallenden Beiträge sind vom AG zu tragen (§§ 249 II, 252 I 1 SGB V; §§ 163 VI, 168 I Nr. 1a SGB VI). Im zeitlichen Geltungsbereich der KugV (→ Rn. 1a) werden dem AG für AN, die vor dem 31. Juli 2023 KUG beziehen, nach näherer Maßgabe von § 2 KugV die von ihm zu tragenden Beiträge zur Sozialversicherung auf seinen Antrag von der BA für Arbeitsausfälle bis zum 30. Juni 2021 in voller Höhe und für solche für die Zeit vom 1. Juli 2021 bis zum 31. Dezember 2021 zur Hälfte erstattet. Die hälftige Erstattung kann bis zu 100% erhöht werden, wenn im Anspruchszeitraum eine Qualifizierung erfolgt und die Voraussetzungen des § 106a I SGB III erfüllt sind; die Qualifizierung muss nicht mehr mindestens 50% der Zeit des Arbeitsausfalls betragen. Daneben werden dem AG Lehrgangskosten für Weiterbildungsmaßnahmen der AN seines Betriebs nach § 106a II SGB III erstattet. Erhält ein AN KUG, ist er grundsätzlich zur Abgabe einer Einkommensteuererklärung verpflichtet. Das KUG ist zwar nach § 3 Nr. 2 EStG eine steuerfreie Einnahme, unterliegt aber dem Progressionsvorbehalt des § 32b EStG und kann daher zu einer Nachversteuerung der Einkünfte führen. Die in einem Sozialplan vereinbarten Ausgleichszahlungen für die durch Kurzarbeit entstehenden Nachteile und für die Dauer der Kurzarbeit stellen keine steuerfreie (ratierliche) Abfindung, sondern steuerpflichtigen Arbeitslohn dar.[42] 16

II. Saison-Kurzarbeitergeld

1. Allgemeines. Saison-KUG wird zur Überbrückung aller Arbeitsausfälle aus witterungsbedingten oder konjunkturellen Gründen gewährt (BT-Drs. 16/429, 14). Es ist eine Sonderform des KUG als Entgeltersatzleistung (§ 116 Nr. 4 SGB III) für die erfassten Baubetriebe und Wirtschaftszweige mit saisonbedingtem Arbeitsausfall (BT-Drs. 16/429, 11). Soweit § 101 SGB III keine Sonderregelungen enthält, gelten die Vorschriften über das KUG auch für das Saison-KUG entsprechend (§ 101 VII SGB III). 17

2. Voraussetzungen. a) Übersicht. Nach § 101 I SGB III haben AN in der Schlechtwetterzeit (1.12. d. Jahrs bis 31.3. d. Folgejahrs) Anspruch auf Saison-KUG, wenn **(1)** sie in einem Betrieb beschäftigt sind, der dem Baugewerbe oder einem Wirtschaftszweig angehört, der von saisonbedingtem Arbeitsausfall betroffen ist, **(2)** der Arbeitsausfall erheblich ist, **(3)** die betrieblichen Voraussetzungen des § 97 SGB III sowie die persönlichen Voraussetzungen des § 98 SGB III erfüllt sind. Daneben muss ein Antrag (§ 323 II SGB III) innerhalb einer Ausschlussfrist des § 325 III SGB III gestellt worden sein. Eine Anzeige des Arbeitsausfalls ist hingegen entbehrlich (§ 101 VII SGB III). 18

b) Betrieblicher Geltungsbereich. Der Anspruch auf Saison-KUG setzt eine Beschäftigung in einem Betrieb des Baugewerbes oder in einem Betrieb eines Wirtschaftszweigs, der von saisonbedingtem Arbeitsausfall betroffen ist, voraus (§ 101 I Nr. 1, II SGB III). Die Wirtschaftszweige, deren (inländische[43]) Betriebe dem Baugewerbe zuzuordnen sind, werden vom BMAS durch Rechtsverordnung festgelegt (§ 101 I, 109 II SGB III iVm § 1 I der Verordnung über die 19

[39] Hierzu BSG 6.4.2000 NZA-RR 2001, 609.
[40] SächsLAG 30.8.2002 NZA-RR 2003, 328.
[41] BSG 29.8.1974 BSGE 38, 94 = SozR 1500 § 75 Nr. 4.
[42] BFH 20.7.2010 DB 2010, 2084.
[43] Revision anhängig B 11 AL 11/18 R.

Betriebe des Baugewerbes, in denen die ganzjährige Beschäftigung zu fördern ist – Baubetriebe-VO vom 28.10.1980 [BGBl. I 2033], zul. geänd. durch G v. 20.12.2011 [BGBl. I 2854]) sowie des Gerüstbauer- und des Dachdeckerhandwerks (§ 1 III Nr. 1, 2 Baubetriebe-VO). § 101 III SGB III enthält eine Vermutung, dass Betriebe, die Bauleistungen auf dem Baumarkt erbringen, Betriebe des Baugewerbes nach § 101 II 1 SGB III sind. Die Vermutung kann gegenüber der BA durch den Nachweis widerlegt werden, dass die Erbringung von Bauleistungen gemessen an der betrieblichen Arbeitszeit nicht überwiegt. Maßgeblich ist die Anzahl der Arbeitsstunden, die für Bauleistungen erbracht werden.[44] Bei schwankendem arbeitszeitlichen Einsatz der AN für Bauleistungen ist auf den Jahreszeitraum abzustellen.[45] Nach § 133 SGB III galten bis zum 31.3.2021 folgende Besonderheiten im **Gerüstbauergewerbe:** **(1)** die Schlechtwetterzeit beginnt bereits am 1. November und endet am 31. März, **(2)** das Zuschuss-Wintergeld beträgt 1,03 EUR je ausgefallener Arbeitsstunde und wird – wie die Erstattung der Sozialversicherungsbeiträge (§ 102 IV SGB III) – nur zur Vermeidung oder Überbrückung witterungsbedingter Arbeitsausfälle gewährt. Für andere von saisonbedingtem Arbeitsausfall betroffene Wirtschaftszweige wird Saison-KUG geleistet, sofern eine entsprechende tarifliche Regelung besteht (§ 109 II–IV SGB III).

20 **c) Erheblicher Arbeitsausfall in der Schlechtwetterzeit. aa) Voraussetzungen.** § 101 V SGB III definiert den erheblichen Arbeitsausfall als solchen, der **(1)** auf wirtschaftlichen (→ Rn. 3) oder witterungsbedingten Gründen (→ Rn. 21) oder einem unabwendbaren Ereignis (→ Rn. 4) beruht, **(2)** vorübergehend besteht (→ Rn. 5) und **(3)** nicht vermeidbar ist (→ Rn. 6). Die Schlechtwetterzeit ist auf den Zeitraum vom 1.12. des Jahres bis zum 31.3. des Folgejahrs und damit um den Monat November verkürzt worden (Ausnahme: Gerüstbau, § 133 II SGB III). Anders als bei dem Winterausfallgeld kommt Saison-KUG auch bei Arbeitsausfall aus wirtschaftlichen Gründen, insbesondere bei auftragsbedingten Arbeitsausfällen, in Betracht. Damit werden auch die in der Praxis oft auftretenden mittelbaren Wirkungen schlechter Witterung für die betroffenen Unternehmen und ihre Belegschaft abgemildert.

21 **bb) Witterungsbedingte Gründe.** Sie sind in § 101 VI SGB III geregelt. Der Arbeitsausfall muss ausschließlich auf zwingenden Witterungsgründen beruhen, dh der Arbeitsplatz des anspruchsberechtigten AN muss unmittelbar so betroffen sein, dass er seine zugewiesene Tätigkeit infolge der Wetterlage nicht ausführen kann. Der Arbeitsausfall muss an einem Arbeitstag zumindest eine Stunde der regelmäßigen betrieblichen Arbeitszeit betragen. Im Unterschied zum konjunkturellen KUG müssen aber nicht zumindest ⅓ der im Betrieb beschäftigten AN von einem Entgeltausfall von jeweils mehr als 10% ihres Bruttomonatsentgelts betroffen sein. Zu den wirtschaftlichen Gründen und dem unabwendbaren Ereignis → Rn. 3 f.

22 **cc) Unvermeidbarkeit.** Unvermeidbar ist ein Arbeitsausfall, wenn im Betrieb alle wirtschaftlich zumutbaren Vorkehrungen getroffen wurden, um den Eintritt des Arbeitsausfalls zu verhindern (§§ 96 III 1, 101 VIII SGB III). Nach § 101 V 2 SGB III gilt als unvermeidbar ein Arbeitsausfall, der überwiegend branchenüblich, betriebsüblich oder saisonbedingt ist. Ein ausschließlich auf betriebsorganisatorischen Gründen beruhender Arbeitsausfall gilt – anders als beim KUG (→ Rn. 6a) – im Bereich des Saison-KUG hingegen als vermeidbar. Treffen betriebsorganisatorische und betriebsübliche Gründe zusammen, kann dennoch Saison-KUG gewährt werden, da die betriebsorganisatorischen Gründe nicht allein für den Arbeitsausfall verantwortlich sind.[46] Dessen Unvermeidbarkeit setzt regelmäßig den Einsatz des noch vorhandenen Erholungsurlaubs (§§ 96 IV 2 Nr. 2, 101 VIII SGB III, GA § 96 Nr. 2.8.2; Ausnahme: vorrangige Urlaubswünsche der AN) und die Auflösung vorhandener Arbeitszeitguthaben (§§ 96 IV 3, 101 VIII SGB III) voraus. Vorhandene Guthabenstunden sind grundsätzlich vorrangig einzubringen. Keine Einbringungspflicht besteht in den in § 99 IV 3 Nr. 1 und 3–5 SGB III geregelten vier Fällen. Nicht aufgelöst werden müssen **(1)** bis zu 50 Stunden, die für Brückentage oder zu erwartende Arbeitsausfälle außerhalb der Schlechtwetterzeit durch schriftliche Vereinbarung von AG und AN oder BR geschützt worden sind, **(2)** Stunden, die ausschließlich für eine vorzeitige Freistellung aus Altersgründen oder zum Zwecke der Qualifizierung bestimmt sind, **(3)** Stunden, die den Umfang von 10% der ohne Mehrarbeit geschuldeten Jahresarbeitszeit (Bauhauptgewerbe: 40 × 52 = 2 080 Std., Dachdeckerhandwerk: 39 × 52 = 2 028 Std.) eines AN übersteigen sowie **(4)** Stunden, die länger als 1 Jahr unverändert bestanden haben. Die bisherige Winterausfallgeldvorausleistung von 30 Stunden ist entfallen; sind keine Guthabenstunden vorhanden, kann Saison-KUG ab der ersten Ausfallstunde

[44] BSG 15.2.2000 SozR 3–4100 § 75 Nr. 3.
[45] Brand/*Kühl* SGB III § 101 Rn. 20, dort auch zum Nachweis iSd § 101 III 2 SGB III.
[46] Brand/*Kühl* SGB III § 101 Rn. 24.

bezogen werden. Vor der Schlechtwetterzeit bereits ausgezahlte Arbeitszeitguthaben werden auf den Anspruch auf Saison-KUG angerechnet (§ 101 V 3 SGB III), es sei denn, sie sind zum Ausgleich für einen verstetigten Monatslohn, bei witterungsbedingtem Arbeitsausfall oder bei Freistellung zum Zwecke der Qualifizierung aufgelöst worden. Die Anrechnung wird durch entsprechende Erhöhung des Ist-Entgelts (→ Rn. 13) umgesetzt.

3. Betriebliche und persönliche Voraussetzungen. Gegenüber dem konjunkturellen KUG bestehen keine Besonderheiten (→ Rn. 8, 9). Die Voraussetzungen einer Beitragspflicht nach den VTV und einer Umlagepflicht nach § 354 iVm § 102 SGB III sind nicht deckungsgleich.[47] 23

4. Anspruchsdauer. Das Saison-KUG wird grundsätzlich ab der ersten Ausfallstunde gewährt. Bei Betrieben, die dem BRTV-Bau, dem RTV Dachdecker oder dem BRTV Garten-, Landschafts- und Sportplatzbau unterliegen, ist das zur Vermeidung von Saison-KUG angesparte Arbeitszeitguthaben vorher zu berücksichtigen (→ Rn. 22). Im Tarifbereich des Gerüstbaugewerbes ist bei witterungsbedingten Arbeitsausfällen die tarifliche Ausgleichsleistung von 150 Ausfallstunden einzubringen, sodass Saison-KUG erst ab der 151. Ausfallstunde gewährt werden kann. Saison-KUG kann in einem Betrieb, der dem BRTV-Bau, dem RTV Dachdecker oder dem BRTV Garten-, Landschafts- und Sportplatzbau unterliegt, längstens in der Schlechtwetterzeit vom 1.12. bis 31.3. gewährt werden; zu den befristeten Regelungen für das Gerüstbaugewerbe → Rn. 19. Die Bezugszeit von Saison-KUG wird nicht auf die Bezugsdauer des KUG angerechnet. 24

5. Anspruchshöhe. Das Saison-KUG wird wie das KUG berechnet (→ Rn. 13). AN, deren Arbeitsverhältnis in der Schlechtwetterzeit nicht aus witterungsbedingten Gründen gekündigt werden kann (§ 102 V SGB III), haben Anspruch auf ergänzende Leistungen nach § 102 SGB III. Ein solcher Kündigungsausschluss besteht für gewerbliche AN im Bauhauptgewerbe (§ 11 Nr. 2 BRTV-Bau) und Dachdeckergewerbe (§ 50 RTV-Dachdecker). Bei den zusätzlichen Leistungen handelt es sich um **(a)** Zuschuss-Wintergeld und **(b)** Mehraufwands-Wintergeld (§ 102 I SGB III). Daneben werden nach § 102 I SGB III **(c)** die von den AG allein zu tragenden Beiträge zur Sozialversicherung für Bezieher von Saison-KUG auf Antrag erstattet (Sozialaufwandserstattung). **Zuschuss-Wintergeld** in Höhe von 2,50 EUR erhalten AN steuer- und sozialversicherungsfrei je ausgefallener Arbeitsstunde, wenn zu deren Ausgleich Arbeitszeitguthaben aufgelöst und dadurch die Inanspruchnahme des Saison-KUG vermieden wird (§ 101 II SGB III); zum Gerüstbauergewerbe → Rn. 19. **Mehraufwands-Wintergeld** in Höhe von 1,00 EUR erhalten AN steuer- und sozialversicherungsfrei für jede in der Zeit vom 15. Dezember bis zum 28. bzw. 29. Februar geleistete Arbeitsstunde. Der Anspruch ist auf 90 Stunden im Dezember und je 180 im Januar und Februar begrenzt (§ 102 III 2 SGB III). **Sozialaufwandserstattung** erhalten AG für die während des Saison-KUG Bezugs zu tragenden Beiträge zur Sozialversicherung, soweit für diese Zwecke Mittel durch eine Umlage aufgebracht werden (§ 102 SGB III). Dadurch ist Saison-KUG für AG praktisch kostenneutral. Im zeitlichen Geltungsbereich der KugV (→ Rn. 1a) werden dem AG nach näherer Maßgabe von § 2 KugV die von ihm zu tragenden Beiträge zur Sozialversicherung erstattet (→ Rn. 16). 25

6. Einführung und Beendigung. Im Geltungsbereich des BRTV-Bau oder des RTV-Dachdecker kann der AG die Fortsetzung, Einstellung oder Wiederaufnahme der Arbeit nach Beratung mit dem BR einseitig anordnen (§ 4 Nr. 6.4 BRTV-Bau, § 17 Nr. 3 RTV-Dachdecker). § 4 Nr. 6.1 S. 2 BRTV-Bau verpflichtet den AG zur Zahlung des Saison-KUG in der gesetzlichen Höhe unabhängig davon, ob die persönlichen Bewilligungsvoraussetzungen für das KUG gem. §§ 95, 98 SGB III erfüllt sind.[48] 26

7. Finanzierung. Saison-KUG wird aus den Mitteln der Arbeitsverwaltung finanziert. Im Bauhauptgewerbe werden die ergänzenden Leitungen von den Baubetrieben durch eine an die SOKA-Bau abzuführende Umlage in Höhe von 2% der Bruttolohnsumme der gewerblichen AN aufgebracht, von denen die AG 1,2% und die AN 0,8% tragen (§ 3 II Nr. 1 Winterbeschäftigungs-VO).[49] Im Dachdeckerhandwerk beträgt die an die Lohnausgleichskasse des Dachdecker- 27

---

[47] BAG 27.3.2019 AP Nr. 366 zu § 1 TVG Tarifverträge: Bau = NZA 2019, 1518.
[48] BAG 22.4.2009 AP Nr. 311 zu § 1 TVG Tarifverträge: Bau = NZA 2009, 913.
[49] VO über ergänzende Leistungen zum Saison-Kurzarbeitergeld und die Aufbringung der erforderlichen Mittel zur Aufrechterhaltung der Beschäftigung in den Wintermonaten (Winterbeschäftigungs-Verordnung – WinterbeschV) vom 26.4.2006 (BGBl. I 1086), zul. geänd. durch VO v. 24.6.2013 (BGBl. I 1681).

handwerks abzuführende Umlage ebenfalls 2% der Bruttolohnsumme der gewerblichen AN (AG 1,2%, AN 0,8%, § 3 II Nr. 3 Winterbeschäftigungs-VO), während nach Abs. 2 Nr. 2 im Gerüstbauerhandwerk der AG allein die Umlage von 1% zu tragen hat. In den Betrieben des Garten- und Landschaftsbaus beträgt sie 1,85% (AG 1,05%, AN 0,8%, § 3 II Nr. 4 Winterbeschäftigungs-VO). AN können den von ihnen zu tragenden Anteil an der Umlage als Werbungskosten (§ 9 I 1 EStG) steuerlich geltend machen (BT-Drs. 16/429, 12).

3. Abschnitt. Leistungsstörungen

§ 49. Unmöglichkeit der Arbeitsleistung

Übersicht

I. Begriff

1. Unmöglichkeit der Leistung. Nach § 275 I BGB ist ein Anspruch auf die Leistung iSd **§ 275 I BGB** ausgeschlossen, soweit diese für den Schuldner oder für jedermann unmöglich ist. Die gesetzliche Neuregelung unterscheidet nicht mehr zwischen objektiver Unmöglichkeit und subjektivem Unvermögen. Weiterhin werden anfängliche (dazu → Rn. 3) und nachträgliche (dazu → Rn. 5) Unmöglichkeit gleichgestellt.[1] Ist die Leistung für jedermann oder auch nur für den Schuldner unmöglich, ist der Anspruch des Gläubigers auf die Leistung automatisch ausgeschlossen. Die Unmöglichkeit bringt die Pflicht des Schuldners allerdings nicht als solche zum Erlöschen, es wird nur ihre Durchsetzbarkeit gehindert.[2] Es handelt sich um eine kraft Gesetzes zu beachtende Einwendung.[3] Eine Einrede des Schuldners ist nicht erforderlich.[4] Nach **§ 275 II BGB** wird der AN von der Leistungspflicht frei, wenn die Leistung zwar an sich möglich ist, sie aber einen Aufwand erfordert, der nach Treu und Glauben in einem groben Missverhältnis zu dem Leistungsinteresse des Gläubigers steht. Nicht hierunter fallen bloße Leistungserschwerungen.[5] Der Einrede[6] nach § 275 II BGB kommt freilich im Arbeitsrecht nur geringe Bedeutung zu. 1

2. Unzumutbarkeit der Leistung. Nach § 275 III BGB steht dem AN ein Leistungsverweigerungsrecht zu, wenn ihm die Arbeitsleistung unter Abwägung des der Leistung entgegenstehenden Hindernisses und dem Leistungsinteresse des AG nicht zugemutet werden kann. Das Leistungsverweigerungsrecht aus § 275 III BGB ist als Einrede des AN ausgestaltet und nicht von Amts wegen zu berücksichtigen.[7] Der AN hat also die Wahl, ob er in den von § 275 III BGB erfassten Fällen arbeitet oder ein Leistungsverweigerungsrecht geltend macht.[8] Unzumutbarkeit der Arbeitsleistung liegt nach der Gesetzesbegründung beispielsweise vor, wenn eine Opernsängerin wegen einer lebensgefährlichen Erkrankung ihres Kindes nicht auftreten kann.[9] Entsprechendes gilt, wenn der AN als Zeuge vor Gericht zu erscheinen hat.[10] Im Falle einer Pflichtenkollision waren allerdings auch schon bisher die wechselseitigen Interessen gegeneinander abzuwägen. Eine Pflichtenkollision bleibt für den AN – kündigungsrechtlich – grundsätzlich folgenlos, wenn er unverschuldet in eine Zwangslage geraten ist.[11] 2

3. Glaubens- oder Gewissenskonflikte. § 275 III BGB eröffnet dem AN auch das Recht zur Leistungsverweigerung aus Glaubens- oder Gewissensgründen (zum Verhältnis zum Wei- 2a

[1] *Canaris* JZ 2001, 499 (500); HWK/*Thüsing* BGB § 611a Rn. 545; *Zimmer* NJW 2002, 1 (2).
[2] Staudinger/*Caspers* BGB § 275 Rn. 79.
[3] Erman/*Ulber* BGB § 275 Rn. 2.
[4] Staudinger/*Caspers* BGB § 275 Rn. 79.
[5] BT-Drs. 14/6040, 129.
[6] MüKoBGB/*Spinner* § 611a Rn. 951; ErfK/*Preis* BGB § 611a Rn. 674.
[7] Ebenso Palandt/*Grüneberg* BGB § 275 Rn. 31 f.; ErfK/*Preis* BGB § 611a Rn. 674; HWK/*Thüsing* BGB § 611a Rn. 547.
[8] MüKoBGB/*Spinner* § 611a Rn. 952.
[9] BT-Drs. 14/6040, 130; dazu *Greiner* NZA 2007, 490.
[10] Vgl. BAG 13.12.2001 AP Nr. 1 zu § 33 MTArb = NZA 2002, 1105.
[11] BAG 21.5.1992 AP Nr. 29 zu § 1 KSchG 1969 Verhaltensbedingte Kündigung = NZA 1993, 115.

sungsrecht → § 45 Rn. 41).[12] Ausgehend vom subjektiven Gewissensbegriff kann er die Arbeitsleistung verweigern, wenn er darlegt, ihm sei die Erbringung der vertraglich geschuldeten Leistung wegen einer aus der spezifischen Sachlage folgenden Gewissensnot nicht zumutbar. Hierzu hat er konkret zu verdeutlichen, dass ihn die Erfüllung der Arbeitspflicht in einen ernsthaften Glaubens- oder Gewissenskonflikt bringen würde. Die nicht ernsthafte, möglicherweise nur vorgeschobene Berufung auf bestimmte Glaubensinhalte und -gebote kann keine Beachtung finden. Auch wenn Glaubens- oder Gewissensüberzeugungen keiner Nachprüfung anhand von Kriterien wie „irrig", „beachtlich" oder „unbeachtlich" unterliegen, muss doch erkennbar sein, dass der AN den von ihm ins Feld geführten Ge- oder Verboten absolute Verbindlichkeit beimisst.[13] Diese müssen im Falle der Arbeitsverweigerung bestimmte Arbeitspflichten erfassen. Die konkrete Reichweite der Ge- und Verbote muss sich aus den Darlegungen des AN unzweifelhaft ergeben.[14] Beendet ein Mitarbeiter eines Call-Centers entgegen einer Anweisung des AG seine Kundengespräche aus vermeintlichen Glaubensgründen stets mit den Worten „Jesus hat Sie lieb!", hat er konkret aufzuzeigen, auf welchen christlichen Überzeugung oder Bibelstellen dieses von ihm behauptete Gebot beruht.[15] Lässt sich aus den festgestellten Tatsachen im konkreten Fall ein Gewissenskonflikt ableiten, unterliegen die Relevanz und Gewichtigkeit der Gewissensbildung keiner gerichtlichen Kontrolle.[16] Der AN kann aus religiösen Gründen auch zur Verweigerung von Sonntagsarbeit berechtigt sein (dazu auch → § 3 Rn. 25).[17] In diesem Fall entfällt allerdings nach § 326 I BGB regelmäßig der Entgeltanspruch, wenn der AG dem AN nicht im Wege des Weisungsrechts eine andere Tätigkeit zuweisen kann (→ § 97 Rn. 9).[18]

2b Für die Feststellung der Unzumutbarkeit iSv § 275 III BGB ist die **Vorhersehbarkeit** des Glaubens- oder Gewissenskonflikts von Bedeutung.[19] In diesem Fall können bereits Zweifel an der Ernsthaftigkeit der behaupteten Überzeugungen bestehen. Weiter ist zu erwägen, ob es einem AN, der sich im Wissen um einen unvermeidlich auftretenden Konflikt zur Erbringung der diesen auslösenden Arbeiten verpflichtet hat, nicht wegen widersprüchlichen Verhaltens nach § 242 BGB verwehrt ist, sich gegenüber einer entsprechenden Arbeitsanweisung auf seinen Glauben oder sein Gewissen zu berufen.[20] Andererseits darf nicht außer Acht gelassen werden, dass ein Glaubens- oder Gewissenskonflikt aufgrund einer Wandlung der persönlichen Einstellungen des AN erst im Laufe des Arbeitsverhältnisses entstehen kann.[21] In diesem Fall ist es dem AN nicht verwehrt, das Leistungsverweigerungsrecht geltend zu machen. Stets hat der AN jedoch mit einer personenbedingten Kündigung zu rechnen. Kann der AG ihn nicht auf einem Arbeitsplatz beschäftigen, auf dem der Glaubens- oder Gewissenskonflikt nicht mehr auftritt, fehlt ihm die erforderliche Eignung zur Weiterbeschäftigung.[22]

II. Anfängliche Unmöglichkeit

3 Ist die Erfüllung der Arbeitsvertragsverpflichtung bereits bei Vertragsschluss unmöglich (§ 275 BGB), steht dies gem. § 311a I BGB der Wirksamkeit des Vertrags nicht entgegen. Gem. § 311a II BGB kann der Gläubiger (= AG) allerdings nach seiner Wahl Schadensersatz statt der Leistung oder Ersatz seiner Aufwendungen in dem in § 284 BGB bestimmten Umfang verlangen, wenn der Schuldner (= AN) die anfängliche Unmöglichkeit zu vertreten hat. Der Schuldner hat das Nichtvertretenmüssen darzulegen und zu beweisen (§ 311a II 2 BGB). Das Gesetz regelt damit eine Haftung für Verschulden bei Vertragsschluss. Der Schadensersatzanspruch geht auf das posi-

[12] Dazu *Greiner* RdA 2013, 9.
[13] BAG 24.2.2011 AP Nr. 9 zu Art. 4 GG = NZA 2011, 1087; 24.5.1989 AP Nr. 1 zu § 611 BGB Gewissensfreiheit = NZA 1990, 144.
[14] BAG 24.2.2011 AP Nr. 9 zu Art. 4 GG = NZA 2011, 1087.
[15] LAG Hamm 20.4.2011 NZA-RR 2011, 640.
[16] BAG 24.2.2011 AP Nr. 9 zu Art. 4 GG = NZA 2011, 1087; *Greiner* Anm. zu BAG AP Nr. 9 zu Art. 4 GG.
[17] LAG Hamm 8.11.2007 LAGE Art. 4 GG Nr. 5.
[18] BeckOGK/*Bieder*, 1.2.2020, BGB § 616 Rn. 32; MüKoBGB/*Henssler* § 616 Rn. 56; Staudinger/*Oetker* BGB § 616 Rn. 73; aA *Kamanabrou* GS Zachert, 2010, 400 (406 ff.).
[19] Vgl. hierzu BAG 24.2.2011 AP Nr. 9 zu Art. 4 GG = NZA 2011, 1087; 22.5.2003 AP Nr. 18 zu § 1 KSchG 1969 Wartezeit; 24.5.1989 AP Nr. 1 zu § 611 BGB Gewissensfreiheit = NZA 1990, 144; 20.12.1984 AP Nr. 27 zu § 611 BGB Direktionsrecht = NZA 1986, 21; *Scholl* BB 2012, 53 (56 f.).
[20] BAG 24.2.2011 AP Nr. 9 zu Art. 4 GG = NZA 2011, 1087.
[21] BAG 24.2.2011 AP Nr. 9 zu Art. 4 GG = NZA 2011, 1087; *Greiner* Anm. zu BAG AP Nr. 9 zu Art. 4 GG; *Scholl* BB 2012, 53 (56).
[22] Dazu BAG 24.2.2011 AP Nr. 9 zu Art. 4 GG = NZA 2011, 1087; *Greiner* Anm. zu BAG AP Nr. 9 zu Art. 4 GG; *Scholl* BB 2012, 53 (58).

tive Interesse.[23] Da der Schadenersatzanspruch nicht auf § 280 I BGB beruht, bedarf es keiner Fristsetzung nach § 283 BGB.[24] Allein der Abschluss zweier Arbeitsverträge führt noch nicht zur anfänglichen Unmöglichkeit der Arbeitsleistung. Unmöglichkeit liegt vielmehr erst vor, wenn der AN die Arbeitsleistung in einem der Arbeitsverhältnisse nicht erbringt, weil er in dem anderen tätig ist.[25] Erst dann kommt ein Schadensersatzanspruch nach §§ 280 I, 283 BGB in Betracht.[26] Die Gegenleistungspflicht des AG entfällt in diesen Fällen gem. § 326 I BGB.

Die im Falle der anfänglichen Unmöglichkeit auf das positive Interesse gerichtete Schadenser- 4
satzpflicht bedeutet für den AN eine **Haftungsverschärfung.** Diese wohl kaum gewollte Rechtsfolge scheidet freilich aus, wenn der Arbeitsvertrag gegen ein gesetzliches Verbot verstößt und deshalb nach § 134 BGB nichtig ist. Denn in diesem Fall entsteht wegen der Rechtsfolge des § 134 BGB kein Schuldverhältnis.[27] Schadensersatzansprüche können sich daher nur wegen Verschuldens bei Vertragsschluss (§ 311 II iVm § 280 BGB) ergeben. Zu ersetzen ist dann nur der Vertrauensschaden, dh das negative Interesse (→ § 26 Rn. 7).[28] Für diese Haftungseinschränkung ist allerdings kein Raum, wenn ein ausländischer AN nicht im Besitz einer **Arbeitsgenehmigung** nach § 284 SGB III ist.[29] Dagegen spricht, dass bislang in den Fällen fehlender Arbeitsgenehmigung gerade kein Verstoß gegen § 134 BGB angenommen wurde.[30] Nach der seit dem 1.1.2002 geltenden Rechtslage kann der AG daher ggf. den Erfüllungsschaden geltend machen, wenn er einen Auftrag nicht abwickeln kann. Den berechtigten Interessen des AN ist über § 254 BGB Rechnung zu tragen. Hier kann berücksichtigt werden, ob sich der AG nach einer Arbeitsgenehmigung erkundigt oder der AN den AG getäuscht hat.[31] Rechtliche Unmöglichkeit besteht, wenn eine bei der Einstellung bereits **schwangere AN** in einem befristeten Arbeitsverhältnis auf dem vorgesehenen Arbeitsplatz wegen eines Beschäftigungsverbots (§ 3 MuSchG) für die Dauer der Befristung nicht eingesetzt werden kann. Ein Schadensersatzanspruch des AG dürfte in diesen Fällen allerdings mit dem Verbot der Benachteiligung wegen des Geschlechts im AGG und Unionsrecht nicht vereinbar sein.[32] So ist der AG auch dann zur Vergütungszahlung verpflichtet, wenn er die Schwangere während des befristeten Arbeitsverhältnisses nicht beschäftigen kann (→ § 170 Rn. 1 ff.).[33]

III. Nachträgliche Unmöglichkeit

1. Keine Nachholung der Arbeit. Wird die Arbeitsleistung dem AN subjektiv oder 5
objektiv nachträglich unmöglich, wird er nach § 275 I BGB von der Pflicht zur Arbeitsleistung frei. Der AN ist grundsätzlich nicht zur Nachholung nicht erbrachter Arbeitsleistungen verpflichtet. Die Arbeitsleistung hat regelmäßig **Fixschuldcharakter.**[34] Der AN gerät deshalb bei nicht erbrachter Arbeitsleistung nicht in Schuldnerverzug, es tritt vielmehr grundsätzlich Unmöglichkeit ein.[35] Bei Unmöglichkeit der Arbeitsleistung iSv § 275 I BGB entfällt grundsätzlich der Anspruch des AN auf die Gegenleistung (§ 326 I BGB), es sei denn, der AG ist für den Umstand, aufgrund dessen der AN nicht zu leisten braucht, allein oder weit überwiegend verantwortlich ist (§ 326 II 1 Alt. 1 BGB; → § 95 Rn. 2). Bezogen auf die **Beschäftigungspflicht** besteht Unmöglichkeit iSv § 275 I BGB, wenn der Arbeitsplatz im Betrieb des AG weggefallen ist. Der Einwand der Unmöglichkeit ist auch noch im Zwangsvollstreckungsverfahren zu berücksichtigen. Daher ist ein **Zwangsvollstreckungsantrag** zurückzuweisen, wenn der Arbeitsplatz, auf dem die titulierte Tätigkeit hätte ausgeübt werden können, nachträglich infolge einer Umstrukturierung weggefallen und damit unmöglich

[23] *Gotthardt,* ArbR nach der Schuldrechtsreform, Rn. 57; Palandt/*Grüneberg* BGB § 311a Rn. 7; Staudinger/*Feldmann* BGB § 311a Rn. 34.
[24] Vgl. *Däubler* NJW 2001, 3729 (3732); Staudinger/*Feldmann* BGB § 311a Rn. 38.
[25] *Richardi* NZA 2002, 1004 (1007) sowie bereits zuvor BAG 26.3.1965 AP Nr. 1 zu § 306 BGB.
[26] *Gotthardt,* ArbR nach der Schuldrechtsreform, Rn. 96.
[27] *Canaris* JZ 2001, 499 (504).
[28] *Gotthardt,* ArbR nach der Schuldrechtsreform, Rn. 164; *Löwisch* FS Wiedemann, 311 (325 f.).
[29] AA *Gotthardt,* ArbR nach der Schuldrechtsreform, Rn. 164; *Löwisch* FS Wiedemann, 311 (325 f.).
[30] Vgl. dazu näher BAG 7.2.1990 AP Nr. 14 zu § 1 KSchG 1969 Personenbedingte Kündigung = NZA 1991, 341.
[31] Hierfür auch *Löwisch* FS Wiedemann, 311 (326) für den Schadensersatz wegen c. i. c.
[32] Zutr. *Gotthardt,* ArbR nach der Schuldrechtsreform, Rn. 165.
[33] EuGH 4.10.2001 AP Nr. 3 zu EWG-Richtlinie Nr. 92/85 = NZA 2001, 1243.
[34] MüKoBGB/*Spinner* § 611a Rn. 956; ErfK/*Preis* BGB § 611a Rn. 676 f.; für eine absolute Fixschuld Staudinger/*Richardi/Fischinger* BGB § 611a Rn. 1077.
[35] *Picker* FS Kissel, 813 ff.; ErfK/*Preis* BGB § 611a Rn. 677.

geworden ist.[36] Auch bei nachträglicher dauernder Unmöglichkeit der Arbeitsleistung endet das Arbeitsverhältnis nur durch Kündigung.[37] Dies gilt beispielsweise, wenn der AN die geschuldete Arbeit nicht mehr erbringen kann. Gehen die Umsätze eines Vertriebsmitarbeiters zurück, begründet dies allein keine, auch nicht eine teilweise Unmöglichkeit der geschuldeten Arbeitsleistung.[38] Anderes gilt, wenn ein Krankenhausträger einem angestellten Chefarzt nicht die personellen und sächlichen Mittel zur Verfügung stellt, die dieser zur Behandlung der Wahlleistungspatienten benötigt. Diese Verpflichtung besteht arbeitstäglich und weist eine derartige zeitliche Bindung auf, dass ein Fixgeschäft vorliegt, dh die Erwerbschance besteht für den AN auf der Zeitachse nur einmalig. Ist die Zeit verstrichen, kann die Nutzung nicht nachgeholt werden (zu den Rechtsfolgen → Rn. 7).[39] Besonderheiten gelten allerdings, wenn der AN nach den bestehenden vertraglichen Vereinbarungen die Lage der Arbeitszeit selbst bestimmen und ausgefallene Arbeitszeit nachholen kann. Dies ist etwa bei Arbeitszeitkonten oder Gleitzeitvereinbarungen anzunehmen. Hier tritt Unmöglichkeit nicht schon ein, wenn der AN an einem bestimmten Tag nicht die vereinbarte regelmäßige Arbeitszeit gearbeitet hat, sondern erst, wenn der AN innerhalb des vereinbarten Zeitraums seine Arbeitsleistung nicht erbringt.[40] Es besteht dann eine **relative Fixschuld** iSv § 323 II Nr. 2 BGB.

6 **2. Arbeitsunfähigkeit.** Im Falle der Arbeitsunfähigkeit ist zu unterscheiden: § 275 I BGB findet nur Anwendung, wenn die Erbringung der Arbeitsleistung – beispielsweise unmittelbar nach einer Blinddarmoperation – schlechthin ausgeschlossen ist. Könnte der AN die Arbeitsleistung jedoch erbringen, wenn er sich überobligatorisch „zusammenreißen" würde, liegt kein Fall des § 275 I BGB vor.[41] Ist dem AN – etwa bei einer Erkältung mit leichtem Fieber – die Arbeitsleistung lediglich nicht zumutbar, kann er nach § 275 III BGB die Leistung verweigern.[42] Abweichend von § 326 I BGB entfällt nach näherer Maßgabe von §§ 3, 4 EFZG der Anspruch auf die Gegenleistung, dh das Arbeitsentgelt, nicht. Die nach § 275 III BGB vom AN zu erhebende Einrede hat in diesen Fällen ausnahmsweise Rückwirkung. Dies folgt aus dem Regelungszusammenhang mit §§ 5 I, 7 I Nr. 1 EFZG. Danach begründet die nicht unverzügliche Anzeige der Arbeitsunfähigkeit nur ein vorübergehendes Leistungsverweigerungsrecht des AG, das mit Vorlage der Arbeitsunfähigkeitsbescheinigung erlischt.[43] Kann eine Krankenschwester aus gesundheitlichen Gründen nicht mehr in der Nachtschicht eingesetzt werden, liegt keine teilweise Unmöglichkeit der Arbeit vor, wenn sie Arbeiten einer Krankenschwester in vollem zeitlichem Umfang weiterhin erbringen kann. Der AG hat dann sein Weisungsrecht so auszuüben, dass für sie keine Nachtdienste anfallen.[44]

IV. Gegenleistung

7 Braucht der AN wegen Unmöglichkeit nicht zu arbeiten (§ 275 I–III BGB), verliert er gem. § 326 I BGB grundsätzlich auch den Vergütungsanspruch. Anderes gilt nach § 615 BGB, wenn sich der AG bei Eintritt der Unmöglichkeit im Annahmeverzug befindet. Beruht die Unmöglichkeit der Arbeitsleistung aufgrund ihres Fixschuldcharakters (→ Rn. 5) allein auf dem Zeitablauf, wird der Vergütungsanspruch unabhängig vom Verschulden des AG nach § 615 BGB aufrechterhalten, wenn die Voraussetzungen des Annahmeverzugs zur Zeit des Eintritts der Unmöglichkeit vorlagen. Ansprüche aus § 615 S. 3 BGB kommen in Betracht, wenn die Arbeit infolge von Umständen ausfällt, für die der AG das Risiko trägt (→ § 101 Rn. 1 ff.). Befand sich der AG nicht in Annahmeverzugs, weil dessen Voraussetzungen nicht vorlagen (→ § 95 Rn. 17 ff.), etwa weil ein Fall des § 297 BGB gegeben war, kann der Vergütungsanspruch nach

[36] BAG 5.2.2020 AP Nr. 12 zu § 888 ZPO mAnm *Pallasch* = NZA 2020, 542; anders noch BAG 21.3.2018 AP Nr. 9 zu § 767 ZPO = NZA 2018, 1071.
[37] BAG 28.2.1990 AP Nr. 25 zu § 1 KSchG 1969 Krankheit = NZA 1990, 727.
[38] BAG 16.2.2012 NZA 2012, 1307.
[39] BAG 15.9.2011 AP Nr. 10 zu § 280 BGB = NZA 2012, 377.
[40] MüKoBGB/*Spinner* § 611a Rn. 956; ErfK/*Preis* BGB § 611a Rn. 677; MHdB ArbR/*Reichold* § 43 Rn. 8 f.; HWK/*Thüsing* BGB § 611a Rn. 545.
[41] MüKoBGB/*Ernst* § 275 Rn. 40.
[42] Ebenso *Gotthardt/Greiner* DB 2002, 2106 (2110); *Henssler/Muthers* ZGS 2002, 219 (223); *Lindemann* AuR 2002, 81 (82); *Löwisch* FS Wiedemann, 311 (323); ErfK/*Preis* BGB § 611a Rn. 685; MHdB ArbR/*Reichold* § 43 Rn. 17; HWK/*Thüsing* BGB § 611 Rn. 548; aA *Berkowsky* AuA 2002, 11; *Canaris* JZ 2001, 499 (504); *Joussen* NZA 2001, 745 (747).
[43] Zutr. *Gotthardt/Greiner* DB 2002, 2106 (2109 f.).
[44] BAG 9.4.2014 AP Nr. 29 zu § 106 GewO = NZA 2014, 719.

§ 326 II 1 Alt. 1 BGB aufrechterhalten werden, wenn dessen Voraussetzungen erfüllt sind, insbesondere der AG für die Unmöglichkeit verantwortlich ist.[45] Dies setzt ein Vertretenmüssen iSd §§ 276, 278 BGB voraus, dh mindestens fahrlässiges Handeln.[46] Hat ein Krankenhausträger einen Chefarzt, der nach dem Arbeitsvertrag ein „Liquidationsrecht" bei der Behandlung der Wahlleistungspatienten hat, unwirksam gekündigt, kann dieser vom AG Schadensersatz § 280 I iVm § 283 BGB und nicht Zahlung von Annahmeverzugsvergütung verlangen.[47]

V. Zu vertretende Unmöglichkeit

Hat der AN die Unmöglichkeit zu vertreten, wie beispielsweise bei eigenmächtigem Urlaubsantritt oder „Blaumachen", macht er sich uU schadensersatzpflichtig (vgl. §§ 280 I, 283 BGB). Das Rücktrittsrecht aus § 326 V BGB ist durch das Recht zur außerordentlichen Kündigung verdrängt.[48] Ob im Falle der vorübergehenden oder teilweisen Unmöglichkeit das Arbeitsverhältnis beendet werden kann, ist nach § 626 BGB bzw. § 1 KSchG zu beurteilen. 8

VI. Rechtliches Unvermögen

Soll eine Rechtsnorm das rechtliche Unvermögen zur Berufstätigkeit begründen, muss sie diese Rechtsfolge klar und deutlich zum Ausdruck bringen. Nach dem Gebot der Rechtssicherheit ist im Zweifel kein die Berufstätigkeit als solche untersagendes Beschäftigungsverbot anzunehmen. So führt die Verletzung der zwingenden Fortbildungspflicht für das zur Notfallrettung eingesetzte nichtärztliche Personal in Nordrhein-Westfalen nicht ohne Weiteres zu einem Beschäftigungsverbot. Da diese Fortbildungspflicht dem AG geschuldet ist, kann dieser ihre Verletzung dem Beschäftigungsanspruch des AN einredeweise entgegenhalten.[49] 9

§ 50. Zurückbehaltungsrecht

Übersicht

I. Zweck

Hat ein Schuldner einen fälligen Anspruch gegen seinen Gläubiger, den dieser nicht erfüllt, kann der Schuldner die Erbringung seiner Leistung verweigern, bis der ihm gegenüber aus demselben rechtlichen Verhältnis verpflichtete Gläubiger leistet. Im Arbeitsverhältnis kann dem AN ein Zurückbehaltungsrecht zustehen, wenn der AG seine aus dem Arbeitsverhältnis folgenden Haupt- oder Nebenpflichten schuldhaft nicht erfüllt.[1] Sind die beiden Leistungsverpflichtungen gleichartig, kann der Schuldner uU aufrechnen (→ § 73 Rn. 8 ff.). Fehlt es dagegen an der Gleichartigkeit, wird die Verbindung zwischen den beiden Leistungspflichten durch die **Einrede des nicht erfüllten Vertrags (§§ 320, 322 BGB),** die Unsicherheitseinrede (§ 321 BGB) und die Einrede des Zurückbehaltungsrechts (§§ 273, 274 BGB) hergestellt. Das Zurückbehaltungsrecht ist ein Sicherungsmittel. Es gibt eine aufschiebende Ein- 1

[45] BAG 23.9.2015 AP Nr. 143 zu § 615 BGB = NZA 2016, 293.
[46] BAG 27.1.2016 NZA 2016, 691; 19.8.2015 AP Nr. 140 zu § 615 BGB = NZA 2015, 1460.
[47] BAG 15.9.2011 AP Nr. 10 zu § 280 BGB = NZA 2012, 377.
[48] *Gotthardt,* ArbR nach der Schuldrechtsreform, Rn. 43; MüKoBGB/*Spinner* § 611a Rn. 957; ErfK/*Preis* BGB § 611a Rn. 679.
[49] BAG 18.3.2009 AP Nr. 3 zu § 297 BGB = NZA 2009, 611.
[1] BAG 19.1.2016 AP Nr. 257 zu § 626 BGB = NZA 2016, 1144.

rede.[2] Hieraus folgt, dass der AN dem AG unter Angabe des Grundes klar und eindeutig mitzuteilen hat, er werde dieses Recht mit Blick auf eine ganz bestimmte, konkrete Gegenforderung wahrnehmen. Nur so wird dem AG die Möglichkeit eröffnet, den möglichen Anspruch des AN zu prüfen und ggf. zu erfüllen.[3] Teilt der AN dem AG mit, ihm sei die weitere Arbeitsleistung unzumutbar und er mache von seinem Leistungsverweigerungsrecht nach § 275 II und III BGB Gebrauch, übt er nicht ein Zurückbehaltungsrecht aus.[4] Durch die Ausübung des Zurückbehaltungsrechts wird der AN wegen des Fixschuldcharakters der Arbeitsleistung (dazu → § 49 Rn. 5) von der Leistungspflicht frei, ohne zur Nachleistung verpflichtet zu sein. Das Zurückbehaltungsrecht kann nicht rückwirkend ausgeübt werden, da es sich um ein Druckmittel zwecks Bewirkung der gebührenden Leistung handelt. Die nachträgliche Ausübung des Zurückbehaltungsrechts wäre gegenstandslos, wenn die Gegenleistung bereits erbracht ist.[5]

II. Vertragliche Vereinbarungen

2 Das Zurückbehaltungsrecht kann in vorformulierten Arbeitsverträgen **gem. § 309 Nr. 2 BGB nicht ausgeschlossen** oder eingeschränkt werden.[6]

III. Versäumnisse des Arbeitgebers

3 **1. Lohnrückstände.** Ist der AN – wie in der Regel – vorleistungspflichtig (§ 614 BGB) und hat er seine Arbeitsleistung erbracht, kann ihm wegen der noch nicht erhaltenen fälligen Vergütung für die erbrachte Arbeit die **Einrede des nicht erfüllten Vertrags** zustehen.[7] § 320 BGB ist auch anwendbar, wenn der AG die rückständige Arbeitsvergütung für einen früheren Zeitraum nicht zahlt.[8] Die Ausübung der Einrede ist auch im Falle der Insolvenz des AG nicht ausgeschlossen. Der AN braucht sich nicht auf das Insolvenzgeld verweisen zu lassen.[9] Altmasseverbindlichkeiten können aber kein Zurückbehaltungsrecht begründen.[10] § 320 BGB ist gegenüber § 273 BGB lex specialis.[11] Dem steht nicht entgegen, dass das Arbeitsentgelt nach der Arbeitsleistung zu erbringen ist (§ 614 BGB). Der AN ist immer nur für eine Vergütungsperiode vorleistungspflichtig. Die Unterscheidung hat Bedeutung für die übrigen Voraussetzungen von § 273 BGB und § 320 BGB. Nach § 273 III BGB kann das Zurückbehaltungsrecht durch Sicherheitsleistung abgewendet werden. Dies ist bei der Einrede des nicht erfüllten Vertrags nicht möglich. Der AG ist mithin nicht in der Lage, vorläufig vollstreckbar titulierten Entgeltansprüchen zu entgehen, wenn dem AN wegen der Rückstände die Einrede des nicht erfüllten Vertrags zusteht.

4 **2. Verstoß gegen Arbeitsschutzvorschriften.** Verstößt der AG gegen Arbeitsschutzvorschriften oder vertragliche Schutzpflichten, besteht nach § 273 BGB ein Zurückbehaltungsrecht des AN,[12] sofern es sich nicht nur um geringfügige oder kurzzeitige Verstöße handelt.[13] Das Zurückbehaltungsrecht kommt in Betracht, wenn der Arbeitsplatz des AN asbestbelastet[14] oder sonst schadstoffbelastet ist.[15] Der AG ist nach § 618 I BGB, §§ 3 ff. ArbSchG, § 62 I HGB verpflichtet, die Arbeitsplätze möglichst frei von gesundheitlichen Gefahrstoffen zu halten. Dieser

[2] BAG 18.3.2009 AP Nr. 3 zu § 297 BGB = NZA 2009, 611.
[3] BAG 19.1.2016 AP Nr. 257 zu § 626 BGB = NZA 2016, 1144.
[4] BAG 22.10.2015 AP Nr. 256 zu § 626 BGB = NZA 2016, 417.
[5] BGH 11.6.2003 BGHZ 155, 141.
[6] MHdB ArbR/*Reichold* § 41 Rn. 12.
[7] MüKoBGB/*Emmerich* § 320 Rn. 15.
[8] MHdB ArbR/*Reichold* § 41 Rn. 12; *Hergenröder* AR-Blattei SD 1880 Rn. 75; HWK/*Krause* BGB § 614 Rn. 14; MüKoBGB/*Spinner* § 611a Rn. 4; vgl. auch BAG 25.10.1984 AP Nr. 3 zu § 273 BGB = NZA 1985, 355 und ErfK/*Preis* BGB § 614 Rn. 17; Staudinger/*Richardi*/*Fischinger* BGB § 614 Rn. 17 ff., die das Zurückbehaltungsrecht auf § 273 I BGB stützen.
[9] HWK/*Krause* BGB § 614 Rn. 15; MüKoBGB/*Spinner* § 611a Rn. 4; MHdB ArbR/*Reichold* § 41 Rn. 13.
[10] BAG 8.5.2014 AP Nr. 6 zu § 209 InsO = NZA 2014, 860.
[11] MHdB ArbR/*Reichold* § 41 Rn. 12.
[12] BAG 19.2.1997 AP Nr. 24 zu § 618 BGB = NZA 1997, 821; HWK/*Krause* BGB § 618 Rn. 30; MHdB ArbR/*Reichold* § 41 Rn. 14.
[13] BAG 28.6.2018 AP Nr. 270 zu § 626 BGB = NZA 2018, 1259; MüKoBGB/*Henssler* § 618 Rn. 92; ErfK/*Wank* BGB § 618 Rn. 26.
[14] BAG 2.2.1994 AP Nr. 4 zu § 273 BGB = NZA 1994, 610; 19.2.1997 AP Nr. 24 zu § 618 BGB = NZA 1997, 821.
[15] BAG 8.5.1996 AP Nr. 23 zu § 618 BGB = NZA 1997, 86.

Pflicht genügt er in aller Regel dadurch, dass er einen Arbeitsplatz zur Verfügung stellt, dessen Belastung mit Schadstoffen unter Berücksichtigung der Arbeitsschutzvorschriften nicht über das in der Umgebung übliche Maß hinausgeht.[16] Auch wenn der AG seine vertraglich geschuldete Rücksichtnahmepflicht nach § 241 II BGB verletzt, kann dem AN ein Zurückbehaltungsrecht zustehen. Das Zurückbehaltungsrecht darf freilich vom Schuldner nicht rechtsmissbräuchlich ausgeübt werden.[17] Bei der Verletzung der Pflichten aus dem AGG ergibt sich aus § 14 AGG ein Leistungsverweigerungsrecht.

IV. Unsicherheitseinrede (§ 321 BGB)

Die Unsicherheitseinrede (§ 321 BGB) ist gegeben, wenn nach dem Abschluss des Vertrags erkennbar wird, dass der Arbeitsentgeltanspruch durch die mangelnde Leistungsfähigkeit des AG gefährdet ist. § 321 BGB findet im Arbeitsverhältnis nach Arbeitsbeginn keine Anwendung mehr. Diese Bestimmung wird dann durch §§ 626, 628 BGB als speziellere Regelungen verdrängt.[18] 5

V. Versäumnisse des Arbeitnehmers

Bei Versäumnissen des AN kann auch dem AG ein Zurückbehaltungsrecht in Bezug auf den Beschäftigungsanspruch des AN zustehen. Kommt der AN Fortbildungspflichten nicht nach, die für die Berufsausübung erforderlich sind, kann dies der AG dem Beschäftigungsanspruch des AN gem. § 273 I BGB entgegenhalten. Er kann die geschuldete Beschäftigung – und damit auch die Vergütungszahlung – aber nur dann verweigern, wenn er das Zurückbehaltungsrecht auch geltend macht. Er kann das Zurückbehaltungsrecht nicht nachträglich geltend machen, wenn die Arbeitsleistung aus anderen Gründen unterblieben ist.[19] 6

VI. Ausschluss des Zurückbehaltungsrechts

Das **Zurückbehaltungsrecht** kann **ausgeschlossen** sein **(a)** kraft Gesetzes, **(b)** aufgrund vertraglicher Vereinbarung – vorbehaltlich § 309 Nr. 2 BGB, **(c)** wegen der Rechtsnatur des Schuldverhältnisses, **(d)** nach Treu und Glauben.[20] Nach § 320 II BGB ist die Ausübung des Zurückbehaltungsrechts ausgeschlossen, wenn der AG teilweise geleistet hat und wegen verhältnismäßiger Geringfügigkeit des rückständigen Teils die Ausübung gegen Treu und Glauben verstößt. 7

VII. Einzelfälle

Die Einrede des nicht erfüllten Vertrags oder ein Zurückbehaltungsrecht können gegeben sein, wenn sich eine AN wegen der **Personensorge** für ihr Kind in einer unverschuldeten Zwangslage befindet,[21] der AG mit der **Vergütungszahlung in Verzug** gerät oder eine unberechtigte Lohnkürzung, insbesondere eine Kürzung des Akkordverdienstes, ankündigt.[22] Gleiches gilt, wenn der AG mit **Entgeltfortzahlung nach § 3 EFZG** in nicht verhältnismäßig geringfügigem Umfang in Rückstand ist. Der AN muss in diesem Fall nicht zunächst einen Anspruch auf Krankengeld nach §§ 44 ff. SGB V gegenüber der Krankenkasse geltend gemacht haben.[23] **Zahlungsunfähigkeit** begründet keine Pflicht zur Lohnstundung.[24] Ausgeschlossen ist die Einrede, wenn der **Lohnrückstand verhältnismäßig geringfügig (§ 320 II BGB)** ist,[25] nur eine **kurzfristige Verzögerung** eintritt,[26] dem AG ein unverhältnismäßig **hoher Schaden** entsteht oder der Lohnanspruch auf andere Weise gesichert ist. Namentlich im öffentlichen Dienst ist es unzulässig, die Durchsetzung **zweifelhafter Ansprüche mit dienstlichen Obliegenheiten zu verquicken.** Ein Zurückbehaltungsrecht kann nicht mit der Begründung ausgeübt werden, der AG habe nicht nachgewiesen, dass der AN – wieder – 8

---

16 BAG 8.5.1996 AP Nr. 23 zu § 618 BGB = NZA 1997, 86.
17 BAG 13.3.2008 AP Nr. 87 zu § 1 KSchG 1969.
18 MüKoBGB/*Spinner* § 611a Rn. 5; MüKoBGB/*Emmerich* § 321 Rn. 7.
19 BAG 18.3.2009 AP Nr. 3 zu § 297 BGB = NZA 2009, 611.
20 BAG 22.10.2015 AP Nr. 256 zu § 626 BGB = NZA 2016, 417.
21 Vgl. BAG 21.5.1992 AP Nr. 29 zu § 1 KSchG 1969 Verhaltensbedingte Kündigung = NZA 1993, 115; ArbG Mannheim 7.2.1991 AuA 1992, 59.
22 BAG 25.10.1984 AP Nr. 3 zu § 273 BGB = NZA 1985, 355; LAG BW 20.4.1983 BB 1984, 785.
23 LAG Köln 20.1.2010 – 9 Sa 991/09.
24 LAG München 6.5.1997 AuR 1997, 304.
25 BAG 25.10.2007 AP Nr. 333 zu § 613a BGB = NZA-RR 2008, 367 (2 Monatsverdienste sind erheblich); ArbG Hannover 11.12.1996 EzA Nr. 6 zu § 273 BGB (erheblich 1,5 Monatsverdienste); ThürLAG 19.1.1999 LAGE § 273 BGB Nr. 1 (60% eines Monatsverdienstes ist nicht geringfügig).
26 LAG SchlH 23.11.2004 LAGE § 273 BGB 2002 Nr. 1.

bei der Krankenversicherung angemeldet sei.[27] Ein pauschales Berufen auf einen **„Mobbingsachverhalt"** begründet kein Zurückbehaltungsrecht.[28] Bei Verstößen des AG gegen **Arbeitsschutzvorschriften** kann dem AN ein Zurückbehaltungsrecht zustehen.[29] Insoweit folgt die Nichtleistung entweder aus dem Verbotscharakter der Schutznorm oder der Unzumutbarkeit der Arbeitsleistung. Bei **betriebsverfassungsrechtlichen Verstößen** des AG kann die personelle Maßnahme im Einzelfall unwirksam sein. Das **Beteiligungsrecht aus § 99 BetrVG** dient allerdings bei Versetzungen nicht dazu, das Direktionsrecht des AG einer umfassenden Kontrolle zu unterziehen oder dem betroffenen AN durch die Zustimmungsverweigerung ein Zurückbehaltungsrecht an seiner Arbeitsleistung zu verschaffen.[30] Die fehlende Zustimmung des BR zur (Wieder-)Einstellung eines AN kann für diesen grundsätzlich nur dann ein Leistungsverweigerungsrecht begründen, wenn der BR sich auf die Verletzung seines Mitbestimmungsrechts beruft und die Aufhebung der Einstellung verlangt.[31] Hat der AG dem AN im Wege des **Direktionsrechts** eine Arbeitsaufgabe zugewiesen, deren Erfüllung dieser nur teilweise schuldet, kann dem AN ein Zurückbehaltungsrecht an der gesamten Arbeitsleistung zustehen, wenn die Arbeitsaufgabe nicht teilbar und ihm die Erbringung einer Teilleistung nicht zuzumuten ist (zur Unverbindlichkeit einer unbilligen Weisung → § 45 Rn. 19).[32] In der **Insolvenz** begründen hierdurch ggf. entstehende Annahmeverzugsansprüche (dazu → Rn. 10) allerdings keine Neumasseverbindlichkeiten iSv § 209 I Nr. 2 iVm Nr. 3 InsO, da es an einer Inanspruchnahme der Arbeitsleistung zur Masse fehlt.[33] Ein Verstoß des AG gegen das **Nachweisgesetz** berechtigt den AN nicht zur Ausübung der Einrede des nicht erfüllten Vertrags aus § 320 BGB, weil es insoweit am erforderlichen Gegenseitigkeitsverhältnis fehlt. Die Ausübung eines Zurückbehaltungsrechts wäre angesichts der Geringfügigkeit der Pflichtwidrigkeit des AG treuwidrig.[34]

VIII. Mehrere Arbeitnehmer

9 Üben mehrere AN gemeinschaftlich ein Zurückbehaltungsrecht aus, so kann eine Arbeitskampfmaßnahme vorliegen.[35] Einzelheiten → § 193 Rn. 1 ff.

IX. Annahmeverzug

10 Erhebt der AN wegen Vergütungsrückständen berechtigt die Einrede des nicht erfüllten Vertrags, gerät der AG nach § 298 BGB in Annahmeverzug (dazu → § 95 Rn. 56). Bei unterlassenen Arbeitsschutzmaßnahmen richtet sich der Verzug nach §§ 294, 295 BGB. Der AN muss gegenüber dem AG deutlich machen, dass er die Arbeitsleistung wegen dieser Einrede bzw. der Ausübung des Zurückbehaltungsrechts einstellt.[36] Der AG bleibt dann trotz Nichtleistung der Arbeit zur Entgeltzahlung verpflichtet (§ 615 BGB). Ist der AN nicht leistungsbereit, weil er der Auffassung ist, ihm stünde ein Zurückbehaltungsrecht zu, muss das Angebot der Arbeitsleistung von der Geltendmachung des Zurückbehaltungs- bzw. Leistungsverweigerungsrechts umfasst sein.[37] Ein AN, der die Arbeitsleistung zu Unrecht wegen fehlendem Krankenversicherungsnachweis durch den AG verweigert, kann seine Leistungsverweigerung später nicht auf andere Gründe, zB Zahlungsrückstände stützen.[38]

X. Kündigung

11 Übt der AN berechtigt ein Zurückbehaltungsrecht aus, ist eine ordentliche oder außerordentliche Kündigung ausgeschlossen, weil keine Arbeitspflichtverletzung vorliegt.[39] Anders kann es

[27] LAG SchlH 21.9.2004 – 2 Sa 243/04.
[28] BAG 13.3.2008 AP Nr. 87 zu § 1 KSchG 1969; s. auch BAG 23.1.2007 AP Nr. 4 zu § 611 BGB Mobbing = NZA 2007, 1166.
[29] BAG 19.2.1997 AP Nr. 24 zu § 618 BGB = NZA 1997, 821; 8.5.1996 AP Nr. 23 zu § 618 BGB = NZA 1997, 86.
[30] BAG 8.12.2009 AP Nr. 129 zu § 99 BetrVG 1972 = NZA 2010, 665.
[31] BAG 5.4.2001 AP Nr. 32 zu § 99 BetrVG 1972 Einstellung = NZA 2001, 893.
[32] LAG Nds 8.12.2003 MDR 2004, 759.
[33] BAG 8.5.2014 AP Nr. 6 zu § 209 InsO = NZA 2014, 860.
[34] Ebenso *Krause* AR-Blattei SD 220.2.2 Rn. 217; aA HWK/*Kliemt* NachwG Vorb. Rn. 37; ErfK/*Preis* NachwG § 2 Rn. 40.
[35] BAG 14.2.1978 AP Nr. 58 zu Art. 9 GG Arbeitskampf; *Grunsky* JuS 1967, 60; *Hasse* DB 1968, 708.
[36] HWK/*Krause* BGB § 614 Rn. 12.
[37] LAG RhPf 16.5.2006 LAGE § 320 BGB 2002 Nr. 1.
[38] LAG SchlH 21.9.2004 – 2 Sa 243/04.
[39] BAG 9.5.1996 AP Nr. 5 zu § 273 BGB = NZA 1996, 1085; 25.10.1984 AP Nr. 3 zu § 284 BGB = NZA 1985, 355; LAG Hamm 29.9.1999 NZA-RR 2000, 242; LAG Köln 23.9.1993 LAGE § 626 BGB Nr. 73.

dagegen bei einer rechtswidrigen aber **irrtümlichen Ausübung** des Zurückbehaltungsrechts sein.[40] Ein unverschuldeter Rechtsirrtum liegt allerdings nur vor, wenn der AN seinen Irrtum auch unter Anwendung der zu beachtenden Sorgfalt nicht erkennen konnte. Dabei sind strenge Maßstäbe anzulegen. Es reicht nicht aus, dass er sich für seine eigene Rechtsauffassung auf eine eigene Prüfung und fachkundige Beratung stützen kann. Erforderlich ist vielmehr, dass er auch nach sorgfältiger Prüfung der Sach- und Rechtslage nicht mit einem Irrtum zu rechnen brauchte; ein normales Prozessrisiko entlastet ihn nicht.[41]

XI. Beweislast

Grundsätzlich hat der **AN** darzulegen und zu beweisen, dass ein iSd § 618 I BGB ordnungswidriger Zustand der Arbeitsräume vorliegt, wenn dieser Zustand generell geeignet ist, das Leben oder die Gesundheit des AN zu gefährden.[42] Trägt der AN bei einem Streit um die Rechtswirksamkeit einer Kündigung wegen Arbeitsverweigerung substantiiert Anhaltspunkte für ein Zurückbehaltungsrecht wegen Gesundheitsgefährdung vor, hat der **AG** seinerseits Tatsachen vorzutragen, die diesen Rechtfertigungsgrund ausschließen.[43] 12

§ 51. Verletzung der Arbeitspflicht

Übersicht

I. Allgemeines

Der AN kann seine Arbeitspflicht dadurch verletzen, dass er die Arbeit verspätet aufnimmt, überhaupt nicht beginnt, nach einer berechtigten Unterbrechung verspätet oder überhaupt nicht mehr aufnimmt oder vorzeitig einstellt oder mit seiner Arbeitskraft zurückhält.[1] Diese Fälle werden unter dem Oberbegriff **Nichtleistung der Arbeit** zusammengefasst. Löst sich der AN endgültig rechtswidrig vom Arbeitsvertrag, wird vom **Arbeitsvertragsbruch** gesprochen; in den Fällen vorübergehender rechtswidriger Nichtleistung von Arbeitsbummelei, **Blaumachen** usw. Der AN kann seine Arbeitspflicht aber auch verletzen, indem er die Arbeitsleistung schlecht ausführt, also eine mit Mängeln behaftete Arbeitsleistung erbringt; dann liegt eine **Schlechtleistung** vor (→ § 52 Rn. 1 ff.). Leistet der AN seine Arbeit dauernd oder vorübergehend nicht, wird die Arbeitsleistung in aller Regel ganz oder teilweise unmöglich (§ 275 I BGB), denn die Arbeitsleistung ist idR eine Fixschuld (→ § 49 Rn. 5). Der AN verliert dann nach § 326 I BGB grundsätzlich seinen Anspruch auf die Gegenleistung (→ § 49 Rn. 7). Hat er ohne rechtfertigenden und von ihm zu vertretenden Grund die Arbeit nicht geleistet, erlangt der AG nach §§ 275 IV, 280 I BGB einen Anspruch auf Schadensersatz statt der Leistung. Dem AG steht allerdings nicht das Recht zu, vom Vertrage zurückzutreten. Insoweit sind die Rücktrittsvorschriften durch das Recht der außerordentlichen Kündigung ersetzt (§ 626 BGB). 1

---

[40] Dazu BAG 13.3.2008 AP Nr. 87 zu § 1 KSchG 1969; 26.7.2001 AP Nr. 13 zu § 628 BGB = NZA 2002, 325.
[41] BAG 22.10.2015 AP Nr. 256 zu § 626 BGB = NZA 2016, 417.
[42] BAG 8.5.1996 AP Nr. 23 zu § 618 BGB = NZA 1997, 86; 19.2.1997 AP Nr. 24 zu § 618 BGB = NZA 1997, 821.
[43] BAG 17.3.2016 – 2 AZR 110/15.
[1] BAG 17.7.1970 AP Nr. 3 zu § 11 MuSchG 1968.

II. Rechte des Arbeitgebers bei Nichtleistung

2 **1. Klage auf Erfüllung der Arbeitspflicht.** Der AG kann auf Erfüllung der Arbeitsleistung klagen (→ § 45 Rn. 66).

3 **2. Zahlungseinstellung.** Hat der AN keine Arbeitsleistung erbracht, braucht der AG grundsätzlich (→ § 49 Rn. 7) keine Vergütung zu zahlen (§ 326 I BGB). Insoweit gilt im Arbeitsverhältnis der Grundsatz „Ohne Arbeit kein Lohn".[2] Verlangt ein AN Arbeitsvergütung, hat er deshalb substantiiert darzulegen und im Streitfall zu beweisen, dass er für den AG gearbeitet oder einer der Tatbestände vorgelegen hat, der eine Vergütungspflicht ohne Arbeit regelt (zB § 1 BUrlG, §§ 615, 616 S. 1 BGB, § 2 I, § 3 I EFZG, § 37 II BetrVG). Da die konkret zu leistende Arbeit idR vom AG durch Weisungen zu bestimmen ist (§ 106 GewO), genügt der AN seiner Darlegungslast, indem er vorträgt, er habe sich zur rechten Zeit am rechten Ort bereitgehalten, um Arbeitsanweisungen des AG zu befolgen. Auf diesen Vortrag muss der AG im Rahmen einer gestuften Darlegungslast substantiiert erwidern (§ 138 II ZPO). Hierzu hat er im Einzelnen vorzutragen, welche Arbeiten er dem AN zugewiesen hat und ob der AN den Weisungen nachgekommen ist. Trägt er nichts vor oder lässt er sich nicht substantiiert ein, gelten die vom AN vorgetragenen Arbeitsstunden als zugestanden.[3] Hat der AG trotz Nichtleistung der Arbeit die volle Vergütung ausgezahlt, kann er gem. § 326 IV BGB die Überzahlung nach den Vorschriften über den Rücktritt (§§ 346–348 BGB) zurückfordern. Der AN kann sich deshalb grundsätzlich nicht auf einen Wegfall der Bereicherung nach § 818 III BGB berufen.[4] Der AG darf nicht die Arbeitspapiere zurückbehalten (§ 41b I EStG; hierzu → § 149 Rn. 1 ff.).

4 **3. Außerordentliche Kündigung.** Der AG kann das Arbeitsverhältnis innerhalb einer Frist von zwei Wochen (§ 626 BGB) außerordentlich kündigen (→ § 127 Rn. 1 ff.), sofern ihm infolge der Nichtleistung der Arbeit die Fortsetzung des Arbeitsverhältnisses bis zum Ablauf der Kündigungsfrist unzumutbar ist, und Ersatz des durch die Aufhebung des Arbeitsverhältnisses entstehenden Schadens verlangen (§ 628 II BGB; dazu → Rn. 7). Dagegen ist ihm nicht gestattet, den AN strafweise vorübergehend auszusperren[5] oder vom Arbeitsvertrag zurückzutreten. Das Rücktrittsrecht nach § 326 V BGB ist durch das Recht zur außerordentlichen Kündigung ersetzt (§ 626 BGB).

5 **4. Urlaub.** Im Falle der außerordentlichen Beendigung des Arbeitsverhältnisses kann der AG die Abgeltung noch ausstehenden Urlaubs nicht verweigern. In Übereinstimmung mit dem Übereinkommen Nr. 132 der Internationalen Arbeitsorganisation ist nach § 7 IV BUrlG ein Verfall des Urlaubsanspruchs nicht mehr vorgesehen.

6 **5. Schadensersatz. a) Überblick.** Hat der AN ohne rechtfertigenden Grund vorübergehend nicht gearbeitet und damit die Unmöglichkeit der Arbeitsleistung zu vertreten, kann der AG nach §§ 275 IV, 280 I, 283 BGB Schadensersatz statt der Leistung verlangen.[6] Er kann den AN weiterhin auf Erbringung der Arbeitsleistung verklagen und diese Klage mit einem Entschädigungsantrag nach § 61 II ArbGG verbinden. Nach § 628 II BGB kann der AG außerordentlich kündigen und Ersatz des durch die Aufhebung des Dienstverhältnisses entstehenden Schadens verlangen. Eine Sondervorschrift besteht in Berufsausbildungsverhältnissen. Wird ein Ausbildungsverhältnis nach der Probezeit vorzeitig gelöst, kann der Ausbildende oder der Auszubildende Ersatz des Schadens verlangen, wenn der andere den Grund der Auflösung zu vertreten hat (§ 23 I 1 BBiG; dazu → § 174 Rn. 113 ff.). Der Anspruch erlischt jedoch gem. § 23 II BBiG, wenn er nicht innerhalb von drei Monaten nach Beendigung des Berufsausbildungsverhältnisses geltend gemacht wird.

---

[2] BAG 18.4.2012 AP Nr. 7 zu § 611 BGB = NZA 2012, 998.

[3] BAG 18.4.2012 AP Nr. 7 zu § 611 BGB = NZA 2012, 998.

[4] Ebenso *Gotthardt,* ArbR nach der Schuldrechtsreform, Rn. 146; *Joussen* NZA 2001, 745 (750); *Lindemann* AuR 2002, 81 (83); *Löwisch* FS Wiedemann, 311 (326 f.) mit Kritik an dieser Gesetzeslage; *Richardi* NZA-Sonderbeil. 16/2003, 14 (16); vermittelnd *Canaris* JZ 2001, 499 (509), der darauf hinweist, dass in besonders krassen Fällen die Vorschrift teleologisch reduziert werden kann; HWK/*Krause* BGB § 614 Rn. 23.

[5] *Hueck/Nipperdey* Bd. I § 35 I 5 wollen die Aussperrung mit Zustimmung des AN als das mildere Mittel zulassen. Dann liegt aber eine vereinbarte Dienstbefreiung vor.

[6] Staudinger/*Richardi/Fischinger* BGB § 611a Rn. 1131.

b) Voraussetzung des Schadensersatzanspruchs nach § 628 II BGB. Voraussetzung des Schadensersatzanspruchs nach § 628 II BGB ist grundsätzlich eine außerordentliche Kündigung wegen Vertragsverletzung. Grundsätzlich entstehen keine Schadensersatzansprüche bei Abschluss eines Aufhebungsvertrags oder einer ordentlichen Kündigung. § 628 II BGB ist allerdings anzuwenden, wenn das Arbeitsverhältnis durch Aufhebungsvertrag beendet worden ist und sich der AG Schadensersatzansprüche vorbehalten hat (näher dazu → § 127 Rn. 53 ff.). 7

c) Umfang des Schadensersatzanspruchs. Der Umfang des Schadensersatzanspruchs bestimmt sich nach §§ 249 ff. BGB. Der AG ist also so zu stellen, wie er bei Fortbestand des Arbeitsverhältnisses gestanden hätte. Allerdings läuft der Schadensersatzanspruch des AG häufig weitgehend leer. Die Schadensersatzpflicht des AN scheitert oftmals an der nicht nachgewiesenen Kausalität der Pflichtwidrigkeit für den behaupteten Schaden. Das vertragswidrige Verhalten des anderen Vertragsteils begründet im Zusammenhang mit der außerordentlichen Kündigung nämlich nur dann einen Schadensersatzanspruch, wenn es ursächlich für die Kündigung, also das Motiv für die Kündigungserklärung, war. Das Arbeitsverhältnis muss gerade „wegen" der Vertragswidrigkeit des Partners beendet worden sein.[7] Darüber hinaus muss der geltend gemachte Schaden gerade auf die Beendigung des Arbeitsverhältnisses zurückzuführen sein.[8] 8

Der Anspruch des AG kann auf den **Ersatz des entgangenen Gewinns** gerichtet sein, wenn Aufträge nicht oder verspätet ausgeführt werden, oder bei Vorratsfertigung auf Ersatz des Produktionsausfalls (§ 252 S. 1 BGB).[9] Nach § 252 S. 2 BGB gilt als entgangen der Gewinn, welcher nach dem gewöhnlichen Lauf der Dinge oder nach den besonderen Umständen, insbesondere nach den getroffenen Vorkehrungen, mit Wahrscheinlichkeit erwartet werden konnte.[10] Diese Vorschrift bietet dem Geschädigten zwei Möglichkeiten der Schadensberechnung:[11] Zum einen die abstrakte Methode, die von dem regelmäßigen Verlauf im Handelsverkehr ausgeht, dass der Kaufmann gewisse Geschäfte im Rahmen seines Gewerbes tätigt und daraus Gewinn erzielt. Zum anderen die konkrete Methode, bei der der Geschädigte nachweist, dass er durch die schädigende Handlung an der Durchführung bestimmter Geschäfte gehindert worden ist und dass ihm wegen der Nichtdurchführbarkeit dieser Geschäfte Gewinn entgangen ist.[12] Im Fall der abstrakten Schadensberechnung ist die volle Gewissheit, dass der Gewinn gezogen worden wäre, nicht erforderlich; vielmehr genügt der Nachweis einer gewissen Wahrscheinlichkeit. Ist ersichtlich, dass der Gewinn nach dem gewöhnlichen Lauf der Dinge mit Wahrscheinlichkeit erwartet werden konnte, wird vermutet, dass er erzielt worden wäre. Dem Ersatzpflichtigen obliegt dann der Beweis, dass er nach dem späteren Verlauf oder aus irgendwelchen anderen Gründen dennoch nicht erzielt worden wäre.[13] Ist der Geschädigte Kaufmann, entspricht es dem gewöhnlichen Lauf der Dinge, dass er marktgängige Waren jederzeit zum Marktpreis absetzen kann.[14] 9

Hat der AG eine Ersatzkraft nicht gefunden und die anfallende **Mehrarbeit selbst erledigt,** besteht der zu ersetzende Schaden in der Einkommensminderung, die er infolge des Vertragsbruchs ohne seine schadensabwendende Tätigkeit erlitten hätte.[15] Nach aA soll auch die Möglichkeit einer konkreten Schadensberechnung bestehen; der AG habe sich quasi selbst als Ersatzkraft eingestellt. Schaden sei dann der Mehrwert seiner Arbeitsleistung, wobei eine Art „Überstundenvergütung" zu berücksichtigen sei.[16] Der Schaden des AG kann des Weiteren in **erhöhten Vergütungszahlungen** an AN bestehen, die durch Überstunden den Ausfall des vertragsbrüchigen AN ausgleichen.[17] Werden zum Ersatz AN aus einer anderen Filiale abgeordnet oder Leiharbeiter 10

[7] BAG 17.1.2002 EzA Nr. 20 zu § 628 BGB.
[8] ErfK/*Müller-Glöge* BGB § 628 Rn. 33.
[9] BAG 5.10.1962 AP Nr. 2 zu § 628 BGB; zur Beweislast: BAG 27.1.1972 AP Nr. 2 zu § 252 BGB mAnm *Schneider* = NJW 1972, 1427.
[10] BAG 21.4.2016 AP Nr. 142 zu § 611 BGB Haftung des Arbeitnehmers = NZA 2016, 1271.
[11] BAG 21.4.2016 AP Nr. 142 zu § 611 BGB Haftung des Arbeitnehmers = NZA 2016, 1271; BGH 19.10.2005 NJW-RR 2006, 243.
[12] BGH 30.5.2001 NJW-RR 2001, 1542; 19.10.2005 NJW-RR 2006, 243.
[13] BAG 21.4.2016 AP Nr. 142 zu § 611 BGB Haftung des Arbeitnehmers = NZA 2016, 1271; BGH 16.7.2015 NJW 2015, 3447.
[14] BGH 29.6.1994 NJW 1994, 2748.
[15] BGHZ 55, 329 ff.; BAG 24.8.1967 AP Nr. 7 zu § 249 BGB = NJW 1968, 221; *Becker* BB 1976, 746; *Weimar* NJW 1989, 3246.
[16] *Lieb* JR 1971, 371; dagegen BAG 24.8.1967 AP Nr. 7 zu § 249 BGB.
[17] BAG 25.5.1970 AP Nr. 4 zu § 60 HGB; LAG Bln DB 1974, 638; MüKoBGB/*Henssler* § 628 Rn. 98.

eingestellt, kann auch deren Arbeitsvergütung als Schadensersatz verlangt werden.[18] Gleiches gilt für die Differenz zwischen dem Entgelt des vertragsbrüchigen AN und einem eventuellen höheren Entgelt der Ersatzkraft, wobei den AG nach § 254 II BGB eine Schadensminderungspflicht trifft. Umstritten ist, inwieweit dem AG ein Schadensersatzanspruch zusteht, wenn der Schaden durch Mehrleistung **(höhere Beanspruchung) der übrigen AN** ausgeglichen wird.[19] Denkbar wäre insoweit an die Lehre von der versagten Vorteilsausgleichung anzuknüpfen und dem AG den Ersatz eines hypothetischen Schadens zuzubilligen.[20] Diese führt indes zu einer „Bereicherung" des AG, weshalb insoweit kein Schadensersatzanspruch besteht.[21] Die anderen AN haben in Wahrheit durch erhöhten Arbeitseinsatz die Entstehung eines Schadens verhindert. **Kosten wegen des Stillstands von Maschinen,**[22] **Konventionalstrafen** des AG wegen nicht rechtzeitiger Leistung,[23] Kosten für die Anwerbung einer Ersatzkraft, insbesondere **Inseratskosten der Zeitung** sind nach der Rechtsprechung insoweit ersatzpflichtig, wie sie bei ordnungsgemäßer Einhaltung der Kündigungsfrist vermeidbar gewesen wären.[24] Ersatzpflichtig ist nur der sog. Verfrühungsschaden. Eine Ersatzpflicht besteht aber auch in diesem Fall nur für Inseratskosten in angemessenem Umfang.[25] **Vorstellungskosten** für Bewerber sind nur ausnahmsweise beachtlich.[26] Auch insoweit sind die Grundsätze des Verfrühungsschadens zu berücksichtigen. Der Schadensersatzanspruch **verjährt** gem. § 195 BGB nach drei Jahren. Für die **Darlegungs- und Beweislast** des Schadensersatzanspruchs gilt die Erleichterung des § 287 ZPO.[27]

11 **d) Pauschalierungsabreden.** Zur Beweiserleichterung werden häufig Pauschalierungsabreden getroffen, nach denen im Falle des Arbeitsvertragsbruchs der AN zum Ersatz des typischen Schadens in bestimmter Höhe verpflichtet ist. Während die Rechtsprechung früher derartige Schadensersatzpauschalen nur einer richterlichen Billigkeitskontrolle unterworfen hat,[28] eröffnete das Schrifttum dem AN das Recht, im Prozess zu bestreiten, dass der vertraglich festgelegte Pauschalbetrag dem abstrakt-typischen Schaden entspricht. Der AG sollte dann gehalten sein, nachzuweisen, dass der Pauschalbetrag schadenstypisch sei.[29] Seit dem 1.1.2002 ist bei Pauschalierungsabreden in vorformulierten Arbeitsverträgen § 309 Nr. 5 BGB zu beachten. Besonderheiten des Arbeitsrechts (§ 310 IV 2 BGB) gebieten keine abweichende Auslegung der Vorschrift, da diese nur inhaltliche Beschränkungen der Schadenspauschalierung enthält.[30] Nach § 309 Nr. 5a BGB darf die Pauschale den nach dem gewöhnlichen Lauf der Dinge zu erwartenden Schaden nicht übersteigen. Dem AN muss ausdrücklich der Nachweis gestattet sein, dass kein Schaden entstanden ist oder nur ein erheblich niedrigerer als der pauschalierte Schaden. Von der Pauschalierungsabrede ist die Vertragsstrafe zu unterscheiden (dazu → § 57 Rn. 1 ff.). Eine Minderung der Vergütung gem. § 628 I 2 BGB setzt jedenfalls voraus, dass der Dienstberechtigte an den bisherigen Leistungen des Dienstverpflichteten gerade wegen der Beendigung seiner tatsächlichen Tätigkeit kein Interesse hat.[31]

III. Abwerbung durch Dritte („Headhunting")

12 **1. Allgemeines.** Abwerbungen sind grundsätzlich ein erlaubtes Mittel wirtschaftlichen Wettbewerbs.[32] Jeder AG ist berechtigt, auf dem Markt die besten Mitarbeiter zu suchen. Es ist deshalb im Grundsatz nicht zu beanstanden, wenn ein Unternehmer AN eines anderen Unternehmens durch das Versprechen eines höheren Arbeitsverdienstes, besseren Fortkommens oder sonstiger vorteilhafter Arbeitsbedingungen veranlasst, das Arbeitsverhältnis ordnungsgemäß, etwa durch

[18] BAG 24.4.1970 AP Nr. 5 zu § 60 HGB.
[19] Vgl. BAG 24.4.1970 AP Nr. 5 zu § 60 HGB.
[20] *Lieb* JZ 1971, 358; *Zeuner* GS Dietz, 1973, 99 ff.
[21] ErfK/*Müller-Glöge* BGB § 628 Rn. 34a.
[22] Vgl. *Frey* BB 1959, 744 II 3.
[23] Vgl. LAG Düsseldorf DB 1968, 90; *Herget* DB 1969, 2347.
[24] BAG 26.3.1981 AP Nr. 7 zu § 276 BGB Vertragsbruch = NJW 1981, 2430; 23.3.1984 AP Nr. 8 zu § 276 BGB Vertragsbruch = NJW 1984, 2846; 14.9.1984 AP Nr. 10 zu § 276 Vertragsbruch = NJW 1985, 509.
[25] BAG 30.6.1961 AP Nr. 1 zu § 276 BGB Vertragsbruch.
[26] BAG 26.3.1981 AP Nr. 7 zu § 276 BGB Vertragsbruch = NJW 1981, 2430.
[27] BAG 27.1.1972 AP Nr. 2 zu § 252 BGB; BGH 13.11.1997 AP Nr. 12 zu § 628 BGB.
[28] BAG 14.12.1966 NJW 1967, 751 (752); BGH 8.10.1969 NJW 1970, 29 (32).
[29] *Beuthien* BB 1973, 93.
[30] Ebenso *Gotthardt,* ArbR nach der Schuldrechtsreform, Rn. 280; ErfK/*Preis* BGB §§ 305–310 Rn. 99.
[31] BAG 21.10.1983 AP Nr. 2 zu § 628 BGB Teilvergütung = DB 1984, 2705.
[32] BGH 9.2.2006 NZA 2006, 500.

ordentliche Kündigung oder Aufhebungsvertrag, zu lösen.[33] Die Abwerbung von Arbeitskräften ist Teil einer Wettbewerbswirtschaft, auch wenn der AG dadurch Nachteile erleidet. Die Abwerbung wird dann problematisch, wenn besondere Umstände, die in der Wahl der angewandten Mittel oder in dem angestrebten Zwecke liegen können, sie als wettbewerbs- oder in sonstiger Weise rechts- oder sittenwidrig erscheinen lassen.[34]

2. Verleiten zum Vertragsbruch. a) Überblick. Das grundsätzlich zulässige Abwerben von Beschäftigten eines anderen Unternehmens ist nur bei Hinzutreten besonderer Umstände unlauter iSv § 3 UWG.[35] Wettbewerbswidrig wird ein Einbrechen in fremde Vertragsbeziehungen erst dann, wenn besondere Unlauterkeitsumstände hinzutreten.[36] Hierzu gehört insbesondere das Verleiten zum Vertragsbruch. Das ist jedes bewusste Hinwirken darauf, dass der andere einen Vertragsbruch begeht, mag auch der Widerstand, den er dabei findet, noch so gering sein.[37] Daher ist es wettbewerbswidrig, einen fremden Betrieb zum Zwecke der Abwerbung dort beschäftigter Mitarbeiter aufzusuchen.[38] Das bloße Ausnutzen eines fremden Vertragsbruchs ist kein „Verleiten", solange keine zusätzlichen Umstände vorliegen, welche die Unlauterkeit begründen. Erforderlich ist, dass der Abwerbende Kenntnis vom Vertragsbruch hat oder sich dieser Kenntnis bewusst verschließt.[39] Eine wettbewerbswidrige Verleitung zum Vertragsbruch liegt beispielsweise vor, wenn der Werbende dem Umworbenen die unrichtige Auskunft erteilt, der Vertragsschluss sei trotz der vertraglichen Bindung des Umworbenen an einen Mitbewerber zulässig, obwohl dem Werbenden die Einzelheiten dieser Bindung unbekannt sind und er nach der Geschäftspraxis seines Mitbewerbers mit der Möglichkeit rechnen muss, dass eine Ausschließlichkeitsklausel vereinbart wurde.[40] Ein Verleiten zum Vertragsbruch liegt ferner vor, wenn der Unternehmer den umworbenen Mitarbeiter auffordert, seine (noch) bestehenden arbeitsrechtlichen Pflichten zu verletzen, indem er beispielsweise vor der wirksamen Vertragsbeendigung seine Arbeitsleistung einstellt.[41] Ein unlauteres Mittel kann des Weiteren in der Übernahme der Vertragsstrafe gesehen werden. 13

b) Ausnutzung von Geschäftsgeheimnissen. Das Abwerben kann unlauter sein, wenn es unter Ausnutzung der Geschäftsgeheimnisse des Mitbewerbers geschieht. Ein Geschäfts- oder Betriebsgeheimnis ist jede im Zusammenhang mit einem Betrieb stehende Tatsache, die nicht offenkundig, sondern nur einem eng begrenzten Personenkreis bekannt ist und nach dem bekundeten, auf wirtschaftlichen Interessen beruhenden Willen des Betriebsinhabers geheim gehalten werden soll. Ein Geschäftsgeheimnis braucht keinen bestimmten Vermögenswert zu besitzen; es reicht aus, dass es sich für den Unternehmer nachteilig auswirken kann, wenn Dritte, insbesondere Wettbewerber, Kenntnis von den Daten erlangen. Enthalten Kundenlisten die Daten von Kunden, zu denen bereits eine Geschäftsbeziehung besteht und die daher auch in Zukunft als Abnehmer der angebotenen Produkte infrage kommen, stellen sie im Allgemeinen für das betreffende Unternehmen einen wichtigen Bestandteil seines „Good will" dar, auf dessen Geheimhaltung von Seiten des Betriebsinhabers meist großer Wert gelegt wird.[42] 14

Der Unternehmer hat allerdings keinen generellen Anspruch auf **Erhaltung seines Kundenkreises.** Ein ausgeschiedener Mitarbeiter kann die während der Beschäftigungszeit erworbenen Kenntnisse auch später unbeschränkt verwenden, wenn er keinem Wettbewerbsverbot unterliegt und er diese Informationen in seinem Gedächtnis bewahrt hat.[43] Die Berechtigung, erworbene Kenntnisse nach Beendigung des Dienstverhältnisses auch zum Nachteil des früheren Dienstherrn einzusetzen, bezieht sich jedoch nicht auf Informationen, die dem ausgeschiedenen Mitarbeiter nur deswegen noch bekannt sind, weil er auf schriftliche Unterlagen zurückgreifen kann, 15

[33] Allgemeine Meinung: vgl. BAG 19.8.1962 AP Nr. 24 zu § 138 BGB = NJW 1963, 124; OLG Karlsruhe 25.7.2001 WRP 2001, 1092; BGH 17.3.1961 NJW 1961, 1308; 14.11.1967 AP Nr. 13 zu § 826 BGB; LAG RhPf 7.2.1992 NZA 1993, 265; zusammenfassend *Benecke/Pils* NZA-RR 2005, 561; *Ernst* GRUR 2010, 963; *Fink/Schmid* AuA 2012, 518; *Hertzberg* FA 2001, 328; *Köhler* FS Buchner, 2009, 452; Köhler/Bornkamm/Feddersen/*Köhler* UWG § 4 Rn. 4.103.

[34] BAG 22.11.1965 AP Nr. 1 zu § 611 BGB Abwerbung; LAG RhPf 7.2.1992 NZA 1993, 265.

[35] Vgl. BGH 7.4.2005 NJW 2005, 2012; 9.2.2006 NZA 2006, 500; 22.11.2007 NZA 2008, 177.

[36] BGH 22.4.2004 NJW 2004, 2385; *O. Kittner* BB 2011, 1013 (1016).

[37] BGH 15.1.1987 NJW-RR 1987, 932.

[38] BGH 13.12.2007 – I ZR 137/07.

[39] BGH 30.1.1976 MDR 1976, 556.

[40] BGH 23.5.1975 NJW 1975, 1361.

[41] OLG Hamm 9.5.2003 GRUR 2004, 27 (28).

[42] BGH 27.4.2006 NJW 2006, 3424.

[43] BGH 14.1.1999 NJW-RR 1999, 1131.

die er während der Beschäftigungszeit angefertigt hat. Liegen dem ausgeschiedenen Mitarbeiter derartige schriftliche Unterlagen – beispielsweise in Form privater Aufzeichnungen oder in Form einer auf dem privaten Notebook abgespeicherten Datei – vor und entnimmt er ihnen ein Geschäftsgeheimnis seines früheren AG, verschafft er sich damit rechtswidrig dieses Geschäftsgeheimnis (§ 4 I Nr. 1 GeschGehG).[44]

16 **c) Unterstützung des Umworbenen.** Ein unlauteres Abwerben liegt nicht vor, wenn ein Wettbewerber einem AN bei einer ordentlichen Kündigung hilft, indem er ihm ein vorbereitetes Kündigungsschreiben vorlegt, das nach Einfügung des Kündigungstermins nur noch zu unterschreiben ist. Ein solches Verhalten ist ohne Hinzutreten besonderer Umstände weder als unangemessen unsachliche Einflussnahme auf den AN noch als unlautere gezielte Behinderung eines Mitbewerbers zu beurteilen. Ein verständiger AN wird allein durch eine solche Dienstleistung nicht unsachlich zum Abschluss eines Vertrags mit einem Mitbewerber veranlasst. Ein wettbewerbswidriges Vorgehen iSd § 4 Nr. 1 UWG kann allerdings in Betracht kommen, wenn der Abwerbende den AN bei der Kündigung irreführt, überrumpelt oder sonst unangemessen unsachlich in seiner Entscheidungsfreiheit beeinträchtigt. Diese Gefahr genügt aber nicht, um schon die Verwendung eines vorformulierten Kündigungsschreibens für sich als wettbewerbswidrig anzusehen.[45] Unlauter ist die Abwerbung mit dem Ziel, Fabrikations- oder Geschäftsgeheimnisse auszuspähen[46] oder das Konkurrenzunternehmen zum Erliegen zu bringen.[47]

17 **3. Telefonische Abwerbungsversuche. a) Beurteilungsmaßstab.** Umstritten ist die Zulässigkeit von Abwerbungsversuchen durch Telefonanrufe eines Personalvermittlers am Arbeitsplatz.[48] Beurteilungsmaßstab ist die Generalklausel des § 3 UWG. Dem Beispielstatbestand des § 4 Nr. 4 UWG (gezielte Behinderung eines Mitbewerbers) und dem Tatbestand der unzumutbaren Belästigung (§ 7 II Nr. 2 UWG) können zwar Richtlinien für die Abwägung entnommen werden. Diese Tatbestände erfassen aber jeweils nur bestimmte, wenn auch wesentliche Gesichtspunkte, unter denen die angegriffenen Wettbewerbshandlungen zu beurteilen sind.[49]

18 **b) Eingeschränkte Zulässigkeit.** Telefonische Abwerbungsversuche durch andere Unternehmen oder sog. „Headhunter" sind nach der Rechtsprechung des BGH eingeschränkt zulässig. Es darf sich nur um eine erste Kontaktaufnahme handeln, bei der sich der Anrufer kurz vorstellt, den Zweck seines Anrufs nennt und fragt, ob der Angerufene Interesse an dem Gespräch als solchem und zu diesem Zeitpunkt hat. Nur wenn dies bejaht wird, darf er die Position knapp beschreiben und, falls das Interesse des Angesprochenen danach noch fortbesteht, ein Gespräch außerhalb des Arbeitsplatzes anbieten.[50] Eine erhebliche Störung der Integrität des Betriebs oder der Funktionseinheit des Unternehmens liegt unter diesen Voraussetzungen nicht vor. Sie kann nur bei nachhaltigen und wiederholten Abwerbungsversuchen über einen geschäftlichen Telefonapparat angenommen werden. Die (umfangreiche) Konfrontation mit Lebenslaufkenntnissen ist schon Teil des Umwerbens, das dem Angerufenen den Eindruck vermittelt, der Personalberater habe sich bereits näher mit seiner Persönlichkeit befasst und er sei aufgrund seiner konkreten Berufsbiographie für die offene Stelle besonders geeignet. Ein solches Umwerben geht über den notwendigen Inhalt einer ersten Kontaktaufnahme am Arbeitsplatz hinaus und ist wettbewerbsrechtlich unzulässig.[51] Eine erhebliche Störung liegt nicht allein darin, dass der angesprochene AN von der Erfüllung seiner dienstvertraglichen Verpflichtungen abgehalten wird, und zwar zunächst für die Dauer des Telefonats und sodann für eine weitere Zeitspanne, in der er sich gedanklich mit dem Angebot einer neuen Arbeitsstelle beschäftigt.[52] Die hierfür

[44] BAG 19.12.2002 NJW-RR 2003, 833, zu § 17 II Nr. 2 UWG; zu § 4 GeschGehG vgl. *Reinfeld* Neues GeschGehG § 2 Rn. 42 ff.
[45] BGH 7.4.2005 NJW 2005, 2012.
[46] Die bloße Ausnutzung von Kenntnissen ist dagegen noch nicht zu beanstanden, BGH 21.12.1962 NJW 1963, 856; vgl. auch BAG 17.3.1961 AP Nr. 4 zu § 1 UWG.
[47] BGH 14.11.1967 AP Nr. 13 zu § 826 BGB; 19.11.1965 AP Nr. 6 zu § 1 UWG; OLG München 24.5.1966 AP Nr. 2 zu § 611 BGB Abwerbung.
[48] Dazu BGH 9.2.2006 NZA 2006, 500; 4.3.2004 NJW 2004, 2080; *Braun* NZA 2003, 633; *ders.* DB 2002, 2326; *Hertzberg* FA 2001, 328; *Insam/Klein* BB 2004, 1468; *Klein/Insam* GRUR 2006, 376; *Sasse* ArbRB 2003, 277; *Schloßer* DB 2003, 554; *Wulf* NJW 2004, 2424.
[49] BGH 9.2.2006 NJW 2006, 1665.
[50] BGH 9.2.2006 NJW 2006, 1665; 4.3.2004 NJW 2004, 2080; dazu *Insam/Klein* BB 2004, 1468; *Klein/Insam* GRUR 2006, 376; *Wulf* NJW 2004, 2424.
[51] BGH 22.11.2007 NZA 2008, 177.
[52] OLG Karlsruhe 25.7.2001 NJW-RR 2002, 397; aA OLG Stuttgart 17.12.1999 WRP 2000, 318.

in Anspruch genommene Arbeitszeit des AN und die hierdurch bedingte Beeinträchtigung der Interessen des AG können bei der rechtlichen Beurteilung letztlich vernachlässigt werden. In aller Regel wird es sich nur um wenige Minuten und kaum messbare und wirtschaftlich quantifizierbare Vorgänge handeln. Ein AG wird allerdings iSv § 7 I UWG unzumutbar belästigt, wenn ein Headhunter bei der telefonischen Abwerbung von AN verwerfliche Mittel oder Methoden anwendet. Dies ist nach Auffassung des LG Bonn dann der Fall, wenn der Headhunter gegenüber der Telefonzentrale des kontaktierten AG über seine Identität falsche Angaben macht, um zu dem gewünschten Mitarbeiter durchgestellt zu werden.[53] Unerheblich ist, ob Festnetz- oder Mobiltelefone benutzt werden.[54] Ein Wettbewerbsverstoß liegt nicht vor, wenn der Umworbene auf seinem privaten Telefon (in seiner Wohnung) angerufen wird.[55] Die Grundsätze des BGH zum Schutz der Individualsphäre des Angerufenen bei Telefonwerbung (jetzt § 7 II Nr. 2 UWG) finden insoweit keine Anwendung.[56]

4. Headhunting durch E-Mail. Bei Abwerbeversuchen durch E-Mails an die betriebliche E-Mail-Adresse (Name@Unternehmen) ist § 7 II Nr. 3 UWG zu beachten. Danach ist bei Werbung unter Verwendung elektronischer Post eine unzumutbare Belästigung stets anzunehmen, wenn nicht eine vorherige ausdrückliche Einwilligung des Adressaten vorliegt. Die Möglichkeit einer mutmaßlichen Einwilligung besteht hier nicht.[57] Diese Wertung ist auch bei der Anwendung der Generalklausel des § 3 UWG zu beachten und führt dazu, dass Abwerbeversuche per E-Mail stets als unlauter zu bewerten sind.[58] 19

5. Ansprüche des Arbeitgebers. Nach §§ 3, 9 UWG kann auf **Schadensersatz** in Anspruch genommen werden, wer vorsätzlich oder fahrlässig der Pflicht zuwiderhandelt, durch unlautere Wettbewerbshandlungen, die geeignet sind, den Wettbewerb zum Nachteil der Mitbewerber, der Verbraucher oder der sonstigen Marktteilnehmer nicht nur unerheblich zu beeinträchtigen.[59] Nach § 8 I 2 iVm § 3 UWG besteht ein **Unterlassungsanspruch** bereits dann, wenn eine Zuwiderhandlung droht. Der Unterlassungsanspruch kann im Wege der einstweiligen Verfügung verfolgt werden, sofern Wiederholungsgefahr besteht. Der Anspruch entfällt regelmäßig, wenn das Arbeitsverhältnis zwischen Unterlassungsgläubiger und Unterlassungsschuldner beendet ist.[60] Den Zutritt eines Headhunters zum Betrieb kann der AG durch Ausübung seines Hausrechts verhindern.[61] Nach § 823 I BGB ist ein **Schadensersatzanspruch** gegeben, wenn in der Abwerbung ein Eingriff in den eingerichteten und ausgeübten Gewerbebetrieb zu sehen ist, nach § 826 BGB, wenn die Abwerbung eine vorsätzliche sittenwidrige Schadenszufügung darstellt. Für **Rechtsstreitigkeiten** aus dem UWG sind nach § 14 I UWG § 14 UWG idF vom 26.11.2020 die Landgerichte ausschließlich zuständig. Diese Vorschrift schließt auch die Erhebung einer Zusammenhangsklage iSv § 2 III ArbGG gegen Nichtarbeitnehmer vor den Gerichten für Arbeitssachen aus.[62] Der abgeworbene AN kann sich bei unzulässiger Abwerbung nicht darauf berufen, der Arbeitsvertrag sei sittenwidrig.[63] 20

§ 52. Schlechtleistung

Übersicht

[53] LG Bonn 3.1.2013 – 14 O 165/12.
[54] BGH 9.2.2006 NZA 2006, 500.
[55] OLG Jena 23.10.2002 NJW-RR 2003, 1125.
[56] OLG Karlsruhe 24.1.2001 NJW-RR 2002, 397.
[57] BGH 17.7.2008 NJW 2008, 2999.
[58] Vgl. *Ernst* GRUR 2010, 963; *Köhler* FS Buchner, 2009, 452 (454); zur Anwerbung über soziale Netzwerke *Grimm/Maiß* AuA 2015, 270.
[59] Zur Schadenschätzung in diesen Fällen BAG 26.9.2012 NZA 2013, 152.
[60] OLG Stuttgart 6.11.1992 WRP 1993, 780; OLG Jena 13.11.1996 WRP 1997, 363.
[61] *O. Kittner* BB 2011, 1013 (1017).
[62] BAG 10.6.2010 AP Nr. 94 zu § 2 ArbGG 1979 = NZA 2010, 1086.
[63] BAG 19.10.1962 AP Nr. 24 zu § 138 BGB.

I. Begriff

1 **1. Schlechtleistung.** Im Arbeitsrecht werden unter Schlechtleistung im Wesentlichen die Fälle zusammengefasst, in denen der AN zwar seiner Arbeitsverpflichtung nachkommt, aber eine mit Mängeln behaftete Arbeitsleistung erbringt. Das ist anzunehmen, wenn das Arbeitsergebnis nicht gelingt, der AN zu langsam[1] oder zu flüchtig arbeitet, er die ihm überlassenen oder anvertrauten Geräte, Maschinen, Werkzeuge usw. beschädigt oder unrichtige oder fehlerhafte Entscheidungsgrundlagen (Bilanzen, Buchführungen) erstellt. Eine Schlechtleistung ist zusammengefasst immer dann gegeben, wenn der AG durch die zu erbringende Arbeitsleistung in irgendeiner Form pflichtwidrig geschädigt wird.

2 **2. Abgrenzung der Schlechtleistung von der Nichtleistung.** Schwierigkeiten bereitet die Abgrenzung der Schlechtleistung von der Nichtleistung.[2] Erscheint der AN nicht zur Arbeit oder geht er zu früh nach Hause, liegt zweifelsfrei eine Nichtleistung vor. Gleiches gilt, wenn er sich zwar am Arbeitsplatz aufhält, dort aber schläft, privat im Internet surft oder lange Privattelefonate führt. Umstritten ist die Beurteilung zu langsamer oder qualitativ unzureichender Arbeit. Hier wird man nur in ganz krassen Fällen eine Nichtleistung annehmen können.[3] Ansonsten ist zu berücksichtigen, dass der AN auch dann, wenn die Arbeitsleistung oder das Arbeitsergebnis nicht den Anforderungen entspricht, eine – wenn auch schlechte – Arbeitsleistung erbringt und deshalb kein Fall der Nichtleistung besteht.[4]

3 **3. Rechtsfolgen.** Bei einer Schlechtleistung des AN kommen für den AG theoretisch drei Rechtsfolgen in Betracht: Das Recht zur Entgeltminderung (dazu → Rn. 4), das Recht zur Kündigung (→ § 131 Rn. 46 ff.) und Schadensersatzansprüche (dazu → § 59 Rn. 1 ff.). Vertragliche Schadensersatzansprüche ergeben sich aus § 280 I BGB.[5] § 280 I BGB wird um die Beweislastregel in § 619a BGB ergänzt. Die dort angeordnete Beweislastumkehr bei Haftung des AN bedarf im Fall von Unmöglichkeit einer teleologischen Restriktionen, weil in diesem Fall die spezifische Funktion der Sicherung der privilegierten Arbeitnehmerhaftung nicht gegeben ist.[6] Schadensersatzansprüche wegen Vertragsverletzung können mit solchen aus dem Gesetz (zB § 823 BGB) in Anspruchskonkurrenz stehen. Erlangt der AG aus der Schlechtleistung zugleich Schadensersatzansprüche gegen Dritte, soll er, soweit zumutbar, gehalten sein, zunächst diese zu verfolgen.[7] Nur im Falle der Nichtleistung entfällt gem. § 326 I 1 BGB der Vergütungsanspruch des AN.[8]

II. Entgeltminderung

4 **1. Minderleistung.** Die §§ 611 ff. BGB sehen im Unterschied zum Kauf-, Miet- und Werkvertragsrecht kein Gewährleistungsrecht vor. Bei Schlechtleistungen im Arbeitsverhältnis besteht deshalb kein Recht des AG zur Minderung der Arbeitsvergütung.[9] Das folgt auch nicht aus den Regelungen des allgemeinen Schuldrechts. Soweit dies vor Inkrafttreten des Schuldrechtsmodernisierungsgesetzes am 1.1.2002 angenommen wurde,[10] ist dem durch die Neuregelung des § 326 I BGB die rechtliche Grundlage entzogen worden. Nach § 326 I 2 BGB findet bei nicht vertragsgemäßer Leistung § 326 I 1 BGB, der auf das Minderungsrecht nach § 441 III BGB verweist, keine Anwendung, wenn der Schuldner nicht zur Nacherfül-

---

[1] Vgl. BAG 17.7.1970 AP Nr. 3 zu § 11 MuSchG 1968.

[2] Dazu *Brune* AR-Blattei SD 1420 Rn. 29 ff.; *Maschmann* NZA-Beil. 1/2006, 13 f.; MHdB ArbR/*Reichold* § 43 Rn. 28 ff.

[3] Vgl. MHdB ArbR/*Reichold* § 43 Rn. 30; ArbRBGB/*Schliemann* § 611 Rn. 741 für „völlig unbrauchbare Arbeitsergebnisse"; noch weitergehend *Beuthien* ZfA 1972, 73 (80 f.) sowie Staudinger/*Richardi*/*Fischinger* BGB § 611a Rn. 1319, 1330.

[4] Ebenso *Maschmann* NZA-Beil. 1/2006, 14 sowie auch *Brune* AR-Blattei SD 1420 Rn. 34.

[5] Dazu *Zimmer* NJW 2002, 1 (6 f.).

[6] ErfK/*Preis* BGB § 619a Rn. 4; HWK/*Krause* BGB § 619a Rn. 44; MHdB ArbR/*Reichold* § 43 Rn. 34.

[7] LAG Bln BB 1971, 1412, 2366; vgl. auch BAG 5.3.1968 AP Nr. 40 zu § 611 BGB Haftung des Arbeitnehmers.

[8] *Maschmann* NZA-Beil. 1/2006, 14; HWK/*Thüsing* BGB § 611a Rn. 568.

[9] BAG 18.7.2007 AP Nr. 1 zu § 611 BGB Minderleistung; 6.6.1972 AP Nr. 71 zu § 611 BGB Haftung des Arbeitnehmers; Staudinger/*Richardi*/*Fischinger* BGB § 611a Rn. 1333; HWK/*Thüsing* BGB § 611a Rn. 568; iErg auch MHdB ArbR/*Reichold* § 43 Rn. 31 f.

[10] *Beuthien* ZfA 1972, 73 (76 ff.).

lung verpflichtet ist. Wegen des Fixschuldcharakters der Arbeitspflicht (dazu → § 49 Rn. 5) ist der AN grundsätzlich nicht zur Nachleistung verpflichtet. Das Recht zur Minderung nach § 326 I 1 BGB besteht daher nicht.[11]

Bei **Akkord- oder Prämienentlohnung** wird gelegentlich vereinbart, dass der AG nur eine mängelfreie Arbeitsleistung zu vergüten hat. Im Wege der Auslegung des Arbeitsvertrags ist zu ermitteln, ob eine derartige Klausel den Vergütungsanspruch stets ausschließen soll oder ob sie nur dann zur Lohnkürzung führt, wenn der AN nicht seine Schuldlosigkeit beweist. Eine Vereinbarung, nach der nur mängelfreie Arbeit bezahlt wird, ist nach hM grundsätzlich zulässig.[12] Soll nur die mängelfreie Arbeit vergütet werden, entsteht der Entgeltanspruch für mängelbehaftete Arbeit von vornherein nicht; der AN ist für das Entstehen des Anspruchs, also die mängelfreie Leistung, darlegungs- und beweispflichtig. Der AG braucht im Falle mängelbehafteter Arbeit nicht aufzurechnen und etwaige Verfallfristen nicht einzuhalten.[13] 5

2. Vertretenmüssen der Mängel durch Arbeitgeber. Hat der AN eine mit Mängeln behaftete Arbeitsleistung erbracht, die vom AG zu vertreten ist, zB weil er schlechtes Arbeitsmaterial zur Verfügung gestellt hat, bleibt der Vergütungsanspruch auch dann erhalten, wenn die Vergütung nur für mängelfreie Arbeit vereinbart war.[14] 6

3. Vertretenmüssen der Schlechtleistung durch Arbeitnehmer. Hat der AN die Schlechtleistung zu vertreten und sind Vereinbarungen über die Vergütung nicht getroffen, behält er zwar seinen Vergütungsanspruch (→ Rn. 5), er wird aber uU schadensersatzpflichtig (→ § 59 Rn. 1 ff.). Der AG kann in diesem Fall mit seinem Schadensersatzanspruch gegen den Vergütungsanspruch im Rahmen der Pfändungsfreigrenzen aufrechnen. 7

III. Kündigung

Bei verschuldeter, uU auch unverschuldeter Schlechtleistung, kann dem AG das Recht zur ordentlichen, ausnahmsweise auch zur außerordentlichen Kündigung zustehen (→ § 131 Rn. 46 ff.). Einmalige oder gelegentlich vorkommende Fehlleistungen, mit denen ein verständiger AG rechnen muss, stellen jedoch keinen wichtigen Grund dar. Stets bleibt zu prüfen, ob eine Abmahnung erforderlich ist. 8

[11] Ebenso *Brune* AR-Blattei SD 1420 Rn. 53; *Gotthardt,* ArbR nach der Schuldrechtsreform, Rn. 190; *Maschmann* NZA-Beil. 1/2006, 17; ErfK/*Preis* BGB § 611a Rn. 683; HWK/*Thüsing* BGB § 611a Rn. 568; krit. zu dieser Begründung MHdB ArbR/*Reichold* § 43 Rn. 31.

[12] Staudinger/*Richardi/Fischinger* BGB § 611a Rn. 1334; ArbRBGB/*Schliemann* § 611 Rn. 742; für den Fall der verschuldeten Schlechtleistung: BAG 15.3.1960 AP Nr. 13 zu § 611 BGB Akkordlohn.

[13] BAG 15.3.1960 AP Nr. 13 zu § 611 BGB Akkordlohn.

[14] Staudinger/*Richardi/Fischinger* BGB § 611a Rn. 1334.

4. Abschnitt. Nebenpflichten und Wettbewerbsverbote

§ 53. Allgemeine Nebenpflichten des Arbeitnehmers

Übersicht

I. Begriff und Inhalt

1 **1. Begriff.** Die Nebenpflichten des AN werden auch heute noch verbreitet Treuepflichten genannt. Die Lehre von der Treuepflicht geht auf *Otto v. Gierke* und seine Lehre vom deutschrechtlichen Ursprung des Dienstvertrags zurück.[1] Der Inhalt des Arbeitsvertrags wird hiernach nicht ausschließlich durch die Regeln des BGB bestimmt.[2] In der Weimarer Zeit und bis etwa Mitte der 60er Jahre wurde das Arbeitsverhältnis als personenrechtliches Gemeinschaftsverhältnis verstanden, aus dem sich für den AG Fürsorgepflichten (→ § 106 Rn. 1 ff.) und den AN Treuepflichten ergaben. Die Treuepflicht wurde zu einem wesentlichen Element der nationalsozialistischen Arbeitsverfassung (vgl. § 2 II AOG). Sie sollte darin bestehen, sich nach besten Kräften für die Interessen des AG und das Gedeihen des Betriebs einzusetzen und alles zu unterlassen, was dem AG oder dem Betrieb abträglich sein konnte.[3]

2 Seit Mitte der 70er Jahre hat sich die Rechtslehre und mit ihr die Rspr. zunehmend vom Begriff der Treuepflicht gelöst und anerkannt, dass aus dem Arbeitsvertrag wie bei allen Schuldverhältnissen eine Reihe von Nebenpflichten folgt. Die Bezeichnung dieser Pflichten als **Treuepflicht ist heute überholt.**[4] In § 241 II BGB ist inzwischen eine Rücksichtnahmepflicht als Nebenpflicht statuiert.[5] Der Begriff der Treuepflicht hat für das Arbeitsverhältnis nur noch insoweit Bedeutung, als unter seinem Oberbegriff eine Reihe von Nebenpflichten des AN zusammengefasst sind, die unter → Rn. 11 ff. im Einzelnen dargestellt sind. Dagegen lassen sich aus dem Treuepflichtgedanken keine weitergehenden Pflichten des AN aus dem Arbeitsverhältnis ableiten.

3 **2. Inhalt.** Der Inhalt der Nebenpflichten ergibt sich aus dem jeweiligen Schuldverhältnis. Danach hat der AN seine Verpflichtungen aus dem Arbeitsverhältnis so zu erfüllen, seine Rechte so auszulegen und die im Zusammenhang mit dem Arbeitsverhältnis stehenden Interessen des AG so zu wahren, wie dies von ihm unter Berücksichtigung seiner Stellung im Betrieb, seiner eigenen Interessen und der Interessen der anderen AN des Betriebs nach Treu und Glauben

[1] Vgl. MHdB ArbR/*Reichold* § 53 Rn. 4 ff.; Staudinger/*Richardi/Fischinger* BGB § 611a Rn. 1190 ff.
[2] *v. Gierke,* Deutsches Privatrecht III, 1917, 590 ff.; dazu *Jobs* ZfA 1972, 305 ff.
[3] *Nikisch* Bd. I § 34 I 1; *Hueck/Nipperdey* Bd. I § 37.
[4] Vgl. *Schwerdtner,* Fürsorgetheorie und Entgelttheorie im Recht der Arbeitsbedingungen, 1970, 79 ff.
[5] Dazu BAG 2.11.2016 AP Nr. 31 zu § 106 GewO mAnm *Kolbe* = NZA 2017, 183 mwN; ausf. dazu MHdB ArbR/*Reichold* § 53 Rn. 14 ff.

billigerweise verlangt werden kann. Dies kommt in § 241 II BGB allgemein zum Ausdruck.[6] Diese Regelung dient dem Schutz und der Förderung des Vertragszwecks. Hierauf bezogenen Weisungen des AG hat der AN gem. § 106 S. 2 GewO nachzukommen.

Die Nebenpflichten sind in den Arbeitsverhältnissen durchaus **unterschiedlich ausgestaltet.** 4
Sie sind idR größer in Arbeitsverhältnissen, die von besonderem Vertrauen getragen werden (Prokuristen, Handlungsbevollmächtigte, leitende Angestellte). Gleiches gilt für Arbeitsverhältnisse, die auf persönlichen Beziehungen der Parteien beruhen oder bei Aufnahme des AN in die häusliche Gemeinschaft. Geringere Rücksichtnahmepflichten bestehen dagegen zB in Aushilfs- und Eintagsarbeitsverhältnissen. Auch durch die Art der geschuldeten Arbeitsleistung können Inhalt und Umfang beeinflusst werden. So wird zB der kaufmännische Angestellte andere, zumeist auch weitergehende Pflichten haben als der gewerbliche Arbeiter in Großbetrieben.

Der AN ist grundsätzlich nicht gehindert, **seine Interessen mit den gesetzlich zulässigen** 5
Mitteln zu verfolgen, auch wenn dies nicht mit den Interessen des AG übereinstimmt. Er kann zB unter Kündigungsandrohung seinem Wunsch nach einer Erhöhung des Arbeitsentgelts Nachdruck verleihen. Zulässig ist weiterhin, sich mit seinen Arbeitskollegen zur Erreichung gemeinsamer Zwecke zusammenzutun oder einer Gewerkschaft beizutreten. Droht der AN dem AG hingegen mit einem empfindlichen Übel, um die Erfüllung eigener streitiger Forderungen zu erreichen, kann darin ein Verstoß gegen seine Pflicht zur Wahrung von dessen Interessen liegen. Entsprechendes kann gelten, wenn der AN dem AG nachteilige Folgen mit dem Ziel androht, dieser solle von einer beabsichtigten oder bereits erklärten Kündigung Abstand nehmen.[7] In einem Kündigungsrechtsstreit ist der AN dagegen zur Offenlegung von Betriebsinterna gegenüber seinem Prozessbevollmächtigten und dem Gericht befugt, wenn dies zur Wahrnehmung berechtigter Interessen erfolgt.[8] Der AN braucht in seinem privaten Bereich nicht stets auf die Interessen des AG Rücksicht zu nehmen. Er kann eine anstrengende Urlaubsreise unternehmen, abends ausgehen, auch wenn er danach etwas weniger leistungsfähig ist (zur Kündigung wegen Schlechtleistung → § 131 Rn. 46 ff.).

3. Verhaltenspflichten. Der AN hat sich gegenüber seinem AG grundsätzlich loyal zu ver- 6
halten. Es gibt allerdings keine allgemeine „Gehorsamspflicht".[9] Die Loyalitätspflicht steht in einem im Einzelfall nur schwer zu lösenden Spannungsverhältnis zum Recht des AN auf freie Meinungsäußerung aus Art. 5 I GG (dazu → Rn. 27 ff.). Bei wirtschaftlichen Schwierigkeiten des AG ist der AN nicht verpflichtet, seinem AG einen Kredit einzuräumen[10] oder unbezahlt länger zu arbeiten.[11] Der AN ist in diesen Fällen auch nicht verpflichtet, auf entstandene tarifliche Rechte zu verzichten.[12] Zur Verpflichtung im Homeoffice zu arbeiten → § 45 Rn. 30a.

4. Außerdienstliches Verhalten. Das außerdienstliche Verhalten wird durch arbeitsrecht- 7
liche Nebenpflichten nur eingeschränkt begrenzt (zur Kündigung aus diesem Grund → § 127 Rn. 81 ff.).[13] Wie ein AN sein Privatleben einrichtet, geht den AG im Grundsatz nichts an.[14] Der AN hat seine private Lebensführung nicht an den Interessen des AG auszurichten.[15] Die Verpflichtungen des AN gegenüber seinem AG enden grundsätzlich dort, wo sein privater Bereich beginnt. Die vertragliche **Rücksichtnahmepflicht aus § 241 II BGB** gebietet jedoch, das außerdienstliche Verhalten so zu gestalten, dass hierdurch nicht berechtigte Interessen des AG beeinträchtigt werden. Das ist anzunehmen, wenn es negative Auswirkungen auf den Betrieb oder einen Bezug zum Arbeitsverhältnis hat.[16] Das kann etwa der Fall sein, wenn ein AN eine Straftat unter Nutzung von Betriebsmitteln oder betrieblichen Einrichtungen begeht, wenn sich der AG staatlichen Ermittlungen ausgesetzt sieht oder wenn er mit der Straftat durch den AN selbst in Verbindung gebracht wird.[17] Gleiches gilt, wenn

[6] MüKoBGB/*Spinner* § 611a Rn. 993; AR/*Kamanabrou* BGB § 611a Rn. 369; ErfK/*Preis* BGB § 611a Rn. 707; HWK/*Thüsing* BGB § 611a Rn. 501.
[7] BAG 8.5.2014 AP Nr. 247 zu § 626 BGB = NZA 2014, 1258.
[8] BAG 8.5.2014 AP Nr. 247 zu § 626 BGB = NZA 2014, 1258.
[9] Zöllner/*Loritz*/Hergenröder, Arbeitsrecht, § 16 IV.
[10] LAG München 6.5.1997 LAGE § 242 BGB Lohnstundung Nr. 1.
[11] BAG 12.6.2002 AP Nr. 8 zu § 612a BGB = NZA 2002, 1389.
[12] BAG 15.3.2000 – 10 AZR 745/98.
[13] Dazu *Hartmann/Grawe* AuA 2013, 20; *Ch. Picker* RdA 2021, 33 (38 f.).
[14] Staudinger/*Richardi/Fischinger* BGB § 611a Rn. 1201.
[15] ErfK/*Preis* BGB § 611a Rn. 709.
[16] BAG 10.9.2009 AP Nr. 60 zu § 1 KSchG 1969 Verhaltensbedingte Kündigung = NZA 2010, 220; BeckOK ArbR/*Joussen*, 58. Ed., BGB § 611a Rn. 449; HWK/*Thüsing* BGB § 611a Rn. 530.
[17] BAG 28.10.2010 AP Nr. 62 zu § 1 KSchG 1969 Verhaltensbedingte Kündigung = NZA 2011, 112.

Kinder von Arbeitskollegen Opfer von Sexualdelikten des AN sind.[18] Mitarbeiter von Kreditinstituten iSv § 1 I KWG sind nach § 241 II BGB verpflichtet, die im Geldwäschegesetz geregelten Pflichten zu beachten.[19] Berührt außerdienstliches Verhalten den arbeitsvertraglichen Pflichtenkreis nicht, ist der AG nicht berechtigt, seine Missbilligung über ihm bekannt gewordene Umstände aus der Privatsphäre des AN durch den Ausspruch einer Kündigung zu äußern.[20] Der AN darf allerdings nicht den Zielen des Unternehmens entgegenarbeiten.

8 Im **öffentlichen Dienst** gelten letztlich keine Besonderheiten mehr. Nach § 8 I 1 BAT hatte sich ein Angestellter zwar noch so zu verhalten, wie es von Angestellten des öffentlichen Dienstes erwartet wird. An die Stelle des § 8 BAT ist im öffentlichen Dienst des Bundes jedoch nunmehr § 41 des Tarifvertrags für den öffentlichen Dienst – Besonderer Teil Verwaltung (TVöD-BT-V) getreten. Für den Bereich der VKA gilt § 3 I 1 TVöD-V, für die Länder gilt § 3 I TV-L. Alle diese Bestimmungen enthalten keine dem § 8 I 1 BAT entsprechende Regelung. Es gelten daher auch hier die allgemeinen vertraglichen **Rücksichtnahmepflichten aus § 241 II BGB** (zur Kündigung → § 127 Rn. 82).[21] Diese werden nicht verletzt, wenn sich eine Umschülerin zusammen mit ihrem Freund in einer Zeitschrift ablichten lässt, die softpornographischen Inhalt hat.[22] Begeht ein im öffentlichen Dienst Beschäftigter ein vorsätzliches **Tötungsdelikt,** ist es dem öffentlichen AG dagegen in der Regel unzumutbar, ihn weiterzubeschäftigen, ohne dass eine konkret messbare Ansehensschädigung nachgewiesen werden müsste.[23] Eine Lehrkraft hat auch im Rahmen zufälliger **Begegnungen mit Schülern in der Freizeit** ihr Verhalten so einzurichten, dass die Verwirklichung eines ihr aufgrund des bestehenden Arbeitsverhältnisses zukommenden Erziehungsauftrags jedenfalls nicht ernsthaft gefährdet wird. Dem widerspricht es, wenn sich eine männliche Lehrkraft minderjährigen Schülerinnen in „sexuell anzüglicher Weise nähert“, Schüler betrunken macht oder Schülern, die nicht über die erforderliche Fahrerlaubnis verfügen, gestattet, seinen Pkw zu führen.[24] Ein Bezug zum Arbeitsverhältnis besteht auch dann, wenn ein bei der AA beschäftigter Sachbearbeiter „Leistungsgewährung im Bereich SGB II“ wegen **Kokainhandels** im regionalen Zuständigkeitsbereich seiner Dienststelle zu einer Freiheitsstrafe mit Bewährung verurteilt wird.[25]

9 **5. Informationspflichten.** Den AN treffen eine Reihe besonders ausgestalteter Informationspflichten. So muss der AN gem. § 5 EFZG voraussehbare Arbeitsverhinderungen rechtzeitig mitteilen, insbesondere eine Krankheit unverzüglich anzeigen (→ § 98 Rn. 96 ff.) und gegebenenfalls eine ärztliche Arbeitsunfähigkeitsbescheinigung vorlegen (→ § 98 Rn. 99). Im Falle der Geschäftsbesorgung hat er Bericht zu erstatten, Auskünfte zu erteilen und Rechenschaft abzulegen (vgl. §§ 675, 666, 259 BGB); drohende, eingetretene oder voraussehbare Schäden hat er anzuzeigen.

10 **6. Tendenzbetriebe.** In Tendenzbetrieben bestehen besondere Nebenpflichten (dazu → Rn. 29). Ein AN in einem Tendenzunternehmen darf sich nicht zur Tendenz des Unternehmens in Gegensatz setzen.[26] Dies gilt auch für außerdienstliche Meinungsäußerungen.[27] In kirchlichen Einrichtungen können dem AN wegen des Selbstbestimmungsrechts der Kirchen besondere Obliegenheiten seiner Lebensführung auferlegt werden (→ § 133 Rn. 27).[28]

II. Einzelne Nebenpflichten in alphabetischer Aufstellung[29]

11 **1. Abwerbung.** Der AN darf, wenn er sich selbständig machen will, alle erforderlichen vorbereitenden Maßnahmen treffen, um sofort nach der Beendigung seines Dienstverhältnisses

[18] BAG 27.1.2011 AP Nr. 49 zu § 626 BGB Verdacht strafbarer Handlung = NZA 2011, 798.
[19] BAG 25.4.2018 AP Nr. 269 zu § 626 BGB = NZA 2018, 1405.
[20] BAG 23.6.1994 AP Nr. 9 zu § 242 BGB Kündigung = NZA 1994, 1080.
[21] BAG 10.9.2009 AP Nr. 60 zu § 1 KSchG 1969 Verhaltensbedingte Kündigung = NZA 2010, 220.
[22] ArbG Passau 11.12.1997 NZA 1998, 427.
[23] BAG 8.6.2000 AP Nr. 163 zu § 626 BGB = NZA 2000, 1282.
[24] BAG 27.11.2008 AP Nr. 90 zu § 1 KSchG 1969 = NZA 2009, 604.
[25] BAG 10.4.2014 AP Nr. 72 zu § 1 KSchG 1969 Verhaltensbedingte Kündigung = NZA 2014, 1197.
[26] Zur Gewerkschaft: BAG 6.12.1979 AP Nr. 2 zu § 1 KSchG 1969 Verhaltensbedingte Kündigung; BGH 19.1.1998 AP Nr. 7 zu § 20 BetrVG 1972 = NJW 1981, 2178.
[27] LAG Bln 6.12.1982 EzA Nr. 11 zu § 1 KSchG Tendenzbetrieb.
[28] Dazu BVerfG 22.10.2014 NZA 2014, 1387.
[29] Weitere Nebenpflichten, die sich auf die Arbeitszeit beziehen, sind bei → § 45 Rn. 47 behandelt.

mit dem geplanten eigenen Geschäftsbetrieb beginnen zu können (→ § 54 Rn. 5).[30] Es stellt keine Pflichtverletzung dar, wenn er seinen Arbeitskollegen mitteilt, er wolle sich selbständig machen[31] oder von einem beabsichtigten Stellenwechsel erzählt und etwaige besondere Leistungen seines neuen AG herausstellt. Dagegen darf er nicht auf andere Mitarbeiter einwirken und sie veranlassen, Arbeit bei ihm oder bei seinem neuen AG aufzunehmen,[32] oder einem vertragsbrüchig gewordenen Arbeitskollegen bei einer konkurrierenden Tätigkeit des in Aussicht genommenen neuen AG helfen.[33] Ein derartiges Verhalten berechtigt zur ordentlichen, uU auch zur außerordentlichen Kündigung.[34] Verboten ist auch die Vermittlung von Konkurrenzgeschäften oder das aktive Abwerben von Kunden. Deshalb stellt die Weitergabe persönlicher Daten von Patienten eines Pflegedienstes an ein Konkurrenzunternehmen eine erhebliche Vertragspflichtverletzung einer angestellten Pflegekraft dar.[35] Zu Wettbewerbsverboten → § 55 Rn. 104 ff.

2. Ärztliche Untersuchung. Der AG kann vom AN das Einverständnis zu einer ärztlichen Untersuchung grundsätzlich nur verlangen, wenn dafür ein hinreichend begründeter Anlass besteht.[36] Hierzu gibt u.a. die ArbMedVV Aufschluss. Deren Ziel ist, durch Maßnahmen der arbeitsmedizinischen Vorsorge arbeitsbedingte Erkrankungen einschließlich Berufskrankheiten frühzeitig zu erkennen und zu verhüten. Der AG hat gem. § 4 ArbMedVV nach Maßgabe des Anhangs zu dieser VO Pflichtvorsorge für die Beschäftigten zu veranlassen. Besteht hiernach eine Untersuchungspflicht, darf er gem. § 4 II ArbMedVV eine Tätigkeit nur ausüben lassen, wenn der AN an der Pflichtvorsorge teilgenommen hat.[37] Sieht ein **Tarifvertrag** vor, dass der AG bei **gegebener Veranlassung** durch den Medizinischen Dienst oder das Gesundheitsamt feststellen lässt, ob der Beschäftigte arbeitsfähig ist, müssen objektive Umstände vorliegen, die bei vernünftiger, lebensnaher Einschätzung die ernsthafte Besorgnis begründen, der AN sei nicht arbeitsfähig, und damit seine Arbeitsunfähigkeit als nahe liegend erscheinen lassen. Solche tatsächlichen Anhaltspunkte können sich zB aus einer ärztlichen Bescheinigung, einer mit anderer Zielrichtung durchgeführten arbeitsmedizinischen Untersuchung oder aus hohen Krankheitszeiten des AN ggf. verbunden mit Tauglichkeitseinschränkungen während der Zeiten seiner Arbeitsfähigkeit ergeben. Ausreichend ist es, wenn aufgrund hinreichender tatsächlicher Anhaltspunkte Zweifel bestehen, ob der AN zu der vertraglich geschuldeten Arbeitsleistung auf seinem bisherigen Arbeitsplatz gesundheitlich in der Lage ist.[38] Ein AN ist regelmäßig nicht ohne besondere Anhaltspunkte für einen Drogenmissbrauch verpflichtet, im laufenden Arbeitsverhältnis routinemäßigen **Blutuntersuchungen oder Drogenscreenings** zur Klärung, ob er alkohol- oder drogenabhängig ist, zuzustimmen (dazu auch → § 26 Rn. 18).[39] Die Zustimmung kann allerdings bereits im Arbeitsvertrag erteilt werden, wenn der AG zB wegen der Gefährlichkeit der Tätigkeit hieran ein berechtigtes Interesse hat.[40] Dem allgemeinen Persönlichkeitsrecht des AN und dem dadurch gewährleisteten Schutz vor der Erhebung und Weitergabe von Befunden über den Gesundheitszustand, die seelische Verfassung und den Charakter des AN ist hinreichend Rechnung getragen, wenn die Begutachtung sich lediglich auf solche Umstände bezieht, die bei vernünftiger, lebensnaher Einschätzung die ernsthafte Besorgnis begründen, bei dem betreffenden AN könne eine Alkohol- bzw. Drogenabhängigkeit vorliegen. 12

Im bestehenden Arbeitsverhältnis dürfte zum **Schutz vor COVID-19-Infektionen ein Fragerecht des AG** gegenüber den AN zur Aufklärung einer Infektionsgefahr bestehen.[41] Dieses 12a

[30] *Busch/Dendorfer* BB 2002, 301; *Röder/Hahn,* Abwerbung von Arbeitnehmern, AR-Blattei SD 30; *Schmiedl* BB 2003, 1120.

[31] LAG Düsseldorf 15.10.1969 DB 1969, 2353; LAG Saarl 20.1.1965 BB 1965, 457; LAG RhPf 7.2.1992 NZA 1993, 265.

[32] MHdB ArbR/*Reichold* § 54 Rn. 61; LAG SchlH 6.7.1989 LAGE § 626 BGB Nr. 42; LAG RhPf 7.2.1992 NZA 1993, 265; LAG Saarl 20.1.1965 BB 1965, 457.

[33] BAG 16.1.1975 AP Nr. 8 zu § 60 HGB.

[34] BAG 26.6.2008 DB 2008, 2544.

[35] BAG 28.1.2010 NZA-RR 2010, 461.

[36] MüKoBGB/*Spinner* § 611a Rn. 1004; HWK/*Thüsing* BGB § 611a Rn. 540; *Behrens* NZA 2014, 401; einschränkend ErfK/*Preis* BGB § 611a Rn. 746; *Preis/Greiner* SAE 2004, 12 ff.

[37] Dazu *Beckschulze* BB 2014, 1013 und 1077; *Kleinebrink* DB 2014, 779.

[38] Zum Ganzen BAG 25.1.2018 AP Nr. 268 zu § 626 BGB mAnm *v. Koppenfels-Spies* = NZA 2018, 845.

[39] BAG 27.9.2012 AP Nr. 68 zu § 1 KSchG 1969 Verhaltensbedingte Kündigung; 12.8.1999 AP Nr. 41 zu § 1 KSchG 1969 Verhaltensbedingte Kündigung; *Diller/Powietzka* NZA 2001, 1227 (1229 f.); *v. Hoyningen-Huene* DB 1995, 142 (145); zu den vergütungsrechtlichen Konsequenzen aus der unterbliebenen Teilnahme an der Untersuchung BAG 23.9.2015 AP Nr. 143 zu § 615 BGB = NZA 2016, 293.

[40] *Diller/Powietzka* NZA 2001, 1227 (1231 f.); ErfK/*Preis* BGB § 611a Rn. 746.

[41] Dazu HBW Beratungspraxis in Krisenzeiten/*Bleck-Vogdt* § 3 Rn. 32 ff.; Schmidt COVID-19/*Haschert* § 20 Rn. 87 ff.

bezieht sich auf festgestellte Infektionen, Kontakte zu nachweislich infizierten Personen und Aufenthalte in einem vom Robert Koch-Institut als Risikogebiet eingestuften Gebiet.[42] Diese Informationen sind für den AG erforderlich, um die ihn treffenden Schutzpflichten gem. § 618 I BGB, § 3 ArbSchG gegenüber der Belegschaft erfüllen zu können und dem betreffenden AN ggf. das Betreten des Betriebs befristet zu untersagen. Rechtsgrundlage für die Datenverarbeitung ist § 26 III BDSG iVm § 22 I Nr. 1 lit. b BDSG iVm Art. 9 II lit. b DS-GVO.[43] Ob der AN vom AG verpflichtet werden kann, auf Kosten des AG an einem **Corona-Test** teilzunehmen, ist umstritten (→ § 45 Rn. 418).[44] Auch in diesem Zusammenhang ist in den Blick zu nehmen, dass der AG arbeitsschutzrechtlich aus den genannten Bestimmungen verpflichtet ist, die betrieblichen Einrichtungen und die Arbeit so zu organisieren hat, dass die AN gegen Gefahren für Leben und Gesundheit soweit geschützt sind, als die Natur der Dienstleistung es gestattet. Dies gilt nicht nur in Betrieben und Einrichtungen mit einem erhöhten Infektionsrisiko und besonderen Schutzstandard, wie Krankenhäusern und Pflegeheimen, sondern generell. Der AG hat nicht nur den SARS-CoV-2-Arbeitsschutzstandard und ergänzende Vorschriften einzuhalten,[45] sondern kann auch weitergehende Maßnahmen ergreifen und Tests zur Erkennung einer Infektion durchführen. Damit sichert er nicht nur in seinem Interesse die Aufrechterhaltung des Betriebs, sondern schützt auch die bei ihm beschäftigten AN, indem mögliche Infektionswege frühzeitig unterbrochen werden können. Bei der Bewertung der Zulässigkeit solcher Tests ist zu berücksichtigen, dass (Schnell-)Tests zur Erkennung einer Erkrankung dienen und ohne erhebliche körperliche Belastungen erfolgen. Sie sind ein nicht unwesentlicher Beitrag zur Pandemiebekämpfung. Rechtsgrundlage für die Datenverarbeitung ist auch insoweit § 26 III BDSG iVm § 22 I Nr. 1 lit. b BDSG iVm Art. 9 II lit. b DS-GVO.[46] Die Anordnung einer **Impfpflicht** dürfte dagegen wegen des mit der Impfung verbundenen Eingriffs in die körperliche Integrität grundsätzlich ausscheiden. Davon zu trennen ist die Frage eines **Impfnachweises** als Voraussetzung für die Ausübung bestimmter Tätigkeiten. Ein Anspruch hierauf dürfte regelmäßig nicht bestehen, weil es sich bei dieser Information um ein Gesundheitsdatum iSv Art. 4 Nr. 15 DS-GVO handelt,[47] das gem. Art. 9 I DS-GVO besonders geschützt ist.[48]

13 **3. Alkohol- und Drogenverbot.** Es besteht die Nebenleistungspflicht des AN, sich nicht in einen Zustand zu versetzen, in dem er seine Pflichten aus dem Arbeitsverhältnis nicht erfüllen oder bei Erbringung seiner Arbeitsleistung sich oder andere gefährden kann. Dabei macht es keinen Unterschied, ob die Fähigkeit zur (sicheren) Erbringung der Arbeitsleistung durch ein Verhalten während oder außerhalb der Arbeitszeit eingeschränkt wurde.[49] Der AG kann grundsätzlich ein allgemeines Alkoholverbot erlassen.[50] Dies ist insbes. dann zulässig, wenn es bei bestimmten Arbeitnehmergruppen notwendig ist, zB Piloten oder Kraftfahrern. In Betriebs- oder Dienstvereinbarungen kann ein absolutes Alkoholverbot vereinbart werden.[51] Sofern das Zusammenwirken der AN im Betrieb den Alkoholgenuss verbietet, besteht auch ohne ausdrückliche Anordnung ein Alkoholverbot. Der AG kann grundsätzlich nicht einseitig Alkoholtests einführen. Besteht ein Alkoholverbot, kann bei einem Verstoß hiergegen eine Kündigung gerechtfertigt sein (→ § 133 Rn. 13). Nimmt ein Berufskraftfahrer Amphetamin und Methamphetamin ein und führt er dennoch im Rahmen seiner arbeitsvertraglichen Verpflichtung ein Fahrzeug des AG, kommt es wegen der sich aus diesem Drogenkonsum typischerweise ergebenden Gefahren nicht darauf an, ob seine Fahrtüchtigkeit konkret beeinträchtigt ist. Der Pflichtenverstoß liegt bereits in der massiven Gefährdung der Fahrtüchtigkeit.[52]

14 **4. Anzeigen (Whistleblowing).** Erstattet der AN Strafanzeige gegen seinen AG, ohne zuvor eine innerbetriebliche Klärung zu versuchen, kann darin eine kündigungsrelevante Verletzung

[42] *Lutz/Born* DB 2020, 1162 (1163).
[43] Vgl. *Sander/Hilberg/Bings* COVuR 2020, 347 (351).
[44] Dazu *Lutz/Born* DB 2020, 1162 (1165); zur Wirksamkeit einer Allgemeinverfügung, durch die ein Lebensmittel verarbeitendes Unternehmen (hier: Fleischverarbeitung) verpflichtet wurde, zum Schutz vor der Verbreitung einer Infektionskrankheit die AN regelmäßigen Abständen auf eine Infektion testen zu lassen VG Düsseldorf 25.8.2020 – 7 L 1564/20; zur Impfpflicht *Naber/Schulte* NZA 2021, 81.
[45] Dazu *Kleinebrink* NZA 2020, 1361 (1362); *Sander/Hilberg/Bings* COVuR 2020, 347.
[46] *Lutz/Born* DB 2020, 1162 (1165).
[47] Kühling/Buchner/*Weichert* DS-GVO Art. 4 Abs. 15 Rn. 2.
[48] *Naber/Schulte* NZA 2021, 81 (84).
[49] BAG 20.10.2016 AP Nr. 258 zu § 626 BGB mAnm *Arnold/Husemann* = NZA 2016, 1527.
[50] Vgl. *Krasney* AuR 2000, 125; *Laber/Römer* ArbRB 2013, 378; zu einem individuellen Alkoholverbot wegen Alkoholgefährdung vgl. BVerwG 11.11.1999 ZTR 2000, 239.
[51] BAG 23.9.1986 AP Nr. 20 zu § 75 BPersVG = NZA 1987, 250.
[52] BAG 20.10.2016 AP Nr. 258 zu § 626 BGB mAnm *Arnold/Husemann* = NZA 2016, 1527.

arbeitsvertraglicher Nebenpflichten liegen (→ Rn. 26).[53] Auch unterhalb der Schwelle eines strafbaren Verhaltens muss ein AN bei der Mitteilung vermeintlicher Missstände im Betrieb angemessen auf Persönlichkeitsrechte seiner Arbeitskollegen und Vorgesetzten Rücksicht nehmen. Das folgt schon aus dem berechtigten Interesse des AG an der Wahrung des Betriebsfriedens.[54] Handelt es sich bei den dem AG zur Last gelegten Vorfällen um schwerwiegende Vorwürfe und sind die betreffenden Straftaten vom AG selbst begangen worden, braucht der AN jedoch idR nicht den Versuch der innerbetrieblichen Klärung zu unternehmen. Der AG kann grundsätzlich nicht mit Erfolg geltend machen, bestimmte Vorgänge gingen den AN aufgrund seiner Stellung im Unternehmen („schlichter Kraftfahrer") nichts an. Das staatsbürgerliche Recht zur Erstattung von Strafanzeigen besteht unabhängig von der beruflichen oder sonstigen Stellung und ihrer sozialen Bewertung durch den AG oder Dritte.[55] Begibt sich ein AN freiwillig oder nach einer Zeugenladung zur Staatsanwaltschaft, um dort Aussagen gegen seinen AG zu machen und aufgrund eigenen Antriebs Unterlagen zu übergeben, erfüllt er nach Auffassung des BVerfG nur von der Rechtsordnung aufgestellte Pflichten.[56] Zu beachten ist, dass nach der **Rechtsprechung des EGMR** vom Schutzbereich der durch Art. 10 EMRK geschützte Freiheit der Meinungsäußerung auch das sog. Whistleblowing erfasst wird. Eine deswegen erklärte Kündigung des AG verstößt hiergegen, wenn sie nicht „gesetzlich vorgesehen" ist, kein berechtigtes Ziel iSv Art. 10 II EMRK verfolgt, und nicht „in einer demokratischen Gesellschaft notwendig" ist, um dieses Ziel zu erreichen.[57] Wegen der Pflicht des AN zur Loyalität und Vertraulichkeit (→ Rn. 26) müssen allerdings auch nach Auffassung des EGMR Informationen über Missstände im Betrieb zunächst dem Vorgesetzten oder einer anderen innerbetrieblichen Stelle oder Einrichtung gegeben werden.[58] Nur wenn das eindeutig unmöglich ist, kann der AN damit an die Öffentlichkeit gehen (vgl. auch zu Kündigungen → § 127 Rn. 66 f.). Vor Erstattung einer Strafanzeige hat der AN stets sorgfältig zu prüfen, ob die Informationen zuverlässig und zutreffend sind.[59]

Diese Grundsätze gelten auch nach **Inkrafttreten des GeschGehG** fort. § 5 Nr. 2 GeschGehG sieht vor, dass die Offenlegung eines Geschäftsgeheimnisses nicht untersagt ist, wenn dies zur Aufdeckung einer rechtswidrigen Handlung oder eines beruflichen oder sonstigen Fehlverhaltens erfolgt und die Offenlegung geeignet ist, das allgemeine öffentliche Interesse zu schützen. Tatbestandsvoraussetzung ist nach der Gesetzesbegründung,[60] dass die Offenlegung erfolgt und geeignet ist, das allgemeine öffentliche Interesse zu schützen. Mit diesen Anforderungen wird dem Erwägungsgrund 20 der Richtlinie 2016/943 Rechnung getragen. Die Offenlegung muss sich auf ein regelwidriges Verhalten, ein Fehlverhalten oder eine **illegale Tätigkeit von einigem Ausmaß und Gewicht** beziehen. Des Weiteren ist im Blick zu behalten, dass § 1 III Nr. 4 GeschGehG klarstellt, dass die Rechte und Pflichten aus dem Arbeitsverhältnis unberührt bleiben. Der arbeitsrechtliche Interessenausgleich, der bislang in der Rspr. des EGMR und BAG vorgenommen wurde, hat auch weiterhin zu erfolgen.[61] Auf Grund der Whistleblowing-Richtlinie 2019/1937/EU hat der Gesetzgeber bis zum 17.12.2021 ein allgemeingültiges, den Vorgaben der Richtlinie entsprechendes System einzuführen.[62] **14a**

Will der AG den AN zu **strafbaren Handlungen** anhalten, etwa zu Fahrten mit einem überladenen LKW, hat der AN das Recht, die Arbeit zu verweigern. Eine Strafanzeige darf er **15**

---

[53] BAG 15.12.2016 AP Nr. 76 zu § 1 KSchG 1969 Verhaltensbedingte Kündigung = NZA 2017, 703; *Bissels/Lützeler/Wisskirchen* BB 2010, 2433 (2435 f.); *v. Busekist/Fahrig* BB 2013, 114; *Deiseroth* AuR 2002, 161; *Fischer-Lescano* AuR 2016, 4 und 48; *Forst* EuZA 2013, 37; *Fuhlrott/Oltmanns* DB 2017, 2354; *Kort* FS Kreutz, 247; *Scheurer* ZTR 2013, 291; *Scheicht/Loy* DB 2015, 803; *Wiebauer* NZA 2015, 22; zum „umgekehrten" Fall einer Strafanzeige des AG gegen den AN vgl. LAG RhPf 15.4.2019 – 3 Sa 411/18.

[54] BAG 27.9.2012 AP Nr. 240 zu § 626 BGB.

[55] BAG 7.12.2006 AP Nr. 55 zu § 1 KSchG 1969 Verhaltensbedingte Kündigung = NZA 2007, 502.

[56] BVerfG 2.7.2001 AP Nr. 170 zu § 626 BGB = NZA 2001, 888; zur Kündigung nach einer aus Rachsucht erfolgten Anzeige BAG 3.7.2003 AP Nr. 45 zu § 1 KSchG 1969 Verhaltensbedingte Kündigung = NZA 2004, 427.

[57] EGMR 21.7.2011 AP Nr. 235 zu § 626 BGB = NZA 2011, 1269 – Heinisch; dazu *Windel* Anm. zu AP Nr. 235 zu § 626 BGB; *Seifert* EuZA 2012, 411; *Forst* NJW 2011, 3477; *Simon/Schilling* BB 2011, 2421; *Schlachter* RdA 2012, 109.

[58] Dazu LAG Düsseldorf 4.3.2016 – 10 TaBV 102/15; zur Anzeige einer vom AG oder einem Vorgesetzten begangenen Verletzung von Quarantänebestimmungen ArbG Dessau-Roßlau 12.8.2020 – 1 Ca 65/20.

[59] EGMR 16.2.2021 – 23922/19.

[60] Beschlussempfehlung und Bericht des Ausschusses für Recht und Verbraucherschutz BT-Drs. 19/8300, 14.

[61] *Fuhlrott/Hiéramente* DB 2019, 967 (969); *Naber/Peukert/Seeger* NZA 2019, 583 (586).

[62] Dazu *Dzida/Granetzny* NZA 2020, 1201; *Degenhart/Dziuba* BB 2021, 570.

nur dann erstatten, wenn sie notwendig ist, um eine gesetzmäßige Behandlung zu erreichen.[63] Dieselben Grundsätze gelten für die Einleitung anderer behördlicher Verfahren, zB bei Finanzämtern, Aufsichtsstellen für den Güterfernverkehr usw.[64] Sind Beschäftigte aufgrund konkreter Anhaltspunkte der Auffassung, dass die vom AG getroffenen Maßnahmen und bereitgestellten Mittel nicht ausreichen, um die **Sicherheit und den Gesundheitsschutz bei der Arbeit** zu gewährleisten, und hilft der AG darauf gerichteten Beschwerden von Beschäftigten nicht ab, können sich diese gem. § 17 II ArbSchG an die zuständige Behörde wenden. Hierdurch dürfen den Beschäftigten keine Nachteile entstehen.[65] Weitere Sonderregelungen zum Schutz von Whistleblowern enthalten § 23 VAG, § 4d VI FinDAG, § 25a I 6 Nr. 3 KWG und § 3b V BörsG.

16 **5. Betriebsfrieden.** Auf den Erhalt des Betriebsfriedens gerichtete Verhaltenspflichten iSv § 241 II BGB bedürfen einer Konkretisierung unter Berücksichtigung der wechselseitigen Interessen und grundrechtlichen Gewährleistungen. Allein der Umstand, dass eine Störung eingetreten ist, genügt nicht für die Annahme, ein AN, der dazu beigetragen hat, habe auch seine Pflicht zur Rücksichtnahme auf die berechtigten Interessen des AG verletzt.[66] **Politische Gespräche** im Betrieb stellen grundsätzlich keine Störung des Betriebsfriedens dar. Innerhalb des Betriebs findet das Recht der freien Meinungsäußerung seine Schranken darin, dass das betriebliche Zusammenleben nicht gestört werden darf. Andererseits ist eine parteipolitische Propaganda oder sonstige Werbung im Betrieb regelmäßig unzulässig und gibt dem AG nach vorheriger Abmahnung im Wiederholungsfall ein Recht zur Kündigung.[67] Dies gilt auch, wenn die politische Beeinflussung von Arbeitskollegen oder Dritten durch Plaketten an der Kleidung herbeigeführt werden soll (Anti-Atomkraft-Plakette;[68] Anti-Strauß-Plakette).[69] Inwieweit im Zusammenhang mit Wahlen das Abstellen von Privatwagen mit Parteipostern auf dem Firmenparkplatz zulässig ist, ist umstr. Dies wird dann unzulässig sein, wenn berechtigte Interessen des AG gefährdet werden, etwa in Verkaufsbüros usw. Dem BR ist eine parteipolitische Betätigung (§ 74 II BetrVG) vor allem auch in Betriebsversammlungen untersagt.[70]

17 **6. Internetnutzung. a) Grundsätzliches Verbot der privaten Nutzung.** Grundsätzlich darf der AN das betriebliche Internet nicht privat nutzen.[71] Ein Anspruch hierauf besteht nicht.[72] Der AG ist auch nicht verpflichtet, die Nutzung eines für dienstliche Zwecke eingerichteten E-Mail Accounts durch die bei ihm beschäftigten AN zu Zwecken des Arbeitskampfs zu dulden.[73] Besteht kein ausdrückliches Verbot der privaten Nutzung des Internets, kann allenfalls eine seltene kurzfristige private Nutzung während der Arbeitszeit als zulässig angesehen werden.[74] Die Erlaubnis kann ausdrücklich durch den AG erfolgen, sie kann aber auch auf einer Duldung der Privatnutzung durch den AG beruhen.[75] Die private Nutzung des Internets kann schließlich auch in einer Betriebsvereinbarung geregelt sein. Eine nicht näher konkretisierte Erlaubnis der privaten Internetnutzung erstreckt sich nicht auf eine grenzenlose, sondern nur zeitlich und inhaltlich angemessene Nutzung während der Arbeitszeit. Bei einer exzessiven privaten Nutzung des Internets während der Arbeitszeit kann der AN nicht mit der Billigung durch den AG rechnen.[76] Das gilt insbesondere für das Aufrufen von Seiten mit pornografischem oder gewaltverherrlichendem Inhalt. Die unerlaubte – durch entsprechende Dienstvereinbarung und

[63] LAG Köln 23.2.1996 BB 1996, 2411.
[64] BAG 4.7.1991 – RzK I 6a Nr. 74.
[65] Dazu KKS/*Schucht* ArbSchG § 17 Rn. 27 ff.
[66] BAG 30.7.2020 AP Nr. 22 zu § 5 KSchG 1969 = NZA 2020, 1427.
[67] BAG 13.10.1977 AP Nr. 1 zu § 1 KSchG 1969 Verhaltensbedingte Kündigung.
[68] BAG 2.3.1982 AP Nr. 8 zu Art. 5 Abs. 1 GG Meinungsfreiheit = NJW 1982, 2888; BVerwG NJW 1982, 118; NJW 1990, 2265.
[69] BAG 9.12.1982 AP Nr. 73 zu § 626 BGB = NJW 1984, 1142.
[70] BAG 13.10.1977 AP Nr. 1 zu § 1 KSchG 1969 Verhaltensbedingte Kündigung; 21.2.1978 AP Nr. 1 zu § 74 BetrVG 1972.
[71] BAG 7.7.2005 AP Nr. 192 zu § 626 BGB = NZA 2006, 98; *Bissels/Lützeler/Wisskirchen* BB 2010, 2433 f.; *Elschner,* Rechtsfragen der Internet- und E-Mail-Nutzung am Arbeitsplatz, 2004, 39 f.; *Kramer* NZA 2006, 194 (196); Kramer IT-ArbR/*Wenzel* B Rn. 139; MAH IT-R/*Hegewald* Teil 8 Rn. 12; *Mengel* NZA 2005, 752 (753); *Müller-Thele* MDR 2006, 428 (429); aA LAG Köln 11.2.2005 MDR 2006, 36.
[72] EGMR 5.9.2017 NZA 2017, 1443 – Bărbulescu; dazu *Kramer* NZA 2018, 637.
[73] BAG 15.10.2013 AP Nr. 181 zu Art. 9 GG Arbeitskampf = NZA 2014, 319.
[74] Kramer IT-ArbR/*Wenzel* B Rn. 139.
[75] Zur betrieblichen Übung vgl. *F. A. Koch* NZA 2008, 911; *Waltermann* NZA 2007, 529; Kramer IT-ArbR/*Wenzel* B Rn. 149 f.; *Bissels/Lützeler/Wisskirchen* BB 2010, 2433.
[76] Vgl. BAG 7.7.2005 AP Nr. 192 zu § 626 BGB; *Hanau/Hoeren,* Private Internetnutzung durch Arbeitnehmer, 2003, 24 und 29; weniger streng nunmehr BAG 19.4.2012 AP Nr. 13 zu § 14 KSchG 1969 = NZA 2013, 27; Rechtsprechungsüberblick auch der Instanzgerichte bei Kramer IT-ArbR/*Hoppe* B Rn. 254 ff.

Dienstanweisung sogar verbotene – Installation einer Anonymisierungssoftware stellt eine erhebliche Verletzung der arbeitsvertraglichen (Rücksichtnahme-)Pflichten dar.[77]

b) Telekommunikationsrechtliche Fragen. Die Internetnutzung unterliegt grundsätzlich den telekommunikationsrechtlichen Schutzbestimmungen des TKG und des TMG.[78] Darf das Internet vom AN **ausschließlich zu beruflichen Zwecken genutzt werden,** finden gem. § 11 I Nr. 1 TMG die Schutzvorschriften der §§ 12 ff. TMG keine Anwendung. Der AG als Gläubiger der Arbeitsleistung kann deshalb den Datenverkehr des AN nach Maßgabe von § 26 BDSG kontrollieren (→ § 153 Rn. 9 f.). Aus Gründen der Transparenz sollte der AG den AN deutlich vorab über künftige Kontrollen unterrichten.[79] Die Aufzeichnung und Speicherung der Tastatureingaben am Dienst-PC eines AN sowie das Fertigen von Screenshots durch einen Keylogger zum Zwecke der Überprüfung einer privaten Nutzung des Internet ist ohne Einwilligung des AN unzulässig.[80] Dagegen dürfte die vorübergehende Speicherung und stichprobenartige Kontrolle der Verlaufsdaten eines Internetbrowsers zulässig sein, um die Einhaltung eines vom AG aufgestellten kompletten Verbots oder doch einer Beschränkung der Privatnutzung von IT-Einrichtungen zu kontrollieren. Dabei werden lediglich die Adressen und Titel der aufgerufenen Seiten und der Zeitpunkt des Aufrufs protokolliert und damit nicht mehr Daten gespeichert, als benötigt werden, um einen möglichen inhaltlichen oder zeitlichen Missbrauch der Nutzungsrechte festzustellen.[81] E-Mails als Geschäftsbriefe unterliegen der jederzeitigen Überprüfbarkeit des AG.[82] Er kann dabei den Inhalt von E-Mails lesen. Es kommt nicht darauf an, ob eingehende E-Mails an eine allgemeine Unternehmensadresse gerichtet sind (info@x-gmbh) oder an einen persönlichen Account des Mitarbeiters (max.mueller@x-gmbh),[83] und zwar auch dann, wenn der AN das Internet verbotswidrig zu privaten Zwecken genutzt hat. Der Persönlichkeitsschutz des Absenders steht dem schon deshalb nicht entgegen, weil dieser aufgrund der unterschiedlichen betrieblichen Gepflogenheiten nicht darauf vertrauen kann, seine private E-Mail werde ausschließlich von der Person gelesen, an diese gerichtet ist.[84] Etwas anderes mag gelten, wenn die Mail als „vertraulich" gekennzeichnet ist.[85] Für eine weitergehende Datenverarbeitung bedarf es der schriftlichen Einverständniserklärung des AN, die auf einer freien Entscheidung des Betroffenen beruhen muss (Art. 4 Nr. 11 DS-GVO; dazu → § 153 Rn. 12).[86] Ist die Einwilligung in Formulararbeitsverträgen enthalten, gelten die §§ 305 ff. BGB. 18

Ist dem AN die **private Nutzung des Internets erlaubt,** sei es ausdrücklich oder durch betriebliche Übung,[87] ist dieser Dritter iSd § 3 Nr. 10 TKG und der AG Anbieter der Dienste iSv § 3 Nr. 6 TKG.[88] Bei der Mischnutzung ist jede Nutzung als privat anzusehen, es sei denn, der AG trennt die private Nutzung logisch oder technisch ab (zB getrennte E-Mail-Accounts). Gem. § 88 II TKG ist der AG zur Wahrung des Fernmeldegeheimnisses (Art. 10 I GG) verpflichtet.[89] Dies entspricht auch dem Zweck dieser Regelung, die einen umfassenden Schutz des Persönlichkeitsrechts (Art. 2 I GG) und des Fernmeldegeheimnisses (Art. 10 I GG) gewährleisten soll.[90] Nach der Rechtsprechung des **BVerfG** erstreckt sich die Reichweite des Grundrechts ungeachtet der Übermittlungsart (Kabel oder Funk, analoge oder digitale Vermittlung) und 19

[77] BAG 12.1.2006 AP Nr. 54 zu § 1 KSchG 1969 Verhaltensbedingte Kündigung = NZA 2006, 980.
[78] Näher dazu Besgen/Prinz/*Stümper* Arbeiten 4.0 § 1 Rn. 44; Kramer IT-ArbR/*Byers* B Rn. 303 ff.
[79] HWK/*Lembke* DSGVO Art. 88 Rn. 99.
[80] BAG 27.7.2017 AP Nr. 263 zu § 626 BGB mAnm *Jacobs/Holle* = NZA 2017, 1327.
[81] BAG 27.7.2017 AP Nr. 263 zu § 626 BGB mAnm *Jacobs/Holle* = NZA 2017, 1327; dazu *Fuhlrott* NZA 2017, 1308; *Niemann* JbArbR 55 (2018), 41 (57).
[82] MAH IT-R/*Hegewald* Teil 8 Rn. 74; *Oberwetter* NJW 2011, 417 (419); Besgen/Prinz/*Stümper* Arbeiten 4.0 § 1 Rn. 39 f.; Thüsing Beschäftigtendatenschutz/*Thüsing/Traut* § 9 Rn. 51.
[83] *Gola* Beschäftigtendatenschutz-HdB Rn. 1366; Besgen/Prinz/*Stümper* Arbeiten 4.0 § 1 Rn. 41 f.
[84] *Gola* Beschäftigtendatenschutz-HdB Rn. 1367; aA *Ernst* NZA 2002, 585.
[85] Besgen/Prinz/*Stümper* Arbeiten 4.0 § 1 Rn. 42.
[86] Vgl. dazu Kühling/Buchner/*Maschmann* DS-GVO Art. 88 Rn. 48 ff.
[87] Dazu mit Recht krit. Thüsing Beschäftigtendatenschutz/*Thüsing* § 3 Rn. 67 ff.; *Waltermann* NZA 2007, 529 (530).
[88] *Gola* Beschäftigtendatenschutz-HdB Rn. 507; *Koch* NZA 2008, 911 (912 ff.); *Mengel* BB 2004, 2014 (2017); *Wolf/Mulert* BB 2008, 442 (445); aA LAG Bln-Bbg 16.2.2011 NZA-RR 2011, 342; LAG Nds 31.5.2010 NZA-RR 2010, 406; *Löwisch* DB 2009, 2782; Thüsing Beschäftigtendatenschutz/*Thüsing* § 3 Rn. 79 ff.; *Buschmann/Rosak* DB 2014, 2530; unentschieden Kramer IT-ArbR/*Byers* B Rn. 304; MAH IT-R/*Hegewald* Teil 8 Rn. 83 ff.; diff. HWK/*Lembke* DSGVO Art. 88 Rn. 99.
[89] *Gola* Beschäftigtendatenschutz-HdB Rn. 508; Spindler/Schuster/*Eckhardt* TKG § 88 Rn. 27; wohl auch unentschieden MAH IT-R/*Hegewald* Teil 8 Rn. 82; Besgen/Prinz/*Schumacher,* Handbuch Internet.Arbeitsrecht, 3. Aufl. 2012, § 1 Rn. 45.
[90] Beck TKG/*Robert* § 91 Rn. 9.

Ausdrucksform (Sprache, Bilder, Töne, Zeichen oder sonstige Daten) auf sämtliche Übermittlungen von Informationen mit Hilfe verfügbarer Telekommunikationstechniken auch auf Kommunikationsdienste des Internet.[91] Der Schutz des Fernmeldegeheimnisses umfasst den Kommunikationsinhalt, sei er privater, geschäftlicher, politischer oder sonstiger Natur, sowie die Kommunikationsumstände vor Kenntnisnahme. Der zugangsgesicherte Kommunikationsinhalt in einem E-Mail-Postfach, auf das der Nutzer nur über eine Internetverbindung zugreifen kann, ist durch Art. 10 I GG geschützt. Der Grundrechtsschutz erstreckt sich allerdings nicht auf die außerhalb eines laufenden Kommunikationsvorgangs im Herrschaftsbereich des Kommunikationsteilnehmers gespeicherten Inhalte und Umstände der Kommunikation. Der Schutz des Fernmeldegeheimnisses endet insoweit in dem Moment, in dem die E-Mail beim Empfänger angekommen und der Übertragungsvorgang beendet ist.[92] Das hat zur Folge, dass E-Mails, die der AN bereits eingesehen hat und auf einem Speichermedium des betrieblichen IT-Systems abgelegt hat, unter Beachtung datenschutzrechtlicher Grundsätze (Art. 6, 7, 88 DS-GVO, § 26 BDSG) eingesehen werden können.[93] Dem AG ist deshalb nach § 88 III TKG untersagt, sich oder anderen über das für die geschäftsmäßige Erbringung der Telekommunikationsdienstleistung einschließlich des Schutzes ihrer technischen Systeme erforderliche Maß hinaus Kenntnis vom Inhalt oder den näheren Umständen der Telekommunikation zu verschaffen. Denkbar sind allein Kontrollen nach § 100 TKG zur Störungsbeseitigung und somit zur Sicherstellung eines geregelten Kommunikationsverkehrs.[94] Weniger weitreichend ist die Rechtsprechung des **EGMR.** Danach verfolgt der AG mit der Einsichtnahme in Dateien auf dem Rechner eines AN das berechtigte Ziel sicherzustellen, dass seine AN die elektronischen Geräte, die er ihnen zur Erfüllung ihrer Aufgaben zur Verfügung stellt, im Einklang mit ihren vertraglichen Verpflichtungen und nach den anwendbaren Regeln nutzen.[95] Dies berechtigt den AG zur Einsichtnahme in die Dateien, wenn die Maßnahme des AG verhältnismäßig ist und angemessene und ausreichende Garantien gegen Missbrauch bestehen.[96] Verletzt der AG die Bestimmungen des Telekommunikationsrechts, kommt eine **Strafbarkeit** nach §§ 202a, 206 StGB in Betracht.[97] Inwieweit Beweisverwertungsverbote bestehen, wenn der AG bei erlaubter Privatnutzung Daten ohne Einwilligung des AN erhebt, ist noch nicht abschließend geklärt.[98]

20 **c) Mitbestimmung des Betriebsrats.** Die Nutzung des Internets durch den AN ermöglicht dessen Überwachung. Der BR hat kann deshalb bei einzelnen Regelungsgegenständen ein erzwingbares Mitbestimmungsrecht nach § 87 I Nr. 6 BetrVG haben. Dieses besteht insbesondere dann, wenn der AG die Möglichkeit hat, alle E-Mails zu kopieren oder auszudrucken (→ § 235 Rn. 63 ff.).

21 **7. Kleidung.** Grundsätzlich kann der AG keinen Einfluss auf die Kleidung seiner AN nehmen, sofern diese nicht gezwungen sind, Schutzkleidung zu tragen (dazu → § 45 Rn. 35). Er wird daher – soweit kein Publikumsverkehr besteht – nicht ohne Weiteres verhindern können, dass männliche AN an heißen Tagen auch in kurzen Hosen zur Arbeit kommen.[99] Im Verkauf von Waren gehobenen Genres ist der AG berechtigt, die AN anzuweisen, gepflegt, also in aller Regel nicht mit offenem Hemd und nicht ohne Krawatte und Sakko zu erscheinen.[100] Ob ein privater AG den bei ihm beschäftigten AN das Tragen eines Kopftuchs untersagen kann, ist zweifelhaft (dazu → § 45 Rn. 41).[101] Das Tragen einer Burka wird der AG einer AN jedenfalls dann untersagen können, wenn diese auch kommunikativ mit Arbeitskollegen oder – erst recht – mit Kunden arbeitet.[102] Dagegen kann ein evangelisches Krankenhaus von einer dem islamischen Glauben angehörenden Krankenschwester verlangen, während der Arbeitszeit das Tragen eines Kopftuchs zu unterlassen.[103] kann der AG berechtigt sein, männlichen AN das Tragen von

---

[91] Hierzu und zum Folgenden BVerfG 16.6.2009 NJW 2009, 2431.
[92] BVerfG 16.6.2009 NJW 2009, 2431.
[93] HWK/*Lembke* DSGVO Art. 88 Rn. 99.
[94] *Byers* Mitarbeiterkontrollen Rn. 56 ff.
[95] EGMR 22.2.2018 NZA 2018, 1609 – Libert.
[96] EGMR 5.9.2017 NZA 2017, 1443 – Bărbulescu; dazu auch BAG 31.1.2019 – 2 AZR 426/18.
[97] Vgl. dazu OLG Karlsruhe 10.1.2005 DuD 2005, 167; *Byers* Mitarbeiterkontrollen Rn. 56 ff.; *Gola,* Datenschutz am Arbeitsplatz, Rn. 157; *Schmidl* DuD 2005, 267.
[98] Für ein Verwertungsverbot *Elscher,* Rechtsfragen der Internet- und E-Mail-Nutzung am Arbeitsplatz, 2004, 311; *Gola,* Datenschutz am Arbeitsplatz, Rn. 154, 259.
[99] ArbG Mannheim BB 1989, 1201; ausf. *Duchstein* BB 2011, 1717.
[100] LAG Hamm 22.10.1991 DB 1992, 280.
[101] BAG 30.1.2019 AP Nr. 41 zu § 106 GewO = NZA 2019, 693.
[102] MHdB ArbR/*Reichold* § 55 Rn. 29; dazu auch *Brose/Greiner/Preis* NZA 2011, 369 (380).
[103] BAG 24.9.2014 AP Nr. 135 zu § 615 BGB = NZA 2014, 1407.

auffälligem Ohrschmuck zu untersagen, wenn hierdurch das Ansehen und die Seriosität des Unternehmens beeinträchtigt sind. Überhaupt kann das Tragen von Schmuck aus arbeitsschutzrechtlichen Gründen verboten werden.[104] Der AG kann allerdings bei Vorliegen eines berechtigten Interesses Dienstkleidung vorschreiben. Der Gleichbehandlungsgrundsatz ist hierbei zu beachten.[105] Die Anordnung und die Ausgestaltung der Regelung unterliegen der erzwingbaren Mitbestimmung des BR (§ 87 I Nr. 1 BetrVG). Näher dazu → § 235 Rn. 27 ff. Die Kosten für die Dienstkleidung können den AN nicht auferlegt werden.[106]

8. Kontrollen. a) Torkontrollen. Der AN muss sich vereinbarten Torkontrollen und Leibesvisitationen unterziehen, die zur Aufrechterhaltung der betrieblichen Ordnung erforderlich sind.[107] Die Kontrollen können durch Tarifvertrag, Betriebsvereinbarung[108] und Einzelarbeitsvertrag eingeführt werden. Die einzelvertragliche Vereinbarung kann ausdrücklich und stillschweigend (konkludent) abgeschlossen werden. Eine konkludente Vereinbarung wird idR dann vorliegen, wenn sie branchen- oder zumindest betriebsüblich ist. Von der Durchführung der Torkontrolle müssen alle AN gleichmäßig betroffen werden. Sofern nicht alle AN kontrolliert werden, muss die Auswahl der zu Kontrollierenden sachlich begründet erfolgen. Jedoch kann ein AN bei objektiv bestehendem Verdacht wiederholt untersucht werden. Die Handhabung der Kontrolle darf das Ehr- und Schamgefühl der AN nicht verletzen und ihre Zeit nicht unangemessen beanspruchen.[109] Im Allgemeinen ist die Torkontrolle auf das Öffnen der mitgeführten Taschen und allenfalls das Abtasten der Oberbekleidung zu beschränken.[110] In mitbestimmten Betrieben hat der BR nach § 87 I Nr. 1 BetrVG ein erzwingbares **Mitbestimmungsrecht.**[111] Die Einführung (auch durch Betriebsvereinbarung) von Torkontrollen und Leibesvisitationen ist bei hinreichend begründetem Anlass zulässig. Hiervon ist auszugehen, wenn Diebstähle vorgekommen sind oder deren ernsthafte Gefahr wegen der Art des Betriebs (wertvolles Material, Waren, Maschinen usw.) besteht. 22

b) Videoaufnahmen und Videoüberwachung. Die Zulässigkeit der **Internetveröffentlichung eines zu Werbezwecken aufgenommenen Videos,** auf dem der AN zusehen ist, ist nach einem Urteil des BAG aus dem Jahre 2014 grundsätzlich nach dem abgestuften Schutzkonzept der §§ 22, 23 KUG zu beurteilen. Eine danach ohne Einschränkung erteilte Einwilligung des AN in die Veröffentlichung von Videoaufnahmen durch seinen AG erlischt nicht automatisch mit dem Ende des Beschäftigungsverhältnisses. Sie kann nur widerrufen werden, wenn dafür ein plausibler Grund angegeben wird.[112] Hieran kann nach **Inkrafttreten der DS-GVO** nicht festgehalten werden. Ein Rückgriff auf die Vorschriften des KUG kommt auf Grund des Anwendungsvorrangs der DS-GVO nicht mehr in Betracht. Die Einwilligung kann nach Art. 7 III DS-GVO jederzeit widerrufen werden.[113] Der Widerruf kann aber im Einzelfall gegen § 241 II BGB verstoßen. Beabsichtigt der AG, im Betrieb eine **Videoüberwachung** durchzuführen, hat er das Mitbestimmungsrecht des BR nach § 87 I Nr. 6 BetrVG zu beachten (→ § 235 Rn. 63 ff.). Die Zulässigkeit des damit verbundenen Eingriffs in die Persönlichkeitsrechte der AN richtet sich nach § 26 BDSG (→ § 153 Rn. 5 ff.). 23

c) Detektive. Ob Detektive zur Überwachung von AN eingesetzt werden können, ist umstritten.[114] Die überwiegende Meinung bejaht dies zu Recht. Die Observation eines AN durch einen Detektiv ist **Datenverarbeitung.**[115] Die Schranken des Einsatzes ergeben sich aus § 26 I 1 BDSG und dem verfassungsrechtlich geschützten allgemeinen Persönlichkeitsrecht des AN (Art. 2 I GG). Die Überwachung ist somit zulässig, wenn der konkrete Verdacht einer schweren Pflichtverletzung besteht und die Überwachung einer Überprüfung am Maßstab des Verhältnismäßigkeitsgrundsatzes standhält. Der Detektiveinsatz muss das praktisch letzte Mittel 24

---

[104] LAG SchlH 26.10.1995 BB 1996, 222.
[105] BAG 30.9.2014 AP Nr. 46 zu § 87 BetrVG 1972 Ordnung des Betriebes = NZA 2015, 121.
[106] BAG 1.12.1992 BAG AP Nr. 20 zu § 87 BetrVG 1972 Ordnung des Betriebes = NZA 1993, 711.
[107] MüKoBGB/*Spinner* § 611a Rn. 985; MHdB ArbR/*Reichold* § 55 Rn. 30.
[108] BAG 15.4.2014 AP Nr. 9 zu § 29 BetrVG 1972 = NZA 2014, 551; 13.12.2007 NZA 2008, 1008; 12.8.1999 AP Nr. 28 zu § 626 BGB Verdacht strafbarer Handlung = NZA 2000, 421.
[109] Näher dazu BAG 15.4.2014 AP Nr. 9 zu § 29 BetrVG 1972 = NZA 2014, 551.
[110] Vgl. zu Taschenkontrollen im Supermarkt: BGH 3.11.1993 NJW 1994, 188.
[111] BAG 15.4.2014 AP Nr. 9 zu § 29 BetrVG 1972 = NZA 2014, 551; 13.12.2007 NZA 2008, 1008.
[112] BAG 11.12.2014 AP Nr. 42 zu § 611 BGB Persönlichkeitsrecht = NZA 2015, 604.
[113] Vgl. *Assmus/Winzer* ZD 2018, 508 mit weiterführenden Überlegungen.
[114] Dazu *Maier/Garding* DB 2010, 559; *Seel* MDR 2015, 1213; *Venetis/Oberwetter* NJW 2016, 1051.
[115] BAG 29.6.2017 AP Nr. 262 zu § 626 BGB = NZA 2017, 1179.

zur Aufklärung darstellen.[116] Der konkrete Verdacht darf insbesondere nicht durch betriebsinterne Maßnahmen genauso gut oder weniger eingriffsintensiv ausgeräumt werden können. Das Informations- und Beweisinteresse des AG ist gegen das schutzwürdige Interesse des AN am Schutz seiner personenbezogenen Daten abzuwägen. Insoweit können der Verdachtsgrad, die Schwere der vermuteten Straftat, die Heimlichkeit des Vorgehens, die Dauer der Überwachung und die Wahl der verwendeten Mittel (insbes. die Verwendung von Foto- oder Videokameras) wesentliche Abwägungsposten bilden.[117] Im Falle einer vom AG vermuteten **vorgetäuschten Arbeitsunfähigkeit** des AN hat der AG zur Rechtfertigung der Datenerhebung begründete Zweifel an der Richtigkeit der ärztlichen Bescheinigung aufzuzeigen, um den Beweiswert der Bescheinigung zu erschüttern.[118] Liegen hinreichende Verdachtsmomente auf eine **unerlaubte Konkurrenztätigkeit** des AN vor, kann eine Observation des AN durch einen Detektiv datenschutzrechtlich erlaubt sein.[119] Der AN hat wegen der Verletzung arbeitsvertraglicher Pflichten (§ 280 I BGB) dem AG die durch das Tätigwerden eines Detektivs entstandenen notwendigen **Kosten zu ersetzen,** wenn der AG aufgrund eines konkreten Tatverdachts gegen den AN einem Detektiv die Überwachung des AN überträgt und der AN einer vorsätzlichen Vertragspflichtverletzung überführt wird.[120] Eine Erstattungspflicht für Detektivkosten kommt des Weiteren in Betracht, wenn die ermittelten Tatsachen zu einem so schwerwiegenden Verdacht einer vorsätzlichen Vertragspflichtverletzung führen, dass eine deswegen ausgesprochene Kündigung im Sinne einer Verdachtskündigung als begründet angesehen werden muss. Die Vertragsverletzung kann dabei auch in einem genesungswidrigen Verhalten während angezeigter Arbeitsunfähigkeit des AN liegen.[121] Die Erstattung von Detektivkosten im Wege des Kostenfestsetzungsverfahrens nach den §§ 103 ff. ZPO kommt nur dann in Betracht, wenn sie als prozessuale (Vorbereitungs-)Kosten geltend gemacht werden. Dieser Kostenerstattungsanspruch bildet gegenüber dem materiellen Schadensersatzanspruch einen eigenen Streitgegenstand.[122]

25 **d) Ortungssysteme.** Eine Kontrolle der AN kann durch Ortungssysteme erfolgen. Denkbar ist eine **GPS-Ortung** über Navigationssysteme in dienstlichen Kfz, eine Ortung über **Mobilfunkgeräte** sowie eine innerbetriebliche Ortung der AN über **RFID-Chips in Werksausweisen.**[123] Alle diese Ortungssysteme greifen in das durch Art. 2 I iVm Art. 1 I GG geschützte Recht auf informationelle Selbstbestimmung ein.[124] Sie dürfen deshalb nur eingesetzt werden, wenn der AN hierin eingewilligt hat oder die Voraussetzungen des § 26 I 1 BDSG vorliegen.[125] Eine heimliche GPS-Ortung kann notwendig sein, wenn der konkrete Verdacht von Vertragsverletzungen bei Außendienstmitarbeitern besteht, zB in Bezug auf Unregelmäßigkeiten bei den Arbeitszeiten oder bei Warenverlusten.[126] Weniger einschneidende Mittel zur Verdachtsaufklärung müssen ausgeschöpft sein und die verdeckte Ortung muss praktisch das einzig verbliebene Aufklärungsmittel darstellen und darf insgesamt nicht unverhältnismäßig sein. Die Ortung des Mitarbeiters im Privatbereich (zB bei Privatfahrten) ist regelmäßig rechtswidrig.

25a **e) Mitarbeiterscreenings.** Ein Instrument der Verhinderung von Pflichtverletzungen im Rahmen von **Compliance-Kontrollen** sind sog. Mitarbeiterscreenings.[127] Dabei geht es regelmäßig darum, mit im Unternehmen vorhandenen Daten durch Analyse mit Hilfe von mathematischen Gesetzmäßigkeiten Anzeichen für Fehlverhalten zu ermitteln, sog. Predictive policing am Arbeitsplatz. Mit Hilfe Künstlicher Intelligenz soll hierbei – anknüpfend an Erkenntnisse aus der Kriminalistik – eine genaue personenbezogene Prognose der AN entwickelt werden, die

---

116 *Byers* NZA 2017, 1086 (1087).
117 *Thüsing/Rombey* NZA 2018, 1105 (1109).
118 BAG 19.2.2015 AP Nr. 44 zu § 611 BGB Persönlichkeitsrecht = NZA 2015, 994; *Joussen* SAE 2015, 92.
119 BAG 29.6.2017 AP Nr. 262 zu § 626 BGB = NZA 2017, 1179; dazu *Dzida/Grau* NZA 2017, 1515; *Thüsing/Rombey* NZA 2018, 1105.
120 BAG 28.10.2010 AP Nr. 135 zu § 611 BGB Haftung des Arbeitnehmers = NZA-RR 2011, 231; s. dazu auch BAG 17.9.1998 AP Nr. 133 zu § 611 BGB Haftung des Arbeitnehmers = NZA 1998, 1334; zu Schadensersatzansprüchen des AN bei rechtswidriger Überwachung BAG 19.2.2015 AP Nr. 44 zu § 611 BGB Persönlichkeitsrecht = NZA 2015, 994.
121 BAG 26.9.2013 NZA 2014, 301.
122 BAG 28.5.2009 AP Nr. 133 zu § 611 BGB Haftung des Arbeitnehmers = NZA 2009, 1300.
123 Kramer IT-ArbR/*Bongers,* 2017, B Rn. 808 ff.; *Byers* Mitarbeiterkontrollen Rn. 214 ff.; *Göpfert/Papst* DB 2016, 1015.
124 BGH 15.5.2013 NJW 2013, 2668 zur GPS-Ortung.
125 Hierzu BGH 4.6.2013 NJW 2013, 2530; *Byers* Mitarbeiterkontrollen Rn. 198 ff.; Kramer IT-ArbR/*Bongers* 2017 B Rn. 817 ff.
126 *Byers* NZA 2017, 1086 (1087).
127 Dazu näher *Ströbel/Böhm/Breunig/Wybitul* CCZ 2018, 14.

sich als besonders anfällig für die Begehung von Compliance-Verstößen zeigen könnten.[128] Hierbei handelt es sich um eine erlaubnisbedürftige Datenverarbeitung iSv Art. 4 Nr. 2 DS-GVO (Auslesen, Abfragen). Das Verbot der automatisierten Einzelfallentscheidung (Art. 22 I DS-GVO) darf hierbei nicht verletzt werden.[129] Liegt eine Einwilligung der Betroffenen nicht vor, dürfte ein solches Screening nur zulässig sein, wenn dafür die Voraussetzungen des § 26 I 1 BDSG vorliegen (→ § 153 Rn. 6 ff.).

9. Loyalitätspflichten. Zu den arbeitsvertraglichen Nebenpflichten gehört, Stillschweigen über Verhaltensweisen des AG zu bewahren, wenn dieser durch die Offenbarung geschädigt werden könnte. Beschäftigte, insbesondere des öffentlichen Dienstes, haben ihrem AG gegenüber eine **Verpflichtung zu Loyalität, Zurückhaltung und Diskretion.**[130] Hieraus ist gefolgert worden, dass ruf- oder kreditschädigende Äußerungen selbst dann nicht an Dritte weitergegeben werden dürfen, wenn sie erweislich wahr sind, aber der AN an der Weitergabe der Information kein berechtigtes Interesse hat (→ Rn. 14). Bei **Strafanzeigen** (→ Rn. 14) hat der AN sorgfältig zu prüfen, ob überhaupt eine strafbare Handlung vorliegt. Eine leichtfertige, unbegründete Strafanzeige ist eine schwere Pflichtverletzung und rechtfertigt idR eine fristlose Kündigung (→ § 127 Rn. 66 f.).[131] Wenn eine strafbare Handlung des AG vorliegt, durch die der AN nicht betroffen wird, kann der AN nach der Rechtsprechung des BVerfG den Ermittlungsbehörden Auskünfte erteilen.[132] Dies gilt erst recht, wenn sich die strafbare Handlung gegen den AN richtet[133] oder eine schwere Straftat vorliegt. Entsprechende Grundsätze gelten, wenn der AN einen Arbeitskollegen anzeigt.[134] Zu Loyalitätspflichten von Beschäftigten in kirchlichen Einrichtungen → § 133 Rn. 27 ff.[135] Dem AN ist es verwehrt, zu einem Gespräch mit seinem AG ein aufnahmebereites **Tonbandgerät heimlich mitzuführen.** Die damit dokumentierte Bekundung des Misstrauens schließt eine künftige gedeihliche Zusammenarbeit aus und kann uU auch eine Kündigung rechtfertigen. Seinem Sicherheitsbedürfnis wegen des tatsächlich Besprochenen kann durch die Hinzuziehung eines Betriebsratsmitglieds oder eines Rechtsanwaltes Rechnung getragen werden.[136] 26

10. Meinungsfreiheit. a) Grundsatz. Die Loyalitätspflichten werden durch das Recht auf Meinungsäußerung begrenzt. Nach Art. 5 I 1 GG hat jeder das Recht, seine Meinung in Wort, Schrift und Bild frei zu äußern. Der Grundrechtsschutz besteht unabhängig davon, ob eine Äußerung rational oder emotional, begründet oder grundlos ist und ob sie von anderen für nützlich oder schädlich, wertvoll oder wertlos gehalten wird. AN dürfen unternehmensöffentlich Kritik am AG und den betrieblichen Verhältnissen üben und sich ggf. auch überspitzt oder polemisch äußern, und zwar auch bei der Teilnahme an einer Betriebsratswahl.[137] Eine Schmähkritik oder Formalbeleidigung scheidet jedoch von vornherein aus dem Schutzbereich des Grundrechts aus (dazu näher → § 3 Rn. 27 ff.).[138] 27

In einem staatlichen Krankenhaus, das zur religiösen Neutralität verpflichtet ist, kann einer Krankenschwester verboten werden, **missionierend** auf Patienten einzuwirken.[139] Hat sich ein Dritter durch Eindringen in den Betrieb **rechtswidrig Informationen verschafft,** hindert ihn dies grundsätzlich nicht, hierüber seine Meinung zu verbreiten. Dies gilt jedoch dann nicht, wenn sich der Publizierende die Informationen widerrechtlich durch Täuschung in der Absicht verschafft hat, sie gegen den Getäuschten zu verwerten.[140] **Werkszeitungen** genießen den 28

[128] *Rudkowski* NZA 2019, 72; BeckOK DatenschutzR/*Riesenhuber,* 34. Ed., BDSG § 26 Rn. 139.
[129] Dazu *Rudkowski* NZA 2019, 72 (74 f.).
[130] EGMR 17.9.2015 NZA 2017, 237 – Langner.
[131] Vgl. BAG 25.1.2018 AP Nr. 268 zu § 626 BGB mAnm *v. Koppenfels-Spies* = NZA 2018, 845; 3.7.2003 AP Nr. 45 zu § 1 KSchG 1969 Verhaltensbedingte Kündigung = NZA 2004, 427; dazu auch EGMR 17.9.2015 NZA 2017, 237.
[132] BVerfG 2.7.2001 AP Nr. 170 zu § 626 BGB = NZA 2001, 888.
[133] ArbG Elmshorn AP Nr. 9 zu § 124a GewO; ArbG Krefeld AP Nr. 23 zu § 123 GewO; LAG Stuttgart DB 1964, 1451; vgl. das als „Schandurteil" besprochene Urteil des LAG BW 20.10.1976 EzA Nr. 8 zu § 1 KSchG Verhaltensbedingte Kündigung.
[134] LAG Frankfurt 14.2.1991 NZA 1992, 124.
[135] BAG 8.9.2011 AP Nr. 92 zu § 1 KSchG 1969 = NZA 2012, 443.
[136] LAG RhPf 18.9.1996 NZA 1997, 826; zur Hinzuziehung Dritter vgl. *Kandaouroff/Rose* DB 2008, 1210.
[137] BAG 29.8.2013 AP Nr. 70 zu § 9 KSchG 1969 = NZA 2014, 660; 31.7.2014 AP Nr. 76 zu § 15 KSchG 1969 = NZA 2015, 245.
[138] BVerfG 30.5.2018 NZA 2018, 924; BAG 19.11.2015 NZA 2016, 540; 18.12.2014 AP Nr. 250 zu § 626 BGB = NZA 2015, 797.
[139] ArbG Reutlingen 5.1.1993 BB 1993, 1012.
[140] BVerfG 15.1.1987 AP Nr. 2 zu Art. 5 Abs. 1 GG Pressefreiheit = NJW 1984, 1741.

Schutz der Pressefreiheit aus Art. 5 I 2 GG.[141] Soweit in einem **laufenden Gerichtsverfahren** Erklärungen abgegeben werden, ist zu berücksichtigen, dass diese durch ein berechtigtes Interesse des AN gedeckt sein können. Prozessparteien dürfen zur Verteidigung ihrer Rechtspositionen schon im Hinblick auf den Anspruch auf Gewährung rechtlichen Gehörs (Art. 103 I GG) unter Beachtung der Wahrheitspflicht alles vortragen, was als rechts-, einwendungs- oder einredebegründender Umstand prozesserheblich sein kann. Sie dürfen dabei auch starke, eindringliche Ausdrücke und sinnfällige Schlagworte benutzen, um ihre Rechtsposition zu unterstreichen.[142] Befindet sich ein im öffentlichen Dienst beschäftigter AN im **Wahlkampf um ein kommunales Amt** bei seinem Dienstherrn, ist bei der Würdigung von Wahlkampferklärungen von Bedeutung, dass sich die Äußerungen auf einen Gegenkandidaten beziehen. Dieser muss sich in einer solchen Situation ggf. auch überzogener Kritik stellen.[143]

29 **b) Besonderheiten bei Tendenzträgern.** Besondere Anforderungen bestehen für AN in Tendenzunternehmen. Ein Tendenzträger ist verpflichtet, sowohl bei der Arbeitsleistung als auch im außerdienstlichen Bereich nicht gegen die Tendenz des Unternehmens zu verstoßen. Er hat sich dabei solcher Äußerungen und Handlungen zu enthalten, die der Tendenz des Unternehmens nachhaltig zuwiderlaufen und damit betriebliche Interessen des Unternehmens erheblich berühren.[144] Er hat ebenso auf die politische Zielsetzung Rücksicht zu nehmen (dazu → § 127 Rn. 128a).[145] Ein **Rundfunkreporter** kann sich nicht auf das Recht der freien Meinungsäußerung berufen, wenn er im Zusammenhang mit der Absetzung seines Beitrags in der Öffentlichkeit unwahre und ehrenrührige Behauptungen über seinen AG verbreitet.[146] Andererseits rechtfertigt die Benutzung des Wortes „NATO-Angriffskrieg" bei Verlesung der Nachrichten es nicht, einen Redakteur im Wege des Direktionsrechts bis auf Weiteres, also auf unabsehbare Zeit, zu suspendieren.[147] Eine auf politischen Motiven beruhende Aufforderung zum Boykott eines Presseunternehmens, der vornehmlich mit wirtschaftlichen Mitteln durchgesetzt werden soll, ist nicht durch das Grundrecht der freien Meinungsäußerung gedeckt.[148] Ein Redakteur einer Tageszeitung kann seine vertraglichen Rücksichtnahmepflichten dadurch verletzen, dass er sich gegen eine Veröffentlichung in der Presse des eigenen AG mit einer Gegendarstellung wendet und sich diese als eine unverhältnismäßige Reaktion auf einen Pressebericht darstellt.[149]

30 **11. Nebentätigkeiten.** Der AN darf durch Nebentätigkeiten während des Arbeitsverhältnisses nicht in Konkurrenz zum AG treten oder sie in einem Umfang ausüben, dass er nicht mehr in der Lage ist, die geschuldete Arbeitsleistung ordnungsgemäß zu erbringen (→ § 42 Rn. 4 ff.). Es besteht grundsätzlich keine Verpflichtung des AN, dem AG Auskünfte über den Inhalt zulässiger Nebentätigkeiten zu erteilen, es sei denn, dass dies tariflich[150] oder vertraglich besonders geregelt ist. Nach Maßgabe von § 15 IV BEEG kann die Nebentätigkeit in der Elternzeit beschränkt sein. Wird die Nebenbeschäftigung ohne erforderliche Genehmigung ausgeführt, kann eine Abmahnung gerechtfertigt sein.[151] Teilzeitbeschäftigte bedürfen auch dann einer Nebentätigkeitsgenehmigung, wenn die zeitliche Beanspruchung durch die Nebentätigkeit die regelmäßige tarifliche Arbeitszeit eines Vollzeitbeschäftigten nicht überschreitet.[152]

31 **12. Obhutspflichten.** Den AN treffen Obhuts- und Bewahrungspflichten wegen der ihm anvertrauten Materialien, Maschinen und Gerätschaften. Etwaige Störungen muss er im Rahmen des ihm Möglichen und Zumutbaren beheben und seinen AG entsprechend informieren.

32 **13. Pressekontakte.** Die Kontaktaufnahme mit der Presse wegen angeblicher Missstände im Betrieb ist erst dann zulässig, wenn der AN alle geeigneten Möglichkeiten zur Mängelbeseitigung innerhalb des Betriebes ausgeschöpft hat (→ Rn. 14). Gegebenenfalls ist der BR anzurufen. Die Androhung eines Angestellten, die Presse „über Geldgeschäfte im Zusammenhang mit

[141] BVerfG 8.10.1996 AP Nr. 3 zu Art. 5 Abs. 1 GG Pressefreiheit = NJW 1997, 386.
[142] BAG 29.8.2013 AP Nr. 70 zu § 9 KSchG 1969 = NZA 2014, 660.
[143] BAG 18.12.2014 AP Nr. 250 zu § 626 BGB = NZA 2015, 797.
[144] BAG 23.10.2008 AP Nr. 218 zu § 626 BGB = NZA-RR 2009, 362.
[145] Vgl. Gutachten zum Deutschen Juristentag 1972 von *Kübler; Buchner* ZfA 1979, 335; *Lisken* NJW 1980, 1503; BAG 2.3.1982 AP Nr. 8 zu Art. 5 Abs. 1 GG Meinungsfreiheit = DB 1982, 2142.
[146] BAG 11.8.1982 AP Nr. 9 zu Art. 5 Abs. 1 GG Meinungsfreiheit = NJW 1983, 1220.
[147] LAG BW 2.8.2000 AuR 2001, 192.
[148] BVerfG 26.2.1969 AP Nr. 3 zu Art. 5 Abs. 1 GG Meinungsfreiheit.
[149] BAG 23.10.2008 AP Nr. 218 zu § 626 BGB = NZA-RR 2009, 362.
[150] Vgl. BAG 16.11.1989 AP Nr. 3 zu § 11 BAT.
[151] Vgl. hierzu BAG 30.5.1996 AP Nr. 2 zu § 611 BGB Nebentätigkeit = NZA 1997, 145; 11.12.2001 AP Nr. 8 zu § 611 BGB Nebentätigkeit = NZA 2002, 965.
[152] BAG 30.5.1996 AP Nr. 2 zu § 611 BGB Nebentätigkeit = NZA 1997, 145.

Luxemburg" zu unterrichten, um eine personelle Maßnahme zu verhindern, stellt einen wichtigen Grund zur außerordentlichen Kündigung dar.[153] In Fragen des Arbeitsschutzrechts sind die hierfür zuständigen staatlichen Stellen einzuschalten; zur Durchsetzung individualvertraglicher Ansprüche werden zunächst die Gerichte in Anspruch genommen werden müssen. Zulässig ist die Kontaktaufnahme, wenn unter Abwägung der Interessen des AG an dem Schutz seiner Sphäre einerseits und den Interessen der Belegschaft oder des Einzelnen andererseits berechtigte Ansprüche oder schützenswerte Güter auf dem Spiel stehen.

14. Prozessbetrug. Ein AN verletzt seine vertragliche Nebenpflichten aus § 241 II BGB, 33
wenn er im Rechtsstreit um eine Kündigung bewusst wahrheitswidrig vorträgt, weil er befürchtet, mit wahrheitsgemäßen Angaben den Prozess nicht gewinnen zu können.[154]

15. Rauchverbot. Nach § 5 ArbStättV idF vom 12.8.2004 mit spät. Änd. hat der AG die 34
erforderlichen Maßnahmen zu treffen, damit die nicht rauchenden Beschäftigten in Arbeitsstätten wirksam vor den Gesundheitsgefahren durch Tabakrauch geschützt sind. Seit dem 1.9.2007 ist in § 5 I 2 ArbStättV weiter bestimmt, dass – soweit erforderlich – der AG ein allgemeines oder auf einzelne Bereiche der Arbeitsstätte beschränktes Rauchverbot zu erlassen hat. Durch die inzwischen erlassenen landesrechtlichen Nichtraucherschutzgesetze ist der Ermessensspielraum teilweise beseitigt worden.[155] AN haben deshalb unter den Voraussetzungen des § 618 I BGB iVm § 5 I ArbStättV grundsätzlich Anspruch auf Zuweisung eines tabakrauchfreien Arbeitsplatzes.[156] Dieser Anspruch wird jedoch durch § 5 II ArbStättV eingeschränkt. Hiernach hat der AG nicht rauchende Beschäftigte in Arbeitsstätten mit Publikumsverkehr nur insoweit vor den Gesundheitsgefahren durch Passivrauchen zu schützen, als die Natur des Betriebs und die Art der Beschäftigung es zulassen. Dies kann dazu führen, dass er nur verpflichtet ist, die Belastung durch Passivrauchen zu minimieren, nicht aber sie gänzlich auszuschließen.[157] Durch Tarifvertrag, Betriebsvereinbarung und Arbeitsvertrag, aber auch Ausübung des Weisungsrechts nach § 106 GewO kann ein Rauchverbot während der Arbeitszeit oder des Aufenthalts im Betrieb eingeführt werden. Im Hinblick auf die wissenschaftlich belegten Gefahren des Passivrauchens bestehen an der Erforderlichkeit derartiger Verbote keine begründeten Zweifel. Der AG kann – vorbehaltlich der **Mitbestimmung des BR**[158] – einseitig ein Rauchverbot zur Verhütung von Brandgefahr, zur Intensivierung der Arbeitsleistung, zur Vermeidung der Verunreinigung von Arbeitserzeugnissen oder der Belästigung der Mitarbeiter einführen.[159] Ob im Übrigen ein allgemeines Rauchverbot verhängt werden kann, ist umstr.[160] Ein Rauchverbot dürfte nach Treu und Glauben allenfalls dann unzulässig sein, wenn es eine bloße Schikane darstellt und nicht dem Schutz berechtigter Interessen des Betriebs, der Mitarbeiter oder des AG dient. In Kantinen kann ein Rauchverbot ausgesprochen werden.

16. Schmiergeld/Korruption. Schmiergelder sind geldwerte Geschenke oder andere Vor- 35
teile, durch die ein Dritter den AN zu einem bestimmten Verhalten veranlassen oder ein solches Verhalten nachträglich entlohnen will.[161] Die Abgrenzung von Gelegenheitsgaben und Schmiergeldern kann im Einzelfall schwierig sein und hat nach Treu und Glauben unter Berücksichtigung der Verkehrssitte zu erfolgen. Das Angebot von Schmiergeldern hat der AN grundsätzlich zurückzuweisen. Ob er auch seinen AG in jedem Fall zu benachrichtigen hat, ist umstritten, aber richtigerweise zu bejahen.[162] Denn der AG hat ein berechtigtes Interesse zu erfahren, von wem und gegen wen Bestechungsversuche unternommen werden, um sich hiergegen wirkungsvoll zu schützen. Dem hat der AN nach § 241 II BGB Rechnung zu tragen. Heute wird diese Thematik verbreitet als Teilaspekt unter dem Stichwort **„Compliance"** abgehandelt.[163]

---

[153] BAG 11.3.1999 AP Nr. 149 zu § 626 BGB = NZA 1999, 587.

[154] BAG 24.5.2018 AP Nr. 72 zu § 9 KSchG 1969 = NZA 2018, 1131; 8.11.2007 EzA Nr. 19 zu § 626 BGB 2002.

[155] Näher dazu *Wellenhofer-Klein* RdA 2003, 155; zur Gastronomie vgl. *Entzer/Sauer* BB 2008, 1116; *Kühn* BB 2010, 120.

[156] BAG 19.5.2009 AP Nr. 30 zu § 618 BGB = NZA 2009, 775.

[157] BAG 10.5.2016 AP Nr. 32 zu § 618 BGB = NZA 2016, 1134; näher *Kock* NJW 2017, 198; KWS ArbStättV/*Wiebauer* § 5 Rn. 39 ff.; MHdB ArbR/*Reichold* § 55 Rn. 24.

[158] Dazu BAG 15.1.2002 AP Nr. 12 zu § 87 BetrVG 1972 Gesundheitsschutz = NZA 2002, 995; 19.1.1999 AP Nr. 28 zu § 87 BetrVG 1972 Ordnung des Betriebes = NZA 1999, 546.

[159] HWK/*Krause* BGB § 618 Rn. 26; ErfK/*Wank* BGB § 618 Rn. 17.

[160] Verneinend MHdB ArbR/*Reichold* § 55 Rn. 26; bejahend HWK/*Krause* BGB § 618 Rn. 26.

[161] *Boemke* AR-Blattei SD 1228 Rn. 196.

[162] Verneinend: HWK/*Thüsing* BGB § 611a Rn. 521; diff. MHdB ArbR/*Reichold* § 54 Rn. 52.

[163] Dazu *Mengel*, Compliance und Arbeitsrecht, 2009; *Kolbe* NZA 2009, 228; Thüsing Beschäftigtendatenschutz/*Thüsing* § 2 Rn. 1 ff.

36 Werden Schmiergelder, Geschenke oder sonstige Vorteile im geschäftlichen Verkehr zu Zwecken des Wettbewerbs angeboten, versprochen oder gewährt, um den Angestellten zu einem unlauteren Verhalten zu bewegen, oder vom Angestellten gefordert, entgegengenommen oder ein entsprechendes Versprechen angenommen, machen sich Bestechender wie Bestochener **strafbar** (§ 299 StGB). Die Zusage wie die Gewährung sind **sittenwidrig.**[164] Es kann nicht auf Zahlung geklagt werden. Ebenso wenig besteht ein Anspruch auf Erstattung verauslagter Schmiergelder (§ 817 BGB).[165] Nimmt ein AN Schmiergelder usw. entgegen, ist regelmäßig seine **fristlose Kündigung** gerechtfertigt (→ § 127 Rn. 116).[166] Außerdem ist der AN zum Schadensersatz verpflichtet. Umstritten ist, inwieweit der AG die Herausgabe der gewährten Vorteile verlangen kann. Der BGH hat einen Herausgabeanspruch mit der Begründung anerkannt, alle Vorteile, die in der Geschäftsbesorgung ihre wirtschaftliche Rechtfertigung finden, gebührten dem Geschäftsherrn, der auch die Gefahr einer Schädigung trage (§§ 675, 667 BGB).[167] Das BAG hat eine Pflicht zur Herausgabe nur dann bejaht, wenn das Schmiergeld im Zusammenhang mit dem Abschluss eines objektiv fremden Geschäfts erlangt wurde (§§ 687 II, 681, 667 BGB).[168]

37 Im **öffentlichen Dienst** darf ein Angestellter Belohnungen und Geschenke in Bezug auf seine dienstliche Tätigkeit nur mit Erlaubnis seines AG annehmen (§ 3 II TVöD, § 3 III TV-L).[169] Geschenke sind auch Vermächtnisse von Altenheimbewohnern oder Krankenhauspatienten usw. an das Pflegepersonal.[170] Zivildienstleistende dürfen wie Soldaten und Beamte Belohnungen und Geschenke in Bezug auf ihre dienstliche Tätigkeit nur mit Zustimmung des Dienstherrn annehmen. Die Genehmigungspflicht umfasst auch die Annahme einer Erbschaft.[171]

38 **17. Schutzpflichten.** Der AN ist verpflichtet, vom Betrieb, also auch vom AG als Inhaber des Betriebs, sowie anderen AN Schäden abzuwenden, soweit dies möglich und zumutbar ist. Der AN braucht sich nicht selbst in Gefahr zu begeben. Ihm wird lediglich ein zumutbarer Einsatz angesonnen. Gehen die Schädigungen von einem anderen AN aus, also zB bei Diebstählen, Unterschlagungen, Verletzung der UVV usw., besteht nur bei Personen- oder erheblichen Sachschäden eine Informationspflicht gegenüber dem AG. AN, die (auch) zur Beaufsichtigung des übrigen Personals eingestellt sind, sind dagegen weitergehend anzeigepflichtig.[172] Die Einschränkungen wollen einem Denunziantentum im Betrieb vorbeugen. In der älteren Rechtsprechung hat sich das BAG auf den Standpunkt gestellt, beleidigende Äußerungen von Arbeitskollegen über den AG, die im vertraulichen Bereich fallen, berechtigten nicht zur Kündigung, wenn der Gesprächspartner ohne vernünftigen Grund die Vertraulichkeit missachte und den Inhalt des Gesprächs dem AG mitteile.[173] Dagegen könne die Kündigung eines Denunzianten gerechtfertigt sein.[174] Ersteres ist zutreffend,[175] Letzteres geht jedoch zu weit.

39 **18. Soziale Netzwerke. a) Private Nutzung durch den Arbeitnehmer.** Die private Nutzung sozialer Netzwerke wie Facebook, Twitter, Xing u.a. kann der AG außerhalb des Betriebs grundsätzlich weder einschränken noch untersagen, selbst wenn er sie peinlich oder provokativ findet.[176] Allerdings darf der AN durch die Nutzung dieser Medien das Arbeitsverhältnis nicht konkret beeinträchtigen. Es gelten insoweit die Grundsätze zum außerdienstlichen

[164] BGH 14.12.1972 AP Nr. 31 zu § 138 BGB = NJW 1973, 363; zur Sittenwidrigkeit bei Auslandsgeschäften: BGH 27.3.1968 AP Nr. 3 zu § 12 UWG.

[165] BGH 9.11.1964 AP Nr. 16 zu § 670 BGB.

[166] BAG 15.11.2001 AP Nr. 175 zu § 626 BGB; 15.11.1995 AP Nr. 73 zu § 102 BetrVG 1972; *Steinkühler/Kunze* RdA 2009, 367.

[167] BGH 2.4.2001 NJW 2001, 2476.

[168] BAG 26.2.1971 AP Nr. 5 zu § 687 BGB; ErfK/*Preis* BGB § 611a Rn. 723; Staudinger/*Richardi/Fischinger* BGB § 611 Rn. 1275; HWK/*Thüsing* BGB § 611a Rn. 520; ausf. hierzu für den öffentlichen Dienst *B. Reinecke* ZTR 2007, 414.

[169] BAG 15.11.2001 AP Nr. 175 zu § 626 BGB.

[170] BAG 17.4.1984 AP Nr. 1 zu § 10 BAT.

[171] BVerwG 14.12.1995 ZTR 1996, 426.

[172] Vgl. BAG 18.6.1970 AP Nr. 57 zu § 611 BGB Haftung des Arbeitnehmers; LAG Hamm 29.7.1994 BB 1994, 2352.

[173] BAG 30.11.1972 AP Nr. 66 zu § 626 BGB.

[174] BAG 21.10.1965 AP Nr. 5 zu § 1 KSchG Verhaltensbedingte Kündigung.

[175] So auch zuletzt BAG 10.12.2009 AP Nr. 226 zu § 626 BGB = NZA 2010, 698; näher dazu *Krause* FS v. Hoyningen-Huene, 219.

[176] *Bissels/Lützeler/Wisskirchen* BB 2010, 2433 (2434); *Determann* BB 2013, 181 (185); *Dzida/Förster* BB 2017, 757; *Fuhlrott/Oltmanns* DB 2017, 1840; *Melot de Beauregard/Gleich* DB 2012, 2044; zu datenschutzrechtlichen Aspekten *Kort* DuD 2012, 722.

Verhalten (→ Rn. 7). Was in der physischen Welt nicht erlaubt ist, ist regelmäßig auch im Internet nicht gestattet.[177] Dies wäre beispielsweise anzunehmen, wenn er auf seinem Facebook-Profil beleidigende oder verleumderische Angaben über den AG oder Mitarbeiter verbreitet.[178] Ein konkreter Bezug zum Arbeitsverhältnis besteht, wenn im Profil des AN der Name seines AG genannt wird oder sonstige Umstände im sozialen Netzwerk Rückschlüsse auf den AG zu lassen.[179] Auch bei kritischen Äußerungen im Internet gilt allerdings die Meinungsäußerungsfreiheit aus Art. 5 I GG (dazu → Rn. 27).[180] Von der Meinungsfreiheit nicht mehr gedeckt sind Volksverhetzung und rassistische Äußerungen.[181] Eine ungenehmigte Verbreitung von Fotos von sich und einem von ihr betreuten Säuglingspatienten durch eine Kinderkrankenschwester stellt wegen der Persönlichkeitsrechtsverletzung des Kindes einen „an sich" geeigneten wichtigen Grund für eine außerordentliche Kündigung dar.[182] Eine erhebliche Beeinträchtigung von Arbeitgeberinteressen liegt stets vor, wenn der AN zB über Twitter Betriebsgeheimnisse offenbart oder Behauptungen über die wirtschaftliche und finanzielle Lage des Unternehmens aufstellt, die geeignet sind, die Kreditwürdigkeit des AG herabzusetzen.[183] Dies muss keineswegs immer mit Schädigungsabsicht erfolgen. So wird im Schrifttum berichtet, ein Ingenieur eines Rüstungsunternehmens habe in einem Blog technische Probleme mit Fachleuten diskutiert.[184] Bei der Bewertung kritischer Äußerungen darf auch nicht unberücksichtigt bleiben, dass diese in sozialen Netzwerken dauerhaft festgehalten und von Dritten über Suchmaschinen leicht gefunden und weiterverbreitet und verknüpft werden können. Hierdurch unterscheiden sie sich qualitativ von Äußerungen in Gesprächen mit Freunden oder Bekannten.[185] Das gesprochene Wort ist flüchtig.

Ganz von den Umständen des Einzelfalls hängt ab, ob eine extrem **ungünstige Präsentation eines AN** in einem sozialen Netzwerk in Verbindung mit der Angabe des AG eine relevante betriebliche Beeinträchtigung darstellt. Wirbt beispielsweise ein AN in seinem Facebook-Profil unter gleichzeitiger Angabe seiner Position im Unternehmen des AG für eine extremistische politische Vereinigung, kann je nach Verbindung dieser beiden Umstände eine Rufschädigung des AG in Betracht kommen.[186] Eine kündigungsrelevante betriebliche Beeinträchtigung dürfte allerdings ausscheiden, wenn ein AN auf veröffentlichten Urlaubsfotos ein T-Shirt mit Firmenlogo trägt und hierbei in zweifelhafter Pose glückselig einen Sangria-Eimer umarmt.[187] Nicht zu beanstanden ist es des Weiteren, wenn sich ein AN in berufsorientierten sozialen Netzwerken, wie zum Beispiel Xing, ein Profil einrichtet, aus dem unter Nennung seines AG und die dort eingenommene Position und Qualifikation des AN erkennbar ist.[188] Damit wird zwar Personalberatern eine ideale Informationsplattform eröffnet. Dies hat der AG indessen hinzunehmen, weil es in einer Wettbewerbsgesellschaft keinen Schutz vor Abwerbung gibt (dazu → § 51 Rn. 23 ff.). Allerdings darf ein gekündigter AN hierbei nicht unzutreffend behaupten, er befinde sich in einem ungekündigten Arbeitsverhältnis.[189] Nutzt der AN während der Arbeitszeit über den vom AG dienstlich zur Verfügung gestellten Internetzugang seine soziale Netzwerke, indem er etwa Urlaubsfotos bei Facebook einstellt oder Kontakte über Xing pflegt, gelten die dargestellten Grundsätze für die private Internetnutzung (→ Rn. 17 ff.).[190] 40

b) Dienstliche Nutzung durch den Arbeitnehmer. Der AG wird vom AN in der Regel nicht verlangen können, dass sich dieser in sozialen Netzwerken im eigenen Namen anmeldet und dort nach Weisungen des AG für das Unternehmen wirbt.[191] Eine derartige Anweisung 41

177 Thüsing/Wurth Social Media/*Forst* § 2 Rn. 101; zu Social Media Guidelines Kramer IT-ArbR/*Oberthür* B Rn. 891.
178 Dazu LAG BW 22.6.2016 – 4 Sa 5/16; *Bauer/Günther* NZA 2013, 67; *Kock/Dittrich* DB 2013, 934.
179 *Fuhlrott/Oltmanns* DB 2017, 1840.
180 LAG BW 10.2.2010 – 2 Sa 59/09 („Menschenverachtende Jagd auf Kranke").
181 ArbG Gelsenkirchen 24.11.2015 – 5 Ca 1444/15 („deutsche schlagt zurück geht auf die Straße holt euch das Pack"); SächsLAG 27.2.2018 NZA-RR 2018, 244 (Foto mit einer meckernden Ziege und der Sprechblase „Achmed, ich bin schwanger"); weitere Bespiele bei Besgen/Prinz/*Schiller* Arbeiten 4.0 § 10 Rn. 34 ff.; *Fuhlrott/Oltmanns* DB 2017, 1840 (1843 f.).
182 LAG Bln-Bbg 11.4.2014 NZA-RR 2014, 468.
183 *Bissels/Lützeler/Wisskirchen* BB 2010, 2433 (2435).
184 *Ernst* NJOZ 2011, 953 (957).
185 *Determann* BB 2013, 181 (185).
186 *Determann* BB 2013, 181 (185).
187 So Besgen/Prinz/*Herfs-Röttgen,* Handbuch Internet.Arbeitsrecht, 3. Aufl. 2012, § 10 Rn. 37.
188 Besgen/Prinz/*Schiller* Arbeiten 4.0 § 10 Rn. 29.
189 Hierzu *Elking/Fürsen* NZA 2014, 1111.
190 *Bissels/Lützeler/Wisskirchen* BB 2010, 2433 f.
191 Besgen/Prinz/*Schiller* Arbeiten 4.0 § 10 Rn. 27; näher Thüsing/Wurth Social Media/*Forst* § 2 Rn. 47 ff.

betrifft nicht den Inhalt der Arbeitsleistung (§ 106 GewO), und zwar auch nicht unter Berücksichtigung einzubeziehender Nebenarbeiten.[192] Mitarbeiterdaten können in Unternehmensprofilen in sozialen Netzwerken ohne Einwilligung des Betroffenen nur veröffentlicht werden, soweit dies zur Erfüllung der Arbeitspflicht erforderlich ist (§ 26 I 1 BDSG). Insoweit ist etwa an die Bekanntgabe der Namen und dienstlichen Fernsprechanschlüsse von Kundenberatern oder Außendienstmitarbeitern zu denken.[193] Zur Veröffentlichung von Bildern von Mitarbeitern im Unternehmensprofil (→ Rn. 23).

42 **19. Telefonnutzung.** Ob der AN das Telefon seines AG nutzen darf, richtet sich nach dem Inhalt des Arbeitsvertrags sowie möglicher betrieblicher Übungen (→ § 111 Rn. 1 ff.).[194] Der AG kann die Benutzung der betrieblichen Telefonanlage für private Gespräche verbieten.[195] Grundsätzlich muss der AN private Telefongespräche bezahlen. Bisweilen wird die Führung von Ortsgesprächen in angemessenem Umfang und von angemessener Dauer stillschweigend geduldet. Aber auch bei Bestehen eines Verbots privater Benutzung dienstlicher Telefone sind Ausnahmen möglich bei Notfällen und bei dienstlich veranlassten Privatgesprächen. Zu denken ist etwa an überraschend angeordnete Überstunden oder bei Verspätungen wegen sich hinziehender Sitzungen.

43 Telefonanlagen erlauben vielfältige Nutzungsmöglichkeiten, zB die Anstellung eines Lautsprechers zum **Mithören im Raum,** Aufschalteinrichtungen, Anrufumleitung, Registrierung von Anrufen und Anzeige des Anrufenden usw. Nach der Rechtsprechung des BVerfG kann der grundrechtliche Schutz des gesprochenen Wortes nicht durch die bloße Kenntnis von einer Mithöranlage beseitigt werden. Die Benutzung eines Diensttelefons allein rechtfertige nicht den Schluss, damit sei dem Sprechenden eine Erweiterung des Adressatenkreises gerade um den AG oder dessen Vertreter gleichgültig.[196] Ob eine Rechtfertigung des Eingriffs in das Persönlichkeitsrecht möglich ist, hat das BVerfG als eine Frage des einfachen Rechts nicht entschieden. Es hat lediglich ausgeführt, die Durchführung von Dienstgesprächen stelle noch keine Rechtfertigung dar. Im Allgemeinen wird daher die Verwendung von Aufschaltanlagen unzulässig sein, es sei denn, der AN stimmt dem ausdrücklich zu. Der Hinweis unter Kollegen auf das Bestehen von Abhöranlagen enthält eine üble Nachrede, wenn dies nicht erweislich wahr ist.

44 Das zivilrechtliche **allgemeine Persönlichkeitsrecht** des Gesprächspartners eines Telefongesprächs ist verletzt, wenn der andere einen Dritten durch aktives Handeln zielgerichtet veranlasst, das Telefongespräch heimlich mitzuhören. Auf diese Weise erlangte Beweismittel dürfen deshalb nicht verwertet werden.[197] Dem entspricht die Rechtsprechung des BVerfG, das angenommen hat, in der gerichtlichen Verwertung von Kenntnissen und Beweismitteln, die unter Verstoß gegen das Persönlichkeitsrecht erlangt seien, liege regelmäßig ein Eingriff in das Grundrecht aus Art. 2 I iVm Art. 1 I GG.[198] Konnte ein Dritter dagegen zufällig den Inhalt des Telefongesprächs mithören, liegt keine rechtswidrige Verletzung des zivilrechtlichen allgemeinen Persönlichkeitsrechts des Gesprächspartners vor. In diesem Fall besteht deshalb auch kein Beweisverwertungsverbot.[199] Bei der Einführung der **automatisierten Telefondatenerfassung** im Betrieb hat der BR ein erzwingbares Mitbestimmungsrecht nach § 87 I Nr. 6 BetrVG (→ § 235 Rn. 62 ff.).

45 **20. Unlauterer Wettbewerb.** Ein Beschäftigter, der vor dem Ausscheiden aus seinem Arbeitsverhältnis unter Verwendung des Adressenmaterials seines AG ein Verabschiedungsschreiben an die bislang von ihm betreuten und ihm dabei durch ein Vertrauensverhältnis verbundenen Kunden richtet, handelt wettbewerbswidrig, wenn er direkt oder indirekt (hier u.a. durch die Angabe seiner privaten Adresse und Telefonnummer) auf seine zukünftige Tätigkeit als Wettbewerber oder für einen Wettbewerber hinweist.[200]

---

[192] *Göpfert/Wilke* NZA 2010, 1329 (1333).
[193] Thüsing/Wurth Social Media/*Forst* § 2 Rn. 62; ebenso BVerwG 12.3.2008 ZTR 2008, 406.
[194] *Mengel* BB 2004, 1445.
[195] LAG Nürnberg 29.1.1987 LAGE § 87 BetrVG Kontrolleinrichtung Nr. 9.
[196] BVerfG 19.12.1991 NZA 1992, 307; 9.10.2002 AP Nr. 34 zu § 611 Persönlichkeitsrecht = NJW 2002, 3619; hierzu *Gola* Beschäftigtendatenschutz-HdB Rn. 73 ff.
[197] BAG 23.4.2009 AP Nr. 40 zu § 611 BGB Persönlichkeitsrecht = NZA 2009, 974; 29.10.1997 AP Nr. 27 zu § 611 BGB Persönlichkeitsrecht = NZA 1998, 307; LAG SchlH 5.4.2005 RDV 2005, 274.
[198] BVerfG 9.10.2002 AP Nr. 34 zu § 611 BGB Persönlichkeitsrecht = NJW 2002, 3619; 19.12.1991 NZA 1992, 307.
[199] BAG 23.4.2009 AP Nr. 40 zu § 611 BGB Persönlichkeitsrecht mAnm *Ehmann* = NZA 2009, 974; dazu *Joussen* SAE 2010, 128; *Lipinski* BB 2010, 1223.
[200] BGH 22.4.2004 AP Nr. 12 zu § 1 UWG = NJW 2004, 2385.

21. Verschwiegenheitspflicht. a) Rechtsgrundlagen. Eine gesetzliche Pflicht zur Wahrung von Geschäftsgeheimnissen ergibt sich aus **§ 4 GeschGehG,** die gem. § 23 GeschGehG strafbewehrt ist. Nach § 2 Nr. 1 GeschGehG ist ein Geschäftsgeheimnis eine Information, die weder insgesamt noch in der genauen Anordnung und Zusammensetzung ihrer Bestandteile den Personen in den Kreisen, die üblicherweise mit dieser Art von Informationen umgehen, allgemein bekannt oder ohne Weiteres zugänglich ist und daher von wirtschaftlichem Wert ist und die Gegenstand von den Umständen nach angemessenen Geheimhaltungsmaßnahmen durch ihren rechtmäßigen Inhaber ist und bei der ein berechtigtes Interesse an der Geheimhaltung besteht. Erforderlich ist eine aktive Sicherung der Geheimnissphäre durch physische Zugangsbeschränkungen und vertragliche Sicherungsmechanismen.[201] Zu letzteren gehören arbeitsvertragliche Vertraulichkeitsvereinbarungen.[202] Neben den Geheimhaltungspflichten aus dem GeschGehG besteht im Arbeitsverhältnis die auf § 241 II BGB beruhende Loyalitätspflicht und die daraus abgeleitete **Nebenpflicht des AN zur Verschwiegenheit.**[203] Durch das Inkrafttreten des GeschGehG hat sich hieran nichts geändert.[204] Weitergehende Verschwiegenheitspflichten bestehen für Mitglieder von **Vorständen und Aufsichtsräten** der AG. Schließlich sind **Betriebsräten** (§ 79 BetrVG), **Personalräten** und anderen Organen der Betriebsverfassung in ähnlichen Stellungen (Jugend- und Auszubildendenvertretern, Mitgliedern des Wirtschaftsausschusses, der Einigungsstelle usw., Arbeitnehmer-Aufsichtsratsmitgliedern – für Letztere gelten auch die Vorschriften des AktG) besondere Verschwiegenheitspflichten auferlegt (→ § 230 Rn. 1 ff.). Der AG kann die Einhaltung der Verschwiegenheitspflicht nach § 6 GeschGehG im Wege einer **Unterlassungsklage** verfolgen, nach der dem AN aufgegeben wird, die Weitergabe des Betriebs- oder Geschäftsgeheimnisses zu unterlassen. Im Antrag muss allerdings das Geheimnis genau bezeichnet werden.[205] Verletzt der AN die Verschwiegenheitspflicht, macht er sich gem. § 280 I BGB **schadensersatzpflichtig.** 46

b) Beginn und Ende. Die Verschwiegenheitspflicht **beginnt** grundsätzlich mit dem Abschluss des Arbeitsvertrags. Werden dem AN Geschäfts- und Betriebsgeheimnisse schon im Rahmen der Vorverhandlungen bekannt, kann er bei deren Verletzung bereits schadensersatzpflichtig werden. Die Verschwiegenheitspflicht besteht bis zur rechtlichen Beendigung des Arbeitsverhältnisses.[206] Dies gilt auch dann, wenn es aufgrund einer außerordentlichen Kündigung des AN oder AG geendet hat. Umstr. ist, ob und in welchem Umfang eine Verschwiegenheitspflicht **über das Ende des Arbeitsverhältnisses hinaus** besteht oder vertraglich erstreckt werden kann.[207] Nach einer in der älteren Rechtsprechung des BGH vertretenen Auffassung besteht die Verschwiegenheitspflicht über Betriebs- und Geschäftsgeheimnisse auch nach rechtlicher Beendigung des Arbeitsverhältnisses.[208] Zumindest könne eine Erstreckung vertraglich vereinbart werden. Anders als im Falle der Pflicht zur Unterlassung jeglichen Wettbewerbs schränke eine nachvertragliche Pflicht, Betriebs- und Geschäftsgeheimnisse weiter zu wahren, die berechtigten Interessen eines AN nicht unzulässig ein.[209] Überwiegend wird jedoch zu Recht die Auffassung vertreten, die nachvertragliche Verschwiegenheitspflicht über Betriebs- und Geschäftsgeheimnisse könne sich nur auf einzelne, konkret bezeichnete Geheimnisse beziehen. Nach Beendigung des Arbeitsverhältnisses könne der AN – sofern kein wirksames nachvertragliches Wettbewerbsverbot vereinbart sei – das im Arbeitsverhältnis erworbene Erfahrungswissen zu eigenem Nutzen verwenden.[210] Doch darf ein Versicherungsvertreter Kundendaten, die ein Geschäftsgeheimnis seines früheren AG darstellen, nach der Beendigung des Arbeitsverhältnisses 47

---

201 Näher *Fuhlrott/Hiéramente* DB 2019, 967 (970); Köhler/Bornkamm/Feddersen/*Alexander*, GeschGehG § 2 Rn. 53 ff.

202 Hierzu BeckOK GeschGehG/*Fuhlrott*, 6. Ed., § 2 Rn. 53.1; Preis Arbeitsvertrag/*Rolfs* II V 20 Verschwiegenheitspflicht Rn. 26.

203 *Fuhlrott/Hiéramente* DB 2019, 967 (970); *Preis/Seiwerth* RdA 2019, 351 (356); *Schmitt* NZA-Beilage 2020, 50 (53).

204 BT-Drs. 19/4724, 27.

205 BAG 25.4.1989 AP Nr. 7 zu § 611 BGB Betriebsgeheimnis = NZA 1989, 860.

206 BGH 16.11.1954 AP Nr. 1 zu § 60 HGB.

207 Näher *Preis/Seiwerth* RdA 2019, 351 (358).

208 BGH 16.11.1954 AP Nr. 1 zu § 60 HGB.

209 BAG 16.3.1982 AP Nr. 1 zu § 611 BGB Betriebsgeheimnis = NJW 1983, 134; 15.12.1987 AP Nr. 5 zu § 611 BGB Betriebsgeheimnis = NZA 1988, 502; vgl. auch BGH 20.1.1981 AP Nr. 4 zu § 611 BGB Schweigepflicht = NJW 1981, 1089; 20.1.1981 NJW 1981, 1366; 28.1.1993 NJW 1993, 1786; bei Beamten: BVerwG NJW 1983, 2343.

210 BAG 19.5.1998 AP Nr. 11 zu § 611 BGB Treuepflicht = NZA 1999, 200; 15.6.1993 AP Nr. 40 zu § 611 BGB Konkurrenzklausel = NZA 1994, 502; BGH 16.11.1954 AP Nr. 1 zu § 60 HGB; MHdB ArbR/*Reichold* § 54 Rn. 44.

nicht schon deshalb für eigene Zwecke verwenden, weil er die Kunden während des Bestehens des Vertragsverhältnisses selbst geworben hat.[211] Zu berücksichtigen ist seit dem Inkrafttreten der AGB-Kontrolle im Arbeitsverhältnis, dass derartige Klauseln regelmäßig einer Inhaltskontrolle nach § 307 I 1 BGB unterliegen und dieser oftmals nicht standhalten.[212] Dem entspricht auch die etwas neuere – allerdings etwas weitergehende – Rechtsprechung des BGH, wonach der aus einem Arbeitsverhältnis ausgeschiedene AN in der Weitergabe und Verwertung der im Arbeitsverhältnis redlich erlangten Betriebsgeheimnisse grundsätzlich frei ist.[213]

48 **22. Wettbewerbsverbot.** Während des rechtlichen Bestehens eines Arbeitsverhältnisses ist dem AN grundsätzlich jede Konkurrenztätigkeit zum Nachteil seines AG untersagt, auch wenn der Einzelarbeitsvertrag keine ausdrückliche Regelung enthält. Der AN darf im Marktbereich seines AG Dienste und Leistungen nicht Dritten anbieten.[214] Will der AG den AN nicht nur zur Verschwiegenheit über Betriebs- oder Geschäftsgeheimnisse zwingen, sondern Wettbewerbshandlungen verhindern, bedarf es wegen aller Abreden, durch die dieser in der Ausnutzung seines beruflichen Erfahrungswissens eingeschränkt wird, des Abschlusses eines Wettbewerbsverbots nach den Vorschriften der §§ 74 ff. HGB (→ § 55 Rn. 1 ff.). Nachvertragliche Verschwiegenheits- oder Treuepflichten begründen für den AG regelmäßig gegen den ausgeschiedenen AN keine Ansprüche auf Unterlassung von Wettbewerbshandlungen.[215]

§ 54. Wettbewerbsverbote im bestehenden Arbeitsverhältnis

Übersicht

I. Rücksichtnahmepflicht

1 Der AN ist gem. § 241 II BGB grundsätzlich zur Rücksicht auf die Rechte, Rechtsgüter und Interessen des AG verpflichtet. Aufgrund dieser **Rücksichtnahmepflicht** (früher als Treuepflicht bezeichnet, hierzu → § 53 Rn. 1 ff.) muss er die Ziele und Zwecke des AG fördern und unterstützen. Hierzu zählt auch die Verpflichtung zur Unterlassung von Wettbewerb während des rechtlichen Bestehens des Arbeitsverhältnisses.

2 Für Kaufmännische Angestellte finden sich hierüber ausdrückliche Regelungen in den §§ 60, 61 HGB, für die übrigen AN werden diese Bestimmungen analog angewendet (hierzu → Rn. 4). Zum nachvertraglichen Wettbewerbsverbot → § 55 Rn. 1 ff. Sowohl vertragliche als auch gesetzliche Wettbewerbseinschränkungen kollidieren allerdings mit der in **Art. 12 I 1 GG**

---

[211] Vgl. BGH 26.2.2009 NJW 2009, 1420 zum selbständigen Versicherungsvertreter.

[212] LAG Köln 2.12.2019 – 2 SaGa 20/19; zu diesen sog. „Catch-All-Klauseln" näher *Holthausen* NZA 2019, 1377; *Vetter/Lehmann* DB 2019, 2507.

[213] BGH 3.5.2001 EzA Nr. 4 zu § 611 BGB Betriebsgeheimnis = WM 2001, 1824.

[214] StRspr, vgl. BAG 28.1.2010 NZA-RR 2010, 461; 26.6.2008 NZA 2008, 1415.

[215] BAG 15.6.1993 AP Nr. 40 zu § 611 BGB Konkurrenzklausel = NZA 1994, 502; 19.5.1998 AP Nr. 11 zu § 611 BGB Treuepflicht = NZA 1999, 200.

garantierten Berufsfreiheit des AN. Daher sind sie nur zulässig, soweit sie dem AN unter Berücksichtigung aller Umstände des Einzelfalles nach Treu und Glauben zuzumuten sind und vom Standpunkt eines verständigen Betrachters aus einem begründeten und zu billigenden Interesse des AG entsprechen.[1] Die grundgesetzlich geschützte Berufsfreiheit ist deshalb bei der Bestimmung der Reichweite des Wettbewerbsverbots stets zu berücksichtigen.[2]

II. Persönlicher Geltungsbereich des Wettbewerbsverbots nach den §§ 60, 61 HGB

1. Handlungsgehilfen. Nach § 60 I HGB darf der Handlungsgehilfe ohne Einwilligung seines Prinzipals weder ein Handelsgewerbe betreiben noch in dessen Handelszweig für eigene oder fremde Rechnung Geschäfte machen. Handlungsgehilfen sind nach § 59 S. 1 HGB Personen, die in einem Handelsgewerbe zur Leistung kaufmännischer Dienste angestellt sind. Der AG muss also Kaufmann iSd §§ 1 ff. HGB sein und der Angestellte muss überwiegend kaufmännische Arbeit leisten. Beschäftigte mit Arbeitertätigkeiten werden nicht erfasst. Unerheblich ist, ob Handlungsgehilfen in Voll- oder Teilzeit arbeiten.[3] Dagegen fallen gesetzliche Vertreter von Handelsgesellschaften (hierzu → § 14 Rn. 8) nicht unter den Begriff,[4] ebenso wenig wie Handlungsbevollmächtigte, mit denen kein Arbeitsverhältnis vereinbart worden ist.[5] Prokuristen können Handlungsgehilfen sein, wenn sie AN sind (zum Arbeitnehmerbegriff → § 8 Rn. 1 ff.). Zu Auszubildenden → Rn. 4. Mangels Bestehen eines Arbeitsverhältnisses ist § 60 I HGB auf Handelsvertreter nach § 84 HGB (→ § 11 Rn. 1 ff.) nicht anwendbar. 3

2. Sonstige Arbeitnehmer. Für sonstige Arbeitnehmergruppen, insbesondere gewerbliche AN, fehlen §§ 60, 61 HGB entsprechende Vorschriften. Nach auch schon früherer hM in der Literatur waren die Bestimmungen auf die übrigen Arbeitsverhältnisse entsprechend anzuwenden.[6] Dem hat sich inzwischen auch das BAG angeschlossen.[7] Zu Recht wird ausgeführt, dass § 60 HGB die Konkretisierung eines allgemeinen Rechtsgedankens darstellt, wie er auch in § 241 II BGB seinen Niederschlag gefunden hat. Außerdem kann nur so dem Gleichheitssatz nach Art. 3 I GG Rechnung getragen werden. Nach § 10 II BBiG gilt das Wettbewerbsverbot ebenfalls im **Berufsausbildungsverhältnis.**[8] Aus den genannten Gründen erscheint es auch hier angebracht, die Bestimmungen der §§ 60, 61 HGB entsprechend anzuwenden. Für minderjährige Auszubildende greift insoweit allerdings das Haftungsprivileg des § 828 III BGB ein. 4

III. Zeitlicher Geltungsbereich

Das Wettbewerbsverbot nach § 60 HGB gilt als Konkretisierung der arbeitsvertraglichen Rücksichtnahmepflicht (§ 241 II BGB) nur, solange das Arbeitsverhältnis besteht. Es beginnt mit dem Zeitpunkt der vertraglichen Beschäftigungsaufnahme, unabhängig davon, ob der AN die Arbeit tatsächlich wie vereinbart aufnimmt,[9] es sei denn das Arbeitsverhältnis wird von den Parteien in keiner Weise in Vollzug gesetzt.[10] Weil es nicht auf den tatsächlichen, sondern auf den **rechtlichen Bestand** des Arbeitsverhältnisses ankommt,[11] gilt das Verbot auch während der Freistellungsphase einer **Altersteilzeit** im Blockmodell,[12] einer angeordneten **Kurzarbeit** 5

[1] Vgl. BAG 29.6.1962 AP Nr. 25 zu Art. 12 GG = NJW 1962, 1981 (zu vertraglichen Kündigungsbeschränkungen); 25.5.1970 AP Nr. 4 zu § 60 HGB = DB 1970, 1188.
[2] BAG 24.3.2010 AP Nr. 141 zu Art. 12 GG = NZA 2010, 693.
[3] MüKoHGB/*v. Hoyningen-Huene* § 60 Rn. 17.
[4] MüKoHGB/*v. Hoyningen-Huene* § 59 Rn. 80.
[5] MüKoHGB/*v. Hoyningen-Huene* § 60 Rn. 11.
[6] MüKoHGB/*v. Hoyningen-Huene* § 60 Rn. 8 f., § 61 Rn. 4; Baumbach/Hopt/*Roth* HGB § 60 Rn. 1; MHdB ArbR/*Reichold* § 54 Rn. 5; ErfK/*Oetker* HGB § 60 Rn. 2.
[7] BAG 19.12.2018 AP Nr. 16 zu § 60 HGB = NZA 2019, 571; 16.1.2013 AP Nr. 15 zu § 60 HGB = NZA 2013, 748; 26.9.2007 AP Nr. 4 zu § 61 HGB = NZA 2007, 1436; anders die ältere Rspr., vgl. insbesondere BAG 16.1.1975 AP Nr. 8 zu § 60 HGB = DB 1975, 1705.
[8] BAG 20.9.2006 AP 13 zu § 60 HGB = NZA 2007, 977; auch → § 174 Rn. 83.
[9] MüKoHGB/*v. Hoyningen-Huene* § 60 Rn. 13, 14.
[10] Vgl. für ein nachvertragliches Wettbewerbsverbot BAG 26.5.1992 AP Nr. 63 zu § 74 HGB = NZA 1992, 976.
[11] BGH 28.1.2010 AP Nr. 227 zu § 626 BGB = NZA-RR 2010, 461; 17.10.1969 AP Nr. 7 zu § 611 BGB Treuepflicht; 26.3.1965 AP Nr. 1 zu § 306 BGB = DB 1965, 1141; 16.11.1954 AP Nr. 1 zu § 60 HGB = NJW 1955, 463; MHdB ArbR/*Reichold* § 54 Rn. 16; MüKoHGB/*v. Hoyningen-Huene* § 60 Rn. 12.
[12] Vgl. *Hinrichs/Tholuck* ZinsO 2011, 1961 (1967).

sowie des **Ruhens** des Arbeitsverhältnisses,[13] zB wegen Elternzeit[14] oder während einer **Suspendierung**[15] des AN von der Arbeitspflicht. Wird die Freistellung allerdings mit der Maßgabe erklärt oder vereinbart, dass der AN seine Arbeitskraft in diesem Zeitraum anderweitig verwerten darf, liegt hierin regelmäßig ein Abbedingen des Wettbewerbsverbotes.[16] Allerdings muss aufgrund der Gesamtumstände deutlich zu erkennen sein, dass es dem AG nicht darauf ankommt, auf welche Weise der Verdienst in diesem Zeitraum erzielt wird, also zB durch eine Konkurrenztätigkeit. Das kann dann der Fall sein, wenn naheliegend ist, dass der AN seinen Lebensunterhalt aufgrund seiner beruflichen Kenntnisse und Fähigkeiten voraussichtlich nur aufgrund einer Tätigkeit erzielen kann, durch die er in Wettbewerb zum AG gerät. Zu den Auswirkungen eines **Betriebsübergangs** (§ 613a BGB) → § 118 Rn. 14.

6 Ist der AN wirksam entlassen worden, endet damit die Verpflichtung zur Wettbewerbsenthaltung. Allerdings kann der AN bei einer wirksamen außerordentlichen Kündigung gegenüber dem AG wegen des Wegfalls des Konkurrenzschutzes nach § 628 II BGB haften, jedoch nicht über die Grenzen hinaus, wie sie durch ein nachvertragliches Wettbewerbsverbot erreicht werden könnten.[17] Greift der AN die ihm gegenüber ausgesprochene ordentliche oder außerordentliche Kündigung an, geraten beide Vertragsparteien in ein Dilemma: der AN, weil ihm eine anderweitige berufliche Tätigkeit erschwert wird, während er gleichzeitig gem. **§ 615 S. 2 BGB** gehalten ist, einen anderweitigen Verdienst zu erzielen; der AG, weil er gleichzeitig sowohl eine Verpflichtung zur Weiterbeschäftigung des AN als auch dessen Wettbewerbstätigkeit befürchten muss. Daher ist der AN grundsätzlich auch während des Kündigungsschutzprozesses über den in der Kündigung genannten Beendigungszeitpunkt hinaus an ein Wettbewerbsverbot nach § 60 HGB gebunden.[18] Diese Verpflichtung ist (auch nach einer außerordentlichen Kündigung) nicht davon abhängig, dass der AG eine monatliche Karenzentschädigung anbietet.[19] Das BAG hat allerdings ausdrücklich offengelassen, ob das Wettbewerbsverbot im gekündigten Arbeitsverhältnis in jeder Hinsicht gleich weit reicht wie in einem ungekündigten Arbeitsverhältnis.[20] Für die Frage, ob ein Wettbewerbsverstoß eine (weitere) Kündigung rechtfertigt, kommt es nach Ansicht des BAG auf die Schwere des Verschuldens an, wobei ein Kündigungsgrund eher anzunehmen sein soll, wenn der AN selbst ein Konkurrenzunternehmen gründet und nicht lediglich in ein bestehendes Konkurrenzunternehmen eintritt.[21] Bei der Interessenabwägung nach § 626 I BGB ist außerdem zu berücksichtigen, dass sich beide Arbeitsvertragsparteien objektiv rechtswidrig verhalten.[22] Gleichzeitig kann dem AN in diesen Fällen das Nicht-Aufnehmen einer möglichen (Wettbewerbs-)Tätigkeit im Rahmen des § 615 S. 2 BGB nur dann als böswillig angelastet werden, wenn der AG ausdrücklich oder konkludent zu erkennen gibt, dass er mit einer solchen Tätigkeit einverstanden wäre.[23] Ist die Kündigung an sich rechtsunwirksam, greift sie der AN aber nicht gerichtlich an, greift die Fiktion des § 7 KSchG: Die Kündigung gilt als von Anfang an wirksam, das Arbeitsverhältnis endet, so dass ein vertragliches Wettbewerbsverbot nicht mehr besteht. Ohnehin gehen in diesem Fall beide Parteien von einer Beendigung des Arbeitsverhältnisses aus.

7 Bei einer Beschäftigung im Rahmen eines **fehlerhaften Arbeitsverhältnisses** (→ § 34 Rn. 51) wird das Arbeitsverhältnis für den Zeitraum, in dem es in Funktion gesetzt war, grundsätzlich als ein fehlerfreies behandelt. Für diesen Zeitraum gilt damit auch ein Wettbewerbsverbot nach § 60 HGB.[24] Wird der AN während eines laufenden Kündigungsschutzprozesses **tatsächlich vorläufig weiterbeschäftigt,** bestehen für diesen Zeitraum die wechselseitigen arbeitsvertraglichen Verpflichtungen fort. Das Gleiche gilt, falls der AG den AN nach einem Weiterbeschäftigungsurteil aufgrund einer Zwangsvollstreckung oder zur Abwendung der Zwangsvollstreckung

---

[13] MHdB ArbR/*Reichold* § 54 Rn. 16.
[14] LAG Düsseldorf 2.7.1999 NZA-RR 2000, 232.
[15] BAG 30.5.1978 AP Nr. 9 zu § 60 HGB = NJW 1979, 335.
[16] BAG 6.9.2006 AP Nr. 118 zu § 615 BGB = NZA 2007, 36; 30.5.1978 AP Nr. 9 zu § 60 HGB = NJW 1979, 335.
[17] BAG 9.5.1975 AP Nr. 8 zu § 628 BGB = NJW 1975, 1987 = SAE 1976, 216 mAnm *v. Hadding.*
[18] BAG 23.10.2014 AP Nr. 252 zu § 616 BGB = NZA 2015, 429; 28.1.2010 AP Nr. 227 zu § 626 BGB = NZA-RR 2010, 461; 25.4.1991 AP Nr. 104 zu § 626 BGB = NZA 1992, 212; MHdB ArbR/*Reichold* § 48 Rn. 18; *Fischer* NJW 2009, 331 (334); aA MüKoHGB/*v. Hoyningen-Huene* § 60 Rn. 21, der dies nur dann annimmt, wenn der AN weiterbeschäftigt oder unter Fortzahlung der Vergütung freigestellt wird; krit. auch *Nägele* NZA 2016, 271.
[19] So aber LAG Köln 4.7.1995 AP Nr. 9 zu § 75 HGB = NZA-RR 1996, 2; *Hoß* DB 1997, 1818.
[20] BAG 28.1.2010 AP Nr. 227 zu § 626 BGB = NZA-RR 2010, 461.
[21] BAG 25.4.1991 AP Nr. 104 zu § 626 BGB = NZA 1992, 212.
[22] BAG 23.10.2014 AP Nr. 252 zu § 616 BGB = NZA 2015, 429.
[23] BAG 25.4.1991 AP Nr. 104 zu § 626 BGB = NZA 1992, 212.
[24] MHdB ArbR/*Reichold* § 54 Rn. 19.

vorläufig weiterbeschäftigt. Bei einer späteren Bestätigung der Entscheidung des ArbG oder des LAG besteht das Arbeitsverhältnis ohnehin fort und damit auch das Wettbewerbsverbot nach § 60 HGB. Wird die der Kündigungsschutzklage stattgebende Entscheidung aufgehoben, hat während der tatsächlichen Weiterbeschäftigung rechtlich zwar kein Arbeitsverhältnis mehr bestanden (hierzu → § 125 Rn. 22), ein Wettbewerbsverbot folgt aber zumindest aus den unter → Rn. 6 aufgeführten Erwägungen. Darüber hinaus müssen aufgrund der faktisch bestehenden und abgewickelten gegenseitigen Hauptleistungspflichten auch die entsprechenden beiderseitigen Nebenpflichten weiter gelten, also auch die Pflicht zur Unterlassung von Wettbewerb. Zur Situation, wenn außerdem ein nachvertragliches Wettbewerbsverbot besteht, → § 55 Rn. 64.

Auf das **Ruhestandsverhältnis** ist § 60 I HGB nicht, auch nicht entsprechend anwendbar. 8
Jedoch kann sich die Verpflichtung des Ruheständlers zur Wettbewerbsenthaltung aus der Rücksichtnahmepflicht ergeben. Dasselbe gilt bei aufrechterhaltener Ruhegeldanwartschaft (hierzu → § 55 Rn. 3).

IV. Inhalt des Verbots

1. Verbotsgegenstände. Nach dem Wortlaut von § 60 I HGB ist es sowohl verboten, ein 9
eigenes Handelsgewerbe zu betreiben (§ 61 I Alt. 1 HGB) als auch Geschäfte in dem Handelszweig des Prinzipals für eigene oder fremde Rechnung zu machen (§ 60 I Alt. 2 HGB).

2. Betreiben eines Handelsgewerbes (§ 60 I Alt. 1 HGB). Für die Frage, ob ein verbote- 10
nes Handelsgewerbe vorliegt, kommt es nicht darauf an, ob das Handelsgewerbe unter §§ 1, 2 oder § 3 HGB fällt. Nach dem Gesetzeswortlaut wird jegliches Handelsgewerbe erfasst. Eine derart weitgehende Einschränkung der Berufsfreiheit des AN wäre aber mit Art. 12 I GG unvereinbar, weil sie weder durch das Schutzinteresse des AG noch durch öffentliche Interessen gerechtfertigt wäre. Daher ist § 60 I HGB nach allgemeiner Ansicht in Rspr. und Lit. verfassungskonform auszulegen. Untersagt sind nur Handelsgewerbe derselben Art wie die des Prinzipals, also in dessen Geschäfts- bzw. Marktbereich. Dagegen ist eine sonstige gewerbliche Tätigkeit erlaubt.[25] Auch § 112 I HGB verbietet dem Gesellschafter einer OHG ohne Einwilligung der Mitgesellschafter nur eine Teilnahme als persönlich haftender Gesellschafter an einer gleichartigen Gesellschaft. Hieraus folgt, dass kein konkurrierendes Gewerbe betrieben wird, wenn AN und AG auf verschiedenen Handelsstufen Geschäfte machen. Für die Frage, ob eine Tätigkeit im selben Handelszweig vorliegt, ist nicht die rechtliche Einordnung der einzelnen Rechtsgeschäfte entscheidend, sondern inwieweit die Tätigkeit den Interessen des AG zuwiderläuft. Es kommt daher auf eine wirtschaftliche Betrachtungsweise an.[26] Das Verbot gilt auch dann, wenn sicher ist, dass der AG den vom AN betreuten Kundenkreis nicht erreichen wird.[27] Der Handlungsgehilfe betreibt dann ein Handelsgewerbe, wenn er das Gewerbe für eigene oder fremde Rechnung betreibt, sich als persönlich haftender Gesellschafter an einer Personengesellschaft beteiligt, ein anderer unter seinem Namen handelt, oder wenn er einen Strohmann vorschiebt, der im eigenen Namen handelt.[28] Bei einer Beteiligung an einer konkurrierenden GmbH kommt es darauf an, inwieweit hiermit Einflussmöglichkeiten auf deren Geschäfte verbunden sind[29] (außerdem kann § 60 I Alt. 2 HGB eingreifen,[30] → Rn. 12 ff.). Kein Handelsgewerbe betreibt, wer Aktien einer konkurrierenden Aktiengesellschaft erwirbt[31] oder sich als Kommanditist oder stiller Gesellschafter an einer Gesellschaft beteiligt,[32] sofern hiermit nicht ein maßgeblicher Einfluss auf die Geschäfte der Gesellschaft verbunden ist. Weil die Tätigkeit als leitendes Organ einer Gesellschaft dem Betreiben eines Handelsgewerbes gleichsteht,[33] fällt die Bestellung zum Geschäftsführer einer am Markt tätigen GmbH unter § 60 I Alt. 1 HGB.[34]

[25] BAG 3.5.1983 AP Nr. 10 zu § 60 HGB = NJW 1984, 886; 7.9.1972 AP Nr. 7 zu § 60 HGB; 25.5.1970 AP Nr. 4 zu § 60 HGB = DB 1970, 1188; Baumbach/Hopt/*Roth* HGB § 60 Rn. 2; MHdB ArbR/*Reichold* § 54 Rn. 6; MüKoHGB/*v. Hoyningen-Huene* § 60 Rn. 32; ErfK/*Oetker* HGB § 60 Rn. 4.
[26] BAG 3.5.1983 AP Nr. 10 zu § 60 HGB = NJW 1984, 886.
[27] BAG 16.1.2013 AP Nr. 15 zu § 60 HGB = NZA 2013, 748.
[28] MüKoHGB/*v. Hoyningen-Huene* § 60 Rn. 34; MHdB ArbR/*Reichold* § 54 Rn. 7.
[29] MHdB ArbR/*Reichold* § 54 Rn. 7; ErfK/*Oetker* HGB § 60 Rn. 5; generell verneinend: Baumbach/Hopt/*Roth* HGB § 60 Rn. 2.
[30] BAG 15.2.1962 AP 1 zu § 61 HGB = NJW 1962, 1365.
[31] Baumbach/Hopt/*Roth* HGB § 60 Rn. 2; aA LAG Köln 29.4.1994 LAGE § 60 HGB Nr. 3 = NZA 1995, 994 (LS).
[32] MHdB ArbR/*Reichold* § 54 Rn. 7.
[33] BAG 15.2.1962 AP Nr. 1 zu § 61 HGB = NJW 1062, 1365.
[34] Vgl. HessLAG 10.6.2013 – 21 Sa 850/12.

11 Erlaubt ist es dagegen ein **eigenes Handlungsgewerbe vorzubereiten,** soweit die Vorbereitung nicht schon den Betrieb eines eigenen Gewerbes darstellt.[35] Derartige Vorbereitungshandlungen können jedoch nach § 60 I Alt. 2 HGB verboten sein[36] (hierzu → Rn. 12 ff.) Entscheidend für die Abgrenzung von erlaubter Vorbereitungshandlung zu unerlaubter Wettbewerbstätigkeit ist, ob durch das Verhalten des AN bereits unmittelbar in die Geschäfts- und Wettbewerbsinteressen des AG eingegriffen wird.[37] Zulässige Vorbereitungshandlungen sind: Mieten von Geschäftsräumen,[38] Erwerb von Waren, Einstellung von AN, Gründung, Anmeldung und Bekanntmachung einer Handelsgesellschaft;[39] Abschluss eines Franchise-Vertrags,[40] der Erwerb eines Warenzeichens,[41] der Erwerb einer Internet-Domain,[42] jedoch nicht die Werbung von Kunden, auch in Form eines „Vorfühlens".[43] Bisherige AN seines Prinzipals darf der AN nicht abwerben; dagegen darf er diesen seinen Willen, sich selbständig zu machen, offenbaren, sofern er sie nicht beeinflusst, Verträge mit ihm abzuschließen (→ § 53 Rn. 11). Unzulässig sind Vorbereitungshandlungen die schon als Teil der werbenden Tätigkeit aufzufassen sind, weil hierdurch bereits die Interessen des Unternehmens des Prinzipals gefährdet werden,[44] also zB auch die Unterstützung Vertragsbrüchiger.[45]

12 **3. Konkurrenzgeschäfte (§ 60 I Alt. 2 HGB).** Dem AN ist untersagt, **im Handelszweig seines Prinzipals** Geschäfte zu machen. Hierunter ist jede spekulative, auf Gewinn gerichtete Teilnahme am Geschäftsverkehr zu verstehen.[46] Von dem Verbot nicht erfasst wird die Befriedigung eigener, privater Bedürfnisse und das Anlegen eigener Vermögenswerte im Bereich der Tätigkeit seines Prinzipals, sowie Geschäfte mit dem Prinzipal[47] selbst. In welcher Form das „Geschäfte machen" erfolgt, ist unerheblich. Verboten ist demnach auch das Vorfühlen bei Kunden,[48] Versenden von Einladungen,[49] Versenden von Abschiedsbriefen zur Kundenabwerbung,[50] die Gewährung von Darlehen, die Tätigkeit im eigenen oder fremden Namen. Der AN muss im Marktbereich des AG Leistungen zumindest anbieten, ob er diese dann tatsächlich auch erbringt, ist nicht entscheidend.[51] Nicht unter den Geltungsbereich von § 60 HGB fallen Buchführungs-, Schreib- oder Verpackungsarbeiten. Zwar können diese Handlungen Stützarbeiten für einen Konkurrenten darstellen und damit der Pflicht zur Rücksichtnahme nach § 241 II BGB (→ § 53 Rn. 1 ff.) zuwiderlaufen, für einen Verstoß gegen § 60 I Alt. 2 HGB fehlt diesen Handlungen aber der Wettbewerbscharakter.[52] Das BAG hat ausdrücklich offengelassen, ob auch **sonstige einfache Tätigkeiten** erfasst werden, die nur zu einer untergeordneten wirtschaftlichen Unterstützung des Konkurrenzunternehmens führen können, und im übrigen schutzwürdige Interessen des AG nicht berührt werden.[53] Die bloße Bestellung zum Prokuristen eines Konkurrenzunternehmens erfüllt noch nicht den Tatbestand des § 60 I Alt. 2 HGB, weil durch

---

[35] BGH 16.11.1954 AP Nr. 1 zu § 60 HGB = NJW 1955, 463; BAG 19.12.2018 NZA 2019, 571; 28.1.2010 AP Nr. 227 zu § 626 BGB = NZA-RR 2010, 461; 26.6.2008 AP Nr. 213 zu § 626 BGB = NZA 2008, 1415; 16.1.1975 AP Nr. 8 zu § 60 HGB = DB 1975, 1705; 7.9.1972 AP Nr. 7 zu § 60 HGB = BB 1973, 144; 30.1.1963 AP Nr. 3 zu § 60 HGB = NJW 1963, 1420.

[36] BAG 7.9.1972 AP Nr. 7 zu § 60 HGB = BB 1973, 144; 30.1.1963 AP Nr. 3 zu § 60 HGB = NJW 1963, 1420.

[37] HessLAG 10.6.2013 ArbRAktuell 2013, 581 (LS).

[38] BAG 30.1.1963 AP Nr. 3 zu § 60 HGB = NJW 1963, 1420.

[39] BAG 12.5.1972 AP Nr. 6 zu § 60 HGB = DB 1972, 1831.

[40] BAG 30.5.1978 AP Nr. 9 zu § 60 HGB = NJW 1979, 335.

[41] ErfK/*Oetker* HGB § 60 Rn. 6.

[42] LAG Köln 12.4.2005 NZA-RR 2005, 595.

[43] BAG 19.12.2018 AP Nr. 16 zu § 60 HGB = NZA 2019, 571; 24.4.1970 AP Nr. 5 zu § 60 HGB = DB 1970, 1645; 30.1.1963 AP Nr. 3 zu § 60 HGB = NJW 1963, 1420.

[44] BAG 26.6.2008 AP Nr. 213 zu § 626 BGB = NZA 2008, 1415; 12.5.1972 AP Nr. 6 zu § 60 HGB = DB 1972, 1831; 24.4.1970 AP Nr. 5 zu § 60 HGB = DB 1970, 1645.

[45] BAG 16.1.1975 AP Nr. 8 zu § 60 HGB = DB 1975, 1705.

[46] BAG 24.4.1970 AP Nr. 5 zu § 60 HGB = DB 1970, 1645; 30.1.1963 AP Nr. 3 zu § 60 HGB = NJW 1963, 1420; 15.2.1962 AP Nr. 1 zu § 61 HGB = NJW 1962, 1365; vgl. BGH 17.2.1997 NJW 1997, 2055.

[47] BAG 3.5.1983 AP Nr. 10 zu § 60 HGB = NJW 1984, 886; zu Verfügungen über das Vermögen des AG: BAG 11.8.1987 AP Nr. 90 zu § 611 BGB Haftung des Arbeitnehmers = NZA 1988, 200.

[48] BAG 24.4.1970 AP Nr. 5 zu § 60 HGB = DB 1970, 1645.

[49] LAG Bln 28.8.2002 NZA-RR 2003, 362.

[50] BGH 22.4.2004 AP Nr. 12 zu § 1 UWG = NJW 2004, 2385.

[51] LAG RhPf 9.12.2013 – 5 Sa 412/13; HessLAG 28.4.1998 LAGE § 1 KSchG Verhaltensbedingte Kündigung Nr. 65 = BB 1998, 1899.

[52] ErfK/*Oetker* HGB § 60 Rn. 8.

[53] BAG 24.3.2010 AP Nr. 141 zu Art. 12 GG = NZA 2010, 693.

die Prokuraerteilung für sich genommen noch keine Pflichten gegenüber dem betreffenden Unternehmen begründet werden.[54]

13 Verboten ist nur eine **Konkurrenztätigkeit gegenüber dem AG.** Ist dieser konzernmäßig verbunden, besteht kein Verbot gegenüber der Muttergesellschaft oder den sonstigen **Konzernunternehmen.**[55] Die Beurteilung als qualifizierter rechtlicher oder faktischer Konzern (→ § 18 Rn. 2 ff.) war nur für die Haftung von Bedeutung, nicht dagegen für das Wettbewerbsverbot bedeutsam. Im Bereich der **Arbeitnehmerüberlassung** besteht das Verbot gegenüber dem Verleiher und nicht gegenüber dem Entleiher.[56] Auch wenn für den Leiharbeitnehmer nach den Grundsätzen des Vertrages mit Schutzwirkung zugunsten Dritter Schutzpflichten gegenüber dem Entleiher bestehen (→ § 120 Rn. 72), bleibt doch allein der Verleiher AG.

14 Bei der Beurteilung, ob eine Konkurrenztätigkeit vorliegt, kommt es auf den **Zeitpunkt der Tätigkeit,** nicht den der Einstellung an.[57] Durch die **Geschäftserweiterung** des AG kann der Spielraum des AN eingeschränkt werden. Arbeitsvertraglich kann dem AN jede gewerbliche Betätigung untersagt werden, soweit der AG hieran ein berechtigtes Interesse hat.[58] Komplexer ist die Rechtslage, wenn der AG weitere Betriebe übernimmt oder sein Betrieb im Wege der Nachfolge auf einen Dritten übergeht. Bei einem fortführenden Betriebsübergang findet lediglich ein Betriebsinhaberwechsel statt, so dass eine Wettbewerbstätigkeit unzulässig bleibt. Gliedert der AG zB im Rahmen eines **Betriebsübergangs** oder einer verschmelzenden **Umwandlung** weitere Betriebsorganisationen ein oder weitet er sein Tätigkeitsfeld auf andere Weise aus, erweitert sich damit auch der Verbotsbereich des § 60 HGB. Insoweit müssen zugunsten des AN aber Vertrauensschutzgesichtspunkte greifen, soweit er bereits vor der Änderung ein bislang nicht konkurrierendes Handelsgewerbe betrieben hat.[59] Dabei ist im Rahmen einer Gesamtabwägung der beiderseitigen arbeitsvertraglichen Nebenpflichten (Fürsorge- und Rücksichtnahmepflichten) insbesondere zu prüfen, in welchem Umfang der AN im Vertrauen auf die bisher nicht vorliegende Konkurrenzsituation Aufwendungen getätigt hat und ob eine Erweiterung des Geschäftsfeldes des AG für ihn vorhersehbar war. Umgekehrt kann sich der Geltungsbereich des Wettbewerbsverbotes nachträglich einschränken, wenn der AG bestimmte **Geschäftsfelder aufgibt** oder den betreffenden Betriebsteil auf einen Dritten überträgt. Widerspricht der AN einem Betriebsübergang und damit dem Übergang des betroffenen Geschäftsfeldes und besteht das Arbeitsverhältnis daher mit dem Betriebsveräußerer fort, fällt das Wettbewerbsverbot insoweit weg.[60]

15 **4. Sonstige berufliche Nebentätigkeiten.** Sonstige berufliche Nebentätigkeiten sind dem AN erlaubt. Insoweit genießt er grundrechtlichen Schutz.[61] Eine Ausnahme von diesem Grundsatz kann nur dann gelten, wenn der AN seinen Pflichten aus dem Arbeitsvertrag nicht mehr nachkommen kann (hierzu → § 42 Rn. 1 ff.).

V. Einwilligung des Arbeitgebers

16 **1. Einwilligungserklärung.** Der AN unterliegt dem Verbot des § 60 I HGB nicht, wenn der AG seine Einwilligung erteilt hat, dass der AN ein Handelsgewerbe betreibt oder Geschäfte in seinem Handelszweig macht. Die Einwilligung ist eine **Willenserklärung,** die ausdrücklich oder stillschweigend vor, während und nach der verbotenen Tätigkeit abgegeben werden kann. Sie kann sich nur auf einzelne Konkurrenzgeschäfte wie auf jegliche Konkurrenztätigkeit beziehen. Ferner kann sie zeitlich begrenzt sein. Eine konkludent erteilte Einwilligung ist insbesondere dann anzunehmen, wenn der AG trotz Kenntnis von Konkurrenzgeschäften nicht einschreitet, es sei denn, dass ihm dies nicht möglich ist.[62] Eine Ermahnung des AG, während der Arbeitszeit keine Konkurrenztätigkeiten auszuüben, bedeutet nicht im Umkehrschluss, dass

[54] *Luke* BB 2016, 762 (764); anders LAG SchlH 27.6.2007 – 3 Sa 143/07.
[55] MüKoHGB/*v. Hoyningen-Huene* § 60 Rn. 43.
[56] MüKoHGB/*v. Hoyningen-Huene* § 60 Rn. 10; aA LAG Bln 9.2.1981 DB 1981, 1095.
[57] ErfK/*Oetker* HGB § 60 Rn. 7.
[58] BAG 26.8.1976 AP Nr. 68 zu § 626 BGB = DB 1977, 544.
[59] MHdB ArbR/*Reichold* § 54 Rn. 9; ErfK/*Oetker* HGB § 60 Rn. 7; MüKoHGB/*v. Hoyningen-Huene* § 60 Rn. 53.
[60] S. aber LAG Nürnberg 4.2.2003 LAGE § 626 BGB Nr. 148, das in diesen Fällen die Einhaltung des Verbotes für die Dauer der (fiktiven) Kündigungsfrist verlangt.
[61] BVerfG 15.2.1967 BVerfGE 21, 173 = AP Nr. 37 zu Art. 12 GG; BAG 11.12.2001 AP Nr. 8 zu § 611 BGB Nebentätigkeit = NZA 2002, 965; 25.5.1970 AP Nr. 4 zu § 60 HGB = DB 1970, 1189; MüKoHGB/*v. Hoyningen-Huene* § 60 Rn. 47.
[62] MüKoHGB/*v. Hoyningen-Huene* § 60 Rn. 26.

damit solche Tätigkeiten während der Freizeit erlaubt sein sollen.[63] Für das Vorliegen und den Umfang der Einwilligung ist der **AN darlegungs- und beweispflichtig.**[64]

17 **2. Vermutete Einwilligung.** Betreibt der AN bereits bei seiner Einstellung ein Handelsgewerbe (§ 60 I Alt. 1 HGB), so gilt die Einwilligung zum Weiterbetrieb als erteilt, wenn dem AG dies bekannt ist, nicht jedoch bereits dann, wenn der AG das Betreiben des Handelsgewerbes hätte kennen müssen.[65] Insoweit normiert § 60 II HGB eine unwiderlegliche gesetzliche Vermutung. Diese gilt aber nur für den Fall des § 60 I Alt. 1 HGB und nicht für das „Geschäfte machen" (§ 60 I Alt. 2 HGB).

18 **3. Rücknahme der Einwilligung.** Die einmal erteilte Einwilligung kann nicht einseitig zurückgenommen werden;[66] jedoch kann der Widerruf vorbehalten sein. Die Ausübung des Widerrufsrechts erfolgt nach § 315 BGB. Eine unwiderruflich erklärte Einwilligung kann nur im Wege der Änderungskündigung oder einvernehmlichen Vertragsänderung beseitigt werden.[67]

VI. Rechtsfolgen eines Wettbewerbsverstoßes

19 **1. Wirksamkeit der Konkurrenzgeschäfte.** Betreibt der AN ein verbotenes Gewerbe oder macht er verbotene Geschäfte, so sind diese, da er nur einer schuldrechtlichen Verpflichtung zuwiderhandelt, nicht nichtig, sondern wirksam. § 60 HGB ist kein Verbotsgesetz im Sinne von § 134 BGB.[68]

20 **2. Kündigung.** Der AG kann jedoch seinem AN ordentlich, uU nach § 626 BGB außerordentlich kündigen (→ § 127 Rn. 148).[69] In der Regel wird er den AN zuvor abmahnen müssen.[70] In jedem Fall hat eine Interessenabwägung zu erfolgen, wobei die beanstandungsfreie Dauer des Arbeitsverhältnisses, das Gewicht und die nachteiligen Auswirkungen der Vertragspflichtverletzung – also die Frage, wie stark die schutzwürdigen Interessen des AG berührt sind –, eine mögliche Wiederholungsgefahr und der Grad des Verschuldens des AN zu berücksichtigen sind.[71]

21 **3. Unterlassungsanspruch/Vertragsstrafe.** Der AG kann auch während des rechtlichen Bestandes des Arbeitsverhältnisses einen Unterlassungsanspruch geltend machen, wenn weitere Beeinträchtigungen zu befürchten sind.[72] Dieser kann auch im Wege der einstweiligen Verfügung verfolgt werden.[73] Zur Vorbereitung seiner Ansprüche kann der AG Auskunft verlangen.[74] Eine Vertragsstrafe ist nur zu zahlen, wenn sie vertraglich vereinbart ist. Solchen Vereinbarungen in Allgemeinen Geschäftsbedingungen steht § 309 Nr. 6 BGB nicht entgegen, weil die Besonderheiten des Arbeitsrechts das erfordern[75] (hierzu → § 57 Rn. 7). Dagegen ist der AG nicht berechtigt, die Zahlung der vertraglichen Vergütung zu verweigern.[76]

22 **4. Schadensersatz.** Der AG kann Schadensersatz fordern (§ 61 I HGB) wegen **(a)** des Betreibens eines Handelsgewerbes selbst, **(b)** des Abschlusses einzelner Geschäfte im Rahmen des Handelsgewerbes oder **(c)** verbotener Konkurrenztätigkeit. Der AG ist darlegungs- und beweispflichtig, dass ihm infolge der Konkurrenztätigkeit ein Schaden erwachsen ist. Er muss nachweisen, dass er selbst die verbotenen Geschäfte abgeschlossen hätte. Der Umfang des Scha-

---

[63] BAG 12.5.1972 AP Nr. 6 zu § 60 HGB = DB 1972, 1831.
[64] BAG 16.1.2013 AP Nr. 15 zu § 60 HGB = NZA 2013, 748; 16.6.1973 AP Nr. 8 zu § 611 BGB Treuepflicht = NJW 1977, 545.
[65] MüKoHGB/*v. Hoyningen-Huene* § 60 Rn. 28.
[66] Baumbach/Hopt/*Roth* HGB § 60 Rn. 7; MüKoHGB/*v. Hoyningen-Huene* § 60 Rn. 25; MHdB ArbR/*Reichold* § 54 Rn. 13.
[67] MüKoHGB/*v. Hoyningen-Huene* § 60 Rn. 25.
[68] MüKoHGB/*v. Hoyningen-Huene* § 60 Rn. 56.
[69] BAG 26.6.2008 AP Nr. 213 zu § 626 BGB = NZA 2008, 1415; 16.8.1990 AP Nr. 10 zu § 611 BGB Treuepflicht = NZA 1991, 141; 6.8.1987 AP Nr. 97 zu § 626 BGB = NJW 1988, 438.
[70] BAG 26.6.2008 AP Nr. 213 zu § 626 BGB = NZA 2006, 1415.
[71] BAG 28.1.2010 AP Nr. 227 zu § 626 BGB = NZA-RR 2010, 461.
[72] BAG 17.10.1969 AP Nr. 7 zu § 611 BGB Treuepflicht = DB 1970, 497.
[73] LAG Hamm 19.3.2001 – 16 Sa 322/01; LAG Köln 8.12.95 AP Nr. 11 zu § 60 HGB = LAGE § 60 HGB Nr. 5; LAG Düsseldorf 1.3.1972 DB 1972, 878.
[74] BAG 12.5.1972 AP Nr. 6 zu § 60 HGB = DB 1972, 1831; 21.10.1970 AP Nr. 13 zu § 242 BGB Auskunftspflicht = BB 1971, 86; LAG Hamm DB 1971, 2415; LAG Nürnberg 23.4.1996 NZA-RR 1997, 188 = LAGE § 60 HGB Nr. 6; LAG Frankfurt 29.7.1969 BB 1970, 709.
[75] Zu den Wirksamkeitsvoraussetzungen s. BAG 14.8.2007 AP Nr. 28 zu § 307 BGB = NZA 2008, 170.
[76] BGH 19.10.1987 AP Nr. 33 zu § 611 BGB Konkurrenzklausel = DB 1988, 225.

densersatzes richtet sich nach den §§ 249 ff. BGB. Schaden ist nicht nur der tatsächlich erwachsene Schaden, sondern auch der entgangene Gewinn (§ 252 BGB), den der AG erzielt hätte, wenn er das Geschäft abgeschlossen hätte, dagegen nicht ein weitergehender Gewinn, den der AN, etwa aus besonderer Geschäftstüchtigkeit, erzielt hat. Schaden sind auch die Gehaltsaufwendungen des AG an sonst im Rahmen seines Unternehmens anderweitig beschäftigte AN, sofern sie zur Aufdeckung und Verhinderung weiterer Wettbewerbsverstöße eingesetzt werden.[77] Ggf. ist der Schaden gem. § 287 I ZPO zu schätzen, sofern hinreichend greifbare Anhaltspunkte dargelegt sind.[78] Gegen den Geschäftspartner bestehen Schadensersatzansprüche nur bei Vorliegen der Voraussetzungen von § 826 BGB oder § 3 UWG (früher: § 1 UWG aF).[79] Wegen einer Haftung nach § 628 II BGB → Rn. 6.

5. Eintrittsrecht. Der AG kann statt des Schadensersatzes verlangen, dass der AN die für eigene Rechnung gemachten Geschäfte als **für Rechnung des Prinzipals** eingegangen gelten lässt bzw. die aus Geschäften für fremde Rechnung bezogene Vergütung herausgibt oder seinen Anspruch auf die Vergütung abtritt. Dem AG ist in diesen Fällen der Nachweis eines Schadens erspart. Kein Geschäft iSv § 61 I HGB ist ein mit einem Wettbewerber eingegangener Arbeitsvertrag, so dass der AN nicht verpflichtet ist, seinen Gehaltsanspruch gegenüber dem Wettbewerber abzutreten.[80] Die Ausübung des Eintrittsrechts erfolgt gegenüber dem AN. Sie kann nicht mehr nachträglich beseitigt werden; der AG kann also nicht erst Schadensersatz verlangen und später in die Geschäfte eintreten wollen. Das Eintrittsrecht ist eine sog. facultas alternativa (Ersetzungsbefugnis); dh der Handlungsgehilfe kann dem AG nicht nach § 264 II BGB eine Frist zur Ausübung der Wahl setzen mit der Maßgabe, dass nach Fristablauf das Recht auf den Handlungsgehilfen übergeht. 23

Tritt der AG in die Geschäfte ein, so bleibt der zwischen dem AN und dem Dritten abgeschlossene **Vertrag** unberührt.[81] Vertragspartner des Dritten bleibt der Handlungsgehilfe, insofern ist die gängige Bezeichnung als Eintrittsrecht irreführend. Bei Geschäften, die der AN für eigene Rechnung gemacht hat, muss dieser sich so behandeln lassen, als ob der AG sie gemacht hätte. Er muss also den Gewinn herausgeben, den er gemacht hat (nicht dagegen denjenigen, den der AG gemacht hätte), Auskunft erteilen über Inhalt und Durchführung des Geschäftes, Rechnung legen usw. Es gelten §§ 666, 667, 670, 687 II BGB.[82] Bei Geschäften, die der AN für fremde Rechnung gemacht hat, muss er seine Vergütung herausgeben oder seine Vergütungsansprüche abtreten, darüber Auskunft und Rechnung legen. Betreibt der AN ein eigenes Handelsgewerbe, kann der AG in alle[83] einzelnen Geschäfte eintreten, sofern sie in seinem Geschäftszweig liegen und er sie in gleichem Umfang gemacht hätte.[84] Tritt der AG in die Geschäfte ein, so muss er dem Handlungsgehilfen auch die Auslagen ersetzen.[85] Eine besondere Vergütung kann dieser nur verlangen, wenn er auch sonst eine zu beanspruchen hätte, zB aufgrund einer Provisionsvereinbarung. 24

Das Eintrittsrecht kann durch die Natur des verbotenen Geschäfts ausgeschlossen sein. Der AG kann nicht verlangen, an Stelle des AN die **Rechte aus einem Gesellschaftsvertrag wahrzunehmen,** weil hierdurch in die Rechte Dritter eingegriffen würde.[86] Möglich ist aber ein Anspruch auf Herausgabe eines Gewinnanteils.[87] Dies entspricht auch der Rechtsprechung des BGH zum gleichlautenden § 113 HGB, aufgrund derer für Gesellschafter einer OHG ein Anspruch auf Herausgabe des Gewinnanteils bestehen kann.[88] Der AG kann, sofern der AN gleichzeitig als Geschäftsführer einer GmbH tätig wird, nicht verlangen, dass die Arbeits-, Dienst- oder Gesellschaftsvergütung abgetreten wird.[89] 25

---

[77] BAG 24.4.1970 AP Nr. 5 zu § 60 HGB = DB 1970, 1645.
[78] BAG 26.9.2012 AP Nr. 27 zu § 287 ZPO = NZA 2013, 152.
[79] MüKoHGB/*v. Hoyningen-Huene* § 61 Rn. 9.
[80] BAG 17.10.2012 AP Nr. 14 zu § 60 HGB = NZA 2013, 207.
[81] MüKoHGB/*v. Hoyningen-Huene* § 61 Rn. 14.
[82] ErfK/*Oetker* HGB § 61 Rn. 5.
[83] MüKoHGB/*v. Hoyningen-Huene* § 61 Rn. 14 ff.
[84] Vgl. BAG 15.2.1962 AP Nr. 1 zu § 61 HGB = NJW 1962, 1365; ErfK/*Oetker* HGB § 61 Rn. 5.
[85] MüKoHGB/*v. Hoyningen-Huene* § 61 Rn. 17.
[86] BAG 15.2.1962 AP Nr. 1 zu § 61 HGB = NJW 1962, 1365; MHdB ArbR/*Reichold* § 54 Rn. 26; aA MüKoHGB/*v. Hoyningen-Huene* § 61 Rn. 19.
[87] MHdB ArbR/*Reichold* § 54 Rn. 26; MüKoHGB/*v. Hoyningen-Huene* § 61 Rn. 19; anders BAG 15.2.1962 AP Nr. 1 zu § 61 HGB = NJW 1962, 1365.
[88] BGH 6.12.1962 BGHZ 38, 306; 5.12.1983 BGHZ 89, 162; MüKoHGB/*v. Hoyningen-Huene* § 61 Rn. 20.
[89] ErfK/*Oetker* HGB § 61 Rn. 5.

26 **6. Auskunft.** Kann der AG eine hohe Wahrscheinlichkeit dafür darlegen, dass sein AN ihm während des bestehenden Arbeitsverhältnisses unerlaubte Konkurrenz gemacht hat, so ist dieser gem. § 242 BGB verpflichtet, über die von ihm getätigten Geschäfte Auskunft zu erteilen und Rechnung zu legen.[90] Es entspricht nämlich der ständigen Rspr. des BAG, dass Auskunftsansprüche nach Treu und Glauben dann bestehen, wenn das Wesen des Rechtsverhältnisses es mit sich bringt, dass der Anspruchsberechtigte in entschuldbarer Weise über Bestehen und Umfang seines Rechts im Ungewissen ist, während der Verpflichtete unschwer Auskunft erteilen kann.[91] Erst nach der Auskunftserteilung kann der AG eine sachgemäße Entscheidung treffen, ob er in die Geschäfte eintritt oder Schadensersatz wegen Nichterfüllung verlangt.

27 **7. Verjährung.** Schadensersatz- und Eintrittsrechte verjähren in drei Monaten von dem Zeitpunkt ab, in dem der AG oder sein Vertreter von dem Abschluss des Geschäftes, dagegen nicht notwendig auch von seinem Inhalt Kenntnis erlangt hat (§ 61 II HGB) oder ohne grobe Fahrlässigkeit erlangen müsste. Bei Abschluss mehrerer Geschäfte verjähren also die jeweils länger als drei Monate zurückliegenden. Dasselbe gilt bei dem Betreiben eines Handelsgewerbes mit der Maßgabe, dass die Verjährung vom Abschluss eines jeden einzelnen Geschäftes läuft.[92] Die Kenntnis seines gesetzlichen Vertreters muss sich der AG zurechnen lassen. Ohne Rücksicht auf die Kenntnis oder grob fahrlässige Unkenntnis verjähren die Ansprüche in fünf Jahren.

28 Die Verjährungsfrist gilt **auch für konkurrierende Ansprüche** aus § 826 BGB, § 823 I BGB, § 3 UWG (früher: § 1 UWG aF) gegen den AN[93] sowie für Ansprüche aus § 280 I BGB.[94] Dasselbe ist auch für Ansprüche auf Herausgabe des Erlöses nach § 687 BGB anzunehmen, denn § 61 HGB regelt die Rechtsfolgen allgemein.[95] Offengelassen hat das BAG die Frage der Anwendbarkeit für Ansprüche nach § 823 II BGB iVm § 266 StGB (Untreue).[96] **Unterlassungsansprüche** werden trotz des Wortlauts der Vorschrift nach allgemeiner Ansicht in Rechtsprechung und Literatur ebenfalls von der Verjährungsfrist erfasst.[97] Die kurze Verjährungsfrist gilt nicht, wenn der AN zwar im Geschäftsbereich des AG Geschäfte macht, dabei aber nicht als Wettbewerber auftritt, sondern allein über das Vermögen des AG verfügt, um ihn zu schädigen.[98] Hat der AG Auskunfts- und Zahlungsansprüche im Wege der Stufenklage verfolgt, so beginnt die unterbrochene Verjährungsfrist für den Zahlungsanspruch erneut bei Auskunftserteilung.[99]

§ 55. Wettbewerbsbeschränkungen nach Beendigung des Arbeitsverhältnisses

Muster von Wettbewerbsvereinbarungen: Schaub ArbRFV-HdB/*Klagges* A. Rn. 158 ff.; *Bauer/Diller*, Wettbewerbsverbote, 8. Aufl. 2019, Anhang I (S. 425 ff.); *Laskawy* NZA 2012, 1011 (1016 ff.); *Urban* ArbRAktuell 2012, 241 (243 f.); *Pauken* ArbRAktuell 2017, 377.

[90] BAG 12.5.1972 AP Nr. 6 zu § 60 HGB = DB 1972, 1831; 21.10.1970 AP Nr. 13 zu § 242 BGB Auskunftspflicht = BB 1971, 86; vgl. auch BAG 16.1.1975 AP Nr. 8 zu § 60 HGB = DB 1975, 1705; 16.6.1976 AP Nr. 8 zu § 611 BGB Treuepflicht = DB 1977, 307.

[91] S. zB BAG 1.12.2004 AP Nr. 38 zu § 242 BGB Auskunftspflicht = NZA 2005, 289; 19.4.1967 AP Nr. 12 zu § 242 BGB Auskunftspflicht = DB 1967, 1327.

[92] MHdB ArbR/*Reichold* § 54 Rn. 27; aA MüKoHGB/*v. Hoyningen-Huene* § 61 Rn. 33; wohl auch BAG 26.9.2007 AP Nr. 4 zu § 61 HGB = NZA 2007, 1436.

[93] BAG 30.5.2018 AP Nr. 5 zu § 61 HGB = NZA 2018, 1425; 11.4.2000 AP Nr. 3 zu § 61 HGB = NZA 2001, 94; 28.1.1986 AP Nr. 2 zu § 61 HGB = NJW 1986, 2527; 12.5.1972 AP Nr. 6 zu § 60 HGB = DB 1972, 1831; MüKoHGB/*v. Hoyningen-Huene* § 61 Rn. 28.

[94] BAG 30.5.2018 AP Nr. 5 zu § 61 HGB = NZA 2018, 1425; 28.1.1986 AP Nr. 2 zu § 61 HGB = NJW 1986, 2527.

[95] MüKoHGB/*v. Hoyningen-Huene* § 61 Rn. 28; aA BAG 22.8.1966 AP Nr. 3 zu § 687 BGB = DB 1967, 558 mzustAnm *Isele.*

[96] BAG 30.5.2018 AP Nr. 5 zu § 61 HGB = NZA 2018, 1425; 11.12.1990 – 3 AZR 409/89 nv.

[97] Anders noch BAG 16.1.1975 AP Nr. 8 zu § 60 HGB = DB 1975, 1705; diese Rspr. hat das BAG ausdrücklich aufgegeben: BAG 11.4.2000 AP Nr. 3 zu § 61 HGB = NZA 2001, 94; MüKoHGB/*v. Hoyningen-Huene* § 61 Rn. 29; Baumbach/Hopt/*Roth* HGB § 61 Rn. 4; MHdB ArbR/*Reichold* § 54 Rn. 28.

[98] BAG 30.5.2018 AP Nr. 5 zu § 61 HGB = NZA 2018, 1425; 11.8.1987 AP Nr. 90 zu § 611 BGB Haftung des Arbeitnehmers = NZA 1988, 200.

[99] BAG 28.1.1986 AP Nr. 2 zu § 61 HGB = NJW 1986, 2527.

Übersicht

I. Allgemeines

1. Wettbewerbsfreiheit nach Beendigung des Arbeitsverhältnisses. Mit Beendigung des Arbeitsverhältnisses enden die vertraglichen Hauptleistungspflichten. Allerdings können weiterhin Nebenpflichten fortbestehen, insbesondere Verschwiegenheitspflichten (→ § 53 Rn. 46). Den Wettbewerbsbeschränkungen nach §§ 60, 61 HGB unterliegt der AN aber nicht mehr (zur Geltungsdauer → § 54 Rn. 5 ff.). Er kann daher zu seinem ehemaligen AG bis zu den in § 3 UWG (früher: § 1 UWG aF), §§ 823 I, 826 BGB gesteckten Grenzen in Wettbewerb treten.[1] Auch eine nachvertragliche Verschwiegenheitspflicht (hierzu → § 53 Rn. 47) sowie eine nachvertragliche Rücksichtnahmepflicht des AN begründen für den AG gegen den ausgeschiedenen AN keine Ansprüche auf Unterlassung von Wettbewerbshandlungen.[2] 1

[1] BAG 7.9.2004 NZA 2005, 105; 19.5.1998 AP Nr. 11 zu § 611 BGB Treuepflicht = NZA 1999, 200; 15.6.1993 AP Nr. 40 zu § 611 BGB Konkurrenzklausel = NZA 1994, 502; 19.2.1959 AP Nr. 10 zu § 74 HGB = DB 1959, 70; BGH 28.3.1977 AP Nr. 28 zu § 611 BGB Konkurrenzklausel = DB 1977, 1548.

[2] BAG 19.5.1998 AP Nr. 11 zu § 611 BGB Treuepflicht = NZA 1999, 200; LAG Hamm 21.6.2004 BB 2005, 164 (LS).

2 Im **Unionsrecht** gibt es keine Regelungen über Wettbewerbsverbote für AN. Nach Art. 20 (3) RL 86/653/EWG des Rates vom 18.12.1986 (Handelsvertreterrichtlinie, ABl. EG L 382, 17) werden Wettbewerbsverbote für Handelsvertreter (→ § 12 Rn. 1 ff.) auf zwei Jahre begrenzt.

3 Das Wettbewerbsverbot nach §§ 60, 61 HGB gilt nicht für ausgeschiedene AN, die **Ruhegeldansprüche** gegen den AG haben oder für die eine **Ruhegeldanwartschaft** besteht (auch → § 274 Rn. 206).[3] Umgekehrt erlischt aber ein vertraglich vereinbartes nachvertragliches Wettbewerbsverbot nicht deshalb, weil der AN nach Beendigung des Arbeitsverhältnisses unter Bezug von betrieblicher Altersversorgung in den Ruhestand tritt.[4] Ein Widerruf der Versorgungszusage wegen einer Konkurrenztätigkeit ist nur in Ausnahmefällen möglich (hierzu im Einzelnen → § 280 Rn. 6). Ein **Übergangsgeld,** das für die Zeit bis zum Eintritt des Versorgungsfalles versprochen worden ist und nicht dem Schutz des BetrAVG untersteht, kann von der Bedingung abhängig gemacht werden, dass der Begünstigte jede Tätigkeit unterlässt, die geeignet ist, dem Zahlungspflichtigen Konkurrenz zu machen.[5]

4 **2. Vereinbartes Wettbewerbsverbot. a) Verfassungsrechtliche Ausgangslage.** Für den AN besteht ein nach Art. 12 I GG schutzwürdiges Interesse, die während des Arbeitsverhältnisses erlangten beruflichen Kenntnisse und Erfahrungen zu verwerten und zu seinem früheren AG auch in Wettbewerb zu treten. Gleichzeitig erkennt der Gesetzgeber in den §§ 74 ff. HGB ein schutzwürdiges Interesse des AG an, dem früheren Mitarbeiter Wettbewerbshandlungen zu untersagen, um sich vor den mit einer solchen Konkurrenztätigkeit verbundenen wirtschaftlichen Nachteilen zu schützen. Letztlich geht es um einen Ausgleich zwischen den grundgesetzlich geschützten Rechtspositionen von AG und AN nach **Art. 14 I und Art. 12 I GG.** Weil die grundrechtlich geschützte Berufsfreiheit des AN als grundsätzlich übergeordnet anzusehen ist, gelten nachvertragliche Wettbewerbsverbote nur dann, wenn der AN eine entsprechende Vereinbarung akzeptiert, die ihm als Ausgleich eine Karenzentschädigung garantiert.[6] Insoweit handelt es sich um verfassungsrechtlich unbedenkliche Inhalts- und Schrankenbestimmungen iSv Art. 14 I 2 GG.[7] Eine derartige Vereinbarung verstößt nicht gegen das Grundrecht der Freiheit der Berufswahl (Art. 12 GG)[8] oder gegen das Gesetz gegen Wettbewerbsbeschränkungen.[9]

5 **b) Rechtsgrundlagen.** Die gesetzliche Regelung war unterschiedlich für die kaufmännischen Angestellten (§§ 74–75f HGB), die technischen Angestellten (§ 133f GewO aF) und die zu ihrer Berufsausbildung Beschäftigten (§ 12 BBiG), während für die sonstigen AN eine gesetzliche Regelung des Wettbewerbsverbots fehlte. Nachdem das BAG es zunächst abgelehnt hatte, die Bestimmungen der §§ 74–75f HGB auf andere AN entsprechend anzuwenden,[10] sah es später in den meisten nach § 75d HGB zugunsten der kaufmännischen Angestellten zwingenden Vorschriften allgemeine Rechtsgedanken und wandte diese im Rahmen von § 133f GewO aF auch auf technische Angestellte an.[11] Bei den übrigen AN maß die Rspr. die Wettbewerbsabreden an dem Gebot der guten Sitten, wobei man die Wertmaßstäbe aus §§ 74 ff. HGB und § 133f GewO aF entnahm.[12] Ab 1969 wandte das BAG die §§ 74 ff. HGB generell auch für AN entsprechend an, die nicht kaufmännische Angestellte sind.[13]

---

[3] BAG 15.6.1993 AP Nr. 40 zu § 611 BGB Konkurrenzklausel = NZA 1994, 502; 30.10.1984 AP Nr. 46 zu § 74 HGB = NZA 1985, 429; MüKoHGB/*v. Hoyningen-Huene* § 60 Rn. 23.

[4] BAG 26.2.1985 AP Nr. 30 zu § 611 BGB Konkurrenzklausel = NZA 1985, 809; 30.10.1984 AP Nr. 46 zu § 74 HGB = NZA 1985, 429; auch bei vorgezogenem Altersruhegeld: BAG 3.7.1990 AP Nr. 61 zu § 74 HGB = NZA 1991, 308.

[5] BGH 3.7.2000 NZA 2001, 612 = BetrAV 2000, 604.

[6] Vgl. BAG 22.3.2017 AP Nr. 88 zu § 74 HGB = NZA 2017, 845; 15.6.1993 AP Nr. 40 zu § 611 BGB Konkurrenzklausel = NZA 1994, 502.

[7] BVerfG 10.10.1989 AP Nr. 5d zu § 611 BGB Betriebsgeheimnis; zur Möglichkeit statt eines Wettbewerbsverbots eine verlängerte Kündigungsfrist zu vereinbaren BAG 26.10.2017 AP Nr. 74 zu § 622 BGB = NZA 2018, 297, hierzu auch → § 126 Rn. 28.

[8] BAG 15.6.1993 AP Nr. 40 zu § 611 BGB Konkurrenzklausel = NZA 1994, 502; 4.10.1958 AP Nr. 7 zu Art. 12 GG; 29.4.1966 AP Nr. 21 zu § 611 BGB Konkurrenzklausel.

[9] BAG 29.4.1966 AP Nr. 21 zu § 611 BGB Konkurrenzklausel.

[10] BAG 4.10.1958 AP Nr. 7 zu Art. 12 GG.

[11] BAG 28.1.1966 AP Nr. 18 zu § 74 HGB = BB 1967, 985; 2.12.1966 AP Nr. 18 zu § 133f GewO = DB 1967, 1461, 18.2.1967 AP Nr. 19 zu § 133f GewO = DB 1967, 1045.

[12] BAG 22.11.1965 AP Nr. 1 zu § 611 BGB Abwerbung = NJW 1966, 689; 29.4.1966 AP Nr. 21 zu § 611 BGB Konkurrenzklausel = NJW 1966, 1677; 2.2.1968 AP Nr. 22 zu § 74 HGB = DB 1968, 1138.

[13] BAG 16.5.1969 AP Nr. 23 zu § 133f GewO = NJW 1970, 443; 13.9.1969 AP Nr. 24 zu § 611 BGB Konkurrenzklausel = NJW 1970, 626; 30.4.1970 AP Nr. 26 zu § 74 HGB = NJW 1971, 74; 26.11.1971 AP Nr. 26 zu § 611 BGB Konkurrenzklausel = DB 1972, 537.

Seit dem 1.1.2003 besteht mit **§ 110 S. 2 GewO** eine ausdrückliche gesetzliche Regelung, wonach die §§ 74–75f HGB auf alle Arbeitsverhältnisse entsprechend anzuwenden sind. Für Handelsvertreter gilt § 90a HGB. Wettbewerbsverbote zwischen OHG-Gesellschaftern (und KG-Komplementären (§ 161 II HGB), nicht: Kommanditisten (§ 165 HGB)) sind in den §§ 112, 113 HGB geregelt. Diese gelten allerdings nicht für ausgeschiedene Organvertreter. Für Auszubildende gelten die Einschränkungen des § 12 BBiG. 6

3. Einzelne Beschäftigtengruppen. a) Arbeitnehmer. Durch den Verweis in § 110 S. 2 HGB gelten die gesetzlichen Regelungen der §§ 74 ff. HGB nicht nur für Handlungsgehilfen, sondern für **alle AN,** also sowohl für alle Angestellten als auch für Arbeiter, und zwar unabhängig davon, ob sie in einem Handelsgewerbe eingestellt sind und ob sie kaufmännische Dienste leisten. Wettbewerbsverbote können auch für **befristete Arbeitsverträge** sowie bei einer Teilzeitbeschäftigung vereinbart werden.[14] 7

b) Auszubildende, Praktikanten, Volontäre, Minderjährige. Nachvertragliche Wettbewerbsverbote sind für Auszubildende gem. § 12 I 1 BBiG unzulässig (hierzu → § 174 Rn. 34 ff.). Die §§ 74 ff. HGB finden für sie daher keine Anwendung. Das Gleiche gilt für sonstige gem. § 26 BBiG gleichgestellte Personen, etwa **Volontäre** (→ § 15 Rn. 7 f.) und **Praktikanten** (→ § 15 Rn. 9 ff.). Mit **Minderjährigen** können nachvertragliche Wettbewerbsverbote darüber hinaus gem. § 74a II 1 HGB nicht wirksam abgeschlossen werden, und zwar auch nicht mit Einwilligung des gesetzlichen Vertreters oder bei einer Ermächtigung nach § 113 BGB.[15] Das Wettbewerbsverbot wird auch nicht etwa im Nachhinein wirksam, wenn der Minderjährige später volljährig wird. Entgegenstehende Vereinbarungen sind **nichtig.** 8

c) Handelsvertreter. § 90a HGB enthält für Handelsvertreter (→ § 11 Rn. 1 ff.) eine eigenständige Regelung, die aber inhaltlich mit den §§ 74 ff. HGB übereinstimmt. Insoweit kann auf die für AN geltenden Ausführungen verwiesen werden. Das BVerfG hat ausdrücklich festgestellt, dass aufgrund der verfassungsrechtlich geschützten Berufsfreiheit (Art. 12 I GG) Wettbewerbsverbote ohne Karenzentschädigung für Handelsvertreter unwirksam sind.[16] 9

d) Dienstnehmer. Für Dienstnehmer, die nicht AN sind, also auch freie Mitarbeiter, gelten die Vorschriften der §§ 74 ff. HGB nicht entsprechend.[17] Mit ihnen vereinbarte Wettbewerbsverbote unterliegen aber einer Rechtmäßigkeitskontrolle nach **§ 138 BGB.** Bei der Prüfung der Sittenwidrigkeit ist die Wertentscheidung des Art. 12 I GG zu beachten. Wettbewerbsverbote müssen örtlich, zeitlich und gegenständlich auf das notwendige Maß beschränkt sein, wobei ein schutzwürdiges Interesse des Begünstigten nur für einen Zeitraum anzuerkennen ist, in dem die in der Vertragszeit geschaffenen geschäftlichen Beziehungen fortwirken. Dabei lässt sich aus den Vorschriften der §§ 74 ff. HGB vielfach ein Beurteilungsmaßstab gewinnen. Die Sittenwidrigkeit und damit die Unwirksamkeit des Wettbewerbsverbots kann aber uU (bei einer teilbaren Regelung) durch eine geltungserhaltende Reduktion der Bindung auf ein erträgliches Maß ausgeräumt werden, sofern die Sittenwidrigkeit allein auf der übermäßig langen Bindungsdauer beruht.[18] 10

Sind freie Mitarbeiter **arbeitnehmerähnlich** (→ § 10 Rn. 1 ff.), sind §§ 74 ff. HGB entsprechend anzuwenden.[19] Das Gleiche muss für Heimarbeiter gelten.[20] Auch für sonstige **wirtschaftlich abhängige freie Mitarbeiter** (zB Subunternehmer) sind die Vorschriften der §§ 74 ff. HGB analog anwendbar.[21] Das soll sogar dann gelten, wenn der freie Mitarbeiter seine Tätigkeit unter dem Mantel einer Ein-Mann-GmbH erbringt.[22] 11

---

14 *Bauer/Diller* Wettbewerbsverbote Rn. 69.
15 BAG 20.4.1964 AP Nr. 1 zu § 90a HGB = NJW 1964, 1641.
16 BVerfG 27.2.1990 AP Nr. 65 zu Art. 22 GG = NZA 1990, 389.
17 BGH 28.4.2008 NJW-RR 2008, 1421; 26.3.1984 BGHZ 91, 1 = NJW 1984, 2366; BSG 9.8.1990 BSGE 67, 183 = NZA 1991, 159.
18 BGH 20.1.2015 NJW 2015, 1012; 18.7.2005 NJW 2005, 3061; 8.5.2000 NJW 2000, 2584; 19.10.1993 NJW 1994, 384; 29.10.1990 NJW 1991, 699; 15.3.1989 AP Nr. 38 zu § 611 BGB Konkurrenzklausel = NJW-RR 1989, 800.
19 BAG 21.1.1997 AP Nr. 44 zu § 611 BGB Konkurrenzklausel = NZA 1997, 1284; LAG Düsseldorf 26.4.1999 – 18 Sa 1941/98; LAG Köln 2.6.1999 NZA-RR 2000, 19; OLG München 22.1.1997 NJW-RR 1998, 393; MüKoHGB/*v. Hoyningen-Huene* § 74 Rn. 8; für ein Abstellen auf § 138 BGB *Bauer/Diller* Wettbewerbsverbote Rn. 1118.
20 MüKoHGB/*v. Hoyningen-Huene* § 74 Rn. 8.
21 BGH 10.4.2003 NJW 2003, 1864.
22 OLG München 22.1.1997 NJW-RR 1998, 393.

12 Wird die **Praxis eines freiberuflich Tätigen** veräußert, so werden regelmäßig auch Wettbewerbsverbote abgeschlossen. Diese dürfen nicht übermäßig lang sein, andernfalls sind sie sittenwidrig. Bei Auseinandersetzung einer Steuer- und Wirtschaftsprüferpraxis wird ein über zwei Jahre hinausgehendes nachvertragliches Wettbewerbsverbot nicht in Betracht kommen.[23] Wird ein Wirtschaftsprüfer nach Verkauf seiner Praxis entgegen einem vertraglichen Wettbewerbsverbot für frühere Mandanten tätig, so kann der Käufer gegen ihn keine Ansprüche nach § 687 BGB geltend machen, wenn die Vertragsbeziehungen inzwischen beendet sind.[24] Wird ein ausgeschiedener Gesellschafter einer **Anwaltssozietät** mit einem Wettbewerbsverbot belegt, so ist es nichtig, wenn die räumlichen, gegenständlichen und zeitlichen Grenzen eines nachvertraglichen Wettbewerbsverbots überschritten werden, wobei auch hier eine Zeitdauer von zwei Jahren nicht überschritten werden darf.[25] Bei **Ärzten**[26] finden sich berufsrechtliche Wettbewerbsverbote bis zur Dauer von fünf Jahren. Der BGH hatte im sog. Laborärzte-Urteil über berufsrechtliche Wettbewerbsverbote für Praktikanten und Assistenten zu entscheiden. Er hat nur eine Karenzzeit von einem Jahr zugelassen.[27] Davon unabhängig sind die vertraglich vereinbarten Wettbewerbsverbote zu beurteilen. Allerdings dürften Bindungsfristen von drei bis fünf Jahren mit Art. 12 I GG unvereinbar sein, weil sie ein faktisches Berufsverbot bewirken. Unwirksam sind auch Wettbewerbsverbote über einen Umkreis von 20 km der früheren Arztpraxis hinaus.[28]

13 **e) Organvertreter.** Ein nachvertragliches Wettbewerbsverbot besteht für Organvertreter nur, wenn dies mit der Gesellschaft vereinbart wurde.[29] Dabei wendet der BGH die §§ 74 ff. HGB auf Organvertreter juristischer Personen nicht entsprechend an.[30] Wettbewerbsverbote sind lediglich am Maßstab der guten Sitten (§ 138 BGB) zu prüfen. Nach der Rspr. gilt das auch dann, wenn eine wirtschaftliche Abhängigkeit ähnlich der eines AN vorliegt.[31] Die §§ 74 ff. HGB sind aber dann anzuwenden, wenn für Organvertreter die arbeitsrechtlichen Schutzgesetze gelten, weil sie entsprechend einem AN weisungsabhängig sind (hierzu → § 14 Rn. 5). Nichtig sind nachvertragliche Wettbewerbsverbote gem. **Art. 2, 12 GG, § 138 BGB** dann, wenn sie nicht den berechtigten geschäftlichen Interessen der Gesellschaft dienen oder nach Ort, Zeit und Gegenstand die Berufsausübung und die wirtschaftliche Tätigkeit des Organvertreters unbillig erschweren.[32] Das Gleiche gilt, wenn sie (bei AGB) gegen das Transparenzgebot nach § 307 BGB verstoßen; in diesem Fall kommt auch keine geltungserhaltende Reduktion (hierzu → § 35 Rn. 64 f.) in Betracht.[33] Nachvertragliche Wettbewerbsverbote setzen damit für ihre Wirksamkeit nicht zwingend die Vereinbarung einer Karenzentschädigung voraus.[34] Im Zweifel ist aber eine mehr als zweijährige Dauer unzulässig.[35] Aus der in einem Geschäftsführeranstellungsvertrag getroffenen Vereinbarung eines nachvertraglichen Wettbewerbsverbots ohne Karenzentschädigung kann – unabhängig von der Wirksamkeit oder Unwirksamkeit der Vereinbarung – jedenfalls kein Anspruch auf Karenzentschädigung abgeleitet werden.[36] Auch § 74c HGB ist nach der zutreffenden Ansicht des BGH nicht entsprechend anwendbar, weil es sich hierbei um eine auf den zwingenden Charakter der Karenzentschädigung für den AN zugeschnittene Norm handelt.[37] Ein vereinbartes nachträgliches Wettbewerbsverbot wird nicht schon dadurch hinfällig, dass der Geschäftsführer sofort von der Arbeit freigestellt und damit von allen Geschäftsgeheimnissen abge-

[23] BGH 29.9.2003 NJW 2004, 66; 8.5.2000 NJW 2000, 2584.
[24] BGH 23.3.1988 AP Nr. 36 zu § 687 BGB = NJW 1988, 3018.
[25] Vgl. BGH 18.7.2005 NJW 2005, 3061.
[26] *Spoerr/Brinker/Diller* NJW 1997, 3056.
[27] BGH 13.6.1997 NJW 1997, 799.
[28] OLG München 22.4.1996 MedR 1996, 567; bei Tierärzten 30 km: BGH 14.7.1997 NJW 1997, 3089.
[29] BGH 26.3.1984 BGHZ 91 = NJW 1984, 2366; OLG Frankfurt 13.5.1997 GmbHR 1998, 376.
[30] BGH 7.7.2008 DB 2008, 2187; 28.4.2008 NJW-RR 2008, 1421; 4.3.2002 NJW 2002, 1875; 26.3.1984 BGHZ 91, 1 = NJW 1984, 2366; vgl. BSG 9.8.1990 BSGE 67, 183 = NZA 1991, 159; krit. *Heidenhain* NZG 2002, 605; *Lembke* NZA-RR 2019, 65; *ders.* BB 2010, 52 (58 f.); *Gravenhorst* DB 2019, 1572; zur Teilnichtigkeit: *Kamanabrou* ZGR 2002, 898.
[31] BGH 26.3.1984 BGHZ 91, 1 = NJW 1984, 2366; MüKoHGB/*v. Hoyningen-Huene* § 74 Rn. 9; aA die wohl hM in der Lit., s. *Bauer/Diller* Wettbewerbsverbote Rn. 1038 mwN.
[32] BGH 7.7.2008 DB 2008, 2187; 26.3.1984 BGHZ 91, 1 = NJW 1984, 2366; *van Kann/Keiluweit* BB 2010, 2050 (2051 f.); *Bauer/v. Medem* ArbRAktuell 2012, 473 (474).
[33] Vgl. BGH 3.12.2015 NJW 2016, 401; OLG München 2.8.2018 NZA-RR 2018, 1310; krit. hierzu *Dzida/Lang* ArbRB 2019, 189.
[34] BGH 26.3.1984 BGHZ 91, 1 = NJW 1984, 2366.
[35] So *Bauer/v. Medem* ArbRAktuell 2012, 473 (475) unter Hinweis auf BGH 26.3.1984 BGHZ 91, 1 = NJW 1984, 2366.
[36] BGH 7.7.2008 DB 2008, 2187.
[37] BGH 28.4.2008 NJW-RR 2008, 1421; aA *Bauer/Diller* Wettbewerbsverbote Rn. 1086.

schnitten wird.[38] Die Vereinbarung in einem Aufhebungsvertrag, dass Ansprüche aus dem Anstellungsvertrag und aus Anlass seiner Beendigung erledigt seien, kann nicht ohne weiteres dahin ausgelegt werden, dass damit auch ein nachvertragliches Wettbewerbsverbot aufgehoben sein soll.[39]

Vereinbaren die Vertragsparteien die Anwendbarkeit der **§§ 74 ff. HGB,** ist im Zweifel auch § 75 HGB für Organvertreter entsprechend anzuwenden.[40] Das gleiche gilt für § 75a HGB. Der AG kann den früheren Organvertreter in diesem Fall nur nach Maßgabe dieser Bestimmung aus dem Wettbewerbsverbot entlassen, um so der Zahlung der vereinbarten Karenzentschädigung zu entgehen.[41] Ohne entsprechende Vereinbarung gelten die Beschränkungen des § 75a HGB dagegen nicht; der AG kann also auch nach Beendigung des Dienstverhältnisses entschädigungslos auf das Wettbewerbsverbot verzichten.[42] Soll eine Anrechnung anderweitigen Erwerbs (§ 74c HGB) erfolgen, empfiehlt es sich in Anbetracht der Rechtsprechung des BGH,[43] dies explizit im Anstellungsvertrag zu regeln.[44] 14

Ist im Arbeitsvertrag eines AN ein nachvertragliches Wettbewerbsverbot enthalten, bleibt dies auch wirksam, wenn dieser später Organvertreter wird.[45] Ein Wettbewerbsverbot, das gemessen an den Bestimmungen der §§ 74 ff. HGB unwirksam war, wird durch das **Aufrücken in eine Organstellung** und damit der Geltung weniger strenger Regeln nicht automatisch wirksam. In diesen Fällen kann aber eine Bestätigung nach § 141 I BGB in Betracht kommen.[46] **Wird** umgekehrt **ein Organvertreter AN,** ist das Wettbewerbsverbot nunmehr an den Voraussetzungen von § 74 HGB zu messen (insbesondere wegen der Karenzentschädigung).[47] Das ursprüngliche Wettbewerbsverbot bleibt aber bei einer späteren Beendigung des Arbeitsverhältnisses so lange in Kraft, wie dies bei einem unmittelbaren Ausscheiden des Organvertreters (ohne anschließendes Arbeitsverhältnis) der Fall gewesen wäre. Ansonsten stünde das ehemalige Organmitglied besser als bei einem Ausscheiden mit der Abberufung als Organmitglied.[48] 15

f) Gesellschafter. Beruht ein Wettbewerbsverbot auf einer gesellschaftsrechtlichen Beteiligung an einer Personenhandelsgesellschaft, sind die für AN bestehenden Schutzvorschriften grundsätzlich nicht auf ausscheidende Gesellschafter anzuwenden.[49] Das gilt grundsätzlich auch dann, wenn gleichzeitig ein Arbeitsverhältnis besteht, es sei denn die Vereinbarung ist gem. § 75d S. 2 HGB auf eine Umgehung der §§ 74 ff. HGB gerichtet. Das ist insbesondere anzunehmen, wenn der AN allein im Rahmen des Abhängigkeitsverhältnisses zum Gesellschafter wird, zB weil die Beteiligung Teil der Arbeitsvergütung ist.[50] 16

II. Abschluss des Wettbewerbsverbots

1. Vereinbarung. a) Vertragsgestaltung. Ein nachvertragliches Wettbewerbsverbot setzt den Abschluss einer entsprechenden Vereinbarung voraus. Die Wettbewerbsabrede kann dabei **Bestandteil des Arbeitsvertrags** sein oder in einer **gesonderten Vertragsurkunde** geregelt werden. 17

Eine konkludente Wettbewerbsabrede folgt nicht aus einer (schriftlichen) Vereinbarung über die vorzeitige Beendigung des Arbeitsverhältnisses unter erheblicher Aufstockung der Versorgungsbezüge.[51] Wettbewerbsverbote sollen im Zweifel dann nicht gelten, wenn der (wirksame) Arbeitsvertrag nicht in Vollzug gesetzt worden ist.[52] Etwas anderes gilt aber bei einer erfolgten 18

[38] BGH 4.3.2002 NJW 2002, 1875; anders noch die Vorinstanz: OLG Köln 4.2.2000 NZG 2000, 740.
[39] OLG Köln 25.3.1997 BB 1997, 1328.
[40] OLG Schleswig 17.3.2000 NZG 2000, 894.
[41] BGH 17.2.1992 NJW 1992, 1892; Ausnahme, wenn Geschäftsführer sich auf Wettbewerbsverbot eingerichtet hat: BGH 4.3.2002 ZIP 2002, 709.
[42] OLG Düsseldorf 22.8.1996 DB 1996, 2273.
[43] BGH 28.4.2008 NJW-RR 2008, 1421.
[44] *Bauer/Diller* Wettbewerbsverbote Rn. 1086.
[45] Zu den Auswirkungen auf den Bestand des Arbeitsverhältnisses → § 15 Rn. 3.
[46] Näher hierzu *Bauer/Diller* Wettbewerbsverbote Rn. 1120 ff.
[47] BAG 28.1.1966 AP Nr. 18 zu § 74 HGB = DB 1966, 585.
[48] *Bauer/Diller* Wettbewerbsverbote Rn. 1123 f.
[49] EBJS/*Boecken* HGB § 74 Rn. 9.
[50] *Naber* NZA 2014, 870 (873).
[51] BAG 15.6.1993 AP Nr. 40 zu § 611 BGB Konkurrenzklausel = NZA 1994, 502.
[52] BAG 26.5.1992 AP Nr. 63 zu § 74 HGB = NZA 1992, 976; 3.2.1987 AP Nr. 54 zu § 74 HGB =NZA 1987, 813; vgl. auch BAG 19.5.1983 AP Nr. 25 zu § 123 BGB = DB 1984, 298.

intensiven Einweisung des AN in seine Aufgaben, bei der er Informationen über geschäftliche und betriebliche Angelegenheiten erhielt.[53]

19 Das Wettbewerbsverbot wird in **§ 74 I 1 HGB** definiert als Vereinbarung, die den Handlungsgehilfen (AN) **in seiner gewerblichen Tätigkeit** (nach Beendigung des Dienstverhältnisses) **beschränkt.** Eine solche Beschränkung ist in allen Abreden zu sehen, durch die der AN tatsächlich und/oder rechtlich gehindert wird, sein berufliches Erfahrungswissen zu nutzen. Hierzu gehören Versprechen, bestimmte Kundenanschriften nicht zu benutzen[54] oder besondere Schweigepflichten zu übernehmen, durch die die freie Verwertung der Arbeitskraft behindert wird.[55] Eine Kundenschutzklausel, durch die sich ein Programmierer verpflichtet, bis zu zwei Jahren nach Beendigung des Projektes weder direkt noch indirekt für den jeweiligen Auftraggeber tätig zu werden, stellt in aller Regel ein Wettbewerbsverbot dar.[56] Ebenfalls von den §§ 74 ff. HGB erfasst werden sog. „Cooling-Off"-Klauseln, mit denen AN eines kontrollierenden Unternehmens ein Wechsel zu einem von ihnen kontrollierten Unternehmen untersagt wird.[57]

20 Das Wettbewerbsverbot kann in der Weise abgeschlossen werden, dass dem AN untersagt wird, in einem Konkurrenzunternehmen überhaupt **(allgemeine oder unternehmensbezogene Konkurrenzklausel)** oder auf seinem bisherigen Arbeitsgebiet in einem Konkurrenzunternehmen **(partielle oder tätigkeitsbezogene Konkurrenzklausel)** zu arbeiten oder ein solches zu gründen.[58] Aber auch bei Abschluss eines nur tätigkeitsbezogenen Wettbewerbsverbots darf der AN in einem solchen Betrieb keine Arbeit aufnehmen, der nicht organisatorisch so gegliedert ist, dass die Verletzung des Wettbewerbsverbots ausgeschlossen ist.[59] Ferner können Wettbewerbsverbote zwischen der Aufnahme einer **selbständigen oder einer unselbständigen Tätigkeit** differenzieren.[60]

21 Wettbewerbsverbote können aber auch dann gegeben sein, wenn der AN mittelbar beschränkt wird.[61] Das gilt für sog. **Mandantenübernahmeklauseln,** bei denen der AN verpflichtet wird, für die Übernahme von Mandanten Teile des Honorars zu übertragen.[62] Solche Klauseln sind an § 138 BGB zu messen.[63] Außerdem kann eine Umgehung iSv § 75d S. 2 HGB vorliegen. Mandantenübernahmeklauseln sind zulässig, soweit sie dem Schutz eines berechtigten geschäftlichen Interesses des AG dienen und das berufliche Fortkommen des AN nicht unbillig erschweren.[64] Eine Umgehung iSv § 75d S. 2 HGB ist anzunehmen, wenn die Konditionen so gestaltet sind, dass sich die Übernahme von Mandaten wirtschaftlich nicht lohnt. Bei einem Wirtschaftsprüfer hat der BGH eine Verpflichtung, 30% der erzielten Honorare abzuführen, als unzulässige Wettbewerbsbeschränkung angesehen.[65] Eine unzulässige Einschränkung kann sich außerdem aus der Bindungsdauer ergeben. Das BAG sieht in Anlehnung an § 74a I 3 HGB einen Zeitraum von 2 Jahren als Höchstgrenze an.[66] Bei einer zu langen Bindungsdauer ist gem. § 75d S. 2 HGB eine geltungserhaltende Reduktion nicht möglich.[67] Klauseln, die eine Honorarabführung auch bei einer Tätigkeit als AN bei einem neuen AG vorsehen, sind als **verdeckte Mandantenschutzklauseln** unwirksam, weil sie wegen der fehlenden Karenzentschädigung (§ 74 II HGB) eine Umgehung iSv § 75d S. 2 HGB bedeuten.[68] Außerdem kann sich ihre Unwirksamkeit aus § 307 I BGB ergeben.[69] Solche Klauseln können dazu führen, dass sich die Aufnahme eines Arbeitsverhältnisses wirtschaftlich nicht lohnt, wenn dort Mandate des früheren AG bearbeitet

---

[53] BAG 3.2.1987 AP Nr. 54 zu § 74 HGB = NZA 1987, 813.
[54] BAG 15.12.1987 AP Nr. 5 zu § 611 BGB Betriebsgeheimnis = NZA 1988, 502; 19.2.1959 AP Nr. 10 zu § 74 HGB = DB 1959, 70.
[55] Vgl. BAG 19.1.1961 AP Nr. 1 zu § 133g GewO = NJW 1961, 748; LAG Bln 19.5.1998 – 13 Sa 280/98; auch → § 53 Rn. 57.
[56] LAG Köln 2.6.1999 NZA-RR 2000, 19.
[57] *Diller* NZA 2018, 692 (694).
[58] *Bauer/Diller* Wettbewerbsverbote Rn. 232 ff.
[59] BAG 30.1.1970 AP Nr. 24 zu § 133f GewO = DB 1970, 1229.
[60] Vgl. BAG 15.12.1987 AP Nr. 5 zu § 611 BGB Betriebsgeheimnis = NZA 1988, 502.
[61] Ausf. zu indirekten Wettbewerbsverboten: *Bauer/Diller* DB 1995, 426.
[62] BAG 7.8.2002 AP Nr. 4 zu § 75d HGB = NZA 2002, 1282; 10.12.1985 AP Nr. 31 zu § 611 BGB Konkurrenzklausel = DB 1986, 1829; LAG Köln 14.4.2008 DStZ 2009, 346; aA *Büsken* MDR 1985, 898.
[63] *Bauer/Diller* Wettbewerbsverbote Rn. 134a.
[64] BAG 7.8.2002 AP Nr. 4 zu § 75d HGB = NZA 2002, 1282.
[65] BGH 9.5.1968 AP Nr. 12 zu § 611 BGB Konkurrenzklausel.
[66] BAG 7.8.2002 AP Nr. 4 zu § 75d HGB = NZA 2002, 1282.
[67] BAG 7.8.2002 AP Nr. 4 zu § 75d HGB = NZA 2002, 1282; LAG Köln 24.8.2007 NZA-RR 2008, 10; *Bauer/Diller* Wettbewerbsverbote Rn. 136g; ausf. hierzu *Meier* NZA 2013, 253.
[68] BAG 11.12.2013 AP Nr. 85 zu § 74 HGB = NZA 2014, 433.
[69] LAG Nds 8.2.2013 LAGE § 307 BGB 2002 Nr. 331 = NZA-RR 2013, 347 mAnm *Degen.*

werden und dem AN der restliche Honoraranteil nicht selbst verbleibt. Etwas anderes kann möglicherweise dann gelten, wenn der abzuführende Honoraranteil zusätzlich auf einen bestimmten Anteil am erzielten Arbeitseinkommen begrenzt ist.[70] Unbedenklich sind dagegen Klauseln, in denen dem AN für jedes Jahr der Wettbewerbsenthaltung eine Prämie in Aussicht gestellt wird. Auch wenn von derartigen Klauseln ein gewisser Druck ausgeht, bleibt der AN frei, ob er die Prämie entgegennehmen will oder nicht. Unzulässig sind demgegenüber Vereinbarungen, die eine Pflicht zur Rückzahlung gewährter Vergütung für den Fall vorsehen, dass der AN nach Beendigung des Arbeitsverhältnisses eine Wettbewerbstätigkeit aufnimmt. In diesen Fällen liegt faktisch ein Wettbewerbsverbot vor.[71]

Schließlich besteht ein **indirektes Wettbewerbsverbot,** wenn ein Arbeitsverhältnis durch Aufhebungsvertrag beendet wird und dieser unter der Bedingung steht, dass der AN nicht zu einem bestimmten Konkurrenzunternehmen wechselt.[72] 22

Eine Wettbewerbsbeschränkung kann ebenfalls in **Mandantenschutzklauseln** zu sehen sein. 23
Diese kommen als sog. beschränkte oder allgemeine Mandantenschutzklauseln vor. **Beschränkte Mandantenschutzklauseln** (Abwerbungsverbote) verbieten es dem Angestellten lediglich, sich aktiv um Mandanten seines bisherigen AG zu bemühen, diese an sich zu ziehen und sie zu umwerben, wenn er sich selbständig macht. Diese Abwerbungsverbote sind entschädigungslos zulässig und werden bei ihrer Verletzung ggf. standesrechtlich geahndet.[73] **Allgemeine Mandantenschutzklauseln** verbieten es einem AN, nach Beendigung seines Arbeitsverhältnisses als Angestellter in einem anderen Arbeitsverhältnis oder als Selbständiger Mandanten seines früheren AG zu betreuen. Solche Klauseln sind wirksam; sie verstoßen nicht gegen die Berufsfreiheit.[74] Für allgemeine Mandantenschutzklauseln gelten aber die §§ 74 ff. HGB, weil sie die Erwerbstätigkeit des Angestellten in gleicher Weise wie ein Wettbewerbsverbot einschränken.[75] Mandantenschutzklauseln kommen vor allem bei steuerberatenden Berufen vor. Verstößt ein Steuerberater gegen eine Mandantenschutzklausel, so ist er seinem AG über die Wettbewerbsverstöße auskunftspflichtig. Er kann sich insoweit nicht auf die standesrechtliche Verschwiegenheitspflicht berufen.[76] Die arbeitsvertragliche Verpflichtung eines Steuerassistenten, im Falle des Ausscheidens für fünf Jahre 20% des Jahresumsatzes mit solchen Mandanten an den ehemaligen AG als Entschädigung abzuführen, die er von diesem übernommen hat, stellt als verdeckte Mandantenschutzklausel eine Umgehung von § 75d S. 2 HGB dar. Der ehemalige AG kann aus einer solchen Vereinbarung keine Ansprüche herleiten.[77] Bei Rechtsanwälten verstoßen Mandantenschutzklauseln nicht gegen § 3 BRAO.[78]

b) Vereinbarungszeitpunkt. Die Wettbewerbsvereinbarung kann bei Einstellung, im laufenden Arbeitsverhältnis, und zwar auch schon während der Probezeit,[79] oder nach seinem Ende abgeschlossen werden. Da der AN nach Beendigung des Arbeitsverhältnisses nicht mehr in einem persönlichen Abhängigkeitsverhältnis zum bisherigen AG steht, brauchen zu diesem Zeitpunkt die Schutzvorschriften der §§ 74 ff. HGB nicht mehr beachtet zu werden.[80] Dagegen bleiben die §§ 74 ff. HGB anwendbar, wenn das Wettbewerbsverbot im Zusammenhang mit der Beendigung des Arbeitsverhältnisses vereinbart wird.[81] Auch in diesem Fall steht der 24

---

70 Offengelassen von BAG 11.12.2013 AP Nr. 85 zu § 74 HGB = NZA 2014, 433 unter III. 2. b) aa)).

71 Vgl. BGH 16.11.1972 BGHZ 59, 387 = NJW 1973, 144.

72 LAG Brem 25.2.1994 LAGE § 74 HGB Nr. 9 = NZA 1994, 889.

73 BAG 16.7.1971 AP Nr. 25 zu § 611 BGB Konkurrenzklausel = NJW 1971, 2245; einschränkend *Bauer/Diller* Wettbewerbsverbote Rn. 111, die solche Klauseln – auch im Bereich der freien Berufe – an den §§ 74 ff. HGB messen.

74 BAG 27.9.1988 AP Nr. 35 zu § 611 BGB Konkurrenzklausel = NZA 1989, 467.

75 BAG 11.12.2013 NZA 2014, 433; 16.7.1971 AP Nr. 25 zu § 611 BGB Konkurrenzklausel = NJW 1971, 2245; 26.11.1971 AP Nr. 26 zu § 611 BGB Konkurrenzklausel = DB 1972, 537; 9.8.1974 AP Nr. 27 zu § 611 BGB Konkurrenzklausel = DB 1974, 2261.

76 BAG 27.9.1988 AP Nr. 35 zu § 611 BGB Konkurrenzklausel = NZA 1989, 467.

77 BAG 7.8.2002 AP Nr. 4 zu § 75d HGB = NZA 2002, 1282.

78 Str., näher hierzu *Bauer/Diller* Wettbewerbsverbote Rn. 362 f. mwN.

79 BAG 28.6.2006 AP Nr. 80 zu § 74 HGB = NZA 2006, 1157; 27.4.1982 AP Nr. 16 zu § 620 BGB Probearbeitsverhältnis = NJW 1983, 135; 2.8.1971 AP Nr. 25 zu § 615 BGB = DB 1971, 2217; 10.5.1971 AP Nr. 6 zu § 628 BGB = NJW 1971, 2092; 24.4.1970 AP Nr. 25 zu § 74 HGB = DB 1970, 1790; zu den Fällen, in denen das Arbeitsverhältnis nicht in Vollzug gesetzt wird, → Rn. 18.

80 BAG 3.5.1994 AP Nr. 65 zu § 74 HGB = NZA 1995, 72; 2.8.1968 AP Nr. 24 zu § 74 HGB = DB 1968, 1996; 8.3.1968 AP Nr. 23 zu § 74 HGB = DB 1968, 1717.

81 BAG 3.5.1994 AP Nr. 65 zu § 64 HGB = NZA 1995, 72; MüKoHGB/*v. Hoyningen-Huene* § 74 Rn. 22; Baumbach/Hopt/*Roth* HGB § 74 Rn. 5; anders noch RGZ 67, 333; 101, 278; abweichend BGH 5.12.1968 BGHZ 51, 185 = AP Nr. 2 zu § 90a HGB (für Handelsvertreter, offen gelassen für AN); aA *Bauer/Diller* Wettbewerbsverbote Rn. 77.

AN noch in einem Arbeitsverhältnis und seine Schutzbedürftigkeit besteht bis zur rechtlichen Beendigung des Arbeitsverhältnisses fort. Auch wenn er jetzt nicht mehr davor geschützt werden muss, im Interesse des Erhalts eines Arbeitsplatzes ungünstige Arbeitsbedingungen zu akzeptieren,[82] bleibt er doch schutzwürdig. Jetzt geht es nämlich um die Bedingungen des Aufhebungsvertrags. Zudem steht die Beendigung des Arbeitsverhältnisses während der Vertragsverhandlungen rechtlich noch nicht fest.

25 **c) Bedingtes Wettbewerbsverbot.** Von einem bedingten Wettbewerbsverbot wird gesprochen, wenn die Vereinbarung dem AG **entschädigungsfrei die Entscheidung vorbehält,** ob er das Wettbewerbsverbot in Anspruch nehmen will oder nicht.[83] Hierbei handelt es sich um eine sog. Potestativbedingung, die als aufschiebende oder auflösende Bedingung (Verzichtsklausel) vorkommt.[84] Die Geltung des Wettbewerbsverbots soll vom Willen des AG abhängen, um auf diese Weise sicherzustellen, dass die Pflicht zur Zahlung einer Karenzentschädigung erst mit der Verhinderung einer Konkurrenztätigkeit entstehen soll. Für den AN führt das zu einer erheblichen Rechtsunsicherheit: Während des Bestehens des Arbeitsverhältnisses weiß er nicht, ob er sich auf ein Wettbewerbsverbot einrichten muss oder nicht. Der AG dagegen kann abwarten, ob er das Wettbewerbsverbot in Anspruch nimmt, bis er weiß, ob der AN in eine Wettbewerbsbeschäftigung geht oder nicht. Die Wirkungen eines bedingten Wettbewerbsverbots können auch dadurch erzeugt werden, dass die Karenzentschädigung nur bedingt zugesagt wird, oder die Wettbewerbstätigkeit von der Zustimmung des AG abhängig gemacht wird,[85] dem AG vorbehalten wird, den örtlichen Bereich des Wettbewerbsverbots zu bestimmen[86] oder das Wettbewerbsverbot auf die Fälle der Eigenkündigung des AN beschränkt wird.[87] Die gleiche Wirkung haben sog. **Freigabeklauseln** oder **Verzichtsklauseln.**[88] Dagegen liegt kein bedingtes Wettbewerbsverbot vor, wenn der AG sich – bei Fortzahlung der Karenzentschädigung – im Einzelfall vorbehält, die Zustimmung zur Betreuung von Mandanten zu erteilen.[89]

26 Die **Rechtsfolgen eines bedingten Wettbewerbsverbots** hat das BAG im Laufe der Zeit unterschiedlich beurteilt (zu den Einzelheiten s. die 13. Aufl. § 58 Rn. 50). Nach der neueren Rechtsprechung sind bedingte Wettbewerbsverbote für den AN **unverbindlich.** Ihm steht damit ein **Wahlrecht** zu. Er darf Wettbewerb betreiben. Will der AN dagegen eine Karenzentschädigung beanspruchen, muss er zu Beginn des Verbotszeitraums mitteilen, dass er die Unterlassungspflicht erfüllen will. Hierdurch werden dann die nachvertraglichen Wirkungen des Wettbewerbsverbots erzeugt.[90] Bei einem anhängigen Rechtsstreit über die Beendigung des Arbeitsverhältnisses genügt es, wenn der AN vorläufig Wettbewerb unterlässt und sein Wahlrecht endgültig nach Feststehen der Beendigung trifft.[91] Einer ausdrücklichen Erklärung bedarf es für die Ausübung des Wahlrechts nicht. Es reicht aus, wenn der AN sich zu Beginn der Karenzzeit endgültig für das Wettbewerbsverbot entscheidet und seiner Unterlassungsverpflichtung nachkommt.[92] Umgekehrt kann die Ausübung des Wahlrechts auch konkludent dadurch erfolgen, dass der AN eine Konkurrenztätigkeit aufnimmt.[93] Die Entscheidung des AN muss endgültig sein und den gesamten Karenzzeitraum erfassen.[94] Der AN kann die Ausübung seines Wahlrechts

---

[82] Hierauf stellen *Bauer/Diller* Wettbewerbsverbote Rn. 77 ab.

[83] BAG 27.6.1973 AP Nr. 32 zu § 74 HGB; 10.8.1973 AP Nr. 33 zu § 74 HGB; 19.1.1978 AP Nr. 36 zu § 74 HGB = NJW 1978, 1023; 5.10.1982 AP Nr. 42 zu § 74 HGB = NJW 1983, 2896; *Bauer/Diller* Wettbewerbsverbote Rn. 484 ff.; *dies.* DB 1997, 94 ff.; MüKoHGB/*v. Hoyningen-Huene* § 74 Rn. 54.

[84] Vgl. BAG 13.5.1986 AP Nr. 51 zu § 74 HGB = NZA 1986, 828.

[85] BAG 4.6.1985 AP Nr. 50 zu § 74 HGB = NZA 1986, 640.

[86] BAG 5.9.1995 AP Nr. 67 zu § 74 HGB = NZA 1996, 700.

[87] BAG 10.12.1985 AP Nr. 31 zu § 611 BGB Konkurrenzklausel = DB 1986, 1829; 14.7.1981 AP Nr. 8 zu § 75 HGB = NJW 1982, 1549.

[88] Vgl. hierzu im Einzelnen *Bauer/Diller* Wettbewerbsverbote Rn. 501 ff.

[89] BAG 27.9.1988 AP Nr. 35 zu § 611 BGB Konkurrenzklausel = NZA 1989, 467; vgl. auch BAG 5.9.1995 AP Nr. 67 zu § 74 HGB = NZA 1996, 700.

[90] BAG 22.5.1990 AP Nr. 60 zu § 74 HGB = NZA 1991, 263; 13.5.1986 AP Nr. 51 zu § 74 HGB = NZA 1986, 828; 14.7.1981 AP Nr. 38 zu § 74 HGB = NJW 1982, 903; 24.4.1980 AP Nr. 37 zu § 74 HGB = NJW 1980, 2429; 19.1.1978 AP Nr. 36 zu § 74 HGB = NJW 1978, 1023; zu einem Vorvertrag: BAG 14.7.2010 AP Nr. 84 zu § 74 HGB = NZA 2011, 413.

[91] BAG 16.12.1986 AP Nr. 53 zu § 74 HGB = NZA 1987, 592.

[92] BAG 22.5.1990 AP Nr. 60 zu § 74 HGB = NZA 1991, 263; anders noch BAG 13.5.1986 AP Nr. 51 zu § 74 HGB = NZA 1986, 828.

[93] LAG Hamm 21.1.1981 DB 1981, 1243.

[94] BAG 22.3.2017 AP Nr. 88 zu § 74 HGB = NZA 2017, 845; 22.5.1990 AP Nr. 60 zu § 74 HGB = NZA 1991, 263; *Lembke* BB 2020, 52 (54); zu einem Vorvertrag: BAG 14.7.2010 AP Nr. 84 zu § 74 HGB = NZA 2011, 413.

bis zur gerichtlichen Entscheidung über die Wirksamkeit des Wettbewerbsverbots hinausschieben, wenn die vorübergehende Einhaltung unter Berücksichtigung der Interessen des AG sinnvoll ist.[95] Der AG kann das Wahlrecht nicht etwa dadurch einschränken, dass er schon während des Arbeitsverhältnisses eine (unzureichende) Karenzentschädigung vorschussweise gewährt. Diese kann er auch nicht später zurückfordern, wenn der AN nach Beendigung des Arbeitsverhältnisses Wettbewerb betreibt.[96] Der AN ist **an die Ausübung des Wahlrechts gebunden,** er kann nicht etwa Wettbewerb betreiben, wenn der AG mit der Zahlung der Karenzentschädigung in Verzug gerät.[97] Der AG kann nur unter den Voraussetzungen von **§ 75a HGB** auf das Wettbewerbsverbot verzichten (hierzu → Rn. 96).

Diese Grundsätze gelten aber nicht für Vereinbarungen, bei denen die Geltung des nachvertraglichen Wettbewerbsverbotes nicht allein von dem Willen des AG abhängt, sondern von dem **Eintritt einer objektiven Bedingung.** Die Arbeitsvertragsparteien können beispielsweise vereinbaren, dass ein Wettbewerbsverbot dann gelten soll, wenn der AN in eine bestimmte Position befördert wird oder wenn bestimmte technische Verfahren eingeführt werden.[98] Voraussetzung für die Wirksamkeit einer solchen Vereinbarung ist aber, dass der Eintritt der Bedingung einen hinreichenden Bezug zum Wettbewerbsverbot aufweist, dh er muss das berechtigte Interesse (→ Rn. 62) für die Wettbewerbsbeschränkung begründen. Einem etwaigen Rechtsmissbrauch durch den AG steht darüber hinaus die Regelung des § 162 BGB entgegen, etwa bei einer kurzfristigen Übertragung einer bestimmten Tätigkeit allein mit dem Ziel, das Wettbewerbsverbot in Kraft zu setzen. Unter denselben Voraussetzungen ist auch ein auflösend bedingtes Wettbewerbsverbot denkbar.[99] 27

Ferner kann die Geltung des Wettbewerbsverbotes ausgeschlossen werden für den Fall, dass der AN in den **Ruhestand** tritt.[100] Der Wegfall des Wettbewerbsverbotes darf dabei allerdings nicht auf einer bloßen Einstellung der Tätigkeit beruhen, die ja durch das Wettbewerbsverbot bedingt sein kann, sondern muss objektiv mit dem Alter und der Möglichkeit des Bezuges von Altersversorgungsleistungen zusammenhängen.[101] Wirksam sind Vereinbarungen, wonach ein Wettbewerbsverbot nicht gilt, wenn dem AN eine **Erwerbsminderungsrente** zuerkannt wird.[102] 28

d) Vorvertrag. Vielfach wird der AG bei Abschluss des Arbeitsvertrags noch nicht daran interessiert sein, eine Konkurrenzklausel zu vereinbaren, da er nicht weiß, ob sich der AN, zB während der Probezeit bewährt oder auch später den Erwartungen genügt. Es ist zulässig, ein Wettbewerbsverbot dergestalt abzuschließen, dass es erst in Kraft treten soll, wenn ein **Arbeitsverhältnis über einen bestimmten Zeitpunkt** hinaus bestanden hat.[103] Gleichfalls ist ein Vorvertrag zulässig, nach dem sich der AN ohne zeitliche Beschränkung verpflichtet, später ein Wettbewerbsverbot zu vereinbaren.[104] Der Vorvertrag ist jedoch dann gem. § 74a I 1 HGB unverbindlich, wenn er dazu dienen soll, die Verpflichtung des AG zur Zahlung einer Karenzentschädigung zu umgehen, zB wenn der AG auch noch **nach Kündigung** des Arbeitsverhältnisses verlangen kann, eine Konkurrenzklausel abzuschließen.[105] In diesen Fällen gerät der AN in ein Dilemma: Nimmt er eine Konkurrenztätigkeit auf, so kann der AG den Abschluss der Konkurrenzklausel verlangen; geht er in eine konkurrenzfreie Beschäftigung, so kann der AG auf die Konkurrenzklausel verzichten. Ein Vorvertrag ohne eine feste zeitliche Begrenzung der Verpflichtung ist ebenso zu behandeln wie ein unzulässig bedingtes Wettbewerbsverbot (hierzu → Rn. 26). Voraussetzung für den Anspruch auf eine Karenzentschädigung ist allerdings eine rechtzeitige Erklärung des AN, in welcher Weise er sein Wahlrecht ausüben will. Er kann damit aber jedenfalls bis zum Ablauf der Kündigungsfrist warten und hat im Anschluss hieran noch 29

[95] BAG 24.4.1980 AP Nr. 37 zu § 74 HGB = NJW 1980, 2429.
[96] BAG 14.7.1981 AP Nr. 38 zu § 74 HGB = NJW 1982, 903.
[97] BAG 5.10.1982 AP Nr. 42 zu § 74 HGB = NJW 1983, 2896.
[98] *Laskawy* NZA 2012, 1011 (1015); *Bauer/Diller* Wettbewerbsverbote Rn. 515.
[99] *Bauer/Diller* Wettbewerbsverbote Rn. 516.
[100] Hiervon geht das BAG wohl grundsätzlich aus, vgl. BAG 30.10.1984 AP Nr. 46 zu § 74 HGB = NZA 1985, 429.
[101] So zu Recht *Bauer/Diller* Wettbewerbsverbote Rn. 509.
[102] *Bauer/Diller* Wettbewerbsverbote Rn. 521 unter Hinweis auf LAG Nds 15.9.2011 AE 2012, 13 = ArbRAktuell 2011, 620.
[103] BAG 13.7.2005 AP Nr. 78 zu § 74 HGB (aufschiebende Bedingung).
[104] BAG 19.12.2018 AP Nr. 90 zu § 74 HGB = NZA 2019, 383; 14.7.2010 AP Nr. 84 zu § 74 HGB = NZA 2011, 413; *Bauer/Diller* Wettbewerbsverbote Rn. 488 ff.
[105] *Laskawy* NZA 2012, 1011 (1016); vgl. BAG 19.12.2018 AP Nr. 90 zu § 74 HGB mablAnm *Fehrenbach* = NZA 2019, 383.

eine angemessene Überlegungsfrist, die zumindest bis zur Fälligkeit der ersten Rate der Karenzentschädigung andauert.[106] Für den Vorvertrag auf Abschluss eines nachvertraglichen Wettbewerbsverbotes gilt die **Formvorschrift des § 74 I HGB** (Schriftform und Aushändigung der Urkunde, → Rn. 36 ff.).[107] Wenn nämlich Formschriften zumindest auch dem Schutz vor Übereilung dienen (→ Rn. 36), muss schon ein Vorvertrag den für das Hauptgeschäft geltenden Formvorschriften genügen.[108]

30 **e) Gegenseitiger Vertrag.** Bei der Wettbewerbsvereinbarung handelt es sich um einen gegenseitigen Vertrag, durch den der AN sich zur Unterlassung von Wettbewerb verpflichtet und der AG zur Zahlung einer Karenzentschädigung. Daher sind die Vorschriften der **§§ 320 ff. BGB** anzuwenden.[109] Durchbrochen wird das System der Gegenseitigkeit dadurch, dass die von dem AG zu zahlende Karenzentschädigung gem. § 74c I 1 HGB in ihrer Höhe davon abhängt, wie viel der AN in einem Folgearbeitsverhältnis verdient. Der Anspruch auf Karenzentschädigung entsteht allein dadurch, dass der AN Wettbewerb unterlässt. Der AN kann daher auch dann seine Leistung erbringen, wenn eine Wettbewerbsmöglichkeit für ihn nicht besteht. Der AG bleibt zur Zahlung der Karenzentschädigung verpflichtet, falls der AN wegen seines Gesundheitszustandes,[110] Aufgabe weiterer Berufstätigkeit aus Alters- oder Gesundheitsgründen,[111] Eintritt in den Ruhestand[112] oder aus sonstigen Gründen (zB Eintritt in die Bundeswehr als Berufssoldat, Durchführung einer zusätzlichen Ausbildung, Studium[113]) gar nicht in der Lage ist, Wettbewerb zu treiben. Eine Ausnahme gilt nur in dem in **§ 74c I 3 HGB** geregelten Fall, wonach der Anspruch auf die Karenzentschädigung für die Dauer der Verbüßung einer **Freiheitsstrafe** ruht. Mit Ende der Verbüßung leben die Rechte und Pflichten aus der Wettbewerbsabrede wieder auf.[114] Nach dem unmissverständlichen Gesetzeswortlaut wird der Fall einer Untersuchungshaft nicht erfasst.

31 Nach den Grundsätzen des gegenseitigen Vertrags kann der AG bei einer Verletzung des Wettbewerbsverbots die Einrede des nicht erfüllten Vertrags erheben (§ 320 BGB). Für die Dauer des Wettbewerbsverstoßes liegt zudem eine Unmöglichkeit vor, weil der AN die Pflicht zur Wettbewerbsenthaltung für die Vergangenheit nicht nachholen kann.[115] Der AN kann dann **keine Karenzentschädigung** verlangen. Darlegungs- und beweispflichtig für den Verstoß ist der AG, weil es sich um eine anspruchsvernichtende Einwendung handelt. Seine Darlegungslast kann allerdings nur insoweit bestehen, als er Kenntnis von Wettbewerbshandlungen erlangt hat. Dann ist es im Rahmen der abgestuften Darlegungs- und Beweislast Obliegenheit des (sachnäheren) AN, für den ohnehin eine Auskunftsverpflichtung besteht (→ Rn. 74, 88), sich zu dem Vorbringen des AG konkret zu erklären.[116] Allein der bloße Verdacht eines Wettbewerbsverstoßes berechtigt den AG nicht zur Zahlungsverweigerung.[117] Kehrt der AN wieder zur Vertragstreue zurück, erwächst erneut ein Anspruch auf Karenzentschädigung. Der AG kann aber Schadensersatz wegen Nichterfüllung verlangen oder vom Vertrag zurücktreten (§§ 323, 325 BGB).[118] Insoweit bedarf es nicht gem. § 314 BGB eines wichtigen Grundes.[119] Der Rücktritt des AG bewirkt eine Befreiung von

---

[106] BAG 14.7.2010 AP Nr. 84 zu § 74 HGB = NZA 2011, 413.
[107] BAG 14.7.2010 AP Nr. 84 zu § 74 HGB = NZA 2011, 413; *Laskawy* NZA 2012, 1011 (1016).
[108] BAG 19.12.2018 AP Nr. 90 zu § 74 HGB = NZA 2019, 383; 7.6.1973 BGHZ 61, 48 = WM 1973, 1174; vgl. auch BGH 21.9.1987 NJW-RR 1988, 288 (für § 2 GmbHG).
[109] BAG 31.1.2018 AP Nr. 89 zu § 74 HGB = NZA 2018, 578; 7.7.2015 AP Nr. 87 zu § 74 HGB = NZA 2015, 1253; 23.11.2004 AP Nr. 75 zu § 74 HGB = NZA 2005, 411.
[110] BAG 23.11.2004 AP Nr. 75 zu § 74 HGB = NZA 2005, 411; LAG Köln 17.3.2011 NZA-RR 2011, 513; *Gromann* NZA-RR 2011, 514 (515).
[111] BAG 18.10.1976 AP Nr. 1 zu § 74b HGB = NJW 1977, 775.
[112] BAG 30.10.1984 AP Nr. 46 zu § 74 HGB = NZA 1985, 429 (bei gleichzeitigem Bezug einer Betriebsrente); 26.9.1985 AP Nr. 30 zu § 611 BGB Konkurrenzklausel = NZA 1985, 809 (zur Anrechnung der Karenzentschädigung auf die Betriebsrente); 3.7.1990 AP Nr. 61 zu § 74 HGB = NZA 1991, 308.
[113] BAG 13.2.1996 AP Nr. 18 zu § 74c HGB = NZA 1996, 1039; 9.8.1974 AP Nr. 5 zu § 74c HGB = DB 1974, 2262; 8.2.1974 AP Nr. 4 zu § 74c HGB; aA LAG Frankfurt 28.2.1994 NZA 1995, 632 = LAGE § 74 HGB Nr. 10; zur Zulässigkeit abweichender Vereinbarungen → Rn. 28.
[114] MüKoHGB/*v. Hoyningen-Huene* § 74c Rn. 25.
[115] BAG 10.9.1985 AP Nr. 49 zu § 74 HGB = NZA 1986, 134; 19.1.1956 AP Nr. 1 zu § 75a HGB; LAG BW 14.1.2014 – 15 Sa 24/13; Baumbach/Hopt/*Roth* HGB § 74 Rn. 13; MüKoHGB/*v. Hoyningen-Huene* § 74 Rn. 60.
[116] LAG BW 14.1.2014 – 15 Sa 24/13.
[117] LAG BW 14.1.2014 – 15 Sa 24/13.
[118] BAG 31.1.2018 AP Nr. 89 zu § 74 HGB = NZA 2018, 578; 10.9.1985 AP Nr. 49 zu § 74 HGB = NZA 1986, 134.
[119] BAG 31.1.2018 AP Nr. 89 zu § 74 HGB = NZA 2018, 578; offengelassen hat das BAG die Frage, ob neben einem Rücktritt gleichrangig eine außerordentliche Kündigung nach § 314 BGB in Betracht kommt.

der Leistungspflicht nur für die Zukunft.[120] Hat der AG in Unkenntnis der Wettbewerbstätigkeit Karenzentschädigung gezahlt, so kann er diese nach Maßgabe von §§ 346–348 BGB zurückverlangen (§ 326 IV BGB).[121]

Gerät der AG mit der Zahlung der Karenzentschädigung in **Verzug,** so erlangt der AN ebenfalls die Einrede des nicht erfüllten Vertrags (§ 320 BGB). Diese gewährt aber ohne wirksame Ausübung des Rücktritts- oder Kündigungsrechts nicht das Recht, während des Verzuges Wettbewerb zu treiben.[122] 32

f) Unwirksamkeit von Arbeitsvertrag oder Wettbewerbsverbot. Ist die im Arbeitsvertrag enthaltene Wettbewerbsabrede rechtsunwirksam, führt das nicht zur Unwirksamkeit des gesamten Arbeitsvertrags; vielmehr ist gem. **§ 139 BGB** regelmäßig anzunehmen, dass der Arbeitsvertrag auch ohne die Wettbewerbsabrede zustande gekommen wäre.[123] Das gilt erst recht, wenn Wettbewerbsverbot und Arbeitsvertrag in gesonderten Vertragsurkunden geregelt sind. Umgekehrt ist bei einem unwirksamen Arbeitsvertrag auch von einer Unwirksamkeit der Wettbewerbsabrede auszugehen. Jedenfalls dann, wenn der Arbeitsvertrag tatsächlich nicht in Vollzug gesetzt wurde, bestand für den AN keine Möglichkeit, Kenntnisse und Fähigkeiten zu erwerben, mit denen er bei Konkurrenten eine Gefahr für den AG darstellen könnte. Anders ist die Situation dann, wenn das Arbeitsverhältnis bereits tatsächlich durchgeführt wurde. Dann ist für diesen Zeitraum nach den Grundsätzen über das **fehlerhafte Arbeitsverhältnis** von dem Bestehen arbeitsrechtlicher Rechte und Pflichten auszugehen (hierzu → § 34 Rn. 51). Konsequenterweise muss in diesen Fällen grundsätzlich auch ein nachvertragliches Wettbewerbsverbot bestehen bleiben.[124] Ausnahmen dürften allerdings dann gelten, wenn das Arbeitsverhältnis nur für einen so kurzen Zeitraum in Vollzug gesetzt wurde, dass von einem nennenswerten Erwerb von Kenntnissen und Fähigkeiten des AN keine Rede sein kann. Teilweise wird die Geltung eines Wettbewerbsverbots auch dann verneint, wenn der Arbeitsvertrag wegen Geschäftsunfähigkeit nichtig ist.[125] Der Schutz des geschäftsunfähigen AN dürfte es aber nicht rechtfertigen, ihm eine uneingeschränkte Konkurrenztätigkeit zu erlauben. Umgekehrt rechtfertigt der Schutz des geschäftsunfähigen AG es nicht, dem AN, der auf die Wirksamkeit des Vertrags vertraut hat, Ansprüche auf Karenzentschädigung zu nehmen. Allerdings kann es in Einzelfällen möglicherweise einer Partei, in deren Sphäre die Ursache der Unwirksamkeit des Vertrags liegt (zB bei einer Täuschung des anderen Vertragsteils), nach § 242 BGB verwehrt sein, sich auf das Wettbewerbsverbot zu berufen.[126] Denn nach allgemeiner Ansicht kann eine Partei sich nicht auf eine Berechtigung zu berufen, die sie durch gesetzes-, sitten- oder vertragswidriges Verhalten erworben hat.[127] 33

g) Tarifvertrag. Theoretisch dürfte die Regelung eines nachvertraglichen Wettbewerbsverbots in einem Tarifvertrag zulässig sein.[128] Ob ein in einem Tarifvertrag enthaltenes Wettbewerbsverbot für allgemeinverbindlich erklärt werden kann, ist allerdings zweifelhaft.[129] In der Praxis gibt es aber lediglich ganz vereinzelt Tarifregelungen, die außerdem ausschließlich die Ausgestaltung vertraglich vereinbarter Wettbewerbsverbote regeln.[130] Tarifverträge dürfen dabei aber nicht zum Nachteil der AN von den Wettbewerbsregelungen des HGB abweichen. Nach § 1 TVG können die Tarifvertragsparteien zwar Rechtsnormen setzen, eine Befugnis zum Abweichen von zwingenden Normen zum Schutz der AN folgt daraus aber nicht. Vielmehr muss sich diese aus einer entsprechenden gesetzlichen Tariföffnungsklausel (wie zB § 13 I BUrlG, § 4 IV EFZG) ergeben.[131] 34

---

120 BAG 31.1.2018 AP Nr. 89 zu § 74 HGB mkritAnm *Weber* = NZA 2018, 578.
121 Zum früheren Recht: BAG 2.8.1968 AP Nr. 24 zu § 74 HGB = DB 1968, 2041.
122 BAG 5.10.1982 AP Nr. 42 zu § 74 HGB = NJW 1983, 2896.
123 MüKoHGB/*v. Hoyningen-Huene* § 74 Rn. 16.
124 LAG München 19.12.2007 LAGE § 74 HGB Nr. 22; 3.12.2008 FA 2009, 107; MüKoHGB/*v. Hoyningen-Huene* § 74 Rn. 18.
125 *Bauer/Diller* Wettbewerbsverbote Rn. 56.
126 Nach Ansicht des LAG München soll dagegen § 75 I HGB analog anzuwenden sein: LAG München 19.12.2007 LAGE § 74 HGB Nr. 22; 3.12.2008 FA 2009, 107: so auch *Bauer/Diller* Wettbewerbsverbote Rn. 653; offengelassen von BAG 15.1.2014 NZA 2014, 536.
127 Palandt/*Grüneberg* BGB § 242 Rn. 43 mwN.
128 MüKoHGB/*v. Hoyningen-Huene* § 74 Rn. 19.
129 Hierzu *Herschel* DB 1978, 1017.
130 *Bauer/Diller* Wettbewerbsverbote Rn. 16 mwN.
131 *Bauer/Diller* Wettbewerbsverbote Rn. 17; weitergehend MüKoHGB/*v. Hoyningen-Huene* § 74 Rn. 19; anders allerdings noch BAG 12.11.1971 AP Nr. 28 zu § 74 HGB = BB 1973, 474; diese Rspr. dürfte aber in Anbetracht der späteren Rspr. des BAG zu anderen Vorschriften kaum aufrecht zu erhalten sein: vgl. BAG 7.11.1984 AP Nr. 38 zu § 63 HGB = NZA 1985, 257.

35 **h) Betriebsvereinbarung.** Die Einführung und Ausgestaltung von Wettbewerbsverboten durch Betriebsvereinbarung dürfte nicht ausgeschlossen sein,[132] spielt in der Praxis aber keine Rolle.[133] Wenn in Tarifverträgen keine Abweichung zuungunsten der AN von der gesetzlichen Regelung zulässig ist (→ Rn. 34), muss das erst recht für Betriebsvereinbarungen gelten.[134]

36 **2. Form. a) Schriftform.** Nach § 74 I HGB bedarf das Wettbewerbsverbot der Schriftform; dh die Vereinbarung muss von beiden Parteien auf derselben Urkunde (§ 126 II 1 BGB) oder bei Aufnahme mehrerer Urkunden von jeder Partei auf der für die Gegenseite bestimmten Urkunde unterzeichnet werden (§ 126 II 2 BGB). Das gilt auch für einen Vorvertrag (→ Rn. 29). Dem Formzwang kommt neben der Klarstellungs- und Beweisfunktion in erster Linie eine **Warnfunktion** zu. Der AN soll vor übereilten Entschlüssen im Hinblick auf sein berufliches Fortkommen bewahrt werden.[135] Außerdem sollen Streitigkeiten darüber vermieden werden, ob und mit welchem Inhalt eine Wettbewerbsvereinbarung geschlossen wurde.[136] Das Schriftformverbot verlangt allerdings nicht, dass die Karenzentschädigung im Vertrag in der Höhe festgelegt ist. Vielmehr reicht es aus, wenn sich der wesentliche Inhalt des der Schriftform unterliegenden Rechtsgeschäfts aus der Urkunde ergibt.[137] Unzureichend ist die Übersendung eines **Bestätigungsschreibens** oder die Überreichung einer Anlage zum Arbeitsvertrag. Die Bezugnahme in einem von beiden Parteien unterzeichneten Arbeitsvertrag auf eine in einer besonderen Urkunde enthaltene Wettbewerbsvereinbarung reicht nur aus, wenn das Wettbewerbsverbot selbst den Formerfordernissen genügt oder nach den Grundsätzen der Gesamturkunde die Wettbewerbsklausel fest mit dem unterschriebenen Arbeitsvertrag verbunden ist.[138] Dabei verlangt eine Gesamturkunde keine feste körperliche Verbindung, die nur durch teilweise Substanzzerstörung oder mit Gewalt wieder gelöst werden kann. Die Zusammengehörigkeit einer aus mehreren Blättern bestehenden Urkunde kann vielmehr auch sonst in geeigneter Weise erkennbar gemacht werden. Es ist nicht stets eine körperliche Verbindung notwendig; die Einheit der Urkunde kann sich bereits aus anderen eindeutigen Merkmalen, etwa durch Nummerieren der Blätter, Bezugnahme oder dem Sinnzusammenhang eines fortlaufenden Textes ergeben. Ausreichend ist es, wenn die Einheit der Urkunde und der in Bezug genommenen Anlage aus den Unterschriften oder auch nur Paraphen der Vertragspartner auf jedem Blatt der Anlage zweifelsfrei ersichtlich ist.[139]

37 Nach § 2 III 1 NachwG entspricht die elektronische Form nach § 126a BGB nicht den Anforderungen des NachwG, weil das Wettbewerbsverbot zu den wesentlichen Arbeitsbedingungen iSv § 2 I NachwG gehört (zu den Rechtsfolgen eines Verstoßes gegen das NachwG → § 32 Rn. 40 ff.).

38 Wird die Schriftform verletzt, ist die Wettbewerbsabrede gem. § 125 S. 1 BGB **nichtig** (zur Auswirkung auf den Arbeitsvertrag → Rn. 33). Ein Wahlrecht für den AN wie bei einem unverbindlichen Wettbewerbsverbot besteht nicht. Nur in Ausnahmefällen kann der Berufung auf Verletzung der Formvorschriften mit der Einrede der Arglist begegnet werden.[140] Insoweit gelten die allgemeinen Grundsätze:[141] Treuwidrig ist die Berufung auf einen Formmangel dann, wenn sie mit Rücksicht auf das frühere Verhalten des die Nichtigkeit geltend machenden Vertragsteils gegen die guten Sitten oder gegen Treu und Glauben verstößt. Dies ist insbesondere dann anzunehmen, wenn eine Partei die Nichtigkeit bereits bei Vertragsschluss erkannt hat und den Vertragspartner im Glauben an die Gültigkeit gelassen hat.[142]

39 **b) Aushändigung der Urkunde.** Die das Wettbewerbsverbot enthaltende Urkunde ist dem AN **auszuhändigen,** damit dieser sich jederzeit über seine Verpflichtung orientieren kann. Erst

[132] Vgl. LAG Hamm 2.4.1965 BB 1965, 988.
[133] *Bauer/Diller* Wettbewerbsverbote Rn. 22.
[134] *Bauer/Diller* Wettbewerbsverbote Rn. 22; MüKoHGB/*v. Hoyningen-Huene* § 74 Rn. 19.
[135] BAG 19.12.2018 NZA 2019, 383; 15.1.2014 AP Nr. 86 zu § 74 HGB = NZA 2014, 536; 14.7.2010 AP Nr. 84 zu § 74 HGB = NZA 2011, 413.
[136] BAG 24.10.1972 AP Nr. 31 zu § 74 HGB = NJW 1973, 822; 14.7.2010 AP Nr. 84 zu § 74 HGB = NZA 2011, 413.
[137] BAG 15.1.2014 AP Nr. 86 zu § 74 HGB = NZA 2014, 536; 14.7.2010 AP Nr. 84 zu § 74 HGB = NZA 2011, 413.
[138] BAG 30.10.1984 AP Nr. 46 zu § 74 HGB = NZA 1985, 429.
[139] BAG 14.7.2010 AP Nr. 84 zu § 74 HGB = NZA 2011, 413, unter Verweis auf die Rspr. des BGH, insbes. BGH 24.9.1997 BGHZ 136, 357 = NJW 1998, 58; 21.1.1999 NJW 1999, 1104.
[140] BAG 26.9.1957 AP Nr. 2 zu § 74 HGB.
[141] S. hierzu Palandt/*Ellenberger* BGB § 125 Rn. 22 ff. mwN.
[142] *Bauer/Diller* Wettbewerbsverbote Rn. 214; weitergehend MüKoHGB/*v. Hoyningen-Huene* § 74 Rn. 40 (keine Berufung auf selbstverschuldeten Formmangel).

mit der Aushändigung wird das Wettbewerbsverbot verbindlich. Zureichend ist die Aushändigung einer gerichtlichen oder notariellen Ausfertigung (§ 47 BeurkG), unzureichend die einer beglaubigten Abschrift. Beweispflichtig für die Übergabe der Urkunde ist der AG.[143]

Welcher **Zeitraum** zwischen dem Abschluss des Wettbewerbsverbots und der Aushändigung der Vertragsurkunde liegen darf, ist in der Lit. umstritten. Teilweise wird eine unverzügliche Aushändigung (iSv § 121 I 1 BGB) verlangt,[144] überwiegend wird Übergabe innerhalb einer angemessenen Frist gefordert.[145] Dieser hM ist zuzustimmen, weil das Gesetz an keiner Stelle eine unverzügliche Aushändigung voraussetzt. Die Bestimmungen der §§ 145 ff. BGB sind deshalb nicht einschlägig, weil es nicht um die Abgabe der Willenserklärung geht. Wird die Aushändigung unangemessen verzögert, so kann der AN deren Annahme verweigern. Nimmt er sie an, so wird der Mangel geheilt. Verweigert der AN die ihm rechtzeitig angediente Urkunde, so muss er sich nach § 162 BGB so behandeln lassen, als ob sie rechtzeitig ausgehändigt worden wäre.[146] 40

Die unterbliebene Aushändigung der Urkunde macht das nachvertragliche Wettbewerbsverbot allerdings nicht nichtig, weil es sich insoweit nicht um ein Formerfordernis sondern um eine Dokumentationsregelung handelt. Vielmehr hat der AN (sofern die Schriftform eingehalten ist) ein Wahlrecht, ob er das Wettbewerbsverbot einhalten will oder nicht.[147] 41

3. Inhalt. In die Vertragsurkunde, die mit dem Arbeitsvertrag verbunden sein kann, sind **sämtliche Abreden** aufzunehmen. Ist keine Entschädigungspflicht vereinbart, ist das Verbot nichtig; ist sie in zu geringer Höhe vereinbart, so ist es unverbindlich. Bei einer mündlich vereinbarten Karenzentschädigung ist ebenfalls gem. § 125 BGB Nichtigkeit anzunehmen.[148] Die generelle Bezugnahme auf die gesetzlichen Bestimmungen der §§ 74 ff. HGB ist im Zweifel dahin auszulegen, dass die Parteien eine Karenzentschädigung in gesetzlicher Höhe vereinbaren wollten (→ Rn. 57). 42

4. Unternehmensmehrheit. Wettbewerbsverbote können auch in der Weise vereinbart werden, dass sie sich nicht nur auf Konkurrenten des AG sondern auch auf Konkurrenten anderer mit dem AG **verbundener Unternehmen** erstrecken. Wegen der damit einhergehenden weitergehenden beruflichen Einschränkung für den AN bedarf es hierfür allerdings eines entsprechenden berechtigten geschäftlichen Interesses gem. § 74a I 1 HGB an dieser Erstreckung.[149] Unter diesen Voraussetzungen ist auch die Vereinbarung eines **konzernbezogenen Wettbewerbsverbots** (auch als konzerndimensionaler Wettbewerbsschutz bezeichnet[150]) möglich.[151] Ein solches berechtigtes Interesse wird man annehmen können, wenn der AN – insbes. im Rahmen sog. Matrixstrukturen – für mehrere Konzernunternehmen tätig wird oder Funktionen ausübt, die sich auf den gesamten Konzern erstrecken. Ob in diesen Fällen allerdings auch ohne ausdrückliche Vertragsregelung ein **konkludent** vereinbartes konzernweites Wettbewerbsverbot angenommen werden kann, ist fraglich.[152] 43

5. Betriebsnachfolge. Geht ein Betrieb im Wege der **Universalsukzession** (→ § 116 Rn. 1 ff.) auf einen Folgearbeitgeber über, so tritt dieser in die Rechte und Pflichten aus dem Arbeitsverhältnis und damit auch in das Wettbewerbsverbot ein. Ein Eintritt erfolgt auch in das nach Beendigung des Arbeitsverhältnisses allein noch bestehende Wettbewerbsverbot. 44

Geht ein Betrieb oder Betriebsteil im Rahmen eines **Betriebsübergangs** durch Rechtsgeschäft auf einen anderen Inhaber über, so tritt dieser in die Rechte und Pflichten aus den im Zeitpunkt des Überganges bestehenden Arbeitsverhältnissen ein (§ 613a I BGB). Da ein Wettbewerbsverbot bereits während des Bestandes eines Arbeitsverhältnisses Wirkungen entfaltet, gehen 45

[143] MüKoHGB/*v. Hoyningen-Huene* § 74 Rn. 39.
[144] *Bauer/Diller* Wettbewerbsverbote Rn. 210.
[145] MüKoHGB/*v. Hoyningen-Huene* § 74 Rn. 38 mwN; Baumbach/Hopt/*Roth* HGB § 74 Rn. 18.
[146] Baumbach/Hopt/*Roth* HGB § 74 Rn. 18.
[147] BAG 23.11.2004 AP Nr. 75 zu § 74 HGB = NZA 2005, 411.
[148] So zutreffend *Bauer/Diller* Wettbewerbsverbote Rn. 213 mwN; die noch in der Vorauflage vertretene Auffassung (dort Rn. 40), es liege eine bloße Unverbindlichkeit vor, wird nicht aufrechterhalten.
[149] *Bauer/Diller* Wettbewerbsverbote Rn. 260.
[150] *Martens* FS Herschel, 1982, 237.
[151] *Bauer/Diller* Wettbewerbsverbote Rn. 262.
[152] So *Bauer/Diller* Wettbewerbsverbote Rn. 261; vgl. auch LAG Bln 17.4.1998 LAGE § 74a HGB Nr. 2; anders wohl BAG 24.6.1966 AP Nr. 2 zu § 74a HGB = DB 1966, 1360, einschränkend auch LAG Hamm 8.2.2001 LAGE § 74 HGB Nr. 17.

die Rechte und Pflichten aus ihm nach § 613a BGB auf den Betriebsnachfolger über.[153] Das Wettbewerbsverbot gegenüber dem bisherigen AG erlischt. Das gilt auch dann, wenn die von der Wettbewerbsvereinbarung erfassten Geschäftsbereiche beim Veräußerer verbleiben.[154] Mit dem Betriebsübergang kann sich das Wettbewerbsverbot aufgrund eines veränderten Tätigkeitsbereichs auch erweitern, wenn sich nicht schon aus dem Vereinbarungsinhalt eine Beschränkung auf bestimmte Bereiche (zB Geschäftsfelder, Branchen) ergibt. Eine Erstreckung auf andere Geschäftszweige bedarf aber einer entsprechenden vertraglichen Vereinbarung.[155] Für den Betriebserwerber muss ein berechtigtes geschäftliches Interesse (§ 74a I 1 HGB; → Rn. 62) an der Aufrechterhaltung des Wettbewerbsverbots bestehen. Andernfalls wird dieses unwirksam. Fehlte beim Betriebsveräußerer das berechtigte geschäftliche Interesse oder war dies im Verlauf des Arbeitsverhältnisses weggefallen, kann das Wettbewerbsverbot mit dem Betriebsübergang aufgrund der geänderten Umstände uU (wieder) wirksam werden.[156] Widerspricht der AN dem Übergang seines Arbeitsverhältnisses, bleibt sein Arbeitsverhältnis bei dem Veräußerer bestehen. Gerade durch den Wegfall eines bisherigen Geschäftszweiges im Zusammenhang mit dem Betriebsübergang kann dann evtl. aber das berechtigte Interesse an dem Wettbewerbsverbot nach § 74a I 1 HGB entfallen.

46 Ein **Betriebsübergang nach Beendigung des Arbeitsverhältnisses** wirkt sich nicht aus. § 613a BGB ist nicht anwendbar, weil die Bestimmung ein bestehendes Arbeitsverhältnis voraussetzt. Aufgrund der unterschiedlichen Interessenlage der Beteiligten scheidet auch eine entsprechende Anwendung aus.[157] Insoweit muss dasselbe gelten wie im Bereich der betrieblichen Altersversorgung (→ § 275 Rn. 135). Der ausgeschiedene AN könnte dem Betriebsübergang und damit einem Wechsel von Gläubiger und Schuldner für die Ansprüche aus dem Wettbewerbsverbot auch nicht widersprechen. Den Beteiligten steht es aber frei, in einem dreiseitigen Vertrag den Übergang der Rechte und Pflichten auf einen Betriebserwerber zu vereinbaren. Eine solche Regelung kann auch schon in der Wettbewerbsabrede vorweggenommen werden, etwa durch eine Vereinbarung, durch die der AN erklärt, einer Übertragung im Falle eines Betriebsüberganges zuzustimmen.[158]

47 Gem. § 324 UmwG gilt bei einer **Umwandlung** (→ § 116 Rn. 3 ff.) für den Übergang von Arbeitsverhältnissen § 613a BGB entsprechend. Bei einer Umwandlung während des Bestehens des Arbeitsverhältnisses gilt das oben (→ Rn. 45) Ausgeführte, das Wettbewerbsverbot geht auf den übernehmenden Rechtsträger über. Erfolgt die Umwandlung nach Beendigung des Arbeitsverhältnisses, kann § 613a BGB nicht greifen (→ Rn. 46). Vielmehr sind die §§ 20, 36, 125 UmwG anzuwenden, die einen Übergang des Rechtsverhältnisses auf den übernehmenden Rechtsträger regeln.[159]

48 **6. Insolvenz des Arbeitgebers.** Bei einer Eröffnung des Insolvenzverfahrens **während des bestehenden Arbeitsverhältnisses** gilt das Wettbewerbsverbot unverändert weiter.[160] Es bestehen die Lösungsrechte gem. § 75 HGB. Für den Insolvenzverwalter besteht daneben das Wahlrecht nach § 103 InsO, ob er die Vertragserfüllung verlangt oder ablehnt. Das gilt auch dann, wenn der Insolvenzverwalter das Arbeitsverhältnis nach § 113 InsO kündigt und damit das Inkrafttreten des Wettbewerbsverbots bewirkt.[161] Der AN kann den Insolvenzverwalter nach § 103 II 2 InsO zur Ausübung des Wahlrechts auffordern. Reagiert der Insolvenzverwalter nicht unverzüglich, kann er nicht auf Erfüllung bestehen (§ 103 II 3 InsO). Verlangt der Insolvenzverwalter Erfüllung, ist die zu zahlende Karenzentschädigung Masseverbindlichkeit iSv § 55 InsO. Dem AN steht in diesem Fall aber ein außerordentliches Kündigungsrecht zu, sofern die vorhandene Masse voraussichtlich zur Erfüllung des Anspruchs auf Karenzentschädigung nicht ausreicht.[162] Es entsteht ein Schadensersatzanspruch analog § 113 I 3 InsO. Lehnt der Insolvenzverwalter die Erfüllung ab, besteht für den AN ein Schadensersatzan-

[153] MüKoHGB/*v. Hoyningen-Huene* § 74 Rn. 73; ausf. *Gaul/Ludwig* NZA 2013, 489.
[154] LAG BW 6.8.1998 LAGE § 613a BGB Nr. 70; MüKoHGB/*v. Hoyningen-Huene* § 74 Rn. 73.
[155] Baumbach/Hopt/*Roth* HGB § 74 Rn. 9.
[156] Baumbach/Hopt/*Roth* HGB § 74 Rn. 9.
[157] LAG Köln 8.7.2011 ZIP 2012, 243 = ArbRAktuell 2011, 571; HessLAG 3.5.1993 LAGE § 613a BGB Nr. 31 = NZA 1994, 1033; *Bauer/Diller* Wettbewerbsverbote Rn. 1004; MüKoHGB/*v. Hoyningen-Huene* § 74 Rn. 77; *Fuhlrott* FA 2012, 162 (164); *Gaul/Ludwig* NZA 2013, 489 (491); aA *Buchner* AR-Blattei 1830.3 Rn. 429.
[158] *Bauer/Diller* Wettbewerbsverbote Rn. 1006.
[159] *Bauer/Diller* Wettbewerbsverbote Rn. 1007.
[160] *Bauer/Diller* Wettbewerbsverbote Rn. 1015; MüKoHGB/*v. Hoyningen-Huene* § 74 Rn. 78.
[161] *Bauer/Diller* Wettbewerbsverbote Rn. 1019.
[162] MüKoHGB/*v. Hoyningen-Huene* § 74 Rn. 79.

spruch nach § 103 II 1 InsO (als einfache Insolvenzforderung nach § 38 InsO).[163] Der AN kann sich wegen rückständiger Karenzentschädigungszahlungen nicht vom Wettbewerbsverbot lösen (§ 105 S. 2 InsO). Das Wahlrecht nach § 103 InsO besteht aber dann nicht, wenn das Wettbewerbsverbot bei einer Betriebsfortführung mit dem Insolvenzverwalter selbst vereinbart wurde.[164]

Bei einer Eröffnung des Insolvenzverfahrens **nach Beendigung des Arbeitsverhältnisses** besteht das Wettbewerbsverbot ebenfalls fort. Die rückständigen Raten der Karenzentschädigung sind Insolvenzforderungen nach § 38 InsO, für die nach Insolvenzeröffnung fälligen Raten gilt § 103 InsO (→ Rn. 48). 49

Bisher höchstrichterlich nicht geklärt ist, ob AN wegen rückständiger Raten der Karenzentschädigung Anspruch auf Zahlung von **Insolvenzgeld** hat. Die Frage hängt davon ab, ob man die Karenzentschädigung als Arbeitsentgelt iSv § 165 I 1, II SGB III („Bezüge aus dem Arbeitsverhältnis") qualifiziert.[165] In den Insolvenzgeld-Durchführungsanweisungen der Bundesagentur für Arbeit[166] wird die Karenzentschädigung nicht als Arbeitsentgelt aufgeführt. 50

7. Einseitig zwingendes Recht. Die Vorschriften der §§ 74 ff. HGB enthalten zugunsten des AN zwingendes Recht. Auf eine Vereinbarung, durch die von §§ 74–75c HGB zum Nachteil des AN abgewichen wird, kann sich der AG nicht berufen (§ 75d S. 1 HGB). Das gilt auch für solche Vereinbarungen, durch die die gesetzlichen Vorschriften über das Mindestmaß der Entschädigung durch Verrechnung oder auf sonstige Weise umgangen werden sollen (§ 75d S. 2 HGB). Dabei muss den Schutzvorschriften nicht nur bei Abschluss der Wettbewerbsabrede, sondern auch in dem Zeitpunkt ihres Inkrafttretens genügt sein.[167] Wegen der Zulässigkeit etwaiger tariflicher Abweichungen → Rn. 34. 51

III. Rechtsmängel der Wettbewerbsvereinbarung

1. AGB-Recht. Das ABG-Recht gilt mit Inkrafttreten des Schuldrechtsmodernisierungsgesetzes seit dem 1.1.2002 auch für Arbeitsverhältnisse. Dabei sind allerdings gem. § 310 IV 2 BGB die im Arbeitsrecht geltenden Besonderheiten angemessen zu berücksichtigen (hierzu → § 35 Rn. 62). Der AN ist nach der Rspr. des BAG Verbraucher iSv § 13 BGB (→ § 8 Rn. 8), so dass § 310 III BGB Anwendung findet. Die §§ 305 ff. BGB sind damit auf nachvertragliche Wettbewerbsverbote anzuwenden. Das Verhältnis dieser Bestimmungen zu §§ 74 ff. HGB ist aber nicht ganz unproblematisch.[168] Jedenfalls ist nach §§ 305 ff. BGB zu prüfen, ob das Wettbewerbsverbot im Zeitpunkt des Abschlusses der Inhaltskontrolle standhält. Ob das Wettbewerbsverbot im Zeitpunkt der Beendigung des Arbeitsverhältnisses noch dem HGB entspricht, ist (insbesondere) nach § 74a HGB zu beurteilen.[169] Die geltungserhaltende Reduktion nach § 74a HGB kollidiert dabei nicht mit der Regelung des § 307 BGB, weil es hierbei um Hauptleistungspflichten aus einem gegenseitigen Vertrag (→ Rn. 30) geht, die gem. § 307 III BGB von der Inhaltskontrolle ausgenommen sind.[170] Anwendbar ist ferner der Schutz vor überraschenden Klauseln nach § 305c I BGB. Die Vereinbarung eines nachvertraglichen Wettbewerbsverbotes, auch als aufschiebend bedingtes Wettbewerbsverbot ist aber an sich nicht als überraschende Klausel anzusehen, weil sie nicht vom dispositiven Gesetzesrecht abweicht und nicht unüblich ist.[171] Anwendbar ist die Unklarheitenregel des § 307c II BGB.[172] Weil das AGB-Recht nicht dem Schutz des Klauselverwenders dient, kann sich dieser aber nicht darauf berufen, eine Klausel sei nicht hinreichend klar und verständlich iSv § 307 I 2 BGB.[173] 52

---

[163] MüKoInsO/*Hefermehl* § 55 Rn. 196; MüKoHGB/*v. Hoyningen-Huene* § 74 Rn. 80.
[164] *Bauer/Diller* Wettbewerbsverbote Rn. 1023.
[165] Bejahend: *Bauer/Diller* Wettbewerbsverbote Rn. 1017; verneinend KR/*Weigand* Anh. I nach § 128 InsO Rn. 38.
[166] http://www.arbeitsagentur.de.
[167] BAG 28.1.1966 AP Nr. 18 zu § 74 HGB = DB 1966, 585.
[168] Hierzu: *Diller* NZA 2005, 250 ff.; *J. Koch* RdA 2006, 28.
[169] Vgl. BAG 28.6.2006 AP Nr. 80 zu § 74 HGB = NZA 2006, 1157.
[170] LAG RhPf 3.8.2012 NZA-RR 2013, 15; LAG BW 30.1.2008 NZA-RR 2008, 508; *Diller* NZA 2005, 250 (251), der auch auf § 310 II BGB verweist; iErg ebenso LAG Hamm 14.4.2003 LAGE § 74 HGB Nr. 17a = NZA-RR 2003, 513.
[171] BAG 13.7.2005 AP Nr. 78 zu § 74 HGB; vgl. auch *Laskawy* NZA 2012, 1011 (1014); *Straube* BB 2013, 117.
[172] LAG Hamm 25.11.2008 – 14 SaGa 41/08; vgl. auch LAG Hamm 1.12.2009 ArbRAktuell 2010, 176 (LS); *Straube* BB 2013, 117.
[173] BAG 28.6.2006 AP Nr. 80 zu § 74 HGB = NZA 2006, 1157.

53 **2. Nichtige und unverbindliche Wettbewerbsverbote. a) Allgemeines.** Die Regelung in § 74a HGB unterscheidet zwischen nichtigen und unverbindlichen Wettbewerbsverboten. Aus einem nichtigen Wettbewerbsverbot kann keine Partei irgendwelche Rechte herleiten.[174]

54 Ist ein Wettbewerbsverbot **unverbindlich,** kann der AG die Einhaltung der Unterlassungspflicht zunächst nicht erzwingen. Andererseits kann der AN sich von dem Wettbewerbsverbot lösen; er verliert damit den Anspruch auf die Karenzentschädigung. Er kann sich aber auch für die Einhaltung des Wettbewerbsverbots entschließen. In diesem Fall steht ihm die zugesagte Karenzentschädigung zu. Hat der AN sich einmal für die Einhaltung des Wettbewerbsverbots entschieden, kann der AG auch seine Einhaltung erzwingen. Wegen der Einzelheiten → Rn. 26.

55 Soweit das Gesetz die Formulierung verwendet, das Wettbewerbsverbot sei (nur) **„insoweit unverbindlich"** (s. § 74a I 1, 2 HGB), kann bei übermäßiger Bindung des AN das Verbot mit den vom Gesetz vorgesehenen Grenzen abgemildert und mit einem für den AN tragbaren und zumutbaren Inhalt aufrechterhalten werden.[175] Hier ist nur zu untersuchen, ob die bestimmte vom AN aufgenommene oder beabsichtigte Tätigkeit unterhalb oder oberhalb der zulässigen Verbotsschwelle liegt. Soweit sie in dem rechtswirksam zu vereinbarenden Verbotsbereich liegt, ist der AN an das Verbot gebunden und zur Unterlassung verpflichtet. Soweit sie in das Übermaß des Verbots fällt, ist die Wettbewerbsvereinbarung unwirksam.[176] Rechtstechnisch bedeutet dies eine Abwandlung der Auslegungsregel des § 139 BGB.

56 **b) Karenzentschädigung.** Auch wenn das Gesetz in § 74 II HGB formuliert, das Wettbewerbsverbot sei nur verbindlich, wenn die Zahlung einer Entschädigung vereinbart ist, können sich bei einer **fehlenden Entschädigungszusage** weder der AG noch der AN auf die Vereinbarung berufen. Der AN ist frei, eine Wettbewerbstätigkeit zu entfalten. Wenn er sich des Wettbewerbs enthält, kann er aber gleichwohl keine Karenzentschädigung beanspruchen[177] Faktisch ist die Wettbewerbsvereinbarung in diesem Fall also nichtig.[178] Es dürften aber Ansprüche nach § 812 BGB auf Erstattung des vom AN Geleisteten (Wettbewerbsunterlassung) in Betracht kommen, wobei die Höhe des Anspruchs schwierig zu ermitteln sein wird.[179] Bei Kenntnis des AN von der Unwirksamkeit der Wettbewerbsabrede steht zudem die Regelung in § 814 BGB einem bereicherungsrechtlichen Anspruch entgegen.

57 Die generelle **Bezugnahme auf die gesetzlichen Bestimmungen** der §§ 74 ff. HGB ist allerdings im Zweifel dahin auszulegen, dass die Parteien eine Karenzentschädigung in gesetzlicher Höhe vereinbaren wollten.[180] Eine Klausel, nach der bei einem Verstoß gegen ein vereinbartes Wettbewerbsverbot eine „Konventionalstrafe gem. den gesetzlichen Bestimmungen" fällig werden soll, kann aber nicht als konkludente Vereinbarung einer Karenzentschädigung gesehen werden.[181] Eine bloße **salvatorische Klausel** in Allgemeinen Geschäftsbedingungen, wonach anstelle einer unwirksamen Bestimmung diejenige Regelung als vereinbart gelten soll, die dem Sinn und Zweck der unwirksamen Bestimmung und dem von den Parteien wirtschaftliche Gewollten am ehesten entspricht, ist gem. § 307 I BGB unwirksam, weil sie den Vertragspartner des Verwenders unangemessen benachteiligt (näher hierzu → § 35 Rn. 63). Der AG als Klauselverwender kann sich daher nicht auf das Wettbewerbsverbot berufen.[182] Weil § 307 BGB aber nicht den Schutz des Klauselverwenders bezweckt, kann die Klausel ihm gegenüber bindend sein. Entgegen der Ansicht des BAG kann sich der AN also auf das Wettbewerbsverbot berufen und ggfs. eine Karenzentschädigung in gesetzlicher Höhe geltend machen.[183] Dem steht auch

[174] BAG 7.2.1969 AP Nr. 24 zu § 611 BGB Konkurrenzklausel = NJW 1970, 626.
[175] BAG 21.4.2010 AP Nr. 6 zu § 74a HGB = NZA 2010, 1175; 19.5.1983 AP Nr. 25 zu § 123 BGB = DB 1984, 298; 7.2.1969 AP Nr. 24 zu § 611 BGB Konkurrenzklausel = NJW 1970, 626.
[176] BAG 13.12.1968 AP Nr. 21 zu § 133f GewO = DB 1969, 973.
[177] BAG 22.3.2017 AP Nr. 88 zu § 74 HGB = NZA 2017, 845; 28.6.2006 AP Nr. 80 zu § 74 HGB = NZA 2006, 1157; 3.5.1994 AP Nr. 65 zu § 74 HGB = NZA 1995, 72; 7.2.1969 AP Nr. 24 zu § 611 BGB Konkurrenzklausel = NJW 1970, 626.
[178] BAG 22.3.2017 AP Nr. 88 zu § 74 HGB = NZA 2017, 845.
[179] *Bauer/Diller* Wettbewerbsverbote Rn. 173.
[180] BAG 28.6.2006 AP Nr. 80 zu § 74 HGB = NZA 2006, 1157; 31.7.2002 AP Nr. 74 zu § 74 HGB = NZA 2003, 100; 14.8.1975 AP Nr. 35 zu § 74 HGB = DB 75, 2187; einschränkend LAG Bln 8.5.2003 LAGReport 2003, 253 sowie *Straube* BB 2013, 117 (118).
[181] HessLAG 26.6.2014 – 11 Sa 1451/12.
[182] *Bauer/Diller* Wettbewerbsverbote Rn. 444.
[183] LAG Hamm 18.2.2014 – 14 Sa 806/13; aA BAG 22.3.2017 AP Nr. 88 zu § 74 HGB = NZA 2017, 845; *Diller* NZA 2014, 1184 (1186).

das Schriftformgebot nach § 74 I HGB nicht entgegen, weil sich die Karenzentschädigung – ebenso wie bei einer bloßen Bezugnahme auf die gesetzlichen Regelungen der §§ 74 ff. HGB – letztlich aus dem Inhalt der Vereinbarung (hier: der salvatorischen Klausel) selbst ergibt.[184] Voraussetzung ist aber, dass hinreichende Anhaltspunkte dafür bestehen, dass die Parteien bei Kenntnis der Unwirksamkeit der Klausel die Geltung der gesetzlichen Regelung gewollt hätten. Demgegenüber lässt sich eine Klausel, wonach ein Wettbewerbsverbot im Rahmen der rechtlichen Zulässigkeit auch über das Ende des Arbeitsverhältnisses hinaus gelten soll, nicht als Vereinbarung einer Karenzentschädigung auslegen, weil ein entsprechender Parteiwille in einer solchen Regelung keinen hinreichenden Anklang findet.[185]

Ist dagegen die Karenzentschädigung in einer zu geringen Höhe oder unter Bedingungen 58
(→ Rn. 25 f.) zugesagt, treten die unter → Rn. 26, 55 ff. dargestellten Rechtsfolgen ein. Der AN kann sich also an das Verbot halten und die vereinbarte (nicht die gesetzliche) Entschädigung verlangen.[186] Demgegenüber kann der AG die Einhaltung des Wettbewerbsverbots nicht erzwingen. Das gilt auch bei einer Vereinbarung, deren Inhalt unklar lässt, ob die gesetzliche Entschädigungshöhe erreicht wird, zB weil sie die Höhe der Karenzentschädigung in das Ermessen des AG stellt.[187] Der AG hat dann die Leistungsbestimmung gem. § 315 I BGB nach billigem Ermessen vorzunehmen. Entspricht die Festlegung nicht billigem Ermessen, ist bei der gerichtlichen Bestimmung der Höhe der Karenzentschädigung gem. § 315 III 2 BGB die gesetzliche Regelung des § 74 II HGB zu beachten, so dass im Ergebnis eine Karenzentschädigung jedenfalls in Höhe der Hälfte der zuletzt bezogenen vertragsmäßigen Leistungen zu zahlen ist.[188] Das BAG hat ausdrücklich offen gelassen, ob ein Anspruch auf die gesetzliche Entschädigung in solchen Fällen besteht, in denen der AN auf die Wirksamkeit der Abrede (mit einer zu geringen Karenzentschädigung) vertraut und sich deshalb einer Wettbewerbstätigkeit enthalten hat.[189] Gegen eine derartige Lösung spricht allerdings der Wortlaut des § 74 II HGB, der – anders als § 74a I 1, 2 HGB – nicht die Formulierung verwendet, die Vereinbarung sei insoweit (un)verbindlich. In Betracht kommen dürften hier aber (wie bei fehlender Vereinbarung einer Entschädigung, → Rn. 56) Ansprüche nach § 812 BGB. Verweist eine vertragliche Wettbewerbsklausel für alle Einzelheiten der vereinbarten Regelung auf die maßgebenden Vorschriften des HGB, so liegt darin die Zusage einer Karenzentschädigung in der gesetzlichen Mindesthöhe (→ Rn. 42).

c) Berufsausbildung/Minderjährige. Zur Nichtigkeit von Wettbewerbsvereinbarungen 59
mit Auszubildenden und Minderjährigen → Rn. 8.

d) Ehrenwort/Garantie Dritter. Nichtig ist eine Vereinbarung, deren Einhaltung sich der 60
AG auf Ehrenwort oder unter ähnlichen Versicherungen (zB an Eides statt) versprechen lässt (§ 74a II 1 HGB), und zwar auch dann, wenn das Wettbewerbsverbot der Form des § 74 I HGB entspricht. Dabei ist unerheblich, ob derartige Versicherungen in die Urkunde aufgenommen, vom AG verlangt oder vom AN freiwillig erteilt werden. Im letzteren Fall wird der AG eine derartige Versicherung unverzüglich zurückweisen müssen; ob sein bloßes Schweigen als ausreichende Zurückweisung anzusehen ist, muss nach den Umständen des Einzelfalles beurteilt werden. Nichtig ist ferner eine Vereinbarung, durch die sich ein Dritter (gesetzlicher Vertreter, Ehefrau usw.) verpflichtet, auf den AN einzuwirken, dass dieser keinen Wettbewerb betreibt (§ 74a II 2 HGB). Hiermit soll einer Umgehung der Schutzvorschriften und eine Einflussnahme Dritter auf den AN, gleichgültig, ob dieser zur Eingehung eines Wettbewerbsverbots in der Lage ist, vorgebeugt werden. Zulässig ist es dagegen, wenn sich der Dritte neben dem AN zur Einhaltung des Wettbewerbsverbots verpflichtet.[190] Zulässig sind Garantieerklärungen oder Bürgschaften für eine Vertragsstrafe.[191]

e) Gute Sitten. Nichtig ist ein Wettbewerbsverbot, wenn es gegen die guten Sitten verstößt 61
(§ 74a III HGB, § 138 BGB). Wegen der Regelung in § 110 GewO wird es nur noch in begrenztem Umfange dazu kommen, dass Wettbewerbsabreden als sittenwidrig angesehen wer-

---

184 LAG Hamm 18.2.2014 – 14 Sa 806/13; anders *Bauer/Diller* Wettbewerbsverbote Rn. 445.
185 *Diller* NZA 2014, 1184 (1186), anders aber LAG Köln 28.2.2010- 10 Sa 162/10.
186 BAG 15.1.2014 AP Nr. 86 zu § 74 HGB = NZA 2014, 536; 18.1.2000 – 9 AZR 929/98; *Bauer/Diller* Wettbewerbsverbote Rn. 172.
187 BAG 15.1.2014 AP Nr. 86 zu § 74 HGB = NZA 2014, 536.
188 BAG 15.1.2014 AP Nr. 86 zu § 74 HGB = NZA 2014, 536; LAG Nds 9.1.2013 LAGE § 74 HGB Nr. 23.
189 BAG 18.1.2000 – 9 AZR 929/98.
190 Baumbach/Hopt/*Roth* HGB § 74a Rn. 7.
191 *Bauer/Diller* Wettbewerbsverbote Rn. 288.

den. Die Bestimmungen der §§ 74 II, 74a HGB sind gegenüber § 138 BGB lex specialis.[192] Eine Überprüfung der Wettbewerbsabreden an dem Maßstab der guten Sitten ist daher nur noch dann notwendig, wenn Konkurrenzklauseln aus anderen als den in §§ 74 II, 74a HGB genannten Gründen Makel anhaften; zB wenn sie wucherisch oder sonst knebelnd abgefasst sind. Anders ist es bei Wettbewerbsverboten mit Dienstnehmern sowie Organvertretern (Vorständen, Geschäftsführern). Sie sind an § 138 BGB zu messen (→ Rn. 10, 14).

62 **f) Berechtigtes Interesse.** Unverbindlich ist ein Wettbewerbsverbot, soweit es nicht dem Schutz eines berechtigten legitimen[193] geschäftlichen Interesses des Prinzipals dient (§ 74a I 1 HGB). Maßgeblicher **Beurteilungszeitpunkt** ist dabei der Zeitpunkt, in dem der AG sich auf die Wettbewerbsabrede beruft.[194] Zu Besonderheiten bei einem Betriebsübergang → Rn. 45 f. Das schutzwürdige Interesse kann daher auch noch aufgrund veränderter Umstände nach dem Ausscheiden des AN entfallen. Umgekehrt kann ein bei Vertragsbeendigung unwirksames Wettbewerbsverbot nicht später zu Lasten des AN aufleben.[195] Ein **berechtigtes Interesse** liegt dann vor, wenn das Wettbewerbsverbot entweder dem Schutz von Betriebsgeheimnissen dient oder den Einbruch eines ausgeschiedenen AN in den Kunden- und Lieferantenkreis unter Ausnutzung besonderer Kenntnisse oder persönlicher Kontakte verhindern soll. Das bloße Interesse, Konkurrenz einzuschränken, genügt dagegen nicht.[196] Kein berechtigtes Interesse ist anzuerkennen, wenn es den AN von **künftigen Kunden** fernhalten,[197] seinen **Arbeitsplatzwechsel** erschweren[198] oder jede **Stärkung der Konkurrenz** verhindern soll.[199] Teilweise wird in der Lit. in der Vereinbarung einer kurzen Dauer des Wettbewerbsverbots ein Indiz dafür gesehen, dass das Verbot allein der Erschwerung eines Arbeitsplatzwechsels und damit keinem berechtigten Interesse dient.[200] In jedem Fall muss ein Zusammenhang bestehen zwischen Inhalt und Umfang des Verbots und der bisherigen Funktion oder Tätigkeit des AN.[201] Ein berechtigtes Interesse fehlt daher, wenn der AN in einem Bereich beschränkt wird, in dem er bei dem früheren AG nicht gearbeitet hat.[202] Hiervon besteht dann eine Ausnahme, wenn der AN leitender Angestellter ist und Kenntnisse aus seiner früheren technischen Tätigkeit in einer späteren kaufmännischen verwerten kann.[203] Im Hinblick auf die **örtliche Reichweite** darf das Wettbewerbsverbot sich nur auf das Gebiet erstrecken, in dem für den AG Konkurrenz droht (auch → Rn. 63).[204] Entsprechend den Grundsätzen über die Unverbindlichkeit (→ Rn. 26, 54) kann sich nur der AN, nicht dagegen der AG auf das mangelnde geschäftliche Interesse berufen.[205] Ein übermäßiges Wettbewerbsverbot ist auf das erlaubte Maß zu reduzieren,[206] Es findet also eine geltungserhaltende Reduktion statt.[207]

63 **g) Unbillige Erschwerung des Fortkommens.** Ein Wettbewerbsverbot, das nicht dem Schutz eines berechtigten geschäftlichen Interesses dient (§ 74a I 1 HGB), stellt regelmäßig auch eine unbillige Fortkommenserschwerung des AN (§ 74a I 2 HGB) dar. Besteht ein solches

[192] BAG 7.2.1969 AP Nr. 24 zu § 611 BGB Konkurrenzklausel = NJW 1970, 626; 2.2.1968 AP Nr. 22 zu § 74 HGB = DB 1968, 1138.

[193] BAG 26.9.1963 AP Nr. 1 zu § 74a HGB = DB 1963, 1682.

[194] BAG 7.7.2015 AP Nr. 87 zu § 74 HGB = NZA 2015, 1253; 28.1.1966 AP Nr. 18 zu § 74 HGB = DB 1966, 585; *Lembke* BB 2020, 52 (54).

[195] Zutreffend *Bauer/Diller* Wettbewerbsverbote Rn. 328 ff.

[196] BAG 7.7.2015 AP Nr. 87 zu § 74 HGB = NZA 2015, 1253; 21.4.2010 AP Nr. 6 zu § 64a HGB = NZA 2010, 1175; 1.8.1995 AP Nr. 5 zu § 74a HGB = NZA 1996, 310.

[197] Vgl. BAG 21.3.1964 AP Nr. 15 zu § 133f GewO = BB 1964, 720; 24.6.1966 AP Nr. 2 zu § 74a HGB = DB 1966, 1360; 1.8.1995 AP Nr. 5 zu § 74a HGB = NZA 1996, 310.

[198] BAG 13.12.1968 AP Nr. 21 zu § 133f GewO = DB 1969, 973; ThürLAG 11.6.2001 ZIP 2002, 587.

[199] BAG 1.8.1995 AP Nr. 5 zu § 74a HGB = NZA 1996, 310; *Laskawy* NZA 2012, 1011 (1013).

[200] *Bauer/Diller* Wettbewerbsverbote Rn. 314; *Gallini/Gleich* BB 2019, 1652.

[201] BAG 7.7.2015 AP Nr. 87 zu § 74 HGB = NZA 2015, 1253; 21.4.2010 AP Nr. 6 zu § 74a HGB = NZA 2010, 1175.

[202] Vgl. BAG 2.12.1966 AP Nr. 18 zu § 133f GewO = DB 1967, 1461; *Bauer/Diller* Wettbewerbsverbote Rn. 305.

[203] BAG 13.12.1968 AP Nr. 21 zu § 133f GewO = DB 1969, 973.

[204] *Bauer/Diller* Wettbewerbsverbote Rn. 326.

[205] BAG 29.11.1968 AP Nr. 3 zu § 74a HGB = DB 1969, 352.

[206] BAG 21.4.2010 AP Nr. 6 zu § 74a HGB = NZA 2010, 1175; 13.12.1968 AP Nr. 21 zu § 133f GewO = DB 1969, 973.

[207] *Laskawy* NZA 2012, 1011 (1013).

Interesse, ist in einem zweiten Schritt zu überprüfen, inwieweit das Wettbewerbsverbot den AN dennoch unbillig behindert.[208] Dies ist anzunehmen, wenn die Wettbewerbsvereinbarung unter Berücksichtigung der gewährten Entschädigung nach Ort, Zeit oder Gegenstand eine unbillige Erschwerung des Fortkommens des AN enthält (§ 74a I 2 HGB). Es ist eine Abwägung der auferlegten Beschränkungen und der gewährten Entschädigung vorzunehmen.[209] Dabei sind alle im Einzelfall in Betracht kommenden Umstände zu berücksichtigen. Hierunter fallen u.a. die Stellung des AN im Betrieb, sein Alter, seine Betriebszugehörigkeit, die Höhe der Entschädigung, der Umfang des Wettbewerbsverbots sowie die Mobilität der jeweiligen Berufsgruppe.[210] Eine unbillige Erschwerung des Fortkommens wird häufig vorliegen, wenn dem AN in ganz Deutschland die Ausübung seines Berufes unmöglich gemacht, bei Spitzenkräften eine Auswanderung in den nichtdeutschen Sprachraum erzwungen wird oder jede Beschäftigung in Konkurrenzunternehmen verboten ist, obwohl den Interessen des AG ausreichend Rechnung getragen ist, wenn nur eine der früheren Tätigkeit entsprechende Beschäftigung untersagt wird. Ein zu weit gefasstes Wettbewerbsverbot büßt seine Wirksamkeit nicht völlig ein, sondern ist auf das erlaubte Maß zurückzuführen; der AN behält seinen Anspruch auf Karenzentschädigung, sofern er das Wettbewerbsverbot in seinem verbindlichen Teil beachtet.[211]

h) Bindungsdauer. In zeitlicher Hinsicht gilt für die Wettbewerbsbeschränkung nach § 74a I 3 HGB eine **Höchstdauer von zwei Jahren.**[212] Wird die Frist überschritten, ist das Wettbewerbsverbot auf die zulässige Dauer zurückzuführen.[213] Der AN kann sich in diesen Fällen aber auch dafür entscheiden, das Wettbewerbsverbot über die zulässige Dauer hinaus einzuhalten und die Karenzentschädigung beanspruchen.[214] Sein Wahlrecht muss er dabei nach Ablauf der zulässigen Höchstdauer (also regelmäßig nach zwei Jahren) und nicht schon wie bei anderen Rechtsmängeln (→ Rn. 26, 54) bei Vertragsbeendigung ausüben.[215] Die Frist nach § 74a I 3 HGB läuft von der **rechtlichen Beendigung** des Arbeitsvertrags.[216] Hat der AN oder AG zu Unrecht gekündigt, so folgt die Verpflichtung zur Unterlassung von Wettbewerb für Handlungsgehilfen bis zur rechtlichen Beendigung aus § 60 HGB, für sonstige AN aus der Rücksichtnahmepflicht (hierzu im Einzelnen → § 54 Rn. 4). Besonderheiten ergeben sich, wenn der AN während eines Kündigungsschutzprozesses weiterbeschäftigt wurde. Hier besteht für den AN während der Weiterbeschäftigung ein Wettbewerbsverbot nach § 60 HGB bzw. aufgrund seiner Rücksichtnahmepflicht (→ § 54 Rn. 7). Erweist sich die Kündigung im Nachhinein durch Urteil oder Vergleich als wirksam, kann die Zweijahresfrist nach § 74a I 2 HGB ausnahmsweise erst mit dem tatsächlichen Ausscheiden aus dem Betrieb zu laufen beginnen. Ansonsten ergäbe sich die Situation, dass der AN entweder während seiner Beschäftigung neben dem Entgelt eine anteilige (§ 74c I 1 HGB) Karenzentschädigung beanspruchen könnte, oder es müsste eine Anrechnung des Weiterbeschäftigungszeitraums auf die Zeitdauer des nachvertraglichen Wettbewerbsverbots ohne gleichzeitige Ansprüche auf Karenzentschädigung erfolgen. Das entspräche den Interessen der Parteien jedoch nicht, weil der AG faktisch nur eine stark verkürzte nachvertragliche Wettbewerbsunterlassung verlangen könnte und gleichzeitig der Anspruch des AN auf Karenzentschädigung verkürzt würde. 64

Bei der Zweijahresfrist nach § 74a I 3 HGB handelt es sich um eine Konkretisierung des § 74a I 2 HGB. Daher kann auch an einer solchen Dauer uU ein schutzwürdiges Interesse fehlen, zB wenn es um sehr kurzlebige Produkte geht.[217] 65

IV. Verpflichtung des Arbeitnehmers zur Wettbewerbsenthaltung

1. Umfang der Unterlassungsverpflichtung. Der Umfang der Verpflichtung des AN zur Wettbewerbsenthaltung ergibt sich aus den zulässig getroffenen Vereinbarungen.[218] Diese sind 66

[208] BAG 21.4.2010 AP Nr. 6 zu § 74a HGB = NZA 2010, 1175.
[209] BAG 16.2.1967 AP Nr. 19 zu § 133f GewO = DB 1967, 1045.
[210] *Bauer/Diller* Wettbewerbsverbote Rn. 343 ff.; MüKoHGB/*v. Hoyningen-Huene* § 74a Rn. 11.
[211] BAG 21.4.2010 AP Nr. 6 zu § 74a HGB = NZA 2010, 1175; 13.12.1968 AP Nr. 21 zu § 133f GewO = DB 1969, 973.
[212] Auch durch Tarifvertrag kann keine längere Bindungsdauer geregelt werden, → Rn. 33.
[213] BAG 19.5.1983 AP Nr. 25 zu § 123 BGB = DB 1984, 298; 2.12.1966 AP Nr. 18 zu § 133f HGB = DB 1967, 1461; LAG Düsseldorf 4.3.1997 NZA-RR 1998, 58.
[214] *Bauer/Diller* Wettbewerbsverbote Rn. 359.
[215] Vgl. LAG Düsseldorf 4.3.1997 NZA-RR 1998, 58.
[216] Bei einem sich an das Arbeitsverhältnis unmittelbar anschließenden freien Mitarbeiterverhältnis mit gleichem Tätigkeitsinhalt kommt es auf dessen rechtliche Beendigung an: BAG 16.1.1970 AP Nr. 4 zu § 74a HGB = DB 1970, 1010.
[217] *Bauer/Diller* Wettbewerbsverbote Rn. 327, 358.
[218] Zu unterschiedlichen Regelungen und deren Auslegung *Bauer/Diller* Wettbewerbsverbote Rn. 227 ff.

nach §§ 133, 157 BGB auszulegen. Das Wettbewerbsverbot kann **tätigkeits- oder unternehmensbezogen** sein. Grundsätzlich kann dem AN eine **selbständige** und/oder eine **abhängige gewerbliche Tätigkeit** untersagt werden. Dabei ist es sowohl zulässig, dem AN jegliche Tätigkeit in einem Konkurrenzunternehmen zu verbieten als auch nur eine solche, die der früheren Tätigkeit entspricht (→ Rn. 20). Jedoch muss der Umfang der Wettbewerbsverpflichtung eindeutig bestimmbar[219] (und mit § 74a I HGB vereinbar, → Rn. 62 f.) sein. Wird ein Wettbewerbsverbot mit einem AN auf bestimmte Erzeugnisse oder Produktionszweige beschränkt, so ist das in der Regel dahin zu verstehen, dass dem AN die Betätigung in einem Konkurrenzunternehmen nur insoweit verwehrt ist, wie er dort mit der Herstellung oder dem Vertrieb der geschützten Artikel befasst ist.[220] Verboten ist dem AN sowohl die Aufnahme der Tätigkeit in einem Konkurrenzunternehmen als auch die Aufrechterhaltung der Beschäftigung, wenn der neue AG später eine Konkurrenztätigkeit aufnimmt. Auch bei einem nur partiellen Wettbewerbsverbot muss in dem Konkurrenzunternehmen eine derartige räumliche, personelle und sachliche Trennung der Aufgabengebiete gewährleistet sein, dass das bestehende Verbot nicht umgangen wird, indem der AN seine Kenntnisse auch außerhalb seines eigenen Aufgabenbereichs zur Verfügung stellt (zB in sog. Kaffeegesprächen).[221] Bloße Beweisschwierigkeiten rechtfertigen aber nicht eine ergänzende Vertragsauslegung in ein allgemeines Wettbewerbsverbot. Bei einem unternehmensbezogenen Wettbewerbsverbot reicht es aus, wenn das betreffende Unternehmen zumindest teilweise als Konkurrent tätig ist. Die Geschäftsgegenstände müssen sich in einem nicht ganz unerheblichen Teil überschneiden.[222]

67 Ist dem AN eine selbständige und abhängige gewerbliche Tätigkeit untersagt, so sind ihm **gelegentliche,** einzelne Konkurrenzgeschäfte sowie deren Vorbereitung erlaubt. In diesen Fällen kommt es aber auf die Umstände des Einzelfalles an, insbesondere auf die Größenordnung des Geschäftes und die Gefährdung der Arbeitgeberinteressen. Verboten sind gleichfalls nur solche Geschäfte, die sich im **Geschäftsbild** des AG bewegen. So ist zB bei Verbot einer Großhandelstätigkeit eine Einzelhandelstätigkeit erlaubt. Nicht verboten ist das Geschäftemachen mit dem AG.[223] Ist dem AN nur eine abhängige Tätigkeit untersagt, so wird er im Allgemeinen sich **selbständig** machen und Konkurrenz treiben dürfen. Keine Konkurrenztätigkeit ist ferner gegeben, wenn der AN auf einer anderen Handelsstufe tätig wird.[224]

68 Das Wettbewerbsverbot kann **räumlich** für einen bestimmten Bezirk oder, bei bestehendem Interesse, auch für die ganze BRD abgeschlossen werden. Ist es für die Altbundesländer abgeschlossen, kann sich im Wege der Auslegung ergeben, dass es nach dem Beitritt auch in den neuen Bundesländern gilt.[225] Hat sich der AN verpflichtet, an **demselben Ort** kein Konkurrenzgeschäft zu betreiben, so darf er auswärts ein solches gründen und in den Verbotsraum liefern, es sei denn, dass die auswärtige Gründung nur der Verbotsumgehung dient.

69 Ist dem AN der **Eintritt in ein Konkurrenzunternehmen** untersagt, so darf er auch kein eigenes gründen. Ist ihm jede direkte oder indirekte Beteiligung an einem Konkurrenzunternehmen verboten, so darf er weder selbständig noch unselbständig in dieses eintreten. Zwar kann eine **Beteiligung** durch den Erwerb von börsengehandelten Aktien eines Konkurrenzunternehmens grundsätzlich nicht Gegenstand eines Wettbewerbsverbotes sein. Etwas anderes gilt aber dann, wenn in diesem Zusammenhang eine Tätigkeit entfaltet wird oder die Ausübung eines bestimmenden Einflusses auf das Konkurrenzunternehmens ermöglicht wird.[226] Überhaupt sind alle Umgehungsgeschäfte verboten, zB wenn der Ehepartner vorgeschoben oder einem sonstigen Dritten das Kapital zur Unternehmensgründung zur Verfügung gestellt wird. Ein Wettbewerbsverbot, das sich auf jede denkbare Form der Unterstützung eines Konkurrenzunternehmens bezieht, umfasst nicht nur das **Gewähren eines zinslosen Darlehens,** sondern auch das Belassen eines solchen Darlehens, das der AN dem Konkurrenzunternehmen zuvor erteilt hatte, weil auch hierin eine finanzielle Förderung liegt. An einem solchen Wettbewerbsverbot kann ein berechtigtes geschäftliches Interesse bestehen, wenn das Darlehen erhebliche wirtschaftliche Bedeutung für das Fortbestehen des Konkurrenzunternehmens hat.[227]

---

219 BAG 5.9.1995 AP Nr. 67 zu § 74 HGB = NZA 1996, 700.
220 BAG 30.4.1965 AP Nr. 17 zu § 133f GewO = DB 1965, 1143.
221 Vgl. BAG 30.1.1970 AP Nr. 24 zu § 133f GewO = DB 1970, 1229.
222 BAG 13.12.1968 AP Nr. 21 zu § 133f GewO = DB 1969, 973; *Laskawy* NZA 2012, 1011 (1014).
223 Vgl. zu § 60 HGB BAG 3.5.1983 AP Nr. 10 zu § 60 HGB = NJW 1984, 886.
224 BAG 8.3.2006 AP Nr. 79 zu § 74 HGB = NZA 2006, 854.
225 LAG Bln 23.6.1991 LAGE § 74 HGB Nr. 6 = NZA 1991, 674.
226 BAG 7.7.2015 AP Nr. 87 zu § 74 HGB = NZA 2015, 1253.
227 BAG 7.7.2015 AP Nr. 87 zu § 74 HGB = NZA 2015, 1253.

2. Rechte des Arbeitgebers bei Verstößen. a) Unterlassungsklage. Verstößt der AN gegen die ihm auferlegte Wettbewerbsbeschränkung, so kann der AG **Erfüllung verlangen;** der Erfüllungsanspruch kann durch **Klage auf Unterlassung** der Wettbewerbstätigkeit oder durch eine einstweilige Verfügung geltend gemacht werden. Dabei ist nach § 229 ZPO auch eine **vorbeugende Unterlassungsklage** möglich, wenn aufgrund konkreter Umstände anzunehmen ist, dass der AN gegen das Verbot verstoßen wird.[228] Die Vollstreckung der Unterlassungsverpflichtung erfolgt nach § 890 ZPO. Sie setzt die genaue Bezeichnung der zu unterlassenden Handlung voraus.[229] Die Frage, ob die Verhängung eines Ordnungsgeldes auch noch nach Ablauf des Wettbewerbsverbots zulässig ist, hängt davon ab, ob man dem Ordnungsgeld (auch) einen strafrechtlich-repressiven Charakter beimisst.[230] Der Streitwert eines Antrags auf Unterlassung von Wettbewerb richtet sich nach dem Umfang des zu erwartenden Schadens durch den Wettbewerb (meist der zu erwartenden Umsatzeinbuße);[231] fehlen Anhaltspunkte für die Ermittlung des Schadens, ist auf die geschuldete Karenzentschädigung abzustellen.[232] Läuft die Karenzzeit während des anhängigen Verfahrens ab, kann der AG die Klage umstellen auf Feststellung, dass eine Verpflichtung zur Unterlassung von Wettbewerb bestand. Das hierfür nach § 256 ZPO erforderliche Feststellungsinteresse folgt aus den sich möglicherweise ergebenden Schadensersatz- oder Vertragsstrafenansprüchen des AG.[233] 70

b) Schadensersatz. Für den AG besteht daneben die Möglichkeit, Ersatz des **Schadens** begehren, der ihm aus der verbotenen Wettbewerbstätigkeit entstanden ist. Für Ansprüche aufgrund einer Verletzung des Wettbewerbsverbotes gilt die regelmäßige **Verjährungsfrist** von drei Jahren gem. §§ 195, 199 I BGB (näher zu den Verjährungsregelungen → § 72 Rn. 1 ff.). Die Frist läuft gem. § 199 I BGB ab Kenntnis des AG von den anspruchsbegründenden Umständen. Soweit es sich um Schadensersatzansprüche handelt, gilt hilfsweise die Verjährungsfrist gem. § 199 III BGB (10 bzw. 30 Jahre). Diese Frist läuft unabhängig von der Kenntnis des AG. Nicht anwendbar ist dagegen die dreimonatige Verjährungsfrist nach § 61 II HGB (→ § 54 Rn. 27), die sich ausschließlich auf die Verletzung des gesetzlichen Wettbewerbsverbotes gem. § 60 HGB bezieht.[234] Auch eine analoge Anwendung scheidet aus. Denn der gesetzgeberische Zweck des § 61 II HGB, der darauf gerichtet ist, Streitigkeiten über zurückliegende Ereignisse im bestehenden Arbeitsverhältnis zu vermeiden, trifft auf das nachvertragliche Wettbewerbsverbot nicht zu. Zum **Widerruf einer Ruhegeldzusage** wegen des Wettbewerbs → § 277 Rn. 6. 71

Hat ein AN geltend gemacht, dass ein Wettbewerbsverbot unverbindlich ist, sich aber auf Verlangen des AG an das Wettbewerbsverbot gehalten, so kann der AG keine Rückzahlung der gezahlten **Karenzentschädigung** verlangen, wenn sich später die Unverbindlichkeit des Wettbewerbsverbots herausstellt.[235] 72

c) Rechte aus §§ 320 ff. BGB. Weil es sich bei der Wettbewerbsvereinbarung um einen gegenseitigen Vertrag handelt (→ Rn. 30), kann der AG bei Verstößen des AN seine Rechte nach den §§ 320 ff. BGB wahrnehmen. Hierzu die Ausführungen unter → Rn. 31. 73

d) Auskunftsanspruch. Der AG hat über die Konkurrenztätigkeit einen Auskunftsanspruch (näher hierzu → Rn. 88). Dieser dient auch dazu, dem AG die Beurteilung zu ermöglichen, ob Verstöße gegen die Wettbewerbsvereinbarung erfolgen oder drohen.[236] 74

e) Vertragsstrafe. Wegen des Anspruches auf Zahlung einer Vertragsstrafe → Rn. 104 ff. 75

V. Verpflichtung des Arbeitgebers zur Zahlung der Karenzentschädigung

1. Zusage einer Karenzentschädigung. Nach § 74 II HGB ist das Wettbewerbsverbot nur verbindlich, wenn der AG sich während der Verbotsdauer verpflichtet, für jedes Jahr des Verbots mindestens die Hälfte der von dem AN zuletzt bezogenen vertraglichen Leistungen zu erbringen. Unzureichend ist eine Zusage auf die „Hälfte der monatlich zuletzt erhaltenen 76

[228] LAG Hamm 7.10.2019 – 18 SaGa 49/19; LAG BW 7.9.1967 DB 1967, 1813.
[229] Vgl. hierzu LAG Köln 18.1.2012 ArbRAktuell 2012, 256.
[230] Näher hierzu *Bauer/Diller* Wettbewerbsverbote Rn. 882 ff.
[231] BGH 19.9.1990 WM 1990, 2058; ThürLAG 8.9.1998 FA 1999, 60 (LS); LAG Nürnberg 25.6.1999 MDR 1999, 1410 = BB 1999, 1929 (LS).
[232] LAG Bln 28.5.2003 – 17 Ta (Kost) 6064/03.
[233] BAG 2.2.1968 AP Nr. 22 zu § 74 HGB = DB 1968, 1138; MüKoHGB/*v. Hoyningen-Huene* § 74 Rn. 57.
[234] *Bauer/Diller* Wettbewerbsverbote Rn. 983.
[235] Vgl. BAG 24.4.1980 AP Nr. 37 zu § 74 HGB = DB 1980, 1652.
[236] MüKoHGB/*v. Hoyningen-Huene* § 74 Rn. 56.

Bezüge".[237] Die Aufrechterhaltung einer Versorgungsanwartschaft ersetzt nicht die Verpflichtung zur Zahlung einer Karenzentschädigung.[238] Verweist ein vertragliches Wettbewerbsverbot für alle Einzelheiten der vereinbarten Regelung auf die maßgeblichen Vorschriften des Handelsgesetzbuches, so liegt darin im Zweifel eine Zusage der Karenzentschädigung in der gesetzlichen Mindesthöhe (→ Rn. 42). Die Zahlungsverpflichtung ist die Gegenleistung für die vom AN übernommene Unterlassungspflicht (→ Rn. 30). Zur Zahlung Verpflichteter ist der AG. Zureichend ist die Zahlungsverpflichtung des Konzerns, zu dem der AG gehört, nicht jedoch die eines sonstigen Dritten. Dieser kann sich nur neben dem AG als Gesamtschuldner oder Bürge verpflichten. Zur Betriebsnachfolge → Rn. 44 ff. Zu den Rechtsfolgen bei einer fehlenden oder unzureichenden Zusage einer Karenzentschädigung → Rn. 56 f. Voraussetzung des Anspruchs auf Zahlung der Karenzentschädigung ist, dass der AN das Wettbewerbsverbot beachtet (→ Rn. 31). Er muss es aber nur insoweit beachten, als es nach § 74a I HGB auch rechtlich verbindlich ist.[239]

77 **2. Höhe der Karenzentschädigung.** Die zuzusagende und zu zahlende Entschädigung muss für die Dauer des Verbots **mindestens die Hälfte der vom AN zuletzt bezogenen vertragsmäßigen Leistungen** erreichen (§ 74 II HGB).

78 Dabei sind die zuletzt gezahlten Monats-, Wochen- oder Tagesbezüge durch Multiplikation mit 12, 52, 365 auf Jahresbezüge umzurechnen. Bei **festen Vergütungsbestandteilen** kommt es auf den letzten Monatsbetrag bzw. den letzten Abrechnungszeitraum an. Nicht mit § 74 II HGB vereinbar sind daher Regelungen, die auf die durchschnittlichen Bezüge eines bestimmten Referenzzeitraums („der letzten 12 Monate" oder „der letzten drei Jahre") abstellen, weil sich dann Gehaltserhöhungen nur anteilig auf die Höhe der Karenzentschädigung auswirken.[240] Etwas anderes gilt für **variable Vergütungsbestandteile:** Provisionen oder andere wechselnde Bezüge sind nach dem Durchschnitt der letzten drei Jahre in Ansatz zu bringen (§ 74b II 1 HGB). Wegen der Maßgeblichkeit der zuletzt bezogenen Vergütung führt die Beschäftigung mit einer **während der Elternzeit ermäßigten Wochenarbeitszeit** nicht dazu, dass die vor Beginn der Arbeitszeitermäßigung geltende Arbeitszeitvereinbarung zugrunde zu legen ist;[241] § 74b II HGB ist insoweit nicht einschlägig. Bei einer **Altersteilzeit** ist sowohl beim Kontinuitätsmodell als auch beim Blockmodell ebenfalls auf die tatsächlich bei Beendigung des Arbeitsverhältnisses bezogene Vergütung einschließlich des Aufstockungsbetrages abzustellen.[242]

79 Bei der **Berechnung der Karenzentschädigung** sind sämtliche Einkommensbestandteile zu berücksichtigen, also auch „freiwillige", widerrufliche Leistungszulagen,[243] Provisionen, 13. Gehalt,[244] Gratifikationen,[245] auch wenn ein Rechtsanspruch nicht bestand,[246] Naturalleistungen (zB Wohnrecht, Freiflüge), Dienstwagen zur privaten Nutzung,[247] feste Reisespesen, es sei denn, dass sie reiner Unkostenersatz[248] sind (s. § 74b III HGB). Mit welchem Betrag die private Nutzung des Dienstwagens zu berücksichtigen ist, ist umstritten. Es wird vertreten auf die Tabellen von Küppersbusch, die Kostentabellen des ADAC sowie den Kostenvorteil nach dem Lohnsteuerrecht abzustellen.[249] Provisionen und wechselnde Bezüge, dh solche, die von wechselnden äußeren Umständen abhängen, sind gem. § 74b II 1 HGB nach dem Durchschnitt der letzten drei Jahre, bzw. bei kürzerem Bestand des

---

[237] HessLAG 10.2.1997 LAGE § 74a HGB Nr. 1.
[238] BAG 26.2.1976 AP Nr. 172 zu § 242 BGB Ruhegehalt = BB 1976, 793.
[239] BAG 21.4.2010 AP Nr. 6 zu § 74a HGB = NZA 2010, 1175.
[240] BAG 5.8.1966 AP Nr. 19 zu § 74 HGB = DB 1966, 1813; LAG Hamm 23.3.2010 NZA-RR 2010, 515 (LS); *Bauer/Diller* Wettbewerbsverbote Rn. 460.
[241] BAG 22.10.2008 AP Nr. 83 zu § 74 HGB = NZA 2009, 962; aA *Bauer/Diller* Wettbewerbsverbote Rn. 414.
[242] Diff. nach dem gesetzlich verpflichtenden und einem vertraglich darüber hinausgehenden Umfang des Aufstockungsbetrages *Heilmann/Koch* NZA 2018, 339; zur Berücksichtigung der zusätzlichen Einzahlungen in die gesetzl. Rentenversicherung s. *Bauer/Diller* Wettbewerbsverbote Rn. 407.
[243] BAG 5.8.1966 AP Nr. 19 zu § 74 HGB = DB 1966, 1813; 21.1.1972 AP Nr. 30 zu § 74 HGB = DB 1972, 830.
[244] BAG 18.10.1976 AP Nr. 1 zu § 74b HGB = NJW 1977, 775.
[245] Zu Sondervergütungen: BAG 21.1.1972 AP Nr. 30 zu § 74 HGB = DB 1972, 830; zu (anteiligem) 13. Gehalt: BAG 18.10.1976 AP Nr. 1 zu § 74b HGB = NJW 1977, 775.
[246] BAG 16.11.1973 AP Nr. 34 zu § 74 HGB = NJW 1974, 765; 18.10.1976 AP Nr. 1 zu § 74b HGB = NJW 1977, 775.
[247] *Laskawy* NZA 2012, 1011 (1012).
[248] BAG 3.4.1984 AP Nr. 44 zu § 74 HGB = NZA 1984, 354.
[249] Wegen der Einzelheiten s. *Bauer/Diller* Wettbewerbsverbote Rn. 390 ff.

Arbeitsverhältnisses nach dem Zeitraum seines Bestandes zu berechnen (§ 74b II 2 HGB). Zu berücksichtigen sind im Zeitpunkt der rechtlichen Beendigung des Arbeitsverhältnisses noch nicht fällige Provisionen, Tantiemen oder sonstige Gewinnbeteiligungen; es kommt nicht darauf an, wann der Anspruch fällig geworden ist oder tatsächlich ausgezahlt wird.[250] Nicht zu den vertragsmäßigen Bezügen gehören der Krankenversicherungszuschuss nach § 257 SGB V und die freiwillig vom AG ausgezahlten Beiträge einer ersetzenden Lebensversicherung (vgl. früher § 1 AnVNG).[251] Unberücksichtigt bleiben Prämien für Verbesserungsvorschläge sowie Vergütungen für freie oder gebundene Arbeitnehmererfindungen, da diese Vergütungen für eine Sonderleistung im Arbeitsverhältnis, nicht dagegen für die Arbeitsleistung gewährt werden.[252] Anders ist es dagegen, wenn (stattdessen) das Gehalt erhöht wird, weil die Kreativität des AN honoriert werden soll. Leistungen der betrieblichen Altersversorgung werden wegen der erbrachten Betriebstreue im Ganzen gezahlt. Sie bleiben unberücksichtigt, da sie erst im Ruhestand fällig werden. Dies gilt auch bei Direktversicherungen und Pensionskassenleistungen, auch wenn die Beiträge bereits während der aktiven Dienstzeit versteuert werden müssen. Dagegen sind Leistungen von Gehaltsumwandlungsversicherungen nach § 1a BetrAVG bei der Berechnung zu berücksichtigen, weil sie an die Stelle des Gehaltes treten.[253] Da die Höhe der Karenzentschädigung von der Vergütung in einem früheren Bezugszeitraum abhängt, bleiben nach Beendigung des Arbeitsverhältnisses wirksam werdende **Tariferhöhungen** unberücksichtigt. Keine vertragsgemäße Leistung iSv § 74 II HGB ist eine **Abfindung.** Sie wird nicht aufgrund des Arbeitsvertrags sondern wegen dessen Beendigung geleistet. Nicht zu berücksichtigen ist ferner eine gezahlte **Urlaubsabgeltung.** Das folgt allerdings nach der neuen Rechtsprechung des BAG nicht aus einem Surrogatscharakter des Anspruchs (→ § 104 Rn. 122). Die Urlaubsabgeltung ist zwar ein reiner Geldanspruch aber gleichwohl kein Teil der zuletzt bezogenen vertragsmäßigen Leistungen iSv § 74 II HGB. Außerdem würde ansonsten ein finanzieller Anreiz geschaffen, den Urlaub entgegen dem Zweck des BUrlG nicht in natura in Anspruch nehmen. Zu berücksichtigen ist demgegenüber ein gewährtes zusätzliches **Urlaubsgeld.**[254] Das gilt auch insoweit, als es für einen in Geld abgegoltenen Urlaub geleistet wird, weil anderenfalls die Nichtverwirklichung des Freizeitgewährungsanspruchs privilegiert würde.

3. Anrechnung anderweitigen Verdienstes. a) Anrechenbares Einkommen. Auf die Karenzentschädigung muss sich der AN auch ohne besondere Vereinbarung[255] anrechnen lassen, was er durch **anderweitige Verwertung seiner Arbeitskraft** erwirbt oder zu erwerben böswillig unterlässt (§ 74c I 1 HGB). Auf den Anspruch des Geschäftsführers einer GmbH auf Zahlung einer Karenzentschädigung für ein nachvertragliches Wettbewerbsverbot ist § 74c HGB demgegenüber nicht entsprechend anzuwenden.[256] Die anrechenbaren Leistungen iSv § 74c I HGB sind in derselben Weise zu berechnen wie die Karenzentschädigung nach § 74 II HGB (→ Rn. 78).[257] Zu berücksichtigen sind nur solche Zahlungen, die auf einer Verwertung der Arbeitskraft **nach Vertragsbeendigung** beruhen,[258] nicht dagegen Einkünfte, die zwar später ausgezahlt werden, aber auf eine (Neben-)Tätigkeit zurückzuführen sind, die der AN noch während des bestehenden Arbeitsverhältnisses ausgeübt hat. Nicht anrechenbar ist ferner ein Einkommen, das der AN auch bei Fortsetzung des Arbeitsverhältnisses erzielt hätte oder hätte erzielen können, zB aufgrund einer Nebentätigkeit.[259] Der Begriff der Böswilligkeit entspricht dem in § 615 S. 2 BGB (hierzu → § 95 Rn. 84 ff.) und § 11 Nr. 2 KSchG. Die Unterlassung anderweitigen Erwerbs ist **böswillig,** wenn der AN in Kenntnis der objektiven Umstände, also der Arbeitsmöglichkeit, Zumutbarkeit der Arbeit und Nachteilsfolge für den AG, vorsätzlich untätig bleibt. Ferner kann es ausreichend sein, wenn der AN sich mit Blick auf die Pflicht zur Zahlung der Karenzentschädigung vorsätzlich mit einer zu geringen Vergütung zufrieden gibt.[260] Allein das Akzeptieren einer untertariflichen Vergütung begründet aber keine Vermutung für 80

---

[250] BAG 9.1.1990 AP Nr. 59 zu § 74 HGB = NZA 1990, 519; unter Aufgabe der früheren Rspr.: BAG 19.4.1967 AP Nr. 20 zu § 74 HGB = DB 1967, 1415.

[251] Zu den früheren Reglungen in § 405 RVO und § 1 AnVNG: BAG 21.7.1981 AP Nr. 40 zu § 74 HGB = DB 1982, 1227.

[252] *Bengelsdorf* DB 1989, 1024; *Bauer/Diller* Wettbewerbsverbote Rn. 379.

[253] *Bauer/Diller* Wettbewerbsverbote Rn. 381.

[254] *Bauer/Diller* Wettbewerbsverbote Rn. 382.

[255] BAG 21.3.1974 AP Nr. 3 zu § 74c HGB = DB 1974, 1340.

[256] BGH 28.4.2008 NJW-RR 2008, 1421 = DB 2008, 1558.

[257] BAG 16.11.1973 AP Nr. 34 zu § 74 HGB = NJW 1974, 765; 9.1.1990 AP Nr. 59 zu § 74 HGB = NZA 1990, 519.

[258] *Bauer/Diller* Wettbewerbsverbote Rn. 772.

[259] Baumbach/Hopt/*Roth* HGB § 74c Rn. 1.

[260] BAG 20.1.1967 AP Nr. 1 zu § 74c HGB = DB 1967, 779.

ein böswilliges Unterlassen,[261] weil dies im Arbeitsleben – insbesondere bei einer schwierigen Arbeitsmarktsituation – nichts Außergewöhnliches ist. Generell sind bei der Prüfung der Zumutbarkeit das Grundrecht des AN der freien Arbeitsplatzwahl nach Art. 12 I GG sowie der Grundsatz von Treu und Glauben (§ 242 BGB) zu beachten.[262] Dem AN ist es grundsätzlich unbenommen, während des Verbotszeitraumes eine vergütungsmäßig geringer bewertete Tätigkeit auszuüben oder eine **Ausbildung** bzw. ein Studium durchzuführen,[263] sofern es vernünftigem Ermessen entspricht. Grundsätzlich nicht zu beanstanden ist auch, wenn der AN sich selbständig macht, auch wenn er als AN mehr verdient hätte[264] oder eine Weiterbeschäftigung bei seinem bisherigen AG ablehnt.[265] Ein AN, der nach Vollendung des 63. Lebensjahres ausscheidet, handelt nicht böswillig, wenn er sich nicht mehr um eine weitere Beschäftigung bemüht.[266]

81 Anzurechnen ist jedes anderweitige Einkommen[267] aus **unselbständiger Tätigkeit,** nicht dagegen Leistungen aus einer betrieblichen Altersversorgung.[268] Anzurechnen sind sämtliche Vergütungsbestandteile, die auch bei der Ermittlung der Höhe der Karenzentschädigung berücksichtigt werden (→ Rn. 79). Auf das Jahr oder einen sonst längeren Zeitraum bezogene anrechnungsfähige Vergütungsteile sind je Monat, für den sie gezahlt werden, anteilig anzurechnen.[269] Da es nur darauf ankommt, für welchen Zeitraum das Entgelt gezahlt wird, und nicht darauf, wann der Anspruch fällig ist, können Einmalzahlungen angerechnet werden, die zur Abgeltung der Bezüge im Karenzzeitraum geleistet werden, unabhängig davon, ob sie während des Karenzzeitraums, davor oder danach fällig werden.[270] Von der Anrechnung ausgenommen sind solche Einkünfte, die der AN sich auch während des Bestandes des Arbeitsverhältnisses beschafft hat oder hätte beschaffen können[271] oder Zinsgewinn aus Kapitaleinlagen.[272]

82 Schwieriger zu ermitteln sind die anrechenbaren Einkünfte aus **selbständiger Tätigkeit.** Ein Abstellen auf das steuerpflichtige Einkommen des Unternehmens ist problematisch, weil das Unternehmensergebnis auch durch den Kapitaleinsatz, Erfindungen usw. beeinflusst wird. Daher ist der anzurechnende Verdienst in entsprechender Anwendung der Methoden zu ermitteln, die im Steuerrecht zur Bewertung der Leistung des Unternehmers für das Unternehmen verwandt werden.[273] Der anrechnungsfähige Gewinn kann jedoch nicht über den Unternehmensgewinn hinausgehen. Betriebsausgaben sind daher abzuziehen.[274] Ein etwaiges Minuseinkommen des Unternehmens kommt auch dem Unternehmer zugute. Gewinne sind anzurechnen, soweit der Anspruch auf die Gegenleistung für die Verwertung der Arbeitskraft **während der Karenzzeit** rechtlich bis zu deren Ablauf bereits **entstanden** ist oder wenn die für die Entstehung wesentlichen wirtschaftlichen Ursachen während der Karenzzeit gesetzt worden sind und der frühere AN mit der künftigen Entstehung der Forderung fest rechnen kann; nicht maßgebend ist dagegen das steuerrechtliche Zuflussprinzip nach § 11 I EStG. Ebenso wenig kommt es auf den Zeitpunkt einer Abrechnung oder der Fälligkeit der Forderung an.[275] Anders als bei der Anrechnung von Einkommen aus unselbständiger Arbeit ist bei der Anrechnung von Einkünften aus selbständiger Tätigkeit auf das Jahr abzustellen.[276] Weil aber die Karenzentschädigung gem. § 74b I HGB monatlich gezahlt werden muss, sind **Abschlagszahlungen** zu leisten und am Ende des Jahres ist eine endgültige Abrechnung vorzunehmen (→ Rn. 88, 89).

83 Besondere Schwierigkeiten bereitet die Berechnung der Karenzentschädigung, wenn Sachleistungen berücksichtigt werden müssen. Im Rahmen des § 75c I 1 HGB sind **Sachleistungen**

---

261 So aber wohl *Bauer/Diller* Wettbewerbsverbote Rn. 812.
262 BAG 8.2.1974 AP Nr. 4 zu § 74c HGB.
263 Vgl. BAG 20.1.1967 AP Nr. 1 zu § 74c HGB = DB 1967, 779; 8.2.1974 AP Nr. 4 zu § 74c HGB; 9.8.1974 AP Nr. 5 zu § 74c HGB = DB 1974, 2262; 13.11.1975 AP Nr. 7 zu § 74c HGB = DB 1976, 439; 13.2.1996 AP Nr. 18 zu § 74c HGB = NZA 1996, 1039; aA HessLAG 28.2.1994 LAGE § 74 HGB Nr. 10 = NZA 1995, 632.
264 BAG 13.11.1975 AP Nr. 7 zu § 74c HGB.
265 BAG 10.1.1989 AP Nr. 57 zu § 74 HGB = NZA 1989, 797; 2.6.1987 AP Nr. 13 zu § 74c HGB = NZA 1988, 130; 18.10.1976 AP Nr. 1 zu § 74b HGB = NJW 1977, 775.
266 BAG 3.7.1990 AP Nr. 61 zu § 74 HGB = NZA 1991, 308.
267 Zur Anrechnung von Bezügen aus Beamtenverhältnissen: LAG BW 10.11.1970 DB 1971, 245.
268 BAG 26.2.1985 AP Nr. 30 zu § 611 BGB Konkurrenzklausel = NZA 1985, 809.
269 BAG 16.11.1973 AP Nr. 34 zu § 74 HGB = NJW 1974, 765.
270 LAG RhPf 28.5.2020 – 5 Sa 207/19.
271 BAG 14.5.1969 AP Nr. 23 zu § 133f GewO = NJW 1970, 443.
272 BAG 19.4.1967 AP Nr. 20 zu § 74 HGB = DB 1967, 1415.
273 MüKoHGB/*v. Hoyningen-Huene* § 74c Rn. 7.
274 BAG 27.2.2019 AP Nr. 23 zu § 74c HGB = NZA 2019, 837; *Bauer/Diller* Wettbewerbsverbote Rn. 781.
275 BAG 27.2.2019 AP Nr. 23 zu § 74c HGB = NZA 2019, 837.
276 *Bauer/Diller* Wettbewerbsverbote Rn. 782.

als geldwerte Leistungen in gleicher Weise wie bei der Berechnung der Karenzentschädigung zu berücksichtigen (hierzu → Rn. 79, insbes. zur Überlassung eines Dienstwagens).

Darlegungs- und beweispflichtig für das Erzielen anderweitiger Einkünfte ist der AG, der sich auf diese rechtshindernde Einwendung beruft. Damit der AG in die Lage versetzt wird, seiner Darlegungslast nachzukommen, besteht eine Auskunftsverpflichtung des AN (hierzu → Rn. 88). Den AG trifft auch die Beweislast dafür, dass der AN einen anderweitigen Erwerb böswillig unterlassen hat und dadurch einen Verdienst in einer bestimmten Höhe hätte erzielen können.[277] Insoweit gelten dieselben Grundsätze wie iRv § 615 BGB[278] (→ § 95 Rn. 77). 84

b) Sozialversicherungsleistungen. Der Wortlaut von § 74c I HGB, wonach sich der AN nur anrechnen lassen muss, was er durch anderweitige Verwendung seiner Arbeitskraft erwirbt, deutet darauf hin, dass Sozialversicherungsleistungen nicht auf die Karenzentschädigung anzurechnen sind, weil sie nicht durch Verwendung der Arbeitskraft erworben werden. Gleichzeitig soll aber durch die Anrechnung verhindert werden, dass der AN mehr als 110% bzw. 125% seines früheren Einkommens erreicht. Das könnte auf den ersten Blick für eine Anrechnung sprechen, weil Arbeitslosengeld, Übergangsgeld und Kurzarbeitergeld in ursächlichem Zusammenhang mit dem Freiwerden der Arbeitskraft stehen. Für das **Arbeitslosengeld** hat das BAG dies zunächst ausdrücklich angenommen.[279] Nach Streichung des § 148 SGB III zum 1.1.2004 hat das BAG Zweifel geäußert, ob es noch eine gesetzliche Grundlage für die Anrechnung von Arbeitslosengeld gibt.[280] Diese Frage ist zu verneinen. Ein Rückgriff auf die frühere Rechtsprechung des BAG vor Inkrafttreten des § 148 I 2 SGB III bzw. der Vorgängerregelung in §§ 128a I 3 AFG[281] muss daran scheitern, dass die Frage nicht wie ursprünglich ungeregelt war, sondern der Gesetzgeber diesmal eine bestehende Anrechnungsnorm aufgehoben hat, die außerdem lediglich eine Anrechnung in Höhe von 30% vorsah.[282] Entsprechendes muss für das Arbeitslosengeld bei beruflicher Weiterbildung nach §§ 116 Nr. 1, 124a SGB III (vormals: Unterhaltsgeld) gelten. Dieser Frage kommt aber ohnehin wegen der Anrechnungsgrenze in § 74c I 1 HGB (→ Rn. 86) kaum praktische Bedeutung zu. Angerechnet werden könnte nämlich nur ein Nettobetrag, weil ein Hochrechnen des Arbeitslosengeldes in ein fiktives Bruttoeinkommen nicht stattfindet.[283] Umgekehrt findet keine Anrechnung der Karenzentschädigung auf das Arbeitslosengeld statt, da es sich hierbei nicht um Einkünfte aus einer Tätigkeit iSv § 141 SGB III handelt. Meldet sich der der AN nicht arbeitslos und bezieht er daher trotz Vorliegen der Leistungsvoraussetzungen kein Arbeitslosengeld, besteht wegen der Subsidiarität dieser Sozialleistung erst recht keine Möglichkeit, das hypothetische Arbeitslosengeld anzurechnen.[284] Theoretisch anrechenbar bleiben dagegen ein **Krankengeld** sowie ein **Kurzarbeitergeld,** weil es sich hierbei um Lohnersatzleistungen handelt.[285] Aber auch insoweit wird durchweg die Anrechnungsgrenze des § 74c I 1 HGB einer Berücksichtigung entgegenstehen. Anzurechnen ist ferner das Überbrückungsgeld nach § 57 SGB III aF (jetzt: Gründungszuschuss, § 93 SGB III) weil es aufgrund der Verwertung der Arbeitskraft geleistet wird.[286] Dagegen hat das BAG die Anrechnung von Übergangsgeld (nach der früheren Regelung des § 17 AVG) verneint.[287] 85

c) Anrechnungsgrenze. Die Anrechnung erfolgt nur innerhalb der in **§ 74c I 1 u. 2 HGB** festgelegten Grenzen.[288] Sie ist vorzunehmen, soweit die Karenzentschädigung unter Hinzurechnung des anderweitigen oder zu erzielenden Einkommens die letzten vertragsmäßigen Leistun- 86

---

[277] BAG 13.2.1996 AP Nr. 18 zu § 74c HGB = NZA 1996, 1039.
[278] Vgl. BAG 20.1.1967 AP Nr. 1 zu § 74c HGB = DB 1967, 779.
[279] BAG 25.6.1985 AP Nr. 11 zu § 74c HGB = NZA 1986, 194; 22.5.1990 AP Nr. 19 zu § 74c HGB = NZA 1990, 975; offengelassen bei BAG 23.11.2004 AP Nr. 75 zu § 74 HGB = NZA 2005, 411.
[280] BAG 14.9.2011 AP Nr. 22 zu § 74c HGB = NZA-RR 2012, 98.
[281] BAG 25.6.1985 AP Nr. 11 zu § 74c HGB = NZA 1986, 194.
[282] So auch LAG Köln 30.1.2014 NZS 2014, 396; aA *Bauer/Diller* Wettbewerbsverbote Rn. 788.
[283] BAG 15.1.2014 AP Nr. 86 zu § 74 HGB = NZA 2014, 536; 14.9.2011 NZA-RR 2012, 98; so auch bereits BAG 23.11.2004 AP Nr. 75 zu § 74 HGB = NZA 2005, 41 (zur Rechtlage vor Streichung des § 148 SGB III) sowie 27.11.1991 AP Nr. 22 zu § 4 TVG Nachwirkung = NZA 1992, 800 (zur Rechtslage unter Geltung von § 128a S. 3 AFG).
[284] Vgl. BAG 16.5.2000 AP Nr. 7 zu § 615 BGB Böswilligkeit = NZA 2001, 26; aA *Bauer/Diller* Wettbewerbsverbote Rn. 804; diese Frage hat aber ohnehin wegen der Anrechnungsgrenze in § 74c I 1 HGB kaum praktische Bedeutung.
[285] *Bauer/Diller* Wettbewerbsverbote Rn. 796.
[286] BAG 16.11.2005 AP Nr. 21 zu § 74c HGB = NJW 2006, 3227.
[287] BAG 7.11.1989 AP Nr. 15 zu § 74c HGB = NZA 1990, 397.
[288] Zur Berechnung vgl. BAG 20.4.1967 AP Nr. 20 zu § 74 HGB = DB 1967, 1415; 29.11.1968 AP Nr. 3 zu § 74a HGB = NJW 1969, 679.

gen um mehr als 1/10 übersteigen würde. Ist der AN durch das Wettbewerbsverbot gezwungen worden, seinen Wohnsitz zu verlegen, so tritt an die Stelle des Betrages von 1/10 der Betrag von 1/4. Mit der erhöhten Freigrenze sollen die Mehraufwendungen ausgeglichen werden, die dem AN durch den Umzug entstehen. Außerdem will die Regelung einen Anreiz schaffen, sich nach einer anderen Arbeit umzusehen.[289] Die erhöhte Anrechnungsgrenze gilt nur dann, wenn das Wettbewerbsverbot für den Wohnsitzwechsel des AN ursächlich ist. Darlegungs- und beweispflichtig hierfür ist der AN, der sich hierauf beruft. Eine Kausalität besteht dann, wenn der AN eine Arbeitsstelle außerhalb seines bisherigen Wohnortes antritt, weil er nur dort eine Tätigkeit ausüben kann, die nach Art, Vergütung und Aufstiegschance seiner bisherigen Tätigkeit nahe kommt.[290] Nicht ausreichend ist es, wenn am früheren Wohnsitz überhaupt keine Wettbewerbstätigkeit in Betracht gekommen wäre.[291] Nach dem Sinn und Zweck der Regelung ist auch schon die Begründung eines zweiten Wohnsitzes ausreichend; es muss nicht zwingend der Lebensmittelpunkt der Familie verlegt werden.[292] Bei einem erst mit einer Verzögerung durchgeführten Wohnsitzwechsel gilt die erhöhte Anrechnungsgrenze rückwirkend ab Beginn des Karenzzeitraums.[293]

87 Die Anrechnung erfolgt bei Einkünften aus unselbständiger Tätigkeit auf jede fällige Monatsrate. Dagegen kommt es nicht – wie bei § 615 BGB (hierzu → § 95 Rn. 80) – auf einen **Gesamtvergleich** für die Dauer des Wettbewerbsverbots zwischen anderweitigem Einkommen und Karenzentschädigung an.[294] Anders kann es dagegen bei Einkünften aus selbständiger Tätigkeit sein (→ Rn. 82).

88 **4. Auskunft.** Nach § 74c II HGB ist der AN verpflichtet, dem AG auf Anforderung über die Höhe seines Erwerbes, nicht dagegen über die des erzielbaren Verdienstes[295] Auskunft zu geben. Nur auf diese Weise kann der AG in die Lage versetzt werden, seiner Darlegungspflicht für den anderweitigen Erwerb des AN nachzukommen. Eine Auskunftspflicht schon vor Beendigung des Arbeitsverhältnisses über die künftige Tätigkeit besteht dagegen nicht; sie kann auch nicht wirksam vertraglich vereinbart werden.[296] Der Auskunftspflicht stehen auch nicht etwa Standespflichten zur Verschwiegenheit entgegen.[297] Der AN ist vorleistungspflichtig, so dass eine Zug-um-Zug-Verurteilung ausscheidet.[298] Bei Zweifeln an der Richtigkeit der Auskunft muss sie der AN belegen.[299] Zur Vorlage der Gewinn- und Verlustrechnung ist er bei selbständiger Tätigkeit nicht verpflichtet, wenn er bereit ist, seinen Einkommensteuerbescheid vorzulegen,[300] es sei denn, die Angaben in der zugrundeliegenden Einkommensteuererklärung sind von vornherein unglaubhaft.[301] Bis zur Erteilung der Auskunft hat der AG ein Leistungsverweigerungsrecht nach § 273 I BGB.[302] Der AN kann analog §§ 259, 260 BGB zur Ableistung einer eidesstattlichen Versicherung verpflichtet sein.[303] Erteilt er eine unrichtige Auskunft, so kann er sich nach § 263 StGB strafbar machen. An die Auskunftserteilung dürfen keine so hohen Anforderungen gestellt werden, dass der Anspruch auf monatliche Zahlungen gem. § 74b I HGB faktisch

[289] BAG 17.5.1988 AP Nr. 14 zu § 74c HGB = NZA 1989, 142; 23.2.1999 AP Nr. 20 zu § 74c HGB = NZA 1999, 936.
[290] BAG 23.2.1999 AP Nr. 20 zu § 74c HGB = NZA 1999, 936; 8.11.1994 AP Nr. 17 zu § 74c HGB = NZA 1995, 631; 10.9.1985 AP Nr. 12 zu § 74c HGB = NZA 1986, 329; 23.2.1982 AP Nr. 9 zu § 74c HGB = DB 1982, 1471; 17.12.1973 AP Nr. 2 zu § 74c HGB = NJW 1974, 767.
[291] BAG 8.11.1994 AP Nr. 17 zu § 74c HGB = NZA 1995, 631; 10.9.1985 AP Nr. 12 zu § 74c HGB = NZA 1986, 329; 23.2.1982 AP Nr. 9 zu § 74c HGB = DB 1982, 1471.
[292] MüKoHGB/*v. Hoyningen/Huene* § 74c Rn. 21; aA *Bauer/Diller* Wettbewerbsverbote Rn. 766.
[293] *Bauer/Diller* Wettbewerbsverbote Rn. 765.
[294] BAG 14.5.1969 AP Nr. 23 zu § 133f GewO = NJW 1970, 443; 16.11.1973 AP Nr. 34 zu § 74 HGB = NJW 1974, 765; *Mössner* RdA 1969, 111; bei unregelmäßigen Einkünften soll es bei dem Gesamtvergleich bleiben: LAG BW DB 1973, 1707.
[295] AA *Bauer/Diller* Wettbewerbsverbote Rn. 828.
[296] BAG 26.10.1978 AP Nr. 3 zu § 75a HGB = NJW 1979, 2166; 29.11.1968 AP Nr. 3 zu § 74a HGB = NJW 1969, 679; LAG Hamm 1.12.2009 ArbRAktuell 2010, 176 (LS).
[297] BAG 27.9.1988 AP Nr. 35 zu § 611 BGB Konkurrenzklausel = NZA 1989, 467.
[298] BAG 12.1.1978 AP Nr. 8 zu § 74c HGB = NJW 1978, 2215.
[299] BAG 25.2.1975 AP Nr. 6 zu § 74c HGB = NJW 1975, 1246.
[300] BAG 25.2.1975 AP Nr. 6 zu § 74c HGB = NJW 1975, 1246.
[301] BAG 27.2.2019 AP Nr. 23 zu § 74c HGB mAnm *Diller* = NZA 2019, 837.
[302] BAG 14.5.1969 AP Nr. 23 zu § 133f GewO = NJW 1970, 443; 12.1.1978 AP Nr. 8 zu § 74c HGB = NJW 1978, 2215 (wo aber auf § 320 BGB abgestellt wird); MüKoHGB/*v. Hoyningen-Huene* § 74c Rn. 28; *Bauer/Diller* Wettbewerbsverbote Rn. 839.
[303] *Bauer/Diller* Wettbewerbsverbote Rn. 842; hiervon geht das BAG wohl auch aus, vgl. BAG 25.2.1975 AP Nr. 6 zu § 74c HGB = NJW 1975, 1246.

vereitelt wird. Es ist aufgrund der Umstände des Einzelfalles nach Treu und Glauben zu beurteilen, wie detailliert die monatlichen Angaben sein müssen. Kann der AN noch keine endgültigen Angaben machen, muss er zunächst nur **vorläufige Auskünfte** geben.[304] Im Gegenzug hat er einen Anspruch auf lediglich vorläufige **Abschlagszahlungen** → Rn. 82). Der AG kann auf die Auskunftserteilung verzichten; das kann uU anzunehmen sein, wenn er die Karenzentschädigung für den ganzen Verbotszeitraum im Voraus bezahlt.[305] Die Vollstreckung des Auskunftsurteils erfolgt nach § 888 ZPO.

5. Fälligkeit, Verjährung, Verfallfristen. Die Karenzentschädigung ist gem. § 74b I HGB wie das Gehalt am Schluss eines jeden Monats, von der Beendigung des Arbeitsverhältnisses an gerechnet (also nicht: Kalendermonats) **fällig;** dies auch dann, wenn sie für das ganze Jahr vereinbart ist. Sie also monatlich zu zahlen. Die Vereinbarung längerer Zahlungsfristen ist unwirksam; es können jedoch kürzere Zahlungsziele vereinbart werden. Im Allgemeinen wird auch eine Zahlung für die ganze Dauer des Wettbewerbsverbots im Voraus zulässig sein,[306] zB wenn sich der AN selbständig machen will. Kann die Höhe der Leistungen wegen des anrechenbaren Verdienstes aus einer selbständigen Tätigkeit nur jährlich ermittelt werden, sind monatliche **Abschlagszahlungen** zu leisten und am Ende des Jahres ist eine endgültige Abrechnung vorzunehmen.[307] Ansonsten wäre der Zweck der Karenzentschädigung, die den Unterhalt des AN auf einem Mindestniveau sichern soll, nicht gewahrt. Der Zahlungsanspruch ist am Ort der Niederlassung des AG zu erfüllen (§ 269 BGB). Die Karenzentschädigung unterliegt der kurzen **Verjährungsfrist** (§ 195 BGB).[308] Zur insolvenzrechtlichen Einordnung → Rn. 48 f. Einer **tariflichen Verfallfrist** unterliegen im Zweifel nur die monatlich fällig werdenden Ansprüche, nicht aber das Stammrecht.[309] Eine Verfallklausel für alle beiderseitigen Ansprüche aus dem Arbeitsverhältnis und solchen, die mit dem Arbeitsverhältnis in Verbindung stehen, erfasst auch die monatlich fällig werdenden Ansprüche auf Karenzentschädigung.[310] Die Verfallfrist beginnt mit der Fälligkeit der Ansprüche idR auch dann, wenn nach dem Tarifvertrag ansonsten die Verfallfrist mit der Beendigung des Arbeitsverhältnisses zu laufen beginnt.[311] Die Vertragsparteien können die Wettbewerbsvereinbarung durch Ausgleichsquittung in einem **Aufhebungsvertrag** oder in einem gerichtlichen Vergleich aufheben, mit der Folge, dass der Anspruch auf die Karenzentschädigung entfällt (→ Rn. 94 f.). Bei einem unverbindlichen Wettbewerbsverbot (→ Rn. 54) liegt in einer solchen Regelung die Ausübung des dem AN zustehenden Wahlrechts.[312] Ob eine Ausgleichklausel in einem Aufhebungsvertrag auch Ansprüche aus einem nachvertraglichen Wettbewerbsverbot erfasst, ist gem. §§ 133, 157 BGB jeweils aufgrund des Wortlauts der Vereinbarung und der konkreten Umstände des Einzelfalles zu ermitteln.[313] Eine Klausel, die „alle Ansprüche aus dem Anstellungsverhältnis" ausschließt, betrifft im Zweifel auch Ansprüche auf eine Karenzentschädigung.[314] Bei Allgemeinen Geschäftsbedingungen sind insoweit auch das Transparenzgebot nach § 307 I 2 BGB sowie die Unklarheitenregel des § 305c II BGB zu beachten. Eine Klausel in einer Aufhebungsvereinbarung, die sich – ohne das Wettbewerbsverbot ausdrücklich zu erwähnen – auf alle Ansprüche aus dem Arbeitsverhältnis erstreckt, umfasst auch Ansprüche auf Einhaltung des nachvertraglichen Wettbewerbsverbots und auf Zahlung der Karenzentschädigung.[315] 89

6. Steuer und Sozialversicherung. Macht sich ein AN selbständig, so unterliegt die Karenzentschädigung nicht der Umsatzsteuer. Nach § 1 UStG sind nur solche Leistungen umsatzsteuerpflichtig, die ein Unternehmer im Rahmen seines Unternehmens erbringt. Die 90

304 BAG 2.6.1987 AP Nr. 13 zu § 74c HGB = NZA 1988, 130.
305 BAG 2.8.1968 AP Nr. 24 zu § 74 HGB = DB 1968, 2041.
306 Vgl. BAG 18.2.1967 AP Nr. 19 zu § 133f GewO = DB 1967, 1045.
307 BAG 2.6.1987 AP Nr. 13 zu § 74c HGB = NZA 1988, 130; *Bauer/Diller* Wettbewerbsverbote Rn. 823, 838.
308 BAG 3.4.1984 AP Nr. 44 zu § 74 HGB = NZA 1984, 354.
309 Vgl. BAG 22.6.2005 AP Nr. 183 zu § 4 TVG Ausschlussfristen; 17.6.1997 AP Nr. 2 zu § 74b HGB = NZA 1998, 258; 18.12.1984 AP Nr. 87 zu § 4 TVG Ausschlussfristen = NZA 1985, 219.
310 BAG 17.6.1997 AP Nr. 2 zu § 74b HGB = NZA 1998, 258.
311 Vgl. BAG 18.12.1984 AP Nr. 87 zu § 4 TVG Ausschlussfristen = NZA 1985, 219; 18.1.1969 AP Nr. 41 zu § 4 TVG Ausschlussfristen = DB 1969, 1200.
312 Vgl. BAG 7.9.2004 AP Nr. 11 zu § 75 HGB = NZA 2005, 1376 (LS).
313 Vgl. BAG 7.9.2004 AP Nr. 11 zu § 75 HGB = NZA 2005, 1376 (LS); 31.7.2002 AP Nr. 48 zu § 611 BGB Konkurrenzklausel; 31.7.2002 AP Nr. 74 zu § 74 HGB = NZA 2003, 100; 20.10.1981 AP Nr. 39 zu § 74 HGB = NJW 1982, 1479.
314 LAG BW 14.1.2014 – 15 Sa 24/13.
315 BAG 24.6.2009 AP Nr. 81 zu § 74 HGB = NZA-RR 2010, 536.

Karenzentschädigung ist die Gegenleistung für das Unterlassen der Konkurrenztätigkeit. Sie ist daher keine Abfindung, die wegen Auflösung des Arbeitsverhältnisses steuerfrei ist. Nach § 24 Nr. 1b EStG gehören zu den Einkünften Entschädigungen, die gewährt worden sind für die Aufgabe oder Nichtausübung einer Tätigkeit. Sie unterliegen nach § 34 EStG einem ermäßigten Steuersatz. Hierzu können auch Karenzentschädigungen von AN und Organmitgliedern gehören.[316] In Zweifelsfällen kann eine Anrufungsauskunft nach § 42e EStG erfolgen. Zweck der §§ 24, 34 EStG ist nicht die Privilegierung des Steuerpflichtigen. Vielmehr sollen die Nachteile ausgeglichen werden, die der Steuerpflichtige aufgrund der Steuerprogression erleiden würde. Im Allgemeinen wird daher nur dann ein ermäßigter Steuersatz in Betracht kommen, wenn die Karenzentschädigung in einem Einmalbetrag oder mit Periodenverschiebung gezahlt wird. Da bei AN aber grundsätzlich eine monatliche Zahlung erfolgt, wird die Karenzentschädigung regelmäßig voll steuerpflichtig sein.[317]

91 Eine Karenzentschädigung unterliegt nicht der Beitragspflicht in der **Sozialversicherung** und der **Arbeitslosenversicherung.** Sie ist kein Arbeitsentgelt iSv § 14 SGB IV.

92 **Arbeitslosengeldansprüche** werden durch die Karenzentschädigung nicht ausgeschlossen. Nach §§ 137, 138 SGB III hat Anspruch auf Arbeitslosengeld, wer arbeitslos ist, sich bei der Agentur für Arbeit arbeitslos gemeldet und die Anwartschaftszeit erfüllt hat (→ § 23 Rn. 1 ff.). Durch die Verpflichtung zur Wettbewerbsenthaltung wird die Verfügbarkeit auf dem Arbeitsmarkt nicht aufgehoben. Zur Frage der Anrechenbarkeit → Rn. 85.

93 **7. Pfändung.** Karenzentschädigungen sind in gleicher Weise wie Arbeitseinkommen pfändbar (§§ 850 ff. ZPO). Soweit Unpfändbarkeit vorliegt, kann der Anspruch auch nicht abgetreten werden (§ 400 BGB) oder gegen ihn nicht aufgerechnet werden (§ 394 BGB).[318] Karenzentschädigungen unterfallen dem Pfändungsschutz und damit dem Aufrechnungsverbot.

VI. Wegfall des Wettbewerbsverbots oder der Verpflichtung zur Zahlung einer Karenzentschädigung

94 **1. Aufhebungsvertrag.** Das Wettbewerbsverbot kann vor wie nach Beendigung des Arbeitsverhältnisses einverständlich aufgehoben werden.[319] Der Aufhebungsvertrag unterliegt keinen Formvorschriften.[320] Ein Aufhebungsvertrag ist nicht schon dann gegeben, wenn der AG auf die Einhaltung des Wettbewerbsverbots verzichtet und der AN zu diesem Verzicht schweigt. Vielmehr sind an die Auslegung einer die Verzichtserklärung konkludent akzeptierenden Willenserklärung strenge Anforderungen zu stellen. Dabei sind die Interessenlage und alle Umstände des Einzelfalles zu berücksichtigen. Aus der einvernehmlichen Auflösung des Arbeitsverhältnisses folgt nicht ohne weiteres, dass auch das Wettbewerbsverbot aufgehoben wird.[321]

95 Ansprüche aus einem Wettbewerbsverbot können insbesondere einvernehmlich durch eine Ausgleichsklausel in einem gerichtlichen oder einem außergerichtlichen **Vergleich** zur Beendigung eines Kündigungsrechtsstreits mit erfasst werden. Ob dies gewollt ist, muss jeweils im Einzelfall durch Auslegung gemäß den §§ 133, 157 BGB ermittelt werden[322] (hierzu auch → Rn. 94). Klauseln in Prozessvergleichen sind idR nichttypische Erklärungen. Abgeltungsklauseln in Aufhebungsverträgen sind im Interesse klarer Verhältnisse grundsätzlich weit auszulegen.[323] Fehlt eine entsprechende Einschränkung, erfassen sie regelmäßig auch Ansprüche aus einem nachvertraglichen Wettbewerbsverbot. Eine Klausel in einer Aufhebungsvereinbarung, die sich auf alle Ansprüche aus dem Arbeitsverhältnis erstreckt, umfasst auch Ansprüche aufgrund eines nachvertraglichen Wettbewerbsverbots,[324] erst recht bei einer Formulierung, wonach alle Ansprüche, seien sie bekannt oder unbekannt, erledigt sein sollen.[325] Keine Aufhebung des nachvertraglichen Wettbewerbsverbots ist allerdings die bloße Vereinbarung einer Freistellung

[316] BFH 12.6.1996 BFHE 180, 433 = NJW 1997, 151; 13.2.1987 BFHE 149, 182 = DB 1987, 1070.
[317] Vgl. BFH 16.3.1993 BFHE 170, 445 = DB 1993, 1269.
[318] Für einen GmbH-Geschäftsführer: OLG Rostock 9.6.1994 NJW-RR 1995, 173.
[319] BAG 8.3.2006 AP Nr. 79 zu § 74 HGB = NZA 2006, 854; 7.9.2004 AP Nr. 11 zu § 75 HGB = NZA 2005, 1376 (LS); 31.7.2002 AP Nr. 48 zu § 611 BGB Konkurrenzklausel; 10.1.1989 AP Nr. 57 zu § 74 HGB = NZA 1989, 797.
[320] BAG 10.1.1989 AP Nr. 57 zu § 74 HGB = NZA 1989, 797.
[321] LAG BW 22.9.1995 LAGE § 74 HGB Nr. 14 = NZA-RR 1996, 163.
[322] BAG 8.3.2006 AP Nr. 79 zu § 74 HGB = NZA 2006, 854; 31.7.2002 AP Nr. 74 zu § 74 HGB = NZA 2003, 100; 31.7.2002 AP Nr. 48 zu § 611 BGB Konkurrenzklausel.
[323] BAG 8.3.2006 AP Nr. 79 zu § 74 HGB = NZA 2006, 854.
[324] BAG 24.6.2009 AP Nr. 81 zu § 74 HGB = NZA-RR 2010, 536.
[325] LAG Köln 17.3.2011 NZA-RR 2011, 513.

während der Kündigungsfrist (anders als uU für das Wettbewerbsverbot nach § 60 HGB, → § 54 Rn. 5), erst recht nicht, wenn der AG außerdem noch auf die Anrechnung eines anderweitigen Verdienstes verzichtet.[326] Vielmehr muss der AG hinreichend zu erkennen geben, dass es ihm nicht darauf ankommt, auf welche Weise der Verdienst in diesem Zeitraum erzielt wird und auf welche Weise der AN im weiteren Verlauf seinen Lebensunterhalt verdient, also zB durch eine Konkurrenztätigkeit.

2. Verzicht. Vor Beendigung des Arbeitsverhältnisses kann der AG durch **einseitige Willenserklärung,** für die die Schriftform einzuhalten ist, auf das Wettbewerbsverbot verzichten (§ 75a HGB). Der Verzicht bewirkt, dass der AN sofort von einem Wettbewerbsverbot befreit wird, der AG dagegen bis zum Ablauf eines Jahres nach Zugang der Verzichtserklärung auf die Karenzentschädigung verhaftet bleibt, auch wenn der AN Konkurrenz treibt.[327] Maßgebend für den Fristbeginn ist dabei der Zugang der Verzichtserklärung, nicht dagegen der Zeitpunkt der Beendigung des Arbeitsverhältnisses.[328] Endet das Arbeitsverhältnis früher als zwölf Monate nach Erklärung des Verzichts, muss der AG eine anteilige Karenzentschädigung zahlen. Der Verzicht kann mit der Kündigung oder einem Aufhebungsvertrag verbunden werden. Der AG kann bis zur rechtlichen Beendigung des Arbeitsverhältnisses abwarten. Ebenso wenig wie bei einem Vergleich (→ Rn. 95) ist die einseitige Freistellung des AN von der Arbeit für sich genommen als Verzicht auf ein nachträgliches Wettbewerbsverbot anzusehen. Der Verzicht kann nicht als teilweiser Verzicht erklärt oder an einen Vorbehalt bzw. eine Bedingung geknüpft werden, durch die die Rechte des AG erweitert werden (§ 75d S. 2 HGB), insbesondere der Grundsatz der bezahlten Karenz umgangen wird.[329] Mittels des Verzichtes ist eine einseitige **Herabsetzung der Verbotsdauer** nicht möglich. Um zu verhindern, dass der AG die Regelung von § 75a HGB umgeht, sind Verpflichtungen des AN, Auskunft über die künftige Berufstätigkeit zu geben, unwirksam.[330] Erteilt der AN Auskünfte über seine künftige Berufstätigkeit und erklärt der AG daraufhin, bei welchen AG der AN nicht tätig werden dürfe, kann ein Verzicht gegen Treu und Glauben verstoßen.[331] Dasselbe gilt dann, wenn der AG den Rechtsschein erweckt, er werde nicht verzichten. Das Verzichtsrecht ist zum Nachteil des AG abdingbar. 96

3. Kündigung des Arbeitnehmers. Das Wettbewerbsverbot wird unwirksam, wenn der AN aus wichtigem Grund das Arbeitsverhältnis **außerordentlich kündigt** und vor Ablauf eines Monats nach der Kündigung **schriftlich** erklärt, dass er sich an die Vereinbarung nicht gebunden erachte (§ 75 I HGB). Voraussetzung des Lossagungsrechts ist, dass für den AN die Voraussetzungen einer außerordentlichen Kündigung (§ 626 BGB) bestehen. Hierzu gehört auch die Einhaltung der Frist von § 626 II BGB. Die Erklärung des AN muss eindeutig sein. Sie muss binnen Monatsfrist abgegeben werden und dem AG zugehen (§ 130 BGB). Die Frist beginnt mit Zugang der der Kündigung. Sie wird durch einen Rechtsstreit über die Wirksamkeit der Kündigung nicht gehemmt.[332] Macht der AN von seinem Lossagungsrecht Gebrauch, so wird das Wettbewerbsverbot unwirksam; der AG kann dann keine Unterlassung und der AN keine Karenzentschädigung verlangen. 97

Liegen die **Voraussetzungen eines wichtigen Grundes** nicht vor oder hat der AN für die außerordentliche Kündigung die Frist des § 626 II BGB nicht eingehalten, so wird das Arbeitsverhältnis nicht mit sofortiger Wirkung beendet. Der AN bleibt nach § 60 HGB zur Wettbewerbsenthaltung verpflichtet. Wird das Arbeitsverhältnis danach durch ordentliche Kündigung beendet, gilt das nachvertragliche Wettbewerbsverbot. 98

4. Kündigung des Arbeitgebers. Kündigt der AG das Arbeitsverhältnis ordentlich, wird das Wettbewerbsverbot gem. § 75 II HGB unwirksam. Das bedeutet, dass der AN dann („in gleicher Weise") ein Wahlrecht nach § 75 I HGB hat. Das Wahlrecht des AN entfällt aber, mit der Folge, dass das Wettbewerbsverbot seine Wirksamkeit behält, wenn für die Kündigung ein erheblicher Anlass in der Person des AN vorlag oder wenn der AG sich bei Ausspruch der 99

---

326 Vgl. LAG Köln 17.3.2011 NZA-RR 2011, 513 m. insoweit zust. Anm. *Gromann* NZA-RR 2011, 514 (515).

327 BAG 17.2.1987 AP Nr. 4 zu § 75a HGB = NZA 1987, 453.

328 LAG Bln-Bbg 15.12.2016 ArbRAktuell 2017, 149 (LS); aA ErfK/*Oetker* HGB § 75a Rn. 4; nicht eindeutig BAG 25.10.2007 AP Nr. 3 zu § 12 KSchG 1969 = NJW 2008, 1466.

329 Vgl. hierzu BAG 29.11.1968 AP Nr. 3 zu § 74a HGB = NJW 1969, 679; 13.4.1978 AP Nr. 7 zu § 75 HGB = DB 1978, 1502.

330 BAG 29.11.1968 AP Nr. 3 zu § 74a HGB = NJW 1969, 679; 26.10.1978 AP Nr. 3 zu § 75a HGB = NJW 1979, 2166; LAG Hamm 1.12.2009 ArbRAktuell 2010, 176 (LS).

331 BAG 26.10.1978 AP Nr. 3 zu § 75a HGB = NJW 1979, 2166.

332 BAG 26.1.1973 AP Nr. 4 zu § 75 HGB = NJW 1973, 1717.

Kündigung bereit erklärt, während der Verbotsdauer die vollen, zuletzt vom AN bezogenen Vergütungen weiterzuzahlen. Ein erheblicher Anlass sind personen- oder verhaltensbedingte Gründe, die eine ordentliche verhaltens- oder personenbedingte Kündigung rechtfertigen.[333] Die nicht einseitig widerrufbare Zusage der vollen Karenzentschädigung muss spätestens bei Ausspruch der Kündigung mündlich oder schriftlich erfolgen.[334]

100 Kündigt der AG **berechtigt außerordentlich** wegen vertragswidrigen Verhaltens des AN, so verliert der AN nach dem Wortlaut von § 75 III HGB seinen Anspruch auf Karenzentschädigung. Das gleiche gilt, wenn der AG bei einem solchen Kündigungssachverhalt zwar nur eine ordentliche Kündigung erklärt, aber für den AN erkennbar ist, dass diese nur das mildere Mittel gegenüber der außerordentlichen Kündigung darstellt.[335] Das BAG hat die – vorkonstitutionelle – Regelung wegen Verstoßes gegen Art. 3 I GG für verfassungswidrig erklärt, weil der AN im Falle seiner außerordentlichen Kündigung nur ein Lossagerecht erlangt, während dem AG im Falle der außerordentlichen Kündigung ein entschädigungsloses Wettbewerbsverbot eingeräumt wird.[336] Die infolge der Verfassungswidrigkeit von § 75 III HGB entstandene Regelungslücke ist durch entsprechende Anwendung von § 75 I HGB zu schließen; dh im Falle der außerordentlichen Kündigung aus wichtigem Grund erlangt der AG gleichfalls lediglich ein Wahlrecht, ob er den AN am Wettbewerbsverbot festhalten will oder nicht.[337] Möchte er sich vom Wettbewerbsverbot lossagen, muss der AG klar zum Ausdruck bringen, dass er nicht nur keine Karenzentschädigung zahlen, sondern auch den AN von der Pflicht zur Wettbewerbsunterlassung entbinden will.[338] Hält er ihn daran fest, so ist er auch zur Zahlung einer Karenzentschädigung verpflichtet. Eine außerordentliche Kündigung des AG ist aber nur unter den Voraussetzungen von § 626 BGB zulässig.

101 Kündigt der AG ohne einen erheblichen Anlass, so erlangt („in gleicher Weise", § 75 II 1 HGB) der AN ein Wahlrecht wie im Fall des § 75 I HGB (→ Rn. 97), das binnen Monatsfrist ausgeübt werden muss, es sei denn der AG erklärt sich bei der Kündigung bereit, während der Dauer der Wettbewerbsbeschränkung die volle zuletzt bezogene Vergütung zu zahlen. Auf diese erhöhte Karenzentschädigung nach § 75 II 1 HGB ist die Anrechnungsregelung des § 74c HGB anwendbar.[339] Da es sich auch insoweit um eine Karenzentschädigung handelt, gelten die allgemeinen Grundsätze.

102 **5. Aufhebungsvertrag.** § 75 HGB ist entsprechend anzuwenden, wenn das Arbeitsverhältnis durch ordentliche Kündigung oder einverständliche Aufhebung beendet wird, jedoch der die Auflösung Betreibende einen Grund zur außerordentlichen Kündigung hatte und bei Lösung des Arbeitsverhältnisses den Vertragsgegner darauf hinweist, dass er einen außerordentlichen Kündigungsgrund für sich beansprucht.[340] Allerdings ist auch in diesem Fall die Frist des § 626 II BGB zu beachten, die den Schutz des anderen Vertragsteils bezweckt. Wenn der AG einen Grund für eine außerordentliche Kündigung annimmt, muss er daher innerhalb von zwei Wochen ab Kenntnis auf die Pflichtverletzung hinweisen und zumindest auf den Abschluss eines Aufhebungsvertrags hinwirken bzw. eine ordentliche Kündigung aussprechen, um die Rechte nach § 75 HGB in gleicher Weise wie bei einer außerordentlichen Kündigung wahren zu können.[341] Werden dem AG die Kündigungsgründe erst kurz vor oder nach Beendigung des

[333] *Bauer/Diller* Wettbewerbsverbote Rn. 665.
[334] *Bauer/Diller* Wettbewerbsverbote Rn. 672.
[335] BAG 15.1.2014 AP Nr. 86 zu § 74 HGB = NZA 2014, 536; 18.11.1967 AP Nr. 21 zu § 74 HGB = DB 1968, 577.
[336] BAG 7.7.2015 AP Nr. 87 zu § 74 HGB = NZA 2015, 1253; 23.2.1977 AP Nr. 6 zu § 75 HGB = NJW 1977, 1357; s. auch schon BAG 26.10.1973 AP Nr. 5 zu § 75 HGB = NJW 1974, 1013; dazu *Gumpert* BB 1977, 847; für den Bereich der neuen Bundesländer ist die Anwendung von § 75 III HGB durch Einigungsvertrag vom 31.8.1990 (BGBl. II 889, 959) ausgeschlossen worden.
[337] BAG 7.7.2015 AP Nr. 87 zu § 74 HGB = NZA 2015, 1253; 15.1.2014 AP Nr. 86 zu § 74 HGB = NZA 2014, 536; 23.11.2004 AP Nr. 75 zu § 74 HGB = NZA 2005, 411; 19.5.1998 AP Nr. 10 zu § 75 HGB = NZA 1999, 37; Ausnahme: Der AG braucht keine besondere Erklärung abzugeben, wenn er bereits zuvor verzichtet hat: BAG 17.2.1987 AP Nr. 4 zu § 75a HGB = NZA 1987, 453.
[338] BAG 15.1.2014 AP Nr. 86 zu § 74 HGB = NZA 2014, 536; 13.4.1978 AP Nr. 7 zu § 75 HGB = DB 1978, 1502.
[339] *Bauer/Diller* Wettbewerbsverbote Rn. 675 mwN.
[340] BAG 15.1.2014 AP Nr. 86 zu § 74 HGB = NZA 2014, 536; 24.4.1970 AP Nr. 25 zu § 74 HGB = DB 1970, 1790; 18.11.1967 AP Nr. 21 zu § 74 HGB = DB 1968, 577; 24.9.1965 AP Nr. 3 zu § 74 HGB = NJW 1966, 123; 2.12.1963 AP Nr. 2 zu § 75 HGB = NJW 1964, 610; 26.9.1963 AP Nr. 1 zu § 75 HGB = NJW 1964, 317; Baumbach/Hopt/*Roth* HGB § 75 Rn. 6; *Bauer/Diller* Wettbewerbsverbote Rn. 651; aA MüKoHGB/*v. Hoyningen-Huene* § 75 Rn. 22; *Wertheimer* NZA 1997, 523.
[341] *Bauer/Diller* Wettbewerbsverbote Rn. 651 f.

Arbeitsverhältnisses bekannt, so kann er binnen angemessener Frist noch nach § 75 III HGB die Verpflichtung zur Zahlung der Karenzentschädigung beseitigen.[342] Wird zunächst gekündigt, dann aber ein Aufhebungsvertrag wegen des Arbeitsverhältnisses geschlossen, so beginnt die Lossagefrist nach § 75 I HGB mit der Kündigung.[343] Zur **Anfechtung** des Arbeitsvertrages mit der Folge des Bestehens eines sog. fehlerhaften Arbeitsverhältnisses → Rn. 33.

6. Allgemeine Vertragsrechte. Da es sich bei der Wettbewerbsvereinbarung um einen gegenseitigen Vertrag handelt, finden im Fall von Unmöglichkeit und Verzug die Regelungen über Leistungsstörungen gem. §§ 320 ff. BGB Anwendung (hierzu → Rn. 30 ff.). **103**

VII. Vertragsstrafe zur Sicherung des Wettbewerbsverbots

1. Wirksame Vereinbarung einer Vertragsstrafe. Grundsätzlich sind Vertragsstrafenabreden in Arbeitsverträgen zulässig, und zwar trotz § 309 Nr. 6 BGB auch in formularmäßigen Arbeitsverträgen (Einzelheiten → § 57 Rn. 7 ff.). Dies folgt aus der angemessenen Berücksichtigung der im Arbeitsrecht geltenden Besonderheiten nach § 310 IV 2 BGB.[344] Für Wettbewerbsverbote ergibt sich die Zulässigkeit von Vertragsstrafenabreden zudem aus § 75c HGB. Der Gesetzgeber hat diese Bestimmung ausdrücklich bestätigt, indem § 110 S. 2 GewO in der seit dem 1.1.2003 geltenden Fassung die Erweiterung des Geltungsbereichs der §§ 74 ff. HGB auf alle Arbeitsverträge ausdrücklich normiert hat.[345] Der AG hat wegen der Schwierigkeit der Schadensberechnung auch ein anerkennenswertes Interesse an einer Vertragsstrafe. Vertragsstrafenvereinbarungen zur Sicherung von Wettbewerbsverboten sind aber an § 307 BGB zu messen. Die Vereinbarung muss die auslösende Pflichtverletzung so klar bestimmen, dass sich der Versprechende in seinem Verhalten darauf einstellen kann. Außerdem muss die Strafe der Höhe nach klar und bestimmt sein.[346] Ansonsten ist die Vereinbarung wegen eines Verstoßes gegen das **Transparenzgebot** gem. § 307 I 2 BGB unwirksam. Eine unangemessene Benachteiligung nach § 307 I 1 BGB kann ferner aus der Höhe der Vertragsstrafe folgen. Dabei führt eine **zu hohe Vertragsstrafe** zu einer Unwirksamkeit der Klausel, weil das AGB-Recht eine geltungserhaltende Reduktion nicht vorsieht.[347] Eine Herabsetzung der Vertragsstrafe nach § 343 BGB findet daher nur bei einer wirksam vereinbarten Vertragsstrafe statt, insbesondere bei Individualvereinbarungen. Sie setzt die Gültigkeit der Vertragsstrafenabrede voraus (hierzu → § 57 Rn. 16 f.).[348] **104**

Für die Abrede ist nach § 74 HGB die **Schriftform** erforderlich, weil sie Bestandteil der formbedürftigen Wettbewerbsabrede ist.[349] **105**

Für **Auszubildende** scheidet eine Vertragsstrafenvereinbarung gem. § 12 II 2 Nr. 2 BBiG generell aus, und zwar auch soweit, als mit dem Auszubildenden gem. § 12 I 2 BBiG ein Arbeitsverhältnis begründet wird (zur Zulässigkeit solcher Vereinbarungen → § 174 Rn. 35) und das Wettbewerbsverbot nur für die Zeit nach Beendigung dieses Arbeitsverhältnisses gelten soll.[350] **106**

2. Inhalt der Vertragsstrafenvereinbarung. Im Wege der Auslegung des Vertragsstrafenversprechens (§§ 133, 157 BGB) ist zu ermitteln, ob die Vertragsstrafe für jeden einzelnen Fall der Zuwiderhandlung während der Karenzzeit, für Zuwiderhandlungen während bestimmter, im Einzelnen festzulegender Zeiträume oder für Zuwiderhandlungen während der ganzen Karenzzeit geschuldet wird. Anhaltspunkte ergeben sich aus der Höhe der Vertragsstrafe. Vertragsstrafenregelungen in Allgemeinen Geschäftsbedingungen sind aber an den §§ 305c, 307 BGB zu messen (→ Rn. 104). Bei typischen Dauerverstößen (zB Tätigkeit für Wettbewerber, Beteiligung an einem Konkurrenzunternehmen) ist klarzustellen, wann eine Vertragsstrafe verwirkt sein soll. Um die mit einer Unterscheidung zwischen Einzelverstößen und Dauerverstößen vorkommenden Unschärfen zu vermeiden, sollte auf die einzelne Pflichtverletzung abgestellt **107**

---

[342] BAG 2.12.1963 AP Nr. 2 zu § 75 HGB = NJW 1964, 610.
[343] BAG 26.1.1973 AP Nr. 4 zu § 75 HGB = NJW 1973, 1717.
[344] BAG 14.8.2007 AP Nr. 28 zu § 307 BGB = NZA 2008, 170; 3.3.2004 AP Nr. 3 zu § 309 BGB = NZA 2004, 727.
[345] *Diller* NZA 2005, 250 (254).
[346] BAG 14.8.2007 AP Nr. 28 zu § 307 BGB = NZA 2008, 170; *Schramm* NJW 2008, 1494.
[347] BAG 3.3.2004 AP Nr. 3 zu § 309 BGB = NZA 2004, 727.
[348] Abw. unter Berufung auf § 75c HGB: *Diller* NZA 2005, 250 (254).
[349] MüKoHGB/*v. Hoyningen-Huene* § 75c Rn. 2; *Bauer/Diller* Wettbewerbsverbote Rn. 932.
[350] *Bauer/Diller* Wettbewerbsverbote Rn. 561.

werden. Dabei kann auch bei Einzelverstößen eine erhebliche Vertragsstrafe vereinbart sein, wenn der AN schon durch einzelne Wettbewerbshandlungen die schutzwerten Belange des AG verletzen kann (zB Weitergabe von Betriebsgeheimnissen).[351] Ist die Vertragsstrafe für jeden Fall der Zuwiderhandlung vereinbart, so kann die Vertragsauslegung im Falle von Dauerverstößen ergeben, dass die Strafe für jeden Monat der Zuwiderhandlung geschuldet wird.[352] Ob eine Vertragsstrafe voraussetzt, dass der AN während der gesamten Karenzzeit Wettbewerb betreibt, oder ob schon Wettbewerbsverstöße während eines Teils der Zeit ausreichen sollen, ist durch Auslegung der Vereinbarung zu ermitteln.[353]

108 **3. Verwirkung der Vertragsstrafe.** Die Vertragsstrafe ist zu leisten, wenn der AN gegen das wirksam vereinbarte Wettbewerbsverbot verstoßen hat. Darlegungs- und beweispflichtig hierfür ist der AG. Weitere Anspruchsvoraussetzung ist ein **Verschulden** des AN, der sich allerdings gem. § 280 I 2 BGB entlasten muss.[354]

109 **4. Vertragsstrafe bei Karenzentschädigung.** Ist das Wettbewerbsverbot, wie im Regelfall, nur bei Vereinbarung einer Karenzentschädigung wirksam, so kann der AG gem. § 75c I 1 HGB bei Wettbewerbsverstoß für den jeweils betroffenen Zeitraum die Rechte aus § 340 BGB geltend machen. Er hat ein Wahlrecht, ob er Erfüllung verlangt (§ 340 I 1 BGB) oder statt der Erfüllung die vereinbarte Vertragsstrafe begehrt (§ 340 I 1 BGB). Entscheidet sich der AG für die Geltendmachung der Vertragsstrafe, kann er daneben Ersatz eines auf dem Wettbewerbsverstoß beruhenden weiteren Schadens fordern (§ 340 II BGB). Verlangt er die Vertragsstrafe, so ist für die Vergangenheit der Anspruch auf Erfüllung ausgeschlossen (§ 340 I 2 BGB); dagegen können für die Zukunft im Falle weiterer Verstöße erneut Erfüllungsansprüche geltend gemacht werden.[355] Eine Ausnahme kann dann gegeben sein, wenn die Vertragsstrafe für die ganze Karenzzeit geschuldet wird. In diesen Fällen kann bei Verlangen der Vertragsstrafe der Erfüllungsanspruch insgesamt untergehen.

110 **5. Vertragsstrafe ohne Karenzentschädigung.** Nachdem die Bestimmung in § 75b HGB, die Ausnahmen von der Pflicht zur Vereinbarung einer Karenzentschädigung vorsah, vom BAG für verfassungswidrig erklärt[356] und vom Gesetzgeber mit dem 1.1.2002 aufgehoben wurde, bleibt für § 75c II HGB kein Anwendungsbereich. Die Regelung ist damit gegenstandslos geworden.

111 **6. Höhe und Herabsetzung der Vertragsstrafe.** Die Parteien müssen die **Höhe der Vertragsstrafe** festsetzen. Sie können ihre Festsetzung auch in das Ermessen eines Dritten stellen; im Rahmen von allgemeinen Geschäftsbedingungen dürfte eine solche Vereinbarung allerdings an § 307 I 2 BGB scheitern. Auf keinen Fall kann die Festsetzung von vornherein dem Gericht übertragen werden.[357] Die Vertragsstrafe muss sich wegen ihrer Höhe nicht an der zu zahlenden Karenzentschädigung orientieren. Es braucht kein angemessenes Verhältnis zwischen der Vertragsstrafe und der Höhe der Karenzentschädigung zu bestehen.[358]

112 Der AN kann **Herabsetzung der Vertragsstrafe** begehren, wenn sie unverhältnismäßig hoch ist (§ 75c I 2 HGB iVm § 343 I 1 BGB). Nach Zahlung der Vertragsstrafe ist der AN damit aber ausgeschlossen (§ 343 I 3 BGB), es sei denn die Zahlung erfolgte unter Vorbehalt.[359] § 343 BGB ist eine Sonderregelung gegenüber § 138 BGB.[360] Scheitert eine Herabsetzung der Vertragsstrafe an § 343 BGB, zB weil der AN sie bereits gezahlt hat, kann er sich nicht etwa auf eine Sittenwidrigkeit der Vertragsstrafenregelung berufen. Ist aber eine Vertragsstrafe in allgemeinen Geschäftsbedingungen gem. § 307 I 1 BGB unwirksam, kann dies durch eine Herabsetzung der Strafe nicht mehr geheilt werden (→ Rn. 104). Ob eine Vertragsstrafe unangemessen hoch ist, ist durch eine Abwägung der Interessen von AG und AN zu ermitteln. Maßgebend sind insbesondere die in § 74a I HGB genannten Faktoren. Dabei ist jedes berechtigte Interesse des AG in Betracht zu ziehen (§ 343 I 2 BGB). Es sind also Schaden, Schwere und Dauer der

---

351 BAG 21.5.1971 AP Nr. 1 zu § 75c HGB = NJW 1971, 2007.
352 BAG 26.9.1963 AP Nr. 1 zu § 75 HGB = DB 1963, 1681.
353 BAG 30.4.1971 AP Nr. 2 zu § 340 BGB = NJW 1971, 2008.
354 Ausf. – auch zu § 619a BGB – *Bauer/Diller* Wettbewerbsverbote Rn. 909 ff.
355 Vgl. BAG 30.4.1971 AP Nr. 2 zu § 340 BGB = NJW 1971, 2008; 26.1.1973 AP Nr. 4 zu § 75 HGB = NJW 1973, 1717; Baumbach/Hopt/*Roth* HGB § 75c Rn. 3.
356 BAG 16.10.1980 AP Nr. 15 zu § 75b HGB = NJW 1981, 1174.
357 BGH 25.9.1980 AP Nr. 7 zu § 339 BGB = NJW 1981, 1799.
358 BAG 21.5.1971 AP Nr. 1 zu § 75c HGB = NJW 1971, 2007.
359 Palandt/*Grüneberg* BGB § 343 Rn. 5; *Bauer/Diller* Wettbewerbsverbote Rn. 952.
360 *Bauer/Diller* Wettbewerbsverbote Rn. 947.

Zuwiderhandlung, wirtschaftliche Verhältnisse, Fortkommenserschwerung usw. zu berücksichtigen. Auch kann es zur Vorbeugung sachgerecht sein, eine verhältnismäßig kurze Wettbewerbstätigkeit mit einer hohen Vertragsstrafe zu belegen. Nach dem Wortlaut des § 343 BGB ist für die Herabsetzung ein Antrag des Schuldners erforderlich. Insoweit reicht es allerdings aus, wenn der AN sich zB gegen eine eingeklagte Vertragsstrafe zur Wehr setzt und einwendet, dass er sie für zu hoch erachtet.

VIII. Ansprüche gegen Dritte

Der durch das Wettbewerbsverbot geschützte AG kann gegen Konkurrenten, die seinen ehemaligen AN in Kenntnis der Wettbewerbsabrede beschäftigen, nur dann vorgehen, wenn die Voraussetzungen von §§ 3, 4, 8 UWG, §§ 826, 823 BGB vorliegen. In diesen Fällen kommen Unterlassungs- und Schadensersatzansprüche in Betracht. Voraussetzung hierfür ist aber, dass ein wettbewerbswidriges Ausnutzen fremden Vertragsbruchs vorliegt, insbesondere um Kenntnis von Betriebs- oder Geschäftsgeheimnissen zu erlangen. Ein Indiz hierfür kann der Umstand sein, dass der neue AG dem AN die zu zahlende Vertragsstrafe erstattet. Ein unlauteres Handeln liegt nicht schon dann vor, wenn er den Vertragsbruch des Mitarbeiters ausnutzt, ohne ihn selbst dazu zu verleiten.[361] Noch weniger reicht es aus, wenn er das Wettbewerbsverbot lediglich kennt oder kennen muss.[362] **113**

IX. Geheime Wettbewerbsklauseln (Sperrabreden)

1. Begriff. Von **geheimen Wettbewerbs- oder Konkurrenzklauseln (Sperrabreden)** wird dann gesprochen, wenn sich zwei oder mehrere AG verpflichten, AN, die bei einem von ihnen angestellt waren, nicht oder nur unter gewissen Voraussetzungen einzustellen.[363] **114**

2. Rechtswirksamkeit. Das Gesetz verbietet derartige Abmachungen nicht schlechthin, sondern versagt ihnen lediglich den **Rechtsschutz,** indem es jedem AG den jederzeitigen Rücktritt eröffnet (§ 75f S. 1 HGB). Gem. § 75f S. 2 HGB lassen sich hieraus ferner keine prozessualen Rechte ableiten. Diese Bestimmung dient dem Schutz der AN, die in ihrem beruflichen Fortkommen nicht unangemessen behindert werden sollen.[364] Sie erfasst auch Wettbewerbsvereinbarungen zwischen Verleihern und Entleihern, durch die der Wechsel von AN vom Verleiher zum Entleiher verhindert werden soll.[365] § 75f HGB erfasst auch Vereinbarungen zwischen Unternehmen, sich nicht gegenseitig Arbeitskräfte abzuwerben. Solche Abwerbeverbote fallen allerdings dann nicht in den Anwendungsbereich von § 75f HGB, wenn sie nur Nebenbestimmungen der Vereinbarung sind und einem besonderen Vertrauensverhältnis der Vertragspartner oder einer besonderen Schutzbedürftigkeit einer der beiden Seiten Rechnung tragen. Das kann insbesondere für Risikoprüfungen beim Kauf eines Unternehmens oder einer Unternehmensbeteiligung der Fall sein. Ferner kann eine vergleichbare Situation bei einer Abspaltung von Unternehmensteilen und bei Vertriebsvereinbarungen zwischen selbständigen Unternehmen bestehen. Der zulässige Bindungszeitraum darf aber regelmäßig eine Frist von zwei Jahren nach Beendigung der Zusammenarbeit der Vertragspartner nicht überschreiten. Die Abrede darf außerdem nicht gegen das UWG verstoßen.[366] Geheime Konkurrenzklauseln sind rechtswidrig, wenn sie gegen die guten Sitten verstoßen (§ 138 BGB).[367] Darüber hinaus sind sie unwirksam, wenn die vertragsschließenden AG daran kein **berechtigtes Interesse** iSv § 74a I HGB haben. Die Einschränkung der Personalfluktuation oder die Wahrung des Lohn- und Gehaltsniveaus können nicht als berechtigtes Interesse anerkannt werden. Vielmehr werden Sperrabreden nur dann anzuerkennen sein, wenn derartige Klauseln aus echten wettbewerbsrechtlichen Gründen abgeschlossen werden. **115**

3. Vertragsstrafe. Zur Einhaltung geheimer Wettbewerbsverbote vereinbarte Vertragsstrafen können aufgrund der Regelung des § 75f S. 2 HGB ebenfalls nicht gerichtlich durchgesetzt werden.[368] **116**

---

361 Vgl. OLG Brandenburg 6.3.2007 NZA-RR 2008, 79.
362 BGH 11.1.2007 BGHZ 171, 73 = NJW 2007, 2999; *Bauer/Diller* Wettbewerbsverbote Rn. 898.
363 Ausf. hierzu *Hartmann* ZfA 2019, 486.
364 BGH 13.10.1972 AP Nr. 1 zu § 75f HGB = DB 1973, 423.
365 BGH 30.4.1974 NJW 1974, 1330.
366 BGH 30.4.2014 BGHZ 201, 205 = NZA 2015, 111; ausf. hierzu *Naber* DB 2014, 2945; krit. *Hartmann* ZfA 2019, 486; aA ErfK/*Oetker* HGB § 75f Rn. 1.
367 MüKoHGB/*v. Hoyningen-Huene* § 75f Rn. 8.
368 OLG Frankfurt 18.1.1972 DB 1972, 292; BGH 30.4.1972 NJW 1974, 1282.

117 **4. Schadensersatz.** Wird einem AN durch geheime Konkurrenzklauseln das Fortkommen wesentlich erschwert oder unmöglich gemacht, so kann er von seinem ehemaligen AG wegen Verletzung nachfolgender Fürsorgepflicht (§ 280 BGB) oder Verstoßes gegen die guten Sitten (§ 826 BGB) Schadensersatz verlangen.[369] Er hat die Anspruchsvoraussetzungen darzulegen und zu beweisen, also den Bestand der Konkurrenzklausel, dass er ohne deren Bestand eingestellt worden wäre und sie ihn unbillig beschwert.

[369] MüKoHGB/*v. Hoyningen-Huene* § 75f Rn. 10.

5. Abschnitt. Vertragsstrafen

§ 56. Strafabreden

Übersicht

I. Allgemeines

Erfüllen die Parteien ihre arbeitsvertraglichen Pflichten nicht, können Schadensersatzansprü- 1
che entstehen (→ § 59 Rn. 1 ff., → § 60 Rn. 1 ff.). Des Weiteren kann sich bei einer Pflichtverletzung des AN für den AG ein Recht zur ordentlich, uU auch außerordentlich Kündigung ergeben (→ § 127 Rn. 1 ff., → § 133 Rn. 1 ff.). Diese Rechtsfolgen entsprechen nicht immer der Interessenlage. Deshalb werden arbeitsvertraglichen Pflichten häufig durch **Vertragsstrafenabreden** oder **pauschalierte Schadensersatzversprechen** gesichert. Letzteres ist eine Abrede sui generis.[1] Die Vertragsstrafenabrede stellt einerseits ein Zwangsmittel gegenüber dem Schuldner dar, andererseits soll sie dazu dienen, dem Gläubiger bei Leistungsstörungen die Durchsetzung von Schadenersatzforderungen zu erleichtern und zu sichern. Besteht dagegen der alleinige Zweck einer Zahlungsvereinbarung darin, einer Vertragspartei den Schadensnachweis zu ersparen, liegt eine Vereinbarung über pauschalierten Schadensersatz vor, auf welche die §§ 339 ff. BGB keine Anwendung finden.[2] Ausgeschlossen sind Vertragsstrafenvereinbarungen mit den zu ihrer Berufsausbildung beschäftigten Personen (§ 12 II Nr. 2 BBiG).

II. Strafbefugnis

Allein aufgrund des Arbeitsvertrags steht dem AG eine Strafbefugnis nicht zu. Die früheren 2
gesetzlichen Sonderbestimmungen über die Strafen im Arbeitsrecht[3] und die polizeiliche und ordnungsbehördliche Rückführung von AN an den Arbeitsplatz (§ 127d GewO idF vom 26.7.1900) sind **Rechtsgeschichte.** Im **modernen Arbeitsrecht** finden sich zur Sicherung der arbeitsvertraglichen Erfüllungsansprüche vor allem Vertragsstrafenabreden (→ § 57 Rn. 1 ff.) sowie gelegentlich noch Betriebsbußordnungen (→ § 58 Rn. 1 ff.).

§ 57. Vertragsstrafe

Übersicht

I. Überblick

1. Selbständiges und unselbständiges Strafversprechen. Die Vertragsstrafe iSd §§ 339 ff. 1
BGB ist ein **unselbständiges Strafversprechen.** Hierbei handelt es sich um ein Leistungsverspre-

[1] Dazu BAG 14.12.1966 AP Nr. 26 zu § 138 BGB; BGH 8.10.1969 NJW 1970, 29; LAG Bln AP Nr. 8 zu § 339 BGB; *Beuthien* FS Larenz, 1973, 495.
[2] Vgl. BAG 16.5.1984 – 7 AZR 162/81.
[3] Vgl. §§ 134b, 134c, 139 GewO idF vom 26.7.1900; § 13 Vorl. LAO, § 80 II BRG von 1920; §§ 27, 28 AOG.

chen, das unter der aufschiebenden Bedingung der Nichterfüllung oder nicht gehörigen Erfüllung der dem Schuldner obliegenden Verpflichtungen steht.[1] Ein unselbständiges Strafversprechen setzt eine Verpflichtung zur Leistung, dh eine wirksame Hauptverpflichtung voraus (Akzessorietät).[2] Die Vertragsstrafe ist vom Gesetzgeber mit einer doppelten **Zielrichtung** geschaffen worden. Sie soll einmal als Druckmittel den Schuldner zur ordnungsgemäßen Erbringung der versprochenen Leistung anhalten. Zum anderen soll sie dem Gläubiger im Verletzungsfall die Möglichkeit einer erleichterten Schadloshaltung ohne Einzelnachweis eröffnen.[3]

2 Von der Vertragsstrafe ist das **selbständige Strafversprechen** abzugrenzen. Es wird für den Fall der Vornahme oder Nichtvornahme einer Handlung versprochen, ohne dass sich der Schuldner zur Nichtvornahme oder Vornahme verpflichtet. Handeln oder Unterlassen werden mithin nur in Aussicht gestellt, ohne dass der Gläubiger die Möglichkeit hat, auf Erfüllung zu klagen. Es fehlt demnach eine erzwingbare Hauptverbindlichkeit.[4] Im Arbeitsrecht kommen selbständige Strafversprechen bei Vorverhandlungen für den Fall des Nichtabschlusses eines Arbeitsvertrags in Betracht.[5] Der Ausdruck „Strafe" ist ungenau, weil die Nichtvornahme bzw. Vornahme einer Handlung, zu der man nicht verpflichtet ist, kein Unrecht ist und die Strafe keine Unrechtsfolge darstellt. Das selbständige Strafversprechen ist mithin eine Art Entschädigung für nicht erfüllte Erwartungen, also eine Garantieleistung. Im Gesetz ist das selbständige Strafversprechen in § 343 II BGB erwähnt.

3 **2. Mitbestimmung.** Vertragsstrafenvereinbarungen können nach § 87 I Nr. 1 BetrVG mitbestimmungspflichtig sein, wenn sie als Sanktionsmittel zur **Ordnung des Betriebs** eingesetzt werden.

II. Selbständiges Strafversprechen

4 **1. Wirksamkeitsvoraussetzungen.** Selbständige Strafversprechen können für den Fall vereinbart werden, dass es nicht zum Abschluss eines Arbeitsvertrags kommt, oder in unbefristeten Arbeitsverhältnissen, wenn es vor Ablauf einer bestimmten Zeit gekündigt wird. Ein selbständiges Strafversprechen ist unwirksam, wenn der AN bei einem auf unbestimmte Zeit geschlossenen Arbeitsvertrag für den Fall einer vertraglich eingeräumten kürzeren fristgemäßen Eigenkündigung eine „Abfindung" zahlen soll. Denn hier verletzt der AN durch die Eigenkündigung keine Vertragspflicht. Die Klausel enthält vielmehr eine unzulässige Kündigungsbeschränkung zulasten des AN (§§ 622 VI, 134 BGB), und zwar auch dann, wenn der AG bei einer fristgerechten Kündigung seinerseits ebenfalls eine Abfindung zahlen soll, deren Betrag sogar höher ist.[6]

5 **2. Rechtsfolgen.** Wegen der Rechtsähnlichkeit mit der unselbständigen Vertragsstrafe können einige Vorschriften der §§ 339 ff. BGB entsprechend angewandt werden. Hat keine der Parteien den Nichteintritt der in Aussicht genommenen Leistung zu vertreten (§ 276 BGB), entfällt auch die selbständige Vertragsstrafe (§ 339 BGB entsprechend), es sei denn, dass ausdrücklich oder stillschweigend etwas anderes vereinbart wird. Die vereinbarte Strafe kann nach § 343 II BGB herabgesetzt werden, wenn sie unverhältnismäßig hoch ist. Durch die selbständige Vertragsstrafe darf kein indirekter Rechtszwang zur Erfüllung gesetzlich verbotener Leistungen ausgeübt werden.

III. Vertragsstrafe

6 **1. Vereinbarung.** Das unselbständige Strafversprechen setzt das Bestehen einer Hauptverbindlichkeit voraus, die gesichert werden soll. Vertragsstrafen bedürfen einer besonderen Vereinbarung. Sie kann im Einzelarbeitsvertrag, aber auch in einem Tarifvertrag enthalten sein.[7] Mit **Auszubildenden** können nach § 12 II BBiG keine Vertragsstrafen vereinbart werden.[8] Das Verbot gilt auch für die in § 26 BBiG genannten Personen, insbes. Anlernlinge, Volontäre und

[1] *Preis/Stoffels* AR-Blattei SD 1710 Rn. 12.
[2] *Niemann* RdA 2013, 93.
[3] BGH 18.11.1982 NJW 1983, 385; BAG 23.5.1984 AP Nr. 9 zu § 339 BGB = NZA 1984, 255; 18.9.1991 AP Nr. 14 zu § 339 BGB = NZA 1992, 215; 27.5.1992 EzA Nr. 8 zu § 339 BGB.
[4] BGH 18.12.1981 NJW 1982, 759.
[5] ErfK/*Müller-Glöge* BGB §§ 339–355 Rn. 2.
[6] BAG 6.9.1989 AP Nr. 27 zu § 622 BGB = NZA 1990, 147.
[7] Dazu *Groß*, Vertragsstrafen des Arbeitnehmers und Grenzen ihrer Vereinbarungsfähigkeit, 2004, 67; *Preis/Stoffels* AR-Blattei SD 1710 Rn. 4 ff.
[8] *Niemann* RdA 2013, 93.

Praktikanten.[9] Es bezieht sich allerdings nur auf solche Abreden, die sich in dem Ausbildungsverhältnis selbst auswirken.[10] Das Verbot gilt aber nicht für die Absicherung des Arbeitsverhältnisses nach Ende des Ausbildungsverhältnisses. Gem. § 12 I 2 BBiG kann deshalb innerhalb der letzten sechs Monaten des Ausbildungsverhältnisses eine Vertragsstrafe für den Fall des Nichtantritts des für die Zeit danach vereinbarten Arbeitsverhältnisses vereinbart werden.[11] Nach der Rechtsprechung des BAG sind auch die Betriebspartner befugt, in einer **Betriebsvereinbarung** Vertragsstrafen zu regeln. Hierin darf allerdings ungünstigeren einzelvertraglichen Vertragsstrafenversprechen kein Vorrang eingeräumt werden.[12] Die Betriebsparteien können keine Vereinbarung treffen, durch die sich der AG verpflichtet, an den BR im Falle der Verletzung von Mitbestimmungsrechten eine Vertragsstrafe zu bezahlen. Der BR besitzt hierfür nicht die erforderliche Vermögens- und Rechtsfähigkeit.[13] Auch eine Vereinbarung zwischen AG und BR, wonach der AG bei der Verletzung von Mitbestimmungsrechten an einen Dritten eine Vertragsstrafe zu zahlen hat, ist unwirksam.[14]

2. Wirksamkeitsvoraussetzungen. a) Vertragsstrafen in Formulararbeitsverträgen. 7
Vertragsstrafen können in vorformulierten Arbeitsverträgen vereinbart werden. § 309 Nr. 6 BGB steht dem nicht entgegen. Die Besonderheiten des Arbeitsrechts erfordern nach der Rechtsprechung des BAG gem. § 310 IV 2 BGB die Möglichkeit, für den Fall des verschuldeten Vertragsbruchs Vertragsstrafen wirksam vereinbaren zu können.[15] Dies folgt mittelbar aus § 12 II Nr. 2 BBiG, der nur für Berufsausbildungsverhältnisse die Vereinbarung von Vertragsstrafen ausschließt. Zum anderen dient die Vertragsstrafe dem AG dazu, sich wirksam vor einem Vertragsbruch zu schützen, weil ihm regelmäßig der Nachweis eines konkreten Schadens nicht möglich sein wird.[16] Auch kann der AG nach § 888 III ZPO die Erfüllung der Arbeitspflicht nicht durch Zwangshaft oder Zwangsgeld durchsetzen. Hierin liegt eine Besonderheit des Arbeitsrechts.[17] Die in Formulararbeitsverträgen vereinbarten Vertragsstrafen müssen der Kontrolle nach § 305c I und § 307 I 2 BGB standhalten. Sie dürfen nicht an versteckter Stelle stehen[18] und müssen klar und verständlich formuliert sein.[19] Die Vereinbarung einer Vertragsstrafe in einem Arbeitsvertrag ist allerdings nicht bereits per se überraschend.[20] Nach der Rechtsprechung des Achten Senats des BAG ist bei der Prüfung der Wirksamkeit einer Vertragsstrafenvereinbarung zum Schutz des AN ein strenger Maßstab anzulegen.[21]

b) Bestimmtheitsanforderungen. Die vereinbarte Vertragsstrafe muss nicht nur die zu leistende Strafe, sondern auch die sie auslösende Pflichtverletzung gem. § 307 I 2 BGB so klar bezeichnen, dass sich der Versprechende in seinem Verhalten darauf einstellen kann.[22] **Allge-** 8

[9] ErfK/*Müller-Glöge* BGB §§ 339–355 Rn. 11.
[10] BAG 23.6.1982 AP Nr. 4 zu § 5 BBiG.
[11] *Kleinebrink* DB 2020, 170 (171); ErfK/*Müller-Glöge* BGB §§ 339–355 Rn. 11.
[12] BAG 6.8.1991 AP Nr. 52 zu § 77 BetrVG 1972 = NZA 1992, 177.
[13] BAG 29.9.2004 AP Nr. 81 zu § 40 BetrVG 1972 = NZA 2005, 123.
[14] BAG 19.1.2010 AP Nr. 49 zu § 99 BetrVG 1972 Versetzung = NZA 2010, 592.
[15] BAG 24.8.2017 AP Nr. 7 zu § 309 BGB = NZA 2018, 100; 17.3.2016 AP Nr. 6 zu § 309 BGB = NZA 2016, 945; 23.1.2014 AP Nr. 5 zu § 309 BGB = NZA 2014, 777; 4.3.2004 AP Nr. 3 zu § 309 BGB = NZA 2004, 727; ebenso *Annuß* BB 2002, 458 (463); *Gotthardt,* ArbR nach der Schuldrechtsreform, Rn. 227; ErfK/*Müller-Glöge* BGB §§ 339–355 Rn. 8; ErfK/*Preis* BGB §§ 305–310 Rn. 97; *Stoffels,* AGB-Recht, Rn. 912; iErg auch *Thüsing* NZA 2002, 591 (594); diff. nach einfachen Diensten und Diensten höherer Art: *Reinecke* DB 2002, 583 (586); *Reichenbach* NZA 2003, 309 (311); krit. DDW/*Däubler* BGB § 309 Nr. 6 Rn. 7 ff.; *v. Koppenfels* NZA 2002, 598 (599 ff.); gegen diese Begründung mit bedenkenswerter Argumentation *Niemann* RdA 2013, 93 (95), wonach der Anwendungsbereich des § 309 Nr. 6 BGB einheitlich im gesamten Geltungsbereich des § 888 III ZPO teleologisch zu reduzieren ist.
[16] So bereits BAG 23.5.1984 AP Nr. 9 zu § 339 BGB = NZA 1984, 255.
[17] BAG 21.4.2005 AP Nr. 3 zu § 307 BGB = NZA 2005, 1053; 4.3.2004 AP Nr. 3 zu § 309 BGB = NZA 2004, 727.
[18] Dazu LAG SchlH 2.2.2005 NZA-RR 2005, 351.
[19] *Hümmerich* NZA 2003, 753 (762); ErfK/*Müller-Glöge* BGB §§ 339–355 Rn. 12; *Gotthardt,* ArbR nach der Schuldrechtsreform, Rn. 325 ff.; zur Herabsetzung zu hoher Vertragsstrafen → Rn. 21 ff.
[20] *Günther/Nolde* NZA 2012, 62 (63).
[21] StRspr, zuletzt BAG 17.3.2016 AP Nr. 6 zu § 309 BGB = NZA 2016, 945; 23.1.2014 AP Nr. 5 zu § 309 BGB = NZA 2014, 777; krit. dagegen *Coester* FS Löwisch, 2007, 57 (68); *Diller* NZA 2008, 574; *Haas/Fuhlrott* NZA-RR 2010, 1 ff.; *Stoffels* ZfA 2009, 861 (884); ErfK/*Müller-Glöge* BGB §§ 339–355 Rn. 12a („bemerkenswert streng beurteilt“).
[22] BAG 24.8.2017 AP Nr. 7 zu § 309 BGB = NZA 2018, 100; 18.8.2005 AP Nr. 1 zu § 336 BGB = NZA 2006, 34.

meine Tatbestände ohne weitere Erläuterung, wie etwa „schuldhaft vertragswidriges Verhalten, das den AG zur fristlosen Kündigung veranlasst“[23] oder „im Falle eines gravierenden Vertragsverstoßes“[24] genügen nach der Rechtsprechung des BAG nicht dem Bestimmtheitsgebot. Gleiches gilt für die Formulierung „Nichteinhaltung des Vertrags“[25] oder „low performance“.[26] Die Bestimmtheit kann in diesen Fällen allerdings durch eine beispielhafte Nennung von Pflichtverstößen herbeigeführt werden.[27] Eine Vertragsstrafenregelung in einem **Lizenzspielervertrag,** die bei Vertragsverletzungen des Spielers als Vertragsstrafe einen Verweis, einen Ausschluss von Clubveranstaltungen sowie Geldbußen bis zur Höhe von einem Monatsgehalt – auch nebeneinander – vorsieht, verstößt nach Auffassung des LAG Düsseldorf gegen das Transparenzgebot des § 307 I 2 BGB und ist deshalb unwirksam.[28] Nicht hinreichend bestimmt ist nach Auffassung des BAG die Klausel in AGB, wonach der AG bei einer Verletzung des **Wettbewerbsverbots** „für jeden Fall der Zuwiderhandlung eine Vertragsstrafe in Höhe von zwei durchschnittlichen Brutto-Monatseinkommen verlangen (kann)“ und „im Falle einer dauerhaften Verletzung der Verschwiegenheitspflicht oder des Wettbewerbsverbotes „jeder angebrochene Monat als eine erneute Verletzungshandlung (gilt)“. Es sei nicht hinreichend klar (§ 307 I 2 BGB), wann eine sog. „dauerhafte Verletzung“ vertraglicher Pflichten vorliege, die zu einer monatlich erneut fällig werdenden Vertragsstrafe führe, und wann ein einmaliger Vertragsverstoß gegeben sei, der den nur eine einmalige Vertragsstrafe auslöse.[29] Eine Klausel, die zunächst mehrere Pflichtwidrigkeiten bezeichnet, die eine Vertragsstrafe auslösen, und dann bestimmt, „Als Vertragsstrafe wird für den Fall der **verspäteten Aufnahme der Arbeit,** der vorübergehenden Arbeitsverweigerung und der Auflösung des Arbeitsverhältnisses ohne Einhaltung der maßgeblichen Kündigungsfrist ein sich aus der Bruttomonatsvergütung nach vorstehendem § … zu errechnendes Bruttotagegeld für jeden Tag der Zuwiderhandlung vereinbart, insgesamt jedoch nicht mehr als das in der gesetzlichen Mindestkündigungsfrist ansonsten zu zahlende Arbeitsentgelt“ ist dagegen hinreichend bestimmt und führt nicht zu einer Übersicherung (dazu → Rn. 9).[30] Eine Vertragsstrafe, die für den Fall der rechtlichen **Beendigung des Vertrags durch den AN** versprochen wird, greift nicht im Fall einer Kündigung durch den AG. Dies auch dann nicht, wenn diese durch ein grob vertragswidriges Verhalten des AN veranlasst ist. Das Nichterbringen der vertraglich geschuldeten Leistung durch den AN stellt grundsätzlich keine Kündigung und damit auch keine Vertragsbeendigung dar.[31] Wenn ein Arbeitsverhältnis einer Lehrerin an einer Privatschule nur mit einer Frist von drei Monaten zum 31.1. oder 31.7. gekündigt werden kann, ist für den Fall der vertragswidrigen Beendigung wegen Nichteinhaltung der Kündigungsfrist eine Vertragsstrafe nicht unangemessen, deren Höhe sich nach dem **Verdienst bis zum Tage des Ablaufs der fristgerechten Kündigung** richtet und im konkreten Fall sechs Monatsverdienste betrug.[32] Ist als Vertragsstrafe das Entgelt für zwei Wochen bzw. einen Monat vorgesehen, steht aber mangels Vereinbarung einer bestimmten **Arbeitszeit (hier: „bis zu 195 Stunden im Monat“)** oder eines festen wöchentlichen oder monatlichen Entgelts nicht fest, welches Entgelt auf diesen Zeitraum entfällt, soll dies gegen das Bestimmtheitsgebot verstoßen, weil bei Vertragsschluss nicht hinreichend klar sei, welcher Betrag als Vertragsstrafe anfällt.[33]

9 **c) Berechtigtes Interesse und unzulässige Übersicherung.** Der AG muss ein berechtigtes Interesse an der Vertragsstrafe haben, damit die Vereinbarung nicht unangemessen iSv § 307 I 1 BGB ist.[34] Dabei ist ein generalisierender, überindividueller Prüfungsmaßstab und eine von den Besonderheiten des Einzelfalls losgelöste typisierende Betrachtungsweise zugrunde zu legen. Dies ist insbesondere der Fall, wenn die Sanktion außer Verhältnis zum Gewicht des Vertragsverstoßes und den Folgen für den Schuldner der Vertragsstrafe steht. Ist ein bestimmter Betrag als pauschale Sanktion vorgesehen, ohne dass nach Art, Gewicht und Dauer der Vertragsverstöße differenziert wird, kann die Unangemessenheit schon daraus folgen; eine solche Sanktion wäre nur dann

---

[23] BAG 21.4.2005 AP Nr. 3 zu § 307 BGB = NZA 2005, 1053; zu Recht krit. dazu *Bayreuther* NZA 2005, 1338; ErfK/*Müller-Glöge* BGB §§ 339–355 Rn. 12; WLP/*Stoffels* ArbR Rn. 227.
[24] BAG 18.8.2005 AP Nr. 1 zu § 336 BGB = NZA 2006, 34; abl. *Hanau* FS Konzen, 2006, 249 (254).
[25] *v. Westphalen/Thüsing,* Vertragsrecht und AGB-Klauselwerke, Arbeitsverträge Rn. 474.
[26] Ebenso ErfK/*Müller-Glöge* BGB §§ 339–355 Rn. 12a; aA *Tschöpe* BB 2006, 213 (221).
[27] BAG 18.8.2005 AP Nr. 1 zu § 336 BGB = NZA 2006, 34.
[28] LAG Düsseldorf 1.3.2006 – 4 Sa 1568/05.
[29] BAG 14.8.2007 AP Nr. 28 zu § 307 BGB = NZA 2008, 170; krit. dazu *Diller* NZA 2008, 574.
[30] BAG 28.5.2009 AP Nr. 6 zu § 306 BGB.
[31] BAG 23.1.2014 AP Nr. 5 zu § 309 BGB = NZA 2014, 777.
[32] LAG Bln-Bbg 19.12.2019 – 10 Sa 1319/19.
[33] LAG Bln-Bbg 30.10.2020 – 9 Sa 508/20.
[34] *Krause* FS Reuter, 2010, 627 (636).

zulässig, wenn dieser Betrag auch angesichts des typischerweise geringsten Vertragsverstoßes noch angemessen wäre.[35] Maßgeblicher Zeitpunkt für die Beurteilung ist der Arbeitsvertragsschluss.[36] Ein berechtigtes Interesse des AG an der Vertragsstrafe besteht, wenn durch eine Vertragsverletzung typischerweise ein nicht unerheblicher Schaden droht, der nur mit unverhältnismäßigem Aufwand nachweisbar ist.[37] Hiervon ist auszugehen beim angestrebten **Schutz vor einem Vertragsbruch,**[38] dies gilt aber auch für die Nichtaufnahme der Arbeit nach einer unberechtigten Kündigung vor Dienstantritt.[39] Eine AGB, nach welcher der AN für den Fall des **Nichtantritts seines befristeten Probearbeitsverhältnisses** eine Vertragsstrafe in Höhe eines Bruttomonatsverdienstes zu zahlen hat, ist wirksam, wenn die Kündigungsfrist während der Probezeit einen Monat beträgt.[40] Unangemessen ist hingegen eine Vertragsstrafenabrede, die den AN für den Fall der **vertragswidrigen Lösung des Arbeitsvertrags** zur Zahlung einer Strafe in Höhe eines Betrages verpflichtet, der höher ist als das Arbeitsentgelt, welches der AG dem AN für die Zeit bis zur ordnungsgemäßen Beendigung des Arbeitsverhältnisses schulden würde. Dies gilt nur dann nicht, wenn das Sanktionsinteresse des AG aufgrund besonderer Umstände den Wert der Arbeitsleistung, der sich in der Arbeitsvergütung bis zur vertraglich zulässigen Beendigung des Arbeitsverhältnisses dokumentiert, typischerweise und generell übersteigt.[41] Dem liegt zugrunde, dass die **Länge der jeweils maßgeblichen Kündigungsfrist** und die für diesen Zeitraum zu zahlende Vergütung regelmäßig das wirtschaftliche Interesse des AG an der Arbeitskraft des AN widerspiegeln.[42] Das BAG rechnet hier genau. Beträgt die Vertragsstrafe ein Monatsgehalt und beläuft sich die Kündigungsfrist auf 4 Wochen (§ 622 I BGB), ist die Vertragsstrafe unangemessen hoch.[43] Unangemessen soll auch eine Vertragsstrafenvereinbarung im Arbeitsvertrag einer Lehrkraft sein, die bei einer vereinbarten Kündigungsmöglichkeit zum 31.7. eines jeden Jahres eine Vertragsstrafe in Höhe von drei Bruttomonatsverdiensten für den Fall vorsieht, dass die Lehrkraft den vertraglich vereinbarten Kündigungstermin nicht einhält.[44] Des Weiteren ist eine Vertragsstrafenabrede wegen Übersicherung unwirksam, wenn sie für den Fall, dass der AN sein mit zweiwöchiger Kündigungsfrist kündbares Probearbeitsverhältnis vorzeitig vertragswidrig beendet, eine Vertragsstrafe in Höhe eines Bruttomonatsverdienstes vorsieht. Dabei soll es auch für den Fall verbleiben, dass der AN nach Ablauf der Probezeit sein Arbeitsverhältnis unter Geltung einer vertraglichen Kündigungsfrist von zwölf Wochen zum Monatsende vorzeitig vertragswidrig beende.[45]

d) Wirksamkeit der gesicherten Hauptverbindlichkeit. Die Strafabrede kann infolge der 10
bestehenden Akzessorietät zur Hauptverbindlichkeit unwirksam sein, wenn diese ihrerseits nichtig ist (zB wegen Formmangels, Sittenwidrigkeit, Wuchers), wirksam angefochten oder vor ihrer Verwirkung, zB wegen Versäumung der Ausschlussfrist zur Geltendmachung des gesicherten Anspruchs erloschen ist.[46] Ein Strafversprechen ist unwirksam, wenn die Hauptverbindlichkeit auf eine vom Gesetz verbotene Leistung gerichtet ist (§ 344 BGB). Bei nachträglicher, vom Schuldner nicht zu vertretender Unmöglichkeit der Vertragserfüllung entfällt der Anspruch des Gläubigers auf eine vereinbarte Vertragsstrafe.[47] Die Vereinbarung einer Abfindung für den Fall der Kündigung des Geschäftsführeranstellungsvertrags aus wichtigem Grund stellt eine unzulässige Einschränkung des Rechts zur außerordentlichen Kündigung iSd § 626 I BGB dar. Sie ist wegen Verstoßes gegen § 134 BGB nichtig.[48] Ist eine Vertragsstrafe für den Fall einer **fristlosen Entlassung** wegen eines vertragswidrigen Verhaltens vorgesehen, kann der gekündigte AN im

---

[35] BGH 31.8.2017 NJW 2017, 3145.
[36] BAG 23.9.2010 AP Nr. 48 zu § 307 BGB = NZA 2011, 89.
[37] CKK/*Klumpp* BGB § 307 Rn. 259 f.; ErfK/*Müller-Glöge* BGB §§ 339–355 Rn. 10a; WLP/*Stoffels* ArbR Rn. 225.
[38] *Gotthardt,* ArbR nach der Schuldrechtsreform, Rn. 325; einschränkend *v. Koppenfels* NZA 2002, 598 (601).
[39] BAG 4.3.2004 AP Nr. 3 zu § 309 BGB = NZA 2004, 728; *Conein-Eikelmann* DB 2003, 2546; aA LAG BW 10.4.2003 DB 2003, 2551; diff. LAG Düsseldorf 8.1.2003 DB 2003, 2552.
[40] BAG 19.8.2010 AP Nr. 49 zu § 307 BGB.
[41] BAG 24.8.2017 AP Nr. 7 zu § 309 BGB = NZA 2018, 100; 17.3.2016 AP Nr. 6 zu § 309 BGB = NZA 2016, 945; 18.12.2008 AP Nr. 4 zu § 309 BGB = NZA-RR 2009, 519.
[42] BAG 17.3.2016 AP Nr. 6 zu § 309 BGB = NZA 2016, 945.
[43] BAG 24.8.2017 AP Nr. 7 zu § 309 BGB = NZA 2018, 100.
[44] BAG 25.9.2008 AP Nr. 39 zu § 307 BGB = NZA 2009, 370.
[45] BAG 23.9.2010 AP Nr. 48 zu § 307 BGB = NZA 2011, 89; zu Formulierungsvorschlägen unter Berücksichtigung dieser Rspr. vgl. *Günther/Nolde* NZA 2012, 62 (66 f.).
[46] BAG 25.9.2008 AP Nr. 39 zu § 307 BGB = NZA 2009, 370; 7.11.1969 AP Nr. 1 zu § 340 BGB.
[47] BAG 4.9.1964 AP Nr. 3 zu § 339 BGB.
[48] BGH 3.7.2000 NZA 2000, 945.

Rechtsstreit über die Vertragsstrafe nicht mehr geltend machen, die Kündigung sei unwirksam gewesen, wenn er keine Kündigungsschutzklage erhoben hat. Das klaglose Verstreichenlassen der Frist des § 4 KSchG bewirkt gem. § 7 KSchG die Fiktion der Rechtswirksamkeit der Kündigung und schafft damit einen Bindungstatbestand hinsichtlich der Frage der Wirksamkeit der Kündigung in anderen Prozessen. Ob die Vertragsverletzung schuldhaft erfolgt ist, bleibt aber im Rechtsstreit über die Vertragsstrafe zu prüfen.[49]

11 **e) Sicherungsinteresse des Arbeitgebers.** Das Interesse des AG an der zusätzlichen Sicherung seines Erfüllungsanspruchs ist als schutzwürdig anerkannt. Dies folgt daraus, dass bei Vertragsbruch und sonstigen schweren Pflichtverstößen des AN, die den AG zur fristlosen Kündigung berechtigen, der Schadensnachweis für den AG im Allgemeinen nur schwer oder überhaupt nicht zu erbringen ist, obwohl regelmäßig ein Vermögensschaden des AG eingetreten ist.[50] Der AG könnte ein Urteil, das den AN zur Erfüllung der Arbeitspflicht verpflichtet, gem. § 888 III ZPO nicht vollstrecken.[51] Ein berechtigtes Interesse ist insbes. dann gegeben, wenn durch das strafbewehrte Verhalten dem AG typischerweise erhebliche Schäden drohen und deren Nachweis nur schwer möglich ist.[52] Die vereinbarte Vertragsstrafe besteht im Allgemeinen in einer Geldleistung, sie kann aber auch in einer anderen Leistung bestehen. In allen Fällen finden die Vorschriften der §§ 339–341 BGB Anwendung. Jedoch ist dann, wenn die Strafe nicht in einer Geldleistung besteht, der Anspruch auf Schadensersatz aus der Hauptverbindlichkeit wegen Nicht- oder nicht gehöriger Erfüllung ausgeschlossen (§ 342 BGB). Die Strafe kann in das Ermessen einer Partei, dagegen nicht in das Ermessen eines staatlichen Gerichts gestellt werden.[53]

12 **3. Verschulden.** Die Strafe ist verwirkt, wenn der Schuldner mit der geschuldeten Hauptverbindlichkeit in Verzug kommt (§ 339 I BGB). Die Verwirkung setzt mithin Verschulden voraus.[54] Einfache Fahrlässigkeit genügt. Ein Verzicht auf das Verschuldenserfordernis in AGB ist gem. § 307 II Nr. 1 BGB unwirksam.[55] Auch wenn die geschuldete Leistung in einem Unterlassen besteht, verwirkt der Schuldner die Vertragsstrafe grundsätzlich nur, wenn er die Zuwiderhandlung zu vertreten hat.[56] Den Schuldner trifft die Beweislast für das fehlende Verschulden (§ 286 IV BGB). Wird die Vertragsstrafe für den Fall des „Vertragsbruchs" vereinbart, verlangt dies ein vorsätzliches Verhalten.[57] Die Frage, in welchem Umfang bei mehrfachen Verstößen gegen eine strafbewehrte Verpflichtung Vertragsstrafen verwirkt sind, ist durch Auslegung der Vereinbarung zu beantworten und nicht nach festen Regeln für alle einschlägigen Fälle, wie sie etwa aus einem vorgegebenen Rechtsbegriff des Fortsetzungszusammenhangs abgeleitet werden könnten.[58]

13 **4. Verhältnis von Strafe und Verbindlichkeit.** Das Gesetz hat im Interesse des Schuldnerschutzes das Verhältnis der verwirkten Vertragsstrafe zu einem aus der Hauptverbindlichkeit resultierenden gesetzlichen Schadensersatzanspruch wegen zu vertretender Unmöglichkeit, Verzugs oder sonstiger Pflichtverletzung (§§ 280 BGB) besonders geregelt. Die Vertragsstrafe kann gem. § 340 II BGB als Mindestbetrag eines Schadensersatzanspruchs wegen Nichterfüllung verlangt werden; hierdurch soll eine Bereicherung des Gläubigers vermieden werden. Das Gesetz unterscheidet zwischen Strafversprechen für Nichterfüllung (§ 340 BGB) und für nicht gehörige Erfüllung (§ 341 BGB). Der zweite Fall ist bei verspäteter Leistung oder Schlechterfüllung gegeben. Bei Dauerpflichten (Unterlassung von Wettbewerbsverstößen) ist die Abgrenzung schwierig. In der Regel ist aus der Höhe der Strafe zu folgern, ob sie jeden einzelnen Wettbewerbsverstoß oder das Interesse an der gesamten Unterlassung decken soll (zum Bestimmtheitserfordernis in AGB → Rn. 8).[59]

14 **5. Nichterfüllung.** Hat der Schuldner die Strafe für den Fall der Nichterfüllung versprochen, entsteht der Anspruch mit der Verwirkung und ist sofort fällig. Erfüllbar ist der Anspruch, wenn

[49] BAG 23.5.1984 AP Nr. 9 zu § 339 BGB = NZA 1984, 255; LAG München 13.11.1990 BB 1991, 765.
[50] Vgl. BAG 23.5.1984 AP Nr. 9 zu § 339 BGB = NZA 1984, 255.
[51] BAG 4.3.2004 NZA 2004, 728.
[52] LAG Bln 22.5.1997 NZA-RR 1998, 53.
[53] BAG 25.9.1980 AP Nr. 7 zu § 339 BGB = NJW 1981, 1799.
[54] BAG 30.11.1994 AP Nr. 16 zu § 4 TVG = NZA 1995, 695; BGH 25.1.2001 NJW 2001, 2622.
[55] *Hauck* NZA 2006, 816 (818); ErfK/*Müller-Glöge* BGB §§ 339–355 Rn. 28.
[56] BGH 29.6.1972 AP Nr. 6 zu § 339 BGB.
[57] ErfK/*Müller-Glöge* BGB §§ 339–355 Rn. 28; *Niemann* RdA 2013, 92 (95).
[58] BGH 25.1.2001 NJW 2001, 2622.
[59] Vgl. BAG 26.9.1963 AP Nr. 1 zu § 75 HGB.

der Gläubiger die Strafe verlangt (§ 340 I 1 BGB). Verlangt der Gläubiger die Vertragsstrafe, ist der Erfüllungsanspruch ausgeschlossen (§ 340 I 2 BGB). Die Wahl der Vertragsstrafe kann ausdrücklich oder konkludent, auch durch Klageerhebung erfolgen. Steht dem Gläubiger ein Schadensersatzanspruch statt der Leistung (§ 281 I BGB) zu, kann die Strafe ohne Schadensnachweis[60] als Mindestbetrag verlangt werden (§ 340 II 1 BGB). Die Geltendmachung eines weiteren Schadens ist nicht ausgeschlossen (§ 340 II 2 BGB). Hierauf ist die Vertragsstrafe anzurechnen.[61] Etwaige tarifliche Verfallfristen laufen idR ab Fälligkeit und Erfüllbarkeit der Vertragsstrafe.[62] Ist in einem Formulararbeitsvertrag die Vertragsstrafe für den Fall der Nichterfüllung zugesagt, ist diese nicht bereits bei nicht gehöriger Erfüllung verwirkt.[63]

6. Nicht gehörige Erfüllung. Hat der Schuldner die Strafe für den Fall nicht gehöriger 15 Erfüllung der Hauptverbindlichkeit versprochen, kann der Gläubiger die verwirkte Strafe neben der Erfüllung verlangen (§ 341 I BGB). Vertragsstrafen wegen **Schlechtleistung** sind unwirksam, wenn hierdurch die Grundsätze über die eingeschränkte Arbeitnehmerhaftung beeinträchtigt werden.[64] An Vertragsstrafen wegen der Verletzung von **Nebentätigkeitsverboten** hat der AG nur ausnahmsweise ein berechtigtes Interesse,[65] zB wenn die Nebentätigkeit bei einem Konkurrenzunternehmen erfolgt und dem AG hierdurch vorhersehbar ein schwer bezifferbarer Schaden entstehen kann. Die Nichteinhaltung der Verpflichtung des AN, eine **Arbeitsunfähigkeitsbescheinigung vorzulegen,** kann in der Regel nicht mit einer Vertragsstrafe bewehrt werden.[66] Nimmt der Gläubiger die Erfüllung der Hauptverbindlichkeit an, erlischt – auch bei Rechtsunkenntnis – die Strafe, wenn er sie sich nicht bei (strenge Anforderungen)[67] Annahme der Leistung vorbehält (§ 341 III BGB),[68] oder sie bereits rechtshängig ist.[69] Ein früherer oder späterer Vorbehalt ist unzureichend. § 341 III BGB ist abdingbar.[70] Hat der Gläubiger infolge nicht gehöriger Erfüllung einen Schadensersatzanspruch, kann er wiederum die Strafe als Mindestbetrag des Schadens verlangen (§ 341 II BGB). Die Vertragsstrafe ist aber nur auf den (auch geringeren) Verzugsschaden zu verrechnen, der vor ihrer Verwirkung entstanden ist. Ein später entstehender oder weitergehender Schaden kann daneben verlangt werden.

7. Herabsetzung der Vertragsstrafe. a) Grundsatz. Ist eine verwirkte Strafe unverhältnis- 16 mäßig hoch, kann sie grundsätzlich auf **Antrag oder Einrede**[71] des Schuldners gem. § 343 I 1 BGB durch rechtsgestaltendes Urteil auf einen angemessenen Betrag herabgesetzt werden (zu AGB → Rn. 17).[72] Der Antrag braucht nicht ausdrücklich gestellt zu werden; ausreichend ist jeder Vortrag, aus dem sich ergibt, dass eine Herabsetzung der Vertragsstrafe begehrt wird. Unangemessen ist die Höhe einer vertragsmäßig ausbedungenen Vertragsstrafe insbesondere dann, wenn die Sanktion **außer Verhältnis zum Gewicht des Vertragsverstoßes** und zu dessen Folgen für den Vertragspartner steht.[73] Bei der Beurteilung der Angemessenheit ist jedes berechtigte Interesse des Gläubigers, nicht bloß sein Vermögensinteresse, in Betracht zu ziehen.[74] Namentlich in den Fällen arbeitnehmerseitigen Arbeitsvertragsbruchs ist die Vereinbarung einer fühlbaren Strafe zulässig,[75] sie darf jedoch insbes. bei **Nichtantritt der Arbeit** das für die Dauer der vereinbarten Kündigungsfrist zu zahlende Gehalt nicht übersteigen (→ Rn. 9).[76]

---

60 LAG BW 14.5.1963 AP Nr. 2 zu § 339 BGB.
61 Vgl. BAG 23.5.1984 AP Nr. 9 zu § 339 BGB = NZA 1984, 255.
62 BAG 7.11.1969 AP Nr. 1 zu § 340 BGB = NJW 1970, 1146.
63 BAG 14.6.1975 AP Nr. 3 zu § 340 BGB.
64 ErfK/*Müller-Glöge* BGB §§ 339–355 Rn. 22.
65 ErfK/*Müller-Glöge* BGB §§ 339–355 Rn. 23.
66 ArbG Hamburg 23.11.1992 NZA 1993, 507; ErfK/*Müller-Glöge* BGB §§ 339–355 Rn. 23.
67 BGH 10.2.1977 NJW 1977, 897.
68 BGH 10.2.1977 NJW 1977, 897.
69 BGH 24.5.1974 DB 1974, 1331.
70 BGH 11.3.1971 DB 1971, 714.
71 ErfK/*Müller-Glöge* BGB §§ 339–355 Rn. 32; der Antrag auf Herabsetzung ist in jeder Äußerung des Schuldners zu sehen, die Aufhebung oder Minderung der Vertragsstrafe zu erreichen (BGH NJW 1968, 1625).
72 BAG 23.5.1984 AP Nr. 9 zu § 339 BGB = NZA 1984, 255.
73 BGH 7.5.1997 NJW 1997, 3233.
74 SächsLAG 25.11.1997 LAGE § 339 BGB Nr. 12 = DB 1998, 684.
75 BAG 1.10.1963 AP Nr. 2 zu § 67 HGB; 6.10.1993 – 5 AZR 636/92: Ein Monatsverdienst als „Faustformel"; auch BGH 1.6.1983 NJW 1984, 919; 30.9.1993 EWiR § 339 BGB Nr. 2/93 = NJW 1994, 45; zur Höhe ArbG Freiburg 11.1.1996 NZA-RR 1997, 44; SächsLAG 25.11.1997 LAGE § 339 BGB Nr. 12 = DB 1998, 684.
76 Vgl. BAG 4.3.2004 AP Nr. 3 zu § 309 BGB = NZA 2004, 728; SächsLAG 25.11.1997 LAGE § 339 BGB Nr. 12 = DB 1998, 684.

Regelmäßig gilt insoweit eine Obergrenze von einem Monatsverdienst.[77] Eine höhere Strafe kommt nur ausnahmsweise bei einem besonderen Sanktionsinteresse des AG in Betracht,[78] zu denken ist hier insbesondere an **Wettbewerbsverstöße.**[79] Das Fehlen eines Schadens rechtfertigt allein eine Herabsetzung nicht; entscheidend ist, welchen Schaden der Vertragsbruch hätte herbeiführen können.[80] Die Vereinbarung einer überhöhten Vertragsstrafe macht das Strafversprechen wegen der Herabsetzungsmöglichkeit (§ 343 I 1 BGB) nicht sittenwidrig (zu AGB → Rn. 17).[81] Dies kann aber der Fall sein, wenn dem Schuldner bei einer Vielzahl von Verpflichtungen für jede einzelne kleine Vertragsverletzung eine Strafe auferlegt ist.[82] Ob die Vertragsstrafe unverhältnismäßig hoch ist, ist eine Tatfrage; revisibel ist nur, ob der Tatrichter von richtigen rechtlichen Gesichtspunkten ausgegangen ist und die für die Bemessung sprechenden Umstände widerspruchsfrei gewürdigt hat.[83] Der Schuldner ist für die Unverhältnismäßigkeit der Höhe der vereinbarten Vertragsstrafe **darlegungs- und beweispflichtig.**[84]

17 **b) Formulararbeitsverträge.** In Formulararbeitsverträgen scheidet die Herabsetzung einer vereinbarten Vertragsstrafe nach § 343 I 1 BGB aus, wenn die Abrede selbst der Inhaltskontrolle nach § 307 I BGB nicht standhält.[85] Dabei ist zu berücksichtigen, dass eine Vertragsstrafe bereits abstrakt betrachtet unverhältnismäßig hoch sein kann.[86] Ist dies indes nicht der Fall, ist eine Herabsetzung in besonders gelagerten Einzelfällen nach § 343 I BGB möglich.[87] Dementsprechend ist in einem ersten Schritt zu prüfen, ob die Vertragsstrafenabrede der vereinbarten Höhe nach einer Inhaltskontrolle nach § 307 I BGB standhält und nicht eine Übersicherung vorliegt (dazu → Rn. 9). Ist dies der Fall, etwa weil die Strafe bei Nichteinhaltung einer einmonatigen Kündigungsfrist einen Monatsverdienst beträgt, ist in einem zweiten Schritt zu prüfen, ob unter Berücksichtigung der konkreten Umstände eine Herabsetzung der Strafe nach § 343 BGB in Betracht kommt.[88]

18 **8. Aufrechnung.** Mit der Vertragsstrafe kann im Rahmen der Pfändungsfreigrenzen gegen etwaige Nettorestlohnforderungen aufgerechnet werden. Sie wird jedoch bei bestehender Lohnpfändung zumeist im Range nachgehen (§ 406 BGB).

IV. Pauschalierungsabrede

19 Die Vertragsstrafe ist von der Pauschalierungsabrede zu unterscheiden. Die unselbständige Vertragsstrafe sichert eine Forderung. Die Pauschalierungsabrede enthält eine Pauschalierung der Schadensersatzforderung des AG oder AN. Sie soll der Darlegungs- und Beweislast Rechnung tragen und diese erleichtern. Pauschalierungsabreden wurden früher als zulässig angesehen.[89] Mit Inkrafttreten des § 309 Nr. 5 BGB kann hieran für Formulararbeitsverträge nur noch im Rahmen dieser Bestimmung festgehalten werden.[90] Eine gesetzliche Pauschalierung ist in § 61 ArbGG vorgesehen.

---

[77] Vgl. BAG 6.10.1993 – 5 AZR 636/92; *Gotthardt,* ArbR nach der Schuldrechtsreform, Rn. 327; ErfK/*Müller-Glöge* BGB §§ 339–355 Rn. 14; *Stoffels,* AGB-Recht, Rn. 913; v. Westphalen/*Thüsing,* Vertragsrecht und AGB-Klauselwerke, Arbeitsverträge Rn. 473.
[78] Vgl. BAG 23.9.2010 AP Nr. 48 zu § 307 BGB = NZA 2011, 89; dazu auch *Günther/Nolde* NZA 2012, 62 (66); ArbG Frankfurt a.M. 20.4.1999 NZA-RR 2000, 82.
[79] ErfK/*Müller-Glöge* BGB §§ 339–355 Rn. 14b; WLP/*Stoffels* ArbR Rn. 229.
[80] BAG 30.11.1994 AP Nr. 16 zu § 4 TVG = NZA 1995, 695.
[81] RGZ 114, 307; LAG BW 14.5.1963 AP Nr. 2 zu § 339 BGB.
[82] UU kann sie dann auch unbestimmt sein, dazu → Rn. 8.
[83] ErfK/*Müller-Glöge* BGB §§ 339–355 Rn. 31; BAG 26.9.1963 AP Nr. 1 zu § 74a HGB.
[84] LAG Bln 19.5.1980 AP Nr. 8 zu § 339 BGB.
[85] WLP/*Stoffels* ArbR Rn. 210.
[86] Vgl. BAG 4.3.2004 AP Nr. 3 zu § 309 BGB = NZA 2004, 728; BGH 21.3.1990 NJW-RR 1990, 1076; 18.11.1982 NJW 1983, 385; *Gotthardt,* ArbR nach der Schuldrechtsreform, Rn. 327.
[87] Ebenso CKK/*Krause* Vor BGB § 307 Rn. 23 (der dies allerdings für einen wohl eher theoretischen Fall hält); ErfK/*Müller-Glöge* BGB §§ 339–345 Rn. 30ff.; *Niemann* RdA 2013, 93 (100); *Wensing/Niemann* NJW 2007, 401 (402f.).
[88] Ebenso ErfK/*Müller-Glöge* BGB §§ 339–345 Rn. 31; *Niemann* RdA 2013, 93 (100); WLP/*Stoffels* ArbR Rn. 210; diff. *Haas/Fuhlrott* NZA-RR 2010, 1 (6); Ulmer/Brandner/Hensen/*Fuchs/Bieder,* AGB-Recht, Anh. § 310 Rn. 86.
[89] *Heinze* NZA 1994, 244.
[90] ErfK/*Müller-Glöge* BGB §§ 339–345 Rn. 4; *Gotthardt,* ArbR nach der Schuldrechtsreform, Rn. 281.

§ 58. Betriebsbußen

Übersicht

I. Allgemeines

1. Betriebliche Ordnungsstrafen. Betriebliche Ordnungsstrafen dienen der Aufrechterhaltung der Ordnung und Sicherheit des Betriebs. Sie werden seit rund einem Jahrhundert praktiziert und fanden durch das Arbeitsschutzgesetz von 1881 Eingang in § 134 GewO idF vom 26.7.1900, der inzwischen aber wieder aufgehoben worden ist. Auch in § 80 II Betriebsrätegesetz von 1920 sind sie noch erwähnt. Aus dem Regierungsentwurf zum BetrVG 1952[1] wurden sie gestrichen, weil ihre Anerkennung nicht für notwendig gehalten wurde. 1

2. Betriebsbußen. Sie unterscheiden sich von den staatlichen Strafen und Bußen, die zur Prävention und Aufrechterhaltung der öffentlichen Ordnung verhängt werden. Betriebsbußen sind Maßnahmen der betrieblichen Selbstverwaltung.[2] Ihre Verhängung setzt eine Bußordnung voraus.[3] Eine Betriebsbuße ist nur bei kollektivrechtlichem Bezug der Pflichtverletzung zulässig.[4] Betriebsbußen verstoßen nicht gegen das staatliche Rechtsprechungsmonopol (Art. 101, 103 III GG).[5] Neben der staatlichen Strafgewalt ist eine Schieds- oder Disziplinargerichtsbarkeit zulässig.[6] 2

3. Abgrenzung. Die Betriebsbuße ist von der **Vertragsstrafe** zu unterscheiden. Die Vertragsstrafe dient der Sicherung schuldrechtlicher Ansprüche aus dem Arbeitsverhältnis (→ § 57 Rn. 1). Die Betriebsbuße hat pönalen Charakter und soll als Disziplinarmaßnahme die kollektive Sicherheit und Ordnung aufrechterhalten. Sie soll nicht nur ein pflichtgemäßes Verhalten des AN bewirken, sondern auch begangenes Unrecht sanktionieren.[7] Während die Vertragsstrafe auch einen Schadensersatzanspruch sichert und dem AG zugutekommt, lässt die Betriebsbuße einen Schadensersatzanspruch unberührt. Die in einer Betriebsvereinbarung geregelte Bearbeitungsgebühr für Fälle der **Lohnpfändung** ist keine Betriebsbuße.[8] 3

4. Arten der Betriebsbuße. Als Betriebsbuße kommen in Betracht **Verwarnung, Verweis, Geldbuße** oder nach bestrittener, aber abzulehnender Auffassung die Entlassung aus dem Betrieb.[9] Unzulässig ist die **Anprangerung** am Schwarzen Brett.[10] 4

5. Die einzelnen Betriebsbußen. a) Verwarnung. Die Verwarnung ist von dem Verlangen der Einhaltung individualvertraglicher oder kollektivvertraglicher Pflichten und der Abmahnung 5

---

1 Vgl. § 61d BT-Drs. I Nr. 1546.
2 BAG 16.9.1967 AP Nr. 1 zu § 56 BetrVG Betriebsbuße.
3 BAG 30.1.1979 AP Nr. 2 zu § 87 BetrVG 1972 Betriebsbuße; GK-BetrVG/*Wiese* § 87 Rn. 264.
4 Vgl. LAG Bln 28.9.2004 SpuRt 2005, 75.
5 BAG 28.4.1982 AP Nr. 4 zu § 87 BetrVG 1972 Betriebsbuße; s. dazu auch GK-BetrVG/*Wiese* § 87 Rn. 250.
6 BVerfG 2.5.1967 AP Nr. 22 zu Art. 103 GG.
7 BAG 5.2.1986 AP Nr. 12 zu § 339 BGB = NZA 1986, 782; GK-BetrVG/*Wiese* § 87 Rn. 249; s. hierzu auch *Leinemann* AuR 1970, 134.
8 BAG 18.7.2006 AP Nr. 15 zu § 850 ZPO.
9 Ebenso BAG 28.2.1982 AP Nr. 4 zu § 87 BetrVG 1972 Betriebsbuße; GK-BetrVG/*Wiese* § 87 Rn. 265.
10 GK-BetrVG/*Wiese* § 87 Rn. 269.

zu unterscheiden.[11] Das Verlangen, die Arbeitspflichten einzuhalten, liegt vor, wenn der AG ohne Androhung von Rechtsfolgen für die Zukunft auf Einhaltung der individual- wie kollektivvertraglichen Pflichten besteht. Insoweit wird auch von Ermahnung oder Beanstandung gesprochen, zB wenn der Vorgesetzte auf Pünktlichkeit, Einhaltung des Rauchverbots usw. besteht. Derartige Ermahnungen sind mitbestimmungsfrei möglich. Eine Abmahnung liegt vor, wenn der AG in einer für den AN hinreichend deutlich erkennbaren Art und Weise Leistungsmängel beanstandet und damit den Hinweis verbindet, im Wiederholungsfalle sei der Inhalt oder der Bestand des Arbeitsverhältnisses gefährdet (dazu → § 132 Rn. 1 ff.).

6 **b) Verweis.** Verwarnung und Verweis sind Rechtsinstitute, die Verstöße gegen die betriebliche Ordnung sanktionieren sollen; sie haben Strafcharakter. Unerheblich für die Abgrenzung von Abmahnung, Verwarnung, Verweis ist, ob sie zu den Personalakten genommen werden und beleidigenden Charakter haben. In allen Fällen kann auf deren Beseitigung aus der Personalakte geklagt werden (dazu → § 132 Rn. 39 ff.).[12] Welches dieser drei Rechtsinstitute gewollt ist, ist nicht allein nach der Bezeichnung, sondern nach dem Wortlaut der Erklärung und dem verfolgten Zweck festzustellen.[13] Immer dann, wenn eine über den Warnzweck hinausgehende Sanktionsfunktion angestrebt wird, ist eine Betriebsbuße gegeben. Die Formalisierung einer vom AG ausgesprochenen Missbilligung deutet auf eine Betriebsbuße hin.[14] Der Verweis wird idR schriftlich ausgesprochen und wie die Verhängung einer Geldbuße in der Personalakte vermerkt. Die Verwarnung kann auch mündlich erfolgen.

7 **c) Geldbuße.** Die Höhe der Geldbuße braucht in der Bußordnung nicht bestimmt zu werden. Ausreichend ist die Normierung eines Bußrahmens. Eine verhältnismäßig hohe Geldbuße kann durch Urteil herabgesetzt werden. Umstr. ist, ob die Rechtsgrundlage in § 343 BGB oder in § 315 BGB zu sehen ist.[15] Als Höchstbetrag kommt ein halber Tagesverdienst, in schweren Fällen ein Tagesverdienst in Betracht. Betriebsbuße kann auch der Ausschluss von betrieblichen Vergünstigungen sein (Entziehung von Flugscheinen).[16]

8 **d) Entlassung.** Ob die Entlassung aus dem Betrieb als Betriebsbuße zulässig ist, wird in der oberstgerichtlichen Rechtsprechung unterschiedlich beantwortet.[17] Nach richtiger Meinung ist sie unzulässig, weil damit gegen die Kündigungsschutzbestimmungen verstoßen wird. Der BR hat nach § 104 BetrVG die Möglichkeit, die Entlassung eines AN zu verlangen. Auch dann kann aber in einem Kündigungsschutzprozess die Wirksamkeit der Kündigung voll überprüft werden. Gelegentlich wird eine Versetzung als Buße vorgesehen.[18] Auch hier § 2 KSchG vorrangig, wenn mit der Versetzung eine Änderung der vertragsgemäßen Beschäftigung erfolgt. Im Übrigen ist auch § 106 GewO vorrangig zu beachten. Im Recht der **Dienstordnungs-Angestellten** sind die außerordentliche Kündigung aus wichtigem Grund und die disziplinarische fristlose Dienstentlassung zwei voneinander zu trennende Rechtsinstitute, die nicht in einem Subsidiaritätsverhältnis stehen.[19] Der Anstellungsvertrag eines DO-Angestellten, der für die Dauer des Anstellungsvertrags aus der Unterstellung unter die Dienstordnung beurlaubt ist, kann nicht wirksam durch „Abbestellung" beendet werden, auch wenn diese Möglichkeit vertraglich vorgesehen ist; mit einer solchen Vereinbarung wird der gesetzliche (Änderungs-)Kündigungsschutz umgangen.[20]

9 **6. Personalakte.** Werden Betriebsbußen in die Personalakten aufgenommen, so sind sie wieder zu löschen, wenn der AN sich längere Zeit einwandfrei geführt hat.

II. Rechtsgrundlagen

10 **1. Übersicht.** Das Direktionsrecht des AG kann nicht als Rechtsgrundlage für Betriebsbußen herangezogen werden.[21] Denn es gibt ihm keine Herrschaftsgewalt über den AN. Nicht mehr

[11] BAG 30.1.1979, 7.11.1979, 19.7.1983 AP Nr. 2, 3, 5 zu § 87 BetrVG 1972 Betriebsbuße; 17.10.1989 AP Nr. 12 zu § 87 BetrVG 1972 Betriebsbuße = NZA 1990, 193; dazu *Heinze* NZA 1990, 169.
[12] BAG 22.2.1978 AP Nr. 84 zu § 611 BGB Fürsorgepflicht.
[13] Vgl. dazu BAG 6.3.2003 AP Nr. 30 zu § 611 BGB Abmahnung = NZA 2003, 1388.
[14] BAG 7.11.1979, 19.7.1983 AP Nr. 3, 5 zu § 87 BetrVG 1972 Betriebsbuße.
[15] Für § 343 BGB: *v. Hoyningen-Huene,* Die Billigkeit im Arbeitsrecht, 1978, 191; für § 315 BGB: *Söllner* JZ 1966, 803.
[16] BAG 22.10.1985 AP Nr. 18 zu § 87 BetrVG 1972 Lohngestaltung = DB 1986, 384.
[17] Verneinend: BAG 28.4.1982 AP Nr. 4 zu § 87 BetrVG 1972 Betriebsbuße; bejahend: BVerwG 11.11.1960 AP Nr. 2 zu § 66 PersVG.
[18] Vgl. BAG 30.10.1986 AP Nr. 1 zu § 74 LPVG Berlin = NJW 1987, 2462.
[19] BAG 25.2.1998 AP Nr. 69 zu § 611 BGB Dienstordnungs-Angestellte = NZA 1998, 1182.
[20] BAG 9.2.2006 AP Nr. 75 zu § 611 BGB Dienstordnungs-Angestellte = NZA 2006, 1046.
[21] BAG 17.10.1989 AP Nr. 12 zu § 87 BetrVG 1972 Betriebsbuße = NZA 1990, 193.

vertreten wird auch die Auffassung des RAG, wonach die Betriebsbuße eine Vertragsstrafe darstellt.[22]

11 **2. Tarifvertrag, Betriebsvereinbarung.** Bußordnungen können durch **Tarifvertrag** oder Betriebsvereinbarung eingeführt werden. Nach § 1 I TVG sind die Tarifpartner für die Regelung betrieblicher und betriebsverfassungsrechtlicher Fragen zuständig. Nach hM werden hierunter die sog. Solidarnormen verstanden, die dem einzelnen AN zugutekommen, aber auch sein Verhalten innerhalb des Betriebs regeln (→ § 202 Rn. 50). Zulässig sind auch **Betriebsvereinbarungen** über Betriebsbußen (§ 87 I Nr. 1 BetrVG).[23] Dies wird im Wesentlichen damit begründet, dass bei einer Regelungskompetenz für die Ordnung des Betriebs im Wege der Betriebsvereinbarung auch die Sanktionen geregelt werden dürfen. Der AG kann gem. § 87 II BetrVG die Einführung einer Bußordnung verlangen.[24]

12 **3. Tatbestandsvoraussetzungen.** Die die Betriebsbuße auslösenden Tatbestände müssen abstrakt formuliert, klar bestimmt und eindeutig gefasst werden. Sie müssen im Übrigen den Formerfordernissen einer Betriebsvereinbarung genügen und im Betrieb bekannt gemacht werden.[25] Ihrem Inhalt nach können Betriebsbußordnungen nur Sanktionen an Verstöße gegen die betriebliche Ordnung, nicht aber an Arbeitsvertragsverletzungen knüpfen.[26] Nach hM kommen vor allem folgende Tatbestände für die Sanktionierung durch Betriebsbußen in Betracht: Rauchen am Arbeitsplatz in feuergefährdeten Betrieben; Verteilung parteipolitischer Schriften; Verstöße gegen die Pflege von Maschinen oder Arbeitsplatz; Eigentumsdelikte usw.

III. Verhängung und Verteidigungsmöglichkeiten des Arbeitnehmers

13 **1. Rechtswirksame Verhängung von Bußen.** Die rechtswirksame Verhängung von Bußen setzt voraus, dass **(a)** die Bußordnung wirksam geschaffen und bekanntgemacht ist; **(b)** die Bußtatbestände hinreichend bestimmt normiert sowie die Art der Bußen und ihre Höhe und klar geregelt sind; **(c)** ein rechtsstaatliches ordnungsgemäßes Verfahren eingehalten wird; **(d)** rechtliches Gehör gewährt und eine Vertretung zugelassen wird; **(e)** auch bei Verhängung der einzelnen Buße der BR beteiligt wird.[27] Die Betriebsbuße ist verwirkt, wenn der AN rechtswidrig und schuldhaft gegen den Bußtatbestand verstößt. Das Verhalten des AN kann gerechtfertigt sein, wenn ihm besondere Rechtfertigungsgründe zur Seite stehen, oder entschuldigt, wenn er nicht schuldfähig ist oder Entschuldigungsgründe hat. Wegen derselben Tat darf eine Betriebsbuße nur einmal verhängt werden (ne bis in idem). Die Betriebsbuße ist schriftlich zu begründen, um eine gerichtliche Nachprüfung zu ermöglichen.[28]

14 Die Betriebsparteien können einen besonderen, aus Vertretern des BR und des AG bestehenden Ausschuss bilden **(Ordnungsausschuss),** der für die Verhängung der Buße im konkreten Fall zuständig ist.[29] Können sich AG und BR nicht einigen, entscheidet die Einigungsstelle. Dasselbe gilt, wenn kein besonderer Anlass besteht und AG und BR sich nicht einigen können.[30] Für die Verhängung der Betriebsbuße ist ein **rechtsstaatliches Verfahren** einzuhalten. Es ist rechtliches Gehör zu gewähren und eine Vertretung durch Angehörige, Gewerkschaftssekretäre und Rechtsanwälte zuzulassen. Für die Verfolgung durch Betriebsbußen besteht das Opportunitätsprinzip.[31] Die Betriebspartner können von einer Verhängung der Betriebsbuße absehen.

15 **2. Rechtskontrolle.** Die Betriebsbuße unterliegt der gerichtlichen Kontrolle.[32] Bestand die Buße in einem Verweis oder einer Verwarnung, kann der AN auf Feststellung klagen, dass die Buße nicht gerechtfertigt ist; bestand sie in einer Geldbuße, wird er bei deren Abzug auf Zahlung

[22] Vgl. *Leinemann* AuR 1970, 134 ff.
[23] BAG 17.10.1989 AP Nr. 12 zu § 87 BetrVG 1972 Betriebsbuße = NZA 1990, 193; 5.2.1986 AP Nr. 12 zu § 339 BGB = NZA 1986, 782; näher dazu Richardi BetrVG/*Richardi* § 87 Rn. 232 ff.
[24] Vgl. BAG AP Nr. 1 zu § 56 BetrVG Betriebsbuße; GK-BetrVG/*Wiese* § 87 Rn. 248.
[25] *Fitting* BetrVG § 87 Rn. 81 f.
[26] BAG 17.10.1989 AP Nr. 12 zu § 87 BetrVG 1972 Betriebsbuße = NZA 1990, 193; 5.2.1986 AP Nr. 12 zu § 339 BGB = NZA 1986, 782.
[27] BAG 17.10.1989 AP Nr. 12 zu § 87 BetrVG 1972 Betriebsbuße = NZA 1990, 193.
[28] *Fitting* BetrVG § 87 Rn. 93; GK-BetrVG/*Wiese* § 87 Rn. 275.
[29] GK-BetrVG/*Wiese* § 87 Rn. 273.
[30] GK-BetrVG/*Wiese* § 87 Rn. 273.
[31] *Fitting* BetrVG § 87 Rn. 93.
[32] *Fitting* BetrVG § 87 Rn. 94; GK-BetrVG/*Wiese* § 87 Rn. 275.

seines Verdienstes und vor deren Abzug im Wege negativer Feststellungsklage klagen. Im Rahmen des Prozesses sind die Rechtmäßigkeit der Bußordnung und die Einhaltung rechtsstaatlicher Verfahrensgrundsätze nachprüfbar. Umstritten ist, ob darüber hinaus die verhängte Buße selbst der gerichtlichen Nachprüfung unterliegt. Nach einer Meinung soll sich die gerichtliche Kontrolle darauf beschränken, ob die Buße in der Bußordnung vorgesehen und ob sie nach Lage der Sache keine offenbare Unbilligkeit darstellt.[33] Richtigerweise wird man die gerichtliche Nachprüfung jedoch auch auf die Tatsachenermittlung und Angemessenheit der konkreten Bestrafung erstrecken,[34] denn die im Wege der Betriebsvereinbarung vereinbarte Bußordnung beinhaltet nicht den (unzulässigen) Ausschluss staatlicher Gerichtsbarkeit. Den AG trifft die Beweislast für die Rechtmäßigkeit der Bußordnung, die Einhaltung der wesentlichen Verfahrensgrundsätze, die Voraussetzungen des Bußtatbestands sowie die Angemessenheit der Strafe.

16 **3. Vollstreckung.** Die Betriebsbuße wird durch den AG vollstreckt. Nach hM sind bei Vollstreckung einer Geldbuße die **Pfändungsschutzbestimmungen** einzuhalten.[35] Dies rechtfertigt sich damit, dass auch Kriminalstrafen nur unter Berücksichtigung des Pfändungsschutzes beigetrieben werden.

---

[33] *Fitting* BetrVG § 87 Rn. 94.

[34] Vgl. BAG 12.9.1967 AP Nr. 1 zu § 56 BetrVG Betriebsbuße; Richardi BetrVG/*Richardi* § 87 Rn. 246; GK-BetrVG/*Wiese* § 87 Rn. 275.

[35] *Koch* BB 1954, 565; *Köst* BB 1964, 691; *Sieg* RdA 1954, 361; dagegen *Nikisch* Bd. III § 113 Fn. 125.

VI. Buch. Haftung im Arbeitsverhältnis

§ 59. Arbeitnehmerhaftung

Übersicht

I. Überblick

1. Anspruchsgrundlagen. Entsteht durch ein schuldhaft pflichtwidriges Verhalten des AN ein Schaden, hat er diesen zu ersetzen. Anspruchsgrundlage für Schadenersatzansprüche wegen Vertragspflichtverletzungen ist § 280 I BGB. Daneben ist die Beweislastregelung des § 619a BGB zu beachten, die § 280 I 2 BGB verdrängt.[1] Von § 619a BGB erfasst sind nur Pflichtverletzungen im Rahmen des Arbeitsverhältnisses, die sich nach § 280 I BGB bemessen.[2] Für konkurrierende deliktische Ansprüche aus unerlaubter Handlung oder Gefährdungshaftung (§§ 823 ff. BGB; §§ 7, 8 StVG) trägt der AG ohnehin die Beweislast.[3] Im Allgemeinen kann der AG vom AN Schadensersatz verlangen, wenn **(a)** dieser seine arbeitsvertraglichen Pflichten verletzt (→ Rn. 2) oder eine unerlaubte Handlung begeht, **(b)** dem AG ein Schaden entsteht (→ Rn. 5 ff.), **(c)** zwischen Vertragsverletzung und Schaden ein Kausalzusammenhang besteht (→ Rn. 3 ff.) und der AN die Vertragsverletzung zu vertreten hat (→ Rn. 16 ff.). Für das Vorliegen dieser Voraussetzungen ist der AG darlegungs- und beweispflichtig. Jedoch können ihm nach den Grundsätzen des Anscheinsbeweises Beweiserleichterungen zukommen. Zur Durchsetzung des Schadensersatzanspruchs kann der AG gegen den AN ausnahmsweise einen Auskunftsanspruch haben, wenn der begründete Verdacht einer Vertragsverletzung oder einer unerlaubten Handlung besteht. Dies hat der AG darzulegen und zu beweisen.[4] 1

2. Pflichtverletzung. Der Umfang der dem AN obliegenden Pflichten ist durch Auslegung des Arbeitsvertrags zu ermitteln. Dem AN obliegen Obhuts- und Aufbewahrungspflichten wegen der ihm überlassenen Werkzeuge, Materialien und Gerätschaften. Bei der Durchführung 2

[1] BAG 21.5.2015 AP Nr. 141 zu § 611 BGB Haftung des Arbeitnehmers = NZA 2015, 1517; HWK/*Krause* BGB § 619a Rn. 1; ErfK/*Preis* BGB § 619a Rn. 2.
[2] MüKoBGB/*Henssler* § 619a Rn. 47.
[3] ErfK/*Preis* BGB § 619a Rn. 3.
[4] LAG Bln 15.6.1992 NZA 1993, 27.

der Arbeit sind die für die Berufsgruppe üblichen Fertigkeiten und Kenntnisse einzusetzen[5] und erteilte Weisungen (dazu → § 45 Rn. 1 ff.) zu beachten.[6] Ein Handwerker hat also zB fach- und sachgerecht zu arbeiten. Zu den Pflichten eines Kraftfahrers gehört die unbedingte Einhaltung der Straßenverkehrsvorschriften,[7] für AN in besonderen Vertrauensstellungen[8] gelten besondere Auskunfts-, Überwachungs-[9] und Rechnungslegungspflichten.[10] Für die Pflichtverletzung ist der AG gem. § 619a BGB nF darlegungs- und beweispflichtig.

3 **3. Kausalzusammenhang. a) Grundsätze.** Die Schadensersatzpflicht setzt einen Kausalzusammenhang voraus.[11] Dieser muss zwischen dem Haftungsgrund (also der Vertragsverletzung) und dem Verletzungserfolg **(haftungsbegründende Kausalität)** und den geltend gemachten Schäden **(haftungsausfüllende Kausalität)** bestehen. In Bezug auf die haftungsbegründende Kausalität, die den Kausalzusammenhang zwischen der Verletzungshandlung und der Rechtsgutsverletzung, dh dem ersten Verletzungserfolg (Primärverletzung) betrifft, gilt das strenge **Beweismaß** des § 286 ZPO, das die volle Überzeugung des Gerichts verlangt.[12] Diese erfordert keine absolute oder unumstößliche Gewissheit und auch keine an Sicherheit grenzende Wahrscheinlichkeit, sondern nur einen für das praktische Leben brauchbaren Grad von Gewissheit, der Zweifeln Schweigen gebietet.[13] Für die haftungsausfüllende Kausalität, die den ursächlichen Zusammenhang zwischen der primären Rechtsgutsverletzung und weiteren Schäden des Verletzten (Sekundärschäden) betrifft, gilt das erleichterte Beweismaß des § 287 ZPO, dh zur Überzeugungsbildung kann eine hinreichende bzw. überwiegende Wahrscheinlichkeit genügen.[14] Ist das schadenstiftende Ereignis eine Unterlassung (fehlende Aufklärung), kann sich die Beweislast umkehren.[15] Von einer Kausalität ist nach der **Äquivalenztheorie** auszugehen, wenn ein schädigendes Ereignis im Allgemeinen und nicht nur unter besonders eigenartigen, unwahrscheinlichen und nach dem gewöhnlichen Verlauf der Dinge außer Betracht zu lassenden Umständen geeignet ist, einen Schaden der fraglichen Art herbeizuführen.[16] Eine weitergehende Haftungseinschränkung erfolgt durch den **Schutzzweck der verletzten Norm.** Eine Haftung besteht nur für diejenigen Schadensfolgen, die aus dem Bereich der Gefahren stammen, zu deren Abwendung die verletzte Norm erlassen oder die verletzte Vertragspflicht übernommen wurde. Der geltend gemachte Schaden muss in einem inneren Zusammenhang mit der durch den Schädiger geschaffenen Gefahrenlage stehen; ein „äußerlicher", gleichsam „zufälliger" Zusammenhang genügt nicht. Insoweit ist eine wertende Betrachtung geboten.[17] Diese normative Haftungsbegrenzung gilt gleichermaßen für die vertragliche wie die deliktische Haftung[18] und sowohl für die haftungsbegründende wie die haftungsausfüllende Kausalität.[19]

4 **b) Einzelfälle.** Aus diesem Grund ist zB der AN nicht verpflichtet, dem AG Inseratskosten für die Anwerbung eines neuen AN zu erstatten, wenn diese auch bei Einhaltung der Kündigungsfrist entstehen (→ § 51 Rn. 16).[20] Ist einem AN wegen einer rechtswidrigen aufsichtsrechtlichen Maßnahme einer Behörde gekündigt worden und schließt er in dem Kündigungsschutzprozess einen Vergleich, der zur Beendigung des Arbeitsverhältnisses führt, kann ein Zurechnungszusammenhang zwischen der Amtspflichtverletzung und dem Verlust des Arbeitsplatzes bestehen.[21] Spricht ein AN wegen Beleidigungen oder Nötigungen durch einen Kollegen eine Eigenkündigung aus, hat er grundsätzlich keinen Anspruch auf Ersatz des Erwerbsscha-

5 Vgl. BAG 25.9.1997 AP Nr. 111 zu § 611 BGB Haftung des Arbeitnehmers = NZA 1998, 310 (zu Sorgfaltspflichten eines Arztes bei Bluttransfusionen).
6 Zu Börsentermingeschäften BAG 3.12.1985 AP Nr. 1 zu § 764 BGB = NZA 1986, 716.
7 BAG 12.11.1998 AP Nr. 117 zu § 611 BGB Haftung des Arbeitnehmers.
8 Dasselbe gilt für leitende Angestellte: BAG 14.10.1970 AP Nr. 60 zu § 611 BGB Haftung des Arbeitnehmers.
9 BAG AP Nr. 5 zu § 611 BGB Treuepflicht (betr.: Gegenzeichnung).
10 BAG 13.3.1964 AP Nr. 32 zu § 611 BGB Haftung des Arbeitnehmers.
11 BAG 24.7.1969 AP Nr. 48 zu § 611 BGB Haftung des Arbeitnehmers; MHdB ArbR/*Reichold* § 57 Rn. 3.
12 BGH 29.1.2019 NJW 2019, 2092.
13 BGH 23.6.2020 AP Nr. 1 zu § 6 EntgeltFG = NJW 2020, 3176.
14 BGH 29.1.2019 NJW 2019, 2092.
15 Vgl. BGH 2.3.1994 NJW 1994, 1864, 1865; 6.7.1990 NJW 1990, 2560; *Grunewald* ZIP 1994, 1162.
16 BAG 18.1.2007 AP Nr. 17 zu § 823 BGB = NZA 2007, 1167; BGH 11.1.2005 NJW 2005, 1420.
17 BGH 22.5.2012 NJW 2012, 2024.
18 BGH 11.1.2005 NJW 2005, 1420.
19 Näher MüKoBGB/*Oetker* § 249 Rn. 120 ff.
20 BAG 26.3.1981 AP Nr. 7 zu § 276 BGB Vertragsbruch = NJW 1981, 2430.
21 BGH 19.5.1988 NJW 1989, 99.

dens bzw. des Verdienstausfalls gegen den Kollegen, weil derartige Schäden weder zum Schutzbereich eines Ehrschutzdelikts noch eines Straftatbestandes gehören, der die Freiheit der Willensbildung schützt.[22] Auf die Adäquanz kommt es aber dann nicht mehr an, wenn sich der Vorsatz einer stehlenden Hausgehilfin auch auf den Schadenseintritt bezieht, so dass eine Haftung auch für außergewöhnliche Schäden eintritt.[23]

4. Schaden. a) Definition. Schaden ist jeder Nachteil, den jemand infolge eines bestimmten Vorgangs oder Ereignisses an seinen Rechtsgütern (Gesundheit, körperliche Integrität, Eigentum) oder an bestimmten Vermögensgütern erleidet. 5

b) Differenzhypothese. Für die Beurteilung, ob ein Schaden vorliegt, sind auch im Arbeitsrecht die allgemeinen Grundsätze des Bürgerlichen Rechts anwendbar. Danach ist Schaden die Differenz zwischen der tatsächlichen durch das Schadensereignis geschaffenen und der unter Ausschaltung dieses Ereignisses gedachten Lage (Differenzhypothese).[24] Die Differenzhypothese ist allerdings stets einer normativen Kontrolle zu unterziehen, weil sie eine wertneutrale Rechenoperation darstellt. Dabei ist einerseits das konkrete haftungsbegründende Ereignis als Haftungsgrundlage zu berücksichtigen. Andererseits ist die darauf beruhende Vermögensminderung unter Berücksichtigung aller maßgeblichen Umstände sowie der Verkehrsauffassung in die Betrachtung einzubeziehen.[25] In Fortbildung der Differenzhypothese wird ein Schaden auch dann bejaht, wenn die durch das Schadensereignis geschaffene Güterlage und die ohne dieses Ereignis hypothetisch bestehende scheinbar identisch sind. Dies ist zB der Fall, wenn ein bestimmtes Vermögensgut verletzt wird und sich das Maß der Beeinträchtigung nach objektiven Maßstäben geldlich bewerten lässt oder der sich aus der objektiven Differenzhypothese ergebende Schadensbegriff nach objektiven Maßstäben korrigiert werden muss. Das betrifft folgende Fallgestaltungen: **(a)** AN, Beamte, Gesellschafter erleiden auch dann einen Schaden, wenn sie infolge des schädigenden Ereignisses Vergütungsfortzahlung erlangen (→ § 98 Rn. 1 ff.); **(b)** der Geschädigte erleidet einen Schaden, wenn er die nachteiligen Folgen durch übermäßige Anstrengungen beseitigt (→ § 51 Rn. 15); **(c)** ein Schaden kann auch eintreten, wenn der Geschädigte Schadensvorsorgekosten aufwendet (→ Rn. 9). 6

c) Vermögens- und Nichtvermögensschaden. aa) Unterscheidung. Zu unterscheiden sind der Vermögens- und Nichtvermögensschaden. Nach § 253 II BGB kann bei Verletzung des Körpers, der Gesundheit, der Freiheit oder sexuellen Selbstbestimmung neben Schadensersatz auch wegen des Nichtvermögensschadens eine billige Entschädigung in Geld gefordert werden. Der Nichtvermögensschaden hat aber häufig einen zu ersetzenden weitergehenden Vermögensschaden zur Folge, zB Heilungskosten nach Gesundheitsverletzung. Zu Schadensersatzansprüchen bei Persönlichkeitsverletzung und den hierbei bestehenden Einschränkungen → § 36 Rn. 160. 7

bb) Vermögensschaden. Vermögensschaden ist jede in Geld bewertbare Einbuße, die nach der Differenzhypothese bzw. nach dem Geldwert zu bemessen ist. Vermögensschaden ist gem. § 252 BGB auch entgangener Verdienst.[26] Ein Vermögensschaden ist auch dann gegeben, wenn in Geld bewertete Güter die Möglichkeit eines ideellen Genusses verkörpern (Beeinträchtigung einer Urlaubsreise; vgl. §§ 651 f. BGB) oder die Gebrauchsvorteile eines Vermögensguts[27] entzogen werden. Nach der Rechtsprechung des Große Senats für Zivilsachen des BGH kann ein ersatzfähiger Vermögensschaden vorliegen, wenn der Eigentümer einer von ihm selbst genutzten Sache, jedenfalls eines von ihm selbst bewohnten Hauses, infolge eines deliktischen Eingriffs in das Eigentum die Sache vorübergehend nicht benutzen kann, ohne dass ihm hierdurch zusätzliche Kosten entstehen oder Einnahmen entgehen.[28] Ersatzfähig sind bei **Verkehrsunfällen** neben dem Schaden am Fahrzeug regelmäßig die Kosten eines Sachverständigengutachtens, die 8

---

[22] BAG 18.1.2007 AP Nr. 17 zu § 823 BGB = NZA 2007, 1167.
[23] BAG 10.5.1990 AP Nr. 8 zu § 426 BGB.
[24] BAG 21.5.2015 AP Nr. 141 zu § 611 BGB Haftung des Arbeitnehmers = NZA 2015, 1517; BGH 7.11.2000 NJW 2001, 1274; MHdB ArbR/*Reichold* § 57 Rn. 5.
[25] BGH 21.12.2004 NJW-RR 2005, 611; dazu MüKoBGB/*Oetker* § 249 Rn. 21.
[26] BGH 3.3.1998 NJW 1998, 1634.
[27] Für ein Kfz: BGH GS 9.7.1986 NJW 1987, 50; ein Ferienhaus: BGH 16.9.1987 NJW 1988, 251; *Fiebig* NZA 1997, 1152; weitere Beispiele bei MüKoBGB/*Oetker* § 249 Rn. 59 ff.
[28] BGH GS 9.7.1986 NJW 1987, 50; zu allem *Medicus* NJW 1989, 1889; *Schulze* NJW 1997, 3337.

Bergungskosten sowie ein etwaiger Selbstbehalt einer der Haftpflichtversicherung für die beschädigten Waren des Kunden bei einem LKW-Transport.[29]

9 **cc) Reserve- oder Vorsorgekosten.** Zu dem zu ersetzenden Schaden gehören Reserve- oder Vorsorgekosten nur eingeschränkt.[30] Grundsätzlich kann der AN nicht zum Ersatz von Kosten für die Betriebsreserve herangezogen werden, wenn diese zur Überbrückung von Spitzenarbeitsanfall gehalten wird. Wer einen Linienbus beschädigt, hat allerdings die auf die Reparaturzeit entfallenden Vorhaltekosten eines Reservefahrzeugs auch dann zu ersetzen, wenn der Ausfall des beschädigten Fahrzeugs durch Einsatz einer allgemeinen Betriebsreserve aufgefangen werden konnte. Dass ein Reservefahrzeug eigens für fremdverschuldete Unfälle gehalten wurde, ist nicht erforderlich.[31] Ergibt sich, dass zur Überbrückung drittverursachter Schäden eine oder mehrere Maschinen eingesetzt wurden, ist der für die Zahl der Reserveeinsatztage entstehende Anteil der Kapital-, Abschreibungs- und Unterhaltungskosten der ersetzbare Schaden. Neben den Vorhaltekosten wird eine weitere Entschädigung wegen Nutzungsausfalls nicht geschuldet.[32] Der bei einem Verkehrsunfall Geschädigte verstößt im Allgemeinen nicht gegen seine Pflicht zur Geringhaltung des Schadens, wenn er ein Ersatzfahrzeug zu einem im Rahmen der sog. Unfallersatztarife günstigen Tarif anmietet.[33]

10 **dd) Mittelbare Schäden.** Zu dem zu ersetzenden Schaden zählen auch mittelbare Schäden, insbesondere die sog. Folgekosten. Hierzu gehören der Verlust von **Schadensfreiheitsrabatten,**[34] der Ersatz einer **Schließanlage** bei Verlust des Schlüssels[35] sowie **Rechtsverfolgungskosten** wegen erforderlicher Einschaltung eines Rechtsanwalts,[36] jedoch ist § 12a ArbGG zu beachten.[37] Ist gegen den AG eine Strafe verhängt worden, weil der AN Unterlagen nicht mitgeführt hat (Reisepass bei Flugbegleiterin), ist der AN zum Ersatz verpflichtet.[38] Hat ein AN den AG fortgesetzt durch Diebstähle bzw. Unterschlagungen geschädigt, muss er als adäquat verursachten Schaden grundsätzlich auch die **Detektivkosten** (einschl. Erfolgshonorar) ersetzen, die zur Aufdeckung der strafbaren Handlung geführt haben (dazu → § 53 Rn. 24). Die Erstattungsfähigkeit setzt voraus, dass ein vernünftiger, wirtschaftlich denkender AG nach den Umständen des Einzelfalls den Einsatz eines Detektivs zur Beseitigung der Störung bzw. zur Schadensverhütung nicht nur als zweckmäßig, sondern auch als erforderlich ansehen würde.[39]

11 **ee) Fehlgeschlagene Aufwendungen.** Ein Vermögensschaden kann ferner bestehen, wenn vom Geschädigten gemachte Aufwendungen infolge des schädigenden Ereignisses fehlschlagen. Ein Ersatzanspruch besteht nach hM aber nur, wenn besondere Aufwendungen für einen bestimmten einmaligen Zweck endgültig fehlschlagen. Die bloße Einbuße von Freizeit stellt keinen Vermögensschaden dar. Zu nutzlos aufgewendeter Urlaubszeit siehe § 651f II BGB.

12 **ff) Arbeitskraft.** Ob und inwieweit die Arbeitskraft ein Vermögensgut darstellt, ist umstr.[40] Nach der Rechtsprechung des BGH führt die bloße Einschränkung der Arbeitskraft nicht zum Schadensersatz; vielmehr muss ein tatsächlicher Verdienst- oder Gewinnausfall vorliegen.[41] Eigene Arbeitsleistung kann dagegen einen Vermögensschaden darstellen, wenn der hierfür getätigte Aufwand an Zeit und Mühewaltung ohne das sie verursachende Ereignis zu gewinnbringender Tätigkeit genutzt worden wäre. Arbeits- und Zeitaufwand werden unabhängig davon schadensrechtlich als ein Vermögenswert angesehen, wenn sich nach der Verkehrsauffassung für die getätigte Arbeitsleistung ein objektiv nach dem Maß der Arbeitskraft zu bemessender geldlicher Wert, dh ein Marktwert, ermitteln lässt.[42] Schaden kann auch der Personalaufwand sein, mit dem Sachen repariert werden.[43]

---

29 BAG 15.11.2012 AP Nr. 137 zu § 611 BGB Haftung des Arbeitnehmers.
30 BGH 10.1.1978 BGHZ 70, 199; MüKoBGB/*Oetker* § 249 Rn. 199 ff.
31 Vgl. dazu BAG 15.11.2012 AP Nr. 137 zu § 611 BGB Haftung des Arbeitnehmers; BGH 10.1.1978 NJW 1978, 812.
32 BGH 10.1.1978 NJW 1978, 812; BAG 18.5.1983 AP Nr. 51 zu § 1 TVG Tarifverträge: Bau.
33 BGH 7.5.1996 ZIP 1996, 1091.
34 BAG 23.6.1981 AP Nr. 81 zu § 611 BGB Haftung des Arbeitnehmers.
35 Dazu LAG Frankfurt 4.11.1987 DB 1988, 2652; Otto/*Schwarze*/Krause, Haftung des Arbeitnehmers, 4. Aufl. 2014, § 12 Rn. 12.
36 BGH 8.11.1994 NJW 1995, 446; MüKoBGB/*Oetker* § 249 Rn. 180 ff.
37 BAG 20.4.1992 AP Nr. 6 zu § 12a ArbGG 1979 = NZA 1992, 1101.
38 BAG 16.2.1995 AP Nr. 106 zu § 611 BGB Haftung des Arbeitnehmers = NZA 1995, 565.
39 BAG 28.10.2010 AP Nr. 135 zu § 611 BGB Haftung des Arbeitnehmers = NZA-RR 2011, 231.
40 Zum Streitstand MüKoBGB/*Oetker* § 249 Rn. 83 ff.
41 BGH 22.11.1988 NJW 1989, 766.
42 BGH 7.3.2001 NJW-RR 2001, 887.
43 Vgl. BGH 31.5.1983 NJW 1983, 2815.

d) Konkreter Schaden. Unterschieden wird ferner zwischen konkretem (realem) und rechnerischem Schaden. Konkreter, realer Schaden ist die Einbuße, die der Geschädigte an seinen Gütern erleidet, also etwa die Verschlechterung des Gesundheitszustands, die körperliche Behinderung. Rechnerischer Schaden ist die mit der Beeinträchtigung eines Vermögens und Rechtsguts verbundene oder im Gesamtvermögen eintretende, in einer Geldsumme ausgedrückte Wertminderung. Unmittelbarer Objektschaden ist die Schädigung eines bestimmten Rechtsguts. Vermögensfolgeschaden ist der weiter im Gesamtvermögen eintretende Schaden. 13

e) Erfüllungsschaden und der Vertrauensschaden. Zu unterscheiden sind schließlich der Erfüllungsschaden und der Vertrauensschaden. Bei dem Schadensersatz statt der Leistung (§§ 281 I, 280 BGB) ist der Gläubiger so zu stellen, wie er gestanden hätte, wenn er die Leistungen erhalten hätte (positives Interesse).[44] Von Vertrauensschaden oder negativem Interesse wird gesprochen, wenn der Schuldner verpflichtet ist, den Gläubiger so zu stellen, wie er stünde, wenn er nicht auf die Wirksamkeit der Erklärung oder das Zustandekommen eines Vertrags vertraut hätte. Der negative Schaden kann größer oder geringer als der Erfüllungsschaden sein. Ist nur das Vertrauensinteresse zu ersetzen, braucht der Schädiger nicht den Gewinn zu ersetzen, den der andere im Falle des Zustandekommens des Geschäfts gemacht hätte. Die Unterscheidung zwischen Vertrauens- und Erfüllungsschaden deckt nur einen Teil der Schadensfälle. Bei Schadensersatz wegen Verletzung eines bestimmten Rechts oder Rechtsguts oder der Verletzung einer vertraglichen Sorgfalts-, Obhuts- oder Schutzpflicht (§ 241 II BGB) handelt es sich um das Erhaltungs- oder Schutzinteresse des Geschädigten. 14

Hat der AN infolge eines Verkehrsunfalls die Schäden am Kraftfahrzeug zu ersetzen, umfasst der zu ersetzende Schaden den **merkantilen Minderwert**[45] sowie den Verlust von **Schadensfreiheitsrabatten** in der Kasko- und Haftpflichtversicherung.[46] **Umsatzsteuer** ist zu ersetzen, wenn sie tatsächlich angefallen ist (§ 249 II 2 BGB). Schadensersatzzahlungen sind dabei kein Entgelt iSd § 1 I Nr. 1 UStG, wenn die Zahlung nicht „für eine Lieferung oder sonstige Leistung" erfolgt, sondern weil der Zahlende nach Gesetz oder Vertrag für einen Schaden und seine Folgen einzustehen hat.[47] Nicht zum zu ersetzenden Schaden gehört die dem AG in Rechnung gestellte Umsatzsteuer, wenn dieser zum Vorsteuerabzug berechtigt ist.[48] Andererseits kommen Steuervergünstigungen des § 34 II Nr. 2 EStG nicht dem AG zugute, wenn er einen Verdienstausfallschaden auszugleichen hat.[49] Der AG kann die Verzinsung einer Schadensersatzforderung verlangen. Er kann selbst Zinsen von Verzugszinsen verlangen, wenn er den AN wegen der Zinsen wirksam in Verzug gesetzt hat.[50] 15

5. Verschulden. a) Haftung des Arbeitnehmers. Der AN hat Vorsatz und Fahrlässigkeit zu vertreten, wenn eine strengere oder mildere Haftung weder bestimmt noch aus dem sonstigen Inhalt des Schuldverhältnisses zu entnehmen ist (§ 276 I 1 BGB). Eine anderweitige Bestimmung kann aus dem Arbeitsvertrag folgen. Die Merkmale von Vorsatz und Fahrlässigkeit ergeben sich aus dem allgemeinen Zivilrecht. 16

b) Vorsatz. Vorsätzlich handelt, wer den rechtswidrigen Erfolg vorausgesehen und gewollt hat (dolus directus) oder ihn vorausgesehen und billigend in Kauf genommen hat (dolus eventualis). Nach der im Zivilrecht hM setzt das intellektuelle Vorsatzelement (Voraussehen des Erfolgs) das Bewusstsein der Rechtswidrigkeit voraus.[51] In Fällen der betrieblich veranlassten Arbeitnehmerhaftung muss sich nach neuerer Rechtsprechung des BAG das Verschulden nicht nur auf die Pflichtverletzung, sondern auch auf den Eintritt eines Schadens beziehen.[52] Ein vorsätzliches Handeln liege nur dann vor, wenn der AN den Schaden in seiner konkreten Höhe zumindest als möglich voraussehe und ihn für den Fall des Eintritts billigend in Kauf nehme. Über die 17

---

[44] BAG 22.3.2018 AP Nr. 145 zu § 611 BGB Haftung des Arbeitnehmers = NZA 2018, 1216.

[45] Vgl. BAG 17.9.1987 AP Nr. 15 zu § 611 BGB Musiker = NZA 1988, 201; BGH 18.9.1979 NJW 1980, 281 (LKW).

[46] BGH 14.6.1976 NJW 1976, 1846; BAG 23.6.1981 AP Nr. 81 zu § 611 BGB Haftung des Arbeitnehmers = NJW 1982, 846.

[47] BGH 3.11.2005 NJW-RR 2006, 189.

[48] BGH 6.6.1972 NJW 1972, 1460; BFH 6.3.1990 NJW 1991, 1702; vgl. Palandt/*Grüneberg* BGB § 249 Rn. 54.

[49] BGH 26.2.1980 NJW 1980, 1788.

[50] BGH 9.2.1993 NJW 1993, 1260.

[51] BGH 16.7.2002 NJW 2002, 3255.

[52] BAG 18.1.2007 AP Nr. 15 zu § 254 BGB = NZA 2007, 1230; ErfK/*Preis* BGB § 619a Rn. 14; aA HWK/*Krause* BGB § 619a Rn. 28.

Erkenntnis der Möglichkeit des Eintritts eines schadenstiftenden Erfolges hinaus sei erforderlich, dass der Schädiger den als möglich vorgestellten Erfolg auch in seinen Willen aufnehme und mit ihm für den Fall seines Eintritts einverstanden sei.[53] Folgt man dem, dürfen allerdings an die konkreten Vorstellungen des AN vom Schaden keine allzu hohen Anforderungen gestellt werden.[54]

18 **c) Drei Formen der Fahrlässigkeit nach Unterscheidung des BAG. aa) Leichteste Fahrlässigkeit.** Leichteste Fahrlässigkeit (culpa levissima) ist bei einem typischen Abirren der Arbeitsleistung, einem „Sich-Vergreifen" oder „Sich-Vertun" anzunehmen.[55] Gemeint sind Fälle des am Rande des Verschuldens liegenden Versehens.[56]

19 **bb) Mittlere Fahrlässigkeit.** Mittlere Fahrlässigkeit liegt vor, wenn der AN die im Verkehr erforderliche Sorgfalt außer Acht gelassen hat und der missbilligte Erfolg bei Anwendung der gebotenen Sorgfalt vorhersehbar und vermeidbar gewesen wäre (§ 276 II BGB).

20 **cc) Grobe Fahrlässigkeit.** Grob fahrlässig handelt, wer die im Verkehr erforderliche Sorgfalt nach den gesamten Umständen in ungewöhnlich hohem Maße verletzt und unbeachtet lässt, was im gegebenen Fall jedem hätte einleuchten müssen. Im Gegensatz zum rein objektiven Maßstab bei einfacher Fahrlässigkeit sind bei grober Fahrlässigkeit auch subjektive Umstände zu berücksichtigen. Es kommt also nicht nur darauf an, was von einem durchschnittlichen Anforderungen entsprechenden Angehörigen des jeweiligen Verkehrskreises in der jeweiligen Situation erwartet werden konnte, wozu auch gehört, ob die Gefahr erkennbar und der Erfolg vorhersehbar und vermeidbar war. Abzustellen ist vielmehr auch darauf, ob der Schädigende nach seinen individuellen Fähigkeiten die objektiv gebotene Sorgfalt erkennen und erbringen konnte.[57] Von dem äußeren Geschehensablauf und vom Ausmaß des objektiven Pflichtenverstoßes kann dabei auf innere Vorgänge und deren gesteigerte Vorwerfbarkeit geschlossen werden. Subjektive Besonderheiten können im Einzelfall im Sinne einer Entlastung von dem schweren Vorwurf der groben Fahrlässigkeit ins Gewicht fallen.[58] Bei der Abgrenzung von der normalen zur groben Fahrlässigkeit sind die Regeln des Anscheinsbeweises nicht anzuwenden.[59] In jüngerer Zeit hat das BAG als **Untergruppe der groben Fahrlässigkeit die „gröbste Fahrlässigkeit"** herausgearbeitet.[60] Diese soll vorliegen, wenn das Verhalten schlechthin nicht hinnehmbar ist. Hierbei handelt es sich indessen nicht um eine eigene Fallgruppe, da auch bei „gröbster" Fahrlässigkeit Haftungserleichterungen für den AN nicht grundsätzlich ausscheiden.[61] Tatsächlich geht es hierbei nur um Fälle besonders grober Fahrlässigkeit. Diese weitere Differenzierung ist daher wenig sinnstiftend und sollte deshalb aufgegeben werden.[62]

21 **Beispiele grober Fahrlässigkeit sind:** Unfall unter starker Alkoholeinwirkung (hier: 0,94 Promille),[63] Fahren ohne Fahrerlaubnis, es sei denn,[64] vom AG angeordnet,[65] Fehlen notwendiger Fahrpraxis, wenn verschwiegen,[66] erhebliche Geschwindigkeitsüberschreitung,[67] Häufung von Fehlleistungen,[68] Missachtung von Verkehrszeichen,[69] Überfahren einer roten Ampel,[70] Übermü-

[53] BAG 18.4.2002 AP Nr. 122 zu § 611 BGB Haftung des Arbeitnehmers = NZA 2003, 37; krit. hierzu Otto/*Schwarze*/Krause, Haftung des Arbeitnehmers, § 9 Rn. 6 ff.; *Otto* FS 50 Jahre BAG, 97 (100 ff.).
[54] MüKoBGB/*Henssler* § 619a Rn. 40.
[55] MüKoBGB/*Henssler* § 619a Rn. 37; ErfK/*Preis* BGB § 619a Rn. 17.
[56] HWK/*Krause* BGB § 619a Rn. 37.
[57] BAG 18.1.2007 AP Nr. 15 zu § 254 BGB = NZA 2007, 1230; 4.5.2006 NZA 2006, 1428.
[58] BAG 12.11.1998 AP Nr. 117 zu § 611 BGB Haftung des Arbeitnehmers = NZA 1999, 263; 18.4.2002 AP Nr. 122 zu § 611 BGB Haftung des Arbeitnehmers = NZA 2003, 37.
[59] BAG 20.3.1973 AP Nr. 72 zu § 611 BGB Haftung des Arbeitnehmers.
[60] BAG 28.10.2010 AP Nr. 136 zu § 611 BGB Haftung des Arbeitnehmers = NZA 2011, 345; 25.9.1997 AP Nr. 111 zu § 611 BGB Haftung des Arbeitnehmers = NZA 1998, 310.
[61] BAG 28.10.2010 AP Nr. 136 zu § 611 BGB Haftung des Arbeitnehmers = NZA 2011, 345.
[62] Otto/*Schwarze*/Krause, Haftung des Arbeitnehmers, § 9 Rn. 16.
[63] BAG 15.11.2012 AP Nr. 137 zu § 611 BGB Haftung des Arbeitnehmers; 23.1.1997 NZA 1998, 140.
[64] BAG 9.11.1967 AP Nr. 1 zu § 67 VVG.
[65] BAG 6.7.1964 AP Nr. 34 zu § 611 BGB Haftung des Arbeitnehmers.
[66] BAG 24.1.1974 AP Nr. 74 zu § 611 BGB Haftung des Arbeitnehmers.
[67] BAG 7.7.1970 AP Nr. 59 zu § 611 BGB Haftung des Arbeitnehmers; vgl. BAG 18.1.1972 AP Nr. 69 zu § 611 BGB Haftung des Arbeitnehmers; 22.2.1972 AP Nr. 70 zu § 611 BGB Haftung des Arbeitnehmers bei Nebelfahrt.
[68] LAG Brem BB 1960, 780.
[69] Vgl. BAG 30.10.1963 AP Nr. 30 zu § 611 BGB Haftung des Arbeitnehmers.
[70] BAG 12.11.1998 AP Nr. 117 zu § 611 BGB Haftung des Arbeitnehmers = NZA 1999, 263.

dung,[71] Vorfahrtverletzung,[72] Telefonieren mit einem Handy während der Autofahrt,[73] nicht genügende Verwahrung einer Brieftasche mit den Tageseinnahmen aus dem Bordrestaurant in Zügen der DB AG,[74] Gabelstaplerfahren ohne Fahrerlaubnis und ohne eine sonstige Einweisung,[75] Verletzung mehrerer Sicherheitsvorschriften durch einen Arzt bei einer Bluttransfusion ohne Stresssituation,[76] wahllose Bedienung eines durch einen Plexiglasdeckel besonders gesicherten Schalters eines medizinischen Geräts (MRT) durch eine Reinigungskraft.[77] Zu beachten ist, dass im Verhältnis zu Dritten grobe Fahrlässigkeit vorliegen kann, zugleich aber nicht notwendigerweise im Verhältnis zum AG gegeben ist, wenn dieser zB den übermüdeten Fahrer auf Fahrt schickt[78] oder ein mit Mängeln behaftetes Fahrzeug überlassen hat.[79] Ein Wertpapierberater einer Bank handelt grob fahrlässig, wenn er es versäumt, neben einer Kauforder über einen Aktienkauf eine sog. Stop-Loss-Order des Kunden auszuführen.[80]

d) Hinzuziehung eines Dritten durch den Arbeitnehmer. Hat der AN zur Ausführung der Arbeit einen Dritten hinzugezogen, haftet er, wenn die Arbeitsübertragung rechtswidrig gewesen ist, zB bei rechtswidriger Überlassung des Kraftwagens an Dritte. Hat er zur Erfüllung seiner arbeitsvertraglichen Pflichten rechtmäßig einen Dritten eingestellt, haftet er ohne Exculpationsmöglichkeit für dessen Verschulden nach § 278 BGB. Stellt er den Gehilfen für den AG ein, haftet er nach § 276 BGB für Auswahl und – sofern er ihm zur Arbeit zugeteilt ist – auch für dessen Beaufsichtigung.[81] 22

6. Darlegungs- und Beweislast. Nach § 619a BGB hat der AG darzulegen und im Streitfall zu beweisen, dass der AN vorwerfbar seine Pflichten aus dem Arbeitsvertrag verletzt hat und ihm nach § 280 I BGB zum Schadensersatz verpflichtet ist. Dies betrifft sowohl die Pflichtverletzung als auch das Verschulden des AN.[82] Allerdings dürfen keine zu hohen Anforderungen gestellt werden, wenn sich das schädigende Ereignis in der Sphäre des AN zugetragen hat. Der AN hat sich im Sinne einer gestuften Darlegungslast gem. § 138 II ZPO substantiiert zu erklären.[83] Vom AG vorgetragene Indizien, die auf ein haftungsbegründendes Verschulden des AN hinweisen, sind sorgfältig zu würdigen. Liegen tatsächliche Umstände vor, die den Schluss auf ein grob fahrlässiges Verhalten des AN rechtfertigen, hat der AN entlastende Gesichtspunkte konkret vorzutragen.[84] In § 619a BGB hat diese Rechtsprechung nunmehr Ausdruck gefunden. 23

II. Einschränkung der Arbeitnehmerhaftung

1. Die Grundsätze des Großen Senats des BAG. Im Arbeitsrecht wurden für die Haftung des AN im Arbeitsverhältnis zunächst die allgemeinen schuldrechtlichen Haftungsregelungen des BGB angewandt. Dies ist allerdings schon früh als nicht angemessen angesehen worden, weshalb es verschiedene Versuche gab, im Wege der Rechtsfortbildung zu einer Einschränkung der Arbeitnehmerhaftung zu gelangen.[85] Mit Beschluss vom **27.9.1994 hat der Große Senat des BAG** die bis dahin entwickelten Grundsätze über die Beschränkung der Arbeitnehmerhaftung zusammengefasst und fortentwickelt. Danach gilt die Haftungsbeschränkung für alle Arbeiten, die durch den Betrieb veranlasst sind und aufgrund eines Arbeitsverhältnisses geleistet werden, auch wenn diese Arbeiten als solche nicht gefahrgeneigt sind.[86] Der Große Senat hat die Beschränkung der Arbeitnehmerhaftung aus einer entsprechenden Anwendung des § 254 BGB 24

[71] Vgl. BAG 13.3.1968 AP Nr. 42 zu § 611 BGB Haftung des Arbeitnehmers; anders, wenn vom AG verursacht: BAG 18.1.1972 AP Nr. 69 zu § 611 BGB Haftung des Arbeitnehmers.
[72] Vgl. BAG 30.10.1963 AP Nr. 30 zu § 611 BGB Haftung des Arbeitnehmers.
[73] BAG 12.11.1998 AP Nr. 117 zu § 611 BGB Haftung des Arbeitnehmers = NZA 1999, 263.
[74] BAG 15.11.2001 AP Nr. 121 zu § 611 BGB Haftung des Arbeitnehmers = NZA 2002, 612.
[75] BAG 18.4.2002 AP Nr. 122 zu § 611 BGB Haftung des Arbeitnehmers = NZA 2003, 37.
[76] BAG 25.9.1997 AP Nr. 111 zu § 611 BGB Haftung des Arbeitnehmers = NZA 1998, 310.
[77] BAG 28.10.2010 AP Nr. 136 zu § 611 BGB Haftung des Arbeitnehmers = NZA 2011, 345.
[78] BAG 18.1.1972 AP Nr. 69 zu § 611 BGB Haftung des Arbeitnehmers.
[79] BAG 18.12.1970 AP Nr. 63 zu § 611 BGB Haftung des Arbeitnehmers.
[80] BAG 18.1.2007 AP Nr. 15 zu § 254 BGB = NZA 2007, 1230.
[81] BAG 11.11.1976 AP Nr. 80 zu § 611 BGB Haftung des Arbeitnehmers.
[82] BAG 21.5.2015 AP Nr. 141 zu § 611 BGB Haftung des Arbeitnehmers = NZA 2015, 1517; 17.9.1998 AP Nr. 2 zu § 611 BGB Mankohaftung = NZA 1999, 141; *Baumgärtel* FS Pleyer, 257.
[83] BAG 2.12.1999 AP Nr. 3 zu § 611 BGB Mankohaftung = NZA 2000, 715.
[84] BAG 22.2.1972 AP Nr. 70 zu § 611 BGB Haftung des Arbeitnehmers.
[85] Vgl. BAG GS 25.9.1957 AP Nr. 4 zu §§ 898, 899 RVO = NJW 1958, 235, 1086; weitergehend Schaub ArbR-HdB/*Linck*, 17. Aufl., § 59 Rn. 24 ff.
[86] BAG GS 27.9.1994 AP Nr. 103 zu § 611 BGB Haftung des Arbeitnehmers = NZA 1994, 1083.

hergeleitet. Über den Wortlaut des § 254 BGB hinaus sei diese Vorschrift auch dann anzuwenden, wenn den Geschädigten zwar kein Verschulden treffe, er aber für den entstehenden Schaden aufgrund einer von ihm zu vertretenden Sach- oder Betriebsgefahr mitverantwortlich sei (→ Rn. 27). Auch nach der Entscheidung des Großen Senats ist es bei der **Dreiteilung der Fahrlässigkeit** zur Bestimmung des Haftungsumfangs verblieben (dazu → Rn. 31 ff.). Die **Gefahrgeneigtheit** (→ Rn. 42) der Arbeit bleibt noch bei der Verteilung des Haftungsrisikos von Bedeutung. In Übrigen ist eine **Abwägung der Gesamtumstände,** insbesondere von Schadensanlass und Schadensfolgen nach Billigkeit und Zumutbarkeitsgesichtspunkten erforderlich. Zu den Umständen, denen je nach Lage des Einzelfalls ein unterschiedliches Gewicht beizumessen ist, gehören insbesondere der Grad des dem AN zur Last fallenden Verschuldens, die Gefahrgeneigtheit der Arbeit, die Höhe des Schadens, ein vom AG einkalkuliertes oder durch Versicherung abdeckbares Risiko,[87] die Stellung des AN im Betrieb und die Höhe des Arbeitsentgelts, in dem uU eine Risikoprämie enthalten ist. Auch können hiernach die persönlichen Verhältnisse des AN, seine Betriebszugehörigkeit, sein Lebensalter, seine Familienverhältnisse und sein bisheriges Verhalten zu berücksichtigen sein.[88]

25 Die Haftungsbeschränkung des AN hängt damit von **drei Voraussetzungen** ab:

(1) Bestehen eines Arbeitsverhältnisses
(2) Betrieblich veranlasste Tätigkeit
(3) Grad des Verschuldens.

26 **2. Persönlicher Geltungsbereich.** Die Regeln der Haftungsbegrenzung gelten für alle **AN,** also auch für leitende Angestellte.[89] Sie gelten des Weiteren gem. § 10 II BBiG in Berufsausbildungsverhältnissen.[90] Auch für **Leiharbeitnehmer** gilt die Haftungsbeschränkung nicht nur im Verhältnis zu ihrem AG, dem Verleiher, sondern auch gegenüber dem Entleiher, weil dieser ihn wie einen eigenen AN in den Betriebsablauf eingliedert und insoweit weisungsberechtigt ist.[91] Die Haftungsbeschränkung gilt grundsätzlich nicht für **arbeitnehmerähnliche Personen,** weil hier die Weisungsgebundenheit fehlt.[92] Eine Ausnahme macht das BSG für beschäftigtenähnliche Personen iSd § 2 II 1 SGB VII, also für Personen, die wie nicht selbständig tätige Personen in einem Arbeitsverhältnis tätig sind. In Bezug auf diesen Personenkreis sei der Unternehmer für die Betriebsgefahr verantwortlich und trage die Verantwortung für die Organisation des Betriebs und die Gestaltung der Arbeitsbedingungen.[93] Für **Selbständige und freie Mitarbeiter** finden die Grundsätze der beschränkten Arbeitnehmerhaftung keine Anwendung.[94] Gleiches gilt in der Regel für GmbH-**Geschäftsführer**[95] sowie für Mitglieder des **Vorstands** einer Aktiengesellschaft.[96]

27 **3. Betrieblich veranlasste Tätigkeit.** In analoger Anwendung des § 254 BGB erfolgt eine Haftungsbeschränkung bei einer betrieblich veranlassten Tätigkeit des AN.[97] Als betrieblich veranlasst gelten solche Tätigkeiten, die dem AN arbeitsvertraglich übertragen worden sind oder die der AN im Interesse des AG für den Betrieb ausführt. Das Handeln braucht dabei nicht zum eigentlichen Aufgabengebiet des AN gehören, ausreichend ist, wenn er im

[87] Vgl. BAG 28.10.2010 AP Nr. 136 zu § 611 BGB Haftung des Arbeitnehmers = NZA 2011, 345; 18.1.2007 AP Nr. 15 zu § 254 BGB = NZA 2007, 1230; 12.11.1998 AP Nr. 117 zu § 611 BGB Haftung des Arbeitnehmers = NZA 1999, 263; *Otto* FS 50 Jahre BAG, 97.

[88] BAG 15.9.2016 AP Nr. 143 zu § 611 BGB Haftung des Arbeitnehmers; *Joussen* AuR 2005, 432.

[89] BAG 11.11.1976 AP Nr. 80 zu § 611 BGB Haftung des Arbeitnehmers; BGH 25.6.2001 NJW 2001, 3123; *Hanau* FS Lorenz, 2004, 283; *Joussen* RdA 2006, 129 (131 ff.); HWK/*Krause* BGB § 619a Rn. 20; ErfK/*Preis* BGB § 619a Rn. 19; diff. MüKoBGB/*Henssler* § 619a Rn. 17.

[90] BAG 18.4.2002 AP Nr. 122 zu § 611 BGB Haftung des Arbeitnehmers = NZA 2003, 37; 7.7.1970 AP Nr. 59 zu § 611 BGB Haftung des Arbeitnehmers.

[91] Vgl. BGH 22.5.1978 VersR 1978, 819; BAG 15.2.1974 AP Nr. 7 zu § 637 RVO.

[92] Ebenso BGH 1.2.1963 AP Nr. 28 zu § 611 BGB Haftung des Arbeitnehmers = NJW 1963, 1100; ErfK/*Preis* BGB § 619a Rn. 19; diff. nach der Schutzbedürftigkeit MüKoBGB/*Henssler* § 619a Rn. 18; MHdB ArbR/*Reichold* § 57 Rn. 65; HWK/*Krause* BGB § 619a Rn. 20.

[93] BSG 24.6.2003 NJW 2004, 966.

[94] BGH 7.10.1969 AP Nr. 51 zu § 611 BGB Haftung des Arbeitnehmers.

[95] Vgl. BGH 14.2.1985 VersR 1985, 693 zum Geschäftsführer einer Innungskrankenkasse; MüKoBGB/*Henssler* § 619a Rn. 17; diff. MHdB ArbR/*Reichold* § 57 Rn. 66.

[96] OLG Düsseldorf 22.6.1995 NJW-RR 1995, 1371 (1377).

[97] BAG 22.3.2018 AP Nr. 145 zu § 611 BGB Haftung des Arbeitnehmers = NZA 2018, 1216; BAG GS 27.9.1994 AP Nr. 103 zu § 611 BGB Haftung des Arbeitnehmers = NZA 1994, 1083.

wohlverstandenen Interesse des AG tätig wird.[98] Umfasst sind auch Tätigkeiten, die in nahem Zusammenhang mit dem Betrieb und seinem betrieblichen Wirkungskreis stehen.[99] Maßgeblich ist damit, ob bei objektiver Betrachtungsweise aus der Sicht des Schädigers im Betriebsinteresse zu handeln war, sein Verhalten unter Berücksichtigung der Verkehrsüblichkeit nicht untypisch war und keinen Exzess darstellte.[100] Unerheblich ist, wie eine Arbeit ausgeführt wird, dh sachgemäß oder fehlerhaft, vorsichtig oder leichtsinnig. Der betriebliche Charakter der Tätigkeit geht deshalb nicht dadurch verloren, dass der AN bei der Durchführung der Tätigkeit grob fahrlässig oder vorsätzlich seine Verhaltenspflichten verletzt, auch wenn ein solches Verhalten grundsätzlich nicht im Interesse des AG liegt.[101] Es genügt nicht, dass es zum Schadensereignis gekommen ist, weil der Schädiger im Betrieb anwesend war und diese Anwesenheit ihm erst die Gelegenheit gab, den Schaden zu verursachen.[102] Ebenso wenig ist die Benutzung eines Betriebsmittels für die Annahme einer betrieblichen Veranlassung ausreichend. Ein Schaden, der nicht in Ausführung einer betriebsbezogenen Tätigkeit verursacht wird, sondern **nur bei Gelegenheit der Tätigkeit** im Betrieb, ist daher dem persönlich-privaten Bereich des schädigenden AN zuzurechnen. Dem privaten Lebensbereich ist es ebenso zuzurechnen, wenn der AN mit der schadensstiftenden Tätigkeit ausschließlich eigene Interessen ohne jeden Zusammenhang mit seiner geschuldeten Tätigkeit verfolgt.[103]

Durch das Merkmal der betrieblichen Veranlassung soll sichergestellt werden, dass der AG nicht mit dem **allgemeinen Lebensrisiko des AN** belastet wird. Ein lediglich räumlicher und zeitlicher Zusammenhang zwischen der Pflichtverletzung und der Arbeit ist deshalb unzureichend.[104] Erleidet ein AN mit seinem Dienstwagen, der ihm auch zur privaten Nutzung überlassen ist, im Rahmen seiner arbeitsvertraglichen Tätigkeit – nicht in der Freizeit – einen Unfall, liegt eine betrieblich veranlasste Schädigung vor.[105] Dagegen liegt keine betrieblich veranlasste Tätigkeit vor, wenn der AN mit seinem ihm auch zur privaten Nutzung überlassenen Dienstwagen auf dem Weg zur Arbeit einen Schaden verursacht.[106] Weicht ein Kraftfahrer von der ihm vom AG vorgeschriebenen Fahrtroute ab, um in der eigenen Wohnung eine Erholungspause einzulegen, und kommt es dabei zu einem Schaden, besteht ein innerer Zusammenhang zu der betrieblich veranlassten Tätigkeit nur dann, wenn der AN den Umweg deshalb für erlaubt halten durfte, weil die Höchstlenkzeiten bereits überschritten waren bzw. bei Hinzurechnung der noch ausstehenden Fahrtstrecke in erheblichem Maße überschritten worden wären.[107] Andererseits hat das BAG einer Flugbegleiterin, die entgegen einschlägigen Dienstvorschriften bei einem Flug keinen Reisepass mitgeführt und damit eine Einreisestrafe gegen das Luftfahrtunternehmen verursacht hat, die Haftungserleichterung gegen den vom AG geltend gemachten Erstattungsanspruch zugestanden.[108] Dem privaten Lebensbereich eines AN ist dagegen zuzurechnen, wenn er aufgrund eines eigenständigen Entschlusses mit einem Gabelstapler auf dem Betriebsgelände fährt, ohne dass dieser Entschluss durch eine betrieblichen Zwecken dienende Tätigkeit auch nur veranlasst wurde. Als betrieblich veranlasst wäre die Fahrt dagegen anzusehen, wenn der AN mit dem Stapler auf dem Weg war, um beispielsweise einen Lastkraftwagen zu entladen.[109] Eine Haftungsbeschränkung erfolgt weiterhin nicht, wenn der AN mit einem Wagen seines AG eine Schwarzfahrt unternimmt. Ebenso wenig kann sich ein Dritter auf die Haftungseinschränkung berufen, dem ein AN unbefugt die Führung des Kraftwagens des AG überlassen hat.[110] 28

4. Haftungseinschränkung. a) Grundsatz der Quotelung. Die Haftung des AN hängt in besonderem Maße von seinem **Verschulden** ab. An diesem von der Rechtsprechung entwickelten Grundsatz hat sich auch nach Einführung des § 81 II VVG zum 1.1.2008 nichts geän- 29

[98] BAG 28.10.2010 AP Nr. 136 zu § 611 BGB Haftung des Arbeitnehmers = NZA 2011, 345.
[99] BAG 22.3.2018 AP Nr. 145 zu § 611 BGB Haftung des Arbeitnehmers = NZA 2018, 1216.
[100] BAG 22.4.2004 AP Nr. 3 zu § 105 SGB VII = NZA 2005, 163.
[101] BAG 28.10.2010 AP Nr. 136 zu § 611 BGB Haftung des Arbeitnehmers = NZA 2011, 345.
[102] BAG 18.1.2007 AP Nr. 15 zu § 254 BGB = NZA 2007, 1230; 12.4.2002 AP Nr. 122 zu § 611 BGB Haftung des Arbeitnehmers = NZA 2003, 37.
[103] BAG 18.4.2002 AP Nr. 122 zu § 611 BGB Haftung des Arbeitnehmers = NZA 2003, 37.
[104] BAG 22.3.2018 AP Nr. 145 zu § 611 BGB Haftung des Arbeitnehmers = NZA 2018, 1216; HWK/*Krause* BGB § 619a Rn. 22; MHdB ArbR/*Reichold* § 57 Rn. 34.
[105] BAG 5.2.2004 AP Nr. 126 zu § 611 BGH Haftung des Arbeitnehmers = NZA 2004, 649.
[106] LAG Köln 15.9.1998 MDR 1999, 684.
[107] BAG 21.10.1983 AP Nr. 84 zu § 611 BGB Haftung des Arbeitnehmers = NZA 1984, 83.
[108] BAG 16.2.1995 AP Nr. 106 zu § 611 BGB Haftung des Arbeitnehmers = NZA 1995, 565.
[109] BAG 18.4.2002 AP Nr. 122 zu § 611 BGB Haftung des Arbeitnehmers = NZA 2003, 37.
[110] LAG Köln 27.9.1989 NZA 1990, 482.

dert.[111] Danach ist der Versicherer bei einem grob fahrlässig herbeigeführten Versicherungsfall berechtigt, seine Leistung in einem der Schwere des Verschuldens des Versicherungsnehmers entsprechenden Verhältnis zu kürzen. Hierdurch ist das „Alles-oder-Nichts-Prinzip" durch eine Quotelung ersetzt worden, um im Einzelfalle Entscheidungen zu ermöglichen, die den jeweiligen Schutzinteressen des Versicherungsnehmers Rechnung tragen. Eine Berücksichtigung der auf dieser versicherungsrechtlichen Grundlage festgesetzten Quote im Rahmen der Arbeitnehmerhaftung würde jedoch dem Grundsatz widersprechen, dass sich die Versicherung nach der Haftung und nicht umgekehrt die Haftung nach der Versicherung richtet. Die Frage, mit welcher Quote der AN haftet, kann deshalb nicht davon abhängen, ob und in welchem Umfang die Versicherung bei einem grob fahrlässigen Verhalten ihre Leistung gegenüber dem Versicherungsnehmer kürzt.[112]

30 **b) Maß des Verschuldens. aa) Vorsatz.** Vorsätzlich verursachte Schäden hat der AN in vollem Umfang zu tragen (zum Begriff → Rn. 17).[113]

31 **bb) Grobe Fahrlässigkeit.** Auch bei grober Fahrlässigkeit (dazu → Rn. 20) haftet der AN grundsätzlich voll, es sind jedoch ausnahmsweise Haftungseinschränkungen möglich. Dies gilt auch für die vom BAG – feinsinnig – entwickelte Untergruppe der „gröbsten Fahrlässigkeit",[114] was deren Sinnhaftigkeit zweifelhaft erscheinen lässt. Eine Haftungsbegrenzung kommt danach in Betracht, wenn der Verdienst des AN in einem deutlichen Missverhältnis zum verwirklichten Schadensrisiko steht. Ein solches Missverhältnis besteht regelmäßig nicht, wenn der Schaden nicht erheblich über einem Bruttomonatsverdienst des AN liegt. Bei einem ganz erheblichen Verschulden kann die Grenze deutlich höher liegen.[115] So hat das BAG unter Berücksichtigung des Verschuldens bei einer Haftung mit einem vollen Jahresbruttoeinkommen einer Reinigungskraft ein solches Missverhältnis verneint.[116] Setzt der AG einen AN, von dem er weiß, dass er keine Fahrerlaubnis besitzt, als Kraftfahrzeugführer im öffentlichen Straßenverkehr ein, kann der AN nach einem Verkehrsunfall verlangen, von den Rückgriffansprüchen der leistungsfreien Haftpflichtversicherung freigestellt zu werden. Dies gilt auch, wenn er den Unfall grob fahrlässig herbeigeführt hat.[117] Im Einzelfall kann eine Haftungsbeschränkung ausscheiden, weil der AN mit besonders grober Fahrlässigkeit gehandelt hat.[118]

32 **cc) Mittlere Fahrlässigkeit.** Bei mittlerer Fahrlässigkeit (dazu → Rn. 19) hat der AN den Schaden anteilig zu tragen. Ob und ggf. in welchem Umfang er zum Ersatz verpflichtet ist, richtet sich im Rahmen einer Abwägung der Gesamtumstände, insbesondere von **Schadensanlass und Schadensfolgen,** nach **Billigkeits- und Zumutbarkeitsgesichtspunkten.** Primär ist auf den Grad des dem AN zur Last fallenden Verschuldens, die Gefahrgeneigtheit der Arbeit (→ Rn. 42), die Höhe des Schadens, die Versicherbarkeit des Risikos (→ Rn. 39 ff.), die Stellung des AN im Betrieb und die Höhe seines Arbeitsentgelts sowie persönliche Umstände des AN, wie etwa die Dauer der Betriebszugehörigkeit, sein Lebensalter, seine Familienverhältnisse sowie das bisherige Verhalten des AN abzustellen.[119]

33 **dd) Leichteste Fahrlässigkeit.** Ist der Schaden auf leichteste Fahrlässigkeit (dazu → Rn. 18) zurückzuführen, haftet der AN nicht.[120]

---

[111] BAG 15.11.2012 AP Nr. 137 zu § 611 BGB Haftung des Arbeitnehmers.
[112] BAG 15.11.2012 AP Nr. 137 zu § 611 BGB Haftung des Arbeitnehmers.
[113] BAG 21.5.2015 AP Nr. 141 zu § 611 BGB Haftung des Arbeitnehmers = NZA 2015, 1517.
[114] BAG 28.10.2010 AP Nr. 136 zu § 611 BGB Haftung des Arbeitnehmers = NZA 2011, 345; 18.1.2007 AP Nr. 15 zu § 254 BGB = NZA 2007, 1230; 25.9.1997 AP Nr. 111 zu § 611 BGB Haftung des Arbeitnehmers = NZA 1998, 310; 12.10.1989 AP Nr. 97 zu § 611 BGB Haftung des Arbeitnehmers = NZA 1990, 97; aA BGH 11.3.1996 NJW 1996, 1532.
[115] BAG 18.1.2007 AP Nr. 15 zu § 254 BGB = NZA 2007, 1230 (Schaden in Höhe von 3,5 Bruttomonatsverdiensten nicht ohne Weiteres grobes Missverhältnis); 15.11.2001 AP Nr. 121 zu § 611 BGB Haftung des Arbeitnehmers = NZA 2002, 612; 12.11.1998 AP Nr. 117 zu § 611 BGB Haftung des Arbeitnehmers = NZA 1999, 263; LAG Nürnberg 20.3.1996 NZA-RR 1997, 3.
[116] BAG 28.10.2010 AP Nr. 136 zu § 611 BGB Haftung des Arbeitnehmers = NZA 2011, 345.
[117] BAG 23.6.1988 AP Nr. 94 zu § 611 BGB Haftung des Arbeitnehmers = NZA 1989, 181.
[118] BAG 25.9.1997 AP Nr. 111 zu § 611 BGB Haftung des Arbeitnehmers = NZA 1998, 310; LAG RhPf 2.11.1995 BB 1996, 1941 (Schaden ca. 37 000 DM, 2,15‰ BAK).
[119] BAG 22.3.2018 AP Nr. 145 zu § 611 BGB Haftung des Arbeitnehmers = NZA 2018, 1216; 15.9.2016 AP Nr. 143 zu § 611 BGB Haftung des Arbeitnehmers; BAG GS 27.9.1994 AP Nr. 103 zu § 611 BGB Haftung des Arbeitnehmers = NZA 1994, 1083.
[120] BAG 21.5.2015 AP Nr. 141 zu § 611 BGB Haftung des Arbeitnehmers = NZA 2015, 1517.

c) Summenmäßige Begrenzung. Eine absolute summenmäßige Begrenzung der Haftung lehnt das BAG zu Recht ab. Eine starre Haftungsgrenze wäre mit der dogmatischen Herleitung der Haftungsbeschränkung aus § 254 BGB und der damit verbundenen Abwägung aller Umstände des Einzelfalles nicht vereinbar. Darüber hinaus läge in deren Einführung eine unzulässige Rechtsfortbildung.[121] Das BAG schließt jedoch unter Berücksichtigung der Einzelfallumstände eine derartige Haftungsbeschränkung auch nicht aus.[122] So sind auch bei grob fahrlässiger Schadensverursachung durch den AN Haftungserleichterungen nicht ausgeschlossen, wenn der Verdienst des AN in einem deutlichen Missverhältnis zum verwirklichten Schadensrisiko der Tätigkeit steht.[123] In der Reformdiskussion der Arbeitnehmerhaftung ist eine Haftungsobergrenze von drei Bruttomonatsverdiensten vorgeschlagen worden.[124] Hierbei handelt es sich allerdings nach derzeitiger Rechtslage nicht um eine absolute Obergrenze. So hat das BAG im Hinblick auf das erhebliche Verschulden ein deutliches Missverhältnis zwischen Schaden und Arbeitsentgelt in einem Fall verneint, in dem sich die Schadenshöhe auf etwa 3,5 Bruttomonatsgehälter belaufen hat.[125] 34

d) Haftung für unerlaubte Handlungen. Die Haftungsbeschränkung gilt auch dann, wenn der Schadensersatzanspruch auf die Vorschriften über die unerlaubte Handlung (§§ 823 ff. BGB) gestützt wird. Eine unerlaubte Handlung kann vorliegen, wenn der AN Gegenstände seines AG beschädigt, also insbesondere bei Verkehrsunfällen. Die Ansprüche aus Vertragsverletzung und unerlaubter Handlung stehen in Anspruchskonkurrenz. Immer dann, wenn die unerlaubte Handlung betrieblich veranlasst ist, greift die Haftungsbeschränkung ein. Dagegen besteht keine Haftungsbegrenzung bei vorsätzlich sittenwidriger Vermögensschädigung (§ 826 BGB). Dies gilt insbesondere bei allen vorsätzlichen Straftaten gegen das Vermögen des AG. 35

5. Mitverschulden. a) Grundsatz. Die Schadensersatzpflicht kann bei Mitverschulden des AG gemindert sein (§ 254 BGB). Hierbei handelt es sich um eine Einwendung, die von **Amts wegen zu berücksichtigen** ist, sofern eine Partei entsprechende Tatsachen vorträgt.[126] Der Einwand des Mitverschuldens betrifft aus Sicht des Geschädigten ein Verschulden des AG gegen sich selbst und damit die **Verletzung einer im eigenen Interesse bestehenden Obliegenheit.**[127] Die Frage des mitwirkenden Verschuldens darf allerdings nicht mit den gleichfalls zu berücksichtigenden Grundsätzen über die Beschränkung der Arbeitnehmerhaftung „durch entsprechende Anwendung" des § 254 BGB (→ Rn. 27 f.) vermengt werden.[128] Das allgemeine Schadensrisiko bei einer betrieblich veranlassten Tätigkeit, das Grundlage der Haftungsbegrenzung ist, kann nicht zweimal berücksichtigt werden. Beim Mitverschulden des AG geht es um konkrete Obliegenheitsverletzungen des AG.[129] Das Mitverschulden kann sich daraus ergeben, dass ein schuldhaftes Verhalten des AG bei der Entstehung des Schadens mitgewirkt hat oder dass er es unterlassen hat, den drohenden Schaden abzuwenden oder den bereits eingetretenen zu mindern (§ 254 II BGB). Hat der AN bei der Entstehung eines Schadens fahrlässig, dagegen der AG vorsätzlich gehandelt, entfällt die Ersatzpflicht des nur fahrlässig handelnden Schädigers.[130] Handelt dagegen der AN vorsätzlich und umfasst der Vorsatz auch die Schädigung selbst, tritt bei der Abwägung nach § 254 I BGB ein fahrlässiger Verursachungsbeitrag des geschädigten AG grundsätzlich hinter dem Vorwurf eines vorsätzlichen Verhaltens des schädigenden AN zurück. Etwas Abweichendes gilt nur dann, wenn ausnahmsweise besondere Umstände des Einzelfalls Anlass zu einer abweichenden Wertung geben.[131] 36

[121] BAG 15.11.2012 AP Nr. 137 zu § 611 BGB Haftung des Arbeitnehmers.
[122] BAG 28.10.2010 AP Nr. 136 zu § 611 BGB Haftung des Arbeitnehmers = NZA 2011, 345.
[123] Vgl. BAG 12.4.2002 AP Nr. 122 zu § 611 BGB Haftung des Arbeitnehmers = NZA 2003, 37; 12.11.1998 AP Nr. 117 zu § 611 BGB Haftung des Arbeitnehmers = NZA 1999, 263; 23.1.1997 NZA 1998, 140.
[124] Dazu *Peifer* AR-Blattei SD 870.1 Rn. 193 ff.
[125] BAG 18.1.2007 AP Nr. 15 zu § 254 BGB = NZA 2007, 1230.
[126] BAG 28.6.2018 AP Nr. 147 zu § 611 BGB Haftung des Arbeitnehmers; BGH 20.7.1999 NJW 2000, 217; MüKoBGB/*Oetker* § 254 Rn. 143; iErg ebenso, wenn auch verkürzt BAG 21.5.2015 AP Nr. 141 zu § 611 BGB Haftung des Arbeitnehmers = NZA 2015, 1517.
[127] BGH 27.11.2008 NJW 2009, 582.
[128] BAG 21.5.2015 AP Nr. 141 zu § 611 BGB Haftung des Arbeitnehmers = NZA 2015, 1517.
[129] HWK/*Krause* BGB § 619a Rn. 41; dazu auch Otto/*Schwarze*/Krause, Haftung des Arbeitnehmers, § 12 Rn. 2 f.
[130] BAG 19.2.1998 AP Nr. 8 zu § 254 BGB = NZA 1998, 1051; BGH 8.10.1991 NJW 1991, 3208.
[131] BAG 28.6.2018 AP Nr. 147 zu § 611 BGB Haftung des Arbeitnehmers.

37 **b) Einzelfälle des Mitverschuldens.** Ein Mitverschulden des AG (§ 254 BGB) kann beispielsweise vorliegen, wenn er die notwendigen Anweisungen nicht erteilt,[132] konkret erforderliche Überwachungen[133] nicht durchführt, mangelhaftes Arbeitsgerät oder Arbeitsmaterial zur Verfügung stellt,[134] die Arbeit nicht hinreichend organisiert,[135] den AN überfordert oder überlastet. Namentlich bei erheblicher Verletzung der Arbeitszeitvorschriften kann die Haftung eines Kraftfahrers ausgeschlossen sein.[136] Der AN kann sich zur Haftungseinschränkung im Einzelfall auch auf ein **Mitverschulden von Vorgesetzten** berufen. Einem Assistenzarzt ist es deshalb nicht als grobe Fahrlässigkeit anzulasten, dass er sich den fachlichen Weisungen eines ihm vorgesetzten, höher qualifizierten und wesentlich erfahreneren Oberarztes nicht widersetzt hat, auch wenn diese grob falsch waren.[137] Dagegen kann sich ein AN grundsätzlich nicht auf ein **Mitverschulden unterstellter Mitarbeiter** berufen.[138] Ein Mitverschulden des Geschädigten kann vorliegen, wenn der Geschädigte es unterlassen hat, auf die Gefahr des Eintritts eines **ungewöhnlich hohen Schadens hinzuweisen.** So soll es ein Mitverschulden des AG begründen, wenn dieser den AN bei Verlust eines Generalschlüssels nicht darauf hinweist, dass er die Schlösser austauschen werde und welche Kosten dabei in ungefährer Höhe entstehen.[139] Ein Mitverschulden besteht bei Unterlassung der **Schadensabwendung** oder Minderung, wenn also der Geschädigte nicht durch geeignete, zumutbare Maßnahmen einen Schaden verhindert oder in Grenzen gehalten hat.[140] Insoweit kann ein Mitverschulden gegeben sein, wenn die geschädigte Sache nicht vor weiterem Verfall geschützt wird, nicht vorläufig oder unverzüglich repariert wird usw.

38 **c) Zurechnung des Verhaltens Dritter.** Nach § 254 II 2 BGB hat der Geschädigte für das Verhalten Dritter einzustehen.[141] Dies gilt nach hM sowohl für die Schadensabwendungs- und Schadensminderungspflicht als auch für die Entstehung des Schadens. § 254 II 2 BGB bezieht sich auch auf das Mitverschulden eines Erfüllungsgehilfen im haftungsbegründenden Vorgang.[142] Es handelt sich um eine Rechtsgrundverweisung auf § 278 BGB, dessen Voraussetzung das Bestehen einer vertraglichen Beziehung oder einer sonstigen rechtlichen Sonderverbindung im haftungsbegründenden Zeitpunkt ist.[143] Erforderlich ist, dass zwischen dem Geschädigten und dem Schädiger bereits eine Rechtsbeziehung vorhanden ist, in deren Rahmen sich der Geschädigte das Verschulden eines Dritten zurechnen lassen muss (Rechtsgrundverweisung).[144] Bei der Schadensabwendungs- oder Schadensminderungspflicht muss sich der Geschädigte das Verhalten eines Dritten zurechnen lassen. Dabei geht es anders als bei der Zurechnung des Verschuldens des Erfüllungsgehilfen im Rahmen der Haftungsbegründung bei der Anwendung von § 254 II 2 BGB nicht darum, dass der Verletzte zur Erfüllung einer Pflicht eingesetzt wird. Auf Grund des Gebots einer „entsprechenden" Anwendung genügt es, dass sich der Verletzte der Hilfsperson zur Wahrnehmung seiner Interessen im Rahmen des Schuldverhältnisses bedient und der Dritte mit Willen des Geschädigten tätig geworden ist.[145] Das Verschulden ihrer Organe müssen sich Juristische Personen und Personengesamtheiten nach § 31 BGB ohne Entlastungsmöglichkeit zurechnen lassen.[146]

39 **6. Haftpflichtversicherung. a) Gesetzlich vorgeschriebene Haftpflichtversicherung.** Ein AN kann sich nicht auf die Haftungsbeschränkung berufen, wenn zu seinen Gunsten eine

[132] BAG 7.7.1970 AP Nr. 59 zu § 611 BGB Haftung des Arbeitnehmers.
[133] BAG 26.1.1971 AP Nr. 64 zu § 611 BGB Haftung des Arbeitnehmers = NZA 1995, 565; 16.2.1995 AP Nr. 106 zu § 611 BGB Haftung des Arbeitnehmers = NZA 1995, 565; vgl. auch bei Rückgriffsansprüchen LAG Bln 1.6.1973 BB 1974, 232.
[134] BAG 18.12.1970 AP Nr. 63 zu § 611 BGB Haftung des Arbeitnehmers.
[135] BAG 18.1.2007 AP Nr. 15 zu § 254 BGB = NZA 2007, 1230; 15.11.2001 AP Nr. 121 zu § 611 BGB Haftung des Arbeitnehmers = NZA 2002, 612; 16.2.1995 AP Nr. 106 zu § 611 BGB Haftung des Arbeitnehmers = NZA 1995, 565.
[136] BAG 18.1.1972 AP Nr. 69 zu § 611 BGB Haftung des Arbeitnehmers; einschränkend: LAG BW 30.9.1970 BB 1971, 1055; *Kothe* DB 1982, 1617.
[137] BAG 4.5.2006 NZA 2006, 1428.
[138] BAG 25.9.1997 AP Nr. 111 zu § 611 BGB Haftung des Arbeitnehmers = NZA 1998, 310; HWK/*Krause* BGB § 619a Rn. 41.
[139] HessLAG 15.1.1998 LAGE § 249 BGB Nr. 12.
[140] Vgl. BAG 16.2.1995 AP Nr. 196 zu § 611 BGB Haftung des Arbeitnehmers = NZA 1995, 565.
[141] Vgl. MüKoBGB/*Oetker* § 254 Rn. 126 ff.; *Hager* NJW 1989, 1640.
[142] BGH 27.11.2008 NJW 2009, 582.
[143] BGH 10.11.2016 – III ZR 235/15.
[144] BGH 1.3.1988 NJW 1988, 2667; MüKoBGB/*Oetker* § 254 Rn. 128 f.
[145] MüKoBGB/*Oetker* 254 Rn. 134.
[146] BGH 6.6.2013 NJW 2013, 2345; 10.12.2009 NJW 2010, 1808.

gesetzlich vorgeschriebene Haftpflichtversicherung (zB Kfz-Haftpflichtversicherung) eingreift.[147] Bei Bestehen einer Pflichtversicherung liegen Risiken vor, die der Gesetzgeber als so gefahrträchtig erachtet hat, dass er den Handelnden im Hinblick auf mögliche Gefahren für andere ohne Versicherungsschutz nicht tätig sehen will. Diese Tatsache überlagert gleichsam die Grundsätze der beschränkten Arbeitnehmerhaftung. Soweit der AG als Versicherungsnehmer mit seinem Versicherer für eine Pflichtversicherung einen Selbstbehalt vereinbart, darf dieser nach § 114 II 2 VVG einem Dritten nicht entgegengehalten und gegenüber einer mitversicherten Person nicht geltend gemacht werden. Nach Auffassung des BAG ist diesem Verbot eine Einschränkung dahin, dass es nur für den Versicherer, nicht aber für den Versicherungsnehmer gelte, nicht zu entnehmen. Deshalb könne auch im Arbeitsverhältnis der AG als Versicherungsnehmer dem mitversicherten AN gegenüber einen mit der Versicherung vereinbarten Selbstbehalt nicht geltend machen. Dem entgegenstehende vertragliche Vereinbarungen seien gem. § 134 BGB nichtig.[148]

b) Betriebshaftpflicht- und private Haftpflichtversicherung. Die bei Bestehen einer gesetzlichen Pflichtversicherung geltenden Grundsätze (→ Rn. 39) können nicht uneingeschränkt auf Sachverhalte übertragen werden, in denen zugunsten des AN das Risiko seiner betrieblichen Tätigkeit durch den AG im Wege einer **Betriebshaftpflichtversicherung** freiwillig versichert worden ist. Besteht eine solche Versicherung, erstreckt sie sich nach § 102 VVG auf die Haftpflicht der zur Vertretung des Unternehmens befugten Personen sowie der Personen, die in einem Dienstverhältnis zu dem Unternehmen stehen. Die Betriebshaftpflichtversicherung dient zum einen dem Betriebsfrieden, denn durch sie werden Spannungen zwischen dem Versicherungsnehmer (AG) und den AN, die bei deren unmittelbarer Inanspruchnahme durch einen geschädigten Dritten entstehen könnten, gemindert.[149] Die AN haben selbst keine Möglichkeit, eine Betriebshaftpflichtversicherung im eigenen Namen und für eigene Rechnung abzuschließen; sie können – sofern sich nicht aus dem konkreten Arbeitsvertrag etwas anderes ergibt – auch nicht verhindern, dass der Betriebsinhaber den Abschluss einer solchen Versicherung unterlässt. Soweit sie vom AG keine Freistellung verlangen können (→ Rn. 49), müssen sie in einem solchen Fall den Schaden selbst tragen. Eine freiwillig abgeschlossene **private Haftpflichtversicherung** haftet nur in dem Umfang, in dem der AN selbst haftet.[150] Insbesondere darf auch beim Bestehen einer solchen Privathaftpflichtversicherung zugunsten des AN berücksichtigt werden, dass das gezahlte Entgelt im Verhältnis zu dem von ihm zu tragenden Risiko unangemessen gering ist. Etwas anderes kann dann gelten, wenn der AG vor Einstellung des AN wegen der Risiken der Tätigkeit den Abschluss einer solchen privaten Haftpflichtversicherung verlangt und zur Einstellungsbedingung gemacht hatte, erst recht, wenn dafür zusätzliche Vergütungsbestandteile vereinbart wurden. Ist arbeitsvertraglich der Abschluss einer privaten Haftpflichtversicherung für Schäden im Zusammenhang mit dem Arbeitsverhältnis zwingend vereinbart, ist sie im Schadensfall im Rahmen der Gesamtbetrachtung zu berücksichtigen.[151] Das gilt auch für eine **D&O-Versicherung** (Directors and Officers Liability Insurance) leitender Angestellter.[152] 40

c) Vollkaskoversicherung. Der AG ist gegenüber dem AN zwar nicht verpflichtet, für im Betrieb genutzte Firmenkraftfahrzeuge eine Vollkaskoversicherung abzuschließen, wenn sich dies nicht aus dem Arbeitsvertrag oder den das Arbeitsverhältnis gestaltenden normativen Bestimmungen ergibt.[153] Haftet der AN, der als Fahrer eines Kraftfahrzeugs seines AG einen Unfall verschuldet hat, nach den Grundsätzen über den innerbetrieblichen Schadensausgleich für den an dem Kraftfahrzeug des AG entstandenen Schaden anteilig, kann jedoch bei der Abwägung aller für den Haftungsumfang maßgebenden Umstände zu Lasten des AG ins Gewicht fallen, dass dieser für das Unfallfahrzeug keine Kaskoversicherung abgeschlossen hatte. Dies kann dazu führen, dass der AN nur in Höhe einer Selbstbeteiligung haftet, die bei Abschluss einer Kasko- 41

[147] BAG 28.10.2010 AP Nr. 136 zu § 611 BGB Haftung des Arbeitnehmers = NZA 2011, 345; 25.9.1997 AP Nr. 111 zu § 611 BGB Haftung des Arbeitnehmers = NZA 1998, 310; BGH 8.12.1971 AP Nr. 68 zu § 611 BGB Haftung des Arbeitnehmers.

[148] BAG 13.12.2012 AP Nr. 138 zu § 611 BGB Haftung des Arbeitnehmers = NZA 2013, 622.

[149] Hierzu und zum Folgenden BAG 15.9.2016 AP Nr. 143 zu § 611 BGB Haftung des Arbeitnehmers.

[150] BAG 25.9.1997 AP Nr. 111 zu § 611 BGB Haftung des Arbeitnehmers = NZA 1998, 310; 14.10.1993 EzA Nr. 28 zu § 611 BGB Gefahrgeneigte Arbeit; MüKoBGB/*Henssler* § 619a Rn. 42; ErfK/*Preis* BGB § 619a Rn. 20; *Waltermann* RdA 2005, 98 (108).

[151] BAG 28.10.2010 AP Nr. 136 zu § 611 BGB Haftung des Arbeitnehmers = NZA 2011, 345.

[152] Vgl. dazu *Hanau* FS Lorenz, 2004, 283 (289 ff.); MüKoBGB/*Henssler* § 619a Rn. 42; aA HWK/*Krause* BGB § 619a Rn. 39; *Otto* FS 50 Jahre BAG, 97 (114 ff.).

[153] BAG 15.11.2012 AP Nr. 137 zu § 611 BGB Haftung des Arbeitnehmers.

versicherung zu vereinbaren gewesen wäre.[154] Von Relevanz ist eine abgeschlossene oder abzuschließende Versicherung allerdings nur dann, wenn durch sie ein Schutz des AN erreicht wird. Dies ist jedenfalls dann nicht der Fall, wenn die Versicherung bei dem AN Rückgriff nehmen kann. Unerheblich ist dabei, ob die Versicherung hiervon tatsächlich Gebrauch macht.[155] Die Rücksichtnahmepflicht aus § 241 II BGB kann dem AG gebieten, wenn er sich ständig durch einen Kraftfahrer befördern lässt, für seine eigenen Personenschäden durch eine Versicherung Vorsorge zu treffen.[156]

42 **7. Gefahrgeneigtheit. a) Grundsätze.** Der Begriff der gefahrgeneigten Arbeit wurde ursprünglich entwickelt, um eine Haftungseinschränkung der AN für besonders risikoreiche Arbeiten zu begründen. Die Gefahrgeneigtheit der Arbeit ist heute zwar nicht mehr Voraussetzung der Haftungsbeschränkung (→ Rn. 24 ff.), wohl aber bei der Gesamtabwägung zu berücksichtigen. Gefahrgeneigte Arbeit liegt vor, wenn die Eigenart der vom AN zu leistenden Arbeit es mit großer Wahrscheinlichkeit mit sich bringt, dass auch einem sorgfältigen AN gelegentlich Fehler unterlaufen, die für sich allein betrachtet zwar jedes Mal vermeidbar wären, mit denen aber angesichts der menschlichen Unzulänglichkeit als mit einem typischen Abirren der Dienstleistung erfahrungsgemäß zu rechnen ist.[157] Bei der Beurteilung, ob eine gefahrgeneigte Arbeit vorliegt, ist jeweils nach den Umständen des Einzelfalls darauf abzustellen, ob eine konkrete Gefahrenlage besteht.[158] Wenngleich auf die Gefahrenlage abgestellt werden muss, zählen zu den gefahrgeneigten Tätigkeiten insbesondere diejenigen des Kraftfahrers,[159] Maschinenmeisters, Straßenbahnführers, Kranführers, Lokomotivführers, eines AN mit eilig zu fassenden weitreichenden Entschlüssen,[160] eines stark überlasteten AN,[161] eines AN mit Bauaufsicht.[162] Nimmt der AN nur irrtümlich eine Notlage mit eilig zu fassenden Entscheidungen an, greift die Haftungsmilderung nur ein, wenn der Irrtum unverschuldet ist.[163] Für die Gefahrgeneigtheit ist der AN beweispflichtig.[164]

43 **b) Beispiele.** Zu den gefahrgeneigten Tätigkeiten **gehören in der Regel nicht** die Arbeiten eines Kraftfahrers bei Nebenarbeiten (Ölwechsel oder Prüfung von Warenbegleitpapieren usw.), wenn für den Schaden ein nicht im Zusammenhang mit der gefahrgeneigten Arbeit stehender Umstand ursächlich ist, eines Geldtransportfahrers,[165] des Justitiars eines Unternehmens[166] oder des Bürovorstehers eines Wirtschaftsprüfers,[167] des Autors eines Hörfunkmanuskripts.[168] Die Arbeit desjenigen, der Personen mit gefahrgeneigter Arbeit Weisungen zu erteilen hat, ist deswegen noch nicht gefahrgeneigt. Etwas anderes kann dann gelten, wenn er die von Dritten manuell durchgeführte Arbeit zu planen hat.[169] Umstr. ist, ob die Arbeit eines Programmierers gefahrgeneigt ist.[170]

44 **8. Darlegungs- und Beweislast.** Die Darlegungs- und Beweislast für die betriebliche Veranlassung der schadensursächlichen Tätigkeit trägt nach den Grundregeln der Beweislastverteilung derjenige, dem diese Tatsache günstig ist, also der AN.[171] Dagegen liegt nach § 619a BGB die Darlegungs- und Beweislast dafür, dass ein AN vorwerfbar seine Pflichten aus dem Arbeits-

---

[154] BAG 24.11.1987 AP Nr. 92 zu § 611 BGB Haftung des Arbeitnehmers = NZA 1988, 584.
[155] BAG 18.1.2007 AP Nr. 15 zu § 254 BGB = NZA 2007, 1230; *Hübsch* NZA-RR 1999, 393 (394); MHdB ArbR/*Reichold* § 57 Rn. 54.
[156] Vgl. BGH 11.11.1969 AP Nr. 52 zu § 611 BGB Haftung des Arbeitnehmers.
[157] Grundlegend: BAG 25.9.1957 AP Nr. 4 zu §§ 898, 899 RVO.
[158] BAG 26.11.1969, 11.9.1975, 11.11.1976, 12.2.1985 AP Nr. 22, 78, 80, 86 zu § 611 BGB Haftung des Arbeitnehmers.
[159] BAG 18.12.1970 AP Nr. 62 zu § 611 BGB Haftung des Arbeitnehmers.
[160] BAG 26.11.1969 AP Nr. 50 zu § 611 BGB Haftung des Arbeitnehmers.
[161] BAG 3.2.1970 AP Nr. 53 zu § 611 BGB Haftung des Arbeitnehmers.
[162] BAG 11.11.1976 AP Nr. 80 zu § 611 BGB Haftung des Arbeitnehmers.
[163] BAG 11.9.1975 AP Nr. 78 zu § 611 BGB Haftung des Arbeitnehmers.
[164] LAG Bln 28.10.1976 BB 1977, 194.
[165] LAG Mannheim 3.4.1973 NJW 1973, 1996.
[166] BGH 7.10.1969 AP Nr. 51 zu § 611 BGB Haftung des Arbeitnehmers.
[167] LAG Frankfurt 20.1.1988 DB 1988, 1702.
[168] LAG Bln 29.10.1989 DB 1991, 1080.
[169] BAG 3.8.1971 AP Nr. 66 zu § 611 BGB Haftung des Arbeitnehmers; vgl. BAG 1.12.1988 AP Nr. 2 zu § 840 BGB = NZA 1989, 796.
[170] Bejahend: *Bartsch* BB 1986, 1500.
[171] BAG 18.4.2002 AP Nr. 122 zu § 611 BGB Haftung des Arbeitnehmers = NZA 2003, 37.

vertrag verletzt hat und nach § 280 I 1 BGB dem AG zum Schadensersatz verpflichtet ist, beim AG. Dies gilt sowohl für die Pflichtverletzung als auch für das Vertretenmüssen des AN.[172]

9. Unabdingbarkeit. Die Grundsätze über den innerbetrieblichen Schadensausgleich sind einseitig zwingend.[173] Sie können weder einzel- noch kollektivvertraglich zu Lasten des AN abbedungen werden.[174] Hieran hat sich durch die zum 1.1.2002 in Kraft getretene Schuldrechtsreform nichts geändert.[175] Eine vertragliche Vereinbarung in AGB des AG, wonach der AN „je nach Verschuldensgrad und Schadenshöhe" damit rechnen müsse, „für jeden von ihm verursachten Schaden in Höhe von bis zu 5.000,00 EUR Schadenersatz leisten zu müssen", wird dem nach Auffassung des BAG nicht gerecht. Sie ist weder klar noch verständlich und deshalb nach § 307 I 2 BGB unwirksam.[176] 45

10. Mitwirkung Dritter. Beruht die Schädigung des AG in erster Linie auf dem Verhalten eines Dritten und nur daneben auch auf dem Verhalten des AN, kann der AG nach Treu und Glauben (§ 241 II BGB) gehalten sein, vorrangig den unmittelbar schädigenden Dritten in Anspruch zu nehmen, bevor er Ansprüche gegenüber dem mitverantwortlichen AN geltend macht. Dies gilt allerdings nur dann, wenn es dem geschädigten AG bei klarer Rechtslage ohne weiteres möglich ist, den eigentlichen Schädiger mit rechtlichem und wirtschaftlichem Erfolg in Anspruch zu nehmen.[177] Dem Dritten kommt dabei eine zugunsten des AN geltende Haftungsbeschränkung nicht zugute. Wird der Zweitschädiger vom AG in Anspruch genommen und verlangt der Dritte dann vom AN Ausgleich nach §§ 426, 840 BGB, kann der AN vom AG in dem Umfang Freistellung von der Haftung verlangen, wie seine Haftung nach den Grundsätzen der Arbeitnehmerhaftung eingeschränkt ist (dazu → Rn. 49). 46

11. Ausschlussfristen. Schadensersatzansprüche können tariflichen Ausschlussfristen unterliegen (dazu → § 209 Rn. 7 ff.). Ein Anspruch des AG gegen den AN ist dabei regelmäßig erst dann im Sinne einer Ausschlussfrist fällig, wenn der AG ihn annähernd beziffern kann. Dies ist der Fall, wenn dem AG alle seinen Ersatzanspruch begründenden Tatsachen bekannt sind.[178] 47

III. Schädigung eines betriebsfremden Dritten durch den Arbeitnehmer

1. Außenhaftung. Hat der AN durch eine schädigende Handlung allein oder mit dem AG einen betriebsfremden Dritten geschädigt, haftet er diesem, sofern ein haftungsbegründender Tatbestand vorliegt, nach den allgemeinen Grundsätzen des BGB ohne irgendwelche besonderen Haftungsbeschränkungen (Außenhaftung).[179] Die von der Rechtsprechung erarbeiteten Grundsätze zur Haftungsbeschränkung wirken nur im Verhältnis zum AG.[180] Im Außenverhältnis haften **AG und AN als Gesamtschuldner** (zum vereinbarten Haftungsausschluss → Rn. 50).[181] Aus dem Arbeitsvertrag folgen grundsätzlich keine Schutzpflichten zugunsten Dritter. Die Rechtsprechung des BGH ist freilich uneinheitlich. So kann ein Wachmann eines Bewachungsunternehmens nicht auf Schadensersatz in Anspruch genommen werden, weil er Diebstähle des bewachten Gutes durch Dritte nicht verhindert hat.[182] Andererseits soll ein Gärtnermeister grundsätzlich für die ihm übertragene ordnungsgemäße Wartung von Spielgeräten auf öffentlichen Spielplätzen haften. Er handele jedoch nicht fahr- 48

[172] BAG 21.5.2015 AP Nr. 141 zu § 611 BGB Haftung des Arbeitnehmers = NZA 2015, 1517.
[173] BAG 2.12.1999 AP Nr. 3 zu § 611 BGB Mankohaftung = NZA 2000, 715; MüKoBGB/*Henssler* § 619a Rn. 13; grundsätzlich auch HWK/*Krause* BGB § 619a Rn. 46; aA ErfK/*Preis* BGB § 619a Rn. 11; MHdB ArbR/*Reichold* § 57 Rn. 68.
[174] BAG 5.2.2004 AP Nr. 126 zu § 611 BGB Haftung des Arbeitnehmers = NZA 2004, 649.
[175] Ebenso MüKoBGB/*Henssler* § 619a Rn. 13; *Krause* NZA 2003, 577 (585); *Otto* Jura 2002, 1 (8); aA *Gotthardt,* ArbR nach der Schuldrechtsreform, Rn. 195; ErfK/*Preis* BGB § 619a Rn. 11; MHdB ArbR/*Reichold* § 57 Rn. 68.
[176] BAG 13.12.2013 AP Nr. 138 zu § 611 BGB Haftung des Arbeitnehmers = NZA 2014, 622.
[177] BAG 7.6.2018 AP Nr. 146 zu § 611 BGB Haftung des Arbeitnehmers.
[178] BAG 27.10.2005 AP Nr. 5 zu § 310 BGB = NZA 2006, 257.
[179] HWK/*Krause* BGB § 619a Rn. 58; ErfK/*Preis* BGB § 619a Rn. 23; *Spindler* FS Otto, 2008, 537; ausf. Otto/*Schwarze*/Krause, Haftung des Arbeitnehmers, § 16.
[180] BGH 19.9.1989 AP Nr. 99 zu § 611 BGB Haftung des Arbeitnehmers = NZA 1990, 100; 21.12.1993 AP Nr. 104 zu § 611 BGB Haftung des Arbeitnehmers.
[181] Zum Ausgleich unter Gesamtschuldnern: BAG 24.4.1986 AP Nr. 7 zu § 426 BGB = NJW 1986, 3104.
[182] BGH 16.6.1987 NJW 1987, 2510.

lässig, wenn er seine Tätigkeit nach den ihm erteilten Arbeitsanweisungen und betrieblichen Vorschriften ausrichte.[183]

49 **2. Freistellungsanspruch.** Haften AG und AN im Außenverhältnis als Gesamtschuldner (§ 426 BGB), erlangt der AN im Innenverhältnis zum AG einen Freistellungsanspruch (§ 257 BGB) von der Haftung, soweit der AG verpflichtet ist, den Schaden zu tragen.[184] Rechtsgrundlage dieses Anspruchs ist nach Auffassung des BAG die Fürsorgepflicht des AG,[185] nach zutreffender Auffassung des Schrifttums § 670 BGB.[186] Der Freistellungsanspruch eines AN gegen seinen AG wegen Schädigung eines Dritten wird fällig, wenn feststeht, dass der schädigende AN von dem Geschädigten mit Erfolg in Anspruch genommen werden kann.[187] Der Dritte kann den Freistellungsanspruch pfänden und sich zur Einziehung überweisen lassen, so dass er unmittelbar gegen den AG vorgehen kann. Der Freistellungsanspruch wandelt sich alsdann in einen Zahlungsanspruch um.[188] Hat der AN bereits vollen Schadensersatz geleistet, kann er von seinem AG vollen oder teilweisen Ersatz fordern. Der Freistellungsanspruch wandelt sich dann in einen Erstattungsanspruch um.[189] Der Umfang des Ersatzanspruchs bemisst sich nach der Höhe, nach der bei unmittelbarer Schädigung des AG der Schadensersatzanspruch herabgesetzt wäre. Dasselbe gilt, wenn die Schädigung des Dritten nicht nur auf ein rechtswidriges, schuldhaftes Verhalten des AN, sondern auch auf ein Verhalten eines Erfüllungsgehilfen des AG zurückzuführen ist.[190] Maßgeblich ist mithin der Grad des Verschuldens (→ Rn. 16 ff.).[191] Das Risiko, dass der Freistellungsanspruch gegen den AG wegen dessen Insolvenz nicht realisierbar ist, geht zulasten des AN als des Inhabers dieses Freistellungsanspruchs.[192] Der AN kann dann von dem Dritten voll in Anspruch genommen werden.[193] Der Freistellungsanspruch von Ansprüchen Dritter besteht unabhängig vom Ausgleichsanspruch schädigender Gesamtschuldner untereinander.[194]

50 **3. Vereinbarung des Haftungsausschlusses.** Haben AG und geschädigter Dritter vertraglich einen Haftungsausschluss vereinbart, könnte dieser dadurch zunichtegemacht werden, dass der Dritte den AN in Anspruch nimmt und sich alsdann den Freistellungsanspruch des AN gegen den AG pfänden und überweisen lässt. Der BGH verhindert dieses Ergebnis, indem er einem in AGB enthaltenen Haftungsausschluss auch Schutzwirkung zugunsten des AN beimisst, also auch den Anspruch gegen den AN ausschließt.[195] Werden **AG und AN** nach §§ 823 ff. BGB in Anspruch genommen, steht dem AG gem. § 831 BGB gegenüber dem Dritten der Entlastungsbeweis zu. Gelingt der Entlastungsbeweis, kommt dieser dem AN gegenüber dem Dritten nicht zugute. Andererseits kann der AN gegen den AG einen Freistellungsanspruch haben (→ Rn. 49). Haftet der AG im Außenverhältnis nach § 831 BGB, findet im Innenverhältnis § 840 II BGB keine Anwendung; es gelten insoweit vielmehr die Grundsätze über den innerbetrieblichen Schadensausgleich.[196]

---

[183] BGH 28.4.1987 NJW 1988, 48.
[184] Vgl. BAG 15.9.2016 AP Nr. 143 zu § 611 BGB Haftung des Arbeitnehmers; zum Freistellungsanspruch wegen Strafverfolgung in der ehemaligen DDR: BAG 11.8.1988 AP Nr. 7 zu § 611 BGB Gefährdungshaftung = NZA 1989, 54; allgemein zu Geldbußen: LAG Hamm NJW 1991, 861; zu den Folgen der zum 1.1.2008 in Kraft getretenen Änderungen des § 81 II VVG, wonach der Versicherer berechtigt ist, seine Leistung in einem der Schwere des Verschuldens des Versicherungsnehmers entsprechenden Verhältnis zu kürzen, wenn der Versicherungsnehmer den Versicherungsfall grob fahrlässig herbeiführt, vgl. *Gross/Wesch* NZA 2008, 849.
[185] BAG 23.6.1988 AP Nr. 94 zu § 611 BGB Haftung des Arbeitnehmers.
[186] HWK/*Krause* BGB § 619a Rn. 62; ErfK/*Preis* BGB § 619a Rn. 26; MHdB ArbR/*Reichold* § 58 Rn. 14; offengelassen von MüKoBGB/*Henssler* § 619a Rn. 25.
[187] BAG 25.6.2009 AP Nr. 40 zu § 70 BAT.
[188] BAG 15.9.2016 AP Nr. 143 zu § 611 BGB Haftung des Arbeitnehmers; zu Freistellungsansprüchen wegen der Prozesskosten: BAG 24.8.1983 AP Nr. 5 zu § 249 BGB Vorteilsausgleichung = DB 1983, 2781.
[189] HWK/*Krause* BGB § 619a Rn. 62.
[190] BAG 10.6.1969 AP Nr. 47 zu § 611 BGB Haftung des Arbeitnehmers.
[191] BAG 15.9.2016 AP Nr. 143 zu § 611 BGB Haftung des Arbeitnehmers.
[192] MHdB ArbR/*Reichold* § 58 Rn. 17.
[193] BGH 19.9.1989 AP Nr. 99 zu § 611 BGB Haftung des Arbeitnehmers = NZA 1990, 100.
[194] BAG 25.6.2009 AP Nr. 40 zu § 70 BAT.
[195] BGH 21.12.1993 AP Nr. 104 zu § 611 BGB Haftung des Arbeitnehmers; ausf. MHdB ArbR/*Reichold* § 58 Rn. 5 ff.
[196] MüKoBGB/*Henssler* § 619a Rn. 25; HWK/*Krause* BGB § 619a Rn. 62; ErfK/*Preis* BGB § 619a Rn. 27.

IV. Schädigung eines Arbeitskollegen durch den Arbeitnehmer

1. Unterschiedliche Rechtslage. Hat der AN einen in demselben Betrieb beschäftigten Arbeitskollegen geschädigt, ist die Rechtslage bei Personen- und Sachschäden zu unterscheiden. 51

2. Personenschäden. Bei Personenschäden greifen die **§§ 104 ff. SGB VII** ein (→ § 61 Rn. 1 ff.). Hiernach sind Schadensersatzansprüche gegen einen in demselben Betrieb tätigen Betriebsangehörigen ausgeschlossen, wenn dieser den Arbeitsunfall durch eine betriebliche Tätigkeit verursacht hat (§ 105 SGB VII).[197] Der Haftungsausschluss erfasst bei den Personenschäden nicht nur immaterielle Schäden (Schmerzensgeld), sondern auch Vermögensschäden wegen der Verletzung oder Tötung des Versicherten. Eine Ausnahme gilt dann, wenn der Schädiger den Arbeitsunfall vorsätzlich oder auf einem nach § 8 II Nr. 1–4 SGB VII versicherten Weg herbeigeführt hat (→ § 109 Rn. 1 ff.). 52

3. Sachschäden. Bei Sachschäden gelten die Vorschriften des SGB VII nicht. Der AN ist daher grundsätzlich seinem geschädigten Arbeitskollegen **zum vollen Schadensersatz verpflichtet.** Soweit der AG jedoch verpflichtet wäre, den Schaden selbst zu tragen, wenn er selbst geschädigt worden wäre, erlangt der AN einen Freistellungsanspruch gegen den AG.[198] Das LAG Düsseldorf hat angenommen, dass ein AN, der mit dem Wagen seines Arbeitskollegen Auslieferungsfahrten vornimmt, weil das Betriebsfahrzeug defekt ist, stillschweigend einen Leihvertrag abschließt. Im Wege ergänzender Vertragsauslegung könne sich ergeben, dass er seinem verleihenden Kollegen nur nach den Grundsätzen des innerbetrieblichen Schadensausgleichs hafte.[199] 53

V. Mankohaftung

1. Manko. Als Manko bezeichnet man im Arbeitsrecht den Schaden, den ein AG dadurch erleidet, dass ein seinem AN anvertrauter Warenbestand oder eine von ihm geführte Kasse eine Fehlmenge bzw. einen Fehlbetrag aufweist. Das Manko ist die Differenz zwischen Soll- und Istbestand. Die Mankohaftung des AN kann auf einer besonderen Mankovereinbarung zwischen AG und AN beruhen, kraft deren sich der AN verpflichtet, dem AG ein entstandenes Manko zu ersetzen. Grundlage der Haftung können weiterhin die Vorschriften über Schadensersatz wegen Pflichtverletzung (§ 280 I BGB), über die unerlaubte Handlung (§§ 823 ff. BGB) und bei AN, die eine besondere Vertrauensstellung haben, die §§ 675, 688 ff. BGB sein. 54

2. Haftungsübernahme. Ein Vertrag zur Übernahme des Mankos durch den AN wurde zunächst wegen der bestehenden Vertragsfreiheit (§§ 241 I, 311 I BGB) als wirksam angesehen, wenn er eine sinnvolle, den Eigenarten des Betriebs und der Beschäftigung angepasste Beweislastverteilung enthielt oder eine vom Verschulden des AN unabhängige Haftung für in seinem Arbeits- und Kontrollbereich aufkommende Fehlbeträge darstellte.[200] Hiervon ist das BAG inzwischen teilweise abgerückt. Danach ist die Begründung einer Erfolgshaftung durch Mankoabrede nur zulässig, wenn der AN hiernach nur bis zur Höhe einer vereinbarten Mankovergütung haften soll und daher im Ergebnis allein die Chance einer zusätzlichen Vergütung für die erfolgreiche Verwaltung eines Waren- oder Kassenbestandes erhält. Eine Verschärfung der auf Gesetz beruhenden beschränkten Arbeitnehmerhaftung tritt dann nicht ein. Die Mankoabrede kann auch nicht voll beherrschbare Umstände und Risiken wie die Beaufsichtigung von Mitarbeitern und Hilfskräften einschließen. Denn der AN wird keiner gesetzlich nicht vorgesehenen Haftung ausgesetzt, sondern verliert allenfalls die „Erfolgsprämie" der Mankovergütung. Dagegen kommt die Begründung einer Erfolgshaftung durch Vertrag nicht in Betracht, soweit sie über das Mankogeld hinausgeht. Dabei können die Vertragsparteien auf einen längeren Zeitraum von zB einem Jahr abstellen.[201] Im Fall einer Mankovereinbarung ist deshalb der AG zur Begründung einer Schadensersatzforderung für die Abrede, den Schaden, das Verschulden des AN 55

---

[197] Zuletzt BAG 24.6.2004 AP Nr. 3 zu § 104 SGB VII.

[198] Ebenso *Peifer* AR-Blattei SD 870.1 Rn. 160.

[199] LAG Düsseldorf 25.9.1996 NZA-RR 1997, 241; krit. hierzu *Hübsch* BB 1998, 690.

[200] BAG AP Nr. 67 zu § 626 BGB; AP Nr. 53, 54 zu § 611 BGB Haftung des Arbeitnehmers; 29.1.1985 AP Nr. 87 zu § 611 BGB Haftung des Arbeitnehmers = NZA 1986, 23.

[201] BAG 2.12.1999 AP Nr. 3 zu § 611 BGB Mankohaftung = NZA 2000, 715; HWK/*Krause* BGB § 619a Rn. 52; krit. hierzu *Boemke* SAE 2000, 8.

und die haftungsbegründende Kausalität darlegungs- und beweispflichtig.[202] Dies gilt auch nach Inkrafttreten des § 619a BGB.[203] Hieran ändert sich auch nichts, wenn Aufstellung und Auswertung der Inventuren durch Computer erfolgen.[204]

56 **3. Beweisvereinbarungen.** Von den echten Mankoabreden sind die sog. Beweisvereinbarungen über das Manko zu unterscheiden.[205] Diese besagen beispielsweise, dass der AN sich auf die Unrichtigkeit solcher Inventuren nicht berufen kann, an denen er teilgenommen hat oder sich zu Unrecht geweigert hat, daran teilzunehmen. Auch diese sind unwirksam, soweit sie von den zwingenden Grundsätzen der eingeschränkten Arbeitnehmerhaftung abweichen.[206] Sie ändern an der gesetzlichen Haftung nichts. Mankogeldpauschalen, die 16 EUR im Monat nicht übersteigen, sind nicht steuerpflichtiger Arbeitslohn (Nr. 19.3 Abs. 1 Nr. 4 LStR).[207]

57 **4. Fehlen einer besonderen Mankoabrede.** Fehlt eine besondere Mankoabrede, haftet der AN wegen Verletzung des Arbeitsvertrags (§ 280 I BGB) oder unerlaubter Handlung (§§ 823 ff. BGB). In beiden Fällen muss der AG die schuldhafte Verursachung eines Fehlbestands nachweisen (§ 619a BGB).[208]

58 **5. Haftungsumfang.** Ist dem AN die **Verwahrung und Verwaltung eines Waren- oder Kassenbestands** übertragen, kann er sich gegenüber dem Anspruch auf Schadensersatz wegen Pflichtverletzung (§ 280 I BGB) auf die Haftungsbeschränkungen bei betrieblich veranlasster Tätigkeit berufen (dazu allgemein → Rn. 24 ff.). Die Pflichtverletzung des AN kann sich bereits daraus ergeben, dass durch sein Verhalten dem AG ein Schaden entstanden ist. Das Verschulden des AN und insbesondere die den Grad des Verschuldens ausmachenden Tatsachen sind vom AG darzulegen und zu beweisen. § 280 I 2 BGB findet gem. § 619a BGB keine Anwendung.[209] Wegen der abgestuften Darlegungs- und Beweislast[210] ist der AN in der Regel gehalten, zu den schadensverursachenden Umständen vorzutragen, wenn er über die konkreten Umstände informiert ist.[211] Die Haftung des AN kann wegen mitwirkenden Verschuldens (§ 254 BGB) des AG gemildert oder ausgeschlossen sein. In jedem Mankohaftungsfall ist grundsätzlich zu prüfen, ob der AG seiner Pflicht zur Schadensverhütung oder -minderung nachgekommen ist.[212] Ein Verhalten anderer AN muss er sich anrechnen lassen (§ 278 BGB). Die Rechtsprechung nimmt bei **Organisationsmängeln oder fehlender Überwachung**[213] **durch den AG** eine weitgehende Mitverursachung des Schadens an. Dies gilt insbesondere, wenn der AG den AN veranlasst, die Schlüssel zum Warenaufbewahrungsort im Betrieb zurückzulassen, wenn Zweitschlüssel vorhanden sind, keine notwendigen Sicherungen für die Waren vorgenommen werden, dem AN unzuverlässige Mitarbeiter zugewiesen werden, der AN selbst überlastet wird oder der AG selbst erforderliche Kontrollen unterlässt oder keine regelmäßigen Inventuren vornimmt.

59 **6. Zeugnis.** Der AG soll nach Auffassung des BAG uU nach § 242 BGB einen Anspruch auf Ersatz eines Mankos verlieren, wenn er dem AN ein Zeugnis erteilt, in dem diesem Gewissenhaftigkeit und Ehrlichkeit bescheinigt werden.[214] Dem kann nicht gefolgt werden. Auch die positive Beurteilung der Arbeitsleistung schließt eine spätere Geltendmachung von Schadensersatzansprüchen nicht aus.

60 **7. Schuldanerkenntnis und Vergleich. a) Konstitutives Schuldanerkenntnis.** Der AN kann die Schuld anerkennen. Dies kann durch ein konstitutives (abstraktes) Schuldanerkenntnis

---

[202] BAG 17.9.1998 AP Nr. 2 zu § 611 BGB Mankohaftung = NZA 1999, 141; 2.12.1999 AP Nr. 3 zu § 611 BGB Mankohaftung = NZA 2000, 715.
[203] *Gotthardt,* ArbR nach der Schuldrechtsreform, Rn. 194; *Schlodder,* Der Arbeitsvertrag im neuen Schuldrecht, 2004, 162 ff.
[204] BAG 13.2.1974 AP Nr. 77 zu § 611 BGB Haftung des Arbeitnehmers.
[205] Vgl. dazu BAG 13.2.1974 AP Nr. 77 zu § 611 BGB Haftung des Arbeitnehmers.
[206] BAG 17.9.1998 AP Nr. 2 zu § 611 BGB Mankohaftung = NZA 1999, 141.
[207] Schmidt/*Krüger,* EStG, § 19 Rn. 50 „Fehlgeldentschädigung".
[208] BAG 17.9.1998 AP Nr. 2 zu § 611 BGB Mankohaftung = NZA 1999, 141; 2.12.1999 AP Nr. 3 zu § 611 BGB Mankohaftung = NZA 2000, 715; LAG Köln 29.5.2015 – 4 Sa 136/15.
[209] *Gotthardt,* ArbR nach der Schuldrechtsreform, Rn. 196 ff.; MüKoBGB/*Henssler* § 619a Rn. 58; ErfK/*Preis* BGB § 619a Rn. 41; *Schlodder,* Der Arbeitsvertrag im neuen Schuldrecht, 163.
[210] Näher MüKoBGB/*Henssler* § 619a Rn. 58 f.
[211] BAG 17.9.1998 AP Nr. 2 zu § 611 BGB Mankohaftung = NZA 1999, 141.
[212] BAG 26.1.1971 AP Nr. 64 zu § 611 BGB Haftung des Arbeitnehmers.
[213] BAG 18.6.1970, 26.1.1971 AP Nr. 57, 64 zu § 611 BGB Haftung des Arbeitnehmers.
[214] BAG 8.2.1972 AP Nr. 7 zu § 630 BGB.

(§ 781 BGB) erfolgen, das nach § 781 S. 1 BGB der Schriftform bedarf.[215] Ein solches Schuldanerkenntnis setzt voraus, dass der Anerkennende erklärt, er wolle eine inhaltlich näher bestimmte Schuld ohne Rücksicht auf einen außerhalb der Erklärung liegenden Schuldgrund gegen sich gelten lassen. Der Parteiwille muss darauf gerichtet sein, durch die Erklärung eine neue Anspruchsgrundlage zu schaffen und nicht nur einen bereits vorhandenen Schuldgrund zu bestätigen.[216] Das konstitutive Schuldanerkenntnis begründet eine neue Schuld mit der Folge, dass Einwendungen aus dem alten Schuldverhältnis entfallen.[217] Ein konstitutives **negatives Schuldanerkenntnis** liegt vor, wenn der Wille der Parteien darauf gerichtet ist, alle oder eine bestimmte Gruppe von bekannten oder unbekannten Ansprüchen zum Erlöschen zu bringen.[218] Vorformulierte konstitutive Schuldversprechen oder -anerkenntnisse unterliegen der AGB-Kontrolle.[219] Zu prüfen ist, ob sie unangemessen den anderen Vertragspartner benachteiligen, weil sie von Rechtsvorschriften so abweichen, dass sie mit dem wesentlichen Grundgedanken der gesetzlichen Regelung, von der sie abweichen, unvereinbar sind. Das ist anzunehmen, wenn dem AN das Recht genommen wird, geltend zu machen, die dem Schuldversprechen oder dem -anerkenntnis zugrunde liegende Forderung bestehe nicht. Gleiches soll gelten, wenn das Schuldanerkenntnis einseitig nur Ansprüche des AN betrifft und diesem dafür keine entsprechende Gegenleistung gewährt wird.[220]

b) Deklaratorisches Schuldanerkenntnis. In Betracht kommt des Weiteren ein deklaratorisches kausales Schuldanerkenntnis mit dem eine bestehende Schuld bestätigt wird. Erforderlich ist, dass die Vertragsparteien das Schuldverhältnis ganz oder teilweise dem Streit oder der Ungewissheit der Parteien entziehen und es endgültig festlegen wollen.[221] Die Angabe des Schuldgrundes in der Vereinbarung spricht deshalb entscheidend für das Vorliegen eines deklaratorischen und gegen ein abstraktes Schuldanerkenntnis.[222] Durch Auslegung ist zu ermitteln, was die Parteien gewollt haben.[223] Sowohl ein abstraktes als auch ein deklaratorisches Schuldanerkenntnis setzen einen Rechtsbindungswillen voraus. Daran fehlt es, soweit der Schuldner lediglich eine Mitteilung macht. In diesem Fall handelt es sich um eine rein deklaratorische Wissenserklärung und nicht um eine Willenserklärung.[224] Im Unterschied zum Vergleich werden Streit oder Ungewissheit nicht durch gegenseitiges, sondern durch einseitiges Nachgeben des Schuldners beseitigt.[225] Ein deklaratorisches Schuldanerkenntnis bewirkt, dass der Schuldner mit sämtlichen Einwendungen rechtlicher und tatsächlicher Natur und der Geltendmachung sämtlicher Einreden ausgeschlossen ist, die ihm bei Abgabe seiner Erklärung bekannt waren oder mit denen er zumindest rechnete.[226] Nach § 138 I BGB ist ein deklaratorisches Schuldanerkenntnis nichtig, wenn es nach seinem aus der Zusammenfassung von Inhalt, Zweck und Beweggrund zu entnehmenden Gesamtcharakter mit den grundlegenden Wertungen der Rechts- und Sittenordnung nicht zu vereinbaren ist. Dies ist aufgrund einer umfassenden Gesamtwürdigung unter Berücksichtigung aller zum Zeitpunkt des Vertragsschlusses vorliegenden relevanten Umstände zu beurteilen. Dabei ist zu beachten, dass das Ziel des Gläubigers, Ansprüche durch Schuldanerkenntnis zu sichern, für sich betrachtet nicht rechtswidrig ist, solange er vom Bestehen der Schuld ausgehen darf. Eine widerrechtliche Drohung macht das Schuldanerkenntnis grundsätzlich nur nach § 123 BGB anfechtbar (→ Rn. 62). Sittenwidrig ist es in diesem Falle nur dann, wenn weitere Umstände hinzutreten, die das Geschäft seinem Gesamtcharakter nach als sittenwidrig erscheinen lassen.[227] 61

c) Anfechtung wegen Drohung. Hat der AN die Haftung wegen eines Mankos anerkannt, ist das Anerkenntnis nicht in jedem Fall deswegen anfechtbar, weil der AG mit einer 62

[215] BAG 27.2.2014 AP Nr. 3 zu § 8 TVÜ; BGH 8.12.1992 NJW 1993, 584.
[216] BAG 21.4.2016 AP Nr. 8 zu § 781 BGB = NZA 2016, 1409; MüKoBGB/*Habersack* § 781 Rn. 2.
[217] BAG 10.10.2002 AP Nr. 169 zu § 4 TVG Ausschlussfristen = NZA 2003, 329.
[218] BAG 23.10.2013 AP Nr. 29 zu § 10 AÜG = NZA 2014, 200; 21.6.2011 AP Nr. 53 zu § 307 BGB = NZA 2011, 1338.
[219] BAG 23.10.2013 AP Nr. 29 zu § 10 AÜG = NZA 2014, 200.
[220] BAG 21.6.2011 AP Nr. 53 zu § 307 BGB = NZA 2011, 1338.
[221] BAG 4.8.2015 AP Nr. 33 zu § 1 BetrAVG Hinterbliebenenversorgung = NZA 2015, 1447; BGH 28.5.2014 NJW 2014, 2780.
[222] BGH 11.12.2015 WM 2016, 1748.
[223] Zur Abgrenzung von abstraktem und deklaratorischem Schuldanerkenntnis vgl. BAG 10.10.2002 AP Nr. 169 zu § 4 TVG Ausschlussfristen = NZA 2003, 329.
[224] BAG 4.8.2015 AP Nr. 33 zu § 1 BetrAVG Hinterbliebenenversorgung = NZA 2015, 1447.
[225] BAG 22.7.2010 AP Nr. 134 zu § 611 BGB Haftung des Arbeitnehmers = NZA 2011, 743.
[226] BAG 21.4.2016 AP Nr. 8 zu § 781 BGB = NZA 2016, 1409; 27.2.2014 AP Nr. 3 § 8 TVÜ.
[227] BAG 21.4.2016 AP Nr. 8 zu § 781 BGB = NZA 2016, 1409.

Strafanzeige gedroht hat.[228] Vielmehr ist darauf abzustellen, ob die Drohung zu dem angestrebten Zweck unverhältnismäßig war. Hierbei sind alle Umstände des Einzelfalles zu würdigen. Anders ist es, wenn der AN sich zugleich einer strafbaren Handlung bezichtigen soll.[229] Die Drohung mit einer Strafanzeige nach zugegebenen Unterschlagungen in erheblicher Höhe berechtigt den AN nicht zur Anfechtung wegen widerrechtlicher Drohung iSd § 123 BGB.[230] Auch wenn mit einer Strafanzeige gegen nahe Angehörige des AN gedroht wird, kann das Ausnutzen dieser seelischen Zwangslage nach Meinung des BGH eine Anfechtung nicht rechtfertigen.[231] Anders ist es, wenn der AN sich zugleich einer strafbaren Handlung bezichtigen soll.[232]

63 **d) Verjährung.** Ein Schuldanerkenntnis unterbricht nach § 212 I Nr. 1 BGB die Verjährung und ist als Beweismittel zu würdigen (§ 286 ZPO). Es kann sich nach Widerruf die Beweislast umkehren, jedoch ist Entkräftung durch Beweis der Unrichtigkeit möglich.[233] Es verstößt in der Regel gegen Treu und Glauben, wenn sich ein AN darauf beruft, der AG habe bei der Geltendmachung einer Schadensersatzforderung die gültige ein- oder zweistufige Ausschlussfrist nicht gewahrt, falls der AN die Forderung zuvor deklaratorisch anerkannt hat. Dies gilt auch dann, wenn der Schuldner das deklaratorische Schuldanerkenntnis später anficht.[234]

64 **e) Vergleich.** Die Parteien können sich **über ein Manko** vergleichen (§ 779 BGB). Ein außergerichtlicher Vergleich kann sittenwidrig sein (§ 138 BGB), wenn ein auffälliges Missverhältnis des beiderseitigen Nachgebens besteht, das auf eine verwerfliche Gesinnung des AG schließen lässt. Bei der Bewertung des beiderseitigen Nachgebens kommt es darauf an, welcher Höchstschaden bei Abschluss des Vergleichs in Betracht gezogen und als Vergleichsrahmen angesehen wurde. Auf seine Beweisbarkeit kommt es nicht an.[235]

65 **f) Erlassvertrag.** Der Gläubiger kann seine Forderung erlassen. An die Annahme eines konkludent erklärten Erlassvertrags sind strenge Anforderungen zu stellen.[236]

§ 60. Haftung des Arbeitgebers

Übersicht

I. Personenschäden

1 Bei Personenschäden hat der AN grundsätzlich keinen Ersatzanspruch gegen den AG (→ § 61 Rn. 1 ff.). Insoweit gelten die §§ 104 ff. SGB VII. Zur Haftung bei Mobbing → § 36 Rn. 156 ff.

II. Sach- und Vermögensschäden

2 **1. Überblick.** Der AG haftet für Sachschäden, die sein AN bei der Arbeit ohne eigenes Verschulden erleidet, grundsätzlich nur dann, wenn den AG ein Verschulden trifft. Handelt es sich jedoch um Sachschäden, die in Vollzug einer gefährlichen Arbeit entstanden und außergewöhnlich sind, mit denen also der AN nach der Art des Betriebs oder nach der Art

228 BAG 22.10.1998 AP Nr. 5 zu § 781 BGB = NZA 1999, 417.
229 LAG Frankfurt BB 1971, 1280.
230 BAG 22.7.2010 AP Nr. 134 zu § 611 BGB Haftung des Arbeitnehmers = NZA 2011, 743.
231 BGH 7.6.1988 NJW 1988, 2599.
232 LAG Frankfurt BB 1971, 1280.
233 BGH 24.3.1976 BGHZ 66, 250.
234 BAG 10.10.2002 AP Nr. 169 zu § 4 TVG Ausschlussfristen = NZA 2002, 329.
235 BAG 11.9.1984 AP Nr. 37 zu § 138 BGB = NJW 1985, 2551; 30.7.1985 AP Nr. 39 zu § 138 BGB = NZA 1986, 519; ThürLAG 10.9.1998 ZTR 1999, 183.
236 BGH 22.6.1995 ZIP 1995, 1195.

der Arbeit nicht zu rechnen hat, ist der AG dem AN zum Wertersatz bei Vernichtung oder Beschädigung seiner Sache verpflichtet.[1]

2. Einsatz des eigenen PKW. a) Haftungsgrundlage. Beim Einsatz des eigenen PKW im Betätigungsbereich des AG hat der AG dem AN in entsprechender Anwendung von § 670 BGB die an dem Kraftwagen des AN ohne Verschulden des AG entstandenen Unfallschäden ersetzen, wenn das Fahrzeug mit Billigung des AG ohne besondere Vergütung im Betätigungsbereich des AG eingesetzt worden ist.[2] Um einen Einsatz im Betätigungsbereich des AG handelt es sich, wenn ohne den Einsatz des Arbeitnehmerfahrzeugs der AG ein eigenes Fahrzeug einsetzen und damit dessen Unfallgefahr tragen müsste.[3] Ist die Nutzung auf Verlangen des AG erfolgt, fällt die Fahrt in den Risikobereich des AG, auch wenn sie außerhalb der Arbeitszeit erfolgt. Ist es dem AN hingegen freigestellt, ob er zu Fuß geht, mit öffentlichen Verkehrsmitteln fährt oder im eigenen Interesse sein Fahrzeug nutzt, erfolgt die Nutzung des Pkw nicht im Betätigungsbereich des AG.[4] Grund für einen Erstattungsanspruch entsprechend § 670 BGB ist, dass der AG das Schadensrisiko nicht auf den AN abwälzen darf, wenn er sich dessen eingebrachter Sachen als Arbeitsmittel bedient. Andererseits soll der AN durch die Einbringung eigener Sachmittel nicht besser gestellt sein, als er bei der Beschädigung betriebseigener Sachmittel stünde. Ein Ersatzanspruch kann daher nur in dem Umfange bestehen, in dem der AG eine Beschädigung seiner Sachmittel hinzunehmen hätte.[5] 3

b) Mitverschulden. Der Ersatzanspruch des AN wird durch sein Mitverschulden nicht von vornherein ausgeschlossen; das Mitverschulden ist jedoch in entspr. Anwendung von § 254 BGB zu berücksichtigen. Bei der Bewertung des Mitverschuldens kommen die Grundsätze über den innerbetrieblichen Schadensausgleich zur Anwendung (→ § 59 Rn. 29 ff.).[6] Das bedeutet, dass im Falle leichtester Fahrlässigkeit eine Mithaftung des AN entfällt.[7] Bei mittlerer Fahrlässigkeit ist der Schaden grundsätzlich anteilig unter Berücksichtigung der Gesamtumstände des Einzelfalles nach Billigkeitsgrundsätzen und Zumutbarkeitsgesichtspunkten zu verteilen und bei grob fahrlässiger Schadensverursachung ist der Ersatzanspruch des AN grundsätzlich ganz ausgeschlossen. Ein Defekt am Fahrzeug – zB poröse Reifen[8] – oder ein eventuelles persönliches Fehlverhalten des AN sind daher als Mitverschulden beachtlich. 4

c) Darlegungs- und Beweislast. Verlangt der AN vollen Ersatz seiner Aufwendungen, dh der Reparaturkosten für die Instandsetzung seines Kraftfahrzeugs nach einem Verkehrsunfall, hat er alle tatbestandlichen Voraussetzungen des aus entsprechender Anwendung von § 670 BGB folgenden Ersatzanspruchs darzulegen und im Streitfall zu beweisen. Dazu gehört insbesondere die Darlegung, dass er den Schaden nicht schuldhaft, dh vorsätzlich oder normal fahrlässig, sondern allenfalls leicht fahrlässig verursacht hat.[9] 4a

d) Einzelfälle. Beschädigt ein AN bei betrieblich veranlassten Arbeiten schuldhaft sein mit Billigung des AG eingesetztes Fahrzeug, sind bei der Prüfung eines Aufwendungsersatzanspruchs des AN nach § 670 BGB die Grundsätze der beschränkten Arbeitnehmerhaftung auch dann zu berücksichtigen, wenn über das Fahrzeug des AN mit dem AG ein **Mietvertrag** abgeschlossen worden war.[10] Die Fahrt vom Wohnort zur Arbeitsstätte erfolgt grundsätzlich nicht im Betätigungsbereich des AG. Etwas anderes gilt jedoch im Einzelfall, wenn sich der AN in **Rufbereitschaft** befindet. Hält es in diesem Fall der AN für erforderlich, mit seinem Privatfahrzeug zum Arbeitsort zu fahren, weil dies aus seiner Sicht der schnellste Weg ist, um rechtzeitig dort zu erscheinen, handelt er regelmäßig auch im Interesse des AG.[11] Etwas anderes könnte nur dann 5

---

1 BAG GS 10.11.1961 AP Nr. 2 zu § 611 BGB Gefährdungshaftung = NJW 1962, 411.

2 BAG 22.6.2011 AP Nr. 45 zu § 611 BGB Haftung des Arbeitgebers = NZA 2012, 91; 28.10.2010 AP Nr. 43 zu § 611 BGB Haftung des Arbeitgebers = NZA 2011, 406; 8.5.1980 AP Nr. 6 zu § 611 BGB Gefährdungshaftung = NJW 1981, 702.

3 BAG 23.11.2006 AP Nr. 39 zu § 611 BGB Haftung des Arbeitgebers = NZA 2007, 870; 17.7.1997 AP Nr. 14 zu § 611 BGB Gefährdungshaftung = NZA 1997, 1346.

4 BAG 22.6.2011 AP Nr. 45 zu § 611 BGB Haftung des Arbeitgebers = NZA 2012, 91.

5 BAG 28.10.2010 AP Nr. 43 zu § 611 BGB Haftung des Arbeitgebers = NZA 2011, 406.

6 BAG 28.10.2010 AP Nr. 43 zu § 611 BGB Haftung des Arbeitgebers = NZA 2011, 406.

7 BAG 23.11.2006 AP Nr. 39 zu § 611 BGB Haftung des Arbeitgebers = NZA 2007, 870; 17.7.1997 AP Nr. 14 zu § 611 BGB Gefährdungshaftung = NZA 1997, 1346.

8 BAG 23.11.2006 AP Nr. 39 zu § 611 BGB Haftung des Arbeitgebers = NZA 2007, 870.

9 BAG 28.10.2010 AP Nr. 43 zu § 611 BGB Haftung des Arbeitgebers = NZA 2011, 406.

10 BAG 17.7.1997 AP Nr. 14 zu § 611 BGB Gefährdungshaftung = NZA 1997, 1346.

11 BAG 22.6.2011 AP Nr. 45 zu § 611 BGB Haftung des Arbeitgebers = NZA 2012, 91; zust. *Schwarze* RdA 2012, 317.

gelten, wenn die Benutzung des Privatwagens nicht auch den Interessen des AG dient, weil der AN zB zu Fuß oder mit öffentlichen Verkehrsmitteln schneller zur Arbeit gelangen könnte als mit seinem Privat-Pkw oder weil er sich in einer den Sinn und Zweck der Rufbereitschaft gefährdenden Entfernung vom Arbeitsort aufhält und nur deshalb auf sein Privatfahrzeug angewiesen ist. Nur in einem solchen Falle, in dem die Nutzung des Privatfahrzeugs ausschließlich den Interessen des AN dient, scheidet eine Entschädigung des AG für Schäden am Privatfahrzeug des AN aus. Aus diesem Grund hat ein Arzt, der im Rahmen seiner Rufbereitschaft bei der Fahrt von seinem Wohnort zur Klinik mit seinem Privatfahrzeug verunglückt, grundsätzlich Anspruch gegen seinen AG auf Ersatz des Unfallschadens, wenn er es für erforderlich halten durfte, seinen privaten Wagen für die Fahrt zur Arbeitsstätte zu benutzen, um rechtzeitig zu erscheinen.[12]

6 Wird der Privat-Pkw des AN nicht während einer Dienstfahrt, sondern in der Zeit zwischen zwei am selben Tage durchzuführenden Dienstfahrten während des **Parkens** in der Nähe des Betriebs beschädigt, gehört auch dieses Vorhalten des Kraftwagens während der Innendienstzeit des AN zum Einsatz im Betätigungsbereich des AG. Der anderweitig nicht ersetzte Sachschaden ist vom AG auszugleichen.[13] Der AG ist des Weiteren verpflichtet, die berechtigterweise auf das Betriebsgelände mitgebrachten Sachen des AN durch zumutbare Maßnahmen vor Beschädigungen durch Dritte zu schützen. Wie weit diese Pflicht geht, ist im Einzelfall nach Treu und Glauben unter Berücksichtigung der betrieblichen und örtlichen Verhältnisse zu bestimmen.

7 Stellt der AG einen **Firmenparkplatz** zur Verfügung, hat er für dessen Verkehrssicherheit zu sorgen. Er hat die durch die Benutzung des Parkplatzes drohenden Gefahren für die abgestellten Fahrzeuge auf ein zumutbares Mindestmaß zurückzuführen.[14] Der Aufwendungsersatzanspruch des AN erstreckt sich nicht auf den Verlust des Schadensfreiheitsbetrags in der Haftpflichtversicherung, wenn der AN bei Benutzung seines eigenen Kraftwagens für dienstliche Zwecke einen Schaden erleidet (→ § 106 Rn. 32).[15]

8 **3. Bußgelder und Strafen.** Umstr. ist, in welchem Umfang der AN Ersatz von Bußgeldern und Strafen verlangen kann, wenn er im Dienste seines AG unerlaubte Handlungen begeht. Zusagen des AG, dem AN bei der Arbeitsausübung auferlegte Geldstrafen oder Geldbußen zu übernehmen, sind regelmäßig als Verstoß gegen die guten Sitten nach § 138 BGB nichtig. Ein als Kraftfahrer tätiger AN trägt daher die Gefahr selbst, wegen einer verschuldeten Beteiligung an einem Verkehrsunfall strafrechtlich verfolgt zu werden.[16] Dagegen hat der AN Anspruch auf Ersatz der Verteidigungskosten, wenn er schuldlos einen schweren Verkehrsunfall verursacht.[17] Dies gilt gleichermaßen, wenn der AN wegen einer betrieblichen Tätigkeit Aufwendungen für seine Rechtsverteidigung macht; hat er schuldhaft gehandelt, ist entspr. § 254 BGB nur ein Teil vom AG zu tragen.

9 **4. Lenkzeitverstöße.** Ein AG, der bewusst in Kauf nimmt, dass es zu Verstößen gegen Lenkzeiten kommt, handelt sittenwidrig und ist seinem AN zum Ersatz der durch die Strafverfolgung entstehenden Aufwendungen nach § 826 BGB verpflichtet. Dies gilt jedenfalls dann, wenn die Anordnung des AG sich konkret auf die zum Schaden führende Lenkzeitüberschreitung bezogen und der AG den Schaden iSd bedingten Vorsatzes mindestens billigend in Kauf genommen hat. Dabei genügt es, wenn der AG die Lenkzeitüberschreitung zwar nicht direkt vorgeschrieben, jedoch bewusst eine Fahrt mit bestimmten vorgeschriebenen Terminen angeordnet hat, die zwangsläufig zu unzulässigen Lenkzeitüberschreitungen führen musste.[18] Diese Grundsätze gelten regelmäßig auch für andere straf- und bußgeldbewehrte Handlungen, die der AN auf Anordnung des AG begeht. Zu den erstattungsfähigen Aufwendungen gehören aber nur in Ausnahmefällen der Ersatz von Geldbußen, etwa wenn es dem AN nicht zumutbar war, sich den (für ihn erkennbar) rechtswidrigen Weisungen zu widersetzen. Ansonsten hat die Rspr. dem AN bisher einen Erstattungsanspruch für eine verfallene Kaution gewährt, wenn

[12] BAG 22.6.2011 AP Nr. 45 zu § 611 BGB Haftung des Arbeitgebers = NZA 2012, 91.
[13] BAG 14.12.1995 AP Nr. 13 zu § 611 BGB Gefährdungshaftung = NZA 1996, 417.
[14] BAG 25.5.2000 AP Nr. 8 zu § 611 BGB Parkplatz = NZA 2000, 1052.
[15] BAG 30.4.1992 AP Nr. 11 zu § 611 BGB Gefährdungshaftung = NZA 1993, 262.
[16] BAG 11.8.1988 AP Nr. 7 zu § 611 BGB Gefährdungshaftung des Arbeitgebers = NZA 1988, 649; LAG Hamm 30.7.1990 NJW 1991, 861; vgl. auch BAG 14.11.1991 AP Nr. 10 zu § 611 BGB Gefährdungshaftung = NZA 1992, 691; LAG Köln 11.3.1993 LAGE § 670 BGB Nr. 11; LAG Hamm 20.12.1991 LAGE § 620 BGB Nr. 9.
[17] BAG 16.3.1995 AP Nr. 12 zu § 611 BGB Gefährdungshaftung = NZA 1995, 836.
[18] BAG 25.1.2001 AP Nr. 14 zu § 611 BGB Haftung des Arbeitgebers = NZA 2001, 653.

dieser im Ausland ein Kraftfahrzeug führen muss, die Durchführung der Strafverfolgungsmaßnahmen der dortigen Behörde unzumutbar ist und der AN für das Risiko keine angemessene Vergütung erhält.[19]

5. Aufklärungs- und Hinweispflichten. Im Arbeitsverhältnis haben die Vertragsparteien nach § 242 BGB Auskunftsansprüche, soweit der Anspruchsberechtigte in entschuldbarer Weise über Bestehen und Umfang seines Rechts im Ungewissen ist, während der Verpflichtete unschwer Auskunft erteilen kann.[20] Aus der in § 241 II BGB normierten vertraglichen Rücksichtnahmepflicht kann dabei im Einzelfall auch eine Aufklärungspflicht des AG gegenüber dem AN erwachsen.[21] Dabei ist jedoch der Grundsatz zu beachten, dass jeder Vertragspartner selbst für die Wahrnehmung seiner Interessen zu sorgen hat.[22] Der jeder Partei zuzubilligende Eigennutz findet seine Grenze jedoch in dem schutzwürdigen Lebensbereich des Vertragspartners. Wo diese Grenze liegt, ist anhand der Umstände des Einzelfalles und mittels einer umfassenden Interessenabwägung zu ermitteln.[23] Dabei sind insbesondere das erkennbare Informationsbedürfnis des AN einerseits und die Beratungsmöglichkeiten des AG andererseits zu beachten und gegeneinander abzuwägen. Der AG muss grundsätzlich nur auf besonders atypische Risiken für den AN hinweisen.[24] Schafft der AG im Arbeitsverhältnis eine Gefahrenlage gleich welcher Art, ist er grundsätzlich verpflichtet, die notwendigen und zumutbaren Vorkehrungen zu treffen, um eine Schädigung der Beschäftigten möglichst zu verhindern. Der im Verkehr erforderlichen Sorgfalt ist genügt, wenn im Ergebnis derjenige Sicherheitsgrad erreicht ist, den die in dem entsprechenden Bereich herrschende Verkehrsauffassung für erforderlich hält. Daher reicht es aus, diejenigen Sicherheitsvorkehrungen zu treffen, die ein verständiger, umsichtiger, vorsichtiger und gewissenhafter AG für ausreichend halten darf, um die AN vor Schäden zu bewahren und die den Umständen nach zuzumuten sind.[25] Die Verletzung der Aufklärungspflichten kann nach § 280 I BGB zu Schadensersatzansprüchen des AN führen. 10

Ein Unternehmen, das **Aktien an Beschäftigte** ausgibt und verkauft, ist nicht zur allgemeinen Rechtsberatung der AN dahin gehend verpflichtet, dass einmal erworbene Aktien auch bei einem Scheitern des geplanten Börsengangs nicht zurückgegeben werden können, denn der Erwerb von Aktien ist ein typisches Spekulationsgeschäft und erkennbar mit Risiken für den Käufer verbunden. Diese Risiken trägt regelmäßig der Aktienkäufer.[26] Auch muss ein AG einen AN, mit dem er einen Arbeitsvertrag schließt, der einen **Einsatz des AN im Ausland** vorsieht, bei Vertragsabschluss grundsätzlich nicht von sich aus darauf hinweisen, dass ab einer bestimmten Aufenthaltsdauer in einem ausländischen Staat dort eine Verpflichtung zur Abführung von Einkommens-/Lohnsteuer entstehen kann.[27] Hinweis- und Aufklärungspflichten können den AG bei Abschluss des Vertrags sowie bei Änderungs- und Aufhebungsvereinbarungen (dazu → § 120 Rn. 7 ff.) treffen. Die Aufklärungspflichten sind im jeweiligen Sachzusammenhang dargestellt. 11

Bietet ein AG im Betrieb eine **freiwillige Grippeschutzimpfung** an, ohne dass er mit den Beschäftigten einen Behandlungsvertrag abschließt, ist er nach § 241 II BGB zur ordnungsgemäßen Auswahl der die Impfung durchführenden Person verpflichtet. Er ist hingegen nicht verpflichtet, die behandelnden Ärzte bei der Ausführung der Grippeschutzimpfung zu überwachen und dafür Sorge zu tragen oder sicherzustellen, dass diese ihrer aus dem mit den AN geschlossenen Behandlungsverträgen folgenden Pflicht zur Aufklärung der AN über die Risiken und möglichen Folgen der Impfung nachkommen. Der AG ist nach § 241 II BGB auch nicht zur eigenständigen Aufklärung der AN verpflichtet, so dass er sich ein etwaiges Fehlverhalten der behandelnden Ärzte nicht nach § 278 BGB zurechnen lassen müsste.[28] 12

---

[19] BAG 11.8.1988 AP Nr. 7 zu § 611 BGB Gefährdungshaftung = NZA 1989, 54.
[20] BAG 18.1.1996 AP Nr. 25 zu § 242 BGB Auskunftspflicht = NZA 1997, 41.
[21] BAG 21.12.2017 AP Nr. 46 zu § 611 BGB Haftung des Arbeitgebers mAnm *Reichold* = NZA 2018, 708.
[22] BAG 11.12.2001 AP Nr. 2 zu § 1 BetrAVG Auskunft = NZA 2002, 1150.
[23] BAG 22.1.2009 AP Nr. 46 zu § 242 BGB Auskunftspflicht = NZA 2009, 608.
[24] BAG 15.6.2010 AP Nr. 32 zu § 1 TVG Tarifverträge: Luftfahrt.
[25] BAG 21.12.2017 AP Nr. 46 zu § 611 BGB Haftung des Arbeitgebers mAnm *Reichold* = NZA 2018, 708.
[26] BAG 28.9.2006 AP Nr. 42 zu § 242 BGB Auskunftspflicht.
[27] BAG 22.1.2009 AP Nr. 46 zu § 242 BGB Auskunftspflicht = NZA 2009, 608.
[28] BAG 21.12.2017 AP Nr. 46 zu § 611 BGB Haftung des Arbeitgebers mAnm *Reichold* = NZA 2018, 708.

§ 61. Arbeitsunfall

Übersicht

I. Gesetzliche Unfallversicherung

1 **1. Aufbau.** Die Organisation der gesetzlichen Unfallversicherung ist im Fünften Kapitel des SGB VII (§§ 114 ff.) geregelt. Deren Träger sind in § 114 I SGB VII aufgeführt. Zu diesen gehören die in der Anlage 1 zu § 114 SGB VII aufgeführten neun gewerblichen Berufsgenossenschaften, die Sozialversicherung für Landwirtschaft, Forsten und Gartenbau, die Unfallversicherungsträger der öffentlichen Hand sowie der privatisierten Bundesunternehmen und die Feuerwehr-Unfallkassen. Die Zuständigkeit des jeweiligen Unfallversicherungsträgers innerhalb der gesetzlichen Unfallversicherung folgt aus § 121 I SGB VII. Danach sind die gewerblichen Berufsgenossenschaften für alle Unternehmen (Betriebe, Verwaltungen, Einrichtungen, Tätigkeiten) zuständig, soweit sich nicht aus den §§ 123 ff. SGB VII eine Zuständigkeit der landwirtschaftlichen Berufsgenossenschaften oder der Unfallversicherungsträger der öffentlichen Hand ergibt. § 122 I 1 SGB VII enthält eine Verordnungsermächtigung für die Regelung der sachlichen und örtlichen Zuständigkeit der Berufsgenossenschaften, von der bisher kein Gebrauch gemacht worden ist. Nach § 122 II SGB VII bleibt jede Berufsgenossenschaft für die Unternehmensarten sachlich zuständig, für die sie bisher zuständig war. Die Zuständigkeiten werden bis heute auf der Grundlage des Beschlusses des Bundesrats des Deutschen Reichs v. 21.5.1885 sowie die ihn ergänzenden Regelungen der verschiedenen nachfolgenden Stellen beurteilt. Zur Abgrenzung der sachlichen Zuständigkeit der gewerblichen Berufsgenossenschaften wird daneben auf das „Alphabetische Verzeichnis der Gewerbezweige" des RVA vom 1.10.1885 mit späteren Fortschreibungen, die auch nachfolgende Bundesratsbeschlüsse berücksichtigen, als – nicht bindende – Auslegungshilfe zurückgegriffen. Gewerbezweige, die in den Bundesratsbeschlüssen nicht genannt sind, werden nach der Rechtsprechung des BSG der Berufsgenos-

senschaft zugewiesen, deren Mitgliedsunternehmen ihnen nach Art und Gegenstand am nächsten stehen.[1]

2. Mitgliedschaft. Der Unfallversicherungsträger stellt Beginn und Ende seiner Zuständigkeit für den „Unternehmer" (§ 136 III SGB VII) durch schriftlichen Bescheid (sog. Mitgliedsschein) gegenüber dem Unternehmer fest (§ 136 I 1 SGB VII).[2] Den Bescheid erlässt der Unfallversicherungsträger, sobald ein Unternehmen Vorbereitungstätigkeiten zur Gründung aufgenommen hat (§ 136 I 2 SGB VII). Er teilt den Beitragspflichtigen ferner den von ihnen zu zahlenden Beitrag schriftlich mit (§ 168 I SGB VII). Das gesetzliche Unfallversicherungssystem in der Bundesrepublik ist mit Unionsrecht vereinbar.[3] Ab dem 1.1.2023 erhält jeder Unternehmer bei erstmaliger Aufnahme einer unternehmerischen Tätigkeit eine Unternehmernummer (§ 136a SGB VII). 2

3. Finanzierung. Die Aufbringung der Mittel der gesetzlichen Unfallversicherung ist in den §§ 150 ff. SGB VII geregelt. Beitragspflichtig sind die Unternehmer, für deren Unternehmen Versicherte tätig sind oder zu denen Versicherte in einer besonderen, die Versicherung begründenden Beziehung stehen. Lediglich die nach § 2 SGB VII selbst versicherten Unternehmer sowie die nach § 3 I Nr. 1, § 6 I SGB VII Versicherten sind selbst beitragspflichtig (§ 150 I SGB VII). Die Beiträge zur gesetzlichen Unfallversicherung werden nachträglich als Umlage nach dem Aufwand des Vorjahrs erhoben (§ 152 I SGB VII). Die Berechnungsgrundlagen für die Beiträge sind der Finanzbedarf (Umlagesoll), die Arbeitsentgelte der Versicherten und die Gefahrklassen (§ 153 I SGB VII). Die Festlegung des Gefahrtarifs regelt § 157 SGB VII. Danach setzt der Unfallversicherungsträger als autonomes Recht einen Gefahrtarif fest. In dem Gefahrtarif sind zur Abstufung der Beiträge Gefahrklassen festzustellen. Der Gefahrtarif wird nach Tarifstellen gegliedert. In den Tarifstellen sind Gefahrengemeinschaften nach Gefährdungsrisiken unter Berücksichtigung eines versicherungsmäßigen Risikoausgleichs zu bilden. Die Gefahrklassen werden aus dem Verhältnis der gezahlten Leistungen zu den Arbeitsentgelten berechnet. Nach § 158 I SGB VII bedürfen der Gefahrtarif und jede Änderung der Genehmigung der Aufsichtsbehörde. Dieses Verfahren ist verfassungsrechtlich nicht zu beanstanden.[4] Die Zuordnung eines Unternehmens durch eine Berufsgenossenschaft zu einer Gefahrtarifstelle unterliegt der gerichtlichen Nachprüfung.[5] 3

4. Versicherte Personen. a) Überblick. In der gesetzlichen Unfallversicherung besteht Versicherungsschutz kraft Gesetzes (§ 2 SGB VII), Satzung (§ 3 SGB VII) und aufgrund freiwilliger Versicherung (§ 6 SGB VII). Die Staatsangehörigkeit ist für die Versicherteneigenschaft ohne Bedeutung (vgl. § 3 SGB IV); bei einer Auslandstätigkeit kann eine Ausstrahlung bestehen, sodass Versicherungspflicht nach § 2 III SGB VII iVm § 4 SGB IV gegeben ist. 4

b) Versicherung kraft Gesetzes. aa) Beschäftigte. Die kraft Gesetzes versicherten Personen ergeben sich zunächst aus dem Katalog des § 2 I SGB VII. Dies sind die Beschäftigten (§ 7 I SGB IV) und Lernenden während der beruflichen Aus- und Fortbildung in Betriebsstätten, Lehrwerkstätten, Schulungskursen und ähnlichen Einrichtungen[6] (§ 7 II SGB VII) sowie Heimarbeiter iSd § 12 SGB IV. Letztere sind Personen, die in eigener Arbeitsstätte im Auftrag und für Rechnung u.a. von Gewerbetreibenden erwerbsmäßig arbeiten. Im Unterschied zu originär Beschäftigten sind Heimarbeiter persönlich selbstständig, weder einem umfassenden Weisungsrecht des Auftraggebers (§ 106 S. 1 GewO) unterworfen noch in dessen Arbeitsorganisation eingegliedert und hinsichtlich der Modalitäten ihrer Arbeit weitgehend frei.[7] Zu den versicherten Personen zählen auch Hausgewerbetreibende und Zwischenmeister sowie ihre mitarbeitenden Ehegatten oder Lebenspartner (§ 2 I Nr. 6 SGB VII). Versichert sind schließlich Arbeitsuchende, die nach dem SGB II bzw. III der Meldepflicht unterliegen, wenn sie einer besonderen, an sie im Einzelfall gerichteten Aufforderung einer Dienststelle der BA, eines kommunalen oder des nach dem SGB II zuständigen Trägers nachkommen, diese oder eine andere Stelle aufzusuchen, oder bei der AA auf deren Wunsch ein „spontanes" Vermittlungsgespräch führen[8] (§ 2 I Nr. 14 SGB VII). Der Weg des Arbeitslosen zur AA ohne vorherige Einladung steht danach 5

[1] BSG 4.8.1992 BSGE 71, 85 = SozR 3–2200 § 646 Nr. 1.
[2] BSG 3.4.2014 BSGE 115, 256 = SozR 4–2700 § 136 Nr. 6.
[3] EuGH 5.3.2009 NJW 2009, 1325 – Kattner Stahlbau.
[4] BVerfG 3.7.2007 SozR 4–2700 § 157 Nr. 3 = NZS 2008, 144.
[5] LSG Bln 25.11.1999 NZA-RR 2000, 377.
[6] BSG 29.10.1986 SozR 2200 § 539 Nr. 117; 9.12.1976 SozR 2200 § 539 Nr. 30.
[7] BSG 27.8.2018 SozR 4–2700 § 8 Nr. 68.
[8] BSG 19.6.2018 SozR 4–2700 § 2 Nr. 42.

ebenso nicht unter Versicherungsschutz[9] wie das Aufsuchen eines potenziellen AG zum Nachreichen einer Kindergeldbescheinigung.[10] Behinderte Menschen, die wegen fehlender Werkstattfähigkeit im Förder- und Betreuungsbereich einer Werkstatt für behinderte Menschen betreut werden, sind nicht nach § 2 I Nr. 4 SGB VII unfallversichert.[11]

6 Eine Tätigkeit als Beschäftigter (§ 2 I Nr. 1 SGB VII) wird verrichtet bei Ausübung von nichtselbständiger Arbeit, insbesondere in einem Arbeitsverhältnis (Satz 1) oder einer Tätigkeit nach Weisungen und einer Eingliederung in die Arbeitsorganisation des Weisungsgebers (Satz 2). Eine Beschäftigung liegt daher immer dann vor, wenn ein Arbeitsverhältnis besteht. Sie kann aber auch ohne Arbeitsverhältnis gegeben sein, wenn der Verletzte sich in ein fremdes Unternehmen eingegliedert und sich dem Weisungsrecht eines Unternehmers vor allem in Bezug auf Zeit, Dauer, Ort und Art der Verrichtung untergeordnet hat. Es kommt objektiv an auf die Eingliederung des Handelns des Verletzten in das Unternehmen eines anderen und subjektiv auf die zumindest auch darauf gerichtete Willensausrichtung, dass die eigene Tätigkeit unmittelbare Vorteile für das Unternehmen des anderen bringen soll.[12] Maßgeblich sind die das Gesamtbild bestimmenden tatsächlichen Verhältnisse. Ob eine Beschäftigung vorliegt, ergibt sich aus dem Vertragsverhältnis der Beteiligten, so wie es im Rahmen des rechtlich Zulässigen tatsächlich vollzogen worden ist. Eine im Widerspruch zu ursprünglich getroffenen Vereinbarungen stehende tatsächliche Beziehung und die hieraus gezogene Schlussfolgerung auf die tatsächlich gewollte Natur der Rechtsbeziehung gehen der nur formellen Vereinbarung vor, soweit eine formlose Abbedingung rechtlich möglich ist. Entscheidend ist die Rechtsbeziehung so, wie sie praktiziert wird, und die praktizierte Beziehung so, wie sie rechtlich zulässig ist.[13] Der **Arbeitsvertragsschluss** ist für die Einbeziehung in die gesetzliche Unfallversicherung grundsätzlich ohne Bedeutung. Ihrem Schutz unterliegen dementsprechend auch **faktische Arbeitsverhältnisse** und **Schwarzarbeiter** (→ Rn. 85), wenn sie ihre Tätigkeit in persönlicher Abhängigkeit erbringen, insbesondere Weisungen hinsichtlich Art, Ort und Zeit der Arbeitsleitung unterliegen. Unter § 2 I Nr. 1 SGB VII fallen auch ausländische AN, die ohne den erforderlichen Aufenthaltstitel tätig sind. Der Schutz beginnt mit der vom Unternehmer gebilligten Aufnahme der Tätigkeit.

7 **bb) Wie-Arbeitnehmer-Tätige.** Weiterhin sind nach § 2 II SGB VII in der gesetzlichen Unfallversicherung Personen versichert, die wie AN tätig werden. Die Vorschrift erstreckt den Versicherungsschutz auf solche Tätigkeiten, die zwar nicht sämtliche Merkmale eines Arbeits- oder Beschäftigungsverhältnisses aufweisen, in ihrer Grundstruktur aber einer abhängigen Beschäftigung ähneln.[14] Voraussetzung für den Versicherungsschutz nach § 2 II SGB VII ist, dass **(1)** eine ernstliche, dem in Betracht kommenden fremden Unternehmen dienende Tätigkeit verrichtet wird, **(2)** die dem wirklichen oder mutmaßlichen Willen des Unternehmers entspricht, **(3)** ihrer Art nach auch von Personen verrichtet werden kann, die in einem dem allgemeinen Arbeitsmarkt zuzurechnenden Beschäftigungsverhältnis stehen und **(4)** unter solchen Umständen geleistet wird, dass sie einer Tätigkeit aufgrund eines Beschäftigungsverhältnisses ähnlich ist.[15] Maßgeblich ist, ob nach dem Gesamtbild die Tätigkeit wie von einem Beschäftigten oder wie von einem Unternehmer ausgeübt worden ist, wobei für die Abgrenzung grundsätzlich wie von der zwischen Beschäftigtem und Unternehmer auszugehen ist.[16] Für eine Versicherung nach § 2 II SGB VII ist es erforderlich, dass der Handelnde subjektiv fremdnützig sein wollte, die objektive Nützlichkeit der unfallbringenden Tätigkeit ist nicht ausreichend.[17] Unter § 2 II SGB VII können Tätigkeiten fallen, die nur probeweise[18] oder von Familienangehörigen ausgeübt werden.[19] Nicht versichert ist hingegen eine unentgeltliche Tätigkeit im Haushalt[20] (§ 4 IV SGB VII) oder eine Tätigkeit aufgrund einer Sonderbeziehung, die zur Erfüllung gesellschaftlicher, insbesondere familiärer, freundschaftlicher, nachbarschaftlicher, mitgliedschaftlicher, gesell-

[9] BSG 5.2.2008 SozR 4–2700 § 2 Nr. 11.
[10] BSG 12.5.2009 – B 2 U 8/08 R.
[11] BSG 18.1.2011 BSGE 107, 197 = SozR 4–2700 § 2 Nr. 17.
[12] BSG 20.8.2019 SozR 4–2700 § 2 Nr. 51 = NZA-RR 2020, 162; 19.6.2018 SozR 4–2700 § 2 Nr. 43.
[13] BSG 6.9.2018 SozR 4–2700 § 2 Nr. 47.
[14] BSG 13.9.2005 SozR 4–2700 § 2 Nr. 7; *Möhlenkamp* VersR 2019, 200.
[15] BSG 19.6.2018 SozR 4–2700 § 2 Nr. 43; ErfK/*Rolfs* SGB VII § 2 Rn. 14 ff.
[16] BSG 31.5.2005 SozR 4–2700 § 2 Nr. 5 = NZS 2006, 257; 17.3.1992 SozR 3–2200 § 539 Nr. 16.
[17] BSG 5.7.2005 SozR 4–2700 § 2 Nr. 6 = NZS 2006, 375.
[18] BSG 20.8.2019 SozR 4–2700 § 2 Nr. 51 = NZA-RR 2020, 162.
[19] BSG 19.6.2018 SozR 4–2700 § 2 Nr. 43.
[20] BSG 20.4.1993 SozR 3–2200 § 539 Nr. 25 = NJW 1994, 676.

schaftsrechtlicher oder körperschaftlicher Art erbracht wird.[21] Für § 2 II SGB VII ist keine vertragliche oder gleichgestellte faktische Beziehung zu einem Unternehmer erforderlich, da ansonsten der Versicherungsschutz bereits über § 2 I Nr. 1 SGB VII vermittelt wird. Nicht nach § 2 II SGB VII versichert sind nur vorübergehend nach Deutschland entsandte ausländische AN eines ausländischen Unternehmens.[22]

cc) Arbeitnehmer von Drittunternehmen. Ein AN eines Drittunternehmens ist in den Betrieb des Unternehmers eingegliedert, wenn er Aufgaben dieses Unternehmens wahrnimmt und die Förderung der Belange dieses Unternehmens seiner Tätigkeit auch im Übrigen das Gepräge gibt. Mit anderen Worten muss der AN wie ein Beschäftigter dieses Unternehmens tätig werden. Dies setzt voraus, dass die von diesem Unternehmen zu erfüllenden Pflichten der Hilfeleistung des einem anderen Unternehmen (Stammunternehmen) angehörenden Beschäftigten das Gepräge gegeben haben. War dieser hingegen zur Wahrnehmung von Aufgaben seines Stammunternehmens tätig, liegen die Voraussetzungen der § 2 II 1 SGB VII nicht vor. Hat der Beschäftigte eine Aufgabe wahrgenommen, die sowohl in den Aufgabenbereich seines Stammunternehmens als auch in den des Unfallunternehmens fiel, ist in der Regel anzunehmen, dass er allein zur Förderung der Interessen seines Stammunternehmens tätig geworden ist;[23] zu dieser Beschäftigtengruppe gehören insbesondere Leiharbeitnehmer.[24] 8

dd) Unternehmer und unternehmerähnliche Personen. Keinen Versicherungsschutz kraft Gesetzes haben Unternehmer und unternehmerähnliche Personen. Die Abgrenzung gegenüber den in § 2 I, II SGB VII genannten Personen richtet sich nach den allgemeinen Merkmalen (→ § 8 Rn. 1 ff., → § 9 Rn. 1 ff.). Bei unternehmerähnlichen Tätigkeiten steht die Selbständigkeit der Leistung im Vordergrund. Bei Schwarzarbeit ist dementsprechend nach dem Umfang der persönlichen Abhängigkeit zu differenzieren;[25] handelt der Schwarzarbeiter nicht weisungsgebunden, gilt er als Unternehmer oder unternehmerähnlich und es besteht kein Versicherungsschutz nach § 2 I Nr. 1 SGB VII. Zu dem Kreis der unternehmerähnlichen Personen zählen die Personen, die in Kapital- oder Personengesellschaften regelmäßig wie Unternehmer selbständig tätig sind (§ 6 I Nr. 2 SGB VII, zB Vorstandsmitglieder einer Aktiengesellschaft),[26] diese können sich auf schriftlichen oder elektronischen Antrag in der Unfallversicherung versichern; versichert ist dann die Erfüllung von eigenen Unternehmeraufgaben.[27] Der Unfallversicherungsschutz eines nicht versicherten Unternehmers kann nicht durch seine Tätigkeit auf einer gemeinsamen Betriebsstätte des § 106 III Alt. 3 SGB VII (→ Rn. 61) begründet werden.[28] 9

ee) Formalversicherung.[29] Neben den gesetzlichen Tatbeständen hat das BSG auch die Inanspruchnahme von Vertrauen zur Begründung eines Versicherungsverhältnisses ausreichen lassen. Grundlage ist dabei entweder die Anerkennung des gesamten Betriebs oder der Person des Unternehmers als bei der Berufsgenossenschaft versichert. Dies kann zB der Fall sein, wenn ein nicht versicherter Unternehmer nach der Aufnahme in das Unternehmerverzeichnis als Mitglied und zugleich als Versicherter unbeanstandet Beiträge zur gesetzlichen Unfallversicherung entrichtet hat, obwohl die formellen Voraussetzungen des § 6 I Nr. 1 SGB VII nicht gegeben waren[30] oder ein zunächst mit Recht in das Unternehmerverzeichnis eingetragener Betrieb zu Unrecht weiter im Verzeichnis geführt wird und die Beiträge weiter eingezogen werden.[31] Die Annahme von Beiträgen begründet ein formales Versicherungsverhältnis aber nur dann, wenn der Unfallversicherungsträger das Fehlen der Versicherteneigenschaft bei ordnungsgemäßer Prüfung hätte erkennen können, woran es bei den heute üblichen pauschalierten Nachweisen fehlt.[32] Eine Ausnahme besteht nur dann, wenn der Versicherungsträger die Möglichkeit gehabt hätte, bei der erforderlichen Aufmerksamkeit Kenntnis davon zu nehmen, dass eine nichtversi- 10

[21] BSG 20.3.2018 SozR 4–2700 § 80a Nr. 1.
[22] OLG Koblenz 29.8.2002 RIW 2002, 880.
[23] BAG 19.2.2009 AP Nr. 4 zu § 105 SGB VII = NZA-RR 2010, 123; ErfK/*Rolfs* SGB VII § 2 Rn. 16.
[24] LAG Bln-Bbg 30.7.2013 – 7 Sa 688/13; BGH 18.11.2014 NZS 2015, 114.
[25] BSG 17.3.1992 SozR 3–2200 § 539 Nr. 16 = NZA 1992, 862.
[26] BSG 15.12.2020 – B 2 U 4/20 R; 20.3.2018 SozR 4–2700 § 2 Nr. 41 = NZS 2018, 985.
[27] BSG 18.9.2012 SozR 4–2700 § 6 Nr. 3 = NJW 2013, 2062.
[28] BSG 26.6.2007 – B 2 U 35/06 R.
[29] Vgl. dazu *Gierhardt* NZS 2001, 635; *Rolfs*, Versicherungsprinzip, 322 ff.
[30] BSG 3.4.2014 BSGE 115, 256 = SozR 4–2700 § 136 Nr. 6; 17.5.2011 BSGE 108, 194 = SozR 4–2700 § 6 Nr. 2.
[31] BSG 14.12.1999 – B 2 U 48/98; 30.3.1988 SozR 2200 § 539 Nr. 126; 26.11.1987 SozR 2200 § 776 Nr. 8.
[32] LSG NRW 5.2.2002 NZA 2002, 550.

cherte Person in den Lohnnachweis mit aufgezählt war und er jahrein jahraus Beiträge nach Maßgabe dieser Lohnnachweise erhoben hat, ohne seinerseits irgendwelche Erhebungen und Feststellungen zu veranlassen. Kein Vertrauensschutz besteht hingegen, wenn der Unternehmer den Irrtum des Unfallversicherungsträgers zumindest grob fahrlässig herbeigeführt hat. Eine entstandene Formalversicherung kann vom Unfallversicherungsträger nur mit Wirkung für die Zukunft beendet werden.[33] Der zu Unrecht Versicherte kann die Erstattung seiner Beiträge nur verlangen, wenn noch kein Versicherungsfall eingetreten ist.[34]

II. Arbeitsunfälle

11 **1. Überblick.** Die Haftung des AG wegen eines durch einen Arbeitsunfall herbeigeführten Personenschadens ist nach §§ 104 ff. SGB VII eingeschränkt. Danach ist der Unternehmer den in seinem Unternehmen tätigen Versicherten, deren Angehörigen und Hinterbliebenen, auch wenn sie keinen Anspruch auf Rente haben, wegen eines durch einen Arbeitsunfall herbeigeführten Personenschadens grundsätzlich nicht schadensersatzpflichtig. Eine Ausnahme besteht nur dann, wenn der Unternehmer den Arbeitsunfall vorsätzlich herbeigeführt hat oder wenn er auf einem nach § 8 II Nr. 1–4 SGB VII versicherten Weg herbeigeführt worden ist. Hat der AG den Arbeitsunfall verschuldet, können unter Umständen die Sozialversicherungsträger gegen ihn **Rückgriff** nehmen (→ Rn. 66). Der Haftungsausschluss für Personenschäden greift auch dann, wenn der Unternehmer **haftpflichtversichert** ist.[35] Schließt der AG ohne Einwilligung seines AN eine zusätzliche Unfallversicherung ab, so ist er diesem zur Herausgabe der Versicherungssumme verpflichtet.[36] Nicht eingeschränkt ist die Haftung des AG für **Sachschäden,** die der AN bei einem Arbeitsunfall erlitten hat (→ § 60 Rn. 2); zum **Wegeunfall** → Rn. 35.

12 **2. Normzweck.** Der Haftungsausschluss in den §§ 104 ff. SGB VII wird damit begründet,[37] dass die Unternehmer in Berufsgenossenschaften zusammengeschlossen sind und deren Beiträge allein aufzubringen haben. Die Berufsgenossenschaften haben für einen Arbeitsunfall einzustehen. Sie erfüllen gleichsam die Funktionen einer Haftpflichtversicherung **(Finanzierungsargument).** Durch das System der Berufsgenossenschaften wird andererseits gewährleistet, dass der Geschädigte ohne Rücksicht auf die Leistungsfähigkeit des Unternehmers oder ein etwaiges eigenes Mitverschulden an der Entstehung des Arbeitsunfalls eine Entschädigung erlangt **(Liquiditätsargument).** Darüber hinaus werden im Interesse des Betriebsfriedens Rechtsstreitigkeiten zwischen AG und AN vermieden **(Friedensargument).** Das Haftungsprivileg verstößt weder gegen Art. 3 GG noch gegen Normen des Unionsrechts.[38] Der Haftungsausschluss ist allerdings **rechtspolitisch** umstritten. So wird eingewandt, dass der Geschädigte durch die Leistungen der gesetzlichen Unfallversicherung teilweise schlechter gestellt ist als bei einem Schadensausgleich nach allgemeinem Haftungsrecht des BGB. Daran ist richtig, dass der AN nicht nach seinem erlittenen konkreten Schaden, sondern nach einem abstrakten Schadensausgleich entschädigt wird. Überdies kann durch den Ausschluss von Schmerzensgeldansprüchen der Ausgleichsbetrag der gesetzlichen Unfallversicherung erheblich niedriger ausfallen als bei einem privatrechtlichen Schadensausgleich. Dem hat das BVerfG entgegengehalten, dass das Entschädigungssystem der Unfallversicherung insgesamt nicht ungünstiger als das des Privatrechts ist, weil nach dem SGB VII Leistungen zB auch dann gewährt werden, wenn der Unfall nicht von einem Dritten verschuldet worden ist und außerdem ein Mitverschulden des Verletzten nicht zu einer Leistungskürzung führt.[39] Daneben hat der Gesetzgeber durch die Erhöhung der Renten von Schwerverletzten (§ 57 SGB VII) und die Modifizierung der Anrechnungsregeln bei der Gewährung von Erwerbsunfähigkeitsrenten (§ 93 II Nr. 2a SGB VII) eine weitere Angleichung des Leistungsniveaus der gesetzlichen Unfallversicherung gegenüber den zivilrechtlichen Haftungssummen geschaffen. Der Haftungsausschluss ist daher verfassungsgemäß.[40]

---

[33] BSG 26.6.1973 SozR Nr. 40 zu § 539 RVO.
[34] BSG 2.2.1999 BSGE 83, 270 = SozR 3–2400 § 26 Nr. 11.
[35] BGH 8.5.1973 AP Nr. 7 zu § 636 RVO = NJW 1973, 1326.
[36] BAG 21.2.1990 AP Nr. 3 zu § 179 VVG = NZA 1990, 701; 18.2.1971 AP Nr. 2 zu § 179 VVG.
[37] BAG 25.9.1957 AP Nr. 4 zu §§ 898, 899 RVO; BGH 10.12.1974 NJW 1975, 537.
[38] LAG Köln 29.9.1994 NZA 1995, 470; BGH 8.3.2012 NZS 2012, 546; 4.6.2009 NJW 2009, 2956; aA *Fuhlrott* NZS 2007, 237 (241 f.); *Richardi* NZA 2004, 1004 (1009).
[39] BVerfG 7.12.1972 AP Nr. 6 zu § 636 RVO = NJW 1973, 502.
[40] Zuletzt BVerfG 27.2.2009 NZA 2009, 509.

3. Begriff. a) Überblick. § 8 I 1 SGB VII enthält eine Legaldefinition des Arbeitsunfalls. Danach sind Arbeitsunfälle Unfälle (→ Rn. 16) von Versicherten in Folge einer den Versicherungsschutz nach §§ 2, 3 oder 6 SGB VII begründenden Tätigkeit (versicherte Tätigkeit, → Rn. 17). Unfälle sind nach Satz 2 zeitlich begrenzte, von außen auf den Körper einwirkende Ereignisse, die zu einem Gesundheitsschaden oder zum Tod führen. Ein Arbeitsunfall setzt daher voraus, dass **(1)** die Verrichtung zur Zeit des Unfalls der versicherten Tätigkeit zuzurechnen ist (innerer oder sachlicher Zusammenhang), **(2)** sie zu dem zeitlich begrenzten, von außen auf den Körper einwirkenden Ereignis – dem Unfallereignis – geführt hat (Unfallkausalität) und **(3)** dass das Unfallereignis einen Gesundheitserstschaden oder den Tod des Versicherten objektiv und rechtlich wesentlich verursacht hat (haftungsbegründende Kausalität).[41] Örtlich beginnt der Versicherungsschutz nach § 8 I SGB VII mit dem Eintreffen am Ort der versicherten Tätigkeit, er endet mit ihrem Verlassen. Während der Tätigkeit besteht er auch während der Pausen und des Bereitschaftsdiensts, zur Nahrungsaufnahme → Rn. 31. Tätigkeiten für den AG im eigenen Haus oder der Wohnung des Versicherten stehen unter Unfallversicherungsschutz.[42] Die Rechtsfigur des **missglückten Arbeitsversuchs** findet in der Unfallversicherung keine Anwendung.[43] 13

b) Personenschaden. Ein Arbeits- bzw. Wegeunfall liegt nur dann vor, wenn der Versicherte einen Personenschaden erleidet. Zwar kann auch ein Sachschaden im Rahmen der allgemeinen Versicherung einen Unfall beinhalten; für den Unfallbegriff des SGB VII ist jedoch allein der Personenschaden maßgebend. Ein solcher liegt vor bei jeder physischen oder psychischen Beeinträchtigung. Dem Körperschaden gleichgestellt ist die **Beschädigung eines Körperersatzstückes** (Prothese, Zahnersatz) oder eines größeren orthopädischen Hilfsmittels zB Stützkorsett (§ 8 III SGB VII). Dazu gehören aber anders als nach § 33 I SGB V keine Hör- u. Sehhilfen (Brillen).[44] Umstr., aber zu bejahen ist, ob zum Begriff des Unfallereignisses die **Unfreiwilligkeit** gehört. Zwar ist eine § 553 RVO entsprechende Vorschrift nicht in das Gesetz aufgenommen worden, darüber hinaus schließt auch § 7 II SGB VII bei verbotswidrigem Handeln einen Versicherungsfall nicht aus. Jedoch fehlt es bei einer vorsätzlicher Schadenszufügung an dem notwendigen Kausalzusammenhang zwischen der versicherten Tätigkeit und dem Schadensereignis (BT-Drs. 13/2204, 99). Daher ist die Selbstverstümmelung (Hand in Kreissäge) kein Arbeitsunfall; etwas anderes gilt aber, wenn ein unfreiwilliges Ereignis zu einer in Kauf genommenen Schädigung führt (Fahrt in den Graben zur Vermeidung eines „Verkehrsunfalls");[45] zum Versicherungsschutz bei einer selbst geschaffenen Gefahr → Rn. 18. 14

4. Auslandsbezug. Bei Arbeitsunfällen mit Auslandsbezug sind für Staatsangehörige der EU- und EWR-Staaten sowie der Schweiz seit dem 1.5.2010 die Vorgaben der Verordnung (EG) 883/2004 zu beachten. Nach Art. 36 II VO (EG) 883/2004 hat eine Person, die einen Arbeitsunfall erlitten oder sich eine Berufskrankheit zugezogen hat und in einem anderen als dem zuständigen Mitgliedstaat wohnt oder sich dort aufhält, Anspruch auf die besonderen Sachleistungen bei Arbeitsunfällen und Berufskrankheiten, die vom Träger des Wohn- oder Aufenthaltsorts nach den für ihn geltenden Rechtsvorschriften für Rechnung des zuständigen Trägers erbracht werden, als ob die betreffende Person nach diesen Rechtsvorschriften versichert wäre. Die Kosten sind dem Aushilfsträger vom zuständigen Träger des anderen Mitgliedstaats zu erstatten. Für Leistungen bei Berufskrankheiten ist stets der Mitgliedstaat leistungszuständig, in dem die betreffende Person zuletzt beschäftigt war. Beschäftigungszeiten, die früher in einem anderen EU-Staat zurückgelegt wurden und ebenfalls die Gesundheitsgefahr (Expositionszeit) erhöhten, sind wie im zuständigen Staat zurückgelegte Zeiten zu berücksichtigen (Art. 39 VO (EG) 883/2004). Für einen Staatsangehörigen eines Mitgliedstaats der EU ist nach der VO (EG) 883/2004 daher allein das Sozialrecht des Mitgliedstaats anzuwenden, in dem er als AN beschäftigt wird, selbst wenn er in einem anderen Mitgliedstaat der Union wohnt.[46] Nach Art. 85 II VO (EG) 883/2004 sind die sozialrechtlichen Vorschriften zur Haftungsfreistellung von AG und den von ihnen beschäftigten AN bei Arbeitsunfällen dem Sozialversicherungsrecht zu entnehmen, das auf den Geschädigten anzuwenden ist. Hierzu zählen auch die sozialrechtlichen Haftungsprivilegien der §§ 104 ff. SGB VII; diese Vorschriften gelten auch, wenn das zivilrechtliche Haftungs- 15

[41] BSG 30.1.2020 SozR 4–2700 § 8 Nr. 70; 23.1.2018 SozR 4–2700 § 8 Nr. 64 = NJW 2018, 2149.
[42] BSG 8.12.1994 NJW 1995, 1694.
[43] BSG 5.5.1998 SozR 3–2200 § 551 Nr. 11 = NZA-RR 1999, 6.
[44] BSG 10.12.1975 SozR 2200 § 548 Nr. 12 = BSGE 41, 61 (zu Brillen).
[45] BSG 8.12.1988 SozR 2200 § 539 Nr. 130 = NJW 1989, 2077.
[46] Zur EWG-VO 1408/71: BGH 15.7.2008 NJW 2009, 916; dazu *Trunk* IPRax 2010, 227.

recht und das Sozialversicherungsrecht für Arbeitsunfälle dem Recht verschiedener Mitgliedstaaten zu entnehmen sind.[47] Für Beschäftigte aus anderen Staaten gelten die mit diesen vereinbarten völkerrechtlichen Abkommen (§ 6 SGB IV), ansonsten die §§ 4 f. SGB IV über die sozialrechtliche Ein- und Ausstrahlung. Letztere setzt die erneute Erfüllung der arbeitsvertraglichen Hauptpflichten nach Beendigung des vorübergehenden Auslandsaufenthalts im Inland voraus.[48]

16 **5. Unfall.** Unfälle sind zeitlich begrenzte, von außen auf den Körper einwirkende Ereignisse, die zu einem Gesundheitsschaden oder zum Tod führen (§ 8 I 2 SGB VII). IdR ist der Unfall ein außergewöhnliches Ereignis; Das Erfordernis der Einwirkung „von außen" dient der Abgrenzung von unfallbedingten Gesundheitsschäden zu Gesundheitsbeeinträchtigungen aus inneren Ursachen sowie zu Selbstschädigungen.[49] Zu unterscheiden ist zwischen dem äußeren Ereignis als Ursache (Unfallereignis) und der Körperschädigung oder dem Tod als Wirkung, die erst den Unfall eintreten lässt. Ein Unfallereignis erstreckt sich auch auf Geschehnisse, die im Rahmen der versicherten Tätigkeit „üblich" sind.[50] Die schädigende Einwirkung muss, wenn sie einen Unfall darstellen soll, innerhalb eines **verhältnismäßig kurzen Zeitraums,** höchstens **innerhalb einer Schicht** an einem bestimmten, wenn auch nicht kalendermäßig bestimmbaren Tag geschehen.[51] So können Verunreinigungen von Wunden, Erfrierungen, Erkältungen, Infektionen usw. Unfälle sein, sofern die Erkrankung längstens in der Arbeitsschicht hervorgerufen ist. Keine Unfälle sind dagegen Erkrankungen, die auf längeren Einwirkungen beruhen, zB Entzündungen oder psychische Schäden aufgrund von Belastungssituationen am Arbeitsplatz.[52] Insoweit kann aber eine Berufskrankheit vorliegen.

17 **6. Versicherte Tätigkeit. a) Tatbestand, Handlungstendenz.** Eine Verrichtung des Verletzten vor dem fraglichen Unfallereignis muss den gesetzlichen Tatbestand einer versicherten Tätigkeit erfüllt haben. Ein Arbeitsunfall setzt einen inneren Zusammenhang zwischen der zum Unfall führenden Verrichtung und der versicherten Tätigkeit voraus.[53] Eine Einstandspflicht besteht nur, wenn sich durch eine Handlung des Geschädigten, die den gesetzlichen Tatbestand einer versicherten Tätigkeit erfüllt, ein Risiko verwirklicht hat, gegen dessen Eintritt nicht die Unfallversicherung „allgemein", sondern der jeweils durch die Handlung erfüllte Versicherungstatbestand schützen soll. Nur wenn, solange und soweit jemand den Tatbestand einer versicherten Tätigkeit durch eine eigene Verrichtung erfüllt, ist er gegen Unfälle versichert, die rechtlich wesentlich durch diese Verrichtung verursacht werden.[54] Der für die Beurteilung der Versicherteneigenschaft maßgebende Ausgangspunkt ist daher die unmittelbar vor Eintritt des Unfallereignisses jeweils ausgeübte Verrichtung.[55] Eine Verrichtung in diesem Sinne ist jedes konkrete, räumlich und zeitlich bestimmte Verhalten eines Verletzten, das **objektiv** seiner Art nach von Dritten beobachtbar ist. Für ihre Zurechnung zur versicherten Tätigkeit ist die objektivierte **Handlungstendenz** des Versicherten entscheidend. Sein Handeln muss subjektiv – zumindest auch – auf die Erfüllung des Tatbestands der jeweiligen Tätigkeit ausgerichtet sein. Er muss den Willen haben, durch die Verrichtung eine seiner Pflichten aus dem Beschäftigungsverhältnis zu erfüllen oder die Erfüllung von Vor- und Nachbereitungshandlungen, die das Gesetz versichert, zu ermöglichen, zu fördern oder zu sichern.[56] Die subjektive Handlungstendenz muss in der Verrichtung des Handelnden – objektiv beobachtbar – widerspiegeln;[57] Für deren Prüfung ist dabei regelmäßig die kleinste beobachtbare Handlungssequenz maßgebend.[58] Zur Objektivierung der Handlungstendenz müssen alle nach Lage des Einzelfalls als Hilfstatsachen (Indizien) in Betracht kommenden Umstände festgestellt, in eine Gesamtschau eingestellt sowie nachvollziehbar und widerspruchsfrei unter- und gegeneinander abgewogen werden;[59] zur Zurech-

[47] Zu Art. 93 II EWG-VO 1408/71: BGH 7.11.2006 NJW 2007, 1754.
[48] BSG 19.12.2013 SozR 4–2700 § 140 Nr. 1 = NZS 2014, 303.
[49] BSG 29.11.2011 SozR 4–2700 § 8 Nr. 42; 12.4.2005 BSGE 94, 269 = SozR 4–2700 § 8 Nr. 15.
[50] BSG 29.11.2011 SozR 4–2700 § 8 Nr. 42 (Zugbremsung).
[51] BSG 28.1.1966 BSGE 24, 216 = SozR Nr. 3 zu § 1739 RVO.
[52] BSG 1.9.2008 – B 2 U 195/07 B (Mobbing); 8.12.1998 – B 2 U 1/98 R.
[53] BSG 31.1.2012 SozR 4–2700 § 8 Nr. 43 = NZS 2012, 513.
[54] BSG 26.6.2014 SozR 4–2700 § 8 Nr. 52 = NZS 2014, 788.
[55] BSG 31.1.2012 SozR 4–2700 § 8 Nr. 43 = NZS 2012, 513.
[56] BSG 26.6.2014 SozR 4–2700 § 8 Nr. 52 = NZS 2014, 788.
[57] BSG 31.8.2017 SozR 4–2700 § 8 Nr. 63 = NJW 2018, 1207; 5.7.2016 NJW 2017, 508.
[58] BSG 17.12.2015 SozR 4–2700 § 8 Nr. 55.
[59] BSG 27.11.2018 SozR 4–2700 § 8 Nr. 67.

nung der Verrichtung → Rn. 24 f. Kann der notwendige innere Zusammenhang nicht festgestellt werden, geht dies zu Lasten des Versicherten.

b) Betriebs- bzw. Unternehmensbezug der Tätigkeit. aa) Dem Unternehmenszweck dienende Tätigkeit. Eine versicherte Tätigkeit liegt stets vor, wenn die zum Unfall führende Verrichtung dem Unternehmen objektiv dienlich war. Das ist regelmäßig der Fall, wenn sie Teil der geschuldeten Arbeitsleistung eines Beschäftigten ist, er die Verrichtung also im Rahmen seiner Haupt- und Nebenpflichten aus dem Beschäftigungsverhältnis vornimmt.[60] Versichert ist ein Beschäftigter auch bei Arbeiten, die **außerhalb seiner eigentlichen Aufgaben** oder der des Unternehmens verrichtet werden, zB wenn ein Kellner vor der Gaststätte den Schnee räumt. Eine Weisung zur Verrichtung einer bestimmten Tätigkeit ist nicht notwendig.[61] Ist die Verrichtung nicht Gegenstand der eigentlichen Arbeitsaufgaben, sind für ihre Zurechenbarkeit die subjektiven Vorstellungen des Versicherten von Bedeutung. Konnte dieser von seinem Standpunkt aus, auf Grund objektiver Anhaltspunkte der Auffassung annehmen, die Verrichtung sei geeignet, dem Unternehmen zu dienen, besteht Versicherungsschutz; nicht hingegen, wenn er hiervon nur irrtümlich ausgegangen;[62] zu gemischten und eigenwirtschaftlichen Tätigkeiten → Rn. 21 f. Eine versicherte Tätigkeit wird grundsätzlich nicht durch ein rechtswidriges Handeln des Versicherten beseitigt[63] (vgl. § 7 II SGB VII), selbst wenn sich der AN bei der Arbeit bewusst einem besonderen Risiko aussetzt (sog. **selbst geschaffene Gefahr**). Der ursächliche Zusammenhang zwischen Arbeitsverrichtung und Unfallereignis kann aber dann fehlen, wenn die betrieblichen Umstände durch eine selbst geschaffene Gefahr so weit in den Hintergrund gedrängt werden, dass letztere als die rechtlich allein wesentliche Ursache anzusehen ist.[64] Besteht kein Beschäftigungsverhältnis (§ 2 II SGB VII; → Rn. 7), sind strenge Anforderungen an den Nachweis zu stellen, dass die Tätigkeit den Interessen des Unternehmens zu dienen bestimmt war. Hieran fehlt es bei höchstpersönlichen oder nur eigenwirtschaftlichen Zwecken dienenden Verrichtungen des AN während der Arbeitszeit. Diese führen zu einer Unterbrechung der versicherten Tätigkeit und damit auch in der Regel zur Unterbrechung des Versicherungsschutzes (→ Rn. 23); zu Arbeitsunfällen auf einem **Betriebsweg** → Rn. 23. 18

bb) Innere Ursache. Bei Unfällen aus inneren, nicht betriebsbedingten Ursachen liegt keine versicherte Tätigkeit vor, wenn die körpereigene Ursache zwangsweise zu dem eingetretenen Unfallverlauf geführt hat; in diesem Fall haben betriebliche Einwirkungen den Unfall nicht wesentlich mit verursacht. Hingegen liegt ein Ursachenzusammenhang vor, wenn betriebsbedingte Umstände (zB besondere Anstrengung durch ungewohnte Nachtarbeit) die innere Ursache wesentlich beeinflusst haben oder entweder betriebliche Umstände die innere Ursache wesentlich beeinflusst haben (zB betriebsbedingte Anwesenheit am Unfallort) oder dem Versicherten der Unfall ohne die versicherte Tätigkeit wahrscheinlich nicht in derselben Art oder Schwere zugestoßen wäre.[65] Ist ein Betriebsbezug gegeben, besteht der Versicherungsschutz daher auch gegenüber Gefahren des täglichen Lebens (Ausrutschen auf glattem Fußboden); nicht dagegen bei allgemein wirkenden Gefahren (zB Naturkatastrophen), die nur zufällig mit der versicherten Tätigkeit zusammentreffen. 19

cc) Einzelfälle. Zu den versicherten Tätigkeiten können gehören die Wahrnehmung von Vorstellungsgesprächen,[66] der Gang zum Personalbüro[67] oder das Aufsuchen von Toilettenräumen,[68] Dienstreisen[69] und Dienstessen,[70] Vorsorgeuntersuchungen[71] bzw. Grippeschutzimpfungen im Betrieb[72] sowie der Besuch von Schulungsveranstaltungen, auf denen betriebsfördernde Kenntnisse vermittelt werden.[73] Versicherungsschutz kann auch bei Inanspruchnahme der 20

[60] BSG 13.11.2012 SozR 4–2700 § 8 Nr. 45 = NZS 2013, 351.
[61] BGH 2.3.1971 AP Nr. 6 zu § 637 RVO = DB 1971, 777.
[62] *Krasney* NZS 2013, 681 (682).
[63] BSG 4.6.2002 SozR 3–2700 § 8 Nr. 10 = NJW 2002, 3275; 19.12.2000 SozR 3–2200 § 550 Nr. 21 = NJW 2001, 3652.
[64] BSG 12.4.2005 BSGE 94, 262 = SozR 4–2700 § 8 Nr. 1427.
[65] BSG 15.2.2005 SozR 4–2700 § 8 Nr. 12.
[66] BSG 30.1.1986 NZA 1986, 542; HessLSG 14.9.1984 NZA 1985, 168.
[67] BSG 30.1.1986 SozR 2200 § 548 Nr. 78 = NZA 1986, 542 (Arbeitsbescheinigung).
[68] BSG 30.3.2017 NJW 2017, 2858 = NZS 2017, 625 (Bezug zur versicherten Tätigkeit verneint).
[69] BSG 30.3.2017 NJW 2017, 2858 = NZS 2017, 625; 18.3.2008 SozR 4–2700 § 8 Nr. 26.
[70] BSG 30.1.2007 – B 2 U 8/06 R.
[71] BAG 18.10.1990 AP Nr. 17 zu § 636 RVO = NZA 1991, 733.
[72] BSG 31.1.1974 BB 1974, 419.
[73] BSG 29.1.1971 – 2 RU 203/67.

Werksambulanz gegeben sein,[74] wenn der Versicherte in seinen Privaträumen überfallen wird, in dem die Tageseinnahmen aufbewahrt werden,[75] er auf einer Dienstfahrt die Unfallstelle absichert,[76] sich der freiwillig Versicherte mit der Maßkontrolle des Deckenputzes beschäftigt[77] oder der Berufsschüler Aufgaben erledigt.[78] Bei Unfällen im Bereich von **häuslichen Arbeitsplätzen** (Homeoffice, zu Wegeunfällen dort → Rn. 37) ist entscheidend, welche konkrete Verrichtung mit welchem Zweck der Versicherte im Moment des Unfalls ausgeübt hat.[79] Nicht zur versicherten Tätigkeit gehören **Mobbing-Handlungen** des AG oder der Arbeitskollegen[80] (→ § 36 Rn. 54), diese unterfallen daher nicht dem Haftungsprivileg der §§ 104, 105 SGB VII; zur Nahrungsaufnahme → Rn. 31 und zu Betriebswegen → Rn. 37.

21 **c) Gespaltene Handlungstendenz.** Eine gemischte Tätigkeit setzt zumindest zwei gleichzeitig ausgeübte untrennbare Verrichtungen voraus, von denen (wenigstens) eine im sachlichen Zusammenhang mit einer versicherten Tätigkeit steht; insoweit besteht eine einheitliche Handlungstendenz.[81] Lässt sich eine Verrichtung in zwei Teile zerlegen, von denen einer versicherten und einer privaten Zwecken dient, liegt keine gemischte Tätigkeit vor.[82] Versicherungsschutz bei einer gemischten Tätigkeit besteht, wenn die Tätigkeit hypothetisch auch dann vorgenommen worden wäre, wenn der private Zweck entfallen wäre (sog. gespaltene Handlungstendenz).[83] Maßgeblich ist, ob die Verrichtung, so wie sie durchgeführt wurde, objektiv die versicherungsbezogene Handlungstendenz erkennen lässt.[84] Bei der Beurteilung einer gemischten Tätigkeit kommt es nicht auf die zeitliche Reihenfolge an, in der die Tätigkeiten verrichtet werden. Unfallversicherungsschutz wurde bei gemischten Tätigkeiten zB bejaht, wenn ein AN nach dem Mittagessen zu Hause aus der Garage seinen eigenen Besen holt, weil der betriebliche verloren war[85] und bei einem privaten Telefonat während der Arbeitszeit.[86] Von der gemischten Tätigkeit ist ein **Handeln mit gemischter Motivationslage** abzugrenzen. Bei diesem wird nur eine einzige Verrichtung ausgeübt, die aber gleichzeitig sowohl einen privatwirtschaftlichen als auch betrieblichen, auf die Erfüllung eines Versicherungstatbestands gerichteten Zweck verfolgt (sog. gespaltene Handlungstendenz). Auch diese erfüllt den Tatbestand der versicherten Tätigkeit, wenn das konkrete Geschehen hypothetisch ohne die private Motivation des Handelns vorgenommen worden wäre, wenn also die Verrichtung nach den objektiven Umständen in ihrer konkreten, tatsächlichen Ausgestaltung ihren Grund in der versicherten, auf den Unternehmenszweck abstellenden Handlungstendenz findet.[87]

22 **d) Eigenwirtschaftliche Tätigkeit.** Der Verletzte muss zur Erfüllung seines Beschäftigungsverhältnisses eine Tätigkeit zu dem Zweck verrichten, dass die Ergebnisse seiner Verrichtung dem Unternehmen und nicht ihm selbst unmittelbar zum Vorteil oder Nachteil gereichen. Daher besteht kein Versicherungsschutz bei einer Tätigkeit, wenn diese dem Interesse des Versicherten und nicht dem des Unternehmens dient. Eigenwirtschaftliche Tätigkeiten sind alle Tätigkeiten, die üblicherweise auch ohne die versicherte Tätigkeit im täglichen Leben anfallen, auch wenn sie die Arbeitsaufnahme erleichtern oder erst ermöglichen.[88] Wird der Versicherte vor, während oder nach der Arbeitszeit in eigenem Interesse tätig, besteht kein Versicherungsschutz. Auf den zeitlichen Zusammenhang kommt es daher nicht an, es ist daher auch kein Raum für den sog. Betriebsbann. Das BSG hat zB einen Arbeitsunfall bei einem Lackierer verneint, der auf dem Betriebsgelände einen Unfall verursacht hatte, als er sich für private Zwecke etwas Lack besorgen wollte,[89] oder bei einem Duschbad auf einer Dienstreise.[90] Zur eigenwirtschaftlichen Tätigkeit zählt auch die Beschaffung eines ärztlichen Attests außerhalb

---

74 BSG 26.5.1977 SozR 2200 § 548 Nr. 31 = BB 1977, 1402.
75 BSG 30.4.1979 BB 1980, 472.
76 BSG 18.3.2008 SozR 4–2700 § 135 Nr. 2.
77 BSG 30.7.1975 BSGE 40, 113 = SozR 2200 § 545 Nr. 2.
78 BSG 30.8.1984 SozR 2200 § 539 Nr. 102 = NZA 1985, 103.
79 BSG 31.8.2017 SozR 4–2700 § 8 Nr. 63 = NJW 2018, 1207.
80 IErg BAG 25.10.2007 AP Nr. 6 zu § 611 BGB Mobbing = NZA 2008, 223.
81 BSG 26.6.2014 SozR 4–2700 § 8 Nr. 52 = NZS 2014, 788.
82 BSG 9.11.2010 SozR 4–2700 § 8 Nr. 39 = NZS 2011, 784.
83 BSG 12.5.2009 SozR 4–2700 § 8 Nr. 33 = NZA-RR 2010, 258 (Fahrt zur Wohnung).
84 BSG 18.6.2013 SozR 4–2700 § 8 Nr. 48.
85 BSG 25.2.1976 SozR 2200 § 549 Nr. 4.
86 BSG 26.6.2014 SozR 4–2700 § 8 Nr. 52 = NZS 2014, 788.
87 BSG 18.6.2013 SozR 4–2700 § 8 Nr. 48.
88 BSG 12.10.1973 BSGE 36, 222 = SozR Nr. 41 zu § 548 RVO.
89 BSG 22.1.1976 SozR 2200 § 548 Nr. 15.
90 BSG 4.6.2002 NZA 2002, 1388.

der Arbeitszeit[91] sowie der Heimweg von einem Kündigungsschutzprozess.[92] Der Weg von der Arbeitsstätte zum Holen von zu Hause vergessenen Gegenständen des AN ist nur versichert, wenn ohne diese die versicherte Tätigkeit nicht verrichtet werden kann, die bloße Nützlichkeit der Gegenstände ist nicht ausreichend, um einen inneren Zusammenhang mit der versicherten Tätigkeit zu begründen;[93] zum Zusammentreffen von betrieblicher und eigenwirtschaftlicher Tätigkeit → Rn. 18, 21.

e) Unterbrechungen. Die tatsächliche Unterbrechung einer versicherten Verrichtung kann 23
zu einer Unterbrechung des Versicherungsschutzes führen, wenn die Unterbrechung privaten Zwecken dient. Wird jedoch eine versicherte Verrichtung zugunsten einer anderen versicherten Tätigkeit oder aufgrund betrieblicher Umstände unterbrochen, besteht der Versicherungsschutz fort.[94] Dient die Unterbrechung privaten Verrichtungen, unterscheidet das BSG zwischen erheblichen und unerheblichen Unterbrechungen. Während einer privaten Zwecken dienenden erheblichen Unterbrechung besteht kein Versicherungsschutz. Hingegen bleibt der Versicherungsschutz erhalten, wenn die privaten Zwecken dienende Unterbrechung bei natürlicher Betrachtungsweise und in Würdigung der gesamten Umstände des Einzelfalls zeitlich und räumlich nur ganz geringfügig ist.[95] Eine Unterbrechung ist als geringfügig anzusehen, wenn sie auf einer Verrichtung beruht, die ohne nennenswerte zeitliche Verzögerung „im Vorbeigehen" oder „ganz nebenher" zu erledigen ist.[96] Als eine geringfügige Unterbrechungen hat das BSG zB angesehen den Zeitungskauf an einem Kiosk,[97] ein wenige (vier: ja; zehn: nein) Minuten dauerndes Privatgespräch[98] auf einem Dienstweg oder das Bücken nach einer heruntergefallenen Zigarette im Auto.[99] Der Versicherungsschutz soll nicht verloren gehen, wenn sich der Versicherte während der Arbeitszeit nicht stets den Interessen des Unternehmens unterordnet. Eine rechtlich erhebliche Unterbrechung liegt aber vor bei einem Spaziergang in der Mittagspause,[100] einem privaten Saunabesuch auf einer Dienstreise[101] einem Abweichen von der vorgegebenen Transportroute, um zu Hause vergessene Medikamente zu holen[102] oder wenn während einer 10stündigen Pause der von auswärts angereiste AN durch einen Ausflug in die Umgebung unterhalten wird, auch wenn bei dieser Gelegenheit betriebliche Gespräche geführt werden;[103] zu Unterbrechungen des Arbeitswegs → Rn. 40.

7. Kausalzusammenhang. a) Erste Stufe: Unfallkausalität. Die Verrichtung einer 24
versicherten Tätigkeit muss ein zeitlich begrenztes, von außen auf den Körper einwirkendes Ereignis und dadurch einen Gesundheitserstschaden oder den Tod des Versicherten objektiv und rechtlich wesentlich verursacht haben (Unfallkausalität und haftungsbegründende Kausalität). Die Zurechnung setzt voraus, dass die versicherte Verrichtung die Einwirkung und diese den Erstschaden bewirkt hat. Objektive Verursachung bedeutet einen nach dem jeweils neuesten anerkannten Stand der einschlägigen Erfahrung geprüften und festgestellten Wirkungszusammenhang zwischen einer bestimmten Wirkursache und ihrer Wirkung. Wirkursachen sind nur solche Bedingungen, die erfahrungsgemäß die infrage stehende Wirkung ihrer Art nach notwendig oder hinreichend herbeiführen. Ausgangspunkt der Zurechnung ist die naturwissenschaftlich-philosophische Bedingungstheorie, nach der schon jeder beliebige Umstand als notwendige Bedingung eines Erfolges gilt, der nicht hinweggedacht werden kann, ohne dass der Erfolg entfiele (conditio-sine-qua-non).[104]

b) Zweite Stufe: rechtlicher Zusammenhang. Neben der Unfallkausalität bedarf es noch 25
einer weiteren Prüfung der haftungsausfüllenden Kausalität. Das Unfallereignis und der Gesundheitserstschaden müssen der versicherten Tätigkeit zuzurechnen sein. Dabei werden die betrieb-

---

[91] BSG 18.2.1987 NZA 1987, 471 (Brillenreparatur).
[92] BSG 25.10.1989 SozR 2200 § 548 Nr. 96 = NZA 1990, 409.
[93] BSG 7.9.2004 SozR 4–2700 § 8 Nr. 6; 7.11.2000 SozR 3–2700 § 8 Nr. 3.
[94] BSG 26.10.2004 BSGE 93, 279 = SozR 4–2700 § 8 Nr. 9.
[95] BSG 12.4.2005 BSGE 94, 262 = SozR 4–2700 § 8 Nr. 14.
[96] BSG 9.12.2003 SozR 4–2700 § 8 Nr. 3.
[97] BSG 20.5.1976 SozR 2200 § 539 Nr. 21.
[98] BSG 9.12.1964 BG 1965, 196.
[99] BSG 30.5.1988 NJW 1988, 2638 = NZA 1989, 198.
[100] BSG 28.4.1977 – 2 RU 75/75.
[101] BSG 10.10.2006 SozR 4–2700 § 8 Nr. 19; 27.7.1989 SozR 2200 § 548 Nr. 95 = NZA 1990, 79.
[102] BSG 7.9.2004 SozR 4–2700 § 8 Nr. 6.
[103] BSG 4.8.1992 SozR 3–2200 § 539 Nr. 17 = NJW 1992, 3190.
[104] BSG 24.7.2012 SozR 4–2700 § 8 Nr. 44.

liche und persönliche Risikosphäre im Hinblick auf den Schaden abgegrenzt. Die haftungsausfüllende Kausalität liegt vor, wenn zwischen Unfallereignis und dem Körperschaden ein rechtlich wesentlicher Zusammenhang besteht. Maßgeblich ist, ob und wie weit der Versicherungstatbestand gegen Gefahren aus von ihm versicherten Tätigkeiten schützen soll. Die versicherte Tätigkeit muss **Wirkursache** des Erfolges gewesen sein. Sie muss ihn tatsächlich mitbewirkt haben und darf nicht nur eine (bloß im Einzelfall nicht wegdenkbare) zufällige Randbedingung gewesen sein. Die Bejahung der Unfallkausalität indiziert nicht das Vorliegen einer Mitverursachung der Einwirkung durch die versicherte Verrichtung. Selbst wenn eine versicherte Tätigkeit als Wirkursache feststeht, ist auf der zweiten Stufe **rechtlich** zu prüfen, ob diese Einwirkung unter Würdigung aller auf der ersten Stufe festgestellten und etwaigen weiteren mitwirkenden unversicherten Ursachen die Realisierung einer in den Schutzbereich des jeweils erfüllten Versicherungstatbestandes fallenden Gefahr ist.[105] Dies ist insbesondere bedeutsam für das Zusammentreffen von versicherten und nicht versicherten Tätigkeiten (→ Rn. 21 ff.). Die Zurechnung ist ausgeschlossen, wenn die unversicherten Wirkursachen das gesamte Unfallgeschehen derart geprägt haben, dass die Wirkung insgesamt trotz des Mitwirkungsanteils der versicherten Verrichtung nicht mehr unter den **Schutzbereich der jeweiligen Versicherung** fällt. Die Mitverursachung der Einwirkung durch die versicherte Verrichtung war dann unfallversicherungsrechtlich nicht mehr wesentlich.[106]

26 **8. Nachweis.** Die Versicherteneigenschaft, das Vorliegen eines Arbeits- oder Wegeunfalls sowie die versicherte Tätigkeit einschließlich des erforderlichen inneren Zusammenhangs müssen grundsätzlich vom Anspruchsteller durch den Vollbeweis nachgewiesen werden. Dieser trägt trotz des im sozialgerichtlichen Verfahren geltenden Amtsermittlungsgrundsatzes bei objektiver Nichterweislichkeit das Prozessrisiko. Dies betrifft die Tatbestandsmerkmale „versicherte Tätigkeit", „Verrichtung zur Zeit des Unfalls", „Unfallereignis" sowie „Gesundheitsschaden".[107] Demgegenüber genügt für den Nachweis der naturphilosophischen Ursachenzusammenhänge zwischen diesen Voraussetzungen der Grad der (hinreichenden) Wahrscheinlichkeit, nicht allerdings die Glaubhaftmachung und erst recht nicht die bloße Möglichkeit. Es besteht keine Vermutungsregel, dass bei Verrichtung einer versicherten Tätigkeit unmittelbar vor dem Unfallereignis der Unfall objektiv und rechtlich wesentlich durch diese versicherte Tätigkeit verursacht wurde.[108]

27 **9. Einzelfragen. a) Alkohol, Drogen.** Ist der Versicherte alkoholbedingt zu einer dem Unternehmen dienenden zweckgerichteten Ausübung seiner Tätigkeit nicht mehr in der Lage (Volltrunkenheit), besteht kein Versicherungsschutz.[109] Unfälle unter Alkoholeinfluss unterhalb des Grads des Vollrausches stehen dann nicht unter Versicherungsschutz, wenn die Trunkenheit rechtlich allein wesentliche Ursache war.[110] Dies gilt auch für alkoholbedingte Unfälle von Fußgängern.[111] Bei Unfällen außerhalb des Straßenverkehrs führt eine Alkoholisierung nur dann zum Ausschluss des Versicherungsschutzes, wenn neben der Blutalkoholkonzentration weitere beweiskräftige Umstände für ein alkoholtypisches Fehlverhalten vorhanden sind. Maßgeblich für diese Beurteilung sind die Unfallsituation und das Verhalten des Versicherten unmittelbar vor und während des Unfallereignisses. Ein alkoholbedingter Leistungsabfall gilt nur als die allein wesentliche Unfallursache, wenn es typisch für einen unter Alkoholeinfluss stehenden Versicherten ist und nicht andere Ursachen haben kann[112] (zB Unaufmerksamkeit, Leichtsinn, Übermüdung, schlechte körperliche Verfassung). Diese Grundsätze gelten entsprechend auch für unter Drogeneinfluss verursachte Unfälle oder bei einem Zusammentreffen von Alkohol- und Drogenkonsum.[113]

28 **b) Betriebsrat, Berufsorganisationen.** Dem Versicherungsschutz unterliegt die Tätigkeit der Versicherten für den BR oder in Zusammenhang mit ihren Rechten und Pflichten aus dem BetrVG (Teilnahme an Betriebsratswahlen, Betriebsversammlungen u. dgl.).[114] Die notwendige

---

[105] BSG 17.12.2015 SozR 4–2700 § 8 Nr. 55.
[106] BSG 24.7.2012 SozR 4–2700 § 8 Nr. 44.
[107] BSG 31.1.2012 SozR 4–2200 § 8 Nr. 43 = NZS 2012, 513.
[108] BSG 17.12.2015 SozR 4–2700 § 8 Nr. 55.
[109] BSG 5.9.2006 BSGE 97, 54 = SozR 4–2700 § 8 Nr. 18; 12.4.2005 BSGE 94, 262 = SozR 4–2700 § 8 Nr. 14; 30.4.1991 SozR 3–2200 § 548 Nr. 9 = NZA 1992, 93.
[110] BSG 28.6.1979 AP Nr. 11 zu § 539 RVO = SozR 2200 § 548 Nr. 46.
[111] BSG 26.4.1977 BSGE 43, 293 = SozR 2200 § 550 Nr. 29.
[112] BSG 30.4.1991 SozR 3–2200 § 548 Nr. 9; 26.4.1977 BSGE 43, 293 = SozR 2200 § 550 Nr. 29.
[113] BSG 31.1.2007 SozR 4–2700 § 8 Nr. 22.
[114] BSG 20.5.1976 BSGE 42, 36 = SozR 2200 § 539 Nr. 19.

Teilnahme an Schulungsveranstaltungen (§ 37 VI BetrVG) dient der Tätigkeit als BR und steht unter Versicherungsschutz. Kein Versicherungsschutz besteht bei Feiern innerhalb des BR.[115] Die Mitarbeit in Berufsorganisationen ist versichert, wenn sie im ursächlichen Zusammenhang mit der versicherten Tätigkeit steht (Jubilarehrung auf Anordnung des Betriebes durch IHK).

c) Betriebssport. Beim Versicherungsschutz von Betriebssport differenziert das BSG im Wesentlichen nach der Form der ausgeübten sportlichen Betätigung und der Intensität ihrer Ausübung. Der Betriebssport steht der versicherten Tätigkeit gleich, wenn die sportliche Tätigkeit **(1)** geeignet ist, die durch die Tätigkeit bedingte körperliche Belastung auszugleichen, **(2)** mit einer gewissen Regelmäßigkeit stattfindet und **(3)** in einem dem Ausgleichszweck entsprechenden Zusammenhang mit der Betriebsarbeit steht.[116] Diese Voraussetzungen liegen nicht nur bei Lockerungsübungen vor, anerkannt ist insbesondere auch das Fußballspiel als Betriebssport. Der Zusammenhang zur betrieblichen Tätigkeit entfällt, wenn die Sportausübung der Erzielung von Spitzenleistungen oder der Teilnahme am allgemeinen Wettkampfverkehr dient, zB bei regelmäßigen Pokal- bzw. Ligaspielen.[117] Bei Fußballspielen zwischen Betriebssportgemeinschaften verschiedener Unternehmen kann Versicherungsschutz gegeben sein, wenn die Voraussetzungen für das Vorliegen von versichertem Betriebssport erfüllt sind und die beteiligten Betriebssportgruppen sich zu gemeinsamer Durchführung einer Ausgleichszwecken dienenden regelmäßigen sportlichen Betätigung zusammengeschlossen haben.[118] Hingegen sind Wettkämpfe mit anderen Betriebssportgemeinschaften außerhalb der regelmäßigen Übungsstunden nicht versichert.[119] Der Zusammenhang entfällt auch, wenn der Teilnehmerkreis nicht im Wesentlichen auf Angehörige des Unternehmens beschränkt ist.[120] 29

d) Betriebliche Gemeinschafts- und Freizeitveranstaltungen. Für betriebliche Gemeinschaftsveranstaltungen besteht Versicherungsschutz, wenn **(1)** an ihr alle oder eine abgrenzbare Gruppe der Betriebsangehörigen teilnehmen sollen und **(2)** sie entweder vom Betriebsleiter bzw. Leiter der jeweiligen organisatorisch verselbständigten Einheit selbst veranstaltet oder von ihm gebilligt und gefördert werden.[121] Dieser Zweck wird nicht erreicht, wenn die Veranstaltung so geplant ist, dass aufgrund ihrer Eigenart und der Einladung von vornherein ersichtlich ist, dass ein nennenswerter Teil der Belegschaft nicht teilnehmen wird.[122] Die persönliche Anwesenheit des AG ist hingegen nicht erforderlich. Ausreichend ist es, wenn durch die Veranstaltung das Betriebsklima gefördert und der Zusammenhalt der Beschäftigten untereinander gestärkt wird.[123] Unerheblich ist, ob der AG die Veranstaltung als betriebsdienlich einschätzt.[124] Geschützt sind unter diesen Voraussetzungen alle Tätigkeiten, die mit dem Gesamtzweck der Veranstaltung vereinbar sind. Der Schutz soll enden, wenn sie nicht mehr von der Autorität des Betriebsleiters getragen werden. Nicht unter Versicherungsschutz stehen dagegen unabhängig von ihrer Finanzierung betriebliche Freizeit- und Erholungsveranstaltungen; dies gilt auch, wenn sie bei Gelegenheit von Geschäftsreisen für einen begrenzten Teilnehmerkreis (Besuch des Oktoberfestes) veranstaltet werden[125] oder gute Arbeitsergebnisse belohnen sollen.[126] Für ein **Fußballturnier** besteht als betriebliche Gemeinschaftsveranstaltung Versicherungsschutz, wenn es im Rahmen einer Veranstaltung stattfindet, die alle Betriebsangehörigen einbezieht.[127] 30

e) Häuslicher Arbeitsplatz („Homeoffice"). aa) Arbeitsstätte. Die Rechtslage zum Versicherungsschutz bei einem Unfall am häuslichen Arbeitsplatz ist weder nach der Gesetzeslage eindeutig noch von der Rspr. abschließend geklärt.[128] Versicherungsschutz nach § 8 I SGB VII besteht, wenn der **Unfall in der Arbeitsstätte** erfolgt. Arbeitsstätten im häuslichen Bereich sind 30a

115 BSG 20.2.2001 SozR 3–2200 § 539 Nr. 54 = NJW 2002, 1446.
116 BSG 2.7.1996 SozR 3–2200 § 548 Nr. 29; 25.2.1993 SozR 3–2200 § 548 Nr. 16; 19.3.1991 SozR 3–2200 § 548 Nr. 10 = NZA 1991, 823.
117 BSG 22.1.1976 BSGE 41, 145 = SozR 2200 § 548 Nr. 14.
118 BSG 2.7.1996 SozR 3–2200 § 548 Nr. 29.
119 BSG 13.12.2005 SozR 4–2700 § 8 Nr. 16.
120 BSG 27.10.2009 – B 2 U 29/08 R; HessLSG 18.3.2008 NZA 2008, 845.
121 BSG 30.3.2017 NJW 2017, 2858 = NZS 2017, 625; 5.7.2016 SozR 4–2700 § 2 Nr. 36 = NJW 2017, 506.
122 BSG 22.9.2009 – B 2 U 27/08 R (Karnevalsveranstaltung).
123 BSG 5.7.2016 SozR 4–2700 § 2 Nr. 36 = NJW 2017, 506 (Weihnachtsfeier).
124 BSG 13.11.2012 SozR 4–2700 § 8 Nr. 45.
125 BSG 22.6.1976 SozR 2200 § 548 Nr. 21.
126 BSG 16.3.1995 NJW 1995, 3340.
127 BSG 7.12.2004 SozR 4–2700 § 8 Nr. 11 (nicht bei „rein" sportlichen Turnieren).
128 *St. Müller* NZS 2019, 177; *Oberthür* ArbRB 2019, 115; *Schenk* AuA 2020, 406; *Spellbrink* NZS 2016, 527.

solche Arbeitsräume, in denen Arbeitsplätze aufgrund arbeitsvertraglicher (Individual/Kollektiv) Vereinbarungen innerhalb von Gebäuden dauerhaft eingerichtet sind und in denen Beschäftigte im Rahmen ihrer Arbeit regelmäßig (ausschließlich oder alternierend) tätig werden. Danach handelt es sich nicht um eine Arbeitsstätte, wenn die Arbeiten ohne zumindest eine Billigung des Unternehmers im häuslichen Bereich des Versicherten ausgeübt werden. Nach allgemeinen Grundsätzen übt ein Beschäftigter eine **versicherungspflichtige Tätigkeit** aus, wenn die Verrichtung zumindest dazu ansetzt und darauf gerichtet ist, entweder eine objektiv bestehende Haupt- oder Nebenpflicht aus dem Arbeitsverhältnis zu erfüllen (→ Rn. 18). Dies gilt gleichermaßen, wenn der Beschäftigte zwar eine objektiv nicht geschuldete Verrichtung vornimmt, um einer vermeintlichen Pflicht aus dem Arbeitsverhältnis nachzugehen, sofern er nur nach den besonderen Umständen seiner Beschäftigung zum Handlungszeitpunkt annehmen durfte, ihn treffe eine solche Pflicht bzw. er übe unternehmensbezogene Rechte aus dem Arbeitsverhältnis aus.

30b **bb) Versicherte Tätigkeiten.** Unfallversicherungsschutz besteht danach, wenn der Beschäftigte **bei einer betrieblichen Tätigkeit** (→ Rn. 17 ff.) **in seinem unmittelbaren häuslichen Arbeitsbereich** verunfallt oder sich von diesem in einen anderen Raum begibt, um seine Arbeitsmaterialien zu ergänzen, zB einen Ausdruck aus dem Drucker/Fax holen will und dabei verunfallt.[129] Ungeklärt ist die Rechtlage, wenn der Unfall außerhalb seines unmittelbaren häuslichen Arbeitsbereichs im privaten Teil der Wohnung passiert, zB auf dem Weg zur Haustür, weil der Beschäftigte dort ein Paket in Empfang nehmen will. Handelt er in dem Bewusstsein, die Sendung sei für seine berufliche Tätigkeit bestimmt, steht der Weg unter dem Schutz der Unfallversicherung.[130] Was aber, wenn er sowohl berufliche als auch private Sendungen erwartet? Dann dürften die Grundsätze über die **gespaltene Handlungstendenz** (→ Rn. 21) Anwendung finden, der Weg zur Haustür müsste hypothetisch auch dann vorgenommen worden sein, wenn die private Motivation des Handelns entfallen wäre.[131] Kein Versicherungsschutz im häuslichen Bereich besteht demgegenüber bei eigenwirtschaftlichen Tätigkeiten (→ Rn. 22) und bei Unfällen aus rein innerer Ursache (→ Rn. 19), die in gar keiner Beziehung zu der versicherten Tätigkeit stehen oder bei denen diese nur eine Gelegenheitsursache ist. Ob und ggf. unter welchen Voraussetzungen für Wege vom häuslichen Arbeitsplatz zum **Erwerb von Nahrungsmitteln** wie bei Wegen zum Nahrungserwerb in den Pausen (→ Rn. 31) Unfallversicherungsschutz besteht, hat das BSG zuletzt offengelassen. Es hat aber angedeutet, dass bei einem in Vollzeit tätigen Heim- oder Telearbeiter möglicherweise aus Gleichheitsgründen jedenfalls ein Weg täglich zur Nahrungsaufnahme bzw. zur Versorgung mit Nahrungsmitteln unter Versicherungsschutz stehen könne, wobei allerdings die Wohnung zum Zwecke einer privaten Nahrungsaufnahme verlassen werden muss.[132] Befinden sich Wohnung und Arbeitsstätte im selben Gebäude, kann ausnahmsweise auch vom häuslichen Bereich ein **Betriebsweg** (→ Rn. 37) durchgeführt werden. Dazu muss der Weg vom Beschäftigten im unmittelbaren Betriebsinteresse zurückgelegt worden sein, dh in beabsichtigter Ausübung einer dem Unternehmer dienenden Tätigkeit. Ein Betriebsweg liegt zB vor, wenn sich der Beschäftigte von seinem häuslichen Arbeitsplatz zum Betrieb oder zu einem betrieblich veranlassten Außentermin begibt.

30c **cc) Neuregelung durch das BRModG.** Mit der Anfügung von § 8 I 3 SGB VII durch das BRModG hat der Gesetzgeber die in → Rn. 30b aufgezeigte Versicherungslücke für Tätigkeiten im Homeoffice und bei sonstiger mobiler Arbeit geschlossen. Der Versicherungsschutz im Homeoffice erstreckt sich neben der eigentlichen versicherten Tätigkeit auch auf die Wege im eigenen Haushalt zum Holen eines Getränks, zur Nahrungsaufnahme, zum Toilettengang etc. Danach besteht nun eine Gleichbehandlung beim Versicherungsschutz, unabhängig davon, ob die Versicherten die Tätigkeit auf der Unternehmensstätte oder an einem anderen Ort ausüben (BT-Drs. 19/29819, 17 f.).

31 **f) Nahrungsaufnahme.** Die Rechtsprechung sieht den Verzehr von Nahrungsmitteln grundsätzlich nicht als versicherte Tätigkeit an, da diese als höchstpersönliche Tätigkeit grundsätzlich dem privaten Bereich des Versicherten zuzurechnen ist.[133] Etwas anderes kann nur gelten, wenn betriebliche Gründe auf die Art und Weise der Nahrungsaufnahme einwirken, zB

---

[129] BSG 27.11.2018 SozR 4–2700 § 8 Nr. 68.
[130] BSG 27.11.2018 SozR 4–2700 § 8 Nr. 68; 31.8.2017 SozR 4–2700 § 8 Nr. 63.
[131] Zuletzt BSG 20.2.2020 SozR 4–2700 § 8 Nr. 70 = NJW 2020, 3339.
[132] BSG 18.6.2013 SozR 4–2700 § 8 Nr. 48.
[133] BSG 18.6.2013 SozR 4–2700 § 8 Nr. 48 (Homeoffice).

bei erhöhtem Flüssigkeitsbedarf[134] oder der arbeitsablaufbedingte Wegfall von Pausen, in denen die mitgebrachte Brote verzehrt werden können.[135] Eine weitere Ausnahme macht das BSG, wenn eine objektive gefährliche Betriebseinrichtung den Unfall mit verursacht hat.[136] Ansonsten steht ein Weg zum Erwerb von Nahrungsmitteln unter Versicherungsschutz, den der Beschäftigte in einer **Arbeitspause** entweder im Betrieb oder von dort und wieder zurücklegt, wenn die Nahrungsmittel für den alsbaldigen Verzehr am Arbeitsplatz bestimmt sind. Die Verknüpfung zur Tätigkeit im Betrieb erfolgt dabei durch zwei kumulativ festzustellende Merkmale; **(1)** der Weg muss in seinem Ausgangs- und Zielpunkt durch die Notwendigkeit geprägt sein, persönlich im Betrieb anwesend zu sein und dort betriebliche Tätigkeiten zu verrichten und **(2)** der beabsichtigte Verzehr bzw. Einkauf von Nahrungsmitteln während der Arbeitszeit muss der Aufrechterhaltung der Arbeitsfähigkeit und damit der Fortsetzung der betrieblichen Tätigkeit dienen.[137] Dies gilt auch bei Dienstreisen.[138] Der Versicherungsschutz entfällt aber regelmäßig, wenn alkoholische Getränke beschafft werden, da diese ohne Hinzutreten besonderer Umstände nicht der Erhaltung der Arbeitskraft dienen.[139] Beim Besorgen von Zigaretten durch einen nikotinabhängigen Versicherten hat das BSG einen Unfallversicherungsschutz in Betracht gezogen, wenn der Zigarettengenuss wie die Nahrungsaufnahme unabweisbar notwendig ist.[140]

g) Schlägerei, Tätlichkeiten und sonstige Straftaten. Versicherungsfälle im Zusammen- 32
hang mit einer Schlägerei oder Tätlichkeiten im Betrieb stehen unter Unfallversicherungsschutz, wenn diese im Rahmen der versicherten Tätigkeit erfolgt sind. Dies ist anzunehmen, wenn **(1)** die Tätlichkeit am Arbeitsplatz, auf dem Betriebsweg oder auf dem Weg von oder nach dem Ort der Tätigkeit aus der Betriebszugehörigkeit unmittelbar hervorgegangen ist, ohne dass es eines betriebsbezogenen Tatmotivs bedarf und wenn nicht ein Tatmotiv aus dem persönlichen Bereich von Täter oder Opfer zum Überfall geführt hat.[141] **(2)** Trotz eines persönlichen Tatmotivs besteht Versicherungsschutz, wenn besondere Verhältnisse bei der versicherten Tätigkeit (zB Dunkelheit, Umgebung) bzw. des Weges den Überfall erst ermöglicht oder wesentlich begünstigt haben.[142] **(3)** Wird der Beschäftigte hingegen während einer eigenwirtschaftlichen Tätigkeit überfallen und verletzt, fehlt es trotz eines betriebsbezogenen Tatmotivs des Täters an einem inneren Zusammenhang mit der versicherten Tätigkeit.[143] Versicherungsschutz besteht auch, wenn **(4)** der Versicherte zufällig oder aufgrund seiner Tätigkeit unausweichlich in die Gefahrenlage hineingeraten ist, dagegen nicht, wenn er sich den mit einer Schlägerei zusammenhängenden Gefahren aus eigenem Entschluss ausgesetzt hat.[144] Kein Arbeitsunfall liegt vor bei der Vergewaltigung durch den Ausbilder außerhalb der Arbeitszeit und der Betriebsstätte.[145]

h) Selbsttötung. Eine Selbsttötung[146] ist als absichtliche Eigenverletzung wegen des fehlen- 33
den Bezugs zu einer versicherten Tätigkeit kein Arbeitsunfall. Wird die Selbsttötung oder ihr Versuch hingegen als Folge eines betriebsbedingten Ereignisses vorgenommen, kann sie Folge eines Arbeitsunfalls sein und Versicherungsschutz bestehen. Eine Selbsttötung ist jedenfalls dann ein Arbeitsunfall, wenn der Versicherte durch betriebsbedingte Umstände ein psychisches Trauma erleidet, dadurch in einen Zustand der wesentlichen Beeinträchtigung der Fähigkeit zur Willensbildung gerät und deshalb Suizid begeht.[147]

i) Vergütungszahlung. Unter Versicherungsschutz stehen alle mit dem Empfang der Vergü- 34
tung zusammenhängenden Tätigkeiten; hierzu zählt aber nicht die Einrichtung eines Girokontos, selbst wenn der AG die Kontoeröffnung verlangt hat.[148] Unerheblich ist hingegen, ob der Lohn am Fälligkeitstag abgehoben wird oder später, da der Zeitpunkt des Gangs zum Geldinstitut im Belieben des Versicherten steht. Geschützt ist der erstmalige Gang, auch wenn Angehörige

---

134 BSG 10.10.2002 SozR 3–2700 § 8 Nr. 11.
135 BSG 2.7.1996 SozR 3–2200 § 550 Nr. 15 = NJW 1997, 2261; 5.8.1993 BB 1993, 2454.
136 BSG 22.6.1976 SozR 2200 § 548 Nr. 20 (Drehtür).
137 BSG 27.4.2010 – B 2 U 23/09 R; 27.6.2000 SozR 3–2200 § 548 Nr. 38.
138 BSG 29.4.1980 SozR 2200 § 548 Nr. 50 = BB 1980, 1329.
139 BSG 27.6.2000 AP Nr. 1 zu § 7 SGB VII = SozR 3–2200 § 548 Nr. 38.
140 BSG 16.12.1971 SozR Nr. 15 zu § 550 RVO.
141 BSG 29.5.1962 SozR Nr. 37 zu § 543 RVO.
142 BSG 19.3.1996 SozR 3–2200 § 548 Nr. 28 = NJW 1996, 2951.
143 BSG 19.12.2000 SozR 3–2200 § 548 Nr. 41.
144 BSG 15.6.1983 AP Nr. 11 zu § 611 BGB Rotes Kreuz; 7.12.1976 SozR 2200 § 548 Nr. 26.
145 BSG 28.4.2004 SozR 4–2700 § 8 Nr. 5; 26.6.2001 SozR 3–2200 § 548 Nr. 42 = NJW 2002, 388.
146 *Benz* NZS 1999, 435.
147 BSG 29.2.1984 – 2 RU 35/83.
148 BSG 22.1.1976 BSGE 41, 141 = SozR 2200 § 548 Nr. 13.

bereits zuvor einen Teil des Lohns abgeholt haben[149] oder das Konto ein Debetsaldo aufweist.[150] Nicht notwendig ist, dass mit dem Geldinstitut auch persönlicher Kontakt aufgenommen wird,[151] weshalb auch die Abhebung an einem Geldautomat grundsätzlich vom Versicherungsschutz umfasst sein kann.

III. Wegeunfall, Behandlung von Arbeitsgeräten und Berufskrankheiten

35 **1. Wegeunfall. a) Grundsatz.** Zu den Arbeitsunfällen zählen ferner die sog. Wegeunfälle (§ 8 II Nr. 1–4 SGB VII). Versicherungsschutz besteht vorrangig gegen Gefahren, die sich während der gezielten Fortbewegung im Verkehr aus eigenem, ggfs. auch verbotswidrigem Verhalten, dem Verkehrshandeln anderer Verkehrsteilnehmer oder Einflüssen auf das versicherte Zurücklegen des Wegs ergeben, die aus dem benutzten Verkehrsraum oder Verkehrsmittel auf die Fortbewegung wirken.[152] Allerdings bestehen Unterschiede zum Arbeitsunfall nach § 8 I SGB VII. Wegeunfälle sind zwar in der gesetzlichen Unfallversicherung versichert und können zu Leistungsansprüchen führen, jedoch gilt für sie nicht das Haftungsprivileg der §§ 104 ff. SGB VII (→ Rn. 56). Für Wegeunfälle im Straßenverkehr kann für den Geschädigten aber Versicherungsschutz nach dem PflichtversicherungsG bestehen. Ist bei einem Wegeunfall eine Tätigkeit nach mehreren Vorschriften des § 2 SGB VII versichert, geht die Versicherung vor, der die Tätigkeit vorrangig zuzurechnen ist (§ 135 VI SGB VII); das BSG stellt dabei maßgeblich auf den Zielort des Wegs ab.[153] Nach § 8 II Nrn. 1–4 SGB VII stehen auch die dort bestimmten Vor- und Nachbereitungshandlungen kraft Gesetzes unter Versicherungsschutz. Richterrechtlich ist dieser Schutz auf weitere in dieser Vorschrift nicht bezeichnete Vorbereitungshandlungen erstreckt worden. Diese sind versichert, wenn sie der eigentlichen versicherten Tätigkeit unmittelbar vorangehen und ihre Durchführung erleichtern oder überhaupt erst ermöglichen. Sie müssen mit der eigentlichen versicherten Tätigkeit oder der kraft Gesetzes versicherten Vorbereitungshandlung (dem versicherten Weg) eng verbunden sein; dies ist der Fall, wenn sie mit dieser in einem besonders engen sachlichen, örtlichen und zeitlichen Zusammenhang stehen, der die Vorbereitungshandlung nach den Gesamtumständen selbst bereits wie einen Bestandteil der versicherten Tätigkeit erscheinen lässt.[154]

36 **b) Maßgeblich: versicherter Weg.** Nach § 8 II Nr. 1 SGB VII ist der Versicherungsschutz für die Wege nach und von dem Ort der Tätigkeit (versicherter Weg) nicht auf die Wege zwischen Wohnung und Arbeitsstätte beschränkt. Die Vorschrift verlangt nur, dass die Arbeitsstätte Ziel oder Ausgangspunkt des Wegs ist; der andere Grenzpunkt des Wegs ist gesetzlich nicht festgelegt. Allerdings steht nicht jeder Weg, der zur Arbeitsstätte führt oder von ihr aus begonnen wird, unter Versicherungsschutz. Der Versicherungsschutz setzt eine Risikoverwirklichung voraus, gegen dessen Eintritt nicht die Unfallversicherung „allgemein", sondern der jeweils durch die Handlung erfüllte Versicherungstatbestand schützen soll. Zwischen dem in jedem Einzelfall zu ermittelnden Startpunkt und dem gesetzlich festgelegten Zielpunkt ist nicht der Weg an sich, sondern dessen Zurücklegen versichert, also der Vorgang des Sichfortbewegens auf der Strecke zwischen beiden Punkten mit der Handlungstendenz, den jeweils versicherten Ort zu erreichen.[155] Die Verrichtung der versicherten Tätigkeit muss die Einwirkung sowohl **(1)** objektiv als auch **(2)** rechtlich wesentlich verursacht haben.[156] Der Weg muss eng mit der Aufnahme oder der Beendigung der Haupttätigkeit verbunden sein. Hieran fehlt es, wenn der Versicherte auf dem Arbeitsweg einer ausschließlich in seiner privaten Sphäre entstandenen Gefahr erlegen ist.[157] Rührt die Gefahr hingegen nicht aus dem privaten Bereich, ist für den Versicherungsschutz unerheblich, auf welche Ursachen der Unfall zurückzuführen ist.[158] Er besteht nicht nur gegen Verkehrsgefahren, sondern auch gegenüber allgemeinen Gefahren

[149] BSG 25.1.1977 BSGE 43, 119 = SozR 2200 § 548 Nr. 28.
[150] BSG 25.1.1977 – 2 RU 43/76.
[151] BSG 17.10.1990 SozR 3–2200 § 548 Nr. 6 = NZA 1991, 206.
[152] BSG 18.6.2013 SozR 4–2700 § 8 Nr. 47; 13.11.2012 BSGE 112, 177 = SozR 4–2700 § 8 Nr. 46.
[153] BSG 7.2.2006 SozR 4–2700 § 135 Nr. 1.
[154] BSG 12.5.2009 SozR 4–2700 § 8 Nr. 33 = NZA-RR 2010, 258; 28.4.2004 SozR 4–2700 § 8 Nr. 5 = NZS 2005, 491.
[155] BSG 30.1.2020 SozR 4–2700 § 8 Nr. 70.
[156] BSG 13.11.2012 BSGE 112, 177 = SozR 4–2700 § 8 Nr. 46; 24.7.2012 SozR 4–2700 § 8 Nr. 44.
[157] BSG 18.6.2013 SozR 4–2700 § 8 Nr. 47 (Straftat).
[158] Vgl. BVerwG 30.6.1988 NJW 1989, 184.

(herabfallende Dachziegel). Maßgebend für die Beurteilung, ob eine konkrete Verrichtung der grundsätzlich versicherten Fortbewegung dient, ist die „objektivierte Handlungstendenz" des Versicherten. Das objektiv beobachtbare Handeln muss daher subjektiv – zumindest auch – auf die Erfüllung des Tatbestands der jeweils versicherten Tätigkeit ausgerichtet sein. Die subjektive Handlungstendenz muss sich mithin im äußeren Verhalten des Handelnden (Verrichtung) widerspiegeln, so wie es objektiv beobachtbar ist.[159] Fehlt es an diesem Zusammenhang oder ist dieser nicht feststellbar, ist das Zurücklegen des Wegs auch dann keine versicherte Tätigkeit, wenn der Versicherte dieselbe Strecke zurücklegt, die er als Weg nach und von dem Ort der Tätigkeit gewöhnlich benutzt.[160] Ein Zusammenhang besteht, wenn die Fortbewegung von dem Zweck bestimmt ist, den Ort der Tätigkeit oder nach deren Beendigung im typischen Fall die eigene Wohnung zu erreichen. Das ist nach – fragwürdiger – Auffassung des BSG nicht der Fall, wenn der Beschäftigte nach einem Verkehrsunfall 100 m weiterfährt, dann 10 Minuten wartet und anschließend umdreht, um mit dem Unfallgegner Regulierungsgespräche zu führen und dabei von einem anderen Fahrzeug angefahren wird.[161] Versicherungsschutz genießt der Beschäftigte jedoch, wenn er in der betrieblichen Mittagspause vom Ort der Tätigkeit zu einer anderen Person fährt, um bei dieser das Mittagessen einzunehmen.[162] Unerheblich ist die Art der Zurücklegung des Wegs und die Wahl der Verkehrsmittel oder ob sich der AN vorher mehrere Stunden vor der Arbeit gedrückt hat;[163] zur haftungsausfüllenden Kausalität → Rn. 25.

c) Betriebsweg. Von dem durch § 8 II SGB VII versicherten Weg sind die Betriebswege zu 37
unterscheiden. Dies sind Wege, die in Ausübung der versicherten Tätigkeit zurückgelegt werden, Teil der versicherten Tätigkeit sind und damit der Betriebsarbeit gleichstehen. Sie werden im unmittelbaren Betriebsinteresse unternommen und unterscheiden sich von Wegen nach und von dem Ort der Tätigkeit (§ 8 II Nr. 1 SGB VII) dadurch, dass sie der versicherten Tätigkeit nicht lediglich vorausgehen oder sich ihr anschließen. Sie sind nicht auf das Betriebsgelände beschränkt, sondern können auch außerhalb der Betriebsstätte anfallen.[164] Er kann auch von zu Hause angetreten werden, wenn auf konkrete Anordnung des AG unmittelbar mit einer versicherten Tätigkeit begonnen wird.[165] Die Abgrenzung eines Arbeitsunfalls auf einem Betriebsweg (§ 8 I SGB VII) von einem Unfall auf einem versicherten Weg (§ 8 II Nr. 1–4 SGB VII) richtet sich nicht allein nach dem Unfallort, sondern nach dem Zusammenhang mit dem Betrieb und der Tätigkeit des Versicherten sowie danach, ob er Ausdruck der betrieblichen Verbindung zwischen ihm und dem Unternehmen ist.[166] Für die Einordnung als Betriebsweg ist nicht entscheidend, ob die Örtlichkeit der Organisation des AG unterliegt. Maßgeblich ist die objektivierte Handlungstendenz des Versicherten, ob also der Versicherte eine eigenwirtschaftliche oder dem Beschäftigungsunternehmen dienende Tätigkeit ausüben wollte und diese Handlungstendenz durch die objektiven Umstände des Einzelfalls bestätigt wird.[167] Hierfür ist beim Zurücklegen von Wegen insbesondere von Bedeutung, ob und inwieweit Ausgangspunkt, Ziel, Streckenführung und ggf. das gewählte Verkehrsmittel durch betriebliche Vorgaben geprägt sind[168] (zum **„Homeoffice"** → Rn. 30a).[169] Der direkte Weg von und zu einer auswärtigen Arbeitsstätte im **eigenen Kraftfahrzeug** ist regelmäßig versicherter Weg und keine betriebliche Tätigkeit iSd § 8 I SGB VIII, wenn er von der Wohnung oder einem dritten Ort angetreten wird. Dies gilt auch, wenn der AN wegen der auswärtigen Beschäftigung eine Auslösung erhält.[170] Etwas anderes kann bei Fahrten der Betriebsangehörigen von ihrem Betrieb zu einer auswärts gelegenen Arbeitsstelle mit einem eigenen oder werkseigenen Fahrzeug gelten. Diese stellen eine versicherte Tätigkeit (§ 8 I SGB VII) dar, wenn sie durch die Beschäftigung im Betrieb veranlasst sind.[171] Gleiches gilt unabhängig von dem Ort von bzw. zu dem befördert wird, wenn die Fahrt

159 BSG 30.1.2020 SozR 4–2700 § 8 Nr. 70.
160 BSG 6.10.2020 – B 2 U 9/19 R, zVb; 9.12.2003 BSGE 91, 293 = SozR 4–2700 § 8 Nr. 3.
161 BSG 17.2.2009 NZA-RR 2009, 661.
162 BSG 27.4.2010 – B 2 U 23/09 R.
163 BSG 2.11.1988 SozR 2200 § 550 Nr. 81 = NZA 1990, 79.
164 BSG 27.11.2018 SozR 4–2700 § 8 Nr. 68; 31.8.2017 SozR 4–2700 § 8 Nr. 63 = NJW 2018, 1207; BAG 19.8.2004 AP Nr. 4 zu § 104 SGB VII.
165 BSG 27.11.2018 SozR 4–2700 § 8 Nr. 66.
166 BGH 25.10.2005 AP Nr. 1 zu § 8 SGB VII.
167 BSG 31.8.2017 SozR 4–2700 § 8 Nr. 63 = NJW 2018, 1207; 10.10.2006 SozR 4–2700 § 8 Nr. 19.
168 BSG 9.11.2010 SozR 4–2700 § 8 Nr. 39 = NZS 2011, 784.
169 BSG 27.11.2018 SozR 4–2700 § 8 Nr. 67; 27.11.2018 SozR 4–2700 § 8 Nr. 68; 5.7.2016 SozR 4–2700 § 2 Nr. 35 = NJW 2017, 508; *Spellbrink* NZS 2016, 527; *St. Müller* NZS 2019, 177.
170 BGH 24.10.1967 AP Nr. 3 zu § 637 RVO (Teilnahme am allgemeinen Verkehr).
171 BSG 27.11.2018 SozR 4–2700 § 8 Nr. 66; BAG 24.6.2004 AP Nr. 3 zu § 104 SGB VII.

vom AG als sog. **Werksverkehr** bzw. Sammeltransport organisiert und durchgeführt wird,[172] selbst wenn der AN die Beförderung nur als Mitfahrgelegenheit nutzt.[173]

38 **d) Beginn des Arbeitswegs. aa) Wohnung.** In aller Regel wird der Weg zum Ort der Tätigkeit vom häuslichen Bereich angetreten. Der versicherte Weg beginnt beim Verlassen der Tür des vom Versicherten bewohnten Gebäudes. Bei einem Mehrfamilienhaus beginnt der Arbeitsweg daher hinter der Außentür und nicht bereits hinter der Wohnungstür.[174] Ein Unfall beim Durchschreiten der Außentür ist bereits mitversichert. Bei Unterbringung für den Weg genutzter Fahrzeuge in einer vom Hausinnern erreichbaren Garage beginnt der Versicherungsschutz mit Verlassen der Garage; kann die Garage nur von außen betreten werden, besteht Versicherungsschutz ab Verlassen der Haustür, auch wenn die Garage noch einmal betreten wird.[175] Ausnahmsweise können zwei räumlich nicht zu weit getrennte Teilbereiche einer Wohnung eine Wohnung darstellen. Dies kann zB der Fall sein, wenn die Bereiche sich ergänzen. Der eine dient zum Wohnen; der andere zum Schlafen.[176]

39 **bb) Familienwohnung.** § 8 II Nr. 4 SGB VII erweitert den Versicherungsschutz für das Zurücklegen des mit der versicherten Tätigkeit zusammenhängenden Wegs von und nach der ständigen Familienwohnung, wenn der Versicherte wegen der Entfernung seiner Familienwohnung von dem Ort der Tätigkeit an diesem oder in dessen Nähe eine Unterkunft hat. Der Begriff der Familienwohnung setzt kein Familienverhältnis iSd BGB voraus;[177] auch Alleinstehende und Personen in einer nicht rechtlich besonders geschützten Lebensgemeinschaft können eine Familienwohnung iSd § 8 II Nr. 4 SGB VII bewohnen. Sie muss aber für eine nicht unerhebliche Zeit der Lebensmittelpunkt des Versicherten sein, eine Fahrt zu einem Treffen mit der „Familie" bei Dritten, zB Verwandten ist nicht versichert. Ob der Versicherte an einem anderen Ort eine ständige Familienwohnung hat, ist im Rahmen einer Gesamtbewertung zu entscheiden, maßgeblich sind dabei u.a. die Reichweite und der Umfang seiner sozialen Kontakte.[178] Auf die Beweggründe für die Fahrt zur Familienwohnung kommt es nicht an.[179] Versicherungsschutz besteht auch bei einem Unfall, wenn der Weg zu einer außerhalb der Bundesrepublik gelegenen Familienwohnung mit dem Pkw zurückgelegt wird und der Versicherte wegen Übermüdung verunglückt.[180]

40 **cc) Dritter Ort.** Wird der Weg zum Arbeitsort nicht von der Wohnung, sondern von einem dritten Ort angetreten, kann Versicherungsschutz bestehen. Ist ein solcher „dritter Ort" Ausgangspunkt bzw. Endpunkt des nach oder von dem Ort der Tätigkeit angetretenen Weges, ist für die Zurechnung zum versicherten Weg (→ Rn. 35) entscheidend, ob dieser Weg – zumindest auch[181] – von dem Vorhaben des Versicherten geprägt ist, sich zur Arbeit zu begeben oder von dieser zurückzukehren. Hierzu ist erforderlich, dass der Aufenthalt an dem dritten Ort mindestens zwei Stunden gedauert hat. Klargestellt hat das BSG, dass der Weg vom oder zum dritten Ort **nicht** in einem angemessenen Verhältnis zu dem üblicherweise zur oder von der Arbeitsstätte zurückgelegten Weg stehen muss. Allerdings steht nur das „Sichfortbewegen" auf dem direkten Weg bzw. das Zurücklegen des direkten Weges nach dem Ort der Tätigkeit unter Versicherungsschutz.[182] Nicht um einen Wegantritt von einem dritten Ort handelt es sich, wenn sich dieser Punkt auf dem direkten Weg von bzw. zur Wohnung befindet; in diesem Fall sind die Regelungen über die Unterbrechung des Arbeitswegs anzuwenden.[183] Ein Weg zu einem dritten Ort scheidet auch aus, wenn der Versicherte bereits zuvor seine eigene Wohnung als Endpunkt des Wegs von der Arbeitsstätte erreicht hat.[184]

[172] BAG 30.10.2003 AP Nr. 2 zu § 104 SGB VII; BGH 2.12.2003 NJW 2004, 949.
[173] BGH 9.3.2004 NZA 2004, 1165.
[174] BSG 27.11.2018 SozR 4–2700 § 8 Nr. 68; 5.7.2016 NJW 2017, 508.
[175] BSG 18.6.2013 SozR 4–2700 § 8 Nr. 47.
[176] BSG 23.6.1977 SozR 2200 § 539 Nr. 36 = BSGE 44, 100; 23.6.1977 SozR 2200 § 550 Nr. 31.
[177] BSG 23.6.1977 SozR 2200 § 539 Nr. 36 = BSGE 44, 100; 23.6.1977 SozR 2200 § 550 Nr. 31.
[178] BSG 10.10.2002 SozR 3–2200 § 550 Nr. 22.
[179] BSG 18.10.1994 SozR 3–2200 § 550 Nr. 10 = NZS 1995, 136.
[180] BSG 29.10.1986 SozR 2200 § 550 Nr. 73 = NZA 1987, 183.
[181] BSG 30.1.2020 SozR 4–2700 § 8 Nr. 74.
[182] BSG 30.1.2020 SozR 4–2700 § 8 Nr. 74; 30.1.2020 SozR 4–1300 § 105 Nr. 8.
[183] BSG 12.6.1990 SozR 3–2200 § 550 Nr. 2 = NZA 1991, 37.
[184] BSG 12.5.2009 SozR 4–2700 § 8 Nr. 34.

e) Besonderheiten bei Arbeitsweg. aa) Grundsatz: direkter Weg zur Arbeitsstätte. 41
Der Versicherte ist in der Wahl des Wegs regelmäßig frei.[185] Anderseits ist der Gesetzgeber nicht verpflichtet, das Abweichen von dem unmittelbaren Weg von und zur Arbeitsstätte unter den Versicherungsschutz der gesetzlichen Unfallversicherung zu stellen. Dieser besteht nur, wenn der Versicherte entsprechend den Möglichkeiten des von ihm gewählten Verkehrsmittels den direkten Weg von und zur Arbeitsstätte wählt, selbst wenn der Versicherte die Arbeitsstätte erreichen will.[186] Der Schutzbereich der Wegeunfallversicherung erfasst allerdings Abweichungen von der optimalen Streckenführung oder ein „normales" verkehrswidriges Verhalten (zB einen leichtfertigen Überholvorgang).[187] Entscheidet sich der Versicherte für einen Umweg (→ Rn. 45) oder Abweg (→ Rn. 46), kann dies zu einer Unterbrechung des Versicherungsschutzes oder seinem Verlust (→ Rn. 42) führen.

bb) Unterbrechung. Nach der Rspr. des BSG[188] sind Wegeunterbrechungen zu privaten Zwecken grundsätzlich unversichert, wenn sie nicht von nur geringfügiger Dauer sind. Eine Unterbrechung des Versicherungsschutzes auf dem Weg von und nach der Arbeitsstätte kann eintreten, wenn der Weg nicht mehr in Zielrichtung zu einem der Grenzpunkte fortgesetzt, sondern **(1)** ein anderer Weg eingeschoben (Um- bzw. Abweg, dazu → Rn. 45 f.) oder **(2)** der Weg zeitlich unterbrochen wird (→ Rn. 47).[189] Gleiches gilt, wenn **(3)** der Weg von und nach der Arbeitsstätte so zurückgelegt wird, dass der Arbeitsort entweder früher als 2 Stunden vor Arbeitsbeginn erreicht oder 2 Stunden nach Arbeitsende angetreten wird.[190] Maßgebliches Kriterium für die Frage nach dem Eintritt einer Unterbrechung ist, ob die anhand objektiver Umstände zu beurteilende Handlungstendenz des Versicherten beim Zurücklegen des Wegs darauf gerichtet war, die Haupttätigkeit aufzunehmen oder nach deren Beendigung in seinen Privatbereich zurückzukehren; denn nur dann hängt sein Handeln mit der versicherten betrieblichen Tätigkeit zusammen. Ob Versicherungsschutz während der Unterbrechung besteht, richtet sich zunächst danach, ob die Unterbrechung einer Verrichtung dient, die im inneren Zusammenhang mit der versicherten Tätigkeit steht oder für eine private Besorgung eingeschoben wird. Lässt sich die Wiederaufnahme des versicherten Wegs nicht feststellen, geht dies zulasten des Versicherten.[191] 42

Eine Zugehörigkeit zum versicherten Weg wird **bejaht,** wenn die ausgeführte Tätigkeit nicht vorhersehbar war oder sie zur Aufrechterhaltung bzw. Fortsetzung der versicherungspflichtigen Beschäftigung dient. Stellt zB ein Pendler, der den Kraftwagen und die Eisenbahn benutzt, seinen Kraftwagen vor dem Umsteigen in die Bahn in eine Garage ein, besteht noch Versicherungsschutz,[192] ebenso bei einer unvorhergesehenen Reparatur oder plötzlich notwendigem Auftanken des Fahrzeugs während des Heimwegs,[193] einem durch eine plötzliche Krankheit erforderlichen Arztbesuch oder für die Medikamentenbeschaffung, um die Beschäftigung unverzüglich fortsetzen zu können,[194] dem unerwartet für die Weiterfahrt erforderlichen Schneeräumen[195] oder dem Holen von in der Wohnung vergessenen arbeitsnotwendigen Gegenständen.[196] Eine räumliche Unterbrechung beginnt spätestens dann, wenn der Versicherte den öffentlichen Verkehrsraum seines Wegs nach und von dem Ort der Tätigkeit verlässt, und endet mit dem Erreichen dieses Verkehrsraums sowie der Wiederaufnahme der Fortbewegung in Richtung des ursprünglichen Ziels. 43

Beispiel: Der Einkauf in einer Metzgerei ist eine solche Unterbrechung. Sie beginnt mit dem Verlassen der unmittelbar zur Arbeitsstätte führenden Straße durch Betreten des Hofbereichs der Metzgerei und endet mit dem Wiedererreichen dieser Straße und der Fortsetzung des Wegs zur Arbeitsstätte. Ereignet sich der Unfall auf dem Hof der Metzgerei und damit außerhalb des öffentlichen Verkehrsraums der zunächst genutzten Straße, besteht kein Versicherungsschutz. Fährt der

185 BAG 25.5.2000 AP Nr. 8 zu § 611 BGB Parkplatz = NZA 2000, 1052.
186 BSG 20.12.2016 SozR 4–2700 § 8 Nr. 60.
187 BSG 4.6.2013 SozR 4–2700 § 8 Nr. 49; 13.11.2012 BSGE 112, 177 = SozR 4–2700 § 8 Nr. 46.
188 Verfassungsmäßigkeit bejaht BVerfG 30.11.2004 SozR 4–2700 § 8 Nr. 8 = NJW 2005, 816.
189 BSG 26.1.1988 SozR 2200 § 550 Nr. 77 = NZA 1988, 747.
190 BSG 19.8.1975 SozR 2200 § 550 Nr. 6.
191 BSG 2.12.2008 BSGE 102, 111 = SozR 4–2700 § 8 Nr. 29.
192 BSG 29.4.1970 BSGE 31, 143 = SozR Nr. 8 zu § 550 RVO.
193 BSG 24.1.1995 SozR 3–2200 § 548 Nr. 23 = NJW 1996, 77; 14.12.1978 SozR 2200 § 550 Nr. 39.
194 BSG 7.9.2004 SozR 4–2700 § 8 Nr. 6; 18.3.1997 SozR 3–2200 § 550 Nr. 16 = NJW 1997, 3046.
195 BSG 28.6.1988 – 2 RU 14/88.
196 BSG 25.1.1977 SozR 2200 § 550 Nr. 25 (Brille); 26.5.1977 – 2 RU 97/75 (Zahnvollprothese).

Versicherte auf die Straße zurück, endet die Unterbrechung. Das Erreichen der rechten Fahrbahnseite ist nicht erforderlich.[197]

44 Eine **versicherungsschädliche Unterbrechung** ist von der Rechtsprechung angenommen worden beim Ablegen einer Fahrprüfung,[198] dem Auftanken des Kraftfahrzeugs für den Heimweg während der Arbeitspause oder dem Arbeitsweg,[199] der Überführung eines Fahrzeugs von der Werkstatt zur Wohnung,[200] dem Führen von Gesprächen über die Schadensregulierung nach einem Verkehrsunfall,[201] einem Besuch der Eltern auf dem Heimweg,[202] einem Verwandtenbesuch auf einer Dienstreise[203] oder dem Arztbesuch auf dem Weg von und zur Arbeitsstätte.[204] Unterbricht ein Versicherter die Fahrt zu oder von der Arbeitsstätte für eine private Verrichtung, so wird der Versicherungsschutz mit dem Verlassen des Fahrzeugs unterbrochen; er lebt erst mit der Fortsetzung der Fahrt wieder auf.[205] Dauert die Unterbrechung nicht länger als zwei Stunden und wird anschließend der Weg von und nach der Arbeitsstätte fortgesetzt, besteht für den weiteren Weg wieder Versicherungsschutz, ansonsten entfällt dieser.[206]

45 **cc) Umweg.** Der Versicherungsschutz wird regelmäßig unterbrochen bei Umwegen; ein Umweg liegt vor, wenn der Versicherte zwar den Zielpunkt des Arbeitswegs beibehält, sich die kürzeste Wegstrecke im beschriebenen Sinne nicht unbedeutend verlängert. Der Versicherungsschutz bleibt erhalten, wenn **(1)** der Umweg nur unbedeutend ist oder **(2)** der nicht nur unbedeutende Umweg wesentlich zur Zurücklegung des Wegs dient und für die Wahl des Umwegs keine Gründe maßgebend waren, die allein oder überwiegend dem privaten Lebensbereich zuzurechnen sind. Eine Unterbrechung des Wegs nach oder von dem Ort der Tätigkeit ist nicht geringfügig, wenn der öffentliche Verkehrsraum verlassen wird.[207] Der Versicherungsschutz bleibt danach bestehen bei ganz kleinen, zu privaten Zwecken dienenden Umwegen, die nur zu einer unbedeutenden Verlängerung des Wegs führen, wenn die private Besorgung im Bereich der Straße selbst und daher „so im Vorbeigehen" erledigt wird.[208] So stellt der Griff in einen Papierkorb an der Bushaltestelle, um einen versehentlich weggeworfenen Gegenstand herauszuholen, keine Unterbrechung der versicherten Tätigkeit dar.[209] Ebenso steht ein Umweg von und nach dem Ort der Tätigkeit unter Versicherungsschutz, wenn die Wahl der weiteren Wegstrecke aus der durch objektive Gegebenheiten erklärbaren Sicht des Versicherten zuzurechnen wäre. Dies ist der Fall, wenn die Wegstrecke weniger zeitaufwendig, sicherer, übersichtlicher, besser ausgebaut oder kostengünstiger als der entfernungsmäßig kürzeste Weg ist, zB bei Umgehung einer verkehrstechnisch schlechten Wegstrecke bzw. Benutzung einer weniger verkehrsreichen oder schneller befahrbaren Straße,[210] Parken außerhalb des verkehrsmäßig überfüllten Stadtzentrums,[211] Abholen des Werkzeugschrankschlüssels,[212] einem Aufenthalt zur Erfrischung[213] oder weil sich der Versicherte ohne sein Verschulden verfahren hat.[214] Etwas anderes gilt, wenn der Grund für das Abweichen von dem versicherten Weg auf das Verhalten des Versicherten selbst oder in seiner Person begründete Umstände zurückzuführen ist.[215] Ist der

---

[197] BSG 4.7.2013 2013 SozR 4–2700 § 8 Nr. 49; 2.12.2008 – B 2 U 15/07 R.
[198] BSG 2.12.2008 BSGE 102, 111 = SozR 4–2700 § 8 Nr. 29.
[199] BSG 11.8.1998 SozR 3–2200 § 550 Nr. 19 = NJW 1999, 84; 24.1.1995 SozR 3–2200 § 548 Nr. 23 = NJW 1996, 77; SchlHLSG 5.11.1998 NZS 1999, 198.
[200] BSG 9.11.2010 SozR 4–2700 § 8 Nr. 39 = NZS 2011, 784.
[201] BSG 17.2.2009 SozR 4–2700 § 8 Nr. 32 = NZA-RR 2009, 661.
[202] BSG 21.1.1997 BB 1997, 1642.
[203] BSG 27.5.1997 – 2 RU 29/96; 31.5.1996 SozR 3–2200 § 550 Nr. 13 = NZS 1997, 36; 14.12.1995 SozR 3–2200 § 548 Nr. 25 = BB 1996, 856.
[204] BSG 12.6.1990 SozR 3–2200 § 550 Nr. 2 = NZA 1991, 37; 27.8.1987 SozR 2200 § 550 Nr. 76 = NZA 1988, 142.
[205] BSG 9.12.2003 BSGE 91, 293 = SozR 4–2700 § 8 Nr. 3.
[206] BSG 24.10.1985 SozR 2200 § 548 Nr. 76 = NZA 1986, 541; 30.8.1979 BSGE 49, 16 = SozR 2200 § 550 Nr. 41; 28.4.1976 SozR 2200 § 550 Nr. 12.
[207] BSG 2.12.2008 SozR 4–2700 § 8 Nr. 28.
[208] BSG 24.6.2003 NZA 2003, 1018 (Geldautomat); 11.9.2001 SozR 3–2700 § 8 Nr. 9 = NZS 2002, 161; 2.7.1996 SozR 3–2200 § 550 Nr. 14 = NJW 1997, 2260.
[209] BSG 19.10.1982 SozR 2200 § 550 Nr. 53 = NJW 1983, 647.
[210] BSG 9.12.1993 SozR 3–2200 § 550 Nr. 7; 25.2.1976 SozR 2200 § 550 Nr. 10.
[211] BSG 29.4.1970 SozR Nr. 8 zu § 550 RVO.
[212] BSG 19.10.1982 – 2 RU 52/81.
[213] BSG 25.5.1961 RegNr. 12 440.
[214] BSG 9.12.1993 SozR 3–2200 § 550 Nr. 7.
[215] BSG 4.7.2013 SozR 4–2700 § 8 Nr. 49 (Tanken); 4.7.2013 SozR 4–2700 § 8 Nr. 50 (Obstkauf).

öffentliche Verkehrsraum verlassen worden, beginnt die versicherte Tätigkeit erst wieder, wenn der Versicherte in diesen zurückgekehrt ist und den versicherten Weg in Richtung des ursprünglichen Ziels erneut aufnimmt.[216] Lässt sich nicht feststellen, ob der Umweg im inneren Zusammenhang mit dem Arbeitsweg stand oder nur geringfügig war, besteht kein Versicherungsschutz.[217]

dd) Abweg. Um einen Abweg handelt es sich, wenn sich der Versicherte zunächst in entgegengesetzter Richtung bewegt, dann aber den Arbeitsweg antritt. Bei Abwegen besteht kein Versicherungsschutz, es sei denn, es liegt ein Zusammenhang mit der versicherten Tätigkeit vor.[218] Dies kann zB der Fall sein, wenn der Versicherte nach Hause zurückkehrt, um einen für die Arbeitsausübung erforderlichen Gegenstand zu holen, den er zuvor vergessen hatte. Beendet der Versicherte den Abweg und kehrt er auf dem direkten Weg von und zur Arbeitsstätte zurück, steht er wieder unter Versicherungsschutz.[219] 46

ee) Zeitliche Unterbrechung. Zu einem Verlust des Versicherungsschutzes durch eine sog. Lösung vom Betrieb kann es kommen, wenn der Weg von oder nach dem Ort der Tätigkeit vor Erreichen des anderen Grenzpunkts durch längere private Tätigkeiten unterbrochen wird. Der Versicherungsschutz besteht bis zum Eintreffen an dem Ort der Unterbrechung, lebt aber nicht wieder auf, wenn aus Art und Dauer der Unterbrechung auf eine endgültige Lösung des Zusammenhangs mit der versicherten Tätigkeit geschlossen werden kann. Hierfür hat das BSG bisher eine zeitliche Grenze von zwei Stunden festgelegt, bis zu der der Antritt oder die Fortsetzung des Wegs (wieder) eine versicherte Tätigkeit ist.[220] Wird die genannte Zeitgrenze dagegen überschritten, ist die versicherte Tätigkeit grundsätzlich endgültig beendet,[221] gleiches gilt, wenn auf andere Weise erkennbar wird, dass kein Zusammenhang zum versicherten Weg mehr vorliegt. Es besteht daher kein Unfallversicherungsschutz mehr, wenn der Weg nach einer endgültigen Lösung zum ursprünglichen Zielort fortgesetzt wird. 47

ff) Kinderbetreuung. Das Abweichen vom unmittelbaren Weg nach und von dem Ort der Tätigkeit (→ Rn. 42) führt dann nicht zur Unterbrechung des Versicherungsschutzes, wenn dieses dadurch bedingt ist, dass ein im gemeinsamen Haushalt lebendes Kind wegen eigener oder der Berufstätigkeit des Ehegatten fremder Obhut anvertraut wird oder mit anderen Berufstätigen oder Versicherten gemeinsam ein Fahrzeug benutzt werden soll (§ 8 II Nr. 2 lit. a SGB VII).[222] Kinder von Versicherten sind Kinder iSv § 56 SGB I. Das Kind muss im gemeinsamen Haushalt leben. Lebt das Kind bei den Großeltern und besucht zum Wochenende seine Eltern, besteht kein Versicherungsschutz, wenn es am Montag zurückgebracht wird. Das Kind muss wegen der beruflichen Tätigkeit fremder Obhut anvertraut werden. Nicht notwendig ist, dass beide Elternteile berufstätig sind. Dagegen besteht kein Versicherungsschutz, wenn das Kind bei Erkrankung in fremder Obhut gelassen werden muss und sonstige Betreuungsmaßnahmen notwendig werden;[223] ebenso besteht kein Versicherungsschutz, wenn nicht der Arbeits- sondern ein Betriebsweg (→ Rn. 37) unterbrochen wird, weil ein Versicherter sein Kind wegen der beruflichen Tätigkeit fremder Obhut anzuvertrauen will.[224] Durch § 8 II Nr. 2a SGB VII wird der Unfallversicherungsschutz von Personen, die ihre Tätigkeit im Homeoffice, in Telearbeit und vergleichbaren Arbeitsformen im eigenen Haushalt ausüben, auf die Wege erstreckt, die sie wegen ihrer, ihrer Ehegatten oder ihrer Lebenspartner beruflichen Tätigkeit zur außerhäuslichen Betreuung ihrer Kinder zurücklegen. Sie werden damit den Versicherten gleichgestellt, die ihre Tätigkeit auf der Unternehmensstätte ihres AG oder an einem anderen externen Arbeitsplatz ausüben und für die ein entsprechender Versicherungsschutz besteht (BT-Drs. 19/29819, 18). 48

gg) Fahrgemeinschaften. Unfallversicherungsschutz besteht bei Fahrgemeinschaften, wenn der Versicherte von dem unmittelbaren Weg zwischen der Wohnung und dem Ort der Tätigkeit abweicht, weil er mit anderen berufstätigen oder versicherten Personen gemeinsam ein Fahrzeug 49

---

216 BSG 2.12.2008 SozR 4–2700 § 8 Nr. 28.
217 BSG 11.9.2001 SozR 3–2700 § 8 Nr. 9.
218 BSG 20.12.2016 SozR 4–2700 § 8 Nr. 60; 24.10.1985 SozR 2200 § 548 Nr. 76 = NZA 1986, 541.
219 BSG 20.12.2016 SozR 4–2700 § 8 Nr. 60; 5.8.1997 NZA 1988, 71.
220 Zweifelnd BSG 13.11.2012 SozR 4–2700 § 8 Nr. 46 = NJW 2013, 3676; dazu *Schur/Spellbrink* SGb 2014, 589.
221 BSG 27.10.2009 – B 2 U 23/08 R (zur Feststellungslast); 10.10.2006 SozR 4–2700 § 8 Nr. 19.
222 BSG 26.3.1986 SozR 2200 § 550 Nr. 72 = NZA 1986, 765.
223 BSG 9.12.1976 BSGE 43, 72 = SozR 2200 § 550 Nr. 23.
224 BSG 12.1.2010 SozR 4–2700 § 8 Nr. 36.

für den Weg nach und von dem Ort der Tätigkeit benutzt. § 8 II Nr. 2 lit. b SGB VII erweitert den Versicherungsschutz auf bestimmte Um- und Abwege, die wegen des gemeinsamen Fahrens zu einer Erweiterung der Wegstrecke führen. Der Versicherungsschutz wegen Teilnahme an einer Fahrgemeinschaft ist deshalb auf dem Weg nach oder von dem Ort der versicherten Tätigkeit nicht auf „eine" Fahrgemeinschaft beschränkt. Erforderlich ist nur die Handlungstendenz der an einer Fahrgemeinschaft teilnehmenden Personen, den Weg nach und von dem Ort der versicherten Tätigkeit zurückzulegen. Der Fahrer einer Fahrgemeinschaft verliert nicht dadurch seinen Unfallversicherungsschutz, dass er eine Person zu dessen Zielort bringt, um dann zu einer anderen Person zu fahren, um mit dieser eine weitere Fahrgemeinschaft zu bilden. Daher kommt es nicht entscheidend darauf an, ob infolge der Mitnahme von versicherten Personen zunächst ein Weg in entgegengesetzter Richtung zum Zielort zurückgelegt wird.[225] Die Mitfahrer können in verschiedenen Betrieben oder Arbeitsstätten beschäftigt sein. Versicherungsschutz ist auch gegeben, wenn sich einzelne Teilnehmer nur unterwegs aufnehmen lassen und für einen Teil der Strecke befördert werden. Unerheblich ist, ob es sich um regelmäßige und dauerhafte Fahrgemeinschaften handelt.[226] Für Fahrtunterbrechungen, Umwege und Abwege der Fahrgemeinschaften gelten die allgemeinen Regeln über das Wiederaufleben des Versicherungsschutzes[227] (→ Rn. 42).

50 **f) Ende des Arbeitswegs.** Der Weg zum Ort der Tätigkeit endet regelmäßig mit dem Durchschreiten des Werktors. Spiegelbildlich stellt das Verlassen des Arbeitsplatzes einschließlich des Wegs auf dem Werksgelände bis zum Werktor regelmäßig noch eine betriebliche Tätigkeit dar. Der Arbeitsweg von dem Ort der Tätigkeit beginnt ebenfalls mit dem Durchschreiten oder Durchfahren des Werktores.[228] Er endet mit Durchschreiten der Hauseingangstür (→ Rn. 38). Für die auf dem Betriebsgelände zurückgelegten Wege (sog. Betriebs- bzw. Arbeitswege) besteht Versicherungsschutz nach § 8 I SGB VII (→ Rn. 36).

51 **g) Wegeunfälle unter Alkoholeinfluss, Verstoß gegen Verkehrsregeln.** Bei durch Trunkenheit bedingten Wegeunfällen verneint das BSG einen Versicherungsschutz, wenn die Trunkenheit die alleinige relevante Ursache des Verkehrsunfalls war.[229] Die auf Alkoholgenuss zurückzuführende Fahruntüchtigkeit eines Kraftfahrers schließt den Schutz der gesetzlichen Unfallversicherung aus, wenn sie die unternehmensbedingten Umstände derart in den Hintergrund drängt, dass sie als die rechtlich allein wesentliche Ursache des Unfalls anzusehen ist. Das BSG nimmt bei einem Blutalkoholgehalt ab 1,1 Promille an, dass der Versicherte absolut fahruntauglich ist.[230] Die Beweislast ist dergestalt verteilt, dass der Versicherte bzw. die Hinterbliebenen die Beweislast für das Vorliegen und die Mitursächlichkeit anderer, betriebsbezogener Umstände tragen, der Versicherer für das Vorliegen und die Mitursächlichkeit alkoholbedingter Gründe hat. Hierfür können jedoch Indizien sprechen.[231] Entspr. Grundsätze gelten, wenn der Unfall auf der Einnahme berauschend wirkender Medikamente (Valium) beruht.[232] Ein rechtswidriges Verhalten des AN (Fahren ohne Führerschein) oder eine Straßenverkehrsgefährdung schließt den Unfallversicherungsschutz grundsätzlich nicht aus.[233]

52 **h) Kinder.** In § 8 II Nr. 3 SGB VII ist der Versicherungsschutz von Kindern erweitert, wenn diese von ihrem Weg abweichen, weil dies darauf beruht, dass die mit ihnen im gemeinsamen Haushalt Lebenden einer beruflichen Tätigkeit nachgehen und sie deswegen fremder Obhut übergeben. Hierunter fällt nicht ein Unfall, der der Versicherte auf dem Weg zu und von einer Kinderbetreuungseinrichtung erleidet, wenn sich seine Arbeitsstätte in der privaten Wohnung („Homeoffice") befindet.[234]

53 **2. Verwahrung, Beförderung usw. von Arbeitsgerät.** Nach § 8 II Nr. 5 SGB VII sind versicherte Tätigkeiten auch das mit einer versicherten Tätigkeit zusammenhängende Verwahren, Befördern, Instandhalten und Erneuern eines Arbeitsgeräts oder einer Schutzausrüstung

---

[225] BSG 12.1.2010 SozR 4–2700 § 8 Nr. 37 = NZS 2010, 569.
[226] BSG 28.6.1984 SozR 2200 § 550 Nr. 64 = NZA 1985, 167; vgl. BGH 14.11.1991 NJW 1992, 498.
[227] BSG 26.1.1988 SozR 2200 § 550 Nr. 77 = NZA 1988, 747.
[228] BAG 14.12.2000 AP Nr. 1 zu § 105 SGB VII = NZA 2001, 549.
[229] BSG 13.11.2012 SozR 4–2700 § 8 Nr. 46 = NJW 2013, 3676; 25.6.1992 NJW 1993, 87.
[230] BSG 23.9.1997 DB 1997, 2224; 20.1.1977 SozR 2200 § 548 Nr. 27 = NJW 1978, 1212.
[231] SchlHLSG 11.1.2001 NZS 2001, 273.
[232] BSG 27.11.1985 SozR 2200 § 548 Nr. 77 = NZA 1986, 271.
[233] BGH 13.1.1976 NJW 1976, 673; BSG 19.12.2000 SozR 3–2200 § 550 Nr. 21 = NJW 2001, 3652; SchlHLSG 21.4.2008 NZS 2008, 490.
[234] BSG 30.1.2020 SozR 4–1300 § 105 Nr. 8 (keine Analogie).

sowie deren Erstbeschaffung, wenn dies auf Veranlassung der Unternehmer erfolgt. Arbeitsgeräte sind vor allem Gerätschaften, die in ihrer technischen Gestaltung für die Betriebsarbeit geschaffen sind, aber auch solche Sachen, die zu anderen Zwecken verwendet werden können, sofern der Versicherte sich ihrer zur Verrichtung der Arbeit bedient.[235] Hierzu können Beförderungsmittel gehören[236] und eine vom AG verlangte Arbeitskleidung.[237] Auf die Eigentumsverhältnisse beim Arbeitsgerät kommt es nicht an. Die **Verwahrung** ist das Unterbringen des Arbeitsgeräts am Arbeitsplatz oder an einem anderen Ort; zur Verwahrung gehört als deren Gegenstück auch die Entwahrung. Das versehentliche Liegenlassen des Arbeitsgeräts erfüllt diesen Begriff nicht.[238] Der Versicherungsschutz beschränkt sich auf die Verwahrungshandlung als solche und erstreckt sich nicht auf den Weg zum Verwahrungsort.[239] Dies gilt auch für das Verwahren im häuslichen Wirkungskreis.[240] Eine **Beförderung** liegt vor, wenn der zu diesem Zweck unternommene Weg von der Absicht, die Sache nach einem anderen Ort zu schaffen, derart maßgebend geprägt wird, dass die Fortbewegung der eigenen Person demgegenüber als nebensächlich zurücktritt. Kein Versicherungsschutz besteht daher, wenn das Arbeitsgerät lediglich mitgeführt wird.[241] Nach der Beförderung besteht auf dem Rückweg auch dann Versicherungsschutz, wenn dieser ohne Arbeitsgerät zurückgelegt wird.[242] Eine **Instandhaltung** liegt vor, wenn das Arbeitsgerät gewartet, repariert oder gereinigt wird. Das setzt nicht voraus, dass das Arbeitsgerät bereits in dem Unternehmen, dem ein Unfall zugerechnet werden soll, benutzt worden ist. Eine **Erneuerung** des Arbeitsgerätes liegt vor, wenn der Versicherte bereits ein gleichartiges Arbeitsgerät benutzt hat, dieses durch die Arbeit im Unternehmen abgenutzt oder verbraucht war.

3. Berufskrankheiten. a) Begriff. Versicherungsfälle in der gesetzlichen Unfallversicherung sind neben Arbeitsunfällen auch Berufskrankheiten. Dies sind Krankheiten, die **(1)** die Bundesregierung durch RechtsVO mit Zustimmung des Bundesrats als Berufskrankheiten bezeichnet und **(2)** die Versicherte bei den in §§ 2, 3 oder 6 SGB VII genannten Tätigkeiten erleiden. Aufgrund von § 9 I, VI und § 193 VIII SGB VII ist die BerufskrankheitenVO vom 31.10.1997 (BGBl. I 2623) ergangen, der eine umfangreiche Liste der Berufskrankheiten angefügt ist. Die Unfallversicherungsträger haben eine Krankheit, die nicht in der BerufskrankheitenVO bezeichnet ist oder bei der die dort bestimmten Voraussetzungen nicht vorliegen, wie eine Berufskrankheit als Versicherungsfall anzuerkennen, sofern im Zeitpunkt der Entscheidung nach neuen Erkenntnissen der medizinischen Wissenschaft die Voraussetzungen für eine Bezeichnung nach § 9 I 2 SGB VII vorliegen (§ 9 II SGB VII). Hat sich der Erkenntnisstand der medizinischen Wissenschaft nach der Einführung der Berufskrankheiten weiter entwickelt und, dürfen und müssen Verwaltung und Gerichte den Inhalt der Berufskrankheiten entsprechend weiter bestimmen.[243] 54

b) Kausalität. Der Versicherte hat wie bei einem Arbeitsunfall nur Versicherungsschutz, wenn die in der BerufskrankheitenVO bezeichnete Erkrankung infolge einer nach §§ 2, 3 oder 6 SGB VII bezeichneten Tätigkeit aufgetreten ist. Auch insoweit ist zu unterscheiden zwischen dem inneren Zusammenhang und der haftungsbegründenden und -ausfüllenden Kausalität. Es muss eine besondere Wahrscheinlichkeit bestehen, dass die Erkrankung auf die versicherte Tätigkeit zurückzuführen ist.[244] Von dieser allgemeinen Regel enthält § 9 III SGB VII eine Ausnahme. Erkranken Versicherte, die infolge der besonderen Bedingungen ihrer versicherten Tätigkeit in erhöhtem Maße der Gefahr der Erkrankung an einer in der BerufskrankheitenVO genannten Berufskrankheit ausgesetzt waren, an einer solchen Krankheit und können Anhaltspunkte für eine Verursachung außerhalb der versicherten Tätigkeit nicht festgestellt werden, wird vermutet, dass diese infolge der versicherten Tätigkeit verursacht worden ist. Allerdings muss die besondere Gefährlichkeit bei der Ausübung der versicherten Tätigkeit feststellbar sein. 55

---

[235] BSG 13.12.1984 BSGE 57, 260 = SozR 2200 § 549 RVO Nr. 9; 26.7.1977 SozR 2200 § 550 Nr. 32.
[236] BSG 23.2.1966 NJW 1966, 1775; 20.12.1961 NJW 1962, 1174.
[237] BSG 27.7.1989 SozR 2200 § 549 Nr. 10 = NZA 1990, 78 (Arbeitshose gegen Verschmutzung).
[238] BSG 14.11.1974 SozR 2200 § 549 RVO Nr. 1.
[239] BSG 12.12.2006 SozR 4–2700 § 8 Nr. 20.
[240] BSG 13.12.1984 BSGE 57, 260 = SozR 2200 § 549 RVO Nr. 9.
[241] BSG 28.4.2004 SozR 4–2700 § 8 Nr. 5; 7.11.2000 SozR 3–2700 § 8 Nr. 3 = NJW 2002, 84.
[242] BSG 13.12.1984 BSGE 57, 260 = SozR 2200 § 549 RVO Nr. 9.
[243] BSG 17.12.2015 SozR 4–2700 § 9 Nr. 26; *Spellbrink* SGb 2013, 154.
[244] BSG 30.5.1988 NZA 1988, 823.

IV. Haftungsausschluss bei Arbeitsunfällen (§§ 104 ff. SGB VII)

56 **1. Grundsatz.** Nach § 104 I 1 SGB VII ist die Haftung des Unternehmers bei einem nicht vorsätzlich verursachten Arbeitsunfall für Personenschäden gegenüber den Versicherten, die für ihre Unternehmen tätig sind oder zu ihren Unternehmen in einer sonstigen die Versicherung begründenden Beziehung stehen, sowie deren Angehörigen und Hinterbliebenen nach anderen gesetzlichen Vorschriften ausgeschlossen. Dies gilt nach §§ 105 II, 106 SGB VII auch gegenüber anderen Unternehmern oder Besuchern. Zum Rechtsgrund und zur Verfassungsmäßigkeit des Haftungsausschlusses → Rn. 12; zur betrieblichen Tätigkeit → Rn. 74.

57 **2. Unternehmer.** Der Haftungsausschluss bei Arbeitsunfällen und Berufskrankheiten besteht zugunsten des Unternehmers (§ 104 SGB VII), auch wenn er mitarbeitet.[245] Unternehmer ist der in § 136 III SGB VII genannte Personenkreis. Dies ist insbesondere die natürliche oder juristische Person oder rechtsfähige Personenvereinigung oder -gemeinschaft, der das Ergebnis des Unternehmens unmittelbar zum Vor- oder Nachteil gereicht (Nr. 1). Danach ist eine juristische Person selbst Unternehmer und nicht ihre gesetzlichen Vertreter; diesen kann das Haftungsprivileg ggf. nach § 105 SGB VII zugutekommen.[246] Dies gilt auch für eine GmbH & Co. KG.[247] Bei OHG und GbR sind die Gesellschafter Unternehmer iSd § 104 SGB VII, soweit sie am Gewinn und Verlust teilnehmen. Bei den nicht rechtsfähigen Einrichtungen des Bundes ist der Unternehmer die BRD[248] (vgl. § 125 SGB VII), Entsprechendes gilt für die anderen Einrichtungen der öffentlichen Hand.

58 **3. Vom Anspruchsausschluss erfasster Personenkreis. a) Versicherte des Unternehmens.** Die Haftung des Unternehmers ist zunächst ausgeschlossen bei einem Arbeitsunfall gegenüber den im Betrieb tätigen Versicherten (dazu → Rn. 4 ff.). Ein wirksamer Arbeitsvertrag braucht nicht zu bestehen, ausreichend ist, dass der Versicherte im Betrieb tatsächlich beschäftigt ist. Der Haftungsausschluss besteht daher auch bei faktischen Vertragsverhältnissen, familienrechtlicher Mitarbeit oder verbotswidriger Beschäftigung von Kindern.[249] Er greift dagegen nicht ein gegenüber selbständigen, im Betrieb tätigen Unternehmern, zB einem Handwerksmeister.[250]

59 **b) Sonstige Beschäftigte.** Die Haftungsbeschränkung gilt nicht nur im Verhältnis zwischen dem Unternehmer und den Beschäftigten seines Unternehmens, sondern gegenüber allen Versicherten, die für sein Unternehmen tätig sind.[251] Vom Haftungsausschluss werden daher auch die in seiner Betriebsstätte beschäftigten Leiharbeitnehmer[252] und etwaiges, auf dem Betriebsgrundstück tätiges Bedienpersonal anderer Unternehmen (§ 2 II 1 iVm § 2 I Nr. 1 SGB VII; → Rn. 7) erfasst.[253] Wird ein Leiharbeitnehmer im Auftrag des Entleihers bei einem Dritten tätig, besteht der Haftungsausschluss nur gegenüber dem Entleiher.[254] Kein Haftungsausschluss besteht, wenn der andere AN zum Unfallzeitpunkt mit einer nicht betrieblichen Tätigkeit beschäftigt war.[255]

60 **c) Mitunternehmer.** Nach § 105 II SGB VII besteht ein Haftungsausschluss gegenüber nicht versicherten Mitunternehmern. Dann muss dies aber erst recht bei versicherten Mitunternehmern gelten.[256] Der Unternehmer kann kraft Gesetzes (§ 2 I Nrn. 5, 7, 9 SGB VII) oder freiwillig (§ 6 SGB VII) versichert sein.

61 **d) Auf einer gemeinsamen Betriebsstätte tätige Personen. aa) Gemeinsame Betriebsstätte.** Durch § 106 III Alt. 3 SGB VII werden die Haftungsbeschränkungen der §§ 104, 105 SGB VII auf Fälle erweitert, in denen Versicherte mehrerer Unternehmen vorübergehend

[245] BGH 3.7.2001 AP Nr. 3 zu § 106 SGB VII = NZA 2001, 1080.
[246] Vgl. BSG 30.6.1999 SozR 3–2200 § 723 Nr. 4 = NZA 2000, 312.
[247] BGH 19.9.2017 DB 2017, 2668 = NZG 2017, 1306.
[248] BGH 10.12.1974 NJW 1975, 537.
[249] BGH 29.1.1980 NJW 1980, 1796.
[250] BGH 11.10.1988 AP Nr. 15 zu § 636 RVO; 28.10.1986 AP Nr. 14 zu § 636 RVO = NJW 1987, 1022.
[251] BSG 26.6.2007 SozR 4–2700 § 105 Nr. 2.
[252] BGH 18.11.2014 NZS 2015, 114; 18.11.2014 NJW 2015, 940 = NZA 2015, 689.
[253] BGH 6.12.1977 AP Nr. 10 zu § 637 RVO = NJW 1978, 2553.
[254] OLG Hamm 14.4.2000 NZA-RR 2000, 648.
[255] OLG Düsseldorf 15.1.2002 NJW-RR 2002, 1678 (Abladen von Steinen).
[256] Zu § 106 III SGB VII: BGH 17.6.2008 NJW 2008, 2916.

betriebliche Tätigkeiten auf einer gemeinsamen Betriebsstätte verrichten. Erfasst werden nur Beschäftigte und nicht versicherte Unternehmer. Insoweit gelten die §§ 104, 105 SGB VII für die Ersatzpflicht der Beschäftigten der beteiligten Unternehmen untereinander. Der Grund für diesen Haftungsausschluss beruht ausschließlich auf dem Gedanken der sog. Gefährdungsgemeinschaft der auf der Betriebsstätte tätigen Personen.[257] Allerdings ist § 106 III Alt. 3 SGB VII nicht schon dann anwendbar, wenn zwei Unternehmen auf derselben Betriebsstätte aufeinandertreffen. Der Haftungsausschluss nach § 106 III Alt. 3 SGB VII setzt eine bestehende Gefahrengemeinschaft voraus. Eine „gemeinsame" Betriebsstätte ist daher mehr als „dieselbe" Betriebsstätte. Es muss ein bewusstes betriebsbezogenes Zusammenwirken mit einer wechselseitigen Gefährdungslage bestehen; dh die Beteiligten müssen sich aufgrund ihrer Tätigkeiten typischerweise ablaufbedingt „in die Quere kommen".[258] Parallele Tätigkeiten, die sich beziehungslos nebeneinander vollziehen, genügen ebenso wenig wie eine bloße Arbeitsberührung.[259] Die Beurteilung, ob in einer Unfallsituation eine „gemeinsame Betriebsstätte" vorlag, hat sich auf konkrete Arbeitsvorgänge zu beziehen.[260] In der konkreten Unfallsituation muss eine gewisse – auch stillschweigende[261] – Verbindung der Tätigkeiten als solchen, die sich als bewusstes Miteinander im Betriebsablauf darstellt und im faktischen Miteinander der Beteiligten aufeinander bezogen, miteinander verknüpft oder auf gegenseitige Ergänzung oder Unterstützung ausgerichtet ist, gegeben ist.

Die Vorschrift erfasst über die Fälle der Leiharbeit und der Arbeitsgemeinschaft hinaus 62 **betriebliche Aktivitäten von Versicherten mehrerer Unternehmen,** die bewusst und gewollt bei einzelnen Maßnahmen ineinandergreifen, miteinander verknüpft sind, sich ergänzen oder unterstützen, wobei es ausreicht, dass die gegenseitige Verständigung stillschweigend durch bloßes Tun erfolgt. Erforderlich ist ein bewusstes Miteinander im Arbeitsablauf, das sich zumindest tatsächlich als ein aufeinander bezogenes betriebliches Zusammenwirken mehrerer Unternehmen darstellt. Hingegen kann eine „gemeinsame Betriebsstätte" nicht durch vertragliche Vereinbarungen und deren Erfüllung begründet werden.[262] Die Tätigkeit der Mitwirkenden muss im faktischen Miteinander der Beteiligten aufeinander bezogen, miteinander verknüpft oder auf gegenseitige Ergänzung oder Unterstützung ausgerichtet sein. Die notwendige Arbeitsverknüpfung kann im Einzelfall auch dann bestehen, wenn die von den Beschäftigten verschiedener Unternehmen vorzunehmenden Maßnahmen sich nicht sachlich ergänzen oder unterstützen, die gleichzeitige Ausführung der betreffenden Arbeiten wegen der räumlichen Nähe aber eine Verständigung über den Arbeitsablauf erfordert und hierzu konkrete Absprachen getroffen werden, etwa wenn ein zeitliches und örtliches Nebeneinander dieser Tätigkeiten nur bei Einhaltung von besonderen beiderseitigen Vorsichtsmaßnahmen möglich ist und die Beteiligten solche vereinbaren.[263] Eine bestimmte Dauer der Einrichtung der gemeinsamen Betriebsstätte ist nicht vorgeschrieben. Umstr. ist, ob im Unfallzeitpunkt eine konkrete Zusammenarbeit von Versicherten mehrerer Unternehmen vorliegen muss.[264] Eine gemeinsame Betriebsstätte besteht zB bei einer Arbeitsgemeinschaft und dem Zusammenwirken verschiedener Gewerke auf Baustellen, bei einem Bauarbeiter und einem mit der Sicherung der Arbeiten beauftragter AN eines anderen Unternehmens,[265] nicht jedoch wenn verschiedene Unternehmen unabhängig voneinander Arbeiten auf einem Betriebsgelände ausführen oder zwei betriebsfremde LKW-Fahrer jeweils im Auftrag ihrer AG und unabhängig voneinander auf dem Gelände des Empfängerbetriebs Ware anliefern und sich dabei verletzen.[266]

bb) Erfasster Personenkreis. Der Haftungsausschluss erfordert, dass sowohl der Geschädigte 63 wie auch der Schädiger Versicherte in der Unfallversicherung sind.[267] Nach § 106 IV SGB VII iVm § 3 I Nr. 2 SGB VII ist die Haftung von Betriebsangehörigen auch gegenüber Personen ausgeschlossen, die sich auf der Unternehmensstätte aufhalten, wenn eine Versicherung kraft

[257] BGH 23.9.2014 NZV 2015, 179; 30.4.2013 NJW 2013, 2031.
[258] BGH 30.4.2013 NJW 2013, 2031; 10.5.2011 NJW 2011, 3298; 1.2.2011 NJW 2011, 3296.
[259] BGH 30.4.2013 NJW 2013, 2031; 8.6.2010 NJW 2011, 449.
[260] BGH 22.1.2013 2013 NZS 2013, 431.
[261] LAG MV 11.3.2014 NZS 2014, 427.
[262] BGH 11.10.2011 NZS 2012, 347.
[263] BGH 22.1.2008 NJW 2008, 2116; 13.3.2007 VersR 2007, 94; 17.10.2000 NJW 2001, 443; BAG 12.12.2002 AP Nr. 2 zu § 105 SGB VII = NZA 2003, 968.
[264] Dagegen BGH 13.3.2007 VersR 2007, 948 (Architekt/Bauarbeiter).
[265] BGH 22.1.2008 NJW 2008, 2116.
[266] BAG 12.12.2002 AP Nr. 2 zu § 105 SGB VII = NZA 2003, 968.
[267] BGH 11.10.2011 NZS 2012, 347; 29.10.2002 NJW-RR 2003, 239; 25.6.2002 NJW-RR 2002, 1386; 3.7.2001 AP Nr. 4 zu § 106 SGB VII = NZA 2001, 1143.

Satzung besteht. Der Haftungssauschluss gilt wegen des Gesichtspunkts der sog. Gefahrengemeinschaft auch für den auf der gemeinsamen Betriebsstätte beschäftigten Unternehmer, der selbst eine betriebliche Tätigkeit verrichtet und dabei den Versicherten eines anderen Unternehmens verletzt.[268] Die Haftungsprivilegierung gilt nicht zugunsten eines nicht selbst dort tätigen Unternehmers.[269] Er ist von der Haftung gegenüber einem geschädigten Versicherten für durch einen schuldhaft handelnden[270] haftungsprivilegierten Verrichtungsgehilfen begangene Personenschäden nach den Grundsätzen des gestörten Gesamtschuldverhältnisses (→ Rn. 69) freigestellt, wenn er von dem Geschädigten wegen eines vermuteten Auswahl- und Überwachungsverschuldens (§ 831 BGB) in Anspruch genommen wird. Hingegen bleibt seine volle Haftung bestehen, wenn den nicht selbst auf der gemeinsamen Betriebsstätte tätigen Unternehmer eine eigene Verantwortlichkeit zur Schadensverhütung (zB wegen der Verletzung von Verkehrssicherungspflichten oder wegen eines Organisationsverschuldens) trifft.[271] Der geschädigte Versicherte kann von dem nicht durch das Haftungsprivileg geschützten Unternehmer Schadensersatz nach allgemeinem Deliktsrecht beanspruchen, wenn der Schädiger nicht Versicherter in der gesetzlichen Unfallversicherung ist. Umgekehrt muss sich auch der zum Unfallzeitpunkt gesetzlich oder freiwillig versicherte Unternehmer als Geschädigter die Haftungsfreistellung entgegenhalten lassen, wenn er von einem Versicherten eines anderen Unternehmers geschädigt wird, während beide vorübergehend betriebliche Tätigkeiten auf einer gemeinsamen Betriebsstätte verrichten.[272] Hingegen greift die Haftungsprivilegierung nicht ein, wenn ein nicht versicherter Unternehmer eines anderen Unternehmens durch einen versicherten Beschäftigten geschädigt wird.[273]

64 **4. Erfasste Ansprüche. a) Personenkreis.** Ausgeschlossen sind bei Vorliegen eines Arbeitsunfalls die Schadensersatzansprüche wegen Personenschäden der kraft Gesetzes Versicherten (§ 2 SGB VII), der aufgrund Satzungserstreckung der Berufsgenossenschaft Versicherten (§ 3 SGB VII) sowie der freiwillig Versicherten (§ 6 SGB VII). In gleichem Umfang ausgeschlossen sind die Ansprüche der Angehörigen und Hinterbliebenen (vgl. §§ 63 ff. SGB VII), hierzu zählen auch die nach § 845 BGB dienstberechtigten Personen. Im Übrigen zählen zu den Angehörigen der überlebende Ehegatte oder Lebenspartner, ggf. der frühere Ehegatte, die minderjährigen oder noch in der Ausbildung befindlichen Kinder sowie die Eltern, solange sie ohne den Versicherungsfall gegen den Verstorbenen einen Anspruch auf Unterhalt wegen Unterhaltsbedürftigkeit hätten geltend machen können sowie die Leibesfrucht einer Schwangeren (§§ 104 II, 12 SGB VII). Der Haftungsausschluss wegen eines Arbeitsunfalls greift auch, wenn der Geschädigte von der Unfallversicherung keine Leistungen erhält.

65 **b) Personenschäden.** Sachlich werden vom Haftungsausschluss erfasst sämtliche Schadensersatzansprüche wegen Personenschadens aufgrund öffentlichen oder privaten Rechts, zB aus unerlaubter Handlung, aus Verträgen, den Gefährdungshaftungsgesetzen (zB StVG). Hierunter fällt nicht nur der immaterielle Schaden (Schmerzensgeld), sondern auch jeder mittelbare materielle Vermögensschaden als Folge der Körperverletzung. Dass dem Geschädigten kompensatorische Leistungen aus der gesetzlichen Unfallversicherung zustehen, ist nicht erforderlich.[274] Zu den vom Haftungsausschluss erfassten Schäden zählen auch die als Unfallfolge eingetretenen psychischen Gesundheitsstörungen.[275] Hierzu zählen neben Heilungs- und Therapiekosten und dem Verdienstausfall auch Ansprüche wegen der Beerdigungskosten, des entgangenen Unterhalts, der entgangenen Dienste, der Aufwendungen für Pflege und Besuch des Verletzten[276] sowie Schmerzensgeldansprüche.[277] Ersatzfähig ist aber der sog. Schockschaden, den eine dritte, nicht anspruchsberechtigte Person aufgrund des Arbeitsunfalls erleidet, da es sich um einen

[268] BGH 14.9.2004 NZA 2005, 643; 16.12.2003 NZA 2004, 983; 24.6.2003 NJW 2003, 2984 (GbR); 27.6.2002 NJW 2002, 3096; 3.7.2001 AP Nr. 3 zu § 106 SGB VII = NZA 2001, 1080.
[269] BGH 3.7.2001 AP Nr. 4 zu § 106 SGB VII = NZA 2001, 1143.
[270] BGH 10.5.2005 VersR 2005, 1087.
[271] BGH 14.6.2005 VersR 2005, 1397; 10.11.2003 NJW 2004, 951.
[272] BGH 17.6.2008 NJW 2008, 2916.
[273] BSG 26.6.2007 SozR 4–2700 § 105 Nr. 2.
[274] BGH 8.3.2012 NZS 2012, 546.
[275] BSG 9.5.2006 SozR 4–2700 § 8 Nr. 17.
[276] BAG 18.10.1990 AP Nr. 17 zu § 636 RVO = NZA 1991, 274.
[277] BAG 8.12.1970 AP Nr. 4 zu § 636 RVO.

eigenen Schaden handelt.[278] § 104 I 2 SGB VII stellt nur klar, dass auch ein Forderungsübergang nach § 116 SGB X auf den Sozialversicherungsträger in den Fällen, in denen die Haftung des Unternehmers nach § 104 I 1 SGB VII ausgeschlossen ist, nicht stattfindet. Unberührt vom Haftungsausschluss bleiben Schadensersatzansprüche wegen **Sachschadens** und Ansprüche wegen schuldhafter Verletzung der **Meldepflicht** eines Unfalls an die Berufsgenossenschaft.

V. Ausnahmen vom Haftungsausschluss

1. Überblick. Der Unternehmer bleibt für den durch einen Arbeitsunfall im Inland herbeigeführten Personenschaden schadensersatzpflichtig, wenn er **(a)** den Unfall vorsätzlich herbeigeführt hat (→ Rn. 67) oder **(b)** der Arbeitsunfall auf einem nach § 8 II Nr. 1–4 SGB VII versicherten Weg (→ Rn. 68) eingetreten ist (§ 104 I 1 SGB VII). Die Haftung bleibt auch bestehen, wenn sich der Unfall nicht bei einer versicherten Tätigkeit ereignet hat, da § 104 SGB VII in diesem Fall nicht eingreift. 66

2. Vorsatz. Nach den §§ 104, 105 SGB VII haften der Unternehmer oder die andere im Betrieb tätige Person bei einem Arbeitsunfall dem Geschädigten nur, wenn er den Versicherungsfall vorsätzlich herbeigeführt hat. Die Haftungsbeschränkung bei Vorsatz entfällt, wenn der Schädiger den Unfall bewusst und gewollt herbeigeführt hat (Dolus directus), oder wenn er ihn für möglich gehalten, aber billigend in Kauf genommen hat (Dolus eventualis = bedingter Vorsatz). Für den Wegfall der Haftungsprivilegierung genügt es nicht, dass der Schädiger ein bestimmtes Handeln, das für den Unfall ursächlich war, gewollt und gebilligt hat, wenn der Unfall selbst nicht gewollt und nicht gebilligt wurde. Der Vorsatz des Schädigers muss daher nicht nur die Verletzungshandlung, sondern auch den Verletzungserfolg umfassen. Aus diesem Grund ist es für die Begründung der Haftung gegen eine durch die §§ 104, 105 SGB VII geschützte Person nicht ausreichend, wenn diese (nur) vorsätzlich gegen Unfallverhütungsvorschriften verstößt und der Arbeitsunfall auf diesen Verstoß zurückzuführen ist.[279] Erforderlich ist daneben noch, dass er den Schadenseintritt gewollt oder zumindest gebilligt hat. Nicht notwendig ist jedoch, dass der Vorsatz strafgerichtlich festgestellt wird. Ein etwaiger Schadensersatzanspruch vermindert sich jedoch um die Leistungen, die der Versicherte, seine Angehörigen und Hinterbliebenen von dem Sozialleistungsträger erhalten (§ 104 III SGB VII). Der Unternehmer soll nach § 278 S. 1 BGB das Verschulden seines gesetzlichen Vertreters und seiner Erfüllungsgehilfen in gleichem Umfange zu vertreten haben wie eigenes Verschulden.[280] 67

3. Wegeunfall. Keine Haftungseinschränkung besteht, wenn sich der Unfall auf einem nach § 8 II Nrn. 1–4 SGB VII versicherten Weg ereignet hat. Zu den Voraussetzungen von Wegeunfällen → Rn. 35 ff. Dagegen besteht die Haftungsbeschränkung in den Fällen des § 8 I, II Nr. 5 sowie §§ 9–11 SGB VII. 68

4. Gemeinschaftliche Schadensherbeiführung. a) Gestörtes Gesamtschuldverhältnis. 69
Ist ein Arbeitsunfall gegenüber einem Versicherten sowohl von einem Unternehmer bzw. Betriebsangehörigen (§§ 104, 105 SGB VII) verursacht und zugleich auch von einer dritten Person, die sich nicht auf das Haftungsprivileg berufen kann, stellt sich die Frage nach der gemeinschaftlichen Haftung. Diese richtet sich nach den Grundsätzen des sog. gestörten Gesamtschuldverhältnisses. Danach können in den Fällen, in denen zwischen mehreren Schädigern ein Gesamtschuldverhältnis besteht, Ansprüche des Geschädigten gegen einen Gesamtschuldner (Zweitschädiger) auf den Betrag beschränkt sein, der auf diesen im Innenverhältnis zu dem anderen Gesamtschuldner (Erstschädiger) endgültig entfiele, wenn die Schadensverteilung nach § 426 BGB nicht durch eine sozialversicherungsrechtliche Haftungsprivilegierung des Erstschädigers gestört wäre. Die Beschränkung der Haftung des Zweitschädigers beruht dabei auf dem Gedanken, dass einerseits die haftungsrechtliche Privilegierung nicht durch eine Heranziehung im Gesamtschuldnerausgleich unterlaufen werden soll, es aber andererseits bei Mitberücksichtigung des Grundes der Haftungsprivilegierung, nämlich der anderweitigen Absicherung des Geschädigten durch eine gesetzliche Unfallversicherung, nicht gerechtfertigt wäre, den Zweit-

[278] BGH 6.2.2007 VersR 2007, 803 = NJW-RR 2007, 1395.
[279] BAG 10.10.2002 AP Nr. 1 zu § 104 SGB VII = NZA 2003, 436; BGH 11.2.2003 NJW 2003, 1605; LAG Köln 26.7.2002 MDR 2003, 339.
[280] BAG 28.4.2011 AP Nr. 6 zu § 104 SGB VII = NZA-RR 2012, 290; zutr. aA *Rolfs* SGb 2018, 523 (524 f.).

schädiger den Schaden alleine tragen zu lassen. Unter Berücksichtigung dieser Umstände ist der Zweitschädiger in Höhe des Verantwortungsteils freizustellen, der auf den Erstschädiger im Innenverhältnis entfiele, wenn man seine Haftungsprivilegierung hinwegdenkt. Dabei ist unter Verantwortungsteil die Zuständigkeit für die Schadensverhütung und damit der Eigenanteil des betreffenden Schädigers an der Schadensentstehung zu verstehen.[281]

70 **b) Außenverhältnis.** Im Außenverhältnis bleiben aufgrund des Haftungsausschlusses die Ansprüche des Versicherten und seiner Angehörigen gegen den Unternehmer bzw. den Betriebsangehörigen ausgeschlossen. Der Geschädigte kann aber auch den Zweitschädiger, der sich nicht auf das Haftungsprivileg berufen kann, nicht in vollem Umfang in Anspruch nehmen, wenn gegenüber dem Erstschädiger die Haftung nach den §§ 104 ff. SGB VII ausgeschlossen ist. Ansprüche des Geschädigten gegen einen nicht von den §§ 104 ff. SGB VII begünstigten Zweitschädiger sind daher auf den Betrag beschränkt, der auf ihn im Innenverhältnis zwischen AG/Betriebsangehörigen (Erstschädiger) entfiele, wenn die Schadensteilung nach § 426 BGB nicht durch die Sonderregelung der §§ 104, 105 SGB VII gestört wäre. Die Rechtsposition des Zweitschädigers soll sich durch die Haftungsprivilegierung nicht verschlechtern.[282]

71 **c) Innenverhältnis.** Ist der Zweitschädiger im Innenverhältnis gegenüber dem Erstschädiger durch eine vertragliche Vereinbarung von der Haftung freigestellt, entfällt grundsätzlich auch die Haftung des Zweitschädigers.[283] Aber auch im Innenverhältnis der Schädiger untereinander findet ein Ausgleich nach § 426 BGB nicht statt. Infolge des Haftungsausschlusses ist von vornherein eine Haftung des Unternehmers bzw. Betriebsangehörigen nicht entstanden. Überdies kann der Gesetzeszweck nicht über den Haftungsausgleich vereitelt werden.[284]

72 **d) Rückgriff der Sozialversicherungsträger.** Andererseits haben aber der Unternehmer oder der Betriebsangehörige keinen Ausgleichsanspruch, weil er nicht haftet. Der Träger der gesetzlichen Sozialversicherung (Unfall-, Kranken-, Rentenversicherung) kann gegen den außerhalb des Sozialversicherungsverhältnisses stehenden Zweitschädiger insoweit keinen Rückgriff nehmen, wie der für den Unfall verantwortliche Unternehmer oder Arbeitskollege ohne die Eingliederung in das System der Unfallversicherung und ohne die hierauf beruhende Freistellung von der Haftung (§§ 104, 105 SGB VII) im Verhältnis zu dem Zweitschädiger für den Schaden aufkommen müsste.[285]

VI. Haftung der Betriebsangehörigen untereinander bei Arbeitsunfällen

73 **1. Haftungsausschluss. a) Umfang.** Nach § 105 I SGB VII sind Personen, die durch eine betriebliche Tätigkeit einen Versicherungsfall von Versicherten desselben Betriebs (nicht: Unternehmens[286]) verursachen, diesen sowie deren Angehörigen und Hinterbliebenen nach anderen gesetzlichen Vorschriften zum Ersatz des Personenschadens verpflichtet, wenn sie den Versicherungsfall vorsätzlich oder auf einem nach § 8 II Nr. 1–4 SGB VII versicherten Weg herbeigeführt haben. Von der Haftung freigestellt sind die AN des Unternehmens und Personen, die zwar keine AN des Unternehmers sind, in dessen Betrieb sich der Versicherungsfall ereignet hat, sondern dort als „Wie-Beschäftigte" (→ Rn. 7) tätig waren.[287] Der Haftungsausschluss besteht daher dann, wenn die betriebsangehörigen AN einen versicherten Betriebsfremden verletzen, und entsprechend, wenn der versicherte Betriebsfremde den AN verletzt.[288]

74 **b) Betriebliche Tätigkeit.** Die Haftungsfreistellung besteht nur bei betrieblicher Tätigkeit. Der Begriff entspricht dem der Arbeitnehmerhaftung (→ § 59 Rn. 42). Er umfasst Arbeiten, die durch den Betrieb veranlasst sind und aufgrund eines Arbeitsverhältnisses geleistet werden. Durch das Merkmal der betrieblichen Veranlassung soll sichergestellt werden, dass der AG nicht mit dem allgemeinen Lebensrisiko des AN belastet wird. Die Tätigkeit muss daher in nahem

[281] BGH 18.11.2014 NJW 2015, 940 = NZA 2015, 689.
[282] BGH 16.4.1996 NJW 1996, 2023; 23.1.1990 NJW 1990, 1361; 17.2.1987 NJW 1987, 2669.
[283] BGH 17.2.1987 NJW 1987, 2669.
[284] BGH 10.1.1967 AP Nr. 2 zu § 636 RVO = NJW 1967, 982.
[285] BGH 2.5.1972 NJW 1972, 1577; vgl. auch BGH 9.3.1972 NJW 1972, 1577.
[286] AA noch BAG 24.9.1992 AP Nr. 22 zu § 637 RVO = NZA 1993, 451.
[287] BAG 19.2.2009 AP Nr. 4 zu § 105 SGB VII = NZA-RR 2010, 123; BSG 24.6.2003 NJW 2004, 966; BGH 7.11.2006 NJW 2007, 1754.
[288] OLG Hamm 15.6.1998 NJW 1998, 2832 = NZA-RR 1998, 456.

Zusammenhang mit dem Betrieb und seinem betrieblichen Wirkungskreis stehen. Nicht in betrieblichem Interesse liegen Spielereien,[289] Neckereien oder Raufereien.[290] Wird ein als Streikposten eingesetzter AN fahrlässig von einem Arbeitskollegen angefahren, besteht kein Haftungsausschluss.[291]

c) Ausschluss. Kein Haftungsausschluss besteht, wenn der Versicherungsfall vorsätzlich (→ Rn. 67) herbeigeführt worden ist oder auf einem Wegeunfall (→ Rn. 35 ff.) beruht. Bei einer Fahrgemeinschaft ist die Haftung regelmäßig nicht gesperrt; nur wenn es sich bei der Fahrt um eine „betriebliche Tätigkeit" gehandelt hat, besteht das Haftungsprivileg. Nach der Rspr. liegen keine Wegeunfälle iSd §§ 104, 105 SGB VII vor, wenn sich der Versicherungsfall bei einem Werkverkehr bzw. Sammeltransport ereignet hat.[292] 75

2. Erweiterung des Haftungsausschlusses. § 105 I 1 SGB VII gilt entsprechend, wenn der Unfallgeschädigte nach § 4 I Nr. 1 SGB VII versicherungsfrei ist. Dies sind Personen, für die beamtenrechtliche Fürsorgevorschriften oder entspr. Grundsätze gelten mit Ausnahme der Ehrenbeamten und ehrenamtlichen Richter. Schließlich ist der Haftungsausschluss auf die Verletzung nicht versicherter Unternehmer erweitert (§ 105 II SGB VII). 76

VII. Verfahrensfragen

1. Bindungswirkung. Hat ein Gericht über Ersatzansprüche der in §§ 104–107 SGB VII genannten Art zu entscheiden, ist dieses an eine rechts- bzw. bestandskräftige[293] Feststellung des Sozialversicherungsträgers gebunden, **(a)** ob ein Arbeitsunfall oder Wegeunfall vorliegt und **(b)** in welchem Umfang und von welchem Träger der Unfallversicherung die Leistungen zu gewähren sind (Feststellungswirkung, § 108 SGB VII). Anspruchsgrundlage für einen Rechtsanspruch gegen einen Unfallversicherungsträger auf Feststellung von Unfallfolgen eines Arbeitsunfalls (und ggfs. einer Berufskrankheit) und Ermächtigungsgrundlage zum Erlass des festzustellenden Verwaltungsakts für den Unfallversicherungsträgers ist § 102 SGB VII.[294] Die Bindungswirkung soll Rechtssicherheit schaffen und vermeiden, dass es zu unterschiedlichen Entscheidungen der Sozialversicherungsträger und der ordentlichen bzw. Arbeitsgerichte kommt. Etwaige Fehlentscheidungen sind auch dann hinzunehmen, wenn die rechtskräftige sozialgerichtliche Entscheidung auf einer unvollständigen Tatsachengrundlage beruht.[295] Die Anwendbarkeit von § 108 SGB VII hängt nicht davon ab, dass eine Haftungsbefreiung des in Anspruch genommenen Schädigers unmittelbar aufgrund der §§ 104–106 SGB VII in Betracht kommt. Die Feststellungswirkung, ob ein Arbeitsunfall vorliegt, erstreckt sich auch auf die Fragen, ob Versicherungsschutz besteht, in welchem Betrieb sich der Unfall ereignet hat,[296] wer Unternehmer des Betriebs ist[297] und ob der Verletzte zu den versicherten Personen gehört.[298] Die Feststellungswirkung umfasst ferner den Kausalzusammenhang,[299] nicht hingegen die tatsächlichen Grundlagen der Entscheidung, die Zuordnung zu einem Unternehmen[300] und ob der Unfall nicht auch einem weiteren Unternehmer zuzurechnen ist, es sei denn, dass der Sozialversicherungsträger auch diese Frage mit entschieden hat.[301] Die Bindungswirkung erstreckt sich schließlich nicht auf die Feststellung, ob ein „echter" Arbeits- oder ob ein Wegeunfall vorliegt, bei dem die Haftung des Schädigers nach § 104 I, § 105 I SGB VII erhalten bleibt.[302] Keine Bindungswirkung besteht aber nach allgemeinen Grundsätzen gegenüber einem im Verwaltungs- oder Sozialgerichtsverfahren nicht beteiligten Dritten. 77

289 Vgl. BAG 18.4.2002 AP Nr. 122 zu § 611 BGB Haftung des Arbeitnehmers = NZA 2003, 37; BGH 30.6.1998 NJW 1998, 3497 = NZA-RR 1998, 454.
290 Zu großzügig BAG 22.4.2004 AP Nr. 3 zu § 105 SGB VII = NZA 2005, 163 („Schubser").
291 LAG Hamm 17.2.1999 LAGE § 105 SGB VII = NZA-RR 1999, 656.
292 BAG 19.8.2004 AP Nr. 4 zu § 104 SGB VI; 30.10.2003 AP Nr. 2 zu § 104 SGB VII; BGH 2.12.2003 BGHZ 157, 159; 12.10.2000 BGHZ 145, 311; aA *Rolfs* SGb 2018, 523 (528); *Krasney* NZS 2004, 7 (10 ff.).
293 BAG 14.12.2006 AP Nr. 28 zu § 618 BGB = NZA 2007, 262.
294 BSG 5.7.2011 SozR 4–2700 § 11 Nr. 1 = BSGE 108, 274.
295 BAG 14.12.2006 AP Nr. 28 zu § 618 BGB = NZA 2007, 262.
296 BGH 4.4.1995 NJW 1995, 2038.
297 BGH 19.5.2009 NJW 2009, 3235.
298 BGH 30.5.2017 VersR 2017, 1014 = MDR 2017, 945; 22.4.2008 NJW-RR 2008, 1239.
299 BGH 24.6.1980 AP Nr. 1 zu § 638 RVO; BAG 6.11.1974 AP Nr. 8 zu § 636 RVO = NJW 1975, 711.
300 BGH 18.11.2014 NZA 2015, 689; 22.1.2013 NZS 2013, 431; *Höher* VersR 2013, 461; aA wohl BAG 19.2.2009 AP Nr. 4 zu § 105 SGB VII = NZA-RR 2010, 123.
301 BGH 11.7.1972 NJW 1972, 1990.
302 BAG 28.11.2019 AP Nr. 7 zu § 104 SGB VII = NZA 2020, 745; *Böttcher* RdA 2020, 291.

78 **2. Aussetzung.** Ist eine bindende Entscheidung des Sozialversicherungsträgers noch nicht getroffen, setzt das Gericht sein Verfahren gemäß § 108 II SGB VII aus. Bindend ist die Entscheidung des Sozialversicherungsträgers, wenn sie mit Rechtsmitteln nicht mehr angreifbar ist. Nicht auszusetzen ist bei Arresten und einstweiligen Verfügungen sowie dann, wenn das Vorliegen eines Arbeitsunfalls ganz offensichtlich und von keiner Prozesspartei in Zweifel gezogen wird.[303] Ist ein Feststellungsverfahren noch nicht eingeleitet, bestimmt das Gericht dafür eine Frist, nach deren Ablauf die Aufnahme des ausgesetzten Verfahrens zulässig ist. Wird das sozialrechtliche Verfahren nicht binnen der festgesetzten Frist und auch später nicht eingeleitet, muss das Gericht alle Voraussetzungen der §§ 104 ff. SGB VII im Rahmen seines Verfahrens inzidenter prüfen. § 108 SGB VII gilt auch für die weiteren Feststellungsberechtigten[304] (→ Rn. 79).

79 **3. Feststellungsberechtigung.** Um zu verhindern, dass es der Verletzte unterlässt, einen Unfall als Arbeitsunfall feststellen zu lassen, hat auch der Schädiger nach § 109 SGB VII das Recht, die Feststellung zu betreiben.[305] Dasselbe gilt für den Kraftfahrzeughaftpflichtversicherer.[306] Solange ein Versicherter seine Rechte nach dem SGB VII selbst wahrnimmt, ist ein Haftungsprivilegierter allerdings nicht befugt, Rechte des Versicherten im eigenen Namen geltend zu machen.[307]

VIII. Regressansprüche der Sozialversicherungsträger

80 **1. Forderungsübergang.** Haben Personen, deren Haftung nach §§ 104–107 SGB VII beschränkt ist, den Arbeitsunfall vorsätzlich oder grob fahrlässig verursacht, können die Sozialversicherungsträger gegen den Schädiger gem. § 110 SGB VII Rückgriff nehmen. Zu diesen gehört die BA als Träger der Arbeitslosenversicherung nicht.[308] Der Gesetzgeber hat den Sozialversicherungsträgern einen Rückgriffsanspruch eingeräumt, um die einer Berufsgenossenschaft angehörenden Unternehmen nicht über Gebühr zu belasten, weil diese dann für ihre Aufwendungen zu Lasten des verantwortlichen Schädigers schadlos gestellt werden sollen, wenn der an sich nach den §§ 104 ff. SGB VII Haftungsprivilegierte den Unfall durch ein besonders zu missbilligendes Verhalten herbeigeführt hat. Bei einem solchen Verhalten sollen neben dem das Schadensrecht beherrschenden Ausgleichsgedanken auch präventive und erzieherische Gründe zu berücksichtigen sein.[309]

81 **2. Regress bei vorsätzlicher oder grob fahrlässiger Unfallverursachung. a) Verschulden.** Das Verschulden iSd § 110 SGB VII braucht sich nur auf die den Unfall verursachende Handlung und nicht zusätzlich auf die sich daraus ergebende Schadensfolge zu beziehen.[310] Die Haftung des AN ist daher strenger als im Rahmen der Arbeitnehmerhaftung, bei grob fahrlässiger Schadensverursachung ist eine Haftungsbeschränkung analog § 254 BGB nicht ausgeschlossen.[311] Die Begriffe Vorsatz und grobe Fahrlässigkeit entsprechen den zivilrechtlichen Verschuldensbegriffen (→ § 59 Rn. 23 ff.). Nicht jeder Verstoß gegen die einschlägigen Unfallverhütungsvorschriften ist schon als ein grob fahrlässiges Verhalten iSd § 110 SGB VII zu werten. Rückgriffsansprüche kommen nach der gebotenen Einzelfallbewertung aber bei groben Verstößen in Betracht, zB wenn der Schädiger nur unzureichende Sicherungsmaßnahmen gegen tödliche Gefahren getroffen sowie von den vorgeschriebenen Schutzvorkehrungen völlig abgesehen hat, obwohl die Sicherungsanweisungen eindeutig waren[312] oder der Schädiger mehrfach oder zeitlich unmittelbar vorangegangen über seine Pflichtenstellung belehrt wurde.[313] In diesen Fällen kann der Schluss aus dem objektiven Pflichtverstoß auf ein auch subjektiv gesteigertes Verschulden gerechtfertigt sein.[314]

[303] BAG 14.3.1967 AP Nr. 1 zu § 636 RVO = NJW 1967, 1925.
[304] BGH 12.6.2007 VersR 2007, 1131; enger BGH 30.4.2013 NJW 2013, 2031 (bloße Förmelei).
[305] BSG 16.5.1984 SozR 2200 § 636 Nr. 2 = NZA 1985, 165.
[306] BSG 27.3.2012 NZS 2012, 826; 1.7.1997 SozR 3–2200 § 639 Nr. 1 = NJW 1998, 477.
[307] BSG 29.11.2011 BSGE 109, 285 = SozR 4–2700 § 109 Nr. 1.
[308] BGH 17.10.2017 NJW 2018, 618.
[309] BGH 21.7.2020 VersR 2020, 1476.
[310] BAG 10.10.2002 NZA 2003, 436; BGH 15.7.2008 NJW 2009, 681.
[311] *Rolfs* SGb 2018, 523 (527).
[312] BGH 18.2.2014 NZS 2014, 470; 18.11.1980 AP Nr. 3 zu § 640 RVO = NJW 1981, 869.
[313] BGH 8.5.1984 BB 1984, 1646.
[314] BGH 30.1.2001 NJW 2001, 2092; OLG HM 2.9.2016 NJW-RR 2017, 345.

b) Erstattung. Der Rückgriffsanspruch steht nicht nur der Berufsgenossenschaft, sondern allen Sozialversicherungsträgern wegen der von ihnen erbrachten Leistungen[315] offen. Er ist für den Ersatzpflichtigen der Höhe nach aber in zweifacher Hinsicht begrenzt: **(1)** der Schädiger haftet nicht mehr als er nach zivilrechtlichen Grundsätzen haften würde, dementsprechend ist ein etwaiges Mitverschulden des Verletzten bei der Haftungssumme zu berücksichtigen; **(2)** der übergegangene Anspruch ist auf die tatsächlichen Aufwendungen der Sozialversicherungsträger begrenzt. Maßgeblich sind dementsprechend zunächst die (fiktiven) zivilrechtlichen Schadensersatzansprüche, die den erbrachten bzw. zukünftig noch zu erbringenden Leistungen aufgrund des Arbeitsunfalls gegenüberzustellen sind; der Erstattungspflichtige hat jeweils nur den geringeren Betrag zu tragen. Ein Sozialversicherungsträger kann wegen der von ihm erbrachten Aufwendungen beim Rückgriff nach § 110 SGB VII grundsätzlich auch auf den fiktiven Schmerzensgeldanspruch des Geschädigten gegen den nach den §§ 104 ff. SGB VII haftungsprivilegierten Schädiger zurückgreifen,[316] trägt dabei jedoch die Darlegungs- und Beweislast hinsichtlich der Höhe des fiktiven zivilrechtlichen Schadensersatzanspruchs des Geschädigten gegen den nach §§ 104 ff. SGB VII haftungsprivilegierten Schädiger.[317] Allerdings sind die Unfallversicherungsträger nicht ermächtigt, gegenüber einem möglicherweise haftungsprivilegierten Schädiger einen feststellenden Verwaltungsakt über den Umfang der von ihnen rechtmäßig an einen Versicherten erbrachten Leistungen zu erlassen.[318] 82

c) Pflichtige. Rückerstattungspflichtig sind der Unternehmer (§ 104 SGB VII) und die Betriebsangehörigen (§ 105 SGB VII) bzw. deren Erben[319] sowie die Kraftfahrzeughaftpflichtversicherung.[320] Dem von einem Sozialversicherungsträger in Anspruch genommenen Unternehmer (Betriebsangehörigen) stehen jedoch Ausgleichsansprüche nach § 426 BGB gegen einen mitbeteiligten Dritten, der nach § 116 SGB X in Anspruch genommen wird, nicht zu. Dasselbe gilt auch im umgekehrten Fall für den Dritten (→ Rn. 69). Für die Entscheidung über die Rückgriffsansprüche sind die Zivilgerichte zuständig. Mehrere Sozialversicherungsträger sind hinsichtlich ihrer Rückgriffsansprüche Gesamtgläubiger (§ 117 SGB X analog).[321] 83

d) Ausschluss. Die Träger der Sozialversicherung können nach billigem Ermessen, insbesondere unter Berücksichtigung der wirtschaftlichen Verhältnisse des Schädigers, auf den Regressanspruch verzichten.[322] Im Rahmen der Ermessensausübung sind die wirtschaftlichen Verhältnisse, Grad des Verschuldens/Mitverschuldens des Verletzten zu berücksichtigen und ob der Rückgriffsschuldner Haftpflichtversicherungsschutz genießt. Die wirtschaftliche Existenz des Regresspflichtigen soll nicht vernichtet werden. Deshalb ist bei einem Regress ggü. dem AN zu berücksichtigen, ob dieser gegen seinen AG zumindest einen teilweisen Freistellungsanspruch hat.[323] § 67 II VVG ist wegen der umfassenden Abwägungsmöglichkeit der Sozialversicherungsträger nicht entsprechend anzuwenden.[324] Die Entscheidung unterliegt der gerichtlichen Kontrolle. Der Rückgriffanspruch ist ein originärer Anspruch des Sozialversicherungsträgers. Hieraus folgt, dass diesem kein mitwirkendes Verschulden des Verletzten entgegengesetzt werden kann,[325] es sei denn, dass der ursächliche Zusammenhang unterbrochen ist. Dagegen muss sich der Sozialversicherungsträger eigenes Verschulden bei Verletzung seiner Pflichten zurechnen lassen.[326] 84

3. Schwarzarbeit. Nach § 110 Ia SGB VII haben Unternehmer, die **(a)** Schwarzarbeit (§ 1 II SchwarzArbG; dazu → § 42 Rn. 22) erbringen und **(b)** dadurch Beiträge in der Unfallversicherung entweder **(aa)** nicht, **(bb)** nicht in der richtigen Höhe oder **(cc)** nicht rechtzeitig entrichten, dem zuständigen Unfallversicherungsträger die Aufwendungen zu erstatten, die diesem infolge von Versicherungsfällen bei Ausführung der Schwarzarbeit entstanden sind. Eine nicht ordnungsgemäße Beitragsentrichtung wird (widerlegbar) vermutet, wenn die Unternehmer die Personen, bei denen die Versicherungsfälle eingetreten sind, nicht nach § 28a SGB IV bei der Einzugsstelle angemeldet hatten. Voraussetzung für die 85

[315] BGH 14.6.1983 NJW 1983, 506 (Kinderzulage); 19.10.1982 NJW 1983, 114 (Kindergeld).
[316] BGH 27.6.2006 NJW 2006, 3563; zutr. aA ErfK/*Rolfs* SGB VII § 110 Rn. 7.
[317] BGH 29.1.2008 NJW 2008, 2033.
[318] BSG 31.1.2012 SozR 4–2700 § 112 Nr. 1 = NZS 2012, 548.
[319] BGH 23.11.1971 AP Nr. 2 zu § 640 RVO = NJW 1972, 583.
[320] BGH 21.12.1971 NJW 1972, 445 = VersR 1972, 271.
[321] BGH 3.12.2002 NJW 2003, 1871.
[322] Hierzu BGH 7.4.1981 VersR 1981, 649; 3.7.1979 VersR 1979, 1151.
[323] *Schwarze* SR 2017, 129 (132) plädiert insoweit für einen Regressverzicht.
[324] BGH 18.10.1977 NJW 1978, 218; aA zu § 1542 RVO BGH 29.1.1985 NJW 1985, 1958.
[325] BGH 15.5.1973 VersR 1973, 818; 15.5.1973 VersR 1973, 922; aA *Kühne* VersR 1973, 207.
[326] BGH 15.1.1974 NJW 1974, 797; 3.2.1970 NJW 1970, 756.

Erstattungspflicht ist ein Beitragsnachteil zulasten der Unfallversicherung. Der Ersatzanspruch ist nicht auf die Höhe des Regressanspruchs nach Abs. 1 (→ Rn. 82) begrenzt, sondern besteht in voller Höhe der Aufwendungen der Unfallversicherungsträger; zuständig sind die SG.[327] § 110 Ia SGB VII gilt nicht für die Aufwendungen der anderen Sozialversicherungsträger.

86 **4. Verjährung.** Für die Verjährung der Regressansprüche gelten die §§ 195, 199 I, II und § 203 BGB entsprechend mit der Maßgabe, dass die Frist von dem Tag an gerechnet wird, an dem die Leistungspflicht für den Unfallversicherungsträger bindend festgestellt oder ein entsprechendes Urteil rechtskräftig geworden ist (§ 113 SGB VII). Demnach hat stets eine taggenaue Berechnung der Verjährungsfrist – unabhängig von der Kenntnis oder grobfahrlässigen Unkenntnis des Gläubigers – ab der bindenden Feststellung der Leistungspflicht zu erfolgen.[328]

[327] BGH 14.4.2015 NJW 2015, 3718.
[328] BGH 25.7.2017 NJW 2017, 3510; *Ricke* r+s 2020, 378.

VII. Buch. Entgeltzahlungspflicht

1. Abschnitt. Arbeitswissenschaftliche Grundlagen der Arbeitsvergütung

§ 62. Grundlagen der Entgeltfindung

Übersicht

I. Entgeltfindungssysteme

Es gibt mehrere denkbare Möglichkeiten für eine betriebliche Entgeltfindung: 1

(1) Anforderungsbezogene Entgeltfindung
Maßstab der Entgeltfindung sind hier die fachlichen oder persönlichen Anforderungen an den AN.

(2) Kausale Entgeltfindung
Bei der kausalen Entgeltfindung ist die menschliche Arbeitsleistung Gegenstand und Maß der Entlohnung. Sie liegt den herkömmlichen Entgeltsystemen zugrunde.

(3) Finale Entgeltfindung
Die finale Entgeltfindung knüpft an Ergebnisgrößen des Unternehmens an. Sie wird daher zumeist bei der Berechnung von zusätzlichen Vergütungen angewandt, zB bei Tantiemen oder bei der Bewertung von betrieblichen Verbesserungsvorschlägen. Hier wird zumeist nur der Rationalisierungseffekt, nicht dagegen die gedankliche oder manuelle Leistung bewertet.

(4) Marktbezogene Entgeltfindung
Bei der marktbezogenen Entgeltfindung wird berechnet, wie die in der Ware investierte Arbeit auf dem Markt bewertet wird. Es wird aufgeschlüsselt, welcher Wert den Rohstoffen, der Maschinenleistung, der Arbeit usw. bezogen auf das Produktionsergebnis zuzuweisen ist.

(5) Soziale Entgeltfindung
Bei der sozialen Entgeltfindung wird auf einen bestehenden Bedarf oder soziale Umstände, wie zB Unterhaltspflichten des AN abgestellt. Solche Elemente enthielten insbes. die früheren Regelungen im BAT, die je nach Familienstand unterschiedliche Ortzuschläge vorsahen.

II. Quantifizierung menschlicher Leistung

1. Quantifizierung der Arbeitsleistung. Bei der kausalen Entgeltfindungsmethode stellt sich das Problem der Quantifizierung der Arbeitsleistung. Sie erfolgt durch den **Arbeitswert** und den **Zeitgrad** bzw. den **Leistungsgrad.** 2

2. Arbeitswert. Unter der Quantifizierung der Arbeit nach dem Arbeitswert versteht man die Bewertung nach dem **Schwierigkeitsgrad.** Dabei geht man von den **Anforderungen** aus, die eine Arbeitsverrichtung an den AN stellt. Die wichtigsten Anforderungsarten sind hierbei: Fachkenntnisse (aufgrund beruflicher Ausbildung und Berufserfahrung), Geschicklichkeit, körperliche und geistige Anstrengung bei der Arbeit, Verantwortung für Menschen und Sachen, Umgebungseinflüsse (zB Lärm, Staub, Temperatur). Ausgehend von diesen Faktoren lassen sich Kennzahlen für den Schwierigkeitsgrad der Arbeit gewinnen, die man als Arbeitswerte bezeichnet.[1] In der Praxis sind für die Bewertung, insbesondere für die Zuordnung zu verschiedenen Entgeltgruppen zwei Systeme üblich, und zwar die **Punktbewertungsmethode** sowie das **Rangreihenbewertungssystem.** Beim Punktbewertungssystem wird der Schwierigkeitsgrad 3

[1] Vgl. *Wöhe,* Einführung in die Allgemeine Betriebswirtschaftslehre, 26. Aufl. 2016, 141.

durch Punkte ausgedrückt und einer bestimmten Punkthöhe eine bestimmte Vergütungshöhe zugeordnet. Bei der Rangreihenbewertungsmethode werden bestimmte Arbeitnehmergruppen gebildet, denen beispielhaft bestimmte Berufe zugeordnet werden.[2] Soll das Entgelt eines AN ermittelt werden, ist abstrakt aus den Beispielen der Schwierigkeitsgrad zu ermitteln und damit der Schwierigkeitsgrad der von dem Einzugruppierenden zu leistenden Arbeit zu vergleichen. Die Rangreihenbewertungsmethode findet sich vor allem im öffentlichen Dienst bei der Eingruppierung der Angestellten. Sie ist das kompliziertere System, weil gedanklich zwei Abstraktionsvorgänge notwendig sind. Gleichwohl ist sie das verbreitetste. Zu den Eingruppierungsgrundsätzen im öffentlichen Dienst → § 64 Rn. 26 ff.

4 **3. Zeitgrad und Leistungsgrad.** Unter Zeitgrad versteht man die **Entlohnung nach Zeiteinheiten** und unter Leistungsgrad die **Effektivität** der menschlichen Arbeitsleistung. Während der unterschiedliche Arbeitswert in allen Entgeltordnungen Berücksichtigung findet, unterscheiden sich Zeit-, Akkord-, Prämienlohn und Provision durch die Berücksichtigung des Leistungsgrades bei der Entgeltbemessung.

III. Besondere Entlohnungsformen

5 **1. Indexlohn.** Der Indexlohn findet sich als Preisindexlohn und als Produktivitätsindexlohn. Beim Preisindexlohn wird der Lohn an den Preisindex geknüpft, so dass im Rahmen von Tarifverhandlungen etwaige Lohnerhöhungen automatisch an den Anstieg des Preisindexes geknüpft sind (auch → § 274 Rn. 175 ff.); beim Produktivitätsindexlohn wird dagegen der Lohn an den Produktivitätszuwachs geknüpft. Indexlöhne finden sich in Deutschland nicht.

6 **2. Flexible Entgeltregelungen.** Neben Flexibilisierungen der Arbeitszeit (hierzu → § 160 Rn. 1 ff.) gewinnen in der betrieblichen Praxis auch flexible Entgeltregelungen zunehmend an Bedeutung. Zu unterscheiden ist die inhaltliche und zeitliche Entgeltflexibilisierung. Inhaltliche Flexibilität ist gegeben, wenn ein Entgelt nicht in einer festen Leistung besteht, sondern mit variablen Größen verbunden ist. Dies ist der Fall bei Provisionen (→ § 75 Rn. 1 ff.), Tantiemen oder Gewinnbeteiligungen (→ § 76 Rn. 1 ff.), Index- und Spannungsklauseln (→ § 274 Rn. 179). Zeitliche Flexibilität liegt vor, wenn eine Entgeltregelung zeitlich begrenzt ist, so dass sie anschließend entfallen oder veränderten Verhältnissen angepasst werden kann. Zur Befristung von Entgeltvereinbarungen → § 38 Rn. 17. Regelungen, mit denen die Entgelthöhe variabel gestaltet wird (zB durch Freiwilligkeits- und Widerrufsvorbehalte), erlauben aber nach ganz überwiegender Ansicht in Rspr. und Lit. keine unbegrenzte Entgeltflexibilisierung. Streitig ist allerdings die dogmatische Begründung.[3] Das BAG stellte in der Vergangenheit auf eine Umgehung des Änderungskündigungsschutzes nach § 2 KSchG ab. Sofern es sich um Vereinbarungen in Allgemeinen Geschäftsbedingungen handelt, ist nunmehr § 308 Nr. 4 BGB maßgeblich. Der einseitig vom AG bestimmbare Entgeltanteil muss nach der Rspr. des BAG unter 25% der Gesamtvergütung liegen (hierzu → § 35 Rn. 130; für Zuschläge und Sonderzahlungen → § 35 Rn. 108; für Provisionsvereinbarungen → § 75 Rn. 14, 27). Der Charakter des Arbeitsvertrages als Dauerschuldverhältnis, das dem AN umfassende Nebenpflichten (zB auf Unterlassen von Wettbewerb) auferlegt und durch das er außerstande ist, die entsprechende Arbeitszeit anderweitig zur Sicherung seines Lebensunterhalts zu nutzen, lässt es nicht als zumutbar iSv § 304 Nr. 8 BGB erscheinen, einen größeren Teil des Entgelts zu flexibilisieren. Bei ausgehandelten Vertragsbedingungen gilt diese feste Obergrenze nicht. Hier findet lediglich eine Kontrolle nach §§ 138, 315 BGB statt. Ferner sieht das BAG Spitzenverdiener nicht als schutzwürdig an,[4] wobei ungeklärt ist, wann von einem Spitzenverdienst ausgegangen werden kann. Hier dürfte jeweils im Einzelfall zu prüfen sein, in welchem Umfang flexible Entgeltgestaltungen gem. § 308 Nr. 4 BGB zumutbar sind.

7 **3. Leistungsentlohnung.** Bei ihr soll die Leistung des AN besonders vergütet werden. Das Entgelt orientiert sich am Leistungsergebnis. Die klassischen Formen der Leistungsentlohnung sind der Akkordlohn (→ § 63 Rn. 8 ff.) und die Prämienentlohnung (→ § 63 Rn. 51 ff.). Ein leistungsabhängiges Entgelt liegt aber auch vor, wenn periodisch oder individuell Leistungsbeurteilungen nach vorher festgelegten Maßstäben durchgeführt werden. Diese können in eine Zielvereinbarung (→ § 77 Rn. 1 ff.) aufgenommen werden.

---

[2] Vgl. zB Allgemeine Vergütungsordnung zum BAT (AVO) idF vom 25.3.1966 m. zahlr. Änd.; TVÜ-Bund.

[3] Ausf. hierzu MHdB ArbR/*Krause* § 63 Rn. 11; *Schwarze* RdA 2012, 321.

[4] BAG 28.5.1997 AP Nr. 36 zu § 611 BGB Arzt-Krankenhaus-Vertrag = NZA 1997, 1160 (vor Geltung des AGB-Rechts).

IV. Verdienstentwicklung

Wegen der Entwicklung der Durchschnittsverdienste in der Bundesrepublik s. das Statistische Taschenbuch des BMAS.[5] 8

§ 63. Arbeitswissenschaftliche Prinzipien der Entgeltfindung

Übersicht

I. Zeitlohn

1. Reiner Zeitlohn. Der Zeitlohn unterstellt in seiner reinen Form bei allen AN, die Arbeiten des gleichen Arbeitswertes verrichten, denselben Leistungsgrad. Das Entgelt wird im Rahmen der durch den Arbeitswert bedingten Vergütungsgruppe rein zeitbestimmt bemessen. Traditionell werden bei Arbeitern und Angestellten unterschiedliche Zeitabschnitte zugrunde gelegt. Während bei Arbeitern zumeist ein Stunden- oder Wochenlohn vereinbart wird, ist bei Angestellten im Allgemeinen ein Monatsentgelt abzurechnen. Der Vorteil des Zeitlohns besteht für den AN darin, dass er trotz schwankenden Leistungsgrades immer den gleichen Lohn erhält. Allerdings liegt darin für ihn der Nachteil, dass eine überdurchschnittliche Leistung bei der Entgelthöhe nicht honoriert wird. Auf Arbeitgeberseite ist Nachteil des Zeitlohns neben dem fehlenden Leistungsanreiz, dass kalkulatorisch wegen des unterschiedlichen Leistungsgrades nicht durchgehend mit den gleichen Lohnkosten je Arbeitsstück gerechnet werden kann. 1

2. Zulagen. a) Allgemeines. Den durch den Zeitlohn bedingten Entgeltungerechtigkeiten versucht man durch die Gewährung von Entgeltzulagen zu begegnen. In jedem Fall muss auch bei einem durch Zulagen modifizierten Entgelt das Tarifentgelt als Mindestvergütung gezahlt werden, sofern beide Parteien tarifgebunden sind oder der Vergütungstarif allgemeinverbindlich ist. Ansprüche auf Zahlung von Zulagen können auf tarifvertraglichen Regelungen, einer arbeitsvertraglichen Vereinbarung oder einer betrieblichen Übung beruhen. Die Entgeltzulagen können an unterschiedliche Gesichtspunkte anknüpfen, die in der Tätigkeit oder auch in der Person des AN begründet sind. 2

b) Erschwerniszulagen und Zulagen für ungünstige Arbeitszeit. Diese Zulagen sind im Allgemeinen für die Leistung von Mehrarbeit, Nachtarbeit, Schichtarbeit, Sonn- und Feiertagsarbeit sowie aufgrund besonders schmutziger und gefährlicher Arbeit usw. zu zahlen. Sie berücksichtigen also primär eine besondere **Arbeitsschwierigkeit,** nicht dagegen den Leistungsgrad (Einzelheiten → § 69 Rn. 1 ff.). 3

c) Betriebliche Zulagen. Auch bei den allgemeinen betrieblichen Zulagen stehen nicht Leistungs-, sondern andere Gesichtspunkte im Vordergrund, auch wenn sie gelegentlich als Leistungszulagen bezeichnet werden. So handelt es sich in der Regel nicht um eine echte Leistungszulage, wenn allen AN ein Zuschlag gezahlt wird, sondern um eine Aufstockung des Tarifent- 4

---
[5] http://www.bmas.de.

gelts. Erst recht kann nicht von einer Leistungszulage gesprochen werden, wenn sie aus sozialen Gründen (Familien-, Kinderzuschlag usw.) gezahlt wird.

5 **d) Persönliche Zulagen.** Persönliche Zulagen werden individuell an einzelne AN gezahlt, ohne dass damit zwingend eine besondere Leistung des AN honoriert wird. In Tarifverträgen werden als persönliche Zulagen gelegentlich Zulagen zur Entgeltsicherung bezeichnet, mit denen zB nach Änderungen des Vergütungssystems die bisher gezahlte Entgelthöhe garantiert werden soll.[1]

6 **e) Leistungszulagen.** Echte Leistungszulagen sind nur solche, die unmittelbar an das Arbeitsergebnis anknüpfen. Ein echtes Leistungsbewertungsschema lässt sich in der Weise erstellen, dass die Arbeit in solche des **Erstellens** (eigentliche Produktivarbeit) und **Erhaltens** (Rohstoffe, Werkzeuge) untergliedert wird. Beide Gruppen können nach Güte und Menge aufgeteilt werden. Ausgehend hiervon entwickelt man ein Bewertungsschema und ordnet jeder Beurteilung eine bestimmte Punktezahl zu, aus deren Summe sich die Zulage errechnet. Bei einem Vorarbeiter kann die Zulage zB nach einer Bewertung der Arbeitskenntnis, Kunst der Menschenführung, Fähigkeit der Arbeitsunterweisung, der Arbeitsplanung und der Wahrnehmung der Verantwortung bemessen werden. Wegen der vielfältigen Anknüpfungspunkte und Bewertungsschemata im Übrigen wird auf die arbeitswissenschaftliche Literatur verwiesen (Einzelheiten → § 69 Rn. 23 ff.).

7 **f) Sozialzulagen.** Sozialzulagen knüpfen an eine bestimmte soziale Situation des AN an. Sie werden zumeist als Verheirateten-, Kinder-, Alters-, Wohn- oder Ortszuschläge gewährt.

II. Akkordlohn

Muster zur Akkordentlohnung: Schaub ArbRFV-HdB/*Schrader* B. Rn. 228, 318 f.

8 **1. Allgemeines.** Im Rahmen der Personalwirtschaft geht es dem AG darum, durch einen möglichst effizienten Arbeitseinsatz qualifizierter und motivierter Mitarbeiter Wettbewerbsvorteile gegenüber seinen Konkurrenten zu erreichen. Ziel ist der ergebniseffiziente Einsatz des Produktionsfaktors „menschliche Arbeit". Personalwirtschaftlich besteht damit die Aufgabe, sowohl die Personaleinsatzplanung als auch die Personalführung und -motivation zu optimieren. Bei den Motivationsinstrumenten spielen monetäre Anreize eine erhebliche Rolle. Ein solcher monetärer Anreiz kann vornehmlich im Bereich der Produktion eine Akkordvergütung sein, die für den AN bedeutet, dass ein höherer Arbeitseinsatz unmittelbar zu einem höheren Entgelt führt. Gleichzeitig müssen aber die uU mit der Akkordarbeit verbundenen Nachteile, wie etwa einseitige Belastung der Mitarbeiter, hohe Ermüdung durch monotone Arbeitsabläufe sowie die Gefahr gesundheitlicher Schäden durch Überforderung beachtet werden. Um zudem der Gefahr schlechter Arbeitsergebnisse bei einer Steigerung der Arbeitsgeschwindigkeit vorzubeugen, sollte Maßstab für die Entgelthöhe nicht allein das quantitative Ergebnis (zB die Zahl der gefertigten Teile) sein, sondern auch die Qualität der Arbeitsergebnisse (zB Ausschuss-Quote).

9 Zweck der Akkordvergütung ist es, die Entlohnung entsprechend der geleisteten **Arbeitsmenge** zu bemessen. Ihre Einführung ist daher nur dann sinnvoll, wenn der Arbeitsablauf in einer im Voraus bekannten und bestimmbaren Weise wiederholbar und der AN überhaupt in der Lage ist, durch Steigerung seiner Arbeitsleistung die Arbeitsmenge zu beeinflussen. Dies ist in einem vollmechanisierten Betrieb, in dem der Arbeitsrhythmus vom Maschinenrhythmus abhängt, zumeist nur noch in den Fällen möglich, in denen der AN die – einzelne – Maschine nach seinem Ermessen einstellen kann. Für den AG empfiehlt sich die Einführung von Akkordentlohnung nur dann, wenn die Bezugsgrößen der Leistungsentlohnung betriebswirtschaftlich von Interesse sind und der Leistungsgrad mit vertretbarem Aufwand hinreichend genau gemessen werden kann. In jedem Fall sollte im Interesse des Betriebsfriedens nur dann eine Leistungsentlohnung eingeführt werden, wenn sie für den AN durchschaubar und von einem objektiven Dritten kontrollierbar ist. Nicht akkordfähig sind Arbeiten, bei denen der Ablauf und das Verfahren prozessbedingt wechseln.

10 In arbeitsrechtlichen Gesetzen wird die Akkordarbeit nur vereinzelt erwähnt: Aus Gründen des **Gefahrenschutzes** ist Akkordarbeit für Schwangere, stillende Mütter **(§ 11 VI Nr. 1, § 12 V Nr. 1 MuSchG),** Jugendliche **(§ 23 JArbSchG)** sowie für Fahrpersonal **(§ 3 FPersG)** verboten. **Mitbestimmungsrechte** ergeben sich aus den Bestimmungen in § 87 I

[1] Vgl. zB den Sachverhalt bei BAG 10.8.2000 AP Nr. 9 zu § 1 TVG Tarifverträge: Deutsche Bahn = NZA-RR 2001, 256.

Nr. 10, 11 BetrVG, § 75 III Nr. 4 BPersVG. Eine Sonderregelung enthält § 4 Ia 2 EFZG für die Berechnung der **Entgeltfortzahlung** im Krankheitsfall.

2. Bezugsgrößen der Leistungsentlohnung. Die Bezugsgröße beim Akkordlohn ist allein die **Arbeitsmenge.** Diese kann je nach den Verhältnissen der zu leistenden Arbeit und des Betriebes nach den verschiedensten Gesichtspunkten ausgewählt werden. Man unterscheidet im Wesentlichen: 11

a) Stückakkord. Hier wird die verarbeitete Stückzahl, zB Zahl der genähten Kleider, der gefertigten Kolbenringe usw. der Akkordlohnberechnung zugrunde gelegt. 12

b) Gewichtsakkord. Statt an die Zahl der gefertigten Arbeitsstücke kann an das Gewicht des beförderten Materials, zB beim Entladen von Waggons, angeknüpft werden. 13

c) Maßakkord. Bei ihm wird für die Akkordberechnung eine bestimmte Maßeinheit zugrunde gelegt, wenn zB eine Arbeiterin zu nähen hat, die Länge der Nähte der Akkordberechnung. 14

d) Flächenakkord. Beim Flächenakkord handelt es sich um einen speziellen Maßakkord. Hier wird die Größe einer bearbeiteten Fläche, zB beim Aufbringen des Wand- oder Deckenputzes, zur Berechnung verwandt. 15

e) Pauschalakkord. Von einem Pauschalakkord wird gesprochen, wenn die Arbeitsaufgabe nicht einheitlich ist, sondern die Akkordvorgabe sich auf eine größere Arbeitsaufgabe mit verschiedenen Arbeitsinhalten (zB das Aufreißen und anschließende Pflastern einer Straße) bezieht. 16

3. Erscheinungsformen der Akkordvergütung. a) Allgemeines. Bei der Unterscheidung der Akkorde nach Bezugsgrößen werden die Abgrenzungskriterien aus dem **Anknüpfungspunkt** und der Art der Arbeitsleistung gewonnen. Die Akkorde unterscheiden sich jedoch auch nach der Form der **Errechnung der Vergütung.** 17

b) Geld- und Zeitakkord. Beim **Geldakkord** wird einer bestimmten Leistungseinheit unmittelbar ein Geldbetrag gegenübergestellt. Wie diese Leistungseinheit ermittelt wird, ist für die Unterscheidung nach Geld- und Zeitakkord unerheblich. Der Geldakkord kann Stück-, Gewichts-, Maß-, Flächenakkord usw. sein, wenn die Leistungseinheit unmittelbar mit dem Geldfaktor multipliziert wird, zB je Arbeitsstück 1,50 EUR, je Naht 1,20 EUR, je qm Flächenputz 10 EUR usw. 18

Beim **Zeitakkord** wird dagegen für eine bestimmte Arbeitsleistung eine festgelegte Zeit als Verrechnungsfaktor vergütet; dh dem AN wird zB für die Fertigung eines Arbeitsstücks, einer Naht usw. eine bestimmte Zeit vorgegeben, die er auch dann vergütet erhält, wenn er die Leistung in kürzerer oder längerer Zeit erbringt. 19

Der Geldakkord wird in neuerer Zeit zunehmend durch den Zeitakkord abgelöst. Dessen Vorteil liegt darin, dass die Vorgabezeiten für die Arbeitsvorbereitung nutzbar gemacht werden können und bei tariflichen Lohnerhöhungen zutreffend ermittelte Akkordvorgaben nicht verändert werden müssen. 20

c) Einzel- und Gruppenakkord. Beim **Einzelakkord** wird der Akkordlohn für die einzelnen AN nach ihrem Leistungsergebnis bemessen; es werden also die von ihnen produzierten Arbeitsstücke, Nähte usw. honoriert. Seine betriebswirtschaftlichen Nachteile bestehen in der Vielzahl der notwendigen Kontroll- und Berechnungsvorgänge sowie der Möglichkeit der „verspäteten" Abrechnung von Akkordscheinen, also der Schaffung von **Schubladenakkorden.** Arbeitsphysiologisch nachteilig kann sich auswirken, dass der Einzelne zum Schaden seiner Gesundheit Pausen zur Steigerung seiner Arbeitsleistung nutzt. Beim **Gruppenakkord** wird die Entlohnung nach dem Leistungsergebnis einer Arbeitsgruppe[2] bemessen und dann auf das einzelne Gruppenmitglied repartiert. Er wird vor allem dann gewählt, wenn eine Leistung betriebswirtschaftlich sinnvoll nur von mehreren AN erbracht werden kann, zB das Verputzen eines Hauses. 21

4. Methoden der Akkordvorgabebestimmung.[3] **a) Übersicht.** Die Höhe der individuellen Akkordentlohnung hängt davon ab, in welchem Verhältnis das individuelle Leistungsquantum zur **Akkordvorgabe** steht. Nach der Ermittlung und Bestimmung der Akkordvorgabe unterscheidet man den **ausgehandelten,** den **Faust- oder Meisterakkord,** den **Schätzakkord** sowie den **arbeitswissenschaftlichen Akkord.** 22

[2] Zur Gruppenarbeit auch → § 181 Rn. 1 ff.
[3] Näher *Hamann/Naumann* AuA 1991, 144.

23 **b) Ausgehandelter Akkord.** Beim ausgehandelten Akkord wird die Akkordvorgabe zwischen AG und AN – je nach Stärke auf dem Arbeitsmarkt – frei vereinbart. Beim Geldakkord wird demnach der Arbeitsmengenpreis (Stück-, Flächen-, Maßpreis usw.), beim Zeitakkord die Zeitvorgabe je Arbeitsstück ausgehandelt. Die Vertragsparteien werden über die arbeitsnotwendige Zeit idR eine Vorstellung haben, diese ist aber nicht Inhalt der Akkordvereinbarung.

24 **c) Faust- oder Meisterakkord.** Beim Faust- oder Meisterakkord wird die Akkordvorgabe vom AG und AN festgesetzt, wobei beide Vertragsteile in der Regel nur eine grobe Vorstellung von der notwendigen Zeit haben; es wird „über den Daumen gepeilt".

25 **d) Schätzakkord.** Von Schätzakkord wird gesprochen, wenn die Zeitermittlung auf Erfahrung und kenntnisbegründetem Schätzen der arbeitsnotwendigen Zeiten für die Teilfunktionen einer Gesamtarbeitsaufgabe beruht. Der Schätzakkord wird in der Industrie zumeist dann angewandt, wenn kleinere Serien eine arbeitswissenschaftliche Ermittlung der Vorgabezeit betriebswirtschaftlich nicht rechtfertigen.

26 **e) Arbeitswissenschaftlicher Akkord. aa) Bewertungsmaßstäbe.** Der arbeitswissenschaftliche Akkord steht heute im Vordergrund der betrieblichen Praxis. Bei ihm wird die arbeitsnotwendige Zeit methodisch nach abstrakten Bewertungsmaßstäben ermittelt. Es sind vier Systeme zu unterscheiden: das **Zeitermittlungsverfahren nach den vom REFA Bundesverband e.V.** aufgestellten Grundsätzen, das **Bédaux-System,** das **Methods Time Measurement (MTM)** und die **Work-Faktor-Berechnung.**

27 **bb) Vorgabezeitermittlung nach REFA.**[4] Bezugsgröße ist hier die sog. Normalleistung (→ Rn. 34), auf deren Grundlage die Vorgabezeit (Soll-Zeit) ermittelt wird. Der Zeitermittlung hat ein gründliches **Arbeitsstudium** vorauszugehen. Es muss die beste Arbeitsmethode am konkreten Werkstück mit den konkreten betrieblichen Mitteln festgestellt werden. Neben dieser Durchrationalisierung der Arbeit ist der AN hinreichend zu unterweisen.

28 Im Rahmen der **Zeitstudie** ist der konkrete Arbeitsablauf klar zu gliedern. REFA empfiehlt hierfür nachfolgendes **Zeitgliederungsschema:**[5]

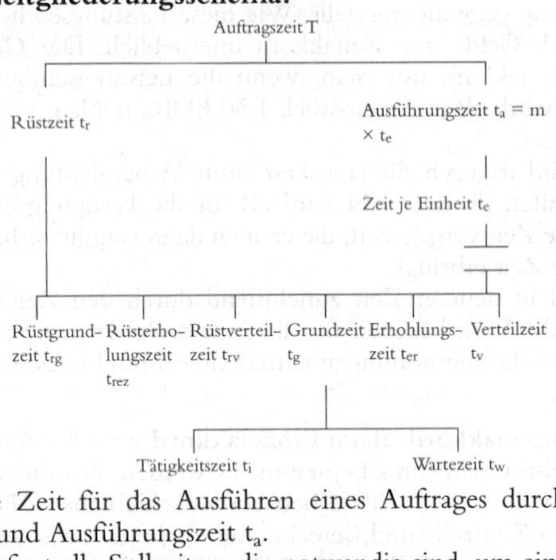

29 **Auftragszeit** ist die Zeit für das Ausführen eines Auftrages durch einen Menschen. Sie besteht aus Rüstzeit t_v und Ausführungszeit t_a.

30 Die **Rüstzeit** (t_v) umfasst alle Sollzeiten, die notwendig sind, um ein Arbeitssystem vorzubereiten, einen Auftrag durchzuführen und ggf. noch zusätzliche Zeiten, um Arbeitssysteme nach Erledigung des Auftrages in den ursprünglichen Zustand zurückzuversetzen.

31 **Erholungszeit** ist die Zeit, in der die Tätigkeit zum Abbau der tätigkeitsbedingten Arbeitsermüdung unterbrochen wird, die also notwendig ist zur Reproduktion der geistigen und körperlichen Spannkraft. Im Rahmen der Erholungszeitermittlung wird ein Erholungszeitzuschlag gegeben. Dieser ist das prozentuale Verhältnis von Erholungszeit t_{er} zur

$$\text{Grundzeit } t_g \; (Z_{er} = \frac{t_{er}}{t_g}\ 100\%)$$

Sowohl bei Tarifvertragsverhandlungen als auch in Verfahren vor den Einigungsstellen wird häufig darum gestritten, ob und inwieweit besondere Erholungszeitzuschläge zu gewähren sind.

---

[4] http://www.refa.de; *Felix,* REFA. Methodenlehre der Betriebsorganisation, 1998; *Hujer,* REFA Methodenlehre der Betriebsorganisation, Betriebliche Statistik, 1997.

[5] REFA-Methodenlehre des Arbeitsstudiums, Bd. 2, S. 42; *Hamann/Naumann* AuA 1991, 144.

Verteilzeit (t_v) ist die Summe der Soll-Zeiten aller Ablaufabschnitte, die zusätzlich zum planmäßigen Ausführen eines Arbeitsablaufs durch den AN anfällt. Sie besteht aus der sachlichen Verteilzeit (t_s) für sachliche Verrichtungen, die zusätzlich zur eigentlichen Arbeitsaufgabe anfallen, und der persönlichen Verteilzeit (t_p) für persönlich bedingte Unterbrechungen (zB Trinken, Toilettenbesuch). Die Ermittlung der Verteilzeit erfolgt durch eine spezielle Verteilzeitstudie. Sie wird in der Auftragszeit durch einen Verteilungsprozentsatz (z_v) berücksichtigt 32

$$tv = \text{Grundzeit} \times \frac{z_v}{100}$$

Im Rahmen der Zeitstudie wird für jeden einzelnen Arbeitsablauf von einem/r besonders ausgebildeten Zeitnehmer/in (Zeitstudienmann), also einem/r Sachverständigen, die aufgewandte Arbeitszeit gemessen. Die gemessenen Istzeiten können jedoch nicht unmittelbar dem Akkord zugrunde gelegt werden, sonst würde die am überdurchschnittlichen AN gewonnene Zeit zu einem zu straffen, die am unterdurchschnittlichen AN gewonnene Zeit zu einem überhöhten Akkord führen. Der Zeitstudienmann hat daher während der Zeitaufnahme den Leistungsgrad zu schätzen (zulässige Fehlerquote ± 5%) und die Istzeit auf die **Normalzeit** umzurechnen. Die Gleichung für die Errechnung lautet 33

$$\text{Normalzeit} = \frac{\text{Istzeit} \times \text{Leistungsgrad v. H.}}{100}$$

Vorgabezeit ist die **Soll-Zeit,** die ein AN zur ordnungsmäßigen Ausführung der ihm übertragenen Arbeit unter den betriebsüblichen Bedingungen bei Normalleistung benötigt. **Normalleistung** ist die Leistung, die ein voll oder ausreichend geeigneter und geübter AN auf die Dauer und im Mittel der täglichen Schichtzeit ohne Gesundheitsschädigung erbringen kann, wenn er die in der Vorgabezeit berücksichtigten Zeiten für persönliche Bedürfnisse und Erholung einhält. 34

Eine **Vorgabekalkulation** ist etwa nach folgendem Schema aufgebaut. 35

Zeitbegriff	Symbole	erwartete Ist-Zeit je		Soll-Zeit je Einheit	Soll-Zeit je Auftrag	Vorgabezeit des Auftrags
		Auftrag	Einheit			
Rüstgrundzeit	t_{rg}					
Rüstverteilzeit (Verteilprozentsatz 5%)	t_{rv}					
Rüstzeit	t_r					
Tätigkeitszeit (beeinflussbar)	t_{bt}					
Tätigkeitszeit (unbeeinflussbar)	t_{tu}					
Tätigkeitszeit	t_t					
Arbeitsablaufbedingte Wartezeit	t_w					
Grundzeit	t_g					
Verteilzeit (Verteilprozentsatz 5%)	t_v					
Zeit je Einheit	t_e					
Ausführungszeit (= m.te)	t_a					
Auftragszeit (= $t_r + t_a$)	T					

cc) Bédaux-System. Das Bédaux-System ist ein von Bédaux entwickeltes System zur Ermittlung des Arbeitsentgelts als Prämienlohn sowie zur Rationalisierung der Fertigung. 36

Beim Bédaux-System wird die normale Arbeitsleistung je Minute (B-Punkt) durch Zeitstudie, Schätzung der individuellen Arbeitsgeschwindigkeit und Ermüdungszuschlag festgelegt. Die Festlegung erfolgt entsprechend einem Tempo, das bei 75% eines dem AN auf lange Sicht über 8 Stunden hinweg zumutbaren Tempos liegt. Für eine Stunde werden 60 B-Punkte vorgegeben. Ein B ist diejenige Menge Arbeit, die ein geübter und geeigneter, nicht gehemmter AN in 37 einer Minute vollbringt, wenn er ein normales Arbeitstempo einhält und die Erholungspause in Anspruch nimmt, die ihm für die Tätigkeit zugebilligt werden muss, damit er nicht seiner Gesundheit schadet. Die Erholungszeiten werden in Prozentsätzen den gemessenen Istzeiten hinzugeschlagen. 60 B-Punkte werden mit dem entsprechenden Tariflohn der Lohngruppe entgolten. Von dem über 60 B-Punkte hinaus erzielten Verdienst erhält der Betrieb idR 25% als Äquivalent für die Lohngarantie von 60 B bei Minderleistung sowie den betrieblichen Organisationsaufwand. Teilweise wird auch bis 80 B voll entlohnt, um dann darüber zur Vermeidung von Schädigungen der Arbeitskraft, Maschinen und Überproduktionen Abschläge vorzunehmen, so dass die Lohnkurve degressiv verläuft. Im Rahmen des Bédaux-Systems sind Erziehungsprämien für AN, in deren Abteilung keine 60 B erreicht werden, sowie Methodenzuschüsse bekannt. Letztere werden gewählt, wenn AN aus organisatorischen Gründen keine 60 B erreichen. Daneben werden vielfach die Gruppenführer beteiligt.

38 **dd) MTM-System.** Das MTM-System (Methods Time Measurement) beruht auf 1940 in der Westinghouse Electric Company in Toronto begonnenen Arbeiten. Der Arbeitsablauf wird in die Elementarbewegungen (Hand-, Arm-, Körper-, Bein- und Fußbewegungen sowie Blickvorgänge) zerlegt. Es werden 9 Grundbewegungen unterschieden. Jeder dieser Grundbewegungen wird ein vorbestimmter Normalzeitwert zugeordnet, der durch die Natur der Grundbewegung und der Umwelteinflüsse bedingt ist. Die für die Grundbewegung erforderlichen Arbeitszeiten werden MTM-Normalzeitwerttabellen entnommen. Die Grundbewegungszeiten sind Normalzeiten. Sie werden aufgrund von Filmzeitstudien entwickelt. Das Verfahren zur Schätzung des Leistungsgrades heißt Levelling System. Die zu analysierende Leistung wird in die 4 Komponenten, Geschicklichkeit (Skill), Anstrengung (Efforts), Arbeitsbedingungen (Conditions) und Gleichmäßigkeit (Consistency) zerlegt. Die 4 Leistungskomponenten sind in jeweils 6 Bewertungsfaktoren und 2 Bewertungsuntergruppenfaktoren unterteilt.

39 Die Vorgabezeit wird aus den für die Elementarbewegungen notwendigen Zeiten zusammengerechnet, nachdem der Normalzeit bestimmte Erholungszuschläge hinzugerechnet worden sind.

40 Aus dem MTM-System wurde eine Vielzahl von Sonderverfahren abgeleitet. Die Standarddatensysteme sind vorwiegend Zeitbausteinsysteme. Sie werden mit höheren Entwicklungsnummern bezeichnet (MTM 2 bis MTM 5).

41 **ee) Work-Faktor-Berechnung (WF-System).** Auch bei der Work-Faktor-Berechnung werden Grundbewegungen unterschieden (Bewegen, Greifen, Loslassen, Verrichten, Fügen, Demontieren, Ausführen sowie geistige Vorgänge). Diese Grundbewegungen werden in einer Tabelle unter Berücksichtigung von besonderen Einflüssen festgehalten und bewertet.

42 **5. Berechnungsprinzipien der Akkordvergütung. a) Geldakkord.** Beim Geldakkord wird die festgestellte Arbeitsmenge (Stückzahl, Gewicht, Maß usw.) mit dem Geldfaktor multipliziert; ist zB mit dem AN ein Stückpreis von 0,50 EUR vereinbart, so erhält er bei Erstellung von zehn Arbeitsstücken 5 EUR.

43 **b) Zeitakkord.** Beim Zeitakkord wird dagegen die Akkordvergütung durch Multiplikation von Arbeitsmenge mal Vorgabezeit mal 1/60 des **Akkordrichtsatzes** berechnet. Hat eine AN bei einer Vorgabezeit von 20 Minuten und einem Akkordsatz von 10 EUR in 15 Minuten einen Rock genäht, so beträgt der Stundenverdienst 4 mal 20 Minuten mal 10 EUR geteilt durch 60 = 13,33 EUR.

44 **c) Akkordrichtsatz.** Unter Akkordrichtsatz versteht man den Stundenverdienst eines Akkordarbeitnehmers bei Normalleistung. Er besteht zumeist aus dem Grundlohn der die Tätigkeit kennzeichnenden Tariflohngruppe zuzüglich einem **Akkordrichtsatzzuschlag.** Lohnpolitisch ist umstritten, ob es gerechtfertigt ist, den tariflichen Grundlohn um einen Akkordrichtsatzzuschlag zu erhöhen. Die Gegner dieses Zuschlages wenden vor allem ein, durch die fortschreitende Mechanisierung werde auch der Stundenlohnarbeitnehmer zur Einhaltung einer gewissen Arbeitsgeschwindigkeit gezwungen, so dass die zuschlagmäßige Besserstellung des Akkordarbeitnehmers nicht mehr zu rechtfertigen sei.[6]

45 **d) Mindestlohngarantien.** Neben dem Akkordrichtsatz normieren zahlreiche Tarifverträge für Akkordarbeitnehmer eine Mindestlohngarantie **(Verdienstsicherungsklausel).** Diese soll verhindern, dass die Vergütung eines AN bei Zurückbleiben der Leistung gegenüber der Normalleistung unter die garantierte Summe absinkt.

[6] Vgl. ErfK/*Preis* BGB § 611a Rn. 392.

e) Akkordlohnkurve. Es besteht die Möglichkeit, den Akkordvertrag so abzuschließen, dass sich mit steigender Arbeitsmenge auch die Arbeitsvergütung linear erhöht. Es kann aber zweckmäßig sein, zB um einer Überlastung von Maschine und Mensch vorzubeugen, die Lohnkurve degressiv verlaufen zu lassen (auch → Rn. 37). Je nach Verlauf der Entlohnungskurve spricht man von einer **linear, degressiv oder progressiv verlaufenden** Akkordlohnkurve. 46

6. Akkordrevision. a) Begriff. Akkordrevision ist die Berichtigung des dem AN vorgegebenen Leistungsquantums, zumeist in Form einer Berichtigung der Vorgabezeit. Die Notwendigkeit zur Akkordrevision ergibt sich in zwei Fällen, nämlich entweder wenn der Akkord von vornherein falsch gesetzt worden ist oder wenn er sich nachträglich ändert. 47

b) Ursprünglich unrichtige Akkordfestsetzung. Die häufigsten Fehlerquellen der arbeitswissenschaftlich ermittelten Zeitvorgabe resultieren aus einer nur mangelhaft durchgeführten Arbeitsstudie. Wird zB nicht die bestmögliche Arbeitsmethodik der Zeitaufnahme zugrunde gelegt, findet der AN diese im Laufe der Zeit selbst. Dann wird mit dem Akkord die „Arbeitsverbesserung" honoriert. Arbeitsverbesserungen sollen jedoch im Rahmen des betrieblichen Vorschlagswesens abgegolten werden. Fehler können sich einschleichen, wenn das betriebliche Material oder Werkzeug nicht einheitlich war. Schließlich kann sich der Zeitnehmer bei der Beobachtung des Leistungsgrades verschätzen. Nach REFA ist von einem zulässigen Beurteilungsspielraum von ± 5% auszugehen. Wird die Zeitvorgabe bewusst unrichtig zum Nachteil des AN festgesetzt, spricht man von einer **Akkordschere.** 48

c) Nachträgliche Änderung der Akkordgrundlage. Die arbeitswissenschaftlich ermittelte Zeitvorgabe wird unrichtig, wenn sich die Arbeitsmethodik, die materialmäßigen oder betrieblichen Voraussetzungen ändern. Die häufigsten, zumeist unbemerkten Änderungen treten durch die sog. **schleichende Rationalisierung** ein; so kann zB die Änderung eines Schmiermittels oder die veränderte chemische Zusammensetzung des Bearbeitungsgegenstandes zu einer Änderung der Arbeitsbedingungen führen. 49

d) Arbeitskontrolle. Einführung und Aufrechterhaltung der Akkordentlohnung bedingen eine Arbeitskontrolle, um nicht nur eine Benachteiligung der AN, sondern auch das „Fortlaufen" der Akkorde zu verhindern. Regelmäßig wird in der arbeitswissenschaftlichen Literatur das Führen einer **Akkordstatistik** empfohlen. 50

III. Prämienlohn

Muster zur Prämienentlohnung: Schaub ArbRFV-HdB/*Schrader* B. Rn. 229 ff., 320.

1. Allgemeines. Der Prämienlohn soll die besondere Leistungserbringung des AN honorieren. Er ist eine **Mischform zwischen Zeit- und Leistungsentgelt.** Die Prämien können an alle betriebswirtschaftlich relevanten, vom AN zu beeinflussenden Bezugsgrößen geknüpft werden, zB Arbeitsmenge, Kapazitätsauslastung, Materialersparnis, Energieaufwand, Arbeitsqualität usw. Der Prämienlohn eignet sich für die Entlohnung von Arbeitsergebnissen, die von der mengenmäßigen Arbeitsleistung unabhängig sind. Er kann daher insbesondere auch dann vereinbart werden, wenn der AN die Leistungsmenge nicht steuern kann. Er braucht jedoch nicht notwendig kausal ermittelt zu werden, sondern reicht auch in den Bereich finaler Lohnfindung (→ § 62 Rn. 1) hinein, wenn die Prämie am wirtschaftlichen Ergebnis der Arbeit orientiert wird, also zB als Nutzungs- oder Ersparnisprämie. Während beim an der Arbeitsmenge orientierten Akkord die Lohnkurve regelmäßig linear, und zwar proportional zur Leistungskurve steigt, wird nach den verschiedenen Prämiensystemen die Prämie entsprechend den betriebswirtschaftlichen, technischen und arbeitswissenschaftlichen Notwendigkeiten linear, progressiv oder degressiv gestaffelt; zB würde bei der Mengenprämie, wenn die Gefahr der Gesundheitsschädigung für den AN oder die einer Maschinenüberlastung besteht, die Prämienkurve linear oder progressiv bis zur optimal wünschenswerten Leistung steigen, danach jedoch sinken oder nur noch degressiv steigen. Dabei kommt eine erbrachte Mehrleistung anders als beim Akkordlohn nicht ausschließlich dem AN zugute, sondern sie wird nach einem bestimmten Schlüssel zwischen AN und AG aufgeteilt. Für den AG bedeutet dies, dass die Lohnkosten pro Stück bei einer Mehrleistung sinken, während diese beim Akkord konstant bleiben. 51

Der Prämienlohn ist in seiner Ausgestaltung weitaus flexibler als der Akkordlohn; er erfordert – richtig angewandt – jedoch sorgfältige Arbeitsstudien. Aus Gründen des **Gefahrenschutzes** ist der Prämienlohn für Schwangere, stillende Mütter **(§ 11 VI Nr. 1, § 12 V Nr. 1** 52

MuSchG), Jugendliche **(§ 23 JArbSchG)** sowie für Fahrpersonal **(§ 3 FPersG)** verboten. **Für den BR bzw. den PR bestehen Mitbestimmungsrechte** nach den § 87 I Nr. 10, 11 BetrVG, § 75 III Nr. 4 BPersVG. Eine Sonderregelung enthält § 4 Ia 2 EFZG für die Berechnung der **Entgeltfortzahlung** im Krankheitsfall.

53 Wegen der Fülle der möglichen Anknüpfungspunkte finden sich in der Praxis gelegentlich auch Prämien, die nicht eine besondere Leistung honorieren, sondern Arbeits- und Verhaltensweisen, auf die der AG ohnehin Anspruch hat; zB **Anwesenheits- und Pünktlichkeitsprämien** (→ § 79 Rn. 1 ff.). Sie sind arbeitswissenschaftlich nicht wünschenswert, weil sie nicht dazu dienen, eine bessere Lohngerechtigkeit herbeizuführen. Sie sind zudem deshalb bedenklich, weil von ihnen die Gefahr ausgeht, dass der AN im Interesse der Prämienerhaltung berechtigte Fehlzeiten (Krankheiten, Mutterschutz) herabsetzt.

54 **2. Prämienlohnsysteme.** Die wichtigsten arbeitswissenschaftlich ausgebildeten Prämienlohnsysteme sind: **(1)** Der **Halsey-Lohn** garantiert einen Mindestlohn, der einer normalen Stückzeit entspricht. Unterschreitet der AN die normale Stückzeit, so wird die ersparte Zeit nicht voll honoriert, sondern nur zu einem Bruchteil. Die übrige Zeit kommt dem Betrieb zugute. Bei der Überschreitung der Normalzeit trägt der AG den Mehraufwand. Die Lohnkurve verläuft linear. **(2)** Beim **Rowan-Lohn** verläuft dagegen die Lohnkurve degressiv, um einen starken Leistungsanreiz zu vermeiden. Für die normale Stundenleistung wird der normale Stundenlohn gezahlt. Bei Zeitunterschreitungen wird eine Prämie gezahlt, die sich aus dem Verhältnis der ersparten Zeit zur Normalzeit bei normalem Stundenlohn ergibt. **(3)** Bei dem von *Taylor* entwickelten **Differentiallohnsystem** wird bis zur Normalleistung der normale Stundenlohn gezahlt, darüber steigt die Vergütung überproportional. Es wird damit ein hoher Leistungsanreiz erzeugt. **(4)** Bei dem von Gantt entwickelten **Gantt-System** wird für alle unter der Normalleistung liegenden Leistungsgrade der Grundlohn garantiert. Bei Erreichen der Normalleistung wird die erste Prämie gezahlt; bei höherem Leistungsgrad steigt die Prämie überproportional.

55 **3. Gliederung der Prämien nach der Bezugsgröße der Arbeitsleistung.** Ähnlich wie bei Akkord lassen sich die Prämien auf der Arbeitsseite nach der Bezugsgröße gliedern (→ Rn. 11 ff.). In der Praxis knüpfen die Prämien zumeist nicht an eine, sondern an mehrere Bezugsgrößen an. Eine Mengenprämie wird idR mit einer Güteprämie gekoppelt, um zu verhindern, dass der AN ohne Rücksicht auf die Qualität seiner Arbeit allein die Arbeitsmenge steigert. Anderseits ist es nicht empfehlenswert, die Prämien mit zu vielen Bezugsgrößen zu verknüpfen, da dann das System für den AN wenig durchschaubar ist und betriebswirtschaftlich keine hinreichenden Resultate erzielt werden können.

56 Die gebräuchlichsten Prämien sind:

(1) Bei der **Mengenprämie** wird die Prämie an die quantitative Ausbringung der Arbeit geknüpft.

(2) Die **Qualitäts- oder Güteprämie** dient dazu, den AN durch die Entwicklung besonderer Umsicht anzureizen, den Ausschuss herabzusetzen. Insoweit reicht die Prämienfindung in den Bereich der finalen Lohnbestimmung hinein.

(3) Die **Nutzungsprämie** will längere Stillstandszeiten uU wertvoller Maschinen verhindern und deren optimale Ausnutzung anreizen.

(4) Die **Ersparnisprämie** prämiert die Ersparnis von Rohstoffen, Energie usw.

(5) Die **Terminprämie** will den AN an der pünktlichen Einhaltung von Lieferterminen interessieren und hohe Konventionalstrafen, zB in der Automobil-Zulieferindustrie vermeiden helfen.

(6) Die **Anwesenheitsprämie** (→ § 79 Rn. 1 ff.) will zur Vermeidung von Fehlzeiten anreizen. Viele Betriebe staffeln freiwillige soziale Leistungen (Gratifikationen) nach den Fehlzeiten.

(7) Die **Pünktlichkeitsprämie** will schließlich den pünktlichen Arbeitsbeginn usw. sicherstellen.

57 **4. Gliederung der Prämien nach der Leistungsseite des Arbeitgebers. a) Selbständiger Prämienlohn mit und ohne Mindestlohngarantie.** Es ist denkbar, dass die gesamte Arbeitsvergütung Prämienlohn ist. In diesen Fällen steigt oder sinkt die Arbeitsvergütung je nach der erbrachten Arbeitsleistung, es sei denn, dass eine Mindestlohngarantie das Absinken unter eine bestimmte Lohnhöhe verhindert. Tarifverträge enthalten erst in neuerer Zeit Prämienlohnsysteme. Der Tariflohn wirkt daher im Rahmen betrieblicher Prämienlohnsysteme als Mindestlohngarantie.

b) Kombinierter Prämienlohn. Der kombinierte Prämienlohn ist der zzt. häufigste. Er setzt sich zumeist aus dem Tariflohn (Zeit- oder Akkordlohn) und der betrieblichen Prämie zusammen. 58

c) Geld- oder Zeitprämie. Ähnlich wie beim Akkord kann die Prämie in Geld- und Zeiteinheiten vorgegeben werden. Anders als beim Zeitakkord findet sich jedoch die Zeitprämie kaum. Sie ist theoretisch denkbar nur in Fällen, bei denen die Bezugsgröße nach Zeiteinheiten messbar ist, also vor allem bei der Mengen- und Terminprämie. Dagegen hat die Zeitprämie keine Bedeutung für die Güte- oder Ersparnisprämie. Bei der Zeitprämie erfolgt die Prämienlohnberechnung in der Weise, dass eine wie beim Akkord zu ermittelnde Vorgabezeit bestimmt wird und dem AN später die Istzeit im Verhältnis zur Vorgabezeit vergütet wird. 59

d) Gruppen- oder Einzelprämie. Die Prämie kann an die Arbeitsleistung des einzelnen AN anknüpfen. In vollmechanisierten Betrieben findet sich jedoch zumeist die Gruppenprämie, bei der die Arbeitsleistung der Arbeitsgruppe prämiert und dann auf den einzelnen AN repartiert wird. 60

e) Prämienkurve. Von linearem, progressivem oder degressivem Prämienlohn spricht man je nach Ausgestaltung der Prämienlohnkurve, sie wächst linear, wenn sie proportional zur Bezugsgröße steigt; progressiv, wenn sie mit steigender Bezugsgröße stärker steigt; degressiv, wenn sie sich bei steigender Bezugsgröße abschwächt. 61

5. Festlegung der Prämienleistungsnorm. a) Allgemeines. Auch im Prämienlohnsystem bedarf es der Festlegung dessen, was als Normalleistung angesehen wird und was als überdurchschnittliche Leistung zu bewerten und zu prämieren ist. Im Wesentlichen sind **drei Schemata der Normermittlung** zu unterscheiden. 62

b) Ausgehandelter Prämienleistungslohn. Beim ausgehandelten Prämienleistungslohn wird die Prämie wie beim ausgehandelten Akkord (→ Rn. 23) oder Gedinge für ein bestimmtes Leistungsergebnis frei vereinbart. 63

c) Empirisch ermittelter Prämienleistungslohn. Bei dem empirisch ermittelten Prämienleistungslohn wird der Durchschnitt einer konkreten Arbeitsleistung **statistisch** ermittelt und hiernach die Prämie ausgerichtet. Die statistische Ermittlung der Durchschnittsleistung kann zu erheblichen Lohnungerechtigkeiten führen. Werden unzureichende statistische Unterlagen verwandt, kann ein mit niedrigem Durchschnittswert arbeitender AN verhältnismäßig leicht eine Prämie erhalten, oder es kann umgekehrt das Leistungssoll eines ohnehin gut arbeitenden AN heraufgesetzt werden. 64

d) Wissenschaftlicher Prämienleistungslohn. Diese Nachteile vermeidet der methodisch, arbeitskundlich ermittelte Prämienleistungslohn. Bei diesem wird wie bei der arbeitswissenschaftlich ermittelten Akkordvorgabezeit ein bestimmtes, objektives Bewertungsschema geschaffen. 65

6. Berechnung des Prämienlohnes. Zur Prämienlohnberechnung können wegen der verschiedenen Art der Systeme keine allgemeingültigen Formeln gegeben werden. Im Wesentlichen werden **zwei Methoden** unterschieden. Nach der einen erhält der AN eine bestimmte Prämie **vorgegeben,** und es werden Abstriche gemacht, wenn es zB bei der Terminprämie zu Terminüberschreitungen kommt. Nach der anderen werden **Prämienkataloge** ausgearbeitet, und der AN erhält die seiner Arbeitsleistungsgruppe entsprechende Prämie.[7] 66

[7] Vgl. Schaub ArbRFV-HdB/*Schrader* B. Rn. 229 ff.

2. Abschnitt. Eingruppierung

§ 64. Eingruppierungsrecht

Übersicht

I. Überblick

1 **1. Allgemeines.** Das Entgelt eines AN bestimmt sich grundsätzlich[1] nach den individualvertraglichen Vereinbarungen (→ § 67 Rn. 8 ff.) und den ggf. bestehenden kollektivrechtlichen Regelungen, sei es durch einen Tarifvertrag (→ § 201 Rn. 1 ff.), der kraft unmittelbarer Tarifgebundenheit für das Arbeitsverhältnis gilt (→ § 204 Rn. 4, 6 ff.) oder aufgrund individualrechtlicher Inbezugnahme (→ § 206 Rn. 7 ff.) darauf Anwendung findet, oder aufgrund einer Betriebsvereinbarung (→ § 235 Rn. 96 ff.). Weiterhin können auch Richtlinien in Bezug genommen sein (→ Rn. 68 ff.). Oft wird im Arbeitsvertrag nicht eine konkrete Vergütung vereinbart, sondern der AN für eine bestimmte Tätigkeit eingestellt und die Vergütung bestimmt sich nach einer Entgelt- oder Vergütungsordnung. Weiterhin kann es sein, dass im Arbeitsvertrag zusätzlich noch eine Entgeltgruppe der betreffenden Vergütungsordnung angegeben wird (→ Rn. 13 f.). Die dann erforderliche Eingruppierung dient der Entgeltfindung, verstanden als **Zuordnung der vom AN vertraglich auszuübenden Tätigkeit in ein kollektives,** mindestens zwei Vergütungsgruppen enthaltendes **Entgeltschema** nach bestimmten, generell beschriebenen Merkmalen sowie ggf. konkretisierenden Tätigkeits- oder Regelbeispielen.[2] Von der Eingruppierung unabhängige Zulagen sind nicht Gegenstand einer Eingruppierung. Je nach Ausgestaltung der Vergütungsordnung kann sich die Eingruppierung auf weitere Parameter – etwa Entgeltstufen innerhalb einer Entgeltgruppe – beziehen.

2 Der Anspruch des AN auf ein Entgelt nach einer bestimmten Entgeltordnung hat grundsätzlich folgende Voraussetzungen:

> **(1)** Die tarifliche oder betriebliche Geltung oder vertragliche Anwendbarkeit einer Entgeltordnung für das Arbeitsverhältnis (→ Rn. 4 ff.).
> **(2)** Die auszuübende Tätigkeit des AN wird von der Entgeltordnung erfasst (→ Rn. 23 ff.).
> **(3)** Die Anforderungen eines Tätigkeitsmerkmals der begehrten Entgeltgruppe entsprechen der auszuübenden Tätigkeit (→ Rn. 35 ff.).

3 Der **Begriff der Eingruppierung** erfasst die erstmalige Zuordnung einer vom AN auszuübenden Tätigkeit zu den Tätigkeitsmerkmalen (→ § 241 Rn. 18) einer Entgeltgruppe eines kollektiven Entgeltschemas, die für das Arbeitsverhältnis maßgebend ist. Demgegenüber handelt es sich bei der **Umgruppierung** um die Neubestimmung im Sinne eines Wechsels der maßgebenden Entgeltgruppe, weil die bisherige Zuordnung zu einem Tätigkeitsmerkmal der Vergütungsgruppe nicht mehr zutreffend ist (→ § 241 Rn. 19). Dies kann der Fall sein, weil die Rechtslage durch

[1] Zum arbeitsrechtlichen Gleichbehandlungsgrundsatz → § 112 Rn. 1 ff., zum Grundsatz der Entgeltgleichheit von Mann und Frau → § 37 Rn. 1 ff., → § 3 Rn. 20.
[2] BAG 11.9.2013 AP Nr. 63 zu § 99 BetrVG 1972 Eingruppierung = NZA 2014, 388; 26.10.2004 AP Nr. 29 zu § 99 BetrVG 1972 Eingruppierung.

den AG anders beurteilt wird[3] (zur korrigierenden Rückgruppierung → Rn. 82 ff.), die Entgeltordnung sich geändert hat,[4] etwa wenn sie durch eine neue abgelöst worden ist,[5] oder die Tätigkeit des AN eine andere ist, bspw. infolge einer Versetzung (→ § 241 Rn. 20 ff.)[6] oder schließlich wegen der Übernahme weiterer Aufgaben zu den bisher auszuübenden Tätigkeiten. Dabei kann die Umgruppierung je nach Fallgestaltung mit einer **Höher- oder Rückgruppierung** verbunden sein. Zu unterscheiden ist dabei zwischen einer Umgruppierung einerseits und einer damit evtl. einhergehenden **Versetzung** andererseits, also der Änderung der Art der Arbeit durch Zuweisung anderer Aufgaben und Tätigkeiten (→ § 45 Rn. 24, 32 ff.). Bei der Ein- und der Umgruppierung sind die **Mitwirkungsrechte des BR und des PR** zu beachten. Sie bestehen bei der erstmaligen Zuordnung in ein Vergütungsschema, bei Änderung der Tätigkeit, die zu einer anderen Entgeltgruppe oder zu einer anderen Vergütungsordnung führt, sowie bei einer Überleitung in eine neue Entgelt- oder Vergütungsordnung, selbst wenn die Tätigkeit unverändert bleibt und der Tarifvertrag hierfür Regelungen enthält[7] (ausf. → § 241 Rn. 15 ff.).

2. Maßgebende Entgeltordnung im Arbeitsverhältnis. Voraussetzung für die Eingruppierung des AN ist die **normative Geltung oder die vertragliche Anwendbarkeit einer Entgeltordnung** für das Arbeitsverhältnis (→ Rn. 1). Diese kann sich aus einer vertraglichen Abrede, eine bestimmte Entgeltordnung solle angewendet werden, ergeben (zur Bezugnahme → § 206 Rn. 7 ff.). Möglich ist dies auch auf Grund einer betrieblichen Übung (→ § 110 Rn. 11 f.).[8] Eine vertragliche Abrede ist vor allem für die Anwendbarkeit von Eingruppierungsrichtlinien, Verwaltungsvorschriften und Erlassen im öffentlichen Dienst oder im Bereich der Kirchen erforderlich, weil diese nicht nach kollektivrechtlichen Grundsätzen unmittelbar für das Arbeitsverhältnis gelten (→ Rn. 68 ff.). Gleiches gilt, wenn allgemeine Vertragsbedingungen auf eine Vergütungsordnung verweisen.[9] 4

Darüber hinaus erfolgt die Anwendbarkeit aufgrund **unmittelbarer Geltung** einer **tariflichen Entgelt- oder Vergütungsordnung** kraft beiderseitiger Tarifgebundenheit der Arbeitsvertragsparteien (→ § 204 Rn. 7 ff.) – sei es ein Verbands- oder ein Haustarifvertrag.[10] Diese Entgeltordnung bleibt nach einem Wegfall der Tarifgebundenheit bis zu ihrer Ablösung die im Betrieb geltende.[11] 5

Rechtsgrundlage einer Vergütungsordnung können durch **Betriebsvereinbarung** zwischen AG und BR vereinbarte betriebliche Vergütungsgrundsätze nach § 87 I Nr. 10 BetrVG sein, die nach § 77 IV BetrVG für alle AN unmittelbar und zwingend gelten (→ § 235 Rn. 96). Allerdings ist bei Betriebsvereinbarungen der Tarifvorrang des § 87 I Eingangss. BetrVG (→ § 235 Rn. 6 ff.) zu beachten.[12] Deshalb dürften in der Praxis Betriebsvereinbarungen als Grundlage für eine kollektivrechtliche Regelung eher die Ausnahme bilden.[13] Ein anderes gilt für den Bereich der Gewerkschaften, die ihre Entgeltordnungen traditionell in (Gesamt-)Betriebsvereinbarungen regeln.[14] 6

Denkbar ist die Anwendung einer Vergütungsordnung auf Grundlage des **arbeitsrechtlichen Gleichbehandlungsgrundsatzes** (allg. → § 112 Rn. 3 ff.). Dabei sind verschiedene Fallgestaltungen auseinander zu halten: Die Anwendung einer Entgeltordnung als solche einerseits und ein etwaiger Anspruch auf ein von der betrieblichen Vergütungsordnung abweichendes Entgelt andererseits. Wendet der AG eine von ihm selbst oder von einem Arbeitgeberverband geschaffene Eingruppierungsrichtlinie (zB die „VKA-Richtlinien" → Rn. 69) nach einem erkennbaren und generalisierenden Prinzip an, bedarf es eines sachlichen Grundes, einzelne AN hiervon 7

[3] BAG 20.3.1990 AP Nr. 79 zu § 99 BetrVG 1972 = NZA 1990, 699.

[4] BAG 12.1.1993 AP Nr. 101 zu § 99 BetrVG 1972; 3.10.1989 AP Nr. 75 zu § 99 BetrVG 1972 = NZA 1990, 359.

[5] BAG 21.10.2009 AP Nr. 42 zu § 99 BetrVG 1972 Eingruppierung; 22.4.2009 AP Nr. 38 zu § 99 BetrVG 1972 = NZA 2009, 1286.

[6] BAG 13.5.2020 AP Nr. 109 zu § 1 TVG Tarifverträge: Einzelhandel = NZA 2020, 1258; 3.7.2019 AP Nr. 250 zu § 1 TVG Tarifverträge: Metallindustrie.

[7] BAG 19.10.2016 AP Nr. 153 zu § 99 BetrVG 1972; 16.3.2016 NZA 2016, 1286 (Überleitung in das ERA); 22.4.2009 AP Nr. 38 zu § 99 BetrVG 1972 = NZA 2009, 1286 (Überleitung in den TVöD).

[8] BAG 23.11.1993 AP Nr. 111 zu § 99 BetrVG 1972 = NZA 1994, 461.

[9] Vgl. die Fallgestaltung BAG 10.6.2009 AP Nr. 38 zu § 157 BGB.

[10] Vgl. BAG 23.9.2008 ZTR 2010, 201.

[11] BAG 25.4.2017 AP Nr. 153 zu § 87 BetrVG 1972 Lohngestaltung = NZA 2017, 1346; 14.4.2010 AP Nr. 44 zu § 99 BetrVG 1972 Eingruppierung = NZA-RR 2011, 83.

[12] BAG 23.1.2018 AP Nr. 111 zu § 77 BetrVG 1972 = NZA 2018, 871; 27.1.2016 NZA-RR 2016, 366; 18.2.2015 AP Nr. 20 zu § 87 BetrVG 1972.

[13] BAG 23.3.2011 AP Nr. 101 zu § 77 BetrVG 1972; s. aber BAG 18.2.2015 AP Nr. 20 zu § 87 BetrVG 1972.

[14] S. etwa BAG 21.3.2012 AP Nr. 8 zu § 611 BGB Gewerkschaftsangestellte.

auszunehmen. Gleiches gilt, wenn der AG mit einer bestimmten Gruppe von AN die Anwendung einer Entgeltordnung vertraglich vereinbart und mit einer anderen nicht.[15] Fehlt es für die einseitig vorgenommene Gruppenbildung an einem sachlichen Grund, können davon ausgenommene AN nach dem arbeitsrechtlichen Gleichbehandlungsgrundsatz deren Anwendung auf ihr Arbeitsverhältnis beanspruchen. Dabei sind vor allem folgende Grenzen der Anwendung zu beachten: Der arbeitsrechtliche Gleichbehandlungsgrundsatz ist nicht verletzt, soweit der AG lediglich die Vorgaben eines Tarifvertrages ohne eigenes gestaltendes Verhalten, und sei es auch fehlerhaft, umsetzt – sog. **Normenvollzug.**[16] Denkbar ist dann allenfalls ein Verstoß einer Tarifregelung gegen den allgemeinen Gleichheitssatz des Art. 3 I 1 GG (→ § 199 Rn. 7).[17] Im öffentlichen Dienst ist für die Reichweite des Grundsatzes zu beachten, dass sich ein Beschäftigter nicht auf die Eingruppierungspraxis bei einem anderen AG des öffentlichen Dienstes stützen kann.[18]

8 Bei der Festlegung der Vergütung gilt zunächst der **Grundsatz der Vertragsfreiheit.** Er hat Vorrang vor dem arbeitsrechtlichen Gleichbehandlungsgrundsatz. Deshalb können allein individuelle Abreden mit anderen AN, die nicht auf einer allgemein begünstigenden Regelung des AG beruhen, grundsätzlich nicht dazu führen, abweichend von der maßgebenden Vergütungsordnung ein höheres Entgelt beanspruchen zu können.[19] Etwas anderes kann gelten, wenn der AG, ohne nach einem erkennbaren und generalisierenden Prinzip vorzugehen, im Betrieb mehrere Entgeltsysteme anwendet und dabei nicht nur einzelne AN besser stellt.[20] Demgegenüber ist die Differenzierung zwischen tarifgebundenen und nicht- oder andersorganisierten AN grundsätzlich sachlich gerechtfertigt (→ § 201 Rn. 22).[21] Gilt eine tarifliche Vergütungsordnung bereits kraft beiderseitiger Tarifgebundenheit oder ist sie aufgrund arbeitsvertraglicher Bezugnahme anzuwenden, ist der Gleichbehandlungsgrundsatz nur im außer- und übertariflichen Bereich von nennenswerter Bedeutung.[22]

9 Schließlich kann bei der Eingruppierung der **Entgeltgleichheitssatz des Art. 157 AEUV** von Bedeutung sein, dessen Anforderungen tariflichen Regelungen genügen müssen.[23] Das BAG hat es als eine mittelbare Diskriminierung angesehen, wenn der AG ein Eingruppierungsschema in einer nicht nachvollziehbaren Weise anwendet und hierdurch überwiegend Angehörige eines Geschlechts niedriger eingruppiert sind.[24] Art. 157 AEUV bezweckt aber nicht, einen allgemeinen Grundsatz „gleicher Lohn für gleiche Arbeit" im Arbeitsverhältnis sicher zu stellen.[25]

10 **3. Grundsatz der Tarifautomatik.** Bei der Eingruppierung nach einer tariflichen Entgeltordnung gilt regelmäßig der **Grundsatz der sog. Tarifautomatik.** Der AN „wird" nicht durch eine erst noch vorzunehmende Handlung des AG eingruppiert, sondern er „ist" allein aufgrund der Geltung oder der Anwendbarkeit der Vergütungsordnung und der von ihm auszuübenden Tätigkeit nach der einschlägigen Entgeltgruppe zu vergüten.[26] Die Eingruppierung ist keine nach außen wirkende konstitutive Maßnahme oder ein rechtsgestaltender Akt, sondern ein gedanklicher Vorgang, ein Akt der Rechtsanwendung iSd Zuordnung einer Tätigkeit zu einer in Betracht kommenden Vergütungsgruppe.[27] Deshalb ist ein AN nicht „falsch eingruppiert", sondern er erhält eine unzutreffende Vergütung, weil nicht die richtige Entgeltgruppe herangezogen wird. Der **Grundsatz der Tarifautomatik** gilt sowohl für die erstmalige Eingruppierung als auch für nachfolgende Umgruppierungen (Ausnahmen enthalten § 26 TVÜ-Bund, § 29a TV-L/TVÜ-VKA → Rn. 32, 34 sowie § 8 III 1 TVÜ-VKA/TVÜ-L für eine Höhergruppierung bei Bewährungs- oder Tätigkeitsaufstiegen, die nur auf Antrag erfolgt.[28]).

---

[15] BAG 10.3.2009 – 4 AZR 83/08; s. auch BAG 8.1.2006 AP Nr. 177 zu § 611 BGB Lehrer, Dozenten.
[16] BAG 21.5.2014 AP Nr. 220 zu § 242 BGB Gleichbehandlung = NZA 2015, 115; 16.5.2012 ZTR 2012, 575.
[17] S. nur BAG 25.1.2012 AP Nr. 324 zu Art. 3 GG; 6.7.2011 AP Nr. 214 zu § 242 BGB Gleichbehandlung = NZA 2011, 1426.
[18] BAG 15.4.2015 AP Nr. 57 zu § 3 TVG = NZA 2015, 1338.
[19] Vgl. BAG 16.4.1997 AP Nr. 35 zu § 72 ArbGG 1979 = NZA 1998, 45.
[20] BAG 19.8.1992 AP Nr. 102 zu § 242 BGB Gleichbehandlung = NZA 1993, 171.
[21] BAG 18.3.2009 – 4 AZR 83/08.
[22] BAG 27.1.1999 – 4 AZR 52/98, ZTR 1999, 379 (LS).
[23] EuGH 18.11.2004 – C-284/02, NZA 2005, 399 – Sass; 8.4.1976 – C-43/75, Slg. 1976, 455 – Defrenne.
[24] BAG 23.9.1992 AP Nr. 1 zu § 612 BGB Diskriminierung = NZA 1993, 891.
[25] BAG 25.1.2012 AP Nr. 324 zu Art. 3 GG = NZA-RR 2012, 530.
[26] BAG 1.7.2009 AP Nr. 312 zu §§ 22, 23 BAT 1975 = NZA-RR 2010, 80.
[27] BAG 22.4.2009 AP Nr. 38 zu § 99 BetrVG 1972 Eingruppierung = NZA 2009, 1286; 16.2.2000 AP Nr. 3 zu § 2 NachwG mAnm *Bergwitz* = NZA-RR 2001, 216.
[28] BAG 17.4.2013 AP Nr. 1 zu § 8 TVÜ.

Aus dem Grundsatz folgt weiterhin, dass die Geltendmachung eines entsprechenden Entgeltanspruchs unabhängig von einem noch durchzuführenden **Mitbestimmungsverfahren beim BR** nach § 99 I BetrVG (→ § 241 Rn. 25 ff., 54) besteht, weil es sich bei diesem nur um ein Mitbeurteilungs- und nicht um ein Mitgestaltungsrecht handelt.[29]

11 Der zunächst für die Tarifverträge des öffentlichen Dienstes angenommene Grundsatz (→ Rn. 35) gilt auch für tarifliche **Entgeltordnungen im Bereich der Privatwirtschaft.**[30] Selbst wenn in einzelnen Tarifwerken formuliert wird „der AN ist … einzugruppieren", ergibt die Auslegung des Tarifvertrags zumeist, dass es nicht auf einen besonderen Akt des AG ankommt, weil sich die Vergütung allein nach den Tätigkeitsmerkmalen richten soll.[31] In diesen Fällen kann der AN auf Feststellung der zutreffenden Eingruppierung klagen (dazu → § 65 Rn. 1 ff.). Der Grundsatz der Tarifautomatik wird regelmäßig auch dann eingreifen, wenn ein Tarifvertrag die Mitwirkung einer **Bewertungskommission** vorsieht und deren abschließende Entscheidung noch aussteht. Hier genügt, soweit sich aus dem Tarifvertrag nicht entgegenstehende Anhaltspunkte ergeben, wie man es etwa bei den Bestimmungen der §§ 4 ff. des Entgeltrahmen-Tarifvertrags der Metall- und Elektroindustrie in Baden-Württemberg annehmen kann, die Erfüllung der Anforderungen des Tätigkeitsmerkmals.[32]

12 Die Eingruppierung ist nach dem Grundsatz der Tarifautomatik der **subjektiven Bewertung des AG entzogen** und allein aufgrund objektiver Merkmale anhand der Bestimmungen der Vergütungsordnung vorzunehmen.[33] Das maßgebende Entgelt hängt von der Erfüllung des Tätigkeitsmerkmals der begehrten Vergütungsgruppe ab.[34] Teilt ein AG dem AN das Ergebnis einer Kommission zur Bewertung der Stelle mit, so äußert er damit regelmäßig nur eine Rechtsauffassung, welche Entgeltgruppe seines Erachtens zutreffend sein soll.[35] Gleiches gilt für die Ausweisung der tariflichen Wertigkeit einer Stelle in einem betrieblichen Stellenplan.[36] Ebenso wenig ist es von Bedeutung, ob die Vergütung vom Haushalts- oder Stellenplan gedeckt ist.[37] Eine **Stellen- oder Tätigkeitsbeschreibung** kommt als Grundlage einer Tätigkeitsbewertung dann in Betracht, soweit sie die tatsächlich übertragenen Tätigkeiten sowie die Arbeitsergebnisse ausreichend differenziert wiedergibt und damit die für den Rechtsstreit erforderliche Identifizierung der auszuübenden Tätigkeit ermöglicht.[38] Es bedarf aber der Feststellung, dass diese beschriebenen Tätigkeiten auch tatsächlich auszuüben sind.[39] Ebenso sind die Arbeitsvorgänge vom Gericht zu bestimmen. Gleiches gilt für Zwischenzeugnisse.[40] In der Folge können Tätigkeitsbewertungen, wie auch die eines Vorgesetzten, im Falle eines Bewertungsirrtums grundsätzlich wieder berichtigt werden, ggf. im Wege der korrigierenden Rückgruppierung (→ Rn. 84 ff.).

13 Die bloße **Bezeichnung der Entgeltgruppe im Arbeitsvertrag** ist nach der Rechtsprechung des BAG jedenfalls für den Bereich des öffentlichen Dienstes[41] gem. §§ 133, 157 BGB[42] in der Regel nicht dahin auszulegen, dass dem AN ein eigenständiger, von den tariflichen Anforderungen unabhängiger arbeitsvertraglicher Anspruch auf diese Vergütung zustehen soll.[43] Dies setzt allerdings voraus, dass sich dem Arbeitsvertrag deutlich entnehmen lässt,

---

29 BAG 20.2.2008 ZTR 2008, 607; 3.5.1994 AP Nr. 2 zu § 99 BetrVG 1972 Eingruppierung = NZA 1995, 48.

30 BAG 23.4.1980 AP Nr. 2 zu § 1 TVG Tarifverträge: Brauereien.

31 BAG 17.4.2013 AP Nr. 226 zu § 1 TVG Tarifverträge: Metallindustrie; 20.4.2010 AP Nr. 4 zu § 82 BetrVG 1972 = NZA 2010, 1307; 11.11.2007 NZA-RR 2008, 358.

32 BAG 17.4.2013 AP Nr. 226 zu § 1 TVG Tarifverträge: Metallindustrie; 20.2.2008 ZTR 2008, 607; s. auch BAG 27.1.2010 AP Nr. 219 zu § 1 TVG Auslegung. Das ERA setzt eine Einstufung als solche, ggf. durch eine Paritätische Kommission voraus.

33 BAG 25.1.2006 AP Nr. 4 zu § 27 BAT-O = NZA-RR 2007, 46.

34 So schon BAG 16.10.1974 AP Nr. 81 zu §§ 22, 23 BAT 1975.

35 BAG 22.4.2009 AP Nr. 311 zu §§ 22, 23 BAT; 27.8.2008 AP Nr. 210 zu § 1 TVG Auslegung = NZA-RR 2009, 264.

36 BAG 27.8.2008 AP Nr. 210 zu § 1 TVG Auslegung = NZA 2009, 264; 15.3.2006 AP Nr. 63 zu § 551 ZPO; 9.8.1981 AP Nr. 48 zu §§ 22, 23 BAT 1975 mAnm *Spiertz* (Stellenausschreibung).

37 BAG 15.2.1971 AP Nr. 38 zu §§ 22, 23 BAT.

38 BAG 10.6.2020 AP Nr. 2 zu § 12 TVöD; 21.3.2012 AP Nr. 322 zu §§ 22, 23 BAT 1975 = NZA-RR 2012, 604; zu einer Aufgabenkreisbeschreibung BAG 4.7.2012 AP Nr. 324 zu §§ 22, 23 BAT 1975.

39 Zu einer „Beschreibung des Aufgabenkreises" BAG 27.2.2019 AP Nr. 340 zu §§ 22, 23 BAT 1975.

40 BAG 27.1.2016 NZA-RR 2016, 366.

41 Für die Privatwirtschaft s. nur BAG 20.5.2009 AP Nr. 12 zu § 1 TVG Tarifverträge: Arbeiterwohlfahrt.

42 BAG 16.2.2000 AP Nr. 3 zu § 2 NachwG mAnm *Bergwitz* = NZA-RR 2001, 216.

43 BAG 15.6.2011 AP Nr. 34 zu § 1 TVG Tarifverträge: Arzt = NZA-RR 2011, 531; 16.2.2000 AP Nr. 3 zu § 2 NachwG mAnm *Bergwitz* = NZA-RR 2001, 216. Zur vereinbarten Tarifautomatik bei einer vertraglichen Inbezugnahme BAG 1.7.2009 AP Nr. 312 zu §§ 22, 23 BAT 1975 = NZA-RR 2010, 80.

der Nennung der Entgeltgruppe solle keine rechtsgeschäftlich begründende Wirkung zukommen, sondern es handele sich nur um eine deklaratorische Angabe in Form einer sog. **Wissenserklärung.** Vertraglich sollen allein die benannten Eingruppierungsbestimmungen maßgebend sein.[44] Der AN hat dann einen Anspruch auf dasjenige Entgelt, wenn seine Tätigkeit die Voraussetzungen des entsprechenden Tätigkeitsmerkmals erfüllt.[45]

14 Für die Annahme einer **„konstitutiven" Entgeltregelung,** also einer insbesondere von einer tariflich vorgesehenen Vergütung abweichenden – und wegen des Günstigkeitsprinzips des § 4 III TVG (→ § 207 Rn. 19 ff.) günstigeren – Entgeltabrede, sind weitere Umstände erforderlich.[46] Das kann der Fall sein, wenn beide Vertragsparteien übereinstimmend eine übertarifliche Vergütung des AN für seine Tätigkeit vereinbaren wollten oder wenn für eine Angestelltentätigkeit bewusst eine Lohngruppe für gewerbliche AN vereinbart wird.[47] Eine solche Abrede ist weiterhin dann anzunehmen, wenn die Tätigkeit des AN sich nicht dem Eingruppierungssystem zuordnen oder sich die genannte Entgeltgruppe nicht ermitteln lässt. Dann ist die Nennung einer konkreten Entgeltgruppe als Willenserklärung anzusehen ist, weil eine „deklaratorische" Benennung im Arbeitsvertrag nicht ausreichen würde.[48] Das kann anzunehmen sein, wenn die Arbeitsvertragsparteien eine bestimmte Vergütungsgruppe vereinbaren und die tariflichen Regelungen ausdrücklich nur im Übrigen als anwendbar vereinbart werden.[49] Zusagen können sich nicht nur auf die Entgeltgruppe, sondern ferner auf Entgeltstufen innerhalb der betreffenden Gruppe beziehen und ein bestehendes Ermessen des AG beschränken.[50] Allein die des Öfteren für den öffentlichen Dienst herangezogene Annahme, der AN könne der Angabe der Entgeltgruppe eine „konstitutive Bedeutung" schon deshalb nicht entnehmen, weil die AG des öffentlichen Dienstes grundsätzlich keine übertarifliche Vergütung, sondern nur das gewähren wollen, was dem AN tarifrechtlich zusteht,[51] bedarf der Überprüfung in der jeweiligen Fallgestaltung. Aufgrund der Tarifautomatik sind Änderungsverträge, die lediglich eine geänderte, die aktuelle Entgeltgruppe angeben, in der Sache überflüssig. In solchen Fallgestaltungen kann allerdings auch eine konstitutive Entgeltvereinbarung naheliegen (→ Rn. 13). Ohne Bindungswirkung ist regelmäßig die Mitteilung der Entgeltgruppe im Zustimmungsverfahren nach § 99 I BetrVG gegenüber dem BR. Sie enthält nur einen deklaratorischen Hinweis, welche Entgeltgruppe der AG in Anwendung der Vergütungsordnung für zutreffend erachtet.[52]

15 **Ohne Bedeutung** für die Eingruppierung sind eine erforderliche Einarbeitungszeit, es sei denn, die Vergütungsordnung regelt dies ausdrücklich, die Quantität und Güte der geleisteten Arbeit, das Verhalten am Arbeitsplatz oder die Eingruppierung früherer Stelleninhaber. Im öffentlichen Dienst können aus der **Besoldung vergleichbarer Beamter** auch unter dem Gesichtspunkt des arbeitsrechtlichen Gleichbehandlungsgrundsatzes aufgrund der anderen Maßstäbe des Besoldungsrechts keine Folgerungen für die Eingruppierung von AN gezogen werden.[53]

16 **4. Aufbau von Entgelt- und Vergütungsordnungen. a) Grundsatz.** Die Zuordnung zu einer bestimmten Entgeltgruppe richtet sich danach, ob die Tätigkeit des AN die Voraussetzungen des entsprechenden **Tätigkeitsmerkmals** erfüllt, durch das die Entgeltgruppe bestimmt wird. Das Tätigkeitsmerkmal enthält die einzelnen Anforderungen, welche die objektiven Voraussetzungen an die auszuübende Tätigkeit festlegen. Die Tarifvertragsparteien können für die Eingruppierung von **abstrakt beschriebenen Tätigkeitsmerkmalen** ausgehen (so vor allem in den Entgeltordnungen des öffentlichen Dienstes → Rn. 36). Dabei sind die Verhältnisse zum Zeitpunkt der Einführung des Tätigkeitsmerkmals maßgebend.[54] Neben einer abstrakten

---

[44] BAG 18.10.2018 AP Nr. 4 zu § 12 TV-L = NZA-RR 2019, 102; 21.8.2013 AP Nr. 330 zu §§ 22, 23 BAT mAnm *Kreuder* = NZA 2014, 561.
[45] Zu Vergütungserlassen: BAG 13.2.1985 AP Nr. 12 zu §§ 22, 23 BAT Lehrer.
[46] StRspr; BAG 1.7.2009 AP Nr. 312 zu §§ 22, 23 BAT = NZA-RR 2010, 83; 20.5.2009 AP Nr. 12 zu § 1 TVG Tarifverträge: Arbeiterwohlfahrt; solche Umstände lagen vor im Fall BAG 12.3.2008 ZTR 2008, 604.
[47] BAG 26.9.2012 AP Nr. 63 zu § 133 BGB.
[48] BAG 12.3.2008 AP Nr. 35 zu §§ 22, 23 BAT-O mAnm *Maties* (Eingruppierung im Hochschuldienst); 16.2.2000 AP Nr. 3 zu § 2 NachwG mAnm *Bergwitz* = NZA-RR 2001, 216.
[49] S. etwa *Dassau/Langenbrinck* TVöD Rn. 119.
[50] BAG 23.10.2010 AP Nr. 1 zu § 16 TV-L = NZA-RR 2011, 106.
[51] BAG 21.2.2007 ZTR 2007, 677; 25.9.2003 AP Nr. 26 zu §§ 22, 23 BAT-O.
[52] BAG 16.5.2002 AP Nr. 21 zu §§ 22, 23 BAT-O; 12.12.1990 AP Nr. 1 zu § 12 AVR Diakonisches Werk.
[53] StRspr, BAG 21.7.1993 AP Nr. 171 zu §§ 22, 23 BAT 1975 = NZA 1994, 703; 11.4.1979 AP Nr. 21 zu §§ 22, 23 BAT 1975.
[54] BAG 16.3.2016 ZTR 2016, 503 (zwischenzeitliche technische Entwicklungen); 6.12.2006 AP Nr. 303 zu §§ 22, 23 BAT 1975 = NZA-RR 2007, 389.

Definition können aber auch **bestimmte Tätigkeiten** benannt werden.[55] Möglich ist es weiterhin, die Anforderung durch die Angabe einer bestimmten Funktion (zB Lagerhofverwalter, Sportlehrer[56]), die Anzahl „unterstellter AN (zB Leiter einer Station,[57] Leiter von Kassen mit mindestens drei Kassenangestellten) oder Belegungszahlen (zB Leiter von Kindertagesstätten mit einer näher bestimmten Durchschnittsbelegung[58]) festzulegen. Darüber hinaus können **subjektive Merkmale** wie eine bestimmte Ausbildung,[59] (zB wissenschaftliche Hochschulausbildung[60]), die Ablegung einer Prüfung,[61] die Berechtigung zum Führen einer Berufsbezeichnung (Erzieher mit staatlicher Anerkennung, Arzt)[62] oder bestimmte Zeiten praktischer Tätigkeit sowie die Dauer der Ausübung der betreffenden Tätigkeit oder die Anzahl der Berufsjahre[63] Inhalt der Anforderung sein.[64] Schließlich können die Anforderungen auch durch Kombination der verschiedenen Beschreibungsformen einschließlich der abstrakten Definitionen mittels unbestimmter Rechtsbegriffe bestimmt werden. Letztlich können die Tarifvertragsparteien auch eine sog. **Auffanglohngruppe** vereinbaren, die die Vergütung aller AN unabhängig von der jeweiligen Tätigkeit erfassen, sofern ihnen nicht nach anderen Tätigkeitsmerkmalen ein höheres Entgelt zusteht.[65]

Tarifliche Entgeltordnungen verwenden bei der tatbestandlichen Beschreibung des einzelnen Tätigkeitmerkmals unbestimmte Rechtsbegriffe, was bei Aufbaufallgruppen (→ Rn. 52) dazu führen kann, dass die in den anderen Vergütungsgruppen aufgeführten unbestimmten Rechtsbegriffe bei der Überprüfung einer Eingruppierung zu berücksichtigen sind (etwa die Tätigkeitsmerkmale der Entgeltgruppen 5 bis 8 TV EntgO Bund). Insofern liegt es nicht gänzlich fern, die erforderliche Normenklarheit, die gleichermaßen für tarifliche oder betriebliche Regelungen gilt, im Hinblick auf die **Kumulierung unbestimmter Rechtsbegriffe** zu problematisieren. 17

Soweit deshalb vereinzelt die mangelnde Bestimmtheit von Regelungen und die fehlende **Justiziabilität von Tätigkeitmerkmalen** angenommen wurden,[66] hat das BAG gegen die mehrfache Verwendung unbestimmter Rechtsbegriffe unter Hinweis auf die Rechtsprechung des BVerfG zu Bestimmungen des staatlichen Gesetzesrechts keine verfassungsrechtlichen Bedenken erhoben. Es ist Aufgabe der Rechtsprechung, etwaige Zweifelsfragen zu klären.[67] Eine mangelnde Justitiabilität kann allenfalls dann angenommen, wenn „willkürliche Subsumtionen" möglich sind.[68] 18

b) Tätigkeits-, Regel- und Richtbeispiele. Bei der Beschreibung der Anforderungen für die jeweilige Entgeltgruppe können den allgemein gefassten Tätigkeitsmerkmalen konkrete Tätigkeits-, Regel- oder Richtbeispiele beigefügt werden.[69] Dann sind die Erfordernisse des Tätigkeitmerkmals regelmäßig erfüllt, wenn der AN eine entsprechende Beispielstätigkeit ausübt, ohne dass gesondert zu prüfen ist, ob die Voraussetzungen des allgemeinen Tätigkeitsmerkmals 19

[55] Vgl. etwa BAG 19.5.2010 AP Nr. 46 zu § 1 TVG Tarifverträge: Lufthansa (Schlepperfahrer); 24.2.2010 AP Nr. 68 zu § 551 ZPO (Altenpflegerin).

[56] BAG 20.3.2013 NZA-RR 2013, 582.

[57] BAG 13.5.2020 AP Nr. 1 zu § 12 TVöD = NZA-RR 2020, 534; dazu krit. *Anton* ZTR 2021, 3 ff.; zu einer Teamleitung BAG 24.2.2021 – 4 AZR 309/20.

[58] BAG 16.4.2014 ZTR 2014, 533; 11.12.2013 AP Nr. 1 zu § 56 TVöD. Zur zulässigen Typisierung BAG 19.3.2003 NZA-RR 2004, 220.

[59] BAG 11.3.1987 AP Nr. 135 zu §§ 22, 23 BAT 1975.

[60] Dazu BAG 14.9.2016 AP Nr. 46 zu §§ 22, 23 BAT-O = NZA-RR 2017, 264; 18.3.2009 AP Nr. 111 zu §§ 22, 23 BAT 1975 Lehrer mAnm *Leutze*. S. auch die näheren Anforderungsbeschreibungen in §§ 6 ff. TV EntgO Bund.

[61] BAG 24.2.2010 AP Nr. 68 zu § 551 ZPO (Altenpflegehelferin mit mindestens einjähriger Ausbildung).

[62] BAG 6.7.2016 – 4 AZR 91/14 (Ergotherapeutin).

[63] BAG 29.1.2020 AP Nr. 167 zu § 99 BetrVG 1972 = NZA 2020, 813.

[64] Vgl. BAG 5.3.1997 AP Nr. 9 zu § 12 AVR Caritasverband; 10.12.1986 AP Nr. 11 zu § 1 TVG Tarifverträge: Druckindustrie; 8.2.1984 AP Nr. 3 zu § 1 TVG Tarifverträge: Einzelhandel. Für die Privatwirtschaft BAG 28.2.1986 AP Nr. 43 zu § 1 TVG Tarifverträge: Metallindustrie = NZA 1986, 576.

[65] Näher BAG 23.10.2013 AP Nr. 26 zu § 1 TVG Tarifverträge: Gebäudereinigung = NZA 2014, 497.

[66] LAG Düsseldorf 16.2.1984 AuR 1985, 131; ArbG Hildesheim 18.8.1978 AP Nr. 13 zu §§ 22, 23 BAT 1975; dagegen die Berufungsinstanz LAG Nds 28.2.1978 AP Nr. 13a zu §§ 22, 23 BAT 1975.

[67] BVerfG 4.6.2012 BVerfGE 131, 88; s. etwa zum Begriff „Outsourcing" BAG 26.1.2011 AP Nr. 7 zu § 3 TVG Betriebsnormen = NZA 2011, 486.

[68] BAG 16.4.1986 AP Nr. 115 zu §§ 22, 23 BAT 1975; 24.10.1984 AP Nr. 97 zu §§ 22, 23 BAT 1975; s. auch BAG 17.4.2003 NZA 2003, 992 (LS) („Verbrauchermarkt"); zu diesem Merkmal BAG 23.9.2009 AP Nr. 95 zu § 1 TVG Tarifverträge: Einzelhandel.

[69] S. etwa BAG 17.11.2010 AP Nr. 46 zu § 99 BetrVG 1972 Eingruppierung.

gegeben sind.[70] Bei tariflichen Regelungen wird durch die Beispiele – wie die Auslegung regelmäßig ergibt – festgelegt, dass für die genannte Tätigkeit die Voraussetzungen des allgemeinen Tätigkeitsmerkmals als erfüllt gelten, ohne dass es eines Rückgriffs auf die abstrakten Anforderungen bedarf.[71] Das entspricht den bei der Tarifauslegung wichtigen Grundsätzen der Rechtsklarheit und Praktikabilität, denen Tarifvertragsparteien bei der Abfassung von Tarifnormen im Allgemeinen gerecht werden wollen.[72]

20 Ein anderes kann sich – als Ausnahme von diesem Grundsatz, für die es besonderer Anhaltspunkte bedarf[73] – aus dem Wortlaut oder dem Gesamtzusammenhang des Tarifvertrags ergeben, wenn die Tarifvertragsparteien die **Beispielstätigkeiten nur als Auslegungshilfe** oder Anhaltspunkt aufgenommen haben, die der Erläuterung der abstrakten Tätigkeitsmerkmale dienen sollen, und es deshalb selbst bei Erfüllung der Merkmale der Beispielstätigkeit auf die Erfüllung der allgemeinen Tätigkeitsmerkmale ankommen soll.[74] Welche der beiden vorgenannten Methoden die Tarifvertragsparteien verwendet haben, ist im Wege der Auslegung (→ § 202 Rn. 7 ff.) zu ermitteln.[75]

21 Wird eine vom AN verrichtete Tätigkeit nicht oder nicht vollständig von einem Tätigkeits- oder Regelbeispiel erfasst, ist auf die **Tätigkeitsmerkmale der Entgeltgruppe zurückzugreifen.**[76] Dasselbe gilt, wenn die Tätigkeitsbeispiele unbestimmte Rechtsbegriffe enthalten, die nicht aus sich heraus ausgelegt werden können; sie sind unter Berücksichtigung der Anforderungen des allgemeinen Tätigkeitsmerkmals auszulegen.[77] Enthalten wiederum die allgemeinen Tätigkeitsmerkmale unbestimmte Rechtsbegriffe, können die Tätigkeitsbeispiele im Rahmen der Auslegung als Richtlinien für die Bewertung zu berücksichtigen sein.[78] Die Regelungstechnik mit Beispielstätigkeiten findet sich etwa in der Entgeltgruppe 1 TV-L (→ Rn. 59).[79] Hausarbeiten, die komplexere Arbeiten mit umfassen, können deshalb nicht als einfachste Tätigkeit iSd Entgeltgruppe 1 TVöD bewertet werden, weil nach dem Wortlaut die Tätigkeit von „Hausarbeiter/innen" vorliegt. Wird ein Tätigkeitsbeispiel in mehreren Entgeltgruppen erwähnt, sollen AN, die diese Tätigkeit ausüben, jedenfalls in einer dieser Entgeltgruppen eingruppiert sein.[80] Ein Rückgriff auf die allgemeinen Tätigkeitsmerkmale ist in einem solchen Fall nur dann geboten, wenn eine Eingruppierung nicht nur in der niedrigsten Entgeltgruppe verlangt wird.[81] Im Übrigen ist davon auszugehen, dass die Tarifvertragsparteien davon auszugehen, dass zumindest eine Vergütung nach der niedrigsten Entgeltgruppe verlangt werden kann.[82] Hier ist eine Rückbindung der tariflichen Bewertung an die Maßgaben des allgemeinen Tätigkeitsmerkmals erforderlich.

22 **c) Tarifliche Zuordnung und Bewertung von Stellen.** Die Eingruppierung kann dahingehend konkretisiert werden, dass trotz einer bestehenden Entgeltordnung die einzelnen in einem Betrieb bestehenden Stellen verbindlich einer bestimmten Entgeltgruppe zugeordnet werden. Dies wird in der Praxis regelmäßig nur bei Haustarifverträgen oder firmenbezogenen Verbandstarifverträgen der Fall sein. Diese Regelungstechnik ist vor allem dann vorzufinden, wenn eine Überlei-

---

[70] BAG 12.6.2019 AP Nr. 21 zu § 1 TVG Tarifverträge: Gaststätten; 28.1.2009 AP Nr. 37 zu § 99 BetrVG 1972 Eingruppierung = NZA 2009, 1042; 25.10.1995 AP Nr. 21 zu §§ 22, 23 BAT 1975 Sozialarbeiter.

[71] BAG 18.2.2015 AP Nr. 20 zu § 87 BetrVG 1972; 20.5.2009 AP Nr. 2 zu § 17 TVÜ = NZA-RR 2009, 672.

[72] BAG 28.1.2009 AP Nr. 37 zu § 99 BetrVG 1972 Eingruppierung = NZA 2009, 1042; 17.1.1996 AP Nr. 4 zu §§ 22, 23 BAT Sparkassenangestellte.

[73] BAG 24.8.2016 AP Nr. 39 zu § 1 TVG Tarifverträge: Deutsche Bahn = NZA 2016, 1472; 18.2.2015 AP Nr. 20 zu § 87 BetrVG 1972.

[74] BAG 16.3.2016 NZA 2016, 1286 („Anhaltspunkte"); 8.3.2006 AP Nr. 3 zu § 1 TVG Tarifverträge: Telekom mAnm *Waas* = NZA 2007, 159; 28.9.2005 AP Nr. 2 zu § 1 TVG Tarifverträge: Systemgastronomie.

[75] S. etwa BAG 12.6.2019 AP Nr. 21 zu § 1 TVG Tarifverträge: Gaststätten; 27.1.2010 – 4 AZR 567/08.

[76] StRspr, vgl. nur BAG 14.10.2020 AP Nr. 10 zu § 56 TVöD = NZA-RR 2021, 260; 20.6.2012 AP Nr. 10 zu § 12 AVR Diakonisches Werk = NZA-RR 2013, 200; 1.7.2009 AP Nr. 39 zu § 99 BetrVG 1972 Eingruppierung mAnm *Bergwitz* = NZA 2010, 290; 8.3.2006 AP Nr. 3 zu § 1 TVG Tarifverträge: Telekom mAnm *Waas* = NZA 2007, 159; 21.7.1993 AP Nr. 10 zu § 1 TVG Tarifverträge: Luftfahrt = NZA 1994, 710.

[77] BAG 22.6.2005 NZA-RR 2006, 23; 21.10.1987 AP Nr. 19 zu § 1 TVG Tarifverträge: Druckindustrie.

[78] BAG 13.11.2019 AP Nr. 106 zu § 1 TVG Tarifverträge: Einzelhandel = NZA-RR 2020, 204; 23.1.2019 AP Nr. 66 zu § 99 BetrVG 1972 Eingruppierung.

[79] Dazu BAG 28.1.2009 AP Nr. 37 zu § 99 BetrVG 1972 Eingruppierung = NZA 2009, 1042.

[80] BAG 24.2.2016 AP Nr. 6 zu § 1 TVG Tarifverträge: Wohnungswirtschaft.

[81] BAG 8.2.1984 AP Nr. 134 zu § 1 TVG Tarifverträge: Auslegung.

[82] BAG 12.6.2019 AP Nr. 21 zu § 1 TVG Tarifverträge: Gaststätten.

tung der AN von einer bisherigen in eine neue Entgeltordnung vollzogen wird und Streitigkeiten über die neue zutreffende Entgeltgruppe vermieden werden sollen.[83] Eine tarifliche Bewertung der Tätigkeiten ist dann nicht erforderlich, wenn die Tarifvertragsparteien als Urheber der Vergütungsordnung selbst die betreffende **Stelle verbindlich in das abstrakte Entgeltgruppenverzeichnis eingeordnet** haben (sog. Zuordnungsmatrix).[84] Erforderlich ist aber, dass sich die Urheber der Vergütungsordnung mit den einzelnen Stellen befasst haben. Eine Stellenbewertung – namentlich bei Regelbeispielen – kann zudem dadurch erfolgen, dass sich die Tarifvertragsparteien Stellenbeschreibungen des AG zu Eigen machen.[85] Dann muss aber stets noch überprüft werden, ob die tatsächlich auszuübende Tätigkeit der Stellenbeschreibung entspricht.[86] Schließlich können die Tarifparteien für bereits Beschäftigte AN eigenständig an die bisherige Eingruppierung anknüpfen und hiernach die Entgeltgruppe bestimmen.[87]

5. Lückenhafte Entgeltordnung. Erfüllt die Tätigkeit eines AN im Geltungsbereich einer tariflichen Entgeltordnung keines der dort geregelten Tätigkeitsmerkmale, handelt es sich um eine **Tariflücke** (→ § 202 Rn. 18 ff.).[88] Dabei sind folgende **Fallgestaltungen** zu unterscheiden: Wird im Arbeitsvertrag eine bestimmte Entgeltgruppe der entsprechenden Vergütungsordnung benannt, obwohl die Tätigkeit nicht von ihr erfasst wird, ist zu überprüfen, ob es sich um eine konstitutive Entgeltabrede handelt (→ Rn. 14). Enthält der Arbeitsvertrag eine konkret vereinbarte Entgelthöhe, kann gleichwohl die (günstigere) Entgeltordnung, etwa wegen beiderseitiger Tarifgebundenheit,[89] maßgebend bleiben. Gleiches gilt, wenn die Vertragsparteien davon ausgegangen sind, die Entgeltordnung regele die Tätigkeit und sie deshalb in Bezug genommen haben. In diesen Fällen ist zu prüfen, ob eine bewusste oder unbewusste Tariflücke vorliegt. 23

Eine **bewusste Tariflücke** ist anzunehmen, wenn die Tarifvertragsparteien eine regelungsbedürftige Angelegenheit bewusst ungeregelt lassen, etwa weil die Entgeltordnung erkennbar keine vollständige und sämtliche Tätigkeiten umfassende Regelung schaffen soll,[90] sie trotz entsprechender Rechtsprechung in nachfolgenden Tarifregelung keine getroffen haben[91] oder für diese Tätigkeit nachfolgend nur in anderen tariflichen Regelungen Tätigkeitmerkmale geregelt haben (zur Lückenschließung → § 202 Rn. 19).[92] 24

Eine Tariflücke kann nur geschlossen werden, wenn es sich um eine unbewusste Auslassung der Tarifvertragsparteien handelt.[93] **Unbewusste Tariflücken** können angenommen werden, wenn die Tarifvertragsparteien in „erschöpfender, umfassender Weise alle" Tätigkeiten erfassen wollen. Davon ist die Rechtsprechung für die Angestelltentätigkeiten im öffentlichen Dienst wiederholt ausgegangen.[94] Zuvor ist allerdings stets zu prüfen, ob die allgemeinen Tätigkeitsmerkmale für den öffentlichen Dienst auf Grund ihrer Auffangfunktion die Tätigkeit erfassen.[95] Für die **Schließung einer unbewussten Tariflücke** (→ § 202 Rn. 20) müssen die Tätigkeitsmerkmale der vereinbarten Vergütungsordnung in ihrer Bewertung eindeutige Hinweise darauf ergeben, wie sie die nicht berücksichtigte Tätigkeit bewertet hätten,[96] wobei aber nur die Tarifregelungen derselben Tarifvertragsparteien herangezogen werden können.[97] Ergeben sich verschiedene Möglichkeiten, ist eine Lückenfüllung nicht möglich.[98] 25

[83] S. etwa die Fallgestaltung in BAG 19.10.2011 AP Nr. 50 zu § 1 TVG Tarifverträge: Lufthansa; 19.5.2010 AP Nr. 46 zu § 1 TVG Tarifverträge: Lufthansa; 3.5.2006 AP Nr. 31 zu § 99 BetrVG 1972 Eingruppierung = NZA 2007, 47.

[84] BAG 19.5.2010 AP Nr. 46 zu § 1 TVG Tarifverträge: Lufthansa: 21.10.2009 AP Nr. 42 zu § 99 BetrVG 1972 Eingruppierung.

[85] S. BAG 12.12.2018 AP Nr. 6 zu § 1 TVG Tarifverträge: Bundesagentur für Arbeit (Inkooperierung von „Tätigkeits- und Kompetenzprofilen" der Arbeitgeberin in den Haustarifvertrag).

[86] BAG 21.10.2009 AP Nr. 42 zu § 99 BetrVG 1972 Eingruppierung.

[87] BAG 21.9.2011 AP Nr. 58 zu § 1 TVG Tarifverträge: Arzt.

[88] BAG 25.2.2009 AP Nr. 215 zu § 1 TVG Auslegung; 26.9.1979 AP Nr. 26 zu §§ 22, 23 BAT 1975; sowie BAG 17.11.2010 AP Nr. 46 zu § 99 BetrVG 1972 Eingruppierung.

[89] Vgl. die Fallgestaltung BAG 24.9.2008 AP Nr. 57 zu § 1 TVG.

[90] BAG 25.2.2009 AP Nr. 215 zu § 1 TVG Auslegung.

[91] BAG 25.2.2009 AP Nr. 6 zu § 23b BAT; zum Übergang von unbewusster zu bewusster Tariflücke BAG 26.8.1987 AP Nr. 138 zu §§ 22, 23 BAT 1975.

[92] BAG 15.6.1994 AP Nr. 197 zu §§ 22, 23 BAT 1975 = NZA 1995, 1212.

[93] BAG 11.9.1985 AP Nr. 106 zu §§ 22, 23 BAT 1975.

[94] BAG 29.8.1984 AP Nr. 93 zu §§ 22, 23 BAT.

[95] BAG 18.11.2015 NZA-RR 2016, 197; 18.3.2015 NZA-RR 2015, 427.

[96] BAG 25.8.2010 AP Nr. 37 zu § 1 TVG Tarifverträge: Deutsche Bahn; 24.9.2008 AP Nr. 57 zu § 1 TVG.

[97] BAG 23.1.1985 AP Nr. 99 zu §§ 22, 23 BAT 1975.

[98] S. etwa BAG 25.8.2010 AP Nr. 37 zu § 1 TVG Tarifverträge: Deutsche Bahn; 23.9.1981 AP Nr. 19 zu § 611 BGB Lehrer, Dozenten.

Nur im anderen Fall sind für die Schließung die **artverwandten und vergleichbaren Tätigkeitsmerkmale** heranzuziehen[99] – etwa für einen Medientechniker das Tätigkeitsmerkmal für Fotographen.[100] Erfasst die Entgeltordnung nicht die auszuübende Tätigkeit des AN und ist eine Lückenschließung nicht möglich, gilt hinsichtlich der Vergütung die arbeitsvertragliche Regelung,[101] hilfsweise, wenn die Parteien eine solche nicht getroffen haben, weil sie die lückenhafte Regelung übersehen haben, § 612 BGB (→ § 67 Rn. 14, 65 ff.).

II. Eingruppierung im öffentlichen Dienst

26 **1. Allgemeines. a) Grundsatz.** Das Recht der Eingruppierung hat insbesondere im Bereich des öffentlichen Dienstes eine große Bedeutung. Das Tabellenentgelt richtet sich für die Beschäftigten von Bund, Ländern und Kommunen, soweit nicht landesrechtliche Besonderheiten wie in Hessen bestehen oder in einzelnen Beschäftigungsbereichen speziellere oder eigenständige Regelungen getroffen wurden (→ Rn. 29), **„nach der Entgeltgruppe, in der er/sie eingruppiert"** ist (s. etwa § 15 I 2 TVöD/§ 15 I 2 TV-L). An die Stelle des Bundes-Angestelltentarifvertrags (BAT), der – mit jeweiligen Modifikationen – für den Bereich des Bundes, der Länder und der Kommunen galt, sind zum 1.10.2005 der TVöD/Bund und für die Kommunen der TVöD/VKA getreten. Am 1.11.2006 löste in den Ländern der TV-L den BAT ab. Dies gilt allerdings nicht für die Länder Hessen und – zunächst – Berlin. In Hessen ist ein eigenständiger Tarifvertrag (TV-H) geschlossen worden,[102] in Berlin wurde mit dem Tarifvertrag zur Überleitung der Beschäftigten des Landes Berlin in das Tarifrecht der TdL (TV Wiederaufnahme Berlin, vom 12.12.2012) die „Rückkehr in die Tarifgemeinschaft deutscher Länder" zum 1.1.2013 eingeleitet[103] und das Tarifrecht des Landes Berlin durch dasjenige TdL – nach näher vereinbarten Maßgaben – ersetzt. Hinzu kommt der **Bereich der Ärztinnen und Ärzte,** in dem eine **plurale Tarifsukzession** eingetreten ist.[104] Neben den auf Arbeitnehmerseite von der Gewerkschaft ver.di u.a. geschlossenen Nachfolgetarifverträgen TVöD und TV-L sind diejenigen des Marburger Bundes auf der Ebene der Länder und der Kommunen getreten.

27 Die **tarifliche Situation** im öffentlichen Dienst stellt sich im **Überblick** – und unter Außerachtlassung zahlreicher eigenständiger Regelungen für spezielle öffentlich-rechtlich organisierte Bereiche und gesondert vereinbarter Tarifverträge für Ärztinnen und Ärzte, namentlich an rechtlich verselbständigen Kliniken[105] – wie folgt dar:

Im Bereich des Bundes:

- Tarifvertrag für den öffentlichen Dienst des Bundes (TVöD/Bund), in Kraft seit dem 1.10.2005, einschließlich des am 1.1.2014 in Kraft getretenen Tarifvertrags über die Entgeltordnung des Bundes (TV EntgO Bund)

Im Bereich der Kommunen:

- Tarifvertrag für den öffentlichen Dienst der Kommunen (TVöD/VKA), in Kraft seit dem 1.10.2005
- Tarifvertrag für Ärztinnen und Ärzte an kommunalen Krankenhäusern im Bereich der VKA (TV-Ärzte/VKA), in Kraft seit dem 1.8.2006 (Marburger Bund)

[99] BAG 18.11.2015 NZA-RR 2016, 197 („Punktionskraft"); 27.1.1999 AP Nr. 262 zu §§ 22, 23 BAT 1975 = NZA-RR 2000, 107 (Pädagogische Unterrichtshilfe: analoge Anwendung der Tätigkeitsmerkmale für den Sozial- und Erziehungsdienst); ebenso BAG 24.3.2010 AP Nr. 313 zu §§ 22, 23 BAT 1975.

[100] BAG 18.5.1988 AP Nr. 145 zu §§ 22, 23 BAT 1975; anders BAG 24.9.2008 AP Nr. 57 zu § 1 TVG (keine Vergleichbarkeit von Beschäftigungstherapeut und Erzieher).

[101] BAG 24.9.2008 AP Nr. 57 zu § 1 TVG.

[102] *Behrendt/Gaumann/Liebermann* ZTR 2009, 614; zur Entwicklung im Land Hessen ausf. *Rothländer* ZTR 2019, 311; ZTR 2017, 447 ff.; ZTR 2015, 491; ZTR 2013, 657 ff.

[103] Tarifvertrag zur Regelung des Wiedereintritts des Landes Berlin in die Tarifgemeinschaft deutscher Länder (TdL) (TV Wiedereintritt Berlin vom 12.12.2012).

[104] Dazu etwa BAG 9.6.2010 AP Nr. 82 zu § 1 TVG Bezugnahme auf Tarifvertrag; 20.10.2010 AP Nr. 22 zu § 1 TVG Tarifverträge: Arzt.

[105] Vgl. etwa BAG 24.3.2010 NZA-RR 2010, 527 (TV-Ärzte Krankenhaus-Arbeitgeberverband Hamburg); 17.11.2010 AP Nr. 28 zu § 1 TVG Tarifverträge: Arzt; s. auch LAG Bln-Bbg 6.5.2010 – 14 Sa 2456 (TV-Charité). Übersicht zu den weiteren (Haus-)Tarifverträgen des Marburgers Bundes unter: http://www.marburger-bund.de/bundesverband/tarifvertraege.php.

Im Bereich der Länder:

- Tarifvertrag für den öffentlichen Dienst der Länder (TV-L), in Kraft seit dem 1.11.2006, einschließlich der am 1.1.2012 in Kraft getretenen Anlage A zum TV-L – Entgeltordnung zum TV-L (in Berlin iVm dem Tarifvertrag zur Überleitung der Beschäftigten des Landes Berlin in das Tarifrecht der TdL – TV Wiederaufnahme Berlin – und dem Tarifvertrag zur Regelung des Wiedereintritts des Landes Berlin in die TdL – TV Wiedereintritt).
- Tarifvertrag für die Ärztinnen und Ärzte an Universitätskliniken (TV-Ärzte/TdL), in Kraft seit dem 1.11.2006 (Marburger Bund)
- Tarifvertrag für den öffentlichen Dienst des Landes Hessen (TV-H), in Kraft seit dem 1.1.2010
- Tarifvertrag für die Ärztinnen und Ärzte an den hessischen Universitätskliniken (TV-Ärzte Hessen), in Kraft seit dem 1.1.2007 (Marburger Bund)

b) Eingruppierungsregelungen und Entgeltgruppenaufbau. Trotz der neuen Tarifver- 28
träge im öffentlichen Dienst in den Jahren 2005 und 2006 (→ Rn. 26) richtete sich die Eingruppierung zunächst nach den bisherigen Eingruppierungsbestimmungen. Die Eingruppierungsbestimmungen in den §§ 12, 13 TVöD/TV-L waren zunächst unbesetzt geblieben und die Vergütungsordnungen nicht neu vereinbart worden. Bis zu deren Inkrafttreten (→ Rn. 32 ff.) waren vorläufig für die Angestellten im öffentlichen Dienst die Anlagen 1a und 1b zum BAT und für die gewerblichen AN des öffentlichen Dienstes des Bundes und der Länder die auf Grundlage des § 22 MTArb vereinbarten Lohngruppentarifverträge sowie im Bereich der Kommunen die nach § 2 RahmenTV zu § 20 I BMT-G II vereinbarten Bezirkstarifverträge die meisten **bisherigen Tätigkeitsmerkmale maßgebend.**[106] Gleiches galt nach § 12, § 13 TV-H iVm § 17 I TVÜ-H im Land Hessen, bis dort am 1.7.2014 dort eine neue Entgeltordnung in Kraft getreten ist.[107] Anwendbar bleiben ferner die in § 17 TVÜ-VKA genannten **tariflichen Eingruppierungsgrundsätze** nach §§ 22, 23 BAT. Diese Rechtslage – Weitergeltung der bisherigen Eingruppierungsbestimmungen – galt auch für den Bereich des TV-L bis zum Inkrafttreten der neuen Entgeltordnung am 1.1.2012 (→ Rn. 32) und im Bereich des Bundes bis zum 1.1.2014, an dem der TV EntgO Bund in Kraft trat (→ Rn. 33) sowie schließlich für den Bereich der VKA, deren neue Entgeltordnung am 1.1.2017 in Kraft getreten ist (→ Rn. 33).[108]

Durch den TVöD und den TV-L wurde die bisherige Systematik der Vergütungsgruppen 29
auf fünfzehn Entgeltgruppen umgestellt, wobei die Entgeltgruppen 1 bis 4 für un- und angelernte, die Gruppen 5 bis 8 für Beschäftigte mit dreijähriger Ausbildung, die Entgeltgruppen 9 bis 12 für Tätigkeiten mit Fachhochschul- und wohl auch Bachelorabschluss, sowie die weiteren Entgeltgruppen für Tätigkeiten mit einem Universitäts- und im Ergebnis auch dem Masterabschluss[109] vorgesehen sind. Die **Ermittlung der Entgeltgruppen übergeleiteter Beschäftigter** erfolgte zunächst sowohl für übergeleitete als auch neu eingestellte Beschäftigte (zu den Ausnahmen → Rn. 59, → Rn. 62 ff.) grundsätzlich anhand der Anlagen zu den Überleitungstarifverträgen. Nach der Überleitungsregelung in § 4 I 1 TVÜ-VKA und TVÜ-Bund, die die Grenzen der Tarifautonomie im Hinblick auf die Festlegung neuer vergütungsrechtlicher Wertigkeit einzelner Tätigkeiten nicht überschreitet,[110] wurde für die bei Inkrafttreten der neuen Tarifverträge **bereits Beschäftigten** die bisherige Vergütungsgruppe des Angestellten und die Lohngruppe des gewerblichen AN der neuen Entgeltgruppe nach der Anlage 1 zum TVÜ-VKA und TVÜ-Bund zugeordnet – und zwar auf Basis derjenigen Vergütungs- oder Lohngruppe, in der der Beschäftigte zum Überleitungszeitpunkt tatsächlich eingruppiert war.[111] Gleiches galt nach § 4 TVÜ-L iVm den Anlagen 2 und 5 für die zum Inkrafttreten des TV-L bereits Beschäftigten zur **Ermittlung der Entgeltgruppen des TV-L,** wie § 29a TV-L zeigt. Die Ermittlung des Vergleichsentgelts und die Zuordnung zu den

[106] Ausf. für den TVöD BAG 28.1.2009 AP Nr. 37 zu § 99 BetrVG 1972 Eingruppierung = NZA 2009, 1042; 1.7.2009 AP Nr. 38 zu § 99 BetrVG 1972 = NZA 2010, 290.

[107] Zu diesem Tarifvertrag *Conze* öAT 2015, 1 ff.; *Rothländer* ZTR 2015, 72 ff.

[108] Ausf. *Herbert* DVP 2017, 98 ff., 141 ff., 233 ff.; sowie *Wurm* ZfPR 2017, 60 ff.

[109] Zu tarifrechtlichen Bewertung der Hochschulabschlüsse Bachelor und Master im System der Entgeltgruppen *Richter/Gamisch* RiA 2009, 97 ff.; *Zetl* ZMV 2009, 319. S. auch *Böckmann-Beeker* ZTR 2011, 67.

[110] BAG 17.12.2009 AP Nr. 1 zu § 4 TVÜ.

[111] BAG 22.4.2009 AP Nr. 38 zu § 99 BetrVG 1972 = NZA 2009, 1286.

neu geschaffenen **Entgeltstufen,**[112] die die Lebensaltersstufen abgelöst haben,[113] erfolgt nach Maßgabe der §§ 5 ff. der Überleitungstarifverträge.[114] Für nach der Tarifreform **neu eingestellte AN** wurden nach § 17 VII TVÜ-Bund/VKA bis zum Inkrafttreten einer neuen Entgeltordnung die bisherigen Vergütungsgruppen der Anlage 1a und 1b zum BAT und die Lohngruppen der Lohngruppenverzeichnisse anhand der Anlagen 4 (TVÜ-Bund) und der Anlage 3 (TVÜ-VKA) den neuen Entgeltgruppen zugeordnet.

30 Im **Bereich des TVöD und des TV-L** haben die Tarifvertragsparteien bereits zum Inkrafttreten der neuen Tarifverträge nach § 17 II der Überleitungstarifverträge für neu eingestellte Beschäftigte Regelungen getroffen, deren Tätigkeit nach der jeweiligen **Entgeltgruppe 1 – einfachste Tätigkeiten** (→ Rn. 59) – bewertet ist, die mittlerweile Bestandteil der neuen Entgeltordnungen ist. **Neueinstellungen** im Geltungsbereich der bisherigen **Vergütungsgruppe I BAT** erfolgen außertariflich. Eine weitere Ausnahme bestand nach § 17 II der Überleitungstarifverträge für **Ärztinnen und Ärzte** (ausf. → Rn. 66 ff.). Neue Tätigkeitsmerkmale wurden im Bereich des TVöD/VKA für Ärztinnen und Ärzte in § 51 TVöD (Besonderer Teil – Krankenhäuser) und im Bereich des TV-L in den Sonderregelungen für Ärztinnen und Ärzte an Universitätskliniken nach § 41 Nr. 7 TV-L geschaffen, der einen von § 22 BAT/nunmehr § 12 TV-L (→ Rn. 35) abweichenden Eingruppierungsgrundsatz enthält und nicht auf Arbeitsvorgänge (→ Rn. 41 ff., → Rn. 64) abstellt, sondern auf die „zeitlich mindestens zu Hälfte auszuübende Tätigkeit". Weitere Vergütungsordnungen enthalten der vom **Marburger Bund** geschlossene TV-Ärzte/VKA und der TV-Ärzte/TdL. Während § 15 III TV-Ärzte/VKA nach wie vor auf den Arbeitsvorgang abstellt, entspricht die Regelung in § 12 TV-Ärzte/TdL derjenigen des TV-L in dessen § 41 Nr. 7 (zu § 12 Eingruppierung).[115]

31 Darüber hinaus bestehen eigenständige Regelungen für Beschäftigte des **Sozial- und Erziehungsdienstes** im Bereich der VKA.[116] Durch den 5. Änderungstarifvertrag zum TVÜ-VKA wurde die neue Bestimmung des § 28a in diesen eingefügt. Danach gilt ab dem 1.11.2009 für diesen Beschäftigtenkreis eine neue Entgelttabelle mit insgesamt 17 Entgeltgruppen (Anlage C: S 2 bis S 18). Die Tätigkeitsmerkmale für den Sozial- und Erziehungsdienst, die bis auf das neue Tätigkeitsmerkmal der **Entgeltgruppe S 14**[117] der besonderen Vergütungsordnung Sozial- und Erziehungsdienst des BAT entnommen wurden, sind bei ihrer Einführung zum 1.7.2015 zunächst im Anhang zur Anlage C von § 1 I der Anlage zu Abschnitt VIII Sonderregelungen VKA des § 56 TVöD/VKA geregelt worden und mittlerweile Bestandteil der Anlage 1 (Entgeltordnung) zum TVöD/VKA. Die Tarifvertragsparteien einigten sich auf eine Verbesserung der Eingruppierung u.a. für Erzieherinnen und Erzieher mit staatlicher Anerkennung sowie die Leiter/innen von Kindertagesstätten.[118] Gesonderte Eingruppierungsbestimmungen und Tätig-

---

112 Zur Stufenzuordnung s. insb. EuGH 23.4.2020 AP Nr. 5 zu Art. 45 AEUV = NZA 2020, 779 (Land Niedersachsen): Verstoß gegen die Arbeitnehmerfreizügigkeit bei begrenzter Berücksichtigung von Vordienstzeiten bei einem anderen AG in einem anderen Mitgliedstaat bei der Stufenzuordnung nach § 16 TV-L); dazu *Rasche/Sülzle* EuZA 2020, 476 ff.; BAG 25.1.2018 AP Nr. 6 zu § 16 TVöD = NZA 2018, 1200 (Inländerdiskriminierung); 23.2.2017 AP Nr. 11 zu § 16 TV-L = NZA-RR 2017, 419 (Stufenzuordnung und Arbeitnehmerfreizügigkeit), dazu *Stach* ZTR 2017, 516 ff.; weiterhin BAG 25.3.2021 – 6 AZR 146/20 (Altersdiskriminierung); 18.2.2021 – 6 AZR 702/19 (Stufenzuordnung bei Tabellenwechsel).

113 Zur fehlenden Vereinbarkeit der Bemessung der Grundvergütungen nach dem Lebensalter im BAT mit dem AGG wegen Altersdiskriminierung BAG 10.11.2011 AP Nr. 13 zu § 27 BAT = NZA 2012, 100; 10.11.2011 AP Nr. 11 zu § 27 BAT mAnm *Löwisch* = NZA 2012, 160; zuvor EuGH 8.9.2011 AP Nr. 22 zu Richtlinie 2000/78/EG = NZA 2011, 1100 – Hennigs u. May.

114 S. dazu den Überblick bei *Spelge* ZTR 2011, 358 ff.

115 S. auch BAG 20.10.2010 AP Nr. 22 zu § 1 TVG Tarifverträge: Arzt.

116 Dazu *Richter/Gamisch,* Tarifvertrag Sozial- und Erziehungsdienst, 2010; *Kuner* öAT 2010, 1 ff.; *Zetl* ZMV 2009, 295 ff.; *ders.* ZMV 2013, 186. Zur Eingruppierung nach den Arbeitsvertrags-Richtlinien der Caritas *Zetl* ZMV 2013, 186 ff., 247 ff., 300 ff.

117 Zur Auslegung der tariflichen Tätigkeitsmerkmale der Entgeltgruppe S 14 TVöD/VKA *Creutzfeldt* ZTR 2015, 630 ff.; aus der Rspr. BAG 5.5.2021 – 4 AZR 666/19; 19.10.2016 AP Nr. 7 zu § 56 TVöD = NZA-RR 2017, 259; 24.2.2016 NZA-RR 2016, 488; 13.5.2015 AP Nr. 4 zu § 56 TVöD = NZA-RR 2015, 644 (zur Protokollerklärung Nr. 13); 10.12.2014 ZTR 2015, 500 (1. Alt.: kumulative Anforderungen); 21.8.2013 AP Nr. 51 zu §§ 22, 23 BAT Sozialarbeiter mAnm *Jacobs/Besenthal* = NZA-RR 2014, 302 („Zusammenarbeit mit dem Familiengericht bzw. Vormundschaftsgericht"); 13.11.2013 ZTR 2014, 477 („Maßnahmen der Gefahrenabwehr"); 17.5.2017 AP Nr. 8 zu § 56 TVöD (zwangsweise Unterbringung). Zur Entgeltgruppe S 8 TVöD/VKA BAG 27.9.2017 AP Nr. 5 zu § 16 TVöD. Zur Entgeltgruppe S 15 BAG 24.2.2021 – 4 AZR 269/20.

118 Dazu *Conze* öAT 2016, 45 ff.; *Dannenberg* PersR 2016, 32 ff.; *Zetl* ZMV 2016, 7 ff.; zur Eingruppierung im Sozial- und Erziehungsdienst durch die AVR *Abbate/Kallen/Ludemann* ZAT 2016, 80 ff.; zu den

keitsmerkmale finden sich für rechtlich selbständige Versorgungsbetriebe, die Mitglied eines Kommunalen Arbeitgeberverbandes sind, im Tarifvertrag Versorgungsbetrieb (TV-V) sowie für einzelne Tätigkeiten im Tarifvertrag zur Regelung der Rechtsverhältnisse der Beschäftigten in der Fleischuntersuchung (TV-Fleischuntersuchung) und im Bereich der in den einzelnen Bundesländern geschlossenen Tarifverträge Nahverkehr (TV-N).

c) Entgeltordnungen. Im **Bereich des TV-L** ist zum 1.1.2012 die neue **Entgeltordnung zum TV-L** in Form der Anlage A sowie die neuen Eingruppierungsbestimmungen der §§ 12, 13 TV-L (→ Rn. 35), die nahezu wortgleich den §§ 22, 23 BAT entsprechen, in Kraft getreten.[119] Eine Ergänzung erfolgte wenige Monate später um die Tätigkeitsmerkmale für den Bereich der Informationstechnik.[120] Änderungen hinsichtlich der Qualifikationsebenen für die besonderen Teile der Entgeltordnung erfolgten durch die Tarifeinigung vom März 2019.[121] Die Entgeltordnung enthält fünf Teile (Teil I: Allgemeine Tätigkeitsmerkmale für den Verwaltungsdienst, Teil II: Tätigkeitsmerkmale für bestimmte Beschäftigtengruppen, Teil III: Handwerklich geprägte Tätigkeiten, Teil IV: Beschäftigte im Pflegedienst, Teil V: Lehrkräfte [unbesetzt]). Für Eingruppierungen ab dem Jahre 2012 sind diese neuen Bestimmungen maßgebend. Für zuvor eingestellte Beschäftigte, die nach Maßgabe der Bestimmungen des TVÜ-L einer Entgeltgruppe (unter Anwendung der bisherigen Tätigkeitsmerkmale des BAT oder des MTArb → Rn. 29) zugeordnet waren, verbleibt es allerdings nach der **Überleitungsvorschrift** § 29a TV-L[122] grundsätzlich bei der bisherigen Entgeltgruppe. Insoweit ist der Grundsatz der Tarifautomatik außer Kraft gesetzt. Die Beschäftigten können aber **auf Antrag höhergruppiert** werden, wenn sich nach den Merkmalen der neuen Entgeltordnung eine höhere Entgeltgruppe für sie ergibt.[123] Das Antragsrecht als einseitige gestaltende Willenserklärung[124] unterliegt einer besonderen Ausschlussfrist. Wird der Antrag fristgemäß gestellt, entsteht der Höhergruppierungsanspruch rückwirkend mit Zugang beim AG. Erst dann können Differenzentgeltansprüche fällig und die weitere Ausschlussfrist des § 37 TVöD in Gang gesetzt werden.[125] 32

Für den **TVöD im Bereich des Bundes** haben die Tarifvertragsparteien durch den „Tarifvertrag über die Entgeltordnung des Bundes" **(TV EntgO Bund)** zum 1.1.2014 eine neue und nach der Anzahl der Tätigkeitsmerkmale reduzierte Entgeltordnung in Kraft gesetzt.[126] Diese nicht mehr in einer Anlage zum TVöD geregelte Entgeltordnung vereinigt die bisher für Angestellte und Arbeiter in getrennten Tarifwerken (Anlage 1 zum BAT, Lohngruppenverzeichnis zum MTArb) normierten Tätigkeitsmerkmale[127] und enthält die Teile I bis VI (Teil I: Allgemeine Tätigkeitsmerkmal für den Verwaltungsdienst; Teil II: Allgemeine Tätigkeitsmerkmale für körperlich/handwerklich geprägte Tätigkeiten; Teil III: Tätigkeitsmerkmale für besondere Beschäftigtengruppen; Teil IV: Besondere Tätigkeitsmerkmale im Bereich des Bundesministeriums der Verteidigung (BMVg); Teil V: Besondere Tätigkeitsmerkmale im Bereich des Bundesministeriums für Verkehr und digitale Infrastruktur (BMVI); Teil VI: Besondere Tätigkeitsmerkmale im Bereich des Bundesministeriums des Innern (BMI)). Die in der Praxis wichtigen Tätigkeitsmerkmale für den Verwaltungsdienst wurden überwiegend unverändert fortgeführt; für Beschäftigte in der Informationstechnik neue Tätigkeitsmerkmale vereinbart (Teil III EntgO Bund, insb. Abschnitt 24).[128] Die 33

letzten Änderungen im TVöD *Dannenberg* PersR 6/2018, 49 ff. Zur Genese s. auch BAG 13.11.2019 AP Nr. 9 zu § 56 TVöD = NZA 2020, 310.

[119] Überblick bei *Dannenberg* PersR 2012, 68 ff.; *Geyer/Baschnagel* ZTR 2011, 331 ff.; *Klaßen* RiA 2012, 1 ff.; *C. Müller* öAT 2012, 149 ff.; *Richter/Gamisch* AuA 2012, 119 ff.; *Wurm* ZfPR 2012, 90 ff.; *Zetl* ZMV 2012, 9 ff., 325 ff.

[120] 5. ÄndTV zum TV-L vom 23.8.2012, s. auch ZMV 2012, 325 f.

[121] Darstellung bei *Müller* öAT 2020, 45 ff.; zu weiteren Änderungen s. auch *Salomon-Hengst* öAT 2019, 67 (69 ff.).

[122] Dazu *Augustin* ZTR 2012, 484 ff.; *Zetl* ZMV 2012, 130 ff.

[123] Ausf. dazu die Durchführungshinweise der TdL vom 30.3.2012; zu den Risiken eines Antrags *Wurm* ZfPR 2012, 90 (94). S. auch BAG 21.12.2017 AP Nr. 1 zu § 29a TVÜ. Zur Tarifautomatik BAG 25.3.2021 – 6 AZR 41/20.

[124] BAG 19.10.2016 AP Nr. 1 zu § 12 TV-L.

[125] BAG 18.9.2019 AP Nr. 211 zu § 4 TVG Ausschlussfristen; mAnm *Donath* ZTR 2020, 157.

[126] Zum Tarifvertrag *Dannenberg* PersR 2014, 20 ff.; *Krämer/Reinecke* ZTR 2014, 3 ff.; *Müller* öAT 2014, 1 ff.; *Wurm* ZfPR 2014, 57 ff.; *Zetl* ZMV 2014, 76 ff.; zur Überleitung *Müller* öAT 2014, 43 ff.; weiterhin *Reinecke* ZTR 2015, 3 ff.

[127] S. auch die „Durchführungshinweise zu den neuen Eingruppierungsvorschriften vom 24. März 2014 in der Fassung der dritten Ergänzung vom 21. November 2014" des Bundesministeriums des Inneren (www.bmi.bund.de).

[128] S. *Müller* öAT 2015, 155 ff.

bisherige Entgeltgruppe 9 wurde „aufgeteilt" in die neuen Entgeltgruppen 9a und 9b.[129] Die **Überleitung** der am 31.12.2013 bereits Beschäftigten ist in den §§ 24 ff. TVÜ-Bund geregelt. Grundsätzlich bleibt die bisherige Entgeltgruppe für die Dauer der unverändert auszuübenden Tätigkeit gewahrt (§ 25 I TVÜ-Bund). Nach Satz 1 der Protokollerklärung zu § 25 I TVÜ-Bund sind die bisher nach den Anlagen 2 und 4 TVÜ-Bund erfolgten vorläufigen Entgeltgruppenzuordnungen ab dem 1.1.2014 endgültig. Ebenso wie im Bereich des TV-L (→ Rn. 32) kann auf Antrag die Tarifautomatik wieder in Kraft gesetzt werden (§ 26 I 1 TVÜ-Bund).

34 Schließlich haben sich 2016 die Tarifvertragsparteien im Bereich der VKA auf eine neue, grundsätzlich für alle Beschäftigten geltende **Entgeltordnung für den Bereich der kommunalen Arbeitgeber (EGO VKA)** verständigt.[130] Die Vergütungsordnung für die Kommunen gliedert sich in einen Allgemeinen Teil (Teil A), dem eine „Auffangfunktion" zukommt, der unter I. die Allgemeinen Tätigkeitsmerkmal enthält (1. Entgeltgruppe 1; 2. Entgeltgruppen 2 bis 9a (handwerkliche Tätigkeiten);[131] 3. Entgeltgruppen 2 bis 12 (Büro-, Buchhalterei-, sonstiger Innendienst und Außendienst); 4. Entgeltgruppen 13 bis 15 und in II. spezielle Tätigkeitsmerkmale (etwa Informations- und Kommunikationstechnik). Weiterhin besteht ein Besonderer Teil (Teil B.) mit 32 Abschnitten für einzelne Berufsgruppen,[132] etwa mit einem eigenständigen Eingruppierungsbereich für die Beschäftigten der Pflegeberufe, sog. P-Tabelle.[133] Bisher noch bestehende Zeit- und Bewährungsaufstiege sind in die neuen Entgeltgruppen „eingearbeitet" worden. In den Entgeltgruppen[134] 4 bis 7 finden sich nunmehr auch Merkmale, die in der Anlage 1a zum BAT den Angestelltentätigkeiten zugeordnet waren; die Entgeltgruppe 9 wird durch die Entgeltgruppen 9a, 9b und 9c EGO VKA abgelöst. Im Anhang sind Festlegungen für etwaige Regelungen auf landesbezirklicher Ebene getroffen worden. Die – endgültige – Überleitung von Beschäftigten, die bereits vor dem 1.1.2017 in einem Beschäftigungsverhältnis standen und noch stehen, gestaltet sich nach den §§ 29 ff. TVÜ-VKA.[135] Grundsätzlich erfolgt nach § 29 I 1 TVÜ-VKA eine Überleitung in die bisherige Entgeltgruppe für die Dauer der unverändert auszuübenden Tätigkeit, ohne das eine Überprüfung der Eingruppierung stattfindet. Damit wird die an sich bestehende Tarifautomatik (→ Rn. 10 ff.) insoweit außer Kraft gesetzt. Andere Regelungen gelten für die Entgeltgruppe 13 mit Zulage (nunmehr Entgeltgruppe 14 EGO VKA) sowie der Entgeltgruppe 9 (jetzt Entgeltgruppe 9a, 9b oder 9c EGO VKA) und schließlich für die Überleitung aus den Kr-Gruppen in die Entgeltgruppen P der Anlage E (§ 29d I 1 TVÜ-VKA). Wirken sich Änderungen der EGO VKA vorteilhaft aus, können Beschäftigte bis zum Ende des Jahres 2017 einen Antrag auf Höhergruppierung (→ Rn. 32) stellen (§ 29b I 1 TVÜ-VKA).

35 **2. Eingruppierung nach TVöD und TV-L. a) Grundsatz.** Die Vergütung der AN im öffentlichen Dienst richtet sich nach der Entgeltgruppe, in die sie eingruppiert sind (§ 15 I 2 TVöD/TV-L). Dazu muss der Beschäftigte aufgrund seiner Tätigkeit die objektiven und subjektiven Anforderungen eines Tätigkeitsmerkmals der von ihm beanspruchten Entgeltgruppe erfüllen. Er ist nach der Entgeltgruppe zu vergüten, deren Tätigkeitsmerkmalen die gesamte von ihm nicht nur vorübergehend auszuübende Tätigkeit entspricht – so die zentralen **Eingruppierungsbestimmung des § 12 II TVöD** im Bereich des Bundes sowie der Kommunen **und § 12 I TV-L** im Bereich der TdL, die in den Unterabschnitten und Protokollerklärungen weitere Präzisierungen enthält.

36 Maßgebend sind im Bereich des Bundes und der Länder die nach wie vor umfangreichen **Tätigkeitsmerkmale** der Vergütungsordnungen der **Anlagen A zum TV-L** im Bereich der Länder, **der TV EntgO Bund** (zu deren Aufbau → Rn. 32) sowie im Bereich der VKA die **EGO VKA** (zu deren Aufbau → Rn. 34). Die Entgeltordnungen sind untergliedert in Tätigkeitsmerkmale, die synonym[136] auch als Fallgruppen bezeichnet werden. Diese Systematik wurde im Grundsatz für die neue Entgeltordnung des TV-L aufrecht erhalten; dort sind es fünfzehn Entgeltgruppen (Teil 1 bis 3) und für die Beschäftigten im Pflegedienst (Teil IV) die Entgeltgruppen KR 3 bis 12. In Protokollerklärungen (→ § 199 Rn. 20) haben die Tarifvertragsparteien ihr Verständnis der Tarifregelung niedergelegt. Sechzehn Entgeltgruppen enthält seit dem

[129] Dazu *Effertz* ZTR 2014, 324 ff.
[130] Zur EGO VKA *Donath* ZTR 2016, 551 ff. (Teil 1), 611 ff. (Teil 2); *Müller* öAT 2016, 153 ff.; *Zetl* ZMV 2016, 191 ff.
[131] Zu diesen *Lamcke/Donath* ZTR 2020, 442 ff.
[132] Überblick bei *Donath* ZTR 2016, 551 (554 f.).
[133] Dazu *Zetl* ZMV 2016, 253 ff.; die Zuordnung erfolgt über § 29d I TVÜ-VKA.
[134] Darstellung bei *Donath* ZTR 2016, 611 ff. (zu Teil A), 620 (zu Teil B).
[135] S. *Donath* ZTR 2016, 611 (622 ff.); zur Überleitung *Günther* öAT 2017, 1 ff. Zur Mitbestimmung des BR BAG 23.2.2021 – 1 ABR 4/20.
[136] BAG 10.12.1997 AP Nr. 234 zu §§ 22, 23 BAT 1975.

1.1.2014 die Anlage a zum TVöD/Bund (1 bis 8, 9a, 9b, 10 bis 15) und weiterhin die Entgeltgruppen Kr 3a bis 12a für die Beschäftigten im Pflegedienst (§ 46 Nr. 22 III zu § 52 TVöD-BT-K-Bund). Bei der EGO VKA erfolgt eine Zuordnung anhand der Tätigkeitsmerkmale der Entgeltgruppen 1–8, 9a, 9b, 9c, 10–15 sowie die Entgeltgruppen P 5 bis P 16.

b) Auszuübende Tätigkeit. Für die Eingruppierung des AN ist nicht die tatsächlich ausgeübte, sondern die vertraglich **auszuübende Tätigkeit die maßgebende Bewertungsgrundlage.** Das sind die Tätigkeiten, die dem AN vom AG aufgrund des Arbeitsvertrags und im Wege des Direktionsrechts übertragen oder zugewiesen worden sind.[137] Nur in den vertraglich gezogenen Grenzen kann der AG durch Ausübung des Direktionsrechts die auszuübende Tätigkeit konkretisieren.[138] Die Übertragung muss durch einen dazu nach den einschlägigen Vorschriften in Personalfragen zuständigen Vorgesetzten erfolgen.[139] Deshalb genügt eine nur mit dem Vorgesetzten abgestimmte Ausübung einer Tätigkeit nicht, wenn nicht mindestens eine stillschweigende Zustimmung der für Personalangelegenheiten zuständigen Stelle vorliegt.[140] Jedoch kommen ggfls. die Grundsätze über eine Anscheins- oder Duldungsvollmacht zum Tragen, die etwa dann eingreifen können, wenn einem Vorgesetzten die nähere Organisation und Übertragung von Tätigkeiten überlassen bleibt.[141] Liegen diese Voraussetzungen nicht vor, können je nach Fallgestaltung die Grundsätze des Vertrauensschutzes zugunsten des AN eingreifen.[142] Das gilt nicht, wenn der AN die Unzuständigkeit des Vorgesetzten kennt.[143] An der notwendigen Übertragung durch den AG fehlt es, wenn der AN selbst seine Tätigkeit abändert und sich neue, höherwertige Aufgaben „an Land gezogen" hat. 37

Die Tätigkeit muss dem AN weiterhin **nicht nur zur vorübergehenden Ausübung** übertragen worden sein. Danach führt die zeitlich begrenzte Übertragung einer anderen, insb. höherwertigen Tätigkeit nicht zu einer neuen Eingruppierung (im Wege der Umgruppierung, → Rn. 3), sondern kann – nur – zu einem Anspruch auf eine Zulage nach § 14 TVöD/TV-L führen (→ Rn. 78). Von der nur vorübergehenden Ausübung ist die Tätigkeit eines sog. **Springers** zu unterscheiden, dem dauerhaft die Vertretung jeweils anderer (verhinderter) Beschäftigter übertragen wurde.[144] Ebenso handelt es sich nicht um eine nur vorübergehende Tätigkeit, wenn es zum ständigen Aufgabenkreis eines AN gehört, die Vertretung eines anderen im Abwesenheitsfall zu übernehmen.[145] 38

Verändert sich die Tätigkeit des AN nicht nur vorübergehend in **anderer Weise als durch Übertragung** und erfüllt sie nunmehr das Tätigkeitsmerkmal einer höheren Entgeltgruppe – etwa weil infolge gesetzlicher Änderungen nunmehr umfangreichere Fachkenntnisse erforderlich sind –, erfolgt die Eingruppierung in die höhere Entgeltgruppe erst nach sechsmonatiger Ausübung mit Beginn des folgenden Kalendermonats. Das ergibt sich aus § 13 TVöD/TV-L. Zweck dieser Regelung zur **„Eingruppierung in besonderen Fällen"** ist es, dem AG zu ermöglichen, auf die ohne sein Zutun erfolgten Änderungen binnen angemessener Zeit reagieren zu können und ggf. eine Tätigkeit nach der bisherigen tariflichen Wertigkeit zuzuweisen oder die Arbeitsabläufe zu ändern. 39

Da allein die auszuübende Tätigkeit maßgebend ist, sind die **„deklaratorische" Angabe einer Entgeltgruppe** im Arbeitsvertrag (→ Rn. 14), die Ausweisung einer Stelle im Haushalts- oder Stellenplan,[146] die tatsächlich gezahlte Vergütung, die Verwendung einer Funktionsbezeichnung,[147] die Bewertung des Vorgesetzten oder einer Stellenkommission[148] oder allein der Besuch einer Fortbildungsmaßnahme[149] eingruppierungsrechtlich ohne Bedeutung. 40

---

[137] BAG 5.5.1999 AP Nr. 268 zu §§ 22, 23 BAT = NZA-RR 2000, 164.

[138] BAG 26.3.1997 AP Nr. 223 zu §§ 22, 23 BAT 1975; 18.5.1995 AP Nr. 5 zu §§ 22, 23 BAT Datenverarbeitung.

[139] BAG 5.5.1999 AP Nr. 268 zu §§ 22, 23 BAT 1975 = NZR-RR 2000, 164; 31.10.1990 AP Nr. 152 zu §§ 22, 23 BAT 1975.

[140] BAG 26.3.1997 AP Nr. 223 zu §§ 22, 23 BAT.

[141] So zur Übertragung der medizinischen Verantwortung bei Oberärzten BAG 9.12.2009 AP Nr. 8 zu § 1 TVG Tarifverträge: Arzt = NZA 2010, 895; 10.12.2014 AP Nr. 19 zu § 1 TVG Tarifverträge: Bundesbahn; sowie → Rn. 65 f.

[142] BAG 10.3.1982 AP Nr. 7 zu § 75 BPersVG.

[143] BAG 5.5.1999 AP Nr. 268 zu §§ 22, 23 BAT = NZA-RR 2000, 164; 28.10.1970 AP Nr. 34 zu §§ 22, 23 BAT.

[144] BAG 5.9.1972 AP Nr. 3 zu § 24 BAT.

[145] BAG 10.12.2014 AP Nr. 19 zu § 1 TVG Tarifverträge: Bundesbahn; 21.10.1998 AP Nr. 18 zu § 24 BAT = NZA 1999, 492; 24.3.1993 ZTR 1993, 334. S. auch *Richter/Gamisch* DÖD 2014, 210 ff.

[146] BAG 15.3.2006 AP Nr. 63 zu § 551 ZPO.

[147] BAG 21.3.2001 EzA Nr. 3 zu § 4 TVG Bankgewerbe.

[148] BAG 27.8.2008 AP Nr. 210 zu § 1 TVG Auslegung = NZA-RR 2009, 264.

[149] BAG 7.6.2000 AP Nr. 82 zu §§ 22, 23 BAT Lehrer.

41 **c) Arbeitsvorgang. aa) Grundsatz.** Nach § 12 I 3–4 TV-L und § 12 II 1–2 TVöD entspricht die gesamte auszuübende Tätigkeit dem Tätigkeitsmerkmal einer Vergütungsgruppe, wenn zeitlich **mindestens zur Hälfte Arbeitsvorgänge anfallen,** die für sich genommen die Anforderungen eines Tätigkeitsmerkmals oder mehrerer Tätigkeitsmerkmale der Vergütungsgruppe erfüllen.[150] Kann die Erfüllung einer Anforderung in der Regel erst bei der Betrachtung mehrerer Arbeitsvorgänge festgestellt werden (zB gründliche Fachkenntnisse, → Rn. 53), sind diese Arbeitsvorgänge für die Feststellung, ob diese Anforderung erfüllt ist, zusammen zu beurteilen.

Daraus ergibt sich für die **zutreffende Eingruppierung folgende Prüfung:**

(1) Zunächst sind anhand des auszuübenden Aufgabenkreises (→ Rn. 38 ff.) die **Arbeitsvorgänge** zu bestimmen (→ Rn. 42 ff.).

(2) Diese sind jeweils für sich tariflich **zu bewerten** (→ Rn. 49 ff.).

(3) Danach sind die Arbeitsvorgänge, die die Voraussetzungen einer bestimmten Entgeltgruppe erfüllen, mit ihren **zeitlichen Anteilen** zusammen zu rechnen (→ Rn. 60).

(4) Fallen mindestens zur Hälfte der Arbeitszeit Arbeitsvorgänge einer bestimmten Entgeltgruppe an, ist der AN in diese eingruppiert. Im anderen Fall ist der AN in diejenige Entgeltgruppe eingruppiert, bei der unter Einbeziehung der Anteile der Arbeitsvorgänge aus höheren Entgeltgruppen ein zeitlicher Anteil von **mindestens der Hälfte** der auszuübenden Tätigkeit erreicht ist.[151]

42 **bb) Begriff und Bestimmung.** Mit dem Begriff des Arbeitsvorgangs sollte ein Tatbestandsmerkmal geschaffen werden, das der Disposition der Arbeitsvertragsparteien entzogen ist und das die Gerichte nach entsprechendem Tatsachenvortrag anzuwenden haben.[152] Die Parteien eines Eingruppierungsprozesses können nicht „unstreitig stellen", dass bestimmte Arbeitsschritte einen Arbeitsvorgang bilden, denn es handelt sich um eine Rechtsanwendung durch das Gericht.[153] Ebenso wenig kann allein auf eine Stellenbeschreibung und die dort vorgenommene Aufgliederung zurückgegriffen werden.[154] Der Begriff ist etwa in der **Protokollerklärung Nr. 1 zu § 12 I TV-L** definiert. Unter **Arbeitsvorgang** ist unter Hinzurechnung der Zusammenhangstätigkeiten und bei Berücksichtigung einer vernünftigen, sinnvollen praktischen Verwaltungsübung eine nach tatsächlichen Gesichtspunkten abgrenzbare und tarifrechtlich selbständig bewertbare Arbeitseinheit der zu einem bestimmten Arbeitsergebnis führenden Tätigkeit eines Beschäftigten zu verstehen.[155] Entscheidendes **Bestimmungskriterium ist das Arbeitsergebnis.**[156] Dabei kommt es nicht auf eine analytische Stellenbewertung, also eine arbeitswissenschaftlich fundierte Begutachtung des Aufgabenbereichs eines Beschäftigten an[157] – es handelt sich im Ergebnis vielmehr um eine summarische Arbeitsbewertung. Ob eine oder mehrere Einzeltätigkeiten zu einem Arbeitsergebnis führen, ist auf Grundlage eine natürlichen Betrachtungsweise und unter Berücksichtigung der durch den AG vorgenommenen Arbeitsorganisation zu beurteilen. Hierbei können Einzeltätigkeiten einschließlich der Zusammenhangstätigkeiten (→ Rn. 44) zusammengefasst. Die Zusammenfassung von Einzeltätigkeiten scheidet aus, wenn die verschiedenen Arbeitsschritte von vornherein auseinandergehalten und organisatorisch getrennt sind.[158] Allein die theoretische Möglichkeit, einzelne Arbeitsschritte oder Einzelaufgaben zu isolieren, reicht nicht aus, solange sie tatsächlich als einheitliche Arbeitsaufgabe übertragen werden. Getrennt sind die Arbeitsschritte dann nicht, wenn sich erst im Verlauf der Bearbei-

[150] Zum BAT/AOK-Neu BAG 16.5.2013 ZTR 2014, 90.

[151] Beispielhaft etwa BAG 1.7.2009 AP Nr. 99 zu § 99 BetrVG 1972 = NZA 2010, 290; 20.5.2009 AP Nr. 2 zu § 17 TVÜ; 28.1.2009 AP Nr. 39 zu §§ 22, 23 BAT 1975 = NZA-RR 2009, 612.

[152] BAG 25.11.1981 AP Nr. 51 zu §§ 22, 23 BAT 1975.

[153] BAG 31.7.2002 AP Nr. 291 zu §§ 22, 23 BAT 1975 = NZA 2003, 1151.

[154] BAG 13.11.2013 ZTR 2014, 477; 21.3.2012 AP Nr. 317 zu §§ 22, 23 BAT 1975.

[155] Grdl. BAG 22.11.1997 AP Nr. 2 zu §§ 22, 23 BAT 1975; s. nunmehr auch BAG 9.9.2020 – 4 AZR 195/20; sowie 19.7.1978 AP Nr. 8 zu §§ 22, 23 BAT 1975. Zur Entwicklung etwa *Müller* öAT 2019, 45 ff. Zum Arbeitsvorgang *Litty* ZTR 2021, 14 ff.; *Thies/Kornprobst* ZTR 2021, 51 ff. Regelungsvorschlag bei *Natter* ZTR 2021, 175 ff.

[156] Umfassend BAG 9.9.2020 AP Nr. 6 zu § 12 TV-L (Verfassungsbeschwerde anh. – 1 BvR 382/21); s. auch BAG 9.9.2020 AP Nr. 4 zu § 12 TV-L mAnm *Bachmann* PflR 2021, 303 ff.; weiterhin BAG 19.5.2010 AP Nr. 314 zu §§ 22, 23 BAT 1975 (Sachbearbeiter im Integrationsamt); 31.7.2002 AP Nr. 291 zu §§ 22, 23 BAT 1975 = NZA 2003, 1151 (Flugbegleiter).

[157] BAG 14.8.1985 AP Nr. 109 zu §§ 22, 23 BAT 1975; 15.2.1971 AP Nr. 38 zu §§ 22, 23 BAT.

[158] S. etwa BAG 9.9.2020 AP Nr. 4 zu § 12 TV-L mAnm *Bachmann* PflR 2021, 303 ff. („Teilzeit-Praxisanleiter").

tung herausstellt, welchen tariflich erheblichen Schwierigkeitsgrad die Aufgaben haben.[159] Die Bewertung der Einzelschritte bleibt bei der Bestimmung des Arbeitsvorgangs außer Betracht. Würde man die tarifliche Wertigkeit von (Einzel-)Tätigkeiten bei der Bestimmung des Arbeitsvorgangs heranziehen, würde entgegen Satz 2 der Nr. 1 der Protokollerklärung zu § 12 I TV-L diese bewertet, um hieraus Erkenntnisse zur Bestimmung des Arbeitsvorgangs zu gewinnen. Erst nachdem die Bestimmung des Arbeitsvorgangs erfolgt ist, ist dieser anhand des in Anspruch genommenen Tätigkeitsmerkmals zu bewerten.[160] Es ist weiterhin möglich, dass die gesamte Tätigkeit eines Beschäftigten einen Arbeitsvorgang bildet, wenn der Aufgabenkreis nicht weiter aufteilbar und einer einheitlichen rechtlichen Bewertung zugänglich ist (Beispiele → Rn. 46).

Beispiel: Nach der Rechtsprechung bildet die Tätigkeit eines Sozialarbeiters häufig einen Arbeitsvorgang, insbesondere wenn diese eine Leitungstätigkeit oder die Beratung und Betreuung bestimmter Personengruppen zum Inhalt hat.[161] Anders verhält es sich mit daneben wahrgenommenen Tätigkeiten, wie bspw. die Organisation externer Pflegekräfte oder die Entwicklung einer Konzeption „Betreutes Wohnen“. Diese dienen anderen Arbeitsergebnissen und können dann regelmäßig nicht zu einem Arbeitsvorgang zusammengefasst werden.[162]

Ist eine tatsächlich und rechtlich selbständige Bewertung der zu einem bestimmten Arbeitsergebnis führenden Einzeltätigkeiten unter Berücksichtigung einer sinnvollen, vernünftigen Verwaltungsübung nicht möglich, sind **weitere Tätigkeiten** des Beschäftigten hinzuzunehmen und dann zu prüfen, ob eine Abgrenzung möglich ist.[163] Dies kann im Einzelfall dazu führen, dass die gesamte Tätigkeit eines Beschäftigten zusammenzufassen ist. Weiterhin können bei der Bestimmung von Arbeitsvorgängen **wiederkehrende und gleichartige Arbeitsleistungen zusammengefasst** werden.[164] Für die Abgrenzung der zu einem bestimmten Arbeitsergebnis führenden und rechtlich selbständig zu bewertenden Tätigkeit ist eine sinnvolle, vernünftige Verwaltungsübung entscheidend.[165] Allein die theoretische Möglichkeit, einzelne Arbeitsschritte oder Einzelaufgaben isoliert auf andere AN zu übertragen, reicht nicht aus.[166] Die einzelnen Vorhaben einer Restaurateurin sind einzelne Arbeitsvorgänge; gleichartige und gleichwertige Restaurierungsvorhaben können jedoch zu einem Arbeitsvorgang zusammengefasst werden.[167] Bei einem Sachbearbeiter, der Anträge und Widersprüche bearbeitet, ist nicht jeder Antrag als eigener Arbeitsvorgang zu bewerten, sondern erst die Befassung mit allen Anträgen füllt den Rechtsbegriff des Arbeitsvorgangs aus.[168] Zur Feststellung der Arbeitsvorgänge kommt es nicht darauf an, ob die Einzelaufgaben einem oder mehreren Beschäftigten zugewiesen werden könnten. Arbeitsschritte sind nach der Arbeitsorganisation dann nicht trennbar, wenn sich erst im Verlauf der Bearbeitung ergibt, welche tarifliche Wertigkeit beispielsweise der zu jeweils zu bearbeitende Fall hat.[169] Deshalb kann die Tätigkeit einer Wohngeldsachbearbeiterin regelmäßig nicht in die Erstellung einfacher und schwieriger Wohngeldbescheide[170] oder der Streifengang eines im Ordnungsdienst Beschäftigten in das Feststellen von Sachverhalten einerseits und das Ergreifen von Maßnahmen andererseits[171] aufgespalten werden. Anders verhält es sich beispiels- 43

[159] BAG 28.2.2018 AP Nr. 47 zu §§ 22, 23 BAT-O; 22.2.2017 AP Nr. 336 zu §§ 22, 23 BAT 1975.

[160] BAG 9.9.2020 AP Nr. 6 zu § 12 TV-L; s. auch BAG 9.9.2020 AP Nr. 4 zu § 12 TV-L; BAG 28.2.2018 AP Nr. 47 zu §§ 22, 23 BAT-O; 18.3.2015 AP Nr. 52 zu §§ 22, 23 BAT Sozialarbeiter = NZA-RR 2015, 479.

[161] BAG 21.8.2013 AP Nr. 51 zu §§ 22, 23 BAT Sozialarbeiter = NZA-RR 2014, 302; auch → Rn. 46.

[162] BAG 27.9.1997 AP Nr. 226 zu §§ 22, 23 BAT 1975; s. auch BAG 19.5.2010 AP Nr. 314 zu §§ 22, 23 BAT 1975.

[163] BAG 28.4.1983 AP Nr. 79 zu §§ 22, 23 BAT 1975.

[164] BAG 31.7.2002 AP Nr. 292 zu §§ 22, 23 BAT 1975 = NZA 2003, 445 (Zusammenfassung gleichartiger Restaurierungsvorhaben).

[165] BAG 3.6.1981 AP Nr. 45 zu §§ 22, 23 BAT 1975; 20.6.2001 ZTR 2001, 561 (Lehre, Forschung und akademische Selbstverwaltung an einer Universität sind keine Zusammenhangstätigkeiten).

[166] BAG 13.5.2015 AP Nr. 4 zu § 56 TVöD = NZA-RR 2015, 644; 23.9.2009 AP Nr. 40 zu §§ 22, 23 BAT BAT-O = NZA-RR 2010, 494.

[167] BAG 31.7.2002 AP Nr. 292 zu §§ 22, 23 BAT 1975.

[168] BAG 6.3.1996 AP Nr. 23 zu §§ 22, 23 BAT Sozialarbeiter.

[169] BAG 24.2.2016 NZA-RR 2016, 488; 21.8.2013 AP Nr. 51 zu §§ 22, 23 BAT Sozialarbeiter = NZA-RR 2014, 302; 14.12.1994 AP Nr. 10 zu §§ 22, 23 BAT Sozialarbeiter.

[170] BAG 23.9.2009 AP Nr. 40 zu §§ 22, 23 BAT-O = NZA-RR 2010, 494.

[171] BAG 16.10.2019 AP Nr. 341 zu §§ 22, 23 BAT 1975 mAnm *Steuernagel* = NZA-RR 2020, 194; 13.11.2013 ZTR 2014, 477; so schon BAG 7.7.2004 AP Nr. 297 zu §§ 22, 23 BAT 1975 = NZA-RR 2005, 276 (unzulässige Aufteilung des Streifendienstes durch nachträgliche Betrachtung der Vorkommnisse).

weise, wenn Widerspruchsverfahren und Prozessbearbeitungen nach der tatsächlichen Arbeitsorganisation voneinander getrennt anfallen.[172]

44 **cc) Zusammenhangstätigkeit.** Maßgebend sind die Arbeitsergebnisse der übertragenen Aufgaben, wobei der **enge innere Zusammenhang einzelner Arbeitsleistungen** für die Annahme eines einheitlichen Arbeitsvorgangs sprechen kann.[173] Zusammenhangstätigkeiten sind solche Tätigkeiten, die aufgrund ihres inneren Zusammenhangs mit bestimmten, insbesondere höherwertigen Aufgaben eines Beschäftigten bei der tarifrechtlichen Bewertung zwecks **Vermeidung tarifwidriger Atomisierung** der Arbeitseinheiten nicht abgetrennt werden dürfen, sondern ihnen unter Berücksichtigung ihres zeitlichen Umfangs hinzuzurechnen sind,[174] es sich um „ein unselbständiges Teilstück handelt, das der Hauptarbeit zu- oder untergeordnet ist".[175] Wenn dieser enge innere Zusammenhang der Arbeitsleistungen oder der Arbeitsergebnisse gegeben ist, rechtfertigt das die Annahme eines einheitlichen Arbeitsvorgangs im Sinne der natürlichen Betrachtungsweise.[176] Dies ist nicht mit einer organisatorisch als sinnvoll erachteten Zusammenfassung oder Aufteilung von Aufgaben auf einen oder mehrere AN gleich zu setzen.[177] In der Rechtsprechung wird diese anschaulich wie folgt beschrieben:[178]

> „Eine Zusammenhangstätigkeit … wird beispielsweise anzunehmen sein für das Fertigen und Lesen von Statistiken, das notwendig ist, um die Hauptarbeit verrichten zu können. … Um eine solche Zusammenhangstätigkeit kann es sich ferner handeln beim Lesen von Akten, das erforderlich ist, um ein Gutachten … abgeben zu können. Man könnte diese Zusammenhangsarbeiten als zwangsläufige … bezeichnen. … Dem Angestellten, der … schwierige Arbeiten zu erstellen hat, kann nicht die Zeit als geringerwertig abgezogen werden, die er beispielsweise für das Anspitzen der Bleistifte ermöglicht. An sich wäre es zwar möglich, dass dieses Anspitzen durch eine andere Person vorgenommen wird. Wo dies aber nicht üblich ist …, muss ebenfalls von einer Zusammenhangstätigkeit gesprochen werden."

45 **Keine Zusammenhangstätigkeit** liegt vor, wenn zwar eine äußere Ähnlichkeit und funktionelle Zusammengehörigkeit zum gleichen Aufgabengebiet gegeben ist, aber die Einzeltätigkeiten von den Tarifvertragsparteien **ausdrücklich verschiedenen Vergütungsgruppen zugeordnet** und damit rechtlich unterschiedlich bewertet werden.[179] Die Zusammenfassung ist aber nur dann ausgeschlossen, wenn die Tätigkeiten voneinander getrennt werden können.[180] Andererseits müssen dann Einzeltätigkeiten als Zusammenhangstätigkeit gewürdigt werden, wenn die Tarifvertragsparteien einen bestimmten Aufgabenbereich oder Dienstposten, zu dem diese Einzeltätigkeiten gehören, zum selbständigen Tätigkeitsmerkmal einer Vergütungsgruppe erheben.[181]

46 **dd) Insbesondere: Leitungstätigkeiten, Funktionsbezeichnungen, Funktionscharakter von Tätigkeiten.** Die Annahme eines **einheitlichen Arbeitsvorgangs** liegt insbesondere bei Leitungstätigkeiten nahe. Bei einer Funktion mit leitendem und beaufsichtigendem Charakter dienen die Einzelaufgaben diesem **gemeinsamen Arbeitsergebnis der Leitungstätigkeit.**[182] Eine koordinierende Leitungstätigkeit für verschiedene Bereiche kann nicht in einzelne, auf den jeweiligen Bereich bezogene Arbeitsvorgänge aufgespalten werden, wenn deren Koordination in einem inneren Zusammenhang steht.[183] Das ist etwa der Fall bei Tätigkeit eines Betriebsleiters für die Gas- und

[172] BAG 16.5.2013 ZTR 2014, 90.
[173] BAG 9.7.1997 AP Nr. 7 zu §§ 22, 23 BAT-O.
[174] BAG 25.8.2010 AP Nr. 315 zu §§ 22, 23 BAT; 26.7.1995 AP Nr. 203 zu §§ 22, 23 BAT 1975; 19.3.1975 AP Nr. 85 zu §§ 22, 23 BAT.
[175] BAG 8.2.1978 AP Nr. 5 zu §§ 22, 23 BAT 1975.
[176] S. etwa BAG 21.2.1990 AP Nr. 7 zu §§ 22, 23 BAT Krankenkassen (Sachbearbeiter für Zahnersatz – Prüfung der Erstattungsvoraussetzungen und von Härtefällen).
[177] BAG 31.7.2002 AP Nr. 292 zu §§ 22, 23 BAT 1975 = NZA 2003, 445.
[178] BAG 16.8.1966 AP Nr. 5 zu §§ 22, 23 BAT.
[179] BAG 26.7.1995 AP Nr. 203 zu §§ 22, 23 BAT 1975; 20.10.1993 AP Nr. 172 zu §§ 22, 23 BAT 1975.
[180] BAG 20.6.2001 ZTR 2001, 561; 22.4.1998 AP Nr. 240 zu §§ 22, 23 BAT 1975.
[181] BAG 29.11.2001 AP Nr. 288 zu §§ 22, 23 BAT 1975 = NZA 2002, 1288; 12.11.1986 AP Nr. 129 zu §§ 22, 23 BAT 1975 (unterschiedliche daktyloskopische Untersuchungen); 25.3.1981 AP Nr. 43 zu §§ 22, 23 BAT 1975.
[182] BAG 22.10.1986 AP Nr. 126 zu §§ 22, 23 BAT 1975; 14.12.1994 AP Nr. 11 zu §§ 22, 23 BAT Sozialarbeiter; 22.4.1998 AP Nr. 240 zu §§ 22, 23 BAT 1975.
[183] BAG 26.1.2005 AP Nr. 302 zu §§ 22, 23 BAT 1975 = NZA-RR 2005, 600.

Wasserversorgung einer Stadtgemeinde,[184] einer Küchenleitung,[185] der Leitung eines Altenzentrums,[186] einer Krankenhausstation,[187] eines Erziehungsheimes,[188] eines Jugendheimes[189] oder einer Kindestagesstätte,[190] aber auch bei der des Leiters einer Musikbibliothek,[191] bei der Leitung einer Referatsgruppe,[192] der Maschinentechnik einer Universität[193] und schließlich die Leitung einer Elektrowerkstatt[194] oder die eines Gartenbaubezirks.[195] Anders verhält es sich bei nebeneinander ausgeübten Leitungstätigkeiten,[196] wobei aber eine zusammenfassende Bewertung in Betracht kommt (→ Rn. 49).

Ein einheitlicher Arbeitsvorgang ist weiterhin regelmäßig anzunehmen, wenn die Tarifvertragsparteien in der Entgeltordnung **Funktions- oder Dienstpostenbeschreibungen** zum Tätigkeitsmerkmal erheben,[197] wie es nicht nur bei den soeben genannten Leitungsfunktionen der Fall ist.[198] Damit bringen sie zum Ausdruck, dass die gesamte Tätigkeit eines solchen Beschäftigten in dieser Funktion[199] einheitlich bewertet werden soll.[200] Darüber hinaus ist bei Tätigkeiten, denen neben Fallgestaltungen der Leitung (→ Rn. 46) auch ein **Funktionscharakter** zukommt, von einem einheitlichen Arbeitsvorgang auszugehen. Das sind solche Beschäftigungen, bei denen die gesamte Tätigkeit auf ein Arbeitsergebnis ausgerichtet ist.[201] Dies wird in der Rechtsprechung insbesondere bei Tätigkeiten angenommen, die sich mit der Betreuung und Beratung von Personen(gruppen) befassen. So ist die Tätigkeit einer Fallmanagerin in einem Jobcenter auf die Arbeitsvermittlung,[202] einer Erzieherin auf ein einheitliches pädagogisch zweckgerichtetes Arbeitsergebnis,[203] die eines Sozialarbeiters auf die umfassende Betreuung von Jugendlichen,[204] – weiter gefasst – des ihm zugewiesenen Personenkreises[205] gerichtet. Die Tätigkeit einer Gleichstellungsbeauftragten dient dem Ziel, geschlechtsbezogene Benachteiligungen aufzudecken und für Abhilfe zu sorgen.[206] Ein einheitlicher Arbeitsvorgang ist dann naheliegend, wenn die Tätigkeit einem **gesetzlich vorgesehenen einheitlichen Ziel** dient.[207] 47

ee) Weitere Beispiele aus der Rechtsprechung. In der Rechtsprechung sind als einheitlicher Arbeitsvorgang nachfolgende Tätigkeiten angesehen worden: Laborarbeiten und Literaturstudien eines **Restaurators,**[208] Geschäftsstellenverwalterin an Bundesgerichten,[209] **Justizfachangestellte in einer Serviceeinheit,**[210] Arbeiten eines **technischen Angestellten** im 48

184 BAG 22.11.1977 AP Nr. 2 zu §§ 22, 23 BAT 1975.
185 BAG 23.1.1985 AP Nr. 99 zu §§ 22, 23 BAT 1975.
186 BAG 24.9.1997 AP Nr. 10 zu § 12 AVR Caritasverband.
187 BAG 13.5.2020 AP Nr. 1 zu § 12 TVöD = NZA-RR 2020, 534; 16.5.2012 AP Nr. 67 zu § 1 TVG Tarifverträge: Ärzte.
188 BAG 23.10.1996 AP Nr. 220 zu §§ 22, 23 BAT 1975; 26.3.1997 AP Nr. 1 zu § 559 ZPO = NZA-RR 1997, 409.
189 BAG 12.6.1995 AP Nr. 33 zu §§ 22, 23 BAT Sozialarbeiter.
190 BAG 12.6.1996 AP Nr. 4 zu § 1 TVG Tarifverträge: Arbeiterwohlfahrt.
191 BAG 14.4.1971 AP Nr. 41 zu §§ 22, 23 BAT.
192 BAG 26.1.2005 AP Nr. 302 zu §§ 22, 23 BAT 1975 = NZA-RR 2005, 660.
193 BAG 24.3.1993 AP Nr. 168 zu §§ 22, 23 BAT 1975 = NZA 1993, 706.
194 BAG 16.5.1979 AP Nr. 22 zu §§ 22, 23 BAT 1975.
195 BAG 16.5.1979 AP Nr. 23 zu §§ 22, 23 BAT 1975.
196 BAG 6.7.2011 KRS 11.052.
197 BAG 13.11.2013 ZTR 2014, 269 („in der Tätigkeit eines beamteten Oberbrandmeisters").
198 BAG 20.3.2013 NZA-RR 2013, 582 (Sportlehrer); 18.4.2012 ZTR 2012, 511.
199 BAG 9.9.2020 AP Nr. 4 zu § 12 TV-L; 7.6.2006 ZTR 2007, 35.
200 BAG 20.3.2013 NZA-RR 2013, 582 („Sportlehrer"); 5.11.2003 AP Nr. 83 zu § 256 ZPO 1977 = NZA-RR 2004, 442; 29.11.2001 AP Nr. 288 zu §§ 22, 23 BAT 1975 = NZA 2002, 1288 (Rettungsassistent); 26.10.1994 AP Nr. 187 zu §§ 22, 23 BAT (Krankenpfleger); 28.3.1990 ZTR 1990, 340 (Hafenlotse); diff. BAG 8.9.1999 AP Nr. 270 zu §§ 22, 23 BAT = NZA-RR 2000, 272 (Kreisjugendpfleger).
201 BAG 7.7.2004 AP Nr. 297 zu §§ 22, 23 BAT = NZA-RR 2005, 276.
202 BAG 21.3.2012 AP Nr. 322 zu §§ 22, 23 BAT 1975 = NZA-RR 2012, 604.
203 BAG 7.7.2004 AP Nr. 297 zu §§ 22, 23 BAT = NZA-RR 2005, 276; 4.5.1998 AP Nr. 144 zu §§ 22, 23 BAT 1975.
204 BAG 28.6.1989 ZTR 1989, 478.
205 BAG 14.12.1994 AP Nr. 10 zu §§ 22, 23 BAT Sozialarbeiter (Adoptionsvermittlerin); 10.7.1996 AP Nr. 29 zu §§ 22, 23 BAT Sozialarbeiter = NZA 1997, 558.
206 BAG 20.9.1995 AP Nr. 206 zu §§ 22, 23 BAT 1975 = NZA-RR 1996, 501.
207 BAG 4.9.1996 AP Nr. 217 zu §§ 22, 23 BAT 1975 (Amtspfleger für nichteheliche Kinder); 20.3.1996 AP Nr. 22 zu §§ 22, 23 BAT Sozialarbeiter (Diplom-Sozialpädagoge als Behördenbetreuer).
208 BAG 21.10.1998 AP Nr. 11 zu §§ 22, 23 BAT-O.
209 BAG 28.2.2018 AP Nr. 47 zu §§ 22, 23 BAT-O; dazu *Natter* ZTR 2018, 623 ff.
210 BAG 9.9.2020 AP Nr. 6 zu § 12 TV-L; s auch *Natter* ZTR 2018, 623 ff.

Hochbauamt,[211] Forschungsvorhaben,[212] Erstellung von Nachrichtenspiegeln durch **Redakteure** im Presse- und Informationsamt,[213] gutachterliche Tätigkeit eines beratenden Ingenieurs eines Integrationsamts,[214] Betreuung **im Rahmen der Amtsbetreuung** zugewiesener Personen,[215] **Einsatzsachbearbeiterin** in einer Feuerwehrleitstelle,[216] „Streifengang" eines Beschäftigten im städtischen Ordnungsdienst,[217] allgemeine und besondere Pflegearbeiten in einem psychiatrischen Krankenhaus,[218] Tätigkeit von **Sozialarbeitern** im Sozialdienst,[219] Erziehungsbeistandschaften,[220] Unterrichtung von Krankenpflegeschülerinnen,[221] Organisation von therapeutischen Wohngemeinschaften[222] und betreutem Wohnen,[223] alle Tätigkeiten eines Angestellten in der **„Servicegruppe Innenstadt"**, die den Innenstadtbereich einer Großstadt kontrolliert und Verstöße gegen die unterschiedlichsten Gebote und Verbote verfolgt,[224] Führung eines Materiallagers,[225] Schuldner- und Insolvenzberaterin.[226]

49 **d) Ermittlung der maßgebenden Entgelt- oder Vergütungsgruppe. aa) Grundsatz.** Sind die Arbeitsvorgänge ermittelt, ist **jeder der Arbeitsvorgänge tariflich zu bewerten** und einer Entgeltgruppe zuzuordnen. Enthält ein Arbeitsvorgang Teiltätigkeiten, die verschiedenen Tätigkeitsmerkmalen zugeordnet können, sind die prägenden Teiltätigkeiten maßgebend. Von einer Prägung ist regelmäßig auszugehen, wenn die einem bestimmten speziellen Tätigkeitsmerkmal zuzuordnenden Teiltätigkeiten mindestens die Hälfte der Gesamtarbeitszeit des Arbeitsvorgangs ausmachen.[227] Eine **zusammenfassende Beurteilung von Arbeitsvorgängen** kommt allerdings dann in Betracht, wenn die Erfüllung einer tariflichen Anforderung erst bei einer zusammenfassenden Betrachtung aller oder mehrerer Arbeitsvorgänge beurteilt werden kann (§ 12 I TV-L/§ 12 II TVöD/Bund). Dies berücksichtigt, dass die Tätigkeitsmerkmale teilweise Anforderungen enthalten, die von ihrer Struktur her bei der ausschließlichen Beurteilung eines Arbeitsvorgangs regelmäßig nicht erfüllt sein werden.[228] Dies trifft etwa auf das in der Protokollnotiz genannte Merkmal der „vielseitigen Fachkenntnisse", aber auch auf die Anforderung der „gründlichen Fachkenntnissen",[229] des „besonderen Maßes der Verantwortung"[230] oder der „besonderen Leistungen" zu,[231] kann sich aber auch auf Merkmale mit quantitativem Charakter erstrecken, wie die Leitung mehrerer Krankenhausstationen[232] oder von mehr als einer Kindertagesstätte.[233] Durch die Zusammenfassung wird gewährleistet, dass einem AN des öffentlichen Dienstes diejenige Qualifizierung zugutekommt, die sich daraus ergibt, dass er nebeneinander mehrere Tätigkeiten ausübt, bei denen sich erst aus deren Summierung die Erfüllung bestimmter tariflicher Merkmale ergibt. Allerdings beschränkt sich die zusammenfassende Betrachtung auf diese Merkmale; andere in den Tätigkeitsmerkmalen genannte Anforderungen müssen für den jeweiligen Arbeitsvorgang erfüllt sein.[234]

---

211 BAG 9.7.1997 AP Nr. 7 zu §§ 22, 23 BAT-O = ZTR 1998, 33; s. auch BAG 25.1.2017 AP Nr. 3 zu § 12 TV-L = NZA 2017, 1009 (technischer Charakter).
212 BAG 23.2.1983 AP Nr. 70 zu §§ 22, 23 BAT 1975 = PersV 1985, 36.
213 BAG 4.4.1979 AP Nr. 20 zu §§ 22, 23 BAT 1975.
214 BAG 21.10.1998 AP Nr. 258 zu §§ 22, 23 BAT 1975.
215 BAG 30.9.1998 AP Nr. 257 zu §§ 22, 23 BAT 1975.
216 BAG 22.7.1998 AP Nr. 254 zu §§ 22, 23 BAT 1975.
217 BAG 21.3.2012 AP Nr. 317 zu §§ 22, 23 BAT 1975.
218 BAG 3.9.1986 AP Nr. 124 zu §§ 22, 23 BAT 1975.
219 BAG 17.6.2015 AP Nr. 5 zu § 56 TVöD = NZA-RR 2016, 24; 24.9.1997 AP Nr. 226 zu §§ 22, 23 BAT 1975.
220 BAG 6.2.1991 ZTR 1991, 379.
221 BAG 25.1.2012 AP Nr. 318 zu §§ 22, 23 BAT 1975 = NZA-RR 2012, 663.
222 BAG 29.9.1993 AP Nr. 7 zu §§ 22, 23 BAT Sozialarbeiter.
223 BAG 14.6.1995 AP Nr. 17 zu §§ 22, 23 BAT 1975 Sozialarbeiter.
224 BAG 7.7.2004 AP Nr. 297 zu §§ 22, 23 BAT 1975.
225 BAG 15.9.2004 AP Nr. 298 zu §§ 22, 23 BAT 1975.
226 BAG 20.5.2009 AP Nr. 12 zu § 1 TVG Tarifverträge: Arbeiterwohlfahrt.
227 BAG 13.11.2019 AP Nr. 9 zu § 56 TVöD = NZA-RR 2020, 316 (Abgrenzung Erzieherin/Krankenpflegerin); 4.7.2012 AP Nr. 324 zu §§ 22, 23 BAT 1975.
228 Grdl. BAG 1.9.1982 AP Nr. 65 zu §§ 22, 23 BAT 1975; s. auch BAG 24.8.1983 AP Nr. 78 zu §§ 22, 23 BAT 1975.
229 BAG 31.7.2002 AP Nr. 291 zu §§ 22, 23 BAT 1975 = NZA 2003, 1151.
230 BAG 6.6.1984 AP Nr. 90 zu §§ 22, 23 BAT 1975.
231 BAG 20.10.1993 AP Nr. 173 zu §§ 22, 23 BAT 1975; 12.12.1990 AP Nr. 154 zu §§ 22, 23 BAT 1975.
232 BAG 16.5.2012 AP Nr. 67 zu § 1 TVG Tarifverträge: Arzt (zwei Krankenhausstationen als größere Organisationseinheit).
233 BAG 12.12.2012 AP Nr. 325 zu §§ 22, 23 BAT 1975.
234 *Bauer/Bockholt*, Eingruppierung im öffentlichen Dienst, Rn. 167.

50 Bei der tariflichen Bewertung der Arbeitsvorgänge ist das sog. **Aufspaltungsverbot** zu beachten, welches sich aus der Protokollerklärung Nr. 1 zu § 12 I TV-L und derjenigen zu § 12 II TVöD/Bund ergibt. Danach ist jeder einzelne Arbeitsvorgang als solcher zu bewerten und darf hinsichtlich der Anforderungen nicht weiter aufgespalten werden. Verlangen die Tätigkeitsmerkmale die **Erfüllung tariflicher Anforderungen in einem bestimmten zeitlichen Umfang** (etwa selbständige Leistungen → Rn. 55), ist es nicht erforderlich, dass dieses zeitliche Maß bezogen auf die Gesamtarbeitszeit vorliegen muss. Ausreichend ist es, dass in dem geforderten Umfang Arbeitsvorgänge anfallen, in denen ihrerseits die qualifizierende tarifliche Anforderung in einem rechtserheblichen Ausmaß vorliegt.[235] Nicht erforderlich ist es, dass innerhalb des Arbeitsvorgangs die Anforderungen ihrerseits in dem zeitlichen Umfang des § 12 I TV-L oder § 12 II TVöD/Bund anfallen.[236] Von einem **rechtserheblichen – relevanten – Umfang** ist nach der Rechtsprechung jedenfalls dann auszugehen, wenn die tariflichen Anforderungen erfüllt und ohne sie ein sinnvolles Arbeitsergebnis nicht erzielt werden kann.[237] Diese Vorgehensweise rechtfertigt sich weiterhin deshalb, weil die erhöhten fachlichen Qualifikationen während des gesamten Arbeitsvorgangs vorgehalten werden müssen.[238]

Beispiel: Deshalb ist es etwa für eine Eingruppierung nach der Entgeltgruppe 8 TV EntgO Bund, die „mindestens zu einem Drittel selbständige Leistungen" erfordert, ausreichend, wenn innerhalb eines Arbeitsvorgangs, der zumindest ein Drittel der Gesamtarbeitszeit ausmacht, selbständige Leistungen in einem rechtserheblichen Ausmaß vorliegen. Eine Trennung dieses Arbeitsvorgangs in zwei Arbeitsvorgänge mit und ohne selbständige Leistungen verstieße gegen das Aufspaltungsverbot. Weiterhin sind nicht lediglich die einzelnen Zeitanteile der selbständigen Leistungen innerhalb der einzelnen Arbeitsvorgänge zu addieren.

51 **bb) Spezialitätsgrundsatz.** Bei der tariflichen Eingruppierung im öffentlichen Dienst finden sich neben den allgemeinen Tätigkeitsmerkmalen häufig spezielle tarifliche Merkmale für bestimmte Tätigkeiten. Dabei kann eine Tätigkeit sowohl die Merkmale einer speziellen als auch einer allgemeinen Fallgruppe erfüllen. Nach dem **Grundsatz der Spezialität** geht bei einer Konkurrenz zwischen einem allgemeinen und einem speziellen Tätigkeitsmerkmal letzteres vor. Diesen haben die Tarifvertragsparteien in den Grundsätzlichen Eingruppierungsregelungen (Vorbemerkungen) Nr. 1 der Anlage 1 zur EGO VKA sowie in der Vorbemerkung Nr. 1 (2) der Anlage A TV-L und in § 3 I 4 TV EntgO Bund festgehalten. Eine Eingruppierung nach den allgemeinen Tätigkeitsmerkmalen scheidet dann aus.[239] Dabei bezieht sich das Spezialitätsprinzip nicht auf die gesamte Tätigkeit des Beschäftigten, sondern auf den **jeweiligen Arbeitsvorgang,** innerhalb dessen die speziellen Merkmale heranzuziehen sind, wenn sie dem Arbeitsvorgang das Gepräge geben.[240] Der Grundsatz ist auch dann zu beachten, wenn eine sog. **Mischtätigkeit** vorliegt, sich die Tätigkeit also aus verschiedenen Arbeitsvorgängen zusammensetzt, die teilweise allgemeinen und teilweise speziellen Tätigkeitsmerkmalen zuzuordnen sind. Dann ist hinsichtlich jedes einzelnen Arbeitsvorgangs der Spezialitätsgrundsatz zu beachten, dieser tariflich zu bewerten und sodann die maßgebende Entgeltgruppe zu ermitteln (→ Rn. 50).[241]

52 **cc) Qualifizierungsmerkmale – „Aufbaufallgruppen".** Unter dem von der Rechtsprechung geprägten Begriff der Aufbaufallgruppe ist ein Tätigkeitsmerkmal einer höheren Entgeltgruppe zu verstehen, welches zunächst die Erfüllung sämtlicher Anforderungen einer niedrigeren Entgeltgruppe voraussetzt und darüber hinaus durch ein zusätzliche Tatbestandsmerkmal weitere Anforderungen (Beispiele → Rn. 53 ff.) an die auszuübende Tätigkeit stellt, die sich daher aus der niedrigeren Entgeltgruppe **„heraushebt".**[242] Daneben bestehen tarifliche Eingruppierungs-

[235] BAG 17.6.2015 AP Nr. 5 zu § 56 TVöD = NZA-RR 2016, 24; 21.8.2013 AP Nr. 51 zu §§ 22, 23 BAT Sozialarbeiter = NZA-RR 2014, 302; anders noch BAG 21.3.1984 AP Nr. 89 zu §§ 22, 23 BAT.

[236] BAG 9.9.2020 AP Nr. 6 zu § 12 TV-L; 25.1.2012 AP Nr. 318 zu §§ 22, 23 BAT 1975 mzustAnm *Reichold/Rothhaar* = NZA-RR 2012, 663; 18.5.1994 AP Nr. 178 zu §§ 22, 23 BAT 1975.

[237] BAG 16.3.2016 ZTR 2016, 513; 21.3.2012 AP Nr. 317 zu §§ 22, 23 BAT 1975; 22.3.1995 AP Nr. 193 zu §§ 22, 23 BAT 1975 = NZA 1996, 42; 23.9.2009 AP Nr. 40 zu §§ 22, 23 BAT-O; abl. *Krasemann,* Eingruppierungsrecht, Kap. 12, Rn. 242 ff.

[238] BAG 1.7.2009 AP Nr. 39 zu § 99 BetrVG 1972 Eingruppierung = NZA 2010, 290; 9.5.2007 AP Nr. 19 zu § 1 TVG Tarifverträge: Gebäudereinigung.

[239] BAG 5.7.2006 AP Nr. 103 zu §§ 22, 23 BAT Lehrer; 23.11.1994 AP Nr. 190 zu §§ 22, 23 BAT 1975 (Pflegedienstleiter); 4.4.1984 AP Nr. 88 zu §§ 22, 23 BAT 1975 (Kardiotechniker).

[240] BAG 4.7.2012 AP Nr. 324 zu §§ 22, 23 BAT 1975.

[241] BAG 28.1.2009 AP Nr. 38 zu §§ 22, 23 BAT-O = NZA-RR 2009, 616.

[242] BAG 28.2.2018 AP Nr. 1 zu TV EntGO Schiffsführer.

regelungen, in denen ein Tätigkeitsmerkmal im Vergleich zu einer niedrigeren Entgeltgruppe zusätzlich höhere Anforderungen stellt (ohne die vorgenannte Terminologie „herausheben" zu verwenden), also ein tarifliches Qualifizierungsmerkmal festlegt (zu den Darlegungsanforderungen im Eingruppierungsrechtstreit → § 65 Rn. 8 ff.).[243]

53 **„Gründliche Fachkenntnisse"** sind ein tarifliches Qualifizierungsmerkmal. Die Anforderungen haben ein qualitatives und ein quantitatives Element.[244] Gründliche Fachkenntnisse[245] setzen nähere Kenntnisse von Gesetzen, Verwaltungsvorschriften und Tarifbestimmungen im Aufgabenkreis des AN voraus.[246] Gründlich sind Fachkenntnisse von nicht ganz unerheblichem Ausmaß und nicht nur oberflächlicher Natur. Es werden nähere Fachkenntnisse verlangt. Diese Kenntnisse müssen erforderlich sein, sie müssen also zur ordnungsgemäßen Erledigung der auszuübenden Tätigkeiten benötigt werden.[247] Dabei kann sich das Tatbestandsmerkmal aus einer zusammenfassenden Betrachtung (→ Rn. 49) ergeben.[248] **„Gründliche und vielseitige Fachkenntnisse"** erfordern gegenüber den vorstehenden gründlichen Fachkenntnissen eine Erweiterung dem Umfang nach, enthalten also ein qualitatives Element.[249] Dabei werden aber nicht nur Fachkenntnisse in einer bestimmten Zahl von Rechtsgebieten oder Fachgebieten verlangt, auch Erfahrungswissen kann das Erfordernis begründen.[250] Mit dem tariflichen Merkmal der **„besonderen Leistungen"** wird eine gegenüber der Ausgangsfallgruppe deutlich wahrnehmbar erhöhte Qualität der Arbeit, die ein erhöhtes Wissen und Können oder eine besondere Qualifikation erfordert. Die besonderen Leistungen können sich aus besonderen Fachkenntnissen und Erfahrungen, der Wahrnahme einer Leitungsfunktion, besonderem Geschick oder besonderer Sorgfalt ergeben.[251]

54 Das Merkmal der **„besonderen Schwierigkeit"** (zB Entgeltgruppe 14 TV EntgO Bund Teil I) bezieht sich auf die fachliche Qualifikation des AN. Erforderlich ist ein Wissen und Können, das die Anforderungen der Ausgangsfallgruppe in beträchtlicher und gewichtiger Weise übersteigt.[252] Diese erhöhte Qualifizierung kann sich im Einzelfall aus der Breite und Tiefe des geforderten fachlichen Wissens und Könnens ergeben, aber weiterhin aus außergewöhnlichen Erfahrungen oder einer sonstigen gleichwertigen Qualifikation, etwa Spezialkenntnissen. Dabei muss sich die Schwierigkeit unmittelbar aus der Tätigkeit selbst ergeben, so dass diese nicht etwa deswegen als besonders schwierig im Tarifsinne angesehen werden kann, weil sie unter belastenden Bedingungen geleistet werden muss.[253] Das Merkmal der „Bedeutung" bei dem Qualifizierungsmerkmal der **„besonderen Schwierigkeit und Bedeutung"** knüpft an die des Aufgabenkreises an, so an die Größe des Aufgabengebietes, die Tragweite der zu bearbeitenden Materie oder die Auswirkungen der Tätigkeit für den innerdienstlichen Bereich oder für die betroffenen Bürgerinnen und Bürger.[254]

55 Nach dem Klammerzusatz zur Entgeltgruppe 7 EGO VKA (ebenso im Bereich des TV-L und des TV EntgO Bund) erfordern **„selbständige Leistungen"** im Tarifsinne ein den vorausgesetzten Fachkenntnissen entsprechendes selbständiges Erarbeiten eines Ergebnisses unter Entwicklung einer eigenen geistigen Initiative. Eine selbständige Leistung im Tarifsinne ist dann anzunehmen, wenn eine Gedankenarbeit erbracht wird, die im Rahmen der für die Vergütungsgruppe vorausgesetzten Fachkenntnisse hinsichtlich des einzuschlagenden Weges, insbesondere hinsichtlich des zu findenden Ergebnisses, eine eigene Beurteilung und eine eigene Entschließung erfordert.[255] Das Merkmal „selbständige Leistungen" darf nicht mit dem Begriff „selbstän-

---

[243] BAG 27.1.2016 NZA-RR 2016, 366; 13.11.2013 ZTR 2014, 477; 6.6.2007 AP Nr. 308 zu §§ 22, 23 BAT 1975 = NZA-RR 2008, 189.

[244] BAG 24.8.1983 AP Nr. 78 zu §§ 22, 23 BAT.

[245] Zu „vertieften Fachkenntnissen" iRd Datenverarbeitung: BAG 28.11.2009 AP Nr. 6 zu §§ 22, 23 BAT 1975 Datenverarbeitung.

[246] BAG 21.3.2012 AP Nr. 317 zu §§ 22, 23 BAT; 10.12.1997 AP Nr. 237 zu §§ 22, 23 BAT 1975.

[247] BAG 31.7.2002 AP Nr. 291 zu §§ 22, 23 BAT 1975 = NZA 2003, 1151; 24.8.1983 AP Nr. 78 zu §§ 22, 23 BAT 1975.

[248] BAG 20.7.1983 AP Nr. 75 zu §§ 22, 23 BAT 1975.

[249] BAG 27.2.2019 AP Nr. 340 zu §§ 22, 23 BAT 1975; zu „gründlichen und umfassenden Fachkenntnissen" BAG 5.7.2015 AP Nr. 338 zu §§ 22, 23 BAT 1975.

[250] BAG 29.8.1984 AP Nr. 94 zu §§ 22, 23 BAT.

[251] BAG 21.6.2000 ZTR 2001, 125; 12.12.1990 AP Nr. 154 zu §§ 22, 23 BAT.

[252] BAG 19.5.2010 AP Nr. 314 zu §§ 22, 23 BAT 1975; 25.2.2009 AP Nr. 310 zu §§ 22, 23 BAT 1975; 29.9.1993 AP Nr. 7 zu §§ 22, 23 BAT Sozialarbeiter.

[253] BAG 16.10.2002 AP Nr. 294 zu §§ 22, 23 BAT 1975; 1.8.2001 ZTR 2002, 178.

[254] BAG 25.2.2009 AP Nr. 310 zu §§ 22, 23 BAT 1975; 19.3.1986 AP Nr. 116 zu §§ 22, 23 BAT 1975.

[255] BAG 21.3.2012 AP Nr. 317 zu §§ 22, 23 BAT 1975; 22.4.2009 AP Nr. 311 zu §§ 22, 23 BAT 1975 (Schleusenaufseher); 18.5.1994 AP Nr. 178 zu §§ 22, 23 BAT 1975.

dig arbeiten"[256] verwechselt werden, worunter man eine Tätigkeit ohne direkte Aufsicht oder Leitung versteht.[257] Kennzeichnend für selbständige Leistungen im tariflichen Sinne ist – ohne Bindung an verwaltungsrechtliche Fachbegriffe – ein wie auch immer gearteter Ermessens-, Entscheidungs-, Gestaltungs- oder Beurteilungsspielraum bei der Erarbeitung eines Arbeitsergebnisses.[258] Vom AN werden Abwägungsprozesse verlangt, in deren Rahmen Anforderungen an dessen Überlegungsvermögen gestellt werden. Der AN muss dabei unterschiedliche Informationen verknüpfen, untereinander abwägen und zu einer Entscheidung kommen.[259] Daran kann es fehlen, wenn der Tätigkeitsbereich und der Beurteilungs- und Entscheidungsspielraum durch Arbeitsanweisungen und Durchführungsbestimmungen erheblich eingeschränkt ist.[260]

Das Merkmal **„selbständige Tätigkeit"** liegt vor, wenn der AN bei seiner Tätigkeit eine 56
den in der Vergütungsgruppe vorausgesetzten Fachkenntnissen entsprechende eigene Entscheidungsbefugnis über den zur Erbringung seiner Leistungen jeweils einzuschlagenden Weg und das zu findende Ergebnis hat. Dabei kann das Merkmal nicht mit dem der „selbständigen Leistung" gleichgesetzt werden. Vor dem Hintergrund der unterschiedlichen Aufgaben, die Beschäftigten im Verwaltungsdienst und Technikern obliegen, setzt das Tätigkeitsmerkmal der selbständigen Tätigkeit eine gewisse Eigenständigkeit des Aufgabenbereichs voraus, was eine fachliche Anleitung und Überwachung durch Vorgesetzte nicht gänzlich ausschließt. Die Annahme einer Eigenständigkeit eines Aufgabengebietes und einer eigenen Entscheidungsbefugnis des Beschäftigten hängt aber maßgeblich vom Ausmaß der organisatorischen Einbindung des Dienstpostens in den Verwaltungsaufbau der konkreten Dienststelle und der hier festzustellenden Eigenständigkeit ab.[261]

Die tarifliche Anforderung der **„besonders verantwortungsvollen"** Tätigkeit ist erfüllt, 57
wenn sich die Tätigkeit des Beschäftigten gemessen an und ausgehend von den Anforderungen der Tätigkeit in der Ausgangsfallgruppe durch das Maß der geforderten Verantwortung in gewichtiger, beträchtlicher Weise heraushebt,[262] etwa wenn der Angestellte, obwohl er als der Verantwortliche nicht in Erscheinung tritt, an Maßnahmen mit erheblichen Auswirkungen gegenüber dem öffentlichen AG oder Dritten deshalb wesentlich beteiligt ist, weil sein Vorgesetzter zur Nachprüfung aller vom Beschäftigten bearbeiteten Vorgänge schon zeitlich nicht in der Lage und deshalb nicht dazu verpflichtet ist.[263] Für die Vergleichsgruppe kommt es dabei nicht auf die spezifischen Bedingungen beim jeweiligen AG, sondern auf die allgemeinen Anforderungen im Geltungsbereich des Tarifvertrags an.[264]

Eine **„ausdrücklich angeordnete Unterstellung"** im organisatorischen Sinne verlangt eine 58
Zuordnung als Weisungsgebundener sowie die ausdrückliche schriftliche oder mündliche Erklärung des AG, die dem AN zugeht.[265] Diese kann sich aus Dienstanweisungen oder Geschäftsplänen ergeben.[266] Da die Unterstellungsanordnung zu einer Änderung der auszuübenden Tätigkeit und damit zu einer des Arbeitsvertrags führt, muss sie von einem hierfür Zuständigen vorgenommen werden.[267] Das Tarifmerkmal erfordert die Weisungs- und die Aufsichtsbefugnis des Beschäftigten gegenüber dem ihm zugeordneten Untergebenen, die, wenn tariflich vorausgesetzt, die besonderen (persönlichen) Anforderungen des Tarifmerkmals erfüllen müssen.[268] Durch die „ausdrückliche Anordnung" der Unterstellung wird klargestellt, dass eine lediglich tatsächliche Unterstellung der Beschäftigten unter einen Vorgesetzten und dessen Weisungs- und Aufsichtsbefugnis nicht ausreichend ist.[269] Eine „ständige" Unterstellung ist eine ununterbro-

[256] Dazu BAG 23.9.2009 AP Nr. 95 zu § 1 TVG Tarifverträge: Einzelhandel.
[257] BAG 22.4.2009 AP Nr. 311 zu §§ 22, 23 BAT 1975.
[258] BAG 18.5.1994 AP Nr. 178 zu §§ 22, 23 BAT 1975.
[259] BAG 6.6.2007 AP Nr. 308 zu §§ 22, 23 BAT 1975 = NZA-RR 2008, 189.
[260] BAG 16.10.2019 AP Nr. 341 zu §§ 22, 23 BAT 1975 = NZA-RR 2020, 194.
[261] BAG 8.11.2006 AP Nr. 304 zu §§ 22, 23 BAT 1975; 14.4.1999 AP Nr. 1 zu § 23a BAT-O = NZA-RR 2000, 47; 10.12.1997 AP Nr. 234 zu §§ 22, 23 BAT 1975.
[262] BAG 27.8.2008 AP Nr. 38 zu §§ 22, 23 BAT-O; 9.5.2007 – 4 AZR 351/06.
[263] BAG 15.2.2006 AP Nr. 32 zu §§ 22, 23 BAT-O = NZA-RR 2006, 504.
[264] BAG 13.5.2020 AP Nr. 1 zu § 12 TVöD = NZA-RR 2020, 534, dort zum „höheren Maß der Verantwortung".
[265] BAG 12.3.2008 AP Nr. 35 zu §§ 22, 23 BAT-O mAnm *Maties*; 17.12.1980 AP Nr. 38 zu §§ 22, 23 BAT 1975.
[266] BAG 15.2.2006 AP Nr. 32 zu §§ 22, 23 BAT-O = NZA-RR 2006, 504.
[267] BAG 12.3.2008 AP Nr. 35 zu §§ 22, 23 BAT-O mAnm *Maties*; 20.10.1995 AP Nr. 207 zu §§ 22, 23 BAT 1975 = NZA 1996, 710; s. bereits BAG 18.2.1981 AP Nr. 3 zu §§ 22, 23 BAT Sparkassenangestellte (Ständiger Vertreter).
[268] BAG 16.5.2012 AP Nr. 113 zu § 1 TVG Bezugnahme auf Tarifvertrag (unterstellte Pflegepersonen).
[269] BAG 26.1.2005 AP Nr. 302 zu §§ 22, 23 BAT 1975 = NZA-RR 2005, 660.

chene und auf nicht unerhebliche Dauer angelegte, ohne dass die Rechtsprechung eine zeitliche Untergrenze festgelegt hat. Die Dauer eines Jahres wurde aber als ausreichend angesehen.[270] Das Tarifmerkmal der **„ständigen Vertretung"** ist nicht schon bei einer bloßen Vertretung im Falle der Abwesenheit oder Verhinderung des Vertretenen erfüllt, sondern die Aufgaben des Vertretenen müssen auch bei seiner Anwesenheit vom ständigen Vertreter wahrgenommen werden können.[271]

59 Für die Bestimmung einer **„einfachsten Tätigkeit"** nach der Entgeltgruppe 1 TVöD/TV-L (→ Rn. 29)[272] sind die dort genannten Beispielstätigkeiten zu berücksichtigen, die Maß und Richtung für die Auslegung vorgeben. Da die Tarifvertragsparteien von einer eigenen näheren Bestimmung abgesehen haben, hat die Rechtsprechung eine **Gesamtbetrachtung** vorgenommen und für diese **Kriterien** entwickelt: In Abgrenzung zu den einfachen Tätigkeiten muss eine sehr kurze Einweisung oder Anlernphase ausreichend sein. Bei den einfachsten Tätigkeiten handelt es sich im Wesentlichen um gleichförmige und gleichartige – gleichsam „mechanisch" durchzuführende – Tätigkeiten, deren Verrichtung keine nennenswerten eigenständigen Überlegungen erfordert.[273] Vor allem bei der umstrittenen[274] Zuordnung der **Gebäudeinnenreinigung,**[275] die nicht von den Regelbeispielen erfasst wird,[276] kann je nach Art der Tätigkeit eine einfachste Tätigkeit vorliegen. Ist allerdings zur Einweisung eine mehrstündige Schulung erforderlich und gegenüber einer herkömmlichen Unterhaltsreinigung eine höhere Kontrolltätigkeit notwendig sowie ein eigener Entscheidungsspielraum gegeben, liegt ein anderes Ergebnis nahe.[277]

60 **dd) „Zeitlich mindestens die Hälfte … der Gesamtarbeitszeit".** Sind die Arbeitsvorgänge tariflich bewertet, ergeben sich nachstehende Möglichkeiten:[278] Handelt es sich um einen einheitlichen Arbeitsvorgang, ergibt dessen Bewertung die maßgebende Entgeltgruppe. Setzt sich die **Tätigkeit aus mehreren Arbeitsvorgängen** zusammen, sind die Arbeitsvorgänge – sofern nicht bereits einer von ihnen zeitlich überwiegt und deshalb die maßgebende Entgeltgruppe bestimmt –, die der gleichen Entgeltgruppe zuzuordnen sind, mit ihren Zeitanteilen **zusammenzurechnen.**[279] Ergeben sie mindestens die Hälfte der Gesamtarbeitszeit, ist der Beschäftigte in diese Entgeltgruppe eingruppiert. Die übrigen Arbeitsvorgänge bleiben unberücksichtigt, sofern sie nicht ihrerseits die Hälfte der Tätigkeit erreichen und damit rechtserheblich werden.[280] In einem solchen Fall, also wenn Arbeitsvorgänge mit 50% der einen und mit weiteren 50% einer anderen Entgeltgruppe zuzuordnen sind,[281] ist der AN in der höheren Entgeltgruppe eingruppiert.[282] Ergibt sich für die Arbeitsvorgänge einer Entgeltgruppe kein zeitlicher Anteil in Höhe der Hälfte der Arbeitszeit, ist unter Einbeziehung der zeitlichen Anteile aus höheren Entgeltgruppen diejenige Entgeltgruppe maßgebend, unter deren Hinzurechnung sich mindestens ein Zeitanteil von 50% ergibt.[283] Dabei werden Arbeitsvorgänge, die durch speziellere Tätigkeitsmerkmale erfasst werden, nicht anders behandelt als diejenigen, für die die Merkmale des allgemeinen Verwaltungsdienstes maßgebend sind (→ Rn. 51).[284]

---

270 BAG 20.1.1991 AP Nr. 16 zu § 24 BAT.

271 BAG 29.1.2020 AP Nr. 166 zu § 99 BetrVG 1972 = NZA 2020, 808.

272 Dazu ausf. *Hock/Hock* ZTR 2009, 243 ff.; *Zetl* ZMV 2009, 68 ff.

273 BAG 28.1.2009 AP Nr. 37 zu § 99 BetrVG 1972 Eingruppierung = NZA 2009, 1042; bestätigt in BAG 1.7.2009 AP Nr. 39 zu § 99 BetrVG 1972 mAnm *Bergwitz* = NZA 2010, 292; 20.5.2009 AP Nr. 1 zu § 17 TVÜ = NZA-RR 2010, 160.

274 Wie hier *Clemens/Scheuring/Steingen/Wiese,* TVÜ-Bund/TVÜ-VKA, Rn. 203a; *Litschen,* in: Adam u.a., Tarifrecht der Beschäftigten im öffentlichen Dienst, § 17 TVÜ-VKA Eingruppierung Rn. 9; *Feldhoff* Streit 2008, 99 (106 f.); aA BeckOK TVöD/*Felix* TVöD [VKA] § 16 Rn. 45.

275 Dazu *Feldhoff* Streit 2008, 99 ff.; generell zur Bewertung der Gebäudeinnenreinigung *Lamcke* ZTR 2020, 684 ff.; *Jordan* PersR 2009, 345 ff.

276 BAG 20.5.2009 AP Nr. 1 zu § 17 TVÜ = NZA-RR 2010, 160.

277 BAG 28.1.2009 AP Nr. 37 zu § 99 BetrVG 1972 Eingruppierung = NZA 2009, 1042; s. auch 1.7.2009 AP Nr. 39 zu § 99 BetrVG 1972 mAnm *Bergwitz* = NZA 2010, 292: zweiwöchige Einarbeitungszeit, um Maschinenabläufe zu beherrschen.

278 S. auch *Krasemann,* Eingruppierungsrecht, Kap. 12, Rn. 389 ff.

279 Zur Ermittlung der Zeitanteile ausf. BAG 18.5.1994 AP Nr. 5 zu §§ 22, 23 BAT Datenverarbeitung; s. auch *Richter/Gamisch* RiA 2008, 241 ff.

280 Grdl. BAG 22.11.1977 AP Nr. 2 zu §§ 22, 23 BAT 1975.

281 Vgl. etwa die Fallgestaltung BAG 1.7.2009 AP Nr. 41 zu § 99 BetrVG 1972 Eingruppierung (LS).

282 BAG 1.7.2009 AP Nr. 39 zu § 99 BetrVG 1972 Eingruppierung mAnm *Bergwitz* = NZA 2010, 290.

283 BAG 1.7.2009 AP Nr. 41 zu § 99 BetrVG 1972 = NZA 2010, 290; 28.1.2009 AP Nr. 39 zu §§ 22, 23 BAT-O = NZA-RR 2009, 616.

284 BAG 28.1.2009 AP Nr. 39 zu §§ 22, 23 BAT-O = NZA-RR 2009, 616.

ee) Bewährungs-, Fallgruppen- und Tätigkeitsaufstieg. Der BAT kannte als Fallgruppenaufstieg den Bewährungsaufstieg (§ 23a BAT), den Fallgruppenbewährungsaufstieg und den Tätigkeitsaufstieg (vgl. § 23b BAT), die in einzelnen Fallgruppen der Vergütungsgruppen geregelt sind.[285] Diese tarifrechtlich abgelösten Bestimmungen können noch aufgrund statischer tariflicher Verweisungen oder arbeitsvertraglicher Bezugnahmeregelungen (→ § 206 Rn. 20 ff.)[286] von Bedeutung sein.[287] Im TVöD und im TV-L sind die genannten Aufstiege nach § 17 V 1 der Überleitungstarifverträge nicht mehr vorgesehen.[288] Die neuen Tarifverträge des öffentlichen Dienstes sehen nur noch Stufenaufstiege in der jeweiligen Entgeltgruppe vor – in Abkehr von den früheren Lebensaltersstufen. 61

3. Eingruppierung von Ärztinnen und Ärzten. Im öffentlichen Dienst haben im Jahre 2006 die öffentlichen AG mit dem Marburger Bund durch Abschluss des TV-Ärzte/VKA für die kommunalen Krankenhäuer und den TV-Ärzte/TdL für die Universitätskliniken der Länder **neue Eingruppierungsbestimmungen und Tätigkeitsmerkmale** für die Ärztinnen und Ärzte geschaffen,[289] die überwiegend Aufgaben in der Patientenversorgung wahrnehmen.[290] Mit der Gewerkschaft ver.di wurden durch den Abschluss der Sonderregelungen in § 51 TVöD (Besonderer Teil – Krankenhäuser) und § 41 Nr. 7 TV-L neue Tätigkeitsmerkmale für die Ärztinnen und Ärzte geregelt und in den Ländern eine neue Eingruppierungsregelung geschaffen (→ Rn. 64).[291] Je nach Tarifgebundenheit oder vertraglicher Inbezugnahme sind unterschiedliche Tarifwerke maßgebend (zur Tarifpluralität → § 203 Rn. 42 ff.).[292] 62

Im Bereich des TVöD/VKA sind im Teil B, Abschnitt II EGO VKA für **Ärztinnen und Ärzte sowie Zahnärztinnen und -ärzte** zwei Entgeltgruppen mit Entgeltstufen vorgesehen (Entgeltgruppe 14 und 15 EGO VKA), ebenso wenn die Beschäftigten im Bereich des Besonderen Teils – Krankenhäuser (BT-K) tätig sind: (Zahn-)Ärztinnen und (Zahn-)Ärzte mit entsprechender Tätigkeit sind der Entgeltgruppe I zugeordnet, Fachärztinnen und Fachärzte der Entgeltgruppe II (Teil B, Abschnitt 2 Nr. 2 EGO-VKA). Entsprechendes gilt für den TV EntgO Bund (Anlage 1 Teil III N. 3) und nach der Anlage II Nr. 2.2. zum TV-L (Entgeltgruppe 14 und 15). Anders als beim TV-Ärzte/TdL (→ Rn. 64) werden Zeiten als Arzt im Praktikum nach § 52 II 2 TVöD (BT-K) berücksichtigt. Für die Eingruppierung gelten die für den TVöD maßgebenden Grundsätze (→ Rn. 35 ff., 51 f.). 63

Demgegenüber enthalten der **§ 41 Nr. 7 TV-L** sowie die **Tarifverträge unter Beteiligung des Marburger Bundes** (§ 16 TV-Ärzte/VKA, § 12 TV-Ärzte/TdL) **vier Entgeltgruppen**[293] (1/Ä1/I: Ärztin/Arzt mit entsprechender Tätigkeit, 2/Ä2/II: Fachärztin/Facharzt mit entsprechender Tätigkeit, 3/Ä3/III: Oberärztin/Oberarzt, 4/Ä4/IV: Fachärztin/Facharzt [anders TV-Ärzte: Ärztin/Arzt], dem die ständige Vertretung des leitenden Arztes – Chefärztin/Chefarzt – übertragen wurde). Unterschiede gibt es bei den Eingruppierungsbestimmungen. § 15 TV-Ärzte/VKA ist der Bestimmung des § 22 BAT nachgebildet. Danach entspricht die gesamte auszuübende Tätigkeit den Tätigkeitsmerkmalen einer Entgeltgruppe, wenn zeitlich mindestens zur Hälfte Arbeitsvorgänge anfallen, die für sich genommen die Anforderungen eines Tätigkeitsmerkmals erfüllen. Insoweit gelten dann die Grundsätze zur Eingruppierung (→ Rn. 35 ff., 5 ff.). Dabei stellen die mit der Tarifgemeinschaft der Länder geschlossenen Tarifverträge auf die „mindestens zur Hälfte auszuübende Tätigkeit" und damit **nicht mehr auf den Arbeitsvorgang** ab.[294] Hier kann die Rechtsprechung zur auszuübenden Tätigkeit (→ Rn. 37 ff.[295]) und zur Bestimmung einer Gesamttätigkeit oder von Teiltätigkeiten herangezogen werden (→ Rn. 80). 64

---

285 Vgl. BAG 2.12.1987 AP Nr. 141 zu §§ 22, 23 BAT 1975 = PersV 1989, 324.

286 S. auch die Fallgestaltung in BAG 25.4.2017 AP Nr. 153 zu § 87 BetrVG 1972 Lohngestaltung = NZA 2017, 1346.

287 Schaub ArbR-HdB/*Treber*, 17. Aufl., § 64 Rn. 61.

288 Zu den Knappschaftstarifverträgen s. BAG 10.12.2008 ZTR 2009, 314; zum Zeitaufstieg im Tarifrecht für Waldarbeiter: BAG 24.2.2010 ZTR 2010, 471.

289 Zum Tarifvertrag der Ärztinnen und Ärzte im Krankenhaus-Arbeitgeberverband Hamburg e.V. BAG 24.3.2010 AP Nr. 13 zu § 1 TVG Tarifverträge: Arzt.

290 Zum personellen Anwendungsbereich BAG 20.10.2010 AP Nr. 22 zu § 1 TVG Tarifverträge: Arzt.

291 Zur Eingruppierung von Ärzten bei den Einrichtungen der Caritas *Herfs-Röttgen* NZA 2012, 725 ff.

292 Zu den Tarifverträgen *Litchen* ZTR 2007, 230 ff.; *Zetl* ZMV 2010, 10 ff.; speziell zur Eingruppierung von Oberärzten *Anton* ZTR 2008, 184 ff.; *Knörr* ZTR 2009, 50 ff.; *Wahlers* PersV 2008, 204 ff.; *Zimmerling* öAT 2010, 99 ff.; zur Tarifpluralität *Reichold* öAT 2010, 29.

293 Anders der TV-Ärzte Hessen (vom 30.11.2006). Zur Stufenzuordnung nach diesem Tarifvertrag BAG 21.12.2017 AP Nr. 76 zu § 1 TVG Tarifverträge: Arzt.

294 Vgl. BAG 9.12.2009 AP Nr. 8 zu § 1 TVG Tarifverträge: Arzt = NZA 2010, 895.

295 S. auch BAG 9.12.2009 AP Nr. 8 zu § 1 TVG Tarifverträge: Arzt = NZA 2010, 895.

65 Die die Vergütungsordnungen der mit dem Marburger Bund geschlossenen Tarifverträge für Ärzte im öffentlichen Dienst enthalten das zuvor nicht bestehende **Tätigkeitsmerkmal Oberärztin/Oberarzt.**[296] In einer Vielzahl von Entscheidungen hat das BAG die Tätigkeitsmerkmale „Oberärztin/Oberarzt“,[297] näher konkretisiert.[298] Allein dem vor Inkrafttreten der neuen Tarifverträge **verliehenen Titel oder Status eines Oberarztes** – sog. Titularoberarzt – kommt tarifrechtlich keine Bedeutung zu. Entscheidend ist die auszuübende Tätigkeit.[299]

66 Die **Übertragung der medizinischen Verantwortung** muss durch den AG erfolgt sein. Diese Anforderung ist eine Klarstellung über die zivilrechtliche Zurechenbarkeit der entsprechenden Aufgabenzuweisung. Die Tarifvertragsparteien haben keine von allgemeinen zivilrechtlichen Regelungen abweichende besondere Anforderung an die Wirksamkeit von Willenserklärungen oder rechtsgeschäftsähnlichen Handlungen aufgestellt.[300] Die Grundsätze der Duldungs- und Anscheinsvollmacht können auch hier eingreifen.[301] Eine spätere ausdrückliche Übertragung der medizinischen Verantwortung einer Oberärztin bei unveränderter Tätigkeit wirkt allerdings nicht auf die Zeit davor zurück.[302] Die medizinische Verantwortung für einen **Teil- oder Funktionsbereich**[303] setzt voraus, dass ein Aufsichts- und – auch teilweise eingeschränktes – Weisungsrecht hinsichtlich des medizinischen Personals zugewiesen worden ist. Es muss grundsätzlich ungeteilt sein.[304] Dabei muss in einem Teilbereich grundsätzlich mindestens eine **Fachärztin der Entgeltgruppe 2/Ä2/II unterstellt** sein.[305] Im Einzelfall kann die Unterstellung von nichtärztlichem Personal ausreichend sein, wenn die auszuübende Tätigkeit des Arztes auch dann das entsprechende Maß der medizinischen Verantwortung erfüllt, etwa bei einem approbierten Psychotherapeuten.[306] Diese Voraussetzungen gelten grundsätzlich auch für die **Eingruppierung von Zahnärzten,** weil die Tarifverträge nicht zwischen diesen und anderen Ärzten unterscheiden.[307] Darüber hinaus ist es regelmäßig erforderlich, dass die Verantwortung für den Bereich ungeteilt ist. Allein die organisatorische und verwaltungstechnische Verantwortung reicht nicht aus.[308]

67 Den Begriff des **Funktionsbereichs** ist von den Tarifvertragsparteien in dem Sinne gebraucht worden, der schon früher von den Tarifvertragsparteien zum BAT zugrunde gelegt wurde. Funktionsbereiche sind medizinisch definiert. Es sind Untergliederungen eines Fachgebietes der Medizin, die wissenschaftlich anerkannte Spezialgebiete erfassen.[309] Demgegenüber ist der Begriff des **Teilbereichs einer Klinik oder Abteilung** tariflich neu. Wegen der Abgrenzung zu den Funktionsbereichen („oder“) stellt er ein unabhängiges eigenständiges Tatbestandsmerkmal dar.[310] Bei einem Teilbereich handelt es sich regelmäßig um eine organisatorisch abgrenzbare Einheit innerhalb der übergeordneten Einrichtung einer Klinik oder Abteilung, der eine bestimmte Aufgabe mit eigener Zielsetzung sowie eigener medizinischer Verantwortungsstruktur zugewiesen ist und die über eine eigene räumliche, personelle und sachlich-technische Ausstattung verfügt.[311] Für die organisatorische Selbständigkeit bei einer Klinik für Anästhesiologie ist

---

296 Dazu ausf. *Zimmerling* ZTR 2012, 371.

297 Zur Eingruppierung eines ständigen Vertreters des Chefarztes BAG 23.2.2011 AP Nr. 38 zu § 1 TVG Tarifverträge: Arzt, dazu *Wahlers* PersV 2012, 244 ff.

298 Zur Notwendigkeit einer ärztlichen Tätigkeit BAG 24.3.2010 AP Nr. 13 zu § 1 TVG Tarifverträge: Arzt = NZA-RR 2010, 527 (Qualitätsmanagerin).

299 BAG 19.11.2014 AP Nr. 72 zu § 1 TVG Tarifverträge: Arzt; 9.12.2009 AP Nr. 8 zu § 1 TVG Tarifverträge: Arzt = NZA 2010, 895.

300 BAG 26.1.2011 AP Nr. 34 zu § 1 TVG Tarifverträge: Arzt = NZA-RR 2011, 531; 22.9.2010 GesR 2011, 314; 9.12.2009 AP Nr. 8 zu § 1 TVG Tarifverträge: Arzt = NZA 2010, 895.

301 BAG 9.12.2009 AP Nr. 8 zu § 1 TVG Tarifverträge: Arzt = NZA 2010, 895.

302 BAG 25.8.2010 NZA-RR 2011, 368.

303 Es muss sich trotz des Wortlauts nicht um mehrere Bereiche handeln: BAG 18.4.2012 ZTR 2012, 511.

304 BAG 19.11.2014 AP Nr. 72 zu § 1 TVG Tarifverträge: Arzt; 22.2.2012 AP Nr. 64 zu § 1 TVG Tarifverträge: Arzt („Job-Sharing“).

305 BAG 19.11.2014 AP Nr. 72 zu § 1 TVG Tarifverträge: Arzt; 9.12.2009 AP Nr. 8 zu § 1 TVG Tarifverträge: Arzt = NZA 2010, 895; 25.8.2010 öAT 2010, 229; s. auch BAG 26.1.2011 AP Nr. 34 zu § 1 TVG Tarifverträge: Arzt = NZA-RR 2011, 531 (im Rotationsprinzip besetzte Facharztstelle).

306 BAG 20.4.2011 AP Nr. 43 zu § 1 TVG Tarifverträge: Arzt = NZA-RR 2011, 584.

307 BAG 7.7.2010 ZTR 2011, 27; 22.10.2010 AP Nr. 22 zu § 1 TVG Tarifverträge: Arzt (jeweils offengelassen, ob überhaupt eine Ausnahme von dieser tariflichen Anforderung möglich ist).

308 BAG 9.12.2009 AP Nr. 8 zu § 1 TVG Tarifverträge: Arzt = NZA 2010, 895; 25.8.2010 NZA-RR 2011, 368.

309 BAG 9.12.2009 AP Nr. 8 zu § 1 TVG Tarifverträge: Arzt = NZA 2010, 895.

310 AA die Mitteilung der TdL vom 7. August 2007, abgedr. bei *Clemens/Scheuring/Steingen/Wiese* TdL Teil IIa TV-Ärzte § 12 Rn. 49.

311 BAG 9.12.2009 AP Nr. 8 zu § 1 TVG Tarifverträge: Arzt = NZA 2010, 895.

es ausreichend, wenn die Funktionen der Anästhesiologie in den jeweiligen Operationsbereichen einen festen Platz haben.[312] Das Merkmal der **übertragenen Spezialfunktion** bezieht sich auf die Vorgaben der Ärztekammern in den Weiterbildungsordnungen zum Erwerb von Kompetenzen, die Gegenstand der Schwerpunkt- und Zusatzweiterbildung und dazugehöriger Prüfung vor den Ärztekammern sind.[313]

4. Eingruppierung von Lehrkräften. a) Grundsatz. Die Tarifvertragsparteien des öffentlichen Dienstes hatten früher ihre tariflichen Regelungsmöglichkeiten für bestimmte Formen der Beschäftigung (etwa geringfügig Beschäftigte iSd § 8 I Nr. 2 SGB IV, s. § 1 II lit. m TVöD) oder für Gruppen von AN nicht ausgeübt. Nach der Vorbemerkung Nr. 5 zu allen Vergütungsgruppen zu den Allgemeinen Vergütungsordnungen (Anlage 1a) des jeweiligen BAT (Bund/Länder/Kommunen) galten diese nicht für Angestellte, die als **Lehrkräfte an allgemein- oder berufsbildenden Schulen** tätig waren. Gleiches galt für den Bereich der neuen Bundesländer aufgrund § 2 Nr. 3 S. 1 des Änderungstarifvertrags Nr. 1 zum BAT-O.[314] Im Bereich des Bundes gelten nach § 1 II lit. b TV EntgO Bund und für den Bereich der VKA nach den Grundsätzlichen Eingruppierungsregelungen (Vorbemerkungen) Nr. 8 die tariflichen Entgeltregelungen nicht für Lehrkräfte, soweit nicht ein besonderes Tätigkeitsmerkmal – etwa für Lehrkräfte in der Pflege oder für medizinische Berufe[315] – vereinbart ist. Demgegenüber gilt der Ausschluss nicht für Beschäftigte, die keine eigenverantwortliche Lehrtätigkeit ausüben.[316] Gleiches galt für den Bereich der Länder nach der Vorbemerkung Nr. 4 zur Anlage A TV-L, bis es zum 1.8.2015 erstmals zu einer tariflichen Regelung gekommen ist (→ Rn. 75). 68

b) Eingruppierung von Lehrkräften im Bereich des Bundes und der Kommunen. Die mangelnde Geltung der Vergütungs- und Entgeltordnungen für Lehrkräfte[317] im Bund und den Kommunen hat zur Folge, dass für diese AN die Regelungen der §§ 12, 13 TVöD nicht in Betracht kam.[318] Allerdings können besondere Regelungen[319] gleichwohl zur Anwendung der Vergütungsgruppe führen.[320] Die Vergütung der Lehrkraft richtet sich regelmäßig nach den von Arbeitgeberseite einseitig erlassenen **Eingruppierungsrichtlinien,** insbesondere denen der VKA[321] (und denen vormals im Bereich der TdL[322] und der zuständigen Ministerien der Länder[323]). Die einseitig erlassenen Richtlinien und Verwaltungsvorschriften sind mangels Rechtsnormcharakter für das Arbeitsverhältnis nicht unmittelbar bindend. Sie haben weder unmittelbar normative Wirkungen[324] noch eine allgemeine Bedeutung im Rechtsverkehr.[325] Ihre Anwendung kommt nur in Betracht, wenn sie von den Vertragsparteien – regelmäßig aufgrund arbeitsvertraglicher Inbezugnahme – **zum Inhalt des Arbeitsverhältnisses gemacht worden sind.**[326] Dabei ist allerdings im Einzelfall zu prüfen, ob im Arbeitsvertrag nur auf eine bestimmte Vergütungsgruppe Bezug genommen worden oder zugleich auf die Richtlinien (oder die Erlasse) in der jeweiligen Fassung verwiesen ist und sich die zutreffende Eingruppierung allein nach 69

312 BAG 20.4.2011 AP Nr. 42 zu § 1 TVG Tarifverträge: Arzt.

313 BAG 26.1.2011 AP Nr. 36 zu § 1 TVG Tarifverträge: Arzt; 9.12.2009 AP Nr. 7 zu § 1 TVG Tarifverträge: Arzt.

314 Satz 2 der Vorschrift regelte: „Diese Angestellten sind – gegebenenfalls nach näherer Maßgabe von Richtlinien – in der Vergütungsgruppe eingruppiert, die nach § 11 Satz 2 BAT-O der Besoldungsgruppe entspricht, in welcher der Angestellte eingruppiert wäre, wenn er im Beamtenverhältnis stünde …".

315 Zur vormaligen Rechtslage etwa *Wertheimer* ZTR 2015, 561 ff.

316 BAG 24.3.2010 ZTR 2010, 412.

317 Zum Begriff BAG 12.5.2016 NZA 2016, 1030; 13.1.2016 AP Nr. 1 zu § 51 TVöD; 22.2.2012 RDG 2012, 282.

318 BAG 4.4.2001 AP Nr. 45 zu § 23a BAT: 18.5.1994 AP Nr. 34 zu §§ 22, 23 BAT.

319 Weiterhin ist auf die Stufenregelung in § 44 Nr. 2a TV-L hinzuweisen.

320 Dazu BAG 25.1.2012 AP Nr. 318 zu §§ 22, 23 BAT 1975 = NZA-RR 2012, 663; 24.11.1993 AP Nr. 1 zu § 2 BAT-O.

321 Richtlinien der Vereinigung der kommunalen Arbeitgeberverbände (VKA) über die Eingruppierung der im Angestelltenverhältnis beschäftigten Lehrkräfte an allgemeinbildenden und an berufsbildenden Schulen (Lehrer-Richtlinien der VKA), vom 15.5.1981, idF der elften Änderung vom 25.2.1999.

322 Richtlinien der Tarifgemeinschaft deutscher Länder (TdL) über die Eingruppierung der im Arbeitnehmerverhältnis beschäftigten Lehrkräfte (Lehrer-Richtlinien der TdL).

323 Zum Land Berlin BAG 20.6.2012 ZTR 2013, 26; zum Land Sachsen-Anhalt s. etwa BAG 18.6.2014 ZTR 2014, 650.

324 BAG 25.9.2003 AP Nr. 26 zu §§ 22, 23 BAT-O; 7.6.2000 AP Nr. 82 zu §§ 22, 23 BAT Lehrer; 13.1.1987 AP Nr. 30 zu § 72a ArbGG 1979 Grundsatz.

325 BAG 13.2.1985 AP Nr. 13 zu §§ 22, 23 BAT Lehrer.

326 BAG 19.11.2014 ZTR 2015, 325; 20.3.2013 AP Nr. 115 zu §§ 22, 23 BAT Lehrer.

Maßgabe der Richtlinie ergeben soll.[327] Dann entsteht sich grundsätzlich einen Anspruch auf eine höhere Vergütung, wenn die in der Richtlinie genannten Voraussetzungen erfüllt sind.[328] Deren Einführung kann der Mitbestimmung unterfallen.[329] Da solche Richtlinien und Erlasse kein zwingendes Recht beinhalten, steht es den Arbeitsvertragsparteien frei, davon abweichende Regelungen zu vereinbaren.[330] Fehlt eine vertragliche Vergütungsabrede, etwa weil Richtlinien eine Eingruppierung für die auszuübende Tätigkeit nicht vorsehen, kann die Lehrkraft eine Vergütung in Anwendung des § 612 I BGB unter Heranziehung der einschlägigen Beamtenbesoldung erwarten.[331]

70 Richtlinien oder Erlasse für die Eingruppierung sind als einseitige Leistungsbestimmungen des AG einer gerichtlichen Angemessenheits- und Billigkeitskontrolle nach § 315 III BGB zugänglich.[332] Sie unterliegen dabei auch einer Prüfung anhand des arbeitsrechtlichen Gleichbehandlungsgrundsatzes.[333] Bei den Richtlinien handelt es sich nach § 305 I 1 und 2 BGB um **Allgemeine Geschäftsbedingungen,** die nach ihrem objektiven Inhalt und typischen Sinn einheitlich auszulegen sind.[334] Sie unterfallen regelmäßig nach § 307 III 1 BGB nicht der Inhaltskontrolle nach § 307 I 1, II, § 308 und § 309 BGB, weil keine von Rechtsvorschriften abweichenden oder ergänzenden Regelungen getroffen werden, wohl aber einer **Transparenzkontrolle.**[335]

71 Bei der Eingruppierung von Lehrern wird zwischen sog. **Erfüllern und Nichterfüllern** unterschieden.[336] Von sog. Erfüllern wird dann gesprochen, wenn die fachlichen und pädagogischen Voraussetzungen für eine Übernahme in das Beamtenverhältnis vorliegen, während demgegenüber bei den sog. Nichterfüllern diese nicht gegeben sind.[337] Hinsichtlich der sog. Erfüller wird in den Richtlinien im Wesentlichen auf das Besoldungsrecht der Beamten verwiesen und den einzelnen Besoldungsgruppen sind solche des TV-L zugeordnet, während für die Tätigkeit sog. Nichterfüller unmittelbar einzelne Entgeltgruppen des öffentlichen Dienstes benannt werden. Zweck dieser an die pädagogischen und fachlichen Voraussetzungen anknüpfenden Unterscheidung ist es, im Beamten- und im Angestelltenverhältnis gleichwertige Lehrkräfte zu beschäftigen und an sie möglichst eine gleichwertige Vergütung zu leisten.[338]

72 Die Höhergruppierung aufgrund einer Richtlinie kann von Voraussetzungen abhängig gemacht werden, wie sie sonst nur im Beamtenrecht vorkommen.[339] Ein Anspruch auf **Höhergruppierung eines angestellten Lehrers** setzt nach den Lehrerrichtlinien u.a. eine haushaltsrechtlich ausgewiesene und zur Besetzung vorgesehene freie Stelle voraus.[340] Auf die Schaffung einer solchen Stelle gewährt Art. 33 II GG keinen Anspruch.[341] Aufgrund der haushaltsrechtlichen Personalbewirtschaftungsbefugnis kann der öffentliche AG diese Stellen kontingentiert an die Regionalschulämter verteilen, die dann ihrerseits bei der Besetzung der Stellen an die Ergebnisse der dienstlichen Beurteilungen der Bewerber aus ihrem Zuständigkeitsgebiet gebunden sind.[342]

73 Die nach den **Lehrerrichtlinien gebotene Gleichbehandlung von angestellten und beamteten Lehrern** schließt die Anwendung einer Tarifautomatik bei den angestellten Lehrern aus. Ein angestellter Lehrer kann danach nur dann eine Höhergruppierung verlangen, wenn er als

---

327 BAG 27.9.2000 AP Nr. 15 zu §§ 22, 23 BAT-O; 21.7.1993 AP Nr. 32 zu §§ 22, 23 BAT Lehrer.
328 BAG 13.2.1985 AP Nr. 13 zu §§ 22, 23 BAT Lehrer.
329 BVerwG 25.4.2014 NZA-RR 2014, 503.
330 BAG 7.5.2008 ZTR 2009, 25.
331 BAG 4.8.2016 NZA-RR 2016, 664.
332 BAG 27.9.2000 AP Nr. 15 zu §§ 22, 23 BAT-O; 7.6.2000 AP Nr. 82 zu §§ 22, 23 BAT Lehrer; 7.2.2000 AP Nr. 82 zu §§ 22, 23 BAT Lehrer.
333 BAG 25.6.2015 AP Nr. 119 zu §§ 22, 23 BAT Lehrer = NZA-RR 2015, 649; 19.11.2014 ZTR 2015, 325; 7.5.2008 ZTR 2008, 670 („Erfüller"-/„Nichterfüller"-Erlass).
334 BAG 16.4.2015 ZTR 2015, 511. Anders die frühere Rechtsprechung: Auslegung nach den Grundsätzen des Verwaltungsrechts, BAG 5.7.2006 AP Nr. 103 zu §§ 22, 23 BAT Lehrer.
335 BAG 26.1.2017 NZA-RR 2017, 325 = AP Nr. 192 zu § 611 BGB Lehrer, Dozenten; 17.11.2016 AP Nr. 191 zu § 611 BGB Lehrer, Dozenten.
336 So in den Richtlinien der VKA (Abschnitt 1: Erfüller, Abschnitt 2: Nicht-Erfüller), s. etwa BAG 7.5.2008 ZTR 2008, 670.
337 Vgl. BAG 15.11.1995 AP Nr. 44 zu §§ 22, 23 BAT Lehrer; 18.5.1994 AP Nr. 34 zu §§ 22, 23 BAT Lehrer.
338 BAG 30.9.2004 ZTR 2005, 149; 21.7.1993 AP Nr. 171 zu §§ 22, 23 BAT.
339 BAG 20.6.2012 ZTR 2013, 26; 23.7.1997 AP Nr. 63 zu §§ 22, 23 BAT Lehrer; 21.7.1993 AP Nr. 171 zu §§ 22, 23 BAT = NZA 1994, 703.
340 BAG 16.5.2013 ZTR 2014, 22; 17.5.2001 AP Nr. 85 zu §§ 22, 23 BAT Lehrer; 30.9.2004 ZTR 2005, 149.
341 BAG 23.2.2000 AP Nr. 80 zu §§ 22, 23 BAT Lehrer = NZA 2001, 680.
342 BAG 24.1.2007 AP Nr. 20 zu § 2 BAT SR 2l = NZA-RR 2007, 608.

Beamter in einer vergleichbaren Situation einen Beförderungsanspruch hätte.[343] Umgekehrt ist eine einseitige Herabgruppierung eines angestellten Lehrers nur dann möglich, wenn auch ein beamteter Lehrer in vergleichbarer Situation in eine niedrigere Besoldungsgruppe eingestuft werden könnte.[344] Im Übrigen bedarf es für eine Rückgruppierung einer Änderungskündigung oder einer vertragsändernden Vereinbarung über die für die Eingruppierung maßgebende Tätigkeit.[345]

Die niedrigere Eingruppierung von **Lehrern für muttersprachlichen Unterricht** als sog. 74
Nichterfüller stellt gegenüber den Lehrkräften an Grundschulen – sog. Erfüller – keine Verletzung des arbeitsrechtlichen Gleichbehandlungsgrundsatzes dar.[346] Gleiches gilt, wenn bei ausländischen Lehrkräften auf die Gleichwertigkeit des Abschlusses abgestellt wird.[347] Verlangt der AG allerdings eine Lehramtsbefähigung, kann die niedrigere Eingruppierung in Richtlinien gegen den arbeitsrechtlichen Gleichbehandlungsgrundsatz verstoßen.[348] Aus der **Rechtsprechung des BAG** zur Eingruppierung anhand von Richtlinien und erlassenen Verwaltungsvorschriften sind zu nennen die Entscheidungen zu Diplomsportlehrern,[349] Diplomlehrern für Englisch,[350] Freundschaftspionierleiterinnen,[351] Gewerbeschulräten,[352] Schwimmlehrern,[353] Sonderschullehrern,[354] Sprachlehrern der Bundeswehr,[355] Fachberatern an einer Förderschule,[356] Technischen Lehrerinnen[357] und Laboringenieuren.[358]

c) Eingruppierung von Lehrkräften im Bereich der Länder. In den Mitgliedsländern 75
der TdL gilt seit dem 1.8.2015 für Lehrkräfte an allgemeinbildenden und berufsbildenden Schulen der § 44 TV-L unterfallende **Tarifvertrag über die Eingruppierung und die Entgeltordnung für die Lehrkräfte der Länder** (TV EntgO-L), der zunächst mit der dbb beamtenbund und tarifunion (→ § 190 Rn. 7)[359] und 2017 von der GEW (→ § 190 Rn. 2) mit unterzeichnet wurde. Die Entgeltordnung der Anlage A gliedert sich in sechs Teile – „Erfüller", „beste Nichterfüller" (abgeschlossenes Lehramtsstudium[360] ohne Referendariat oder Vorbereitungsdienst) sowie „sonstige Nichterfüller", „Nichterfüller" in der Tätigkeit von Fachlehrern, „spezielle Lehrkräfte", Lehrkräfte mit einer Ausbildung nach dem Recht der ehemaligen DDR einschl. einer speziellen Regelung für den Freistaat Sachsen.[361] Mit dieser ausdifferenzierten Regelung wollten die Tarifvertragsparteien eine vollständige Regelung der Eingruppierung erreichen.[362] Die Eingruppierung erfolgt gem. § 12 TV-L idF des § 3 TV EntgO-L nach der Anlage zum TV EntgO-L. Danach gilt der Grundsatz der Tarifautomatik (→ Rn. 10 ff.). Für die einzelnen Gruppen von Lehrkräften ist nach näherer Maßgabe der dortigen Regelungen zu bestimmen, in welche Besoldungsgruppe sie eingestuft wären, wenn sie in ein Beamtenverhältnis übernommen worden wären. Der so ermittelten Besoldungsgruppe ist eine Entgeltgruppe des TV-L zugeordnet.

5. Vorübergehende Übertragung einer Tätigkeit. Nach § 14 TVöD und § 14 TV-L kann 76
der AG im Wege des Direktionsrechts dem AN eine **höherwertige Tätigkeit vorübergehend übertragen.**[363] Damit ist als Ausnahme von der Tarifautomatik[364] keine Höhergruppierung

[343] BAG 25.1.2012 AP Nr. 318 zu §§ 22, 23 BAT 1975 mzustAnm *Reichold/Rothhaar* = NZA-RR 2012, 663; 23.2.2000 AP Nr. 80 zu §§ 22, 23 BAT Lehrer = NZA 2001, 680.

[344] BAG 12.3.2008 AP Nr. 35 zu §§ 22, 23 BAT-O mAnm *Maties* (Verringerung der Schülerzahl); aA noch BAG 5.9.2002 AP Nr. 93 zu §§ 22, 23 BAT Lehrer.

[345] Vgl. *Donoli/Bauer* ZTR 2003, 323.

[346] BAG 7.5.2008 ZTR 2008, 670.

[347] BAG 21.2.2007 ZTR 2007, 675.

[348] BAG 25.6.2015 AP Nr. 119 zu §§ 22, 23 BAT Lehrer = NZA-RR 2015, 649; 19.11.2014 ZTR 2015, 325.

[349] BAG 27.1.1999 AP Nr. 75 zu §§ 22, 23 BAT Lehrer.

[350] BAG 25.9.1997 AP Nr. 20 zu § 11 BAT-O.

[351] Zusammenfassend BAG 27.9.2000 AP Nr. 15 zu §§ 22, 23 BAT-O.

[352] BAG 10.7.1996 AP Nr. 6 zu § 12 AVR Diakonisches Werk.

[353] BAG 25.11.1998 AP Nr. 74 zu §§ 22, 23 BAT Lehrer.

[354] BAG 18.10.2000 AP Nr. 24 zu § 11 BAT-O; 7.8.1997 AP Nr. 62 zu §§ 22, 23 BAT Lehrer.

[355] BAG 11.11.1998 AP Nr. 261 zu §§ 22, 23 BAT 1975.

[356] BAG 24.8.2009 AP Nr. 100 zu §§ 22, 23 BAT Lehrer = NZA 2009, 499.

[357] BAG 5.3.1997 AP Nr. 56 zu §§ 22, 23 BAT Lehrer = ZTR 1997, 463.

[358] BAG 23.10.2013 ZTR 2014, 415.

[359] Dazu *Conze* öAT 2016, 1 ff.; *Geyer* ZTR 2015, 483 ff.; *Winter* ZTR 2016, 123 ff.

[360] Zu einem ausländischen Hochschulabschluss BAG 5.9.2019 AP Nr. 5 zu § 12 TV-L.

[361] S. dazu BAG 16.7.2020 NZA-RR 2021, 25; mablAnm *Lamcke* ZTR 2020, 696 ff.

[362] BAG 16.7.2020 AP Nr. 1 zu TV EntgO Lehrkraft = NZA-RR 2021, 25.

[363] Dazu etwa *Donath* ZTR 2018, 184; *Rusche* öAT 2017, 4 ff.; zur Abgrenzung in Bezug auf die „Führung auf Zeit" (§ 32 III TV-L/TVöD) s. *Reinartz* öAT 2014, 159 ff.

[364] BAG 27.1.2016 AP Nr. 7 zu § 24 BAT-O = NZA 2016, 903.

verbunden, weshalb lediglich ein Anspruch auf Zahlung einer Zulage in Betracht kommt.[365] Es reicht aus, wenn die höherwertige Tätigkeit mindestens einen Monat ausgeübt wird, und es wird nicht zwischen vorübergehender und vertretungsweiser Übertragung unterschieden. Abgesehen von diesen Abweichungen zur früheren Rechtslage kann die bisherige Rechtsprechung zu § 24 BAT regelmäßig herangezogen werden.[366] Durch die tariflichen Bestimmungen wird das **Weisungsrecht des AG erweitert.** § 14 TVöD/TV-L regeln zwar lediglich die Voraussetzungen, nach denen der AN in einem solchen Fall Anspruch auf Zahlung einer Zulage hat. Die Tarifvertragsparteien setzen damit aber die Zulässigkeit derartiger Zuweisungen voraus.[367] Die vorübergehende Übertragung kann ausdrücklich oder konkludent erfolgen. In jedem Fall muss für den AN deutlich sein, dass die Übertragung nur vorübergehend erfolgt.[368] Erforderlich ist allerdings, dass sich die Eingruppierung des Beschäftigten nach den Eingruppierungsbestimmungen des TVöD oder TV-L richtet. Anderenfalls scheidet – wie etwa bei Lehrkräften – eine vorübergehende Übertragung aus.[369]

77 Die vorübergehende Übertragung muss **billigem Ermessen** (§ 315 BGB) entsprechen.[370] Das billige Ermessen bei der Ausübung des Direktionsrechts muss sich auf die Tätigkeitsübertragung „an sich" und die „Nicht-Dauerhaftigkeit" der Übertragung beziehen – **„doppelte Billigkeitsprüfung".**[371] Eine vorübergehende Übertragung kommt in Betracht, wenn die wahrzunehmende Tätigkeit keine Daueraufgabe darstellt. Eine solche liegt nicht vor, wenn ständiger Vertretungsbedarf besteht.[372] Soweit keine Daueraufgabe vorliegt, ist für die vorübergehende Aufgabenübertragung eine zeitliche Grenze nicht vorgesehen.[373] Allein die mögliche Unsicherheit über die Dauer der Beschäftigungsmöglichkeit mit der höherwertigen Tätigkeit reicht jedoch nicht aus. Vielmehr bedarf es einer auf Tatsachen gestützten **hinreichend gesicherten Prognose,** die Tätigkeit werde später entfallen.[374] Die vorübergehende Übertragung einer höherwertigen Tätigkeit zum Zwecke der Durchführung eines Bewerbungsverfahrens und der endgültigen Entscheidungsfindung der Einstellungsbehörde fällt unter § 14 TVöD/TV-L.[375] Gleiches gilt für die vorübergehende Übertragung einer Tätigkeit zum Zweck der Erprobung.[376] Das soll weiterhin für die Tätigkeit des Mitarbeiters einer Ratsfraktion gelten, wenn er deren Verwaltungsarbeit auszuüben hat.[377] Um eine vertretungsweise Übertragung einer höherwertigen Tätigkeit (die § 24 II BAT noch gesondert regelte) handelt es sich nur dann, wenn der eigentliche Arbeitsplatzinhaber vorübergehend die ihm dauernd übertragene Tätigkeit nicht wahrnimmt.[378] Das kann der Fall sein bei längerer Arbeitsunfähigkeit, Urlaub, Elternzeit, Mutterschutz oder Abordnungen des zu Vertretenden. Ist ein AN arbeitsvertraglich zum „ständigen Vertreter" bestellt und deshalb zur Abwesenheitsvertretung verpflichtet, hat er im Vertretungsfall keinen Anspruch auf eine Zulage.[379] Die Billigkeit einer vertretungsweisen Übertragung einer höherwertigen Tätigkeit folgt schon aus dem Übertragungsgrund. Denn nach Rückkehr des vertretenen AN auf seinen Arbeitsplatz besteht kein Bedürfnis für die Beschäftigung des Vertreters auf diesem Arbeitsplatz. Die vertretungsweise Übertragung einer höherwertigen Tätigkeit für die Zeit der Verhinderung des Vertretenen entspricht regelmäßig billigem Ermessen.[380]

78 Entspricht die vorübergehende **Übertragung der Tätigkeit nicht billigem Ermessen,** hat die Bestimmung der „Leistung" entsprechend § 315 III 2 BGB durch eine richterliche Entschei-

[365] BAG 26.7.2012 AP Nr. 4 zu § 12 TVÜ; 14.12.2005 AP Nr. 26 zu § 24 BAT = NZA-RR 2006, 388.
[366] BAG 4.7.2012 AP Nr. 1 zu § 14 TVöD.
[367] BAG 17.1.2006 AP Nr. 6 zu § 24 BAT-O = NZA 2006, 1064.
[368] BAG 19.3.1986 AP Nr. 116 zu §§ 22, 23 BAT 1975; vgl. aber BAG 25.2.1987 AP Nr. 14 zu § 24 BAT = NZA 1987, 636.
[369] BAG 11.7.2012 AP Nr. 2 zu § 14 TV-L = NZA-RR 2012, 582.
[370] BAG 27.1.2016 AP Nr. 7 zu § 24 BAT-O = NZA 2016, 903; 14.12.2005 AP Nr. 26 zu § 24 BAT mAnm *Horstmann* = NZA-RR 2006, 388; 17.4.2002 AP Nr. 23 zu § 24 BAT = NZA 2003, 159; s. auch *Litty* ZTR 2021, 133 ff.
[371] BAG 4.7.2012 AP Nr. 1 zu § 14 TVöD; 18.4.2012 AP Nr. 103 zu § 315 BGB = NZA 2012, 927; 14.12.2005 AP Nr. 26 zu § 24 BAT mAnm *Horstmann* = NZA-RR 2006, 388.
[372] BAG 10.12.2014 AP Nr. 19 zu § 1 TVG Tarifverträge: Bundesbahn; 16.1.1991 AP Nr. 3 zu § 24 MTA.
[373] BAG 14.12.2005 AP Nr. 26 zu § 24 BAT mAnm *Horstmann* = NZA-RR 2006, 388.
[374] BAG 27.1.2016 AP Nr. 7 zu § 24 BAT-O = NZA 2016, 903 (ARGE); 4.7.2012 AP Nr. 1 zu § 14 TVöD.
[375] BAG 16.9.1998 AP Nr. 2 zu § 24 BAT-O = NZA 1999, 384.
[376] BAG 17.7.1997 AP Nr. 52 zu § 611 BGB Direktionsrecht; 18.6.1997 AP Nr. 1 zu § 24 BAT-O.
[377] BAG 14.12.2005 AP Nr. 26 zu § 24 BAT mAnm *Horstmann* = NZA-RR 2006, 388.
[378] BAG 22.1.2003 ZTR 2003, 514.
[379] BAG 16.4.2015 AP Nr. 2 zu § 14 TVöD = NZA-RR 2015, 532; 21.10.1998 AP Nr. 18 zu § 24 BAT = NZA 1999, 492.
[380] BAG 17.4.2002 AP Nr. 23 zu § 24 BAT = NZA 2003, 159; 22.1.2003 ZTR 2003, 514.

dung zu erfolgen. Diese kann bei der vorübergehenden Übertragung einer höherwertigen Tätigkeit – je nachdem, worin die Unbilligkeit liegt – darin bestehen, die Übertragung der Tätigkeit nicht als nur vorübergehend, sondern als auf Dauer vorgenommen zu erklären oder die zeitliche Dauer anders zu bestimmen. Eine solche Bestimmung kann im Eingruppierungsrechtsstreit inzident vorgenommen werden.[381] Die Beweislast dafür, dass die Ausübung des Direktionsrechts billigem Ermessen entspreche, trägt derjenige, der das Leistungsbestimmungsrecht ausübt.[382] Eine nur vorübergehend auszuübende Tätigkeit iSd § 14 I TVöD/TV-L begründet gem. § 14 III TVöD/TV-L einen **Anspruch auf eine Zulage,** wobei die Regelung zwischen den Entgeltgruppen 1 bis 8 und 9 bis 14 differenziert, nicht jedoch auf eine Vergütung nach der höheren Entgeltgruppe.[383] Voraussetzung für eine Zulage ist in jedem Fall, dass sämtliche Anforderungen des Tätigkeitsmerkmals der höheren Entgeltgruppe erfüllt sind, wie der Tarifwortlaut – „bei dauerhafter Übertragung ergeben hätte" – zeigt.[384] Der Anspruch auf die Zulage besteht weiterhin dann, wenn die Übertragung in der Probezeit erfolgt.[385] Die Höhe der Zulage bemisst sich gem. § 14 III TVöD/TV-L aus dem Unterschied zwischen der Vergütung, die dem AN zum Zeitpunkt der Übertragung der Tätigkeit zustehen würde, wenn er in die höhere Vergütungsgruppe eingruppiert wäre, und der Vergütung der Vergütungsgruppe, in der er eingruppiert ist.

Bedarf die vorübergehende Übertragung der anders bewerteten Tätigkeiten iSv § 14 I TVöD/TV-L der vorherigen **Zustimmung des Personalrats** und ist diese nicht erteilt worden, kann sich die Übertragung der anderen Tätigkeit als unwirksam erweisen. Aus der Unwirksamkeit einer vorübergehenden Übertragung einer höherwertigen Tätigkeit folgt aber nicht, dass diese Tätigkeit dem AN auf Dauer übertragen ist, sondern allein, dass die Übertragung der Tätigkeit unwirksam war und sie – ggf. sogar auf Betreiben des PR – vom AG rückgängig zu machen ist.[386] **79**

III. Eingruppierung außerhalb des öffentlichen Dienstes

Die Eingruppierung anhand von tariflichen[387] **Vergütungsordnungen in der Privatwirtschaft** oder nach kirchlichen Entgeltordnungen,[388] die von Tätigkeitsmerkmalen ausgehen, ist grundsätzlich anhand der im maßgebenden **Tarifvertrag enthaltenden Eingruppierungsbestimmungen** vorzunehmen.[389] In diesen können auch andere zeitliche Maßstäbe festgelegt werden.[390] Fehlt es an einer tariflichen Regelung, können für die Eingruppierung derjenigen Grundsätze herangezogen werden, wie sie für den Bereich des öffentlichen Dienstes dargestellt wurde.[391] Anzuknüpfen ist auch dann an die auszuübende und nicht die ausgeübte Tätigkeit (→ Rn. 37 ff.).[392] Da diese Tarifverträge regelmäßig nicht den Begriff des Arbeitsvorgangs verwenden, ist für die Bestimmung der – je nach tariflicher Regelung – überwiegenden oder mindestens zur Hälfte ausgeübten Tätigkeit zu prüfen, ob eine **Gesamttätigkeit oder mehrere Teiltätigkeiten** vorliegen,[393] und welche Teiltätigkeit die überwiegende Tätigkeit bildet.[394] Es handelt **80**

[381] BAG 4.7.2012 AP Nr. 1 zu § 14 TVöD; 18.4.2012 AP Nr. 103 zu § 315 BGB = NZA 2012, 927; 17.4.2002 AP Nr. 23 zu § 24 BAT = NZA 2003, 159.

[382] BAG 4.7.2012 AP Nr. 1 zu § 14 TVöD; 18.4.2012 AP Nr. 103 zu § 315 BGB = NZA 2012, 927.

[383] BAG 14.12.2005 AP Nr. 26 zu § 24 BAT mAnm *Horstmann* = NZA-RR 2006, 388.

[384] BAG 18.6.1997 AP Nr. 1 zu § 24 BAT-O; anders für den abw. formulierten § 5 TV-N Berlin: BAG 6.5.2009 ZTR 2009, 424.

[385] BAG 18.6.1997 AP Nr. 1 zu § 24 BAT-O.

[386] BAG 17.4.2002 AP Nr. 23 zu § 24 BAT = NZA 2003, 159.

[387] Zu einer vom AG aufgestellten Vergütungsordnung s. BAG 21.4.2010 AP Nr. 18 zu § 1 TVG Tarifverträge: Gaststätten = NZA 2010, 1448 (LS).

[388] Zu den Tarifverträgen der Nordelbischen Kirche vgl. BAG 18.4.2012 AP Nr. 70 zu § 611 BGB Kirchendienst. Zur Dienstvertragsordnung der Evangelischen Kirche *Steuernagel* ZMV 2017, 183 ff.

[389] BAG 24.2.2021 – 4 ABR 19/20; 16.12.2020 – 4 ABR 8/20; 26.2.2020 AP Nr. 108 zu § 1 TVG Tarifverträge: Einzelhandel = NZA-RR 2020, 429; 16.3.2016 NZA 2016, 1286 (TV ERA Thüringen); 26.8.2015 – 4 AZR 41/14; 10.12.2014 AP Nr. 19 zu § 1 TVG Tarifverträge: Bundesbahn.

[390] BAG 26.8.2015 – 4 AZR 41/14.

[391] S. etwa BAG 25.8.2010 AP Nr. 37 zu § 1 TVG Tarifverträge: Deutsche Bahn = NZA 2011, 712 (LS): „Die Eingruppierung des AN in eine Entgeltgruppe richtet sich nach der von ihm ausgeführten und nicht nur vorübergehend übertragenen Tätigkeit und nicht nach seiner Berufsbezeichnung."

[392] BAG 19.5.2010 AP Nr. 46 zu § 1 TVG Tarifverträge: Lufthansa; 22.10.2008 AP Nr. 20 zu § 1 TVG Tarifverträge: Chemie.

[393] BAG 23.1.2019 AP Nr. 66 zu § 99 BetrVG 1972 Eingruppierung, 24.2.2016 AP Nr. 6 zu § 1 TVG Tarifverträge: Wohnungswirtschaft; 13.11.2013 NZA-RR 2014, 426; 27.1.2013 AP Nr. 24 zu § 1 TVG Tarifverträge: Gebäudereinigung; 21.10.2009 AP Nr. 42 zu § 99 BetrVG 1972 Eingruppierung.

[394] Etwa BAG 13.5.2020 AP Nr. 109 zu § 1 TVG Tarifverträge: Einzelhandel = NZA 2020, 1258; 19.4.2012 AP Nr. 60 zu § 99 BetrVG 1972 Eingruppierung = NZA 2012, 1392 (red. LS); 15.6.2011 AP Nr. 19 zu § 1 TVG Tarifverträge: Presse.

sich hierbei – vorbehaltlich abweichender und vorrangiger tariflicher Regelungen – um einen allgemein anerkannten Grundsatz der Eingruppierung von AN.[395] Dafür gelten vergleichbare Regeln und Kriterien wie bei der Bestimmung des Arbeitsvorgangs (→ Rn. 41 ff.).[396] Ähnlich wie bei der Bildung von Arbeitsvorgängen ist darauf zu achten, dass keine Tätigkeitsbereiche eigenständig erfasst werden, die mit anderen Teiltätigkeiten derart in einem unmittelbaren Zusammenhang stehen, dass sie als unselbständiges Teilstück einer anderen, namentlich einer höherwertigen Teiltätigkeit erscheinen[397] (zum Aufspaltungsverbot → Rn. 50) und – als allgemeiner Grundsatz der Eingruppierung – keine tarifwidrige Atomisierung von Arbeitseinheiten vorgenommen wird.[398] Die ermittelten Gesamt- oder Teiltätigkeiten sind sodann tariflich zu bewerten und die maßgebende Entgeltgruppe zu bestimmen (→ Rn. 51 f.),[399] soweit sich nicht aus der Vergütungsordnung ein anderes Vorgehen ergibt.[400] Bei einer gebotenen **Zusammenrechnung mehrerer Teiltätigkeiten** gelten die zum TVöD und TV-L dargestellten Grundsätze (→ Rn. 60).[401]

81 Die Anforderungen an eine Entgeltgruppe sind wie im Bereich des öffentlichen Dienstes regelmäßig als erfüllt anzusehen, wenn die auszuübende Gesamt- oder die jeweilige Teiltätigkeit ein **Regel- oder Tätigkeitsbeispiel** erfüllt (→ Rn. 19 f.), soweit sich aus den Tarifbestimmungen nichts Gegenteiliges entnehmen lässt[402] Allerdings kann von einer Tätigkeit iSe Regelbeispiels nicht schon dann ausgegangen werden, wenn dessen Voraussetzungen nur in geringem Maß, wenn auch rechtserheblichem Maß (dazu → Rn. 50) ausgeübt werden. Dies muss vielmehr entweder zeitlich überwiegend erfolgen, die Tätigkeit muss durch ihre qualitativen Anforderungen den Schwerpunkt bilden oder sie ist für die Gesamt- oder Teiltätigkeit so bedeutsam, dass diese insgesamt dem „Bild" des Tätigkeitsbeispiels entspricht.[403] Wird ein Tätigkeitsbeispiel in mehreren Entgeltgruppen verwendet wird, kann es nicht ohne weiters für eine Eingruppierung in den höheren Entgeltgruppen herangezogen werden. Die Tarifvertragsparteien haben aber zugleich zum Ausdruck gebracht, dass die Tätigkeit jedenfalls zu einer Eingruppierung in die niedrigste Entgeltgruppe führt, in der es erstmals verwendet wird (dazu → Rn. 21).[404] Die Grundsätze zu den Qualifizierungsmerkmalen und den aufeinander aufbauenden Tätigkeitsmerkmale sind auch in diesem Bereich anzuwenden.[405] Es gilt der Spezialitätsgrundsatz (→ Rn. 51).[406] Anders verhält es sich in der Metall- und Elektroindustrie nach dem dort geschlossenen **Entgeltrahmenabkommen (ERA),** in dem die Einstufung der Arbeitsaufgabe, die übertragen wird, maßgebend ist und die Bewertung durch ein Stufenwertzählverfahren erfolgt.[407]

82 Die **Arbeitsvertragsrichtlinien der kirchlichen Einrichtungen (AVR),** die nach den gleichen Grundsätzen wie tarifliche Regelungen ausgelegt werden,[408] unterliegen als Allgemeine Geschäftsbedingungen der Kontrolle nach den §§ 305 ff. BGB,[409] allerdings sind gem. § 310 IV 2 BGB die Besonderheiten des Arbeitsrechts zu berücksichtigen. Im Verfahren des Dritten Weges mit paritätischer Besetzung der Arbeitsrechtlichen Kommission und Weisungsungebundenheit der Mitglieder führt dies dazu, dass sie wie Tarifverträge nur daraufhin untersucht werden, ob sie gegen die Verfassung, gegen anderes höherrangiges zwingendes Recht oder die guten

[395] BAG 13.5.2020 AP Nr. 109 zu § 1 TVG Tarifverträge: Einzelhandel = NZA 2020, 1258; 21.10.2009 AP Nr. 42 zu § 99 BetrVG 1972 Eingruppierung.

[396] BAG 1.7.2009 AP Nr. 39 zu § 99 BetrVG 1972 Eingruppierung = NZA 2010, 290; 11.10.2006 AP Nr. 9 zu § 20 BMT-G II; 15.2.2006 AP Nr. 3 zu §§ 22, 23 BAT Rückgruppierung mablAnm *Schwarze* = NZA 2007, 215.

[397] Etwa BAG 25.9.2013 AP Nr. 25 zu § 1 TVG Tarifverträge: Gebäudereinigung = NZA-RR 2014, 249; dazu *Feldhoff* jurisPR-ArbR 36/2014 Anm. 2.

[398] BAG 13.4.2016 – 4 AZR 13/13.

[399] BAG 21.10.2009 AP Nr. 42 zu § 99 BetrVG 1972 Eingruppierung; s. etwa Fallgestaltungen in BAG 21.4.2010 NZA 2010, 1448 (LS).

[400] So etwa beim TV ERA Thüringen „Niveau der Gesamttätigkeit": BAG 16.3.2016 NZA 2016, 1286.

[401] Ausf. BAG 1.7.2009 AP Nr. 39 zu § 99 BetrVG 1972 Eingruppierung = NZA 2010, 290; 20.5.2009 AP Nr. 2 zu § 17 TVÜ.

[402] BAG 16.3.2016 NZA 2016, 1286 („Anhaltspunkte"); 26.8.2015 AP Nr. 16 zu § 1 TVG Tarifverträge: Banken.

[403] BAG 26.2.2020 AP Nr. 108 zu § 1 TVG Tarifverträge: Einzelhandel = NZA-RR 2020, 429.

[404] BAG 12.6.2019 AP Nr. 21 zu § 1 TVG Tarifverträge: Gaststätten.

[405] BAG 27.1.2016 NZA-RR 2016, 366; 13.11.2013 AP Nr. 64 zu § 99 BetrVG 1972 Eingruppierung = NZA-RR 2014, 426.

[406] BAG 23.3.2011 AP Nr. 46 zu § 1 TVG Tarifverträge: Lufthansa.

[407] BAG 18.5.2011 EzA Nr. 139 zu § 4 TVG Metallindustrie.

[408] BAG 12.4.2016 NZA-RR 2016, 419; 20.6.2012 AP Nr. 10 zu § 12 AVR Diakonisches Werk = NZA-RR 2013, 200.

[409] BAG 22.7.2010 AP Nr. 55 zu § 611 BGB Kirchendienst = NZA 2011, 634.

Sitten verstoßen.[410] Erforderlich ist allerdings, dass die Richtlinien gemäß der kirchenrechtlichen Verpflichtung vollständig in Bezug genommen werden.[411] Auch eine Transparenzkontrolle findet dann nicht statt.[412] Die Richtlinien knüpfen die Eingruppierung[413] der Mitarbeiterin oder des Mitarbeiters an die übertragene Tätigkeit an.[414] Diese und nicht die berufliche Ausbildung ist grundsätzlich maßgebend.[415] Allerdings ist hier nicht immer die überwiegende Tätigkeit entscheidend,[416] sondern es können auch diejenigen Tätigkeiten maßgebend sein, die den „Charakter" des Arbeitsbereiches bestimmen[417] oder der Tätigkeit „das Gepräge geben",[418] wenn also „die entsprechende Tätigkeit unverzichtbarer Bestandteil des Arbeitsauftrages ist" (etwa § 12 AVR des Diakonischen Werkes der EKD).[419] Die Grundsätze über die Regelbeispiele (→ Rn. 19 ff.)[420] und über Qualifizierungsmerkmale (→ Rn. 52 ff.) sowie der Funktionsmerkmale (→ Rn. 47)[421] gelten hier gleichermaßen.[422]

Der **Spezialitätsgrundsatz gilt als allgemeine Regel** auch außerhalb des Bereichs des öffentlichen Dienstes, wenn eine Entgeltordnung auf Tätigkeitsmerkmalen aufbaut. Wenn die Urheber der Ordnung eine konkrete Tätigkeit einer bestimmten Wertigkeit innerhalb des Entgeltgefüges zuordnen, ist davon auszugehen, dass diese Bewertung abschließend ist.[423] Deshalb ist in einem solchen Fall eine Eingruppierung in eine höhere Entgeltgruppe regelmäßig nicht möglich, selbst wenn die Merkmale der allgemeinen Vergütungsordnung erfüllt sein sollten.[424] 83

IV. Korrigierende Rückgruppierung

Bei der Ermittlung der zutreffenden Entgeltgruppe kann es vorkommen, dass der AG eine höhere für zutreffend hält als diejenige, die nach der auszuübenden Tätigkeit maßgebend ist und er dies im Wege der sog. **korrigierenden Rückgruppierung** ändern und den seines Erachtens tarifgemäßen Zustand herstellten möchte.[425] Gleiches gilt grundsätzlich bei einer korrigierenden **Rückstufung,** wenn sich die Stufenzuordnung allein als Akt der Rechtsanwendung darstellt.[426] Von dieser Fallgestaltung zu unterscheiden[427] ist die Situation, bei der ein AN bewusst zu hoch eingruppiert wurde. Hier kann eine Herabgruppierung nur im Wege einer einzelvertraglichen Vereinbarung oder durch eine Änderungskündigung erfolgen. Die Darlegungs- und Beweislast dafür, dass eine übertarifliche Vergütung vereinbart worden ist, liegt bei demjenigen, der daraus für sich Rechte herleitet.[428] 84

Hat der AG **irrtümlich eine zu hohe Eingruppierung** vorgenommen und ist arbeitsvertraglich hinsichtlich der Vergütung lediglich die maßgebende (tarifliche) Vergütungsordnung in Bezug genommen, kann er grundsätzlich den AN in die zutreffende Entgeltgruppe „rückgruppieren".[429] Es bedarf bei einer unzutreffend mitgeteilten Entgeltgruppe keiner Änderungskündigung,[430] weil der 85

---

[410] BAG 22.3.2018 AP Nr. 90 zu § 611 BGB Kirchendienst = NZA 2018, 1350.
[411] BAG 24.5.2018 AP Nr. 91 zu § 611 BGB Kirchendienst = NZA 2019, 166.
[412] BAG 30.10.2019 AP Nr. 98 zu § 611 BGB Kirchendienst = NZA 2020, 379.
[413] Zur Stufenzuordnung etwa BAG 21.12.2017 AP Nr. 88 zu § 611 BGB Kirchendienst.
[414] Dazu ausf. *Richter/Gamisch,* Eingruppierung AVR. Diakonie in der Praxis, 2. Aufl. 2014.
[415] BAG 23.10.2012 AP Nr. 12 zu § 12 AVR Diakonisches Werk; 23.2.2011 AP Nr. 62 zu § 611 BGB Kirchendienst.
[416] Dazu etwa BAG 18.10.2018 AP Nr. 93 zu § 611 BGB Kirchendienst.
[417] BAG 23.2.2011 AP Nr. 62 zu § 611 BGB Kirchendienst.
[418] BAG 29.6.2017 AP Nr. 83 zu § 611 BGB Kirchendienst = NZA-RR 2017, 600; 13.11.2013 NZA-RR 2014, 426 (MTV für das private Bankgewerbe und die öffentlichen Banken).
[419] BAG 4.7.2012 AP Nr. 11 zu § 12 AVR Diakonisches Werk.
[420] BAG 12.4.2016 NZA-RR 2016, 419; 20.6.2012 AP Nr. 10 zu § 12 AVR Diakonisches Werk = NZA-RR 2013, 200, dazu *Berroth* ZMV 2013, 56.
[421] BAG 16.5.2019 AP Nr. 97 zu § 611 BGB Kirchendienst.
[422] BAG 23.10.2012 AP Nr. 12 zu § 12 AVR Diakonisches Werk.
[423] BAG 10.9.1980 AP Nr. 40 zu §§ 22, 23 BAT 1975.
[424] BAG 25.9.1991 AP Nr. 7 zu § 1 TVG Tarifverträge: Großhandel; 21.10.1987 AP Nr. 19 zu § 1 TVG Tarifverträge: Druckindustrie.
[425] Dazu auch *Zimmerling* öAT 2019, 177 ff. Zu den Folgen ausf. *Kleinebrink* NZA-RR 2014, 113 ff.
[426] BAG 5.6.2014 ZTR 2014, 530 (anders, wenn es sich bei der Stufenzuordnung um eine Ermessensentscheidung handelt); dazu *Steuernagel* ZMV 2014, 343 ff.
[427] Dazu *Wirges* ZTR 1998, 62.
[428] BAG 16.2.2000 AP Nr. 3 zu § 2 NachwG mAnm *Bergwitz* = NZA-RR 2001, 216.
[429] StRspr, BAG 11.7.2018 AP Nr. 248 zu § 1 TVG Tarifverträge: Metallindustrie.
[430] Zu einer Änderungskündigung, die der Herabgruppierung dient BAG 20.3.2014 AP Nr. 160 zu § 2 KSchG 1969 = NZA 2014, 1415; 23.2.2012 AP Nr. 154 zu § 2 KSchG 1969.

Information keine vertragliche Bindungswirkung zukommt (→ Rn. 13).[431] Voraussetzung ist also, dass die Tarifautomatik (→ Rn. 10 ff.) eingreift. Bei den Vorschriften zur Überleitung der Beschäftigten in die neuen Entgeltgruppen ist zwar die Tarifautomatik außer Kraft gesetzt und es verbleibt bei der bisherigen Entgeltgruppe (→ Rn. 32); dieser Umstand hindert aber keine korrigierende Rückgruppierung bei einer vormals unzutreffenden Eingruppierung.[432] Bei einer **konstitutiven Entgeltabrede** (→ Rn. 14) scheidet daher eine Rückgruppierung aus.[433]

86 Eine korrigierende Rückgruppierung wegen fehlender erforderlicher Eingruppierungsvoraussetzungen ist grundsätzlich **nicht rechtsmissbräuchlich** iSd § 242 BGB, wenn der AG nicht zu erkennen gegeben hat, eine Eingruppierung in eine höhere Lohngruppe würde ohne Vorliegen der tariflichen Voraussetzungen erfolgen.[434] Besteht auf Seiten des AN indes ein geschütztes Vertrauen, kann eine Änderungskündigung ausgesprochen werden.[435] Die **wiederholte korrigierende Rückgruppierung** des AN bei unveränderter Tätigkeit und Tarifrechtslage kann allerdings als widersprüchliches Verhalten (venire contra factum proprium) nach § 242 BGB treuwidrig sein und ist regelmäßig als unzulässig anzusehen.[436] Ein schützenswertes Vertrauen, das den Einwand widersprüchlichen Verhaltens begründet, kann bereits durch Umstände begründet oder verstärkt werden, die nicht ausreichen würden, um als konkludente Zusage oder Vereinbarung gewertet werden zu können. Anderenfalls gäbe es für ein durch den Verwirkungseinwand geschütztes Vertrauen keinen Anwendungsbereich.[437]

§ 65. Eingruppierungsrechtsstreit

Übersicht

I. Überblick

1 Die zutreffende Eingruppierung kann vor den Gerichten für Arbeitssachen[1] im Wege der **Leistungsklage** auf Zahlung der zutreffenden (Differenz-)Vergütung oder aber auch – und in der Praxis vorrangig – durch eine Feststellungsklage mit dem Inhalt, dass der AG verpflichtet ist, den AN nach einer bestimmten Entgeltgruppe zu vergüten, geltend gemacht werden – sog. **Eingruppierungsfeststellungsklage.**[2] Dem steht die Subsidiarität der Feststellungs- gegenüber der Leistungsklage nicht entgegen, da sowohl bei einer Klage gegen den öffentlichen als auch gegen einen privaten AG davon ausgegangen wird, beide werden die sich aus einem Feststellungsurteil ergebenden Leistungsverpflichtungen ohne gesondertes Leistungsurteil erfüllen.[3] Gleiches gilt für den Zinsantrag.[4] Eine **Klage auf zukünftige Vergütung** nach § 259 ZPO, mit der in der Sache ausschließlich einer Vergütungspflicht nach einer bestimmten Entgeltgruppe

[431] BAG 15.6.2011 AP Nr. 34 zu § 1 TVG Tarifverträge: Arzt = NZA-RR 2011, 531; 23.4.1986 AP Nr. 118 zu §§ 22, 23 BAT.
[432] *Lapproth* ZTR 2019, 359 ff.
[433] BAG 18.10.2018 AP Nr. 4 zu § 12 TV-L = NZA-RR 2019, 102.
[434] BAG 23.3.2005 ZTR 2006, 78.
[435] BAG 24.9.2015 AP Nr. 165 zu § 2 KSchG 1969.
[436] BAG 13.12.2017 AP Nr. 9 zu §§ 22, 23 BAT Rückgruppierung = NZA 2018, 601; 23.9.2008 AP Nr. 6 zu §§ 22, 23 BAT Rückgruppierung.
[437] BAG 15.6.2011 AP Nr. 34 zu § 1 TVG Tarifverträge: Arzt = NZA-RR 2011, 531; 14.9.2005 AP Nr. 3 zu § 2 BAT-O.
[1] Zum Eingruppierungsrechtsstreit s. *Eylert/Kreutzberg-Kowalcyk* NZA-RR 2020, 337 ff.; *Paul* öAT 2020, 95 ff.; *Pletke* ArbRAktuell 2019, 237 ff., 266 ff.; *Zimmerling* öAT 2019, 177 ff.; *Brinkmann* ZTR 2003, 599 ff.; *Friedrich/Kloppenburg* ZTR 2003, 314 ff.; *Zimmerling* ZTR 2002, 354 ff.
[2] StRspr, BAG 5.11.2003 AP Nr. 83 zu § 256 ZPO 1977 = NZA-RR 2004, 442.
[3] Für private AG BAG 19.5.2010 AP Nr. 46 zu § 1 TVG Tarifverträge: Lufthansa; 14.11.2007 NZA-RR 2008, 358.
[4] BAG 21.1.1970 AP Nr. 30 zu §§ 22, 23 BAT. Zu einer Klageerweiterung in der Revisionsinstanz BAG 17.6.2015 AP Nr. 5 zu § 56 TVöD = NZA-RR 2016, 24.

geltend gemacht wird, muss die für den Vergütungsanspruch maßgebenden Bedingungen – u.a. unbezahlter Urlaub, unentschuldigte Fehlzeiten, Arbeitsunfähigkeit ohne Entgeltfortzahlung – in den Klageantrag aufnehmen, soll diese nicht unzulässig sein.[5] Die Besorgnis der Leistungsverweigerung folgt noch nicht aus dem Bestreiten einer Forderung.[6] Die rechtskräftige Entscheidung über eine bestehende Vergütungspflicht nach einer bestimmten Entgeltgruppe entfaltet jedenfalls dann hinsichtlich eines konkreten Tätigkeitsmerkmals **Bindungswirkung,** wenn nach der festgestellten Entgeltgruppe nur eines in Betracht kommt.[7]

II. Feststellungsklage und Feststellungsinteresse

Jedenfalls während eines bestehenden Arbeitsverhältnisses ist regelmäßig die sog. **Eingruppierungsfeststellungsklage** die zweckmäßige Klageart, weil damit der eingruppierungsrechtliche „Status" des AN hinsichtlich der zutreffenden Entgeltgruppe und die damit zusammenhängende Vergütungspflicht ab einem bestimmten Zeitpunkt rechtskräftig festgestellt wird. Inhalt ist die Verpflichtung des AG, eine Vergütung nach einer bestimmten Entgeltgruppe und ggf., falls diese umstritten sein sollte, nach einer Entgeltstufe[8] zu leisten. Anderenfalls wäre der Antrag unzulässig, weil nur eine Vorfrage des Entgeltanspruchs – die maßgebende Entgeltgruppe – geklärt würde. Ist die Stufe nicht im Streit, bedarf es auch keiner Aufnahme in den Antrag; ggf. ist zu klären, ob die dennoch erfolgte Erwähnung nur der Erläuterung der derzeitigen Stufe dient.[9] Anträge, entsprechend „eingruppiert zu sein" erfassen lediglich Vorfragen eines Rechtsverhältnisses und sind daher unzulässig,[10] bei verständiger Würdigung aber regelmäßig als allgemein übliche Eingruppierungsfeststellungsklage auslegbar. Ebenso besteht aufgrund der Tarifautomatik (→ § 64 Rn. 10 ff.) kein Anspruch gegen den AG, den AN – durch Vornahme einer Leistungshandlung – entsprechend „einzugruppieren",[11] wenngleich entsprechend formulierte Anträge aufgrund des erkennbaren Ziels als „Eingruppierungsfeststellungsklagen" auszulegen sind.[12] Ein Feststellungsantrag muss sich nicht auf das gesamte Rechtsverhältnis beziehen, sondern kann sich auf einzelne Beziehungen und Folgen aus ihm – wie die maßgebende Entgeltgruppe (oder -stufe[13]) – beschränken (sog. **Elementenfeststellungsklage**).[14] Als Feststellungsantrag bietet sich an: 2

Klageantrag: „… festzustellen, dass die Beklagte verpflichtet ist, die Klägerin seit dem [Datum] nach der Entgeltgruppe [Nr., ggf. Entgeltstufe Nr.] der [maßgebende Entgeltordnung] zu vergüten und die anfallenden monatlichen Bruttonachzahlungsbeträge zwischen der Entgeltgruppe [bisherige] und der Entgeltgruppe [begehrte] ab dem [jeweilige Fälligkeitszeitpunkte] mit fünf Prozentpunkten über dem Basiszinssatz zu verzinsen."

Wird **hilfsweise** eine Vergütungsverpflichtung nach einer anderen, **niedrigeren Entgeltgruppe** beansprucht, bedarf es dann keiner gesonderten Antragstellung, wenn das tarifliche Tätigkeitsmerkmal des Hauptantrags als „weniger" das des Hilfsantrages enthält, es sich also nicht um ein „aliud" handelt.[15] Das trifft insbesondere dann zu, wenn das Tätigkeitsmerkmal der höheren Entgeltgruppe zwingend die Erfüllung der Anforderungen des Tätigkeitsmerkmals der niedrigeren voraussetzt (etwa bei tariflichen Qualifizierungsmerkmalen → § 64 Rn. 52 ff.).[16] und es daher hinsichtlich der niedrigeren Entgeltgruppe keiner eigenständigen Begründung bedarf.[17] Erfolgt dennoch eine dahingehende hilfsweise Antragstellung, wird diese als unbeacht- 3

[5] BAG 9.4.2008 AP Nr. 42 zu § 1 TVG = NZA-RR 2009, 79; 13.2.2002 EzA Nr. 1 zu § 259 ZPO.
[6] BAG 22.10.2014 AP Nr. 236 zu § 1 TVG Tarifverträge: Metallindustrie = NZA 2015, 501.
[7] BAG 21.10.2015 NZA-RR 2016, 312 (offen gelassen, ob die Bindungswirkung auch bei mehreren Fallgruppen besteht).
[8] BAG 17.10.2010 NZA-RR 2011, 304; 9.12.2009 AP Nr. 8 zu § 1 TVG Tarifverträge: Arzt.
[9] BAG 10.6.2020 AP Nr. 3 zu § 12 TVöD = NZA-RR 2020, 483.
[10] BAG 9.4.2008 AP Nr. 44 zu § 1 TVG; 16.4.1997 AP Nr. 1 zu § 22 MTVAng-LV; 15.6.1994 AP Nr. 9 zu §§ 22, 23 BAT Krankenkassen.
[11] BAG 22.10.2008 AP Nr. 20 zu § 1 TVG Tarifverträge: Chemie; 14.4.1971 AP Nr. 47 zu § 256 ZPO.
[12] BAG 30.9.2015 AP Nr. 11 zu § 611 BGB Gewerkschaftsangestellte; 9.4.2008 AP Nr. 44 zu § 1 TVG.
[13] BAG 27.1.2016 AP Nr. 7 zu § 24 BAT-O = NZA 2016, 903.
[14] BAG 19.5.2010 AP Nr. 76 zu § 1 TVG Bezugnahme auf Tarifvertrag = NZA 2010, 1183.
[15] BAG 18.9.2018 AP Nr. 70 zu § 1 TVG Altersteilzeit = NZA 2019, 647; 13.4.2016 – 4 AZR 13/13 (konkret verneint); 24.2.2010 AP Nr. 68 zu § 551 ZPO; 9.4.2008 AP Nr. 43 zu § 1 TVG = NZA-RR 2009, 79; 6.6.2007 AP Nr. 308 zu §§ 22, 23 BAT 1975 = NZA-RR 2008, 138.
[16] BAG 13.11.2019 AP Nr. 9 zu § 56 TVöD = NZA 2020, 310; 3.7.2009 AP Nr. 35 zu § 1 TVG Tarifverträge: Bewachungsgewerbe = NZA-RR 2019, 596.
[17] BAG 24.2.2010 AP Nr. 68 zu § 551 ZPO; 16.4.1997 AP Nr. 35 zu § 72 ArbGG 1979 = NZA 1998 45.

lich angesehen.[18] Ein Teilurteil über den vermeintlichen „Hauptantrag" scheidet dann aus. Bei anderen hilfsweise begehrten Entgeltgruppen[19] handelt es sich um eigenständige Streitgegenstände, die im Antrag wiedergespiegelt sein[20] und bei einer Rechtsmittelbegründung gesondert berücksichtigt werden müssen.

Beispiel: Enthält das Tätigkeitsmerkmal der angestrebten Vergütungsgruppe eine **besondere quantitative Bestimmung** bezüglich des Anteils einer bestimmten Anforderung (etwa: „mindestens zu einem Drittel selbständige Leistungen" – Entgeltgruppe 8 TV EntgO Bund), dessen Vorliegen das Gericht hinsichtlich des geforderten Anteils verneint – weil zB der maßgebende Arbeitsvorgang nicht den erforderlichen zeitlichen Anteil an der Gesamtarbeitszeit ausweist –, muss es jedenfalls dann ohne gesonderten Klageantrag das Tätigkeitsmerkmal der niedrigeren Vergütungsgruppe überprüfen, wenn ein ansonsten identisches Tätigkeitsmerkmal einen geringeren Anteil derselben Anforderung (hier: „mindestens zu einem Fünftel selbständige Leistungen" – Entgeltgruppe 7 TV EntgO Bund) vorsieht und der AN bislang Vergütung nach einer noch niedrigeren Vergütungsgruppe (Entgeltgruppe 6 TV EntgO Bund) erhält.[21]

4 Für die Feststellungsklage ist ein **besonderes Feststellungsinteresse** erforderlich. Ein solches fehlt und die Feststellungsklage ist daher (teilweise) unzulässig, wenn für den Feststellungszeitraum oder einen Teil davon **zugleich eine bezifferte Leistungsklage** auf Zahlung der beanspruchten Vergütung erhoben wird (etwa bis zur Einreichung der Klage).[22] Das gilt jedenfalls dann, wenn nicht ersichtlich ist, welches über die Entgeltzahlung hinausgehende Interesse mit der begehrten Feststellung verbunden ist.[23] Dann scheidet auch eine Auslegung als Zwischenfeststellungsklage nach § 256 II ZPO aus.[24] Anders verhält es sich, wenn lediglich eine Differenzzulage gezahlt wird.[25] Die Wahrung der tariflichen Ausschlussfristen ist, weil die Eingruppierungsfeststellungsklage jedenfalls in Bezug auf vergangene Entgeltansprüche in der Sache an die Stelle der entsprechenden Leistungsklage tritt, im Rechtsstreit zu beachten. Wird die Klage erst nach Beendigung des Arbeitsverhältnisses erhoben und können die Nachzahlungsbeträge beziffert werden, ist eine Leistungsklage zu erheben. Unzulässig ist eine Feststellungsklage, mit der ein AN die Feststellung der **Vergütungspflicht nach einer bestimmten Fallgruppe** einer Vergütungsgruppe beantragt, weil sich das Entgelt allein nach der Vergütungsgruppe richtet.[26] Anders kann sich dies verhalten, wenn etwa wegen tariflicher Übergangsregelungen die bisherige Fallgruppe von Bedeutung ist.[27] Ähnliches gilt, wenn neben der Entgeltgruppe eine bestimmte **Entgeltstufe** in den Antrag aufgenommen wird. Hier besteht ein Feststellungsinteresse nur, wenn auch diese zwischen den Parteien umstritten ist;[28] in diesem Fall muss die Entgeltstufe auch Gegenstand des Feststellungsantrags sein, weil sonst der Vergütungsanspruch nicht abschließend geklärt wird.[29] Das Feststellungsinteresse besteht auch hinsichtlich akzessorischer **Zinsforderungen.**[30]

5 Eine ursprünglich zulässige Eingruppierungsfeststellungsklage gegen einen AG bleibt trotz einer während des Rechtsstreits eingetretenen **Beendigung des Arbeitsverhältnisses** zulässig,

[18] BAG 12.3.2008 AP Nr. 35 zu §§ 22, 23 BAT-O mAnm *Maties* (Unterstellung von fünf AN nach der Vergütungsgruppe des Hauptantrags und von drei bei der des Hilfsantrags); 6.6.2007 AP Nr. 308 zu §§ 22, 23 BAT 1975 = NZA-RR 2008, 189.

[19] Zur Sachdienlichkeit einer Klageerweiterung BAG 13.4.2016 – 4 AZR 13/13.

[20] BAG 16.5.2013 ZTR 2014, 90; 21.3.2012 AP Nr. 8 zu § 611 BGB Gewerkschaftsangestellte; 25.2.2009 AP Nr. 14 zu § 1 TVG Tarifverträge: Verkehrsgewerbe = NZA 2010, 147.

[21] BAG 6.6.2007 ZTR 2008, 156.

[22] BAG 9.9.2020 AP Nr. 4 zu § 12 TV-L; 13.5.2020 AP Nr. 1 zu § 12 TVöD = NZA-RR 2020, 534.

[23] BAG 18.4.2012 AP Nr. 70 zu § 611 BGB Kirchendienst; 17.10.2007 AP Nr. 4 zu § 1 TVG = NZA 2008, 713.

[24] BAG 9.12.2009 ArztR 2010, 228; 23.9.2009 ZTR 2010, 201; 17. 10 2007 AP Nr. 40 zu § 1 TVG mAnm *Wendeling-Schröder* = NZA 2008, 713.

[25] BAG 23.3.2011 AP Nr. 46 zu § 1 TVG Tarifverträge: Lufthansa.

[26] BAG 7.5.2008 ZTR 2008, 66; 22.1.2003 AP Nr. 24 zu § 24 BAT = NZA 2003, 1111; 28.9.1994 AP Nr. 185 zu §§ 22, 23 BAT 1975.

[27] BAG 17.10.2007 AP Nr. 40 zu § 1 TVG mAnm *Wendeling-Schröder* = NZA 2008, 713.

[28] BAG 17.10.2007 AP Nr. 40 zu § 1 TVG mAnm *Wendeling-Schröder* = NZA 2008, 713; 25.1.2006 AP Nr. 4 zu § 27 BAT-O.

[29] BAG 16.7.2020 AP Nr. 1 zu TV EntgO Lehrkraft = NZA-RR 2021, 25; 23.1.2019 AP Nr. 10 zu § 1 TVG Tarifverträge: Spielbanken; 18.9.2018 AP Nr. 70 zu § 1 TVG Altersteilzeit = NZA 2019, 647.

[30] BAG 13.5.2015 AP Nr. 4 zu § 56 TVöD = NZA-RR 2015, 644; ebenso, wenn die zutreffende Entgeltstufe im Streit steht: BAG 27.1.2016 AP Nr. 7 zu § 24 BAT-O = NZA 2016, 903.

wenn es um die Klärung geht, ob dem AN für den Streitzeitraum eine höhere als die gezahlte Vergütung zu zahlen[31] oder wenn die alsbaldige Feststellung aus anderen Gründen geboten ist.[32] Der Antrag ist dann zeitlich zu beschränken. **Ändert sich die maßgebende Vergütungsgruppe** im Verlauf des Rechtsstreits, weil eine neue Vergütungsordnung in Kraft getreten ist oder dem AG eine andere Tätigkeit übertragen wurde, ist der Feststellunganträg für die Zeit ab dem Inkrafttreten der neuen Regelung entsprechend anzupassen,[33] um eine Abweisung als insoweit unbegründet oder prozessuale Probleme über eine mögliche Auslegung – vor allem in der Revisionsinstanz – zu vermeiden. Besteht hinsichtlich der neuen Entgeltordnung oder der neuen Tätigkeit kein Streit, ist der Antrag zeitlich zu beschränken.[34] Der Übergang von der ursprünglich zulässigen Feststellungs- auf eine Leistungsklage ist nicht geboten.

III. Darlegungs- und Beweislast

1. Grundsatz. Die Eingruppierung hängt von der Bestimmung des Begriffs des Arbeitsvorgangs (→ § 64 Rn. 41 ff.) oder der Beurteilung der Gesamt- oder Teiltätigkeiten (→ § 64 Rn. 80) ab. Der **AN hat die Tatsachen darzulegen,** aus denen das Gericht die Bestimmung von Arbeitsvorgängen oder der Gesamt- bzw. Teiltätigkeiten vornehmen kann (zur korrigierenden Rückgruppierung → § 64 Rn. 82 ff.).[35] Ihm obliegt es aber nicht, seine Tätigkeit nach Arbeitsvorgängen gegliedert darzulegen, sondern lediglich die Tatsachen vorzutragen, die dem Gericht die Bestimmung von Arbeitsvorgängen ermöglichen.[36] Der Begriff des Arbeitsvorgangs ist ein feststehender, abstrakter, von den Tarifvertragsparteien vorgegebener Rechtsbegriff. Die Anwendung eines derart bestimmten Rechtsbegriffs durch die Tatsachengerichte ist in vollem Umfang durch das Revisionsgericht nachprüfbar.[37] Die Parteien können nicht unstreitig stellen, dass bestimmte Tätigkeiten einen Arbeitsvorgang im Rechtssinne bilden. Die Bestimmung des Arbeitsvorgangs ist als Rechtsanwendung Sache der Gerichte.[38] Der AN hat danach also darzulegen, welche Arbeitsergebnisse zu erarbeiten sind und wie die einzelnen Aufgaben ausgeführt werden, welche Zusammenhangstätigkeiten gegeben sind, welche Verwaltungsübungen zur Zusammenfassung bestehen und wie die Zusammenarbeit und Aufgaben der einzelnen Bediensteten geregelt sind. Darzulegen ist des Weiteren, inwieweit die Aufgaben tatsächlich voneinander abgegrenzt werden können und ob sie auch jeweils für sich selbständig zu bewerten sind.[39] Schließlich muss die Zeit angegeben werden, die zur Erledigung der verschiedenen Tätigkeiten benötigt wird.[40] Dieses Vorbringen muss den rechtlichen Schluss zulassen, die tariflichen Anforderungen des beanspruchten Tätigkeitsmerkmals der maßgebenden Entgeltgruppe – unter Einschluss etwaiger darin vorgesehener Qualifizierungen (→ § 64 Rn. 52) – werde im geforderten zeitlichen Umfang erfüllt.[41] Die Subsumtion unter die Regelungen des Tarifvertrags sowie dessen Auslegung obliegt dem Gericht. Diese Anforderungen an die Darlegung gelten entsprechend, wenn eine Gesamttätigkeit oder mehrere Teiltätigkeiten zu bilden und zu beurteilen sind. 6

Im Rahmen von Eingruppierungsstreitigkeiten kann es auch darauf ankommen, in welchen Zeitabschnitten die auszuübende Tätigkeit auszuüben ist, wenn dies Schwankungen in Bezug auf die Qualität und Quantität unterliegt.[42] Hier können dann längere Zeiträume zugrunde zu legen sein.[43] Der Kläger braucht – über seinen Tatsachenvortrag hinaus – **keine tagebuchartigen Aufzeichnungen** über die Einzelheiten der Aufgaben vorzulegen. Für die Darlegung des Zeitaufwands für jeden Arbeitsvorgang können neben Organisationsuntersuchungen allerdings 7

[31] BAG 16.10.2019 AP Nr. 5 zu § 1 TVG Tarifverträge: Milch- und Käseindustrie; 5.11.2003 AP Nr. 83 zu § 256 ZPO 1977 = NZA-RR 2004, 442.

[32] BAG 5.11.2003 AP Nr. 83 zu § 256 ZPO 1977 = NZA-RR 2004, 442; s. auch BAG 19.11.2014 ZTR 2015, 325 (Sonderurlaub im Verlauf des Berufungsverfahrens).

[33] Vgl. etwa BAG 18.11.2009 ZTR 2010, 301.

[34] BAG 12.3.2008 ZTR 2008, 604.

[35] BAG 28.2.1979 AP Nr. 16 zu §§ 22, 23 BAT 1975.

[36] BAG 16.12.2020 AP Nr. 5 zu § 12 TVöD = NZA-RR 2021, 188; 13.5.2020 AP Nr. 1 zu § 12 TVöD = NZA-RR 2020, 534.

[37] BAG 16.10.2019 AP Nr. 341 zu §§ 22, 23 BAT 1975 = NZA-RR 2020, 194; 26.7.1995 AP Nr. 203 zu §§ 22, 23 BAT 1975.

[38] BAG 8.9.1999 AP Nr. 270 zu §§ 22, 23 BAT 1975; 26.7.1995 AP Nr. 203 zu §§ 22, 23 BAT 1975.

[39] BAG 24.10.1984 AP Nr. 97 zu §§ 22, 23 BAT 1975.

[40] BAG 14.8.1985 AP Nr. 109 zu §§ 22, 23 BAT 1975.

[41] BAG 16.12.2020 AP Nr. 10 zu § 56 TVöD = NZA-RR 2021, 260; 18.3.2015 – 4 AZR 702/12.

[42] BAG 3.7.2019 AP Nr. 250 zu § 1 TVG Tarifverträge: Metallindustrie.

[43] S. auch BAG 29.11.2001 AP Nr. 288 zu §§ 22, 23 BAT 1975 = NZA 2002, 1288 (Bereitschaftszeiten).

auch Tagebuchaufzeichnungen von beweisrechtlicher Bedeutung sein.[44] Zulässig ist eine auf ausreichende Tatsachen gestützte Schätzung nach § 287 ZPO,[45] wenn eine vollständige Aufklärung der Zeitanteile an der Gesamtarbeitszeit mit Schwierigkeiten verbunden ist. Für die Eingruppierung ist die **auszuübende Tätigkeit** erheblich. Deshalb gehört zur Schlüssigkeit einer Eingruppierungsfeststellungsklage nicht nur die Darlegung der tatsächlich ausgeübten Tätigkeit, sondern auch, wann und in welcher Form sie ihm von welcher hierfür zuständigen Person übertragen worden sind.[46] Stützt der AN seinen Anspruch neben der Erfüllung der Tätigkeitsmerkmale (hilfsweise) weiterhin auf den **arbeitsrechtlichen Gleichbehandlungsgrundsatz,** handelt es sich um einen eigenständigen Streitgegenstand,[47] für den die entsprechenden Tatsachen darzulegen sind.

8 **2. Tätigkeitsmerkmale mit Qualifikationsmerkmalen.** Bei Tätigkeitsmerkmalen mit gegenüber einer Ausgangsentgeltgruppe qualifizierenden Anforderungen (→ § 64 Rn. 52 ff.) hat der AN zunächst darzulegen, dass die Anforderungen der allgemeinen Merkmale der Ausgangsentgeltgruppe und die der höheren Entgeltgruppe erfüllt sind.[48] Die Prüfung der Anforderungen der auf der Ausgangsentgeltgruppe aufbauenden qualifizierenden Merkmale verlangt dann einen **wertenden Vergleich,** wenn aufgrund der tariflichen Tätigkeitsmerkmale noch keine Rückschlüsse darauf möglich sind, ob und inwieweit der Beschäftigte über die Merkmale einer Ausgangsentgeltgruppe hinaus auch qualifizierende tarifliche Anforderungen der von ihm begehrten höheren Entgeltgruppe erfüllt. Nach dem Tatsachenvortrag muss erkennbar sein, warum sich eine konkrete Tätigkeit aus der von der Ausgangsfallgruppe erfassten Grundtätigkeit heraushebt.[49] Ein Tatsachenvortrag, der einen wertenden Vergleich ermöglicht, ist etwa dann erforderlich, wenn sich der Inhalt der zusätzlichen tariflichen Anforderung – das „Qualifizierungsmerkmal" – erst durch die Darstellung der Tätigkeit in der Ausgangsentgeltgruppe erschließt.[50] Der jeweils erforderliche Tatsachenvortrag ist allerdings von dem in Anspruch genommenen Tätigkeitsmerkmal abhängig. Haben die Tarifvertragsparteien in der Ausgangsentgeltgruppe ein feststehendes Berufsbild oder rechtlich geregelte Aus- und Weiterbildungen vorgesehen, obliegt die Feststellung, welche Einzeltätigkeiten damit verbunden sind, dem Gericht.[51] Der Tatsachenvortrag darf durch einen wertenden Vergleich mit besonderen funktionsbezogenen Eingruppierungsmerkmalen für andere Regelungsbereiche nicht umgangen werden.[52] Dagegen bedarf es weder für die Darlegung eines zeitlich höheren Anteils einer tariflichen Anforderung[53] noch für die Darstellung von entsprechenden Kenntnissen, die in einem wissenschaftlichen Hochschulstudium erworben werden, eines wertenden Vergleichs mit denjenigen Kenntnissen, die an einer Fachhochschule erlangt werden.[54]

> **Beispiel:** Eingruppierung einer Angestellten mit abgeschlossener wissenschaftlicher Hochschulausbildung – „besondere Schwierigkeit und Bedeutung":[55]
> „Die Klägerin hat jedoch nicht diejenigen Tatsachen vorgetragen, die einen erforderlichen wertenden Vergleich zwischen der Tätigkeit einer Angestellten mit abgeschlossener wissenschaftlicher

---

[44] BAG 18.5.1994 AP Nr. 5 zu §§ 22, 23 BAT Datenverarbeitung; 28.3.1979 AP Nr. 19 zu §§ 22, 23 BAT 1975; 28.2.1979 AP Nr. 16 zu §§ 22, 23 BAT 1975.
[45] BAG 2.4.1980 AP Nr. 35 zu §§ 22, 23 BAT 1975; 14.2.1979 AP Nr. 15 zu §§ 22, 23 BAT 1975.
[46] BAG 26.3.1997 AP Nr. 223 zu §§ 22, 23 BAT 1975.
[47] BAG 24.2.2010 AP Nr. 68 zu § 551 ZPO.
[48] StRspr, BAG 22.10.2008 AP Nr. 20 zu § 1 TVG Tarifverträge: Chemie; 16.10.2002 AP Nr. 294 zu §§ 22, 23 BAT 1975; 22.7.1998 AP Nr. 256 zu §§ 22, 23 BAT 1975.
[49] BAG 16.12.2020 AP Nr. 10 zu § 56 TVöD = NZA-RR 2021, 260; 16.11.2011 AP Nr. 67 zu § 611 BGB Kirchendienst; 23.2.2011 AP Nr. 62 zu § 611 BGB Kirchendienst; 22.10.2008 AP Nr. 20 zu § 1 TVG Tarifverträge: Chemie.
[50] BAG 13.5.2020 AP Nr. 1 zu § 12 TVöD = NZA-RR 2020, 534: „höheres Maß an Verantwortung"; 27.1.2016 NZA-RR 2016, 366 („mit Entscheidungsverantwortung"); 26.8.2015 AP Nr. 16 zu § 1 TVG Tarifverträge: Banken („vertiefte gründliche und/oder vielseitige Kenntnisse"); 13.11.2013 AP Nr. 64 zu § 99 BetrVG 1972 Eingruppierung = NZA-RR 2014, 426 („besondere Vertrauensstellung"); 25.2.2009 AP Nr. 310 zu §§ 22, 23 BAT 1975 (Sozial- und Erziehungsdienst VergGr IVa Nr. 1: „schwierige Tätigkeiten").
[51] BAG 16.12.2020 AP Nr. 10 zu § 56 TVöD = NZA-RR 2021, 260; unter Aufgabe der früheren Rspr., dass die Inhalte des Berufsbilds oder der Ausbildung durch den Kläger vorzutragen seien.
[52] BAG 7.5.2008 ZTR 2008, 668.
[53] BAG 18.3.2015 NZA-RR 2015, 427 („selbständige Leistungen" in einem höheren zeitlichen Umfang).
[54] BAG 18.4.2012 ZTR 2012, 703, unter Aufgabe von BAG 8.9.1999 AP Nr. 271 zu §§ 22, 23 BAT 1975.
[55] BAG 18.11.2015 AP Nr. 335 zu §§ 22, 23 BAT 1975; s. auch 27.8.2008 AP Nr. 210 zu § 1 TVG Auslegung = NZA-RR 2009, 264.

Hochschulausbildung und entsprechender Tätigkeit … und derjenigen mit den Heraushebungsmerkmalen … ermöglichen, um feststellen zu können, ob sich ihre Tätigkeit aus der Ausgangsfallgruppe durch „besondere Schwierigkeit und Bedeutung“ oder durch „hochwertige Leistungen bei besonders schwierigen Aufgaben“ heraushebt.“

Hinsichtlich einer Ausgangsvergütungsgruppe ist eine **pauschale Überprüfung** der Anforderungen eines Tätigkeitsmerkmals durch die Gerichte ausreichend, wenn der hierfür maßgebende Sachverhalt unstreitig ist und der AG selbst für die Tätigkeit des AN ein Tätigkeitsmerkmal der entsprechenden Vergütungsgruppe als erfüllt ansieht.[56] Dies enthebt den AN aber nicht des Vortrags derjenigen Tatsachen, die einen erforderlichen wertenden Vergleich ermöglichen.

3. Korrigierende Rückgruppierung. Im Streitfall kann sich der Angestellte zunächst auf 9 die ihm vom AG mitgeteilte Vergütungsgruppe berufen. Sodann muss der **AG die objektive Fehlerhaftigkeit** der mitgeteilten Vergütungsgruppe darlegen und beweisen,[57] aber nicht, worauf der Irrtum beruht.[58] Bestimmt sich die Eingruppierung des AN nach Aufbaufallgruppen, ist bei einer **korrigierenden Rückgruppierung über mehrere Vergütungsgruppen** die Prüfung der Wirksamkeit der Rückgruppierung für alle Vergütungsgruppen oberhalb der nunmehr vom AG als zutreffend angesehenen Vergütungsgruppen erforderlich.[59] Stellt der AG eine Heraushebungsmerkmal in Abrede, ist von seiner Seite aus ein Vortrag erforderlich, der einen wertenden Vergleich ermöglich.[60] Die objektive Fehlerhaftigkeit liegt bereits vor, wenn nur eine der tariflichen Voraussetzungen für die bisherige Eingruppierung fehlt.[61] Die Grundsätze gelten auch dann, wenn zwar eine – formelle – Umgruppierung aufgrund einer Überleitung aus einer Vergütungsordnung in eine andere erfolgt, dabei aber die Anforderungen des – bisher als erfüllt vorausgesetzten – Tätigkeitsmerkmals identisch sind und die maßgebenden allgemeinen Eingruppierungsregelungen sich weitgehend entsprechen.[62] Für eine korrigierende Rückgruppierung reicht es nicht aus, dass der AG nur einen Fehler bei der Eingruppierung aufzeigt, sondern die Vermeidung des aufgezeigten Fehlers muss dazu führen, dass die mitgeteilte Vergütungsgruppe nicht diejenige ist, in der der Beschäftigte tarifgerecht eingruppiert ist. Denn es muss – den Vortrag des AG als richtig unterstellt – die mitgeteilte Vergütungsgruppe deswegen unrichtig sein, weil keines der Tätigkeitsmerkmale dieser Vergütungsgruppe erfüllt ist. Der Fehler muss sich also so auswirken, dass das Entgelt nach der mitgeteilten Vergütungsgruppe nicht tarifgerecht ist.[63] Dies kann auf einer neuen tariflichen Bewertung der Tätigkeit beruhen.[64] Die Darlegung der Voraussetzungen für die korrigierende Rückgruppierung durch den AG[65] ist entbehrlich, wenn die von ihm korrigierte Eingruppierung bereits nach dem Vorbringen des Klägers fehlerhaft war.[66]

Hat der AG die Voraussetzungen für die sog. korrigierende Rückgruppierung dargetan und 10 ggf. bewiesen, ist es Sache des AN, die Tatsachen darzulegen und im Streitfall zu beweisen, aus denen folgt, dass ihm die begehrte höhere Vergütung zusteht. Aus dem **Nachweisgesetz** und der Nachweisrichtlinie ergeben sich nach Auffassung des BAG in Fällen der sog. korrigierenden Rückgruppierung weder eine weitergehende Darlegungs- oder Beweislast des AG noch Erleichterungen für diejenige des AN.[67]

---

56 BAG 22.4.2009 AP Nr. 311 zu §§ 22, 23 BAT 1975; 27.8.2008 AP Nr. 210 zu § 1 TVG Auslegung = NZA-RR 2009, 264; 16.10.2002 AP Nr. 294 zu §§ 22, 23 BAT 1975.

57 BAG 20.3.2013 AP Nr. 8 zu §§ 22, 23 BAT Rückgruppierung; 7.5.2008 AP Nr. 34 zu §§ 22, 23 BAT-O.

58 BAG 15.2.2006 ZTR 2006, 412; 16.2.2000 AP Nr. 3 zu § 2 NachwG mAnm *Bergwitz* = NZA-RR 2001, 216.

59 BAG 15.2.2006 AP Nr. 3 zu §§ 22, 23 BAT Rückgruppierung mablAnm *Schwarze* = NZA-RR 2007, 215.

60 BAG 15.2.2006 AP Nr. 3 zu §§ 22, 23 BAT Rückgruppierung = NZA 2007, 215.

61 BAG 7.5.2008 AP Nr. 34 zu §§ 22, 23 BAT-O; 20.6.2001 AP Nr. 19 zu §§ 22, 23 BAT-O; 17.5.2000 AP Nr. 18 zu §§ 22, 23 BAT-O = NZA 2001, 1395.

62 BAG 20.3.2013 AP Nr. 8 zu §§ 22, 23 BAT Rückgruppierung.

63 BAG 5.11.2003 AP Nr. 2 zu §§ 22, 23 BAT Rückgruppierung = NZA-RR 2004, 383.

64 BAG 25.9.2002 AP Nr. 1 zu §§ 22, 23 BAT Rückgruppierung.

65 Dazu BAG 11.7.2018 AP Nr. 248 zu § 1 TVG Tarifverträge: Metallindustrie; 20.3.2013 AP Nr. 8 zu §§ 22, 23 BAT Rückgruppierung.

66 BAG 15.2.2006 AP Nr. 3 zu §§ 22, 23 BAT Rückgruppierung mablAnm *Schwarze* = NZA-RR 2007, 215.

67 BAG 16.2.2000 AP Nr. 3 zu § 2 NachwG mAnm *Bergwitz* = NZA-RR 2001, 216; hierzu auch EuGH 14.12.1997 AP Nr. 3 zu EWG-Richtlinie 91/533; sowie *Linck* FA 1998, 105.

11 **4. Zinsen.** Die frühere Rechtsprechung, aufgrund der der AN gegenüber dem öffentlichen AG keine Verzugszinsen, sondern lediglich Prozesszinsen nach § 291 BGB beanspruchen konnte,[68] ging davon aus, bei einer fehlerhaften Eingruppierung liege kein Verschulden des AG vor.[69] Das erschien in Anbetracht der Beweislastregel des § 286 IV BGB mehr als problematisch,[70] zumal nicht stets komplizierte, schwer auszulegende Tarifnormen anzuwenden sind. Zudem war ein Unterschied zur Privatwirtschaft kaum begründbar. Diese Rechtsprechung hat das BAG aufgegeben. Es gelten die allgemeinen Grundsätze des Verzugsrechts, sodass grundsätzlich **Verzugszinsen aus dem Brutto(differenz)betrag**[71] zu leisten sind.[72] Allenfalls im Einzelfall kann bei besonderen Umständen von einem fehlenden Verschulden ausgegangen werden. Dieses ist vom AG darzulegen und ggf. zu beweisen.[73] Der Eingruppierungsfeststellungsantrag (→ Rn. 2) kann sich auch auf eine bestehende Verzinsungspflicht der Differenzentgeltansprüche beziehen.[74]

[68] BAG 4.10.1981 AP Nr. 49 zu §§ 22, 23 BAT 1975.
[69] BAG 11.6.1997 AP Nr. 1 zu § 291 BGB; 4.10.1981 AP Nr. 49 zu §§ 22, 23 BAT 1975 mAnm *Clemens*.
[70] Krit. *Zimmerling,* Arbeitsrechtliche Konkurrentenklage und Eingruppierungsklage im öffentlichen Dienst, Rn. 194.
[71] Grdl. BAG 7.3.2001 AP Nr. 4 zu § 288 BGB = NZA 2001, 1195; s. auch BAG 5.9.2002 AP Nr. 93 zu §§ 22, 23 BAT Lehrer; überholt BAG 13.2.1985 AP Nr. 3 zu § 1 TVG Tarifverträge: Presse.
[72] BAG 26.1.2011 AP Nr. 34 zu § 1 TVG Tarifverträge: Arzt = NZA-RR 2011, 531.
[73] BAG 20.4.2011 AP Nr. 41 zu §§ 22, 23 BAT-O = NZA-RR 2011, 609.
[74] BAG 9.9.2020 AP Nr. 4 zu § 12 TV-L (dort auch zur Klageerweiterung in der Revisionsinstanz); 23.9.2020 AP Nr. 40 zu §§ 22, 23 BAT-O = NZA-RR 2010, 494.

3. Abschnitt. Arbeitsvergütung

§ 66. Gesetzlicher Mindestlohn

Übersicht

I. Allgemeines

1. Rechtsgrundlage. Das MiLoG ist am 16.8.2014 als Bestandteil des Tarifautonomiestär- 1
kungsgesetzes (TarifAStG, BGBl. I 1348) in Kraft getreten. Der gesetzliche Mindestlohn von zunächst 8,50 EUR galt gem. § 1 II 2 MiLoG allerdings erst seit dem 1.1.2015; seit dem 1.1.2017 betrug er 8,84 EUR,[1] seit dem 1.1.2019 betrug er 9,19 EUR und seit dem 1.1.2020 9,35 EUR.[2] Er erhöhte sich zum 1.1.2021 auf 9,50 EUR und zum 1.7.2021 auf 9,60 EUR. Zum 1.1.2022 steigt er dann auf 9,82 EUR und zum 1.7.2022 auf 10,45 EUR.[3] Gleichzeitig mit der Einführung des MiLoG hat der Gesetzgeber in Art. 14 TarifAStG das MiArbG (→ § 162 Rn. 2) aufgehoben. Praktische Bedeutung hat dieses Gesetz ohnehin weder in seiner Ursprungsfassung (MiArbG 1952, BGBl. I 17) noch nach der Novelle vom 22.4.2009 (BGBl. I 818) erlangt. Während der gesamten Geltungsdauer ist es nicht zum Erlass einer Rechtsverordnung über Mindestarbeitsbedingungen bzw. Mindestentgelte gekommen.

2. Zielsetzung. Ziel des TarifAStG ist es, angesichts eines Rückgangs der Tarifbindung und 2
damit der Ordnung des Arbeitslebens durch Tarifverträge,[4] einer zunehmenden Fragmentierung der Arbeitswelt und der Zunahme von Beschäftigungsverhältnissen mit niedrigen Entgelten die **Tarifautonomie** zu **stärken** und **angemessene Arbeitsbedingungen** für die AN sicherzustellen. Gleichzeitig soll das Gesetz einen Beitrag zu **fairen und funktionierenden Wettbewerbsbedingungen** sowie zur **Stabilität der sozialen Sicherungssysteme** leisten.[5] Häufig werden Entgelte gezahlt, die es auch Vollzeitbeschäftigten nicht ermöglichen, ihren Lebensunterhalt ohne staatliche Hilfe zu bestreiten. Das gilt teilweise sogar für Vergütungen auf der Grundlage von tariflichen Regelungen. Der Mindestlohn soll einerseits die Kosten der Sozialversicherung infolge von Einnahmeausfällen und der Gewährung staatlicher Leistungen mindern und andererseits die Alterssicherung der AN verbessern. Neben der Einführung eines Mindestlohns durch das MiLoG hat der Gesetzgeber die Allgemeinverbindlicherklärung nach dem TVG erleichtert (→ § 205 Rn. 1 ff.), die Möglichkeit der Erstreckung tariflicher Arbeitsbedingungen nach dem AEntG erweitert. Die Überprüfung der Wirksamkeit von Allgemeinverbindlicherklä-

---

[1] Gem. der Mindestlohnanpassungsverordnung (MiLoV) v. 15.11.2016 (BGBl. I 2530).
[2] Gem. der Zweiten Mindestlohnanpassungsverordnung (MiLoV2) v. 13.11.2018 (BGBl. I 1876).
[3] Gem. der Dritten Mindestlohnanpassungsverordnung (MiLoV3) v. 9.11.2020 (BGBl. I 2356).
[4] Hierzu *Düwell* DB 2014, 121.
[5] BT-Drs. 18/1558, 1, 30 ff.

rungen von Tarifverträgen bzw. Rechtsverordnungen nach dem AEntG und dem AÜG ist nunmehr den Gerichten für Arbeitssachen übertragen. Mit dieser Rechtswegkonzentration soll ein höheres Maß an Rechtssicherheit erreicht werden.[6]

3 **3. Art. 9 III GG.** Das MiLoG greift in die nach Art. 9 III GG verfassungsmäßig garantierte **Tarifautonomie** ein. Dieser Eingriff ist aber aufgrund der mit dem Gesetz verfolgten Ziele gerechtfertigt.[7] Die Tarifautonomie garantiert den Tarifvertragsparteien einen Bereich, in dem sie ihre Angelegenheiten grundsätzlich selbstverantwortlich und ohne staatliche Einflussnahme regeln können. Bei der Ausgestaltung des Rechts der Koalitionsfreiheit kommt dem Gesetzgeber ein weiter Gestaltungsspielraum zu. Insbesondere bei der Beurteilung der Frage, ob die Parität zwischen den Tarifvertragsparteien gestört ist und welche Auswirkungen eine Regelung auf das Kräfteverhältnis hat, steht ihm eine Einschätzungsprärogative zu.[8] Zwar gewährt Art. 9 III GG die Koalitionsfreiheit ohne Vorbehalt. Das bedeutet aber nicht, dass dem Gesetzgeber jede Regelung im Schutzbereich des Grundrechtes verboten ist. Art. 9 III GG normiert ein Normsetzungsrecht, aber kein Normsetzungsmonopol für die Tarifvertragsparteien. Eine gesetzliche Regelung in dem Bereich, der auch Tarifverträgen offensteht, kommt dann in Betracht, wenn der Gesetzgeber sich dabei auf Grundrechte Dritter oder andere mit Verfassungsrang ausgestatte Gemeinwohlbelange stützen kann und den Grundsatz der Verhältnismäßigkeit wahrt.[9] Durch das MiLoG wird die Tariffreiheit allerdings gerade dort betroffen, wo ihr Schutz am stärksten ausgeprägt ist, nämlich in ihrem klassischen Wirkungsfeld, der Festlegung der Arbeitsentgelte. Dies geschieht aber u.a. im Interesse der Stabilität des Systems der sozialen Sicherung, die einen Gemeinwohlbelang von hoher Bedeutung darstellt.[10] Zudem dienen die Vorschriften einer Verbesserung der Arbeitsbedingungen und damit dem Schutz der Berufsfreiheit der AN nach Art. 12 I GG,[11] die angesichts des strukturellen Schwäche des Tarifrechts gerade im Sektor der Niedriglöhne durch die Tarifvertragsparteien nicht in ausreichendem Maße gewährleistet werden kann.[12] Ein unverhältnismäßiger Eingriff in die durch Art. 12 GG geschützte Berufs- und Vertragsfreiheit des AG sowie die Eigentumsgarantie nach Art. 14 GG ist ebenfalls nicht anzunehmen.[13] Der Mindestlohn stellt auch wegen des Zeitpunktes seines Inkrafttretens keinen unangemessenen Eingriff in die Tarifautonomie oder die Vertragsfreiheit des AG dar.[14] Ein nach Art. 20 II GG zu wahrender Vertrauensschutz konnte insoweit schon wegen der bereits seit 1952 bestehenden Möglichkeit der Einführung von Mindestarbeitsbedingungen nach dem MiArbG und in Anbetracht der langanhaltenden politischen Diskussion im Vorfeld des Inkrafttretens des Mindestlohn nicht bestehen.

4 **4. Unionsrecht.** Die Festlegung von Arbeitsentgelten ist den Mitgliedsstaaten vorbehalten. Hiervon geht auch Art. 153 V AEUV aus. Europarechtliche Normen, die unmittelbar einen Mindestlohn vorschreiben, gibt es daher nicht. Art. 15 GRCh garantiert die Berufsfreiheit und Art. 31 GRCh gewährleistet einen Anspruch auf gerechte und angemessene Arbeitsbedingungen, ohne dabei auf den Vergütungsanspruch einzugehen. Dasselbe gilt für Art. 2 der Sozialcharta. Soweit eine Einschränkung des Rechts auf Kollektivverhandlungen nach Art. 28 GRCh vorliegt, ist dies aus den gleichen Erwägungen gerechtfertigt wie der Einschränkung des Grundrechts nach Art. 9 III GG (→ Rn. 3).

II. Anwendungsbereich des MiLoG

5 **1. Geltung für Arbeitnehmer. a) Arbeitnehmerbegriff.** Gem. § 22 I 1 MiLoG gilt das Gesetz für AN. Dieser Begriff wird nicht definiert. Insoweit ist auf den **allgemeinen Arbeitnehmerbegriff** zurückzugreifen[15] (§ 611a I BGB; → § 8 Rn. 1 ff.). Erfasst werden alle AN unabhängig davon, ob für sie nach dem anwendbaren Arbeits- oder Tarifvertrag höhere Entgelt-

[6] BT-Drs. 18/1558, 30 ff.
[7] Ausf. zu der Vereinbarkeit mit dem GG *Barczak* RdA 2014, 290; krit. *Henssler* RdA 2015, 43 ff.
[8] BVerfG 29.12.2004 AP Nr. 2 zu § 3 AEntG = NZA 2005, 153; 4.7.1995 BVerfGE 92, 365 = AP Nr. 4 zu § 116 AFG = NZA 1995, 754.
[9] BVerfG 29.12.2004 AP Nr. 2 zu § 3 AEntG = NZA 2005, 153; 3.4.2001 BVerfGE 103, 293 = AP Nr. 2 zu § 10 BUrlG = NZA 2001, 777; 24.4.1996 BVerfGE 94, 268 = AP Nr. 2 zu § 57a HRG = NZA 1996, 1157; *Hilgenstock* Rn. 5; *Picker* RdA 2014, 25 (27).
[10] BVerfG 3.4.2001 BVerfGE 103, 293 = AP Nr. 2 zu § 10 BUrlG = NZA 2001, 777.
[11] Vgl. BVerfG 29.12.2004 AP Nr. 2 zu § 3 AEntG = NZA 2005, 153.
[12] *Picker* RdA 2014, 25 (27 f.).
[13] AA *Lobinger* ZfA 2015, 99 m. ausf. Begr.
[14] So aber *Zeising/Weigert* NZA 2015, 15 ff.
[15] BAG 18.11.2020 AP Nr. 15 zu § 1 MiLoG = NZA 2021, 562.

ansprüche bestehen.[16] ob sie tatsächlich ein höheres Entgelt erzielen. Damit ist der Mindestlohn letztlich Teil jeder Arbeitsvergütung.[17] Unerheblich ist ferner, ob es sich bei der Beschäftigung um den wesentlichen Erwerb oder lediglich um eine Nebentätigkeit handelt. Dagegen fallen **arbeitnehmerähnliche Personen** (→ § 10 Rn. 1 ff.) nicht unter das MiLoG.

b) Ausnahmen. Zu ihrer Berufsausbildung (s. § 1 III BBiG) **Beschäftigte** sind keine 6
AN (→ § 174 Rn. 5). Außerdem stellt § 22 III (deklaratorisch) klar, dass sie vom MiLoG nicht erfasst werden. Für sie gilt vielmehr die Regelung in § 17 BBiG (hierzu → § 174 Rn. 60 ff.). Ferner nimmt § 22 III MiLoG **ehrenamtlich Tätige** vom Geltungsbereich aus. Hierzu zählen nach der Gesetzesbegründung auch Personen, die einen freiwilligen Dienst iSv § 32 IV 1 Nr. 2 lit. b) EStG (freiwilliges soziales Jahr, freiwilliges ökologisches Jahr, Freiwilligendienst) verrichten.[18] Der Begriff der ehramtlichen Beschäftigung wird in § 22 III MiLoG nicht definiert. Auch in anderen Gesetzen, die diesen Begriff verwenden (zB § 37 BetrVG, §§ 20 ff. ArbGG, § 2 I Nr. 9, 10 SGB VII, § 138 II SGB III), findet sich keine Definition. Typisch für Ehrenamtliche ist, dass sie für ihre Tätigkeit kein Entgelt sondern allenfalls einen Auslagenersatz oder eine Verdienstausfallentschädigung erhalten. Jedenfalls darf keine einem AN vergleichbare Eingliederung in einen Betrieb und Weisungsgebundenheit vorliegen.[19] Des Ausnahmetatbestandes für Ehrenamtliche hätte es allerdings nicht bedurft, weil sie ohnehin keine AN sind (→ § 8 Rn. 29).

Gem. § 22 II MiLoG gelten Personen iSv § 2 I und II JArbSchG ohne abgeschlossene Berufs- 7
ausbildung nicht als AN. Durch die **Herausnahme von Kindern** (bis 15 Jahren, § 2 I JArbSchG) **und Jugendlichen** (15 bis 18 Jahre, § 2 II JArbSchG) soll sichergestellt werden, dass der Mindestlohn keinen Anreiz setzt, zugunsten einer mit Mindestlohn vergüteten Beschäftigung auf eine Berufsausbildung zu verzichten.[20] Wird im Laufe der Beschäftigung das 18. Lebensjahr vollendet, gilt der Ausnahmetatbestand § 22 II MiLoG ab diesem Zeitpunkt nicht mehr. Wer mit unter 18 Jahren bereits über eine abgeschlossene Berufsausbildung verfügt, hat demgegenüber generell Anspruch auf Zahlung des Mindestlohns, unabhängig davon, ob er eine Tätigkeit im erlernten Beruf ausübt.[21]

Eine weitere Ausnahme vom Geltungsbereich des Gesetzes normiert § 22 IV 1 MiLoG für 8
AN, die unmittelbar vor Beginn der Beschäftigung langzeitarbeitslos iSv § 18 I SGB III waren. Für sie gilt der Mindestlohn in den ersten sechs Monaten ihrer Beschäftigung nicht. Diese Regelung soll die Beschäftigungschancen von Langzeitarbeitslosen fördern. Darüber, ob ein solcher Effekt tatsächlich eintritt, hat die Bundesregierung den gesetzgebenden Körperschaften gem. § 22 IV 2 MiLoG zu berichten und muss eine Einschätzung darüber abgeben, ob die Ausnahmeregelung fortbestehen soll. **Langzeitarbeitslose** sind nach § 18 I 1 SGB III Arbeitslose (§ 16 SGB III), die ein Jahr oder länger arbeitslos sind. Die Teilnahme an einer Maßnahme nach § 45 SGB III und Zeiten einer Erkrankung oder sonstiger Nicht-Erwerbstätigkeit unterbrechen die Dauer der Arbeitslosigkeit nicht (§ 18 I 2 SGB III). Nach § 18 II SGB III sind darüber hinaus für Leistungen nach dem SGB III, die eine Langzeitarbeitslosigkeit voraussetzen, die weiteren dort unter Nr. 1–6 aufgeführten Unterbrechungen unschädlich. Das lässt sich aber auf das MiLoG nicht übertragen,[22] weil das Gesetz in § 22 IV 1 nur auf § 18 I (und nicht auch auf § 18 II) SGB III verweist.[23] Im Übrigen wäre es für den AG auch außerordentlich schwierig, das Vorliegen dieser Voraussetzungen zu überprüfen. Durch die Formulierung „unmittelbar vor Beginn" in § 22 IV 1 MiLoG wird klargestellt, dass der AN bei Aufnahme der Beschäftigung noch arbeitslos sein muss. Frühere längere Arbeitslosigkeitszeiten führen dagegen nicht zu einer Unanwendbarkeit des MiLoG. Die Frist ist beginnend mit dem letzten Tag vor dem rechtlichen Beginn des Arbeitsverhältnisses (nicht: des Vertragsabschlusses) durch Rückberechnung zu bestimmen.[24] Indem § 22 IV 1 MiLoG auf die Bestimmungen des SGB III verweist, wird gleich-

[16] BAG 25.5.2016 AP Nr. 1 zu § 1 MiLoG mAnm *Lembke* = NZA 2016, 1327.
[17] *Pötters/Krause* NZA 2015, 398 (399).
[18] BT-Drs. 18/1558, 51.
[19] *Bayreuther* NZA 2014, 865 (872).
[20] BT-Drs. 18/1558, 50 f.; nach Ansicht von *Brors* NZA 2014, 938 (942) ist diese Regelung als Altersdiskriminierung europarechtswidrig; so auch *Schubert/Jerchel/Düwell* Neues MiLoG Rn. 179 f.; anders *Hilgenstock* Rn. 41 ff.; eine hiergegen gerichtete Verfassungsbeschwerde hat das BVerfG wegen des Grundsatzes der Subsidiarität nicht zur Entscheidung angenommen, BVerfG 25.6.2015 NZA 2015, 866.
[21] *Hilgenstock* Rn. 41.
[22] Anders offenbar *Schweibert/Leßmann* DB 2014, 1866 (1867).
[23] Auf Empfehlung des Ausschusses für Arbeit und Soziales, vgl. BT-Drs. 18/2010, 6, 26; anders noch der Gesetzentwurf, der einen Hinweis auf § 18 SGB III ohne Beschränkung auf Abs. 1 vorsah, vgl. BT-Drs. 18/1558, 17.
[24] Vgl. zu der ähnlichen Regelung in § 14 III 1 TzBfG: ErfK/*Müller-Glöge* TzBfG § 14 Rn. 111 f.

zeitig klargestellt, dass Langzeitarbeitslose, die Leistungen nach dem Recht anderer Staaten beziehen, nicht unter den Ausnahmetatbestand fallen.[25] Die darin liegende Ungleichbehandlung verstößt nicht gegen Art. 45 II AEUV (Freizügigkeit der AN). Zwar werden hierdurch einerseits möglicherweise die Einstellungschancen von Langzeitarbeitslosen aus anderen Mitgliedsstaaten der EU beeinträchtigt, während andererseits Bezieher von Leistungen nach deutschem Recht in den ersten 6 Monaten vom Mindestlohn ausgeschlossen sind. Die Differenzierung ist aber aus Gemeinwohlerwägungen gerechtfertigt, weil die BRD nur gegenüber Leistungsempfängern nach dem SGB III als zuständiger Staat eine Leistungsverpflichtung und gleichzeitig eine Verantwortung für deren Eingliederung in den Arbeitsmarkt trifft.[26]

9 Für die Frage, ob eine Langzeitarbeitslosigkeit vorliegt, kommt es allein auf die **objektiven Umstände** an, nicht dagegen auf die subjektive Vorstellung der Arbeitsvertragsparteien. Täuscht der AN den AG über das Vorliegen der Voraussetzungen des § 22 IV 1 MiLoG, indem er **vorspiegelt, er sei langzeitarbeitslos,** ist der AG gleichwohl zur Zahlung des Mindestlohns verpflichtet. UU kann der AG den Vertrag dann gem. § 123 I BGB anfechten, wenn er nachweist, dass der AN arglistig gehandelt hat und er bei Kenntnis der Umstände den Arbeitsvertrag mit diesem AN nicht abgeschlossen hätte. Eine Irrtumsanfechtung gem. § 119 I BGB scheidet dagegen aus. Denn es liegt weder ein Inhalts- noch ein Erklärungsirrtum, sondern allenfalls ein Motivirrtum vor. Nicht völlig ausgeschlossen ist dagegen eine Anfechtung nach § 119 II BGB, weil die Langzeitarbeitslosigkeit eine verkehrswesentliche Eigenschaft des AN für den Abschluss des Arbeitsvertrages darstellt. Bei einem vorsätzlichen Verhalten des AN greift aber ohnehin § 123 I BGB ein und im (eher theoretischen) Fall einer schuldlosen Falschangabe entstünde ein Schadensersatzanspruch gem. § 122 I BGB. **Verschweigt der AN umgekehrt seine Langzeitarbeitslosigkeit** und wird deshalb kein niedrigeres Entgelt vereinbart, rechtfertigt dies keine Anfechtung nach § 123 I BGB, weil das Gesetz keine Pflicht zur Offenbarung des Ausnahmetatbestandes gem. § 22 IV 1 MiLoG normiert. Auch aus § 242 BGB dürfte ein solcher Anspruch nicht folgen.[27] Insoweit gilt nicht dasselbe wie im Rahmen von § 14 III 1 TzBfG, wo nach der Gesetzesbegründung ein Fragerecht des AG bestehen soll.[28] § 22 IV 1 MiLoG bezweckt nicht den Schutz des AG vor der Zahlung einer (angemessenen) Mindestvergütung. Auch eine Vertragsanpassung nach § 313 II BGB scheidet aus, weil es an einem gemeinsamen (Motiv-)Irrtum der Vertragsparteien fehlt. Die unterschiedliche Behandlung des Vorspiegelns einer Langzeitarbeitslosigkeit einerseits und ihres Verschweigens andererseits entspricht der Intention des Gesetzgebers. Im ersten Fall wird der Gesetzeszweck, nämlich die Verbesserung der Beschäftigungschancen von Langzeitarbeitslosen, verfehlt. Im Fall des Verschweigens einer Langzeitarbeitslosigkeit kann hiervon keine Rede sein und gleichzeitig entspricht die Vergütungsvereinbarung dem gesetzgeberischen Ziel der Sicherstellung einer angemessenen Vergütung.

10 Zu einer während des Gesetzgebungsverfahrens diskutierten Herausnahme von **Rentnern und Saisonkräften** ist es nicht gekommen. Für Saisonkräfte wurde darauf verwiesen, dass Sachbezüge (Kost und Logis, s. § 107 II GewO) künftig aufgrund einer Rechtsverordnung auf den Mindestlohn angerechnet werden können.[29] Flankierend wurden gem. § 115 SGB IV befristetet für den Zeitraum vom 1.1.2015 bis 31.12.2018 die Zeitgrenzen für die **geringfügige Beschäftigung** in Form einer kurzfristigen Beschäftigung gem. § 8 I Nr. 2 SGB IV von zwei Monaten (oder 50 Arbeitstage) auf drei Monate (oder 70 Arbeitstage) ausgeweitet.

11 **2. Praktikanten. a) Begriff.** Gem. **§ 22 I 2 MiLoG** gelten auch Praktikanten grundsätzlich als AN iSd MiLoG. Hierdurch soll der Missbrauch des Instruments des Praktikums eingeschränkt werden.[30] Die Norm verwendet eine gesetzliche Fiktion, zumal Praktikanten an sich gerade keine AN sind. In § 22 I 3 MiLoG findet sich erstmals eine Begriffsdefinition. Danach sind Praktikanten unabhängig von der Bezeichnung des Rechtsverhältnisses Personen, die sich nach der tatsächlichen Ausgestaltung und Durchführung des Vertragsverhältnisses für eine begrenzte Dauer zum Erwerb praktischer Kenntnisse und Erfahrungen einer bestimmten betrieblichen Tätigkeit zur Vorbereitung auf eine berufliche Tätigkeit unterziehen, ohne dass es sich dabei um eine Berufsausbildung iSd BBiG oder um eine damit vergleichbare praktische Ausbildung handelt. Dabei verweist § 22 I 2 MiLoG auf die Regelung in § 26 S. 1 BBiG und orientiert sich an Erwägungsgrund 27 der Empfehlung des Rates der Europäischen Union

[25] *Lakies* MiLoG § 22 Rn. 45.
[26] *Eichenhofer* AuR 2014, 450 ff.
[27] *Lakies* ArbuR 2014, 360 (364).
[28] Hierzu → § 39 Rn. 23; KR/*Lipke* TzBfG § 14 Rn. 674 mwN.
[29] Vgl. BT-Drs. 18/2010, 18; *Schweibert/Leßmann* DB 2014, 1866.
[30] BT-Drs. 18/1558, 50.

vom 10.3.2014 zu einem Qualitätsrahmen für Praktika. Von AN unterscheiden sich Praktikanten dadurch, dass bei ihnen die Ausbildungsabsicht im Vordergrund steht,[31] von Auszubildenden dadurch, dass keine Ausbildung im Rahmen eines geordneten Ausbildungsgangs in einem anerkannten Lehrberuf erfolgt.[32] Erforderlich ist ferner eine Eingliederung in den Betrieb (näher → § 175 Rn. 4). Das Abstellen auf die tatsächliche Ausgestaltung und Durchführung des Vertragsverhältnisses entspricht den in der Rspr. des BAG entwickelten Grundsätzen zur Feststellung der Arbeitnehmereigenschaft (→ § 8 Rn. 31). Sofern ein so bezeichnetes Praktikantenverhältnis dagegen tatsächlich als Arbeitsverhältnis ausgestaltet ist, ist der Vertragspartner AN, so dass das MiLoG bereits nach § 22 I 1 gilt. Für sonstige unter § 26 BBiG fallende Vertragsverhältnisse, die weder Arbeitsvertrag noch Praktikum sind, zB Volontariatsverhältnisse, gilt das MiLoG nicht.[33] Generell zur Unterscheidung des Praktikumsverhältnisses von anderen Rechtsverhältnissen → § 15 Rn. 9.

b) Ausnahmen. Nach § 22 I 2 Nr. 1–4 MiLoG sind bestimmte Praktikumsverhältnisse von der Geltung des Gesetzes ausgenommen: 12

Nr. 1 erfasst Praktika aufgrund einer schulrechtlichen Bestimmung, einer Ausbildungsordnung, einer hochschulrechtlichen Bestimmung oder im Rahmen einer Ausbildung an einer gesetzlich geregelten Berufsakademie. Diese Rechtsverhältnisse unterfallen gem. § 3 II BBiG auch nicht dem BBiG. Unter Nr. 1 fallen insbes. die in zahlreichen Studiengängen obligatorischen Praxissemester (auch → § 15 Rn. 10). Außerdem sind hierdurch duale Studiengänge ausgenommen.[34] 13

Nach Nr. 2 sind Praktika bis zu drei Monaten zur Orientierung für eine Berufsausbildung oder für die Aufnahme eines Studiums ausgenommen. Anders als nach Nr. 3 schließt Nr. 2 nach seinem Wortlaut mehrere Praktika bei demselben AG nicht aus. Bei einer missbräuchlichen Gestaltung dürfte allerdings gem. § 242 BGB eine Berufung auf den Ausnahmetatbestand ausgeschlossen sein.[35] Erforderlich ist ein erkennbarer inhaltlicher Bezug zu einer Ausbildung oder einem Studium.[36] Dagegen ist das MiLoG anwendbar, wenn Praktika nach Studienabschluss geleistet werden.[37] Auch **Traineeverhältnisse** unterfallen dem MiLoG, weil sie regelmäßig als Arbeitsverhältnisse ausgestaltet sind (→ § 15 Rn. 9). 14

Nr. 3 nimmt Praktika von bis zu drei Monaten aus, die begleitend zu einer Berufs- und Hochschulausbildung geleistet werden, wenn nicht zuvor ein solches Praktikumsverhältnis mit demselben Ausbildenden bestanden hat. Auch hier ist ein inhaltlicher Bezug zu der jeweiligen Ausbildung bzw. zu dem Studium erforderlich. Erfasst werden zB Praktika zwischen Abschluss des Bachelor- und Beginn des Masterstudiums.[38] Der Begriff der Berufs- oder Hochschulausbildung soll weit zu verstehen sein. Dabei ging der Gesetzgeber für diese Praktikantengruppe offenbar vom Bestehen eines Vergütungsanspruchs nach den §§ 26, 17 BBiG aus,[39] was allerdings wohl unzutreffend sein dürfte (hierzu → § 15 Rn. 10). Soweit das Gesetz verlangt, dass kein früheres Praktikumsverhältnis bestanden hat, enthält es keine zeitliche Begrenzung, so dass jede entsprechende vorherige Praktikantentätigkeit schädlich ist, egal wie weit sie zurückliegt. Insoweit lässt sich die frühere – nicht verfassungskonforme – Rspr. des BAG zu § 14 II 2 TzBfG (hierzu → § 39 Rn. 13) nicht übertragen.[40] Schädlich sind allerdings nur Praktika nach Nr. 3, wie sich aus der Formulierung „ein solches" ergibt,[41] die zudem mit denselben Vertragsparteien bestanden haben müssen. 15

Die Ausnahmetatbestände nach Nr. 2 und 3 nehmen nur Praktika bis zur Dauer von drei Monaten aus. Werden diese über den Drei-Monats-Zeitraum hinaus fortgesetzt, gilt ab dann das MiLoG. Wird von vornherein ein mehr als dreimonatiges Praktikum vereinbart, ist von Beginn an der Mindestlohn zu zahlen. Denn das Gesetz spricht hier von einem „Praktikum von bis zu drei Monaten" und nicht wie in § 22 IV MiLoG von einer zeitlich befristeten Nichtgeltung des 16

[31] BAG 5.8.1965 AP Nr. 2 zu § 21 KSchG; LAG BW 8.2.2008 NZA 2008, 768; LAG Köln 31.5.2006 NZA-RR 2006, 525.

[32] BAG 18.11.2020 AP Nr. 15 zu § 1 MiLoG = NZA 2021, 562; 5.8.1965 AP Nr. 2 zu § 21 KSchG.

[33] BT-Drs. 18/1558, 50.

[34] *Bayreuther* NZA 2014, 865 (871); ausf. *Koch-Rust/Kolb/Rosentreter* NZA 2015, 402 ff.

[35] Vgl. hierzu *Greiner* NZA 2016, 594 (598).

[36] *Bayreuther* NZA 2014, 865 (871); *Hilgenstock* Rn. 32.

[37] *Picker/Sausmikat* NZA 2014, 942 (947).

[38] ErfK/*Franzen* MiLoG § 22 Rn. 11.

[39] BT-Drs. 18/1558, 50.

[40] AA *Hilgenstock* Rn. 30.

[41] *Hilgenstock* Rn. 31.

Mindestlohns.[42] Weil das MiLoG in § 22 I 3 Nr. 2 und 3 nicht auf einen zusammenhängenden Zeitraum abstellt, kann die maximal geltende Praktikumsdauer von drei Monaten auf mehrere Praktikumsabschnitte verteilt werden und das Praktikum kann bei Unterbrechungen aus Gründen in der Person des Praktikanten um die Dauer der Unterbrechungszeit verlängert werden.[43] Die zeitliche Obergrenze bezieht sich außerdem jeweils nur auf entsprechende (derselben Nr. unterfallende) Rechtsverhältnisse iSv § 22 I 2 Nr. 2 bzw. Nr. 3 MiLoG, so dass insbes. die frühere Ableistung eines Praktikums nach Nr. 1 oder 4 unschädlich ist.[44]

17 Ferner sind gem. Nr. 4 Teilnehmer an einer Einstiegsqualifizierung nach § 54a SGB III oder an einer Berufsausbildungsvorbereitung nach §§ 68–70 BBiG (hierzu → § 15 Rn. 3) ausgenommen. UU kann für ein lediglich als Einstiegsqualifizierung bezeichnetes Rechtsverhältnis allerdings § 26 BBiG eingreifen, mit der Folge, dass ein Vergütungsanspruch nach § 17 BBiG besteht (näher hierzu → § 175 Rn. 4).

18 **3. Zeitlicher Anwendungsbereich.** Das MiLoG ist zwar mit dem 16.8.2014 in Kraft getreten, der Mindestlohn gilt aber gem. § 1 II MiLoG erst **seit dem 1.1.2015.** Darüber hinaus enthielt § 24 I MiLoG Übergangsregeln.

19 Die Übergangsregelungen nach § 24 I MiLoG für abweichende Regelungen eines Tarifvertrages repräsentativer Tarifvertragsparteien (→ § 162 Rn. 19 ff.), für die aufgrund des § 3a AÜG festgesetzten Lohnuntergrenzen für die Arbeitnehmerüberlassung (→ § 162 Rn. 73 ff.) sowie für RechtsVO nach § 11 AEntG in der Pflegebranche (→ § 162 Rn. 50 ff.) sind mit dem 31.12.2017 außer Kraft getreten. Näher hierzu 18. Aufl. § 66 Rn. 19.

20 Die für einen Übergangszeitraum geltenden Sonderregelungen für **Zeitungszusteller** nach § 24 II 1 MiLoG (näher hierzu 18. Aufl. § 66 Rn. 20) sind zum 1.1.2018 außer Kraft getreten. Seither gelten auch insoweit die Mindestlohnsätze.

21 **4. Räumlicher Anwendungsbereich.** Das MiLoG gilt räumlich für AG mit dem Sitz auf dem Gebiet der Bundesrepublik Deutschland. Daher gilt das MiLoG auch für nach Deutschland in einen Privathaushalt entsandte ausländische Betreuungskräfte.[45] Gem. § 20 MiLoG werden aber auch AG mit Sitz im Ausland verpflichtet, ihren im Inland beschäftigten AN das Mindestentgelt nach § 1 II MiLoG zu zahlen. Es gilt also das Arbeitsortsprinzip, und zwar unabhängig davon, welches nationale Recht für das Vertragsverhältnis nach den Regeln des internationalen Arbeitsrechts (Rom I-VO, hierzu → § 7 Rn. 1 ff.) maßgeblich ist.[46] Das MiLoG ist eine Eingriffsnorm iSv Art. 9 Rom I-VO.[47] Damit erfasst das Gesetz auch nur kurzfristig in Deutschland tätige ausländische AN, die bei einem ausländischen AG beschäftigt sind. Erfasst werden daher insbesondere Kraftfahrer, die das Gebiet der BRD auf ihrer Fahrstrecke nur durchfahren.[48] Teilweise wird demgegenüber die Ansicht vertreten, nach seinem Sinn und Zweck sei das MiLoG auf solche Fälle nicht anzuwenden.[49] Es sei eine einschränkende Auslegung in analoger Anwendung von § 6 I 1 AEntG (für Lieferverträge) vorzunehmen, mit der Folge, dass die Mindestlohnpflicht erst ab einer Aufenthaltsdauer von 8 Tagen anzunehmen sei.[50] Das Gesetz ist aber nach seinem Zweck u.a. darauf gerichtet, einen Beitrag zu fairen und funktionierenden Wettbewerbsbedingungen zu leisten (→ Rn. 2), was gerade für einen uneingeschränkten Anwendungsbereich spricht. In diese Richtung deutet es zudem, wenn § 20 MiLoG anders als § 1 I 1 AEntG im Hinblick auf die Inlandsbeschäftigung nicht die einschränkende Formulierung „regelmäßig" enthält. Nach der Rspr. des EuGH kann allerdings eine Verletzung der Dienstleistungsfreiheit vorliegen, wenn die Verpflichtung zur Zahlung des Mindestlohns bei einem kurzfristigen Einsatz

[42] So zutreffend *Schubert/Jerchel/Düwell* Neues MiLoG Rn. 169; allerdings lässt sich diese Rechtsfolge relativ leicht vermeiden, indem man zunächst ein kürzeres Praktikum vereinbart, das später verlängert wird; aA ErfK/*Franzen* MiLoG § 22 Rn. 12; *Sura* NZA 2019, 882.

[43] BAG 30.1.2019 AP Nr. 1 zu § 22 MiLoG = NZA 2019, 773; *Sura* NZA 2019, 882.

[44] *Siebert/Klagges* ArbRAktuell 2014, 577 (578).

[45] BAG 24.6.2021 – 5 AZR 505/20.

[46] Eine hiergegen gerichtete Verfassungsbeschwerde mehrerer Transportunternehmen mit Sitz im Ausland hat das BVerfG wegen des Grundsatzes der Subsidiarität nicht zur Entscheidung angenommen, BVerfG 25.6.2015 NZA 2015, 864.

[47] *Lakies* MiLoG § 20 Rn. 10.

[48] *Riechert/Nimmerjahn* MiLoG § 20 Rn. 15 ff.; FG LSA 8.6.2020 NJ 2020, 372; FG Bln-Bbg 16.1.2019 NZA-RR 2019, 230; ebenso so jedenfalls für den Fall, dass in Deutschland eine Be- oder Entladung stattfindet: FG BW 17.7.2018 – 11 K 544/16.

[49] *Sittard* NZA 2015, 78 (80); ebenso *Bissels/Falter/Evers* ArbRAktuell 2015, 4; *Moll/Katerndahl* DB 2015, 555; zweifelnd FG Bln-Bbg 7.2.218 NZA-RR 2018, 184.

[50] *Sittard* NZA 2015, 78 (82).

von AN im grenznahen Bereich zu einem unzumutbaren und damit unverhältnismäßigen Verwaltungsaufwand führt.[51] Die EU-Kommission hat am 19.5.2015 beschlossen, ein Vertragsverletzungsverfahren einzuleiten, weil sie einen Verstoß gegen die Dienstleistungsfreiheit gem. Art. 56 ff. AEUV und die Warenverkehrsfreiheit gem. Art. 28 ff. AEUV annimmt.[52] Zwischen Deutschland und Polen wurde zudem eine Übergangslösung vereinbart, aufgrund der im Bereich des reinen Transits vorübergehend bis zur Klärung der europarechtlichen Fragen die Kontrollen ausgesetzt und keine Ordnungswidrigkeitsverfahren bei Unterschreitung des Mindestlohns durchgeführt werden.[53]

III. Anspruchsinhalt

1. Stundenlohn. Das MiLoG schafft in seinem Geltungsbereich eine **eigene Anspruchsgrundlage.**[54] Nach § 1 II gilt als Mindestlohn ein Stundenlohn in Höhe von (zunächst) 8,50 EUR (ab 1.7.2021: 9,60 EUR, ab 1.1.2022: 9,82 EUR, ab 1.7.2022: 10,45 EUR) brutto pro Zeitstunde. Das schließt die Vereinbarung einer Stück- oder Akkordvergütung nicht aus. Es muss aber gewährleistet sein, dass im Ergebnis der sich für die geleistete Arbeitszeit errechnete Mindestlohn erreicht wird.[55] Insoweit gilt dasselbe wie im Verhältnis von Leistungsvergütungen zu tariflichen Entgeltsätzen (→ § 75 Rn. 7 zu Provisionen). Bei einer Zeitvergütung wird das Arbeitsentgelt rechnerisch in einem Bruch ausgedrückt, in dessen Nenner der Zeitabschnitt (Stunde, Woche, Jahr) und in dessen Zähler ein Vergütungsbetrag steht. Der Nenner wird dabei regelmäßig als Zeitfaktor und der Zähler als Entgeltfaktor (oder Geldfaktor) bezeichnet.[56] **Das MiLoG regelt ausschließlich den Entgeltfaktor.** Durch das Abstellen auf einen Stundenlohn wird zugleich klargestellt, dass die Sicherung eines angemessenen Arbeitsverdienstes nicht durch eine Verlängerung der Arbeitszeit gewährleistet werden kann. Umgekehrt wird für Teilzeitbeschäftigte regelmäßig kein Monatseinkommen gewährleistet, das zum Bestreiten des Lebensunterhalts ausreicht. Faktisch sichert das MiLoG damit nicht einen bestimmten Lebensstandard, sondern nur ein **angemessenes Verhältnis von Leistung und Gegenleistung.** Das Abstellen auf einen Stundensatz bedeutet gleichzeitig aber nicht etwa, dass wegen jeder einzelnen Arbeitsstunde ein bestimmtes Entgelt gezahlt werden muss, sondern es reicht aus – wie sich aus der Regelung in § 2 I 1 MiLoG ablesen lässt –, wenn am Ende für den Abrechnungszeitraum (maximal ein Monat) durchschnittlich jeweils der Mindestlohsatz je Stunde gewährt wird.[57] Andererseits ist es abgesehen von den Fällen des § 2 II und III MiLoG nicht zulässig, für die Entgeltberechnung auf längere Zeitabschnitte abzustellen,[58] etwa bei einer Abrufarbeit gem. § 12 TzBfG oder bei Provisionszahlungen.[59] Das zeigt schon die Regelung in § 2 I 1 Nr. 2 MiLoG, die von einer zumindest **monatlichen Entgeltauszahlung** ausgeht.[60] Daher ist zudem bei Provisionszahlungen, die Gegenleistungen für Vermittlungstätigkeiten sind, die bereits längere Zeit zurückliegen, auf die Auszahlung des Entgelts und nicht etwa auf den Zeitpunkt der zugrundeliegenden Vermittlungstätigkeit abzustellen. Die Regelungen des MiLoG führen letztlich dazu, dass bei einer Erfolgsvergütung, die an sich unabhängig von der tatsächlichen Arbeitszeit gewährt wird, am Ende doch eine Ermittlung der Arbeitszeit erfolgen muss. Das ist aber so gewollt und im Übrigen uU auch schon gem. § 16 II 1 ArbZG erforderlich. Bei **geringfügig Beschäftigten** kann die Geltung des Mindestlohns dazu führen, dass die Privilegierung nach § 8 I SGB IV entfällt (§ 8 II 2 SGB IV). Das kann ein Anreiz für Arbeitsvertragsparteien sein, eine Verringerung der Arbeitszeit bei gleichbleibender monatlicher Vergütung zu vereinbaren. 22

---

[51] EuGH 15.3.2001 – C-165/98, AP Nr. 2 zu EWG-Richtlinie Nr. 96/71 = NZA 2001, 554 – Mazzoleni und ISA.

[52] Für eine Vereinbarkeit mit dem Unionsrecht *Mankowski* RdA 2017, 273; vgl. hierzu auch *Niksova* EuZA 2017, 555.

[53] Meldung des BMAS vom 30.1.2015, vgl. DB 2015, Heft 6, M 15.

[54] BAG 29.6.2016 AP Nr. 2 zu § 1 MiLoG mAnm *Wank* = NZA 2016, 1332; 25.5.2016 AP Nr. 1 zu § 1 MiLoG mAnm *Lembke* = NZA 2016, 1327.

[55] So auch die Gesetzesbegründung, BT-Drs. 18/1558, 40; *Sittard* NZA 2014, 951 (952).

[56] Vgl. zum EFZG. zB BAG 21.11.2001 AP Nr. 56 zu § 4 EntgeltFG = NZA 2002, 439; → § 98 Rn. 86.

[57] Vgl. BAG 25.5.2016 AP Nr. 1 zu § 1 MiLoG mAnm *Lembke* = NZA 2016, 1327; *Bayreuther* NZA 2014, 865 (867); *Lakies* ArbuR 2014, 360; *Sittard* NZA 2014, 951.

[58] BAG 25.5.2016 AP Nr. 1 zu § 1 MiLoG mAnm *Lembke* = NZA 2016, 1327; *Kocher* AuA 2015, 173 (174); MüKoBGB/*Müller-Glöge* MiLoG § 1 Rn. 21; teilw. abw. ErfK/*Franzen* MiLoG § 1 Rn. 8, der auf einen Zweimonatszeitraum abstellt und bei Vereinbarung eines Jahresarbeitsentgelts sogar die Jahresarbeitszeit zugrunde legen will, um zu ermitteln, ob der Mindestlohn erreicht wird.

[59] Auch insoweit – konsequenterweise – aA ErfK/*Franzen* MiLoG § 1 Rn. 10.

[60] *Hilgenstock* Rn. 124.

Zahlt der AG nur einen Teil der geschuldeten Vergütung, ist im Zweifel gem. **§ 366 II BGB** davon auszugehen, dass die Zahlung (zunächst) auf den Mindestlohn erfolgt.

23 Mit dem Mindestlohn zu vergüten sind alle Stunden, die Arbeitszeit darstellen. Erfasst werden daher auch Zeiten der **Arbeitsbereitschaft** und des **Bereitschaftsdienstes** (→ § 156 Rn. 16, 18 ff.). Diese sind nicht nur arbeitsschutzrechtlich Arbeitszeit, sondern auch vergütungspflichtige Arbeit iSv § 611 BGB.[61] Zwar kann die Vergütung für Bereitschaftsdienste wegen der geringeren Arbeitsbelastung unterhalb der sonstigen Vergütung liegen (→ § 45 Rn. 51). Für diese Zeiten gilt aber nunmehr auch das MiLoG, so dass – bezogen auf den Gesamtabrechnungszeitraum (→ Rn. 22), nicht dagegen auf jede einzelne Arbeitsstunde – zumindest ein Stundenentgelt in Höhe des Mindestlohnes gewährt werden muss.[62] **Rufbereitschaft** ist dagegen keine Arbeitszeit (→ § 156 Rn. 21 f.). Nur für die Zeit, für die der AN tatsächlich zur Arbeitsleistung herangezogen wird, ist der Mindestlohn zu zahlen. Soweit **Wegezeiten** (→ § 156 Rn. 13) oder **Dienstreisezeiten** (→ § 156 Rn. 14 f.) arbeitszeitschutzrechtlich als Arbeitszeit anzusehen sind, gilt insoweit (und zwar auch dann, wenn hierfür eine gegenüber dem sonstigen Entgelt reduzierte Vergütung vereinbart ist) das MiLoG. Ungeklärt ist, ob die arbeitsschutzrechtlichen Regelungen des § 21a III ArbZG, wonach im Bereich des Straßentransports bestimmte Zeiträume nicht als Arbeitszeit anzusehen sind, auf den Bereich des MiLoG übertragbar sind.[63]

24 Nicht geklärt ist die Frage, ob für die **Ermittlung der geleisteten Arbeitszeit** auf den gesetzlichen Begriff oder die Vereinbarung im Arbeitsvertrag oder einem Tarifvertrag abzustellen ist. Werden beispielsweise **bezahlte Pausen** vereinbart, sind diese Arbeitszeit iSd Arbeitsvertrages, nicht aber iSd ArbZG. Das MiLoG verwendet hierbei keinen einheitlichen Begriff. Während § 1 II von einer „Zeitstunde" spricht, ist in § 2 II von der „vertraglich vereinbarten Arbeitszeit" bzw. „geleisteten Arbeitsstunden" die Rede. Da das MiLoG eine angemessene Gegenleistung für die tatsächlich erbrachte Leistung des AN bezweckt, dürfte darauf abzustellen sein, ob der AN tatsächlich gearbeitet hat.[64] Bezahlte Pausen wären also anzurechnen. Allerdings kann es sich hierbei im Einzelfall auch um eine Kompensation für erschwerte Arbeitsbedingungen handeln. Dann liegt der Sache nach ein Entgeltzuschlag vor (zur Anrechnung solcher Zuschläge → Rn. 30).[65]

25 Soweit Tarifverträge Vergütungsgruppen mit einem Entgelt unterhalb des Mindestlohns enthalten, verstoßen sie gegen das MiLoG, mit der Folge, dass an die betreffenden AN der gesetzliche Mindestlohn zu zahlen ist. Das führt aber nicht etwa zu einer Erhöhung des Entgelts im Rahmen der höheren Entgeltgruppen, soweit dieses den Mindestlohn überschreitet, auch wenn die tarifvertragliche Entgeltdifferenzierung damit teilweise ausgehebelt wird. Die Teilnichtigkeit des Tarifvertrages führt nicht zu seiner vollständigen Unwirksamkeit. § 139 BGB findet auf Tarifverträge keine Anwendung. Eine vollständige Unwirksamkeit kann allenfalls dann angenommen werden, wenn der Tarifvertrag ohne die unwirksame Bestimmung keine sinnvolle in sich geschlossene Regelung mehr enthält (→ § 197 Rn. 20). Hiervon kann aber bei einer bloßen Gesetzeswidrigkeit der Entgeltsätze der untersten Tarifgruppe keine Rede sein. Besteht ein betriebliches Vergütungssystem, das zwischen verschiedenen Entgeltgruppen unterscheidet, die teilweise den Mindestlohn unterschreiten, entsteht für die betroffenen AN ein Anspruch auf Zahlung des gesetzlichen Mindestlohns. Das führt aber nicht automatisch zu einer Anpassung auch der übrigen Entgeltgruppen oder einer Entgeltstufung auf höherem Gesamtniveau unter Beibehaltung der bisher bestehenden Entgeltdifferenzen. Will der AG aufgrund der geänderten Umstände eine Anpassung des Entgeltsystems vornehmen, muss er das Mitbestimmungsrecht des BR nach § 87 I Nr. 10 BetrVG beachten.

26 **2. Verhältnis zu anderen Mindestlohnansprüchen.** Der Anspruch auf Gewährung des Mindestlohns besteht unabhängig von Ansprüchen die sich aus **§ 138 BGB** wegen Lohnwuchers (→ § 34 Rn. 6 ff.) ergeben können. Es sind auch durchaus Fälle denkbar, in denen eine Vergütung oberhalb des gesetzlichen Mindestlohns sittenwidrig ist, weil sie den Tariflohn um mehr als ein Drittel unterschreitet.[66] Bei einem Verstoß gegen § 138 BGB ist nicht etwa der Entgeltanspruch nach dem Mindestlohn als maßgebliche Vergütung anzunehmen, sondern es gilt die

[61] BAG 11.10.2017 AP Nr. 7 zu § 1 MiLoG = NZA 2018, 32; 29.6.2016 AP Nr. 2 zu § 1 MiLoG mAnm *Wank* = NZA 2016, 1332; aA *Thüsing/Hütter* NZA 2016, 970.

[62] *Lakies* ArbuR 2014, 360 (362); *Schubert/Jerchel/Düwell* Neues MiLoG Rn. 96; so auch schon für die PflegeArbbV BAG 19.11.2014 AP Nr. 24 zu § 611 BGB = DB 2015, 253.

[63] Vgl. hierzu *Bayreuther* NZA 2015, 385 (389).

[64] Anders wohl ErfK/*Franzen* MiLoG § 1 Rn. 4.

[65] So wohl in dem der Entscheidung des BAG vom 16.4.2014 zu einem Mindestlohntarifvertrag zugrundeliegenden Sachverhalt, BAG 16.4.2014 BB 2014, 2612 (LS).

[66] *Däubler* NJW 2014, 1924 (1927); *Schubert/Jerchel/Düwell* Neues MiLoG Rn. 156; ausf. hierzu *Forst/Degen* DB 2015, 863; *Boeck* RdA 2018, 210.

Regelung des § 612 II BGB, und zwar auch in den Fällen, in denen die Vergütungsvereinbarung sowohl gegen das MiLoG als auch gegen § 138 BGB verstößt.[67] Ansonsten hätte die Einführung des MiLoG eine Verschlechterung gegenüber dem bisherigen Recht für die AN bewirkt, was schwerlich mit der Intention des Gesetzes vereinbar wäre.

§ 1 III MiLoG stellt klar, dass die Regelungen des AEntG, des AÜG und der auf ihrer Grundlage erlassenen Rechtsverordnungen dem MiLoG vorgehen, soweit sie den Mindestlohn nach § 2 MiLoG nicht unterschreiten. Dabei gehen die in der jew. geltenden PflegeArbbV festgelegten Grundsätze zur Bemessung des Mindestentgelts, insbes. die Regelungen über die Vergütungspflicht von Arbeitszeit und zur Bemessung der Arbeitsleistung als Arbeitszeit den insoweit nach dem MiLoG geltenden Grundsätzen vor.[68] Das gleiche gilt für nach dem TVG oder nach §§ 5 und 6 II AEntG für allgemeinverbindlich erklärte Tarifverträge. Der Mindestlohn gibt die unterste Entgeltgrenze vor. Im Übrigen gehen die für die Branchenmindestlöhne geltenden Regelungen den Regelungen nach dem MiLoG vor. Das gilt insbesondere für die branchenspezifischen Regelungen zu Fälligkeit und Arbeitszeitkonten[69] sowie insbesondere zu Ausschlussfristen. Gleichzeitig hat der Gesetzgeber das AEntG für alle Branchen geöffnet. Insgesamt soll eine Angleichung der Entgelte „nach unten“ vermieden werden. Besonderheiten galten für einen Übergangszeitraum nach § 24 I 1 MiLoG (→ Rn. 19). 27

3. Anrechenbare Leistungen. Die Frage, welche Leistungen des AG als Bestandteil des Mindestlohns anzusehen sind und welche Leistungen zusätzlich zu gewähren sind, legt das MiLoG nicht ausdrücklich fest. Insoweit stellt sich dasselbe Problem wie für Mindestentgeltsätze iSv § 5 Nr. 1 AEntG (→ § 162 Rn. 34 ff.). Nach der Gesetzesbegründung[70] sollen hierfür die Vorgaben des EuGH zur Entsenderichtlinie gelten. Dabei wird ausdrücklich auf die Entscheidungen des EuGH vom 14.4.2005[71] und 7.11.2013[72] verwiesen. 28

Danach können Leistungen in den Mindestlohn einbezogen werden, wenn sie das Verhältnis zwischen Leistung des AN auf der einen und der Gegenleistung, die er dafür erhält, auf der anderen Seite nicht verändern. Das ist nach der Rspr. des BAG zum AEntG dann der Fall, wenn eine **funktionale Gleichwertigkeit** der Leistungen vorliegt. Entscheidend ist jeweils, inwieweit der Zweck der Leistung dem Zweck des Mindestlohns funktional gleichwertig ist, ob also diejenige Arbeitsleistung entgolten werden soll, die mit der tariflich begründeten Zahlung zu vergüten ist.[73] Allerdings geht es im Bereich des AEntG um tarifliche Entgelte, deren funktionale Bestimmung sich nach dem jeweiligen Tarifvertrag richtet, während im Bereich des MiLoG nach der Funktion des gesetzlichen Mindestlohnes zu fragen ist.[74] Die Gesetzesbegründung geht mit dem Hinweis auf die zur Entsenderichtlinie ergangenen Entscheidungen offenbar von einer den tariflichen Regelungen nach dem AEntG entsprechenden Funktion aus. 29

Das BAG stellt insoweit maßgeblich darauf ab, ob es sich bei der Leistung um eine Entgeltzahlung handelt, die als Gegenleistung für Arbeit erbracht wird und nicht – wie der Nachtarbeitszuschlag nach § 6 V ArbZG[75] – auf einer besonderen gesetzlichen Zweckbestimmung beruht. Auf die Frage, ob es sich um die Vergütung für eine „Normalleistung“ handelt, soll es dagegen nicht ankommen.[76] Danach ist eine Anwesenheitsprämie anzurechnen,[77] ebenso wie eine Treueprämie und eine Schichtzulage, die der AG vorbehaltslos neben der Grundvergütung für jede tatsächlich geleistete Arbeits- 30

[67] *Boeck* RdA 2018, 210 (215); abw. für diesen Fall *Forst/Degen* DB 2015, 863 (864).
[68] BAG 24.6.2020 AP Nr. 14 zu § 1 MiLoG = NZA 2020, 1707.
[69] BT-Drs. 18/1558, 41.
[70] BT-Drs. 18/1558, Anlage 4 (S. 84).
[71] C-341/02, AP Nr. 1 zu Richtlinie 96/71/EG = NZA 2005, 573 – Kommission/Deutschland.
[72] C-522/12, NZA 2013, 1359 – Isbir.
[73] BAG 16.4.2014 AP Nr. 8 zu § 1 TVG Tarifverträge: Entsorgungswirtschaft = NZA 2014, 1277; 18.4.2012 AP Nr. 1 zu § 1 TVG Tarifverträge: Gebäudereinigung = NZA 2013, 392 (zu § 1 I 1 Nr. 1 AEntG aF).
[74] *Sittard* RdA 2015, 99 (102).
[75] Hierzu BAG 25.4.2018 AP Nr. 13 zu § 1 MiLoG = NZA 2018, 1145.
[76] BAG 25.4.2018 AP Nr. 13 zu § 1 MiLoG = NZA 2018, 1145; 17.1.2018 AP Nr. 11 zu § 1 MiLoG = NZA 2018, 781; 6.12.2017 AP Nr. 12 zu § 1 MiLoG = NZA 2018, 525; 8.11.2017 AP Nr. 9 zu § 1 MiLoG = BB 2018, 243 (LS); 11.10.2017 AP Nr. 8 zu § 1 MiLoG = NZA 2017, 1598; 25.5.2016 AP Nr. 1 zu § 1 MiLoG mAnm *Lembke* = NZA 2016, 1327; zust. zB *Weigert* NZA 2017, 745 ff.; krit. u.a. *Sagan* RdA 2018, 121 ff.; *Riechert/Nimmerjahn* MiLoG § 1 Rn. 106 ff.
[77] BAG 6.12.2017 AP Nr. 12 zu § 1 MiLoG = NZA 2018, 525.

stunde zahlt.[78] Ebenfalls mindestlohnwirksam sind nach Ansicht des BAG arbeitsvertraglich vereinbarte Sonn- und Feiertagszuschläge.[79] Das Gleiche gilt für eine Vertretungsprämie für die Übernahme zusätzlicher Aufgaben,[80] eine sog. „Immerda-Prämie", die bei durchgehender Arbeitsfähigkeit während des Abrechnungsmonats gezahlt wird, eine für das Sauberhalten des Fahrzeugs durch Kraftfahrer gezahlte Prämie sowie eine „Leergutprämie" für den korrekten Umgang mit zurückgegebenem Leergut.[81] Ebenfalls mindestlohnwirksam ist eine zum Ausgleich einer Tarifabsenkung geleistete Besitzstandszulage.[82] Teilweise wird auch angenommen, **Überstundenzuschläge** seien anrechenbar.[83] Dem kann nicht gefolgt werden.[84] Solche Zuschläge sind in gleicher Weise wie etwa Sonntags- oder Feiertagszuschläge ein Ausgleich dafür, dass der AN eine Arbeitsleistung in einem für ihn ungünstigen Zeitraum erbringt und teilweise auf seine ansonsten übliche Freizeit verzichtet. Zudem ergäbe sich anderenfalls ein Anreiz für die Vereinbarung eines unter dem Mindestlohnniveau liegenden Stundenentgelts kombiniert mit einer möglichst geringen vertraglichen Arbeitszeit. Hier ließe sich das Minderentgelt dann durch regelmäßig abgeforderte zuschlagspflichtige Überstunden kompensieren. **Vermögenswerte Leistungen** sind ebenfalls nicht anrechenbar, weil sie anderen Zwecken dienen als einer Gegenleistung für die erbrachte Arbeitsleistung.[85] Das gilt erst recht für Aufwendungsersatzleistungen, die ja schon kein Entgelt darstellen.[86] Demgegenüber sind tarifliche Einmalzahlungen, die als einheitliche lineare Lohnerhöhung für einen bestimmten Zeitraum geleistet werden, zu berücksichtigen.[87]

31 Grundsätzlich können auch **Sonderzahlungen,** wie etwa ein 13. Monatsentgelt oder ein Weihnachtsgeld zu berücksichtigen sein. Sie müssen aber Entgeltcharakter haben und monatlich anteilig ausgezahlt werden.[88] Erfolgt eine solche Auszahlung nicht, sind sie nur für den betreffenden Auszahlungsmonat (zB im Dezember bei einem dann fälligen 13. Monatsentgelt) und nur anteilig für diesen Monat berücksichtigungsfähig, weil § 2 I 1 MiLoG einen festen (meist monatlichen) Fälligkeitstermin normiert.[89] Die Bestimmung steht dagegen einer Anrechnung von im Voraus gezahlten Leistungen nicht entgegen, die im Zweifel auch gem. § 271 II BGB zulässig sind. Zwar besteht hier die Gefahr eines frühen Verbrauchs der Leistungen zum Bestreiten des Lebensunterhalts. Das MiLoG bezweckt aber nicht etwa eine Beeinflussung (oder stärker formuliert: Bevormundung) der AN dahingehend, ihre Einkünfte möglichst vorausschauend einzuteilen.[90] Generell gilt jedoch, dass die Leistung dem AN tatsächlich endgültig zufließen muss und nicht von einer weiteren Bedingung (zB einer zukünftigen Betriebstreue) abhängig sein darf.[91] Gibt es einen solchen Vorbehalt, muss der AG hierauf verzichten, um eine Anrechnung zu ermöglichen. Teilweise wird demgegenüber die Ansicht vertreten, eine Rückzahlungspflicht sei nur in Höhe der Differenz zum Mindestlohn ausgeschlossen.[92] Dem kann nicht gefolgt werden, weil ein unter Rückzahlungsvorbehalt gewährtes Entgelt aus Sicht des AN nicht endgültig zugeflossen und für seinen Lebensunterhalt nur eingeschränkt verwendungsfähig ist. Im Übrigen werden Leistungen mit Entgeltcharakter ohnehin kaum rechtswirksam mit einem Rückforderungsvorbehalt vereinbart werden können (hierzu → § 78 Rn. 45). Ein gezahltes **Urlaubsgeld** ist nicht anzurechnen, sofern es nicht allein Linie Gegenleistung für eine erbrachte Arbeitsleistung ist, sondern einer verbesserten Erholungsmöglichkeit und damit der Erhaltung der Arbeitskraft dient, was dadurch zum Ausdruck kommt, dass es allein an das Entstehen des

78 BAG 22.3.2017 AP Nr. 29 zu § 611 BGB = NZA 2017, 1073.
79 BAG 17.1.2018 AP Nr. 11 zu § 1 MiLoG = NZA 2018, 781; 24.5.2017 AP Nr. 4 zu § 1 MiLoG = NZA 2017, 1387.
80 BAG 25.4.2018 AP Nr. 13 zu § 1 MiLoG = NZA 2018, 1145.
81 BAG 8.11.2017 AP Nr. 9 zu § 1 MiLoG = BB 2018, 243 (LS).
82 BAG 6.12.2017 AP Nr. 10 zu § 1 MiLoG = NZA 2018, 582.
83 ErfK/*Franzen* MiLoG § 1 Rn. 13 (sofern 42 Stunden pro Woche/176 Stunden pro Monat nicht überschritten werden).
84 So auch *Schubert/Jerchel/Düwell* Neues MiLoG Rn. 140; *Nebel/Kloster* BB 2014, 2933 (2935).
85 BAG 16.4.2014 AP Nr. 8 zu § 1 TVG Tarifverträge: Entsorgungswirtschaft = NZA 2014, 1277; 18.4.2012 AP Nr. 1 zu § 1 TVG Tarifverträge: Gebäudereinigung = NZA 2013, 392 (zu § 1 I 1 Nr. 1 AEntG aF); EuGH 7.11.2013 – C-522/12, NZA 2013, 1359 – Isbir.
86 *Bayreuther* NZA 2014, 865 (869).
87 BAG 18.4.2012 AP Nr. 1 zu § 1 TVG Tarifverträge: Gebäudereinigung = NZA 2013, 392 (zu § 1 I 1 Nr. 1 AEntG aF); EuGH 7.11.2013 – C-522/12, NZA 2013, 1359 – Isbir.
88 Vgl. insoweit auch BAG 25.5.2016 AP Nr. 1 zu § 1 MiLoG mAnm *Lembke* = NZA 2016, 1327.
89 *Bayreuther* NZA 2014, 865 (868); *Schweibert/Leßmann* DB 2014, 1866 (1869); *Schubert/Jerchel/Düwell* Neues MiLoG Rn. 143; *Nebel/Kloster* BB 2014, 2933 (2936); *Jares* DB 2015, 307 (310); aA ErfK/*Franzen* MiLoG § 1 Rn. 16.
90 *Nebel/Kloster* BB 2014, 2933 (2936).
91 BAG 25.5.2016 AP Nr. 1 zu § 1 MiLoG mAnm *Lembke* = NZA 2016, 1327.
92 *Sittard* NZA 2014, 951 (952).

Urlaubsanspruchs anknüpft.[93] **Tantieme- oder Bonuszahlungen** sind nach denselben Grundsätzen zu behandeln wie Sonderzahlungen.

Die für den Bereich des AEntG für eine **Entgeltumwandlung** (§ 1 II Nr. 3 BetrAVG, → § 273 Rn. 51 ff.) geltende Beschränkung nach § 20 I BetrAVG (→ § 162 Rn. 35, → § 273 Rn. 55) lässt sich auf das MiLoG nicht übertragen, weil sie sich auf tarifliche Regelungen bezieht. Diese Entgeltbeträge sind anrechenbar[94] (s. auch zu § 3 MiLoG → Rn. 40). Das gilt aber nicht für zusätzliche Leistungen des AG zur **betrieblichen Altersversorgung,**[95] weil diese Beträge dem AN nicht zufließen, so dass ihre Anrechenbarkeit aufgrund der Fälligkeitsregelung in § 2 MiLoG ausgeschlossen ist. Zudem stehen die Ansprüche bis zum Eintreten der Unverfallbarkeit unter einem Vorbehalt, dem AN ist insoweit noch kein Vermögenswert zugeflossen. 32

Sachbezüge (Kost und Logis) können gem. § 107 II 2 GewO als Teil des Arbeitsentgelts vereinbart werden, wenn dies dem Interesse des AN oder der Eigenart des Arbeitsverhältnisses entspricht. Sie sind aber nicht anrechnungsfähig. Denn der Mindestlohn nach § 1 I und II MiLoG ist als Geldbetrag zu gewähren.[96] Für den Bereich der Saisonarbeit sind insoweit allerdings Sonderregelungen geplant (→ Rn. 10). Weil nach dem MiLoG ein Geldbetrag geschuldet ist, kann auch eine **private Dienstwagennutzung** nicht angerechnet werden. 33

Trinkgelder sind ebenfalls nicht anzurechnen.[97] Hierbei handelt es sich um freiwillige Leistungen der Kunden und nicht des AG selbst. Der AN hat keinen Anspruch auf einen bestimmten Betrag (vgl. § 107 III GewO), auch eine Anrechnungsvereinbarung ändert hieran nichts.[98] Das korrespondiert mit der Steuerfreiheit gem. § 3 Nr. 51 EStG und damit, dass das Trinkgeld gem. § 1 I 1 Nr. 1 SvEV nicht zum sozialversicherungspflichtigen Einkommen zählt. Anrechenbar sind dagegen Zahlungen aus einem **Tronc.**[99] Hier greift die Steuerfreiheit nicht ein (→ § 67 Rn. 56) und der AN hat gegenüber dem AG einen Anspruch auf Beteiligung am Tronc. 34

Generell nicht anrechenbar sind alle Leistungen, die der Sache nach **Aufwandsentschädigungen** darstellen (zB Reisekostenerstattung). Hier fehlt es schon deshalb an einer funktionalen Gleichwertigkeit, weil es sich insoweit nicht um Entgelt handelt. Sog. **Wegegelder** (→ § 45 Rn. 54) können an sich berücksichtigungsfähig sein,[100] wenn sie die für die Zurücklegung des Weges aufgewandte Zeit vergüten sollen. Das kann allerdings nur insoweit gelten, als diese Zeit dann als Arbeitszeit anzusehen (zum ArbZG → § 156 Rn. 13) und damit auch mit dem Mindestlohn zu vergüten ist. Ansonsten wären Wegegelder als Aufwandsentschädigung zu qualifizieren. Entsprechendes muss für **Nahauslösungen** gelten, sofern sie als Arbeitsentgelt anzusehen sind.[101] **Fernauslösungen** sind dagegen generell Aufwendungsentschädigungen.[102] 35

IV. Fälligkeit

1. Regelmäßiger Fälligkeitstermin. Gem. § 2 I 1 Nr. 1 MiLoG ist der Mindestlohn zum Zeitpunkt der vereinbarten Fälligkeit zu zahlen, wobei ein in AGB geregeltes Hinausschieben der Fälligkeit jedenfalls bis zum 15. des Folgemonats als noch zulässig angesehen wird (→ § 35 Rn. 99). Spätester Fälligkeitstermin ist gem. § 2 I 1 Nr. 2 MiLoG der letzte Bankarbeitstag (Frankfurt am Main) des Monats, der auf den Monat folgt, in dem die Arbeitsleistung erbracht wurde. Fehlt eine Fälligkeitsvereinbarung, ist § 614 BGB maßgeblich (§ 2 I 2 MiLoG). Danach ist zB eine nach Monaten berechnete Vergütung am ersten Tag des Folgemonats fällig. In der Praxis wird daher für den Betrag des Mindestlohns kein anderer Fälligkeitstermin gelten als für den übersteigenden Vergütungsanteil. Eine verspätete Zahlung ist nach § 21 I Nr. 9 MiLoG bußgeldbewehrt. 36

---

[93] BAG 20.9.2017 AP Nr. 6 zu § 1 MiLoG = NZA 2018, 53; aA *Greiner* Anm. zu BAG AP Nr. 3 zu § 1 MiLoG.

[94] Vgl. BT-Drs. 18/1558, 42.

[95] *Schubert/Jerchel/Düwell* Neues MiLoG Rn. 140; ErfK/*Franzen* MiLoG § 1 Rn. 17.

[96] Vgl. BAG 25.5.2016 AP Nr. 1 zu § 1 MiLoG = NZA 2016, 1327; BayObLG 26.11.2020 NZA 2021, 427; *Lakies* ArbuR 2014, 360 (362); *Hilgenstock* Rn. 109; aA ErfK/*Franzen* MiLoG § 1 Rn. 6.

[97] *Schubert/Jerchel/Düwell* Neues MiLoG Rn. 140; *Däubler* NJW 2014, 1924 (1926); *Sagan* NJW 2019, 1977.

[98] MüKoBGB/*Müller-Glöge* MiLoG § 1 Rn. 26; *Sagan* NJW 2019, 1977; *Bayreuther* NZA 2015, 385 (391); *Sittard* RdA 2015, 99 (105); aA für den Fall einer Anrechnungsvereinbarung *Dommermuth-Alhäuser/Heup* NZA 2015, 406, die die Gelegenheit zum Trinkgelderwerb als Sachbezug qualifizieren; ebenso *Wobst* RdA 2016, 110, der eine teleologische Reduktion von § 1 I 1 MiLoG annimmt.

[99] ErfK/*Franzen* MiLoG § 1 Rn. 7.

[100] Hierzu BT-Drs. 18/2010, 17; vgl. hierzu EuGH 12.2.2015 – C 397/13, NZA 2015, 345 – Sähköalojen ammattiliitto.

[101] MüKoBGB/*Müller-Glöge* MiLoG § 1 Rn. 26.

[102] Näher hierzu → § 98 Rn. 85; *Vogelsang,* Entgeltfortzahlung, Rn. 484.

37 **2. Arbeitszeitkonten.** Eine **Sonderregelung** enthält das Gesetz in § 2 II MiLoG für Arbeitszeitkonten (hierzu → § 160 Rn. 37 ff.), bei denen ein verstetigtes Arbeitsentgelt gezahlt wird. Dem Arbeitszeitkonto muss eine schriftliche Vereinbarung zugrunde liegen. Diese kann auch in einer entsprechenden Betriebs- oder Dienstvereinbarung enthalten sein. Dem Schriftformerfordernis, das auch für am 1.1.2015 bereits bestehende Arbeitszeitkonten gilt,[103] wird ferner durch einen schriftlichen arbeitsvertraglichen Verweis auf einen Tarifvertrag genügt.[104] Die Arbeitsstunden, die auf einem Arbeitszeitkonto eingestellt sind, sind nach § 2 II 1 MiLoG spätestens innerhalb zwölf Monaten nach ihrer Erfassung durch bezahlte Freizeitgewährung oder durch Zahlung des Mindestlohns auszugleichen. Nach § 2 II 2 MiLoG ist im Fall der Beendigung ein Ausgleich bis zum Ende des auf die Vertragsbeendigung folgenden Monats vorzunehmen. Ferner legt § 2 II 3 MiLoG fest, dass die auf das Arbeitszeitkonto eingestellten Arbeitsstunden monatlich 50% der vertraglich vereinbarten Arbeitszeit nicht überschreiten dürfen. So wird gewährleistet, dass ein substantieller Anteil des Mindestentgelts tatsächlich zur Auszahlung gelangt. Bei Überschreitungen entsteht für den AN ein Anspruch auf Auszahlung des Mindestlohns für die zu viel übertragenen Arbeitsstunden. Von § 2 II 1 MiLoG unberührt bleiben die daneben bestehenden Ausgleichsverpflichtungen nach dem ArbZG (§ 3 S. 2, § 7 VIII, IX, § 21a ArbZG).[105] Die Regelungen in § 2 II 1 MiLoG betreffen allerdings nur den Mindestlohnanspruch und nicht etwa alle Arbeitszeitkonten.[106] Dies folgt bereits daraus, dass durch das MiLoG die ansonsten geltenden Fälligkeitsregelungen nicht abgeändert werden sollten. Dem Gesetzgeber ging es nicht darum, Arbeitszeitmodelle weniger flexibel zu gestalten, sondern nur darum, die tatsächliche Gewährung eines Mindestentgelts in angemessener Zeit nach dem Erbringen der Arbeitsleistung sicherzustellen.

38 Daher gilt gem. § 2 II 1 letzter Hs. MiLoG eine Ausnahme von den Beschränkungen nach § 2 II MiLoG, sofern der Anspruch auf den Mindestlohn für die geleisteten Arbeitsstunden bereits durch Zahlung des verstetigten Arbeitsentgelts erfüllt ist. Das gilt für alle Beschränkungen, die § 2 II MiLoG enthält, also auch für die Obergrenze nach § 2 II 3 MiLoG.[107] Dieser Ausnahmefall liegt vor, wenn das verstetigte Entgelt (unter Berücksichtigung aller anrechenbaren Leistungen, → Rn. 28 ff.) den Betrag, der sich aus der Multiplikation der geleisteten Stunden mit dem Mindestlohn ergibt, nicht unterschreitet.[108]

39 **3. Wertguthabenvereinbarungen.** § 2 III 1 MiLoG normiert, dass die Fälligkeitsbestimmung in § 2 I und die Regelungen in § 2 II MiLoG nicht für Wertguthabenvereinbarungen nach SGB IV gelten. Insoweit sieht der Gesetzgeber die dort geregelte Sicherung des eingebrachten Arbeitsentgelts (→ § 160 Rn. 54 ff.) als ausreichend an.[109] Das betrifft insbesondere **Altersteilzeitvereinbarungen**[110] (→ § 83 Rn. 15). Gem. § 2 III 2 MiLoG werden entsprechende ausländische Regelungen mit einem vergleichbaren Schutzniveau ebenfalls privilegiert.

V. Unabdingbarkeit

40 **1. § 3 S. 1 MiLoG.** Nach § 3 S. 1 MiLoG sind Vereinbarungen, die den Anspruch auf Mindestlohn unterschreiten oder seine Geltendmachung beschränken oder ausschließen, insoweit unwirksam. Hierdurch soll die Umgehung des Gesetzes durch missbräuchliche Konstruktionen verhindert werden. An die Stelle der unwirksamen Vereinbarung tritt nach der vom BAG und wohl hM in der Lit. der Anspruch auf Zahlung des Mindestlohns.[111] Dem ist nicht zuzustimmen. Vielmehr ist in diesem Fall ein Anspruch auf die übliche Vergütung nach § 612 II BGB anzunehmen.[112] Das ergibt sich aus § 134 BGB. Allein die Formulierung „insoweit" in § 3 S. 1 MiLoG bedingt keine Abweichung. Hierdurch wird vielmehr nur klargestellt, dass der

---

[103] *Lambrich/Mitius* DB 2015, 126 (127).
[104] BT-Drs. 18/1558, 41.
[105] BT-Drs. 18/1558, 41.
[106] *Spielberger/Schilling* NZA 2014, 414 (416); *Lakies* ArbuR 2014, 360 (362).
[107] Vgl. BT-Drs. 18/2010, 24; ausf. *Schubert/Jerchel/Düwell* Neues MiLoG Rn. 119 ff.; ErfK/*Franzen* MiLoG § 2 Rn. 2; *Riechert/Nimmerjahn* MiLoG § 2 Rn. 63; *Lambrich/Mitius* DB 2015, 126 (127).
[108] ErfK/*Franzen* MiLoG § 2 Rn. 2.
[109] BT-Drs. 18/1558, 41.
[110] BT-Drs. 18/1558, 41.
[111] BAG 6.12.2017 AP Nr. 10 zu § 1 MiLoG = NZA 2018, 582; 29.6.2016 AP Nr. 2 zu § 1 MiLoG mAnm *Wank* = NZA 2016, 1332; 25.5.2016 AP Nr. 1 zu § 1 MiLoG = NZA 2016, 1327; *Sittard* ArbRB 2014, 336 (337); *Riechert/Nimmerjahn* MiLoG § 3 Rn. 12 ff.; *Forst/Degen* BB 2015, 863 ff.; *Boeck* RdA 2018, 210 (212).
[112] *Däubler* NJW 2014, 1924 (1927); *Lakies* ArbuR 2014, 360 (363); *Nebel/Kloster* BB 2014, 2933; *Bayreuther* NZA 2015, 385 (387); *Pötters/Krause* NZA 2015, 398; → § 67 Rn. 65; *Pütz* AuR 2016, 186 (189).

Arbeitsvertrag insgesamt entgegen § 139 BGB wirksam bleibt. Insoweit muss dasselbe gelten wie für das Unterschreiten der angemessenen Vergütung gem. § 17 I 1 BBiG (hierzu → § 174 Rn. 67). Auch die Regelung des § 20 MiLoG ändert hieran nichts, weil sie nur die Grundverpflichtung sowie den räumlichen Anwendungsbereich normiert und nicht die Rechtsfolgen eines Verstoßes gegen das MiLoG. Das zeigt auch die Einordnung der Norm in den Abschnitt „Kontrolle und Durchsetzung durch staatliche Behörden." Einschlägige Bestimmung für diese Frage ist vielmehr § 3 MiLoG (aA → § 34 Rn. 14b). Die Unwirksamkeitsfolge des § 3 MiLoG gilt aber nicht für eine Entgeltumwandlung nach § 1a BetrAVG, weil sie nicht zu einer Unterschreitung des Mindestlohnes führt (→ Rn. 32).[113]

2. Verzicht. Gem. § 3 S. 2 MiLoG ist ein Verzicht auf den Anspruch aus § 1 I MiLoG grundsätzlich nicht möglich. Eine Ausnahme gilt nur für einen **gerichtlichen Vergleich.** Dieser bietet nach Einschätzung des Gesetzgebers einen ausreichenden Schutz des AN vor einem ungerechtfertigten Anspruchsverlust.[114] Das gilt allerdings nur für entstandene Ansprüche. Ein vorheriger Verzicht auf künftig entstehende Mindestlohnansprüche ist dagegen generell ausgeschlossen. Wegen der vom Begriff des Verzichts erfassten Rechtsgeschäfte und wegen der Zulässigkeit eines Tatsachenvergleichs, der auch als **außergerichtlicher Vergleich** wirksam ist, kann auf die Ausführungen zu § 4 IV TVG verwiesen werden (→ § 209 Rn. 1 ff.).[115] Ein gerichtlicher Vergleich ist auch der im schriftlichen Verfahren geschlossene Vergleich nach **§ 278 VI ZPO.** Allerdings soll dies nach Ansicht des BAG bei der vergleichbaren Regelung in § 14 I 2 Nr. 8 TzBfG nur für einen Vergleich gelten, der auf einem Vorschlag des Gerichts beruht, nicht dagegen bei einem Vergleich, den die Parteien dem Gericht unterbreiten (ausführlich hierzu → § 40 Rn. 39).[116] Ob diese Differenzierung auf § 3 S. 2 MiLoG übertragen werden kann, ist streitig.[117] Sofern man dieser Rspr. des BAG zu § 14 I 2 Nr. 8 TzBfG folgt, muss Entsprechendes konsequenterweise auch im Rahmen des § 3 S. 2 MiLoG gelten.[118] Denn sowohl der Wortlaut des Gesetzes als auch die Intention der gesetzlichen Regelungen sind identisch. 41

3. Verwirkung. Gem. § 3 S. 3 MiLoG ist die Verwirkung des Mindestlohnanspruchs ausgeschlossen. Zum Begriff der Verwirkung → § 72 Rn. 23 ff. Nicht vom Verwirkungsverbot erfasst ist die Einrede der arglistigen Geltendmachung von Ansprüchen, soweit es nicht um das verspätete, illoyale Erheben von Ansprüchen geht[119] (zu § 14 II 2 TVG → § 209 Rn. 5). 42

4. Ausschlussfristen. § 3 MiLoG trifft keine Regelung wie § 9 S. 3 AEntG oder § 4 IV 3 TVG, wonach tarifliche Ausschlussfristen (→ § 209 Rn. 7 ff.) für die Geltendmachung des Anspruchs gelten können. Da Ausschlussfristen aber die Geltendmachung des Anspruchs einschränken und dem AN wirtschaftlich den Anspruch nach einem bestimmten Zeitablauf nehmen, beschränken sie seine Geltendmachung und fallen damit unter die Regelung in § 3 S. 1 MiLoG. Bezogen auf den Mindestlohn sind sie daher generell unwirksam.[120] Im Übrigen können sie aber Lohnansprüche an sich nach wie vor zum Erlöschen bringen.[121] Denn § 3 S. 1 MiLoG erklärt abweichende Vereinbarungen nur „insoweit" für unwirksam, als sie den Anspruch auf den Mindestlohn unterschreiten. **Tarifliche Ausschlussklauseln** behalten daher ihre Geltung für Ansprüche, die über den gesetzlichen Mindestlohnanspruch hinausgehen. Entsprechendes gilt bei einem arbeitsvertraglichen Verweis auf einen Tarifvertrag, uU aber nicht bei einem bloßen Verweis auf einzelne Tarifbestimmungen (näher → § 206 Rn. 12; → § 206 Rn. 14 f.). Soweit tarifvertragliche Ausschlussfristen danach für den Mindestlohn nicht mehr gelten, liegt zwar ein – wenn auch keineswegs gewichtiger – Eingriff in die grundgesetzlich geschützte Tarifautonomie vor.[122] Dieser Eingriff kann aber im Sinne des Gesetzeszwecks (→ Rn. 2, 3) jedenfalls als verhältnismäßig angesehen werden.[123] Soweit bestimmte Gruppen 43

[113] BT-Drs. 18/1558, 42.
[114] BT-Drs. 18/1558, 42.
[115] Eine Zulässigkeit bejahen auch *Nebel/Kloster* BB 2014, 2933 (2937).
[116] BAG 21.3.2017 AP Nr. 154 zu § 14 TzBfG = NZA 2017, 706; 15.2.2012 AP Nr. 95 zu § 14 TzBfG = NZA 2012, 919; aA LAG Nds 5.11.2013 LAGE § 14 TzBfG Nr. 79.
[117] Bejahend *Lakies* ArbuR 2014, 360 (363); *Hilgenstock* Rn. 159; aA ErfK/*Franzen* MiLoG § 3 Rn. 5.
[118] AA *Pötters/Krause* NZA 2015, 398 (399).
[119] Zu der vergleichbaren Regelung des § 9 AEntG Thüsing MiLoG/*Bayreuther* AEntG § 9 Rn. 8.
[120] BAG 20.6.2018 AP Nr. 1 zu § 3 MiLoG = NZA 2018, 1494; ErfK/*Franzen* MiLoG § 3 Rn. 3; *Spielberger/Schilling* NZA 2014, 414 (416); *Däubler* NJW 2014, 1924 (1928); *Lakies* ArbuR 2014, 360 (363); *Jöris/v. Steinau-Steinrück* BB 2014, 2101 (2103); *Bayreuther* NZA 2014, 865 (870); aA *Hilgenstock* Rn. 171.
[121] BAG 20.6.2018 AP Nr. 1 zu § 3 MiLoG = NZA 2018, 1494.
[122] *Preis/Ulber*, Ausschlussfristen und Mindestlohngesetz, 63 f.
[123] BAG 20.6.2018 AP Nr. 1 zu § 3 MiLoG = NZA 2018, 1494; *Preis/Ulber*, Ausschlussfristen und Mindestlohngesetz, 65 ff.

von AN von der Geltung des MiLoG ausgenommen sind (zB Langzeitarbeitslose in den ersten 6 Beschäftigungsmonaten), greifen die Beschränkungen des § 3 MiLoG nicht. Für diese AN gilt also zum einen nicht der Mindestlohn und zum anderen können ihre Entgeltansprüche Ausschlussfristen unterworfen werden. Das verstößt nicht gegen den Gleichheitssatz des Art. 3 I GG, weil diese Differenzierung aufgrund der Ziele des MiLoG sachlich gerechtfertigt ist.[124]

44 Für **Branchenmindestlöhne** bleibt es dagegen gem. § 1 III MiLoG bei der Geltung von § 9 S. 3 AEntG und § 4 IV 3 TVG. Insoweit enthält das Gesetz einen Anwendungsvorrang, der neben den Mindestentgeltregelungen auch tarifliche Ausschlussfristen erfasst. Das MiLoG und damit auch die Regelung in § 3 MiLoG gilt dann nicht. Dasselbe gilt für den Anwendungsbereich von **§ 24 I MiLoG.** Zwar regelt § 24 I MiLoG, dass abweichende Regelungen dem Mindestlohn vorgehen, aber die Norm des § 3 MiLoG ist Teil des Mindestlohns.[125]

45 Komplizierter ist die Lage wegen **arbeitsvertraglicher Ausschlussfristen.** Man wird eine vertragliche Ausschlussfrist, die Ansprüche aus dem Arbeitsverhältnis regelt, kaum entgegen dem Wortlaut dahingehend einschränkend auslegen können, dass sie nur den über den Mindestlohnanspruch hinausgehenden Entgeltanteil erfassen soll. Das gilt nicht nur für Neuverträge sondern auch für Altverträge (vor Inkrafttreten des MiLoG oder vor dem 1.1.2015), es sei denn, es handelt sich um Ansprüche aus einem vor Geltung des Mindestlohns beendeten Arbeitsverhältnis.[126] Der auf dem Rechtstaatsprinzip beruhende Gedanke des Vertrauensschutzes gebietet, anders als zB bei der Frage einer Gleichstellungsabrede,[127] für Altverträge vor Inkrafttreten des MiLoG ebenfalls keine solche Einschränkung. Denn gesetzliche Regelungen über eine Unwirksamkeit von arbeitsvertraglichen Ausschlussfristen für gesetzliche Ansprüche sind generell im Arbeitsrecht nicht ungewöhnlich (s. zB § 9 S. 3 AEntG, § 4 IV 3 TVG) und die durch das MiLoG abgelöste Vorgängerregelung, nämlich das MiArbG sah in § 8 III 3 (s. hierzu die 15. Aufl. § 162 Rn. 8) ebenfalls die generelle Unzulässigkeit von Ausschlussfristen vor. Außerdem geht es bei Ausschlussfristen nicht um so weitreichende Konsequenzen wie etwa im Fall der Frage einer Geltung bestimmter Tarifverträge aufgrund einer Gleichstellungsabrede. Für eine geltungserhaltende Reduktion lässt sich auch nicht etwa argumentieren, der gesetzliche Anspruch habe von der vertraglichen Ausschlussfrist nicht erfasst werden sollen. Insoweit handelt es sich nämlich – anders als zB wegen der Haftung bei vorsätzlichen Vertragsverstößen[128] – nicht um eine außergewöhnliche, von den Vertragsparteien nicht für regelungsbedürftig gehaltene Frage.[129] Von einem für die Vertragsparteien unvorhersehbaren, atypischen Fall kann auch schon mit Blick auf die frühere Regelung in § 8 III 3 MiArbG nicht gesprochen werden.[130]

46 Damit sind allerdings zwangsläufig Ausschlussfristenregelungen in Allgemeinen Geschäftsbedingungen, die den Mindestlohnanspruch nicht ausdrücklich ausnehmen, insgesamt wirkungslos. Denn sie sind für den AN **intransparent** iSv § 307 I 2 BGB und müssen wegen des Verbots der geltungserhaltenen Reduktion gem. § 306 BGB[131] als insgesamt unwirksam angesehen werden.[132] Für den AN ist anhand der Vertragsregelung nämlich nicht klar, welcher Teil seiner Entgeltansprüche der Ausschlussfrist unterfällt. Nach Ansicht des BAG gilt das allerdings für vor dem Inkrafttreten des MiLoG abgeschlossene Verträge nur eingeschränkt; vor Inkrafttreten des MiLoG vereinbarte vertragliche Ausschlussfristen würden dagegen für den Zeitraum bis zum 31.12.2014 nicht nachträglich intransparent, weil es insoweit allein auf den Zeitpunkt der Vereinbarung ankomme.[133] § 3 MiLoG lässt sich insoweit nicht etwa einschränkend in der Weise auslegen, dass die Bestimmung nicht eingreift, soweit der AG bereits jedenfalls den Mindestlohn vollständig gewährt. Das folgt mittelbar aus der Ausnahmeregelung in § 2 II 1 letzter Hs. MiLoG (→ Rn. 38), für die es in § 3 MiLoG eben gerade keine Entsprechung gibt.[134] § 3 S. 1 MiLoG stellt vielmehr lediglich klar, dass Ansprüche, soweit sie über den

---

[124] AA *Lakies* MiLoG § 3 Rn. 17.
[125] AA *Schubert/Jerchel/Düwell* Neues MiLoG Rn. 108.
[126] BAG 17.10.2017 AP Nr. 106 zu § 7 BUrlG Abgeltung = NZA 2018, 250.
[127] Hierzu BAG 14.12.2005 AP Nr. 39 zu § 1 TVG Bezugnahme auf Tarifvertrag = NZA 2006, 607.
[128] S. hierzu BAG 24.9.2019 AP Nr. 76 zu § 307 BGB = NZA 2020, 310; 20.6.2013 NZA 2013, 1265.
[129] *Nebel/Kloster* BB 2014, 2933 (2936).
[130] AA für Altverträge *Preis/Ulber,* Ausschlussfristen und Mindestlohngesetz, 55.
[131] Vgl. hierzu BAG 13.12.2011 AP Nr. 45 zu § 611 BGB Ausbildungsbeihilfe = NZA 2012, 738.
[132] BAG 18.9.2018 AP Nr. 2 zu § 3 MiLoG = NZA 2018, 1619; *Nebel/Kloster* BB 2014, 2933 (2937); MüKoBGB/*Müller-Glöge* MiLoG § 3 Rn. 3; vgl. zu § 9 S. 3 AEntG BAG 24.8.2016 NZA 2016, 1539; abl. hierzu *Bayreuther* DB 2017, 487; abw. auch LAG Nürnberg 9.5.2017 LAGE § 3 MiLoG Nr. 1 = ZTR 2018, 95.
[133] BAG 24.9.2019 AP Nr. 76 zu § 307 BGB = NZA 2020, 310; 30.1.2019 AP Nr. 75 zu § 307 BGB = NZA 2019, 768; 18.9.2018 AP Nr. 2 zu § 3 MiLoG = NZA 2018, 1619; so auch MüKoBGB/*Müller-Glöge* MiLoG § 3 Rn. 3; weitergehend *Seiwerth* NZA 2019, 17.
[134] *Preis/Ulber,* Ausschlussfristen und Mindestlohngesetz, 24.

Mindestlohn hinausgehen, von dieser Bestimmung nicht erfasst werden. Die Formulierung „insoweit" in § 3 S. 1 MiLoG lässt sich demgegenüber nicht noch weitergehend als eine § 306 BGB vorgehende geltungserhaltende Spezialregelung auslegen.[135] In der Frage vertraglicher Ausschlussfristen geht die gesetzliche Regelung damit über das hinaus, was eigentlich Regelungsgegenstand des MiLoG sein sollte, weil sie im Ergebnis alle Entgeltansprüche aus dem Anwendungsbereich von bestehenden vertraglichen Ausschlussfristen ausnimmt. Bei Neuverträgen oder im Rahmen von Vertragsänderungen ist dagegen eine Differenzierung im Hinblick auf dem MiLoG unterfallende Ansprüche und solche, die hierüber hinausgehen, möglich.[136]

VI. Entgeltschutznormen

Die Beschränkungen des § 3 MiLoG finden keine Anwendung auf Ansprüche aufgrund von Entgeltschutznomen (EFZG, BUrlG, §§ 615, 616 BGB, §§ 18, 20 I MuSchG), also auf Entgeltansprüche für Zeiten ohne Arbeitsleistung.[137] Anspruchsgrundlage ist hier nämlich die jeweilige Entgeltschutznorm (zB § 3 EFZG) bzw. § 611 I BGB und nicht § 1 I MiLoG. Daher kommt insoweit auch keine Bürgenhaftung nach § 13 MiLoG in Betracht. Ebenso wenig gelten die Bußgeldvorschriften gem. § 21 MiLoG.[138] Nach ihrem Schutzzweck anwendbar ist dagegen nach der Rspr. des BAG die Regelung in § 3 S. 1 MiLoG (→ Rn. 40 ff.).[139] 47

Im Fall von Entgeltansprüchen bei Arbeitsunfähigkeit oder bei einer Kur nach § 9 EFZG besteht ein Entgeltanspruch gem. **§ 3 EFZG.** Dieser ist nach dem Entgeltausfallprinzip zu ermitteln, so dass auch für entsprechende Zeiträume das Entgelt zu zahlen ist, das der AN bei einer tatsächlichen Arbeitsleistung erzielt hätte. Auf diese Weise ist letztlich auch hier wirtschaftlich der Mindestlohn zu gewähren. Ausnahmen sind theoretisch allenfalls denkbar aufgrund von tariflichen Regelungen nach § 4 IV EFZG, die den Mindestlohn unterschreiten. Entsprechendes gilt für Ansprüche nach **§ 2 EFZG** (Entgeltzahlung an Feiertagen),[140] **§ 615 BGB** (Annahmeverzug) sowie **§ 616 BGB** (vorübergehende Verhinderung) und ebenfalls für solche aufgrund von **§§ 18, 20 I MuSchG.**[141] Dabei kann auch nicht danach differenziert werden, ob die Entgeltschutznorm an Umstände in der Sphäre des AN (zB § 3 EFZG) oder des AG (§ 615 BGB) anknüpft. Denn abgesehen davon, dass auch Entgeltfortzahlungsansprüche nach dem EFZG uU (auch) aus der Sphäre des AG herrühren können, etwa bei einer Arbeitsunfähigkeit aufgrund eines vom AG zu vertretenden Arbeitsunfalls, ist allein maßgeblich, dass es sich bei solchen Ansprüchen eben nicht um ein „Arbeitsentgelt" iSv §§ 1 I, 20 MiLoG bzw. um ein Entgelt für eine *erbrachte Arbeitsleistung* iSv § 2 I 1 Nr. 2 MiLoG, sondern um eine Leistung aufgrund einer Entgeltschutznorm handelt. Aus demselben Grund kommt es auch nicht darauf an, ob die jeweilige Entgeltschutzregelung eine eigene Anspruchsgrundlage enthält oder ob sie lediglich den Entgeltanspruch gem. § 611 I BGB aufrechterhält.[142] 48

Für das **Urlaubsentgelt** gilt (zumindest für den Entgeltfaktor) das Referenzprinzip (→ § 104 Rn. 98 ff.). Durch das Abstellen auf den Referenzzeitraum von 13 Wochen wird das Entgeltniveau des MiLoG auch für den Urlaubszeitraum aufrechterhalten. Das gilt gem. § 11 I 2 BUrlG auch dann, wenn der Referenzzeitraum in einen Zeitraum vor Geltung des Mindestlohns fällt, weil insoweit eine Verdiensterhöhung nicht vorübergehender Natur vorliegt. Damit ist entsprechend Art. 7 I RL 2003/88/EG gewährleistet, dass der AN für die Zeit des Urlaubs das gewöhn- 49

---

135 BAG 18.9.2018 AP Nr. 2 zu § 3 MiLoG = NZA 2018, 1619; offengelassen noch von BAG 17.10.2017 AP Nr. 106 zu § 7 BUrlG Abgeltung = NZA 2018, 250; *Roloff* FS Willemsen, 2018, 407 (414); *Naber/Schulte* BB 2018, 2100 (2105); aA *Talkenberg/Beitz* PuR 2014, 203 (204); *Bayreuther* NZA 2014, 865 (870).

136 Formulierungsvorschläge bei *Siebert/Klagges* ArbRAktuell 2014, 577 (579/580); *Bayreuther* DB 2017, 487 (491); *Roloff* FS Willemsen, 2018, 407 (416); *Klinkhammer* ArbRAktuell 2019, 189.

137 BAG 16.10.2019 AP Nr. 19 zu § 2 EntgeltFG = NZA 2020, 237; 20.6.2018 AP Nr. 1 zu § 3 MiLoG = NZA 2018, 1494; 20.9.2017 AP Nr. 6 zu § 1 MiLoG = NZA 2018, 53; 25.5.2016 AP Nr. 1 zu § 1 MiLoG = NZA 2016, 1327.

138 Vgl. BAG 21.12.2016 NZA 2017, 378; *Schubert/Jerchel/Düwell* Neues MiLoG Rn. 147; *Hilgenstock* Rn. 116; *Riechert/Nimmerjahn* MiLoG § 1 Rn. 32; *Kocher* AuA 2015, 173 (176 f.); ausf. *Greiner/Strippelmann* BB 2015, 949 ff; *Merkel/Götz* DB 2015, 1407 (1411); *Heukenkamp* Anm. zu BAG AP Nr. 74 zu § 4 EntgeltFG; aA *Bayreuther* NZA 2015, 385 (391/392); *Boehmke* JuS 2015, 385 (390).

139 Für den Entgeltfortzahlungsanspruch nach § 3 EFZG BAG 20.6.2018 AP Nr. 1 zu § 3 MiLoG = NZA 2018, 1494.

140 BAG 16.10.2019 AP Nr. 19 zu § 2 EntgeltFG = NZA 2020, 237; 20.9.2017 AP Nr. 6 zu § 1 MiLoG = NZA 2018, 53.

141 Ausf. hierzu *Vogelsang/Wensing* NZA 2016, 141.

142 Hierauf abstellend *Waltermann* AuR 2015, 166 (169).

liche Arbeitsentgelt erhält.[143] Aber auch hier finden die Regelungen des MiLoG auf den Zahlungsanspruch keine Anwendung.[144]

VII. Verjährung

50 Die Verjährung des Anspruchs wird durch § 3 MiLoG nicht ausgeschlossen. Sie richtet sich nach den allgemeinen Vorschriften der §§ 194 ff. BGB.

VIII. Haftung des Auftragnehmers

51 Wegen der Haftung des Auftragnehmers (Bürgenhaftung) verweist § 13 MiLoG auf die Regelung in § 14 AEntG. Die Vorschrift regelt den Fall, dass ein Sub- oder Nachunternehmer oder ein beauftragtes Arbeitnehmerüberlassungsunternehmen den Mindestlohn nach § 1 I MiLoG nicht zahlt. Hierdurch soll die tatsächliche Wirksamkeit des Mindestlohns verstärkt werden. Der Auftraggeber soll im eigenen Interesse darauf achten, dass die bei den von ihm beauftragten Sub- oder Nachunternehmer beschäftigten AN den Mindestlohn erhalten[145] Der Begriff des Unternehmers ist dabei einschränkend auszulegen; es wird nur der Unternehmer erfasst, der sich zur Erbringung einer Werk- oder Dienstleistung verpflichtet hat und diese nicht mit eigenen AN ausführt, sondern sich hierzu eines oder mehrerer Subunternehmer bedient.[146] Eine Haftung besteht dabei immer nur insoweit, als Tätigkeiten für den Hauptunternehmer ausgeführt werden. Für Entgeltansprüche im Rahmen sonstiger geschäftlicher Aktivitäten des Subunternehmers außerhalb dieser Beauftragung haftet der Hauptunternehmer nicht.[147] Die noch im Gesetzentwurf (§ 14 S. 2)[148] enthaltene Exkulpationsvorschrift ist nicht Gesetz geworden. Die Haftung ist damit gleichermaßen verschuldensunabhängig wie die nach dem AEntG. Wegen der Einzelheiten der Haftungsnorm kann daher auf die Ausführungen zu § 14 AEntG verwiesen werden (→ § 162 Rn. 63 ff.).

IX. Festsetzung des Mindestlohns

52 Nach § 1 II 2 MiLoG kann die Höhe des Mindestlohns auf Vorschlag einer ständigen Kommission der Tarifpartner **(Mindestlohnkommission)** durch Rechtsverordnung der Bundesregierung geändert werden. Die Zusammensetzung und das Verfahren der Mindestlohnkommission sind in den §§ 4–12 MiLoG geregelt.

53 Die Errichtung der Mindestlohnkommission als **ständiges Gremium** ist in § 4 MiLoG normiert. Sie wird gem. § 4 II MiLoG jeweils für fünf Jahre eingesetzt und besteht aus neun Mitgliedern. Sieben Mitglieder – darunter der Vorsitzende – sind stimmberechtigt. Die zwei weiteren – nicht stimmberechtigten – Mitglieder werden aus den Kreisen der Wissenschaft bestellt.

54 Die **Berufung der stimmberechtigten Mitglieder** ist in § 5 MiLoG geregelt. Dabei werden je drei Mitglieder auf Vorschlag der Spitzenorganisationen der der AG und AN aus Kreisen der Einzelgewerkschaften und Vereinigungen von AG durch die Bundesregierung berufen. Von den Verbänden soll jeweils mindestens eine Frau und ein Mann vorgeschlagen werden. § 5 I 3 MiLoG regelt den Fall, dass auf einer Seite mehr als drei Mitglieder vorgeschlagen werden und ordnet an, dass die Auswahl zwischen den Vorschlägen im Verhältnis zur Bedeutung der jeweiligen Spitzenorganisation im Arbeitsleben des Bundesgebiets erfolgt. Die hierfür maßgeblichen Kriterien normiert das Gesetz nicht. Die Gesetzesbegründung verweist insoweit lediglich auf hierzu bekannte Verfahren demokratischer Repräsentation, wie etwa das d'hondt'sche Höchstzahlverfahren, das Verfahren Hare-Niemeyer oder Saint-Laguë.[149] Für den Fall, dass die Spitzenorganisationen ihr Vorschlagsrecht nicht (oder nicht rechtzeitig)[150] ausüben, bestimmt § 5 I 4 MiLoG, dass die Bundesregierung geeignete Mitglieder aus den Kreisen der Arbeitgebervereinigungen oder Gewerkschaften benennt. Bei Ausscheiden eines Mitglieds wird entsprechend den Regeln des § 5 I 1–4 MiLoG ein neues Mitglied benannt (§ 5 II MiLoG).

55 Der **Vorsitzende** der Mindestlohnkommission wird gem. § 6 I MiLoG auf gemeinsamem Vorschlag der Spitzenorganisationen der AG und AN durch die Bundesregierung berufen.

---

[143] BAG 6.12.2017 AP Nr. 10 zu § 1 MiLoG NZA 2018, 582; vgl. hierzu auch EuGH 12.2.2015 – C 397/13, NZA 2015, 345 – Sähköalojen ammattiliitto.

[144] *Hilgenstock* Rn. 117.

[145] BT-Drs. 18/1558, 47.

[146] Vgl. zu § 14 AEntG BAG 16.10.2019 AP Nr. 1 zu § 14 AEntG = NZA 2020, 112.

[147] *Kühn/Reich* BB 2014, 2938 (2940).

[148] BT-Drs. 18/1558, 12.

[149] BT-Drs. 18/1558, 36.

[150] So die Gesetzesbegründung, vgl. BT-Drs. 18/1558, 36; eine Frist enthält das Gesetz hierfür aber nicht.

Kommt es nicht zu einem gemeinsamen Vorschlag, beruft die Bundesregierung gem. § 6 II MiLoG jeweils einen Vorsitzenden auf Vorschlag der Spitzenorganisationen der AG und AN. Der Vorsitz wechselt in diesem Fall nach jeder Beschlussfassung gem. § 9 MiLoG, was allerdings zu wechselnden Mehrheiten führen kann. Über den erstmaligen Vorsitz entscheidet das Los. Der wechselnde Vorsitz gilt auch bei einer Neuberufung nach Ablauf der fünfjährigen Amtszeit, sofern nicht nunmehr ein gemeinsamer Vorschlag für den Vorsitzenden vorliegt.[151] Bei Ausscheiden des Vorsitzenden ist nach Maßgabe von § 6 I und II MiLoG ein neuer Vorsitzender zu berufen (§ 6 III MiLoG).

Die Berufung der **beratenden Mitglieder** ist in § 7 MiLoG geregelt. Um ihre Unabhängigkeit zu gewährleisten, dürfen sie in keinem Beschäftigungsverhältnis zu einer Spitzenorganisation der AG und AN, einer Arbeitgebervereinigung und einer Gewerkschaft sowie einer von solchen Organisationen getragenen Einrichtungen stehen. **56**

Gem. § 8 I MiLoG unterliegen die Mitglieder der Mindestlohnkommission keinen Weisungen. Ihre Tätigkeit ist **ehrenamtlich** (§ 8 II MiLoG). Gem. § 8 III MiLoG erhalten sie (wie nach §§ 15 ff. JVEG) eine angemessene Entschädigung für ihren Verdienstausfall und Aufwand sowie Fahrkostenersatz, die im Einzelfall durch den Vorsitzenden festgelegt werden. **57**

Erstmals bis zum 30.6.2016 hatte die Mindestlohnkommission gem. § 9 I 1 MiLoG über eine Anpassung zum 1.1.2017 zu beschließen. Im Folgenden muss sie gem. § 9 I 2 MiLoG alle zwei Jahre über Anpassungen des Mindestlohns beschließen. In § 9 II MiLoG sind die Kriterien vorgegeben, an denen sich die Mindestlohnkommission bei ihrer Entscheidung im Rahmen einer **Gesamtabwägung** zu orientieren hat. Dabei ist insbesondere zu prüfen, ob der Mindestlohn geeignet ist, zu einem angemessenen Mindestschutz der AN beizutragen sowie faire und funktionierende Wettbewerbsbedingungen zu gewährleisten. Das ist dann der Fall, wenn der Mindestlohn geeignet ist, einem Verdrängungswettbewerb über die Lohnkosten entgegenzuwirken. Dabei sind auch die konjunkturelle Lage und die Produktivität zu berücksichtigen sowie ferner (gleichberechtigt) der Erhalt von sozialversicherungspflichtiger Beschäftigung. Bei der Festsetzung soll sich die Mindestlohnkommission an der **Tarifentwicklung** orientieren. Dabei kann eine Anpassung auf eine Erhöhung, eine Beibehaltung oder sogar auf eine Absenkung des Mindestlohns hinauslaufen, allerdings aufgrund der Regelung in § 1 II MiLoG nicht unter den Betrag von 8,50 EUR. **58**

Gem. § 9 II MiLoG ist der Beschluss der Mindestlohnkommission **schriftlich zu begründen.** Nach § 9 III MiLoG kann die Mindestlohnkommission vom Mindestlohn **Betroffene** (hierunter fallen auch Arbeitslose) sowie deren Interessenvertretungen **anhören.** Art und Umfang der Anhörung sind gesetzlich nicht festgelegt und stehen im Ermessen der Mindestlohnkommission. **59**

Nach § 9 IV MiLoG evaluiert die Mindestlohnkommission laufend die Auswirkungen des Mindestlohns auf den Schutz der AN, die Wettbewerbsbedingungen und die Beschäftigung in Bezug auf bestimmte Branchen und Regionen sowie Produktivität und stellt ihre Erkenntnisse der Bundesregierung in einem Bericht alle zwei Jahre gemeinsam mit ihrem Beschluss zur Verfügung. **60**

Die **Beschlussfähigkeit** der Mindestlohnkommission ist in § 10 I MiLoG geregelt und setzt die Anwesenheit der Hälfte der stimmberechtigten Mitglieder voraus. Da es keine für den Verhinderungsfall nachrückenden Ersatzmitglieder gibt, können sich hierdurch wechselnde Mehrheitsverhältnisse ergeben. § 10 II MiLoG regelt (teilweise angelehnt an die Bestimmungen über die betriebsverfassungsrechtliche Einigungsstelle in § 76 II BetrVG) die Beschlussfassung der Kommission. Sie fasst ihre Beschlüsse mit einfacher Mehrheit der Stimmen der anwesenden (stimmberechtigten) Mitglieder. Enthaltungen zählen daher faktisch als Nein-Stimmen.[152] Dabei hat der Vorsitzende eine vermittelnde Aufgabe und muss sich daher zunächst der Stimme enthalten. Bei Stimmgleichheit unterbreitet er einen Vermittlungsvorschlag. Nach einer obligatorischen Beratung müssen die Mitglieder über den Vermittlungsvorschlag abstimmen, wobei sich der Vorsitzende erneut der Stimme zu enthalten hat. Erst wenn dann erneut keine Mehrheit zustande kommt, übt der Vorsitzende sein Stimmrecht aus, wobei er nicht an den Vermittlungsvorschlag gebunden ist, sondern auch einem Vorschlag der anderen Kommissionsmitglieder seine Stimme geben kann. Gem. § 10 IV MiLoG sind die Sitzungen der Mindestlohnkommission **nicht öffentlich** und ihre Beratungen vertraulich. **61**

Die Bundesregierung kann die von der Mindestlohnkommission vorgeschlagene Anpassung des Mindestlohns durch Rechtsverordnung ohne Zustimmung des Bundesrates für alle AN und **62**

---

[151] *Hilgenstock* Rn. 211.
[152] ErfK/*Franzen* MiLoG § 10 Rn. 1.

AG verbindlich machen (§ 11 I MiLoG). Vorher ist den Spitzenorganisationen der AG und AN, den Vereinigungen der AG und AN, den öffentlich-rechtlichen Religionsgemeinschaften, den Wohlfahrtsverbände sowie den Verbänden, die wirtschaftliche und soziale Interessen organisieren, Gelegenheit zur schriftliche Stellungnahme innerhalb einer Frist von drei Wochen ab Bekanntgabe des Verordnungsentwurfs (§ 11 II MiLoG) zu geben. Die Bundesregierung *kann* die von der Mindestlohnkommission vorgeschlagene Anpassung durch **Rechtsverordnung** verbindlich machen. Verpflichtet ist sie hierzu aber nicht.[153] Sie kann aber entweder nur den Vorschlag in einer Rechtsverordnung übernehmen oder dies ablehnen. Inhaltlich abgeändert in eine Rechtsverordnung transformieren darf sie den Vorschlag dagegen nicht.[154] Für die Anpassung ab dem 1.1.2017 hat die Bundesregierung den Vorschlag der Mindestlohnkommission durch die Mindestlohnanpassungsverordnung vom 15.11.2016 (MiLoV, BGBl. I 2530), für die Anpassungen ab dem 1.1.2019 und 1.1.2020 durch die Zweite Mindestlohnanpassungsverordnung vom 13.11.2018 (MiLoV2, BGBl. I 1876) sowie für die Anpassungen ab dem 1.1.2021, 1.7.2021, 1.1.2022 und 1.7.2022 durch die Dritte Mindestlohnanpassungsverordnung vom 9.11.2020 (MiLoV3, BGBl. I 2356) verbindlich gemacht.

63 Die Geschäftsstelle der Mindestlohnkommission wird bei der Bundesanstalt für Arbeitsschutz und Arbeitsmedizin als selbständige Organisationseinheit eingerichtet. Sie hat Informations- und Beratungsfunktionen (§ 12 MiLoG).

X. Staatliche Kontrolle/Evaluation

64 Die Kontrolle der Einhaltung des Mindestlohns ist in §§ 14 ff. MiLoG geregelt.[155] Zuständig für die Kontrolle sind die **Behörden der Zollverwaltung** (MiLoGMeldStellV vom 24.11.2014, BGBl. I 1823). Die Bestimmungen des MiLoG sind hier den entsprechenden Regelungen in den §§ 16 ff. AEntG nachgebildet. Eine Abweichung besteht insoweit, als § 16 MiLoG die **Meldepflicht** für ausländische AG auf die in § 2a Schwarzarbeitsbekämpfungsgesetz (SchwarzArbG) aufgeführten Branchen beschränkt. Erfasst sind damit folgende Bereiche: Baugewerbe, Gaststätten- und Beherbergungsgewerbe, Personenbeförderungsgewerbe, Speditions-, Transport und damit verbundenen Logistikgewerbe, Schaustellergewerbe, Unternehmen der Forstwirtschaft, Gebäudereinigungsgewerbe, Unternehmen, die sich am Auf- und Abbau von Messen und Ausstellungen beteiligen, Fleischwirtschaft. Hierbei handelt es sich um die Branchen, in denen nach Einschätzung des Gesetzgebers am ehesten mit Missbrauchsfällen zu rechnen ist. Die Meldepflicht gilt in gleicher Weise für inländische Entleiher, die AN eines ausländischen Verleihers beschäftigen (§ 16 III MiLoG). Die für inländische und ausländische AG geltende **Dokumentationspflicht** nach § 17 MiLoG gilt für dieselben Branchen und erfasst außerdem AG mit geringfügig beschäftigten AN iSv § 8 I SGB IV, nicht aber bei einer geringfügigen Beschäftigung in Privathaushalten gem. § 8a SGB IV.[156] § 17 I MiLoG normiert für diese Bereiche die Pflicht zur Aufzeichnung von Beginn, Ende und Dauer der täglichen Arbeitszeit binnen einer Frist von sieben Tagen und eine Aufbewahrungspflicht für zwei Jahre. Der AG kann die Dokumentationspflicht auf den AN übertragen, er bleibt aber für die Ordnungsgemäßheit der Aufzeichnungen und die Einhaltung der Bestimmungen des MiLoG verantwortlich.[157]

65 Gem. § 17 III MiLoG kann das BMAS die Verpflichtungen der §§ 16, 17 MiLoG für bestimmte Gruppen von AN sowie für Wirtschaftsbereiche oder Wirtschaftszweige durch Rechtsverordnung einschränken oder erweitern. Hiervon hat es durch die Mindestlohndokumentationspflichten-Verordnung (MiLoDokV vom 29.7.2015, BAnz. AT 31.7.2015 V1) Gebrauch gemacht und von der Pflicht zur Abgabe einer schriftlichen Anmeldung nach §§ 16 I oder III MiLoG, der Pflicht zur Abgabe einer Versicherung nach § 16 II oder IV sowie der Pflicht zum Erstellen und Bereithalten von Dokumenten nach § 17 I u. II MiLoG solche Beschäftigungsverhältnisse ausgenommen, bei denen das verstetigte regelmäßige Monatsgehalt 2 958 EUR überschreitet und für die der AG seine nach § 16 II MiLoG bestehenden Verpflichtungen zur Aufzeichnung der Arbeitszeit und zur Aufbewahrung dieser Aufzeichnungen tatsächlich erfüllt. Ferner gilt die Mindestlohnmeldeverordnung vom 26.11.2014 (MiLoMeldV, BGBl. I 1825, zuletzt geänd. 31.10.2016, BGBl. I 2494). Gem. § 17 IV MiLoG ist ferner eine Verord-

---

[153] *Hilgenstock* Rn. 251.
[154] *Spielberger/Schilling* NJW 2014, 2897 (2902); *Lakies* ArbuR 2014, 360 (365); ErfK/*Franzen* MiLoG § 11 Rn. 1.
[155] Ausf. hierzu *Maschmann* NZA 2014, 929 ff.; zur Vereinbarkeit mit dem Unionsrecht *Hantel* NZA 2015, 410 ff; zu den datenschutzrechtlichen Aspekten vgl. *Franck/Krause* DB 2015, 1285.
[156] ErfK/*Franzen* MiLoG § 14 Rn. 1; *Spielberger/Schilling* NJW 2014, 2897 (2902); *Hilgenstock* Rn. 272.
[157] *Schmitz-Witte/Kilian* NZA 2015, 414 (416); *Schrader/Novak* NJW 2015, 1783 (1787).

nungsermächtigung für das Bundesministerium für Finanzen wegen Regelungen zur Ausgestaltung der Aufzeichnungspflicht normiert. Insoweit gilt die Mindestlohnaufzeichnungsverordnung vom 26.11.2014 (MiLoAufzV, BGBl. I 1824).

Gem. § 23 MiLoG hat eine **Evaluation** des Gesetzes im Jahr 2020 zu erfolgen. Dabei soll eine umfassende Analyse vorgenommen werden, ob und inwieweit die Gesetzeszwecke erreicht wurden. Ferner sind die Auswirkungen auf die Beschäftigung, die Integration von Langzeitarbeitslosen in den Arbeitsmarkt, die Entwicklung der Scheinselbständigkeit und der Schwarzarbeit zu untersuchen.[158] 66

XI. Sanktionen

Gemäß § 21 MiLoG sind für die dort in Abs. 1 Nr. 1–9 und Abs. 2 aufgezählten Pflichtverstöße Geldbußen vorgesehen. Das gilt insbesondere für AG, die den Mindestlohn nicht oder nicht rechtzeitig zahlen (§ 21 I Nr. 9 MiLoG). § 21 I Nr. 9 MiLoG erfasst dabei allerdings nicht die unterbliebene oder nicht rechtzeitige Zahlung an im Ausland beschäftigte AN deutscher AG, weil für diese der Mindestlohn nicht aufgrund von § 20 MiLoG gilt, sondern allein nach § 1 I MiLoG. Nach § 21 II MiLoG begeht eine Ordnungswidrigkeit, wer Werk- oder Dienstleistungen in erheblichem Umfang ausführen lässt, indem er als Unternehmer einen anderen Unternehmer beauftragt, von dem er weiß oder fahrlässig nicht weiß, dass er bei der Erfüllung des Auftrags entweder selbst den Mindestlohn nicht oder nicht rechtzeitig zahlt oder seinerseits einen Nachunternehmer beauftragt hat, der auf diese Weise gegen das MiLoG verstößt. Ein erheblicher Umfang dürfte – wie im Bereich von § 23 II AEntG – bei einem Auftragsvolumen von 10 000 EUR anzunehmen sein.[159] Ein fahrlässiges Verhalten liegt dann vor, wenn der Auftraggeber klare Anhaltspunkte hatte, dass der Mindestlohn nicht gezahlt wird, etwa wenn der Auftrag zu den angebotenen Konditionen nicht unter Einhaltung des Mindestlohns erfüllt werden kann. 67

Außerdem sollen AG, gegen die eine Geldbuße von wenigstens 2 500 EUR verhängt wurde, gem. § 19 MiLoG für eine angemessene Zeit bis zur nachgewiesenen Wiederherstellung ihrer Zuverlässigkeit von der Vergabe öffentlicher Aufträge ausgeschlossen werden. Der Begriff der Angemessenheit wird im MiLoG nicht erläutert. Im Bereich von § 21 AEntG, dem § 19 MiLoG nachgebildet ist, wird allgemein in analoger Anwendung von § 21 SchwarzArbG ein Zeitrahmen von bis zu drei Jahren als angemessen angesehen.[160] Bei der Ermessensentscheidung sind alle Umstände des Einzelfalles abzuwägen. Dazu zählen die Schwere des Gesetzesverstoßes, die Wiederholungsgefahr, die Folgen des Ausschlusses für den AG und die Arbeitsplätze seiner AN sowie die Auswirkungen auf die Wettbewerbssituation.[161] Ebenfalls nicht geregelt ist, auf welche Weise die Zuverlässigkeit wieder hergestellt und nachgewiesen werden kann. Insoweit besteht für die zuständige Behörde damit ein erheblicher Beurteilungs- bzw. Ermessensspielraum. Die noch im Gesetzentwurf enthaltene (von § 21 I 2 AEntG übernommene) Bestimmung, wonach es bereits ausreichen sollte, wenn „kein vernünftiger Zweifel an einer schwerwiegenden Verfehlung" nach § 19 I MiLoG besteht,[162] ist nicht Gesetz geworden. 68

Umstr. ist, ob das Unterschreiten des Mindestlohnes darüber hinaus einen Rechtsbruch iSv § 3a UWG darstellt.[163] 69

§ 67. Grundlagen und Bemessung der vertraglichen Arbeitsvergütung

Übersicht

[158] Vgl. die Gesetzesbegründung BT-Drs. 18/1558, 51.
[159] *Pötters/Krause* NZA 2015, 398 (400).
[160] ErfK/*Schlachter* AEntG § 21 Rn. 1; *Ulber* AEntG § 21 Rn. 15; KAEW/*Koberski* AEntG § 21 Rn. 19; Thüsing MiLoG/*Mengel* AEntG § 21 Rn. 8.
[161] Thüsing MiLoG/*Mengel* AEntG § 21 Rn. 89; KAEW/*Koberski* AEntG § 21 Rn. 19.
[162] BT-Drs. 18/1558, 15.
[163] Verneinend KG Bln 14.2.2017 WM 2018, 150; ausf. hierzu *Fechner/Kocher* NZA 2017, 755.

I. Allgemeines

1 **1. Hauptleistungspflicht.** Gem. **§ 611 I BGB** ist der AG zur Zahlung der vereinbarten oder der nach § 612 II BGB zu bestimmenden Vergütung an den AN verpflichtet. Dabei handelt es sich um die im Gegenseitigkeitsverhältnis zur Arbeitspflicht des AN stehende Hauptleistungspflicht des AG.

2 **a) Arbeitgeber.** AG ist, wer den Arbeitsvertrag abgeschlossen hat. Näher zum Arbeitgeberbegriff → § 16 Rn. 1 ff., zur Haftung von Gesellschaftern von Personengesellschaften sowie von Konzernunternehmen → § 15 Rn. 1 ff.

3 **b) Vergütung.** Vergütung ist jeder als **Gegenleistung** für die Arbeitsleistung bestimmte geldwerte Vorteil, also auch Sachbezüge (→ § 68 Rn. 1 ff.). Nicht zur Arbeitsvergütung gehören Schadensersatzleistungen, zB für vorzeitige Vertragsbeendigung (§ 628 II BGB) oder Abfindungen. Keine Arbeitsvergütung sind Zinsen, die bei verspätet geleisteter Arbeitsvergütung zu zahlen sind (→ § 71 Rn. 13). Vielmehr handelt es sich hierbei um einen gesetzlichen Ausgleich für die Vorenthaltung des Entgelts. Der BFH stuft Verzugszinsen für die Versteuerung als Einnahmen aus Kapitalvermögen ein,[1] in der Sozialversicherung begründen sie weder die Beitragspflicht noch einen Anspruch auf Insolvenzgeld.[2] Kein Entgelt sind ferner Zinsen, die aufgrund eines Arbeitnehmerdarlehens zu zahlen sind.[3] Problematisch ist, ob noch Vergütungsansprüche gegeben sind, wenn Entgeltansprüche im Wege der Schuldumschaffung in ein Vereinbarungsdarlehen[4] umgewandelt werden,[5] wobei dies ohnehin nur wegen des Nettoauszahlungsbetrages in Betracht kommt.

4 Herkömmlicherweise wird die Vergütung von Arbeitern **Lohn,** von Angestellten **Gehalt** und von Künstlern **Gage** genannt. Die Vergütung der Seeleute bezeichnet das Gesetz als **Heuer** (§§ 37 ff. SeeArbG). Für die Arbeitsvergütung finden sich aber auch die Bezeichnungen Bezüge, Entgelt, Honorar, Entschädigung usw. In einigen Gesetzen ist der Begriff des Lohnes dem der Arbeitsvergütung synonym (zB § 5 III 2 ArbGG, § 16 II Nr. 2 BetrAVG, im Lohnsteuerrecht § 2 LStDV, im Betriebsverfassungsrecht § 87 I Nr. 10 BetrVG).

5 **2. Gegenseitigkeitsverhältnis. a) Rechtsnatur.** Ihrer Rechtsnatur nach ist die Arbeitsvergütung **Gegenleistung für die geleisteten Dienste;** dies gilt auch dann, wenn sie gelegentlich als Entschädigung bezeichnet wird. **Schadensersatz** kann sie nur dann sein, wenn sie wegen einer verschuldeten Pflichtverletzung des AG zu leisten ist, zB wenn er die Arbeitsleistung des AN schuldhaft unmöglich gemacht hat. In Berufsausbildungsverhältnissen ist die Vergütung keine Gegenleistung, sondern eine Nebenpflicht mit Unterhaltsfunktion, die zugleich die Heranbildung eines ausreichenden Nachwuchses an qualifizierten Fachkräften gewährleisten soll und eine Mindestentlohnung für die vom Auszubildenden erbrachte Leistung darstellt.[6] Von der Arbeitsvergütung zu unterscheiden ist der **Auslagenersatz,** durch den dem AN besondere, im

[1] BFH 29.9.1981 NJW 1982, 792; offen gelassen bei BFH 9.5.1989 BFH/NV 1990, 283; vgl. auch BFH 15.5.1998 NZA-RR 1998, 509.

[2] BSG 15.12.1992 NZS 1993, 322; 18.9.1991 NZA 1992, 329; 28.2.1985 ZIP 1985, 626; aA *Uhlenbruck* DB 1986, 645.

[3] ErfK/*Preis* BGB § 611a Rn. 427.

[4] Vgl. zum Begriff BGH 28.1.2016 NJW 2016, 2115.

[5] Vgl. hierzu LAG Nds 30.8.2000 – 16a Sa 378/00.

[6] BAG 10.2.1981 AP Nr. 25 zu § 5 BetrVG 1972; 8.12.1982 AP Nr. 1 zu § 29 BBiG; 10.4.1991 AP Nr. 3 zu § 10 BBiG = NZA 1991, 773; 25.7.2002 AP Nr. 11 zu § 10 BBiG; 15.12.2005 AP Nr. 15 zu § 10 BBiG; auch → § 174 Rn. 60 ff.

Zusammenhang mit der Arbeitsleistung erwachsende Aufwendungen ersetzt werden (→ § 82 Rn. 1 ff.).

b) Leistungsstörungen. Aus dem Gegenseitigkeitsverhältnis folgen die **Rechte des AN im Falle von Leistungsstörungen des AG.** **(1)** Erfüllt der AG seine Zahlungspflicht nicht, so erlangt der AN die Einrede des nicht erfüllten Vertrags (§ 320 BGB; → § 50 Rn. 1 ff.). **(2)** Braucht der AN die Arbeitsleistung nach § 275 I–III BGB nicht zu erbringen, so entfällt der Anspruch auf die Gegenleistung; bei einer Teilleistung wird der Anspruch gemindert (§ 326 I BGB). Ist der AG für den Umstand, dass der AN nicht zu leisten braucht, ganz oder überwiegend verantwortlich, so behält der AN seinen Entgeltanspruch (§ 326 II BGB). 6

3. Entgeltlose Arbeitsverträge. Nur ganz ausnahmsweise sind Arbeitsverträge ohne die Verpflichtung des AG zur Zahlung einer Vergütung denkbar. Sie spielen in der Praxis kaum eine Rolle und kommen nur ganz vereinzelt vor, insbes. wenn die Tätigkeit zunächst nur einer Einarbeitung dient. Zumeist wird in diesen Fällen allerdings eher ein Praktikantenverhältnis vorliegen (→ § 15 Rn. 9 ff.). 7

II. Vergütungsvereinbarung

1. Vertrag. Regelmäßig wird über die vom AG zu zahlende Vergütung eine besondere Vergütungsvereinbarung getroffen. Diese kann ausdrücklich oder konkludent geschlossen werden. Eine konkludente Vergütungsvereinbarung kann zB vorliegen, wenn der AG dem AN widerspruchslos eine Lohnabrechnung mit übertariflichem Lohn aushändigt. Nach **§ 2 I 2 Nr. 6 NachwG** ist die Vergütung einschließlich aller Bestandteile schriftlich niederzulegen. Sind die Parteien tarifgebunden oder wird im Arbeitsvertrag auf einen Tarifvertrag verwiesen, so richtet sich die Vergütung nach dem Tarifvertrag. Im Falle der Tarifbindung der Parteien darf die Vergütungsvereinbarung die tarifliche Vergütung nicht unterschreiten. Der Gleichbehandlungsgrundsatzfindet zwischen Tarifgebundenen und nicht Tarifgebundenen keine Anwendung (hierzu → § 112 Rn. 12 f.). In Ausnahmefällen kann die Vergütungsvereinbarung nach Grund und Höhe auch von einer Betriebsvereinbarung beeinflusst sein; Betriebsvereinbarungen enthalten aber regelmäßig wegen des Tarifvorbehaltes (§ 77 III BetrVG) keine Vergütungsregelungen. 8

2. Grundsatz der Entgeltgleichheit. Der Grundsatz der **Entgeltgleichheit bei Männern und Frauen** wurde für Tarifverträge und Betriebsvereinbarungen unmittelbar aus Art. 3 III GG abgeleitet.[7] Nach richtiger Auffassung galt er aber auch für arbeitsvertragliche Einheitsregelungen, Gesamtzusagen, gebündelte Arbeitsverträge sowie bei Individualvereinbarungen. In jedem Fall folgt er aus Art. 157 AEUV. 9

Durch das arbeitsrechtliche EG-Anpassungsgesetz vom 13.8.1980 (BGBl. I 1308) wurde der Grundsatz der Entgeltgleichheit ausdrücklich in § 612 III BGB niedergelegt. Individual- oder Kollektivvereinbarungen, die dagegen verstießen, waren nach § 134 BGB unwirksam. Im Wege der ergänzenden Vertragsauslegung war zu ermitteln, ob allgemein für die benachteiligten Personengruppen eine Erhöhung der Vergütung erfolgt.[8] Durch Art. 3 Nr. 14 Gesetz zur Umsetzung europäischer Richtlinien zur Verwirklichung des Grundsatzes der Gleichbehandlung ist § 612 III BGB zum 18.8.2006 aufgehoben worden. Der Entgeltgleichheitssatz wurde in **§§ 1, 7 AGG** geregelt. Eine unterschiedliche Entlohnung von Männern und Frauen ist gem. **§ 8 I AGG** nur dann zulässig, wenn das Geschlecht wegen der Art der auszuübenden Tätigkeit oder der Bedingungen ihrer Ausübung eine wesentliche und entscheidende berufliche Anforderung darstellt. Das Gebot des gleichen Entgelts für Frauen und Männer entsprechend den Vorgaben der RL 2006/54/EG zur Entgeltgleichheit bei gleicher oder gleichwertiger Arbeit ist mit dem 6.7.2017 in Kraft getretenen EntgTranspG (hierzu → § 37 Rn. 1 ff.) erstmalig hinreichend im innerstaatlichen Recht umgesetzt[9] und mit §§ 3, 7 EntgTranspG wurde eine Anspruchsgrundlage auf Leistung gleichen Entgelts normiert. 10

In zahlreichen Tarifverträgen waren sog. **Leichtlohngruppen** vorgesehen. In ihnen wurden nahezu ausschließlich Frauen beschäftigt. Da bei den Leichtlohngruppen an die geringere kör- 11

[7] BAG 17.10.1995 AP Nr. 132 zu § 242 BGB Gleichbehandlung = NZA 1996, 656; 17.11.1998 AP Nr. 162 zu § 242 BGB Gleichbehandlung = NZA 1999, 606.

[8] Vgl. BAG 23.9.1992 AP Nr. 1 zu § 612 BGB Diskriminierung = NZA 1998, 891; 16.6.1993 AP Nr. 26 zu § 2 BeschFG 1985.

[9] Ausf. hierzu BAG 25.6.2020 AP Nr. 1 zu § 10 EntgTranspG = NZA 2020, 1613.

perliche Beanspruchung angeknüpft wird, hat die Rspr. diese zunächst als rechtswirksam anerkannt.[10] Gleichwohl ist eine **Diskriminierung der Frauenarbeit** gegeben, weil von einer solchen Regelung ausschließlich oder überwiegend Personen eines Geschlechtes betroffen sind (mittelbare Diskriminierung, → § 37 Rn. 84 ff.). Der EuGH lässt Lohngruppen für leichte körperliche Arbeit nur zu, wenn ein kompensierender Anspruch bei typischen Frauenarbeiten geschaffen wird, wenn also möglichst auch Kriterien berücksichtigt werden, bei denen Frauen besonders geeignet sein können.[11] Erhalten alle männlichen AN eine Zulage und werden nur weibliche hiervon ausgeschlossen, spricht eine Vermutung dafür, dass die Frauen benachteiligt werden sollten, wenn nur für einen Teil der männlichen AN Gründe der Bevorzugung bestehen.[12]

12 Nach § 1 AGG ist zudem eine Benachteiligung aus Gründen der Rasse oder wegen der ethnischen Herkunft, des Geschlechts, der Religion oder Weltanschauung, einer Behinderung, des Alters oder der sexuellen Identität ausgeschlossen.

13 **3. Vertragsfreiheit.** Grundsätzlich sind die Arbeitsvertragsparteien aufgrund des Gleichbehandlungsgrundsatzes nicht gehindert, die Höhe der Arbeitsvergütung frei zu vereinbaren. Insoweit gilt der Vorrang der Vertragsfreiheit. Allein die Tatsache, dass andere AN bei gleicher Arbeitsleistung ein höheres Entgelt erhalten, löst noch keinen Anspruch auf eine entsprechende Vergütungserhöhung aus.[13] Anwendbar ist der Gleichbehandlungsgrundsatz (→ § 112 Rn. 1 ff.) dagegen dann, wenn der AG nach einem bestimmten erkennbaren und generalisierenden Prinzip Leistungen gewährt.[14] Ist eine unverhältnismäßig geringe Vergütung vereinbart, so kann diese nach **§ 138 II BGB (Wucher)** sittenwidrig sein (→ § 34 Rn. 4 ff.). Zu Berufsausbildungsverträgen → § 174 Rn. 60 ff.

14 **4. Fehlende Rechtsgrundlage.** Fehlt eine Rechtsgrundlage oder Vergütungsvereinbarung gem. Ziff. 1 oder ist diese nichtig,[15] so gilt die Vergütung als **stillschweigend vereinbart,** wenn die Dienstleistung den Umständen nach nur gegen eine Vergütung zu erwarten ist (§ 612 I BGB). Die Vergütungsvereinbarung ist ein essentieller Bestandteil des Arbeitsvertrags. Durch die Fiktion des § 612 I BGB wird vermieden, dass ein Vertrag mangels Einigung über die Vergütung unwirksam ist. Umstände, aus denen eine stillschweigende Vergütungsvereinbarung herzuleiten ist, sind die Verkehrssitte, Umfang und Dauer der Arbeitsleistung, deren regelmäßige Erbringung, volle oder überwiegende Beanspruchung der Arbeitskraft des Dienstverpflichteten usw. Entscheidend sind die **objektive Sachlage** und die Verhältnisse des Einzelfalles. Unerheblich ist dagegen, ob AN oder AG **subjektiv** von der Vergütungspflicht für die Dienstleistung ausgehen. Eine Anfechtung wegen Irrtums über die Vergütungspflicht scheidet daher aus. Darlegungs- und beweispflichtig für das Vorliegen der Umstände ist der Anspruchssteller; der Anspruchsgegner hat demgegenüber nachzuweisen, warum im konkreten Einzelfall die Arbeit unentgeltlich geleistet werden sollte. Dies kann zB der Fall sein bei verwandtschaftlichen Beziehungen, Gelegenheitsverrichtungen, **Gefälligkeitsschuldverhältnissen** oder echten Auftragsverhältnissen (§ 662 BGB). Gesellschaftliche Schuldverhältnisse oder Gefälligkeitsverrichtungen liegen dann vor, wenn dem Dienstnehmer der Wille zur rechtlichen Bindung fehlt; zB der AN nimmt gelegentlich abends die Post mit und wirft sie am nächsten Briefkasten ein. Ein Gefälligkeitsschuldverhältnis ist im Zweifel dann nicht gegeben, wenn der Dienstverpflichtete eine Rechtspflicht seines AG übernimmt (zB Mitnahme eines Arbeitskollegen zur Montagestelle usw.).

15 **5. Nachträgliche Entlohnung.** Möglich ist, die Vergütung erst nach Ableistung der Dienste zu vereinbaren; zB wenn sich ergibt, dass die zu erbringende Arbeit umfangreicher ist als erwartet. Dasselbe gilt aufgrund der Vertragsfreiheit für Erhöhungen der Vergütung.[16] Denkbar ist aber auch, dass die Vergütung aufschiebend bedingt vereinbart wird. Dies ist zB der Fall, wenn ein AN zu Lebzeiten des AG nicht oder nur unzureichend entlohnt wird und ihm eine Vergütungszahlung für den Fall des Ablebens des AG in Aussicht gestellt wird. Derartige Abreden sind Verträge unter Lebenden und keine formbedürftigen Schenkungsversprechen von Todes wegen

---

[10] BAG 15.1.1955 AP Nr. 4 zu Art. 3 GG.

[11] EuGH 1.7.1986 AP Nr. 13 zu Art. 119 EWG-Vertrag.

[12] BAG 9.9.1981 AP Nr. 117 zu Art. 3 GG; 11.9.1974 AP Nr. 39 zu § 242 BGB Gleichbehandlung.

[13] BAG 23.8.1995 AP Nr. 134 zu § 242 BGB Gleichbehandlung = NZA 1996, 829; 9.11.1971 AP Nr. 36 zu § 242 BGB Gleichbehandlung.

[14] Zur Abgrenzung zu individuell vereinbarten Entgelten vgl. BAG 19.8.1992 AP Nr. 102 zu § 242 BGB Gleichbehandlung = NZA 1993, 171; näher hierzu → § 112 Rn. 8 ff.

[15] BAG 28.9.1994 AP Nr. 38 zu § 2 BeschFG 1985; 25.1.1989 AP Nr. 2 zu § 2 BeschFG 1985; 5.8.1963 AP Nr. 20 zu § 612 BGB; 10.3.1960 AP Nr. 2 zu § 138 BGB.

[16] BGH 15.3.1989 AP Nr. 40 zu § 612 BGB.

(§ 2301 BGB). Hierdurch wird der Vergütungsanspruch (konkludent) gestundet.[17] Lässt ein AN sich für seine Dienstleistungen die Hofübergabe oder eine andere atypische Vergütung versprechen, so hat er später kein Wahlrecht zwischen der Hofübergabe oder einer Geldleistung, es sei denn die atypische Vergütung wird durch Gründe verhindert, die nicht vom AN zu vertreten sind.[18] Häufig wird AN (Pfleger/innen, Haushälter/innen usw.) eine testamentarische Bedenkung in Aussicht gestellt. Die Verjährung des Entgeltanspruchs beginnt in diesen Fällen erst mit dem Tode des AG bzw. der Feststellung der Unwirksamkeit des Testamentes.[19] Unterbleibt die testamentarische Bedenkung oder ist sie unwirksam, so kann sich gem. § 612 I BGB ein Anspruch auf angemessene Vergütung ergeben.[20] Durch die Zusage, geleistete Dienste im Wege der Erbfolge oder durch eine andere atypische Vergütung zu entgelten, ist der AG rechtlich nicht gehindert, unter Lebenden über sein Vermögen zu verfügen. Entzieht eine solche Verfügung einem beabsichtigten späteren finanziellen Ausgleich für die Arbeitsleistung die Grundlage, ist die Entgeltvereinbarung dahingehend auszulegen, dass damit die vereinbarte Stundung des Entgelts hinfällig wird.[21] Das Gleiche gilt bei einer Ablehnung, noch eine Vergütung im Wege der Erbeinsetzung zu leisten.[22] Daher beginnt in diesen Fällen mit dem Wegfall der Stundungsabrede ab diesem Zeitpunkt der Lauf der Verjährungsfrist.[23]

6. Vergütungserwartung. a) Verwandtschaftliche oder quasi-familiäre Beziehungen. 16
Vielfach erbringen Personen in verwandtschaftlichen oder quasi-familiären Beziehungen (Verlobte, Lebensgemeinschaft usw.) Arbeitsleistungen, ohne dass diese während des Bestandes des Verhältnisses besonders vergütet werden. Nach Auflösung derartiger Rechtsbeziehungen oder im Falle von Streitigkeiten besteht ein Vergütungs- oder Nachzahlungsanspruch auf Vergütung,[24] wenn **(a)** aufgrund arbeitsvertraglicher Beziehungen – uU in Form einer schlüssigen Vertragsvereinbarung oder eines faktischen Arbeitsverhältnisses – eine Erwartung besteht,[25] dass durch eine in Zukunft erfolgende Übergabe eines Vermögens oder Vermögensbestandteiles die in der Vergangenheit geleisteten Dienste abgegolten werden sollen, **(b)** für die geleisteten Dienste entweder keine oder doch nur deutlich unterwertige Bezahlung erfolgt ist und **(c)** ein unmittelbarer Zusammenhang zwischen der unterwertigen oder fehlenden Zahlung und der Erwartung gegeben ist.

b) Bestehen einer berechtigten Erwartung. Eine Vergütungserwartung besteht zB dann, 17
wenn ein/e Verlobte/r vereinbarungsgemäß für den Betrieb der Eltern ihrer/seiner Verlobten unentgeltlich Dienste leistet, weil die Eheleute nach erfolgter Heirat den Betrieb übernehmen sollen.[26] Dagegen wird ein Anspruch aus fehlgegangener Vergütungserwartung verneint, wenn die/der Verlobte in Erwartung künftiger Eheschließung arbeitet und diese scheitert.[27] Bejaht wurde ein Anspruch, wenn eine Frau einem Mann in einem eheähnlichen Verhältnis den Haushalt führt und sie nach seinem Ableben Zuwendungen erhalten soll,[28] oder ein AN in Erwartung künftiger Erbeinsetzung langjährig Dienste leistet.[29] Eine für die Anwendung von § 612 BGB ausreichende Vergütungserwartung ist bereits dann gegeben, wenn der AN in einer dem Dienstberechtigten erkennbaren Erwartung späterer Vergütung arbeitet und dieser die Dienste gleichwohl entgegennimmt;[30] eine sichere Aussicht späterer Vergütung ist nicht Voraussetzung.[31] Bei

[17] BAG 30.8.1973 AP Nr. 28 zu § 612 BGB m. iErg zustAnm *Beuthien;* 30.9.1971 AP Nr. 27 zu § 612 BGB mablAnm *Beuthien;* 28.9.1977 AP Nr. 29 zu § 612 BGB m. iErg zustAnm *v. Hoyningen-Huene.*
[18] BAG 20.9.1978 AP Nr. 32 zu § 612 BGB.
[19] BAG 30.9.1971 AP Nr. 27 zu § 612 BGB; 5.8.1963 AP Nr. 20 zu § 612 BGB.
[20] BAG 30.9.1971 AP Nr. 27 zu § 612 BGB; 5.8.1963 AP Nr. 20 zu § 612 BGB.
[21] BAG28.9.1977 AP Nr. 29 zu § 612 BGB; 30.8.1973 AP Nr. 28 zu § 612 BGB.
[22] BAG 28.9.1977 AP Nr. 29 zu § 612 BGB.
[23] BAG 5.8.1963 AP Nr. 20 zu § 612 BGB.
[24] BAG 17.8.2011 AP Nr. 55 zu § 307 BGB = NZA 2011, 1335; 14.7.1966 AP Nr. 24 zu § 612 BGB; HessLAG 7.9.2010 – 12 Sa 1817/08; LAG Köln 24.4.1990 – 4 Sa 120/90, LAGE § 612 BGB Nr. 4.
[25] Vgl. BAG 19.7.1973 AP Nr. 19 zu § 611 BGB Faktisches Arbeitsverhältnis mAnm *Buchner;* auch OLG Stuttgart 29.6.1977 NJW 1977, 1779.
[26] BAG 15.3.1960 AP Nr. 13 zu § 612 BGB.
[27] LAG RhPf 18.11.1998 MDR 1999, 617 = NZA 2000, 1060 (LS).
[28] BAG 24.9.1960 AP Nr. 15 zu § 612 BGB; aA bei bloßem Eheversprechen: LAG RhPf 22.10.1982 LAGE § 612 BGB Nr. 2 = DB 1982, 2719.
[29] BAG 5.8.1963 AP Nr. 20 zu § 612 BGB; 18.1.1964 AP Nr. 22 zu § 612 BGB; bei Testierverbot: BAG 30.9.1971 AP Nr. 27 zu § 612 BGB.
[30] BAG 14.7.1966 AP Nr. 24 zu § 612 BGB; vgl. auch LAG Köln 17.6.1999 AP Nr. 58 zu § 612 BGB = NZA-RR 2000, 580 (LS).
[31] BAG 24.6.1965 AP Nr. 23 zu § 612 BGB.

einem Gesellschafter-Geschäftsführer einer GmbH besteht nicht die generelle Erwartung, dass er nur gegen Entgelt für diese tätig wird. Anders als ein Fremdgeschäftsführer kann er gegen eine angemessene oder deutlich unterwertige Vergütung oder sogar unentgeltlich tätig werden.[32]

18 **c) Unterwertige Vergütung.** Bei der Beurteilung, ob eine deutlich unterwertige Vergütung erfolgt ist, kann nicht allein auf den Vergleich zwischen der gezahlten und der üblichen Vergütung abgestellt werden, vielmehr sind alle Umstände des Einzelfalles zu berücksichtigen.[33] Hierzu gehört insbesondere die Leistungsfähigkeit des Dienstgebers. Liegt eine deutliche Unterbewertung vor, so ist im Falle des Fehlgehens der Vergütungserwartung eine Gesamtbewertung der geleisteten Dienste vorzunehmen.[34] In die Bewertung ist also auch die bereits vergütete Arbeitsleistung einzubeziehen.

19 **d) Kausalität.** Der unmittelbarere Zusammenhang zwischen der fehlenden oder unterwertigen Entgeltzahlung und der Erwartung liegt vor, wenn die **Arbeitsleistung** ohne die Vergütungserwartung **nicht oder jedenfalls nicht in dem Umfang erfolgt wäre.**[35] Letztlich geht es bei diesem Tatbestandsmerkmal um die Kausalität der Vergütungserwartung für die Arbeitsleistung.

20 **e) Anspruchsgrundlage, Entgeltanspruch.** Anspruchsgrundlage für den Zahlungsanspruch ist **§ 611 I BGB iVm § 612 BGB,** weil die erbrachte Arbeitsleistung zu vergüten ist. Grundlage hierfür ist ein bestehender Arbeitsvertrag, bei dem lediglich eine fehlgeschlagene Vergütungsvereinbarung durch § 612 BGB ersetzt wird.[36] Weil es sich nicht um einen bereicherungsrechtlichen Anspruch handelt, kommt auch ein Wegfall der Bereicherung gem. § 818 III BGB nicht in Betracht. Der Vergütungsanspruch ist als gestundet anzusehen und wird erst mit dem Fehlschlagen der Vergütungserwartung **fällig.**[37] Insoweit gilt dasselbe wie bei einer vereinbarten nachträglichen Entlohnung (→ Rn. 15). Der Anspruch **verjährt** wie jeder andere Anspruch auf Arbeitslohn nach drei Jahren (§ 195 BGB); die Verjährungsfrist beginnt gem. § 199 I BGB mit dem Schluss des Jahres zu laufen, in dem nach Fehlschlagen der Vergütungserwartung hätte abgerechnet werden müssen. **Steuerlich** begründet der arbeitsrechtlich bestehende Anspruch für sich genommen nicht die Feststellung, dass die zuerkannten Ansprüche Einkünfte aus nichtselbständiger Arbeit iSv § 19 I 1 Nr. 1 EStG sind, vielmehr kommt es auf das tatsächliche Vorliegen der entsprechenden steuerrechtlichen Merkmale an.[38]

21 **f) Beweislast.** Der Dienstleistende hat in den Fällen der fehlgegangenen Vergütungserwartung die Beweislast für die von ihm behauptete Entgeltregelung und dafür, dass eine nachträgliche Entlohnung unterblieben ist.[39]

22 **7. Leistungserwartung.** Hat der AG dem AN eine größere Vergütung (Überlassung eines Grundstückes) gewährt und beendet der AN vorzeitig seinen Dienst, so wird gelegentlich von einer fehlgegangenen Leistungserwartung gesprochen. Insoweit soll der AN zur Rückgewähr verpflichtet sein.[40] Allerdings kann die Geschäftsgrundlage für die Übereignung weggefallen sein. Dann folgt der Rückgewähranspruch aus § 812 BGB.

23 **8. Mehrleistung.** § 612 I BGB ist ferner entsprechend anzuwenden, wenn der Dienstleistende eine Mehrleistung gegenüber der vertraglich vereinbarten Leistung erbringt. Dies gilt sowohl bei quantitativer Mehrleistung (Über- und Mehrarbeitsstunden, hierzu → § 69 Rn. 7 ff.) als auch bei qualitativer, also höherwertiger Leistung.[41] Voraussetzung ist aber jeweils, dass die Mehrleistung den Umständen nach nur gegen eine Vergütung zu erwarten ist. Dies ist anhand eines objektiven Maßstabs unter Berücksichtigung der Verkehrssitte, der Art, des Umfangs und der Dauer der Dienstleistung sowie der Stellung der Beteiligten zueinander zu beurteilen, ohne dass es auf deren persönliche Meinung ankommt. Hierbei sind auch die in der Branche geltenden

---

[32] OLG Frankfurt 10.6.1992 GmbHR 1993, 358; LG Essen 6.9.2000 NZA-RR 2001, 412.

[33] BAG 14.5.1969 AP Nr. 25 zu § 612 BGB; 14.7.1966 AP Nr. 24 zu § 612 BGB.

[34] BAG 24.6.1965 AP Nr. 23 zu § 612 BGB.

[35] Vgl. LAG Köln 20.4.1990 LAGE § 612 BGB Nr. 4.

[36] Vgl. die unter → Fn. 29 zitierten Entscheidungen des BAG, die als Anspruchsgrundlage § 612 BGB nennen; ErfK/*Preis* BGB § 612 Rn. 22 f. mwN; für eine Anwendbarkeit des Bereicherungsrechts: Staudinger/*Richardi* BGB § 612 Rn. 26; *Beuthin* RdA 1969, 161 ff.; für ein faktisches Arbeitsverhältnis: *Canaris* DB 1967, 165.

[37] BAG 5.8.1963 AP Nr. 20 zu § 612 BGB.

[38] BFH 8.5.2008 DB 2008, 1720 = NZA 2008, 994.

[39] BAG 19.2.1970 AP Nr. 26 zu § 612 BGB.

[40] LAG SchlH 25.1.1989 DB 1989, 1975.

[41] BAG 23.9.2015 AP Nr. 79 zu § 612 BGB; 16.2.1978 AP Nr. 31 zu § 612 BGB.

tarifvertraglichen Regelungen in Bezug auf vorübergehende Mehrleistungen zu berücksichtigen.[42] Bejaht worden ist zB ein Entgeltanspruch, wenn eine Schreibkraft eine schöpferische Leistung zum Buchmanuskript erbringt,[43] im Rahmen eines Beratervertrags eine außergewöhnliche Leistung erbracht wird, unabhängig davon, ob eine wesentliche Bereicherung zugeflossen ist,[44] die Leistung des Künstlers bei Ton- und Fernsehaufführungen verwandt worden ist,[45] der AN die Geschäftsführung in einem Tochterunternehmen übernimmt.[46] Der AN kann aufgrund der arbeitsvertraglichen Rücksichtnahmepflicht gem. § 241 II BGB (→ § 53 Rn. 1 ff.) gehalten sein, für eine begrenzte Zeit zB bei Urlaub, Krankheit oder zur Erprobung auch eine höherwertige Dienstleistung zu erbringen.

9. Ruhestandsbezüge. Zu den Leistungen mit Vergütungscharakter zählen ebenfalls die Ruhestandsbezüge im Rahmen der **betrieblichen Altersversorgung** (→ § 272 Rn. 12). 24

III. Bemessung der Arbeitsvergütung

1. Allgemeines. a) Arbeitsvertragliche Vereinbarung. Grundsätzlich können die Arbeitsvertragsparteien die Bemessung der Arbeitsvergütung **frei vereinbaren.** Einschränkungen ergeben sich vor allem aus dem Grundsatz der Entgeltgleichheit (→ Rn. 9 ff.), einer bestehenden Tarifbindung (→ § 202 Rn. 1 ff.) sowie einer Mindestlohnregelung (→ § 66 Rn. 1 ff., → § 162 Rn. 1 ff.). Vereinbarungen in Allgemeinen Geschäftsbedingungen unterliegen der Inhaltskontrolle nach § 307 BGB (→ § 35 Rn. 1 ff.). Die Vertragspartner können der Lohnfindung ein **kausales** oder **finales Lohnfindungssystem** (→ § 62 Rn. 1 ff.) zugrunde legen oder im Rahmen der kausalen Lohnfindung Zeit-, Akkord- oder Prämienlohn vereinbaren. 25

b) Tarifvertrag. aa) Tarifbindung. Besteht für die Arbeitsvertragsparteien Tarifbindung, so darf die vereinbarte Vergütung die tarifliche nicht unterschreiten. Theoretisch denkbar ist allerdings, dass zB einzelvertraglich eine Prämienentlohnung vereinbart ist, während aufgrund des Tarifvertrags für eine bestimmte Tätigkeit Stundenlohn vorgesehen ist. In diesen Fällen muss jeweils eine **doppelte Lohnberechnung** durchgeführt werden. Ist die vereinbarte Prämienentlohnung die höhere, so erhält der AN diese; unterschreitet die vereinbarte Prämienentlohnung den Tariflohn, so erhält der AN den letzteren. Schon aus betriebswirtschaftlichen Gründen empfiehlt es sich, Lohnvereinbarungen im Rahmen der tariflichen Lohnfindungssysteme zu treffen. 26

bb) Tarifentgelt als Bewertungsmaßstab. Auch dann, wenn eine **Tarifbindung nicht gegeben** ist, kann das tarifliche Entgelt eine Orientierungshilfe für den Wert der Arbeitsleistung darstellen. Das gilt insbesondere bei der Feststellung, ob ein Lohnwucher gem. § 138 II BGB vorliegt (hierzu → § 34 Rn. 4 ff.) und bei der Ermittlung der üblichen Vergütung nach § 612 BGB (→ Rn. 67). 27

2. Bemessung der Zeitvergütung. a) Zeitvergütung. aa) Zeiteinheiten. Die Zeitvergütung wird regelmäßig als Stunden-, Tages-, Wochen- oder Monatsvergütung vereinbart. Bei Umrechnung auf Teillohnperioden ist mangels anzuwendender tariflicher Vorschriften, Betriebsvereinbarungen oder besonderer einzelvertraglicher Vereinbarung von der Praxis des AG auszugehen, sofern diese grundsätzlich den Interessen beider Vertragsparteien gerecht wird. Bei der Zahlung von Monatsvergütungen ist es zulässig, wenn sie bei der Errechnung von Teilvergütungen durch 30 geteilt werden.[47] In der Praxis werden aber bei anteiligen Entgeltansprüchen regelmäßig die tatsächlich geleisteten Arbeitstage in Relation zu den im Monat möglichen Arbeitstagen gesetzt. Das ist nicht zu beanstanden, auch wenn das zB im Monat Februar verglichen mit dem Monat März zu einer erhöhten Tagesvergütung führt.[48] Soll ausgehend von einem Wochenlohn ein Monatsentgelt errechnet werden, wird in der Praxis zumeist das wöchentliche Entgelt mit 13 multipliziert (= ein Quartal) und dann durch 3 dividiert. 28

---

42 BAG 23.9.2015 AP Nr. 79 zu § 612 BGB; 22.2.2012 AP Nr. 75 zu § 612 BGB = NZA 2012, 861.
43 BAG 11.11.1970 AP Nr. 30 zu § 612 BGB.
44 BGH LM Nr. 1, 4 zu § 612 BGB.
45 Bühnenoberschiedsgericht Frankfurt 6.12.1962 AP Nr. 1 zu § 612 BGB Leistungsschutz.
46 LG Essen 6.9.2000 NZA-RR 2001, 412.
47 BAG 21.3.1984 AP Nr. 22 zu § 611 BGB Bühnenengagementsvertrag; 28.2.1975 AP Nr. 1 zu § 628 BGB Teilvergütung; LAG Hamm 6.9.1974 EzA Nr. 17 zu § 611 BGB; s. auch *Müller* NZA 1990, 769; *Fuchs* BB 1972, 137; für Auszubildende s. § 18 I 2 BBiG.
48 Anders *Müller* NZA 1990, 769 (770), der das Entgelt pro Tag immer einheitlich festlegen will.

29 **bb) Rangreihenbewertung.** Im Interesse der Lohngerechtigkeit sind die Tarifvergütungen idR nach der **Rangreihenbewertungsmethode** gestaffelt (→ § 62 Rn. 3); dh die Tarife fassen immer verschiedene Arbeitnehmergruppen zusammen und ordnen diesen eine bestimmte Vergütung zu.

30 **b) Eingruppierung.** Die Tarifvertragsparteien können für die Eingruppierung von **Obersätzen** oder **Beispielen** ausgehen. Teilweise formulieren die Tarifverträge abstrakt, welche Anforderungen an die AN bei einer bestimmten Vergütungsgruppe gestellt werden können. Zusätzlich sind neben dieser abstrakten Definition meist bestimmte Tätigkeiten aufgezählt, bei denen die Tarifvertragsparteien davon ausgehen, dass sie die Anforderungen der abstrakten Definition erfüllen. Die Tarifverträge können aber auch eine abstrakte Definition geben und dieser beispielhaft bestimmte Tätigkeiten zuordnen. Hier dienen die Beispiele nur dazu, den Arbeitswert der abstrakten Definition näher zu erläutern. Zu den Einzelheiten der tariflichen Eingruppierung im öffentlichen Dienst und in der Privatwirtschaft → § 64 Rn. 1 ff.

31 **c) Änderung der Arbeit.** Ändert sich nachträglich die vom AN zu verrichtende Arbeit, indem entweder infolge der Rationalisierung der Arbeitswert (→ § 62 Rn. 3) steigt oder dem AN eine höherwertige Arbeit zugewiesen wird,[49] so ist im Falle der Tarifbindung der AN „höherzugruppieren". Die Höhergruppierung hat nur deklaratorische Bedeutung; dh die Arbeitsvergütung folgt automatisch dem höheren Arbeitswert. Bei fehlender Tarifbindung kann ein Anspruch auf höhere Entlohnung aus § 612 I BGB folgen, wenn dem AN auf Dauer eine höherwertige Arbeit übertragen ist.[50] Andererseits ist der AG nicht berechtigt, dem AN eine tariflich oder in der sozialen Anschauung geringer wertige Arbeit auf Dauer zuzuweisen, es sei denn, dass diese Befugnis vorbehalten ist. Der Vorbehalt kann aber nach § 307 BGB unwirksam sein (hierzu → § 45 Rn. 59). Im Falle einer Stellenvakanz ist der AN im Rahmen eines Arbeitsvertrags und der Zumutbarkeit nach Treu und Glauben verpflichtet, vorübergehend ohne zusätzliche Vergütung höherwertige Tätigkeit zu verrichten.[51]

32 **d) Mitwirkung.** Der BR hat sowohl bei der Ein- wie der (Um-)Höhergruppierung ein Mitwirkungsrecht (→ § 240 Rn. 15 ff.). Dies erstreckt sich einerseits auf die Zuweisung höherwertiger Arbeit[52] und andererseits auf die Einreihung in die Vergütungsgruppe. Der BR kann die Zustimmung zur Eingruppierung auch mit der Begründung verweigern, der AG wende den falschen Tarifvertrag an.[53] Ist eine Ein- oder Umgruppierung mangels Beteiligung des BR unwirksam, so besteht für die Dauer der tatsächlichen Ausübung dieser Tätigkeit ein Anspruch auf entsprechende Vergütung.[54]

33 **e) Arbeitsmenge und Qualität.** Die Zeitvergütung ist sowohl von der Quantität wie der Qualität der geleisteten Arbeit unabhängig, da diese nicht zu den Bestimmungsfaktoren der Arbeitsvergütung gehören (→ § 63 Rn. 1).[55] Hieraus folgt, dass der AG grundsätzlich verpflichtet bleibt, auch im Fall der Schlecht- oder Minderleistung die vereinbarte Vergütung zu zahlen. Er kann insbesondere bei einer trotz der Leistungsmängel erfolgten Weiterbeschäftigung des AN nicht nach dem Ende des Arbeitsverhältnisses die teilweise Rückzahlung des vereinbarten und gezahlten Arbeitsentgelts verlangen.[56] Er hat lediglich die Möglichkeit, bei zu vertretender **Schlecht- oder Minderleistung** Schadensersatz zu fordern und mit dieser Forderung im Rahmen der Pfändungsfreigrenzen aufzurechnen (→ § 52 Rn. 1 ff.).

34 **3. Bemessung der Akkordvergütung. a) Zulässigkeit. aa) Arbeitnehmerschutz.** Die Akkordvergütung ist eine **von der Arbeitsmenge abhängige Vergütung.** Im Interesse des Arbeitnehmerschutzes ist für bestimmte Arbeitnehmergruppen die Einführung der Akkordvergütung unzulässig, nämlich. für Schwangere (§ 11 VI Nr. 1 MuSchG), stillende Mütter (§ 12 V

[49] Bei fehlender Vollmacht des Dienstvorgesetzten: vgl. BAG 28.10.1970 AP Nr. 34 zu §§ 22, 23 BAT; 10.3.1982 AP Nr. 7 zu § 75 BPersVG; 26.3.1997 AP Nr. 223 zu §§ 22, 23 BAT; 5.5.1999 AP Nr. 268 zu §§ 22, 23 BAT = NZA-RR 2000, 164.

[50] BAG 16.2.1978 AP Nr. 31 zu § 612 BGB; auch → Rn. 23.

[51] BAG 16.2.1978 AP Nr. 31 zu § 612 BGB; 4.10.1972 AP Nr. 2 zu § 24 BAT; auch → § 45 Rn. 37.

[52] BAG 28.1.1992 AP Nr. 36 zu § 75 BPersVG = NZA 1992, 805; 22.5.1985 AP Nr. 7 zu § 1 TVG Tarifverträge: Bundesbahn = NZA 1986, 166; 10.3.1982 AP Nr. 7 zu § 75 BPersVG; 14.6.1972 AP Nr. 54 zu §§ 22, 23 BAT; 1.7.1970 AP Nr. 11 zu § 71 PersVG; 16.2.1966 AP Nr. 6 zu § 1 TVG Tarifverträge: BAVAV; 14.7.1965 AP Nr. 5 zu § 1 TVG Tarifverträge: BAVAV.

[53] LAG Bln 18.6.1996 NZA-RR 1997, 56 = NZA 1997, 736 (LS).

[54] Hierzu → § 240 Rn. 54.

[55] ErfK/*Preis* BGB § 611a Rn. 390; auch → § 52 Rn. 4.

[56] BAG 6.6.1972 AP Nr. 71 zu § 611 BGB Haftung des Arbeitnehmers.

Nr. 1 MuSchG), Jugendliche (§ 23 JArbSchG) und Fahrpersonal (§ 3 FPersG). Beim Geldakkord wird die Arbeitsvergütung durch Multiplikation von Arbeitsmenge × Geldfaktor, beim Zeitakkord durch Multiplikation von Arbeitsmenge × Vorgabezeit × Geldfaktor ermittelt (→ § 63 Rn. 8 ff.).

bb) Lohnsicherung. Die Tarifverträge suchen mit verschiedenen Systemen eine Lohnsicherung für den AN zu erreichen. Die wichtigsten Lohnsicherungssysteme sind: 35

(1) Der Tarifvertrag setzt im Rahmen des Geldakkordes unmittelbar den **Geldfaktor** fest. Es wird zB bestimmt, wie viel für einen Quadratmeter Deckenputz oder die Verlegung von Wandfliesen zu bezahlen ist. Ändert sich der Tarifvertrag, so ändert sich damit auch automatisch die Höhe der Akkordvergütung. Dieses System ist mühselig und in zahlreichen Fällen wegen der Verschiedenheit der Arbeitsmenge undurchführbar. 36

(2) Im Tarifvertrag wird für die im Akkord arbeitenden AN lediglich ein **Mindestverdienst** festgelegt,[57] der dem Stundenlohn entspricht oder in einem bestimmten Verhältnis zum Stundenlohn steht. In den Fällen der Verdienstsicherungsklausel sind die Parteien in der Vereinbarung des Geldfaktors frei; dieser muss lediglich so festgesetzt werden, dass der AN bei Normalleistung zumindest den Mindestverdienst erreicht. Das Entgelt des AN darf nicht unter die Mindestvergütung absinken. Dies gilt auch dann, wenn er eine **Minderleistung** erbringt. Wird der Tariflohn geändert, so ändert sich damit auch automatisch der Akkordverdienst. 37

(3) Der Tarifvertrag kann die Bemessung der Akkorde so vorschreiben, dass ein bestimmter **Bruchteil der AN** des Betriebes einen Effektivverdienst erreicht, der über dem jeweiligen tariflichen Stundenlohn liegt. In diesen Fällen kann der einzelne AN unter den tariflichen Mindestlohn absinken. Zugleich ist die Arbeitsvergütung abhängig vom Leistungsgrad der Belegschaft. Wird der Tariflohn geändert, so wirkt sich dies auch unmittelbar auf die Akkordvergütungen aus. 38

(4) Der Tariflohn kann weiter verobjektiviert werden, indem ein AN bei **Normalleistung** einen bestimmten Akkordrichtsatz erreichen muss. Akkordrichtsatz ist zumeist der Tarifstundenlohn zuzüglich 15%. Auch in diesem Fall führt eine Änderung des Tariflohnes zur Veränderung der Akkordvergütung. Erzielt der Akkordarbeiter einen den Akkordrichtsatz übersteigenden Verdienst, so ist dieser Verdienst Tariflohn, wenn er auf dem Mindestakkordlohn aufbaut.[58] Ohne eine entsprechende tarifliche Regelung führt eine Erhöhung des Stundenlohns dabei nicht automatisch zu einer entsprechenden Erhöhung des Geldfaktors für den Akkordlohn.[59] 39

(5) Schließlich kann beim Zeitakkord der Geldfaktor in **Abhängigkeit vom tariflichen Stundenlohn** gebracht werden. 40

(6) Vielfach enthalten Tarifverträge eine **Verdienstsicherung** bei Leistungsminderung.[60] 41

Durch die unter (1)–(3) aufgezeigten Sicherungssysteme wird im Allgemeinen auch ein hinreichender Schutz gegen eine unzureichende Festsetzung der **Akkordvorgabe** erreicht; denn selbst bei unzureichender Festsetzung der Akkordvorgabe erhält der AN zumindest den tariflich erwünschten Lohn. 42

b) Akkordvorgabe. Die Bestimmung der Akkordvorgabe (→ § 63 Rn. 22 ff.) kann auf Tarifvertrag, Betriebsvereinbarung oder Einzelvertrag beruhen. Hat der **Tarifvertrag,** wie unter → Rn. 36 dargestellt, bereits die einzelne Bezugsgröße des Geldfaktors festgesetzt, so ist eine vollständige Absicherung der Vergütung erreicht. Im Übrigen wird tariflich zumeist nur die Methode der Bestimmung der Akkordvorgabe vereinbart (→ § 63 Rn. 22). Liegt eine tarifliche Festsetzung der Akkordvorgabe bzw. ihrer Ermittlungsmethode (zum Vorrang des Tarifvertrags → § 235 Rn. 9 ff.) nicht vor, so hat der BR ein **erzwingbares Mitbestimmungsrecht** bei der Festsetzung der Entlohnungsgrundsätze (§ 87 I Nr. 10, 11 BetrVG; → § 235 Rn. 97 ff.).[61] Überlässt ein Tarifvertrag die Festlegung des Akkordrichtsatzes einer Vereinbarung zwischen 43

---

[57] Enthält die Verdienstsicherungsklausel keinen Hinweis, für welchen Zeitabschnitt die Mindestvergütung gelten soll, dann ist im Zweifel an den normalen Lohnbezugszeitraum anzuknüpfen; BAG 2.10.1973 AP Nr. 23 zu § 611 BGB Akkordlohn; vgl. BAG 5.9.1995 AP Nr. 18 zu § 1 TVG Tarifverträge: Textilindustrie = NZA 1996, 434.

[58] BAG 20.1.1988 AP Nr. 10 zu § 1 TVG Tarifverträge: Textilindustrie; 28.6.1961 AP Nr. 15 zu § 611 BGB Akkordlohn; 27.4.1954 AP Nr. 2 zu § 611 BGB Akkordlohn.

[59] BAG 24.7.1958 AP Nr. 4 zu § 611 BGB Akkordlohn; 17.11.1959 AP Nr. 12 zu § 611 BGB Akkordlohn.

[60] Vgl. BAG 5.9.1995 AP Nr. 18 zu § 1 TVG Tarifverträge: Textilindustrie = NZA 1996, 434; 21.9.1995 AP Nr. 5 zu § 28 BMT-G II (öffentlicher Dienst) = NZA 1996, 1281; 21.2.2001 NZA 2002, 55 (LS).

[61] Vgl. BAG 16.4.2002 AP Nr. 9 zu § 87 BetrVG 1972 Akkord.

AG und BR und kommt es weder zu einer solchen Vereinbarung noch zu einem Spruch der Einigungsstelle,[62] führt das nach Ansicht des BAG zu einer Festlegung durch das Gericht in entsprechender Anwendung der §§ 317, 319 BGB.[63] Ist die Ermittlung der Akkordvorgabe nicht tariflich oder im Wege der Betriebsvereinbarung aufgrund der wissenschaftlichen Methode vereinbart, so bedarf es zu ihrer Festsetzung eines Einzelvertrags bzw. können sich die maßgeblichen Regelungen aufgrund einer Betriebsübung oder des Gleichbehandlungsgrundsatzes ergeben. Kann auch insoweit die Akkordvorgabe nicht festgesetzt werden, kann der AG gem. § 315 BGB ein einseitiges Festsetzungsrecht haben. Die Festsetzung ist dann gem. § 315 III BGB durch das Gericht zu überprüfen, ob sie der Billigkeit entspricht.

44 Besteht eine **Akkordrichtsatzklausel,** nach der der AN bei Normalleistung den Akkordrichtsatz verdienen muss, so kann der AN, auch wenn der AG unter Zustimmung des BR einen Akkord falsch angesetzt hat, vor dem Arbeitsgericht seinen tariflichen Lohn verlangen. Die Akkorde können damit vor dem Arbeitsgericht auf ihre Richtigkeit überprüft werden.

45 **c) Änderung.** Ist die Akkordvorgabe aufgrund Einzel- oder Kollektivvertrags nach arbeitswissenschaftlichen Methoden festzusetzen, so kann die Festsetzung grundsätzlich jederzeit geändert werden, wenn sich herausstellt, dass sie unrichtig war. Wenn die Arbeitsvertragsparteien eine zu hohe Zeitvorgabe vereinbart haben, zB weil sie bewusst von einer methodengerecht ermittelten Zeitvorgabe abweichen, ist die zu große Zeitvorgabe zum Inhalt des Arbeitsvertrags geworden und kann nur durch eine Änderungsvereinbarung oder eine Änderungskündigung beseitigt werden.[64] Ist eine Betriebsvereinbarung Grundlage des überhöhten Akkords, so kann etwa in Zeiten des Konjunkturrückganges nicht ohne weiteres von der Gegenseite die Herabsetzung der Akkorde verlangt werden. Vielmehr muss – im Einigungsstellenverfahren – nachgewiesen werden, in welchem Umfang systemwidrige Zuschläge in den Akkorden vorhanden sind. Ist dies nicht möglich, besteht nur die Möglichkeit, dass die Einigungsstelle die Akkorde völlig neu bestimmt. Akkordvorgaben, die nicht aufgrund arbeitswissenschaftlicher Methode festgesetzt worden sind, können im Falle ihrer Vereinbarung nur im Wege der Änderungskündigung, im Falle der einseitigen Festsetzung gem. § 315 BGB auch durch einseitige Festsetzung des AG geändert werden. In jedem Falle unterliegt ihre Änderung jedoch der gerichtlichen Nachprüfung.

46 **d) Minderleistung.** Beim Akkordverdienst trägt der AN das Risiko einer Minderleistung. Eine Ausnahme gilt dann, wenn die Minderleistung ihren Grund in der Sphäre des AG hat. Hat dieser die Minderleistung zu vertreten (§ 276 BGB), so resultiert der Vergütungsanspruch aus § 326 II BGB; hat er das von ihm bereitzustellende Arbeitsmaterial oder Gerät nicht bereitgestellt, so kann er in Annahmeverzug (§ 615 BGB) geraten. Dagegen ist für die Höhe der Akkordvergütung die **Arbeitsqualität** unerheblich, es sei denn, dass tariflich oder einzelvertraglich etwas anderes vereinbart worden ist. Ohne besondere Vereinbarung kann der AG bei **Schlechtleistung** des AN nur mit Schadensersatzforderungen aufrechnen. Ist dagegen bestimmt, dass der Akkordlohnanspruch nur bei mängelfreier Arbeit („fach-, lot- und sachgerecht") erwächst, so trägt der AN das Qualitätsrisiko. Er ist daher für die Mängelfreiheit der Arbeit darlegungspflichtig. Der AG, der dann einen niedrigeren Lohn zahlt, macht damit keinen Gegenanspruch wegen Schlechtleistung geltend und muss demzufolge auch nicht etwaige Ausschlussfristen für einen Schadensersatzanspruch wahren.[65]

47 **e) Mischlöhner.** Arbeitsvertraglich kann vereinbart werden, dass der AN verpflichtet ist, Akkord- oder Zeitlohnarbeit zu verrichten. Eine solche Zuweisungsmöglichkeit kann sich auch aus geltenden tarifvertraglichen Regelungen ergeben.[66] Ein Wechsel von Zeitlohn zu Akkordlohn und umgekehrt kann aber dem Mitbestimmungsrecht des BR nach § 87 I Nr. 10 BetrVG (→ § 235 Rn. 97 ff.) unterliegen. Ist ein AN dagegen für **Zeitlohnarbeiten eingestellt,** so kann er gegen seinen Willen nicht mit Akkordarbeiten beschäftigt werden. Bei Abschluss des Arbeitsvertrags kann sich aus einer betrieblichen Übung ergeben, dass bestimmte Arbeiten im Akkord verrichtet werden müssen. Ist ein AN für die Verrichtung von Akkordarbeit eingestellt, so darf der AG ihm aufgrund des Direktionsrechts zwar vorübergehend nicht-verakkordierte Arbeit zuweisen. Er hat ihm jedoch, sofern nichts Abweichendes vereinbart ist, den Durch-

---

[62] Beides kann ja von den betroffenen AN nicht erzwungen werden.

[63] BAG 29.1.1969 AP Nr. 20 zu § 611 BGB Akkordlohn mablAnm *Gaul;* zust. *Rüthers* SAE 1970, 7; aA *Herschel* ArbuR 1969, 223.

[64] Vgl. BAG 24.7.1958 AP Nr. 4 zu § 611 BGB Akkordlohn unter VI. 3. b) der Gründe.

[65] BAG 15.3.1960 AP Nr. 13 zu § 611 BGB Akkordlohn.

[66] Vgl. BAG 24.8.2004 AP Nr. 77 zu § 2 KSchG 1969 = NZA 2005, 51.

schnittsakkordverdienst weiterzuzahlen (zT enthalten Tarifverträge für diese Fälle Ausgleichsregelungen[67]). Wird der AN nach dem Inhalt des Arbeitsvertrags sowohl mit Akkordarbeit wie mit Zeitlohnarbeit beschäftigt, so steht die Zuweisung im Direktionsrecht des AG (→ § 45 Rn. 34). Für den Fall, dass die in Akkordvergütung beschäftigten AN keine Akkordarbeiten mehr verrichten können, sind in Tarifverträgen häufig Lohnsicherungssysteme vorgesehen.[68]

Die Umsetzung vom Einzel- in Gruppenakkord kann eine Versetzung sein, die mitbestimmungspflichtig ist.[69] 48

f) Arbeitsverpflichtung. Auch im Falle der Akkordvergütung muss der AN mit **Normalleistung arbeiten.** Er darf nicht seine Arbeitskraft zurückhalten, weil er etwa auf einen höheren Verdienst keinen Wert legt.[70] Zur Kündigung wegen einer Minderleistung des AN → § 131 Rn. 46 ff. 49

4. Bemessung der Prämienlohnvergütung. a) Begriff. Zu unterscheiden sind die **individuellen Prämien,** die der AG als Sondervergütung für eine besonders befriedigende Erfüllung der Dienstobliegenheiten oder längere Betriebstreue zahlt und die **Prämienlohnsysteme.** Für die individuellen Prämien bestehen im Allgemeinen keine Ordnungssätze. Bei ihrer Zahlung muss der AG den Gleichbehandlungsgrundsatz beachten und sich im Rahmen des billigen Ermessens halten (→ § 69 Rn. 1 ff., → § 112 Rn. 1 ff.). 50

Als Prämienlohnsystem sind die Prämien eine Leistungsvergütung, mit der sowohl die **Arbeitsmenge** wie die **Arbeitsqualität** vergütet werden kann. Reine Prämienlohnsysteme kommen in der Praxis kaum vor. Zumeist wird eine Grundvergütung gezahlt, auf die ein Prämienlohnsystem (zumeist Mengen/Güteprämie) aufgestockt ist.[71] Im Entgeltrahmenabkommen für die Metallindustrie (ERA) ist eine Regelung des Prämienlohnes enthalten. Bei der Einführung der Prämienentlohnung hat der BR ein erzwingbares Mitbestimmungsrecht (→ § 235 Rn. 98). 51

b) Rechtsgrundlagen. Prämienlohnsysteme können kraft Tarifvertrag, Betriebsvereinbarung oder Einzelarbeitsvertrag vereinbart werden. Ausgeschlossen ist die Beschäftigung von Schwangeren, stillenden Müttern und Jugendlichen im Prämienlohnsystem (§ 11 VI Nr. 1 MuSchG, § 12 V Nr. 1 MuSchG, § 23 JArbSchG) sowie von Fahrpersonal (§ 3 FPersG). 52

c) Zusatzprämie. Wird der Prämienlohn zusätzlich zum Zeit- oder Akkordlohn gezahlt, so trifft den AN bei Minderleistung keine Minderung der Grundvergütung. Der AG ist für die richtige, systemgerechte Lohnberechnung verantwortlich.[72] Bei unrichtiger Berechnung zum Nachteil des AN hat dieser einen Nachzahlungsanspruch; andererseits kann bei Überzahlung ein Anspruch des AG nach § 812 BGB bestehen (→ § 74 Rn. 1 ff.). Dieser kann aber wegen Wegfalls der Bereicherung des AN gem. § 818 III BGB (→ § 74 Rn. 12 ff.) ausgeschlossen sein. 53

d) Arbeitsverpflichtung. Sowohl bei einer Akkordarbeit als auch bei einer Prämienlohnvereinbarung genügt der AN seiner Arbeitspflicht, wenn er innerhalb der festgelegten Arbeitszeit seiner Arbeitsleistung nachkommt. Er darf jedoch seine Dienstleistung nicht zurückhalten. Zur Kündigung wegen einer Minderleistung des AN → § 131 Rn. 46 ff. 54

e) Arbeitsmängel. Bei mit Mängeln behafteten Leistungen kann der Vergütungsanspruch bei Zahlung von Qualitätsprämien gemindert sein.[73] 55

5. Tronc. Die AN der Spielbanken werden meist aus einem Tronc (Gesamtspendenaufkommen) bezahlt. Hierbei verbucht der AG das eingenommene Bedienungsgeld in einer gemeinsamen Kasse und verteilt es nach einem festgelegten Schlüssel auf die einzelnen AN. Dabei gehören zu den Tronceinnahmen auch die hieraus erwirtschafteten Bankzinsen.[74] Die aus dem Tronc finanzierten Zahlungen sind keine steuerfreien Trinkgelder iSv § 3 Nr. 51 EStG.[75] Die Auftei- 56

---

67 Vgl. BAG 20.2.1963 AP Nr. 17 zu § 611 BGB Akkordlohn; 27.1.1988 AP Nr. 90 zu § 1 TVG Tarifverträge: Bau.

68 Vgl. BAG 30.11.1983 AP Nr. 20 zu § 1 TVG Tarifverträge: Metallindustrie; 21.2.2001 NZA 2002, 55 (LS); 8.11.2006 AP Nr. 203 zu § 1 TVG Tarifverträge: Metallindustrie.

69 BAG 22.4.1997 AP Nr. 14 zu § 99 BetrVG 1972 Versetzung = NZA 1997, 1358.

70 BAG 20.3.1969 AP Nr. 27 zu § 123 GewO.

71 Vgl. Schaub ArbRFV-HdB/*Schrader* B. Rn. 229.

72 Zu Berechnungsfragen in der Papierindustrie: BAG 16.5.1995 AP Nr. 10 zu § 1 TVG Tarifverträge: Papierindustrie = NZA 1996, 548.

73 Vgl. BAG 17.1.1995 AP Nr. 12 zu § 1 TVG Tarifverträge: Holz = NZA 1996, 101; 8.11.2006 AP Nr. 203 zu § 1 TVG Tarifverträge: Metallindustrie.

74 LAG SchlH 5.8.2009 – 6 TaBV 40/08.

75 BFH 25.11.2009 BFH/NV 2010, 632; 18.12.2008 DB 2009, 207.

lung und Verteilung des Troncaufkommens unterfallen dem Mitbestimmungsrecht des BR nach § 87 I Nr. 10 BetrVG.[76] Gem. § 7 SpielbG NRW aF war der Spielbankunternehmer berechtigt, dem Tronc vorab die Arbeitgeberanteile zur Sozialversicherung und die Beiträge zur gesetzlichen Unfallversicherung zu entnehmen.[77] Hieraus folgte aber nicht die Befugnis dem Tronc die Schwerbehindertenabgabe zu entnehmen[78] oder hieraus die Kosten für Sachmittel des BR zu bestreiten.[79] Bei einem Altersteilzeitverhältnis (→ § 83 Rn. 1 ff.) im Blockmodell ist im Zweifel anzunehmen, dass der AN in der Arbeitsphase den hälftigen Anteil des auf ihn entfallenden Troncanteils anspart, der dann zeitversetzt in der Freistellungsphase auszuzahlen ist.[80] Zur Anrechnung auf den Mindestlohn nach dem MiLoG → § 66 Rn. 34.

57 **6. Bemessung des Gedingelohnes. a) Begriff.** Das Gedinge ist die für den Bergbau typische, seinen Eigenheiten angepasste Form der Leistungsentlohnung. Die Ausbildung des Gedinges geht teilweise bis in das frühe Mittelalter zurück.

58 **b) Rechtsgrundlage.** Rechtsgrundlage für den Gedingevertrag sind die einschlägigen Manteltarifverträge.[81] In NRW ist das Gedinge in Anl. 6 des MTV für die AN des rheinisch-westfälischen Steinkohlebergbaus geregelt. Grundsätzlich wird der **Gedingevertrag** vor Ort zwischen den Vertretern der Gedingekameradschaft und dem Vertreter des Unternehmens, also regelmäßig dem Steiger, frei vereinbart (§ 53 MTV Nr. 4 Anl. 6). Er ist dem ausgehandelten Akkord (→ § 63 Rn. 23) verwandt. Dem Gedingeabschluss ist, soweit die Voraussetzungen hierfür gegeben sind, eine Zeitkalkulation zugrunde zu legen, die in einen Gedingekalkulationsschein einzutragen ist (Anl. 6 Nr. 6). Eine Zeitkalkulation ist dann vorzunehmen, wenn die zu vergebenden Arbeiten übersehbar sind, sich in Arbeitsvorgänge aufgliedern lassen und die zur Ausführung notwendige Zeit für die einzelnen Arbeitsteilvorgänge sich durch Schätzen oder Messen im Voraus ermitteln lässt (Anl. 6 Nr. 6). Nach Anl. 6 Nr. 9 ist das Gedinge so festzusetzen, dass der Gedingearbeiter bei normaler Arbeitsleistung den Tarifschichtlohn seiner Lohngruppe (Gedingerichtlohn) verdienen kann. Da die Arbeitsbedingungen im Berg nicht mit Sicherheit vorausgesehen werden können, erhält der Gedingearbeiter als Mindestlohn den tariflichen Schichtlohn seiner Lohngruppe. Das gilt nur dann nicht, wenn das Minderleistungsergebnis nachweislich auf einem Verschulden des AN beruht und er hierauf hingewiesen worden ist (Anl. 6 Nr. 10). Das Gedinge wird in einen Gedingeschein eingetragen (Anl. 6 Nr. 5).

59 **c) Kündigung des Gedingevertrags.** Ein Gedinge kann unter den Voraussetzungen von Anl. 6 Nr. 13 gekündigt werden (Teilkündigung). Im Übrigen kann seine Änderung nicht verlangt werden; gestalten sich die Arbeitsbedingungen günstiger, so kommt dies dem Bergmann zugute **(Bergmannsglück);** gestalten sie sich ungünstiger als vorausgesetzt, so trägt er das Risiko **(Bergmannspech).** Nur in Ausnahmefällen, bei wesentlicher Änderung der Verhältnisse, können beide Seiten die Änderungen oder Aufhebung des Gedingevertrags verlangen (Anl. 6 Nr. 14).

60 **d) Fehlender Gedingevertrag.** Kommt eine Vereinbarung über das Gedinge innerhalb der Frist nach Anl. 6 Nr. 11 I (6. Arbeitstag nach Übertragung der Arbeit) nicht zustande, hat jeder Gedingearbeiter bis zum Zeitpunkt des Gedingeabschlusses Anspruch auf den tariflichen Gedingerichtlohn (Anl. 6 Nr. 11 II 1). Eine Ausnahme hiervon besteht bei verschuldeter Minderleistung (Anl. 6 Nr. 11 II 2).

61 **e) Gedingestreitigkeit.** Zur Beilegung von Gedinge-, Akkord- und Prämienlohnstreitigkeiten haben die Tarifpartner ein besonderes Schlichtungsverfahren geschaffen. Für den rheinisch-westfälischen Steinkohlenbergbau ist das Verfahren im Tarifvertrag über allgemeine betriebliche Arbeitsbedingungen vom 12.4.1975 (TV – Betriebl. ArbBed.) m. spät. Änd. geregelt.

62 **f) Gedingeinspektoren.** Zur Beratung beim Gedingeabschluss, zur Überprüfung abgeschlossener Gedinge und zur Beilegung von Streitigkeiten haben die Tarifparteien hauptamtliche Gedingeinspektoren bestellt (§ 27 TV – Betriebl. ArbBed.). Der Gedingeinspektor hat möglichst vor Ort unter Hinzuziehung der Gedingeparteien und des BR die Gedingeverhältnisse zu über-

---

[76] BAG 9.12.2003 AP Nr. 1 zu § 33 BetrVG 1972 = NZA 2004, 746.
[77] BAG 11.3.1998 AP Nr. 20 zu § 611 BGB Croupier = NZA 1999, 387; 11.3.1998 AP Nr. 19 zu § 611 BGB Croupier; für Rheinland-Pfalz: BAG 3.3.1999 AP Nr. 21 zu § 611 BGB Croupier = NZA 1999, 844.
[78] BAG 11.3.1998 AP Nr. 20 zu § 611 BGB Croupier = NZA 1999, 387.
[79] BAG 14.8.2002 AP Nr. 2 zu § 41 BetrVG 1972 = NZA 2003, 626.
[80] Vgl. BAG 21.9.2010 AP Nr. 49 zu § 1 TVG Altersteilzeit = NZA-RR 2011, 448 (LS).
[81] Vgl. Manteltarifvertrag für die Arbeiter des rheinisch-westfälischen Steinkohlenbergbaus vom 1.5.2010.

prüfen und den Parteien eine sachverständige Empfehlung zur Beilegung der Streitigkeiten zu erteilen (§ 28 IV TV – Betriebl. ArbBed.). Der Gedingeinspektor kann von den Arbeitsvertragsparteien und dem BR angerufen werden. Für die Anrufung ist eine Schriftform einzuhalten.

g) Gedingekommission. Kommt es aufgrund der Empfehlung des Gedingeinspektors nicht zur Beilegung der Meinungsverschiedenheit, so kann die Gedingekommission angerufen werden, die aus zwei Vertretern der Werksleitung und zwei Vertretern der IG Bergbau und Energie besteht (§ 29 I TV – Betriebl. ArbBed.). Auch sie hat auf eine Beilegung der Streitigkeiten hinzuwirken. 63

h) Arbeitsgerichtliche Verfahren. Das Arbeitsgericht kann erst nach Durchführung des **Gedingeschlichtungsverfahrens** angerufen werden (§ 35 TV – Betriebl. ArbBed.). Gedingeinspektoren und Gedingekommissionen entscheiden keine Rechtsfragen. Hierfür ist das Arbeitsgericht sofort zuständig. 64

7. Bemessung der Vergütung bei fehlender Vereinbarung über die Höhe. a) Fehlende Vergütungsvereinbarung.[82] Ist die Höhe der Vergütung nicht durch Gesetz, kollektiv- oder einzelvertraglich (ausdrücklich oder konkludent) bestimmt oder ist die Vergütungsvereinbarung unwirksam,[83] so ist bei dem Bestehen einer Taxe die taxmäßige Vergütung, in Ermangelung einer Taxe die übliche Vergütung als vereinbart anzusehen (§ 612 II BGB). Lässt sich eine übliche Vergütung für eine vergleichbare Arbeit nicht ermitteln, so ist nach § 316 BGB der AN als der Forderungsberechtigte zur einseitigen Bestimmung der Vergütung berechtigt, wobei das Leistungsbestimmungsrecht nach billigem Ermessen (§ 315 I BGB) auszuüben ist.[84] Bei Unbilligkeit erfolgt die Bestimmung durch Urteil (§ 315 III BGB).[85] § 316 BGB ist aber dann nicht anzuwenden, wenn die Vergütung nach § 612 II BGB ermittelt werden kann[86] oder wenn sich aus der Auslegung des Arbeitsvertrags ergibt, dass § 316 BGB nicht gewollt ist, so dass die gesetzliche Auslegungsregelung nicht eingreift. In diesen Fällen kann eine ergänzende Vertragsauslegung erforderlich sein, mit der Folge, dass letztlich eine gerichtliche Festlegung erfolgt.[87] 65

b) Taxen. Unter Taxen sind die bundes- oder landesrechtlich festgesetzten Vergütungssätze zu verstehen. Zu unterscheiden sind die **primär dispositiven Taxen,** die nur Höchstsätze enthalten und durch Parteivereinbarung geändert werden können, und die **subsidiären Dispositiv-Taxen,** die erst eingreifen, wenn keine anderweitigen Vereinbarungen getroffen worden sind. Taxen werden im Arbeitsrecht nicht festgesetzt; sie gibt es nur bei der Festsetzung der Vergütung freier Berufe.[88] 66

c) Übliche Vergütung. Üblich ist diejenige in dem jeweiligen Wirtschaftskreis, also in gleichen oder ähnlichen Gewerben oder Berufen am gleichen Ort für vergleichbare Tätigkeiten gezahlte Vergütung.[89] Besteht für einen betreffenden räumlichen und fachlichen Bereich ein Tarifvertrag, so ist regelmäßig die **tarifliche Vergütung** die übliche Vergütung.[90] Etwas anderes kann dann gelten, wenn für die betreffende Tätigkeit üblicherweise übertarifliche Vergütungen gezahlt werden oder, sofern nur wenige Arbeitsvertragsparteien tarifgebunden sind, üblicherweise eine geringere als die tarifliche Vergütung gewährt wird.[91] Bei der Ermittlung der üblichen Vergütung sind die persönlichen Verhältnisse des AN (Lebensalter, Berufsverfahrung, Familienstand) zu berücksichtigen, sofern sie in diesem Wirtschaftsbereich üblicherweise vergütungsrelevant sind.[92] Zur üblichen Vergütung können auch Sonderzuwendungen (13. Monatsgehalt, 67

---

[82] Auch → Rn. 14.

[83] BAG 24.11.1993 AP Nr. 11 zu § 611 BGB Mehrarbeitsvergütung = NZA 1994, 759; MüKoBGB/*Müller-Glöge* § 612 Rn. 7; ErfK/*Preis* BGB § 612 Rn. 2.

[84] BAG 21.11.2001 AP Nr. 63 zu § 612 BGB = NZA 2002, 624.

[85] Vgl. BGH 24.10.1989 NJW-RR 1990, 349; ErfK/*Preis* BGB § 612 Rn. 42.

[86] BAG 8.3.1989 AP Nr. 4 zu § 43 UrhG.

[87] Vgl. BGH 13.3.1985 BGHZ 94, 98 = NJW 1985, 1895; ErfK/*Preis* BGB § 612 Rn. 43.

[88] MüKoBGB/*Müller-Glöge* § 612 Rn. 28 mwN.

[89] Vgl. BAG 26.4.2006 AP Nr. 63 zu § 138 BGB = NZA 2006, 1354; 24.3.2004 AP Nr. 59 zu § 138 BGB = NZA 2004, 971; 23.5.2001 ArbuR 2001, 509; ErfK/*Preis* BGB § 612 Rn. 37.

[90] StRspr des BAG, vgl. zB BAG 27.10.1960 AP Nr. 21 zu § 611 BGB Ärzte und Gehaltsansprüche; 25.1.1989 AP Nr. 2 zu § 2 BeschFG 1985; 26.9.1990 AP Nr. 9 zu § 2 BeschFG 1985 = NZA 1991, 247; 29.1.1992 AP Nr. 18 zu § 2 BeschFG 1985 = NZA 1992, 1037; 21.11.2001 AP Nr. 63 zu § 612 BGB = NZA 2002, 624; 24.3.2004 AP Nr. 59 zu § 138 BGB = NZA 2004, 971.

[91] Herkömmlich übertariflich: BAG 26.5.1993 AP Nr. 2 zu § 612 BGB Diskriminierung = NZA 1992, 1049; 14.6.1994 AP Nr. 2 zu § 3 TVG Verbandsaustritt = NZA 1995, 178; 28.9.1994 AP Nr. 38 zu § 2 BeschFG 1985; untertariflich: BAG 14.6.1994 AP Nr. 2 zu § 3 TVG Verbandsaustritt = NZA 1995, 178.

[92] Vgl. BAG 26.4.2006 AP Nr. 63 zu § 138 BGB = NZA 2006, 1354.

Weihnachtsgeld, Urlaubsgeld, vermögenswirksame Leistungen) gehören.[93] Für die Ermittlung der Üblichkeit gelten dieselben Grundsätze wie für den Maßstab bei der Feststellung eines auffälligen Missverhältnisses zwischen Leistung und Gegenleistung für einen sog. Lohnwucher (hierzu im Einzelnen → § 34 Rn. 6 ff.).

68 Zur **ortsüblichen Vergütung** gehören auch die Sondervergütungen, wie zB das Weihnachtsgeld.[94]

69 **d) Beweislast.** Der AN hat die Darlegungs- und Beweislast für die Höhe der Vergütung und damit auch die übliche Vergütung.[95]

§ 68. Sachbezüge

Übersicht

I. Grundsätze

1 **1. Begriff.** Sachbezüge, früher auch Naturalvergütung bezeichnet, sind regelmäßig Leistungen des AG, die er dem AN als unmittelbare Gegenleistung für die Arbeitsleistung in anderer Form als in Geld erbringt.[1] Für die **Abgrenzung von Barlohn und Sachbezügen** ist steuerrechtlich der Rechtsgrund des Zuflusses entscheidend.[2] Auf Grundlage der arbeitsvertraglichen Vereinbarungen ist zu ermitteln, welche Leistung der AN vom AG beanspruchen kann. Ein Sachbezug unterscheidet sich von Barlohn durch die Art des arbeitgeberseitig zugesagten und daher arbeitnehmerseitig zu beanspruchenden Vorteils selbst und nicht durch die Art und Weise der Erfüllung dieses Anspruchs. Kann der **AN lediglich die Sache selbst beanspruchen,** liegen Sachbezüge iSd § 8 II 1 EStG vor, die unter den weiteren Voraussetzungen des § 8 II 11 EStG außer Ansatz bleiben (zur Besteuerung → Rn. 23 f.). Unerheblich ist dann, ob der AN die Sache unmittelbar vom AG erhält oder ob der AN die Sache von einem Dritten auf Kosten des AG bezieht.[3] Es kommt daher nicht darauf an, ob der AN selbst Vertragspartner des Dritten geworden ist oder der AG die Sachleistung beim Dritten bezieht. Kein steuerbegünstigter Sachbezug, sondern Barlohn liegt vor, wenn der AN einen Anspruch darauf, dass sein AG ihm anstelle der Sache den Barlohn in Höhe des Werts der Sachbezüge ausbezahlt, selbst wenn der AG die Sache zuwendet (sog. Barlohnumwandlung).[4] Aus diesen Gründen ist zB die Ausgabe von **Tankkarten** im Wert von 44 EUR (ab 1.1.2022: 50 EUR) als Sachbezug iSv § 8 II 1 EStG anzusehen, wenn keine

---

[93] BAG 3.3.1993 – 10 AZR 36/92; ErfK/*Preis* BGB § 612 Rn. 40.
[94] BAG 6.12.1990 AP Nr. 12 zu § 2 BeschFG 1985 = NZA 1991, 350.
[95] BAG 29.1.1986 AP Nr. 115 zu §§ 22, 23 BAT 1975.
[1] BAG 24.3.2009 AP Nr. 22 zu § 611 BGB Sachbezüge = NZA 2009, 861; BFH 11.11.2010 NZA-RR 2011, 431.
[2] BFH 4.7.2018 NZA-RR 2019, 167; 11.11.2010 NZA-RR 2011, 431.
[3] Dazu BAG 22.6.2016 AP Nr. 28 zu § 1 TVG Tarifverträge: Bewachungsgewerbe = NZA-RR 2016, 595; BFH 11.11.2010 NZA-RR 2011, 253.
[4] BFH 4.7.2018 NZA-RR 2019, 167; 14.4.2011 NZA-RR 2011, 428.

Anhaltspunkte dafür bestehen, dass der AN anstelle der ausgehändigten Tankkarte einen Barlohn in Höhe von 44 EUR hätte beanspruchen können.[5] Kein Sachbezug liegt vor, wenn der AG dem AN einen **Geldzuschuss zu einer privaten Krankenzusatzversicherung** zusagt. Der Annahme eines Sachbezugs steht entgegen, dass der AG dem AN arbeitsvertraglich keinen Versicherungsschutz zugesagt hat, sondern lediglich einen Zuschuss in Geld zu einer vom AN abgeschlossenen Versicherung.[6] Ein Sachbezug besteht in derartigen Fällen nur dann, wenn der AN ausschließlich Versicherungsschutz und nicht auch eine Geldzahlung verlangen kann.[7] Über den Wortlaut des § 107 II 1 GewO hinaus kann der „Sachbezug" auch in einer Dienstleistung des AG bestehen.[8] Sachbezüge sind die Überlassung eines **Dienstwagens** zur privaten Nutzung (dazu → Rn. 8 ff.), der **Haustrunk** in Brauereien, **Deputate** in der Landwirtschaft und im Bergbau, verbilligter **Wohnraum, Warengutscheine,**[9] aber auch **Aktienoptionen** (dazu → § 80 Rn. 3) oder zur privaten Nutzung überlassene Handys und Notebooks sowie die kostenfreie Ausstellung von **Tickets zur Nutzung des vom AG organisierten öffentlichen Personennahverkehrs.**[10] Zu den Sachbezügen gehören nicht die bargeldlose Lohnzahlung sowie die Hingabe von Schecks oder Wechseln (hierzu → § 70 Rn. 6). Auch die Überlassung von Arbeitskleidung sowie deren Pflege und Ersatzbeschaffung durch den AG ist kein Sachbezug iSv § 107 II 1 GewO, wenn die Gestellung der ordnungsgemäßen Diensterfüllung dient und das Erscheinungsbild des Unternehmens durch die einheitliche und saubere Kleidung der AN verbessert werden soll.[11] Die Vereinbarung von Sachbezügen als Teil des Arbeitsentgelts ist gem. § 107 II 1 GewO zulässig, wenn sie dem Interesse des AN oder der Eigenart des Arbeitsverhältnisses entspricht. Maßgeblich ist nicht das individuelle Interesse des einzelnen AN, sondern das verständige, objektive Interesse eines AN in vergleichbarer Lage.[12] Die geleisteten Gegenstände müssen – soweit nichts anderes vereinbart ist – mittlerer Art und Güte sein (§ 243 I BGB).

2. Grenzen der Vereinbarung von Sachbezügen. Der Vereinbarung von Sachbezügen sind in § 107 II 5 GewO zum Schutz des AN Grenzen gesetzt: Der Wert der vereinbarten Sachbezüge oder die Anrechnung der überlassenen Waren auf das Arbeitsentgelt darf die **Pfändungsfreigrenzen für Arbeitsentgelt** (§§ 850 ff. ZPO) nicht übersteigen. Dem AN muss der unpfändbare Teil seines Arbeitsentgelts „in Geld" ausgezahlt werden. Die Pfändungsgrenze für einen Vergütungsanspruch, der nach dem Arbeitsvertrag monatlich fällig wird, bestimmt sich dabei nach dem monatlichen Nettoeinkommen. Dies gilt auch dann, wenn der AN in dem betreffenden Monat nicht die ganze Zeit gearbeitet hat. Entscheidend ist der regelmäßige monatliche Auszahlungszeitraum. Die Pfändungsgrenzen für Arbeitsentgelt, das wöchentlich oder täglich geschuldet wird, sind nicht maßgeblich.[13] Geld- und Naturalleistungen sind nach § 850e Nr. 3 S. 1 ZPO zusammenzurechnen, wenn der Schuldner neben seinem in Geld zahlbaren Einkommen auch Naturalleistungen erhält. Ist die Summe beider Leistungen nach §§ 850c I, 850e Nr. 3 ZPO unpfändbar, verstößt eine Anrechnung des Sachbezugs auf das Arbeitseinkommen gegen das Verbotsgesetz des § 107 II 5 GewO.[14] In Berufsausbildungsverhältnissen dürfen die auf die Ausbildungsvergütung angerechneten Sachbezüge gem. § 17 II BBiG nicht mehr als 75% der Bruttovergütung ausmachen. 2

Der AG darf dem AN gem. § 107 II 2 GewO **keine Waren auf Kredit** überlassen, sog. Truckverbot (dazu → § 73 Rn. 22 ff.). Da nach § 107 I GewO das Arbeitsentgelt grundsätzlich in Geld zu bezahlen ist und § 107 II GewO hierfür genau definierte Ausnahmen vorsieht, ist eine Vereinbarung, die gegen § 107 II GewO verstößt, gem. § 134 BGB nichtig[15] und lässt den Anspruch auf Leistung des Arbeitsentgelts nicht erlöschen.[16] 3

[5] BAG 22.6.2016 AP Nr. 28 zu § 1 TVG Tarifverträge: Bewachungsgewerbe = NZA-RR 2016, 595.
[6] BFH 4.7.2018 NZA-RR 2019, 167.
[7] BFH 7.6.2018 NZA-RR 2019, 110.
[8] BAG 17.2.2009 AP Nr. 16 zu § 850 ZPO = NZA 2010, 99.
[9] BAG 12.12.2018 AP Nr. 151 zu § 1 TVG Bezugnahme auf Tarifvertrag = NZA 2019, 543; 14.11.2012 AP Nr. 101 zu § 1 TVG Tarifverträge: Einzelhandel.
[10] BAG 30.1.2019 AP Nr. 26 zu § 611 BGB Sachbezüge mAnm *Hromadka* = NZA 2019, 1076.
[11] BAG 17.2.2009 AP Nr. 16 zu § 850 ZPO = NZA 2010, 99.
[12] *Bauer/Opolony* BB 2002, 1590 (1593); *Boemke,* §§ 105–110 GewO, § 107 Rn. 18; BeckOGK/*Maschmann* GewO § 107 Rn. 22.
[13] BAG 24.3.2009 AP Nr. 22 zu § 611 BGB Sachbezüge = NZA 2009, 861.
[14] BeckOGK/*Maschmann* GewO § 107 Rn. 45.
[15] Dazu näher *Bauer/Opolony* BB 2002, 1590 (1592 ff.); *Boemke,* §§ 105–110 GewO, § 107 Rn. 23, 30, 35, 39 ff.
[16] HWK/*Lembke* GewO § 107 Rn. 43; ErfK/*Preis* GewO § 107 Rn. 7.

4 Die Leistung von Sachbezügen hat im Einzelfall **steuer- und sozialversicherungsrechtliche Vorteile** (näher dazu → Rn. 23 ff.). Die Bewertung der vom AG gewährten Sachbezüge erfolgt nach Maßgabe der Sozialversicherungsentgeltverordnung (SvEV v. 21.12.2006 mit spät. Änd.). Ob und inwieweit Sachbezüge steuerpflichtige Einnahmen bzw. sozialversicherungspflichtiges Arbeitsentgelt sind, richtet sich nach § 8 EStG. Nach § 1 I Nr. 1 SvEV sind dem Arbeitsentgelt nicht hinzuzurechnen einmalige Einnahmen, laufende Zulagen, Zuschläge, Zuschüsse sowie ähnliche Einnahmen, die zusätzlich zu Löhnen oder Gehältern gewährt werden, soweit sie lohnsteuerfrei sind. Dies gilt nicht für Sonntags-, Feiertags- und Nachtarbeitszuschläge, soweit das Entgelt, aus dem sie berechnet werden, mehr als 25 EUR für jede Stunde beträgt. Lohnsteuerfrei sind beispielsweise die vom AG gestattete private Nutzung eines zu dienstlichen Zwecken überlassenen Handys oder Notebooks (§ 3 Nr. 45 EStG) sowie Leistungen des AG zur Unterbringung und Betreuung von nicht schulpflichtigen Kindern der AN in Kindergärten oder vergleichbaren Einrichtungen (§ 3 Nr. 33 EStG).

5 **3. Abgrenzung zu Sozialleistungen. Kein Sachbezug** ist die Berechtigung des AN, an betrieblichen Sozialeinrichtungen (zB Kantinennutzung) teilzunehmen. Sie ist bei der Berechnung des der Pfändung unterliegenden Einkommens nicht zu berücksichtigen. Dasselbe gilt für die Überlassung von besonderer Dienst- oder Arbeitskleidung, die der ordnungsgemäßen Erfüllung der Dienstpflichten dient.[17] Sachleistungen, die nur im Interesse des AG erfolgen, sind grundsätzlich keine Sachbezüge (dazu → Rn. 26). Sie werden vom AG nicht als Gegenleistung für die Arbeitsleistung erbracht.

6 **4. Häusliche Gemeinschaft.** Sachbezug kann auch die Aufnahme des AN in die häusliche Gemeinschaft sein, also die Gewährung von Kost und Logis. Ist der AN in die häusliche Gemeinschaft aufgenommen, obliegen dem AG besondere **Obhutspflichten** (§§ 617, 618 II, III BGB; § 62 II HGB; hierzu → § 106 Rn. 1 ff.).

7 **5. Dienstwohnung.** Die **Überlassung von Wohnraum ist Sachbezug,** wenn er im Rahmen des Arbeitsverhältnisses zur Abgeltung der Dienste zur Verfügung gestellt wird. Der Wert einer als Sachbezug zur Verfügung gestellten Unterkunft ist gem. § 2 III SvEV ab 1.1.2021 auf monatlich 237 EUR festgesetzt. Der Wert der Unterkunft vermindert sich bei Aufnahme des Beschäftigten in den Haushalt des AG oder bei Unterbringung in einer Gemeinschaftsunterkunft nach Maßgabe von § 2 III Nr. 1–3 SvEV. Für eine als Sachbezug zur Verfügung gestellte Wohnung ist als Wert der ortsübliche Mietpreis unter Berücksichtigung der sich aus der Lage der Wohnung zum Betrieb ergebenden Beeinträchtigungen anzusetzen. Ist im Einzelfall die Feststellung des ortsüblichen Mietpreises mit außergewöhnlichen Schwierigkeiten verbunden, kann die Wohnung mit 4,16 EUR je Quadratmeter monatlich, bei einfacher Ausstattung (ohne Sammelheizung oder ohne Bad oder Dusche) mit 3,40 EUR je Quadratmeter monatlich bewertet werden (im Jahre 2021). Bestehen gesetzliche Mietpreisbeschränkungen, sind die durch diese Beschränkungen festgelegten Mietpreise als Werte anzusetzen (§ 2 IV SvEV). Werden Verpflegung, Unterkunft oder Wohnung verbilligt als Sachbezug zur Verfügung gestellt, ist gem. § 2 V SvEV der Unterschiedsbetrag zwischen dem vereinbarten Preis und dem Wert, der sich bei freiem Bezug ergeben würde, dem Arbeitsentgelt zuzurechnen. Zur Werkmietwohnung → § 81 Rn. 6 ff.

II. Private Dienstwagennutzung

8 **1. Grundsätze.** Der AG kann sich verpflichten, dem AN einen Dienstwagen auch zur privaten Nutzung zur Verfügung zu stellen. Dies stellt für den AN einen Sachbezug dar. Dieser ist steuer- und abgabenpflichtiger Teil (dazu → Rn. 27 ff.) des geschuldeten Arbeitsentgelts und damit Teil der als Gegenleistung für die geschuldete Arbeitsleistung erbrachten Arbeitsvergütung.[18] Dabei ist insbesondere bei Beschäftigten mit niedrigerem Arbeitseinkommen § 107 II 5 GewO zu beachten, dh unter Beachtung der Pfändungsfreigrenzen muss dem AN der unpfändbare Teil seines Arbeitsentgelts „in Geld" ausgezahlt werden (dazu → Rn. 2).[19] Inhalt und Ausgestaltung der Nutzungsüberlassung richten sich grundsätzlich nach der vertraglichen Vereinbarung. Die Abrede kann auch konkludent erfolgen. Eine konkludente Vereinbarung der privaten Nutzungsmöglichkeit kann insbesondere dann vorliegen,

[17] BAG 17.2.2006 AP Nr. 16 zu § 850 ZPO = NZA 2010, 99; HWK/*Lembke* GewO § 107 Rn. 27.
[18] BAG 21.3.2012 AP Nr. 24 zu § 611 BGB Sachbezüge = NZA 2012, 616; 5.9.2002 AP Nr. 1 zu § 280 BGB 2002; 16.11.1995 AP Nr. 4 zu § 611 BGB Sachbezüge = NZA 1996, 415.
[19] BAG 24.3.2009 AP Nr. 22 zu § 611 BGB Sachbezüge = NZA 2009, 861.

wenn der AN den Wagen auch am Wochenende mit nach Hause nehmen kann und privat nutzt, ohne dass der AG einen Kostenanteil fordert.[20] Der arbeitsvertragliche Anspruch eines AN auf Überlassung eines dienstlichen Kfz zur auch privaten Nutzung kann nicht dadurch erfüllt werden, dass ihm sein AG, der ein Bestattungsunternehmen betreibt, einen Leichenwagen zur Verfügung stellt.[21]

Zur Vermeidung von Streitigkeiten sollte in der **Nutzungsvereinbarung** geregelt werden, welches Fahrzeug (Fabrikat, Kategorie, Ausstattung usw.) der AG schuldet, wem bei einer Neubeschaffung das Bestimmungsrecht wegen der Details (Farbe usw.) zusteht, zu welchem Zweck das Fahrzeug überlassen wird, wann das Nutzungsrecht endet, was im Falle des Streits um die Beendigung des Arbeitsverhältnisses geschehen soll und wer für die Unfallschäden haftet. Zugleich sollten die Grundlagen der steuerrechtlichen Behandlung der privaten Dienstwagennutzung vereinbart werden (dazu → Rn. 27 ff.). Die Überlassung des Dienstwagens ist gleichfalls Sachbezug, soweit der AN den Wagen allein für den Arbeitsweg zwischen Wohnung und Arbeitsstätte privat benutzen kann (§ 8 II 3 EStG). Im Rahmen der Vertragsfreiheit (§ 105 GewO) kann für die Privatnutzung des Wagens ein Entgelt vereinbart werden. Stellt die Überlassung des Dienstwagens einen Sachbezug dar, ist dieser im Rahmen eines nachvertraglichen Wettbewerbsverbots bei der Berechnung der Karenzentschädigung zu berücksichtigen (→ § 55 Rn. 77 ff.). Ob der Bezug auch bei der Ruhegeldberechnung zu berücksichtigen ist, richtet sich nach der Versorgungszusage. Hat der AG dem AN ein Dienstfahrzeug auch zur privaten Nutzung überlassen und wird die Lohnsteuer wegen des dem AN zufließenden geldwerten Vorteils nach der sog. 1%-Regelung (§ 8 II 2 iVm § 6 I Nr. 4 S. 2 EStG) ermittelt (→ Rn. 29), ist der AG verpflichtet, dem AN **Auskunft** über die tatsächlich mit der Fahrzeughaltung verbundenen Kosten zu erteilen (§ 8 II 4 EStG), damit dieser die wegen einer nur geringen Privatnutzung möglicherweise überzahlte Lohnsteuer vom Finanzamt erstattet verlangen kann. 9

2. Entzug der Dienstwagennutzung. a) Ende der Entgeltzahlungspflicht. Die Nutzungsüberlassung ist solange geschuldet, wie der AG Arbeitsentgelt leisten muss.[22] Im Falle der **Arbeitsunfähigkeit** endet das Recht zur Privatnutzung deshalb mit dem Ende des Entgeltfortzahlungszeitraums (§ 3 EFZG), es sei denn, dass sich aus dem Vertrag etwas anderes ergibt.[23] Die Auslegung der Dienstwagenüberlassungsvereinbarung kann im Einzelfall ergeben, dass der AN verpflichtet ist, dem AG den Dienstwagen während seiner Arbeitsverhinderung zurückzugeben, um ihn einer Ersatzkraft zu überlassen. Der AG schuldet dem AN in diesem Fall allerdings Wertersatz.[24] Darf der AN den Wagen privat nutzen, ist er dem AN auch während des **Urlaubs** zu überlassen. Entsprechendes gilt während der **Mutterschutzfristen.**[25] Soweit sich ein Widerrufsrecht in einem vom AG gestellten Dienstwagenüberlassungsvertrag befindet, unterliegt es der Inhaltskontrolle nach § 308 Nr. 4 BGB (dazu → Rn. 12; → § 35 Rn. 97).[26] 10

b) Ende des Arbeitsverhältnisses. Das Recht zur Benutzung des Dienstwagens endet mit dem Ende des Arbeitsverhältnisses. War dem AN die Privatnutzung nicht gestattet, kann der AG jederzeit die Herausgabe verlangen, da der AN nur Besitzdiener ist.[27] War dem AN dagegen auch die Privatnutzung gestattet, hat er es im Falle einer Kündigung grundsätzlich nach Ablauf der Kündigungsfrist dem AG herauszugeben. Etwas anderes gilt allenfalls dann, wenn die Kündigung offensichtlich unwirksam ist.[28] 11

c) Widerrufsvorbehalt. Der in einem Formularvertrag vereinbarte Widerrufsvorbehalt für die Privatnutzung eines Dienstwagens ist nur wirksam, wenn die **Sachgründe für den Widerruf** angegeben sind und der durch den Widerruf entzogene geldwerte Vorteil weniger als 25% des regelmäßigen Verdienstes beträgt (→ § 35 Rn. 97).[29] Ist das Herausgabeverlangen des AG 12

---

[20] LAG RhPf 19.11.1996 NZA 1997, 942.
[21] LAG Köln 19.11.2009 AuR 2010, 482.
[22] BAG 21.3.2012 AP Nr. 24 zu § 611 BGB Sachbezüge = NZA 2012, 616.
[23] BAG 14.12.2010 AP Nr. 23 zu § 611 BGB Sachbezüge = NZA 2011, 569; LAG Köln 29.11.1995 LAGE § 616 BGB Nr. 8 = NZA-RR 1996, 986; 22.6.2001 NZA-RR 2001, 523; aA *Fischer* FA 2003, 105 (107), der dem Herausgabeanspruch des AG das Besitzrecht aus § 868 BGB entgegenhält.
[24] MüKoBGB/*Spinner* § 611a Rn. 624; ErfK/*Preis* BGB § 611a Rn. 523.
[25] Vgl. BAG 11.10.2000 AP Nr. 13 zu § 611 BGB Sachbezüge = NZA 2001, 445.
[26] Dazu BAG 21.3.2012 AP Nr. 24 zu § 611 BGB Sachbezüge = NZA 2012, 616; 11.10.2006 AP Nr. 6 zu § 308 BGB = NZA 2007, 87.
[27] BAG 17.9.1998 AP Nr. 2 zu § 611 BGB Mankohaftung = NZA 1999, 141.
[28] Vgl. LAG Hamm 9.11.2010 – 12 Sa 1376/10.
[29] Dazu BAG 21.3.2012 AP Nr. 24 zu § 611 BGB Sachbezüge = NZA 2012, 616; 13.4.2010 AP Nr. 8 zu § 308 BGB = NZA-RR 2010, 457; 19.12.2006 AP Nr. 21 zu § 611 BGB Sachbezüge = NZA 2007, 809.

zulässig, ist keine Entschädigung für den Entzug der privaten Nutzung zu zahlen. Die Rechtslage des Widerrufs einer Naturalvergütung entspricht der Rechtslage des Widerrufs anderer Entgeltbestandteile.[30] Der Widerruf der privaten Nutzung eines Dienstwagens im Zusammenhang mit einer (wirksamen) **Freistellung** des AN ist zumutbar, und zwar auch dann, wenn der Widerrufsvorbehalt keine Ankündigungsfrist enthält. Der AN muss bis zum Kündigungstermin keine Arbeitsleistung erbringen, insbesondere entfallen Dienstfahrten mit dem Pkw. Die Widerrufsklausel verknüpft damit die dienstliche und private Nutzung sachgerecht.[31] Steht nach dem Willen der Parteien erkennbar die dienstliche Nutzung eines Firmenfahrzeugs im Vordergrund, kann nach vertraglicher Vereinbarung dem AN die private Nutzungsmöglichkeit entzogen werden, wenn die Voraussetzungen für die Nutzung des Firmenfahrzeugs für **Dienstreisen entfallen** sind und dies so auch in dem Dienstwagenüberlassungsvertrag wirksam vereinbart worden ist.[32] Eine in einem Formularvertrag vereinbarte Beteiligung des AN an den Leasingraten für den auch privat genutzten Dienstwagen für die Zeit nach Beendigung des Arbeitsverhältnisses bis zum Ablauf des Leasingvertrags ist unwirksam.[33] In einem **Ehegatten-Arbeitsverhältnis** ist nach dessen Beendigung der AN arbeitsrechtlich nicht zur Herausgabe des Dienstfahrzeugs verpflichtet, wenn die Überlassung in Wirklichkeit eine Unterhaltsleistung und keine arbeitsvertragliche Leistung war.[34]

13 **d) Ausübungskontrolle.** Bei der gebotenen Ausübungskontrolle nach § 315 BGB sind das Interesse des AG an einer unverzüglichen Rückgabe und das Interesse des AN an einer weiteren privaten Nutzung zu berücksichtigen.[35] Dies kann im Einzelfall kann dazu führen, dass der AG einen Dienstwagen nur unter Einräumung einer Auslauffrist zurückfordern darf. Insoweit darf nicht außer Acht bleiben, dass die private Nutzung eines Dienstwagens bei gewählter Pauschalversteuerung nach § 6 I Nr. 4 EStG auch dann mit der vollen Monatspauschale zu versteuern ist, wenn der AN das Fahrzeug nicht im gesamten Kalendermonat nutzen kann. Ein Entzug des Fahrzeugs am Monatsanfang führt deshalb nicht nur zum Nutzungsausfall, sondern darüber hinaus zu einer spürbaren Minderung des Nettoeinkommens.[36]

14 **3. Schadensersatz.** Der AN kann gem. § 283 S. 1, § 280 I, § 249 I BGB Schadensersatz verlangen, wenn ihm der AG die private Nutzung des Dienstfahrzeugs vertragswidrig entzieht.[37] In diesem Fall kann der AN die Gestellung des Dienstwagens in der Regel mangels Verfügungsgrundes nicht im Wege einer einstweiligen Verfügung durchsetzen.[38] Für die Berechnung der Höhe Schadensersatzes ist nicht auf die im Straßenverkehrsrecht maßgebliche **Tabelle von *Sanden/Danner/Küppersbusch*** abzustellen, sondern auf die lohnsteuerliche Bewertung der privaten Nutzungsmöglichkeit.[39] Der Wert der privaten Nutzung eines Kraftfahrzeugs beträgt gem. § 6 I Nr. 4 EStG für jeden Kalendermonat 1% des inländischen Listenpreises im Zeitpunkt der Erstzulassung zuzüglich der Kosten für Sonderausstattungen einschließlich Umsatzsteuer. Sieht die Dienstwagenvereinbarung vor, dass der Dienstwagen bei berechtigter Freistellung während des Laufs der Kündigungsfrist zurückzugeben ist und dass während dieses Zeitraums ein anderes, nicht unbedingt gleichwertiges Fahrzeug zur Verfügung zu stellen ist und lehnt der AN das Ersatzfahrzeug ab, steht ihm kein Schadensersatzanspruch zu.[40] Eine solche Vereinbarung hält bei hinreichend klarer Formulierung einer Inhaltskontrolle nach § 308 Nr. 4 bzw. § 307 I BGB stand.

---

30 BAG 21.3.2012 AP Nr. 24 zu § 611 BGB Sachbezüge = NZA 2012, 616; 19.12.2006 AP Nr. 21 zu § 611 BGB Sachbezüge = NZA 2007, 809; HWK/*Roloff* BGB Anh. §§ 305–310 Rn. 25; aA ErfK/*Preis* BGB § 611a Rn. 522.

31 BAG 21.3.2012 AP Nr. 24 zu § 611 BGB Sachbezüge = NZA 2012, 616.

32 Vgl. dazu BAG 13.4.2010 AP Nr. 8 zu § 308 BGB = NZA-RR 2010, 457; 17.9.1998 AuR 1999, 111.

33 BAG 9.9.2003 AP Nr. 15 zu § 611 BGB Sachbezüge = NZA 2004, 484; LAG Köln 10.3.2008 – 14 Sa 1331/07.

34 LAG Köln 27.1.1999 NZA-RR 1999, 572.

35 MüKoBGB/*Spinner* § 611a Rn. 624; HWK/*Thüsing* BGB § 611a Rn. 240.

36 BAG 21.3.2012 AP Nr. 24 zu § 611 BGB Sachbezüge = NZA 2012, 616.

37 BAG 14.12.2010 AP Nr. 23 zu § 611 BGB Sachbezüge = NZA 2011, 569; 19.5.2010 AP Nr. 13 zu § 310 BGB = NZA 2010, 939; 19.12.2006 AP Nr. 21 zu § 611 BGB Sachbezüge = NZA 2007, 809; s. dazu auch BAG 2.12.1999 – 8 AZR 849/98; 25.1.2001 – 8 AZR 412/00.

38 LAG Köln 5.11.2002 NZA-RR 2003, 300.

39 BAG 19.5.2010 NZA 2010, 939; 19.12.2006 AP Nr. 21 zu § 611 BGB Sachbezüge = NZA 2007, 809; 27.5.1999 AP Nr. 12 zu § 611 BGB Sachbezüge = NZA 1999, 1038; MHdB ArbR/*Krause* § 67 Rn. 9; ErfK/*Preis* BGB § 611a Rn. 526.

40 SächsLAG 9.4.1997 LAGE § 249 BGB Nr. 9 = BB 1997, 1693.

Ist das ursprünglich überlassene Fahrzeug aufgrund Alters, Abnutzung oder wirtschaftlichen Totalschadens nicht mehr nutzbar, muss eine **Ersatzbeschaffung** erfolgen. Im Allgemeinen wird sich aus dem Überlassungsvertrag ergeben, welches Fahrzeug angeschafft werden muss. Ist die Ersatzbeschaffung nicht ausdrücklich geregelt, hat sie in den Grenzen des § 315 BGB nach billigem Ermessen durch den AG zu erfolgen. Auf einen im Rahmen der Privatnutzung verursachten Unfall sind die Haftungserleichterungen (→ § 59 Rn. 1 ff.) nicht anzuwenden; es fehlt dann an einem Einsatz im Betätigungsbereich des AG. Anders ist es dagegen bei Unfällen im Rahmen der betrieblichen Nutzung. Insoweit gelten die Grundsätze des innerbetrieblichen Schadensausgleichs (→ § 59 Rn. 27 ff.).[41] Betankt ein AN den Dienstwagen statt mit Dieselkraftstoff mit Super Bleifrei, liegt nach abzulehnender Auffassung des LAG Rheinland-Pfalz kein grob fahrlässiges Fehlverhalten vor.[42] 15

III. Personalrabatte

Zu der vereinbarten Vergütung iSv § 611a II BGB gehören alle Leistungen, die ein AN als Gegenleistung für seine Arbeit erhält. Neben den laufenden Bezügen kann dies auch ein Anspruch auf **Teilnahme am Personaleinkauf** sein.[43] Hierdurch wird die vom AN geschuldete Arbeitsleistung zwar nicht unmittelbar vergütet. Denn ein Personalrabatt nutzt nur demjenigen AN, der bereit ist, unter Einsatz eigener finanzieller Mittel Waren gerade bei seinem AG zu kaufen, und auch nur in der Höhe, in der jeder einzelne AN von der Möglichkeit eines verbilligten Einkaufs bei seinem AG Gebrauch macht.[44] Die Leistung erfolgt jedoch regelmäßig mit Rücksicht auf das Arbeitsverhältnis. Der Personalrabatt dient der Bindung des AN an das Unternehmen. Mit der Einräumung von Personalrabatten soll die Motivation der Belegschaft und deren Identifikation mit den unternehmerischen Zielen gefördert werden. Darüber hinaus geht es um das eigenwirtschaftliche Interesse des AG, durch Personalkäufe in einem gewissen Umfang Produktabsatz und Umsatz zu sichern.[45] Führt ein Tarifvertrag eine Vorsorgeleistung in Form der Aufstockung des Arbeitgeberbeitrags zur Altersvorsorge oder eines Langzeitkontos ein, lässt er aber – unter Ausschluss einer Barauszahlung – zu, dass die Beschäftigten an deren Stelle einen nominal gleichwertigen Warengutschein ihres AG wählen, stellt die Einlösung des Warengutscheins einen steuerbegünstigten Sachbezug dar, auf den etwaige betriebliche Regeln eines Personaleinkaufs keine Anwendung finden.[46] 16

Die Einräumung von Personalrabatten verpflichtet den AG, mit dem AN die für den Bezug der Vergünstigung **erforderlichen Rechtsgeschäfte abzuschließen.** Wird der Personalrabatt unternehmensübergreifend für Konzernprodukte eingeräumt, hat der AG dafür einzustehen, dass der AN die preisermäßigten Waren oder Dienstleistungen auch erhält.[47] Auch der vergünstigte Erwerb von Flugleistungen, die den Unternehmensgegenstand des AG ausmachen, ist eine solche Leistung.[48] 17

Abgesehen davon steht die Einräumung eines Personalrabatts regelmäßig unter dem vertraglichen Vorbehalt, dass der **AG die preisgeminderten Waren selbst herstellt.**[49] Der AG hat idR kein Interesse daran, seiner Belegschaft Produkte von Fremdfirmen rabattiert anzubieten. Nur bei dem Angebot eigener Produkte ist es ihm möglich, Produkte zu unter dem Marktpreis liegenden Konditionen anzubieten und dennoch einen Gewinn zu erzielen. Auch der für die Mitarbeitermotivation erforderliche psychologische Zusammenhang zwischen Produkten aus eigener Produktion und dem Recht, eben diese Produkte erwerben und nutzen zu können, ist bei Fremdprodukten nicht mehr vorhanden.[50] Ein Anspruch des AN auf verbilligten Bezug dieser Waren geht daher nicht ohne Weiteres nach § 613a I 1 BGB bei einem **(Teil-)Betriebsübergang** über.[51] Der Erwerber ist grundsätzlich nicht zu finanziellen Ausgleichszahlungen verpflichtet. Sagt der Bodenbetrieb einer Fluggesellschaft seinen Mitarbeitern Flugvergünstigun- 18

[41] LAG Köln 15.9.1998 ZTR 1999, 181.
[42] LAG RhPf 7.1.2008 – 5 Sa 371/07 (Haftung des AN iHv 60% angemessen).
[43] BAG 7.9.2004 AP Nr. 17 zu § 611 BGB Sachbezüge = NZA 2005, 941; MüKoBGB/*Spinner* § 611a Rn. 627; ErfK/*Preis* BGB § 611a Rn. 519.
[44] BAG 17.3.2010 AP Nr. 211 zu § 242 BGB Gleichbehandlung = NZA 2010, 696.
[45] BAG 7.9.2004 AP Nr. 17 zu § 611 BGB Sachbezüge = NZA 2005, 941.
[46] BAG 14.11.2012 DB 2013, 406.
[47] BAG 19.2.2008 AP Nr. 52 zu § 1 BetrAVG = NZA-RR 2008, 597.
[48] BAG 13.12.2006 NZA 2007, 325.
[49] BAG 7.9.2004 AP Nr. 17 zu § 611 BGB Sachbezüge = NZA 2005, 941.
[50] BAG 19.2.2008 AP Nr. 52 zu § 1 BetrAVG = NZA-RR 2008, 597.
[51] BAG 7.9.2004 AP Nr. 17 zu § 611 BGB Sachbezüge = NZA 2005, 941; 11.12.1996 AP Nr. 5 zu § 611 BGB Sachbezüge = NZA 1997, 442.

gen zu, ist er nach Einstellung des Flugbetriebs und Ausscheiden aus dem Konzern nicht verpflichtet, Flugscheine anderer Gesellschaften zu erwerben und seinen Mitarbeitern zur Verfügung zu stellen.[52] Dagegen besteht der Anspruch von Brauereibeschäftigten auf Haustrunk fort, wenn die Brauerei von Eigen- auf Fremdproduktion von Bier umstellt. Auch nach der Umstellung wird das Bier als eigenes Produkt verkauft. Die Änderung der Herstellungsverhältnisse ändert daran nichts.[53] Hat der AG seinem AN einen Personalrabatt zugesagt, ohne sich den Widerruf vorzubehalten, kann er die Vergünstigung nicht mit der Begründung einstellen, die Gewährung freiwilliger Leistungen liege in seinem billigen Ermessen.[54] Steuerrechtlich werden Personalrabatte als Arbeitsentgelt bewertet.[55]

19 Die in AGB über den Verkauf von **Kraftfahrzeugen an Werksangehörige** enthaltene Klausel, die den AN zur Zahlung des ihm eingeräumten Preisnachlasses verpflichtet, wenn das Arbeitsverhältnis binnen eines Jahres nach Auslieferung endet, ist intransparent (§ 307 I 2 BGB), wenn die Höhe des Preisnachlasses nicht angegeben ist.[56] Im Übrigen unterliegt sie einer Inhaltskontrolle nach der Generalklausel des § 307 I 1 BGB, weil sie für den AN eine Kündigungserschwernis bedeutet. Im Hinblick auf die beim Kauf von Jahreswagen auch dem AG zufließenden wirtschaftlichen Vorteile erscheint eine Regelung unangemessen, die den AN zur Rückzahlung des vollen – im Vertrag ausgewiesenen – Preisnachlasses verpflichtet, wenn er binnen Jahresfrist auf eigene Veranlassung das Arbeitsverhältnis beendet. Angemessen dürfte dagegen eine Regelung sein, die eine monatliche Kürzung des Rückzahlungsbetrags um ein Zwölftel vorsieht.

IV. Trinkgeld

20 Trinkgeld ist gem. § 107 III 2 GewO ein Geldbetrag, den ein Dritter ohne rechtliche Verpflichtung dem AN zusätzlich zu einer dem AG geschuldeten Leistung zahlt.[57] Hat der AN Anspruch auf tarifliche Vergütung oder Mindestlohn, können diese – auch nicht teilweise – mit Trinkgeldern verrechnet werden.[58] Freiwillig von Dritten gezahlte Trinkgelder sind steuerfrei (§ 3 Nr. 51 EStG). Kein Trinkgeld ist das im Gaststättengewerbe verbreitete Bedienungsgeld.[59]

V. Naturalbezug und Entgeltfortzahlung

21 Während der Entgeltfortzahlung im Krankheitsfall sind Sachbezüge grundsätzlich als Teil des Arbeitsentgelts nach § 4 I EFZG weiter zu gewähren (zum Dienstwagen → Rn. 10). Kann der AN für die Zeit, in der ihm die Vergütung fortzuzahlen ist, die Naturalbezüge nicht entgegennehmen oder ist ihm die Entgegennahme nicht zumutbar, sind diese in Geld zu entrichten.[60] Der Wert bemisst sich nach der SvEV (dazu → Rn. 25). Keine Abgeltungspflicht besteht für dem AN entgangene Trinkgelder im Falle der Erkrankung.[61] Für Auszubildende vgl. § 19 II BBiG; dazu → § 174 Rn. 68.

VI. Gewährleistung für Sachleistungen

22 Sachbezüge müssen, soweit nichts anderes vereinbart ist, nach § 107 II 4 GewO **mittlerer Art und Güte** sein (§ 243 I BGB). Sind die vom AG gelieferten Sachen mit Mängeln behaftet, stehen dem AN die Rechte aus §§ 437 ff. BGB zu.[62]

VII. Steuerliche und sozialversicherungsrechtliche Behandlung von Sachbezügen

23 **1. Sachzuwendungen im Sinne des Steuerrechts.** Bei der Beurteilung der Besteuerung von Sachzuwendungen ist zunächst davon auszugehen, dass zu den steuerpflichtigen Einkünften aus nichtselbständiger Arbeit gem. § 19 I 1 Nr. 1 EStG – neben Gehältern und Löhnen – auch

[52] BAG 13.12.2006 NZA 2007, 325.
[53] Vgl. LAG Hamm 28.4.1999 – 14(6) Sa 2311/98; *Moll* FS 50 Jahre BAG, 59 (71).
[54] BAG 11.12.1996 AP Nr. 5 zu § 611 BGB Sachbezüge = NZA 1997, 442; 14.6.1995 AP Nr. 1 zu § 611 BGB Personalrabatt = NZA 1995, 1194.
[55] BFH 2.10.1968 DB 1969, 70; BStBl. 1974 II, 413.
[56] Vgl. ErfK/*Preis* BGB § 611a Rn. 520; HWK/*Thüsing* BGB § 611a Rn. 243.
[57] *Zumbansen/Sung-Kee Kim* BB 1999, 2454.
[58] NK-GA/*Schöne/Boecken/Pils* GewO § 107 Rn. 38.
[59] Zur Berücksichtigung der Mehrwertsteuer: BAG 7.10.1971 AP Nr. 6 zu § 611 BGB Kellner.
[60] Vgl. BAG 22.9.1960 AP Nr. 27 zu § 616 BGB.
[61] Vgl. BAG 28.6.1995 AP Nr. 112 zu § 37 BetrVG 1972 = NZA 1996, 252.
[62] Vgl. *Boemke,* §§ 105–110 GewO, § 107 Rn. 35.

andere **Bezüge und Vorteile gehören, die „für" eine Beschäftigung im öffentlichen oder privaten Dienst gewährt werden,** unabhängig davon, ob ein Rechtsanspruch auf sie besteht und ob es sich um laufende oder um einmalige Bezüge handelt (§ 19 I 2 EStG). Diese Bezüge oder Vorteile gelten dann als für eine Beschäftigung gewährt, wenn sie durch das individuelle Dienstverhältnis veranlasst sind, ohne dass ihnen eine Gegenleistung für eine konkrete (einzelne) Dienstleistung des AN zugrunde liegen muss. Eine Veranlassung durch das individuelle Dienstverhältnis ist vielmehr zu bejahen, wenn sich die Leistung des AG im weitesten Sinne als Gegenleistung für das Zurverfügungstellen der individuellen Arbeitskraft des AN erweist. Hiervon ausgehend gehören zum steuerbaren Arbeitslohn auch Sachbezüge iSd § 8 II EStG, dh nicht in Geld bestehende Leistungen des AG, die aufgrund des Dienstverhältnisses gewährt werden.[63] Diese sind grundsätzlich steuerpflichtig. Vorteile, die sich bei objektiver Würdigung aller Umstände nicht als Entlohnung, sondern **lediglich als notwendige Begleiterscheinung betriebsfunktionaler Zielsetzungen erweisen,** sind dagegen nicht als Arbeitslohn anzusehen.[64] Stellt der AG seinen AN unbelegte Backwaren wie Brötchen und Rosinenbrot nebst Heißgetränken zum sofortigen Verzehr im Betrieb bereit, handelt es sich deshalb grundsätzlich nicht um Arbeitslohn, sondern um nicht steuerbare Aufmerksamkeiten.[65] Dagegen ist ein zum Einkauf beim AG bestimmter **Warengutschein** ein Sachbezug und damit Arbeitslohn.[66] Der **Wert von Sachbezügen** richtet sich grundsätzlich nach § 8 EStG. Für die Überlassung von Fahrzeugen gilt § 8 II 2 ff. EStG. Ansonsten erfolgt eine Einzelbewertung des Sachbezugs mit dem üblichen Endpreis am Abgabeort (§ 8 II 1 EStG). Das ist der Preis, der im allgemeinen Geschäftsverkehr von Letztverbrauchern in der Mehrzahl der Verkaufsfälle am Abgabeort für gleichartige Waren oder Dienstleistungen tatsächlich gezahlt wird. Er schließt die Umsatzsteuer und sonstige Preisbestandteile ein.

Hiervon abweichend werden einzelne Sachbezüge gem. § 8 II 2 ff. EStG **pauschal bewertet.** 24
Maßgeblich ist insoweit die SvEV (→ Rn. 4). Für Sachbezüge, die nach § 8 II 1 EStG bewertet werden, gilt nach § 8 II 11 EStG eine **Freigrenze** von 44 EUR (ab 1.1.2022: 50 EUR) monatlich. Wird diese auch nur um einen EUR überschritten, entfällt die Steuerfreiheit insgesamt.[67] Maßgeblich ist der **Zuflusszeitpunkt** des Sachbezugs. Eine Sachzuwendung ist zugeflossen, wenn der AN den Vorteil tatsächlich in Anspruch genommen hat. Ist Gegenstand der Sachzuwendung das Recht, bei einem Dritten eine **vergünstigte Sach- oder Dienstleistung** zu beziehen, ist der Vorteil und damit der Arbeitslohn nicht bereits mit Einräumung des Bezugsrechts durch den AG, sondern erst mit Ausübung des Rechts, dh der Inanspruchnahme der Sach- oder Dienstleistung durch den AN zugeflossen.[68] Bei der Bemessung der Freigrenze von 44 EUR bleiben seit dem 29.12.2020 gem. § 8 II 11 Hs. 2 EStG die nach § 8 I 3 EStG nicht zu den Einnahmen in Geld gehörenden **Gutscheine und Geldkarten** nur dann außer Ansatz, wenn sie zusätzlich zum ohnehin geschuldeten Arbeitslohn gewährt werden. Ziel dieser Neuregelung ist, bestimmte zweckgebundene Gutscheine und Geldkarten, die die Kriterien des § 2 I Nr. 10 Zahlungsdiensteaufsichtsgesetz (ZAG) erfüllen und damit nicht als Zahlungsdienste gelten, als Sachbezug zu definieren.[69] Auf den Internetseiten der BaFin ist ein „Merkblatt – Hinweise zum ZAG" abrufbar, das ergänzende Hinweise zu § 2 I Nr. 10 ZAG enthält.[70] Überlässt der AG seinem AN einen bei einer größeren **Buchhandelskette einlösbaren Gutschein** über einen in EUR lautenden Höchstbetrag für den Bezug einer Sache aus deren Warensortiment, wendet er seinem AN eine Sache iSd § 8 II 1 und 9 EStG zu.[71] Gleiches gilt, wenn der AG seinem AN das Recht einräumt, bei einer bestimmten **Tankstelle** auf seine Kosten tanken zu dürfen.[72] Räumt der AG dem AN durch Vereinbarung mit einem Verkehrsbetrieb das Recht zum Erwerb einer vergünstigten Jahresnetzkarte **(Job-Ticket)** ein, liegt gleichfalls ein Sachbezug vor, soweit sich dies für den AN als Frucht seiner Arbeit für den AG darstellt.[73] Gleiches gilt für die Zuwendung einer verbilligten Trainingsberechtigung in einem **Fitness-Studio.**[74] **Zins-**

[63] BFH 4.7.2018 NZA-RR 2019, 167.
[64] BFH 10.3.2016 NJW 2016, 2142, zu einer Berufshaftpflichtversicherung einer Rechtsanwalts-GbR.
[65] BFH 3.7.2019 NJW 2019, 3103.
[66] Näher hierzu Schmidt/*Krüger* EStG § 8 Rn. 70 ff.
[67] Schmidt/*Krüger* EStG § 8 Rn. 68.
[68] BFH 14.11.2012 DB 2013, 379.
[69] BT-Drs. 19/14909, 44.
[70] Dazu *Eismann* DStR 2020, 409 (412).
[71] BFH 11.11.2010 NZA-RR 2011, 313.
[72] BAG 22.6.2016 AP Nr. 28 zu § 1 TVG Tarifverträge: Bewachungsgewerbe = NZA-RR 2016, 595; BFH 11.11.2010 NZA-RR 2011, 253; *Plenker/Schaffhausen* DB 2008, 1346.
[73] BFH 14.11.2012 DB 2013, 379.
[74] BFH 7.72020 DStR 2020, 2864.

vorteile aus Arbeitgeberdarlehen zum Zwecke der Anschaffung von Wohnungseigentum oder Kraftfahrzeugen sind steuerpflichtig. Erhält ein AN aufgrund seines Arbeitsverhältnisses vom AG verbilligt Waren, die nicht speziell für seine AN, sondern für den allgemeinen Verkauf hergestellt oder bestimmt sind, gilt gem. § 8 III EStG als Wert nicht der tatsächliche Kaufpreis, sondern der idR höhere, im allgemeinen Geschäftsverkehr angebotene Endpreis, vermindert um 4%. Dabei ist ein Freibetrag von 1 080 EUR zu berücksichtigen (§ 8 III 2 EStG).

25 **2. Sozialversicherungsentgeltverordnung (SvEV).** In der SvEV (→ Rn. 4) sind für die **volle oder teilweise Verpflegung** sowie die freie oder verbilligte Unterkunft Sachbezugswerte festgesetzt. Die Sachbezugswerte gelten auch dann, wenn in Tarifvertrag, Betriebsvereinbarung oder Arbeitsvertrag andere Werte eingesetzt sind. Dies gilt nicht bei Barauszahlung. Der Sachbezugswert für die Verpflegung beträgt gem. § 2 I SvEV ab dem 1.1.2019 monatlich insgesamt 251 EUR, davon für Frühstück 53 EUR und für Mittagessen und Abendessen jeweils 99 EUR. Der Wert einer als Sachbezug zur Verfügung gestellten Unterkunft ist ab dem 1.1.2019 auf monatlich 231 EUR festgesetzt worden (§ 2 III 1 SvEV). Diese Werte sind bundeseinheitlich gleich. Werden Verpflegung, Unterkunft oder Wohnung verbilligt als Sachbezug zur Verfügung gestellt, ist der Unterschiedsbetrag zwischen dem vereinbarten Preis und dem Wert, der sich bei freiem Bezug ergeben würde, gem. § 2 V SvEV dem Arbeitsentgelt zuzurechnen.

26 **3. Vorteile im eigenbetrieblichen Interesse. Kein Arbeitslohn** sind nach der Rechtsprechung des BFH Vorteile, die sich bei objektiver Würdigung aller Umstände nicht als Entlohnung, sondern lediglich als notwendige Begleiterscheinung betriebsfunktionaler Zielsetzungen erweisen. Erforderlich ist, dass der Vorteil im ganz überwiegend eigenbetrieblichen Interesse gewährt wird. Eine Zuwendung erfolgt freilich nicht bereits deswegen im ganz überwiegend eigenbetrieblichen Interesse, weil für sie betriebliche Gründe sprechen, beim AG also Betriebsausgaben vorliegen. Denn eine **betriebliche Veranlassung** liegt jeder Art von Lohnzahlung zugrunde. Vielmehr muss sich aus den Begleitumständen wie Anlass, Art und Höhe des Vorteils, Auswahl der Begünstigten, freie oder nur gebundene Verfügbarkeit, Freiwilligkeit oder Zwang zur Annahme des Vorteils und seiner besonderen Geeignetheit für den jeweils verfolgten betrieblichen Zweck ergeben, dass diese Zielsetzung ganz im Vordergrund steht und ein damit einhergehendes eigenes Interesse des AN, den betreffenden Vorteil zu erlangen, deshalb vernachlässigt werden kann. Hierzu gehören beispielsweise Vorsorgeuntersuchungen bei leitenden Angestellten[75] oder Zuwendungen bei Betriebsveranstaltungen,[76] die Überlassung eines Fahrzeugs bei Rufbereitschaft[77] oder Massagen, die einer spezifisch berufsbedingten Beeinträchtigung der Gesundheit der AN vorbeugen bzw. ausgleichend entgegenwirken sollen (AN an Bildschirmarbeitsplätzen).[78] Anders ist dagegen die Unterbringung in Erholungsheimen oder die Überlassung von Ferienhäusern[79] zu beurteilen. Stellt der AG Ferienhäuser zur Verfügung, kann er die ihm dafür entstehenden tatsächlichen Aufwendungen bei der Ermittlung des zu versteuernden Einkommens als Betriebsausgaben absetzen.[80] Die Übernahme der Kurkosten durch den AG wird als Arbeitslohn gewertet.[81]

27 **4. Überlassung von Kraftfahrzeugen. a) Überblick.** Überlässt der AG einem AN unentgeltlich oder verbilligt einen Dienstwagen auch zur privaten Nutzung, führt das zu einem als **Lohnzufluss** nach § 19 I 1 Nr. 1 EStG zu erfassenden Nutzungsvorteil des AN. Dies gilt nach der neueren Rechtsprechung des BFH unabhängig davon, ob und in welchem Umfang der AN den betrieblichen PKW privat nutzt.[82] Allein der Umstand, dass der AG dem AN das Fahrzeug unentgeltlich zur privaten Nutzung überlässt, führt dazu, dass bei ihm ein als Lohnzufluss zu erfassender steuerpflichtiger Nutzungsvorteil entsteht. Davon kann nur abgesehen werden, wenn der Steuerpflichtige zur privaten Nutzung des betrieblichen Fahrzeugs nicht (länger) befugt ist.[83] Die Entstehung eines steuerpflichtigen Nutzungsvorteils besagt aber nichts darüber, welche Vertragspartei im Innenverhältnis die Steuerlast tragen soll.[84] Der Vorteil aus der Nutzungsüberlassung umfasst das **Zurverfügungstellen des Fahrzeugs** selbst sowie die Übernahme sämtli-

[75] BFH 17.9.1982 BStBl. 1983 II, 39.
[76] BFH 25.5.1992 DB 1993, 1652.
[77] BFH 25.5.2000 DB 2000, 1941.
[78] BFH 30.5.2001 DB 2001, 2021.
[79] BFH 9.4.1997 NZA-RR 1998, 82.
[80] BFH 9.4.1997 NZA-RR 1998, 82.
[81] BFH 31.10.1986 BStBl. 1987 II, 142.
[82] BFH 21.3.2013 – VI R 42/12, GmbHR 2013, 890.
[83] BFH 16.10.2020 – VI B 13/20; 21.3.2013 – VI R 42/12, GmbHR 2013, 890.
[84] BAG 17.10.2018 AP Nr. 10 zu § 767 ZPO = NJW 2019, 695.

cher damit verbundener Kosten wie Steuern, Versicherungsprämien, Reparatur-, Wartungs- und Treibstoffkosten und damit nutzungsabhängige wie -unabhängige Kosten. Selbst wenn der AN den hierzu überlassenen PKW tatsächlich nicht privat nutzen sollte, erspart er sich zumindest die (nutzungsunabhängigen) Kosten, die er für das Vorhalten eines betriebsbereiten Fahrzeugs verausgaben müsste. Der geldwerte Vorteil aus der unentgeltlichen bzw. verbilligten Überlassung eines Dienstwagens durch den AG an den AN für dessen Privatnutzung fließt dem AN damit bereits mit der Inbesitznahme des Dienstwagens und nicht (erst) mit der tatsächlichen privaten Nutzung des PKW zu.[85]

b) Berechnung des geldwerten Vorteils. Der geldwerte Vorteil ist nach § 8 II 2–5 iVm § 6 I Nr. 4 S. 2 EStG der Höhe nach mit der 1%-Regelung zu bewerten, sofern nicht das Verhältnis der privaten Fahrten zu den übrigen Fahrten durch ein ordnungsgemäßes Fahrtenbuch nachgewiesen wird. Die 1%-Regelung ist nach der Rechtsprechung des BFH insoweit eine grundsätzlich zwingende pauschalierende Bewertungsregelung.[86] 28

aa) Die 1%-Methode. Die 1%-Methode ist die unkomplizierteste Methode der steuerrechtlichen Behandlung des geldwerten Vorteils aus der Nutzung eines betrieblichen Kraftfahrzeugs zu privaten Zwecken. Es handelt sich hierbei um einen **Spezialfall des geldwerten Vorteils** nach § 8 II 2 EStG. Soweit dort auf § 6 I Nr. 4 S. 2 EStG verwiesen wird, bedeutet dies nicht, dass das Fahrzeug zu mehr als 50% betrieblich genutzt werden muss. Dieses Erfordernis hat nur Bedeutung für die private Kraftfahrzeugnutzung durch den Steuerpflichtigen selbst, der Gewinneinkünfte erzielt. Die 1%-Regelung kommt auch dann für jedes Fahrzeug zur Anwendung, wenn der AG dem AN mehr als ein Kfz auch zur privaten Nutzung überlässt.[87] Die Überlassung von Kraftfahrzeugen an AN ist für den AG stets betriebliche Nutzung und daher von der 50%-Grenze nicht betroffen.[88] 29

Zur **privaten Nutzung** eines Dienstwagens gehören alle Fahrten, die einem privaten Zweck dienen bzw. durch einen privaten Zweck veranlasst sind. Dies sind zum Beispiel Fahrten in den Urlaub, zu Verwandten, Freunden, kulturellen oder sportlichen Veranstaltungen, Einkaufsfahrten etc. Die Möglichkeit, den Dienstwagen hierfür nutzen zu können, stellt den von § 8 II 2 EStG erfassten geldwerten Vorteil dar. Hiervon zu trennen ist steuersystematisch die Fahrt zwischen Wohnung und regelmäßiger Arbeitsstätte des AN, die nach § 8 II 3 EStG besonders behandelt wird. Kann das Fahrzeug vom AN auch für Fahrten zwischen Wohnung und Arbeitsstätte genutzt werden, erhöht sich nach § 8 II 3 EStG der monatliche Nutzungswert von 1% für jeden Kalendermonat um 0,03% des Listenpreises für jeden Kilometer der Entfernung zwischen Wohnung und Arbeitsstätte. Auch hierbei handelt es sich um eine Pauschalierung. Im Rahmen der Einkommensteuerveranlagung kann der AN im Gegenzug die Entfernungspauschale von 0,30 EUR vom ersten Entfernungskilometer an geltend machen (§ 9 I 3 Nr. 4 EStG). Der private Nutzungswert von monatlich 1% bzw. 0,03% ist auch dann anzusetzen, wenn das Fahrzeug dem AN im Kalendermonat nur zeitweise zur Verfügung steht. Eine längere Reparatur des Fahrzeugs schließt daher ebenso wenig die Berücksichtigung dieses Nutzungswertes aus, wie ein länger andauernder Urlaub. Die Monatsbeträge dürfen nur dann nicht angesetzt werden, wenn für volle Kalendermonate dem AN kein betriebliches Kfz zur Verfügung steht.[89] 30

Maßgeblicher Bezugspunkt für die 1%-Regel ist der **inländische Listenpreis** des Fahrzeugs. Listenpreis ist die auf volle 100 EUR abgerundete unverbindliche Preisempfehlung des Herstellers für das genutzte Fahrzeug im Zeitpunkt seiner Erstzulassung zuzüglich der Kosten für Sonderausstattungen (zB Navigationsgeräte Diebstahlsicherungssysteme) und Umsatzsteuer. Hierbei wird nicht zwischen neu und gebraucht erworbenen Fahrzeugen differenziert. Vielmehr ist auch bei gebraucht erworbenen Fahrzeugen der Bruttolistenneupreis im Zeitpunkt der Erstzulassung des Kraftfahrzeugs maßgeblich. Bestehen mehrere Preisempfehlungen des Herstellers für ein Kfz, ist diejenige maßgeblich, die einen Preis ausweist, zu dem der Steuerpflichtige das Fahrzeug als Privatkunde erwerben könnte.[90] Der Wert eines Autotelefons einschließlich Freisprecheinrichtung bleibt außer Ansatz.[91] 31

---

[85] BFH 21.3.2013 NJW 2013, 3053.
[86] BFH 21.3.2013 NJW 2013, 3053.
[87] BFH 24.5.2019 – VI B 101/18.
[88] Schmidt/*Kulosa* EStG § 6 Rn. 513.
[89] LStR R 8.1 (9) Nr. 1.
[90] BFH 8.11.2018 DStR 2019, 552.
[91] LStR R 8.1 (9) Nr. 1.

32 **Beispiel:**

1. Privatfahrten:	
1% x 40 000 EUR Listenpreis x 12 Monate	= 4 800 EUR
2. Fahrt Wohnung – Arbeit:	
0,03% x 40 000 EUR x 30 km einfache Wegstrecke x 12 Monate	= 4 320 EUR
Geldwerter Vorteil:	9 120 EUR
Abzgl. Werbungskosten nach § 9 I Nr. 4 EStG:	
230 Arbeitstage x 30 km x 0,30 EUR	= 2 070 EUR
Zu versteuern:	7 050 EUR

33 **bb) Die Fahrtenbuchmethode.** Nach § 8 II 4 EStG kann der auf die privaten Fahrten und Fahrten zwischen Wohnung und Arbeitsstätte entfallende geldwerte Vorteil durch die unentgeltliche Überlassung eines Dienstwagens auch mit dem auf diese Nutzung entfallenden Teil der gesamten Kraftfahrzeugaufwendungen angesetzt werden. Voraussetzung hierfür ist nach dieser Regelung, dass die Aufwendungen durch Belege und das Verhältnis der privaten zu den übrigen Fahrten durch ein ordnungsgemäßes Fahrtenbuch nachgewiesen werden. Nach der Rechtsprechung des BFH hat ein ordnungsgemäßes Fahrtenbuch sicherzustellen, dass der Nachweis des zu versteuernden Privatanteils an der Gesamtfahrleistung eine hinreichende Gewähr für dessen Vollständigkeit und Richtigkeit bietet und mit vertretbarem Aufwand auf seine materielle Richtigkeit hin überprüfbar ist. Deshalb muss ein ordnungsgemäßes Fahrtenbuch zeitnah und in geschlossener Form geführt werden, um so nachträgliche Einfügungen oder Änderungen auszuschließen oder als solche erkennbar zu machen. Weiter hat es Datum, Fahrtziele und grundsätzlich auch die jeweils aufgesuchten Kunden oder Geschäftspartner oder jedenfalls den konkreten Gegenstand der dienstlichen Verrichtung aufführen.[92] Der AN kann nur dann statt der 1%-Methode die Fahrtenbuchmethode wählen, wenn er das Fahrtenbuch mindestens für den gesamten Veranlagungszeitraum führt, in dem er das Fahrzeug nutzt.[93] Führt der AN kein ordnungsgemäßes Fahrtenbuch, ist der zu versteuernde geldwerte Vorteil nach der 1%-Regelung zu bewerten.[94] Eine Schätzung des Privatanteils anhand anderer Aufzeichnungen scheidet aus.

34 Bei der Fahrtenbuchmethode ist als privater Nutzungswert der **Anteil an den Gesamtkosten** des Fahrzeugs, der dem Verhältnis der Privatfahrten zur Gesamtstrecke entspricht, anzusetzen. Die insgesamt durch das Fahrzeug entstehenden Aufwendungen (Gesamtkosten) sind als Nettoaufwendungen zuzüglich Umsatzsteuer zu ermitteln. Zu den Gesamtkosten gehören die Kosten, die dazu bestimmt sind, unmittelbar dem Halten und dem Betrieb des Fahrzeugs zu dienen und im Zusammenhang mit seiner Nutzung typischerweise entstehen. Erfasst werden damit insbesondere die Aufwendungen für Treibstoffe (Benzin und Diesel), Öl, Haftpflichtversicherung, Kfz-Steuer sowie die Absetzungen für Abnutzung (AfA). Diese beläuft sich auf 12,5% der Anschaffungskosten entsprechend einer achtjährigen betriebsgewöhnlichen Gesamtnutzungsdauer.[95] Nicht zu den Gesamtkosten gehören zB Beiträge für einen auf den Namen des AN ausgestellten Schutzbrief, Straßen- oder Tunnelbenutzungsgebühren und Unfallkosten.[96] Wichtig ist, dass die Aufwendungen vom AN durch Belege nachzuweisen sind. Der steuerpflichtige AN hat insoweit gegenüber dem AG einen Auskunftsanspruch.[97]

35 **Beispiel:**

Belegte Gesamtkosten:	5 000 EUR
AfA 1/8 von 40 000 EUR Listenpreis incl. USt.	5 000 EUR
Summe:	10 000 EUR
Fahrleistung:	
Von insgesamt 25 000 km entfallen 5 000 km auf Privatfahrten (= 20%)	
Geldwerter Vorteil: 10 000 EUR x 20% =	2 000 EUR

92 BFH 20.3.2014 – VI R 35/12, DB 2014, 1465.
93 BFH 20.3.2014 – VI R 35/12, DB 2014, 1465.
94 BFH 1.3.2012 NZA-RR 2012, 426.
95 BFH 29.3.2005 NJW 2006, 2064.
96 LStR R 8.1 (9) Nr. 2.
97 Schmidt/*Krüger* EStG § 8 Rn. 53.

c) Festlegung der Methode. Der AG muss in Abstimmung mit dem AN die Anwendung eines der beiden Verfahren für jedes Kalenderjahr festlegen. Nach Ablauf des Kalenderjahres oder nach Beendigung des Dienstverhältnisses ist der tatsächlich zu versteuernde Nutzungswert zu ermitteln. Ein Wechsel der Methode während des laufenden Kalenderjahres ist nicht möglich. Der AG ist nicht verpflichtet, den AN über die Einzelheiten der Versteuerung zu belehren.[98] 36

d) Was ist günstiger? Die vorstehenden Berechnungsmethoden und Beispiele machen deutlich, dass die Fahrtenbuchmethode steuerlich günstiger ist, wenn der Anteil der privaten Fahrten gering und der Listenpreis hoch ist.[99] Grobe Schätzungen gehen dahin, dass die 1%-Regelung bei einer Privatnutzung von mehr als 35% für den AN günstiger ist als die Fahrtenbuchmethode.[100] In diesem Zusammenhang sind insbesondere längere Urlaubsreisen mit dem PKW in den Blick zu nehmen. Für den AG birgt die Fahrtenbuchmethode grundsätzlich das Risiko, dass der AN das Fahrtenbuch nicht ordnungsgemäß ausfüllt, mit der Folge, dass der AG nach einer Lohnsteueraußenprüfung für die zu wenig einbehaltene Lohnsteuer in Haftung genommen wird.[101] 37

5. Sozialversicherung. Für die Sozialversicherung sind die Bewertungen maßgebend, die sich aus § 17 SGB IV iVm SvEV ergeben. 38

§ 69. Vergütungszuschläge und -zulagen

Übersicht

I. Allgemeines

1. Zuschläge und Zulagen. Zuschläge und Zulagen sollen **besondere Leistungen** des AN vergüten (→ Rn. 21 ff.) oder **Erschwernisse** bei der Arbeitsleistung ausgleichen (→ Rn. 27 ff.). Mit diesen Leistungen werden häufig auch die **sozialen Verhältnisse** bei der Bemessung der Vergütung berücksichtigt (→ Rn. 36). Bei Zulagen ist zwischen „übertariflichen" und „außertariflichen" Zulagen zu unterscheiden. Während eine „außertarifliche" Regelung Gegenstände betrifft, welche die einschlägigen tariflichen Bestimmungen überhaupt nicht vorsehen, knüpft eine „übertarifliche" Regelung an den tariflichen Gegenstand an, geht aber über die tariflich normierten Mindestbedingungen hinaus. Zahlt ein AG für Tagesarbeitsstunden eine Zulage, weil er andernfalls nicht genügend Personal für diese Arbeitszeiten findet und ist eine solche Zulage im Tarifvertrag nicht vorgesehen, handelt es sich um eine außertarifliche Zulage.[1] Ein Rechtsanspruch auf Vergütungszuschläge kann kraft Gesetzes, kollektivrechtlicher oder einzelvertraglicher Vereinbarung bestehen. Sind die Anspruchsvoraussetzungen für **mehrere Zuschläge** nebeneinander 1

[98] BAG 17.10.2018 AP Nr. 10 zu § 767 ZPO = NJW 2019, 695.
[99] Schmidt/*Krüger* EStG § 8 Rn. 50.
[100] *Nägele*, Der Dienstwagen, 2. Aufl. 2010, S. 292.
[101] Dazu BAG 17.10.2018 AP Nr. 10 zu § 767 ZPO = NJW 2019, 695.
[1] BAG 7.2.2007 AP Nr. 17 zu § 1 TVG Tarifverträge: Bewachungsgewerbe = NZA 2007, 934.

gegeben, sind sie regelmäßig auch kumulativ zu zahlen. Da die Zuschläge zumeist auf tariflicher Regelung beruhen, kommt es auf die Auslegung der Tarifverträge im Einzelfall an.

2 **2. Überstunden- und Mehrarbeitsvergütung.** Das **ArbZG ist als reines Arbeitsschutzgesetz** konzipiert (→ § 155 Rn. 1 ff.). Es regelt deshalb nicht, ob und wie der AG Über- und Mehrarbeitsstunden zu vergüten hat (→ Rn. 7 ff.).[2] Aus Unionsrecht folgt nichts anderes.[3] Die Höhe der Vergütung ergibt sich regelmäßig aus dem Arbeitsvertrag, einem Tarifvertrag oder einer Betriebsvereinbarung.[4] Enthält der Arbeitsvertrag keine Regelung zur Vergütung von Überstunden, ist jedoch die Vergütung für die regelmäßige Arbeitszeit vertraglich bestimmt, sind Überstunden anteilig zu vergüten (§ 612 II BGB).[5] Berechnungsgrundlage ist – soweit nichts anderes bestimmt ist – regelmäßig die Gesamtvergütung.[6] Der Anspruch auf Vergütung der über die gesetzliche Arbeitszeitgrenze hinaus geleisteten Arbeit wird nicht durch eine generelle arbeitsvertragliche Regelung ausgeschlossen, nach der Überstunden durch das gezahlte Bruttogehalt abgegolten sind (→ § 35 Rn. 124).[7] Hat ein AN nach den getroffenen Vereinbarungen **über die gesetzlich zulässige Arbeitszeit hinaus Mehrarbeit zu leisten,** ist zwar die Verpflichtung zur Mehrarbeitsleistung nach § 3 ArbZG iVm § 134 BGB nichtig. Für die unzulässige Mehrarbeit besteht gleichwohl gem. § 612 I BGB ein Vergütungsanspruch.[8] Das Beschäftigungsverbot bezweckt, die Arbeitsleistung und damit eine Überforderung des AN zu verhindern, und nicht, den Entgeltanspruch auszuschließen.

3 **3. Qualitative Mehrarbeit.** Ein Anspruch des AN auf Mehrarbeitsvergütung nach § 612 I BGB (dazu → Rn. 12) kann auch bestehen, wenn er mit Billigung des AG über die vertraglich geschuldete Tätigkeit hinaus Sonderleistungen erbringt, die durch die vereinbarte Vergütung nicht abgegolten sind.[9] Diese Vorschrift erfasst auch die qualitative Mehrarbeit, also das **Erbringen höherwertiger Leistungen** als die vertraglich geschuldeten.[10] Soweit der AN Urheber eines Werkes iSd § 7 UrhG ist, folgt der Vergütungsanspruch für die Einräumung von Nutzungsrechten an dem Werk aus § 32 I UrhG; diese Bestimmung ist gegenüber § 612 BGB vorrangig.[11] Hat ein **Redakteur einer Tageszeitung auch Fotografien zu fertigen,** handelt es sich hierbei nicht um Sonderleistungen, die durch die vereinbarte Vergütung nicht abgegolten sind. Das Fotografieren gehört vielmehr zu den vertraglich geschuldeten Tätigkeiten eines Zeitungsredakteurs.[12] Ist ein **Musiker in einem Kulturorchester** nach dem Arbeitsvertrag verpflichtet, „Trompete" zu spielen, hat er die deutsche (sog. Konzerttrompete) und die amerikanische (sog. Jazztrompete) zu spielen. Die amerikanische ist im Vergleich zur deutschen Trompete kein anderes Instrument, für das der Musiker eine zusätzliche Vergütung verlangen könnte.[13] Eine auf Dauer **zur ständigen Vertreterin des Schulleiters bestellte Lehrkraft** kann mangels anderer Vereinbarung erwarten, eine der Verantwortung und Belastung dieser Funktion entsprechende Vergütung zu erhalten. Als übliche Vergütung ist grundsätzlich die Beamtenbesoldung anzusehen.[14]

4 **4. Umkleidezeiten und Abholen von Dienstkleidung. a) Vergütungspflicht.** Die gesetzliche Vergütungspflicht des AG knüpft nach § 611a BGB an die Leistung der vereinbarten Dienste an. Hierzu gehört nicht nur die eigentliche Tätigkeit, sondern **jede vom AG im Synallagma verlangte sonstige Tätigkeit** oder Maßnahme, die mit der eigentlichen Tätigkeit oder der Art und Weise ihrer Erbringung unmittelbar zusammenhängt. „Arbeit" als Leistung der versprochenen Dienste in diesem Sinne ist jede Tätigkeit, die als solche der Befriedigung

[2] BAG 17.10.2018 AP Nr. 53 zu § 611 BGB Arbeitszeit = NZA 2019, 159.
[3] EuGH 21.2.2018 AP Nr. 22 zu Richtlinie 2003/88/EG = NZA 2018, 293.
[4] BAG 21.12.2016 AP Nr. 56 zu § 611 BGB Mehrarbeitsvergütung = NZA-RR 2017, 233.
[5] BAG 24.8.2016 AP Nr. 10 zu § 3 ArbZG = NZA 2017, 58; 28.9.2005 AP Nr. 7 zu § 307 BGB = NZA 2006, 149.
[6] BAG 3.4.2001 AP Nr. 37 zu § 1 TVG Tarifverträge: Druckindustrie = NZA 2002, 453.
[7] BAG 28.9.2005 AP Nr. 7 zu § 307 BGB = NZA 2006, 149.
[8] BAG 24.8.2016 AP Nr. 10 zu § 3 ArbZG = NZA 2017, 58.
[9] MüKoBGB/*Müller-Glöge* § 612 Rn. 19.
[10] BAG 4.8.2016 AP Nr. 45 zu §§ 22, 23 BAT-O = NZA-RR 2016, 664; 23.9.2015 AP Nr. 79 zu § 612 BGB.
[11] BeckOGK/*Maties*, 15.8.2020, BGB § 612 Rn. 73.
[12] BAG 29.1.2003 AP Nr. 66 zu § 612 BGB.
[13] BAG 21.3.2002 AP Nr. 17 zu § 1 TVG Tarifverträge: Musiker.
[14] BAG 4.8.2016 AP Nr. 45 zu §§ 22, 23 BAT-O = NZA-RR 2016, 664.

eines fremden Bedürfnisses dient.[15] Eine Vergütungspflicht besteht, wenn die Tätigkeit auf Anordnung und im Interesse des AG erfolgt.[16] Das Umkleiden gehört demzufolge zur Arbeit, wenn es ausschließlich einem fremden Bedürfnis dient und nicht zugleich ein eigenes Bedürfnis erfüllt. Das ist bei einer **besonders auffälligen Dienstkleidung** der Fall, die der AN auf Weisung des AG während der Arbeit zu tragen hat.[17] An der Offenlegung der von ihm ausgeübten beruflichen Tätigkeit gegenüber Dritten hat der AN außerhalb seiner Arbeitszeit kein objektiv feststellbares eigenes Interesse. Die Notwendigkeit des An- und Ablegens der Dienstkleidung und der damit verbundene Zeitaufwand des AN beruhen auf der Anweisung des AG zum Tragen der Dienstkleidung während der Arbeitszeit. Daher schuldet der AG Vergütung für die durch den AN hierfür im Betrieb aufgewendete Zeit. Das gilt erst recht, wenn der AG das Tragen einer bestimmten Kleidung vorschreibt und das Umkleiden im Betrieb erfolgen muss.[18] Das Ankleiden mit vorgeschriebener Dienstkleidung ist allerdings dann **nicht lediglich fremdnützig und damit nicht Arbeitszeit,** wenn sie zu Hause angelegt und – ohne besonders auffällig zu sein – auf dem Weg zur Arbeitsstätte getragen werden kann. Gleiches gilt, wenn es dem AN gestattet ist, eine an sich besonders auffällige Dienstkleidung außerhalb der Arbeitszeit zu tragen, und er sich entscheidet, diese nicht im Betrieb an- und abzulegen. Dann dient das Umkleiden außerhalb des Betriebs nicht nur einem fremden Bedürfnis, weil der AN keine eigenen Kleidungsstücke auf dem Arbeitsweg einsetzen muss oder sich aus anderen, selbstbestimmten Gründen gegen das An- und Ablegen der Dienstkleidung im Betrieb entscheidet.[19] Führen **Umkleidezeiten zu Überstunden,** sind sie unter den gleichen Voraussetzungen wie diese vergütungspflichtig (→ Rn. 7). Die Fremdnützigkeit des Umkleidens ist lediglich Bedingung für dessen Zuordnung zum Begriff der Arbeit. Besteht eine arbeits- oder tarifvertragliche Regelung über die Vergütung von Überstunden als quantitative Mehrleistung, ist diese auch für die wie Arbeit zu behandelnde Reise- oder Umkleidetätigkeit maßgebend. Fehlen derartige Regelungen, bestimmt sich die Vergütung nach § 612 I BGB (→ Rn. 12).[20]

b) Umfang der Vergütungspflicht. Vergütungspflichtig ist die Zeit, die für das An- und Ablegen der Arbeitskleidung und das Zurücklegen der damit verbundenen innerbetrieblichen Wege erforderlich ist. Ebenso ist das Abholen von Dienstkleidung an einer außerbetrieblichen Ausgabestelle vergütungspflichtig, wenn es dem AN vom AG im Rahmen des ihm zustehenden Direktionsrechts abverlangt wird.[21] Zur **Ermittlung der Zeitspanne** ist ein modifizierter subjektiver Maßstab anzulegen: Erforderlich ist nur die Zeit, die der einzelne AN für das Umkleiden und den Weg zur und von der Umkleidestelle/Ausgabestelle im Rahmen der objektiven Gegebenheiten unter Ausschöpfung seiner persönlichen Leistungsfähigkeit benötigt. Bei Ermittlung der erforderlichen Zeit gilt es, die Variablen des Umkleidevorgangs zu berücksichtigen. Hierzu gehören die Art der Kleidung (Sommer- oder Winterkleidung), die Zahl der Kleidungsstücke, die gewechselt werden, sowie notwendige Wartezeiten bei der Kleiderausgabe.[22] Der AN trägt die **Darlegungs- und Beweislast** dafür, dass Umkleide- und Wegezeiten angefallen sind, vom AG veranlasst wurden und im geltend gemachten Umfang erforderlich waren.[23] Steht fest (§ 286 ZPO), dass Umkleide- und Wegezeiten auf Veranlassung des AG entstanden sind, kann aber der AN seiner Darlegungs- oder Beweislast für den zeitlichen Umfang, in dem diese erforderlich waren, nicht in jeder Hinsicht genügen, darf das Gericht die erforderlichen Umkleide- und damit verbundenen Wegezeiten nach § 287 II ZPO **schätzen.**[24] § 287 ZPO bietet damit 5

[15] Vgl. BAG 25.4.2018 AP Nr. 31 zu § 1 TVG Tarifverträge: Bewachungsgewerbe mAnm *Spengler* = NZA 2018, 1077; 26.10.2016 AP Nr. 49 zu § 611 BGB Arbeitszeit = NZA 2017, 323.

[16] *Salamon/Groffy* NZA 2020, 159 (161).

[17] BAG 25.4.2018 AP Nr. 31 zu § 1 TVG Tarifverträge: Bewachungsgewerbe mAnm *Spengler* = NZA 2018, 1077; 6.9.2017 AP Nr. 51 zu § 611 BGB Arbeitszeit = NZA 2018, 180; 17.11.2015 AP Nr. 138 zu § 87 BetrVG 1972 Arbeitszeit = NZA 2016, 247; krit. dazu *Kock* NJW 2018, 1278.

[18] BAG 13.12.2016 AP Nr. 50 zu § 611 BGB Arbeitszeit = NZA 2017, 459; 26.10.2016 AP Nr. 49 zu § 611 BGB Arbeitszeit = NZA 2017, 323; BeckOGK/*Maties*, 15.8.2020, BGB § 612 Rn. 58.

[19] BAG 31.3.2021 – 5 AZR 292/20; 25.4.2018 AP Nr. 31 zu § 1 TVG Tarifverträge: Bewachungsgewerbe mAnm *Spengler* = NZA 2018, 1077; 6.9.2017 AP Nr. 51 zu § 611 BGB Arbeitszeit = NZA 2018, 180.

[20] Zutr. *Salamon/Groffy* NZA 2020, 159 (163); *Salamon* Anm. zu BAG AP Nr. 62 zu § 611 BGB Arbeitszeit.

[21] BAG 19.3.2014 AP Nr. 45 zu § 611 BGB Arbeitszeit = NZA 2014, 787.

[22] BAG 26.10.2016 AP Nr. 49 zu § 611 BGB Arbeitszeit = NZA 2017, 323; 19.3.2014 AP Nr. 45 zu § 611 BGB Arbeitszeit = NZA 2014, 787.

[23] BAG 26.10.2016 AP Nr. 49 zu § 611 BGB Arbeitszeit = NZA 2017, 323; 10.4.2013 AP Nr. 54 zu § 611 BGB Mehrarbeitsvergütung = NZA 2013, 1100.

[24] BAG 31.3.2021 – 5 AZR 148/20; 25.4.2018 AP Nr. 31 zu § 1 TVG Tarifverträge: Bewachungsgewerbe mAnm *Spengler* = NZA 2018, 1077; 26.10.2016 AP Nr. 49 zu § 611 BGB Arbeitszeit = NZA 2017, 323.

Erleichterungen für das Beweismaß und das Verfahren, hat aber keine Auswirkungen auf die Verteilung der Darlegungs- und Beweislast. Erhält der AN ein verstetigtes Monatsentgelt, ist die für das Abholen der Dienstkleidung erforderliche Zeit zusätzlich zu vergüten, wenn der AN bereits im Umfang der vereinbarten regelmäßigen Arbeitszeit Arbeitsleistungen erbracht hat.[25]

6 **c) Abbedingung der Vergütungspflicht.** Mit der Einordnung der Umkleidezeiten als vergütungspflichtige Arbeitszeit ist noch nicht geklärt, wie sie zu vergüten sind. Durch **Arbeits- oder Tarifvertrag** kann eine gesonderte Vergütungsregelung für eine andere als die eigentliche Tätigkeit und damit auch für Umkleidezeiten getroffen werden.[26] Erfolgt dies in AGB, sind die Unklarheitenregel des § 305c II BGB und das Transparenzgebot aus § 307 I 2 BGB zu beachten.[27] Die Regelung muss klar und eindeutig sein. Der gesetzliche Mindestlohn darf nicht unterschritten werden. Dabei ist nicht unabhängig vom Kontext des gesamten Berechnungsmonats jede Stunde geleisteter Arbeit mit dem Mindestlohn zu vergüten. Maßgeblich ist vielmehr, ob die vom AG für einen Kalendermonat gezahlte Bruttovergütung mindestens den Betrag erreicht, der sich aus der Multiplikation der Anzahl der im betreffenden Monat tatsächlich geleisteten Arbeitsstunden einschließlich der Umkleide- und Wegezeiten mit dem Betrag des jeweiligen gesetzlichen Mindestlohns ergibt.[28]

II. Überstundenvergütung

7 **1. Begriff der Überstunden.** Überstunden werden geleistet, wenn der AN auf Anordnung oder mit Billigung des AG (→ Rn. 17) **über die (tarif-)vertraglich geschuldete Arbeitszeit hinaus arbeitet.**[29] Dabei ist auch der vereinbarte Bezugsrahmen, für den die geschuldete Arbeitszeit zu bestimmen ist, in den Blick zu nehmen. Es macht einen Unterschied, ob eine Arbeitszeit von 8 Stunden/Arbeitstag, 40 Stunden/Woche oder 173,33 Stunden/Monat vereinbart ist.[30] Beträgt die vereinbarte regelmäßige wöchentliche Arbeitszeit 38,5 Stunden im Jahresdurchschnitt, leistet der AN zuschlagspflichtige Überstunden regelmäßig erst dann, wenn die auf das Jahr bezogene Arbeitszeit von 38,5 Stunden/Woche überschritten wird und nicht bereits bei einer Mehrleistung in der einzelnen Woche, die durch Arbeitszeitverkürzung in der Folgezeit ausgeglichen wird.[31] Vereinbaren die Parteien eine regelmäßige wöchentliche Arbeitszeit von 48 Stunden mit der Verpflichtung des AN, im gesetzlichen Rahmen Mehrarbeit zu leisten, bedeutet dies für einen **Berufskraftfahrer,** dass die vergütungsrelevante Arbeitszeit nicht starr 48 Wochenstunden betragen, sondern in dem arbeitszeitrechtlich erlaubten Umfang geschuldet sein soll. Vereinbart ist damit auch die in § 21a IV ArbZG eröffnete Flexibilisierungsmöglichkeit. Überstunden fallen deshalb dann und in dem Umfang an, in dem in diesem Ausgleichszeitraum im Durchschnitt 48 Stunden wöchentlich überschritten werden.[32] Hat der AG den Ausgleichszeitraum für einen AN im Straßentransport iSv § 21a ArbZG nicht von vornherein festgelegt, bestimmt im Überstundenprozess der AN mit dem Streitzeitraum den Beginn der Ausgleichszeiträume von vier Kalendermonaten oder 16 Wochen (§ 21a IV ArbZG), wobei der AG einwenden kann, bei einem anderen Beginn würden sich rechnerisch keine oder weniger Überstunden ergeben.[33] Ist die **Dauer der Arbeitszeit arbeitsvertraglich nicht ausdrücklich geregelt,** sondern nur vereinbart, der AN werde „in Vollzeit" beschäftigt, ist das so zu verstehen, dass die regelmäßige Dauer der Arbeitszeit 40 Wochenstunden nicht übersteigt. Soll hingegen mit der Formulierung „in Vollzeit" die nach geltendem Recht zulässige Höchstgrenze der Arbeitszeit ganz oder teilweise ausgeschöpft werden, müsste dies durch eine konkrete Stundenangabe oder zumindest eine hinreichend bestimmte Bezugnahme auf den arbeitszeitrecht-

[25] BAG 19.3.2014 AP Nr. 45 zu § 611 BGB Arbeitszeit = NZA 2014, 787.
[26] BAG 12.12.2018 AP Nr. 55 zu § 611 BGB = NZA 2019, 549; 25.4.2018 AP Nr. 31 zu § 1 TVG Tarifverträge: Bewachungsgewerbe mAnm *Spengler* = NZA 2018, 1077.
[27] BAG 26.10.2016 AP Nr. 49 zu § 611 BGB Arbeitszeit = NZA 2017, 323.
[28] BAG 12.12.2018 AP Nr. 55 zu § 611 BGB = NZA 2019, 549.
[29] Vgl. BAG 17.8.2011 AP Nr. 55 zu § 307 BGB = NZA 2011, 1335; 26.11.1992 AP Nr. 20 zu § 17 BAT = NZA 1993, 659; ErfK/*Preis* BGB § 611a Rn. 486.
[30] *Reinfelder* AuR 2018, 335 (336).
[31] BAG 6.8.1998 AP Nr. 1 zu § 22 BMT-G II; 11.11.1997 AP Nr. 25 zu § 611 BGB Mehrarbeitsvergütung = NZA 1998, 1011.
[32] BAG 21.12.2016 AP Nr. 56 zu § 611 BGB Mehrarbeitsvergütung = NZA-RR 2017, 233; 18.4.2012 AP Nr. 52 zu § 611 BGB Mehrarbeitsvergütung = NZA 2012, 796.
[33] BAG 21.12.2016 AP Nr. 56 zu § 611 BGB Mehrarbeitsvergütung = NZA-RR 2017, 233.

lich eröffneten Arbeitszeitrahmen klar und deutlich zum Ausdruck gebracht werden.[34] Überstunden fallen damit ab der 41. Arbeitsstunde an. Aus der bloßen Verschiebung der Lage der Arbeitszeit ergeben sich keine Überstunden. **Vertrauensarbeitszeit** schließt weder die Abgeltung eines aus Mehrarbeit des AN resultierenden Zeitguthabens aus noch bedeutet sie, dass ein Anspruch auf Vergütung von Überstunden generell nicht bestünde.[35]

2. Vergütungshöhe. Eine ausdrückliche gesetzliche Regelung über die Höhe der Überstun- 8
denvergütung besteht nicht. Maßgeblich sind daher die vertraglichen oder tarifvertraglichen Regelungen. Besteht keine Vergütungsvereinbarung für geleistete Überstunden, folgt der **Vergütungsanspruch aus § 612 I BGB** (→ Rn. 12).[36] Ohne vertragliche oder tarifvertragliche Grundlage besteht für geleistete Überstunden regelmäßig kein Anspruch auf einen **Zuschlag** zum vereinbarten Arbeitslohn.[37] Etwas anderes kann sich aus § 612 I BGB ergeben, wenn sich aus der hiernach erforderlichen – objektiven – Vergütungserwartung ergibt, dass im betreffenden Wirtschaftszweig die Vergütung von Überstunden mit einem Zuschlag erfolgt.[38] Steht fest, dass Überstunden auf Veranlassung des AG geleistet worden sind, kann aber der AN seiner Darlegungs- oder Beweislast für einzelne Überstunden nicht in jeder Hinsicht genügen, hat das Gericht den Umfang geleisteter Überstunden nach § 287 II ZPO zu schätzen, sofern die **Schätzung** nicht mangels jeglicher konkreter Anhaltspunkte willkürlich wäre.[39] Voraussetzung für eine Schätzung ist, dass der AN dem Gericht eine tatsächliche Grundlage für die Schätzung geliefert und sich in einem den Umständen nach zumutbaren Maß um eine Substantiierung bemüht hat.

Die Arbeitsvertragsparteien können ebenso wie die Tarifvertragsparteien auch einen **bezahl-** 9
ten Freizeitausgleich vereinbaren.[40] Es gibt keinen allgemeinen Rechtsgrundsatz, dass Mehrarbeit nicht durch bezahlte Freizeit ausgeglichen werden dürfe und stets in der Abrechnungsperiode, in der sie geleistet wurde, zu vergüten sei.[41] Ist der AG berechtigt, den AN zum Ausgleich für die geleisteten Überstunden bezahlt von der Arbeit freizustellen, hat die Freistellungsanordnung billigem Ermessen iSv § 315 BGB zu entsprechen. In diesen Fällen entsteht nur ausnahmsweise ein Vergütungsanspruch, etwa wenn der Freizeitausgleich wegen der Beendigung des Arbeitsverhältnisses nicht mehr möglich ist.[42] Mit AN in Leitungspositionen, denen keine feste Arbeitszeit vorgegeben ist, kann vereinbart werden, dass der AN durch entsprechende Gestaltung seines Arbeitsablaufs selbst für den erforderlichen Freizeitausgleich sorgt. Eine derartige Vereinbarung ist nur dann zu beanstanden, wenn dem AN ein solcher Ausgleich nicht möglich ist.[43] Ein bereits entstandener Anspruch auf Überstundenvergütung kann nicht durch einseitige Freistellung von der Arbeit erfüllt werden, wenn keine Ersetzungsbefugnis vereinbart ist.[44]

Tarifverträge regeln oftmals im Einzelnen, ob und in welchem Umfang Überstunden zu ver- 10
güten und in welchem Umfang Zuschläge zu zahlen sind.[45] Nach § 7 VIII TVöD sind die im Schichtplan ausgewiesenen, erbrachten Stunden nur dann Überstunden, wenn die regelmäßige Arbeitszeit bezogen auf die gesamte Dauer des Schichtplanturnus überschritten wird. Dabei können auch die Stunden Überstunden sein, die von vornherein planmäßig über den gesamten Ausgleichszeitraum hinweg betrachtet die regelmäßige Durchschnittswochenarbeitszeit iSv § 6 I 1 TVöD überschreiten, bei denen es sich also um „eingeplante" Überstunden handelt.[46] Bei sog. ungeplanten Überstunden iSv § 7 VIII lit. c Alt. 1 TVöD-K, die über die tägliche Arbeitszeit hinaus abweichend vom Schichtplan angeordnet werden, steht den betroffenen AN gleichfalls ein

[34] BAG 25.3.2015 AP Nr. 55 zu § 611 BGB Mehrarbeitsvergütung = NZA 2015, 1002.
[35] BAG 26.6.2019 AP Nr. 59 zu § 611 BGB Arbeitszeit = NZA 2019, 1361.
[36] BAG 25.3.2015 AP Nr. 55 zu § 611 BGB Mehrarbeitsvergütung = NZA 2015, 1002; *Reinfelder* AuR 2018, 335 (337).
[37] Ebenso ErfK/*Preis* BGB § 611a Rn. 489.
[38] BAG 25.3.2015 AP Nr. 55 zu § 611 BGB Mehrarbeitsvergütung = NZA 2015, 1002.
[39] BAG 13.12.2016 AP Nr. 50 zu § 611 BGB Arbeitszeit = NZA 2017, 459; 25.3.2015 AP Nr. 55 zu § 611 BGB Mehrarbeitsvergütung = NZA 2015, 1002.
[40] Dazu BAG 13.10.2010 AP Nr. 18 zu § 1 TVG Tarifverträge: Verkehrsgewerbe; 17.3.2010 AP Nr. 35 zu § 611 BGB Arbeitszeit; 19.3.2008 AP Nr. 1 zu § 611 BGB Feiertagsvergütung = NZA 2008, 1135.
[41] BAG 17.12.2014 AP Nr. 70 zu § 138 BGB = NZA 2015, 608.
[42] LAG Köln 2.10.1996 NZA 1997, 1166.
[43] BAG 4.5.1994 AP Nr. 1 zu § 1 TVG Tarifverträge: Arbeiterwohlfahrt = NZA 1994, 1035.
[44] BAG 18.9.2001 AP Nr. 37 zu § 611 BGB Mehrarbeitsvergütung = NZA 2002, 268.
[45] Vgl. BAG 21.9.1995 AP Nr. 8 zu § 1 TVG Tarifverträge: Musiker = NZA 1997, 54; 5.9.1995 AP Nr. 5 zu § 1 TVG Tarifverträge: Bewachungsgewerbe = NZA 1996, 266; 10.3.2004 – 4 AZR 126/03 (zum Wach- und Sicherheitsgewerbe).
[46] BAG 25.4.2013 AP Nr. 6 zu § 7 TVöD = NZA-RR 2014, 217.

Überstundenzuschlag zu.[47] Tarifliche Überstundenzuschläge können auch dann anfallen, wenn **Sonderschichten an freien Tagen** angeordnet werden und die betriebliche Arbeitszeit nicht überschritten wird.[48] Wird dagegen ein in Vollzug einer tarifgerechten Betriebsvereinbarung über die flexible Gestaltung von Arbeitszeiten vor Ablauf des Ausgleichszeitraums entstandener sog. **Plusstundensaldo** durch Zahlung des Stundenlohns abgebaut, sind auf diese Stundenlöhne keine Überstundenzuschläge zu leisten.[49] Zuweilen sind die Zuschläge entgeltgruppenabhängig (§ 8 TVöD). Dem liegt offenbar zugrunde, dass nach Auffassung der Tarifvertragsparteien mit einem höheren Tarifgehalt auch Überstunden abgegolten sind. Eine **einzelvertragliche Pauschalierung** der Über- und Mehrarbeitsstundenvergütung ist nur wirksam, wenn diese günstiger als die normativ anwendbare tarifliche Regelung ist (§ 4 III TVG).[50] Eine die pauschale Vergütung von Mehrarbeit regelnde Klausel in AGB ist nur wirksam, wenn sie klar und verständlich ist (näher dazu → § 35 Rn. 124). Unzulässig sind vertragliche Vereinbarungen, die Überstundenvergütungen nach dem Ende des Arbeitsverhältnisses auszuschließen.[51] Zu Überstundenzuschlägen von Teilzeitbeschäftigten → § 43 Rn. 34.[52] Nach Auffassung des 10. Senats des BAG soll ein Tarifvertrag, der für die Berechnung von **Mehrarbeitszuschlägen nur die tatsächlich gearbeiteten Stunden** berücksichtigt und nicht auch die Stunden, in denen der AN seinen bezahlten Mindestjahresurlaub in Anspruch nimmt, gegen Unionsrecht verstoßen können, weil hierdurch ein unzulässiger finanzieller Anreiz für AN begründet werden könnte, Mindesturlaub nicht in Anspruch zu nehmen. Der Senat hat deshalb den EuGH um Vorabentscheidung über die Frage ersucht, ob Art. 31 II GRCh und Art. 7 der Richtlinie 2003/88/EG derartigen Tarifregelungen entgegenstehen.[53]

11 **3. Ausschlussfristen.** Die Überstundenvergütung unterliegt grundsätzlich Ausschlussfristen.[54] Die Geltendmachung setzt voraus, dass der Anspruch seinem Grunde nach hinreichend deutlich bezeichnet und die Höhe des Anspruchs sowie der Zeitraum, für den er verfolgt wird, mit der für den Schuldner notwendigen Deutlichkeit ersichtlich gemacht wird (näher dazu → § 209 Rn. 7 ff.). Für die **Verwirkung der Überstundenvergütung** gelten die allgemeinen Voraussetzungen (→ § 72 Rn. 23 ff.).

12 **4. Fehlende Vereinbarung.** Besteht keine ausdrückliche Regelung der Überstundenvergütung, gilt nach Maßgabe von § 612 I BGB eine Vergütung als **stillschweigend vereinbart.** Diese Vorschrift bildet nicht nur in den Fällen, in denen überhaupt keine Vergütungsvereinbarung getroffen wurde, sondern auch dann die Rechtsgrundlage für den Anspruch auf Vergütung, wenn der AN auf Veranlassung des AG mehr Arbeitsstunden arbeitet als von der Vergütungsabrede erfasst und damit Leistungen erbringt, die durch die vereinbarte Vergütung nicht entgolten sind, und weder einzel- noch tarifvertraglich geregelt ist, wie diese Dienste zu vergüten sind (→ Rn. 4, zu Umkleidezeiten).[55] Nach § 612 I BGB besteht allerdings nicht für jede Dienstleistung, die über die vertraglichen Pflichten hinaus erbracht wird, ein Vergütungsanspruch, sondern nur dann, wenn die Leistung den Umständen nach nur gegen eine Vergütung zu erwarten ist.[56] Die **Vergütungserwartung** ist stets anhand eines objektiven Maßstabs unter Berücksichtigung der Verkehrssitte, der Art, des Umfangs und der Dauer der Dienstleistung sowie der Stellung der Beteiligten zueinander festzustellen, ohne dass es auf deren persönliche Meinung ankommt.[57] Insoweit ist zu berücksichtigen, dass es einen allgemeinen Rechtsgrundsatz, wonach jede Mehrarbeitszeit oder jede dienstliche Anwesenheit über die vereinbarte Arbeitszeit hinaus zu vergüten ist, gerade bei Diensten höherer Art nicht gibt.[58] Die berechtigte Vergütungserwartung fehlt nach der Rechtsprechung des BAG zudem, wenn arbeitszeitbezogen und arbeitszeitunabhängig

---

[47] BAG 23.3.2017 AP Nr. 8 zu § 7 TVöD = NZA-RR 2018, 45.
[48] BAG 18.2.1997 AP Nr. 6 zu § 1 TVG Tarifverträge: Bewachungsgewerbe = NZA 1997, 1000.
[49] BAG 25.10.2000 AP Nr. 174 zu § 1 TVG Tarifverträge: Metallindustrie.
[50] Dazu BAG 17.4.2002 AP Nr. 40 zu § 611 BGB Mehrarbeitsvergütung = NZA 2002, 1340.
[51] BAG 24.11.1993 AP Nr. 11 zu § 611 BGB Mehrarbeitsvergütung = NZA 1994, 759.
[52] Zusammenfassend der Vorlagebeschluss BAG 11.11.2020 NZA 2021, 57.
[53] BAG 17.6.2020 AP Nr. 57 zu § 611 BGB Mehrarbeitsvergütung = NZA 2020, 1551.
[54] Vgl. BAG 28.9.2005 AP Nr. 7 zu § 307 BGB = NZA 2006, 149; 17.4.2002 AP Nr. 40 zu § 611 BGB Mehrarbeitsvergütung = NZA 2002, 1340; 22.2.2001 ZTR 2002, 332; 7.2.1995 AP Nr. 54 zu § 1 TVG Tarifverträge: Einzelhandel = NZA 1995, 1048.
[55] BAG 24.8.2016 AP Nr. 10 zu § 3 ArbZG = NZA 2017, 58.
[56] BeckOGK/*Maties*, 15.8.2020, BGB § 612 Rn. 44 ff.; Staudinger/*Richardi/Fischinger* (2020) BGB § 612 Rn. 30.
[57] BAG 24.8.2016 AP Nr. 10 zu § 3 ArbZG = NZA 2017, 58; 22.2.2012 AP Nr. 75 zu § 612 BGB = NZA 2012, 861.
[58] BAG 17.8.2011 AP Nr. 55 zu § 307 BGB = NZA 2011, 1335.

vergütete Arbeitsleistungen zeitlich verschränkt sind oder insgesamt eine deutlich herausgehobene, die **Beitragsbemessungsgrenze** der gesetzlichen Rentenversicherung überschreitende Vergütung gezahlt wird.[59] Entsprechendes gilt, wenn der AN eine arbeitszeitbezogene Vergütung und zusätzlich für einen Teil seiner Arbeitsaufgaben in nicht unerheblichem Maße Provisionen erhält. Der gesetzliche Mindestlohn nach dem MiLoG ist zu beachten. **Darlegungs- und beweispflichtig** für das Bestehen einer Vergütungserwartung ist der AN.[60] Ein Anspruch auf Überstundenvergütung kann nach Auffassung des BAG auch dann bestehen, wenn der AG einen AN allein deshalb von der Zuweisung von Überstunden ausnimmt, weil der AN nicht bereit ist, auf tarifliche Vergütungsansprüche zu verzichten. Hierin liege eine **Maßregelung** iSd § 612a BGB. Der AN habe daher gem. § 611 iVm § 612a und § 615 S. 1, §§ 293 ff. BGB einen Zahlungsanspruch auf die entgangene Überstundenvergütung.[61]

5. Pfändung und Aufrechnung. Nach § 850a Nr. 1 ZPO ist die Hälfte des für die Leistung von Mehrarbeitsstunden gezahlten Arbeitsentgelts unpfändbar. In diesem Umfang findet gem. § 394 BGB die Aufrechnung gegen die Überstundenvergütung nicht statt (→ § 73 Rn. 9). Die **gesetzlichen Pfändungsbeschränkungen** sind dabei auch ohne eine Rüge des AN zu berücksichtigen. Die Einhaltung der Pfändungsbeschränkungen bei der Aufrechnung gehört zum schlüssigen Vortrag des AG, denn die Befugnis des AG, gegen den Entgeltanspruch des AN aufzurechnen, ist integraler Teil des sich aus § 389 BGB ergebenden Erfüllungseinwands, den der insoweit darlegungs- und beweisbelastete AG dem Zahlungsanspruch des AN entgegenhalten kann.[62] Erklärt der AG die Aufrechnung, trägt er die **Darlegungs- und Beweislast** dafür, dass seine Aufrechnung gegen den gem. § 850 I ZPO nur nach Maßgabe der §§ 850a–850i ZPO pfändbaren Anspruch des AN auf Lohn und Überstundenvergütung das Erlöschen oder den teilweisen Untergang dieser Forderungen bewirkt hat (§ 389 BGB).[63] 13

6. Darlegungs- und Beweislast. a) Umfang der Arbeitsleistung. Der AN, der die Vergütung von Überstunden fordert, muss **auf der ersten Stufe** im Einzelnen darlegen und im Bestreitensfall beweisen, dass er Arbeit in einem die Normalarbeitszeit übersteigenden zeitlichen Umfang verrichtet hat.[64] Da die konkret zu leistende Arbeit gem. § 106 GewO idR vom AG durch Weisungen zu bestimmen ist, genügt der AN seiner Darlegungslast zunächst, indem er entweder vorträgt, er habe sich **zur rechten Zeit am rechten Ort bereitgehalten,** um Arbeitsanweisungen des AG zu befolgen,[65] oder darlegt, zu bestimmten Zeiten gearbeitet zu haben. Damit behauptet er regelmäßig zugleich, während der genannten Zeiten die vertraglich geschuldete Arbeitsleistung erbracht zu haben. Das ist für die erste Stufe der Darlegung ausreichend.[66] Werden im Betrieb **Arbeitszeitaufzeichnungen** vom Vorgesetzten des AN abgezeichnet, stellt der AG damit eine sich daraus ergebende Überstundenleistung zunächst streitlos. Trägt der AN dies vor, muss der AG im Rahmen der abgestuften Darlegungslast substantiiert erwidern, dass, aus welchen Gründen und in welchem Umfang die von ihm oder einem für ihn handelnden Vorgesetzten des AN abgezeichneten Arbeitsstunden nicht geleistet wurden oder der behauptete Saldo sich durch konkret darzulegenden Freizeitausgleich vermindert hat.[67] Gibt es solche Aufzeichnungen nicht, muss der AG im Rahmen einer **gestuften Darlegungslast** auf den Vortrag des AN substantiiert erwidern und im Einzelnen vortragen, welche Arbeiten er dem AN zugewiesen hat und an welchen Tagen der AN von wann bis wann diesen Weisungen nicht nachgekommen ist. Lässt er sich nicht substantiiert ein, gilt der Sachvortrag des AN als zugestanden (§ 138 III ZPO).[68] Der Darlegungslast genügen weder AN noch AG durch die bloße Bezugnahme auf die **den Schriftsätzen als Anlagen** 14

[59] BAG 21.12.2016 AP Nr. 56 zu § 611 BGB Mehrarbeitsvergütung = NZA-RR 2017, 233; 22.2.2012 AP Nr. 75 zu § 612 BGB = NZA 2012, 861; aA *Reinfelder* AuR 2018, 335 (337).
[60] BAG 27.6.2012 AP Nr. 76 zu § 612 BGB = NZA 2012, 1147.
[61] BAG 7.11.2002 AP Nr. 98 zu § 615 BGB = NZA 2003, 1139.
[62] BAG 18.11.2020 AP Nr. 22 zu § 1 TVG Tarifverträge: Chemie = NZA 2021, 357.
[63] BAG 20.11.2018 AP Nr. 34 zu § 394 BGB = NJW 2019, 1477; 22.9.2015 AP Nr. 33 zu § 394 BGB.
[64] BAG 26.6.2019 AP Nr. 59 zu § 611 BGB Arbeitszeit = NZA 2019, 1361; 25.3.2015 AP Nr. 55 zu § 611 BGB Mehrarbeitsvergütung = NZA 2015, 1002; 10.4.2013 AP Nr. 54 zu § 611 BGB Mehrarbeitsvergütung = NZA 2013, 1100.
[65] BAG 21.12.2016 AP Nr. 56 zu § 611 BGB Mehrarbeitsvergütung = NZA-RR 2017, 233; 10.4.2013 AP Nr. 54 zu § 611 BGB Mehrarbeitsvergütung = NZA 2013, 1100.
[66] BAG 10.4.2013 AP Nr. 54 zu § 611 BGB Mehrarbeitsvergütung = NZA 2013, 1100; *Reinfelder* AuR 2018, 335 (339).
[67] BAG 26.6.2019 AP Nr. 59 zu § 611 BGB Arbeitszeit = NZA 2019, 1361.
[68] BAG 26.6.2019 AP Nr. 59 zu § 611 BGB Arbeitszeit = NZA 2019, 1361; 21.12.2016 AP Nr. 56 zu § 611 BGB Mehrarbeitsvergütung = NZA-RR 2017, 233; 16.5.2012 AP Nr. 53 zu § 611 BGB Mehrarbeitsvergütung = NZA 2012, 939.

beigefügten Stundenaufstellungen oder sonstigen Aufzeichnungen. Anlagen können lediglich zur Erläuterung des schriftsätzlichen Vortrags dienen, diesen aber nicht ersetzen.[69] Die Darlegung der einzelnen Zeiträume, für die Zuschläge verlangt werden, hat vielmehr entsprechend § 130 Nr. 3 und 4 ZPO schriftsätzlich zu erfolgen.[70] Beigefügte Anlagen verpflichten das Gericht nicht, sich die unstreitigen oder streitigen Arbeitszeiten aus den Anlagen selbst zusammenzusuchen.[71] Insbesondere Berufskraftfahrer haben die Möglichkeit, im Wege einer Stufenklage zunächst einen **Auskunftsanspruch nach § 21 a VII 3 ArbZG** gerichtlich geltend zu machen und dann auf der Grundlage der erteilten Auskunft Überstundenvergütung zu fordern.[72]

15 Diese Grundsätze dürfen freilich **nicht schematisch** angewandt werden, sondern bedürfen stets der Berücksichtigung der im jeweiligen Streitfall zu verrichtenden Tätigkeit und der konkreten betrieblichen Abläufe.[73] So kann ein Kraftfahrer, dem vom AG bestimmte Touren zugewiesen werden, unabhängig davon, ob die zugewiesenen Fahrten jeden Tag im Betrieb des AG beginnen und enden, seiner Darlegungslast bereits dadurch genügen, dass er vorträgt, an welchen Tagen er welche Tour wann begonnen und wann beendet hat. Im Rahmen der gestuften Darlegungslast ist es dann Sache des AG, unter Auswertung der Aufzeichnungen nach § 21a VII 1 ArbZG substantiiert darzulegen, an welchen Tagen der AN aus welchen Gründen im geringeren zeitlichen Umfang als von ihm behauptet gearbeitet haben muss.[74] Das Gericht kann nach § 142 ZPO die Vorlage von Urkunden und Dokumenten anordnen.[75] Ist streitig, ob Arbeitsleistungen erbracht wurden, hat der AN darzulegen, welche (geschuldete) Tätigkeit er ausgeführt hat.[76] Dem AG obliegt wiederum, dem Vortrag substantiiert entgegenzutreten. Dies gilt auch, wenn der AG Filialen unterhält und sich die Personalabteilung räumlich weit entfernt am Sitz des Unternehmens befindet.[77] Es handelt sich um eine organisatorische Frage, wie der AG sicherstellt, Informationen über den Betriebsablauf zu erhalten. Der AN muss insbesondere dann darlegen, welche (geschuldete) Tätigkeit er ausgeführt hat, wenn streitig ist, ob Arbeitsleistung oder lediglich Bereitschaftsdienst angefallen ist.[78]

16 Von **der Substantiierung des Tatsachenvortrags zu trennen ist dessen Schlüssigkeit und Glaubwürdigkeit.**[79] Substantiiertes Lügen ändert nichts an der Substanz des Sachvortrags, sondern betrifft dessen Glaubwürdigkeit. Insoweit obliegt es vornehmlich den Tatsacheninstanzen, unbeschadet einer etwaigen Einlassung des AG im Rahmen des § 286 I ZPO die Glaubwürdigkeit des Sachvortrags des AN zu beurteilen, etwa wenn er seinen Sachvortrag mehrfach variiert.[80] Beträgt die individuelle regelmäßige wöchentliche Arbeitszeit 35 Stunden und kann diese Arbeitszeit nach einer Betriebsvereinbarung ungleichmäßig verteilt werden, hat der AN im Prozess darzulegen, dass es sich um Überstunden handelte.[81] Erst anhand des konkreten Sachvortrags kann das Gericht feststellen, welche Tatsachen streitig sind. Sache des AN ist es dann, im Einzelnen Beweis für die geleisteten Stunden anzutreten.[82] Behauptet der AN zur Begründung eines abzugeltenden **Arbeitszeitguthabens,** von ihm geleistete Überstunden seien in ein vereinbartes Arbeitszeitkonto einzustellen, kann er sich nicht auf die Darlegung der Überstundenleistung beschränken. Er hat als weitere Voraussetzung für eine Gutschrift die **arbeitgeberseitige Veranlassung und Zurechnung,** dh die Anordnung, Billigung, Duldung oder Erforderlichkeit der behaupteten Überstunden darzulegen. Weist der AG allerdings in einem Arbeitszeitkonto Guthabenstunden vorbehaltlos aus, stellt er damit das Guthaben streitlos.[83]

17 **b) Anordnung oder Duldung von Überstunden.** Erbringt der AN Arbeit in einem die Normalarbeitszeit übersteigenden zeitlichen Umfang, ist der AG zu deren Vergütung nur verpflichtet, wenn er die Leistung von Überstunden veranlasst hat oder sie ihm zumindest **zuzu-**

---

[69] BAG 16.5.2012 AP Nr. 53 zu § 611 BGB Mehrarbeitsvergütung = NZA 2012, 939.
[70] BAG 21.12.2016 AP Nr. 56 zu § 611 BGB Mehrarbeitsvergütung = NZA-RR 2017, 233.
[71] BAG 19.9.2012 AP Nr. 200 zu § 4 TVG Ausschlussfristen = NZA 2013, 101.
[72] BAG 28.8.2019 AP Nr. 61 zu § 611 BGB Arbeitszeit = NZA 2019, 1645.
[73] BAG 21.12.2016 AP Nr. 56 zu § 611 BGB Mehrarbeitsvergütung = NZA-RR 2017, 233; *Reinfelder* AuR 2018, 335 (339).
[74] BAG 21.12.2016 AP Nr. 56 zu § 611 BGB Mehrarbeitsvergütung = NZA-RR 2017, 233.
[75] Näher hierzu *Reinfelder* AuR 2018, 335 (341).
[76] BAG 25.5.2005 AP Nr. 17 zu § 1 TVG Tarifverträge: Gebäudereinigung.
[77] BAG 17.4.2002 AP Nr. 40 zu § 611 BGB Mehrarbeitsvergütung = NZA 2002, 1340.
[78] BAG 29.5.2002 NZA 2003, 120.
[79] BAG 21.12.2016 AP Nr. 56 zu § 611 BGB Mehrarbeitsvergütung = NZA-RR 2017, 233.
[80] BAG 10.4.2013 AP Nr. 54 zu § 611 BGB Mehrarbeitsvergütung = NZA 2013, 1100.
[81] BAG 25.10.2000 AP Nr. 174 zu § 1 TVG Tarifverträge: Metallindustrie.
[82] BAG 29.5.2002 AP Nr. 27 zu § 812 BGB = NZA 2002, 1328.
[83] BAG 23.9.2015 AP Nr. 47 zu § 611 BGB Arbeitszeit = NZA 2016, 295.

rechnen ist.[84] Der AG muss sich Leistung und Vergütung von Überstunden nicht aufdrängen lassen, und der AN kann nicht durch überobligatorische Mehrarbeit seinen Vergütungsanspruch selbst bestimmen.[85] Der AN hat deshalb zur schlüssigen Klagebegründung **auf zweiter Stufe** darzulegen, dass die geleisteten Überstunden vom AG angeordnet, gebilligt oder geduldet wurden oder jedenfalls zur Erledigung der geschuldeten Arbeit notwendig waren.[86]

Für eine ausdrückliche **Anordnung** von Überstunden muss der AN vortragen, wer wann auf welche Weise wie viele Überstunden angeordnet hat. Die pauschale und stereotyp wiederholte Behauptung, der frühere Geschäftsführer habe „die Überstunden angeordnet", ist nicht ausreichend.[87] **Konkludent** ordnet der AG Überstunden an, wenn er dem AN Arbeit in einem Umfang zuweist, der unter Ausschöpfung der persönlichen Leistungsfähigkeit des AN nur durch die Leistung von Überstunden zu bewältigen ist. Dazu muss der AN darlegen, dass eine bestimmte angewiesene Arbeit innerhalb der Normalarbeitszeit nicht zu leisten oder ihm zur Erledigung der aufgetragenen Arbeiten ein bestimmter Zeitrahmen vorgegeben war, der nur durch die Leistung von Überstunden eingehalten werden konnte. Dabei begründet allein die Anwesenheit des AN im Betrieb oder an einem Arbeitsort außerhalb des Betriebs keine Vermutung dafür, Überstunden seien zur Erbringung der geschuldeten Arbeit notwendig gewesen.[88] Wenn ein **Kraftfahrer** für eine angewiesene Tour eine bestimmte Zeit benötigt und hierbei länger als vertraglich vereinbart arbeitet, waren diese Überstunden zumindest konkludent angeordnet. Etwas anderes gilt nur, wenn der AG darlegen kann, dass die von ihm dem AN zugewiesene Tour unter Beachtung des ArbZG und des Straßenverkehrsrechts innerhalb der Normalarbeitszeit gefahren werden konnte. Erst dann obliegt es dem AN, besondere Umstände darzutun, die zur Überschreitung der Normalarbeitszeit führten.[89] 18

Mit der **Billigung** von Überstunden ersetzt der AG gleichsam durch eine nachträgliche Genehmigung die fehlende vorherige Anordnung schon geleisteter Überstunden. Die Billigung von Überstunden setzt deshalb voraus, dass der AG zu erkennen gibt, mit der schon erfolgten Leistung bestimmter Überstunden einverstanden zu sein. Das muss nicht ausdrücklich erfolgen und kann insbesondere dann anzunehmen sein, wenn der AG oder ein für ihn handelnder Vorgesetzter des AN eine bestimmte Anzahl von Stunden abzeichnet und damit sein Einverständnis mit einer Überstundenleistung ausdrückt. Dazu reicht aber die widerspruchslose Entgegennahme der vom AN gefertigten Arbeitszeitaufzeichnungen nicht aus.[90] Vielmehr muss der AN darlegen, wer wann auf welche Weise zu erkennen gegeben habe, mit der Leistung welcher Überstunden einverstanden zu sein.[91] 19

Die **Duldung** von Überstunden bedeutet, dass der AG in Kenntnis einer Überstundenleistung diese hinnimmt und keine Vorkehrungen trifft, die Leistung von Überstunden zukünftig zu unterbinden, er also nicht gegen die Leistung von Überstunden einschreitet, sie vielmehr weiterhin entgegennimmt.[92] Ebenso wie die Anordnung von Überstunden ist deren Duldung ein tatsächliches Verhalten des AG. Es ist durch Unterlassen von gebotenem Gegenhandeln gekennzeichnet. Hiervon ist beispielsweise auszugehen, wenn der AN Monat für Monat in erheblichem Maße Überarbeit leistet und der AG diese Stunden entgegennimmt oder es die betrieblich-organisatorischen Gründe bedingen, dass AN häufig über das mitbestimmt festgelegte Schichtende hinaus arbeiten und diese Mehrarbeit vom AG angenommen wird.[93] Dazu muss der AN im Streitfall darlegen, von welchen wann geleisteten Überstunden der AG auf welche Weise wann Kenntnis erlangt haben soll und dass es im Anschluss daran zu einer weiteren Überstundenleistung gekommen ist. Erst wenn dieses feststeht, ist es Sache des AG, darzulegen, welche Maßnahmen er zur Unterbindung der von ihm nicht gewollten Überstundenleistung ergriffen hat.[94] Hat ein AN auf Weisung des AG über einen längeren Zeitraum (hier: 18 Jahre) unter Überschreitung der vertraglich vorgesehenen Arbeitszeit gearbeitet, ist hierdurch für sich genommen noch keine einvernehmliche Vertragsänderung zustande gekommen; es handelt sich vielmehr um Überstunden.[95] 20

[84] BAG 25.3.2015 AP Nr. 55 zu § 611 BGB Mehrarbeitsvergütung = NZA 2015, 1002.
[85] BAG 10.4.2013 AP Nr. 54 zu § 611 BGB Mehrarbeitsvergütung = NZA 2013, 1100.
[86] BAG 20.10.2016 AP Nr. 1 zu § 44 TV-L; 16.5.2012 AP Nr. 53 zu § 611 BGB Mehrarbeitsvergütung = NZA 2012, 939; 25.5.2005 AP Nr. 17 zu § 1 TVG Tarifverträge: Gebäudereinigung.
[87] BAG 10.4.2013 AP Nr. 54 zu § 611 BGB Mehrarbeitsvergütung = NZA 2013, 1100.
[88] BAG 10.4.2013 AP Nr. 54 zu § 611 BGB Mehrarbeitsvergütung = NZA 2013, 1100.
[89] BAG 21.12.2016 AP Nr. 56 zu § 611 BGB Mehrarbeitsvergütung = NZA-RR 2017, 233.
[90] BAG 3.11.2004 AP Nr. 49 zu § 611 BGB Mehrarbeitsvergütung.
[91] BAG 10.4.2013 AP Nr. 54 zu § 611 BGB Mehrarbeitsvergütung = NZA 2013, 1100.
[92] BAG 10.4.2013 AP Nr. 54 zu § 611 BGB Mehrarbeitsvergütung = NZA 2013, 1100.
[93] BAG 28.7.2020 AP Nr. 148 zu § 87 BetrVG 1972 Arbeitszeit.
[94] BAG 10.4.2013 AP Nr. 54 zu § 611 BGB Mehrarbeitsvergütung = NZA 2013, 1100.
[95] BAG 22.4.2009 AP Nr. 51 zu § 611 BGB Mehrarbeitsvergütung.

21 Diese Grundsätze gelten in gleicher Weise, wenn die Arbeitsvertragsparteien bei projektbezogener Arbeitsleistung **fälschlich das Bestehen eines freien Mitarbeiterverhältnisses** angenommen haben.[96] Regelmäßig treten dabei zwar Anordnung, Billigung oder Duldung von Mehrarbeit hinter die Erforderlichkeit des zeitlichen Umfangs der Arbeitsleistung zurück, weil die Vertragsparteien von einer größeren Eigenständigkeit des Dienstverpflichteten ausgegangen sind. Ohne konkrete Darlegung der Arbeitszeiten kann sich der AG aber auch hier zum Umfang der Arbeitsleistung nicht näher einlassen. Die Erfüllung dieser Voraussetzungen nachträglich darlegen zu können, ist das Risiko dessen, der sich als freier Mitarbeiter rückwirkend auf den Arbeitnehmerstatus beruft.

III. Rufbereitschaft

22 Im öffentlichen Dienst sind nach § 8 V 5 TV-L Zeiten der **tatsächlichen Inanspruchnahme innerhalb der Rufbereitschaft** mit dem Entgelt für Überstunden und zusätzlich mit „etwaigen Zeitzuschlägen zu vergüten.[97] Hat ein **Arzt** Rufbereitschaft zu leisten (zum Begriff → § 45 Rn. 52), liegt eine Inanspruchnahme innerhalb der angeordneten Rufbereitschaft auch dann vor, wenn er zu Telefongesprächen mit den Akutpatienten hinzugezogen wird. Maßgebend ist, dass die Klinik die Rufbereitschaft als telefonischen Dienst eingerichtet hat, der Arzt während der Rufbereitschaft für die Akutpatienten als deren Ansprechpartner telefonisch erreichbar sein muss und bei Problemen mit diesen am Telefon Gespräche zu führen hat.[98] Wird der Arzt aus der Rufbereitschaft zu einem Einsatz im Krankenhaus gerufen, sind nach § 11 III 4 TV-Ärzte/VKA „etwaige Zeitzuschläge" auch für die erforderlichen Wegezeiten zu zahlen.[99] Im Bereich der **Deutschen Bahn** ist die Rufbereitschaftszulage nach § 18 II ZTV die Gegenleistung dafür, dass der AN während der Rufbereitschaft in seiner Freizeitgestaltung beeinträchtigt ist. Sie ist während der Inanspruchnahme von Arbeitsleistung während der Rufbereitschaft nicht weiter zu zahlen, weil sie einen gänzlich anderen Leistungszweck als die Vergütung für die während der Rufbereitschaft erbrachte Vollarbeit verfolgt.[100]

IV. Leistungszuschläge und Sozialzuwendungen

23 **1. Leistungszuschläge. a) Rechtsgrundlagen.** Leistungszuschläge werden zur Anerkennung besonderer Leistungen des AN erbracht.[101] Sie können ihre Rechtsgrundlage in **kollektivrechtlichen Vereinbarungen, Einzelverträgen** oder der **betrieblichen Übung** haben. Gelegentlich finden sich in Arbeitsverträgen des öffentlichen Dienstes Verweisungen auf das Beamtenrecht; darin vorgenommene Kürzungen können sich dann unmittelbar auswirken.[102] Ist bestimmt, dass die Zulage „je nach Beurteilung der Leistung" erbracht wird, liegt darin keine den Anspruch entfallen lassende Einschränkung, sondern eine Regelung, welche die Höhe des Anspruchs betrifft, die von der Beurteilung der Leistung abhängt. Auch die Einordnung in eine „Null-Stufe" lässt den Anspruch auf die Leistungszulage nicht entfallen, sondern führt nur dazu, dass die Höhe der Zulage in der betreffenden Beurteilungsperiode ggf. Null beträgt.[103]

24 **b) Paritätische Kommission.** Sieht ein Tarifvertrag vor, dass eine vom AN beanstandete Leistungsbeurteilung durch paritätische Gremien auf betrieblicher und tariflicher Ebene überprüft werden muss, handelt es sich regelmäßig um die Vereinbarung eines **Schiedsgutachtens im engeren Sinn.** Mit ihr ist eine Stillhalteabrede verbunden, ein sog. pactum de non petendo.[104] Die Entscheidung der paritätischen Kommission als Schiedsgutachterstelle iSd § 317 BGB ist im arbeitsgerichtlichen Verfahren nur daraufhin zu überprüfen, ob sie im tariflich vorgesehenen Verfahren ergangen ist und ob ihre wertende und beurteilende Entscheidung grob unbillig iSv § 319 BGB ist.[105] Die Entscheidung bedarf einer nachvollziehbaren Begründung, da nur so im Rahmen einer gerichtlichen Überprüfung festgestellt werden kann, ob die Grenzen des § 319 I 1 BGB gewahrt sind.[106] Fehlt es an einer solchen Begründung, ist die Entscheidung –

[96] BAG 29.5.2002 AP Nr. 27 zu § 812 BGB = NZA 2002, 1328.
[97] BAG 30.10.2019 AP Nr. 2 zu § 8 TV-L.
[98] BAG 23.9.2010 AP Nr. 19 zu § 1 TVG Tarifverträge: Arzt.
[99] BAG 20.8.2014 AP Nr. 70 zu § 1 TVG Tarifverträge: Arzt.
[100] BAG 20.5.2010 ZTR 2010, 476.
[101] BAG 8.2.1984 AP Nr. 1 zu § 31 BBankG.
[102] Vgl. BAG 14.3.2007 AP Nr. 45 zu § 1 TVG Bezugnahme auf Tarifvertrag = NZA 2008, 45; 8.2.1984 AP Nr. 1 zu § 31 BBankG.
[103] BAG 22.2.2012 AP Nr. 221 zu § 1 TVG Tarifverträge: Metallindustrie = NZA-RR 2013, 304.
[104] BAG 19.2.2020 AP Nr. 253 zu § 1 TVG Tarifverträge: Metallindustrie = NZA 2020, 1050.
[105] BAG 18.6.2014 AP Nr. 232 zu § 1 TVG Tarifverträge: Metallindustrie = NZA-RR 2015, 430.
[106] BAG 19.2.2020 AP Nr. 253 zu § 1 TVG Tarifverträge: Metallindustrie = NZA 2020, 1050.

ebenso wie im Fall ihrer groben Unrichtigkeit – unverbindlich.[107] Unterlässt es der AG, die turnusmäßige Leistungsbeurteilung vorzunehmen, hat der AN Anspruch auf Zahlung des Leistungsentgelts, das nach der zuletzt wirksam vorgenommenen Leistungsbeurteilung bemessen wird. Diese wirkt fort, bis eine Neubeurteilung wirksam vorgenommen wurde. Der AN behält in diesem Fall seinen Erfüllungsanspruch auf die Leistungszulage in der bisherigen Höhe.[108]

c) Widerruf und Anrechnung. Eine Leistungszulage kann mangels Vorbehalt nicht einseitig **widerrufen** werden, und zwar auch nicht mit der Begründung, infolge Nachlassens der Leistung sei die Geschäftsgrundlage (§ 313 BGB) entfallen.[109] In der Bezeichnung einer Zulage als „freiwillige" Leistung kommt in der Regel nicht hinreichend deutlich zum Ausdruck, dass der AG diese Leistung „widerruflich" gewähren will (§ 305c II BGB). Diese Bezeichnung kann auch so verstanden werden, dass der AG damit verdeutlichen will, nicht durch sonstige Regelungen zu dieser Leistung verpflichtet zu sein.[110] Wird die Leistung unter einem wirksamen Widerrufsvorbehalt gezahlt (näher dazu → § 35 Rn. 130), besteht bis zur Ausübung des Widerrufsrechts ein Anspruch des AN auf die Leistung. – Eine **Anrechnung** von Tariflohnerhöhungen ist nur möglich, wenn die Zulage nicht als selbständiger, anrechnungsfester Bestandteil der Gesamtvergütung vereinbart ist.[111] Hiervon ist bei allgemeinen Zulagen auszugehen, in der Regel jedoch nicht bei Zulagen, die bestimmte Zwecke verfolgen, wie etwa Leistungszuschläge. Insoweit bedarf es einer Auslegung der getroffenen Vereinbarung. 25

2. Zielvereinbarungen. In der Praxis finden sich heute häufig Zielvereinbarungen. Zusätzlich zu der vereinbarten festen Arbeitsvergütung erhält der Mitarbeiter am Ende des Kalender- oder Geschäftsjahres einen Bonus, der dem Grunde und der Höhe nach vom Erreichen vereinbarter Ziele abhängig ist. Rechtsgrundlage ist regelmäßig eine arbeitsvertragliche Vereinbarung, gelegentlich finden sich auch tarifvertragliche Regelungen (näher dazu → § 77 Rn. 1 ff.). 26

3. Treueprämien. Werden die Zuschläge als Treueprämien geleistet und ist deren Rückzahlung für den Fall vorzeitiger Beendigung des Arbeitsverhältnisses vorgesehen, gelten die unter → § 78 Rn. 1 ff. dargestellten Grundsätze entsprechend. Wird dagegen die Treueprämie dergestalt vereinbart, dass sie erst zu einem späteren Zeitpunkt fällig wird, kann sie nicht etwa durch einen Widerruf beseitigt werden, wenn das Arbeitsverhältnis vorzeitig endet und die Leistung bereits verdient ist.[112] Dagegen ist die Vereinbarung über den Fälligkeitszeitpunkt wirksam.[113] 27

4. Mitbestimmung des Betriebsrats. {tbGem. § 87 I Nr. 10 BetrVG hat der BR mitzubestimmen in Fragen der betrieblichen Lohngestaltung, insbesondere bei der Aufstellung von Entlohnungsgrundsätzen und bei der Einführung und Anwendung neuer Entlohnungsmethoden (→ § 235 Rn. 97 ff.). 28

V. Zuschläge für ungünstige Arbeitszeit

1. Allgemeines. Bei der Berechnung der Zuschläge und Zulagen für ungünstige Arbeitszeiten wird nach einigen Tarifverträgen die „übertarifliche Vergütung" zugrunde gelegt. Dies ist zulässig. Die Tarifvertragsparteien sind befugt, der Berechnung tariflicher Leistungen den effektiven Verdienst des AN und nicht den tariflichen Mindestverdienst zugrunde zu legen.[114] Dabei ist freilich zwischen Verdiensten, die auf „übertariflichen" und „außertariflichen" Zulagen beruhen, zu unterscheiden. Während eine „außertarifliche" Regelung Gegenstände betrifft, die die einschlägigen tariflichen Bestimmungen überhaupt nicht vorsehen, knüpft eine „übertarifliche" Regelung an den tariflichen Gegenstand an, geht aber über die tariflich normierten Mindestbedingungen hinaus. Dient eine Leistung des AG einem besonderen Zweck, der keine Entsprechung im Tarifvertrag hat, liegt eine außertarifliche Leistung vor.[115] 29

2. Begriff ungünstige Arbeitszeit. Als **Zuschläge** für ungünstige Arbeitszeit werden **(a)** (Wechsel-)Schichtzuschläge, **(b)** Nachtarbeitszuschläge (§ 6 V ArbZG), **(c)** Sonn- und Feier- 30

[107] BAG 18.5.2016 AP Nr. 239 zu § 1 TVG Tarifverträge: Metallindustrie mAnm *Dahme* = NZA 2016, 1089.
[108] BAG 19.2.2020 AP Nr. 253 zu § 1 TVG Tarifverträge: Metallindustrie = NZA 2020, 1050.
[109] BAG 16.7.1976 AP Nr. 7 zu § 611 BGB Lohnzuschläge.
[110] Vgl. BAG 23.10.2002 AP Nr. 243 zu § 611 BGB Gratifikation = NZA 2003, 557.
[111] BAG 23.2.2016 NZA 2016, 906; 3.9.2014 AP Nr. 219 zu § 242 BGB Gleichbehandlung; 1.3.2006 AP Nr. 3 zu § 308 BGB = NZA 2006, 746.
[112] Vgl. ausführlich BAG 27.7.1972 AP Nr. 75 zu § 611 BGB Gratifikation.
[113] BAG 17.10.1972 AP Nr. 77 zu § 611 BGB Gratifikation.
[114] BAG 7.2.2007 AP Nr. 17 zu § 1 TVG Tarifverträge: Bewachungsgewerbe = NZA 2007, 934.
[115] BAG 7.2.2007 AP Nr. 17 zu § 1 TVG Tarifverträge: Bewachungsgewerbe = NZA 2007, 934.

tagszuschläge sowie Zuschläge an Heiligabend und Silvester gezahlt. Die Zuschläge werden kollektiv- oder einzelvertraglich vereinbart. Zulässig sind auch Regelungen, wonach bei ungünstigen Arbeitsbedingungen die Arbeitszeit gekürzt werden kann.[116] Gewährt ein Tarifvertrag Zuschläge für Nachtarbeit sowie Arbeit an Sonn- und gesetzlichen Feiertagen, fallen diese für Pausen während der Nacht-, Sonn- und Feiertagsarbeit nicht an. Das gilt grundsätzlich auch dann, wenn der AG aufgrund einer Betriebsvereinbarung die Pausen mit der (tariflichen) Grundvergütung bezahlt.[117]

31 **3. Wechselschichtarbeit.** Wechselschichtarbeit liegt grundsätzlich dann vor, wenn in dem Arbeitsbereich „rund um die Uhr" an allen Kalendertagen gearbeitet wird.[118] Im Hinblick auf die Zuschlagsgewährung sind stets die unterschiedlichen tarifvertraglichen Anforderungen genau zu prüfen. Nach der in § 7 I TVöD-AT enthaltenen Definition setzt ständige Wechselschichtarbeit voraus, dass in dem Arbeitsbereich, in dem der AN tätig ist, nach einem Schichtplan an allen Kalendertagen ununterbrochen „rund um die Uhr" 24 Stunden gearbeitet wird.[119] An dieser Voraussetzung fehlt es, wenn beispielsweise an Sonn- und Feiertagen in aller Regel keine Schichtarbeit anfällt oder die tägliche Arbeit im Betrieb, sei es auch nur in geringfügiger Form, unterbrochen wird. Deshalb liegt keine Wechselschicht vor, wenn ein bestimmter Zeitraum im gesamten Arbeitsbereich ausschließlich durch Bereitschaftsdienst abgedeckt wird.[120] Der tatsächlichen Erbringung der Arbeitsleistung steht es gleich, wenn die Leistung einer bestimmten Schichtart nur deshalb nicht erfolgt, weil der Beschäftigte arbeitsunfähig ist.[121] Unerheblich ist, in wie viele Schichten der 24-Stunden-Tag aufgeteilt wird oder ob in allen Schichten der Arbeitsanfall gleich groß ist und deshalb in jeder Schicht die gleiche Anzahl von AN arbeitet. Die Arbeit muss nach einem Dienst- oder Schichtplan erfolgen, der einen regelmäßigen Wechsel der täglichen Arbeitszeit in Wechselschichten im genannten Sinn vorsieht. Der AN muss zur Arbeit in allen Schichtarten eingesetzt, nicht jedoch in allen Schichten tätig werden. Andernfalls wäre es möglich, den tariflichen Anspruch durch die Schaffung vielfältiger, zeitlich geringfügig verschobener Schichten zu entziehen, obwohl der AN die Erschwernis hat, die mit Wechselschichtarbeit verbunden ist.[122] Er muss des Weiteren durchschnittlich längstens nach Ablauf eines Monats erneut zur Nachtschicht herangezogen werden. Dabei kann regelmäßig auf einen Zeitraum von zwölf Kalendermonaten abgestellt werden, solange sich nicht aus betrieblichen Regelungen Anhaltspunkte für einen anderen Zeitraum ergeben. Ständig ist die Wechselschichtarbeit, wenn dem AN diese Art von Tätigkeit kraft arbeitsvertraglicher Vereinbarung oder kraft Direktionsrechts dauerhaft und nicht lediglich vertretungsweise zugewiesen ist. **Teilzeitbeschäftigten** steht eine Wechselschichtzulage grundsätzlich nur anteilig entsprechend dem Verhältnis zwischen vereinbarter und regelmäßiger tariflicher Arbeitszeit zu.[123]

32 **4. Schichtarbeit.** Von der Wechselschichtarbeit ist die Schichtarbeit zu unterscheiden. Für den Begriff „Schichtarbeit" ist wesentlich, dass eine bestimmte **Arbeitsaufgabe über einen erheblich längeren Zeitraum als die wirkliche Arbeitszeit eines AN hinaus anfällt** und daher von mehreren AN oder Arbeitnehmergruppen in einer geregelten zeitlichen Reihenfolge, teilweise auch außerhalb der allgemein üblichen Arbeitszeit erbracht wird. Bei der Schichtarbeit arbeiten nicht sämtliche Beschäftigte eines Betriebs zur gleichen Zeit, sondern ein Teil arbeitet, während der andere Teil arbeitsfreie Zeit hat. Die Arbeit muss dabei nach einem Schichtplan erfolgen, wobei nicht erforderlich ist, dass dieser vom AG vorgegeben ist.[124] „Ständig" Schichtarbeit leisten daher diejenigen Beschäftigten, denen kraft arbeitsvertraglicher Vereinbarung oder kraft Direktionsrechts dauerhaft diese Art von Tätigkeit zugewiesen ist.[125]

[116] BAG 28.11.1984 AP Nr. 2 zu § 4 TVG Bestimmungsrecht.
[117] BAG 18.11.2009 AP Nr. 2 zu § 4 ArbZG.
[118] BAG 19.2.2014 AP Nr. 2 zu § 47 TV-L.
[119] Dazu und zum Folgenden BAG 13.1.2016 NZA-RR 2016, 333 mwN.
[120] BAG 20.1.2010 AP Nr. 8 zu § 1 TVG Tarifverträge: Krankenanstalten = NZA-RR 2010, 193; 24.9.2008 NZA 2009, 272.
[121] Vgl. BAG 16.10.2013 AP Nr. 7 zu § 7 TVöD = NZA-RR 2014, 361; 24.3.2010 AP Nr. 11 zu § 8 TVöD = NZA 2010, 958.
[122] BAG 16.10.2013 AP Nr. 7 zu § 7 TVöD = NZA-RR 2014, 361.
[123] BAG 19.3.2014 AP Nr. 12 zu § 1 TVG Tarifverträge: Krankenanstalten; 25.9.2013 AP Nr. 24 zu § 4 TzBfG = NZA-RR 2014, 8.
[124] BAG 12.12.2012 AP Nr. 5 zu § 7 TVöD; 13.6.2012 AP Nr. 14 zu § 8 TVöD = NZA 2012, 1301.
[125] BAG 13.6.2012 AP Nr. 14 zu § 8 TVöD = NZA 2012, 1301; 24.3.2010 AP Nr. 11 zu § 8 TVöD = NZA 2010, 958.

Die Leistung von Abrufarbeit schließt Schichtarbeit nicht aus. Die mit Schichtarbeit verbundenen Erschwernisse werden bei Abrufarbeit nicht bereits durch die vereinbarte Vergütung kompensiert. Dies gilt auch dann, wenn der AG bei der Aufstellung der Dienstpläne auf die Einsatzwünsche der Abruf-Mitarbeiter Rücksicht nimmt.[126] Schichtplankonforme Nachtarbeit nach einem rechtzeitig und mit Zustimmung des BR für die Dauer eines Monats aufgestellten Schichtplan mit wöchentlichem Wechsel zwischen Früh- und Nachtschicht ist keine „unregelmäßige Nachtarbeit".[127]

5. Nachtarbeit. a) Begriff. Der Begriff der Nachtarbeit ist gesetzlich, zumeist aber auch 33
tariflich definiert. Nach § 2 ArbZG ist Nachtzeit die **Zeit von 23 bis 6 Uhr.** Nachtarbeit im Sinne des ArbZG ist jede Arbeit, die mehr als zwei Stunden der Nachtzeit umfasst. Nachtarbeitnehmer iSd ArbZG sind nach § 2 V ArbZG AN, die auf Grund ihrer Arbeitszeitgestaltung normalerweise Nachtarbeit in Wechselschicht zu leisten haben oder Nachtarbeit an mindestens 48 Tagen im Kalenderjahr leisten (→ § 156 Rn. 23). In Tarifverträgen finden sich vielfach Definitionen, nach denen Nachtarbeit die Zeit zwischen 20 (22) und 6 Uhr ist. Während die gesetzliche Definition arbeitsschutzrechtliche Bedeutung hat, kommt der tariflichen Begriffsbestimmung häufig auch eine weitergehende Bedeutung für die Vergütung zu (vgl. § 3b EStG). Leistet der AN während der Nachtzeit Bereitschaftsdienst, ist der gesamte Bereitschaftsdienst und nicht nur die darin enthaltene Vollarbeit Arbeitszeit.[128] Der Bereitschaftsdienst ist deshalb in seiner gesamten Dauer nach § 6 V ArbZG auszugleichen, unabhängig davon, in welchen Stunden tatsächlich Arbeitsleistung erbracht wurde. Ein geringerer Ausgleich kann erforderlich sein, wenn in die Nachtarbeit Arbeitsbereitschaft fällt.[129] Eine Differenzierung zwischen Männern und Frauen bei der Nachtarbeit ist unzulässig.[130]

b) Angemessener Zuschlag. Nach § 6 V ArbZG hat der AG dem Nachtarbeitnehmer, 34
sofern keine tarifvertraglichen Ausgleichsregelungen bestehen, für die während der Nachtarbeit geleisteten Arbeitsstunden eine angemessene Zahl bezahlter freier Tage oder einen angemessenen Zuschlag auf das ihm hierfür **zustehende Bruttoarbeitsentgelt** zu gewähren. Dies ist bei Fehlen einer günstigeren Regelung der gesetzliche Mindestlohn, denn dieser ist kraft Gesetzes (§§ 1, 3, 20 MiLoG) vom AG dem AN als Gegenleistung für tatsächliche Arbeit zu zahlen.[131] Die Regelungen in § 6 ArbZG dienen in erster Linie dem Schutz des AN vor den schädlichen Folgen der Nacht- und Schichtarbeit. § 6 V ArbZG gewährt einen angemessenen **Ausgleich für die mit der Nachtarbeit verbundenen Beeinträchtigungen,** ohne dass der Gesetzgeber Vorgaben zum Umfang des Ausgleichs macht. Soweit ein Nachtarbeitszuschlag vorgesehen ist, wirkt er sich auf die Gesundheit des betroffenen AN zwar nicht unmittelbar aus. Die Arbeitsleistung wird allerdings verteuert, um auf diesem Weg allgemein Nachtarbeit einzudämmen. Nachtarbeit soll für den AG weniger attraktiv sein. Außerdem soll der Nachtarbeitszuschlag den AN in einem gewissen Umfang für die erschwerte Teilhabe am sozialen Leben entschädigen.[132] § 6 V ArbZG begründet eine **Wahlschuld** (§ 262 BGB).[133] Der AG kann wählen, ob er den Ausgleich durch Zahlung von Geld, durch bezahlte Freistellung oder durch eine Kombination von beidem gewährt. Die gesetzlich begründete Wahlschuld konkretisiert sich auf eine der geschuldeten Leistungen erst dann, wenn der Schuldner das ihm zustehende Wahlrecht nach Maßgabe der gesetzlichen Bestimmungen ausübt.[134] Das Wahlrecht nach § 6 V ArbZG steht dem AG grundsätzlich für jede Entgeltzahlungsperiode, typischerweise also kalendermonatlich neu zu. Hat er sein Wahlrecht ausgeübt, ist er hieran nach § 263 II BGB gebunden und kann die Wahl für diesen Zeitraum nicht mehr ändern.[135] Der **tarifliche Ausgleich** muss nicht ausdrücklich, sondern kann auch stillschweigend geregelt sein; allgemeinen tariflichen Arbeitsbedingungen kann eine stillschweigende Ausgleichsregelung aber nur entnommen werden, wenn entweder der Tarifvertrag selbst entsprechende Hinweise enthält oder sich dafür aus der Tarifgeschichte

[126] BAG 24.9.2008 NZA 2008, 1424.
[127] BAG 19.9.2007 AP Nr. 205 zu § 1 TVG Tarifverträge: Metallindustrie.
[128] BAG 12.12.2012 AP Nr. 13 zu § 6 ArbZG = NZA-RR 2013, 476.
[129] BAG 15.7.2009 AP Nr. 10 zu § 6 ArbZG.
[130] EuGH 3.2.1994 EuZW 1994, 253; 4.12.1997 EuZW 1998, 352.
[131] BAG 25.4.2018 AP Nr. 13 zu § 1 MiLoG = NZA 2018, 1145; 20.9.2017 AP Nr. 6 zu § 1 MiLoG = NZA 2018, 53.
[132] BAG 15.7.2020 AP Nr. 19 zu § 6 ArbZG = NZA 2021, 44; 9.12.2015 AP Nr. 14 zu § 6 ArbZG.
[133] BAG 9.12.2015 AP Nr. 14 zu § 6 ArbZG; 31.8.2005 AP Nr. 8 zu § 6 ArbZG = NZA 2006, 324.
[134] BAG 12.12.2012 – 5 AZR 877/12; 18.5.2011 AP Nr. 11 zu § 6 ArbZG = NZA-RR 2011, 581.
[135] BAG 9.12.2015 AP Nr. 14 zu § 6 ArbZG.

oder aus Besonderheiten des Geltungsbereichs Anhaltspunkte ergeben.[136] Eine Tarifnorm, die einen Ausgleich für nächtlichen Bereitschaftsdienst ausschließt, ohne selbst einen tariflichen Zuschlag zu bestimmen, verstößt gegen § 6 V ArbZG.[137] Der Ausgleich muss daher entweder in der Gewährung einer angemessenen Zahl bezahlter freier Tage und/oder einem angemessenen Zuschlag auf das für die Nachtarbeit zustehende Bruttoarbeitsentgelt bestehen.[138] Allein der tarifvertragliche Ausschluss eines Anspruchs auf Nachtarbeitszuschläge dient erkennbar nicht dem Gesundheitsschutz. Dadurch wird die Nachtarbeit gerade nicht mit Zusatzkosten verbunden und für den AG weniger attraktiv gemacht.[139] Neben der Zahlung gesonderter Zuschläge kommt eine entsprechende Anhebung des Grundlohns in Betracht.[140] Hat das Arbeitsverhältnis geendet, kann die vom AN geleistete Nachtarbeit ausschließlich durch Zahlung eines Zuschlags ausgeglichen werden.[141]

35 **c) Höhe des Nachtzuschlags.** Nach der Art der Arbeitsleistung ist zu beurteilen, ob der vom Gesetzgeber verfolgte Zweck, im Interesse der Gesundheit des AN Arbeit zu verteuern, zum Tragen kommt. Ein Zuschlag iHv **25%** auf den jeweiligen Bruttostundenlohn bzw. die Gewährung einer entsprechenden Anzahl von bezahlten freien Tagen stellt ohne das Vorliegen besonderer Umstände, die auf eine höhere oder geringere Belastung schließen lassen, **regelmäßig** einen angemessenen Ausgleich für geleistete Nachtarbeit iSv § 6 V ArbZG dar.[142] Bei Erbringung der regulären Arbeitsleistung in **Dauernachtarbeit** erhöht sich der Ausgleichsanspruch regelmäßig auf **30%.**[143] § 6 V ArbZG wertet die Belastung der Nachtarbeitnehmer durch Nachtarbeit – vorbehaltlich der Begriffsbestimmung in § 2 IV ArbZG – unabhängig davon, wie viele Arbeitsstunden in der Nachtzeit erbracht werden. Deshalb verbietet sich eine „Staffelung" der Höhe des Nachtarbeitszuschlags nach dem Umfang der geleisteten Nachtarbeitsstunden.[144] Ein geringerer Zuschlag kann nach § 6 V ArbZG nur ausreichend sein, wenn die Belastung durch die geleistete Nachtarbeit im Vergleich zum Üblichen geringer ist, weil zB in diese Zeit in nicht unerheblichem Umfang Arbeitsbereitschaft fällt oder es sich um nächtlichen Bereitschaftsdienst handelt, bei dem von vornherein von einer geringeren Arbeitsbelastung auszugehen ist.[145] Für **Zeitungszusteller** trifft dies nicht zu.[146] Im **Bewachungsgewerbe** kann ein Nachtarbeitszuschlag von 10% bzw. 12% nach den Umständen der zu leistenden Arbeit angemessen sein,[147] für Pflegekräfte in einem Alten- und Pflegeheim ein Zuschlag von 20%.[148] Eine Tarifregelung im **Einzelhandel,** wonach für Nachtarbeit ein Zuschlag von 50%, jedoch für Nachtarbeit im Rahmen von Schichtarbeit nur ein Zuschlag von 20% zu gewähren ist, hat nach einer älteren Entscheidung des BAG unter Berücksichtigung der besonderen branchentypischen Bedingungen des Einzelhandels nicht gegen Art. 3 I GG verstoßen.[149] Die neuere Rechtsprechung schränkt die **Gestaltungsfreiheit der Tarifvertragsparteien** dagegen erheblich ein. Danach stellt eine tarifvertragliche Regelung, die für Nachtarbeit einen Zuschlag von 50% zum Stundenlohn vorsieht, während Nachtarbeit im Schichtbetrieb lediglich mit einem Zuschlag von 15% vergütet wird, Nachtschichtarbeitnehmer gegenüber AN, die außerhalb von Schichtsystemen Nachtarbeit leisten, gleichheitswidrig (Art. 3 I GG) schlechter.[150] Jüngst hat der 10. Senat den EuGH im Wege eines Vorabentscheidungsersuchens gefragt, ob tarifvertragliche Regelungen die Arbeitszeitrichtlinie 2003/88/EG iSv Art. 51 I 1 GRCh durchführen, wenn sie unterschiedlich hohe Zuschläge für regelmäßige und unregelmäßige Nachtarbeit enthalten. Weiter hat der Senat gefragt, ob eine tarifvertragliche Regelung, die für

[136] BAG 13.12.2018 AP Nr. 18 zu § 6 ArbZG = NZA 2019, 935; 12.12.2012 AP Nr. 13 zu § 6 ArbZG = NZA-RR 2013, 476; 18.5.2011 AP Nr. 11 zu § 6 ArbZG = NZA-RR 2011, 581.
[137] BAG 12.12.2012 AP Nr. 13 zu § 6 ArbZG = NZA-RR 2013, 476.
[138] BAG 15.7.2009 AP Nr. 10 zu § 6 ArbZG.
[139] BAG 13.12.2018 AP Nr. 18 zu § 6 ArbZG = NZA 2019, 935.
[140] BAG 31.8.2005 AP Nr. 8 zu § 6 ArbZG = NZA 2006, 324.
[141] BAG 24.2.1999 AP Nr. 17 zu § 3 TVG Verbandszugehörigkeit = NZA 1999, 995.
[142] BAG 15.7.2020 AP Nr. 19 zu § 6 ArbZG = NZA 2021, 44; 9.12.2015 AP Nr. 14 zu § 6 ArbZG.
[143] BAG 15.7.2020 AP Nr. 19 zu § 6 ArbZG = NZA 2021, 44; 9.12.2015 AP Nr. 14 zu § 6 ArbZG.
[144] BAG 25.4.2018 AP Nr. 13 zu § 1 MiLoG = NZA 2018, 1145.
[145] BAG 15.7.2020 AP Nr. 19 zu § 6 ArbZG = NZA 2021, 44; 25.4.2018 AP Nr. 13 zu § 1 MiLoG = NZA 2018, 1145; 9.12.2015 AP Nr. 14 zu § 6 ArbZG; 18.5.2011 AP Nr. 11 zu § 6 ArbZG = NZA-RR 2011, 581.
[146] BAG 25.4.2018 AP Nr. 13 zu § 1 MiLoG = NZA 2018, 1145.
[147] BAG 11.2.2009 AP Nr. 9 zu § 6 ArbZG.
[148] BAG 15.7.2020 AP Nr. 19 zu § 6 ArbZG = NZA 2021, 44.
[149] BAG 11.12.2013 NZA 2014, 669.
[150] BAG 18.3.2018 AP Nr. 17 zu § 6 ArbZG = NZA 2019, 622; krit. hierzu *Herbert/Braun* NZA-RR 2020, 617; *Kleinebrink* NZA 2019, 1458.

unregelmäßige Nachtarbeit einen höheren Zuschlag vorsieht, gleichbehandlungswidrig nach Art. 20 GRCh ist, wenn damit neben den gesundheitlichen Beeinträchtigungen durch Nachtarbeit auch Belastungen wegen der schlechteren Planbarkeit der Arbeitszeit ausgeglichen werden sollen.[151] Kann bei Dauernachtarbeit mit dem Zuschlag nach § 6 V ArbZG nur die mit der Nachtarbeit verbundene Erschwernis ausgeglichen werden, kommt ein „Abweichen nach unten" nur dann in Betracht, wenn – wie etwa im **Rettungswesen** – überragende Gründe des Gemeinwohls die Nachtarbeit zwingend erfordern.[152] Für Angehörige eines Rettungsdienstes ist daher regelmäßig ein Nachtzuschlag in Höhe von 10% des Arbeitsverdienstes noch angemessen. Dabei ist auch zu berücksichtigen, dass im Rettungsdienst zu einem erheblichen Teil Arbeitsbereitschaft und damit auch Zeiten der Entspannung anfallen. Hinzu kommt, dass der ansonsten mit dem Zuschlag verbundene Zweck, Nachtarbeit einzuschränken, hier nicht erreichbar ist.[153] In der **Altenpflege** ist ein Nachtzuschlag von 20% angemessen.[154] Ein Nachtzuschlag für während der **Rufbereitschaft** geleistete Arbeit kommt in kommunalen Krankenhäusern gem. § 8 III 4 TVöD-K grundsätzlich nur in Frage, wenn der AN tatsächlich während der Nachtstunden arbeitet.[155] Leistungen, die der AG für Zeiten außerhalb der gesetzlichen Nachtzeit von 23.00 Uhr bis 6.00 Uhr erbringt, zB Zuschläge für die Zeit zwischen 21.00 Uhr und 23.00 Uhr, erfüllen den Anspruch nach § 6 V ArbZG nicht und sind weder anrechenbar noch bei der Bestimmung der Angemessenheit des Ausgleichs zu berücksichtigen.[156]

6. Sonn- und Feiertagsarbeit. Aus § 11 II ArbZG ergibt sich kein gesetzlicher Anspruch auf Sonn- und Feiertagszuschläge. Die Rechtsgrundverweisung des § 11 II ArbZG auf § 6 V ArbZG hat zur Folge, dass ein AN, der an Sonn- und Feiertagen Nachtarbeit leistet, wegen dieser Nachtarbeit Anspruch auf eine angemessene Zahl bezahlter freier Tage oder einen angemessenen Zuschlag auf das ihm hierfür zustehende Arbeitsentgelt hat.[157] Tarifliche Regelungen über die Zahlung eines Zuschlags für Feiertagsarbeit knüpfen regelmäßig an die gesetzlichen Feiertage am Beschäftigungsort an. Abweichende Regelungen müssen deutlich erkennbar sein. Ein Tarifvertrag kann vorsehen, dass ein Sonntagszuschlag nur geschuldet wird, wenn die Schicht sonntags beginnt.[158] Sieht ein Tarifvertrag Zuschläge für Arbeit an gesetzlichen Feiertagen vor, haben AN keinen Anspruch auf Zahlung dieses Zuschlags für Ostersonntag, wenn dieser Tag landesrechtlich kein gesetzlicher Feiertag ist.[159] Die in der Druckindustrie zu zahlende **„Antrittsgebühr" für Arbeit an Sonn- und Feiertagen** soll die rechtzeitige Herstellung der Zeitung/Zeitschrift sicherstellen. Der Tarifregelung liegt die Einschätzung der Tarifvertragsparteien zugrunde, bei der Herstellung der Zeitschriften und Zeitungen bis zum Verlassen der Druckmaschine handele es sich um die entscheidende Tätigkeit, die den Einsatz besonders zuverlässiger und besonders motivierter AN erfordere. Anspruchsberechtigt sind nur AN, deren Tätigkeit sich unmittelbar auf das Produkt „Zeitung/Zeitschrift" bezieht und vom Ablauf des Herstellungsprozesses zeitlich bestimmt ist.[160] 36

§ 70. Auszahlung der Arbeitsvergütung

Übersicht

[151] BAG 10.12.2020 – 10 AZR 332/20 (A).
[152] BAG 25.4.2018 AP Nr. 13 zu § 1 MiLoG = NZA 2018, 1145.
[153] BAG 31.8.2005 AP Nr. 8 zu § 6 ArbZG = NZA 2006, 324.
[154] BAG 15.7.2020 AP Nr. 19 zu § 6 ArbZG = NZA 2021, 44.
[155] BAG 24.9.2008 AP Nr. 2 zu § 8 TVöD.
[156] BAG 9.12.2015 AP Nr. 14 zu § 6 ArbZG.
[157] BAG 11.1.2006 AP Nr. 2 zu § 11 ArbZG = NZA 2006, 372.
[158] BAG 25.9.2013 AP Nr. 229 zu § 1 TVG Tarifverträge: Metallindustrie.
[159] BAG 17.8.2011 NZA 2012, 824; 17.3.2010 AP Nr. 9 zu § 1 TVG Tarifverträge: Brotindustrie.
[160] BAG 18.3.2009 EzA Nr. 34 zu § 4 TVG Druckindustrie.

I. Empfangsberechtigter

1 **1. Gläubiger und Forderungsabtretung.** Gläubiger des Vergütungsanspruchs ist der AN; sein Anspruch ist erfüllt, wenn er die Vergütung endgültig erhält. Wird aufgrund eines vorläufig vollstreckbaren Titels zur Abwendung der Zwangsvollstreckung gezahlt, bleibt die Erfüllung dagegen in der Schwebe, bis endgültig über die Forderung entschieden ist. Nur in Ausnahmefällen wird vereinbart, dass die Arbeitsvergütung teilweise unmittelbar einem Dritten zustehen soll, zB zur Sicherung des Unterhalts von Familienangehörigen. Die Drittberechtigten haben dann regelmäßig einen eigenen Erfüllungsanspruch (§ 328 BGB). Eine eingehende Lohnpfändung erfasst auch die Forderung des Drittberechtigten (§ 850h I ZPO). Häufiger ist, dass der AN seine Forderung auf Arbeitsvergütung teilweise an Dritte abtritt (§ 387 BGB). Die Abtretung geht einer später eingehenden Lohnpfändung im Range vor. Nach § 400 BGB kann eine Forderung nur abgetreten werden, soweit sie nicht der Pfändung unterworfen ist.[1]

2 **2. Geschäftsunfähigkeit.** Ist der AN geschäftsunfähig (§ 104 BGB) oder in der Geschäftsfähigkeit beschränkt (§ 106 BGB), ist die Arbeitsvergütung an den gesetzlichen Vertreter zu zahlen. Hiervon gilt dann eine Ausnahme, wenn der AN minderjährig ist und ermächtigt war, in Dienst oder Arbeit zu treten (§ 113 BGB; → § 32 Rn. 27 ff.). In diesen Fällen ist die Vergütung an den Minderjährigen zu zahlen; eine Zahlung an den gesetzlichen Vertreter ist keine ordnungsgemäße Erfüllung. Dieser kann jedoch jederzeit die Ermächtigung widerrufen oder einschränken. Zumeist wird in dem Begehren, ihm die Vergütung auszuzahlen, eine solche Beschränkung liegen. In Ausnahmefällen ist diese Beschränkung rechtsunwirksam, zB, wenn ein Rechtsmissbrauch vorliegt. Es ist aber nicht ohne Weiteres rechtsmissbräuchlich, wenn ein von seinem gesetzlichen Vertreter getrennt lebender Minderjähriger durch „Entziehung" der Vergütungsforderungen gezwungen werden soll, nach Hause zurückzukehren.

3 **3. Vollmacht.** Der AN kann einen Dritten bevollmächtigen, die Vergütung in Empfang zu nehmen. Die Wirksamkeit der Bevollmächtigung richtet sich nach §§ 164 ff. BGB. Da der AG darlegungs- und beweispflichtig dafür ist, dass durch die Zahlung an den Dritten die Entgeltforderung erloschen ist, hat er im Streitfall zu beweisen, dass der AN einen Dritten zur Empfangnahme der Vergütung bevollmächtigt hat. Der AG braucht an Dritte nur zu zahlen, wenn der AN ihm die Bevollmächtigung mitgeteilt oder der Dritte eine schriftliche Vollmachtsurkunde vorgelegt hat (§§ 167, 172 BGB). Ehepartner, Verwandte oder Arbeitskollegen des AN sind nicht schlechthin bevollmächtigt, die Vergütung in Empfang zu nehmen. Zu Gruppenarbeitsverhältnissen → § 181 Rn. 1 ff.

4 **4. Erbe.** Ist der AN verstorben, geht die Vergütungsforderung nach den erbrechtlichen Bestimmungen (§§ 1922 ff. BGB) auf die Erben über.

II. Zahlungsart und Zahlungsort

5 **1. Zahlungsart.** Ist Barzahlung vereinbart, hat der AN die Vergütung grundsätzlich im Betrieb abzuholen (Holschuld).[2] Dies gilt auch für Montagearbeiter.[3] Etwas anderes kann für Naturalleistungen wegen der Art der geschuldeten Leistungen gelten. Wird das Arbeitsverhältnis beendet, hat der AG bei vereinbarter Barzahlung am letzten Arbeitstag die Vergütung zur Abholung bereitzuhalten. Häufig wird dies mit Schwierigkeiten verbunden sein. Der AG hat alsdann auf seine Gefahr und Kosten dem AN die Restvergütung zu überweisen, da er sich in Schuldnerverzug befindet.

6 Bei vereinbarter Barzahlung kann der AN Zahlungen durch **Scheck,** Wechsel, Wertpapiere oder Abtretung von Forderungen gegen Dritte zurückweisen. Hierdurch tritt keine Erfüllung ein (§ 362 I BGB). Vielmehr handelt es sich um Leistungen erfüllungshalber (§ 364 BGB). Die Erfüllung tritt erst bei Gutschrift auf dem Konto ein. Für Klagen eines AN gegen seinen AG aus einem zwecks Bezahlung von Arbeitsentgelt begebenen Scheck des AG ist der Rechtsweg zu den Gerichten für Arbeitssachen nach § 2 I 1 Nr. 4a ArbGG eröffnet.

---

[1] BAG 21.11.2000 AP Nr. 2 zu § 400 BGB = NZA 2001, 654.

[2] ErfK/*Preis* BGB § 611a Rn. 397.

[3] Anderes kann bei einer abweichenden betrieblichen Übung gelten.

Regelmäßig wird die **bargeldlose Lohnzahlung** vereinbart (→ § 235 Rn. 57). In diesem Fall liegt eine Schickschuld vor.[4] Der AG hat dann den Lohn auf seine Gefahr und seine Kosten auf das vom AN angegebene Konto zu überweisen (§ 270 I BGB). Der AG trägt das Risiko, dass die Überweisung fehlschlägt. Mit der vorbehaltlosen Gutschrift auf dem Konto des AN ist die Lohnforderung erfüllt. Ohne besonderen Rechtsgrund ist der AG nicht zur Tragung der bei dem AN anfallenden Kosten verpflichtet.[5] Es ist aber von Verfassungs wegen nicht zu beanstanden, wenn dem AG die Bezahlung der Kontoführungsgebühren, etwa durch einen Einigungsstellenspruch, übertragen wird.[6] 7

2. Ort. Der Erfüllungsort für die Arbeitsvergütung (einschließlich des Ruhegeldes) ergibt sich aus den getroffenen Vereinbarungen oder den besonderen Umständen des Arbeitsverhältnisses (§ 269 BGB). Bei der Bestimmung des Erfüllungsorts besteht ein Mitbestimmungsrecht des BR nach § 87 I Nr. 4 BetrVG. Ist hierdurch ein besonderer Erfüllungsort nicht bestimmt, ist Erfüllungsort der Betriebssitz des AG (§ 269 I, II BGB). 8

III. Zahlungsfrist

1. Fälligkeit. Der Anspruch auf Vergütung für geleistete Dienste entsteht mit der Erbringung der Dienstleistung. Der Vertragsschluss als solcher reicht nicht aus, weil der Vertrag durch Kündigung beendet werden oder der AN die ihm obliegende Leistung ohne Gründe, die einen Anspruch auf Lohnfortzahlung begründen, verweigern kann. In beiden Fällen hat er gem. §§ 320, 614 BGB keinen Vergütungsanspruch.[7] Die Arbeitsvergütung ist im Zeitpunkt der Fälligkeit auszuzahlen (zu den Verzugsfolgen (→ § 71 Rn. 13). Nach der abdingbaren Vorschrift des § 614 BGB ist die Vergütung nach der Leistung der Arbeit zu entrichten. Der **AN ist also grundsätzlich vorleistungspflichtig.**[8] Ist die Vergütung nach Zeitabschnitten bemessen, ist sie gem. § 614 S. 2 BGB nach Ablauf der einzelnen Zeitabschnitte zu zahlen (Wochen, Monate). Für kaufmännische Angestellte kann der Zeitabschnitt nicht über einen Monat erstreckt werden (§ 64 HGB); dies gilt jedoch nicht für Sondervergütungen, wie zB Tantiemen. Weitere gesetzliche Vorschriften bestehen in § 87c HGB für Provisionen (→ § 75 Rn. 45). Leistungsentlohnung ist grundsätzlich nach Fertigstellung der Arbeit zu entrichten (§ 614 S. 1 BGB); jedoch haben die AN zumeist einen Anspruch auf Abschlagszahlungen. Für den gesetzlichen Mindestlohn gilt die Fälligkeitsregelung des § 2 MiLoG. Diese dürfte Leitbildcharakter iSv § 307 II Nr. 1 BGB haben, weshalb ein Verschieben der Fälligkeit in ABG um mehr als 30 Tage unangemessen sein dürfte.[9] Bei der Festsetzung der Zahlungszeit und der Zahlungsabschnitte hat der BR ein erzwingbares Mitbestimmungsrecht (§ 87 I Nr. 4 BetrVG). In der Pflegebranche sperrt die gesetzliche Fälligkeitsregelung des § 3 I 1 PflegeArbbV dieses Mitbestimmungsrecht für das den Pflegekräften zu zahlende Mindestentgelt.[10] 9

2. Naturalleistungen. Unterkunft und Verpflegung sind wegen der Natur der Sache bereits mit Dienstbeginn zu entrichten. Deputate sind zu den vereinbarten Terminen oder den im Wege der Auslegung zu ermittelnden Zeitpunkten fällig. 10

3. Abschläge. Abschläge sind Geldzahlungen auf bereits verdientes, aber noch nicht abgerechnetes Entgelt. Sie bilden insoweit lediglich (unselbständige) Rechnungsposten der abzurechnenden Gesamtleistung, ohne dass sie auf einzelne Teilleistungen bezogen werden können.[11] Abschlagszahlungen können bei der endgültigen Lohnabrechnung in Abzug gebracht werden, ohne dass es einer Aufrechnung oder der Berücksichtigung der Pfändungsfreigrenze bedarf. Ein Anspruch auf Rückzahlung kommt erst dann in Betracht, wenn die geleisteten Abschlagszahlungen nach dem Ergebnis der vereinbarten Endabrechnung einen entsprechenden Überschuss an 11

[4] ErfK/*Preis* BGB § 611a Rn. 398.
[5] BAG 15.12.1976 AP Nr. 1 zu § 36 BAT; 31.8.1982 AP Nr. 2 zu § 87 BetrVG 1972 Auszahlung = NJW 1983, 2184.
[6] BAG 5.3.1991 AP Nr. 11 zu § 87 BetrVG 1972 Auszahlung = NZA 1991, 611; 24.11.1987 AP Nr. 6 zu § 87 BetrVG 1972 Auszahlung = NZA 1988, 405.
[7] BGH 26.6.2009 NJW-RR 2008, 1441.
[8] HWK/*Krause* BGB § 614 Rn. 1; MüKoBGB/*Müller-Glöge* § 614 Rn. 1; ErfK/*Preis* BGB § 614 Rn. 1.
[9] MüKoBGB/*Müller-Glöge* § 614 Rn. 2; enger HWK/*Roloff* BGB Anh. §§ 305–310 Rn. 29 (15 Tage).
[10] BAG 22.7.2014 NZA 2014, 1151.
[11] BAG 30.1.2019 AP Nr. 313 zu § 611 BGB Gratifikation = NZA 2019, 563; 23.8.2017 AP Nr. 308 zu § 611 BGB Gratifikation = NZA 2017, 1595; BGH 23.5.2012 NJW 2012, 2647.

Abschlagsbeträgen ergeben[12] oder wenn der Gläubiger es in von ihm zu vertretender Weise verabsäumt, die geschuldete Abrechnung nach Fälligkeit der Abrechnungspflicht innerhalb angemessener Frist vorzunehmen. Da ein solcher Anspruch auf Rückzahlung unverbrauchter Abschlagszahlungen erst zu diesem Zeitpunkt fällig wird, beginnt für ihn die Ausschluss- oder Verjährungsfrist erst mit Erteilung der Abrechnung.[13] Im Falle der Vergütungsabtretung oder der Lohnpfändung sind Abschlagszahlungen über die Höhe der Pfändungsfreigrenze gegenüber dem Gläubiger unwirksam.[14]

12 **4. Vorschüsse. a) Begriff.** Vorschüsse sind Vorauszahlungen auf noch nicht verdientes Entgelt. Der Vorschussnehmer erhält Geld für eine Forderung, die entweder noch nicht oder nur aufschiebend bedingt entstanden oder zwar entstanden, aber noch nicht fällig ist.[15] Erforderlich ist, dass sich beide Seiten bei der Auszahlung darüber einig sind, dass es sich um eine Vorwegleistung handelt, die bei Fälligkeit der Forderung verrechnet wird.[16] Insoweit unterscheiden sich Vorschüsse von Abschlagszahlungen, bei denen das Entgelt bereits verdient, aber noch nicht abgerechnet ist.[17] Bei Vorschüssen wird der Fälligkeitstermin der Arbeitsvergütung für kurze Zeit vorverlegt, um dem AN die Überbrückung bis zur nächsten Zahlung und die Bestreitung des normalen Lebensunterhaltes zu ermöglichen. Entsteht die Forderung nicht oder nicht zeitgerecht, ist der AN verpflichtet, den erhaltenen Vorschuss dem AG zurückzugewähren (→ Rn. 13). Wird der Vertrag beendet, ist der Vorschuss auszugleichen.[18] Eine Vergütungsvereinbarung mit der Verpflichtung zur Rückzahlung nicht verdienter Provisionsvorschüsse verstößt nicht gegen die guten Sitten iSv § 138 BGB.[19]

13 **b) Rückzahlung.** Der AN ist verpflichtet, den Vorschuss wieder zurückzuzahlen, wenn und soweit die bevorschusste Forderung nicht besteht. Anspruchsgrundlage für die Rückforderung ist die Vorschussvereinbarung selbst und nicht § 812 BGB.[20] Die Rückzahlungspflicht hat vertraglichen Charakter.[21] Der AN kann sich deshalb nicht auf den Entreicherungseinwand nach § 818 III BGB berufen.[22] Der Rückzahlungsanspruch ist auf die geleistete Bruttovergütung gerichtet (→ § 74 Rn. 5 f.).[23] Nur dann, wenn ausnahmsweise in der Vorschussvereinbarung nicht die zumindest konkludente Einigung auf einen vertraglichen Rückzahlungsanspruch bei fehlender Arbeitsleistung erblickt werden kann, beruht der Rückzahlungsanspruch auf § 326 IV BGB.[24] Der Anspruch auf Rückzahlung von Vorschüssen verjährt in drei Jahren (§ 195 BGB).[25]

14 Da Vorschüsse **vorweggenommene Lohntilgungen sind,**[26] darf der AG grundsätzlich ohne Rücksicht auf die Pfändungsgrenzen (§ 394 BGB iVm §§ 850a ff. ZPO) im Wege der Verrechnung Vorschüsse von der verdienten Vergütung in Abzug bringen.[27] Nach wohl überwiegender Meinung muss dem AN bei der Auszahlung jedoch auch in diesem Fall noch ein Betrag zur Bestreitung des notwendigen Unterhalts verbleiben.[28] Ist in einem Tarifvertrag bestimmt, dass bestimmte Beträge nur vorschussweise zu gewähren sind, ist der AG bei bestehender Tarifbin-

---

[12] BAG 30.1.2019 AP Nr. 313 zu § 611 BGB Gratifikation = NZA 2019, 563.
[13] BGH 23.5.2012 NJW 2012, 2647.
[14] ErfK/*Preis* BGB § 614 Rn. 25.
[15] BAG 23.8.2017 AP Nr. 308 zu § 611 BGB Gratifikation = NZA 2017, 1595; 21.1.2015 AP Nr. 8 zu § 92 HGB = NZA 2015, 871.
[16] BAG 12.12.2012 AP Nr. 129 zu § 615 BGB.
[17] HWK/*Krause* BGB § 614 Rn. 18.
[18] BAG 21.1.2015 AP Nr. 8 zu § 92 HGB = NZA 2015, 871; 9.6.2010 AP Nr. 121 zu § 611 BGB Abhängigkeit = NZA 2010, 877.
[19] BAG 21.1.2015 AP Nr. 8 zu § 92 HGB = NZA 2015, 871; 20.6.1989 AP Nr. 8 zu § 87 HGB = NZA 1989, 843.
[20] BAG 21.1.2015 AP Nr. 8 zu § 92 HGB = NZA 2015, 871; 15.3.2000 AP Nr. 24 zu §§ 22, 23 BAT Zuwendungs-TV = NZA 2000, 1004.
[21] BAG 20.6.1989 AP Nr. 8 zu § 87 HGB = NZA 1989, 843.
[22] BAG 25.3.1976 AP Nr. 9 zu § 65 HGB; HWK/*Krause* BGB § 614 Rn. 23.
[23] BAG 21.1.2015 AP Nr. 8 zu § 92 HGB = NZA 2015, 871.
[24] Vgl. HWK/*Krause* BGB § 614 Rn. 23.
[25] Vgl. zum alten Verjährungsrecht BAG 15.3.2000 AP Nr. 24 zu §§ 22, 23 BAT Zuwendungs-TV = NZA 2000, 1004.
[26] BAG 13.12.2000 AP Nr. 31 zu § 394 BGB = NZA 2002, 390.
[27] BAG 25.9.2002 AP Nr. 27 zu §§ 22, 23 BAT Zuwendungs-TV; MüKoBGB/*Müller-Glöge* § 614 Rn. 18.
[28] HWK/*Krause* BGB § 614 Rn. 26; ErfK/*Preis* BGB § 614 Rn. 21; aA HessLAG 4.9.1995 NZA 1996, 482.

dung zwar zur Zahlung verpflichtet; jedoch bedarf es bei den einzelnen Zahlungen der Bestimmung, dass sie nur vorschussweise gewährt werden.[29]

Der AG ist **darlegungs- und beweispflichtig** für die Behauptung, eine Leistung sei als Vorschuss gewährt, weil er insoweit eine vorweggenommene Tilgung behauptet.[30] Verlangt der AG Rückzahlung eines Vorschusses und wendet der AN ein, er habe in dieser Höhe Leistungen zu beanspruchen, trägt er dafür die Darlegungs- und Beweislast.[31] 15

c) Arbeitszeitkonto. Ein Arbeitszeitkonto hält fest, in welchem zeitlichen Umfang der AN seine Arbeitspflicht erbracht hat oder aufgrund eines Entgeltfortzahlungstatbestands (zB § 615 S. 1 und 3, § 616 S. 1 BGB, § 2 I, § 3 I EFZG) nicht erbringen musste und deshalb Vergütung beanspruchen kann bzw. in welchem Umfang er noch Arbeitsleistung für die vereinbarte und gezahlte Vergütung erbringen muss.[32] Ein nicht ausgeglichenes Arbeitszeitkonto weist bei einer verstetigten Arbeitsvergütung, **je nach Stand, Vorleistungen der einen oder der anderen Seite** aus.[33] Dabei können Arbeitsleistungen nach besonderen Regelungen höher (zB Mehrarbeit, Feiertagsarbeit) oder niedriger (zB Bereitschaftsdienst) bewertet werden, als es ihrem zeitlichen Einsatz entspricht.[34] Die Zeitgutschrift auf einem Arbeitszeitkonto ist lediglich eine abstrakte Recheneinheit, die für sich gesehen keinen Aufschluss darüber gibt, wie sie erarbeitet wurde. Deshalb kommt es für den Abbau eines Arbeitszeitkontos nur noch auf die Höhe des Zeitguthabens in der maßgeblichen Recheneinheit an. **Begehrt der AN die Abgeltung eines Guthabens** auf seinem Arbeitszeitkonto, macht er folglich nur den Vergütungsanspruch für vorgeleistete Arbeit geltend. Auf die Anspruchsvoraussetzungen „echter" Überstundenvergütung kommt es nicht an. Denn der AG stellt mit der vorbehaltlosen Ausweisung in einem für den AN geführten Arbeitszeitkonto dessen Saldo streitlos und bringt damit regelmäßig zum Ausdruck, dass diese Arbeitsstunden tatsächlich und mit seiner Billigung geleistet wurden.[35] Aufbau und Abbau eines Arbeitszeitkontos können jeweils eigenen Regeln folgen.[36] Abhängig von der zugrunde liegenden Abrede der Vertragsparteien kann ein Arbeitszeitkonto den Vergütungsanspruch verbindlich bestimmen oder für die Höhe eines Anspruchs auf Freizeitausgleich oder die Höhe eines Vorschusses maßgebend sein.[37] Die **nachträgliche Gutschrift** auf einem Arbeitszeitkonto setzt voraus, dass der AN Arbeitsstunden erbrachte oder aufgrund eines Entgeltfortzahlungstatbestands nicht erbringen musste und diese bisher nicht vergütet und nicht in das Arbeitszeitkonto eingestellt wurden (→ § 160 Rn. 37 ff.).[38] Die Vereinbarung von **Vertrauensarbeitszeit** steht der Führung eines Arbeitszeitkontos nicht entgegen.[39] Wird für den AN ein Arbeitszeitkonto geführt, darf der AG das hierauf ausgewiesene Zeitguthaben des AN nur dann **mit Minusstunden verrechnen,** wenn ihm die der Führung des Arbeitszeitkontos zugrunde liegende Vereinbarung (Arbeitsvertrag, Betriebsvereinbarung, Tarifvertrag) die Möglichkeit dazu eröffnet.[40] Die Belastung eines Arbeitszeitkontos mit Minusstunden setzt im Übrigen voraus, dass der AG diese Stunden im Rahmen einer verstetigten Vergütung entlohnt hat und der AN zur Nachleistung verpflichtet ist, weil der AG die in Minusstunden ausgedrückte Arbeitszeit vorschussweise vergütet erhalten hat.[41] Dem liegt zugrunde, dass ein negatives Guthaben auf einem Arbeitszeitkonto einen Lohn- oder Gehaltsvorschuss des AG darstellt. Kann allein der AN darüber entscheiden, ob und in welchem Umfang das negative Guthaben entsteht, hat er es im Falle der Vertragsbeendigung bei nicht rechtzeitigem Zeitausgleich finanziell auszugleichen. Dazu darf der AG eine Verrechnung mit Vergütungsansprüchen vornehmen.[42] Kürzt oder streicht der AG zu Unrecht ein Guthaben auf einem Arbeitszeitkonto, hat der AN einen Anspruch auf (Wieder-)Gutschrift der gestrichenen Stunden.[43] Mit der **Beendigung des Arbeitsverhältnisses** geht regelmäßig die Schließung des Arbeitszeitkontos einher, ein Freizeitausgleich ist nach dem Ausscheiden des AN nicht mehr möglich. Wenn nicht ausdrücklich 16

---

[29] BAG 11.7.1961 AP Nr. 2 zu § 614 BGB Gehaltsvorschuss.
[30] LAG München 28.9.1989 DB 1990, 1292.
[31] BAG 28.6.1965 AP Nr. 3 zu § 614 BGB Gehaltsvorschuss.
[32] BAG 23.9.2020 – 5 AZR 367/19; 20.11.2019 AP Nr. 58 zu § 794 ZPO = NZA 2020, 386.
[33] BAG 19.9.2018 AP Nr. 52 zu § 611 BGB Arbeitszeit = NZA 2018, 1555.
[34] BAG 19.3.2008 AP Nr. 1 zu § 611 BGB Feiertagsvergütung = NZA 2008, 1135.
[35] BAG 23.9.2015 AP Nr. 47 zu § 611 BGB Arbeitszeit = NZA 2016, 295.
[36] BAG 19.9.2018 AP Nr. 52 zu § 611 BGB Arbeitszeit = NZA 2018, 1555.
[37] BAG 20.11.2019 AP Nr. 58 zu § 794 ZPO = NZA 2020, 386.
[38] BAG 29.6.2016 AP Nr. 148 zu § 615 BGB = NZA 2016, 1152.
[39] BAG 23.9.2015 AP Nr. 47 zu § 611 BGB Arbeitszeit = NZA 2016, 295.
[40] BAG 21.3.2012 AP Nr. 38 zu § 611 BGB Arbeitszeit = NZA 2012, 870.
[41] BAG 26.1.2011 AP Nr. 36 zu § 611 BGB Arbeitszeit = NZA 2011, 640.
[42] BAG 13.12.2000 AP Nr. 31 zu § 394 BGB = NZA 2002, 390.
[43] BAG 23.9.2020 – 5 AZR 367/19; 31.7.2014 NZA-RR 2015, 28.

anderes vereinbart ist, enthält die einvernehmliche Errichtung eines Arbeitszeitkontos die konkludente Abrede, dass das Konto spätestens mit Beendigung des Arbeitsverhältnisses auszugleichen ist.[44] **Der Antrag, einem Arbeitszeitkonto Stunden „gutzuschreiben"**, ist hinreichend bestimmt iSv § 253 II Nr. 2 ZPO, wenn der AG für den AN ein Zeitkonto führt, auf dem zu erfassende Arbeitszeiten nicht aufgenommen wurden und noch gutgeschrieben werden können, und das Leistungsbegehren konkretisiert, an welcher Stelle des Arbeitszeitkontos die Gutschrift erfolgen soll.[45]

17 **d) Vorschuss auf Urlaubsgeld.** Hat der AG einen tarifvertraglich vorgesehenen Vorschuss auf das Urlaubsgeld gezahlt, entsteht jedenfalls nach dem Recht der ungerechtfertigten Bereicherung (§§ 812 ff. BGB) ein Rückzahlungsanspruch, wenn der Umfang des Urlaubsgeldanspruchs von der Urlaubsgewährung abhängig ist und der Urlaubsanspruch wegen einer vorzeitigen Beendigung des Arbeitsverhältnisses nur in einem geringeren Umfang als zunächst angenommen besteht. Dieser Anspruch unterliegt einer tariflichen Ausschlussfrist, innerhalb der „tarifliche Ansprüche" geltend zu machen sind.[46]

18 **e) Abgrenzung zum Darlehen.** Vorschüsse sind nach objektiven Gesichtspunkten und nicht nach der Parteibezeichnung vom Darlehen zu unterscheiden (dazu → Rn. 20). Ein Darlehen wird regelmäßig dann anzunehmen sein, wenn der AG dem AN Geld zur Verfügung stellt, das nicht als Gegenleistung für erbrachte oder noch zu erbringende Arbeitsleistungen gegeben wird.[47]

19 **f) Kein Rechtsanspruch.** Der AN hat grundsätzlich keinen Rechtsanspruch auf Vorschusszahlung; Ausnahmen können sich aus **(a)** dem Gesetz (§ 65 iVm § 87a I 2 HGB), **(b)** Tarifverträgen, **(c)** Betriebsvereinbarungen und **(d)** der Fürsorgepflicht des AG ergeben. Aus der vertraglichen Rücksichtnahmepflicht (§ 241 II BGB) folgt ein Anspruch nur in krassen Ausnahmefällen;[48] der AN soll nicht von einer Vergütung leben, für die er noch keine Arbeitsleistung erbracht hat. Ein Anspruch auf Vorschusszahlung kann ausnahmsweise gegeben sein, wenn der AN in eine drückende Notlage geraten ist, die ohne erhebliche Schwierigkeiten anderweitig nicht zu beheben ist.[49]

20 **5. Darlehensvertrag.** Durch den Darlehensvertrag wird der Darlehensgeber verpflichtet, dem Darlehensnehmer einen Geldbetrag in der vereinbarten Höhe zur Verfügung zu stellen. Der Darlehensnehmer ist verpflichtet, einen geschuldeten Zins zu zahlen und bei Fälligkeit das zur Verfügung gestellte Darlehen zurückzuerstatten (§ 488 BGB). Für Arbeitgeberdarlehen gelten gem. § 491 II 1 Nr. 2 BGB die Vorschriften über den Verbraucherdarlehensvertrag (§§ 491 ff. BGB) nicht, wenn der AG mit seinem AN zu Zinsen abschließt, die unter den marktüblichen Sätzen liegen. Eine spätere Beendigung des Arbeitsverhältnisses ändert hieran nichts. Gleichwohl unterliegen Arbeitgeberdarlehen den Regeln der AGB-Kontrolle (§§ 305 ff. BGB), wenn der AG die Darlehensbedingungen stellt. Sieht eine Klausel vor, dass nach Beendigung des Arbeitsverhältnisses der marktübliche höhere Zinssatz zur Anwendung kommt, liegt darin keine unzumutbare Benachteiligung des AN (§ 307 I 1 BGB).[50]

21 Für den Fall der **vorzeitigen Beendigung** des Arbeitsverhältnisses ist im Hinblick auf § 307 I BGB zu differenzieren.[51] Die Fälligstellung des noch valutierten Darlehens dürfte für den Fall einer vom AN schuldhaft veranlassten Beendigung des Arbeitsverhältnisses nicht unangemessen sein. Verursacht dagegen der AG die fristlose Kündigung des Arbeitsverhältnisses durch den AN[52] oder beruht die Kündigung auf dringenden betrieblichen Erfordernissen oder Gründen in der Person des AN, stellt die sofortige Rückzahlungspflicht eine unangemessene Benachteiligung dar.[53] Unwirksam ist eine Klausel, die den AG zur Kündigung des Darlehensvertrags in allen Fällen berechtigt, dh. auch dann, wenn das Arbeitsverhältnis durch eine vom AG veranlasste Eigenkündigung des Arbeitnehmers beendet wird. Eine etwaige

[44] BAG 20.11.2019 AP Nr. 58 zu § 794 ZPO = NZA 2020, 386.
[45] BAG 21.10.2015 AP Nr. 144 zu § 615 BGB = NZA 2016, 688.
[46] Vgl. BAG 1.10.2002 AP Nr. 37 zu § 253 ZPO = NZA 2003, 510.
[47] Vgl. MüKoBGB/*Müller-Glöge* § 614 Rn. 22; ErfK/*Preis* BGB § 614 Rn. 23.
[48] MüKoBGB/*Müller-Glöge* § 614 Rn. 16.
[49] HWK/*Krause* BGB § 614 Rn. 19; ErfK/*Preis* BGB § 614 Rn. 19.
[50] Vgl. BAG 23.2.1999 AP Nr. 4 zu § 611 BGB Arbeitnehmerdarlehen = NZA 1999, 1212.
[51] Vgl. BAG 28.9.2017 AP Nr. 6 zu § 611 BGB Arbeitgeberdarlehen mAnm *Benecke* = NZA 2018, 589; ErfK/*Preis* BGB § 611a Rn. 426.
[52] Vgl. BAG 24.2.1964 AP Nr. 1 zu § 607 BGB.
[53] BAG 28.9.2017 AP Nr. 6 zu § 611 BGB Arbeitgeberdarlehen mAnm *Benecke* = NZA 2018, 589.

geltungserhaltende Reduktion scheidet aus, weil sie im AGB-Recht nicht vorgesehen ist.[54] Den Interessen des AG kann durch eine Zinsanpassungsklausel Rechnung getragen werden. Mit Darlehensforderungen kann nur innerhalb der Pfändungsfreigrenzen aufgerechnet werden; hat der AN seine Lohnforderungen abgetreten, kann auch noch gegenüber dem Zessionar unter den Voraussetzungen von § 407 BGB aufgerechnet werden.

Eine **tarifliche Ausschlussklausel,** nach der vertragliche Ansprüche aus dem Arbeitsverhältnis innerhalb bestimmter Fristen schriftlich geltend zu machen sind, kann auch Rückzahlungsansprüche aus Arbeitgeberdarlehen erfassen. Ob der Rückzahlungsanspruch des AG ein Anspruch aus dem Arbeitsverhältnis ist oder nur mit dem Arbeitsverhältnis in Verbindung steht, hängt von der konkreten Ausgestaltung des Darlehensvertrags ab, insbesondere davon, wie eng das Arbeitgeberdarlehen mit dem Arbeitsverhältnis verknüpft ist.[55] Ansprüche eines Bauarbeitgebers auf Rückzahlung von Darlehen, die mit Rücksicht auf das Arbeitsverhältnis niedriger als marktüblich zu verzinsen und an den Bestand des Arbeitsverhältnisses geknüpft sind, sind „Ansprüche, die mit dem Arbeitsverhältnis in Verbindung stehen" (§ 16 BRTV).[56] 22

6. Verzug. Kommt der AG mit der Zahlung der Arbeitsvergütung in Verzug (→ § 71 Rn. 13), hat der AN uU ein Zurückbehaltungsrecht (→ § 50 Rn. 1 ff.). Gelegentlich wird vertreten, dass der AN in einer wirtschaftlichen Existenzkrise des AG verpflichtet ist, geringfügige Lohnrückstände zu stunden.[57] Dem wird man jedoch im Hinblick auf die zum Zeitpunkt der Stundung für den AN nicht absehbaren insolvenzrechtlichen Risiken nicht folgen können. Zur Insolvenzanfechtung → § 92 Rn. 9 ff. 23

§ 71. Lohnabrechnung, Steuer und Sozialversicherung

Übersicht

I. Allgemeines

1. Steuer- und Beitragsabzug als öffentlich-rechtliche Pflicht. Der zivilrechtliche Entgeltanspruch des AN ist einem öffentlich-rechtlichen Pflichtengefüge unterworfen, das beide Parteien des Arbeitsvertrags trifft. Einkünfte aus nichtselbständiger Arbeit unterliegen der Einkommensteuer (§ 2 I Nr. 4 EStG), deren Schuldner gem. § 38 II EStG der AN ist (näher → Rn. 24). Außerdem hat er den Arbeitnehmeranteil des Gesamtsozialversicherungsbeitrags zu tragen (§ 28g SGB IV). Dieses öffentlich-rechtliche Pflichtengefüge überlagert und prägt – sofern nicht der AG aufgrund einer Nettolohnvereinbarung Steuern und Arbeitnehmeranteil des Gesamtsozialversicherungsbeitrags übernimmt (→ Rn. 4) – den zivilrechtlichen Entgeltan- 1

[54] BAG 28.9.2017 AP Nr. 6 zu § 611 BGB Arbeitgeberdarlehen mAnm *Benecke* = NZA 2018, 589; 12.12.2013 AP Nr. 5 zu § 611 BGB Arbeitgeberdarlehen = NZA 2014, 905.

[55] BAG 28.9.2017 AP Nr. 6 zu § 611 BGB Arbeitgeberdarlehen mAnm *Benecke* = NZA 2018, 589; 21.1.2010 AP Nr. 3 zu § 611 BGB Arbeitgeberdarlehen; 19.3.2009 AP Nr. 1 zu § 611 BGB Arbeitgeberdarlehen = NZA 2009, 896.

[56] BAG 20.2.2001 AP Nr. 5 zu § 611 BGB Arbeitnehmerdarlehen; ferner BAG 19.3.2009 AP Nr. 1 zu § 611 BGB Arbeitgeberdarlehen = NZA 2009, 896.

[57] ArbG München 29.5.1995 EzA Nr. 1 zu § 242 BGB Lohnstundung.

spruch.[1] Unterlässt der AG vorsätzlich die Einbehaltung von Lohnsteuern, kann er sich wegen Steuerhinterziehung strafbar machen.[2] Führt er keine Sozialversicherungsbeiträge ab, macht er sich nach § 266a StGB strafbar.[3]

2 **2. Schwarzgeldabreden.** Eine Schwarzgeldabrede, dh eine Abrede, die Arbeitsvergütung ohne Berücksichtigung von Steuern und Sozialversicherungsbeiträgen („schwarz") auszuzahlen, führt regelmäßig nicht zur Nichtigkeit des Arbeitsvertrags. Soll die Abführung von Steuern und Beiträgen vereinbarungsgemäß teilweise unterbleiben, ist nur diese Abrede und nicht die gesamte Vergütungsvereinbarung nichtig. Eine Schwarzgeldabrede stellt keine Nettolohnvereinbarung dar.[4] Durch § 14 II 2 SGB IV wird **nur für das Sozialversicherungsrecht,** nicht aber für das bürgerlich-rechtliche Rechtsverhältnis der Arbeitsvertragsparteien eine Nettolohnvereinbarung fingiert.[5] Eine „Illegalität" des Beschäftigungsverhältnisses iSd § 14 II 2 SGB IV liegt nicht bereits dann vor, wenn die Nichtzahlung von Steuern und Beiträgen zur Sozialversicherung und zur Arbeitsförderung allein auf einer objektiven Verletzung dieser Zahlungspflichten und mit ihnen einhergehender, hierauf bezogener Pflichten beruht. Hinzukommen muss vielmehr, dass die Pflichtverstöße von einem subjektiven Element in der Form eines (mindestens bedingten) Vorsatzes getragen sind.[6] Soweit hiernach ein Nettoarbeitsentgelt als vereinbart gilt, wenn bei illegalen Beschäftigungsverhältnissen Steuern und Sozialversicherungsbeiträge nicht gezahlt worden sind, führt dies dazu, dass das sozialversicherungsrechtliche Arbeitsentgelt des Beschäftigten dergestalt ermitteln wird, dass das Nettoarbeitsentgelt um die darauf entfallenden Steuern und den Gesamtsozialversicherungsbeitrag zu einem Bruttolohn hochgerechnet wird.[7] § 14 II 2 SGB IV findet im Übrigen im Steuerrecht keine Anwendung. Das steuerpflichtige Arbeitseinkommen bemisst sich bei der Vereinbarung sog. Schwarzlöhne zunächst nach dem tatsächlich zugeflossenen Barlohn. Bei Nachentrichtung entzogener Arbeitnehmeranteile zur Sozialversicherung führt erst die Nachzahlung zum Zufluss eines zusätzlichen geldwerten Vorteils.[8] Auch im Falle einer Schwarzgeldabrede ist der **AN der Steuerschuldner.** Der AG haftet gem. § 42d I Nr. 1 EStG nur für die Lohnsteuer, die er einzubehalten und abzuführen hat.[9] Liegt nicht nur eine Schwarzgeldabrede vor, sondern ein Dienstvertrag, der gegen das SchwarzArbG verstößt, ist die Vereinbarung insgesamt nichtig.[10]

3 **3. Bruttolohnvereinbarung.** Unter einer Bruttovergütung wird üblicherweise das Arbeitsentgelt vor den gesetzlichen Abzügen verstanden.[11] Haben sich die Arbeitsvertragsparteien lediglich auf die Bezahlung eines bestimmten Betrags geeinigt, ist regelmäßig von einer Bruttovergütung auszugehen.[12] Der AG hat dann die Steuern und Arbeitnehmeranteile zur Sozialversicherung einzubehalten und abzuführen. Die Steuer- und Beitragslast für Bezüge aus nichtselbständiger Tätigkeit trifft den AN (→ Rn. 24). Etwas Anderes gilt nur, wenn die Arbeitsvertragsparteien dies vereinbart haben.[13] Dies gilt beispielsweise für Nettolohnvereinbarungen (dazu → Rn. 4 ff.).[14] Sofern keine Nettolohnvereinbarung getroffen ist, hat der AN eine **Lohnklage** auf den Bruttolohn zu richten (→ Rn. 9).[15]

4 **4. Nettolohnvereinbarung. a) Vertragliche Vereinbarung.** Eine Nettolohnvereinbarung ist eine Abrede zwischen den Parteien eines Arbeitsverhältnisses, wonach der AG an

[1] BAG 21.12.2016 AP Nr. 36 zu § 812 BGB = NZA 2017, 449.
[2] BGH 3.9.1970 NJW 1970, 2034.
[3] BGH 16.5.2000 NJW 2000, 2993.
[4] BAG 26.2.2003 AP Nr. 24 zu § 134 BGB = NZA 2004, 313.
[5] BAG 23.9.2020 AP Nr. 17 zu § 611 BGB Nettolohn = NZA 2021, 341; 22.6.2016 AP Nr. 358 zu § 1 TVG Tarifverträge: Bau = NZA 2016, 1218; 21.9.2011 AP Nr. 74 zu § 612 BGB = NZA 2012, 145; 17.3.2010 AP Nr. 1 zu § 14 SGB IV = NZA 2010, 881.
[6] BSG 9.11.2011 NZA-RR 2012, 539.
[7] BAG 22.6.2016 AP Nr. 358 zu § 1 TVG Tarifverträge: Bau = NZA 2016, 1218; 17.3.2010 AP Nr. 1 zu § 14 SGB IV = NZA 2010, 881; BGH 16.4.2014 NZA-RR 2014, 367.
[8] BFH 13.9.2007 NZA-RR 2008, 77; BAG 22.6.2016 AP Nr. 358 zu § 1 TVG Tarifverträge: Bau = NZA 2016, 1218.
[9] BAG 17.3.2010 AP Nr. 1 zu § 14 SGB IV = NZA 2010, 881.
[10] BAG 24.3.2004 EzA Nr. 2 zu § 134 BGB 2002.
[11] BAG 24.6.2003 AP Nr. 63 zu § 242 BGB Betriebliche Übung = NZA 2003, 1145.
[12] BAG 21.7.2009 AP Nr. 11 zu § 38 EStG = NZA 2009, 1213; 29.9.2004 EzA Nr. 2 zu § 42d EStG.
[13] BAG 29.9.2004 EzA Nr. 2 zu § 42d EStG; 27.4.2000 – 6 AZR 754/98.
[14] BAG 3.4.1974 AP Nr. 2 zu § 1 TVG Tarifverträge: Metallindustrie mAnm *Blomeyer.*
[15] MüKoBGB/*Spinner* § 611a Rn. 749.

den AN das Arbeitsentgelt als Nettolohn zahlt, der AN also den als Nettolohn vereinbarten Betrag **ungekürzt durch sämtliche oder bestimmte gesetzliche Abgaben erhält,** während sich der AG verpflichtet, die Beträge für den AN zu tragen.[16] Steuern und Beiträge gehen hierbei grundsätzlich unabhängig von deren Höhe nicht zulasten des AN, sondern zulasten des AG.[17] Dieser hat den gesamten vereinbarten Betrag an den AN auszukehren, die hierauf entfallenden Steuern und Beiträge selbst zu tragen und den für deren Berechnung maßgeblichen Bruttobetrag durch „Abtastung" bzw. Iteration zu ermitteln.[18] Hierzu hat der AG aus der für die Steuerklasse des AN maßgebenden Lohnsteuertabelle den Bruttoarbeitslohn zu ermitteln, der, vermindert um die übernommenen Lohnabzüge, den ausgezahlten Nettobetrag ergibt.[19] Der AN bleibt auch bei Abschluss einer Nettolohnvereinbarung Schuldner der Lohnsteuer (§ 38 II 1 EStG) und seiner persönlichen Einkommensteuer.[20] Steuerrechtliche Besonderheiten weist eine Nettolohnvereinbarung nur insoweit auf, als der AG mit der Auszahlung des Nettolohns aus der Sicht des AN die Lohnsteuer vorschriftsmäßig einbehalten hat (§ 42d III 4 Nr. 1 EStG), weshalb der AN nur in Anspruch genommen werden kann, wenn er weiß, dass der AG die Lohnsteuer nicht vorschriftsmäßig angemeldet hat, und diesen Sachverhalt dem Finanzamt nicht unverzüglich mitteilt.[21] Nettolohnvereinbarungen sind die **Ausnahme** und müssen deshalb einen entsprechenden Willen klar erkennen lassen. Der AN ist hierfür darlegungs- und ggf. beweispflichtig.[22]

Von einer Nettolohnvereinbarung werden die **Beiträge zu einer freiwilligen Kranken- und Pflegeversicherung** nicht erfasst. Diese stellen keine gesetzlichen Beiträge oder Abgaben dar, die vom AG allein wegen der Vereinbarung eines Nettolohns zu tragen sind; hierzu bedarf es vielmehr weitergehender Abreden.[23] Übernimmt der AG, der mit dem AN unter Abtretung der Steuererstattungsansprüche eine Nettolohnvereinbarung abgeschlossen hat, die **Steuerberatungskosten** für die Erstellung der Einkommensteuererklärungen des AN, wendet er damit keinen Arbeitslohn zu.[24] Haben die Parteien vereinbart, eine **Auslösung** werde steuerfrei gewährt, ist idR nicht anzunehmen, der AG wolle die Steuern tragen, wenn sich die Auslösung als steuerpflichtig erweise. Bei **pauschal versteuertem Entgelt** ist nicht ohne Weiteres anzunehmen, dass der AG eine Nettolohnvereinbarung treffen wollte.[25] Gleiches gilt für die Vereinbarung eines **geringfügigen Beschäftigungsverhältnisses** nach § 8 I Nr. 1 SGB IV.[26] Im Falle der Vereinbarung eines Nettoarbeitsentgelts ist der AN so lange gesetzlich **krankenversichert,** wie das entsprechende Bruttoarbeitsentgelt nach Abzug der Arbeitnehmeranteile des Krankenversicherungsbeitrags die Versicherungspflichtgrenze nicht übersteigt.[27] Liegt eine Nettolohnvereinbarung vor, hat der AN eine **Nettolohnklage** zu erheben (→ Rn. 9). Dabei ist es zur Bestimmtheit des Antrags (§ 253 II Nr. 2 ZPO) erforderlich, in dem Klageantrag die begehrte Zahlung ausdrücklich als „netto" zu bezeichnen, anderenfalls verbleibt es bei der gesetzlichen Verteilung der Steuer- und Beitragslast.[28] 5

b) Lohnsteuerpauschalierung. Von der Nettolohnvereinbarung zu unterscheiden ist die öffentlich-rechtliche Übernahme der Steuerschuld durch den AG im Pauschsteuerverfahren (§§ 40–40b EStG). Der Umstand, dass der AG gem. § 40 III 2 EStG fiskalischer Schuldner der pauschalen Lohnsteuer ist, besagt nichts über seine Berechtigung, den AN zivilrechtlich auf die Erstattung dieser Steuer in Anspruch zu nehmen.[29] Wer die Steuer im Verhältnis der Arbeitsvertragsparteien wirtschaftlich zu tragen hat, ist keine Frage des Steuerrechts.[30] Das Verhältnis von AN und AG als Gläubiger und Schuldner der Lohnforderung nach § 611a II BGB bleibt davon 6

[16] BAG 23.9.2020 AP Nr. 17 zu § 611 BGB Nettolohn = NZA 2021, 341; BFH 3.9.2015 NZA-RR 2016, 202.
[17] BAG 26.8.2009 – 5 AZR 616/08.
[18] BAG 27.7.2010 AP Nr. 52 zu § 253 ZPO.
[19] Küttner Personalbuch 2021/*Schlegel* „Nettolohnvereinbarung" Rn. 21.
[20] BFH 3.9.2015 NZA-RR 2016, 202.
[21] BFH 30.7.2009 DStR 2009, 2140.
[22] BAG 23.9.2020 AP Nr. 17 zu § 611 BGB Nettolohn = NZA 2021, 341.
[23] BAG 26.8.2009 – 5 AZR 616/08.
[24] BFH 9.5.2019 NJW 2019, 2958.
[25] LAG RhPf 18.9.1997 ZTR 1998, 94.
[26] BAG 23.9.2020 AP Nr. 17 zu § 611 BGB Nettolohn = NZA 2021, 341.
[27] BSG 19.12.1995 NZS 1996, 325.
[28] BAG 17.2.2016 NZA 2016, 574.
[29] BAG 21.7.2009 AP Nr. 11 zu § 38 EStG = NZA 2009, 1213; 24.6.2003 AP Nr. 63 zu § 242 BGB Betriebliche Übung.
[30] BAG 1.2.2006 AP Nr. 4 zu § 40a EStG = NZA 2006, 682.

unberührt. § 40 III 2 Hs. 2 EStG setzt gerade voraus, dass der AN im Innenverhältnis zum AG mit der pauschalen Lohnsteuer belastet werden kann. Von besonderer Bedeutung ist das Pauschalsteuerverfahren bei geringfügig Beschäftigten (dazu → § 44 Rn. 50 ff.).

7 **c) Änderung der Besteuerungsmerkmale.** Ändern sich die Abzüge bei einer Nettolohnvereinbarung, ist durch Auslegung zu ermitteln, ob der AG das Risiko und ggf. den Vorteil einer geänderten Abgabenlast trägt. **Ist nur eine Nettovergütung vereinbart** und der Betrag nicht weiter konkretisiert, ist regelmäßig davon auszugehen, dass es den Parteien darauf ankommt, dass der AN diesen Betrag erhalten soll, ganz gleich, wie hoch die Abgaben und Beiträge sind. Steuerermäßigungen kommen daher dem AG zugute, Steuererhöhungen dem AN.[31] Schuldet der AG nettolohnbezogene Leistungen, hat er ihrer Berechnung – soweit keine besonderen Bemessungsbestimmungen getroffen sind – grundsätzlich die auf der Lohnsteuerkarte eingetragenen Lohnsteuermerkmale zugrunde zu legen. Der AG ist jedoch nicht verpflichtet, jede steuerrechtlich zulässige Steuerklassenwahl bei der Berechnung einer sich nach dem Nettoentgelt zu bemessenden Leistung zu berücksichtigen. Er kann dem AN den Einwand des Rechtsmissbrauchs (§ 242 BGB) entgegenhalten.[32] Das setzt über die finanzielle Mehrbelastung des AG das Vorliegen weiterer Umstände voraus, die eine Rechtsausübung als unredlich kennzeichnen. Die Rechtsausübung des AN muss als solche zu missbilligen sein, weil sie der Verfolgung eines rücksichtslosen Eigennutzes zum Nachteil des AG dient. Die Wahl der Lohnsteuerklassenkombination IV/IV ist regelmäßig nicht missbräuchlich.[33]

8 **d) Lohnzuschläge.** Bei Nettolohnvereinbarung sind Lohnzuschläge, Urlaubsabgeltungen, Lohnerhöhungen usw. vom Nettolohn zu berechnen. Wird zu wenig Lohnsteuer abgeführt, hat der AG keinen Erstattungsanspruch; dagegen steht dem AN bei unmittelbarer Inanspruchnahme durch das Finanzamt ein Nachzahlungsanspruch gegen den AG zu.

9 **5. Lohnklage. a) Schlüssigkeit.** Da der AG grundsätzlich einen **Bruttobetrag** schuldet, ist eine Lohnklage auf den Bruttobetrag zu richten.[34] Sind Teilbeträge auf die Bruttovergütung erbracht, ist der Klageantrag auf den Bruttobetrag abzüglich des geleisteten Nettobetrages zulässig. Erhaltenes Arbeitslosengeld ist netto abzuziehen.[35] Unzulässig, weil nicht hinreichend bestimmt (§ 253 II 2 Nr. 2 ZPO), ist ein Klageantrag auf einen bestimmten Bruttobetrag abzüglich eines nicht bezifferten Betrags Arbeitslosengeld[36] oder eines nicht näher bezifferten pfändbaren Nettobetrags an einen Dritten.[37] Zur schlüssigen Begründung einer **Nettolohnklage** hat der AN bei einer Bruttolohnvereinbarung die für den Tag des Zuflusses des Arbeitsentgelts geltenden Besteuerungsmerkmale im Einzelnen darzulegen.[38] Dies wird allerdings nur ausnahmsweise möglich sein, weil die Nettolohnnachzahlung einen sonstigen Bezug iSd § 38 I 3 EStG darstellt (→ Rn. 10). Die Höhe der im Arbeitsverhältnis geschuldeten Bruttovergütung kann regelmäßig durch Feststellungsklage geklärt werden.[39] Wurde eine **Nettolohnvereinbarung** (dazu → Rn. 4) getroffen, kann der AN keinen Bruttolohn fordern, weil er damit etwas beansprucht, was ihm nicht zusteht.[40] Eine Nettolohnvereinbarung beschränkt sich von vornherein auf das um die gesetzlichen Lohnabzüge verminderte Arbeitsentgelt.[41] Eine Sonderregelung der Nettolohnklage enthält § 14 AEntG (vormals § 1a AEntG), der eine Nettolohnklage in Höhe der sich im Jahr des Tätigwerdens ergebenden Vergütung zulässt.[42] Der Zusatz „brutto" in einem den AG zur Zahlung von Arbeitsentgelt verpflichtenden **Urteilstenor** ist keine Einschränkung eines ohne diesen Zusatz gestellten Antrags, sondern verdeutlicht, was von Gesetzes wegen gilt.[43] Ein zur Zahlung von Arbeitsentgelt verpflichtendes Urteil ist nicht auf eine – gesetzeswidrige – Auszahlung von Steuern und Beiträgen an den AN gerichtet, sondern nur auf deren Einbehalt und Abführung (→ Rn. 20, 24). Er vollzieht gleichsam

[31] Vgl. LAG Köln 6.9.1990 DB 1991, 1229.
[32] ErfK/*Preis* BGB § 611a Rn. 475.
[33] BAG 13.6.2006 AP Nr. 29 zu § 1 TVG Altersteilzeit = NZA 2007, 275.
[34] BAG 21.4.1966 AP Nr. 13 zu § 611 BGB Lohnanspruch; ErfK/*Preis* BGB § 611a Rn. 476.
[35] BAG 24.9.2003 AP Nr. 1 zu § 151 BGB = NZA 2003, 1332.
[36] BAG 15.11.1978 AP Nr. 14 zu § 613a BGB.
[37] LAG Nds 18.2.1992 NZA 1992, 713.
[38] BAG 23.9.2020 AP Nr. 17 zu § 611 BGB Nettolohn = NZA 2021, 341; 26.2.2003 AP Nr. 13 zu § 611 BGB Nettolohn = NZA 2003, 922.
[39] BAG 28.9.2005 AP Nr. 66 zu § 611 BGB Ärzte, Gehaltsansprüche = NZA-RR 2006, 329.
[40] BAG 17.2.2016 AP Nr. 87 zu § 72a ArbGG 1979 = NZA 2016, 574.
[41] BAG 8.4.1987 – 5 AZR 60/86.
[42] Dazu BAG 17.8.2011 NZA 2012, 563; 12.1.2005 AP Nr. 2 zu § 1a AEntG = NZA 2005, 627.
[43] BAG 17.2.2016 AP Nr. 87 zu § 72a ArbGG 1979 = NZA 2016, 574.

im Privatrechtsverhältnis zwischen AG und AN das nach, wozu der AG öffentlich-rechtlich verpflichtet ist und was der AN steuer- und sozialversicherungsrechtlich dulden muss.[44]

Nettolohnnachzahlungen sind lohnsteuerrechtlich nicht laufender Arbeitslohn, sondern ein „sonstiger Bezug" iSv § 38a I 3 EStG. Bezieht sich die Nachzahlung auf Lohnzahlungszeiträume, die in einem anderen Kalenderjahr als dem der Zahlung enden oder später als drei Wochen nach Ablauf der Kalenderjahres für Lohnzahlungszeiträume des abgelaufenen Jahres zufließen, ist die Nachzahlung als sonstiger Bezug im Jahr des Zuflusses zu besteuern (LStR R 39b.2 Abs. 2 Nr. 8). Für die einzubehaltende Lohnsteuer sind die zur Zeit des Zuflusses geltenden Besteuerungsmerkmale des ELStAM zugrunde zu legen.[45] Bezieht der AN zum Zeitpunkt der Zahlung von dritter Seite Arbeitslohn, ist die Steuerklasse VI maßgeblich. Der sonstige Bezug ist nur dann auf der Grundlage der ersten ELStAM zu besteuern, wenn der Kläger zum Zahlungszeitpunkt keinen Arbeitslohn von einem anderen AG bezieht. Die Höhe der einzubehaltenden Lohnsteuer ist nach Maßgabe von § 39b III EStG zu ermitteln (LStR R 39b.6 Abs. 3).[46] 10

b) Zwangsvollstreckung. Im Falle der Zwangsvollstreckung aus einem Bruttourteil ist der gesamte Betrag beizutreiben.[47] Alsdann haftet der AN für die Abführung der Lohnabzüge. Die Sozialversicherungsbeiträge hat der AN selbst abzuführen. Unterlässt er dies und führt der AG ab, ist der AN diesem ohne Beschränkungen erstattungspflichtig.[48] Die Zwangsvollstreckung ist jedoch insoweit einzustellen (§ 775 Nr. 5 ZPO), wenn der AG durch Quittung nachweist, dass die öffentlichen Lohnabzüge abgeführt sind.[49] Ist in gerichtlichen Vergleichen nicht bestimmt, ob der AG einen Brutto- oder Nettobetrag zu erbringen hat, ist grundsätzlich von einem Bruttobetrag auszugehen. Zur Abfindung → § 141 Rn. 1 ff. 11

c) Verzugszinsen. Der AN kann die Verzugszinsen nach § 288 I 1 BGB aus der in Geld geschuldeten Bruttovergütung verlangen.[50] Nur dann, wenn der AN im Wege des Schadensersatzes eine Zinsforderung geltend macht, ist der Schaden darzulegen und zu beweisen. In Eingruppierungsstreitigkeiten des öffentlichen Dienstes können AN nach geänderter Rechtsprechung des BAG ebenfalls Verzugszinsen und nicht nur Prozesszinsen (§ 291 BGB) verlangen. Dem AG bleibt die Möglichkeit, im Einzelfall darzulegen, dass er wegen der besonders schwierigen Eingruppierung den Verzug nicht zu vertreten hat.[51] 12

6. Zahlungsverzug. Nach § 288 BGB ist eine Geldschuld während des Verzugs zu verzinsen. Die Verzinsungspflicht beginnt mit dem auf den Fälligkeitstag folgenden Tag; § 193 BGB ist hierbei zu beachten.[52] Der Verzugszinssatz beträgt pro Jahr fünf Prozentpunkte über dem Basiszinssatz, weil der AN Verbraucher iSv § 288 BGB ist.[53] Der Basiszinssatz verändert sich zum 1. Januar und 1. Juli eines jeden Jahres um die Prozentpunkte, um welche die Bezugsgröße seit der letzten Veränderung des Basiszinssatzes gestiegen oder gefallen ist. Dem prozessualen Bestimmtheitsgebot (§ 253 II 2 Nr. 2 ZPO) ist genügt, wenn der Kläger beantragt, an ihn x EUR brutto nebst Zinsen iHv 5 Prozentpunkten über dem Basiszinssatz ab Verzugsbeginn/Rechtshängigkeit zu zahlen. Hier sind die Berechnungsfaktoren bezeichnet.[54] Der AG schuldet dem AN bei Verzug mit der Arbeitsvergütung **keine Pauschale iHv 40,00 EUR** nach § 288 V BGB. Dem steht § 12a I ArbGG entgegen.[55] 13

II. Lohnabrechnungen

1. Anspruch. Nach § 108 GewO hat der AG dem AN bei Zahlung des Arbeitsentgelts eine Abrechnung in Textform zu erteilen. Die Abrechnung bezweckt die Information über die 14

[44] BAG 21.12.2016 AP Nr. 36 zu § 812 BGB = NZA 2017, 449.
[45] BFH 29.5.1998 BFH/NV 1998, 1477; Küttner Personalbuch 2021/*Seidel* „Lohnsteuerabzugsmerkmale" Rn. 8 ff.
[46] Vgl. dazu Küttner Personalbuch 2021/*Seidel* „Sonstige Bezüge" Rn. 3 ff.
[47] BGH 21.4.1966 AP Nr. 13 zu § 611 BGB Lohnanspruch.
[48] LAG Köln 13.6.2001 AR-Blattei ES 860.4 Nr. 4; LAG BW 28.4.1993 NZA 1994, 509.
[49] BAG 21.12.2016 AP Nr. 36 zu § 812 BGB = NZA 2017, 449; 14.1.1964 AP Nr. 20 zu § 611 BGB Dienstordnungsangestellte.
[50] BAG GS 7.3.2001 AP Nr. 4 zu § 288 BGB = NZA 2001, 1195.
[51] BAG 26.1.2011 AP Nr. 34 zu § 1 TVG Tarifverträge: Arzt = NZA-RR 2011, 531.
[52] BAG 23.3.2010 AP Nr. 3 zu § 125 SGB IX = NZA 2010, 810.
[53] Vgl. BAG 23.2.2005 AP Nr. 9 zu § 55 InsO = NZA 2005, 694.
[54] BAG 1.10.2002 AP Nr. 37 zu § 253 ZPO.
[55] BAG 22.10.2020 AP Nr. 9 zu § 288 BGB = NZA 2021, 127; 25.9.2018 AP Nr. 6 zu § 288 BGB = NZA 2019, 121.

erfolgte Zahlung. Die Regelung dient der Transparenz. Der AN soll erkennen können, warum er gerade den ausgezahlten Betrag erhält.[56] Dagegen regelt § 108 GewO **keinen selbständigen Abrechnungsanspruch zur Vorbereitung eines Zahlungsanspruchs.**[57] Der Abrechnungsanspruch entsteht vielmehr erst, wenn Arbeitsentgelt gezahlt wird. Vor Zahlung ist der Abrechnungsanspruch nach § 108 I GewO nicht erfolgreich klagbar.[58] Eine Entgeltabrechnung stellt regelmäßig lediglich eine **Wissens-, nicht aber eine Willenserklärung** dar.[59] Dies gilt auch für Urlaubsansprüche, die der AG in einer Entgeltabrechnung ausweist. Der AG teilt in der Abrechnung dem AN die Höhe des Entgelts und den Umfang sonstiger Ansprüche, etwa von Urlaubsansprüchen, mit. Der Mitteilung kann regelmäßig nicht entnommen werden, der AG wolle die ausgewiesenen Beträge auch dann leisten, wenn er sie nicht schuldet (→ Rn. 15). Die Abrechnung muss mindestens Angaben über den Abrechnungszeitraum und die Zusammensetzung des Arbeitsentgelts enthalten. Hinsichtlich der Zusammensetzung sind insbesondere Angaben über Art und Höhe der Zuschläge, Zulagen, sonstige Vergütungen, Art und Höhe der Abzüge, Abschlagszahlungen sowie Vorschüsse erforderlich. Der Erwerb eines Anspruchs auf Freizeitausgleich gehört nicht hierzu. Hierüber ist deshalb auch keine Abrechnung zu erteilen.[60] Die Verpflichtung zur Abrechnung entfällt, wenn sich die Angaben gegenüber der letzten ordnungsgemäßen Abrechnung nicht geändert haben (§ 108 II GewO).[61] Im Falle von Nachzahlungen gewährt § 108 GewO keinen Anspruch auf „Berichtigung" bereits erteilter Abrechnungen, sondern nur einen Anspruch auf eine eigene Abrechnung über die Nachzahlung.[62] Die AN können gem. § 82 II BetrVG verlangen, dass ihnen die Berechnung und Zusammensetzung ihres Arbeitsentgelts erläutert wird (also auch mündlich). Der Erbe hat jedenfalls dann keinen Anspruch gegen den AG des Erblassers, wenn diesem regelmäßig Abrechnungen erteilt worden sind.[63] Zu vermögenswirksamen Leistungen → § 80 Rn. 11 ff.

15 **2. Kein Schuldanerkenntnis.** Die Lohnabrechnung ist grundsätzlich weder ein abstraktes noch ein deklaratorisches Schuldanerkenntnis (→ § 59 Rn. 68).[64] Sie gibt nur die Höhe der aktuellen Vergütung wieder und dokumentiert damit den konkret abgerechneten Lohn. Sie bestimmt jedoch nicht den Anspruch.[65] Mit der Lohnabrechnung teilt der AG dem AN einseitig nur die Höhe des Lohns und sonstiger Ansprüche, wie etwa des Urlaubsanspruchs, mit. Die Lohnabrechnung hat nicht den Zweck, streitig gewordene Ansprüche endgültig festzulegen. Der AG ist auch nach erteilter Abrechnung regelmäßig nicht daran gehindert, die Lohnabrechnung später zu widerrufen, Gegenansprüche zu erheben oder aus anderen Gründen die Zahlung zu verweigern. Nur wenn besondere Anhaltspunkte vorliegen, kann davon ausgegangen werden, dass er mit der Abrechnung auf alle Einwendungen verzichten will.[66] Bei Irrtum kann grundsätzlich keine Seite die andere am Inhalt der Mitteilung festhalten.

16 **3. Inhalt der Abrechnung.** Aus der Abrechnung müssen sich mindestens der **Abrechnungszeitraum und die Zusammensetzung** des Arbeitsentgelts ergeben. Der Abrechnungszeitraum ist üblicherweise ein Monat, wobei gem. § 614 BGB die Vergütung nach der Leistung zu entrichten ist. Bei zeitbestimmter Entlohnung ist es ausreichend, wenn die Zahl der geleisteten Stunden und der Stundensatz angegeben werden. Bei leistungsabhängiger Entlohnung ist grundsätzlich eine genaue Berechnung der Entlohnung vorzunehmen. Hierzu soll nach Auffassung des BAG nicht das Aufmaß einer Akkordarbeit auf Baustellen gehören, da die AN es selbst vornehmen können.[67]

[56] BAG 10.1.2007 AP Nr. 3 zu § 179 BGB = NZA 2007, 679.
[57] BAG 9.12.2015 AP Nr. 35 zu § 1 TVG Tarifverträge: Luftfahrt; 12.7.2006 AP Nr. 1 zu § 611 BGB Lohnabrechnung = NZA 2006, 1294.
[58] BAG 16.12.2015 AP Nr. 28 zu § 611 BGB = NZA 2016, 438.
[59] BAG 19.3.2019 AP Nr. 111 zu § 7 BUrlG Abgeltung = NZA 2019, 1046; 5.7.2017 AP Nr. 138 zu § 1 TVG Bezugnahme auf Tarifvertrag = NZA 2018, 47.
[60] BAG 15.12.2015 AP Nr. 72 zu § 11 BUrlG = NZA 2016, 772.
[61] BAG 16.12.2015 AP Nr. 28 zu § 611 BGB = NZA 2016, 438.
[62] BAG 9.12.2015 AP Nr. 35 zu § 1 TVG Tarifverträge: Luftfahrt.
[63] LAG Bln NZA 1990, 482.
[64] BAG 18.11.2020 AP Nr. 22 zu § 1 TVG Tarifverträge: Chemie = NZA 2021, 357; 10.3.1987 AP Nr. 34 zu § 7 BUrlG Abgeltung = NZA 1987, 557 (mit unzutreffendem Leitsatz, der von den Entscheidungsgründen nicht gedeckt ist); ebenso *Boemke*, §§ 110–110 GewO, § 108 Rn. 3; HWK/*Lembke* GewO § 108 Rn. 7.
[65] BAG 19.10.2011 AP Nr. 92 zu § 242 BGB Betriebliche Übung = NZA-RR 2012, 344.
[66] BAG 18.11.2020 AP Nr. 22 zu § 1 TVG Tarifverträge: Chemie = NZA 2021, 357; 27.2.2014 AP Nr. 3 zu § 8 TVÜ.
[67] BAG 6.11.1985 AP Nr. 93 zu § 4 TVG Ausschlussfristen.

In jedem Fall ist bei Umsatz- und Gewinnbeteiligungen ein Abrechnungsanspruch gegeben (→ § 76 Rn. 1 ff.). Der AG kann in der Abrechnung auch eine – positive oder negative – **Tilgungsbestimmung** treffen. Dies setzt allerdings voraus, dass der AN spätestens „bei der Leistung" tatsächlich eine Abrechnung erhalten hat. Denn eine nachträgliche Tilgungsbestimmung ist unwirksam, wenn sie nicht ausdrücklich oder konkludent vorbehalten war.[68]

4. Ausschlussfristen. Die in einer schriftlichen Lohnabrechnung des AG ausgewiesene **Lohnforderung ist streitlos gestellt** und muss nicht noch einmal schriftlich geltend gemacht werden.[69] Die Obliegenheit zur Geltendmachung lebt auch nicht wieder auf, wenn der AG die Forderung später bestreitet.[70] Gleiches gilt für die **Ausweisung eines Guthabens auf einem Arbeitszeitkonto.** Die Notwendigkeit zur Geltendmachung eines auf einem Arbeitszeitkonto ausgewiesenen Anspruchs lebt mangels abweichender Regelung nicht wieder auf, wenn sich – beispielsweise – wegen des Ablaufs eines Ausgleichszeitraums oder der Schließung eines Arbeitszeitkontos ein Freizeitausgleichs- in einen Zahlungsanspruch wandelt.[71] Die Erteilung einer Lohnabrechnung hat Einfluss auch auf den **Beginn einer Ausschlussfrist,** wenn sie sich auf die Fälligkeit des Lohnanspruchs auswirkt. Dies ist dann der Fall, wenn der Anspruchsberechtigte die Höhe seiner Ansprüche nicht ohne die Abrechnung der Gegenseite erkennen kann.[72] Ist der AN ohne Lohnabrechnung nicht in der Lage, die Höhe seiner Lohnforderungen zu berechnen, beginnt die Verfallfrist erst mit dem Zugang der Abrechnung. Hat der AN längere Zeit widerspruchslos die Lohnzahlungen ohne Abrechnung entgegengenommen, kann eine Abrechnung für die Vergangenheit nicht mehr verlangt werden. Verpflichtet sich der AG in einem **gerichtlichen Vergleich,** das Arbeitsverhältnis abzurechnen, wird hierdurch im Zweifel nur die ohnehin bestehende Rechtslage bestätigt. Das Anerkenntnis einer Zahlungspflicht oder ein Verzicht auf die außergerichtliche oder gerichtliche Geltendmachung von Ansprüchen ist hierin jedenfalls dann nicht zu sehen, wenn die Ansprüche, auf die sich die Abrechnungspflicht beziehen soll, nicht benannt sind.[73] 17

III. Sozialversicherung

1. Beitragszahlung. a) Gesamtsozialversicherungsbeitrag. Die Beiträge in der Kranken- oder Rentenversicherung und der Pflegeversicherung sowie zur BA werden für die kraft Gesetzes versicherten Beschäftigten oder Hausgewerbetreibenden als Gesamtsozialversicherungsbeitrag (§ 28d SGB IV) an die **Krankenkasse als Einzugsstelle** (§ 28h SGB IV) gezahlt. Die Vorschriften der §§ 28d ff. SGB IV gelten für alle Personen, die nach § 28a SGB IV iVm den auf diese Vorschrift verweisenden Regelungen der einzelnen Versicherungszweige zu melden sind. Der AG hat den Gesamtsozialversicherungsbeitrag zu zahlen (§ 28e I SGB IV). Er ist der Beitragsschuldner. In § 28e II SGB IV sind Schuldnerschaft und Zahlungspflicht für die Sozialversicherungsbeiträge bei wirksamer (Sätze 1, 2) und unzulässiger Arbeitnehmerüberlassung (Sätze 3, 4) geregelt. 18

b) Arbeitgeber als Beitragsschuldner. AG als Beitragsschuldners ist derjenige, der einen anderen in persönlicher Abhängigkeit beschäftigt und das Unternehmerrisiko einschl. der Lohn- und Gehaltszahlungspflicht trägt.[74] Personengesellschaften sind als solche AG (OHG, KG, GBR). Neben der Gesellschaft als Gesamthand haften aber die einzelnen Gesellschafter als Gesamtschuldner, Kommanditisten nur bis zur Höhe ihrer noch nicht erbrachten Einlagen. Zur Zahlung des Gesamtsozialversicherungsbeitrags ist außer dem AG derjenige verpflichtet, der nach den Vorschriften der einzelnen Versicherungszweige als AG gilt oder Arbeitgeberpflichten zu erfüllen hat. Betreibt der Verleiher regelmäßig **Arbeitnehmerüberlassung,** hat er auch den Gesamtsozialversicherungsbeitrag zu zahlen (§ 28e I SGB IV). Für die Beitragsansprüche haftet jedoch der Entleiher öffentlich-rechtlich wie ein selbstschuldnerischer Bürge (§ 28e II SGB IV, §§ 765, 773 I Nr. 1 BGB). 19

2. Beitragsabzug. a) Überblick. Nach § 28g SGB IV hat der AG gegen den Beschäftigten einen Anspruch auf den vom Beschäftigten zu tragenden Teil des Gesamtsozialversicherungsbeitrags. Führt der AG die Sozialversicherungsbeiträge ab, begründet dies einen besonde- 20

[68] BAG 17.1.2018 AP Nr. 11 zu § 1 MiLoG = NZA 2018, 781.
[69] BAG 18.11.2020 AP Nr. 22 zu § 1 TVG Tarifverträge: Chemie = NZA 2021, 357; 3.12.2019 AP Nr. 78 zu § 307 BGB = NZA 2020, 586.
[70] BAG 3.12.2019 AP Nr. 78 zu § 307 BGB = NZA 2020, 586.
[71] BAG 28.7.2010 AP Nr. 195 zu § 4 TVG Ausschlussfristen = NZA 2010, 1241.
[72] BAG 19.11.2014 AP Nr. 207 zu § 4 TVG Ausschlussfristen = NZA-RR 2015, 255; 14.12.2005 AP Nr. 281 zu § 1 TVG Tarifverträge: Bau = NZA 2006, 998; 27.2.2002 AP Nr. 162 zu § 4 TVG Ausschlussfristen.
[73] BAG 22.10.2019 AP Nr. 77 zu § 307 BGB = NZA 2020, 513.
[74] KSW/*Roßbach* SGB IV § 28e Rn. 4.

ren Erfüllungseinwand, den er einem Vergütungsanspruch des AN entgegenhalten kann. Legt der AG nachvollziehbar dar, dass er bestimmte Abzüge für Steuern oder Sozialversicherungsbeiträge einbehalten und abgeführt hat, kann der AN die nach seiner Auffassung unberechtigt einbehaltenen und abgeführten Beträge nicht erfolgreich mit einer Vergütungsklage geltend machen. Er ist vielmehr auf die steuer- und sozialrechtlichen Rechtsbehelfe beschränkt, es sei denn, für den AG wäre aufgrund der für ihn zum Zeitpunkt des Abzugs bekannten Umstände eindeutig erkennbar gewesen, dass eine Verpflichtung zum Abzug nicht bestand. Andernfalls tritt die Erfüllungswirkung ein.[75] Beruht die Abführung der Sozialversicherungsbeiträge auf einer Gehaltsüberzahlung, hat der AN den Erstattungsanspruch oder – wenn ihm der Arbeitnehmeranteil bereits erstattet wurde – den Erstattungsbetrag auf Kosten des AG ohne Rechtsgrund erlangt. Er ist daher nach § 812 I 1 BGB verpflichtet, entweder den Erstattungsanspruch an den AG abzutreten oder ihm den erstatteten Betrag herauszugeben. Der Anspruch auf Erstattung zu Unrecht entrichteter Sozialversicherungsbeiträge steht nicht demjenigen zu, der die Beiträge an die Einzugsstelle abgeführt hat, sondern demjenigen, der die Beiträge getragen hat (§ 26 III SGB IV). Der Anspruch auf Erstattung der Arbeitnehmeranteile kann daher nur vom AN verlangt werden (zu Vorschusszahlungen (→ § 70 Rn. 13).[76]

21 Der Anspruch auf den vom Beschäftigten zu tragenden Teil des Gesamtsozialversicherungsbeitrags kann vom AG nur durch **Abzug vom Arbeitsentgelt** geltend gemacht werden (§ 28g S. 2 SGB IV). Ein unterbliebener Abzug darf nur bei den drei nächsten Lohn- und Gehaltszahlungen nachgeholt werden, danach nur dann, wenn der Abzug ohne Verschulden des AG unterblieben ist. Im laufenden Arbeitsverhältnis soll der AN darauf vertrauen können, dass seine Entgeltansprüche für die Zukunft nicht mit Abzügen belastet werden, die weiter zurückliegende Abrechnungsperioden betreffen. Das Nachholverbot bezweckt nicht den Schutz des AN vor **verspäteter Lohnzahlung.** Der AG ist daher im Regelfall auch bei verspäteter Entgeltzahlung und -abrechnung berechtigt, den Arbeitnehmeranteil des Gesamtsozialversicherungsbeitrags vom Arbeitsentgelt abzuziehen.[77] Ein Anspruch des AG auf Erstattung der Beiträge nach § 812 BGB ist im Anwendungsbereich des § 28g SGB IV idR ausgeschlossen. Dies gilt auch dann, wenn der AN inzwischen ausgeschieden ist. Erstattet der AG dem AN den vom AN zu tragenden Teil des Gesamtsozialversicherungsbeitrags vom Arbeitsentgelt, weil er der Auffassung ist, der Beitragsabzug sei zu Unrecht erfolgt, und stellt sich dann heraus, dass die Beiträge doch abzuführen waren, kann der AG vom AN nach § 812 I 1 BGB Zahlung des dem AN erstatteten Beitrags verlangen.[78]

22 **b) Rechtswegfragen.** Der Erstattungsanspruch des AG resultiert nicht aus dem Arbeitsverhältnis (Versicherungsverhältnis), sondern aus öffentlich-rechtlichem Beitragsrecht.[79] Für ihn sind mithin im Streitfall die Sozialgerichte zuständig.[80] Regelmäßig wird der AG den entsprechenden Lohnanteil des AN einfach einbehalten. Für die Zahlungsklage des AN ist der Rechtsweg zu den Gerichten für Arbeitssachen gegeben ist, da die Abzugspflicht nur öffentlich-rechtliche Vorfrage ist.[81]

23 **3. Schadensersatz wegen nichtabgeführter Beiträge.** Führt der AG die Beiträge zur Sozialversicherung nicht oder nicht in der gesetzlich vorgeschriebenen Höhe ab, behält der AN nicht etwa seinen Erfüllungsanspruch, sondern erlangt einen Schadensersatzanspruch.[82] Ein Schaden kann dem AN allerdings nur in den Zweigen der Sozialversicherung entstehen, in denen die Entrichtung von Beiträgen Voraussetzung für die Gewährung von Leistungen ist. Das trifft für die Krankenversicherung, die Unfallversicherung und die Arbeitslosenversicherung nicht zu, denn der Leistungsanspruch gegen die Sozialversicherungsträger knüpft an den Tatbestand einer versicherungspflichtigen Beschäftigung an und setzt eine Beitragsleistung nicht voraus (§§ 2 ff. SGB VII, §§ 25 ff. SGB III). Ein Schaden entsteht dem Versicherten daher lediglich in der **Rentenversicherung.** Er kann in dem Verlust des Rentenanspruchs bestehen, wenn die Rente wegen Nichterfüllung der Wartezeit abgelehnt wurde, oder in der Rentenminderung, wenn die teilweise Nichtabführung der Beiträge oder die zu geringe Beitragsabführung zu einer

[75] BAG 30.4.2008 NZA 2008, 884.
[76] BAG 21.1.2015 AP Nr. 8 zu § 92 HGB = NZA 2015, 871; 29.3.2001 AP Nr. 1 zu § 26 SGB IV = NZA 2003, 105.
[77] BAG 15.12.1993 AP Nr. 9 zu §§ 394, 395 RVO = NZA 1994, 620.
[78] BAG 1.2.2006 ZTR 2006, 319.
[79] BSG 29.6.2000 NZS 2001, 370.
[80] BSG 7.6.1979 AP Nr. 4 zu §§ 394, 395 RVO.
[81] BAG 12.10.1977 AP Nr. 3 zu §§ 394, 395 RVO = NJW 1978, 1766.
[82] BAG 30.4.2008 AP Nr. 4 zu § 28g SGB IV = NZA 2008, 884.

Minderfestsetzung führt. Anspruchsgrundlage des Schadensersatzanspruchs ist § 280 BGB. Eine Haftung kann sich aber auch aus unerlaubter Handlung nach § 823 II BGB ergeben.[83] Der Geschäftsführer einer GmbH hat dafür zu sorgen, dass die Arbeitnehmerbeiträge zur Sozialversicherung ordnungsgemäß abgeführt werden.[84] Arbeitnehmerbeiträge zur Sozialversicherung können auch dann iSd § 266a StGB vorenthalten sein, wenn für den betreffenden Zeitraum kein Lohn an die AN ausgezahlt worden ist.[85]

IV. Lohnsteuer

24 **1. Lohnsteuerabzug.** Der AG ist zum Einbehalt und Abzug der Lohnsteuer verpflichtet. Er hat nach § 38 III 1, I 1 EStG bei Einkünften aus nichtselbständiger Arbeit Einkommensteuer durch Abzug vom Arbeitslohn für Rechnung des AN einzubehalten.[86] Die Lohnsteuer entsteht in dem Zeitpunkt, in dem der **Arbeitslohn dem AN zufließt (§ 38 II 2 EStG).** Die Anmeldung der Lohnsteuer steht einer Steuerfestsetzung unter Vorbehalt der Nachprüfung gleich (§ 168 S. 1 AO). Erfüllt wird die Steuerforderung erst durch die Abführung nach § 41a EStG, wobei der AG in einer Art treuhänderischen Stellung für den Steuerfiskus tätig wird.[87] Die Anmeldung der Lohnsteuer betrifft den jeweiligen AN als Schuldner der Lohnsteuer unmittelbar, weil er deren Abzug vom Lohn zu dulden hat.[88] Die Lohnsteuer wird durch Abzug vom laufenden Arbeitslohn erhoben. In Ausnahmefällen kann der Abzug auch im Folgemonat nachgeholt werden (§ 41c EStG). Die Abführung begründet einen besonderen Erfüllungseinwand.[89] Der **AG haftet** nach § 42d I Nr. 1 EStG für die Lohnsteuer, die er einzubehalten und abzuführen hat. Der **AN bleibt jedoch Schuldner** der Lohnsteuer (§ 38 II 1 EStG). Soweit die Haftung reicht, sind AG und AN nach § 42d III 1 EStG Gesamtschuldner. Mit der Abführung der Lohnsteuer erfüllt der AG eine fremde Schuld, weil im Verhältnis von AG und AN zueinander grundsätzlich allein der AN Schuldner der Steuerforderung ist.[90] Da der AG beim Lohnsteuerabzug öffentlich-rechtliche Aufgaben erfüllt, sind die Arbeitsgerichte nicht befugt, die Berechtigung der Abzüge zu überprüfen.[91] Der AN kann einen Lohnsteuerhaftungsbescheid anfechten, der seinem AG gegenüber ergangen ist und an ihn – den AN – erbrachte Leistungen betrifft.[92] Hält sich der AG an die Anordnungen des Haftungsbescheids, ist der AN somit auf seine Rechtsschutzmöglichkeiten gegen die Finanzverwaltung zu verweisen. Andernfalls steht die Bestandskraft des ergangenen Haftungsbescheids einer erneuten Überprüfung in einem arbeitsgerichtlichen Rechtsstreit entgegen.[93] Legt der AG nachvollziehbar dar, dass er bestimmte Abzüge für Steuern einbehalten und abgeführt hat, kann der AN die nach seiner Auffassung unberechtigt einbehaltenen und abgeführten Beträge nicht erfolgreich mit einer Vergütungsklage geltend machen. Er ist vielmehr auf die steuer- und sozialrechtlichen Rechtsbehelfe beschränkt, es sei denn, für den AG wäre aufgrund der für ihn zum Zeitpunkt des Abzugs bekannten Umstände eindeutig erkennbar gewesen, dass eine Verpflichtung zum Abzug nicht bestand. Andernfalls tritt die Erfüllungswirkung ein.[94] Im Rahmen der Arbeitnehmerüberlassung haftet der Entleiher nach § 42d VI EStG neben dem Verleiher für die Abführung der Lohnsteuer.

25 **2. Erstattungsanspruch bei nachentrichteter Lohnsteuer.** Hat der AG von den Einkünften des AN zu wenig Lohnsteuer einbehalten und an das Finanzamt abgeführt, kann er bis zur Inanspruchnahme durch das Finanzamt vom AN Freistellung von etwaigen Nachforderungen verlangen und nach Inanspruchnahme gem. § 42d I Nr. 1, III 1 EStG, § 44 I 1 AO iVm § 426 I 1

[83] BAG 12.7.1963 AP Nr. 4 zu § 823 BGB Schutzgesetz.
[84] BGH 15.10.1996 AP Nr. 21 zu § 823 BGB Schutzgesetz = NJW-RR 1997, 413.
[85] BGH 16.5.2000 AP Nr. 24 zu § 823 BGB Schutzgesetz = NJW 2000, 2993.
[86] BAG 21.12.2016 AP Nr. 12 zu § 38 EStG = NZA 2017, 531.
[87] BAG 14.11.2018 AP Nr. 13 zu § 38 EStG = NZA 2019, 250.
[88] BAG 17.10.2018 AP Nr. 10 zu § 767 ZPO = NJW 2019, 695.
[89] BAG 17.10.2018 AP Nr. 10 zu § 767 ZPO = NJW 2019, 695; 21.12.2016 AP Nr. 12 zu § 38 EStG = NZA 2017, 531; 16.6.2004 AP Nr. 9 zu § 611 BGB Lohnrückzahlung = NZA 2004, 1274.
[90] BAG 14.11.2018 AP Nr. 13 zu § 38 EStG = NZA 2019, 250; 13.11.2014 AP Nr. 5 zu § 40a EStG = NZA 2015, 166.
[91] BAG 17.10.2018 AP Nr. 10 zu § 767 ZPO = NJW 2019, 695; 21.12.2016 AP Nr. 12 zu § 38 EStG = NZA 2017, 531.
[92] BFH 8.6.2011 DStR 2011, 2248.
[93] BAG 14.11.2018 AP Nr. 13 zu § 38 EStG = NZA 2019, 250.
[94] BAG 21.12.2016 AP Nr. 12 zu § 38 EStG = NZA 2017, 531.

BGB die Erstattung der gezahlten Lohnsteuern.[95] Dieser Anspruch besteht unabhängig davon, ob der AG freiwillig oder aufgrund eines Haftungsbescheids die Steuerforderung für den AN erfüllt.[96] Etwas anderes gilt nur, wenn ausnahmsweise der klar erkennbare Parteiwille dahin geht, die Steuerlast solle den AG treffen (→ Rn. 4).[97] Ist zweifelhaft, ob dem Fiskus überhaupt eine Steuernachforderung zusteht, hat der AN sich um die Nachversteuerung zu kümmern. Der AG muss ihn von den geltend gemachten Steuernachforderungen unterrichten, damit der AN selbst die gebotenen Rechtsmittel einlegen kann.[98] Mit den Erstattungsansprüchen kann der AG im Rahmen der Pfändungsfreigrenzen gegen Vergütungsforderungen oder sonst dem AN zustehenden Forderungen aufrechnen. Für eine Erstattungsklage sind wegen der zivilrechtlichen Natur die Arbeitsgerichte zuständig.[99] Die Erstattungsansprüche verjähren in 3 Jahren; sie können jedoch kürzeren tariflichen Verfallfristen unterliegen. Beginnt der **Lauf der Ausschlussfrist** mit der Fälligkeit des Anspruchs, ist dies bei dem Erstattungsanspruch des AG nach § 42d I Nr. 1, III 1 EStG, § 44 I 1 AO iVm § 426 I 1 BGB der Zeitpunkt der tatsächlichen Erfüllung der Steuerforderung gegenüber dem Finanzamt.[100] Umstritten ist, ob dem AG auch dann ein Anspruch zusteht, wenn er zum Zweck der Steuerhinterziehung in bewusstem Zusammenwirken mit dem AN zu wenig Lohnsteuer abgeführt hat; zB vergütungspflichtiger Lohn wird als Auslösung bezeichnet. Da die Hinterziehungsabrede nichtig ist, spricht viel dafür, dass für die Anwendung von § 817 BGB in diesem Fall kein Raum besteht.

26 **3. Lohnsteuerstreit.** Streiten AN und AG über die **Berechtigung und Höhe des Lohnsteuerabzugs,** entscheiden hierüber unter Ausschluss des ordentlichen Rechtsweges ausschließlich die Finanzbehörden. Für Klagen auf Berichtigung unrichtiger Eintragungen in der Lohnsteuerbescheinigung sind nicht die Gerichte für Arbeitssachen, sondern die Finanzgerichte zuständig.[101] Besteht Streit, ob Lohnsteuer-Abzugsbeträge, die in der Lohnabrechnung vorgenommen worden sind, in der Lohnsteuerbescheinigung auszuweisen sind, ist der Finanzrechtsweg gegeben.[102]

§ 72. Einreden und Einwendungen gegen den Anspruch auf Arbeitsvergütung

Übersicht

I. Verjährung

1 **1. Regelverjährungsfrist.** Die **regelmäßige Verjährungsfrist** beträgt drei Jahre (§ 195 BGB). Sie gilt für alle Ansprüche, für die keine besondere Verjährungsfrist vorgesehen ist. Die

[95] BAG 14.11.2018 AP Nr. 13 zu § 38 EStG = NZA 2019, 250; hierzu auch *Fuhlrott/Garden* NJW 2019, 810 ff.; krit. *Breitkopf* ZfA 2019, 419; *Groeger* NZA 2020, 1371 ff.

[96] BAG 17.10.2018 AP Nr. 10 zu § 767 ZPO = NJW 2019, 695; 16.6.2004 AP Nr. 19 zu § 611 BGB Lohnrückzahlung = NZA 2004, 1274.

[97] BAG 18.1.1974 AP Nr. 19 zu § 670 BGB.

[98] BAG 23.7.1986 – 5 AZR 120/85.

[99] BAG 14.6.1974 AP Nr. 20 zu § 670 BGB.

[100] BAG 14.11.2018 AP Nr. 13 zu § 38 EStG = NZA 2019, 250.

[101] BAG 11.6.2003 AP Nr. 84 zu § 2 ArbGG 1979 = NZA 2003, 877.

[102] BFH 13.12.2007 DB 2008, 737; ausf. *Thomas* FS Küttner, 2006, 239 ff.

Regelverjährung gilt unabhängig davon, ob es sich um Primär- oder Sekundäransprüche, also Schadensersatzansprüche handelt. **Besondere Verjährungsfristen** gelten nach §§ 196, 197 BGB. Ansprüche auf Übertragung des Eigentums an einem Grundstück, sowie auf Begründung, Übertragung oder Aufhebung eines Rechts an einem Grundstück oder auf Änderung des Inhalts eines solchen Rechts sowie die Ansprüche auf die Gegenleistung verjähren in zehn Jahren. Eine dreißigjährige Verjährungsfrist gilt für **(1)** Herausgabeansprüche aus Eigentum und anderen dinglichen Rechten, **(2)** familien- und erbrechtliche Ansprüche, **(3)** rechtskräftig festgestellte Ansprüche, **(4)** Ansprüche aus vollstreckbaren Vergleichen oder vollstreckbaren Urkunden und **(5)** für Ansprüche, die durch die im Insolvenzverfahren erfolgte Feststellung vollstreckbar geworden sind. Soweit erb- und familienrechtliche Ansprüche regelmäßig wiederkehren, bewendet es bei der regelmäßigen Verjährungsfrist von drei Jahren (§ 197 II BGB).

2. Beginn der Verjährungsfrist. a) Entstehen des Anspruchs. Der Beginn der regelmäßigen Verjährungsfrist hängt von einem objektiven und einem subjektiven Merkmal ab. Die regelmäßige Verjährungsfrist beginnt mit dem Schluss des Jahres, in dem der Anspruch entstanden ist (§ 199 I Nr. 1 BGB). Hiervon ist auszugehen, wenn er vom Gläubiger **im Wege der Klage geltend gemacht werden kann.** Voraussetzung dafür ist grundsätzlich die Fälligkeit des Anspruchs, die dem Gläubiger im Falle einer (Leistungs-)Klage die Möglichkeit zur Klageerhebung verschafft.[1] Die Fälligkeit der **Annahmeverzugsvergütung** bestimmt sich nach dem Zeitpunkt, in dem die Vergütung bei tatsächlicher Beschäftigung in den einzelnen Abrechnungsperioden fällig geworden wäre.[2] Bei **Schadensersatzansprüchen** muss der Schaden entstanden sein. Es genügt nicht, dass die Schadensursache gesetzt ist und eine risikobehaftete Situation besteht. Es muss eine konkrete Verschlechterung der Vermögenslage eingetreten sein.[3] Geht der Anspruch auf ein Unterlassen, tritt an die Stelle der Entstehung die Zuwiderhandlung (§ 199 V BGB). Im Fall des Betriebsübergangs laufen Verjährungsfristen weiter, als ob das Arbeitsverhältnis zur selben Partei fortbestünde.[4] 2

b) Kenntnis des Gläubigers. Als zweite subjektive Voraussetzung des Verjährungsbeginns bestimmt § 199 I Nr. 2 BGB, dass der Gläubiger von den den Anspruch begründenden Umständen und der Person des Schuldners Kenntnis erlangt oder ohne grobe Fahrlässigkeit hätte erlangen können. Die gesetzliche Formulierung knüpft an den ehemaligen § 852 BGB an. Kenntnis ist **positive Kenntnis.** Grob fahrlässig handelt, wer die im Verkehr erforderliche Sorgfalt nach den gesamten Umständen in ungewöhnlich hohem Maße verletzt und unbeachtet lässt, was jedem Angehörigen des jeweiligen Berufskreises einleuchten muss. Die von § 199 I Nr. 2 BGB geforderte Kenntnis des Gläubigers ist vorhanden, wenn er aufgrund der ihm bekannten Tatsachen gegen eine bestimmte Person eine Klage, sei es auch nur eine Feststellungsklage, erheben kann, die bei verständiger Würdigung so viel Erfolgsaussicht hat, dass sie dem Gläubiger zumutbar ist. Die erforderliche Kenntnis setzt **keine zutreffende rechtliche Würdigung** voraus, es genügt vielmehr die Kenntnis der den Anspruch begründenden tatsächlichen Umstände.[5] Nur ausnahmsweise kann die Rechtsunkenntnis den Verjährungsbeginn wegen Unzumutbarkeit der Klageerhebung hinausschieben, wenn eine unsichere und zweifelhafte Rechtslage besteht, die selbst ein rechtskundiger Dritter nicht zuverlässig einzuschätzen vermag.[6] Insoweit bedarf es der Kenntnis bzw. grob fahrlässigen Unkenntnis des Namens und der Anschrift des Schuldners, so dass eine Klagezustellung möglich ist.[7] Ein **Leiharbeitnehmer** hat die erforderliche Kenntnis zur Geltendmachung eines Anspruchs auf equal pay, wenn er Kenntnis von der Tatsache hat, dass vergleichbare Stammarbeitnehmer des Entleihers mehr verdienen als er.[8] Der Gläubiger muss sich uU die **Kenntnis anderer zurechnen lassen.**[9] 3, 4

---

[1] BAG 18.3.2020 AP Nr. 63 zu § 611 BGB Arbeitszeit; 24.6.2015 AP Nr. 139 zu § 615 BGB = NZA 2016, 108; 23.10.2013 AP Nr. 29 zu § 10 AÜG = NZA 2014, 200; BGH 17.7.2019 – VIII ZR 224/18.
[2] BAG 24.9.2014 AP Nr. 206 zu § 4 TVG Ausschlussfristen = NZA 2015, 35.
[3] BAG 28.10.2008 NZA-RR 2009, 499.
[4] BAG 21.8.2014 AP Nr. 140 zu § 611 BGB Haftung des Arbeitnehmers = NZA 2015, 94.
[5] BAG 17.12.2014 AP Nr. 50 zu § 10 AÜG = NZA 2015, 479; 24.9.2014 AP Nr. 47 zu § 10 AÜG.
[6] BAG 24.9.2014 AP Nr. 206 zu § 4 TVG Ausschlussfristen = NZA 2015, 35; BGH 15.6.2010 NJW-RR 2010, 1574.
[7] Dazu BGH 18.1.2000 NJW 2000, 953.
[8] BAG 23.11.2016 AP Nr. 55 zu § 10 AÜG = NZA 2017, 380.
[9] Dazu BeckOK BGB/*Spindler* § 199 Rn. 43 ff.

5 **c) Darlegungs- und Beweislast.** Der Schuldner, der die Einrede der Verjährung erhebt, trägt die Darlegungs- und Beweislast für die Tatsachen, aus denen der Verjährungseintritt zu folgern ist. Hierzu gehört auch die Kenntnis oder grob fahrlässige Unkenntnis nach § 199 I Nr. 2 BGB.

6 **3. Verjährungshöchstfrist.** Da der Beginn der Regelverjährungsfrist auch von subjektiven Merkmalen abhängt, bedarf es der Normierung von Verjährungshöchstfristen. Schadensersatzansprüche, die auf der Verletzung des Lebens, des Körpers, der Gesundheit oder der Freiheit beruhen, verjähren ohne Rücksicht auf ihre Entstehung und die Kenntnis oder grob fahrlässige Unkenntnis in 30 Jahren von der Begehung der Handlung, der Pflichtverletzung oder sonstigen, den Schaden auslösenden Ereignissen an (§ 199 II BGB). Sonstige Schadensersatzansprüche verjähren **(1)** ohne Rücksicht auf die Kenntnis oder grob fahrlässige Unkenntnis in zehn Jahren von ihrer Entstehung an, und **(2)** ohne Rücksicht auf die Entstehung und die Kenntnis oder grob fahrlässige Unkenntnis in 30 Jahren von der Begehung der Handlung, der Pflichtverletzung oder den sonstigen, den Schaden auslösenden Ereignissen an. Maßgebend ist die früher endende Frist. Hierdurch wird verhindert, dass zB nach einem Verkehrsunfall mit Fahrerflucht keine Verjährung eintritt. Andere Ansprüche als Schadensersatzansprüche verjähren ohne Rücksicht auf die Kenntnis oder grob fahrlässige Unkenntnis in zehn Jahren von ihrer Entstehung an (§ 199 IV BGB).

7 **4. Neubeginn der Verjährung.** Die Verjährung beginnt erneut (frühere Unterbrechung), wenn **(1)** der Schuldner dem Gläubiger gegenüber den Anspruch durch Abschlagszahlung, Zinszahlung, Sicherheitsleistung oder in anderer Weise anerkennt, oder **(2)** eine gerichtliche oder behördliche Vollstreckungshandlung vorgenommen oder beantragt wird (§ 212 I BGB). Mit dem Anerkenntnis, dem Vollstreckungsantrag oder der Vollstreckungshandlung beginnt die Verjährungsfrist erneut zu laufen. Es kommt mithin nicht auf den Abschluss des Zwangsvollstreckungsverfahrens an. Der erneute Beginn der Verjährung infolge einer Vollstreckungshandlung **gilt als nicht eingetreten,** wenn **(1)** die Vollstreckungshandlung auf Antrag des Gläubigers oder wegen Mangels der gesetzlichen Voraussetzungen aufgehoben wird (§ 212 II BGB) oder **(2)** der Antrag auf Vornahme einer Vollstreckungshandlung zurückgewiesen wird (§ 212 III BGB).

8 **5. Hemmung. a) Hemmung bei Verhandlungen (§ 203 BGB).** Die Verjährung ist gehemmt, wenn zwischen dem Schuldner und dem Gläubiger Verhandlungen über den Anspruch oder die den Anspruch begründenden Umstände schweben. Der Begriff „Verhandlungen" ist weit auszulegen. Für ein Verhandeln genügt jeder Meinungsaustausch über den Schadensfall zwischen dem Berechtigten und dem Verpflichteten, sofern nicht sofort und eindeutig jeder Ersatz abgelehnt wird. Verhandlungen schweben schon dann, wenn der Schuldner Erklärungen abgibt, die dem Geschädigten die Annahme gestatten, der Verpflichtete lasse sich auf Erörterungen über die Berechtigung von Schadensersatzansprüchen ein. Nicht erforderlich ist, dass dabei eine Vergleichsbereitschaft oder eine Bereitschaft zum Entgegenkommen signalisiert wird.[10] Durch § 203 BGB ist die Einrede der Arglist, dh, der Gläubiger sei durch den Schuldner von der Erhebung der Klage abgehalten worden, weitgehend überholt. Die Festlegung des Zeitpunkts der Beendigung der Verhandlung kann Schwierigkeiten bereiten, wenn die Verhandlungsgespräche einschlafen, ohne dass eine eindeutige Erklärung eines Beteiligten abgegeben wird. Hier endet die Hemmung, wenn der nächste Verhandlungsschritt nach Treu und Glauben zu erwarten gewesen wäre (BT-Drs. 14/6040, 112). Das ist dann anzunehmen, wenn der Berechtigte den Zeitpunkt versäumt, zu dem eine Antwort auf die letzte Anfrage des Ersatzpflichtigen spätestens zu erwarten gewesen wäre, falls die Regulierungsverhandlungen mit verjährungshemmender Wirkung hätten fortgesetzt werden sollen.[11] Die Verjährung tritt frühestens drei Monate nach dem Ende der Hemmung ein (§ 203 S. 2 BGB). Diese Zeit ist ausreichend, um noch Klage erheben zu können. § 203 S. 1 BGB ist auf arbeitsvertragliche **Ausschlussfristenregelungen** entsprechend anzuwenden, wenn diese zur Vermeidung des Verfalls eines Anspruchs verlangen, dass dieser innerhalb einer bestimmten Frist gerichtlich geltend gemacht werden muss. Der Zeitraum, während dessen Vergleichsverhandlungen andauern, wird entsprechend § 209 BGB in eine Ausschlussfrist, die eine gerichtliche Geltendmachung des Anspruchs verlangt, nicht eingerechnet. Dagegen findet die Ablaufhemmung des § 203 S. 2 BGB auf arbeitsvertragliche Ausschlussfristen keine entsprechende Anwendung.[12]

9 **b) Hemmung durch Rechtsverfolgung (§ 204 BGB).** Nach § 204 I Nr. 1 BGB wird der Eintritt der Verjährung durch Erhebung einer Klage gehemmt. Eine solche Hemmung tritt nur für Ansprüche ein, die **streitgegenständlich** sind.[13] Die Verjährung eines Anspruchs kann auch

---

[10] Vgl. BGH 14.7.2009 NJW-RR 2010, 975; 26.10.2006 NJW 2007, 587.
[11] BGH 6.11.2008 NJW 2009, 1806.
[12] BAG 20.6.2018 AP Nr. 3 zu § 203 BGB = NZA 2018, 1402.
[13] BAG 25.9.2013 NZA 2014, 164.

durch die Erhebung einer Klage auf Feststellung des Anspruchs gehemmt werden. Erforderlich hierfür ist allerdings eine positive Feststellungsklage, deren Gegenstand das Bestehen des Anspruchs ist. Die Feststellung eines diesem zugrunde liegenden Rechtsverhältnisses reicht nicht aus. Die **Kündigungsschutzklage** umfasst nach ihrem Streitgegenstand nicht die Annahmeverzugsansprüche des AN. Mit ihr wird nicht über den „Anspruch" iSd § 194 I BGB, sondern nur über den Fortbestand des Arbeitsverhältnisses als eine für das Bestehen von Annahmeverzugsansprüchen bedeutsame Vorfrage gestritten. Durch Erhebung einer Kündigungsschutzklage wird die Verjährung von Zahlungsansprüchen des AN wegen Annahmeverzugs daher nicht gehemmt.[14] Für die analoge Anwendung der §§ 203 ff. BGB ist mangels einer Regelungslücke kein Raum.[15] Eine Klagezustellung nach Ablauf der Verjährungsfrist bewirkt die Hemmung, wenn sie **„demnächst" iSd § 167 ZPO** vorgenommen wurde und die Klage vor Ablauf der Frist bei Gericht eingegangen ist. Das gilt auch für Auslandszustellungen. Verzögerungen der Zustellung, die durch die Sachbearbeitung des Gerichts verursacht sind, muss sich der Kläger grundsätzlich nicht zurechnen lassen.[16] Für die Länge des Zeitraums, binnen dessen eine solche Zustellung bewirkt werden muss, besteht keine absolute zeitliche Obergrenze. Allerdings bestimmt § 691 II ZPO, dass – wenn durch die Zustellung des Mahnbescheids die Verjährung nach § 204 BGB gehemmt werden soll – die Wirkung mit der Einreichung oder Anbringung des Antrags auf Erlass des Mahnbescheids eintritt, wenn innerhalb eines Monats seit der Zustellung der Zurückweisung des Antrags Klage eingereicht und diese demnächst zugestellt wird. Vor dem Hintergrund der in § 691 II ZPO enthaltenen Frist ist regelmäßig davon auszugehen, dass eine Zustellung nur dann nicht mehr als „demnächst" iSd § 167 ZPO anzusehen ist, wenn ein nachlässiges Verhalten der Partei zu einer Verzögerung der Zustellung des Mahnbescheids von mehr als einem Monat führt.[17] Die Aussetzung eines Kündigungsrechtsstreits nach § 148 ZPO steht einer wirksamen Zustellung vor Ablauf der Verjährungsfrist nicht entgegen, wenn der AN eine Kündigungsschutzklage um einen Zahlungsantrag betreffend Annahmeverzugsvergütung erweitert. Eine solche Klageerweiterung im wegen Vorgreiflichkeit des Kündigungsschutzprozesses ausgesetzten Rechtsstreit ist keine „in Ansehung der Hauptsache" vorgenommene Prozesshandlung iSv § 249 II ZPO.[18] Die **Hemmung endet** sechs Monate nach der rechtskräftigen Entscheidung oder anderweitiger Beendigung des eingeleiteten Verfahrens. Gerät das Verfahren dadurch in Stillstand, dass die Parteien es nicht betreiben, tritt an die Stelle der Beendigung des Verfahrens die letzte Verfahrensbehandlung der Parteien, des Gerichts oder der sonst mit dem Verfahren befassten Stelle. Die **Hemmung beginnt erneut,** wenn eine der Parteien das Verfahren weiterbetreibt (§ 204 II BGB). Die Verjährung **bleibt gehemmt,** solange ein triftiger Grund dafür besteht, dass die Parteien ein Klageverfahren nicht betreiben (§ 204 II 3 BGB).[19] § 213 BGB erstreckt die Hemmungswirkung auf Ansprüche „die aus demselben Grunde wahlweise neben dem Anspruch oder an seiner Stelle gegeben sind". Ansprüche beruhen nur dann auf „demselben Grund" im Sinne dieser Vorschrift, wenn ihr Anspruchsgrund im Kern identisch ist. Ein bloßer wirtschaftlicher oder funktioneller Zusammenhang genügt nicht.[20]

c) Dauer der Hemmung. Die Verjährung von Ansprüchen ist gehemmt, **(1)** solange der Schuldner aufgrund einer Vereinbarung mit dem Gläubiger (nicht kraft Gesetzes) vorübergehend zur Verweigerung der Leistung berechtigt ist (§ 205 BGB), **(2)** solange der Gläubiger innerhalb der letzten sechs Monate der Verjährungsfrist durch höhere Gewalt an der Rechtsverfolgung gehindert ist, **(3)** solange die Ehe zwischen Ehegatten besteht oder sonstige familienrechtliche Beziehungen bestehen (§ 207 BGB), **(4)** bei Verletzung der sexuellen Selbstbestimmung (§ 208 BGB). Der Zeitraum, während dessen die Verjährung gehemmt ist, wird in die Verjährungsfrist nicht eingerechnet (§ 209 BGB). Diese verlängert sich um die Dauer der Hemmung. 10

6. Wirkung der Verjährung. Nach Eintritt der Verjährung ist der Schuldner berechtigt, die Leistung zu verweigern. Das zur Befriedigung eines verjährten Anspruchs Geleistete kann nicht zurückgefordert werden, auch wenn in Unkenntnis der Verjährung geleistet worden ist. Das Gleiche gilt bei einem Anerkenntnis (§ 214 BGB). Nach § 390 BGB kann eine Forderung, der eine Einrede der Verjährung entgegensteht, nicht aufgerechnet werden. Hier- 11

[14] BAG 11.10.2017 AP Nr. 153 zu § 615 BGB = NZA 2018, 390; 24.6.2015 AP Nr. 1 zu § 204 BGB = NZA 2015, 1256.
[15] BAG 24.9.2014 AP Nr. 206 zu § 4 TVG Ausschlussfristen = NZA 2015, 35.
[16] BAG 23.8.2012 NZA 2013, 227.
[17] BAG 11.10.2017 AP Nr. 153 zu § 615 BGB = NZA 2018, 390.
[18] BAG 24.6.2015 AP Nr. 139 zu § 615 BGB = NZA 2016, 108.
[19] Dazu BAG 20.5.2020 AP Nr. 390 zu § 1 TVG Tarifverträge: Bau = NZA 2020, 1355.
[20] BAG 25.9.2013 AP Nr. 1 zu § 213 BGB mAnm *Grothe* = NZA 2014, 164.

von macht § 215 BGB eine Ausnahme. Die Verjährung schließt die Aufrechnung und die Geltendmachung eines Zurückbehaltungsrechts nicht aus, wenn der Anspruch in dem Zeitpunkt noch nicht verjährt war, in dem erstmals aufgerechnet oder die Leistung verweigert werden konnte. Diese Bestimmung entspricht weitgehend § 390 S. 2 aF BGB. Erklärt der Schuldner einen Verzicht auf die Erhebung der Einrede der Verjährung, ist dessen Befugnis, die Einrede der Verjährung zu erheben, ausgeschlossen.[21]

12 **7. Unzulässige Rechtsausübung.** Die Erhebung der Verjährungseinrede kann eine unzulässige Rechtsausübung (§ 242 BGB) darstellen, wenn der Schuldner den Gläubiger durch sein Verhalten von der Erhebung der Klage abgehalten oder ihn nach objektiven Maßstäben zu der Annahme veranlasst hat, es werde auch ohne Rechtsstreit eine vollständige Befriedigung seines Anspruchs zu erzielen sein. Der Schuldner setzt sich in Widerspruch zu seinem eigenen Verhalten, wenn er zunächst den Gläubiger zur Untätigkeit veranlasst und später aus der Untätigkeit einen Vorteil herleiten will, indem er sich auf Verjährung beruft. Dies ist anzunehmen, wenn der Schuldner durch positives Tun oder durch ein pflichtwidriges Unterlassen einen entsprechenden Irrtum beim Gläubiger erregt hat. Bloßes Schweigen und Untätigkeit begründet keine unzulässige Rechtsausübung. Dies lässt nur dann einen Rückschluss auf die uneingeschränkte Leistungsbereitschaft des Schuldners zu, wenn sich aus den gesamten Umständen klar und eindeutig ergibt, dass er die Forderung trotz des Eintritts der Verjährung erfüllen werde.[22] Es gibt keine Nebenpflicht des AG aus dem Arbeitsvertrag, den AN auf die drohende Verjährung seiner Ansprüche hinzuweisen.[23] In der Einrede der Verjährung kann eine unzulässige Rechtsausübung gesehen werden, wenn der Schuldner den Rechtsschein erweckt, eine anstehende Streitfrage solle durch Musterprozesse geklärt werden.[24] Die Einrede der Arglist steht auch solchen AN zu, denen gegenüber der AG eine Verzichtserklärung nicht abgegeben hat.[25] Dagegen ist dem Schuldner nicht bereits dann die Einrede der Verjährung verwehrt, wenn der Gläubiger mit Rücksicht auf Ansehen und Stellung des Schuldners in der Öffentlichkeit mit einer pünktlichen Erfüllung seiner Ansprüche rechnen muss.[26] Der Einwand des Rechtsmissbrauchs gegen die Erhebung der Einrede der Verjährung ist nur erfolgreich, wenn das Verhalten des Schuldners ursächlich für die Fristversäumnis des Gläubigers geworden ist.[27]

II. Erlass

13 Da es im Recht der Schuldverhältnisse keinen einseitigen Verzicht auf einen Anspruch gibt, setzt das Erlöschen einer Forderung neben der Erfüllung das Zustandekommen eines Erlassvertrags iSv § 397 I BGB voraus.[28] Ein **Erlassvertrag (§ 397 I BGB)** ist anzunehmen, wenn die Parteien vom Bestehen einer bestimmten Schuld ausgehen, diese aber übereinstimmend als nicht mehr zu erfüllen betrachten. Wenn feststeht, dass eine Forderung entstanden ist, verbietet dieser Umstand im Allgemeinen die Annahme, der Gläubiger habe sein Recht einfach wieder aufgegeben.[29] An die Feststellung eines Verzichtswillens sind hohe Anforderungen zu stellen. Ein Erlass liegt im Zweifel nicht vor.[30] Der AN kann seinen Anspruch auf Arbeitsvergütung grundsätzlich erlassen (§ 397 BGB). Dies gilt nach Entstehung des Anspruchs auch dann, wenn er unabdingbar ist, wie zB der Anspruch auf Entgeltfortzahlung im Krankheitsfall (→ § 98 Rn. 150). Ausnahmen sollen für Ansprüche von Heimarbeitern (§ 23 HAG) bestehen. Tarifliche Ansprüche kann der AN nur in einem von den Tarifpartnern gebilligten Vergleich erlassen (§ 4 IV I TVG). Entsprechendes gilt für Ansprüche aus einer Betriebsvereinbarung (§ 77 IV BetrVG; dazu → § 231 Rn. 37 f.).

III. Quittung und Ausgleichsklauseln

14 **1. Quittung.** Nach § 368 S. 1 BGB hat der Gläubiger bei Empfang der Leistung auf Verlangen ein schriftliches **Empfangsbekenntnis (Quittung)** zu erteilen. Der AN hat daher auf

[21] BGH 17.12.2015 NJW 2016, 1171.
[22] BAG 7.11.2007 AP Nr. 23 zu § 196 BGB = NZA-RR 2008, 399.
[23] BAG 7.5.1986 AP Nr. 12 zu § 4 BAT.
[24] BAG 29.1.1975 AP Nr. 11 zu § 242 BGB Unzulässige Rechtsausübung.
[25] Vgl. BAG 28.5.1964 AP Nr. 6 zu § 242 BGB Unzulässige Rechtsausübung.
[26] BAG 29.7.1966 AP Nr. 115 zu § 242 BGB Ruhegehalt; für öffentliche AG auch BAG AP Nr. 25 zu § 256 ZPO.
[27] BAG 18.3.1997 AP Nr. 1 zu § 217 BGB = NZA 1997, 1232.
[28] BGH 4.12.2015 – V ZR 142/14.
[29] BAG 22.10.2020 – 6 AZR 566/18.
[30] BAG 23.9.2015 AP Nr. 47 zu § 611 BGB Arbeitszeit = NZA 2016, 295.

Verlangen den Lohn zu quittieren. Die Quittung kann bei Barzahlung in Lohnlisten oder in gesonderten Urkunden erfolgen. Sie ist reines Beweismittel, gegen das der Gegenbeweis zulässig ist. Hat der AN eine Quittung vor Leistung erteilt, ist diese entkräftet, wenn er die Vorauserteilung beweist. Einen weitergehenden Anspruch auf eine Quittung hat der AG nicht. Legt der AG dem AN anlässlich der Abholung von Arbeitspapieren und Restlohn eine vorformulierte **„Ausgleichsquittung"** zur Unterschrift vorlegt, darf er als redlicher AG (§ 157 BGB) regelmäßig nicht davon ausgehen, der Wille des AN sei darauf gerichtet, alle oder eine bestimmte Gruppe von bekannten oder unbekannten Ansprüchen zum Erlöschen zu bringen. Jedenfalls dann, wenn das Arbeitsverhältnis wegen Verstreichens der Dreiwochenfrist bereits wirksam beendet worden ist, spricht vieles dafür, dass der AN keine Erklärungen abgibt, die über die Bescheinigung des Empfangs diverser Arbeitspapiere und des Restlohns hinausgeht. In einer solchen Situation besteht für die Parteien kein Anlass, ihre Rechtsbeziehung abschließend gestaltend „zu bereinigen".[31] Einem solchen Verständnis als – nur – **deklaratorisches negatives Schuldanerkenntnis** (dazu → Rn. 16) steht die Erwähnung „unbekannter" Ansprüche in der Ausgleichsquittung regelmäßig nicht entgegen, da hiermit lediglich der Umfang der angenommenen Rechtslage dokumentiert wird. Insoweit ist zwischen Ausgleichsklauseln in Ausgleichsquittungen einerseits und solchen in Aufhebungsverträgen oder gerichtlichen Vergleichen[32] andererseits zu unterscheiden. Nur bei Letzteren ist aufgrund der gestaltenden Herbeiführung der Vertragsbeendigung in der Regel auch von einem konstitutiven „Abgeltungs- oder Erledigungswillen" auszugehen (→ Rn. 16).[33] Enthält eine Ausgleichsquittung unter der Überschrift „Arbeitspapiere" ohne weitere Hervorhebung neben der Bestätigung des Erhalts näher bezeichneter Arbeitspapiere die Erklärung, der AN verzichte mit der Unterzeichnung des Schreibens auf sein Recht, **Kündigungsschutzklage zu erheben,** stellt dies eine überraschende Klausel iSd § 305c I BGB dar. Ein solcher Verzicht ist nach der Rechtsprechung des BAG darüber hinaus gem. § 307 I 1 BGB unwirksam, wenn der AN hierfür keine angemessene Kompensation erhält (zu Aufhebungsverträgen → Rn. 15).[34] Verpflichtet sich der AG zur Erteilung eines „guten" Zeugnisses, ist dies nach Auffassung des BAG keine angemessene Gegenleistung.[35]

2. Ausgleichsklauseln in Vergleichen und Aufhebungsverträgen. a) Überblick. Insbesondere bei einer Beendigung des Arbeitsverhältnisses werden in Vergleichen und Aufhebungsverträgen verbreitet Ausgleichsklauseln verwendet (zur Ausgleichsquittung → Rn. 14).[36] Hierin bestätigen sich die Arbeitsvertragsparteien, keine Ansprüche mehr aus dem Arbeitsverhältnis gegeneinander zu haben. Auch wenn Ausgleichsklauseln vom AG nur zur einmaligen Verwendung bestimmt sind, können sie gem. § 310 III Nr. 3 BGB der **AGB-Kontrolle** unterliegen, wenn der AN aufgrund der Vorformulierung auf den Inhalt keinen Einfluss nehmen konnte (zur Unwirksamkeit nach § 307 I BGB → § 35 Rn. 87 f.). 15

b) Rechtsnatur. Ausgleichsklauseln können unterschiedlichen Rechtscharakter haben:[37] 16
Ein **Erlassvertrag** (§ 397 I BGB) ist dann anzunehmen, wenn die Parteien vom Bestehen einer bestimmten Schuld ausgehen, diese aber übereinstimmend als nicht mehr zu erfüllen betrachten.[38] An die Feststellung eines Verzichtswillens sind hohe Anforderungen zu stellen. Ein Erlass liegt im Zweifel nicht vor. Selbst bei eindeutig erscheinender Erklärung des Gläubigers darf ein Verzicht nicht angenommen werden, ohne dass bei der Feststellung zum erklärten Vertragswillen sämtliche Begleitumstände berücksichtigt worden sind. Wenn feststeht, dass eine Forderung entstanden ist, verbietet dieser Umstand im Allgemeinen die Annahme, der Gläubiger habe sein Recht einfach wieder aufgegeben. Dem steht die Annahme nicht entgegen, eine Ausgleichsquittung sei im Interesse klarer Verhältnisse grundsätzlich weit auszulegen, denn das betrifft den Umfang der Ausgleichsklausel, wenn die Rechtsqualität dem Grunde nach geklärt ist.[39] Ein **deklaratorisches negatives Schuldanerkenntnis** ist anzu-

[31] BAG 23.10.2013 AP Nr. 29 zu § 10 AÜG = NZA 2014, 200.
[32] Dazu BAG 14.5.2013 AP Nr. 52 zu § 13 BUrlG = NZA 2013, 1098; 21.6.2011 AP Nr. 53 zu § 307 BGB = NZA 2011, 1338.
[33] BAG 23.10.2013 AP Nr. 29 zu § 10 AÜG = NZA 2014, 200.
[34] BAG 25.9.2014 AP Nr. 81 zu § 4 KSchG 1969 = NZA 2015, 350.
[35] BAG 24.9.2015 AP Nr. 83 zu § 4 KSchG 1969 = NZA 2016, 351.
[36] Dazu *Bauer/Günther* NJW 2008, 1617; *Krets* FS Bauer, 2010, 601; *Preis/Bleser/Rauf* DB 2006, 2812.
[37] BAG 23.10.2013 AP Nr. 29 zu § 10 AÜG = NZA 2014, 200; 20.4.2010 AP Nr. 63 zu § 1 BetrAVG = NZA 2010, 883; 28.5.2008 AP Nr. 12 zu § 305 BGB = NZA 2008, 1066 mwN.
[38] BAG 23.10.2013 AP Nr. 29 zu § 10 AÜG = NZA 2014, 200.
[39] BAG 7.11.2007 AP Nr. 2 zu § 397 BGB = NZA 2008, 355; krit. hierzu *Böhm* NZA 2008, 919.

nehmen, wenn die Parteien nur die von ihnen angenommene Rechtslage eindeutig dokumentieren und damit fixieren wollen (→ § 59 Rn. 61).[40] Ein deklaratorisches negatives Schuldanerkenntnis steht einer weiteren Geltendmachung der Ansprüche nicht entgegen.[41] In diesem Fall obliegt es allerdings dem Erklärenden, die Unrichtigkeit seiner Erklärung nachzuweisen, indem er seine Ansprüche beweist.[42] Vereinbaren die Parteien, „dass das bestehende Arbeitsverhältnis bis zum ... ordentlich abgerechnet wurde" und sämtliche beiderseitigen Forderungen bis zu dem genannten Zeitpunkt abgegolten sind, ist dies nicht als Verzicht auf bestehende Ansprüche, sondern als deklaratorisches negatives Schuldanerkenntnis zu bewerten, wenn bei Abschluss der Vereinbarung zwischen den Parteien kein Streit über wechselseitige Ansprüche bestand.[43] Ein **konstitutives negatives Schuldanerkenntnis** liegt vor, wenn die Parteien durch die Ausgleichsklausel in einem gerichtlichen **Vergleich** alle bekannten oder unbekannten Ansprüche zum Erlöschen bringen wollen.[44] Hiermit bringen die Parteien zum Ausdruck, dass sie an die Möglichkeit des Bestehens ihnen nicht bewusster Ansprüche gedacht und auch sie in den gewollten Ausgleich einbezogen haben. Die Parteien wollen durch eine umfassende Ausgleichsklausel in diesen Fällen in der Regel das Arbeitsverhältnis abschließend umfassend bereinigen und alle Ansprüche erledigen, gleichgültig ob sie an sie dachten oder nicht.[45] Dies ist zB die Erklärung: „Hiermit sind sämtliche Ansprüche aus dem Arbeitsverhältnis und aus dessen Beendigung, gleich nach welchem Rechtsgrund sie entstanden sein mögen, abgegolten und erledigt."[46] Eine Verzichtsklausel in einem Aufhebungsvertrag ist regelmäßig ein konstitutives negatives Schuldanerkenntnis, das als solches nicht überraschend iSd § 305c I BGB ist. Der Forderungsverzicht trägt dem Bedürfnis der Parteien Rechnung, mit dem **Aufhebungsvertrag** ihre Rechtsbeziehungen abschließend zu regeln und umfassend zu bereinigen. Ein solcher Forderungsverzicht ist eine kontrollfähige Nebenabrede, die eine im Zusammenhang mit der Beendigung des Arbeitsverhältnisses stehende Frage regelt und der Inhaltskontrolle nach § 307 I 1 BGB unterliegt, bei der die Besonderheiten des Arbeitsrechts gemäß § 310 IV 2 BGB angemessen zu berücksichtigen sind.[47] Der AN kann in einem gerichtlichen Vergleich, mit dem die Beendigung des Arbeitsverhältnisses einhergeht, wirksam auf **bereits entstandene und fällige Ansprüche** auf Entgeltzahlung an Feiertagen ganz oder teilweise verzichten. Das gilt wegen § 3 II MiLoG auch soweit der gesetzliche **Mindestlohn** als in die Berechnung der Feiertagsvergütung einzustellender Faktor betroffen ist.[48] Ein formularmäßiger **Verzicht auf eine Klage gegen einen Aufhebungsvertrag,** der zur Vermeidung einer vom AG angedrohten außerordentlichen Kündigung geschlossen wird, ist nicht unangemessen iSv § 307 I 1 BGB, wenn ein verständiger AG eine solche Kündigung ernsthaft in Erwägung ziehen durfte und die Drohung hiermit deshalb nicht widerrechtlich ist.[49] **Minderjährige** können eine Ausgleichsquittung nur dann rechtswirksam unterzeichnen (→ § 32 Rn. 27 ff.), wenn sie ermächtigt waren, in Dienst oder Arbeit zu treten (§ 113 BGB).

17 Heißt es in einer Klausel in einem Aufhebungsvertrag, „Es liegen keine Tatsachen vor, aus denen der AN im Hinblick auf das Arbeitsverhältnis und seine Beendigung Ansprüche oder Rechte irgendwelcher Art, gleich aus welchem Rechtsgrunde herleiten kann, so dass keinerlei weitere Forderungen an den AG bestehen", liegt nach Auffassung des BAG nur ein **deklaratorisches negatives Schuldanerkenntnis** vor. Mit der Formulierung, „Es liegen keine Tatsachen vor ...", machten die Parteien deutlich, dass sie lediglich dokumentieren wollten, dass weitere Forderungen gegen den AG nicht bestünden.[50] Erfasst die

[40] BAG 18.11.2020 AP Nr. 22 zu § 1 TVG Tarifverträge: Chemie = NZA 2021, 357; 25.9.2013 AP Nr. 7 zu § 397 BGB; 28.5.2008 AP Nr. 12 zu § 305 BGB = NZA 2008, 1066.
[41] BAG 7.11.2007 AP Nr. 2 zu § 397 BGB = NZA 2008, 355.
[42] BAG 25.9.2013 AP Nr. 7 zu § 397 BGB.
[43] BAG 24.5.2017 – 5 AZR 251/16.
[44] BAG 14.5.2013 AP Nr. 52 zu § 13 BUrlG = NZA 2013, 1098; 21.6.2011 AP Nr. 53 zu § 307 BGB = NZA 2011, 1338; 20.4.2010 AP Nr. 63 zu § 1 BetrAVG = NZA 2010, 883; 31.7.2002 AP Nr. 74 zu § 74 HGB = NZA 2003, 100.
[45] BAG 27.5.2015 AP Nr. 53 zu § 10 AÜG = NZA 2015, 1125.
[46] BAG 23.2.2005 AP Nr. 42 zu § 1 TVG Tarifverträge: Druckindustrie = NZA 2005, 1193.
[47] BAG 24.2.2016 AP Nr. 48 zu § 620 BGB Aufhebungsvertrag = NZA 2016, 762; dazu *Drosdeck/Schilling* DB 2016, 2546.
[48] BAG 27.5.2020 AP Nr. 159 zu § 615 BGB = NZA 2020, 1131.
[49] BAG 12.3.2015 AP Nr. 47 zu § 620 BGB Aufhebungsvertrag = NZA 2015, 676.
[50] BAG 25.9.2013 AP Nr. 7 zu § 397 BGB.

Ausgleichsklausel **„alle beiderseitigen Ansprüche aus dem Arbeitsverhältnis"**, gehören dazu alle Ansprüche, welche die Arbeitsvertragsparteien aufgrund ihrer durch den Arbeitsvertrag begründeten Rechtsbeziehung gegeneinander haben.[51] Maßgeblich ist dabei der Entstehungsbereich des Anspruchs, nicht aber die materiell-rechtliche Anspruchsgrundlage.[52] Entscheidend dafür, ob ein Anspruch dem Geltungsbereich einer solchen Ausgleichsklausel unterfällt, ist die enge Verknüpfung eines Lebensvorgangs mit dem Arbeitsverhältnis. Hat also ein Anspruch seinen Grund in der arbeitsvertraglichen Beziehung der Parteien, ist er ein „Anspruch aus dem Arbeitsverhältnis". Dazu können auch der Rückzahlungsanspruch aus einem **Arbeitgeberdarlehen**[53] und die Ansprüche auf Einhaltung des **nachvertraglichen Wettbewerbsverbots** und auf Zahlung der Karenzentschädigung gehören.[54] Dies gilt jedenfalls dann, wenn das Darlehen mit dem Arbeitsverhältnis verknüpft ist, etwa weil der AG mit Rücksicht auf das Arbeitsverhältnis Vergünstigungen gewährt, zB durch einen niedrigeren als marktüblichen Zinssatz. In diesem Fall steht das Arbeitgeberdarlehen im Zusammenhang mit dem Arbeitsverhältnis und kann damit von dem Vergleich erfasst werden.[55] Der Wortlaut einer Ausgleichsklausel in einem gerichtlichen Vergleich, wonach mit der Erfüllung der Vereinbarung sämtliche Ansprüche **„hinüber und herüber"** aus dem Arbeitsverhältnis und seiner Beendigung abgegolten und ausgeglichen sein sollen, umfasst auch Ansprüche aus einem **vertraglichen Wettbewerbsverbot.**[56] Dagegen wird der aus § 667 BGB folgende Anspruch des AG auf **Herausgabe von Geschäftsunterlagen** von einer Ausgleichsklausel, wonach „mit der Erfüllung dieses Vertrags ... alle wechselseitigen Ansprüche der vertragschließenden Parteien aus dem Dienstverhältnis gegenseitig abgegolten" sind, nicht erfasst.[57] Ebenso wenig werden Zins und Rückzahlungsansprüche eines AG gegen seinen AN aus einem gewährten **Arbeitgeberdarlehen** von einer Ausgleichsklausel in erfasst, nach der „mit diesem Vertrag sämtliche aus dem bestehenden Arbeitsverhältnis und seiner Beendigung abzuleitenden wechselseitigen Ansprüche ... geregelt und abgegolten sind".[58] Sollen „alle Ansprüche aus dem Arbeitsverhältnis und dem Anlass seiner Beendigung abgegolten" sein, werden hiervon auch **Aktienoptionen** als Bestandteil der arbeitsvertraglichen Vergütungsregelung erfasst.[59] In einer Ausgleichsklausel bei Ausscheiden aus dem Arbeitsverhältnis kann grundsätzlich auch auf den **allgemeinen oder besonderen Kündigungsschutz** verzichtet werden (dazu näher → Rn. 14f.; → § 138 Rn. 6). Verpflichtet sich der AG in einem Prozessvergleich zur **„ordnungsgemäßen" Abrechnung des Arbeitsverhältnisses,** hat er eine Entgeltberechnung anhand außerhalb des Vergleichs vorzufindender Rechtsnormen vorzunehmen. Das schließt hinsichtlich eines aus § 615 BGB iVm § 611a II BGB bestehenden Anspruchs auf Annahmeverzugsvergütung die Anrechnung anderweitig erzielten Verdienstes nach § 615 S. 2 BGB bzw. § 11 Nr. 1 KSchG ein.[60] – Hat der AN in der Ausgleichsquittung erklärt, ihm stünden keine Ansprüche aus dem Arbeitsverhältnis mehr zu, werden hiervon grundsätzlich **nicht Ruhegeldansprüche** und Anwartschaften,[61] als Schadensersatz geschuldete Versorgungsverschaffungsansprüche,[62] **Zeugnisansprüche**[63] und Ansprüche des AN aus dem ArbNErfG[64] eingeschlossen. Insoweit handelt es sich um Ansprüche, die erst bei und nach Beendigung des Arbeitsverhältnisses fällig werden. Ebenso wenig bezieht sich die Ausgleichsquittung auf **sachenrechtliche Ansprüche,**[65] weil der

[51] BAG 13.3.2013 AP Nr. 31 zu § 10 AÜG = NZA 2013, 680; 17.11.2009 AP Nr. 194 zu § 4 TVG Ausschlussfristen; 19.3.2009 AP Nr. 1 zu § 611 BGB Arbeitgeberdarlehen = NZA 2009, 896.
[52] BAG 17.10.2018 AP Nr. 10 zu § 767 ZPO = NJW 2019, 695.
[53] BAG 19.3.2009 AP Nr. 1 zu § 611 BGB Arbeitgeberdarlehen = NZA 2009, 896.
[54] BAG 24.6.2009 AP Nr. 81 zu § 74 HGB = NZA-RR 2010, 536.
[55] OLG Düsseldorf 9.7.1997 NZA-RR 1998, 1.
[56] BAG 31.7.2002 AP Nr. 74 zu § 74 HGB = NZA 2003, 100; dazu auch BAG 8.3.2006 AP Nr. 79 zu § 74 HGB = NZA 2006, 854.
[57] BAG 14.12.2011 AP Nr. 2 zu § 667 BGB = NZA 2012, 501.
[58] BAG 19.1.2011 AP Nr. 4 zu § 611 BGB Arbeitgeberdarlehen = NZA 2011, 1159.
[59] BAG 28.5.2008 NZA 2008, 1066.
[60] BAG 27.5.2020 AP Nr. 159 zu § 615 BGB = NZA 2020, 1131.
[61] BAG 9.11.1973 AP Nr. 163 zu § 242 BGB Ruhegehalt; 14.8.1990 AP Nr. 10 zu § 1 BetrAVG Invaliditätsrente = NZA 1991, 147.
[62] BAG 17.10.2000 AP Nr. 56 zu § 1 BetrAVG Zusatzversorgungskassen = NZA 2001, 203.
[63] Vgl. BAG 16.9.1974 AP Nr. 9 zu § 630 BGB; s. dazu auch LAG Düsseldorf 23.5.1995 NZA-RR 1996, 42.
[64] BAG 21.6.1979 AP Nr. 4 zu § 9 ArbNErfG.
[65] LAG Hamm 15.1.1980 DB 1980, 643.

Anspruch auf Eigentumsherausgabe (§ 985 BGB) regelmäßig unabhängig vom Arbeitsverhältnis besteht.

18 **3. Unwirksamkeit.** Eine Ausgleichsklausel ist insoweit unwirksam, wie in ihr auf unabdingbare gesetzliche Ansprüche oder auf Ansprüche verzichtet wird, die in einem Tarifvertrag (§ 4 IV TVG; dazu → § 209 Rn. 1 ff.) oder einer Betriebsvereinbarung (§ 77 IV BetrVG; dazu → § 231 Rn. 37 f.) geregelt sind. Zur Unwirksamkeit nach § 307 I BGB → § 35 Rn. 87 f. Bestehen wegen der Unwirksamkeit der Ausgleichsklausel noch Forderungen aus dem Arbeitsverhältnis, können diese grundsätzlich in den Grenzen des Verjährungsrechts und innerhalb etwaiger Ausschlussfristen geltend gemacht werden. Etwas anderes kann beim Abschluss eines **Tatsachenvergleichs** gelten. Dieser setzt nach § 779 BGB jedoch voraus, dass zwischen den Parteien eine tatsächliche Ungewissheit besteht, die im Wege gegenseitigen Nachgebens beseitigt werden soll.[66] Das ist nicht der Fall, wenn zwischen den Parteien kein Streit über die maßgeblichen Tatsachen, etwa die Urlaubsdauer, besteht. In diesem Fall liegt in Wahrheit ein Erlassvertrag vor, der jedoch auch in Bezug auf unabdingbare Ansprüche, wie den gesetzlichen Mindesturlaub, nach neuerer Rechtsprechung zulässig sein kann (→ § 104 Rn. 131).[67] Ein Vergleich über die tatsächlichen Voraussetzungen eines **Anspruchs auf Sozialplanabfindung** ist mit § 77 IV BetrVG vereinbar, wenn die Parteien allein über die Erfüllung der tatsächlichen Anspruchsvoraussetzungen gestritten haben. Handelt es sich aber um eine vergleichsweise Verständigung über Rechtsfragen, etwa diejenige, wie bestimmte Regelungen in einem Sozialplan auszulegen sind, liegt kein Tatsachenvergleich vor.[68] Zur Anfechtung → Rn. 20 f.

19 **4. Widerrufsrecht und Wegfall der Geschäftsgrundlage.** Ein gesetzliches Widerrufsrecht für Vergleiche oder Ausgleichsquittungen in Arbeitsverhältnissen besteht nicht, und zwar auch nicht nach §§ 312, 355 BGB. Denn das Arbeitsverhältnis ist keine besondere Vertriebsform, auf die sich diese Vorschriften beziehen.[69] Einzelne Tarifverträge sehen Widerrufsrechte vor, die allerdings recht unterschiedlich ausgestaltet sind. Vom Widerruf ist die Anfechtung (§ 143 BGB) zu unterscheiden. Die Berufung auf eine vergleichsweise erteilte Ausgleichsquittung kann eine unzulässige Rechtsausübung darstellen (dazu → Rn. 23). Das ist nach Auffassung des BAG anzunehmen, wenn der AN durch eine vorsätzliche Vertragsverletzung (§ 280 BGB) und zugleich durch eine vorsätzliche unerlaubte Handlung seinem bisherigen AG einen Schaden zugefügt hat und der AG bei Vergleichsabschluss hiervon keine Kenntnis hatte.[70] Von einem Wegfall der Geschäftsgrundlage iSv § 313 BGB ist nicht schon dann auszugehen, wenn sich durch die Eröffnung des Insolvenzverfahrens über das Vermögen einer Partei, die sich im Wege des Prozessvergleichs zur Zahlung einer erst später fällig werdenden Abfindung verpflichtet hat, das beiden Parteien bereits bei Vergleichsabschluss bekannte Risiko einer drohenden Zahlungsunfähigkeit der Partei verwirklicht. Es fehlt dann an einer unvorhergesehenen, schwerwiegenden nachträglichen Veränderung der Umstände iSv § 313 I BGB.[71]

20 **5. Anfechtung nach § 119 I BGB.** Der AN kann seine Willenserklärung, die zum Abschluss einer Ausgleichsklausel geführt hat, unter den Voraussetzungen der §§ 119 ff. BGB anfechten. Nach § 119 I BGB ist die Anfechtung berechtigt, wenn der Erklärende darlegt und beweist, dass er sich über den Wortlaut seiner Erklärung bzw. den Inhalt seiner Willenserklärung geirrt hat (→ § 34 Rn. 31a). Umstritten ist, inwieweit sich der deutschen Sprache nur unzureichend mächtige **ausländische AN** eine Ausgleichsquittung entgegenhalten lassen müssen. Unterzeichnet der ausländische AN die Quittung, war für den AG jedoch erkennbar, dass er sie nicht verstanden hat, muss der AG nach der Rechtsprechung einzelner LAG durch einen Dolmetscher sicherstellen, dass bei dem AN nicht der Geschäftswille fehlt.[72] Viel spricht indessen dafür, insoweit dieselben Grundsätze anzuwenden wie beim Abschluss des Arbeitsvertrags (dazu → § 32 Rn. 4).[73]

21 **6. Anfechtung nach § 123 BGB.** Nach § 123 BGB kann das in der Ausgleichsquittung enthaltene Rechtsgeschäft angefochten werden, wenn der Erklärende durch arglistige Täu-

[66] BAG 12.2.2014 NZA 2014, 613.
[67] BAG 14.5.2013 AP Nr. 52 zu § 13 BUrlG = NZA 2013, 1098.
[68] BAG 25.4.2017 AP Nr. 234 zu § 112 BetrVG 1972 = NZA 2017, 1467.
[69] So zum Aufhebungsvertrag BAG 27.11.2003 AP Nr. 2 zu § 312 BGB.
[70] BAG 9.3.1972 AP Nr. 10 zu § 242 BGB Unzulässige Rechtsausübung – Verwirkung.
[71] BAG 11.7.2012 AP Nr. 54 zu § 794 ZPO = NZA 2012, 1316.
[72] LAG BW 16.3.1967 DB 1967, 867; LAG Düsseldorf 2.11.1971 DB 1971, 2318; vgl. auch LAG Hamm 2.1.1976 DB 1976, 923; KassHdB/*Braasch* 1.2 Rn. 147.
[73] Dazu iE BAG 19.3.2014 AP Nr. 26 zu § 130 BGB = NZA 2014, 1076.

schung oder durch widerrechtliche Drohung zu ihrer Angabe bestimmt worden ist (dazu allgemein → § 34 Rn. 37 ff.). Eine arglistige Täuschung besteht danach, wenn dem Erklärenden vorgespiegelt wird, er unterschreibe nur eine einfache Quittung; eine rechtswidrige Drohung liegt vor, wenn die Aushändigung der Arbeitspapiere von deren Unterzeichnung abhängig gemacht wird oder für den Fall der Nichtunterzeichnung widerrechtlich die Einleitung eines Strafverfahrens angedroht wird. Eine zur Anfechtung nach § 123 BGB berechtigende Drohung muss nicht unmittelbar von dem Geschäftspartner ausgehen. Sie kann auch von einem Dritten herrühren. Dritter in diesem Sinne kann das Gericht oder eines seiner Mitglieder sein.[74]

7. Schuldanerkenntnis. Das in der Ausgleichsquittung liegende konstitutive Schuldanerkenntnis kann nach § 812 II BGB wegen **ungerechtfertigter Bereicherung** zurückgefordert werden, wenn der Anerkennende nachweist, dass er von dem Nichtbestand der Forderung ausgegangen ist, sie aber tatsächlich noch besteht. Ausgeschlossen ist der Rückforderungsanspruch, wenn er nur mit der Möglichkeit ihres Bestandes gerechnet hat. 22

IV. Verwirkung

1. Allgemeines. Die Verwirkung ist ein Unterfall der unzulässigen Rechtsausübung (§ 242 BGB),[75] die aus der Unzulässigkeit des widersprüchlichen Verhaltens folgt (venire contra factum proprium). Sie setzt voraus, dass der Gläubiger sein Recht längere Zeit nicht geltend gemacht hat und dabei unter Umständen untätig geblieben ist, die beim Schuldner den Eindruck erwecken konnten, der Gläubiger wolle auch künftig sein Recht nicht mehr geltend machen. Zudem muss der Verpflichtete sich darauf einstellen dürfen, nicht mehr in Anspruch genommen zu werden.[76] Die Verwirkung dient dem Vertrauensschutz. Hierdurch wird die illoyal verspätete Geltendmachung von Rechten ausgeschlossen.[77] Der Vertrauensschutz muss das Interesse des Berechtigten an einer sachlichen Prüfung des von ihm behaupteten Anspruchs derart überwiegen, dass dem in Anspruch genommenen die Erfüllung des Anspruchs oder die Einlassung auf die Klage nicht mehr zuzumuten ist.[78] Zweck der Verwirkung ist jedoch nicht, Schuldner, denen gegenüber die Gläubiger längere Zeit ihre Rechte nicht geltend gemacht haben, von ihrer Pflicht zur Leistung vorzeitig zu befreien. Deshalb kann allein der Zeitablauf die Verwirkung eines Rechts nicht rechtfertigen. Unterliegt ein geltend gemachter Anspruch nach §§ 195, 199 BGB der kurzen regelmäßigen Verjährung von drei Jahren, kann im Rahmen der Verwirkung eine weitere Abkürzung dieser Verjährungsfrist nur bei Vorliegen ganz besonderer Umstände angenommen werden.[79] Eine Verwirkung scheidet von vornherein aus, solange das geltend gemachte Recht noch nicht besteht.[80] 23

2. Zeit- und Umstandsmoment. Die Verwirkung setzt voraus, dass der Berechtigte ein Recht längere Zeit nicht geltend macht, obwohl er dazu in der Lage war (sog. Zeitmoment), und der Verpflichtete sich mit Rücksicht auf das gesamte Verhalten des Berechtigten darauf einrichten durfte und sich darauf eingerichtet hat, dieser werde sein Recht auch künftig nicht mehr geltend machen (sog. Umstandsmoment). Zum Zeitablauf müssen daher besondere Umstände sowohl im Verhalten des Berechtigten als auch des Verpflichteten hinzukommen, die es rechtfertigen, die späte Geltendmachung des Rechts mit Treu und Glauben unvereinbar und für den Verpflichteten als unzumutbar anzusehen.[81] Der Berechtigte muss unter Umständen untätig geblieben sein, die den Eindruck erwecken konnten, dass er sein Recht nicht mehr geltend machen wolle, so dass der Verpflichtete sich darauf einstellen durfte, nicht mehr in Anspruch genommen zu werden.[82] Zeit- und Umstandsmoment beeinflussen sich wechsel- 24

[74] BAG 12.5.2010 AP Nr. 68 zu § 123 BGB = NZA 2010, 1250.
[75] BAG 20.3.2018 AP Nr. 56 zu § 10 AÜG = NZA 2018, 931; 24.8.2016 AP Nr. 10 zu § 3 ArbZG = NZA 2017, 58; 11.11.2014 AP Nr. 74 § 2 BetrAVG.
[76] BAG 21.12.2016 AP Nr. 56 zu § 611 BGB Mehrarbeitsvergütung = NZA-RR 2017, 233.
[77] BAG 20.4.2010 AP Nr. 63 zu § 1 BetrAVG = NZA 2010, 883.
[78] BAG 25.9.2013 AP Nr. 7 zu § 397 BGB.
[79] BAG 11.12.2014 AP Nr. 9 zu § 611 BGB Mobbing = NZA 2015, 808; BGH 20.7.2017 NJW 2011, 212.
[80] BAG 23.9.2015 AP Nr. 47 zu § 611 BGB Arbeitszeit = NZA 2016, 295.
[81] BAG 28.2.2019 AP Nr. 477 zu § 613a BGB = NZA 2019, 1279.
[82] BAG 20.3.2018 AP Nr. 56 zu § 10 AÜG = NZA 2018, 931; 24.8.2016 NZA 2017, 58; 11.11.2014 AP Nr. 74 § 2 BetrAVG.

seitig; beide Elemente sind – bildhaft ausgedrückt – im Sinne **„kommunizierender Röhren“** miteinander verbunden: Je stärker das gesetzte Vertrauen oder die Umstände sind, die eine Geltendmachung für den Gegner unzumutbar machen, desto schneller kann ein Anspruch oder Recht verwirken. Umgekehrt gilt, dass je mehr Zeit verstrichen ist, desto geringer die Anforderungen an das Umstandsmoment sind.[83] Das Ausbleiben von Mahnungen begründet noch keine Vertrauensposition des Schuldners.[84] Die Inanspruchnahme von Vertrauen setzt die Kenntnis des Schuldners von einem möglichen Anspruch eines Dritten voraus. Fehlt es hieran, kann der Schuldner auf das Ausbleiben einer entsprechenden Forderung allenfalls allgemein, nicht aber konkret hinsichtlich eines bestimmten Anspruchs vertrauen. Den Schutz vor unbekannten Forderungen hat das Verjährungsrecht zu gewährleisten, nicht aber Treu und Glauben.[85]

25 **3. Gegenstand der Verwirkung.** Es können nicht nur **Ansprüche** (Lohn-, Urlaubsansprüche, Ansprüche auf Bezahlung von Überstunden usw.), sondern auch **Gestaltungsrechte, Kündigungsrechte** wie Kündigungsgründe[86] usw. verwirken. Das ist nach der Neufassung des § 4 S. 1 KSchG praktisch nur noch für eine mündliche Kündigung von Relevanz.[87] Auch das Widerspruchsrecht nach § 613a VI BGB kann verwirken (→ § 118 Rn. 51).[88] Ein Dienstnehmer handelt rechtsmissbräuchlich, wenn er sich nachträglich darauf beruft, AN gewesen zu sein, obwohl er als **freier Mitarbeiter** tätig sein wollte und sich jahrelang allen Versuchen des Dienstgebers widersetzt hat, zu ihm in ein Arbeitsverhältnis zu treten.[89] Der Verwirkung unterliegt auch das Recht des AN, die Rechtsunwirksamkeit einer **Versetzung** geltend zu machen.[90] Der **Zeugnisanspruch** kann gleichfalls verwirken (→ § 147 Rn. 11).[91] Die Verwirkung ist von Amts wegen zu prüfen; der Schuldner braucht sich auf sie im Prozess nicht zu berufen. Bei tarifgebundenen AN verfallen die **Ansprüche auf Überstundenabgeltung** im Allgemeinen nach Ablauf der tariflichen Ausschlussfristen. Die Abgeltungsansprüche der übrigen AN verwirken nach Ablauf einer entsprechenden Frist, wenn das Umstandsmoment erfüllt ist. Während des Laufs tariflicher Verfallfristen verwirken Ansprüche grundsätzlich nicht.[92] Das Recht, sich auf den **Bestand eines Arbeitsverhältnisses** zu berufen, kann als solches nicht verwirken, wenn das Arbeitsverhältnis zuvor unstreitig begründet worden ist. Der Verwirkung unterliegen nur die einzelnen sich hieraus ergebenden Ansprüche. Nur hierauf kann sich eine Rechtsausübung beziehen.[93] Hierzu gehört auch das **Widerspruchsrecht nach einem Betriebsübergang** (→ § 118 Rn. 51).[94] Für eine **Prozessverwirkung** ist allenfalls in engen Grenzen Raum. Es müssen zur Untätigkeit des AN besondere Umstände hinzutreten, die unzweifelhaft darauf hindeuten, er werde trotz der ihm eröffneten Möglichkeit einer ggf. späten Verfahrensaufnahme auf Dauer von der Durchführung des Rechtsstreits absehen.[95] Hierbei muss das Erfordernis des Vertrauensschutzes das Interesse des Berechtigten an der sachlichen Prüfung des von ihm behaupteten Anspruchs derart überwiegen, dass dem Gegner die Einlassung auf die nicht innerhalb angemessener Frist erhobene Klage nicht mehr zumutbar ist.[96] Durch die Annahme einer prozessualen Verwirkung darf der Weg zu den Gerichten nicht in unzumutbarer, aus Sachgründen nicht zu rechtfertigender Weise erschwert werden.[97] – Umstritten ist, ob lediglich konkrete, wiederkehrende Leistungen aus einem vertraglichen Dauerschuldverhältnis verwirken können und dies aber nicht für die vertragliche Grundlage gelten kann.[98]

---

[83] BAG 28.2.2019 AP Nr. 477 zu § 613a BGB = NZA 2019, 1279.
[84] BAG 28.5.2002 EzA Nr. 2 zu § 242 BGB Verwirkung.
[85] BAG 24.5.2006 NZA 2006, 1364.
[86] BAG 15.8.2002 AP Nr. 42 zu § 1 KSchG 1969 Verhaltensbedingte Kündigung; 20.8.1998 ZTR 1998, 565.
[87] Vgl. BAG 20.5.1988 AP Nr. 5 zu § 242 BGB Prozessverwirkung = NZA 1989, 16; LAG Köln ZIP 1990, 1294.
[88] Vgl. BAG 20.5.2010 NZA 2010, 1295; 20.3.2008 NZA 2008, 1354.
[89] BAG 11.12.1996 AP Nr. 36 zu § 242 BGB Unzulässige Rechtsausübung – Verwirkung.
[90] BAG 12.12.2006 NZA 2007, 396.
[91] BAG 16.10.2007 AP Nr. 33 zu § 630 BGB = NZA 2008, 298; 4.10.2005 AP Nr. 32 zu § 630 BGB = NZA 2006, 436; 17.2.1988 AP Nr. 17 zu § 630 BGB = NZA 1988, 427.
[92] ErfK/*Preis* BGB § 611a Rn. 471.
[93] Dazu neigend auch BAG 21.4.2016 AP Nr. 14 zu § 626 BGB Unkündbarkeit = NZA 2016, 941.
[94] BAG 28.2.2019 AP Nr. 477 zu § 613a BGB = NZA 2019, 1279.
[95] BAG 25.11.2010 AP Nr. 72 zu § 4 KSchG 1969 = NZA 2011, 821.
[96] BAG 13.10.2020 – 3 AZR 246/20; 25.8.2020 AP Nr. 49 zu § 611 BGB Rundfunk = NZA 2020, 1537.
[97] BAG 21.9.2017 AP Nr. 86 zu § 4 KSchG 1969 = NZA 2017, 1524.
[98] Dazu BAG 20.3.2018 AP Nr. 56 zu § 10 AÜG = NZA 2018, 931; 20.6.2018 – 4 AZR 371/15.

4. Ausschluss der Verwirkung. Die Verwirkung tariflicher Rechte ist nach **§ 4 IV 2 TVG** ausgeschlossen. Dies gilt auch für Ansprüche des AG. Unberührt hiervon bleibt der Einwand der unzulässigen Rechtsausübung. Eine entsprechende Rechtslage besteht für Rechte aus einer Betriebsvereinbarung **(§ 77 IV BetrVG).** Verzichtet der AG im Rahmen einer Betriebsvereinbarung auf betriebsbedingte Kündigungen, wenn die AN regelmäßig Mehrarbeit leisten, soll es eine unzulässige Rechtsausübung darstellen, wenn ein AN für die Laufzeit des Kündigungsverzichts die Mehrarbeit stillschweigend erbringt und die Ansprüche auf Mehrarbeitsvergütung nachträglich doch noch geltend macht.[99] Die Verwirkung tariflicher Rechte ist nur ausgeschlossen, wenn der Tarifvertrag kraft Tarifbindung oder Allgemeinverbindlichkeitserklärung den Arbeitsvertrag gestaltet (→ § 205 Rn. 1 ff.). 26

§ 73. Die wichtigsten Lohnsicherungen

Übersicht

I. Verfügungsverbote

1. Abtretung. a) Zulässigkeit. Der AN kann grundsätzlich seinen Anspruch auf Arbeitsvergütung einem Dritten abtreten (zur AGB-Kontrolle von Abtretungsverboten → § 35 Rn. 78). Aus § 611a BGB ist anders als für die Arbeitsleistung ein Abtretungsverbot für die Arbeitsvergütung nicht herzuleiten. Jedoch verstößt eine formularmäßige Sicherungsabtretung aller Ansprüche des Kreditnehmers aus seinem Arbeitsverhältnis grundsätzlich gegen § 307 I BGB, da sie den AN unangemessen benachteiligt.[1] Im Übrigen gelten für die Wirksamkeit einer Abtretung die allgemeinen zivilrechtlichen Grundsätze der §§ 398 ff. BGB. Danach kann eine Entgeltforderung vom AN durch Vertrag mit einem anderen auf diesen übertragen werden. Das Verfügungsgeschäft der Abtretung ist grundsätzlich formfrei. Wer den Erwerb einer Forderung auf eine Zession stützt, muss den Abschluss eines Abtretungsvertrags darlegen und bei Bestreiten des Gegners beweisen.[2] Die Abtretung künftiger Forderungen ist zulässig. Allerdings müssen die abgetretenen Forderungen im Zeitpunkt ihrer Entstehung nach Gegenstand und Umfang bestimmbar sein.[3] Auch ist das Verbot der Übersicherung beachten.[4] Dazu muss eine formularmäßig erklärte Abtretung der Arbeitsvergütung regelmäßig eine zeitliche und betragsmäßige Begrenzung und eine Freigabeklausel enthalten. Diesen Anforderungen genügt die Abtretung des pfändbaren Teils des Arbeitseinkommens.[5] Eine Vorausabtretung von „sonstigen Entgeltansprüchen" erfasst nicht eine Abfindung wegen des Verlusts des Arbeitsplatzes.[6] 1

Lohnabtretungsklauseln in Ratenkreditverträgen sind nach § 307 I BGB nur wirksam, wenn sie Zweck und Umfang der Abtretung sowie die Voraussetzungen, unter denen der Ver- 1a

[99] LAG BW 22.1.1998 NZA-RR 2000, 86.
[1] BAG 21.2.2013 AP Nr. 4 zu § 400 BGB = NZA-RR 2013, 590; BGH 20.9.2012 NJW-RR 2013, 248.
[2] BAG 30.5.2018 AP Nr. 5 zu § 61 HGB = NZA 2018, 1425.
[3] BAG 21.2.2013 AP Nr. 4 zu § 400 BGB = NZA-RR 2013, 590; BGH 20.9.2012 NJW-RR 2013, 248.
[4] BGH 27.4.1995 NJW 1995, 2289; BAG 7.7.1992 AP Nr. 6 zu § 398 BGB = NJW 1992, 2626.
[5] BAG 21.11.2001 AP Nr. 2 zu § 400 BGB = NZA 2001, 654.
[6] LAG Düsseldorf 29.6.2006 DB 2006, 2691; LAG Köln 27.3.2006 NZA-RR 2006, 365.

wender von ihnen Gebrauch machen darf (dazu § 498 I BGB), hinreichend eindeutig bestimmen und zu einem vernünftigen, die schutzwürdigen Belange beider Vertragspartner angemessen berücksichtigenden Interessenausgleich führen. Als unzulässig anzusehen ist daher eine Klausel, der nicht zweifelsfrei entnommen werden kann, ob die Vorausabtretung nur die Ansprüche aus dem Kreditvertrag oder auch solche aus anderen Rechtsgründen sichern soll.[7] Eine allgemeine Gehaltsabtretung soll im Regelfall dahin auszulegen sein, dass sie auch etwaige Lohnsteuererstattungsansprüche erfasst.[8] Die Vorausabtretung ist schließlich unwirksam, wenn sie an eine Gesellschaft erfolgt, die geschäftsmäßig Rechtsberatung und Einziehung fremder Forderungen betreibt, ohne im Besitz der erforderlichen Erlaubnis nach dem Rechtsberatungsgesetz zu sein.[9]

2 **b) Abtretungsverbot.** Soweit die Arbeitsvergütung unpfändbar ist (→ § 90 Rn. 1 ff.), kann sie nicht abgetreten (§ 400 BGB) oder verpfändet werden (§ 1274 II BGB). Mit dem gesetzlichen Abtretungsverbot soll der AN auch gegen seinen Willen davor geschützt werden, dass er durch eine Abtretung seiner Lohnansprüche die für seinen Lebensunterhalt erforderlichen Gelder verliert. Ihm sollen unter allen Umständen die für unpfändbar erklärten Beträge verbleiben, damit ihm die Lebensgrundlage nicht gänzlich entzogen wird.[10] Das Abtretungsverbot dient zugleich dem Schutz Dritter, denen der Schuldner gegenüber unterhaltspflichtig ist oder die ihm gegenüber unterhaltspflichtig werden können, sowie der Entlastung der staatlichen Sozialkassen.[11] Die Vorschrift ist zwingend und nicht abdingbar; entgegenstehende Vereinbarungen sind nach § 134 BGB nichtig.[12] Hat ein AN seinem AG die Abtretung seiner pfändbaren Vergütung an einen Darlehensgläubiger angezeigt und den AG gebeten, die Darlehensraten zu überweisen, sind von diesem Auftrag nicht die unpfändbaren Beträge erfasst.[13] In demselben Umfang wie eine Abtretung ist auch eine unwiderrufliche Inkassozession oder Einzugsermächtigung, dh eine Ermächtigung an einen Dritten, die Forderung in eigenem Namen und für eigene Rechnung einzuziehen, rechtsunwirksam.[14] Wirksam ist hingegen die Bevollmächtigung eines Dritten, die Arbeitsvergütung für den AN einzuziehen.

2a **c) Ausnahmen.** Eine Ausnahme von dem Abtretungsverbot gilt dann, wenn die Forderung an einen Dritten abgetreten wurde, der dem AN Leistungen in Höhe der abgetretenen Forderung erbracht hat.[15] In diesem Fall stehen dem AN gleichwertige Leistungen zum Bestreiten seines Lebensunterhalts zur Verfügung, dem durch § 400 BGB bezweckten Schutz des AN ist daher ausreichend Rechnung getragen.[16] Als gleichwertige Leistung gilt jedoch nicht die Überlassung von Wohnraum, insoweit verhindert § 400 BGB auch die Vorausabtretung von unpfändbaren Vergütungsansprüchen an den Vermieter (vgl. auch § 107 II 5 GewO).[17] Die Abtretung von unpfändbaren Lohnansprüchen zwischen Ehegatten kann nicht durch den Verweis auf höhere Unterhaltsleistungen als wirtschaftliche gleichwertige Gegenleistung gerechtfertigt werden. Das Abtretungsverbot ist unwirksam, solange der AG grundlos keinen Lohn zahlt und ein Dritter dem AN gegen Gehaltsabtretung die zur Existenz notwendigen Mittel zur Verfügung stellt.[18] Für einen Streit über die Ermittlung der pfändbaren Anteile von abgetretenem Arbeitslohn ist der Rechtsweg zu den Arbeitsgerichten nicht gegeben.[19] Beruft sich der Zedent auf eine Erhöhung der Pfändungsfreigrenze (§ 850f I ZPO), entscheidet über den Umfang der Abtretung das Prozessgericht, nicht das Vollstreckungsgericht.[20]

3 **2. Erlassvertrag.** Die Grenzen des Erlassvertrags (§ 397 BGB) über Arbeitsvergütung ergeben sich für tarifvertragliche Ansprüche bei beiderseitiger Tarifbindung aus § 4 IV TVG, für Ansprüche aus einer Betriebsvereinbarung aus § 77 IV BetrVG sowie für Ansprüche auf Entgelt-

---

7 BGH 22.6.1989 AP Nr. 5 zu § 398 BGB = NJW 1989, 2383.
8 BFH 4.12.1979 AP Nr. 4 zu § 398 BGB.
9 BAG 24.3.1993 AP Nr. 7 zu § 134 BGB.
10 BAG 21.2.2013 AP Nr. 4 zu § 400 BGB = NZA-RR 2013, 590.
11 MHdB ArbR/*Krause* § 73 Rn. 3.
12 BAG 21.2.2013 AP Nr. 4 zu § 400 BGB = NZA-RR 2013, 590; dazu auch BAG 17.2.2009 AP Nr. 16 zu § 850 ZPO = NZA 2010, 99.
13 BAG 23.11.1988 AP Nr. 1 zu § 400 BGB = NZA 1989, 1501.
14 BGH GS 10.12.1951 BGHZ 4, 163.
15 BAG 21.11.2000 AP Nr. 2 zu § 400 BGB = NZA 2001, 654; 23.11.1988 AP Nr. 1 zu § 400 BGB = NZA 1989, 1501.
16 BAG 21.2.2013 AP Nr. 4 zu § 400 BGB = NZA-RR 2013, 590.
17 BAG 21.11.2000 AP Nr. 2 zu § 400 BGB = NZA 2001, 654.
18 BAG 2.6.1966 AP Nr. 8 zu § 399 BGB = NJW 1966, 1727.
19 BAG 24.2.2002 AP Nr. 5 zu § 850e ZPO = NZA 2002, 868.
20 BGH 28.5.2003 NJW-RR 2003, 1367 = MDR 2003, 1192.

fortzahlung im Krankheitsfall aus § 12 EFZG oder Urlaubsentgelt aus § 13 BUrlG. Nach bestrittener, aber richtiger Ansicht ist ein Erlassvertrag oder ein in einer Ausgleichsquittung enthaltener Verzicht über die unpfändbare Arbeitsvergütung unwirksam;[21] insoweit enthalten die §§ 394, 400, 1274 II BGB eine allgemeine Schutznorm.

3. Vereinbarte Abtretungsverbote. a) Tarifvertrag und Betriebsvereinbarung. In kollektivrechtlichen Vereinbarungen kann nach bisheriger Rechtsprechung die Abtretung von künftigen Vergütungsansprüchen ausgeschlossen werden (anders für bereits entstandene).[22] Etwas anderes kann für Dienstvereinbarungen gelten, wenn keine Rechtsgrundlage in den PersVG enthalten ist.[23] Dem liegt das Ziel zugrunde, den AN gegen unbedachte Verfügungen und/oder der AG gegen Belastungen bei der Vergütungsabrechnung zu schützen. Von einem Lohnabtretungsverbot in einer Betriebsvereinbarung werden danach auch solche AN erfasst, die erst nach Abschluss der Betriebsvereinbarung in den Betrieb eintreten.[24] Dies begegnet Bedenken, weil hierdurch der AN bevormundet und in seinem Persönlichkeitsrecht (§ 75 II BetrVG) unverhältnismäßig eingeschränkt wird.[25] Nach der neueren Rechtsprechung des BAG sind denn auch Lohnverwendungsbestimmungen, die den AN ausschließlich belasten, grundsätzlich unzulässig.[26] 4

b) Einzelvertrag. Die Abtretung einer Forderung kann auch durch einzelvertragliche Abrede ausgeschlossen werden (zur AGB-Kontrolle → § 35 Rn. 78). Entsteht für den AG infolge der Abtretung ein Mehraufwand, begründet das gegenüber dem Zessionar noch nicht den Einwand der unzulässigen Rechtsausübung.[27] Hat der AN gegen ein einzelvertraglich begründetes Abtretungsverbot verstoßen, genehmigt der AG aber nachträglich die abredewidrige Verfügung, liegt hierin eine einvernehmliche Aufhebung des Abtretungsverbots, der keine Rückwirkung zukommt. Bis zur Aufhebung des Abtretungsverbots erfolgte Pfändungen der Arbeitsvergütung bleiben daher wirksam.[28] 5

4. Rechtsfolgen. Eine entgegen dem gesetzlichen (→ Rn. 2) oder einem vereinbarten (→ Rn. 4 f.) Abtretungsverbot vorgenommene Abtretung ist nichtig. Leistet der AG gleichwohl an den Zessionar, ist diese Leistung unwirksam. Der AG muss den unpfändbaren Teil der Vergütung an den AN zahlen, es sei denn, dem Anspruch kann die Einrede der Arglist entgegengesetzt werden. Gegen den Dritten kann ein Anspruch nach § 812 I Alt. 1 BGB bestehen. Zur vertraglichen Aufhebung des Abtretungsverbots → Rn. 5. 6

5. Arbeitgeberschutz. Der Zessionar einer Entgeltforderung hat gegenüber dem AG den Abschluss des formfrei wirksamen Abtretungsvertrags darzulegen und bei Bestreiten zu beweisen.[29] Hat der AN seine Vergütungsforderung wirksam abgetreten, ist der AG vor einer doppelten Inanspruchnahme wie folgt geschützt: **(a)** Der AG ist dem neuen Gläubiger nur gegen Aushändigung einer vom AN ausgestellten Urkunde zur Zahlung verpflichtet (§ 410 BGB). Ausreichend ist nach einer älteren Entscheidung des BAG die Vorlage einer Fotokopie.[30] Dies überzeugt allerdings nicht, denn der AG muss die Echtheit der Abtretungsurkunde prüfen können.[31] Hat der AN dem AG eine Urkunde über die Abtretung übergeben, kann dieser auch gegenüber dem AN schuldbefreiend an den Gläubiger leisten (§ 409 BGB). Unberührt bleibt aber die Verpflichtung des AG, die Wirksamkeit einer vorformulierten Abtretung zu beurteilen.[32] **(b)** Der AG kann dem neuen Gläubiger die Einwendungen entgegensetzen, die zzt. der Abtretung der Forderungen gegen den bisherigen Gläubiger begründet waren (§ 404 BGB). Der AG kann im Rahmen von § 406 BGB auch gegenüber den neuen Gläubigern mit Gegenforderungen aufrechnen.[33] Die Aufrechnung ist jedoch ausgeschlossen, wenn an dem Anspruch, mit dem aufgerechnet wird, ein Leistungsverweigerungsrecht besteht.[34] **(c)** Der 7

[21] Vgl. LAG MV 29.6.2006 – 1 Sa 52/06; LAG Bln 17.2.1997 NZA-RR 1997, 371.
[22] BAG 2.6.1966 AP Nr. 8 zu § 399 BGB; 20.12.1957 AP Nr. 1 zu § 399 BGB; *Denck* AuR 1979, 109.
[23] BAG 26.1.1983 AP Nr. 1 zu § 75 LPVG Rheinland-Pfalz.
[24] BAG 5.9.1960 AP Nr. 4 zu § 399 BGB.
[25] ErfK/*Preis* BGB § 611a Rn. 462.
[26] BAG 18.7.2006 AP Nr. 15 zu § 850 ZPO = NZA 2007, 462.
[27] BGH 20.12.1956 AP Nr. 1 zu § 398 BGB = NJW 1957, 498.
[28] BGH 1.2.1978 NJW 1978, 813 (keine Anwendung der §§ 182, 184 BGB).
[29] BAG 30.5.2018 AP Nr. 5 zu § 61 HGB = NZA 2018, 1425.
[30] BAG 27.6.1968 AP Nr. 3 zu § 398 BGB = NJW 1968, 2078.
[31] Küttner Personalbuch 2021/*Griese* „Entgeltabtretung" Rn. 11; MüKoBGB/*Roth/Kieninger* § 410 Rn. 5.
[32] BGH 22.6.1989 NJW 1989, 2383.
[33] BGH 9.4.1990 NJW 1990, 2544.
[34] BGH 9.10.2000 AP Nr. 88 zu § 615 BGB = NZA 2001, 36.

neue Gläubiger muss eine Leistung, die der AG nach der Abtretung an den AN bewirkt, sowie jedes Rechtsgeschäft, das nach der Abtretung zwischen AG und AN geschlossen wird, gegen sich gelten lassen, es sei denn, dass der AG die Abtretung bei der Leistung oder der Vornahme des Rechtsgeschäfts kennt (§ 407 BGB). **(d)** Schließlich besteht noch ein Schutz, wenn der AN seine Forderung mehrfach abtritt (§ 408 BGB).[35]

II. Aufrechnung

8 **1. Voraussetzungen.** Die Aufrechnung ist die wechselseitige Tilgung zweier sich gegenüberstehender Forderungen durch einseitiges Rechtsgeschäft oder Vertrag. Sie kann erfolgen durch einseitige, empfangsbedürftige, rechtsgestaltende und damit bedingungsfeindliche Willenserklärung eines Schuldners, der zugleich Gläubiger ist (§§ 387, 388 BGB), oder durch Aufrechnungsvertrag.[36] Die Aufrechnung kann auch durch die Erteilung einer Lohnabrechnung und dem tatsächlichen Einbehalt des Nettobetrags erfolgen.[37] Ein zulässiger, insbesondere nicht gegen das Truckverbot (§ 107 II GewO; dazu → Rn. 22) verstoßender Aufrechnungsvertrag ist gegeben, wenn die Parteien in einem Werkwohnungsvertrag vereinbaren, der AG solle die Miete von der pfändbaren Arbeitsvergütung einbehalten.[38] Die einseitige Aufrechnungserklärung bewirkt, dass die Forderungen, soweit sie sich decken, in dem Zeitraum als erloschen gelten, in welchem sie sich zur Aufrechnung geeignet gegenüberstanden (§ 389 BGB). Die Aufrechnung setzt voraus, dass **(a)** zwei Personen einander Leistungen schulden (Gegenseitigkeit), **(b)** die Forderungen ihrem Gegenstande nach gleichartig sind, **(c)** die Forderung, mit der aufgerechnet wird, fällig und **(d)** die Gegenforderung erfüllbar ist. Die Vertragsfreiheit gestattet dabei Vereinbarungen zwischen mehreren Gläubigern und Schuldnern, durch die ihre wechselseitigen Forderungen unter Verzicht auf das Gegenseitigkeitserfordernis im Wege der Verrechnung getilgt werden.[39] Aufgerechnet werden kann auch mit einer unechten ausländischen Valutaforderung. Besteht die Forderung, mit der aufgerechnet wird, in Wahrheit nicht, kann die Aufrechnungserklärung aber eine Anerkennung der Forderung im Umfang der Aufrechnung bedeuten.[40] Dasselbe gilt, wenn der Gläubiger einer Klage Unterlagen über das Bestehen einer Gegenforderung beifügt und erklärt, diese setze er von der Klageforderung ab.[41] Für die Geltendmachung einer Aufrechnung mit einer Gegenforderung gilt der Bestimmtheitsgrundsatz des § 253 II ZPO. Der Umfang der Rechtskraft darf nicht unklar bleiben. Auch wenn die Klage aufgrund einer Aufrechnung abgewiesen werden soll, muss feststehen, welche der zur Aufrechnung gestellten Gegenansprüche in welcher Höhe erloschen sind.[42] Übersteigen die zur Aufrechnung gestellten Forderungen die Höhe der Klageforderung, muss im Einzelnen bestimmt werden, in welcher Reihenfolge mit den Ansprüchen aufgerechnet wird. Der bloße Umstand, dass die zur Aufrechnung gestellten Gegenforderungen in einer bestimmten Reihenfolge schriftsätzlich aufgezählt sind, reicht hierfür nicht aus.[43]

9 **2. Ausschluss der Aufrechnung. a) Bruttolohnansprüche.** Grundsätzlich kann der AG nur gegenüber den abgerechneten Netto-Lohnforderungen des AN aufrechnen.[44] Eine **Aufrechnung mit Nettoforderungen,** wie etwa Schadensersatzansprüchen gegen die Bruttolohnforderung, verstößt gegen § 394 BGB und ist damit unzulässig.[45] Nur ausnahmsweise kann der AG bei einer Überzahlung **Bruttoentgeltbestanteile gegen Bruttolohnforderungen** aufrechnen, wenn dies wirt-

[35] BGH 9.11.1988 NJW 1989, 899.
[36] Dazu MüKoBGB/*Schlüter* § 387 Rn. 51.
[37] BAG 18.11.2020 AP Nr. 22 zu § 1 TVG Tarifverträge: Chemie = NZA 2021, 357; 20.11.2018 AP Nr. 34 zu § 394 BGB = NJW 2019, 1477; 19.1.2010 AP Nr. 3 zu § 4 ATG.
[38] BAG 15.5.1974 AP Nr. 2 zu § 387 BGB.
[39] BAG 21.1.2010 AP Nr. 2 zu § 95 InsO = NZA-RR 2020, 646.
[40] BGH 8.6.1989 NJW 1989, 2469.
[41] BGH 8.6.1989 NJW 1989, 2469.
[42] BAG 20.11.2018 AP Nr. 34 zu § 394 BGB = NJW 2019, 1477; 26.10.2016 AP Nr. 33 zu § 3 EntgeltFG = NZA 2017, 240.
[43] BAG 20.9.2016 AP Nr. 17 zu § 1 BetrAVG Treuebruch = NZA 2017, 644.
[44] ErfK/*Preis* BGB § 611a Rn. 450.
[45] BAG 20.11.2018 AP Nr. 34 zu § 394 BGB = NJW 2019, 1477.

schaftlich gleichwertig ist.[46] Den hiergegen gerichteten Bedenken[47] ist dadurch Rechnung zu tragen, dass der AG in diesen Fällen vorzutragen hat, dass die Sozialversicherungsbeiträge der gegenüberstehenden Forderungen unverändert geblieben sind und Beitragsbemessungsgrenzen nicht berührt werden. Des Weiteren hat er darzulegen, dass dem AN auch nach der Aufrechnung noch der **pfändungsfreie Nettobetrag** verbleibt. Der pfändbare Teil des Arbeitseinkommens ist nicht von Amts wegen zu ermitteln.[48] Bei Arbeitseinkommen bestimmt sich der pfändbare Teil gem. § 850 I ZPO nach Maßgabe der §§ 850a–850i ZPO. Zur Sicherung des Existenzminimums des AN und seiner unterhaltsberechtigten Familienangehörigen regelt § 850c I ZPO einen unpfändbaren Grundbetrag. Dieser ist entsprechend den Unterhaltspflichten des AN gestaffelt und nach oben begrenzt. Rechnet der AG gegen Arbeitseinkommen auf, obliegt es ihm vorzutragen, dass die Aufrechnung unter Beachtung der Pfändungsschutzvorschriften erfolgt ist.[49] Denn die Befugnis des AG, gegen den Entgeltanspruch des AN aufzurechnen, ist integraler Teil des Erfüllungseinwands, den der insoweit darlegungs- und beweisbelastete AG dem Zahlungsanspruch des AN entgegenhalten kann. Genügt der AG seiner diesbezüglichen Darlegungslast nicht, ist der Erfüllungseinwand unbeachtlich.[50] Bei der Aufrechnung gegen Ansprüche auf laufende Leistungen der **betrieblichen Altersversorgung** ist grundsätzlich jedes Einkommen des Betriebsrentners für die Berechnung des pfändbaren Teils getrennt zu betrachten, es sei denn, es liegt ein Zusammenrechnungsbeschluss des Vollstreckungsgerichts nach § 850e ZPO vor. Nur ausnahmsweise können verschiedene zusammenrechenbare Leistungen, wie Betriebsrenten und Renten aus der gesetzlichen Rentenversicherung, auch ohne einen entsprechenden Beschluss zusammengerechnet werden. Hiervon ist auszugehen, wenn die verschiedenen Einkommen eine Zweckgemeinschaft bilden. Das erfordert eine so enge Verknüpfung, dass ihr rechtlicher und wirtschaftlicher Zusammenhang es gebietet, sie als Einheit anzusehen. In der betrieblichen Altersversorgung liegt eine derartige Zweckgemeinschaft vor, wenn sich mehrere Versorgungsbezüge zu einer Gesamtversorgung ergänzen.[51]

b) Gesetzliche Aufrechnungsbeschränkungen. Die Aufrechnung ist unzulässig, wenn **10** die Gegenforderung aus einer vorsätzlich begangenen unerlaubten Handlung entstanden (§ 393 BGB), unpfändbar (§ 394 BGB; dazu → § 90 Rn. 1 ff.) oder wenn die Aufrechnung durch Kollektiv- oder Einzelvertrag ausgeschlossen ist. Der Ausschluss der Aufrechnung kann sich im Wege der Vertragsauslegung ergeben.[52] Ist die Aufrechnung durch Vertrag ausgeschlossen, bleibt sie es auch, wenn der Vertrag später beendet ist.[53] Unzulässig ist die Aufrechnung von Ansprüchen wegen Lohnüberzahlung gegen Ansprüche auf **vermögenswirksame Leistungen.**[54] § 394 BGB steht einer Aufrechnungsvereinbarung nach Fälligkeit der unpfändbaren Forderung nicht entgegen;[55] diese Bestimmung ist jedoch aus Gründen des Arbeitnehmerschutzes entsprechend auf den Aufrechnungsvertrag anzuwenden, soweit er sich auf noch nicht fällige Lohnforderungen bezieht.[56] Ob sich der Zessionar einer Lohnforderung auf das Aufrechnungsverbot des § 394 BGB berufen kann, ist nach dem Zweck des Verbots zu beurteilen,[57] aber im Regelfall wohl zu bejahen.

Hat der AN seine Vergütungsforderung **(im Voraus) abgetreten,** kann der AG auch **11** gegenüber dem Neugläubiger aufrechnen, es sei denn, dass der AG bei dem Erwerb der Forderung von der Abtretung Kenntnis hatte oder seine Forderung später als die abgetretene Forderung fällig geworden ist (§ 406 BGB).[58] Zulässig ist auch die Aufrechnung, wenn beide Forderungen gleichzeitig fällig werden.[59] Treffen Aufrechnungen und Lohnpfändungen zusammen, gilt § 392 BGB. Hiernach ist die Aufrechnung gegen den Pfändungsgläubiger unter den gleichen Voraussetzungen wie bei der Abtretung unzulässig. Auch eine entsprechende Aufrech-

---

46 Ebenso ErfK/*Preis* BGB § 611a Rn. 450.
47 LAG Bln-Bbg 20.11.2013 – 21 Sa 866/13.
48 BAG 5.12.2002 AP Nr. 32 zu § 394 BGB = NZA 2003, 802.
49 BAG 18.11.2020 AP Nr. 22 zu § 1 TVG Tarifverträge: Chemie = NZA 2021, 357; 23.2.2016 – 9 AZR 226/15.
50 BAG 18.11.2020 AP Nr. 22 zu § 1 TVG Tarifverträge: Chemie = NZA 2021, 357; 22.9.2015 AP Nr. 33 zu § 394 BGB.
51 BAG 11.12.2018 AP Nr. 42 zu § 1 BetrAVG Hinterbliebenenversorgung = NZA 2019, 537.
52 BGH 20.12.1979 ZIP 1980, 110.
53 BGH 12.1.2000 NJW-RR 2000, 530; BAG 18.3.1997 AP Nr. 30 zu § 394 BGB = NZA 1997, 1108.
54 ArbG Berlin 7.3.1972 AP Nr. 27 zu § 394 BGB.
55 BAG 18.8.1976 AP Nr. 4 zu § 613a BGB.
56 LAG Hamm 15.3.1973 = DB 1973, 1080; MüKoBGB/*Schlüter* § 394 Rn. 12.
57 Vgl. BAG 28.6.1984 AP Nr. 1 zu § 115 SGB X = NZA 1985, 186.
58 BGH 9.4.1990 NJW 1990, 2544.
59 BAG 14.12.1966 AP Nr. 26 zu § 138 BGB = NJW 1967, 751; BGH 9.6.1960 BGHZ 32, 367.

nungsvereinbarung geht unter den Voraussetzungen von § 392 BGB einer späteren Pfändung vor.[60]

12 **3. Treu und Glauben.** Die Berufung auf das Aufrechnungsverbot kann gegen Treu und Glauben verstoßen. Dies ist regelmäßig der Fall, wenn die Forderung, mit der aufgerechnet wird, auf einer **vorsätzlich unerlaubten Handlung**[61] **oder einer vorsätzlichen Vertragsverletzung**[62] **des AN** beruht; der durch § 394 S. 1 BGB bezweckte Schutz tritt dann zurück.[63] Haben sich die Hinterbliebenen selbst an dem Fehlverhalten des AN gegenüber dem AG beteiligt, kann der AG auch die Hinterbliebenen auf Schadensersatz in Anspruch nehmen und gegenüber deren Anspruch auf Hinterbliebenenversorgung aufrechnen.[64] Im Interesse der Allgemeinheit darf der Geschädigte durch Aufrechnung nicht so weit in Vergütungsansprüche eingreifen, dass der AN auf Sozialhilfeleistungen angewiesen ist. Ihm muss deshalb das **Existenzminimum** verbleiben, das dem bei der Pfändung von Unterhaltsansprüchen (§ 850d ZPO) entspricht und unter Berücksichtigung sonstiger Einkünfte zu ermitteln ist.[65] Darlegungspflichtig ist insoweit der Aufrechnende. Nach Auffassung des BAG kann der AG bei vorsätzlicher Schadenszufügung berechtigt sein, gegen unpfändbare Lohnforderungen in vollem Umfange aufrechnen, wenn der AN bereits ausgeschieden ist.[66] Gegen eine Forderung aus einer vorsätzlich begangenen unerlaubten Handlung ist die Aufrechnung mit einer Forderung aus einer ebenfalls vorsätzlich begangenen unerlaubten Handlung unzulässig.[67] Beruht der Schadenseintritt nur auf einem grob fahrlässigen Handeln des AN, ist § 394 BGB ohne Einschränkung anwendbar.[68] Die Aufrechnung gegenüber einer Forderung aus einem Aufhebungsvertrag (Vergleich) mit abgetretenen Schadensersatzansprüchen eines Dritten kann ohne einen zuvor erklärten Vorbehalt rechtsmissbräuchlich sein.[69]

13 **4. Verjährung und Ausschlussfristen.** Ausgeschlossen ist eine Aufrechnung mit Forderungen, denen eine Einrede entgegensteht (§ 390 BGB). Nach § 215 BGB schließt die Verjährung die Aufrechnung aber nicht aus, wenn der Anspruch in dem Zeitpunkt noch nicht verjährt war, in dem erstmals aufgerechnet werden konnte. Während des Laufs einer Ausschlussfrist kann mit Gegenansprüchen aufgerechnet werden. Ist hingegen die Forderung, mit der aufgerechnet werden soll, bereits verfallen, scheidet die Aufrechnung aus.[70] Haben AG oder AN rechtzeitig die Aufrechnung erklärt, muss die Aufrechnungserklärung eine vorgesehene Form für die Geltendmachung der Verfallfrist nicht einhalten, da die Forderung aufgrund der erklärten Aufrechnung bereits erloschen ist.[71] Jedoch muss die Aufrechnungserklärung die aufgerechnete Forderung hinreichend bestimmen und individualisieren, andernfalls ist sie unwirksam.

14 **5. Lohnsteuer.** Hat der AG den Lohnsteuerabzug unrichtig durchgeführt und wird er vom Finanzamt in Anspruch genommen, kann er mit dem Erstattungsanspruch (§§ 670, 426 BGB) gegen die pfändbaren (Netto-)Lohnforderungen aufrechnen. Dagegen ist eine Aufrechnung gegen den Erstattungsanspruch aus einem Lohnsteuerjahresausgleich des AN durch den AG ausgeschlossen, da es an der Gegenseitigkeit fehlt.

15 **6. Prozessuales.** Der Aufrechnende ist stets **darlegungs- und beweispflichtig** für die Voraussetzungen der Aufrechnung (→ Rn. 8). Wird gegen Arbeitseinkommen aufgerechnet, hat der AG darüber hinaus vorzutragen, dass die Aufrechnung unter Beachtung der Pfändungsschutzvorschriften erfolgt ist.[72] Wird in einer arbeitsgerichtlichen Streitigkeit mit einer Forde-

---

[60] BAG 10.10.1966 AP Nr. 2 zu § 392 BGB; 1.8.1959 AP Nr. 1 zu § 392 BGB.
[61] BAG 13.11.2012 AP Nr. 14 zu § 1 BetrAVG Treuebruch = NZA 2013, 1279; 18.3.1997 AP Nr. 30 zu § 394 BGB = NZA 1997, 1108.
[62] BAG 28.8.1964 AP Nr. 9 zu § 394 BGB; 31.3.1960 AP Nr. 5 zu § 394 BGB; aA BGH 22.4.1964 AP Nr. 4 zu § 394 BGB; zweifelnd auch BGH 4.12.1968 AP Nr. 12 zu § 394 BGB.
[63] MüKoBGB/*Schlüter* § 394 Rn. 14f.
[64] BAG 13.11.2012 AP Nr. 14 zu § 1 BetrAVG Treuebruch = NZA 2013, 1279.
[65] BAG 18.3.1997 AP Nr. 30 zu § 394 BGB = NZA 1997, 1108; LAG Hamm 7.6.2005 – 19 (9) Sa 232/05.
[66] BAG 28.8.1968 AP Nr. 9 zu § 394 BGB = NJW 1965, 70.
[67] OLG Celle 9.6.1980 NJW 1981, 766.
[68] ArbG Köln 22.5.2002 MDR 2002, 1258.
[69] LAG Nürnberg 8.10.2004 AR-Blattei ES 270 Nr. 11.
[70] BAG 8.12.2011 AP Nr. 7 zu § 11 TVÜ = NZA-RR 2012, 273; 30.3.1973 AP Nr. 4 zu § 390 BGB.
[71] BAG 1.2.2006 – 5 AZR 395/05.
[72] BAG 18.11.2020 AP Nr. 22 zu § 1 TVG Tarifverträge: Chemie = NZA 2021, 357; 5.12.2002 AP Nr. 32 zu § 394 BGB = NZA 2003, 802.

rung aufgerechnet, für die nach §§ 2 I, II, 3 ArbGG der **Rechtsweg** zu den Arbeitsgerichten gegeben ist, unterliegt die Entscheidung über die Aufrechnung keinen zuständigkeitsrechtlichen Bedenken. Wird dagegen mit einer Forderung aufgerechnet, für die der Rechtsweg zu den Arbeitsgerichten nicht gegeben ist, ist zu beachten, dass die Aufrechnung kein rechtlicher Gesichtspunkt iSv § 17 II GVG ist, sondern ein weiteres selbständiges Gegenrecht, das dem durch die Klage bestimmten Streitgegenstand einen weiteren selbständigen Gegenstand hinzufügt. Die Arbeitsgerichte können deshalb über die Begründetheit der Aufrechnung mit einer rechtswegfremden Gegenforderung grundsätzlich nicht selbst entscheiden. Nur dann, wenn die zur Aufrechnung gestellte, an sich rechtswegfremde Gegenforderung die Voraussetzungen des § 2 III ArbGG erfüllt, sie also vom Beklagten als Widerklage vor die Arbeitsgerichte gebracht werden könnte und keine ausschließliche Zuständigkeit eines anderen Gerichts – wie das bei einer Mietforderung der Fall ist[73] – besteht, kann hierüber von den Arbeitsgerichten entschieden werden.[74] Auf die Rechtsnatur der Gegenforderung kommt es indes nicht an, wenn nicht mit Rechtskraftwirkung über die Gegenforderung zu entscheiden ist (§ 322 II ZPO). Über die Vergütungsansprüche ist ggf. durch **Vorbehaltsurteil** (§ 302 ZPO) zu entscheiden. Dabei ist das Arbeitsgericht nicht verpflichtet, das Verfahren nach § 148 ZPO auszusetzen und die beklagte Partei auf einen neuen Rechtsstreit vor dem zuständigen Gericht zu verweisen.[75]

III. Sonstige Lohnsicherungen

1. Lohnanrechnung. Von der Aufrechnung zu unterscheiden ist die Lohnanrechnung. Bei ihr rechnet der AG eigene Leistungen oder Leistungen eines Dritten auf den Vergütungsanspruch des AN an. Durch sie sollen Doppelleistungen vermieden werden. Die wichtigsten gesetzlichen Anrechnungsbestimmungen beziehen sich auf die Anrechnung anderweitigen Einkommens bei **(a)** Annahmeverzug (§ 615 S. 2 BGB, § 11 KSchG; → § 95 Rn. 71 ff.), **(b)** verschuldeter Unmöglichkeit der Arbeitsleistung (§ 326 II BGB), **(c)** Karenzentschädigung im Falle des Wettbewerbsverbots (§ 74c HGB; → § 58 Rn. 77), **(d)** im Krankheitsfalle (§§ 616 I 2, 617 I 3 BGB; dazu → § 98 Rn. 1 ff.). Da die Anrechnung keine Aufrechnung darstellt, scheidet die unmittelbare oder entsprechende Anwendung von § 394 BGB aus. 16

Lohnanrechnungen auf freiwillige Vergütungsbestandteile erfolgen vielfach im Zusammenhang mit (rückwirkenden) **Tariflohnerhöhungen.** Nach der Rspr. des BAG kann der AG regelmäßig eine nachträglich für bestimmte Monate vereinbarte Tariflohnerhöhung auf die in diesen Monaten bereits geleisteten übertariflichen Zulagen durch ausdrückliche oder konkludente Erklärung anrechnen (→ § 69 Rn. 25). Ein Anspruch des AN auf Leistung der unverminderten Zulage neben dem erhöhten Tarifentgelt besteht nur dann, wenn die Zulage als selbständiger, anrechnungsfester Bestandteil der Gesamtvergütung vereinbart ist.[76] Erfolgt die Anrechnung, tritt der erhöhte Tariflohn zum gewährten Entgelt nur so weit hinzu, wie er dieses übersteigt, dh der übertarifliche Lohnbestandteil verringert sich um den Betrag der Tariflohnerhöhung. – Zur AGB-Kontrolle → § 35 Rn. 83 und zum Mitbestimmungsrecht des BR bei Lohnanrechnungen → § 235 Rn. 106. 17

2. Lohneinbehalt (Kaution). Von einem Lohneinbehalt im technischen Sinne wird dann gesprochen, wenn der AG berechtigt ist, die Arbeitsvergütung ganz oder teilweise einzubehalten. Der Lohneinbehalt unterscheidet sich von der Aufrechnung oder der Ausübung eines Zurückbehaltungsrechts (→ § 50 Rn. 1 ff.) dadurch, dass bei ihm keine Gegenforderung besteht. In AGB vereinbarte Kautionen, die dazu dienen, mögliche zukünftige Gegenforderungen des AG abzusichern, sind unangemessen iSv § 307 I 1 BGB. Der AN hat nach erbrachter Arbeitsleistung Anspruch auf Auszahlung der vollen Vergütung (§ 614 BGB). Es ist unangemessen, ihm das Insolvenzrisiko des AG zu übertragen. Der Verfall einer durch den AN gestellten Kaution für den Fall fristgerechter Kündigung kann als Kündigungserschwerung nicht wirksam vereinbart werden.[77] 18

[73] BAG 28.11.2007 AP Nr. 11 zu § 2 ArbGG 1979 Zuständigkeitsprüfung = NZA 2008, 843.
[74] BAG 23.8.2001 AP Nr. 2 zu § 17 GVG = NZA 2001, 1158.
[75] BAG 28.11.2007 AP Nr. 11 zu § 2 ArbGG 1979 Zuständigkeitsprüfung = NZA 2008, 843.
[76] BAG 23.2.2016 AP Nr. 148 zu § 87 BetrVG 1972 Lohngestaltung = NZA 2016, 906; 3.9.2014 AP Nr. 219 zu § 242 BGB Gleichbehandlung.
[77] BAG 11.3.1971 AP Nr. 9 zu § 622 BGB.

19 **3. Bürgschaft.** Eine formularmäßige Bürgschaft zur Sicherung aller künftigen Forderungen aus einem Arbeitsverhältnis benachteiligt die bürgende Privatperson entgegen § 307 I 1 BGB regelmäßig unangemessen.[78]

20 **4. Lohnverwirkung.** Lohnverwirkung ist eine Vereinbarung, wonach unter bestimmten Voraussetzungen, zB für den Fall der rechtswidrigen Auflösung des Arbeitsvertrags, der Anspruch auf Arbeitsvergütung erlöschen soll. Sie ist ein aufschiebend bedingter Erlassvertrag (§ 397 BGB). Von der Lohnverwirkung zu unterscheiden ist die Verwirkung (→ § 72 Rn. 23 ff.), dh die illoyale verspätete Geltendmachung einer Forderung oder der Verzicht. Die Lohnverwirkung ist der Sache nach eine Vertragsstrafe[79] und kann deshalb allenfalls unter denselben Voraussetzungen wie diese (dazu → § 57 Rn. 6 ff.) Wirkung entfalten.

21 **5. Lohnverwendungsabreden.** Lohnverwendungsabreden sind Vereinbarungen zwischen AG und AN, die Arbeitsvergütung zugunsten bestimmter Personen oder zu bestimmten Zwecken ganz oder teilweise zu verwenden. Grundsätzlich sind derartige Vereinbarungen zulässig. Lohnverwendungsabreden sind aber unwirksam, wenn sie den AN sittenwidrig binden (§ 138 BGB) oder gegen das Truckverbot aus § 107 GewO verstoßen (dazu → Rn. 22). Lohnverwendungsabreden über den unpfändbaren Teil der Arbeitsvergütung sind unzulässig. In Tarifverträgen und Betriebsvereinbarungen sind Lohnverwendungsnormen nur eingeschränkt zulässig.[80] Der AN kann nicht gezwungen werden, die Kosten für ein Kantinenessen zu tragen, wenn er an der Kantinenverpflegung nicht teilnehmen will.[81]

IV. Truckverbot

22 **1. Inhalt und Bedeutung.** Gem. § 107 II 2 GewO darf der AG dem AN keine Waren auf Kredit überlassen. Das Kreditierungsverbot soll verhindern, dass der AN durch die Annahme anderer als Geldleistungen seinen Geldlohnanspruch gegenüber dem AG wegen § 364 BGB verliert. Der AN soll davor geschützt werden, die empfangenen Waren erst verkaufen zu müssen, um aus dem Erlös seinen Lebensunterhalt bestreiten zu können.[82] Diese seit 1878 geltende Vorschrift (bis zum 31.12.2002 in § 115 II GewO aF enthalten) dient auch heute noch vernünftigen Zwecken des Gemeinwohls.[83] Systematisch schafft § 107 II GewO in Satz 1 die Möglichkeit zur Vereinbarung von Sachbezügen, Satz 2 enthält ein Kreditierungsverbot, während die Sätze 3, 4 die Anrechnung des Warenbezugs zum Selbstkostenpreis auf das Arbeitsentgelt erlaubt. § 107 II 5 GewO legt schließlich fest, dass der Wert der Sachbezüge oder der gelieferten Waren die Höhe des pfändbaren Teils der Arbeitsvergütung nicht übersteigen darf. Dies ist bei Vereinbarungen über die private Nutzung von Dienstwagen zu beachten (dazu näher → § 68 Rn. 2).

23 Unter das Kreditierungsverbot fällt nicht der Verkauf eines Grundstücks auf Kredit, da es sich bei Waren nur um bewegliche Sachen handelt, sowie die Überlassung eines Dienstwagens zur privaten Nutzung.[84] Unzulässig ist dagegen die Kreditierung des Kaufpreises für an AN gelieferte Kraftfahrzeuge durch den AG.[85] Die Finanzierung über ein Kreditinstitut ist jedoch möglich.[86] Uneingeschränkt zulässig ist auch der **Verkauf von Waren gegen Barzahlung.** Ebenso kann eine Anrechnung von bezogenen Waren auf die Arbeitsvergütung erfolgen, wenn diese zu den durchschnittlichen Selbstkosten erfolgt. Als AG gilt das Unternehmen, der Verkauf von Gegenständen konzernverbundener Unternehmen fällt nicht unter § 107 II 3 GewO. Die Beschaffenheit der Waren muss mittlerer Art und Güte entsprechen, es sei denn, die Arbeitsvertragsparteien haben ausdrücklich eine andere Vereinbarung getroffen. § 107 II 5 GewO legt fest, dass der Wert der vereinbarten Sachbezüge oder des verbilligten Warenbezugs den Wert des pfändbaren Arbeitseinkommens nicht übersteigen darf (dazu → § 68 Rn. 2). Freiwillige zusätzliche Leistungen des AG fallen nicht unter das Kreditierungsverbot.[87] Deshalb

[78] Vgl. BAG 27.4.2000 AP Nr. 1 zu § 765 BGB = NZA 2000, 940.
[79] ErfK/*Preis* BGB § 611a Rn. 469.
[80] Dazu BAG 18.7.2006 AP Nr. 15 zu § 850 ZPO = NZA 2007, 462.
[81] BAG 11.7.2000 AP Nr. 16 zu § 87 BetrVG 1972 Sozialeinrichtung = NZA 2001, 462.
[82] ErfK/*Preis* GewO § 107 Rn. 3.
[83] BVerfG 24.2.1992 AP Nr. 5 zu § 115 GewO = NJW 1992, 2143.
[84] BAG 24.3.2009 AP Nr. 22 zu § 611 BGB Sachbezüge = NZA 2009, 861.
[85] BAG 20.4.1974 AP Nr. 1 zu § 115 GewO = NJW 1974, 1887; OLG Hamm 26.5.1989 NJW 1990, 55.
[86] BGH 12.5.1975 AP Nr. 3 zu § 115 GewO = NJW 1975, 1515.
[87] BAG 23.9.1992 AP Nr. 1 zu § 611 BGB Arbeitnehmerdarlehen = NZA 1993, 936.

fällt ein über die zu beanspruchende Vergütung hinaus gewährtes Arbeitgeberdarlehen nicht unter das Kreditierungsverbot.

2. Rechtsfolgen. Ein Verstoß gegen das Kreditierungsverbot führt zur Unwirksamkeit der abgeschlossenen Vereinbarung, der AG kann kreditierte Forderungen nicht klageweise oder auf sonstige Weise (Aufrechnung usw.) geltend machen (vgl. § 118 GewO aF). Der AN kann jederzeit die Arbeitsvergütung erneut fordern, muss allerdings die kreditierten Waren an den AG herauszugeben. 24

§ 74. Rückzahlung von Arbeitsvergütung

Übersicht

I. Überzahlung

1. Rückzahlungsanspruch. a) Grundsatz. Hat der AG irrtümlich eine zu hohe Arbeitsvergütung gezahlt, ist der AN nach §§ 812 ff. BGB zur Rückzahlung verpflichtet.[1] Das gilt auch, wenn der AG aufgrund eines arbeitsgerichtlichen Urteils versehentlich den vollen Bruttobetrag einschließlich Lohnsteuer und Arbeitnehmeranteil des Gesamtsozialversicherungsbeitrags an den AN auszahlt. Der AN ist dann hinsichtlich der abzuführenden Teilbeträge ungerechtfertigt bereichert. Diese sind zwar Bestandteil des (Brutto-)Entgeltanspruchs, so dass mit dessen Einbehalt und Abführung an die zuständigen Stellen der AG (auch) seine Zahlungspflicht gegenüber dem AN erfüllt.[2] Doch hat der AN diesbezüglich wegen entgegenstehenden öffentlichen Lohnsteuerrechts (→ § 71 Rn. 24) keinen Anspruch auf Auszahlung, der Entgeltanspruch ist insoweit nur auf Einbehalt und Abführung gerichtet. Den Einwand der Entreicherung nach § 818 III BGB kann der AN dem Rückforderungsverlangen des AG nur dann entgegenhalten, wenn er das ihm entgegen öffentlichem Recht Zugeflossene an die zuständigen Stellen selbst abgeführt hat.[3] Die Rückzahlungsverpflichtung besteht insbesondere, wenn **(1)** der AG sich verrechnet hat, **(2)** er irrtümlich glaubt, aufgrund tariflicher Vorschrift zur Leistung verpflichtet zu sein,[4] **(3)** im öffentlichen Dienst, wenn der AG den AN irrtümlich in eine zu hohe tarifliche Lohngruppe eingruppiert hat.[5] Der AG muss darlegen und im Streitfalle beweisen, dass für die Leistungen an den AN ein Rechtsgrund (teilweise) gefehlt hat. Beruht die Überzahlung auf einer fehlerhaften Eingruppierung, umfasst das die Darlegung der Tatsachen, aus denen die zutreffende Eingruppierung des AN folgt. Bei der Rückabwicklung erfolgt grundsätzlich eine Saldierung der beiderseitigen Leistungen (zur Entreicherung nach § 818 III BGB → Rn. 12). 1

b) Honorarzahlungen im freien Mitarbeiterverhältnis. Rückzahlungsansprüche des AG aus Bereicherungsrecht (§§ 812 ff. BGB) können auch bestehen, wenn ein **Arbeitsverhältnis von den Vertragsparteien irrtümlich als freies Mitarbeiterverhältnis behandelt** worden ist und der AG deshalb ein Honorar bezahlt hat, das höher war, als die tarifvertraglichen Arbeitsentgeltansprüche aus dem Arbeitsverhältnis.[6] Dies beruht darauf, dass eine für freie Mitarbeit individuell getroffene Vergütungsvereinbarung in der Regel nicht zugleich für eine Beschäfti- 2

[1] BAG 13.10.2010 AP Nr. 2 zu § 814 BGB = NZA 2011, 219; 19.1.1999 AP Nr. 1 zu § 70 BAT-O = NZA 1999, 1040.
[2] BAG 9.8.2016 – 9 AZR 417/15.
[3] BAG 21.12.2016 AP Nr. 36 zu § 812 BGB = NZA 2017, 449.
[4] BAG 1.6.1995 AP Nr. 16 zu § 812 BGB = NZA 1996, 135.
[5] BAG 17.5.2001 AP Nr. 2 zu § 70 BAT-O = NZA 2002, 910.
[6] BAG 26.6.2019 AP Nr. 37 zu § 812 BGB mAnm *Reiserer* = NZA 2019, 1558; 8.11.2006 NZA 2007, 321; 9.2.2005 AP Nr. 12 zu § 611 BGB Lohnrückzahlung = NZA 2005, 814.

gung im Arbeitsverhältnis als maßgeblich angesehen werden kann.[7] Andernfalls bliebe außer Acht, dass die Vergütung von Personen, die im Rahmen eines Dienstvertrags selbständige Tätigkeiten erbringen, typischerweise zugleich Risiken abdecken soll, welche diese anders als ein AN selbst tragen (Urlaub, Krankheit usw.). Für eine Gleichsetzung der Vergütungshöhe bedarf es deshalb vom AN darzulegender besonderer Anhaltspunkte. Fehlt es daran, ist nach § 612 II BGB die **übliche Vergütung geschuldet.** Der AG muss sich iRv § 812 I 1 Alt. 1 BGB nicht nur diese Vergütung, sondern auch die hierauf entfallenden Arbeitgeberanteile am Gesamtsozialversicherungsbeitrag anrechnen lassen. Ein Bereicherungsanspruch kommt von vorneherein nur in dem Umfang in Betracht, wie die Summe beider Positionen – Bruttoarbeitsverdienst zzgl. Arbeitgeberanteile am Gesamtsozialversicherungsbeitrag – gegenüber den geleisteten Honoraren einen Saldo zugunsten des AG ergibt. In die vorzunehmende Verrechnung ist auch ein etwaiger tariflicher Abfindungsanspruch einzubeziehen.[8] Der Rückzahlungsanspruch unterliegt der regelmäßigen **Verjährungsfrist** von drei Jahren nach § 195 BGB. Sie beginnt zu laufen, wenn der Arbeitnehmerstatus rechtsbeständig gerichtlich oder außergerichtlich geklärt ist.[9] Die Darlegungs- und Beweislast für die tatsächlichen Voraussetzungen eines Anspruchs auf Herausgabe einer ungerechtfertigten Bereicherung trägt grundsätzlich der Anspruchsteller.[10] Die Rückforderung seitens des AG ist nicht rechtsmissbräuchlich, wenn sie sich auf den Zeitraum beschränkt, für den der AN das Bestehen des Arbeitsverhältnisses gerichtlich geltend gemacht hat. Mit der Klageerhebung gibt der AN zu erkennen, dass er das Rechtsverhältnis nicht nach den Regeln der freien Mitarbeit, sondern nach Arbeitsrecht behandelt wissen will.[11]

3 **c) Anspruchsausschluss wegen Kenntnis der fehlenden Leistungspflicht.** Der Rückzahlungsanspruch kann nach § 814 BGB ausgeschlossen sein, wenn der AG gewusst hat, dass er zur Leistung nicht verpflichtet war. Die Regelung enthält eine rechtshindernde Einwendung, die von Amts wegen zu beachten ist.[12] Erforderlich ist **die positive Kenntnis der Nichtschuld** zum Zeitpunkt der Leistung.[13] Nicht ausreichend ist die Kenntnis der Tatsachen, aus denen sich das Fehlen einer rechtlichen Verpflichtung ergibt. Der Leistende muss vielmehr wissen, dass er nach der Rechtslage nichts schuldet. Das ist nur der Fall, wenn er aus den ihm bekannten Tatsachen auch eine im Ergebnis zutreffende rechtliche Schlussfolgerung zieht, wobei allerdings eine entsprechende „Parallelwertung in der Laiensphäre" genügt.[14] Die der Leistungskondiktion entgegenstehende Kenntnis des Leistenden ist vom Empfänger zu **beweisen.** Bestehen Zweifel daran, dass die Voraussetzung der positiven Kenntnis vorliegt, gehen diese zu dessen Lasten.[15] Beruht die Unkenntnis auf grober Fahrlässigkeit, schließt das den Rückforderungsanspruch nicht aus. Werden im öffentlichen Dienst die Bezüge nicht von der Beschäftigungsbehörde, sondern von einer zentralen Bezügestelle gezahlt, kommt es auf die Kenntnis der Bezügestelle als Leistenden an. Eine Zurechnung des Wissens der Beschäftigungsbehörde analog § 166 I BGB bzw. eine Zusammenführung des Wissens von Beschäftigungsbehörde und Bezügestelle findet nicht statt.[16]

4 **d) Fälligkeit des Rückzahlungsanspruchs.** Berechnet der AG die Vergütung fehlerhaft, obwohl ihm die maßgeblichen Berechnungsgrundlagen bekannt waren oder hätten bekannt sein müssen, entsteht sein Rückzahlungsanspruch bei überzahlter Vergütung im Zeitpunkt der Überzahlung und wird auch zugleich fällig (§ 271 I BGB). Auf die Kenntnis des AG von seinem Rückzahlungsanspruch kommt es in einem solchen Fall nicht an. Sind dem AG die Grundlagen der Berechnung bekannt, fallen Fehler bei der Berechnung der Vergütung regelmäßig in seine Sphäre, weil sie von ihm eher durch Kontrollmaßnahmen entdeckt werden können als vom AN.[17] Ein anderer Fälligkeitszeitpunkt ergibt sich, wenn es dem Gläubiger aufgrund praktischer Umstände unmöglich ist, seinen Anspruch geltend zu machen. Bei Rückzahlungsansprüchen ist

[7] Hierzu und zum Folgenden BAG 26.6.2019 AP Nr. 37 zu § 812 BGB = NZA 2019, 1558.
[8] BAG 13.10.2010 AP Nr. 2 zu § 814 BGB = NZA 2011, 219; 29.5.2002 AP Nr. 27 zu § 812 BGB = NZA 2002, 1328.
[9] BAG 26.6.2019 AP Nr. 37 zu § 812 BGB = NZA 2019, 1558.
[10] BAG 26.6.2019 AP Nr. 37 zu § 812 BGB mAnm *Reiserer* = NZA 2019, 1558.
[11] BAG 8.11.2006 NZA 2007, 321.
[12] BAG 18.11.2020 AP Nr. 22 zu § 1 TVG Tarifverträge: Chemie = NZA 2021, 357; MüKoBGB/*Schwab* § 814 Rn. 1.
[13] BAG 20.3.2014 AP Nr. 10 zu § 717 ZPO = NZA 2015, 189.
[14] BAG 18.11.2020 AP Nr. 22 zu § 1 TVG Tarifverträge: Chemie = NZA 2021, 357; 26.6.2019 AP Nr. 37 zu § 812 BGB mAnm *Reiserer* = NZA 2019, 1558; BGH 25.1.2008 NJW-RR 2008, 824.
[15] BGH 17.10.2002 NJW 2002, 3772.
[16] BAG 13.10.2010 AP Nr. 2 zu § 814 BGB = NZA 2011, 219.
[17] BAG 10.3.2005 AP Nr. 38 zu § 70 BAT = NZA 2005, 812; 19.2.2004 AP Nr. 3 zu § 70 BAT-O.

dies der Fall, wenn der Gläubiger nicht in der Lage ist, die tatsächlichen Voraussetzungen seines Anspruchs zu erkennen und diesen wenigstens annähernd zu beziffern. Dann wird der Rückzahlungsanspruch erst mit der Kenntnis des Gläubigers von den für die Rückforderung maßgeblichen Tatsachen fällig. Dies ist beispielsweise anzunehmen, wenn der AG Entgeltfortzahlung leistet, weil er keine Kenntnis davon hat, dass der AN an einer Fortsetzungserkrankung (§ 3 I 2 EFZG) leidet.[18]

e) Bruttoentgelt als Gegenstand des Rückforderungsanspruchs. Nach § 812 I 1 Alt. 1 BGB ist derjenige, der durch Leistung etwas ohne rechtlichen Grund erlangt hat, zur Herausgabe verpflichtet. Bei Entgeltüberzahlungen bezieht sich der Rückzahlungsanspruch grundsätzlich auf den Bruttobetrag.[19] Dieser unterliegt regelmäßig öffentlich-rechtlichen Abzügen. Die arbeitsrechtliche Vergütungspflicht beinhaltet nicht nur die Nettoauszahlung, sondern umfasst auch die Leistungen, die nicht in einer unmittelbaren Auszahlung an den AN bestehen.[20] 5

Hinsichtlich der **Sozialversicherungsbeiträge** ist § 26 SGB IV zu beachten. Hiernach erlangt der AN im Falle einer Entgeltüberzahlung gem. § 26 II SGB IV einen Erstattungsanspruch gegen den Versicherungsträger, der nach § 26 III SGB IV allein ihm zusteht. Dementsprechend hat der AG gegen den AN nur einen Anspruch auf Abtretung dieses gegen den Sozialversicherungsträger bestehenden Anspruchs.[21] Der auf Abtretung des Erstattungsanspruchs angebrachte Klageantrag ist ebenso wie ein entsprechender Zahlungsantrag nur dann hinreichend bestimmt iSv § 253 II Nr. 2 ZPO, wenn die Höhe der abgeführten Arbeitnehmeranteile zur Sozialversicherung beziffert ist.[22] Die Sozialversicherungsträger gestatten dem AG aus Praktikabilitätsgründen, die für alle AN des Betriebs abzuführenden Sozialversicherungsbeiträge um den für einen einzelnen AN zu viel gezahlten Betrag zu kürzen und den zu viel entrichteten Arbeitnehmeranteil dem AN zu erstatten. Der AG kann dann vom AN den um die Arbeitnehmeranteile gekürzten Arbeitslohn zurückfordern.[23] Ist dies nicht möglich, weil dem AN von der Einzugsstelle die zu Unrecht entrichteten Sozialversicherungsbeiträge bereits ausgezahlt wurden, hat er den Wert des Anspruchs zu ersetzen. Nur in diesem Falle ist ein Zahlungsantrag begründet.[24] 6

Der Wert der vom AG für Rechnung des AN an das Finanzamt entrichteten **Lohnsteuer** ist gleichfalls vom AN herauszugeben.[25] Im Falle einer Überzahlung erlangt der AN iSd § 818 II BGB auch die Befreiung von der entsprechenden Steuerschuld, denn diese entstand nach § 19 I 2 EStG unabhängig davon entstand, ob ein Rechtsanspruch auf die Vergütung bestand.[26] Stellt sich nachträglich heraus, dass der AG im Lohnabzugsverfahren zu viel Lohnsteuer abgeführt hat (§ 38 I 1 Nr. 1 und III 1 EStG), steht dem AG gegen das Finanzamt kein Erstattungsanspruch zu. Auch wenn Lohnsteuer zu Unrecht angemeldet und abgeführt worden, ist die Lohnsteueranmeldung als Verwaltungsakt solange für die Finanzbehörde der Grund für das Behaltendürfen der angemeldeten Lohnsteuer, wie die Anmeldung nicht geändert wird. Wird der Lohnsteuerabzug des Kalenderjahres mit Ausstellung der Lohnsteuerbescheinigung abgeschlossen, kann er nach § 41c III 1 EStG nicht mehr geändert werden. Damit steht endgültig fest, dass die Lohnsteuer verfahrensrechtlich nicht ohne rechtlichen Grund (§ 37 II 1 AO) gezahlt worden ist und jedenfalls dem AG kein Erstattungsanspruch zusteht. Eine Korrektur kann jetzt nur noch über die Einkommensteuerveranlagung des AN erfolgen, bei der diesem nicht die ohne rechtlichen Grund entrichtete Lohnsteuer nach § 37 II AO erstattet, sondern die abgeführte Lohnsteuer angerechnet wird.[27] Verbleibt dem AN nach der sachgerechten Wahrnehmung seiner Steuerbelange eine endgültige steuerliche Mehrbelastung, kann diese jedenfalls im Falle verschärfter Haf- 7

---

[18] BAG 19.3.1986 AP Nr. 67 zu § 1 LohnFG.
[19] BAG 11.10.2006 AP Nr. 4 zu § 5 EFZG.
[20] BAG 29.3.2001 AP Nr. 1 zu § 26 SGB IV = NZA 2003, 105.
[21] BAG 8.11.2017 AP Nr. 168 zu § 37 BetrVG 1972 = NZA 2018, 528; 21.1.2015 AP Nr. 8 zu § 92 HGB = NZA 2015, 871.
[22] BAG 8.11.2017 AP Nr. 168 zu § 37 BetrVG 1972 = NZA 2018, 528; 21.1.2015 AP Nr. 8 zu § 92 HGB = NZA 2015, 871.
[23] Vgl. Küttner Personalbuch 2021/*Schlegel* „Entgeltrückzahlung" Rn. 24 f.
[24] BAG 9.4.2008, EzA Nr. 3 zu § 4 TVG Gaststättengewerbe; 19.2.2004 AP Nr. 3 zu § 70 BAT-O.
[25] BAG 19.1.1999 AP Nr. 1 zu § 70 BAT-O = NZA 1999, 1040; ausf. dazu *Lüderitz* BB 2010, 2629 (2636 ff.).
[26] BAG 13.10.2010 AP Nr. 2 zu § 814 BGB = NZA 2011, 219; 19.2.2004 AP Nr. 3 zu § 70 BAT-O.
[27] BFH 17.6.2009 DB 2009, 2466.

tung nach § 818 IV iVm § 819 I BGB nicht als ein die Bereicherung mindernder Nachteil berücksichtigt werden.[28]

8 Verletzt der AN seine Informationspflichten und kommt es dadurch zu Überzahlungen, ist er dem AG zur Rückzahlung verpflichtet. Dies ist zB der Fall, wenn der AN nach der **Zuerkennung der Erwerbsminderungsrente** im öffentlichen Dienst ohne Information des AG weiter gearbeitet hat, obwohl das Arbeitsverhältnis nach § 59 BAT/§ 33 TVöD beendet war.[29] Der Rückzahlungsanspruch umfasst alle Entgeltbestandteile, die über das reine Arbeitsentgelt hinausgehen.[30] Ist die Rente wegen Erwerbsunfähigkeit rückwirkend bewilligt worden, wird für den Rückwirkungszeitraum kein Anspruch bestehen. Entsprechendes gilt im öffentlichen Dienst für die Unterrichtungspflichten des AN in Bezug auf den Ortszuschlag.[31]

9 **2. Vorschusszahlungen.** Hat der AG Vorschüsse gezahlt, die nicht mehr durch Arbeitsleistungen des AN gedeckt werden, folgt die Rückzahlungsverpflichtung aus der Vorschussvereinbarung (→ § 70 Rn. 12 ff.).[32] Regelmäßig gelten tarifliche Verfallfristen (→ § 209 Rn. 1 ff.).[33]

10 **3. Rückzahlung von Fortbildungskosten.** Ist eine Vertragsklausel über die Rückzahlung von Fortbildungskosten wegen eines Verstoßes gegen das Transparenzgebot in § 307 I 2 BGB unwirksam (→ § 176 Rn. 18 ff.), hat der Verwender der Klausel regelmäßig keinen Anspruch auf Erstattung der Fortbildungskosten nach §§ 812 ff. BGB.[34]

11 **4. Konkurrierende Schadensersatzansprüche.** Mit dem Rückzahlungsanspruch aus Vertrag oder ungerechtfertigter Bereicherung kann ein Schadensersatzanspruch aus § 280 I iVm § 241 II BGB konkurrieren, wenn der AN es schuldhaft unterlassen hat, den AG über Fehler bei der Berechnung der Arbeitsvergütung hinzuweisen. Dessen Fälligkeit setzt die Kenntnis des AG von der Überzahlung voraus.[35]

12 **5. Einwand des Wegfalls der Bereicherung. a) Voraussetzung.** Der Rückzahlungsanspruch des AG ist ausgeschlossen, wenn der AN nicht mehr bereichert ist (§ 818 III BGB). Der Einwand des Wegfalls der Bereicherung ist begründet, wenn das Erlangte ersatzlos weggefallen ist und kein Überschuss mehr zwischen dem vorhandenen Vermögen und demjenigen Vermögen besteht, das auch ohne die ursprüngliche Bereicherung vorhanden wäre. § 818 III BGB dient dem Schutz des „gutgläubig" Bereicherten, der das rechtsgrundlos Empfangene im Vertrauen auf das (Fort-)Bestehen des Rechtsgrundes verbraucht hat und der nicht über den Betrag einer wirklichen (noch bestehenden) Bereicherung hinaus zur Herausgabe oder zum Wertersatz verpflichtet werden soll.[36] Es kommt deshalb darauf an, ob der Empfänger die Beträge restlos für seine laufenden Lebensbedürfnisse verbraucht oder sich damit noch in seinem Vermögen vorhandene Werte oder Vorteile verschafft hat. Letzteres ist etwa der Fall bei anderweitigen Ersparnissen oder Anschaffungen. Auch die infolge Tilgung eigener Schulden mittels des rechtsgrundlos erlangten Geldes eintretende Befreiung von Verbindlichkeiten zählt zu den bestehen bleibenden Vermögensvorteilen, die einem Wegfall der Bereicherung grundsätzlich entgegenstehen.[37] Die rechtsgrundlose Zahlung muss für diesen Vermögensvorteil ursächlich gewesen sein.[38] Für vom AG rechtsgrundlos nach Beendigung des Arbeitsverhältnisses erbrachte Leistungen gilt nichts anderes.[39] Zur Darlegung des „endgültigen" Wegfalls der Bereicherung genügt deshalb nicht die Angabe des Bereicherungsschuldners über die mit seiner Lebensführung regelmäßig verbundenen Aufwendungen. Diese Ausgaben hätte er auch ohne die Leistungen des Bereicherungsgläubigers getätigt.[40]

---

[28] BAG 13.10.2010 AP Nr. 2 zu § 814 BGB = NZA 2011, 219; 5.4.2000 AP Nr. 224 zu § 611 BGB Gratifikation = NZA 2000, 1008.
[29] Vgl. dazu BAG 11.10.2006 AP Nr. 4 zu § 5 EFZG.
[30] BAG 30.4.1997 AP Nr. 20 zu § 812 BGB = NZA 1998, 199.
[31] Dazu BAG 16.11.1989 AP Nr. 8 zu § 29 BAT.
[32] BAG 22.1.2015 AP Nr. 8 zu § 92 HGB = NZA 2015, 871.
[33] BAG 8.9.1998 AP Nr. 56 zu § 72a ArbGG 1979 = NZA 1999, 223.
[34] BAG 28.5.2013 AP Nr. 47 zu § 611 BGB Ausbildungsbeihilfe = NZA 2013, 1419; 21.8.2012 AP Nr. 46 zu § 611 BGB Ausbildungsbeihilfe = NZA 2012, 1428.
[35] BAG 13.10.2010 AP Nr. 2 zu § 814 BGB = NZA 2011, 219.
[36] BAG 19.5.2011 NZA-RR 2011, 656; 23.5.2001 AP Nr. 25 zu § 812 BGB; BGH 17.6.1992 NJW 1992, 2415.
[37] BGH 17.6.1992 NJW 1992, 2415.
[38] BAG 9.2.2005 AP Nr. 12 zu § 611 BGB Lohnrückzahlung = NZA 2005, 814.
[39] BAG 11.8.1998 AP Nr. 22 zu § 812 BGB = NZA 1999, 36.
[40] BAG 19.1.1999 AP Nr. 1 zu § 70 BAT-O = NZA 1999, 1040.

13 **b) Darlegungs- und Beweislast.** Der Bereicherte hat den Wegfall der Bereicherung zu beweisen, weil es sich um eine rechtsvernichtende Einwendung handelt.[41] Hierzu hat er im Falle einer Gehaltsüberzahlung darzulegen und im Streitfall zu beweisen, dass sich sein Vermögensstand in Folge der Gehaltsüberzahlung nicht verbessert hat. Er hat daher im Einzelnen vorzutragen, dass er weder Aufwendungen erspart hat, die er ohnehin gemacht hätte, noch Schulden getilgt und dadurch seinen Vermögensstand verbessert hat. Dabei können ihm Erleichterungen zugutekommen. Bei kleineren und mittleren Arbeitseinkommen und einer gleichbleibend geringen Überzahlung des laufenden Arbeitsentgelts besteht die Möglichkeit des Beweises des ersten Anscheins für den Wegfall der Bereicherung.[42] Diese Erleichterung der Darlegungs- und Beweislast kommt für den AN aber nur dann in Betracht, wenn erfahrungsgemäß und typischerweise anzunehmen ist, dass die Überzahlung für den laufenden Lebensunterhalt, insbesondere für konsumtive Ausgaben verbraucht wurde. Eine solche Annahme setzt voraus, dass es sich um Überzahlungen in relativ geringer Höhe handelt. Je höher die Überzahlung im Verhältnis zum Realeinkommen ist, umso weniger lässt sich annehmen, die zusätzlichen Mittel seien für den Lebensunterhalt verbraucht worden.[43] Sind nennenswerte andere Einkünfte vorhanden, kann auf eine typische Lebenssituation, die zum Verbrauch der zusätzlichen Mittel führt, nicht geschlossen werden.[44]

14 **c) Besonderheiten geringfügiger Überzahlungen.** Soll allein aufgrund eines Erfahrungssatzes jeder individuelle Sachvortrag zum Wegfall der Bereicherung entbehrlich sein, wird eine Nettoüberzahlung nicht die relative Größenordnung von 10% des Nettozahlbetrags übersteigen dürfen.[45] In Fällen dieser Art ist davon auszugehen, dass der AN das erhöhte Einkommen zur Deckung laufender Lebensbedürfnisse verwendet hat, die keine bleibenden Vermögensveränderungen zu seinen Gunsten bewirkt haben. Ist die geleistete Nettoüberzahlung größer als 10% oder kann aus der wirtschaftlichen Lebenssituation nicht auf den Verbrauch der Überzahlung geschlossen werden, bedarf es substantiierten Sachvortrags des Bereicherungsschuldners. Der Erwerb eines Vermögenswerts steht dabei der Annahme der Entreicherung nicht entgegen, wenn der Bereicherte den Vermögensvorteil in jedem Fall auch ohne die Überzahlung – notfalls unter Einschränkung des Lebensstandards – erworben hätte, so dass die Überzahlung für den Vermögensvorteil nicht ursächlich war. Kann der AN dartun, wie sich seine Vermögensverhältnisse im fraglichen Überzahlungszeitraum verändert haben, begrenzt diese Vermögensveränderung zugleich das Maß seiner möglichen Bereicherung.[46]

15 **d) Bösgläubigkeit und Verstoß gegen ein gesetzliches Verbot.** Die Einwendung der Entreicherung aus § 818 III BGB ist nach §§ 819 I, 820 I BGB bei **Bösgläubigkeit des Leistungsempfängers** ausgeschlossen. Die verschärfte Haftung des Bereicherungsschuldners nach § 819 BGB setzt seine positive Kenntnis des Mangels des rechtlichen Grundes voraus; das Kennenmüssen genügt nicht. Kenntnis vom Mangel des rechtlichen Grundes hat dabei bereits derjenige, der die für diesen Mangel maßgebenden Tatsachen kennt und sich der Einsicht in die Nichtigkeit des Verpflichtungsgeschäfts bewusst verschließt.[47] Nach § 820 I BGB haftet der Empfänger auch dann verschärft, wenn der mit der Leistung bezweckte Erfolg als unsicher oder der spätere Wegfall des Rechtsgrundes als möglich angesehen wurde. Der AN ist nach § 817 S. 1 BGB zur Herausgabe verpflichtet, wenn der Zweck einer Leistung in der Art bestimmt war, dass er durch die Annahme gegen ein **gesetzliches Verbot** oder gegen die guten Sitten verstoßen hat.[48] § 817 S. 1 BGB schließt die Anwendung des § 814 BGB aus.[49] Gem. § 817 S. 2 BGB ist die Rückforderung allerdings ausgeschlossen, wenn dem AG gleichfalls ein Verstoß gegen ein gesetzliches Verbot zur Last fällt. Der Verstoß muss unmittelbar gerade in der Erbringung der Leistung liegen. Dem AG kann allerdings ausnahmsweise trotz § 817 S. 2 BGB ein Bereicherungsanspruch zustehen, wenn Sinn und Zweck des Verbotsgesetzes die Gewährung eines solchen Anspruchs zwingend erfordern. Ein von der Rechtsordnung nicht gebilligter Zustand darf

[41] BAG 23.5.2001 AP Nr. 25 zu § 812 BGB; BGH 17.6.1992 NJW 1992, 2415.
[42] BAG 6.6.2007 AP Nr. 37 zu § 1 TVG Tarifverträge: Lufthansa; 9.2.2005 AP Nr. 12 zu § 611 BGB Lohnrückzahlung = NZA 2005, 814.
[43] BAG 26.5.2009 AP Nr. 1 zu § 18a BetrAVG = NZA 2009, 1279; 23.5.2001 AP Nr. 25 zu § 812 BGB.
[44] BAG 23.5.2001 AP Nr. 25 zu § 812 BGB; 18.1.1995 AP Nr. 13 zu § 812 BGB = NZA 1996, 27.
[45] *Lüderitz* BB 2010, 2629 (2631).
[46] BAG 25.4.2001 AP Nr. 46 zu § 242 BGB Verwirkung = NZA 2001, 966.
[47] BGH 12.7.1996 NJW 1996, 2652.
[48] BAG 3.11.2004 AP Nr. 25 zu § 134 BGB = NZA 2005, 1409; zu § 817 BGB vgl. auch BAG 18.3.2009 AP Nr. 26 zu § 134 BGB = NZA 2009, 663.
[49] BAG 8.11.2017 AP Nr. 168 zu § 37 BetrVG 1972 = NZA 2018, 528.

nicht durch Ausschluss des Rückforderungsrechts legalisiert werden. Hiervon ist zB auszugehen, wenn der AG durch eine Entgeltzahlung gegen das Begünstigungsverbot des § 78 S. 2 BetrVG verstoßen hat.[50]

16 **e) Ausschluss des Entreicherungseinwandes in AGB.** Ob in AGB der Einwand des Wegfalls der Bereicherung ausgeschlossen werden kann, erscheint fraglich. Nach älterer Rechtsprechung des BAG konnte allerdings vertraglich vereinbart werden, dass der AN ohne Rücksicht auf den Wegfall der Bereicherung zur Rückzahlung überzahlter Beträge verpflichtet sei.[51] Eine solche Klausel dürfte heute jedoch nicht mehr der Inhaltskontrolle nach § 307 I BGB standhalten.[52] Sie weicht vom gesetzlichen Leitbild des § 818 III BGB ab und führt zu einer unangemessenen Benachteiligung des AN, weil diesem im Falle der Überzahlung das alleinige Risiko einschränkungslos übertragen wird.[53] Die einseitige Erklärung des AN auf einem vom AG vorgelegten Formblatt, er wisse, dass er alle überhöhten Bezüge zurückzahlen müsse, die er infolge unterlassener, verspäteter oder fehlerhafter Meldungen erhalten habe, enthält allerdings keine Vereinbarung über den Ausschluss der Einrede der Entreicherung.[54]

17 **6. Ausschlussfristen.** Ausschlussfristen für Rückzahlungsansprüche beginnen grundsätzlich mit der Überzahlung zu laufen (ausf. → § 209 Rn. 1 ff.). Etwas anderes gilt dann, wenn der AG zu diesem Zeitpunkt den Anspruch noch nicht geltend machen konnte. Deshalb beginnt bei einem Streit über den Arbeitnehmerstatus der Lauf der Verfallfrist für den Anspruch des AG auf Rückzahlung überzahlter Honorare erst, wenn feststeht, dass das Vertragsverhältnis ein Arbeitsverhältnis war. Erst ab diesem Zeitpunkt der rechtsbeständigen gerichtlichen oder außergerichtlichen Klärung kann erwartet werden, dass der AG seine Ansprüche wegen Überzahlung geltend macht.[55] Dem Anspruchsverlust wegen Ablaufs der Ausschlussfrist kann der AG im Einzelfall so lange den **Einwand des Rechtsmissbrauchs** entgegenhalten, wie er aufgrund des rechtsmissbräuchlichen Verhaltens des AN von der Einhaltung der Ausschlussfrist abgehalten worden ist. Hat der AN dem AG pflichtwidrig Vergütungsüberzahlungen nicht angezeigt und der AG deshalb seinen Rückzahlungsanspruch nicht innerhalb der Ausschlussfrist geltend gemacht, fällt der Einwand des Rechtsmissbrauchs weg, wenn der AG anderweitig vom Überzahlungstatbestand Kenntnis erhält. Der AG muss dann ohne schuldhaftes Zögern Schritte zur Rückforderung einleiten und den Sachverhalt zügig, jedoch ohne Hast aufklären. Der AG hat dazu im Prozess vorzutragen, wie er nach Kenntniserlangung vorgegangen ist, welche Einzelschritte er wann unternommen hat und aus welchen Gründen diese wie lange gedauert haben.[56]

II. Rückwirkende Lohnminderung

18 Einzel- oder kollektivvertragliche Vereinbarungen,[57] nach denen sich der Lohnanspruch rückwirkend für den Fall vorzeitiger Beendigung des Arbeitsverhältnisses vermindern soll, sind grundsätzlich unwirksam (§ 307 I BGB). Das gilt auch dann, wenn sich der AG den Widerruf der Vergütung, etwa bei Umsatzprovisionen oder Gewinnbeteiligungen, vorbehalten hat. Sie verstoßen auch gegen das Verbot einseitiger Kündigungserschwerungen aus § 622 VI BGB (→ § 126 Rn. 42), wenn sie für den Fall der Kündigung des AN vereinbart sind.

[50] BAG 8.11.2017 AP Nr. 168 zu § 37 BetrVG 1972 = NZA 2018, 528.
[51] BAG 8.2.1964 AP Nr. 2 zu § 611 BGB Lohnrückzahlung.
[52] Näher zur AGB-Kontrolle solcher Klauseln *Bieder* DB 2006, 1318; Preis Arbeitsvertrag/*Sagan* Arbeitsentgelt, überzahltes Rn. 4 ff.
[53] Ebenso ErfK/*Preis* BGB §§ 305–310 Rn. 93; WLP/*Stoffels,* AGB-Recht, ArbR Rn. 200.
[54] BAG 18.9.1986 AP Nr. 5 zu § 812 BGB = NZA 1987, 380.
[55] BAG 9.2.2005 AP Nr. 12 zu § 611 BGB Lohnrückzahlung = NZA 2005, 814.
[56] BAG 13.10.2010 AP Nr. 2 zu § 814 BGB = NZA 2011, 219; 10. 3 2005 AP Nr. 38 zu § 70 BAT = NZA 2005, 812.
[57] Vgl. BAG 7.12.1962 AP Nr. 28 zu Art. 12 GG (Betriebsvereinbarung); 13.9.1974 AP Nr. 84 zu § 611 BGB Gratifikation.

4. Abschnitt. Sonderformen der Vergütung

§ 75. Provision

Muster Provisionsvereinbarung: Schaub ArbRFV-HdB/*Klagges* A. Rn. 123.

Übersicht

I. Allgemeines

1. Begriff der Provision. Die Provision ist eine Erfolgsvergütung. Sie ist zumeist eine in Prozenten ausgedrückte Beteiligung an dem Wert solcher Geschäfte, die durch den Provisionsberechtigten zustande kommen **(Vermittlungsprovision)** oder die mit Kunden eines bestimmten Bezirkes oder einem vorbehaltenen Kundenstamm abgeschlossen werden **(Bezirksprovision).** Entlohnt wird der durch die Tätigkeit des AN bedingte geschäftliche Erfolg. Maßgeblich ist die Gestaltung der Vergütungsregelung, auf die Bezeichnung als Erfolgsvergütung oder Provision kommt es nicht an.[1] 1

Hiervon zu unterscheiden ist die **Umsatzprovision.** Sie ist eine Beteiligung an dem Wert sämtlicher Geschäfte eines Unternehmens oder einer Abteilung.[2] Auf sie finden im Allgemeinen die gesetzlichen Vorschriften über die Provision keine Anwendung.[3] Vielmehr nähert sie sich in der rechtlichen Struktur der Tantieme (→ § 76 Rn. 1 ff.).[4] Eine zusätzlich zum Gehalt gezahlte Umsatzbeteiligung ist keine widerrufbare Sonderleistung sondern Teil des Entgelts. Wird verein- 2

[1] BAG 13.12.1965 AP Nr. 3 zu § 65 HGB; 12.1.1973 AP Nr. 4 zu § 87a HGB.
[2] LAG Düsseldorf 24.6.1969 DB 1969, 1296.
[3] LAG BW 31.1.1966 BB 1966, 369; OLG Karlsruhe 29.1.1965 BB 1966, 1169.
[4] Allerdings kann die Bezirksprovision mit der Umsatzprovision identisch sein, wenn ein Unternehmer nur Geschäfte in einem Bezirk macht.

bart, dass die Umsatzbeteiligung im Folgejahr in monatlichen Raten ausgezahlt wird, so handelt es sich um eine Fälligkeitsregelung. Die Zahlungspflicht besteht auch dann, wenn das Arbeitsverhältnis beendet worden ist.[5] Der AN kann sich bei der **Abrechnung** der Umsatzprovision, vorbehaltlich besonderer Vereinbarung, nicht auf die Auskunftsvorschrift des § 87c HGB, sondern nur auf die allgemeinen Vorschriften berufen.[6] Der AG hat jedoch dem vertraglich am Umsatz beteiligten AN nach § 242 BGB **Auskunft** in entsprechender Anwendung des § 259 BGB zu erteilen, wenn die durch Tatsachen gestützte Besorgnis gerechtfertigt ist, dass der AG den AN bei der Zuteilung der Aufträge benachteiligt hat.[7]

3 Häufig wird ein **Provisionsvorschuss** vereinbart, der eine Vorleistungspflicht des AG begründet, aber ggf. aufgrund der Provisionsvereinbarung zurückzugewähren sein kann, wenn der AN keine entsprechenden Provisionsansprüche verdient.[8] Solche Vereinbarungen können auch in Allgemeinen Geschäftsbedingungen enthalten sein und sind nicht etwa gem. §§ 305c, 307 I BGB unwirksam.[9] Sie können aber nach § 138 BGB nichtig sein, wenn der AN überhaupt nicht in der Lage ist, durch Provisionsansprüche die monatlichen Abschlagszahlungen zu erreichen.[10]

4 Ebenso finden sich Vereinbarungen, die ein **garantiertes Mindestgehalt** (oft als „Fixum" bezeichnet) vorsehen, das im Fall eines Minderumsatzes nicht zurückzuzahlen ist. Wird einem Provisionsberechtigten ein bestimmter monatlicher Betrag garantiert, so ist im Zweifel ausgeschlossen, dass Minderverdienste in einem Monat mit Verdienstspitzen in einem anderen Monat verrechnet werden.[11]

5 Bei **Arbeitnehmerüberlassungsverträgen** berechnet die Verleihfirma häufig eine Provision, wenn der AN später übernommen wird. Durch **§ 9 Nr. 3 AÜG** in der seit dem 1.1.2004 geltenden Fassung hat der Gesetzgeber die Zulässigkeit entsprechender Vereinbarungen ausdrücklich klargestellt, die nach Ansicht des BGH auch in Allgemeinen Geschäftsbedingungen getroffen werden können[12] (zum Meinungsstreit aufgrund der früheren Rechtslage s. die 12. Aufl. § 76 Rn. 3a).

6 Für **Handelsvertreter** besteht die Richtlinie 86/653/EWG des Rates vom 18.12.1986 (ABl. L 382, 17) zur Koordinierung der Mitgliedstaaten betreffend die selbständigen Handelsvertreter. Der EuGH hat Art. 7 II der Richtlinie, wonach bei einer Bezirksprovision darauf abzustellen ist, ob der Kunde einem bestimmten Bezirk angehört, dahin ausgelegt, dass ein Handelsvertreter, dem ein bestimmter Bezirk zugewiesen ist, auch für solche Geschäfte einen Provisionsanspruch hat, die ohne seine Mitwirkung mit seinem Bezirk angehörenden Kunden geschlossen wurden (→ Rn. 30). Art. 17, 18 der RL, wonach dem Handelsvertreter nach Beendigung des Dienstverhältnisses gewisse Ausgleichsansprüche zustehen, sind auch dann anzuwenden, wenn der Handelsvertreter seine Tätigkeit in einem Mitgliedstaat ausübt, der Unternehmer aber seinen Sitz in einem Drittland hat und der Vertrag vereinbarungsgemäß dem Recht dieses Landes unterliegt. Nach der Rechtsprechung des EuGH enthalten die Art. 17, 18 zwingendes Recht, das nicht zB durch die Vereinbarung des Rechts eines Drittlandes abbedungen werden kann.[13]

7 **2. Provisionsansprüche im Arbeitsverhältnis. a) Arbeitsvertrag.** Eine Provisionszusage erfolgt bei Arbeitsverhältnissen zumeist dann, wenn ein Leistungsanreiz gegeben werden soll oder die Arbeitsleistung, etwa bei einem Außendienstmitarbeiter, nicht hinlänglich überwacht werden kann. Die Provision ist die typische Vergütung des **Handelsvertreters.** Nach § 65 HGB kann jedoch auch einem **Handlungsgehilfen** allein oder neben einem Fixum eine Provision zugesagt werden. Entsprechendes gilt für alle **sonstigen Arbeitnehmergruppen.**[14] Die alleinige Zusage einer Provision (ohne Fixum) kann jedoch dann sittenwidrig sein (§ 138 BGB; Einzelheiten → § 34 Rn. 2 ff.), wenn voraussehbar ist, dass der AN keinen angemessenen Ver-

[5] BAG 8.9.1998 AP Nr. 6 zu § 87a HGB = NZA 1999, 420.
[6] Auskunftsanspruch richtet sich nach der allgemeinen Regel des § 259 BGB: BAG 25.6.1964 AP Nr. 3 zu § 242 BGB Auskunftspflicht.
[7] BAG 21.11.2000 AP Nr. 35 zu § 242 BGB Auskunftspflicht = NZA 2001, 1093.
[8] BAG 20.6.1989 AP Nr. 8 zu § 87 HGB = NZA 1989, 843 (auch zur Frage der Verwirkung des Rückzahlungsanspruchs); vgl. LAG BW 30.9.1970 BB 1971, 354 = DB 1970, 2328, das eine sog. Verrechnungsgarantie entsprechend auslegt.
[9] BAG 21.1.2015 AP Nr. 8 zu § 92 HGB = NZA 2015, 871.
[10] LAG Bln 3.11.1986 AP Nr. 14 zu § 65 HGB; vgl. auch BAG 20.6.1989 AP Nr. 8 zu § 87 HGB = NZA 1989, 843.
[11] BAG 22.9.1975 AP Nr. 8 zu § 65 HGB.
[12] BGH 7.12.2006 NZA 2007, 571 = NJW 2007, 764; krit. *Lembke/Fesenmeyer* DB 2007, 801.
[13] EuGH 9.11.2000 NJW 2001, 2007 – Ingmar GB; dazu *Freitag/Leible* NJW 2001, 287.
[14] BAG 16.2.2012 AP Nr. 15 zu § 87 HGB = NZA 2012, 1307.

dienst erreicht oder er das Risiko schwieriger Geschäfte allein tragen muss.[15] Eine sittenwidrige Vergütung ist anzunehmen, wenn die Arbeitsvergütung unterhalb von zwei Dritteln des in der betreffenden Branche und Wirtschaftsregion üblicherweise gezahlten Tariflohns liegt.[16] Eine arbeitsvertragliche Vereinbarung, nach der ein angestellter Außendienstmitarbeiter neben seinem Fixum Provisionen nach Erreichen einer Jahressollvorgabe erhält, kann bei Fehlen einer Regelung für den Fall unterjähriger Beschäftigung durch Vertragsauslegung zu ergänzen sein. Eine Ergänzung ist in jedem Fall geboten, wenn der Arbeitsvertrag ohne sie gegen § 622 VI BGB verstoßen würde.[17] Ist in einem Tarifvertrag vorgesehen, dass das Monatsgehalt einem bestimmten Betrag entsprechen muss, so ist es ausreichend, wenn dieses Entgelt durch Fixum und Garantieprovision erreicht ist.[18] Wenn arbeitsvertraglich neben einer festen untertariflichen Vergütung auch Provisionszahlungen vereinbart sind, führt die Sicherung eines monatlichen festen Betrages (so genanntes „Fixum") in Höhe des tariflichen Gehalts durch eine tarifliche Regelung regelmäßig nur dazu, dass monatlich unter Einbeziehung der Provisionszahlungen mindestens das tarifliche Gehalt geschuldet ist, nicht aber, dass zusätzlich zu den Provisionen eine feste Vergütung in Höhe des Tarifgehaltes gezahlt werden muss.[19] Die Provisionsvereinbarung kann unter der Bedingung abgeschlossen werden, dass ein Provisionsanspruch nur entsteht, wenn die vermittelten Geschäfte der Höhe nach die Summe eines Festgehaltes und der Reisekostenpauschale des AN übersteigen.[20] Schließen zwei Verkäufergruppen eine sog. Topfvereinbarung, um ihre unterschiedlich hohen Provisionseinkünfte auszugleichen, und wird diese später gekündigt, kann sich aufgrund einer ergänzenden Vertragsauslegung ein Anspruch auf Anhebung der Vergütung ergeben.[21]

b) Tarifvertrag. Regelungen für die Provision können sich in **Tarifverträgen** und gelegentlich in **Betriebsvereinbarungen** finden. Begründen derartige Regelungen für den AN einen Anspruch, so kann dieser hierauf nur mit Zustimmung der Tarifvertragsparteien (§ 4 TVG) oder des BR (§ 77 IV BetrVG) verzichten.[22] Zu den **Mitbestimmungsrechten des BR** nach § 87 I Nr. 10, 11 BetrVG → § 235 Rn. 97 ff., 124. 8

c) Anwendbarkeit der §§ 87 ff. HGB. Wird eine Provisionsvereinbarung geschlossen, finden nach § 65 HGB für Handlungsgehilfen die **§§ 87 I, III, 87a–c HGB** entsprechende Anwendung. Für sonstige auf Provisionsbasis tätige AN fehlt zwar eine entsprechende Regelung, für sie ist der Verweis des § 65 HGB aber entsprechend anzuwenden.[23] Die in Bezug genommenen Vorschriften dürfen dabei nicht schematisch übertragen werden, vielmehr sind die rechtlichen und wirtschaftlichen Unterschiede zwischen einem Handelsvertreter und einem angestellten Handlungsgehilfen zu beachten.[24] Auch wenn § 65 HGB (für Versicherungs- und Bausparkassenvertreter) nicht auf § 92 HGB verweist, ist die Bestimmung dennoch für Handlungsgehilfen entsprechend anwendbar.[25] Die gesetzlichen Vorschriften sind für AN in gleichem Umfang wie bei einem Handelsvertreter unabdingbar.[26] Für den Handlungsgehilfen sind die Vorschriften über die Bezirksvertretung (§ 87 II HGB) und Inkassoprovision (§ 87 IV HGB) nicht in Bezug genommen. Daraus folgt, dass dem Handlungsgehilfen derartige Provisionen nicht kraft Gesetzes, sondern allein bei einer entsprechenden Vereinbarung zustehen.[27] Ein Ausgleichsanspruch nach § 89b HGB ist für den Handlungsgehilfen ebenfalls nicht vorgesehen.[28] Die Bestimmung gilt für AN nur dann, wenn die Vertragsparteien einen Ausgleichsanspruch vereinbart haben.[29] 9

d) Auswirkungen auf sonstige Vertragspflichten. Aus der Rücksichtnahmepflicht gem. **§ 241 II BGB** kann sich nur in Ausnahmefällen die Verpflichtung des AG ergeben, ein Ver- 10

[15] LAG Bln 3.11.1986 AP Nr. 14 zu § 65 HGB; vgl. auch BAG 20.6.1989 AP Nr. 8 zu § 87 HGB = NZA 1989, 843; *Schiek* BB 1997, 310.
[16] BAG 16.2.2012 AP Nr. 15 zu § 87 HGB = NZA 2012, 1307.
[17] BAG 20.8.1996 AP Nr. 9 zu § 87 HGB = NZA 1996, 1151.
[18] BAG 29.10.1986 AP Nr. 14 zu § 1 TVG Tarifverträge: Einzelhandel.
[19] BAG 19.1.2000 AP Nr. 73 zu § 1 TVG Tarifverträge: Einzelhandel = NZA 2000, 1300 (zu § 5 Nr. 6 des MTV für den Hessischen Einzelhandel).
[20] BAG 8.12.1982 AP Nr. 5 zu § 1 TVG Tarifverträge: Versicherungsgewerbe.
[21] BAG 3.6.1998 AP Nr. 57 zu § 612 BGB = NZA 1999, 306.
[22] LAG BW 19.4.1996 NZA-RR 1997, 432.
[23] BAG 21.1.2015 AP Nr. 8 zu § 92 HGB = NZA 2015, 871; ErfK/*Oetker* HGB § 65 Rn. 5.
[24] Vgl. BAG 4.7.1972 AP Nr. 6 zu § 65 HGB.
[25] BAG 21.1.2015 AP Nr. 8 zu § 92 HGB = NZA 2015, 871.
[26] BAG 17.5.1962 AP Nr. 2 zu § 65 HGB; 12.4.1962 AP Nr. 1 zu § 65 HGB.
[27] BAG 13.12.1965 AP Nr. 3 zu § 65 HGB.
[28] BAG 3.6.1958 AP Nr. 1 zu § 89b HGB.
[29] Zur Berechnung bei einer entsprechenden Vereinbarung: BAG 21.5.1985 AP Nr. 10 zu § 89b HGB.

triebssystem so auszugestalten, dass dem AN eine **hinreichende Einnahmemöglichkeit** geboten wird. Die Organisation des Vertriebs ist nämlich allein Angelegenheit des AG, der aufgrund seiner grundrechtlich durch Art. 2 I, 12 u. 14 GG geschützten unternehmerischen Freiheit entscheiden kann, auf welche Weise er sich wirtschaftlich betätigen will, insbesondere wie er den Vertrieb seiner Produkte organisiert. Insoweit findet lediglich eine Missbrauchskontrolle statt. Nur wenn der AG willkürlich handelt, kann er sich gegenüber dem AN nach § 280 I BGB insoweit schadensersatzpflichtig machen, als er hierdurch in dessen Verdienstchancen eingreift. Nicht ausreichend ist eine bloß unzweckmäßige oder wirtschaftlich verfehlte unternehmerische Entscheidung.[30] Zur Änderung des Verkaufsbezirks → Rn. 27, zur Änderung der Provisionsregelung → Rn. 14. Für den Provisionsvertreter können sich Nebenpflichten aus dem Arbeitsverhältnis ergeben. So schuldet der Provisionsvertreter **Auskunft,** wenn er verbotswidrig Geschäfte für ein Konkurrenzunternehmen vermittelt hat.[31] Das Bestehen einer Provisionsvereinbarung kann sich auf die Verpflichtung zur gesonderten **Vergütung von Überstunden** auswirken. Existiert keine Regelung über die Vergütung von Überstunden, lässt sich bei Überschreiten der vereinbarten Arbeitszeit im Allgemeinen keine Vergütungserwartung iSv § 612 I BGB (hierzu grundlegend → § 69 Rn. 12) für ein zusätzliches Überstundenentgelt rechtfertigen, wenn der AN neben einer nach der Arbeitszeit bemessenen Vergütung zusätzlich Provisionen in nicht unerheblicher Höhe verdient.[32]

11 **3. Gliederung der gesetzlichen Regelung.** § 87 HGB regelt den Begriff des provisionspflichtigen Geschäftes und den Zeitpunkt, zu dem für den AN ein noch von der Ausführung abhängiger Provisionsanspruch entsteht (→ Rn. 12); § 87a I–III HGB bestimmt, wann der Anspruch unbedingt erwächst (→ Rn. 34); § 87a IV HGB regelt seine Fälligkeit (→ Rn. 45), § 87b HGB seine Höhe (→ Rn. 48), § 87c HGB seine Abrechnung durch den AG (→ Rn. 53).

II. Entstehung des Provisionsanspruchs

12 **1. Voraussetzungen.** Voraussetzungen für einen Provisionsanspruch des AN sind: **(1)** das Bestehen eines Arbeitsverhältnisses (→ Rn. 13), **(2)** der Abschluss eines Geschäftes zwischen dem AG und einem Dritten (→ Rn. 17), **(3) (a)** ein Ursachenzusammenhang zwischen der Tätigkeit des AN und dem Geschäftsabschluss (→ Rn. 20 ff., 24) oder **(b)** das Bestehen einer Bezirksvertretung (→ Rn. 25 ff.). Der AN hat diese Voraussetzungen im Streitfall darzulegen und zu beweisen. Dabei kann allerdings eine Erleichterung der Beweislast nach den Regeln des Anscheinsbeweises eingreifen.

13 **2. Bestand des Arbeitsverhältnisses. a) Wirksamer Arbeitsvertrag.** Ein Provisionsanspruch entsteht grundsätzlich nur, wenn im Zeitpunkt des Geschäftsabschlusses ein **rechtswirksamer Arbeitsvertrag** oder zumindest ein sog. fehlerhaftes Arbeitsverhältnis[33] besteht, bei dem eine Provisionszusage erfolgt ist.[34] Der Provisionsanspruch besteht nur gegenüber dem AG und nicht gegenüber dessen Geschäftspartner, mit dem das zu verprovisionierende Geschäft zustande kommt. Wird das von einem Provisionsvertreter vermittelte Geschäft nicht von seinem AG, sondern von einem mit diesem im wirtschaftlichen Zusammenhang stehenden Unternehmen abgeschlossen, für das der AN auch arbeiten muss, ist es treuwidrig, wenn die Verprovisionierung verweigert wird.[35] Kommt ein Vertretervertrag mit dem ursprünglich vorgesehenen Vertragspartner wegen dessen schlechten Rufs nicht zustande und wird der Vertrag daher zum Schein mit einer dritten Person abgeschlossen, an deren Stelle aber abredegemäß der vorgesehene Vertragspartner tatsächlich tätig wird, liegt ein nichtiges Scheingeschäft vor (§ 117 BGB). Es entstehen daher keine Rückzahlungsansprüche gegen den nominellen Vertragspartner, wenn zu Unrecht Provisionsvorschüsse an den faktischen Vertragspartner gezahlt worden sind.[36]

14 **b) Änderung der Provisionsvereinbarung.** Will ein AG die **Provisionszusagen** seiner Außendienstmitarbeiter **ändern** und übersendet er ihnen deshalb Formulartexte, in denen ohne

[30] BAG 16.2.2012 AP Nr. 15 zu § 87 HGB = NZA 2012, 1307.
[31] Vgl. BGH 3.4.1996 NJW 1996, 2097 für einen Handelsvertreter.
[32] BAG 27.6.2012 AP Nr. 76 zu § 612 BGB = NZA 2012, 1147.
[33] → § 34 Rn. 51, häufig auch als „faktisches Arbeitsverhältnis" bezeichnet.
[34] Zur Auslegung als Provisionszusage vgl. BAG 2.3.1973 AP Nr. 36 zu § 133 BGB.
[35] BAG 20.5.1976 AP Nr. 10 zu § 65 HGB; vgl. auch BGH 30.1.1981 AP Nr. 4 zu § 87 HGB = NJW 1981, 1785 sowie 4.12.1986 DB 1987, 888 jeweils für den Fall der wirtschaftlichen Identität zwischen zwei Firmen.
[36] BAG 22.9.1992 AP Nr. 2 zu § 117 BGB = NZA 1993, 837.

Ankündigung oder drucktechnische Hervorhebung zeitliche Grenzen für Provisionsansprüche eingeführt werden, so kann er die stillschweigende Fortsetzung der Vertretertätigkeit seiner Mitarbeiter nicht ohne weiteres als Annahme seines Änderungsangebotes verstehen.[37] Dem steht nunmehr auch die Bestimmung des § 308 Nr. 5 BGB entgegen. Klauseln in Allgemeinen Geschäftsbedingungen, die den AG berechtigen, Entgeltregelungen **einseitig** zu verändern, sind an § 308 Nr. 4 BGB zu messen. Daher muss zum einen der Widerrufsgrund genannt werden und zum anderen muss der widerrufliche Teil des Entgelts unter 25% der Gesamtvergütung liegen (näher hierzu → § 35 Rn. 130).[38] Handelt es sich um ausgehandelte Vertragsbedingungen (→ § 35 Rn. 14), findet eine Kontrolle gem. §§ 138, 315 BGB statt. Zur Zuweisung eines anderen Verkaufsbezirks → Rn. 27.

c) Befristete Provisionsabrede. Da grundsätzlich die Befristung einzelner Vertragsabreden zulässig ist (→ § 38 Rn. 78 ff.), kann die **Provisionsabrede** im Arbeitsvertrag **befristet** werden. Sofern es sich um allgemeine Geschäftsbedingungen handelt, greifen die allgemeinen Grundsätze über die Inhaltskontrolle (hierzu → § 35 Rn. 39 ff.). Ansonsten gilt der Grundsatz der Vertragsfreiheit, der allerdings insbesondere durch die §§ 134, 138, 242 BGB Einschränkungen unterliegt (hierzu → § 38 Rn. 80). Die frühere Rechtsprechung des BAG stellte dagegen zur Kontrolle der Befristung einzelner Arbeitsbedingungen auf die Umgehung des Kündigungsschutzes ab und hielt befristete Provisionsvereinbarungen jedenfalls dann für zulässig, wenn die Provision nur etwa 15% des Gesamtverdienstes ausmachte.[39] Diese Rechtsprechung hat das BAG nach dem Inkrafttreten des Schuldrechtsmodernisierungsgesetzes aufgegeben.[40] 15

d) Provisionsansprüche nach Beendigung des Arbeitsverhältnisses. Nach Beendigung des Arbeitsverhältnisses besteht nach § 87 III Nr. 1 HGB ein Provisionsanspruch, wenn der AN das Geschäft vermittelt, eingeleitet und so vorbereitet hat, dass es überwiegend auf seine Tätigkeit zurückzuführen ist, und wenn der Abschluss innerhalb einer angemessenen Frist nach Beendigung des Arbeitsverhältnisses erfolgt. **Vermittelt** hat der AN es dann, wenn die Vertragsbeziehungen im Wesentlichen festliegen und nur noch die abschließenden Erklärungen ausstehen.[41] Bei **bloßer Geschäftsvorbereitung** (Kundenbesuch, Musterübersendung usw.) entsteht nur dann eine Provisionspflicht, wenn das Geschäft überwiegend auf die Tätigkeit des AN zurückzuführen ist. Dies ist aus einer vergleichenden Betrachtung der Geschäftsursache zu ermitteln.[42] Die **Angemessenheit der Frist** ergibt sich aus der Art und Bedeutung des Geschäftes.[43] Bei Saisonwaren muss der Abschluss idR innerhalb der Saison erfolgen. Nach § 87 III Nr. 2 HGB erwächst nach Beendigung des Arbeitsverhältnisses ein Provisionsanspruch, wenn das Angebot des Dritten zum Abschluss des Geschäftes, für das dem Vertreter Provision zusteht, dem Vertreter oder dem Unternehmen vor Beendigung des Vertragsverhältnisses zugegangen ist. Voraussetzung ist ein annahmefähiges Angebot. Die Bestimmung erfasst auch Provisionsansprüche eines Bezirksvertreters, weil sie anders als § 87 III Nr. 1 HGB weder eine Tätigkeit noch eine überwiegende Verursachung des Geschäftsabschlusses durch den Provisionsberechtigten voraussetzt.[44] 16

3. Geschäftsabschluss zwischen Unternehmer und Dritten. a) Erfolgsabhängigkeit. Der AN erhält die Provision nicht für seine **Tätigkeit,** sondern für die **Herbeiführung eines Erfolges.** Voraussetzung ist gem. § 87a I HGB ein Geschäftsabschluss zwischen Kunde und Unternehmer. Gegenüber einem Handelsvertreter ist der Unternehmer grundsätzlich berechtigt, den Abschluss des angebahnten oder vermittelten Geschäftes abzulehnen (er kann sich allerdings schadensersatzpflichtig machen, wenn er gegen seine Mitteilungsverpflichtungen nach § 86a II HGB verstößt).[45] Diese Grundsätze können auf das Arbeitsverhältnis mit Rücksicht auf das dem AG zustehende Weisungsrecht und die Fürsorgepflicht nicht uneingeschränkt übertragen werden. Zwar hat der AN schon aufgrund der dem AG zustehenden Vertragsfreiheit keinen Anspruch auf Abschluss des Geschäftes. Der AG hat aber die Obliegenheit, den AN rechtzeitig zu informieren, wenn er bestimmte Geschäfte nicht abschließen will. Schließt der AG grundlos ein Geschäft nicht ab, hat der AN gem. § 280 I BGB Anspruch auf Schadensersatz. Das Gleiche 17

[37] BAG 30.7.1985 AP Nr. 13 zu § 65 HGB = NZA 1986, 474.
[38] BAG 11.10.2006 AP Nr. 6 zu § 308 BGB = NZA 2007, 87.
[39] BAG 21.4.1993 AP Nr. 34 zu § 2 KSchG 1969 = NZA 1994, 476.
[40] BAG 27.7.2005 AP Nr. 6 zu § 307 BGB = NZA 2006, 40.
[41] MüKoHGB/*v. Hoyningen-Huene* § 87 Rn. 107.
[42] MüKoHGB/*v. Hoyningen-Huene* § 87 Rn. 109.
[43] Baumbach/Hopt/*Hopt* HGB § 87 Rn. 43.
[44] Baumbach/Hopt/*Hopt* HGB § 87 Rn. 44; MüKoHGB/*v. Hoyningen-Huene* § 87 Rn. 104.
[45] BGH 12.12.1957 BGHZ 26, 161; 9.11.1967 BGHZ 49, 39 = AP Nr. 1 zu § 86a HGB; 7.2.1974 DB 1974, 718; 22.1.1987 NJW-RR 1987, 873; Baumbach/Hopt/*Hopt* HGB § 87 Rn. 9.

gilt, wenn der AG sich verpflichtet hat, bestimmte Produkte herzustellen, die der provisionsberechtigte AN verkaufen soll, dann aber nicht in der Lage ist, diese Produkte bereitzustellen.[46]

18 **b) Erfasste Geschäfte.** Der Provisionsanspruch entsteht nur für solche Geschäfte, mit deren **Vermittlung oder Abschluss** der AN betraut war. Das abgeschlossene Geschäft braucht nicht in jeder Hinsicht mit dem identisch zu sein, das vom AN zu vermitteln war; es muss nur nach seinem Zweck eine Identität zwischen dem in Auftrag gegebenen und vermittelten Geschäft bestehen. Ein Provisionsanspruch des Handlungsgehilfen für eine Eigenbestellung besteht dagegen nicht, weil kein Vertrag mit einem Dritten (§ 87 I HGB) vorliegt, es sei denn die Vertragsparteien haben etwas anderes vereinbart.[47]

19 **c) Geschäftsabschluss. Abgeschlossen** ist das Geschäft dann, wenn der **Vertrag zwischen AG und Drittem rechtswirksam** zustande gekommen ist. Bei **Sukzessivlieferungsverträgen** werden alle Nachlieferungen provisionspflichtig, wenn diese schon fest vereinbart waren; dagegen nur die einzelnen Lieferungen, wenn bei Abschluss eines **Rahmenvertrags** über sie jeweils neue Lieferverträge abgeschlossen werden müssen.[48] Gem. § 92 IV HGB entsteht der Provisionsanspruch für AN, die Versicherungsverträge vermitteln oder abschließen, abweichend von § 87a I HGB erst mit Zahlung der Prämie, und zwar auch bei Superprovisionen des Hauptvertreters für die Geschäftsergebnisse der ihm unterstellten Untervertreter.[49] Bei sog. **Aufbauversicherungen,** bei denen sich die Versicherungssummen in regelmäßigen Zeitabständen erhöhen, wenn der Versicherungsnehmer nicht widerspricht, sind die Erhöhungen wie bei Sukzessivlieferungsverträgen provisionspflichtig, weil die Erhöhungen bereits mit dem Vertragsabschluss vereinbart worden sind.[50] Etwas anderes gilt aber, wenn eine Erhöhung durch eine neuerliche werbende Tätigkeit erzielt wurde, die von einem Dritten geleistet wurde.[51] Ist das **Geschäft nichtig oder wirksam angefochten,** entsteht kein Provisionsanspruch.[52] Dagegen entsteht ein Anspruch, wenn das Geschäft aufgrund eines gesetzlichen oder vereinbarten Kündigungs- oder Rücktrittsrechts wieder beseitigt wird; in diesem Fall kann der Provisionsanspruch aber gem. § 87a II HGB entfallen (→ Rn. 39). Bei **aufschiebend bedingtem Geschäftsabschluss** entsteht Provisionspflicht mit dem Eintritt der Bedingung (oder bei treuwidriger Verhinderung gem. § 162 I BGB). Dies gilt auch dann, wenn die Bedingung erst nach Beendigung des Arbeitsverhältnisses eintritt. Bei einem **auflösend bedingten Abschluss** erwächst der Provisionsanspruch sofort, kann aber mit dem Eintritt der Bedingung entfallen (es sei denn der AG hat den Eintritt der Bedingung treuwidrig herbeigeführt, § 162 II BGB). Bedarf es zum wirksamen Geschäftsabschluss einer **behördlichen Genehmigung,** so wird das Geschäft erst mit Erteilung der Genehmigung provisionspflichtig. Erfolgt die Genehmigung nach Ende des Vertragsverhältnisses, entsteht der Provisionsanspruch nur, wenn der Genehmigung Rückwirkung zukommt, nicht dagegen, wenn sie lediglich Wirkung für die Zukunft hat.[53] Ob das Geschäft für den AG **gewinnbringend** ist, ist für die Entstehung der Provision generell unerheblich.

20 **4. Kausalzusammenhang. a) Kausalität der Tätigkeit.** Für die Entstehung der Provisionspflicht ist nicht erforderlich, dass der AN das Geschäft selbst vermittelt oder abgeschlossen hat. Es reicht aus, wenn es **auf die Tätigkeit** des AN **zurückzuführen** ist. Das ist es dann, wenn es ohne die Tätigkeit nicht zustande gekommen wäre.[54] Die Tätigkeit muss sich im Rahmen des Arbeitsvertrags halten (→ Rn. 18). Weisungswidrige Tätigkeiten lösen keinen Provisionsanspruch aus.[55] Daher entsteht kein Anspruch, wenn der AN ein bestimmtes Geschäft vorgeschlagen, der AG aber ein völlig anderes abgeschlossen hat.[56] Unerheblich ist, ob der AG von der Tätigkeit seines AN Kenntnis hatte.[57] Dieser kann allerdings schadensersatzpflichtig werden, wenn er den AG nicht rechtzeitig unterrichtet und dieser das Geschäft deshalb ohne kalkulatorische Berücksichtigung der Provision abgeschlossen hat.

[46] BAG 27.2.1974 AP Nr. 2 zu § 306 BGB.
[47] MüKoHGB/*v. Hoyningen-Huene* § 87 Rn. 23; Baumbach/Hopt/*Hopt* HGB § 87 Rn. 15, § 84 Rn. 23; aA *Schnitzler* DB 1965, 463.
[48] MüKoHGB/*v. Hoyningen-Huene* § 87 Rn. 59; Baumann/Hopt/*Hopt* HGB § 87 Rn. 38.
[49] BAG 21.1.2015 AP Nr. 8 zu § 92 HGB = NZA 2015, 871.
[50] BAG 28.2.1984 AP Nr. 5 zu § 87 HGB.
[51] Vgl. BGH 24.4.1986 NJW-RR 1986, 1477 = DB 1986, 2431.
[52] MüKoHGB/*v. Hoyningen-Huene* § 87 Rn. 25.
[53] MüKoHGB/*v. Hoyningen-Huene* § 87 Rn. 29.
[54] MüKoHGB/*v. Hoyningen-Huene* § 87 Rn. 31.
[55] *Gründel/Butz* BB 2014, 1210 (1211).
[56] UU können jedoch Ansprüche nach § 612 BGB, § 354 HGB analog gegeben sein.
[57] Vgl. OLG Nürnberg 23.12.1958 BB 1959, 391.

b) Mitursächlichkeit. Eine alleinige oder auch nur überwiegende Ursächlichkeit der Tätigkeit des AN für das Geschäft ist nicht erforderlich, Mitursächlichkeit genügt.[58] Die Tätigkeit des AN muss das Zustandekommen des Geschäfts irgendwie gefördert und mit bewirkt haben. Es reicht aus, wenn der AN die Verhandlungen in Gang gebracht hat, der Kunde zunächst einzelne Stücke bestellt und später zusätzliche Bestellungen oder Nachbestellungen unter Umgehung des AN aufgegeben hat oder der Kunde bereits den Abschluss des Geschäfts beabsichtigte, das der Vertreter vermittelt hat. Etwas Anderes gilt aber, falls der Dritte bereits ohne die Tätigkeit des AN uneingeschränkt zum Abschluss entschlossen war. Ausreichend kann sein, wenn der AN seinen AG durch Dritte für das Geschäft hat empfehlen lassen oder noch weitere Umstände zum Geschäftsabschluss mitgewirkt haben. Ob eine Mitursächlichkeit gegeben ist, beurteilt sich danach, was vom AN nach den Vertragsbedingungen an Mitwirkung erwartet werden kann.[59] Unzureichend sind nebensächliche Mitwirkungsleistungen,[60] wie zB das bloße Ausfüllen eines Vertragsformulars oder eine Tätigkeit als bloße Schreibhilfe bzw. Dolmetscher.[61] Ein unmittelbarer **zeitlicher Zusammenhang** zwischen Tätigkeit des AN und Geschäftsabschluss braucht nicht zu bestehen, die Tätigkeit muss lediglich noch fortwirken. Für die Ursächlichkeit seiner Tätigkeit ist der AN **darlegungs- und beweispflichtig.**[62] 21

c) Mitursächliche Beiträge mehrerer Arbeitnehmer. Ist das Geschäft auf die **Tätigkeit mehrerer unabhängig oder zusammen arbeitender AN** zurückzuführen, so erwirbt grundsätzlich jeder Anspruch auf die volle Provision, es sei denn es bestehen abweichende Abreden.[63] Eine stillschweigende Teilungsabrede ist dann anzunehmen, wenn der AG die Vertreter von vornherein und für diese klar erkennbar in ein Vertriebssystem eingebunden hat, bei dem mitursächliche Beiträge vom System vorgegeben sind. Wie die Verteilung zu erfolgen hat (zB nach Tätigkeitsbeiträgen oder nach § 420 BGB) muss aufgrund einer (ergänzenden) Vertragsauslegung entschieden werden. 22

d) Geschäftsabschluss ohne Mitwirkung des Arbeitnehmers. Es kann auch vereinbart werden, dass der AN auch für solche Geschäfte Provision erhalten soll, an denen er **nicht mitgewirkt** hat. In diesem Fall kann er hierauf auch Anspruch im Fall der Arbeitsunfähigkeit haben. 23

5. Werbung von neuen Kunden für gleichartige Geschäfte. Ohne besondere Mitwirkung des AN werden provisionspflichtig alle Geschäfte des AG mit einem Dritten, wenn der AN diesen als Kunden neu geworben hat und Geschäfte gleicher Art abgeschlossen werden (§ 87 I 1 Alt. 2 HGB). Neu geworben sind solche Kunden, die zuvor noch nicht in Geschäftsverbindung mit dem AG oder mit diesem auf anderem Gebiet in Geschäftsverbindung standen, aber für die vom AN zu vermittelnden Geschäfte durch diesen dem AG zugeführt wurden. Provisionspflichtig sind nur Geschäfte gleicher Art; es soll die bei der Werbung entfaltete Tätigkeit abgegolten werden. Hat der AG neue Waren oder Dienstleistungen in sein Vertriebsprogramm aufgenommen, so sind die bereits früher geworbenen Kunden nicht neu. War die Geschäftsbeziehung abgebrochen worden, kann der Vertreter den Kunden neu zuführen.[64] 24

6. Bezirksvertretung. § 65 HGB verweist nicht auf § 87 II HGB, so dass grundsätzlich für AN kein Anspruch auf eine Bezirksprovision besteht. Allerdings kann mit einem AN vereinbart werden, dass er Provision für sämtliche Geschäfte mit Kunden eines bestimmten Bezirkes oder mit einem bestimmten Kundenkreis erhält, auch wenn er an deren Zustandekommen nicht beteiligt ist.[65] 25

Die Zuweisung eines **bestimmten Verkaufsbezirkes** beinhaltet noch nicht die Einräumung einer Bezirksprovision.[66] Im Interesse der Rechtsklarheit sollten sowohl der Verkaufsbezirk als 26

[58] BAG 11.4.2000 AP Nr. 48 zu § 11 BUrlG = NZA 2001, 153; 4.11.1968 AP Nr. 5 zu § 65 HGB; 22.1.1971 AP Nr. 2 zu § 87 HGB; LAG Hamm 23.6.1993 BB 1993, 2236 (LS); Baumbach/Hopt/*Hopt* HGB § 87 Rn. 11.

[59] BAG 22.1.1971 AP Nr. 2 zu § 87 HGB.

[60] *Gründel/Butz* BB 2014, 1210 (1211).

[61] LAG Mannheim 10.3.1971 DB 1971, 1016; Baumbach/Hopt/*Hopt* HGB § 87 Rn. 15.

[62] Vgl. für den Handelsvertreter BGH 2.3.1989 NJW-RR 1989, 865.

[63] LAG Hamm 23.6.1993 BB 1993, 2236.

[64] MüKoHGB/*v. Hoyningen-Huene* § 87 Rn. 44.

[65] BAG 13.12.1965 AP Nr. 3 zu § 65 HGB; zur ergänzenden Vertragsauslegung bei einer 1977 getroffenen Provisionsvereinbarung für Inlandsgeschäfte nach Beitritt der neuen Bundesländer: LAG Düsseldorf 25.3.1992 NZA 1992, 839 = LAGE § 157 BGB Nr. 1.

[66] LAG Hamm 2.10.1991 LAGE § 65 HGB Nr. 1 = BB 1992, 142 (LS); vgl. auch LAG BW 19.4.1996 NZA-RR 1997, 432.

auch die Provision eindeutig geregelt werden. Ihre Gewährung beruht auf der Überlegung, dass dem AN die Bearbeitung des gesamten Geschäftes in diesem Bezirk übertragen ist.

27 Eine **Bezirksänderung** ist nur bei Vorbehalt im Wege des Direktionsrechts möglich. Nach der früheren Rechtsprechung des BAG war die Vereinbarung eines entsprechenden Widerrufsvorbehaltes zulässig, sofern sie nicht zu einer Umgehung des Kündigungsschutzes führte. Ferner hatte die Ausübung des Widerrufsrechts nach billigem Ermessen zu erfolgen.[67] Nach Inkrafttreten des Schuldrechtsmodernisierungsgesetzes sind entsprechende Regelungen an § 308 Nr. 4 BGB zu messen.[68] Weil die Änderung des Bezirks unmittelbar auf die Verdienstchancen des AN einwirkt, müssen insoweit die Grundsätze über die Zulässigkeit solcher Vertragsklauseln gelten, die einseitige Änderungen der Entgeltregelungen erlauben (hierzu → Rn. 14).

28 Die Zuweisung eines anderen Verkaufsbezirks kann eine nach § 99 BetrVG mitbestimmungspflichtige Versetzung sein, wenn damit ein wesentlicher Teil der Aufgaben entzogen wird.[69]

29 **Provisionspflichtig** werden alle mit Kunden des Bezirkes oder des zugewiesenen Kundenkreises während des Bestandes des Arbeitsverhältnisses abgeschlossenen Geschäfte, auf die sich die Tätigkeit des AN erstrecken soll. Unerheblich ist, wo die Geschäftsverhandlungen geführt wurden. Hat der auftraggebende Kunde mehrere Filialen, so kommt es darauf an, von welcher Filiale der Auftrag erteilt wird; es erwächst daher kein Anspruch, wenn die Lieferung nach außerhalb des Bezirkes erfolgen soll.[70] Ist eine **Bezirksprovision** vereinbart, ist diese im Entgeltfortzahlungszeitraum (§ 3 EFZG) und während des Urlaubs des AN weiterzuzahlen.[71] Sie ist allerdings aus der Durchschnittsberechnung des § 11 I 1 BUrlG herauszunehmen, weil sie ohnehin weitergezahlt wird und nicht doppelt berücksichtigt werden darf.[72]

30 Der **EuGH** hat die für Handelsvertreter geltende Richtlinie 86/653/EWG dahin ausgelegt, dass für den Begriff Kunde, der diesem Bezirk angehört, im Falle einer juristischen Person der Ort ihrer tatsächlichen geschäftlichen Tätigkeit maßgebend ist. Übt das Unternehmen die Tätigkeit an mehreren Orten aus oder wird der Handelsvertreter in mehreren Hoheitsgebieten tätig, können für die Feststellung des Schwerpunkts des vorgenommenen Geschäfts andere Elemente berücksichtigt werden. Hierzu gehört der Ort, an dem die Verhandlungen mit dem Handelsvertreter geführt wurden, der Ort an dem die Ware geliefert wird und der Ort der Niederlassung, die die Bestellungen aufgegeben hat.[73]

31 **7. Ausschluss des Provisionsanspruchs.** Nach § 87 I 2 HGB ist ein Provisionsanspruch ausgeschlossen, wenn die Provision gem. § 87 III HGB noch einem ausgeschiedenen (früheren) AN zusteht (hierzu → Rn. 16). Bei Vereinbarung einer Bezirksprovision ergibt sich Entsprechendes aus § 87 II 2 HGB.

32 **8. Abweichende vertragliche Vereinbarungen. a) Abdingbarkeit von § 87 HGB.** Die **Regelung des § 87 HGB** ist für Handelsvertreter abdingbar,[74] für AN dagegen nur insoweit, als nicht gegen allgemeine Grundsätze des Arbeitsrechts verstoßen wird.[75] Zur Anrechnung der Provision auf das Festgehalt oder ein Tarifentgelt → Rn. 7. Die Regelung des § 87 III HGB **(Überhanganspruch)** ist für Handelsvertreter abdingbar,[76] nicht aber für AN, weil diese keinen Ausgleichsanspruch nach § 89b HGB haben.[77] Für Provisionen, die dadurch zu Überhangprovisionen werden, dass der AG das Geschäft nicht oder verspätet ausführt, folgt das aus der Nichtabdingbarkeit der Regelung in § 87a II 1 HGB.[78]

33 **b) Überhangprovisionen.** Der Ausschluss von aus § 87 I 1 HGB folgenden Überhangprovisionen ist unzulässig. Überhangprovisionen sind solche, die erst nach der Beendigung des Arbeitsverhältnisses oder nach Zuständigkeit des AN für einen bestimmten Bereich fällig werden, weil erst zu diesem Zeitpunkt das Geschäft ausgeführt wird. Da der AN keinen Ausgleichsan-

[67] BAG 7.10.1982 AP Nr. 5 zu § 620 BGB Teilkündigung = NJW 1983, 2285 (LS).
[68] Vgl. für die Befristungskontrolle BAG 27.7.2005 AP Nr. 6 zu § 307 BGB = NZA 2006, 40.
[69] BAG 2.4.1996 AP Nr. 34 zu § 95 BetrVG 1972 = NZA 1997, 112.
[70] Vgl. OLG Nürnberg 21.3.2001 NJW-RR 2002, 601 (Verlegung aus dem Bezirk).
[71] Vgl. BAG 3.6.1958 AP Nr. 1 zu § 89b HGB.
[72] BAG 11.4.2000 AP Nr. 48 zu § 11 BUrlG = NZA 2001, 153; → § 104 Rn. 105.
[73] EuGH 12.12.1996 – C-104/95, EWS 1997, 52.
[74] Vgl. BGH 21.10.2009 NJW 2010, 298.
[75] Vgl. LAG Bln 3.11.1986 AP Nr. 14 zu § 65 HGB, wenn der AN den Provisionsabschlag nicht verdienen kann, auch → Rn. 7.
[76] MüKoHGB/*v. Hoyningen-Huene* § 87 Rn. 115.
[77] BAG 20.8.1996 AP Nr. 9 zu § 87 HGB = NZA 1996, 1151; vgl. auch BAG 20.2.2008 AP Nr. 11 zu § 87 HGB = NZA 2008, 1124.
[78] BGH 21.10.2009 NJW 2010, 298.

spruch (§ 89b HGB) erlangt, verliert er bei dem Ausschluss von Überhangprovisionen einen Teil der Vergütung für bereits geleistete Arbeit. Das BAG hat die Vereinbarung des Ausschlusses in seiner bisherigen Rechtsprechung einer gerichtlichen Billigkeitskontrolle unterzogen. Es hat einen Ausschluss dann zugelassen, wenn hierfür ein sachlicher Grund bestand.[79] Ein solcher konnte zB gegeben sein, wenn dem AN zu Beginn des Vertragsverhältnisses Provisionen aus Verträgen gezahlt werden, die der Vorgänger zustande gebracht hat, dem AN vergleichbar § 89b HGB eine Abfindung gezahlt wird oder erhebliche Nacharbeiten des Geschäfts notwendig waren. Dagegen war eine Provisionsgarantie nur zureichend, wenn sie in etwa den verzögerten Provisionsfluss ausgeglichen hat. Bei der Beurteilung der Wirksamkeit des Ausschlusses von Überhangprovisionen war auf den Vertragsabschluss abzustellen, denn die Wirksamkeit des Vertrags kann nicht ex post festgestellt werden. In einer späteren Entscheidung hat das BAG Zweifel geäußert, ob an der Rechtsprechung zur Abdingbarkeit des Anspruchs auf Überhangprovision festgehalten werden kann, die Frage aber ausdrücklich offen gelassen. Wenn ein sog. Überhanganspruch nach § 87 III HGB für nach dem Ausscheiden abgeschlossene Geschäfte nicht ausgeschlossen werden könne (→ Rn. 32), dürfe dies auch für Überhangprovisionen gelten. Jedenfalls scheitere eine solche Klausel in allgemeinen Geschäftsbedingungen an § 307 II Nr. 1 BGB.[80] Der BGH hat angenommen, dass der Ausschluss von Überhangprovisionen für Geschäfte, die **verspätet ausgeführt** werden, gem. § 87a III 1, V HGB unwirksam ist, weil ein Geschäft auch dann gem. § 87a III 1 HGB nicht so ausgeführt wird wie es geschlossen worden ist, wenn die Ausführung verspätet erfolgt. Eine entsprechende Klausel in Allgemeinen Geschäftsbedingungen ist daher nach § 307 BGB unwirksam.[81] Überhangprovisionen sind bei der Berechnung der Obergrenzen des Ausgleichsanspruches nach § 87b II HGB zu berücksichtigen.[82]

III. Unbedingte Entstehung des Provisionsanspruchs

1. Gliederung von § 87a HGB. § 87a HGB bestimmt, wann und in welchem Umfang der nach § 87 HGB entstandene Provisionsanspruch unbedingt wird. § 87a I, II HGB behandelt Geschäfte, die der AG ausführt, § 87a III HGB solche, die er nicht ausführt. 34

2. Erwerb von Provisionsansprüchen durch Ausführung seitens des Arbeitgebers. 35 **a) Ausführung des Geschäfts.** Der Provisionsanspruch wird zum unbedingten, wenn der AG das Geschäft ausführt (§ 87a I 1 HGB). Bis zur Ausführung des Geschäftes durch den Dritten bleibt der Provisionsanspruch jedoch auflösend bedingt. Ausgeführt hat der AG das Geschäft, wenn er die ihm nach dem Vertrag obliegende Leistung erbracht hat. War er Verkäufer, so ist das Geschäft auch ausgeführt, wenn der Dritte Gewährleistungsansprüche hat. Ausgeführt ist das Geschäft auch, wenn der AG im Einvernehmen mit dem Dritten oder, sofern er hierzu kraft vertraglicher oder gesetzlicher Vorschrift berechtigt ist, auch ohne dessen Einverständnis an Stelle der ihm obliegenden Leistung zu deren Abgeltung eine andere erbracht hat, wenn er also zB Schadensersatz geleistet oder aufgerechnet hat usw. Entscheidend ist, ob die Ersatzleistungen das ursprüngliche Erfüllungsinteresse decken. Keine Ausführung liegt jedoch dann vor, wenn vertraglich die alte Verpflichtung aufgehoben und statt derer eine neue begründet wird (anstelle der Lieferung eines Fahrzeuges X ein Fahrzeug Y). Im letzteren Falle erwächst der Provisionsanspruch jedoch nach § 87a III 1 HGB (→ Rn. 40).

Die **volle Geschäftsausführung** ist gegeben, wenn die gesamte Leistung, eine **teilweise** 36 **Ausführung,** wenn nur ein Teil erbracht ist. Die Provision ist bei ganzer oder teilweiser Geschäftsausführung durch den AG von der Leistung zu berechnen, die der Dritte schuldet. Hat der AG das Geschäft nur teilweise ausgeführt, dann bleibt der Provisionsanspruch für die Teilleistung bestehen, auch wenn das Geschäft nicht mehr ganz ausgeführt wird. Der AN hat nicht die Möglichkeit, die Teilleistung nach § 266 BGB zurückzuweisen. Ob das Arbeitsverhältnis im Zeitpunkt der Geschäftsausführung noch besteht, ist unerheblich (zur Wirksamkeit abweichender Vereinbarungen → Rn. 33). Ist zB in Vertrag über zehn Benzinlieferungen geschlossen, so behält der AN den Anspruch für alle Lieferungen, selbst wenn diese erst nach Beendigung des Arbeitsverhältnisses ausgeführt werden; anders, wenn nur ein Rahmenvertrag über Benzinlieferungen vermittelt worden war und über jede neue Lieferung ein neuer Kaufvertrag abzuschlie-

[79] BAG 17.5.1962 AP Nr. 2 zu § 65 HGB; 4.7.1972 AP Nr. 6 zu § 65 HGB; 20.7.1973 AP Nr. 7 zu § 65 HGB; 28.2.1984 AP Nr. 5 zu § 87 HGB; 30.7.1985 AP Nr. 13 zu § 65 HGB = NZA 1986, 474.
[80] BAG 20.2.2008 AP Nr. 11 zu § 87 HGB = NZA 2008, 1124; für eine Abdingbarkeit *v. Hoyningen-Huene* Anm. zu AP Nr. 11 zu § 87 HGB.
[81] BGH 10.12.1997 NJW-RR 1998, 629 = DB 1998, 720.
[82] BGH 23.10.1996 ZIP 1996, 2165.

ßen ist (→ Rn. 19). In diesen Fällen erwächst nur ein Provisionsanspruch für die während des Arbeitsverhältnisses abgeschlossenen Lieferverträge.

37 **b) Abweichende Vereinbarungen.** Abweichende Vereinbarungen über die Entstehung des Provisionsanspruchs bei Ausführung durch den AG sind nur eingeschränkt zulässig (→ Rn. 32f.). Zugunsten des AN kann vereinbart werden, dass die Provision bereits mit Geschäftsabschluss unbedingt entsteht. Eine derartige Abrede liegt jedoch nicht schon in der Vereinbarung einer **Abschlussprovision.**

38 Zulässig sind ferner Vereinbarungen, nach denen der Provisionsanspruch erst **nach der Leistung des AG** unbedingt erwachsen soll. In jedem Fall erwächst er jedoch im Zeitpunkt der Leistung durch den Dritten (§ 87a I 3 HGB), auch wenn der AG für die Ausführungsleistung des Dritten Sicherheit leisten muss.[83] Dies ist immer der späteste Entstehungszeitpunkt. Die Teilprovision für ein durch den Dritten teilweise ausgeführtes Geschäft (§ 87a I 3 HGB) kann nicht ausgeschlossen werden. Weist der AG die Leistung des Dritten unberechtigt zurück (er darf jedoch nach § 266 BGB Teilleistungen ablehnen), so entsteht der Provisionsanspruch gem. § 162 I BGB. Soll der Provisionsanspruch erst mit der Ausführung des Geschäftes durch den Dritten erwachsen, so hat der AN einen unabdingbaren[84] Anspruch auf einen **Provisionsvorschuss,** sobald der Unternehmer das Geschäft ganz oder teilweise ausgeführt hat (§ 87a I 2 HGB). Die Höhe des Provisionsvorschusses ist nach den Umständen des Einzelfalles zu bestimmen. Sind Vereinbarungen nicht getroffen, steht das Bestimmungsrecht nach § 316 BGB im Zweifel dem AN zu, wobei die Bestimmung nach billigem Ermessen (§ 315 BGB) zu erfolgen hat.[85]

39 **3. Wegfall des Provisionsanspruchs bei Nichtausführung des Geschäftes durch Dritten.** Der Provisionsanspruch entfällt grundsätzlich, wenn feststeht, dass der Dritte nicht leistet (§ 87a II HGB).[86] Dies ist der Fall, wenn das Geschäft nichtig oder wirksam angefochten worden ist. Eine bereits gezahlte Provision ist zurückzuzahlen. Bei dem **Rückzahlungsanspruch** handelt es sich um einen vertraglichen Anspruch aus einem Rückabwicklungsverhältnis, auf den die §§ 346ff. BGB Anwendung finden,[87] und nicht etwa die §§ 812ff. BGB, so dass die Einrede des Wegfalls der Bereicherung (§ 818 III BGB) ausscheidet. § 87a II HGB ist aber nicht (auch nicht analog) anwendbar, wenn ein Provisionsanspruch von vornherein nicht entstanden ist, weil das Geschäft nicht wirksam abgeschlossen wurde (zB aufgrund einer Anfechtung); in diesem Fall sind die §§ 812ff. BGB einschlägig.[88] Leistet der Dritte nur teilweise nicht, so bleibt der Anspruch auf Teilprovision bestehen. Bei **Abzahlungskäufen** ist die Provision grundsätzlich zurückzugewähren, wenn der AG die Ware zurücknimmt (vgl. § 508 BGB). Sind bereits einige Raten gezahlt, bleibt insoweit der Provisionsanspruch bestehen. Die Feststellung, dass der Dritte nicht leistet, muss nach objektiven Gesichtspunkten getroffen werden. Zwar kann der AG nach freiem Ermessen bestimmen, ob er **klageweise** gegen den Dritten vorgehen will. Ergreift er jedoch keine Maßnahmen, obwohl diese erfolgreich gewesen wären, tritt der Verlust des Provisionsanspruchs nicht ein. Der AG braucht nur dann nicht klageweise gegen den Dritten vorzugehen, wenn ihm das nicht zumutbar ist (→ Rn. 42). Im Wege der Vereinbarung können nähere Bestimmungen getroffen werden, wann feststehen soll, dass der Dritte nicht leistet. Insbesondere kann vereinbart werden, dass der AG nicht klageweise vorzugehen braucht. Gelegentlich werden bei einem Provisionsangestellten sämtliche Provisionen in eine laufende Rechnung übernommen. Im Folgenden sollen dann Rückzahlungsansprüche des AG gegen Provisionsverdienste verrechnet werden. In einer älteren Entscheidung hat das BAG Zweifel an der Zulässigkeit einer solchen Vereinbarung geäußert.[89] Jedenfalls ist eine Verrechnung unzulässig, wenn dadurch kein angemessenes monatliches Entgelt mehr gewährleistet ist (hierzu → Rn. 7). Häufig finden sich Vereinbarungen, wonach für etwaige Provisionsrückforderungsansprüche eine **Sicherheitsrücklage** in Höhe eines bestimmten Prozentsatzes der Provisionsansprüche gebildet wird **(Stornoreserve).** Gutschriften auf einem Stornoreservekonto (oder „Sicherheitskonto"), über das der AN nicht verfügen kann, stellen keine Erfüllung des Entgeltanspruchs iSv § 362 BGB dar, auch nicht in Form eines Vorschusses.[90]

---

[83] BGH 20.10.1982 BGHZ 85, 134 = NJW 1983, 629.
[84] BAG 16.2.1962 AP Nr. 1 zu § 87a HGB.
[85] Vgl. für den Handelsvertreter MüKoHGB/*v. Hoyningen-Huene* § 87a Rn. 25.
[86] Vgl. BGH 20.6.1984 BGHZ 91, 370 = NJW 1984, 2881.
[87] BAG 21.1.2015 AP Nr. 8 zu § 92 HGB = NZA 2015, 871; Baumbach/Hopt/*Hopt* HGB § 87a Rn. 19; MüKoHGB/*v. Hoyningen-Huene* § 87a Rn. 37.
[88] BAG 14.3.2000 AP Nr. 6 zu § 611 BGB Lohnrückzahlung = NZA 2000, 827.
[89] BAG 25.3.1976 AP Nr. 9 zu § 65 HGB.
[90] BAG 21.1.2015 AP Nr. 8 zu § 92 HGB = NZA 2015, 871.

40 **4. Erwerb des Provisionsanspruchs trotz Nichtausführung des Geschäftes.** Der AN erwirbt den Provisionsanspruch auch dann, wenn feststeht, dass der AG ein rechtswirksam abgeschlossenes Geschäft ganz oder teilweise nicht oder nicht vertragsgemäß ausführt, es sei denn, dass der Anspruch bereits zuvor nach § 87a II HGB untergegangen ist (§ 87a III HGB). Eine **Nichtausführung** des Geschäftes liegt vor, wenn der AG die ihm obliegende Leistung gänzlich unterlässt; eine nicht dem Geschäftsabschluss entsprechende Ausführung liegt vor, wenn der AG die Leistung nicht in der Weise und zu der Zeit erbringt, wie er sie nach dem Vertrag mit dem Dritten hätte erbringen müssen, also zB dann, wenn der AG unvollständig, mangelhaft[91] oder verspätet leistet. Welche Folgerungen der Dritte aus der Nichtleistung zieht, ist für den Provisionsanspruch unerheblich. Unerheblich ist auch, aus welchen Gründen der AG das Geschäft nicht ausführt, ob also der ursprüngliche Vertrag aufgehoben, gestundet oder aus sonstigen Gründen nicht ausgeführt wird.[92] Unerheblich ist ferner der Inhalt des Vertrages, insbesondere ob er auf Verkauf einer Ware oder einer Dienstleistung gerichtet ist.[93] Gem. § 87a III 2 HGB entfällt der Provisionsanspruch nur, wenn und soweit dies auf Umständen beruht, die vom Unternehmer nicht zu vertreten sind. Die Vorschrift ist neu gefasst worden durch das Gesetz zur Durchführung der EG-Richtlinie zur Koordinierung des Rechts der Handelsvertreter vom 23.10.1989 (BGBl. I 1910). Die beiden Hauptfälle ergeben sich aus der früheren Fassung des Gesetzes. Danach entfiel der Provisionsanspruch, **(a)** wenn dem AG die Ausführung des Geschäftes aus Gründen nachträglich unmöglich wird (§ 275 I BGB), die er nicht zu vertreten hat, oder **(b)** wenn ihm seine Ausführung nicht zumutbar ist, weil in der Person des Dritten ein wichtiger Grund für die Nichtausführung besteht. Die frühere Fassung ist erweitert worden, um die Abgrenzungsschwierigkeiten zwischen nachträglicher Unmöglichkeit und Unzumutbarkeit zu beseitigen. Die zeitliche Begrenzung in § 87 III 1 Nr. 1 HGB (→ Rn. 16) gilt hier nicht, auch nicht analog.[94]

Der nachträglichen Unmöglichkeit steht das nachträgliche Unvermögen gleich (§ 275 BGB). 41
War das Geschäft **ursprünglich unmöglich,** so ist der Anspruch nach § 275 BGB ausgeschlossen. Der AN kann einen Anspruch nach § 280 BGB erlangen. Der AG hat Vorsatz und Fahrlässigkeit zu vertreten (§ 276 BGB); für seine Erfüllungsgehilfen hat er einzustehen (§ 278 BGB). Darüber hinaus haftet er, wenn die Umstände, auf denen die Nichtausführung des Geschäfts beruht, dem unternehmerischen oder betrieblichen Risikobereich zuzuordnen sind.[95] Im Falle der nachträglichen Unmöglichkeit oder des Unvermögens zur Leistung entfällt der Provisionsanspruch, wenn dies durch den AG nicht zu vertreten ist (zB Material- oder Transportsperre). Hat der AN selbst die Unmöglichkeit oder das Unvermögen zu vertreten oder hat keine der Parteien die Unmöglichkeit (Unvermögen) zu vertreten, so entfällt der Provisionsanspruch.

Dem AG ist die Geschäftsausführung **unzumutbar,** wenn es nach Treu und Glauben nicht 42
gerechtfertigt ist, ihn an dem Geschäft festzuhalten. Unzumutbar ist die Geschäftsausführung zB bei Insolvenz oder Insolvenzverdacht des Dritten, nicht dagegen bei dessen bloßen Annullierungsversuchen,[96] es sei denn, dass er anderenfalls die Geschäftsverbindung abzubrechen droht.[97] Den AG trifft grundsätzlich eine **Nachbearbeitungspflicht.**[98] Insoweit können allerdings Ausnahmen bestehen, wenn nach den Umständen des Einzelfalles bestanderhaltende Maßnahmen auch unter Berücksichtigung des Provisionsinteresses nicht zumutbar sind,[99] etwa bei Massengütern des täglichen Bedarfs.[100] Zumutbar bleibt das Geschäft bei fehlerhafter oder Verschlechterung der Kalkulation. Bei einer drohenden Stornogefahr muss der AG dem AN eine Stornogefahrmitteilung zukommen lassen, um ihm Gelegenheit zu geben, sich für die Aufrechterhaltung des Vertrags einzusetzen;[101] nach Beendigung des Arbeitsverhältnisses ist dem AG dies nicht zuzumuten.[102] Die **Darlegungs- und Beweislast** für die nicht zu vertretende Unmöglichkeit oder die Unzumutbarkeit der Geschäftsausführung liegt beim AG.[103]

---

91 BGH 21.10.2009 NJW 2010, 298 (300); 27.1.1972 BGHZ 58, 140 = NJW 1972, 629.

92 BAG 14.11.1966 AP Nr. 4 zu § 65 HGB (Geschäftsveräußerung).

93 BGH 21.10.2009 NJW 2010, 298 (300).

94 BGH 21.10.2009 NJW 2010, 298 (301).

95 Vgl. BGH 5.3.2008 ZIP 2008, 1080 = DB 2008, 1152 (LS).

96 BGH LM Nr. 4, 5 zu § 87a HGB; zu Versicherungsvertretern BAG 25.10.1967 AP Nr. 3 zu § 92 HGB; BGH 19.11.1982 DB 1983, 2135; HessLAG 20.1.1981 NJW 1982, 254.

97 BGH 13.7.1959 DB 1959, 940; BAG 9.12.1966 AP Nr. 2 zu § 87a HGB.

98 BAG 25.10.1967 AP Nr. 3 zu § 92 HGB; bei Versicherungsvertretern BGH 19.11.1982 DB 1983, 2135; OLG Köln 18.5.1977 NJW 1978, 327.

99 BAG 21.1.2015 AP Nr. 8 zu § 92 HGB = NZA 2015, 871.

100 BAG 21.10.1971 AP Nr. 3 zu § 87a HGB = NJW 1972, 45.

101 LAG BW 28.9.2000 – 21 Sa 23/00; vgl. hierzu auch BGH 25.5.2005 NJW-RR 2005, 1196.

102 BAG 21.1.2015 AP Nr. 8 zu § 92 HGB = NZA 2015, 871; HessLAG 20.1.1981 NJW 1982, 254; anders OLG Köln 18.5.1977 NJW 1978, 327.

103 Vgl. für den Handelsvertreter BGH 2.3.1989 NJW-RR 1989, 865; vgl. auch BAG 21.1.2015 AP Nr. 8 zu § 92 HGB = NZA 2015, 871.

43 **Unzulässig** sind Vereinbarungen, nach denen unter weiteren Voraussetzungen der Provisionsanspruch entfallen soll (§ 87a V HGB). Das gilt vor allem für eine Abrede, dass Provision nur für tatsächlich ausgeführte Geschäfte gezahlt wird.

IV. Provisionsanspruch ohne Arbeitsleistung

44 Der Provisionsanspruch ist ein Entgeltanspruch iSv § 4 I EFZG und besteht bei **Arbeitsunfähigkeit** nach dem Entgeltausfallprinzip auch während des Entgeltfortzahlungszeitraums gem. § 3 EFZG. Die Berechnung ist in § 4 Ia 2 EFZG geregelt (hierzu → § 98 Rn. 82). Entsprechendes gilt gem. § 2 I EFZG für die **Feiertagsvergütung** (→ § 103 Rn. 14). Provisionen sind ferner bei einer Arbeitsverhinderung aus persönlichen Gründen nach **§ 616 BGB** sowie während des **Annahmeverzugs** des AG fortzuentrichten. Auch hier gilt das Entgeltausfallprinzip. Ggf. ist eine Schätzung nach § 287 II ZPO erforderlich (→ § 95 Rn. 67). Zum **Mutterschutzlohn** → § 170 Rn. 12. Zur Berücksichtigung von Provisionsansprüchen bei der Berechnung des **Urlaubsentgelts** → § 104 Rn. 105. Zum Verhältnis zum MiLoG → § 66 Rn. 22. Wird der AN während der Zeit seiner Verhinderung vertreten, entstehen während dieses Zeitraums Provisionsansprüche sowohl für den Vertretenen als auch für den Vertreter, sofern nicht entsprechende Provisionsvereinbarungen Einschränkungen für den Vertreter vorsehen. Auf Seiten des Vertretenen sind dagegen Beschränkungen nur in engen Grenzen möglich, weil der gesetzliche Entgeltschutz weitgehend nicht dispositiv ist.[104] Zur Berücksichtigung von Provisionsansprüchen bei der Aufstockungsleistung im Rahmen der Altersteilzeit → § 83 Rn. 4. Zur Bezirksprovision auch → Rn. 29.

V. Fälligkeit des Provisionsanspruchs

45 Der nach § 87 HGB entstandene und nach § 87a HGB unbedingt gewordene Anspruch wird am letzten Tag des Monats fällig, in dem nach § 87c I HGB über ihn abzurechnen ist (§ 87a IV HGB). Über die unbedingt gewordenen Ansprüche ist unverzüglich, spätestens bis zum Ende des Folgemonats abzurechnen (§ 87c I 2 HGB). Der **Abrechnungszeitraum** beträgt einen Monat, kann aber vertraglich auf drei Monate erstreckt werden (§ 87c I 1 HGB). Der Provisionsanspruch wird somit spätestens am Ende des Monats fällig, der dem Monat der Ausführung folgt oder, sofern der Abrechnungszeitraum auf drei Monate erstreckt wurde, spätestens am Ende des vierten Monats nach der Ausführung. **Verzug** tritt erst gem. § 284 I BGB auf Anmahnung, nicht aber gem. § 284 II BGB ein, da die Leistung nicht kalendermäßig bestimmt ist.[105]

VI. Abtretung, Pfändung, Insolvenz

46 Provisionsansprüche können wie jeder andere Vergütungsanspruch abgetreten und gepfändet werden.[106] Der unter den Voraussetzungen des § 87 HGB erworbene, aufschiebend bedingte Anspruch ist bereits im Zeitpunkt der Entstehung als zukünftige Forderung abtretbar und pfändbar. In der Insolvenz des AG sind Provisionsansprüche wie die übrigen Vergütungsansprüche zu behandeln.

VII. Verjährung, Ausschlussfristen

47 Die Provisionsforderung verjährt gem. § 195 BGB in drei Jahren. Für den Beginn der Verjährungsfrist gilt § 199 BGB (hierzu → § 72 Rn. 2 ff.). Eine Auskunftsklage hemmt die Verjährung von Provisionsansprüchen nicht,[107] wohl aber eine Stufenklage gem. § 254 ZPO.[108] Provisionsansprüche können auch von Ausschlussfristen erfasst werden.[109] Das gilt – trotz § 87c V HGB – auch für Abrechnungs- und Auskunftsrechte.[110] Verfallfristen für den Anspruch laufen zumeist ab Fälligkeit (hierzu → § 209 Rn. 23 ff.).

---

104 Zu weitgehend daher *Gründel/Butz* BB 2014, 1210 (1211).
105 BGH 19.4.1962 BB 1962, 543.
106 *Treffer* MDR 1998, 384.
107 Vgl. zum alten Verjährungsrecht BAG 5.9.1995 AP Nr. 16 zu § 196 BGB = NZA 1996, 251.
108 Vgl. BAG 28.1.1986 AP Nr. 2 zu § 61 HGB = NJW 1986, 2527.
109 Vgl. BAG 27.11.1984 AP Nr. 89 zu § 4 TVG Ausschlussfristen.
110 BAG 23.3.1982 AP Nr. 18 zu § 87c HGB.

VIII. Höhe des Provisionsanspruchs

1. Vertrag. a) Vereinbarte Provisionshöhe. Für die Höhe der Provision ist die getroffene **Vereinbarung** maßgebend. Diese kann ausdrücklich oder stillschweigend erfolgen. Dagegen wird die Festlegung kaum jemals dem AN überlassen.[111] Ein Provisionsanspruch kann für bestimmte Geschäfte überhaupt ausgeschlossen werden; es kann auch zB im Automobilhandel die Provision von der Differenz zwischen Alt- und Neuwagenpreis berechnet werden.[112] Der Provisionssatz kann in Prozenten vom Geschäftswert (X% von Y), aber auch nach Stückzahl oder Gewicht der verkauften Ware (X EUR je Stück, je to) usw. berechnet werden. Liegt eine Vereinbarung nicht vor oder ist sie nichtig,[113] so gilt nach § 87b I HGB die **übliche Provision** als vereinbart, dh die Provision, die von vergleichbaren Unternehmen für Geschäfte dieser Art am Sitz des Arbeitsverhältnisses an AN gezahlt wird.[114] Die Üblichkeit kann durch ein Gutachten der Industrie- und Handelskammer ermittelt werden. Ist dies nicht möglich, liegt andererseits aber ein wirksamer Arbeitsvertrag vor, so hat der AN nach § 316 BGB ein Bestimmungsrecht (§§ 315, 316 BGB).[115] 48

b) Änderung des Provisionssatzes. Die **nachträgliche Änderung** des Provisionssatzes ist nur durch **Vertrag** (hierzu → Rn. 14) oder **Änderungskündigung** möglich. Die jahrelange widerspruchslose Hinnahme der Provisionsabrechnungen kann nicht als ein ständig sich wiederholendes negatives Schuldanerkenntnis ausgelegt werden, dass dem Vertreter Ansprüche auf Erteilung eines Buchauszuges und auf Zahlung weitergehender Provisionen nicht zustehen (vgl. jetzt § 308 Nr. 5 BGB).[116] Zur Befristung der Provisionsvereinbarung → Rn. 15. Werden Verdienstchancen eines Abonnentenwerbers dadurch verschlechtert, dass aus Kundenwerbungen gewonnenes Adressmaterial nicht mehr an ihn, sondern an ein Call-Center weitergegeben wird, kann hierin eine Vertragsverletzung oder eine Verletzung der Grenzen des billigen Ermessens bei der Zuweisung von Arbeitsaufgaben liegen mit der Folge eines Schadensersatzanspruchs gem. § 280 I BGB. Soweit die vertraglichen Regelungen eine solche Vorgehensweise zulassen, dürfte für die Überprüfung ihrer Wirksamkeit dasselbe gelten wie bei Bestimmungen über die Zuweisung eines anderen Verkaufsbezirks (→ Rn. 27). Nach Ansicht des BAG liegt ein Verstoß jedenfalls dann nicht vor, wenn die Verdienstminderung nur 20% beträgt.[117] Schadensersatzansprüche sind aber in jedem Fall dann zu bejahen, wenn ein willkürliches Handeln vorliegt (→ Rn. 10). 49

Zur Frage, ob der AG sich wegen der Provisionsstaffel eine **Teilkündigung** (Widerruf) vorbehalten kann, → Rn. 14. In jedem Fall ist eine einseitige Änderung ohne Vorbehalt unwirksam. 50

2. Berechnung der Provision. Die in § 87b II, III HGB enthaltenen Berechnungsvorschriften sind nur anwendbar, wenn der Provisionssatz in Prozenten ausgedrückt ist, nicht dagegen bei Stückprovision. § 87b II HGB regelt die Provisionsberechnung bei sich in einmaliger Leistung erschöpfenden Austauschverträgen, § 87b III HGB behandelt Dauerverträge. Zwar sind in § 87b III HGB nur Gebrauchsüberlassungs- und Nutzungsverträge erwähnt; seine Regelung passt aber für sämtliche Dauerverträge mit fest nach Zeitabschnitten bemessenem Entgelt.[118] Bei **einfachen Austauschverträgen** (§ 87b II HGB) ist die Provision von dem Entgelt zu berechnen, das der Dritte oder der Unternehmer zu entrichten hat. Besteht das Entgelt in einer Warenlieferung, so ist diese zu normalem Preis umzurechnen. Sinkt der Wert der Sachen, so ist der ursprüngliche Wert maßgebend.[119] Überhaupt sind die ursprünglich vereinbarten Entgelte, nicht dagegen spätere Preisherabsetzungen entscheidend. Bei der Provisionsberechnung sind Nachlässe für Barzahlung, Treue- und Mengenrabatte nicht abzusetzen. Das gilt nur dann nicht, wenn von vornherein ein geringerer Preis vereinbart war.[120] In gleicher Weise sind sonstige Nebenkosten (Fracht, Verpackung, Zoll, Steuern, Versicherungen usw.) nicht abzuziehen, es sei denn, dass sie gesondert in Rechnung gestellt werden (§ 87b II 2 HGB). Der Gesetzgeber geht von der Vorstellung aus, dass sie im Preis einkalkuliert sind. Die Umsatzsteuer, die lediglich aufgrund steuerrechtlicher Vorschriften gesondert ausgewiesen ist, gilt nicht als gesondert in Rechnung gestellt 51

---

[111] Vgl. BGH 15.2.1971 AP Nr. 3 zu § 87 HGB.
[112] BAG 24.9.1965 AP Nr. 1 zu § 87b HGB.
[113] Vgl. hierzu *Trinkhaus* DB 1967, 859 (861).
[114] Vgl. BGH 2.3.1961 LM Nr. 1 zu § 87b HGB.
[115] BGH 2.3.1961 LM Nr. 1 zu § 87b HGB.
[116] BGH 29.11.1995 AP Nr. 19 zu § 87c HGB = NJW 1996, 588; vgl. dazu *Scherer* BB 1996, 2205.
[117] BAG 7.8.2002 AP Nr. 81 zu § 315 BGB = FA 2003, 29.
[118] Baumbach/Hopt/*Hopt* HGB § 87b Rn. 13.
[119] RGZ 121, 125.
[120] Baumbach/Hopt/*Hopt* HGB § 87b Rn. 8.

(§ 87b II 3 HGB). Danach ist bei der Berechnung der Provision die Umsatzsteuer nicht abzuziehen, es sei denn, dass eine andere Vereinbarung getroffen wurde.[121]

52 Bei **Gebrauchsüberlassungs- und Nutzungsverträgen** ist zu unterscheiden zwischen solchen von bestimmter und solchen von unbestimmter Dauer. Bei Verträgen mit bestimmter Dauer ist die Provision vom Entgelt für die Gesamtdauer zu berechnen, auch wenn das Arbeitsverhältnis vor Auslaufen des Vertrags endet (§ 87b III 1 HGB). Bei Verträgen von unbestimmter Dauer erhält der AN zunächst eine **Erstprovision,** berechnet von dem Entgelt, das der Dritte bis zu seiner ersten Kündigungsmöglichkeit zu zahlen hat. Besteht der Vertrag noch weiter, so hat der AN Anspruch auf **Folgeprovisionen,** die entsprechend zu berechnen sind (§ 87b III 2 HGB). Hat der Dritte zunächst den Vertrag gekündigt, die Kündigung aber zurückgenommen, so besteht nur dann ein Anspruch auf Folgeprovision, wenn der AN die Rücknahme verursacht hat. Hat der AG den Vertrag zum ersten Kündigungstermin gekündigt, so entfällt der Anspruch auf Folgeprovision nur dann, wenn der Unternehmer die Beendigung des Vertragsverhältnisses nicht zu vertreten hat. Das folgt schon aus dem Grundsatz (vgl. § 162 BGB, § 87a III HGB), dass der Unternehmer durch sein Verhalten nicht treuwidrig die Entstehung des Provisionsanspruchs vereiteln darf.[122]

IX. Abrechnung der Provisionsforderung

53 **1. Allgemeines und Gliederung.** Zur Sicherung und Aufklärung des Provisionsanspruches sind dem Provisionsberechtigten, solange der Provisionsanspruch besteht,[123] unabdingbar vier Ansprüche eingeräumt: **(1)** Abrechnung (→ Rn. 55), **(2)** Erteilung eines Buchauszuges (→ Rn. 56), **(3)** Mitteilung über wesentliche Umstände (→ Rn. 59), **(4)** Einsichtnahme in die Geschäftsbücher (→ Rn. 60).

54 Gegenüber diesen Ansprüchen hat der AG **kein Zurückbehaltungsrecht** wegen etwaiger Gegenansprüche, es sei denn, dass er der Erfüllung seiner Verpflichtung nicht ohne Erfüllung der Pflichten des AN nachkommen kann. Die Auskunftsansprüche sind nicht selbständig abtretbar, sondern nur im Zusammenhang mit der Provision.[124] Der AG kann dann dem Zessionar die Leistung verweigern, wenn seine berechtigten Interessen gefährdet werden, zB wenn der AN einem Konkurrenten seines AG Provisions- und Auskunftsansprüche abgetreten hat, um diesem Einblick in die Geschäftsunterlagen zu verschaffen. In der Insolvenz des AG sind sie nach hM gegen den Insolvenzverwalter geltend zu machen.[125] Die Vollstreckung der Ansprüche erfolgt idR nach § 887 ZPO.[126] Eine Vollstreckung nach § 888 ZPO kann in Betracht kommen, wenn der Unternehmer keine Bücher geführt hat oder wenn wegen der Besonderheit des EDV-Systems die Abrechnung durch einen Dritten nur mit unverhältnismäßigen Schwierigkeiten erstellt werden kann.[127]

55 **2. Abrechnung.** Der AG hat über alle nach § 87 HGB provisionspflichtigen Geschäfte, auch wenn sie noch nicht ausgeführt sind (§ 87a HGB) oder die Provision noch nicht fällig geworden ist, monatlich schriftlich abzurechnen (§ 87c I 1 HGB). Der Abrechnungszeitraum kann auf drei Monate erstreckt werden. Die Abrechnung hat unverzüglich, spätestens bis zum Ende des auf den Geschäftsabschluss folgenden Monats zu erfolgen (§ 87c I 2 HGB); zur Meidung des Verzuges (§ 286 II Nr. 1 BGB) auch dann, wenn der AN keine Abrechnung gefordert hat. In sie sind die Namen der Kunden oder – bei Verständlichkeit – deren Kennziffern, Art und Menge der verkauften Waren,[128] Geschäftswert, Geschäftsausführung, Provisionshöhe und Fälligkeit aufzunehmen, so dass der AN sie mit seinen Unterlagen vergleichen kann. Über alle Provisionsansprüche ist **monatlich gleichzeitig abzurechnen.** Ein zusammenfassender Abrechnungsanspruch

[121] Zur Vertragsauslegung: BAG 23.3.1982 AP Nr. 18 zu § 87c HGB; vgl. zu den früheren Bedienungsprozenten im Gaststättengewerbe: BAG 7.10.1971 AP Nr. 6 zu § 611 BGB Kellner.

[122] MüKoHGB/*v. Hoyningen-Huene* § 87b Rn. 40; ebenso Baumbach/Hopt/*Hopt* HGB § 87b Rn. 16, der § 87a III HGB analog anwenden will.

[123] Vgl. BAG 16.2.1969 AP Nr. 3 zu § 87c HGB.

[124] Zur Pfändung vgl. BAG 16.2.1969 AP Nr. 3 zu § 87c HGB.

[125] OLG Naumburg 22.11.1995 NJW-RR 1996, 993; Baumbach/Hopt/*Hopt* HGB § 87c Rn. 7; aA OLG Koblenz 6.10.1964 NJW 1965, 257.

[126] BGH 26.4.2007 NJW-RR 2007, 1475; OLG Düsseldorf 21.6.1999 NJW-RR 2000, 1298; OLG Nürnberg 28.7.1998 BB 1999, 150; OLG Köln 3.5.1995 NJW-RR 1996, 100; OLG Hamm 19.11.1993 NJW-RR 1994, 489; LAG Saarl 6.1.1965 DB 1965, 187; Baumbach/Hopt/*Hopt* HGB § 87c Rn. 12.

[127] OLG Hamm 19.11.1993 NJW-RR 1994, 489; Baumbach/Hopt/*Hopt* HGB § 87c Rn. 12.

[128] BAG 25.6.1964 AP Nr. 3 zu § 242 BGB Auskunftspflicht.

ist nur dann nicht gegeben, wenn der AG jedes Geschäft einzeln abgerechnet hat, wenn er zB dem AN Durchschläge der Auftragsbestätigung, der Rechnung, der Versandbestätigung und der einzelnen Provision erteilt. Bestreitet der AG, dass überhaupt Geschäfte angefallen sind, so muss der AN deren Abschluss nachweisen. Erteilt der AG eine Abrechnung, weist der AN jedoch ihre Unvollständigkeit nach, so kann er die Rechte aus § 87c II–IV HGB oder die nach §§ 259, 260 BGB geltend machen, denn der Abrechnungsanspruch ist eine Art der Rechnungslegung. Eine Abrede, nach der Provisionsabrechnungen bei Schweigen des AN als genehmigt gelten, ist nach § 87c V HGB unwirksam.[129] Weigert sich der AG, eine Abrechnung zu erteilen, so kann der AN auch sofort auf Provisionszahlung klagen; er riskiert jedoch, dass er zu wenig Provision verlangt, wenn ihm die Geschäfte nicht voll bekannt sind. Zweckmäßig wird eine **Stufenklage** nach § 254 ZPO erhoben, um eine etwa für den Provisionsanspruch laufende Verjährungs- oder Verfallfrist (→ Rn. 47) zu unterbrechen. Die Verjährungsfrist für den Abrechnungsanspruch beträgt gem. § 195 BGB drei Jahre. Die Klage auf Rechnungslegung oder Erteilung eines Buchauszuges unterbricht nicht die Verjährung der Provisionsforderung.[130] Die erteilte Abrechnung ist ein konstitutives (abstraktes) Schuldanerkenntnis (§ 781 BGB).

3. Buchauszug. Nach § 87c II HGB kann der AN bei der Abrechnung, also sobald und 56
solange ein Abrechnungsanspruch besteht, einen schriftlichen Buchauszug über alle nach § 87 HGB provisionspflichtigen Geschäfte verlangen. Zur Begründung des Anspruchs ist es ausreichend, wenn der AN darlegt, dass nach den vertraglichen Vereinbarungen provisionspflichtige Geschäfte zustande gekommen sein können.[131] Der Inhalt des Buchauszug-Anspruchs ergibt sich aus seinem Zweck, dem AN eine Abrechnungsgrundlage für seinen Provisionsanspruch zu beschaffen. In den Buchauszug sind daher alle sich aus den Handelsbüchern ergebenden Umstände aufzunehmen, die für die Berechnung des Provisionsanspruchs von Bedeutung sind.[132] Rechnungskopien samt Tippstreifen sind unzureichend.[133] Ist der AG nicht zur Führung von Handelsbüchern verpflichtet, so hat er dem AN zumindest eine geordnete Zusammenstellung der provisionspflichtigen Geschäfte zu erteilen.

Der Anspruch ist **ausgeschlossen,** wenn der AG bei jedem Einzelgeschäft einen Einzelbuch- 57
auszug erteilt oder wenn die Parteien sich über die Richtigkeit der Abrechnung geeinigt haben.[134] Behauptet und beweist der AN, dass der Buchauszug unvollständig ist, so kann er dessen Ergänzung beanspruchen. Außerdem kann er die Rechte aus § 260 BGB geltend machen. Nach Verurteilung zur Erteilung eines Buchauszuges kann bei dessen Unvollständigkeit im Vollstreckungsverfahren nur die Ergänzung durch einen Vereidigten Buchsachverständigen oder einen Wirtschaftsprüfer verlangt werden, damit der AG durch immer neue Ansprüche nicht übermäßig belastet wird.[135] Etwas anderes gilt aber bei schweren Mängeln, die den Buchauszug unbrauchbar machen.[136] Die jahrelange widerspruchslose Hinnahme der Provisionsabrechnungen des Unternehmens kann nicht als ein sich ständig wiederholendes negatives Schuldanerkenntnis dahingehend ausgelegt werden, dass dem AN Ansprüche auf Erteilung eines Buchauszuges oder auf Zahlung weiterer Provisionen nicht zustehen.[137]

Erteilt der AG auf Verlangen des AN keinen Buchauszug oder nur verspätet, so wird er 58
schadensersatzpflichtig. Die Provisionsansprüche können auch gegebenenfalls nach § 287 ZPO geschätzt werden. Die Verjährung des Anspruchs auf Buchauszug beginnt, wenn der Anspruch fällig und vom AN geltend gemacht werden kann.[138] Der Anspruch kann von einer tariflichen Verfallklausel erfasst werden. Die Verfallfrist beginnt mit der Erteilung der Abrechnung.[139] Die Erteilung eines Buchauszugs wird nach § 887 ZPO vollstreckt. Das gilt grundsätzlich auch dann, wenn der Schuldner seinen Sitz im Ausland hat. Nur ausnahmsweise kann in

[129] BAG 23.3.1982 AP Nr. 18 zu § 87c HGB; 16.2.1973 AP Nr. 13 zu § 87c HGB; BGH 29.11.1995 AP Nr. 19 zu § 87c HGB = NJW 1996, 588, unter Aufgabe der früheren Rspr.; aA LAG BW 31.3.1981 AP Nr. 17 zu § 87c HGB.

[130] BAG 5.9.1995 AP Nr. 16 zu § 196 BGB = NZA 1996, 251; 30.4.1971 AP Nr. 15 zu § 9 ArbGG 1953 (mkritAnm *Grunsky*).

[131] Vgl. BGH 7.10.1977 AP Nr. 14 zu § 87c HGB.

[132] BGH 21.3.2001 NJW 2001, 2333; 11.7.1980 AP Nr. 16 zu § 87c HGB = NJW 1981, 457; OLG München 26.3.2002 NJW-RR 2002, 1034; OLG Saarbrücken 23.5.2001 NJW-RR 2002, 391.

[133] BGH 23.10.1981 DB 1982, 376.

[134] BGH 11.7.1980 AP Nr. 16 zu § 87c HGB = NJW 1981, 457.

[135] OLG Nürnberg 28.7.1998 BB 1999, 150.

[136] BGH 20.2.1964 AP Nr. 1 zu § 87c HGB; Baumbach/Hopt/*Hopt* HGB § 87c Rn. 20.

[137] BGH 29.11.1995 AP Nr. 19 zu § 87c HGB = NJW 1996, 588, unter Aufgabe früherer Rspr.

[138] BGH 11.7.1980 AP Nr. 16 zu § 87c HGB = NJW 1981, 457.

[139] BAG 23.3.1982 AP Nr. 18 zu § 87c HGB = DB 1982, 2249; auch → Rn. 47.

diesem Fall nach § 888 ZPO vollstreckt werden, etwa weil der Schuldner Widerstand leistet und Maßnahmen nach § 892 ZPO erforderlich werden.[140]

59 **4. Mitteilung wesentlicher Umstände.** §§ 65, 87c III HGB normieren keine allgemeine Rechenschaftspflicht für den AG. Vielmehr dient der Anspruch auf Mitteilung über alle Umstände, die für den Provisionsanspruch, seine Fälligkeit und seine Berechnung wesentlich sind, allein der Ergänzung von § 87c II HGB, wenn zB nicht alle für die Provisionsberechnung wesentlichen Umstände aus den Handelsbüchern zu ersehen sind.[141] Der Provisionsberechtigte muss daher im Prozess darlegen und beweisen, über was er Auskunft begehrt und warum diese Auskunft für die Provisionsberechnung wesentlich ist.[142]

60 **5. Einsichtnahme in die Geschäftsbücher.** Weigert sich der AG, einen Buchauszug zu erteilen oder bestehen objektiv begründete Zweifel an der Richtigkeit oder Vollständigkeit der Abrechnung oder des Buchauszuges, so kann der AN gem. § 87c IV HGB verlangen, dass Einsicht in die Geschäftsbücher und Geschäftsunterlagen gewährt wird.[143] Die Einsichtnahme ist auf alle Geschäftsurkunden zu erstrecken, die für die Erstellung eines ordnungsgemäßen Buchauszuges notwendig sind.[144] Soweit das Recht zur Einsichtnahme reicht, ist auch die Anfertigung schriftlicher Notizen zu gestatten. Der AG kann bestimmen, ob er dem AN oder einem von diesem zu bestimmenden Wirtschaftsprüfer oder vereidigten Buchsachverständigen die Einsicht gestattet. Erlaubt er dem AN selbst die Bucheinsicht, so kann dieser eine Person seines Vertrauens, also auch einen buchsachverständigen Gewerkschaftssekretär hinzuziehen. Erlaubt der AG nur einem Wirtschaftsprüfer die Einsichtnahme, so darf der vom AN ausgewählte nur dann zurückgewiesen werden, wenn gegen dessen Unparteilichkeit Bedenken bestehen. Die Einsichtnehmenden unterliegen gegenüber Dritten der Schweigepflicht. Die Einsichtnahme hat am Geschäftsort zu erfolgen. Die Kosten der Einsichtnahme trägt der AN. Er kann aber im Wege des Schadensersatzes (§ 280 BGB) Kostenerstattung verlangen, wenn sich die Unrichtigkeit der Abrechnung oder des Auszugs ergibt bzw. sich der AG mit der Erteilung eines richtigen oder vollständigen Buchauszuges im Verzug befand.[145] Die Verjährungsfrist für das Einsichtsrecht beginnt mit dem Ende des Jahres, in dem der Buchauszug erteilt worden ist.[146]

§ 76. Gewinnbeteiligung

Muster: Schaub ArbRFV-HdB/*Klagges* A. Rn. 124.

Übersicht

I. Begriff

1 Die Gewinnbeteiligung (oder **Tantieme**) bezieht sich anders als die Provision nicht auf bestimmte Geschäfte, sondern auf den geschäftlichen Erfolg des AG als Ganzes. Sie ist Teil des Arbeitsentgelts, steht also – anders als zB eine Gratifikation – im Austauschverhältnis von Arbeitsleistung und Entgelt.[1] Sie wird einzelnen AN, häufig leitenden Angestellten, wegen ihrer

---

[140] OLG Hamm 27.3.1998 InVo 1999, 32; OLG Düsseldorf 21.1.2004 InVo 2004, 385; weitergehend: OLG Frankfurt 31.1.2002 InVo 2002, 518; 14.12.2000 InVo 2001, 183.
[141] Vgl. BGH 20.2.1964 AP Nr. 1 zu § 87c HGB.
[142] Zum Antrag vgl. auch OLG Hamm 10.2.1967 DB 1967, 592.
[143] Zur Anspruchskonkurrenz BGH 24.6.1971 AP Nr. 12 zu § 87c HGB.
[144] OLG München 13.8.1964 NJW 1964, 2257.
[145] BGH 16.5.1960 BGHZ 32, 302 (306, 307) = NJW 1960, 1662; BAG 13.10.1965 AP Nr. 3 zu § 65 HGB; MüKoHGB/*v. Hoyningen-Huene* § 87c Rn. 78.
[146] Vgl. BGH 1.12.1978 AP Nr. 15 zu § 87c HGB = NJW 1979, 764.
[1] LAG SchlH 12.4.2017 – 3 Sa 202/1.

für das Unternehmen besonders wichtigen Tätigkeit als zusätzliche Vergütung gezahlt, um sie am Geschäftsergebnis zu interessieren.[2] Von einer Gewinnbeteiligung zu unterscheiden ist eine an die gesamte Belegschaft zur Anerkennung ihrer Dienste gezahlte Jahresabschlussvergütung oder die aus sozialpolitischen Gründen gezahlte **Ergebnisbeteiligung,** durch die eine stärkere Verbundenheit der AN mit dem Unternehmen erreicht werden soll. Wird eine Mindestgewinnbeteiligung garantiert, so ändert sich dadurch nichts an ihrem Rechtscharakter; allerdings ist sie auch dann zu bezahlen, wenn in dem Jahr kein Gewinn erwirtschaftet wird.[3] Von der Gewinnbeteiligung zu unterscheiden sind Aktienoptionen, die Mitarbeitern eingeräumt werden, um sie am Unternehmen zu interessieren (→ § 80 Rn. 3 ff.).

II. Rechtsgrundlage

Grundlage des Anspruchs auf Gewinnbeteiligung kann der Arbeitsvertrag, aber auch ein Tarifvertrag oder eine Betriebsvereinbarung[4] sein. Ein Anspruch aufgrund einer betrieblichen Übung kommt nur bei einer kollektiven Handhabung in Betracht, und zwar dann, wenn eine Vielzahl von AN oder eine abgrenzbare Gruppe Tantiemezahlungen erhält.[5] 2

III. Berechnung

Die an einzelne AN gezahlte Tantieme wird zumeist in Prozenten des jährlichen **Reingewinns,**[6] seltener vom **Rohgewinn** vereinbart, der für das ganze Unternehmen oder einen Unternehmensteil (Filiale, Betriebsabteilung usw.) erzielt worden ist. Wird sie vom **Umsatz** gezahlt (Umsatztantieme, Umsatzbonus), liegt eine Zwischenform zwischen Tantieme und Provision vor (→ § 75 Rn. 2). Eine Umsatzbeteiligung kann Provisionscharakter haben.[7] Daher ist auch eine Vereinbarung zwischen einem Gastwirt und einer Servicekraft wegen Verstoßes gegen die guten Sitten (§ 138 BGB) unwirksam, wenn eine Umsatzprovision von den Zechschulden der Gäste nur dann gezahlt werden soll, wenn diese beitreibbar sind.[8] Sieht ein Arbeitsvertrag eine Leistungsprämie vor, die der Schuldner nach näher bezeichneten Voraussetzungen nach seinem freien Ermessen verweigern darf, so bedeutet das in der Regel nicht, dass die Zahlung im Belieben des Schuldners steht. Vielmehr ist eine unbillige Entscheidung unverbindlich.[9] Ist über die Höhe der Tantieme nichts vereinbart, so ist die für gleichartige Fälle übliche oder angemessene zu zahlen (§ 612 II BGB). Ihre Bestimmung kann dem AG nach **billigem Ermessen** überlassen bleiben (§ 315 BGB).[10] Zu etwaigen Einschränkungen aufgrund des AGB-Rechts → § 35 Rn. 108, → § 62 Rn. 6. Offenbar unbillig ist eine vertragliche Leistungsbestimmung dann, wenn sie in so grober Weise gegen die Interessen einer Partei verstößt, dass sich ihre Unbilligkeit einem unbefangenen Dritten aufdrängen muss. Die einem leitenden Angestellten zugesagte Beteiligung am Jahresgewinn des von ihm geführten Betriebs erlischt, wenn der Angestellte während des ganzen Geschäftsjahres arbeitsunfähig war und keine Entgeltfortzahlung beanspruchen kann.[11] Zur Berücksichtigung einer Gewinnbeteiligung bei der Berechnung des Urlaubsentgelts → § 104 Rn. 105 f.[12] 3

IV. Anspruchsbeschränkungen

Der Anspruch auf eine Gewinnbeteiligung kann in einer kollektivrechtlichen Regelung auch von einer Mindestarbeitsleistung von sieben Monaten im Geschäftsjahr abhängig gemacht werden.[13] Ist ein AN, dem eine Erfolgsvergütung zugesagt worden ist, während des ganzen Jahres 4

[2] Vgl. BAG 19.1.2011 AP Nr. 34 zu § 1 BetrAVG Berechnung (LS).
[3] LAG Bln 7.10.1975 DB 1976, 636; vgl. LG Hannover 3.1.1983 ZIP 1983, 448.
[4] Vgl. LAG Nds 26.9.2019 NZA-RR 2020, 79; vgl. auch LAG RhPf 21.2.2019 LAGE § 611 BGB 2002 Tantieme Nr. 4.
[5] BAG 17.4.2013 DB 2013, 2568 = NZA 2014, 567 (LS).
[6] Zum Begriff: LAG Düsseldorf 13.10.1960 DB 1960, 1337; LAG Nds 6.2.2006 NZA-RR 2006, 369 = LAGE § 611 BGB 2002 Tantieme Nr. 1.
[7] BAG 12.1.1973 AP Nr. 4 zu § 87a HGB.
[8] LAG Hamm 3.10.1979 DB 1980, 597.
[9] BAG 16.3.1982 AP Nr. 5 zu § 87a HGB.
[10] BAG 22.12.1970 AP Nr. 2 zu § 305 BGB Billigkeitskontrolle; LAG Nürnberg 23.7.2002 NZA-RR 2003, 411 (LS).
[11] BAG 8.9.1998 AP Nr. 214 zu § 611 BGB Gratifikation = NZA 1999, 824.
[12] BAG 24.2.1972 AP Nr. 10 zu § 11 BUrlG.
[13] LAG Nds 26.9.2019 NZA-RR 2020, 79.

arbeitsunfähig krank, so erlischt der Anspruch auf die Erfolgsvergütung, soweit kein Anspruch auf Entgeltfortzahlung besteht (§§ 275, 323 BGB).[14]

5 Eine Vereinbarung, wonach der Tantiemeanspruch bei Ausscheiden des AN entfällt, ist als unzulässige Kündigungserschwerung rechtswidrig, weil es sich bei der Tantieme um einen Teil des Entgelts für die vertragliche geschuldete Arbeitsleistung handelt.[15] Das gilt auch dann, wenn die Tantieme erst im Folgejahr ausgezahlt werden soll.[16]

V. Bezugnahme von Vorstandsregelungen

6 Für die Berechnung der Tantieme kann vertraglich auf die für Vorstands- und Aufsichtsratsmitglieder von Aktiengesellschaften geltende Regelung (§§ 87, 113 III AktG) verwiesen werden. Bei und Aufsichtsratsmitgliedern kann im Interesse der Erhaltung des Grundkapitals nur zu deren Nachteil von § 113 III AktG abgewichen werden; anders ist es dagegen bei Angestellten oder Geschäftsführern einer GmbH. Die Gewährung einer Tantieme kann auch von der Zahlung einer Dividende an die Aktionäre abhängig gemacht werden.[17] Eine solche Regelung in AGB ist nicht wegen einer unangemessenen Benachteiligung nach § 307 I 1 BGB unwirksam, weil es für eine Erfolgsbeteiligung typisch ist, dass ihre Auszahlung vom wirtschaftlichen Erfolg abhängen soll.[18] Besteht für die zugesagte Gewinnbeteiligung noch keine Bemessungsgrundlage, so erfolgt deren Bestimmung nach § 315 BGB.[19] Mangels anderer Vereinbarung ist für die Feststellung des Reingewinns die nach kaufmännischen Grundsätzen erstellte Handelsbilanz nach Vornahme sämtlicher Abschreibungen und Rücklagen, nicht die davon abweichende Steuerbilanz maßgebend.[20] Bei mitarbeitenden Gesellschaftern dürfen die Gesellschaftergehälter vom Gewinn abgesetzt werden, es sei denn, dass ihre Vergütung unangemessen hoch ist (verdeckte Gewinnentnahme). Unzulässig ist die Absetzung fiktiver Mietkosten für das Geschäftslokal, es sei denn, dass etwas anderes vereinbart ist.[21] Bei willkürlicher oder böswilliger Bilanzierung (willkürliche Abschreibungen) kann der Angestellte zwar nicht auf Berichtigung, wohl aber auf Auszahlung der ihm bei ordnungsgemäßer Bilanzierung zustehenden Beträge klagen.[22] Verluste aus Vorjahren können ohne besondere Vereinbarung auf den Gewinn nicht angerechnet werden.[23] Ebenfalls müssen Verluste unberücksichtigt bleiben, die erst nach Bilanzierung entstehen, allerdings können hierfür angemessene Rücklagen gewinnmindernd ausgewiesen werden.[24]

VI. Auswirkungen auf das Arbeitsverhältnis

7 Wenn auch der Tantiemeberechtigte am Geschäftsergebnis beteiligt wird, bleibt er doch AN und kann, von Fällen des Missbrauchs abgesehen, die Geschäftsleitung nicht wegen **mangelnder Geschäftsführung** zur Rechenschaft ziehen.[25] Seine Forderung unterliegt der **dreijährigen Verjährung** (§ 195 BGB), beginnend mit dem Schluss des Jahres, in dem die Bilanz für das tantiemepflichtige Geschäftsjahr festgestellt wird oder hätte festgestellt werden können.[26] Es gelten ferner allgemeine Lohnsicherungsbestimmungen; insbesondere hat der AN bei Arbeitsunfähigkeit Anspruch auf ihre Fortzahlung.

VII. Auskunftsanspruch

8 Der Inhalt des Gewinnbeteiligungsvertrags schließt regelmäßig die Nebenverpflichtung (§§ 157, 242 BGB) des AG ein, dem anspruchsberechtigten AN die erforderliche Auskunft über Bestehen und

---

[14] BAG 8.9.1998 AP Nr. 2 zu § 611 BGB Tantieme = NZA 1999, 824.
[15] Vgl. hierzu BAG 8.9.1998 AP Nr. 6 zu § 87a HGB = NZA 1999, 420; 27.4.1982 AP Nr. 16 zu § 620 BGB Probearbeitsverhältnis; 12.1.1973 AP Nr. 4 zu § 87a HGB; LAG SchlH 12.4.2017 – 3 Sa 202/1.
[16] Für eine Umsatzbeteiligung: BAG 8.9.1998 AP Nr. 6 zu § 87a HGB = NZA 1999, 420.
[17] Zur Frage eines „Verwässerungsausgleichs" in analoger Anwendung von § 216 III 1 AktG bzw. gem. § 313 II BGB BAG 27.6.2018 AP Nr. 311 zu § 611 BGB Gratifikation = NZA 2018, 1339; *Zimmermann/Völkerding* DB 2018, 3129.
[18] BAG 18.1.2012 AP Nr. 57 zu § 307 BGB = NZA 2012, 499.
[19] Für einen GmbH-Geschäftsführer: BGH 9.5.1994 NJW-RR 1994, 1055 = DB 1994, 1351.
[20] BAG 7.7.1960 AP Nr. 2 zu § 242 BGB Auskunftspflicht; zu stillen Reserven LAG BW 30.4.1970 DB 1970, 934.
[21] BAG 4.6.1969 AP Nr. 14 zu § 611 BGB Lohnanspruch.
[22] RAG 37, 44; vgl. auch LAG Frankfurt 10.3.1992 – 7 Sa 1019/91.
[23] Vgl. LAG Düsseldorf 13.10.1960 DB 1960, 1367 (LS).
[24] BAG 3.6.1958 AP Nr. 9 zu § 59 HGB.
[25] BAG 13.4.1978 AP Nr. 1 zu § 611 BGB Tantieme.
[26] Vgl. BAG 25.9.2013 AP Nr. 1 zu § 213 BGB = NZA 2014, 164; 10.12.1973 AP Nr. 7 zu § 196 BGB (zuvor besteht keine Klagemöglichkeit).

Umfang seines Rechts zu erteilen; also Informationen über Umstände, die sich der AN in entschuldbarer Weise nicht beschaffen kann, die der AG hingegen unschwer im Wege der Rechnungslegung dartun kann.[27] Inhalt und Umfang des Auskunftsanspruchs bestimmen sich nach § 242 BGB unter Berücksichtigung der Verkehrsübung. Grundsätzlich ist der AG auch ohne eine besondere Vereinbarung verpflichtet, Bilanzen, Gewinn- und Verlustrechnungen vorzulegen.[28] Ist dem AG allerdings, etwa bei Verfeindung der Parteien, die Vorlage der Bilanz an den AN nicht zuzumuten, so hat er diese einem unparteiischen Wirtschaftsprüfer oder Buchsachverständigen vorzulegen.[29]

VIII. Fälligkeit

Der Anspruch auf die Tantieme wird fällig, sobald die Bilanz festgestellt ist[30] oder bei ordnungsmäßigem Geschäftsgang hätte festgestellt sein können. Beginnt oder endet das Arbeitsverhältnis im Laufe des Geschäftsjahres, so ist bei Fehlen einer entsprechenden Vereinbarung keine Zwischenbilanz aufzustellen. Vielmehr ist auch in diesen Fällen die Jahresbilanz maßgeblich, jedoch mindert sich der Anspruch auf den dem Zeitraum der Beschäftigung entsprechenden Gewinnanteil (pro rata temporis).[31] 9

IX. Mitbestimmung

Der BR kann bei der Einführung von Gewinnbeteiligungen ein Mitbestimmungsrecht nach **§ 87 I Nr. 10, 11 BetrVG** haben.[32] Dabei ist der Dotierungsrahmen mitbestimmungsfrei. 10

Beruht der Anspruch auf einer **Betriebsvereinbarung,** so ist ein Erlass nur mit Zustimmung des BR zulässig (§ 77 IV 2 BetrVG). Dasselbe gilt bei der Anrechnung von Tariflohnerhöhungen. Von Ansprüchen aus einer Betriebsvereinbarung können einzelne AN nicht ausgenommen werden, auch wenn die Leistungen als „freiwillig" bezeichnet werden.[33] 11

X. Steuern

Der gewinnabhängige Tantiemeanspruch eines leitenden Angestellten ist als Arbeitslohn zu versteuern und nicht als eine Gewinnbeteiligung iSd § 24 Nr. 1 lit. b EStG.[34] 12

§ 77. Zielvereinbarungen

Übersicht

[27] BAG 28.10.1986 – 3 AZR 323/85; 17.11.1958 AP Nr. 18 zu § 3 KSchG; 30.1.1960 AP Nr. 1 zu § 242 BGB Auskunftspflicht; 7.7.1960 AP Nr. 2 zu § 242 BGB Auskunftspflicht; BGH 28.10.1953 BGHZ 10, 385.

[28] LAG Brem 29.10.1971 DB 1971, 2265 (hiernach hat der AG ein Wahlrecht, ob er die Bücher dem AN oder einem Wirtschaftsprüfer vorlegen will); ArbG Bochum 30.7.1970 DB 1971, 729; aA LAG RhPf 25.4.1996 DB 1997, 1139 (LS).

[29] BAG 7.7.1960 AP Nr. 2 zu § 242 BGB Auskunftspflicht.

[30] LAG BW 31.3.1969 DB 1969, 1023; LAG Bln 7.10.1975 DB 1976, 636.

[31] BAG 3.6.1958 AP Nr. 9 zu § 59 HGB.

[32] BAG 25.4.1995 AP Nr. 130 zu § 242 BGB Gleichbehandlung = NZA 1995, 1063.

[33] BAG 20.1.1998 AP Nr. 73 zu § 77 BetrVG 1972 = NZA 1998, 1237.

[34] BFH 10.10.2001 BFHE 197, 51 = DB 2002, 769.

I. Allgemeines

1 **1. Überblick.** In der Praxis finden sich häufig Zielvereinbarungen. Zusätzlich zu der vereinbarten festen Arbeitsvergütung erhält der Mitarbeiter am Ende des Kalender- oder Geschäftsjahres einen Bonus, der dem Grunde und der Höhe nach vom Erreichen vereinbarter Ziele abhängig ist. Zweck einer erfolgsabhängigen Vergütung ist die Leistungssteigerung des AN. Sie ist besonderer Anreiz für die Erreichung vertraglich festgelegter Leistungsziele oder allgemein Anreiz für die Erzielung überdurchschnittlicher Arbeitsergebnisse im Bezugszeitraum.[1] Oftmals wird die Erreichung persönlicher Ziele mit unternehmerischen Zielen verbunden. Rechtsgrundlage ist regelmäßig eine arbeitsvertragliche Vereinbarung, gelegentlich finden sich auch tarifvertragliche Regelungen oder Betriebsvereinbarungen (dazu Schaub ArbRFV-HdB/*Schrader* B. Rn. 234). In bestehenden Arbeitsverhältnissen kann der AG nicht einseitig im Wege des Direktionsrechts einen Teil des vereinbarten festen Arbeitsentgelts von der Erreichung bestimmter Ziele abhängig machen.[2] Hierzu bedarf es vielmehr vertraglicher Regelungen. Häufig werden Rahmenvereinbarungen über die Bonuszahlung im Arbeitsvertrag getroffen, welche die Höhe, Fälligkeit sowie Regelungen beim Ausscheiden aus dem Unternehmen und ein Widerrufsrecht zum Gegenstand haben.[3]

2 **2. Begriffliches. a) Zielvereinbarung.** Zielvereinbarungen sind von einseitigen Zielvorgaben des AG zu unterscheiden. Bei der Zielvereinbarung wird über die zu erreichenden Ziele und die daran anknüpfenden Zahlungen eine einvernehmliche Regelung getroffen. Sie muss die Anspruchsvoraussetzungen angemessen und transparent ausgestalten (§ 307 I BGB). Sowohl die konkreten Ziele als auch die Höhe der bei Erreichung der Ziele gewährten Vergütung sind jedoch als Hauptleistungspflicht keiner Inhaltskontrolle unterworfen.[4] Die Höhe des vereinbarten Entgelts selbst kann in den Grenzen des § 138 BGB frei vereinbart werden.[5] Dagegen stellt ein Vorbehalt, mit dem sich der AG das Recht vorbehält, auch nach Erreichen der vereinbaren Ziele für das konkrete Geschäftsjahr frei über das „Ob" der Zahlung des Zielbonus zu entscheiden, eine unangemessene Benachteiligung des AN dar.[6] Das Transparenzgebot nach § 307 I 2 BGB ist stets zu beachten. Nach Festlegung der Ziele und der weiteren Zahlungsvoraussetzungen sind die Arbeitsvertragsparteien an diese gebunden. Eine einseitige nachträgliche Änderung ist grundsätzlich unzulässig.[7] Dies gilt auch für die Berechnungsmethode (dazu auch → Rn. 10).[8]

3 **b) Zielvorgabe.** Bei der Zielvorgabe legt der AG dagegen die zu erreichenden Ziele einseitig fest.[9] Diese Zielfestsetzung durch den AG unterliegt gem. § 315 BGB der Billigkeitskontrolle.[10] Ist arbeitsvertraglich vereinbart, dass der Mitarbeiter in Abhängigkeit vom Erreichen jährlich neu festgelegter Ziele einen Bonus erhält, ist durch Auslegung festzustellen, ob hiernach der AG die Ziele einseitig bestimmen kann oder die Ziele von den Arbeitsvertragsparteien einvernehmlich vereinbart werden.

4 **3. Entgeltcharakter.** Die in Zielvereinbarungen vereinbarte Vergütung ist erfolgsabhängig und damit eine unmittelbare Gegenleistung für die entsprechend der Zielvereinbarung erbrachte Arbeitsleistung.[11] Die synallagmatische Verbindung zwischen Arbeitsleistung und Sonderzahlung

---

[1] BAG 18.1.2012 AP Nr. 59 zu § 307 BGB = NZA 2012, 620; ausf. Salamon EntgG-HdB/*Salamon* F Rn. 63 ff.

[2] Ebenso *Berwanger* BB 2003, 1499 (1501); *Mauer* NZA 2002, 540 (543); *Riesenhuber/v. Steinau/Steinrück* NZA 2005, 785 (787).

[3] Vgl. *Lindemann/Simon* BB 2002, 1807 (1808); *Löw* DB 2017, 1904; *Mauer* NZA 2002, 540 (541 f.); *Simon/Hidalgo/Koschker* NZA 2012, 1071; *Wisskirchen/Schwindling* ArbRAktuell 2017, 155.

[4] BAG 12.12.2007 AP Nr. 7 zu § 280 BGB = NZA 2008, 409; *Annuß* NZA 2007, 290; *Heiden* DB 2005, 2401; *Löw* DB 2017, 1904; *Reinfelder* NZA-Beil. 1/2014, 10 (15).

[5] ErfK/*Preis* BGB § 611a Rn. 504.

[6] BAG 19.3.2014 AP Nr. 113 zu § 315 BGB = NZA 2014, 595; *Löw* DB 2017, 1904.

[7] BAG 29.8.2012 AP Nr. 104 zu § 315 BGB = NZA 2013, 148; zur Änderungskündigung und dem Wegfall der Geschäftsgrundlage *Salamon* NZA 2015, 1089.

[8] BAG 11.12.2013 AP Nr. 112 zu § 315 BGB; 17.10.2012 AP Nr. 106 zu § 315 BGB.

[9] *Heiden* DB 2009, 1705; *Löw* DB 2017, 1904.

[10] BAG 12.12.2007 AP Nr. 7 zu § 280 BGB = NZA 2008, 409; *Annuß* NZA 2007, 290; *König* NZA-RR 2012, 449.

[11] BAG 14.11.2012 AP Nr. 17 zu § 55 InsO = NZA 2013, 273; 18.1.2012 AP Nr. 59 zu § 307 BGB = NZA 2012, 620; 12.4.2011 AP Nr. 57 zu § 75 BetrVG 1972 = NZA 2011, 989.

wird durch die **Abhängigkeit von einem Unternehmensergebnis** nicht in Frage gestellt.[12] Der Anspruch auf eine solche Zuwendung entsteht während des Bezugszeitraums entsprechend der zurückgelegten Dauer und wird nur zu einem anderen Zeitpunkt insgesamt fällig.[13] Aufgrund des Entgeltcharakters von Zielvereinbarungen ist ein darin enthaltener **Freiwilligkeitsvorbehalt** wegen unangemessener Benachteiligung des AN (§ 307 I 1 BGB) unwirksam, wenn er dem AG das Recht zubilligt, trotz Abschluss einer vergütungsorientierten Zielvereinbarung nach Ablauf der Beurteilungsperiode frei darüber zu entscheiden, ob eine Vergütungszahlung erfolgt oder nicht (zu Freiwilligkeitsvorbehalten allgemein → § 35 Rn. 101 ff.). Mit dem Abschluss einer solchen Zielvereinbarung setzt der AG Leistungsanreize für den AN und bestimmt damit, wie aus seiner Sicht die Arbeitsleistung in einer bestimmten Periode durch den AN optimal erbracht werden soll (zu Stichtagsklauseln → Rn. 5). Es ist unangemessen iSv § 307 I 1 BGB, trotz erbrachter Arbeitsleistung und auch dann, wenn der AN die vereinbarten Ziele erreicht hat, den Vergütungsanspruch entfallen zu lassen.[14]

4. Stichtagsklauseln. In Zielvereinbarungen festgesetzte Bonuszahlungen können wegen ihres Entgeltcharakters **nicht dem Grunde nach vom Bestand des Arbeitsverhältnisses zu einem bestimmten Stichtag abhängig** gemacht werden. Derartige Vereinbarungen sind unangemessen iSv § 307 I 1 BGB. Sie widersprechen dem gesetzlichen Leitbild des § 611a BGB.[15] Vereinbartes Arbeitsentgelt kann dem AN über eine Stichtagsklausel oder eine sonstige Zahlungsbedingung nicht wieder entzogen werden, wenn der vorleistungsverpflichtete AN die geschuldete Arbeitsleistung erbracht hat.[16] Das gilt nicht nur für Stichtage außerhalb,[17] sondern auch für solche innerhalb des Bezugszeitraums.[18] Der Wert der Arbeitsleistung für den AG hängt von ihrer Qualität und vom Arbeitserfolg ab, regelmäßig jedoch nicht von der reinen Verweildauer des AN im Arbeitsverhältnis. Anderes gilt nur dann, wenn die Arbeitsleistung gerade in einem bestimmten Zeitraum vor dem Stichtag besonderen Wert hat. Das kann bei Saisonbetrieben der Fall sein, aber auch auf anderen branchen- oder betriebsbezogenen Besonderheiten beruhen. Möglich ist auch, dass eine Sonderzahlung an bis zu bestimmten Zeitpunkten eintretende Unternehmenserfolge anknüpft; in diesen Fällen ist eine zu bestimmten Stichtagen erfolgende Betrachtung oftmals zweckmäßig und nicht zu beanstanden. Abgesehen von diesen Ausnahmefällen hat der AN einen Anspruch pro rata temporis auf Sonderzahlung mit Entgeltcharakter, wenn er im laufenden Kalenderjahr ausscheidet.[19] Ob der AG die erbrachte Arbeitsleistung zusätzlich vergüten oder sonstige Zwecke verfolgen will, ist durch Auslegung der vertraglichen Bestimmungen zu ermitteln (→ Rn. 6). 5

5. Leistungszweck. Ob eine Sonderzahlungen als „Entgelt“ für geleistete Arbeit zu bewerten ist oder mit ihr ausschließlich arbeitsleistungsunabhängige Zwecke verfolgt werden, hängt von ihrem Zweck ab. Dabei ist durch **Auslegung** zu ermitteln, ob mit der Sonderzahlung erbrachte Arbeitsleistung zusätzlich vergütet werden soll und damit vergangenheits- und zukunftsbezogene Zwecke verknüpft werden. Sollen (nur) andere Zwecke als die Vergütung der Arbeitsleistung verfolgt werden, muss sich dies deutlich aus der zugrunde liegenden Regelung ergeben (dazu → § 78 Rn. 2).[20] Der Vergütungscharakter ist eindeutig, wenn die Sonderzahlung an das Erreichen quantitativer oder qualitativer Ziele geknüpft ist.[21] Macht die Zahlung einen 5a

[12] BAG 13.5.2015 AP Nr. 304 zu § 611 BGB Gratifikation mAnm *Lukes* = NZA 2015, 992; 18.1.2012 AP Nr. 59 zu § 307 BGB = NZA 2012, 620; 12.4.2011 AP Nr. 57 zu § 75 BetrVG 1972 = NZA 2011, 989.

[13] BAG 14.11.2012 AP Nr. 17 zu § 55 InsO = NZA 2013, 273; 18.1.2012 AP Nr. 59 zu § 307 BGB = NZA 2012, 620.

[14] BAG 3.8.2016 AP Nr. 306 zu § 611 BGB Gratifikation = NZA 2016, 1334; 19.3.2014 AP Nr. 113 zu § 315 BGB = NZA 2014, 595.

[15] BAG 14.11.2012 AP Nr. 107 zu § 315 BGB = NZA 2013, 1150; 18.1.2012 AP Nr. 292 zu § 611 BGB Gratifikation = NZA 2012, 561.

[16] BAG 13.11.2013 AP Nr. 303 zu § 611 BGB Gratifikation = NZA 2014, 368; 12.4.2011 AP Nr. 57 zu § 75 BetrVG 1972 = NZA 2011, 989; zust. *Ceruti* DB 2014, 2167; *Preis/Lukes* Anm. zu BAG AP Nr. 303 zu § 611 BGB Gratifikation; aA *Heins/Leder* NZA 2014, 520; diff. *Roggel/Neumann* BB 2014, 1909.

[17] BAG 3.8.2016 AP Nr. 306 zu § 611 BGB Gratifikation = NZA 2016, 1334.

[18] BAG 13.11.2013 AP Nr. 303 zu § 611 BGB Gratifikation = NZA 2014, 368.

[19] BAG 13.11.2013 AP Nr. 303 zu § 611 BGB Gratifikation = NZA 2014, 368; ErfK/*Preis* BGB § 611a Rn. 504.

[20] BAG 12.12.2018 AP Nr. 151 zu § 1 TVG Bezugnahme auf Tarifvertrag = NZA 2019, 543; 27.6.2018 AP Nr. 310 zu § 611 BGB Gratifikation = NZA 2018, 1344.

[21] Hierzu und zum Folgenden zusammenfassend BAG 13.5.2015 AP Nr. 304 zu § 611 BGB Gratifikation mAnm *Lukes* = NZA 2015, 992 mwN.

wesentlichen Anteil der Gesamtvergütung des AN aus, handelt es sich gleichfalls regelmäßig um Arbeitsentgelt, das als Gegenleistung zur erbrachten Arbeitsleistung geschuldet wird. Wird die Zahlung erbracht, ohne dass weitere Anspruchsvoraussetzungen vereinbart sind, spricht dies ebenfalls dafür, dass die Sonderzahlung als Gegenleistung für die Arbeitsleistung geschuldet wird. Gleiches gilt, wenn die Höhe der Leistung nach der vom AG getroffenen Zweckbestimmung vom Betriebsergebnis abhängt. Auch in diesem Fall handelt es sich grundsätzlich um eine Gegenleistung des AG für erbrachte Arbeitsleistungen des AN, da die synallagmatische Verknüpfung dieser Leistungen nicht durch die Abhängigkeit des gezahlten Entgelts von einem Unternehmensergebnis im maßgeblichen Bezugszeitraum in Frage gestellt wird (zu Stichtagsregelungen bei anderen Sonderzahlungen → § 78 Rn. 34 ff.).

6 **6. Sonderzahlung mit Mischcharakter.** Problematisch sind Sonderzahlungen mit Mischcharakter. Hiermit soll einerseits die erwartete **Betriebstreue** belohnt werden – insoweit haben sie Gratifikationscharakter – und andererseits soll sich ihre Höhe nach der Leistung des AN im Bezugszeitraum (in der Regel dem jeweils vorangegangenen Kalenderjahr) bemessen. In Bezug auf dieses Ziel haben sie **Entgeltcharakter.** Nach neuerer Rechtsprechung können auch derartige Leistungen nicht vom ungekündigten Bestand des Arbeitsverhältnisses abhängig gemacht werden (zu Ausnahmefällen → Rn. 5). Hierin läge eine unangemessene Benachteiligung iSv § 307 I 1 BGB.[22] Gegen die Angemessenheit einer solchen Regelung spricht insbesondere, dass der AG dem AN damit ein nahezu inhaltsleeres Leistungsversprechen gäbe, da er sich der Zahlungsverpflichtung durch den bloßen Ausspruch einer in seinem Belieben stehenden Kündigung entziehen kann. Diesem Verständnis steht die mit einer solchen Sonderzahlung zugleich bezweckte Honorierung der Betriebstreue nicht entgegen. Dieses Ziel ändert nichts daran, dass dem AN entgegen der in § 611a BGB zum Ausdruck kommenden Vorstellung des Gesetzgebers durch eine Stichtagsklausel bereits verdiente Arbeitsvergütung entzogen würde.[23] Dem AG ist es jedoch nicht verwehrt, Betriebstreue zu honorieren, indem er Sonderzahlungen vereinbart, die ausschließlich diesen Zweck verfolgen (dazu → § 78 Rn. 2). Rechtsfolge der Unangemessenheit (§ 307 I 1 BGB) von Stichtagsklauseln bei Sonderzahlungen mit Mischcharakter ist allein die Unwirksamkeit dieser Klausel.[24] Deren Unangemessenheit führt jedoch nicht zur Unwirksamkeit der gesamten Vergütungsregelung. Der unzulässige Teil, dh die Stichtagsklausel, ist vielmehr sprachlich abtrennbar und deshalb zu streichen.[25]

7 Mit dieser neuen Rechtsprechung ist die **frühere Rechtsprechung überholt,** wonach auch Sonderzahlungen mit Mischcharakter mit Bindungs- oder Stichtagsklauseln verbunden werden konnten, solange die Zahlungen nicht ausschließlich Gegenleistung für schon erbrachte Arbeit waren.[26] Allerdings hatte das BAG derartige Sonderzahlungen einer Inhaltskontrolle nach § 307 I 1 BGB unterzogen und hierbei den Grundsatz der Zulässigkeit des Ausschlusses betriebsbedingt gekündigter AN von Sonderzahlungen bei besonders hohen Bonuszahlungen in Frage gestellt. Es hat insoweit dazu geneigt, in Fällen, in denen die Sonderzahlung mindestens 25% der Gesamtvergütung ausmache, dem mit der Sonderzahlung verfolgten Zweck einer zusätzlichen Vergütung bei der Abwägung der Interessen der Arbeitsvertragsparteien und damit bei der Beurteilung der Wirksamkeit einer Bindungsklausel Vorrang einzuräumen und die Zielsetzung, künftige Betriebstreue zu belohnen und den AN zu reger und engagierter Mitarbeit zu motivieren, dahinter zurücktreten zu lassen.[27] Soweit das BAG im Jahre 2009 des Weiteren angenommen hat, eine Zielvereinbarung, in der für jedes Geschäftsjahr Ziele festgelegt werden, benachteilige den AN nicht unangemessen iSv § 307 I 1 BGB, wenn der Anspruch auf die Bonuszahlung daran gebunden ist, dass das **Arbeitsverhältnis am Ende des Geschäftsjahres noch besteht,** weshalb die Erben eines AN, der 28 Tage vor dem Ende des Geschäftsjahres verstirbt, keinen Anspruch auf den Bonus haben,[28] ist auch dies überholt.[29]

8 **7. Festsetzung nach billigem Ermessen.** Das Bestimmungsrecht nach § 315 I BGB setzt grundsätzlich eine ausdrückliche oder konkludente **rechtsgeschäftliche Vereinbarung** voraus,

[22] BAG 13.11.2013 AP Nr. 303 zu § 611 BGB Gratifikation = NZA 2014, 368; 18.1.2012 AP Nr. 292 zu § 611 BGB Gratifikation = NZA 2012, 561; 7.6.2011 AP Nr. 55 zu § 77 BetrVG 1972 Betriebsvereinbarung = NZA 2011, 1234.
[23] BAG 18.1.2012 AP Nr. 292 zu § 611 BGB Gratifikation = NZA 2012, 561 unter Aufgabe der früheren Rspr., vgl. dazu BAG 28.3.2007 AP Nr. 265 zu § 611 BGB Gratifikation = NZA 2007, 687.
[24] BAG 18.1.2012 AP Nr. 292 zu § 611 BGB Gratifikation = NZA 2012, 561.
[25] BAG 14.11.2012 AP Nr. 107 zu § 315 BGB = NZA 2013, 1150.
[26] Vgl. BAG 28.3.2007 AP Nr. 265 zu § 611 BGB Gratifikation = NZA 2007, 687.
[27] BAG 24.10.2007 AP Nr. 32 zu § 307 BGB = NZA 2008, 40.
[28] BAG 6.5.2009 AP Nr. 43 zu § 307 BGB = NZA 2009, 783.
[29] BAG 13.11.2013 AP Nr. 303 zu § 611 BGB Gratifikation = NZA 2014, 368.

die einer Partei das Recht gibt, durch einseitige Willenserklärung den Inhalt einer Vertragsleistung zu bestimmen kann.[30] Hiervon ausgehend ist eine **Vergütungsvereinbarung wirksam,** die ein Gehalt vorsieht, das sich aus einem festen, durch den AG nur zugunsten des AN veränderbaren Anteil und aus einem variablen Anteil zusammensetzt, dessen Höhe sowohl hinsichtlich der Erwerbschancen als auch hinsichtlich der tatsächlichen Auszahlung schwanken kann und vom AG jeweils nach billigem Ermessen festzusetzen ist.[31] Die Höhe und Art einer Bonuszahlung müssen nicht abschließend im Arbeitsvertrag festgelegt werden.[32] Die vertragliche Einräumung einseitiger Leistungsbestimmungsrechte sieht das Gesetz vielmehr in § 315 BGB ausdrücklich vor.[33] Deshalb ist auch eine Klausel nicht zu beanstanden, wonach der AN „50% der vom AG jeweils pro Jahr festgelegten Höhe der Weihnachtsgratifikation erhält". Diese Regelung ist transparent und verstößt nicht gegen § 308 Nr. 4 BGB, weil einseitige Leistungsbestimmungsrechte iSv § 315 BGB nicht unter diese Bestimmung fallen, wenn sie darauf beschränkt sind, dem Verwender die erstmalige Festlegung seiner Leistung zu ermöglichen.[34] Der Gläubiger kann in diesem Fall gerichtlich überprüfen lassen, ob die Leistung billigem Ermessen entspricht. Gleiches gilt, wenn im Arbeitsvertrag vereinbart ist, dass der AN einen Anspruch auf einen Leistungsbonus haben kann, ohne dass jedoch Höhe und nähere Bedingungen festgelegt sind, und im Übrigen auf die Bestimmungen der jeweils gültigen Betriebsvereinbarung verwiesen wird.[35] In diesem Fall entsteht kein unbedingter, von den Regularien der Betriebsvereinbarung unabhängiger vertraglicher Bonusanspruch, sondern ein Anspruch nach § 315 BGB, der durch die Betriebsvereinbarung näher ausgestaltet wird. Die arbeitsvertragliche Verweisung hierauf enthält keinen Änderungsvorbehalt iSd § 308 Nr. 4 BGB, da der AG die bei ihm anwendbaren Betriebsvereinbarungen nicht einseitig ändern oder umgestalten kann.[36] Die Betriebsvereinbarung selbst unterliegt den betriebsverfassungsrechtlichen Binnenschranken, insbesondere denen aus § 75 BetrVG.[37] Diese sind auch dann gewahrt, wenn der AG das Bonusbudget nach dem Jahresabschluss einseitig festlegen kann. Er erhält damit ein Leistungsbestimmungsrecht iSv § 315 BGB. Auf Grundlage des Budgets erfolgt die Bonusvergabe anhand ggf. festgelegter Kriterien. Die abschließende Leistungsbestimmung hat ihrerseits billigem Ermessen nach § 315 BGB zu entsprechen.[38] Ist in AGB geregelt, dass die Obergrenze für die Bemessung einer Sonderzahlung alle zwei Jahre überprüft wird, begründet dies eine rechtliche Verpflichtung, die Obergrenze regelmäßig zu überprüfen und das Ergebnis der Überprüfung mitzuteilen. Eine rechtliche Verpflichtung des AG, die Bemessungsobergrenze anzupassen, folgt hieraus allein nicht.[39] Eine AGB, die dem AG eine Festsetzung des Bonus nach **freiem Ermessen** einräumt, weicht vom gesetzlichen Leitbild des § 315 I BGB ab und ist deshalb nach § 307 I 1 BGB unwirksam.[40]

9 Eine Leistungsbestimmung entspricht billigem Ermessen, wenn der AG die wesentlichen Umstände des Falls abgewogen und die beiderseitigen Interessen angemessen berücksichtigt hat.[41] Maßgeblich ist der Zeitpunkt, in dem der AG die Ermessensentscheidung zu treffen hat.[42] Bei der Leistungsbestimmung verbleibt dem AG ein nach billigem Ermessen auszufüllender Spielraum, in dem ihm mehrere Entscheidungsmöglichkeiten zur Verfügung stehen können.[43] Soweit die Maßstäbe für die Ausübung des billigen Ermessens in der Zielvereinbarung festgelegt sind, ist der AG hieran gebunden.[44] Beruht ein Bonusanspruch gleichermaßen

30 BAG 27.2.2019 AP Nr. 316 zu § 611 BGB Gratifikation = NZA 2019, 914.

31 BAG 14.11.2012 AP Nr. 107 zu § 315 BGB = NZA 2013, 1150; 29.8.2012 AP Nr. 104 zu § 315 BGB = NZA 2013, 148; *Pfrogner* BB 2018, 757; *Salamon* NZA 2014, 465 (466); *Salamon/Wessels* BB 2017, 885; *Wensing/Boensch* BB 2014, 2358 (2359 f.).

32 BAG 3.8.2016 AP Nr. 306 zu § 611 BGB Gratifikation = NZA 2016, 1334.

33 Dazu *Linck* FS v. Hoyningen-Huene, 2014, 255.

34 BAG 16.1.2013 AP Nr. 108 zu § 315 BGB = NZA 2013, 1013.

35 BAG 24.10.2018 AP Nr. 312 zu § 611 BGB Gratifikation mAnm *Ricken* = NZA 2019, 387; 19.3.2014 AP Nr. 113 zu § 315 BGB = NZA 2014, 595.

36 BAG 19.3.2014 AP Nr. 113 zu § 315 BGB = NZA 2014, 595; dazu *Lingemann/Otte* NJW 2014, 2400.

37 Dazu BAG 12.4.2011 AP Nr. 57 zu § 75 BetrVG 1972 = NZA 2011, 989.

38 BAG 19.3.2014 AP Nr. 113 zu § 315 BGB = NZA 2014, 595.

39 BAG 27.2.2019 AP Nr. 316 zu § 611 BGB Gratifikation = NZA 2019, 914.

40 BAG 3.8.2016 AP Nr. 306 zu § 611 BGB Gratifikation = NZA 2016, 1334.

41 BAG 24.10.2018 AP Nr. 312 zu § 611 BGB Gratifikation mAnm *Ricken* = NZA 2019, 387; näher *Linck* FS v. Hoyningen-Huene, 2014, 255 (256 f.).

42 BAG 24.10.2018 AP Nr. 312 zu § 611 BGB Gratifikation = NZA 2019, 387; 23.8.2017 AP Nr. 308 zu § 611 BGB Gratifikation = NZA 2017, 1595; 14.11.2012 AP Nr. 107 zu § 315 BGB = NZA 2013, 1150.

43 BAG 24.10.2018 AP Nr. 312 zu § 611 BGB Gratifikation = NZA 2019, 387; 3.8.2016 AP Nr. 306 zu § 611 BGB Gratifikation = NZA 2016, 1334.

44 BAG 29.8.2012 AP Nr. 104 zu § 315 BGB = NZA 2013, 148.

auf der Ertragslage des Unternehmens wie auf der Leistung des AN, muss ein in Abhängigkeit von der Ertragslage festzusetzendes Bonusbudget grundsätzlich eine Größenordnung erreichen, die den Leistungsbezug des Bonussystems beachtet und ausreicht, die durch Abschluss von Zielvereinbarungen angestrebten und tatsächlich erbrachten Leistungen angemessen zu honorieren.[45] Hat der AN die vereinbarten Ziele erreicht, kommt eine **Kürzung des Bonus auf Null** nur in Ausnahmefällen in Betracht,[46] etwa wenn der Fortbestand eines durch desaströse Verluste geschwächten Unternehmens – wie in der Bankenkrise 2008/2009 – u.a. mit massiven staatlichen Finanzhilfen gewährleistet wird, die allein dem öffentlichen Interesse an der Abwehr schwerer Gefahren für die Volkswirtschaft dienen.[47] Eine **Darlegungs- und Beweislast** im prozessualen Sinn besteht nicht, doch ist jede Partei gehalten, die für ihre Position sprechenden Umstände vorzutragen, weil das Gericht nur die ihm bekannten Umstände in seine Bestimmung einbringen kann.[48] Bringt der AG Gesichtspunkte, die in seinem Konzept der Leistungsbestimmung möglicherweise zu berücksichtigen wären, nicht ein, geht dies zu seinen Lasten.[49] Das Gericht kann nur die Umstände berücksichtigen, die es kennt. Fehlender Vortrag des Bestimmungsberechtigten führt nicht zur Entstehung einer besonderen Darlegungslast für den Anspruchsteller. Dieser hat lediglich im eigenen Interesse die Obliegenheit, die für ihn günstigen Umstände vorzutragen. Deshalb kann der AN regelmäßig auch nicht auf die Erhebung einer Auskunftsklage verwiesen werden.[50] Das Gericht überprüft auf der Grundlage des Prozessvortrags des AG die Beachtung billigen Ermessens. Erbringt er keinen hinreichenden Vortrag zur Billigkeit der von ihm getroffenen Leistungsfestsetzung, ist diese nach § 315 III 1 BGB unverbindlich. In diesem Fall hat gem. § 315 III 2 BGB die **Bestimmung der Höhe des Anspruchs durch Urteil** zu erfolgen.[51] Die Ausübung des eigenen richterlichen Ermessens findet dabei auf der Grundlage des gesamten Prozessstoffs statt. Das Revisionsgericht kann den Beurteilungsspielraum, der den Tatsachengerichten bei der Anwendung des unbestimmten Rechtsbegriffs des billigen Ermessens zusteht, nur beschränkt überprüfen.[52]

10 Ist nach den Regelungen einer Betriebsvereinbarung über eine zusätzliche variable Vergütung vom AG ein **Bonuspool** festzulegen, hat dies nach billigem Ermessen gem. § 315 BGB zu erfolgen, soweit die Betriebsvereinbarung nicht selbst Vorgaben enthält.[53] Legt ein AG für die Beschäftigten, die einer derartigen Bonusregelung unterliegen, bereits im laufenden Geschäftsjahr einen (Mindest-)Bonuspool in bestimmter Höhe fest, handelt es sich um eine solche Leistungsbestimmung. Hieran ist er unabhängig von der wirtschaftlichen Entwicklung gebunden, da eine nach § 315 BGB getroffene einseitige Leistungsbestimmung rechtsgestaltende Wirkung hat und deshalb grundsätzlich unwiderruflich ist.[54] Er kann sie weder einseitig ohne Zustimmung des BR reduzieren noch eine neue Leistungsbestimmung vornehmen. Ist in einer Betriebsvereinbarung über Bonuszahlungen bestimmt, dass sich die von der Ertragslage des Unternehmens abhängigen Bonusbestandteile nach dem **EBITDA** (earnings before interest, taxes, depreciation and amortization = Ertrag vor Zinsen, Steuern, Abschreibungen auf Sachanlagen und auf immaterielle Vermögensgegenstände) richten soll, ist davon auszugehen, dass für die Bestimmung des EBITDA dessen fachtechnischen Bedeutung maßgeblich ist. Bestehen mehrere betriebswirtschaftlich gleichwertige Methoden zur Ermittlung des EBITDA, hat der AG die Auswahlentscheidung gem. § 315 BGB nach billigem Ermessen vorzunehmen. Nach der Rechtsprechung des BAG genügt dabei eine Leistungsbestimmung, die sich ausschließlich an konzerninternen Vorgaben orientiert, ohne andere erhebliche Faktoren zu berücksichtigen, nicht billigem Ermessen. Sie habe deshalb nach § 315 III 2 BGB durch Urteil zu erfolgen.[55]

---

[45] BAG 19.3.2014 AP Nr. 113 zu § 315 BGB = NZA 2014, 595.
[46] BAG 24.10.2018 AP Nr. 312 zu § 611 BGB Gratifikation = NZA 2019, 387.
[47] BAG 19.3.2014 AP Nr. 113 zu § 315 BGB = NZA 2014, 595; 20.3.2013 NZA 2013, 970; 29.8.2012 AP Nr. 104 zu § 315 BGB = NZA 2013, 148; dazu *Lingemann/Pfister/Otte* NZA 2015, 65 (69).
[48] Staudinger/*Rieble* BGB § 315 Rn. 625.
[49] *Löw* DB 2017, 1904 (1909).
[50] BAG 3.8.2016 AP Nr. 306 zu § 611 BGB Gratifikation = NZA 2016, 1334; dazu auch Staudinger/*Rieble* BGB § 315 Rn. 469.
[51] BAG 3.8.2016 AP Nr. 306 zu § 611 BGB Gratifikation = NZA 2016, 1334; 11.12.2013 AP Nr. 112 zu § 315 BGB; näher *Salamon/Wessels* BB 2017, 885 (889).
[52] BAG 24.10.2018 AP Nr. 312 zu § 611 BGB Gratifikation mAnm *Ricken* = NZA 2019, 387.
[53] Zu solchen Poolsystemen *Salamon* NZA 2014, 465 (468 f.).
[54] BAG 12.10.2011 AP Nr. 290 zu § 611 BGB Gratifikation = NZA 2012, 464.
[55] BAG 11.12.2013 AP Nr. 112 zu § 315 BGB.

II. Vereinbarung der Ziele

1. Überblick. Zielvereinbarungen erfolgen üblicherweise zweiteilig. Im Arbeitsvertrag oder einer Ergänzungsvereinbarung wird eine Rahmenregelung getroffen, die später Jahr für Jahr konkretisiert wird.[56] Die Rahmenvereinbarung enthält die Grundsätze, nach denen in der Folge konkrete Ziele vereinbart werden. Aus ihr folgt die Verpflichtung des AG, mit dem AN über die in der jeweiligen Periode zu erreichenden Ziele zu verhandeln. Er muss nach einer auf den Zeitpunkt des Angebots bezogenen Prognose Ziele vorschlagen, die der AN in der Zielperiode erreichen kann.[57] Der Verpflichtung zur Zahlung einer vereinbarten variablen Vergütung kann der AG sich nicht dadurch entziehen, dass er zwar verhandelt, aber Ziele anbietet, die der AN nicht erreichen kann. Erreichbare Ziele liegen auch dann vor, wenn sie über einer Leistungsstärke des AN liegen, die „mittlerer Art und Güte" entspricht. Eine derartige Leistung wird bereits mit dem Grundgehalt entlohnt. Es ist deshalb angemessen, die Erreichbarkeit von Zielen danach zu bemessen, dass sie natürlich erreichbar sein müssen, aber eben nur unter deutlich überdurchschnittlichem Einsatz. Das hat allerdings zugleich zur Folge, dass das Nichterreichen der Bonusziele für sich genommen noch keine kündigungsrechtliche Relevanz hat.[58] Regelmäßig obliegt es dem AG, die Initiative zum Abschluss einer Zielvereinbarung zu ergreifen und ein konkretes Angebot vorzulegen.[59] 11

2. Rahmenvereinbarung. In der Rahmenvereinbarung sollte zunächst das „Ob" zielabhängiger Vergütung vereinbart werden.[60] Dabei kann die Höhe der maximalen Bonuszahlung bestimmt werden. Des Weiteren sollte klargestellt werden, in welchem Verhältnis diese Vergütung zur Grundvergütung steht, ob also die Grundvergütung von der zielabhängigen Vergütung der Höhe nach beeinflusst wird oder nicht. Ist in einem vom AG vorformulierten Arbeitsvertrag eines außertariflichen Mitarbeiters vereinbart, dass dieser für seine Arbeitsleistung einen Bonus nach Maßgabe einer Betriebsvereinbarung erhält, kann der AN die Zahlung einer durch Betriebsvereinbarung auszugestaltenden erfolgsabhängigen Vergütung verlangen.[61] 12

3. Inhalt und Grenzen der Regelungsbefugnis. Grundsätzlich können die Arbeitsvertragsparteien bis zur Grenze der Sittenwidrigkeit (§ 138 BGB) oder des gesetzlichen Mindestlohns eine zielabhängige Vergütung vereinbaren.[62] Der Grundwertung des § 65 HGB ist zu entnehmen, dass der AG nicht verpflichtet ist, stets ein festes Gehalt zu zahlen.[63] Ist die Zielerreichung von der Arbeitsleistung des AN abhängig und kann ein durchschnittlicher AN unter gewöhnlichen Umständen eine Vergütung erzielen, die mindestens zwei Drittel der üblichen bzw. tariflichen Vergütung für vergleichbare Tätigkeiten entspricht (dazu → § 34 Rn. 6 ff.), ist die Entgeltvereinbarung nicht sittenwidrig.[64] Eine Vereinbarung ist jedoch unwirksam, wenn der AN aus von ihm nicht beeinflussbaren Gründen kein die Grenzen der Sittenwidrigkeit oder des gesetzlichen Mindestlohns überschreitendes Entgelt erzielen kann.[65] Zu Stichtagsregelungen → Rn. 5; zu Freiwilligkeitsvorbehalten → § 35 Rn. 101 ff.). 13

In der Rahmenvereinbarung kann die Art der Ziele geregelt werden. Üblicherweise werden **persönliche und unternehmensbezogene Ziele** vereinbart.[66] Die persönlichen Ziele können ganz unterschiedlich bestimmt werden. Sie reichen von konkret messbaren „harten" Zielen (zB Abschluss eines Projekts zu einem bestimmten Zeitpunkt, erzielter Umsatz, Akquisitionserfolge) bis zu sog. „weichen Zielen" (Personalführungskompetenz, Teamfähigkeit, Kundenzufriedenheit usw.) oder Gruppenzielen. Unternehmensbezogene Ziele sind zumeist auf wirtschaftliche Kennziffern bezogen, wie Umsatz oder Gewinn. 14

---

[56] *Röder* FS 50 Jahre Arbeitsgemeinschaft Arbeitsrecht im DAV, 2006, 139 (143).
[57] BAG 12.5.2010 AP Nr. 9 zu § 280 BGB = NZA 2010, 1009; *Löw* DB 2017, 1904 (1905).
[58] *Löw* DB 2017, 1904 (1905).
[59] BAG 12.5.2010 AP Nr. 9 zu § 280 BGB = NZA 2010, 1009; zu Freiwilligkeitsvorbehalten in diesem Zusammenhang *Simon/Hidalgo/Koschker* NZA 2012, 1071 (1072 f.).
[60] *Löw* DB 2017, 1904.
[61] BAG 7.6.2011 AP Nr. 55 zu § 77 BetrVG 1972 Betriebsvereinbarung = NZA 2011, 1234.
[62] Vgl. *Heiden* DB 2006, 2401 ff.
[63] Vgl. BAG 16.2.2012 AP Nr. 15 zu § 87 HGB = NZA 2012, 1307; HWK/*Diller* HGB § 65 Rn. 5; MüKoHGB/*Thüsing* § 65 Rn. 11.
[64] *Annuß* NZA 2007, 290 (291); ähnlich *Hergenröder* AR-Blattei SD Rn. 59 f.; *Rieble/Gutzeit* JbArbR 37 (1999), 41 ff.; enger *Brors* RdA 2004, 273 (275).
[65] Vgl. *Heiden* DB 2006, 2401 (2403 ff.).
[66] *Bauer* FA 2002, 295; *Lindemann/Simon* BB 2002, 1807.

15 **4. Feststellung der Zielerreichung. a) Grundsatz.** Wichtig ist die Regelung eines Verfahrens, nach dem später die konkreten Ziele festgelegt werden. Hier ist sinnvollerweise auch zu vereinbaren, was zu geschehen hat, wenn hierüber kein Einvernehmen erzielt wird. Denkbar ist insoweit die Vereinbarung eines Schlichtungs- oder Mediationsverfahrens.[67] Legt ein Tarifvertrag fest, dass eine von einem AN beanstandete Leistungsbeurteilung durch **paritätisch besetzte Gremien** auf betrieblicher und tariflicher Ebene zu überprüfen ist, liegt darin regelmäßig die Vereinbarung eines Schiedsgutachtens im engeren Sinn, mit dem eine Stillhalteabrede verbunden ist (pactum de non petendo). Diese schließt weder den Rechtsweg zu den staatlichen Gerichten aus, noch führt sie dazu, dass die Klage auf ein höheres Leistungsentgelt unzulässig ist. Wird jedoch eine Klage erhoben, bevor das außergerichtliche Verfahren abgeschlossen ist, ist sie als zurzeit unbegründet abzuweisen. Die Entscheidung einer paritätischen Kommission über die Leistungsbeurteilung unterliegt einer eingeschränkten gerichtlichen Kontrolle in entsprechender Anwendung der §§ 317, 319 BGB, die darauf gerichtet ist, ob das vorgesehene Verfahren ordnungsgemäß durchlaufen wurde und ob die getroffene Entscheidung offenbar unrichtig ist. Darlegungs- und beweispflichtig für die Umstände, aus denen sich die offenbare Unrichtigkeit der Entscheidung der paritätischen Gremien ergeben soll, ist derjenige, der sich gegen die Bestimmung durch die Gremien wendet.[68] Erscheint dies zu aufwendig, können die Arbeitsvertragsparteien dem AG das Recht einräumen, die Zielvorgaben nach billigem Ermessen einseitig festzulegen (→ Rn. 8).[69] Diese Vorgabe des AG unterliegt dann der Kontrolle nach § 315 III BGB. Durch Vereinbarung ist zu klären, ob der Bonus nur bei voller Zielerreichung verlangt werden kann oder auch bei teilweiser Zielerreichung ein Anspruch auf anteilige Bonuszahlung besteht.[70] Soll auch bei nicht voller Zielerreichung ein Bonusanspruch bestehen, sind Zielerreichungsgrade zu definieren. Häufig wird der Grad der Zielerreichung nach Prozenten, Punkten oder Noten ermittelt.

16 **b) Darlegungs- und Beweislast im Prozess.** Besteht Streit über die Frage, ob der AN die vereinbarten Ziele erreicht hat, was insbesondere in Bezug auf „weiche" Ziele in Betracht kommt, unterliegt die konkrete Leistungsbestimmung des AG der Kontrolle nach § 315 BGB.[71] Dabei gilt ein abgestuftes System der Darlegungslast.[72] Maßgeblich sind zunächst die Beurteilungen in der Zielvereinbarung. Bestreitet der AN bestimmte Bewertungen, ist der AG verpflichtet, diese unter Vortrag von Tatsachen substantiiert zu begründen. Geht es um die Erreichung sog. harter *(quantitativer)* Ziele wie zB Umsatz- oder Kundenzahlen, die Durchführung bestimmter Veranstaltungen usw., ist konkreter Vortrag möglich und erforderlich. Geht es hingegen um das Erreichen sog. weicher *(qualitativer)* Ziele, wie zB das Führungsverhalten, muss der AG seine Wertungen auf entsprechendes Bestreiten soweit wie möglich konkretisieren und plausibel machen. Hier steht ihm ein Beurteilungsspielraum zu.[73] Soweit solche Wertungen auf bestimmte Einzelvorkommnisse oder Bewertungen anderer Mitarbeiter gestützt werden, sind diese allerdings konkret zu benennen. Reine Werturteile bedürfen zwar keines näheren Vortrags, reichen aber für sich genommen nicht aus, um eine negative Bewertung zu stützen.

III. Störfälle

17 **1. Allgemeines.** Bei Zielvereinbarungen kann es zu ganz unterschiedlichen Störfällen kommen. Diese resultieren teilweise aus unvollständigen Rahmenvereinbarungen, beruhen aber auch auf dem oftmals schwer zu beurteilenden Rechtscharakter des vereinbarten Bonus.

18 **2. Unterbliebene konkrete Vereinbarung. a) Problemstellung.** Schwierigkeiten entstehen, wenn die Arbeitsvertragsparteien zwar eine Rahmenvereinbarung über abzuschließende konkrete Ziele getroffen haben, später aber eine solche Vereinbarung über zu erreichende Ziele nicht zustande kommt. Dies kann auf mangelndem Konsens beruhen, aber auch auf Vergesslichkeit.[74] Allein das Fehlen einer Zielvereinbarung zwischen AG und AN lässt den entsprechenden

[67] Vgl. *Bauer/Diller/Göpfert* BB 2002, 883 (886); *Mauer* NZA 2002, 540 (549).
[68] BAG 19.2.2020 AP Nr. 253 zu § 1 TVG Tarifverträge: Metallindustrie = NZA 2020, 1050.
[69] *Röder* FS 50 Jahre Arbeitsgemeinschaft Arbeitsrecht im DAV, 2006, 139 (148).
[70] Hierzu *Bauer/Diller/Göpfert* BB 2002, 883 (886).
[71] Dazu *Bauer/Diller/Göpfert* BB 2002, 883 (884 f.); *Salamon* NZA 2014, 465 (470).
[72] Vgl. dazu BAG 14.11.2012 AP Nr. 107 zu § 315 BGB = NZA 2013, 1150; *Löw* DB 2017, 1904 (1905); *Mauer* NZA 2002, 548; *Riesenhuber/v. Steinau-Steinrück* NZA 2005, 785 (791) sowie allgemein MüKoBGB/*Würdinger* § 315 Rn. 54.
[73] BAG 14.11.2012 AP Nr. 107 zu § 315 BGB = NZA 2013, 1150.
[74] Dazu *Gaul/Rauf* DB 2008, 869; *Hümmerich* NJW 2006, 2294 (2297).

Vergütungsanteil nicht ohne Weiteres entfallen.[75] Ansonsten hätte es der AG in der Hand, durch die Verweigerung einer Zielvereinbarung den Anspruch des AN auf den Bonus zu beseitigen. Maßgeblich ist die jeweilige vertragliche Vereinbarung. Dabei ist stets zu prüfen, ob die Arbeitsvertragsparteien die Rahmenvereinbarung über Zielvereinbarungen stillschweigend aufgehoben und damit bewusst von der Festlegung von Zielen abgesehen haben. Dies kann insbesondere dann anzunehmen sein, wenn ein in Aussicht gestellter Bonus im Vergleich zur nicht erfolgsabhängigen Vergütung des AN gering ist und der AN während mehrerer Zielperioden die vereinbarten Ziele deutlich verfehlt hat. In einem solchen Fall kann die unterbliebene Festlegung von Zielen trotz des damit verbundenen Verzichts auf den in Aussicht gestellten Bonus auch im Interesse des AN liegen, wenn dieser zB befürchtet, der AG könnte an seinen Leistungen zweifeln oder gar das Arbeitsverhältnis aufgrund einer Minderleistung beenden wollen, wenn er vereinbarte Ziele wieder nicht erreicht.[76] Wegen der Rechtsfolgen unterbliebener Zielvereinbarungen ist nach den Gründen für deren Nichtzustandekommen zu unterscheiden.

b) Schadensersatz. Ist – ausnahmsweise – vereinbart, dass der AN den Abschluss einer 19
Vereinbarung verlangen muss, und ist dies unterblieben, bleibt die nicht erfolgte Zielfestlegung folgenlos.[77] Der AN hat in diesem Fall die vertraglichen Voraussetzungen für einen Bonusanspruch nicht erfüllt. Hat der AN den AG vergeblich zum Abschluss einer Zielvereinbarung aufgefordert, steht dem AN nach Auffassung des BSG nach dem Rechtsgedanken der treuwidrigen Bedingungsvereitelung (§ 162 I BGB) bzw. nach § 315 BGB ein Anspruch auf den Zielbonus zu.[78] Dabei setzt die Anwendung des § 315 BGB voraus, dass die Rahmenzielvereinbarung Anhaltspunkte für ein Bestimmungsrecht des AG enthält. So hat der BGH entschieden, eine einem Geschäftsführer zugesagte Tantieme, für deren Höhe die Gesellschaft noch eine „Bemessungsgrundlage" zu erarbeiten habe, sei, solange dies nicht geschehen sei, gem. § 315 BGB nach billigem Ermessen zu bestimmen.[79]

Nach der Rechtsprechung des BAG kann der AN dagegen in diesen Fällen vom AG 20
Schadensersatz wegen Verletzung der vertraglich vereinbarten Pflicht zum Abschluss einer konkreten Zielvereinbarung verlangen.[80] Wenn nichts anderes bestimmt ist, hat der AG grundsätzlich dem AN nach einer auf den Zeitpunkt des Angebots bezogenen Prognose Ziele vorzuschlagen, die der AN in der Zielperiode erreichen kann. Der Verpflichtung zur Zahlung einer vereinbarten variablen Vergütung kann sich der AG dabei nicht dadurch entziehen, dass er zwar verhandelt, aber Ziele anbietet, die der AN nicht erreichen kann. Im Streitfall hat der AG die Erreichbarkeit der vorgeschlagenen Ziele zu beweisen.[81] Kommt eine Zielvereinbarung nicht zustande, ist der AG deshalb nach Ablauf der Zielperiode gem. § 280 I und III, § 283 S. 1, § 252 BGB verpflichtet, dem AN wegen der entgangenen Vergütung Schadensersatz zu leisten, wenn er das Nichtzustandekommen der Zielvereinbarung zu vertreten hat.[82] Ein solcher Schadensersatzanspruch tritt gem. § 280 III BGB an die Stelle des Anspruchs aus der Zielvereinbarung, weil die Vereinbarung von Zielen mit Ablauf der Zielperiode nach § 275 BGB unmöglich geworden ist.[83] Bei der Bestimmung der Höhe des Schadensersatzanspruchs ist nach § 254 BGB ein etwaiges Mitverschulden des AN beim Scheitern der Vereinbarung zu berücksichtigen.[84] Vereinbaren die Parteien, dass eine getroffene Zielvereinbarung nach Ablauf der Zielperiode nachwirken soll, bis sie durch eine andere Abmachung ersetzt wird, ist dieser Wille der Arbeitsvertragsparteien zu achten. Ihnen steht es frei, die bisherige Regelung einstweilen weitergelten zu lassen. Daraus folgt aber nicht, dass die Verhandlungspflichten im Hinblick auf den Abschluss nachfolgender Zielvereinbarungen erlöschen.[85]

[75] BSG 23.3.2006 NZA-RR 2007, 101; LAG Düsseldorf 28.7.2006 DB 2006, 2635.
[76] BAG 12.12.2007 AP Nr. 7 zu § 280 BGB = NZA 2008, 409.
[77] *Röder* FS 50 Jahre Arbeitsgemeinschaft Arbeitsrecht im DAV, 2006, 139 (149).
[78] BSG 23.3.2006 NZA-RR 2007, 101; *Klein* NZA 2006, 1129 (1130).
[79] BGH 9.5.1994 NJW-RR 1994, 1055.
[80] Vgl. BAG 10.12.2008 AP Nr. 8 zu § 280 BGB = NZA 2009, 256; 12.12.2007 AP Nr. 7 zu § 280 BGB = NZA 2008, 409; LAG Köln 23.5.2002 NZA-RR 2003, 305; ErfK/*Preis* BGB § 611a Rn. 504; *Ullrich* SAE 2008, 316.
[81] BAG 12.5.2010 AP Nr. 9 zu § 280 BGB = NZA 2010, 1009.
[82] BAG 10.12.2008 AP Nr. 8 zu § 280 BGB = NZA 2009, 256; *Klein* NZA 2006, 1129 (1131); *Moll/Reufels* FS Bartenbach, 559 (567).
[83] BAG 14.11.2012 NZA 2013, 327.
[84] BAG 12.12.2007 AP Nr. 7 zu § 280 BGB = NZA 2008, 409.
[85] BAG 12.5.2010 AP Nr. 9 zu § 280 BGB = NZA 2010, 1009.

21 **c) Schadensberechnung.** Bei der Schadensberechnung nach § 252 S. 2 BGB ist der für den Fall der Zielerreichung zugesagte Bonus Grundlage für die Ermittlung des zu ersetzenden Schadens.[86] Grundsätzlich ohne Bedeutung ist, ob und ggf. in welchem Umfang der AN in vorhergehenden Zielperioden die vereinbarten Ziele erreicht hat. Insoweit ist zu berücksichtigen, dass Zielvereinbarungen nicht stets die in Aussicht gestellte Bonuszahlung auslösen müssen. Allerdings kann sich ein AG der in der Rahmenvereinbarung zugesagten Bonuszahlung auch nicht dadurch entziehen, dass er vom AN Unmögliches verlangt und nur bereit ist, Ziele zu vereinbaren, die kein AN erreichen kann. Dem ist bei der Ermittlung des Schadens nach § 287 I ZPO Rechnung zu tragen. Besondere Umstände, welche die Zielerreichung ausschließen, hat der AG darzutun und ggf. nachzuweisen.[87]

22 **3. Ausbleiben der Arbeitsleistung.** Zielvereinbarungsboni sind gem. § 3 I, § 4 I EFZG grundsätzlich auch im Rahmen der Entgeltfortzahlung bei **Arbeitsunfähigkeit** zu leisten.[88] Sofern mit dem Bonus nicht weitergehende Zwecke, wie Honorierung der Betriebstreue, verfolgt werden,[89] kommt eine Kürzung nach § 4a EFZG nicht in Betracht.[90] Bei länger als sechs Wochen andauernder Erkrankung ist allerdings wegen des Entgeltcharakters der Bonuszahlung eine anteilige Kürzung zulässig.[91] Eine Kürzung des Bonus wegen Fehlzeiten aufgrund des **Mutterschutzes** scheidet aus, weil hierin eine unzulässige Diskriminierung wegen des Geschlechts läge (Art. 157 AEUV).[92] Deshalb ist eine Vergütungsregelung, die dazu führt, dass Mutterschutzfristen nicht in die Bemessungsgrundlage eines ergebnisbezogenen Entgelts einbezogen werden, unwirksam.[93] Eine Kürzung wegen der Inanspruchnahme von **Elternzeit** ist dagegen möglich. Da die Elternzeit sowohl von der Mutter als auch vom Vater in Anspruch genommen werden kann, liegt in der Kürzung keine Benachteiligung wegen des Geschlechts.[94]

IV. Mitbestimmung des Betriebsrats

23 Bei der Einführung von Zielvereinbarungen kommen verschiedene Mitbestimmungsrechte des BR in Betracht. Soll in der Zielvereinbarung ein leistungsabhängiger Bonus geregelt werden, besteht ein Mitbestimmungsrecht aus § 87 I Nr. 10 BetrVG (dazu allgemein → § 235 Rn. 97 ff.).[95] Zu den Lohnbestandteilen im Sinne dieser Bestimmung gehört der auf der Grundlage einer Zielvereinbarung ermittelte Bonus.[96] Der AG kann dabei mitbestimmungsfrei darüber befinden, ob er Zielbonuszahlungen überhaupt erbringen möchte, welche Mittel er dafür zur Verfügung stellt und wie der begünstigte Personenkreis abstrakt bestimmt werden soll. Das Mitbestimmungsrecht aus § 87 I Nr. 10 BetrVG bezieht sich nur auf die abstrakten Kriterien der Leistungsbemessung.[97] In Bezug auf quantitativ messbare Ziele, wie das Erreichen eines näher bestimmten Planumsatzes, kann darüber hinaus ein Mitbestimmungsrecht nach § 87 I Nr. 11 BetrVG bestehen, nicht hingegen in Bezug auf qualitativ durch einen Vorgesetzten zu bewertende Leistungen.[98] Für den Abschluss von Betriebsvereinbarungen über Zielbonuszahlungen ist grundsätzlich der örtliche BR zuständig.[99] Eine originäre Zuständigkeit des Gesamtbetriebsrats nach § 50 I BetrVG wird nur dann in Betracht kommen, wenn der AG die Leistungen zusätzlich zur Verfügung stellt und deren Bereitstellung davon abhängig macht, dass dieses Entgeltsystem unternehmenseinheitlich gilt. Ein zwingendes Erfordernis einer unternehmenseinheitlichen Regelung wird regelmäßig nicht zu bejahen sein. Dies gilt auch dann, wenn der AG die Höhe der zur Verfügung stehenden leistungsbezogenen Zielbonusleistungen von dem zu erreichenden Unternehmensergebnis abhängig machen will. Dieses stellt nur eine Rechengröße für die ver-

---

[86] BAG 10.12.2008 AP Nr. 8 zu § 280 BGB = NZA 2009, 256.
[87] BAG 12.12.2007 AP Nr. 7 zu § 280 BGB = NZA 2008, 409; *Ullrich* SAE 2008, 316.
[88] Vgl. *Annuß* NZA 2007, 290 (293); *Mauer* NZA 2002, 540 (544); aA *Bauer/Diller/Göpfert* BB 2002, 882.
[89] Hierzu BAG 7.8.2002 AP Nr. 2 zu § 4a EFZG = NZA 2002, 1284.
[90] *Annuß* NZA 2007, 290 (293); aA *Lindemann/Simon* BB 2002, 1807 (1813); unentschieden *Mauer* NZA 2002, 540 (544 f.).
[91] Vgl. *Annuß* NZA 2007, 290 (293); *Däubler* ZIP 2004, 2209 (2213 f.); *Mauer* NZA 2002, 540 (544).
[92] Vgl. EuGH 21.10.1999 AP Nr. 220 zu § 611 BGB Gratifikation = NZA 1999, 1325.
[93] Vgl. BAG 2.8.2006 AP Nr. 72 zu § 612 BGB = NZA 2006, 1411.
[94] Vgl. EuGH 21.10.1999 AP Nr. 14 zu Art. 119 EG-Vertrag = NZA 1999, 1325.
[95] Dazu *Linck/Koch* FS Bepler, 2011, 357 (361 ff.).
[96] *Fitting* BetrVG § 87 Rn. 414.
[97] *Annuß* NZA 2007, 290 (296).
[98] *Linck/Koch* FS Bepler, 2011, 357 (363).
[99] *Linck/Koch* FS Bepler, 2011, 357 (366).

fügbaren Leistungen dar, begründet jedoch kein Erfordernis für eine unternehmenseinheitliche Regelung.[100]

§ 78. Sondervergütungen und Bonuszahlungen

Übersicht

I. Begriff

1. Überblick. Sondervergütungen sind alle Leistungen des AG, die er aus bestimmtem Anlass oder zu bestimmten Terminen **zusätzlich zu dem vertraglich zugesagten laufenden Arbeitsentgelt** erbringt.[1] Die Gestaltung von Sondervergütungen ist außerordentlich vielgestaltig. Hierzu gehören insbesondere betriebliche Sozialleistungen, ferner Urlaubsgeld (dazu → § 104 Rn. 117 ff.) und Weihnachtsgeld, Jubiläumsgratifikationen (zur betrieblichen Übung in diesem Zusammenhang → Rn. 12),[2] Treueprämien sowie Jahresabschlussboni. Besonderheiten bestehen bei Zielvereinbarungen und darauf beruhenden Bonuszahlungen (dazu → § 77 Rn. 4 ff.). Sonderzuwendungen sind auch Leistungen des AG im sog. Cafeteria-System. Hierunter versteht man ein Entgeltmodell, das – entsprechend der Menüwahl in einer Cafeteria – die Auswahl zwischen verschiedenen Angeboten innerhalb eines bestimmten Budgets erlaubt. Die Beschäftigten erhalten durch Cafeteria-Systeme kein höheres Arbeitsentgelt, sondern die Möglichkeit der individuellen Auswahl und damit Optimierung des Brutto- und insbesondere Nettoentgelts. Auch Sonderzuwendungen, die **nur an den Unternehmenserfolg** anknüpfen, werden regelmäßig als zusätzliche Vergütung für eine im Geschäftsjahr erbrachte Arbeitsleistung des AN gezahlt. Die Beteiligung von AN am Erfolg des AG kann allerdings im Einzelfall ein Teilgewinnabführungsvertrag iSd § 292 II Nr. 1 AktG sein, wenn sich die Erfolgsbeteiligung nicht nur auf einzelne AN erstreckt und wenn der Bonus unabhängig vom persönlichen Leistungsergebnis des Bonusempfängers geleistet 1

[100] *Linck/Koch* FS Bepler, 2011, 357 (366).

[1] BAG 24.11.2004 EzA Nr. 4 zu § 4 TVG Bankgewerbe; zusammenfassend *Löw/Glück* DB 2015, 187; *Reinfelder* AuR 2015, 300.

[2] BAG 28.5.2008 NZA 2008, 941; 28.6.2006 AP Nr. 74 zu § 242 BGB Betriebliche Übung = NZA 2006, 1174; 10.7.1996 AP Nr. 194 zu § 611 BGB Gratifikation = NZA 1997, 506 (Berücksichtigung von Dienstzeiten in der ehemaligen DDR).

wird. Als Teilgewinnabführungsvertrag werden solche Arbeitsverträge normalerweise erst nach Zustimmung der Hauptversammlung (§ 293 I AktG) und Eintragung im Handelsregister (§ 294 II AktG) (voll-)wirksam.[3]

2 **2. Gratifikation.** Eine verbreitete Form der Sonderleistung ist die Gratifikation. Das ist eine Leistung, die der AG aus bestimmten Anlässen (Weihnachten, Urlaub, Geschäfts- und Dienstjubiläen usw.) zusätzlich zur Arbeitsvergütung gewährt.[4] Derartige Zahlungen sind von **Sonderzahlungen** abzugrenzen, die eine Gegenleistung für die geschuldete Arbeitsleistung darstellen, weil diese – anders als Gratifikationen – nicht dem Grunde nach vom ungekündigten Bestand des Arbeitsverhältnisses zu einem Zeitpunkt innerhalb oder außerhalb des Bezugszeitraums, in dem die Arbeitsleistung erbracht wurde, abhängig gemacht werden können (dazu → § 77 Rn. 5). Aus der zugrunde liegenden Vereinbarung muss deutlich hervorgehen, wenn der AG andere Zwecke als die Vergütung der Arbeitsleistung verfolgen will.[5] Deshalb ist jedenfalls dann, wenn weitere Anspruchsvoraussetzungen nicht geregelt sind, davon auszugehen, dass es sich bei einer vereinbarten „Sonderzahlung" um eine Gegenleistung für die geschuldete Arbeitsleistung handelt.[6] Wird hingegen vom AG kein anderweitiger Zweck angegeben, soll nach bisheriger Rechtsprechung die Zahlung einer als „Weihnachtsgeld" bezeichneten Leistung zu den anlässlich des Weihnachtsfestes entstehenden besonderen Aufwendungen des AN beitragen. Wegen dieses Bezugs zum Weihnachtsfest sei – vorbehaltlich anderer Regelungen – zugleich Anspruchsvoraussetzung, dass das Arbeitsverhältnis zum Weihnachtsfest bzw. mindestens zum Zeitpunkt der Entstehung des Anspruchs im November noch besteht.[7] Auf einen Gratifikationscharakter deute ebenso die Bezeichnung der Leistung als „Weihnachtsgratifikation" hin. Von Bedeutung für die rechtliche Einordnung seien zusätzlich die Höhe der Leistung (kein wesentlicher Teil der Vergütung) und das Fehlen einer Verknüpfung zwischen der Höhe der Zuwendung und der Bewertung der Arbeitsleistung in qualitativer und/oder quantitativer Hinsicht.[8] Die Honorierung künftiger Betriebstreue komme in einer Vereinbarung regelmäßig dadurch zum Ausdruck, dass die Sonderzuwendung nur bei Fortbestand des Arbeitsverhältnisses über einen Stichtag hinaus bis zum Ende eines dem AN noch zumutbaren Bindungszeitraums gezahlt werde oder der AN diese zurückzuzahlen habe, wenn das Arbeitsverhältnis vor Ablauf zumutbarer Bindungsfristen ende. Sei die Honorierung erwiesener Betriebstreue bezweckt, werde dies regelmäßig dadurch sichergestellt, dass die Zahlung der Sonderzuwendung vom *(ungekündigten)* Bestand des Arbeitsverhältnisses am Auszahlungstag abhängig gemacht werde. Die Zahlung solcher Sonderzuwendungen hänge dann nicht von einer bestimmten Arbeitsleistung, sondern regelmäßig nur vom Bestand des Arbeitsverhältnisses ab.[9] Andererseits hat der Zehnte Senat im Jahre 2013 entschieden, dass dann, wenn nach dem Leistungsversprechen des AG die Zahlung ausdrücklich auch „Dank für … persönlichen Einsatz" sei und zusätzlich bestimmt sei, dass unterjährig eintretende Mitarbeiter und solche mit einer unbezahlten Arbeitsbefreiung eine anteilige Sonderzahlung erhalten, die Zahlung auch eine Gegenleistung für erbrachte Arbeit darstelle (zu derartigen Leistungen mit Mischcharakter → § 77 Rn. 6; zu Stichtagsregelungen → Rn. 34).[10] **Zusammenfassend gilt:** Ist die Honorierung künftiger Betriebstreue bezweckt, wird dies regelmäßig dadurch sichergestellt, dass die Sonderzuwendung nur bei Fortbestand des Arbeitsverhältnisses über einen Stichtag hinaus bis zum Ende eines dem AN noch zumutbaren Bindungszeitraums gezahlt wird oder der AN diese zurückzuzahlen hat, wenn das Arbeitsverhältnis vor Ablauf zumutbarer Bindungsfristen endet. Ist die Honorierung erwiesener Betriebstreue bezweckt, wird dies regelmäßig dadurch sichergestellt, dass die Zahlung der Sonderzuwendung vom (ungekündigten) Bestand des Arbeitsverhältnisses am Auszahlungstag abhängig gemacht wird. Hinzukommen muss, dass die Zahlung nicht von einer bestimmten Arbeitsleistung, sondern regelmäßig nur vom Bestand des Arbeitsverhältnisses abhängt.[11] – Gratifikationen sind **keine Schenkung,** selbst wenn sie vom AG so bezeichnet werden.[12] Nur ausnahmsweise stellen Bar- oder Natural-

[3] Näher *Ekkenga/Schirrmacher* BB 2017, 2549.
[4] BAG 13.11.2013 AP Nr. 303 zu § 611 BGB Gratifikation = NZA 2014, 368.
[5] BAG 13.5.2015 AP Nr. 304 zu § 611 BGB Gratifikation mAnm *Lukes* = NZA 2015, 992 mwN.
[6] BAG 3.9.2014 AP Nr. 235 zu § 1 TVG Tarifverträge: Metallindustrie.
[7] BAG 10.12.2008 AP Nr. 280 zu § 611 BGB Gratifikation = NZA 2009, 322; 23.5.2007 AP Nr. 24 zu § 1 TVG Tarifverträge: Großhandel; 8.11.1978 AP Nr. 100 zu § 611 BGB Gratifikation.
[8] BAG 18.1.2012 AP Nr. 59 zu § 307 BGB = NZA 2012, 620.
[9] BAG 18.1.2012 AP Nr. 59 zu § 307 BGB = NZA 2012, 620.
[10] BAG 13.11.2013 AP Nr. 303 zu § 611 BGB Gratifikation = NZA 2014, 368.
[11] BAG 13.5.2015 AP Nr. 304 zu § 611 BGB Gratifikation mAnm *Lukes* = NZA 2015, 992 mwN.
[12] BAG 23.10.2002 AP Nr. 243 zu § 611 BGB Gratifikation = NZA 2003, 557.

leistungen des AG ein Geschenk dar, wenn die Beziehung zur bisherigen Arbeitsleistung fehlt. Das kann zB der Fall sein, wenn eine Mitarbeiterin aus Anlass der Geburt eines Kindes eine besondere Leistung erhält. Für die Zusage einer Sonderzuwendung ist daher nicht die Form des § 518 BGB einzuhalten; sie kann allerdings grundsätzlich auch nicht wegen groben Undanks zurückgefordert werden.

3. Dreizehntes Gehalt und Leistung mit Mischcharakter. Von der Gratifikation und anderen Sonderzahlungen sind das sog. 13. Monatsgehalt oder sonstige in das Vergütungsgefüge eingebaute Sonderleistungen zu unterscheiden, durch die allein die Arbeitsleistungen in der Vergangenheit abgegolten werden sollen. Das 13. Monatsgehalt ist Teil der als **Gegenleistung für die Arbeitsleistung** geschuldeten Vergütung und in das vertragliche Austauschverhältnis von Arbeitsleistung und Vergütung eingebunden.[13] Solche „arbeitsleistungsbezogenen“ Sonderzahlungen werden als Vergütungsbestandteile in den jeweiligen Abrechnungszeiträumen verdient, jedoch erst am vereinbarten Auszahlungstermin fällig.[14] Ob eine Sonderzuwendung eine Gegenleistung für erbrachte Arbeitsleistung ist oder sowohl vergangene als auch zukünftige Betriebstreue belohnen soll, ist heute grundsätzlich ohne Bedeutung. Auch derartige Leistungen mit Mischcharakter können nicht vom ungekündigten Bestand des Arbeitsverhältnisses abhängig gemacht werden. Hierin läge eine unangemessene Benachteiligung iSv § 307 I 1 BGB (→ § 77 Rn. 6; zu reinen Gratifikationen → Rn. 2).[15] 3

4. Bonuspunkte (Miles & More). Keine Sonderzuwendungen sind Bonusmeilen für dienstlich veranlasste und vom AG bezahlte Flüge (Miles & More). Der AN ist daher entsprechend § 667 Alt. 2 BGB verpflichtet, seinem AG die aus einem Vielfliegerprogramm erworbenen Vorteile herauszugeben.[16] Der AG kann vom AN verlangen, dass der AN die dienstlich erworbenen Bonusmeilen im Interesse des Unternehmens einsetzt. Es gilt der Grundsatz, dass demjenigen, für dessen Rechnung und damit auch auf dessen Kosten ein anderer Geschäfte führt, die gesamten Vorteile aus dem Geschäft gebühren. Eine abweichende Regelung muss vereinbart sein. Eine solche Vereinbarung kann sich zwar auch aus betrieblicher Übung ergeben. Allein die Leistung an einzelne AN lässt jedoch noch nicht auf einen zurechenbaren objektiven Bindungswillen des AG schließen, er wolle allen AN oder zumindest den AN einer abgrenzbaren Gruppe die Leistung zukommen lassen.[17] Diese Grundsätze erlangen auch Bedeutung für Pay-Back-Punkte, die beispielsweise beim Betanken des Dienstfahrzeugs erworben werden können, oder Bonus-Punkte für Hotelübernachtungen.[18] Auch hierdurch erhalten die teilnehmenden AN die Möglichkeit, Prämien zu erwerben. Diese Prämien stehen nach den aufgestellten Grundsätzen dem AG zu.[19] 4

II. Rechtsgrundlage

1. Allgemeines. Auf die Zahlung einer Sonderzuwendung besteht weder kraft Gesetzes, Gewohnheitsrechts noch der Fürsorgepflicht des AG ein Rechtsanspruch. Für sie muss stets eine besondere Rechtsgrundlage vorliegen. 5

2. Tarifvertrag. a) Überblick. In den meisten Wirtschaftszweigen sind tarifliche Regelungen über Sonderzuwendungen üblich. Ansprüche auf tarifvertraglich vereinbarte Sonderzahlungen bestehen grundsätzlich nur dann, wenn das Arbeitsverhältnis vom tariflichen Geltungsbereich erfasst wird und die Arbeitsvertragsparteien tarifgebunden (→ § 204 Rn. 4 ff.), die Tarifverträge arbeitsvertraglich in Bezug genommen sind (→ § 206 Rn. 1 ff.) oder der Tarifvertrag allgemeinverbindlich ist. Die Entstehung des Anspruchs kann von Wartezeiten abhängig gemacht werden.[20] Die Tarifvertragsparteien sind grundsätzlich frei, zu bestimmen, ob und unter welchen Voraussetzungen eine Sonderzahlung gewährt wird und welche Tatbestände ggf. zu 6

---

[13] BAG 25.11.1998 AP Nr. 212 zu § 611 BGB Gratifikation = NZA 1999, 766.
[14] BAG 18.8.1999 AP Nr. 22 zu §§ 22, 23 BAT ZuwendungsTV = NZA 2000, 148.
[15] BAG 13.11.2013 AP Nr. 303 zu § 611 BGB Gratifikation = NZA 2014, 368; 18.1.2012 AP Nr. 292 zu § 611 BGB Gratifikation = NZA 2012, 561 unter Aufgabe von BAG 28.3.2007 AP Nr. 265 zu § 611 BGB Gratifikation = NZA 2007, 687.
[16] BAG 11.4.2006 AP Nr. 1 zu § 667 BGB = NZA 2006, 1089.
[17] BAG 11.4.2006 AP Nr. 1 zu § 667 BGB = NZA 2006, 1089; dazu *Gragert* NJW 2006, 3762; *Kock* DB 2007, 462.
[18] Vgl. *Weitnauer* NJW 2010, 2560.
[19] *Gragert* NJW 2006, 3762 (3764).
[20] BAG 13.5.2004 AP Nr. 256 zu § 611 BGB Gratifikation; 8.12.1993 AP Nr. 40 zu § 1 TVG Tarifverträge: Einzelhandel; 17.12.1993 AP Nr. 148 zu § 611 BGB Gratifikation = NZA 1993, 464.

einer Kürzung führen. Insbesondere sind sie in der Entscheidung frei, ob die Erbringung von Arbeitsleistung Voraussetzung für einen Sonderzahlungsanspruch ist. Verlangt ein Tarifvertrag, dass ein AN „sechs Monate tatsächlich gearbeitet" haben muss, um eine Sonderzahlung beanspruchen zu können, hat er im Zeitraum vom 1.1. bis zum 31.12. an mindestens der Hälfte der auf das Kalenderjahr entfallenden Arbeitstage eine Arbeitsleistung zu erbringen. Dabei sind die Tage mitzuzählen, an denen er gesetzlichen Mindesturlaub in Anspruch genommen hat.[21] Vereinbaren sie eine Kürzung für Zeiten des Ruhens des Arbeitsverhältnisses, werden hiervon Zeiten lang andauernder Erkrankung nicht erfasst.[22] Während des Weiterbeschäftigungsanspruchs besteht nach Auffassung des BAG ein Anspruch auf eine zeitanteilige Jahressonderzahlung, wenn diese nach dem maßgeblichen Tarifvertrag als auf den Weiterbeschäftigungszeitraum entfallende Arbeitsvergütung anzusehen ist[23] oder der AG den AN aufgrund der Verurteilung zur Weiterbeschäftigung beschäftigt, auch wenn dies nicht einvernehmlich geschieht (→ § 125 Rn. 6).[24] Tarifverträge können die **Anrechnungsfähigkeit** freiwillig gezahlter Sonderzahlungen vorsehen.[25] Im Wege der Auslegung ist zu ermitteln, welche freiwilligen Leistungen anrechnungsfähig sind.[26] Wenn der Tarifvertrag die Anrechnung von betrieblichen Sozialleistungen auf tarifliche Sonderleistungen zulässt, kann eine anlässlich einer Betriebszugehörigkeit von zehn Jahren einmalig gezahlte Sonderzuwendung nicht angerechnet werden.[27] Bestimmt ein Tarifvertrag, dass auf die tarifliche Jahressonderzahlung alle betrieblichen Leistungen wie Weihnachtsgratifikationen, Jahresabschlussvergütungen, Jahresprämien, Ergebnisbeteiligungen, Tantiemen, dreizehnte Monatsentgelte und dergleichen angerechnet werden können, stellt eine aufgrund betrieblicher Übung einmal jährlich zu zahlende „Treueprämie", deren Höhe sich nach der Dauer der Betriebszugehörigkeit richtet, eine solche anrechenbare Leistung dar.[28]

7 **b) Besonderheiten des öffentlichen Dienstes und der Kirchen.** Anspruch auf eine Jahressonderzahlung haben gem. § 20 I TVöD/TV-L Beschäftigte, die am 1.12. in einem Arbeitsverhältnis stehen. Mit ihr soll erbrachte Arbeitsleistung vergütet, Betriebstreue honoriert und für die Zukunft zu reger und engagierter Mitarbeit motiviert werden. Sie wird nicht als „Weihnachtsvergütung" iSv § 850a Nr. 4 ZPO geleistet.[29] Die Stichtagsregelung ist mit Art. 3 I GG vereinbar und verstößt auch nicht gegen das Verbot der Altersdiskriminierung.[30] Beginnt das Arbeitsverhältnis nach dem 30.9., ist § 20 II 3 TVöD/TV-L zu beachten. Dies gilt auch im Falle eines neuen befristeten Arbeitsverhältnisses.[31] Bestehen im Kalenderjahr mehrere Arbeitsverhältnisse zu demselben AG, sind diese bei der Berechnung der Höhe der Jahressonderzahlung zu berücksichtigen. Der Anspruch vermindert sich gem. § 20 IV 1 TVöD um ein Zwölftel nur für die Kalendermonate, in denen der Beschäftigte keinen Anspruch auf Entgelt oder Fortzahlung des Entgelts gegen seinen AG hatte, sofern nicht einer der Ausschlusstatbestände des § 20 IV 2 TVöD vorliegt.[32]

8 Nach den **Arbeitsvertragsrichtlinien des Diakonischen Werks** (→ § 184 Rn. 9 ff.) der Evangelischen Kirche in Deutschland (AVR.DW.EKD) haben die in diakonischen Einrichtungen beschäftigten AN einen Anspruch auf eine Jahressonderzahlung. Nach Abs. 4 S. 1 der Anlage 14 AVR.DW.EKD entfällt der Anspruch auf Auszahlung der im Juni des Folgejahres fälligen anteiligen Jahressonderzahlung, wenn der Dienstgeber durch das Testat eines vereidigten Wirtschaftsprüfers nachgewiesen hat, dass bei voller Zahlung der Jahressonderzahlung die Bruttopersonalkosten zu einem negativen betrieblichen Ergebnis des Vorjahres führen würden. Von dieser Kürzungsmöglichkeit kann der Dienstgeber allerdings nur Gebrauch machen, wenn er auf alle Dienstverhältnisse die AVR vollständig und einschränkungslos anwendet.[33] Eine solche Kürzung der Jahressonderzahlung setzt nach § 1 V lit. b) AVR.DW.EKD weiter voraus, dass der Dienstgeber Leiharbeitnehmer nach dem AÜG nur zur kurzfristigen Überbrückung von Personalengpässen eingesetzt hat und er

[21] BAG 30.1.2019 AP Nr. 314 zu § 611 BGB Gratifikation.
[22] BAG 25.9.2013 NZA 2014, 52.
[23] BAG 10.3.1987 AP Nr. 1 zu § 611 BGB Weiterbeschäftigung = NZA 1987, 373.
[24] BAG 1.3.1990 AP Nr. 7 zu § 611 BGB Weiterbeschäftigung.
[25] Vgl. BAG 3.3.1993 AP Nr. 151 zu § 611 BGB Gratifikation = NZA 1993, 805; 18.3.1981 AP Nr. 107 zu § 611 BGB Gratifikation.
[26] Vgl. zur Anrechnung von Anwesenheitsprämien BAG 21.1.2009 AP Nr. 283 zu § 611 BGB Gratifikation.
[27] BAG 10.2.1993 AP Nr. 149 zu § 611 BGB Gratifikation = NZA 1993, 803.
[28] BAG 3.3.1993 AP Nr. 151 zu § 611 BGB Gratifikation = NZA 1993, 805.
[29] BAG 18.5.2016 AP Nr. 6 zu § 850a ZPO = NZA 2016, 840.
[30] BAG 12.12.2012 AP Nr. 3 zu § 20 TVöD = NZA 2013, 577.
[31] BAG 22.3.2017 AP Nr. 4 zu § 20 TV-L = NZA 2017, 862.
[32] BAG 12.12.2012 AP Nr. 4 zu § 20 TVöD = NZA 2013, 384.
[33] BAG 11.11.2015 AP Nr. 75 zu § 611 BGB Kirchendienst = NZA 2016, 243.

auf alle Dienstverhältnisse seiner und der mit ihm verbundenen Einrichtungen, die Mitglied im Diakonischen Werk sind, diese AVR anwendet. Der Dienstgeber soll nicht die Möglichkeit haben, sich einerseits die Kürzungsrechte bei den Jahressonderzahlungen und andere Sonderrechte zu sichern, im Übrigen aber das System der Rechtsgewinnung nach den jeweils anwendbaren kirchenrechtlichen Vorschriften des Dritten Weges zu verlassen, es sei denn, er wendet Tarifverträge des öffentlichen Dienstes an. Auf einen materiellen Günstigkeitsvergleich kommt es nicht an. Die Arbeitsvertragsrichtlinien der Johanniter sind weder „AVR" iSd § 1 V AVR.DW.EKD noch „gleichwertige Arbeitsvertragsgrundlage" in diesem Sinn.[34] Eine Kürzungsmöglichkeit soll dagegen bestehen, wenn eine verbundene Einrichtung die AVR.DW.EKD nicht anwendet, weil sie nur Gastmitglied im Diakonischen Werk ist und ihr der Vorstand des Diakonischen Werks einen Dispens von den Mitgliedspflichten hinsichtlich der Anwendung des kirchlichen Arbeitsrechts erteilt hat.[35] Unterschreitet die arbeitsvertraglich vereinbarte Jahressonderzahlung in einem kirchlichen Arbeitsverhältnis das in den einschlägigen kirchlichen AVR vorgesehene Vergütungsniveau, besteht nach Auffassung des BAG kein Anspruch auf die höhere Vergütung nach den AVR. Der kirchliche AG könne in den durch das säkulare Recht gesetzten Grenzen Arbeitsverträge abschließen, die keine oder nur eine eingeschränkte Bezugnahme auf kirchliches Arbeitsrecht vorsehen.[36]

3. Betriebsvereinbarungen. Betriebsvereinbarungen zu Sonderzahlungen sind in der Praxis häufig. Sie sind – soweit sie über Verteilungsgrundsätze hinausgehen (§ 87 I Nr. 10 BetrVG) – allerdings nur wirksam, wenn eine tarifliche Regelung nicht besteht oder üblich ist (§ 77 III BetrVG).[37] Ist eine Betriebsvereinbarung unwirksam, kann sie nicht ohne Weiteres in ein Vertragsangebot des AG umgedeutet werden. Etwas anderes gilt nur dann, wenn Umstände dafür gegeben sind, dass der AG sich an sein Verhalten binden wollte (→ § 231 Rn. 8). Der Gratifikationsanspruch kann durch Beendigung der Betriebsvereinbarung entfallen (dazu → § 231 Rn. 49 ff.).[38] Auch wenn in der Vergangenheit jährlich Betriebsvereinbarungen über eine Weihnachtsgratifikation in Höhe von 100% eines Monatslohns geschlossen wurden und eine Betriebsvereinbarung sodann für zwei Jahre eine Gratifikation in Höhe von je 70%, für die darauf folgenden Jahre in Höhe von je 130% vorsieht, sind die Betriebsparteien nicht gehindert, die für das vierte Jahre vorgesehene Gratifikation jedenfalls vor dem Zeitpunkt einvernehmlich abzusenken, von dem an die Entstehung von Ansprüchen pro rata temporis für dieses Jahr in Frage kommt. Eine solche Regelung verstößt nicht gegen das Rückwirkungsverbot, denn sie greift nicht in bestehende Besitzstände ein.[39] 9

4. Einzelvertragliche Vereinbarung. Sonderzahlungen können auch arbeitsvertraglich formfrei vereinbart werden. Die Vereinbarung kann auch **konkludent** zustande kommen. Zahlt beispielsweise der AG einem AN mehrfach einen jährlichen Bonus oder eine Tantieme, ohne dass wegen fehlenden kollektiven Bezugs eine betriebliche Übung vorliegt (dazu → Rn. 12), kann in der Zahlung im Zusammenhang mit Äußerungen und schlüssigem Verhalten des AG die Zusage liegen, auch künftig einen Bonus zu leisten. Eine solche Zusage scheitert nicht daran, dass die Höhe der Zahlungen wechselt, ohne dass für den AN eine Regelhaftigkeit erkennbar ist.[40] Der AN kann daraus regelmäßig auf ein verbindliches Angebot iSv § 145 BGB auf Leistung einer jährlichen Sonderzahlung schließen, deren Höhe der AG einseitig nach billigem Ermessen festsetzt.[41] Die frühere Rechtsprechung, wonach es bei der Leistung einer Zuwendung in jährlich unterschiedlicher Höhe bereits an einer regelmäßigen gleichförmigen Wiederholung bestimmter Verhaltensweisen fehlte und darin lediglich der Wille des AG gesehen wurde, in jedem Jahr neu „nach Gutdünken" über die Zuwendung zu entscheiden,[42] ist überholt.[43] Wird eine im Arbeitsvertrag vereinbarte Bedingung für eine Sonderzahlung in nachfolgenden Begleitmitteilungen anlässlich von Zahlungen mehrfach nicht mehr wiederholt, kann dies regelmäßig nicht dahingehend verstanden werden, der AG werde die Sonderzahlung künftig unbedingt 10

[34] BAG 15.1.2014 AP Nr. 18 zu § 1 AVR Diakonisches Werk.
[35] BAG 19.1.2011 AP Nr. 58 zu § 611 BGB Kirchendienst = NZA 2012, 56.
[36] BAG 24.5.2018 AP Nr. 91 zu § 611 BGB Kirchendienst.
[37] Hierzu BAG 5.5.2015 AP Nr. 147 zu § 87 BetrVG 1972 Lohngestaltung = NZA 2015, 1207.
[38] Dazu BAG 5.10.2010 AP Nr. 53 zu § 77 BetrVG 1972 Betriebsvereinbarung = NZA 2011, 598.
[39] BAG 23.1.2008 AP Nr. 40 zu § 77 BetrVG 1972 Betriebsvereinbarung = NZA 2008, 709.
[40] BAG 17.4.2013 AP Nr. 5 zu § 611 BGB Tantieme.
[41] BAG 13.5.2015 AP Nr. 304 zu § 611 BGB Gratifikation mAnm *Lukes* = NZA 2015, 992 mwN; 17.4.2013 AP Nr. 5 zu § 611 BGB Tantieme; 21.4.2010 AP Nr. 5 zu § 151 BGB = NZA 2010, 808.
[42] BAG 28.2.1996 AP Nr. 192 zu § 611 BGB Gratifikation = NJW 1996, 3166.
[43] BAG 13.5.2015 AP Nr. 304 zu § 611 BGB Gratifikation mAnm *Lukes* = NZA 2015, 992 mwN.

leisten.[44] Sofern die Regelung in AGB enthalten ist, gelten die §§ 305 ff. BGB (→ § 35 Rn. 1 ff.). Eine AGB, die bestimmt, dass „die Zahlung eines 13. Gehalts eine freiwillige Leistung der Firma ist, die anteilig als Urlaubs- und Weihnachtsgeld gewährt werden kann", ist unter Berücksichtigung der Unklarheitenregel so auszulegen, dass sie einen unbedingten Anspruch auf Zahlung begründet.[45] Klauseln, die dem AG ein einseitiges Leistungsbestimmungsrecht zur Entscheidung über die Höhe einer jährlichen Zuwendung vorbehalten, halten der AGB-Kontrolle regelmäßig stand. In derartigen Fällen findet § 315 BGB Anwendung (→ § 77 Rn. 8).[46] Ist vertraglich eine Weihnachtsgratifikation vereinbart, die „derzeit ein Bruttogehalt nicht übersteigt", deren Höhe „jeweils jährlich durch den AG bekanntgegeben" und auf die im Juni „ein Vorschuss in Höhe von bis zu einem halben Monatsgehalt gezahlt" wird, wird hierdurch dem AG sowohl in Bezug auf den Vorschuss als auch auf die endgültige Höhe der Sonderzahlung in zulässiger Weise ein einseitiges Leistungsbestimmungsrecht iSv § 315 BGB eingeräumt. Allein die gleichbleibende Ausübung des Leistungsbestimmungsrechts über einen längeren Zeitraum führt dabei nicht zu einer Konkretisierung der Anspruchshöhe mit der Folge, dass jede andere Ausübung des Ermessens nicht mehr der Billigkeit entspräche.[47] Der Anspruch auf eine Sonderzahlung kann durch Aufhebungsvertrag, Kündigung oder Änderungskündigung aufgehoben und geändert werden. Dagegen ist eine Teilkündigung regelmäßig unzulässig.

11 Vielfach gewähren AG Sonderzahlungen aufgrund von **Gesamtzusagen.** Eine Gesamtzusage ist die an alle AN oder einen nach abstrakten Merkmalen bestimmten Teil von ihnen in allgemeiner Form gerichtete ausdrückliche Erklärung des AG, zusätzliche Leistungen erbringen zu wollen (dazu → § 111 Rn. 1 ff.). Wegen der Verteilungsgrundsätze hat der BR ein erzwingbares Mitbestimmungsrecht.[48] Sagt der AG über Intranet den Mitarbeitern, die im abgelaufenen Geschäftsjahr zur Belegschaft gehörten, eine Sonderzahlung zu, gehören mangels anderer Anhaltspunkte zu den Adressaten der Zusage auch solche AN, die während des Geschäftsjahres im Wege des Betriebsübergangs ausgeschieden sind, jedoch mit Wissen und Willen des früheren AG weiterhin Zugriff auf dessen Intranet haben. Dieser Anspruch kann nicht durch eine später nachgeschobene Stichtagsregelung beseitigt werden.[49]

12 **5. Betriebliche Übung. a) Voraussetzungen.** Ein Anspruch auf eine Sonderzahlung kann auch durch betriebliche Übung entstehen (näher dazu → § 110 Rn. 1 ff.). Das Entstehen eines Anspruchs auf eine Sonderzahlung durch betriebliche Übung kann durch einen wirksamen Freiwilligkeitsvorbehalt verhindert werden (dazu → § 35 Rn. 101 ff.). Eine betriebliche Übung ist nach der Rechtsprechung des BAG bei der Gewährung von jährlich an die Belegschaft geleisteten Sonderzahlungen regelmäßig nach **dreimaliger Zahlung** anzunehmen, falls nicht besondere Umstände hiergegen sprechen oder der AG einen Bindungswillen für die Zukunft wirksam ausgeschlossen hat.[50] Keine betriebliche Übung soll nach einer älteren Entscheidung des BAG entstehen, wenn der AG zwar dreimal hintereinander zahlt, aber jeweils in unterschiedlicher Höhe.[51] Diese Rechtsprechung hat das BAG zwischenzeitlich zu Recht aufgegeben und angenommen, dass in diesen Fällen ein Anspruch dem Grunde nach entsteht, dessen Höhe der AG nach § 315 BGB bestimmen kann.[52] Ein durch betriebliche Übung begründeter Anspruch auf eine Sonderzahlung steht nach bisheriger Auffassung des BAG nicht unter dem stillschweigenden Vorbehalt, durch eine Betriebsvereinbarung geändert oder aufgehoben werden zu können.[53] Ob hieran im Hinblick auf die neuere Rechtsprechung zur Betriebsvereinbarungsoffenheit von AGB festgehalten werden kann, erscheint fraglich.[54]

13 **b) Keine „negative" betriebliche Übung.** Das BAG hat in der Vergangenheit angenommen, eine betriebliche Übung werde durch eine geänderte betriebliche Übung einvernehmlich

[44] BAG 18.1.2012 AP Nr. 57 zu § 307 BGB = NZA 2012, 499.
[45] BAG 17.4.2013 NZA 2013, 787.
[46] BAG 16.1.2013 AP Nr. 108 zu § 315 BGB = NZA 2013, 1013.
[47] BAG 23.8.2017 AP Nr. 307 zu § 611 BGB Gratifikation = NZA 2018, 44.
[48] BAG 11.2.1992 AP Nr. 50 zu § 76 BetrVG 1972 = NZA 1992, 702.
[49] BAG 22.1.2003 AP Nr. 247 zu § 611 BGB Gratifikation = NZA 2003, 576.
[50] BAG 1.4.2009 AP Nr. 84 zu § 242 BGB Betriebliche Übung; 16.4.1997 AP Nr. 53 zu § 242 BGB Betriebliche Übung = NZA 1998, 423.
[51] BAG 28.2.1996 AP Nr. 192 zu § 611 BGB Betriebliche Übung = NJW 1996, 3166.
[52] BAG 13.5.2015 AP Nr. 304 zu § 611 BGB Gratifikation mAnm *Lukes* = NZA 2015, 992.
[53] BAG 5.8.2009 AP Nr. 85 zu § 242 BGB Betriebliche Übung = NZA 2009, 1105.
[54] Dazu BAG 5.3.2013 AP Nr. 105 zu § 77 BetrVG 1972 = NZA 2013, 916; dazu *Linsenmaier* RdA 2014, 336 mwN.

geändert, wenn der AG über einen Zeitraum von drei Jahren zu erkennen gebe, er gedenke eine betriebliche Übung anders zu handhaben und der AN über diesen Zeitraum nicht widerspricht (näher dazu → § 110 Rn. 32).[55] Diese Rechtsprechung hat der Zehnte Senat inzwischen aufgegeben. Die Annahme, durch eine dreimalige widerspruchslose Entgegennahme einer vom AG ausdrücklich unter dem Vorbehalt der Freiwilligkeit gezahlten Gratifikation werde die Verpflichtung des AG zur Gratifikationszahlung aus betrieblicher Übung beendet, ist mit dem Klauselverbot für fingierte Erklärungen in § 308 Nr. 5 BGB nicht zu vereinbaren.[56]

6. Jubiläumszuwendungen. Eine besondere Form der Sonderzahlung ist die Jubiläumszuwendung, die **aus Anlass einer bestimmten Beschäftigungszeit** gezahlt wird. Derartige Regelungen finden sich häufig in Tarifverträgen, für den Bereich des öffentlichen Dienstes etwa in § 23 II 1 TVöD-AT. Maßgeblich ist hier die Beschäftigungszeit iSv § 34 III TVöD-AT. Das hat zur Folge, dass bei einem Wechsel des AG gem. § 34 III 3 und 4 TVöD-AT nur die Zeiten bei dem unmittelbar vorherigen AG anerkannt werden.[57] Der Anspruch auf eine Jubiläumszuwendung kann auch auf betrieblicher Übung beruhen (→ Rn. 12). Zur Begründung einer betrieblichen Übung ist dabei auf Art, Dauer und Intensität der Leistungen abzustellen. Als Bezugsperiode sind dabei nur Zeiträume zu betrachten, in denen die Jubiläumszuwendungen tatsächlich vom AG erbracht wurden. Jahre, in denen sie weder anfiel noch gezahlt wurde, können weder zugunsten noch zulasten des AG berücksichtigt werden. Unerheblich ist, ob der betreffende AN selbst bisher schon in die Übung einbezogen worden ist. Eine Mitteilung über die an andere AN erfolgten Zahlungen gegenüber den übrigen AN ist für das Entstehen einer betrieblichen Übung ebenso wenig erforderlich, wie eine allgemeine Veröffentlichung im Betrieb. Es ist von dem allgemeinen Erfahrungssatz auszugehen, dass derartige begünstigende Leistungen allgemein bekannt werden.[58] Wie lange die Übung bestehen muss, damit die AN berechtigt erwarten können, sie werde fortgesetzt, hängt davon ab, wie häufig die Leistungen erbracht worden sind. Dabei kommt es auf die Zahl der Anwendungsfälle im Verhältnis zur Belegschaftsstärke an. Ferner sind in die Bewertung der Relation von Anzahl der Wiederholungen und Dauer der Übungen auch Art und Inhalt der Leistungen einzubeziehen. Bei für den AN weniger wichtigen Leistungen sind an die Zahl der Wiederholungen höhere Anforderungen zu stellen als bei bedeutsameren Leistungsinhalten.[59] Der Anspruch des Beschäftigten auf ein Jubiläumsgeld „bei Vollendung" einer bestimmten Beschäftigungszeit setzt nicht voraus, dass das Arbeitsverhältnis über diesen Zeitpunkt hinaus fortbesteht.[60] 14

7. Gleichbehandlungsgrundsatz. a) Grundsatz. Erbringt der AG nach von ihm gesetzten allgemeinen Regeln freiwillig Sonderzahlungen, ist er an den Grundsatz der Gleichbehandlung gebunden (näher dazu → § 112 Rn. 1 ff.). Bei freiwilligen Leistungen muss er deshalb die Anspruchsvoraussetzungen so abgrenzen, dass AN von der Vergünstigung nicht sachwidrig oder willkürlich ausgeschlossen werden. Eine sachfremde Benachteiligung einzelner AN liegt nicht vor, wenn sich nach dem Zweck der Leistung Gründe ergeben, die es unter Berücksichtigung aller Umstände rechtfertigen, einzelnen AN die anderen AN gewährte Leistung vorzuenthalten. Die Zweckbestimmung einer Sonderzahlung ergibt sich vorrangig aus den tatsächlichen und rechtlichen Voraussetzungen, von deren Vorliegen und Erfüllung die Leistung abhängig gemacht wird.[61] Die Bezeichnung ist nicht maßgeblich. Sie kann allenfalls als ein zusätzliches Indiz, nicht jedoch als ausschlaggebendes oder gar alleiniges Merkmal für einen bestimmten Zweck herangezogen werden.[62] Steht eine unterschiedliche Ausgestaltung der Zusatzleistung nach Gruppen von AN fest, hat der AG die Gründe für eine Differenzierung offenzulegen und substanziiert die sachlichen Unterscheidungskriterien 15

[55] BAG 28.5.2008 NZA 2008, 941; 26.3.1997 AP Nr. 50 zu § 242 BGB Betriebliche Übung = NZA 1997, 1007.
[56] BAG 18.3.2009 AP Nr. 83 zu § 242 BGB Betriebliche Übung = NZA 2009, 601; bestätigt von BAG 25.11.2009 AP Nr. 87 zu § 242 BGB Betriebliche Übung = NZA 2010, 283.
[57] BAG 19.11.2020 – 6 AZR 417/19.
[58] BAG 28.5.2008 AP Nr. 80 zu § 242 BGB Betriebliche Übung = NZA 2008, 941; 28.7.2004 AP Nr. 257 zu § 611 BGB Gratifikation = NZA 2004, 1152.
[59] BAG 28.5.2008 AP Nr. 80 zu § 242 BGB Betriebliche Übung = NZA 2008, 941; 28.6.2006 AP Nr. 74 zu § 242 BGB Betriebliche Übung = NZA 2006, 1174; 28.7.2004 AP Nr. 257 zu § 611 BGB Gratifikation = NZA 2004, 1152.
[60] BAG 9.4.2014 AP Nr. 1 zu § 23 TVöD = NZA 2014, 1038.
[61] BAG 12.10.2011 AP Nr. 216 zu § 242 BGB Gleichbehandlung = NZA 2012, 680.
[62] StRspr, zuletzt BAG 18.1.2012 AP Nr. 59 zu § 307 BGB = NZA 2012, 620; 10.12.2008 AP Nr. 281 zu § 611 BGB Gratifikation = NZA 2009, 258.

darzutun. Sind die Unterscheidungsmerkmale nicht ohne Weiteres erkennbar und legt der AG seine Differenzierungsgesichtspunkte nicht dar oder ist die unterschiedliche Behandlung nach dem Zweck der Leistung nicht gerechtfertigt, kann der benachteiligte AN verlangen, nach Maßgabe der begünstigten Arbeitnehmer(gruppe) behandelt zu werden (→ § 112 Rn. 27).[63]

16 **b) Motivationszweck.** Eine am Motivationszweck einer Sonderzahlung, die nicht Gegenleistung für erbrachte Arbeitsleistung ist, orientierte Differenzierung danach, ob das Arbeitsverhältnis am Auszahlungstag noch – ggf. ungekündigt – besteht oder nicht, ist grundsätzlich sachlich gerechtfertigt (dazu → Rn. 2). Dies gilt nach neuerer Rechtsprechung des BAG jedoch nicht bei Leistungen mit Mischcharakter (dazu → § 77 Rn. 6). Da der AG bei einem wirksam vereinbarten Freiwilligkeitsvorbehalt (dazu → § 35 Rn. 101) frei ist, jedes Jahr neu zu entscheiden, ob, an wen und unter welchen Voraussetzungen er eine Sonderleistung erbringen will, kann er nach bisheriger Rechtsprechung ohne Verstoß gegen den Gleichbehandlungsgrundsatz Mitarbeiter vom Kreis der Anspruchsberechtigten ausschließen, die zur Zeit der Entstehung des Anspruchs bereits ausgeschieden sind.[64] Dass der AN die fehlende Fortsetzung des Arbeitsverhältnisses im Falle eines Betriebsteilübergangs nicht zu vertreten habe und nur wegen des Übergangs seines Arbeitsverhältnisses daher nicht mehr in der Lage sei, Betriebstreue zu erbringen, zwinge den AG nicht dazu, die Leistung auch ihm zu gewähren, wenn Zweck der Zahlung die Motivation der Mitarbeiter sein soll.[65] Dem kann nur zugestimmt werden, wenn der Zweck der Leistung allein darin besteht, den AN zu künftiger Arbeitsleistung zu motivieren, und die Sonderzahlung nicht auch Gegenleistung für erbrachte Arbeitsleistungen ist.

17 **c) Ausgleich geringerer Vergütung.** Berücksichtigt der AG bei einer Sonderzahlung unterschiedliche Arbeitsbedingungen von AN und bezweckt er, mit der Sonderzahlung eine geringere laufende Vergütung einer Gruppe von AN teilweise oder vollständig auszugleichen, **verstößt er weder gegen den arbeitsrechtlichen Gleichbehandlungsgrundsatz noch das Maßregelungsverbot des § 612a BGB,** wenn er der Gruppe von AN die Sonderzahlung vorenthält, die nicht bereit war, im Rahmen eines Standortsicherungskonzepts Änderungsverträge mit für sie ungünstigeren Arbeitsbedingungen abzuschließen.[66] Nach dem Zweck einer auf den Ausgleich schlechterer Arbeitsbedingungen gerichteten Leistung ist eine Kompensation aber nur insoweit zulässig, als ein solcher Ausgleich herbeigeführt wird. Führt eine Leistung tatsächlich zu einer Überkompensation und damit zu einer Besserstellung einer Arbeitnehmergruppe, besteht im Umfang der Überkompensation kein sachlicher Grund, der anderen Gruppe diese Leistung vorzuenthalten. Bei der notwendigen Würdigung besteht nach Auffassung des BAG ein Beurteilungsspielraum des AG, weil unterschiedliche Vergütungselemente wie Grundvergütung, Zuschläge, Einmalzahlungen und Arbeitszeit ins Verhältnis zu setzen und miteinander zu vergleichen sind.[67] Mit dem Gleichbehandlungsgrundsatz nicht vereinbar sind Leistungen, deren Zweck sich von vornherein nicht in einer Kompensation der Nachteile erschöpft, sondern mit denen der AG nach den von ihm festgesetzten Anspruchsvoraussetzungen noch andere Ziele verfolgt, wie zB die Honorierung vergangener und künftiger Betriebstreue. In diesem Fall liegt ein Verstoß gegen den arbeitsrechtlichen Gleichbehandlungsgrundsatz vor, denn es ist sachlich nicht gerechtfertigt, die Gruppe von AN von der Sonderzahlung auszunehmen, die Änderungsangebote des AG mit für sie ungünstigeren Arbeitsbedingungen abgelehnt hatte.[68]

18 **d) Verstoß gegen Diskriminierungsverbote.** Unzulässig ist eine unmittelbare oder mittelbare Geschlechtsdiskriminierung (→ § 36 Rn. 7). Der Ausschluss geringfügig Beschäftigter von tarifvertraglich vereinbarten Jahressonderzahlungen stellt eine mittelbare Diskriminierung von Frauen dar, wenn er im Ergebnis prozentual erheblich mehr Frauen als Männer trifft (zum

---

[63] BAG 12.10.2011 AP Nr. 216 zu § 242 BGB Gleichbehandlung = NZA 2012, 680.

[64] Vgl. hierzu BAG 18.3.2009 AP Nr. 282 zu § 611 BGB Gratifikation = NZA 2009, 535.

[65] BAG 14.2.2007 AP Nr. 264 zu § 611 BGB Gratifikation = NZA 2007, 558; 28.3.2007 AP Nr. 265 zu § 611 BGB Gratifikation = NZA 2007, 687; 24.10.2007 AP Nr. 32 zu § 307 BGB = NZA 2008, 40.

[66] BAG 20.9.2017 AP Nr. 309 zu § 611 BGB Gratifikation = NZA 2018, 670; 13.4.2011 AP Nr. 287 zu § 242 BGB Gleichbehandlung = NZA 2011, 1047; ebenso BAG 17.3.2010 AP Nr. 211 zu § 242 BGB Gleichbehandlung = NZA 2010, 696 zu Entgelterhöhungen.

[67] BAG 13.4.2011 AP Nr. 287 zu § 242 BGB Gleichbehandlung = NZA 2011, 1047.

[68] BAG 5.8.2009 AP Nr. 208 zu § 242 BGB Gleichbehandlung = NZA 2009, 1135; 1.4.2009 AP Nr. 284 zu § 611 BGB Gratifikation = NZA 2009, 1409; 30.7.2008 AP Nr. 278 zu § 611 BGB Gratifikation = NZA 2008, 1412.

Verstoß gegen § 4 TzBfG → § 43 Rn. 26 ff.).[69] Bei der Gewährung oder Bemessung einer freiwilligen Gratifikation kann dagegen grundsätzlich auch auf das Leistungsverhalten eines AN abgestellt werden.[70]

e) Differenzierung zwischen Arbeitern und Angestellten. Umstr. ist, ob und inwieweit zwischen Arbeitern und Angestellten differenziert werden darf. Das BAG hat darauf abgestellt, welcher Zweck mit der Sonderzahlung verfolgt werde. Solle schlicht eine besondere Honorierung aus Anlass des Weihnachtsfestes erfolgen, sei eine Differenzierung unzulässig.[71] Möglich sei eine Differenzierung jedoch dann, wenn durch die Gratifikation höhere tarifliche Leistungen der anderen Gruppe ausgeglichen werden oder eine stärkere Betriebsbindung erreicht werden solle.[72] Begründet der AG die Begünstigung der Angestellten mit der Absicht, diese stärker an sich zu binden, hat er zugeschnitten auf seinen Betrieb darzulegen, aus welchen Gründen eine stärkere Bindung der Angestellten einem objektiven, wirklichen Bedürfnis entspricht.[73] Weiterhin hat das BAG eine unterschiedlich hohe Sonderzahlung bei Arbeitern und Angestellten für möglich gehalten, wenn die geringere Zahlung an gewerbliche AN wegen erhöhter Krankheitszeiten erfolgte.[74] Diese Entscheidung ist allerdings durch das BVerfG aufgehoben worden.[75] Das BAG hat in einer anderen Entscheidung angenommen, dass die Tarifvertragsparteien des Baugewerbes mit tariflichen Regelungen, die Arbeitern kein anteiliges 13. Monatseinkommen gewähren, wenn sie ihr Arbeitsverhältnis vor dem 30.11. des laufenden Kalenderjahres selbst kündigen, während Angestellten ein solcher tariflicher Anspruch bei einer fristgerechten Eigenkündigung zusteht, nicht gegen den Gleichheitsgrundsatz des Art. 3 I GG verstoßen. Es liege im Gestaltungsspielraum der Tarifvertragsparteien, mit diesen unterschiedlichen Regelungen dem Interesse der AG, Eigenkündigungen von Arbeitern vor dem Stichtag entgegenzuwirken, mehr Bedeutung beizumessen als bei Angestellten.[76] Entsprechendes gilt, wenn durch die Sonderzahlung besonders qualifizierte Angestellte, die auf dem Arbeitsmarkt faktisch nicht zu finden seien, begünstigt werden.[77] 19

8. Freiwilligkeitsvorbehalte. Der AG kann eine Sonderzahlung einmalig gewähren, ohne dadurch eine Rechtspflicht zur Leistung für die Zukunft zu begründen.[78] Dies muss allerdings für den AN hinreichend deutlich werden. Der Freiwilligkeitsvorbehalt muss deshalb klar und verständlich formuliert sein und jeden Rechtsanspruch des AN auf eine Sonderzahlung ausschließen.[79] Die bloße Bezeichnung einer Leistung als „freiwillige Leistung" genügt nicht.[80] Sie berechtigt den AG auch nicht dazu, unabhängig von den Regelungen der jeweiligen Betriebsvereinbarung über die Gewährung der Boni zu entscheiden. Ein derartiger Vorbehalt verstieße gegen die Grundsätze der unmittelbaren und zwingenden Wirkung von Betriebsvereinbarungen.[81] Ein bei der jeweiligen Zahlung erklärter deutlicher Freiwilligkeitsvorbehalt kann das Entstehen eines Rechtsanspruchs auf eine künftige Sonderzahlung wirksam verhindern. Ungeeignet ist hingegen ein vertraglicher Freiwilligkeitsvorbehalt in AGB, der alle zukünftigen Leistungen unabhängig von ihrer Art und ihrem Entstehungsgrund erfasst. Dieser benachteiligt den AN regelmäßig unangemessen iSv § 307 I 1 BGB und ist deshalb unwirksam (Einzelheiten zur AGB-Kontrolle → § 35 Rn. 101 ff.). 20

9. Widerrufsrecht. Die Bezeichnung von Zuwendungen als „freiwillige Sozialleistung" lässt in der Regel nicht den Schluss zu, die entsprechende Zusage des AG stehe unter einem Widerrufsvorbehalt.[82] 21

---

[69] EuGH 9.9.1999 AP Nr. 11 zu Art. 119 EG-Vertrag = NZA 2000, 647.
[70] LAG Hamm 5.11.1997 BB 1998, 428.
[71] BAG 25.1.1984 AP Nr. 68 zu § 242 BGB Gleichbehandlung = NZA 1984, 323.
[72] BAG 30.3.1994 AP Nr. 113 zu § 242 BGB Gleichbehandlung = NZA 1994, 786.
[73] BAG 12.10.2005 AP Nr. 259 zu § 611 BGB Gratifikation = NZA 2005, 1418.
[74] BAG 19.4.1995 AP Nr. 172 zu § 611 BGB Gratifikation = NZA 1996, 133.
[75] BVerfG 1.9.1997 AP Nr. 202 zu § 611 BGB Gratifikation = NZA 1997, 1339.
[76] BAG 18.10.2000 AP Nr. 235 zu § 1 TVG Tarifverträge: Bau.
[77] BAG 19.3.2003 AP Nr. 248 zu § 611 BGB Gratifikation = NZA 2003, 724.
[78] Dazu *Schmiedl* NZA 2006, 1195; *Strick* NZA 2005, 723; mit Recht anders bei laufender Vergütung BAG 25.4.2007 AP Nr. 7 zu § 308 BGB = NZA 2007, 853.
[79] BAG 8.12.2010 AP Nr. 91 zu § 242 BGB Betriebliche Übung = NZA 2011, 628.
[80] BAG 23.8.2017 AP Nr. 308 zu § 611 BGB Gratifikation = NZA 2017, 1595; 20.2.2013 AP Nr. 299 zu § 611 BGB Gratifikation = NZA 2013, 1015.
[81] BAG 24.10.2018 AP Nr. 312 zu § 611 BGB Gratifikation = NZA 2019, 387.
[82] BAG 23.10.2002 AP Nr. 243 zu § 611 BGB Gratifikation = NZA 2003, 557.

III. Höhe der Sonderzahlung

22 Besteht ein Rechtsanspruch auf die Sonderzahlung, richtet sich deren Höhe nach der ausdrücklich oder stillschweigend hierüber **getroffenen Vereinbarung oder der bisherigen Übung.** In der Rechtsgrundlage kann bestimmt werden, ob und in welchem Umfang Zulagen und sonstige Vergütungsbestandteile bei einer an die Arbeitsvergütung anknüpfenden Zahlung zu berücksichtigen sind.[83] Ist eine tarifliche Sonderzuwendung jeweils zur Hälfte im Juni bzw. November auszuzahlen, ist ohne besondere Bestimmung der Tarifvertragsparteien in der Regel vom tariflichen Monatsgrundlohn des jeweiligen Auszahlungsmonats auszugehen.[84] Richtet sich die Höhe der Sonderzahlung nach der Höhe des Monatsverdienstes, ist in die Berechnung der Sonderzahlung bei einem außertariflichen Angestellten das ihm zustehende Monatsgehalt und nicht das höchste Gehalt eines Tarifangestellten einzustellen.[85] Bestimmt sich die Höhe der Leistung nach der Betriebszugehörigkeit, ist die Zeit der Berufsausbildung im Zweifel mitzuzählen.[86] Ob der AG die Höhe der Sonderzahlung verringern kann, wenn er **Verluste erwirtschaftet,** hängt von der Rechtsgrundlage der Sonderzahlung ab. Tarifliche oder vertragliche Ansprüche ohne Widerrufsvorbehalt können im Falle wirtschaftlicher Verluste grundsätzlich nicht einseitig geändert werden, es sei denn, der AG kann vereinbarungsgemäß die Höhe der **Leistung nach billigem Ermessen (§ 315 BGB)** festsetzen. In diesem Fall kann er im Rahmen der Ermessensausübung auch eine schlechte wirtschaftliche Lage berücksichtigen und Leistungen im Verhältnis zum Vorjahr reduzieren (dazu → § 77 Rn. 8 f.). Ist vereinbart, dass eine Sonderzahlung „jeweils jährlich durch den AG bekanntgegeben wird und … derzeit ein volles Monatsgehalt nicht übersteigt", bleibt erkennbar offen, ob die Leistung diese Höhe auch zukünftig erreichen, höher sein oder darunterbleiben wird. Damit kann der AG die Höhe der Zahlung einseitig nach billigem Ermessen festsetzen (§ 315 BGB).[87]

IV. Ausschlusstatbestände

23 **1. Arbeitsunfähigkeit.** Ob der AN Anspruch auf eine Sonderzahlung hat, wenn er längere Zeit arbeitsunfähig ist, richtet sich nach der zugrunde liegenden Vereinbarung. Dem AG steht es grundsätzlich frei, im Einzelnen zu bestimmen, welche Zeiten ohne tatsächliche Arbeitsleistung sich anspruchsmindernd oder anspruchsausschließend auf die Sonderzahlung auswirken sollen, soweit dem gesetzliche Regelungen nicht entgegenstehen. Entsprechendes gilt für tarifvertragliche Regelungen.[88] Auch Zeiten ohne tatsächliche Arbeitsleistung, für die ein gesetzlicher Anspruch auf Fortzahlung des Arbeitsentgelts besteht, können sich gem. § 4a EFZG anspruchsmindernd auf eine freiwillige Sonderzahlung auswirken (→ § 79 Rn. 1 ff.).

24 Ist für den Fall einer **lang andauernden Arbeitsunfähigkeit** der Sonderzahlungsanspruch nicht ausgeschlossen, entsteht er nach Auffassung der Rechtsprechung in voller Höhe.[89] Aus dem Zweck der Sonderzuwendung, die Leistung zusätzlich zu vergüten, könne eine Einschränkung nicht ohne Weiteres abgeleitet werden. Haben die Tarifvertragsparteien lediglich die Teilnahme am Grundwehr- oder Ersatzdienst als Ausschlusstatbestand normiert, erfolgt kein Ausschluss bei Arbeitsunfähigkeit.[90] Haben die Tarifvertragsparteien allein einen Ausschlusstatbestand für unbezahlten Urlaub und unentschuldigtes Fehlen geschaffen, wirkt sich eine lang andauernde Arbeitsunfähigkeit gleichfalls nicht auf den Sonderzahlungsanspruch aus.[91] Sieht ein Tarifvertrag eine Kürzung für Zeiten des Ruhens des Arbeitsverhältnisses vor, werden hiervon Zeiten lang andauernder Erkrankung nicht erfasst.[92] Wird die Leistung für die Dauer des Krankengeldbezugs ausge-

[83] BAG 21.12.1994 AP Nr. 183 zu § 1 TVG Tarifverträge: Bau = NZA 1995, 1005.
[84] BAG 10.7.1996 AP Nr. 4 zu § 1 TVG Tarifverträge: Verkehrsgewerbe = NZA 1997, 552.
[85] BAG 28.3.2007 NZA-RR 2007, 587.
[86] BAG 5.11.1980 AP Nr. 126 zu § 1 TVG Auslegung.
[87] BAG 23.8.2017 AP Nr. 308 zu § 611 BGB Gratifikation = NZA 2017, 1595.
[88] Vgl. BAG 25.4.2007 NZA-RR 2007, 474; 31.7.2002 AP Nr. 3 zu § 1 TVG Tarifverträge: Wohnungswirtschaft.
[89] BAG 5.8.1992 AP Nr. 143 zu § 611 BGB Gratifikation = NZA 1993, 130 unter Aufgabe der älteren Rspr.; BAG 24.3.1993 AP Nr. 152 zu § 611 BGB Gratifikation; 8.12.1993 AP Nr. 159 zu § 611 BGB Gratifikation = NZA 1994, 421; 22.5.1995 AP Nr. 123 zu § 1 TVG Tarifverträge: Metallindustrie = NZA 1995, 951; 11.10.1995 AP Nr. 133 zu § 1 TVG Tarifverträge: Metallindustrie = NZA 1996, 542; 15.3.2000 – 10 AZR 115/99.
[90] BAG 2.9.1992 – 10 AZR 596/90; vgl. ArbG Neumünster 19.8.1993 BB 1994, 360.
[91] BAG 23.6.1993 – 10 AZR 177/92.
[92] BAG 25.9.2013 NZA 2014, 52.

schlossen, ist davon auch der Bezug von Verletztengeld erfasst.[93] Ist tarifvertraglich bestimmt, dass sich der Anspruch auf eine tarifliche Sonderzahlung um ein Zwölftel für jeden Kalendermonat ermäßigt, in dem der AN keinen Anspruch auf Entgelt oder Entgeltfortzahlung im Krankheitsfall hat, verliert der AN seinen Anspruch auf die Sonderzahlung grundsätzlich nicht für die Zeit, für die er einen tariflichen Krankengeldzuschuss verlangen kann.[94] Dagegen besteht kein Zahlungsanspruch, wenn die Leistung aus dem Durchschnittsverdienst mehrerer Monate berechnet werden soll, in denen der AN keinen Verdienst erzielt hat.[95] Meldet sich ein AN bei langjähriger und auf nicht absehbare Zeit fortbestehender Arbeitsunfähigkeit nach Aussteuerung durch die Krankenkasse arbeitslos und verzichtet der AG gegenüber der Agentur für Arbeit auf das Direktionsrecht aus dem Arbeitsverhältnis, werden die zwischen AN und AG bestehenden Bindungen so gelockert, dass das Arbeitsverhältnis aufgrund langjähriger Erkrankung nur noch formaler Natur ist. Ein Anspruch auf tarifliche Sonderzuwendungen besteht dann nicht.[96]

Wird ein 13. Monatsgehalt als **arbeitsleistungsbezogene Sonderzahlung** vereinbart, entsteht für Zeiten, in denen bei Arbeitsunfähigkeit infolge Krankheit kein Entgeltfortzahlungsanspruch mehr besteht, auch kein anteiliger Anspruch auf das 13. Monatsgehalt. Arbeitsleistungsbezogene Sonderzahlungen ohne tatsächliche Arbeitsleistung sind nur dann fortzuzahlen, wenn aufgrund gesetzlicher, tarifvertraglicher oder arbeitsvertraglicher Regelungen Entgeltfortzahlung zu leisten ist. Damit entfällt nach dem Ende des Anspruchs auf Entgeltfortzahlung bei Arbeitsunfähigkeit infolge Krankheit gem. § 3 I EFZG regelmäßig auch ein Anspruch auf arbeitsleistungsbezogene Sonderzahlungen, weil für die weitere Dauer der Arbeitsunfähigkeit keine Arbeitsleistungs- und Vergütungspflichten mehr bestehen.[97] Einer gesonderten Kürzungsvereinbarung bedarf es in diesem Falle nicht.[98] 25

2. Mutterschutz. Die rechtliche Behandlung mutterschutzrechtlicher Beschäftigungsverbote beim Bezug von Jahressonderzahlungen ist uneinheitlich erfolgt. Während das BAG in seiner älteren Rechtsprechung angenommen hat, Fehlzeiten aufgrund der Mutterschutzfristen des § 3 MuSchG seien für die Zahlung einer tariflichen Jahresleistungsprämie der tatsächlichen Arbeitsleistung gleichzusetzen,[99] entschied der Zehnte Senat am 12.7.1995 unter Aufgabe seiner früheren Rechtsprechung, die Zeiten der Beschäftigungsverbote nach §§ 3 und 6 MuSchG aF (= § 3 MuSchG) seien nicht als Zeiten tatsächlicher Arbeitsleistung zu behandeln.[100] Gegen diese Rechtsprechung wird zu Recht eingewandt, sie verstoße gegen das Diskriminierungsverbot des Art. 157 AEUV.[101] Dementsprechend hat der Neunte Senat entschieden, eine Tarifregelung, nach der der Anspruch auf das „Urlaubsgeld" entfällt, wenn eine werdende Mutter sich vor der Geburt entscheide, die Schutzfrist nach § 3 I MuSchG in Anspruch zu nehmen, anstatt weiter zu arbeiten, verstoße gegen die in Art. 6 IV GG festgelegte Schutzpflicht. Der Verstoß habe zur Folge, dass der Anspruch auf die tarifliche Jahressonderleistung „Urlaubsgeld" auch bei Inanspruchnahme der Schutzfrist erhalten bleibe.[102] Ist der Anspruch auf eine Sonderzahlung jedoch nach der zugrunde liegenden Regelung davon abhängig, dass der AN im Berechnungszeitraum eine bestimmte Anzahl an Tagen **tatsächlich gearbeitet** hat, ist nach der Rechtsprechung des BAG die Zeit der Beschäftigungsverbote während der Mutterschutzfristen nicht als Zeit einer tatsächlichen Arbeitsleistung zu berücksichtigen, wenn die AN während der Elternzeit schwanger wird. Insoweit sei zu beachten, dass der Begriff der „Beschäftigung" grundsätzlich nicht gleichbedeutend mit dem Begriff der „Tätigkeit" sei. Während der Begriff der Beschäftigung auf den rechtlichen Bestand des Arbeitsverhältnisses in seiner vertraglichen Ausformung abstelle, wobei Zeiten von Nichtarbeit, wie Krankheit oder Urlaub und Elternzeit eingeschlossen seien, meine der 26

[93] BAG 25.4.2007 NZA-RR 2007, 474.
[94] BAG 26.9.2012 ZTR 2012, 713.
[95] BAG 5.8.1992 AP Nr. 144 zu § 611 BGB Gratifikation = NZA 1993, 143; vgl. auch BAG 24.3.1993 AP Nr. 155 zu § 611 BGB Gratifikation = NZA 1993, 1042; 27.7.1994 – 10 AZR 314/93.
[96] BAG 10.4.1996 AP Nr. 3 zu § 1 TVG Tarifverträge: Bergbau = NZA 1997, 498; 11.2.1998 BB 1998, 2367; 27.1.1999 – 10 AZR 3/98; s. dazu auch BAG 15.3.2000 – 10 AZR 115/99.
[97] BAG 21.3.2001 AP Nr. 1 zu § 4b EntgeltFG = NZA 2001, 785; 25.11.1998 AP Nr. 212 zu § 611 BGB Gratifikation.
[98] BAG 21.3.2001 AP Nr. 1 zu § 4b EntgeltFG = NZA 2001, 785; LAG BW 30.6.2020 NZA-RR 2020, 627.
[99] BAG 12.5.1993 AP Nr. 156 zu § 611 BGB Gratifikation = NZA 1993, 1002; 12.5.1993 – 10 AZR 552/91.
[100] BAG 12.7.1995 AP Nr. 182 zu § 611 BGB Gratifikation = NZA 1995, 1165.
[101] Vgl. ErfK/*Preis* BGB § 611a Rn. 545.
[102] BAG 20.8.2002 AP Nr. 10 zu Art. 6 Abs. 4 GG Mutterschutz = NZA 2003, 333.

Begriff der Tätigkeit nur diejenigen Zeiten, in denen das Arbeitsverhältnis bestehe und nicht ruhe.[103]

27 Ein Anspruch auf ein **13. Monatsgehalt,** das als Teil der im Austauschverhältnis zur Arbeitsleistung stehenden Vergütung vereinbart ist, besteht dagegen auch nach Auffassung des BAG für die Zeiten, in denen allein aufgrund der Beschäftigungsverbote nach § 3 MuSchG keine Arbeitsleistung erbracht wird.[104] Denn die Vergütungspflicht des AG wird während dieser Zeiten trotz fehlender Arbeitsleistung nicht in vollem Umfange aufgehoben. Der AG bleibt vielmehr nach Maßgabe des § 20 MuSchG zur Zahlung eines Zuschusses zum Mutterschaftsgeld verpflichtet.[105] Dies rechtfertigt den Schluss, dass sich die Zeiten der Beschäftigungsverbote nach § 3 MuSchG nicht anspruchsmindernd auf ein 13. Monatsgehalt auswirken, das als arbeitsleistungsbezogene Sonderzahlung vereinbart ist.[106] Dem entspricht auch die Rechtsprechung des EuGH. Danach untersagt Art. 157 AEUV Regelungen, die AN vollständig von der Gewährung einer freiwillig als Sonderzuwendung zu Weihnachten gezahlten Gratifikation ausschließen, ohne im Jahr der Gewährung der Gratifikation geleistete Arbeit oder Mutterschutzzeiten (Beschäftigungsverbote) zu berücksichtigen, wenn diese Leistung eine Vergütung für in diesem Jahr geleistete Arbeit sein soll.[107]

28 **3. Elternzeit.** Der Anspruch auf eine Sonderzahlung entfällt nach der Rechtsprechung des BAG, wenn nach der maßgeblichen Vereinbarung Ruhenszeiten den Anspruch ausschließen und sich der AN während des ganzen Bezugszeitraums in Elternzeit befindet. Ist nach der vertraglichen Vereinbarung nur die rechtliche Beendigung des Arbeitsverhältnisses bis zu einem bestimmten Datum für die Sonderzahlung schädlich, steht dem dagegen ein Ruhen wegen Elternzeit nicht gleich. Es gibt kein allgemeines Rechtsprinzip, dass der Anspruch entfällt, wenn der AN während des Bezugszeitraums überhaupt keine oder keine nennenswerte Arbeitsleistung erbracht hat.[108] Nach bisheriger Auffassung verbieten weder der arbeitsrechtliche Gleichbehandlungsgrundsatz noch das unionsrechtliche Entgeltgleichheitsgebot für Männer und Frauen (Art. 157 AEUV), von der Gewährung einer Weihnachtsgratifikation AN auszunehmen, deren Arbeitsverhältnisse wegen Elternzeit ruhen.[109] Übt eine Angestellte des öffentlichen Dienstes während der Elternzeit bei demselben AG eine zulässige Teilzeittätigkeit mit entsprechend verringerter Arbeitsvergütung aus, behält sie den Anspruch auf eine Zuwendung nach dem ZuwendungsTV, der entsprechend ihrem vor Antritt der Elternzeit erzielten Verdienst zu errechnen ist.[110]

29 Ob an dieser Rechtsprechung festgehalten werden kann, ist nach dem **Urteil des EuGH vom 22.10.2009 fraglich** geworden.[111] Der Fall betrifft zwar nicht unmittelbar Fragen der Sonderzahlung, sondern die Bemessung der Abfindungshöhe bei einer Kündigung während der Elternzeit nach belgischem Recht. Der EuGH befasst sich jedoch eingehend mit dem Zielen der Richtlinie 96/34/EG vom 3.6.1996 und der darin umgesetzten Rahmenvereinbarung über Elternurlaub. Danach ergibt sich aus den Zielen der Rahmenvereinbarung, dass diese alle unmittelbar oder mittelbar aus dem Arbeitsverhältnis abgeleiteten Rechte und Vorteile hinsichtlich Bar- oder Sachleistungen erfasst, auf die der AN bei Antritt des Elternurlaubs einen Anspruch gegenüber dem AG hat. Eine nationale Regelung, die im Fall eines Elternurlaubs zu einer Herabsetzung der sich aus dem Arbeitsverhältnis ergebenden Rechte führte, könnte den AN davon abhalten, Elternurlaub zu nehmen, was dem Zweck der Rahmenvereinbarung unmittelbar zuwiderliefe, zu deren Zielen eine bessere Vereinbarkeit von Familienleben und Berufsleben gehöre. Da Kürzungsmöglichkeiten bei einer Sonderzahlung den AN davon abhalten können, Elternzeit in Anspruch zu nehmen, ist zweifelhaft, ob Sonderzahlungen, die nicht (auch) die erbrachte Arbeitsleistung honorieren, sondern nur

[103] BAG 4.12.2002 AP Nr. 245 zu § 611 BGB Gratifikation.
[104] BAG 25.11.1998 AP Nr. 212 zu § 611 BGB Gratifikation = NZA 1999, 766.
[105] BAG 24.2.1999 AP Nr. 213 zu § 611 BGB Gratifikation = NZA 1999, 772.
[106] BAG 2.8.2006 AP Nr. 72 zu § 612 BGB = NZA 2006, 1411.
[107] EuGH 21.10.1999 AP Nr. 14 zu Art. 119 EG-Vertrag = NZA 1999, 1325; BAG 10.12.2008 AP Nr. 281 zu § 611 BGB Gratifikation = NZA 2009, 258.
[108] BAG 10.12.2008 AP Nr. 281 zu § 611 BGB Gratifikation = NZA 2009, 258.
[109] EuGH 21.10.1999 AP Nr. 14 zu Art. 119 EG-Vertrag sowie im Anschluss daran BAG 12.1.2000 AP Nr. 223 zu § 611 BGB Gratifikation = NZA 2000, 944; 21.5.2008 AP Nr. 1 zu § 15 BEEG = NZA 2008, 955.
[110] BAG 12.1.2000 AP Nr. 23 zu §§ 22, 23 BAT ZuwendungsTV; 12.2.2003 AP Nr. 37 zu § 15 BErzGG.
[111] EuGH 22.10.2009 AP Nr. 2 zu Richtlinie 96/34/EG = NZA 2010, 29 – Meerts.

einen Anreiz zur künftigen Betriebstreue bieten, im Fall der Elternzeit Kürzungstatbestände enthalten können.[112]

30 **4. Pflege kranker Kinder.** Eine tarifliche Regelung, nach der in den Fällen des Ausscheidens, der Neueinstellung, des Ruhens des Arbeitsverhältnisses, des unbezahlten Sonderurlaubs und des Krankengeldbezugs ein anteiliger Anspruch auf 1/12 der Sonderzahlungen (13. und 14. Monatsgehalt) für jeden vollen Monat im Kalenderjahr, in dem die AN gearbeitet haben, entsteht, ist dahingehend auszulegen, dass nicht schon der Bezug von Krankengeld gem. § 45 SGB V für einen Arbeitstag wegen der Pflege eines erkrankten Kindes den AG zur Kürzung der vollen Sonderzahlungen berechtigt. Eine andere Auslegung wäre gemessen an Art. 6 II GG verfassungsrechtlich bedenklich.[113]

31 **5. Wehr- und Zivildienst.** Das BAG hat anerkannt, dass die Ableistung des Grundwehrdienstes zur Kürzung führen kann.[114] Es verstößt jedoch weder gegen § 6 ArbPlSchG noch gegen den arbeitsrechtlichen Gleichbehandlungsgrundsatz, wenn die tarifliche Sonderzuwendung für AN, die als Soldat auf Zeit gedient haben, für die Monate der Dienstzeit gekürzt wird, für AN, die Grundwehrdienst leisten, jedoch nicht.[115] Mit der Aussetzung der Pflichtdienste durch die Neufassung des Wehrpflichtgesetzes hat diese Unterscheidung an Bedeutung verloren.

32 **6. Kurzarbeit.** Ein Anspruch auf Sonderzahlungen kann entfallen, wenn sich ein AN in Kurzarbeit befindet.[116] Im Falle von Kurzarbeit kann im Tarifvertrag eine Kürzung im Verhältnis zur erbrachten Arbeitsleistung vorgesehen werden.[117]

33 **7. Teilzeitarbeitsverhältnis.** Wird ein Vollzeitarbeitsverhältnis in ein Teilzeitarbeitsverhältnis geändert, bestimmt sich die Höhe der Gratifikation nach dem für die Bemessung maßgeblichen Stichtag.[118] Im Teilzeitarbeitsverhältnis ist nur eine zeitanteilige Kürzung der Gratifikation möglich. Eine tarifliche Regelung, die eine Kürzung des Weihnachtsgelds um 500 EUR einheitlich für Voll- und Teilzeitbeschäftigte vorsieht, führt daher zu einer Benachteiligung der Teilzeitbeschäftigten iSd § 4 I TzBfG, wenn der auf diese Weise errechnete Betrag unter der Summe liegt, die dem Anteil der Teilzeitarbeit im Verhältnis zur Vollzeitarbeit entspricht. Der Verstoß gegen das Benachteiligungsverbot führt zur Unwirksamkeit dieser tariflichen Berechnungsweise und damit zur Wiederherstellung der tariflichen Grundregelung, wonach Teilzeitbeschäftigte einen Anspruch auf ein Weihnachtsgeld haben, das sich nach dem Verhältnis ihrer vertraglichen Arbeitszeit zur tariflichen Arbeitszeit eines entsprechenden Vollzeitbeschäftigten bemisst.[119]

34 **8. Bestehen des Arbeitsverhältnisses zu einem Stichtag. a) Grundsatz.** Die Frage, ob Sonderzahlungen vom Bestand des Arbeitsverhältnisses zu einem bestimmten Zeitpunkt abhängig gemacht werden können, ist differenziert zu beantworten. Zu unterscheiden ist zwischen Sonderzahlungen, die (auch) Entgelt für die geleistete Arbeit darstellen (dazu auch → § 77 Rn. 5 f.), und solchen, die reinen Gratifikationscharakter haben. Sonderzahlungen können an den (ungekündigten) Bestand des Arbeitsverhältnisses in einem bestimmten Zeitraum oder zu einem näher bezeichneten Zeitpunkt anknüpfen, wenn sie nicht der Vergütung erbrachter Arbeitsleistungen dienen, sondern der AG hiermit ausschließlich weitere Zwecke verfolgt (dazu → Rn. 2).[120]

35 **b) Tarifliche Regelungen.** Sieht ein Tarifvertrag – wie § 20 TV-L – die Zahlung einer Sonderzahlung vor, die sowohl eine Gegenleistung für die erbrachte Arbeitsleistung darstellt als auch der Honorierung von Betriebstreue dient (Leistung mit Mischcharakter, dazu → § 77 Rn. 6), können die Tarifvertragsparteien diese Zahlung vom Bestand des Arbeitsverhältnisses an

---

[112] Vgl. *Lingemann* NJW 2010, 1585.
[113] BAG 31.7.2002 AP Nr. 3 zu § 1 TVG Tarifverträge: Wohnungswirtschaft.
[114] Vgl. BAG 8.11.1962 AP Nr. 1 zu § 6 ArbPlatzSchutzG; 28.8.1985 – 5 AZR 625/84.
[115] BAG 24.1.1996 AP Nr. 7 zu § 6 ArbPlatzSchutzG.
[116] BAG 19.4.1995 BB 1995, 2116; 10.5.1995 AP Nr. 171 zu § 611 BGB Gratifikation = NZA 1995, 1106.
[117] BAG 9.10.1979 AP Nr. 105 zu § 611 BGB Gratifikation.
[118] BAG 18.8.1999 AP Nr. 22 zu §§ 22, 23 BAT ZuwendungsTV = NZA 2000, 148; 31.10.1975 AP Nr. 87 zu § 611 BGB Gratifikation.
[119] Vgl. BAG 24.5.2000 AP Nr. 79 zu § 2 BeschFG 1985 = NZA 2001, 216.
[120] BAG 13.11.2013 AP Nr. 303 zu § 611 BGB Gratifikation = NZA 2014, 368; 18.1.2012 AP Nr. 292 zu § 611 BGB Gratifikation = NZA 2012, 561; dazu *Baeck/Winzer* NZG 2012, 657; *Beitz* SAE 2013, 17; *Heins/Leder* NZA 2014, 520; *Mestwerdt* ArbRB 2012, 547; *Preis/Lukes* Anm. zu BAG AP Nr. 303 zu § 611 BGB Gratifikation; *Reinecke* BB 2013, 437; *Roggel/Neumann* BB 2014, 1909.

einem bestimmten Stichtag im Bezugszeitraum abhängig machen.[121] Stichtagsregelungen sind „Typisierungen in der Zeit". Sie sind Ausdruck einer pauschalisierenden Betrachtung und aus Gründen der Praktikabilität – ungeachtet damit eventuell verbundener Härten im Einzelfall – zur Abgrenzung der begünstigten Personenkreise sachlich gerechtfertigt, wenn sich die Wahl des Stichtags am gegebenen Sachverhalt orientiert. Hiernach kann ein Tarifvertrag AN vom Anspruch auf eine Sonderzahlung ausnehmen, die bis zum 31.12. des jeweiligen Jahres eine Eigenkündigung ihres Arbeitsverhältnisses erklärt haben.[122] Ihr Gestaltungsspielraum ist dabei sowohl gegenüber den Betriebsparteien[123] als auch gegenüber den einseitigen Gestaltungsmöglichkeiten des AG in AGB[124] erweitert (§ 310 IV BGB). Insbesondere bedarf es keiner Ausnahme für die AN, die nicht auf eigene Veranlassung, sondern aus anderen Gründen vor dem Stichtag aus dem Arbeitsverhältnis ausscheiden. Vielmehr ist es noch gerechtfertigt, wenn die Tarifregelung insoweit nicht differenziert, sondern pauschaliert.[125]

36 **c) Kündigung des Arbeitsverhältnisses.** Eine in AGB vereinbarte Weihnachtsgratifikation, die an den Bestand des Arbeitsverhältnisses anknüpft und nicht der Vergütung geleisteter Arbeit dient (dazu → Rn. 2), kann nach bisheriger Rechtsprechung vom ungekündigten Bestehen des Arbeitsverhältnisses zum Auszahlungszeitpunkt abhängig gemacht werden, ohne dass danach differenziert werden muss, wer die Kündigung ausgesprochen hat und ob sie auf Gründen beruht, die in der Sphäre des AG oder des AN liegen. Hierin liegt grundsätzlich keine unangemessene Benachteiligung des AN iSv § 307 I 1 BGB.[126] Der Anspruch entfällt dann insgesamt, wenn der AN vor Fälligkeit oder vor dem Stichtag ausscheidet.[127] Auch wenn der AN – wie bei einer betriebsbedingten Kündigung – die Beendigung des Arbeitsverhältnisses nicht zu vertreten hat, ist der Ausschluss von einer nicht vergütungsorientierten Gratifikation zulässig. Der alleinige Leistungszweck, künftige Betriebstreue zu belohnen und den AN zu reger und engagierter Mitarbeit zu motivieren, kann bei bereits ausgeschiedenen oder alsbald ausscheidenden AN nicht erreicht werden.[128] Sieht eine Sonderzuwendungsregelung eine höhere Zahlung für solche AN vor, die „von betriebsbedingten Kündigungen betroffen" sind, schließt dies allerdings nicht solche AN ein, die aufgrund eines betriebsbedingt veranlassten dreiseitigen Aufhebungsvertrags in eine Transfergesellschaft wechseln.[129] Besteht nach den tarifvertraglichen Regelungen ein Anspruch auf eine anteilige Jahressonderzahlung auch dann, wenn das Arbeitsverhältnis aufgrund betriebsbedingter Kündigung in der zweiten Kalenderjahreshälfte endet, kann diese Regelung dahingehend ausgelegt werden, dass ein Anspruch gleichfalls besteht, wenn die betriebsbedingte Kündigung erst im Folgejahr zu einer Beendigung des Arbeitsverhältnisses führt.[130] Die Arbeitsvertragsparteien können die Anspruchsvoraussetzungen einer nicht vergütungsorientierten Sonderzahlung (dazu → Rn. 2) aber auch so gestalten, dass nicht jede Beendigung des Arbeitsverhältnisses vor Ablauf der Bindungsfrist den Anspruch auf die Sonderzahlung hindert, sondern nur Gründe, die im Verantwortungsbereich des AN liegen. Demzufolge können AN, die vom AG aus personen- oder verhaltensbedingten Gründen gekündigt wurden[131] oder die selbst gekündigt haben,[132] von Sonderzahlungen ausgeschlossen werden. Ist bestimmt, dass der AN die Sonderzahlung ohne Entgeltcharakter nur dann nicht beanspruchen kann, wenn er selbst gekündigt oder eine Kündigung des AG veranlasst hat, schließt eine betriebsbedingte Kündigung oder der Ablauf eines befristeten Arbeitsvertrags den Anspruch auf die Sonderzahlung nicht aus.[133]

---

[121] BAG 13.11.2013 AP Nr. 303 zu § 611 BGB Gratifikation = NZA 2014, 368; 12.12.2012 AP Nr. 3 zu § 20 TVöD = NZA 2013, 577.
[122] BAG 3.7.2019 AP Nr. 317 zu § 611 BGB Gratifikation = NZA 2019, 1440.
[123] BAG 7.6.2011 AP Nr. 55 zu § 77 BetrVG 1972 Betriebsvereinbarung = NZA 2011, 1234; 12.4.2011 AP Nr. 57 zu § 75 BetrVG 1972 = NZA 2011, 989.
[124] BAG 18.1.2012 AP Nr. 292 zu § 611 BGB Gratifikation = NZA 2012, 561.
[125] BAG 12.12.2012 AP Nr. 3 zu § 20 TVöD = NZA 2013, 577.
[126] BAG 18.1.2012 AP Nr. 59 zu § 307 BGB = NZA 2012, 620.
[127] Vgl. zu den Beendigungsgründen BAG 4.5.1999 AP Nr. 214 zu § 611 BGB Gratifikation = NZA 1999, 1053; 8.3.1995 AP Nr. 184 zu § 611 BGB Gratifikation = NZA 1996, 418; 19.3.1994 AP Nr. 161 zu § 611 BGB Gratifikation = NZA 1994, 651.
[128] BAG 18.1.2012 AP Nr. 59 zu § 307 BGB = NZA 2012, 620.
[129] Vgl. dazu BAG 24.10.2007 NZA 2008, 131.
[130] Vgl. hierzu ohne die Differenzierung nach dem Entgeltcharakter BAG 14.11.2001 AP Nr. 235 zu § 611 BGB Gratifikation = NZA 2002, 337.
[131] Vgl. hierzu ohne die Differenzierung nach dem Entgeltcharakter BAG 29.3.1965 AP Nr. 52 zu § 611 BGB Gratifikation.
[132] Vgl. hierzu ohne die Differenzierung nach dem Entgeltcharakter BAG 10.1.1991 AP Nr. 136 zu § 611 BGB Gratifikation = NZA 1991, 689.
[133] Vgl. hierzu ohne die Differenzierung nach dem Entgeltcharakter BAG 28.3.2007 AP Nr. 265 zu § 611 BGB Gratifikation = NZA 2007, 687.

37 **d) Stichtagsregelungen.** Der AG kann bei Gewährung einer Sonderzahlung ohne Entgeltcharakter AN, die im Laufe des Bezugsjahres ausgeschieden sind, von der Leistung ausnehmen. Anderes ist jedoch nach älterer Auffassung des BAG zu entscheiden, wenn eine in AGB enthaltene Stichtagsregelung bestimmt, dass die Gratifikation für das zurückliegende Jahr bei einem am 1.4. des Auszahlungsjahres gekündigten Arbeitsverhältnis entfällt. Eine solche Klausel benachteilige den AN unangemessen iSv § 307 I 1 BGB, weil sie nicht unterscheide zwischen Zahlungen, die überhaupt keine Bindung des AN rechtfertigen, und Zahlungen, die eine Bindung des AN bis zum 31.3. des Folgejahres oder darüber hinaus rechtfertigen könnten.[134] Insoweit sei es naheliegend, auch auf Stichtagsregelungen die zu Rückzahlungsklauseln entwickelten Grundsätze heranzuziehen. Das BAG hat dies allerdings bislang ausdrücklich offengelassen.[135] Sieht ein Tarifvertrag einen Anspruch auf Sonderzahlungen ohne Entgeltcharakter für AN vor, die jeweils **am Auszahlungstag in einem Arbeitsverhältnis** stehen, und legt er zugleich fest, dass als Auszahlungstag in diesem Sinne der 1.12. gilt, handelt es sich um eine Stichtagsregelung. Bestimmt der Tarifvertrag ferner, dass es dem AG in diesem Fall unbenommen ist, die Erfüllung der Zahlung vorher zu bewirken, begründet eine betriebsübliche Leistung der Sonderzahlung im November in der Regel keine abweichende Regelung des maßgeblichen Stichtags. Im Fall einer Kündigung des Arbeitsverhältnisses zum 30.11. besteht für das Jahr des Ausscheidens deshalb in der Regel kein Anspruch auf Sonderzahlung.[136] Sollen nur solche AN eine Gratifikation erhalten, deren Arbeitsverhältnis an einem bestimmten Stichtag ungekündigt ist, kann eine treuwidrige Vereitelung dieses Anspruchs iSv § 162 BGB angenommen werden, wenn der AG die Kündigung allein deshalb unter Überschreiten der tariflichen bzw. gesetzlichen Mindestfristen für die ordentliche Kündigung vorfristig ausgesprochen hat, um den Zuwendungsanspruch des AN auszuschließen. Das ist jedoch nicht der Fall, wenn die Kündigung im Rahmen einer Massenentlassung zur Durchführung einer betriebsverfassungsrechtlich durch Abschluss eines Interessenausgleichs umgesetzten unternehmerischen Entscheidung erklärt wird.[137]

38 **e) Aufhebungsvertrag.** Macht eine tarifliche Regelung den Anspruch auf eine Gratifikation (dazu → Rn. 2) davon abhängig, dass das Arbeitsverhältnis an einem Stichtag ungekündigt ist, steht ein vor dem Stichtag abgeschlossener Aufhebungsvertrag einer Kündigung des Arbeitsverhältnisses nicht gleich.[138]

39 **f) Befristung.** AN, die mit einem befristeten Arbeitsvertrag beschäftigt sind, der vor dem für eine Jahressonderzahlung maßgebenden Stichtag endet, haben einen zeitanteiligen Anspruch auf die Sonderzahlung, wenn diese reinen Entgeltcharakter hat.[139] Macht eine tarifvertragliche Regelung den Anspruch auf eine Jahressonderzuwendung davon abhängig, dass das Arbeitsverhältnis am Stichtag „ungekündigt" ist, steht eine Befristung des Arbeitsverhältnisses einer Kündigung nicht gleich.[140] Dies soll auch dann gelten, wenn der AN ein Angebot des AG zur Fortsetzung des Arbeitsverhältnisses nicht angenommen hat.[141] Es handele sich um unterschiedliche Beendigungstatbestände. Eine Kündigung sei eine einseitig gestaltende Willenserklärung, die zur Beendigung des Arbeitsverhältnisses führe. Der Ablauf einer Befristung beruhe dagegen auf einer von Anfang an bestehenden vertraglichen Übereinkunft.[142] Dem kann für in AGB vereinbarte Sonderzahlungen nur mit der Maßgabe gefolgt werden, dass die Leistung ausschließlich künftige Betriebstreue entlohnen will und keinen Mischcharakter hat. Ist Anspruchsvoraussetzung, dass das Arbeitsverhältnis über das Jahresende hinaus ungekündigt fortbesteht, hat ein AN, der vorher aufgrund einer Befristung des Arbeitsverhältnisses ausscheidet, keinen Anspruch auf die Gratifikation. Er wird dabei nicht wegen der Befristung benachteiligt (§ 4 II TzBfG), weil auch AN, die gekündigt vor dem Jahresende ausscheiden, keine Leistung erhalten.[143]

40 **9. Streik.** Beteiligt sich ein AN an einem rechtmäßigen Streik, führt dies zum Ruhen des Arbeitsverhältnisses. Er verliert für diesen Zeitraum seinen Anspruch auf Arbeitsentgelt.[144] Der AG kann zusätzlich berechtigt sein, tarifliche Sonderleistungen anteilig zu mindern. Ob dem

---

[134] BAG 24.10.2007 AP Nr. 32 zu § 307 BGB = NZA 2008, 40.
[135] BAG 24.10.2007 AP Nr. 32 zu § 307 BGB = NZA 2008, 40.
[136] Vgl. BAG 13.5.2004 AP Nr. 256 zu § 611 BGB Gratifikation.
[137] BAG 4.5.1999 AP Nr. 214 zu § 611 BGB Gratifikation = NZA 1999, 1053.
[138] BAG 7.10.1992 AP Nr. 146 zu § 611 BGB Gratifikation = NZA 1993, 948.
[139] MüKoBGB/*Müller-Glöge* TzBfG § 4 Rn. 49.
[140] BAG 14.12.1993 AP Nr. 160 zu § 611 BGB Gratifikation = NZA 1994, 463.
[141] BAG 4.12.2002 AP Nr. 17 zu § 1 TVG Tarifverträge: Großhandel = NZA 2003, 1296.
[142] BAG 28.3.2007 AP Nr. 265 zu § 611 BGB Gratifikation = NZA 2007, 687.
[143] Vgl. BAG 23.5.2007 AP Nr. 24 zu § 1 TVG Tarifverträge: Großhandel.
[144] BAG 17.7.2012 NZA 2012, 1432.

AG eine Minderungsbefugnis zusteht, richtet sich nach den tariflichen Anspruchsvoraussetzungen und Ausschlusstatbeständen. Eine Maßregelungsklausel, nach der das Arbeitsverhältnis „durch die Arbeitskampfmaßnahme als nicht ruhend" gilt, steht der Minderung einer tariflichen Jahresleistung entgegen, deren Höhe „für Zeiten unbezahlter Arbeitsbefreiung" gekürzt wird.[145] Eine Sonderzahlung (Prämie), mit der ein bestreikter AG die zum Arbeitskampf aufgerufenen AN von der Beteiligung am Streik abzuhalten und seinen Betrieb aufrechtzuerhalten sucht, ist kein generell unzulässiges Kampfmittel.[146]

41 **10. Insolvenz.** Der Anspruch auf eine Sonderzahlung wird durch Eröffnung des Insolvenzverfahrens über das Vermögen des AG nicht beseitigt.[147] Es kann allerdings ein Grund für eine Änderungskündigung der vertraglich vereinbarten Sonderzahlung vorliegen, wenn hierdurch Arbeitsplätze erhalten werden und auch die übrigen Gläubiger zur Sanierung beitragen. Für die insolvenzrechtliche Einordnung in Masseverbindlichkeiten und Insolvenzforderungen (→ § 92 Rn. 2 ff.) ist nach dem **Zweck der Sonderzahlung** zu unterscheiden: Soweit mit einer Sonderzuwendung die vom AN im Bezugszeitraum erbrachte **Arbeitsleistung zusätzlich vergütet** wird, entsteht der Anspruch regelmäßig während des Bezugszeitraums entsprechend der zurückgelegten Dauer *(„pro rata temporis")* und wird nur zu einem anderen Zeitpunkt insgesamt fällig.[148] Insolvenzrechtlich sind solche arbeitsleistungsbezogenen Sonderzuwendungen deshalb dem Zeitraum zuzuordnen, für den sie als Gegenleistung geschuldet sind.[149] Werden mit ihnen Arbeitsleistungen vergütet, die nach der Eröffnung des Insolvenzverfahrens erbracht wurden, handelt es sich um Masseforderungen. Soweit durch sie vor Verfahrenseröffnung erbrachte Arbeitsleistungen honoriert werden, liegen Insolvenzforderungen vor.[150] Das gilt auch für Schadensersatzansprüche, die darauf gestützt werden, dass der AG seiner Verpflichtung zum Abschluss einer Zielvereinbarung nicht nachgekommen ist.[151] Nach der Rechtsprechung des BAG ist dagegen anders zu entscheiden, wenn Sonderzuwendungen als „Treueprämie" langfristige oder als „Halteprämie" kurzfristige bzw. künftige Betriebstreue honorieren oder den Zweck verfolgen, sich an den zum Weihnachtsfest typischerweise erhöhten Aufwendungen seiner AN zu beteiligen.[152] Die Zahlung solcher Sonderzuwendungen hängt dann nicht von einer bestimmten Arbeitsleistung, sondern regelmäßig nur vom Bestand des Arbeitsverhältnisses ab.[153] Insolvenzrechtlich sind derartige stichtags- oder anlassbezogene Sonderzuwendungen dem Zeitraum zuzurechnen, in den der Stichtag fällt. Liegt der Stichtag zeitlich nach Eröffnung des Insolvenzverfahrens, handelt es sich um eine Masseverbindlichkeit; im anderen Fall ist eine solche Zahlung in voller Höhe als Insolvenzforderung anzusehen.[154] Das gilt ebenso für **Halteprämien,** die der Schuldner dem AN dafür zugesagt hat, dass dieser bis zu einem bestimmten Stichtag keine Eigenkündigung erklärt. Der Anspruch ist in diesem Fall daran gebunden, dass der AN in Form von weiter erwiesener Betriebstreue eine Leistung „für" die Masse erbringt, und steht damit jedenfalls in einem weiteren Sinn im Synallagma.[155] Nach angezeigter **Masseunzulänglichkeit** unterliegen dagegen nach bisheriger Rechtsprechung alle arbeitsrechtlichen Sonderzahlungen, dh nicht nur solche mit reinem Entgeltcharakter, sondern auch solche zur reinen Belohnung von Betriebstreue oder mit Mischcharakter den Rechtsfolgen des § 209 InsO. Nur der auf die Zeit der Arbeitsleistung nach Anzeige der Masseunzulänglichkeit entfallende anteilige Anspruch ist danach als Neumasseverbindlichkeit iSv § 209 I Nr. 2, II Nr. 3 InsO zu berichtigen.[156] An dieser Rechtsprechung beabsichtigt der Sechste Senat des BAG allerdings nicht länger festzuhalten. Bei Sonderzahlungen könne nur deren vertragliche oder tarifvertragliche Ausgestaltung, welche das Insolvenzrecht nicht abändert, für ihren insolvenzrechtlichen Rang maßgeblich sein. Bei stichtagsbezogenen Sonderzahlungen sei daher allein der Stichtag entscheidend für die Zuordnung zu einem insolvenzrechtlich relevanten Zeitraum.[157]

[145] BAG 13.2.2007 AP Nr. 18 zu § 1 TVG Tarifverträge: Presse = NZA 2007, 573.
[146] BAG 14.8.2018 NZA 2019, 100.
[147] BAG 17.4.1957 AP Nr. 5 zu § 611 BGB Gratifikation.
[148] Dazu BAG 18.1.2012 AP Nr. 59 zu § 307 BGB = NZA 2012, 620.
[149] BAG 10.9.2020 AP Nr. 114 zu § 7 BUrlG Abgeltung = NJW 2021, 183.
[150] BAG 23.3.2017 AP Nr. 7 zu § 209 InsO mAnm *Windel* = NZA 2017, 779; 14.11.2012 AP Nr. 18 zu § 55 InsO = NZA 2013, 327.
[151] BAG 14.11.2012 AP Nr. 17 zu § 55 InsO = NZA 2013, 273.
[152] BAG 14.11.2012 AP Nr. 18 zu § 55 InsO = NZA 2013, 327.
[153] BAG 18.1.2012 AP Nr. 59 zu § 307 BGB = NZA 2012, 620.
[154] BAG 23.3.2017 AP Nr. 7 zu § 209 InsO mAnm *Windel* = NZA 2017, 779.
[155] BAG 12.9.2013 AP Nr. 1 zu § 133 InsO.
[156] BAG 23.3.2017 AP Nr. 7 zu § 209 InsO mAnm *Windel* = NZA 2017, 779.
[157] BAG 10.9.2020 AP Nr. 114 zu § 7 BUrlG Abgeltung = NJW 2021, 183.

42 **11. Sonstiges.** Der AG darf bei der Gewährung von Sonderleistungen zwischen **Pensionären und aktiven AN** unterscheiden.[158] Der vertragliche Ausschluss von Sonderzahlungen ist weiterhin gerechtfertigt, wenn **mehrere Unternehmen einen Betrieb** führen, von denen nur das eine Unternehmen Gratifikationen zahlt,[159] nach bedenklicher Auffassung des BAG wenn **Zeitungszusteller** keine Zahlung erhalten, wohl dagegen Innendienstarbeitnehmer, weil die Zusteller Trinkgelder bekommen.[160] Erhält der AG von einem Dritten **arbeitsplatzgebundene Mittel** für die Zahlung einer Sonderzuwendung, gebietet es der Gleichbehandlungsgrundsatz nicht, auch den auf andere Arbeitsplätzen beschäftigten AN eine entsprechende Zahlung aus eigenen Mitteln zu gewähren.[161] Der Ausschluss von Leistungen ist dagegen willkürlich, wenn der AG den an Hochschulen beschäftigten **wissenschaftlichen Mitarbeitern** Gratifikationen zahlt, nicht dagegen den studentischen Hilfskräften.[162] Übersteigen die Gratifikationszahlungen die Grenzen der zumutbaren Belastung des AG, können diese nach älterer Rspr. zu § 242 BGB auf ein zumutbares Maß zurückgeführt werden.[163] Diese Rechtsprechung ist jedoch überholt. Ggf. hat der AG eine betriebsbedingte Änderungskündigung auszusprechen. Ein **Sanierungstarifvertrag** kann auch bereits entstandene tarifliche Ansprüche rückwirkend beseitigen, soweit die betroffenen AN nicht auf den Fortbestand dieser Ansprüche vertrauen durften.[164]

V. Rückzahlungsklauseln

43 **1. Regelungsklarheit.** Häufig verbindet der AG die Zahlung von Gratifikationen mit einem Rückzahlungsvorbehalt, um den AN an das Unternehmen zu binden und zu verhindern, dass der AN unmittelbar nach Erhalt der Zahlung aus dem Arbeitsverhältnis ausscheidet. Derartige Rückzahlungsvorbehalte dürfen den AN nicht in unzulässiger Weise in seiner durch Art. 12 GG garantierten Berufsfreiheit behindern. Sie unterliegen in AGB einer Inhaltskontrolle nach § 307 BGB.[165] Dabei ist ein genereller, typisierender Maßstab anzulegen. Dieser schließt nach der Rechtsprechung des BAG eine Berücksichtigung individueller Besonderheiten wie die Höhe der einem AN konkret zustehenden Bonuszahlung oder die von ihm einzuhaltende ordentliche Kündigungsfrist aus. Rückzahlungsklauseln müssen eindeutig gefasst sein.[166] Ein bloßer Freiwilligkeitsvorbehalt löst eine Rückzahlungsverpflichtung nicht aus.[167] Für vorformulierte Rückzahlungsklauseln ist das Transparenzgebot aus § 307 I 2 BGB zu beachten.[168] Die Klausel muss daher die Voraussetzungen für die Rückzahlungspflicht hinreichend konkret bezeichnen.

44 In **Tarifverträgen** kann der Anspruch auf eine jährliche Sonderzahlung vom Bestand des Arbeitsverhältnisses zu einem Stichtag außerhalb des Bezugszeitraums abhängig gemacht werden. Das gilt auch für Leistungen mit Mischcharakter (dazu → Rn. 2). Insoweit ist zu beachten, dass Tarifvertragsparteien bei der tariflichen Normsetzung zwar sowohl den allgemeinen Gleichheitssatz des Art. 3 I GG als auch die Freiheitsgrundrechte wie Art. 12 I GG zu beachten haben. Ihnen steht als selbständigen Grundrechtsträgern bei ihrer Normsetzung aufgrund der durch Art. 9 III GG geschützten Tarifautonomie jedoch ein weiter Gestaltungsspielraum zu.[169] Eine Rückzahlungsverpflichtung besteht deshalb, wenn der Tarifvertrag bestimmt, dass ein Anspruch auf die Sonderzahlung nur besteht, wenn das Arbeitsverhältnis nicht bis zum 31.3. des Folgejahres gekündigt wird. Auch wenn eine ausdrückliche Rückzahlungsvereinbarung fehlt, hängt in diesem Falle das Behaltendürfen von dem Fortbestand des Arbeitsverhältnisses ab.[170] Sieht ein Tarifvertrag vor, dass das Weihnachtsgeld zurückzuzahlen ist, wenn der AN vor dem 31.3. des Folgejahres infolge eigener Kündigung oder durch Arbeitgeberkündigung ausscheidet, wird hiervon nicht der Fall des Ausscheidens aus dem

158 Zum Firmenjubiläum: LAG Düsseldorf 12.3.1987 NZA 1987, 706.
159 BAG 19.11.1992 AP Nr. 145 zu § 611 BGB Gratifikation = NZA 1993, 405.
160 BAG 19.4.1995 AP Nr. 124 zu § 242 BGB Gleichbehandlung = NZA 1995, 985.
161 BAG 21.5.2003 AP Nr. 251 zu § 611 BGB Gratifikation = NZA 2003, 1274.
162 BAG 6.10.1993 AP Nr. 107 zu § 242 BGB Gleichbehandlung = NZA 1994, 257.
163 BAG 29.10.1961 AP Nr. 7 zu § 322 ZPO.
164 BAG 22.10.2003 AP Nr. 21 zu § 1 TVG Rückwirkung = NZA 2004, 444.
165 BAG 27.6.2018 AP Nr. 310 zu § 611 BGB Gratifikation = NZA 2018, 1344; 24.10.2007 AP Nr. 32 zu § 307 BGB = NZA 2008, 40.
166 BAG 21.5.2003 AP Nr. 250 zu § 611 BGB Gratifikation = NZA 2003, 1032; 14.6.1995 AP Nr. 176 zu § 611 BGB Gratifikation = NZA 1995, 1034; LAG Hamm 28.1.2000 NZA-RR 2000, 539.
167 LAG RhPf 19.4.1996 BB 1996, 2521 = DB 1996, 2632.
168 BAG 24.10.2007 AP Nr. 32 zu § 307 BGB = NZA 2008, 40.
169 BAG 27.6.2018 AP Nr. 310 zu § 611 BGB Gratifikation = NZA 2018, 1344.
170 LAG RhPf 5.2.1997 NZA-RR 1998, 215.

Arbeitsverhältnis durch Ablauf einer Befristung erfasst.[171] Kann ein Arbeitsverhältnis nur zum Quartalsende ordentlich gekündigt werden, ist eine zum 1.4. ausgesprochene Kündigung idR dahin auszulegen, dass sie zum 31.3. wirken soll.[172] Die Rückzahlungsvorbehalte erstrecken sich regelmäßig nicht auf die Fälle, in denen ein Auszubildender dem AG mitteilt, er beabsichtige nach Beendigung des Ausbildungsvertrags nicht, ein Arbeitsverhältnis zu begründen.[173]

45 **2. Sonderzahlung mit Entgeltcharakter.** Unzulässig sind **Rückzahlungsvorbehalte in AGB,** wenn Gegenstand der Zahlung Entgelt für bereits geleistete Arbeit ist.[174] Durch Auslegung der vertraglichen Vereinbarung ist dies festzustellen (→ Rn. 2).[175] Dabei ist zu berücksichtigen, dass nach bisheriger Rechtsprechung des BAG ein wesentliches Indiz für eine Leistung mit Mischcharakter die Rückzahlungspflicht bei Beendigung des Arbeitsverhältnisses innerhalb einer näher bestimmten Bindungsfrist ist.[176] Hieran wird angesichts der geänderten Behandlung von Sonderzahlungen mit Mischcharakter jedenfalls in Bezug auf arbeitsvertraglich oder in Betriebsvereinbarungen geregelten Rückzahlungsklauseln nicht festgehalten werden können (dazu → § 77 Rn. 6). Sofern eine Leistung jedenfalls auch Entgeltcharakter hat, kann der AG das „Behaltendürfen" nicht davon abhängig machen, dass der AN das Arbeitsverhältnis bis zu einem näher bezeichneten Termin nicht kündigt.[177] Für die Rückzahlungspflicht gelten insoweit die gleichen Grundsätze wie für anspruchsbegründende Bestands- oder Stichtagsklauseln. Eine Aufteilung der Sonderzahlung in einen der Honorierung von Betriebstreue und einen der Vergütung von Arbeitsleistung dienenden Teil hat das BAG abgelehnt.[178] Bei vorformulierten Vereinbarungen liegt deshalb unter Berücksichtigung der Unklarheitenregel aus § 305c II BGB eine zulässige Rückzahlungsklausel nur vor, wenn sich aus dem Gesamtinhalt des Arbeitsvertrags mit hinreichender Klarheit ergibt, dass die Leistung, die mit einem Rückzahlungsvorbehalt versehen ist, kein Entgelt für geleistete Arbeit darstellt, sondern nur nicht nur der Honorierung vergangener und künftiger Betriebstreue dient.[179]

46 **3. Beendigung des Arbeitsverhältnisses.** Die Rückzahlungspflicht wird regelmäßig durch eine Beendigung des Arbeitsverhältnisses ausgelöst. Von der zugrunde liegenden Vereinbarung hängt ab, welche konkreten Beendigungstatbestände die Rückzahlungspflicht auslösen. Ob im Fall der einverständlichen Aufhebung des Arbeitsvertrags oder der billigend entgegengenommenen Kündigung der vorbehaltene Rückzahlungsanspruch entsteht, muss nach dem Wortlaut und Zweck der Rückzahlungsklausel entschieden werden. Ist nur für den Fall der Kündigung des AN die Rückzahlungspflicht vorbehalten, wird sie bei Abschluss eines Aufhebungsvertrags nicht ausgelöst.[180] Hat sich der AG die Rückzahlung für den Fall der Kündigung vorbehalten, gilt dies auch bei einer Beendigung des Arbeitsverhältnisses aufgrund betriebsbedingter Kündigung.[181] Besteht eine Rückzahlungspflicht nur im Falle einer Kündigung des Arbeitsverhältnisses, wird hiervon die Beendigung eines befristeten Arbeitsverhältnisses durch Fristablauf nicht erfasst.[182]

47 **4. Bindungsfristen. a) Grundsatz.** Das BAG hat für die einzelvertraglich vereinbarten Rückzahlungsvorbehalte bei **Weihnachtsgratifikationen** gestaffelte Bindungsfristen entwickelt, die immer dann Anwendung finden, wenn nicht wegen der besonderen Umstände des Einzelfalles eine andere Beurteilung gerechtfertigt ist. Werden diese Höchstgrenzen überschritten, liegt bei Klauseln in AGB eine unzulässige Beeinträchtigung der Berufsausübungsfreiheit

---

171 BAG 4.12.2002 AP Nr. 17 zu § 1 TVG Tarifverträge: Großhandel.
172 BAG 25.9.2002 AP Nr. 27 zu §§ 22, 23 BAT ZuwendungsTV = NZA 2003, 617.
173 BAG 12.11.1966 AP Nr. 56 zu § 611 BGB Gratifikation.
174 BAG 27.6.2018 AP Nr. 310 zu § 611 BGB Gratifikation = NZA 2018, 1344; 13.9.1974 AP Nr. 84 zu § 611 BGB Gratifikation; ErfK/*Preis* BGB § 611a Rn. 548.
175 *Bauer/Krieger/Arnold,* Arbeitsrechtliche Aufhebungsverträge, C Rn. 162 ff.
176 BAG 28.3.2007 AP Nr. 265 zu § 611 BGB Gratifikation = NZA 2007, 687.
177 BAG 27.6.2018 AP Nr. 310 zu § 611 BGB Gratifikation = NZA 2018, 1344.
178 BAG 18.1.2012 AP Nr. 292 zu § 611 BGB Gratifikation = NZA 2012, 561.
179 BAG 27.6.2018 AP Nr. 310 zu § 611 BGB Gratifikation = NZA 2018, 1344.
180 LAG Hamm 12.2.1999 NZA-RR 1999, 514.
181 BAG 14.11.2001 AP Nr. 235 zu § 611 Gratifikation = NZA 2002, 337; 4.5.1999 AP Nr. 214 zu § 611 BGB Gratifikation = NZA 1999, 1035.
182 BAG 28.3.2007 AP Nr. 265 zu § 611 BGB Gratifikation = NZA 2007, 687; 4.12.2002 AP Nr. 17 zu § 1 TVG Tarifverträge: Großhandel = NZA 2003, 1296.

vor § 307 I BGB iVm Art. 12 I GG.[183] Eine Rückführung auf die noch zulässige Bindungsdauer scheidet nach § 306 II BGB aus.[184]

b) Geringfügige Sonderzahlungen. Nach diesen Grundsätzen sind Rückzahlungsvorbehalte bei Weihnachtsgratifikationen bis zu einem Betrag von 100 EUR[185] und solche, die sich über den 30.6. des Folgejahres erstrecken, grundsätzlich unwirksam. Die Untergrenze sollte im Hinblick auf den Preisanstieg der vergangenen zwei Jahrzehnte auf mindestens 150 EUR angehoben werden. 48

c) Monatsbezug. Bei Weihnachtsgratifikationen bis zur Höhe eines Monatsbezugs (aber weniger als ein Monatsbezug) im Auszahlungsmonat[186] sind Bindungen bis zur Dauer von drei Monaten,[187] dh bis zum Ablauf des 31.3. des Folgejahres,[188] bei einem Monatsbezug und mehr bis nach dem 31.3. zulässig. Ein Angestellter mit einer Kündigungsfrist von sechs Wochen zum Quartalsende kann danach bis zum 30.6. gebunden werden.[189] Erhält der AN eine Sonderzahlung in Höhe einer Monatsvergütung, kann sich der AG die Rückforderung für den Fall vorbehalten, dass der AN nicht über die folgenden drei Monate hinaus bis zum nächstzulässigen Kündigungstermin bleibt.[190] Bei Geltung der gesetzlichen Kündigungsfristen des § 622 BGB kann der AN dann zu dem nächstmöglichen Termin nach dem 31.3., dh zum 30.4. kündigen.[191] Für die Bindungswirkung ist unschädlich, wenn die Gratifikation bereits im November bezahlt wird.[192] Bestimmt eine Rückzahlungsklausel, dass der AN die Gratifikation zurückzahlen muss, wenn er vor dem 31.3. des Folgejahres durch Eigenkündigung ausscheidet, ist eine Kündigung zum 31.3. unter Berücksichtigung der Unklarheitenregel des § 305c II BGB unschädlich.[193] Erhält ein AN eine Gratifikation, die ein Monatsgehalt übersteigt, aber ein zweifaches Monatsgehalt nicht erreicht, kann er durch eine Rückzahlungsklausel jedenfalls dann nicht über den 30.6. des folgenden Jahres gebunden werden, wenn er bis dahin mehrere Kündigungsmöglichkeiten hatte.[194] 49

d) Hälftige Auszahlung. Hat der AN Anspruch auf eine Gratifikation in Höhe eines Monatsgehalts, die jeweils zur Hälfte am 30.6. und am 30.11. ausgezahlt wird, und ist er verpflichtet, die Gratifikation zurückzuzahlen, wenn er bis zum 31.3. des auf die Auszahlung folgenden Kalenderjahres ausscheidet, ist für die Beurteilung der Bindungsdauer nicht auf die zugesagte Gesamtsumme und den Auszahlungszeitpunkt des zweiten Teilbetrags abzustellen, sondern auf die Fälligkeitszeitpunkte der beiden Teilleistungen. Die Teilleistungen können nicht wie eine einheitliche Leistung behandelt werden. Das hat zur Folge, dass durch die Zahlung eines halben Monatsgehalts im Juni eine Bindungswirkung von drei Monaten ausgelöst wird. Die Zahlung im November in Höhe eines halben Monatsgehalts kann den AN nur bis zum 31.3. binden, so dass er mit Ablauf dieses Datums ausscheiden kann.[195] 50

e) Tatsächlicher Auszahlungsbetrag. Erhält der AN kein volles Monatsgehalt als Weihnachtsgratifikation, weil er erst im Laufe des Jahres eingetreten ist, ist bei der Berechnung der Bindungsfrist von dem tatsächlich ausgezahlten Betrag auszugehen.[196] Zahlt ein AG ein tariflich verankertes und darüber hinaus ein freiwilliges Weihnachtsgeld unter Rückzahlungsvorbehalt, 51

---

183 BAG 28.4.2004 AP Nr. 255 zu § 611 BGB Gratifikation = NZA 2004, 924; 21.5.2003 AP Nr. 250 zu § 611 BGB Gratifikation = NZA 2003, 1032.
184 ErfK/*Preis* BGB § 611a Rn. 547.
185 BAG 21.5.2003 AP Nr. 250 zu § 611 BGB Gratifikation = NZA 2003, 1032.
186 BAG 28.4.2004 AP Nr. 255 zu § 611 BGB Gratifikation = NZA 2004, 924.
187 BAG 21.5.2003 AP Nr. 250 zu § 611 BGB Gratifikation = NZA 2003, 1032.
188 BAG 24.10.2007 AP Nr. 32 zu § 307 BGB = NZA 2008, 40; 25.4.2007 AP Nr. 29 zu §§ 22, 23 BAT Zuwendungs-TV = NZA 2007, 875; 21.5.2003 AP Nr. 250 zu § 611 BGB Gratifikation = NZA 2003, 1032; bei Zahlungen von Prämien besteht Dreimonatsfrist: BAG 28.1.1981 AP Nr. 106 zu § 611 BGB Gratifikation.
189 BAG 9.6.1993 AP Nr. 150 zu § 611 BGB Gratifikation = NZA 1993, 935; 27.10.1978 AP Nr. 99 zu § 611 BGB Gratifikation.
190 BAG 24.10.2007 AP Nr. 32 zu § 307 BGB = NZA 2008, 40.
191 BAG 28.4.2004 AP Nr. 255 zu § 611 BGB Gratifikation = NZA 2004, 924.
192 BAG 21.5.2003 AP Nr. 250 zu § 611 BGB Gratifikation = NZA 2003, 1032.
193 Vgl. LAG Düsseldorf 28.1.1998 LAGE § 611 BGB Gratifikation Nr. 40; anders dagegen LAG Düsseldorf 25.3.1997 LAGE § 611 BGB Gratifikation Nr. 37; vgl. zum 1.4.: LAG RhPf 15.12.1995 DB 1996, 2632.
194 BAG 24.10.2007 AP Nr. 32 zu § 307 BGB = NZA 2008, 40.
195 BAG 21.5.2003 AP Nr. 250 zu § 611 BGB Gratifikation = NZA 2003, 1032.
196 BAG 25.6.1970 AP Nr. 70 zu § 611 BGB Gratifikation.

ist bei der Beurteilung der zulässigen Dauer der Bindungsfrist nicht von der Gesamtsumme, sondern allein von dem freiwillig gezahlten Weihnachtsgeld auszugehen.[197] Entsprechende Fristen gelten für sonstige Gratifikationen, insbesondere das Urlaubsgeld.[198] Eine Verlängerung der Bindungsfrist kann mithin nicht dadurch erzielt werden, dass der AG einen Vorschuss auf eine erst in Zukunft fällig werdende Gratifikation auszahlt.[199]

52 **5. Tarifvertragliche Rückzahlungsvorbehalte.** Für tarifvertraglich vereinbarte Rückzahlungsvorbehalte hat das BAG weitergehende Bindungsfristen auch dann zugelassen, wenn der Tarifvertrag nur kraft Vereinbarung auf das Arbeitsverhältnis Anwendung findet.[200] Es vertritt die Auffassung, dass die Tarifpartner einen sachgemäßen Gebrauch von dem ihnen eingeräumten Beurteilungsspielraum machen. Dagegen kann im Wege der Betriebsvereinbarung grundsätzlich nicht von den Bindungsgrenzen abgewichen werden.[201]

53 **6. Berechnung der Bindungsfrist.** Sie rechnet regelmäßig vom Zeitpunkt der Auszahlung[202] und kann selbst dann nicht verlängert werden, wenn der AG nur eine Bindung entsprechend den Kündigungsfristen erreicht.[203] Wird jedoch eine die Monatsvergütung übersteigende Gratifikation gezahlt, kann eine anteilige Rückzahlungsvereinbarung je nach Dauer des Arbeitsverhältnisses vereinbart werden.[204] Werden die Gratifikationen frühzeitig (Weihnachtsgratifikation im November, Urlaubsgeld im Mai) gezahlt, bleibt es allerdings auch bei der Bindung bis zum März bzw. September.[205]

54 **7. Unwirksamkeit.** Sind zu lange Rückzahlungsfristen vereinbart worden, sind diese nichtig. Dies folgt für Rückzahlungsklauseln in AGB aus § 307 I BGB. Eine geltungserhaltende Reduktion findet nicht statt (§ 306 II BGB).[206] Im Zweifel ist anzunehmen, dass nicht die Gratifikationszusagen überhaupt, sondern nur die zu lange Bindung nichtig ist.[207] Werden die rechtlich zulässigen Bindungsfristen vom AN nicht eingehalten, muss er die (Brutto-)Gratifikation zurückzahlen, ohne dass ihm ein Sockelbetrag von 100 EUR verbleibt.[208]

55 **8. Umgehung.** Die Rechtsprechung zu den Rückzahlungsvorbehalten kann nicht dadurch umgangen werden, dass der AG die teilweise Auszahlung der Gratifikation von dem Bestand des Arbeitsverhältnisses im kommenden Jahr abhängig macht[209] oder ein Darlehen gewährt, das nur dann zurückgezahlt werden soll, wenn der AN vor einem bestimmten Termin kündigt.[210]

56 **9. Pfändungsfreigrenzen.** Mit dem Gratifikations-Rückzahlungsanspruch kann der AG nur im Rahmen der Pfändungsfreigrenzen aufrechnen (dazu → § 89 Rn. 13 ff.).[211] Die Jahressonderzahlung nach § 20 TVöD wird nicht als „Weihnachtsvergütung" iSv § 850a Nr. 4 ZPO geleistet.[212] Die Vereinbarung, dass eine Gratifikation als Vorschuss gezahlt wird, ist unwirksam.[213]

VI. Mitbestimmung

57 Mangels Bestehen einer Sozialeinrichtung scheidet ein Mitbestimmungsrecht nach § 87 I Nr. 8 BetrVG aus. Nach § 87 I Nr. 10 BetrVG hat der BR ein erzwingbares Mitbestimmungsrecht bei Fragen der betrieblichen Lohngestaltung, insbesondere bei der Aufstellung von Entloh-

[197] LAG Düsseldorf BB 1973, 1357 = DB 1973, 1953.
[198] BAG 15.3.1973 AP Nr. 78 zu § 611 BGB Gratifikation.
[199] BAG 6.12.1963 AP Nr. 28 zu § 611 BGB Gratifikation.
[200] BAG 23.2.1967 AP Nr. 57 zu § 611 BGB Gratifikation.
[201] BAG 16.11.1967 AP Nr. 63 zu § 611 BGB Gratifikation; zur Konkurrenz von Rückzahlungsklauseln in Tarifvertrag und Betriebsvereinbarung: BAG 9.11.1969 AP Nr. 68 zu § 611 BGB Gratifikation: Tarifliche Rückzahlungspflicht ist maßgeblich.
[202] BAG 22.2.1968 AP Nr. 64 zu § 611 BGB Gratifikation.
[203] BAG 17.10.1968 AP Nr. 66 zu § 611 BGB Gratifikation.
[204] BAG 13.11.1969 AP Nr. 69 zu § 611 BGB Gratifikation; vgl. auch BAG 12.10.1967 AP Nr. 62 zu § 611 BGB Gratifikation.
[205] BAG 21.5.2003 AP Nr. 250 zu § 611 BGB Gratifikation = NZA 2003, 1032; 15.3.1973 AP Nr. 78 zu § 611 BGB Gratifikation.
[206] ErfK/*Preis* BGB § 611a Rn. 547.
[207] BAG 12.12.1962 AP Nr. 25 zu § 611 BGB Gratifikation.
[208] BAG 11.6.1964 AP Nr. 36 zu § 611 BGB Gratifikation.
[209] Vgl. dazu auch ArbG Hamburg DB 1971, 341.
[210] ArbG Berlin BB 1975, 1304.
[211] BAG 25.9.2002 AP Nr. 27 zu §§ 22, 23 BAT ZuwendungsTV = NZA 2003, 617.
[212] BAG 18.5.2016 AP Nr. 6 zu § 850a ZPO = NZA 2016, 840.
[213] ArbG Bochum DB 1971, 1262, 2366.

nungsgrundsätzen und der Einführung und Anwendung von Entlohnungsmethoden (→ § 235 Rn. 89 ff.). Das Mitbestimmungsrecht bezieht sich auf die Verteilungsgrundsätze.[214]

VII. Sonstiges

Der Anspruch auf eine Gratifikation ist in den Grenzen des § 850a Nr. 4 ZPO **unpfändbar** (→ § 90 Rn. 30) und **verjährt** in drei Jahren (§ 195 BGB). Er ist des Weiteren **steuer- und beitragspflichtig.** Nach § 19 I Nr. 1 EStG gehören zu den Einkünften aus nicht selbständiger Arbeit Gehälter, Löhne, Gratifikationen, Tantiemen und andere Bezüge und Vorteile. Die Versteuerung sonstiger Bezüge erfolgt nach Maßgabe von § 39b III EStG. Gratifikationen sind Arbeitsentgelt iSv § 14 SGB IV. 58

§ 79. Anwesenheitsprämie

Übersicht

I. Überblick

1. Zweck. Mit der Anwesenheitsprämie wird versucht, insbesondere den Missbrauch bei der Entgeltfortzahlung im Krankheitsfall einzuschränken. Anwesenheitsprämien sind Sondervergütungen, mit deren Zusage dem AN der Anreiz geboten wird, die Zahl seiner berechtigten oder unberechtigten Fehltage im Bezugszeitraum möglichst gering zu halten.[1] Sie werden nicht als Gegenleistung für Arbeitsleistungen in bestimmten Zeitabschnitten, sondern als weitergehende zusätzliche Leistung erbracht.[2] Die Höhe der Sondervergütung kann sich am Umsatz oder Gewinn orientieren (zur Rechtsentwicklung 11. Aufl. Rn. 4 f.). 1

2. Formen. Die in der Praxis vorkommenden Formen der Anwesenheitsprämie sind vielgestaltig. Es gibt Regelungen, nach denen Prämien zur laufenden Vergütung oder auch einmalig gezahlt werden, so zB, wenn Weihnachtsgratifikationen fehlzeitabhängig berechnet werden. Es finden sich aber auch Prämienordnungen, nach denen die Prämien entfallen, wenn der AN im Abrechnungszeitraum krankheitsbedingte Fehlzeiten hat. 2

II. Voraussetzungen

1. Allgemeines. Nach § 4a EFZG ist eine Vereinbarung über die Kürzung von Leistungen, die der AG zusätzlich zum laufenden Arbeitsentgelt erbringt (Sondervergütungen), auch für Zeiten der Arbeitsunfähigkeit infolge Krankheit zulässig. Die Kürzung darf für jeden Tag der Arbeitsunfähigkeit infolge Krankheit ein Viertel des Arbeitsentgelts, das im Jahresdurchschnitt auf einen Arbeitstag entfällt, nicht überschreiten. Diese Vorschrift bezweckt, AG von beschäftigungsfeindlichen hohen Lohnzusatzkosten zu entlasten und damit die Schaffung von mehr Arbeitsplätzen zu ermöglichen. Sie schreibt im Wesentlichen die Rechtsprechung des BAG seit der Entscheidung vom 15.2.1990 fest.[3] 3

214 BAG 14.8.2001 AP Nr. 85 zu § 77 BetrVG 1972 = NZA 2002, 276; *Thüsing* DB 1997, 1130.
1 BAG 25.7.2001 AP Nr. 1 zu § 4a EntgeltFG.
2 BAG 26.9.2001 AP Nr. 55 zu § 4 EntgeltFG.
3 BAG 15.2.1990 AP Nr. 15 zu § 611 BGB Anwesenheitsprämie = NZA 1990, 601.

4 § 4a EFZG enthält **keine Rechtsgrundlage für eine Kürzung.**[4] Diese Bestimmung stellt lediglich klar, dass bei vorhandener Kürzungsmöglichkeit diese auch bei Krankheit möglich ist.[5] Die Kürzung von Sondervergütungen wegen krankheitsbedingter Fehlzeiten stellt deshalb keine Maßregelung iSv § 612a BGB dar.[6] Vereinbarungen iSv § 4a EFZG sind einzelvertragliche Vereinbarungen, Gesamtzusagen, betriebliche Übungen, Tarifverträge und Betriebsvereinbarungen. Durch die Vereinbarung kann nicht vom zwingenden Gesetzesrecht der §§ 3, 4, 12 EFZG abgewichen werden.[7] Eine Kürzungsvereinbarung liegt auch dann vor, wenn die Anspruchsvoraussetzungen so formuliert werden, dass dasselbe Ergebnis wie bei einer deutlich als Kürzung bezeichneten Vereinbarung erreicht wird.[8] Deshalb enthält die Zusage, für einen bestimmten Zeitraum eine Anwesenheitsprämie nur zu gewähren, wenn in diesem Zeitraum kein krankheitsbedingter Fehltag liegt, die Kürzung einer Sondervergütung iSv § 4a EFZG.

5 **2. Sondervergütung. a) Definition.** Durch § 4a EFZG sind Vereinbarungen über die Kürzung von Sondervergütungen erlaubt. Das sind nach der Legaldefinition des § 4a EFZG Leistungen, die der AG zusätzlich zum laufenden Arbeitsentgelt erbringt. Durch die Präposition ‚zusätzlich' wird klargestellt, dass sowohl freiwillige Leistungen als auch solche, auf die ein normativer Rechtsanspruch besteht, gekürzt werden können. Das Arbeitsentgelt selbst kann mithin nicht gekürzt werden.[9]

6 **b) Zusätzliche Leistung.** Ob es sich um eine Sondervergütung iSv § 4a EFZG handelt oder um nicht kürzungsfähiges laufendes Entgelt, richtet sich danach, ob die Leistung für einzelne Zeitabschnitte in regelmäßiger Wiederholung erbracht oder zusätzlich gewährt wird.[10] Unerheblich ist, wann die Sondervergütung gezahlt wird, ob es sich also um Einmalzahlungen am Jahresende oder um Zusatzleistungen zum monatlich abgerechneten Entgelt handelt.

7 **c) Einzelne Leistungen.** Auch Zuschläge auf den tariflichen Stundenlohn können bei entsprechender Leistungsbestimmung Sondervergütungen iSv § 4a EFZG darstellen. Soweit sie dagegen dem unabdingbaren Schutz der §§ 3 und 4 EFZG unterliegen, besteht keine Kürzungsmöglichkeit. Deshalb sind **Sonn- und Feiertagszuschläge** keine Sonderzahlung iSd § 4a EFZG.[11] Ist eine allgemeine **Leistungszulage** ohne Kürzungsmöglichkeit vereinbart, kann sie auch bei längerer Krankheit nicht gekürzt werden.[12] Ein **13. Monatsgehalt** als arbeitsleistungsbezogene Sonderzahlung ist im Falle der Arbeitsunfähigkeit nur dann fortzuzahlen, soweit der AG Entgeltfortzahlung aufgrund gesetzlicher, tariflicher oder sonstiger Regelungen zu leisten hat. Nach dem Ende des Anspruchs auf Entgeltfortzahlung nach § 3 I EFZG erlischt auch der Anspruch auf arbeitsleistungsbezogene Sonderzahlungen. Einer gesonderten arbeitsvertraglichen Kürzungsvereinbarung bedarf es in diesem Falle nicht.[13] Ein zusätzliches **Urlaubsgeld** ist eine Sonderzahlung.[14] Gewährt der AG eine **Anwesenheitsprämie für ein Quartal** nur dann, wenn in diesem Zeitraum kein krankheitsbedingter Fehltag liegt, enthält die der Leistungsgewährung zugrunde liegende Vereinbarung eine Kürzungsmöglichkeit für eine Sondervergütung iSd § 4a EFZG. Dem AN steht deshalb bei krankheitsbedingten Fehlzeiten nur ein der gesetzlichen Kürzungsmöglichkeit entsprechender, anteiliger Anspruch auf die Anwesenheitsprämie zu.[15] Sondervergütungen können auch **Wege- und Fahrgelder** sein. Wenn sie die entstehenden Kosten abgelten, sind sie jedoch Aufwendungsersatz und gehören damit nicht zum Entgelt.[16] Soweit sie im Falle der Pauschalierung eine versteckte Zuwendung darstellen, sind sie kürzungsfähige Sondervergütung.

8 Zahlt der AG ohne Rechtspflicht und ohne jegliche Bindung für die Zukunft ein **Weihnachtsgeld** als freiwillige Leistung (dazu → § 78 Rn. 20) und differenziert er dabei unter ande-

---

[4] *Reinartz* NZA 2015, 83 (85); *Treber* EFZG § 4a Rn. 1.
[5] LAG SchlH 7.1.2004 – 3 Sa 426/03; ErfK/*Reinhard* EFZG § 4a Rn. 2.
[6] ErfK/*Reinhard* EFZG § 4a Rn. 2; *Treber* EFZG § 4a Rn. 1.
[7] BAG 26.9.2001 AP Nr. 55 zu § 4 EntgeltFG.
[8] BAG 25.7.2001 AP Nr. 1 zu § 4a EntgeltFG.
[9] Dazu BAG 26.9.2001 AP Nr. 55 zu § 4 EntgeltFG.
[10] MüKoBGB/*Müller-Glöge* EFZG § 4a Rn. 6.
[11] BAG 14.1.2009 DB 2009, 909.
[12] Vgl. MüKoBGB/*Müller-Glöge* EFZG § 4a Rn. 10; ErfK/*Reinhard* EFZG § 4a Rn. 8.
[13] BAG 21.3.2001 AP Nr. 1 zu § 4b EntgeltFG = NZA 2001, 785; MüKoBGB/*Müller-Glöge* EFZG § 4a Rn. 7; HWK/*Vogelsang* EFZG § 4a Rn. 5.
[14] LAG Brem 1.3.2012 – 11 Sa 647/11.
[15] BAG 25.7.2001 AP Nr. 1 zu § 4a EntgeltFG.
[16] ErfK/*Reinhard* EFZG § 4a Rn. 8.

rem danach, in welchem Umfang die AN in der Vergangenheit Arbeitsleistungen erbracht haben oder Fehlzeiten aufwiesen, ist das nicht zu beanstanden. Einer vorherigen „Vereinbarung" iSv § 4a S. 1 EFZG bedarf es insoweit nicht, weil die Sonderzahlung freiwillig ohne Rechtspflicht erfolgt und deshalb ein Anspruch der AN bis zu einer Zusage oder der Zahlung nicht besteht.[17] Nach dem Gesetzeswortlaut des § 4a EFZG sind die sog. **Kleingratifikationen** nicht geschützt. Nach der früheren Rechtsprechung des BAG konnten sie allerdings nicht wegfallen.[18] Angesichts des klaren Gesetzeswortlauts ist von einer uneingeschränkten Kürzungsmöglichkeit auszugehen, die auch Kleingratifikationen erfasst.[19]

3. Krankheitsbedingte Fehlzeiten. § 4a EFZG regelt nur eine Kürzungsmöglichkeit bei krankheitsbedingten Fehlzeiten. Auf die Ursache der Krankheit kommt es nicht an, so dass nach dem Gesetzeswortlaut auch eine Kürzungsmöglichkeit bei Arbeitsunfällen besteht.[20] Wegen der Verweisung in § 9 EFZG kommt auch eine Kürzung bei den dort vorgesehenen Rehabilitationsleistungen in Betracht. Keine Kürzungsmöglichkeit besteht bei bloßer **Arbeitsverhinderung (§ 616 BGB).**[21] Eine tarifliche Regelung, nach der in den Fällen des Ausscheidens, der Neueinstellung, des Ruhens des Arbeitsverhältnisses, des unbezahlten Sonderurlaubs und des Krankengeldbezugs ein anteiliger Anspruch auf 1/12 der Sonderzahlungen (13. und 14. Monatsgehalt) für jeden vollen Monat im Kalenderjahr, in dem die AN gearbeitet haben, entsteht, ist dahin auszulegen, dass nicht schon der Bezug von Krankengeld gem. § 45 SGB V für einen Arbeitstag wegen der Pflege eines erkrankten Kindes den AG zur Kürzung der vollen Sonderzahlungen berechtigt.[22] Nicht geregelt ist, ob auch bei **mutterschutzrechtlichen Beschäftigungsverboten** eine Kürzungsmöglichkeit besteht.[23] Dies ist im Hinblick auf § 7 I iVm § 3 I 2 AGG und die Rahmenrichtlinie 2000/78/EG zu verneinen.[24] 9

III. Kürzung

1. Arbeitsentgelt. Nach § 4a S. 2 EFZG darf die Kürzung für jeden Tag der Arbeitsunfähigkeit infolge Krankheit ein Viertel des Arbeitsentgelts, das im Jahresdurchschnitt auf einen Arbeitstag entfällt, nicht überschreiten. Die gesetzliche Obergrenze hängt damit von **vier Berechnungsfaktoren** ab. **(1)** Zunächst ist das Entgelt zu bestimmen, das **(2)** in einem bestimmten Zeitraum verdient worden ist. **(3)** Die Summe ist auf den arbeitstäglichen Verdienst umzurechnen. **(4)** Ein Viertel des Tagesverdienstes bildet die Obergrenze. 10

Bei dem **Begriff des Arbeitsentgelts** kann auf das laufende Entgelt, aber auch auf das Entgelt unter Einbeziehung der Sondervergütung abgestellt werden. Das Gesetz verwendet nur den Begriff des Arbeitsentgelts. Es fehlt das in Satz 1 verwandte Adjektiv ‚zusätzlich'. Insoweit wird es einer eindeutigen Abmachung in der Kürzungsregelung bedürfen. Wird richtigerweise[25] auf das gesamte Arbeitsentgelt einschließlich der zusätzlichen Vergütung abgestellt, erhöht sich die Kürzungsmöglichkeit. Das hat zur Folge, dass Sonderzahlungen zu addieren sind.[26] 11

2. Jahresdurchschnitt. Maßgeblich ist das im Jahresdurchschnitt verdiente Arbeitsentgelt. Bei dem Jahresdurchschnitt kann auf das laufende Kalenderjahr oder das vorangegangene Zeitjahr abgestellt werden. Auch insoweit wird es sinnvollerweise eindeutiger Vereinbarungen bedürfen. Fehlt eine vertragliche Regelung, ist auf das vorangegangene Zeitjahr abzustellen, da der Gesetzgeber regelmäßig das Kalenderjahr besonders kennzeichnet.[27] 12

3. Umrechnung auf den arbeitstäglichen Verdienst. Die Umrechnung auf den arbeitstäglichen Verdienst erfolgt nach den üblichen Methoden. Bei der Fünf-Tage-Woche ergibt sich 13

[17] BAG 7.8.2002 AP Nr. 2 zu § 4a EntgeltFG = NZA 2002, 1284.
[18] BAG 15.2.1990 AP Nr. 15 zu § 611 BGB Anwesenheitsprämie = NZA 1990, 601.
[19] Ebenso ErfK/*Reinhard* EFZG § 4a Rn. 7; HWK/*Vogelsang* EFZG § 4a Rn. 7; *Treber* EFZG § 4a Rn. 23.
[20] BAG 15.12.1999 AP Nr. 221 zu § 611 BGB Gratifikation = NZA 2000, 1062.
[21] ErfK/*Reinhard* EFZG § 4a Rn. 9; für eine analoge Anwendung HK-EFZR/*Feichtinger/Malkmus* EFZG § 4a Rn. 5.
[22] BAG 31.7.2002 AP Nr. 3 zu § 1 TVG Tarifverträge: Wohnungswirtschaft.
[23] Dazu BAG 12.5.1993 AP Nr. 156 zu § 611 BGB Gratifikation = NZA 1993, 1002.
[24] Ebenso LAG Brem 9.12.2004 LAGE § 14 MuSchG Nr. 12; HWK/*Vogelsang* EFZG § 4a Rn. 15.
[25] Ebenso MüKoBGB/*Müller-Glöge* EFZG § 4a Rn. 15; ErfK/*Reinhard* EFZG § 4a Rn. 13; aA *Reinartz* NZA 2015, 83; HWK/*Vogelsang* EFZG § 4a Rn. 22; *Treber* EFZG § 4a Rn. 20; *Vogelsang*, Entgeltfortzahlung, Rn. 584.
[26] LAG Brem 1.3.2012 – 11 Sa 647/11; *Treber* EFZG § 4a Rn. 22.
[27] Ebenso MüKoBGB/*Müller-Glöge* EFZG § 4a Rn. 14; *Reinartz* NZA 2015, 83; ErfK/*Reinhard* EFZG § 4a Rn. 12; *Treber* EFZG § 4a Rn. 19; *Vogelsang*, Entgeltfortzahlung, Rn. 583.

der Divisor durch Multiplikation von 52 Wochen × 5 = 260. Gelegentlich werden die Urlaubswochen abgezogen, so dass sich verbreitet ein Divisor von 230 ergibt. Dies erscheint unrichtig, weil auch während des Urlaubs das Entgelt fortzuzahlen ist.[28] Bei AN mit schwankenden Bezügen (Teilzeitarbeit, Abrufarbeit, Leistungsentlohnung) ist auf die allgemeinen Grundsätze der Umrechnung, wie sie auch im Urlaubsrecht vorkommen, abzustellen (→ § 104 Rn. 47). Maßgeblich ist letztlich eine konkret-individuelle Berechnung.[29]

14 **Beispiel:** Beträgt das Monatsgehalt beispielsweise 2 500 EUR und die jährliche Sondervergütung gleichfalls 2 500 EUR, gilt bei einem AN, der in der Fünf-Tage-Woche beschäftigt ist, folgende Kürzungsmöglichkeit: Jahresentgelt (13 × 2 500 EUR) iHv 32 500 EUR geteilt durch 260 Arbeitstage ergibt einen Tagesverdienst von 125 EUR. Ein Viertel hiervon beträgt 31,25 EUR. Um diesen Betrag darf die Sondervergütung für jeden krankheitsbedingten Abwesenheitstag gekürzt werden, bis sie aufgebraucht ist. Das ist nach 80 Fehltagen der Fall.

15 **4. Tarifvorrang.** Das Gesetz enthält keine ausdrückliche Regelung für Vorschriften in Tarifverträgen. Insoweit ist eine verfassungskonforme Auslegung geboten. Enthält ein Tarifvertrag eine anderweitige Obergrenze, hat diese den Vorrang, unabhängig davon, ob sie für den AN günstiger oder ungünstiger ist. Allerdings kann auch insoweit von (tarif-)nichtdispositivem Gesetzesrecht nicht abgewichen werden. Künftige Regelungen müssen § 4a EFZG beachten.[30]

16 **5. Arbeitsvertrag.** Enthält ein Arbeitsvertrag andere Kürzungsmöglichkeiten, sind diese unwirksam, soweit sie für den AN ungünstiger sind.[31]

§ 80. Miteigentum und Vermögensbildung

Übersicht

I. Überblick

1 Die Bildung von Miteigentum und die Förderung der Vermögensbildung von AN haben sich im Laufe der vergangenen Jahre stark verändert.[1] Heute stehen insbesondere Altersversorgungssysteme, wie die sog. Riester-Rente, Aktienoptionspläne sowie die „klassische" Vermögensbildung nach dem 5. VermBG im Vordergrund.

II. Aktien

2 **1. Arten und Rechtsgrundlagen.** Die Mitarbeiterbeteiligung kann in Form einer gesellschaftsrechtlichen Beteiligung erfolgen. Hierbei sind zwei Arten zu unterscheiden. Ist der AN Aktionär, Mitgesellschafter oder sonstiger Fremdkapitalgeber seines Beschäftigungsunternehmens, ist für seine Beteiligung am Unternehmen ausschließlich Gesellschaftsrecht oder Schuldrecht maßgebend. Hat der AN eine entsprechende Stellung mit Rücksicht auf das Arbeitsverhältnis erworben, ist ihm also zB ein Vorzugskurs zum Erwerb der Aktien angeboten worden, liegen zwei Rechtsbeziehungen vor. Für das Arbeitsverhältnis ist das Arbeitsrecht maßgebend. Für das Beteiligungsverhältnis gilt Gesellschaftsrecht und Schuldrecht. Im Rahmen der Mitarbeiterbeteiligung kann der AN auch an Verlusten beteiligt werden.[2] Nach § 310 IV BGB findet das Recht

---

[28] Ebenso ErfK/*Reinhard* EFZG § 4a Rn. 14; HWK/*Vogelsang* EFZG § 4a Rn. 19.
[29] MüKoBGB/*Müller-Glöge* EFZG § 4a Rn. 16.
[30] ErfK/*Reinhard* EFZG § 4a Rn. 16 f.
[31] Dazu *Reinartz* NZA 2015, 83 (84 f.).
[1] Zur Entwicklung 11. Aufl. § 82.
[2] BAG 10.10.1999 AP Nr. 47 zu § 138 BGB = NJW 1991, 860.

der Allgemeinen Geschäftsbedingungen auf das Individualarbeitsrecht, nicht aber auf das Gesellschaftsrecht Anwendung.

2. Aktienoptionspläne. a) Überblick. Aktienoptionspläne dienen der rechtsgeschäftlichen Einräumung von mittelbaren oder unmittelbaren Bezugsrechten von unternehmenseigenen Aktien.[3] Der Aktienoptionsplan berechtigt den Begünstigten, gegen Zahlung eines zuvor festgelegten Optionspreises innerhalb einer bestimmten Frist, die nach § 193 II Nr. 4 AktG mindestens vier Jahre betragen muss, unter den festgelegten Bedingungen Aktien der Gesellschaft zu erwerben. Gelegentlich werden Wandelschuldverschreibungen als vertragliche Gestaltungsmittel gewählt. Sie beinhalten das Versprechen des AG, zu einem festgelegten Kurs nach einer bestimmten Wartezeit an einem bestimmten Stichtag einen bestimmten Betrag an den AN zu erbringen. Der AN kann nach der Festlegungsfrist von der Aktienoption Gebrauch machen, wenn der Kurs inzwischen gestiegen ist, oder das Optionsrecht verfallen lassen, wenn der Kurs gefallen ist. Wird einem AN im Rahmen seines Arbeitsverhältnisses ein nicht handelbares Bezugsrecht auf den späteren Erwerb von Aktien zu einem bestimmten Übernahmepreis gewährt, liegt darin zunächst nur die Einräumung einer Chance. Ein geldwerter Vorteil fließt dem Berechtigten erst zu, wenn er die Option ausübt und der Kurswert der Aktien den Übernahmepreis übersteigt.[4] 3

b) Rechtsgrundlage. Dem AN kann im Arbeitsvertrag oder in einer Betriebsvereinbarung das Recht eingeräumt werden, auf der Grundlage des im Unternehmen bestehenden Aktienoptionsplans Aktienoptionen zu erhalten. Dem BR können über den Kreis der Begünstigen Auskunftsansprüche zustehen.[5] Bei der Einräumung von Beteiligungsrechten kann der AG nicht willkürlich bestimmte Arbeitnehmergruppen von der Beteiligung ausnehmen. Insoweit gelten die allgemeinen Grundsätze (dazu → § 112 Rn. 1 ff.). Die Festlegung des Kreises der Bezugsberechtigten bei Aktienoptionsprogrammen kann jedoch ohne Verletzung des Gleichbehandlungsgrundsatzes auf bestimmte Hierarchieebenen beschränkt werden. Will ein AG nur Führungskräften bestimmter Hierarchieebenen Aktienoptionen gewähren, muss sich die Gruppe der Bezugsberechtigten allerdings klar von der Gruppe der vom Bezugsrecht Ausgenommenen abgrenzen lassen, damit eine willkürliche Auswahl der Bezugsberechtigten ausgeschlossen ist.[6] 4

c) Ausübung der Bezugsrechte. Die Befugnis zur Ausübung der Bezugsrechte kann an das Bestehen eines ungekündigten Arbeitsverhältnisses unabhängig davon geknüpft werden, aus welchen Gründen das Arbeitsverhältnis geendet hat. Es muss auch nicht danach unterschieden werden, ob das Arbeitsverhältnis vor Ablauf der Wartezeit oder erst nach Ablauf der Wartezeit im Ausübungszeitraum gekündigt wird oder endet. Die Bindung der Befugnis zur Ausübung der Bezugsrechte an ein ungekündigtes Arbeitsverhältnis ist nicht unangemessen iSv § 307 I 1 BGB.[7] Die vom BAG für Gratifikationen entwickelten Rechtsgrundsätze (dazu → § 78 Rn. 34) können bezüglich der Zulässigkeit von Bindungsfristen und Verfallklauseln nicht auf Aktienoptionen übertragen werden. Dagegen spricht entscheidend § 193 II Nr. 4 AktG.[8] Ein ausgeschiedener AN wird bei der gebotenen typisierenden Betrachtung nicht unangemessen benachteiligt, wenn er von einem erst nach der Beendigung des Arbeitsverhältnisses steigenden Aktienkurs nicht finanziell profitiert. Dies gilt grundsätzlich auch für den Fall der betriebsbedingten Kündigung des Arbeitgebers.[9] Dem AN wird in diesem Fall keine bereits erdiente Vergütung, sondern nur eine Verdienstchance entzogen. Der Grundsatz, dass bereits verdientes Arbeitsentgelt nicht mehr entzogen werden darf, wird hierdurch nicht durchbrochen.[10] 5

d) Konzernunternehmen. Schließt der AN eine Vereinbarung über die Gewährung von Aktienoptionen nicht mit seinem AG, sondern mit einem anderen Konzernunternehmen ab, werden Ansprüche aus dieser Vereinbarung nicht Bestandteil des Arbeitsverhältnisses mit dem 6

[3] Dazu *Annuß/Lembke* BB 2003, 2230; *Lembke* BB 2001, 1469; *Lingemann/Diller/Mengel* NZA 2000, 1191; *Lipinski/Melms* BB 2003, 150; *Pulz* BB 2004, 1107; *ders.*, Personalbindung durch aktienorientierte Vergütung, 2003; HWK/*Thüsing* BGB § 611a Rn. 277 ff.; *Willemsen/Müller-Bonanni* ZIP 2003, 1177.
[4] BFH 24.1.2001 NJW 2001, 2200.
[5] Dazu LAG Nürnberg 22.1.2002 DB 2002, 488; *Kau/Kukat* BB 1999, 2505.
[6] BAG 21.10.2009 AP Nr. 210 zu § 242 BGB Gleichbehandlung = NZA-RR 2010, 289.
[7] BAG 28.5.2008 AP Nr. 12 zu § 305 BGB = NZA 2008, 1066.
[8] LAG München 17.4.2018 – 7 Sa 752/17; ErfK/*Preis* BGB § 611a Rn. 505a.
[9] *Pulz*, Personalbindung durch aktienkursorientierte Vergütung, 136; *Baeck/Diller* DB 1998, 1405 (1408); *Lembke* BB 2001, 1469 (1474).
[10] BAG 28.5.2008 AP Nr. 12 zu § 305 BGB = NZA 2008, 1066.

konzernangehörigen AG. Eine eigene Verpflichtung des AG kann jedoch begründet werden, wenn die Arbeitsvertragsparteien die Teilnahme des AN an dem Aktienoptionsprogramm eines anderen Konzernunternehmens ausdrücklich oder konkludent vereinbaren. In diesem Fall kann der AN auch von seinem AG die Zuteilung von Aktienoptionen nach den von dem anderen Konzernunternehmen aufgestellten Verteilungsgrundsätzen verlangen. Es ist dann Sache des AG, die Erfüllbarkeit der eingegangenen Verpflichtung sicherzustellen.[11] Hat eine Muttergesellschaft der AG oder ein Konzernunternehmen in einem Aktienoptionsplan eigenständig und ausschließlich Verpflichtungen gegenüber AN übernommen, die im Betrieb eines anderen zum Konzern gehörenden Unternehmens beschäftigt sind, gehen diese Verpflichtungen im Falle der Veräußerung des Betriebs nicht auf den Betriebserwerber über, da sie nicht Gegenstand des Arbeitsverhältnisses mit dem Betriebsveräußerer waren.[12] Jedoch sind auch in diesem Fall Konstellationen möglich, in denen sich der AG allein oder zusammen mit der emittierenden Gesellschaft gegenüber dem bezugsberechtigten AN selbst verpflichtet, diesem zum festgelegten Preis die Aktien zu verschaffen oder die Performance-Abschläge zu zahlen. Das ist anzunehmen, wenn die Bezugsrechte vom AG bzw. von seinem Rechtsvorgänger im Rahmen des Arbeitsverhältnisses zugesagt worden sind. Der AG ist dann nach Maßgabe der weiteren Ausübungsbedingungen zur Zahlung der Performance-Abschläge verpflichtet.[13]

7 **3. Belegschaftsaktien.** Sind Belegschaftsaktien – etwa in der Form einer Kapitalerhöhung nach § 192 II Nr. 3 AktG – ausgegeben worden,[14] kann auch im Fall der Beendigung des Arbeitsverhältnisses die Übertragbarkeit der Aktien nicht beschränkt werden. Es dürfen keine Unterschiede zwischen Aktionären und Belegschaftsaktionären gemacht werden.[15] Die Ausgabe von Belegschaftsaktien dient regelmäßig dem Ziel, die Bindung der AN an das Unternehmen zu festigen. Die Verfolgung dieses Zwecks liegt im Interesse der Gesellschaft und rechtfertigt den Bezugsrechtsausschluss.[16] Überlässt der AG Wertpapiere an seine AN gegen einen fest und unabänderlich bezifferten Preisnachlass, bemisst sich der geldwerte Vorteil nach diesem im Überlassungsangebot bezifferten Preisnachlass.[17]

III. Förderung nach dem 5. VermBG

8 **1. Rechtsgrundlagen.** Die Voraussetzung der Förderung ergeben sich aus dem Fünften Gesetz zur Förderung der Vermögensbildung der AN (Fünftes Vermögensbildungsgesetz – 5. VermBG) vom 4.3.1994 (BGBl. I 406) mit spät. Änd. Zu seiner Durchführung ist die Verordnung zur Durchführung des Fünften Vermögensbildungsgesetzes (VermBDV 1994) vom 20.12.1994 (BGBl. I 3904) mit spät. Änd. ergangen. Voraussetzung der Förderung der Vermögensbildung nach dem 5. VermBG ist, dass **(a)** die Begünstigten AN sind oder zu einem Personenkreis gehören, für die das Gesetz entsprechend gilt (§ 1 II, IV 5. VermBG); **(b)** vermögenswirksame Leistungen im Sinne von § 2 5. VermBG erbracht werden und **(c)** die vermögenswirksamen Leistungen zwischen dem Begünstigten und dem Dienstberechtigten vereinbart werden (§§ 10, 11 5. VermBG).

9 **2. Begünstigter Personenkreis.** Begünstigt werden **AN** einschließlich der zu ihrer Berufsausbildung beschäftigten Personen (§ 1 II 5. VermBG). Als AN gelten auch die in Heimarbeit (→ § 10 Rn. 1 ff.) beschäftigten Personen (§ 1 II 2 5. VermBG). Begünstigt sind auch ausländische AN. Nicht zu den AN gehören die gesetzlichen Vertreter juristischer Personen und die durch Gesetz, Satzung oder Gesellschaftsvertrag zur Vertretung von Personalgesellschaften berufenen Personen (§ 1 III 5. VermBG). Vermögenswirksame Leistungen können auch für die in § 3 5. VermBG genannten **Angehörigen** des AN erbracht werden.

10 **3. Leistungserbringung.** Erbringt der AG vermögenswirksame Leistungen für den AN, hat er sie besonders gekennzeichnet und aufgeschlüsselt nach zulagebegünstigten und sonstigen Beträgen unmittelbar an das Unternehmen oder Institut zu überweisen, bei dem die Anlage erfolgen soll (§ 3 II 5. VermBG). Das Institut hat seinerseits dem AG die Art der Anlage, den

[11] BAG 16.1.2008 AP Nr. 144 zu § 37 BetrVG 1972 = NZA 2008, 836.
[12] BAG 12.2.2003 AP Nr. 243 zu § 613a BGB = NZA 2003, 487; dazu *Annuß/Lembke* BB 2003, 2230; *Grimm/Walk* BB 2003, 577; *Lipinski/Melms* BB 2003, 150; *v. Steinau-Steinrück* NZA 2003, 473; *Willemsen/Müller-Bonanni* ZIP 2003, 1177.
[13] BAG 28.5.2008 AP Nr. 12 zu § 305 BGB = NZA 2008, 1066.
[14] Hierzu Hüffer/*Koch* AktG § 192 Rn. 15 ff.; HWK/*Thüsing* BGB § 611a Rn. 283.
[15] OLG München 14.11.1988 DB 1989, 214.
[16] BGH 15.5.2000 ZIP 2000, 1162.
[17] BFH 4.4.2001 BB 2001, 2304.

Eingang der vermögenswirksamen Leistungen und die zulagebegünstigten Beträge zu bestätigen (§ 3 II 5. VermBG). Bei laufenden Überweisungen genügt die Bestätigung der ersten Überweisung. Hiermit soll eine wechselseitige Kontrolle erreicht werden, denn der AG nimmt bei der Berechnung der Zulage Aufgaben des Staates wahr. Für eine vom AN gewählte Anlage nach § 2 I Nr. 5 5. VermBG hat der AG auf Verlangen des AN die vermögenswirksamen Leistungen an den AN zu überweisen, wenn dieser dem AG eine schriftliche Bestätigung seines Gläubigers vorgelegt hat, dass die Anlage bei ihm die Voraussetzungen des § 2 I Nr. 5 5. VermBG erfüllt. Der AG hat die Richtigkeit der Bestätigung nicht zu prüfen (§ 3 III 5. VermBG). Die vermögenswirksamen Leistungen können auch zu Gunsten Dritter, und zwar bestimmter naher Angehöriger des AN angelegt werden (§ 3 I 5. VermBG).

4. Insolvenzschutz. Der AG hat vor der Anlage vermögenswirksamer Leistungen in eigenem Unternehmen in Zusammenarbeit mit dem AN Vorkehrungen zu treffen, die der Absicherung der angelegten vermögenswirksamen Leistungen bei einer während der Sperrfrist eintretenden Zahlungsunfähigkeit des AG dienen **(§ 2 Va 5. VermBG).** Der Insolvenzschutz bleibt hinter dem durch das BetrAVG gewährten Insolvenzschutz bei Leistungen der betrieblichen Altersversorgung zurück. 11

5. Abschnitt. Werkwohnung

§ 81. Werkwohnung

Internetadresse: http://www.bmjv.de (Stichwort: Mietrecht).

Übersicht

I. Vorbemerkung

1 **1. Allgemeines.** Werk- bzw. Dienstwohnung ist der Oberbegriff für die Überlassung von Wohnraum durch den AG in Zusammenhang mit einem Arbeitsverhältnis. Entsprechend der gesetzlichen Regelung im BGB wird dabei nach Werkmietwohnungen und Werkdienstwohnungen unterschieden. Im Werkwohnungsrecht bestehen Besonderheiten gegenüber den Wohnraummietverhältnissen bei den Kündigungsfristen (§ 576 BGB) und der Ausübung des Widerspruchsrechts nach einer Kündigung (§ 576a BGB). Wie im allgemeinen Mietrecht wird auch der vertraglich begründete Besitz einer Dienstwohnung vom Schutz des Art. 14 I GG erfasst.[1] Die mietrechtlichen Normen des BGB dienen dem Kündigungsschutz des Mieters, durch sie wird die Kündigungsmöglichkeit seines Arbeitsverhältnisses nicht beschränkt. Die Überlassung von verbilligtem Wohnraum erfüllt als Sachbezug den sich aus § 1 MiLoG ergebenden Differenzanspruch nicht. Die Überlassung von Wohnraum an AN mit dem Ziel, diese an sich zu binden und sich Wettbewerbsvorteile gegenüber anderen Unternehmen zu verschaffen, die ihren AN keine Werkswohnungen anbieten können, kann die Annahme einer gewerblichen Weitervermietung begründen.[2]

2 **2. Werkmietwohnungen.** Als solche wird Wohnraum bezeichnet, der mit Rücksicht auf das Bestehen des Arbeitsverhältnisses vermietet worden ist bzw. wird. Für Werkmietwohnungen sind regelmäßig drei Voraussetzungen kennzeichnend **(a)** Arbeitsvertrag und Mietvertrag bestehen getrennt nebeneinander. Nicht erforderlich ist, dass sie gleichzeitig abgeschlossen werden. **(b)** Der Mietvertrag muss aus Anlass des Arbeitsvertrags abgeschlossen sein. Nicht notwendig ist, dass der Arbeitsvertrag die alleinige Ursache des Mietvertragsabschlusses ist.[3] In der Rspr. wird jedoch überwiegend ein maßgebender Einfluss des Arbeitsvertragsschlusses auf die Begründung des Mietverhältnisses verlangt,[4] allerdings findet diese Sichtweise im Gesetz keine Stütze. Danach liegt ein Werkmietvertrag vor, wenn die Arbeitsleistung im Rahmen einer Teilzeittätigkeit erbracht wird.[5] Wird der Mietvertrag vor Abschluss des Arbeitsvertrags vereinbart, wird nur in Ausnahmefällen eine Werkmietwohnung vorliegen, etwa wenn die Vermietung im Hinblick auf einen bevorstehenden Arbeitsvertragsschluss erfolgt. **(c)** Es muss sich um **Wohnraum** iSd §§ 549 ff. BGB handeln, wobei bereits die Überlassung eines Zimmers ausreichend sein kann.

---

[1] BVerfG 26.5.1993 NJW 1993, 2035.
[2] BGH 17.1.2018 NJW-RR 2018, 459.
[3] LG Aachen 25.11.1983 WM 1985, 149.
[4] BAG 2.11.1999 AP Nr. 68 zu § 2 ArbGG 1979 = NZA 2000, 277.
[5] LG Köln 27.3.1996 ZMR 1996, 666 (Hausmeister); aA LG Aachen 14.2.1991 MDR 1991, 542.

Unerheblich ist, ob der AG oder ein Dritter Eigentümer oder Vermieter der Wohnung ist. Zu unterscheiden sind die **werkseigenen** Betriebswohnungen, bei denen der AG zugleich Eigentümer und Vermieter ist, und **werksfremde** Betriebswohnungen, die vom Betriebsinhaber zur Unterbringung von Betriebsangehörigen angemietet oder nach Gesetz oder Vereinbarung des AG mit dem Vermieter für AN zur Verfügung zu halten sind. Die Werkmietwohnungen werden ihrerseits untergliedert in **(aa) einfache Werkmietwohnungen** und **(bb) funktionsgebundene Werkmietwohnungen.** Um letztere handelt es sich, wenn das Dienst- oder Arbeitsverhältnis seiner Art nach die Überlassung des Wohnraums, der in unmittelbarer Beziehung oder Nähe zur Stätte der Dienstleistung steht, erfordert (§ 576 I Nr. 2 BGB). Dies kann zB bei einem Pförtner oder Hausmeister der Fall sein.

3. Werkdienstwohnungen. Im Gegensatz zu Werkmietwohnungen wird hier der Wohnraum im Rahmen des Arbeitsverhältnisses überlassen, üblicherweise zur besseren Erfüllung der Arbeitsleistung. Es besteht neben dem Arbeitsvertrag kein Mietvertrag, sondern nur ein einheitliches (gemischtes) Vertragsverhältnis, auf das im Wesentlichen Arbeitsrecht Anwendung findet. Die mietrechtlichen Vorschriften sind nur sinngemäß heranzuziehen. Voraussetzung für eine Werkdienstwohnung ist, dass der AN vertraglich zum Bezug der überlassenen Wohnung verpflichtet ist.[6] Dabei ist entscheidend, ob das Bewohnen des überlassenen Wohnraums arbeitsvertraglich (ausdrücklich oder konkludent) vereinbart worden ist. Unerheblich ist, ob neben dem Arbeitsvertrag ein gesonderter Mietvertrag ausgestellt worden ist. Nicht notwendig ist auch, dass die Überlassung der Wohnung Teil der Arbeitsvergütung ist. 3

4. Vereinbarung. Für die Abgrenzung von Werkdienstwohnungen (§ 576b BGB) und Werkmietwohnungen (§ 576 BGB) kommt es nicht auf die Bezeichnung der Parteien oder deren rechtliche Beurteilung, sondern auf den materiellen Gehalt des Vereinbarten an. Dieser ist durch Auslegung des Vertrags (§§ 133, 157 BGB) zu ermitteln. Ergibt die Auslegung ein Mietverhältnis, kann das zwingende Mietrecht auch nicht dadurch abbedungen werden, dass die Parteien eine Dienstwohnung als Vertragsgegenstand und damit die Anwendung von Arbeitsrecht vereinbaren; denn durch das Arbeitsrecht wird der AN nicht besser gestellt als durch das Mietrecht.[7] Danach ist unerheblich, auf welcher Rechtsgrundlage die Parteien die Überlassung des Wohnraums regeln wollten.[8] Maßgeblich ist vielmehr, ob der Wohnraum dem AN zugewiesen worden ist oder dieser eine echte Auswahl treffen konnte und wie die Höhe des Überlassungswerts des Wohnraums ermittelt worden ist. Wird dieser etwa vom AG festgelegt, spricht dies für eine Werkdienstwohnung.[9] 4

II. Rechtsgrundlagen

Das Recht der Werkwohnungen ist im Wesentlichen in den §§ 576–576b BGB geregelt. Für öffentlich geförderte Werkwohnungen galten Sondervorschriften, die zwischenzeitlich außer Kraft getreten sind. Besonderheiten gelten außerhalb des Saarlands für **Bergarbeiterwohnungen,** die aus Mitteln der Kohlenabgabe aufgrund des G zur Förderung des Bergarbeiterwohnungsbaues im Kohlenbergbau idF v. 25.7.1997 (BGBl. I 1942), zul. geänd. 19.6.2020[10] (BGBl. I 1328) errichtet und an Wohnungsberechtigte im Kohlenbergbau vermietet sind. Sie sind nicht an einen bestimmten Betrieb oder AG gebunden, sondern allein an die Zugehörigkeit des Wohnberechtigten (§ 4 BergWohnFördG) zum Bergbau. Nach Erlöschen der Wohnungsberechtigung gelten die allgemeinen Bestimmungen des Mietrechts und nicht die §§ 576–576b BGB. 5

III. Werkmietwohnung

1. Vertragsabschluss und -inhalt. Für Inhalt und Abschluss des Werkmietvertrags gelten keine rechtlichen Besonderheiten. Da zwei gesonderte Verträge abgeschlossen werden, fällt das Mietverhältnis nicht unter die Nachweispflicht des AG. In Formularmietverträgen getroffene Vereinbarungen unterliegen dem Recht der Allgemeinen Geschäftsbedingungen (→ § 35 Rn. 1 ff.) 6

[6] Ähnlich LAG Hamm 8.2.1996 NZA-RR 1996, 480.
[7] BAG 28.7.1992 AP Nr. 7 zu § 87 BetrVG 1972 Werkmietwohnungen = NZA 1993, 272.
[8] BAG 28.11.2007 AP Nr. 11 zu § 2 ArbGG 1979 Zuständigkeitsprüfung = NZA 2008, 843.
[9] LAG Köln 4.3.2008 ZMR 2008, 963.
[10] Dazu VO zur Durchführung des G zur Förderung des Bergarbeiterwohnungsbaues im Kohlenbergbau v. 31.8.1966 (BGBl. I 549).

insb. der Inhaltskontrolle des § 307 BGB. Bei einem Eigentümerwechsel tritt der Erwerber des Mietobjekts gemäß § 566 BGB in den Werkmietvertrag ein. Allerdings endet die Eigenschaft als Werkwohnung, wenn dieser nicht AG des mietenden AN ist. Die besonderen Vorschriften über die Beendigung des Mietverhältnisses bei Werkwohnungen (§§ 573, 576 BGB) finden daher keine Anwendung.[11]

7 **2. Mietzins. a) Vereinbarung.** Bei Begründung des Mietvertrags unterliegt die Höhe des Mietzinses freier Vereinbarung. Mietpreisbindungen bestehen nur für öffentlich geförderten Wohnraum nach näherer Maßgabe des § 28 WoFG. Die Miete kann ansonsten als Staffel- und als Indexmiete vereinbart werden. Bei der **Staffelmiete** wird die Miete in vorher festgelegten Zeiträumen um bestimmte Beträge erhöht (§ 557a BGB). Die Staffelmiete bedarf der schriftlichen Vereinbarung. In der Vereinbarung ist die jeweilige Miete oder die jeweilige Erhöhung in einem Geldbetrag auszuweisen. Sie muss jeweils mindestens ein Jahr unverändert bleiben. Während der Staffelmiete ist ein Mieterhöhungsverlangen ausgeschlossen. Das Kündigungsrecht des Mieters kann für höchstens vier Jahre ausgeschlossen werden. Bei der **Indexmiete** können die Parteien schriftlich vereinbaren, dass die Miete durch den vom Statistischen Bundesamt ermittelten Preisindex für die Lebenshaltung aller privaten Haushalte in Deutschland bestimmt wird (§ 557b I BGB). Während der Geltung einer Indexmiete muss die Miete grundsätzlich für ein Jahr unverändert bleiben. Ausnahmen gelten lediglich bei Modernisierungen und der Veränderung der Betriebskosten (§§ 557b, 559–560 BGB). Die Betriebskosten trägt regelmäßig der AN.[12]

8 **b) Erhöhung.** Einseitige Mieterhöhungen sind unzulässig, ebenso eine aus diesem Grund erklärte Kündigung (§ 573 I 2 BGB). Der Vermieter kann die Zustimmung zu einer Erhöhung der Miete bis zur **ortsüblichen Vergleichsmiete** verlangen, wenn die Miete in dem Zeitpunkt, zu dem die Erhöhung eintreten soll, seit 15 Monaten unverändert ist. Das Mieterhöhungsverlangen kann frühestens ein Jahr nach der letzten Mieterhöhung geltend gemacht werden. Erhöhungen wegen Modernisierungen und Nebenkosten bleiben unberücksichtigt (§ 558 BGB). Das Mieterhöhungsverlangen bedarf der Textform (§ 126b BGB).[13] Zur Begründung des Mieterhöhungsverlangens kann Bezug genommen werden (§ 558a BGB) auf **(1)** einen Mietspiegel (§§ 558c, 558d BGB). Der einfache Mietspiegel wird von der Gemeinde oder Interessenvertretern der Mieter und Vermieter gemeinsam erstellt; **(2)** einen qualifizierten Mietspiegel.[14] Dieser wird nach wissenschaftlichen Grundsätzen erstellt und wird von der Gemeinde oder den Interessenvertretern von Mietern und Vermietern anerkannt (§ 558d BGB). Der qualifizierte Mietspiegel ist im Abstand von zwei Jahren der Marktentwicklung anzupassen. Ist dies erfolgt, wird vermutet, dass die im qualifizierten Mietspiegel bezeichneten Entgelte die ortsübliche Vergleichsmiete wiedergeben; **(3)** eine Auskunft aus der Mietdatenbank. Anstelle eines einfachen oder qualifizierten Mietspiegels können sich die Gemeinden künftig für die Einrichtung einer Mietdatenbank entscheiden; **(4)** auf das mit Gründen versehene Gutachten eines öffentlich bestellten vereidigten Sachverständigen. Ein Mieterhöhungsverlangen ist schließlich möglich bei **Modernisierung** und bei **Veränderung von Betriebskosten.** Enthält ein Formularmietvertrag eine unwirksame Schönheitsreparaturklausel, ist der Vermieter nicht berechtigt, einen Zuschlag zur ortsüblichen Vergleichsmiete zu verlangen, weil es hierfür an einer rechtlichen Grundlage fehlt.[15]

9 Ist der Wohnraum vom AG im Hinblick auf den Bestand des Arbeitsverhältnisses **verbilligt überlassen** worden, ist dieser Umstand auch bei einem Mieterhöhungsverlangen zu berücksichtigen.[16] Besteht ein Mietspiegel für Werkwohnungen, ist auf diesen abzustellen. Ansonsten ist ein Abschlag auf die ortübliche Vergleichsmiete vorzunehmen.[17] Ist der Mietvorteil in der Vergangenheit konkret beschrieben worden, ist dessen Höhe nominal von der ortüblichen Vergleichsmiete abzusetzen, ansonsten ist er zu schätzen.[18] Kein Abschlag ist vorzunehmen, wenn das Arbeitsverhältnis zum Zeitpunkt des Mieterhöhungsverlangens nicht mehr besteht oder das

---

[11] AG München 8.2.2019 ZMR 2019, 881.
[12] BAG 27.10.1998 – 9 AZR 534/97.
[13] BGH 10.11.2010 NJW 2011, 295 (Schriftformklausel im Mietvertrag).
[14] Zur Beifügung BGH 12.12.2007 NJW 2008, 573.
[15] BGH 11.2.2009 NJW 2009, 1410; 9.7.2008 NJW 2008, 2840.
[16] Zur Berücksichtigung nach dem Wegfall der Mietpreisbindung BGH 9.11.2011 NJW 2012, 145.
[17] AG Frankfurt 3.9.2000 ZMR 2002, 55; LG München 17.7.2001 WuM 2001, 495.
[18] BayObLG München 22.2.2001 NJW-RR 2001, 873.

Hausgrundstück auf einen Dritten übergeht.[19] Bei öffentlich gefördertem, preisgebundenem Wohnraum ist der Vermieter berechtigt, die Kostenmiete einseitig um den Zuschlag nach § 28 IV II. BV zu erhöhen, wenn die im Mietvertrag enthaltene Klausel über die Abwälzung der Schönheitsreparaturen auf den Mieter unwirksam ist.[20]

c) Aufrechnung, Pfändung. AG und AN können im Mietvertrag eine Aufrechnungsvereinbarung schließen, nach der die Miete bei der Gehalts- bzw. Lohnzahlung einbehalten wird.[21] Eine solche Vereinbarung verstößt nicht gegen § 107 II GewO.[22] Wegen der Rechtsfragen zum Rechtsweg bei Streitigkeiten um den Mietzins → Rn. 26, zur Aufrechnung mit der Vergütung → § 73 Rn. 8 sowie bei Pfändung des Vergütungsanspruchs und der Mietzinsforderung des AG → § 88 Rn. 32. 10

3. Beendigung des Mietverhältnisses. a) Grundsatz. Ein Mietverhältnis über Wohnraum kann unter den Voraussetzungen von § 575 BGB befristet abgeschlossen werden. Ist das Mietverhältnis auf unbestimmte Zeit eingegangen, kann es ordentlich gekündigt werden. Die Kündigung des Mietverhältnisses bedarf der schriftlichen Form (§ 568 BGB). Der Vermieter soll den Mieter auf die Möglichkeit der Form und die Frist des Widerspruchs nach §§ 574–574b BGB hinweisen. Der unterlassene Hinweis führt nicht zur Unwirksamkeit der Kündigung, sondern nur zu einer verlängerten Widerspruchsfrist (§ 574b II 2 BGB). Der Vermieter kann nur kündigen, wenn er ein berechtigtes Interesse an der Beendigung des Mietverhältnisses hat (§ 573 BGB). Als solches kommen insbesondere Pflichtverletzungen des Mieters (§ 573 II Nr. 1 BGB) oder Eigenbedarf des Vermieters (§ 573 II Nr. 2 BGB) in Betracht. Unter den Voraussetzungen des § 569 BGB ist eine außerordentliche Kündigung möglich. Ein wichtiger Grund zur Kündigung ist zB die nachhaltige Störung des Hausfriedens. Störer können sowohl der Mieter wie der Vermieter sein. Daneben können sich Kündigungsbeschränkungen des Mietverhältnisses aus der Zweckbestimmung zwischen Arbeits- und Mietvertrag ergeben. Diese gehen bei einem Eigentümerwechsel grundsätzlich auf den neuen Erwerber über.[23] Gegenüber einer Kündigung kann der Mieter unter den Voraussetzungen des § 574 BGB Widerspruch erheben. Die Kündigungsschutzrechte stehen dem AN auch dann zu, wenn der AG als Hauptmieter den Wohnraum von einem Dritten angemietet und lediglich an den AN untervermietet hat.[24] 11

b) Kündigungsfrist. Die Kündigung ist spätestens am dritten Werktag eines Kalendermonats zum Ablauf des übernächsten Monats zulässig. Sie beträgt daher für den Mieter drei Monate (§ 573c BGB). Die Kündigungsfrist für den Vermieter verlängert sich nach fünf und acht Jahren seit der Überlassung des Wohnraums um jeweils drei Monate. 12

c) Kündigung des Mietverhältnisses während des Arbeitsverhältnisses. Während des Bestandes des Arbeitsverhältnisses kann, sofern das Kündigungsrecht nicht ausdrücklich oder konkludent ausgeschlossen ist, die Werkmietwohnung nur nach den allgemeinen Mietvorschriften des BGB (→ Rn. 11) gekündigt werden. Besonderheiten gelten bei AN, deren Arbeitsverhältnis nach § 1 ArbPlSchG ruht. Nach § 3 ArbPlSchG bleibt die Verpflichtung des Vermieters durch die Einberufung des AN zum Wehrdienst unberührt.[25] Bei verheirateten AN darf die durch den Wehrdienst bedingte Abwesenheit nicht zu ihrem Nachteil berücksichtigt werden. Dasselbe gilt für ledige AN, wenn sie den Wohnraum aus besonderen Gründen, etwa zur Unterstellung von Möbeln, während des Wehrdiensts benötigen (§ 3 II 2 ArbPlSchG). 13

d) Kündigung nach Beendigung des Arbeitsverhältnisses. aa) Grundsatz. Nach Beendigung des Arbeitsverhältnisses kann eine Werkmietwohnung gleichfalls unter den allgemeinen Voraussetzungen gekündigt werden (→ Rn. 11). Ob die Beendigung des Arbeitsverhältnisses allein als Kündigungsgrund für das Mietverhältnis ausreicht, ist umstr. Nach richtiger Ansicht müssen allerdings noch weitere betriebliche Gründe hinzutreten, zB positive Auswirkungen auf den Betriebsablauf durch Weitervermietung an einen anderen AN, eine kollektivrechtlich begründete Pflicht zur Überlassung von verbilligtem Wohnraum nur an Betriebsangehörige oder 14

[19] LG Wiesbaden 8.11.2001 ZMR 2002, 278 (Verzicht auf Betriebskosten).
[20] BGH 24.3.2010 NJW 2010, 1590.
[21] BAG 15.5.1974 AP Nr. 2 zu § 387 BGB = DB 1974, 1965.
[22] So bereits BAG 15.5.1974 AP Nr. 2 zu § 387 BGB = DB 1974, 1965 zu § 115 GewO aF.
[23] LG Heilbronn 28.6.2012 – 2 S 88/11 Co.
[24] BayObLG 30.8.1995 MDR 96, 41; AG Augsburg 25.3.1998 ZMR 1999, 176.
[25] HessLAG 21.7.1966 AP Nr. 2 zu § 565b BGB.

die Umwandlung der Räume in Geschäfts- bzw. Büroräume. Allerdings sind die Kündigung des Miet- und Arbeitsverhältnisses zu unterscheiden. Sie können gleichzeitig ausgesprochen werden. Im Wege der Auslegung ist zu ermitteln, ob sich die Kündigung sowohl auf das Miet- wie das Arbeitsverhältnis bezieht. Im Allgemeinen beinhaltet die Kündigung des Arbeitsverhältnisses aber nicht zugleich die des Mietverhältnisses. Ist das Arbeitsverhältnis bereits wirksam beendet, entfällt das Mitbestimmungsrecht des BR bei der Kündigung des Mietverhältnisses, da der AN nicht mehr vom BR vertreten wird.[26]

15 **bb) Abgekürzte Beendigungsmöglichkeit.** In § 576 BGB ist für den Vermieter einer Werkwohnung eine gegenüber den allgemeinen Kündigungsfristen abgekürzte Beendigungsmöglichkeit vorgesehen, wenn das Mietverhältnis auf unbestimmte Zeit oder durch die Beendigung des Arbeitsverhältnisses auflösend bedingt (wg. § 572 II BGB) abgeschlossen worden ist. Für auf Zeit eingegangene Mietverhältnisse gilt sie nicht. Die Norm stellt keinen eigenständigen Kündigungsgrund dar, sondern schafft nur zu Gunsten des Vermieters eine kürzere Kündigungsfrist, der bei Vorliegen der Voraussetzungen des § 576 BGB ein Wahlrecht hat, ob er die Beendigung mit der in § 576 BGB vorgesehenen oder der gesetzlichen Kündigungsfrist (§ 573c BGB) vornimmt. Die Kündigung nach § 576 BGB kann wirksam erst nach der (tatsächlichen) Beendigung des Arbeitsverhältnisses ausgesprochen werden, dh nach Zugang der außerordentlichen Kündigung oder Ablauf der Kündigungs- bzw. Auslauffrist. Wird sie vorzeitig erklärt, ist sie nicht unwirksam, der Vermieter kann aber nicht die abgekürzte Kündigungsfrist des § 576 BGB in Anspruch nehmen, insoweit gilt § 573c BGB.[27] Nach der Gegenauffassung rechnet die Kündigungsfrist des § 576 BGB erst ab Beendigung des Arbeitsverhältnisses. Die Kündigung nach § 576 BGB muss nicht in unmittelbarem zeitlichen Anschluss an die Beendigung des Arbeitsverhältnisses ausgesprochen werden. Unerheblich ist auch, ob der AN Kündigungsschutzklage erhoben hat, da nicht die rechtliche, sondern die tatsächliche Beendigung maßgeblich ist. Die Kündigung unterliegt den Formvorschriften der §§ 568, 573 III BGB.[28]

16 **cc) Kündigungsfrist.** Gewöhnliche Werkmietwohnungen können nach § 576 I Nr. 1 BGB spätestens am 3. Werktag eines Kalendermonats für den Ablauf des übernächsten Monats gekündigt werden, sofern das Mietverhältnis noch keine 10 Jahre bestand und der Wohnraum für einen anderen zur Dienstleistung Verpflichteten benötigt wird. Ausreichend sind vernünftige und nachvollziehbare Gründe, warum der Wohnraum einem anderen AN überlassen wird. Ist die Wohnung länger überlassen, gelten die allgemeinen Fristen des § 573c BGB. **Funktionsgebundene Werkmietwohnungen** können spätestens am 3. Werktag eines Kalendermonats für den Ablauf desselben Monats gekündigt werden, wenn das Dienstverhältnis seiner Art nach die Überlassung von Wohnraum erfordert hat, der in unmittelbarer Beziehung oder Nähe zur Arbeitsstätte steht, und der Wohnraum aus dem gleichen Grund für einen anderen zur Dienstleistung Verpflichteten benötigt wird (§ 576 I Nr. 2 BGB). Angaben zur Person des Nachmieters sind bei beiden Tatbestandsalternativen des § 576 I BGB nicht erforderlich. Fällt der **3. Werktag** auf einen Sonnabend, muss die Kündigung an diesem Tag zugehen; § 193 BGB gilt nicht (str.). Vereinbarungen, durch die zum Nachteil des Vermieters von § 576 BGB abgewichen wird, sind unwirksam (§ 576 II BGB).

17 **e) Widerspruchsrecht.** Der Mieter/AN hat bei Kündigung von gewöhnlichen (nicht bei funktionsgebundenen) Werkmietwohnungen grundsätzlich ein Widerspruchsrecht gegen die Kündigung gem. §§ 574–574c BGB. Bei der Anwendung §§ 574–574c BGB sind wegen der Zweckbindung auch die Belange des Dienstberechtigten zu berücksichtigen. Das Widerspruchsrecht ist ausgeschlossen, wenn der Vermieter eine funktionsgebundene Werkwohnung gekündigt hat (§ 576a II Nr. 1 BGB). Es ist ferner ausgeschlossen, wenn der Mieter das Arbeitsverhältnis gelöst hat, ohne dass ihm der AG hierzu einen gesetzlich begründeten Anlass gegeben hat (wichtiger Grund) oder wenn der Mieter durch sein **Verhalten** dem AG einen gesetzlich begründeten Anlass zur Auflösung des Arbeitsverhältnisses gegeben hat. Dies ist bei Vorliegen eines **wichtigen** (§ 626 BGB) oder **verhaltensbedingten Grunds** (§ 1 II 1 KSchG, str.), hingegen nicht bei einer personenbedingten Kündigung der Fall.[29] Ist streitig, ob ein gesetzlich begründeter Anlass zur Kündigung bestand, kann das Amtsgericht während des Kündigungsschutzverfahrens den Mietrechtsstreit nach § 148 ZPO aussetzen, ansonsten muss es selbst über den Kündigungsgrund befinden.

---

26 OLG Frankfurt 14.8.1992 AP Nr. 6 zu § 87 BetrVG 1972 Werkmietwohnungen.
27 LG Köln 27.3.1996 ZMR 1996, 666.
28 AG Schöneberg 9.7.2008 NJW-RR 2010, 88.
29 BAG 28.11.1957 AP Nr. 4 zu § 20 MietSchG; LG Aachen 17.2.1967 DB 1967, 735.

f) Räumung. Nach §§ 721, 794a ZPO können dem Mieter (AN) nach einer wirksamen Kündigung der Werkwohnung Räumungsfristen bewilligt werden. Zuständig ist das Amtsgericht (§ 29a ZPO).[30] 18

IV. Werkdienstwohnung

1. Vertragsabschluss und -inhalt. a) Einheitlicher Vertrag. Bei Werkdienstwohnungen besteht ein einheitlicher Vertrag über die Arbeitsleistung und die Überlassung des Wohnraums. Der AN ist vertraglich zum Bezug der Werkdienstwohnung verpflichtet; eine entsprechende Abrede muss aber ausdrücklich getroffen werden.[31] Die Verpflichtung zum Wohnungsbezug und ggf. die Höhe der hierfür zu zahlenden Vergütung muss der AG in einen Nachweis nach § 2 I NachwG aufnehmen, da es sich um wesentliche Bedingungen des Arbeitsverhältnisses handelt. Der Abschluss eines Werkmietvertrags ist nach allgemeinen Grundsätzen formfrei möglich. Bei der Verpflichtung zum Bewohnen der zugewiesenen Räume handelt es sich um keine formbedürftige Nebenabrede gem. § 2 III TVöD, da die Hauptleistungspflicht betroffen ist.[32] 19

b) Vertragsänderungen. Der AN kann von der Verpflichtung zum Bewohnen der Wohnräume durch Änderungsvertrag entbunden werden. Stimmt der AG einem entsprechenden Antrag nicht zu, kann die Entbindung auch durch das Gericht vorgenommen werden, wenn die Aufrechterhaltung des bisherigen Vertragsinhalts zu einer besonderen Härte für den AN führen würde.[33] Die arbeitsvertragliche Verpflichtung zum Bewohnen einer Werkdienstwohnung kann aber nicht selbständig unter Fortbestand des Arbeitsverhältnisses gekündigt werden.[34] Ebenso ist die Vereinbarung eines einseitigen Widerrufsrechts durch den AG unzulässig.[35] Die Eigenschaft als Werkdienstwohnung und die vertragliche Pflicht zum Bezug der Wohnräume entfallen, wenn der AG nicht mehr Haupt- oder Zwischenvermieter der Wohnung ist. Endet das Arbeitsverhältnis, bewohnt aber der frühere AN die Wohnung weiter, wird durch die fortgesetzte Nutzung angesichts des Fehlens einer anderweitigen Vertragsbeziehung regelmäßig ein (normales) Mietverhältnis begründet. 20

c) Ergänzende Vorschriften. Die mietrechtlichen Vorschriften sind auf die Werkdienstwohnung nicht direkt, sondern nur bei Fehlen von arbeitsvertraglichen Regelungen entsprechend anzuwenden. Daher kann der AG bei Zuweisung einer mit Mängeln behafteten Dienstwohnung oder fehlender Mängelbeseitigung schadensersatzpflichtig werden,[36] bei erheblichen Mängeln kommt ein Zurückbehaltungsrecht auch hinsichtlich der Arbeitsleistung in Betracht. 21

d) Scheidung. Besonderheiten gelten bei einer Ehescheidung des Mieters einer Werkwohnung. Nach § 1568a I BGB kann ein Ehegatte verlangen, dass ihm der andere Ehegatte anlässlich der Scheidung die Ehewohnung überlässt, wenn er auf deren Nutzung unter Berücksichtigung des Wohls der im Haushalt lebenden Kinder und der Lebensverhältnisse der Ehegatten in stärkerem Maße angewiesen ist als der andere Ehegatte oder die Überlassung aus anderen Gründen der Billigkeit entspricht. Allerdings kann ein Ehegatte die Begründung eines Mietverhältnisses über eine Wohnung, die die Ehegatten auf Grund eines Dienst- oder Arbeitsverhältnisses innehaben, das zwischen einem von ihnen und einem Dritten besteht, nur verlangen, wenn der Dritte einverstanden oder dies notwendig ist, um eine schwere Härte zu vermeiden (§ 1568a IV BGB). 22

2. Mietzins. Bei Werkdienstwohnungen muss eine Vergütung für das Bewohnen der Räume besonders vereinbart werden. Fehlt es an einer Abrede, wird grundsätzlich die Überlassung der Wohnung als Teil der Arbeitsvergütung anzusehen sein. Ist hingegen eine besondere Vergütung vertraglich vereinbart, kann diese nicht einseitig vom AG/Vermieter geändert werden, vielmehr hat sie regelmäßig in Form einer Änderungskündigung oder durch Änderungsvertrag zu erfolgen, ein Mieterhöhungsverlangen nach §§ 557 ff. BGB ist unzulässig.[37] Die Vereinbarung einer Index- bzw. Staffelmiete (→ Rn. 7) ist aber auch bei einer Werkdienstwohnung zulässig. Im 23

[30] Vgl. auch LG Essen 4.6.1971 NJW 1971, 2315.
[31] Zu einer entspr. Änderungskündigung BAG 26.6.2008 AP Nr. 8 zu § 55 BAT.
[32] Vgl. zum BAT: LAG Nds 21.9.1999 EzBAT § 65 Nr. 7; aA LAG Köln 1.10.1999 ZTR 2000, 225.
[33] LAG Nds 9.2.2001 LAGE § 315 BGB Nr. 10 (ruhestörender Lärm).
[34] BAG 23.8.1989 AP Nr. 3 zu § 565e BGB = NZA 1990, 191.
[35] Zu Dienstwohnungen nach Landesrecht LAG Hamm 11.6.2012 – 17 Sa 1100/11.
[36] BVerwG 21.9.2000 NJW 2001, 1878.
[37] ArbG Nürnberg 11.10.2012 – 9 Ca 663/12; ArbG Hannover 14.1.1990 BB 1991, 554.

Bereich des öffentlichen Dienstes richtet sich die Dienstwohnungsvergütung regelmäßig nach den jeweils geltenden bundes- oder landesrechtlichen Vorschriften,[38] eine besondere Vereinbarung über die Miete ist bei einer Bezugnahme auf diese Vorschriften daher nicht erforderlich. Wird die Werkdienstwohnung nach der Beendigung des Arbeitsverhältnisses weiterhin überlassen, kann der Vermieter die Höhe des Nutzungsentgelts nicht durch einseitige Erklärung bestimmen, wenn sich der Wert der Überlassung anhand des Parteiwillens oder nach dispositivem Recht bestimmt; in diesem Fall gelten die allgemeinen Regeln für Mieterhöhungen (§§ 558 ff. BGB).[39] Zur Zahlung der Nebenkosten ist der AN hingegen ohne besondere Vereinbarung verpflichtet.

24 **3. Beendigung des Vertragsverhältnisses.** Da ein selbständiger Mietvertrag neben dem Arbeitsvertrag nicht besteht, entfällt das Nutzungsrecht des AN an der Werkdienstwohnung grundsätzlich mit der Beendigung des Arbeitsvertrags. Die Vorschriften des Mietrechts sind daher auch nicht entsprechend anzuwenden. Das Gesetz macht hiervon nur dann eine Ausnahme, wenn **(a)** der AN den Wohnraum ganz oder überwiegend mit Einrichtungsgegenständen ausgestattet hat, oder **(b)** er mit seinen Familienangehörigen in dem Wohnraum einen eigenen Hausstand führt (§ 576b BGB). Dies kann auch ein kinderloses Ehepaar sein. In diesen Fällen gilt die Kündigungsfrist über die funktionsgebundene Werkmietwohnung (→ Rn. 16) entsprechend, die Sozialklausel ist nicht anzuwenden. Jedoch kommt auch bei Werkmietwohnungen die Einräumung einer Räumungsfrist in Betracht.

V. Beteiligungsrechte der Arbeitnehmervertretungen

25 Grundsätzlich ist der AG nicht verpflichtet, Werkwohnungen zur Verfügung zu stellen. Unberührt bleibt die Möglichkeit, durch eine freiwillige Betriebsvereinbarung (§ 88 BetrVG) eine entsprechende Verpflichtung zu übernehmen. Werden die Werkwohnungen als Sozialeinrichtung unterhalten, hat der BR bei Form, Ausgestaltung und Verwaltung gem. § 87 I Nr. 8 BetrVG ein erzwingbares Mitbestimmungsrecht (→ § 235 Rn. 75). Daneben ist der BR bei Zuweisung und Kündigung von Wohnräumen, sowie bei der allgemeinen Festsetzung der Nutzungsbedingungen (einschließlich des Mietzinses) nach § 87 I Nr. 9 BetrVG zu beteiligen (→ § 235 Rn. 91). Für die **Personalvertretungen** bestehen vergleichbare Mitbestimmungsrechte nach dem BPersVG und die Landespersonalvertretungsgesetzen.

VI. Rechtsstreitigkeiten

26 **1. Werkmietwohnungen.** Rechtsstreitigkeiten aus dem Mietverhältnis gehören stets vor die Amtsgerichte (§ 29a ZPO).[40] Streiten die Parteien im Rahmen einer Lohnklage auch über die Höhe des Mietzinses, sind für die Vergütungsansprüche die Arbeitsgerichte und für eine etwaige **Widerklage** wegen mietrechtlicher Streitgegenstände die Amtsgerichte nach § 29a ZPO ausschließlich zuständig.[41] Die Widerklage ist abzutrennen und nach den §§ 17, 17a GVG an das Amtsgericht zu verweisen. Wird gegenüber einer Lohnforderung mit Ansprüchen aus dem Mietverhältnis **aufgerechnet,** hat das Arbeitsgericht über die Klageforderung durch Vorbehaltsurteil (§ 302 ZPO) zu entscheiden und im Übrigen den Rechtsstreit wegen der Gegenforderung an das Amtsgericht zu verweisen.[42]

27 **2. Werkdienstwohnungen.** Für Streitigkeiten über eine Werkdienstwohnung ist wegen des einheitlichen Vertragsschlusses stets der Rechtsweg zu den ArbG gegeben,[43] selbst wenn Gegenstand der Klage die Räumung der überlassenen Wohnung oder die Abrechnung der Betriebskosten ist.

VII. Abzugsverfahren

28 Die Überlassung einer werkeigenen Wohnung ist bei der Berechnung der Sozialversicherungsabgaben und der Lohnsteuer als Sachbezug nach § 2 IV SvEV zu berücksichtigen, wenn

[38] Vgl. BAG 18.9.2007 AP Nr. 10 zu § 310 BGB; zum Beginn einer Ausschlussfrist bei einer Mieterhöhung aufgrund einer Anhebung der tariflichen Vergütung LAG RhPf 11.12.2018 ZTR 2019, 333.
[39] LG Berlin 4.8.2009 Grundeigentum 2009, 1190.
[40] BAG 24.1.1990 AP Nr. 16 zu § 2 ArbGG 1979 = NZA 1990, 539.
[41] BAG 22.7.1998 AP Nr. 55 zu § 36 ZPO = NZA 1998, 1190.
[42] BAG 28.11.2007 AP Nr. 11 zu § 2 ArbGG 1979 Zuständigkeitsprüfung = NZA 2008, 843; zurückhaltender noch BAG 23.8.2001 AP Nr. 2 zu § 17 GVG = NZA 2001, 1158.
[43] BAG 2.11.1999 AP Nr. 68 zu § 2 ArbGG 1979 = NZA 2000, 277.

der Preis, zu dem die Wohnung überlassen wird, den ortsüblichen Mietpreis unterschreitet oder kostenlos erfolgt (§ 14 SGB IV). Übersteigt die Verbilligung 44 EUR mtl. nicht, besteht insoweit Steuerfreiheit (§ 8 II 1 EStG, R 8.1 [3] LStH 2020). Gleiches gilt bei einer Zuwendung durch verbilligte Überlassung eines Grundstücks, Einräumung eines Wohnrechts unter dem marktüblichen Wert, unterlassene Erhebung von Nebenkosten,[44] Zinszuschüssen, einem Mieterlass[45] oder der Übernahme von Aufwendungen für die Herstellung oder Herrichtung der Wohnung.[46] Wird die Sachleistung des AG vom Finanzamt für die Versteuerung mit einem bestimmten Betrag bewertet, ist dieser auch im Verhältnis zwischen AG und AN für das Lohnabzugsverfahren verbindlich.[47]

[44] BFH 11.5.2011 DB 2011, 217.
[45] BFH 7.11.2006 DStRE 2007, 405 (Mietnachlass).
[46] BFH 5.7.2012 DB 2012, 2723.
[47] LAG Köln 11.3.1998 NZA-RR 1999, 262.

6. Abschnitt. Aufwendungsersatz

§ 82. Ersatz von Auslagen

Übersicht

I. Allgemeines

1 **1. Aufwendungen.** Der AG ist dem AN zum Ersatz von Aufwendungen verpflichtet. Die Verpflichtung folgt aus § 670 BGB, der bei Arbeitsverhältnissen, die eine Geschäftsbesorgung zum Gegenstand haben, unmittelbar (§ 675 BGB), in den übrigen Fällen entsprechend anzuwenden ist.[1] Aufwendungen sind freiwillige Vermögensopfer, die der AN als Folge einer Arbeitgeberweisung erleidet oder die er nach den Umständen im Rahmen seiner arbeitsvertraglichen Pflichten für erforderlich halten durfte (→ Rn. 5). Nicht erforderlich ist, dass die Aufwendungen objektiv notwendig waren; ausreichend ist vielmehr, wenn der AN sie nach verständigem Ermessen subjektiv für notwendig halten durfte.[2] Aufwendungsersatzansprüche setzen daher grundsätzlich einen tatsächlichen Aufwand voraus, was bei der Auslegung von vertraglichen Vereinbarungen zu berücksichtigen ist.[3] Sonderregeln bestehen für den Auslagenersatz des BR und seiner Mitglieder für die Amtsführung (§ 40 BetrVG; → § 222 Rn. 1 ff.).

2 **2. Abgrenzung.** Der Anspruch auf Ersatz der Aufwendungen ist **kein Entgeltanspruch.**[4] Echter Aufwendungsersatz ist kein Arbeitsentgelt.[5] Die allgemeinen Vorschriften der Entgeltsicherung (Pfändung von Arbeitseinkommen, Insolvenz usw.) sind daher nicht anwendbar, vielmehr bestehen besondere Regelungen (§ 850a Nr. 3 ZPO; → § 90 Rn. 5). Der Anspruch auf Aufwendungsersatz fällt unter die regelmäßige Verjährungsfrist von 3 Jahren (§ 195 BGB).[6] Ob er einer tariflichen oder vertraglichen Verfallfrist unterliegt, ist von deren Formulierung abhängig. Betrifft diese „Ansprüche aus dem Arbeitsverhältnis" bzw. solche, die damit zusammenhängen, wird auch der Anspruch auf Aufwendungsersatz von der Ausschlussfrist erfasst. Hingegen ist eine Bestimmung, die nur für Ansprüche auf „Arbeitsvergütung" gilt, nicht einschlägig. Eine Geltendmachung des Anspruchs erfordert regelmäßig nur die Abrechnung der Auslagen. Die vom AG als Aufwendungsersatz gewährten Beträge unterliegen grundsätzlich nicht der Lohnsteuer und der Sozialversicherungspflicht (§ 3 Nr. 50 EStG; § 14 I SGB IV iVm § 1 I 1 Nr. 1 SvEV), Besonderheiten gelten bei pauschalem Auslagenersatz. Für die Abgrenzung zwischen Arbeitsvergütung und Aufwendungsersatz ist die vom AG gewählte oder von den Parteien ver-

[1] BAG (GS) 10.11.1961 AP Nr. 2 zu § 611 BGB Gefährdungshaftung; BAG 21.8.1985 AP Nr. 19 zu § 618 BGB = NZA 1986, 324.
[2] BAG 1.2.1963 AP Nr. 10 zu § 670 BGB.
[3] BAG 11.11.2010 AP Nr. 75 zu § 72a ArbGG 1979 = NZA 2011, 117.
[4] BAG 10.2.1988 AP Nr. 64 zu § 37 BetrVG 1972 = NZA 1989, 112.
[5] BAG 13.3.2013 AP Nr. 25 zu § 10 AÜG = NZA 2013, 1226.
[6] MüKoBGB/*Müller-Glöge* § 611 Rn. 891.

einbarte Bezeichnung der Leistung unerheblich. Vielmehr kommt es auf ihre inhaltliche Ausgestaltung und den objektiven Leistungszweck an;[7] zur Entgeltfortzahlung von Aufwendungsersatz → § 98 Rn. 85.

3. Vorschuss. Soweit der AN Ersatz der Aufwendungen beanspruchen kann, hat er einen klagbaren Anspruch auf Vorschuss (§§ 675, 669 BGB). Gewährt der AG keinen Vorschuss, obwohl Aufwendungen zur Erfüllung der Arbeitspflicht notwendig sind, gerät er unter den allgemeinen Voraussetzungen in Annahmeverzug. Ohne entsprechende Absprache ist der AN nicht berechtigt, den AG rechtsgeschäftlich zu verpflichten oder zu seinen Lasten Aufwendungen zu tätigen. 3

4. Darlegungs- und Beweislast. Ist der Aufwendungssatz nicht pauschaliert, hat der AN nach allgemeinen Grundsätzen Notwendigkeit und Höhe der einzelnen Auslagen darzulegen und zu beweisen. Er ist bei der Geltendmachung von pauschalierter Auslösung nicht verpflichtet, den Ort der auswärtigen Übernachtung sowie den Namen desjenigen, bei dem er übernachtet hat, anzugeben oder eine Bescheinigung über die Gewährung einer Übernachtung beizufügen.[8] 4

II. Erstattungsfähige Auslagen

1. Voraussetzungen. Wer im Interesse des AG und auf dessen Wunsch Aufwendungen macht, die durch keine Vergütung abgegolten werden, kann Ersatz dieser Aufwendungen verlangen. Im Allgemeinen ist jede Leistung von Vermögenswerten zur Ausführung des Auftrags als Aufwendung des Beauftragten anzusehen. Aufwendungen des AN sind erstattungsfähig, wenn sie **(a)** vom AG gefordert worden sind oder der AN sie den Umständen nach für erforderlich halten durfte, **(b)** in Zusammenhang mit den Arbeitspflichten erfolgt sind, **(c)** durch die gewährte Arbeitsvergütung nicht abgedeckt werden und **(d)** eine Kostenübernahmeverpflichtung des AN nicht besteht.[9] Die für die Erbringung der Arbeitsleistung notwendigen Betriebsmittel hat der AG zur Verfügung zu stellen. Daher besteht auch ein Anspruch auf Ersatz oder Instandsetzung der vom AN eingebrachten arbeitsnotwendigen Arbeitsmittel.[10] Nur was zur selbstverständlichen Einsatzpflicht des AN bei der Arbeit gehört, wird durch die Vergütungszahlung ausgeglichen.[11] Als erstattungsfähig wurden angesehen zB notwendige ärztliche Untersuchungen,[12] Fahrtkosten für Dienstfahrten, insbesondere zu Kunden oder zu auswärtigen Arbeitsstellen (→ Rn. 7),[13] Reisespesen,[14] Kosten des Autotelefons, Auslagen zur Beschaffung von Arbeitsmitteln, sofern der AN sie nicht zugleich privat nutzt,[15] Kosten für die Reparatur des Arbeitsmaterials (zB Musikinstrumente)[16] sowie die Anschaffung eines Lehrbuchs für den Schulunterricht.[17] Erstattungspflichtig sind auch die Kosten für auf einer Dienstfahrt gestohlenes Reisegepäck.[18] Bei Zusage der Erstattung der Fahrtkosten für öffentliche Verkehrsmittel kann der AN auch Erstattung der PKW-Kosten bis zu deren Höhe verlangen.[19] Benutzt der AN seinen eigenen PKW, kann er nur seine Aufwendungen, also die Benzinkosten, und nicht die Kilometerpauschale verlangen, es sei denn, dass dies besonders vereinbart ist. Wird dem AN zur Begleichung von Aufwendungen eine Kreditkarte ausgehändigt, kann er uU hieraus neben dem AG in Anspruch genommen werden, wenn dieser insolvent wird.[20] Andererseits ist der AN auch ohne besondere Absprache zur Erstattung bzw. Herausgabe von etwaigen vermögenswerten Vergünstigungen aus einer Dienstreise bzw. der Übernahme der entsprechenden Aufwendungen durch den AG 5

[7] BAG 15.7.1992 AP Nr. 19 zu § 46 BPersVG = NZA 1993, 661.
[8] BAG 29.7.1992 AP Nr. 155 zu § 1 TVG Tarifverträge: Bau.
[9] Grundlegend BAG 1.2.1963 AP Nr. 10 zu § 670 BGB.
[10] BAG 22.6.2011 AP Nr. 45 zu § 611 BGB Haftung des Arbeitgebers = NZA 2012, 91.
[11] BAG 16.10.2007 AP Nr. 34 zu § 670 BGB = NZA 2008, 1012; 14.10.2003 AP Nr. 32 zu § 670 BGB = NZA 2004, 604.
[12] LAG RhPf 30.1.2014 – 2 Sa 361/13; ArbG Frankfurt/Oder 9.11.2011 ZTR 2012, 192.
[13] BAG 21.1.1993 AP Nr. 1 zu § 17 TV Arb Bundespost.
[14] BAG 14.2.1996 AP Nr. 5 zu § 611 BGB Aufwandsentschädigung (Übernachtungskosten); LAG Hamm 27.2.2015 – 1 Sa 1437/14 (kein Verpflegungszuschuss).
[15] BAG 12.11.2013 AP Nr. 131 zu § 87 BetrVG 1972 Arbeitszeit = NZA 2014, 557.
[16] BAG 13.2.1992 AP Nr. 19 zu § 611 BGB Musiker = NZA 1992, 746.
[17] BAG 12.3.2013 NZA 2013, 1086.
[18] LAG Nürnberg 24.9.1997 NZA-RR 1998, 199.
[19] ArbG Herne 28.3.1973 DB 1973, 875.
[20] BAG 30.4.1975 AP Nr. 1 zu § 67 KO = NJW 1975, 2359.

verpflichtet (zB bei Bonusmeilen[21]); zur Möglichkeit abweichender Vereinbarungen und Pauschalierungen → Rn. 18.

6 **2. Mitbestimmungsrechte des Betriebsrats.** Betriebliche Regelungen über die Höhe des Aufwendungsersatzes bei Geschäftsreisen und über entsprechende Pauschalbeträge sind nicht mitbestimmungspflichtig. Dies gilt auch dann, wenn die betrieblichen Spesensätze die Pauschbeträge übersteigen, die lohnsteuerfrei bleiben. Etwas anderes gilt nur, soweit aus Anlass von Geschäftsreisen Beträge gezahlt werden, die nicht den Zweck haben, entstandene Kosten in pauschalierter Form abzugelten. Solche betrieblichen Leistungen sind im Zweifel Vergütung, deren Regelung nach § 87 I Nr. 10 BetrVG mitbestimmungspflichtig ist (→ § 235 Rn. 97).[22]

III. Persönliche Aufwendungen

7 Nicht erstattungspflichtig sind die persönlichen, von seinem Entgelt zu bestreitenden Aufwendungen des AN.[23] Hierzu gehören idR Kosten der Arbeitskleidung (→ Rn. 13) und der Beköstigung, Umzugskosten, die infolge des Dienstantritts entstehen (→ Rn. 8) sowie für Versicherungen in Zusammenhang mit der Berufstätigkeit; zur Erstattungsfähigkeit von Vorstellungskosten → § 25 Rn. 15. Die Aufwendungen für Fahrten zwischen der Privatwohnung und Arbeitsstelle hat grundsätzlich der AN selbst zu tragen.[24] Dies gilt allerdings nur eingeschränkt, wenn mit dem AN eine Tätigkeit vereinbart ist, bei der er neben seinem gewöhnlichen Arbeitsort auch an anderen, räumlich weit entfernt gelegenen Arbeitsstätten eingesetzt wird. Diese AN haben einen Anspruch auf **Ersatz ihrer notwendigen Fahrtkosten,** müssen sich allerdings den Betrag anrechnen lassen, den sie für die Fahrt an ihren gewöhnlichen Arbeitsort fiktiv einsparen. Das dem AG eingeräumte Direktionsrecht zur Bestimmung des Leistungsorts kann dieser nur rechtmäßig ausüben, wenn er gleichzeitig die Kosten für den Einsatz außerhalb des Nahbereichs des gewöhnlichen Arbeitsorts übernimmt. Ist mit dem AN ein bundesweiter Einsatz vereinbart, trägt der AG auch ohne besondere Vereinbarung die Fahrtkosten zu den weit entfernt liegenden Einsatzstätten. In diesem Fällen liegt darüber hinaus ein überwiegendes dienstliches Interesse an einem flexiblen Einsatz des AN vor, das zu einem Anspruch aus § 670 BGB führt. Ein solcher – in AGB nicht pauschal abdingbarer – Erstattungsanspruch besteht auch ohne entsprechende Vereinbarung für **Leiharbeitnehmer.**[25] Im Bereich der **Berufsausbildung** zählen die im Zusammenhang mit der schulischen Berufsausbildung des Auszubildenden stehenden Kosten grundsätzlich nicht zu den vom Ausbildenden zu tragenden Kosten der Berufsausbildung. Dies folgt aus der Zweiteilung der Berufsausbildung. Die Kosten für die Teilnahme am Unterricht einer auswärtigen Berufsschule sind ohne gesonderte Vereinbarung vom Auszubildenden zu tragen. Sein Ausbildender ist nur zur Kostentragung verpflichtet, wenn er den Auszubildenden zum Besuch einer anderen Bildungseinrichtung als der zuständigen staatlichen Berufsschule veranlasst.[26] Gleichfalls nicht erstattungsfähig sind Aufwendungen, mit denen ein gesetzes- oder sittenwidriger Zweck verfolgt wird. Die Vorschriften über den Aufwendungsersatz werden entsprechend angewandt, wenn der AN bei Ausführung der Arbeit Schäden erleidet, die nicht vom AG zu vertreten sind (→ § 60 Rn. 2 ff.). Bei Schäden an seiner Person wird regelmäßig ein Arbeitsunfall vorliegen, so dass eine Haftung des AG ausgeschlossen ist (→ § 61 Rn. 55).

IV. Kostenübernahme bei Ortswechsel

8 **1. Vereinbarung.** Grundsätzlich braucht der AG ohne eine besondere Vereinbarung Umzugskosten des AN nicht zu tragen, da diese Kosten der privaten Lebensführung des AN sind. Ausnahmen bestehen bei der Begründung von Arbeitsverhältnissen im öffentlichen Dienst, wenn an deren Begründung ein dringliches dienstliches Interesse besteht oder der AN versetzt bzw. abgeordnet worden ist (vgl. § 2 I TVöD).[27] Als Anspruchsgrundlagen kommen für den

[21] BAG 11.4.2006 AP Nr. 1 zu § 667 BGB = NZA 2006, 1089.
[22] BAG 27.10.1998 AP Nr. 99 zu § 87 BetrVG 1972 Lohngestaltung = NZA 1999, 381.
[23] MüKoBGB/*Müller-Glöge* § 611 Rn. 890.
[24] BAG 19.1.1977 AP Nr. 5 zu § 42 BAT.
[25] LAG Hamm 30.1.2016 – 5 Sa 1437/15; LAG Nds 20.12.2013 LAGE § 670 BGB 2002 Nr. 5; LAG Düsseldorf 30.7.2009 LAGE § 9 AÜG Nr. 7; LAG Köln 24.10.2006 NZA-RR 2007, 345; aA LAG RhPf 8.9.2009 AuA 2010, 378; LAG Hamm 16.7.2008 EzAÜG § 670 BGB Aufwendungsersatz Nr. 2.
[26] BAG 22.12.2009 AP Nr. 13 zu § 5 BBiG; 26.9.2002 AP Nr. 12 zu § 5 BBiG = NZA 2003, 1403.
[27] BAG 16.1.1985 AP Nr. 9 zu § 44 BAT; 7.9.1982 AP Nr. 7 zu § 44 BAT; einschränkend LAG Hamm 21.11.2002 NZA-RR 2003, 501 zu § 44 I BAT-KF.

AN ansonsten eine Betriebsvereinbarung, betriebliche Übung, der Gleichbehandlungsgrundsatz sowie eine einzelvertragliche Zusage in Betracht. Umzugskosten sind nach § 670 BGB zu erstatten, wenn der AG mit dem AN das Bewohnen besonderer Räumlichkeiten (Werkdienstwohnung, → § 81 Rn. 20) vereinbart oder die Verlegung seines Wohnsitzes verlangt und der AN diesem Wunsch entspricht. Wird der AN an einen anderen Ort versetzt oder der Betriebssitz verlegt, ist der AG nicht ohne weiteres zur Erstattung der höheren Fahrtkosten oder der Umzugskosten verpflichtet. Eine gesetzliche Erstattungspflicht besteht insbesondere nicht, wenn die Versetzung (ausschließlich) auf einem Wunsch des AN beruht oder mit der Übertragung eine höhere Vergütung verbunden ist. Allerdings wird die Versetzung an einen anderen Arbeitsort wegen der damit für den AN verbundenen Kostenbelastung bei der Prüfung der Billigkeit (§ 106 GewO) der Versetzungsentscheidung zu berücksichtigen sein.[28] Regelmäßig wird die Versetzung eine Kostenübernahmezusage des AG erfordern, wenn die geänderte Tätigkeit eine doppelte Haushaltsführung, einen Umzug oder erheblich höhere Fahrtkosten zur Folge hat. Allerdings kann ist die Erstattung auf die notwendigen Mehrkosten beschränkt. Eine Kostenübernahmeerklärung des AG ist regelmäßig bei einem Wechsel des Tätigkeitsorts in das Ausland erforderlich. Wird ein AN in das Ausland versetzt, ist die Zusage der Umzugskostenerstattung im Zweifel dahin auszulegen, dass sie auch den Rückumzug umfasst.[29] Die Erstattungspflicht besteht in Höhe der notwendigen Umzugskosten, verbreitet ist die Bezugnahme auf die Umzugskostenvergütung im öffentlichen Dienst nach dem BUKG, auf die bei Fehlen einer anderweitigen Vereinbarung auch in der Privatwirtschaft zurückgegriffen werden kann. Erweist sich eine Versetzung als rechtswidrig, kann dies Schadenersatzansprüche des AN iHd entstandenen Mehrkosten begründen.[30]

2. Rückzahlungsverpflichtung. AG und AN können aus Anlass der Umzugskostenerstat- 9
tung eine Rückzahlungsverpflichtung der gezahlten Beträge für den Fall der Beendigung des Arbeitsverhältnisses vereinbaren. Ohne entsprechende Vereinbarung ist der AN auch bei einer Eigenkündigung nicht zur Rückzahlung der Umzugskosten verpflichtet. Formularmäßige Rückzahlungsvereinbarungen unterliegen der AGB-Kontrolle nach den §§ 305 ff. BGB. Eine Vereinbarung über die Rückzahlungspflicht ist nur zulässig, wenn der AG nicht bereits nach § 670 BGB zur Erstattung der Umzugskosten verpflichtet war.[31] Verpflichtet sich der AG zur Umzugskostenerstattung, darf der AN nicht für eine unangemessen lange Zeit zur Rückzahlung verpflichtet werden, wenn er das Arbeitsverhältnis löst. Als zulässige Bindungsdauer ist in der Vergangenheit ein Zeitraum von längstens zwei bis drei Jahren angesehen worden.[32] Eine dreijährige Bindung kommt in Betracht, wenn die Umzugskosten nicht mehr als ein Monatsgehalt ausmachen und der Stellenwechsel auch im Interesse des AN lag.[33] Rückzahlungsklauseln, die sich innerhalb des genannten Zeitraums bewegen, sind nur für den Fall der Beendigung des Arbeitsverhältnisses aus einem vom AN zu vertretenen Grund als wirksam anzusehen. Aus diesem Grund entfällt eine Rückgewährspflicht, wenn das Arbeitsverhältnis durch eine betriebs- oder personenbedingte Kündigung endet.[34] Bei einem Aufhebungsvertrag oder der Eigenkündigung des AN ist auf den Anlass der Lösung abzustellen. Verstößt eine formularmäßige Rückzahlungsvereinbarung gegen diese Grundsätze, ist sie nach § 307 I, II BGB unwirksam, eine geltungserhaltende Reduktion scheidet aus.[35] Sie gelten auch bei der Gewährung der Umzugskosten in Form eines Darlehns.[36] Bisher hat die Rspr. – anders als bei der Rückzahlung von Aus- und Weiterbildungskosten – bei der Rückzahlung von Umzugskosten keine anteilige Staffelung der Rückzahlungsbeträge verlangt.[37]

3. Besteuerung. Umzugskostenvergütungen aus öffentlichen Kassen sind steuerfrei (§ 3 10
Nr. 13 EStG); gleiches gilt auch in der Privatwirtschaft bei einem dienstlich veranlassten Umzug bis zur Höhe der Beträge, die im öffentlichen Dienst nach dem BUKG gezahlt werden könnten

[28] Ähnlich *Novara/Römgens* NZA 2016, 668.
[29] BAG 26.7.1995 AP Nr. 7 zu § 157 BGB = NZA 1996, 30.
[30] Revision anhängig 8 AZR 125/18.
[31] Zum früheren Recht: BAG 21.3.1973 AP Nr. 4 zu § 44 BAT (unzulässige Kündigungsbeschränkung).
[32] BAG 18.2.1981 AP Nr. 6 zu § 44 BAT; LAG Düsseldorf 3.12.1971 DB 1972, 97 (jeweils 2 Jahre); LAG SchlH 15.12.1972 AP Nr. 1 zu § 611 BGB Umzugskosten (3 Jahre); LAG Düsseldorf 3.12.1971 DB 1972, 1587 (5 Jahre unzulässig).
[33] BAG 24.2.1975 AP Nr. 50 zu Art. 12 GG.
[34] LAG Düsseldorf 1.4.1975 EzA Nr. 1 zu § 157 BGB (Betriebsbedingte Kündigung).
[35] AA noch LAG SchlH 15.12.1972 AP Nr. 1 zu § 611 BGB Umzugskosten.
[36] LAG Düsseldorf 23.12.1971 DB 1972, 97; 3.12.1971 DB 1972, 1587.
[37] BAG 24.2.1975 AP Nr. 50 zu Art. 12 GG.

(§ 3 Nr. 16 EStG). Ist der Umzug beruflich veranlasst, können die nicht vom AG übernommenen Aufwendungen als Werbungskosten abzugsfähig sein (§ 9 I 1 EStG, LStH 2020 Nr. 9.9). Hierzu ist erforderlich, dass entweder durch den Umzug die Entfernung zwischen Wohnung und Arbeitsstätte erheblich, dh regelmäßig mehr als eine Stunde verkürzt wird[38] und die verbleibende Wegezeit als üblich angesehen wird, der Umzug im ganz überwiegenden Interesse des AG oder in Zusammenhang mit der Begründung oder Aufgabe einer beruflich veranlassten doppelten Haushaltsführung erfolgt.

V. Auswärtige Beschäftigung

11 **1. Tarifvertrag.** Für den Aufwendungsersatz bei Montagearbeiten oder auswärtigen Beschäftigungen gelten besondere tarifliche Regelungen. Diese sind nach den einzelnen Wirtschaftszweigen gelegentlich unterschiedlich, sie beruhen auf denselben Grundprinzipien. Ist eine tarifliche Regelung erschöpfend, kommt ein weitergehender Anspruch aus § 670 BGB nicht in Betracht.[39] Untertarifliche Auslösungen können aber nicht durch übertarifliche Bezahlung in anderen Bereichen ausgeglichen werden.[40]

12 **2. Nah- und Fernauslösung.** Besondere Bedeutung haben der von Arbeitgeberseite gekündigte und sich in der Nachwirkung befindliche Bundestarifvertrag für die besonderen Arbeitsbedingungen der Montagearbeiter in der Eisen-, Metall- und Elektroindustrie vom 17. Dezember 1997 idF vom 20. Juni 2001 sowie der Tarifvertrag über Auslösungssätze und Fahrtkosten zum Bundesmontagetarifvertrag (BMTV) vom 20. Juni 2001. Der BMTV ist auf das Arbeitsverhältnis von AN anzuwenden, die auf einer außerbetrieblichen Arbeitsstelle arbeiten.[41] Die Fernauslösung ist eine pauschalierte Aufwandsentschädigung, die nicht zum fortzuzahlenden Arbeitsentgelt zählt.[42] Nach dem BMTV hat der Monteur auch dann Anspruch auf Fernauslösung, wenn er keine besonderen Aufwendungen für seine Wohnung am Heimatort[43] hat, sofern er sich nur mangels Rückkehrmöglichkeit eine Wohnung am Montageort beschaffen muss.[44] Der Anspruch auf Fernauslösung besteht auch, wenn die tariflichen Voraussetzungen erfüllt sind, der AN aber gleichwohl täglich nach Hause fährt.[45] Dies gilt auch für die arbeitsfreien Tage. Für den Anspruch auf Heimfahrt kommt es auf die Entfernung zwischen Montageort und Wohnort an, wobei von dem jeweiligen Ortsmittelpunkt auszugehen ist.[46] Hat der AN einen Anspruch auf den „Preis für die Eisenbahnfahrt zweiter Klasse", ist hierunter der volle Fahrpreis 2. Klasse ohne Berücksichtigung von Vergünstigungen („Bahncard") und Sondertarifen zu verstehen.[47] Der Anspruch auf Wochenendfahrgeld nach § 6.3 BMTV setzt die tatsächliche Durchführung der Wochenendheimfahrt nicht voraus.[48] Ob ein Montagearbeiter nach einem Montagetarifvertrag Nah- oder Fernauslösung erhält, hängt davon ab, ob ihm die tägliche Rückkehr zu seiner Wohnung zumutbar ist. Dies ist u.a. der Fall, wenn bei Benutzung öffentlicher Verkehrsmittel (nicht: Taxi) der Zeitaufwand für Hin- und Rückweg 3 ½ Stunden nicht übersteigt. Bei der Berechnung sind notwendige Wartezeiten an der Montagestelle bis zum Schichtbeginn und nach Schichtende bis zum Antritt des Rückwegs nur mit zu berücksichtigen, wenn sie jeweils 30 Minuten übersteigen.[49] Bei auswärtiger Übernachtung eines Monteurs ist eine Einzelunterbringung ohne Hinzutreten besonderer Umstände nicht erforderlich.[50] Für das Baugewerbe gilt der

---

[38] Zuletzt BFH 15.10.2012 – VI B 22/12.

[39] BAG 4.12.1974 AP Nr. 20 zu § 1 TVG Tarifverträge: Bau.

[40] BAG 12.4.1972 AP Nr. 13 zu § 4 TVG Günstigkeitsprinzip = NJW 1972, 1775.

[41] BAG 11.11.1997 AP Nr. 156 zu § 1 TVG Tarifverträge: Metallindustrie = NZA 1998, 947.

[42] BAG 18.9.1991 AP Nr. 82 zu § 37 BetrVG 1972 = NZA 1992, 936; zum Güterkraftverkehrsgewerbe BAG 23.9.1997 AP Nr. 6 zu § 1 TVG Tarifverträge: Verkehrsgewerbe = NZA 1998, 781.

[43] Zur Begriffsbestimmung: BAG 26.6.1985 AP Nr. 14 zu § 1 TVG Auslösung.

[44] BAG 11.11.1981 AP Nr. 4 zu § 1 TVG Auslösung; 13.5.1974 AP Nr. 3 zu § 1 TVG Auslösung.

[45] BAG 23.10.1991 AP Nr. 26 zu § 1 TVG Auslösung = NZA 1992, 420; 28.6.1989 AP Nr. 22 zu § 1 TVG Auslösung = NZA 1990, 236; 25.8.1982 AP Nr. 9 zu § 1 TVG Auslösung.

[46] BAG 13.5.1987 AP Nr. 17 zu § 1 TVG Auslösung = NZA 1987, 673.

[47] Vgl. BAG 7.2.1995 AP Nr. 190 zu § 1 TVG Tarifverträge: Bau = NZA 1995, 842; zur Fahrtkostenerstattung im Gerüstbaugewerbe: 11.11.1997 AP Nr. 4 zu § 1 TVG Tarifverträge: Gerüstbau = NZA 1998, 891.

[48] BAG 25.1.2006 AP Nr. 197 zu § 1 TVG Tarifverträge: Metallindustrie.

[49] BAG 13.12.1994 AP Nr. 27 zu § 1 TVG Auslösung = NZA 1995, 1111; 7.12.1988 AP Nr. 21 zu § 1 TVG Auslösung = NZA 1990, 356; zur Abgrenzung im Güterverkehr: BAG 10.5.1994 AP Nr. 3 zu § 1 TVG Tarifverträge: Verkehrsgewerbe = NZA 1995, 652.

[50] LAG Hamm 20.9.2006 AiB 2007, 305 (keine Übernachtung im Doppelbett).

allgemeinverbindliche § 7 BRTV-Bau (→ § 185 Rn. 10), im öffentlichen Dienst ist die bisherige Regelung in den §§ 42, 44 BAT nicht in den TVöD übernommen worden.

VI. Arbeitskleidung

1. Einteilung. Zu unterscheiden sind **(1) Schutzkleidung,** die bei bestimmten Tätigkeiten an bestimmten Arbeitsplätzen an Stelle oder über der sonstigen Kleidung zum Schutz gegen Witterungs- und andere gesundheitliche Gefahren oder außergewöhnliche Verschmutzung getragen werden muss;[51] **(2) Dienstkleidung,**[52] die zur besonderen Kenntlichmachung im dienstlichen Interesse an Stelle anderer Kleidung während der Arbeit getragen wird; **(3) Berufskleidung,** die sich für bestimmte Berufe als zweckmäßig erwiesen oder für sie üblich geworden ist (zB Zimmerleute, Kellner, Friseure) und **(4) Arbeitskleidung im engeren Sinne,** die von AN zur Schonung der Privatkleidung getragen wird. 13

2. Schutzkleidung. Eine Verpflichtung des AG, dem AN Arbeitskleidung im weiteren Sinne zur Verfügung zu stellen, ist gesetzlich nicht geregelt. Persönliche Schutzkleidung, die aufgrund von Unfallverhütungsvorschriften für den AN bereitzustellen ist, hat der AG anzuschaffen. Aus dem Normzweck des § 618 BGB folgt, dass die Kosten für die Schutzausrüstung dem AG zur Last fallen. Diese Kostentragungspflicht kann wegen § 619 BGB nicht im Voraus ganz oder teilweise abbedungen werden. Vereinbarungen, die eine Kostenbeteiligung des AN vorsehen, sind nur dann zulässig, wenn der AG dem AN über seine gesetzliche Verpflichtung hinaus Vorteile bei der Benutzung oder Verwendung der Schutzausrüstung anbietet und der AN von diesem Angebot freiwillig Gebrauch macht.[53] Gegen eine pauschale Festsetzung von Höchstbeträgen für die Erstattung von Schutzkleidung, die vom AN angeschafft wird, bestehen keine Bedenken, wenn die vorgesehenen Beträge für die Schutzkleidung ausreichend bemessen sind.[54] Entsprechende Grundsätze gelten bei der übrigen Schutzkleidung. Besteht kein Eigeninteresse des AN an dem Tragen der Schutzkleidung, ist der AG verpflichtet, diese anzuschaffen und dem AN kostenfrei zu überlassen.[55] Stellt der AG die Kleidung nicht zur Verfügung, hat der AN einen entsprechenden Aufwendungsersatzanspruch.[56] Der AG bleibt Eigentümer der Schutzkleidung und der AN hat sie bei Beendigung des Arbeitsverhältnisses oder, wenn er sie nicht mehr benötigt, zurückzugeben; er haftet für schuldhaft verursachte Beschädigungen. Soweit der AG verpflichtet ist, Schutzkleidung zu beschaffen, muss er sie auf seine Kosten auch reinigen lassen.[57] 14

3. Dienstkleidung. Auch für die Erst- bzw. Ersatzbeschaffung und Unterhaltung sowie Änderung[58] von Dienstkleidung muss der AG wegen der mit ihrer Einführung verbundenen betrieblichen Interessen aufkommen.[59] Ob und ggf. in welchem Umfang die AN hierzu einen Kostenbeitrag leisten müssen, ist abhängig davon, ob der AG die Nutzung der Dienstkleidung außerhalb der Arbeitszeiten gestattet und die AN hiervon Gebrauch machen. Eine eindeutige Aussage des BAG hierzu fehlt allerdings. Der Anteil des AG wird dabei umso größer sein müssen, wenn das Tragen der Dienstkleidung in der Freizeit wegen ihres besonderen Erscheinungsbilds für den AN von einem nur geringen Gebrauchswert ist. Kostenübernahmeregelungen können ohne weiteres in einen Tarifvertrag aufgenommen werden. Solche tariflichen Regelungen sind im Einzelhandel, für Musiker und im Gaststättengewerbe üblich. Für den Bereich des öffentlichen Dienstes begründet der TVöD keinen Anspruch auf Zahlung einer monatlichen Pauschale für die Reinigung oder Instandhaltung von Dienstkleidung.[60] Bei der Einführung einer einheitlichen Dienstkleidung zur Verbesserung des Erscheinungsbilds des AG hat der BR ein erzwingbares Mitbestimmungsrecht (§ 87 I Nr. 1 BetrVG; → § 235 Rn. 32). Das BAG hat die Übernahme von Kosten in einer 15

---

[51] Vgl. BAG 3.5.1983 AP Nr. 8 zu § 33 BAT.
[52] BAG 12.11.2013 AP Nr. 131 zu § 87 BetrVG 1972 Arbeitszeit = NZA 2014, 557.
[53] BAG 18.8.1982 AP Nr. 18 zu § 618 BGB; 10.3.1976 AP Nr. 17 zu § 618 BGB.
[54] BAG 21.8.1985 AP Nr. 19 zu § 618 BGB = NZA 1986, 324.
[55] BAG 18.8.1982 AP Nr. 18 zu § 618 BGB.
[56] BAG 19.5.1998 AP Nr. 31 zu § 670 BGB = NZA 1999, 38.
[57] BAG 9.6.2016 AP Nr. 33 zu § 618 BGB = NZA-RR 2016, 565; LAG Düsseldorf 26.4.2001 NZA-RR 2001, 409.
[58] LAG BW 8.8.2019 BB 2020, 61.
[59] BAG 31.3.2021 – 5 AtR 292/20, zVb; 13.7.2010 AP Nr. 1 zu § 2 TVöD (Erstattung der konkret entstandenen Aufwendungen); 1.12.1992 AP Nr. 20 zu § 87 BetrVG 1972 Ordnung des Betriebes = NZA 1993, 711; teilweise enger für die Ersatzbeschaffung BAG 19.5.1998 AP Nr. 31 zu § 670 BGB = NZA 1999, 38 (Croupier).
[60] BAG 13.7.2010 AP Nr. 1 zu § 2 TVöD.

Betriebsvereinbarung aber als unzulässige Entgeltverwendungsabrede angesehen, für die den Betriebsparteien regelmäßig die Zuständigkeit fehlt.[61] Eine einzelvertragliche Regelung darf wegen § 307 BGB nicht zu einer unangemessenen Benachteiligung der AN führen, insbesondere kann es geboten sein, einen Beitrag einkommensabhängig auszugestalten. Entsprechende Grundsätze gelten für die Beteiligung des AN an den Kosten für die Reinigung und die Wiederbeschaffung der vom AG gestellten Berufsbekleidung.[62] Schließlich kann der AG aufgrund betrieblicher Übung (→ § 110 Rn. 1 ff.) oder des Gleichbehandlungsgrundsatzes (→ § 112 Rn. 1 ff.) zur Kostenübernahme für Dienstkleidung verpflichtet sein.

16 **4. Sonstige Arbeitskleidung.** Für die Beschaffung von anderer als Schutz- oder Dienstkleidung muss der AG die Kosten nur übernehmen, wenn dies besonders vereinbart worden ist.

VII. Häuslicher Arbeitsplatz (Homeoffice)

17 Ein Anspruch auf Einrichtung eines häuslichen Arbeitsplatzes besteht ohne entsprechende individual- oder kollektivvertragliche Vereinbarung nicht (Ausnahme: § 16 I 2 BGleiG). Ist indes eine solche Abrede abgeschlossen, sind AN verpflichtet, insoweit häusliche Räume für die Arbeitsleistung zur Verfügung zu stellen. Dies gilt vor allem für Telearbeitnehmer (→ § 164 Rn. 22). Die Kosten für die Anschaffung, Nutzung und Instandhaltung der notwendigen Arbeitsmittel hat der AG regelmäßig aufgrund der Absprache über die Einrichtung des häuslichen Arbeitsplatzes zu tragen; diese ist selbst bei Fehlen einer ausdrücklichen Vereinbarung entsprechend auszulegen. Ein darüber hinausgehender **Aufwendungsersatzanspruch** der AN (§ 670 BGB) besteht zudem, wenn der AN im Interesse des AG Aufwendungen macht, die er ohne das Arbeitsverhältnis nicht machen würde, die Aufwendungen nicht ganz unerheblich sind und nicht bereits mit der Vergütung abgegolten werden.[63] Ein möglicher Kostenanteil des AN ist abhängig von den Möglichkeiten zur eigenen privaten Nutzung. Ist der AN zur Arbeitsleistung in eigenen Räumen verpflichtet, kann er bei Fehlen einer Vereinbarung einen Betrag verlangen, der den tatsächlichen Mietkosten entspricht. Stehen die Räume in seinem Eigentum, richtet sich der Betrag nach dem örtlichen Mietrecht abzüglich des Gewinns für die Vermietung und dem Anteil für Erhaltungsaufwendungen. Für Hilfeleistungen seiner Familienangehörigen hat der AN hingegen keinen Ersatzanspruch, da deren Tätigkeit mit dem Arbeitsvertrag und der Pflichtenstellung des AN in keiner Beziehung steht. Stellt der AG dem AN die für die Ausübung der Tätigkeit erforderliche Einrichtung nicht zur Verfügung, ist der AN zu deren Anschaffung nach vergeblicher Aufforderung berechtigt und kann vom AG gestützt auf die Vereinbarung oder aus § 670 BGB Ersatz der entstandenen Aufwendungen verlangen.[64] Ein Lehrer kann für die Benutzung eines Zimmers im häuslichen Bereich zur Vor- und Nachbereitung des Unterrichts keine gesonderte Vergütung verlangen, da es ihm freisteht, ob er diese Tätigkeiten in der Schule oder an anderer Stelle erledigt.[65]

VIII. Vereinbarung und Pauschalierung

18 **1. Tarifvertrag.** Eine Regelung über die Kostentragung und die Pauschalierung des Aufwendungsersatzes, insbesondere in Tarifverträgen ist als Inhaltsnorm regelmäßig zulässig.[66] So ist zB im allgemeinverbindlichen Rahmentarifvertrag für das Baugewerbe der Anspruch auf Fahrtkosten sowie Erstattung des Mehraufwands für Verpflegung und auswärtige Übernachtungen pauschaliert (§ 7 BRTV-Bau), zu Einzelfragen für die Auslösung von Montagearbeitern → Rn. 16. Auch im öffentlichen Dienst werden Aufwandsentschädigungen regelmäßig pauschaliert,[67] vielfach wird auf die für die jeweiligen Beamten geltenden Regelungen Bezug genommen. Sofern im Tarifvertrag noch auf diese verwiesen wird, sind die tariflichen Regelungen lückenhaft geworden. Diese Lücken können nicht durch die Rechtsprechung gefüllt werden.[68] Auch die Fahrtkosten für Personalratsmitglieder können pauschaliert werden.[69]

---

[61] BAG 13.2.2007 AP Nr. 40 zu § 87 BetrVG 1972 Ordnung des Betriebes = NZA 2007, 640.
[62] LAG Nds 16.7.2007 NZA-RR 2008, 12.
[63] BAG 14.10.2003 AP Nr. 32 zu § 670 BGB = NZA 2004, 604.
[64] LAG Köln 18.3.2004 MDR 2005, 281; *Isenhardt* DB 2016, 1499; *Schwiering/Zurel* ZD 2016, 17.
[65] BAG 12.4.2011 AP Nr. 35 zu § 670 BGB = NZA 2012, 97.
[66] BAG 21.7.1993 AP Nr. 9 zu § 1 TVG Tarifverträge: Versicherungsgewerbe.
[67] Vgl. BAG 21.8.1997 AP Nr. 7 zu § 611 BGB Aufwandsentschädigung = NZA 1998, 209.
[68] BAG 20.7.2000 AP Nr. 1 zu § 2 BMT-G II SR 2 g = NZA 2001, 559.
[69] BAG 27.7.1994 AP Nr. 14 zu § 46 BPersVG = NZA 1995, 799.

2. Einzelvertrag. § 670 BGB hat dispositiven Charakter. Die Ansprüche des beauftragten AN können daher durch ausdrückliche oder stillschweigende Vereinbarung erweitert oder eingeschränkt werden. Auch einzelvertragliche Pauschalierungen von Aufwendungsersatz sind grundsätzlich zulässig. Sie empfehlen sich bei regelmäßig anfallendem Aufwendungsersatz, da hierdurch für beide Seiten Arbeitserleichterungen bei der Nachweisführung und Nachprüfung geschaffen und Streitigkeiten vermieden werden. Formularmäßige Vereinbarungen über die Übernahme von Auslagen unterliegen der Inhaltskontrolle (→ § 35 Rn. 35 ff.). Hat der AG grundsätzlich die Aufwendungen des AN zu tragen, sind Vereinbarungen, mit denen die Kosten auf den AN übertragen werden, regelmäßig als unangemessene Benachteiligung iSd § 307 I 2, II Nr. 1 BGB anzusehen. Dies gilt auch für Vereinbarungen über Pauschalbeträge, bei denen zu erwarten ist, dass sie die Höhe des Ersatzbetrags bei einer auf den Vertragsschluss bezogenen Betrachtung nicht erreichen werden. Das BAG wendet auf pauschalierte Aufwendungsersatzvereinbarungen die Regelungen über Schadensersatzpauschalen (§ 309 Nr. 5 lit. b BGB) entsprechend an. Danach muss dem AN die Möglichkeit eingeräumt werden, den Nachweis eines fehlenden oder wesentlich geringeren Anspruchs zu führen.[70] An die Stelle einer nach dem AGB-Recht unwirksamen Regelung tritt der gesetzliche Aufwendungsanspruch (§ 670 BGB). Insoweit besteht kaum Raum für formularmäßige Abreden. Bei echten Individualvereinbarungen findet weder eine AGB-Kontrolle noch eine richterliche Billigkeitskontrolle statt. Die Auslagenpauschalierung ist insbesondere bei Kostensteigerungen ggf. im Wege der ergänzenden Vertragsauslegung anzupassen; eine Regelung über die pauschalierte Auslagenerstattung kann auch befristet werden. Wird der AN tatsächlich nicht beschäftigt, hat er iZw keinen Erstattungsanspruch, es sei denn, dass die Aufwendungen auch während der Arbeitsfreistellung entstehen, zB die festen Kosten für einen Dienstwagen. Zweckmäßig ist es, die Auslagenpauschale getrennt von der Vergütung auszuweisen, da in jedem Fall bei Pfändung von Arbeitseinkommen oder bei Berechnung öffentlicher Abgaben eine Trennung erfolgen muss. 19

[70] BAG 27.7.2010 AP Nr. 46 zu § 307 BGB = NZA 2010, 1237.

7. Abschnitt. Altersteilzeit

§ 83. Begründung des Altersteilzeitverhältnisses

Muster: Schaub ArbRFV-HdB/*Novak* A. Rn. 325.

Übersicht

I. Begriff und Zweck

1 In Art. 1 des Gesetzes zur Förderung des gleitenden Übergangs in den Ruhestand vom 23.7.1996 (BGBl. I 1078) war das Altersteilzeitgesetz vom 23.7.1996 enthalten. Das ATG ist inzwischen bereits mehrfach geändert worden, zuletzt durch Gesetz vom 12.12.2019 (BGBl. I 2652). Wegen der verschiedenen Übergangsregelungen s. §§ 15a ff. ATG. Das ATG ermöglichte AN ab vollendetem 55. Lebensjahr die freiwillige Vereinbarung der Verringerung ihrer Arbeitszeit auf die Hälfte. Damit konnten sie nach Maßgabe von § 237 SGB VI vom Erwerbsleben in den Ruhestand gleiten. Die Bundesagentur für Arbeit fördert durch Erstattungsleistungen die Altersteilzeitarbeit älterer AN, die ihre Arbeitszeit ab Vollendung des 55. Lebensjahres **spätestens ab 31.12.2009** vermindert haben und damit die Anstellung eines arbeitslosen AN ermöglichten (§§ 1 II, 3 I Nr. 2 ATG). Auf diese Weise sollte eine Entlastung des Arbeitsmarktes erreicht werden. Zu einer Verlängerung der Förderungsfähigkeit über den 31.12.2009 hinaus ist es trotz entsprechender politischer Forderungen nicht gekommen. Gleichwohl kann die Vereinbarung eines Altersteilzeitverhältnisses nach wie vor wirtschaftlich sinnvoll sein, zumal die Aufstockungsleistungen unverändert gem. § 1 III ATG iVm § 3 Nr. 28 EStG von der Lohnsteuer sowie iVm § 1 I Nr. 1 SvEV von Beiträgen für die Sozialversicherung befreit sind. Daher sehen verschiedene Tarifverträge weiterhin die Möglichkeit der Altersteilzeitregelung vor, wobei die Entgeltaufstockung durch den AG finanziert wird.[1] Das ATG enthält überwiegend Bestimmungen zum Rechtsverhältnis zwischen AG und der Bundesagentur für Arbeit und nur wenige Regelungen zu den individualrechtlichen Ansprüchen des AN.

II. Förderungsvoraussetzungen

2 Die Bundesagentur hat den gleitenden Übergang älterer AN vom Erwerbsleben in den Ruhestand durch Erstattungsleistungen nach § 4 ATG gefördert, wenn die in §§ 2 ff. ATG geregelten Voraussetzungen erfüllt waren. Diese Voraussetzungen sind – mit Ausnahme der Wiederbesetzung nach § 3 I Nr. 2 ATG – nach wie vor zu erfüllen, um nach § 3 Nr. 28 EStG, § 1 I Nr. 1 SvEV eine Steuer- und Sozialabgabenfreiheit des Aufstockungsbetrages zu erreichen.

3 **1. Voraussetzungen auf Seiten des Arbeitnehmers.** Der AN muss zu dem nach § 2 ATG begünstigten Personenkreis gehören. **(1)** Er muss das 55. Lebensjahr vollendet haben. **(2)** Er muss nach dem 14.2.1996 eine Vereinbarung mit dem AG schließen, nach der die Arbeitszeit auf die Hälfte der bisherigen wöchentlichen Arbeitszeit reduziert wird und Versi-

[1] Vgl. den Tarifvertrag zum flexiblen Übergang in die Rente (TV FlexÜ) in der Metall- und Elektroindustrie; s. hierzu *Petri* AIB 2009, 269; bei der Volkswagen AG wurde die Altersteilzeit für die Jahrgänge bis 1967 ausgeweitet.

cherungspflichtigkeit iSd §§ 24 ff. SGB III vorliegt.[2] Bisherige wöchentliche Arbeitszeit ist gem. § 6 II 1 ATG die vor dem Übergang in die Altersteilzeit geschuldete Arbeitszeit, wie sie sich aus den anzuwendenden arbeitsvertraglichen Regelungen ergibt, und nicht etwa eine durchschnittliche Arbeitszeit. Das gilt auch dann, wenn der AG vor dem Übergang in die Altersteilzeit von einer bestehenden Aufstockungsmöglichkeit Gebrauch gemacht hat.[3] Missbräuchen durch eine vorübergehende Anhebung der Arbeitszeit vor Beginn der Altersteilzeit wird durch die in § 6 II 2 ATG festgelegte Höchstgrenze (Durchschnitt der in den letzten 24 Monaten vereinbarten Arbeitszeit) für die Ermittlung der bisherigen wöchentlichen Arbeitszeit vorgebeugt. Die Notwendigkeit eines Änderungsvertrags gewährleistet, dass der AN frei entscheiden kann, ob er in Altersteilzeit geht.[4] Eine völlige Freistellung von der Arbeit erfüllt die Voraussetzungen des § 2 I Nr. 2 ATG nicht.[5] Die Versicherungspflichtigkeit soll gewährleisten, dass der AN im Falle der Arbeitslosigkeit Anspruch auf Arbeitslosengeld hat. Unterschiedliche Zugangsvoraussetzungen für Männer und Frauen sind nicht möglich.[6] **(3)** Ferner muss der AN in den letzten fünf Jahren vor der Altersteilzeitarbeit mindestens 1080 Kalendertage in einer versicherungspflichtigen Beschäftigung nach dem SGB III gestanden haben. Nicht erforderlich ist, dass die gesamte Versicherungszeit bei demselben AG zurückgelegt worden ist. **(4)** Die Vereinbarung über Altersteilzeit muss sich zeitlich bis zu dem Zeitpunkt erstrecken, bis eine Rente wegen Alters beansprucht werden kann. Das notwendige Mindestalter ergibt sich für langjährig Versicherte aus §§ 36, 236 SGB VI, für schwerbehinderte Menschen aus §§ 37, 236a SGB VI,[7] für die Altersrente bei Arbeitslosigkeit oder nach Altersteilzeit aus § 237 SGB VI und für die Altersrente bei Frauen aus § 237a SGB VI.

2. Anspruchsvoraussetzungen auf Seiten des Arbeitgebers. a) Aufstockungsbetrag. 4
Der AG muss das Regelarbeitsentgelt, das der AN aus der reduzierten Arbeitszeit erhält, um mindestens 20% aufgestockt haben (§ 3 I Nr. 1a ATG). Regelarbeitsentgelt für die Altersteilzeit ist gem. § 6 II 1 ATG das auf einen Monat entfallende vom AG regelmäßig zu zahlende sozialversicherungspflichtige Arbeitsentgelt, soweit es die Beitragsbemessungsgrenze nach SGB III nicht überschreitet. Damit bleiben steuer- und sozialversicherungsfreie Zuschläge (§ 1 Nr. 1 SvEV, § 3b EStG), wie zB Sonn- und Feiertagszuschläge außer Betracht. Bei der Ermittlung des förderrechtlich anerkannten Aufstockungsbetrages sind zudem gem. § 6 I 2 ATG Entgeltbestandteile, die nicht laufend gezahlt werden, wie zB Weihnachtsgeld, Urlaubsgeld, nicht berücksichtigungsfähig (sofern mit der Altersteilzeit vor dem 1.7.2004 begonnen wurde, war die bis zum diesem Zeitpunkt geltende Fassung des ATG anzuwenden, § 15g ATG).[8] Demgegenüber sind regelmäßige Provisionszahlungen zu berücksichtigen, auch wenn sie in ihrer monatlichen Höhe schwanken. Hier ist ein Durchschnittsbetrag zugrunde zu legen. Letztlich handelt es sich bei solchen Provisionszahlungen nämlich um einen (häufig wesentlichen) Teil des regelmäßigen Arbeitsentgelts und laufende Entgeltbestandteile iSv § 6 I 2 ATG.[9] Der AG muss zusätzlich Beiträge zur gesetzlichen Rentenversicherung mindestens in Höhe des Beitrags entrichtet haben, der auf 80% des Regelarbeitsentgelts für die Alterszeitarbeit, begrenzt auf den Unterschiedsbetrag zwischen 90% der monatlichen Beitragsbemessungsgrenze und der Regelarbeitsentgeltgrenze, entfällt, höchstens bis zur Beitragsbemessungsgrenze (§ 3 I Nr. 1b ATG).

b) Zusätzliche Voraussetzungen für den Erstattungsanspruch des Arbeitgebers. Die 5
weiteren Voraussetzungen nach § 3 I Nr. 2, 3 ATG für eine Förderung (s. hierzu die 15. Aufl. § 83 Rn. 5) sind für die Frage der Steuer- und Sozialabgabenfreiheit sowie die Anwendbarkeit des ATG nicht relevant.

---

[2] Vgl. BAG 10.2.2004 AP Nr. 15 zu § 119 BGB = NZA 2004, 606; 26.6.2001 AP Nr. 2 zu § 3 ATG = NZA 2002, 44; zur Berechnung der Durchschnittsarbeitszeit: BAG 1.10.2002 AP Nr. 1 zu § 6 ATG = NZA 2003, 1341.

[3] BAG 15.12.2009 AP Nr. 8 zu § 6 ATG = NZA 2010, 452; 18.8.2008 AP Nr. 7 zu § 6 ATG (LS) = NZA 2010, 503; 14.8.2007 AP Nr. 2 zu § 6 ATG = NZA 2008, 1194.

[4] BAG 3.12.2019 AP Nr. 13 zu § 2 ATG = NZA 2020, 789.

[5] BAG 10.2.2004 AP Nr. 15 zu § 119 BGB = NZA 2004, 606.

[6] EuGH 20.3.2003 AP Nr. 32 zu EWG-Richtlinie Nr. 76/207 = NZA 2003, 506; 11.9.2003 – C-77/02, DVBl. 2003, 1516; BAG 20.8.2002 AP Nr. 6 zu § 1 TVG Tarifverträge: Süßwarenindustrie = NZA 2003, 861.

[7] Zum Diskriminierungsverbot: BAG 27.4.2004 AP Nr. 1 zu § 8 ATG = DB 2004, 2534; 18.11.2003 AP Nr. 4 zu § 81 SGB IX = NZA 2004, 545; *Zwanziger* RdA 2005, 235.

[8] Zur Neuregelung der Berechnungsmethode: *Kovacs/Koch* NZA 2004, 585.

[9] *Gründel/Butz* BB 2014, 1210 (1213); aA HessLAG 20.6.2008 – 10 Sa 1717/07.

III. Altersteilzeitvertrag

6 **1. Arbeitsvertrag.** Das Altersteilzeitverhältnis wird durch eine **vertragliche Vereinbarung** der Arbeitsvertragsparteien begründet. Der Altersteilzeitvertrag tritt jedenfalls wegen der Dauer des Arbeitsverhältnisses sowie der Arbeitszeit- und -Entgeltregelungen an die Stelle des bisher geltenden Arbeitsvertrages.

7 Denkbar ist auch, dass der Abschluss eines Altersteilzeitvertrages aufgrund einer **Änderungskündigung** erfolgt. Hierbei handelt es sich dann nicht um eine unzulässige Vorratskündigung, wenn ein sachlicher Grund für die Befristung des Arbeitsverhältnisses vorliegt. Ein sachlicher Grund kann darin liegen, dass der AG aus sozialen Erwägungen eine befristete Beschäftigung im Sinne einer Übergangsregelung ermöglichen will, um dem AN einen nahtlosen Übergang in den Ruhestand zu ermöglichen, obwohl an sich kein Beschäftigungsbedarf mehr besteht. Die sozialen Erwägungen müssen dabei das überwiegende Motiv des AG sein. Eine solche Änderungskündigung verstößt nicht gegen § 8 I ATG, weil sie nicht wegen der Möglichkeit des AN zur Inanspruchnahme von Altersteilzeit ausgesprochen wurde, sondern wegen Wegfalls des Beschäftigungsbedarfs.[10]

8 **2. Verpflichtung des AG.** Das ATG regelt keine Verpflichtung zum Abschluss von Altersteilzeitverträgen. Sie kann in Tarifverträgen und Betriebsvereinbarungen enthalten sein.[11] Hierbei ist es zulässig, zwischen AN verschiedener Altersgruppen zu differenzieren.[12] Entsprechende Tarifnormen sind keine Betriebsnormen iSv § 3 II TVG.[13] Im Tarifvertrag können für den AG Gründe zur Ablehnung des Wunsches auf Teilzeitarbeit normiert sein. Stellt der Tarifvertrag die Entscheidung über die vom AN verlangte Vertragsänderung in das Ermessen des AG, hat der AG nach **billigem Ermessen** (§ 315 I BGB) zu entscheiden.[14] Dabei hat der AG alle Umstände des Einzelfalles abzuwägen und die beiderseitigen Interessen angemessen zu berücksichtigen.[15] Soweit die – gerichtlich überprüfbare – Ermessensentscheidung fehlerhaft ist, tritt entsprechend § 315 III 2 BGB an ihre Stelle das Urteil des Gerichts.[16] Weil es keine gesetzliche Verpflichtung des AG gibt, besteht auch **kein erzwingbares Mitbestimmungsrecht des BR** nach § 87 I BetrVG. Entschließt sich der AG allerdings zur Einführung von Altersteilzeit und stellt er finanzielle Mittel für die Aufstockungsleistungen zur Verfügung, besteht bei einer kollektiven Maßnahme (→ § 235 Rn. 3) ein Mitbestimmungsrecht des BR nach § 87 I Nr. 10 BetrVG. Entscheidet sich der AG später, die Aufstockungsleistungen insgesamt einzustellen und kündigt er die für die Altersteilzeit geschlossene Betriebsvereinbarung, entfaltet diese keine Nachwirkung nach § 77 VI BetrVG.[17]

9 Gewährt der Tarifvertrag keinen Anspruch auf eine bestimmte **Verteilung der Arbeitszeit** während des Altersteilzeitverhältnisses, kann der AG auch insoweit **nach billigem Ermessen** entscheiden. Der AN kann aber sein Vertragsangebot auf ein bestimmtes Modell der Arbeitszeitverteilung (zB Blockmodell) beschränken, das der AG einheitlich annehmen oder ablehnen kann. Annehmen muss er dieses Angebot nur dann, wenn jede andere Verteilung der Arbeitszeit billigem Ermessen widerspräche.[18] Ein gesetzlicher Anspruch auf eine bestimmte Verteilung der Arbeitszeit während des Altersteilzeitverhältnisses besteht nicht. Er ergibt sich auch nicht aus den Regelungen des für den öffentlichen Dienstes geltenden TV ATZ. Insoweit ist auch nicht

[10] BAG 16.12.2010 AP Nr. 159 zu § 2 KSchG 1969 = NZA 2011, 1247 (LS).

[11] Vgl. BAG 12.12.2000 AP Nr. 1 zu § 3 ATG = NZA 2001, 1209; Altersteilzeit für sächs. Grundschullehrer: BAG 3.12.2002 AP Nr. 2 zu § 1 TVG Altersteilzeit = NZA-RR 2003, 613.

[12] BAG 14.10.2008 AP Nr. 41 zu § 1 TVG Altersteilzeit = DB 2009, 2159.

[13] BAG 18.9.2001 AP Nr. 3 zu § 3 ATG = NZA 2002, 1161.

[14] BAG 27.1.2011 AP Nr. 44 zu § 611 BGB Haftung des Arbeitgebers = NZA 2011, 1312 (LS); 12.12.2000 AP Nr. 1 zu § 3 ATG = NZA 2001, 1209; vgl. zu § 2 I TV ATZ BAG 14.10.2008 AP Nr. 41 zu § 1 TVG Altersteilzeit = DB 2009, 2159 mwN; zu den Anforderungen an einen hinreichend bestimmtes Änderungsangebot des AN BAG 14.5.2013 AP Nr. 10 zu § 2 ATG = NZA 2013, 1358.

[15] Zu einem Schadensersatzanspruch wegen der Verletzung der Nebenpflicht des öffentl. AG, den Antrag auf Altersteilzeit wegen einer sozialversicherungsrechtlichen Stichtagsregelung rechtzeitig zu bearbeiten: BAG 27.1.2011 AP Nr. 44 zu § 611 BGB Haftung des Arbeitgebers = NZA 2011, 1312 (LS).

[16] BAG 14.10.2008 AP Nr. 41 zu § 1 TVG Altersteilzeit = DB 2009, 2159; 3.12.2002 AP Nr. 2 zu § 1 TVG Altersteilzeit = NZA-RR 2003, 613.

[17] BAG 10.12.2013 AP Nr. 144 zu § 87 BetrVG 1972 = NZA 2014, 1040.

[18] BAG 17.8.2010 AP Nr. 22 zu § 3 ATG = NZA 2011, 367 (LS).

etwa § 8 IV TzBfG anwendbar.[19] Das ATG stellt eine eigenständige Regelung wegen der Voraussetzungen für eine Arbeitszeitreduzierung dar. Es begründet gerade keinen Rechtsanspruch auf eine Altersteilzeitvereinbarung und (schon wegen der unterschiedlichen damit verbundenen Kosten, nämlich Rückstellungen, Insolvenzsicherung) keinen Anspruch auf ein bestimmtes Altersteilzeitmodell. Daher kann der AN erst recht keine bestimmte Arbeitszeitgestaltung verlangen. Der AG kann sich bei seiner Ermessensentscheidung allerdings nicht darauf berufen, ein öffentlicher Zuwendungsgeber behalte sich vor, Zuwendungsbescheide zu widerrufen, falls der AG seinen AN Altersteilzeit im Blockmodell bewilligt. Ein solcher Widerruf des Bescheides wäre gem. § 49 II 1 Nr. 1 VwVfG ermessensfehlerhaft und damit unwirksam.[20] Ansprüche können sich auch aus dem **Gleichbehandlungsgrundsatz** ergeben.[21] Der AG darf aber eine **Stichtagsregelung** treffen, wonach er nur bis zu einem bestimmten Zeitpunkt eingehende Anträge berücksichtigen will.[22] Diese Regelung muss er allerdings im Betrieb bekanntgeben, um einen willkürlichen Ausschluss einzelner AN auszuschließen.[23] Er kann wegen der unterschiedlichen Kosten auch danach differenzieren, ob die AN eine Altersteilzeit im Teilzeitmodell oder im Blockmodell anstreben.[24]

Ein AG, der den Wunsch des AN auf Abschluss eines Altersteilzeitvertrags zu Unrecht ablehnt, 10
kann zum **rückwirkenden Abschluss** eines Altersteilzeitvertrags verurteilt werden.[25] Nach Inkrafttreten des Schuldrechtsmodernisierungsgesetzes ab dem 1.1.2002 ist der rückwirkende Abschluss eines Vertrags gem. § 275 I BGB (anders als nach § 306 BGB aF)[26] nicht mehr von vornherein nichtig.[27] Der AN kann danach aber nur eine Vertragsänderung mit Rückwirkung auf den Zeitpunkt der Abgabe des Angebots, nicht dagegen eine Rückdatierung des Änderungsvertrages verlangen.[28] Nicht möglich ist es ferner, durch die rückwirkende Vereinbarung eines Altersteilzeitverhältnisses die Förderung nach dem ATG sowie die Steuer- und Sozialversicherungsfreiheit des Aufstockungsbeitrages herbeizuführen,[29] es sei denn, die rückwirkende Vereinbarung ist das Ergebnis einer (gerichtlichen) Auseinandersetzung, aufgrund derer der AN einen rechtzeitig geltend gemachten Anspruch auf Begründung eines Altersteilzeitverhältnisses erfolgreich durchsetzt.[30]

IV. Verringerung und Verteilung der Arbeitszeit

1. Arbeitszeitmodelle. Die Verringerung der Arbeitszeit kann im Kontinuitätsmodell 11
(auch als Teilzeitmodell bezeichnet) oder im Blockmodell erfolgen. Beim Kontinuitätsmodell vermindert sich die bisherige Arbeitszeit. Der AN arbeitet weiter bis zum Ende der Altersteilzeitvereinbarung. In der Praxis weitaus häufiger[31] findet sich das Blockmodell. Hier arbeitet der AN für einen bestimmten Zeitraum (zB 2 Jahre) zunächst noch voll und für einen weiteren, gleich langen weiteren Zeitraum überhaupt nicht mehr.

2. Kontinuitätsmodell. Im Rahmen des Blockmodells bleibt die Verteilung der Arbeitszeit 12
den Vertragspartnern überlassen, um den jeweiligen betrieblichen Interessen gerecht zu werden. Es können also eine durchgehende Halbtagsbeschäftigung und ein Wechsel von Arbeits- und Freistellungsphasen im täglichen, wöchentlichen, monatlichen oder Jahresrhythmus erfolgen.

[19] BAG 12.4.2011 AP Nr. 53 zu § 1 TVG Altersteilzeit = NZA 2011, 1044.
[20] BAG 17.8.2010 AP Nr. 48 zu § 1 TVG Altersteilzeit = NZA 2011, 161.
[21] BAG 13.12.2016 – 9 AZR 606/15; 15.11.2011 AP Nr. 55 zu § 1 TVG Altersteilzeit = NZA 2012, 218; 18.10.2011 AP Nr. 54 zu § 1 TVG Altersteilzeit = DB 2012, 1045.
[22] BAG 15.11.2011 AP Nr. 55 zu § 1 TVG Altersteilzeit = NZA 2012, 218.
[23] BAG 15.4.2008 AP Nr. 39 zu § 1 TVG Altersteilzeit = NZA-RR 2008, 547.
[24] BAG 18.10.2011 AP Nr. 55 zu § 1 TVG Altersteilzeit = DB 2012, 1045.
[25] BAG 13.12.2016 – 9 AZR 606/15; 23.1.2007 AP Nr. 8 zu § 2 ATG = NZA 2007, 1236.
[26] S. zB BAG 28.6.2000 AP Nr. 6 zu § 1 KSchG 1969 Wiedereinstellung = NZA 2000, 1097; LAG Hamm 23.2.2001 DB 2001, 1890.
[27] BAG 27. 4 2004 AP Nr. 12 zu § 8 TzBfG = NZA 2004, 1225.
[28] BAG 4.5.2010 AP Nr. 21 zu § 3 ATG = NZA 2010, 1063; 15.9.2009 AP Nr. 3 zu § 311a BGB = NZA 2010, 32.
[29] BAG 4.5.2010 AP Nr. 21 zu § 3 ATG = NZA 2010, 1063; *Zwanziger* RdA 2005, 236; *Abeln/Gaudernack* BB 2005, 46.
[30] BAG 4.5.2010 AP Nr. 21 zu § 3 ATG = NZA 2010, 1063; 23.1.2007 AP Nr. 8 zu § 2 ATG = NZA 2007, 1236.
[31] S. Statistik der Bundesagentur für Arbeit, https://statistik.arbeitsagentur.de.

13 **3. Blockmodell. a) Vorleistung des Arbeitnehmers.** Beim Blockmodell tritt der AN mit seinen vollen Arbeitsleistungen im Hinblick auf die anschließende Freistellungsphase in Vorleistung. Das während der Freistellungsphase zu zahlende Entgelt ist (mit Ausnahme der Aufstockungsbeträge sowie der zusätzlichen Beiträge zur Rentenversicherung) Gegenleistung für die während der Arbeitsphase erbrachte Arbeitsleistung.[32] Der AN erarbeitet sich einen Anspruch auf Vergütungszahlung sowie auf Freistellung in der Freistellungsphase.[33] Monatlich zu zahlende Bezüge werden zeitversetzt in derselben Reihenfolge fällig, wie es der zeitlichen Abfolge in der Arbeitsphase entspricht. Das im ersten Monat der Arbeitsphase angesparte Entgelt wird damit im ersten Monat der Freistellungsphase fällig und so weiter.[34] Dagegen werden Bezüge die auf das Jahr bezogene Einmalzahlungen beinhalten, in dem Monat der Freistellungsphase fällig, der kalendarisch dem Monat der Arbeitsphase entspricht.[35] Beispielsweise ist ein dreizehntes Monatsentgelt, das im November fällig wird, daher auch in der Freistellungsphase im November zu zahlen. Spätere Tariferhöhungen wirken sich im Zweifel bei einer entsprechenden Vereinbarung auch auf die Höhe des Entgelts in der Freistellungsphase aus.[36] Sofern eine tarifliche Berechnungsgrundlage gilt, ist diese maßgeblich.[37] Altersteilzeitarbeitnehmer haben daher grundsätzlich während der gesamten Zeit des Altersteilzeitarbeitsverhältnisses Anspruch auf Bezüge in Höhe der sich für entsprechende Teilzeitkräfte ergebenden Beträge. Zulässig sind aber tarifliche Regelungen, die einen Ausschluss von Teilzeitarbeitnehmern bei Tariferhöhungen vorsehen, die nach dem Eintritt in die Freistellungsphase wirksam werden. Sie verstoßen weder gegen das Benachteiligungsverbot nach § 4 TzBfG noch gegen den allgemeinen Gleichheitssatz des Art. 3 I GG.[38] Auch eine vereinbarte Privatnutzung eines Dienstwagens ist Teil des Entgelts. Daher gilt sie auch während der Freistellungsphase, es sei denn, es ist arbeitsvertraglich etwas Abweichendes vereinbart, zB eine Abgeltung in Geld.[39]

14 **b) Insolvenz des Arbeitgebers.** In der Insolvenz des AG[40] sind in der Freistellungsphase fällig werdende Vergütungsansprüche (einschließlich der Aufstockungsbeiträge) gem. § 108 II InsO Insolvenzforderungen, soweit die zugrunde liegende Arbeitsleistung vor Insolvenzeröffnung erbracht wurde.[41] Soweit die AN Vergütungsansprüche geltend machen, die auf einer Arbeitsleistung nach Insolvenzeröffnung beruhen, sind sie Massegläubiger gem. § 55 I Nr. 2 InsO. Da es für die insolvenzrechtliche Beurteilung nicht auf die Fälligkeit sondern die Begründung des Anspruchs ankommt, sind AN in der Altersteilzeit Insolvenzgläubiger, soweit sie in der Freistellungsphase Vergütungszahlungen geltend machen, die für ihre in der Arbeitsphase geleistete Arbeit zu erbringen sind. Dabei erfolgt die Zuordnung der Arbeitsphase zu dem entsprechenden Zeitraum der Freistellungsphase zeitversetzt „spiegelbildlich", dh beispielsweise ist der Entgeltanspruch für die ersten drei Monate der Freistellungsphase in den ersten drei Monaten der Arbeitsphase erarbeitet[42] (zum Betriebsübergang in der Insolvenz auch → § 84 Rn. 16). Das

---

[32] BAG 24.9.2019 AP Nr. 12 zu § 2 ATG = NZA 2020, 300.

[33] BAG 18.9.2018 AP Nr. 70 zu § 1 TVG Altersteilzeit; 21.1.2011 AP Nr. 52 zu § 1 TVG Altersteilzeit = NZA 2011, 593; 19.10.2004 AP Nr. 5 zu § 55 InsO = NZA 2005, 408; aA *Oberhofer/Wroblewski* ZInsO 2005, 696, die von einer ungleichmäßigen Arbeitszeit bei gleichmäßiger Bezahlung ausgehen; zur Ermittlung eines Troncanteils (bei Spielbanken) → § 67 Rn. 56.

[34] BAG 17.11.2015 AuA 2016, 368 (LS); 21.1.2011 AP Nr. 52 zu § 1 TVG Altersteilzeit = NZA 2011, 593; zur Berücksichtigung von Entgelterhöhungen, Zuwendungskürzungen und Zulagen im Geltungsbereich des TV ATZ vgl. BAG 19.4.2012 ZTR 2012, 452 = DB 2012, 1690 (LS).

[35] BAG 21.1.2011 AP Nr. 52 zu § 1 TVG Altersteilzeit = NZA 2011, 593.

[36] Zu § 4 I TV ATZ BAG 22.7.2014 ZTR 2014, 606; 22.5.2012 AP Nr. 57 zu § 1 TVG Altersteilzeit (LS).

[37] BAG 18.9.2018 AP Nr. 70 zu § 1 TVG Altersteilzeit.

[38] BAG 19.1.2016 AP Nr. 67 zu § 1 TVG Altersteilzeit = NZA 2016, 776.

[39] LAG RhPf 12.3.2015 NZA-RR 2015, 292.

[40] Generell zur Abwicklung des Altersteilzeitverhältnisses in der Insolvenz *Schrader/Straube* ZInsO 2005, 184; *Hinrichs/Tholuck* ZInsO 2011, 1961; *Froehner* NZA 2012, 1405; vgl. auch das Rundschreiben der Spitzenverbände der Sozialversicherungsträger zu den versicherungs-, beitrags-, melde- und leistungsrechtlichen Auswirkungen des Altersteilzeitgesetzes vom 2.11.2010, http://www.tk.de.

[41] BAG 30.10.2008 AP Nr. 357 zu § 613a BGB = NZA 2009, 432 (für einen Betriebsübergang in der Insolvenz während der Freistellungsphase); 19.12.2006 AP Nr. 19 zu § 3 ATG = DB 2007, 1707; 23.2.2005 AP Nr. 1 zu § 108 InsO = NZA 2005, 1016 (LS); 19.10.2004 AP Nr. 5 zu § 55 InsO = NZA 2005, 408; *Hinrichs/Tholuck* ZInsO 2011, 1961 (1962).

[42] Vgl. BAG 24.6.2003 AP Nr. 1 zu § 4 ATG = DB 2004, 258; 19.10.2004 AP Nr. 5 zu § 55 InsO = NZA 2005, 408; 31.1.2008 AP Nr. 340 zu § 613a BGB = NZA 2008, 705; *Zwanziger* RdA 2005, 230; das LAG Nds spricht hier geometrisch genauer von einer Parallelverschiebung, s. Urteil vom 1.7.2004 – 5 Sa 1326/04; vgl. auch *Hinrichs/Tholuck* ZInsO 2011, 1961 (1963, dort Fn. 21); abw. LAG SchlH 10.1.2006 NZA-RR 2006, 293.

Gleiche gilt für die Aufstockungsleistungen des AG, die ebenfalls Entgelt iSv §§ 611, 612 BGB sind.[43] Die Geltendmachung eines Sicherungsanspruchs gem. § 8a IV ATG nach Insolvenzeröffnung macht aus der einfachen Insolvenzforderung (auf Sicherung) keine Masseforderung.[44]

c) Insolvenzsicherung. Ein im Blockmodell angespartes Wertguthaben muss **gegen den Fall der Insolvenz** des AG **gesichert** werden (§ 8a ATG). Das betrifft entgegen der missverständlichen Gesetzesformulierung nicht nur den in § 8a ATG genannten Fall der Zahlungsunfähigkeit (§ 17 InsO), sondern auch die Insolvenz aufgrund der sonstigen Insolvenzgründe (§§ 18, 19 InsO).[45] Aus § 8a ATG folgt ein einklagbarer Anspruch des AN auf Insolvenzsicherung, und zwar ohne Verrechnung des monatlichen Aufstockungsbetrages.[46] Die Pflicht zur Absicherung bezieht sich auf den gesamten als Gegenleistung für die Arbeit geschuldeten Betrag, nicht aber auf die Aufstockungsleistungen, weil es sich hierbei gerade nicht um eine solche Gegenleistung handelt.[47] Wegen der Sicherung besteht Gestaltungsfreiheit. Gleichwohl stellt die Insolvenzsicherung eines Wertguthabens eine kongruente Deckungshandlung nach § 130 InsO dar und ist daher nicht nach § 131 I Nr. 1 InsO anfechtbar.[48] Die Regelung des § 7e SGB IV in der ab dem 1.1.2009 geltenden Fassung[49] findet gem. § 8a I 2 Hs. 2 ATG keine Anwendung,[50] wohl aber die Regelungen in § 7d SGB IV über die Führung und Verwaltung von Wertguthaben[51] (auch → § 160 Rn. 53 ff.). Als Sicherung kommen u.a. Bankbürgschaften, eine doppelseitige Treuhand oder die Verpfändung von Wertpapieren usw. in Betracht. Bei einer **doppelseitigen Treuhand** (sog. Contractual Trust Arrangement CTA) werden die zu sichernden Vermögenswerte zur Verwaltung durch den Treuhänder ausgegliedert. Im Verhältnis zwischen AG und Treuhänder liegt eine Verwaltungstreuhand vor. Daneben wird im Wege eines Vertrages zugunsten Dritter (§ 328 BGB) eine besondere Sicherungstreuhand begründet, die eigene Ansprüche des AN gegenüber dem Treuhänder auf Herausgabe und Verwertung des Treuhandvermögens begründet, und zwar aufschiebend bedingt durch den Eintritt des Insolvenzfalls beim AG. Mit der Insolvenz erlischt zwar die Verwaltungstreuhand nach §§ 115, 116 InsO und das Treugut fällt in die Insolvenzmasse, weil es sachlich und wirtschaftlich dem Treugeber zuzuordnen ist. Es besteht aber ein Absonderungsrecht nach § 51 Nr. 1 InsO für den Treuhänder, der den Verwertungserlös an den begünstigten AN auszukehren hat.[52] Keine Insolvenzsicherungspflicht besteht (für AN in der Arbeitsphase) nach der Eröffnung des Insolvenzverfahrens. Hier hat sich das abzusichernde Risiko nämlich bereits realisiert und der AN ist durch die Einordnung seiner Ansprüche als Masseverbindlichkeiten bereits angemessen gesichert.[53] Gem. § 8a III 1 ATG ist der AG zum Nachweis (und nicht lediglich zur Auskunft[54]) bzgl. der Insolvenzsicherung verpflichtet. Kommt der AG seinen Verpflichtungen insoweit nicht nach, kann er gem. § 8a IV ATG zur Sicherheitsleistung verpflichtet werden. 15

d) Durchgriffshaftung. Ein Anspruch des AN auf Schadensersatz gegenüber dem Geschäftsführer einer insolventen GmbH besteht in diesem Fall aber grundsätzlich nicht; § 8a I ATG begründet keine Durchgriffshaftung.[55] Die Regelung in § 7e V 2 SGB IV über die Haftung der Organvertreter ist gem. § 8a II 1 letzter Hs. ATG nach dem unzweideutigen Gesetzes- 16

---

[43] BAG 11.4.2006 AP Nr. 7 zu § 2 ATG = NZA 2006, 926.
[44] LAG BW 29.3.2011 – 8 Sa 72/10.
[45] *Froehner* NZA 2012, 1405 (1407).
[46] LAG Hamm 12.12.2007 NZA-RR 2008, 462; zur Frage des vollstreckungsfähigen Inhalts eines entsprechenden Urteilstenors s. BAG 30.10.2006 AP Nr. 1 zu § 704 ZPO = NZA 2007, 647.
[47] LAG München 12.1.2011 – 11 Sa 707/10; LAG BW 6.3.2014 ZIP 2014, 894; ErfK/*Rolfs* ATG § 8a Rn. 4; vgl. auch BAG 23.2.2010 BB 2010, 2698 = AP Nr. 6 zu § 8a ATG (zu § 8a ATG aF).
[48] LAG Bln-Bbg 6.3.2009 – 22 Sa 2080/08.
[49] Gem. Gesetz zur Verbesserung der Rahmenbedingungen für die Absicherung flexibler Arbeitszeitregelungen und zur Änderung anderer Gesetze (ArbZRVerbG, „Flexi-II-Gesetz") vom 21.12.2008 (BGBl. I 2940); s. hierzu *Hanau/Veit* NJW 2009, 182.
[50] BAG 23.2.2016 AP Nr. 9 zu § 8a ATG = NZA 2016, 703.
[51] *Hanau* NZA 2009, 225 (226).
[52] BAG 18.7.2013 AP Nr. 8 zu § 8a ATG = NZA 2013, 1440; anders noch die Vorinstanz LAG Bln-Bbg 27.10.2011 NZA-RR 2012, 311, die ein Aussonderungsrecht nach § 47 InsO angenommen hatte; ausf. *Klemm* BetrAV 2015, 15.
[53] BAG 15.1.2013 AP Nr. 7 zu § 8a ATG = NZA-RR 2013, 303; *Hinrichs/Tholuck* ZInsO 2011, 1961 (1965); *Froehner* NZA 2012, 1405 (1408); aA ArbG Trier 10.3.2011 ZInsO 2011, 1075 = ArbRAktuell 2011, 284 (LS).
[54] LAG BW 6.3.2014 ZIP 2014, 894; 30.1.2014 ArbRAktuell 2014, 259 (LS).
[55] BAG 23.2.2010 AP Nr. 5 zu § 8a ATG = DB 2010, 1538.

wortlaut nicht anwendbar.[56] Diese Differenzierung zwischen den Wertguthaben aus Altersteilzeit und sonstigen Wertguthaben nach den Bestimmungen des SGB IV verstößt nicht gegen Art. 3 I GG.[57] Vertragliche Ansprüche kommen nur in Betracht, sofern ausnahmsweise eine persönliche Haftung des Organs eingreift (→ § 14 Rn. 9 ff.).[58] Ein Schadensersatzanspruch lässt sich auch weder unter dem Gesichtspunkt des Vertrages mit Schutzwirkung zugunsten Dritter noch nach den Grundsätzen über die Drittschadensliquidation begründen.[59] Eine deliktische Haftung gem. § 823 I BGB scheidet aus, weil das erworbene Wertguthaben kein sonstiges Recht iSv § 823 I BGB ist.[60] Eine Haftung nach § 823 II BGB iVm § 266 I StGB scheidet aus, weil den Geschäftsführer insoweit keine Vermögensbetreuungspflicht für den AN trifft.[61] Auch § 7d I SGB IV (in der bis zum 31.12.2008 geltenden Fassung) war kein Schutzgesetz, dessen Verletzung eine Haftung des Geschäftsführers für nicht abgesicherte Wertguthaben auslöst.[62] Tarifliche oder gesetzliche Regelungen, die eine Verpflichtung zur Insolvenzsicherung begründen, sind kein Schutzgesetz iSv § 823 II BGB.[63] Denkbar ist aber eine Haftung gem. § 823 II BGB iVm § 263 I StGB, wenn der Organvertreter dem AN wahrheitswidrig vorspiegelt, eine Sicherung des Wertguthabens stehe unmittelbar bevor, um den AN von der Geltendmachung seiner Ansprüche im Zusammenhang mit der Sicherung des Wertguthabens abzuhalten.[64]

17 **4. Wöchentliche Arbeitszeiten.** Sieht die Altersteilzeitvereinbarung **unterschiedliche wöchentliche Arbeitszeiten** oder eine **unterschiedliche Verteilung der wöchentlichen Arbeitszeit** vor, sind die Voraussetzungen der Altersteilzeit nach § 2 I Nr. 2 ATG auch dann gegeben, wenn **(1)** die wöchentliche Arbeitszeit im Durchschnitt eines Zeitraumes von drei Jahren oder bei Regelung in einem Tarifvertrag, aufgrund eines Tarifvertrags in einer Betriebsvereinbarung oder in einer Regelung der Kirchen und der öffentlich-rechtlichen Religionsgesellschaften im Durchschnitt eines Zeitraumes von bis zu sechs Jahren die Hälfte der bisherigen wöchentlichen Arbeitszeit nicht überschreitet und der AN versicherungspflichtig im Sinne des SGB III ist und **(2)** das Arbeitsentgelt für die Altersteilzeitarbeit sowie der Aufstockungsbetrag nach § 3 I Nr. 1 fortlaufend gezahlt wird (§ 2 II ATG).

18 **5. Verlängerung.** Gem. § 2 III ATG kann der Verteilzeitraum auf maximal zehn Jahre verlängert werden. Allerdings ist die Erstattung auf sechs Jahre begrenzt.

V. Erstattungsbetrag

19 Zur Ermittlung des Erstattungsbetrages sowie zur Beendigung des Erstattungsanspruchs s. die 15. Aufl. § 83 Rn. 18 ff.

§ 84. Inhalt des Altersteilzeitverhältnisses

Übersicht

[56] BAG 23.2.2016 AP Nr. 9 zu § 8a ATG = NZA 2016, 703; ErfK/*Rolfs* ATG § 8a Rn. 1; aA *Deinert* RdA 2014, 327 ff.
[57] BAG 23.2.2016 AP Nr. 9 zu § 8a ATG = NZA 2016, 703.
[58] Zur persönlichen Haftung: BAG 12.4.2011 AP Nr. 3 zu § 7d SGB IV = NZA 2011, 1350; 23.2.2010 AP Nr. 5 zu § 8a ATG = DB 2010, 1538; auch → § 14 Rn. 13 ff.
[59] BAG 23.2.2016 AP Nr. 9 zu § 8a ATG = NZA 2016, 703; aA *Deinert* RdA 2014, 327 (334 f.).
[60] BAG 23.2.2016 AP Nr. 9 zu § 8a ATG = NZA 2016, 703; 13.2.2007 AP Nr. 40 zu § 611 BGB Haftung des Arbeitgebers = NZA 2008, 121; 13.12.2005 AP Nr. 1 zu § 8a ATG = NZA 2006, 729; 16.8.2005 AP Nr. 24 zu § 1 TVG Altersteilzeit = NZA 2006, 1057; 16.8.2005 AP Nr. 25 zu § 1 TVG Altersteilzeit = NZA 2006, 1052.
[61] BAG 21.11.2006 AP Nr. 3 zu § 8a ATG = NZA 2007, 693; 13.2.2007 AP Nr. 40 zu § 611 BGB Haftung des Arbeitgebers = NZA 2008, 121.
[62] BAG 12.4.2011 AP Nr. 3 zu § 7d SGB IV = NZA 2011, 1350; 13.2.2007 AP Nr. 40 zu § 611 BGB Haftung des Arbeitgebers = NZA 2008, 121; 21.11.2006 AP Nr. 3 zu § 8a ATG = NZA 2007, 693; 13.12.2005 AP Nr. 1 zu § 8a ATG = NZA 2006, 729.
[63] LAG Hamm 6.5.2004 – 8 Sa 2220/03; *Rolfs* NZS 2004, 568; aA wohl *Zwanziger* RdA 2005, 240; offen gelassen von BAG 16.8.2005 AP Nr. 24 zu § 1 TVG Altersteilzeit = NZA 2006, 1057.
[64] BAG 12.4.2011 AP Nr. 3 zu § 7d SGB IV = NZA 2011, 1350.

I. Rechtsnatur

Das Altersteilzeitverhältnis ist ein **befristetes (Teilzeit-)Arbeitsverhältnis,** auf das die allgemeinen arbeitsrechtlichen Gesetze Anwendung finden. 1

Eine **ordentliche Kündigung** ist nur möglich, wenn

(1) dies vereinbart ist (§ 15 III TzBfG)
(2) oder wenn das Insolvenzverfahren eröffnet wurde (§ 113 S. 1 InsO).

In der Freistellungsphase des Blockmodells kann auch dann nur ausnahmsweise gekündigt werden (→ Rn. 13). Durch eine solche Kündigung können die angesparten Vergütungsansprüche grundsätzlich nicht mehr zum Erlöschen gebracht werden (→ Rn. 15).

II. Inhalt

1. Befristung. Das Altersteilzeitverhältnis ist ein Teilzeitarbeitsverhältnis in Form eines (nachträglich) befristeten Arbeitsverhältnisses. Es kann auch als Jobsharing- oder Abrufarbeitsverhältnis geschlossen werden. Nach § 8 III ATG kann die Vereinbarung über die Altersteilzeit die Beendigung auf den Zeitpunkt vorsehen, in dem der AN Anspruch auf eine Altersrente wegen Alters hat. Auch bei einer solchen Vereinbarung ist eine **Befristung** anzunehmen und nicht etwa eine auflösende Bedingung.[1] § 8 III ATG enthält einen gesetzlichen Befristungsgrund für Vereinbarungen, die eine Beendigung mit dem Zeitpunkt vorsehen, zu dem der AN eine Rente wegen Alters (§ 33 II SGB VI) in Anspruch nehmen kann.[2] Hierunter fallen auch Vereinbarungen, die auf einen vorgezogenen Renteneintritt (§ 33 II Nr. 2–6 SGB VI) abstellen.[3] Entsprechendes gilt für Vereinbarungen, die eine Beendigung mit dem Zeitpunkt vorsehen, zu dem der AN Leistungen einer befreienden Lebensversicherung in Anspruch nehmen kann.[4] In § 41 S. 2 SGB VI ist der Fall der Altersteilzeitarbeit nicht erfasst, so dass die Fiktion einer Befristung auf das Erreichen der Regelaltersgrenze nicht gilt. Rechtliche Probleme ergeben sich im Zusammenhang mit der zum 1.7.2014 eingeführten **Altersrente für besonders langjährig Versicherte mit 63** (§ 236b SGB VI). Häufig enthalten Tarifverträge und Altersteilzeitvereinbarungen Regelungen, wonach das Arbeitsverhältnis – abweichend von der vereinbarten Befristungsdauer – jedenfalls zu dem Zeitpunkt endet, zu dem der AN eine abschlagsfreie Rente beziehen kann. Befindet sich der AN noch in der Arbeitsphase des Blockmodells, müssten sich dann sowohl die Arbeitsphase als auch die Freistellungsphase anteilig verkürzen. Das widerspräche zum einen den Dispositionen des AG, der zu einem früheren als dem vorgesehenen Zeitpunkt auf den AN verzichten müsste, und zum anderen den Planungen des AN, der von einem längerfristigen Arbeitseinkommen ausgehen durfte. Noch problematischer sind die Auswirkungen insbesondere auf Arbeitnehmerseite, wenn die Freistellungsphase schon begonnen hat. Diese würde sich nämlich verkürzen, so dass eine Disparität zwischen beiden Zeitblöcken entstünde. Daher sind entsprechende Tarifregelungen im Rahmen einer teleologischen Reduktion dahingehend auszulegen, dass sie den Fall des § 236b SGB VI nicht 2

[1] Vgl. BAG 14.8.2002 AP Nr. 20 zu § 620 BGB Altersgrenze = NZA 2003, 1397; 27.4.2004 AP Nr. 1 zu § 8 ATG = DB 2004, 2534.
[2] Zur analogen Anwendung der früheren Fassung des § 8 III ATG: BAG 27.4.2004 AP Nr. 1 zu § 8 ATG.
[3] *Schreiner* NZA 2007, 846 (847).
[4] BAG 16.11.2005 AP Nr. 2 zu § 8 ATG = NZA 2006, 535.

erfassen.[5] Bei entsprechenden arbeitsvertraglichen Regelungen ist ebenfalls eine einschränkende Auslegung naheliegend. UU müsste auch ein Fall des § 313 BGB (Störung der Geschäftsgrundlage) angenommen werden. Das kann allerdings in Fällen, in denen es beiden Vertragsparteien darum ging, das Arbeitsverhältnis so früh wie möglich zu beenden, auch zu einer Auslegung führen, die eine frühzeitige Vertragsbeendigung bedeutet. Bei AN, die sich schon in der Freistellungsphase befinden, müsste die auftretende Disparität beider Altersteilzeitblöcke dann finanziell ausgeglichen werden. Ähnliche Probleme können auch bei einer **im Lauf des Altersteilzeitverhältnisses anerkannten Eigenschaft als schwerbehinderter Mensch** auftreten. Das BAG hat in einem solchen Fall eine Regelung, wonach vorzeitige Beendigung des Altersteilzeitverhältnisses zu dem Zeitpunkt eintritt, zu dem eine abschlagsfreie Altersrente bezogen werden kann, für unwirksam erklärt. Hierdurch werden nämlich schwerbehinderte AN, die ihre Arbeitsphase ungekürzt abgeschlossen haben, entgegen § 3 I 1 AGG benachteiligt, weil sich für sie die Freistellungsphase im Verhältnis zur Arbeitsphase verkürzt.[6] Die Umwandlung eines bisher unbefristeten Arbeitsverhältnisses in ein befristetes Altersteilzeitverhältnis bedeutet eine Vertragsbeendigung, die gem. § 159 I 1, I 2 Nr. 1 SGB III eine Sperrzeit beim Arbeitslosengeld auslösen kann: Es liegt aber ein wichtiger Grund für die Lösung des Beschäftigungsverhältnisses iSv § 159 I 1 SGB III vor, wenn der AN bei Abschluss der Vereinbarung beabsichtigte, aus dem Arbeitsleben auszuscheiden und eine entsprechende Annahme prognostisch gerechtfertigt war, weil er davon ausging, direkt nach dem Abschluss der Altersteilzeit eine Altersrente zu beziehen.[7] Führt die Beendigung des Teilzeitarbeitsverhältnisses aufgrund des Fristablaufs zu einem Anspruchsverlust beim Arbeitslosengeld, ergibt sich hieraus kein Schadenersatzanspruch des AN, sofern die Altersteilzeitvereinbarung die Voraussetzungen des § 8 III ATG erfüllt, weil den AG in diesem Fall im Allgemeinen keine Nebenpflichten hinsichtlich der Vermögensinteressen des AN treffen.[8] Gem. §§ 14 IV, 21 TzBfG ist die Einhaltung der **Schriftform** erforderlich.

3 **2. Auflösende Bedingung.** Eine auflösende Bedingung gem. **§ 21 TzBfG** liegt dagegen insoweit vor, als neben einem bestimmten Enddatum eine Bestimmung in den Altersteilzeitvertrag aufgenommen wird, nach der das Arbeitsverhältnis mit Ablauf des Kalendermonats endet, in dem der AN die frühestmögliche gesetzliche Rente in Anspruch nehmen kann, und bei Vertragsschluss noch ungewiss war, ob der AN die Voraussetzungen für die Inanspruchnahme einer vorzeitigen Altersrente erfüllen würde.[9] Eine solche Bestimmung in Allgemeinen Geschäftsbedingungen wird als eine überraschende Klausel gem. § 305c I BGB nicht Vertragsbestandteil, wenn sie von den im Rahmen der Vertragsverhandlungen geweckten Erwartungen deutlich abweicht und der AN mit dieser nach den Umständen nach vernünftigerweise nicht zu rechnen brauchte. Jedenfalls ist eine solche Regelung, die weitere Beendigungstatbestände vor Ablauf der vereinbarten Zeitbefristung vorsieht, am Transparenzgebot des § 307 I 2 BGB zu messen. Die vorzeitige Beendigungsmöglichkeit muss im Vertragstext deutlich erkennbar hervorgehoben werden.[10]

4 **3. Fortbestehendes Arbeitsverhältnis.** Das Arbeitsverhältnis besteht auch während der **Freistellungsphase** im Blockmodell weiter. Da ein Ruhen des Arbeitsverhältnisses nur anzunehmen ist, wenn eine vollständige Freistellung der Vertragsparteien von den beiderseitigen Hauptpflichten erfolgt, **ruht** es aufgrund der fortbestehenden Vergütungspflicht auch **während der Freistellungsphase nicht.**[11] Ein tariflicher Bewährungsaufstieg findet in der Freistellungsphase aber nicht statt, der AN „spart" in der Arbeitsphase auch keine Bewährungszeit an.[12] Die Sozialversicherungspflicht besteht fort (→ Rn. 22). Auch bei AN in der Altersteilzeit kommt eine **Kurzarbeit** in Betracht. Das gilt auch in der Arbeitsphase im Blockmodell.[13] In der Freistellungsphase scheidet eine Kurzarbeit dagegen aus, weil von vornherein keine Pflicht zur Arbeitsleistung besteht und die zu zahlende Vergütung das Entgelt für die in der Arbeitsphase

[5] So zutreffend für § 9 II lit. a TV ATZ sowie § 8 II lit. a TV FALTER: *Lorenz-Schmidt* ZTR 2014, 511 (518), die gleichzeitig darauf hinweist, dass im Bereich der TdL ohnehin bereits entsprechend verfahren wird, s. ZTR 2014, 511 (515); anders *Koch* BB 2014, 1589 (1590).

[6] BAG 12.11.2013 ZTR 2014, 279 = NZA 2014, 632 (LS) zu § 9 II lit. a TV ATZ.

[7] BSG 12.10.2017 SozR 4–4300 § 159 Nr. 4; 12.9.2017 NZS 2018, 533; 21.7.2009 BSGE 104, 90 = NZA-RR 2010, 323.

[8] BAG 16.11.2005 AP Nr. 2 zu § 8 ATG = NZA 2006, 535.

[9] BAG 8.8.2007 AP Nr. 4 zu § 21 TzBfG = NZA 2008, 1208 (LS).

[10] BAG 8.8.2007 AP Nr. 4 zu § 21 TzBfG = NZA 2008, 1208 (LS).

[11] BAG 16.10.2012 AP Nr. 98 zu § 7 BUrlG Abgeltung = NZA 2013, 575; 31.1.2008 AP Nr. 340 zu § 613a BGB = NZA 2008, 705; 15.3.2005 AP Nr. 31 zu § 7 BUrlG = NZA 2005, 994.

[12] BAG 4.5.2010 AP Nr. 4 zu § 23a BAT-O = DB 2010, 2227.

[13] Zu den Möglichkeiten, den Arbeitsausfall auszugleichen, *Köster* P&R 2020, 115.

erbrachte Arbeitsleistung darstellt. Darüber hinaus wäre der AN nicht durch die Kurzarbeit an der Arbeit gehindert und hätte daher keinen Anspruch auf Kurzarbeitergeld (§ 95 SGB III). Zur Berücksichtigung der AN in der Freistellungsphase bei der Ermittlung der Beschäftigtenzahl gem. § 23 I KSchG → Rn. 19.

4. Aufstockungsbetrag. Der AG schuldet neben dem – reduzierten – Entgelt[14] die Zahlung eines Aufstockungsbetrages (zur Ermittlung des Betrages → § 83 Rn. 4). Dieser kann durch Tarifvertrag oder Arbeitsvertrag über den für die Förderung gem. § 3 I Nr. 1a ATG erforderlichen Betrag von 20% hinaus erhöht werden. Eine Tarifregelung, die eine Anrechnung der Zuschläge für Nacht-, Sonn- und Feiertagsarbeit auf den Aufstockungsbetrag vorsieht, kann wegen eines Verstoßes gegen den Gleichheitssatz (Art. 3 I GG) unwirksam sein, wenn dadurch eine sachgrundlose *Gleich*behandlung mit AN erfolgt, die keine zuschlagspflichtigen Tätigkeiten ausüben.[15] Der Aufstockungsbetrag ist gem. § 3 Nr. 28 EStG steuerfrei (näher hierzu → Rn. 21). Er ist kein Arbeitsentgelt iSv § 14 SGB IV.[16] Arbeitsrechtlich ist er dagegen Entgelt iSd §§ 611, 612 BGB, stellt aber keine Gegenleistung für die erbrachte Arbeitsleistung dar, sondern soll dazu dienen, den Lebensstandard des AN auch in der Altersteilzeit zu sichern.[17] Eine tarifliche Regelung, die für die Berechnung des Aufstockungsbetrages auf einen fiktiven Steuerabzug (nach Maßgabe der Mindestnettobetrags-Verordnung nach § 15 ATG) abstellt, benachteiligt entgegen Art. 45 AEUV und Art. 7 IV VO (EWG) 1612/68 AN, die im europäischen Ausland wohnen und dort geringere Steuern zahlen, weil ihr Entgelt dadurch mit einem höheren Prozentbetrag hinter ihrem bisherigen Nettoeinkommen zurückbleibt.[18] 5

5. Änderung der Lohnsteuerklasse. Eine Änderung der Lohnsteuerklasse während des Altersteilzeitarbeitsverhältnisses ist für die Berechnung des Aufstockungsbetrages beachtlich, sofern sie nicht rechtsmissbräuchlich erfolgte. Ein Rechtsmissbrauch liegt vor, wenn für die Änderung kein sachlicher Grund besteht und sie nur deshalb erfolgt ist, um die Zuschusspflicht des AG zu erhöhen.[19] Beweispflichtig für die Umstände, die eine Treuwidrigkeit begründen, ist der AG.[20] Regelmäßig nicht als treuwidrig anzusehen ist die Wahl der Lohnsteuerklassen IV/IV bei Ehegatten, auch wenn sie bezogen auf das Gesamteinkommen der Ehegatten steuerlich nicht optimal ist.[21] Um aus der Wahl der Steuerklasse für sich entstehende Nachteile zu vermeiden, besteht für den AG die Möglichkeit, die für die Berechnung des Aufstockungsbeitrages maßgebliche Lohnsteuerklasse vertraglich festzulegen. In welchem Umfang der AG etwaige Nachteile bei sozialrechtlichen Gesetzesänderungen ausgleichen muss, hängt von den getroffenen Vereinbarungen ab.[22] 6

6. Irrtum über die sozialrechtlichen Folgen. Ein Irrtum über die sozialrechtlichen Folgen einer Altersteilzeitvereinbarung ist kein Inhaltsirrtum, der zur Anfechtung nach § 119 BGB berechtigt.[23] Nehmen beide Arbeitsvertragsparteien irrtümlich an, der AN könne nach dem Ende der Altersteilzeit unmittelbar Rente beanspruchen, kann eine Anpassung des Vertrags nach den Regeln über die Störung der Geschäftsgrundlage (§ 313 BGB) in Betracht kommen.[24] Eine Rückkehr zum alten Arbeitsverhältnis kann hierauf aber regelmäßig nicht gestützt werden, weil nach § 313 BGB nicht stärker in die Geschäftsgrundlage eingegriffen werden darf, als es durch die Anpassung an die fälschlicherweise angenommenen Umstände geboten ist.[25] Schlägt der AG vor, das Arbeitsverhältnis im Rahmen einer Altersteilzeitvereinbarung zu beenden, müssen die von ihm dabei gemachten Angaben über die versorgungsrechtlichen Folgen richtig sein. Andernfalls verletzt er eine Nebenpflicht aus dem Arbeitsverhältnis und kann sich schadensersatzpflichtig machen.[26] 7

---

14 Hierzu gehört auch eine Vorhandwerkerzulage, s. BAG 24.6.2003 AP Nr. 1 zu § 4 ATG = DB 2004, 258.
15 BAG 4.5.2010 AP Nr. 46 zu § 1 TVG Altersteilzeit = DB 2010, 2343 (LS).
16 BSG 17.4.2007 NZA 2008, 98.
17 BAG 11.8.2015 AP Nr. 66 zu § 1 TVG Altersteilzeit = NZA 2016, 576 (LS); 19.10.2004 AP Nr. 5 zu § 55 InsO = NZA 2005, 408.
18 EuGH 28.6.2012 – C-172/11, NZA 2012, 863 – Erny.
19 BAG 9.9.2003 AP Nr. 2 zu § 4 ATG = DB 2004, 821.
20 BAG 9.9.2003 AP Nr. 18 zu § 1 TVG Tarifverträge: Deutsche Bahn = NZA 2004, 496.
21 BAG 13.6.2006 AP Nr. 29 zu § 1 TVG Altersteilzeit = NZA 2007, 275.
22 BAG 20.6.2000 NZA 2002, 56 (LS) = DB 2000, 1414 (LS).
23 BAG 10.2.2004 AP Nr. 15 zu § 119 BGB = NZA 2004, 606.
24 *Melms/Schwarz* DB 2006, 2010 (2012 ff.).
25 BAG 10.2.2004 AP Nr. 15 zu § 119 BGB = NZA 2004, 606.
26 BAG 10.2.2004 AP Nr. 15 zu § 119 BGB = NZA 2004, 606.

III. Urlaub, Krankheit

8 **1. Entgeltanspruch.** Während des Urlaubs oder der Erkrankung hat der AG die Altersteilzeitvergütung einschließlich des Aufstockungsbetrages und die Beträge für die gesetzliche Rentenversicherung weiterzuzahlen.

9 **2. Entgeltfortzahlung.** Der Anspruch auf Entgeltfortzahlung im Krankheitsfall besteht im Rahmen des § 3 I 1 und 2 EFZG (sechs Wochen). Nach Ablauf des Entgeltfortzahlungszeitraums erhält der AN Krankengeld gem. §§ 44 ff. SGB V von der Krankenkasse. Die Leistungen berechnen sich gem. § 47 II 4, 5 SGB V auch in der Arbeitsphase des Blockmodells nach dem tatsächlich zugeflossenen – reduzierten – Entgelt, aber ohne die Aufstockungsbeträge. Der Aufstockungsbetrag wird gem. § 10 I 1 ATG (auch bei privat Versicherten) unmittelbar von der Bundesagentur an den AN geleistet; das gilt aber nur bei einer nach Wiederbesetzung des Arbeitsplatzes geförderten Altersteilzeit, also nicht während der Arbeitsphase im Blockmodell, weil hier ja eine Ersatzeinstellung erst in der Freistellungsphase erfolgt. In der Praxis leistet der AG zumeist die Aufstockungen und erhält nach der Wiederbesetzung Ersatz von der Bundesagentur und trägt damit dann aber auch das Risiko der Wiederbesetzung des Arbeitsplatzes.[27] Häufig finden sich Vereinbarungen (insbesondere in Tarifverträgen), wonach bei einer Ausfallzeit mit Krankengeldbezug die Hälfte der ausgefallenen Arbeitszeit nachzuarbeiten ist. Diese Verlängerung der Arbeitsphase ist rechtlich nicht zu beanstanden.[28] In diesem Fall verkürzt sich die Freistellungsphase, die Beendigung des Arbeitsverhältnisses aufgrund der Befristung verschiebt sich hierdurch nicht. Bei einer durchgehenden Arbeitsunfähigkeit während der ganz überwiegenden Zeit der Arbeitsphase kann dagegen ein sog. Störfall vorliegen, der (zB aufgrund einer personenbedingten Kündigung oder gem. § 313 BGB) zur Beendigung der Altersteilzeit führt, mit der Folge, dass für die Zeiträume der Arbeitsleistung sowie der Entgeltfortzahlung nach dem EFZG nachträglich die volle Vergütung zu leisten ist.[29] Fällt die Erkrankung beim Blockmodell in die Freistellungsphase, ist das Entgelt fortzuentrichten, allerdings nicht gem. § 3 EFZG sondern aufgrund der vereinbarten Freistellung, die durch die in der Arbeitsphase erbrachte Vorleistung verdient ist.[30] Da der Entgeltzahlungsanspruch daher auch über den Entgeltfortzahlungszeitraum des § 3 EFZG hinaus bestehen kann, ruht insoweit gem. § 49 I Nr. 6 SGB V der Anspruch auf Krankengeld.

10 **3. Urlaub.** Wegen des Urlaubs gelten im Kontinuitätsmodell keine Besonderheiten. Dasselbe gilt während der Arbeitsphase im Blockmodell. Wird der Urlaub hier bis zum Ende der Arbeitsphase nicht vollständig in Anspruch genommen, ist er zu diesem Zeitpunkt nicht etwa gem. § 7 IV BUrlG abzugelten, weil das Arbeitsverhältnis ja noch nicht beendet ist.[31] Der Anspruch verfällt dann regelmäßig gem. § 7 III BUrlG nach Ablauf des Übertragungszeitraums.[32] Soweit die Inanspruchnahme des Urlaubs allerdings deshalb unmöglich war, weil der AN erkrankt war, darf das nach der Rspr. des EuGH[33] und (dem folgend) des BAG[34] gem. Art. 7 der Richtlinie 2003/88/EG nicht zu einem Verlust des Urlaubsanspruchs führen; dieser ist vielmehr bei Beendigung des Arbeitsverhältnisses abzugelten. Das gilt aber nur für den durch Art. 7 I der Richtlinie 2003/88/EG gewährleisteten und in § 3 I BUrlG normierten (vierwöchigen) Urlaubsanspruch. Während der Freistellungsphase müssten an sich zusätzliche Urlaubsansprüche erworben werden, weil es für das Entstehen des Urlaubsanspruchs nur auf den rechtlichen Bestand des Arbeitsverhältnisses und nicht auf das tatsächliche Erbringen der Arbeitsleistung ankommt (→ § 104 Rn. 30 mwN). Da aber in diesem Zeitraum eine Arbeitsverpflichtung des AN von vornherein nicht entstehen kann, wird hierfür auch ein Urlaubsanspruch nicht begründet. Dies ist auch mit Art. 7 I der Richtlinie 2003/88/EG vereinbar, weil der Erholungszweck des Urlaubs in der Freistellungsphase nicht greift und der Wegfall der Arbeitspflicht – anders als bei einer Arbeitsunfähigkeit – voraussehbar ist und auf einer Entscheidung des AN beruht.[35] Im Übrigen erwirbt

---

[27] *Rittweger*/Petri/Schweikert A. ATG § 10 Rn. 13; ErfK/*Rolfs* ATG § 10 Rn. 5.

[28] LAG Düsseldorf 2.11.2009 ArbRB 2010, 142; *Debler* NZA 2001, 1285 (1286).

[29] *Braun* ArbRB 2010, 142.

[30] *Debler* NZA 2001, 1285 (1286).

[31] BAG 16.5.2017 AP Nr. 105 zu § 7 BUrlG Abgeltung = NZA 2017, 1056; 16.10.2012 AP Nr. 98 zu § 7 BUrlG Abgeltung = NZA 2013, 575; 15.3.2005 AP Nr. 31 zu § 7 BUrlG = NZA 2005, 994; 10.5.2005 AP Nr. 88 zu § 7 BUrlG Abgeltung = NZA 2005, 1432 (LS).

[32] BAG 15.3.2005 AP Nr. 31 zu § 7 BUrlG = NZA 2005, 994.

[33] EuGH 20.1.2009 – C-350/06 sowie C-520/06, AP Nr. 1 zu Richtlinie 2003/88/EG = NJW 2009, 495 – Schultz-Hoff sowie Stringer u.a.

[34] BAG 24.3.2009 AP Nr. 39 zu § 7 BUrlG = NZA 2009, 538.

[35] Vgl. insoweit EuGH 4.10.2018 AP Nr. 24 zu Richtlinie 2003/88/EG = NZA 2018, 1323 – Dicu; 13.12.2018 NZA 2019, 47 – Hein (zur Kurzarbeit); BAG 24.9.2019 AP Nr. 12 zu § 2 ATG = NZA 2020,300.

der AN den Anspruch auf Freistellung und Vergütungszahlung in der Freistellungsphase nicht nur durch seine Arbeitsleistung in diesem Zeitraum, sondern in gleicher Weise auch („spiegelbildlich“[36]) für die in dieser Phase gewährten Urlaubszeiträume. Im Jahr des Übergangs von der Arbeitsphase in die Freistellungsphase entsteht daher nur ein anteiliger Urlaubsanspruch. Der gesetzliche Urlaubsanspruch ist nach Zeitabschnitten entsprechend der vertraglich vorgesehenen Tage mit Arbeitspflicht zu berechnen,[37] und zwar auch bei einem Übergang in der zweiten Jahreshälfte. Entsprechendes gilt für vertraglichen oder tariflichen Mehrurlaub, sofern die Vertragsparteien bzw. Tarifpartner für die Altersteilzeit keine von § 3 I BUrlG abweichende Vereinbarung getroffen haben.[38] Urlaubsabgeltungsansprüche nach § 7 IV BUrlG können für die Freistellungsphase nicht entstehen.[39] Dies bedeutet keine gegen Art. 3 I GG verstoßende Ungleichbehandlung gegenüber AN, die im Kontinuitätsmodell beschäftigt sind, weil die unterschiedliche Behandlung der AN in den unterschiedlichen Altersteilzeitmodellen durch den Erholungszweck des gesetzlichen Mindesturlaubs gerechtfertigt ist.[40]

IV. Kündigungsschutz

1. Besonderheiten. AN im Altersteilzeitverhältnis genießen den allgemeinen und besonderen Kündigungsschutz. § 8 I ATG bestimmt darüber hinaus, dass die Berechtigung zur Inanspruchnahme von Altersteilzeitarbeit keinen die Kündigung sozial rechtfertigenden Grund im Sinne von § 1 II 1 KSchG darstellt. Ebenso wenig kann sie im Rahmen der sozialen Auswahl nach § 1 III 1 KSchG bei einer betriebsbedingten Kündigung berücksichtigt werden. Das gilt auch für eine Änderungskündigung.[41] Der Altersteilzeitvertrag kann als befristeter Vertrag nach § 15 III TzBfG nur dann ordentlich gekündigt werden, wenn dies ausdrücklich vereinbart ist[42] oder wenn das Insolvenzverfahren eröffnet wurde (§ 113 S. 1 InsO). 11

2. Kontinuitätsmodell. Für das Kontinuitätsmodell ergeben sich ansonsten keine kündigungsrechtlichen Besonderheiten.[43] 12

3. Blockmodell. Im Blockmodell ist die Situation wegen der in der Arbeitsphase angesparten Vergütungsansprüche komplizierter: Die Stilllegung eines Betriebes stellt kein **dringendes betriebliches Erfordernis** dar, das nach § 1 II KSchG die Kündigung eines AN, der sich bereits in der Freistellungsphase im Blockmodell befindet, sozial rechtfertigen kann, weil der AN seine volle, vertraglich geschuldete Arbeitsleistung bereits erbracht hat. Dies gilt auch bei einer Kündigung durch den Insolvenzverwalter.[44] Demgegenüber wird die Möglichkeit einer betriebsbedingten Kündigung während der Arbeitsphase bejaht.[45] Eine **verhaltensbedingte** ordentliche oder außerordentliche **Kündigung** ist dagegen auch in der Freistellungsphase möglich, sofern die Gründe so schwerwiegend sind, dass sie die Kündigung trotz der Freistellung gem. § 1 II KSchG sozial rechtfertigen oder einen wichtigen Grund gem. § 626 I BGB darstellen.[46] Denkbar sind dabei Verstöße gegen Nebenpflichten, die von der Erbringung der Arbeitsleistung unabhängig sind,[47] zB der Verrat von Geschäftsgeheimnissen oder der Verstoß gegen das Wettbewerbsverbot (→ § 54 Rn. 5).[48] Ob auch eine Kündigung aufgrund von früheren Vorfällen, die erst in der Freistellungsphase zur Kenntnis des AG gelangt sind und das Vertrauensverhältnis zerstören, 13

[36] Vgl. BAG 24.6.2003 AP Nr. 1 zu § 4 ATG; 19.10.2004 AP Nr. 5 zu § 55 InsO = NZA 2005, 408.
[37] BAG 3.12.2019 AP Nr. 13 zu § 2 ATG = NZA 2020, 789; 24.9.2019 AP Nr. 12 zu § 2 ATG = NZA 2020,300; ErfK/*Rolfs* ATG § 8 Rn. 17; *Glatzel* NZA-RR 2018, 650; *Heilmann/Koch* NZA-RR 2018, 8 ff.; aA LAG Nds 18.1.2017 NZA-RR 2017, 288; 19.5.2005 – 4 Sa 646/05; *Heither/Witkowski* NZA 2018, 909 ff; *Hamann* RdA 2019, 137.
[38] BAG 3.12.2019 AP Nr. 13 zu § 2 ATG = NZA 2020, 789.
[39] So auch zB die Regelung in § 7 S. 1 TV ATZ (für den öffentlichen Dienst); vgl. auch LAG Hmb 26.6.2002 AP Nr. 2 zu § 2 ATG = NZA-RR 2003, 238.
[40] BAG 24.9.2019 AP Nr. 12 zu § 2 ATG = NZA 2020, 300.
[41] BAG 16.12.2010 AP Nr. 159 zu § 2 KSchG 1969 = NZA 2011, 1247 (LS).
[42] ErfK/*Rolfs* ATG § 8 Rn. 22.
[43] *Stück* NZA 2000, 752.
[44] BAG 5.12.2002 AP Nr. 124 zu § 1 KSchG 1969 Betriebsbedingte Kündigung = NZA 2003, 789; aA *Schweig/Eisenreich* BB 2003, 1434; krit. *Hinrichs/Tholuck* ZInsO 2011, 1961 (1967).
[45] BAG 16.6.2005 AP Nr. 13 zu § 3 ATG = NZA 2006, 270; LAG Düsseldorf 27.5.2003 NZA-RR 2003, 635; *Froehner* NZA 2014, 1405 (1409).
[46] ErfK/*Rolfs* ATG § 8 Rn. 24; APS/*Preis* ATG § 8 Rn. 6.
[47] *Stück* NZA 2000, 751.
[48] ErfK/*Rolfs* ATG § 8 Rn. 24; *Hinrichs/Tholuck* ZInsO 2011, 1961 (1968).

ausgesprochen werden kann,[49] ist fraglich. Auf ein derartiges Vertrauen dürfte es angesichts der fehlenden Arbeitsverpflichtung im Allgemeinen nicht mehr ankommen. Jedenfalls ist die Tatsache der Freistellung von der Arbeitsleistung stets bei der erforderlichen Interessenabwägung zu berücksichtigen.[50] Entsprechendes gilt für eine unmittelbar bevorstehende Freistellung bei einer Kündigung kurz vor Ende der Arbeitsphase.[51] Eine **personenbedingte Kündigung** (zB wegen lang anhaltender Erkrankung) wird in der Freistellungsphase ausscheiden, weil sich personenbedingte Gründe wegen der bereits vollumfänglich erbrachten Arbeitsleistung regelmäßig nicht mehr auf das Arbeitsverhältnis auswirken können.[52]

14 Die Möglichkeit der **Beendigung** des Arbeitsverhältnisses durch Kündigung des AN oder den Abschluss eines Aufhebungsvertrags ist nicht ausgeschlossen; ebenso endet das Altersteilzeitverhältnis, falls der AN vor Ablauf der Befristung stirbt.[53]

15 Von der Frage der Vertragsbeendigung, insbesondere der Wirksamkeit einer Kündigung, zu unterscheiden ist die Frage der **Auswirkung auf bereits angesparte Vergütungsansprüche.** Das ATG enthält hierzu keine Regelungen. Das während der Freistellungsphase zu zahlende Entgelt ist Gegenleistung für die während der Arbeitsphase über die verringerte Arbeitszeit hinausgehende Arbeit.[54] Der AN erbringt also eine Vorleistung.[55] Daher können die in der Arbeitsphase erarbeiteten und nur für die Freistellungsphase angesparten Ansprüche durch eine spätere Kündigung nicht mehr zum Erlöschen gebracht werden.[56] Etwas anderes kann gem. § 242 BGB (Rechtsmissbrauch) in Anlehnung an die im Betriebsrentenrecht entwickelten Grundsätze (→ § 280 Rn. 4 f.) allenfalls dann gelten, wenn sich die frühere Arbeitsleistung des AN mit Blick auf seine Vertragsverstöße rückblickend als wertlos erweist.[57] Nach dem Tod des AN können im Blockmodell evtl. bereits erarbeitete aber noch nicht fällige Ansprüche auf die Erben übergehen.[58] Die Situation ist nicht vergleichbar mit der bei einer Abfindungsvereinbarung, bei der im Allgemeinen kein Anspruch entsteht, wenn der AN vor Fälligkeit der Abfindung verstirbt (→ § 122 Rn. 20, → § 244 Rn. 84). Dort ist der Anspruch nämlich nicht lediglich vertagt, sondern entsteht im Allgemeinen nur, sofern das Arbeitsverhältnis bis zu diesem Zeitpunkt nicht aus anderen Gründen vorzeitig beendet worden ist. Für alle Fälle einer vorzeitigen Vertragsbeendigung kann vereinbart werden, dass kein Anspruch auf Vergütungszahlung für die folgenden Monate mehr besteht, sondern nur auf Zahlung der Differenz zwischen der bisher geleisteten Vergütung und dem Arbeitsentgelt, das ohne die Altersteilzeitregelung in der Phase der Vorleistung gezahlt worden wäre.[59] Bei der Berechnung dieses Differenzanspruchs können auch die zugeflossenen Aufstockungsleistungen berücksichtigt werden.[60] Zur steuerlichen Behandlung → Rn. 21. Ein tarifliches Sterbegeld gem. § 23 III TVöD bemisst sich nach der Altersteilzeitvergütung.[61]

V. Arbeitgeberwechsel

16 Bei einem Betriebsübergang tritt der neue AG § 613a I 1 BGB in die Rechte und Pflichten aus dem Altersteilzeitvertrag mit dem bisherigen AG ein.[62] Das gilt auch bei einem Übergang während der Freistellungsphase im Blockmodell.[63] Bei einer Betriebsübernahme nach Insolvenz-

[49] So LAG SchlH 18.1.2005 NZA-RR 2005, 367.
[50] Vgl. BAG 5.4.2001 AP Nr. 34 zu § 619a BGB Verdacht strafbarer Handlung = NZA 2001, 837.
[51] Vgl. ArbG Stuttgart 31.5.2011 BB 2011, 2688 (LS).
[52] *Stück* NZA 2000, 751; *Hinrichs/Tholuck* ZInsO 2011, 1961 (1967).
[53] Regelungsvorschläge für den Altersteilzeitvertrag zur Behandlung diese Fälle finden sich bei *Kerschbaumer/Tiefenbacher* ArbuR 1998, 58 ff.; vgl. auch § 9 III TV ATZ.
[54] BAG 4.10.2005 AP Nr. 16 zu § 3 ATG = NZA 2006, 506.
[55] BAG 19.10.2004 AP Nr. 5 zu § 55 InsO = NZA 2005, 408.
[56] ErfK/*Rolfs* ATG § 8 Rn. 23; APS/*Greiner* ATG § 8 Rn. 5.
[57] AA APS/*Greiner* ATG § 8 Rn. 5.
[58] *Stief*, Altersteilzeit in der Praxis, 81; aA unter Hinweis auf die Rspr. des BAG zum Abfindungsanspruch: *Rittweger*/Petri/Schweikert B. Rn. 43.
[59] So zB § 9 III TV ATZ (für den öffentlichen Dienst); vgl. für den Fall des Todes des AN während der Arbeitsphase: BAG 12.5.2005 AP Nr. 1 zu § 41 BAT-O = NZA 2006, 50; 18.11.2003 AP Nr. 1 zu § 12 ATG = NZA 2004, 1223; weitere Beispiele für solche tariflichen Regelungen bei *Debler* NZA 2001, 1289; hierzu auch *Froehner* NZA 2012, 1405 (1409).
[60] BAG 14.10.2003 AP Nr. 9 zu § 3 ATG = NZA 2004, 860; *Zwanziger* RdA 2005, 238; aA *Rolfs* RdA 2004, 372.
[61] BAG 12.5.2005 AP Nr. 1 zu § 41 BAT-O = NZA 2006, 50.
[62] BAG 19.10.2004 AP Nr. 5 zu § 55 InsO = NZA 2005, 408.
[63] BAG 30.10.2008 AP Nr. 357 zu § 613a BGB = NZA 2009, 432; 31.1.2008 AP Nr. 340 zu § 613a BGB = NZA 2008, 705.

eröffnung während der Arbeitsphase im Blockmodell haftet der Übernehmer nur für die ab der Insolvenzeröffnung entstandenen Masseforderungen (auch → § 83 Rn. 14), da die Regelungen in § 613a I 1 und II BGB über die für die Haftung des Erwerbers nicht für Ansprüche anzuwenden sind, die dem insolvenzrechtlichen Grundsatz der gleichmäßigen Gläubigerbefriedigung unterliegen.[64] Findet ein Arbeitgeberwechsel aufgrund einer Vereinbarung statt, ohne dass ein Betriebsübergang vorliegt, ist es möglich, den Eintritt des neuen AG in die Altersteilzeitvereinbarung vertraglich zu regeln.[65]

VI. Mitwirkungspflichten

Das Gesetz enthält eine Reihe von Mitwirkungspflichten von AG und AN bei der Durchführung der Teilzeitarbeit. Die Mitwirkungspflichten des AG gegenüber der Bundesagentur ergeben sich aus §§ 60 ff. SGB I, § 11 ATG. Der AN hat dem AG Änderungen der ihn betreffenden Verhältnisse, die für die Leistungen der Bundesagentur an den AG von Bedeutung sind, unverzüglich mitzuteilen. Erbringt eine Ausgleichskasse oder eine gemeinsame Einrichtung statt des AG Leistungen an den AN, so besteht die Mitteilungspflicht gegenüber diesen Einrichtungen (§ 11 I 2 ATG). Der AN ist der Bundesagentur zur Erstattung der an den AG erbrachten Leistungen verpflichtet, wenn er vorsätzlich oder grob fahrlässig Angaben gemacht hat, die unrichtig oder unvollständig sind, oder wenn er seiner Mitteilungspflicht nicht nachgekommen ist (§ 11 II ATG). **17**

VII. Betriebsverfassungsrechtliche Stellung/Betriebsgröße

Für AN im Kontinuitätsmodell und in der Arbeitsphase im Blockmodell bestehen keine Besonderheiten. **18**

Die in der **Freistellungsphase** der Altersteilzeit befindlichen AN sind bei **Betriebsratswahlen** dagegen nicht wahlberechtigt und auch nicht wählbar, weil sie dem Betrieb nicht mehr angehören und eine Rückkehr in die Betriebsorganisation nicht vorgesehen ist.[66] Aus diesem Grund sind sie auch bei der Ermittlung der Beschäftigtenzahl gem. **§ 23 I KSchG** nicht zu berücksichtigen, und zwar – anders als zB nach § 21 VII BEEG – unabhängig davon, ob tatsächlich gem. § 3 I Nr. 2 ATG eine Ersatzeinstellung erfolgt ist. Eine etwaige **Mitgliedschaft im BR** erlischt mit dem Übergang in die Freistellungsphase.[67] Ferner sind AN in der Freistellungsphase bei der für die Anzahl der Betriebsratsmitglieder maßgeblichen **Belegschaftsstärke nach § 9 BetrVG** nicht zu berücksichtigen.[68] Ein Arbeitnehmervertreter im Aufsichtsrat einer nach § 76 BetrVG 1952 mitbestimmten Aktiengesellschaft ist während der Freistellungsphase im Blockmodell der Altersteilzeit bis zum Ende seines Arbeitsverhältnisses nicht mehr beschäftigter AN. Ist er der einzige Vertreter seiner Arbeitnehmergruppe, endet mit Beginn der Freistellungsphase seine Mitgliedschaft im Aufsichtsrat.[69] **19**

VIII. Betriebliche Altersversorgung

Zu den Auswirkungen einer Altersteilzeitvereinbarung auf die Berechnung der Leistungen einer betrieblichen Altersversorgung → § 274 Rn. 172. **20**

IX. Steuerrecht

Steuerrechtlich besteht lediglich die Besonderheit, dass der Aufstockungsbetrag gem. § 3 Nr. 28 EStG steuerfrei ist.[70] Das gilt gem. § 1 III 2 ATG auch bei einer nicht geförderten Altersteilzeit. Die Aufstockungsbeträge unterliegen aber nach § 32b I Nr. 1 lit. g EStG dem **21**

---

[64] BAG 30.10.2008 AP Nr. 357 zu § 613a BGB = NZA 2009, 432; 19.12.2006 AP Nr. 19 zu § 3 ATG = DB 2007, 1707.

[65] Zu den sozialrechtlichen Fragen s. *Engesser Means/Claus* NZA 2006, 293.

[66] *Rieble/Gutzeit* BB 1998, 641; ErfK/*Rolfs* ATG § 8 Rn. 28; aA *Natzel* NZA 1998, 1265; s. hierzu auch → § 217 Rn. 11a, 12.

[67] *Fitting* BetrVG § 24 Rn. 38; *Zwanziger* RdA 2005, 237.

[68] BAG 16.4.2003 AP Nr. 1 zu § 9 BetrVG 2002 = NZA 2003, 1345.

[69] BAG 25.10.2000 AP Nr. 32 zu § 76 BetrVG 1952 = NZA 2001, 461; dazu *Haag/Gräter/Dangelmeier* DB 2001, 702; zur Berufung als ehrenamtlicher Richter *Andelewski* NZA 2002, 655.

[70] Näher *Fabritius/Schümann* ArbRAktuell 2011, 411; zur Berücksichtigung eines auf der Lohnsteuerkarte eingetragenen Freibetrages im Rahmen der Regelung in § 5 TV ATZ vgl. BAG 17.1.2006 AP Nr. 1 zu § 5 ATG = NZA 2006, 1001.

Progressionsvorbehalt. Das bedeutet, dass die übrigen steuerpflichtigen Einnahmen dem Steuersatz unterworfen werden, der bei Steuerpflichtigkeit der Aufstockungsbeträge gelten würde. Die sich daraus ergebende steuerliche Mehrbelastung hat der AN zu tragen. Sie ist auch nicht vom AG zu ersetzen,[71] es sei denn, die Arbeitsvertragsparteien haben etwas anderes vereinbart. Eine bloße Nettolohnabrede ist hierfür aber nicht ausreichend.[72] Zu den Auswirkungen einer **Änderung der Lohnsteuerklasse** während des Altersteilzeitarbeitsverhältnisses auf die Berechnung des Aufstockungsbetrages → Rn. 6. Ausgleichszahlungen für ein vorzeitig beendetes Altersteilzeitverhältnis (→ Rn. 15) sind steuerrechtlich sonstige Bezüge iSv § 38a I 3 EStG (Arbeitslohn, der nicht als laufender Arbeitslohn gezahlt wird) und daher nach dem Zuflussprinzip des § 11 I 1 EStG zu erfassen.[73]

X. Sozialversicherungsrecht

22 Während der gesamten Dauer der Altersteilzeit besteht grundsätzlich ein sozialversicherungspflichtiges Beschäftigungsverhältnis. Das gilt gem. §§ 7 Ia, 23b I SGB IV auch in der Freizeitphase des Blockmodells.[74] Die Beiträge zur Sozialversicherung werden auf der Basis des tatsächlich erzielten Entgelts berechnet, der Aufstockungsbeitrag bleibt dabei unberücksichtigt, weil er gem. § 3 Nr. 28 EStG (auch bei einer nicht geförderten Altersteilzeit, s. § 1 III 2 ATG) steuerfrei und damit gem. § 1 I Nr. 1 SvEV sozialabgabenfrei ist. Nimmt der AN im Anschluss an die Altersteilzeit entgegen der ursprünglichen Planung keine Rente in Anspruch, sondern meldet sich zunächst arbeitslos, führt dies nicht zu einer Sperrzeit beim Arbeitslosengeld.[75]

---

[71] BAG 18.3.2003 ZTR 2003, 451 = NZA 2003, 1112 (LS); 25.6.2002 AP Nr. 4 zu § 3 ATG = NZA 2003, 859.
[72] *Zwanziger* RdA 2005, 232 mwN.
[73] BFH 15.12.2011 BFHE 236, 127 = NZA-RR 2012, 370.
[74] Vgl. BSG 24.9.2008 NJW 2009, 1772.
[75] BSG 12.9.2017 NZS 2018, 533.

VIII. Buch. Pfändung von Arbeitseinkommen und Insolvenz

1. Abschnitt. Pfändung von Arbeitseinkommen

§ 85. Das Verfahren bei Pfändung von Arbeitseinkommen

Muster: Schaub ArbRFV-HdB/*Novak* A. Rn. 507 ff.

Übersicht

I. Vorbemerkung

AN bestreiten aus ihrem Arbeitseinkommen regelmäßig ihren Lebensunterhalt. Daneben stellen ihre Bezüge vielfach ihre einzige Kreditgrundlage dar. Erfüllt der AN seine Kreditverpflichtungen gegenüber Dritten nicht mehr, bestehen unter den Beteiligten vielfach widerstreitende Interessen. Der Gläubiger legt Wert darauf, möglichst schrankenlos auf die Einkünfte seines Schuldners Zugriff nehmen zu können; der AN wiederum will möglichst große Teile seiner Einkünfte zur freien Verfügung behalten. Der AG muss befürchten, dass seine AN die Arbeit nur wenig motiviert verrichten, wenn ihnen nur unzureichende Einkünfte verbleiben. Schließlich hat zwar die öffentliche Hand ein Interesse daran, dass die Schulden bezahlt werden, möchte aber eine eigene Inanspruchnahme durch den Eintritt einer Hilfebedürftigkeit beim AN vermeiden. Die Regelungen in der ZPO über die Pfändung des Arbeitseinkommens sollen diese widerstreitenden Interessen ausgleichen. Der Staat erlaubt dem Gläubiger grundsätzlich einen der Höhe nach begrenzten Zugriff auf das Arbeitseinkommen des AN. Dabei entstehen mit dem Erlass des Pfändungs- und Überweisungsbeschlusses vollstreckungsrechtliche Beziehungen zwischen **(1)** dem Gläubiger und dem AN, **(2)** dem AN und seinem AG und **(3)** dem Gläubiger und dem AG. Das Gesetz nennt denjenigen, der die Vollstreckung betreibt, **Gläubiger,** denjenigen, gegen den die Vollstreckung betrieben wird, **Schuldner** und den AG des Schuldners **Drittschuldner.** Besondere Probleme entstehen, wenn der AG das Arbeitsentgelt seines AN auf ein Bankkonto überweist und die Forderungen des AN gegen die Bank gepfändet werden und diese hierdurch zum Drittschuldner wird. Das Pfändungsrecht der ZPO gilt nicht nur für die Pfändung der Vergütung der AN, sondern auch für die Pfändung der Bezüge der Beamten, Pensionäre und wirtschaftlich abhängigen Handelsvertreter. 1

II. Pfändungsantrag

1. Zuständigkeit. Die Pfändung setzt einen Antrag bei dem zuständigen Gericht voraus. 2
Zuständig für den Erlass des Pfändungs- und Überweisungsbeschlusses ist grundsätzlich das Amtsgericht, in dessen Bezirk der AN seinen allgemeinen Gerichtsstand hat, der durch seinen Wohnsitz bestimmt wird (§§ 13, 828 II ZPO). Hat ein AN keinen Wohnsitz, so ist das Gericht des jeweiligen Aufenthaltsorts zuständig und, sofern dieser nicht bekannt ist, das Gericht des

letzten Wohnsitzes[1] (§ 16 ZPO). Letztlich ist für Personen, die im Inland keinen Wohnsitz haben, das Gericht zuständig, in dessen Bezirk sich Vermögen derselben befindet (§ 23 ZPO).[2] Namentlich bei Grenzarbeitnehmern und im Inland wohnsitzlosen ausländischen AN kann daher der Pfändungs- und Überweisungsbeschluss beim Amtsgericht beantragt werden, in dessen Bezirk die Entgeltforderung durch den AG zu erfüllen ist. Dies ist regelmäßig der Betriebssitz (→ § 70 Rn. 8); zu den beizufügenden Unterlagen → Rn. 8 und zu begleitenden Anträgen → Rn. 18.

2a **2. Form.** Für den Antrag besteht Formularzwang. Nach § 2 ZVFV[3] sind für den Antrag auf Erlass eines Pfändungs- und Überweisungsbeschlusses nach § 829 ZPO verbindlich zwei Formulare eingeführt worden; nur unwesentliche Änderungen des Formulars machen den Antrag nicht unzulässig.[4] Soll die Pfändung wegen eines gesetzlichen Unterhaltsanspruchs (→ Rn. 7) erfolgen, ist das in Anl. 3 zu § 2 ZVFV vorgesehene Formular zu verwenden, in allen übrigen Fällen das in Anl. 2 enthaltene Formular. Wird wegen einer Arbeitsentgeltforderung ein Pfändungs- und Überweisungsbeschluss beantragt, werden durch das Amtsgericht Kostenvorschüsse nicht erhoben (§ 11 GKG). Für das Pfändungsverfahren kann auf Antrag Prozesskostenhilfe (§ 114 I ZPO) bewilligt werden.[5] War diese bereits im Erkenntnisverfahren bewilligt, wird das Vollstreckungsverfahren nur erfasst, wenn dies im Beschluss besonders ausgesprochen ist (§ 119 ZPO).

3 **3. Parteibezeichnung.** Der Pfändungsantrag muss die genaue Bezeichnung des Gläubigers und Schuldners nach Berufsstand, Vor- und Zuname sowie Anschrift enthalten. Ausreichend ist, wenn zweifelsfrei erkennbar ist, welche Person gemeint ist. Dies kann in kleineren Betrieben eher der Fall sein als in Großunternehmen. Das Vollstreckungsgericht prüft die Richtigkeit der Bezeichnungen nicht nach. Fehler, namentlich in der Bezeichnung des Schuldners, können zur Unwirksamkeit des Beschlusses führen; der Drittschuldner braucht dann keine Beträge abzuführen und der Gläubiger läuft Gefahr, dass ihm vor einer erneuten Pfändung ein anderer Gläubiger zuvorkommt. Die Rechtsprechung stellt mit Recht strenge Anforderungen an die Bezeichnungslast des Gläubigers. Der Drittschuldner wird durch bei ihm eingehende Pfändungs- und Überweisungsbeschlüsse erheblich belastet. Ihm kann daher nicht zugemutet werden, noch besondere Anstrengungen zu unternehmen, um den Schuldner zu ermitteln. Zudem hat er mit den zu vollstreckenden Forderungen in aller Regel nichts zu tun. Deshalb können die Anforderungen an eine hinreichende Bestimmtheit der Bezeichnung des Schuldners variieren. Letztlich richtet sich diese nach den **Einzelfallumständen.** So kann es bei der Pfändung von Arbeitseinkommen bei einem mittelständischen Unternehmen mit überschaubarer ANzahl ausreichend sein, lediglich den Namen des Schuldners zutreffend anzugeben, während der Name des Schuldners bei einer Kontenpfändung bei einer bundesweit tätigen Großbank nicht zur hinreichenden Individualisierbarkeit ausreicht, vielmehr ist dann die Angabe der korrekten Anschrift des Schuldners erforderlich. Als unwirksam können Pfändungs- und Überweisungsbeschlüsse anzusehen sein, in denen der Name des Schuldners verwechselt, ein falscher Name angegeben, oder eine fehlerhafte Adresse mitgeteilt worden ist. Namensänderungen des Schuldners infolge Verheiratung oder Scheidung können unschädlich sein, wenn die Veränderung dem Drittschuldner noch nicht mitgeteilt ist oder dieser zweifelfrei die Identität des Betroffenen ermitteln kann. Ohne Auswirkungen bleibt, wenn Datum und Aktenzeichen des Vollstreckungstitels falsch angegeben sind. In diesem Fall ist es zureichend, wenn sich aus dem Beschluss ergibt, dass wegen einer Hauptforderung, Zinsen und Kosten Vollstreckung beantragt wird.

4 **4. Bezeichnung des Drittschuldners.** Der Pfändungsantrag hat zu seiner Wirksamkeit die genaue Bezeichnung des Drittschuldners mit Namen und Anschrift zu enthalten.[6] Seine unrichtige Bezeichnung ist bei Offenkundigkeit des wahren Sachverhalts unschädlich, wenn der objektive Wortlaut des Beschlusses jedenfalls die Person des Schuldners und Art der gepfändeten Forderung zweifelsfrei bezeichnet.[7] Wird der Drittschuldner falsch bezeichnet, ist zu unterscheiden: ist eine andere als die bezeichnete Person AG, ist die Pfändung unwirksam, ansonsten ist

[1] LG Hamburg 29.1.2002 Rpfleger 2002, 467.
[2] LG Frankfurt 7.3.2016 Rpfleger 2016, 661.
[3] VO über Formulare für die Zwangsvollstreckung vom 23.8.2012 (BGBl. I 1822).
[4] BGH 15.6.2016 NJW 2016, 2810 (Zinsforderungen); 11.5.2016 NJW 2016, 2668.
[5] BGH 29.3.2006 FamRZ 2006, 856 (Unterhaltstitel).
[6] BGH 2.12.2015 NJW-RR 2016, 254 (keine Angabe des Vertretungsorgans).
[7] BAG 5.11.1972 AP Nr. 7 zu § 850 ZPO; LAG Köln 25.11.1993 NZA 1994, 912.

die Bezeichnung auszulegen. Umstritten ist die richtige Bezeichnung des Drittschuldners, wenn ein AN in einer **Zweigniederlassung** (§ 21 ZPO) beschäftigt wird. Nach der hier vertretenen Ansicht ist als Drittschuldner die juristische Person zu bezeichnen und dieser zuzustellen, während nach anderer Ansicht die Zweigniederlassung anzugeben und an diese zuzustellen ist.[8] Jedoch muss die Zustellung an diejenige Niederlassung erfolgen, in der der AN beschäftigt wird. Dies folgt aus der entsprechenden Anwendung der in § 21 ZPO enthaltenen Rechtsgedanken. Durch eine Parallelpfändung am Hauptsitz und in der Niederlassung kann der Gläubiger aber Unsicherheiten vermeiden.

5. Zu vollstreckende Forderung. a) Bezeichnung. Der Pfändungsantrag hat die Forde- 5
rung zu bezeichnen, wegen der die Vollstreckung erfolgen soll. In der Regel erfolgt der Pfändungsantrag wegen der titulierten Hauptforderung, der Zinsen und erwachsenden Kosten. Zulässig ist eine Beschränkung auf Teilbeträge.

b) Fälligkeit. Grundsätzlich muss die zu vollstreckende Forderung fällig sein. An der Fällig- 6
keit besteht kein Zweifel, wenn der Schuldner zu einer bestimmten Leistung verurteilt oder sich zu ihr in einer vollstreckungsfähigen Urkunde (§ 794 ZPO) verpflichtet hat. Ist der AN zu einer zukünftigen Leistung verurteilt (§§ 257 ff. ZPO), ist die Pfändung erst nach Eintritt der Fälligkeit möglich. Ausnahmsweise können Vollstreckungstitel über **zukünftige Leistungen** vollstreckt werden (§ 850d III ZPO). Dies ist der Fall bei Unterhaltsansprüchen, die Verwandten, Ehegatten, Lebenspartner, früheren Ehegatten oder unehelichen Kindern und deren Erziehungsberechtigten kraft Gesetzes zustehen, sowie bei Ansprüchen auf Rente, die aus Anlass einer Verletzung des Körpers oder der Gesundheit zu zahlen sind. Eine entsprechende Anwendung wegen sonstiger Forderungen ist unzulässig. Zur Rangwahrung durchgeführte Vorratspfändungen zukünftig fällig werdender Forderungen sind nur dann zulässig, wenn bereits wegen fälliger Ansprüche die Pfändung erfolgen muss. Die gesetzliche Einschränkung rechtfertigt sich daraus, dass nur bei bereits vorliegender Säumnis die Gefahr besteht, dass der AN auch in Zukunft nicht zahlen wird.[9] Bei zukünftig fällig werdenden Ansprüchen wird dem AN der pfändbare Entgeltbetrag erst bei Fälligkeit abgezogen, die Wirkungen der Pfändung aber treten bereits mit der Zustellung ein.

c) Unterhaltsansprüche und vorsätzlich unerlaubte Handlung. Soll die Pfändung 7
wegen **gesetzlicher Unterhaltsansprüche**[10] erfolgen (§ 850d I ZPO), braucht der Gläubiger sich nicht mit den gesetzlichen Pfändungsfreigrenzen abzufinden. Er kann beim Vollstreckungsgericht eine niedrigere Festsetzung der Pfändungsgrenzen beantragen.[11] Der unpfändbare notwendige Unterhalt des Schuldners iSd § 850d I ZPO entspricht grundsätzlich dem notwendigen Lebensunterhalt nach dem 3. und 11. Kapitel des SGB XII. Dies ist ein Betrag in Höhe des Regelsatzes nach dem SGB XII sowie der Leistungsbedarf für die Unterkunft in Höhe der angemessenen tatsächlichen Aufwendungen.[12] Hierzu sollten allerdings die dem Gläubiger bekannten Tatsachen (Familienstand, Unterhaltsverpflichtungen) im Antrag mitgeteilt werden (→ Rn. 16). Zu den durch § 850d I ZPO privilegierten Forderungen zählen nicht solche aus einem schuldrechtlichen Versorgungsausgleich.[13] Die Vorschrift gilt auch für übergegangene Unterhaltsansprüche nach § 7 I 1 UVG.[14] Nach dessen Abs. 5 ist zum Nachweis des übergegangenen Unterhaltsanspruchs dem Vollstreckungsantrag der Bescheid gem. § 9 II UVG beizufügen. Durch § 850f II ZPO wird der Zugriff des Gläubigers auf das Arbeitseinkommen des Schuldners erweitert, wenn er wegen eines Anspruchs aus einer **vorsätzlich begangenen unerlaubten Handlung** vollstreckt. Der Schuldner soll in diesen Fällen bis zur Grenze seiner Leistungsfähigkeit auch mit den Teilen seines Arbeitseinkommens einstehen, die ihm sonst nach der Vorschrift des § 850c ZPO zu belassen wären. Um den Nachweis für das Vollstreckungsprivileg gem. § 850f II ZPO zu erbringen, hat der Gläubiger dem Vollstreckungsgericht einen Titel vorzulegen, aus dem sich der deliktische Schuldgrund und der von § 850f II ZPO vorausgesetzte Grad des Verschuldens ergeben. Ergibt sich dies aus dem Titel nicht, kann der Gläubiger im Wege der Klage nachträglich feststellen lassen, dass der Anspruch aus einer vorsätzlich begangenen unerlaubten Handlung herrührt. Über die Herabsetzung des unpfändbaren Betrages entscheidet auf

[8] *Bengelsdorf* Rn. 30.
[9] Vgl. OLG Düsseldorf 22.7.1983 WM 1983, 1069.
[10] Zur Erforderlichkeit von PKH BGH 9.8.2012 FamRZ 2012, 1637.
[11] Dazu BGH 18.7.2003 NJW 2003, 2918 (zumindest Sozialhilfeniveau).
[12] BGH 5.7.2018 NJW-RR 2018, 1272; 5.8.2010 FamRZ 2010, 1798; 12.12.2007 NJW-RR 2008, 733.
[13] BGH 5.7.2005 FamRZ 2005, 1564; 5.11.2004 FamRZ 2005, 198 (Neufestsetzung).
[14] BAG 21.2.2013 AP Nr. 4 zu § 400 BGB = NZA-RR 2013, 590; BGH 11.10.2017 NJW 2018, 555.

Antrag des Gläubigers das Vollstreckungsgericht nach pflichtgemäßem Ermessen und unter Abwägung der beiderseitigen Interessen. Diesen Nachweis kann der Gläubiger auch durch einen vollstreckbaren Auszug aus der Insolvenztabelle führen, wenn sich daraus ergibt, dass eine solche Forderung zur Tabelle festgestellt und vom Schuldner nicht bestritten worden ist.[15]

8 **6. Beizufügende Unterlagen.** Dem Pfändungsantrag (→ Rn. 1) ist eine Ausfertigung des Titels (§§ 704, 794 ZPO), der mit der Vollstreckungsklausel versehen ist (§ 724 ZPO), und der Zustellungsnachweis beizufügen (§ 750 ZPO). Einer Vollstreckungsklausel bedarf es nur in den Fällen der §§ 796–929 ZPO nicht. Die materielle Richtigkeit der erteilten Klausel unterliegt nicht der Nachprüfung durch das Vollstreckungsgericht.[16] Um den Nachweis der Vollstreckungsprivilegierung nach § 850d I 1 ZPO zu erbringen, muss der Gläubiger einen Titel vorlegen, aus dem sich ergibt, dass der Vollstreckung ein solcher Unterhaltsanspruch zugrunde liegt (→ Rn. 7).[17]

9 **7. Zu pfändende Forderung. a) Bezeichnung.** Der Pfändungsantrag hat die Forderung zu bezeichnen, in die vollstreckt werden soll. Die Forderung des Gläubigers muss nach Hauptsache, Zinsen, Prozess- und Vollstreckungskosten zumindest bestimmbar dargestellt sein.[18] Besteht sie nicht, ist die Pfändung nichtig.[19] Die Forderung und ihr Rechtsgrund müssen so eindeutig bezeichnet werden, dass sie zumindest nach verständiger Auslegung von anderen Forderungen unterschieden werden können.[20] Bei der Pfändung von Bankguthaben braucht eine Kontonummer nicht angegeben zu werden; vielmehr kann sich hieraus eine vom Gläubiger nicht gewünschte Beschränkung auf das angegebene Konto ergeben. Ist dem Beschluss jedoch zu entnehmen, dass die Guthaben sämtlicher von dem Drittschuldner geführten Konten des Schuldners der Pfändung unterworfen sein sollen, führt die Angabe einer Kontonummer nicht zu einer Beschränkung der Pfändung auf das bezeichnete Konto.[21] Als unzureichend werden Formulierungen wie zB „aus jedem Rechtsgrund" bzw. „aus Verträgen und sonstigen Rechtsgründen" oder „aus Bankverbindungen" angesehen.[22] Als ausreichend gelten hingegen „Ansprüche des Schuldners auf Auszahlung gegenwärtiger und künftiger Salden",[23] „Zahlung des gesamten Arbeitseinkommens"[24] sowie „Zahlung aller jetzigen und zukünftigen Bezüge an/aus Arbeitseinkommen". Bei Rückständen und zwischenzeitlich fällig werdenden Forderungen sollte bei der Bezeichnung eine entsprechende Klarstellung erfolgen.[25] Die rechtlich fehlerhafte Qualifizierung der zu pfändenden Forderung ist unschädlich. Ein Pfändungs- und Überweisungsbeschluss, der entsprechend dem Wortlaut von § 850 ZPO auf die Pfändung von Arbeitsvergütungen gerichtet ist, erfasst auch die Werklohnforderung aus einem freien Mitarbeiterverhältnis.[26] Ist die Bestimmung der gepfändeten Forderung unzureichend, kann die ganze Pfändung unwirksam sein. Erfolgt die Vollstreckung nur wegen eines Teilbetrags aus einem Titel, der verschiedene Forderungen zum Gegenstand hat, muss der Pfändungsantrag erkennen lassen, wegen welcher dieser Forderungen vollstreckt werden soll.[27] Der Bestand der Forderung wird durch das Vollstreckungsgericht nicht nachgeprüft; jedoch ist der Antrag unzulässig, wenn sich bereits aus dem Vorbringen des Gläubigers ergibt, dass die Forderung nicht besteht oder unpfändbar ist.

10 **b) Vertragsverhältnis.** Voraussetzung der Pfändung von Arbeitseinkommen ist nicht, dass ein rechtswirksames Arbeitsverhältnis zwischen dem Schuldner und dem Drittschuldner besteht. Vielmehr können Forderungen auf Arbeitseinkommen auch aus sog. faktischen Arbeitsverhältnissen entstehen. Ist ein Arbeitsverhältnis zwischen Schuldner und Drittschuldner noch nicht begründet, ist die Pfändung wirkungslos. Etwas anderes kann nur dann gelten, wenn zwischen

---

[15] BGH 11.3.2020 WM 2020, 750; 4.9.2019 NJW 2019, 3237; 5.4.2005 NJW 2005, 1663 (Vollstreckungsbescheid ungeeignet); zum Streitwert BGH 7.5.2019 FamRZ 2019, 1349.
[16] BGH 23.5.2012 NJW-RR 2012, 1148.
[17] Zum Nachweis als Unterhaltsanspruch BGH 6.4.2016 NJW 2016, 1663; 6.9.2012 FamRZ 2012, 1799.
[18] BGH 25.3.2010 JurBüro 2010, 440 (Pfändung ggü. Drittschuldner); 8.7.2008 NJW 2008, 3147.
[19] BGH 12.12.2001 NJW 2002, 755 (Abtretung und spätere Zurückabtretung).
[20] BAG 10.2.1962 AP Nr. 3 zu § 850 ZPO; BGH 8.5.2001 NJW 2001, 2976.
[21] BGH 28.4.1988 NJW 1988, 2543.
[22] BGH 7.4.2005 MDR 2005, 1135; Übersicht zur Antragsauslegung bei *Stöber* Rn. 509 ff.
[23] LG Oldenburg 30.11.1981 ZIP 1982, 51.
[24] HessLAG 10.12.1987 DB 1988, 1456 = NZA 1988, 660.
[25] Zu eng LAG Brem 17.9.2001 NZA-RR 2002, 186.
[26] BAG 15.1.1975 AP Nr. 8 zu § 850 ZPO.
[27] BGH 8.7.2008 NJW 2008, 3147.

Schuldner und Drittschuldner bereits ein Vorvertrag besteht und mit der Entstehung von Entgeltansprüchen gerechnet werden kann.[28] Der Gläubiger kann auch eine dem Schuldner gegen ihn zustehende Forderung pfänden.[29]

c) Rückstände. Die Pfändung kann sich auf rückständige Forderungen aus Arbeitseinkommen beziehen. IdR wird jedoch das Arbeitseinkommen bei Fälligkeit ausgezahlt; Rückstände bestehen dann, wenn der Anspruch auf Arbeitsvergütung streitig oder der AG zahlungsunfähig ist. In diesen Fällen wird sich nur in Ausnahmefällen die Einleitung eines Pfändungsverfahrens lohnen. Ist der Anspruch bereits erfüllt, geht eine etwaige Pfändung ins Leere. Dies gilt auch dann, wenn die Arbeitsvergütung auf ein Bankkonto des Schuldners überwiesen worden ist. Im Falle bereits erfolgter Überweisung muss der Anspruch des Schuldners gegen das Bankinstitut gepfändet werden. 11

d) Zukünftige Vergütung. Die Pfändung von Arbeitseinkommen bezieht sich auf die erst nach der Pfändung fällig werdenden Bezüge (§ 833 ZPO),[30] ein besonderer Ausspruch hinsichtlich der künftig fällig werdenden Vergütung ist entbehrlich. Die Pfändung bleibt wirksam, wenn dem Schuldner eine andere Funktion übertragen, das Gehalt erhöht wird oder er in den Ruhestand tritt und Leistungen aus einer betrieblichen Altersversorgung erhält.[31] Ohne Einfluss auf die Pfändung bleibt, wenn die Rechtsform des AG geändert wird oder er sich mit einem anderen zusammenschließt. Nach einem Betriebsübergang bleiben die Pfandverstrickung und die Rangfolge der Entgeltpfändungen erhalten. Es ist nicht erforderlich, neue Pfändungs- und Überweisungsbeschlüsse gegen den Betriebserwerber zu erwirken.[32] Dagegen wird die Pfändung wirkungslos, wenn der AN in den Ruhestand tritt und die betriebliche Altersversorgung von einer rechtlich selbständigen Betriebsunterstützungs- oder Pensionskasse gezahlt wird. Ist die gepfändete Forderung **vorausabgetreten,** geht die Pfändung ins Leere,[33] ist die Vorausabtretung noch nicht offen gelegt, muss der AG die Pfändung beachten. Werden künftige, fortlaufende Vergütungsansprüche eines Schuldners gegen den Drittschuldner, die voraus abgetreten sind, gepfändet und zur Einziehung überwiesen, entsteht ein Pfandrecht, wenn die Forderungen zurück abgetreten werden.[34] Die Vorausabtretung an ein Inkassoinstitut kann unwirksam sein, wenn dieses unerlaubte Rechtsberatung betreibt.[35] 12

e) Ausscheiden aus dem Arbeitsverhältnis. Die Bezüge müssen aus dem bei der Pfändung bestehenden Arbeitsverhältnis (→ Rn. 10) herrühren. Der Pfändungs- und Überweisungsbeschluss wird gegenstandslos, wenn das Arbeitsverhältnis beendet wird und Schuldner und Drittschuldner nicht innerhalb von neun Monaten ein neues Arbeitsverhältnis begründen (§ 833 II ZPO). Nur in diesem Fall besteht die Pfändung mit dem früheren Umfang und Rang fort.[36] Maßgeblich ist die rechtliche Beendigung, ein Ruhen der Hauptpflichten aus dem Arbeitsverhältnis lässt die Pfändung unberührt. Tritt der Schuldner erst nach Ablauf von neun Monaten zum Drittschuldner in ein erneutes Arbeitsverhältnis, bedarf es daher grundsätzlich einer erneuten Pfändung. Der erste Pfändungs- und Überweisungsbeschluss erfasst die Vergütungsansprüche nicht, selbst wenn beide Arbeitsverhältnisse in einem inneren Zusammenhang stehen.[37] Auf die Begründung eines neuen Arbeitsverhältnisses bei einem anderen (auch konzernverbundenen) AG ist § 833 II ZPO nicht anzuwenden. 13

f) Sachbezüge. Pfändbar sind grundsätzlich nur Geldbezüge. Ansprüche auf Naturalbezüge sind unpfändbar, da sie zweckgebunden sind und ihre Pfändung den Inhalt der Leistung verändern würde (§ 399 BGB, §§ 850 I, 851 ZPO; → § 89 Rn. 18). 14

8. Pfändung und Überweisung. Der Pfändungsantrag muss den Antrag auf Pfändung und Überweisung der Ansprüche des Schuldners enthalten. Nach § 835 ZPO ist die gepfändete Forderung dem Gläubiger nach seiner Wahl zur Einziehung oder an Zahlungs statt zum Nennwert zu überweisen. Die Überweisung an Zahlungs statt ist in der Praxis nicht üblich, da mit 15

---

28 BGH 21.12.2002 NJW 2003, 1457.
29 BGH 5.5.2011 NJW-RR 2011, 959.
30 BAG 23.2.1983 AP Nr. 4 zu § 850c ZPO; BGH 26.6.2008 NJW-RR 2008, 1441.
31 LAG Hamm 29.9.1975 DB 1976, 440.
32 HessLAG 22.7.1999 AP Nr. 6 zu § 832 ZPO = NZA 2000, 615.
33 LAG Hamm 15.10.1991 NZA 1992, 855; vgl. BGH 11.12.1986 NJW 1987, 1268.
34 BAG 17.2.1993 AP Nr. 4 zu § 832 ZPO = NZA 1993, 813.
35 BAG 24.3.1993 AP Nr. 7 zu § 134 BGB = NZA 1993, 792.
36 *Bengelsdorf* Rn. 123.
37 Zur Rechtslage vor dem 1.1.1999: BAG 24.3.1993 AP Nr. 7 zu § 134 BGB = NZA 1993, 792.

der Überweisung die Forderung, wegen der die Pfändung erfolgt, in Höhe der überwiesenen Forderung erlischt; dh, bei der Überweisung an Zahlungs statt trägt der Gläubiger das Risiko der Einziehung der überwiesenen Forderung. Regelmäßig wird eine Forderung daher nur zur Einziehung überwiesen (→ Rn. 26).

16 **9. Sonstige Anträge.** Soll die Zustellung des Pfändungs- und Überweisungsbeschlusses durch den Gerichtsvollzieher erfolgen, wird der Gläubiger zweckmäßigerweise beantragen, dass dem Drittschuldner die Fragen nach § 840 ZPO vorgelegt werden. Daneben sind die nach § 836 III ZPO herauszugebenden Urkunden im Antrag aufzunehmen;[38] dies gilt auch bei einer Pfändung in das Guthaben auf einem **Pfändungsschutzkonto** (→ § 89 Rn. 7).[39] Für den **Unterhaltsgläubiger** (→ Rn. 7) kann es empfehlenswert sein, gem. § 850d ZPO die anderweitige Festsetzung des pfändbaren Betrags zu beantragen. Dasselbe gilt für den Gläubiger einer Forderung aus vorsätzlich unerlaubter Handlung (§ 850f II ZPO, → Rn. 7). Bezieht der Schuldner noch **anderweitiges Einkommen,** sollte dies bei dem Antrag auf Pfändung des Arbeitseinkommens bereits dem Gericht mitgeteilt werden. Anschließend kann gem. § 850e ZPO eine Zusammenrechnung der Einkünfte erfolgen.

III. Pfändungs- und Überweisungsbeschluss

17 **1. Entscheidung.** Das Vollstreckungsgericht entscheidet über den Pfändungsantrag ohne vorherige Anhörung des Schuldners oder Drittschuldners (§ 834 ZPO). Einer solchen bedarf es nicht, weil für die zu vollstreckende Forderung ein Vollstreckungstitel (§§ 704, 794 ZPO) besteht, eine Vereitelung der Zwangsvollstreckung zu befürchten ist[40] und Streitigkeiten zwischen Gläubiger und Drittschuldner über den Bestand der gepfändeten Forderung vor Gericht ausgetragen werden müssen.[41] Beim Vollstreckungsgericht ist für den Erlass der **Rechtspfleger** funktionell zuständig (§ 20 Nr. 17 RPflG). Für die Auslegung des Beschlusses kommt es allein auf den objektiven Sinn seines Wortlauts an. Er muss aus sich selbst verständlich sein.[42] Maßgebend für die Beurteilung der Rechtmäßigkeit eines Pfändungs- und Überweisungsbeschlusses ist die Sach- und Rechtslage zum Zeitpunkt der Entscheidung über das gegen den Beschluss eingelegte Rechtsmittel, nicht diejenige zur Zeit der Pfändung oder der Einlegung der dagegen gerichteten Erinnerung.[43] Das Rechtsschutzbedürfnis für einen Pfändungs- und Überweisungsbeschluss kann nicht mit Rücksicht auf eine gerichtsbekannte eidesstattliche Versicherung des Schuldners und das ihr zugrunde liegende Vermögensverzeichnis verneint werden.[44] Hat der Gläubiger auf die Rechte aus dem Pfändungs- und Überweisungsbeschluss verzichtet, können die Beteiligten dessen Aufhebung beim Vollstreckungsgericht beantragen.[45]

18 **2. Inhalt.** Der Pfändungsbeschluss muss die gepfändete Forderung oder die gepfändeten Forderungen und ihren rechtlichen Grund so genau bezeichnen, dass bei verständiger Auslegung unzweifelhaft feststeht, welche Forderung Gegenstand der Zwangsvollstreckung sein soll. Das Rechtsverhältnis, aus dem die Forderung hergeleitet wird, muss wenigstens in allgemeinen Umrissen angegeben werden. Übermäßige Anforderungen dürfen nicht gestellt werden, weil der Gläubiger die Verhältnisse des Schuldners in der Regel nur oberflächlich kennt. Ungenauigkeiten sind daher unschädlich, sofern eine sachgerechte Auslegung ergibt, welche bestimmte Forderung gemeint ist. Die Auslegung ist nach objektiven Gesichtspunkten im Wesentlichen nach dem Inhalt des Pfändungsbeschlusses vorzunehmen. Die Bestimmbarkeit des Pfändungsgegenstandes muss sich bei einer nach § 133 BGB vorzunehmenden, nicht am buchstäblichen Sinne haftenden Auslegung des Beschlusses aus diesem selbst ergeben. Außerhalb des Beschlusses liegende Umstände können für die Auslegung nicht herangezogen werden. Es genügt nicht, dass der Pfändungsbeschluss die gepfändete Forderung aus Sicht der unmittelbar Beteiligten, also des Pfändungsgläubigers, des Schuldners und des Drittschuldners hinreichend deutlich bezeichnet. Vielmehr müssen auch Dritte, insbesondere weitere Gläubi-

[38] BGH 28.6.2006 FamRZ 2006, 1272.
[39] BGH 21.2.2013 NJW-RR 2013, 766 (Schuldner kann Kopien verwenden).
[40] BGH 30.9.2010 FamRZ 2010, 2069.
[41] *Kahlke* NJW 1991, 2688; aA *Hoeren* NJW 1991, 410.
[42] BGH 27.4.2017 WM 2017, 1256; 25.3.2010 JurBüro 2010, 440.
[43] BGH 23.10.2008 MDR 2009, 105 = NJW-RR 2009, 211.
[44] BGH 27.6.2003 FamRZ 2003, 1652 = WM 2003, 1875.
[45] BGH 7.3.2002 NJW 2002, 1788.

ger des Schuldners, erkennen können, welche Forderung betroffen ist.[46] Die formularmäßig erlassenen Pfändungs- und Überweisungsbeschlüsse erfassen mit der Bezeichnung „Arbeitseinkommen" grundsätzlich das Arbeitseinkommen iSd Vollstreckungsrechts (§ 850 II–IV ZPO). Hierzu können auch Schadensersatzansprüche des AN gegen seinen AG gehören.[47] Bei Bekanntwerden von unzutreffenden Angaben im Pfändungs- und Überweisungsbeschluss muss der Gläubiger dessen Berichtigung herbeiführen und eine erneute Zustellung veranlassen. Die Auslegung eines Pfändungsbeschlusses unterliegt der uneingeschränkten revisionsrechtlichen Überprüfung.[48]

3. Wirkung. a) Allgemeines. Die Pfändung ist nur bei einem besonders schweren und offenkundigen Fehler nichtig. Liegen derartig schwere Fehler nicht vor, ist eine Vollstreckungshandlung als staatlicher Hoheitsakt wirksam, auch wenn sie bei richtiger Sachbehandlung hätte unterbleiben müssen. Ihre Fehlerhaftigkeit führt lediglich dazu, dass sie auf entsprechenden Rechtsbehelf wieder aufzuheben ist. Bis zu diesem Zeitpunkt entfaltet die Vollstreckungshandlung Rechtswirkungen (zur Pfandverstrickung in der Insolvenz → Rn. 20). Nach der Rspr. ist ein **Pfändungsbeschluss nur nichtig,** wenn der Schuldner nicht der deutschen Gerichtsbarkeit unterliegt, das unzuständige Vollstreckungsorgan gehandelt hat, schon der äußeren Form nach ein Vollstreckungstitel nicht vorliegt, wesentliche Förmlichkeiten des Vollstreckungsaktes nicht eingehalten wurden oder die gepfändete Forderung dem Schuldner gegen den Drittschuldner nicht zusteht. Maßgebend für die Beurteilung der Rechtmäßigkeit eines Pfändungs- und Überweisungsbeschlusses ist die Sach- und Rechtslage zum Zeitpunkt der Entscheidung über das gegen den Beschluss eingelegte Rechtsmittel. Der Verstoß gegen Pfändungsschutzvorschriften begründet hingegen keinen schweren und offenkundigen Mangel des Pfändungsbeschlusses.[49] Die Wirkung der Pfändung besteht in der Pfandverstrickung und dem Pfandrecht des Gläubigers. Mit dem Pfändungsbeschluss wird einem Drittschuldner verboten, an den Schuldner zu zahlen (Arrestatorium), und dem Schuldner geboten, sich jeder Verfügung über die Forderungen, insbesondere ihrer Einziehung, zu enthalten (Inhibitorium) (§ 829 I ZPO). Mit dem Pfändungsbeschluss ist regelmäßig der Überweisungsbeschluss verbunden. Etwas anderes gilt nur, wenn die Vollstreckung aufgrund eines Arrestbefehls erfolgt. Durch den Überweisungsbeschluss wird dem Gläubiger die angebliche Forderung des Schuldners gegen den Drittschuldner entweder zur Einziehung oder an Zahlungs statt überwiesen (§ 835 ZPO; → Rn. 23). Der gegenüber dem bisherigen Rechtsträger ergangene Pfändungs- und Überweisungsbeschluss entfaltet für die Dauer der Nachhaftung nach dem UmwG (→ § 116 Rn. 13) und einem Betriebsübergang (→ § 118 Rn. 21) weiterhin Wirkung;[50] hingegen ist § 727 ZPO weder unmittelbar noch entspr. anzuwenden.[51] Die mit der Pfändung eines Hauptrechts verbundene Beschlagnahme erstreckt sich ohne Weiteres auch auf alle Nebenrechte, die im Falle einer Abtretung des Hauptrechts nach §§ 412, 401 BGB auf den Gläubiger übergehen.[52] Dies gilt insbesondere für den Abrechnungsanspruch gegenüber dem AG.[53] Der Anspruch auf Erteilung des **Buchauszugs** nach § 87c II HGB und der darauf beruhende Anspruch auf Vorauszahlung aus § 887 II ZPO stellen **Nebenrechte zum Provisionsanspruch** des Schuldners dar, die nicht selbständig pfändbar sind. Sie werden mit der Pfändung des Provisionsanspruchs beschlagnahmt.[54] Der Pfändungs- und Überweisungsbeschluss wird wirksam, wenn er dem Drittschuldner zugestellt wird (→ Rn. 24). 19

b) Pfandverstrickung. Sie ist die dem Staat über die Forderung des Schuldners zustehende Verfügungsmacht, soweit sie für die Zwangsvollstreckung erforderlich ist. Die Pfandverstrickung entsteht durch jede ordnungsgemäße Pfändung; unerheblich ist, ob sie zulässig war, der Vollstreckungstitel oder der materielle (titulierte) Anspruch noch besteht. Sie entsteht nicht, wenn die Pfändung selbst unwirksam ist (→ Rn. 19). Nach § 88 InsO sind innerhalb des letzten Monats vor Verfahrenseröffnung gegen den Schuldner bewirkte Vollstreckungsmaßnahmen unwirksam. Dies betrifft jedoch die vom Vollstreckungsgläubiger erlangte Sicherung, nicht das Vollstre- 20

[46] BGH 27.4.2017 WM 2017, 1256; 7.11.1994 NJW 1995, 326; 28.4.1988 NJW 1988, 2543.
[47] BAG 6.5.2009 AP Nr. 17 zu § 850 ZPO = NZA 2009, 805.
[48] BGH 25.1.2018 NJW 2018, 2732; 14.1.2000 NJW 2000, 1268.
[49] BGH 2.7.2020 NJW-RR 2020, 1131; 23.10.2008 NJW-RR 2009, 211.
[50] BAG 16.5.2013 AP Nr. 23 zu § 850h ZPO = NZA 2013, 1079 (zur Ausgliederung).
[51] BGH 21.9.2016 ZInsO 2016, 2221 (Rechtsnachfolger).
[52] Zur Kontenpfändung BGH 8.11.2005 NJW 2006, 217; 18.7.2003 ZIP 2003, 1771.
[53] BGH 19.12.2012 NJW 2013, 539.
[54] BGH 19.9.2017 NJW 2017, 3525.

ckungsverfahren. Daher führt auch eine nach § 88 InsO unwirksame Vollstreckung zur öffentlich-rechtlichen Verstrickung. Deren Wirkung dauert im Insolvenzverfahren fort, bis sie auf einem dafür vorgesehenen Weg beseitigt worden ist.[55] Das Pfändungspfandrecht lebt mit der Freigabe der gepfändeten Forderung oder mit der Aufhebung des Insolvenzverfahrens wieder auf, ohne dass es einer erneuten Zustellung des Pfändungs- und Überweisungsbeschlusses an den Drittschuldner bedarf.[56]

21 **c) Pfandrecht.** Mit der Pfändung erwirbt der Gläubiger grundsätzlich ein Pfandrecht an der gepfändeten Forderung (§ 804 I ZPO). Die Entgeltpfändung ist neben dem vertragsmäßigen (§ 1204 BGB) und dem gesetzlichen Pfandrecht (§ 1257 BGB) die dritte Art der Entstehung eines bürgerlich-rechtlichen Pfandrechts. Hieraus sind zwei Schlussfolgerungen zu ziehen. **(1)** Das Pfändungspfandrecht entsteht nicht, wenn die Pfändungsvoraussetzungen nicht gegeben sind, zB der Vollstreckungstitel oder die Vollstreckungsklausel sind nichtig, die Forderung ist unpfändbar usw. **(2)** Auf das Pfandrecht sind die Vorschriften des BGB über das Pfandrecht an Forderungen entsprechend anzuwenden, soweit die ZPO keine besondere Regelung enthält. Das Forderungspfandrecht ist akzessorischer Natur, dh, es entsteht nur dann, wenn die durch sie zu sichernde Forderung besteht. Entsprechend entsteht das Pfändungspfandrecht nur dann, wenn die zu vollstreckende Forderung besteht. Besteht die zu vollstreckende Forderung nicht oder erlischt sie, so entsteht auch das Pfändungspfandrecht nicht oder erlischt (§§ 1204, 1257 BGB). Der AG ist deshalb nicht mehr zu Entgeltabzügen verpflichtet, wenn die zu vollstreckende Forderung befriedigt ist.

22 Ein deutsches Vollstreckungsgericht kann einen Pfändungs- und Überweisungsbeschluss für die Pfändung einer inländischen Forderung gegen einen ausländischen Drittschuldner erlassen.[57] Ausländische Pfändungs- und Überweisungsbeschlüsse, die im Ausland zugestellt werden, entfalten mangels Rechtsgrundlage keine Wirkung im Inland.[58] Hieran hat auch Art. 20 I 1 der VO (EG) zur Einführung eines europäischen Vollstreckungstitels für unbestrittene Forderungen (VO [EG] Nr. 805/2004) nichts geändert. Danach gilt für das Vollstreckungsverfahren das Recht des jeweiligen Mitgliedstaats. Eine als Europäischer Vollstreckungstitel bestätigte Entscheidung ist unter den gleichen Bedingungen zu vollstrecken wie eine im Mitgliedstaat ergangene Entscheidung (Satz 2).[59]

23 **4. Zustellung des Pfändungs- und Überweisungsbeschlusses. a) Verfahren.** Die Pfändung wird erst mit der Zustellung des Pfändungs- und Überweisungsbeschlusses an den Drittschuldner wirksam (§ 829 III ZPO). Für diese hat der Gläubiger selbst zu sorgen (§ 829 II 1 ZPO). Sie kann sowohl durch die Post als auch den Gerichtsvollzieher erfolgen. Der Gläubiger kann durch Übersendung des Pfändungs- und Überweisungsbeschlusses an die Gerichtsvollzieherverteilungsstelle den Gerichtsvollzieher selbst beauftragen (§§ 192–194 ZPO); er kann für die Beauftragung jedoch die Vermittlung der Geschäftsstelle des Vollstreckungsgerichts in Anspruch nehmen (§ 192 III ZPO). Die Geschäftsstelle leitet darauf den Beschluss an die zuständige Gerichtsvollzieherverteilungsstelle (auch außerhalb des eigenen Gerichtsbezirks) weiter, insoweit obliegt ihr die Auswahl des zuständigen Gerichtsvollziehers. Der Zeitpunkt der Zustellung ist in der Urkunde zum Nachweis des Rangs der Pfändung nach Stunde und Minute anzugeben, auch wenn mehrere Drittschuldner in einem Beschluss angegeben sind (§ 173 Nr. 1 GVGA). Dem **Schuldner** ist der Beschluss erst nach seiner Zustellung an den Drittschuldner mit einer Abschrift der Zustellungsurkunde zuzustellen[60] (§ 829 II 2 ZPO), eine unterbliebene oder fehlerhafte Zustellung an den Schuldner berührt die Wirksamkeit der Pfändung aber nicht (arg. § 829 III ZPO). Die Zustellung an ihn dient lediglich der Bekanntgabe des Verfügungsverbots (§ 829 I 2 ZPO). Dem **Gläubiger** wird der Pfändungsbeschluss formlos übersandt. Eine Zustellung erfolgt nur, wenn sein Antrag ganz oder teilweise zurückgewiesen wurde (§ 329 III ZPO).

24 **b) Drittschuldner.** Die Zustellung an den Drittschuldner erfolgt in der Praxis regelmäßig durch den Gerichtsvollzieher, weil nur dann ein Drittschuldner zur Beantwortung der Fragen nach § 840 ZPO aufgefordert werden kann. Bei der Zustellung eines Pfändungs- und Überweisungsbeschlusses an den Drittschuldner hat der Gerichtsvollzieher dessen Identität zu prüfen. Eine neue Anschrift des Drittschuldners muss der Gläubiger mit einem Auszug aus dem Melde-

[55] BGH 21.9.2017 NZI 2017, 892.
[56] BGH 19.11.2020 ZIP 2021, 644.
[57] LG Leipzig 21.2.2012 JurBüro 2012, 327.
[58] BAG 19.3.1996 AP Nr. 2 zu § 328 ZPO = NZA 1997, 334.
[59] LSG Nds-Brem 4.7.2012 – L 2 R 84/12 B ER.
[60] BGH 14.2.2003 NJW 2003, 1530 (öffentl. Zustellung bei akt. Auskunft von Post und Meldeamt).

register belegen; die Berichtigung der Drittschuldneranschrift im Pfändungs- und Überweisungsbeschluss ist nicht erforderlich.[61] Für die Zustellung gelten §§ 166 ff. ZPO; eine öffentliche Zustellung ist allerdings ausgeschlossen, da der Drittschuldner nicht Partei ist. Handelt es sich bei dem Drittschuldner um eine **Gesamthandsgemeinschaft,** muss der Pfändungs- und Überweisungsbeschluss jedem Gesamthandsschuldner zugestellt werden; die Pfändung wird erst mit der letzten Zustellung wirksam. Wird der Pfändungs- und Überweisungsbeschluss nur einem Gesamtschuldner zugestellt, ist in der Regel nur die gegen diesen gerichtete Forderung gepfändet. Handelt es sich bei der Gesamthand um eine GbR, kann die Pfändung alternativ dadurch bewirkt werden, dass dem geschäftsführenden Gesellschafter ein Pfändungsbeschluss zugestellt wird, in welchem der Gesellschaft und den Gesellschaftern in ihrer gesamthänderischen Gebundenheit verboten wird, an den Schuldner zu zahlen.[62] Bei einer teilrechtsfähigen GbR erfolgt die Zustellung gem. § 170 I 1 ZPO an den gesetzlichen Vertreter[63] (§§ 709 I, 714 BGB), bei mehreren genügt die an einen von ihnen (§ 170 III ZPO). Ist eine **GmbH** Drittschuldnerin, ist der Pfändungs- und Überweisungsbeschluss an deren Geschäftsführer zuzustellen. Wird dieser nicht angetroffen, kann gem. §§ 178 I, 191 ZPO eine Ersatzzustellung vorgenommen werden; ein Einlegen in den Briefkasten ist allerdings unzulässig, wenn die Geschäftsräume bereits aufgegeben worden sind.[64] Nach § 178 II ZPO ist eine Ersatzzustellung wegen einer möglichen Interessenkollision jedoch unwirksam, wenn diese an eine Person erfolgt ist, die an dem Rechtsstreit als Gegner beteiligt ist. Der Begriff des Rechtsstreits ist weit auszulegen; wird daher an den Drittschuldner durch Übergabe des Schriftstücks an den **Schuldner/AN** zugestellt, ist die Zustellung unwirksam;[65] Zustellungsmängel können nach §§ 189, 191 ZPO geheilt werden.[66] Dies setzt aber voraus, dass das Gericht eine formgerechte Zustellung angestrebt hat.[67]

5. Bedeutung des Pfändungspfandrechts. a) Rangverhältnis. Das Pfändungspfandrecht gewährt dem Gläubiger wie das vertragliche Pfandrecht ein Recht an der gepfändeten Forderung, das späteren vertraglichen Pfandrechten oder späteren Entgeltpfändungen im Range vorgeht (§ 804 II, III ZPO). Es gilt das Prinzip, wer zuerst kommt, mahlt zuerst. Sind Pfändungs- und Überweisungsbeschlüsse zu Gunsten mehrerer Unterhaltungsgläubiger ergangen, kann das Amtsgericht anordnen, dass sie mit gleichem Rang zu behandeln sind. Der Drittschuldner braucht dieser Anordnung nur nachzukommen, wenn er noch keine Zahlungen geleistet hat.[68] Treffen Pfändungsgläubiger, Gläubiger und Drittschuldner eine Stundungsvereinbarung, ist diese gegenüber einem nachrangigen Pfändungsgläubiger unwirksam. An diesen ist deshalb auszuzahlen, wenn die vorrangige Forderung hätte getilgt sein können.[69] 25

b) Übergang der Sachbefugnis. Durch das Bewirken der Pfändung (§ 829 III ZPO) entfällt die Sachbefugnis des Schuldners über die Forderung zu verfügen, da der Gläubiger ein Pfandrecht an der gepfändeten Forderung erwirbt (§ 804 I ZPO). Der Schuldner kann nicht mehr Leistung an sich allein verlangen (§ 804 II ZPO, § 1282 BGB). Zwar findet anders als bei der Abtretung kein Gläubigerwechsel statt, vielmehr wird durch die Überweisung zugunsten des Gläubigers die fehlende rechtsgeschäftliche Einziehungsermächtigung ersetzt (§ 836 I ZPO). Der ursprüngliche Forderungsinhaber ist danach nicht mehr zu Maßnahmen zur Verwertung der Forderung berechtigt, welche das Einziehungsrecht des Pfändungsgläubigers beeinträchtigen (§ 1285 II BGB).[70] Entsprechende **Verfügungen des Schuldners** zum Nachteil des Gläubigers (zB Einziehung, Abtretung, Erlass, Aufrechnung, Vergleich) sind diesem gegenüber unwirksam; zur Klagebefugnis des AN → § 90 Rn. 2. 26

c) Verwertungsmöglichkeit. Die Verwertung der gepfändeten Forderung erfolgt durch Überweisung zur Einziehung oder an Zahlungs statt. Der Gläubiger erlangt durch den Beschluss die Befugnis, für den Schuldner die Entgeltforderung einzuklagen. Ihm kommen alle Vorrechte der gepfändeten Forderung zugute.[71] Wird die Zwangsvollstreckung eingestellt, darf der Dritt- 27

[61] LG Görlitz 16.7.2008 DGVZ 2009, 101.
[62] BGH 18.5.1998 NJW 1998, 2904.
[63] BGH 7.12.2006 NJW 2007, 995.
[64] BGH 22.10.2009 MDR 2010, 229.
[65] OLG Celle 5.2.2002 DGVZ 2003, 8.
[66] BAG 6.5.2009 AP Nr. 17 zu § 850 ZPO = NZA 2009, 805.
[67] BGH 19.2.2020 NJW-RR 2020, 648.
[68] BAG 6.2.1991 AP Nr. 10 zu § 850d ZPO = NZA 1991, 506.
[69] BAG 24.10.1979 AP Nr. 6 zu § 829 ZPO; 17.1.1975 AP Nr. 5 zu § 829 ZPO = NJW 1975, 1575.
[70] BAG 20.8.1996 AP Nr. 7 zu § 767 ZPO = NZA 1997, 563.
[71] BAG 18.2.1971 AP Nr. 9 zu § 850d ZPO = NJW 1971, 2094.

schuldner nur noch an den Gläubiger und den Vollstreckungsschuldner gemeinsam leisten oder muss die geschuldete Leistung hinterlegen.[72]

28 **d) Übergabe von Unterlagen.** Die nach § 836 III ZPO vom Schuldner herauszugebenden Urkunden sind auf Antrag des Gläubigers in den Pfändungs- und Überweisungsbeschluss aufzunehmen, insoweit werden dem Gläubiger durch § 836 III ZPO von § 840 ZPO unabhängige Informationsmöglichkeiten eröffnet.[73] Diese sollen den Gläubiger in die Lage versetzen, die Aussichten einer Drittschuldnerklage zu überprüfen und notfalls eine solche exakt beziffern können.[74] Dagegen soll § 840 I ZPO (→ § 86 Rn. 1) ihm die Entscheidung erleichtern, ob er aus der gepfändeten angeblichen Forderung seines Schuldners gegen den Drittschuldner vorgehen soll oder nicht.[75] Hat der Gläubiger Ansprüche des Schuldners auf gegenwärtiges und künftiges Arbeitseinkommen pfänden und sich zur Einziehung überweisen lassen, hat der Schuldner außer den laufenden Entgeltabrechnungen regelmäßig auch die letzten drei Vergütungsabrechnungen aus den letzten drei Jahren vor Zustellung des Pfändungs- und Überweisungsbeschlusses an den Gläubiger herauszugeben (§ 836 III ZPO).[76] Daneben hat er anzugeben, ob und inwieweit Unterhaltsansprüche bestehen und in welchem Umgang das Guthaben auf den gepfändeten Konten gem. § 850k II ZPO pfändungsfrei ist.[77] Der Pfändungs- und Überweisungsbeschluss kann nachträglich hinsichtlich einer konkreten Herausgabeanordnung ergänzt werden (§ 321 ZPO analog).[78] Die teilweise Schwärzung der Unterlagen durch den Schuldner ist unzulässig.[79] Befindet sich die herauszugebende Urkunde nicht in der Hand des Schuldners, sondern im Besitz des Drittschuldners, ist der angebliche Herausgabeanspruch des Schuldners gegen den Dritten durch den Überweisungsbeschluss neben der Forderung mitüberwiesen.[80]

IV. Vorpfändung

29 **1. Zweck und Voraussetzungen.** Die Durchführung des Entgeltpfändungsverfahrens beansprucht häufig nicht unerhebliche Zeit. Zur Vermeidung von Zwischenverfügungen des Schuldners über seine Arbeitsvergütung und vorherige Entgeltzahlung des AG dient die Vorpfändung (§ 845 ZPO). Diese setzt einen vollstreckbaren Schuldtitel (vorläufig vollstreckbares Urteil, Vergleich, vollstreckbares Schuldanerkenntnis usw.) sowie die besonderen Voraussetzungen der Zwangsvollstreckung voraus. Nicht notwendig ist, dass der Vollstreckungstitel bereits mit der Vollstreckungsklausel versehen oder bereits zugestellt ist (§ 845 I 3 ZPO). Zu den besonderen Vollstreckungsvoraussetzungen gehören der Ablauf des bestimmten Kalendertags (§ 751 I ZPO), die Sicherheitsleistung (§ 751 II ZPO) und – bei einer Zug-um-Zug-Verurteilung – die Erfüllung oder das Angebot der Gegenleistung[81] (§§ 756, 765 ZPO). In den Fällen des § 720a ZPO ist die Sicherheitsleistung entbehrlich.[82] Die Vorpfändung kann **mehrmals wiederholt** werden. Dies kann sich empfehlen, wenn die Monatsfrist für die Entgeltpfändung nicht eingehalten wird oder Zweifel an der Wirksamkeit der vorausgehenden Vorpfändung bestehen. Der Rang der Pfändung bestimmt sich nach dem Zeitpunkt der Zustellung der letzten (wirksamen) Vorpfändung.

30 **2. Durchführung der Vorpfändung.** Notwendig ist **(a)** die Benachrichtigung des Drittschuldners und Schuldners, dass die Pfändung unmittelbar bevorsteht; **(b)** die genaue Bezeichnung des Gläubigers, Schuldners und Drittschuldners (→ Rn. 3); **(c)** die Bezeichnung des Vollstreckungstitels und der zu pfändenden Forderung (→ Rn. 9 ff.);[83] **(d)** Darlegungen, dass die Vollstreckungsvoraussetzungen (→ Rn. 30) vorliegen; **(e)** die Aufforderung an den Drittschuldner, nicht mehr an den Schuldner zu zahlen; **(f)** die Aufforderung an den Schuldner, sich der Verfügung über die Forderung, insbesondere ihrer Einziehung, zu enthalten. Die bis zum

[72] BGH 17.12.1998 NJW 1999, 953.
[73] *Hintzen* Rpfleger 2010, 471 (480).
[74] BGH 9.2.2012 NJW 2012, 1081.
[75] BAG 7.7.2015 AP Nr. 10 zu § 840 ZPO = NZA 2015, 1533.
[76] BGH 20.12.2006 NJW 2007, 606; AG Zeven 15.12.2017 JurBüro 2018, 326.
[77] LG Koblenz 20.9.2010 – 2 T 499/10.
[78] AG Bremerhaven 12.3.2009 JurBüro 2009, 329; LG Hannover 29.11.1993 Rpfleger 1994, 221.
[79] BGH 23.2.2012 NJW 2012, 1223.
[80] LG Hagen 24.5.2016 JurBüro 2016, 546; AG Schwelm 3.3.2016 JurBüro 2016, 380.
[81] AG Leverkusen 23.7.2012 JurBüro 2012, 550.
[82] KG 18.11.1980 MDR 1981, 412.
[83] BGH 7.4.2005 MDR 2005, 1135; 8.5.2001 NJW 2001, 2976.

1.1.2013 obligatorische Zustellung der Vorpfändung durch den Gerichtsvollzieher ist entfallen. Der Gerichtsvollzieher hat die Benachrichtigung an Drittschuldner und Schuldner mit den Aufforderungen selbst anzufertigen, wenn er von dem Gläubiger hierzu beauftragt worden ist (§ 845 I 2 ZPO). Unwirksam ist die Übersendung durch die Post oder per Telefax. Mängel bei der Benachrichtigung und Aufforderung durch den Gerichtsvollzieher führen zur Unwirksamkeit der Vorpfändung. Die Vorpfändung wird wirksam mit Zustellung an den Drittschuldner. Unschädlich ist dagegen, wenn die Zustellung der Vorpfändung an den Schuldner unterbleibt.

3. Wirkung. Seit Zustellung an den AG wirkt die Vorpfändung wie eine Arrestpfändung 31
(§ 930 ZPO), sofern die Pfändung binnen einer Frist von einem Monat nachgeholt wird. Die Frist beginnt mit dem Tage, an dem die Benachrichtigung zugestellt ist. Nach Zugang der Vorpfändung darf der AG nicht mehr an den Schuldner zahlen, der Schuldner nicht mehr über sein Arbeitseinkommen verfügen. Eine gleichwohl erfolgende Zahlung durch den Drittschuldner oder eine Abtretung der Forderung durch den AN ist gegenüber dem Gläubiger rechtsunwirksam. Erfolgt die Entgeltpfändung innerhalb einer Frist von einem Monat seit Zustellung der Vorpfändung, genießt sie den Rang der Vorpfändung. Die rangwahrende Wirkung beschränkt sich bei einer endgültigen Pfändung wegen weiterer Forderungen auf die vorgepfändete Forderung.[84] Unterbleibt die Pfändung des Arbeitseinkommens, wird die Vorpfändung unwirksam. Das durch die Vorpfändung entstehende Pfandrecht ist daher auflösend bedingt durch eine nachfolgende wirksame Pfändung des Arbeitseinkommens. Nach ihrem Inhalt ist die Vorpfändung eine durch den Gläubiger selbst verwirklichte Zwangsvollstreckungsmaßnahme, die durch das Unterbleiben der rechtzeitigen Pfändung auflösend bedingt ist. Hieraus folgt, dass die Vorpfändung immer nur Wirkungen im Rahmen der gesetzlichen Grenzen der Pfändbarkeit entfaltet. Dagegen ist keine Durchbrechung der Pfändungsgrenze nach § 850c ZPO zugunsten unterhaltsberechtigter Gläubiger (§ 850d ZPO) möglich.[85] Zur Auskunftspflicht des Drittschuldners → § 86 Rn. 1.

4. Rechtsbehelfe und Kosten. Da schon die Vorpfändung eine Maßnahme der Zwangsvoll- 32
streckung ist, sind dagegen die in der Zwangsvollstreckung bestehenden Rechtsbehelfe (§§ 766, 767 ZPO) statthaft. Die Kosten einer Vorpfändung sind nur gem. § 788 ZPO erstattungsfähig, wenn sie nach den Umständen des Einzelfalls notwendig waren.[86] Wird die Frist des § 845 ZPO versäumt, war die Vorpfändung nutzlos und es besteht regelmäßig kein Kostenerstattungsanspruch;[87] etwas anderes kann gelten, wenn von der Vornahme der Pfändung entweder aufgrund einer Zahlung des Schuldners oder anderen nachvollziehbaren Gründen abgesehen worden ist.

§ 86. Die Auskunftspflichten des Drittschuldners und die Drittwiderspruchsklage

Übersicht

I. Auskunftspflichten des Drittschuldners

1. Pflicht des Arbeitgebers. Grundsätzlich ist der AG verpflichtet, die Bezüge seines 1
AN vertraulich zu behandeln. Andererseits ist der Gläubiger daran interessiert, über das Einkommen seines Schuldners eine möglichst erschöpfende Auskunft zu erhalten. § 840 ZPO

[84] BGH 8.5.2001 NJW 2001, 2976.
[85] HessLAG 25.11.1988 DB 1989, 1732.
[86] OLG München 29.12.1993 MDR 1994, 843; LAG Köln 9.11.1994 BB 1995, 1248.
[87] LAG Köln 12.1.1993 NZA 1993, 1152.

begründet für den Gläubiger eine Auskunftspflicht des Drittschuldners für die Tatsachen, aus denen der Gläubiger erkennen kann, ob weitere Maßnahmen zur Durchsetzung seines Anspruchs Erfolg versprechend sind. Der Gläubiger soll in groben Zügen darüber informiert werden, ob die gepfändete Forderung als begründet anerkannt und erfüllt wird oder Dritten zusteht oder ob sie bestritten und deshalb nicht oder nur im Erkenntnis- und Vollstreckungsverfahren durchzusetzen ist.[1] Die Auskunftspflicht des Drittschuldners ist mit Art. 3, 12 GG vereinbar[2] und besteht unabhängig von den bereits in § 836 III ZPO geregelten Mitwirkungspflichten des Schuldners zur Auskunftserteilung und Herausgabe von Urkunden (→ § 85 Rn. 28). Sie ist nicht abhängig von der Existenz der gepfändeten Entgeltforderung oder der Erfolglosigkeit der durch den Gläubiger bewirkten Pfändung.[3] Die Auskunftspflicht nach § 840 I ZPO besteht daher auch dann, wenn die Pfändung ins Leere geht.[4]

2 **2. Voraussetzungen der Erklärungspflicht.** Der Gläubiger kann den Drittschuldner nach § 840 I ZPO zur Auskunft über die gepfändete Forderung auffordern. Voraussetzung des Auskunftsverlangens ist **(a)** der Erlass des Beschlusses zur Pfändung einer angeblichen Forderung auf Arbeitseinkommen; unzureichend ist die bloße Vorpfändung;[5] **(b)** die Zustellung des Pfändungsbeschlusses; **(c)** Aufnahme des Verlangens in die Zustellungsurkunde. Da bei dessen Zustellung durch die Post eine Aufnahme des Verlangens undurchführbar ist, trifft den Drittschuldner nur dann eine Auskunftspflicht, wenn ihm der Pfändungsbeschluss durch den Gerichtsvollzieher zugestellt wurde (§ 840 I, II ZPO).

3 **3. Frist.** Der Schuldner hat sich binnen einer Frist von zwei Wochen seit Zustellung des Pfändungsbeschlusses zu erklären. Hieraus folgt, dass keine Erklärungspflicht mehr besteht, wenn der Gläubiger das Verlangen – durch gesondertes Schreiben – erst zwei Wochen nach Zustellung des Pfändungsbeschlusses stellt. Auch bei einer späteren Veränderung der Bezüge ist der Drittschuldner nicht verpflichtet, eine neue oder weitere Auskunft zu erteilen.[6] Der Drittschuldner kann die Auskunft bei Zustellung des Pfändungsbeschlusses oder binnen einer Frist von zwei Wochen seit seiner Zustellung zu Protokoll des Gerichtsvollziehers[7] oder schriftlich unmittelbar an den Gläubiger erteilen. Die Erklärung muss innerhalb der Frist zugehen.[8] Der Drittschuldner ist für die rechtzeitige Erfüllung ggf. darlegungs- und beweispflichtig.

4 **4. Inhalt der Erklärung. a) Umfang.** Die Erklärung hat sich so weit zu erstrecken, wie die Aufforderung des Gläubigers reicht, sie kann daher auf einzelne Fragen zu den in § 840 I Nr. 1–5 ZPO genannten Punkten beschränkt werden. Weitere als die dort genannten Auskünfte braucht der Drittschuldner nicht zu geben;[9] es besteht also keine Auskunftsverpflichtung über die Bruttovergütung, Besteuerung, Sozialversicherungsbeiträge, Mehrarbeitsverdienste oder über den Familienstand des AN usw.[10] Der Auskunftspflicht des Drittschuldners bedarf es auch nicht, da der Schuldner gem. § 836 III ZPO verpflichtet ist, die notwendigen Auskünfte über die gepfändete Forderung zu erteilen. Gibt der Drittschuldner hingegen freiwillig weitergehende Auskünfte, müssen diese zutreffend sein, ansonsten kann er gegenüber dem Gläubiger ggf. schadenersatzpflichtig werden.[11] Gleiches gilt gegenüber dem Schuldner, wenn der Gläubiger unbefugt Tatsachen aus dem Arbeitsverhältnis weitergibt. Der Drittschuldner muss der Auskunft auch keine Belege beifügen.

5 **b) Anerkenntnis.** Nach § 840 I Nr. 1 ZPO hat sich der Drittschuldner zu erklären, ob und inwieweit er die Forderung als begründet anerkenne und Zahlung zu leisten bereit sei. Eine Erklärungspflicht besteht nur dahingehend, ob er die Forderung als begründet anerkennt, nicht darüber, ob die Forderung begründet ist.[12] Die Anerkennung ist weder ein konstitutives noch ein deklaratorisches Schuldanerkenntnis,[13] sondern eine reine Wissenserklärung ohne einen selb-

[1] BAG 7.7.2015 AP Nr. 10 zu § 840 ZPO = NZA 2015, 1533.
[2] BGH 19.10.1999 NJW 2000, 651.
[3] LG Mönchengladbach 20.11.2008 JurBüro 2009, 273.
[4] LAG MV 11.5.2017 JurBüro 2017, 543; LG Essen 29.12.2017 JurBüro 2018, 213.
[5] BGH 4.4.1977 NJW 1977, 1199.
[6] Umstr. BGH 1.12.1982 NJW 1983, 687.
[7] LAG Köln 24.4.1995 AP Nr. 6 zu § 840 ZPO; LAG Nds 28.11.1973 NJW 1974, 768.
[8] OLG Düsseldorf 3.12.1979 WM 1980, 202.
[9] BAG 7.7.2015 AP Nr. 10 zu § 840 ZPO = NZA 2015, 1533.
[10] LAG Düsseldorf 14.2.1995 AP Nr. 7 zu § 840 ZPO.
[11] LAG Köln 24.4.1995 AP Nr. 6 zu § 840 ZPO; aA OLG Düsseldorf 28.11.1995 VersR 1997, 705.
[12] BGH 14.1.2010 NJW 2010, 1674.
[13] BGH 8.9.1997 DStR 1997, 1776; 10.10.1977 AP Nr. 1 zu § 840 ZPO = NJW 1978, 44.

ständigen Verpflichtungswillen. Der Drittschuldner verliert deshalb durch die Anerkennung nicht die Befugnis zur Aufrechnung oder kann sie widerrufen, wenn ihm Einwendungen bekannt werden. Er ist jedoch dafür darlegungs- und beweispflichtig, dass die Einwendungen auch vorliegen.[14] Die Erklärung kann mit einem Vorbehalt versehen werden. Ist zugleich mit der Pfändung die Forderung dem Gläubiger zur Einziehung überwiesen worden, führt dies zum Neubeginn der Verjährungsfrist[15] (§ 212 I Nr. 1 BGB) und hindert bei bereits bestehenden und fälligen Forderungen den Ablauf der tariflichen Verfallfrist. Anders ist es dagegen, wenn die gepfändete Forderung dem Gläubiger nicht zugleich überwiesen worden ist, denn in diesem Fall steht dem Gläubiger die Forderung noch nicht zu. Der Drittschuldner wird die Anerkennung der gepfändeten Forderung verweigern, wenn die Pfändung rechtsunwirksam ist oder die gepfändete Forderung nicht besteht oder erloschen ist, weil etwa kein Vertragsverhältnis mit dem Schuldner besteht oder dieses bereits beendet ist. In diesem Fall sollte der Drittschuldner die Weigerung der Anerkennung kurz begründen.

c) Andere Anspruchsteller und bestehende Pfändungen. Nach § 840 I Nr. 2 ZPO hat sich der Drittschuldner zu erklären, ob und welche Ansprüche andere Personen an die Forderungen stellen. Hier hat er anzugeben, ob und welche Ansprüche er zur Aufrechnung stellt oder ob die Forderung bereits verpfändet oder abgetreten ist. Dritte sind nach Namen und Anschrift anzugeben. Der Drittschuldner hat weiter anzugeben, ob und wegen welcher Ansprüche die Forderung des Schuldners bereits durch andere Gläubiger gepfändet ist (§ 840 I Nr. 3 ZPO). Unzureichend ist die bloße Angabe der Gesamtsumme.[16] Nachrangige Entgeltpfändungen braucht er später nicht mitzuteilen; er ist lediglich gehalten, Mitteilungen zu machen, wenn er später von mitzuteilenden Tatsachen erfährt, wenn ihm zB eine frühere Abtretung des Arbeitseinkommens offen gelegt worden ist. Der Drittschuldner ist nicht verpflichtet, den Vollstreckungsgläubiger auf eine aufrechenbare Gegenforderung hinzuweisen, wenn er erklärt, die gepfändete Forderung nicht als begründet anzuerkennen.[17] 6

d) Kontoverbindung und sonstiger Pfändungsstatus. Die Auskunftspflicht des Drittschuldners erstreckt sich schließlich auf die Kontoverbindung des Schuldners. Nach § 840 I Nr. 4, 5 ZPO hat der Drittschuldner anzugeben, ob innerhalb der letzten zwölf Monate für das Konto, dessen Guthaben gepfändet worden ist, nach § 850l ZPO die Unpfändbarkeit des Guthabens angeordnet worden ist, und ob es sich bei dem Konto, dessen Guthaben gepfändet worden ist, um ein P-Konto oder ein Gemeinschaftskonto (§§ 850k, 850l ZPO; → § 89 Rn. 9) handelt. 7

5. Obliegenheit des Drittschuldners. a) Kosten. Die Auskunft ist nur eine Obliegenheit, die im Falle ihrer Nichterfüllung gegebenenfalls zu einem Schadensersatzanspruch des Gläubigers nach § 840 II 2 ZPO führen kann.[18] Auch die Kosten für ein anwaltliches Aufforderungsschreiben des Gläubigers sind nicht erstattungsfähig.[19] Der Drittschuldner kann vom Gläubiger keine Erstattung der Kosten verlangen, die ihm durch die Auskunft entstehen;[20] zum Ersatz von Bearbeitungskosten für die Pfändung des Arbeitseinkommens → § 88 Rn. 8. 8

b) Schadensersatzpflicht. Nach § 840 II ZPO ist der Drittschuldner zum Ersatz des Schadens verpflichtet, der dem Gläubiger aus der schuldhaften Nichterfüllung der Auskunftspflicht entsteht. Erteilt der Drittschuldner nach Zugang der Aufforderung zur Erklärung nach § 840 I ZPO dem Gläubiger innerhalb der Zwei-Wochen-Frist keine Auskunft, kann dieser ohne Weiteres davon ausgehen, dass hinsichtlich der Beitreibbarkeit der gepfändeten Forderung keine Hindernisse bestehen.[21] Auch eine verspätete, unrichtige oder unvollständige Auskunft macht schadensersatzpflichtig. Der Drittschuldner hat zu beweisen, dass ihn an dem Unterbleiben der Auskunft kein Verschulden trifft.[22] Der Anspruch des Gläubigers beschränkt sich auf den Schaden, der durch dessen Entschluss verursacht ist, die gepfändete Forderung gegen den Drittschuldner geltend zu machen oder davon abzusehen sowie Prozesskosten für einen erfolglosen Prozess gegen den Drittschuldner aufgewandt zu haben.[23] Der Anspruch geht nicht dahin, den 9

[14] BGH 10.10.1977 AP Nr. 1 zu § 840 ZPO = NJW 1978, 44.
[15] Zu § 208 BGB aF BGH 27.4.1978 NJW 1978, 1914.
[16] LAG Nds 28.11.1973 NJW 1974, 768.
[17] BGH 13.12.2012 ZIP 2013, 594.
[18] BAG 7.7.2015 AP Nr. 10 zu § 840 ZPO = NZA 2015, 1533.
[19] BGH 4.6.2006 FamRZ 2006, 1195; 25.9.1986 BGHZ 98, 261.
[20] BAG 31.10.1984 AP Nr. 4 zu § 840 ZPO = NZA 1985, 289.
[21] BGH 14.1.2010 NJW 2010, 1674.
[22] BGH 4.2.1981 AP Nr. 3 zu § 840 ZPO = NJW 1981, 990.
[23] BGH 25.9.1986 NJW 1987, 64; LAG Köln 27.5.2009 JurBüro 2009, 548.

Gläubiger so zu stellen, als ob die Forderung besteht oder – im Fall ihrer Existenz – wirksam gepfändet ist.[24] Ebenso sind solche Vermögensschäden nicht nach § 840 ZPO zu ersetzen, die der Gläubiger erleidet, weil er bei seinen sonstigen wirtschaftlichen Dispositionen außerhalb der Befriedigung der titulierten Forderung auf die Richtigkeit einer falschen oder unvollständigen Drittschuldnererklärung vertraut hat.[25] Demgemäß besteht kein Schadensersatzanspruch, wenn der Schuldner, etwa wegen einer langfristigen Erkrankung, keine pfändbaren Vergütungsansprüche mehr hatte.[26] War bereits bei Klageerhebung gegen den Drittschuldner die Zahlungsklage nicht begründet, scheidet eine Erklärung nach § 91a ZPO aus, der Gläubiger muss ggf. zu einer bezifferten Schadensersatzklage übergehen.[27]

10 **c) Kosten der Rechtsverfolgung. aa) Drittschuldner.** Das BAG hatte zunächst entschieden, dass im Rahmen des Schadensersatzanspruchs wegen der besonderen Kostenerstattungsregelung in § 12a I ArbGG keine Erstattung der aufgewendeten Anwaltskosten für die vergebliche Klage gegen den Drittschuldner verlangt werden kann. Diese Rspr. hat es 1990 aufgegeben, weil der Verspätungsschaden nicht mit den Erstattungsforderungen des Prozesses identisch ist.[28] Macht der Gläubiger ggf. nach einer Klageänderung lediglich Schadensersatzansprüche gegen den Drittschuldner geltend, sind je nach der Rechtsnatur der gepfändeten Forderung die Arbeitsgerichte[29] bzw. die Sozialgerichte[30] zuständig. Für die weiteren Anwaltskosten in einem Schadenersatzprozess vor dem ArbG gilt jedoch die eingeschränkte Kostenerstattung nach § 12a ArbGG.[31]

11 **bb) Schuldner.** Bei dem Drittschuldnerprozess und dessen Vorbereitung handelt es sich um Vollstreckungsmaßnahmen des Gläubigers, die unmittelbar dazu dienen, den die Forderung des Schuldners gegen den Drittschuldner betreffenden Pfändungs- und Überweisungsbeschluss zu vollziehen. Die insoweit entstandenen Kosten hat der Schuldner dadurch verursacht, dass er die Forderung des Gläubigers nicht erfüllt hat. Die Kosten eines Rechtsstreits zwischen dem Gläubiger und dem Drittschuldner über eine gepfändete und dem Gläubiger zur Einziehung überwiesene Forderung des Schuldners gegen den Drittschuldner können daher als Kosten der Zwangsvollstreckung (§ 788 I ZPO) erstattungsfähig sein.[32] Dies gilt in gleicher Weise für die Kosten der Vorbereitung einer nicht von vornherein aussichtslosen Drittschuldnerklage.[33] In beiden Fällen entstehen die Aufwendungen des Gläubigers aus Anlass der Zwangsvollstreckung. Diese Kosten kann der Gläubiger nach § 788 ZPO gegen den Schuldner festsetzen lassen, wenn sie erforderlich waren.

II. Drittschuldnerklage

Muster: Schaub ArbRFV-HdB/*Vogelsang* C. Rn. 297.

12 **1. Verwertung der Forderung. a) Überweisung an Zahlungs statt.** Ist dem Gläubiger die Forderung des Schuldners gegen den Drittschuldner an Zahlungs statt überwiesen worden, ist damit die Forderung des Schuldners gegen den Drittschuldner auf den Gläubiger übergegangen (§ 836 I ZPO, § 398 BGB). Zugleich ist in Höhe des Forderungsübergangs die Forderung des Gläubigers gegen den Schuldner erfüllt (§ 835 II ZPO). Der Gläubiger ist nunmehr allein berechtigt, die Forderung gegen den Drittschuldner zu verfolgen.

13 **b) Einziehung.** Ist dem Gläubiger die Forderung des Schuldners gegen den Drittschuldner nur zur Einziehung überwiesen worden, erlangt er ein Pfandrecht an der Forderung des Schuldners gegen den Drittschuldner, aufgrund dessen er bei Fälligkeit seiner Forderung diese einziehen kann (§§ 829, 835, 836, 803, 804 ZPO, §§ 1273, 1279, 1282, 611 BGB). Der Gläubiger kann sich auf alle Vorrechte der gepfändeten Forderung berufen.[34] Er kann gegen den Dritt-

[24] BAG 7.7.2015 AP Nr. 10 zu § 840 ZPO = NZA 2015, 1533; BVerfG 11.7.2014 NJW 2014, 3213.
[25] Vgl. LAG Düsseldorf 14.2.1995 MDR 1995, 1044 (Anerkenntnis trotz Unpfändbarkeit).
[26] LAG Hamm 27.9.1990 MDR 1991, 88 = DB 1990, 2228.
[27] BGH 5.5.1994 NJW 1994, 2895; 28.1.1981 AP Nr. 2 zu § 840 ZPO = NJW 1981, 990.
[28] BAG 16.5.1990 AP Nr. 6 zu § 840 ZPO = NZA 1991, 27; LAG Düsseldorf 14.2.1995 AP Nr. 7 zu § 840 ZPO; aA noch BAG 31.10.1984 AP Nr. 4 zu § 840 ZPO = NZA 1985, 289.
[29] LAG Köln 6.11.2020 – 9 Ta 176/20 (Zusammenhangsklage nach § 2 III ArbGG).
[30] BSG 12.2.1998 AP Nr. 8 zu § 840 ZPO.
[31] LAG Köln 6.11.2020 – 9 Ta 176/20; ArbG Gießen 27.2.2002 FA 2002, 149.
[32] BGH 20.12.2005 AP Nr. 9 zu § 840 ZPO = NJW 2006, 1141.
[33] BGH 3.4.2019 NJW 2019, 1816; 14.1.2010 NJW 2010, 1674.
[34] BAG 18.12.1971 AP Nr. 9 zu § 850d ZPO = NJW 1971, 2094.

schuldner auf Zahlung klagen, wenn dieser seinen Verpflichtungen nicht nachkommt. Andererseits ist der Gläubiger gegenüber dem Schuldner verpflichtet, unverzüglich die Beitreibung einer fälligen Entgeltforderung vorzunehmen (§ 842 ZPO). Unterlässt er die Einziehung, haftet er dem Schuldner auf Ersatz des Schadens, der durch die Verzögerung der Einziehung entsteht.[35] Ein Schaden kann zB dann entstehen, wenn der Drittschuldner das gepfändete Arbeitseinkommen bei Fälligkeit nicht auszahlt und später insolvent wird. In diesem Fall kann der Schuldner gegenüber dem Gläubiger mit seiner Schadensersatzforderung aufrechnen.

Bei der Pfändung und Überweisung von Arbeitsvergütung sind etwaige **tarifliche Verfallfristen** zu beachten. Die Forderung erlischt, wenn sie nicht innerhalb der Verfallfrist geltend gemacht wird. Den Ablauf der Verfallfristen muss sich der Gläubiger entgegenhalten lassen (§§ 1275, 404 BGB). Versäumt er schuldhaft die Verfallfrist, kann gleichfalls in Höhe der nicht beigetriebenen Forderung ein aufrechenbarer Schadensersatzanspruch für den Schuldner entstehen (→ Rn. 13). Hat der Schuldner den Gläubiger auf den Ablauf der Verfallfrist nicht hingewiesen (§ 836 III ZPO), kann der Gläubiger ihm den Einwand des Mitverschuldens entgegenhalten (§ 254 BGB). 14

2. Klage. Gegen den Drittschuldner ist eine Leistungsklage zu erheben. Es ist zulässig, auf zukünftige Leistungen zu klagen, wenn die Besorgnis besteht, dass sich der Drittschuldner der Abführung des pfändbaren Einkommens entzieht;[36] allerdings unterliegt eine solche Klage strengen prozessualen Anforderungen.[37] Für die Drittschuldnerklage zuständig ist bei AN oder arbeitnehmerähnlichen Personen[38] das Arbeitsgericht; der Gläubiger kann die gepfändete und an Zahlungs statt oder zur Einziehung überwiesene Forderung nur in gleichem Umfang wie der Schuldner geltend machen (→ § 88 Rn. 27). Wird der Pfändungs- und Überweisungsbeschluss aufgehoben, ist die Drittschuldnerklage abzuweisen.[39] 15

3. Voraussetzungen. Den Gläubiger trifft die Darlegungs- und Beweislast, dass **(a)** er einen vollstreckungsfähigen Titel gegen den Schuldner besitzt, **(b)** die Forderung des Schuldners gegen den Drittschuldner gepfändet und an Zahlungs statt oder zur Einziehung überwiesen worden ist; **(c)** der Pfändungs- und Überweisungsbeschluss zugestellt worden ist, **(d)** der Schuldner eine Forderung gegen den Drittschuldner besitzt. Streitgegenstand der Drittschuldnerklage ist nicht der bereits titulierte, sondern der gepfändete und zur Einziehung überwiesene Anspruch des Schuldners gegen den Drittschuldner. Dieser wird hinsichtlich der Höhe durch den Anspruch des Gläubigers gegen den Schuldner begrenzt. Bei der Drittschuldnerklage auf Zahlung gepfändeter Arbeitsvergütung, die nach **Zeitabschnitten** bemessen ist, gehört deshalb zur erforderlichen Bezeichnung des Streitgegenstands regelmäßig die Angabe der Zeitabschnitte, für die Vergütung in näher bestimmter Höhe verlangt wird; Erleichterungen bei der Darlegung der Forderung des Schuldners gegen den Drittschuldner bestehen auch dann nicht, wenn dieser keine Erklärung nach § 840 I ZPO abgegeben hat.[40] 16

4. Streitverkündung. Nach § 841 ZPO ist der Gläubiger bei einer Rechtsverfolgung gegen den Drittschuldner verpflichtet, dem Schuldner den Streit zu verkünden, es sei denn, dass die Streitverkündung durch Zustellung im Ausland oder durch öffentliche Zustellung erfolgen müsste. Durch die Streitverkündung wird erreicht, dass ein zwischen Gläubiger und Drittschuldner ergehendes Urteil auch gegenüber dem Schuldner bindend wird (§§ 68, 74 ZPO). Unterbleibt die Streitverkündung, kann der Gläubiger schadensersatzpflichtig werden. Er ist darlegungs- und beweispflichtig, dass der Prozess auch bei einer ggü. dem Schuldner erklärten Streitverkündung verloren gegangen wäre. Dem Schuldner steht es frei, aufseiten des Gläubigers oder des Drittschuldners dem Prozess beizutreten. Er kann damit selbst für die ordnungsgemäße Prozessführung Sorge tragen, indem er Tatsachen vorträgt und Beweisanträge stellt (§§ 66 ff. ZPO). Der Gläubiger darf die Verteidigung des Schuldners nicht behindern. War bereits ein Rechtsstreit über die Vergütungsforderung anhängig, kann der Gläubiger an Stelle des Schuldners mit Zustimmung des Drittschuldners den Rechtsstreit übernehmen (§ 265 II 2 ZPO). Er kann jedoch auch nach § 64 ZPO durch eine gegen beide Parteien gerichtete Klage die Hauptintervention erklären. 17

5. Hinterlegung bei mehrfacher Pfändung. Ist eine Geldforderung für mehrere Gläubiger gepfändet, ist der Drittschuldner berechtigt und auf Verlangen des Gläubigers, dem die Forde- 18

[35] LAG Hamm 15.6.1988 LAGE § 611 BGB Fürsorgepflicht Nr. 15 = DB 1988, 1703.
[36] LAG Hamm 7.1.1992 LAGE § 259 ZPO Nr. 1 = BB 1992, 784.
[37] BAG 22.10.2014 AP Nr. 236 zu § 1 TVG Tarifverträge: Metallindustrie = NZA 2015, 501.
[38] BGH 23.2.1977 AP Nr. 15 zu § 850h ZPO = NJW 1971, 2094.
[39] LAG Hamm 2.4.1980 ZIP 1980, 749.
[40] BAG 7.7.2015 AP Nr. 10 zu § 840 ZPO = NZA 2015, 1533 (zur Schlüssigkeit).

rung überwiesen wurde, verpflichtet, unter Anzeige der Sachlage und unter Aushändigung der ihm zugestellten Beschlüsse an das Amtsgericht, dessen Beschluss ihm zuerst zugestellt ist, den Schuldbetrag zu hinterlegen (§ 853 ZPO). Der Drittschuldner kann mit der Vollstreckungsgegenklage geltend machen, die Forderung sei einem anderen Gläubiger zur Einziehung überwiesen;[41] weitere Einzelheiten → § 88 Rn. 11.

19 **6. Einwendungen. a) Gepfändete Forderung.** Der Drittschuldner kann gegenüber dem Zahlungsverlangen des Gläubigers alle Einwendungen erheben (→ § 88 Rn. 25), die ihm zurzeit der Pfändung gegen die gepfändete Forderung zustehen (§§ 1275, 412, 404 BGB); er kann auch mit eigenen Forderungen aufrechnen (§§ 1275, 412, 406 BGB).

20 **b) Pfändung.** Der Drittschuldner kann gegen seine Inanspruchnahme im Einziehungsprozess zwar nicht eine bloße Fehlerhaftigkeit des Pfändungs- und Überweisungsbeschlusses geltend machen, wohl aber dessen Nichtigkeit, dh wenn der Pfändungs- und Überweisungsbeschluss offensichtlich fehlerhaft (→ § 85 Rn. 19) ist.[42] Dies gilt auch dann, wenn gegen den Beschluss eine Erinnerung nach § 766 ZPO zulässig wäre (umstr.). Ist der Pfändungs- und Überweisungsbeschluss nur anfechtbar (zB Verstoß gegen Pfändungsverbot oder -beschränkung[43]), gilt er nach § 836 II ZPO zugunsten des Drittschuldners dem Schuldner gegenüber so lange als rechtsbeständig, bis er aufgehoben wird und die Aufhebung zu seiner Kenntnis gelangt. Er darf dann nicht mehr leisten, wenn die Zwangsvollstreckung eingestellt worden ist, braucht sich daher auch nicht auf eine Auseinandersetzung mit dem Gläubiger einlassen. Der Schutz des § 836 II ZPO versagt jedoch dann, wenn mehrere Pfändungsgläubiger die Forderung beanspruchen. In diesem Falle muss der Drittschuldner im Verhältnis zu den verschiedenen Forderungsprätendenten die Rechtswirksamkeit der Pfändungs- und Überweisungsbeschlüsse prüfen.

21 **c) Vollstreckungstitel.** Versagt sind dem Drittschuldner Einwendungen gegen die titulierten Forderungen selbst. Zur Erhebung von Einwendungen ist hier allein der Schuldner berechtigt. Dies gilt auch dann, wenn er aufgrund eines sittenwidrigen Ratenvertrags ergangen ist.[44] Jedoch kann der Drittschuldner aufgrund seiner Fürsorgeverpflichtung gegenüber dem Schuldner gehalten sein, diesen auf mögliche Einwendungen hinzuweisen. Ebenso wenig sind im Drittschuldnerprozess Einwendungen des Drittschuldners gegen die Festsetzung des pfändbaren Betrags nach § 850d ZPO möglich. Insoweit können nur Einwendungen nach § 850g ZPO erhoben werden.[45]

§ 87. Verschleiertes Arbeitseinkommen

Übersicht

I. Allgemeines

1 Teilweise versuchen Schuldner die Realisierung der Ansprüche ihrer Gläubiger zu verhindern. Wechselt der Schuldner häufig die Arbeitsstelle oder verdient er nicht mehr als das pfändungsge-

[41] BAG 20.8.1996 AP Nr. 7 zu § 767 ZPO = NZA 1997, 563.
[42] BAG 15.2.1989 AP Nr. 9 zu § 829 ZPO = NZA 1089, 821; BGH 16.2.1979 NJW 1976, 851.
[43] Vgl. die Nachweise bei Zöller/*Stöber* ZPO § 829 Rn. 33 f.
[44] BAG 7.12.1988 AP Nr. 8 zu § 829 ZPO = NZA 1989, 339.
[45] LAG Düsseldorf 6.3.2001 AP Nr. 12 zu § 850d ZPO = NZA-RR 2002, 35.

schützte Arbeitseinkommen, ist der Gläubiger weitgehend schutzlos. Grundsätzlich kann in der Zwangsvollstreckung nur auf Arbeitseinkommen des Schuldners Zugriff genommen werden, dass dieser tatsächlich bezieht. § 850h I ZPO ermöglicht davon abweichend unter den dort genannten weiteren Voraussetzungen auch auf Einkommen Zugriff zu nehmen, das tatsächlich einem Dritten zufließt. Darüber hinaus gilt gem. Abs. 2 dieser Vorschrift für Leistungen, die der Schuldner tatsächlich unentgeltlich oder gegen eine unverhältnismäßig geringe Vergütung erbringt, im Verhältnis zum Gläubiger eine angemessene Vergütung als geschuldet. § 850h ZPO dient dem Gläubigerschutz; es soll verhindert werden, dass durch unlautere Vereinbarungen Schuldnereinkommen dem Gläubigerzugriff entzogen wird. Der durch § 850h ZPO vermittelte Schutz steht nur dem Pfändungsgläubiger und nicht dem Abtretungsberechtigten zu.[1]

II. Lohnbegrenzungsvertrag (§ 850h I ZPO)

1. Voraussetzungen. Er liegt vor, wenn **(a)** ein Schuldner einem Dienstberechtigten tatsächlich Arbeit oder Dienste leistet. Erfasst wird jede, dh auch die nur gelegentliche oder einmalige Tätigkeit des Schuldners. Ein Arbeits- oder sonstiges Vertragsverhältnis ist nicht erforderlich; ebenso ist ohne Bedeutung, ob der Schuldner mit dem Dienstgeber einen schriftlichen Arbeits- oder Dienstvertrag abgeschlossen hat; **(b)** die Dienstleistung ganz oder teilweise an den Drittberechtigten (zB einem Familienangehörigen) vergütet werden soll. Unerheblich ist, ob der Drittberechtigte selbst einen unmittelbaren Anspruch auf die Vergütung erlangt (§ 328 BGB) oder ob der Schuldner nur die Auszahlung an den Drittberechtigten verlangen kann. Nicht erfasst werden jedoch die Fälle, in denen der Schuldner seinen Anspruch auf Vergütung an einen Dritten abgetreten hat. In diesen Fällen kann eine Gläubigeranfechtung nach dem AnfG begründet sein. Vergütung ist jede vermögenswirksame Leistung. Erfüllt ein angestellter Geschäftsführer einer Vertriebs-GmbH vertragliche Verpflichtungen seiner AG gegenüber den Vertragspartnern, ohne dass er selbst mit den Vertragspartnern seiner AG vertragliche Verpflichtungen eingegangen ist, kommt eine Anwendung des § 850h I ZPO nicht in Betracht.[2] Wenn der Schuldner Zahlungen erhält, ohne dafür eine Gegenleistung zu erbringen, ist § 850h I ZPO unanwendbar.[3] 2

Der BGH wendet darüber hinaus § 850h I ZPO bei einer für den Gläubiger ungünstigen **Lohnsteuerklassenwahl** des Schuldners analog an. Der Gläubiger kann beim Vollstreckungsgericht beantragen, dass der Drittschuldner bei der Berechnung des pfändbaren Teils des Arbeitsentgelts das sich unter Berücksichtigung der günstigeren Steuerklasse ergebende Nettoeinkommen zugrunde zu legen hat. Eine entsprechende Anordnung ist begründet, wenn der Schuldner nachträglich eine ungünstigere Steuerklasse wählt oder diese für das folgende Kalenderjahr beibehält und hierfür objektiv kein sachlich rechtfertigender Grund gegeben ist.[4] Die Beibehaltung einer zuvor getroffenen Lohnsteuerklasse kann im laufenden Kalenderjahr eine Anordnung nur rechtfertigen, wenn die Wahl in Gläubigerbenachteiligungsabsicht vorgenommen worden ist. Im nachfolgenden Kalenderjahr kann eine Anordnung entsprechend § 850h ZPO auch ohne Nachweis einer Gläubigerbenachteiligungsabsicht ergehen.[5] 2a

2. Pfändung. Die Pfändung des Arbeitsentgelts umfasst die Ansprüche des Drittberechtigten gegen den Drittschuldner. Der Gläubiger kann sich aber auch die Ansprüche des Drittberechtigten gegen den Drittschuldner pfänden und zur Einziehung überweisen lassen. Dies wird dann zweckmäßig sein, wenn dem Drittberechtigten die gesamte Vergütung ausgezahlt werden soll. Zur Pfändung der Ansprüche des Drittberechtigten bedarf es keines besonderen Vollstreckungstitels oder der Umschreibung der Vollstreckungsklausel. Sie erfolgt aufgrund des Titels gegen den Schuldner. Der Pfändungs- und Überweisungsbeschluss ist dem Drittschuldner sowie dem Schuldner und dem Drittberechtigten zuzustellen (→ § 89 Rn. 23 f.); jedoch ist die Zustellung an den Drittberechtigten und den Schuldner nicht Wirksamkeitsvoraussetzung der Pfändung. 3

3. Rechtsbehelfe. Der Drittberechtigte kann sich mit einer gegen den Gläubiger gerichteten Drittwiderspruchsklage nach § 771 ZPO verteidigen. Hierfür ist der Rechtsweg zu den Gerichten für Arbeitssachen gegeben, wenn der Schuldner seine Dienste entweder als AN oder zumin- 4

[1] HessLAG 7.9.1990 DB 1991, 1388; LAG SchlH 27.8.1971 AP Nr. 13 zu § 850h ZPO.
[2] BAG 23.4.1996 AP Nr. 19 zu § 850h ZPO = NZA 1997, 61.
[3] BAG 7.6.1973 AP Nr. 14 zu § 850h ZPO.
[4] AG Pinneberg 9.9.2013 JurBüro 2014, 46; LG Dortmund 23.3.2010 NZI 2010, 581.
[5] BGH 4.10.2005 FamRZ 2006, 37 = MDR 2006, 352.

dest arbeitnehmerähnliche Person erbringt. Für den Drittschuldner ist es in der Regel empfehlenswert, den gepfändeten Betrag zu hinterlegen.

III. Lohnverschleierung (§ 850h II ZPO)

5 **1. Normzweck.** § 850h II 2 ZPO schützt das Interesse des Vollstreckungsgläubigers an der Durchsetzung seiner Forderung gegen einen Schuldner, der für einen Dritten arbeitet oder sonst Dienste leistet, ohne eine entsprechende angemessene Vergütung zu erhalten. § 850h II ZPO kommerzialisiert die Arbeitskraft des Schuldners und nimmt ihm die Möglichkeit, sie auf Kosten des Gläubigers ganz oder teilweise „zu verschenken".[6] Das Gesetz behandelt diesen Dritten beim Vollstreckungszugriff des Gläubigers so, als ob er dem Schuldner zu einer angemessenen Vergütung verpflichtet sei. Die Vorschrift ist analog anzuwenden, wenn der Insolvenzverwalter fiktives Arbeitseinkommen zur Masse zieht.[7] Der Anspruch nach § 850h II ZPO setzt voraus: **(a)** eine wirksame Pfändung der Ansprüche des Schuldners gegen den Drittschuldner, **(b)** eine (tatsächliche) regelmäßige Dienstleistung des Schuldners für den Drittschuldner, die **(c)** üblicherweise vergütet wird, aber **(d)** tatsächlich unentgeltlich oder gegen eine unverhältnismäßig geringe Vergütung erbracht wird. Verschleiertes Arbeitseinkommen gehört in Höhe des pfändbaren Teils der angemessenen Vergütung zur **Insolvenzmasse.** Damit das verschleierte Arbeitseinkommen der Gesamtheit der Gläubiger und nicht nur dem Gläubiger, der das Einkommen gepfändet hat, zugutekommt, verliert die Pfändung des Arbeitseinkommens und damit auch die des pfändbaren Teils des verschleierten Arbeitseinkommens nach Ablauf des in § 114 III InsO bestimmten Zeitraums ihre Wirkung.[8]

6 **2. Wirksame Pfändung.** Die angeblichen Ansprüche des Schuldners gegen den Drittschuldner müssen gepfändet und zur Einziehung überwiesen sein. Allerdings ist für die § 850h II ZPO zugrunde liegenden Sachverhalte charakteristisch, dass im Innenverhältnis zwischen Schuldner und Drittschuldner keine Vergütungsansprüche oder nur unverhältnismäßig geringe Vergütungsansprüche bestehen. Das Gesetz fingiert mit Zugang des Pfändungs- und Überweisungsbeschlusses an den Drittschuldner jedoch zugunsten des Gläubigers eine Vergütungsforderung. Der Pfändungs- und Überweisungsbeschluss umfasst regelmäßig auch den fingierten Anspruch nach § 850h II ZPO.[9] Die Pfändung wirkt nicht für die Vergangenheit und umfasst damit nicht fiktiv aufgelaufene Arbeitsentgeltrückstände, sondern nur die im Zeitpunkt der Pfändung bestehenden realen Nachzahlungsansprüche für zurückliegende Zeiträume.[10]

7 **3. Dienstleistung. a) Regelmäßigkeit.** Der Schuldner muss dem Drittschuldner in einem „ständigen Verhältnis" Arbeit oder Dienste leisten. Der Begriff beinhaltet – anders als bei § 850h I ZPO – eine gewisse Regelmäßigkeit und Dauer, wobei eine Teilzeitbeschäftigung genügt, nicht jedoch eine nur einmal, gelegentliche oder aushilfsweise Beschäftigung. Es kann ein Arbeits-, Dienst- oder Gesellschaftsvertrag sein; es kann aber auch jegliche Rechtsbeziehung fehlen, also nur ein faktisches Verhältnis vorliegen.

8 **b) Familienrechtliche Verpflichtung.** § 850h II ZPO ist auch dann anzuwenden, wenn die Dienstleistung des Schuldners aufgrund familienrechtlicher Verpflichtung geleistet wird, also der Ehegatte gem. § 1356 BGB seiner unterhaltsrechtlichen Verpflichtung genügt oder ein zum Hausstand gehörendes Kind gem. § 1619 BGB Dienste leistet. Die familiären Beziehungen sind für die Frage der Vergütungspflicht grundsätzlich unerheblich und können nur auf die Höhe der Vergütung Einfluss gewinnen.[11] Die Vergütungspflicht entfällt nur, wenn die Mitarbeit die Erfüllung der Unterhaltspflicht gegenüber dem anderen Ehegatten darstellt.[12] Auch der mitarbeitende Ehegatte hat einen Taschengeldanspruch. Dieser ist nur bedingt pfändbar.[13] Wird im Rahmen einer nicht ehelichen Lebensgemeinschaft für den anderen Partner die Haushaltsführung übernommen, ist in aller Regel nicht von einem Arbeitsverhältnis auszugehen.[14]

---

[6] Musielak/Voit/*Becker* ZPO § 850h Rn. 10.
[7] BAG 12.3.2008 AP Nr. 20 zu § 850h ZPO = NZA 2008, 779.
[8] BAG 16.5.2013 AP Nr. 23 zu § 850h ZPO = NZA 2013, 1079; BGH 24.3.2013 NJW-RR 2011, 1495.
[9] BGH 12.9.2013 MDR 2013, 1370.
[10] BAG 12.3.2008 AP Nr. 20 zu § 850h ZPO = NZA 2008, 779.
[11] Ebenso LAG RhPf 2.2.2010 JurBüro 2010, 380.
[12] BAG 4.5.1977 AP Nr. 16 zu § 850h ZPO = NJW 1978, 343.
[13] BGH 21.1.1998 NJW 1998, 1553.
[14] LG Bielefeld 3.9.2013 – 23 T 494/12; LAG Köln 3.11.1988 NZA 1989, 686.

9 **4. Üblichkeit einer Vergütung.** Die Dienstleistung des Schuldners gegenüber dem Drittschuldner muss üblicherweise vergütet werden. Dies ist danach zu beurteilen, ob dann, wenn der Schuldner sie nicht leistet, eine andere Person die Arbeitsleistung ausführen würde. Eine üblicherweise zu vergütende Dienstleistung kann daher auch dann vorliegen, wenn die Dienste aufgrund familienrechtlicher Mitarbeit geleistet werden. Unerheblich ist, ob bei den beteiligten Kreisen die unentgeltliche Mitarbeit im Erwerbsgeschäft des Ehegatten üblich ist. Es kommt allein darauf an, ob der Dienstleistung **Vermögenswert** zukommt.

10 **5. Unentgeltlichkeit bzw. unverhältnismäßig geringe Vergütung.** Der Anspruch ist nur begründet, wenn der Schuldner die Dienste dem Drittschuldner gegenüber unentgeltlich oder gegen eine unverhältnismäßig geringe Vergütung leistet. Hierzu muss die gewährte Vergütung mit der üblicherweise für eine derartige Arbeitsleistung zu zahlenden Vergütung verglichen werden. Eine Gläubigerbenachteiligungsabsicht braucht nicht vorzuliegen.[15] Gewährte Vergütung ist alles, was der Schuldner an tatsächlichen oder Sachbezügen erhält (zB Taschengeld, Fahrzeug, Unterkunft,[16] Verpflegung). Ein dem Schuldner vom Drittschuldner gewährter geldwerter Vorteil (zB ein Dienstwagen) bleibt bei der Ermittlung des höheren pfändbaren fiktiven Arbeitseinkommens unberücksichtigt.[17] Die übliche Vergütung wird regelmäßig die tarifliche sein.[18] Es kann aber auch eine übertarifliche sein, wenn in dem betreffenden Geschäftszweig allgemein übertarifliche Löhne und Gehälter gezahlt werden. Freibeträge für Kinder können von der (fiktiven) Nettovergütung nur abgesetzt werden, wenn auch tatsächlich Unterhalt geleistet wird.[19]

11 Eine **unentgeltliche Dienstleistung** liegt auch dann vor, wenn der Schuldner in Erwartung einer künftigen Gegenleistung, etwa in der Hoffnung auf zukünftige Geschäftsbeteiligung oder Erbeinsetzung, arbeitet (→ § 67 Rn. 16). Die Dienstleistung ist entgeltlich, wenn der Schuldner mit ihr seiner gesetzlichen Unterhaltspflicht genügt, zB wenn er in dem Landwirtschaftsbetrieb seiner nahezu arbeitsunfähigen Eltern arbeitet[20] oder mit der Dienstleistung seine Verbindlichkeiten begleicht. Im letzteren Falle liegt eine Vergütungs- und Aufrechnungsvereinbarung vor. Eine **unverhältnismäßig geringe Vergütung** liegt regelmäßig vor, wenn die tatsächlich gewährte Vergütung 20 bis 30% hinter der üblichen Vergütung zurückbleibt;[21] allerdings ist stets eine fallbezogene Prüfung aller Umstände des Einzelfalls vorzunehmen.[22] Liegt ein Missverhältnis zwischen gewährter und üblicher Vergütung nicht vor, sind die Voraussetzungen von § 850h II ZPO nicht erfüllt, die Klage ist unbegründet und abzuweisen. Nicht § 850 II ZPO, sondern § 850 I ZPO ist anzuwenden, wenn der Schuldner durch die Wahl einer ungünstigen Steuerklasse (→ Rn. 2a) oder der Nichteintragung von Steuerfreibeträgen eine unverhältnismäßig niedrige Nettovergütung ausbezahlt erhält, da Abs. 2 nur auf die Höhe des Bruttoverdienstes abstellt.[23]

IV. Verfahren

12 **1. Festsetzung der Vergütung bei verschleiertem Arbeitseinkommen.** Liegen die Voraussetzungen von § 850h II ZPO vor, wird zugunsten des Gläubigers eine angemessene Vergütung unterstellt, die auf seine Leistungsklage gegen den Drittschuldner, für die bei AN und arbeitnehmerähnlichen Personen das ArbG zuständig ist,[24] deklaratorisch festgestellt wird. Da es allein darauf ankommt, den pfändbaren Betrag festzustellen, braucht das Gericht nicht nach brutto und netto aufzuschlüsseln. Bei der Bemessung der angemessenen Vergütung ist auf alle Umstände des Einzelfalls abzustellen. Ausgangspunkt wird wiederum das Tarifentgelt sein;[25] außer Betracht bleiben die etwaige Privatnutzung eines Pkws und der entgeltliche Vorteil einer überlassenen Dienstwohnung.[26] Zu berücksichtigen sind die Art der Arbeits- oder Dienstleistung, die verwandtschaftlichen oder sonstigen Beziehungen zwischen Schuldner

[15] BGH 4.7.1968 AP Nr. 12 zu § 850h ZPO.
[16] LAG RhPf 22.5.2019 – 7 Sa 178/17.
[17] BAG 23.4.2008 AP Nr. 21 zu § 850h ZPO = NZA 2008, 896.
[18] LAG Hmb 3.3.1986 NZA 1987, 68.
[19] OLG Dresden 19.11.2020 JurBüro 2020, 158.
[20] Vgl. RAG ARS 42, 53; dagegen BAG 4.5.1977 AP Nr. 16 zu § 850h ZPO = NJW 1978, 343.
[21] LAG Hamm 22.9.1992 LAGE § 850h ZPO Nr. 4 = DB 1993, 1428.
[22] BAG 22.10.2008 AP Nr. 22 zu § 850h ZPO = NZA 2009, 163.
[23] Ähnlich LG Detmold 7.6.2002 Rpfleger 2002, 630; aA LG Koblenz 5.3.2002 JurBüro 2002, 324.
[24] BGH 23.2.1977 AP Nr. 15 zu § 850h ZPO = NJW 1977, 853.
[25] Bei allgemeinverbindlichen TV ist vom Tarifentgelt auszugehen: LAG Hamm 22.9.1992 DB 1993, 1428.
[26] HessLAG 30.6.2015 ZInsO 2016, 814.

und Drittschuldner und die wirtschaftliche Leistungsfähigkeit des Drittschuldners.[27] Als Mindestvergütung ist die sich aus § 1 II 1 MiLoG ergebende Vergütung anzusehen. Verdienstmindernd wirkt sich regelmäßig aus, wenn feststeht, dass der Schuldner in einem wenig leistungsfähigen Familienbetrieb mitarbeitet. Außer Betracht bleibt bei der Bemessung der Vergütung das besondere Vertrauensverhältnis zwischen Schuldner und Drittschuldner, weil dieser etwa ohne Rücksicht auf Überstunden arbeitet oder wegen der Familienbeziehung besonders vertrauenswürdig ist. Der Gläubiger soll keine besonderen Vorteile aus dem Vertrauensverhältnis ziehen, sondern soll lediglich auf eine verkehrsübliche Vergütung Zugriff nehmen können. Unerheblich für die Bemessung der Vergütung ist die Art der zu vollstreckenden Forderung. Die Stellung als Unterhaltsgläubiger ist auf die Bemessung der Vergütung ohne Einfluss. Sie kann sich lediglich bei der Berechnung des unpfändbaren Teils des fiktiven Arbeitseinkommens auswirken.[28] Der gewährte Unterhalt ist auf den unpfändbaren Teil der Forderung anzurechnen; dem Drittschuldner gewährte Vorschüsse (→ § 70 Rn. 12) werden ebenfalls auf den unpfändbaren Teil angerechnet.

13 **2. Darlegungs- und Beweislast.** Der Gläubiger ist grundsätzlich für den Anspruchsgrund und die Anspruchshöhe darlegungs- und beweispflichtig. Er hat die notwendigen Tatsachen vorzutragen, aus denen sich das Merkmal der „regelmäßigen Arbeit für den Drittschuldner" ergibt. Dazu müssen die Art und der zeitliche Umfang der Arbeitsleistung zunächst dargelegt werden. Dazu ist erforderlich, dass Tatsachen vorgetragen werden, die auf eine regelmäßige Arbeitsleistung schließen lassen; in diesem Fall kann der Gläubiger auch von einer Vollzeitbeschäftigung des Schuldners ausgehen. Weiter hat der Gläubiger die Unangemessenheit der gezahlten Vergütung darzustellen. Dies erfordert die Tatsachen, aus denen er die angemessene Vergütung iSd § 850h II ZPO herleitet, weil nur so dem Gericht ein Vergleich zwischen der angemessenen und der gezahlten Vergütung möglich wird.[29] Die Beklagte trifft jedoch eine sekundäre Darlegungslast, insbesondere bedarf es eines substantiierten Bestreitens.[30] Zudem ist der Schuldner nach § 836 III ZPO zu einer wahrheitsgemäßen Erklärung über Art und Umfang der Dienste verpflichtet; ggf. ist eine bereits abgegebene eidesstattliche Versicherung um Angaben zu Art und Umfang seiner Tätigkeit für den Drittschuldner zu ergänzen.[31] Ebenso kann eine Nachbesserung der Vermögensauskunft (§ 802d ZPO) in Betracht kommen.[32] Für eine Dienstleistung unter Ehegatten bzw. Lebenspartnern kann eine tatsächliche Vermutung sprechen, wenn der arbeitsfähige Teil keiner Beschäftigung nachgeht und die andere Teil (Drittschuldner) nur ein kleines Einzelhandelsgeschäft betreibt.[33] Steht fest oder hat der Gläubiger nachgewiesen, dass der Schuldner bei dem Drittschuldner in einem ständigen Verhältnis arbeitet oder Dienste leistet, geht die Darlegungs- und Beweislast für Art und insbesondere den zeitlichen Umfang der Dienste auf den Drittschuldner über. Hingegen bleibt diese beim Gläubiger, soweit es um die fehlende Angemessenheit der gezahlten Vergütung geht, was insbesondere bei dem Fehlen einer tariflichen Vergütung von Bedeutung sein kann. Wie bei der normalen Pfändung von Arbeitseinkommen ist dem Schuldner gem. § 841 ZPO der Streit zu verkünden. Betreiben mehrere Gläubiger die Zwangsvollstreckung, ist die Vergütung nach § 850h II ZPO für alle in derselben Höhe festzusetzen.

14 **3. Einwendungen des Drittschuldners.** Nach der Rspr. kann der Drittschuldner gegenüber dem Gläubiger einwenden, der fingierte Vergütungsanspruch sei vorrangig gepfändet, auch wenn der andere Gläubiger keine Drittschuldnerklage erhebt.[34] Dieser Ansicht ist nicht zu folgen, da § 850h II ZPO nur im Verhältnis zwischen Gläubiger und Drittschuldner und nicht gegenüber vorrangigen Pfandgläubigern eine Vergütung fingiert. Nach der Rspr. kann ein nachrangiger Gläubiger nur den Betrag verlangen, der sich ergibt aus der Summe der pfändbaren Anteile, welche der Drittschuldner unter Berücksichtigung der angemessenen Vergütung richtigerweise seit der Ersatzpfändung hätte einbehalten müssen, abzüglich der Beträge, die den vorrangigen Gläubigern hiernach zugestanden hätten.[35] Die Pfandverstri-

[27] ArbG Dortmund 10.10.1991 DB 1991, 2600.
[28] BAG 23.4.2008 AP Nr. 21 zu § 850h ZPO = NZA 2008, 896.
[29] BAG 23.4.2008 AP Nr. 21 zu § 850h ZPO = NZA 2008, 896; 3.8.2005 NZA 2006, 175.
[30] LAG RhPf 2.6.2016 ZInsO 2016, 2401.
[31] LG Ingolstadt 13.3.2010 DGVZ 2010, 195.
[32] LG Ravensburg 5.1.2015 JurBüro 2015, 271; AG Bremen 2.10.2014 JurBüro 2015, 211.
[33] LAG Düsseldorf 10.3.1994 NZA 1994, 1056; LAG Hamm 24.11.1992 DB 1993, 1428; aA LAG Hamm 30.10.1987 LAGE § 850h ZPO Nr. 1 = BB 1988, 1754.
[34] BAG 15.6.1994 AP Nr. 18 zu § 850h ZPO = NZA 1996, 47; BGH 15.11.1990 NJW 1991, 495.
[35] BGH 15.11.1990 AP Nr. 17 zu § 850h ZPO = NJW 1991, 495.

ckung endet, wenn über das Vermögen des Schuldners das Verbraucherinsolvenzverfahren eröffnet wird; die Ansprüche aus § 850h II ZPO stehen dann dem Treuhänder zu, Unterhaltspflichten sind zu berücksichtigen.[36] Der Drittschuldner kann gegen die Forderung des Gläubigers aus § 850h II ZPO nicht aufrechnen, da lediglich zugunsten des Gläubigers eine solche fingiert wird. Die fiktiven Vergütungsansprüche unterliegen der gesetzlichen Verjährungsfrist nach § 195 BGB, jedoch nicht tariflichen Verfallfristen.[37] Die von einem Gläubiger gegen einen zahlungsunwilligen Drittschuldner aufgewandten Prozesskosten können gegen den Schuldner nach § 788 ZPO festgesetzt werden, wenn die Drittschuldnerklage als Maßnahme der Zwangsvollstreckung notwendig war.[38]

§ 88. Die Behandlung des Pfändungs- und Überweisungsbeschlusses durch den Arbeitgeber

Übersicht

I. Rechtsstellung des Arbeitgebers

1. Wirkung der Pfändung. Die Bewirkung der Pfändung und Überweisung hat vier Rechtsfolgen: **(a)** Der Drittschuldner darf, soweit die Pfändung reicht, nicht mehr an den Schuldner zahlen; **(b)** der Gläubiger kann über die gepfändete und überwiesene Forderung verfügen, sie also einziehen, abtreten usw.; **(c)** der AN kann über die gepfändete Forderung nicht mehr verfügen. Eine Verfügung gegenüber dem Gläubiger ist unwirksam; **(d)** die Erklärungsfrist nach § 840 ZPO beginnt zu laufen. Hieraus ergeben sich die Verpflichtungen des AG. 1

2. Auskunft. Der AG hat sich bei Zustellung des Pfändungsbeschlusses oder binnen einer Frist von zwei Wochen über die ihm nach § 840 ZPO gestellten Fragen zu erklären. Die Einzelheiten sind in → § 86 Rn. 4 erörtert. 2

[36] BAG 16.5.2013 AP Nr. 23 zu § 850h ZPO = NZA 2013, 1079; LAG RhPf 11.10.2018 ZInsO 2019, 904.
[37] LAG Düsseldorf 10.3.1994 DB 1994, 2508 = NZA 1994, 1056.
[38] OLG Koblenz 24.9.1990 ZIP 1991, 120.

3 **3. Feststellung des gepfändeten Betrags. a) Drittschuldner.** Ob und ggf. in welcher Höhe durch die Pfändung das Arbeitseinkommen erfasst worden ist, hat der AG/Drittschuldner festzustellen. Der Pfändungsbeschluss enthält grundsätzlich nur die Erklärung, dass das gesamte Einkommen des Schuldners gepfändet sei und dem Drittschuldner verboten werde, an den Schuldner zu zahlen. Im Übrigen enthält der Beschluss lediglich die Wiedergabe der gesetzlichen Vorschriften, welche Forderungen von der Pfändung ausgenommen sind und wie sich der Pfändungsfreibetrag des Schuldners errechnet. Die Prüfung der Rechtswirksamkeit des Beschlusses und ggf. die Berechnung des pfändbaren Betrags ist dem AG überlassen; zum Vertrauensschutz → Rn. 19.

4 **b) Festsetzung der Pfändungsfreigrenzen.** Ausnahmsweise enthält der Pfändungsbeschluss eine gerichtliche Entscheidung über die Höhe des pfändbaren Betrags, wenn das Vollstreckungsgericht die Pfändungsfreigrenzen anderweitig festgesetzt hat. Dies ist auf Antrag des Gläubigers zulässig, wenn dieser die Vollstreckung wegen **(1)** eines Anspruchs auf Unterhalt (§ 850d ZPO; → § 85 Rn. 7) oder **(2)** auf Schadensersatz wegen vorsätzlich begangener unerlaubter Handlung des Schuldners betreibt (§ 850f II ZPO; → § 85 Rn. 7) und auf Antrag des Schuldners, wenn **(3)** besondere Bedürfnisse eine Erhöhung des Pfändungsfreibetrags rechtfertigen (§ 850f I ZPO). Die Festsetzung von abweichenden Pfändungsfreigrenzen führt nicht zum Wegfall der allgemeinen Prüfungspflicht des Drittschuldners (→ Rn. 3).

5 **c) Offensichtliche Unrichtigkeit.** Vom AG als Drittschuldner kann nicht verlangt werden, dass er bei einem Pfändungs- und Überweisungsbeschluss die Berechtigung der zugrunde liegenden Forderung des Gläubigers und darüber hinaus die Möglichkeit prüft, ob hiergegen Einwendungen erhoben werden können. Nur wenn er erkennt, dass der Beschluss offensichtlich unrichtig ist, wird er schon im Eigeninteresse seinen AN und das Vollstreckungsgericht entspr. informieren. Der AG ist berechtigt, nach § 766 ZPO Erinnerung wegen der Art und Weise der Zwangsvollstreckung einzulegen; verpflichtet hierzu ist er auch aus einer vertraglichen Nebenpflicht aber nicht. Ebenso wenig ist er befugt, zugunsten seines AN eine Erhöhung des Pfändungsfreibetrags zu beantragen, selbst wenn die Voraussetzungen nach § 850f I ZPO (→ Rn. 4) vorliegen. Es besteht für den AG auch grundsätzlich keine Verpflichtung, den AN über die vollstreckungsrechtlichen Rechtsbehelfe aufzuklären; insoweit bleibt die Rechtswahrnehmung dem Schuldner überlassen.[1] Allerdings kann der AG den AN über die Möglichkeit eines Antrags nach § 850i ZPO informieren.

6 **4. Zahlung.** Den unpfändbaren Betrag hat der AG seinem AN auszuzahlen. Den gepfändeten Entgeltbetrag hat er dem Gläubiger an dessen Wohn- oder Geschäftssitz zu übersenden (§ 270 BGB). Zahlt er dem AN die Vergütung ohne Berücksichtigung des Pfändungs- und Überweisungsbeschlusses weiter, ist diese Zahlung dem Gläubiger gegenüber unwirksam, dh, dieser kann weiterhin Zahlung vom AG verlangen. Dieser erlangt jedoch in diesem Fall einen Anspruch nach § 812 BGB gegen seinen AN. Der AG kann gegenüber dem AN auf Einwendungen verzichten, sie andererseits aber dem Gläubiger entgegensetzen.[2] Zahlt der AG versehentlich an den Vollstreckungsgläubiger, weil er irrtümlich davon ausgeht, dass die gepfändete und zur Einziehung überwiesene Forderung besteht, kann er den gezahlten Betrag wieder von diesem herausverlangen; Gleiches gilt bei einer versehentlichen Zahlung an einen nachrangigen Gläubiger.[3]

7 **5. Erstattung der Pfändungskosten. a) Zwangsvollstreckungskosten.** Ungeklärt ist, ob und ggf. in welcher Form der AG Ersatz für den Bearbeitungsaufwand einer Pfändung des Arbeitseinkommens erlangen kann. Gegenüber dem Gläubiger befindet sich der AN/Schuldner spätestens seit seiner Verurteilung in Verzug. Die Bearbeitungskosten sind prozessual betrachtet Kosten der Zwangsvollstreckung, die gem. § 788 ZPO der Schuldner zu tragen hat. Diese Vorschrift gilt nur im Verhältnis zwischen Gläubiger und Schuldner, nicht aber für Aufwendungen des Drittschuldners. Die Möglichkeit einer Drittschadensliquidation der beim Drittschuldner entstandenen Bearbeitungskosten durch den Gläubiger und der damit verbundenen Abtretung der für die Bearbeitung entstandenen und nachgewiesenen Aufwendungen an den AG hat das BAG verneint.[4]

8 **b) Vereinbarung.** Ohne eine Vereinbarung über die Erstattung von Bearbeitungskosten für eine Entgeltpfändung ist der AG nicht berechtigt, den AN an den entsprechenden Aufwendungen zu beteiligen. Eine solche Vereinbarung kann im Arbeitsvertrag oder in einer

[1] BAG 13.11.1991 AP Nr. 13 zu § 850 ZPO = NZA 1992, 384.
[2] BGH 22.12.1971 NJW 1972, 428.
[3] BGH 13.6.2002 NJW 2002, 2871; 8.11.1981 NJW 1982, 173.
[4] BAG 18.7.2006 AP Nr. 15 zu § 850 ZPO = NZA 2007, 462.

kollektivrechtlichen Vereinbarung (Tarifvertrag, Betriebsvereinbarung) enthalten sein. Soweit die Erstattungspflicht an den konkret entstandenen und erforderlichen Aufwand anknüpft (zB Portokosten), ist sie uneingeschränkt zulässig. Ebenso können pauschale Bearbeitungskosten in Tarifverträgen und Individualvereinbarungen festgelegt werden. In Betriebsvereinbarungen[5] und Allgemeinen Geschäftsbedingungen vereinbarte Pauschalbeträge sind grundsätzlich unwirksam. Ist eine Kostenpauschale hingegen wirksam vereinbart oder lassen sich die Kosten errechnen, ist dem Drittschuldner eine Aufrechnung gegenüber dem unpfändbaren Teil der Vergütungsforderung verschlossen. Er kann gegenüber dem Gläubiger aufrechnen; für diesen sind es Kosten der Zwangsvollstreckung, die er, wie die übrigen Vollstreckungskosten gegenüber dem AN, beitreiben kann. Kosten für eine Auskunft nach § 840 ZPO kann der Drittschuldner nicht ersetzt verlangen.[6]

6. Parteivereinbarungen. Hat sich der AG gegenüber dem Gläubiger durch Vertrag oder Prozessvergleich zur monatlichen Zahlung der pfandfreien Bezüge des AN verpflichtet, entfällt die Verpflichtung im Zweifel, wenn das Arbeitsverhältnis beendet wird[7] oder der AN insolvent wird. Haben AG, Schuldner und Gläubiger vereinbart, dass geringere Beträge eingehalten werden als dem Gläubiger unter Berücksichtigung der Pfändungstabelle zustehen, wird diese Vereinbarung zumeist dahin auszulegen sein, dass sie außer Kraft treten soll, wenn weitere Pfändungen anderer Gläubiger erfolgen.[8] Ein nachrangig pfändender Gläubiger braucht eine Stundungsvereinbarung nur gegen sich gelten lassen, wenn er ihr zustimmt.[9] 9

7. Konkurrenz von Pfändung und Abtretung. Häufig treffen Pfändungen des Arbeitseinkommens mit (stillen) Abtretungen der Entgeltforderung an Gläubiger wegen der Sicherung von Krediten zusammen. Die **Vorausabtretung des Arbeitsentgelts** ist zulässig, sofern sie hinreichend bestimmt ist.[10] Sie ist aber nur im Rahmen des gesetzlichen Pfändungsschutzes wirksam. Damit gehen in aller Regel auch nachrangige Pfändungen wegen Unterhaltsansprüchen teilweise vor. Der AG hat ab dem Zeitpunkt der Offenlegung der Zession an den Zessionar zu zahlen, wenn diese vorrangig ist. Für zurückliegende Zeiten wird der Drittschuldner durch § 407 BGB geschützt. Der Zessionar hat jedoch einen Bereicherungsanspruch gegen den Pfändungsgläubiger. Dieser darf aber etwaige Vollstreckungskosten abziehen.[11] Der AG kann auch bei einer Zession keine Erhöhung der Freigrenzen zugunsten des AN beim Vollstreckungsgericht beantragen.[12] 10

II. Mehrfache Pfändung

1. Hinterlegung. Bei mehrfacher Pfändung besteht für den Drittschuldner die Gefahr, dass er irrtümlich an einen nicht oder schlechter Berechtigten die Pfandsumme auskehrt und damit zweimal zahlen muss. Nach § 853 ZPO ist der Drittschuldner bei mehrfacher Pfändung berechtigt, auf Verlangen eines Gläubigers sogar verpflichtet, die gepfändete Summe bei dem Amtsgericht, dessen Beschluss ihm zuerst zugestellt wurde, zu hinterlegen. Hat nur ein Gläubiger gepfändet, ist eine Hinterlegung unzulässig. § 853 ZPO greift auch nicht ein, wenn dieselbe Forderung teils gepfändet und teils abgetreten wurde.[13] In diesen Fällen kann der AG bei Bestehen berechtigter Zweifel, wem die Vergütungsforderung zusteht (Gläubigerungewissheit), über das Rangverhältnis und die Leistungshöhe den gepfändeten Betrag nach § 372 S. 2 BGB hinterlegen. Voraussetzung ist, dass der Drittschuldner aus einem in der Person des Gläubigers liegenden Grund oder infolge einer nicht auf Fahrlässigkeit beruhenden Ungewissheit über die Person des Gläubigers seine Verbindlichkeit nicht oder nicht mit Sicherheit erfüllen kann. Allerdings besteht für den AG bei Zweifeln zunächst eine Erkundigungspflicht; nur wenn ihm unter Berücksichtigung aller Umstände die Auszahlung nicht zugemutet werden kann, ist die Hinterlegung zulässig. Liegen die Voraussetzungen des § 372 11

[5] BAG 18.7.2006 AP Nr. 15 zu § 850 ZPO = NZA 2007, 462.
[6] BAG 31.10.1984 AP Nr. 4 zu § 840 ZPO = NZA 1985, 289.
[7] BAG 7.5.1968 AP Nr. 14 zu § 794 ZPO.
[8] *Mahnkopf* RdA 1985, 289.
[9] BAG 17.1.1975 AP Nr. 5 zu § 829 ZPO = NJW 1975, 1575.
[10] BAG 24.10.1979 AP Nr. 6 zu § 829 ZPO; dazu *Siegel* BB 1997, 103.
[11] BGH 25.3.1976 NJW 1976, 1090.
[12] BAG 6.2.1991 AP Nr. 2 zu § 850f ZPO = NZA 1991, 561.
[13] HM; RGZ 144, 393; OLG Köln 8.4.1998 OLGR 98, 302.

S. 2 BGB nicht vor, ist die Hinterlegung unzulässig, daneben können Schadensersatzansprüche bestehen.[14]

12 **2. Zweckmäßigkeit der Hinterlegung.** Der Drittschuldner wird nicht in jedem Fall der mehrfachen Pfändung oder Forderungsabtretung hinterlegen. Damit sind nicht unerhebliche Kosten verbunden, die die Schulden des AN vergrößern, zumal das Verteilungsverfahren häufig längere Zeit in Anspruch nimmt, wodurch die Zinsforderung der Gläubiger weiter anwächst. Eine Hinterlegung nach § 853 ZPO wird daher zumeist nur bei nicht eindeutiger Rechtslage erfolgen. Die Kosten der Hinterlegung kann der Drittschuldner von der gepfändeten Summe abziehen.

13 **3. Verpflichtung zur Hinterlegung.** Der Drittschuldner ist auf Verlangen eines auch nachrangigen Gläubigers, dem die Forderung nicht nur gepfändet, sondern auch überwiesen wurde, verpflichtet, die Pfandsumme zu hinterlegen.[15] Das Verlangen kann formell gestellt werden; es wird jedoch zweckmäßig zugestellt. Jeder Gläubiger, dem der Anspruch überwiesen wurde, ist bei einer Weigerung des Drittschuldners berechtigt, Klage auf Hinterlegung zu erheben (§ 856 I ZPO). Jeder Pfandgläubiger, also auch derjenige, dem nicht überwiesen wurde, kann sich dem Rechtsstreit als Streitgenosse anschließen (§ 856 II ZPO); auf Verlangen des Drittschuldners sind die Pfandgläubiger, die sich dem Rechtsstreit nicht angeschlossen haben, beizuladen (§ 856 III ZPO). Sie sind notwendige Streitgenossen (§ 62 ZPO). Die Entscheidung, die in dem Hinterlegungsprozess getroffen wird, ist für alle Gläubiger, die sich angeschlossen haben oder beigeladen worden sind, wirksam (§ 856 IV ZPO), dagegen nicht gegenüber dem Schuldner. In dem Hinterlegungsprozess wird der Drittschuldner mit dem Einwand, er zahle nur an den Bestberechtigten, nicht gehört. Andererseits kann er auch weiter an den Bestberechtigten zahlen; er trägt jedoch das Risiko, dass ihm ein Fehler unterlaufen ist. Klagt der Bestberechtigte auf Leistung und ein nachrangiger Gläubiger auf Hinterlegung, kann der Drittschuldner die Leistungsklage durch Hinterlegung abwenden. Hinterlegt er nicht, ist er zur Leistung zu verurteilen. Er kann aber auch noch nachträglich hinterlegen, muss jedoch seinen Hinterlegungseinwand gegenüber dem Leistungsurteil nach § 767 ZPO verfolgen.

14 **4. Verlangen des Schuldners.** Da infolge der Entgeltpfändung zugunsten des Pfandgläubigers ein Pfandrecht entsteht, kann auch der Schuldner gem. § 804 ZPO, § 1281 BGB gleichfalls die Hinterlegung der Pfandsumme verlangen.

15 **5. Durchführung.** Die Hinterlegung erfolgt zugunsten der beteiligten Gläubiger (§§ 372, 1281 BGB) bei dem Amtsgericht, dessen Pfändungs- und Überweisungsbeschluss dem Drittschuldner zuerst zugestellt worden ist. Sind gleichzeitig Pfändungs- und Überweisungsbeschlüsse mehrerer Amtsgerichte zugestellt worden, hat der Drittschuldner nach § 35 ZPO ein Wahlrecht hinsichtlich der Zuständigkeit. Bei der Hinterlegung ist dem Amtsgericht vom Drittschuldner die Sachlage anzuzeigen (§ 853 ZPO), dieser hat eine vollständige Auskunft über Schuld, Pfändungen und Hinterlegung abzugeben und die zugestellten Pfändungs- und Überweisungsbeschlüsse einzureichen. Ein Verstoß gegen die Anzeigepflicht macht die Hinterlegung unwirksam, die Anzeige kann aber nachgeholt werden. Eine Benachrichtigung des Gläubigers ist nicht vorgeschrieben, aber zweckmäßig. § 374 II BGB ist nicht entspr. anzuwenden.

16 **6. Wirkung.** Durch die ordnungsgemäß vorgenommene Hinterlegung wird der Drittschuldner gegenüber dem AN von der Pflicht zur Vergütungszahlung frei. Die Pfändungspfandrechte entstehen nunmehr an dem Rückforderungsanspruch des AN gegen die Hinterlegungsstelle. Hat der AG nach § 372 BGB hinterlegt, tritt die befreiende Wirkung der Hinterlegung nur ein, wenn er auf das Recht der Rücknahme verzichtet hat (§ 378 BGB).

17 **7. Auszahlung.** Reicht der hinterlegte Betrag zur Befriedigung sämtlicher Gläubiger aus, ordnet das Amtsgericht die Auszahlung an. Die Gläubiger können sich auch dann, wenn der hinterlegte Betrag nicht zur Befriedigung aller ausreicht, über die Art der Verteilung einigen. Der Auszahlungsberechtigte muss das Einverständnis der übrigen Gläubiger nachweisen, wobei für die Form die jeweiligen Hinterlegungsgesetze der Bundesländer zu beachten sind. In den übrigen Fällen tritt das Verteilungsverfahren ein (§ 872 ZPO).

18 **8. Verteilungsverfahren.** Das Amtsgericht hat nach Eingang der Anzeige über die Sachlage an jeden der beteiligten Gläubiger die Aufforderung zu erlassen, binnen zwei Wochen eine

[14] *Bengelsdorf* Rn. 634.
[15] OLG München 16.11.2006 WM 2007, 760 (gleichzeitige Zahlungsklage).

Berechnung der Forderung an Kapital, Zinsen, Kosten und Kostennebenforderungen einzureichen (§ 873 ZPO). Nach Ablauf der Erklärungsfrist wird ein **Teilungsplan** angefertigt (§ 874 I ZPO). Von dem Bestand der Masse werden vorweg die Kosten abgezogen; hat sich ein Gläubiger bis zur Erstellung des Teilungsplanes nicht geäußert, wird seine Forderung anhand der Anzeige und der überreichten Unterlagen berechnet (§ 874 II, III ZPO). Anschließend wird ein Termin zur Verhandlung über den Teilungsplan bestimmt, zu dem die Gläubiger und der Schuldner geladen werden (§ 875 ZPO). Werden in dem Termin Einwendungen gegen den Teilungsplan nicht erhoben, wird er zur Auszahlung gebracht (§ 876 ZPO). Erfolgt ein **Widerspruch,** haben sich sämtliche Gläubiger sofort zu erklären. Wird der Widerspruch als begründet anerkannt oder erfolgt eine Einigung der Gläubiger, ist der Teilungsplan entsprechend zu berichtigen und zur Auszahlung zu bringen. Wird der Widerspruch von den beteiligten Gläubigern nicht als begründet anerkannt, erfolgt die Auszahlung des Teilungsplanes nur insoweit, als er durch den Widerspruch nicht betroffen ist. Der widersprechende Gläubiger hat dann binnen einer Frist von einem Monat, die mit dem Terminstag beginnt, dem Gericht nachzuweisen, dass er gegen die beteiligten Gläubiger Klage erhoben hat. Versäumt er die Frist, wird der Teilungsplan gleichwohl ausgeführt; der Gläubiger behält jedoch das Recht, nach den Vorschriften über die ungerechtfertigte Bereicherung (§§ 812 ff. BGB) gegen den Gläubiger zu klagen, der nach seiner Auffassung zu Unrecht berücksichtigt worden ist (§ 878 ZPO). Für die **Widerspruchsklage** zuständig ist das Amtsgericht bzw. das Landgericht. Das Prozessgericht hat alsdann die Verteilung durch Urteil zu bestimmen (§ 880 ZPO). Erscheint ein Gläubiger im Verteilungstermin nicht, wird angenommen, dass er mit der Ausführung des Verteilungsplans einverstanden ist bzw. einen Widerspruch gegen den Verteilungsplan als ungerechtfertigt ansieht (§ 877 ZPO).

III. Schutz des guten Glaubens

1. Umfang. Der Drittschuldner genießt nur einen beschränkten Schutz des guten Glaubens. Ein solcher besteht, wenn er von dem Pfändungs- und Überweisungsbeschluss keine Kenntnis hat und das Arbeitsentgelt deshalb an den AN auszahlt (→ Rn. 20). Daneben kann der Drittschuldner regelmäßig bis zu einer abändernden oder aufhebenden gerichtlichen Entscheidung auf die Rechtmäßigkeit eines bestehenden Pfändungs- und Überweisungsbeschluss vertrauen (→ Rn. 21). Kein Vertrauensschutz besteht, wenn der Drittschuldner eine fehlerhafte Berechnung der Pfändungsbeträge durchführt (→ Rn. 22). 19

2. Unkenntnis von einem Pfändungs- und Überweisungsbeschluss. Nach § 804 ZPO, 20
§ 1275 BGB finden auf das Verhältnis zwischen Gläubiger und Drittschuldner die Vorschriften entsprechende Anwendung, die bei einer Abtretung zwischen dem Erwerber und dem Verpflichteten gelten. Der Gläubiger muss eine Zahlung an den Schuldner sowie jedes Rechtsgeschäft, das nach der Pfändung zwischen dem Schuldner und dem Drittschuldner über die Forderung erfolgt, gegen sich gelten lassen, es sei denn, dass der Drittschuldner die Entgeltpfändung bei der Zahlung oder der Vornahme des Rechtsgeschäfts kannte (§ 407 I BGB). Diesem kann insbesondere die Kenntnis von der Pfändung fehlen, wenn der Pfändungs- und Überweisungsbeschluss im Wege der Ersatzzustellung zugestellt worden ist und der Zustellungsempfänger ihn nicht an den AG weitergeleitet hat; für die fehlende Weiterleitung trägt Letzterer die Beweislast. Ist die Zustellung an den Vertreter des AG oder einen für die Entscheidung in Entgeltpfändungsangelegenheiten zuständigen Mitarbeiter vorgenommen worden, erfolgt eine Wissenszurechnung. Hat der Drittschuldner in Unkenntnis der Pfändung die Leistungshandlung vorgenommen, ist er nach Erlangung der Kenntnis verpflichtet, den Eintritt des Leistungserfolgs (der Zahlung) zu verhindern,[16] zB durch fernmündlichen oder -schriftlichen Rückruf der Überweisung oder das Anbringen einer Schecksperre. Ist die Arbeitsvergütung des Schuldners mehrfach gepfändet worden oder hat der Schuldner sein Arbeitsentgelt im Wege der verdeckten Zession abgetreten und hat der AG auf die nachrangige Entgeltpfändung gezahlt, muss der vorrangige Zessionar oder Pfändungsgläubiger die Zahlung gem. § 408 BGB gegen sich gelten lassen.

3. Bestehender Pfändungs- und Überweisungsbeschluss. a) Unwirksamkeit und Fehlerhaftigkeit. Nach § 836 II ZPO gilt ein Überweisungsbeschluss, auch wenn er zu Unrecht erlassen ist, zugunsten des Drittschuldners dem Schuldner gegenüber solange als rechtsbeständig, bis er aufgehoben wird und die Aufhebung zur Kenntnis (grobfahrlässige Unkenntnis ist unschäd- 21

[16] BGH 27.10.1988 AP Nr. 10 zu § 829 BGB = NJW 1989, 905.

lich) des Drittschuldners gelangt.[17] Damit soll der Drittschuldner, der nach einem ihm zugestellten Pfändungs- und Überweisungsbeschluss verfährt, bei seiner Aufhebung vor Ansprüchen des Schuldners für die Zeit vor dem Bekanntwerden des Aufhebungsbeschlusses geschützt werden. § 836 II ZPO ist § 409 BGB nachgebildet. Der AG soll von der Pflicht befreit werden, die Wirksamkeit des Überweisungsbeschlusses nachzuprüfen. Er kann sich auf den ihm bekannt gegebenen Beschluss selbst dann verlassen, wenn dieser zB gegen die Pfändungsschutzbestimmungen verstößt.[18] Hat der Drittschuldner auf den Pfändungs- und Überweisungsbeschluss keine Leistungen erbracht, bedarf es keines Gutglaubensschutzes, wenn der Beschluss später geändert wird. Vielmehr ist die wahre Rechtslage entscheidend, wenn eine Drittschuldnerklage erhoben wird. Der Gutglaubensschutz besteht auch bei einer dem AG unbekannten Rangänderung unter den Pfändungsgläubigern.[19] Kein Vertrauensschutz besteht, wenn der Überweisungsbeschluss nichtig ist (→ § 85 Rn. 19; zB bei fehlender bzw. fehlerhafter Zustellung an den Drittschuldner; Nichtbestehen der gepfändeten Forderung,[20] bei Fehlen der funktionellen Zuständigkeit,[21] einer ungenügenden Bezeichnung des Pfändungsgegenstandes/Drittschuldners oder Fehlen des Drittschuldnerverbots). Der Drittschuldner kann schließlich keinen Vertrauensschutz in Anspruch nehmen, wenn er von der Aufhebung des Pfändungs- und Überweisungsbeschlusses sichere Kenntnis hatte, etwa weil ihm ein formloser Beschluss von der Einstellung der Zwangsvollstreckung vorgelegt wird; die Darlegungs- und Beweislast liegt insoweit beim Schuldner.[22]

22 **b) Mehrfachpfändungen.** Der Gutglaubensschutz ist gleichwohl unvollkommen; er gilt nämlich nur im Verhältnis zwischen Drittschuldner und Schuldner. Ist das Arbeitsentgelt mehrfach gepfändet worden, trifft den Drittschuldner im Verhältnis zu den Pfändungsgläubigern grundsätzlich die volle Prüfungspflicht. Die Rspr. wendet § 836 II ZPO auch zugunsten des Drittschuldners gegenüber einem Pfändungsgläubiger des Schuldners ein, da dieser an die Stelle des Schuldners getreten ist.[23] Dasselbe gilt, wenn die gepfändete Forderung nicht dem Schuldner, sondern einem Dritten zusteht.[24]

23 **c) Wahlmöglichkeit des Drittschuldners.** Der Überweisungsbeschluss gilt nur zugunsten des Drittschuldners dem Schuldner gegenüber als rechtsbeständig. Hieraus folgt, dass sich der Drittschuldner nicht auf § 836 II ZPO berufen muss. Er kann sich auch auf eine Auseinandersetzung mit dem Gläubiger einlassen und weiterhin an den Schuldner auszahlen. War der Pfändungs- und Überweisungsbeschluss tatsächlich fehlerhaft, ist die Klage des Gläubigers abzuweisen. Stellt das Gericht jedoch seine Fehlerfreiheit fest, ist die Zahlung des Drittschuldners dem Gläubiger gegenüber unwirksam und er ist zur Auszahlung des gepfändeten Betrags an den Gläubiger zu verurteilen. In zweifelhaften Fällen kann es für den Drittschuldner empfehlenswert sein, sich auf den Schutz aus § 836 II ZPO zu berufen und dem Schuldner die Initiative zu überlassen oder den Betrag ggf. zu hinterlegen (→ Rn. 11).

24 **4. Änderung des Pfändungsbeschlusses.** Ändern sich die Voraussetzungen für die Bemessung des unpfändbaren Teils des Arbeitseinkommens, kann das Vollstreckungsgericht auf Antrag des Gläubigers, des Schuldners oder eines kraft Gesetzes unterhaltsberechtigten Dritten den Pfändungsbeschluss entsprechend ändern (§ 850g S. 1 ZPO). Ob auch der Drittschuldner antragsberechtigt ist, ist umstr.; nach richtiger Auffassung aber zu verneinen, da seine Interessen nicht betroffen sind. Zumeist stellt der vollstreckende Unterhaltsgläubiger den Antrag auf Herabsetzung des Pfändungsfreibetrags, wenn die bisherige Vollstreckung nicht zum Erfolg geführt hat. Der Drittschuldner kann nach dem Inhalt des früheren Pfändungsbeschlusses mit befreiender Wirkung leisten, bis ihm der Änderungsbeschluss zugestellt wird (§ 850g S. 3 ZPO). Dies gilt auch, wenn er auf andere Weise, etwa durch Mitteilung des Gläubigers, von der Änderung des Pfändungsbeschlusses erfahren hat. Wird durch Beschluss des Vollstreckungsgerichts die Pfändungsfreigrenze nachträglich zugunsten des Schuldners geändert, weil bei seinem Erlass wesentliche Umstände nicht berücksichtigt worden sind, verstößt der Gläubiger noch nicht dadurch gegen Treu und Glauben, dass er sich auf die fehlende Rückwirkung des Beschlusses, die sich allerdings im Wege der Auslegung ergeben kann, beruft.

---

[17] BGH 21.9.2017 NZI 2017, 892 (Insolvenz); 23.10.2008 NJW-RR 2009, 211.
[18] BAG 30.9.1965 AP Nr. 5 zu § 850 ZPO; einschränkend BGH 22.9.1994 NJW 1994, 3225.
[19] BAG 16.5.1990 AP Nr. 21 zu § 554 ZPO = NZA 1990, 825.
[20] BGH 26.5.1987 NJW 1988, 495.
[21] BGH 17.12.1992 NJW 1993, 735.
[22] BGH 9.6.1976 NJW 1976, 1453.
[23] BGH 9.6.1976 BGHZ 66, 394 = NJW 1976, 1453.
[24] BGH 26.5.1987 NJW 1988, 495.

IV. Einwendungen und Einreden des Arbeitgebers

1. Einwendungen gegen den Pfändungs- und Überweisungsbeschluss. Ist der Pfändungs- und Überweisungsbeschluss mit Rechtsmängeln behaftet, kann der AG diese als Drittschuldner nur im Wege der Erinnerung nach § 766 ZPO geltend machen.[25] Ob er sie auch im Rahmen der Drittschuldnerklage erheben kann, ist umstr. Da die Pfändungsakte Hoheitsakte darstellen, darf das ArbG sie nur bei ihrer Nichtigkeit unbeachtet lassen.[26] Der AG ist im Rahmen der Drittschuldnerklage auch mit solchen Einwendungen ausgeschlossen, durch die der Pfändungs- und Überweisungsbeschluss in seinem Umfang verändert würde. Einwendungen gegen die unrichtige Festsetzung der Pfändungsfreigrenze sind daher nur nach § 766 ZPO zu verfolgen.[27] 25

2. Einwendungen gegen die gepfändete Forderung. Gegenüber der gepfändeten Vergütung kann der AG dieselben Einwendungen und Einreden erheben, die zurzeit von deren Pfändung gegen den bisherigen Gläubiger begründet waren (§ 804 ZPO, §§ 1205, 404 BGB). Er kann also zB einwenden, die Forderung sei bereits vor Pfändung abgetreten,[28] erfüllt, verjährt[29] oder infolge Ablaufs einer tariflichen Verfallfrist verfallen. Verjährung und Verfallfrist können auch noch nach Überweisung der Forderung auf den Gläubiger ablaufen. Dem Drittschuldner steht der Einwand der Verjährung bzw. des Ablaufs der tariflichen Verfallfrist dann nicht zu, wenn er die gepfändete Vergütung weiter an den Schuldner ausgezahlt hat; insoweit liegt ein Anerkenntnis vor.[30] Der AG kann sich gegenüber dem Gläubiger auf die gegenüber dem AN begründete Einwendung berufen; andererseits kann er gegenüber dem AN auf sie verzichten.[31] Ein die Verjährung hemmendes Leistungsverweigerungsrecht wird weder durch die Unpfändbarkeit des Vermögens noch durch den Vorrang anderer Gläubiger begründet;[32] zur Aufrechnung → Rn. 28. Hatte der AN seine Entgeltforderung abgetreten, kann der Zessionar nach hM gegenüber dem Pfändungsgläubiger nach § 771 ZPO vorgehen.[33] Der AG kann aber nicht einwenden, ein Dritter habe an dem gepfändeten Recht oder der gepfändeten Forderung ein die Veräußerung hinderndes Recht.[34] 26

3. Keine Einwendungen gegen die zu vollstreckende Forderung. Gegen die zu vollstreckende Forderung hat der Drittschuldner keine Einwendungen; er kann also nicht geltend machen, die Forderung sei vor Erlass des Pfändungs- und Überweisungsbeschlusses erloschen, gestundet oder gegen sie sei aufgerechnet worden. Etwaige Einwendungen kann allein der Schuldner durch Wiederaufnahme des Verfahrens, Abänderungs- (§ 323 ZPO) oder Vollstreckungsgegenklage (§ 767 ZPO) geltend machen. Dem Drittschuldner steht auch die Geltendmachung von Einwendungen gegen eine titulierte Forderung nicht zu, da er im Drittschuldnerprozess nicht Rechte des Schuldners an dessen Stelle erheben kann, zulässig ist lediglich der Arglisteinwand.[35] Er kann aber einwenden, dass die Forderung nach Erlass des Pfändungs- und Überweisungsbeschlusses erloschen sei, etwa durch Abführungen an ihn. Diese Einwendungen sind jedoch dann ausgeschlossen, wenn der Schuldner sie bereits erfolglos mit der Vollstreckungsklage erhoben hat. 27

V. Aufrechnung des Drittschuldners

1. Mit Forderungen gegen den Gläubiger. Sind dem Gläubiger die Forderungen des Schuldners auf Arbeitsvergütung zur Einziehung oder an Zahlungs statt überwiesen worden, kann der Drittschuldner mit Forderungen, die ihm gegen den Gläubiger zustehen, aufrechnen, sobald er die ihm gebührende Leistung fordern und die gepfändete Forderung erfüllen kann (§ 387 BGB). Andererseits kann auch der Gläubiger die ihm überwiesene Forderung gegen eine Forderung des Drittschuldners unter den Voraussetzungen von § 387 BGB aufrechnen. Die Gegenseitigkeit der Forderungen ist gewahrt, da der Gläubiger allein verfügungsberechtigt ist und ihm der Erlös zugutekommt. 28

---

[25] BGH 22.6.1977 NJW 1977, 1881.
[26] BGH 16.2.1976 NJW 1976, 851; BAG 15.2.1989 AP Nr. 9 zu § 829 ZPO = NZA 1989, 821; LAG Düsseldorf 6.3.2001 AP Nr. 12 zu § 850d ZPO = DB 2001, 1424.
[27] LAG Düsseldorf 6.3.2001 AP Nr. 12 zu § 850d ZPO = DB 2001, 1424.
[28] LAG Köln 6.2.1985 DB 1985, 1647.
[29] BGH 20.11.1997 NJW 1998, 1058.
[30] LAG Köln 9.7.1991 NZA 1992, 82.
[31] BGH 22.12.1971 NJW 1972, 428.
[32] BGH 20.11.1997 NJW 1998, 1058.
[33] Zweifelnd KG 8.11.1972 MDR 1973, 233; dagegen *Blomeyer* RdA 1974, 6 (7).
[34] BGH 21.9.2006 WM 2006, 2229.
[35] BAG 7.12.1988 AP Nr. 8 zu § 829 ZPO = NZA 1989, 339; aA LAG BW 18.12.1985 NJW 1986, 1709.

29 **2. Mit Forderungen gegen den Schuldner. a) Aufrechnungslage.** Steht dem Drittschuldner eine Forderung gegen den Schuldner zu, wird durch die Entgeltpfändung bei Vorliegen der Voraussetzungen von § 387 BGB die Aufrechnung gegenüber dem Gläubiger nur dann ausgeschlossen, wenn **(1)** er seine Forderung erst nach der Beschlagnahme erworben hat oder **(2)** seine Forderung erst nach der Beschlagnahme und später als die in Beschlag genommene Forderung fällig geworden ist (§ 804 ZPO, §§ 1275, 406, 392, 387 BGB). Der AG kann insbesondere auch noch nach Zustellung des Pfändungs- und Überweisungsbeschlusses aufrechnen, wenn seine Forderung nicht später als die gepfändete Vergütungsforderung fällig wird, was insbesondere bei Verrechnung mit Miet- oder Darlehensforderungen von Bedeutung ist. Keine Aufrechnungsmöglichkeit besteht wegen fehlender Gegenseitigkeit, wenn die Gegenforderung nicht dem Drittschuldner, sondern einer rechtlich selbständigen Einrichtung des Drittschuldners zusteht (zB Pensions- oder Unterstützungskasse usw.). Die Aufrechnung erfolgt durch einseitige, empfangsbedürftige Willenserklärung (§ 388 BGB) vor Zustellung des Pfändungs- und Überweisungsbeschlusses gegenüber dem AN, ansonsten gegenüber dem Gläubiger. Eine Aufrechnungserklärung braucht nicht ausdrücklich erklärt zu werden, ausreichend ist, wenn der Drittschuldner den Einwand der Aufrechnung erhebt.

30 **b) Insolvenzgeld.** Der Drittschuldner kann gegenüber der Entgeltforderung grundsätzlich insoweit aufrechnen, wie diese pfändbar ist (§ 394 BGB). Die Aufrechnung gegen Arbeitsentgelt, das mit dem Antrag auf Insolvenzgeld (→ § 94 Rn. 1) kraft Gesetzes auf die BA übergegangen sind, ist nur unter Beachtung von § 394 S. 1 BGB, §§ 850 ff. ZPO zulässig. Bei uneingeschränkter Zulässigkeit der Aufrechnung müsste der AN das erhaltene Insolvenzgeld wegen Erlöschen der Entgeltforderung und damit Wegfall der Anspruchsvoraussetzungen an die BA zurückzahlen. Ein solches Ergebnis widerspräche dem Schutzzweck der § 394 S. 1 BGB, §§ 886 ff. ZPO, da dem AN durch Aufrechnung die Existenzgrundlage gänzlich entzogen würde.[36]

31 **c) Unzulässigkeit der Aufrechnung.** Ausnahmen gelten für Forderungen des Drittschuldners aus vorsätzlicher Vertragsverletzung oder unerlaubter Handlung (→ § 73 Rn. 12). Betreibt der Gläubiger die Zwangsvollstreckung wegen Unterhaltsansprüchen nach § 850d ZPO, kann sich bei zulässiger Aufrechnung des Drittschuldners ergeben, dass ein weiterer Teil noch zugunsten der Unterhaltsgläubiger pfändbar ist. Ist durch Tarifvertrag, Betriebsvereinbarung oder Einzelarbeitsvertrag die Aufrechnung des AG gegenüber dem AN ausgeschlossen, gilt der Ausschluss auch im Falle der Entgeltpfändung. **Ausgeschlossen** ist die Aufrechnung auch, wenn der Drittschuldner bei dem Erwerb seiner Forderung von der Entgeltpfändung bereits **Kenntnis** hatte. Dies ist zB der Fall, wenn der AG nach Pfändung infolge Schlechtleistung des AN eine Schadensersatzforderung[37] erwirbt oder zu viel Vergütung zahlt. Keine Aufrechnungsmöglichkeit besteht auch, wenn die Forderung erst nach Pfändung und später als das gepfändete Arbeitseinkommen fällig geworden ist. Hat der AG seinem AN eine größere Schadensersatzforderung gestundet oder ratenweise Bezahlung vereinbart, kann im Falle der Entgeltpfändung nicht die gesamte Forderung, sondern nur der jeweils fällige Teil zur Aufrechnung gestellt werden; zum Zusammentreffen mit Darlehensforderungen → Rn. 33.

32 **3. Aufrechnungsvereinbarung.** Haben AG und AN bereits vor der Entgeltpfändung eine Aufrechnungsvereinbarung getroffen, muss der Gläubiger diese gegen sich gelten lassen, wenn sich die Arbeitsvertragsparteien im Rahmen von § 392 BGB gehalten haben. Betrifft die Aufrechnungsvereinbarung teilweise unpfändbare Ansprüche, ist sie insoweit unwirksam. Ist dem AN eine **Werkwohnung** (→ § 81 Rn. 1) überlassen, muss vereinbart werden, dass die monatliche Mietzinsforderung gegen die (pfändbaren) monatlich entstehenden Vergütungsansprüche aufgerechnet wird. Wird sie erst nach der Vergütung fällig, entfällt die Aufrechnungsmöglichkeit (→ Rn. 29). Hatte ein AN **Inkassoberechtigung** und war er befugt, die ihm zustehenden Trinkgelder von dem eingenommenen Geld zurückzubehalten (Kellner, Taxifahrer, Provisionsvertreter usw.), verliert der darin enthaltene Aufrechnungsvertrag mit der Entgeltpfändung seine Wirksamkeit.[38] Der AG muss daher notfalls unter Kündigungsandrohung den AN zunächst zur vollständigen Aushändigung des eingenommenen Gelds auffordern, den pfändbaren Betrag an den Gläubiger abführen und den Rest wieder an den Schuldner auskehren.

[36] LAG Hamm 7.5.1999 LAGE § 394 BGB Nr. 3 = NZA-RR 2000, 231.
[37] Zur Aufrechnung mit Schadensersatzforderungen: BGH 22.11.1979 NJW 1980, 584.
[38] BAG 22.5.1965 AP Nr. 4 zu § 611 BGB Kellner.

4. Abschlagszahlung, Vorschüsse, Darlehen. Die Leistungen sind nicht nach der Parteibezeichnung, sondern nach objektiven Kriterien zu unterscheiden, → § 70 Rn. 10 ff. Nicht abgerechnete Abschlagszahlungen und **Entgeltvorschüsse** werden bei nachfolgendem Pfändungs- und Überweisungsbeschluss grundsätzlich auf den pfändungsfreien Betrag des Abrechnungszeitraums angerechnet, für den sie erbracht worden sind; wann sie gezahlt worden sind, ist unerheblich.[39] Nach Eingang einer Pfändung des Arbeitseinkommens kann der AG daher auch mehrfach **Abschlagszahlungen** bis zur Pfändungsfreigrenze ohne Berücksichtigung der Gläubiger erbringen. Die Summe der für einen Abrechnungszeitraum erbrachten Leistungen darf nur nicht den pfändbaren Betrag übersteigen. Nach der Pfändung darf der AG **Vorschüsse** an den AN zahlen. Er darf sie lediglich nicht mehr gegenüber dem pfändbaren Teil der Entgeltforderung aufrechnen. Allerdings ist grundsätzlich eine Aufrechnung gegenüber dem unpfändbaren Teil der Entgeltforderung zulässig, da die Vorschüsse der Befriedigung des Lebensunterhalts dienen. Jedoch muss dem AN der pfändungsfreie Teil seiner Vergütung ausgezahlt werden. Im Allgemeinen ist die Aufrechnung mit Vorschüssen nur bis zur **Grenze des notwendigen Unterhalts** (§ 850d ZPO) zulässig.[40] Bei einem an den AN gewährten **Darlehen** ist die Aufrechnung zulässig, wenn die Fälligkeit der Rückzahlungsraten bereits vor der Entgeltpfändung vereinbart war, dagegen unzulässig, wenn das Darlehen erst nach der Pfändung gekündigt oder seine Fälligkeit vereinbart wird. Werden die Rückzahlungsraten gleichzeitig mit den Vergütungsansprüchen fällig, so geht die Aufrechnung vor. Dagegen geht die Pfändung des Arbeitseinkommens vor, wenn das Darlehen erst nach der Vergütung zur Rückzahlung fällig wird. Grundsätzlich wird ein Darlehen weder durch eine Entgeltpfändung noch durch vorzeitige Beendigung des Arbeitsverhältnisses zur Rückzahlung fällig. 33

§ 89. Der Pfändungsschutz des Arbeitnehmers

Übersicht

I. Verhältnis zum Arbeitgeber (Drittschuldner)

Der AN hat eine Doppelstellung; er ist Gläubiger der Entgeltforderung und zugleich Schuldner des Gläubigers, der in seine Arbeitsvergütung vollstreckt. Der AN bleibt auch im Fall der Entgeltpfändung Vertragspartei des Drittschuldners. Hieraus folgt, dass er auch weiterhin befugt ist, den Arbeitsvertrag entsprechend den vertraglichen Abmachungen zu beenden oder inhaltlich zu ändern. Ihm ist lediglich die Verfügung über den gepfändeten Teil seines Arbeitsentgelts entzogen. Der AN kann jedoch den AG grundsätzlich auf Erfüllung der gepfändeten Forderung 1

[39] BAG 11.2.1987 AP Nr. 11 zu § 850 ZPO = NZA 1987, 485; aA *Stöber* Rn. 1266.
[40] *Denck* BB 1979, 480.

an die Pfändungsgläubiger und, sofern die Forderung danach noch nicht aufgezehrt ist, auf Auszahlung des Restbetrags an sich verklagen.[1] Beendet er das Arbeitsverhältnis, wird der Pfändungs- und Überweisungsbeschluss wirkungslos. Über Ausnahmen bei späterer Neubegründung → § 88 Rn. 13. Entgeltpfändungen des AN stellen regelmäßig keinen Grund für den AG dar, das Arbeitsverhältnis zu kündigen (→ § 127 Rn. 105). Die Pfändung erfasst immer nur die Nettovergütung; der AG bleibt also verpflichtet, Einkommensteuern und Sozialversicherungsbeiträge von der gesamten Arbeitsvergütung abzuführen.

II. Verhältnis zum Gläubiger

2 **1. Abgrenzung.** Im Verhältnis zum Gläubiger sind **zwei Fragen** zu unterscheiden, **(a)** ob und was er diesem schuldet und **(b)** in welchem Umfang sein Arbeitsentgelt gepfändet werden kann.

3 **2. Verteidigungsmöglichkeiten gegen die vollstreckte Forderung.** Ob und was der AN schuldet, ist bereits in einem anderen Verfahren, das mit einem der in §§ 704, 794 ZPO genannten Titel endete, festgestellt. **(a)** Wird die Vollstreckung aufgrund eines rechtskräftigen Urteils betrieben, ist der AN mit allen Einwendungen ausgeschlossen, die er im Vorverfahren hätte geltend machen können. Dies gilt nur dann nicht, wenn er die Rechtsmittelfrist versäumt hat und die Voraussetzungen der Wiedereinsetzung in den vorigen Stand vorliegen und das Urteil schließlich aufgehoben wird oder wenn die Voraussetzungen einer Nichtigkeits- (§§ 578, 579 ZPO) bzw. Restitutionsklage (§ 578 ZPO) vorliegen und das Urteil aufgehoben wird oder wenn das Urteil erschlichen ist. Bis zur Aufhebung oder vorläufigen Einstellung der Zwangsvollstreckung kann die Vollstreckung aber weiterbetrieben werden. **(b)** Ist der AN rechtskräftig zu **künftig fällig werdenden, wiederkehrenden Leistungen** verurteilt worden, kann er bei wesentlicher Veränderung der Verhältnisse nach Erlass des Urteils eine Abänderungsklage nach § 323 ZPO erheben. **(c)** Sind Einwendungen gegen die festgestellte Forderung erst nach Erlass des Urteils entstanden (teilweise Abzahlung, Erlass der Schuld usw.), kann eine Vollstreckungsklage (§ 767 ZPO) bei dem Prozessgericht des 1. Rechtszuges, von dem das Urteil erlassen worden ist, erhoben werden.

4 **3. Verteidigungsmöglichkeiten gegen den Pfändungs- und Überweisungsbeschluss.** Einwände gegen die Rechtswirksamkeit des Pfändungs- und Überweisungsbeschlusses sind vom AN im Wege der Erinnerung an das Vollstreckungsgericht anzubringen (§ 766 ZPO). Mit dieser kann zB gerügt werden, der Pfändungs- und Überweisungsbeschluss sei nichtig (→ § 85 Rn. 19) oder rechtsfehlerhaft, weil die Pfändungsfreigrenzen unrichtig festgesetzt oder unpfändbare Forderungen erfasst seien. Will der AN eine **Erhöhung der Pfändungsfreigrenzen** erreichen, kann er einen Antrag nach § 850f I ZPO stellen.[2] In Ausnahmefällen kann gem. § 765a ZPO die Aufhebung oder einstweilige Einstellung der Zwangsvollstreckung erreicht werden, wenn die Vollstreckungsmaßnahmen unter voller Würdigung des Schutzbedürfnisses des Gläubigers wegen ganz besonderer Umstände eine Härte bedeutet, die mit den guten Sitten nicht vereinbar ist. Für die Verfahren zu (b) und (c) (→ Rn. 3) ist das Amtsgericht als Vollstreckungsgericht zuständig.

III. Pfändungsschutzkonto

5 **1. Pfändung nach Überweisung.** Hat der AG die Arbeitsvergütung des AN bereits auf dessen Bankkonto überwiesen, geht der Pfändungs- und Überweisungsbeschluss ins Leere. Von diesem werden allenfalls die künftig fällig werdenden Beträge erfasst.

6 **2. Pfändungsschutz von Bankguthaben. a) Basispfändungsschutz.** Der Pfändungsschutz von Bankguthaben findet seit dem Jahr 2012 allein auf Pfändungsschutzkonten (P-Konto) statt. Durch deren Einführung soll sichergestellt werden, dass einem Schuldner unabhängig von der Art seiner Einkünfte das Existenzminimum verbleibt. Anders als nach § 850k ZPO in der bis zum 30.6.2010 geltenden Fassung ist es daher ohne Bedeutung, aus welcher rechtlichen Beziehung (Arbeits- bzw. Dienstvertrag, Sozialleistung, Werkvertrag) seine Einkünfte herrühren. Mit Wirkung zum 1. Dezember 2021 werden die Vorschriften zum Kontopfändungsschutz in der ZPO neu gegliedert und fast vollständig (Ausnahme: §§ 850k, 850l ZPO) in einem eigenen

[1] BGH 5.4.2001 NJW 2001, 2178 (auch zur richtigen Abfassung der Klageanträge).
[2] BGH 19.9.2019 NJW-RR 2019, 1383 (Begleichung einer Steuerschuld).

Abschnitt des 8. Buches der ZPO zusammengefasst.[3] Die Einrichtung und Beendigung des P-Kontos ist unverändert in § 850k ZPO normiert. Daneben regelt § 850l ZPO die Pfändung eines Gemeinschaftskontos, im neuen Abschnitt 4 des Buches 8 (§§ 899–910 ZPO) sind Vorschriften zur Ausgestaltung des P-Kontos und Verfahrensregelungen enthalten. Schließlich wird die InsO in Bezug auf die Handhabung des P-Kontos in der Insolvenz ergänzt. Der neu eingefügte § 36 I 3 InsO stellt klar, dass es zur Wirksamkeit von Verfügungen des Schuldners hinsichtlich der nach den Vorschriften über das P-Konto nicht von der Pfändung erfassten Teile des Kontoguthabens keiner Freigabe durch den Insolvenzverwalter bedarf. Lässt der AN sein Arbeitseinkommen auf das **Konto eines Dritten** überweisen, greifen die Schuldnerschutzvorschriften der §§ 850 ff. ZPO bei Zwangsvollstreckungsmaßnahmen eines Gläubigers gegen den Dritten nicht ein.[4]

b) Pfändung des Kontoguthabens. Nach § 833a I ZPO umfasst die Pfändung des Guthabens eines Kontos bei einem Kreditinstitut das am Tag der Zustellung des Pfändungsbeschlusses bei dem Kreditinstitut bestehende Guthaben sowie die Tagesguthaben der auf die Pfändung folgenden Tage. Der Schuldner kann innerhalb eines Monats einen Freigabeantrag (§ 906 I 2 ZPO) stellen (§ 835 III 2 Hs. 1 ZPO). Wird ein künftiges Guthaben des Schuldners gepfändet, ist der Pfändungsschutz von einem Antrag des Schuldners beim Vollstreckungsgericht abhängig (Hs. 2); eine diesbezügliche Belehrungspflicht des Kreditinstituts sieht das Gesetz nicht vor. 7

c) Pfändungsschutzkonto. aa) Sockelbetrag, Übertragung in die Folgemonate. Nach § 899 I 1 ZPO unterliegen Guthabenbeträge auf einem P-Konto in Höhe des auf den nächsten vollen 10-Euro-Betrag aufzurundenden Grundfreibetrags (§ 850c I ZPO, zzt. 1 178,59 EUR) sowie etwaige Aufstockungsbeträge (→ Rn. 9) nicht der Pfändung. Über den jeweils für ihn gültigen Betrag kann der Schuldner bis zum Ende des Kalendermonats frei verfügen. Hat er im Kalendermonat über seinen Freibetrag verfügt, unterliegt das verbleibende Restguthaben der ausgebrachten Pfändung. Ein am Monatsende unverbrauchtes Guthaben steht dem Schuldner noch in den nächsten drei Folgemonaten zur Verfügung (§ 899 II 1 ZPO), wird es auch in diesem Zeitraum nicht verbraucht, unterliegt es dem Zugriff des Gläubigers. Übertragen wird nur der nicht verbrauchte Teil des pfändungsfreien Guthabens (Grundfreibetrag zzgl. der Erhöhungsbeträge, § 902 S. 2 ZPO). In § 899 II 2 ZPO ist bestimmt, mit welchen Teilen des Guthabens Verfügungen des Schuldners zuerst verrechnet werden. Durch die Übertragungsmöglichkeit wird der Freibetrag im Zeitraum des § 899 II 1 ZPO faktisch entsprechend erhöht. Dies soll es dem Schuldner ermöglichen, in begrenztem Umfang Guthaben anzusparen, um auch solche Leistungen der Daseinsvorsorge bezahlen zu können, die in größeren Zeitabständen zu vergüten sind. Verfügungen des Schuldners sind jeweils mit dem Guthaben zu verrechnen, das zuerst dem P-Konto gutgeschrieben wurde (§ 899 II 2 ZPO); dies gilt auch bei nur teilweisen Verfügungen über das Guthaben.[5] 8

Zu dem Guthaben nach § 899 I 1 ZPO gehört auch das Guthaben, das bis zum Ablauf der Frist des § 900 I ZPO nicht an den Gläubiger geleistet oder hinterlegt werden darf. Nach dieser Vorschrift dürfen bei der Pfändung künftiger Guthaben auf einem P-Konto eingehende Zahlungen erst nach Ablauf des Folgemonats an den Gläubiger ausgekehrt werden. Hierdurch sollen Zahlungseingänge dem Schuldner in dem Zeitraum tatsächlich zur Verfügung stehen, für den sie bestimmt sind. Diese bereits in § 835 IV 1, § 850k I 2 ZPO aF enthaltene Regelung löst das sog. **Monatsanfangsproblem,** das bei der Buchung eines Geldeingangs am Monatsende für den Folgemonat entstehen kann, iSe Moratoriums auf. Der Schuldner kann über die auf dem P-Konto eingegangene Arbeitsvergütung, die zum Bestreiten des Lebensunterhalts im Folgemonat bestimmt ist, auch dann verfügen, wenn der monatliche Freibetrag des Kalendermonats zu diesem Zeitpunkt bereits ausgeschöpft ist, soweit das eingegangene Entgelt unterhalb des Freibetrags des Folgemonats liegt.[6] In § 900 I Hs. 2 ZPO ist klargestellt, dass durch das Moratorium keine Verlängerung des in § 899 II ZPO bestimmten Drei-Monats-Zeitraums erfolgt. Der Übertragungszeitraum bestimmt sich vielmehr unabhängig von der Auszahlungssperre. 8a

bb) Aufstockungsbeträge, Änderungen des Freibetrags. In § 902 S. 1 ZPO ist die Erhöhung des automatisch gesicherten Grundfreibetrages geregelt (sog. Erhöhungsbeträge). Diese 9

[3] Gesetz zur Fortentwicklung des Rechts des Pfändungsschutzkontos und zur Änderung von Vorschriften des Pfändungsschutzes (Pfändungsschutzkonto-Fortentwicklungsgesetz – PKoFoG) vom 22.11.2020 (BGBl. I 2466).

[4] BVerfG 29.5.2015 NJW 2015, 3083 (keine entspr. Anwendung von § 850k ZPO).

[5] BGH 19.10.2017 NJW-RR 2018, 315 („First-in-first-out"); 17.10.2017 NJW 2018, 299.

[6] BGH 28.7.2011 NZI 2011, 717; 14.7.2011 NJW-RR 2011, 1433.

werden von dem kontoführenden Institut nur auf entsprechenden Nachweis durch den Schuldner berücksichtigt; die Aufzählung ist abschließend. Bei den Erhöhungsbeträgen handelt es sich um **(1)** die pfändungsfreien Beträge nach § 850c II, IV ZPO, wenn der Schuldner einer oder mehreren Personen aufgrund gesetzlicher Verpflichtung Unterhalt gewährt oder er Unterhaltsleistungen nach dem SGB II oder SGB XII sowie dem AsylbLG für bestimmte andere Personen entgegennimmt, **(2)** bestimmte einmalige Geldleistungen iSd § 54 II, III 2 SGB I, **(3)** Geldleistungen gem. § 5 I MuKStiftG, **(4)** Geldleistungen, die dem Schuldner selbst nach dem SGB II oder SGB XII sowie dem AsylbLG gewährt werden, in dem Umfang, in dem diese den pfändungsfreien Betrag nach § 899 I 1 ZPO übersteigen, **(5)** das Kindergeld nach dem EStG sowie kinderbezogene Leistungen und **(6)** gesetzlich als unpfändbar bestimmte Geldleistungen an den Schuldner. Dazu ergänzend regelt § 903 ZPO die Pflicht zur Vorlage und Ausstellung der für den **Nachweis der Erhöhungsbeträge** erforderlichen Bescheinigungen. Zu deren Beachtung ist das kontoführende Institut verpflichtet. Einer Einschaltung des Vollstreckungsgerichts oder der Vollstreckungsbehörde zur Festlegung der Erhöhungsbeträge des § 902 ZPO bedarf es daher nicht mehr. Kann der AN/Schuldner den Nachweis nicht führen, hat das Vollstreckungsgericht auf seinen Antrag die Beträge nach § 902 ZPO zu bestimmen (§ 905 I ZPO). Für eine gerichtliche Entscheidung ist es ausreichend, wenn der Schuldner glaubhaft macht, dass er um eine Erteilung einer Bescheinigung erfolglos nachgesucht hat, in der Entscheidung ist ggf. auf die Möglichkeit zur Antragstellung nach § 907 I ZPO hinzuweisen.

10 Danach haben die Kreditinstitute den **Sockelbetrag** und anhand der vom Schuldner vorgelegten Bescheinigung die **Erhöhungsbeträge** zu bestimmen. Dem Vollstreckungsgericht bleibt es vorbehalten, auf Antrag des Schuldners oder des Gläubigers einen höheren oder geringeren pfändungsfreien Betrag durch Beschluss festzusetzen (§ 906 ZPO). Der pfändungsfreie Betrag ist im Beschluss regelmäßig zu beziffern, um den Aufwand für die Kreditinstitute in einem vertretbaren Rahmen zu halten; der Schuldner und die Vollstreckungsgerichte werden hierdurch nicht unzumutbar belastet. Nur wenn das vom AG auf das P-Konto überwiesene pfändungsfreie Arbeitseinkommen nicht gleichbleibt, kann der von § 899 I, § 902 S. 1 ZPO abweichende pfändungsfreie Betrag im Beschluss unbeziffert zu bleiben;[7] er ist durch die Bezugnahme auf das vom AG des Schuldners überwiesene Arbeitseinkommen festzusetzen.[8] Der Pfändungsschutz für Fälle, in denen besondere Geldleistungen ganz oder teilweise nicht für die Zeiträume, für die der Leistungsanspruch besteht, ausbezahlt, sondern erst zu einem späteren Zeitpunkt **nachgezahlt** werden, ist in § 904 ZPO geregelt. Danach sind nachgezahlte Geldleistungen für die in § 902 S. 1 Nrn. 4–7 ZPO normierten Tatbestände in voller Höhe pfändungsgeschützt. Laufende Geldleistungen nach dem SGB (zB Alg., KUG, Insolvenz- und Krankengeld) sind – soweit nicht bereits von Absatz 1 erfasst – bis zu einer Grenze von 500 EUR unpfändbar, darüber kann Pfändungsschutz für diese Geldleistungen nur durch das Vollstreckungsgericht bewirkt werden.

11 **cc) Einrichtung und Beendigung.** Nach § 850k I 1, 3 ZPO hat eine natürliche Person gegenüber einem Kreditinstitut – unabhängig von dem gegenwärtigen Saldo – einen Anspruch auf Umwandlung ihres bisherigen Zahlungs(Giro)kontos in ein P-Konto. Das P-Konto darf jedoch ausschließlich auf Guthabenbasis geführt werden. Bei Zahlungskonten mit einem negativen Saldo wird dieser nicht auf das P-Konto übertragen, sondern muss getrennt verbucht werden. Ist das Guthaben des Girokontos bereits gepfändet worden, ermöglicht § 850k II ZPO die Kontoumwandlung mit einer kurzen Ankündigungsfrist in ein P-Konto. § 850k III ZPO legt fest, dass jede Person nur ein P-Konto unterhalten darf, eine Regelung über den Datenaustausch über eine Auskunftei (Schufa) enthält § 909 ZPO. Unterhält ein Schuldner dennoch mehrere Girokonten als Pfändungsschutzkonten, ordnet das Vollstreckungsgericht auf Antrag eines Gläubigers an, dass nur das von diesem im Antrag bezeichnete Girokonto dem Schuldner als P-Konto verbleibt (§ 850k IV ZPO). § 850k V ZPO enthält eine Verfahrensvorschrift für die Beendigung eines P-Kontos. Danach kann der Kontoinhaber mit einer Frist von mindestens vier Geschäftstagen zum Monatsende von dem Kreditinstitut verlangen, dass das dort geführte P-Konto als Zahlungskonto ohne Pfändungsschutz geführt wird. In § 850l ZPO ist das Verfahren für die Pfändung von Guthaben auf einem **Gemeinschaftskonto** festgelegt. Der Pfändungsschutz eines P-Kontos kann nach der Vorstellung des Gesetzgebers nur für eine natürliche Person als Kontoinhaber und nicht für ein Gemeinschaftskonto gewährt werden, weshalb die Führung eines gemeinsamen P-Kontos auch bei Eheleuten und Lebenspartnern unzulässig ist. Nach § 850l I 1 ZPO darf ein Kreditinstitut, wenn Guthaben auf einem Gemeinschaftskonto gepfändet wird, erst nach Ablauf von einem Monat nach Zustellung des Überweisungsbeschlusses aus dem

[7] BGH 21.2.2013 NJW-RR 2013, 766 (Nachweis für die Aufstockungsbeträge).
[8] BGH 10.11.2011 NJW 2012, 79; LG Heilbronn 21.10.2014 ZInsO 2015, 1115.

Guthaben an den Gläubiger leisten oder den Betrag hinterlegen. Der so bestimmte Zeitraum für den Vollstreckungsschutz soll es den Kontoinhabern ermöglichen, die Einrichtung von Einzelkonten zu beantragen, den Pfändungsschutz auf diesen Konten sicherzustellen und über den Verbleib des Gemeinschaftskontos zu entscheiden. § 850l II ZPO trifft Regelungen für die Übertragung von Guthaben auf Einzelkonten, während dessen Absatz 3 klarstellt, dass sich die Pfändung des Guthabens auf dem Gemeinschaftskonto nach der Übertragung des Anteils des Guthabens auf das Einzelkonto an dem übertragenen Guthaben fortsetzt. Die Berechnung eines **zusätzlichen Entgelts für die Führung eines Girokontos als P-Konto** in Form höherer Kontoführungsgebühren ist unzulässig.[9] Ein P-Konto erlischt bei Insolvenzeröffnung über das Vermögen des Kontoinhabers nicht.[10]

d) Aufhebung der Pfändung in Sonderfällen. Auf Antrag des Schuldners kann das Vollstreckungsgericht anordnen, dass die Pfändung des Guthabens eines Kontos aufgehoben wird oder das Guthaben des Kontos für die Dauer von bis zu zwölf Monaten der Pfändung nicht unterworfen ist, wenn der Schuldner nachweist, dass dem Konto in den letzten sechs Monaten vor Antragstellung ganz überwiegend nur unpfändbare Beträge gutgeschrieben worden sind, und er glaubhaft macht, dass auch innerhalb der nächsten zwölf Monate nur ganz überwiegend nicht pfändbare Beträge zu erwarten sind (§ 833a II 1 ZPO). Der Gläubiger ist vor der Entscheidung anzuhören. Ein entgegenstehendes Gläubigerinteresse kommt vor allem in Betracht bei einer Vollstreckung wegen der in § 850d ZPO bezeichneten Unterhaltsansprüche.[11] 12

IV. Pfändbares Arbeitseinkommen

1. Vorbemerkung. Das in Geld zahlbare Arbeitseinkommen kann nur nach Maßgabe der §§ 850a–850l ZPO gepfändet werden (§ 850 I ZPO). Hat der AG bereits an den AN ausgezahlt, verhindert § 811 Nr. 8 ZPO eine Kahlpfändung, dh der Gerichtsvollzieher hat dem Schuldner jedenfalls den Betrag zu belassen, der den unpfändbaren Einkünften entspricht; zur bargeldlosen Vergütungszahlung → Rn. 5 ff. Die Pfändungsschutzvorschriften sind im öffentlichen Interesse erlassene soziale Schutzbestimmungen und daher unabdingbar. Auf ihre Anwendung kann weder vor noch nach der Auszahlung des Arbeitseinkommens verzichtet werden.[12] Sonstige selbst erwirtschaftete Einkünfte, die kein Erwerbseinkommen sind, können nur für unpfändbar erklärt werden, soweit dies erforderlich ist, damit dem Schuldner ein unpfändbares Einkommen iHd von § 850c I–V ZPO bestimmten Grundbeträge verbleibt.[13] 13

2. Arbeitseinkommen. Der Begriff deckt sich im Wesentlichen mit dem der Einkünfte aus nicht selbständiger Arbeit (§ 19 I EStG). Arbeitseinkommen sind Vergütungen für Dienstleistungen aller Art, die die Erwerbstätigkeit des Schuldners vollständig oder zu einem wesentlichen Teil in Anspruch nehmen. Der Pfändungsschutz gilt auch bei einem unwirksamen Vertragsschluss, dh bei einem faktischen Arbeitsverhältnis oder bei Schwarzarbeit. Der Begriff des Arbeitseinkommens ist weit auszulegen; das Gesetz enthält in § 850 II, III ZPO keine abschließende Regelung, sondern nur eine beispielhafte Aufzählung. Geschützt wird das Einkommen der physischen Person für die eigene Arbeitsleistung bzw. der Ersatzansprüche dafür. Als Arbeitseinkommen gelten auch sonstige Vergütungen für Dienstleistungen aller Art, die die Erwerbstätigkeit des Schuldners vollständig oder zu einem wesentlichen Teil in Anspruch nehmen. Vergütungen für Dienstleistungen werden dabei unabhängig davon erfasst, ob die Entgelte aufgrund eines freien oder abhängigen Dienstvertrags gewährt werden. Wesentlich ist vielmehr, dass es sich um wiederkehrend zahlbare Vergütungen für selbständige oder unselbständige Dienste handelt, die die Existenzgrundlage des Dienstpflichtigen bilden; geschützt sind daher auch Angehörige der freien Berufe,[14] Beamte, Soldaten und die Bezüge von Organvertretern.[15] Unerheblich ist, ob diese ihren Lebensunterhalt allein oder zusammen mit anderen Personen verdienen. **Nicht** zum Arbeitseinkommen zählen das Einkommen für Sachleistungen, die fremde Arbeitsleistung oder Kapitaleinkünfte sowie das Entgelt für freie Diensterfindungen 14

[9] Zuletzt BGH 16.7.2013 NJW 2013, 3163; OLG Dresden 31.3.2015 ZVI 2015, 250.
[10] LG Verden 19.9.2013 NZI 2014, 36.
[11] BT-Drs. 16/7615, 17.
[12] BAG 17.2.2009 AP Nr. 16 zu § 850 ZPO = NZA 2010, 99.
[13] BGH 7.4.2016 NJW-RR 2016, 761; 26.6.2014 NJW-RR 2014, 1197.
[14] BGH 20.5.2015 NJW-RR 2015, 1406 (Lotse).
[15] BGH 16.11.2016 NJW-RR 2017, 161 (Mehrheitsgesellschafter); 12.12.2003 NJW-RR 2004, 644.

(→ § 90 Rn. 4).[16] Kein Arbeitsentgelt sind die Entgeltersatzleistungen nach dem SGB III, die an die Stelle des Arbeitsentgelts treten (Kurzarbeiter-, Arbeitslosen- und Insolvenzgeld; → § 90 Rn. 22) sowie das Eigengeld von Strafgefangenen.[17]

15 **3. Nebeneinkommen.** Arbeitseinkommen, das einem Schuldner aus einer Tätigkeit zufließt, die ihn unwesentlich in Anspruch nimmt (arg. § 850 II ZPO), unterliegt keinem besonderen Pfändungsschutz. Hat zB ein Handelsvertreter noch eine Nebenvertretung, die ihn nur wenig beansprucht, sind die sich daraus ergebenden Bezüge in vollem Umfang pfändbar.

16 **4. Zahlungsweise.** Für die Begriffsbestimmung des Arbeitseinkommens ist unerheblich, ob es fortlaufend oder in einem Betrag gezahlt wird. Für den Pfändungsschutz fortlaufender Bezüge gelten die §§ 850a–850g ZPO. Die Pfändungsgrenze für einen Vergütungsanspruch, der nach dem Arbeitsvertrag monatlich fällig wird, bestimmt sich auch dann nach dem monatlichen Nettoeinkommen, wenn der AN in dem betreffenden Monat nicht die ganze Zeit gearbeitet hat. Entscheidend ist der regelmäßige monatliche Auszahlungszeitraum.[18] Nicht wiederkehrend zahlbare Vergütungen, etwa die Vergütung eines Heimarbeiters oder Handelsvertreterprovisionen, werden nur auf **Antrag** nach § 850i ZPO geschützt. Antragsberechtigt sind der Schuldner sowie solche Personen, die aus der Vergütung ihren Unterhalt beziehen, nicht jedoch der Drittschuldner. **Zuständig** für die Entscheidung ist regelmäßig das Vollstreckungsgericht.[19] Bei unregelmäßigen Provisionseinnahmen des Schuldners ist der für die Berechnung des pfändungsfreien Betrags festzulegende Zeitraum auf insgesamt drei Monate zu bestimmen.[20]

17 **5. Gesamtes Arbeitseinkommen.** Durch die Pfändung wird das gesamte in Geld zahlbare Arbeitseinkommen ohne Rücksicht auf die Benennung oder Berechnungsart erfasst (§ 850 IV ZPO), also das laufende Arbeitsentgelt, Entgeltfortzahlung im Krankheitsfall, Prämien, Tantiemen, Provisionen usw. Hierzu zählen auch die nach der Pfändung fällig werdenden Bezüge (§ 832 ZPO) oder das Einkommen, das der Schuldner infolge einer Versetzung in eine andere Tätigkeit oder nach einer Gehaltserhöhung bezieht (§ 833 ZPO). § 832 ZPO stellt insoweit eine Ausnahme von dem Grundsatz dar, wonach die Pfändung künftige Ansprüche nur erfasst, wenn dies ausdrücklich angeordnet wird. Die im Rahmen eines Arbeitsverhältnisses nach bestimmten Zeiträumen entstehenden Forderungen sollen vielmehr durch einen einzigen Pfändungs- und Überweisungsbeschluss erfasst werden können;[21] dies ist in § 833a ZPO klargestellt. Erfasst wird schließlich ein etwaiges verschleiertes Arbeitseinkommen (§ 850h II ZPO; → § 87 Rn. 5). Werden fortlaufende Bezüge des Schuldners vor Eröffnung des Insolvenzverfahrens gepfändet, ist das Pfändungspfandrecht danach nur so weit und so lange unwirksam, als dessen Zweck und eine mögliche Restschuldbefreiung dies rechtfertigen.[22]

18 **6. Sach- bzw. Naturalbezug.** Nicht von der Pfändung erfasst wird nicht in Geld zahlbares Arbeitseinkommen. Der Anspruch des AN auf Naturalvergütung (→ § 68 Rn. 1; Heizmaterial, Lebensmittel, Unterkunft,[23] Verpflegung oder Überlassung eines Firmenfahrzeugs[24] oder einer Bahncard) ist unpfändbar, wenn er nicht übertragbar ist (§ 851 ZPO). Nach § 850e Nr. 3 S. 1 ZPO sind Geld- und Naturalleistungen zusammenzurechnen, wenn der Schuldner neben seinem in Geld zahlbaren Einkommen auch Naturalleistungen erhält und das Gesamteinkommen die Pfändungsgrenzen des § 850c I–V ZPO übersteigt. Dem AN muss der unpfändbare Teil seines Arbeitsentgelts verbleiben.[25] Die AN sollen nicht gezwungen werden, Gegenstände, die sie als „Naturalvergütung“ erhalten haben, erst verkaufen müssen, bevor ihnen die zum Bestreiten ihres Lebensunterhalts notwendigen Barmittel zur Verfügung stehen. Nach § 107 II 5 GewO darf der Wert der vereinbarten Sachbezüge oder die Anrechnung der überlassenen Waren (→ § 68 Rn. 1a) auf das Arbeitsentgelt die Höhe des pfändbaren Teils des Arbeitsentgelts nicht übersteigen. Zusätzlich zum Arbeitsentgelt gewährte Sachbezüge werden von der Regelung nach der

[16] BGH 29.11.1984 NJW 1985, 1031.
[17] BGH 1.7.2015 NJW 2015, 2493; 20.6.2013 NJW 2013, 3312.
[18] BAG 24.3.2009 AP Nr. 22 zu § 611 BGB Sachbezüge = NZA 2009, 861.
[19] Zur Zuständigkeit bei einem Antrag nach § 765a ZPO: BGH 15.11.2007 NJW-RR 2008, 496.
[20] AG Michelstadt 24.6.2002 JurBüro 2002, 549.
[21] BGH 17.7.2008 ZVI 2008, 433; 26.6.2008 NJW-RR 2008, 1441.
[22] BGH 24.3.2011 NJW-RR 2011, 1495.
[23] AG Verden 8.1.2008 JurBüro 2008, 216.
[24] BAG 24.3.2009 AP Nr. 22 zu § 611 BGB Sachbezüge = NZA 2009, 861.
[25] BGH 18.10.2012 ZInsO 2012, 2342 (Dienstwagen).

Gesetzesbegründung nicht erfasst.[26] Umstr. ist die Berechnung des Sachbezugswerts. Nach einer Auffassung ist von dem ortsüblichen Wert der Naturalbezüge auszugehen.[27] Nach anderer von den Richtsätzen des Sozialversicherungs- oder Steuerrechts.[28] Letzterer Meinung ist der Vorzug zu geben, da damit für den Drittschuldner eine größere Sicherheit erreicht werden kann. Geht der Anspruch auf Naturalleistungen in einen Geldersatzanspruch über, wird er wiederum durch die Pfändung erfasst (§ 850e Nr. 3 ZPO). Der in Geld zahlbare Betrag ist insoweit pfändbar, als der nach § 850c ZPO unpfändbare Teil des Gesamteinkommens durch den Wert der dem Schuldner verbleibenden Naturalleistungen gedeckt ist[29] (§ 850e Nr. 3 S. 2 ZPO). Die Zusammenrechnung des in Geld zahlbaren Einkommens und der Naturalien obliegt dem Drittschuldner, nicht dem Vollstreckungs- oder dem Insolvenzgericht.[30] Der Schuldner kann eine niedrigere Bewertung der Naturalleistungen nur durch eine Klage vor dem Prozessgericht erreichen, wenn der Drittschuldner bei der Berechnung des pfändbaren Teils des Arbeitseinkommens Geld- und Naturalleistungen zusammengerechnet hat (→ Rn. 19).[31]

V. Berechnung des pfändbaren Einkommens

1. Berechnung des Nettoeinkommens. Bei der Berechnung des pfändbaren und pfändungsfreien Betrags hat der AG die Gesamtbezüge aus dem Arbeitsverhältnis zusammenzurechnen. Die pfändbaren Teile des Arbeitseinkommens werden anhand des Nettoeinkommens ermittelt. Als Nettoeinkommen ist gem. § 850e Nr. 1 ZPO der Betrag anzusehen, der vom Gesamteinkommen (Bruttoeinkommen) nach Abzug der nach § 850a ZPO der Pfändung entzogenen Beträge und nach Abzug der Beträge verbleibt, die unmittelbar aufgrund steuerlicher oder sozialrechtlicher Vorschriften zur Erfüllung gesetzlicher Verpflichtungen des Schuldners abzuführen sind.[32] Dementsprechend sind abzuziehen **(1)** die **absolut** oder **bedingt pfändbaren Bezüge** (→ § 90 Rn. 1). Bei Vollstreckung für bevorrechtigte Forderungen ist zu beachten, dass nur ein Teil der absolut pfändbaren Bezüge pfandfrei ist; sie sind daher nur teilweise abzuziehen. Die bedingt unpfändbaren Bezüge sind nicht abzusetzen, wenn ein entsprechender Beschluss des Vollstreckungsgerichts vorliegt (§ 850e ZPO); **(2)** die **Steuern und Sozialversicherungsbeiträge;** hat der Schuldner vor der Pfändung eine schlechtere Steuerklasse gewählt, kann auf Antrag des Gläubigers angeordnet werden, dass dieser insoweit pfänden kann, als das Arbeitseinkommen nach Steuerklasse IV zu berechnen ist und pfändbar wäre.[33] Unberücksichtigt bleiben Steuern, die vom AG einbehalten werden, weil sie der AN wegen seines Wohnsitzes im Ausland unmittelbar entrichten muss. Insoweit kommt nur eine Erhöhung des pfändungsfreien Betrags nach § 850f I ZPO in Betracht;[34] **(3)** den Sozialversicherungsbeiträgen **gleichgestellte Beträge,** die der Schuldner zum Zwecke der Weiterversicherung oder an eine Ersatzkasse oder an ein Unternehmen der privaten Krankenversicherung leistet, soweit letztere den Rahmen des Üblichen nicht überschreiten,[35] sowie VBL-Pflichtbeiträge.[36] Soweit die Bezüge unpfändbar sind, stehen sie dem Schuldner zu. Nicht abzugsfähig sind Beiträge für Berufsorganisationen (Gewerkschaftsbeiträge) oder Sonderausgaben, es sei denn, dass das Vollstreckungsgericht auf Antrag des Schuldners nach § 850f I ZPO etwas anderes bestimmt hat; zum Zusammentreffen mehrerer Pfändungen → Rn. 31 f. 19

2. Vollstreckung von bevorrechtigten und nicht bevorrechtigten Forderungen. Ist das pfändbare Nettoeinkommen (→ Rn. 19) ermittelt worden, ist zu unterscheiden, ob die Vollstreckung wegen bevorrechtigter oder anderer Forderungen erfolgt. Bei Vollstreckung **bevorrechtigter Forderungen** (Unterhaltsansprüche, vorsätzliche unerlaubte Handlungen, → § 85 Rn. 7) hat das Vollstreckungsgericht gem. § 850d I, § 850f I, II ZPO mit Bindungswir- 20

[26] Soweit die Pfändungsfreigrenze überschritten wird BAG 24.3.2009 AP Nr. 22 zu § 611 BGB Sachbezüge = NZA 2009, 861.
[27] LAG Hamm 10.4.1991 LAGE § 850e ZPO Nr. 2 = BB 1991, 1496.
[28] LAG Nds 19.12.2006 LAGE § 850e ZPO 2002 Nr. 1.
[29] BGH 18.10.2012 ZInsO 2012, 2342.
[30] BGH 13.12.2012 NJW-RR 2013, 651.
[31] BGH 19.4.2018 NZI 2018, 528.
[32] BAG 17.4.2013 AP Nr. 6 zu § 850e ZPO = NZA 2013, 859 (Nettomethode).
[33] LG Krefeld 17.6.2002 JurBüro 2002, 547; LG Köln 29.9.1995 Rpfleger 1996, 120.
[34] BAG 15.10.1985 AP Nr. 1 zu § 850e ZPO = NJW 1986, 2208.
[35] HessLAG 11.7.2013 – 9 Sa 1372/11.
[36] BAG 20.11.2018 AP Nr. 34 zu § 394 BGB = NZA 2019, 722; BGH 15.10.2009 NZA-RR 2010, 86.

kung die Höhe des pfändungsfreien Betrags festzusetzen.[37] Dieser gilt grundsätzlich für den gesamten Abrechnungszeitraum. Ändern sich nachträglich die Verhältnisse, darf der Drittschuldner bis zur Zustellung (→ § 85 Rn. 24) des nachfolgenden Beschlusses nach dem ursprünglichen Beschluss vorgehen (§ 850g ZPO).

21 Erfolgt die Zwangsvollstreckung für **nicht bevorrechtigte Forderungen,** ist das Nettoeinkommen nach unten abzurunden, und zwar bei Auszahlung für Monate auf einen durch 10 EUR, bei Auszahlung für Wochen auf einen durch 5 EUR oder bei Auszahlung für Tage auf einen durch 50 Cent teilbaren Betrag. Der pfändbare Betrag bis zu einem Nettoeinkommen von 3 840,08 EUR monatlich, 883,74 EUR wöchentlich, 176,75 EUR täglich ist einer in der jeweils geltenden Pfändungsfreigrenzenbekanntmachung enthaltenen Tabelle zu entnehmen[38] (§ 850c IV ZPO); die dort angeführten Beträge berücksichtigen die tatsächlichen Unterhaltsleistungen für bis zu fünf Personen. Bei weiteren Unterhaltsberechtigten kann der Schuldner ihre Berücksichtigung durch besonderen Beschluss nach § 850f I ZPO erreichen. Der sich aus der Tabelle ergebende pfändbare Betrag ist an den Gläubiger, der Rest an den Schuldner auszuzahlen, und zwar neben dem unpfändbaren Betrag (→ § 90 Rn. 1).

22 **3. Vollstreckung nicht bevorrechtigter Forderungen bei höherem Nettoeinkommen.** Übersteigt das Nettoeinkommen die in der jeweiligen zu § 850c ZPO ergangenen Pfändungsfreigrenzenbekanntmachung genannten Beträge, ist es entsprechend der gesetzlich bestimmten Berechnung voll pfändbar (§ 850c I–IV ZPO).

23 **4. Anpassung der unpfändbaren Beträge.** Die unpfändbaren Beträge werden seit dem 1. Juli 2021[39] jeweils zum 1. Juli eines jeden Jahres entsprechend der im Vergleich zum jeweiligen Vorjahreszeitraum sich ergebenden prozentualen Entwicklung des Grundfreibeitrags nach § 32a EStG angepasst (§ 850c IV 2 ZPO).

24 **5. Unterhaltspflichten des Schuldners. a) Gesetzliche Unterhaltspflichten.** Der Pfändungsfreibetrag des Schuldners erhöht sich, wenn er **(1)** gesetzliche Unterhaltspflichten hat und **(2)** diesen Verpflichtungen auch nachkommt.[40] Umfang und Grenzen der gesetzlichen Unterhaltspflicht bestimmen sich nach dem BGB[41] und den §§ 5, 12 LPartG. Unberücksichtigt bleiben ausschließlich auf vertraglicher Grundlage begründete Unterhaltsansprüche. Unterhalt an Lebensgefährten außerhalb des LPartG können im Rahmen von § 850c ZPO ebenso nicht berücksichtigt werden wie Leistungen an die im Haushalt des Schuldners lebenden Stiefkinder.[42] Insoweit kommen allenfalls Beschlüsse nach § 850f I ZPO in Betracht. Mehrere nach § 850d I ZPO Unterhaltsberechtigte sind vom Vollstreckungsgericht mit ihren Ansprüchen in der Reihenfolge nach § 1609 BGB, § 16 LPartG zu berücksichtigen. Es ist regelmäßig ohne Belang, ob die Unterhaltsleistungen, die der Schuldner aufgrund seiner gesetzlichen Unterhaltspflicht erbringt, den jeweiligen Pauschalbetrag erreichen bzw. übersteigen oder er seiner gesetzlichen Unterhaltspflicht nicht in vollem Umfang genügt.[43]

25 **b) Ehegatte.** Zur Ermittlung der Unterhaltspflichten gegenüber dem Ehegatten oder Lebenspartner kann der AG grundsätzlich von dem ihm übermittelten elektronischen Lohnsteuermerkmalen ausgehen. Bei Steuerklasse III kann daher unterstellt werden, dass der AN verheiratet ist und Unterhalt gewährt. Die Steuerklasse IV deutet darauf hin, dass der AN verheiratet ist und der Ehegatte selbst Einkünfte bezieht. Grundsätzlich ist auch in diesem Fall von einer Unterhaltsgewährung auszugehen. Für die Wahl der Lohnsteuerklasse kann der Drittschuldner grundsätzlich von der zum Zeitpunkt der Pfändung eingetragenen Lohnsteuerklasse ausgehen; zu den Rechtsfolgen einer für den Gläubiger ungünstigen Wahl der Lohnsteuerklasse durch den Schuldner → § 87 Rn. 2a. Die vollen Freibetragserhöhungen stehen dem Ehegatten mit dem höheren Einkommen auch dann zu, wenn der andere Ehegatte ebenfalls zum Familienunterhalt beiträgt.[44] Aber auch der Ehegatte mit dem geringeren Einkommen kann sich auf die vollen Freibeträge berufen.[45] Den Interessen des Gläubigers kann durch eine

---

[37] BGH 6.4.2016 NJW 2016, 1663; 6.9.2012 NJW 2013, 239 (Nachweis des Unterhaltsanspruchs).
[38] Vorstehende Beträge nach der Pfändungsfreigrenzenbekanntmachung 2021 vom 10.5.2021 (BGBl. I 1099).
[39] Zur Wirksamkeit der gesetzlichen Anpassung BGH 4.10.2005 FamRZ 2006, 37.
[40] BAG 28.8.2013 NZA 2013, 1302; BGH 28.9.2017 NJW 2017, 3591 (klarstellender Beschluss).
[41] BAG 26.11.1986 AP Nr. 8 zu § 850c ZPO = NZA 1987, 488.
[42] BGH 19.10.2017 NJW 2018, 954.
[43] BGH 23.9.2010 FamRZ 2010, 2071.
[44] BAG 21.1.1975 AP Nr. 3 zu § 850c ZPO = NJW 1975, 1296.
[45] BAG 23.2.1983 AP Nr. 4 zu § 850c ZPO.

Entscheidung des Vollstreckungsgerichts nach § 850c VI ZPO Rechnung getragen werden, in dem Beschluss kann es nach billigem Ermessen bestimmen, ob und ggf. eine selbstverdienende Person unberücksichtigt bleibt.[46] Lebt der Schuldner mit seiner früheren Ehefrau noch in häuslicher Gemeinschaft, ist diese als unterhaltsberechtigte Person zu berücksichtigen.[47] Ein nach § 850c VI ZPO ergangener Beschluss wirkt nur für den Vollstreckungsgläubiger, zu dessen Gunsten er ergangen ist.[48] Tragen beide verdienenden Ehegatten zum Unterhalt der Kinder bei, steht beiden die Erhöhung des Pfändungsfreibetrags zu; dies selbst dann, wenn sie auf eine Schuld als Gesamtschuldner haften.[49]

c) Kinder. Bei der Anzahl der unterhaltsberechtigten Kinder sind die Lohnsteuermerkmale allein nicht ausreichend. Der Kinderfreibetrag kann den Zähler 0,5 und 1,0 haben. Der Drittschuldner ist daher zur Befragung des Schuldners berechtigt und verpflichtet, in Zweifelsfällen muss er sich auch geeignete Unterlagen vorlegen lassen. Er kann sich aber auf die Auskunft des AN verlassen, wenn er etwa im Rahmen von § 840 ZPO die Unterhaltspflichten dem Gläubiger mitteilt und die Angaben von diesem hingenommen werden oder keine greifbaren Anhaltspunkte bestehen, dass die Auskunft unrichtig ist. In keinem Fall ist ihm zuzumuten, Ermittlungen darüber anzustellen, ob der AN auch seinen Unterhaltspflichten nachkommt,[50] regelmäßig muss der Gläubiger diesen Umstand gegenüber dem Vollstreckungsgericht geltend machen. 26

6. Teilvergütungsperioden. a) Während des Arbeitsverhältnisses. Hat der AN nicht an allen Tagen des Entgeltzahlungszeitraumes gearbeitet und für die Ausfalltage keinen Verdienstanspruch erlangt, so vermindert sich das Nettoeinkommen für die Entgeltperiode. Für die Berechnung des pfändbaren Betrags ist aber weiterhin der Entgeltzahlungszeitraum und nicht der Bemessungszeitraum ausschlaggebend.[51] 27

b) Bei und nach Beendigung des Arbeitsverhältnisses. Die Pfändungsgrenze für einen Vergütungsanspruch, der nach dem Arbeitsvertrag monatlich fällig wird, bestimmt sich auch dann nach dem monatlichen Nettoeinkommen, wenn der AN in dem betreffenden Monat nicht die ganze Zeit gearbeitet hat. Entscheidend ist der regelmäßige monatliche Auszahlungszeitraum. Die Pfändungsgrenzen für Arbeitsentgelt, das wöchentlich oder täglich geschuldet wird, sind nicht maßgeblich. Dies folgt letztlich aus dem Normzweck. Die Pfändungsgrenzen sollen sicherstellen, dass der AN innerhalb des Abrechnungszeitraums über ein bestimmtes Mindesteinkommen verfügt.[52] Werden dem AN Vergütungen nachgezahlt, ist der pfandfreie Betrag entsprechend den einzelnen Entgeltzahlungszeiträumen zu ermitteln. Die Nachzahlungen sind keine einmaligen Bezüge.[53] 28

7. Mehrere Einkommen. Bezieht der AN von demselben AG mehrere Einkommen (zB Hauptarbeitsverhältnis/Geringfügige Beschäftigung), sind diese Einkünfte zusammenzurechnen und der pfändbare Betrag zu errechnen. Bezieht dagegen der AN Arbeitseinkommen (§ 850 I ZPO) von unterschiedlichen AG, muss die Zusammenrechnung auf Antrag des Gläubigers durch das Vollstreckungsgericht erfolgen (§ 850e Nr. 2 ZPO).[54] Dasselbe gilt grundsätzlich auch bei Zusammentreffen von Arbeitseinkommen und Leistungen nach dem SGB sowie einer betrieblichen Altersversorgung[55] (§ 850e Nr. 2a ZPO). Die gesetzlichen Regelungen über die Zusammenrechnung sind jedoch lückenhaft.[56] Allerdings sind Ansprüche auf Arbeitseinkommen mit Sozialleistungen oder Ansprüche auf verschiedene Sozialleistungen untereinander nicht zusammenzurechnen, soweit diese der Pfändung nicht unterworfen sind.[57] Ist die Zusammenrechnung zulässig, muss der Zusammenrechnungsbeschluss die Höhe der Sozialleistungen angeben.[58] Er wirkt nur gegenüber dem Vollstreckungsgläubiger, 29

[46] BGH 3.11.2011 NJW 2012, 393 (Insolvenzgericht); 5.4.2005 FamRZ 2005, 1085.
[47] BAG 28.8.2013 AP Nr. 14 zu § 850c ZPO = NZA 2013, 1302.
[48] BAG 20.6.1984 AP Nr. 6 zu § 850c ZPO = NZA 1985, 126.
[49] BAG 21.1.1975 AP Nr. 3 zu § 850c ZPO = NJW 1975, 1296.
[50] *Liese* DB 1990, 2065.
[51] ArbG Münster 10.7.1990 BB 1990, 1708 = DB 1990, 2332.
[52] BAG 24.3.2009 AP Nr. 22 zu § 611 BGB Sachbezüge = NZA 2009, 861.
[53] BAG 28.8.2001 AP Nr. 80 zu § 7 BUrlG Abgeltung = NZA 2002, 323 (Urlaubsabgeltung).
[54] BAG 24.4.2002 AP Nr. 5 zu § 850e ZPO = NZA 2002, 868.
[55] BAG 23.2.2016 – 9 AZR 226/15; 11.12.2018 NZA 2019, 537 (betrAV).
[56] BGH 18.9.2014 NJW-RR 2014, 1459; 3.12.2009 NJW 2010, 2283 (doppelter Rentenbezug).
[57] BGH 5.4.2005 FamRZ 2005, 1244.
[58] LAG Düsseldorf 18.6.1985 LAGE § 850 ZPO Nr. 1 = DB 1986, 649.

zu dessen Gunsten die Anordnung ergangen ist, nicht hingegen im Verhältnis zwischen Abtretungsgläubiger und Vollstreckungsgläubiger.[59] Bei der Abtretung mehrerer Arbeitseinkommen entscheidet das Prozessgericht über eine Zusammenrechnung nach § 850e Nr. 2 ZPO.[60]

30 **8. Zusammentreffen mehrerer Pfändungen.** Bei der Entgeltpfändung ist zu unterscheiden zwischen **(a)** dem unpfändbaren, dem Schuldner verbleibenden Betrag, **(b)** dem den Unterhaltsberechtigten zustehenden Betrag und **(c)** dem allen Gläubigern zum Zugriff zustehenden Betrag. Der bevorrechtigt pfändende Gläubiger muss zunächst auf den ihm offen stehenden Betrag zugreifen. Bei einem Zusammentreffen von früheren Entgeltpfändungen nach § 850c ZPO und einer erweiterten Entgeltpfändung nach § 850d ZPO gebührt dem Unterhaltsgläubiger jedenfalls die Differenz aus dem weitergehenden Pfändungszugriff.[61] Wegen des allen Gläubigern zustehenden Betrags entscheidet der Rang (§ 804 ZPO), insoweit gilt auch für bevorrechtigte Pfändungen das Prioritätsprinzip. Hat der Schuldner einen Bevorrechtigten durch Abtretung eines Einkommensteils gesichert, wirkt das wie bei einer Pfändung.[62] Das Vollstreckungsgericht (Rechtspfleger; § 20 Nr. 17 RPflG) hat die Verrechnung auf Antrag des bevorrechtigten Gläubigers oder sonstigen Beteiligten vorzunehmen. Nicht antragsberechtigt ist der Drittschuldner. Bis zur Zustellung eines entspr. Beschlusses kann der Drittschuldner nach Maßgabe der ihm bekannten Pfändungen, Abtretungen usw. mit befreiender Wirkung leisten (§ 850e Nr. 4 ZPO).

31 Wird das Arbeitseinkommen eines Schuldners sowohl von **bevorrechtigten** (§§ 850d, 850f II ZPO, → § 85 Rn. 7) wie von **nicht bevorrechtigen** (§ 850c ZPO) **Gläubigern** gepfändet, ist es rechnerisch in drei Teile zu zerlegen: **(1)** in den Teil, der dem Schuldner nach § 850d ZPO (§ 850f II ZPO) auch gegenüber den bevorrechtigten Gläubiger als notwendiger Unterhalt für sich selbst und seine Angehörigen in jedem Falle verbleiben muss; **(2)** in den Teil, der nur dem Zugriff der bevorrechtigten Gläubiger offen steht (Mehrbetrag über (1) hinaus, jedoch abzüglich des Betrags (3); **(3)** in den Teil, der nach § 850c ZPO jedem Gläubiger offen steht. Pfändet zunächst ein nicht bevorrechtigter Gläubiger, wird von dieser Pfändung der Bereich (3) erfasst. Pfändet dann ein bevorrechtigter Gläubiger, kann er auf den bisher nicht in Anspruch genommenen, aber ihm offen stehenden Teil (2) zugreifen; im Bereich (3) geht er wegen des Prioritätsgrundsatzes (§ 804 III ZPO) dem ersten Gläubiger nach.[63]

§ 90. Die Pfändbarkeit einzelner Arbeitseinkommen

Übersicht

[59] BAG 23.4.1996 AP Nr. 3 zu § 850e ZPO = NZA 1997, 63.
[60] BGH 31.10.2003 NZA 2004, 119.
[61] LAG Köln 22.5.1997 NZA 1998, 280.
[62] BGH 19.5.2009 ZIP 2009, 2120 = NJW-RR 2010, 211.
[63] LAG Köln 25.6.2020 – 6 Sa 132/20.

I. Pfändbarkeit

Es sind drei Gruppen von pfändungsgeschützten Vergütungsansprüchen zu unterscheiden. **(a) Absolut unpfändbare Bezüge** (§ 850a ZPO). Hierbei handelt es sich zumeist um Beträge, die für einen bestimmten Zweck als Aufwendungsersatz oder als Anreiz für eine weitere Beschäftigung gezahlt werden. **(b) Bedingt pfändbare Bezüge** (§ 850b ZPO). Sie können durch Blankettbeschluss[1] gepfändet werden, wenn **(1)** die Vollstreckung in das sonstige bewegliche Vermögen des Schuldners zu einer vollständigen Befriedigung des Gläubigers nicht geführt hat oder voraussichtlich nicht führen wird und **(2)** nach den Umständen des Falls, insbesondere nach der Art des beizutreibenden Anspruchs und der Höhe der Bezüge, die Pfändung der Billigkeit entspricht (→ § 89 Rn. 29 f.). Das Vollstreckungsgericht soll vor seiner Entscheidung, ob es die Pfändung in bedingt pfändbare Bezüge zulässt, die Beteiligten hören. **(c) Relativ pfändbare Bezüge.** Das ist das Arbeitseinkommen im Übrigen (§ 850c ZPO). Die wichtigsten Arbeitseinkommen, insbesondere die absolut und relativ unpfändbaren Bezüge, werden im Folgenden in alphabetischer Form behandelt. 1

II. Einzelne Arbeitseinkommen

1. Abfindungen (§§ 9, 10 KSchG, §§ 112, 113 BetrVG). Sie sind eine Entschädigung für den Verlust des Arbeitsplatzes; vollstreckungsrechtlich gehören sie zum Arbeitseinkommen gem. § 850 I ZPO.[2] Sie werden daher von einem Pfändungs- und Überweisungsbeschluss erfasst. Wenn es sich um einmalige Summen handelt, besteht nur Pfändungsschutz nach § 850i ZPO (→ § 89 Rn. 16).[3] Danach hat das Gericht dem Schuldner auf Antrag so viel zu belassen, als er während eines angemessenen Zeitraums für seinen notwendigen Unterhalt und dem seines Ehegatten bedarf. Nach § 850i I 2 ZPO sind bei der Entscheidung die wirtschaftlichen Verhältnisse des Schuldners, insbesondere seine sonstigen Verdienstmöglichkeiten, frei zu würdigen. Allerdings darf er gegenüber dem Bezug von laufendem Arbeitseinkommen nicht besser gestellt werden. Ein Pfändungsschutz für eine arbeitsrechtliche Abfindung scheidet danach aus, wenn der Schuldner seinen notwendigen Unterhalt und seine Unterhaltsverpflichtungen bereits durch laufende Einkünfte decken kann.[4] Maßgeblich sind danach die Höhe der Abfindung einerseits und das vom Schuldner erzielte Einkommen sowie die Höhe seines anzuerkennenden Bedarfs. Der angemessene Zeitraum, für den dem Schuldner ein Betrag pfandfrei aus dem Anspruch auf Abfindung zu belassen ist, wird regelmäßig eine Zeit von sechs,[5] zwölf[6] bis 18 Monaten[7] umfassen, teilweise werden aber auch längere Zeiträume festgesetzt.[8] 2

2. Altersteilzeit, Vorruhestand. Leistungen, die der AN während der Altersteilzeit erhält, sind als laufend gezahltes Arbeitseinkommen uneingeschränkt pfändbar. Auch Vorruhestandsleistungen unterliegen als Arbeitseinkommen der Pfändung. Daher sind sowohl das Arbeitsentgelt für die Altersteilzeitarbeit als auch die Aufstockungsbeträge Arbeitseinkommen iSd § 850 II, § 850c I ZPO.[9] 3

3. Arbeitnehmererfindungen. Vergütungen für gebundene Arbeitnehmererfindungen sind wie das übrige Arbeitseinkommen pfändbar (§§ 829, 835 ZPO). Sie unterliegen dem Pfändungsschutz für Arbeitsvergütungen. Ein besonderer Pfändungsschutz besteht nicht. Handelt es sich dagegen um eine Vergütung für eine freie Erfindung, die der AN dem AG zur Nutzung übertragen hat, sind die §§ 850 ff. ZPO nicht anzuwenden.[10] 4

4. Aufwendungsersatz. Nach § 850a Nr. 3 ZPO sind als Aufwendungsersatz (→ § 82 Rn. 1) gezahlte Leistungen unpfändbar, soweit sie den Rahmen des Üblichen nicht überschreiten. Unerheblich ist, ob sie im Voraus gezahlt oder nachträglich ersetzt werden und ob sie pauschal abgegolten werden. Zu den in § 850a Nr. 3 ZPO genannten Leistungen zählen 5

[1] BGH 5.4.2005 FamRZ 2005, 1083.
[2] BAG 13.11.1991 AP Nr. 13 zu § 850 ZPO = NZA 1992, 384.
[3] BAG 12.8.2014 NZA 2014, 1155; 12.9.1979 AP Nr. 10 zu § 850 ZPO.
[4] AG Bad Oldesloe 26.2.2007 ZVI 2007, 470.
[5] LG Münster 8.2.2011 VuR 2011, 430.
[6] LG Bochum 18.8.2010 ZVI 2010, 479.
[7] LG Bamberg 27.1.2009 JurBüro 2009, 327 (älterer AN).
[8] AG Kleve 25.2.2003 ZVI 2003, 368.
[9] BAG 19.1.2010 AP Nr. 3 zu § 4 ATG.
[10] BAG 30.7.2008 AP Nr. 1 zu § 287 ZPO = NJW 2009, 167; BGH 12.12.2003 NJW-RR 2004, 644.

(a) Aufwandsentschädigungen, dies sind Beträge, die vereinbarungsgemäß oder iRd der gesetzlichen Regelung den tatsächlichen Aufwand des Schuldners ausgleichen sollen, was dieser darlegen muss.[11] Dies können zB Reise-,[12] Fahrt-[13] und Umzugskosten, Tage- und Bürogeld sowie Repräsentationskosten sein,[14] nicht hingegen eine Entschädigung für Zeitversäumnis; **(b) Auslösungen** sind alle Beträge, die für die durch eine auswärtige Beschäftigung erwachsenden besonderen Aufwendungen gezahlt werden; **(c)** Entgelt für **selbst gestelltes Arbeitsmaterial,** da insoweit der AN zur Fortsetzung der Tätigkeit für Ersatz sorgen muss; **(d) Gefahren-, Schmutz- und Erschwerniszulagen;** hierunter fallen Zulagen für Sonntags-, Feiertags- und Nachtarbeit in den Grenzen des § 3b EStG. Zulagen für Schicht-, Samstags- oder sog. Vorfestarbeit sind dagegen der Pfändung nicht entzogen.[15] Werden die steuerlichen Grenzen überschritten sind sie teilweise der Pfändung unterworfen; **(e)** Kostenerstattungsansprüche von **Betriebsratsmitgliedern** nach § 40 I BetrVG[16] sowie **(f) Mankogelder.**

6 **5. Ausländische Streitkräfte.** Die Vollstreckung in Ansprüche des bei den ausländischen Streitkräften beschäftigten Personals erfolgt nach Art. 35 Zusatzabkommen zum NATO-Truppenstatut vom 3.8.1959 (BGBl. 1961 II, 1183, 1218).

7 **6. Gewinnbeteiligung, Tantiemen, Sonderzuwendungen.** Sie zählen als Arbeitseinkommen (§ 850 I ZPO), das nur dem relativen Pfändungsschutz unterliegt. Gewinnbeteiligungen sind im Zeitpunkt ihrer Auszahlung der normalen Arbeitsvergütung hinzuzuzählen und nach § 850c ZPO pfändbar. Sonderzuwendungen sind auch dann kein Treuegeld iSd § 850a Nr. 2 ZPO, wenn mit ihnen eine geleistete oder erwartete Betriebstreue vergütet werden soll;[17] zur Weihnachtsgratifikation → Rn. 30.

8 **7. Heimarbeiter.** Nach § 27 HAG gilt für an Heimarbeiter zu zahlende „Arbeitsvergütung" (dies kann auch ein Werklohn sein) der Pfändungsschutz entsprechend. Wird die Vergütung fortlaufend ausgezahlt, gilt § 850c ZPO; wird sie nur als Einmalbetrag gezahlt, gilt § 850i ZPO (→ § 89 Rn. 16). Wird die Vergütung je nach Ablieferung der Stücke bezahlt, sind die Beträge zur Anwendung der Tabelle auf Wochen- oder Monatsbezüge umzurechnen. Der Pfändungsschutz gilt entsprechend für Hausgewerbetreibende und Zwischenmeister.

9 **8. Heirats-, Geburts- und Jubiläumsbeihilfen.** Werden sie aus Anlass der Hochzeit oder der Geburt eines Kinds des AN gezahlt, sind sie ohne Rücksicht auf die Höhe absolut unpfändbar, es sei denn, dass die Vollstreckung wegen einer Forderung erfolgt, die gerade aus Anlass der Heirat oder der Geburt entstanden ist (§ 850a Nr. 5 ZPO). Unpfändbar sind nur die vom AG gezahlten Zuwendungen, nicht aber solche aus der Sozialversicherung; für diese gilt § 54 SGB I. Beträge, die aus Anlass eines Betriebsjubiläums oder Dienstjubiläums (Treuegelder) gewährt werden, sind, soweit sie den Rahmen des Üblichen nicht überschreiten, absolut unpfändbar (§ 850a Nr. 2 ZPO). Regelmäßige Erfolgsbeteiligungen, Tantiemen, (Abschluss-)Prämien und ähnliche Erfolgsbeteiligungen (→ Rn. 7) gehören aber nicht hierhin, selbst wenn sie an eine bestimmte Dauer der Betriebszugehörigkeit geknüpft sind. Erfolgt die Vollstreckung wegen gesetzlicher Unterhaltsforderungen, sind Treuegelder zur Hälfte unpfändbar (§ 850d ZPO).

10 **9. Karenzentschädigungen.** Ist der AN vertraglich zur Einhaltung eines Wettbewerbsverbots verpflichtet, sind die hierfür von seinem früheren AG gezahlten Entschädigungsbeträge wie die Arbeitsvergütung pfändbar[18] (§ 850 III ZPO). Werden sie als einmalige Leistung in Form einer Abfindung gewährt, gilt § 850i ZPO.

11 **10. Kindergeld.** Der Anspruch auf Kindergeld kann nur wegen gesetzlicher Unterhaltsansprüche eines Kinds, das bei der Festsetzung des Kindergelds berücksichtigt wird, gepfändet werden (§ 54 V 1 SGB I; § 76 S. 1 EStG). Der Gesetzgeber hat dem Umstand, dass für Kinder des Schuldners als zweite und weitere Unterhaltsberechtigte regelmäßig Kindergeld gezahlt wird, bei der Bemessung des pauschalierten pfändungsfreien Betrags in der Tabelle zu § 850c I ZPO

[11] BGH 6.4.2017 NZI 2017, 461.
[12] BAG 8.12.1982 AP Nr. 5 zu § 1 TVG Tarifverträge: Versicherungsgewerbe.
[13] LAG Düsseldorf 15.1.1970 DB 1970, 256.
[14] BAG 30.6.1971 AP Nr. 4 zu § 850a ZPO (sofern sie sich im Rahmen des LStR halten).
[15] BAG 23.8.2017 AP Nr. 7 zu § 850a ZPO = NZA 2017, 1548; BGH 20.9.2018 NJW 2018, 3461; zu „Corona"-Sonderzahlungen ArbG Bautzen 17.3.2021 – 3 Ca 3145/20.
[16] AA BGH 8.11.2017 NZA 2018, 126.
[17] BAG 30.7.2008 AP Nr. 1 zu § 287 InsO = NZA 2009, 747.
[18] OLG Rostock 9.6.1994 NJW-RR 1995, 173.

Rechnung getragen.[19] Das Kindergeld wird auch bei den Einkünften des Schuldners regelmäßig nicht berücksichtigt.[20] Unterschiede bei der Höhe der Pfändungsfreigrenzen bestehen für die Vollstreckung von Zahl- bzw. Zählkindern (§ 54 V S. 2 Nrn. 1, 2 SGB I; § 76 S. 2 Nrn. 1, 2 EStG). Drittschuldner ist grundsätzlich die örtlich zuständige Familienkasse der Arbeitsverwaltung (§ 70 EStG). Für Beschäftigte im öffentlichen Dienst ist Drittschuldner die Körperschaft, Anstalt oder Stiftung des öffentlichen Rechts, die als Familienkasse Kindergeld festsetzt und auszahlt (§ 72 EStG). Der Pfändungsbeschluss kann als Blankettbeschluss für die Bestimmung der Höhe des pfändbaren Kindergeldbetrags auf § 76 EStG Bezug nehmen. Der Erstattungsanspruch aus der Einkommensteuerveranlagung für die nicht vollständige steuerliche Freistellung durch das Kindergeld ist nach § 46 AO pfändbar.

11. Krankenbezüge. Die Entgeltfortzahlung im Krankheitsfall (→ § 98 Rn. 1) ist wie Arbeitseinkommen (§ 850 I ZPO) pfändbar. Das im Anschluss an die Entgeltfortzahlung von der Krankenkasse gezahlte Krankengeld ist im Rahmen von § 54 SGB I pfändbar (→ Rn. 22). Der pfändbare und damit abtretbare Teil des Krankengeldanspruchs darf aber nicht nach der Tagestabelle zu § 850c ZPO bestimmt werden.[21] Laufende oder einmalige[22] Bezüge aus **privaten Krankenversicherungen,** die ausschließlich oder zu einem wesentlichen Teil zu Unterstützungszwecken gewährt werden, sind nur bedingt pfändbar, wenn die Versicherungssumme 3 579 EUR nicht übersteigt (§ 850b I Nr. 4 ZPO). Sie beruhen auf einem besonderen Versicherungsvertrag. Dagegen sind Leistungen, die über den Unterstützungszweck hinausgehen, unbeschränkt pfändbar (uU eine Krankenhaustagegeldversicherung). Unpfändbar sind dagegen Erstattungsforderungen des Schuldners gegen die Krankenkasse (ärztliche Behandlung, Heil- und Hilfsmittel), da es sich insoweit um Auslagenersatz handelt. Gewährt der AG zum Krankengeld einen besonderen **Krankengeldzuschuss,** ist dieser wie Arbeitseinkommen Anspruch pfändbar. Dabei sind Krankengeld und Zuschuss zusammenzurechnen und der pfändbare Betrag allein dem Zuschuss zu entnehmen. Freiwillige Leistungen, auf die kein Rechtsanspruch besteht, sind kein Arbeitsentgelt. 12

12. Lohnsteuerjahresausgleich. a) Erstattung durch den Arbeitgeber. Nach § 42b EStG ist der AG berechtigt, seinen unbeschränkt einkommensteuerpflichtigen AN, die während des abgelaufenen Kalenderjahrs ständig in einem Dienstverhältnis gestanden haben, die für das Ausgleichsjahr einbehaltene Einkommensteuer insoweit zu erstatten, als sie die auf das Jahresarbeitsentgelt entfallende Steuer übersteigt (vgl. LStR Nr. 143). Führt der AG den Lohnsteuerjahresausgleich durch, gehört der Erstattungsanspruch vollstreckungsrechtlich nicht zum Arbeitseinkommen.[23] 13

b) Finanzverwaltung. Führt die Finanzverwaltung den Lohnsteuerjahresausgleich durch, muss der Erstattungsanspruch gegenüber dem Finanzamt gepfändet werden (§ 46 AO). Wegen des Grundsatzes der Abschnittsbesteuerung ist die Pfändung für Ansprüche künftiger Jahre nicht zulässig. Der Lohnsteuererstattungsanspruch für das Jahr 2021 kann daher erst 2022 gepfändet werden. Nach § 46 VI AO dürfen ein Pfändungs- und Überweisungsbeschluss oder eine Pfändungs- und Einziehungsverfügung nicht erlassen werden, bevor der Anspruch entstanden ist. Der Anspruch ist entstanden, sobald das Steuerjahr abgelaufen und die Überzahlung eingetreten ist. Ein entgegen diesem Verbot erwirkter Pfändungs- und Überweisungsbeschluss oder eine erwirkte Pfändungs- und Einziehungsverfügung sind nichtig. Auch eine noch im laufenden Steuerjahr vorgenommene Vorpfändung (→ § 85 Rn. 29) fällt unter das Verbot des § 46 VI AO. Zulässig ist aber die Ausfertigung und Übergabe der Vorpfändung an den Gerichtsvollzieher noch im laufenden Steuerjahr; lediglich die Zustellung an die Finanzbehörde darf erst am ersten Arbeitstag des neuen Jahres erfolgen. Nach der inzwischen gefestigten[24] Rspr. des BFH ist der Anspruch auf Erstattung von Lohnsteuer kein Arbeitseinkommen iSv § 850 ZPO. Es besteht deshalb kein Pfändungs- und Aufrechnungsverbot, selbst wenn das betreffende Arbeitseinkommen unter den Pfändungsgrenzen gelegen haben sollte.[25] Der Pfändungsgläubiger eines Lohnsteuererstattungsanspruchs ist nicht berechtigt, für den Vollstreckungsschuldner die Veranlagung zur Einkommensteuer zu beantragen, gegen einen Steuerbescheid Einspruch einzulegen oder 14

[19] BGH 5.4.2005 NJW-RR 2005, 1010.
[20] BGH 4.10.2005 FamRZ 2006, 203.
[21] BSG 13.5.1992 BSGE 70, 280 = NJW 1993, 811.
[22] LG Oldenburg 2.9.1982 JurBüro 1983, 778 = Rpfleger 1983, 33.
[23] *Stöber* Rn. 377; aA LAG Hamm 12.2.1988 NZA 1989, 529.
[24] Zuletzt BFH 15.12.2008 BFH/NV 2009, 715.
[25] BFH 29.1.2010 ZVI 2010, 393; 26.9.1995 BFH/NV 96, 281; *Stöber* Rn. 388; *Bengelsdorf* Rn. 112.

Klage zu erheben.[26] Nach Ansicht des BFH handelt es sich bei der Antragstellung insoweit um ein höchstpersönliches Gestaltungsrecht, das nicht von einem Dritten (dem Vollstreckungsgläubiger) ausgeübt werden kann.[27] Deshalb kann der Pfandgläubiger aufgrund des Pfändungs- und Überweisungsbeschlusses weder einen Anspruch auf Vornahme von Verfahrenshandlungen im Steuerfestsetzungsverfahren (§ 888 ZPO) durch einen Haftantrag gegen den Schuldner vollstrecken noch nach § 887 ZPO ermächtigt werden, Verfahrenshandlungen des Schuldners im Steuerfestsetzungsverfahren selbst vorzunehmen.[28] Im Pfändungs- und Überweisungsbeschluss kann lediglich angeordnet werden, dass der Schuldner die Lohnsteuerkarte herauszugeben hat (§ 836 III ZPO),[29] was aber wegen des fehlenden Antragsrechts für den Gläubiger ohne Wert ist. Ist zweifelhaft, ob der AG oder das Finanzamt den Jahresausgleich vornimmt, muss sowohl der Erstattungsanspruch gegenüber dem AG wie auch gegenüber dem Finanzamt gepfändet werden. Wird der Erstattungsanspruch beim Finanzamt gepfändet, sind nicht die Arbeitsgerichte, sondern die Finanzgerichte zuständig.

15 **13. Mehrarbeit (Überstunden).** Nach § 850a Nr. 1 ZPO sind die für die Leistung von Mehrarbeitsstunden gezahlten Teile des Arbeitseinkommens zur Hälfte unpfändbar. Mehrarbeit iSv § 850a Nr. 1 ZPO ist jede über die gesetzliche, tarifliche oder betriebliche Arbeitszeit hinaus geleistete Arbeit in einem Arbeitsverhältnis. Mehrarbeit kann auch die sonst nicht zu leistende Sonn- und Feiertagsarbeit sein. Die Mehrarbeitsvergütung (Grundvergütung und Zuschläge) ist zur Hälfte, bei Vollstreckung für Unterhaltsforderungen (§ 850d I ZPO) zu ¼ unpfändbar. Der AG hat also bei Festsetzung des Pfändungsfreibetrags durch das Gericht (§ 850d ZPO) die Mehrarbeitsstundenvergütung herauszurechnen. Wird für die Mehrarbeit eine Pauschale gezahlt, gilt der Pfändungsschutz entsprechend. Umstritten ist, ob die Mehrarbeitsvergütung dem AN brutto oder netto verbleiben muss. Im ersten Fall ist die Hälfte der Bruttovergütung dem AN auszuzahlen; die darauf entfallenden Steuern und Sozialversicherungsabgaben sind alsdann vom pfändbaren Betrag abzusetzen. Nach richtiger Meinung soll dem AN nur die Hälfte des **Nettobetrags** verbleiben. Vereinzelt ist auch die Auffassung vertreten worden, dass im Falle einer Nebenbeschäftigung (nicht bei Schwarzarbeit) die dort erzielte Vergütung Mehrarbeit im Sinne von § 850a ZPO ist.

16 **14. Mutterschutzleistungen.** Die vom AG fortzuzahlende Mutterschutzvergütung ist Arbeitseinkommen (§ 850 I ZPO). Die laufenden Geldleistungen der Krankenkassen sind dagegen nach § 54 SGB I beschränkt pfändbar. Der Anspruch auf Elterngeld oder vergleichbare Leistungen ist weitgehend unpfändbar (§ 54 III Nr. 1, 2 SGB I; → Rn. 22 ff.).

17 **15. Rentenzahlungen. a) Beschränkte Pfändbarkeit.** Nach § 850b ZPO ist die Zwangsvollstreckung in Renten und vergleichbare Bezüge des Schuldners beschränkt, soweit diese seiner Versorgung dienen. Die Vorschrift ist nicht lediglich auf Renten, Einkünfte oder Bezüge von AN oder Beamten anwendbar. § 850b ZPO knüpft nicht an den in § 850 II, III ZPO definierten Begriff des Arbeitseinkommens an, sondern erweitert den Pfändungsschutz für andersartige Einkünfte.[30] Sie werden als Renten oder rentenähnliche Bezüge wie Arbeitseinkommen behandelt, weil sie dem Lebensunterhalt des Schuldners zu dienen bestimmt sind. Anders als bei den in § 850a ZPO geregelten Fällen handelt es sich bei den in § 850b I Nrn. 1–4 ZPO aufgeführten Leistungen um relativ pfändbare Bezüge.

18 **b) Verfahren.** Bedingt pfändbare Bezüge sind solange unpfändbar, bis diese nach § 850b II ZPO vom Vollstreckungsgericht für pfändbar erklärt werden; dies gilt auch für die Pfändung durch bevorrechtigte Unterhaltsgläubiger. Die nach Abs. 1 grundsätzlich unpfändbaren Bezüge können nach den für Arbeitseinkommen geltenden Vorschriften nur dann gepfändet werden, wenn die Vollstreckung in das bewegliche Vermögen des Schuldners zu einer vollständigen Befriedigung nicht geführt hat oder voraussichtlich nicht führen wird und wenn die Pfändung nach den Umständen des Falls, insbesondere nach der Art des beizutreibenden Anspruchs und der Höhe der Bezüge der Billigkeit entspricht. Nur wenn feststeht, dass auch diese besonderen Voraussetzungen für die Pfändung vorliegen, darf die Pfändung der nach § 850b I ZPO grund-

[26] BFH 29.2.2000 NJW 2001, 462; 18.8.1998 NJW 1999, 1056.
[27] BGH 27.3.2008 NJW 2008, 1675 unter Aufgabe von BGH 12. 2003 NJW 2004, 954.
[28] BGH 27.3.2008 NJW 2008, 1675.
[29] LG Berlin 4.7.1994 NJW 1994, 3303; LG Münster 11.5.1995 MDR 1996, 528; aA LG Potsdam 28.5.2002 Rpfleger 2002, 530; LG Münster 9.8.2002 Rpfleger 2002, 632.
[30] BGH 15.7.2010 MDR 2010, 1081 = NZI 2010, 777.

sätzlich unpfändbaren Bezüge zugelassen werden.[31] Ihre Pfändung kann durch einen Blankettbeschluss (§ 850c III ZPO) bewirkt werden.[32] Zuständig ist grundsätzlich das Vollstreckungsgericht. § 850b ZPO ist im **Insolvenzverfahren** entsprechend anzuwenden, obwohl dies § 36 I 2 InsO nicht vorsieht.[33] Die Billigkeitsprüfung nach § 850b II ZPO obliegt dem Insolvenzgericht, wenn der Insolvenzverwalter beantragt, bedingt pfändbare Bezüge des Schuldners für pfändbar zu erklären, um sie wie Arbeitseinkommen zur Masse zu ziehen. Streiten Insolvenzverwalter und Schuldner allerdings um die Massezugehörigkeit von bedingt pfändbaren Einkünften des Schuldners oder ist die Frage der Pfändbarkeit im Rahmen eines Anfechtungsprozesses zu beantworten, muss die Billigkeitsentscheidung vom Prozessgericht getroffen werden.[34]

19 **c) Private Rentenzahlungen.** Geldrenten wegen einer Körperverletzung oder einer Gesundheitsbeschädigung sind nach § 850b I Nr. 1 ZPO bedingt pfändbar. Der Pfändungsschutz von solchen Geldrenten dient der Sicherung der Existenz des Schuldners. Es soll verhindert werden, dass er seine Existenzgrundlage verliert.[35] Die Vorschrift betrifft Bezüge, die aufgrund gesetzlicher (zB § 843 BGB, § 62 II HGB, § 8 HPflG, § 13 II StVG) oder vertraglicher[36] Grundlage (zB Berufsunfähigkeitszusatzrenten) gezahlt werden. Im Falle des Zusammentreffens mit Arbeitseinkommen ist eine Zusammenrechnung möglich, soweit die Rente wegen Erwerbsminderung gezahlt wird. Nach § 850b I Nr. 2 ZPO sind auch die auf Gesetz beruhenden Unterhaltsrenten relativ pfändbar. Dies betrifft die auf Geld gerichteten Ansprüche des getrennt lebenden Ehegatten (§ 1361 BGB), des früheren Ehegatten (§§ 1569 ff. BGB), der ehelichen und nichtehelichen Kinder und der sonstigen Verwandten (§§ 1589, 1601, 1615a BGB), der Unterhaltsanspruch der nichtehelichen Mutter (§ 1615l BGB) sowie der Taschengeldanspruch (§§ 1360, 1360a BGB).[37]

20 **d) Kleinstlebensversicherungen.** Lebensversicherungen sind nach § 850b Nr. 4 ZPO bedingt pfändbar, wenn sie nur auf den Todesfall des Versicherungsnehmers abgeschlossen sind und die Versicherungssumme 3 579 EUR nicht übersteigt.[38] Der Gesetzgeber will mit dieser Pfändungsschutzbestimmung solche Versicherungen erfassen, die dazu dienen, beim Tod des Versicherungsnehmers anfallenden Ausgaben, vor allem die Bestattungskosten, abzusichern (sog. Todesfallversicherungen). Damit erfasst die Vorschrift insbesondere Sterbegeldversicherungen, welche die eigenen Beerdigungskosten des Versicherten abdecken sollen, aber zugunsten eines Angehörigen abgeschlossen werden.[39] Die Beschränkung des Pfändungsschutzes ist auf reine Todesfallversicherungen beschränkt, bei denen – anders als bei Kapitallebensversicherungen – keine freie Verfügbarkeit über die Versicherungssumme besteht. Übersteigt die Versicherungssumme den Betrag von 3 579 EUR, ist der darüber hinausgehende Betrag uneingeschränkt pfändbar,[40] selbst wenn der Versicherungsnehmer zwischen einer Kapitalleistung und einer Versorgungsrente wählen kann.[41] Bei mehreren Versicherungen wird der Freibetrag nur einmal gewährt. Wird die Betragsgrenze von 3 579 EUR nicht überschritten, bleibt es bei der Unpfändbarkeit nach Nr. 4. Ansonsten ist der zuletzt abgeschlossene Vertrag, durch den die Grenze von 3 579 EUR überschritten wurde, insoweit pfändbar.[42]

21 **e) Private Altersvorsorge.** Durch das Gesetz zum Pfändungsschutz der Altersvorsorge vom 26.3.2007 (BGBl. I 368) sind Ansprüche auf Renten aus Kapitallebensversicherungen und privater Rentenversicherungen einem besonderen Pfändungsschutz unterstellt worden. Nach § 851c I ZPO unterliegen entsprechende Ansprüche unter den dort genannten Voraussetzungen dem gleichen Pfändungsschutz wie Arbeitseinkommen. Ansprüche aus Lebensversicherungen und privaten Rentenversicherungen sowie sämtliche Ansprüche auf Leistungen, die der privaten Altersvorsorge dienen, werden danach wie Arbeitseinkommen nach §§ 850–850i ZPO geschützt, wenn die Ver-

---

[31] BGH 19.3.2004 NJW 2004, 2450.
[32] BGH 5.4.2005 NJW-RR 2005, 869.
[33] BGH 15.7.2010 MDR 2010, 1081 = NZI 2010, 777.
[34] BGH 3.12.2009 NJW-RR 2010, 474.
[35] BGH 15.7.2010 MDR 2010, 1081 = NZI 2010, 777.
[36] BGH 25.1.1978 NJW 1978, 950; BFH 19.1.2006 BFH/NV 2006, 1044.
[37] Musielak/Voit/*Becker* ZPO § 850b Rn. 3 f.
[38] BGH 12.12.2007 NJW-RR 2008, 412.
[39] BGH 19.3.2009 ZInsO 2009, 915 = FamRZ 2009, 972.
[40] BFH 12.6.1991 NJW 1992, 527; BGH 12.12.2001 NJW 2002, 755; aA BSG 29.1.1997 SozR 3–4220 § 6 Nr. 4.
[41] BFH 31.7.2007 FamRZ 2007, 2068.
[42] AG Fürth 9.4.1981 VersR 1982, 59; aA MüKoZPO/*Smid* § 850b Rn. 14 (Verlust der Unpfändbarkeit für alle Verträge).

träge die Voraussetzungen des § 851c I Nrn. 1–4 ZPO (kumulativ) erfüllen. § 851c II ZPO schützt das für die Erlangung einer unpfändbaren Rente notwendige Deckungskapital; insoweit besteht ein doppelter Pfändungsschutz[43] (Rentenansprüche und Kapitalstock). Ein Pfändungsschutz der zum Aufbau des Deckungskapitals erforderlichen Beträge ist mit der Vorschrift nicht verbunden.[44] Schließt der AG für den AN eine Direktversicherung ab, wonach ein Teil der künftigen Entgeltansprüche durch Entgeltumwandlung für seine betriebliche Altersversorgung verwendet wird, liegt insoweit kein pfändbares Arbeitseinkommen vor;[45] weitere Einzelheiten zur Pfändung von betrieblichem Ruhegeld → § 275 Rn. 204.

22 **16. Sozialleistungsansprüche. a) Schutzbereiche.** Der Pfändungsschutz von Sozialleistungsansprüchen ist in § 54 I SGB I geregelt. Dabei sind zunächst fünf Schutzbereiche von § 54 SGB I zu unterscheiden. **(1)** Ansprüche auf Dienst- und Sachleistungen sind gem. Abs. 1 unpfändbar. **(2)** Unpfändbar sind auch **(a)** Ansprüche auf Elterngeld und vergleichbare Leistungen der Länder; **(b)** Mutterschaftsgeld nach § 13 MuSchG, soweit das Mutterschaftsgeld nicht aus einer Teilzeitbeschäftigung während der Elternzeit herrührt oder an Stelle von Arbeitslosenhilfe gewährt wird, bis zur Höhe des Elterngeldes; **(3)** Geldleistungen, die dafür bestimmt sind, den durch einen Körper- oder Gesundheitsschaden bedingten Mehraufwand auszugleichen (§ 54 III SGB I).[46] **(4)** Ansprüche auf einmalige Geldleistungen (→ Rn. 23) sind nach § 54 II SGB I nur im Rahmen der Billigkeit pfändbar. **(5)** Ansprüche auf laufende Geldleistungen (→ Rn. 24) sind wie Arbeitseinkommen ohne Abschlag für Minderbedarf pfändbar[47] (§ 54 IV SGB I). Ein Anspruch des Leistungsberechtigten auf Geldleistungen für Kinder kann nur wegen gesetzlicher Unterhaltsansprüche eines Kinds, das bei der Festsetzung der Geldleistungen berücksichtigt wird, gepfändet werden (vgl. § 54 V SGB I). Die Pfändung der Sozialleistungsansprüche erfolgt nach §§ 828 f. ZPO.

23 **b) Einmalige Geldleistungen.** Der Pfändungsschutz von sozialrechtlichen Ansprüchen auf einmalige Geldleistungen ist nicht § 850i ZPO, sondern § 850b ZPO (→ Rn. 59 f.) nachgebildet.[48] Ansprüche auf einmalige Sozialleistungen sind daher bedingt pfändbar, soweit dies der Billigkeit entspricht. Ein Anspruch auf eine einmalige Geldleistung ist dann gegeben, wenn der Leistungsträger nur einmalig verpflichtet ist, einen Geldbetrag auszuzahlen. Unerheblich ist dagegen, ob die Auszahlungsmodalität in Raten (§ 71 SGB VII), erfolgt. Hierzu zählen insbesondere Beitragsrückerstattungen, Kapital- und Rentenabfindungen, und ggf. Sterbegelder. Der Pfändungsschutz bei zweckgebundenen Leistungen (§ 851 ZPO) wird durch die Sonderregelung in § 54 II SGB I verdrängt. Die Billigkeitsprüfung wird durch das Vollstreckungsgericht angestellt. Zu deren Konkretisierung sind in § 54 II SGB I eine Reihe von Tatbestandsmerkmalen aufgeführt, die im Einzelfall zu berücksichtigen sind.

24 **c) Laufende Geldleistungen.** Ansprüche auf laufende Geldleistungen (vgl. §§ 48–50, 53 IV, 51 II SGB I) sind alle wiederkehrend zahlbaren Leistungen, auf ihre tatsächliche Auszahlung kommt es nicht an. Wiederkehrende Geldleistungen, insbesondere Sozialleistungen mit Lohnersatzfunktion (Arbeitslosen-, Kurzarbeiter-, Insolvenz- und Schlechtwettergeld) können wie Arbeitseinkommen unter Beachtung der Grenzen des § 850c ZPO gepfändet werden.[49] Auch künftige Altersrenten können gepfändet werden, wenn nur eine Rechtsbeziehung zwischen Schuldner und Drittschuldner besteht, aus der das künftige Recht nach seinem Inhalt und der Person des Drittschuldners bestimmt werden kann.[50] Ohne Bedeutung sind das Bestehen einer rentenrechtlichen Anwartschaft und das Alter des Schuldners. Allerdings ist das Antragsrecht ein höchstpersönliches Recht, das nicht der Pfändung der Rentenansprüche folgt. Bei der Pfändung zukünftiger Rentenansprüche ist das Recht auf Erteilung einer Rentenauskunft als unselbständiges Neben- oder Hilfsrecht durch den Pfändungs- und Überweisungsbeschluss mitgepfändet und überwiesen; die Vorschriften über das Sozialgeheimnis und den Datenschutz stehen dem nicht entgegen.[51] Nicht vor ihrem Entstehen pfändbar sind solche Ansprüche, bei denen ledig-

43 Musielak/Voit/*Becker* ZPO § 851c Rn. 1b.
44 BGH 12.5.2011 NJW-RR 2011, 1617.
45 BAG 30.7.2008 AP Nr. 1 zu § 287 ZPO; 17.2.1998 AP Nr. 14 zu § 850 ZPO = NZA 1998, 707.
46 Hierzu gehört die gesetzliche Verletztenrente nicht: BGH 20.10.2016 NJW 2017, 959.
47 BGH 6.2.2019 NJW-RR 2019, 446 (Verletztenrente); 12.12.2003 FamRZ 2004, 439 = MDR 2004, 471.
48 BT-Drs. VII/868, 32.
49 BGH 25.10.2012 NZA-RR 2013, 147; 25.11.2010 NJW-RR 2011, 706 (Alg. II).
50 BGH 10.10.2003 NJW 2003, 3774; 21.11.2002 NJW 2003, 1457.
51 AG Linz 4.12.2009 JurBüro 2010, 215.

lich eine Erwartung auf ihre Entstehung besteht (zB Krankengeld, Erwerbsunfähigkeitsrenten). Die Pfändbarkeit von Ansprüchen gegen die Pflegekassen ist für alle Kassen und Leistungen unterschiedlich zu beantworten.[52]

d) Verfahren. Die Pfändung erfolgt auf Antrag des Gläubigers durch Beschluss des Vollstreckungsgerichts. Schuldner ist der Leistungsberechtigte, während Drittschuldner regelmäßig der Leistungsträger ist. Bei Forderungen auf Kurzarbeitergeld, Wintergeld oder Winterausfallgeld soll der AG Drittschuldner (§§ 95, 102 SGB III) sein.[53] Hängt die Zulässigkeit einer Pfändung eines Anspruchs auf Geldleistungen davon ab, ob die Pfändung der Billigkeit entspricht, muss der Gläubiger Tatsachen zu den Billigkeitsgründen im Rahmen des ihm Zumutbaren angeben. Umstr. aber zu verneinen ist, ob der Leistungsträger vor der Entscheidung über die Pfändung gehört werden muss. Zwischenverfügungen des Leistungsberechtigten sind nach allgemeinem Vollstreckungsrecht unwirksam. Treffen Sozialleistungsansprüche mit Ansprüchen auf Arbeitsentgelt zusammen, erfolgt für die Berechnung der pfändbaren Bezüge auf Antrag des Gläubigers eine Zusammenrechnung, wenn der Anspruch überhaupt pfändbar ist und eine Gesamtabwägung ergibt, dass die Zusammenrechnung der Billigkeit entspricht (§ 850e ZPO); die Vorschrift ist auch bei einer Abtretung[54] und beim Zusammentreffen von ausländischen mit inländischen gesetzlichen Renten[55] entsprechend anzuwenden. Der unpfändbare Geldbetrag ist der Leistung zu entnehmen, die die wesentliche Lebensgrundlage des Schuldners darstellt. Werden Sozialleistungen auf ein Konto des Schuldners überwiesen, richtet sich der Pfändungsschutz seit dem 1.1.2012 allein nach § 850k ZPO (→ § 89 Rn. 5). 25

17. Trinkgelder. Darf der AN Teile des kassierten Gelds (zB Trinkgelder) für sich behalten, werden auch diese von einer Pfändung des Arbeitsentgelts erfasst. Der AG muss deren Herausgabe notfalls unter Kündigungsandrohung vom AN zum Zwecke einer korrekten Berechnung der gepfändeten Vergütung verlangen.[56] Da ein Kellner im Hinblick auf das unmittelbar vorher vereinnahmte Trinkgeld lediglich Besitzdiener seines AG ist, darf er das Trinkgeld erst nach erfolgter Abrechnung behalten. Erst dann ist eine Taschenpfändung zulässig.[57] 26

18. Urlaubsvergütung. Das während des Urlaubs vom AG **fortzuzahlende Entgelt** (Urlaubsentgelt, §§ 7 I, 11 BUrlG) und die nach Beendigung des Arbeitsverhältnisses entstehende Urlaubsabgeltung (§ 7 IV BUrlG) stellen Arbeitseinkommen des Schuldners dar.[58] Da das BAG den Urlaub als Freistellung von der Arbeit versteht, ist das zu zahlende Entgelt nichts anderes als die vereinbarte Arbeitsvergütung. Dies gilt nach Ansicht des Gerichts auch für den anstelle des Urlaubs tretenden Abgeltungsanspruch. Urlaubsentgelt und -abgeltung sind damit im Rahmen des Pfändungsschutzes pfändbar (→ § 104 Rn. 154)[59] und werden von einem auf Arbeitseinkommen lautenden Pfändungs- und Überweisungsbeschluss erfasst. Dies gilt gleichermaßen für den Urlaubsentschädigungsanspruch im Baugewerbe (§ 8 Nr. 8 BRTV-Bau). Wird die Urlaubsabgeltung nach Beendigung des Arbeitsverhältnisses gezahlt, ist sie bei monatlicher Abrechnung nicht dem letzten Monat seines Bestehens, sondern dem Folgemonat zuzurechnen.[60] Das **zusätzlich gezahlte Urlaubsgeld** ist absolut unpfändbar, soweit es den Rahmen des Üblichen nicht übersteigt (§ 850a Nr. 2 ZPO); dies gilt auch dann, wenn das Urlaubsgeld in den vorgegebenen Grenzen eine erhebliche Höhe erreicht.[61] Die Üblichkeit ist anhand der Verhältnisse in gleichartigen Unternehmen zu prüfen. Darlegungen zu konkreten urlaubsbedingten Mehraufwendungen sind nicht erforderlich.[62] 27

19. Vermögenswirksame Leistungen, Riester-Rente. Hat der AN mit seinem AG vereinbart, dass dieser monatlich Teile seiner Arbeitsvergütung vermögenswirksam anlegt (§ 11 I 5. VermBG; dazu → § 80 Rn. 55), sind diese Beträge unpfändbar (§ 851 I ZPO, § 399 BGB, § 2 VII 2 5. VermBG), dies gilt auch für die Arbeitnehmer-Sparzulage (§ 13 III 2 5. VermBG). 28

[52] Vgl. *Sauer/Meiendresch* NJW 1996, 765.
[53] Vgl. LG Dortmund 19.5.1981 ZIP 1981, 783.
[54] BGH 19.5.2009 ZIP 2009, 2120 = NJW-RR 2010, 211.
[55] BGH 18.9.2014 NJW-RR 2014, 1459 (Analogie).
[56] LAG Düsseldorf 8.6.1972 DB 1972, 1540.
[57] LG Kaiserslautern 30.12.2008 DGVZ 2009, 165.
[58] Dazu *Pfeifer* NZA 1996, 738.
[59] BAG 28.8.2001 AP Nr. 80 zu § 7 BUrlG Abgeltung = NZA 2002, 323 (Urlaubsabgeltung); 20.6.2000 AP Nr. 28 zu § 7 BUrlG = NZA 2001, 100 (Urlaubsentgelt).
[60] BAG 28.8.2001 AP Nr. 80 zu § 7 BUrlG Abgeltung = NZA 2002, 323.
[61] BGH 26.4.2012 NJW-RR 2012, 825 (keine Anwendung der Grenze des § 850a Nr. 4 ZPO).
[62] LAG Nürnberg 7.11.2006 LAGE § 850a ZPO 2002 Nr. 1; zur Berechnung des unpfändbaren Teils des Einkommens LAG Bln 14.1.2000 NZA-RR 2000, 657; allgemein *Beetz* ZVI 2008, 244.

Der Gläubiger kann den Rückzahlungsanspruch des Sparvertrags pfänden. Aufgrund des Pfandrechts hat er keine Möglichkeit, die vorzeitige Beendigung des Vertrags zu erreichen, da die Kündigungsmöglichkeit dem Schuldner vorbehalten ist.[63] Ist die Arbeitsvergütung gepfändet, bevor der AN mit seinem AG die vermögenswirksame Anlage eines Teils seines Arbeitseinkommens vereinbart hat, geht die Entgeltpfändung im Rang vor; Vereinbarungen über die Anlage von vermögenswirksamen Leistungen sind dem Gläubiger gegenüber unwirksam. Angelegt werden können nur etwaige Überschüsse oder mit Einverständnis des AN unpfändbare Beträge. Ist der AG kraft Gesetzes oder kollektivrechtlicher Vereinbarung verpflichtet, zusätzliche vermögenswirksame Leistungen an den AN zu erbringen, sind diese Leistungen zweckbestimmt und ebenso nach § 851 ZPO unpfändbar. Die Leistungen sind nach umstr. Ansicht bei der Berechnung des pfändbaren Einkommens nicht zu berücksichtigen, da der AN sie sich vorzeitig nicht beschaffen kann und der Pfändungsschutz seinem Existenzminimum dienen soll. Die **Arbeitnehmer-Sparzulage** gilt nach § 13 III, IV 5. VermBG zwar nicht als Arbeitseinkommen, unterliegt aber wegen der Regelung in § 13 III 2 5. VermBG gleichfalls nicht der Pfändung.[64] Für den Pfändungsschutz von Leistungen aus einem steuerlich gefördertem **Altersvorsorgevermögen** gilt § 851d ZPO; vor Leistungsbeginn ist das angesparte Kapitals eines zertifizierten Altersvorsorgevertrags nicht der Pfändung unterworfen.[65]

29 **20. Vorschuss.** Ihn darf der AG ohne Rücksicht auf die Pfändungsgrenzen im Wege der Verrechnung von der verdienten Vergütung in Abzug bringen; insoweit bedarf es auch keiner Aufrechnungserklärung.[66] Allerdings muss die Leistung eindeutig als Vorschuss vereinbart worden sein. Vor Zustellung eines Pfändungs- und Überweisungsbeschlusses gezahlte Vorschüsse werden nach der Rspr. auf den pfändungsfreien Betrag angerechnet.[67] Bei der Berechnung des pfändbaren Betrags ist das um den Vorschuss verminderte Resteinkommen zugrunde zu legen.[68]

30 **21. Weihnachtsgratifikation.** Nach § 850a Nr. 4 ZPO sind Weihnachtsgratifikationen, auf die ein Rechtsanspruch besteht, wegen ihrer Zweckbindung bis zur Hälfte des monatlichen Arbeitseinkommens, höchstens aber bis zum Betrag von 500 EUR unpfändbar. Bei Vollstreckung wegen gesetzlicher Unterhaltsansprüche ist nur die Hälfte dieses Betrags unpfändbar (§ 850d I ZPO). Ein Rechtsanspruch auf eine Gratifikation besteht bei einer tarif- bzw. einzelvertraglichen Vereinbarung oder in einer Betriebsvereinbarung sowie aufgrund betrieblicher Übung bzw. Gleichbehandlung. Er besteht auch dann, wenn der AG die Gratifikation aufgrund eines unwirksamen Vorbehalts zahlt oder für das betreffende Jahr eine Gratifikation verbindlich in Aussicht gestellt hat. Als „Weihnachtsgratifikation" iSd § 850a Nr. 4 ZPO gilt nicht nur das vom AG als Beitrag zu den erhöhten Aufwendungen des AN geleistete Entgelt, sondern auch ein solches für erbrachte Arbeit, sofern es aus Anlass des Weihnachtsfestes gezahlt wird.[69] Liegt der Auszahlungszeitpunkt der Zuwendung im Zeitraum November/Dezember, ist dies als Indiz für eine Leistung des AG auf die zu Weihnachten typischerweise erhöhten Aufwendungen des Schuldners anzusehen.[70] Die Verbindung der Gratifikationsgewährung mit Rückzahlungsvorbehalten bei einem vorzeitigen Ausscheiden des AN im Folgejahr oder eine ergebnisorientierte Höhe des Anspruchs sind für den Pfändungsschutz des § 850a Nr. 4 ZPO unerheblich.[71] Bezieht der AN Tage- oder Wochenlohn, ist die Vergütung zur Berechnung der unpfändbaren Weihnachtsgratifikation auf einen monatlichen Bezug umzurechnen. Bei dem in § 850a Nr. 4 ZPO genannten Betrag handelt es sich um einen Bruttobetrag. Der nach Abzug des unpfändbaren Betrags noch pfändbare Teil der Weihnachtsgratifikation wird dem Arbeitseinkommen im Auszahlungsmonat zugeschlagen. Auch bei der Rückforderung einer Zuwendung durch Einbehalt der Arbeitsvergütung sind die Pfändungsfreigrenzen zu beachten;[72] etwas anderes gilt nur, wenn die Gratifikation nur als Vorschuss (→ Rn. 29) gezahlt worden ist.

31 **22. Zulagen.** Siehe unter Aufwendungsersatz (→ Rn. 4).

---

[63] AA LG Essen 15.11.1972 MDR 1973, 323; AG Hildesheim 31.1.1973 DB 1973, 1807.
[64] BAG 23.7.1976 AP Nr. 1 zu § 12 3. VermBG = NJW 1977, 75 (Pfändbarkeit nach dem 3. VermBG).
[65] BGH 16.11.2017 NJW 2018, 1166 (nach § 851 I ZPO iVm § 399 BGB).
[66] BAG 15.12.2000 AP Nr. 31 zu § 394 BGB; 15.3.2000 AP Nr. 24 zu §§ 22, 23 BAT Zuwendungs-TV; einschr. LAG RhPf 24.4.2007 – 9 SaGa 1/07 (§ 850d ZPO anwendbar).
[67] BAG 11.2.1987 AP Nr. 11 zu § 850 ZPO = NZA 1987, 485.
[68] *Hock/Hock* Lohnpfändung Rn. 489.
[69] BAG 18.5.2016 AP Nr. 6 zu § 850a ZPO = NZA 2016, 840; 14.3.2012 NZA 2012, 1246.
[70] BAG 18.5.2016 AP Nr. 6 zu § 850a ZPO = NZA 2016, 840 (verneint bei § 20 TVöD).
[71] AA *Bengelsdorf* Rn. 358.
[72] BAG 25.9.2002 AP Nr. 27 zu §§ 22, 23 BAT Zuwendungs-TV = NZA 2003, 617.

2. Abschnitt. Das Arbeitsverhältnis in der Insolvenz

§ 91. Arbeitsrecht in der Insolvenz

Übersicht

I. Rechtsgrundlagen

1 Das Insolvenzrecht wird durch die am 1.1.1999 in Kraft getretene **Insolvenzordnung** vom 5.10.1994 (BGBl. I 2866) mit spät. Änd. geregelt. **Unionsrechtlich** ist grundsätzlich die Verordnung (EG) des Rates über Insolvenzverfahren (Nr. 1346/2000) vom 29.5.2000 (ABl. EG L 160, 1) und spät. Änd., die am 31.5.2002 in Kraft getreten ist, zu beachten. Für Arbeitsverhältnisse ergeben sich aus dieser Verordnung jedoch keine besonderen Rechtsfolgen, weil nach Art. 13 der VO für die Wirkungen des Insolvenzverfahrens auf einen Arbeitsvertrag und auf das Arbeitsverhältnis ausschließlich das Recht des Mitgliedstaats gilt, das auf den Arbeitsvertrag anzuwenden ist. Entscheidend sind damit die Kollisionsnormen, nach denen sich auch ansonsten das anwendbare Recht bestimmt (Art. 3 und 8 Rom I-VO bzw. bis zum 17.12.2009 Art. 27 ff. EGBGB; dazu → § 7 Rn. 1 ff.).[1] Der Begriff des Arbeitsvertrags ist unionsrechtsautonom auszulegen. Maßgeblich sind zum einen die Rechtsprechung des EuGH zu Art. 5 Nr. 1 (Hs. 1) EuGVÜ, zu Art. 18 EuGVVO sowie Art. 20 Brüssel Ia-VO und zum anderen der primärrechtliche Arbeitnehmer- und Arbeitsvertragsbegriff, wie er unter Art. 45 AEUV Gültigkeit hat.[2] Von arbeitsrechtlicher Bedeutung ist allerdings die Richtlinie 2008/94/EG des Europäischen Parlaments und des Rates vom 22.10.2008 über den Schutz der AN bei Zahlungsunfähigkeit des AG. Das **internationale Insolvenzrecht** ist in den §§ 335 ff. InsO geregelt.

II. Eröffnungsverfahren

2 **1. Antragsrecht und Antragspflicht. a) Antragsberechtigte und Antragsfrist.** Das Insolvenzverfahren wird auf Antrag eingeleitet. Antragsberechtigt sind der Gläubiger und der Schuldner. Der Antrag kann zurückgenommen werden, bis das Insolvenzverfahren eröffnet oder der Antrag rechtskräftig abgewiesen ist (§ 13 InsO). Das Antragsrecht der Gläubiger ist in § 14 InsO, das der Vertretungsorgane in §§ 15, 15a InsO geregelt. Wird eine juristische Person zahlungsunfähig oder überschuldet, haben die Mitglieder des Vertretungsorgans oder die Abwickler gem. § 15a I InsO ohne schuldhaftes Zögern, spätestens drei Wochen nach Eintritt der Zahlungsunfähigkeit (→ Rn. 6) und sechs Wochen nach Eintritt der Überschuldung (→ Rn. 7) einen Eröffnungsantrag zu stellen. Wenn ersichtlich ist, dass Sanierungsbemühungen keine Erfolgsaussichten (mehr) haben, ist der Insolvenzantrag umgehend zu stellen.[3]

[1] HK-InsO/*Dornblüth* EuInsVO Art. 13 Rn. 1.
[2] Mankowski/Müller/Schmidt/*Mankowski* EuInsVO Art. 13 Rn. 5.
[3] *Gehrlein* BB 2021, 66 (79).

3 **b) Zuständigkeit.** Ausschließlich örtlich zuständig ist grundsätzlich das Insolvenzgericht, in dessen Bezirk der Schuldner seinen allgemeinen Gerichtsstand hat (§ 3 InsO). Daneben gibt es für die Unternehmensgruppe iSd § 3e InsO in §§ 3a ff. InsO Sonderregelungen.

4 **c) Entscheidungen des Insolvenzgerichts.** Die Entscheidungen des Insolvenzgerichts unterliegen nur in den Fällen einem Rechtsmittel, in denen die InsO die sofortige Beschwerde vorsieht (§ 6 InsO). Maßnahmen des Insolvenzgerichts, welche die Entscheidung über die Eröffnung des Verfahrens lediglich vorbereiten, sind grundsätzlich nicht beschwerdefähig. Eine Ausnahme von diesem Grundsatz gilt allerdings dann, wenn die Anordnung des Insolvenzgerichts in das Grundrecht des Betroffenen auf Unverletzlichkeit der Wohnung (Art. 13 GG) eingegriffen hat. In diesen Fällen erfordert das Gebot des effektiven Rechtsschutzes (Art. 19 IV GG) die Möglichkeit einer gerichtlichen Überprüfung des Eingriffs.[4]

5 **d) Anhörung des Schuldners.** Zu dem Insolvenzantrag ist der Schuldner zu hören. Ist der Antrag zulässig, hat der Schuldner die Auskünfte zu geben, die zur Entscheidung über den Antrag notwendig sind (§ 20 InsO). Das Insolvenzgericht kann schon im Eröffnungsverfahren Sicherungsmaßnahmen anordnen (§ 21 InsO).

6 **2. Eröffnungsgrund. a) Zahlungsunfähigkeit.** Die Eröffnung des Insolvenzverfahrens setzt voraus, dass im Zeitpunkt der Eröffnung ein Eröffnungsgrund gegeben ist (§ 16 InsO).[5] Allgemeiner Eröffnungsgrund ist die Zahlungsunfähigkeit. Der Schuldner ist zahlungsunfähig, wenn er nicht in der Lage ist, die fälligen Zahlungen zu erbringen und diese einstellt (§ 17 II 2 InsO). Zahlungseinstellung ist dasjenige nach außen hervortretende Verhalten des Schuldners, in dem sich typischerweise ausdrückt, dass er nicht in der Lage ist, seine fälligen Zahlungspflichten zu erfüllen. Es muss sich mindestens für die beteiligten Verkehrskreise der berechtigte Eindruck aufdrängen, dass der Schuldner außerstande ist, seinen fälligen Zahlungsverpflichtungen zu genügen. Die tatsächliche Nichtzahlung eines erheblichen Teils der fälligen Verbindlichkeiten reicht für eine Zahlungseinstellung aus.[6] Das gilt selbst dann, wenn tatsächlich noch geleistete Zahlungen beträchtlich sind, aber im Verhältnis zu den fälligen Gesamtschulden nicht den wesentlichen Teil ausmachen. Die Nichtzahlung einer einzigen Verbindlichkeit kann eine Zahlungseinstellung begründen, wenn die Forderung von insgesamt nicht unbeträchtlicher Höhe ist. Eigene Erklärungen des Schuldners, fällige Verbindlichkeiten nicht begleichen zu können, deuten ebenfalls auf eine Zahlungseinstellung hin, auch wenn sie mit einer Stundungsbitte versehen sind.[7] Eine **vorübergehende Zahlungsunfähigkeit,** die sich voraussichtlich innerhalb kurzer Zeit beheben lässt, gilt lediglich als Zahlungsstockung und stellt daher keinen Insolvenzeröffnungsgrund dar. Als Zahlungsstockung ist nur eine Illiquidität anzusehen, die den Zeitraum von drei Wochen nicht übersteigt.[8] Keine Zahlungsstockung, sondern Zahlungsunfähigkeit liegt vor, wenn die innerhalb von drei Wochen nicht zu beseitigende Liquiditätslücke des Schuldners 10% überschreitet, sofern nicht ausnahmsweise mit an Sicherheit grenzender Wahrscheinlichkeit zu erwarten ist, dass die Liquiditätslücke demnächst vollständig oder fast vollständig beseitigt werden wird und den Gläubigern ein Zuwarten nach den besonderen Umständen des Einzelfalles zuzumuten ist.[9] Die Zahlungsunfähigkeit kann dabei, wie § 17 II 2 InsO verdeutlicht, nicht nur im Wege der Ermittlung der Unterdeckung für einen bestimmten Zeitraum, sondern auch mit Hilfe von Indiztatsachen festgestellt werden. Sind derartige Indizien vorhanden, bedarf es einer darüber hinaus gehenden Darlegung und Feststellung der genauen Höhe der gegen den Schuldner bestehenden Verbindlichkeiten oder einer Unterdeckung von mindestens 10% nicht.[10] Befindet sich der Schuldner mit fälligen **Gesamtsozialversicherungsbeiträgen** von mehr als sechs Monaten im Rückstand, hat der Gläubiger den Insolvenzgrund der Zahlungsunfähigkeit in der Regel glaubhaft gemacht.[11] Der Schuldner, dagegen nicht der Gläubiger, kann die Eröffnung des Insolvenzverfahrens auch beantragen, wenn die **Zahlungsunfähigkeit droht** (§ 18 InsO). Der Schuldner droht zahlungsunfähig zu werden, wenn er voraussichtlich nicht in der Lage sein wird, die bestehenden Zahlungspflichten im Zeitpunkt der Fälligkeit zu erfüllen. In aller Regel ist ein Prognosezeitraum von 24 Monaten zugrunde zu legen (§ 18 II InsO). Ziel der Regelung ist, gefährdeten Unternehmen frühzeitig den Zugang zu einer

[4] BGH 4.3.2004 NJW 2004, 2015.
[5] BGH 27.7.2006 NJW 2006, 3553.
[6] BGH 30.6.2011 NJW-RR 2011, 1413.
[7] BGH 5.3.2020 NZI 2020, 520.
[8] BGH 24.5.2005 NJW 2005, 3062.
[9] BGH 17.11.2016 NJW-RR 2017, 107.
[10] BGH 7.5.2015 NJW 2015, 2113.
[11] BGH 13.6.2006 NJW-RR 2006, 1422.

an den Eintritt der drohenden Zahlungsunfähigkeit geknüpften Restrukturierung zu eröffnen.[12] Bei einer juristischen Person ist neben der Zahlungsunfähigkeit die Überschuldung Eröffnungsgrund (§ 19 I InsO).

b) Überschuldung. Überschuldung iSv § 19 II InsO liegt vor, wenn das Vermögen des Schuldners die bestehenden Verbindlichkeiten nicht mehr deckt, es sei denn, die Fortführung des Unternehmens in den nächsten zwölf Monaten ist nach den Umständen überwiegend wahrscheinlich. Zweck der zeitlichen Begrenzung ist, noch nicht überschuldeten, aber drohend zahlungsunfähigen Unternehmen den Zugang zu einer Restrukturierung zu erleichtern.[13] Die Begrenzung des Prognosezeitraums auf zwölf Monate führt dazu, dass der tatbestandliche Überschneidungsbereich mit der drohenden Zahlungsunfähigkeit (§ 18 InsO), für die ein Zeitraum von 24 Monaten maßgeblich ist, reduziert wird.[14] Durch **§ 4 COVInsAG** ist der Prognosezeitraum für die Überschuldungsprüfung auf vier Monaten verkürzt, wenn die Überschuldung des Schuldners auf die COVID-19-Pandemie zurückzuführen ist. Dies wird vermutet, wenn der Schuldner am 31.12. 2019 nicht zahlungsunfähig war, in dem letzten, vor dem 1.1.2020 abgeschlossenen Geschäftsjahr ein positives Ergebnis aus der gewöhnlichen Geschäftstätigkeit erwirtschaftet hat und der Umsatz aus der gewöhnlichen Geschäftstätigkeit im Kalenderjahr 2020 im Vergleich zum Vorjahr um mehr als 30% eingebrochen ist. Bei der Bewertung des Vermögens des Schuldners ist die Fortführung des Unternehmens zugrunde zu legen, wenn diese nach den Umständen überwiegend wahrscheinlich ist (§ 19 II InsO). Es ist damit eine **zweistufige Überschuldensprüfung** vorzunehmen. Aus dem Aufbau des § 19 II InsO folgt, dass die Prüfung nach Liquidationswerten in Satz 1 den Regelfall und die nach Fortführungswerten in Satz 2, die eine positive Fortführungsprognose voraussetzt, den Ausnahmefall darstellt.[15] Dabei kann eine positive Fortführungsprognose allerdings für sich allein eine Insolvenzreife des Schuldners nicht ausräumen. Sie ist vielmehr lediglich für die Bewertung seines Vermögens nach Fortführungs- oder Liquidationswerten von Bedeutung.[16] Die rechnerische Überschuldung ist grundsätzlich auf der Grundlage einer Überschuldungsbilanz festzustellen, in der die stillen Reserven aufzudecken und Vermögenswerte der Gesellschaft mit ihren aktuellen Liquidationswerten auszuweisen sind. Eine rechnerische Überschuldung kann auch aus der Indizwirkung geschlossen werden, die einer Handelsbilanz zukommen kann, wenn sich aus ihr ein nicht durch Eigenkapital gedeckter Fehlbetrag ergibt.[17] Aus dem Gesetzeswortlaut des § 19 II 2 InsO ergibt sich des Weiteren, dass eine günstige Fortführungsprognose sowohl den Fortführungswillen des Schuldners bzw. seiner Organe als auch die objektive – grundsätzlich aus einem aussagekräftigen Unternehmenskonzept (sog. Ertrags- und Finanzplan) herzuleitende – Überlebensfähigkeit des Unternehmens voraussetzt.[18] 7

3. Sicherungsmaßnahmen im Insolvenzverfahren. Nach § 21 InsO hat das Insolvenzgericht alle Maßnahmen zu treffen, die erforderlich erscheinen, um bis zur Entscheidung über den Antrag eine dem Gläubiger nachteilige Veränderung in der Vermögenslage des Schuldners zu verhüten (§ 21 InsO). Wird gem. § 21 II Nr. 2 Alt. 1 InsO ein **sog. starker vorläufiger Verwalter** bestellt, rückt dieser in die Arbeitgeberfunktion ein, denn nach § 22 I InsO geht im Falle eines allgemeinen Verfügungsverbots die Verwaltungs- und Verfügungsbefugnis über das Vermögen des Schuldners auf den vorläufigen Verwalter über.[19] Wird ein vorläufiger Verwalter bestellt, dem Schuldner jedoch nicht gem. § 21 II Nr. 2 Alt. 1 InsO ein allgemeines Verfügungsverbot auferlegt – **sog. schwacher vorläufiger Verwalter** – verbleiben die Arbeitgeberfunktionen beim Schuldner. Dieser ist daher nach wie vor kündigungsbefugt. Das gilt auch dann, wenn das Insolvenzgericht nach § 21 II Nr. 2 Alt. 2 InsO bestimmt, dass Verfügungen des Schuldners über Gegenstände seines Vermögens nur noch mit Zustimmung des vorläufigen Verwalters wirksam sind.[20] Begründet der Schuldner ohne Zustimmung des schwachen vorläufigen Insolvenzverwalters ein Dienstverhältnis, besteht dies nach Auffassung des BGH gem. § 108 InsO fort, weil der Zustimmungsvorbehalt den Abschluss rechtswirksamer Verpflichtungsgeschäfte durch den Schuldner während des Eröffnungsverfahrens nicht verhindert.[21] 8

---

[12] *Gehrlein* BB 2021, 66 (81).
[13] *Desch* BB 2020, 2498 (2499).
[14] *Gehrlein* BB 2021, 66 (81).
[15] BGH 18.10.2010 DB 2010, 2661.
[16] BGH 5.2.2007 NJW-RR 2007, 759.
[17] BGH 19.11.2019 NZI 2020, 167.
[18] BGH 9.10.2006 BB 2007, 125.
[19] MüKoInsO/*Haarmeyer/Schildt* § 22 Rn. 110; Gottwald/Haas InsR-HdB/*Bertram/Künzl* § 102 Rn. 22.
[20] BAG 10.10.2002 AP Nr. 1 zu § 21 InsO = NZA 2003, 909.
[21] BGH 18.7.2002 NJW 2002, 3326; offengelassen von BAG 10.4.2008 AP Nr. 1 zu § 295 InsO = NZA 2008, 1127.

9 **4. Entscheidung über den Eröffnungsantrag. a) Abweisung des Insolvenzantrags.** Das Insolvenzgericht weist den Antrag auf Eröffnung des Insolvenzverfahrens ab, wenn das Vermögen des Schuldners voraussichtlich nicht ausreichen wird, um die Kosten des Verfahrens zu decken (§ 26 InsO). Kosten des Insolvenzverfahrens sind **(1)** die Gerichtskosten für das Insolvenzverfahren, **(2)** die Vergütung und die Auslagen des vorläufigen Insolvenzverwalters, des Insolvenzverwalters und der Mitglieder des Gläubigerausschusses (§ 54 InsO). Die Schuldner, bei denen das Verfahren mangels Masse abgewiesen wird, sind in ein Schuldnerverzeichnis einzutragen (§ 26 II InsO).

10 **b) Eröffnung des Insolvenzverfahrens.** Wird das Insolvenzverfahren eröffnet, ernennt das Insolvenzgericht einen Insolvenzverwalter. Der Eröffnungsbeschluss enthält Name und Gewerbe des Schuldners, Name und Anschrift des Insolvenzverwalters sowie die Stunde der Eröffnung. In der ersten Gläubigerversammlung können die Gläubiger einen anderen Insolvenzverwalter wählen (§ 57 InsO). Der Eröffnungsbeschluss ist gem. § 30 II InsO den Gläubigern und Schuldnern des Schuldners sowie dem Schuldner selbst zuzustellen. Darüber hinaus ist der Eröffnungsbeschluss nach § 30 I InsO öffentlich bekannt zu machen (§ 9 InsO; **www.insolvenzbekanntmachungen.de**). Durch die Eröffnung des Insolvenzverfahrens geht die Verwaltungs- und Verfügungsbefugnis über das Vermögen auf den Verwalter über (§ 80 InsO). Dieser rückt damit in die Arbeitgeberstellung der nach § 108 I 1 InsO fortbestehenden Arbeitsverhältnisse ein[22] und übt das Kündigungsrecht nach Maßgabe des § 113 InsO aus.[23] Die Gläubiger haben ihre Forderungen beim Verwalter anzumelden (§ 174 InsO).

11 **c) Auswahl des Insolvenzverwalters.** Bei der Auswahl des Insolvenzverwalters räumt § 56 I InsO dem zuständigen Insolvenzrichter ein weites Auswahlermessen ein. Hierdurch soll vorrangig eine Entscheidung unter angemessener Berücksichtigung der unterschiedlichen Interessen der Gläubiger und des Schuldners ermöglicht werden. Zu berücksichtigen sind ferner die durch Art. 3 I GG geschützten Interessen der als Insolvenzverwalter geeigneten Bewerber. Für diese besteht im Rahmen der Bestellung zum Insolvenzverwalter ein Anspruch auf pflichtgemäße Ermessensausübung. Jeder Bewerber um das Amt des Insolvenzverwalters muss eine faire Chance haben, entsprechend seiner Eignung berücksichtigt zu werden.[24] Wird ein Bewerber von der Justizverwaltungsbehörde als generell persönlich und fachlich geeignet angesehen, zum Insolvenzverwalter bestellt zu werden, ist er in eine Liste einzutragen. Die Aufnahme in die Liste kann ihm nicht verweigert werden; ein weitergehendes Auswahlermessen besteht nicht. Ein Ermessen des zuständigen Insolvenzrichters besteht erst dann, wenn es darum geht, aus dem Kreis der in der Liste geführten Kandidaten denjenigen auszuwählen, den er im Einzelfall für am besten geeignet hält, um ihm das Amt des Insolvenzverwalters zu übertragen. Die Auswahl und Bestellung eines Insolvenzverwalters ist als Justizverwaltungsakt nach §§ 23 ff. EGGVG überprüfbar.[25]

12 **d) Masseunzulänglichkeit.** Stellt sich nach Eröffnung des Insolvenzverfahrens heraus, dass die Insolvenzmasse nicht ausreicht, um die Kosten des Verfahrens zu decken, stellt das Insolvenzgericht das Verfahren ein. Die Einstellung unterbleibt, wenn ein ausreichender Geldbetrag vorgeschossen wird (§ 207 InsO). Sind dagegen die Kosten des Insolvenzverfahrens gedeckt, reicht die Insolvenzmasse jedoch nicht aus, um die fälligen sonstigen Masseverbindlichkeiten zu erfüllen, hat der Insolvenzverwalter gem. § 208 InsO dem Gericht Masseunzulänglichkeit anzuzeigen (dazu → § 92 Rn. 22). Gleiches gilt, wenn die Masse voraussichtlich nicht ausreichen wird. Auch nach Masseunzulänglichkeit hat der Verwalter die Masse weiter zu verwerten. Nach Anzeige der Masseunzulänglichkeit ist die Vollstreckung von Masseverbindlichkeiten unzulässig (§ 210 InsO). Für die Erfüllung der Masseverbindlichkeiten greift der Verteilungsschlüssel des § 209 InsO.

13 **5. Berichtstermin und Gläubigerversammlung.** Im Eröffnungsbeschluss bestimmt das Gericht den Berichtstermin, der längstens innerhalb von drei Monaten stattfinden muss (§ 29 InsO). Im Berichtstermin beschließt die Gläubigerversammlung über den Fortgang des Insolvenzverfahrens. Der Verwalter hat über die wirtschaftliche Lage des Schuldners und ihre Ursa-

[22] GmS-OGB 27.9.2010 DB 2010, 2722; BAG 21.11.2013 AP Nr. 3 zu § 35 InsO = NZA 2014, 276; Jaeger/*Windel* InsO § 80 Rn. 108; MüKoInsO/*Caspers* Vor §§ 113 bis 128 Rn. 10.

[23] MüKoInsO/*Ott/Vuia* § 80 Rn. 122.

[24] BVerfG 23.5.2006 NJW 2006, 2613; dazu *Lüke* ZIP 2007, 701; *Römermann* ZIP 2006, 1332; *Vallendar* NJW 2006, 2583.

[25] BGH 19.12.2007 NJW-RR 2008, 717; dazu *Laws* NZI 2008, 279.

chen zu berichten (§ 156 InsO). Er hat darüber hinaus darzulegen, ob Aussichten bestehen, das Unternehmen des Schuldners im Ganzen oder in Teilen zu erhalten. Weiter hat er mitzuteilen, welche Möglichkeiten für einen Insolvenzplan bestehen. Nach § 157 InsO beschließt alsdann die Gläubigerversammlung, ob das Unternehmen des Schuldners stillgelegt oder fortgeführt werden soll.

III. Das eröffnete Insolvenzverfahren

1. Zweck. Das Insolvenzverfahren dient dazu, die Gläubiger eines Schuldners gemeinschaftlich zu befriedigen, indem das Vermögen des Schuldners verwertet und der Erlös verteilt oder in einem Insolvenzplan eine abweichende Regelung, insbesondere zum Erhalt des Unternehmens getroffen wird (§ 1 InsO). Nach § 35 InsO erfasst das Insolvenzverfahren das gesamte Vermögen, das dem Schuldner zur Zeit der Eröffnung des Verfahrens gehört und das er während des Verfahrens erlangt (Insolvenzmasse). Einen Neuanfang kann der Schuldner dadurch erreichen, dass er eine Restschuldbefreiung anstrebt (§§ 286 ff. InsO) oder der Insolvenzplan eine Haftungsbeschränkung vorsieht. 14

2. Fortbestehen des Arbeitsverhältnisses. Gem. § 108 InsO bestehen im Fall der Eröffnung eines Insolvenzverfahrens Arbeitsverhältnisse mit Wirkung für die Insolvenzmasse fort. § 103 InsO findet keine Anwendung.[26] Der Insolvenzverwalter rückt in die Arbeitgeberstellung ein und hat nach § 113 InsO ein Sonderkündigungsrecht (dazu → § 93 Rn. 1 ff.). Bezüglich der Entgeltansprüche ist zu unterscheiden zwischen Forderungen für die Zeit vor und nach der Insolvenzeröffnung (dazu → § 92 Rn. 1 ff.). 15

3. Insolvenzgläubiger. Die Insolvenzmasse dient zur Befriedigung der persönlichen Gläubiger, die einen zur Zeit der Eröffnung des Insolvenzverfahrens begründeten Vermögensanspruch gegen den Schuldner haben (Insolvenzgläubiger § 38 InsO). Familienrechtliche Unterhaltsansprüche und familienrechtliche Erstattungsansprüche der Mutter eines nichtehelichen Kindes gegen den Schuldner können im Insolvenzverfahren nur geltend gemacht werden, soweit der Schuldner als Erbe des Verpflichteten haftet (§ 40 InsO). Nicht fällige Forderungen gelten als fällig (§ 41 I InsO). 16

4. Aussonderung. a) Überblick. § 47 InsO gewährt demjenigen ein Aussonderungsrecht, der sich zu Recht darauf beruft, dass der umstrittene Gegenstand zu seinem Vermögen und nicht zu demjenigen des Schuldners gehört. Einem Aussonderungsanspruch unterfallende Gegenstände gehören nicht zur Insolvenzmasse. Die Aussonderung ist vielmehr die haftungsrechtliche Trennung von der Insolvenzmasse.[27] Die Zuordnung wird in der Regel nach dinglichen Gesichtspunkten vorgenommen.[28] Jedoch können auch schuldrechtliche Ansprüche bei einer am Normzweck des § 47 InsO orientierten wertenden Betrachtungsweise zu einer vom dinglichen Recht abweichenden Vermögenszuordnung führen.[29] Allerdings berechtigen schuldrechtliche Ansprüche nur dann zur Aussonderung, wenn eine dingliche Komponente hinzukommt, der schuldrechtliche Anspruch also zum Ausdruck bringt, dass der Gegenstand, auf den sich der Anspruch bezieht, haftungsrechtlich dem Vermögen des Gläubigers zuzuordnen ist.[30] Das kann insbesondere bei Treuhandverhältnissen angenommen werden.[31] 17

b) Treuhandverhältnisse. Die echte Treuhand hat zwei Komponenten: Eine schuldrechtliche und eine „quasi-dingliche“. Mit der schuldrechtlichen verpflichtet sich der Treuhänder, Rechte über einen bestimmten Vermögenswert zumindest auch in fremdem Interesse auszuüben, wobei Einigkeit mit dem Treugeber besteht, dass ihm dafür ein Vermögenswert rechtlich zugeordnet werden soll, der aber weiterhin wirtschaftlich dem Treugeber zuzuordnen ist. Ihm sollen Vermögensrechte übertragen werden, von denen er nur nach Maßgabe der Treuhandabrede Gebrauch machen darf. Es handelt sich um eine Verwaltungstreuhand.[32] Die dingliche Komponente besteht in der rechtlichen Umsetzung dieser schuldrechtlichen Vereinbarung, also der Verlagerung der Rechte an einem Gegenstand auf den Treuhänder und dem Anvertrauen dieses Gegenstands unter gleichzeitiger Separierung vom Vermögen des Treuhänders. Wegen der im 18

[26] HK-InsO/*Marotzke* § 108 Rn. 3.
[27] BAG 18.7.2013 AP Nr. 8 zu § 8a ATG = NZA 2013, 1440.
[28] Vgl. HK-InsO/*Lohmann* § 47 Rn. 9 ff.
[29] BAG 18.7.2013 AP Nr. 8 zu § 8a ATG = NZA 2013, 1440; BGH 24.6.2003 NJW 2003, 3414.
[30] MüKoInsO/*Ganter* § 47 Rn. 340.
[31] BAG 21.3.2017 AP Nr. 2 zu § 47 InsO = NZA 2017, 948; dazu HK-InsO/*Lohmann* § 47 Rn. 20 ff.
[32] BAG 18.7.2013 AP Nr. 8 zu § 8a ATG = NZA 2013, 1440.

Innenverhältnis aufgrund des Treuhandvertrags bestehenden Beschränkung der Rechtsmacht des Treuhänders ist der treuhänderisch übertragene Gegenstand jedoch sachlich und wirtschaftlich dem Vermögen des Treugebers zuzuordnen. Bei Insolvenz des Treugebers fällt das Treugut daher in die Insolvenzmasse,[33] der Treuhandvertrag erlischt gem. §§ 115, 116 InsO mit Verfahrenseröffnung. Der Verwalter kann dann das Treugut nicht mehr aussondern, aber als wirtschaftlichen Bestandteil der Insolvenzmasse an sich ziehen.[34]

19 Eine **Aussonderungsbefugnis bezüglich eines Kontoguthabens** besteht nur dann, wenn es sich um ein ausschließlich zur Aufnahme von treuhänderisch gebundenen Fremdgeldern bestimmtes Konto handelt. Das Treugut gehört dann zwar rechtlich zum Vermögen des Treuhänders. Wegen der im Innenverhältnis aufgrund des Treuhandvertrags bestehenden Beschränkung der Rechtsmacht des Treuhänders ist der treuhänderisch übertragene Gegenstand jedoch sachlich und wirtschaftlich dem Vermögen des Treugebers zuzuordnen. Der Treuhänder muss das Treugut grundsätzlich unmittelbar aus dem Vermögen des Treugebers übertragen erhalten haben.[35] Eine Ausnahme von dem Grundsatz der Unmittelbarkeit der Vermögensübertragung gilt nach der Rechtsprechung des BGH, wenn von dritter Seite Geld auf ein sogenanntes Anderkonto eingezahlt oder überwiesen wird, das offenkundig zu dem Zweck bestimmt ist, fremde Gelder zu verwalten.[36] Ein im Rahmen einer uneigennützigen (Verwaltungs-)Treuhand eingerichtetes Sonderkonto berechtigt den Treugeber in der Insolvenz des Treuhänders zur Aussonderung gem. § 47 InsO.[37] Dafür ist eine Publizität des Treuhandkontos wie bei einem Anderkonto nicht zwingend erforderlich, es genügt vielmehr, dass das Konto offen ausgewiesen oder sonst nachweisbar ausschließlich zur Aufnahme von treuhänderisch gebundenen Fremdgeldern bestimmt ist.[38] In diesem Fall erstreckt sich das Treuhandverhältnis auch auf von dritter Seite eingegangene Zahlungen, sofern die ihnen zugrunde liegenden Forderungen nicht in der Person des Treuhänders, sondern unmittelbar in der Person des Treugebers entstanden sind. Ist ein Vermögensgut unmittelbar vom Treugeber an den Treuhänder gelangt, handelt es sich um Treugut, auch wenn die Treuhand nicht offenkundig ist. Ist umgekehrt der Treugutcharakter offenkundig, braucht der betreffende Gegenstand nicht unmittelbar aus dem Vermögen des Treugebers zu stammen.[39]

20 **c) Arbeitszeitguthaben.** Nicht der Aussonderung unterliegen vom AG auf einem besonderen Bankkonto für die Abgeltung von Arbeitszeitguthaben der AN bereitgestellte Gelder, wenn der AG selbst Inhaber des Kontos ist. Nach der Kontoinhaberschaft bestimmt sich grundsätzlich, zu wessen Haftungsmasse die Einlageforderung gehört.[40]

21 **d) Unbewegliche Gegenstände.** Gläubiger, denen ein Recht auf Befriedigung aus Gegenständen zusteht, die der Zwangsvollstreckung in das unbewegliche Vermögen unterliegen (unbewegliche Gegenstände), sind nach Maßgabe des Gesetzes über die Zwangsversteigerung und die Zwangsverwaltung zur abgesonderten Befriedigung berechtigt (§ 49 InsO).

22 **e) Pfandrechte.** Nach § 50 InsO sind die Pfandgläubiger zur abgesonderten Befriedigung berechtigt. Gleiches gilt für sonstige Sicherungsgläubiger. Ferner sind absonderungsberechtigt die in § 51 InsO genannten Gläubiger. Hierzu gehören Gläubiger, denen nach Maßgabe von § 51 Nr. 2 und 3 InsO ein Zurückbehaltungsrecht zusteht. Die Befriedigung erfolgt nach §§ 166–173 InsO. Sofern die Gläubiger mit der Absonderung ausfallen, sind sie mit dem Rest nach Maßgabe des § 52 InsO an dem Insolvenzverfahren beteiligt. Die Verwertung erfolgt durch den Verwalter. Der Absonderungsberechtigte hat einen pauschalierten Kostenersatz zu leisten.

23 **5. Gläubigerversammlung und Gläubigerausschuss.** Neben dem Insolvenzverwalter besteht die Gläubigerversammlung. Im Eröffnungsbeschluss bestimmt das Insolvenzgericht Termin für eine Gläubigerversammlung (§ 29 InsO). Sie beschließt auf der Grundlage des Berichtes des Insolvenzverwalters über den Fortgang des Insolvenzverfahrens. Vor der ersten Gläubigerversammlung kann das Insolvenzgericht den Gläubigerausschuss einsetzen (§ 67 InsO).

[33] BAG 22.9.2020 AP Nr. 123 zu § 7 BetrAVG; HK-InsO/*Lohmann* § 47 Rn. 22.
[34] BGH 12.7.2012 NJW-RR 2012, 1129.
[35] BAG 24.9.2003 AP Nr. 1 zu § 47 InsO = NZA 2004, 980; offengelassen von BGH 24.6.2003 NJW 2003, 3414.
[36] BGH 8.2.1996 NJW 1996, 1543; ausf. dazu MüKoInsO/*Ganter* § 47 Rn. 357b.
[37] BAG 19.7.2007 AP Nr. 14 zu § 55 InsO.
[38] BGH 24.6.2003 ZIP 2003, 1404.
[39] BAG 19.7.2007 AP Nr. 14 zu § 55 InsO.
[40] BAG 24.9.2003 AP Nr. 1 zu § 47 InsO.

6. Abtretung von Entgeltansprüchen.[41] Hat der Schuldner vor der Eröffnung des Insolvenzverfahrens eine Forderung für die spätere Zeit auf Bezüge aus einem Dienstverhältnis oder an deren Stelle tretende laufende Bezüge abgetreten oder verpfändet, ist diese Verfügung nur wirksam, soweit sie sich auf die Bezüge für die Zeit vor Ablauf von zwei Jahren nach dem Ende des zur Zeit der Eröffnung des Verfahrens laufenden Kalendermonats bezieht. Diese sich aus § 114 I InsO ergebende Rechtsfolge ist mit Wirkung vom 1.7.2014 wegen Aufhebung dieser Vorschrift entfallen. Auf Insolvenzverfahren, die vor dem 1.7.2014 beantragt worden sind, ist § 114 InsO jedoch weiter anzuwenden. § 114 I InsO enthält eine Ausnahmevorschrift zu § 91 I InsO, der jeweils gesondert zu prüfen ist.[42] Soweit der AG gegen den Arbeitnehmer-Schuldner in der Frist Forderungen hatte, kann er diese auch gegenüber dem Zessionar aufrechnen (§ 114 II InsO). Die §§ 95 und 96 Nr. 2–4 InsO bleiben unberührt. Ist vor der Eröffnung des Insolvenzverfahrens die Lohn- und Gehaltsforderung für die Zukunft gepfändet worden, so ist diese Verfügung nur wirksam, soweit sie sich auf die Bezüge für den zzt. der Eröffnung des Verfahrens laufenden Kalendermonat bezieht. Ist die Eröffnung des Insolvenzverfahrens nach dem fünfzehnten Tag des Monats erfolgt, ist die Verfügung auch für den folgenden Monat wirksam (§ 114 III InsO). 24

IV. Insolvenz des Arbeitnehmers

1. Fortbestehen des Arbeitsverhältnisses. Wird über das Vermögen des AN das Insolvenzverfahren eröffnet, gelten grundsätzlich die Regelungen der §§ 304 ff. InsO über die Verbraucherinsolvenz sowie die §§ 286 ff. InsO über die Restschuldbefreiung.[43] Gem. § 108 I InsO bestehen auch in diesem Fall Dienstverhältnisse nach der Insolvenzeröffnung mit Wirkung für die Insolvenzmasse fort.[44] Mit Eröffnung des Insolvenzverfahrens über das Vermögen des AN geht nach § 80 I InsO die **Verwaltungs- und Verfügungsbefugnis** über alle Leistungen, die auf zur Insolvenzmasse gehörende Forderungen erbracht werden, auf den Insolvenzverwalter über. Der AG kann deshalb ab diesem Zeitpunkt den pfändbaren Teil des Arbeitseinkommens mit schuldbefreiender Wirkung grundsätzlich nur an den Insolvenzverwalter leisten. Zahlt er gleichwohl die Arbeitsvergütung voll an den Schuldner aus, wird er nach § 82 S. 2 InsO von seiner Schuld nur dann befreit, wenn er die Eröffnung des Verfahrens zur Zeit der Leistung an den Schuldner nicht kannte.[45] Erfolgt die Zahlung nach der öffentlichen Bekanntmachung der Verfahrenseröffnung iSv § 9 I InsO, trifft den Leistenden die Darlegungs- und Beweislast dafür, dass er die Eröffnung des Insolvenzverfahrens nicht kannte. Allerdings schließt nur positive Kenntnis von der Eröffnung des Insolvenzverfahrens den Gutglaubensschutz des § 82 S. 1 InsO aus. Grob fahrlässige Unkenntnis genügt nicht.[46] Die einmal erlangte positive Kenntnis über die Eröffnung des Insolvenzverfahrens dauert fort, solange der Dritte nicht zuverlässig davon erfährt, dass das Insolvenzverfahren abgeschlossen ist.[47] Die Arbeitskraft des AN als Schuldner unterliegt dabei im Hinblick auf § 888 II ZPO nicht dem Insolvenzbeschlag. Sie ist kein Vermögensobjekt, sondern Ausdruck der eigenen Persönlichkeit und deshalb auch nicht Teil der Insolvenzmasse iSd § 35 InsO.[48] Der Schuldner kann nicht zur Aufnahme einer Erwerbstätigkeit gezwungen werden.[49] 25

2. Auswirkungen auf das Arbeitsverhältnis. Durch die Eröffnung des Insolvenzverfahrens über das Vermögen des AN werden dessen arbeitsvertragliche Handlungsmöglichkeiten nicht betroffen.[50] Das hat zur Folge, dass die **Veränderung, Beendigung und Neubegründung** von Arbeitsverhältnissen weiterhin der alleinigen Verfügungsbefugnis des Schuldners unterliegt. Der Verwalter ist nicht befugt, das Arbeitsverhältnis des Schuldners zu kündigen, für diesen ein Arbeitsverhältnis einzugehen oder einen Vergleich über die Beendigung eines Arbeitsverhältnisses mit Wirkung für den Schuldner abzuschließen (dazu → § 93 Rn. 9).[51] Durch die Eröffnung 26

[41] *Grote* ZInsO 2010, 1974.
[42] BGH 11.5.2006 NJW 2006, 2485.
[43] Ausf. *Reinfelder* NZA 2009, 124; *ders.* NZA 2014, 633.
[44] Ebenso für Handelsvertreter OLG Düsseldorf 18.12.2009 NZI 2010, 105.
[45] BAG 29.1.2014 AP Nr. 1 zu § 82 InsO = NZA 2014, 685.
[46] BFH 12.7.2011 DB 2011, 2075; BAG 29.1.2014 AP Nr. 1 zu § 82 InsO = NZA 2014, 685.
[47] BAG 29.1.2014 AP Nr. 1 zu § 82 InsO = NZA 2014, 685.
[48] BAG 12.8.2014 NZA 2014, 1155; 20.6.2013 AP Nr. 2 zu § 35 InsO = NZA 2013, 1147.
[49] BGH 11.5.2006 NJW 2006, 2485.
[50] BAG 20.6.2013 AP Nr. 2 zu § 35 InsO = NZA 2013, 1147.
[51] BAG 12.8.2014 NZA 2014, 1155.

des vereinfachten Verbraucherinsolvenzverfahrens über das Vermögen des AN wird ein Kündigungsrechtsstreit nicht unterbrochen, denn er betrifft nicht die Insolvenzmasse, sondern einen höchstpersönlichen Anspruch des AN.[52] Dagegen sind Verfahren, die einen Zahlungsanspruch zum Gegenstand haben, regelmäßig gem. § 240 ZPO unterbrochen, da hiervon die Insolvenzmasse betroffen ist. Gleiches gilt für Eingruppierungsstreitigkeiten. Etwas anderes gilt nur dann, wenn es sich um unpfändbare Zahlungsansprüche des Schuldners gem. §§ 850 ff. ZPO handelt, da diese nicht in die Insolvenzmasse fallen.[53] Ermächtigt der Verwalter den AN, über dessen Vermögen das Insolvenzverfahren eröffnet wurde, zur **gerichtlichen Geltendmachung** der im Rahmen der Restschuldbefreiung gem. § 287 II InsO abgetretenen pfändbaren Dienstbezüge, ist dieser berechtigt im eigenen Namen diese Forderungen im Klagewege durchzusetzen. Die Möglichkeit der Restschuldbefreiung nach §§ 286 ff. InsO lässt das Eigeninteresse des Insolvenzschuldners in diesen Fällen nicht entfallen, weil während der sechsjährigen Wohlverhaltensphase noch offen ist, ob die Restschuldbefreiung nach ihrem Ablauf tatsächlich erfolgen wird.[54]

§ 92. Entgeltforderungen in der Insolvenz

Übersicht

I. Überblick

1 Nach § 108 III InsO ist für die insolvenzrechtliche Behandlung von Entgeltforderungen der AN zu unterscheiden zwischen Ansprüchen für die Zeit vor der Eröffnung des Insolvenzverfahrens **(Insolvenzforderungen iSv § 38 InsO)** und zwischen Forderungen, die im weitesten Sinn als Entgelt für die Zeit nach Insolvenzeröffnung geschuldet werden **(Masseverbindlichkeiten iSv § 55 I Nr. 1 und 2 InsO).** Für die zutreffende Einordnung ist entscheidend, ob die Forderung eine Leistung mit Entgeltcharakter zum Gegenstand hat. Grundsätzlich können nur solche Leistungsansprüche, die in einem zumindest teilweise synallagmatischen Verhältnis zu den nach Insolvenzeröffnung erbrachten Arbeitsleistungen stehen, als Masseverbindlichkeiten anerkannt werden. Ihre vorweg vorzunehmende Berichtigung ist eine Gegenleistung für die Arbeitsleistung, die der Masse nach Insolvenzeröffnung zugutegekommen ist. Entscheidend ist, ob Entgelt im weitesten Sinn für die Zeit nach Eröffnung des Insolvenzverfahrens geschuldet wird.[1] Auf den Zeitpunkt der möglicherweise späteren Fälligkeit kommt es nicht an. Gem. § 119 InsO ist es unzulässig, den Rang von Forderungen für vor Insolvenzeröffnung erbrachte Leistungen durch Vereinbarungen zulasten der übrigen Gläubiger zu verbessern.[2] Die Vereinbarung einer Halteprämie, die zur Auszahlung gelangt, wenn der AN seinerseits das Arbeitsverhältnis nicht zu einen näher bezeichneten Zeitpunkt

[52] BAG 20.6.2013 AP Nr. 2 zu § 35 InsO = NZA 2013, 1147; 5.11.2009 AP Nr. 224 zu § 626 BGB = NZA 2010, 277.
[53] *Reinfelder* NZA 2009, 124 (127 f.).
[54] BAG 19.2.2014 AP Nr. 40 zu § 10 AÜG = NZA 2014, 915.
[1] BAG 21.2.2013 AP Nr. 19 zu § 55 InsO = NZA 2013, 743.
[2] BAG 23.2.2005 AP Nr. 1 zu § 108 InsO.

kündigt, verstößt nicht gegen § 119 InsO. Sie beschränkt nicht das Kündigungsrecht des Schuldners oder des Insolvenzverwalters, weil eine von diesen ausgesprochene Kündigung den Anspruch auf die Halteprämie nicht auslöst.[3] Vor Eröffnung des Insolvenzverfahrens ist für die Einordnung neu begründeter Forderungen danach zu unterscheiden, ob ein „starker" oder „schwacher" vorläufiger Insolvenzverwalter bestellt worden ist (dazu → Rn. 6).

II. Insolvenzforderungen

1. Merkmale. Eine Insolvenzforderung iSd § 38 InsO liegt vor, wenn der anspruchsbegründende Tatbestand schon vor Verfahrenseröffnung abgeschlossen ist, mag sich eine Forderung des Gläubigers daraus auch erst nach Beginn des Insolvenzverfahrens ergeben. Nur die schuldrechtliche Grundlage des Anspruchs muss schon vor Eröffnung des Insolvenzverfahrens entstanden sein.[4] Unerheblich ist, ob die Forderung selbst schon entstanden oder fällig ist. Künftig entstehende Ansprüche fallen dagegen nicht unter § 38 InsO.[5] Hiernach sind Lohn- und Gehaltsforderungen aus der Zeit vor der Insolvenzeröffnung gem. § 108 III, § 38 InsO Insolvenzforderungen. Dies betrifft alle Forderungen, die nicht synallagmatisch mit Arbeitsleistungen nach Insolvenzeröffnung verknüpft sind, sowie sonstige Ansprüche, die sich nicht aus dem bloßen Fortbestand des Arbeitsverhältnisses ergeben.[6] Ansprüche auf Auszahlung aus einem ERA-Anpassungsfonds sind Entgelt für in der Vergangenheit geleistete Arbeit und erfüllen eine in früheren Tarifperioden entstandene Verbindlichkeit des Schuldners. Der Auszahlungsanspruch ist daher eine Insolvenzforderung.[7] Aufschiebend bedingte Forderungen sind auch dann Insolvenzforderungen, wenn die Bedingung erst nach Verfahrenseröffnung eintritt, der Rechtsgrund für sie jedoch schon vor der Eröffnung gelegt worden ist. Das aufschiebend bedingte Rechtsgeschäft ist tatbestandlich mit seiner Vornahme vollendet. Seine Wirksamkeit tritt mit dem Bedingungsfall ipso iure ein. Gleiches gilt für auflösend bedingte Forderungen, die schon vor Eröffnung des Insolvenzverfahrens bestanden. Sie werden gem. § 42 InsO wie unbedingte Insolvenzforderungen behandelt, solange die Bedingung nicht eingetreten ist. Bis zum Eintritt der Bedingung erhält der Gläubiger einer solchen Forderung die volle Quote.[8] 2

2. Durchsetzung von Insolvenzforderungen. a) Anmeldung zur Tabelle. Der AN kann Insolvenzforderungen nach § 87 InsO nur im Rahmen des Insolvenzverfahrens verfolgen und muss diese gem. § 174 InsO beim Insolvenzverwalter anmelden. Die ordnungsgemäße Anmeldung der Forderung hemmt gem. § 204 I Nr. 10 BGB die Verjährung. Der Anmeldung sollen die Urkunden beigefügt werden, aus denen sich die Forderung ergibt (§ 174 InsO). Der Insolvenzverwalter hat jede angemeldete Forderung in eine Tabelle einzutragen (§ 175 InsO). In einem Prüftermin wird geprüft, ob die Forderung besteht (§ 176 InsO). Bestreitet der Verwalter die Forderung, muss nach § 179 I InsO die **Feststellung gegen den Bestreitenden** betrieben werden. Erweist sich bereits die Anmeldung als unwirksam, hat gleiches für eine auf ihrer Grundlage erhobene Feststellungsklage zu gelten. Diese ist dann auch nicht geeignet, die Verjährung zu hemmen (§ 204 I Nr. 1 BGB).[9] Bei Anhängigkeit eines Rechtsstreits zur Zeit der Eröffnung des Insolvenzverfahrens erfolgt die Feststellung durch die Aufnahme des Rechtsstreits nach § 180 II InsO. Die Feststellung kann gem. § 181 InsO nach Grund, Betrag und Rang der Forderung nur in der Weise begehrt werden, wie die Forderung in der Anmeldung oder im Prüfungstermin bezeichnet worden ist. Mit Grund der Forderung iSv § 181 InsO ist der (Lebens-)Sachverhalt gemeint, auf dem die Forderung beruht.[10] Wird die Forderung als anerkannt in die Tabelle eingetragen, bestimmt der Grund gem. § 178 III InsO den Umfang der Rechtskraft der Eintragung gegenüber den Gläubigern und, soweit die Forderung bestritten wird, gem. § 181 I InsO den Umfang der Rechtskraft des im Feststellungsprozess ergehenden Urteils. Einer Klage, mit der die Feststellung einer unangemeldeten und ungeprüften Forderung beantragt wird, fehlt das Feststellungsinteresse; sie ist deshalb als unzulässig abzuweisen.[11] Für vom AN zur Insolvenztabelle angemeldete und vom Verwalter bestrittene Forderungen besteht 3

[3] BAG 12.9.2013 AP Nr. 20 zu § 55 InsO = NZA-RR 2014, 29; 12.9.2013 AP Nr. 1 zu § 133 InsO.
[4] BAG 14.3.2019 AP Nr. 24 zu § 55 InsO; 25.1.2018 AP Nr. 23 zu § 55 InsO = NZA 2018, 1153; 15.9.2016 NJW-RR 2017, 427.
[5] BAG 25.1.2018 AP Nr. 23 zu § 55 InsO = NZA 2018, 1153.
[6] BAG 21.2.2013 AP Nr. 19 zu § 55 InsO = NZA 2013, 743.
[7] BAG 25.1.2018 AP Nr. 23 zu § 55 InsO = NZA 2018, 1153.
[8] BAG 12.9.2013 AP Nr. 1 zu § 133 InsO.
[9] BAG 21.2.2013 NJW-RR 2013, 992.
[10] BGH 22.1.2009 NJW-RR 2009, 772.
[11] BAG 22.2.2012 AP Nr. 221 zu § 1 TVG Tarifverträge: Metallindustrie = NZA-RR 2013, 304.

dagegen das insolvenzspezifische Feststellungsinteresse, denn nach § 189 I und III InsO werden bestrittene Forderungen bei der Verteilung nur berücksichtigt, wenn der Gläubiger rechtzeitig nachweist, dass er die Feststellung betreibt. Solange der Feststellungsstreit anhängig ist, wird der auf die Forderungen entfallende Anteil nach § 189 II InsO zurückbehalten. Die Feststellung der Forderungen sichert damit das Insolvenzteilnahmerecht.[12] Trägt der Insolvenzverwalter eine angemeldete titulierte Forderung nicht in die Tabelle ein oder bestreitet er die Forderung, ohne seinen Widerspruch zu verfolgen, ist der Gläubiger der Forderung zur Aufnahme des Rechtsstreits befugt.[13]

4 **b) Verfahrensfragen.** Meldet ein Gläubiger eine Forderung an, die eine Masseforderung ist, hat der Verwalter ihn hierauf hinzuweisen, anderenfalls kann er schadensersatzpflichtig werden. **Masseforderungen** sind nicht zur Tabelle anzumelden, sondern im Wege der Zahlungsklage durchzusetzen. Bei Versäumung der Anmeldefrist sind Nachtragsanmeldungen möglich, aber mit besonderen Kosten verbunden (§ 177 InsO). Wird eine Zahlungsverpflichtung durch den Insolvenzverwalter nicht mehr erfüllt, entsteht für den AN als Gläubiger kein Zurückbehaltungsrecht an ihm überlassenen Gegenständen des Schuldners, wie beispielsweise einem Dienst-PKW.[14] Prozessual ist zu beachten, dass die auf eine Leistung des Insolvenzverwalters gerichtete Klage unzulässig ist, wenn der klagende AN nach der Klagebegründung von einer **Insolvenzforderung** iSv §§ 38, 108 III InsO ausgeht. Derartige Forderungen kann der AN nur zur Tabelle anmelden.[15] Beruft sich der AN dagegen auf eine vorweg zu berichtigende Masseverbindlichkeit iSv § 55 InsO, ist die Klage nicht unzulässig, sondern unbegründet, wenn es sich in Wirklichkeit um eine Insolvenzforderung handelt.[16] Die **Eröffnung des Insolvenzverfahrens** unterbricht gem. § 240 S. 1 ZPO einen anhängigen Rechtsstreit, wenn dieser die Masse betrifft. Hiervon ist auszugehen, wenn der Streitgegenstand zumindest einen mittelbaren Bezug zu ihr hat. Dieser besteht schon dann, wenn die obsiegende Partei auf der Basis der Entscheidung des Arbeitsgerichts vermögensrechtliche Ansprüche geltend machen kann.[17] Bei einer zunächst gegen den Schuldner gerichteten Zahlungsklage kann der AN nach Insolvenzeröffnung den nach § 240 ZPO unterbrochenen **Rechtsstreit aufnehmen,** wenn die klagweise verfolgte Forderung zuvor zur Tabelle angemeldet, geprüft und vom Verwalter bestritten wurde. Eine Aufnahme durch Leistungsklage ist ausgeschlossen.[18] Gem. § 180 II InsO hat der AN dann den Klagantrag umzustellen und auf Feststellung der Forderung zur Tabelle zu klagen. Dies ist wegen einer „später eingetretenen Veränderung" gem. § 264 Nr. 3 ZPO zulässig.[19] Im Falle einer Unterbrechung hat der Insolvenzgläubiger zu entscheiden, ob er seine in den Vorinstanzen erfolglos geltend gemachten Forderungen nunmehr zur Tabelle anmeldet und im Falle ihres Bestreitens durch den Insolvenzverwalter die Feststellung nach § 179 I ZPO betreibt. Der Insolvenzverwalter ist nicht berechtigt, einen unterbrochenen Rechtsstreit aufzunehmen, wenn der Gegenstand des Verfahrens eine Insolvenzforderung ist.[20]

III. Masseverbindlichkeiten

5 **1. Überblick.** Nur unter den in § 55 InsO aufgeführten Voraussetzungen sind Zahlungsansprüche der AN als Masseverbindlichkeiten gem. § 53 InsO vorweg zu berichtigen. § 55 InsO hat Ausnahmecharakter. Arbeitsentgeltforderungen sind nach **§ 55 I Nr. 1 InsO** Masseverbindlichkeiten, wenn sie durch Handlungen des Insolvenzverwalters oder in anderer Weise durch die Verwaltung, Verwertung und Verteilung der Insolvenzmasse begründet werden, ohne zu den Kosten des Verfahrens zu gehören. Kennzeichen der Masseverbindlichkeit ist, dass die von der Masse aufzubringende Leistung das Äquivalent für die ihr zufließende Gegenleistung darstellt. Rechtsgeschäfte, die lediglich zur Abwicklung der bereits für den Schuldner begründeten Verpflichtungen erforderlich sind und die keine Mehrung der Masse bewirken, stellen daher grundsätzlich keine Handlungen des Insolvenzverwalters iSv § 55 I

[12] BAG 27.3.2014 AP Nr. 1 zu § 39 InsO = NZA 2014, 1030.
[13] BAG 28.8.2013 AP Nr. 14 zu § 850c ZPO = NZA 2013, 1303.
[14] LAG Nds 8.7.2005 NZA-RR 2006, 40.
[15] BAG 19.1.2006 AP Nr. 13 zu § 55 InsO.
[16] BAG 25.6.2014 AP Nr. 1 zu § 187 SGB III = NZA 2015, 486; 21.2.2013 AP Nr. 19 zu § 55 InsO = NZA 2013, 743.
[17] BAG 18.10.2006 AP Nr. 6 zu § 240 ZPO = NZA 2007, 765.
[18] ErfK/*Müller-Glöge* InsO Rn. 20.
[19] BGH 31.10.2012 NJW 2012, 3725.
[20] BAG 15.5.2013 AP Nr. 8 zu § 240 ZPO.

Nr. 1 Alt. 1 InsO dar.[21] Von dieser Vorschrift werden insbesondere Arbeitsverhältnisse erfasst, die der Insolvenzverwalter im Rahmen seiner Tätigkeit selbst begründet hat. Werden Ansprüche durch Vereinbarungen des Schuldners vor Insolvenzeröffnung begründet, handelt es sich demgegenüber auch für den Zeitraum nach Insolvenzeröffnung nicht um Masseverbindlichkeiten im Sinne dieser Vorschrift.[22] Gem. **§ 55 I Nr. 2 Alt. 2 InsO** sind jedoch Entgeltansprüche, die aus der Beschäftigung von AN durch den Insolvenzverwalter nach Verfahrenseröffnung erwachsen, und sonstige Ansprüche, die sich aus dem bloßen Fortbestand des Arbeitsverhältnisses ergeben, Masseverbindlichkeiten, wenn sie in einem zumindest teilweise synallagmatischen Verhältnis zu den nach Insolvenzeröffnung erbrachten Arbeitsleistungen stehen.[23] Ihre vorweg vorzunehmende Berichtigung ist eine Gegenleistung für die Arbeitsleistung, die der Masse nach Insolvenzeröffnung zugutegekommen ist. Entscheidend ist damit, ob Entgelt im weitesten Sinn für die Zeit nach Eröffnung des Insolvenzverfahrens geschuldet wird.[24] Lohn- und Gehaltsansprüche, die aus dem Fortbestand des Arbeitsverhältnisses nach der Verfahrenseröffnung entstehen, sind deshalb in der Höhe, die sich aus dem jeweiligen Arbeitsvertrag ergibt, Masseverbindlichkeiten iSv § 55 I Nr. 2 Alt. 2 InsO,[25] und zwar unabhängig davon, ob der AN die Arbeitsleistung erbringt.[26] Das ergibt sich bereits daraus, dass § 615 BGB den Entgeltanspruch aus § 611a II BGB aufrechterhält. Die mit einer **Urlaubsgewährung verbundene Freistellung** verfolgt idR das Ziel, das Entstehen weiterer Masseverbindlichkeiten in Form von Urlaubsabgeltungsansprüchen zu vermeiden (→ § 109 Rn. 15).[27] Unerheblich ist, ob die fehlende Inanspruchnahme der Leistung bereits durch den Schuldner oder erst später durch den Verwalter veranlasst ist.[28] Es kommt damit nicht allein auf die vereinbarte Leistungszeit, sondern auf die Zwecksetzung an. Durch § 55 I Nr. 2 Alt. 2 InsO soll sichergestellt werden, dass der Gläubiger, der noch voll zur Masse leisten muss, auch die volle vereinbarte Gegenleistung erhält und die Masse nicht auf seine Kosten bereichert wird.[29] Stellt der Insolvenzverwalter den AN von der Arbeitsleistung frei, sind die Annahmeverzugsansprüche, die bis zum ersten Termin entstehen, zu dem der Insolvenzverwalter nach Anzeige der **Masseunzulänglichkeit** kündigen konnte, Altmasseverbindlichkeiten. Kündigt der Insolvenzverwalter das Arbeitsverhältnis nach Anzeige der Masseunzulänglichkeit nicht zu dem erstmöglichen Termin oder erweist sich die Kündigung als unwirksam, werden dadurch die für die Zeit nach dem erstmöglichen Kündigungstermin entstehenden Annahmeverzugsansprüche Neumasseverbindlichkeiten (→ Rn. 25 f.).[30]

2. Vom vorläufigen Insolvenzverwalter begründete Forderungen. Ansprüche aus einem Arbeitsverhältnis, die von einem sog. **starken vorläufigen Insolvenzverwalter** (§ 22 I 1 iVm § 21 II Nr. 2 Alt. 1 InsO) vor Eröffnung des Insolvenzverfahrens begründet worden sind, gelten nach der Eröffnung des Verfahrens als Masseverbindlichkeiten, wenn der vorläufige Verwalter für das von ihm verwaltete Vermögen die Gegenleistung in Anspruch genommen hat (§ 55 II 2 InsO).[31] Auch ein aufschiebend bedingter Anspruch kann eine Verbindlichkeit iSv § 55 II 2 InsO darstellen.[32] § 55 II 2 InsO ist eine Sonderregelung zu § 108 III InsO, wonach Ansprüche für die Zeit vor der Eröffnung des Insolvenzverfahrens nur als Insolvenzforderungen geltend gemacht werden können.[33] Sie betrifft nur den starken vorläufigen Insolvenzverwalter.[34] Die Vorschrift ist weder unmittelbar noch entsprechend auf Rechtshandlungen eines vorläufigen 6

[21] BAG 6.9.2018 AP Nr. 5 zu § 61 InsO = NZA 2019, 172; 25.1.2018 AP Nr. 23 zu § 55 InsO = NZA 2018, 1153.
[22] BAG 21.2.2013 AP Nr. 19 zu § 55 InsO = NZA 2013, 743; 27.9.2007 AP Nr. 5 zu § 38 InsO = NZA 2009, 89.
[23] BAG 12.9.2013 AP Nr. 1 zu § 133 InsO; 12.9.2013 AP Nr. 20 zu § 55 InsO = NZA-RR 2014, 29.
[24] BAG 21.2.2013 AP Nr. 19 zu § 55 InsO = NZA 2013, 743.
[25] BAG 21.2.2013 AP Nr. 19 zu § 55 InsO = NZA 2013, 743; 27.9.2007 AP Nr. 5 zu § 38 InsO = NZA 2009, 89.
[26] BAG 12.9.2013 AP Nr. 20 zu § 55 InsO = NZA-RR 2014, 29; 5.2.2009 AP Nr. 308 zu § 1 TVG Tarifverträge: Bau = NZA 2009, 1215.
[27] BAG 6.9.2018 AP Nr. 5 zu § 61 InsO = NZA 2019, 172.
[28] Jaeger/*Giesen* InsO Vor § 113 Rn. 50.
[29] BAG 12.9.2013 AP Nr. 1 zu § 133 InsO; 21.2.2013 AP Nr. 19 zu § 55 InsO = NZA 2013, 743.
[30] BAG 22.2.2018 AP Nr. 9 zu § 209 InsO = NZA 2018, 666.
[31] BAG 27.7.2017 AP Nr. 22 zu § 55 InsO = NZA 2018, 811.
[32] BAG 10.9.2020 AP Nr. 114 zu § 7 BUrlG Abgeltung.
[33] Gottwald/Haas InsR-HdB/*Bertram/Künzl* § 105 Rn. 7.
[34] BAG 10.9.2020 AP Nr. 114 zu § 7 BUrlG Abgeltung; 25.6.2014 AP Nr. 1 zu § 187 SGB III = NZA 2015, 486.

Insolvenzverwalters ohne allgemeine Verfügungsbefugnis anzuwenden. Dieser kann Masseverbindlichkeiten nur begründen, wenn ihm vom Insolvenzgericht die Ermächtigung erteilt worden ist, einzelne, im Voraus genau festgelegte Verpflichtungen zulasten der späteren Insolvenzmasse einzugehen.[35] Zweck des § 55 II InsO ist, den starken vorläufigen Insolvenzverwalter rechtsgeschäftlich handlungsfähig zu machen.[36] Durch die **gesetzliche Fiktion** des § 55 II 2 InsO werden die Ansprüche des zur Arbeitsleistung herangezogenen AN so behandelt, als ob der starke vorläufige Verwalter das Arbeitsverhältnis selbst durch Neuabschluss begründet hätte, und deshalb als Masseverbindlichkeit eingeordnet. Dies gilt unabhängig davon, ob die Verpflichtungen gesetzlich, tariflich oder vertraglich begründet sind und ob sie auf eine tatsächliche, konkrete Arbeitsleistung zurückzuführen sind. Im Arbeitsverhältnis sind deshalb bei der Vergütung der Arbeitsleistung auch entgeltfortzahlungspflichtige „unproduktive" Ausfallzeiten (zB aufgrund krankheitsbedingter Arbeitsunfähigkeit oder Urlaub) zu berücksichtigen.[37] Stellt der vorläufige Insolvenzverwalter AN frei, werden dagegen keine Masseverbindlichkeiten begründet. Bei den Annahmeverzugsansprüchen der AN handelt es sich dann gem. § 108 III InsO um Insolvenzforderungen nach § 38 InsO (→ Rn. 2).[38]

7 **3. Vorweg-Befriedigung.** Masseverbindlichkeiten sind gem. § 53 InsO vorweg zu befriedigen. Das bedeutet, dass sie gegenüber dem Insolvenzverwalter geltend zu machen und unabhängig von einem Verteilungsverfahren vor allen Insolvenzgläubigern aus der Insolvenzmasse zu befriedigen sind.[39] Sie werden weder zur Tabelle angemeldet noch im Prüfungstermin geprüft. Erfüllt der Insolvenzverwalter einen Masseanspruch nicht, kann der Gläubiger seine Forderung durch Leistungs- oder Feststellungsklage geltend machen und, sobald ein Titel vorliegt, in die Insolvenzmasse vollstrecken. Die §§ 87, 89 und 91 InsO finden insoweit keine Anwendung.[40]

IV. Einzelfälle

8 Die **laufende Arbeitsvergütung** nach Insolvenzeröffnung stellt eine Masseverbindlichkeit dar.[41] Dasselbe gilt für Gehaltsansprüche eines GmbH-Geschäftsführers, der nicht Gesellschafter ist.[42] Besteht ein zeitanteiliger Anspruch auf eine **Einmalzahlung** und ist hinsichtlich des Entstehens des Anspruchs eine Zuordnung zu einzelnen Kalendermonaten möglich, kommt es für die Höhe der Masseforderung darauf an, wie viele Monate der Zeit nach Insolvenzeröffnung zugeordnet werden können.[43] Die insolvenzrechtliche Behandlung von **Sonderzahlungen** hängt vom Zweck der Leistung ab (näher dazu → § 78 Rn. 41).[44] Schadensersatzansprüche, die der AN nach einer Eigenkündigung wegen erheblicher Lohnrückstände aus **§ 628 II BGB** geltend macht, sind keine Masseverbindlichkeiten, wenn die Kündigung vor Insolvenzeröffnung erfolgt ist.[45] Masseverbindlichkeiten sind sie nur dann, wenn sie durch Handlungen des Insolvenzverwalters begründet wurden.[46] Wird eine **Abfindungsforderung** durch eine Vereinbarung vor dem Zeitpunkt der Eröffnung des Insolvenzverfahrens begründet, liegt auch für den Zeitraum nach Eröffnung des Insolvenzverfahrens keine Masseverbindlichkeit iSv § 55 I Nr. 1 InsO vor.[47] Wird in einem Sanierungstarifvertrag ein durch das Wirksamwerden einer betriebsbedingten Beendigungskündigung auflösend bedingter Erlass der Vergütung von Mehrarbeit vereinbart (sog. **„Rückfallklausel"**), handelt es sich bei dieser Vergütung nicht um Masseverbindlichkeiten, sondern um Insolvenzforderungen, wenn die Mehrarbeit vor Insolvenzeröffnung geleistet wurde.[48] Ein auf einer Vereinbarung zwischen dem AG als späterem Schuldner und dem AN beruhender **Abfindungsanspruch** ist auch dann grundsätzlich nur Insolvenzforderung

[35] BAG 27.7.2017 AP Nr. 22 zu § 55 InsO = NZA 2018, 811; 12.9.2013 AP Nr. 20 zu § 55 InsO = NZA-RR 2014, 29.
[36] BGH 18.7.2002 NJW 2002, 3326.
[37] BAG 10.9.2020 AP Nr. 114 zu § 7 BUrlG Abgeltung.
[38] Gottwald/Haas InsR-HdB/*Bertram/Künzl* § 105 Rn. 8; ErfK/*Müller-Glöge* InsO Rn. 41a.
[39] MüKoInsO/*Hefermehl* § 53 Rn. 12.
[40] HK-InsO/*Lohmann* § 53 Rn. 6 ff.
[41] BAG 27.9.2007 AP Nr. 5 zu § 38 InsO; HK-InsO/*Lohmann* § 55 Rn. 18.
[42] BAG 23.1.2003 ZIP 2003, 485; 22.11.2005 AP Nr. 5 zu § 615 BGB Anrechnung = NZA 2006, 736.
[43] BAG 19.7.2007 AP Nr. 14 zu § 55 InsO.
[44] BAG 23.3.2017 AP Nr. 7 zu § 209 InsO mAnm *Windel* = NZA 2017, 779; 12.9.2013 AP Nr. 20 zu § 55 InsO =NZA-RR 2014, 29.
[45] BAG 22.10.1998 – 8 AZR 73/98.
[46] MüKoBGB/*Henssler* § 628 Rn. 109.
[47] BAG 19.1.2006 AP Nr. 13 zu § 55 InsO; 31.7.2002 AP Nr. 1 zu § 38 InsO = NZA 2002, 1332.
[48] BAG 21.2.2013 AP Nr. 19 zu § 55 InsO = NZA 2013, 743.

und nicht Masseverbindlichkeit, wenn der Anspruch erst nach Insolvenzeröffnung entsteht.[49] Dies gilt grundsätzlich auch für Abfindungsansprüche aus einem vor Insolvenzeröffnung aufgestellten **Sozialplan.** Dabei kommt es nicht darauf an, wann das Arbeitsverhältnis endet. Sozialplanabfindungsansprüche sind deshalb auch dann Insolvenzforderungen, wenn die Kündigung des Arbeitsverhältnisses erst nach Eröffnung des Insolvenzverfahrens durch den Insolvenzverwalter erklärt wird, der Abfindungsanspruch jedoch auf einem vor diesem Zeitpunkt vereinbarten Sozialplan beruht.[50] Ein Anspruch auf Zahlung einer **außertariflichen monatlichen Zulage aus einem Sozialplan,** der durch Abschluss einer Betriebsvereinbarung vor Eröffnung des Insolvenzverfahrens in einen Anspruch auf eine Einmalzahlung umgewandelt und lediglich von dem Bestehen eines Arbeitsverhältnisses zu einem vor Insolvenzeröffnung liegenden Stichtag abhängig gemacht wird, ist daher gem. § 108 III, § 38 InsO einfache Insolvenzforderung, auch wenn die Zahlung erst nach Insolvenzeröffnung fällig wird.[51] Der Anspruch auf **Nachteilsausgleich nach § 113 BetrVG** ist als Insolvenzforderung zu berichtigen, wenn unabhängig vom Verhalten des Insolvenzverwalters die Betriebsstilllegung vor Eröffnung des Insolvenzverfahrens begonnen wurde und der Versuch eines vorherigen Interessenausgleichs unterblieben ist. Er ist eine Masseverbindlichkeit nach § 55 I Nr. 1 Alt. 1 InsO, wenn eine geplante Betriebsänderung nach Eröffnung des Insolvenzverfahrens durchgeführt wird.[52] Eine **durch Auflösungsurteil nach § 9 I KSchG zuerkannte Abfindung** ist immer dann eine Masseverbindlichkeit iSd § 55 I 1 InsO, wenn der Insolvenzverwalter den Auflösungsantrag stellt oder diesen erstmals prozessual wirksam in den Prozess einführt. Sie ist deshalb Neumasseverbindlichkeit iSd § 209 I Nr. 2 InsO, wenn der Insolvenzverwalters den Auflösungsantrag nach Anzeige der Masseunzulänglichkeit gestellt hat. Um eine bloße Insolvenzforderung iSd § 38 InsO handelt es sich demgegenüber, wenn er lediglich den von ihm vorgefundenen, bereits rechtshängigen Antrag des Schuldners weiterverfolgt.[53] Hat der **BR einen Rechtsanwalt als Berater** oder Sachverständigen vor der Eröffnung des Insolvenzverfahrens hinzugezogen und dauerte dessen Tätigkeit bis nach der Insolvenzeröffnung an, sind die Honoraransprüche für die bis zur Insolvenzeröffnung erbrachten Beratungsleistungen Insolvenzforderungen.[54] Dagegen ist das **Honorar des Vorsitzenden einer Einigungsstelle,** die nach Eröffnung des Insolvenzverfahrens weiter tätig geworden ist und durch einen Spruch einen Sozialplan beschlossen hat, auch dann eine Masseverbindlichkeit iSd § 55 I Nr. 1 InsO und keine Insolvenzforderung iSd § 38 InsO, wenn die Einigungsstelle bereits vor der Eröffnung des Insolvenzverfahrens durch das Arbeitsgericht eingesetzt worden war und ihre Tätigkeit aufgenommen hatte.[55] Wird ein **Altersteilzeitarbeitsverhältnis im Blockmodell** vor dem vereinbarten Ende der Freistellungsphase aufgelöst, hat der AN wegen seiner Vorleistung in der Arbeitsphase einen Anspruch auf Ausgleichsleistungen. Hat der Insolvenzverwalter während der Arbeitsphase die Arbeitsleistung in Anspruch genommen hat, sind die aus dem späteren Eintritt des Störfalls diesbezüglich resultierenden Differenzvergütungsansprüche des AN als sonstige Masseverbindlichkeiten gem. §§ 53, 55 II 2 InsO aus der Insolvenzmasse vorweg zu berichtigen.[56] Werden dem Insolvenzverwalter als Partei die **Kosten des Verfahrens** ganz oder teilweise auferlegt, ist dies grundsätzlich so zu verstehen, dass diese Kostenforderungen nach § 55 I Nr. 1 InsO Masseverbindlichkeiten sind.[57] Ein angestellter Rechtsanwalt, der während des bestehenden Arbeitsverhältnisses auch als Insolvenzverwalter tätig wird, kann die von ihm erlangte **Verwaltervergütung im Arbeitsvertrag im Voraus abtreten.** Hierin liegt keine unangemessene Benachteiligung des Insolvenzverwalters (§ 307 I BGB), wenn die anstellende Kanzlei ihm die zur Durchführung der Insolvenzverwaltung notwendige sächliche und personelle Ausstattung zur Verfügung stellt und das Haftungsrisiko für die Insolvenzverwaltung übernimmt.[58]

V. Anfechtung von Entgeltzahlungen

1. Überblick. Gem. § 129 InsO können Rechtshandlungen, die der Schuldner vor der Eröffnung des Insolvenzverfahrens vorgenommen hat und die Insolvenzgläubiger benachteili- 9

[49] BAG AP Nr. 5 zu § 38 InsO = NZA 2009, 89.
[50] BAG 27.4.2006 AP Nr. 3 zu § 38 InsO = NZA 2006, 1282.
[51] BAG 19.7.2007 AP Nr. 14 zu § 55 InsO.
[52] BAG 7.11.2017 AP Nr. 59 zu § 113 BetrVG 1972 = NZA 2018, 464.
[53] BAG 14.3.2019 AP Nr. 24 zu § 55 InsO mAnm *Hergenröder* = NZA 2019, 567.
[54] BAG 9.12.2009 AP Nr. 96 zu § 40 BetrVG 1972 = NZA 2010, 461.
[55] BAG 11.12.2019 AP Nr. 70 zu § 76 BetrVG 1972 = NZA 2020, 526.
[56] BAG 27.7.2017 AP Nr. 22 zu § 55 InsO = NZA 2018, 811.
[57] BAG 11.3.2015 AP Nr. 21 zu § 55 InsO = NZA 2015, 1021.
[58] BAG 22.10.2020 – 6 AZR 566/18.

gen, vom Insolvenzverwalter nach Maßgabe der §§ 130–146 InsO angefochten werden.[59] Eine Gläubigerbenachteiligung liegt vor, wenn eine Rechtshandlung entweder die Schuldenmasse vermehrt oder die Aktivmasse verkürzt und dadurch den Zugriff auf Vermögen des Schuldners vereitelt, erschwert oder verzögert hat und sich deswegen die Befriedigungsmöglichkeiten der Insolvenzgläubiger ohne die Handlung bei wirtschaftlicher Betrachtungsweise günstiger gestaltet hätten.[60] Hiervon ist auch dann auszugehen, wenn die Rückgewähr des durch eine anfechtbare Rechtshandlung Erlangten zu keiner signifikanten Verbesserung der Befriedigung der Insolvenzgläubiger im Rahmen des Verteilungsverfahrens führt.[61] Im Wesentlichen ist zwischen der **Anfechtung wegen kongruenter und inkongruenter Deckung** von Rechtshandlungen in der kritischen Phase der letzten drei Monate vor dem Antrag auf Eröffnung des Insolvenzverfahrens nach §§ 130, 131 InsO und der Vorsatzanfechtung nach § 133 InsO **zu unterscheiden.** Für das Verhältnis zwischen § 130 und § 131 InsO ist zu beachten, dass bei inkongruenter Deckung iSd § 131 InsO § 130 InsO wegen seiner gegenüber § 131 InsO strengeren Voraussetzungen erst recht anwendbar ist, dies umgekehrt aber nicht gilt. Es ist daher bei § 130 InsO nicht zu prüfen, ob die Deckung kongruent ist, wohl aber bei § 131 InsO die Inkongruenz.[62] Die Anfechtung richtet sich grundsätzlich gegen denjenigen, dem gegenüber die anfechtbare Handlung vorgenommen worden ist, dh gegen den Empfänger des anfechtbar übertragenen oder begründeten Rechts. Unerheblich ist, wenn der Schuldner in anfechtbarer Weise an einen vom Gläubiger mit dem Empfang der Leistung beauftragten Dritten geleistet hat. In diesem Fall trifft die Rückgewährpflicht den Gläubiger und nicht den Empfangsbeauftragten.[63] Die Anfechtung wird gem. § 141 InsO nicht dadurch ausgeschlossen, dass für die Rechtshandlung ein vollstreckbarer Schuldtitel erlangt oder dass die Handlung durch Zwangsvollstreckung erwirkt worden ist. Diese Vorschrift stellt vielmehr klar, dass die ordnungsgemäße Beitreibung einer Forderung im Wege der zivilprozessualen Zwangsvollstreckung den Gläubiger nicht per se vor einer Anfechtung schützt.[64] Bei Vorliegen eines Anfechtungstatbestands ist auch die **Befriedigung eines Gläubigers mittels Forderungspfändung anfechtbar.** Die Pfändung und Überweisung einer Forderung einerseits und die Zahlung durch den Drittschuldner andererseits sind jedoch selbständige Rechtshandlungen.[65] Maßgeblicher Zeitpunkt für die Beurteilung der Rechtshandlung ist nach § 140 I InsO der Zeitpunkt, in dem ihre rechtlichen Wirkungen eintreten. Davon ist auszugehen, wenn alle Erfordernisse vorliegen, welche nach der Rechtsordnung für das Entstehen, die Aufhebung oder die Veränderung des Rechtsverhältnisses notwendig sind.[66] Da das Prozessgericht an die im Insolvenzverfahren ergangenen rechtskräftigen Beschlüsse, insbesondere solche über die Verfahrenseröffnung, gebunden ist, kann im Anfechtungsverfahren nach rechtskräftiger Eröffnung grundsätzlich nicht geltend gemacht werden, die Eröffnung des Insolvenzverfahrens sei unzulässig gewesen oder hätte auf einen anderen Antrag als tatsächlich geschehen erfolgen müssen.[67]

10 **2. Rückgewähr der erhaltenen Leistung.** Im Falle der erfolgreichen Anfechtung von Entgeltleistungen hat der AN gem. § 143 I InsO nach den Vorschriften über die ungerechtfertigte Bereicherung, bei der dem Empfänger der Mangel des rechtlichen Grundes bekannt war, zurückzugewähren, was er erhalten hat. Der Einwand des Wegfalls der Bereicherung nach § 818 III BGB ist damit gem. § 819 I BGB ausgeschlossen. § 143 I 2 InsO enthält eine Rechtsfolgenverweisung auf § 819 I BGB.[68] Das BAG hat allerdings erwogen, in Fällen der kongruenten Deckung, nicht jedoch bei der inkongruenten Deckung,[69] durch eine verfassungskonforme Auslegung der §§ 129 ff. InsO das im Entgelt enthaltene **Existenzminimum anfechtungsfrei** zu stellen.[70] Der AN hat das erlangte **Nettoentgelt** zurückzugewähren. Nur dies ist ihm infolge

[59] Näher Röger InsArbR/*Hützen* § 5 Rn. 612 ff.; *Spelge* RdA 2016, 1.
[60] BAG 13.11.2014 AP Nr. 14 zu § 131 InsO mAnm *Jacobs/Doebert* = NZA 2015, 1259.
[61] BAG 18.10.2018 AP Nr. 21 zu § 131 InsO mAnm *Windel* = NZA 2019, 203.
[62] HK-InsO/*Thole* § 130 Rn. 3.
[63] BAG 3.7.2014 AP Nr. 8 zu § 131 InsO; 27.2.2014 AP Nr. 5 zu § 131 InsO = NZA 2014, 681.
[64] HK-InsO/*Thole* § 141 Rn. 1.
[65] BAG 18.10.2018 AP Nr. 21 zu § 131 InsO mAnm *Windel* = NZA 2019, 203.
[66] Schmidt InsO/*Buteröwe* § 140 Rn. 2; HK-InsO/*Thole* § 140 Rn. 3.
[67] BAG 26.10.2017 AP Nr. 20 zu § 131 InsO; BGH 23.6.2016 NJW-RR 2016, 1014.
[68] BAG 19.5.2011 AP Nr. 1 zu § 131 InsO = NZA-RR 2011, 656.
[69] BAG 26.10.2017 AP Nr. 20 zu § 131 InsO.
[70] BAG 29.1.2014 AP Nr. 2 zu § 133 InsO = NZA 2014, 1266; hiergegen unter Verkennung des Gebots der verfassungskonformen Auslegung BGH 10.7.2014 NJW 2014, 2579.

der angefochtenen Handlung zugeflossen.[71] Hat der AN allerdings – sei es durch Leistung des Schuldners oder eines Drittschuldners – das Bruttoentgelt erhalten, muss er dieses an die Insolvenzmasse zurückgewähren. Das gilt auch dann, wenn er in der Zwischenzeit seinen Sozialversicherungsbeitrag und/oder die Einkommensteuer selbst abgeführt hat. Die entsprechende Rückabwicklung bzw. Verrechnung vollzieht sich nach den steuer- und sozialversicherungsrechtlichen Regelungen.[72] Hat der AG die Gesamtsozialversicherungsbeiträge in anfechtbarer Weise abgeführt, kann diese Rechtshandlung im Insolvenzverfahren über dessen Vermögen als mittelbare Zuwendung an die Einzugsstelle angefochten werden. § 28e I 2 SGB IV, wonach die Zahlung des vom Beschäftigten zu tragenden Teils des Gesamtsozialversicherungsbeitrags als aus dem Vermögen des Beschäftigten erbracht gilt, steht dem nach der Rechtsprechung des BGH und des BAG nicht entgegen.[73] Der Rückgewähranspruch wird – von den Fällen des § 147 InsO abgesehen – mit Eröffnung des Insolvenzverfahrens fällig. Er ist deshalb beginnend mit dem Folgetag zu verzinsen.[74] Die Anfechtungsregelungen der InsO sind zwingendes Recht, in welches die Tarifvertragsparteien auch nicht indirekt eingreifen dürfen.[75] Hat der AN eine anfechtbare Entgeltleistung dem Insolvenzverwalter zurückgewährt, lebt seine Forderung gem. § 144 I InsO wieder auf. Der AN erwirbt dann Anspruch auf Insolvenzgeld, dem jedoch die Ausschlussfristen des § 324 III SGB III entgegenstehen können.[76]

3. Kongruente Deckung. a) Deckungsleistung. Die Anfechtung von Entgeltzahlungen 11
nach § 130 I 1 Nr. 1 InsO setzt voraus, dass der AN in den letzten drei Monaten vor dem Antrag auf Eröffnung des Insolvenzverfahrens die Befriedigung offener Entgeltforderungen erhalten hat, der AG zu diesem Zeitpunkt zahlungsunfähig war und der AN die Zahlungsunfähigkeit kannte. Die Zahlung ist nach § 130 I 1 Nr. 2 InsO gleichfalls anfechtbar, wenn sie nach dem Eröffnungsantrag erfolgte und der AN die Zahlungsunfähigkeit des AG und den Eröffnungsantrag kannte. Der Kenntnis der Zahlungsunfähigkeit oder des Eröffnungsantrags steht nach § 130 II InsO die Kenntnis von Umständen gleich, die zwingend auf die Zahlungsunfähigkeit oder den Eröffnungsantrag schließen lassen. Weist der Schuldner einen Dritten an, die geschuldete Leistung gegenüber dem Gläubiger zu erbringen, ist eine solche Direktzahlung im Allgemeinen dem Empfänger gegenüber als inkongruente Deckung anfechtbar, weil darin im Regelfall eine nicht unerhebliche Abweichung vom üblichen Erfüllungsweg liegt.[77] Nicht erforderlich ist, dass der Dritte die Erfüllung aus eigenen Mitteln bewirkt. Es reicht aus, das der Schuldner Teile seines Vermögens über einen Dritten an den Gläubiger fließen lässt.[78] Liegt einer Entgeltzahlung, die über das Konto eines Dritten erfolgt, jedoch eine insolvenzfeste dreiseitige Abrede zugrunde, ist die Zahlung in der Regel kongruent.[79] Dagegen ist grundsätzlich von einer inkongruenten Leistung iSv § 131 I InsO auszugehen, wenn nicht der Vertragsarbeitgeber den Lohn zahlt, sondern ein anderes an einem gemeinsamen Betrieb beteiligtes Unternehmen. Hierin liegt regelmäßig eine nicht geringfügige Abweichung zwischen materiell-rechtlich geschuldeter und tatsächlicher Leistung und damit eine inkongruente Befriedigung iSv § 131 I InsO vor. Erst dann, wenn über die bloße Gründung eines Gemeinschaftsbetriebs hinaus zusätzlich eine dreiseitige Abrede zwischen den beteiligten Unternehmen und den AN getroffen wird, wonach die Entgeltansprüche nicht vom Vertragsarbeitgeber, sondern einem anderen der beteiligten Unternehmen als Drittem zu erfüllen sind, kann eine kongruente Deckung in Betracht kommen.[80] Leistet der Schuldner nach einem Antrag auf Eröffnung des Insolvenzverfahrens Vergütung, die ein AN im Insolvenzverfahren nur als Insolvenzforderung geltend machen könnte, kann der Insolvenzverwalter diese Rechtshandlung grundsätzlich auch dann anfechten und die Rückzahlung zur Insolvenzmasse verlangen, wenn er selbst als vorläufiger Insolvenzverwalter der Zahlung zugestimmt hat.[81]

b) Kenntnis der Zahlungsunfähigkeit. Der AN hat die nach § 130 I InsO erforderliche 12
Kenntnis von der Zahlungsunfähigkeit des AG, wenn er die tatsächlichen Umstände kennt, aus

[71] BAG 27.2.2014 AP Nr. 5 zu § 131 InsO = NZA 2014, 681.
[72] BAG 18.10.2018 AP Nr. 21 zu § 131 InsO mAnm *Windel* = NZA 2019, 203.
[73] BGH 5.11.2009 NJW 2010, 870; BAG 27.2.2014 AP Nr. 5 zu § 131 InsO = NZA 2014, 681.
[74] BAG 3.7.2014 – 6 AZR 296/13; 8.5.2014 NJW 2014, 3262.
[75] BAG 27.2.2014 AP Nr. 5 zu § 131 InsO = NZA 2014, 681; 24.10.2013 AP Nr. 2 zu § 131 InsO = NZA-RR 2014, 254.
[76] BAG 29.1.2014 AP Nr. 2 zu § 133 InsO = NZA 2014, 1266.
[77] BAG 22.10.2015 AP Nr. 18 zu § 131 InsO; 21.11.2013 AP Nr. 4 zu § 131 InsO = NZA 2014, 255.
[78] BAG 13.11.2014 AP Nr. 14 zu § 131 InsO mAnm *Jacobs/Doebert* = NZA 2015, 1259.
[79] BAG 22.10.2015 AP Nr. 17 zu § 131 InsO = NZA 2016, 44.
[80] BAG 21.11.2013 AP Nr. 4 zu § 131 InsO = NZA 2014, 255.
[81] BAG 27.10.2004 AP Nr. 2 zu § 129 InsO = NZA 2005, 473.

denen bei zutreffender rechtlicher Beurteilung die drohende Zahlungsunfähigkeit zweifelsfrei folgt; grob fahrlässige Unkenntnis der Zahlungsunfähigkeit genügt nicht. Erforderlich ist, dass der AN einen Gesamtüberblick über die Liquiditäts- oder Zahlungslage des AG hat. Ihm muss bekannt sein, dass die Lohnrückstände gegenüber allen AN gleich ausgeprägt waren und welchen Anteil die Lohnrückstände an den insgesamt fälligen und eingeforderten Geldschulden hatten. Der AN muss wissen, dass der AG von seinen als fällig eingeforderten Verbindlichkeiten einen nicht unwesentlichen Teil derzeit nicht erfüllen kann und auch keine konkreten Aussichten hat, hierfür ausreichende und verwendbare Geldmittel in den nächsten drei Wochen (dazu → § 91 Rn. 6) zu erlangen.[82] Die Zahlungsunfähigkeit oder Zahlungseinstellung ist dem AN nach der zutreffenden Rechtsprechung des BAG nur dann bekannt, wenn er selbst die Liquidität oder das Zahlungsverhalten seines AG wenigstens laienhaft so bewertet. Weiß der AN lediglich, dass sein AG auch anderen AN gegenüber mit der Vergütungszahlung im Rückstand ist, rechtfertigt dies allein regelmäßig nicht den Schluss auf die Zahlungsunfähigkeit oder Zahlungseinstellung des AG.[83] Da der subjektive Tatbestand des § 130 I InsO eine (grob) fahrlässige Unkenntnis des Gläubigers nicht ausreichen lässt, ist eine in der Krise erfolgte Entgeltzahlung des AG unabhängig von der Stellung und der Funktion des AN im Unternehmen auch dann nicht anfechtbar, wenn dieser sich keine Informationen über den Bestand und die Entwicklung der Verbindlichkeiten und kurzfristig verwertbaren Aktiva verschafft hat.

13 Die **Stellung oder Funktion des AN** im Unternehmen ist bei der Beurteilung, ob er positive Kenntnis von Umständen hatte, die gem. § 130 II InsO auf die Zahlungsunfähigkeit seines AG oder den Eröffnungsantrag schließen ließen, keineswegs per se maßgebend.[84] Es ist deshalb bedenklich, dass der BGH die Annahme der Vorinstanz revisionsrechtlich nicht beanstandet, bei einem Bauleiter eines Elektrikunternehmens mit 40 Mitarbeitern handele es sich um einen Mitarbeiter, der über die erforderliche Geschäftserfahrenheit und die entsprechende Kenntnis von dem ökonomischen und wirtschaftlichen Hintergrund des Unternehmens verfüge, um dessen Lage realistisch einschätzen zu können, und deshalb Anlass gehabt hätte, Erkundigungen über die wirtschaftliche Gesamtsituation einzuholen, weil die offenstehende Gehaltsforderung erheblich und ihm darüber hinaus bekannt gewesen sei, dass auch andere Mitarbeiter von offenen Lohnforderungen betroffen gewesen seien.[85] Damit wird nicht nur die Funktion eines Bauleiters überhöht, sondern unter Zugrundelegung eines sehr weiten Prüfungsmaßstabs im Ergebnis grob fahrlässige Unkenntnis von der wirtschaftlichen Lage des Schuldners als ausreichend erachtet. Hinzu kommt, dass diese Rechtsprechung gerade bei leistungsstarken AN eine unkontrollierte Flucht verursachen könnte und damit Sanierungsmaßnahmen konterkarieren würde.[86]

14 **c) Vorbehalt des Bargeschäfts.** Eine kongruente Deckung iSv § 130 InsO ist unanfechtbar, wenn es sich um ein Bargeschäfts iSv § 142 InsO handelt.[87] Bargeschäfte sind nach dieser Bestimmung nur unter den Voraussetzungen des § 133 I InsO anfechtbar. Das Bargeschäftsprivileg soll es dem Schuldner ermöglichen, auch in der Zeit seiner wirtschaftlichen Krise noch Rechtsgeschäfte, welche die Insolvenzgläubiger nicht unmittelbar benachteiligen, anfechtungsfrei abzuwickeln.[88] Ein Bargeschäft ist nach § 141 II 1 InsO gegeben, wenn der Schuldner aufgrund einer Vereinbarung mit dem Anfechtungsgegner im engen zeitlichen Zusammenhang mit seiner Leistung eine gleichwertige Gegenleistung erhalten hat. Im Arbeitsverhältnis ist nach der zum 5.4.2017 in Kraft getretenen Gesetzesänderung ein enger zeitlicher Zusammenhang gem. § 141 II 2 InsO gegeben, wenn der Zeitraum zwischen Arbeitsleistung und Gewährung des Arbeitsentgelts drei Monate nicht übersteigt.[89] Der Gesetzgeber hat damit die Rechtsprechung des BAG[90] zum Bargeschäft übernommen.[91] Die zeitliche Nähe zwischen dem Fälligkeitszeitpunkt einer vergleichsweise vereinbarten Zahlung, die Entgeltrückstände abgelten soll, und der darauf tat-

[82] BGH 19.2.2009 AP Nr. 1 zu § 130 InsO = NJW 2009, 1202.
[83] BAG 6.10.2011 AP Nr. 2 zu § 130 InsO = NZA 2012, 330; ebenso ErfK/*Müller-Glöge* InsO Einf. Rn. 24a.
[84] BAG 6.10.2011 AP Nr. 2 zu § 130 InsO = NZA 2012, 330; zust. *Jacobs/Doebert* ZInsO 2012, 618 (625).
[85] BGH 15.10.2009 NZA-RR 2010, 198.
[86] *Windel* Anm. zu BAG AP Nr. 14 zu § 2 ArbGG 1979 Zuständigkeitsprüfung.
[87] Schmidt InsO/*Ganter/Weinland* § 130 Rn. 3.
[88] BAG 29.1.2014 AP Nr. 2 zu § 133 InsO = NZA 2014, 1266.
[89] BAG 18.9.2014 AP Nr. 2 zu § 134 InsO.
[90] BAG 29.1.2014 AP Nr. 2 zu § 133 InsO = NZA 2014, 1266; 6.10.2011 AP Nr. 2 zu § 130 InsO = NZA 2012, 330.
[91] ErfK/*Müller-Glöge* InsO Einf. Rn. 24e.

sächlich erfolgten Zahlung ist dagegen unerheblich.[92] Die Gleichwertigkeit von Leistung und Gegenleistung ist nach objektiven Maßstäben zu beurteilen. Erfolgt die Entgeltzahlung in der vertraglich geschuldeten Höhe, handelt es sich im Allgemeinen um einen gleichwertigen Leistungsaustausch, wie er für das Bargeschäft typisch ist.[93] Dies gilt auch für Ausbildungsvergütungen.[94]

4. Anfechtung wegen inkongruenter Deckung. a) Allgemeines. Nach § 131 I 1 InsO ist unter den weiteren in Nr. 1 bis 3 genannten Voraussetzungen eine Rechtshandlung anfechtbar, die dem Gläubiger eine Sicherung oder Befriedigung gewährt oder ermöglicht hat, die er **nicht oder nicht in der Art oder nicht zu der Zeit zu beanspruchen** hatte. In den Fällen der Nr. 1 und 2 verzichtet das Gesetz ganz auf subjektive Elemente und bewirkt damit eine weitgehende Vorverlagerung des Grundsatzes der Gläubigergleichbehandlung. In Nr. 3 wird die objektive Voraussetzung der Zahlungsunfähigkeit aus Nr. 2 durch die Kenntnis der benachteiligenden Wirkung der Deckungshandlung ersetzt.[95] Dies beruht auf der Erwägung, dass ein Insolvenzgläubiger, dem eine ihm nicht zustehende Sicherung oder Befriedigung gewährt oder ermöglicht wird, ähnlich wie ein vom Schuldner Beschenkter (§ 134 InsO) weniger schutzwürdig erscheint.[96] Zudem ist die Erlangung einer inkongruenten Deckung verdächtig, weil sie nahelegt, dass der Gläubiger die angespannte wirtschaftliche Situation des Schuldners gekannt und ausgenutzt hat.[97] Das Privileg des Bargeschäfts iSv § 142 InsO (→ Rn. 14) greift im Falle inkongruenter Deckung nicht ein.[98] 15

b) Inkongruenz. Diese liegt vor, wenn die konkrete Deckungshandlung vom Inhalt des Schuldverhältnisses abweicht, das zwischen Insolvenzgläubiger und Schuldner besteht, sofern die Abweichung von der nach dem Inhalt des Anspruchs typischen und gesetzmäßigen Erfüllung mehr als geringfügig ist und nicht mehr der Verkehrssitte oder Handelsbräuchen entspricht.[99] Ob das der Fall ist, ist durch den **Abgleich von rechtlich geschuldetem und tatsächlichem Vorgehen des Schuldners** zu ermitteln.[100] Hiervon ausgehend hat der Gläubiger eine Befriedigung nicht nur dann nicht „in der Art" zu beanspruchen, wenn er an Stelle der Leistung, die er zu fordern hat, in der kritischen Zeit eine andere, nicht geschuldete Leistung erhält, sondern auch dann, wenn er während dieser Zeit im Wege der Zwangsvollstreckung Befriedigung erlangt oder der Schuldner unter dem Druck unmittelbar drohender Zwangsvollstreckungsmaßnahmen leistet, um diese zu vermeiden.[101] Eine inkongruente Deckung liegt somit vor, wenn der Schuldner vor dem Eröffnungsantrag oder in der Zeit nach Stellen des Insolvenzantrags unter dem **Druck unmittelbar drohender Zwangsvollstreckung** leistet, um diese zu vermeiden.[102] Eine auf diesem Wege erlangte Befriedigung des Vergütungsanspruchs erfolgt nicht „in der Art", wie sie der AN als Gläubiger zu beanspruchen hatte.[103] Unerheblich ist, ob die Zwangsvollstreckung im verfahrensrechtlichen Sinne schon begonnen hatte, als die Leistung des Schuldners erfolgte. Die Inkongruenz wird bereits durch den zumindest unmittelbar bevorstehenden hoheitlichen Zwang begründet.[104] Dieses Normverständnis ist verfassungsgemäß[105] und verstößt auch nicht gegen supranationales Recht.[106] Im Fall des § 131 I Nr. 1 InsO gilt dies auch dann, wenn der Gläubiger keine Kenntnis von der Zahlungsunfähigkeit des Schuldners oder vom Eröffnungsantrag hatte.[107] Nicht ausreichend ist es dagegen, wenn der Schuldner nach Zustellung eines Titels die titulierte Forderung erfüllt, ohne dass der Gläubiger die Zwangsvollstreckung zuvor eingeleitet oder angedroht hat.[108] Ob der Schuldner aufgrund eines unmittelba- 16

[92] BAG 26.10.2017 AP Nr. 20 zu § 131 InsO.
[93] BAG 29.1.2014 AP Nr. 2 zu § 133 InsO = NZA 2014, 1266.
[94] BAG 26.10.2017 AP Nr. 20 zu § 131 InsO.
[95] MüKoInsO/*Kayser/Freudenberg* § 131 Rn. 3.
[96] Schmidt InsO/*Ganter/Weinland* § 131 Rn. 5.
[97] BGH 29.11.2007 NJW 2008, 430; MüKoInsO/*Kayser* § 131 Rn. 1.
[98] BAG 24.10.2013 AP Nr. 2 zu § 131 InsO = NZA-RR 2014, 254.
[99] BAG 22.10.2015 AP Nr. 18 zu § 131 InsO.
[100] BAG 13.11.2014 AP Nr. 14 zu § 131 InsO mAnm *Jacobs/Doebert* = NZA 2015, 1259.
[101] BAG 18.10.2018 AP Nr. 21 zu § 131 InsO mAnm *Windel* = NZA 2019, 203.
[102] BAG 26.10.2017 AP Nr. 20 zu § 131 InsO; 20.9.2017 AP Nr. 19 zu § 131 InsO = NZA 2018, 468.
[103] BAG 3.7.2014 – 6 AZR 296/13; 24.10.2013 AP Nr. 2 zu § 131 InsO = NZA-RR 2014, 254.
[104] BAG 27.2.2014 AP Nr. 5 zu § 131 InsO = NZA 2014, 681.
[105] BAG 27.2.2014 AP Nr. 5 zu § 131 InsO = NZA 2014, 681.
[106] BAG 8.5.2014 AP Nr. 7 zu § 131 InsO = NZA-RR 2014, 482.
[107] BAG 19.5.2011 AP Nr. 1 zu § 131 InsO = NZA-RR 2011, 656; 31.8.2010 AP Nr. 19 zu § 48 ArbGG 1979 = NZA 2011, 995.
[108] BAG 27.2.2014 AP Nr. 5 zu § 131 InsO = NZA 2014, 681.

ren Vollstreckungsdrucks geleistet hat, beurteilt sich aus seiner objektivierten Sicht.[109] Inkongruent sind auch die durch den **Druck eines Insolvenzantrags** bewirkten Leistungen, weil sie nicht dem Inhalt des Schuldverhältnisses entsprechen. Dem Schuldner, der einen Gläubiger nach gestelltem Insolvenzantrag befriedigt, kommt es nicht in erster Linie auf die Erfüllung seiner gesetzlichen oder vertraglichen Pflichten an, sondern er will diesen Gläubiger zur Rücknahme des Insolvenzantrags bewegen. Damit nimmt er im Allgemeinen zugleich die Benachteiligung der übrigen Gläubiger in Kauf.[110] Ebenso kann die Erfüllung der Entgeltforderung eines AN mittels **Forderungspfändung** als inkongruente Deckung nach § 131 InsO anfechtbar sein. Die Pfändung und Überweisung einer Forderung einerseits und die Zahlung durch den Drittschuldner andererseits sind selbständige Rechtshandlungen.[111] Teilzahlungen, die der Schuldner auf eine **mit dem Gerichtsvollzieher nach § 802b ZPO geschlossene Ratenzahlungsvereinbarung** erbringt, entfalten rechtliche Wirkung iSd § 140 InsO erst in dem Zeitpunkt, in dem der Gläubiger die vereinnahmten Beträge vom Gerichtsvollzieher erhält. Liegt dieser Zeitpunkt in der kritischen Zeit der letzten drei Monate vor dem Eröffnungsantrag oder der Zeit nach diesem Antrag und ist die erlangte Deckung inkongruent, kann jede Teilzahlung selbständig nach § 131 InsO angefochten werden.[112]

17 **5. Vorsatzanfechtung. a) Benachteiligungsvorsatz.** Nach § 133 I 1 InsO ist eine Rechtshandlung anfechtbar, die der Schuldner in den letzten zehn Jahren vor dem Antrag auf Eröffnung des Insolvenzverfahrens oder nach diesem Antrag mit dem Vorsatz, seine Gläubiger zu benachteiligen, vorgenommen hat, wenn der andere Teil zur Zeit der Handlung den Vorsatz des Schuldners kannte. Der Schuldner handelt mit Vorsatz, wenn er die Benachteiligung der Gläubiger als Erfolg seiner Rechtshandlung will oder als mutmaßliche Folge erkennt und billigt.[113] Zur Feststellung dieser inneren Tatsache hat die Rechtsprechung verschiedene Indizien und **Beweisanzeichen** entwickelt.[114] Hierbei handelt es sich allerdings nicht um gesetzliche Vermutungen iSd § 292 ZPO dafür, dass die Voraussetzungen der Vorsatzanfechtung vorliegen. Erforderlich ist vielmehr eine Gesamtwürdigung der konkreten Einzelfallumstände im Rahmen der freien Beweiswürdigung des Tatsachengerichts nach § 286 I ZPO.[115]

18 Die Rechtsprechung geht hierbei von folgenden **Grundsätzen** aus: Kennt der Schuldner seine Zahlungsunfähigkeit, kann daraus auf einen Benachteiligungsvorsatz geschlossen werden. In diesem Fall weiß er, dass sein Vermögen nicht ausreicht, um sämtliche Gläubiger zu befriedigen. Auch die nur drohende Zahlungsunfähigkeit stellt ein starkes Beweisanzeichen für den Benachteiligungsvorsatz des Schuldners dar, wenn sie ihm bei der Vornahme der Rechtshandlung bekannt war. Ein weiteres in der Regel erhebliches Beweisanzeichen für einen Benachteiligungsvorsatz des Schuldners ist das Bestehen einer inkongruenten Deckung.[116] Nimmt allerdings der Schuldner trotz der Gewährung einer inkongruenten Deckung aufgrund konkreter Umstände an, mit Sicherheit alle seine Gläubiger befriedigen zu können, fehlt ihm der Benachteiligungsvorsatz. Zudem hängt die Bedeutung der Inkongruenz als Beweisanzeichen von deren Art und Ausmaß ab. Die Indizwirkung einer inkongruenten Deckung fällt umso weniger ins Gewicht, je länger die Handlung vor der Verfahrenseröffnung liegt. Sie kann sogar ganz entfallen, wenn die Handlung bereits zu einer Zeit vorgenommen wird, in welcher noch keine ernsthaften Zweifel an der Liquidität des Schuldners bestehen oder aus Sicht des Zahlungsempfängers zu bestehen scheinen.[117] Die Indizwirkung von Inkongruenz und Kenntnis der *(drohenden)* Zahlungsunfähigkeit kann ausgeschlossen sein, wenn Einzelfallumstände ergeben, dass die angefochtene Rechtshandlung von einem anderen, anfechtungsrechtlich unbedenklichen Willen geleitet war und das Bewusstsein der Benachteiligung anderer Gläubiger infolgedessen in den Hintergrund getreten ist. Das kommt insbesondere dann in Betracht, wenn die angefochtene Rechtshandlung Bestandteil eines ernsthaften, letztlich aber fehlgeschlagenen Sanierungsversuches ist.[118] Die bloße Hoffnung des Schuldners, die Krise überwinden bzw. noch abwenden zu kön-

[109] BGH 24.5.2012 NZI 2012, 561.
[110] BAG 27.3.2014 AP Nr. 3 zu § 133 InsO.
[111] BAG 18.10.2018 AP Nr. 21 zu § 131 InsO = NZA 2019, 203.
[112] BAG 20.9.2017 AP Nr. 19 zu § 131 InsO = NZA 2018, 468.
[113] BAG 27.3.2014 AP Nr. 3 zu § 133 InsO; BGH 6.12.2012 NJW 2013, 940.
[114] Dazu und zum Folgenden BGH 10.1.2013 NJW 2013, 611; BAG 12.9.2013 AP Nr. 1 zu § 133 InsO; *Kayser* NJW 2014, 422 (424).
[115] BAG 29.1.2014 AP Nr. 2 zu § 133 InsO = NZA 2014, 1266; 12.9.2013 AP Nr. 1 zu § 133 InsO; hierzu auch *Kayser* WM 2013, 293.
[116] BAG 27.3.2014 AP Nr. 3 zu § 133 InsO.
[117] BGH 18.12.2003 NJW 2004, 1385.
[118] BAG 27.3.2014 AP Nr. 3 zu § 133 InsO.

nen, genügt hingegen nicht, den Benachteiligungsvorsatz zu widerlegen.[119] Zahlt der AG das Entgelt an den AN, der im Wege der Vorleistung seiner Arbeitspflicht genügt hat, obwohl er zahlungsunfähig ist, pünktlich, verhalten sich weder der AG noch der AN in einer von § 133 InsO missbilligten Weise. Durch die Vorsatzanfechtung würde im Regelfall nicht ein durch missbilligtes Verhalten erlangter Sondervorteil des AN rückgängig gemacht, sondern vom AN, der ohne adäquate Handlungsalternative verpflichtet war, seine Arbeitsleistung weiter zu erbringen, ein Sonderopfer verlangt. Das würde dem Normzweck des § 133 InsO nicht gerecht und zugleich das erforderliche Stufenverhältnis zur Anfechtung nach § 130 I 1 Nr. 1 InsO nicht wahren.[120]

b) Kenntnis des Gläubigers. Die Anfechtung nach § 133 I 1 InsO setzt weiter voraus, dass 19
der Anfechtungsgegner zur Zeit der angefochtenen Handlung den Vorsatz des Schuldners, seine Gläubiger zu benachteiligen, kannte. Diese Kenntnis wird gem. § 133 I 2 InsO vermutet, wenn der Anfechtungsgegner wusste, dass die Zahlungsunfähigkeit drohte und die Handlung die Gläubiger benachteiligte. Ein Beweisanzeichen für die Kenntnis des Benachteiligungsvorsatzes bildet eine inkongruente Deckung (dazu → Rn. 16), wenn die Wirkungen der Rechtshandlung zu einem Zeitpunkt eintraten, als zumindest aus der Sicht des Empfängers der Leistung Anlass bestand, an der Liquidität des Schuldners zu zweifeln.[121] Von der Kenntnis des Benachteiligungsvorsatzes des Schuldners ist auch auszugehen, wenn der Gläubiger die Zahlungsunfähigkeit des Schuldners kennt. In diesem Fall weiß der Gläubiger, dass Leistungen aus dem Vermögen des Schuldners die Befriedigungsmöglichkeiten anderer Gläubiger vereiteln oder zumindest erschweren. Dies gilt insbesondere, wenn der Schuldner gewerblich tätig ist, weil der Gläubiger in diesem Fall mit weiteren Gläubigern des Schuldners mit ungedeckten Ansprüchen rechnen muss.[122] Der Kenntnis des Anfechtungsgegners von der drohenden Zahlungsunfähigkeit des Schuldners steht die Kenntnis von Umständen gleich, die zwingend auf eine drohende oder bereits eingetretene Zahlungsunfähigkeit hinweisen.[123] So hat der Gläubiger nach der Rechtsprechung des BGH die Zahlungseinstellung des Schuldners, dessen Zahlungsverzug nicht mit einer fortdauernden Anspruchsprüfung erklärt werden kann, erkannt, wenn der Schuldner einer erheblichen Forderung während eines monatelangen Zeitraums auf Rechnungen und Mahnungen schweigt und nach Einschaltung eines Inkassounternehmens und Erwirken eines Mahnbescheids in dem auf seinen Widerspruch eingeleiteten gerichtlichen Verfahren die ratenweise Zahlung der Gesamtforderung einschließlich der Zinsen und der angefallenen Kosten anbietet.[124]

6. Anfechtung wegen unentgeltlicher Leistung. Nach § 134 InsO ist eine unentgeltliche 20
Leistung des Schuldners anfechtbar, wenn Sie innerhalb von vier Jahren vor dem Antrag auf Eröffnung des Insolvenzverfahrens vorgenommen worden ist. Der Gesetzgeber sieht den Empfänger einer unentgeltlichen Leistung als weniger schutzwürdig an als einen Gläubiger, dessen Forderung ein entgeltliches Geschäft zugrunde liegt. Der Begriff der Unentgeltlichkeit ist hiervon ausgehend weit auszulegen. Leistung des Schuldners in diesem Sinn ist somit jede Schmälerung des Schuldnervermögens, durch die die Insolvenzgläubiger unmittelbar oder mittelbar benachteiligt werden.[125] Der Abschluss von Verträgen mit der Übernahme von Leistungspflichten durch den Schuldner ist als eine Leistung iSd § 134 InsO anzusehen. Ausreichend ist, dass die Handlung das Vermögen des Schuldners mindert.[126] Der Leistung darf nach dem Inhalt des ihr zugrunde liegenden Rechtsgeschäfts keine Gegenleistung gegenüberstehen, dem Leistenden also vereinbarungsgemäß keine dem von ihm aufgegebenen Vermögenswert entsprechende Gegenleistung zufließen.[127] Demnach ist eine Leistung entgeltlich, wenn der Schuldner etwas erhält, was objektiv ein Ausgleich für seine Leistung ist oder das jedenfalls subjektiv nach dem Willen der Beteiligten sein soll.[128] Der insolvenzrechtliche Begriff der unentgeltlichen Leistung setzt eine Einigung über die Unentgeltlichkeit als solche nicht voraus.[129] Unentgeltlichkeit schei-

---

[119] BGH 8.12.2011 NZI 2012, 142.
[120] BAG 29.1.2014 AP Nr. 2 zu § 133 InsO = NZA 2014, 1266.
[121] BGH 25.10.2012 NJW-RR 2013, 161.
[122] BGH 6.12.2012 NJW 2013, 940.
[123] BAG 12.9.2013 AP Nr. 1 zu § 133 InsO.
[124] BGH 25.2.2016 NJW 2016, 1168.
[125] BAG 17.12.2015 AP Nr. 3 zu § 134 InsO = NZA 2016, 508; BGH 5.3.2015 NJW 2015, 1672.
[126] BGH 26.4.2012 NJW-RR 2012, 1513.
[127] BAG 17.12.2015 AP Nr. 3 zu § 134 InsO = NZA 2016, 508; BGH 5.6.2008 NJW 2008, 2506.
[128] BAG 18.9.2014 AP Nr. 2 zu § 134 InsO.
[129] BGH 21.12.2010 NZI 2011, 107; MüKoInsO/*Kayser/Freudenberg* § 134 Rn. 17.

det jedoch aus, wenn dem Verfügenden ein entsprechender Gegenwert vereinbarungsgemäß zufließen soll. Es muss sich dabei nicht um eine Gegenleistung iSd §§ 320 ff. BGB handeln, ausreichend ist eine konditionale oder kausale Verknüpfung.[130] Maßgeblich ist nach der Rechtsprechung des BGH der objektive Sachverhalt und nicht die subjektive Bewertung der Leistungen durch die Beteiligten.[131] Das BAG räumt allerdings den Arbeitsvertragsparteien einen angemessenen Beurteilungsspielraum ein, soweit sie nicht an gesetzliche oder tarifliche Vorgaben gebunden sind. Ihre subjektive Bewertung muss dabei eine reale Grundlage haben.[132] Erst wenn feststeht, dass dem Schuldner objektiv betrachtet ein Gegenwert für seine Zuwendung zugeflossen oder versprochen worden ist, besteht Anlass zu der Prüfung, ob die Beteiligten die erbrachte oder versprochene Gegenleistung als Entgelt angesehen haben oder mit der Leistung des Schuldners Freigiebigkeit bezweckt war.[133] Soweit gesetzliche oder tarifliche Bestimmungen in Durchbrechung des Grundsatzes „kein Entgelt ohne Arbeit" eine Entgeltzahlungspflicht ohne Arbeitsleistung vorsehen, erfüllt der AG seine Hauptleistungspflicht. Dies begründet die Entgeltlichkeit der Zahlung. Eine Zahlung in Erfüllung einer vergleichsweise vereinbarten Freistellung ist in der Regel ebenfalls entgeltlich und damit nicht nach § 134 InsO anfechtbar.[134] § 134 InsO erfasst auch Fälle sog. „verschleierter Schenkungen", bei denen ein entgeltliches Rechtsgeschäft nur zum Schein abgeschlossen wurde, um die Freigiebigkeit zu verdecken.[135] Das entgeltliche Rechtsgeschäft ist in diesen Fällen als Scheingeschäft nach § 117 I BGB nichtig und die gem. § 117 II BGB wirksame unentgeltliche Verfügung nach § 134 InsO anfechtbar.[136] Nach diesen Grundsätzen kann die mit einer sog. Halteprämie honorierte Betriebstreue eine entgeltliche, objektiv werthaltige Leistung des AN sein, weil es in einer wirtschaftlichen Krisensituation von entscheidender Bedeutung für die Fortentwicklung eines Unternehmens sein kann, dass Führungskräfte oder sonstige Leistungsträger im Unternehmen bleiben.[137] Eine unentgeltliche Leistung iSv § 134 I InsO liegt dagegen vor, wenn ein Arbeitsvertrag nur zum Schein abgeschlossen wird und der AG als späterer Schuldner ohne den Erhalt von Arbeitsleistungen Entgeltzahlungen erbringt.[138]

21 **7. Rechtsweg.** Für die auf Rückzahlung der Arbeitsvergütung gerichtete Klage des Insolvenzverwalters sind gem. § 2 I 1 Nr. 3 lit. a ArbGG die **Gerichte für Arbeitssachen zuständig.** Streitgegenstand ist der Anspruch des Insolvenzverwalters auf Rückgewähr der vom Schuldner geleisteten Vergütung nach § 143 I InsO, nicht die insolvenzrechtliche Anfechtung als solche.[139] Gleiches gilt für die auf § 134 I, § 143 I InsO gestützte Klage auf Rückgewähr von als Arbeitsvergütung bezeichneten Leistungen, auch wenn zwischen den Parteien streitig ist, ob der Arbeitsvertrag wirksam geschlossen und beiderseitig erfüllt wurde.[140] Dagegen ist für den Rechtsstreit zwischen Insolvenzverwalter und Finanzamt über die Rückgewähr vom Schuldner entrichteter Lohn- und Annexsteuern nach § 143 I InsO der Rechtsweg zu den Arbeitsgerichten nicht eröffnet. Ein solcher Rechtsstreit ist auf die insolvenzrechtlich geprägte Rückabwicklung einer steuerrechtlichen Beziehung zwischen dem Schuldner und dem Fiskus gerichtet und nicht auf die Rückgewähr vom Schuldner geleisteter Arbeitsvergütung. Zulässig ist damit der Rechtsweg zu den ordentlichen Gerichten.[141]

22 **8. Masseunzulänglichkeit. a) Überblick.** Stellt sich im Laufe des Prozesses heraus, dass die Masse zwar ausreicht, um die Kosten des Insolvenzverfahrens zu decken, nicht jedoch, um die fälligen sonstigen Masseverbindlichkeiten zu erfüllen, hat der Insolvenzverwalter gem. § 208 I InsO dem Insolvenzgericht Masseunzulänglichkeit anzuzeigen. Gleiches gilt nach § 208 I 2 InsO bei drohender Masseunzulänglichkeit. Bei Anzeige der Masseunzulänglichkeit nach Insolvenzeröffnung (§ 208 InsO) bestimmt sich die Befriedigung der Massegläubiger nach der in § 209 InsO geregelten Rangfolge. Die Masse dient nunmehr vorrangig der Befriedigung der vom Insolvenzverwalter eingegangenen neuen Verbindlichkeiten, um ihm so den Handlungsspielraum

[130] BGH 19.7.2018 NZI 2018, 800 (804).
[131] BGH 26.4.2012 NJW-RR 2012, 1513.
[132] Dazu *Baumert* Anm. zu BAG AP Nr. 3 zu § 134 InsO.
[133] BAG 12.9.2013 AP Nr. 1 zu § 134 InsO; BGH 21.12.2010 NZI 2011, 107.
[134] BAG 17.12.2015 AP Nr. 3 zu § 134 InsO = NZA 2016, 508.
[135] Braun/*de Bra* InsO § 134 Rn. 6.
[136] BAG 18.9.2014 AP Nr. 2 zu § 134 InsO.
[137] BAG 12.9.2013 AP Nr. 1 zu § 134 InsO.
[138] BAG 18.9.2014 AP Nr. 2 zu § 134 InsO.
[139] GmS-OGB 27.9.2010 AP Nr. 14 zu § 2 ArbGG 1979 Zuständigkeitsprüfung = NZA 2011, 534.
[140] BAG 25.11.2014 NZA 2015, 252.
[141] BAG 17.9.2014 AP Nr. 100 zu § 2 ArbGG 1979 = NZA 2015, 1405.

zu geben, den er benötigt, um die Verwertung auch bei Masseunzulänglichkeit zum Abschluss zu bringen.[142] Das Gericht hat die Anzeige der Masseunzulänglichkeit **öffentlich bekannt zu machen;** den Massegläubigern ist sie besonders zuzustellen. Die Wirkungen treten mit der Anzeige und öffentlichen Bekanntmachung ein. Auf die Zustellung an die Massegläubiger kommt es nicht an.[143] Das Gericht hat die Masseunzulänglichkeit nicht nachzuprüfen, **die Anzeige ist für das Gericht vielmehr bindend.**[144] Als Ausgleich dafür enthält die InsO eine verschärfte Haftung des Insolvenzverwalters für nicht erfüllbare Masseverbindlichkeiten nach § 61 InsO. Diese Haftung greift nur ein, wenn der Insolvenzverwalter – regelmäßig im Rahmen einer Betriebsfortführung – willentlich Masseverbindlichkeiten begründet, obwohl voraussehbar ist, dass diese bei Fälligkeit nicht erfüllt werden können.[145] Im Schadensersatzprozess hat der Insolvenzverwalter gem. § 61 S. 2 InsO zu beweisen, dass er bei Begründung der Masseverbindlichkeit nicht erkennen konnte, dass die Masse voraussichtlich nicht zur Erfüllung ausreichen würde.[146] Masseverbindlichkeiten sind bei Masseunzulänglichkeit nach der in § 209 I InsO vorgesehenen Rangordnung zu berichtigen: **(1)** Die Kosten des Insolvenzverfahrens; **(2)** Masseverbindlichkeiten, die nach der Anzeige der Masseunzulänglichkeit begründet worden sind, und **(3)** die übrigen Masseverbindlichkeiten.[147] Für Dauerschuldverhältnisse konkretisieren § 209 II Nr. 2 und Nr. 3 InsO die **Abgrenzung zwischen Alt- und Neumasseverbindlichkeiten.** Gem. § 209 II Nr. 3 InsO gelten als Neumasseverbindlichkeiten iSd § 209 I Nr. 2 InsO die Verbindlichkeiten aus einem Dauerschuldverhältnis, soweit der Insolvenzverwalter nach der Anzeige der Masseunzulänglichkeit für die Insolvenzmasse die Gegenleistung in Anspruch genommen hat (→ Rn. 25).

b) Vollstreckungsverbot. Sobald der Insolvenzverwalter die Masseunzulänglichkeit nach § 208 I 1 InsO angezeigt hat, ist die Vollstreckung wegen einer Masseverbindlichkeit iSv § 209 I Nr. 3 InsO unzulässig (§ 210 InsO).[148] Nach diesem Zeitpunkt kann eine solche Masseverbindlichkeit auch nicht mehr im Wege der Leistungsklage verfolgt werden. Der Klage auf Leistung fehlt dann das Rechtsschutzbedürfnis.[149] Ansprüche sind im Wege der Feststellungsklage geltend zu machen.[150] Eine bereits anhängige Klage eines Altmassegläubigers ist nach Anzeige der Masseunzulänglichkeit auf eine Feststellungsklage umzustellen (§ 264 Nr. 3 ZPO).[151] Das Vollstreckungsverbot des § 210 InsO gilt nur für Altmassegläubiger iSd § 209 I Nr. 3 InsO. Verbindlichkeiten iSv § 209 I Nr. 2 InsO und § 209 II InsO sind daher grundsätzlich weiterhin mit der Zahlungsklage zu verfolgen. Das gilt auch dann, wenn die materiell-rechtliche Prüfung ergibt, dass es sich bei den geltend gemachten Forderungen tatsächlich nicht um Neumasseverbindlichkeiten handelt.[152] 23

9. Neumasseverbindlichkeiten. Zu den Neumasseverbindlichkeiten iSv § 209 I Nr. 2 InsO gehören insbesondere die in § 209 II InsO aufgeführten Verbindlichkeiten. Die in § 209 II Nr. 1 InsO genannten Verbindlichkeiten spielen dabei im Arbeitsrecht nur eine geringe Rolle, denn die Vorschrift setzt das Bestehen eines Wahlrechts des Verwalters iSv § 103 InsO voraus. Bei bereits in Vollzug gesetzten Arbeitsverhältnissen hat der Verwalter jedoch kein Wahlrecht über deren Erfüllung oder Nichterfüllung. Diese bestehen vielmehr nach § 108 InsO mit Wirkung für die Insolvenzmasse fort und sind nach Maßgabe von § 113 InsO kündbar.[153] 24

Als Neumasseverbindlichkeit des zweiten Ranges gelten nach **§ 209 II Nr. 2 InsO** allerdings auch Verbindlichkeiten aus einem Dauerschuldverhältnis für die Zeit nach dem ersten Termin, zu dem der Verwalter nach der Anzeige der Masseunzulänglichkeit kündigen konnte. Leitgedanke dieser Regelung ist, dass unter den in § 209 II Nr. 2 InsO aufgeführten Voraussetzungen die Entstehung der Verbindlichkeiten dem Insolvenzverwalter zugerechnet werden kann.[154] Benötigt der Verwalter den AN noch, um die Abwicklung des masseunzulänglichen 25

[142] BAG 10.9.2020 AP Nr. 114 zu § 7 BUrlG Abgeltung.
[143] BAG 21.7.2005 AP Nr. 50 zu § 113 BetrVG 1972 = NZA 2006, 162.
[144] BGH 3.4.2003 NJW 2003, 2454.
[145] BGH 21.10.2010 ZIP 2010, 2356.
[146] Vgl. BGH 6.5.2004 NJW 2004, 3334.
[147] Zur Rangordnung: BAG 31.3.2004 AP Nr. 3 zu § 209 InsO = NZA 2004, 1093.
[148] Ganz hM, vgl. BGH 13.4.2006 NJW 2006, 2997; MüKoInsO/*Hefermehl* § 208 Rn. 65.
[149] BAG 31.3.2004 ZInsO 2005, 50.
[150] BAG 22.11.2005 AP Nr. 5 zu § 615 BGB Anrechnung = NZA 2006, 736.
[151] MüKoInsO/*Hefermehl* § 208 Rn. 65.
[152] BAG 8.5.2014 AP Nr. 6 zu § 209 InsO = NZA 2014, 860.
[153] BAG 15.6.2004 AP Nr. 4 zu § 209 InsO = NZA 2005, 354.
[154] MüKoInsO/*Hefermehl* § 209 Rn. 30.

Verfahrens fortzuführen, wird er so behandelt, als hätte er eine neue Masseverbindlichkeit erst begründet, denn es stand in seiner Macht, den Eintritt dieser Verbindlichkeit durch rechtzeitige Kündigung zu verhindern.[155] Die bis dahin entstandenen Verbindlichkeiten, im Arbeitsverhältnis insbesondere Vergütungsansprüche, sind als Altmasseverbindlichkeiten nach § 209 I Nr. 3 InsO zu berichtigen. Für die Frage der frühesten Kündigungsmöglichkeit ist die objektive Lage entscheidend. Gemeint ist nicht ein tatsächliches, sondern ein rechtliches Können. Konsequenz der gesetzlichen Verteilungsordnung ist, dass der Insolvenzverwalter, der kündigen „kann", auch dafür zu sorgen hat, dies rechtswirksam zu tun. Es fällt in seinen Verantwortungsbereich, für eine wirksame Umsetzung der Vorgaben des gesetzlichen Kündigungsschutzes zu sorgen. Die Neumasse trägt das Risiko, dass ihm das nicht gelingt. Zur Vermeidung von Neumasseverbindlichkeiten genügt es deshalb nicht, dass eine Kündigung zum erstmöglichen Termin nach der Anzeige der Masseunzulänglichkeit erklärt wird, die Kündigung muss vielmehr auch wirksam sein.[156] Der Insolvenzverwalter hat daher zunächst die (formellen) Voraussetzungen für die Kündigung herbeizuführen, die andernfalls deren Unwirksamkeit zur Folge hätten, wie die Anhörung des BR nach § 102 BetrVG oder die Einholung der Zustimmung des Integrationsamts zur Kündigung gem. § 168 SGB IX. Ferner hat er bei Eingreifen der §§ 111 ff. BetrVG vor der Kündigung Interessenausgleichsverhandlungen zu führen, da er sonst die Masse mit Nachteilsausgleichsansprüchen (§ 113 BetrVG) belasten würde.[157] Neumasseverbindlichkeiten nach § 209 II Nr. 3 InsO entstehen, wenn der Insolvenzverwalter die Gegenleistung des AN „in Anspruch" nimmt. Dies setzt voraus, dass er sie nutzt, den AN also zur Arbeit heranzieht. Der Masse muss ein wirtschaftlicher Wert zufließen. Ist das der Fall, sind allerdings auch die entgeltfortzahlungspflichtigen „unproduktiven" Ausfallzeiten – wie etwa Urlaub oder krankheitsbedingte Arbeitsunfähigkeit – als Neumasseverbindlichkeit zu vergüten.[158] Für die Entstehung von Neumasseverbindlichkeiten im Sinne dieser Vorschrift reicht es hingegen nicht aus, dass der Insolvenzverwalter den AN zur Arbeitsleistung auffordert. Grundsätzlich muss die Gegenleistung der Masse auch tatsächlich zugutekommen. Dies ist nicht der Fall, wenn der AN der Aufforderung unter Berufung auf ein Zurückbehaltungsrecht nicht nachkommt.[159]

26 **Kündigt der Verwalter** zu dem in § 209 II Nr. 2 InsO genannten ersten Termin, entstehen nach § 209 II Nr. 3 InsO Neumasseverbindlichkeiten, soweit der Verwalter nach der Anzeige der Masseunzulänglichkeit während der Kündigungsfrist die Arbeitsleistung in Anspruch nimmt. Stellt der Insolvenzverwalter dagegen den AN frei, sind die hierdurch entstehenden Annahmeverzugsansprüche nach § 209 I Nr. 3 InsO nachrangige Masseforderungen. Eine vom Insolvenzverwalter erklärte „Freistellung unter Anrechnung von Urlaub" erfüllt nicht die Anforderungen von § 209 II Nr. 3 InsO. In diesem Fall hat der Verwalter das Arbeitsverhältnis unverzüglich zu kündigen, wenn er sich nicht nach § 61 InsO schadenersatzpflichtig machen will. Ein AN, der von seiner Arbeitspflicht freigestellt ist und nicht mehr arbeitet, erbringt keine Gegenleistung. Dass er gleichwohl für die Zeiten seiner Nichtbeschäftigung Anspruch auf Entgelt hat, ändert daran nichts.[160] Kündigt der Verwalter nicht und beschäftigt er die AN zunächst weiter, entstehen gem. § 209 II Nr. 2 InsO Neumasseverbindlichkeiten iSv § 209 I Nr. 2 InsO. Erfolgt später eine Kündigung und Freistellung der AN, ändert sich hieran nichts. Die Ansprüche erhalten dadurch nicht den Rang des § 209 I Nr. 3 InsO.[161] Begründet der Insolvenzverwalter nach Anzeige der Masseunzulänglichkeit Ansprüche auf Nachteilsausgleich, sind diese Neumasseverbindlichkeiten.[162]

27 Neumasseverbindlichkeiten iSv § 209 I Nr. 2 InsO können regelmäßig **gegen die Masse vollstreckt** werden und in diesem Umfang auch Gegenstand einer zulässigen Leistungsklage sein.[163] Stellt sich allerdings im Laufe des Verfahrens heraus, dass die vorhandene Masse auch die

[155] BAG 21.7.2005 AP Nr. 50 zu § 113 BetrVG 1972 = NZA 2006, 162.
[156] BAG 2.10.2018 AP Nr. 156 zu § 615 BGB = NZA 2018, 1544; 22.2.2018 AP Nr. 9 zu § 209 InsO = NZA 2018, 666.
[157] BAG 21.7.2005 AP Nr. 50 zu § 113 BetrVG 1972 = NZA 2006, 162; 31.3.2004 AP Nr. 3 zu § 209 InsO = NZA 2004, 1093.
[158] BAG 10.9.2020 AP Nr. 114 zu § 7 BUrlG Abgeltung; 23.3.2017 AP Nr. 7 zu § 209 InsO mAnm *Windel* = NZA 2017, 779.
[159] BAG 8.5.2014 AP Nr. 6 zu § 209 InsO = NZA 2014, 860.
[160] BAG 14.6.2004 AP Nr. 4 zu § 209 InsO = NZA 2005, 354.
[161] BAG 21.7.2005 AP Nr. 50 zu § 113 BetrVG 1972 = NZA 2006, 162; 31.3.2004 AP Nr. 3 zu § 209 InsO = NZA 2004, 1093.
[162] BAG 30.5.2006 AP Nr. 5 zu § 209 InsO = NZA 2006, 1122.
[163] BGH 13.4.2006 NJW 2006, 2997.

Ansprüche nach § 209 I Nr. 2 InsO nicht mehr voll abdecken kann und auch für sie nur eine anteilige Erfüllung infrage kommt, ist eine vergleichbare Interessenlage gegeben wie bei dem vom Gesetz geregelten Vollstreckungsverbot des § 210 InsO. In diesem Fall bleibt die Leistungsklage so lange zulässig, bis der Insolvenzverwalter die erneute Masseunzulänglichkeit im Prozess einwendet oder eine erneute Anzeige der Masseunzulänglichkeit auch bezüglich der Ansprüche nach § 209 I Nr. 2 InsO abgibt und diese veröffentlicht wird. Ist bereits ein Leistungsurteil ergangen, kann der Insolvenzverwalter eine Vollstreckungsgegenklage gem. § 767 II ZPO erheben und in dieser die erneute Masseunzulänglichkeit geltend machen.[164]

10. Haftung des Insolvenzverwalters. a) Verletzung insolvenzrechtlicher Pflichten. Gem. § 60 I InsO ist der Insolvenzverwalter allen Beteiligten zum Schadensersatz verpflichtet, wenn er schuldhaft die Pflichten verletzt, die ihm nach der InsO obliegen, wobei er für die Sorgfalt eines ordentlichen und gewissenhaften Insolvenzverwalters einzustehen hat.[165] Zu den insolvenzspezifischen Pflichten gehören nicht die Pflichten, die ihn wie jeden Vertreter fremder Interessen gegenüber Dritten treffen. Gleiches gilt grundsätzlich für Pflichten, die dem Insolvenzverwalter als Verhandlungs- und Vertragspartner eines Dritten auferlegt sind. Sie können eine Haftung aus § 60 InsO nur begründen, wenn diesem Dritten gegenüber andere, insolvenzspezifische Pflichten bestehen, deren Erfüllung durch die Verletzung der anderen Pflichten gefährdet wird.[166] Der Verwalter ist verpflichtet, die Ansprüche der Massegläubiger vorab aus der Masse zu befriedigen. Vor der Befriedigung einzelner Massegläubiger hat er zu prüfen, ob, in welchem Umfang und in welcher Reihenfolge Masseverbindlichkeiten zu befriedigen sind und ob die Masse überhaupt ausreicht, um alle Masseforderungen zu bedienen. Er hat sich einen Überblick über die Aktiva und Passiva zu verschaffen und dann zu entscheiden, inwieweit Forderungen befriedigt werden können, ohne andere – ggf. vorrangig oder gleichrangig zu befriedigende – Gläubiger zu benachteiligen.[167] 28

b) Nichterfüllung von Masseverbindlichkeiten. aa) Überblick. Kann eine Masseverbindlichkeit, die durch eine Rechtshandlung des Insolvenzverwalters begründet worden ist, aus der Insolvenzmasse nicht voll erfüllt werden, ist der Verwalter den Massegläubigern zum Schadensersatz verpflichtet, es sei denn, er konnte bei der Begründung der Verbindlichkeit nicht erkennen, dass die Masse voraussichtlich zur Erfüllung nicht ausreichen würde (§ 61 InsO). Diese Bestimmung betrifft auch den sog. „starken" vorläufigen Insolvenzverwalter (→ § 91 Rn. 8)[168] und ist in dem von ihr geregelten Teilbereich der *(verschärften)* Verwalterhaftung als speziellere Norm vorrangig vor § 60 InsO zu prüfen.[169] Für eine Schadensersatzklage wegen der Begründung einer arbeitsrechtlichen Masseverbindlichkeit ist der Rechtsweg zu den Arbeitsgerichten gegeben.[170] Die Haftung ist auf das negative Interesse begrenzt. Der AN ist so zu stellen, wie er stünde, wenn der Insolvenzverwalter nicht pflichtwidrig Masseverbindlichkeiten begründet hätte, die aus der Insolvenzmasse nicht voll erfüllt werden können.[171] Der verschärften persönlichen Haftung des Insolvenzverwalters liegt der Gedanke zugrunde, dass Dritte sonst nicht mehr bereit wären, Geschäftsbeziehungen mit dem Verwalter des insolventen Unternehmens aufzunehmen. Das erschwerte es, das Unternehmen im Insolvenzverfahren fortzuführen. Das Ausfallrisiko soll durch die persönliche Haftung des Verwalters gemindert werden. Der Verwalter soll persönlich dafür einstehen, dass Masseverbindlichkeiten, deren Entstehung er hätte vermeiden können, erfüllt werden.[172] 29

bb) Voraussetzungen. Voraussetzung der Haftung nach § 61 InsO ist, dass der Verwalter – regelmäßig im Rahmen einer Betriebsfortführung – willentlich Masseverbindlichkeiten begründet, obwohl voraussehbar ist, dass sie bei Fälligkeit nicht erfüllt werden können.[173] Insolvenzspezifische Pflichten für die Zeit nach Begründung einer Verbindlichkeit legt die Vorschrift hingegen nicht fest.[174] Aus § 61 InsO ist deshalb kein Anspruch auf Ersatz eines Schadens herzuleiten, 30

[164] BAG 31.3.2004 AP Nr. 3 zu § 209 InsO = NZA 2004, 1093.
[165] Dazu HK-InsO/*Lohmann* § 60 Rn. 28.
[166] BAG 15.11.2012 AP Nr. 4 zu § 61 InsO = NZI 2013, 284.
[167] BAG 25.1.2007 AP Nr. 1 zu § 60 InsO.
[168] BAG 6.9.2018 AP Nr. 5 zu § 61 InsO = NZA 2019, 172.
[169] BAG 15.11.2012 AP Nr. 4 zu § 61 InsO = NZI 2013, 284.
[170] BGH 16.11.2006 ZIP 2007, 94.
[171] BAG 19.1.2006 AP Nr. 1 zu § 61 InsO = NZA 2006, 860.
[172] BAG 15.11.2012 AP Nr. 4 zu § 61 InsO = NZI 2013, 284.
[173] BAG 1.6.2006 AP Nr. 2 zu § 61 InsO = NZA 2007, 94.
[174] BGH 21.10.2010 ZIP 2010, 2356.

der auf erst später eingetretenen Gründen beruht.[175] Der Verwalter haftet auch nicht für die Nichterfüllung der ohne seine Beteiligung entstandenen Masseforderungen, der sog. oktroyierten Forderungen, weil er auf die Entstehung und Höhe dieser Verbindlichkeiten keinen Einfluss hat.[176] Haftungsbegründend sind vor allem **Vertragsschlüsse.**[177] Der Begründung einer neuen Verbindlichkeit steht es gleich, wenn der Verwalter die **mögliche Kündigung von Dauerschuldverhältnissen unterlässt.**[178] In diesem Fall kommt eine Ersatzpflicht aber nur für Verbindlichkeiten in Betracht, die nach dem Zeitpunkt entstehen, zu dem der Vertrag bei einer frühestmöglichen Kündigungserklärung geendet hätte. Insoweit gelten dieselben Grundsätze, wie sie bei § 209 II Nr. 2 InsO zur Anwendung kommen (dazu → Rn. 25).[179] Der Anspruch auf **Urlaubsabgeltung** kann dem Schutzbereich des § 61 InsO unterfallen, weil im Arbeitsverhältnis bei der Vergütung der Arbeitsleistung auch entgeltfortzahlungspflichtige „unproduktive" Ausfallzeiten (zB aufgrund krankheitsbedingter Arbeitsunfähigkeit oder Urlaub) zu berücksichtigen sind. Beruht der Abgeltungsanspruch jedoch auf der Verhängung einer sog. Urlaubssperre, liegt keine Rechtshandlung iSd § 61 S. 1 InsO vor. Hiermit werden keine Masseverbindlichkeiten begründet, sondern lediglich einer Urlaubsbewilligung entgegenstehende dringende betriebliche Belange gem. § 7 I 1 BUrlG angeführt. Die Masse wird finanziell durch die Urlaubssperre nicht weiter belastet, weil auch der Urlaubsentgeltanspruch eine Masseverbindlichkeit gewesen wäre.[180] Die mit einer Urlaubsgewährung verbundene **Freistellung eines AN während der Kündigungsfrist** ist ebenfalls keine haftungsbegründende Rechtshandlung. Durch die Kombination von Freistellung und Urlaubsgewährung wird ohne Begründung von Masseverbindlichkeiten nur die Abwicklung des Arbeitsverhältnisses betrieben.[181] Da der Verwalter die Leistung des Massegläubigers bis zum Zeitpunkt der frühestmöglichen Beendigung nicht verhindern kann, ohne selbst vertragsbrüchig zu werden, ist es nicht haftungsauslösend, wenn der Insolvenzverwalter Masseverbindlichkeiten bis zum Zeitpunkt des frühestmöglichen Kündigungstermins bestehen lässt. Ihn trifft dabei keine insolvenzspezifische Pflicht, AN zu einem bestimmten Zeitpunkt von der Arbeitspflicht freizustellen, um den Bezug von Arbeitslosengeld zu ermöglichen. Eine solche kann nur dann in Betracht kommen, wenn durch die Beschäftigung des AN keinerlei Wertschöpfung zugunsten der Insolvenzmasse eintritt, die Beschäftigung aber zu einer erheblichen Minderung der Masse führt und eine künftige Wertschöpfung auch nicht zu erwarten ist.[182] Der Verwalter ist für den Haftungsausschluss darlegungs- und beweispflichtig.[183]

31 **cc) Haftung für Abfindungsforderungen.** Eine Haftung des Insolvenzverwalters nach § 61 InsO besteht nicht, wenn er in einem Kündigungsschutzprozess mit dem AN einen widerruflichen Vergleich schließt und nach Ablauf der Widerrufsfrist die vereinbarte Abfindung nicht bezahlen kann. Die dem Insolvenzverwalter durch § 61 InsO auferlegte Pflicht zur Prüfung, ob er von ihm eingegangene Masseverbindlichkeiten erfüllen kann, soll zwar das gegenüber den allgemeinen Gefahren eines Vertragsabschlusses erhöhte Risiko des Vertragspartners reduzieren. Doch ist für eine Haftung nach dieser Bestimmung dann kein Raum, wenn die Entscheidung eines AN, in einem Kündigungsschutzprozess einen Vergleich mit Abfindungsregelung zu schließen, auf einer eigenverantwortlichen, in Kenntnis aller Tatsachen und Risiken getroffenen Beurteilung der Sach- und Rechtslage und damit auf einem bewussten Handeln auf eigenes Risiko beruht.[184] Das gilt jedenfalls dann, wenn eine weiträumige Widerrufsfrist für beide Parteien, also auch und gerade für den AN, vereinbart wird, um den Parteien Gelegenheit zu geben, den Erfolg von Veräußerungsbemühungen bzw. gesellschaftsrechtlichen Umstrukturierungen abzuwarten, von dem nach der Erklärung des Insolvenzverwalters vor Abschluss des Vergleiches die Erfüllbarkeit der Abfindung als Masseverbindlichkeit abhängt. In einer solchen Situation muss der AN selbst initiativ werden und sich nach dem Stand dieser Bemühungen und der Zahlungsfähigkeit der Masse erkundigen. Genau zu diesem Zweck hat er sich den Widerruf vorbehalten. Tut er das nicht, verwirklicht sich das ihm bei Vergleichsabschluss bekannte und von ihm in Kauf genommene Zahlungsrisiko.[185]

[175] BAG 6.9.2018 AP Nr. 5 zu § 61 InsO = NZA 2019, 172; BGH 11.1.2018 NZI 2018, 258.
[176] BAG 6.9.2018 AP Nr. 5 zu § 61 InsO = NZA 2019, 172; 15.11.2012 AP Nr. 4 zu § 61 InsO = NZI 2013, 284.
[177] BAG 6.9.2018 AP Nr. 5 zu § 61 InsO = NZA 2019, 172; HK-InsO/*Lohmann* § 61 Rn. 3.
[178] BAG 6.9.2018 AP Nr. 5 zu § 61 InsO = NZA 2019, 172.
[179] BAG 6.9.2018 AP Nr. 5 zu § 61 InsO = NZA 2019, 172.
[180] BAG 6.9.2018 AP Nr. 5 zu § 61 InsO = NZA 2019, 172.
[181] BAG 6.9.2018 AP Nr. 5 zu § 61 InsO = NZA 2019, 172.
[182] BAG 15.11.2012 AP Nr. 4 zu § 61 InsO = NZI 2013, 284.
[183] Vgl. BGH 6.5.2004 NJW 2004, 3334; HK-InsO/*Lohmann* § 61 Rn. 17.
[184] BAG 6.10.2011 NZA 2012, 94.
[185] BAG 6.10.2011 NZA 2012, 94.

11. Sozialversicherung. Die Behandlung der Sozialversicherungsbeiträge in der Insolvenz weist zahlreiche Besonderheiten auf.[186] Hinzuweisen ist insbesondere darauf, dass nach bisheriger Rechtsprechung des BGH die Sozialversicherungsbeiträge auch hinsichtlich der Arbeitnehmeranteile kein zugunsten der Sozialversicherungsträger aussonderungsfähiges Treugut sind, weil sie nach dieser Rechtsprechung in vollem Umfang aus dem Vermögen des AG geleistet werden.[187] Sie können damit der Insolvenzanfechtung unterliegen. Nach dem zum 1.1.2008 in § 28e I SGB IV eingefügten Satz 2 gilt jedoch nunmehr die Zahlung des vom Beschäftigten zu tragenden Teils des Gesamtsozialversicherungsbeitrags als aus dem Vermögen des Beschäftigten erbracht. Diese Neuregelung entfaltet keine Rückwirkung.[188] 32

§ 93. Kündigungsschutz in der Insolvenz

Übersicht

I. Sonderkündigungsrecht

1. Allgemeines. Nach § 113 InsO kann ein Dienstverhältnis, bei dem der Schuldner der Dienstberechtigte ist, vom Insolvenzverwalter und vom anderen Teil ohne Rücksicht auf eine vereinbarte Vertragsdauer oder einen vereinbarten Ausschluss des Rechts zur ordentlichen Kündigung gekündigt werden. Die Kündigungsfrist beträgt drei Monate zum Monatsende, wenn nicht eine kürzere Frist maßgeblich ist.[1] Die Wahl dieser Kündigungsfrist unterliegt keiner Billigkeitskontrolle nach § 315 III BGB.[2] § 113 InsO soll notwendige Kündigungen nach Eröffnung des Insolvenzverfahrens ohne Rücksicht auf die vereinbarte Vertragsdauer oder einen vereinbarten Ausschluss des Rechts zur ordentlichen Kündigung beschleunigen.[3] Die Kündigung durch den Insolvenzverwalter bedarf allerdings wie jede andere Kündigung im Anwendungsbereich des KSchG der sozialen Rechtfertigung.[4] § 113 InsO stellt keinen selbständigen Kündigungsgrund bei Insolvenz oder Sanierung dar.[5] Der Verwalter hat des Weiteren den BR nach § 102 BetrVG zu unterrichten. Das Sonderkündigungsrecht aus § 113 InsO gilt während der gesamten Dauer des Insolvenzverfahrens und muss nicht unverzüglich nach Insolvenzeröffnung ausgeübt werden.[6] § 113 InsO findet gem. § 279 S. 1 InsO auch in Fällen der Eigenverwaltung Anwendung.[7] 1

[186] *Plagemann* NZS 2000, 525.
[187] Zusammenfassend BGH 8.12.2005 NJW 2006, 1348.
[188] BGH 27.3.2008 NJW 2008, 1535; dazu *Leithaus/Krings* NZI 2008, 393.
[1] BAG 3.12.1998 AP Nr. 1 zu § 113 InsO = NZA 1999, 425.
[2] BAG 27.2.2014 AP Nr. 25 zu § 113 InsO = NZA 2014, 897.
[3] ErfK/*Müller-Glöge* InsO § 113 Rn. 1.
[4] BAG 20.9.2006 AP Nr. 316 zu § 613a BGB = NZA 2007, 387.
[5] BAG 23.2.2017 AP Nr. 27 zu § 113 InsO = NZA 2017, 995; 15.12.2011 AP Nr. 424 zu § 613a BGB = NZA-RR 2012, 570.
[6] HWK/*Annuß* InsO § 113 Rn. 4.
[7] BAG 16.5.2019 AP Nr. 1 zu § 164 SGB IX 2018 = NZA 2019, 1198.

2 **2. Insolvenzverwalter.** Das Sonderkündigungsrecht aus § 113 InsO steht nur dem Insolvenzverwalter zu und nicht auch dem vorläufigen Insolvenzverwalter. Der sog. starke vorläufige Insolvenzverwalter (§ 22 I InsO) ist zwar kündigungsbefugt. § 113 InsO gilt nach dem klaren Wortlaut des Gesetzes jedoch nur für den Insolvenzverwalter und ist auf eine Kündigung durch einen „starken" vorläufigen Verwalter nicht analog anwendbar.[8] Die Zustimmung des Insolvenzgerichts zur Unternehmensstilllegung ist keine Wirksamkeitsvoraussetzung für die Kündigung der Arbeitsverhältnisse durch den starken vorläufigen Insolvenzverwalter wegen der von ihm beabsichtigten Stilllegung.[9] § 113 InsO findet gem. § 279 S. 1 InsO auch in Fällen der Eigenverwaltung Anwendung. Soweit der Insolvenzschuldner dabei entgegen der Sollvorschrift des § 279 S. 2 InsO zuvor kein Einvernehmen mit dem Sachwalter herstellt, ist die Kündigung gleichwohl wirksam, sofern nicht gem. § 277 InsO Zustimmungsbedürftigkeit angeordnet ist. Der Gesetzgeber hat nur in den in § 279 S. 3 InsO ausdrücklich genannten Fällen, in denen in die Rechtsstellung einer Vielzahl von AN eingegriffen wird, einen Zustimmungsvorbehalt normiert.[10]

3 **3. Vereinbarter Kündigungsausschluss.** § 113 InsO erfordert eine „Vereinbarung" über die Vertragsdauer bzw. über den Kündigungsausschluss. Das kann eine einzelvertragliche Vereinbarung oder eine tarifvertragliche Regelung sein.[11] **Tarifvertraglich unkündbare** Arbeitsverhältnisse sind daher nach Insolvenzeröffnung ordentlich kündbar. Das ist mit Art. 9 III GG vereinbar.[12] Nichts anderes gilt, wenn der Kündigungsausschluss Bestandteil einer **Betriebsvereinbarung** ist. Auch diese wird vereinbart und steht dem Zweck des § 113 InsO entgegen.[13] § 113 InsO gilt nicht, wenn die ordentliche Kündigung – wie bei Betriebsratsmitgliedern nach § 15 I KSchG – von Gesetzes wegen ausgeschlossen ist.[14] Bedarf die ordentliche Kündigung der **behördlichen Zustimmung,** wie bei schwerbehinderten Menschen nach §§ 168, 174 SGB IX, Schwangeren und Wöchnerinnen nach § 17 MuSchG, AN in Elternzeit nach § 18 BEEG, hat der Insolvenzverwalter die Zustimmung einzuholen. Hat er vor dem Eintritt eines Betriebsübergangs beim Integrationsamt die Zustimmung zur Kündigung eines schwerbehinderten AN beantragt, kann sich nach Auffassung des BAG der Betriebserwerber, der diesem AN kündigen will, nicht wirksam auf den Zustimmungsbescheid des Integrationsamtes berufen, der nach dem Betriebsübergang nur dem Insolvenzverwalter zugestellt worden ist.[15]

4 **4. Dienstverhältnis.** Die Vorschrift des § 113 InsO gilt zunächst für alle AN. Da § 113 InsO für „Dienstverhältnisse" und nicht nur für Arbeitsverhältnisse gilt, findet diese Bestimmung auch auf Dienstverträge von **Organen juristischer Personen** Anwendung.[16] Dabei ist zu beachten, dass von der Kündigung des Dienstverhältnisses, für die der Insolvenzverwalter zuständig ist, die Abberufung zu unterscheiden ist. Diese obliegt auch in der Insolvenz dem jeweiligen Gesellschaftsorgan.[17] Auf geschäftsführende Gesellschafter von Personengesellschaften ist § 113 InsO nicht anwendbar, wenn diese – wie in aller Regel – auf der Grundlage des Gesellschaftsvertrags ihre Tätigkeit verrichten.[18] **Berufsausbildungsverhältnisse** unterfallen nicht dem Anwendungsbereich des § 113 InsO, weil für sie nach Ablauf der Probezeit (§ 20 BBiG) gem. § 22 II Nr. 1 BBiG das Recht zur ordentlichen Kündigung von Gesetzes wegen ausgeschlossen ist.[19] Der Insolvenzverwalter kann das Ausbildungsverhältnis daher nur aus wichtigem Grund kündigen. Die Eröffnung des Insolvenzverfahrens stellt dabei nur dann einen wichtigen Grund zur Kündigung dar, wenn der Betrieb stillgelegt wird oder sonstige Gründe vorliegen, die eine Fortsetzung der Ausbildung unmöglich erscheinen lassen. Die Kündigung hat dann unter Beachtung der Auslauffrist des § 113 InsO zu erfolgen.[20] In **befristeten Arbeitsverhältnissen** besteht

---

[8] BAG 20.1.2005 AP Nr. 18 zu § 113 InsO = NZA 2006, 1352.
[9] BAG 27.10.2005 AP Nr. 4 zu § 22 InsO = NZA 2006, 727.
[10] BAG 23.2.2017 AP Nr. 27 zu § 113 InsO = NZA 2017, 995.
[11] BAG 6.7.2000 AP Nr. 6 zu § 113 InsO = NZA 2001, 23; 16.6.2005 AP Nr. 13 zu § 3 ATG = NZA 2006, 270.
[12] BAG 16.5.2019 AP Nr. 1 zu § 164 SGB IX 2018 = NZA 2019, 1198; 22.9.2005 AP Nr. 1 zu § 323 UmwG = NZA 2006, 658; 16.6.1999 AP Nr. 3 zu § 113 InsO = NZA 1999, 1331; MüKoInsO/*Caspers* § 113 Rn. 15; Jaeger/*Giesen* InsO § 113 Rn. 14 ff.; aA DDZ/*Däubler* InsO § 113 Rn. 29 ff.
[13] BAG 22.9.2005 AP Nr. 1 zu § 323 UmwG = NZA 2006, 658.
[14] BAG 17.11.2005 AP Nr. 60 zu § 15 KSchG 1969 = NZA 2006, 370.
[15] BAG 15.11.2012 NZA 2013, 505.
[16] HWK/*Annuß* InsO § 113 Rn. 3; ErfK/*Müller-Glöge* InsO § 113 Rn. 3.
[17] KR/*Spelge* InsO § 113 Rn. 27.
[18] MüKoInsO/*Caspers* § 113 Rn. 10.
[19] ErfK/*Müller-Glöge* InsO § 113 Rn. 3; KR/*Spelge* InsO § 113 Rn. 28; aA *Andres/Leithaus* InsO § 113 Rn. 4.
[20] ErfK/*Müller-Glöge* InsO § 113 Rn. 3; KR/*Spelge* InsO § 113 Rn. 43.

das Kündigungsrecht des Insolvenzverwalters nach § 113 InsO. § 15 III TzBfG enthält nur eine gesetzliche Auslegungsregel, die § 113 InsO nicht vorgeht.[21] Zu den befristeten Arbeitsverhältnissen gehören auch **Altersteilzeitarbeitsverhältnisse.**[22]

5. Kündigung. § 113 InsO gilt sowohl für Beendigungs- als auch Änderungskündigungen.[23] Die Vorschrift findet zudem auf Kündigungen vor Dienstantritt Anwendung. Die Kündigungsfrist beginnt auch dann mit dem Zugang der Kündigungserklärung.[24] Der Insolvenzverwalter darf ein Arbeitsverhältnis auch dann mit der kurzen Kündigungsfrist des § 113 InsO kündigen, wenn der Insolvenzschuldner mit seiner Zustimmung, die er als vorläufiger Insolvenzverwalter erteilt hat, zuvor unter Einhaltung der ordentlichen Kündigungsfrist zu einem späteren Zeitpunkt gekündigt hat. Darin liegt keine unzulässige „Wiederholungskündigung" oder „Nachkündigung".[25] § 113 InsO entbindet den Insolvenzverwalter nicht von der Einhaltung des Schriftformerfordernisses aus § 623 BGB.[26] Soweit die Kündigung nach einzelnen gesetzlichen Regelungen (§ 22 III BBiG, § 17 II 2 MuSchG) oder Tarifverträgen der Begründung bedarf, gilt dies auch für die Kündigung durch den Insolvenzverwalter.[27] 5

6. Kündigungsfrist. Die Kündigungsfrist beträgt nach § 113 S. 2 InsO drei Monate zum Monatsende, wenn nicht eine kürzere Frist maßgeblich ist. Hierbei handelt es sich nicht um eine Regelfrist, sondern eine Höchstfrist.[28] Sind gesetzlich (§ 621 Nr. 1–3, § 622 II 1 Nr. 1 und 2 BGB, § 28 HAG, § 66 SeeArbG) oder tariflich/einzelvertraglich kürzere Fristen maßgebend, gelten diese kürzeren Fristen.[29] Maßgeblich ist die Kündigungsfrist, die gelten würde, wenn die Kündigung außerhalb des Insolvenzverfahrens erfolgen würde. Konkurrenzen zwischen gesetzlichen, tarifvertraglichen und einzelvertraglich vereinbarten Kündigungsfristen sind nach allgemeinen Regeln aufzulösen.[30] Ist die vertraglich vereinbarte Kündigungsfrist länger als die sich aus § 622 BGB ergebende gesetzliche, aber kürzer als die dreimonatige des § 113 InsO, ist die vertragliche und nicht die gesetzliche Frist für die Kündigung maßgeblich iSv § 113 S. 2 InsO.[31] Die abweichende Auffassung, die stets die kürzeste Frist anwenden will,[32] übersieht, dass diese nicht „maßgeblich" iSv § 113 S. 2 InsO ist, wenn sie durch eine andere, auf das Arbeitsverhältnis anwendbare günstigere Kündigungsfrist verdrängt wird.[33] Probearbeitsverhältnisse können im Geltungsbereich des § 622 III BGB mit der gesetzlichen Frist von zwei Wochen gekündigt werden. Bei der gesetzlichen Grundkündigungsfrist (§ 622 I BGB) bleibt es bei der Kündigungsmöglichkeit zum 15. oder zum Ende des Kalendermonats. 6

7. Schadensersatz. Nach § 113 S. 3 InsO ist der durch die vorzeitige Kündigung des Insolvenzverwalters entstandene Schaden zu ersetzen. Der Schadensersatzanspruch ist verschuldensunabhängig.[34] Er setzt voraus, dass das Arbeitsverhältnis durch eine Kündigung des Insolvenzverwalters endet. Das ist nicht der Fall, wenn die Parteien in einem Kündigungsschutzprozess einen Vergleich schließen, durch den das Arbeitsverhältnis nicht mit Ablauf der Höchstfrist des § 113 S. 3 InsO, sondern erst zu einem späteren Zeitpunkt endet.[35] Die Höhe des Schadenersatzanspruchs nach § 113 S. 3 InsO ist nach der Bruttolohnmethode zu ermitteln. Ersparnisse, wie etwa die durch den Wegfall von Steuern und Sozialversicherungsbeiträgen, sind im Wege des Vorteilsausgleichs zu berücksichtigen. Außerdem ist nach den Grundsätzen des § 254 II 1 BGB Einkommen, das der AN anderweitig erzielt hat oder hätte erzielen können, anzurechnen.[36] Für 7

21 BAG 6.7.2000 AP Nr. 6 zu § 113 InsO = NZA 2001, 23.
22 BAG 16.6.2005 AP Nr. 13 zu § 3 ATG = NZA 2006, 270.
23 ErfK/*Müller-Glöge* InsO § 113 Rn. 7.
24 BAG 23.2.2017 AP Nr. 27 zu § 113 InsO = NZA 2017, 995.
25 BAG 22.4.2010 AP Nr. 38 zu § 17 KSchG 1969 = NZA 2010, 1057; 26.7.2007 AP Nr. 324 zu § 613a BGB = NZA 2008, 112; 22.5.2003 AP Nr. 12 zu § 113 InsO = NZA 2003, 1086.
26 ErfK/*Müller-Glöge* InsO § 113 Rn. 8a.
27 NK-GA/*Regh* InsO § 113 Rn. 32.
28 BAG 16.6.1999 AP Nr. 3 zu § 113 InsO = NZA 1999, 1331.
29 BAG 6.7.2000 AP Nr. 6 zu § 113 InsO = NZA 2001, 23.
30 Vgl. KR/*Spelge* InsO § 113 Rn. 41.
31 BAG 3.12.1998 AP Nr. 1 zu § 113 InsO = NZA 1999, 425; ErfK/*Müller-Glöge* InsO § 113 Rn. 8.
32 Uhlenbruck/*Zobel* InsO § 113 Rn. 99; *Boemke* NZI 2001, 460 (462).
33 Zutr. Kübler/Prütting/*Moll* InsO § 113 Rn. 97 mwN.
34 BAG 16.5.2007 AP Nr. 24 zu § 113 InsO = ZIP 2007, 1829.
35 BAG 19.11.2015 AP Nr. 26 zu § 113 InsO = NZA 2016, 573.
36 BAG 19.11.2015 AP Nr. 2 zu § 254 InsO = NZA 2016, 314.

die Schadenersatzforderung nach § 113 S. 3 InsO, die nur aufgrund der ausdrücklichen Anordnung des Gesetzgebers im Rang einer Insolvenzforderung steht,[37] gelten nicht tarifliche Ausschlussfristen.[38] Im Falle vereinbarter Unkündbarkeit ist der Schadensersatzanspruch aus § 113 S. 3 InsO als Verfrühungsschaden auf die ohne die vereinbarte Unkündbarkeit maßgebliche längste ordentliche Kündigungsfrist beschränkt. Die §§ 9, 10 KSchG finden keine entsprechende Anwendung.[39] Der Abschluss eines Aufhebungsvertrags zwischen Insolvenzverwalter und AN begründet keinen Schadensersatzanspruch nach § 113 S. 3 InsO.[40]

8 **8. Kündigungsschutzklage.** Will ein AN geltend machen, dass die Kündigung seines Arbeitsverhältnisses durch den Insolvenzverwalter unwirksam ist, so muss er gem. § 4 KSchG innerhalb von drei Wochen nach Zugang der Kündigung Klage beim Arbeitsgericht erheben (dazu → § 138 Rn. 1 ff.). Die Klage ist gegen den Insolvenzverwalter zu richten, auch wenn dieser den Betrieb nach der Kündigung veräußert.[41] Übt der AG als Schuldner nach Insolvenzeröffnung eine selbständige Tätigkeit aus und gibt der Insolvenzverwalter diese nach § 35 II InsO aus der Insolvenzmasse frei, fällt die Verwaltungs- und Verfügungsbefugnis mit Wirksamwerden der Freigabeerklärung auch über die zu diesem Zeitpunkt bereits begründeten Arbeitsverhältnisse an den Schuldner zurück. Ab dann ist dieser und nicht mehr der Insolvenzverwalter passivlegitimiert für eine Kündigungsschutzklage. Eine gegen den Verwalter gerichtete Klage ist daher abzuweisen.[42]

9 Ist über das Vermögen des AN das **Verbraucherinsolvenzverfahren** eröffnet, verbleiben die Entscheidung über eine Klage gegen eine Arbeitgeberkündigung und die Prozessführungsbefugnis beim AN.[43] Eine Kündigung des Arbeitsverhältnisses durch den AG ist gegen den AN zu richten und nicht gegen den Verwalter (vormals Treuhänder). Sie hat zu ihrer Wirksamkeit auch im eröffneten Insolvenzverfahren dem AN zuzugehen.[44] Nur dieser kann eine Kündigungsschutzklage erheben, da das Klagerecht nach § 4 KSchG höchstpersönlicher Natur ist.[45] Die mittelbare Wirkung auf die Insolvenzmasse ist dabei hinzunehmen. § 295 I Nr. 1 InsO bewirkt keine Einschränkung der Befugnisse des Schuldners, da diese Bestimmung nur eine Erwerbsobliegenheit in der Wohlverhaltensperiode vorsieht, nicht jedoch eine Arbeitspflicht des Schuldners statuiert.[46] Geht dieser in dieser Zeit keiner angemessenen Erwerbstätigkeit nach, kann ihm uU die Restschuldbefreiung versagt werden. Daraus folgt, dass alleine dieser berechtigt ist, darüber zu entscheiden, ob und unter welchen Bedingungen er sein Arbeitsverhältnis nach einer Kündigung im Wege des Vergleichs beendet. Eine Zustimmung des Verwalters zu einem solchen Vergleichsschluss ist für die Wirksamkeit des Vergleichs nicht erforderlich. Wird in dem Vergleich die Zahlung einer Abfindung vereinbart, unterfällt der Anspruch hierauf mit seinem Entstehen als Neuerwerb dem Insolvenzbeschlag nach § 35 I Alt. 2 InsO. Gem. § 80 I InsO steht dem Insolvenzverwalter die Verwaltung- und Verfügungsbefugnis über diesen Anspruch zu. Etwas anderes gilt nur dann, wenn auf Antrag des Schuldners die Pfändbarkeit der Abfindung nach § 850i ZPO gerichtlich beschränkt wird. Der Insolvenzverwalter kann in entsprechender Anwendung von § 727 ZPO als Rechtsnachfolger des Schuldners eine Umschreibung des Titels und die Erteilung der Vollstreckungsklausel zu seinen Gunsten verlangen.[47] Infolge des fehlenden Massebezugs des Arbeitsverhältnisses in der Insolvenz des AN wird ein Kündigungsrechtsstreit bei Eröffnung des Insolvenzverfahrens nicht nach § 240 ZPO unterbrochen.[48]

10 **9. Zeugnis.** Nach § 109 GewO hat der AN bei Beendigung des Arbeitsverhältnisses einen Anspruch auf Erteilung eines Zeugnisses. Dies gilt auch nach der Eröffnung des Insolvenzverfahrens (dazu → § 147 Rn. 5).

II. Interessenausgleich und Kündigungsschutz

11 **1. Vermutung der Betriebsbedingtheit. a) Gegenstand der Vermutungswirkung.** Ist eine Betriebsänderung iSv § 111 BetrVG geplant und kommt zwischen Insolvenzverwalter und

[37] *Zwanziger* InsO § 113 Rn. 38.
[38] BAG 19.11.2015 AP Nr. 2 zu § 254 InsO = NZA 2016, 314.
[39] BAG 16.5.2007 AP Nr. 24 zu § 113 InsO.
[40] BAG 25.4.2007 AP Nr. 23 zu § 113 InsO.
[41] BAG 17.1.2002 NZA 2002, 999.
[42] BAG 21.11.2013 AP Nr. 3 zu § 35 InsO = NZA 2014, 276.
[43] BAG 12.8.2014 NZA 2014, 1155; 20.6.2013 AP Nr. 2 zu § 35 InsO = NZA 2013, 1147.
[44] *Reinfelder* NZA 2009, 124 (126).
[45] BAG 20.6.2013 AP Nr. 2 zu § 35 InsO = NZA 2013, 1147.
[46] BAG 20.6.2013 AP Nr. 2 zu § 35 InsO = NZA 2013, 1147.
[47] BAG 12.8.2014 NZA 2014, 1155; *Reinfelder* NZA 2009, 124 (127).
[48] BAG 20.6.2013 AP Nr. 2 zu § 35 InsO = NZA 2013, 1147; 5.11.2009 AP Nr. 224 zu § 626 BGB = NZA 2010, 277.

BR ein Interessenausgleich zustande, in dem die AN, denen gekündigt werden soll, namentlich bezeichnet sind, wird gem. § 125 I Nr. 1 InsO vermutet, dass die Kündigung der Arbeitsverhältnisse der bezeichneten AN durch **dringende betriebliche Erfordernisse,** die einer Weiterbeschäftigung in diesem Betrieb oder einer Weiterbeschäftigung zu unveränderten Arbeitsbedingungen entgegenstehen, bedingt ist.[49] Vor der Eröffnung des Insolvenzverfahrens findet § 125 InsO keine Anwendung. Dies folgt bereits aus dem eindeutigen Wortlaut dieser Bestimmung, in der nur vom „Insolvenzverwalter", nicht aber vom „vorläufigen Insolvenzverwalter" die Rede ist. Wegen des Fehlens einer Regelungslücke scheidet auch eine analoge Anwendung dieser Vorschrift aus.[50] Gem. § 279 S. 1 InsO ist der Schuldner im Rahmen der Eigenverwaltung berechtigt, einen solchen Interessenausgleich abzuschließen.[51] Beschäftigt der AG Leiharbeitnehmer, steht dies der Vermutungswirkung des § 125 I Nr. 1 InsO in der Regel nicht entgegen, wenn in einem Interessenausgleich mit Namensliste in der Insolvenz ein Einsatz von Leiharbeitnehmern bis zu einer Grenze von 10% der Belegschaft für einen Personalmehrbedarf aufgrund von Krankheits- und Urlaubsfehlzeiten zugelassen wird.[52] Die Vermutungswirkung erstreckt sich auch auf das **Fehlen von Weiterbeschäftigungsmöglichkeiten zu veränderten Bedingungen** im Beschäftigungsbetrieb. Sie ist darüber hinaus auf das Fehlen von anderweitigen Weiterbeschäftigungsmöglichkeiten auf einem freien Arbeitsplatz in anderen Betrieben des Unternehmens bezogen, wenn sich die Betriebsparteien bei den Verhandlungen über den Interessenausgleich mit Beschäftigungsmöglichkeiten in anderen Betrieben befasst haben. Davon ist auch ohne ausdrückliche Erwähnung im Interessenausgleich regelmäßig auszugehen.[53] Die **Vermutung kann der AN widerlegen,** wenn er substantiiert dargelegt und im Bestreitensfall beweist, dass der nach dem Interessenausgleich in Betracht kommende betriebliche Grund in Wirklichkeit nicht besteht.[54] Zur Widerlegung des vermuteten Wegfalls von Beschäftigungsmöglichkeiten muss der AN substantiiert aufzeigen, dass im Betrieb ein vergleichbarer Arbeitsplatz oder ein solcher zu schlechteren, aber zumutbaren Arbeitsbedingungen frei war. Als „frei" sind grundsätzlich nur solche Arbeitsplätze anzusehen, die zum Zeitpunkt des Zugangs der Kündigung unbesetzt sind.[55]

b) Betriebsänderung als Voraussetzung. Die Voraussetzungen des § 111 BetrVG müssen vorliegen. Um eine Betriebsänderung handelt es sich auch bei einem bloßen Personalabbau, wenn die Zahlen und Prozentangaben des § 17 I KSchG erreicht sind.[56] Ausschlaggebend ist die Zahl der in einem Betrieb erfolgenden Kündigungen im Verhältnis zur Zahl der in der Regel in diesem Betrieb beschäftigten AN.[57] In Kleinbetrieben mit bis zu 20 AN kann jedoch nicht ohne Weiteres auf die Zahlengrenzen des § 17 I KSchG zurückgegriffen werden, denn diese Bestimmung setzt voraus, dass im Betrieb mehr als 20 AN beschäftigt werden. Unter Berücksichtigung des Zwecks des § 111 S. 1 BetrVG, kleinere Unternehmen vor einer finanziellen Überforderung durch Sozialpläne zu schützen, kann in solchen Kleinbetrieben eine Betriebsänderung durch alleinigen Personalabbau nur angenommen werden, wenn hiervon mindestens sechs AN betroffen sind.[58] Ein freiwilliger Interessenausgleich ohne Betriebsänderung ist nicht ausreichend.[59] In Bezug auf die Namensliste gelten die zu § 1 V KSchG entwickelten Grundsätze (dazu → § 136 Rn. 1 ff.). 12

2. Soziale Auswahl. § 125 I Nr. 2 InsO bewirkt eine Einschränkung der gerichtlichen Überprüfungsmöglichkeiten der getroffenen sozialen Auswahl. Sinn und Zweck des § 125 InsO gebieten eine weite Ausdehnung des eingeschränkten Prüfungsmaßstabs der groben Fehlerhaftigkeit bei der Sozialauswahl. Diese Bestimmung soll eine erfolgreiche Sanierung insolventer Unternehmen fördern und Kündigungserleichterungen schaffen.[60] Die Sozialauswahl kann nur im Hinblick auf die Dauer der Betriebszugehörigkeit, das Lebensalter und die Unterhaltspflichten und auch insoweit nur auf grobe Fehlerhaftigkeit nachgeprüft werden. Bei der Berücksichtigung von Unterhaltspflichten gegenüber Kindern können sich die Betriebsparteien auf diejeni- 13

[49] BAG 16.5.2019 AP Nr. 1 zu § 164 SGB IX 2018 = NZA 2019, 1198.
[50] BAG 28.6.2012 AP Nr. 40 zu § 17 KSchG 1969 = NZA 2012, 1029.
[51] BAG 16.5.2019 AP Nr. 1 zu § 164 SGB IX 2018 = NZA 2019, 1198.
[52] BAG 18.10.2012 AP Nr. 195 zu § 1 KSchG 1969 Betriebsbedingte Kündigung = NZA-RR 2013, 68; zust. *Krings* NZA-RR 2013, 73.
[53] BAG 20.9.2012 AP Nr. 10 zu § 125 InsO = NZA 2013, 797.
[54] BAG 16.5.2019 AP Nr. 1 zu § 164 SGB IX 2018 = NZA 2019, 1198.
[55] Vgl. BAG 15.12.2011 AP Nr. 21 zu § 1 KSchG 1969 Namensliste = NZA 2012, 1044.
[56] BAG 16.5.2019 AP Nr. 1 zu § 164 SGB IX 2018 = NZA 2019, 1198.
[57] BAG 20.9.2012 AP Nr. 41 zu § 17 KSchG 1969 = NZA 2013, 32.
[58] BAG 9.11.2010 AP Nr. 69 zu § 111 BetrVG 1972 = NZA 2011, 466.
[59] ErfK/*Gallner* InsO § 125 Rn. 3.
[60] BAG 19.12.2013 AP Nr. 13 zu § 125 InsO = NZA-RR 2014, 185.

gen beschränken, die der Lohnsteuerkarte entnommen werden können.[61] Auch insoweit gelten im Wesentlichen die zur Namensliste nach § 1 V KSchG entwickelten Grundsätze (dazu → § 136 Rn. 1 ff.). Anderes als in § 1 III KSchG ist allerdings die Schwerbehinderung nicht in § 125 I Nr. 2 InsO aufgeführt, sie muss daher nicht berücksichtigt werden.[62] Das ist auch aus verfassungsrechtlichen Gründen nicht geboten, weil Schwerbehinderte über §§ 168 ff. SGB IX geschützt sind, wobei hier § 172 III SGB IX zu beachten ist.[63] § 125 I Nr. 2 InsO geht über den Regelungsgehalt des § 1 V KSchG hinaus und erlaubt auch aktive Eingriffe in die bestehenden Betriebsstrukturen zur Steigerung der Leistungsfähigkeit des Betriebs. Die Sozialauswahl ist danach nicht als grob fehlerhaft anzusehen, wenn eine ausgewogene Personalstruktur erhalten oder geschaffen wird. Dies bedarf der Erläuterung in Bezug auf das konkrete Sanierungsvorhaben. Dabei sind keine überzogenen Anforderungen zu stellen. Es reicht beispielsweise aus, dass der Insolvenzverwalter innerbetriebliche Gründe, wie zB Kostenstrukturen, anführt oder die Probleme bei Gesprächen mit potentiellen Investoren oder Käufern schildert.[64] Bilden die Betriebsparteien Altersgruppen, wird nicht allein hierdurch schon das Verbot der Altersdiskriminierung verletzt.[65] Ein im Allgemeininteresse liegendes legitimes Ziel aus dem Bereich der Sozialpolitik, das die Benachteiligung älterer AN durch eine Altersgruppenbildung rechtfertigt, liegt vielmehr auch dann vor, wenn die Sozialauswahl nach Altersgruppen dazu dienen soll, den Betrieb aus der Insolvenz heraus verkaufsfähig zu machen.[66] Danach ist es zulässig, dass der AG innerhalb des zur Sozialauswahl anstehenden Personenkreises Altersgruppen nach sachlichen Kriterien bildet, die prozentuale Verteilung auf die Altersgruppen feststellt und die Gesamtzahl der auszusprechenden Kündigungen diesem Proporz entsprechend auf die einzelnen Altersgruppen verteilt. Ein berechtigtes betriebliches Interesse ist freilich nur anzunehmen, wenn die im konkreten Fall vorgenommene Altersgruppenbildung tatsächlich geeignet ist, eine ausgewogene Personalstruktur zu sichern.[67]

14 Die getroffene Auswahl muss sich mit Blick auf den klagenden AN im Ergebnis als **grob fehlerhaft** erweisen. Nicht entscheidend ist, dass das Auswahlverfahren zu beanstanden ist. Ein mangelhaftes Auswahlverfahren kann zu einem richtigen – nicht grob fehlerhaften – Auswahlergebnis führen.[68] Die soziale Auswahl ist grob fehlerhaft, wenn ein evidenter ins Auge springender Fehler vorliegt.[69] Zu beachten ist, dass die Betriebsparteien auch in der Insolvenz bei Abschluss eines Interessenausgleichs mit Namensliste nach § 125 InsO den Kreis der in die Sozialauswahl einzubeziehenden AN über die Definition des Betriebsbegriffs im Interessenausgleich nicht enger oder weiter ziehen können, als es das Kündigungsschutzgesetz zulässt. Die gesetzlichen Grundbedingungen der Sozialauswahl stehen nicht zu deren Disposition. Sie können deshalb den Kreis der in die Sozialauswahl einzubeziehenden AN nicht enger oder weiter ziehen, als es das KSchG zulässt. § 125 I 1 Nr. 2 InsO verändert nur den Prüfungsmaßstab. Eine abteilungsbezogene Sozialauswahl ist daher ein grober Auswahlfehler, wenn nicht die Vergleichbarkeit der AN auf die Abteilungen beschränkt ist.[70] Bewerten die Betriebsparteien jedoch unter dem Druck eilbedürftiger Entscheidungen in der Insolvenz die tatsächlichen Verhältnisse bei der Abgrenzung, ob ein eigenständiger Betrieb iSd § 23 KSchG vorliegt, in nachvollziehbarer und ersichtlich nicht auf Missbrauch zielender Weise falsch, liegt nur ein vom Maßstab der groben Fehlerhaftigkeit gedeckter Auswahlfehler vor.[71] Der AG ist auch in den Fällen des § 125 I 1 Nr. 2 InsO verpflichtet, dem AN nach § 1 III 1 Hs. 2 KSchG auf dessen Verlangen die Gründe mitzuteilen, die zu der getroffenen sozialen Auswahl geführt haben. Die Darlegung der Vergleichsgruppenbildung ist Teil dieser Auskunftspflicht.[72]

15 **3. Wesentliche Änderung der Sachlage.** Die Vermutungswirkung des § 125 I 1 InsO greift nach Satz 2 dieser Bestimmung nicht ein, wenn sich die Sachlage nach Zustandekommen des

---

[61] BAG 28.6.2012 AP Nr. 9 zu § 125 InsO = NZA 2012, 1090.
[62] BAG 19.12.2013 AP Nr. 13 zu § 125 InsO = NZA-RR 2014, 185; 16.5.2019 AP Nr. 1 zu § 164 SGB IX 2018 = NZA 2019, 1198.
[63] *Boemke* NZI 2005, 209; ErfK/*Gallner* InsO § 125 Rn. 12; aA Uhlenbruck/*Zobel* InsO § 125 Rn. 62.
[64] BAG 19.12.2013 AP Nr. 13 zu § 125 InsO = NZA-RR 2014, 185.
[65] BAG 19.12.2013 AP Nr. 13 zu § 125 InsO = NZA-RR 2014, 185.
[66] BAG 28.6.2012 AP Nr. 9 zu § 125 InsO = NZA 2012, 1090.
[67] BAG 19.12.2013 AP Nr. 13 zu § 125 InsO = NZA-RR 2014, 185; 19.7.2012 AP Nr. 22 zu § 1 KSchG 1969 Namensliste = NZA 2013, 86.
[68] BAG 19.12.2013 AP Nr. 13 zu § 125 InsO = NZA-RR 2014, 185.
[69] BAG 24.10.2013 AP Nr. 12 zu § 125 InsO = NZA 2014, 46; 20.9.2012 AP Nr. 11 zu § 125 InsO = NZA 2013, 94.
[70] BAG 19.12.2013 AP Nr. 13 zu § 125 InsO = NZA-RR 2014, 185.
[71] BAG 20.9.2012 AP Nr. 11 zu § 125 InsO = NZA 2013, 94.
[72] BAG 19.12.2013 AP Nr. 13 zu § 125 InsO = NZA-RR 2014, 185.

Interessenausgleichs wesentlich geändert hat. Davon ist auszugehen, wenn im Kündigungszeitpunkt die Voraussetzungen eines Wegfalls der Geschäftsgrundlage vorliegen.[73] Das ist anzunehmen, wenn nicht ernsthaft bezweifelt werden kann, dass beide Betriebsparteien oder eine von ihnen den Interessenausgleich in Kenntnis der späteren Änderung nicht oder mit anderem Inhalt geschlossen hätte. Eine solche wesentliche Änderung ist zB dann zu bejahen, wenn sich die im Interessenausgleich vorgesehene Zahl der zur Kündigung vorgesehenen AN erheblich verringert hat.[74]

III. Beschlussverfahren zum Kündigungsschutz

1. Allgemeines. Hat der Betrieb keinen BR oder kommt aus anderen Gründen innerhalb von drei Wochen nach Verhandlungsbeginn oder schriftlicher Aufforderung zur Aufnahme von Verhandlungen ein Interessenausgleich nach § 125 I InsO nicht zustande, obwohl der Verwalter den BR rechtzeitig und umfassend unterrichtet hat, kann der Insolvenzverwalter beim ArbG beantragen, festzustellen, dass die Kündigung der Arbeitsverhältnisse bestimmter im Antrag bezeichneter AN durch dringende betriebliche Erfordernisse bedingt und sozial gerechtfertigt ist. Die soziale Auswahl der AN kann nur im Hinblick auf die Dauer der Betriebszugehörigkeit, das Lebensalter und die Unterhaltspflichten nachgeprüft werden. Zweck des Gesetzes ist es zu verhindern, dass die Verhandlungen über den Interessenausgleich überhaupt nicht aufgenommen oder verzögert werden. Der Gesetzgeber hat nicht den Weg gewählt, bei Nichteinigung über die zu Entlassenden die Einigungsstelle einzuschalten, sondern er wahrt den Rechtsschutz, indem er dem Insolvenzverwalter ein besonderes Verfahren in die Hand gibt. Auch hier wird wieder die soziale Auswahl auf die Kerndaten begrenzt. Von § 126 InsO werden nur Kündigungen von AN erfasst, deren Arbeitsverhältnisse unter den Schutz des KSchG fallen.[75] Sonstige Unwirksamkeitsgründe, wie sie sich aus § 102 I 3 BetrVG und Sonderkündigungsschutzvorschriften (zB § 168 SGB IX, § 17 MuSchG, § 18 BEEG) oder tarifvertraglichen „Unkündbarkeitsregelungen" ergeben können, bleiben unberücksichtigt.[76] 16

2. Verfahrensfragen. Für die Durchführung des Verfahrens gelten die Regeln des Beschlussverfahrens entsprechend. Das Verfahren ist mithin beim ArbG anhängig zu machen. Das Beschlussverfahren zum Kündigungsschutz gem. § 126 InsO ist auch dann zulässig, wenn die Kündigung der im Antrag bezeichneten AN schon vor Einleitung des Verfahrens erfolgt ist.[77] Der Antrag ist beschleunigt zu behandeln (§§ 126 II, 122 II InsO, § 61a ArbGG). Der Vorsitzende kann ein Güteverfahren ansetzen (§ 80 II ArbGG). Haben die Betriebspartner einen Interessenausgleich nach § 125 InsO abgeschlossen, ist ein späteres Beschlussverfahren zum Kündigungsschutz nach § 126 InsO gleichwohl zulässig, wenn wegen einer weiteren Betriebsänderung ein Interessenausgleich nicht zustande kommt.[78] Gegen den Beschluss des ArbG ist die Beschwerde an das BAG gegeben, wenn sie vom Arbeitsgericht zugelassen worden ist. Eine Nichtzulassungsbeschwerde ist nicht vorgesehen.[79] Die Einschränkung dient der Verfahrensbeschleunigung. Beteiligte des Verfahrens sind der Insolvenzverwalter, der BR und die im Antrag bezeichneten AN, soweit sie nicht mit der Beendigung des Arbeitsverhältnisses oder den geänderten Arbeitsbedingungen einverstanden sind. Der Antrag im Beschlussverfahren ist nach § 61a ArbGG beschleunigt zu behandeln. Es ist also innerhalb von zwei Wochen nach Antragseinreichung Termin zur Anhörung der Beteiligten anzusetzen. Im Beschlussverfahren gilt das Amtsermittlungsprinzip. Dies gilt auch vorliegend. Die gerichtliche Überprüfung erstreckt sich auch auf die Kündigungsbefugnis des vorläufigen Insolvenzverwalters. 17

3. Kosten. Im Beschlussverfahren werden Gerichtskosten nicht erhoben. Im Verfahren erster Instanz besteht keine Kostenerstattungspflicht auf Entschädigung wegen Zeitversäumnis oder auf Erstattung der Kosten für die Hinzuziehung eines Prozessbevollmächtigten. Dagegen gelten im Verfahren vor dem BAG die Vorschriften der ZPO über die Erstattung der Kosten des Rechtsstreites entsprechend. Der Gesetzgeber wollte gewährleisten, dass der beteiligte AN im Falle des Obsiegens in jedem Fall einen Kostenerstattungsanspruch hat. 18

[73] BAG 24.10.2013 AP Nr. 12 zu § 125 InsO = NZA 2014, 46.
[74] BAG 18.10.2012 AP Nr. 195 zu § 1 KSchG 1969 Betriebsbedingte Kündigung = NZA-RR 2013, 68.
[75] ErfK/*Gallner* InsO § 126 Rn. 1; *Rieble* NZA 2007, 1393 (1394).
[76] BAG 29.6.2000 AP Nr. 2 zu § 126 InsO = NZA 2000, 1180.
[77] BAG 29.6.2000 AP Nr. 2 zu § 126 InsO = NZA 2000, 1180.
[78] BAG 20.1.2000 AP Nr. 1 zu § 126 InsO = NZA 2001, 170.
[79] BAG 14.8.2001 AP Nr. 44 zu § 72a ArbGG 1979 Divergenz.

19 **4. Klage des Arbeitnehmers.** Kündigt der Insolvenzverwalter einem AN, der in dem Antrag nach § 126 InsO, also im Beschlussverfahren zum Kündigungsschutz bezeichnet ist, und erhebt der AN Klage auf Feststellung, dass das Arbeitsverhältnis durch die Kündigung nicht aufgelöst oder die Änderung der Arbeitsbedingungen sozial ungerechtfertigt ist, ist die im Beschlussverfahren zum Kündigungsschutz ergehende Entscheidung bindend. Es gilt also der Vorrang des Beschlussverfahrens. Die bindende Wirkung muss nur dann zurücktreten, wenn sich die Sachlage nach Schluss der letzten mündlichen Verhandlung wesentlich geändert hat (§ 127 InsO). In § 127 II InsO werden das Beschlussverfahren zum Kündigungsschutz und die Klage des AN koordiniert. Hat der AN schon vor Rechtskraft der Entscheidung im Beschlussverfahren zum Kündigungsschutz seine Feststellungsklage erhoben, ist die Verhandlung über die Klage auf Antrag des Verwalters bis zu diesem Zeitpunkt auszusetzen. Der Insolvenzverwalter kann nach dem Scheitern der Verhandlungen über den Interessenausgleich von sich aus das Beschlussverfahren zum Kündigungsschutz einleiten. Er kann aber auch zunächst Kündigungen aussprechen und abwarten, welche AN Klage erheben. Alsdann kann er das Beschlussverfahren zum Kündigungsschutz einleiten, und zwar begrenzt auf diejenigen AN, die Klage erhoben haben. Die von den AN erhobenen Kündigungsschutzklagen selbst werden wiederum auf Antrag des Insolvenzverwalters ausgesetzt.

IV. Betriebsübergang

20 § 613a BGB findet auch im Insolvenzverfahren Anwendung. Durch § 128 InsO wird jedoch die übertragende Sanierung erleichtert (dazu auch → § 118 Rn. 19). Aufgrund einer teleologischen Reduktion des § 613a I 1 BGB ist die Haftung des Erwerbers eines Betriebs in der Insolvenz beschränkt. Für die Abwicklung aller Ansprüche, die zur Zeit der Insolvenzeröffnung bereits entstanden sind (Insolvenzforderungen nach § 38 InsO), sieht die Insolvenzordnung ein Verfahren vor, das von dem Grundsatz der gleichmäßigen Gläubigerbefriedigung beherrscht ist. Soweit die Verteilungsgrundsätze des Insolvenzrechts greifen, gehen diese als Spezialregelungen vor.[80] Damit wird sichergestellt, dass alle Gläubiger gleichmäßig befriedigt werden. Die insolvenzrechtliche Beschränkung des Eintritts der Haftung nach § 613a I 1 BGB betrifft jedoch nur Insolvenz-, nicht jedoch Masseforderungen.[81] Eine Kündigung wegen des Betriebsübergangs ist gem. § 613a IV BGB unwirksam (dazu → § 134 Rn. 47 ff.).

V. Interessenausgleich und Sozialplan

21 Zur Betriebsänderung und zum Sozialplan enthalten die §§ 121 ff. InsO Sonderregelungen (dazu → § 244 Rn. 94 ff.).

VI. Altersteilzeit

22 Wird Altersteilzeitarbeit im Blockmodell geleistet, sind die in der Arbeitsphase für die Zeit vor der Insolvenzeröffnung erarbeiteten Ansprüche Insolvenzforderungen. Die für die Zeit danach erarbeiteten Ansprüche sind dagegen Masseforderungen. Zahlungen, die der AG während der Freistellungsphase „spiegelbildlich" zu dem Teil der Arbeitsphase zu leisten hat, für den Masseforderungen entstanden sind, sind ebenfalls Masseforderungen. Die Masseforderungen umfassen sowohl das fortzuzahlende hälftige Arbeitsentgelt als auch den Aufstockungsbetrag (näher dazu → § 83 Rn. 14).[82]

§ 94. Insolvenzgeld

Übersicht

80 BAG 9.12.2009 AP Nr. 96 zu § 40 BetrVG 1972 = NZA 2010, 461.
81 BAG 14.11.2012 – 5 AZR 778/11.
82 BAG 19.10.2004 AP Nr. 5 zu § 55 InsO = NZA 2005, 408.

I. Rechtsgrundlagen

1. Vorbemerkung. Der Schutz des AN bei Zahlungsunfähigkeit des AG war ursprünglich in der Richtlinie des Rates zur Angleichung der Rechtsvorschriften der Mitgliedstaaten über den Schutz der Arbeitnehmer bei Zahlungsunfähigkeit des Arbeitgebers (80/987/EWG) vom 20.10.1980 (ABl. EG 1980 L 283, 23) geregelt. Die Richtlinie ist durch die §§ 141a ff. AFG in das nationale Recht umgesetzt worden. An die Stelle des Konkursausfallgelds ist das Insolvenzgeld getreten (§§ 165 ff. SGB III). Die Regelungen werden weiterhin ergänzt durch RechtsVO über die Erstattung der Aufwendungen der BA.[1] Das Insolvenzgeld wird durch die Erhebung einer monatlichen Umlage bei den insolvenzfähigen nicht-öffentlichen AG finanziert.[2] Der Einzug der Insolvenzgeldumlage erfolgt durch die Krankenkassen zusammen mit dem Gesamtsozialversicherungsbeitrag. Ihre Bemessung richtet sich nach der für die gesetzliche Rentenversicherung geltenden Bemessungsgrundlage (weitere Einzelheiten §§ 358–361 SGB III). Gem. § 360 SGB III beträgt der Umlagesatz gegenwärtig 0,12%. Nachdem zeitweise zweifelhaft war, ob die deutschen Vorschriften über die Insolvenzgeldsicherung den europäischen Vorgaben vollständig entsprachen, ist die Richtlinie 80/987/EWG durch die Richtlinie 2002/74/EG des Europäischen Parlaments und des Rates vom 23.9.2002 (ABl. EG 2002 L 270, 10) angepasst worden. Die Richtlinie 2002/74/EG ist durch die Richtlinie 2008/94/EG des Europäischen Parlaments und des Rates vom 22.10.2008 (ABl. EG 2008 L 283, 36) neu gefasst worden. Nach Art. 3 RL 80/987/EWG müssen die Mitgliedstaaten die erforderlichen Maßnahmen treffen, damit Garantieeinrichtungen die Befriedigung der nicht erfüllten Arbeitnehmeransprüche sicherstellen. Art. 4 RL 80/987/EWG erlaubt es ihnen, die Zahlungspflicht der Garantieeinrichtungen zu begrenzen. Ziel der Neufassung der RL 80/987/EWG war die Regelung für den Insolvenzgeldbezug von AN, die bei zahlungsunfähigen Unternehmen beschäftigt sind, die in mehreren Mitgliedstaaten tätig sind[3] (Art. 9, 10 RL 80/987/EWG) und die Einbeziehung der AN in prekären Beschäftigungsverhältnissen (befristet und in Teilzeit Beschäftigte sowie Leiharbeitnehmer, Art. 2 RL 80/987/EWG). Die Arbeitsverwaltung hat Fachliche Weisungen für die Bewilligung von Insolvenzgeld erlassen (§§ 165 ff., 314 ff. SGB III).[4] 1

2. Unionsrecht. § 165 I 1 und 3 SGB III beschränkt bei Insolvenzereignissen im Ausland die Ansprüche auf Insolvenzgeld auf die in Deutschland beschäftigten AN ausländischer Unternehmen. Diese Regelung steht nach der Änderung der Richtlinie 80/987/EWG vom 20.10.1980 und dem Inkrafttreten der Richtlinie RL 2002/74/EG vom 23.9.2002 am 8.10.2002 in Übereinstimmung mit dem europäischen Recht. Nach dem durch die RL 2008/94/EG (→ Rn. 1) neu eingefügten Art. 8a RL 80/987/EWG ist bei einem Unternehmen, das in zumindest zwei Mitgliedstaaten tätig ist, die Einrichtung desjenigen Mitgliedstaats zuständig, in dessen Hoheitsgebiet die betreffenden AN ihre Arbeit gewöhnlich verrichten oder verrichtet haben. Die Insolvenzsicherung von AN deutscher Unternehmen mit einem Arbeitsort innerhalb eines anderen Mitgliedstaats der EU richtet sich daher nach dem Recht des anderen Mitgliedstaats. Nach der Rspr. des EuGH ist es nicht erforderlich, dass ein in einem Mitgliedstaat ansässiges Unternehmen über eine Zweigniederlassung oder eine feste Niederlassung in einem anderen 1a

---

[1] VO zur Höhe der Pauschale für die Kosten des Einzugs der Umlage für das Insolvenzgeld und der Prüfung der Arbeitgeber v. 2.1.2009 (BGBl. I 4) idF v. 12.4.2012 (BGBl. I 579); zur Berechnung der Umlage BSG 22.2.2012 BSGE 110, 112 = SozR 4–4300 § 360 Nr. 1.

[2] Zur Verfassungsmäßigkeit BVerfG 2.2.2009 ZIP 2009, 680; BSG 29.5.2008 NZA-RR 2008, 661; zur Umlagepflicht BSG 23.10.2014 BSGE 117, 171 = SozR 4–4300 § 358 Nr. 1 (Wohnungseigentümergemeinschaft); *Janssen* NZS 2019, 130 (kirchlicher AG).

[3] EuGH 24.11.2016 – C 454/15, NZA 2016, 1558; 16.10.2008 NZA 2008, 1345.

[4] Unter http://www.arbeitsagentur.de unter dem Stichwort „Insolvenzgeld" abrufbar.

Mitgliedstaat verfügt, damit es als im Hoheitsgebiet eines anderen Mitgliedstaats tätig angesehen wird. Für die Tätigkeit eines AG in mehreren Mitgliedstaaten genügt vielmehr eine feste wirtschaftliche Präsenz.[5] Dabei können die Mitgliedstaaten für die betragsmäßige Höhe der Insolvenzsicherung Höchstgrenzen festlegen.[6] Eine Anpassung des nationalen Rechts in Bezug auf grenzüberschreitende Sachverhalte ist bisher nicht erfolgt. Für die nicht unter den Geltungsbereich der Richtlinie fallenden AN deutscher Unternehmen im Ausland besteht nach § 165 I 3 SGB III auch dann kein Anspruch auf Leistungen der deutschen Insolvenzsicherung, wenn sie nach dem dort geltenden nationalen Recht keine Ansprüche auf vergleichbare Leistungen haben. Unerheblich ist auch, ob die dortige Niederlassung nach ausländischem Recht registriert ist. Erhält ein Grenzgänger in Deutschland Insolvenzgeld, darf davon nach § 167 II SGB III die hypothetisch in Deutschland anfallende Einkommensteuer abgezogen werden, wenn das für die Berechnung maßgebliche, in Deutschland verdiente Arbeitsentgelt nicht der deutschen Einkommensteuer unterliegt.[7]

II. Anspruchsvoraussetzungen

2 **1. Übersicht.** Im Inland beschäftigte AN (→ Rn. 3) haben Anspruch auf Insolvenzgeld (→ Rn. 26), wenn sie für die letzten dem Insolvenzereignis (→ Rn. 5) vorausgehenden drei Monate des Arbeitsverhältnisses (→ Rn. 18) noch Ansprüche auf Arbeitsentgelt (→ Rn. 10) haben und rechtzeitig einen entsprechenden Antrag (→ Rn. 32) gestellt haben (§ 165 I SGB III).

3 **2. Arbeitnehmer.** Maßgeblich ist nicht der arbeitsrechtliche, sondern der sozialversicherungsrechtliche Arbeitnehmerbegriff.[8] Dies ergibt sich aus der Zuordnung des Insolvenzgelds zu den Entgeltersatzleistungen des SGB III (§ 3 IV Nr. 5 SGB III) für die bei Fehlen einer anderweitigen Regelung der Beschäftigtenbegriff in § 7 I SGB IV maßgeblich ist.[9] Nicht erforderlich ist jedoch das Bestehen eines versicherungspflichtigen Beschäftigungsverhältnisses, anspruchsberechtigt sind dementsprechend auch Personen, die nach § 8 SGB IV in einem geringfügigen Arbeitsverhältnis stehen oder nach § 27 SGB III in der Arbeitslosenversicherung versicherungsfrei sind. Zu den AN gehören auch Auszubildende (§ 14 SGB III, § 7 II SGB IV) und Heimarbeiter (§ 13 SGB III, § 12 II SGB IV), nicht dagegen Hausgewerbetreibende und Zwischenmeister.[10] Handelsvertreter sind AN, wenn sie nicht selbständige Gewerbetreibende sind. Gesellschafter und Geschäftsführer einer GmbH sind nur anspruchsberechtigt, wenn ihre Beschäftigung die allgemeinen Begriffsmerkmale des § 7 I SGB IV erfüllt.[11] Die Möglichkeit, Weisungen kraft ihrer gesellschaftlichen Beteiligung (Stimmenmehrheit bzw. Sperrminorität) verhindern zu können, schließt jedoch eine Weisungsabhängigkeit aus.[12] Vorstandsmitglieder von Aktiengesellschaften haben unabhängig von einer möglichen Kapitalbeteiligung wegen ihrer fehlenden Weisungsabhängigkeit keinen Anspruch auf Insolvenzgeld.[13] Den AN gleichgestellt sind deren **Erben** (§ 165 IV SGB III). Keinen Anspruch auf Insolvenzgeld hat ein AN, der erst nach Eröffnung des Insolvenzverfahrens mit dem Verwalter ein Arbeitsverhältnis begründet.[14]

4 **3. Arbeitgeber.** AG ist derjenige, der das Arbeitsentgelt aus dem im maßgeblichen Insolvenzgeldzeitraum bestehenden Arbeitsverhältnis schuldet. Dies ist regelmäßig der Vertragspartner des Beschäftigten. Bei juristischen Personen des Privatrechts oder deren Vorgesellschaften sind diese AG, ebenso bei den Handelsgesellschaften. Bei der GbR ist AG die Gesamtheit der Gesellschafter (→ § 17 Rn. 1 ff.). Maßgeblich für die Insolvenzgeldversicherung ist allerdings nicht der Eintritt des Insolvenzereignisses bei einem oder den Gesellschaftern, sondern nur bei dem Vertragspartner des AN. Der AG muss ursprünglich zahlungsfähig gewesen sein.[15] Bei erlaubter

[5] EuGH 16.10.2008 NZA 2008, 1345.
[6] EuGH 16.7.1998 AP Nr. 3 zu EWG-Richtlinie Nr. 80/987 = NZA 1998, 1047.
[7] EuGH 2.3.2017 ZInsO 2017, 1090 = NZI 2017, 587.
[8] LSG NRW 19.7.2010 ZInsO 2010, 1799 (familienrechtliche Mitarbeit).
[9] BSG 30.1.1997 SozR 3–4100 § 141b Nr. 17; 8.12.1994 SozR 3–4100 § 168 Nr. 18.
[10] BSG 27.11.1980 SozR 4100 § 141b Nr. 15 = ZIP 1981, 134.
[11] BSG 4.7.2007 SozR 4–2400 § 7 Nr. 8 = ZIP 2007, 2185.
[12] BSG 30.1.1997 SozR 3–4100 § 141b Nr. 17; 8.12.1994 SozR 3–4100 § 168 Nr. 18; ähnlich EuGH 11.9.2003 NZA 2003, 1083 („beherrschender Einfluss" erforderlich).
[13] BSG 22.4.1987 SozR 4100 § 141a Nr. 8 = ZIP 1987, 924.
[14] BSG 17.5.1989 SozR 4100 § 141b Nr. 46 = NZA 1989, 773; LSG Nds 13.3.2018 ZInsO 2018, 1052 = NZI 2018, 409 (Einstellung nach Antragsstellung).
[15] LSG BW 20.12.2017 ZInsO 2017, 2760 = NZI 2018, 80.

oder nicht erlaubnispflichtiger Arbeitnehmerüberlassung ist AG der Verleiher (§ 1 AÜG). Fehlt die Erlaubnis, kommt ein Arbeitsverhältnis zwischen Entleiher und Leiharbeitnehmer zustande, weshalb die Insolvenz des Entleihers zu Ansprüchen auf Insolvenzgeld führen kann. Gleiches wird auch für die Insolvenz des Verleihers gelten, da nach Ansicht des BSG bei tatsächlicher Durchführung der unerlaubten Arbeitnehmerüberlassung ein faktisches Arbeitsverhältnis zwischen Verleiher und Leiharbeitnehmer entsteht.[16] Bei einem Betriebsübergang (§ 613a BGB) haftet der bisherige AG neben dem neuen Inhaber für Verpflichtungen, soweit sie vor dem Zeitpunkt des Übergangs entstanden sind und vor Ablauf von einem Jahr nach diesem Zeitpunkt fällig werden. Ansprüche auf Insolvenzgeld können sowohl bei Insolvenz des Veräußerers als auch bei einer späteren Insolvenz des Erwerbers entstehen.[17] Allerdings sichert das Insolvenzgeld nicht jegliches ausgefallene Arbeitsentgelt im Zusammenhang mit einer Insolvenz, sondern nur arbeitsrechtliche Ansprüche des AN gegen einen konkreten, mit ihm durch einen Arbeitsvertrag verbundenen AG, der selbst von einem Insolvenzereignis betroffen sein muss. Im Falle eines **Betriebsübergangs** vor dem Insolvenzereignis endet der Insolvenzgeldzeitraum trotz fortbestehenden Arbeitsverhältnisses des AN stets mit der Betriebsübernahme durch den Erwerber. Dem AN steht wegen des Insolvenzereignisses bei seinem vormaligen AG Insolvenzgeld daher nur bis zum Betriebsübergang zu.[18]

4. Insolvenzereignis. a) Bedeutung. Voraussetzung für die Gewährung von Insolvenzgeld ist das Vorliegen eines Insolvenzereignisses (§ 165 I 2 SGB III). Dies ist entweder **(1)** die Eröffnung des Insolvenzverfahrens, **(2)** die Abweisung des Antrags auf Eröffnung des Insolvenzverfahrens mangels Masse oder **(3)** die vollständige Beendigung der Betriebstätigkeit im Inland, wenn ein Antrag auf Eröffnung des Insolvenzverfahrens nicht gestellt worden ist und ein Insolvenzverfahren offensichtlich mangels Masse nicht in Betracht kommt. Nach dem Insolvenzereignis richten sich der Dreimonatszeitraum des Insolvenzgelds und die zweimonatige Antragsfrist. Zwischen den Insolvenzereignissen besteht kein Rangverhältnis. Hieraus folgt, dass die Fristen seit Eintritt des frühesten Insolvenzereignisses rechnen. Ist zunächst der Antrag auf Eröffnung des Insolvenzverfahrens abgelehnt worden und später wegen der Einzahlung eines Vorschusses das Insolvenzverfahren eröffnet worden, rechnen die Fristen gleichwohl seit der Ablehnung mangels Masse. Bei **mehreren Insolvenzereignissen** entscheidet regelmäßig das zeitlich Erste, wenn sie alle in der Person des AG vorliegen.[19] Wird der Betrieb von einem insolventen AG übernommen, können für die weiter beschäftigten AN bei einem späteren Eintritt eines Insolvenzereignisses beim Betriebserwerber ein weiteres Mal Ansprüche auf Insolvenzgeld entstehen.[20] Ein neues Insolvenzereignis tritt jedoch nicht ein, solange die auf dem vorhergehenden, Insolvenzgeld auslösenden Insolvenzereignis beruhende Zahlungsunfähigkeit des AG andauert; der formelle Eintritt eines zweiten Insolvenzereignisses reicht daher allein nicht aus.[21] Kein neues Insolvenzereignis tritt daher bei einer Freigabeerklärung (§ 35 II InsO) der selbständigen Tätigkeit durch den Insolvenzverwalter im Rahmen eines ersten Insolvenzverfahrens ein, wenn die Zahlungsunfähigkeit des AG im Zeitpunkt der Eröffnung des Insolvenzverfahrens über das freigegebene Sondervermögen fortbesteht.[22] Die Bestätigung eines Insolvenzplans (§§ 218 ff. InsO) und die Aufhebung des Insolvenzverfahrens durch das Insolvenzgericht sind allein für die Annahme der Wiedererlangung der Zahlungsfähigkeit des AG nicht ausreichend.[23] Von einer Fortdauer der bereits eingetretenen Zahlungsunfähigkeit ist jedenfalls dann auszugehen, wenn die im Insolvenzplan vorgesehene Überwachung der Planerfüllung andauert.[24] 5

b) Voraussetzungen. aa) Eröffnungsbeschluss. Wird das Insolvenzverfahren eröffnet, ergeht ein Eröffnungsbeschluss (§ 27 II InsO), der die Bezeichnung des Schuldners enthält, Namen und Anschrift des Insolvenzverwalters sowie die Stunde der Eröffnung des Insolvenzverfahrens. Der Eröffnungsbeschluss ist nach §§ 9, 30 I InsO öffentlich bekannt zu machen und auszugsweise im Bundesanzeiger zu veröffentlichen. Allerdings stand bis zum Inkrafttreten der Änderung der Richtlinie RL 2002/74/EG am 8.10.2002 § 183 I Nr. 1 SGB III aF nicht in 6

[16] BSG 25.3.1982 SozR 4100 § 141b Nr. 23 = ZIP 1982, 976; teilw. enger BSG 20.4.1984 SozR 4100 § 141b Nr. 32 (Beschränkung auf „gutgläubige Leiharbeitnehmer").
[17] BSG 28.6.1983 SozR 4100 § 141b Nr. 27 = ZIP 1983, 1224.
[18] BSG 26.2.2019 – B 11 AL 3/18 R.
[19] BSG 30.10.1991 SozR 3–4100 § 141b Nr. 3 = NZA 1992, 1151.
[20] BSG 28.6.1983 SozR 4100 § 141b Nr. 27 = ZIP 1983, 1224.
[21] BSG 6.12.2012 BSGE 112, 235 = SozR 4–4300 § 183 Nr. 14.
[22] BSG 9.6.2017 BSGE 123, 230 = SozR 4–4300 § 165 Nr. 2.
[23] BSG 21.11.2002 SozR 3–4300 § 183 Nr. 3 = ZIP 2003, 445.
[24] BSG 17.3.2015 NZS 2015, 591; 29.5.2008 BSGE 100, 282 = SozR 4–4300 § 183 Nr. 9.

Einklang mit den Vorgaben der Art. 3 II, 4 II der Richtlinie 80/987/EWG vom 20.10.1980, da nicht der Zeitpunkt der Eröffnung des Insolvenzverfahrens, sondern der Tag der entsprechenden Antragstellung für die Berechnung der Ansprüche der Insolvenzgeldsicherung maßgeblich war.[25] Nunmehr haben die Mitgliedstaaten nach Art. 4 II der Richtlinie die Möglichkeit, den Beginn des 3-Monats-Zeitraums für die Insolvenzgeldsicherung selbst festzulegen. § 165 I Nr. 1 SGB III kann daher nicht dahin ausgelegt werden, dass maßgebendes Insolvenzereignis der Antrag auf Eröffnung des Insolvenzverfahrens ist.[26] Der Anspruch auf Insolvenzgeld entfällt nicht, wenn der Eröffnungsbeschluss nachträglich im Beschwerdeverfahren aufgehoben wird[27] (str.).

7 **bb) Abweisung des Antrags.** Wird der Insolvenzantrag abgewiesen, besteht ein Anspruch auf Insolvenzgeld nur, wenn die Abweisung mangels Masse (§ 26 InsO) erfolgt ist. Eine solche Entscheidung trifft das Insolvenzgericht, wenn das Vermögen des Schuldners voraussichtlich nicht ausreichen wird, um die Kosten des Verfahrens zu decken. Die Abweisung des Antrags aus anderen Gründen steht der Abweisung mangels Masse nicht gleich, da in anderen Fällen die Vermögensverhältnisse des Schuldners nicht geprüft werden. Die Abweisung mangels Masse wird nicht öffentlich bekannt gemacht, sondern nur in das bei Gericht geführte Schuldnerverzeichnis eingetragen. Nach § 165 V SGB III ist der AG zu einer unverzüglichen Mitteilung an den BR oder, wenn ein BR nicht gebildet ist, an die AN, verpflichtet.

8 **cc) Betriebseinstellung.** Insolvenzereignis ist schließlich die vollständige Betriebseinstellung. Der Zweck dieser Regelung besteht darin, bei offensichtlicher Überschuldung des AG das Insolvenzgericht zu entlasten und eine Kostenbelastung der AN zu vermeiden.[28] § 165 I Nr. 3 SGB III stellt nur einen Auffangtatbestand für die Fälle dar, in denen zum Zeitpunkt der Betriebseinstellung kein zulässiger Antrag auf Eröffnung des Insolvenzverfahrens gestellt worden ist. Liegt ein solcher vor, kann die Bewilligung des Insolvenzgelds nicht auf die Nr. 3 gestützt werden.[29] Erforderlich ist, dass die Masselosigkeit im Zeitpunkt der Betriebseinstellung vorliegt, also vorher oder gleichzeitig eingetreten ist.[30] Keine vollständige Betriebseinstellung ist bei einem Inhaberwechsel gegeben.[31] Der vollständigen Betriebseinstellung stehen Abwicklungsarbeiten nicht entgegen.[32] Auch Entscheidungen ausländischer Insolvenzgerichte können für die Insolvenzgeldentscheidung der Arbeitsverwaltung maßgebend sein.

9 **c) Antragsrücknahme.** Das Insolvenzverfahren wird nur auf Antrag eröffnet; antragsberechtigt sind die Gläubiger und der Schuldner (§ 13 I InsO). Die Rücknahme des Antrags auf Eröffnung eines Insolvenzverfahrens führt zu unterschiedlichen Konsequenzen bei der Bewilligung von Insolvenzgeld. Bis zum Erlass des Eröffnungsbeschlusses kann der Antrag zurückgenommen werden, nach diesem Zeitpunkt nicht mehr (§ 13 II InsO). Bedeutung hat die Antragsrücknahme daher nur bei § 165 I Nrn. 2, 3 SGB III. Wird der Antrag nach dem Erlass eines Beschlusses des Insolvenzgerichts zurückgenommen, in dem die Eröffnung mangels Masse abgewiesen wird, so soll hierdurch seine anspruchsbegründende Wirkung für das Insolvenzgeld nicht nachträglich entfallen.[33] Durch eine Antragsrücknahme entfällt zugleich seine Sperrwirkung für die Bewilligung von Insolvenzgeld nach § 165 I Nr. 3 SGB III (→ Rn. 8). Wegen der Antragsfrist für das Insolvenzgeld (→ Rn. 32) sollte daher der Antrag auf Insolvenzgeld bei einer Betriebseinstellung stets vorsorglich und unabhängig vom Vorliegen der Voraussetzungen der § 165 I Nrn. 1, 2 SGB III gestellt werden.

10 **5. Arbeitsentgelt. a) Begriff.** Durch das Insolvenzgeld soll nach dem Erarbeitensprinzip das im Insolvenzgeldzeitraum erarbeitete (Netto-)Arbeitsentgelt gesichert werden. Hingegen kommt es nicht darauf an, ob der Anspruch in diesem Zeitraum fällig oder bezifferbar geworden ist.[34] Zu den nach den §§ 165 ff. SGB III geschützten Ansprüchen auf Arbeitsentgelt gehören alle Ansprüche aus dem Arbeitsverhältnis, die im weitesten Sinne als Gegenleistung für die Arbeitsleistung im Anspruchszeitraum erbracht werden bzw. sich diesem zuordnen lassen (§ 165 II 1

---

[25] EuGH 15.5.2003 AP Nr. 8 zu EWG-Richtlinie Nr. 80/987 = NZA 2003, 713.
[26] BSG 18.12.2003 SozR 4–4100 § 141b Nr. 1.
[27] Gagel/*Peters-Lange* SGB III § 165 Rn. 34 f.
[28] BSG 22.9.1993 SozR 3–4100 § 141b Nr. 7 = ZIP 1993, 1716.
[29] BSG 30.10.1991 SozR 3–4100 § 141b Nr. 3 = NZA 1992, 1151.
[30] BSG 17.7.1979 SozR 4100 § 141b Nr. 11.
[31] BSG 30.4.1981 SozR 4100 § 141b Nr. 18; zur Haftungsbeschränkung BAG 20.6.2002 AP Nr. 10 zu § 113 InsO = NZA 2003, 222.
[32] BSG 5.6.1981 SozR 4100 § 141b Nr. 19 = ZIP 1981, 1112.
[33] Gagel/*Peters-Lange* SGB III § 165 Rn. 34; Brand/*Kühl* SGB III § 165 Rn. 18.
[34] BSG 23.3.2006 SozR 4–4300 § 183 Nr. 6.

SGB III). Hierzu zählen Aufwendungsersatz, soweit dieser in direktem Zusammenhang mit der Erfüllung von Verpflichtungen aus dem Arbeitsverhältnis steht,[35] Auslösungen, Zuschläge, Gewinnbeteiligungen (Tantiemen),[36] Anwesenheitsprämien und Urlaubsentgelt bzw. zusätzliches Urlaubsgeld.[37] Ist der Anspruch von einer unterbliebenen Mitwirkung des AG abhängig, führt das Unterlassen des AG nicht dazu, dass der AN diesen Vergütungsanteil nicht beanspruchen kann.[38] Ist die Abrede über das Arbeitsentgelt nach § 138 BGB unwirksam[39] oder wird der Mindestlohn unterschritten, richten sich die Ansprüche auf Insolvenzgeld nach § 612 II BGB (→ § 67 Rn. 20) bzw. dem MiLoG (→ § 66 Rn. 21). Von § 165 II 1 SGB III erfasst werden auch solche Ansprüche, die anstelle des Arbeitsentgelts während eines bestehenden Arbeitsverhältnisses zu erbringen sind, zB Ansprüche aus Annahmeverzug[40] oder Schadenersatzansprüche.[41] Auch für rückwirkende Lohnerhöhungen kann je nach Ausgestaltung der Anspruchsvoraussetzungen Insolvenzgeld zu bewilligen sein. Kein Arbeitsentgelt sind Nebenkosten wie Verzugszinsen, Finanzierungskosten, Kosten der Rechtsverfolgung und Vollstreckungskosten.[42] Kosten der Zwangsvollstreckung, die der AN vom AG beigetrieben hat, mindern nicht die Höhe des für den Anspruch auf Insolvenzgeld maßgeblichen Arbeitsentgelts.[43] Unerheblich ist, ob die Bezüge steuer- oder sozialversicherungspflichtig sind. Auch Schadenersatzansprüche aus der Zeit vor Begründung des Arbeitsverhältnisses zählen nicht zum Arbeitsentgelt, selbst wenn sie im Anspruchszeitraum liegen.[44] Anspruch auf Insolvenzgeld hat ein AN auch dann, wenn er neben dem zahlungsunfähig gewordenen AG Dritte auf das Arbeitsentgelt, das ihm der AG schuldig geblieben ist, in Anspruch nehmen kann. Dies gilt aber nicht im umgekehrten Fall, wenn also der AG gegenüber dem AN die Schuld eines Dritten in der Weise übernimmt, dass der Rechtsgrund unverändert bleibt.[45] Tarifliche Lohnbestandteile, auf die zunächst verzichtet worden ist und die im Insolvenzgeldzeitraum neu entstehen und fällig werden, sind bei der Berechnung des Insolvenzgelds nur zu berücksichtigen, wenn sie im Insolvenzgeld-Zeitraum erarbeitet worden sind.[46] Insolvenzgeld kann auch gewährt werden, wenn der AG zunächst das Arbeitsentgelt gezahlt hat, der AN einen Rückgewährsanspruch des Insolvenzverwalters (§ 143 I InsO) erfüllt.[47]

b) Einschränkung: Ansprüche wegen oder nach Beendigung des Arbeitsverhältnisses. Nicht gesichert sind Ansprüche die der AN wegen der Beendigung des Arbeitsverhältnisses oder für die Zeit nach Beendigung des Arbeitsverhältnisses erwirbt (§ 166 I Nr. 1 SGB III). Die Insolvenzsicherung reicht nur bis zur rechtlichen Beendigung. Die Einschränkung betrifft vorrangig Abfindungen, die wegen der Beendigung des Arbeitsverhältnisses zu zahlen sind (→ Rn. 14), zB Ansprüche nach § 8 I EFZG. Nicht vom Insolvenzgeld umfasst sind die Urlaubsabgeltung[48] und Schadensersatzansprüche nach § 113 InsO und nach § 628 II BGB,[49] den ein fristlos kündigender AN zu beanspruchen hat, weil der AG die Vergütung nicht gezahlt hat. Ist der 3-Monats-Zeitraum noch nicht ausgeschöpft, ist es für den AN vorteilhafter, wenn er von seinem Zurückbehaltungsrecht Gebrauch macht und zunächst vom Ausspruch der Kündigung absieht. Leistungen der betrieblichen Altersversorgung werden nicht durch Insolvenzgeld, sondern durch den Pensions-Sicherungs-Verein gesichert (→ § 281 Rn. 1).[50] 11

c) Durchsetzbarkeit. aa) Grundsatz. Der Anspruch auf Arbeitsentgelt muss bestehen und durchsetzbar sein.[51] Einreden und Einwendungen des AG gegen den Vergütungsanspruch des 12

[35] BSG 8.9.2010 SozR 4–4300 § 183 Nr. 13 = NZA-RR 2011, 437 (Reparatur eines Firmenfahrzeugs).
[36] BAG 21.5.1980 AP Nr. 10 zu § 59 KO = NJW 1981, 79.
[37] BSG 1.12.1976 SozR 4100 § 141b Nr. 2 = AP Nr. 1 zu § 141b AFG.
[38] BSG 23.3.2006 SozR 4–4300 § 183 Nr. 6 (Entgelt aus einer Zielvereinbarung).
[39] BAG 24.5.2017 – 5 AZR 251/16; 18.11.2017 AP Nr. 73 zu § 138 BGB = NZA 2016, 494.
[40] BSG 18.12.2003 SozR 4–4100 § 141b Nr. 1.
[41] BSG 17.7.1979 SozR 4100 § 141b Nr. 12.
[42] BSG 18.1.1990 SozR 3–4100 § 141b Nr. 1; 28.2.1985 SozR 4100 § 141b Nr. 35.
[43] BSG 7.10.2009 BSGE 104, 278 = SozR 4–4300 § 183 Nr. 12.
[44] BSG 9.5.1995 SozR 3–4100 § 141b Nr. 15 = NZA-RR 1996, 151 (Verschulden bei Vertragsschluss).
[45] BSG 2.11.2000 SozR 3–4100 § 141b Nr. 22 = NZA-RR 2001, 553.
[46] BSG 4.3.2009 BSGE 102, 303 = SozR 4–4300 § 183 Nr. 10 (zu einem Sanierungstarifvertrag).
[47] LSG NRW 22.8.2013 ZInsO 2013, 2324.
[48] BSG 6.5.2009 BSGE 103, 142 = SozR 4–4300 § 184 Nr. 1 (Schadenersatz); 20.2.2002 SozR 3–4300 § 184 Nr. 1 = AP Nr. 1 zu § 184 SGB III; BAG 25.3.2003 AP Nr. 4 zu § 55 InsO = NZA 2004, 43; *Krings* DB 2019, 790.
[49] BSG 29.2.1984 SozR 4100 § 141b Nr. 31 = ZIP 1984, 1249.
[50] EuGH 24.11.2016 – C 454/15, NZA 2016, 1558 (Entgeltumwandlung).
[51] BSG 20.6.1995 SozR 3–4100 § 141b Nr. 15 = ZIP 1995, 1534; 27.9.1994 SozR 3–4100 § 141b Nr. 10 = ZIP 1994, 1965; 8.4.1992 SozR 3–4100 § 141a Nr. 1 = NZA 1992, 1150.

AN können die Bewilligung von Insolvenzgeld ausschließen oder schmälern. Dies gilt insbesondere für einen Anspruchsverlust durch tarifliche oder einzelvertragliche Ausschlussfristen oder eine Aufrechnung des AG gegen Ansprüche aus dem Insolvenzgeldzeitraum, der von der Arbeitsverwaltung bei der Festsetzung des Insolvenzgelds zu berücksichtigen ist. Gleiches gilt bei anderen Einreden wie zB einem Verzicht des AN, einem **Vergleich** über das Arbeitsentgelt,[52] dem Eintritt der Verjährung oder dem Einwand rechtsmissbräuchlichen Verhaltens (§ 242 BGB) sowie bei Bestehen eines Leistungsverweigerungsrechts. Bestreitet der Insolvenzverwalter das Bestehen oder die Höhe der Forderung, ist dies im Bewilligungsverfahren aufzuklären. Eine Stundung durch den AG steht der Bewilligung von Insolvenzgeld nicht entgegen.

13 **bb) Arbeitsgerichtliche Urteile.** Ihnen kommt für die Feststellung der Ansprüche aus dem Arbeitsverhältnis im Insolvenzgeldzeitraum wegen der beschränkten Rechtskraftwirkungen nur in geringem Umfang Bedeutung zu. Grundsätzlich ist daher eine abweichende Beurteilung der Arbeitsverwaltung über das Bestehen des Arbeitsverhältnisses und die Höhe der sich auf den Insolvenzgeldzeitraum ergebenden Arbeitsvergütung möglich. Lediglich Urteile, in denen ein Arbeitsverhältnis zwischen AN und dem insolventen AG oder ein Anspruch auf Arbeitsentgelt verneint wird, entfalten auch gegenüber der Arbeitsverwaltung Rechtswirkungen.[53] Ein Versäumnisurteil, das der AN über die Vergütung im Anspruchszeitraum erstritten hat, erlangt nur dahingehende Bedeutung, dass bei Vorliegen der Tatsachen, die der Schlüssigkeitsprüfung des Arbeitsgerichts zugrunde gelegen haben, die Vergütungsforderung besteht.[54] Hat der AN gegen eine ausgesprochene Kündigung keine Kündigungsschutzklage erhoben und fand auf das Arbeitsverhältnis das KSchG Anwendung, ist die Arbeitsverwaltung wegen der Fiktionswirkung in den §§ 4, 7 KSchG insoweit an den Beendigungszeitpunkt gebunden.[55]

14 **d) Einzelfälle. aa) Abfindungen.** Abfindungen, die wegen der Beendigung des Arbeitsverhältnisses gezahlt werden, sind nach § 166 I Nr. 1 SGB III nicht insolvenzgeldgeschützt. Dies gilt unabhängig davon, ob die Abfindung bereits im Arbeitsvertrag vorgesehen oder erst im Zusammenhang mit der Beendigung des Arbeitsverhältnisses vereinbart wird.[56] Unerheblich ist auch ihre Rechtsgrundlage (Tarifvertrag, Betriebsvereinbarung), ebenso ob sie den Verlust des sozialen Besitzstands entschädigen soll oder in ihr umgewandeltes Arbeitsentgelt für die Zeit nach Beendigung des Arbeitsverhältnisses enthalten ist. Vereinbaren die Parteien die Umwandlung von laufendem Arbeitsentgelt in eine Abfindung, unterliegt diese grundsätzlich dem Insolvenzschutz, soweit die umgewandelten Bezüge dem Insolvenzgeldzeitraum zuzuordnen sind. Auch nach der Neufassung der RL 80/987/EWG durch die RL 2008/94/EG bleibt es unverändert den Mitgliedstaaten überlassen, ob sie eine Entlassungsentschädigung durch Insolvenzgeld schützen.[57] Dies hat die Bundesrepublik bisher nicht getan. Für Abfindungen nach § 1a KSchG wird vertreten, dass diese aufgrund einer richtlinienkonformen Auslegung als gesetzliche Ansprüche insolvenzgeldgeschützt sind.[58]

15 **bb) Arbeitszeitguthaben, Entgeltumwandlung.** Bei Arbeitszeitkonten war streitig, ob die Guthaben nach dem Erarbeitensprinzip oder dem Fälligkeitsprinzip geschützt sind. Das BSG hat sich für Ersteres entschieden und ausgeführt, dass das Guthaben nur für den Ausfallzeitraum geschuldet wird, wenn es in diesem Zeitraum erarbeitet worden oder bestimmungsgemäß zu verwenden ist.[59] Nach § 165 II 2 SGB III gilt für Zeiten, in denen auch während der Freistellung eine Beschäftigung gegen Arbeitsentgelt besteht, der aufgrund schriftlicher Vereinbarung zur Bestreitung des Lebensunterhalts im jeweiligen Zeitraum bestimmte, dh fällige Betrag (sog. Lebensunterhaltsprinzip). Das erarbeitete Arbeitszeit- und zur Auszahlung bestimmte Guthaben ist dementsprechend bei Bestehen einer schriftlichen Abrede dem Auszahlungszeitraum zuzuordnen. Fehlt diese, ist auch eine mündliche Vereinbarung ausreichend, da anzunehmen ist, dass der Gesetzgeber das Schriftformerfordernis lediglich zur Verhinderung von Manipulationen bei der Bemessung des geschützten Arbeitsentgelts vorgesehen hat. Bei einem Insolvenzereignis während einer **Altersteilzeit** im Blockmodell erhält der AN nur Insolvenzgeld nach dem reduzierten Entgeltanspruch während der Arbeitsphase der Altersteilzeit.[60] Hat der AN einen Teil

[52] BSG 27.9.1994 SozR 3–4100 § 141b Nr. 10.
[53] BSG 8.4.1992 SozR 3–4100 § 141a Nr. 1 = NZA 1992, 1150.
[54] BSG 30.7.1981 SozR 1500 § 141 Nr. 9 = ZIP 1982, 78.
[55] BSG 11.1.1989 SozR 4100 § 141k Nr. 5 = ZIP 1990, 1099; 12.8.1987 NZA 1988, 180.
[56] BSG 3.12.1996 SozR 3–4100 § 141b Nr. 16 = ZIP 1997, 1040.
[57] Zur RL 2002/74/EG: EuGH 7.9.2006 AP Nr. 1 zu Richtlinie 80/987/EWG = NZA 2006, 1347.
[58] *Gagel/Peters-Lange* NZA 2005, 740 (743 f.).
[59] BSG 25.6.2002 SozR 3–4100 § 141b Nr. 24 = AP Nr. 3 zu § 141a AFG.
[60] BSG 12.12.2017 – B 11 AL 28/16 R (Lebensunterhaltsprinzip).

seines Arbeitsentgelts nach § 1 II Nr. 3 BetrAVG umgewandelt (→ § 274 Rn. 51) und wird dieser Entgeltteil in einem Pensionsfonds, in einer Pensionskasse oder in einer Direktversicherung angelegt, gilt die Entgeltumwandlung für die Berechnung des Insolvenzgelds als nicht vereinbart, soweit der AG keine Beiträge an den Versorgungsträger abgeführt hat (§ 165 II 3 SGB III; → Rn. 11).

cc) Gratifikationen, Sonderzuwendungen, Urlaubsgeld. Sie sind vom Insolvenzgeld erfasst, wenn sie sich ganz oder teilweise dem Insolvenzgeldzeitraum zuordnen lassen. Nicht allein entscheidend ist, wann die Zuwendung fällig und bezifferbar wird, weil sonst die Beteiligten die Möglichkeit hätten, durch Vereinbarungen über die Fälligkeit den Insolvenzschutz zu Lasten der Arbeitsverwaltung herbeizuführen.[61] Die danach erforderliche Zuordnung orientiert sich am Leistungszweck. Soll die erbrachte Arbeitsleistung bzw. Betriebszugehörigkeit im Auszahlungsjahr honoriert werden, ist die Zuwendung anteilig auf den Insolvenzgeldzeitraum zu verteilen; dies wird dann anzunehmen sein, wenn eine anteilige Leistungsgewährung bei Ein- und Austritt im laufenden Jahr in den Bedingungen für die Sonderzuwendung vorgesehen ist.[62] Eine aufgrund tariflicher Regelung oder betrieblicher Übung allen an einem Stichtag in einem ungekündigten Arbeitsverhältnis stehenden AN grundsätzlich ungekürzt zustehende Jahressonderzahlung ist nicht einzelnen Monaten zuzuordnen.[63] Kann eine eindeutige Zuordnung (zB beim Zusammentreffen von mehreren Leistungszwecken) nicht erfolgen, ist die Zuwendung nur geschützt, wenn sie im Insolvenzgeldzeitraum fällig wird.[64] Durch eine dem AG gewährte Stundung wird der Fälligkeitstermin einer Sonderzuwendung nicht verschoben.[65] Die gleichen Grundsätze gelten auch für das (zusätzliche) Urlaubsgeld. Diese ist es insolvenzgeldrechtlich nur zu berücksichtigen, soweit es für die Zeit der Urlaubstage in den letzten drei Monaten vor dem Insolvenzereignis vom AG zu zahlen gewesen wäre.[66] Wird es urlaubsunabhängig gezahlt, muss es ganz oder anteilig den dem Insolvenzereignis vorausgehenden drei Monaten zuzuordnen sein.[67] Bei der Verpflichtung zur Zahlung von Boni handelt es sich um einen Arbeitsentgeltanspruch, der beim Insolvenzgeld zu berücksichtigen ist. Ist keine Zielvereinbarung abgeschlossen worden, ist die Bonuszahlung durch gerichtliche Leistungsbestimmung nach § 315 BGB festzusetzen und ihre Höhe nach § 287 ZPO zu schätzen (→ § 77 Rn. 21).[68] 16

dd) Provisionen. Sie sind nach dem Erarbeitensprinzip durch Insolvenzgeld gesichert, wenn nach den arbeitsvertraglichen Regelungen der Provisionsanspruch in dem Insolvenzgeldzeitraum entsteht. Der Zeitpunkt der Entstehung ist insbesondere bei Provisionen entscheidend, bei denen es nach dem Arbeitsvertrag nicht darauf ankommt, ob der Erfolg durch eine Arbeitsleistung herbeigeführt wurde. Bei tätigkeits- und erfolgsabhängigen Provisionen hat der AN die ihm aus der Provisionsabrede entstandene arbeitsvertragliche Pflicht zu dem Zeitpunkt erfüllt, in dem der Abschluss des Geschäfts erfolgt, dh „der Auftrag hereingebracht" ist.[69] Der Provisionsanspruch ist auch dann vom Insolvenzgeld umfasst, wenn der letzte Akt der geschuldeten Leistung im Insolvenzzeitraum erbracht wird. Unerheblich ist, wenn er unter der aufschiebenden Bedingung der späteren Erfüllung steht. Insolvenzschutz besteht dann auch, wenn die Ausführung des Geschäfts wegen der Insolvenz unterbleibt. 17

6. Anspruchszeitraum. Geschützt ist das Arbeitsentgelt für die letzten drei Monate vor Eintritt des Insolvenzereignisses (§ 165 I 1 SGB III); die einzel- oder kollektivvertragliche Verlegung des Fälligkeitszeitpunkts zur Erlangung von Insolvenzgeld ist gegenüber der BA unwirksam.[70] Ebenso können bloße Fälligkeitsvereinbarungen ohne Veränderung des Rechtsgrunds eine Änderung in der zeitlichen Zuordnung der Sonderzuwendung nicht herbeiführen.[71] Die Frist wird nach § 187 I BGB berechnet, der Insolvenzeröffnungstag bleibt außer Betracht.[72] War das Arbeitsverhältnis vor dem Insolvenztag bereits beendet, endet die Frist mit dem Ende des Arbeitsverhältnisses. Geschützt sind stets die letzten drei Monate des Arbeitsverhältnisses, selbst 18

[61] BSG 27.9.1994 SozR 3–4100 § 141b Nr. 11.
[62] BSG 12.8.1987 NZA 1988, 179.
[63] BSG 21.7.2005 SozR 4–4300 § 183 Nr. 5; 2.11.2000 SozR 3–4100 § 141b Nr. 21.
[64] BSG 18.1.1990 SozR 3–4100 § 141b Nr. 1 = NZA 1990, 544; 7.9.1988 SozR 4100 § 141b Nr. 42.
[65] BSG 21.7.2005 SozR 4–4300 § 183 Nr. 5; 2.11.2000 SozR 3–4100 § 141b Nr. 21.
[66] BSG 1.12.1976 SozR 4100 § 141b Nr. 2.
[67] BSG 4.3.2009 BSGE 102, 303 = SozR 4–4300 § 183 Nr. 10; 23.3.2006 ZIP 2006, 1882.
[68] BSG 23.3.2006 SozR 4–4300 § 183 Nr. 6 = NZA-RR 2007, 101.
[69] BSG 24.3.1983 SozR 4100 § 141b Nr. 26; 18.12.1980 SozR 4100 § 141b Nr. 17.
[70] BSG 18.3.2004 SozR 4–4300 § 183 Nr. 3.
[71] BSG 21.7.2005 SozR 4–4300 § 183 Nr. 5; 2.11.2000 SozR 3–4100 § 141b Nr. 21.
[72] BSG 22.5.1995 SozR 3–4100 § 141k Nr. 2 = ZIP 1995, 935; 3.10.1989 SozR 4100 § 141b Nr. 50.

wenn das Insolvenzereignis erst mit zeitlichem Abstand auf die Beendigung des Arbeitsverhältnisses folgt. Ist zB das Arbeitsverhältnis am 25.7. beendet worden und das Insolvenzereignis erst am 30.8. eingetreten, sind die Ansprüche vom 26.4. bis 25.7. gesichert.[73] Sind auch für weiter zurückliegende Zeiten Entgeltansprüche rückständig und werden vom Gemeinschuldner noch Zahlungen erbracht, erfordert die Richtlinie, dass zunächst die ungesicherten Forderungen getilgt werden.[74] Kein Insolvenzschutz besteht für Zeiten nach Eintritt des Insolvenzereignisses. Der AN trägt insoweit das Risiko des Entgeltausfalls, weil er das Arbeitsverhältnis fortsetzen oder wegen Zahlungsverzugs außerordentlich kündigen kann.[75]

19 **7. Weiterarbeit.** Hat ein AN in Unkenntnis eines Insolvenzergebnisses weitergearbeitet oder die Arbeit aufgenommen, besteht der Anspruch für die dem Tag der Kenntnisnahme vorausgehenden drei Monate des Arbeitsverhältnisses (§ 165 III SGB III).[76]

20 **8. Anfechtbare Rechtshandlung.** Kein Anspruch besteht für solche Ansprüche, die der AN durch eine nach der Insolvenzordnung anfechtbare Rechtshandlung oder durch eine Rechtshandlung erlangt hat, die bei Eröffnung des Insolvenzverfahrens anfechtbar wäre (§ 166 I Nr. 2 SGB III). Bezweckt ist mit der Regelung eine gleichmäßige Befriedigung aller Gläubiger. Durch die Vorschrift wird kein neuer Anfechtungsgrund geschaffen, sondern die Insolvenzgeld-Versicherung vor missbräuchlicher Inanspruchnahme geschützt. Die Anfechtungstatbestände ergeben sich aus §§ 129–146 InsO. Im eröffneten Insolvenzverfahren ist die Anfechtung aufgrund des gesetzlichen Forderungsübergangs (§ 169 S. 1 SGB III) gegenüber der BA zu erklären (§ 169 S. 3 SGB III). Der Insolvenzgeldantrag selbst unterliegt nicht dem Anfechtungsrecht des Insolvenzverwalters nach §§ 130 ff. InsO.[77] Nach § 166 I Nr. 3 SGB III besteht kein Anspruch auf Insolvenzgeld, wenn der Insolvenzverwalter wegen eines Rechts zur Leistungsverweigerung nicht erfüllt. Die Vorschrift betrifft § 146 II InsO, wonach der Insolvenzverwalter die Erfüllung einer Leistungspflicht verweigern kann, die auf einer anfechtbaren Handlung beruht, auch wenn der Anfechtungsanspruch verjährt ist.

21 **9. Anspruchsübergang.** Nach § 169 S. 1 SGB III gehen Ansprüche auf Arbeitsentgelt, die einen Anspruch auf Insolvenzgeld begründen, mit der Antragstellung auf die BA über. Der gesetzliche Anspruchsübergang erfasst – begrenzt auf die Höhe der monatlichen Beitragsbemessungsgrenze (→ Rn. 26) – den Bruttolohnanspruch des AN einschl. des Lohnsteueranteils.[78] Bei der Berechnung des Insolvenzgelds ist das in jedem Monat des Insolvenzgeldzeitraums ausgefallene Arbeitsentgelt auf die monatliche Beitragsbemessungsgrenze und sodann um die üblichen Abzüge (Steuern, Sozialversicherungsbeiträge) zu kürzen.[79] Pfandrechte sowie andere akzessorische Sicherungsrechte gehen mit dem Arbeitsentgeltanspruch auf die BA über (§ 401 BGB). Gleiches gilt für Ansprüche gegen mithaftende Dritte, zB aus Bürgschaft oder nach § 613a BGB. Die BA kann nicht aus § 169 SGB III im Insolvenzfall des Subunternehmers gegenüber dem Hauptunternehmer im Wege der Bürgenhaftung nach § 14 AEntG die Aufwendungen für das Insolvenzgeld geltend machen.[80] Nicht insolvenzfähige Nebenforderungen gehen nicht über. Ein Anspruch des AN gegen die **Urlaubs- und Lohnausgleichskasse** der Bauwirtschaft wird nur von § 169 S. 1 SGB III erfasst, wenn in dem Zeitraum, für den Insolvenzgeld zu bezahlen ist, tatsächlich Urlaub genommen wurde und das dem AN zustehende Urlaubsentgelt und zusätzliche Urlaubsgeld nicht ausbezahlt worden ist.[81] Befriedigt der Insolvenzverwalter die auf die BA übergegangenen Urlaubsentgeltansprüche aus der Masse oder quotal als Insolvenzforderung, steht der Masse ein Erstattungsanspruch gegen die Ausgleichskasse zu.[82] Hat der AN im Wege der **Gleichwohlgewährung** (§ 157 III SGB III; → § 23 Rn. 97) Alg. erhalten, gehen seine Arbeitsentgeltansprüche gem. § 115 SGB X auf die BA über, ein Anspruchsuntergang wegen Konfusion tritt nicht ein. Der Anspruchsübergang lässt ihren Charakter als arbeitsrechtliche Ansprüche unberührt. Sie sind daher von der BA unter Berücksichtigung etwaiger Aus-

[73] BSG 23.10.1984 SozR 4100 § 141b Nr. 33 = AP Nr. 8 zu § 141b AFG; maßgeblich ist die Beendigung des Arbeitsverhältnisses und nicht die Beschäftigungsaufgabe BSG 25.8.2008 – B 11 AL 64/08 B.
[74] EuGH 14.7.1998 AP Nr. 4 zu EWG-RL Nr. 80/987 = NZA 1998, 1109.
[75] BSG 3.12.1996 SozR 3–4100 § 141b Nr. 16 = ZIP 1997, 1040.
[76] BSG 30.4.1996 NZA-RR 1997, 270.
[77] LG Neuruppin 9.1.2009 ZIP 2009, 729; aA OLG Brandenburg 1.7.2009 NZA-RR 2009, 602.
[78] BAG 27.7.2017 AP Nr. 22 zu § 55 InsO = NZA 2018, 811; BSG 20.6.2001 SozR 3–4100 § 141m Nr. 3.
[79] BSG 11.3.2014 SozR 4–4300 § 185 Nr. 2 (keine Saldierung).
[80] *Steinmeyer* BB 2010, 2301; zu § 1a AEntG aF: LAG BW 18.1.2010 LAGE § 1a AEntG Nr. 1.
[81] BAG 25.10.1984 AP Nr. 5 zu § 4 TVG Ausgleichskasse.
[82] BAG 11.1.1990 AP Nr. 11 zu § 4 TVG Gemeinsame Einrichtungen = NZA 1990, 938.

schlussfristen geltend zu machen;[83] zuständig sind die ArbG. Der AN verliert mit dem Antrag auf Insolvenzgeld seine Gläubigerstellung und kann über die übergegangenen Teile seiner Vergütung nicht mehr verfügen.[84] Der Forderungsübergang steht daher auch einer gerichtlichen Geltendmachung entgegen, da dem AN insoweit die Aktivlegitimation fehlt. Lediglich ein bei Antragstellung bereits rechtshängiger Anspruch kann wegen § 265 II ZPO in Prozessstandschaft weiterverfolgt werden, jedoch muss der Anspruchsteller wegen der veränderten materiellen Rechtslage die Leistung an den Rechtsnachfolger verlangen[85] (→ § 23 Rn. 99). Der Anspruchsübergang gilt nach § 169 S. 2 SGB III auch für die Ansprüche nach § 165 II 3 SGB III (→ Rn. 15). Wird dem Antrag auf Insolvenzgeld nicht oder nur zum Teil stattgegeben, fällt der Anspruch auf Arbeitsentgelt in dem Umfang wieder an den AN zurück, wie kein Insolvenzgeld bewilligt wird.

III. Pflichten des Insolvenzverwalters, Arbeitgebers und Arbeitnehmers

1. Allgemeine Auskunftspflicht. Der AG,[86] der Insolvenzverwalter, die AN sowie sonstige 22
Personen, die Einblick in die Arbeitsentgeltunterlagen hatten, sind verpflichtet, der Arbeitsverwaltung auf Verlangen alle Auskünfte zu erteilen, die für die Erbringung des Insolvenzgelds erforderlich sind (§ 316 SGB III).

2. Auskunft gegenüber dem Insolvenzverwalter. Der AG und die AN sowie sonstige 23
Personen, die Einblick in die Arbeitsentgeltunterlagen hatten, sind verpflichtet, dem Insolvenzverwalter auf Verlangen alle Auskünfte zu erteilen, die er für die Insolvenzbescheinigung benötigt (§ 316 II SGB III).

3. Information durch Arbeitgeber. Der AG ist verpflichtet, einen Beschluss des Insolvenz- 24
gerichts über die Abweisung des Antrags auf Insolvenzeröffnung mangels Masse dem BR oder den AN unverzüglich bekannt zu geben (§ 165 V SGB III).

4. Pflichten des Insolvenzverwalters. Der Insolvenzverwalter hat auf Verlangen der 25
Arbeitsverwaltung für jeden AN, für den ein Anspruch auf Insolvenzgeld in Betracht kommt, die Höhe des Arbeitsentgelts für die letzten der Eröffnung des Insolvenzverfahrens vorausgehenden drei Monate des Arbeitsverhältnisses sowie die Höhe der gesetzlichen Abzüge und der zur Erfüllung der Ansprüche auf Arbeitsentgelt erbrachten Leistungen zu bescheinigen. Er hat auch zu bescheinigen, inwieweit die Ansprüche auf Arbeitsentgelt gepfändet, verpfändet oder abgetreten sind. Dabei hat er den von der BA vorgesehenen Vordruck zu benutzen (§ 314 SGB III), ab dem 1.1.2023 soll das Formular genutzt werden, das im Fachportal der BA zur Verfügung gestellt werden soll.

IV. Umfang der Leistung

1. Höhe des Insolvenzgelds. a) Nettovergütung. Das Insolvenzgeld wird in Höhe des 26
rückständigen Nettoarbeitsentgelts der letzten drei dem Insolvenzereignis vorausgehenden Monate des Arbeitsverhältnisses erbracht, das sich nach Abzug der jeweils anfallenden Steuern und der gesetzlichen Sozialversicherungsbeiträge ergibt. Nach § 167 I SGB III gilt als maßgebliches Bruttoarbeitsentgelt, aus dem das Insolvenzgeld berechnet wird, höchstens ein Entgelt iHd monatlichen Beitragsbemessungsgrenze in der Arbeitslosenversicherung (§ 341 IV SGB III).[87]

b) Sozialversicherung. Die Arbeitsverwaltung übernimmt auch die fälligen Pflichtbeiträge 27
zur Kranken- und Rentenversicherung sowie zur sozialen Pflegeversicherung und Beiträge zur BA (§ 175 SGB III). Damit wird gewährleistet, dass der AN durch die Insolvenz keine sozialversicherungsrechtlichen Nachteile erleidet. Der Anspruch umfasst den gesamten rückständigen Gesamtsozialversicherungsbeitrag iSd § 28d SGB IV. Er ist daher auf die **Pflichtbeiträge** zur Kranken-, Pflege-, Renten- und Arbeitslosenversicherung beschränkt (§ 28d SGB IV). Erfasst werden Arbeitnehmer- und Arbeitgeberbeitragsanteile. Der Anspruch besteht nicht für die Beiträge zu freiwilligen Versicherungen, selbst wenn der AG nach § 257 SGB V zur Zahlung eines

[83] Dazu BSG 10.4.1985 SozR 4100 § 141e Nr. 8 = ZIP 1985, 753.
[84] BAG 23.9.1981 – 5 AZR 527/79; zu Grenzgängern SG Speyer 16.10.2013 – S 1 AL 411/12.
[85] LAG Hamm 11.10.2000 BB 2001, 787 für den Anspruch auf Kaug.
[86] Zur Haftung eines Geschäftsführers gegenüber der BA wegen verspäteter Insolvenzantragstellung BGH 21.1.2014 – VI ZR 560/12; 13.10.2009 ZIP 2009, 2439; 18.12.2007 NZA-RR 2008, 195.
[87] Die Beschränkung halten *Moll/Henke* EWiR 2004, 775 unter Hinweis auf EuGH 4.3.2004 SozR 4–6084 Art. 3 Nr. 2 = AP Nr. 10 zu EWG-Richtlinie Nr. 80/987 unionsrechtlich für bedenklich; BSG 5.12.2006 SozR 4–4300 § 183 Nr. 7 (zu § 434j XII Nr. 5 SGB III aF).

Zuschusses verpflichtet ist. Gleichfalls nicht erfasst werden die Winterbauumlage[88] sowie Beiträge zu berufsständischen Versorgungseinrichtungen für AN, die von der gesetzlichen Rentenversicherung befreit sind, weil diese Beiträge nicht zum Gesamtsozialversicherungsbeitrag iSv § 28d SGB IV gehören. Das Insolvenzgeld ist bei der Berechnung des Elterngelds nicht zu berücksichtigen.[89]

28 **c) Versteuerung.** Ist der AN im Inland einkommensteuerpflichtig, ohne dass Steuern durch Abzug vom Arbeitslohn erhoben werden, oder ist er im Inland nicht einkommensteuerpflichtig, ist das Entgelt um die Einkommensteuer zu mindern (§ 167 II Nr. 1 SGB III). Erhält der AN Insolvenzgeld, kann er vom AG oder Insolvenzverwalter nicht Zahlung des Teils des Bruttolohnes verlangen, der als Lohnsteuer abzuführen gewesen wäre.[90] Soweit Insolvenzgeld nach § 170 I SGB III vorfinanziert wird, ist die Gegenleistung für die Übertragung des Arbeitsentgeltanspruchs als Insolvenzgeld iSd § 32b I Nr. 1 lit. a EStG anzusehen. Die Auszahlung des dem AN zustehenden Insolvenzgelds an einen Dritten bewirkt aber selbst keinen Zufluss von Insolvenzgeld beim AN.[91]

29 **2. Vorschuss.** Die Arbeitsverwaltung kann einen Vorschuss auf das Insolvenzgeld zahlen, wenn **(a)** die Eröffnung des Insolvenzverfahrens über das Vermögen des AG beantragt ist, **(b)** das Arbeitsverhältnis beendet ist und **(c)** die Voraussetzungen für den Anspruch auf Insolvenzgeld mit hinreichender Wahrscheinlichkeit erfüllt werden. Durch das Tatbestandsmerkmal der Beendigung des Arbeitsverhältnisses soll eine Vorfinanzierung über einen längeren Zeitraum und eine Insolvenzverschleppung vermieden werden. Die Arbeitsverwaltung bestimmt die Höhe des Vorschusses nach pflichtgemäßem Ermessen. Hierbei ist auch zu berücksichtigen, dass das Insolvenzgeld als Sozialleistung den Unterhalt des AN sicherstellen soll (§ 19 I Nr. 5 SGB I). Die Grenzen des § 51 SGB I brauchen nicht eingehalten zu werden. Wird Insolvenzgeld nur in geringerer Höhe zuerkannt, ist die Überzahlung später zu erstatten (§ 168 SGB III).

30 **3. Gewährung des Insolvenzgelds an Dritte. a) Verfügungen des Arbeitnehmers.** Soweit der AN vor seinem Antrag auf Insolvenzgeld Ansprüche auf Arbeitsentgelt einem Dritten übertragen hat, steht der Anspruch auf Insolvenzgeld dem Dritten zu (§ 170 I SGB III). Erfasst wird der gesetzliche Forderungsübergang bei Gewährung von Sozialleistungen wie die Lohnabtretung. Der AN hat daher die Möglichkeit, seine Entgeltforderung an eine Bank zu verkaufen. Diese ist in Höhe des Insolvenzgelds gesichert. Ist die Arbeitsvergütung des AN gepfändet, erstreckt sich die Pfändung auch auf das Insolvenzgeld (§ 170 I, II SGB III). Die am Insolvenzgeld bestehenden Pfandrechte erlöschen, wenn die Ansprüche auf die Arbeitsverwaltung übergegangen sind und diese Leistungen erbracht hat (§ 170 III SGB III). Hat sie von der Abtretung oder Pfändung nichts erfahren, kann sie an den AN mit befreiender Wirkung leisten (§ 407 BGB).

31 **b) Vorfinanzierung.** In § 170 IV SGB III ist die Vorfinanzierung des Insolvenzgelds geregelt.[92] Durch diese sollen eine (vorläufige) Weiterarbeit der AN und damit eine Betriebsfortführung ermöglicht werden. Die Vorfinanzierung ist auch bei der Eigenverwaltung und im Schutzschirmverfahren möglich, sobald das Gericht entsprechende Anordnungen getroffen hat.[93] Sie erfolgt im Wege der Übertragung des insolvenzgeldfähigen Nettoarbeitsentgelts durch die AN an die vorfinanzierende Bank Zug-um-Zug gegen Auszahlung des abgetretenen Betrags. Mit dem Antrag auf Insolvenzgeld gehen die Arbeitsentgeltansprüche nach § 169 S. 1 SGB III auf die BA über, der Bank steht im Gegenzug der Anspruch auf Insolvenzgeld zu. Hierdurch wird die Masse entlastet, weil die BA die auf sie nach § 169 SGB III übergehenden Arbeitsentgeltansprüche nach § 55 III 1 InsO nur als Insolvenzgläubigerin geltend machen kann. In der Vergangenheit ist die Vorfinanzierung missbräuchlich verwandt worden, zB um ein überschuldetes Unternehmen am Markt zu halten oder zur Finanzierung der Auslaufproduktion. Die Vorfinanzierung ist nach § 170 IV SGB III von der Zustimmung der Arbeitsverwaltung abhängig.[94] Der neue Gläubiger oder Pfandgläubiger hat ohne deren Zustimmung keinen Anspruch auf Insolvenzgeld für Ansprüche auf Arbeitsentgelt, die ihm vor dem Insolvenzereignis zur Vorfinanzierung abgetreten oder verpfändet worden sind. Die Übertragung der Forderung und die Auszah-

[88] BSG 24.11.1983 SozR 4100 § 186a Nr. 18.
[89] BSG 21.2.2013 SozR 4–7837 § 2 Nr. 19.
[90] BAG 11.2.1998 AP Nr. 19 zu § 611 BGB Lohnanspruch = NZA 1998, 710.
[91] BFH 1.3.2012 BFHE 237, 59 = DB 2012, 1363.
[92] Zu den Risiken der Vorfinanzierung: *Klüter* WM 2010, 1483 (1488).
[93] Dazu *Muschiol* ZInsO 2016, 248; *K. Hunold* NZI 2015, 785; *Kremer/Fahlbusch* ZInsO 2015, 837.
[94] Zum früheren Recht: BSG 30.4.1996 SozR 3–4100 § 141k Nr. 3 = NZA 1996, 1120.

lung des Arbeitsentgelts an den AN vollziehen sich regelmäßig im Wege des regresslosen Forderungskaufs.[95] Die Arbeitsverwaltung darf der Abtretung oder Verpfändung nur zustimmen, wenn die Prognose gerechtfertigt ist, dass durch die Vorfinanzierung der Arbeitsentgelte ein erheblicher Teil der Arbeitsplätze erhalten bleibt. Dabei orientiert sich die BA an den Größenverhältnissen des § 112a BetrVG.[96] Bei der Zustimmung handelt es sich um eine gebundene Erlaubnis, dh die Arbeitsverwaltung muss sie bei Vorliegen der gesetzlichen Voraussetzungen erteilen. Ein Ermessensspielraum besteht nicht, wohl aber ein Beurteilungsspielraum für die Prognoseentscheidung hinsichtlich der erforderlichen Anzahl der zu erhaltenden Arbeitsplätze. Die Zustimmung ist regelmäßig vor der Abtretung oder Verpfändung abzugeben, kann auch nachträglich erteilt werden. Ihre Verweigerung kann ggf. vor den Sozialgerichten gerichtlich überprüft werden. Die Vornahme einer (dem Insolvenzgericht anzuzeigenden) Insolvenzgeldfinanzierung durch einen „schwachen" vorläufigen Insolvenzverwalter ist zulässig, wenn sie im Wege von Bargeschäften abgewickelt wird.[97]

4. Antrag. Das Insolvenzgeld ist innerhalb einer Ausschlussfrist von zwei Monaten nach dem 32
Insolvenzereignis bei der örtlich zuständigen AA zu beantragen (§§ 323 I 1, 324 III, 327 III SGB III). Nach Ansicht des BSG steht die Richtlinie 80/987/EWG der Anwendung der in § 324 III SGB III enthaltenen Ausschlussfrist nicht entgegen.[98] Nach der Rspr. des EuGH richtet sich die Prüfung danach, ob die Ausgestaltung des Antragserfordernisses die Ausübung der unionsrechtlichen Rechtsposition nicht praktisch unmöglich macht oder übermäßig erschwert.[99] Hat der AN die Antragsfrist versäumt, steht ihm nach § 324 III 2 SGB III eine Nachfrist zur Verfügung.[100] Der Anspruch bleibt danach erhalten, wenn der AN die Frist aus Gründen versäumt, die er nicht zu vertreten hat, und der Antrag innerhalb von zwei Monaten nach Wegfall des Hinderungsgrunds gestellt wird. Der AN hat die Versäumung der Frist zu vertreten, wenn er sich nicht mit der erforderlichen Sorgfalt um die Durchsetzung seiner Ansprüche bemüht hat (§ 324 III 3 SGB III). Eine Stellvertretung bei der Antragstellung ist zulässig, allerdings muss die Vollmacht bis zum Ablauf der Antragsfrist nachgereicht werden.[101] Ein Antrag auf Alg. kann in einen solchen auf Insolvenzgeld umzudeuten sein.[102] Die der AA nach § 314 SGB III übermittelte Insolvenzgeldbescheinigung des Insolvenzverwalters beinhaltet hingegen keinen Antrag nach § 324 III SGB III.[103]

---

95 *Klüter* WM 2010, 1483 (1486).
96 DA zu § 170 SGB III Stand: 6/2015 Nr. 3.2. (unter 8).
97 AG Hamburg 21.1.2014 ZIP 2014, 1091.
98 BSG 17.10.2007 SozR 4–4300 § 324 Nr. 4; EuGH 18.9.2003 SozR 4–4300 § 324 Nr. 1 = NZI 2003, 617.
99 EuGH 16.7.2009 EuroAS 2009, 113.
100 BayLSG 28.10.2013 – L 10 AL 183/12; LSG Bln-Bbg 14.3.2012 – L 18 AL 340/09 (zum Unionsrecht).
101 BSG 23.10.1984 SozR 4100 § 141e Nr. 7.
102 BSG 2.4.2014 BSGE 115, 225 = SozR 4–4200 § 37 Nr. 6.
103 BSG 4.4.2017 – B 11 AL 93/16 B, ZInsO 2017, 2188.

IX. Buch. Arbeitsvergütung ohne Arbeitsleistung

1. Abschnitt. Annahmeverzug und Unmöglichkeit

§ 95. Annahmeverzug des Arbeitgebers

Übersicht

I. Allgemeines

1 **1. Überblick.** Der zeitliche Umfang des Annahmeverzugs richtet sich nach der arbeitsvertraglich vereinbarten oder – falls diese regelmäßig überschritten wird – nach der tatsächlich praktizierten Arbeitszeit. Denn die für das Arbeitsverhältnis maßgebliche Arbeitszeit bestimmt den zeitlichen Umfang, in welchem der AN berechtigt ist, Arbeitsleistung zu erbringen und der AG verpflichtet ist, die Arbeitsleistung anzunehmen. Außer Betracht bleiben Ruhepausen iSv § 4 ArbZG.[1] Nach § 293 BGB kommt der AG in Annahmeverzug, wenn er die ihm **angebotene Leistung nicht annimmt.** Der Annahmeverzug setzt voraus, dass

(1) ein erfüllbares Arbeitsverhältnis vorliegt (→ Rn. 17 ff.);
(2) die Arbeitsleistung tatsächlich (§ 294 BGB) oder unter gewissen Umständen wörtlich (§ 295 BGB) angeboten wird – in Ausnahmefällen ist nach § 296 BGB überhaupt kein Angebot notwendig (→ Rn. 25 ff.);
(3) der AN im Zeitpunkt des Angebots nicht außerstande ist, die Arbeitsleistung zu bewirken (§ 297 BGB; → Rn. 39 ff.);
(4) der AG die ihm angebotene Leistung nicht angenommen, seine erforderliche Mitwirkungshandlung unterlassen oder bei Zug-um-Zug-Verpflichtung die Gegenleistung nicht angeboten hat (§ 298 BGB; → Rn. 56).

Der AG kann auch teilweise mit der Annahme der Dienste in Verzug geraten, wenn er die Annahme der Dienste nicht generell ablehnt, aber weniger Arbeitsleistung annimmt, als der AN schuldet, der AG also den Umfang der Arbeitsleistung rechtswidrig einschränkt.[2]

2 **2. Verhältnis zur Unmöglichkeit der Leistung.** Wegen des grundsätzlich bestehenden Fixschuldcharakters der Arbeitsleistung (→ § 49 Rn. 5) bewirkt der Annahmeverzug des AG zugleich die Unmöglichkeit der Arbeitsleistung (§ 275 I BGB) des AN.[3] Beruht diese Unmöglichkeit allein auf dem Zeitablauf, wird der Vergütungsanspruch unabhängig vom Verschulden des AG nach § 615 BGB aufrechterhalten, wenn die Voraussetzungen des Annahmeverzugs zur Zeit des Eintritts der Unmöglichkeit vorlagen. Fehlt es hieran, zB weil das Arbeitsverhältnis nicht erfüllbar war (→ Rn. 17), ein Fall des § 297 BGB gegeben war (→ Rn. 39 ff.) oder der AN die Arbeitsleistung entgegen §§ 294 ff. BGB nicht angeboten hatte, kann der **Vergütungsanspruch nach § 326 II BGB aufrechterhalten werden,** wenn dessen Voraussetzungen erfüllt sind.[4] Dies setzt voraus, dass der AG für den Umstand, aufgrund dessen der AN die Arbeitsleistung nicht zu erbringen braucht, **allein oder weit überwiegend verantwortlich** ist.[5] Verantwortlich iSv § 326 II 1 Alt. 1 BGB meint dabei Vertretenmüssen iSd §§ 276, 278 BGB, dh mindestens fahrlässiges Handeln.[6] In diesem Fall bleibt der AG nach § 326 II 1 Alt. 1 BGB zur Entgeltzahlung verpflichtet, auch wenn die Voraussetzungen des § 615 S. 3 BGB nicht vorliegen (→ § 101 Rn. 5). Der AG ist für die Unmöglichkeit der Arbeitsleistung dann nicht verantwortlich, wenn er sich in einem unvermeidbaren Rechtsirrtum befand, so etwa, wenn er sich in Bezug auf eine bestimmte Rechtsfrage bei zumindest ähnlicher Sachlage auf eine höchstrichterliche Rechtsprechung berufen kann.[7] Besteht nach Beendigung des Arbeitsverhältnisses unter näher bestimmten Voraussetzungen ein Rückkehranspruch des AN, führt bei rückwirkender Begründung des Arbeitsverhältnisses die bisher fehlende arbeitsvertragliche Bindung zur Unmöglichkeit der Arbeitsleistung in der Vergangenheit, weil in dieser Zeit kein tatsächlich durchführbares Arbeitsverhältnis bestand. Hierfür ist der AG regelmäßig nicht verantwortlich iSv § 326 II 1 Alt. 1 BGB, wenn ihm der AN den zur Verwirklichung seines Rückkehrrechts erforderlichen Abschluss eines Arbeitsvertrags nicht angetragen, sondern von ihm nur die Abgabe eines Vertragsangebots verlangt hat.[8] Vergütungsansprüche scheiden deshalb aus (→ Rn. 17).[9]

[1] BAG 25.2.2015 AP Nr. 136 zu § 615 BGB = NZA 2015, 494; 24.9.2014 NZA 2014, 1328.
[2] BAG 7.11.2002 AP Nr. 100 zu § 615 BGB = NZA 2003, 1139.
[3] *Picker* JZ 1985, 693 (699) sowie *ders.* FS Kissel, 1994, 813 ff.; *Huber* Leistungsstörungen, S. 271 ff.
[4] BAG 27.1.2016 AP Nr. 145 zu § 615 BGB = NZA 2016, 691; 23.9.2015 AP Nr. 143 zu § 615 BGB = NZA 2016, 293; dazu *Betz* NZA 2017, 151.
[5] BAG 28.9.2016 AP Nr. 150 zu § 615 BGB = NZA 2017, 124; 23.9.2015 AP Nr. 143 zu § 615 BGB = NZA 2016, 293.
[6] BAG 27.1.2016 AP Nr. 145 zu § 615 BGB = NZA 2016, 691; 23.9.2015 AP Nr. 143 zu § 615 BGB = NZA 2016, 293.
[7] BAG 19.8.2015 AP Nr. 140 zu § 615 BGB = NZA 2015, 1460.
[8] BAG 27.1.2016 AP Nr. 145 zu § 615 BGB = NZA 2016, 691.
[9] BAG 19.8.2015 AP Nr. 140 zu § 615 BGB = NZA 2015, 1460.

Kann der AN zur vorgesehenen Leistungszeit die Arbeitsleistung nicht erbringen, weil er die tarifvertraglich bzw. gesetzlich vorgeschriebene Ruhezeit einzuhalten hatte, ist die Erbringung der Arbeitsleistung allein objektiv unmöglich (§ 275 I BGB). In diesem Fall entsteht wegen Leistungsunfähigkeit des AN iSv § 297 BGB (→ Rn. 40) kein Annahmeverzug des AG. Dies gilt, wenn die Arbeit in einer Tagschicht ausfällt, weil der AN in der vorangegangenen Nacht im Rahmen der Rufbereitschaft Arbeitsleistungen erbracht und die zwingende gesetzliche Ruhezeit nach § 5 ArbZG einzuhalten hat. In diesem Fall handelt es sich um eine von keiner Seite zu vertretende Unmöglichkeit; gem. § 326 I BGB entfällt der Anspruch auf die Gegenleistung.[10] – Da § 615 S. 1 BGB den ursprünglichen Vergütungsanspruch aufrechterhält (→ Rn. 3), ergeben sich Schwierigkeiten, wenn ein AN als leitender Arzt in einem Krankenhaus neben dem Entgeltanspruch vom AG noch verlangen kann, dass dieser ihm Tätigkeiten mit eigener Liquidationsmöglichkeit eröffnet. Diese Verpflichtung kann nicht mehr erfüllt werden, wenn der AG unwirksam gekündigt hat. Der AG wird in diesem Fall wegen Unmöglichkeit nach § 275 I BGB von dieser Leistungspflicht frei. Der AN erlangt deshalb nach der neueren Rechtsprechung des BAG einen Schadensersatzanspruch nach §§ 280 I, 283 BGB.[11]

3. Rechtsnatur des Annahmeverzugsanspruchs. Kommt der AG mit der Annahme der Arbeitsleistung in Verzug, kann der AN nach § 615 BGB für die infolge des Verzugs nicht geleistete Arbeit die vereinbarte Vergütung verlangen, ohne zur Nachleistung verpflichtet zu sein. Rechtsfolge des § 615 S. 1 BGB ist, dass der AN seinen Vergütungsanspruch in Art und Umfang wie vertraglich vereinbart „behält". § 615 BGB ist damit keine eigenständige Anspruchsgrundlage, sondern hält den ursprünglichen Vergütungsanspruch, der sonst nach den §§ 275, 326 I BGB untergegangen wäre, im Falle des Annahmeverzugs aufrecht.[12] Der **AN behält den ursprünglichen Erfüllungsanspruch.** Es handelt sich nicht um einen Schadensersatzanspruch.[13] Verschulden des AG ist deshalb nicht Voraussetzung des Annahmeverzugsanspruchs.[14] Einen Anspruch auf Beschäftigung zu bestimmten (zuschlagpflichtigen) Zeiten gewährt § 615 S. 1 BGB nicht.[15] Die Annahmeverzugsvergütung unterliegt dem Steuer- und Sozialversicherungsrecht wie jeder Vergütungsanspruch. Sofern nicht ausnahmsweise eine Nettolohnvereinbarung besteht, hat der AN gegen den AG Anspruch auf die Zahlung der vereinbarten Bruttovergütung.[16] Der AN muss sich auf seine Ansprüche aus Annahmeverzug nach § 615 S. 2 BGB den Wert desjenigen anrechnen lassen, was er infolge des Unterbleibens der Arbeitsleistung erspart oder durch anderweitige Verwendung seiner Dienste erwirbt oder zu erwerben böswillig unterlässt (näher dazu → Rn. 71 ff.). 3

II. Abdingbarkeit

1. Grundsatz. § 615 S. 1 BGB kann ebenso wie auch die Anrechnungsmöglichkeit nach Satz 2 vor oder nach Entstehung des Anspruchs einzelvertraglich abbedungen werden.[17] Dies folgt mittelbar aus § 619 BGB. Nach dieser Bestimmung können die dem Dienstberechtigten nach §§ 617, 618 BGB obliegenden Verpflichtungen nicht im Voraus durch Vertrag aufgehoben oder beschränkt werden. Wenn danach die §§ 617, 618 BGB unabdingbar sind, kann von den anderen Vorschriften dieses Abschnitts abgewichen werden.[18] Eine Abbedingung kann auch durch Kollektivverträge erfolgen.[19] Die Abbedingung des § 615 BGB setzt eine **zweifelsfreie, vom AG zu beweisende Vereinbarung** voraus.[20] Die Klausel in Tarifverträgen und einzelvertraglichen Vereinbarungen „Bezahlt wird nur die Zeit, in der wirklich gearbeitet wird", will nur Vergütung von Arbeitsversäumnissen, die ihren Grund in der Person des Beschäftigten haben 4

[10] BAG 13.12.2007 NZA-RR 2008, 418.
[11] BAG 15.9.2011 AP Nr. 10 zu § 280 BGB = NZA 2012, 377 unter Aufgabe von BAG 22.3.2001 – 8 AZR 536/00.
[12] BAG 27.1.2016 AP Nr. 145 zu § 615 BGB = NZA 2016, 691; 26.6.2013 AP Nr. 132 zu § 615 BGB; HWK/*Krause* BGB § 615 Rn. 4; ErfK/*Preis* BGB § 615 Rn. 1; Staudinger/*Richardi/Fischinger* BGB § 615 Rn. 9.
[13] MüKoBGB/*Henssler* § 615 Rn. 1.
[14] Staudinger/*Richardi/Fischinger* BGB § 615 Rn. 2.
[15] BAG 12.12.2012 – 5 AZR 918/11.
[16] BAG 19.10.2000 AP Nr. 11 zu § 611 BGB Haftung des Arbeitgebers = NZA 2001, 598.
[17] BAG 12.1.2007 NZA 2007, 384; 5.9.2002 AP Nr. 1 zu § 280 BGB nF = NZA 2003, 973; *Hanau/Hoff* NZA 2015, 1169 (1170); Staudinger/*Richardi/Fischinger* BGB § 615 Rn. 10 ff.
[18] Ebenso BAG 5.9.2002 AP Nr. 1 zu § 280 BGB nF = NZA 2003, 973; MüKoBGB/*Henssler* § 615 Rn. 10; HWK/*Krause* BGB § 615 Rn. 107; ErfK/*Preis* BGB § 615 Rn. 8; Staudinger/*Richardi/Fischinger* BGB § 615 Rn. 10.
[19] BAG 8.12.1982 AP Nr. 58 zu § 616 BGB = NJW 1983, 1179.
[20] BAG 22.4.2009 AP Nr. 311 zu § 1 TVG Tarifverträge: Bau = NZA 2009, 913.

(dazu → § 97 Rn. 4), ausschließen. Sie hat daher nur für § 616 BGB, nicht für § 615 BGB Bedeutung.[21] Der Anspruch kann nach älterer Rechtsprechung auch von einer Ausgleichsquittung erfasst werden (→ § 72 Rn. 14).[22] Haben die Parteien über die Wirksamkeit einer außerordentlichen Kündigung gestritten und als Endzeitpunkt des Arbeitsverhältnisses einen Zeitpunkt nach Ausspruch der außerordentlichen Kündigung gewählt, ohne zugleich die Vergütungsansprüche zu regeln, werden diese durch eine gerichtlich vereinbarte Ausgleichsquittung in aller Regel beseitigt.[23] Wird das Arbeitsverhältnis rückwirkend aufgehoben, entfällt damit auch der Anspruch auf Entgelt. Der Sozialversicherungsträger braucht sich jedoch rückwirkende Änderungen nicht entgegenhalten zu lassen.[24] In Arbeitsverhältnissen mit **Leiharbeitnehmern** können Annahmeverzugsansprüche gem. § 11 IV 2 AÜG nicht vertraglich abbedungen werden. Bedenklich ist in diesem Zusammenhang die Aufspaltung der Dauer der Arbeitszeit für Überlassungen und überlassungsfreie Zeiten, wenn sie dazu dient, die Unabdingbarkeit des Anspruchs auf Vergütung beim Annahmeverzug dadurch zu unterlaufen, dass für verleihfreie Zeiten eine ungewöhnlich kurze Arbeitszeit vereinbart wird. Davon kann jedoch bei einer Mindestarbeitszeit von 35 Wochenstunden in der verleihfreien Zeit nicht ausgegangen werden.[25]

5 **2. Grenzen.** § 615 BGB ist nicht grenzenlos abdingbar. Auch wenn die Rechtsfolgen des § 615 BGB grundsätzlich arbeitsvertraglich abbedungen werden können, kann das Annahmeverzugsrisiko während des Kündigungsschutzprozesses gleichwohl nicht durch arbeitsvertragliche Vereinbarung von vornherein ausgeschlossen werden. Nach zutreffender Auffassung im Schrifttum darf der Ausschluss von Annahmeverzugsansprüchen nicht unangemessen sein.[26] § 615 BGB ist wegen seines hohen Gerechtigkeitsgehalts gesetzliches **Leitbild iSv § 307 II Nr. 1 BGB** (→ § 35 Rn. 82).[27] Der AG darf deshalb das ihn treffende Entgeltrisiko nicht generell auf den AN bzw. die Agentur für Arbeit verlagern. Mit den § 615 BGB zugrunde liegenden Gerechtigkeitsvorstellungen ist es nicht vereinbar, durch einen vollständigen Ausschluss des § 615 BGB eine diametral andere Entgeltrisikoverteilung zu vereinbaren.[28] Der Kündigungsschutz darf durch den Ausschluss von Annahmeverzugsansprüchen nicht unterlaufen werden, indem der AG durch arbeitsvertragliche Vereinbarung von der Zahlung der Annahmeverzugsvergütung befreit wird.[29]

6 Inwieweit ein **teilweiser Ausschluss von Annahmeverzugsansprüchen** nach einer für den AN erfolgreichen Kündigungsschutzklage vertraglich vereinbart werden kann, ist noch nicht geklärt. So ist beispielsweise eine Klausel vorstellbar, die vorsieht, dass der AG im Falle des Annahmeverzugs nach einer unwirksamen Kündigung nur die laufende Arbeitsvergütung, nicht aber Sonderzahlungen oder Gratifikationen zu bezahlen hat. Eine Umgehung des Kündigungsschutzes kann hierin nicht gesehen werden. Auch dürfte nicht ohne Weiteres eine Abweichung von wesentlichen Grundgedanken der gesetzlichen Regelung iSv § 307 II Nr. 1 BGB vorliegen, wenn der AN den wesentlichen Teil der Arbeitsvergütung erhält.[30]

7 **3. Ausgleichsklausel.** Der Annahmeverzugsanspruch kann von einer Ausgleichsklausel erfasst werden (→ § 72 Rn. 14).[31] Wird in einem gerichtlichen Vergleich ein späterer als der in der Kündigung angegebene Beendigungszeitpunkt vereinbart, ohne dass zugleich etwas über die Entgeltzahlungspflicht für diesen Zeitraum geregelt wird, fehlt eine klare und unmissverständliche Abrede über Annahmeverzugsansprüche. Das hat zur Folge, dass der AN keinen Verzugslohn mehr verlangen kann, wenn der Vergleich eine allgemeine Ausgleichsklausel enthält. Ist in dem Vergleich – wie üblich – bestimmt, dass mit dem Vergleich alle gegenseitigen Ansprüche aus dem Arbeitsverhältnis, gleich aus welchem Rechtsgrund, abgegolten sind, werden hiervon auch die Annahmeverzugsansprüche erfasst.[32] Denn die Ausgleichsklausel hat den Zweck, das streitige Rechtsverhältnis abschließend zu regeln. Dieser Zweck wird nur erreicht, wenn alle Verpflich-

[21] BAG 18.5.1999 AP Nr. 7 zu § 1 TVG Tarifverträge: Betonsteingewerbe = NZA 1999, 1166; 9.3.1983 AP Nr. 31 zu § 615 BGB Betriebsrisiko.
[22] BAG 10.5.1978 AP Nr. 25 zu § 794 ZPO.
[23] BAG 10.5.1978 AP Nr. 25 zu § 794 ZPO.
[24] BAG 17.4.1986 AP Nr. 40 zu § 615 BGB = NZA 1987, 17.
[25] BAG 16.4.2014 NZA 2014, 1262.
[26] Vgl. ErfK/*Preis* BGB § 615 Rn. 8.
[27] BAG 7.12.2005 AP Nr. 4 zu § 12 TzBfG = NZA 2006, 423; MüKoBGB/*Henssler* § 615 Rn. 11.
[28] Staudinger/*Richardi/Fischinger* BGB § 615 Rn. 11; MüKoBGB/*Henssler* § 615 Rn. 11; krit. hierzu *Boecken/Topf* RdA 2004, 19 (24); *Wank* NZA-Beil. 21/2003, 3 (8).
[29] HWK/*Krause* BGB § 615 Rn. 107; ErfK/*Preis* BGB § 615 Rn. 8; Staudinger/*Richardi/Fischinger* BGB § 615 Rn. 15.
[30] Zweifelnd MSG Vertragsgestaltung ArbR/*Reiserer* C „Arbeitsentgelt" Rn. 47.
[31] BAG 10.5.1978 AP Nr. 25 zu § 794 ZPO.
[32] ErfK/*Preis* BGB § 615 Rn. 8.

tungen, die nicht von dieser Klausel erfasst werden sollen, ausdrücklich und unmissverständlich im Vergleich selbst bezeichnet werden. Dies gilt auch für solche Ansprüche, die sich erst aus den Bedingungen des Vergleiches selbst ergeben.[33]

III. Abgrenzung zum Schuldnerverzug

Der AG kann mit der Leistung der Arbeitsvergütung ausnahmsweise in Schuldnerverzug geraten, wenn er infolge einer Kündigung des Arbeitsverhältnisses keine Entgeltzahlungen mehr erbringt, obwohl er bei Anwendung der erforderlichen Sorgfalt hätte erkennen können, dass die Kündigung unwirksam ist. Beruht die Kündigung auf einem vertretbaren Rechtsstandpunkt, handelt der kündigende AG so lange nicht fahrlässig, wie er auf die Wirksamkeit seiner Kündigung vertrauen durfte.[34] Dieses Vertrauen auf die Wirksamkeit der Kündigung kann jedoch im Laufe des Kündigungsrechtsstreits seine Berechtigung verlieren, zB nach Durchführung einer Beweisaufnahme, die zu dem Ergebnis geführt hat, dass keine Kündigungsgründe vorliegen.[35] Hält der AG in einem solchen Fall die Entgeltzahlungen weiterhin zurück, gerät er bezüglich der Vergütung in Schuldnerverzug. Der AG schuldet dann Ersatz des Verzugsschadens. Dieser kann in der durch die Nachzahlungen aus dem Vorjahr entstehenden **„progressionsbedingten" erhöhten Steuerbelastung** bestehen. Die Höhe des Schadens errechnet sich dabei durch einen Vergleich der steuerlichen Lage bei verspäteter Zahlung mit der bei rechtzeitiger Zahlung. Zu den zu erstattenden Kosten gehören grundsätzlich auch die Kosten für die Einschaltung eines Steuerberaters, der die Höhe des Schadens ermittelt.[36] Dagegen kann die Vermögenseinbuße, die der AN im Falle der Nichtbeschäftigung dadurch erleidet, dass der Steuerbefreiungstatbestand des § 3b EStG für Sonntags-, Feiertags- und Nachtarbeit keine Anwendung findet, dem AG regelmäßig nicht als zu ersetzender Schaden zugerechnet werden.[37] Kann der Briefzusteller aufgrund einer unwirksamen Kündigung des AG seine Tour in den Weihnachtstagen nicht bedienen und deshalb Trinkgelder nicht kassieren, kann er dies im Wege des Schadensersatzes (§ 280 BGB) gegenüber seinem AG geltend machen. Dies setzt aber voraus, dass der AG bei Anwendung der im Verkehr erforderlichen Sorgfalt hätte erkennen können, dass die Kündigung unwirksam ist.[38] **8**

Die **Darlegungs- und Beweislast** für die Entschuldigungsgründe, die den Eintritt des Verzuges hindern, trägt nach § 286 IV BGB der Schuldner, mithin der kündigende AG, der keine Arbeitsvergütung mehr bezahlt.[39] Er hat darzulegen und ggf. zu beweisen, dass aus seiner Sicht Kündigungsgründe vorlagen, die einen sorgfältig abwägenden AG zur Kündigung veranlassen konnten, so dass er auf die Wirksamkeit der Kündigung vertrauen durfte.[40] **9**

IV. Freistellung von der Arbeitspflicht

1. Einseitige Freistellung durch den Arbeitgeber. In der einseitigen Freistellung von der Arbeitspflicht ist regelmäßig die Erklärung des AG zu sehen, die Annahme der vom AN geschuldeten Arbeitsleistung werde abgelehnt. Durch diese Erklärung gerät der AG gem. § 293 BGB in **Annahmeverzug.** Eines Arbeitsangebots des AN bedarf es regelmäßig nicht, denn der AG lässt erkennen, unter keinen Umständen zur Weiterbeschäftigung des AN bereit zu sein (→ Rn. 27).[41] Die einseitige Freistellung von der Arbeit ist, soweit keine besonderen Umstände vorliegen, grundsätzlich nicht anders zu beurteilen, als wenn der AG den AN von der Arbeit nach Hause schickt, weil er ihn nicht mehr beschäftigen will.[42] Der Beginn des Annahmeverzugs ist aufgrund der Freistellungserklärung und der zeitlichen Festlegung der Arbeitspflicht hinreichend klar bestimmt. Die Vergütungsansprüche ergeben sich grundsätzlich aus § 611a II iVm § 615 BGB. Der AN muss deshalb zur Erbringung der arbeitsvertraglich geschuldeten Arbeitsleistung fähig sein; ein Absehen von den Erfordernissen des § 297 BGB bedarf der ausdrückli- **10**

---

33 BAG 10.5.1978 AP Nr. 25 zu § 794 ZPO.
34 BAG 13.6.2002 AP Nr. 97 zu § 615 BGB = NZA 2003, 44.
35 BAG 22.3.2001 – 8 AZR 536/00.
36 BAG 20.6.2002 NZA 2003, 268.
37 BAG 19.10.2000 AP Nr. 11 zu § 611 BGB Haftung des Arbeitgebers = NZA 2001, 598.
38 LAG Hmb 13.2.2008 AuR 2008, 228.
39 BAG 20.6.2002 NZA 2003, 268; vgl. auch BAG 17.2.1994 AP Nr. 2 zu § 286 BGB = NZA 1994, 693.
40 BAG 13.6.2002 AP Nr. 97 zu § 615 BGB = NZA 2003, 44.
41 BAG 26.6.2013 AP Nr. 132 zu § 615 BGB; 15.5.2013 AP Nr. 131 zu § 615 BGB = NZA 2013, 1076; 23.9.2009 AP Nr. 15 zu § 115 SGB X = NZA 2010, 781; iErg auch BAG 22.11.2009 AP Nr. 16 zu § 115 SGB X = NZA-RR 2010, 660.
42 BAG 6.9.2006 AP Nr. 118 zu § 615 BGB = NZA 2007, 36.

chen Vereinbarung der Parteien.[43] **Anderweitiger Verdienst** ist gem. § 615 S. 2 BGB grundsätzlich anzurechnen (zur Anrechnung von Urlaub → Rn. 12). Soll die Freistellung einen hiervon unabhängigen Entgeltanspruch begründen, ist dies deutlich zu vereinbaren.[44] In einem solchen Fall kann die Anrechnung anderweitig erzielter Vergütung nach § 615 S. 2 BGB ausscheiden.[45] Von einem Fortbestehen des Anspruchs auf Arbeitsvergütung bei einer länger als sechs Wochen andauernden **Arbeitsunfähigkeit** ist auch bei dauernder unwiderruflicher Freistellung von der Arbeitspflicht nur dann auszugehen, wenn dies von den Parteien ausdrücklich vereinbart worden ist. Die Annahme einer weitergehenden Zahlungspflicht des AG widerspräche den Interessen der Vertragsparteien. Durch eine von Rechtsvorschriften unabhängige Vergütungspflicht des AG würden im Wesentlichen die Sozialversicherungsträger entlastet, weil der AN nach Ablauf des gesetzlichen **Entgeltfortzahlungszeitraums** von sechs Wochen (§ 3 I EFZG) grundsätzlich gem. §§ 44 ff. SGB V Krankengeld beziehen kann.[46] Besteht die Leistungsunfähigkeit des AN über das Ende des Entgeltfortzahlungszeitraums hinaus fort, schuldet der AG keine Vergütung wegen Annahmeverzugs (§ 297 BGB; dazu → Rn. 39 ff.). Die Beweislast für die Arbeitsunfähigkeit hat der AG als Gläubiger der Arbeitsleistung zu tragen.[47] Eine unwiderrufliche Freistellung unter Fortzahlung des Entgelts führt nach der Rechtsprechung des BSG nicht zur Beendigung des **sozialversicherungsrechtlichen Beschäftigungsverhältnisses.**[48] Auch bei einer widerruflichen Freistellung scheidet eine Beschäftigungslosigkeit nicht zwingend aus. Die Beschäftigungslosigkeit im leistungsrechtlichen Sinn bestimmt sich nach den tatsächlichen Verhältnissen.[49]

11 **2. Vereinbarte Freistellung.** Vereinbaren AG und AN in einem Aufhebungsvertrag oder einem Prozessvergleich, dass der AN bis zum Ende des Arbeitsverhältnisses unter Fortzahlung des Arbeitsverdienstes von der Arbeitsleistung unwiderruflich freigestellt wird, heben sie die Arbeitspflicht des AN auf. Dessen **Vergütungsanspruch folgt dann unmittelbar aus der Vereinbarung** und nicht aus § 615 iVm § 611a II BGB, denn Annahmeverzug setzt voraus, dass der AN die Erbringung von Arbeitsleistung schuldet. Ist dies nicht der Fall, wie bei einer vereinbarten Freistellung, kann der AG mit der Annahme der Arbeitsleistung nicht in Verzug geraten. Eine Anrechnung anderweitig erzielter Vergütung aufgrund von § 615 S. 2 BGB scheidet in diesem Fall aus, sofern nichts anderes vereinbart ist.[50] Eine solche Vereinbarung kann sich im Einzelfall bei einem rückwirkenden Prozessvergleich auch aus der Verpflichtung des AG zu einer **ordnungsgemäßen Abrechnung** des Arbeitsverhältnisses ergeben, denn hiernach ist eine Berechnung anhand außerhalb des Vergleichs vorzufindender, von ihm unabhängig anzuwendender Rechtsnormen vorzunehmen. Befand sich der AG im Abrechnungszeitraum in Annahmeverzug, sind deshalb neben § 615 S. 1 BGB, der den Vergütungsanspruch des AN aus § 611a II BGB aufrechterhält, auch § 615 S. 2 BGB bzw. § 11 Nr. 1 KSchG heranzuziehen. Das hat zur Folge, dass sich der AN dasjenige anrechnen lassen muss, was er durch anderweitige Verwendung seiner Dienste erworben hat.[51] Wird in einem gerichtlichen Vergleich vereinbart, der AN werde bis zum Ablauf der Kündigungsfrist unwiderruflich von der Arbeitspflicht unter Fortzahlung der vereinbarten Vergütung freigestellt, ergibt sich hieraus noch nicht, dass die Freistellung auch zur Erfüllung des Anspruchs auf **Freizeitausgleich zum Abbau des Arbeitszeitkontos** erfolgt (→ Rn. 16).[52] Von einem Fortbestehen des Anspruchs auf Arbeitsvergütung, unabhängig von der **Arbeitsfähigkeit** und über sechs Wochen hinaus, ist auch bei vereinbarter dauernder unwiderruflicher Freistellung von der Arbeitspflicht nur dann auszugehen, wenn dies von den Parteien ausdrücklich vereinbart worden ist.[53] In der Freistellungserklärung kann nach älterer Rechtsprechung des Neunten Senats ausnahmsweise das **Angebot des AG auf Abschluss eines Erlassvertrags** iSv § 397 BGB liegen, durch den die arbeitsvertraglich vereinbarte Arbeitspflicht des AN aufgehoben werden soll. Dieses Angebot könne der AN nach § 151 BGB annehmen. Eine Anrechnung eines etwaigen Zwischenverdienstes des AN sei in diesem Fall ausgeschlos-

[43] BAG 15.5.2013 AP Nr. 131 zu § 615 BGB = NZA 2013, 1076.
[44] Zur Gestaltung von Freistellungsvereinbarungen vgl. *Kramer* DB 2008, 2538.
[45] BAG 17.10.2012 AP Nr. 14 zu § 60 HGB = NZA 2013, 207.
[46] BAG 29.9.2004 AP Nr. 23 zu § 3 EntgeltFG = NZA 2005, 104; 23.1.2008 NZA 2008, 595.
[47] BAG 23.1.2008 NZA 2008, 595.
[48] BSG 11.12.2014 NZS 2015, 314; 24.9.2008 NZA-RR 2009, 269 und 272; Küttner Personalbuch 2021/*Schlegel* 192 Rn. 49.
[49] Dazu im Einzelnen BSG 12.9.2019 – B 11 AL 20/18 R.
[50] BAG 23.2.2021 – 5 AZR 314/20; 17.10.2012 AP Nr. 14 zu § 60 HGB = NZA 2013, 207.
[51] BAG 27.5.2020 AP Nr. 159 zu § 615 BGB = NZA 2020, 1131.
[52] BAG 20.11.2019 AP Nr. 58 zu § 794 ZPO = NZA 2020, 386.
[53] BAG 23.1.2008 NZA 2008, 595.

sen.[54] Mache der AN geltend, der AG habe ihm über eine Freistellungserklärung hinaus einen Erlassvertrag angeboten, mit dem nicht nur der Beschäftigungsanspruch entfallen, sondern auch die Arbeitspflicht vertraglich erlassen werden sollte, habe er hierfür besondere Anhaltspunkte darzulegen.[55] Dies überzeugt nicht. So ist schon fraglich, ob eine Freistellungserklärung überhaupt als Angebot auf Abschluss eines Erlassvertrags ausgelegt werden kann. Zumeist erklärt der AG lediglich, keine Verwendung mehr für die Arbeitsleistung haben, und zwar ganz gleich, was der AN hierzu sagt. Er gibt damit auch aus verständiger Sicht des AN (§§ 133, 157 BGB) kein Angebot ab und erwartet folglich auch keine Annahme. Zudem kann dem bloßen Fernbleiben des AN von der Arbeit ein rechtsgeschäftlicher Erklärungswert iSv § 151 BGB nicht beigemessen werden.[56]

3. Freistellung unter Anrechnung von Urlaubsansprüchen. Wird der AN nach Ausspruch einer ordentlichen Kündigung vom AG für die Dauer der Kündigungsfrist unter Anrechnung bestehender Urlaubsansprüche von der Arbeit freigestellt, ist der Inhalt dieser Erklärung durch **Auslegung (§§ 133, 157 BGB)** zu ermitteln.[57] Nach älterer Rechtsprechung des BAG kann in einer solchen Freistellung theoretisch auch die Gewährung von Urlaub für den gesamten Zeitraum liegen.[58] Dies dürfte freilich eher selten anzunehmen sein, weil ein derartiges Verständnis der Freistellungserklärung nicht interessengerecht ist. Der AN dürfte in dieser Zeit nach § 8 BUrlG keiner dem Urlaubszweck widersprechenden Erwerbstätigkeit nachgehen. Der AG wäre im Falle einer die Dauer der Kündigungsfrist andauernden Erkrankung des AN gem. § 7 IV BUrlG zur Abgeltung dieses verlängerten Urlaubsanspruchs verpflichtet, weil nach § 9 BUrlG die Tage der Arbeitsunfähigkeit nicht auf den Urlaubsanspruch angerechnet werden (zu Freistellungsklauseln in Arbeitsverträgen → § 35 Rn. 100). Die Erklärung des AG, er stelle den AN für die Dauer der Kündigungsfrist unter Anrechnung noch offener Urlaubsansprüche von der Arbeit frei, wird heute unter Beachtung der wirtschaftlichen und rechtlichen Interessen beider Vertragsparteien vom BAG in der Regel so verstanden, dass der AG den Urlaubsanspruch des AN dadurch erfüllt, dass er dem AN das Recht einräumt, die konkrete **Lage des Urlaubs innerhalb der Kündigungsfrist selbst zu bestimmen.**[59] Voraussetzung der Erfüllung des Urlaubsanspruchs ist dabei eine vom AG erklärte **unwiderrufliche Freistellung** des AN von einer sonst bestehenden Arbeitspflicht. Die Erklärung, der AN werde „einstweilen widerruflich" freigestellt, erfüllt diese Voraussetzungen nicht.[60] Ist der AN mit der Urlaubserteilung nicht einverstanden und will er ein Annahmeverweigerungsrecht geltend machen,[61] hat er dies dem AG unverzüglich mitzuteilen. Unterbleibt eine solche Mitteilung, kann der AG davon ausgehen, der AN lege die Urlaubszeit innerhalb der Kündigungsfrist selbst fest. Ein späteres Urlaubsabgeltungsverlangen des AN wäre rechtsmissbräuchlich (§ 242 BGB) und deshalb nicht begründet.[62] 12

Ein solches Verständnis der Freistellungserklärung führt freilich zu **Problemen,** wenn der AG das Arbeitsverhältnis **während der Kündigungsfrist außerordentlich kündigt** oder der AN in einem anderen Arbeitsverhältnis **zeitweise anrechenbaren Verdienst erzielt.** Hier ist fraglich, ob der AN zum Zeitpunkt der Kündigung oder Aufnahme der anderen Tätigkeit seinen Urlaub schon genommen hat. Wäre dies zu verneinen, stünde ihm nach der außerordentlichen Kündigung ein Urlaubsabgeltungsanspruch zu. In Bezug auf den anrechenbaren Verdienst wäre der Urlaubszeitraum konkret zu bestimmen, weil während des Urlaubs trotz eines möglicherweise nach § 8 BUrlG urlaubsrechtswidrigen Erwerbs (dazu → § 104 Rn. 59 f.) eine Anrechnung anderweitigen Verdienstes ausscheidet.[63] Hat der AG den AN rechtswirksam durch Urlaubsgewährung von der Arbeitspflicht befreit, kommen für diesen Zeitraum von vornherein Ansprüche des AN auf Annahmeverzugslohn nicht in Betracht.[64] Diesen Schwierigkeiten kann der AG durch eine **konkrete Urlaubserteilung** für einen bestimmten Zeitraum verbunden mit einer weitergehenden Freistellung begegnen. Hat er dies nicht ausdrücklich getan, ist durch Auslegung zu ermitteln, ob sich der Freistellungserklärung oder -vereinbarung die Lage des Urlaubs entnehmen lässt. Dabei erscheint es vorbehaltlich entgegenstehender Anhaltspunkte 13

[54] BAG 19.3.2002 EzA Nr. 108 zu § 615 BGB; mit Recht krit. dazu *Castendiek* ZIP 2002, 2189.
[55] BAG 14.8.2007 AP Nr. 38 zu § 7 BUrlG = NZA 2008, 473.
[56] Zutr. *Bayreuther* Anm. zu BAG AP Nr. 118 zu § 615 BGB.
[57] BAG 6.9.2006 AP Nr. 118 zu § 615 BGB = NZA 2007, 36.
[58] Vgl. BAG 14.3.2006 AP Nr. 32 zu § 7 BUrlG.
[59] BAG 16.7.2013 AP Nr. 65 zu § 7 BUrlG; 14.3.2006 AP Nr. 32 zu § 7 BUrlG.
[60] BAG 22.10.2019 AP Nr. 92 zu § 7 BUrlG = NZA 2020, 307.
[61] Dazu ErfK/*Gallner* BUrlG § 7 Rn. 12 f.
[62] BAG 6.9.2006 AP Nr. 118 zu § 615 BGB = NZA 2007, 36.
[63] BAG 23.2.2021 – 5 AZR 314/20; 17.10.2012 AP Nr. 14 zu § 60 HGB = NZA 2013, 207.
[64] BAG 21.5.2019 AP Nr. 90 zu § 7 BUrlG = NZA 2019, 1571.

interessengerecht, von einer zeitlich vorrangigen Erfüllung des Urlaubsanspruchs auszugehen. Dieser ist wegen des mit ihm bezweckten Gesundheitsschutzes zunächst zu erfüllen.[65] Der AN muss verständigerweise (§ 157 BGB) davon ausgehen, dass der AG diese ihn treffende Verpflichtung aus (Tarif-)Vertrag bzw. BUrlG primär erfüllen will und erst im Anschluss den AN unter Fortzahlung des bestehenden Vergütungsanspruchs freistellen will.

14 Will der AG den AN während des Laufs der **Kündigungsfrist** zum Zwecke der Gewährung von Erholungsurlaub von der Verpflichtung zur Erbringung der Arbeitsleistung freistellen, muss der AN hinreichend deutlich erkennen können, in welchem Umfang der AG den Urlaubsanspruch des AN erfüllen will. Zweifel gehen zu Lasten des AG. Dies gilt insbesondere dann, wenn der AN nicht erkennen kann, ob der AG mit der Freistellung in der Kündigungsfrist, die sich über den Jahreswechsel erstreckt, im neuen Jahr nur den gekürzten Vollurlaub oder den Vollurlaub gewähren will.[66] Diesen Grundsatz hat das BAG für den Fall weiter eingeschränkt, dass außerhalb der für die Erfüllung des Urlaubsanspruchs gewährten Freistellung § 615 S. 2 BGB Anwendung findet. In diesem Fall bedürfe es einer Festlegung des Urlaubszeitraums, weil der AN ein wirtschaftliches Interesse daran habe, sein Verhalten während des Freistellungszeitraums daran zu orientieren, ob ein etwaiger Zwischenverdienst angerechnet werde oder nicht.[67] Erfolge dies nicht, werde der Urlaubsanspruch durch die Freistellung nicht erfüllt (§ 362 I BGB).[68] Kündigt ein AG das Arbeitsverhältnis **fristlos sowie hilfsweise ordentlich** unter Wahrung der Kündigungsfrist und erklärt er im Kündigungsschreiben, dass der AN für den Fall der Unwirksamkeit der außerordentlichen Kündigung unter Anrechnung der Urlaubsansprüche von der Verpflichtung zur Arbeitsleistung freigestellt wird, setzt die Erfüllung des Anspruchs auf Erholungsurlaub neben der Freistellung von der Verpflichtung zur Arbeitsleistung auch die Zahlung oder vorbehaltlose Zusage der Vergütung voraus (→ § 104 Rn. 24).[69]

15 **4. Vertragliches Wettbewerbsverbot. Vereinbaren** AG und AN die unwiderrufliche Freistellung von der Arbeitspflicht, besteht das vertragliche Wettbewerbsverbot aus § 60 HGB grundsätzlich fort. Eine andere Auslegung einer Freistellungsvereinbarung ist denkbar, wenn die Anrechnung anderweitigen Verdienstes ausdrücklich vereinbart ist.[70] In diesem Fall kann der AN regelmäßig davon ausgehen, in der Verwertung seiner Arbeitsleistung frei und nicht mehr an vertragliche Wettbewerbsverbote (§ 60 HGB) gebunden zu sein. Einen abweichenden Willen hat der AG in der Freistellungserklärung zum Ausdruck zu bringen. Ist eine **einseitige Freistellungserklärung** des AG dahingehend auszulegen, dass abweichend von § 615 S. 2 BGB eine Anrechnung anderweitigen Verdienstes nicht erfolgen soll, kann der AN redlicherweise nicht ohne ausdrückliche Erklärung des AG annehmen, der AG habe auf die Einhaltung des vertraglichen Wettbewerbsverbots verzichtet.[71]

16 **5. Arbeitszeitkonto.** Führt der AG für den AN ein Arbeitszeitkonto und wird nach einer Kündigung in einem **gerichtlichen Vergleich die unwiderrufliche Freistellung** von der Arbeit vereinbart, erfüllt der AG mit der dann bewirkten Freistellung nur seine Verpflichtung aus dem Vergleich, nicht jedoch zugleich die ihm aus der der Führung des Arbeitszeitkontos zugrunde liegenden Vereinbarung obliegende Leistung „Freizeitausgleich zum Abbau des Arbeitszeitkontos" iSd § 362 I BGB (dazu → § 70 Rn. 16). Wegen der unterschiedlichen Rechtsfolgen, die eine Freistellung haben kann, muss der AN erkennen können, dass der AG ihn zur Erfüllung des Anspruchs auf Freizeitausgleich zum Abbau des Arbeitszeitkontos von der Arbeitspflicht freistellen will.[72] Führt der AG ein Arbeitszeitkonto, bei dem Plus- und Minusstunden angesammelt werden können, steht als vertragsgemäße Arbeitszeit von Anfang an nur die Gesamtdauer bzw. – bei flexibler vertraglicher Arbeitszeitdauer – nur deren Mindestumfang fest. **Annahmeverzug** tritt in diesen Fällen ein, wenn bis zum Ende des Ausgleichszeitraums oder des Arbeitsverhältnisses nicht die vereinbarte Gesamtdauer abgerufen wurde.[73] Dies gilt unabhängig davon, ob der AN den Abbau von Mehrarbeitsstunden beantragt oder der AG ihn anordnet, solange der AG bis zum Ablauf eines etwaigen Ausgleichszeitraums nicht zu wenig

[65] BAG 23.2.2021 – 5 AZR 314/20.
[66] BAG 17.5.2011 AP Nr. 51 zu § 7 BUrlG Abgeltung = NZA 2011, 1032.
[67] BAG 16.7.2013 AP Nr. 65 zu § 7 BUrlG.
[68] BAG 14.5.2013 AP Nr. 66 zu § 7 BUrlG.
[69] BAG 10.2.2015 AP Nr. 75 zu § 7 BUrlG mAnm *Glaser* = NZA 2015, 998.
[70] BAG 17.10.2012 AP Nr. 14 zu § 60 HGB = NZA 2013, 207.
[71] BAG 6.9.2006 AP Nr. 118 zu § 615 BGB = NZA 2007, 36; im Wesentlichen zust. *Bayreuther* Anm. AP Nr. 118 zu § 615 BGB; krit. dazu *Bauer* NZA 2007, 409 (410); *Nägele* NZA 2008, 1039.
[72] BAG 20.11.2019 AP Nr. 58 zu § 794 ZPO = NZA 2020, 386; dazu *Fuhlrott* NJW 2019, 3762.
[73] *Hanau/Hoff* NZA 2015, 1169; ErfK/*Preis* BGB § 615 Rn. 12.

Arbeit zuweist.[74] **Steuert der AN eigenverantwortlich ein Arbeitszeitkonto,** zB im Rahmen einer Gleitzeitregelung mit verstetigter Entgeltzahlung, bestimmt er die Verteilung der vertragsmäßigen Arbeitszeit innerhalb der jeweils geltenden Grenzen. Deshalb kann grundsätzlich kein Annahmeverzug eintreten, wenn der AN nicht die volle vertragsmäßige Arbeitszeit ausschöpft und ausreichende Arbeitsmöglichkeiten bestehen.[75] Das negative Guthaben auf einem Arbeitszeitkonto stellt in diesem Fall einen Lohn- oder Gehaltsvorschuss des AG dar, den der AN im Falle der Vertragsbeendigung bei nicht rechtzeitigem Zeitausgleich finanziell ausgleichen muss.[76] Ist der **AG arbeitsvertraglich zu einer flexiblen Arbeitszeiteinteilung** berechtigt, die lediglich im Jahresdurchschnitt die 40-Stunden-Woche einhalten muss, und stehen zum Jahresende arbeitszeitrechtlich nur noch bestimmte Arbeitstage zur Verfügung, um den Jahresdurchschnitt zu erreichen, kommt er auch ohne besonderes Arbeitsangebot des AN nach § 296 S. 1 BGB in Annahmeverzug, da Tag für Tag ein Teil der im Kalenderjahr geschuldeten Arbeitsleistung unmöglich wird.[77]

V. Allgemeine Voraussetzungen des Annahmeverzugs

1. Erfüllbares Arbeitsverhältnis. a) Grundsatz. Der Annahmeverzug des AG setzt unbeschadet der sonstigen in §§ 293 ff. BGB geregelten Erfordernisse (dazu → Rn. 25 ff.) den Bestand eines Arbeitsverhältnisses voraus, das den AN zur Erbringung von Arbeitsleistung verpflichtet. Ist dies nicht der Fall, kann der AG mit der Annahme der Arbeitsleistung nicht in Verzug geraten.[78] Dies beruht darauf, dass § 615 S. 1 BGB keinen eigenständigen Anspruch gewährt, sondern den ursprünglichen Erfüllungsanspruch aufrechterhält (→ Rn. 3).[79] In Annahmeverzug kann deshalb ein AG nur geraten, wenn im streitgegenständlichen Zeitraum ein **erfüllbares, dh tatsächlich durchführbares Arbeitsverhältnis** besteht, aufgrund dessen der AN zur Arbeitsleistung verpflichtet ist. Ein rückwirkend begründetes Arbeitsverhältnis genügt dem nicht.[80] Unerheblich ist, ob es sich um ein Vollzeit- oder Teilzeitarbeitsverhältnis handelt. Anspruch auf Annahmeverzugsvergütung haben deshalb auch geringfügig Beschäftigte iSv § 8 SGB IV. Gleiches gilt für kurzfristig beschäftigte Aushilfskräfte.[81] Hat ein AG den AN rechtswirksam **durch Urlaubsgewährung von der Arbeitspflicht befreit,** kommen für diesen Zeitraum Ansprüche des AN auf Annahmeverzugslohn nicht in Betracht.[82] Im Falle einer Kündigung muss der AN rechtzeitig (§ 4 KSchG) Kündigungsschutzklage erheben, um den Eintritt der Fiktionswirkung des § 7 KSchG zu verhindern und sich so etwaige Annahmeverzugsansprüche bei Unwirksamkeit der Kündigung zu sichern. In welchem **zeitlichen Umfang** der AG in Annahmeverzug geraten kann, richtet sich grundsätzlich nach der arbeitsvertraglich vereinbarten Arbeitszeit[83] oder – falls diese regelmäßig überschritten wird – nach der tatsächlich praktizierten Arbeitszeit.[84] 17

b) Verstoß gegen Übernahmeverpflichtung Auszubildender. Ist der AG tarifvertraglich verpflichtet, Auszubildende nach erfolgreicher Prüfung in ein Arbeitsverhältnis zu übernehmen und kommt er dieser Verpflichtung nicht nach, besteht kein Annahmeverzugsanspruch des AN, weil kein erfüllbares Arbeitsverhältnis zustande gekommen ist (→ Rn. 17). Gleichwohl erhält der AN in diesen Fällen im Ergebnis sein entgangenes Arbeitsentgelt. Der AG gerät nämlich mit dem Vertragsangebot in Verzug, wenn er der tariflichen Verpflichtung nicht nachkommt. Er hat deshalb die entgangene Arbeitsvergütung als Verzugsschaden nach §§ 286 I, 280 I, 249, 251 BGB zu ersetzen.[85] Anders ist zu entscheiden, wenn durch ein form- und fristgerechtes Über- 18

[74] BAG 19.9.2018 AP Nr. 52 zu § 611 BGB Arbeitszeit = NZA 2018, 1555.
[75] *Hanau/Hoff* NZA 2015, 1169.
[76] BAG 13.12.2000 AP Nr. 31 zu § 394 BGB = NZA 2002, 390.
[77] BAG 8.10.2008 AP Nr. 125 zu § 615 BGB = NZA 2009, 920.
[78] BAG 17.10.2012 AP Nr. 14 zu § 60 HGB = NZA 2013, 207.
[79] BAG 27.1.2016 AP Nr. 145 zu § 615 BGB = NZA 2016, 691.
[80] BAG 19.8.2015 AP Nr. 140 zu § 615 BGB = NZA 2015, 1460.
[81] HWK/*Krause* BGB § 615 Rn. 12.
[82] BAG 23.8.2020 AP Nr. 97 zu § 7 BUrlG = NZA 2020, 1633; 21.5.2019 AP Nr. 90 zu § 7 BUrlG = NZA 2019, 1571; *Mehrens* RdA 2020, 187 (189 f.).
[83] BAG 8.5.2018 AP Nr. 3 zu § 16 BEEG = NZA 2018, 1195; 29.6.2016 – 5 AZR 696/15; zum Annahmeverzug, wenn sich mehrere Gesellschaften durch Vertrag gemeinschaftlich zu einer teilbaren Leistung (zB Beschäftigung und Vergütung eines AN) verpflichten, BAG 5.12.2019 AP Nr. 25 zu § 174 BGB = NZA 2020, 505.
[84] BAG 16.4.2014 AP Nr. 134 zu § 615 BGB = NZA 2014, 1262.
[85] BAG 12.11.1997 AP Nr. 2 zu § 611 BGB Übernahme ins Arbeitsverhältnis = NZA 1998, 1013.

nahmeverlangen im Anschluss an das beendete Berufsausbildungsverhältnis nach § 78a II 1 BetrVG kraft Gesetzes ein unbefristetes Arbeitsverhältnis im Ausbildungsberuf begründet wird. In diesem Fall ist zur Begründung des Annahmeverzugs ein tatsächliches Angebot der Arbeitsleistung regelmäßig entbehrlich. Es ist vielmehr ausreichend, wenn das Mitglied der Jugend- und Auszubildendenvertretung gegen die Ablehnung seiner Arbeitsleistung protestiert.[86] Mit einem schriftlichen Verlangen der Weiterbeschäftigung wird darüber hinaus der Anspruch auf Vergütung wegen Annahmeverzugs im Sinne einer einstufigen tariflichen Ausschlussfrist ausreichend geltend gemacht.[87]

19 **c) Fehlerhaftes Arbeitsverhältnis.** Ist der Arbeitsvertrag unwirksam, aber aufgrund der Eingliederung des AN in den Betrieb in Vollzug gesetzt worden (fehlerhaftes Arbeitsverhältnis, → § 34 Rn. 51 f.), kann der AG in Verzug geraten, bis er sich auf die Unwirksamkeit beruft und so das Arbeitsverhältnis mit ex nunc-Wirkung beendet.[88]

20 **d) Weiterbeschäftigungsverhältnis.** Ein erfüllbares Arbeitsverhältnis besteht auch dann, wenn der AN nach einer Kündigung oder Befristung bis zur Entscheidung über deren Wirksamkeit auflösend bedingt weiterbeschäftigt wird und sich später die Wirksamkeit des Auflösungstatbestands herausstellt.[89] Dasselbe gilt, wenn der AN aufgrund des besonderen Weiterbeschäftigungsanspruchs nach § 102 V BetrVG weiterbeschäftigt wird.[90]

21 **e) Rücknahme der Kündigung.** Erklärt der AG mit Zustimmung des AN die Rücknahme der Kündigung (dazu → § 123 Rn. 47), gehen die Arbeitsvertragsparteien, sofern keine abweichende Regelung erfolgt, von der Unwirksamkeit der Kündigung und damit auch für die Frage des Annahmeverzugs vom Fortbestand des Arbeitsverhältnisses aus.[91] Dagegen entstehen keine Annahmeverzugsansprüche, wenn der AN nur zur Abwendung der Zwangsvollstreckung weiterbeschäftigt wird und sich später die Wirksamkeit der Kündigung herausstellt.[92] Zahlt der AG ohne Weiterbeschäftigung vorläufig unter dem Vorbehalt der Unwirksamkeit der Kündigung den Verzugslohn und stellt sich später heraus, dass das Arbeitsverhältnis zu Recht beendet worden ist, kann er gem. §§ 812 I, 818 II BGB vom AN Rückzahlung der Vergütung verlangen.

22 **f) Heimarbeit.** § 615 BGB findet keine Anwendung, wenn der AN in Heimarbeit (→ § 163 Rn. 1 ff.) beschäftigt wird, sofern die Leistung aufgrund eines Werk- oder Werklieferungsvertrags erfolgt. Insoweit gilt vorrangig § 29 VII, VIII HAG.[93]

23 **2. Betriebsübergang.** Erklärt der AG vor dem Betriebsübergang – beispielsweise in dem Unterrichtungsschreiben –, eine Weiterbeschäftigung des AN sei nicht möglich, da sein Arbeitsplatz weggefallen sei und auch ein gleichwertiger Arbeitsplatz nicht zur Verfügung stehe, macht er damit deutlich, der ihm obliegenden Mitwirkungshandlung nicht nachkommen zu wollen. Er gerät damit gem. § 296 BGB in Annahmeverzug, ohne dass es noch eines Angebotes der Arbeitsleistung von Seiten des AN bedürfte.[94] Zur Fortgeltung des Annahmeverzugs gegenüber dem Erwerber → Rn. 37.

24 **3. Kurzarbeit.** Bei einer gegenüber dem AN rechtmäßig und wirksam angeordneten Kurzarbeit (dazu → § 47 Rn. 1 ff.) entfällt die Arbeitspflicht des AN ganz oder teilweise. Annahmeverzug tritt insoweit nicht ein.[95] Der AG trägt auch nicht mehr das volle Risiko des Arbeitsausfalls iSv § 615 S. 3 BGB. Der AN behält den Lohnanspruch in Höhe des Kurzarbeitergeldes (dazu → § 48 Rn. 1 ff.).

25 **4. Angebot der Arbeitsleistung. a) Grundsätze.** Gem. § 293 BGB kommt der AG in Annahmeverzug, wenn er in einem erfüllbaren Arbeitsverhältnis (→ Rn. 17) die ihm ange-

[86] BAG 24.8.2016 AP Nr. 149 zu § 615 BGB = NZA-RR 2017, 76.
[87] BAG 19.8.2015 AP Nr. 141 zu § 615 BGB = NZA 2015, 1465.
[88] BAG 29.8.1984 AP Nr. 27 zu § 123 BGB = NZA 1985, 58; MüKoBGB/*Henssler* § 615 Rn. 14; ErfK/*Preis* BGB § 615 Rn. 9.
[89] Vgl. BAG 12.9.1985 AP Nr. 7 zu § 102 BetrVG 1972 Weiterbeschäftigung = NZA 1986, 424; 15.1.1986 AP Nr. 66 zu § 1 LohnFG = NZA 1986, 561; 4.9.1986 AP Nr. 22 zu § 611 BGB Beschäftigungspflicht = NZA 1987, 376; 1.3.1990 AP Nr. 7 zu § 611 BGB Weiterbeschäftigung = NZA 1990, 696.
[90] Dazu BAG 9.7.2003 AP Nr. 14 zu § 102 BetrVG 1972 Weiterbeschäftigung = NZA 2003, 1191.
[91] BAG 17.4.1986 AP Nr. 40 zu § 615 BGB = NZA 1987, 17.
[92] BAG 10.3.1987 AP Nr. 1 zu § 611 BGB Weiterbeschäftigung = NZA 1987, 373.
[93] BAG 20.8.2019 AP Nr. 6 zu § 29 HAG = NZA 2020, 232; Erman/*Riesenhuber* BGB § 615 Rn. 9.
[94] BAG 24.7.2008 – 8 AZR 1020/06.
[95] BAG 22.4.2009 AP Nr. 311 zu § 1 TVG Tarifverträge: Bau = NZA 2009, 913.

botene Leistung nicht annimmt.[96] Im unstreitig bestehenden Arbeitsverhältnis gerät der AG – anders als nach einer Kündigung (dazu → Rn. 31) – regelmäßig erst nach einem tatsächlichen Arbeitsangebot des AN in Annahmeverzug (§ 294 BGB).[97] Das **tatsächliche Arbeitsangebot** ist ein Realakt. Es bedeutet, dass der AN sich am Arbeitsort oder am Arbeitsplatz einfindet, um mit der Arbeitsleistung zu beginnen,[98] und belegt idR den ernsthaften Leistungswillen des AN; dem AG ist in diesem Fall regelmäßig der Einwand abgeschnitten, der AN habe nicht arbeiten wollen.[99] Ein Angebot der Arbeitsleistung ist im fortbestehenden Arbeitsverhältnis grundsätzlich nicht nach **§ 296 BGB** entbehrlich, weil für die Einteilung der Arbeit durch den AG keine Zeit nach dem Kalender bestimmt ist, sondern der AG die Lage der Arbeitszeit im Grundsatz jederzeit bestimmen kann.[100] Das gilt auch, wenn sich der AG mit der Annahme der Dienste nur teilweise in Verzug befindet, weil er die Annahme der Dienste nicht generell ablehnt, sondern weniger Arbeitsleistung annimmt, als der AN schuldet, der AG also den Umfang der Arbeitsleistung rechtswidrig einschränkt.[101] Auch wenn der AG von einem vermeintlichen Recht Gebrauch macht, die Arbeitszeitdauer flexibel zu bestimmen, kommt § 296 BGB nicht zur Anwendung (zum Arbeitszeitkonto → Rn. 16).[102] Ein **wörtliches Angebot nach § 295 BGB** (→ Rn. 27) des AN genügt, wenn der AG ihm erklärt hat, er werde die Leistung nicht annehmen oder er sei nicht verpflichtet, den AN in einem die tatsächliche Heranziehung übersteigenden Umfang zu beschäftigen (zur Entbehrlichkeit → Rn. 27).[103] Für den Fall einer **unwirksamen Arbeitgeberkündigung** ist nach der Rechtsprechung des BAG ein Angebot der Arbeitsleistung nach § 296 BGB regelmäßig entbehrlich, nicht hingegen bei einem Streit über die Wirksamkeit der **Befristung** des Arbeitsverhältnisses (→ Rn. 30 f.).[104] Sowohl das wörtliche Angebot als auch die Ablehnung der Leistung sind **geschäftsähnliche Handlungen.** Sie werden nur wirksam, wenn sie zugehen.[105] Die Erklärungen können ausdrücklich oder konkludent erfolgen; sie müssen aber eindeutig sein. Hieran fehlt es zB, wenn der AN nur darauf hinweist, er sei erwerbsunfähig.[106]

b) Angebot der nach § 106 GewO konkretisierten Arbeitsleistung. Nach § 294 BGB hat der AN dem AG grundsätzlich seine Arbeitsleistung in eigener Person, zur **richtigen Zeit, am richtigen Ort und in richtiger Weise** anzubieten. Der Annahmeverzug des AG setzt damit nach dieser Vorschrift voraus, dass der AN die Arbeitsleistung so anbietet, wie sie zu bewirken ist.[107] Die iSv § 294 BGB zu bewirkende Arbeitsleistung ist allerdings nur dann mit der arbeitsvertraglich vereinbarten identisch, wenn die Tätigkeit des AN im Arbeitsvertrag konkret bestimmt ist. Ist dagegen die vom AN zu erbringende Tätigkeit im Arbeitsvertrag nur rahmenmäßig umschrieben, obliegt es nach § 106 S. 1 GewO dem AG, den Inhalt der zu leistenden Arbeit näher festzulegen. Mit der Ausübung des Direktionsrechts wird die vertraglich geschuldete Tätigkeit näher bestimmt (dazu → § 45 Rn. 13 ff.) und ist ab diesem Zeitpunkt bis zur – wirksamen – Neuausübung des Direktionsrechts die iSv § 294 BGB zu bewirkende Arbeitsleistung.[108] Auf sie muss sich der Leistungswille des AN richten.[109] Kann der AN die vom AG aufgrund seines Direktionsrechts wirksam näher bestimmte Tätigkeit aus in seiner Person liegen- 26

[96] Zusammenfassend BAG 21.10.2015 AP Nr. 144 zu § 615 BGB = NZA 2016, 688.
[97] BAG 18.9.2019 AP Nr. 157 zu § 615 BGB mAnm *Brecht-Heitzmann* = NZA 2020, 174; 25.2.2015 AP Nr. 136 zu § 615 BGB = NZA 2015, 494; 24.9.2014 AP Nr. 135 zu § 615 BGB = NZA 2014, 1407; 19.9.2012 AP Nr. 200 zu § 4 TVG Ausschlussfristen = NZA 2013, 101.
[98] BAG 28.6.2017 AP Nr. 152 zu § 615 BGB = NZA 2017, 1528.
[99] BAG 10.5.1973 AP Nr. 27 zu § 615 BGB.
[100] BAG 16.4.2013 NZA 2013, 849; 18.11.2009 AP Nr. 2 zu § 4 ArbZG; 30.4.2008 AP Nr. 183 zu § 611 BGB Lehrer, Dozenten = NZA-RR 2008, 551.
[101] BAG 7.11.2002 AP Nr. 100 zu § 615 BGB = NZA 2003, 1139.
[102] BAG 25.4.2007 AP Nr. 121 zu § 615 BGB = NZA 2007, 801.
[103] BAG 28.6.2017 AP Nr. 152 zu § 615 BGB = NZA 2017, 1528; 24.2.2016 AP Nr. 147 zu § 615 BGB; 21.10.2015 AP Nr. 144 zu § 615 BGB = NZA 2016, 688; 25.2.2015 AP Nr. 136 zu § 615 BGB = NZA 2015, 494.
[104] BAG 19.1.2016 AP Nr. 257 zu § 626 BGB = NZA 2016, 1144; 21.10.2015 AP Nr. 144 zu § 615 BGB = NZA 2016, 688.
[105] BAG 24.2.2016 AP Nr. 147 zu § 615 BGB; 21.3.1985 AP Nr. 35 zu § 615 BGB = NZA 1986, 778.
[106] BAG 20.10.1981 AP Nr. 4 zu § 59 BAT.
[107] BAG 28.6.2017 AP Nr. 152 zu § 615 BGB = NZA 2017, 1528; 15.5.2013 AP Nr. 42 zu § 611 BGB Arbeitszeit = NZA-RR 2014, 519.
[108] BAG 19.5.2010 AP Nr. 10 zu § 106 GewO = NZA 2010, 1119.
[109] Vgl. BAG 28.6.2017 AP Nr. 152 zu § 615 BGB = NZA 2017, 1528; 27.5.2015 AP Nr. 138 zu § 615 BGB = NZA 2015, 1053; 22.2.2012 AP Nr. 127 zu § 615 BGB = NZA 2012, 858.

den Gründen nicht mehr ausüben, aber eine andere im Rahmen der arbeitsvertraglichen Vereinbarung liegende Tätigkeit verrichten, ist nach der Rechtsprechung des BAG das Angebot einer anderen Tätigkeit ohne Belang, solange der AG nicht durch eine Neuausübung seines Direktionsrechts diese zu der iSv § 294 BGB zu bewirkenden Arbeitsleistung bestimmt hat. Andernfalls könnte der AN den Inhalt der arbeitsvertraglich nur rahmenmäßig umschriebenen Arbeitsleistung selbst konkretisieren. Das widerspräche § 106 S. 1 GewO, wonach die Konkretisierung der Arbeitspflicht Sache des AG ist (→ § 45 Rn. 13).[110] Der AG gerät deshalb nicht in Annahmeverzug, wenn er vom AN die Erbringung der von ihm in rechtlich einwandfreier Art und Weise konkretisierten Arbeitsleistung verlangt, der AN diese Arbeit jedoch ablehnt und stattdessen eine andere, ebenfalls vertragsgemäße Arbeit anbietet.[111] In diesem Fall kann jedoch ein Schadensersatzanspruch des AN in Betracht kommen, wenn der AN beispielsweise die bisherige Tätigkeit aus gesundheitlichen Gründen nicht mehr ausüben kann und vom AG – erfolglos – die Zuweisung einer anderen leidensgerechten Arbeit verlangt hat (dazu → Rn. 29). Bietet der AN eine Tätigkeit im Rahmen eines **Wiedereingliederungsverhältnisses** an, gerät der AG nicht in Annahmeverzug, da das Wiedereingliederungsverhältnis nicht als Teil des Arbeitsverhältnisses zu werten ist, sondern ein Vertragsverhältnis eigener Art (sui generis) darstellt.[112] Die Tätigkeit des AN ist auf die Wiedererlangung der Arbeitsfähigkeit und nicht auf die Erfüllung der vertraglich geschuldeten Arbeitsleistung gerichtet.[113]

27 **c) Wörtliches Angebot.** Bestehen Meinungsverschiedenheiten über den **zeitlichen Umfang** der zu erbringenden Arbeit, braucht der AN nicht erneut am Arbeitsplatz zu erscheinen. Es genügt dann ein wörtliches Angebot (§ 295 BGB). Hierzu muss der AN nicht ausdrücklich erklären, er biete die Arbeitsleistung an. Ein Angebot ist, ohne dass hieran hohe Anforderungen zu stellen sind, vielmehr auch **konkludent** möglich. Es muss sich allerdings inhaltlich auf die geschuldete Arbeitsleistung beziehen, dh am rechten Ort, zur rechten Zeit und in der rechten Art und Weise erfolgen (→ Rn. 26).[114] Danach kann es auch ausreichen, wenn der AN gegen die Ablehnung seiner Arbeitsleistung oder das Unterlassen einer erforderlichen Mitwirkungshandlung protestiert und damit seine Leistungsbereitschaft zum Ausdruck bringt.[115] Dies gilt zB bei der **unwirksamen Anordnung von Kurzarbeit** für einen bestimmten AN.[116] Der Anspruch auf Annahmeverzugslohn in Bezug auf eine vor einer **Versetzung** ausgeübten Tätigkeit setzt voraus, dass der AN erkennbar gegen die Versetzung selbst protestiert, auch wenn er zunächst der Versetzung Folge leistet. Der AN kann nicht die Versetzung und die damit verbundenen neuen Arbeitsaufgaben vorbehaltlos tatsächlich hinnehmen, jedoch in vergütungsrechtlicher Hinsicht auf seine Tätigkeit vor der Versetzung verweisen.[117] Ein wörtliches Angebot der Arbeitsleistung kann **ausnahmsweise entbehrlich** sein, wenn offenkundig ist, dass der AG auf seiner Weigerung, die geschuldete Arbeitsleistung anzunehmen, beharrt.[118] In diesem Fall ist es dem AG nach § 242 BGB versagt, sich auf ein fehlendes wörtliches Angebot zu berufen.[119] Entbehrlich ist ein Angebot auch dann, wenn der AG durch einseitige Freistellung des AN von der Arbeit auf das Angebot der Arbeitsleistung verzichtet hat (→ Rn. 10).[120] Hierdurch wird jedoch nicht die grundsätzliche Anwendbarkeit des § 295 BGB in Frage gestellt. Weist der AG ein Arbeitsangebot zu Recht zurück, gerät er deshalb erst dann in Annahmeverzug, wenn der AN ein neues tatsächliches Arbeitsangebot macht. Verspätet sich der AN, liegt kein rechtswirksames Angebot vor, wenn dem AG nicht zugemutet werden kann, jetzt noch die Arbeitsleistung in Empfang zu nehmen. Das tatsächliche Arbeitsangebot enthält noch keine Aussage zur Leistungsfähigkeit des AN (dazu → Rn. 40 ff.).

---

110 BAG 27.5.2015 AP Nr. 138 zu § 615 BGB = NZA 2015, 1053; abl. *Kaiser* RdA 2015, 76 (83).

111 BAG 30.4.2008 AP Nr. 183 zu § 611 BGB Lehrer, Dozenten = NZA-RR 2008, 551; 13.6.2007 AP Nr. 11 zu § 611 BGB Film = NZA 2007, 974.

112 BAG 6.12.2017 AP Nr. 154 zu § 615 BGB = NZA 2018, 439; 24.9.2014 AP Nr. 135 zu § 615 BGB = NZA 2014, 1407.

113 BAG 29.1.1992 AP Nr. 1 zu § 74 SGB V = NZA 1992, 643.

114 BAG 24.2.2016 AP Nr. 147 zu § 615 BGB.

115 BAG 24.8.2016 AP Nr. 149 zu § 615 BGB = NZA-RR 2017, 76; 25.2.2015 AP Nr. 136 zu § 615 BGB = NZA 2015, 494.

116 BAG 18.11.2015 AP Nr. 142 zu § 615 BGB mAnm *Reichold* = NZA 2016, 565.

117 BAG 18.9.2019 AP Nr. 157 zu § 615 BGB mAnm *Brecht-Heitzmann* = NZA 2020, 174.

118 BAG 24.5.2017 – 5 AZR 251/16; 24.9.2014 AP Nr. 135 zu § 615 BGB = NZA 2014, 1407; 16.4.2013 NZA 2013, 849.

119 Vgl. dazu BAG 21.4.1999 AP Nr. 5 zu § 4 MuSchG 1968 = NZA 1999, 1044; ebenso BAG 18.9.2002 AP Nr. 99 zu § 615 BGB.

120 BAG 24.5.2017 – 5 AZR 251/16; 28.9.2016 AP Nr. 150 zu § 615 BGB = NZA 2017, 124; 21.10.2015 AP Nr. 144 zu § 615 BGB = NZA 2016, 688; 26.6.2013 AP Nr. 132 zu § 615 BGB.

d) Leiharbeitnehmer. Leiharbeitnehmer müssen ihre Dienste an sich dem Leiharbeitgeber anbieten; ausreichend ist aber, wenn sie es im Betrieb des Entleihers tun. Eine Ausnahme gilt nach § 11 V AÜG, wenn der Betrieb des Entleihers von einem Arbeitskampf betroffen ist. 28

5. Abgrenzung zum Schadensersatz. Ist der AN aus in seiner Person liegenden Gründen nicht mehr in der Lage, die vom AG zuvor durch Ausübung seines Direktionsrechts (§ 106 GewO; dazu → § 45 Rn. 13 ff.) näher bestimmte Arbeitsleistung zu erbringen, gerät der AG gem. § 297 BGB nicht in Annahmeverzug, wenn der AN diese Arbeitsleistung anbietet. Annahmeverzug tritt aber nach der Rechtsprechung des BAG auch nicht ein, wenn der AN eine andere Arbeitsleistung anbietet, weil sich das Angebot inhaltlich auf die geschuldete Arbeitsleistung zu beziehen hat (→ Rn. 26). In einem solchen Fall kann es jedoch die **Rücksichtnahmepflicht aus § 241 II BGB** gebieten, dass der AG von seinem Direktionsrecht erneut Gebrauch macht und die vom AN zu erbringende Leistung innerhalb des arbeitsvertraglich vereinbarten Rahmens anderweitig derart konkretisiert, dass dem AN die Leistungserbringung wieder möglich wird. Der AG ist indes nach § 241 II BGB nicht verpflichtet, für den AN einen geeigneten Arbeitsplatz zu schaffen. Schneidet der AG jedoch die Arbeitsplätze immer wieder neu zu, gebietet § 241 II BGB, dabei jeweils im Rahmen des Möglichen und Zumutbaren auf die gesundheitlichen Einschränkungen der Beschäftigten Rücksicht zu nehmen.[121] Verletzt der AG schuldhaft diese Pflicht, kommt ein Schadensersatzanspruch des AN nach § 280 I BGB wegen entgangener Vergütung, nicht aber ein Annahmeverzugsanspruch in Betracht.[122] Die Verpflichtung des AG zur Neubestimmung der Tätigkeit des AN setzt nach der Rechtsprechung des BAG allerdings voraus, dass der AN die Umsetzung auf einen leidensgerechten Arbeitsplatz verlangt und dem AG mitgeteilt hat, wie er sich seine weitere, die aufgetretenen Leistungshindernisse ausräumende Beschäftigung vorstellt.[123] In diesem Zusammenhang ist auch die nach Maßgabe von § 167 II SGB IX bestehende Verpflichtung des AG zur **Durchführung eines betrieblichen Eingliederungsmanagements (BEM)** zu berücksichtigen. Führt der AG das BEM nicht durch, obwohl die gesetzlichen Voraussetzungen des § 167 II 1 SGB IX vorliegen, verletzt er eine gesetzliche Nebenpflicht. Er schuldet dem AN daher nach § 280 I BGB Schadensersatz wegen entgangener Vergütung, wenn der AN darlegt, dass bei ordnungsgemäßer Durchführung eines BEM ein leidensgerechter Arbeitsplatz gefunden worden wäre.[124] Der AG hat dem Verlangen des AN nach einer leidensgerechten Beschäftigung regelmäßig zu entsprechen, wenn ihm die in der Zuweisung einer anderen Tätigkeit liegende Neubestimmung der zu bewirkenden Arbeitsleistung zumutbar und rechtlich möglich ist. Zumutbar ist dem AG die Zuweisung einer anderen Tätigkeit, wenn dem keine betrieblichen Gründe, zu denen auch wirtschaftliche Erwägungen zählen können, oder die Rücksichtnahmepflicht gegenüber anderen AN entgegenstehen. Ist ein leidensgerechter Arbeitsplatz nicht frei, setzt ein Austausch von AN nach der Rechtsprechung des BAG voraus, dass der AG dem AN, der den anderweitigen Arbeitsplatz innehat, im Wege des Direktionsrechts eine andere Tätigkeit zuweisen kann, die Neuausübung des Direktionsrechts diesem AN gegenüber billigem Ermessen entspricht und der auszutauschende AN einem Arbeitsplatzwechsel nicht seine Zustimmung verweigert hat.[125] Hat **beispielsweise** ein AN Tätigkeiten zu verrichten, bei denen er schwere Gegenstände heben muss und ist ihm dies aus gesundheitlichen Gründen nicht mehr möglich, kann er vom AG Schadensersatz verlangen, wenn er – erfolglos – vom AG die Umsetzung auf einen leidensgerechten Arbeitsplatz verlangt und dem AG mitgeteilt hat, wie er sich seine weitere, die aufgetretenen Leistungshindernisse ausräumende Beschäftigung vorstellt, dem AG die Zuweisung eines anderen leidensgerechten Arbeitsplatzes zumutbar und rechtlich möglich war, er aber schuldhaft davon abgesehen hat. 29

VI. Annahmeverzug bei der Beendigung des Arbeitsverhältnisses

1. Grundsätze. a) Streit über Beendigung des Arbeitsverhältnisses. Steht zwischen den Parteien die Wirksamkeit der Beendigung des Arbeitsverhältnisses in Streit, bedarf es – 30

[121] BAG 28.6.2017 AP Nr. 152 zu § 615 BGB = NZA 2017, 1528.

[122] BAG 27.5.2015 AP Nr. 138 zu § 615 BGB = NZA 2015, 1053; 19.5.2010 AP Nr. 10 zu § 106 GewO = NZA 2010, 1119 unter Aufgabe von BAG 27.8.2008 AP Nr. 124 zu § 615 BGB = NZA 2008, 1410; abl. *Kaiser* RdA 2015, 76 (83).

[123] BAG 27.5.2015 AP Nr. 138 zu § 615 BGB = NZA 2015, 1053 (mit ausf. Hinweisen zur Darlegungs- und Beweislast); 19.5.2010 AP Nr. 10 zu § 106 GewO = NZA 2010, 1119; 13.8.2009 AP Nr. 4 zu § 241 BGB = NZA-RR 2010, 420.

[124] Vgl. LAG Hamm 4.7.2011 – 8 Sa 726/11; LPK-SGB IX/*Düwell* § 84 Rn. 113; *Ganz* ArbRAktuell 2016, 258 (260).

[125] BAG 19.5.2010 AP Nr. 10 zu § 106 GewO = NZA 2010, 1119.

anders als im unstreitig fortbestehenden Arbeitsverhältnis (dazu → Rn. 25) – zur Begründung des Annahmeverzugs keines tatsächlichen Angebots des AN nach § 294 BGB. Es genügt vielmehr gem. § 295 BGB ein wörtliches Angebot, weil der AG mit der Berufung auf das Ende des Arbeitsverhältnisses zugleich erklärt, er werde keine weitere Arbeitsleistung mehr annehmen.[126] Dieses wörtliche Angebot kann auch konkludent erfolgen und darin liegen, dass der AN gegen die Beendigung des Arbeitsverhältnisses protestiert und/oder eine Bestandsschutzklage erhebt.[127] Auch nach Ablauf der **Befristung** eines Arbeitsverhältnisses bedarf es zur Begründung des Annahmeverzugs des AG gem. § 295 BGB eines wörtlichen Angebots des AN. Dieses ist nicht nach § 296 BGB entbehrlich.[128] Das wörtliche Angebot kann darin liegen, dass der AN gegen die Beendigung des Arbeitsverhältnisses protestiert oder eine Befristungskontrollklage einreicht.[129] Gleiches gilt bei einem Streit über die Beendigung des Arbeitsverhältnisses aufgrund einer **tarifvertraglichen Altersgrenzenregelung.**[130] Ein wörtliches Angebot ist nach der Rechtsprechung des BAG des Weiteren dann erforderlich, wenn AN und AG im Kündigungsschutzprozess über die zutreffende **Kündigungsfrist** streiten. Die fehlerhafte, zu kurze Kündigungsfrist bedinge jedenfalls dann nicht die Unwirksamkeit der Kündigung, wenn sie sich als solche zum „richtigen" Termin auslegen lasse. Dabei geht das BAG davon aus, dass das in einer Kündigungsschutzklage liegende Angebot erst zum Zeitpunkt der Zustellung der Klage wirksam wird und nicht zurückwirkt.[131] Nach dieser zwar sehr ausdifferenzierten, dogmatisch jedoch stringenten Rechtsprechung dürfte ein wörtliches Angebot dann nicht erforderlich sein, wenn sich die zutreffende Kündigungsfrist nicht im Wege der Auslegung, sondern nur durch Umdeutung nach § 140 BGB ergibt. Denn eine mit zur kurzer Kündigungsfrist erklärte Kündigung, die sich nicht in eine fristgerechte Kündigung auslegen lässt, ist nichtig (→ § 126 Rn. 16), so dass in diesem Fall die Annahmeverzugsansprüche von der Wirksamkeit der Kündigung abhängen und damit nach der Rechtsprechung des BAG § 296 BGB eingreifen müsste (→ Rn. 31).

31 **b) Kündigung durch den Arbeitgeber.** Nach Auffassung des BAG bedarf es nach einer Kündigung durch den AG zur Begründung des Annahmeverzugs nach Ablauf der Kündigungsfrist bzw. nach Zugang einer fristlosen Kündigung gem. § 296 S. 1 BGB keines Angebots des AN. Die nach dem Kalender bestimmte Mitwirkungshandlung des AG bestehe darin, dem AN einen funktionsfähigen Arbeitsplatz zur Verfügung zu stellen. Der AG müsse den Arbeitseinsatz des AN fortlaufend planen und durch Weisungen hinsichtlich Ort und Zeit näher konkretisieren. Dies erfolge nach Ablauf der Kündigungsfrist nicht mehr.[132] § 296 BGB findet jedoch nach der Rechtsprechung des BAG dann keine Anwendung, wenn der AG das Arbeitsverhältnis wirksam ordentlich kündigt und die Parteien im Wege der Auslegung der Kündigungserklärung lediglich über den **richtigen Beendigungstermin streiten.** In diesem Fall sei zumindest ein wörtliches Angebot erforderlich.[133] Gleiches gilt bei einem Streit über die **Wirksamkeit einer Befristung** (→ Rn. 30).[134] Ein Angebot der Arbeitsleistung zur Begründung des Annahmeverzugs ist des Weiteren erforderlich, wenn der AG einen gegen die Kündigung gerichteten **Kündigungsschutzantrag bereits vor Ablauf der Kündigungsfrist iSv § 307 S. 1 ZPO anerkennt** und dadurch gegenüber dem AN unmissverständlich klarstellt, zu Unrecht gekündigt zu haben. Bereits mit dem Anerkenntnis entfällt die bis dahin in der Kündigung liegende Erklärung des AG, die Arbeitsleistung des AN nach Ablauf der Kündigungsfrist nicht mehr annehmen zu wollen. Eine Aufforderung zur „Wiederaufnahme" der Arbeit ist nicht erforderlich, wenn es noch nicht zum Eintritt des Annahmeverzugs gekommen ist.[135]

---

[126] BAG 19.9.2012 AP Nr. 200 zu § 4 TVG Ausschlussfristen = NZA 2013, 101.
[127] BAG 15.5.2013 AP Nr. 131 zu § 615 BGB = NZA 2013, 1076; 19.9.2012 AP Nr. 200 zu § 4 TVG Ausschlussfristen = NZA 2013, 101; 19.5.2010 AP Nr. 13 zu § 310 BGB = NZA 2010, 939.
[128] BAG 21.8.2019 AP Nr. 14 zu § 2 WissZeitVG = NZA 2020, 42; 4.11.2015 AP Nr. 138 zu § 14 TzBfG = NZA 2016, 547.
[129] BAG 4.11.2015 AP Nr. 138 zu § 14 TzBfG = NZA 2016, 547; 4.11.2015 AP Nr. 8 zu § 15 TzBfG = NZA 2016, 634.
[130] BAG 12.12.2012 AP Nr. 129 zu § 615 BGB.
[131] BAG 15.5.2013 AP Nr. 131 zu § 615 BGB = NZA 2013, 1076.
[132] Vgl. BAG 19.1.2016 AP Nr. 257 zu § 626 BGB = NZA 2016, 1144; 24.10.2013 NZA 2014, 540; 16.4.2013 NZA 2013, 849; 16.5.2012 AP Nr. 128 zu § 615 BGB = NZA 2012, 971 sowie zuvor BAG 9.8.1984 AP Nr. 34 zu § 615 BGB.
[133] BAG 15.5.2013 AP Nr. 131 zu § 615 BGB = NZA 2013, 1076.
[134] BAG 19.9.2012 AP Nr. 200 zu § 4 TVG Ausschlussfristen = NZA 2013, 101.
[135] BAG 14.12.2017 AP Nr. 266 zu § 626 BGB mAnm *Sandmann* = NZA 2018, 646.

Im Schrifttum hat die Rechtsprechung des BAG zu § 296 BGB zum Teil Zustimmung gefunden,[136] sie hat aber auch bis heute anhaltende **Kritik** erfahren.[137] Hiergegen wird zu Recht eingewandt, dass § 296 S. 1 BGB nicht anwendbar sei, weil die Mitwirkungshandlung des AG nicht kalendermäßig bestimmt ist. Der AG muss erst dann einen funktionsfähigen Arbeitsplatz zur Verfügung stellen, wenn der AN im Betrieb erscheint. Die Mitwirkungshandlung des AG ist damit nicht nach dem Kalender bestimmt, sondern vom Erscheinen des AN am Arbeitsplatz oder zumindest von einem wörtlichen Angebot der Arbeitsleistung abhängig. Auch wenn § 296 BGB nach einer Kündigung durch den AG nicht anwendbar ist, bedarf es in diesen Fällen gleichwohl zur Begründung des Annahmeverzugs keines Angebots des AN. Ein Angebot ist nach einer Kündigung durch den AG entbehrlich, weil der AG dem AN mit Ablauf der Kündigungsfrist bzw. mit Zugang der außerordentlichen Kündigung die Arbeitsmöglichkeit entzieht.[138] Der AG gibt mit dem Ausspruch der Kündigung deutlich zu erkennen, dass er ab dem Zeitpunkt der Beendigung des Arbeitsverhältnisses dem AN keinen funktionsfähigen Arbeitsplatz mehr zur Verfügung stellen will.[139] Der AG erwartet nach Ausspruch einer Kündigung kein Arbeitsangebot des AN. Diese Besonderheiten rechtfertigt eine einschränkende Auslegung der §§ 294, 295 BGB nach Ausspruch einer Kündigung durch den AG mit der Folge, dass der AG nach einer Kündigung auch ohne Angebot der Arbeitsleistung in Annahmeverzug gerät.[140] Das entspricht im Übrigen der Rechtsprechung des BGH zum Annahmeverzug nach einer unberechtigten Kündigung eines Dienstverhältnisses (dazu → Rn. 38). 32

2. Arbeitsunfähigkeit zum Kündigungstermin. Ist der AN zum Kündigungstermin arbeitsunfähig erkrankt, ist zur Begründung des Annahmeverzugs nach der Rechtsprechung des BAG eine Anzeige der Wiederherstellung der Arbeitsfähigkeit nicht erforderlich.[141] Es sei nicht einsehbar, warum der AG, der unwirksam gekündigt habe und deshalb Nachzahlung der Vergütung schulde, einen Vorteil daraus ziehen solle, dass der AN zufällig zur Zeit der Kündigung arbeitsunfähig sei. Dies sei unerheblich, weil der Gläubiger nach § 296 BGB ohnehin grundsätzlich über die Leistungsfähigkeit des Schuldners im Unklaren gelassen werde. Dem kann nicht gefolgt werden. Erforderlich ist vielmehr, dass der AN dem AG das Ende der Arbeitsunfähigkeit und damit des Leistungshindernisses anzeigt, damit der AG dem AN Arbeit anbieten kann (§ 295 S. 2 BGB).[142] Auch wenn man dem BAG folgt, besteht für den AG die Möglichkeit, den AN zur Anzeige der Wiederherstellung der Arbeitsfähigkeit aufzufordern. Kommt der AN dieser Aufforderung nicht nach, kann er keine Rechte aus dem Annahmeverzug herleiten.[143] Weiterhin ist zu beachten, dass das Zusammentreffen des Ablaufs der Kündigungsfrist und des behaupteten Endes der Arbeitsunfähigkeit nach einer mehrmonatigen Erkrankung, deren Beginn in engem zeitlichen Zusammenhang mit einer zwischen den Arbeitsvertragsparteien umstrittenen Umsetzung stand, fortbestehende Arbeitsunfähigkeit und damit Leistungsunfähigkeit iSv § 297 BGB indizieren kann (dazu → Rn. 46).[144] 33

3. Auswirkungen eines Auflösungsantrags. Der Annahmeverzug besteht in der Regel auch dann fort, wenn der AN nach §§ 9, 10 KSchG die Auflösung des Arbeitsverhältnisses gegen Zahlung einer Abfindung beantragt hat.[145] Allerdings können sich unter Umständen aus der Begründung des Auflösungsantrags Anhaltspunkte für einen fehlenden Leistungswillen iSv § 297 34

---

[136] Vgl. *Konzen* Anm. zu BAG AP Nr. 34, 35 zu § 615 BGB; *v. Maydell* Anm. zu BAG EzA Nr. 44 zu BGB § 615; Staudinger/*Richardi/Fischinger* BGB § 615 Rn. 71.

[137] Vgl. AR/*Kamanabrou* BGB § 615 Rn. 32; *Kaiser* Anm. zu BAG EzA Nr. 70 zu BGB § 615; Soergel/*Kraft*, 12. Aufl., BGB § 615 Rn. 25; HWK/*Krause* BGB § 615 Rn. 39 ff.; *Löwisch* Anm. zu BAG EzA Nr. 66 zu § 615 BGB; *Stahlhacke* AuR 1992, 8; krit. auch MüKoBGB/*Henssler* § 615 Rn. 29; aus Gründen der Rechtssicherheit zust. ErfK/*Preis* BGB § 615 Rn. 30.

[138] BAG 5.11.2003 AP Nr. 106 zu § 615 BGB.

[139] Ebenso nunmehr auch BAG 14.12.2017 AP Nr. 266 zu § 626 BGB mAnm *Sandmann* = NZA 2018, 646 sowie AR/*Kamanabrou* BGB § 615 Rn. 32; *Konzen* Anm. zu BAG AP Nr. 34, 35 zu § 615 BGB; Staudinger/*Richardi/Fischinger* BGB § 615 Rn. 71.

[140] So bereits ausdrücklich *Blomeyer* Anm. zu BAG AP Nr. 26, 31 zu § 615 BGB.

[141] Vgl. BAG 9.8.1984, 21.3.1985 AP Nr. 34, 35 zu § 615 BGB; 14.11.1985 AP Nr. 39 zu § 615 BGB = NZA 1986, 637; 19.4.1990, 24.10.1991, 24.11.1994 AP Nr. 45, 50, 60 zu § 615 BGB; 26.9.2007 AP Nr. 13 zu § 615 BGB Böswilligkeit = NZA 2008, 1063.

[142] Ebenso *Bauer/Hahn* NZA 1991, 216 ff.; *Kaiser* Anm. zu BAG EzA Nr. 70 zu § 615 BGB; *Löwisch* DB 1986, 2034 ff.; *Stahlhacke* AuR 1992, 8 ff.; zusammenfassend ErfK/*Preis* BGB § 615 Rn. 51 ff.

[143] HWK/*Krause* BGB § 615 Rn. 59.

[144] BAG 22.2.2012 AP Nr. 127 zu § 615 BGB = NZA 2012, 858.

[145] BAG 18.1.1963 AP Nr. 22 zu § 615 BGB; 19.9.1991 RzK I 13 b Nr. 18; ebenso ErfK/*Preis* BGB § 615 Rn. 47.

BGB ergeben. Das kann zB angenommen werden, wenn ein arbeitsunfähiger AN zur Begründung des Auflösungsantrags u.a. ausführt, das Arbeitsverhältnis sei völlig zerrüttet und könne unter keinen Umständen mehr fortgeführt werden, weshalb er sich unverzüglich nach seiner Wiedergenesung um eine neue Arbeitsstelle bemühen werde.[146] Bei der Begründung eines Auflösungsantrags ist daher wegen dieser Folgewirkungen eine gewisse Sorgfalt angebracht.

35 **4. Eigenkündigung des Arbeitnehmers.** Ein Angebot nach §§ 294, 295 BGB ist ebenfalls erforderlich, wenn der AN nach einer Eigenkündigung mit Erfolg deren Unwirksamkeit (zB wegen fehlender Schriftform, § 623 BGB) geltend macht und Annahmeverzugsvergütung verlangt.[147] Anders ist die Rechtslage, wenn der AG unzutreffend behauptet, der AN habe das Arbeitsverhältnis gekündigt. Macht der AG zu Unrecht geltend, das Arbeitsverhältnis sei durch eine Kündigung des AN beendet und übersendet er dem AN unter Hinweis auf die Beendigung die Arbeitspapiere, meldet ihn bei der Krankenkasse ab und hält an seiner falschen Rechtsansicht auch im Prozess fest, bringt er damit hinreichend deutlich zum Ausdruck, er wolle dem AN keine Arbeit mehr zuweisen. Der AG gerät unter diesen Umständen in Annahmeverzug, ohne dass es eines Angebots der Arbeitsleistung durch den AN bedarf.[148]

36 **5. Aufhebungsvertrag.** Ist das Zustandekommen eines Aufhebungsvertrags zwischen den Arbeitsvertragsparteien streitig, bedarf es zur Begründung des Annahmeverzugs des AG in der Regel eines tatsächlichen Angebots der Arbeitsleistung durch den AN.[149] Hierdurch hat der AN zu verdeutlichen, dass er weiterhin zu den vertraglichen Bedingungen arbeiten möchte. Vertritt der AG nach Verhandlungen mit dem AN die Auffassung, das Arbeitsverhältnis sei einvernehmlich beendet worden, beendet er das Arbeitsverhältnis – anders als bei einer Kündigung – nicht durch einseitige Erklärung. Ein wörtliches Angebot nach § 295 BGB genügt aus diesem Grunde regelmäßig nicht. Es wäre nur dann ausreichend, wenn dem AN im Einzelfall, etwa nach einem Hausverbot, ein tatsächliches Angebot nicht zumutbar wäre. Auf die Rechtsprechung zur Begründung des Annahmeverzugs nach einer Kündigung des Arbeitsverhältnisses durch den AG (→ Rn. 31) kann bei einem Streit über das Zustandekommen eines Aufhebungsvertrags ebenso wie nach einer unwirksamen Eigenkündigung des AN[150] nicht abgestellt werden, weil der AG in diesen Fällen dem AN nicht durch einseitige gestaltende Willenserklärung die Arbeitsmöglichkeit entzieht.

37 **6. Betriebsübergang.** Der Eintritt in die Rechte und Pflichten aus dem Arbeitsverhältnis gem. § 613a I 1 BGB erfasst einen bei dem früheren Betriebsinhaber begründeten Annahmeverzug. Ein Angebot der Arbeitsleistung gegenüber dem neuen Betriebsinhaber ist dann entbehrlich. Erhebt ein AN im Falle eines Betriebsübergangs gegenüber dem früheren Betriebsinhaber erfolgreich Kündigungsschutzklage, muss der Erwerber deshalb den gegenüber dem Veräußerer eingetretenen Annahmeverzug gegen sich gelten lassen. Gleiches gilt für eine dem Veräußerer gegenüber erklärte Geltendmachung von Ansprüchen.[151] Dies folgt aus dem Schutzzweck des § 613a I 1 BGB. Der Eintritt des Erwerbers in die Rechte und Pflichten des bisherigen AG bezweckt auch die Zurechnung von Handlungen des Veräußerers, die als Tatbestandsmerkmale für spätere Rechtsfolgen von Bedeutung sind.[152] Erklärt der AG dem AN vor einem Betriebsübergang, dass eine Weiterbeschäftigungsmöglichkeit wegen des Wegfalles seines Arbeitsplatzes nicht mehr gegeben ist, macht er damit deutlich, der ihm obliegenden Mitwirkungshandlung nicht nachkommen zu wollen. Er gerät damit nach Auffassung des BAG gem. § 296 BGB in Annahmeverzug, ohne dass es noch eines Angebots der Arbeitsleistung von Seiten des AN bedürfte. Widerspricht der AN dann später dem Betriebsübergang, besteht das Arbeitsverhältnis zum Veräußerer fort und der AN hat gegen diesen Annahmeverzugsansprüche.[153] Zum Annahmeverzug nach einer Kündigung durch den Veräußerer nach Widerspruch gegen den Betriebsübergang → Rn. 95.

---

[146] BAG 24.9.2003 NZA 2003, 1387.
[147] BAG 16.1.2003 AP Nr. 2 zu § 67 SeemG.
[148] BAG 21.3.1996 RzK I 13 b Nr. 30.
[149] BAG 7.12.2005 AP Nr. 114 zu § 615 BGB = NZA 2006, 425; HWK/*Krause* BGB § 615 Rn. 42; *Richardi/Annuß* NJW 2000, 1231 (1233).
[150] Dazu BAG 16.1.2003 AP Nr. 2 zu § 67 SeemG.
[151] BAG 15.11.2012 AP Nr. 12 zu § 85 SGB IX = NZA 2013, 504; 23.9.2009 AP Nr. 15 zu § 115 SGB X = NZA 2010, 781; 11.12.2008 AP Nr. 362 zu § 613a BGB = NZA 2009, 556.
[152] BAG 21.3.1991 AP Nr. 49 zu § 615 BGB = NZA 1991, 726.
[153] BAG 20.5.2010 AP Nr. 19 zu § 613a BGB Widerspruch = NZA 2010, 1295.

7. GmbH-Geschäftsführer. Nach der außerordentlichen Kündigung eines Dienstverhältnisses eines GmbH-Geschäftsführers ist zur Begründung des Annahmeverzugs gem. § 295 BGB grundsätzlich ein wörtliches Angebot erforderlich. Die Kündigung enthält regelmäßig die Erklärung des Dienstberechtigten, er werde weitere Dienstleistungen des Verpflichteten nicht annehmen.[154] Fordert der gekündigte Geschäftsführer die Gesellschaft zur Erfüllung seines Dienstvertrags auf, liegt hierin ein wörtliches Angebot der Dienstleistung gem. § 295 BGB.[155] Ein solches kann ebenso in der Klage auf Gehaltsfortzahlung gesehen werden.[156] Das Angebot ist allerdings dann nicht erforderlich, wenn die verpflichtete Gesellschaft erkennen lässt, dass sie unter keinen Umständen bereit ist, den Geschäftsführer weiter zu beschäftigen. Dies ist jedenfalls dann anzunehmen, wenn der Geschäftsführer abberufen und ein neuer an die Stelle des früheren Geschäftsführers berufen wird.[157] Entsprechendes gilt für ein Dienstverhältnis nach § 627 BGB.[158] 38

VII. Leistungsfähigkeit und Leistungswilligkeit

1. Grundsätze. Gem. § 297 BGB kommt der Gläubiger nicht in Verzug, wenn der Schuldner zur Zeit des Angebots oder, im Falle des § 296 BGB, zu der für die Handlung des Gläubigers bestimmten Zeit außerstande ist, die Leistung zu bewirken. Der Annahmeverzug des AG ist damit ausgeschlossen, wenn der AN nicht leistungsfähig[159] oder nicht leistungswillig[160] ist. Ein leistungsunwilliger AN setzt sich selbst außer Stande, die Arbeitsleistung zu bewirken. Die objektive Leistungsfähigkeit und der subjektive Leistungswille sind von dem Leistungsangebot und dessen Entbehrlichkeit unabhängige Voraussetzungen, die während des gesamten Annahmeverzugszeitraums vorliegen müssen.[161] Das gilt auch dann, wenn der AN von der Arbeitspflicht freigestellt worden ist. Deren Aufhebung bedeutet lediglich einen Verzicht des AG auf das Angebot der Arbeitsleistung.[162] Unerheblich ist die Ursache für die Leistungsunfähigkeit des AN. Diese kann auf tatsächlichen Umständen (wie zB Arbeitsunfähigkeit) beruhen oder ihre Ursache im Rechtlichen haben, etwa wenn ein gesetzliches Beschäftigungsverbot besteht (→ Rn. 40 ff.).[163] Entfällt das Leistungsvermögen des AN, wird die vertraglich geschuldete **Leistung unmöglich.**[164] Ist dem AN die Arbeitsleistung aus Gründen unmöglich, die keine der beiden Parteien zu vertreten hat, verliert er nach § 326 I BGB grundsätzlich den Vergütungsanspruch. Das hat u.a. zur Folge, dass der AN für die Dauer der Arbeitsunfähigkeit keinen Anspruch auf Annahmeverzugsvergütung hat. Dem AN stehen stattdessen bei krankheitsbedingter Arbeitsunfähigkeit Entgeltfortzahlungsansprüche zu. 39

2. Leistungsfähigkeit. a) Rechtliche Unmöglichkeit. Der AN ist iSv § 297 BGB außer Stande, die Leistung zu bewirken, wenn er an der Erbringung der Arbeitsleistung rechtlich oder tatsächlich gehindert ist oder die Arbeitsleistung unmöglich ist. Das ist anzunehmen, wenn er aus Gründen in seiner Person die vertraglich vereinbarten Tätigkeiten ausnahmslos nicht mehr verrichten kann. Ob es sich um gesundheitliche, rechtliche oder andere Gründe handelt, ist nicht maßgebend.[165] So führt der Entzug der kanonischen Beauftragung zum Wegfall der Leistungsfähigkeit einer katholischen Gemeindereferentin, wenn in dem betreffenden Erzbistum diese Tätigkeit teilkirchlich eingerichtet und festgelegt ist, dass der Erzbischof die dazu ausersehenen Personen ausdrücklich beauftragt.[166] Während der nach § 4 ArbZG zu gewährenden Ruhepausen von mindestens 30 Minuten kann der AG nicht in Annahmeverzug geraten, weil der AN in dieser Zeit aus 40

[154] BGH 13.3.1986 NJW-RR 1986, 794.
[155] BAG 19.5.2010 NZA 2010, 939.
[156] BGH 28.10.1996 NZA-RR 1997, 329.
[157] BGH 9.19.2000 AP Nr. 88 zu § 615 BGB = NZA 2001, 36.
[158] BAG 12.7.2006 AP Nr. 5 zu § 627 BGB = NZA 2006, 1094.
[159] BAG 24.9.2003 NZA 2003, 1387; 29.10.1998 AP Nr. 77 zu § 615 BGB = NZA 1999, 377.
[160] BAG 19.5.2004 AP Nr. 108 zu § 615 BGB = NZA 2004, 1064; 5.11.2003 AP Nr. 106 zu § 615 BGB; 24.9.2003 NZA 2003, 1387.
[161] BAG 28.6.2017 AP Nr. 152 zu § 615 BGB = NZA 2017, 1528; 21.10.2015 AP Nr. 144 zu § 615 BGB = NZA 2016, 688; 27.5.2015 AP Nr. 138 zu § 615 BGB = NZA 2015, 1053; 24.9.2014 AP Nr. 135 zu § 615 BGB = NZA 2014, 1407.
[162] BAG 21.10.2015 AP Nr. 144 zu § 615 BGB = NZA 2016, 688.
[163] BAG 28.9.2016 AP Nr. 150 zu § 615 BGB = NZA 2017, 124.
[164] BAG 5.11.2003 AP Nr. 106 zu § 615 BGB.
[165] BAG 18.3.2009 AP Nr. 3 zu § 297 BGB = NZA 2009, 611.
[166] BAG 10.4.2014 NZA 2014, 653.

Rechtsgründen nicht leistungsfähig iSd § 297 BGB ist.[167] Gleiches gilt, wenn eine Tarifnorm dem AG am 24. und am 31. 12. untersagt, Arbeitsleistung im Umfang von mehr als sechs Stunden zu fordern, während sonst die regelmäßige tägliche Arbeitszeit sieben Stunden beträgt. Hierdurch wird der AN außerstande gesetzt, die Arbeitsleistung zu bewirken (§ 297 BGB).[168]

41 Kann der AN wegen eines **gesetzlichen Beschäftigungsverbots** nicht beschäftigt werden, kommt der AG gleichfalls nicht in Annahmeverzug. Soll eine Rechtsnorm das rechtliche Unvermögen zur Berufstätigkeit begründen, muss sie diese Rechtsfolge klar und deutlich zum Ausdruck bringen. Dies hat das BAG für die im RettG-NRW geregelte Fortbildungspflicht für das in der Notfallrettung und im Krankentransport eingesetzte nichtärztliche Personal verneint,[169] hingegen für ein bergrechtliches Beschäftigungsverbot bestätigt.[170] Gleiches gilt für **mutterschutzrechtliche Beschäftigungsverbote** nach §§ 3 ff. MuSchG. Schwangere AN haben in diesen Fällen allerdings nach § 18 MuSchG Anspruch auf Mutterschutzlohn, wenn der AG ihnen keine zumutbare Ersatztätigkeit zuweisen kann (→ § 167 Rn. 17).[171] Das Unvermögen kann auf einem gesetzlichen Beschäftigungsverbot oder auf dem Fehlen einer erforderlichen Erlaubnis beruhen. Keine Annahmeverzugsansprüche bestehen deswegen bei fehlender **Approbation eines Arztes,**[172] fehlender **Arbeitsgenehmigung eines ausländischen AN** (→ § 27 Rn. 3 ff.), nach Entzug der Ermächtigung zum Umgang mit Verschlusssachen **(VS-Ermächtigung)** gemäß dem Gesetz über die Voraussetzungen und das Verfahren von Sicherheitsüberprüfungen des Bundes (SÜG),[173] Entzug der für eine Tätigkeit bei den US-Streitkräften erforderlichen **Einsatzgenehmigung**[174] oder dem Entzug der **Fahrerlaubnis** bei einem Kraftfahrer.[175]

42 **b) Eingeschränkte Leistungsfähigkeit.** Ein AN ist nicht stets schon dann leistungsunfähig iSv § 297 BGB, wenn er **aus Gründen in seiner Person nicht mehr alle Arbeiten verrichten kann,** die zu den vertraglich vereinbarten Tätigkeiten gehören.[176] Sonst bliebe außer Acht, dass der AG gem. § 106 GewO sein Weisungsrecht nach billigem Ermessen auszuüben und auch die Interessen des AN zu berücksichtigen hat. Ist es dem AG möglich und zumutbar, dem krankheitsbedingt nur eingeschränkt leistungsfähigen AN leidensgerechte Arbeiten zuzuweisen, ist die Zuweisung anderer nicht leidensgerechter Arbeiten unbillig. Unterlässt der AG die ihm mögliche und zumutbare Zuweisung leidensgerechter und vertragsgemäßer Arbeit, können sich hieraus Schadensersatzansprüche des AN ergeben (dazu → Rn. 29). Ein Annahmeverzug scheidet in diesem Fall indes aus.[177] Nach älterer, inzwischen überholter Rechtsprechung geriet der AG allerdings auch dann in Annahmeverzug, wenn er den AN zwar nicht mehr vertragsgemäß beschäftigen konnte (zB wegen Entzugs der Fahrerlaubnis), jedoch aufgrund der Fürsorgepflicht gehalten war, ihn vorübergehend mit anderen, nicht vertragsgemäßen Arbeiten zu beschäftigen.[178] Unter Zugrundelegung der neueren zutreffenden Rechtsprechung kommen in diesen Fällen nur Schadensersatzansprüche in Betracht.[179]

43 Entsprechendes gilt, wenn ein AN aufgrund seiner **Behinderung** außerstande ist, seine arbeitsvertraglich geschuldete Leistung zu erbringen. Der AG ist jedoch nach § 164 IV Nr. 1, 4 und 5 SGB IX zur behinderungsgerechten Ausgestaltung eines Arbeitsplatzes verpflichtet. Er macht sich schadensersatzpflichtig, wenn er diese Pflichten schuldhaft verletzt (zum BEM → Rn. 29). Er schuldet dann allerdings die entgangene Vergütung nicht als Annahmeverzugslohn, sondern als Schadensersatz nach § 280 BGB iVm § 164 IV SGB IX, es sei denn, die behinderungsgerechte Einrichtung des Arbeitsplatzes wäre ihm unzumutbar oder sie wäre mit unverhältnismäßigen Aufwendungen verbunden (§ 164 IV 3 SGB IX).[180]

---

167 BAG 25.2.2015 AP Nr. 136 zu § 615 BGB = NZA 2015, 494; 18.11.2009 AP Nr. 2 zu § 4 ArbZG.
168 BAG 29.6.2016 AP Nr. 148 zu § 615 BGB = NZA 2016, 1152.
169 BAG 18.3.2009 AP Nr. 3 zu § 297 BGB = NZA 2009, 611.
170 BAG 15.6.2004 AP Nr. 25 zu § 611 BGB Bergbau = NZA 2005, 462.
171 Dazu BAG 21.4.1999 AP Nr. 5 zu § 4 MuSchG 1968 = NZA 1999, 1044.
172 BAG 6.3.1974 AP Nr. 29 zu § 615 BGB.
173 BAG 27.5.2015 AP Nr. 138 zu § 615 BGB = NZA 2015, 1053.
174 BAG 23.9.2015 AP Nr. 143 zu § 615 BGB = NZA 2016, 293.
175 BAG 18.12.1986 AP Nr. 2 zu § 297 BGB = NZA 1987, 377.
176 BAG 9.4.2014 AP Nr. 29 zu § 106 GewO mAnm *Wank* = NZA 2014, 719; krit. dazu *Franzen* SAE 2015, 86.
177 BAG 19.5.2010 AP Nr. 10 zu § 106 GewO = NZA 2010, 1119 unter Aufgabe von 27.8.2008 AP Nr. 124 zu § 615 BGB = NZA 2008, 1410.
178 BAG 18.12.1986 AP Nr. 2 zu § 297 BGB = NZA 1987, 377.
179 BAG 19.5.2010 AP Nr. 10 zu § 106 GewO = NZA 2010, 1119; 13.8.2009 AP Nr. 4 zu § 241 BGB = NZA-RR 2010, 420.
180 BAG 4.10.2005 AP Nr. 9 zu § 81 SGB IX = NZA 2006, 442.

c) Tatsächliche Leistungshindernisse. Ein tatsächliches Leistungshindernis kann bei **starker Alkoholisierung des AN** bestehen, wenn er wegen Trunkenheit nicht mehr in der Lage ist zu arbeiten.[181] Dagegen lässt die bloße Gefahr neuerlicher Alkoholauffälligkeiten während der Arbeitszeit das Leistungsvermögen nicht generell entfallen.[182] Entsprechendes gilt bei einem **Hausverbot,** das ein Kunde des AG dem AN erteilt hat. Ein vom Auftraggeber oder Kunden unter Berufung auf vertragliche Pflichten an den AG gerichtetes Verbot, einen bestimmten AN einzusetzen, begründet für sich betrachtet grundsätzlich noch kein Unvermögen (§ 297 BGB) dieses AN, seine Arbeitsleistung zu erbringen. Der AG hat in diesem Fall vielmehr weitere Einsatzmöglichkeiten zu prüfen.[183] Scheiden solche aus, schließt dies Annahmeverzug nur aus, wenn dem AG nach Treu und Glauben unter Berücksichtigung der Gepflogenheiten des Arbeitslebens die Annahme der Arbeitsleistung unzumutbar ist.[184] So besteht nach einem Urteil des LAG Bremen kein Annahmeverzug, wenn ein AN, der bei einem Dritten Ware konfektioniert und verpackt, im Pausenraum dieses Betriebs in ein Handwaschbecken uriniert und deshalb vom Auftraggeber seines AG ein Hausverbot erhält.[185] Das durch ein Hausverbot begründete Unvermögen des betroffenen AN entsteht dabei unabhängig davon, ob der Kunde dabei vertragliche Rücksichtnahmepflichten verletzt. Nach der Rechtsprechung des BAG hat der AN gegen den Kunden nach § 280 I BGB einen auf die entgangene Vergütung (§ 252 BGB) gerichteten Schadensersatzanspruch, wenn der Kunde durch ein Hausverbot die ihm gegenüber dem in seinen Betrieb eingesetzten AN des beauftragten Drittunternehmers gem. § 241 II BGB iVm § 311 III 1 BGB obliegenden Rücksichtnahmepflichten schuldhaft verletzt. Diesen Anspruch könne der AN ggf. hilfsweise mit der Inanspruchnahme des AG gem. § 2 III ArbGG vor dem ArbG gerichtlich geltend machen.[186] Im Übrigen ist das Hausverbot eines Kunden keiner der Fälle, in denen der AG das Risiko des Arbeitsausfalls nach § 615 S. 3 BGB zu tragen hat. Die Norm betrifft das von der Rechtsprechung entwickelte Betriebsrisiko (→ § 101 Rn. 5).[187] 44

d) Feststellung der Leistungsfähigkeit. Für die Beurteilung des Leistungsvermögens sind die objektiven Umstände maßgeblich. Unerheblich ist die subjektive Einschätzung des AN. Ist ein AN aus gesundheitlichen Gründen objektiv nicht in der Lage, die vereinbarte Leistung zu erbringen, kann das fehlende Leistungsvermögen nicht allein durch den Willen des AN ersetzt werden, trotz objektiver Leistungsunfähigkeit einen Arbeitsversuch zu unternehmen.[188] Die mangelnde Leistungsfähigkeit iSv § 297 BGB ist durch eine vom AN vorgelegte **ärztliche Empfehlung zum Wechsel des Arbeitsplatzes** nur dann belegt, wenn sich aus der Bescheinigung zugleich ergibt, dass dem AN die Arbeitsleistung am bisherigen Arbeitsplatz objektiv unmöglich ist. Ansonsten ist der AG nach einem Urteil des Neunten Senats des BAG nur verpflichtet zu prüfen, ob der AN auf einen leidensgerechten Arbeitsplatz umgesetzt werden kann. Sei dem AG das nicht möglich oder überlasse er dem AN die Wahl zwischen dem bisherigen Arbeitsplatz und einem anderen, habe es damit sein Bewenden, wenn sich der AN für die Arbeit auf dem belastenden Arbeitsplatz entscheide. Der AG könne die Beschäftigung nicht aus Fürsorgegründen ablehnen.[189] Das gilt jedoch nicht, wenn Arbeitsunfähigkeit im Sinne des EFZG vorliegt, weil der AG dann vom AN keine Arbeitsleistung verlangen kann und demzufolge auch nicht entgegenzunehmen braucht.[190] Der Vergütungsanspruch eines AN entfällt, wenn der Zeitraum für die Entgeltfortzahlung im Krankheitsfall abgelaufen ist und der AN aus gesundheitlichen Gründen weiterhin nicht in der Lage ist, die vertragsgemäße Arbeit zu erbringen. Daran ändert gem. § 297 BGB auch das Angebot der Arbeitsleistung durch den AN nichts.[191] 45

e) Arbeitsunfähigkeit. Im Falle einer Arbeitsunfähigkeit des AN im Annahmeverzugszeitraum stehen diesem nach Maßgabe der §§ 3 und 4 EFZG **Ansprüche auf Entgeltfortzahlung** und bei länger andauernder Arbeitsunfähigkeit Krankengeldansprüche zu (dazu → § 98 46

[181] LAG SchlH 28.11.1988 NZA 1989, 472.
[182] BAG 20.12.2012 AP Nr. 50 zu § 1 KSchG 1969 Krankheit = NZA-RR 2013, 627.
[183] Vgl. dazu BAG 18.9.2008 – 2 AZR 1060/06; HessLAG 26.4.2000 NZA-RR 2000, 633.
[184] BAG 28.9.2016 AP Nr. 150 zu § 615 BGB = NZA 2017, 124; 21.10.2015 AP Nr. 144 zu § 615 BGB = NZA 2016, 688.
[185] LAG Brem 24.8.2000 NZA-RR 2000, 632; *Schmiegel/Robrecht* FS Löwisch, 355.
[186] BAG 28.9.2016 AP Nr. 150 zu § 615 BGB = NZA 2017, 124.
[187] BAG 28.9.2016 AP Nr. 150 zu § 615 BGB = NZA 2017, 124.
[188] Vgl. BAG 29.10.1998 AP Nr. 77 zu § 615 BGB = NZA 1999, 377.
[189] Vgl. BAG 17.2.1998 AP Nr. 27 zu § 618 BGB = NZA 1999, 33.
[190] *Annuß* Anm. zu BAG EzA Nr. 89 zu § 615 BGB.
[191] BAG 27.8.2008 AP Nr. 124 zu § 615 BGB = NZA 2008, 1410.

Rn. 152 ff.). Annahmeverzugsansprüche sind dagegen wegen fehlender Leistungsfähigkeit nach § 297 BGB ausgeschlossen. Bestehen keine Annahmeverzugsansprüche, weil der AN böswillig anderweitigen Verdienst unterlassen hat (→ Rn. 71), und wird der AN im Verzugszeitraum arbeitsunfähig, hat er für die Dauer der Arbeitsunfähigkeit Anspruch auf Entgeltfortzahlung nach § 3 I, § 4 I EFZG.[192] Verlangt der AN unter Vorlage eines von seinem Arzt erstellten Wiedereingliederungsplans eine Wiedereingliederung nach § 74 SGB V, ist dies ein gewichtiges Indiz für eine fortbestehende Arbeitsunfähigkeit.[193] Ist der AN nach einer ordentlichen Kündigung durch den AG für die Dauer der Kündigungsfrist arbeitsunfähig und behauptet er, unmittelbar nach Ablauf dieser Frist wieder arbeitsfähig geworden zu sein, kann dieses Zusammentreffen des Ablaufs der Kündigungsfrist und des behaupteten Endes der Arbeitsunfähigkeit jedenfalls nach einer mehrmonatigen Erkrankung, deren Beginn in engem zeitlichen Zusammenhang mit einer massiven Auseinandersetzung zwischen AG und AN stand, ein Fortbestehen der Arbeitsunfähigkeit indizieren. Es ist dann Sache des Beschäftigten, die Indizwirkung zu erschüttern. Lässt er sich zu seiner Erkrankung und deren Ausheilung gerade zum Ablauf der Kündigungsfrist – ggf. unter Entbindung der behandelnden Ärzte von der Schweigepflicht – nicht substantiiert ein, gilt die Behauptung des AG, der AN sei während des Verzugszeitraums leistungsunfähig gewesen, gem. § 138 III ZPO als zugestanden.[194] Zur Kundgabe eines neu gefassten Leistungswillens → Rn. 51. Da der AN nach erhobener Kündigungsschutzklage nach Ablauf der Kündigungsfrist nicht mehr verpflichtet ist, dem AG Arbeitsunfähigkeitsbescheinigungen vorzulegen, kann aus dem Fehlen solcher Bescheinigungen nicht auf eine bestehende Arbeitsfähigkeit des AN geschlossen werden. Aus den gegenüber der BA bestehenden Nachweispflichten kann gleichfalls nicht auf eine Arbeitsfähigkeit des AN geschlossen werden. Eine Arbeitsfähigkeit auf dem allgemeinen Arbeitsmarkt schließt eine Arbeitsunfähigkeit des AN bezogen auf die vertraglich geschuldete Tätigkeit nicht aus (zur Darlegungs- und Beweislast → Rn. 54).[195]

47 Umstritten ist, ob der AG nach längerer Arbeitsunfähigkeit vom AN eine Arbeitsfähigkeitsbescheinigung **(sog. „Gesundschreibung")** verlangen kann, wenn der AN wieder seine Arbeitsleistung anbietet. Hierzu gilt Folgendes:[196] Im Grundsatz ist davon auszugehen, dass ein AN, der bereits längere Zeit vertragsgemäß beschäftigt worden ist, arbeitsfähig ist, solange er nicht von einem Arzt krankgeschrieben ist. Der AG darf deshalb in der Regel nach einer ärztlich attestierten Arbeitsunfähigkeitsperiode den Antritt der Arbeit und die weitere Arbeit nicht von der Vorlage einer „Gesundschreibung" abhängig machen.[197] Eine **Rechtsgrundlage** für die Vorlage einer Arbeitsfähigkeitsbescheinigung kann sich aus tariflichen Bestimmungen, wie etwa § 9 Nr. 1 Abs. 3 MTV-Metall NRW ergeben. **Besondere Umstände,** die nach § 241 II BGB einen Anspruch auf Vorlage einer Arbeitsfähigkeitsbescheinigung begründen können, hat das LAG Berlin zutreffend in einem Fall angenommen, in dem eine AN deutlich über die Hälfte der Arbeitstage eines Kalenderjahres arbeitsunfähig war und bereits mehrere ärztliche Bescheinigungen vorlagen, die eine dauernde Einschränkung der Leistungsfähigkeit der AN attestierten.[198] Ein Anspruch auf Vorlage einer Arbeitsfähigkeitsbescheinigung kann sich auch gegenüber einem an **COVID-19 erkrankten AN** ergeben. Insoweit konkretisieren § 15 I 2, § 16 I ArbSchG die Rücksichtnahmepflichten des AN aus § 241 II BGB.[199] Hinsichtlich des Beweiswerts einer ärztlichen „Arbeitsfähigkeitsbescheinigung" und seiner Erschütterung gelten die vom BAG zur ärztlichen Arbeitsunfähigkeitsbescheinigung entwickelten Grundsätze entsprechend (→ § 98 Rn. 110 ff.).[200] Da der Eintritt des Annahmeverzugs nicht von einem Verschulden des AG abhängt, gerät der AG auch dann in Annahmeverzug, wenn er irrtümlich annimmt, der AN sei außer Stande, die Arbeitsleistung zu erbringen.[201]

48 **3. Leistungswilligkeit. a) Grundsätze.** Die in § 297 BGB nicht ausdrücklich genannte Voraussetzung der Leistungswilligkeit ergibt sich daraus, dass ein leistungsunwilliger AN **sich**

[192] BAG 19.5.2021 – 5 AZR 420/20.
[193] BAG 24.9.2014 AP Nr. 135 zu § 615 BGB = NZA 2014, 1407.
[194] BAG 22.2.2012 AP Nr. 127 zu § 615 BGB = NZA 2012, 858.
[195] BAG 24.9.2014 AP Nr. 206 zu § 4 TVG Ausschlussfristen = NZA 2015, 35.
[196] *Steiner/Steinicke* NZA 2020, 1150 (1151 ff.).
[197] Vgl. LAG Bln 9.12.2004 DB 2005, 264; 10.5.2001 NZA-RR 2002, 23; MüKoBGB/*Henssler* § 615 Rn. 33.
[198] LAG Bln 10.5.2001 NZA-RR 2002, 23; 9.12.2004 DB 2005, 264.
[199] *Steiner/Steinicke* NZA 2020, 1150 (1153).
[200] BAG 11.10.2006 AP Nr. 4 zu § 5 EntgeltFG; LAG Düsseldorf 17.7.2003 DB 2003, 2603.
[201] BAG 10.5.1973 AP Nr. 27 zu § 615 BGB.

selbst außer Stand setzt, die Arbeitsleistung zu bewirken.[202] Der Leistungswille muss sich dabei auf die vertraglich geschuldete Tätigkeit beziehen.[203] Ist diese nur rahmenmäßig umschrieben, obliegt es nach § 106 S. 1 GewO dem AG, den Inhalt der zu leistenden Arbeit näher zu bestimmen. Die hierdurch konkretisierte Tätigkeit ist die iSv § 294 BGB zu bewirkende Arbeitsleistung, auf die sich der Leistungswille des AN zu richten hat.[204] Die subjektive Leistungsbereitschaft ist eine von dem Leistungsangebot und dessen Entbehrlichkeit unabhängige Voraussetzung. Sie muss während des gesamten Verzugszeitraums vorliegen.[205] Der AN muss unabhängig von der den Annahmeverzug begründenden Kündigung bereit sein, die vertraglich vereinbarte Tätigkeit auszuführen.

b) Verhältnis zur Anrechnung böswillig nicht erzielten Verdienstes. Die Nichtaufnahme einer vom AG angebotenen Beschäftigung kann nicht nur zur Anrechnung böswillig nicht erzielten Verdienstes gem. § 615 S. 2 BGB, § 11 Nr. 1 KSchG führen. Vielmehr kann sie den **Annahmeverzug des AG gänzlich entfallen lassen.**[206] Der Ausschluss des Annahmeverzugs nach § 297 BGB gilt unabhängig davon, ob eine Kündigung durch den AG ausgesprochen worden ist oder nicht. Der Rückschluss auf einen fehlenden Leistungswillen anlässlich der Nichtaufnahme einer vom AG angebotenen Arbeit ist zulässig, wenn der AN ein Angebot des AG ablehnt, das trotz Aufrechterhaltung der Kündigung auf eine Weiterbeschäftigung zu unveränderten Bedingungen gerichtet und dessen Annahme auch sonst zumutbar ist. Bei einer reinen Anrechnung nach § 615 S. 2 BGB, § 11 Nr. 2 KSchG bleibt es hingegen, wenn entweder das böswillige Unterlassen eines Zwischenerwerbs bei einem anderen AG oder als Selbständiger in Rede steht oder die Beschäftigungsmöglichkeit bei dem AG besteht, der sich mit der Annahme der Dienste in Verzug befindet und dieser eine zwar nicht vertragsgemäße, jedoch gleichwohl zumutbare Beschäftigung angeboten hat (dazu → Rn. 71 ff.).[207] 49

c) Feststellung des Leistungswillens. Lehnt der AN im ungekündigt bestehenden Arbeitsverhältnis eine ihm zugewiesene, objektiv zumutbare Tätigkeit ab, belegt dies seine mangelnde Leistungswilligkeit. Der AG ist in diesem Fall nicht verpflichtet, zur Vermeidung von Annahmeverzug nach Ausspruch einer Kündigung dem AN von sich aus erneut die Tätigkeit anzubieten, die der AN zuvor bereits abgelehnt hatte.[208] Eine fehlende Leistungsbereitschaft ist ferner indiziert, wenn der AN auf eine Arbeitsaufforderung des AG eine Reaktion unterlässt, sich quasi in Schweigen hüllt.[209] Gegen einen Leistungswillen spricht ebenso, wenn der AN die Forderung nach **„Rücknahme der Kündigung"** zur Bedingung der Arbeitsaufnahme macht.[210] Denn der AN hat kein berechtigtes Interesse daran, bei einer Ungewissheit über die Wirksamkeit der Kündigung seine Arbeitsbereitschaft davon abhängig zu machen, dass der AG seinen Rechtsstandpunkt insgesamt aufgibt. Beteiligt sich ein AN nach einer – wie sich später in einem Kündigungsschutzprozess herausstellt – unwirksamen außerordentlichen Kündigung an einem im Betrieb des AG geführten **Streik,** steht ihm für die Dauer der Teilnahme an dem Arbeitskampf keine Vergütung aus Annahmeverzug zu. Die Streikbeteiligung manifestiert fehlenden Leistungswillen, der nach § 297 BGB den Annahmeverzug ausschließt. Wer streikt, ist nicht leistungswillig.[211] 50

Der Leistungswille folgt nicht allein aus der **Erhebung einer Kündigungsschutzklage.** Legt der AG Umstände dar, die den Schluss erlauben, der AN sei nicht gewillt gewesen zu arbeiten, steht dem selbst ein wörtliches Angebot nicht entgegen.[212] Auf fehlenden Leistungswillen können **Äußerungen im Kündigungsschutzprozess** hindeuten, so wenn der AN behauptet, das Arbeitsverhältnis sei völlig zerrüttet und könne unter keinen Umständen mehr fortgeführt werden, weshalb er eine neue Arbeitsstelle suche.[213] Hat der AG nach einem unentschuldigten Fernbleiben von der Arbeit dem AN ordentlich gekündigt, indiziert dies zusammen mit einer 51

[202] BAG 17.8.2011 NZA-RR 2012, 342; 19.5.2004 AP Nr. 108 zu § 615 BGB = NZA 2004, 1064.
[203] BAG 13.7.2005 AP Nr. 112 zu § 615 BGB = NZA 2005, 1348.
[204] BAG 22.2.2012 AP Nr. 127 zu § 615 BGB = NZA 2012, 858.
[205] BAG 24.5.2017 – 5 AZR 251/16; 17.8.2011 NZA-RR 2012, 342; 13.7.2005 AP Nr. 112 zu § 615 BGB = NZA 2005, 1348.
[206] BAG 17.8.2011 NZA-RR 2012, 342; 13.7.2005 AP Nr. 112 zu § 615 BGB = NZA 2005, 1348.
[207] BAG 17.8.2011 NZA-RR 2012, 342.
[208] BAG 10.4.2014 AP Nr. 159 zu § 2 KSchG 1969 = NZA 2014, 653.
[209] BAG 24.5.2017 – 5 AZR 251/16.
[210] BAG 13.7.2005 AP Nr. 112 zu § 615 BGB = NZA 2005, 1348; aA KR/*Spilger* KSchG § 11 Rn. 15.
[211] BAG 17.7.2012 AP Nr. 178 zu Art. 9 GG Arbeitskampf = NZA 2012, 1432.
[212] BAG 19.5.2004 AP Nr. 108 zu § 615 BGB = NZA 2004, 1064.
[213] BAG 24.9.2003 NZA 2003, 1387.

sich daran unmittelbar anschließenden **Krankschreibung** fehlenden Leistungswillen des AN (→ Rn. 46). Die Erhebung der Kündigungsschutzklage und auch der allgemeine Weiterbeschäftigungsantrag entkräften diese Indizwirkung nicht. Der vor Ausspruch der Kündigung leistungsunwillige, die Arbeit verweigernde AN muss vielmehr einen wieder gefassten Leistungswillen nach außen gegenüber dem AG kundtun. Dazu ist es erforderlich, den neu gewonnenen Leistungswillen im Rahmen des Zumutbaren durch ein tatsächliches Arbeitsangebot zu dokumentieren. Ein bloßes „Lippenbekenntnis" genügt dagegen nicht.[214]

52 Ist der AN während des Annahmeverzugs ein **neues Arbeitsverhältnis eingegangen,** kann hieraus allein nicht auf fehlenden Leistungswillen geschlossen werden, denn hierzu ist der AN unter Beachtung des Verbots von Konkurrenztätigkeit gem. § 11 Nr. 2 KSchG gehalten.[215] Auch wenn der AN ein neues, nur unter Einhaltung einer Kündigungsfrist zu beendendes Arbeitsverhältnis abgeschlossen hat und vorübergehend einer Arbeitsweisung nicht Folge leisten kann, ist ihm dies nicht anzulasten. Nach einem Obsiegen im Kündigungsschutzprozess stehen dem AN die Rechte aus § 12 KSchG zu. Danach kann er binnen einer Woche nach der Rechtskraft die Fortsetzung des (früheren) Arbeitsverhältnisses verweigern (dazu → § 140 Rn. 1 ff.). Lässt er diese Frist verstreichen, besteht das frühere Arbeitsverhältnis mit allen Rechten und Pflichten fort. Der AN kann und muss deshalb jederzeit damit rechnen, dass der AG ihn zur Wiederaufnahme der Arbeit auffordert. Deshalb muss er unverzüglich das neue Arbeitsverhältnis unter Einhaltung der vereinbarten Kündigungsfrist beenden.[216] Kommt er der Arbeitsaufforderung hingegen ohne jegliche Erklärung nicht nach, hüllt er sich quasi in Schweigen, indiziert dies seinen fehlenden Leistungswillen.[217]

53 Aus einer **unwirksamen Eigenkündigung** kann nicht ohne Weiteres auf fehlenden Leistungswillen des AN geschlossen werden. Die Leistungsbereitschaft besteht in diesen Fällen jedenfalls dann, wenn sie gegenüber dem AG ausdrücklich bekundet wird oder einer entsprechenden Feststellungsklage des AN entnommen werden kann.[218] Ob Entsprechendes auch bei **formnichtigen mündlichen Aufhebungsverträgen** gilt, ist umstritten. Während das Thüringer LAG die Auffassung vertritt, mit der Zustimmung zu einem Aufhebungsvertrag dokumentiere der AN, ab dem darin bestimmten Beendigungszeitpunkt nicht mehr die Arbeitsleistung erbringen zu wollen,[219] hat das LAG Niedersachsen angenommen, Leistungsbereitschaft bestehe jedenfalls dann, wenn der AN erklärt habe, er brauche Arbeit.[220]

54 **4. Darlegungs- und Beweislast.** Der AG trägt die Darlegungs- und Beweislast für die tatsächlichen Voraussetzungen der fehlenden Leistungsfähigkeit und Leistungswilligkeit im Sinne von § 297 BGB,[221] da es sich hierbei um eine **vom AG geltend zu machende Einwendung** handelt.[222] Da der AG über den Gesundheitszustand des AN im Annahmeverzugszeitraum regelmäßig keine näheren Kenntnisse hat, können an seinen Vortrag zum Leistungsunvermögen keine hohen Anforderungen gestellt werden. Es genügt, wenn der AG Indizien vorträgt, aus denen auf Arbeitsunfähigkeit geschlossen werden kann.[223] In Betracht kommen insbesondere Krankheitszeiten des AN vor und nach dem Verzugszeitraum. Hat der AG solche Indizien vorgetragen, ist es Sache des AN, die Indizwirkung zu erschüttern. Der AN muss sich gem. § 138 II ZPO konkret erklären. Er hat darzutun, warum aus dem Vortrag des AG nicht auf Leistungsunvermögen geschlossen werden kann. Hierzu kann er etwa darlegen, warum die zugrunde liegenden Erkrankungen keine Aussagekraft für den Annahmeverzugszeitraum habe, oder konkrete Umstände für eine Ausheilung von Krankheiten bzw. ein Abklingen der Beschwerden vortragen. Naheliegend ist es, die behandelnden Ärzte von der Schweigepflicht zu entbinden. Der AG ist dann für die Leistungsunfähigkeit beweispflichtig. Er kann sich auf das Zeugnis der den AN

---

[214] BAG 22.2.2012 AP Nr. 127 zu § 615 BGB = NZA 2012, 858.
[215] BAG 16.5.2012 AP Nr. 128 zu § 615 BGB = NZA 2012, 971; zust. *Ricken* Anm. zu BAG AP Nr. 128 zu § 615 BGB.
[216] *Ricken* Anm. zu BAG AP Nr. 128 zu § 615 BGB.
[217] BAG 16.5.2012 AP Nr. 128 zu § 615 BGB = NZA 2012, 971.
[218] BAG 21.11.1996 RzK I 13 b Nr. 31.
[219] ThürLAG 27.1.2004 ArbRB 2004, 198.
[220] LAG Nds 11.10.2004 LAGReport 2005, 170.
[221] BAG 27.5.2015 AP Nr. 138 zu § 615 BGB = NZA 2015, 1053; 22.2.2012 AP Nr. 127 zu § 615 BGB = NZA 2012, 858; 23.1.2008 NZA 2008, 595.
[222] BAG 11.12.2019 AP Nr. 34 zu § 3 EntgeltFG = NZA 2020, 446; 22.8.2018 AP Nr. 155 zu § 615 BGB = NZA 2019, 30.
[223] BAG 20.6.2018 AP Nr. 12 zu § 21 TzBfG = NJW 2019, 103; 24.9.2014 AP Nr. 135 zu § 615 BGB = NZA 2014, 1407; 15.5.2013 AP Nr. 131 zu § 615 BGB = NZA 2013, 1076; 22.2.2012 AP Nr. 127 zu § 615 BGB = NZA 2012, 858.

behandelnden Ärzte und auf ein Sachverständigengutachten berufen. Trägt der AN dagegen nichts vor oder lässt er sich nicht substantiiert ein, gilt die Behauptung des AG, der AN sei auch während des Verzugszeitraums leistungsunfähig gewesen, gem. § 138 III ZPO als zugestanden.[224] Ergeben sich bereits aus dem Sachvortrag des AN Indizien, aus denen auf eine fehlende Leistungsfähigkeit in dem Zeitraum, für den Vergütung wegen Annahmeverzugs begehrt wird, geschlossen werden kann, ist die Klage bereits unschlüssig, wenn der AN die selbst geschaffene Indizwirkung nicht ausräumt und substantiiert seine Arbeitsfähigkeit darlegt.[225]

VIII. Ablehnung der Arbeitsleistung

1. Allgemeines. Der AG gerät in Annahmeverzug, wenn er die ihm angebotene Arbeitsleistung nicht annimmt und nur bereit ist, den AN mit anderen als nach dem Vertrag geschuldeten Arbeiten zu beschäftigen und damit ein neues Arbeitsverhältnis zu begründen.[226] Verlangt der AG allerdings in Ausübung seines Direktionsrechts (§ 106 GewO) in rechtlich einwandfreier Art und Weise eine bestimmte Arbeit, kommt er nicht in Annahmeverzug, wenn der AN diese Arbeit ablehnt und stattdessen eine andere, ebenfalls vertragsgemäße Arbeit anbietet.[227] Denn Annahmeverzug des AG tritt nur ein, wenn der AN die Arbeitsleistung so anbietet, wie sie zu bewirken ist (→ Rn. 26).[228] Der Eintritt des Annahmeverzugs hängt nicht von einem Verschulden des AG ab. Er entsteht deshalb auch dann, wenn der AG irrtümlich annimmt, der AN sei nicht leistungsfähig.[229] 55

2. Leistung Zug um Zug. Ist der AN nach § 298 BGB nur dazu verpflichtet, Zug um Zug gegen eine Leistung des AG zu arbeiten, gerät der AG auch in Verzug, wenn er zwar bereit ist, die Arbeit entgegenzunehmen, aber die von ihm verlangte Gegenleistung nicht anbietet.[230] § 298 BGB gilt nicht nur für die Einrede des nicht erfüllten Vertrags (§ 320 BGB), sondern auch für alle Fälle des Zurückbehaltungsrechts (§ 273 BGB).[231] Die Regelung des § 298 BGB ist zB anwendbar, wenn der AG dem AN vereinbarte Vorschüsse auf Auslagen, Fahrtkosten usw. nicht geleistet hat. Gleiches gilt, wenn der AN wegen nicht unerheblicher **Lohnrückstände** die Einrede des nicht erfüllten Vertrags erhebt (§ 320 I BGB).[232] Der AN ist dann nicht mehr vorleistungspflichtig (§ 614 BGB).[233] Der AG hat nunmehr die rückständige Gegenleistung (Arbeitsvergütung) zu erbringen. Erst dann hat der AN seine Arbeit zu leisten. In der Einrede des nicht erfüllten Vertrags liegt regelmäßig die konkludente Erklärung des AN, er verweigere die Arbeitsleistung nur solange, wie der AG das rückständige Arbeitsentgelt nicht bezahlt. Solange der AN wirksam ein Zurückbehaltungsrecht ausübt, endet gem. § 298 BGB nicht der Annahmeverzug des AG. 56

3. Unzumutbarkeit der Weiterbeschäftigung. Der AG gerät ausnahmsweise trotz einer unwirksamen Kündigung nicht in Annahmeverzug, wenn ihm die Weiterbeschäftigung unter Berücksichtigung der dem AN zurechenbaren Umstände nach Treu und Glauben unzumutbar ist.[234] Nicht jedes Verhalten des AN, das den AG zur fristlosen Kündigung aus wichtigem Grund iSd § 626 I BGB berechtigt, begründet für den AG das Recht, die Arbeitsleistung des AN abzulehnen, wenn sich die Kündigung aus anderen Gründen als unwirksam erweist. Die Weiterbeschäftigung ist vielmehr nur bei besonders groben Vertragsverstößen unzumutbar. Die Annahme der Leistung muss zu einer konkreten Gefährdung von Rechtsgütern des AG, seiner Familienangehörigen oder anderer AN führen, deren Schutz Vorrang vor den Interessen des AN 57

---

[224] BAG 20.6.2018 AP Nr. 12 zu § 21 TzBfG = NJW 2019, 103; 22.2.2012 AP Nr. 127 zu § 615 BGB = NZA 2012, 858; 5.11.2003 AP Nr. 106 zu § 615 BGB.

[225] BAG 24.9.2014 AP Nr. 135 zu § 615 BGB = NZA 2014, 1407; 15.5.2013 AP Nr. 131 zu § 615 BGB = NZA 2013, 1076.

[226] BAG 7.11.2002 AP Nr. 98 zu § 615 BGB; 14.11.1985 AP Nr. 39 zu § 615 BGB = NZA 1986, 637.

[227] BAG 30.4.2008 AP Nr. 183 zu § 611 BGB Lehrer, Dozenten = NZA-RR 2008, 551.

[228] BAG 15.5.2013 AP Nr. 42 zu § 611 BGB Arbeitszeit = NZA-RR 2014, 519.

[229] BAG 10.5.1973 AP Nr. 27 zu § 615 BGB.

[230] BGH 15.11.1996 NJW 1997, 581; MüKoBGB/*Henssler* § 615 Rn. 44.

[231] BAG 8.5.2014 NZA 2014, 860; 26.9.2007 AP Nr. 13 zu § 615 BGB Böswilligkeit.

[232] BAG 25.10.2007 AP Nr. 333 zu § 613a BGB = NZA-RR 2008, 367; HWK/*Krause* BGB § 615 Rn. 48, 64.

[233] Vgl. HWK/*Krause* BGB § 614 Rn. 15.

[234] BAG 16.4.2014 AP Nr. 133 zu § 615 BGB = NZA 2014, 1082; 29.10.1987 AP Nr. 42 zu § 615 BGB; BAG GS 26.4.1956 AP Nr. 5 zu § 9 MuSchG.

an der Erhaltung seines Verdienstes hat.[235] Dies hat das BAG nach einem Totschlagsversuch einer Schwangeren gegen den AG bejaht.[236] Dasselbe gilt bei fortgesetzten Untreuehandlungen des Leiters der Buchhaltungsabteilung, die auch nach deren Aufdeckung und einem notariellen Schuldanerkenntnis sowie der Weiterbeschäftigung fortgeführt wurden.[237] Entsprechendes ist anzunehmen bei dem dringenden Verdacht des sexuellen Missbrauchs von Kleinkindern in einer Kindertagesstätte durch einen Erzieher.[238]

IX. Beendigung des Annahmeverzugs

58 **1. Grundsatz.** Die Beendigung des Annahmeverzugs ist gesetzlich nicht besonders geregelt. Er endet nicht von selbst, sondern nur, wenn seine Voraussetzungen entfallen.[239] Der Annahmeverzug endet mit Wirkung für die Zukunft (ex nunc), wenn der AG wieder bereit ist, die geschuldete Arbeitsleistung im Rahmen des bisherigen Vertragsverhältnisses entgegenzunehmen. Bereits eingetretene Rechtsfolgen bleiben bestehen.[240] Ist der AG nach einer unwirksamen Kündigung in Annahmeverzug geraten, muss er, um den Annahmeverzug zu beenden, den AN zur Arbeit auffordern.[241] Die Beendigung des Streits über den Bestand eines Arbeitsverhältnisses ändert daran nichts. Auch in diesem Fall kann der AN regelmäßig eine Arbeitsaufforderung abwarten, weil er häufig auch nicht ohne Weiteres erkennen kann, wann und wo er die Arbeit wieder aufnehmen soll.[242] Beschäftigt der AG einen vollzeitbeschäftigten AN mit verringerter Arbeitszeit weiter, endet der Annahmeverzug nur teilweise, wenn sich nicht Anhaltspunkte für eine – ggf. konkludent – vereinbarte Änderung der geschuldeten Arbeitszeit ergeben.[243] Nimmt der AN die Arbeit trotz entsprechender Aufforderung durch den AG nicht wieder auf, endet dessen Annahmeverzug, weil dann regelmäßig vom Fehlen des Leistungswillens des AN auszugehen ist.[244]

59 **2. Aufforderung zur Arbeit.** Besteht kein Einvernehmen zur Fortsetzung des Arbeitsverhältnisses, muss der AG den AN zur Arbeitsleistung auffordern[245] und dies mit der Erklärung verbinden, die Arbeitsleistung als Erfüllung des fortbestehenden Arbeitsvertrags anzusehen.[246] Der AG ist allerdings nicht verpflichtet, neben der grundsätzlich gebotenen Festlegung von Zeit und Ort der Arbeitsaufnahme auch den Inhalt der vom AN konkret zu leistenden Arbeit bereits bei der Arbeitsaufforderung festzulegen.[247] Eine „Ankündigungsfrist" muss er nicht einhalten.[248] Ist der AN ein neues Arbeitsverhältnis eingegangen, steht ihm das Wahlrecht nach § 12 KSchG zu (→ § 140 Rn. 4 ff.). Entscheidet sich der AN nicht zur Fortsetzung des neuen Arbeitsverhältnisses oder ist er ein solches nicht eingegangen, ist er verpflichtet, die Arbeit wieder aufzunehmen. Eine Ausnahme gilt nur dann, wenn dem AN die Wiederaufnahme der Arbeit wegen des vorausgegangenen Verhaltens des AG unzumutbar ist und er nunmehr seinerseits das Arbeitsverhältnis kündigt. Der Annahmeverzug endet nicht, wenn der AG lediglich bereit ist, den AN neu zu denselben oder geänderten Bedingungen einzustellen.[249] Kommt der AN der Aufforderung zur Arbeitsleistung bewusst nicht nach, indiziert dies seine fehlende Leistungsbereitschaft

---

[235] Der Rspr. im Ergebnis folgend *Kraft* Anm. zu BAG EzA Nr. 17 zu § 103 BetrVG 1972; AR/*Kamanabrou* BGB § 615 Rn. 46 f.; HWK/*Krause* BGB § 615 Rn. 66 f.; ErfK/*Preis* BGB § 615 Rn. 62 f.; Staudinger/*Richardi/Fischinger* BGB § 615 Rn. 97.

[236] BAG GS 26.4.1956 AP Nr. 5 zu § 9 MuSchG.

[237] BAG 16.4.2014 AP Nr. 133 zu § 615 BGB = NZA 2014, 1082.

[238] LAG Bln 27.11.1995 NZA-RR 1996, 283.

[239] BAG 16.5.2012 AP Nr. 128 zu § 615 BGB = NZA 2012, 971; 19.1.1999 AP Nr. 79 zu § 615 BGB = NZA 1999, 925; ausf. dazu *Ricken* Anm. zu BAG AP Nr. 128 zu § 615 BGB.

[240] HWK/*Krause* BGB § 615 Rn. 68; ErfK/*Preis* BGB § 615 Rn. 65.

[241] BAG 19.1.2016 AP Nr. 257 zu § 626 BGB = NZA 2016, 1144.

[242] BAG 12.12.2012 AP Nr. 129 zu § 615 BGB; 16.5.2012 AP Nr. 128 zu § 615 BGB = NZA 2012, 971; ebenso APS/*Biebl* KSchG § 11 Rn. 13; AR/*Kamanabrou* BGB § 615 Rn. 54.

[243] BAG 22.10.2009 AP Nr. 16 zu § 115 SGB X = NZA-RR 2010, 660.

[244] BAG 19.1.2016 AP Nr. 257 zu § 626 BGB = NZA 2016, 1144.

[245] BAG 12.12.2012 AP Nr. 129 zu § 615 BGB; 19.1.1999 AP Nr. 79 zu § 615 BGB = NZA 1999, 925; 27.1.1994 AP Nr. 32 zu § 2 KSchG 1969.

[246] BAG 26.9.2007 AP Nr. 13 zu § 615 BGB Böswilligkeit = NZA 2008, 1063; 24.9.2003 AP Nr. 9 zu § 615 BGB Böswilligkeit = NZA 2004, 90.

[247] BAG 19.1.2016 AP Nr. 257 zu § 626 BGB = NZA 2016, 1144.

[248] BAG 19.1.2016 AP Nr. 257 zu § 626 BGB = NZA 2016, 1144; 16.5.2012 AP Nr. 128 zu § 615 BGB = NZA 2012, 971.

[249] BAG 10.4.1963 AP Nr. 23 zu § 615 BGB.

iSv § 297 BGB.[250] Darüber hinaus liegt hierin eine Verletzung arbeitsvertraglicher Nebenpflichten, die im Einzelfall auch eine fristlose Kündigung zu rechtfertigen vermag.[251]

3. Beendigung des Arbeitsverhältnisses. Der Annahmeverzug endet, wenn das Arbeits- 60
verhältnis aufgelöst ist. Eine unwirksame außerordentliche Kündigung ist dabei ggf. in eine ordentliche Kündigung umzudeuten, sofern die Voraussetzungen von § 140 BGB vorliegen (dazu → § 123 Rn. 66) mit der Folge, dass – wenn die sonstigen Anforderungen erfüllt sind – für die Dauer der Kündigungsfrist Annahmeverzugsansprüche des AN bestehen. Ist im Rechtsstreit über die Wirksamkeit der außerordentliche Kündigung die Umdeutung unterblieben und rechtskräftig die Unwirksamkeit einer fristlosen Kündigung festgestellt worden, kann sich der AG im Prozess über die Vergütungsfortzahlung nicht auf eine mögliche Umdeutung berufen.[252] Wendet der AG gegenüber dem Vergütungsanspruch ein, das Arbeitsverhältnis sei rechtswirksam gekündigt, trifft ihn für die Wirksamkeit der Kündigung und ggf. den sie rechtfertigenden Grund die Beweislast.[253] Wenn sich der AG in einem arbeitsgerichtlichen Vergleich verpflichtet, bis zu einem bestimmten Zeitpunkt alle vertragsgemäßen Leistungen zu erbringen, wird die Auslegung regelmäßig ergeben, dass der AN nur die ihm zustehenden Leistungen verlangen kann, nicht aber den Verzugslohn ohne Rücksicht auf dessen Voraussetzungen.[254]

4. Angebot der Prozessbeschäftigung. Der Annahmeverzug endet nicht, wenn der AG 61
dem AN für die Dauer des Kündigungsschutzprozesses einen befristeten Arbeitsvertrag zu den bisherigen Bedingungen oder eine durch die rechtskräftige Feststellung der Wirksamkeit der Kündigung auflösend bedingte Fortsetzung des Vertrags anbietet (sog. Prozessbeschäftigung). In diesem Fall nimmt der AG die Arbeitsleistung des AN nicht als Erfüllung des bestehenden Arbeitsvertrags entgegen.[255] Der Annahmeverzug wird ebenso wenig durch ein vom AN neu begründetes Arbeitsverhältnis beendet. Dies folgt aus § 615 S. 2 BGB bzw. § 11 Nr. 1 KSchG. Der Annahmeverzug des AG endet nur dann, wenn er mit dem Angebot der Weiterbeschäftigung klarstellt, dass er zu Unrecht gekündigt bzw. zu Unrecht auf der Wirksamkeit der Befristung beharrt habe.[256] Die Ablehnung des Angebots zur Weiterbeschäftigung kann jedoch ein böswilliges Unterlassen anderweitigen Erwerbes darstellen (dazu → Rn. 86).

5. Rücknahme der Kündigung. Die erklärte Rücknahme der Kündigung durch den AG 62
führt ebenso wenig wie die Beilegung eines Rechtsstreits durch Abschluss eines gerichtlichen Vergleich ohne Weiteres zur Beendigung des Annahmeverzugs.[257] Da der AG dem AN Arbeit zuweisen muss, endet der Annahmeverzug in diesem Fall nur dann, wenn der Erklärung des AG mit hinreichender Deutlichkeit die Aufforderung zu entnehmen ist, der AN möge zu einem bestimmten Zeitpunkt an einem bestimmten Ort die Arbeit wieder aufzunehmen.[258] Das kann uU angenommen werden, wenn der AN vor der Kündigung seine Tätigkeit an einem bestimmten Ort zu festen Arbeitszeiten ausgeübt hat. Anders ist die Rechtslage, wenn der AN vor der Kündigung unterschiedliche Tätigkeiten zu schwankenden Arbeitszeiten ausgeübt hat. In dem entschiedenen Fall hatte eine Verkäuferin einer Bäckereikette mit zahlreichen Verkaufsstellen vor Ausspruch der Kündigung an verschiedenen Orten zu wechselnden Arbeitszeiten gearbeitet. Hier war unklar, wann und wo sich die AN zur Arbeit einfinden sollte.[259]

6. Entbindung von der Weiterbeschäftigungspflicht. Hat der AN einen Weiterbeschäfti- 63
gungsanspruch nach § 102 V BetrVG geltend gemacht und wird der AG von der Beschäftigungspflicht durch das Arbeitsgericht entbunden, bleibt er gleichwohl zur Fortzahlung der Vergütung verpflichtet, wenn sich im Kündigungsschutzprozess herausstellt, dass die Kündigung sozial ungerechtfertigt war.[260] In dem summarischen Verfahren nach § 102 V BetrVG bzw. nach §§ 935,

[250] BAG 16.5.2012 AP Nr. 128 zu § 615 BGB = NZA 2012, 971.
[251] BAG 19.1.2016 AP Nr. 257 zu § 626 BGB = NZA 2016, 1144.
[252] BAG 19.2.1970 AP Nr. 12 zu § 11 KSchG.
[253] Vgl. BGH 10.5.1988 ZIP 1988, 905.
[254] LAG Düsseldorf 29.4.1992 DB 1992, 2040.
[255] BAG 19.9.2012 NZA 2013, 101; 26.9.2007 AP Nr. 13 zu § 615 BGB Böswilligkeit = NZA 2008, 1063; 13.7.2005 AP Nr. 112 zu § 615 BGB = NZA 2005, 1348; 24.9.2003 AP Nr. 9 zu § 615 BGB Böswilligkeit = NZA 2004, 90; 19.1.1999 AP Nr. 79 zu § 615 BGB = NZA 1999, 925; 14.11.1985 AP Nr. 39 zu § 615 BGB = NZA 1986, 637.
[256] BAG 19.9.2012 AP Nr. 200 zu § 4 TVG Ausschlussfristen = NZA 2013, 101; 5.11.2003 AP Nr. 106 zu § 615 BGB.
[257] BAG 12.12.2012 AP Nr. 129 zu § 615 BGB.
[258] BAG 24.5.2017 – 5 AZR 251/16.
[259] BAG 19.1.1999 AP Nr. 79 zu § 615 BGB = NZA 1999, 925.
[260] LAG RhPf EzA Nr. 35 zu § 615 BGB.

940 ZPO wird nur über die Verpflichtung des AG zur vorläufigen Weiterbeschäftigung entschieden. Die Rechtmäßigkeit der Beendigung des Arbeitsverhältnisses und die dadurch bedingte Beendigung der Arbeitspflicht ist nicht Gegenstand dieses Verfahrens. Das gilt auch dann, wenn der AG zunächst wegen fehlender Erfolgsaussicht der Kündigungsschutzklage von der Weiterbeschäftigung entbunden worden ist.

64 **7. Änderungskündigung.** Hat der AG dem AN statt einer nach dem Ultima-Ratio-Prinzip ausreichenden Änderungskündigung eine (unwirksame) Beendigungskündigung erklärt, endet der Annahmeverzug erst dann, wenn der AG dem AN die ursprünglich geschuldete Tätigkeit wieder anbietet.[261]

X. Vergütungsfortzahlung

65 **1. Lohnausfallprinzip.** Das im Annahmeverzug fortzuzahlende Entgelt ist nach dem Lohnausfallprinzip zu bemessen. Der AG hat die Vergütung zu zahlen, die der AN bei Weiterarbeit erzielt hätte.[262] Dies betrifft auch den gesetzlichen Mindestlohn. Nicht erfasst werden nur solche Leistungen, die davon abhängig sind, dass der AN tatsächlich arbeitet oder dass ihm tatsächlich Aufwendungen entstehen.[263] Von der Annahmeverzugsforderung sind wie von der laufenden Arbeitsvergütung Steuern und Sozialversicherungsbeiträge abzuziehen. Im Bereich der Spielbanken kann die Annahmeverzugsvergütung aus dem Tronc befriedigt werden.[264] Fehlen kollektive oder vertragliche Regelungen, ist die für Teile eines Kalendermonats geschuldete Vergütung wegen Annahmeverzugs auf der Grundlage eines Tagessatzes von **1/30 des Monatsentgelts** zu berechnen.[265] Weiterzuzahlen sind bei zeitlohnbestimmter Arbeit die regelmäßige Stunden-, Tage-, Wochen- oder Monatsvergütung einschließlich zwischenzeitlich eingetretener Verdiensterhöhungen. Hätte der AN bei Weiterarbeit auch **Überstunden** geleistet, schuldet der AG auch die Überstundenvergütung.[266] Mangelt es bei schwankender Vergütung an hinreichend konkreten Vereinbarungen oder festen Anhaltspunkten für die Frage des mutmaßlich erzielten Entgelts, ist gem. § 287 II ZPO zu schätzen. Dabei kann die vom AN bis zum Eintritt des Annahmeverzugs erzielte Vergütung einen Anhaltspunkt liefern.[267] Die Schätzung obliegt grundsätzlich dem Tatsachengericht. Seine Entscheidung ist vom BAG nur dahin zu überprüfen, ob sie auf falschen oder unsachlichen Erwägungen beruht oder ob sie wesentlichen Tatsachenstoff außer Acht lässt.[268]

66 **2. Zuschläge.** Zum nachzuzahlenden Arbeitsverdienst gehören auch Zuschläge, soweit diese Teile der vereinbarten Vergütung sind und Entgeltcharakter haben. Damit hat der AG auch die tariflichen Spät-, Nacht- und Wechselschichtzuschläge zu vergüten. Anders als Zulagen, die eine bestimmte tatsächliche Mehrbelastung abgelten sollen, wie etwa Schmutzzulagen, Essenszuschüsse, Aufwendungs- oder Spesenersatz, haben die Zeitzuschläge Entgeltcharakter (dazu → Rn. 67). Bei Sonntags-, Feiertags- und Nachtschichtzuschlägen ist freilich zu beachten, dass diese gem. § 3b I EStG nur steuerfrei sind, wenn sie für tatsächlich geleistete Arbeit gezahlt werden. Bei Nichtleistung dieser steuerlich begünstigten Arbeit sind die Zuschläge wie die sonstige Arbeitsvergütung zu versteuern. Wegen des **Steuernachteils** hat der AN grundsätzlich keinen Schadensersatzanspruch.[269] Bei der durch die nicht steuerfreie Auszahlung der Zuschläge für Sonntags-, Feiertags- und Nachtarbeit bewirkten Vermögenseinbuße handelt es sich nicht um einen Verzugsschaden nach § 286 iVm § 280 I BGB. Denn die Vermögenseinbuße entsteht nicht durch die verspätete Entgeltzahlung, sondern dadurch, dass der AN tatsächlich nicht beschäftigt worden ist. Die durch den Verlust des Steuervorteils eintretende Vermögenseinbuße kann dem AG auch nicht normativ zugerechnet werden. Zweck der dem AG trotz Ausspruchs

---

[261] BAG 27.1.1994 AP Nr. 32 zu § 2 KSchG 1969 = NZA 1994, 840.
[262] BAG 18.9.2002 AP Nr. 99 zu § 615 BGB; 18.9.2001 AP Nr. 37 zu § 611 BGB Mehrarbeitsvergütung = NZA 2002, 268.
[263] BAG 19.3.2008 AP Nr. 11 zu § 305 BGB = NZA 2008, 757.
[264] BAG 28.4.1993 AP Nr. 16 zu § 611 BGB Croupier = NZA 1994, 85; LAG Köln 21.3.1996 NZA-RR 1997, 163.
[265] BAG 24.5.2017 – 5 AZR 251/16; 12.12.2012 AP Nr. 129 zu § 615 BGB; 16.5.2012 AP Nr. 128 zu § 615 BGB = NZA 2012, 971.
[266] BAG 7.11.2002 AP Nr. 100 zu § 615 BGB = NZA 2003, 1139; 18.9.2001 AP Nr. 37 zu § 611 BGB Mehrarbeitsvergütung = NZA 2002, 268.
[267] BAG 18.9.2001 AP Nr. 37 zu § 611 BGB Mehrarbeitsvergütung = NZA 2002, 268.
[268] BAG 11.8.1998 – 9 AZR 410/97.
[269] BAG 19.10.2000 AP Nr. 11 zu § 611 BGB Haftung des Arbeitgebers = NZA 2001, 598.

einer Kündigung unter bestimmten Voraussetzungen auferlegten Weiterbeschäftigungspflicht ist nicht der Erhalt von Steuervorteilen des AN. Schutzzweck ist vielmehr die Wahrung des ideellen Beschäftigungsinteresses des AN und nicht in erster Linie die Sicherung der Vergütung oder gar die Wahrung der steuerlichen Interessen des AN.

3. Besondere Vergütungsbestandteile. Der Verzugslohn umfasst auch entgangene Provisionen. Haben die Parteien nicht ausdrücklich vereinbart, wie der Verdienstausfall zu berechnen ist, ist dessen Höhe nach § 287 II ZPO zu schätzen. Das BAG orientiert sich hierbei zum einen an der Höhe der geleisteten Vorauszahlungen, weil diese Anhaltspunkte für die gemeinsame Vorstellung der Parteien über die erwartete Provisionshöhe geben. Zum andern sind die in der Vergangenheit erzielten Provisionen zu berücksichtigen.[270] Neben Provisionen gehören zur weiterzuzahlenden Arbeitsvergütung: **Gefahren-, Erschwernis- und Funktionszulagen,**[271] **Gratifikationen und Urlaubsgelder,** die unabhängig von einer tatsächlichen Beschäftigung geleistet werden,[272] **Prämien, Tantiemen oder Umsatzbeteiligungen,**[273] **Spesen,** auch solche, die neben einem auffallend geringen Gehalt gezahlt werden, um Lohnsteuern und Sozialversicherungsbeiträge zu sparen. Ggf. ist nach § 287 II ZPO zu schätzen, inwieweit die Spesen echten, nicht weiterzuzahlenden Aufwendungsersatz darstellen und inwieweit Arbeitsvergütung. Während des Annahmeverzugs sind dagegen solche Zulagen nicht weiterzuzahlen, die an die **tatsächliche Arbeitsleistung** anknüpfen (Schmutzzulagen)[274] oder während des Verzugs nicht anfallende Auslagen abgelten sollen. Dazu können Essenszuschüsse gehören, die nur eine bestimmte reale Mehrbelastung ausgleichen sollen.[275] Die Rechtslage ist derjenigen bei Lohnfortzahlung im Krankheitsfalle vergleichbar (dazu → § 98 Rn. 82, 85). **Sachbezüge** sind mit dem nach der SvEV festgesetzten Satz abzugelten (dazu → § 68 Rn. 23 ff.). 67

Entzieht der AG dem AN unberechtigt einen auch zur **privaten Nutzung überlassenen Dienst-PKW,** kann der AN Schadensersatz in Geld in Höhe der steuerlichen Bewertung der privaten Nutzungsmöglichkeit (vgl. § 6 I Nr. 4 EStG) verlangen (→ § 68 Rn. 14).[276] Der Wert der privaten Nutzung eines Kraftfahrzeugs beläuft sich für jeden Kalendermonat auf 1% des inländischen Listenpreises im Zeitpunkt der Erstzulassung zuzüglich der Kosten für Sonderausstattungen einschließlich Umsatzsteuer. Im Arbeitsverhältnis kann der Wert einer längerfristigen Gebrauchsmöglichkeit nicht anhand der Tabelle von *Sanden/Danner/Küppersbusch* bemessen werden, weil der auch zur privaten Nutzung überlassene Dienst-PKW dem AN nicht zur uneingeschränkten Nutzung zur Verfügung steht, sondern vorrangig zur dienstlichen Nutzung.[277] 68

4. Ausschlussfristen. Der Annahmeverzugsanspruch unterliegt tariflichen Verfallfristen.[278] Die Ausschlussfrist beginnt grundsätzlich mit Fälligkeit des Anspruchs zu laufen. Der Annahmeverzugsanspruch wird fällig, als wären die Dienste wirklich geleistet worden.[279] Mit einer Bestandsschutzklage macht der AN die vom Ausgang dieses Rechtsstreits abhängigen Ansprüche nicht nur gegenüber dem AG, sondern auch im Sinne der zweiten Stufe einer tarifvertraglich geregelten Ausschlussfrist „gerichtlich geltend".[280] Wendet sich ein AN gerichtlich gegen eine unwirksame Versetzung, liegt in der Klage auf Beschäftigung zu unveränderten Bedingungen zugleich eine Geltendmachung der für diese Tätigkeit vereinbarten Entgeltansprüche im Sinne der ersten Stufe einer (tarif-)vertraglichen Ausschlussfrist. Dies gilt jedoch nicht für Ansprüche, die nicht vom Ausgang dieser Klage abhängen, wie Zahlungsansprüche, die nicht aus der vertragsgemäßen Beschäftigung folgen, sondern zusätzlich beispielsweise auf eine unrichtige Eingruppierung gestützt werden.[281] Näher dazu → § 209 Rn. 7 ff. 69

[270] BAG 11.8.1998 BB 1998, 1796; SächsLAG 13.1.1999 LAGE § 4 EFZG Nr. 4.
[271] BAG 18.6.1958 AP Nr. 6 zu § 615 BGB.
[272] BAG 16.5.2012 AP Nr. 128 zu § 615 BGB = NZA 2012, 971; 18.1.1963 AP Nr. 22 zu § 615 BGB.
[273] LAG Köln 6.8.2004 LAGReport 2005, 126.
[274] Vgl. BAG 30.5.2001 EzA Nr. 104 zu § 615 BGB.
[275] BAG 19.3.2008 AP Nr. 11 zu § 305 BGB = NZA 2008, 757.
[276] Vgl. BAG 5.9.2002 AP Nr. 11 zu § 280 BGB 2002 = NZA 2003, 973; SächsLAG 13.1.1999 LAGE § 4 EFZG Nr. 4.
[277] BAG 19.12.2006 AP Nr. 21 zu § 611 BGB Sachbezüge = NZA 2007, 809; 27.5.1999 AP Nr. 12 zu § 611 BGB Sachbezüge = NZA 1999, 1038.
[278] StRspr, vgl. BAG 26.4.2006 AP Nr. 188 zu § 4 TVG Ausschlussfristen = NZA 2006, 845.
[279] BAG 5.11.2003 AP Nr. 1 zu § 3 NachwG = NZA 2004, 102.
[280] BAG 2.10.2018 AP Nr. 156 zu § 615 BGB = NZA 2018, 1544; 24.9.2014 AP Nr. 206 zu § 4 TVG Ausschlussfristen = NZA 2015, 35.
[281] BAG 18.9.2019 AP Nr. 157 zu § 615 BGB mAnm *Brecht-Heitzmann*= NZA 2020, 174.

70 **5. Verjährung.** Annahmeverzugsansprüche unterliegen gem. § 195 BGB der allgemeinen Verjährungsfrist von drei Jahren. Die Fälligkeit der Annahmeverzugsvergütung bestimmt sich nach dem Zeitpunkt, in dem die Vergütung bei tatsächlicher Beschäftigung in den einzelnen Abrechnungsperioden fällig geworden wäre.[282] Die Verjährung wird durch die Erhebung einer Kündigungsschutzklage nicht gehemmt (§ 204 I Nr. 1 BGB), weil die Annahmeverzugsansprüche nicht Streitgegenstand der Kündigungsschutzklage sind (→ § 72 Rn. 9).[283] Wird auf die Verfassungsbeschwerde eines AN die letztinstanzliche Abweisung einer Kündigungsschutzklage vom BVerfG aufgehoben, liegt keine „höhere Gewalt" iSd § 206 BGB vor. Die Verfassungsbeschwerde hemmt die Verjährungsfrist für vom Ausgang des Kündigungsschutzprozesses abhängige Annahmeverzugsansprüche nicht, wenn der AN keine Anstrengungen zur Wahrung der Verjährungsfrist unternommen hat, obwohl er dazu in der Lage war.[284] Nur ausnahmsweise kann die Rechtsunkenntnis den Verjährungsbeginn wegen Unzumutbarkeit der Klageerhebung hinausschieben, wenn eine unsichere und zweifelhafte Rechtslage besteht, die selbst ein rechtskundiger Dritter nicht zuverlässig einzuschätzen vermag.[285]

XI. Anrechnungsfragen

71 **1. Verhältnis von § 615 S. 2 BGB zu § 11 KSchG. a) § 11 KSchG als lex specialis.** Nach § 615 S. 2 BGB muss sich der AN auf den Annahmeverzugslohn den Wert desjenigen anrechnen lassen, was er infolge des Unterbleibens der Arbeitsleistung erspart oder durch anderweitige Verwendung seiner Dienste erwirbt oder zu erwerben böswillig unterlässt. Die Anrechnung hindert bereits ipso iure die Entstehung des Vergütungsanspruchs. Sie begründet keine Aufrechnungslage.[286] Soweit Annahmeverzugsansprüche für die Zeit nach Ablauf der Kündigungsfrist bzw. nach einer außerordentlichen fristlosen Kündigung in Streit stehen, bestimmt sich die Anrechnung nach dem weitgehend inhaltsgleichen § 11 KSchG, wenn hierüber das Gericht entschieden hat. Haben die Parteien nach einer Kündigung die Beendigung des Arbeitsverhältnisses durch Prozessvergleich geregelt, fehlt es an einer Entscheidung des Gerichts zum Fortbestand des Arbeitsverhältnisses iSd § 11 KSchG, weshalb diese Norm als Anrechnungsvorschrift ausscheidet.[287] § 11 KSchG ist lex specialis gegenüber § 615 S. 2 BGB. Diese Bestimmung wird durch § 11 KSchG verdrängt, wenn Ansprüche des AN für die Zeit nach einer unwirksamen Kündigung geltend gemacht werden.[288] Dies gilt in gleicher Weise für ordentliche und außerordentliche Kündigungen.[289]

72 **b) Unterschiede bei der Anrechnung.** Die Anrechnung anderweitigen Verdienstes nach § 11 Nr. 1 KSchG bezweckt, eine **Besser- oder Schlechterstellung des AN** nach gewonnenem Kündigungsschutzprozess zu **vermeiden.** Er ist so zu stellen, als wäre das Arbeitsverhältnis ungekündigt weitergeführt worden.[290] Im Unterschied zu § 615 S. 2 BGB muss sich der AN nach § 11 KSchG nicht das durch die Nichtleistung der Arbeit Ersparte anrechnen lassen. Erforderlich ist ein unmittelbarer Zusammenhang zwischen dem Ausbleiben der Dienstleistung und der Ersparnis.[291] Anrechenbar sind beispielsweise die Fahrtkosten zur Arbeit oder Kosten für Arbeitskleidung. Die **unterschiedliche Behandlung der Ersparnisse** in § 615 BGB und in § 11 KSchG ist verfassungsrechtlich unter dem Gesichtspunkt der Verletzung von Art. 3 I GG nur problematisch, soweit sie gekündigte AN in Kleinbetrieben betrifft, auf die gem. § 23 I 2 und 3 KSchG trotz seines grundsätzlichen Vorrangs § 11 KSchG keine Anwendung findet. Nur in diesem Fall befinden sich die beiden – gekündigten – Personengruppen in einer vergleichbaren Lage. Unter Berücksichtigung des Regelungsspielraums des Gesetzgebers wird es verfassungsrechtlich unbedenklich sein, das durch § 11 KSchG verfolgte Anliegen dann hinter das Interesse des AG an einer Anrechnung der ersparten Aufwendungen des AN zurücktreten zu

[282] BAG 24.9.2014 AP Nr. 206 zu § 4 TVG Ausschlussfristen = NZA 2015, 35.
[283] BAG 11.10.2017 AP Nr. 153 zu § 615 BGB = NZA 2018, 390; 24.6.2015 AP Nr. 1 zu § 204 BGB = NZA 2015, 1256; 24.9.2014 AP Nr. 206 zu § 4 TVG Ausschlussfristen = NZA 2015, 35.
[284] BAG 7.11.2002 AP Nr. 13 zu § 580 ZPO = NZA 2003, 963.
[285] BAG 24.9.2014 AP Nr. 206 zu § 4 TVG Ausschlussfristen = NZA 2015, 35; BGH 15.6.2010 NJW-RR 2010, 1574.
[286] BAG 2.10.2018 AP Nr. 156 zu § 615 BGB = NZA 2018, 1544.
[287] BAG 24.2.2016 AP Nr. 146 zu § 615 BGB = NZA 2016, 687.
[288] BAG 2.10.2018 AP Nr. 156 zu § 615 BGB = NZA 2018, 1544; ErfK/*Preis* BGB § 615 Rn. 84.
[289] BAG 24.9.2003 AP Nr. 4 zu § 11 KSchG 1969 = NZA 2004, 90.
[290] BAG 2.10.2018 AP Nr. 156 zu § 615 BGB = NZA 2018, 1544.
[291] MüKoBGB/*Henssler* § 615 Rn. 74; Staudinger/*Richardi/Fischinger* BGB § 615 Rn. 154.

lassen, wenn es sich um einen AG eines Kleinbetriebs handelt, der typischerweise finanziell weniger leistungsstark und deshalb an einer Reduzierung der Lohnkosten besonders interessiert ist.[292] Anders als § 615 S. 2 BGB sieht § 11 Nr. 3 KSchG ausdrücklich die Anrechnung erlangter **öffentlich-rechtlicher Leistungen** vor (dazu → Rn. 96). Im Hinblick auf das böswillige Unterlassen anderweitigen Verdienstes unterscheiden sich beide Vorschriften nur im Wortlaut, nicht aber in der Sache.[293]

2. Anderweitiger Verdienst. a) Ursächlichkeit. Auf die nach einer unwirksamen Kündi- 73
gung nachzuzahlende Arbeitsvergütung muss sich der AN gem. § 11 Nr. 1 KSchG anrechnen lassen, was er durch anderweitige Arbeit verdient hat. Ist in einem Vergleich in einem Kündigungsschutzprozess die Fortsetzung des Arbeitsverhältnisses vereinbart, ist durch Auslegung festzustellen, ob eine Anrechnung des erzielten Zwischenverdienstes erfolgen soll. Der **anderweitige Erwerb muss kausal durch das Freiwerden der Arbeitskraft ermöglicht** worden sein und darauf beruhen.[294] Anrechnungsfähig ist damit nur der Zwischenverdienst, den der AN während der Arbeitszeit erzielt hat, in der er im Annahmeverzugszeitraum beim AG hätte Arbeitsleistungen erbringen müssen.[295] Erhöhte Aufwendungen zur Erzielung des anderweitigen Verdienstes sind abzuziehen.[296] Zu berücksichtigen sind hierbei allerdings nur Aufwendungen, die im Rahmen der vorhandenen Qualifikation des AN zur Fortführung einer fachkundigen Erwerbstätigkeit erforderlich sind. Unberücksichtigt bleiben dagegen Aufwendungen, die der AN hat, um sich weiter zu qualifizieren und hierdurch seinen „Marktwert" auf dem Arbeitsmarkt zu erhöhen, ohne dass die hierbei erworbenen Kenntnisse und Fähigkeiten dem AG unmittelbar zugutekommen. Die Berücksichtigung solcher Aufwendungen als zwischenverdienstmindernd widerspräche dem Zweck des § 11 Nr. 1 KSchG. Wollte man sie als Abzugsposten beim erzielten anderweitigen Verdienst berücksichtigen, führte dies wirtschaftlich betrachtet dazu, dass der AG diese Qualifizierungsmaßnahme voll bezahlt, ohne ihr zugestimmt und ohne hiervon im Falle der Unwirksamkeit der Kündigung einen Nutzen zu haben.[297] Anzurechnen ist nicht, was der AN überhaupt durch seine Arbeitskraft erwirbt, sondern nur der Erwerb, der ihm erst durch das Unterbleiben der Arbeitsleistung ermöglicht wird.[298] Dazu gehört auch die von einem anderen AG bezogene Urlaubsabgeltung.[299] Maßgeblich ist das erzielte Bruttoeinkommen.[300] Außer Betracht bleiben maßvolle Vergünstigungen bei Gefälligkeitsarbeiten für Nachbarn oder Bekannte. Die Weiterleitung des Pflegegeldes (§ 37 SGB XI) für die etwaige Pflege von Angehörigen geht über diesen Rahmen hinaus.[301]

Der AN muss sich auch den Verdienst anrechnen lassen, den er aus einer Tätigkeit erzielt hat, 74
die er **nicht hätte ausüben müssen.** Anders als bei der Anrechnung eines Verdienstes, den der AN zu erwerben böswillig unterlassen hat (§ 11 Nr. 2 KSchG), kommt es bei der Anrechnung des tatsächlich erzielten Verdienstes nach dem Wortlaut des § 11 Nr. 1 KSchG und auch des § 615 S. 2 BGB nicht darauf an, ob diese Tätigkeit dem AN hätte zugemutet werden können.[302] **Nebenverdienste,** die der AN auch bei Erbringung der vertraglichen Arbeitsleistung hätte erzielen können, werden nicht angerechnet.[303] Stand der AN in einem **Teilzeitarbeitsverhältnis,** ist deshalb nicht jeder anderweitige Verdienst anrechenbar, sondern nur der Arbeitsverdienst, der ursächlich darauf zurückzuführen ist, dass der AN nicht zu arbeiten brauchte.[304] Zwischenverdienst ist in diesen Fällen also auf den Vergütungsanspruch wegen Annahmeverzugs in dem Umfang anzurechnen, wie er dem Verhältnis der beim AG ausgefallenen Arbeitszeit zu der im neuen Dienstverhältnis geleisteten entspricht. Ist ein AN beispielsweise im Umfang von zwölf Wochenstunden beschäftigt gewesen und hat er nach der – unwirksamen – Kündigung im Umfang von 17 Wochenstunden gearbeitet, muss er sich nicht den gesamten hierdurch erzielten

---

[292] Vgl. BVerfG 24.6.2010 NZA 2010, 1004, das eine Richtervorlage nach Art. 100 GG als unzulässig abgewiesen hat.
[293] BAG 16.5.2000 AP Nr. 7 zu § 615 BGB Böswilligkeit = NZA 2001, 26.
[294] So zutr. BAG 6.9.1990 AP Nr. 47 zu § 615 BGB = NZA 1991, 221.
[295] BAG 24.2.2016 AP Nr. 146 zu § 615 BGB = NZA 2016, 687.
[296] MüKoBGB/*Henssler* § 615 Rn. 75; ErfK/*Preis* BGB § 615 Rn. 90; Staudinger/*Richardi/Fischinger* BGB § 615 Rn. 163.
[297] BAG 2.10.2018 AP Nr. 156 zu § 615 BGB = NZA 2018, 1544; zust. MüKoBGB/*Henssler* § 615 Rn. 75.
[298] BAG 1.3.1958 AP Nr. 1 zu § 9 KSchG.
[299] LAG Hamm 25.11.1996 RzK I 13 a Nr. 49.
[300] MüKoBGB/*Henssler* § 615 Rn. 75; KR/*Spilger* KSchG § 11 Rn. 33.
[301] HWK/*Krause* BGB § 615 Rn. 92.
[302] AA *Bayreuther* NZA 2003, 1365 (1369).
[303] BAG 14.8.1974 AP Nr. 3 zu § 13 KSchG 1969; Staudinger/*Richardi/Fischinger* BGB § 615 Rn. 162.
[304] BAG 6.9.1990 AP Nr. 47 zu § 615 BGB = NZA 1991, 221.

Verdienst anrechnen lassen, sondern lediglich den für zwölf Wochenstunden.[305] Nicht anrechenbar ist durch Über- oder Mehrarbeitsstunden erzielter Verdienst, wenn der AN bei seinem bisherigen AG keine Mehrarbeit leisten musste.

75 **b) Selbständige Tätigkeit.** Auch Einnahmen aus einer selbständigen Tätigkeit oder einem freien Mitarbeiterverhältnis sind anrechenbar.[306] Maßgeblich sind nicht allein die Einnahmen, sondern grundsätzlich der unter Berücksichtigung der erforderlichen Ausgaben erzielte **Unternehmergewinn,** den der AN im Verzugszeitraum durch die frei gewordenen Arbeitskapazitäten erwirtschaftet hat.[307] Ob zu den einzubeziehenden Ausgaben auch alle steuerrechtlich relevanten Ausgaben für die Anschaffung von Wirtschaftsgütern iSv § 7 I EStG gehören, ist noch nicht geklärt. Im Hinblick auf die differenzierte Bewertung von Aufwendungen bei nichtselbständiger Tätigkeit (→ Rn. 73) dürfte auch bei der selbständigen Tätigkeit eine Unterscheidung geboten sein. Einkünfte, die der AN aus einer Kapitalbeteiligung an einem Unternehmen ohne eigene Tätigkeit für das Unternehmen erzielt, sind nicht anrechenbar.[308]

76 **c) Zufluss nach Beendigung des Annahmeverzugs.** Soweit erst nach Beendigung des Annahmeverzugs Einkünfte erzielt werden, die auf Tätigkeiten im Verzugszeitraum beruhen, sind diese nach § 11 Nr. 1 KSchG bzw. § 615 S. 2 BGB ggf. anteilig anzurechnen.[309] Der AN hat durch seine Arbeit während des Annahmeverzugs auch das verdient, was er hierfür erst zu einem späteren Zeitpunkt erhält. Dies gilt insbesondere für Provisionen, die auf einer Vermittlungstätigkeit im Verzugszeitraum beruhen.[310] Maßgeblich ist nicht der Zeitpunkt der Zahlung, sondern die Zeit, in der die Leistung erbracht wurde. Hat sich der AN während des Annahmeverzugs auf eine andere Tätigkeit vorbereitet, aus der er erst später Einkünfte erzielt, ist eine teilweise Anrechnung des später Erlangten möglich, wenn er im Verzugszeitraum bereits mit der selbständigen Tätigkeit begonnen hat. Problematisch ist, inwieweit bei einer begonnenen selbständigen Tätigkeit Akquisitionserfolge Berücksichtigung finden können. Relevant dürften wohl nur Tätigkeiten sein, für die der AN schon eine Gegenleistung verlangen könnte. Ggf. ist die Höhe des Gewinns nach § 287 ZPO zu schätzen.[311]

77 **d) Darlegungs- und Beweislast.** Im Umfang des erzielten anderweitigen Verdienstes erfolgt die Anrechnung gem. § 11 Nr. 1 KSchG/§ 615 S. 2 BGB ipso iure und bedarf keiner Erklärung des AG. Die Anrechnung anderweitigen Verdienstes hindert bereits die Entstehung des Anspruchs aus § 615 S. 1 BGB und führt nicht nur zu einer Aufrechnungslage.[312] Hieraus folgt, dass eine Klage nur in Höhe des Differenzbetrags zwischen der Annahmeverzugsvergütung nach § 615 S. 1 BGB und dem nach § 11 Nr. 1 KSchG anzurechnenden anderweitigen Verdienst schlüssig ist, wenn der Kläger selbst vorträgt, solchen erzielt zu haben.[313] Macht der AG geltend, der AN habe während des Annahmeverzugs anderweitigen Verdienst erzielt, erhebt er eine rechtsvernichtende Einwendung.[314] Für deren tatsächliche Voraussetzungen ist der AG darlegungs- und beweispflichtig.[315]

78 **e) Auskunftsanspruch.** Der AG kann vom AN in analoger Anwendung von § 74c II HGB Auskunft über die tatsächlichen Umstände verlangen, die nach § 11 Nr. 1 KSchG das Erlöschen seiner Zahlungsverpflichtung bewirken.[316] Der Auskunftsanspruch besteht, wenn der AG auf die Auskunft angewiesen ist, um festzustellen, ob die vom AN geltend gemachten Vergütungsansprüche durch die Anrechnung nach § 11 Nr. 1 KSchG teilweise oder vollständig erloschen

[305] BAG 24.2.2016 AP Nr. 146 zu § 615 BGB = NZA 2016, 687.
[306] Vgl. ErfK/*Kiel* KSchG § 11 Rn. 4; APS/*Biebl* KSchG § 11 Rn. 18; MüKoBGB/*Henssler* § 615 Rn. 78.
[307] Vgl. Bader/Bram/*Suckow* KSchG § 11 Rn. 30; KR/*Spilger* KSchG § 11 Rn. 42.
[308] MüKoBGB/*Henssler* § 615 Rn. 78; KR/*Spilger* KSchG § 11 Rn. 42.
[309] BAG 16.6.2004 AP Nr. 11 zu § 615 BGB Böswilligkeit = NZA 2004, 1155; HWK/*Krause* BGB § 615 Rn. 90.
[310] Vgl. LAG Düsseldorf 5.3.1970 DB 1970, 1277 (1278).
[311] Bader/Bram/*Suckow* KSchG § 11 Rn. 30; Staudinger/*Richardi/Fischinger* BGB § 615 Rn. 165; dazu RAG ARS 40, 231, 237.
[312] BAG 22.11.2005 AP Nr. 5 zu § 615 BGB Anrechnung = NZA 2006, 736; MüKoBGB/*Henssler* § 615 Rn. 70; HWK/*Krause* BGB § 615 Rn. 85; Staudinger/*Richardi/Fischinger* BGB § 615 Rn. 151.
[313] BAG 2.10.2018 AP Nr. 156 zu § 615 BGB = NZA 2018, 1544.
[314] Bader/Bram/*Suckow* KSchG § 11 Rn. 33; aA MüKoBGB/*Henssler* § 615 Rn. 70, der hierin ein Leistungsverweigerungsrecht sieht.
[315] BAG 6.9.1990 AP Nr. 47 zu § 615 BGB = NZA 1991, 221; 19.7.1978 AP Nr. 16 zu § 242 BGB Auskunftspflicht; ErfK/*Kiel* KSchG § 11 Rn. 6.
[316] BAG 29.7.1993 AP Nr. 52 zu § 615 BGB = NZA 1994, 116; 19.2.1997 – 5 AZR 379/94; 24.8.1999 AP Nr. 1 zu § 615 BGB Anrechnung = NZA 2000, 818.

sind.[317] Der Anspruch des AG **schließt die Auskunft über das „Ob" eines erzielten Verdienstes ein.**[318] Der AG hat keine legale Möglichkeit herauszufinden, ob der AN anderweitigen Verdienst erzielt hat. Die Observation eines AN durch einen Detektiv ist Datenverarbeitung[319] und muss demzufolge die sich aus § 26 I 1 BDSG und dem verfassungsrechtlich geschützten allgemeinen Persönlichkeitsrecht des AN (Art. 2 I GG) ergebenden Grenzen beachten. Der Detektiveinsatz muss das praktisch letzte Mittel zur Aufklärung darstellen (→ § 53 Rn. 24).[320] Diese Voraussetzungen liegen bei einer ins Blaue durchgeführten Überwachungsmaßnahme des AG nicht vor.[321] Demgegenüber ist dem AN die vom AG begehrte Auskunft, ob überhaupt und wenn ja, in welcher Höhe er anderweitigen Verdienst erzielt hat, ohne Weiteres möglich und zumutbar. Schützenswerte Interessen des AN, eine anderweitige entgeltliche Beschäftigung monatelang geheimzuhalten, um sich so entgegen der gesetzlichen Regelung des § 11 Nr. 1 KSchG einen Zusatzverdienst sichern zu können, bestehen nicht.[322] Ein Auskunftsanspruch des AG besteht nicht nur nach Beendigung des Annahmeverzugs, sondern **ebenso im fortdauernden Annahmeverzug.** Er setzt dann aber voraus, dass im Rahmen einer vorläufigen Gesamtberechnung eine Feststellung über das anrechnungsbedingte Erlöschen der vom AN für die fortlaufend geltend gemachten Ansprüche möglich ist (näher → Rn. 81). Soweit es um Einkünfte aus selbständiger Tätigkeit geht, ist dem AN die Vorlage eines Einkommenssteuerbescheids regelmäßig zuzumuten.[323] Für die Auskunft nicht erhebliche Teile können geschwärzt werden. **Prozessual gilt Folgendes:** Erteilt der AN die verlangte Auskunft nicht oder nicht vollständig, kann der AG die Fortzahlung des Arbeitsentgelts verweigern. Eine Klage des AN soll nach bisheriger Rechtsprechung des BAG dann als zurzeit unbegründet abzuweisen sein.[324] Hiergegen bestehen Bedenken. Klagt der AN auf Zahlung von Annahmeverzugsvergütung und verlangt der AG im Prozess Auskunft über die Höhe des erzielten Einkommens, hat sich der AN im Rahmen seiner sekundären Darlegungslast gem. § 138 I ZPO hierzu vollständig und wahrheitsgemäß zu erklären.[325] Ohne die vom AG verlangte Auskunft ist die geltend gemachte Annahmeverzugsvergütung nicht berechenbar. Erfüllt der AN seine prozessuale Darlegungslast nicht, ist die Klage endgültig abzuweisen.[326] Insoweit unterscheidet sich diese Fallkonstellation nicht von anderen Fällen unzureichenden Vortrags der klagenden Partei, in denen die Klage endgültig abgewiesen wird.[327] Eine Abweisung der Klage als zurzeit unbegründet kommt nur dann in Betracht, wenn der AN die geforderte Auskunft aus Gründen nicht erteilen kann, die er nicht zu vertreten hat. Dies ist etwa anzunehmen, wenn der vorzulegende Steuerbescheid vom Finanzamt noch nicht erlassen worden ist.

Wird ein **AG rechtskräftig verurteilt,** für einen bestimmten Zeitraum Annahmeverzugsver- **79**
gütung zu zahlen, ist er nach Auffassung des BAG durch die Rechtskraft nicht gehindert, den anrechenbaren Teil der Vergütung im Wege der Zahlungsklage zurückzufordern, wenn er später von einem Zwischenverdienst des AN erfährt.[328] Dagegen spricht jedoch, dass gem. § 767 ZPO Einwendungen des Schuldners, die den durch ein Urteil festgestellten Anspruch selbst betreffen, im Wege der Vollstreckungsgegenklage geltend zu machen sind.[329]

3. Gesamtberechnung. Zur Berechnung des Annahmeverzugsanspruchs ist der ander- **80**
weitige Verdienst, den der AN während des Anrechnungszeitraums erzielt hat, nicht pro-rata-temporis, sondern auf die Gesamtvergütung für die Dauer des Annahmeverzugs anzu-

[317] BAG 24.8.1999 – 9 AZR 804/98, AP Nr. 1 zu § 615 BGB Anrechnung; 29.7.1993 AP Nr. 52 zu § 615 BGB = NZA 1994, 116.
[318] BAG 27.5.2020 AP Nr. 158 zu § 615 BGB mAnm *Kolbe* = NZA 2020, 1113;ThürLAG 21.11.2000 – 5 Sa 352/99, LAGE § 615 BGB Nr. 62 mAnm *Gravenhorst*; APS/*Biebl* KSchG § 11 Rn. 20; *Klein* NZA 1998, 1208 (1210); *Koller* SAE 1979, 135; aA HessLAG 11.5.2018 – 10 Sa 1628/17; HWK/*Krause* BGB § 615 Rn. 109; ErfK/*Preis* BGB § 615 Rn. 111; MHdB ArbR/*Tillmanns* § 76 Rn. 70.
[319] BAG 29.6.2017 AP Nr. 262 zu § 626 BGB = NZA 2017, 1179.
[320] *Byers* NZA 2017, 1086 (1087).
[321] BAG 27.5.2020 AP Nr. 158 zu § 615 BGB mAnm *Kolbe* = NZA 2020, 1113.
[322] *Klein* NZA 1998, 1208 (1210).
[323] Ebenso im Grundsatz BAG 29.7.1993 AP Nr. 52 zu § 615 BGB = NZA 1994, 116.
[324] BAG 19.3.2002 EzA Nr. 108 zu § 615 BGB = NZA 2002, 1052; 24.8.1999 AP Nr. 1 zu § 615 BGB Anrechnung = NZA 2000, 818; 19.2.1997 – 5 AZR 379/94; 29.7.1993 AP Nr. 52 zu § 615 BGB = NZA 1994, 116.
[325] BAG 27.5.2020 AP Nr. 158 zu § 615 BGB mAnm *Kolbe* = NZA 2020, 1113 mwN.
[326] Ebenso Bader/Bram/*Suckow* KSchG § 11 Rn. 35.
[327] Vgl. zu § 7 EFZG BAG 26.2.2003 AP Nr. 8 zu § 5 EntgeltFG.
[328] BAG 29.7.1993 AP Nr. 52 zu § 615 BGB= NZA 1994, 116; MüKoBGB/*Henssler* § 615 Rn. 71.
[329] *Gravenhorst* Anm. zu BAG EzA Nr. 79 zu § 615 BGB; Bader/Bram/*Suckow* KSchG § 11 Rn. 36.

rechnen. Dazu ist die Vergütung für die infolge des Verzugs nicht geleisteten Dienste dem, was der AN in der betreffenden Zeit anderweitig verdient hat, gegenüberzustellen.[330] Das setzt regelmäßig voraus, dass der Annahmeverzug bereits beendet ist. Erst der beendete Annahmeverzug ermöglicht den für die Gesamtberechnung erforderlichen Vergleich der dem AN gegen den AG zustehenden Entgeltansprüche mit dem Erwerb aus der anderweitigen Verwendung der Dienste.[331] Endet der Annahmeverzug nicht am Monatsende, sondern im Laufe eines Kalendermonats, ist zur Ermittlung der für diesen Monat geschuldeten Vergütung nicht auf die in diesem Monat anteilig zu leistenden Arbeitstage abzustellen, sondern die anteilige Vergütung ist auf der Grundlage eines Tagessatzes von 1/30 des Monatsentgelts zu berechnen.[332]

81 Ist der **Annahmeverzug noch nicht beendet** und macht der AN bereits entstandene monatliche Annahmeverzugsansprüche geltend, ist eine vorläufige Anrechnung vorzunehmen. Der AN muss Auskunft über die Einkünfte erteilen, die er vom Eintritt des Annahmeverzugs bis zu dem jüngsten von ihm erhobenen Anspruch erworben hat. Eine Anrechnung nachfolgender Einkünfte scheidet nach der Rechtsprechung des BAG aus. Die Gesamtberechnung führe zwar zu einer rechnerischen Zusammenfassung der dem AN zustehenden Ansprüche für die Dauer seiner Nichtbeschäftigung und deren Vergleich mit dem in diesem Zeitraum insgesamt erzielten Verdienst. Dadurch würden die nach § 615 S. 1 BGB aufrechterhaltenen Erfüllungsansprüche des AN nach § 611a II BGB im fortdauernden Annahmeverzug jedoch nicht unselbständige Teilposten eines einheitlichen Gesamtanspruchs auf „Annahmeverzugslohn". Die zeitabschnittsbezogenen Vergütungsansprüche behielten ihre rechtliche Selbständigkeit. Es sei nicht anderes, als wenn der AN die geschuldete Arbeit geleistet hätte und hierfür die vereinbarte Vergütung verlangte. Entstehen wie auch Fälligkeit und Erlöschen bestimmten sich nach dem vertraglich maßgeblichen Zeitabschnitt (§ 614 BGB).[333]

82 Die Anrechnung des durch die anderweitige Verwendung der Dienste erworbenen Verdienstes beschränkt sich regelmäßig zunächst auf den einzelnen Monat, für den der AG die Vergütung schuldet. Andernfalls würde der **Pfändungsschutz** des AN nach §§ 850 ff. ZPO und § 394 BGB verletzt. Zwar handelt es sich bei der Anrechnung nach § 615 S. 2 BGB nicht um eine Aufrechnung, diese Vorschriften sind aber immer dann anzuwenden, wenn die Geltendmachung von Rechten durch den AG dieselbe Wirkung wie eine Aufrechnung hat.[334] Sobald der Annahmeverzug beendet wird, entsteht ein Auskunfts- und im Rahmen der Gesamtberechnung gegebenenfalls ein Rückzahlungsanspruch, wenn der AG bereits einen Teil der Annahmeverzugsvergütung bezahlt hat.[335] Da die Annahmeverzugsansprüche trotz der Gesamtberechnung nicht erst am Ende des Annahmeverzugs, sondern sukzessive entstehen und mit dem jeweiligen Abrechnungszeitraum fällig werden, kann der AN auch **Prozess- oder Verzugszinsen** fordern (→ Rn. 105). Dazu hat er allerdings die von dritter Seite bezogenen Bruttovergütungen taggenau abzusetzen.[336]

83 Zur **Durchführung der Gesamtberechnung** ist zunächst die Bruttovergütung für die infolge des Verzugs nicht geleistete Arbeit zu ermitteln. Dieser Gesamtvergütung ist gegenüberzustellen, was der AN in der betreffenden Zeit anderweitig erworben hat. Nur so wird sichergestellt, dass der AN aus der anderweitigen Verwendung seiner Dienste keinen Gewinn auf Kosten des AG machen kann. Dies wäre ihm jedoch möglich, wenn in einzelnen Zeitabschnitten ein höherer und in anderen Zeitabschnitten ein geringerer Zwischenverdienst erzielt wird. In die Vergleichsberechnung sind zugunsten des AN alle Arbeitsentgeltansprüche einzustellen, die er gegen den AG erworben hat. Ein zwischenzeitliches Erlöschen wegen nicht fristgerechter Geltendmachung der Forderung innerhalb tariflicher Ausschlussfristen ist nach Auffassung des BAG unerheblich.[337]

---

[330] BAG 24.5.2017 – 5 AZR 251/16; 24.2.2016 AP Nr. 146 zu § 615 BGB = NZA 2016, 687; 16.5.2012 AP Nr. 128 zu § 615 BGB = NZA 2012, 971; 22.11.2005 AP Nr. 5 zu § 615 BGB Anrechnung = NZA 2006, 736; MüKoBGB/*Hergenröder* KSchG § 11 Rn. 16; HWK/*Krause* BGB § 615 Rn. 89; LSSW/*Spinner* KSchG § 11 Rn. 10; Staudinger/*Richardi/Fischinger* BGB § 615 Rn. 160 f.; aA *Boecken* NJW 1995, 3218; ArbRBGB/*Matthes* § 615 Rn. 86; ErfK/*Preis* BGB § 615 Rn. 92; *Nübold* RdA 2004, 31.

[331] BAG 24.8.1999 AP Nr. 1 zu § 615 BGB Anrechnung = NZA 2000, 818.

[332] BAG 16.5.2012 AP Nr. 128 zu § 615 BGB = NZA 2012, 971.

[333] BAG 24.8.1999 AP Nr. 1 zu § 615 BGB Anrechnung = NZA 2000, 818.

[334] BAG 24.8.1999 AP Nr. 1 zu § 615 BGB Anrechnung = NZA 2000, 818.

[335] BAG 29.7.1993 AP Nr. 52 zu § 615 BGB = NZA 1994, 116.

[336] BAG 24.9.2014 AP Nr. 206 zu § 4 TVG Ausschlussfristen = NZA 2015, 35; 16.5.2012 AP Nr. 128 zu § 615 BGB = NZA 2012, 971.

[337] BAG 24.8.1999 AP Nr. 1 zu § 615 BGB Anrechnung = NZA 2000, 818.

4. Böswillig unterlassener Verdienst. a) Böswilligkeit. Der AN muss sich nach § 11 Nr. 2 KSchG weiterhin anrechnen lassen, was er hätte verdienen können, wenn er es nicht böswillig unterlassen hätte, eine ihm zumutbare Arbeit anzunehmen. Der AN unterlässt böswillig anderweitigen Verdienst, wenn er **vorsätzlich ohne ausreichenden Grund Arbeit ablehnt oder vorsätzlich verhindert, dass ihm Arbeit angeboten wird.** Die Böswilligkeit setzt nicht voraus, dass der AN in der Absicht handelt, den AG zu schädigen. Es genügt das vorsätzliche Außerachtlassen einer dem AN bekannten Gelegenheit zur Erwerbsarbeit. Fahrlässiges, auch grob fahrlässiges Verhalten genügt hingegen nicht.[338] Die vorsätzliche Untätigkeit ist nicht vorwerfbar, wenn eine angebotene oder sonst mögliche Arbeit nach den konkreten Umständen für den AN unzumutbar ist. Bei der Prüfung der **Zumutbarkeit** sind das dem AN gem. Art. 12 GG zustehende Grundrecht der freien Arbeitsplatzwahl sowie der Grundsatz von Treu und Glauben (§ 242 BGB) zu beachten. Die Unzumutbarkeit kann in der Person des AG, der Art der Arbeit oder den sonstigen Arbeitsbedingungen ihren Grund haben. Auch vertragsrechtliche Umstände sind zu berücksichtigen. Allerdings ist die nichtvertragsgemäße Arbeit nicht ohne weiteres mit unzumutbarer Arbeit gleichzusetzen. Wie § 615 S. 2 BGB schließt § 11 Nr. 2 KSchG den Fall mit ein, dass der AG nur vertragswidrige Arbeit anbietet. Denn das Angebot vertragsgerechter Arbeit zwecks Erfüllung des bestehenden Arbeitsverhältnisses würde den Annahmeverzug beenden.[339] Demgegenüber kann auf die Zumutbarkeitskriterien des § 140 IV SGB III nicht abgestellt werden, weil es hier um einen anderen Regelungsgegenstand, nämlich den Schutz der Versichertengemeinschaft geht.[340] Anzurechnen ist ausschließlich das, was der AN durch anderweitige Verwendung desjenigen Teils seiner Arbeitskraft hätte erwerben können, den er dem AG zur Verfügung zu stellen verpflichtet war. Gegenüberzustellen ist damit der Vergütungsanspruch für die Zeit, für welche Arbeitsleistungen zu erbringen waren, und der Verdienst, den er in dieser Zeit anderweitig hätte erwerben können.[341] **Darlegungs- und beweispflichtig** für das böswillige Unterlassen anderweitigen Erwerbs ist der AG.[342] 84

b) Arbeitsmöglichkeit bei dem bisherigen Arbeitgeber. aa) Angebot des Arbeitgebers. Geht es um eine Arbeitsmöglichkeit bei dem bisherigen AG, ist zu differenzieren: Zunächst kann der AN regelmäßig abwarten, ob ihm vom AG eine zumutbare Arbeit angeboten wird. Der AN braucht gegenüber dem AG nicht von sich aus aktiv zu werden.[343] Er muss weder eine Klage auf Weiterbeschäftigung erheben noch Vollstreckungsversuche nach einem erfolgreichen Weiterbeschäftigungsantrag unternehmen. Vielmehr ist es Sache des AG, eine Beschäftigung anzubieten. Dieser hat insoweit den Fortgang des Verfahrens in der Hand. Der AN kann davon ausgehen, dass mit der Kündigung die Ablehnung der Beschäftigung verbunden ist, solange der AG nicht von sich aus aktiv wird. Eine eigene Initiative ist dem AN hier, von besonderen Umständen des Einzelfalles abgesehen, nicht zumutbar.[344] Bietet der AG dem AN eine andere als die vertragsgemäße Beschäftigung an, begründet dies allein nicht die Unzumutbarkeit der Beschäftigung (→ Rn. 84). 85

bb) Vorläufige Weiterbeschäftigung. Bietet jedoch der AG nach verlorener erster Instanz für die Dauer des Kündigungsschutzprozesses die vorläufige Weiterbeschäftigung nach Maßgabe der erfolgten Verurteilung durch das Arbeitsgericht an, **liegt in der Regel ein zumutbares Arbeitsangebot** iSv § 11 Nr. 2 KSchG vor. Dem steht nicht entgegen, dass in diesem Fall keine Beschäftigung auf vertraglicher Grundlage erfolgt. Die fehlende Vertragsgrundlage und die damit bei wirksamer Kündigung verbundene Rückabwicklung nach Bereicherungsgrundsätzen[345] (→ § 125 Rn. 24) sind für sich genommen nicht unzumutbar. Sie ändern nichts daran, dass der AN Vergütung erzielen konnte. Nach § 11 Nr. 2 KSchG ist der AN gehalten, „zumutbare 86

[338] BAG 22.3.2017 AP Nr. 151 zu § 615 BGB = NZA 2017, 988; 11.10.2006 AP Nr. 119 zu § 615 BGB.
[339] BAG 17.11.2011 AP Nr. 8 zu § 11 KSchG 1969 mAnm *Ricken* = NZA 2012, 260.
[340] BAG 7.2.2007 AP Nr. 12 zu § 615 BGB Böswilligkeit = NZA 2007, 561; 11.10.2006 AP Nr. 119 zu § 615 BGB; 24.9.2003 AP Nr. 9 zu § 615 BGB Böswilligkeit = NZA 2004, 90 jeweils mwN.
[341] BAG 22.3.2017 AP Nr. 151 zu § 615 BGB = NZA 2017, 988; 24.9.2003 AP Nr. 9 zu § 615 BGB Böswilligkeit = NZA 2004, 90.
[342] BAG 27.5.2020 AP Nr. 158 zu § 615 BGB mAnm *Kolbe* = NZA 2020, 1113; APS/*Biebl* KSchG § 11 Rn. 28.
[343] BAG 19.9.2012 AP Nr. 200 zu § 4 TVG Ausschlussfristen = NZA 2013, 101; 22.2.2000 AP Nr. 2 zu § 11 KSchG 1969 = NZA 2000, 817.
[344] BAG 11.1.2006 AP Nr. 113 zu § 615 BGB = NZA 2006, 314.
[345] BAG 17.1.1991 AP Nr. 8 zu § 611 BGB Weiterbeschäftigungspflicht = NZA 1991, 769; 10.3.1987 AP Nr. 1 zu § 611 BGB Weiterbeschäftigungspflicht = NZA 1987, 373.

Arbeit", aber nicht notwendig ein Arbeitsverhältnis anzunehmen.[346] Fordert der AG den AN auf, eine konkrete Tätigkeit zu verrichten, begründen kurzfristige Verzögerungen, die auf der Einschaltung eines Prozessbevollmächtigten und der Überprüfung der Zumutbarkeit der angebotenen Prozessbeschäftigung in angemessener Zeit beruhen, noch kein Indiz für eine Böswilligkeit hinsichtlich des unterlassenen Zwischenerwerbs.[347]

87 Die **Ablehnung einer befristeten bzw. auflösend bedingten Weiterbeschäftigung** zu denselben Arbeitsbedingungen kann ein böswilliges Unterlassen eines zumutbaren Erwerbs iSv § 11 Nr. 2 KSchG darstellen.[348] Dem steht nicht schon entgegen, dass der AG, der an der Kündigung festhält, das Arbeitsangebot nicht in Erfüllung des bisherigen Arbeitsvertrags abgibt. Die Zumutbarkeit für den AN hängt vielmehr von der Art der Kündigung und ihrer Begründung sowie dem Verhalten des AG im Kündigungsprozess ab. Bei einer **personenbedingten Kündigung** ist die vorläufige Weiterbeschäftigung dem AN im Gegensatz zu einer verhaltensbedingten, insbesondere **außerordentlichen Kündigung** in der Regel zumutbar. Maßgeblich sind aber auch hier Art und Schwere der gegenüber dem AN erhobenen Vorwürfe.[349] Hat der AN unstreitig einen Vorgesetzten beleidigt und wird im Kündigungsschutzprozess nur über die rechtliche Bewertung der Beleidigung gestritten, ist eine Beschäftigung zumutbar.[350] Gleiches dürfte bei verhaltensbedingten Kündigungen wegen Zuspätkommens oder nicht rechtzeitiger Anzeige der Arbeitsunfähigkeit gelten.

88 **cc) Dauerhafte Vertragsänderung.** Die Arbeit bei dem bisherigen AG zu geänderten Bedingungen ist nur zumutbar, wenn sie auf den Erwerb von Zwischenverdienst gerichtet ist. Auf eine dauerhafte Änderung des Arbeitsvertrags braucht sich der AN nicht einzulassen.[351] Die Annahme eines solchen Angebots würde die Arbeitsbedingungen des AN endgültig verschlechtern und den anhängigen Kündigungsrechtsstreit erledigen. Mit der Annahme würde der bisherige Vertrag nicht wieder aufleben können. Nach § 11 Nr. 2 KSchG trifft den AN nur die Obliegenheit zum Erwerb von Zwischenverdienst. Bietet der AG eine dauerhafte Änderung der Arbeitsbedingungen an, ist der AN nicht verpflichtet nachzufragen, ob der AG sein Angebot im Sinne einer vorläufigen Beschäftigung ändern wolle.[352]

89 **dd) Änderungskündigung.** Die Ablehnung oder unterlassene Annahme (ggf. unter dem Vorbehalt des § 2 S. 1 KSchG) eines in Verbindung mit einer Änderungskündigung erklärten Angebots kann ein böswilliges Unterlassen iSv § 11 Nr. 2 KSchG darstellen. Ein solches Angebot ist nicht auf eine endgültige Vertragsänderung gerichtet, auf die sich der AN nicht einlassen muss (→ Rn. 88). Vielmehr besteht eine vorläufige Arbeitsmöglichkeit. Der AN kann das Angebot unter dem Vorbehalt des § 2 S. 1 KSchG annehmen mit der Folge des § 8 KSchG bei Obsiegen. Der AG muss dabei die Vorläufigkeit nicht eigens zum Ausdruck bringen, weil sie sich hinreichend deutlich aus dem Gesetz ergibt.[353] Die Unzumutbarkeit der Arbeit folgt im Falle einer Änderungskündigung nicht schon daraus, dass der AG die Fortsetzung derselben Arbeit zu einer geringeren Vergütung anbietet.[354] Maßgeblich ist vielmehr insbesondere die Höhe der Verdienstminderung unter Berücksichtigung der im Einzelfall ausgeübten Tätigkeit sowie der Umstände, die zu der Entgeltreduzierung geführt haben. Die Fortsetzung derselben Arbeit zu einer verminderten Vergütung ist ebenso wenig von vornherein unzumutbar, wie die entsprechende Arbeit zu einer geringeren Vergütung bei einem anderen AG nicht ohne Weiteres unzumutbar wäre. Dass das „Wahlrecht" des § 2 KSchG faktisch durch § 11 Nr. 2 KSchG eingeschränkt wird, liegt in der Natur der Sache. Die Wahlmöglichkeit steht gleichsam unter dem Vorbehalt der Obliegenheit des § 11 Nr. 2 KSchG. Die Obliegenheit, auch eine minderbezahlte Arbeit anzunehmen, bedeutet keinen Verstoß gegen den Vertragsinhaltsschutz. Ob der Vertrag und der Vertragsinhalt aufrechterhalten bleiben, wird von den Gerichten für Arbeitssachen geprüft. Unabhängig hiervon obliegt es dem AN, eine mögliche Arbeit zu zumutbaren Bedingungen aufzunehmen oder fortzuführen. Das gebietet die Rücksichtnahme gegenüber dem bis-

---

346 BAG 24.9.2003 AP Nr. 4 zu § 11 KSchG 1969 = NZA 2004, 90.
347 BAG 19.9.2012 AP Nr. 200 zu § 4 TVG Ausschlussfristen = NZA 2013, 101.
348 Dazu BAG 19.1.2005 EzBAT § 53 BAT Beschäftigung Nr. 13.
349 BAG 7.11.2002 AP Nr. 98 zu § 615 BGB; 22.2.2000 AP Nr. 2 zu § 11 KSchG 1969 = NZA 2000, 817.
350 Vgl. BAG 24.9.2003 AP Nr. 9 zu § 615 BGB Böswilligkeit = NZA 2004, 90 zur Prozessbeschäftigung.
351 BAG 22.3.2017 AP Nr. 151 zu § 615 BGB = NZA 2017, 988; 26.9.2007 AP Nr. 13 zu § 615 BGB Böswilligkeit = NZA 2008, 1063.
352 BAG 11.1.2006 AP Nr. 113 zu § 615 BGB = NZA 2006, 314.
353 BAG 26.9.2007 AP Nr. 13 zu § 615 BGB Böswilligkeit = NZA 2008, 1063.
354 BAG 16.6.2004 AP Nr. 11 zu § 615 BGB Böswilligkeit = NZA 2004, 1155; zust. *Sandmann* RdA 2005, 247.

herigen Vertragspartner. Die Ablehnung des Änderungsangebots im Zusammenhang mit einer Änderungskündigung ist im Grundsatz nicht anders zu beurteilen als die Ablehnung eines entsprechenden Angebots nach erfolgter Kündigung.[355]

Für die Frage der Zumutbarkeit einer im Wege der Änderungskündigung angebotenen Arbeit kann auch die **Dauer der Kündigungsfrist** und damit verbunden der Zeitpunkt eines Arbeitsangebots von Bedeutung sein. Der AN muss eine deutliche Verschlechterung seiner Arbeitsbedingungen nicht akzeptieren, solange er berechtigte Aussichten hat, rechtzeitig eine günstigere Arbeit zu finden. In diesem Fall ist es nicht vorwerfbar, wenn der AN zunächst abwartet und sich um eine besser bezahlte Arbeit bemüht. Je mehr Zeit zwischen dem Arbeitsangebot und der vorgesehenen Arbeitsaufnahme liegt, umso weniger wird der AN im Regelfall gehalten sein, das Angebot sofort anzunehmen. Außerdem hat es der AG vielfach in der Hand, das Angebot zu erneuern oder ein zeitnahes Weiterbeschäftigungsangebot zu unterbreiten.[356] Nach Auffassung des Zweiten Senats unterlässt ein AN nicht böswillig anderweitigen Verdienst, wenn er einer **ohne Beteiligung des BR ausgesprochenen Versetzung** auf einen anderen, der Sache nach zumutbaren Arbeitsplatz wegen fehlender Zustimmung des BR nicht nachkommt.[357] Die fehlende Zustimmung des BR habe zur Folge, dass die Versetzung auch individualrechtlich unwirksam sei und der AN das Recht habe, die Arbeit zu den geänderten Bedingungen zu verweigern.[358] Anders ist aber in jedem Fall zu entscheiden, wenn der AN zu erkennen gibt, er werde ein Arbeitsangebot auch ausschlagen, wenn die Mitbestimmungsrechte des BR gewahrt sind.[359] 90

ee) Direktionsrecht. Nach der älteren Rechtsprechung des BAG unterlässt ein AN nicht böswillig die anderweitige Verwendung seiner Arbeitskraft, wenn er es ablehnt, eine vom AG unter Überschreitung der Grenzen des Direktionsrechts zugewiesene Tätigkeit zu verrichten.[360] Das wird dem Begriff der Zumutbarkeit jedoch nicht gerecht. Berücksichtigt man, dass sich der AN ggf. eine Verdienstmöglichkeit bei einem anderen Unternehmen anrechnen lassen muss, ist kaum einzusehen, dass er sich bei seinem AG darauf beschränken kann, nur in einer genau gleichartigen Stellung beschäftigt zu werden. Der Fünfte Senat des BAG hat diese Rechtsprechung deshalb zu Recht aufgegeben.[361] § 615 S. 2 BGB bzw. § 11 Nr. 2 KSchG schließen den Fall mit ein, dass der AG nur vertragswidrige Arbeit anbietet, denn das Angebot vertragsgerechter Arbeit zwecks Erfüllung des bestehenden Arbeitsvertrags würde den Annahmeverzug beenden. Bietet der AG objektiv vertragswidrige Arbeit an, sind im Hinblick auf § 615 S. 2 BGB bzw. § 11 Nr. 2 KSchG die Art dieser Arbeit und die sonstigen Arbeitsbedingungen im Vergleich zu der bisherigen Arbeit zu prüfen. Das Maß der gebotenen Rücksichtnahme beim AN hängt regelmäßig davon ab, aus welchen Gründen der AG keine vertragsgemäße Arbeit anbietet. Böswillig handelt der AN, dem ein Vorwurf daraus gemacht werden kann, dass er während des Annahmeverzugs trotz Kenntnis aller objektiven Umstände vorsätzlich untätig bleibt oder die Aufnahme der Arbeit bewusst verhindert. Das zeigt gerade der gesetzliche Regelfall der böswillig bei einem anderen AG unterlassenen Arbeit, die notwendigerweise auf einer anderen vertraglichen Grundlage stattgefunden hätte.[362] Das hat der AG darzulegen. Die beiderseitigen Gründe für die Zuweisung bzw. Ablehnung der neuen Arbeit sind zu benennen und sodann gegeneinander abzuwägen. Bei einem Irrtum des AG über die Vertragsmäßigkeit ist auch die Vertretbarkeit seines Standpunkts zu berücksichtigen. Ein böswilliges Unterlassen von Erwerb kann auch darin liegen, dass der AN eine vertraglich nicht geschuldete Arbeitsleistung ablehnt, die der AG von ihm in einem unstreitig bestehenden Arbeitsverhältnis verlangt.[363] Zusätzlich erforderlich ist in diesem Fall jedoch, dass dringende Gründe für das Angebot objektiv vertragswidriger Arbeit auf Seiten des AG vorliegen, weil der AN im unstreitig fortbestehenden Arbeitsverhältnis vertragsgemäße Arbeit zu vertragsgemäßen Bedingungen erwarten kann. Im gekündigten Arbeitsverhältnis 91

---

[355] BAG 11.1.2006 AP Nr. 113 zu § 615 BGB = NZA 2006, 314; 16.6.2004 AP Nr. 11 zu § 615 BGB Böswilligkeit = NZA 2004, 1155.
[356] BAG 11.10.2006 AP Nr. 119 zu § 615 BGB.
[357] BAG 7.11.2002 AP Nr. 98 zu § 615 BGB.
[358] Dazu BAG 26.1.1988 AP Nr. 50 zu § 99 BetrVG 1972 = NZA 1988, 476.
[359] Weiterführend BAG 23.2.2021 – 5 AZR 213/20.
[360] BAG 3.12.1980 AP Nr. 4 zu § 615 BGB Böswilligkeit.
[361] BAG 7.2.2007 AP Nr. 12 zu § 615 BGB Böswilligkeit = NZA 2007, 561; nachfolgend BAG 17.11.2011 AP Nr. 8 zu § 11 KSchG 1969 = NZA 2012, 260; 26.9.2007 AP Nr. 13 zu § 615 BGB Böswilligkeit = NZA 2008, 1063; zust. *von Hoff* SAE 2008, 201.
[362] BAG 17.11.2011 AP Nr. 8 zu § 11 KSchG 1969 = NZA 2012, 260.
[363] BAG 7.2.2007 AP Nr. 12 zu § 615 BGB Böswilligkeit = NZA 2007, 561.

ist dagegen für die Obliegenheit des AN nach § 11 Nr. 2 KSchG der arbeitsvertragliche Beschäftigungsanspruch grundsätzlich ohne Belang.[364]

91a **ff) Homeoffice.** Kann der AG den AN vorübergehend nicht mehr im Betrieb beschäftigen, zB weil er die **Corona-Arbeitsschutzvorschriften** nicht für alle AN im Betrieb umsetzen kann, und bietet er dem AN deshalb an, im Homeoffice zu arbeiten, ist dieser uU verpflichtet, dem nachzukommen. Ein entsprechendes Weisungsrecht des AG ist in pandemischen Zeiten nicht generell ausgeschlossen (→ § 45 Rn. 30b). Hiervon zu trennen ist die Frage, ob den AN eine aus § 615 S. 2 BGB folgende Obliegenheit trifft, das Angebot auf anderweitigen möglichen Verdienst nicht auszuschlagen. Sie kann bestehen, wenn dem AN diese Arbeit zumutbar ist.[365] Die nicht vertragsgemäße Arbeit ist nicht ohne weiteres mit unzumutbarer Arbeit gleichzusetzen (→ Rn. 84, 91). § 615 S. 2 BGB regelt nicht Rechte und Pflichten aus dem Arbeitsvertrag, sondern die nach anderen Maßstäben zu beurteilende Obliegenheit, aus Rücksichtnahme gegenüber dem AG einen zumutbaren Zwischenverdienst zu erzielen.[366]

92 **c) Andere Arbeitsmöglichkeiten.** Grundsätzlich können vom AN keine besonderen Anstrengungen zur Erlangung anderer Arbeit verlangt werden. Besondere Umstände können aber eine andere Entscheidung rechtfertigen.[367] Muss der AN davon ausgehen, dass der Kündigungsschutzprozess längere Zeit dauern wird und ist er sich bewusst, dass er ohne besondere Schwierigkeiten andere zumutbare Arbeit bekommen kann, sobald er sich darum bemüht, kann je nach den Umständen das Unterlassen jeder Bemühung um eine Arbeit nicht nur als ein Verstoß gegen Treu und Glauben, sondern als geradezu böswillig angesehen werden.[368] Aus § 11 Nr. 2 KSchG kann nicht geschlossen werden, der AN dürfe in jedem Falle ein Angebot abwarten. Vielmehr darf er gerade nicht untätig bleiben, wenn sich ihm eine realistische Arbeitsmöglichkeit bietet. Das kann die Abgabe von eigenen Angeboten mit einschließen.[369] So handelt der AN, der ein objektiv zumutbares Vertragsangebot eines anderen AG vorbehaltlos ablehnt, weil er einen Betriebsübergang für möglich hält und bei Vertragsannahme seine Rechte aus § 613a I BGB als gefährdet ansieht, auf eigenes Risiko, wenn sich die Befürchtung einer Umgehung von § 613a I BGB in Ermangelung eines Betriebsübergangs als unzutreffend erweist.[370] Andererseits handelt ein AN grundsätzlich nicht böswillig, wenn Voraussetzung für die Aufnahme einer anderen Arbeit der erfolgreiche Abschluss einer Qualifizierungsmaßnahme ist, für die der AN finanzielle Aufwendungen zu erbringen hat, die er auf den erzielten Zwischenverdienst nicht anrechnen kann.[371]

93 **d) Agentur für Arbeit.** Umstritten ist, ob ein AN bereits dann böswillig handelt, wenn er sich nicht bei der Agentur für Arbeit arbeitsuchend meldet. Der Neunte Senat hat dies in einem Urteil aus dem Jahre 2000 verneint. Der AG habe es in der Hand, den AN über konkrete Stellenangebote zu informieren und ihn dadurch in „Zugzwang“ versetzen, um ggf. die Ansprüche aus Annahmeverzug dann kürzen zu können, wenn der AN auf diese Mitteilungen hin vorsätzlich das Zustandekommen eines Arbeitsverhältnisses verhindere.[372] Diese Rechtsprechung hat der Fünfte Senat inzwischen aufgegeben, denn der AN ist aufgrund der Regelung des § 2 V SGB III zur aktiven Mitarbeit bei der Vermeidung oder Beendigung von Arbeitslosigkeit angehalten und daneben verpflichtet, sich unverzüglich nach Kenntnis des Beendigungszeitpunkts des Arbeitsverhältnisses persönlich bei der Agentur für Arbeit arbeitsuchend zu melden (§ 38 I SGB III). Diese sozialversicherungsrechtliche Meldepflicht findet auch im Rahmen der Anrechnungsvorschriften beim Annahmeverzug Beachtung, weil dem AN arbeitsrechtlich das zugemutet werden kann, was ihm das Gesetz ohnehin abverlangt.[373] Daher entfällt bei fehlender

---

364 BAG 17.11.2011 AP Nr. 8 zu § 11 KSchG 1969 = NZA 2012, 260.

365 *Krieger/Rudnik/Peramato* NZA 2020, 473 (476); *Löwisch/Kurz* BB 2020, 2804 (2806).

366 BAG 7.2.2007 AP Nr. 12 zu § 615 BGB Böswilligkeit = NZA 2007, 561.

367 Dazu APS/*Biebl* KSchG § 11 Rn. 23; KR/*Spilger* KSchG § 11 Rn. 50; Staudinger/*Richardi/Fischinger* BGB § 615 Rn. 169 ff.

368 Vgl. BAG 18.10.1958 AP Nr. 1 zu § 615 BGB Böswilligkeit.

369 BAG 11.1.2006 AP Nr. 113 zu § 615 BGB = NZA 2006, 314.

370 BAG 22.3.2017 AP Nr. 151 zu § 615 BGB = NZA 2017, 988.

371 BAG 2.10.2018 AP Nr. 156 zu § 615 BGB = NZA 2018, 1544.

372 BAG 16.5.2000 AP Nr. 7 zu § 615 BGB Böswilligkeit = NZA 2001, 26; zust. *v. Koppenfels* SAE 2001, 140.

373 BAG 27.5.2020 AP Nr. 158 zu § 615 BGB mAnm *Kolbe* = NZA 2020, 1113; ebenso *Bayreuther* NZA 2003, 1365 (1366); APS/*Biebl* KSchG § 11 Rn. 23; MüKoBGB/*Hergenröder* KSchG § 11 Rn. 20; ErfK/*Kiel* KSchG § 11 Rn. 8; HWK/*Krause* BGB § 615 Rn. 101; LSSW/*Spinner* KSchG § 11 Rn. 13; *Spirolke* NZA 2001, 707 (711); *Tschöpe* DB 2004, 434 (435); KR/*Spilger* KSchG § 11 Rn. 48.

Meldung bei der Agentur für Arbeit nur dann die Anrechnung nach § 11 Nr. 2 KSchG, wenn der AN darlegen und ggf. beweisen kann, dass diese ihn nicht hätte vermitteln können.[374] Hat sich der AN arbeitsuchend gemeldet, hat der AG aus § 242 BGB gegenüber dem AN, der Vergütung wegen Annahmeverzugs fordert, einen **Auskunftsanspruch** über die von der Agentur für Arbeit und dem Jobcenter unterbreiteten Vermittlungsvorschläge, den der AN im Rahmen seiner sekundären Darlegungslast gem. § 138 I ZPO durch vollständige und wahrheitsgemäße Erklärung zu erfüllen hat.[375] Ob die Stellenangebote Dritter „zumutbare" Arbeit zum Gegenstand hatten und in dem Verhalten des AN ein „böswilliges" Unterlassen gesehen werden kann, hat der AG im Rechtsstreit über die Zahlung der Annahmeverzugsvergütung weiterhin darzulegen und im Streitfall zu beweisen.

e) Auslandsaufenthalt. Bei einem Auslandsaufenthalt nach Ausspruch der Kündigung kann nicht stets ein böswilliges Unterlassen einer anderweitigen Arbeit angenommen werden; es muss vielmehr hinzukommen, dass in dieser Zeit zumutbare Arbeitsmöglichkeiten vorhanden gewesen sind.[376] 94

f) Betriebsübergang. Im Falle eines Betriebsübergangs gerät der Veräußerer in Annahmeverzug, wenn er den AN, der dem Übergang seines Arbeitsverhältnisses auf den Erwerber widersprochen hat, nicht beschäftigt. Besteht allerdings beim Erwerber die Möglichkeit einer vorübergehenden Beschäftigung bis zum Ablauf der Kündigungsfrist nach der Kündigung des Veräußerers und nimmt der AN diese Möglichkeit nicht wahr, schließt der Widerspruch die Anrechnung eines hypothetischen Verdienstes wegen böswilligem Unterlassen des Erwerbs beim neuen Betriebsinhaber nicht aus.[377] 95

5. Sozialleistungen. a) Gesetzlicher Forderungsübergang. Der AN hat sich nach § 11 Nr. 3 KSchG anrechnen zu lassen, was ihm an öffentlich-rechtlichen Leistungen infolge seiner Arbeitslosigkeit aus der Sozialversicherung, der Arbeitslosenversicherung, der Sicherung des Lebensunterhalts nach dem SGB II[378] oder der Sozialhilfe für die Zwischenzeit gezahlt worden ist. § 11 Nr. 3 KSchG hat nur eine **klarstellende Bedeutung,** weil nach § 115 I SGB X bei erbrachten Leistungen eines Trägers der Sozialversicherung der Anspruch des AN auf den Zwischenlohn kraft Gesetzes auf die öffentliche Stelle übergeht (cessio legis).[379] Nach dieser Bestimmung geht, soweit der AG den Anspruch des AN auf Arbeitsentgelt nicht erfüllt und deshalb ein Leistungsträger Sozialleistungen erbracht hat, der Anspruch des AN gegen den AG auf den Leistungsträger bis zur Höhe der erbrachten Sozialleistungen über.[380] Zweck des § 115 SGB X ist es, dem Sozialleistungsträger die Leistungen zurückzuerstatten, die nicht angefallen wären, wenn der AG seiner Leistungspflicht rechtzeitig nachgekommen wäre.[381] Die Bestimmung verlangt damit eine zeitliche Kongruenz dergestalt, dass die Sozialleistung tatsächlich an die Stelle des Arbeitsentgelts getreten ist. Eine völlige zeitliche Deckung von arbeitsrechtlichem Vergütungszeitraum und sozialrechtlichem Leistungszeitraum ist dafür nicht erforderlich. Entscheidend ist, für welchen Zeitraum die Leistungen des AG auf der einen und die des Sozialleistungsträgers auf der anderen Seite bestimmt sind.[382] 96

Der Anspruchsübergang führt zum **Verlust der Aktivlegitimation** und damit der Klagebefugnis des AN. Eine Klage, mit der Annahmeverzugsvergütung verlangt wird, ist daher im Umfang des Forderungsübergangs unschlüssig. Der AN kann Vergütungsansprüche, die wegen der Zahlung von Arbeitslosengeld auf die BA übergegangen sind, grundsätzlich nur im Wege der gewillkürten Prozessstandschaft für die BA geltend machen.[383] Der AG kann dem Anspruch der öffentlichen Stelle alle Einwendungen entgegensetzen, die ihm gegenüber dem AN zustan- 97

[374] HWK/*Krause* BGB § 615 Rn. 101.
[375] BAG 27.5.2020 AP Nr. 158 zu § 615 BGB mAnm *Kolbe* = NZA 2020, 1113 mwN.
[376] BAG 11.7.1985 AP Nr. 35a zu § 615 BGB = NZA 1987, 57.
[377] Vgl. BAG 9.9.2010 ZTR 2011, 113; 19.3.1998 AP Nr. 177 zu § 613a BGB = NZA 1998, 750.
[378] Dazu BAG 24.9.2014 AP Nr. 206 zu § 4 TVG Ausschlussfristen = NZA 2015, 35; 21.3.2012 AP Nr. 1 zu § 34b SGB II = NZA 2012, 729.
[379] Ebenso ErfK/*Kiel* KSchG § 11 Rn. 12.
[380] Dazu BAG 29.4.2015 AP Nr. 137 zu § 615 BGB = NZA 2015, 938.
[381] BAG 21.3.2012 AP Nr. 1 zu § 34b SGB II = NZA 2012, 729.
[382] BAG 10.4.2014 NZA 2014, 653.
[383] BAG 1.9.2010 AP Nr. 71 zu § 4 KSchG 1969 = NZA 2010, 1409.

den,[384] namentlich den Einwand der Aufrechnung mit einer Forderung gegen den AN (§§ 404, 406, 412 BGB). Zahlt der AG in Unkenntnis der Sachlage den Annahmeverzugslohn an den AN in voller Höhe, wird er gem. §§ 407, 412 BGB befreit. Anders ist zu entscheiden, wenn der Träger der Sozialversicherung dem AG den Forderungsübergang angezeigt hat und dieser damit Kenntnis von der Sachlage hatte.

98 **b) Gegenstände des Forderungsübergangs.** Von dem Bruttobetrag des Annahmeverzugsanspruchs ist wegen des gesetzlichen Forderungsübergangs nach § 115 SGB X das dem AN **netto ausgezahlte Arbeitslosengeld in Abzug zu bringen.** Der AG hat die von der BA geleisteten Beiträge aus dem Bruttobetrag zu erstatten (§ 335 III SGB III).[385] Die anderslautende ältere Rechtsprechung des BAG[386] ist durch das Inkrafttreten von § 335 III und IV SGB III überholt.[387] Eine im Annahmeverzugszeitraum bezogene **Berufsunfähigkeitsrente** ist nicht anzurechnen. Die Rente wird als Versicherungsleistung gezahlt, weil eine anderweitige Verwendung der Dienste aufgrund der Minderung der Erwerbsfähigkeit teilweise nicht mehr möglich ist.[388] Hat der AN **Krankengeld** bezogen, umfasst der Forderungsübergang nicht die seitens der Krankenkasse abgeführten Beiträge zur Sozialversicherung. Die Krankenkasse führt die Sozialversicherungsbeiträge aufgrund einer eigenen gesetzlichen Verpflichtung ab. Sie zählen nicht zur Krankengeldleistung nach §§ 44 ff. SGB V und sind deshalb keine Sozialleistung an den AN iSd § 115 SGB X, sondern eine zusätzliche Aufwendung der Krankenkasse.[389] Erhält ein AN während des Annahmeverzugs nach einer Kündigung im Wege der Gleichwohlgewährung einen **Gründungszuschuss** nach §§ 93, 94 SGB III, ist dieser wegen des Forderungsübergangs nach § 115 SGB X von der Verzugsforderung als „Nettobetrag" in Abzug zu bringen. Sozialversicherungsbeiträge werden von der BA auf den Gründungszuschuss, der nicht nur dem Lebensunterhalt, sondern auch der sozialen Absicherung des Existenzgründers dient, nicht entrichtet.[390]

99 **c) Darlegungs- und Beweislast.** Im Hinblick auf die vom AN bezogenen öffentlich-rechtlichen Leistungen (§ 11 Nr. 3 KSchG) besteht kein Auskunftsanspruch des AG. Der AN hat vielmehr schlüssig darzulegen, dass er bezüglich der geltend gemachten Forderung aktivlegitimiert ist. Denn der Bezug öffentlich-rechtlicher Leistungen führt nicht zur Anrechnung, sondern wegen des Anspruchsübergangs nach § 115 SGB X zum Verlust der Klagebefugnis. Das Bestehen der Aktivlegitimation kann der AG deshalb nach § 138 II ZPO bestreiten.[391]

100 **6. Zusammentreffen mehrerer Anrechnungstatbestände.** Bezieht der AN während des Annahmeverzugs des AG Arbeitslosengeld und unterlässt er zugleich böswillig einen ihm zumutbaren Erwerb, hat eine proportionale Zuordnung der Anrechnung nach § 11 Nr. 2 und 3 KSchG zu erfolgen. Diese Zuordnung erfolgt in zwei Schritten: Zunächst ist von dem vom AG geschuldeten Bruttoentgelt der Bruttoverdienst in Abzug zu bringen, den der AN zu erwerben böswillig unterlassen hat. Von dem so errechneten Differenzbetrag muss sich der AN den Teil des Arbeitslosengeldes anrechnen lassen, der dem Anteil der Bruttovergütung entspricht, die der AG dem AN noch nach Anrechnung des böswillig unterlassenen Erwerbs auf das vertraglich geschuldete Arbeitsentgelt zu zahlen hat.[392]

101 **Beispiel:** Beträgt der Annahmeverzugslohn 6 339,59 EUR brutto und muss sich der AN böswillig unterlassenen Verdienst in Höhe von 4 950,00 EUR brutto anrechnen lassen, verbleibt ein Differenzbetrag von 1 389,60 EUR brutto. Das entspricht 21,9% der Forderung. Hat der AN im Verzugszeitraum 2 548,00 EUR netto Arbeitslosengeld erhalten, muss er sich von dem Arbeitslosengeld 558,01 EUR netto, entsprechend 21,9% von 2 548,00 EUR, anrechnen zu lassen. Der AG hat dem AN deshalb 1 389,60 EUR brutto abzüglich 558,01 EUR netto zu zahlen.

[384] Ebenso LSSW/*Spinner* KSchG § 11 Rn. 20; KR/*Spilger* KSchG § 11 Rn. 58.
[385] BAG 24.9.2003 AP Nr. 3 zu § 151 BGB = NZA 2003, 1332.
[386] BAG 9.4.1981 AP Nr. 1 zu § 11 KSchG 1969.
[387] BAG 24.9.2003 AP Nr. 3 zu § 151 BGB = NZA 2003, 1332; vgl. dazu auch BAG 4.12.2002 AP Nr. 24 zu § 2 BAT SR 2 y.
[388] BAG 24.9.2003 AP Nr. 3 zu § 151 BGB = NZA 2003, 1332.
[389] BAG 19.9.2012 AP Nr. 17 zu § 115 SGB X = NZA 2013, 156.
[390] BAG 29.4.2015 AP Nr. 137 zu § 615 BGB = NZA 2015, 938.
[391] Vgl. Bader/Bram/*Suckow* KSchG § 11 Rn. 44; APS/*Biebl* KSchG § 11 Rn. 30; aA KR/*Spilger* KSchG § 11 Rn. 57.
[392] BAG 11.1.2006 AP Nr. 4 zu § 615 BGB Anrechnung = NZA 2006, 313.

XII. Prozessuale Fragen

1. Bestimmtheit der Klage. Im Prozess hat der AN einen hinreichend bestimmten (§ 253 II Nr. 2 ZPO), bezifferten Klageantrag zu stellen. Klagt der AN im Wege einer objektiven Klagehäufung (§ 260 ZPO) mehrere in einer Gesamtklage verbundene Ansprüche wegen Annahmeverzugs ein, hat er um den Anforderungen des § 253 II Nr. 2 ZPO zu genügen konkret darzulegen, wie er die Gesamtsumme ziffernmäßig auf die verschiedenen Ansprüche verteilt wissen will. Eine Aufschlüsselung in Einzelpositionen ist auch nicht im Hinblick auf die bei der Anrechnung anderweitigen Verdienstes gem. § 615 S. 2 BGB, § 11 Nr. 1 KSchG vorzunehmende Gesamtberechnung (dazu → Rn. 80) entbehrlich. Streitgegenstand der Annahmeverzugsforderung ist weiterhin der jeweils vereinbarte Vergütungsbestandteil. Deshalb ist eine Klage unzulässig, die verschiedene Ansprüche nicht iSd § 253 II Nr. 2 ZPO hinreichend individualisiert.[393] Unbestimmt ist des Weiteren ein Zahlungsantrag unter Anrechnung der Höhe nach nicht näher bestimmter Ersparnisse oder unter Abzug des nicht genau bezifferten Arbeitslosengeldes.[394] 102

2. Prozessstandschaft. Hat die BA Arbeitslosengeld im Wege der sog. Gleichwohlgewährung (§ 157 III 1 SGB III) an einen AN gezahlt, kann sie ihn ermächtigen, die auf sie übergegangenen Vergütungsansprüche im eigenen Namen einzuklagen (Zahlung an die Bundesagentur). Das schutzwürdige Interesse des AN an einer solchen **gewillkürten Prozessstandschaft** folgt aus der Verbesserung seiner Rechtsstellung im Hinblick auf die Möglichkeit, länger oder früher wieder Arbeitslosengeld beziehen zu können.[395] 103

3. Aussetzung des Rechtsstreits. Führen Parteien einen Rechtsstreit über Entgeltansprüche, die von der Wirksamkeit einer Kündigung abhängen, verbietet der arbeitsrechtliche Beschleunigungsgrundsatz aus § 9 I ArbGG regelmäßig eine Aussetzung nach § 148 ZPO bis zum Eintritt der Rechtskraft im Bestandsschutzverfahren. Etwas anderes kann nur bei Vorliegen besonderer Umstände gelten, die ausnahmsweise das schützenswerte Interesse des AN an einer auch vorläufigen Existenzsicherung überwiegen. Der Gesichtspunkt der Prozesswirtschaftlichkeit, nämlich den Rechtsstreit über die Vergütung ggf. deutlich zu vereinfachen, kann dabei keine Rolle spielen. Diese Erwägungen gelten erst recht, wenn das zunächst vorgreifliche Verfahren über die Wirksamkeit einer Kündigung rechtskräftig abgeschlossen und lediglich der außerordentliche Rechtsbehelf der Verfassungsbeschwerde eingelegt ist.[396] 104

4. Zinsen. Gerät der AG in Annahmeverzug, weil er nach Ausspruch einer Kündigung die Gehaltszahlungen an den AN einstellt, schuldet er nach § 288 I iVm § 286 II Nr. 2 BGB Verzugszinsen, wenn er den Verzug zu vertreten hat. Da trotz der Gesamtberechnung (dazu → Rn. 80) die Annahmeverzugsansprüche nicht erst am Ende des Annahmeverzugs entstehen, sondern sukzessive während des Annahmeverzugs und mit dem jeweiligen Abrechnungszeitraum fällig werden, ist der AN grundsätzlich nicht gehindert, sie ratierlich geltend zu machen. Der AN kann dann insoweit auch Prozess- oder Verzugszinsen fordern. Doch hat er die von dritter Seite bezogenen Bruttovergütungen taggenau abzusetzen.[397] Erhält der AN etwa Leistungen der Grundsicherung nach dem SGB II, hat er Anspruch auf Verzinsung der gesamten Bruttovergütung nur bis zum Zeitpunkt des Eingangs dieser Leistungen bei ihm. Für die Zeit danach kann er Zinsen lediglich auf den um die Leistungen zur Sicherung des Lebensunterhalts verminderten Betrag verlangen.[398] Den Zahlungsverzug hat der AG nach § 276 I BGB zu vertreten, wenn er bei Anwendung der erforderlichen Sorgfalt hätte erkennen können, dass die Kündigung unwirksam war (dazu → Rn. 8).[399] Der AN kann nach der Entscheidung des Großen Senats des BAG vom 7.3.2001 die Verzugszinsen nach § 288 BGB aus der in Geld geschuldeten Bruttovergütung beanspruchen.[400] 105

---

[393] BAG 24.9.2014 AP Nr. 206 zu § 4 TVG Ausschlussfristen = NZA 2015, 35.
[394] BAG 15.11.1978 AP Nr. 14 zu § 613a BGB.
[395] BAG 19.3.2008 AP Nr. 14 zu § 115 SGB X = NZA 2008, 900.
[396] BAG 16.4.2014 NJW 2014, 1903.
[397] BAG 24.5.2017 – 5 AZR 251/16; 16.5.2012 AP Nr. 128 zu § 615 BGB = NZA 2012, 971; 19.3.2008 AP Nr. 11 zu § 305 BGB = NZA 2008, 757; iErg auch BAG 13.6.2002 AP Nr. 97 zu § 615 BGB = NZA 2003, 44.
[398] BAG 24.9.2014 AP Nr. 206 zu § 4 TVG Ausschlussfristen = NZA 2015, 35.
[399] BAG 13.6.2002 AP Nr. 97 zu § 615 BGB = NZA 2003, 44.
[400] BAG GS 7.3.2001 AP Nr. 4 zu § 288 BGB = NZA 2001, 1195.

§ 96. Unmöglichkeit der Arbeitsleistung

Übersicht

I. Nachträgliche Unmöglichkeit

1 Wird dem AN die Arbeitsleistung nachträglich objektiv oder subjektiv unmöglich (§ 275 I BGB), wird er von der **Verpflichtung zur Arbeitsleistung frei** (→ § 49 Rn. 1 ff.). Bestand wegen der Arbeitsleistung oder für die Verpflichtung des AG ein **ursprüngliches subjektives Unvermögen,** ist der Vertrag gleichwohl wirksam. Allerdings ist der AN nach § 311a II BGB grundsätzlich zum Schadensersatz verpflichtet. Dies gilt nicht, wenn er das Leistungshindernis bei Vertragsschluss nicht kannte und er seine Unkenntnis auch nicht zu vertreten hat. Der Anspruch geht nach hM auf das Erfüllungsinteresse.[1]

II. Nicht zu vertretende Unmöglichkeit

2 Hat weder der AN noch der AG die Unmöglichkeit zu vertreten, **verliert** der AN grundsätzlich den **Anspruch auf die Vergütung** (§ 326 I BGB). Von diesem Grundsatz bestehen jedoch drei Ausnahmen: **(a)** wenn der AN für eine nicht erhebliche Zeit durch in seiner Person liegende Gründe an der Arbeitsleistung verhindert ist (→ § 97 Rn. 1 ff.); **(b)** wenn er arbeitsunfähig krank ist oder ein Heilverfahren durchführen soll (→ § 98 Rn. 1 ff., → § 99 Rn. 1 ff.); **(c)** wenn die Arbeit aus betriebstechnischen Gründen nicht erbracht werden kann (Betriebsrisikolehre → § 101 Rn. 1 ff.).

III. Zu vertretende Unmöglichkeit

3 Wird dem AN aus Gründen, die er zu vertreten hat, die Arbeitsleistung objektiv oder subjektiv unmöglich, wird er von der Verpflichtung zur Arbeitsleistung frei. Er verliert aber seinen Vergütungsanspruch und ist uU gem. §§ 275 IV, 280, 283 BGB zum Schadensersatz verpflichtet (→ § 51 Rn. 1 ff.).

IV. Vom Arbeitgeber zu vertretende Unmöglichkeit

4 Ist der AG für den Umstand allein oder weit überwiegend verantwortlich, aufgrund dessen der AN nicht zu arbeiten braucht, bleibt dem AN der Vergütungsanspruch gem. § 326 II 1 Alt. 1 BGB erhalten. Der Anwendung dieser Vorschrift im Arbeitsrecht steht § 615 BGB nicht entgegen. Die dienstvertraglichen Regeln des Annahmeverzugs verdrängen § 326 BGB nicht.[2] Vielmehr ergänzen sich beide: Wird dem AN die geschuldete Arbeitsleistung unmöglich, bestimmt sich die Rechtsfolge für seinen Vergütungsanspruch nach § 615 BGB, wenn sich der AG bei Eintritt der Unmöglichkeit im Annahmeverzug befindet, ansonsten nach § 326 II 1 Alt. 1 BGB (Einzelheiten → § 95 Rn. 2).

---

[1] MüKoBGB/*Ernst* § 311a Rn. 65; Palandt/*Grüneberg* BGB § 311a Rn. 7.
[2] BAG 27.1.2016 AP Nr. 145 zu § 615 BGB = NZA 2016, 691.

2. Abschnitt. Entgeltfortzahlung bei Arbeitsverhinderung und Feiertagsvergütung

§ 97. Arbeitsverhinderung des Arbeitnehmers aus persönlichen Gründen

Übersicht

I. Allgemeines

1. Normzweck. Nach § 616 BGB behält der Dienstnehmer (also AN und freier Mitarbeiter) 1
den Anspruch auf die volle Arbeitsvergütung, wenn er für eine verhältnismäßig nicht erhebliche Zeit durch einen in seiner Person liegenden Grund ohne sein Verschulden an der Arbeitsleistung verhindert ist (zur Abdingbarkeit → Rn. 31 f.). Die gegenwärtige Fassung des § 616 S. 1 BGB entspricht der ursprünglichen aus dem Jahre 1896. Die zwischenzeitlichen Ergänzungen in den Abs. 2 und 3 aus den Jahren von 1930 bis 1975 sind durch Art. 56 PflegeVG von 26.5.1994 aufgehoben worden.[1] Nach den Motiven zum BGB und einer im älteren Schrifttum vertretenen Auffassung beruht die in § 616 S. 1 BGB normierte Aufrechterhaltung des Vergütungsanspruchs trotz Nichtleistung der Arbeit auf sozialpolitischen Rücksichten und Gründen der Humanität.[2] Ihr Rechtsgrund wurde in der **Fürsorgepflicht des Dienstberechtigten** gegenüber dem Dienstverpflichteten verortet.[3] Zusätzlich hat der Gesetzgeber des Jahres 1896 darauf hingewiesen, dass der Dienstgeber bei jedem Dienstverhältnis mit der Möglichkeit verhältnismäßiger Verhinderungen des Verpflichteten rechnen müsse.[4]

Der etwas schillernde Begriff der Fürsorgepflicht knüpft an die Einordnung des Arbeitsverhält- 2
nisses als **personenrechtliches Gemeinschaftsverhältnis** an,[5] die heute indes überwunden ist.[6] Die Fürsorgepflicht verschleiert damit eher das dogmatische Fundament des § 616 S. 1 BGB, als es zu dessen Aufhellung beiträgt.[7] Nach heutigem Verständnis ergeben sich denn auch die Nebenpflichten aus dem Arbeitsvertrag aus speziellen arbeitsrechtlichen Vorschriften oder aus §§ 241, 242 BGB.[8] Gegen die Fürsorgepflicht als Rechtsgrund für die aus § 616 S. 1 BGB folgende Verpflichtung spricht zudem, dass diese Bestimmung nicht nur auf Arbeitsverhältnisse Anwendung findet, sondern auf alle Dienstverhältnisse. Die Fürsorgepflicht in ihrer tradierten Ausformung knüpft jedoch an die Einordnung des Arbeitsverhältnisses als personenrechtliches

---

[1] ErfK/*Preis* BGB § 616 Rn. 1; zur geschichtlichen Entwicklung *Moll* RdA 1980, 142; Schmitt EFZG/*Küfner-Schmitt* Einl. Rn. 27 ff.; Staudinger/*Oetker* BGB § 616 Rn. 1 ff.

[2] *Mugdan* II S. 258.

[3] *Mugdan* II S. 900 f.; ebenso zB *Nikisch*, Arbeitsrecht I, 3. Aufl. 1961, § 43 I 1; *Hueck/Nipperdey*, Arbeitsrecht I, 7. Aufl. 1963, § 44 III 1.

[4] *Mugdan* II S. 899.

[5] MHdB ArbR/*Reichold* § 91 Rn. 1; dazu eingehend *Rüthers*, Die unbegrenzte Auslegung, 3. Aufl., 379 ff.; *E. Wolf*, Das Arbeitsverhältnis. Personenrechtliches Gemeinschaftsverhältnis oder Schuldverhältnis, 41 ff.

[6] Vgl. MHdB ArbR/*Fischinger* § 3 Rn. 19 f.; MüKoBGB/*Spinner* § 611a Rn. 79; *Wiedemann*, Das Arbeitsverhältnis als Austausch- und Gemeinschaftsverhältnis, 1966, 8.

[7] Staudinger/*Oetker* BGB § 616 Rn. 17.

[8] MHdB ArbR/*Reichold* § 53 Rn. 12 ff., § 91 Rn. 7 ff. mwN.

Gemeinschaftsverhältnis an. Warum diese Vorschrift dann auch für Dienstberechtigte gelten soll, die nicht in einem Arbeitsverhältnis stehen (→ Rn. 4), kann diese Auffassung nicht erklären. Hinzu kommt, dass die ebenfalls auf sozialpolitischen Erwägungen beruhenden Vorschriften zur Entgeltfortzahlung im Krankheitsfall gem. § 12 EFZG unabdingbar sind, während § 616 S. 1 BGB nach § 619 BGB abdingbar ist.[9] Mit dem neueren Schrifttum ist daher in den Blick zu nehmen, dass bereits der Gesetzgeber des Jahres 1896 erkannt hat,[10] dass personengebundenen Tätigkeiten das Risiko eines Ausfalls des Dienstverpflichteten stets immanent und es daher sachgerecht ist, unerhebliche Verhinderungen bereits bei der Bemessung des Entgelts einzukalkulieren.[11] Davon ausgehend erweist sich § 616 S. 1 BGB als Ausdruck des allgemeinen Grundsatzes „minima non curat praetor", der auch in verschiedenen Regelungen des allgemeinen Schuldrechts, wie § 320 II, § 323 V 2 BGB, seinen Ausdruck findet.[12]

3 **2. Systematische Einordnung.** § 616 BGB ist eine **Rückausnahme von § 326 I BGB** („Ohne Arbeit kein Lohn")[13] und damit eine rechtserhaltende Einwendung zu dieser Norm.[14] § 616 BGB kommt demzufolge nur zur Anwendung, wenn die Leistung unmöglich geworden ist (§ 275 I BGB) oder ein Fall der Unzumutbarkeit iSv § 275 III BGB vorliegt[15] und die Nichterbringung der Arbeitsleistung weder vom AN noch vom AG zu vertreten ist. Hat dies der AG allein oder weit überwiegend zu verantworten, beurteilt sich das rechtliche Schicksal des Vergütungsanspruches nach § 326 II BGB.[16] §§ 326 II, 283, 326 V BGB bleiben neben § 616 BGB anwendbar.[17] § 616 BGB enthält **keine Anspruchsgrundlage,** sondern erhält den aus §§ 611, 611a II BGB folgenden Vergütungsanspruch aufrecht.[18] Bei Arbeitsunfähigkeit eines AN gilt nicht § 616 BGB. Diese Bestimmung wird **durch die Sonderregelungen des EFZG verdrängt** (→ § 98 Rn. 1 ff.). Besteht wegen nicht erfüllter Wartezeit (§ 3 III EFZG) oder einer Fortsetzungserkrankung nach sechs Wochen (§ 3 II 2 EFZG) kein Entgeltfortzahlungsanspruch, folgt dieser auch nicht aus § 616 BGB (zu Arztbesuchen → Rn. 8).[19] Im Falle der Arbeitsunfähigkeit freier Mitarbeiter kommt § 616 BGB zur Anwendung, sofern diese Vorschrift nicht abbedungen worden ist.[20] Ein konkludenter Ausschluss des Anspruchs kann dabei nur unter strengen Voraussetzungen angenommen werden.[21]

II. Anspruchsvoraussetzungen

4 **1. Dienstverhältnis.** § 616 BGB gilt für **alle Dienstverhältnisse.**[22] Erfasst werden auch Teilzeit- oder Aushilfsarbeitsverhältnisse[23] sowie **arbeitnehmerähnliche Personen** und Anstellungsverträge der **Organmitglieder** einer juristischen Person, sofern sie nicht ohnehin ausnahmsweise als AN zu qualifizieren sind.[24] Auf Ausbildungsverhältnisse findet § 19 I Nr. 2 BBiG Anwendung.

[9] Zu diesem Aspekt AR/*Kamanabrou* BGB § 616 Rn. 2; HWK/*Krause* BGB § 616 Rn. 1; Staudinger/*Oetker* BGB § 616 Rn. 13.
[10] *Mugdan* II S. 899.
[11] MüKoBGB/*Henssler* § 616 Rn. 2.
[12] Überzeugend und eingehend Staudinger/*Oetker* BGB § 616 Rn. 15 ff.; ebenso MüKoBGB/*Henssler* § 616 Rn. 2; *Hohenstatt/Krois* NZA 2020, 413 (415); AR/*Kamanabrou* BGB § 616 Rn. 2; HWK/*Krause* BGB § 616 Rn. 2; Schmitt EFZG/*Schmitt* BGB § 616 Rn. 40; krit. BeckOGK/*Bieder*, 1.2.2020, BGB § 616 Rn. 4; vermittelnd MHdB ArbR/*Tillmanns* § 77 Rn. 3 f.
[13] BAG 22.1.2009 AP Nr. 2 zu § 29 TVöD = NZA 2009, 735; MüKoBGB/*Henssler* § 616 Rn. 3; Staudinger/*Oetker* BGB § 616 Rn. 18.
[14] *Kolbe* BB 2009, 1414 (1416).
[15] MüKoBGB/*Henssler* § 616 Rn. 18; Staudinger/*Oetker* BGB § 616 Rn. 20; für eine hiervon unabhängige Bestimmung des persönlichen Hinderungsgrundes MHdB ArbR/*Tillmanns* § 77 Rn. 5 ff.
[16] Staudinger/*Oetker* BGB § 616 Rn. 20.
[17] AR/*Kamanabrou* BGB § 616 Rn. 1; HWK/*Krause* BGB § 616 Rn. 3.
[18] Erman/*Riesenhuber* BGB § 616 Rn. 2; MüKoBGB/*Henssler* § 616 Rn. 3; HWK/*Krause* BGB § 616 Rn. 2; Staudinger/*Oetker* BGB § 616 Rn. 22; aA offenbar BAG 18.1.2001 AP Nr. 8 zu § 52 BAT = NZA 2002, 47.
[19] HWK/*Krause* BGB § 616 Rn. 20; Staudinger/*Oetker* BGB § 616 Rn. 320; *Treber,* EFZG, BGB § 616 Rn. 3.
[20] ErfK/*Preis* BGB § 616 Rn. 7.
[21] BGH 6.4.1995 NJW 1995, 2629.
[22] MüKoBGB/*Henssler* § 616 Rn. 12; MHdB ArbR/*Tillmanns* § 77 Rn. 16.
[23] HWK/*Krause* BGB § 616 Rn. 8.
[24] MüKoBGB/*Henssler* § 616 Rn. 12, 22; ErfK/*Preis* BGB § 616 Rn. 2.

5 **2. Persönlicher Hinderungsgrund. a) Grundsätze.** § 616 BGB setzt voraus, dass der AN während der Dauer des Arbeitsverhältnisses durch einen in seiner Person oder in seinen persönlichen Verhältnissen liegenden Grund an der Arbeitsleistung tatsächlich verhindert ist.[25] Der Hinderungsgrund muss nicht unmittelbar in der Person des AN liegen, er muss jedoch der **persönlichen Sphäre des AN** zuzuordnen sein und darf **kein objektives Hindernis** darstellen (→ Rn. 10).[26] Erforderlich ist, dass die Arbeitsleistung subjektiv unmöglich oder unzumutbar geworden ist (§ 275 I und III BGB).[27] Zur Feststellung der Unzumutbarkeit der Arbeitsleistung ist eine wertende Rechtsgüter- und Interessenabwägung vorzunehmen. Von einer Unzumutbarkeit ist regelmäßig nur dann auszugehen, wenn dem AN wegen höherrangiger sittlicher und rechtlicher Pflichten die Arbeitsleistung unter Abwägung der wechselseitigen Interessen nach Treu und Glauben nicht mehr abverlangt werden darf.[28] Nicht jedes in den persönlichen Verhältnissen des AN liegende Ereignis löst daher einen Anspruch aus § 616 S. 1 BGB aus. Aktivitäten, die lediglich die private Lebensführung des AN betreffen und möglicherweise nur während der Arbeitszeit erledigt werden können, bilden deshalb keinen Hinderungsgrund iSv § 616 S. 1 BGB (→ Rn. 7).[29]

6 **b) Einzelfälle.** Als persönliche Hinderungsgründe kommen in Betracht kirchliche und standesamtliche **Eheschließung,**[30] Eintragung einer **Lebenspartnerschaft** nach dem LPartG,[31] **außerordentliche Vorkommnisse in der Familie** (Todesfälle, Begräbnisse, Geburten,[32] goldene Hochzeit der Eltern,[33] Kommunion und Konfirmation der Kinder).[34] Umstritten ist, ob neben den verehelichten Eltern auch der Partner in einer nichtehelichen Lebensgemeinschaft bei der **Geburt eines gemeinsamen Kindes** einen Anspruch auf Freistellung von der Arbeit hat. Dies dürfte im Hinblick auf besondere Bedeutung dieses Ereignisses zu bejahen sein.[35] Das BAG hat dies dagegen für einzelne tarifvertragliche Regelungen verneint.[36] Das BVerfG hat mangels grundsätzlicher Bedeutung die hiergegen gerichtete Verfassungsbeschwerde nicht angenommen.[37] Persönliche Hinderungsgründe sind ferner **schwere Erkrankungen naher Angehöriger,**[38] insbesondere von Kindern (dazu → Rn. 17 ff.).[39] Partner einer **eingetragenen Lebenspartnerschaft** nach dem LPartG haben im Falle einer Erkrankung des Partners aufgrund der bestehenden gegenseitigen gesetzlichen Rechte und Pflichten ebenfalls einen Anspruch auf Freistellung nach § 616 BGB.[40] Ob anderes zu gelten hat, wenn Voraussetzung des Freistellungsanspruchs das Bestehen einer Ehe ist, erscheint im Hinblick auf die vergleichbare Interessenlage äußerst zweifelhaft.[41] Zu den persönlichen Hinderungsgründen zählen des Weiteren gesundheitspolizeiliche **Untersuchungen in Lebensmittelbetrieben,**[42] **ehrenamtliche Richtertätigkeit** in den verschiedenen Gerichtszweigen, sofern der AN nicht Gleitzeit in Anspruch nehmen muss,[43] ohne eigenes Verschulden erlittene **Untersuchungshaft**[44] sowie in Abhängigkeit

[25] MüKoBGB/*Henssler* § 616 Rn. 19.
[26] AR/*Kamanabrou* BGB § 616 Rn. 8.
[27] HWK/*Krause* BGB § 616 Rn. 14; ErfK/*Preis* BGB § 616 Rn. 3; ausf. Staudinger/*Oetker* BGB § 616 Rn. 47 ff.; MHdB ArbR/*Tillmanns* § 77 Rn. 20 ff.
[28] BAG 25.10.1973 AP Nr. 43 zu § 616 BGB; näher dazu Staudinger/*Caspers* BGB § 275 Rn. 108 ff.; *Gotthardt* Schuldrechtsmodernisierung, 2. Aufl. 2003, Rn. 97 ff.; MHdB ArbR/*Tillmanns* § 77 Rn. 20 ff.
[29] MüKoBGB/*Henssler* § 616 Rn. 50; MHdB ArbR/*Tillmanns* § 77 Rn. 20.
[30] BAG 27.4.1983 AP Nr. 61 zu § 616 BGB.
[31] ErfK/*Preis* BGB § 616 Rn. 4.
[32] Auch bei Niederkunft in Spanien: BAG 12.12.1973 AP Nr. 44 zu § 616 BGB; verneint bei Niederkunft der Lebensgefährtin wegen tariflicher Sonderregelung: BAG 25.2.1987 AP Nr. 3 zu § 52 BAT = NZA 1987, 667; 18.1.2001 AP Nr. 8 zu § 52 BAT = NZA 2002, 47.
[33] BAG 25.10.1973 AP Nr. 43 zu § 616 BGB mAnm *Schnorr von Carolsfeld.*
[34] BAG 11.2.1993 AP Nr. 1 zu § 33 MTB II.
[35] Dafür ErfK/*Preis* BGB § 616 Rn. 4; HWK/*Krause* BGB § 616 Rn. 25; Staudinger/*Oetker* BGB § 616 Rn. 67.
[36] BAG 18.1.2001 AP Nr. 8 zu § 52 BAT = NZA 2002, 47; 25.2.1987 AP Nr. 3 zu § 52 BAT = NZA 1987, 271.
[37] BVerfG 1.4.1998 NJW 1998, 2043; 8.1.1998 NZA 1998, 547.
[38] BAG 20.7.1977 AP Nr. 47 zu § 616 BGB.
[39] BAG 20.6.1979 AP Nr. 50 zu § 616 BGB.
[40] BeckOGK/*Bieder,* 1.2.2020, BGB § 616 Rn. 22; Staudinger/*Oetker* BGB § 616 Rn. 60.
[41] Vgl. hierzu *Powietzka* BB 2002, 145.
[42] Vgl. BAG AP Nr. 5, 12 zu § 611 BGB Lohnanspruch.
[43] Vgl. dazu BAG 22.1.2009 AP Nr. 2 zu § 29 TVöD = NZA 2009, 735; 25.8.1982 AP Nr. 1 zu § 26 ArbGG 1979.
[44] Vgl. BAG 11.8.1988 AP Nr. 7 zu § 611 BGB Gefährdungshaftung des Arbeitgebers = NZA 1989, 54; 16.3.1967 AP Nr. 31 zu § 63 HGB; ErfK/*Preis* BGB § 616 Rn. 4.

von tarifvertraglichen oder landesrechtlichen Regelungen die **Ladung zu Behörden,**[45] **gerichtlichen Terminen,**[46] Ausübung öffentlicher[47] und religiöser Pflichten und die Wahrnehmung von Ämtern bei der freiwilligen **Feuerwehr.**[48]

7 Grundsätzlich **kein Anspruch** besteht dagegen für die **Teilnahme an Prüfungen** (auch Fahrprüfung), die privaten Interessen dienen, anders dagegen bei Prüfungen, die im Zusammenhang mit der beruflichen Bildung stehen.[49] Ebenso wenig gehören zu persönlichen Hinderungsgründen **Vereinsfeste, Ereignisse im weiteren Familienkreis** (Familienfeiern), **Sportveranstaltungen, private Fortbildungskurse,**[50] Teilnahme an **Demonstrationen,**[51] Ausübung eines Stadtratsmandats[52] und **Umzüge** aus privaten Gründen.[53] Bei der **Wahrnehmung rein gewerkschaftlicher Ämter** besteht ein Anspruch nur, wenn dies ausdrücklich tarifvertraglich geregelt ist, im Übrigen besteht der Anspruch nicht.[54] Für die **Stellensuche** gilt § 629 BGB (dazu → § 25 Rn. 14 ff.). – Zu Corona-Fällen → Rn. 24 ff.

8 Bei **Arztbesuchen** liegt ein Verhinderungsgrund nur vor, wenn der AN nicht arbeitsunfähig iSv § 3 EFZG ist, die ärztliche Versorgung während der Arbeitszeit medizinisch erforderlich ist (zB Blutabnahme morgens im nüchternen Zustand) oder die Sprechstunden des Arztes in der Arbeitszeit des AN liegen und ein Termin außerhalb der Arbeitszeit nicht vereinbart werden kann.[55] Der AN kann nicht darauf verwiesen werden, einen anderen Arzt zu wählen, der außerhalb der Arbeitszeit die Untersuchung vornehmen kann. Der Grundsatz der freien Arztwahl genießt insoweit Vorrang vor den Interessen des AG.[56] Die Wahrnehmung eines Impftermins für eine **Schutzimpfung gegen das Coronavirus SARS-CoV-2** in einem Impfzentrum oder beim Hausarzt stellt einen persönlichen Hinderungsgrund iSv § 616 BGB dar.

9 Gläubigen AN ist im Hinblick auf Art. 4 I und II GG unter Berücksichtigung der betrieblichen Belange die Möglichkeit einzuräumen, den Arbeitsplatz zur Abhaltung **kurzzeitiger Gebete** zu verlassen. Insoweit kann im Einzelfall ein Leistungshindernis iSv § 616 BGB bestehen.[57] Dagegen besteht im Falle einer Arbeitsverweigerung aus Gewissensgründen (dazu → § 49 Rn. 2a) regelmäßig kein Anspruch aus § 616 BGB. Die Gewissensfreiheit des Art. 4 GG garantiert zwar dem AN das Recht, die mit einer subjektiven Gewissensvorstellung kollidierende Arbeitsleistung zu verweigern. Hieraus resultiert jedoch nicht das Recht, die wirtschaftlichen Folgen seiner subjektiven Gewissensentscheidung seinem Vertragspartner aufzubürden.[58]

10 **3. Keine objektiven Hinderungsgründe. a) Grundsätze.** In den Anwendungsbereich des § 616 S. 1 BGB sind nicht Fälle einbezogen, in denen die Arbeitsleistung wegen objektiver Hindernisse nicht erbracht werden kann.[59] Hiervon ist auszugehen, wenn die Arbeitsleistung

---

[45] BAG 16.12.1960 AP Nr. 30 zu § 616 BGB (Ladung zum TÜV) verneint den Anspruch wegen Zusammenhangs mit privater Lebensführung; zur Anordnung persönlichen Erscheinens vor Gericht: LAG Hamm 24.11.1971 BB 1972, 177.

[46] BAG 4.9.1985 AP Nr. 1 zu § 29 BMT-G II = NZA 1986, 784; 13.12.2001 AP Nr. 1 zu § 33 MTArb = NZA 2002, 1105 (Zeugenladung).

[47] BAG 7.11.1991 AP Nr. 3 zu § 33 MTL II.

[48] BAG 13.2.1996 AP Nr. 1 zu § 611 BGB Feuerwehr = NZA 1996, 1104.

[49] Erman/*Riesenhuber* BGB § 616 Rn. 26; HWK/*Krause* BGB § 616 Rn. 31; *Treber,* EFZG, BGB § 616 Rn. 23; generell abl. ErfK/*Preis* BGB § 616 Rn. 3.

[50] Erman/*Riesenhuber* BGB § 616 Rn. 26; MHdB ArbR/*Tillmanns* § 77 Rn. 23.

[51] MüKoBGB/*Henssler* § 616 Rn. 58.

[52] BAG 19.5.2021 – 5 AZR 318/20.

[53] BAG 25.4.1960 AP Nr. 23 zu § 616 BGB.

[54] MüKoBGB/*Henssler* § 616 Rn. 50; ErfK/*Preis* BGB § 616 Rn. 5; tarifl. Sonderregeln: MTV-Banken: BAG 5.4.1978 AP Nr. 2 zu § 1 TVG Tarifverträge: Banken = DB 1978, 1937; Einzelhandel Berlin: BAG 19.7.1983 AP Nr. 5 zu § 87 BetrVG 1972 Betriebsbuße = DB 1983, 2695; MTV Einzelhandel Niedersachsen: BAG 11.9.1985 AP Nr. 67 zu § 616 BGB; zum Anspruch auf unbezahlte Freistellung BAG 13.8.2010 NZA-RR 2010, 640.

[55] Hierzu: BAG 29.2.1984 AP Nr. 64 zu § 616 BGB = NZA 1984, 33; 29.2.1984 AP Nr. 22 zu § 1 TVG Tarifverträge: Metallindustrie = NZA 1984, 33; 22.1.1986 AP Nr. 69 zu § 1 TVG Tarifverträge: Bau = NZA 1986, 524; 7.3.1990 AP Nr. 83 zu § 616 BGB = NZA 1990, 567; ErfK/*Preis* BGB § 616 Rn. 7; Staudinger/*Oetker* BGB § 616 Rn. 56.

[56] MüKoBGB/*Henssler* § 616 Rn. 24; AR/*Kamanabrou* BGB § 616 Rn. 10; HWK/*Krause* BGB § 616 Rn. 21; *Treber,* EFZG, BGB § 616 Rn. 12.

[57] LAG Hamm 26.2.2002 AP Nr. 3 zu § 611 BGB Gewissensfreiheit = NZA 2002, 1090; AR/*Kamanabrou* BGB § 616 Rn. 16; *Treber,* EFZG, BGB § 616 Rn. 19.

[58] MüKoBGB/*Henssler* § 616 Rn. 56; Staudinger/*Oetker* BGB § 616 Rn. 73; Erman/*Riesenhuber* BGB § 616 Rn. 29; aA AR/*Kamanabrou* BGB § 616 Rn. 16; diff. MHdB ArbR/*Tillmanns* § 77 Rn. 23.

[59] MüKoBGB/*Henssler* § 616 Rn. 19; Staudinger/*Oetker* BGB § 616 Rn. 78; ErfK/*Preis,* 20. Aufl. 2020, BGB § 616 Rn. 3; MHdB ArbR/*Tillmanns* § 77 Rn. 1; aA *Moll* RdA 1980, 138.

wegen eines Ereignisses nicht möglich ist, das **weder in der Person des AN noch in der des AG seine Ursache hat.** Diese objektiven Leistungshindernisse sind bereits nach dem Wortlaut des § 616 S. 1 BGB von dieser Bestimmung nicht erfasst. Zu den für die Anwendung des § 616 S. 1 BGB unerheblichen objektiven Leistungshindernissen gehören insbesondere Fallgestaltungen, in denen entweder der AG nach § 615 S. 3 BGB das Betriebsrisiko oder der AN nach allgemeinen Grundsätzen das Arbeitskampf- oder Wegerisiko zu tragen hat.[60] Die Zahl der von der Leistungsstörung Betroffenen hat lediglich Indizcharakter.[61]

b) Einzelfälle. Zu den objektiven Hindernissen gehören beispielsweise die typischen Fälle des Wegerisikos, wie **Staus oder Ausfall des ÖPNV,** auch **Naturkatastrophen** (Überschwemmung, Smog), **witterungsbedingte Störungen** (Straßenglätte, Schneeverwehungen)[62] sowie **Kriegseinwirkungen und politische Unruhen.**[63] In allen diesen Fällen liegt bei der gebotenen wertenden Betrachtung die eigentliche Ursache des Arbeitsausfalls nicht in der Person des AN, sondern in Naturereignissen.[64] Gleiches gilt, wenn ein AN wegen Aschewolken nach einem Vulkanausbruch, einem schweren Erdbeben oder einer Überschwemmung nicht rechtzeitig aus dem Urlaub zurückkehrt und verspätet zur Arbeit erscheint.[65] Persönliche Leistungshindernisse sind dagegen das **Versagen des Autos und eigene Unfälle,** wobei Ansprüche aus § 616 BGB in diesen Fällen oftmals scheitern werden, weil der AN nicht unverschuldet verhindert ist. Fällt ein persönliches Leistungshindernis in den Urlaub, hat der AN keinen Anspruch auf dessen Verlängerung.[66] Nicht zu den persönlichen Hinderungsgründen zählen des Weiteren **Beschäftigungsverbote wegen Landestrauer.** Nach der Rechtsprechung des BAG gehören diese vielmehr zu dem vom AG zu tragenden Betriebsrisiko (→ § 101 Rn. 9).[67] 11

4. Kausalität. Der AN behält seinen Vergütungsanspruch nach § 616 S. 1 BGB nur dann, wenn der in seiner Person liegende Grund die alleinige Ursache der Arbeitsverhinderung ist, sog. **Monokausalität.**[68] Ist der AN nicht zur Arbeitsleistung verpflichtet, zB während einer vereinbarten unbezahlten Freistellung oder Kurzarbeit „Null“, ist für die Anwendung des § 616 S. 1 BGB kein Raum.[69] Gleiches gilt, wenn der AN streikt.[70] Treten **mehrere Ursachen,** die zu einer Entgeltfortzahlung trotz Nichtleistung der Arbeit führen, zeitgleich und für denselben Zeitraum ein, ist entscheidend, welchem Leistungshindernis zeitliche Priorität zukommt,[71] soweit nicht die einschlägigen gesetzlichen Bestimmungen Kollisionsregeln enthalten (→ Rn. 27). Bei **flexiblen Arbeitszeitmodellen,** bei denen der AN sowohl über die Lage als auch die Dauer der täglichen Arbeitszeit entscheiden kann und lediglich in der vorgegebenen Kernarbeitszeit anwesend sein muss, ist § 616 BGB außerhalb der Kernarbeitszeit nicht einschlägig, weil der AN dann nicht zur Arbeitsleistung verpflichtet ist. In solchen Arbeitszeitsystemen muss er die Ereignisse, die einen persönlichen Hinderungsgrund begründen können, nach Möglichkeit so disponieren, dass er sie außerhalb der Arbeitszeit erledigen kann.[72] Nur dann ist er im Übrigen ohne sein Verschulden an der Arbeitsleistung verhindert (dazu (→ Rn. 13). Das gilt insbesondere für Arztbesuche (→ Rn. 8) und die Wahrnehmung staatsbürgerlicher Pflichten, wie der Tätigkeit als ehrenamtlicher Richter.[73] – Zu Corona-Fällen → Rn. 26. 12

5. Verschulden. § 616 S. 1 BGB kommt nur dann zur Anwendung, wenn der AN ohne sein Verschulden an der Arbeitsleistung verhindert wird. Hierbei handelt es sich um ein negatives 13

---

[60] BeckOGK/*Bieder,* 1.2.2020, BGB § 616 Rn. 16.
[61] HWK/*Krause* BGB § 616 Rn. 18; weitergehend MüKoBGB/*Henssler* § 616 Rn. 59.
[62] BAG 8.9.1982 AP Nr. 59 zu § 616 BGB.
[63] *Diller/Winzer* DB 2001, 2094 (2095).
[64] Zur Einordnung von Streiks in Kitas *Diller/Krieger* FS Leinemann, 2006, 65; *Kolbe* BB 2009, 1414 (1416).
[65] Dazu *Buchner/Schumacher* DB 2010, 1124; *Forst* BB 2010, 1213 (1214).
[66] BAG 11.1.1966 AP Nr. 1 zu § 1 BUrlG Nachurlaub; LAG Nds 24.8.1983 BB 1984, 536.
[67] BAG 30.5.1963 AP Nr. 15 zu § 615 BGB Betriebsrisiko.
[68] BAG 22.6.1988 AP Nr. 1 zu § 15 BErzGG; BeckOGK/*Bieder,* 1.2.2020, BGB § 616 Rn. 33; Staudinger/*Oetker* BGB § 616 Rn. 90; MHdB ArbR/*Tillmanns* § 77 Rn. 28.
[69] MüKoBGB/*Henssler* § 616 Rn. 62; Staudinger/*Oetker* BGB § 616 Rn. 46; MHdB ArbR/*Tillmanns* § 77 Rn. 28.
[70] Dazu BAG 1.10.1991 AP Nr. 121 zu Art. 9 GG Arbeitskampf = NZA 1992, 163; BeckOGK/*Bieder,* 1.2.2020, BGB § 616 Rn. 33.
[71] BeckOGK/*Bieder,* 1.2.2020, BGB § 616 Rn. 34; HWK/*Krause* BGB § 616 Rn. 36; MüKoBGB/*Henssler* § 616 Rn. 62; krit. hierzu Staudinger/*Oetker* BGB § 616 Rn. 94; MHdB ArbR/*Tillmanns* § 77 Rn. 28.
[72] BAG 22.1.2009 AP Nr. 2 zu § 29 TVöD = NZA 2009, 735; aA MHdB ArbR/*Tillmanns* § 77 Rn. 17.
[73] Dazu BAG 22.1.2009 AP Nr. 2 zu § 29 TVöD = NZA 2009, 735.

Tatbestandsmerkmal.[74] Der AN soll kein Entgelt bekommen, wenn er die Verhinderung selbst herbeigeführt hat. Erforderlich ist ein **„Verschulden gegen sich selbst"**, das seine Grundlage nicht in § 276 I 1 BGB, sondern in § 254 BGB hat.[75] Das Verschulden muss sich auf den Grund beziehen, der für die Arbeitsverhinderung ursächlich ist.[76] Nicht jede einfache Nachlässigkeit begründet ein solches Verschulden, erforderlich ist vielmehr ein gröblicher Verstoß gegen das von einem verständigen Menschen im eigenen Interesse zu erwartende Verhalten.[77] Der AG hat die tatsächlichen Voraussetzungen für ein Verschulden des AN darzulegen und zu beweisen.[78] Es gilt dabei eine abgestufte Darlegungs- und Beweislast. – Zu Corona-Fällen → Rn. 28.

14 **6. Verhältnismäßig nicht erhebliche Zeit.** Die Verhinderung darf sich nur auf eine verhältnismäßig nicht erhebliche Zeit erstrecken. Die zeitliche Begrenzung ist **Tatbestandsvoraussetzung** des Anspruchs. Dauert die Verhinderung länger an, entfällt der Anspruch vollständig.[79] Diese Rechtsfolge ergibt sich zum einen daraus, dass nach dem Wortlaut der Norm die Verhältnismäßigkeit des Zeitraums Tatbestandsmerkmal und nicht Element der Rechtsfolge ist. Zum andern folgt dies auch aus dem Zweck der Vorschrift, die nur das Risiko unbedeutender personenbedingter Verhinderungen auf den AG übertragen, ihn aber nicht stets bis zur Grenze der Verhältnismäßigkeit belasten möchte.[80] Nach **älterer Rechtsprechung** richtet sich die Dauer der verhältnismäßig nicht erheblichen Zeit nach dem **Verhältnis der Verhinderungszeit zur Gesamtdauer des Arbeitsverhältnisses.**[81] Als Faustregel wird im Schrifttum bei einer Beschäftigung bis zu sechs, zwölf und mehr als zwölf Monaten eine Zeitspanne von drei Tagen, einer und zwei Wochen angesehen.[82] Ein Zeitraum von mehr als sechs Wochen ist nach der Rechtsprechung des BAG keine verhältnismäßig nicht erhebliche Zeit iSd § 616 S. 1 BGB.[83] Von Teilen des Schrifttums, die von dieser belastungsorientierten Betrachtung ausgehen, wird die Obergrenze bei zwei Wochen gesetzt.[84] Eine belastungsorientierte Konkretisierung lässt sich rechtfertigen, wenn man den Grund für die Fortzahlung des Entgelts nach § 616 S. 1 BGB in der Fürsorgepflicht des AG sieht. Lehnt man dies indes ab (→ Rn. 2) und erkennt den Rechtsgrund der Entgeltzahlungspflicht des Dienstverpflichteten darin, dass § 616 S. 1 BGB Ausdruck des allgemeinen Grundsatzes „minima non curat praetor" ist, liegt demgegenüber eine **ereignisbezogene Sicht** nahe. Hierfür spricht nicht nur der genannte Rechtsgrund der Entgeltzahlungspflicht, sondern auch, dass es für die belastungsorientierte, von der Dauer der Betriebszugehörigkeit abhängige Konkretisierung der verhältnismäßig nicht erheblichen Zeit im Gesetz keinerlei Anhaltspunkte gibt.[85] Zudem wird im Schrifttum mit guten Gründen darauf hingewiesen, dass es jedenfalls nach dem Inkrafttreten des EFZG wenig plausibel erscheine, dass einerseits für den Fall der krankheitsbedingten Arbeitsverhinderung eine Stufung der Länge des Entgeltfortzahlungsanspruchs nach der Dauer der Betriebszugehörigkeit nicht vorgesehen ist, sondern nach einer Wartezeit von vier Wochen (§ 3 III EFZG) der Anspruch einheitlich für die Dauer von sechs Wochen bestehe, andererseits aber für die vom EFZG nicht erfassten Personen im Falle krankheitsbedingter Arbeitsunfähigkeit die Dauer des Entgeltfortzahlungsanspruchs von der Dauer der Betriebszugehörigkeit abhängen soll.[86] Danach erscheint es

[74] Staudinger/*Oetker* BGB § 616 Rn. 109.

[75] Staudinger/*Oetker* BGB § 616 Rn. 112 f.; ebenso Erman/*Riesenhuber* BGB § 616 Rn. 42; MüKoBGB/*Henssler* § 616 Rn. 64; HWK/*Krause* BGB § 616 Rn. 44; MHdB ArbR/*Tillmanns* § 77 Rn. 29.

[76] BAG 11.8.1988 AP Nr. 7 zu § 611 BGB Gefährdungshaftung des Arbeitgebers = NZA 1989, 54.

[77] BAG 11.8.1988 AP Nr. 7 zu § 611 BGB Gefährdungshaftung des Arbeitgebers = NZA 1989, 54; 19.10.1983 AP Nr. 62 zu § 616 BGB; MüKoBGB/*Henssler* § 616 Rn. 63; BeckOK ArbR/*Joussen*, 1.12.2020, BGB § 616 Rn. 44; HWK/*Krause* BGB § 616 Rn. 44; Staudinger/*Oetker* BGB § 616 Rn. 112 mwN.

[78] Vgl. BAG 11.11.1987 AP Nr. 75 zu § 616 BGB = NZA 1988, 197; MüKoBGB/*Henssler* § 616 Rn. 76; BeckOK ArbR/*Joussen*, 1.12.2020, BGB § 616 Rn. 56; aA mit beachtlichen Gründen Staudinger/*Oetker* BGB § 616 Rn. 163 ff.; MHdB ArbR/*Tillmanns* § 77 Rn. 38.

[79] BAG 18.12.1959 AP Nr. 22 zu § 616 BGB; MüKoBGB/*Henssler* § 616 Rn. 69; Staudinger/*Oetker* BGB § 616 Rn. 95 f.; ErfK/*Preis* BGB § 616 Rn. 10 mwN.

[80] BeckOK ArbR/*Joussen*, 1.6.2020, BGB § 616 Rn. 45; unter Hinweis auf die Motive (*Mugdan* II S. 258); ebenso MHdB ArbR/*Tillmanns* § 77 Rn. 32.

[81] Vgl. BAG 17.12.1959 AP Nr. 21 zu § 616 BGB; Erman/*Riesenhuber* BGB § 616 Rn. 50.

[82] Erman/*Riesenhuber* BGB § 616 Rn. 51.

[83] BAG 11.8.1988 AP Nr. 7 zu § 611 BGB Gefährdungshaftung des Arbeitgebers Nr. 7 = NZA 1989, 54.

[84] Erman/*Riesenhuber* BGB § 616 Rn. 51; ohne eine solche Grenze hingegen BeckOGK/*Bieder*, 1.2.2020, BGB § 616 Rn. 37.

[85] *Kania/Hölken* VSSAR 2020, 327 (339); HWK/*Krause* BGB § 616 Rn. 41; Staudinger/*Oetker* BGB § 616 Rn. 101; MHdB ArbR/*Tillmanns* § 77 Rn. 30 f.

[86] Staudinger/*Oetker* BGB § 616 Rn. 101.

vorzugswürdig, die Dauer der verhältnismäßig nicht erheblichen Zeit ereignisorientiert bzw. anlassbezogen zu bestimmen.[87]

15 Soweit der **BGH zu seuchenpolizeilichen Tätigkeitsverboten nach dem BSeuchG** angenommen hat, aus § 616 S. 1 BGB ergebe sich in diesen Fällen die Pflicht zur Fortzahlung des Entgelts für die Dauer von sechs Wochen,[88] dürfte hieran nicht mehr festgehalten werden können. Der BGH hat seine Auffassung damit begründet, dass die Arbeitsverhinderung eines Ausscheiders ihrem Wesen nach einer Verhinderung durch Krankheit nahe komme. Es sei daher regelmäßig angebracht, die allgemein für Erkrankungen geltende Sechswochenfrist jedenfalls bei einem länger andauernden und ungekündigten Arbeitsverhältnis als Grenze einer verhältnismäßig nicht erheblichen Zeit anzusehen. Gegen diese Rechtsprechung aus dem Jahre 1978 spricht die historische Auslegung des § 616 BGB. Im Jahr 1930 wurde in § 616 BGB ein Abs. 2 eingefügt, in dem bestimmt war, dass der Anspruch eines Angestellten auf Vergütung für den Krankheitsfall nicht durch Vertrag ausgeschlossen oder beschränkt werden könne. Weiter heißt es in S. 2: „Hierbei gilt als verhältnismäßig nicht erheblich eine Zeit von sechs Wochen, wenn nicht durch Tarifvertrag eine andere Dauer bestimmt ist." Diese Vorschrift fingierte („gilt") die Dauer von sechs Wochen als verhältnismäßig nicht erhebliche Zeit, für die einem Angestellten ein Anspruch auf Entgeltfortzahlung zustand.[89] Bereits dies deutet darauf hin, dass der Gesetzgeber schon damals nicht davon ausging, dass eine verhältnismäßig nicht erhebliche Zeit bis zu sechs Wochen andauere. § 616 II 2 BGB galt ungeachtet der nachfolgenden mannigfaltigen Änderungen des § 616 BGB unverändert fort, bis durch das PflegeVG im Jahr 1994 die Abs. 2 und 3 des § 616 BGB aufgehoben wurden. Mit der Aufhebung des § 616 II 2 BGB fehlt nunmehr jeder Anhaltspunkt in dieser Vorschrift für eine Gleichsetzung der verhältnismäßig nicht erheblichen Zeit mit der Entgeltfortzahlungsdauer bei Arbeitsunfähigkeit nach den insoweit abschließenden Regelungen im EFZG. Der Gesetzgeber hat vielmehr dort klargestellt, dass der AG nur in dem gesetzlich geregelten Fall der Arbeitsunfähigkeit verpflichtet ist, dem AN für die Dauer von sechs Wochen Entgeltfortzahlung zu leisten. Eine Anwendung dieses Zeitraums auf die Entgeltfortzahlung bei Arbeitsverhinderung außerhalb des Geltungsbereichs des EFZG erscheint nach der Aufhebung des § 616 II 2 BGB nicht mehr möglich,[90] denn der Arbeitsverhinderung durch einen in der Person des AN liegenden Grund und der Entgeltfortzahlung bei Arbeitsunfähigkeit liegen zwei unterschiedliche Wertungen zugrunde.[91] Selbst wenn Gründe in der Person des AN iSv § 616 S. 1 BGB vorliegen, die in ihren Auswirkungen einer Verhinderung durch Krankheit nahe kommen, aber eben nicht zur Arbeitsunfähigkeit führen, ist es deshalb nicht gerechtfertigt, den AG zu einer Fortzahlung des Entgelts bis zu einer Dauer von sechs Wochen zu verpflichten.

16 Bei der **einzelfallbezogenen Beurteilung** ist der Verhinderungsgrund zu berücksichtigen.[92] Danach umfasst die verhältnismäßig nicht erhebliche Zeit in der Regel nur wenige Tage.[93] In Bezug auf Hindernisse, die **unmittelbar in der Person des AN** liegen, dürfte die Höchstgrenze bei fünf Tagen anzusetzen sein.[94] Bei der **Erkrankung von Kindern** wird eine Anlehnung an den Grundfall des § 45 II 1 SGB V (zehn Arbeitstage) möglich sein.[95] Macht der AN seine weitergehenden Freistellungsansprüche aus § 45 III–V SGB V geltend, berührt dies nicht seinen Anspruch aus § 616 BGB.[96] Bei der **Erkrankung anderer naher Angehöriger** ist ein Zeitraum von bis zu fünf Arbeitstagen in aller Regel als verhältnismäßig nicht erheblich iSd § 616 I 1 BGB anzusehen.[97] Die Freistellung im **Sterbefall oder bei Niederkunft** der Ehefrau

---

[87] MüKoBGB/*Henssler* § 616 Rn. 68; HWK/*Krause* BGB § 616 Rn. 41; Staudinger/*Oetker* BGB § 616 Rn. 101; ErfK/*Preis* BGB § 616 Rn. 10a; Schmitt EFZG/*Schmitt* BGB § 616 Rn. 40; MHdB ArbR/*Tillmanns* § 77 Rn. 31.

[88] BGH 30.11.1978 NJW 1979, 422; BGH 1.2.1979 NJW 1979, 1460.

[89] Staudinger/*Oetker* BGB § 616 Rn. 104.

[90] Näher dazu Erman/*Riesenhuber* BGB § 616 Rn. 53; Staudinger/*Oetker* BGB § 616 Rn. 195; aA ErfK/*Preis* BGB § 616 Rn. 10a sowie Voraufl. Rn. 18.

[91] MüKoBGB/*Henssler* § 616 Rn. 68.

[92] Ebenso AR/*Kamanabrou* BGB § 616 Rn. 21; HWK/*Krause* BGB § 616 Rn. 41; ArbRBGB/*Matthes* § 616 Rn. 19; Staudinger/*Oetker* BGB § 616 Rn. 101 f.; ErfK/*Preis* BGB § 616 Rn. 10a; MHdB ArbR/*Tillmanns* § 77 Rn. 31.

[93] MüKoBGB/*Henssler* § 616 Rn. 68; HWK/*Krause* BGB § 616 Rn. 41; Staudinger/*Oetker* BGB § 616 Rn. 102; weitergehend ErfK/*Preis* BGB § 616 Rn. 10a.

[94] *Hohenstatt/Krois* NZA 2020, 413 (415); *Noack* NZA 2021, 251 (253).

[95] Zur diesbezüglichen Ergänzungsfunktion des die Vorschrift des § 616 BGB konkretisierenden § 29 TVöD vgl. BAG 5.8.2014 AP Nr. 3 zu § 29 TVöD = NZA-RR 2014, 672; ErfK/*Preis* BGB § 616 Rn. 10a; aA HWK/*Krause* BGB § 616 Rn. 42; Staudinger/*Oetker* BGB § 616 Rn. 104.

[96] HWK/*Krause* BGB § 616 Rn. 42.

[97] BAG 19.4.1978 AP Nr. 48 zu § 616 BGB; HWK/*Krause* BGB § 616 Rn. 42; Staudinger/*Oetker* BGB § 616 Rn. 104; aA ErfK/*Preis* BGB § 616 Rn. 10a.

braucht nicht in unmittelbarem zeitlichen Zusammenhang zu dem Ereignis zu stehen, sie muss nur dadurch veranlasst sein.[98] Handelt es sich um **mehrere unterschiedliche Verhinderungsfälle,** sind die einzelnen Zeiträume grundsätzlich nicht zusammenzurechnen, wenn die Verhinderung nicht auf derselben Ursache beruht.[99] Mehrfache Arztbesuche lassen sich grundsätzlich nicht zusammenrechnen. Eine **zweiwöchige Quarantäne wegen eines Corona-Verdachts** dürfte keine verhältnismäßig nicht erhebliche Zeit mehr sein.[100]

17 **7. Pflege erkrankter Kinder. a) Anspruchsvoraussetzungen.** Nach § 45 SGB V haben Versicherte **Anspruch auf Krankengeld,** wenn es nach ärztlichem Zeugnis erforderlich ist, dass sie zur Beaufsichtigung, Betreuung oder Pflege ihres erkrankten und versicherten Kindes der Arbeit fernbleiben, eine andere in ihrem Haushalt lebende Person das Kind nicht beaufsichtigen, betreuen oder pflegen kann und das Kind das zwölfte Lebensjahr noch nicht vollendet hat oder behindert und auf Hilfe angewiesen ist (zum PflegeZG → § 107 Rn. 1 ff.). Das Pflegekrankengeld hat Lohnersatzfunktion und soll das wegen der Betreuung des Kindes entgangene Arbeitsentgelt ersetzen. Stellt der AG den Versicherten von der Arbeit frei, bevor die Krankenkasse die Verpflichtung zur Gewährung von Pflegegeld anerkannt hat, und sind die Voraussetzungen der Freistellung nicht gegeben, kann der AG die Freistellung auf eine spätere Freistellung zur Beaufsichtigung, Betreuung oder Pflege eines erkrankten Kindes anrechnen (§ 45 III 2 SGB V). Die Anrechnungsmöglichkeit ist auch bei der Erkrankung eines anderen Kindes des AN gegeben. Im öffentlichen Dienst wird § 45 SGB V für nicht gesetzlich krankenversicherte Angestellte durch § 29 I 1 lit. e) Doppelbuchst. bb) TVöD ergänzt. Diese AN haben bei schwerer Erkrankung mehrerer Kinder unter zwölf Jahren im selben Kalenderjahr Anspruch auf bezahlte Freistellung im Umfang der Belastungsobergrenze von höchstens fünf Arbeitstagen (§ 29 I 3 TVöD) im Kalenderjahr.[101]

18 **b) Krankengeldanspruch.** Im Falle der Pflege erkrankter Kinder besteht nach **§ 45 II SGB V** für jeden Pflegefall in jedem Kalenderjahr ein Anspruch auf Krankengeld für jedes Kind längstens für zehn Arbeitstage, für alleinerziehende Versicherte für längstens 20 Arbeitstage. Der Anspruch nach Satz 1 besteht für Versicherte für nicht mehr als 25 Arbeitstage, für alleinerziehende Versicherte für nicht mehr als 50 Arbeitstage. Die Dauer des Anspruchs richtet sich somit zum einen nach der Dauer der Erkrankung. Zusätzlich ist in § 45 II SGB V eine Höchstdauer sowohl in Bezug auf das erkrankte Kind als auch auf den Versicherten vorgesehen. Die zweite Komponente der Höchstdauer bezieht sich auf den Versicherten selbst, der maximal 25 Tage Pflegekrankengeld in Anspruch nehmen kann, auch hier erfolgt für alleinerziehende Versicherte eine Verdoppelung auf höchstens 50 Tage.[102] Diese Regelung ist **für die Dauer des Jahres 2021** in § 45 IIa SGB V erweitert worden. Der Anspruch besteht in dieser Zeit für jedes Kind längstens für 20 Arbeitstage, für alleinerziehende Versicherte längstens für 40 Arbeitstage, für Versicherte längstens für 45 Arbeitstage, für alleinerziehende Versicherte längstens für 90 Arbeitstage. Alleinerziehend sind Versicherte, die als betroffener Elternteil faktisch alleinstehend sind, zusammen mit ihrem Kind in einem Haushalt leben und denen für ihr Kind jedenfalls auch – sei es allein oder gemeinsam mit einer anderen Person – die Personensorge zusteht.[103] Sind **beide Elternteile berufstätig,** hat nur einer nach ihrer Wahl den Anspruch, da die Pflege beider idR nicht notwendig sein wird.[104] Wer die Pflege übernimmt, ist den Eltern überlassen. Sind sie bei demselben AG beschäftigt, haben sie jedoch die Interessen des AG nach billigem Ermessen zu berücksichtigen.[105]

19 **c) Freistellungsanspruch.** Versicherte mit Anspruch auf Krankengeld haben für die Dauer dieses Anspruchs gegen ihren AG **Anspruch auf unbezahlte Freistellung** von der Arbeitsleistung, soweit nicht aus dem gleichen Grund Anspruch auf bezahlte Freistellung besteht (§ 45 III 1 SGB V). Hierdurch soll sichergestellt werden, dass der Versicherte durch sein Fernbleiben von der Arbeit seine Arbeitsvertragspflichten nicht verletzt, soweit er nicht bereits ohnehin einen Anspruch auf bezahlte Freistellung hat.[106] Der Anspruch auf unbezahlte Freistellung kann vertraglich nicht abbedungen werden (§ 45 III 3 SGB V); er ist dem Anspruch auf bezahlte Freistellung subsidiär.[107]

[98] BAG 19.7.1961 AP Nr. 110 zu § 1 TVG Auslegung; vgl. auch BAG 26.2.1964 AP Nr. 38 zu § 616 BGB.
[99] Vgl. HWK/*Krause* BGB § 616 Rn. 43; Erman/*Riesenhuber* BGB § 616 Rn. 56; MHdB ArbR/*Tillmanns* § 77 Rn. 33; einschränkend Staudinger/*Oetker* BGB § 616 Rn. 107.
[100] *Hohenstatt/Krois* NZA 2020, 413 (416); *Kania/Hölken* VSSAR 2020, 327 (339).
[101] BAG 5.8.2014 NZA-RR 2014, 672.
[102] Becker/Kingreen/*Joussen* SGB V § 45 Rn. 6.
[103] BSG 26.6.2007 NJW-RR 2008, 980.
[104] BAG 20.6.1979 AP Nr. 50 zu § 616 BGB.
[105] MüKoBGB/*Henssler* § 616 Rn. 31.
[106] ErfK/*Rolfs* SGB V § 45 Rn. 9.
[107] BAG 19.4.1978 AP Nr. 48 zu § 616 BGB = DB 1978, 1595.

Erfüllt der AG seine Verpflichtung zur Freistellung nicht, muss die Krankenkasse das Pflegegeld gewähren; ein etwaiger Vergütungsanspruch des AN geht dann nach § 115 SGB X auf sie über. Ein Anspruch auf **bezahlte Freistellung** zur Betreuung und Pflege erkrankter Kinder kann sich aus § 616 iVm § 611a II BGB,[108] nicht jedoch aus § 3 I EFZG ergeben.[109] Zur zeitlichen Dauer des Anspruchs → Rn. 14 ff.; zur (tarif-)vertraglichen Abdingbarkeit → Rn. 22.

d) Streik im Kindergarten. Ein persönlicher Hinderungsgrund liegt auch bei einem Streik im Kindergarten vor.[110] Die Eltern bleiben nicht deshalb ihrer Arbeit fern, weil der Kindergarten geschlossen bleibt, sondern weil sie ihrer Elternpflicht nachkommen und für ihr Kind sorgen – dieser Grund liegt in der persönlichen Sphäre und erfüllt die Anforderungen des § 616 BGB. Dabei dürfen die Anforderungen an den Nachweis einer unabwendbaren Pflichtenkollision nicht überspannt werden: Den Eltern muss ein weiter Einschätzungsspielraum bei der Frage zugebilligt werden, welche Betreuungspersonen das Vertrauen in eine angemessene Versorgung der Kinder rechtfertigen.[111] 20

8. Wahlbewerber. Ob auch Wahlbewerber zu den parlamentarischen Körperschaften einen Anspruch auf bezahlte Freizeit haben, ist umstr., aber zu verneinen.[112] Für die Bewerber zum Deutschen Bundestag sowie zum Europaparlament bestehen besondere Regelungen.[113] Teilweise finden sich auch Normen in Landesverfassungen.[114] 21

9. Unterrichtungspflicht. Der AN hat die vertragliche Nebenpflicht, dem AG sobald wie möglich die Arbeitsverhinderung mitzuteilen. Ist die Arbeitsverhinderung voraussehbar, hat die Mitteilung so rechtzeitig zu erfolgen, dass der AG sich darauf einrichten kann.[115] Mitzuteilen sind Grund, Beginn und voraussichtliches Ende des Arbeitsausfalls.[116] Nur so kann der AG prüfen, ob die Voraussetzungen des § 616 BGB erfüllt sind. Wird die Mitteilungspflicht verletzt, bleibt zwar der Anspruch bestehen, der AN kann sich aber nach § 280 I BGB schadensersatzpflichtig machen; uU kann nach vorheriger einschlägiger Abmahnung auch eine Kündigung sozial gerechtfertigt sein (§ 1 II KSchG). 22

10. Beweislast. Der AN ist für die Leistungsverhinderung und die Erforderlichkeit der Dienstbefreiung, der AG für das Verschulden darlegungs- und beweispflichtig.[117] 23

11. Besonderheiten der Corona-Pandemie. a) Grundsätze. Besteht der **bloße Verdacht einer COVID-19-Infektion,** ohne dass sich der AN aufgrund zwingender Verordnungen oder Anordnungen nach den Bestimmungen des IfSG absondern muss, kann der AG ihn zum Schutz der restlichen Belegschaft freistellen.[118] In diesem Fall dürfte der Hinderungsgrund in der Person des AN liegen, denn es liegt nahe, den Verdacht einer COVID-19-Infektion seiner persönlichen Sphäre zuzuordnen und ihn nicht als objektives Hindernis anzusehen. Der AN hätte dann aus § 616 S. 1 BGB iVm dem Arbeitsvertrag Anspruch auf Fortzahlung des Entgelts, sofern die weiteren tatbestandlichen Voraussetzungen – verhältnismäßig nicht erhebliche Zeit (→ Rn. 14 ff.), kein Verschulden (→ Rn. 13), keine wirksame Abbedingung (→ Rn. 31 f.) – vorliegen.[119] Hat sich der AN aufgrund öffentlich-rechtlicher Vorschriften oder Anordnungen im Falle eines Verdachts auf eine COVID-19-Infektion **in Quarantäne zu begeben,** dürfte gleichfalls ein persönlicher Hinderungsgrund vorliegen. Hat der AN eine **COVID-19-Infektion und bricht die Krankheit** aus, ist der AN arbeitsunfähig. Er hat dann einen Entgeltfortzahlungsanspruch nach § 3 EFZG. Gleiches gilt grundsätzlich bei einem **symptomlosen Ver-** 24

---

[108] *Brose* NZA 2011, 719 (720 ff.); MüKoBGB/*Henssler* § 616 Rn. 30; HWK/*Krause* BGB § 616 Rn. 24.
[109] *Schulz* DB 2006, 838; aA *Kießling/Jünemann* DB 2005, 1684; *Kießling* DB 2006, 841.
[110] *Diller/Krieger* FS Leinemann, 2006, 65 (68 f.); *Kolbe* BB 2009, 1414 (1416).
[111] *Kolbe* BB 2009, 1414 (1416).
[112] Ebenso ErfK/*Preis* BGB § 616 Rn. 5; HWK/*Krause* BGB § 616 Rn. 28; Staudinger/*Oetker* BGB § 616 Rn. 71.
[113] Gesetz über die Rechtsverhältnisse der Mitglieder des Deutschen Bundestages (Abgeordnetengesetz – AbgG) idF v. 21.2.1996 (BGBl. I 326) m. spät. Änd.; Gesetz über die Rechtsverhältnisse der Mitglieder des Europäischen Parlaments aus der Bundesrepublik Deutschland v. 6.4.1979 (BGBl. I 473) m. spät. Änd.
[114] Vgl. Art. 29 I Verf. BW; Art. 46 II 2 Verf. NRW; Art. 96 I 2 Verf. RhPf; Art. 4 I Landessatzung SchlH.
[115] HWK/*Krause* BGB § 616 Rn. 45; MHdB ArbR/*Tillmanns* § 77 Rn. 34.
[116] Erman/*Riesenhuber* BGB § 616 Rn. 57.
[117] MüKoBGB/*Henssler* § 616 Rn. 76; Erman/*Riesenhuber* BGB § 616 Rn. 89 ff.; aA MHdB ArbR/*Tillmanns* § 77 Rn. 38.
[118] Näher *Adjan/Lettmeier* NZA 2021, 161; siehe dazu auch ArbG Dortmund 24.11.2020 – 5 Ca 2057/20 nrk.
[119] Vgl. *Grimm* DB 2020, 1177; *Sagan/Brockfeld* NJW 2020, 1112 (1113).

lauf, wenn sich der AN wegen der Infektion in Quarantäne begeben muss und dort nicht arbeiten kann (→ § 98 Rn. 14). Durch die Anordnung der Quarantäne (§ 30 I 2 IfSG) oder die Verhängung eines Verbots beruflicher Tätigkeiten (§ 31 IfSG) wird dem AN die Erfüllung der Arbeitspflicht im Betrieb rechtlich unmöglich (§ 275 I BGB).[120] Anderes gilt dann, wenn der AN seine Arbeit auch im **Homeoffice** von zu Hause aus erledigen kann und der AG dies vom AN wirksam verlangt (→ § 45 Rn. 30a)[121] oder mit ihm eine entsprechende Vereinbarung trifft. In diesem Fall besteht regelmäßig keine Arbeitsunfähigkeit, der AN hat allein aus polizeirechtlichen Gründen wegen der Ansteckungsgefahr zu Hause zu bleiben.[122]

25 Soweit anknüpfend an die **Größe des betroffenen Personenkreises** bezogen auf die COVID-19-Pandemie die Auffassung vertreten wird, diese stelle ein objektives Leistungshindernis dar,[123] dürfte dem in dieser Allgemeinheit nicht gefolgt werden können. Die Pandemie ist zwar ein weltweites Ereignis, sie allein führt indes nicht zu einem Leistungshindernis iSv § 616 BGB. Dieses besteht in der Regel in der individuell angeordneten oder auf der Grundlage von RechtsVO einzuhaltenden Quarantäne, die auf einem auf den AN bezogenen und seiner persönlichen Sphäre zuzuordnenden Gefahrenverdacht beruht,[124] sei es, dass der AN Kontakt zu einer anderen infizierten Person hatte oder zu einer abgrenzbaren Bevölkerungsgruppe gehört, die sich in einem Risikogebiet aufgehalten hat. Insoweit gilt – arbeitsrechtlich – nichts anderes als bei einer Grippewelle. Die Differenzierung zwischen objektivem oder subjektivem Hinderungsgrund im Zusammenhang mit pandemiebedingten Quarantäneanordnungen dürfte danach vorzunehmen sein, ob ein auf einzelne AN oder eine jedenfalls definiert abgrenzbare Arbeitnehmergruppe bezogenes Tätigkeitsverbot ausgesprochen wird oder ein Unternehmen in seiner Gesamtheit mit einem solchen Tätigkeitsverbot nach § 31 IfSG belegt wird. Im ersten Fall käme ein Anspruch aus § 616 S. 1 BGB dem Grunde nach in Betracht, im zweiten Fall läge dagegen ein objektives Leistungshindernis vor, das seine Ursache nicht in der Sphäre des AN hat.[125]

26 **b) Kausalität.** Die für die Aufrechterhaltung des Entgeltanspruchs nach § 616 BGB erforderliche Kausalität der Quarantäne für den Arbeitsausfall besteht nur dann, wenn die **Arbeit nicht bereits aus anderen Gründen ausgefallen ist** (→ Rn. 12). Bei Entgeltansprüchen wegen angeordneter Quarantäne besteht die Besonderheit, dass eine Ursache – die Quarantäneanordnung – zwei Ansprüche auslösen könnte. Aufgrund dieser Anordnung kann ein AN nach § 56 I 1 IfSG eine Entschädigung verlangen, wenn er hierdurch einen Verdienstausfall erleidet. Einen solchen erleidet er allerdings nur dann, wenn ein Anspruch aus § 616 S. 1 BGB auf Fortzahlung des Arbeitsentgelts nicht besteht. Einem Anspruch aus § 616 S. 1 BGB könnte wiederum entgegenstehen, dass dem AN wegen der Quarantäneanordnung ein Entschädigungsanspruch zusteht. Würde man jeweils streng auf die Monokausalität abstellen, führte dies dazu, dass keiner der beiden Ansprüche bestünde, im Ergebnis also eine Schutzlücke entstünde.[126] Dies wäre indes nicht zu rechtfertigen.[127]

27 Der BGH geht in seiner älteren Rechtsprechung zum BSeuchG davon aus, dass eine auf dem Arbeitsverhältnis beruhende Verpflichtung des AG, für die Dauer des Beschäftigungsverbots das Arbeitsentgelt weiterzuzahlen, auf die Allgemeinheit nicht abgewälzt werden könne. Ein Verdienstausfall iSv § 49 I BSeuchG liege nicht vor, wenn dem AN für den fraglichen Zeitraum ein gesetzlicher oder vertraglicher Anspruch auf Fortzahlung seines Entgelts gegen den AG zustehe. Das Nichtbestehen solcher anderweitiger Ansprüche sei **negative Tatbestandsvoraussetzung** für den Anspruch auf Entschädigung.[128] Dies dürfte auch für Quarantäneanordnungen nach dem IfSG gelten. Entschädigungsansprüche aus § 56 I 1 IfSG bestehen nur, wenn der AN einen Verdienstausfall erleidet. Auch hierbei handelt es sich um ein negatives Tatbestandsmerk-

---

[120] *Hohenstatt/Krois* NZA 2020, 413 (414); *Sagan/Brockfeld* NJW 2020, 1112 (1114).

[121] Dazu ErfK/*Preis* GewO § 106 Rn. 28a; dazu auch LAG Bln-Bbg 14.11.2018 – 17 Sa 562/18, NZA-RR 2019, 287; *Dehmel/Hartmann* BB 2020, 885 (886); *Fuhlrott/Fischer* NZA 2020, 345 (349 f.); *Günther/Böglmüller* ArbRAktuell 2020, 186; *Müller* DB 2019, 1624; *Ch. Picker* ZFA 2019, 269 (279 ff.).

[122] *Preis/Mazurek/Schmid* NZA 2020, 1137 (1138).

[123] *Kraayvanger/Schrade* NZA-RR 2020, 623; *Weller/Lieberknecht/Habrich* NJW 2020, 1017 (1018 f.); ebenso *Sievers* jM 2020, 189 (190), für den Fall eines „coronabedingten" Beschäftigungsverbots, nicht jedoch für den Fall der Pflege von Angehörigen.

[124] *Preis/Mazurek/Schmid* NZA 2020, 1137 (1140); ebenso iErg *Eufinger* DB 2020, 1121 (1123); *Hohenstatt/Krois* NZA 2020, 413 (414 f.); *Kania/Hölken* VSSAR 2020, 327 (338); *Meßling* in Schlegel/Meßling/Bockholdt Gesundheit und Soziales Corona § 19 Rn. 10; *Noack* NZA 2021, 251 (253); *Stöß/Putzer* NJW 2020, 1465 (1467 f.); Kluckert Neues InfektionsschutzR/*Temming* § 16 Rn. 14.

[125] *Grimm* DB 2020, 1177 (1179).

[126] MHdB ArbR/*Greiner* § 80 Rn. 41; *Laws/Laws* FA 2020, 130 (134).

[127] Vgl. BAG 26.4.1978 AP Nr. 6 zu § 6 LohnFG, zu § 49 BSeuchG.

[128] BGH 30.11.1978 NJW 1979, 422; 1.2.1979 NJW 1979, 1460.

mal, das die Subsidiarität des Entschädigungsanspruchs[129] gegenüber dem Entgeltanspruch zum Ausdruck bringt.[130] In § 56 I 1 IfSG ist somit ein Vorrang anderweitiger Entgeltansprüche angelegt. Der Grundsatz der Monokausalität steht damit einem Anspruch auf Fortzahlung des Entgelts nach § 616 S. 1 BGB nicht entgegen, weil der Entschädigungsanspruch nach § 56 I 1 IfSG bereits tatbestandlich nicht besteht. Der Entschädigungsanspruch besteht allerdings, wenn § 616 BGB wirksam abbedungen ist (→ Rn. 31 f.) oder der persönliche Hinderungsgrund länger als eine **verhältnismäßig nicht erhebliche Zeit** andauert (→ Rn. 14 ff.).[131] Müssen AN wegen **Schul- oder Kitaschließungen** ihre Kinder zu Hause betreuen, haben sie nach näherer Maßgabe von § 56 Ia IfSG einen Entschädigungsanspruch.[132] Auch dieser setzt – wie der Anspruch aus Abs. 1 – einen Verdienstausfall des AN voraus.

c) Fehlendes Verschulden. Der Entgeltanspruch wird nach § 616 S. 1 BGB aufrechterhalten, wenn den AN kein Verschulden an der Arbeitsverhinderung trifft (→ Rn. 13). In Bezug auf eine Arbeitsverhinderung im Zusammenhang mit einer COVID-19-Infektion (→ Rn. 24) kann ein derartiges Verschulden des AN in Betracht zu ziehen sein, wenn er an sog. **„Corona-Partys"** teilgenommen hat oder in **Risikogebiete gereist** ist, für die das Auswärtige Amt vor der Abreise ausdrückliche Reisewarnungen erlassen hat.[133] Insoweit kann der § 56 I 3 und 4 IfSG zugrunde liegende Rechtsgedanke bei der Auslegung des § 616 S. 1 BGB herangezogen werden. Allerdings wird in diesen Fällen nicht einfach festzustellen sein, ob sich der AN tatsächlich bei diesen Anlässen infiziert hat oder nicht bei anderer Gelegenheit. Insoweit ist zu erwägen, von einer widerleglichen tatsächlichen Vermutung der Infektion im Risikogebiet auszugehen, wenn der AN entgegen verlautbarter Reisewarnungen dorthin gereist ist. 28

III. Rechtsfolgen

1. Entgeltausfallprinzip. Liegen die Voraussetzungen des § 616 BGB vor, hat der AN Anspruch auf die **Bruttovergütung,** die er bezogen hätte, wenn die Arbeitsverhinderung nicht eingetreten wäre. Zur Nachleistung der Arbeit ist er nicht verpflichtet. Es gilt also das sog. Entgeltausfallprinzip, wie es in → § 95 Rn. 66 ff., → § 98 Rn. 79 ff. dargestellt ist. Weiterzuzahlen ist deshalb bei zeitbestimmter Arbeit der Stunden-, Wochen-, Monatslohn, bei leistungsabhängiger Vergütung das nach dem regelmäßigen Lauf der Verhältnisse verdiente Entgelt[134] einschließlich etwaiger Zulagen sowie Sachbezüge.[135] Auf Tantiemen- und Gratifikationsansprüche sind kurzfristige Arbeitsverhinderungen grundsätzlich ohne Einfluss. 29

2. Anrechenbarkeit anderweitigen Einkommens. Auf die Vergütungsfortzahlung hat sich der AN anrechnen zu lassen, was er für die Zeit der Verhinderung aus einer aufgrund gesetzlicher Verpflichtung bestehenden **Kranken- und Unfallversicherung** erhält (§ 616 BGB). Anderweitige Einkünfte sind nicht anzurechnen; anrechnungsfrei sind insbesondere Leistungen aus der gesetzlichen Rentenversicherung, einer privaten Kranken- und Unfallversicherung, Entschädigungen als Zeuge, Sachverständiger, ehrenamtlicher Richter, denn diese wird nur bei Verdienstausfall gezahlt, oder bei unschuldig erlittener Untersuchungshaft. Es kann jedoch einzel- wie tarifvertraglich eine weitergehende Anrechnung vereinbart werden. 30

IV. Abdingbarkeit

Der Anspruch auf Vergütungsfortzahlung kann **einzel- wie kollektivvertraglich** erweitert, eingeschränkt oder ausgeschlossen werden.[136] Ein konkludenter Ausschluss der Ansprüche aus § 616 BGB kann nur unter strengen Voraussetzungen angenommen werden.[137] Bestimmt ein 31

---

[129] Zu diesem Zweck von § 56 IfSG *Linck* FS Preis, 2021, 717 (718) mwN.

[130] BeckOK InfSchR/*Eckart/Kruse* 1.1.2021, IfSG § 56 Rn. 37.1; *Hohenstatt/Krois* NZA 2020, 413 (416); Kluckert Neues InfektionsschutzR/*Temming* § 16 Rn. 16; Schmidt COVID-19/*Winter/Thürk* § 18 Rn. 17.

[131] *Hohenstatt/Krois* NZA 2020, 413 (416).

[132] Hierzu *Grimm/Göbel* ArbRB 2021, 47; *Weber* DB 2020, 2692 (2693 f.).

[133] Dazu *Eufinger* DB 2020, 1121 (1122); *Grimm* ArbRB 2020, 230 (231); *Kania/Hölken* VSSAR 2020, 327 (339 f.); *Laws/Laws* FA 2020, 130 (132 f.).

[134] Zur Provision: BAG 3.6.1958 AP Nr. 1 zu § 89b HGB; 30.6.1960 AP Nr. 13 zu § 63 HGB.

[135] BAG 22.9.1960 AP Nr. 27 zu § 616 BGB.

[136] BAG 7.2.2007 ZTR 2007, 391; 18.1.2001 AP Nr. 8 zu § 52 BAT = NZA 2002, 47; 20.6.1995 AP Nr. 94 zu § 616 BGB = NZA 1996, 383; 8.12.1982 AP Nr. 58 zu § 616 BGB; 25.8.1982 AP Nr. 55 zu § 616 BGB; MüKoBGB/*Henssler* § 616 Rn. 74; Staudinger/*Oetker* BGB § 616 Rn. 148; ErfK/*Preis* BGB § 616 Rn. 13 jew. mwN.

[137] BGH 6.4.1995 NJW 1995, 2629.

Tarifvertrag, dass nur die tatsächlich geleistete Arbeit vergütet wird, sind die Ansprüche aus § 616 BGB ausgeschlossen.[138] Dasselbe gilt für tarifvertraglich nicht geregelte Fälle, wenn der Tarifvertrag – wie sehr häufig – einen **abschließenden Katalog von Tatbeständen** aufstellt, in denen ein Vergütungsfortzahlungsanspruch besteht.[139] Zählt dagegen ein Tarifvertrag nur beispielhaft Fälle von § 616 BGB auf, liegt darin idR weder eine Beschränkung noch eine Abbedingung von § 616 BGB.[140] Erforderlich ist stets eine sorgfältige Auslegung des einschlägigen Tarifvertrags.

32 Bei **arbeitsvertraglichen Vereinbarungen** wird es sich in der Regel um AGB handeln, die einer Inhaltskontrolle unterliegen. Dabei ist fraglich, ob § 616 S. 1 BGB Ausdruck eines unabweisbaren Gerechtigkeitsgebots iSv § 307 II Nr. 1 BGB ist. Dies ist zweifelhaft, nachdem der frühere Hauptfall der Entgeltfortzahlung bei Krankheit nunmehr im EFZG geregelt ist und nach neuerem Verständnis § 616 S. 1 BGB nur bei einer Verhinderung von wenigen Tagen zur Anwendung kommt (→ Rn. 14). Im Anwendungsbereich des früheren § 9 AGBG hat das BAG eine vollständige Abbedingung des Anspruchs aus § 616 S. 1 BGB nicht beanstandet.[141] Im Schrifttum wird demgegenüber die Auffassung vertreten, ein gänzlicher Ausschluss von § 616 S. 1 BGB ohne sachlichen Rechtfertigungsgrund erscheine bei Arbeitsverträgen nach § 307 I, II Nr. 1 BGB als eine gegen Treu und Glauben verstoßende unangemessene Benachteiligung.[142] Hierbei bleibt freilich im Dunkeln, welche sachlichen Rechtfertigungsgründe auf Arbeitgeberseite überhaupt in Betracht kommen können.[143] Ein AG wird angesichts der unklaren Rechtslage gut beraten sein, in einem vorformulierten Arbeitsvertrag einzelne Anlässe und die dafür gewährte bezahlte Freizeit abschließend zu regeln. Derartige AGB dürften dann – vorbehaltlich einer Betrachtung im Einzelfall – der Inhaltskontrolle am Maßstab des § 307 BGB standhalten.

§ 98. Entgeltfortzahlung im Krankheitsfall

Übersicht

[138] BAG 8.12.1982 AP Nr. 58 zu § 616 BGB; 25.8.1982 AP Nr. 55 zu § 616 BGB.

[139] BAG 20.6.1979 AP Nr. 51 zu § 616 BGB; 29.2.1984 AP Nr. 64 zu § 616 BGB.

[140] BAG 25.4.1960 AP Nr. 23 zu § 616 BGB; 29.2.1984 AP Nr. 22 zu § 1 TVG Tarifverträge: Metallindustrie.

[141] BAG 7.2.2007 – 5 AZR 270/06, ZTR 2007, 301.

[142] MüKoBGB/*Henssler* § 616 Rn. 75; HWK/*Krause* BGB § 616 Rn. 50; ErfK/*Preis* BGB §§ 305–310 Rn. 82; MHdB ArbR/*Tillmanns* § 77 Rn. 13.

[143] Zutr. BeckOGK/*Bieder*, 1.2.2020, BGB § 616 Rn. 51, der offenbar die Voraussetzungen des § 307 II Nr. 1 BGB verneint und es als nicht per se unangemessen ansieht, wenn § 616 BGB vollständig ausgeschlossen wird, diese Benachteiligung aber zB durch die Gewährung eines hinreichend langen Mehrurlaubs ausgeglichen wird; gegen das Erfordernis einer sachlichen Rechtfertigung auch BeckOK ArbR/*Joussen*, 1.12.2020, BGB § 616 Rn. 7.

I. Geltungsbereich des Entgeltfortzahlungsgesetzes

1. Persönlicher Geltungsbereich. a) Arbeitnehmer. Das EFZG regelt die Zahlung des Arbeitsentgelts an gesetzlichen Feiertagen und die Fortzahlung des Arbeitsentgelts im Krankheitsfalle an AN sowie die wirtschaftliche Sicherung im Bereich der Heimarbeit (§ 1 I EFZG). AN im Sinne des EFZG sind gem. § 1 II EFZG **Arbeiter und Angestellte** sowie die zu ihrer **Berufsausbildung Beschäftigten.** Deren Anspruch auf Vergütungsfortzahlung bei Arbeitsunfähigkeit richtet sich nach dem EFZG. § 19 I Nr. 2 BBiG entspricht § 616 BGB und ist nicht anwendbar auf Fälle der Arbeitsunfähigkeit. Nicht anspruchsberechtigt sind gekündigte AN, die nach Ablauf der Kündigungsfrist zur Abwendung der Zwangsvollstreckung aus einem titulierten allgemeinen Weiterbeschäftigungsanspruch **vorläufig weiterbeschäftigt** werden.[1] Ebenso wenig anspruchsberechtigt sind alle Dienstnehmer, wie etwa Vorstände, Geschäftsführer (soweit sie nicht AN sind) usw. Die Entgeltfortzahlung bei Arbeitsunfähigkeit richtet sich für diesen Personenkreis nach § 616 BGB oder vertraglichen 1

[1] BAG 27.5.2020 AP Nr. 18 zu § 611 BGB Weiterbeschäftigung = NZA 2020, 1169.

Vereinbarungen.[2] Keinen Anspruch auf Entgeltfortzahlung im Krankheitsfall haben ferner Personen, die im Rahmen eines im öffentlichen Interesse liegenden Rechtsverhältnisses zusätzlichen Arbeiten gem. § 16 III 2 SGB II erbringen („Ein-Euro-Job"). Arbeitsgelegenheiten mit Mehraufwandsentschädigung iSv § 16 III 2 SGB II begründen ein von Rechtssätzen des öffentlichen Rechts geprägtes Rechtsverhältnis und kein Arbeitsverhältnis (→ § 8 Rn. 1 ff.).

2 **b) Heimarbeiter.** Nach § 10 EFZG haben in Heimarbeit Beschäftigte (§ 1 I HAG) und ihnen nach § 1 II lit. a–c HAG Gleichgestellte gegen ihren Auftraggeber oder, falls sie von einem Zwischenmeister beschäftigt werden, gegen diesen Anspruch auf Zahlung eines Zuschlags zum Arbeitsentgelt. Dasselbe gilt für Zwischenmeister, die den in Heimarbeit Beschäftigten gleichgestellt sind. Für die Regelung des persönlichen Geltungsbereichs werden die Begriffe des HAG verwandt.

3 **c) Faktische Arbeitsverhältnisse.** Die Rspr. hat auch dann einen Entgeltfortzahlungsanspruch bejaht, wenn der Arbeitsvertrag von vornherein rechtsunwirksam ist oder angefochten worden ist, also im sog. faktischen Arbeitsverhältnis.[3] Ficht der AG jedoch im Anschluss an eine Arbeitsunfähigkeit des AN seine zum Abschluss des Arbeitsvertrags führende Willenserklärung wegen arglistiger Täuschung an, wirkt die Anfechtung auf den Zeitpunkt der Außervollzugsetzung des Arbeitsverhältnisses zurück (§ 142 BGB), mit der Folge, dass kein Anspruch auf Entgeltfortzahlung besteht (→ § 34 Rn. 47 ff.).[4]

4 **d) Weiterbeschäftigungsverhältnis.** Im Falle einer Kündigung und einer Weiterbeschäftigung nach Widerspruch des BR nach § 102 V BetrVG besteht ein Anspruch auf Entgeltfortzahlung, weil das Arbeitsverhältnis auflösend bedingt zu unveränderten Arbeitsbedingungen fortbesteht. Erfolgt die Weiterbeschäftigung aufgrund des allgemeinen Weiterbeschäftigungsanspruchs (dazu → § 125 Rn. 16 ff.) und wird die Kündigungsschutzklage in der Rechtsmittelinstanz rechtskräftig abgewiesen, kann der AN nur insoweit Entgelt verlangen, wie er tatsächlich gearbeitet hat. Entgeltfortzahlungsansprüche bei Arbeitsunfähigkeit bestehen daher nicht.[5]

5 **2. Örtlicher Geltungsbereich.** Das EFZG gilt in der Bundesrepublik Deutschland. Das gilt auch dann, wenn AN und/oder AG nicht Deutsche sind. Der Anspruch auf Entgeltfortzahlung im Krankheitsfall nach § 3 I EFZG gehört zu den zwingenden Vorschriften iSv Art. 34 EGBGB bzw. Art. 9 Rom I-VO (dazu → § 7 Rn. 15 ff.).[6] Er besteht nicht nur im Individualinteresse des AN, sondern auch im öffentlichen Interesse. Ohne den gegen den AG gerichteten Entgeltfortzahlungsanspruch nach § 3 I EFZG könnte der AN von der Krankenkasse die Zahlung von Krankengeld verlangen. Deren Verpflichtung zur Zahlung des Krankengelds bei Arbeitsunfähigkeit des AN ruht gem. § 49 I SGB V, solange der Versicherte Zahlungen vom AG erhält. § 3 I EFZG dient damit ganz wesentlich der Entlastung der gesetzlichen Krankenkassen und damit mittelbar aller Beitragszahler. Deren Entlastung liegt im gesamtgesellschaftlichen Interesse. Diese Erwägungen greifen jedoch nicht in Fällen, in denen die AN nicht dem deutschen Sozialversicherungsrecht unterliegen. Die Geltung des § 3 EFZG würde hier den AN einen Anspruch verschaffen, dadurch den AG belasten und zu einer Entlastung allenfalls bei der ausländischen Sozialversicherung führen. Diese Vorschrift ist daher nur dann als Eingriffsnorm anwendbar, wenn auf die betreffenden Arbeitsverhältnisse deutsches Sozialversicherungsrecht Anwendung findet und damit ein hinreichender Inlandsbezug besteht.[7] Das EFZG gilt auch bei Arbeitsverhältnissen im Ausland, soweit sie deutschem Arbeitsrecht unterstellt sind. In jedem Fall gilt das EFZG bei der Entsendung ins Ausland.

6 **3. Zeitlicher Geltungsbereich.** Das EFZG ist am 1.6.1994 in Kraft getreten. Es ist durch das Arbeitsrechtliche Beschäftigungsförderungsgesetz vom 25.9.1996 (BGBl. I 1476) und ein Gesetz vom 12.12.1996 (BGBl. I 1859) geändert worden. Ein Teil der Änderungen ist durch das Gesetz zu Korrekturen in der Sozialversicherung vom 28.12.1998 (BGBl. I 3843) zurückgenommen worden.

---

[2] MüKoBGB/*Henssler* § 616 Rn. 12; Henssler/Strohn/*Oetker* GmbHG § 35 Rn. 119; MüKoAktG/*Spindler* § 84 Rn. 95.

[3] Vgl. BAG 19.12.1966 AP Nr. 3 zu § 12 MuSchG.

[4] BAG 3.12.1998 AP Nr. 49 zu § 123 BGB = NZA 1999, 584 unter Aufgabe von BAG 20.2.1986 AP Nr. 31 zu § 123 BGB = NZA 1986, 739.

[5] BAG 10.3.1987 AP Nr. 1 zu § 611 BGB Weiterbeschäftigung = NZA 1987, 373.

[6] BAG 12.12.2001 AP Nr. 10 zu Art. 30 EGBGB nF = NZA 2002, 734.

[7] BAG 18.4.2012 NZA 2012, 1152.

4. Zweck. Das EFZG bezweckt eine einheitliche Regelung der Entgeltfortzahlung für Arbeiter und Angestellte. Nach § 104 I SeeArbG gilt das EFZG auch im Bereich der Seeschifffahrt. Zu ihrer Berufsbildung Beschäftigte sind Personen, die sich in einem Ausbildungsgang nach § 1 BBiG befinden. 7

II. Anspruchsvoraussetzungen der Entgeltfortzahlung im Krankheitsfall

1. Allgemeines. Wird dem AN die Arbeitsleistung objektiv oder subjektiv unmöglich, wird er von der Leistungsverpflichtung frei (§ 275 I BGB).[8] Entsprechendes gilt, wenn dem AN infolge Krankheit die Erbringung der Arbeitsleistung zwar noch nicht unmöglich ist, sie ihm aber wegen der Gefahr der weiteren Verschlechterung des Gesundheitszustands gem. § 275 III BGB nicht zugemutet werden kann. Soweit die Erkrankung dem AN die Arbeit nicht objektiv oder subjektiv unmöglich bzw. unzumutbar (§ 275 I und III BGB) macht, ist sie arbeitsrechtlich irrelevant.[9] Ist der AN die Arbeitsleistung unmöglich, verliert er an sich gem. § 326 I BGB seinen Vergütungsanspruch („ohne Arbeit kein Lohn"). Diese Rechtsfolge wird durch § 3 I EFZG durchbrochen, wenn die Voraussetzungen für die dort geregelte Entgeltfortzahlung im Krankheitsfall vorliegen. Der AN behält seinen Anspruch auf Arbeitsvergütung für die Dauer von sechs Wochen, wenn er durch Arbeitsunfähigkeit infolge Krankheit an seiner Arbeitsleistung verhindert ist, ohne dass ihn ein Verschulden trifft. 8

2. Krankheit. Krankheit im Sinne des EFZG ist jeder regelwidrige Körper- oder Geisteszustand, der einer Heilbehandlung bedarf.[10] Regelwidrig ist ein körperlicher oder geistiger Zustand dann, wenn er nach allgemeiner Erfahrung unter Berücksichtigung eines natürlichen Verlaufs des Lebensgangs nicht bei jedem anderen Menschen gleichen Alters und Geschlechts zu erwarten ist.[11] Was regelwidrig ist, bestimmt sich nach dem Stand der Wissenschaft.[12] Die Behandlungsfähigkeit oder Heilbarkeit ist für den Krankheitsbegriff unerheblich.[13] Auch ein unheilbar erkrankter Patient kann noch behandlungsbedürftig sein, beispielsweise im Rahmen einer Schmerztherapie.[14] Erkrankungen sind auch die physische oder psychische Abhängigkeit von **Alkohol** ab dem Zeitpunkt, von dem an der AN seine Steuerungsfähigkeit verloren hat und daher den gewohnheitsmäßigen übermäßigen Alkoholgenuss nicht mehr aufgeben kann.[15] Dieselben Grundsätze gelten bei der Abhängigkeit von Drogen[16] oder Nikotin.[17] Krankheit ist auch die **Unfruchtbarkeit** einer Frau oder die **Zeugungsunfähigkeit** eines Mannes. Keine Krankheit ist jedoch der durch die Zeugungsunfähigkeit des Partners bedingte unerfüllte Kinderwunsch einer AN.[18] Von einer Erkrankung der AN kann in diesem Fall nur ausgegangen werden, wenn bei der Entgeltfortzahlung beanspruchenden AN durch den unerfüllten Kinderwunsch körperliche oder seelische Beeinträchtigungen mit Krankheitswert hervorgerufen werden. Die bei Zeugungsunfähigkeit des Partners im Zusammenhang mit einer **In-vitro-Fertilisation** bei der AN vorgenommenen Eingriffe und Maßnahmen stellen keine Heilbehandlung dar, die zur Behebung einer schon vor der In-vitro-Fertilisation bestehenden Krankheit der AN erforderlich gewesen wäre und möglicherweise Arbeitsunfähigkeit verursachte. Eine Heilbehandlung in diesem Sinne knüpft nicht an die Erkrankung eines Dritten (des Partners der AN) an, sondern nur an eine Erkrankung der Entgeltfortzahlung begehrenden AN selbst (zum Verschulden → Rn. 40).[19] Eine Krankheit ist auch dann gegeben, wenn sie so schwer ist, dass sie in die 9

[8] *Canaris* JZ 2001, 499 (504); *Däubler* NZA 2001, 1329 (1332); differenzierend *Gotthardt,* ArbR nach der Schuldrechtsreform, Rn. 84; zum alten Recht BAG 8.9.1998 AP Nr. 2 zu § 611 BGB Tantieme; für ein Leistungsverweigerungsrecht nach § 275 III BGB nF *Löwisch* NZA 2001, 465 (466).

[9] BAG 25.6.1981 AP Nr. 52 zu § 616 BGB; 26.7.1989 AP Nr. 86 zu § 1 LohnFG = NZA 1990, 140.

[10] BAG 7.8.1991 AP Nr. 94 zu § 1 LohnFG = NZA 1992, 69; 26.7.1989 AP Nr. 86 zu § 1 LohnFG = NZA 1990, 140; MüKoBGB/*Müller-Glöge* EFZG § 3 Rn. 4; HWK/*Vogelsang* EFZG § 3 Rn. 34; aA in Bezug auf die Behandlungsbedürftigkeit BAG 9.4.2014 AP Nr. 29 zu § 106 GewO mAnm *Wank* = NZA 2014, 719; ErfK/*Reinhard* EFZG § 3 Rn. 7; ausf. zum Begriff *Lepke* NZA-RR 1999, 57.

[11] BAG 26.10.2016 AP Nr. 33 zu § 3 EntgeltFG = NZA 2017, 240.

[12] BAG 9.4.2014 AP Nr. 29 zu § 106 GewO mAnm *Wank* = NZA 2014, 719.

[13] Zutr. ErfK/*Reinhard* EFZG § 3 Rn. 7.

[14] MüKoBGB/*Müller-Glöge* EFZG § 3 Rn. 5.

[15] BAG 18.3.2015 AP Nr. 31 zu § 3 EntgeltFG mAnm *Brose* = NZA 2015, 801; 1.6.1983 AP Nr. 52 zu § 1 LohnFG; 9.4.1987 AP Nr. 18 zu § 1 KSchG 1969 Krankheit = NZA 1987, 811.

[16] LAG Düsseldorf DB 1972, 1073.

[17] BAG 17.4.1985 DB 1986, 976.

[18] BAG 26.10.2016 AP Nr. 33 zu § 3 EntgeltFG = NZA 2017, 240; BVerwG 10.10.2013 NVwZ-RR 2014, 240.

[19] BAG 26.10.2016 AP Nr. 33 zu § 3 EntgeltFG = NZA 2017, 240.

völlige Erwerbsunfähigkeit, wie zB bei Aids oder Krebs, mündet.[20] **Keine Krankheit** ist eine regelmäßig verlaufende **Schwangerschaft.** Anders ist es bei über das gewöhnliche Maß hinausgehenden Beschwerden oder sonstigen Krankheitsstörungen.[21] Keine Krankheit ist das altersbedingte **Nachlassen der Arbeitskraft und Konzentrationsfähigkeit.**[22] Beschwerden, die als Folge einer natürlichen Körperentwicklung auftreten, sind keine Krankheit. Unerheblich ist, auf welchen **Ursachen** die Krankheit beruht.[23] Krankheiten können auf Veranlagung, Geburtsfehlern, Infekten, Selbstverstümmelung, Selbstmordversuch usw. beruhen. Ursache einer Erkrankung kann eine fehlgeschlagene Operation sein, durch die die Folgen eines Unfalls behoben oder gemildert werden sollten. Die Krankheitsursache kann allerdings bei der Beurteilung des Verschuldens eine Rolle spielen (dazu → Rn. 30).

10 **3. Arbeitsunfähigkeit. a) Begriffsbestimmung.** Der Begriff der Arbeitsunfähigkeit stimmt im Arbeitsrecht und im Krankenversicherungsrecht überein (§ 3 EFZG, § 44 SGB V).[24] Im Recht der gesetzlichen Krankenversicherung bestehen Arbeitsunfähigkeits-Richtlinien, die vom Bundesausschuss der Ärzte und Krankenkassen beschlossen werden (§ 92 I Nr. 7, § 81 III Nr. 2 SGB V). Maßgebend ist danach eine vom Arzt nach objektiven Maßstäben vorzunehmende Bewertung des Gesundheitszustands (dazu AU-Richtlinie idF vom 14.11.2013, zuletzt geändert am 3.12.2020 (https://www.g-ba.de/richtlinien/2/); dazu → Rn. 117). Die subjektive Wertung des AN ist für die Beurteilung der Arbeitsunfähigkeit nicht ausschlaggebend.[25] Die Arbeitsfähigkeit beurteilt sich nach der vom AN aufgrund des Arbeitsvertrags geschuldeten Leistung, die der AG als vertragsgemäß annehmen muss. Krankheitsbedingte Arbeitsunfähigkeit liegt hiernach vor, wenn der AN beim AG wegen der Krankheit seine vertraglich geschuldete Tätigkeit nicht mehr ausüben kann oder nicht mehr ausüben sollte, weil die Heilung einer vorhandenen Krankheit nach ärztlicher Prognose verhindert oder verzögert wird.[26] Von Arbeitsunfähigkeit ist zudem auszugehen, wenn erst eine zur Behebung einer Krankheit erforderliche Heilbehandlung dazu führt, dass der AN die geschuldete Arbeitsleistung nicht erbringen kann.[27] Diese Begriffsbestimmung berücksichtigt, dass Arbeitsunfähigkeit nicht den gesundheitlichen Zusammenbruch voraussetzt, der den AN unmittelbar daran hindert, die vertragsmäßige Arbeitsleistung zu erbringen.

11 **b) Geschuldete Arbeitsleistung.** Ob eine Krankheit zur Arbeitsunfähigkeit führt, ist von Art und Umfang der geschuldeten Arbeitsleistung abhängig. Dies ergibt sich aus den Worten „an seiner Arbeitsleistung verhindert" in § 3 I EFZG. Es liegt daher keine Arbeitsunfähigkeit vor, wenn der AN eine volle Arbeitsleistung erbringen kann und lediglich gehindert ist, der gesamten Bandbreite der arbeitsvertraglich an sich möglichen Leistungsbestimmungen gerecht zu werden. In einem solchen Fall muss der AG nach der Rechtsprechung des BAG bei der Zuweisung einer Arbeit durch Ausübung seines Weisungsrechts nach § 106 GewO berücksichtigen, dass der AN aus Gründen seiner Gesundheit nicht (mehr) in der Lage ist, alle an sich geschuldeten Tätigkeiten vollumfänglich auszuführen.[28] Ein AN mit einer Fußverletzung kann arbeitsunfähig sein, wenn er bei der Arbeit gehen oder stehen muss. Dagegen besteht bei einer ausschließlich sitzenden Beschäftigung nicht ohne Weiteres Arbeitsunfähigkeit.[29] Eine Krankenschwester, die sämtliche von ihr geschuldeten Arbeiten ausführen, aus gesundheitlichen Gründen nur nicht in der Nachtschicht tätig werden kann, ist nicht arbeitsunfähig, wenn der AG sie außerhalb der Nachtschicht einsetzen kann.[30] Der Arzt hat dies bei der Ausstellung der Arbeitsunfähigkeitsbescheinigung zu beachten,[31] auch wenn dies in der Praxis wohl nur selten erfolgt.[32]

---

[20] BAG 22.12.1971 AP Nr. 2 zu § 6 LohnFG.
[21] BAG 13.2.2002 AP Nr. 22 zu § 11 MuSchG 1968 = NZA 2002, 738; 5.7.1995 AP Nr. 7 zu § 3 MuSchG 1968; 22.3.1995 AP Nr. 12 zu § 11 MuSchG 1968; 14.11.1984 AP Nr. 61 zu § 1 LohnFG = NZA 1985, 501; vgl. *Lembke* NZA 1998, 349.
[22] BAG 7.12.2005 AP Nr. 34 zu § 1 TVG Tarifverträge: Lufthansa.
[23] ErfK/*Reinhard* EFZG § 3 Rn. 6; MüKoBGB/*Müller-Glöge* EFZG § 3 Rn. 4.
[24] BAG 21.11.2018 AP Nr. 14 zu § 21 TzBfG = NZA 2019, 309.
[25] BAG 26.7.1989 AP Nr. 86 zu § 1 LohnFG = NZA 1990, 140; *Treber* EFZG § 3 Rn. 21.
[26] BAG 26.10.2016 AP Nr. 33 zu § 3 EntgeltFG = NZA 2017, 240; 9.4.2014 AP Nr. 29 zu § 106 GewO mAnm *Wank* = NZA 2014, 719; 23.1.2008 NZA 2008, 595.
[27] BAG 26.10.2016 AP Nr. 33 zu § 3 EntgeltFG = NZA 2017, 240.
[28] BAG 9.4.2014 AP Nr. 29 zu § 106 GewO mAnm *Wank* = NZA 2014, 719.
[29] BAG 25.6.1981 AP Nr. 52 zu § 616 BGB.
[30] BAG 9.4.2014 AP Nr. 29 zu § 106 GewO mAnm *Wank* = NZA 2014, 719.
[31] ErfK/*Reinhard* EFZG § 3 Rn. 11; MüKoBGB/*Müller-Glöge* EFZG § 3 Rn. 8.
[32] *Kreßel* FS Gitter, 1995, 491 (504).

Der AG ist jedoch nicht berechtigt, dem AN andere als die vertraglich geschuldeten Arbeiten zuzuweisen, auch wenn der AN die Arbeit verrichten könnte.

c) Teilarbeitsunfähigkeit. Ob ein AN teilarbeitsunfähig sein kann, ist umstr.[33] Überwiegend wird die Teilarbeitsunfähigkeit abgelehnt.[34] Richtigerweise wird zu unterscheiden sein:[35] Kann der AG dem AN im Rahmen seines Weisungsrechts vertragsgemäße Arbeitsaufgaben zuweisen, die der AN trotz seiner Krankheit noch leisten kann, liegt keine Arbeitsunfähigkeit vor (→ Rn. 11). Eine zeitlich beschränkte Arbeitsunfähigkeit besteht, wenn der AN zu einer anderen Arbeitszeit als bisher (zB Tagschicht statt Wechselschicht mit Nachtschichtarbeit)[36] oder nur in zeitlich eingeschränktem Umfang seine Arbeitsleistung erbringen kann. Ein Entgeltfortzahlungsanspruch nach § 3 I EFZG besteht bei einer Einschränkung hinsichtlich der Lage der Arbeitszeit nur, wenn der AN auch unter Berücksichtigung des Direktionsrechts des AG keine Arbeitsleistungen mehr erbringen kann.[37] Ist es dem AN krankheitsbedingt unmöglich oder unzumutbar, die vereinbarte Arbeitszeitdauer arbeiten (zB nur noch vier statt vereinbarter acht Stunden), wird er nur für einen zeitlich begrenzten Teil von der Arbeitspflicht frei (§ 275 I, III BGB; dazu → § 49 Rn. 6). In Bezug auf den noch möglichen Teil bleibt er zur Leistung verpflichtet. Nimmt der AG die Teilleistung an, besteht nur hinsichtlich des unmöglich gewordenen Zeitanteils ein Entgeltfortzahlungsanspruch. Lehnt der AG die Teilleistung ab, besteht ein uneingeschränkter Entgeltfortzahlungsanspruch nach § 3 I EFZG.[38] Arbeitet der AN trotz bestehender Arbeitsunfähigkeit, hat er im Umfang der Arbeitsleistung Anspruch auf Vergütung (§ 326 I 1 Hs. 2 BGB). 12

d) Wiedereingliederungsverhältnis. Ein Unterfall der begrenzten Arbeitsunfähigkeit ist das Wiedereingliederungsverhältnis[39] nach § 74 SGB V, das in Betracht kommt, wenn die stufenweise Wiedereingliederung des AN in den Arbeitsprozess medizinisch sinnvoll ist. Der AN hat keinen Rechtsanspruch darauf, stufenweise wieder eingegliedert zu werden (zur Rechtslage bei schwerbehinderten Menschen → § 178 Rn. 45). Andererseits kann auch der AG vom AN nicht verlangen, dass dieser im Rahmen eines Wiedereingliederungsverhältnisses die Arbeitsleistung wieder aufnimmt. Nimmt der AN im Rahmen des Wiedereingliederungsverhältnisses die Arbeit auf, erlangt er keinen Vergütungsanspruch gegen den AG, und zwar unabhängig davon, ob er Arbeitsleistungen erbringt.[40] Die Arbeit wird zum Zwecke der Rehabilitation geleistet, aber nicht zur Erfüllung der vertraglichen Arbeitspflicht. Vereinbaren AG und AN die Vergütung der im Wiedereingliederungsverhältnis geleisteten Arbeit, ist sie auf die zu zahlenden Versicherungsleistungen anrechenbar, nach richtiger Auffassung jedoch nur in Höhe des Verhältnisses der erbrachten zu der geschuldeten Arbeitsleistung. Während des Wiedereingliederungsverhältnisses kann Urlaub nicht gewährt werden.[41] 13

e) Einzelfragen. Arbeitsunfähigkeit liegt nach der Rechtsprechung des BAG auch vor, wenn der AN **zu Diagnosezwecken ins Krankenhaus** eingewiesen wird[42] oder die Behandlung selbst zur Arbeitsunfähigkeit führt. Gleiches gilt, wenn dem AN die Fortsetzung der Arbeit vernünftigerweise nicht zugemutet werden kann, zB wenn er einen Finger ständig abspreizen muss und die Behandlung fortgesetzt werden muss.[43] Arbeitsunfähigkeit liegt des Weiteren vor, wenn der AN seine Arbeitsleistung wegen eines Defektes des **technischen Hilfsmittels** nicht erbringen kann, auf das er angewiesen ist (zB Beinprothese, Zahnprothese).[44] **Keine Arbeitsunfähigkeit** besteht, wenn nicht eine Krankheit, sondern eine **Schönheitsoperation** zur Arbeitsunfähigkeit führt, zB **Beseitigung einer Tätowierung.** Für die Abgrenzung, ob es sich um 14

---

[33] Ausf. Staudinger/*Oetker* BGB § 616 Rn. 229 ff. mwN.

[34] BAG 2.11.2016 AP Nr. 31 zu § 106 GewO = NZA 2017, 183; 29.1.1992 AP Nr. 1 zu § 74 SGB V = NZA 1992, 643; ErfK/*Reinhard* EFZG § 3 Rn. 12; *Treber* EFZG § 3 Rn. 28.

[35] Vgl. MüKoBGB/*Müller-Glöge* EFZG § 3 Rn. 9; MHdB ArbR/*Greiner* § 80 Rn. 29; HWK/*Vogelsang* EFZG § 3 Rn. 46 f.; Schmitt EFZG/*Schmitt* § 3 Rn. 72 ff.; HK-EFZR/*Feichtinger* EFZG § 3 Rn. 36 f.

[36] Dazu BAG 9.4.2014 AP Nr. 29 zu § 106 GewO mAnm *Wank* = NZA 2014, 719.

[37] BAG 9.4.2014 AP Nr. 29 zu § 106 GewO mAnm *Wank* = NZA 2014, 719.

[38] Staudinger/*Oetker* BGB § 616 Rn. 231; MüKoBGB/*Müller-Glöge* EFZG § 3 Rn. 9; BeckOK ArbR/*Ricken*, Stand 1.12.2020, EFZG § 3 Rn. 19; aA MHdB ArbR/*Greiner* § 80 Rn. 29; ErfK/*Reinhard* EFZG § 3 Rn. 12; Schmitt EFZG/*Schmitt* § 3 Rn. 74; *Vogelsang,* Entgeltfortzahlung, Rn. 89.

[39] Dazu *Berenz* NZA 1992, 1019; *Compensis* NZA 1992, 631; *Gitter* ZfA 1995, 123; *Glaubitz* NZA 1992, 42; *v. Hoyningen-Huene* NZA 1992, 49.

[40] BAG 29.1.1992 AP Nr. 1 zu § 74 SGB V = NZA 1992, 643; 24.9.2014 NZA 2014, 1407.

[41] BAG 19.4.1994 AP Nr. 2 zu § 74 SGB V = NZA 1995, 123.

[42] BAG 5.4.1976 AP Nr. 40 § 1 LohnFG.

[43] BAG 1.6.1983 AP Nr. 54 zu § 1 LohnFG.

[44] LAG Düsseldorf 10.1.1977 BB 1977, 1652; MüKoBGB/*Müller-Glöge* EFZG § 3 Rn. 7.

die Beseitigung eines regelwidrigen Körper- oder Geisteszustands oder eine sonstige Operation handelt, kommt es auf die Beurteilung des Arztes an, wenn zB X-Beine gerichtet (Verhinderung von Wirbelsäulenschäden) oder abstehende Ohren angelegt werden. Entsprechendes gilt, wenn die Operation erforderlich ist, um psychischen Leiden zu begegnen.[45] Probleme entstehen, wenn medizinisch nicht indizierte Schönheitsoperationen, Tätowierungen oder Piercing zu gesundheitlichen Komplikationen führen, in deren Gefolge Arbeitsunfähigkeit eintritt. Im Hinblick auf § 52 II SGB V, wonach die Krankenkasse Versicherten, die sich eine Krankheit durch eine medizinisch nicht indizierte Maßnahme, wie zB eine ästhetische Operation, eine Tätowierung oder ein Piercing zugezogen haben, das Krankengeld für die Dauer der Behandlung ganz oder teilweise zu versagen hat, dürfte in diesen Fällen auch der Entgeltfortzahlungsanspruch entfallen. Es wäre widersprüchlich, müsste ein AG bei Komplikationen medizinisch nicht indizierter Eingriffe sechs Wochen lang Entgeltfortzahlung leisten und könnte die Krankenkasse dann nach Ablauf der sechs Wochen die Zahlung von Krankengeld versagen.[46] Der **ambulante Arztbesuch als solcher** ist keine entgeltfortzahlungspflichtige Arbeitsunfähigkeit. Nur die Erkrankung, die Anlass des Arztbesuchs ist, kann zur Arbeitsunfähigkeit führen. Wegen des Arztbesuchs kann aber eine Arbeitsverhinderung (→ § 97 Rn. 7) vorliegen. Ebenso wenig ist eine Arbeitsunfähigkeit gegeben, wenn die Krankheit den AN nicht an der Arbeitsleistung hindert, sondern nur an der Zurücklegung des Arbeitswegs. Eine Belastung des AG mit dem **Wegerisiko** ist nicht vorgesehen.[47] Ein **an COVID-19 erkrankter AN** ist infolge Krankheit objektiv an seiner Arbeitsleistung verhindert.[48] Er kann aufgrund der Erkrankung nicht mehr arbeiten, weil er sich in Quarantäne begeben muss. Die Krankheit macht ihm damit die Erbringung der geschuldeten Arbeitsleistung rechtlich unmöglich (§ 275 I BGB).[49] Dies gilt grundsätzlich auch für symptomlos Erkrankte, es sei denn, der AG kann von ihnen verlangen, im Homeoffice zu arbeiten (dazu → § 45 Rn. 30a).[50] Der an COVID-19 Erkrankte hat keinen Entschädigungsanspruch aus § 56 I IfSG, weil nach der Systematik dieses Gesetzes Kranke iSv § 2 Nr. 4 iVm Nr. 3 IfSG nicht zum anspruchsberechtigten Personenkreis gehören. Insoweit sind Kranke von Krankheitsverdächtigen abzugrenzen.[51] – Zu AN, die als Ausscheider, Ausscheidungsverdächtiger oder **Ansteckungsverdächtiger** aufgrund des Infektionsschutzgesetzes (IfSG) Beschäftigungsverboten unterliegen, → § 97 Rn. 24.

15 **4. Kausalzusammenhang zwischen Krankheit und Arbeitsunfähigkeit. a) Krankheit als alleinige Ursache.** Nach dem Wortlaut von § 3 I 1 EFZG muss die Krankheit die alleinige Ursache der Arbeitsunfähigkeit sein (Grundsatz der Monokausalität).[52] Das bedeutet aber nicht, dass alle hypothetischen Geschehensabläufe zu berücksichtigen sind. Vielmehr muss es sich um reale Ursachen handeln, die im konkreten Fall für den Ausfall der Arbeit auch wirksam geworden sind. Der AN, der nicht bereit ist zu arbeiten, erhält auch im Falle einer mit Arbeitsunfähigkeit verbundenen Erkrankung keine Vergütung.[53] Dadurch werden arbeitsfähige und arbeitsunfähige AN gleichgestellt. An der alleinigen Ursächlichkeit der krankheitsbedingten Arbeitsunfähigkeit fehlt es, wenn die Arbeit zumindest auch aus einem anderen Grund nicht geleistet worden wäre. Ist der AN unmittelbar vor Beginn der Arbeitsunfähigkeit längere Zeit der Arbeit unberechtigt ferngeblieben, muss er darlegen und beweisen, dass er ohne Eintritt der Arbeitsunfähigkeit gearbeitet hätte.[54] Von dem Grundsatz, dass für den Anspruch auf Entgeltfortzahlung die Arbeit allein wegen der krankheitsbedingten Arbeitsunfähigkeit ausgefallen sein muss, kann durch Tarifvertrag abgewichen werden.[55]

[45] Vgl. MHdB ArbR/*Greiner* § 80 Rn. 15.
[46] *Löwisch/Beck* BB 2007, 1960 (1961).
[47] HWK/*Vogelsang* EFZG § 3 Rn. 45; ErfK/*Reinhard* EFZG § 3 Rn. 13; Schmitt EFZG/*Schmitt* § 3 Rn. 79; aA *Treber* EFZG § 3 Rn. 35; *Vogelsang*, Entgeltfortzahlung, Rn. 83; s. auch MüKoBGB/*Müller-Glöge* EFZG § 3 Rn. 11, der darauf abstellen, ob noch andere zumutbare Beförderungsmittel zur Verfügung stehen.
[48] Ebenso iErg *Noack* NZA 2021, 251 (252 f.); ErfK/*Reinhard* EFZG § 3 Rn. 10; anders noch Voraufl.
[49] Dies übersehen *Düwell* BB 2020, 891 (892); *Preis/Mazurek/Schmid* NZA 2020, 1137 (1138).
[50] *Preis/Mazurek/Schmid* NZA 2020, 1137 (1138).
[51] Kießling/*Kümper* IfSG § 56 Rn. 8.
[52] Vgl. BAG 28.1.2004 AP Nr. 21 zu § 3 EntgeltFG; 22.8.2001 AP Nr. 11 zu § 3 EntgeltFG = NZA 2002, 610; 19.1.2000 AP Nr. 19 zu § 611 BGB Berufssport = NZA 2000, 771; 26.6.1996 AP Nr. 2 zu § 3 EntgeltFG = NZA 1996, 1087; *Müller-Glöge* RdA 2006, 105 (106); Schmitt EFZG/*Schmitt* § 3 Rn. 81.
[53] BAG 24.3.2004 AP Nr. 22 zu § 3 EntgeltFG; 25.2.2004 EzA Nr. 12 zu § 3 EFZG; 4.12.2002 AP Nr. 17 zu § 3 EntgeltFG.
[54] BAG 20.3.1985 AP Nr. 64 zu § 1 LohnFG = NZA 1986, 193; *Müller-Glöge* RdA 2006, 105 (106).
[55] BAG 9.10.2002 AP Nr. 63 zu § 4 EntgeltFG = NZA 2003, 978.

b) Witterungsabhängige Ausfallzeiten. In witterungsabhängigen Betrieben wie dem Baugewerbe können in der Schlechtwetterzeit Ausfallzeiten entstehen.[56] Wird die Arbeitsleistung aus zwingenden witterungsbedingten Gründen unmöglich, entfällt nach § 4 Nr. 6.1 Abs. 1 BRTV-Bau abweichend von § 615 S. 3 BGB der Lohnanspruch. Ein arbeitsunfähiger AN erhält deshalb in dieser Zeit keine Entgeltfortzahlung nach §§ 3, 4 EFZG. In diesem Fall ist vielmehr der auf dem nach § 3 Nr. 1.43 BRTV-Bau gebildeten Ausgleichskonto gutgeschriebene Lohn zur Auszahlung zu bringen. Insoweit besteht ein Gleichlauf der Leistungen bei arbeitsfähigen und arbeitsunfähigen AN.[57] Bei witterungsbedingtem Arbeitsausfall erhalten AN der Bauwirtschaft unter den Voraussetzungen der §§ 101 ff. SGB III zudem Saison-Kurzarbeitergeld. 16

c) Kurzarbeit. Gem. § 4 III EFZG ist in den Fällen, in denen im Betrieb Kurzarbeit eingeführt worden ist und deshalb das Arbeitsentgelt des AN bei Arbeitsfähigkeit gemindert wäre, die verkürzte Arbeitszeit für ihre Dauer als die für den AN maßgebende regelmäßige Arbeitszeit iSd § 4 I EFZG anzusehen. Der AN erhält damit in der Kurzarbeitsperiode eine im Umfang der Kurzarbeit verminderte Entgeltfortzahlung im Krankheitsfall. Ruht die Arbeit vollständig, hat der AN Anspruch auf Krankengeld.[58] 17

d) Urlaub. Erkrankt der AN während des Urlaubs, werden gem. § 9 BUrlG die durch ärztliches Zeugnis nachgewiesenen Tage der Arbeitsunfähigkeit nicht auf den Urlaub angerechnet (→ § 104 Rn. 54 ff.). Der Urlaub ist kraft Gesetzes unterbrochen. Während des Zeitraums der Arbeitsunfähigkeit erhält der AN Entgeltfortzahlung nach §§ 3 und 4 EFZG.[59] Entsprechendes gilt bei einer Erkrankung während des Bildungsurlaubs, wobei die einzelnen landesrechtlichen Vorschriften über den Bildungsurlaub § 9 BUrlG nachgebildet sind.[60] Dagegen findet § 9 BUrlG bei unbezahltem Sonderurlaub keine Anwendung, so dass bei Arbeitsunfähigkeit kein Anspruch auf Entgeltfortzahlung besteht.[61] Erkrankt der AN während des unbezahlten Sonderurlaubs und dauert die Arbeitsunfähigkeit über das vereinbarte Ende an, kann der AN nach Beendigung des Sonderurlaubs für die Dauer von sechs Wochen Entgeltfortzahlung verlangen.[62] Insoweit gelten dieselben Grundsätze wie bei einer Erkrankung während der Elternzeit (dazu → Rn. 19). 18

e) Elternzeit. Für die Dauer der Elternzeit ruht das Arbeitsverhältnis (→ § 172 Rn. 14), soweit der AN keine Teilzeitbeschäftigung ausübt.[63] Während des ruhenden Arbeitsverhältnisses besteht kein Anspruch auf Entgeltfortzahlung.[64] Die AN braucht die Elternzeit nicht unmittelbar im Anschluss an die Mutterschutzfristen anzutreten. Ist sie nach Ablauf der Schutzfrist arbeitsunfähig, besteht im Rahmen des § 3 EFZG ein Anspruch auf Entgeltfortzahlung bis zum Beginn der Elternzeit.[65] Erkrankt der AN während der Elternzeit, wird die Zeit des Ruhens nicht auf den Sechs-Wochen-Zeitraum des § 3 I EFZG angerechnet. Dieser Zeitraum beginnt nicht mit der Erkrankung, sondern erst zum Zeitpunkt der Aktualisierung des Arbeitsverhältnisses.[66] 19

f) Fußballprofi. Die Krankheit ist bei einem Fußballprofi nicht die alleinige Ursache der Arbeitsunfähigkeit, wenn der Trainer ihn während der Arbeitsunfähigkeit aus sportlichen Gründen auch dann nicht aufgestellt hätte, wenn er nicht erkrankt wäre.[67] 20

g) Freischichten. Fällt die Arbeitsunfähigkeit auf Tage, an denen die Arbeit vereinbarungsgemäß ohne Vergütungsfortzahlung ausfällt, hat ein AN keinen Anspruch auf Entgeltfortzahlung. Das ist beispielsweise anzunehmen, wenn in einer Betriebsvereinbarung für die Tage zwischen Weihnachten und Neujahr Feierschichten vereinbart sind.[68] Wird in diesen Fällen ein Arbeitszeitkonto geführt und erhält der AN ein verstetigtes Entgelt, hat der AN keinen Anspruch auf Gutschrift der ausgefallenen Arbeitsstunden. Zwar kann Gegenstand des Anspruchs auf Entgelt- 21

---

[56] Zu den Folgen einer witterungsbedingten Unterbrechung des Arbeitsverhältnisses nach dem MTV für Waldarbeiter vgl. BAG 22.8.2001 AP Nr. 11 zu § 3 EntgeltFG = NZA 2002, 610.

[57] BAG 23.2.2021 – 5 AZR 304/20.

[58] BAG 6.10.1976 AP Nr. 6 zu § 2 LohnFG.

[59] BAG 10.2.1972 AP Nr. 15 zu § 1 LohnFG.

[60] MüKoBGB/*Müller-Glöge* EFZG § 3 Rn. 16; *Vogelsang,* Entgeltfortzahlung, Rn. 118.

[61] BAG 25.5.1983 AP Nr. 53 zu § 1 LohnFG.

[62] BAG 14.6.1974 AP Nr. 36 zu § 1 LohnFG; MüKoBGB/*Müller-Glöge* EFZG § 3 Rn. 17; aA ErfK/*Reinhard* EFZG § 3 Rn. 15.

[63] BAG 10.2.1993 AP Nr. 7 zu § 15 BErzGG = NZA 1993, 801.

[64] BAG 22.6.1988 AP Nr. 1 zu § 15 BErzGG = NZA 1989, 13.

[65] BAG 17.10.1990 AP Nr. 4 zu § 15 BErzGG = NZA 1991, 320.

[66] BAG 29.9.2004 AP Nr. 24 zu § 3 EntgeltFG = NZA 2005, 225.

[67] BAG 19.1.2000 AP Nr. 19 zu § 611 BGB Berufssport = NZA 2000, 771.

[68] BAG 9.5.1984 AP Nr. 58 zu § 1 LohnFG = NZA 1984, 162.

fortzahlung im Krankheitsfall auch ein Anspruch auf Zeitgutschrift sein, weil das Arbeitszeitkonto nur in anderer Form den Arbeitsentgeltanspruch des AN ausdrückt.[69] Könnte der AN jedoch zusätzlich verlangen, dass ihm die zwischen Weihnachten und Neujahr ausgefallene Arbeitszeit nicht im Arbeitszeitkonto ins Soll gestellt wird, stünde er in dieser Zeit besser als ein arbeitsfähiger AN. Das ist mit §§ 3, 4 EFZG nicht vereinbar.[70] Ist die Arbeitszeit mit vollem Vergütungsausgleich verlegt worden, besteht an den durch Verlegung freigewordenen Tagen kein Vergütungsanspruch des AN, weil an diesen von vornherein nicht gearbeitet worden wäre.[71] Der Anspruch besteht jedoch für die Tage, an denen vor- oder nachgearbeitet wird.

22 **h) Annahmeverzug.** Befindet sich der AG im Annahmeverzug, behält der AN nach § 615 BGB seinen Vergütungsanspruch. Dies gilt nicht, wenn der AN arbeitsunfähig krank wird. Denn nach § 297 BGB kommt der AG nicht in Annahmeverzug, wenn der AN leistungsunfähig ist (dazu → § 95 Rn. 40).[72] Es entsteht dann aber ein Entgeltfortzahlungsanspruch. Eine Anrechnung eines böswillig unterlassenen anderweitigen Erwerbs findet während der Arbeitsunfähigkeit nicht statt. Ist der AN arbeitsunfähig, besteht keine Obliegenheit zur anderweitigen Arbeit.[73] Im Falle der Betriebsstilllegung oder der Betriebsstörung bleibt der AG im Allgemeinen nach den Grundsätzen des Betriebsrisikos (→ § 101 Rn. 1 ff.) zur Vergütungsfortzahlung verpflichtet.

23 **i) Bezahlte Freistellung.** Wird ein AN zum Abbau von Überstunden bezahlt von der Arbeit freigestellt, besteht grundsätzlich kein Vergütungsfortzahlungsanspruch, weil Ursache die bezahlte Freistellung und nicht die Krankheit ist.[74] Der AN behält sein Entgelt aus der Freistellungsvereinbarung.[75] Gleiches gilt, wenn der AN als **Betriebsratsmitglied** wegen einer vor Eintritt der krankheitsbedingten Arbeitsunfähigkeit nach § 37 III 1 BetrVG wirksam erfolgten Freistellung von der Arbeitsverpflichtung unter Fortzahlung der Vergütung zum Ausgleich eines Arbeitszeitguthabens nicht gearbeitet hätte.[76]

24 **j) Gesetzlicher Feiertag.** Fällt ein gesetzlicher Feiertag in den Entgeltfortzahlungszeitraum, hat der AN für den Feiertag Anspruch auf Entgeltfortzahlung im Krankheitsfalle. Die Höhe der Entgeltfortzahlung bemisst sich gem. § 4 II EFZG nach § 2 EFZG.[77]

25 **k) Arbeitskampf.** Da der Entgeltfortzahlungsanspruch voraussetzt, dass der erkrankte AN ohne die Arbeitsunfähigkeit einen Vergütungsanspruch gehabt hätte, ist in Bezug auf die Entgeltfortzahlung während des Arbeitskampfs zwischen unmittelbar und mittelbar vom Arbeitskampf betroffenen Betrieben zu unterscheiden. Der Anspruch des AN auf Entgeltfortzahlung entfällt, wenn er sich schon vor Beginn der Arbeitsunfähigkeit am Arbeitskampf beteiligt hatte. Anders ist es dagegen, wenn er bereits krank ist und ein Arbeitskampf beginnt. Hier ist es Sache des AN, ausdrücklich oder konkludent zu erklären, ob er sich am Arbeitskampf beteiligt.[78] Ist ein Betrieb unmittelbar vom Arbeitskampf betroffen und hätte der AN auch nicht arbeiten können, wenn er arbeitsfähig gewesen wäre, entfällt der Vergütungsanspruch.[79] Eine Vergütungspflicht besteht nur dann, wenn der AG den AN während des Arbeitskampfes vertragsgemäß einsetzen könnte und ihm diese Beschäftigung wirtschaftlich zumutbar wäre.[80] Entsprechende Grundsätze gelten bei einer rechtmäßigen Abwehraussperrung.[81]

26 **l) Betriebsübergang.** Hat der AN dem Übergang seines Arbeitsverhältnisses durch Betriebsübergang wirksam widersprochen sowie eine Beschäftigung bei dem Betriebserwerber abgelehnt und auf Beschäftigung bei seinem AG bestanden, beruht der Ausfall der Arbeit nicht auf einem fehlenden Arbeitswillen, wenn der AN arbeitsunfähig erkrankt. Denn der Arbeitsplatz des AN ist nicht mehr bei seinem AG vorhanden, sondern durch Betriebsübergang auf den Erwerber

[69] BAG 13.2.2002 AP Nr. 57 zu § 4 EntgeltFG = NZA 2002, 683.
[70] BAG 28.1.2004 AP Nr. 21 zu § 3 EntgeltFG.
[71] BAG 7.9.1988 AP Nr. 79 zu § 1 LohnFG = NZA 1989, 53; 8.3.1989 AP Nr. 17 zu § 2 LohnFG = NZA 1989, 688.
[72] BAG 29.10.1998 AP Nr. 77 zu § 615 BGB = NZA 1999, 377; HWK/*Vogelsang* EFZG § 3 Rn. 14.
[73] BAG 19.5.2021 – 5 AZR 420/20; 24.3.2004 AP Nr. 22 zu § 3 EntgeltFG.
[74] Vgl. BAG 4.9.1985 AP Nr. 13 zu § 17 BAT; 25.2.1986 AP Nr. 4 zu § 15 MTB II.
[75] *Vogelsang,* Entgeltfortzahlung, Rn. 110.
[76] BAG 15.2.2012 AP Nr. 154 zu § 37 BetrVG 1972 = NZA 2012, 1112.
[77] Vgl. BAG 19.4.1989 AP Nr. 62 zu § 1 FeiertagslohnzahlungsG; MHdB ArbR/*Greiner* § 80 Rn. 44.
[78] Vgl. BAG 15.1.1991 AP Nr. 114 zu Art. 9 GG Arbeitskampf = NZA 1991, 604; teilweise aA ErfK/*Reinhard* EFZG § 3 Rn. 16.
[79] Vgl. BAG 1.10.1991 AP Nr. 121 zu Art. 9 GG Arbeitskampf = NZA 1992, 163; näher MHdB ArbR/*Greiner* § 80 Rn. 42.
[80] Vgl. dazu BAG 13.12.2011 AP Nr. 175 zu Art. 9 GG Arbeitskampf = NZA 2012, 995.
[81] BAG 7.6.1988 AP Nr. 107 zu Art. 9 GG Arbeitskampf.

übergegangen. Eine Anrechnung des böswilligen Unterlassens eines Erwerbs durch anderweitige Verwendung der Dienste gem. § 615 S. 2 BGB findet im Falle der Arbeitsunfähigkeit nicht statt. Auch eine entsprechende Anwendung dieser Grundsätze scheidet aus, weil sie gerade auf den Fall des Annahmeverzugs zugeschnitten sind.[82] Ist der AN arbeitsunfähig krank, besteht keine Obliegenheit zur anderweitigen Arbeit. Der AN darf allerdings nicht widersprüchlich handeln, wenn er Entgeltfortzahlung fordert. Deshalb kann es dem AG im Einzelfall nach Treu und Glauben (§ 242 BGB) unzumutbar sein, Entgeltfortzahlung zu leisten, obwohl alle Voraussetzungen des Anspruchs erfüllt sind.[83]

m) Arbeitsgenehmigung. Benötigt ein ausländischer AN eine Arbeitsgenehmigung (§ 284 SGB III), kann deren Fehlen für den Arbeitsausfall mit ursächlich sein. Dies ist zB anzunehmen, wenn der AG den AN nicht beschäftigt hätte. Wird die Arbeitserlaubnis nachträglich erteilt, soll nach Auffassung des BAG die Mitursache rückwirkend beseitigt werden.[84] 27

n) Mutterschutz. Besteht für eine schwangere AN ein Beschäftigungsverbot nach § 11 MuSchG, hat sie nur dann Anspruch auf Mutterschutzlohn nach § 18 MuSchG, wenn allein das mutterschutzrechtliche Beschäftigungsverbot dazu führt, dass die Schwangere mit der Arbeit aussetzt (dazu näher → § 170 Rn. 3 ff.). Für die Zeit, in der die Schwangere arbeitsunfähig krank ist, ist dieser alleinige Ursachenzusammenhang nicht gegeben. Es kommt dann darauf an, ob ein krankhafter Zustand, sei es im Zusammenhang mit der Schwangerschaft, sei es unabhängig von dieser, besteht, der zur Arbeitsunfähigkeit der Schwangeren führt. Ist dies der Fall, so ist krankheitsbedingte Arbeitsunfähigkeit zu bescheinigen. Je nachdem, ob eine Arbeitsunfähigkeit vorliegt oder nicht, hat die Schwangere also entweder einen – gesetzlich auf sechs Wochen beschränkten – Anspruch auf Entgeltfortzahlung wegen krankheitsbedingter Arbeitsunfähigkeit gegen den AG (§ 3 EFZG) und anschließend auf Krankengeld gegen die Krankenkasse (§ 44 SGB V), oder sie hat gegen den AG einen – nicht auf sechs Wochen beschränkten – Anspruch nach § 18 MuSchG.[85] 28

5. Erwerbsminderung. Eine mit der Erkrankung verbundene volle Erwerbsminderung im Sinne des Rentenversicherungsrechts schließt krankheitsbedingte Arbeitsunfähigkeit gem. § 3 EFZG nicht aus. Die Regelungen der Entgeltfortzahlung werden nicht durch das Sozialversicherungsrecht verdrängt. Es besteht kein Grund, den AG bei besonders schweren Erkrankungen des AN, die sogar eine zeitweise oder dauernde volle Erwerbsminderung zur Folge haben, von der Pflicht zur Entgeltfortzahlung zu befreien. Die arbeitsrechtlichen Voraussetzungen einer krankheitsbedingten Arbeitsunfähigkeit und die sozialrechtlichen Voraussetzungen einer Erwerbsminderung sind unabhängig voneinander zu prüfen.[86] 29

6. Verschulden des Arbeitnehmers. a) Verschuldensmaßstab. Der Anspruch auf Entgeltfortzahlung ist ausgeschlossen, wenn den AN ein Verschulden an der Arbeitsunfähigkeit trifft. Das BAG hat zu den früheren Lohnfortzahlungsgesetzen einen Begriff des Verschuldens entwickelt, der auch für das EFZG gilt. Ein Verschulden des AN ist danach gegeben, wenn ein gröblicher Verstoß gegen das von einem verständigen Menschen im eigenen Interesse zu erwartende (gebotene) Verhalten vorliegt. Hierbei handelt es sich um ein Verschulden gegen sich selbst.[87] Ebenso wie bei § 616 BGB gründet dieser Maßstab auf dem Gedanken, dass der AN kein Entgelt bekommen soll, wenn er die Arbeitsunfähigkeit selbst herbeigeführt hat (→ § 97 Rn. 13).[88] Es muss ein besonders leichtfertiges, grob fahrlässiges oder vorsätzliches Verhalten vorliegen. Der Annahme eines groben Eigenverschuldens steht nicht entgegen, dass auch Dritte ein Verschulden trifft (dazu → Rn. 43).[89] Unerheblich ist, ob die durch die Arbeitsunfähigkeit verursachte Kostenbelastung des AG der Billigkeit entspricht. Die Unbilligkeit ist kein die Entgeltfortzahlungspflicht ausschließendes Tatbestandsmerkmal des EFZG.[90] 30

---

[82] BAG 24.3.2004 AP Nr. 22 zu § 3 EntgeltFG.

[83] BAG 4.12.2002 AP Nr. 17 zu § 3 EntgeltFG.

[84] BAG 26.6.1996 AP Nr. 2 zu § 3 EntgeltFG = NZA 1996, 1087.

[85] BAG 9.10.2002 AP Nr. 23 zu § 11 MuSchG 1968 = NZA 2004, 257.

[86] BAG 29.9.2004 AP Nr. 24 zu § 3 EntgeltFG = NZA 2005, 225.

[87] BAG 26.10.2016 AP Nr. 33 zu § 3 EntgeltFG = NZA 2017, 240; 18.3.2015 AP Nr. 31 zu § 3 EntgeltFG mAnm *Brose* = NZA 2015, 801; Staudinger/*Oetker* BGB § 616 Rn. 260 ff.

[88] Ebenso MüKoBGB/*Henssler* § 616 Rn. 63; HWK/*Krause* BGB § 616 Rn. 44.

[89] BAG 23.11.1971 AP Nr. 8 zu § 1 LohnFG.

[90] BAG 18.3.2015 AP Nr. 31 zu § 3 EntgeltFG mAnm *Brose* = NZA 2015, 801; MüKoBGB/*Müller-Glöge* EFZG § 3 Rn. 36; ErfK/*Reinhard* EFZG § 3 Rn. 23; missverständlich BAG 11.3.1987 AP Nr. 71 zu § 1 LohnFG = NZA 1987, 452.

31 **b) Unfälle.** Unfälle[91] sind nur dann verschuldet, wenn sie vorsätzlich oder durch einen groblichen Verstoß gegen das von einem verständigen Menschen zu erwartende Verhalten herbeigeführt sind. Für das Verschulden ist unerheblich, ob der Unfall sich in der Freizeit, bei Nachbarschaftshilfe oder einer Nebentätigkeit ereignet hat.[92] Verschuldet sind regelmäßig Unfälle, die auf Alkoholmissbrauch zurückzuführen sind.[93] Dies gilt sowohl bei Verkehrsunfällen als auch bei Unfällen im Freizeitbereich, wie zB einem Skiunfall nach einem Trinkgelage in einer Skihütte. Verschuldet ist ein Hundebiss, wenn der Hundehalter den AN zuvor vor dem Streicheln gewarnt hatte.[94] Entgegen der Auffassung des LAG Saarland liegt ein verschuldeter Unfall auch vor, wenn ein AN in der Pause mit Inline-Skates in ein Restaurant fährt, dort mit den Skates auf die Toilette geht, auf dem feuchten Boden ausrutscht und sich beim Sturz verletzt.[95]

32 Der Begriff des **Arbeitsunfalls** ist in §§ 7–9 SGB VII definiert (dazu → § 61 Rn. 13). Ein Arbeitsunfall ist vom AN verschuldet, wenn er auf einem groben Verstoß gegen ein Verbot des AG oder gegen Unfallverhütungsvorschriften[96] oder auf besonders leichtfertigem oder unbedachtem Verhalten beruht. Verschulden liegt des Weiteren vor, wenn der AN die vom AG bereitgestellte Schutzkleidung nicht getragen hat.[97] Allerdings muss der AG notwendige Schutzkleidung tatsächlich zur Verfügung stellen (§ 618 I BGB).[98] Unverschuldet ist ein Arbeitsunfall trotz Verstoßes gegen Sicherheitsvorschriften, wenn dem AN diese nicht ohne Weiteres bekannt sein konnten und der AG eine Belehrung unterlassen hat.[99] Verschuldet ist ein Arbeitsunfall, wenn der AN (in mehreren Arbeitsverhältnissen) über die gesetzlich zulässige Arbeitszeit hinaus arbeitet und der Unfall auf den erhöhten Kräfteverbrauch zurückzuführen ist.[100] Zum Mitverschulden des AG → Rn. 43.

33 **c) Verkehrsunfälle.** Diese sind verschuldet bei vorsätzlicher oder grob fahrlässiger Verletzung der Verkehrsregeln.[101] Hierzu gehören Überholen an unübersichtlicher Stelle, mit deutlich überhöhter Geschwindigkeit, unachtsames Überqueren einer belebten Straße,[102] Telefonieren während der Fahrt ohne Freisprecheinrichtung.[103] Verschuldet sind weiterhin Verkehrsunfälle, die auf Trunkenheit des AN[104] oder auf Tabletteneinnahme zurückzuführen sind, wenn auf die Beeinträchtigung im Beipackzettel hingewiesen wird,[105] sowie wenn der AN sich durch eine nicht fahrtüchtige Person befördern lässt.[106] Bei Nichtverwendung eines Sicherheitsgurts sind solche Krankheitszeiten verschuldet, zu denen es nicht gekommen wäre, wenn der AN den Sicherheitsgurt angelegt hätte.[107]

34 **d) Sportunfälle.** Nach der Rechtsprechung des BAG sind Sportunfälle[108] verschuldet, wenn der AN an einer besonders gefährlichen Sportart teilnimmt oder wenn sich der AN in einer seine Kräfte deutlich übersteigenden Art sportlich betätigt oder er in besonders grober Weise und leichtsinnig gegen anerkannte Regeln des Sports verstößt.[109] Eine besonders gefährliche Sportart ist nach Auffassung des BAG dann gegeben, wenn das Verletzungsrisiko auch durch einen gut trainierten Sportler nicht auszuschließen ist. In diesen Fällen verstoße es gegen Treu und Glauben, das Verletzungsrisiko dem AG zuzuweisen. Ob eine besonders gefährliche Sportart vorliege, sei im Zweifel durch ein Sachverständigengutachten zu ermitteln.[110] Bislang ist das

---

[91] *Waltermann* NZA 1997, 177.
[92] BAG 24.2.1972 AP Nr. 17 zu § 1 LohnFG; 7.11.1975 AP Nr. 38 zu § 1 LohnFG.
[93] BAG 11.3.1987 AP Nr. 71 zu § 1 LohnFG = DB 1987, 1495; 30.3.1988 AP Nr. 77 zu § 1 LohnFG = NZA 1988, 537.
[94] ArbG Wetzlar 4.4.1995 BB 1995, 2325.
[95] LAG Saarl 2.7.2003 NZA-RR 2003, 568.
[96] LAG Hamm 7.3.2007 – 18 Sa 1839/06.
[97] Sicherheitshandschuhe: ArbG Bielefeld BB 1981, 496; Schutzhelm: LAG Frankfurt DB 1966, 884; Sicherheitsschuhe: LAG BW DB 1979, 1044; LAG Bln DB 1982, 707.
[98] BAG 18.8.1982 AP Nr. 18 zu § 618 BGB = DB 1983, 234.
[99] Vgl. BAG 18.8.1982 AP Nr. 18 zu § 618 BGB = DB 1983, 234.
[100] BAG 21.4.1982 AP Nr. 49 zu § 1 LohnFG = DB 1982, 1729.
[101] BAG 23.11.1971 AP Nr. 8 zu § 1 LohnFG = DB 1972, 395; vgl. *Wolber* SozSich 1995, 211.
[102] BAG 23.11.1971 AP Nr. 8 zu § 1 LohnFG = NJW 1972, 703.
[103] BAG 12.11.1998 AP Nr. 117 zu § 611 BGB Haftung des Arbeitnehmers.
[104] BAG 11.3.1987 AP Nr. 71 zu § 1 LohnFG = DB 1987, 1495; HessLAG 23.7.1997 NZA-RR 1999, 15.
[105] LAG Frankfurt BB 1979, 1504.
[106] LAG Frankfurt 24.4.1989 DB 1989, 2031.
[107] BAG 7.10.1981 AP Nr. 46 zu § 1 LohnFG = DB 1982, 496.
[108] *Gerauer* NZA 1994, 496; *Schwede* NZS 1996, 562.
[109] BAG 7.10.1981 AP Nr. 45 zu § 1 LohnFG.
[110] BAG 25.2.1972 AP Nr. 18 zu § 1 LohnFG = DB 1972, 977.

BAG noch von keiner besonders gefährlichen Sportart ausgegangen.[111] Kein Verschulden wurde angenommen beim Fußballspielen,[112] Amateurboxen,[113] Drachenfliegen,[114] Fingerhakeln,[115] Motorradfahren,[116] bejaht dagegen in der Instanzrechtsprechung bei Kickboxen.[117] Zugespitzt ist deshalb im Schrifttum die Frage aufgeworfen worden, ob außer „Gletscherhockey und russisch Roulette" überhaupt gefährliche Sportarten vorstellbar sind.[118] Diese Rechtsprechung wird im Schrifttum **zu Recht kritisiert.**[119] Entscheidend ist nicht die abstrakte Gefährlichkeit einer Sportart, sondern, ob der konkrete AN die Sportart nach seinen Fähigkeiten besonders leichtsinnig ausgeübt hat. Ob die Sportausübung treuwidrig erscheint, ist unerheblich. Verschuldet sind Sportunfälle, wenn die eigene Leistungsfähigkeit erkennbar überschritten oder gegen die anerkannten Regeln des Sports verstoßen wird.[120] Dasselbe gilt, wenn der Sport auf einer ersichtlich nicht verkehrssicheren Anlage betrieben wird.

e) Alkoholsucht. Zunächst hat das BAG im Falle der Trunksucht stets ein Verschulden bejaht.[121] Von dieser Rspr. ist es später abgerückt. Nunmehr geht das BAG davon aus, dass die Alkoholabhängigkeit nach derzeitigem Stand der medizinischen Erkenntnisse multikausal und damit nicht verschuldet iSv § 3 I EFZG ist. Im Falle eines Rückfalls nach einer Rehabilitationsmaßnahme kann dagegen ein Verschulden nicht generell ausgeschlossen werden. Dies ist ggf. durch ein Sachverständigengutachten aufzuklären.[122] Unabhängig vom Verschulden ist die Frage einer Fortsetzungserkrankung zu beurteilen. Dieselben Grundsätze wie bei der Alkoholabhängigkeit gelten bei Drogen- und Tablettenabhängigkeit oder bei Nikotinmissbrauch.[123] **35**

f) Schlägereien. Arbeitsunfähigkeit infolge von Schlägereien ist verschuldet, wenn der AN die Schlägerei durch unsachgemäßes und provozierendes Verhalten herausgefordert hat.[124] Etwas anderes gilt, wenn der AN durch Provokation zur Schlägerei gereizt worden ist. **36**

g) Organverpflanzungen. Umstr. war die Rechtslage bei Organverpflanzungen. Das BAG hatte beim Spender einen Anspruch verneint, weil in diesen Fällen die Grenze des vom AG zu tragenden Risikos überschritten sei.[125] Nach dem mit Wirkung vom 1.8.2012 neu in das Gesetz eingeführten § 3a EFZG besteht dagegen in diesen Fällen ein Entgeltfortzahlungsanspruch. Dem AG sind jedoch nach § 3a II EFZG von der gesetzlichen Krankenkasse des Organempfängers das fortgezahlte Arbeitsentgelt sowie die hierauf entrichteten Beiträge zur Sozialversicherung und betrieblichen Altersversorgung zu erstatten. Bei Privatversicherten übernimmt die private Krankenversicherung diese Kosten; vereinbarte Selbstbehalte werden dabei nicht berücksichtigt.[126] **37**

h) Nebentätigkeit. Geht der AN während der Arbeitsunfähigkeit einer Nebentätigkeit nach und wird durch die damit verbundene körperliche Belastung die Arbeitsunfähigkeit verlängert, ist die Verlängerung der Arbeitsunfähigkeit verschuldet. Erleidet der AN während der unerlaubten Nebentätigkeit einen unverschuldeten Unfall, steht das allein einem Entgeltfortzahlungsanspruch nicht entgegen.[127] Ein den Entgeltfortzahlungsanspruch ausschließendes Verschulden **38**

---

[111] Zu Autorennen: LAG Köln 2.3.1994 LAGE § 1 LohnFG Nr. 33; zu Motorradrennen: LAG RhPf 29.10.1998 LAGE § 3 EFZG Nr. 2.

[112] BAG 21.1.1976 AP Nr. 39 zu § 1 LohnFG.

[113] BAG 1.12.1976 AP Nr. 42 zu § 1 LohnFG.

[114] BAG 7.10.1981 AP Nr. 45 zu § 1 LohnFG.

[115] LAG BW 6.11.1986 NZA 1987, 852.

[116] LAG Köln 2.3.1994 ARSt 1994, 137.

[117] ArbG Hagen 15.9.1989 NZA 1990, 311.

[118] *Denck* BB 1982, 682 (683).

[119] Vgl. MüKoBGB/*Müller-Glöge* EFZG § 3 Rn. 40; ErfK/*Reinhard* EFZG § 3 Rn. 26; MHdB ArbR/*Greiner* § 80 Rn. 60; HWK/*Vogelsang* EFZG § 3 Rn. 61; Schmitt EFZG/*Schmitt* § 3 Rn. 155; *Treber* EFZG § 3 Rn. 90.

[120] ErfK/*Reinhard* EFZG § 3 Rn. 26; Schmitt EFZG/*Schmitt* § 3 Rn. 157.

[121] BAG 7.12.1972 AP Nr. 26 zu § 1 LohnFG; 22.3.1973 AP Nr. 31 zu § 1 LohnFG.

[122] BAG 18.3.2015 AP Nr. 31 zu § 3 EntgeltFG mAnm *Brose* = NZA 2015, 801.

[123] BAG 17.4.1985 DB 1986, 976.

[124] BAG 13.11.1974 AP Nr. 45 zu § 616 BGB; LAG Hamm 24.9.2003 NZA-RR 2004, 68; vgl. OLG Koblenz 14.7.1993 BB 1994, 719; LAG BW 30.3.2000 NZA-RR 2000, 349; Schmitt EFZG/*Schmitt* § 3 Rn. 150.

[125] BAG 6.8.1986 AP Nr. 68 zu § 1 LohnFG = NZA 1987, 487.

[126] ErfK/*Reinhard* EFZG § 3a Rn. 6.

[127] Vgl. ErfK/*Reinhard* EFZG § 3 Rn. 31; Schmitt EFZG/*Schmitt* § 3 Rn. 145; *Treber* EFZG § 3 Rn. 73; ausf. hierzu *Boecken* NZA 2001, 233.

kann allerdings vorliegen, wenn der AN mit der ausgeübten Nebentätigkeit die zeitlichen Beschränkungen des § 3 ArbZG erheblich überschritten hat.[128]

39 **i) Genesungswidriges Verhalten.** Während der Arbeitsunfähigkeit darf der AN sich nicht genesungswidrig verhalten. Er hat alles zu unterlassen, was seine Genesung verzögern könnte.[129] Gesundheitsschädlich kann auch die Teilnahme an einer Wallfahrt mit einer Lungenentzündung sein.[130] Ein erkrankter AN darf in der Regel während der Dauer seiner krankheitsbedingten Arbeitsunfähigkeit nicht an Fußballspielen teilnehmen.[131]

40 **j) Sonstige Erkrankungen.** Bei **Aids-Erkrankungen,** die auf ungeschützten Geschlechtsverkehr zurückzuführen sind, kann theoretisch ein Verschulden bejaht werden (kaum nachweisbar).[132] Verschuldet können **Hungerkuren** sein, wenn der AN die Nahrungsaufnahme nahezu völlig einstellt. Gleiches gilt, wenn der AN nach einem **Herzinfarkt raucht,** obwohl ihm dies ärztlich verboten worden war,[133] oder nach einer anstrengenden Schicht sich auf eine anstrengende Urlaubsreise begibt, der er körperlich nicht gewachsen ist.[134] Bei einem **versuchten Selbstmord** liegt in der Regel kein Verschulden vor, weil die freie Willensbestimmung aufgrund der psychischen Ausnahmesituation erheblich eingeschränkt ist.[135] Im Falle einer **In-vitro-Fertilisation** hängt die Annahme eines Verschuldens nach der Rechtsprechung des BAG davon ab, ob krankheitsbedingte Arbeitsunfähigkeit als vorhersehbare, willentlich herbeigeführte Folge einer komplikationslosen In-vitro-Fertilisation eintritt oder sich Krankheitsrisiken realisieren, die mit der künstlichen Befruchtung oder einer ggf. durch sie bewirkten Schwangerschaft einhergehen.[136] Bei einer **COVID-19-Infektion** kann ein Verschulden vorliegen, wenn der AN zB an einer Corona-Party teilgenommen hat oder ohne zwingenden und unaufschiebbaren Grund in ein zum Zeitpunkt der Abreise eingestuftes **Risikogebiet** gereist ist.[137] Insoweit kann die gesetzliche Wertung aus § 56 I 3 und 4 IfSG herangezogen werden. Danach wird man jede Form der Urlaubsreise als verschuldet anzusehen haben. Gleiches gilt grundsätzlich für **Reisen zu Familienfeiern.** Dass es hierfür zwingende und unaufschiebbare Gründe gibt, ist nur ganz ausnahmsweise vorstellbar. Sittlich zwingend dürfte dagegen die Reise zu einem im Sterben liegenden nächsten Angehörigen sein. Entsprechend § 2 Nr. 17 IfSG ist ein Risikogebiet ein Gebiet außerhalb der Bundesrepublik Deutschland, für das vom Bundesministerium für Gesundheit im Einvernehmen mit dem Auswärtigen Amt und dem Bundesministerium des Innern, für Bau und Heimat ein erhöhtes Risiko für eine Infektion mit einer bestimmten bedrohlichen übertragbaren Krankheit festgestellt wurde; die Einstufung als Risikogebiet erfolgt erst mit Ablauf des ersten Tages nach Veröffentlichung der Feststellung durch das Robert Koch-Institut im Internet unter der Adresse https://www.rki.de/risikogebiete. In allen diesen Fällen bleibt allerdings für den AG der Nachweis der **Kausalität** schwierig. Zu erwägen ist, bei einer Reise in ein Risikogebiet ohne zwingenden und unaufschiebbaren Grund von einer tatsächlichen Vermutung der Infektion bei dieser Gelegenheit auszugehen und dem AN aufzugeben, diese Vermutung zu entkräften. Ob ein AN, der es ohne Vorliegen gesundheitlicher Gründe ablehnt, sich gegen das Corona-Virus **impfen** zu lassen, im Falle einer COVID-19-Infektion seine Arbeitsunfähigkeit schuldhaft herbeigeführt hat, ist fraglich.[138] Die Wertung des § 56 I 4 IfSG ist hierbei in den Blick zu nehmen.

41 **k) Rechtsfolge schuldhaft herbeigeführter Arbeitsunfähigkeit.** Hat der AN die Arbeitsverhinderung infolge Krankheit verschuldet, entfällt der Entgeltfortzahlungsanspruch. Hat der AG bereits Vergütungsfortzahlung geleistet, kann er die erbrachten Zahlungen zurückverlangen (§ 812 BGB). Im Allgemeinen wird dem Bereicherungsanspruch nicht der Einwand der Entrei-

---

[128] Vgl. BAG 21.4.1982 AP Nr. 49 zu § 1 LohnFG; MüKoBGB/*Müller-Glöge* EFZG § 3 Rn. 46; HWK/*Vogelsang* EFZG § 3 Rn. 71; aA LAG Hamm 8.2.2006 NZA-RR 2006, 406.

[129] HK-EFZR/*Feichtinger* EFZG § 3 Rn. 112; HWK/*Vogelsang* EFZG § 3 Rn. 70; s. dazu auch BAG 26.8.1993 AP Nr. 112 zu § 626 BGB = NZA 1994, 63; 2.3.2006 AP Nr. 14 zu § 626 BGB Krankheit = NZA-RR 2006, 636 (zur Frage der Pflichtverletzung unter kündigungsrechtlichen Gesichtspunkten).

[130] BAG 11.11.1965 AP Nr. 40 zu § 1 ArbKrankhG.

[131] BAG 21.1.1976 AP Nr. 39 zu § 1 LohnFG.

[132] Vgl. Schmitt EFZG/*Schmitt* § 3 Rn. 138; Kasseler Handbuch/*Vossen* 2.2 Rn. 84.

[133] BAG 17.4.1985 DB 1986, 976.

[134] LAG Düsseldorf 1.6.1966 DB 1966, 1484.

[135] BAG 28.2.1979 AP Nr. 44 zu § 1 LohnFG = DB 1979, 1803.

[136] BAG 26.10.2016 AP Nr. 33 zu § 3 EntgeltFG = NZA 2017, 240.

[137] *Eufinger* DB 2020, 1121 (1122); *Fuhlrott/Fischer* NZA 2020, 345 (347); ErfK/*Reinhard* EFZG § 3 Rn. 26; *Sagan/Brockfeld* NJW 2020, 1112 (1113); einschränkend *Kania/Hölken* VSSAR 2020, 327 (337).

[138] Vgl. *Krainbring* NZA 2021, 247 (248 f.).

cherung entgegengesetzt werden können (§ 818 III BGB). Der AN wird insoweit bösgläubig sein. Der Rückforderungsanspruch kann auch durch Aufrechnung geltend gemacht werden. Die Einzelfälle des Verschuldens sind nahezu unübersehbar.

l) Darlegungs- und Beweislast. Für das Verschulden trifft den AG die Darlegungs- und Beweislast.[139] Allerdings werden dem AG oftmals die näheren Umstände, die zur Arbeitsunfähigkeit geführt haben, nicht bekannt sein. So wird der AG regelmäßig nicht wissen, ob der AN bei einem Autounfall nicht angeschnallt war, sich bei der Sportausübung völlig überschätzt hat oder angetrunken war, um nur einige Beispiele zu nennen. Den AN trifft deshalb eine prozessuale Mitwirkungspflicht.[140] Insoweit ist es naheliegend, die Grundsätze zur Anwendung zu bringen, die das BAG zuletzt zur Verteilung der Darlegungs- und Beweislast für das Vorliegen einer Fortsetzungserkrankung iSv § 3 II EFZG entwickelt hat (→ Rn. 61).[141] Bestreitet der AG das fehlende Verschulden nach § 3 I EFZG, muss der AN substantiiert darlegen, wie es zu der Arbeitsunfähigkeit gekommen ist. Ggf. hat er Unfallberichte der Polizei vorzulegen oder Zeugen zu benennen. Für ein Verschulden kann der Beweis des ersten Anscheins sprechen.[142] Das gilt vor allem bei Arbeitsunfällen infolge Trunkenheit.[143] Ferner wird ein Anscheinsbeweis für ein Verschulden sprechen, wenn der AN sich an einer Schlägerei beteiligt.[144] Bei versuchtem Selbstmord wird idR der Beweis des ersten Anscheins für Geschäftsunfähigkeit sprechen.[145] Wird Beweis erhoben, treffen den AG die Folgen der Nichterweislichkeit des Verschuldens, denn nach der sprachlichen Fassung des § 3 I 1 EFZG trifft ihn die objektive Beweislast.[146] An der Darlegungslast ändert sich nichts, wenn der Anspruch des AN teilweise auf einen Dritten übergegangen ist. 42

7. Verschulden des Arbeitgebers oder eines Dritten. Hat der AG die Arbeitsunfähigkeit allein verschuldet, richtet sich der Vergütungsfortzahlungsanspruch nach § 326 II 1 BGB.[147] Im Unterschied zur Entgeltfortzahlung nach § 3 I EFZG ist der Anspruch nach § 326 II 1 BGB zeitlich nicht begrenzt, doch muss sich der AN nach § 326 II 2 BGB anrechnen lassen, was er infolge der Befreiung von der Leistung erspart oder durch anderweitige Verwendung seiner Arbeitskraft erwirbt oder zu erwerben böswillig unterlässt.[148] Trifft den AG ein Mitverschulden an der Arbeitsunfähigkeit, findet eine Quotelung nach § 254 BGB nicht statt.[149] Denn bei dem Entgeltfortzahlungsanspruch handelt es sich um den aufrechterhaltenen Vergütungsanspruch des AN aus § 611a II BGB und nicht um einen Schadensersatzanspruch.[150] Entscheidend ist nach § 326 II 1 BGB allein, ob der AG allein oder „weit überwiegend" für die Arbeitsunfähigkeit verantwortlich ist. Sind diese Voraussetzungen erfüllt, haftet er nach dieser Vorschrift, ansonsten richtet sich die Entgeltfortzahlung nach § 3 I EFZG. Hat der AN die Arbeitsunfähigkeit selbst überwiegend grob schuldhaft herbeigeführt, entfällt der Anspruch auf Entgeltfortzahlung nach § 3 I EFZG auch dann, wenn den AG ein Mitverschulden trifft.[151] Hat ein **Dritter** die Arbeitsunfähigkeit des AN verschuldet, behält der AN seinen Entgeltfortzahlungsanspruch nach § 3 I EFZG. Der AG kann die Entgeltfortzahlung nicht mit der Begründung verweigern, der AN habe gegen den Dritten einen Schadensersatzanspruch aus § 823 I BGB.[152] Dieser Schadensersatzanspruch des AN geht allerdings kraft Gesetzes auf den AG über (§ 6 EFZG; dazu → Rn. 126 ff.). 43

---

139 BAG 23.11.1971 AP Nr. 9 zu § 1 LohnFG; 7.8.1991 AP Nr. 94 zu § 1 LohnFG = NZA 1992, 69; näher *Laws* FA 2017, 101.

140 Ebenso im Grundsatz MüKoBGB/*Müller-Glöge* EFZG § 3 Rn. 85; ErfK/*Reinhard* EFZG § 3 Rn. 32.

141 Dazu BAG 10.9.2014 AP Nr. 3 zu § 9 EntgeltFG = NZA 2014, 1139; 13.7.2005 AP Nr. 25 zu § 3 EntgeltFG.

142 HK-EFZR/*Feichtinger* EFZG § 3 Rn. 173.

143 LAG Saarl 25.6.1975 AP Nr. 37 zu § 1 LohnFG.

144 Vgl. LAG Hamm 6.4.1971 DB 1971, 873; LAG Frankfurt 16.2.1976 VersR 1976, 1128.

145 BAG 28.2.1979 AP Nr. 44 zu § 1 LohnFG = DB 1979, 1803.

146 BAG 26.10.2016 AP Nr. 33 zu § 3 EntgeltFG = NZA 2017, 240; 18.3.2015 AP Nr. 31 zu § 3 EntgeltFG mAnm *Brose* = NZA 2015, 801.

147 ErfK/*Reinhard* EFZG § 3 Rn. 24; Schmitt EFZG/*Schmitt* § 3 Rn. 131; *Vogelsang*, Entgeltfortzahlung, Rn. 128.

148 MüKoBGB/*Müller-Glöge* EFZG § 3 Rn. 38.

149 ErfK/*Reinhard* EFZG § 3 Rn. 24.

150 Staudinger/*Oetker* BGB § 616 Rn. 270.

151 MüKoBGB/*Müller-Glöge* EFZG § 3 Rn. 38; ErfK/*Reinhard* EFZG § 3 Rn. 24; aA LAG Hamm 30.10.2002 LAGReport 2003, 102; s. dazu auch Staudinger/*Oetker* BGB § 616 Rn. 270.

152 Schmitt EFZG/*Schmitt* § 3 Rn. 129.

44 **8. Sterilisation und Abbruch der Schwangerschaft.** Tritt die Arbeitsunfähigkeit infolge einer nicht rechtswidrigen Sterilisation oder eines nicht rechtswidrigen Abbruchs der Schwangerschaft ein, gilt die Arbeitsunfähigkeit als nicht verschuldet (§ 3 II EFZG). Das fehlende Verschulden wird durch § 3 II EFZG unwiderleglich vermutet, so dass es keiner besonderen Prüfung bedarf.[153] Die Tatbestandsmerkmale der Sterilisation oder des Schwangerschaftsabbruchs treten an die Stelle des Tatbestandsmerkmals der Krankheit. Ein Abbruch der Schwangerschaft, der nicht gegen Strafgesetze verstößt, ist nicht rechtswidrig. Die Rechtswidrigkeit bestimmt sich nach § 218a StGB. Bei Schwangerschaftsabbrüchen ohne ärztliche Feststellung vgl. § 218b StGB. Eine Sterilisation ist nicht rechtswidrig. Ein Verstoß gegen die guten Sitten ist bei einer freiwilligen Sterilisation nicht vorstellbar.[154]

45 **9. Wartezeit. a) Vierwöchiger Bestand des Arbeitsverhältnisses.** Nach § 3 III EFZG entsteht der Anspruch auf Entgeltfortzahlung nach vierwöchiger ununterbrochener Dauer des Arbeitsverhältnisses. Besteht zwischen einem beendeten und einem neu begründeten Arbeitsverhältnis zu demselben AG ein enger zeitlicher und sachlicher Zusammenhang, wird der Lauf der Wartezeit des § 3 III EFZG in dem neuen Arbeitsverhältnis nicht erneut ausgelöst.[155] In diesem Fall finden allerdings auch die Regeln über den Ausschluss der Entgeltfortzahlung bei Fortsetzungserkrankungen (§ 3 I 2 EFZG) Anwendung.[156] Wird ein Auszubildender im Anschluss an das Berufsausbildungsverhältnis in ein Arbeitsverhältnis übernommen, entsteht keine neue Wartezeit für die Entgeltfortzahlung im Krankheitsfall.[157]

46 **b) Rechtlicher Bestand des Arbeitsverhältnisses.** Maßgeblich für die Erfüllung der Wartezeit ist der rechtliche Bestand des Arbeitsverhältnisses, nicht notwendig ist eine tatsächliche Beschäftigung.[158] Ein bei Begründung des Arbeitsverhältnisses oder während der Wartezeit erkrankter AN hat nach der Rechtsprechung des BAG nach Ablauf der Wartezeit noch Anspruch auf Entgeltfortzahlung für die Dauer von sechs Wochen.[159] In die Wartezeit fallende Krankheitstage sind nicht anzurechnen. Nach Auffassung des BAG entsteht bei einer Erkrankung während der Wartezeit der Entgeltfortzahlungsanspruch auch dann für die Dauer von bis zu sechs Wochen, wenn der AG das Arbeitsverhältnis vor Ablauf der Wartezeit aus Anlass der Arbeitsunfähigkeit kündigt. Beginnt das Arbeitsverhältnis beispielsweise am 13.3. und wird der AN am 20.3. arbeitsunfähig, steht danach eine Kündigung aus Anlass der Arbeitsunfähigkeit (§ 8 I 1 EFZG) am 22.3. zum 5.4. dem Entgeltfortzahlungsanspruch bei andauernder Arbeitsunfähigkeit nach Ablauf der vierwöchigen Wartezeit am 10.4. nicht entgegen. Dies folge aus dem Zweck des § 8 I 1 EFZG, der verhindern solle, dass sich der AG durch Kündigung seiner gesetzlichen Sozialverpflichtungen entzieht (hierzu → Rn. 63 ff.).[160]

47 **c) Arbeitsunfall.** Die Wartezeit gilt auch dann, wenn der AN im Zusammenhang mit einem Arbeitsunfall erkrankt. Der Arbeitsunfall war nur bei der Berechnung der Entgeltfortzahlung privilegiert (§ 4 I EFZG idF des Beschäftigungsförderungsgesetzes). Der AN hat daher auch dann keinen Anspruch auf Entgeltfortzahlung, wenn er während der Wartezeit des § 3 III EFZG einen Arbeitsunfall erleidet.[161] Bei einer weit überwiegenden Verantwortlichkeit des AG kann sich freilich ein Anspruch aus § 326 II 1 BGB ergeben (→ Rn. 43).

III. Dauer des Entgeltfortzahlungsanspruchs

48 **1. Berechnung des Sechs-Wochen-Zeitraums. a) Grundsätze.** Der Entgeltfortzahlungsanspruch besteht grundsätzlich für die Dauer von sechs Wochen, also für 42 Kalendertage.[162] Hierzu zählen auch alle arbeitsfreien Tage, wie Sonn- oder Feiertage, oder die aufgrund des

[153] MüKoBGB/*Müller-Glöge* EFZG § 3 Rn. 75; BAG 14.12.1994 AP Nr. 1 zu § 3 EntgeltFG = NZA 1995, 459; 5.4.1989 AP Nr. 84 zu § 1 LohnFG = NZA 1989, 713.
[154] ErfK/*Reinhard* EFZG § 3 Rn. 48.
[155] BAG 22.8.2001 AP Nr. 11 zu § 3 EntgeltFG = NZA 2002, 610.
[156] MüKoBGB/*Müller-Glöge* EFZG § 3 Rn. 51.
[157] BAG 20.8.2003 AP Nr. 20 zu § 3 EntgeltFG = NZA 2004, 205.
[158] MüKoBGB/*Müller-Glöge* EFZG § 3 Rn. 48; ErfK/*Reinhard* EFZG § 3 Rn. 33.
[159] BAG 26.5.1999 AP Nr. 10 zu § 3 EntgeltFG = NZA 1999, 1273.
[160] BAG 26.5.1999 AP Nr. 10 zu § 3 EntgeltFG = NZA 1999, 1273.
[161] MüKoBGB/*Müller-Glöge* EFZG § 3 Rn. 50; ErfK/*Reinhard* EFZG § 3 Rn. 33; *Vogelsang*, Entgeltfortzahlung, Rn. 57.
[162] BAG 22.8.2001 AP Nr. 11 zu § 3 EntgeltFG = NZA 2002, 610.

Schichtplans oder eines Streiks[163] arbeitsfreien Tage. Gleiches gilt für die wegen einer Teilzeitbeschäftigung arbeitsfreien Tage der Woche.[164] Das Abstellen auf Kalendertage kann Bedeutung bei mehrfacher Erkrankung haben.[165] Allerdings erhält der AN in der 5-Tage-Woche wegen des Entgeltausfallprinzips (dazu → Rn. 71 ff.) nur Entgeltfortzahlung für die auch sonst mit Arbeitsleistung belegten Tage. Beginn und Ende der Entgeltfortzahlung berechnen sich nach §§ 187 I, 188 II BGB. Hieraus ergeben sich verschiedene Fallgruppen: Erkrankt der AN **vor Arbeitsbeginn,** wird der erste Tag bei der Berechnung des 6-Wochen-Zeitraums mitgerechnet.[166] Erkrankt der AN **während der Arbeitszeit,** zählt dieser Tag bei der Bemessung des 6-Wochen-Zeitraums nicht mit. Der AN erhält aber auch für den verbleibenden Rest des Arbeitstages Vergütungsfortzahlung nach § 616 BGB.[167]

b) Ruhendes Arbeitsverhältnis. Grundsätzlich entfällt der Entgeltfortzahlungsanspruch in 49
einem ruhenden Arbeitsverhältnis, denn in dieser Zeit entfallen die beiderseitigen Hauptpflichten. Erkrankt der AN während eines ruhenden Arbeitsverhältnisses, wird die Zeit des Ruhens nicht auf den 6-Wochen-Zeitraum des § 3 I 1 EFZG angerechnet. Die krankheitsbedingte Arbeitsunfähigkeit ist für das Arbeitsverhältnis, solange es ruht, unerheblich; denn die beiderseitigen Hauptpflichten bestehen ohnehin nicht. Der 6-Wochen-Zeitraum beginnt deshalb nicht mit der Erkrankung, sondern erst mit der tatsächlichen Verhinderung an der Arbeitsleistung infolge der Krankheit. Das ist der Zeitpunkt der Aktualisierung des Arbeitsverhältnisses.[168] Der Zweck der Entgeltfortzahlung, dem arbeitsunfähig kranken AN sechs Wochen lang den Vergütungsanspruch aufrechtzuerhalten, verbietet es, diesen Zeitraum um die Tage zu verkürzen, an denen die Arbeitspflicht aus anderen Gründen suspendiert war und unabhängig von der Arbeitsfähigkeit kein Vergütungsanspruch bestand. Es wäre nicht gerechtfertigt, den AG von seiner sozialen Verpflichtung zur Lohnersatzleistung freizustellen, solange der gesetzlich vorgeschriebene Zeitraum nicht erschöpft ist. Dies gilt auch im Falle der Elternzeit.

c) Ende des Anspruchs. Der Anspruch endet grundsätzlich mit Ablauf von sechs Wochen 50
oder mit Beendigung des Arbeitsverhältnisses.[169] Hat der AN keinen Anspruch auf Entgeltfortzahlung, weil die krankheitsbedingte Arbeitsunfähigkeit nicht die alleinige Ursache für den Ausfall der Arbeitsleistung ist (dazu → Rn. 15), sondern die Arbeitspflicht auch aus anderen Gründen aufgehoben ist, verlängert sich die Entgeltfortzahlungsdauer um die Tage, an denen die Arbeitspflicht aus anderen Gründen suspendiert war. Der Entgeltfortzahlungszeitraum von sechs Wochen ist erschöpft, wenn die Gesamtdauer der Arbeitsunfähigkeit unter Außerachtlassung der Tage, an denen die Arbeitspflicht aus anderen Gründen aufgehoben war, 42 Kalendertage erreicht.[170]

2. Fortsetzungserkrankung. a) Überblick. Wird der AN nach dem Ende einer Arbeits- 51
unfähigkeit erneut krank, ist für das Entstehen eines neuen Anspruchs auf Entgeltfortzahlung maßgeblich, ob die Arbeitsunfähigkeit auf derselben Krankheit beruht oder eine andere Krankheit Auslöser der Arbeitsverhinderung ist. Hat die Arbeitsunfähigkeit unterschiedliche Krankheitsursachen, hat der AN für jede Arbeitsunfähigkeit Anspruch auf Entgeltfortzahlung von bis zu sechs Wochen. Stellt sich die neue Erkrankung dagegen als eine Fortsetzung der früheren Erkrankung dar, weil – trotz verschiedener Krankheitssymptome – die wiederholte Arbeitsunfähigkeit auf demselben nicht behobenen Grundleiden beruht, liegt eine Fortsetzungserkrankung vor.[171] In diesem Fall behält der AN nach § 3 I 2 EFZG den Entgeltfortzahlungsanspruch für einen weiteren Zeitraum von sechs Wochen nur dann, wenn er vor der erneuten Arbeitsunfähigkeit mindestens sechs Monate nicht infolge derselben Krankheit arbeitsunfähig war oder seit Beginn der ersten Arbeitsunfähigkeit infolge derselben Krankheit eine Frist von zwölf Monaten abgelaufen ist.

[163] BAG 8.3.1973 AP Nr. 29 zu § 1 LohnFG.
[164] MüKoBGB/*Müller-Glöge* EFZG § 3 Rn. 54; Schmitt EFZG/*Schmitt* § 3 Rn. 226.
[165] Vgl. BAG 22.2.1973 AP Nr. 28 zu § 1 LohnFG = DB 1973, 976.
[166] BAG 21.9.1971 AP Nr. 6 zu § 1 LohnFG; HK-EFZR/*Feichtinger* EFZG § 3 Rn. 202; ErfK/*Reinhard* EFZG § 3 Rn. 34; *Vogelsang,* Entgeltfortzahlung, Rn. 179; aA Schmitt EFZG/*Schmitt* § 3 Rn. 206.
[167] BAG 26.2.2003 AP Nr. 8 zu § 5 EntgeltFG; MüKoBGB/*Müller-Glöge* EFZG § 3 Rn. 52; aA *Giesen* Anm. zu BAG AP Nr. 8 zu § 5 EntgeltFG.
[168] BAG 29. 9 2004 AP Nr. 24 zu § 3 EntgeltFG = NZA 2005, 225; 22.8.2001 AP Nr. 11 zu § 3 EntgeltFG = NZA 2002, 610; 6.9.1989 AP Nr. 45 zu § 63 HGB = NZA 1990, 142.
[169] Zur Kündigung aus Anlass der Arbeitsunfähigkeit → Rn. 63 ff.
[170] BAG 22.8.2001 AP Nr. 11 zu § 3 EntgeltFG = NZA 2002, 610.
[171] BAG 25.5.2016 AP Nr. 32 zu § 3 EntgeltFG = NZA 2016, 1076.

52 **b) Tatbestandliche Voraussetzungen.** Wiederholte Arbeitsunfähigkeit infolge derselben Krankheit und damit eine Fortsetzungserkrankung liegt vor, wenn die Krankheit, auf der die frühere Arbeitsunfähigkeit beruhte, in der Zeit zwischen dem Ende der vorausgegangenen und dem Beginn der neuen Arbeitsunfähigkeit medizinisch nicht vollständig ausgeheilt war, sondern als Grundleiden latent weiterbestanden hat, so dass die neue Erkrankung nur eine Fortsetzung der früheren Erkrankung darstellt. Die wiederholte Arbeitsunfähigkeit muss auf demselben Grundleiden beruhen.[172] Zwischen dem Grundleiden und den Krankheitserscheinungen ist zu unterscheiden. Die fortbestehende Krankheit kann verschiedene Krankheitssymptome zur Folge haben.[173] Eine neue – andere – Erkrankung ist gegeben, wenn der Ursprung der Erkrankung verschieden ist, selbst wenn es sich um die gleiche – aber nicht dieselbe – Krankheit handelt. Erleidet der AN im Laufe des Jahres zwei Beinbrüche, besteht die gleiche, nicht aber dieselbe Krankheit. § 3 I 2 EFZG findet dann keine Anwendung. Diese Grundsätze gelten auch, wenn eine Maßnahme der medizinischen Vorsorge oder Rehabilitation nach § 9 I EFZG und eine vorangegangene oder nachfolgende Arbeitsunfähigkeit dieselbe Ursache haben.[174] Der Sozialversicherungsträger ist gegenüber dem AG des Versicherten nicht verpflichtet, dafür zu sorgen, dass eine auf derselben Krankheit beruhende Kur (Maßnahme der medizinischen Rehabilitation) binnen sechs Monaten nach dem Ende der früheren Erkrankung begonnen wird, um einen erneuten Entgeltfortzahlungsanspruch unter dem Gesichtspunkt der Wiederholungserkrankung zu vermeiden.[175] Beispiele einer Fortsetzungserkrankung sind etwa eine nicht ausgeheilte Lungenentzündung, die zu einem Rückfall führt, mehrfache akute Erkrankungen mit rheumatischer Ursache oder aufgrund eines lang anhaltenden Leber- oder Magenleidens, sowie eine in mehreren Schüben auftretende Psychose.[176]

53 **c) Abgrenzung zu Vorerkrankungen.** Eine Vorerkrankung kann dann nicht als Teil einer Fortsetzungserkrankung iSv § 3 I 2 EFZG angesehen werden, wenn sie lediglich zu einer bereits bestehenden, ihrerseits zur Arbeitsunfähigkeit führenden Krankheit hinzugetreten ist, ohne einen eigenen Anspruch auf Entgeltfortzahlung auszulösen.[177] Tritt eine Krankheit, die sich später als Fortsetzungserkrankung herausstellt, zu einer bereits bestehenden, zur Arbeitsunfähigkeit führenden Krankheit hinzu und dauert sie über deren Ende hinaus an, ist sie nach der Rechtsprechung des BAG für die Zeit, in der sie die alleinige Ursache der Arbeitsunfähigkeit war, als Teil der späteren Fortsetzungserkrankung zu werten.[178] Führen zwei Krankheiten jeweils für sich betrachtet nicht zur Arbeitsunfähigkeit, sondern nur weil sie zusammen auftreten, liegt eine Fortsetzungserkrankung auch vor, wenn später eine der beiden Krankheiten erneut auftritt und allein zur Arbeitsunfähigkeit führt. Auch in diesem Fall ist die erneut auftretende Krankheit Ursache einer vorausgegangenen Arbeitsunfähigkeit gewesen.

54 **d) Dauer des Anspruchsausschlusses.** Nach § 3 I 2 EFZG verliert der AN, wenn er infolge derselben Krankheit erneut arbeitsunfähig wird, wegen der erneuten Arbeitsunfähigkeit den Entgeltfortzahlungsanspruch für einen weiteren Zeitraum von höchstens sechs Wochen nicht, wenn er vor der erneuten Arbeitsunfähigkeit mindestens sechs Monate nicht infolge derselben Krankheit arbeitsunfähig war (Nr. 1) oder seit Beginn der ersten Arbeitsunfähigkeit infolge derselben Krankheit eine Frist von zwölf Monaten abgelaufen ist (Nr. 2). Hierbei handelt es sich um eine auf besonderen Zumutbarkeitserwägungen des Gesetzgebers beruhende Regelung, die den AG entlasten soll.[179] Das Gesetz mutet dem AG nur zu, dem AN jeweils in einem Zeitraum von zwölf Monaten für sechs Wochen Entgeltfortzahlung wegen ein und derselben Krankheit zu gewähren. Nach **Ablauf von zwölf Monaten** fällt die Sperre weg und beginnt ein neuer Anspruch.[180] Die Rahmenfrist läuft ab dem Beginn des erstmaligen Eintritts der Arbeitsunfähigkeit.[181] Der Anspruch nach § 3 I 2 Nr. 2 EFZG setzt voraus, dass der AN erst

---

172 BAG 13.7.2005 AP Nr. 25 zu § 3 EntgeltFG.

173 BAG 26.10.2016 AP Nr. 33 zu § 3 EntgeltFG = NZA 2017, 240; 25.5.2016 AP Nr. 32 zu § 3 EntgeltFG = NZA 2016, 1076; 14.11.1984 AP Nr. 61 zu § 1 LohnFG = NZA 1985, 501.

174 BAG 10.9.2014 AP Nr. 3 zu § 9 EntgeltFG = NZA 2014, 1139; 18.1.1995 AP Nr. 8 zu § 7 LohnFG = NZA 1995, 729.

175 BAG 18.1.1995 AP Nr. 8 zu § 7 LohnFG = NZA 1995, 729.

176 Vgl. BAG 27.7.1977 AP Nr. 43 zu § 1 LohnFG; 4.12.1985 AP Nr. 42 zu § 63 HGB = NZA 1986, 289.

177 Vgl. BAG 19.6.1991 AP Nr. 93 zu § 1 LohnFG = NZA 1991, 894.

178 BAG 2.2.1994 AP Nr. 99 zu § 1 LohnFG = NZA 1994, 547.

179 BAG 27.7.1977 AP Nr. 43 zu § 1 LohnFG.

180 BAG 9.11.1983 AP Nr. 56 zu § 1 LohnFG.

181 BAG 9.11.1983 AP Nr. 56 zu § 1 LohnFG; 16.12.1987 AP Nr. 73 zu § 1 LohnFG = NZA 1988, 365; sog. „Methode der Vorausberechnung", vgl. HWK/*Vogelsang* EFZG § 3 Rn. 108; Schmitt EFZG/*Schmitt* § 3 Rn. 283.

nach Ablauf der Zwölf-Monats-Frist erneut arbeitsunfähig wird.[182] Kein erneuter Anspruch entsteht bei einer laufenden Erkrankung.[183] § 3 I 2 Nr. 2 EFZG bezweckt, neu auftretende Fälle einer Arbeitsunfähigkeit dann von dem Grundsatz auszunehmen, dass je Krankheit nur einmal für sechs Wochen Entgeltfortzahlung geleistet wird, wenn ein ausreichend langer Zeitraum vergangen ist. Dann wird der Zusammenhang zwischen der neuen Arbeitsunfähigkeit und dem Grundleiden als nicht mehr erheblich angesehen.[184] Das hat nach der Rechtsprechung des BAG zur Folge, dass ein AN, der innerhalb des Zwölf-Monats-Zeitraums erneut wegen derselben Krankheit arbeitsunfähig wird, auch für die Tage, die er über diese Frist hinaus noch arbeitsunfähig ist, keinen Anspruch auf Entgeltfortzahlung hat.[185]

War der AN **mindestens sechs Monate** nicht infolge derselben Krankheit arbeitsunfähig, 55
wird der Fortsetzungszusammenhang zwischen der früheren und der nach diesem Sechs-Monats-Zeitraum erneut auftretenden Arbeitsunfähigkeit unterbrochen. Die spätere Arbeitsunfähigkeit stellt sich dann rechtlich als neue Krankheit dar und löst erneut einen Entgeltfortzahlungsanspruch aus.[186] Dies gilt auch dann, wenn das Grundleiden medizinisch nicht voll ausgeheilt war.[187] Ohne Belang ist, ob der AN innerhalb des Sechs-Monats-Zeitraums wegen einer anderen Krankheit arbeitsunfähig war. Eine in dieser Zeit auftretende anderweite Erkrankung, die als Fortsetzungserkrankung nicht in Betracht kommt, hemmt den Fristablauf nicht.[188] Für das **Verhältnis der Sechs-Monats-Frist und der Zwölf-Monate-Rahmenfrist** gilt Folgendes: Der Zwölf-Monats-Zeitraum wird unterbrochen und beginnt neu zu laufen, wenn der AN mindestens sechs Monate nicht infolge derselben Krankheit arbeitsunfähig war.[189] Die spätere Arbeitsunfähigkeit ist dann erste Arbeitsunfähigkeit iSv § 3 I 2 Nr. 2 EFZG.[190]

Die Anrechnungsvorschrift des § 3 I 2 EFZG gilt nur bei demselben AG.[191] Ist der AN bei 56
einem **anderen AG ein neues Arbeitsverhältnis** eingegangen, kann er nach erfüllter Wartezeit (§ 3 III EFZG) auch bei derselben Erkrankung für die Dauer von sechs Wochen Entgeltfortzahlung verlangen.[192] Eine Unterbrechung und alsbaldige Neubegründung des Arbeitsverhältnisses bei demselben AG begründet die Möglichkeit der Anrechnung, wenn zwischen diesen Arbeitsverhältnissen ein enger sachlicher Zusammenhang besteht und deshalb die Wartezeit nicht neu zu laufen beginnt.[193] Gleiches gilt, wenn ein Auszubildender nach Beendigung des Berufsausbildungsverhältnisses in ein Arbeitsverhältnis übernommen wird.[194]

e) Darlegungs- und Beweislast. Ist der AN innerhalb der Zeiträume des § 3 I 2 Nr. 1 57
und 2 EFZG länger als sechs Wochen an der Erbringung der Arbeitsleistung verhindert, gilt eine **abgestufte Darlegungs- und Beweislast.** Bei der Verteilung der Darlegungslast ist zu berücksichtigen, dass der AG kaum in der Lage ist, das Bestehen einer Fortsetzungserkrankung darzulegen, weil er über die Ursachen der Arbeitsunfähigkeit durch die Arbeitsunfähigkeitsbescheinigungen nicht unterrichtet wird. Zwar kann er nach § 69 IV SGB X bei der zuständigen Krankenkasse nachfragen, ob eine Fortsetzungserkrankung vorliegt. Diese Vorschrift greift jedoch nicht bei AN, die nicht in einer gesetzlichen Krankenkasse versichert sind. Hinzu kommt, dass für den AG keine Möglichkeit besteht, die wertende Mitteilung der Krankenkasse zu überprüfen. Ist der AN innerhalb der Zeiträume des § 3 I 2 Nr. 1 und 2 EFZG länger als sechs Wochen arbeitsunfähig, muss deshalb er darlegen, dass keine Fortsetzungserkrankung vorliegt. Hierzu kann er eine ärztliche Bescheinigung vorlegen. Bestreitet

[182] BAG 14.3.2007 AP Nr. 29 zu § 3 EntgeltFG.
[183] Schmitt EFZG/*Schmitt* § 3 Rn. 286; *Treber* EFZG § 3 Rn. 140.
[184] BAG 14.3.2007 AP Nr. 29 zu § 3 EntgeltFG; MüKoBGB/*Müller-Glöge* EFZG § 3 Rn. 72; Kasseler Handbuch/*Vossen* Bd. 1 2.2 Rn. 152.
[185] BAG 14.3.2007 AP Nr. 29 zu § 3 EntgeltFG; MüKoBGB/*Müller-Glöge* EFZG § 3 Rn. 72; HWK/*Vogelsang* EFZG § 3 Rn. 108; aA ErfK/*Reinhard* EFZG § 3 Rn. 40; HK-EFZR/*Feichtinger* EFZG § 3 Rn. 241; *Treber* EFZG § 3 Rn. 139.
[186] BAG 18.1.1995 AP Nr. 8 zu § 7 LohnFG = NZA 1995, 729; 22.8.1984 AP Nr. 60 zu § 1 LohnFG = NZA 1985, 395.
[187] BAG 2.10.1976 AP Nr. 41 zu § 1 LohnFG; 29.9.1982 AP Nr. 50 zu § 1 LohnFG.
[188] BAG 22.8.1984 AP Nr. 60 zu § 1 LohnFG = NZA 1985, 395; 29.9.1982 AP Nr. 50 zu § 1 LohnFG; ErfK/*Reinhard* EFZG § 3 Rn. 39.
[189] BAG 6.10.1976 AP Nr. 41 zu § 1 LohnFG.
[190] MüKoBGB/*Müller-Glöge* EFZG § 3 Rn. 73; ErfK/*Reinhard* EFZG § 3 Rn. 41; Schmitt EFZG/*Schmitt* § 3 Rn. 271; *Vogelsang,* Entgeltfortzahlung, Rn. 205.
[191] BAG 23.12.1971 AP Nr. 10 zu § 1 LohnFG.
[192] MüKoBGB/*Müller-Glöge* EFZG § 3 Rn. 74; ErfK/*Reinhard* EFZG § 3 Rn. 42.
[193] BAG 4.12.1985 AP Nr. 51 zu § 1 LohnFG.
[194] BAG 20.8.2003 AP Nr. 20 zu § 3 EntgeltFG = NZA 2004, 205.

der AG das Vorliegen einer neuen Krankheit, obliegt dem AN die Darlegung der Tatsachen, die den Schluss erlauben, es habe keine Fortsetzungserkrankung vorgelegen. Dabei hat der AN den Arzt von der Schweigepflicht zu entbinden. Die Folgen der Nichterweislichkeit einer Fortsetzungserkrankung sind allerdings vom AG zu tragen, denn nach der sprachlichen Fassung des § 3 I 2 Nr. 1 und 2 EFZG trifft den AG die objektive Beweislast.[195] Diese Beweislastverteilung gilt auch dann, wenn eine Arbeitsverhinderung wegen eine Maßnahme der medizinischen Vorsorge und Rehabilitation und eine Arbeitsunfähigkeit infolge Krankheit innerhalb der Zeiträume des § 3 I 2 Nr. 1 und 2 EFZG zusammentreffen. Die Schweigepflichtsentbindung hat sich auf den Träger der Maßnahme zu erstrecken.[196]

58 **3. Einheit des Verhinderungsfalls.** Der Anspruch auf Entgeltfortzahlung ist auch dann auf die Dauer von sechs Wochen seit Beginn der Arbeitsunfähigkeit begrenzt, wenn **während bestehender Arbeitsunfähigkeit eine neue Krankheit auftritt,** die ebenfalls zur Arbeitsunfähigkeit führt. In diesem Fall kann der AN bei entsprechender Dauer der durch beide Erkrankungen verursachten Arbeitsverhinderung die Sechs-Wochen-Frist nur einmal in Anspruch nehmen.[197] Dieser vom BAG 1967[198] rechtsfortbildend entwickelte Grundsatz ist vom Gesetzgeber bei mehrfachen Novellierungen des Rechts der Entgeltfortzahlung im Krankheitsfall[199] nicht korrigiert und damit gebilligt worden. Im Krankenversicherungsrecht ist der Grundsatz der Einheit des Verhinderungsfalls in § 48 I 2 SGB V ausdrücklich geregelt.[200] Dieser Grundsatz beruht auf dem Gedanken, dass die Sechs-Wochen-Frist, innerhalb derer der AN in Abweichung vom allgemeinen Schuldrecht aus sozialen Gründen das Arbeitsentgelt trotz Nichtleistung der Arbeit erhalten soll, nicht an die Krankheit (in der früheren Begrifflichkeit: das Unglück), sondern an die Arbeitsverhinderung anknüpft und es deshalb nicht darauf ankommt, ob den AN während einer krankheitsbedingten Arbeitsverhinderung „ein neues Unglück trifft", das seinerseits zu einer Arbeitsverhinderung geführt hätte, wenn eine solche nicht bereits aufgrund des früheren Unglücks (der früheren Krankheit) bestanden hätte.[201] Ein weiterer Entgeltfortzahlungsanspruch besteht somit nur dann, wenn die erste Arbeitsverhinderung bereits in dem Zeitpunkt beendet war, in dem eine weitere Erkrankung zu einer neuen Arbeitsverhinderung führt.[202] Hiervon ist auszugehen, wenn der **AN zwischen zwei Krankheiten tatsächlich gearbeitet hat oder jedenfalls arbeitsfähig war,** sei es auch nur für wenige außerhalb der Arbeitszeit liegende Stunden.[203] Maßgeblich für die Dauer der Arbeitsunfähigkeit und damit für das Ende des Verhinderungsfalls ist die Entscheidung des Arztes. Dieser wird Arbeitsunfähigkeit unabhängig von der individuellen Arbeitszeit des betreffenden AN im Zweifel bis zum Ende eines Kalendertags bescheinigen. Dabei ist es unerheblich, ob das Ende der Arbeitsunfähigkeit auf einen Arbeits- oder arbeitsfreien Tag fällt.[204] Die frühere Rechtsprechung, wonach dann, wenn die ärztliche Bescheinigung lediglich einen Kalendertag angibt, in der Regel Arbeitsunfähigkeit bis zum Ende der (betriebs-)üblichen Arbeitszeit des AN an diesem Kalendertag bescheinigt werde,[205] hat das BAG im Jahre 2016 zu Recht aufgegeben.[206]

59 Meldet sich der AN in unmittelbarem Anschluss an den ausgeschöpften Sechs-Wochen-Zeitraum des § 3 I 1 EFZG erneut mit einer Erstbescheinigung arbeitsunfähig krank und bestreitet der AG unter Berufung auf den Grundsatz der Einheit des Verhinderungsfalls, dass Arbeitsunfähigkeit infolge der „neuen" Krankheit erst jetzt eingetreten sei, hat der **AN darzulegen und im Streitfall zu beweisen,** dass die neue Erkrankung erst nach dem Ende der vorangegangenen Arbeitsunfähigkeit begonnen hat. Hierzu kann er sich zunächst auf die ärztliche Arbeitsunfähigkeitsbescheinigung stützen. Ist unstreitig oder bringt der AG gewichtige Indizien dafür vor, dass

[195] BAG 26.10.2016 AP Nr. 33 zu § 3 EntgeltFG = NZA 2017, 240; 25.5.2016 AP Nr. 32 zu § 3 EntgeltFG = NZA 2016, 1076; 10.9.2014 AP Nr. 3 zu § 9 EntgeltFG = NZA 2014, 1139; 13.7.2005 AP Nr. 25 zu § 3 EntgeltFG.
[196] BAG 10.9.2014 AP Nr. 3 zu § 9 EntgeltFG = NZA 2014, 1139.
[197] BAG 11.12.2019 AP Nr. 34 zu § 3 EntgeltFG = NZA 2020, 446; 25.5.2016 AP Nr. 32 zu § 3 EntgeltFG = NZA 2016, 1076.
[198] BAG 12.9.1967 AP Nr. 27 zu § 133c GewO = NJW 1968, 270.
[199] Näher BAG 10.9.2014 AP Nr. 3 zu § 9 EntgeltFG = NZA 2014, 1139.
[200] Hierauf weist *Rolfs* RdA 2020, 305 (307).
[201] BAG 25.5.2016 AP Nr. 32 zu § 3 EntgeltFG = NZA 2016, 1076.
[202] BAG 10.9.2014 AP Nr. 3 zu § 9 EntgeltFG = NZA 2014, 1139; 13.7.2005 AP Nr. 25 zu § 3 EntgeltFG.
[203] BAG 12.7.1989 AP Nr. 77 zu § 616 BGB = NZA 1989, 927.
[204] BAG 25.5.2016 AP Nr. 32 zu § 3 EntgeltFG = NZA 2016, 1076.
[205] BAG 12.7.1989 AP Nr. 77 zu § 616 BGB = NZA 1989, 927.
[206] BAG 25.5.2016 AP Nr. 32 zu § 3 EntgeltFG = NZA 2016, 1076.

die Arbeitsunfähigkeit auf einer Krankheit beruht, die bereits vor dem ärztlich attestierten Beginn der Arbeitsunfähigkeit bestanden hat, und zu einer Krankheit, wegen derer der AN bereits durchgehend sechs Wochen arbeitsunfähig war, hinzugetreten ist, muss der AN den von ihm behaupteten Beginn der „neuen" krankheitsbedingten Verhinderung beweisen. Dafür steht ihm das Zeugnis des behandelnden Arztes als Beweismittel zur Verfügung.[207] Ein **gewichtiges Indiz für einen einheitlichen Verhinderungsfall** besteht, wenn zwischen einer „ersten" krankheitsbedingten Arbeitsunfähigkeit und einer dem AN im Wege der „Erstbescheinigung" attestierten weiteren Arbeitsunfähigkeit ein enger zeitlicher Zusammenhang besteht. Hiervon ist auszugehen, wenn die bescheinigten Arbeitsverhinderungen zeitlich entweder unmittelbar aufeinanderfolgen oder zwischen ihnen lediglich ein für den erkrankten AN arbeitsfreier Tag oder ein arbeitsfreies Wochenende liegt.[208]

Entgegen einer im Schrifttum geäußerten Auffassung hat das BAG mit dieser Rechtsprechung nicht den Grundsatz der Einheit des Verhinderungsfalls erweitert.[209] Es hat vielmehr die bisherige Rechtsprechung fortgeführt und die **Grundsätze der Darlegungs- und Beweislast weiterentwickelt:**[210] Wenn der AN für die weitere Arbeitsunfähigkeit eine Erstbescheinigung vorlegt, kommt dieser grundsätzlich ein hoher Beweiswert zu. Ist jedoch unstreitig oder bringt der AG gewichtige Indizien dafür vor, dass sich die Erkrankungen, hinsichtlich derer dem AN jeweils Arbeitsunfähigkeit attestiert worden ist, überschneiden, so ist der Beweiswert der dem AN hinsichtlich der „neuen" Krankheit ausgestellten „Erstbescheinigung" erschüttert. Der AN muss nunmehr für den Zeitpunkt der Beendigung seiner Arbeitsunfähigkeit wegen einer „früheren" Krankheit vor Eintritt der neuerlichen Arbeitsverhinderung vollen Beweis erbringen.[211] Erbringt er diesen, liegt kein einheitlicher Verhinderungsfall vor. 60

Trifft eine **Maßnahme der medizinischen Vorsorge und Rehabilitation** nach § 9 I EFZG mit einer Arbeitsunfähigkeit infolge Krankheit nach § 3 I EFZG zusammen, findet die Rechtsprechung zur Einheit des Verhinderungsfalls allerdings keine Anwendung. Die Billigkeitserwägungen, die maßgeblich zur Begründung der Rechtsprechung der Einheit des Verhinderungsfalls herangezogen wurden,[212] begründen eine derartige Einschränkung der Entgeltfortzahlung in den Fällen des § 9 I EFZG nicht. Bei Maßnahmen der medizinischen Vorsorge und Rehabilitation handelt es sich, anders als bei Zeiten der Arbeitsunfähigkeit, in der Regel um Einzelmaßnahmen, die einer Bewilligung durch den Sozialleistungsträger bedürfen und weit weniger häufig auftreten als krankheitsbedingte Arbeitsverhinderungen.[213] 61

4. Beendigung des Arbeitsverhältnisses. Grundsätzlich endet die Pflicht zur Entgeltfortzahlung im Krankheitsfall auch vor Ablauf des Entgeltfortzahlungszeitraums des § 3 I EFZG mit der Beendigung des Arbeitsverhältnisses. Die Beendigung des Arbeitsverhältnisses kann einvernehmlich durch Aufhebungsvertrag, Fristablauf bei einer wirksamen Befristung (Entsprechendes gilt bei einer auflösenden Bedingung) oder durch Kündigung erfolgen. Der Entgeltfortzahlungsanspruch endet ferner mit dem Tod des AN. Unberührt bleiben rückständige Ansprüche. 62

5. Kündigung aus Anlass der Arbeitsunfähigkeit. a) Überblick. Von dem Grundsatz, dass die Entgeltfortzahlungspflicht bei Arbeitsunfähigkeit mit Beendigung des Arbeitsverhältnisses endet, macht § 8 EFZG eine Ausnahme. Hiernach wird der Entgeltfortzahlungsanspruch bei Arbeitsunfähigkeit nicht durch eine Kündigung des AG aus Anlass der Arbeitsunfähigkeit berührt. Das Gleiche gilt, wenn der AN das Arbeitsverhältnis aus einem vom AG zu vertretenden Grund kündigt, der den AN zur Kündigung aus wichtigem Grund ohne Einhaltung einer Kündigungsfrist berechtigt. Zweck der Regelung ist, den Entgeltfortzahlungsanspruch des AN bei einer Kündigung wegen Arbeitsunfähigkeit des AN zu sichern. Die Entgeltfortzahlungspflicht des AG reicht gem. § 8 II EFZG allerdings nicht weiter als im ungekündigten Arbeitsverhältnis und endet demnach gem. § 3 I EFZG grundsätzlich nach sechs Wochen. 63

b) Kündigung. Der Entgeltfortzahlungsanspruch besteht nach § 8 I EFZG fort, wenn der AG aus Anlass der Arbeitsunfähigkeit kündigt. Zu unterscheiden sind Anlass und Motiv. Während Anlass den äußeren Anstoß zur Kündigung bedeutet, ist Motiv der innere Beweggrund des AG. Der Begriff „aus Anlass" wird weit ausgelegt. Es genügt, wenn die Kündigung ihre objektive 64

[207] BAG 25.5.2016 AP Nr. 32 zu § 3 EntgeltFG = NZA 2016, 1076.
[208] BAG 11.12.2019 AP Nr. 34 zu § 3 EntgeltFG = NZA 2020, 446.
[209] So aber *Rolfs* RdA 2020, 305 (307 f.); zutr. hingegen *Sievers* jM 2020, 412 (415).
[210] BAG 11.12.2019 AP Nr. 34 zu § 3 EntgeltFG = NZA 2020, 446 Rn. 19 ff.
[211] Zutr. *Sievers* jM 2020, 412 (414).
[212] Dazu insbesondere BAG 12.9.1967 AP Nr. 27 zu § 133c GewO.
[213] BAG 10.9.2014 AP Nr. 3 zu § 9 EntgeltFG = NZA 2014, 1139; zust. *Joussen* SAE 2015, 7.

Ursache und wesentliche Bedingung in der Arbeitsunfähigkeit des AN hat und den entscheidenden Anstoß für den Kündigungsentschluss gegeben hat.[214] Unerheblich ist, wenn weitere Umstände den Kündigungsentschluss beeinflussen oder gar erst hervorrufen, solange die Arbeitsunfähigkeit sich als eine die Kündigung wesentlich mitbestimmende Bedingung darstellt.[215] Keine Kündigung aus Anlass der Arbeitsunfähigkeit liegt vor, wenn der AG die Arbeitsunfähigkeit nicht kennt.[216] Der Kenntnis des AG gleichgestellt ist die Kenntnis solcher Personen, die zu Personalentscheidungen in Sachen des AN berechtigt sind.[217] Auch eine Kündigung aus Anlass der Fortdauer der Arbeitsunfähigkeit ist eine „Anlasskündigung" iSv § 8 EFZG.[218]

65 **c) Bevorstehende Arbeitsunfähigkeit.** Die Arbeitsunfähigkeit ist nicht nur dann Anlass für eine Kündigung, wenn der AN zum Zeitpunkt des Ausspruchs der Kündigung arbeitsunfähig ist. Gleiches gilt vielmehr, wenn Anlass der Kündigung eine bevorstehende Arbeitsunfähigkeit ist und hinreichend sichere Anhaltspunkte für die bevorstehende Arbeitsunfähigkeit vorliegen.[219] Bloße Vermutungen oder vage Ankündigungen genügen nicht. Die künftige Arbeitsunfähigkeit ist zB bei einem fest vereinbarten Operationstermin hinreichend sicher. Voraussetzung des Entgeltfortzahlungsanspruchs in diesen Fällen ist stets, dass bei Beginn der krankheitsbedingten Arbeitsunfähigkeit ein Arbeitsverhältnis besteht. Ist das Arbeitsverhältnis bereits beendet, wenn der AN arbeitsunfähig erkrankt, kommt ein Anspruch auf Entgeltfortzahlung nicht mehr in Betracht. § 8 EFZG setzt grundsätzlich einen entstandenen Entgeltfortzahlungsanspruch voraus. Diese Bestimmung enthält keine originäre Anspruchsgrundlage für die Entgeltfortzahlung.[220]

66 **d) Vermutete Arbeitsunfähigkeit.** Umstr. sind Fälle, in denen der AG den Verdacht hat, der AN sei arbeitsunfähig und die Kündigung vor Ablauf der Anzeige- und Nachweisfrist des § 5 I EFZG ausspricht. Das BAG hat hierzu in einer zurückliegenden Entscheidung angenommen, in diesem Fall sei die Kündigung aus Anlass der Arbeitsunfähigkeit ausgesprochen. Wer die Nachweisfrist nicht abwarte, sei wie derjenige zu behandeln, der Kenntnis von Arbeitsunfähigkeit habe.[221] Dagegen spricht jedoch, dass bloße Vermutungen oder vage Ankündigungen keine Grundlage dafür sein können, dass die Arbeitsunfähigkeit objektive Ursache der Kündigung ist.[222] Eine **Kündigung aus Anlass der Krankheit** ist weiterhin gegeben, wenn der AG durch die Arbeitsunfähigkeit bedingte betriebliche Störungen beheben will,[223] ein Beschäftigungsverbot durch die Krankheit ausgelöst wird[224] oder der AG während einer Erkrankung kündigt, die in ein Beschäftigungsverbot mündet.[225]

67 **e) Außerordentliche Kündigung des Arbeitnehmers.** Entgeltfortzahlung über das Ende des Arbeitsverhältnisses hinaus kann bis zur Höchstdauer von sechs Wochen auch dann verlangt werden, wenn der AN das Arbeitsverhältnis aus einem vom AG zu vertretenden Grunde kündigt, der den AN zur Kündigung aus wichtigem Grund ohne Einhaltung einer Kündigungsfrist berechtigt (§ 8 I 2 EFZG). Nicht notwendig ist, dass der AN fristlos kündigt; ausreichend ist auch eine fristgemäße Kündigung, wenn tatsächlich ein wichtiger Grund vorliegt.[226] Unberührt von § 8 I 2 EFZG bleiben Schadensersatzansprüche aus § 628 BGB.

68 **f) Aufhebungsvertrag.** Umstr. ist, ob die Vorschrift entsprechend angewandt werden kann, wenn ein Aufhebungsvertrag aus Anlass der Arbeitsunfähigkeit des AN geschlossen wird. Das BAG hat dies zu der inhaltlich gleichen Regelung des § 6 LohnFG bejaht.[227] Im Schrifttum wird dies zu Recht mit dem Hinweis auf den Wortlaut des Gesetzes verneint.[228] Es besteht ein

---

214 BAG 17.4.2002 AP Nr. 1 zu § 8 EntgeltFG = NZA 2002, 899.
215 BAG 28.11.1979 AP Nr. 8 zu § 6 LohnFG.
216 ErfK/*Reinhard* EFZG § 8 Rn. 8.
217 MüKoBGB/*Müller-Glöge* EFZG § 8 Rn. 10.
218 BAG 29.8.1980 AP Nr. 18 zu § 6 LohnFG.
219 BAG 17.4.2002 AP Nr. 1 zu § 8 EntgeltFG = NZA 2002, 899.
220 BAG 17.4.2002 AP Nr. 1 zu § 8 EntgeltFG = NZA 2002, 899.
221 BAG 26.4.1978 AP Nr. 5 zu § 6 LohnFG; 29.8.1980 AP Nr. 13 zu § 6 LohnFG.
222 Vgl. BAG 17.4.2002 AP Nr. 1 zu § 8 EntgeltFG = NZA 2002, 899.
223 BAG 26.10.1971 AP Nr. 1 zu § 6 LohnFG = NJW 1972, 702.
224 BAG 26.4.1978 AP Nr. 6 zu § 6 LohnFG.
225 BAG 22.12.1971 AP Nr. 2 zu § 6 LohnFG.
226 MüKoBGB/*Müller-Glöge* EFZG § 8 Rn. 14; *Vogelsang,* Entgeltfortzahlung, Rn. 253.
227 BAG 28.11.1979 AP Nr. 10 zu § 6 LohnFG; 20.8.1980 AP Nr. 11 zu § 6 LohnFG; zust. HK-EFZR/*Feichtinger* EFZG § 8 Rn. 23; Staudinger/*Oetker* BGB § 616 Rn. 432; Schmitt EFZG/*Küfner-Schmitt* § 8 Rn. 20 ff.
228 MüKoBGB/*Müller-Glöge* EFZG § 8 Rn. 17; MHdB ArbR/*Greiner* § 81 Rn. 47; *Vogelsang,* Entgeltfortzahlung, Rn. 231; einschränkend ErfK/*Reinhard* EFZG § 8 Rn. 16 und HWK/*Vogelsang* EFZG § 8 Rn. 12, die § 8 EFZG anwenden, wenn dem Aufhebungsvertrag eine Kündigung aus Anlass der Arbeitsunfähigkeit vorausgegangen ist.

grundlegender Unterschied zwischen einer einseitigen Kündigung und einer einvernehmlichen Beendigung durch Aufhebungsvertrag, bei dem es nur durch Mitwirkung des AN zur Beendigung des Arbeitsverhältnisses kommt. Deshalb scheidet auch eine analoge Anwendung des § 8 EFZG aus.

g) Darlegungs- und Beweislast. Die Darlegungs- und Beweislast für die Tatsache, dass die Kündigung aus Anlass der Arbeitsunfähigkeit ausgesprochen worden ist, trifft den AN.[229] Hat allerdings der AG im unmittelbaren zeitlichen Zusammenhang mit der Arbeitsunfähigkeit die Kündigung ausgesprochen, genügt der AN seiner Darlegungslast, wenn er dies ausführt. Aus diesen Hilfstatsachen kann auf den Tatbestand des § 8 I EFZG geschlossen werden.[230] Der AG kann dem entgegentreten, indem er Tatsachen vorträgt und erforderlichenfalls beweist, aus denen sich ergibt, dass andere Gründe seinen Kündigungsentschluss bestimmt haben.[231] Regeln die Tarifpartner, dass aus Anlass einer Arbeitsunterbrechung wegen Krankheit nicht gekündigt werden darf, kann bei einer Kündigung im unmittelbaren Anschluss an vorhergehende Arbeitsunfähigkeitszeiten der Beweis des ersten Anscheins dafür sprechen, dass die Arbeitsunterbrechung wegen Krankheit bestimmendes Motiv des AG für die Kündigung war.[232] 69

6. Freistellung während der Kündigungsfrist. Mit der Vereinbarung einer unwiderruflichen Freistellung von der Arbeit unter Fortzahlung der Vergütung wird regelmäßig kein Rechtsgrund für eine Entgeltzahlungspflicht des AG geschaffen, die über die gesetzlich geregelten Fälle der Entgeltfortzahlung bei krankheitsbedingter Arbeitsunfähigkeit hinausgeht.[233] Eine über die Vorschriften des EFZG hinausgehende Entgeltzahlungspflicht des AG würde in Fällen lang andauernder Arbeitsunfähigkeit oder bei Fortsetzungserkrankungen in erster Linie die Sozialversicherungsträger entlasten. Die Arbeitsvergütung käme zum ganz überwiegenden Teil dem jeweiligen Träger der Sozialversicherung zugute, weil der Entgeltanspruch des AN nach § 115 SGB X mit Zahlung des Kranken- oder Übergangsgelds auf den Sozialversicherungsträger übergegangen wäre. Ein solcher Regelungswille kann den Parteien ohne ausdrückliche Vereinbarung nicht unterstellt werden. 70

IV. Höhe des fortzuzahlenden Arbeitsentgelts

1. Arbeitsentgelt. Das in § 4 I EFZG verankerte Entgeltausfallprinzip erhält dem AN grundsätzlich die volle Vergütung.[234] Arbeitsentgelt im Sinne des EFZG ist das Bruttoentgelt, das der AN als Gegenleistung für die von ihm verrichtete Arbeit verlangen kann.[235] Dem EFZG liegt das **sog. modifizierte Entgeltausfallprinzip** zugrunde.[236] Der AN soll diejenige Vergütung erhalten, die er erhalten hätte, wenn er nicht arbeitsunfähig krank geworden wäre. Dazu kann auch eine tarifliche Besitzstandszulage gehören, die der AG ungekürzt gezahlt hätte, wenn der AN nicht arbeitsunfähig krank gewesen wäre.[237] Die gesetzlich geregelte Entgeltfortzahlung umfasst daher auch die nicht in Monatsbeträgen festgelegten Entgeltbestandteile, sofern diese nicht unter § 4 Ia EFZG fallen.[238] Kein Arbeitsentgelt sind das zusätzlich für Überstunden gezahlte Entgelt (dazu → Rn. 81) und die Leistungen für Aufwendungen des AN, soweit der Anspruch auf sie im Falle der Arbeitsfähigkeit davon abhängig ist, dass dem AN entsprechende Aufwendungen tatsächlich entstanden sind und dem AN solche Aufwendungen während der Arbeitsunfähigkeit nicht entstehen (§ 4 Ia 2 EFZG). Das Entgeltausfallprinzip verlangt die Fortzahlung des durch Gesetz oder aufgrund eines Gesetzes durch Verordnung geregelten **Mindestlohns** (→ Rn. 80).[239] 71

[229] MüKoBGB/*Müller-Glöge* EFZG § 8 Rn. 18; HWK/*Vogelsang* EFZG § 8 Rn. 23.
[230] ErfK/*Reinhard* EFZG § 8 Rn. 10; ähnlich BAG 2.12.1981 AP Nr. 19 zu § 6 LohnFG.
[231] BAG 2.12.1981 AP Nr. 19 zu § 6 LohnFG; 20.8.1980 AP Nr. 16 zu § 6 LohnFG.
[232] BAG 5.2.1998 AP Nr. 3 zu § 1 TVG Tarifverträge: Apotheken = NZA 1998, 644.
[233] BAG 29.9.2004 AP Nr. 23 zu § 3 EntgeltFG = NZA 2005, 104; 23.1.2008 NZA 2008, 595.
[234] BAG 27.4.2016 AP Nr. 75 zu § 4 EntgeltFG = NZA 2016, 1214; 20.1.2010 AP Nr. 69 zu § 4 EntgeltFG = NZA 2010, 455.
[235] Vgl. BAG 31.5.1978 AP Nr. 9 zu § 2 LohnFG.
[236] BAG 16.7.2014 AP Nr. 72 zu § 4 EntgeltFG = NZA 2015, 499.
[237] BAG 27.4.2016 AP Nr. 75 zu § 4 EntgeltFG = NZA 2016, 1214.
[238] BAG 1.9.2010 NZA 2010, 1360.
[239] BAG 13.5.2015 AP Nr. 74 zu § 4 EntgeltFG mAnm *Heukenkamp* = NZA 2015, 1127; MüKoBGB/*Müller-Glöge* EFZG § 4 Rn. 9; ErfK/*Reinhard* EFZG § 4 Rn. 11.

72 **2. Verstetigte Monatsvergütung.** Haben die Arbeitsvertragsparteien eine feste Monatsvergütung vereinbart, ist diese grundsätzlich auch im Krankheitsfall fortzuzahlen.[240] Der AG kann aber einwenden, mit dem Festlohn seien vereinbarungsgemäß bestimmte Überstunden oder bestimmte tarifliche Überstundenzuschläge abgegolten worden. Soll trotz der Vereinbarung eines Festlohns eine Überstundenvergütung unberücksichtigt bleiben, muss der AG Tatsachen für eine entsprechende Auslegung des Arbeitsvertrags vortragen und den Umfang der regelmäßigen Arbeitszeit des AN darlegen.[241] Endet der Entgeltfortzahlungszeitraum von sechs Wochen während des laufenden Monats, ist der anteilige Vergütungsanspruch zu berechnen. Hierzu ist der anfallende Bruttomonatsverdienst durch die in dem betreffenden Monat tatsächlich anfallenden Arbeitstage zu teilen und der sich danach ergebende Betrag mit der Anzahl der krankheitsbedingt ausgefallenen Arbeitstage zu multiplizieren.[242]

73 **3. Arbeitszeitkonto.** Wird für den AN ein Arbeitszeitkonto geführt, sind ihm bei Arbeitsunfähigkeit grundsätzlich auch Zeitgutschriften zu gewähren, und zwar unabhängig davon, ob das Arbeitsentgelt verstetigt ausgezahlt wird.[243] Erhält der AN eine verstetigte Arbeitsvergütung, kann durch Betriebsvereinbarung nicht geregelt werden, dass sich die in einer Phase der verkürzten Arbeitszeit ergebende Zeitschuld nur durch tatsächliche Arbeitsleistung, nicht aber bei krankheitsbedingter Arbeitsunfähigkeit in der Phase der verlängerten Arbeitszeit ausgeglichen wird. Eine solche Regelung verstieße gegen § 4 I EFZG.[244] Einem arbeitsunfähigen AN, der während der Dauer der Betriebsruhe das verstetigte Arbeitsentgelt erhält, können die ausfallenden Arbeitsstunden, ebenso wie den nicht erkrankten AN, im Arbeitszeitkonto ins Soll gestellt werden.[245]

74 **4. Stundenvergütung. a) Berechnungsfaktoren.** Erhält der AN eine Stundenvergütung, errechnet sich das während der Arbeitsunfähigkeit fortzuzahlende Entgelt, indem der vereinbarte Stundensatz mit der Zahl der wegen der Arbeitsunfähigkeit ausgefallenen regelmäßigen Arbeitsstunden multipliziert wird. Für die Berechnung des fortzuzahlenden Arbeitsentgeltes sind damit zwei Berechnungsfaktoren, der **Zeit- und der Geldfaktor,** maßgebend.[246]

75 **b) Zeitfaktor.** Der Zeitfaktor bestimmt sich gem. § 4 I EFZG nach der für den AN maßgeblichen regelmäßigen Arbeitszeit. Diese richtet sich nach den individuellen und nicht nach den betrieblichen Verhältnissen.[247] Die individuelle Arbeitszeit ergibt sich in erster Linie aus dem Arbeitsvertrag oder dem einschlägigen Tarifvertrag. Dabei ist auf das gelebte Rechtsverhältnis als Ausdruck des wirklichen Parteiwillens und nicht auf den Text des Arbeitsvertrags abzustellen. Wird regelmäßig eine bestimmte, erhöhte Arbeitszeit abgerufen und geleistet, ist dies Ausdruck der vertraglich geschuldeten Leistung.[248] Überstunden sind nach § 4 Ia EFZG nicht zu berücksichtigen (dazu → Rn. 81). Umstr. ist, ob in der Vergangenheit wiederholt aufgetretene Fehlstunden zu berücksichtigen sind. Das BAG hat dies in einer älteren Entscheidung bejaht, wenn sie mit einer gewissen Regelmäßigkeit aufgetreten sind.[249]

76 **aa) Schwankende Arbeitszeit.** Schwankt die Arbeitszeit, weil der AN stets seine Arbeitsaufgaben vereinbarungsgemäß zu erledigen hat, ist zur Bestimmung der „regelmäßigen" Arbeitszeit eine vergangenheitsbezogene Betrachtung zulässig und geboten. Die regelmäßige Arbeitszeit bemisst sich dann nach dem Durchschnitt der vergangenen zwölf Monate (zu den Besonderheiten der Abrufarbeit → Rn. 78). Dieser Zeitraum wird besonderen Eigenarten eines Arbeitsverhältnisses gerecht und vermeidet unbillige Zufallsergebnisse. Hat das Arbeitsverhältnis bei Beginn der Arbeitsunfähigkeit weniger als ein Jahr gedauert, ist dessen gesamter Zeitraum maßgebend.[250] Unerheblich ist, ob gesetzliche oder tarifvertragliche Höchstgrenzen überschritten werden. Etwaige gesetzliche oder tarifliche Höchstarbeitszeiten dienen dem Schutz des AN. Sie bewahren den AG jedoch nicht vor der Verpflichtung, die darüber hinausgehende Arbeitszeit

[240] BAG 26.6.2002 AP Nr. 61 zu § 4 EntgeltFG; MüKoBGB/*Müller-Glöge* EFZG § 4 Rn. 3.
[241] BAG 26.6.2002 AP Nr. 61 zu § 4 EntgeltFG.
[242] BAG 14.8.1985 AP Nr. 40 zu § 63 HGB.
[243] BAG 16.7.2014 AP Nr. 72 zu § 4 EntgeltFG = NZA 2015, 499.
[244] BAG 13.2.2002 AP Nr. 57 zu § 4 EntgeltFG = NZA 2002, 683.
[245] BAG 28.1.2004 AP Nr. 21 zu § 3 EntgeltFG = NZA 2005, 656.
[246] BAG 8.11.2017 AP Nr. 168 zu § 37 BetrVG 1972 = NZA 2018, 528; MüKoBGB/*Müller-Glöge* EFZG § 4 Rn. 3; ErfK/*Reinhard* EFZG § 4 Rn. 2.
[247] BAG 24.3.2004 AP Nr. 66 zu § 4 EntgeltFG.
[248] BAG 21.11.2001 AP Nr. 56 zu § 4 EntgeltFG = NZA 2002, 439.
[249] Vgl. BAG 20.10.1966 AP Nr. 29 zu § 2 ArbKrankhG.
[250] BAG 21.11.2001 AP Nr. 56 zu § 4 EntgeltFG = NZA 2002, 439; 26.6.2002 AP Nr. 61 zu § 4 EntgeltFG; zust. *Caspers* SAE 2003, 254.

zu vergüten.[251] Über die regelmäßige Arbeitszeit hinausgehende Überstunden können wegen besonderer Umstände, etwa bei einem unvorhergesehenen oder ungewöhnlichen, zusätzlich auftretenden Arbeitsanfall (zB im Zusammenhang mit einem Verkehrsunfall, bei vorübergehenden Zusatzaufträgen usw.) auftreten. Krankheits- und Urlaubstage sind nicht in die Durchschnittsberechnung einzubeziehen, soweit die ausgefallene Arbeitszeit selbst auf einer Durchschnittsberechnung beruht. Nimmt der AN Freizeitausgleich in Anspruch, mindert das seine durchschnittliche regelmäßige Arbeitszeit, soweit nicht nur Überstundenzuschläge „abgefeiert" werden,[252] denn diese betreffen allein den Geldfaktor. Die Tage des Freizeitausgleichs sind deshalb mit einer Arbeitszeit null in die Durchschnittsberechnung einzubringen.[253]

bb) Arbeitszeitsockel. Eine ständig erbrachte Mindestarbeitsleistung (Arbeitszeitsockel) kann als konkludent vereinbart angesehen werden, wenn der AG die entsprechende Arbeitsleistung vom AN erwartet und entgegennimmt. Sie ist Grundlage für einen Mindestumfang der Entgeltfortzahlung.[254] Beruhen Schwankungen der Arbeitszeit darauf, dass der AN vertragsgemäß bestimmte (wiederkehrende) Arbeitsleistungen erbringt, die je nach den Arbeitsumständen oder dem Arbeitsanfall kürzer oder länger dauern (zB bei einem Müllwerker oder einem Auslieferungsfahrer), geht die individuelle regelmäßige Arbeitszeit über den Arbeitszeitsockel hinaus; denn der AN hat seine Arbeitsaufgabe stets vereinbarungsgemäß zu erledigen, ohne dass die Arbeitszeit von vornherein festliegt. Als geschuldete Arbeitszeit muss dann ein durchschnittlicher Wert angenommen werden. Das entspricht auch der gesetzlichen Wertung des § 4 Ia 2 EFZG für ergebnisabhängige Vergütungen. **Verändern sich die Arbeitsaufgaben** des AN vereinbarungsgemäß in mehr oder weniger großen Abständen mit Auswirkung auf die Arbeitszeitdauer (zB Einsatz auf wechselnden Baustellen, Saison bei Gastronomie- und Hotelbetrieben), kann die durch die krankheitsbedingte Arbeitsunfähigkeit ausgefallene Arbeitszeit vielfach konkret bestimmt werden. In Saisonbetrieben wird je nach Saison eine unterschiedliche individuelle regelmäßige Arbeitszeit anzunehmen sein. Diese ist dann für die Entgeltfortzahlung maßgeblich. Durch die Umsetzung auf andere Baustellen ändert sich demgegenüber die individuelle regelmäßige Arbeitszeit gewöhnlich nicht. Deshalb ist auch dann, wenn feststeht, dass der erkrankte AN nicht oder – sofern überhaupt zulässig – eben doch auf eine andere Einsatzstelle umgesetzt worden wäre, die individuelle regelmäßige Arbeitszeit nach dem Durchschnitt eines zurückliegenden Zeitraums zu bestimmen.[255] 77

cc) Abrufarbeit. Zur Berechnung der Entgeltfortzahlung im Krankheitsfall ist bei Abrufarbeit nach § 12 IV TzBfG die maßgebende regelmäßige Arbeitszeit iSv § 4 I EFZG die durchschnittliche Arbeitszeit der letzten drei Monate vor Beginn der Arbeitsunfähigkeit (Referenzzeitraum). Hat das Arbeitsverhältnis bei Beginn der Arbeitsunfähigkeit keine drei Monate bestanden, ist der Berechnung des Entgeltfortzahlungsanspruchs die durchschnittliche Arbeitszeit dieses kürzeren Zeitraums zugrunde zu legen. Zeiten von Kurzarbeit, unverschuldeter Arbeitsversäumnis, Arbeitsausfällen und Urlaub im Referenzzeitraum bleiben außer Betracht. Für den AN günstigere Regelungen zur Berechnung der Entgeltfortzahlung im Krankheitsfall finden Anwendung. 78

dd) Darlegungs- und Beweislast. Der AN genügt bei einer vom schriftlichen Arbeitsvertrag regelmäßig abweichenden Arbeitszeit seiner Darlegungslast zu der für ihn maßgebenden regelmäßigen Arbeitszeit gem. § 4 I EFZG im Normalfall dadurch, dass er den Arbeitszeitdurchschnitt der vergangenen zwölf Monate darlegt. Das Maß der zu fordernden Substantiierung richtet sich nach der Einlassung des AG. Überstunden hat der AG, wenn sie sich nicht bereits aus dem Vortrag des AN ergeben, entsprechend der Fassung des § 4 Ia EFZG einzuwenden. Der AG, der eine aus Überstunden resultierende Minderung der zu berücksichtigenden durchschnittlichen Arbeitszeit geltend macht, trägt hierfür die Darlegungs- und Beweislast.[256] 79

c) Geldfaktor. Die Höhe des Geldfaktors bestimmt sich nach dem vereinbarten Bruttoentgelt. Liegt dieses unter dem durch Gesetz oder aufgrund eines Gesetzes durch Verordnung geregelten **Mindestlohn,** ist letzterer maßgeblich.[257] Der Schutzzweck des § 3 S. 1 MiLoG verlangt, 80

---

[251] BAG 26.6.2002 AP Nr. 61 zu § 4 EntgeltFG.
[252] BAG 26.6.2002 AP Nr. 61 zu § 4 EntgeltFG.
[253] BAG 9.7.2003 – 5 AZR 610/01.
[254] BAG 9.7.2003 – 5 AZR 610/01; 26.6.2002 AP Nr. 61 zu § 4 EntgeltFG.
[255] BAG 26.6.2002 EzA Nr. 51 zu § 4 EFZG Tarifvertrag.
[256] BAG 9.7.2003 – 5 AZR 610/01; 26.6.2002 AP Nr. 61 zu § 4 EntgeltFG; 21.11.2001 AP Nr. 56 zu § 4 EntgeltFG = NZA 2002, 439.
[257] BAG 20.6.2018 AP Nr. 1 zu § 3 MiLoG = NZA 2018, 1494; 6.12.2017 AP Nr. 10 zu § 1 MiLoG = NZA 2018, 582; 13.5.2015 AP Nr. 74 zu § 4 EntgeltFG mAnm *Heukenkamp* = NZA 2015, 1127; MüKoBGB/*Müller-Glöge* EFZG § 4 Rn. 9; ErfK/*Reinhard* EFZG § 4 Rn. 11.

nach Maßgabe dieser Norm auch den Entgeltfortzahlungsanspruch in Höhe des gesetzlichen Mindestlohns zu sichern. Denn anderenfalls stünde der AN entgegen dem Gesetzesbefehl schlechter, als er bei tatsächlicher Arbeit gestanden hätte. Der Anspruch auf Entgeltfortzahlung im Krankheitsfall kann deshalb in Höhe des gesetzlichen Mindestlohns einer tariflichen (oder sonstigen) Ausschlussfrist nicht unterworfen werden.[258] Zum Arbeitsentgelt gehören auch laufende **Lohnzulagen** wie Erschwernis-, Gefahren- und Nachtzulagen (hierzu auch → Rn. 86). Ebenso gehören hierzu laufende Sozialzuschläge (Kinder-, Familien-, Wohnungs- oder Ortszuschläge), nicht dagegen das Kindergeld nach dem BKGG. Ist rückwirkend während der Dauer der Arbeitsunfähigkeit die Arbeitsvergütung erhöht worden, ist bei Berechnung der Entgeltfortzahlung von der erhöhten Arbeitsvergütung auszugehen.[259] Ist **Akkordlohn** vereinbart, muss der Lohn weitergezahlt werden, den der Akkordarbeiter erzielt hätte, wenn er nicht krank geworden wäre. Beim Gruppenakkord kommt es der Bestimmung des tatsächlichen Entgeltausfalls am nächsten, auf den Verdienst der weiterarbeitenden Akkordgruppenmitglieder abzustellen.[260] Es ist wahrscheinlich, dass der erkrankte AN eine dem Verdienst der übrigen AN entsprechende Vergütung erzielt hätte. Das gilt auch bei einer aus zwei Personen bestehenden Akkordgruppe, wenn der verbleibende AN allein im Akkord weiterarbeitet. Zwar entfallen für ihn die Vorteile der Zusammenarbeit. Doch tritt deren Bedeutung regelmäßig hinter die Bedeutung der Art der Arbeit auf unterschiedlichen Baustellen in unterschiedlichen Zeiträumen zurück. Es ist deshalb Sache des AN, einen Ausnahmefall darzulegen, der es rechtfertigt, auf den höheren Verdienst in der Vergangenheit abzustellen.

81 **5. Überstundenvergütung.** Über- und Mehrarbeitsvergütungen, die über die vertragliche oder gesetzliche Arbeitszeit hinaus anfallen, gehören nach § 4 Ia EFZG nicht zum fortzuzahlenden Arbeitsentgelt. Die Herausnahme der Überstunden in § 4 Ia EFZG bezieht sich sowohl auf die Grundvergütung als auch auf die Zuschläge für die Überstunden.[261] Stets muss es sich jedoch um echte Überstunden handeln. Überstunden iSv § 4 Ia EFZG liegen vor, wenn die individuelle regelmäßige Arbeitszeit des AN überschritten wird (dazu → Rn. 76 ff.).[262] Überstunden werden wegen bestimmter besonderer Umstände zusätzlich geleistet. Leistet der AN allerdings ständig eine Arbeitszeit, die über seine individuelle Arbeitszeitdauer hinausgeht, kann nicht von Überstunden gesprochen werden. In diesem Fall ist als geschuldete Arbeitszeit ein durchschnittlicher Wert zu ermitteln.[263] Eine pauschale Monatsvergütung lässt sich nicht ohne Weiteres in fortzahlungspflichtige und nicht fortzahlungspflichtige Überstundenbestandteile aufteilen. Etwas anderes gilt aber, wenn der AG darlegt, mit dem Festlohn seien vereinbarungsgemäß bestimmte Überstunden oder bestimmte Überstundenzuschläge abgegolten worden.[264] In diesem Fall würde der AN mit der Fortzahlung des Festlohns in Wahrheit auch Vergütungsbestandteile verlangen, die ihm im Krankheitsfall nicht zustehen. Soll trotz der Vereinbarung eines Festlohns eine Überstundenvergütung unberücksichtigt bleiben, muss der AG Tatsachen für eine entsprechende Auslegung des Arbeitsvertrags vortragen und den Umfang der regelmäßigen Arbeitszeit des AN darlegen.

82 **6. Erfolgsabhängige Vergütung.** Zum Arbeitsentgelt gehören Provisionen und laufende Prämien,[265] die als Mengenprämien für eine quantitativ gute Leistung oder als Qualitätsprämie für eine qualitativ gute Arbeitsleistung gezahlt werden. Setzt sich die Vergütung aus einem monatlichen Grundgehalt und Abschlussprovisionen zusammen, kann der AN im Krankheitsfall auch die Zahlung von Provisionen verlangen, die er in dieser Zeit ohne Arbeitsunfähigkeit wahrscheinlich verdient hätte. Hierzu bedarf es ggf. einer Schätzung (§ 287 ZPO) auf der Grundlage der in der Vergangenheit – bei starken Schwankungen zwölf Monate – erzielten Provisionen.[266]

83 **7. Sonderzahlungen.** Jährliche Einmalzahlungen wie Urlaubs- und Weihnachtsgeld sind für das nach § 4 I EFZG fortzuzahlende Arbeitsentgelt grundsätzlich ohne Bedeutung. Dies gilt unabhängig davon, ob die Einmalzahlungen Gratifikationen für erwiesene Betriebstreue oder

[258] BAG 20.6.2018 AP Nr. 1 zu § 3 MiLoG = NZA 2018, 1494.
[259] MüKoBGB/*Müller-Glöge* EFZG § 4 Rn. 9; *Treber* EFZG § 4 Rn. 31.
[260] BAG 26.2.2003 AP Nr. 64 zu § 4 EntgeltFG = NZA 2003, 992.
[261] BAG 8.11.2017 AP Nr. 168 zu § 37 BetrVG 1972 = NZA 2018, 528; 26.6.2002 AP Nr. 62 zu § 4 EntgeltFG = NZA 2003, 156; 21.11.2001 AP Nr. 56 zu § 4 EntgeltFG = NZA 2002, 439.
[262] BAG 21.11.2001 AP Nr. 56 zu § 4 EntgeltFG = NZA 2002, 439.
[263] BAG 8.11.2017 AP Nr. 168 zu § 37 BetrVG 1972 = NZA 2018, 528; 9.7.2003 – 5 AZR 611/01.
[264] BAG 26.6.2002 AP Nr. 61 zu § 4 EntgeltFG; 26.6.2002 AP Nr. 62 zu § 4 EntgeltFG = NZA 2003, 156.
[265] BAG 6.12.1995 AP Nr. 9 zu § 611 BGB Berufssport = NZA 1996, 640.
[266] BAG 5.6.1985 AP Nr. 39 zu § 63 HGB = NZA 1986, 290.

aufgespartes Entgelt für schon geleistete Arbeit und damit ein reines 13. Monatseinkommen darstellen.[267] Derartige Leistungen sind zwar Arbeitsentgelt, aber nicht Arbeitsentgelt, das dem AN „bei der für ihn maßgebenden regelmäßigen Arbeitszeit" zusteht. Ob sie bei länger als sechs Wochen andauernder Arbeitsunfähigkeit gekürzt werden können, hängt vom vereinbarten Leistungszweck ab (dazu → § 78 Rn. 2). Die Fälligkeit bestimmt sich nach der vertraglichen Vereinbarung.

8. Sachbezüge. Diese zählen zum Arbeitsentgelt. Bei der Berechnung sind sie mit dem tatsächlichen Wert in Ansatz zu bringen, soweit der AN sie nicht entgegennehmen kann.[268] Kein Arbeitsentgelt sind Trinkgelder, weil sie nicht vom AG gewährt werden.[269] Etwas anderes gilt für fest in das Vergütungsgefüge eingebaute Bedienungsprozente. Privat genutzte Dienstwagen oder Handys sind dem AN grundsätzlich nur für die Dauer des Entgeltfortzahlungszeitraums zu belassen (dazu → § 68 Rn. 10).[270] 84

9. Aufwendungsersatz. Kein Arbeitsentgelt ist gem. § 4 Ia 1 EFZG Aufwendungsersatz, soweit der Anspruch im Falle der Arbeitsunfähigkeit davon abhängig ist, dass dem AN solche Aufwendungen tatsächlich entstehen. Der Bestimmung liegt der Gedanke zugrunde, dass der erkrankte AN nicht besser als der Arbeitende stehen soll. Erstattung für Kosten der Arbeitskleidung oder Maschinenbenutzung sind deshalb grundsätzlich Aufwendungsersatz. Reisekostenabgeltungen, Tage- und Übernachtungsgelder oder Verpflegungskostenzuschüsse sind grundsätzlich Aufwendungsersatzleistungen. **Auslösungen** sind Entschädigungen des AN, der ständig oder vorübergehend außerhalb des Betriebssitzes auf einer auswärtigen Baustelle arbeitet und dessen Kosten pauschaliert sind. Auslösungen werden vielfach aufgrund einzelvertraglicher oder tarifvertraglicher Grundlagen gezahlt. Sie sind dann fortzuzahlen, wenn sie der zusätzlichen Abgeltung der Arbeitsleistung dienen oder wenn sie auch dann weiterbezahlt werden, wenn der AN nicht auf der auswärtigen Baustelle arbeitet oder sie ausdrücklich als fortzuzahlendes Entgelt vereinbart wird.[271] Bei Fernauslösungen, die gezahlt werden, wenn die tägliche Rückkehr nicht zumutbar ist, und Nahauslösungen, die gezahlt werden, wenn der AN täglich zu seiner Wohnung zurückkehrt, ist zunächst die jeweilige Tarifregelung maßgeblich. Zu dem Bundestarifvertrag vom 30.4.1980 für die besonderen Arbeitsbedingungen der Montagearbeiter in der Eisen-, Metall- und Elektroindustrie einschl. des Fahrleitungs-, Freileitungs-, Ortsnetz- und Kabelbaus (BMTV) hat das BAG angenommen, dass weder die Fern-[272] noch die Nahauslösung[273] zum fortzuzahlenden Entgelt gehören. Diese Rechtslage gilt auch nach dem EFZG. Anders war dagegen die Rechtslage nach dem MTV-Metall NRW. Hiernach zählte die Auslösung in ihrem steuerpflichtigen Teil zum fortzuzahlenden Arbeitsentgelt.[274] Ist der Tarifregelung nichts zur Entgeltfortzahlungspflicht zu entnehmen, sind Nahauslösungen als fortzuzahlendes Entgelt und Fernauslösungen aus Aufwendungsersatz zu behandeln.[275] 85

10. Sonstige Leistungen. Bei **Schmutzzulagen** ist entscheidend, ob sie die besondere Arbeitserschwernis oder die durch den Schmutz verursachten Aufwendungen abgelten sollen. Dies ist durch Auslegung der Anspruchsgrundlage zu ermitteln. Soll die Schmutzzulage die besondere Arbeitserschwernis abgelten, ist sie weiterzuzahlen.[276] **Trennungsentschädigungen** sind fortzuzahlendes Arbeitsentgelt, wenn sie nicht in Abhängigkeit von der tatsächlichen Arbeitsleistung stehen. Sollten sie dagegen zur Abgeltung etwaiger auswärtiger Mietkosten dienen, sind sie Aufwendungsersatz. Die gesetzliche Entgeltfortzahlung für wegen krankheitsbedingter Arbeitsunfähigkeit ausgefallene Feiertagsarbeit schließt die entsprechenden **Sonn- und Feiertagszuschläge** mit ein.[277] Diese Zuschläge sind eine zusätzliche Gegenleistung für die an Sonn- und Feiertagen zu leistende, besonders lästige bzw. belastende Arbeit. Als Entgelt rechnen diese Zuschläge nicht zum Aufwendungsersatz iSv § 4 Ia 1 EFZG, der im Krankheitsfall nicht geschuldet ist. 86

---

267 BAG 30.9.2008 AP Nr. 197 zu § 112 BetrVG 1972 = NZA 2009, 386.
268 BAG 22.9.1960 AP Nr. 27 zu § 616 BGB.
269 Vgl. BAG 28.6.1995 AP Nr. 112 zu § 37 BetrVG 1972 = NZA 1996, 252.
270 BAG 14.12.2010 AP Nr. 23 zu § 611 BGB Sachbezüge = NZA 2011, 569; krit. dazu *Fischer* FA 2003, 105.
271 Vgl. BAG 12.12.2012 AP Nr. 41 zu § 611 BGB Arbeitszeit = NZA 2013, 1158.
272 BAG 28.1.1982 AP Nr. 11 zu § 2 LohnFG; 15.6.1983 AP Nr. 12 zu § 2 LohnFG.
273 BAG 15.6.1983 AP Nr. 13 zu § 2 LohnFG.
274 BAG 14.8.1985 AP Nr. 14 zu § 2 LohnFG.
275 MüKoBGB/*Müller-Glöge* EFZG § 4 Rn. 20; ErfK/*Reinhard* EFZG § 4 Rn. 12.
276 ErfK/*Reinhard* EFZG § 4 Rn. 12.
277 BAG 14.1.2009 DB 2009, 909; 1.12.2004 AP Nr. 68 zu § 4 EntgeltFG = NZA 2005, 1315.

V. Kurzarbeit

87 Bei Kurzarbeit hat der AN nach § 4 III EFZG Anspruch auf diejenige Vergütung, die er erhalten hätte, wenn er nicht arbeitsunfähig geworden wäre. Dies gilt sowohl dann, wenn die Kurzarbeit bereits vor Eintritt der Arbeitsunfähigkeit eingetreten ist, als auch dann, wenn sie erst während der Arbeitsunfähigkeit eintritt. Entfällt die Kurzarbeit während der Arbeitsunfähigkeit, ist ab diesem Zeitpunkt die volle Arbeitsvergütung der regelmäßigen Arbeitszeit zu zahlen.

VI. Abweichende Tarifregelungen

88 **1. Bemessungsgrundlage.** Nach § 4 IV 1 EFZG kann durch Tarifvertrag eine von § 4 I, Ia, III EFZG abweichende Bemessungsgrundlage des fortzuzahlenden Arbeitsentgelts festgelegt werden. Zugunsten des AN kann stets von den Bestimmungen des EFZG abgewichen werden. Um eine Gleichstellung von Tarifgebundenen (§§ 3, 4 TVG) und Nichttarifgebundenen zu erreichen, können auch mit Nichttarifgebundenen die tariflichen Bemessungsvorschriften vereinbart werden. § 4 IV EFZG beruht auf dem Gedanken, dass es ohnehin weitgehend der Beurteilung der Tarifvertragsparteien unterliegt, ob, aus welchem Anlass und in welchem Umfang auch immer Zuschläge geregelt werden. Insbesondere bei Zuschlägen, die im Hinblick auf eine besondere Erschwernis gezahlt werden, erscheint es gerechtfertigt, in Fällen, in denen die Arbeit wegen der krankheitsbedingten Arbeitsunfähigkeit ausfällt, den zusätzlichen finanziellen Ausgleich ebenfalls entfallen zu lassen. Die Tarifvertragsparteien dürfen insoweit das mit dem modifizierten Entgeltausfallprinzip gem. § 4 I EFZG verfolgte Ziel der Erhaltung des Lebensstandards hintanstellen, zumal die tariflichen Zuschläge in aller Regel nicht den Lebensstandard des AN prägen.[278]

89 **2. Berechnungsmethode.** „Bemessungsgrundlage" iSv § 4 IV EFZG ist die Grundlage für die Bestimmung der Höhe der Entgeltfortzahlung. Hierzu gehören sowohl die Berechnungsmethode (Ausfall- oder Referenzprinzip) als auch die Berechnungsgrundlage.[279] Die Berechnungsgrundlage setzt sich aus Geld- und Zeitfaktor zusammen. Sie betrifft Umfang und Bestandteile des der Entgeltfortzahlung zugrunde zu legenden Arbeitsentgelts sowie die Arbeitszeit des AN.[280] Durch Tarifvertrag kann eine von der individuellen Arbeitszeit abweichende und auf die tarifliche Regelarbeitszeit abstellende Modifikation des Arbeitszeitfaktors geregelt werden. Arbeitszeit iSd § 4 IV EFZG meint dabei diejenige Arbeitszeit, für die der AN in dem Zeitraum nach § 3 I EFZG Arbeitsentgelt bekommen hätte, wenn er nicht an der Arbeitsleistung verhindert gewesen wäre, sondern gearbeitet hätte.[281] Die Gestaltungsmacht der Tarifvertragsparteien findet dort ihre Grenze, wo der Anspruch auf Entgeltfortzahlung in seiner Substanz angetastet wird. Sie sind deshalb insbesondere an den Grundsatz der vollen Entgeltfortzahlung (100%) im Krankheitsfall gebunden, denn dieser Grundsatz folgt aus dem nicht tarifdispositiven § 3 I 1 iVm § 4 I 1 EFZG.[282]

90 Die Tarifvertragsparteien können den **Geldfaktor** modifizieren, indem sie das Entgeltausfallprinzip durch das Referenzprinzip ersetzen, sowie Umfang und Bestandteile des zugrunde zu legenden Arbeitsentgelts regeln.[283] Ein solcher Regelungswille muss im Tarifvertrag hinreichend deutlich zum Ausdruck kommen.[284] Sie können aber auch tarifliche Zuschläge, wie beispielsweise Nachtarbeitszuschläge, Provisionen für Zeitungsverkäufe, Mankogelder, und Leistungen für geteilte Dienste bei der Entgeltfortzahlung unberücksichtigt lassen.[285] Gleiches gilt auch für Feiertagszuschläge[286] sowie Leistungszuschläge, wozu bei Piloten auch die Mehrflugstundenver-

---

[278] BAG 7.12.2005 AP Nr. 34 zu § 1 TVG Tarifverträge: Lufthansa.

[279] BAG 1.9.2010 AP Nr. 71 zu § 4 EntgeltFG = NZA 2010, 1360.

[280] BAG 16.7.2014 AP Nr. 72 zu § 4 EntgeltFG = NZA 2015, 499; 24.3.2004 AP Nr. 66 zu § 4 EntgeltFG = NZA 2004, 1042; 13.3.2002 AP Nr. 58 zu § 4 EntgeltFG; 26.9.2001 AP Nr. 55 zu § 4 EntgeltFG.

[281] BAG 16.7.2014 AP Nr. 72 zu § 4 EntgeltFG = NZA 2015, 499; 26.9.2001 AP Nr. 55 zu § 4 EntgeltFG.

[282] BAG 27.4.2016 AP Nr. 75 zu § 4 EntgeltFG = NZA 2016, 1214; 20.8.2014 AP Nr. 73 zu § 4 EntgeltFG = NZA 2015, 58; 16.7.2014 AP Nr. 72 zu § 4 EntgeltFG = NZA 2015, 499; 18.11.2009 AP Nr. 70 zu § 4 EntgeltFG.

[283] BAG 9.10.2002 AP Nr. 63 zu § 4 EntgeltFG = NZA 2003, 978; 26.8.1998 AP Nr. 33 zu § 1 TVG Tarifverträge: Druckindustrie = NZA 1999, 497.

[284] BAG 27.4.2016 AP Nr. 75 zu § 4 EntgeltFG = NZA 2016, 1214.

[285] Vgl. BAG 27.4.2016 AP Nr. 75 zu § 4 EntgeltFG = NZA 2016, 1214; 10.12.2013 – 9 AZR 279/12; 24.3.2004 AP Nr. 66 zu § 4 EntgeltFG = NZA 2004, 1042.

[286] BAG 1.12.2004 AP Nr. 68 zu § 4 EntgeltFG = NZA 2005, 1315.

gütung gehört.[287] Bei einer Mehrzahl tariflicher Zuschläge müssen nicht einzelne bestehen bleiben.[288]

Hinsichtlich des **Zeitfaktors** können die Tarifvertragsparteien die zu berücksichtigende Arbeitszeit zwar nicht lediglich anteilig in die Bemessung der Entgeltfortzahlung einfließen lassen. Sie können jedoch vorsehen, dass für die Ermittlung der ausgefallenen Arbeitszeit nicht die individuelle Arbeitszeit maßgeblich sein soll, sondern die betriebsübliche oder die regelmäßige tarifliche Arbeitszeit.[289] Weiterhin kann bestimmt werden, dass die Höhe des fortzuzahlenden Entgelts 1/364 des Bruttoarbeitsentgelts der letzten zwölf Abrechnungsmonate beträgt.[290] Der Tarifvertrag muss auch nicht auf die für den AN maßgebende individuelle Arbeitszeit abstellen, sondern kann Werktage oder Kalendertage zur Grundlage des Entgeltfortzahlungsanspruchs machen und sich damit vom konkreten Lohnausfallprinzip lösen.[291] Zulässig ist deshalb die tarifliche Festlegung eines grundsätzlich gleichbleibenden Divisors von 65 für einen Drei-Monats-Zeitraum.[292] Sieht ein Tarifvertrag allerdings vor, dass bezahlte urlaubs- und krankheitsbedingte Ausfallzeiten im vorgegebenen Referenzzeitraum von sechs Monaten nicht zu berücksichtigen sind, ist dem durch eine Verminderung des tarifvertraglich vorgegebenen Divisors von 182 um die Anzahl dieser bezahlten Ausfalltage Rechnung zu tragen. Anderenfalls würde der gesetzliche Anspruch auf Entgeltfortzahlung in seiner Substanz angetastet. Dieser betrüge schon bei nur einem Krankheitstag im Referenzzeitraum nicht mehr 100% des durchschnittlich durch Arbeitsleistung verdienten Entgelts im Referenzzeitraum.[293] Aus diesem Grund ist es auch unzulässig, generell das fortzuzahlende Arbeitsentgelt zu reduzieren oder AN für jeden Tag der Entgeltfortzahlung eine bestimmte Stundenzahl nacharbeiten zu lassen.[294] 91

Im **öffentlichen Dienst** ersetzt § 21 S. 1 TVöD hinsichtlich der nicht in Monatsbeträgen festgelegten Entgeltbestandteile das gesetzliche Entgeltausfallprinzip durch ein auf drei volle Kalendermonate abstellendes Referenzprinzip. Die nicht in Monatsbeträgen festgelegten Entgeltbestandteile werden als Tagesdurchschnitt auf der Basis der letzten drei Kalendermonate gezahlt. Nach der Protokollerklärung Nr. 1 zu § 21 S. 2 TVöD verkürzt sich dieser Berechnungszeitraum, wenn zwischen einer Arbeitszeitänderung und dem maßgebenden Ereignis weniger als drei volle Kalendermonate liegen. Dann werden für die Durchschnittsberechnung lediglich die nicht in Monatsbeträgen festgelegten Entgeltbestandteile berücksichtigt, die der AN in einem oder zwei vollen Kalendermonaten erzielt hat. Diese Abweichung von § 4 I EFZG gilt jedoch nur für den Fall, dass zwischen einer Arbeitszeitänderung und dem Eintritt der Arbeitsunfähigkeit mindestens ein voller Kalendermonat liegt.[295] Bei der Berechnung des nach § 21 S. 2 TVöD zu bestimmenden Durchschnittswerts der nicht in Monatsbeträgen festgelegten Entgeltbestandteile bleiben nicht nur die für frühere Ausfalltage gezahlten Durchschnittsbeträge, sondern auch die Ausfalltage selbst unberücksichtigt.[296] 92

3. Absenkung auf 80%. Durch das Arbeitsrechtliche Beschäftigungsförderungsgesetz (→ Rn. 6) war die Entgeltfortzahlung auf 80% abgesenkt worden. Damit entstand die Streitfrage, ob die Absenkung auch erfolgt ist, wenn die Entgeltfortzahlung im Tarifvertrag geregelt war. Das BAG hat einen tariflichen Anspruch auf Fortzahlung von 100% des Arbeitsentgelts dann bejaht, wenn die Tarifvertragsparteien eine umfassende, rechnerisch lückenlose Regelung über die Bemessung der Entgeltfortzahlung im Krankheitsfall getroffen, sie also auch das Ergebnis der Berechnung vorgegeben haben (Einzelheiten 16. Aufl. Rn. 93). 93

VII. Anzeigepflicht

1. Zweck. Nach § 5 I 1 EFZG sind alle AN ohne Rücksicht darauf, ob sie einen Anspruch auf Entgeltfortzahlung haben, verpflichtet, dem AG die Arbeitsunfähigkeit und deren voraus- 94

[287] BAG 7.12.2005 AP Nr. 34 zu § 1 TVG Tarifverträge: Lufthansa; 13.3.2002 AP Nr. 58 zu § 4 EntgeltFG = NZA 2002, 744.

[288] BAG 13.3.2002 AP Nr. 58 zu § 4 EntgeltFG = NZA 2002, 744.

[289] BAG 16.7.2014 AP Nr. 72 zu § 4 EntgeltFG = NZA 2015, 499; 10.12.2013 AP Nr. 71 zu § 11 BUrlG; 19.1.2010 AP Nr. 44 zu § 7 BUrlG; 24.3.2004 AP Nr. 66 zu § 4 EntgeltFG; 7.11.2002 AP Nr. 100 zu § 615 BGB = NZA 2003, 1139.

[290] BAG 9.10.2002 AP Nr. 63 zu § 4 EntgeltFG = NZA 2003, 978.

[291] BAG 19.1.2010 AP Nr. 44 zu § 7 BUrlG.

[292] BAG 1.9.2010 NZA 2010, 1360; zu dieser Tarifnorm vgl. auch BAG 23.2.2010 ZTR 2010, 367.

[293] BAG 20.8.2014 AP Nr. 73 zu § 4 EntgeltFG = NZA 2015, 58.

[294] BAG 26.9.2001 AP Nr. 55 zu § 4 EntgeltFG = NZA 2002, 387.

[295] BAG 20.1.2010 AP Nr. 69 zu § 4 EntgeltFG = NZA 2010, 455.

[296] BAG 1.9.2010 AP Nr. 66 zu § 4 EntgeltFG = NZA 2010, 1360.

sichtliche Dauer unverzüglich mitzuteilen. Zweck der Anzeigepflicht ist, den AG in die Lage zu versetzen, sich auf das Fehlen des arbeitsunfähig erkrankten AN möglichst frühzeitig einstellen und Arbeitsaufgaben neu verteilen zu können.[297] Bei der Anzeigepflicht handelt es sich um eine unselbständige Nebenpflicht, deren Erfüllung der AG nicht einklagen kann. Gleichwohl bleibt ihre Verletzung nicht ohne Rechtsfolgen. Der AG kann im Einzelfall nach vorheriger Abmahnung verhaltensbedingt kündigen (→ § 133 Rn. 18).

95 **2. Beginn und Fortdauer der Arbeitsunfähigkeit.** Die Anzeigepflicht besteht zunächst zu Beginn der Arbeitsunfähigkeit. Hat der AG von der Arbeitsunfähigkeit anderweitige Kenntnis (zB nach einem Arbeitsunfall), bezieht sich die Anzeigepflicht nur auf die voraussichtliche Dauer der Arbeitsunfähigkeit, wenn diese dem AG noch nicht bekannt ist.[298] Dauert die Arbeitsunfähigkeit über den bescheinigten Termin hinaus fort, ist der AN erneut zur unverzüglichen Anzeige verpflichtet.[299] Dies gilt unabhängig davon, ob der AN Anspruch auf Entgeltfortzahlung hat.[300] Ist der AN beispielsweise von Montag bis Freitag arbeitsunfähig und teilt der Arzt ihm am Donnerstag mit, die Arbeitsunfähigkeit dauere noch die folgende Woche an, hat der AN den AG nach dem Arztbesuch am Donnerstag hiervon in Kenntnis zu setzen.

96 **3. Unverzügliche Anzeige.** Der AN hat dem AG die Arbeitsunfähigkeit unverzüglich mitzuteilen, also ohne schuldhaftes Zögern (§ 121 BGB).[301] Die Anzeige muss daher grundsätzlich am ersten Tag vor Arbeitsbeginn erfolgen.[302] Der AN darf regelmäßig nicht erst den Arztbesuch abwarten, wenn er schon vorher weiß, dass er nicht zur Arbeit erscheinen wird.[303] Nach dem Arztbesuch hat er seine Angaben bezüglich der voraussichtlichen Dauer der Arbeitsunfähigkeit zu ergänzen.[304] Die Unterrichtung ist grundsätzlich nur dann unverzüglich, wenn sie telefonisch oder per E-Mail erfolgt. Eine briefliche Anzeige ist nicht unverzüglich, wenn andere Kommunikationsmittel zur Verfügung stehen. Da der AG sich auf die Abwesenheit des AN einstellen muss, ist bei der unverzüglichen Anzeige nicht auf das Absenden, sondern den Zugang abzustellen. Beginnt die Arbeitsunfähigkeit an einem arbeitsfreien Tag (zB Teilzeitarbeit) und ist absehbar, dass der AN die Arbeit nicht wird aufnehmen können, hat er nicht erst am folgenden individuellen Arbeitstag, sondern zu Beginn der Arbeitsunfähigkeit Anzeige zu erstatten.[305] Entsprechendes gilt während des Urlaubs.

97 **4. Form und Inhalt.** Für die Anzeige ist keine besondere Form vorgeschrieben. Sie kann mündlich, telefonisch, per E-Mail oder schriftlich erfolgen. Die Unterrichtung kann auch durch einen Familienangehörigen oder sonstigen Dritten als Boten vorgenommen werden. In diesem Fall trägt der AN allerdings das Risiko der rechtzeitigen und zutreffenden Übermittlung. Die Anzeige muss dem AG, der Personalabteilung oder derjenigen Person zugehen, die für die Empfangnahme derartiger Mitteilungen zuständig ist.[306] Dies ist im Allgemeinen nicht der Vorarbeiter.[307] Pförtner, Telefonisten und Betriebsratsmitglieder sind in der Regel nicht zuständig. Der AN kann sich dieser Personen aber als Boten bedienen und sie bitten, die Anzeige der Arbeitsunfähigkeit dem Zuständigen zu übermitteln. Der AG kann die Personen bestimmen, gegenüber denen die Anzeige zu erfolgen hat.[308] Anzuzeigen sind die Arbeitsunfähigkeit und deren voraussichtliche Dauer. Nicht anzuzeigen ist die Art der Erkrankung. Die Krankheitsursache ist freilich mitzuteilen, wenn sie ein unverzügliches Eingreifen des AG erfordert, etwa zum Schutz der übrigen AN bei ansteckenden Erkrankungen usw. Der AN ist weiter gehalten, eine Fortset-

[297] BAG 7.5.2020 AP Nr. 78 zu § 1 KSchG 1969 Verhaltensbedingte Kündigung = NZA 2020, 1022; MüKoBGB/*Müller-Glöge* EFZG § 5 Rn. 2; ErfK/*Reinhard* EFZG § 5 Rn. 3.
[298] Vgl. ErfK/*Reinhard* EFZG § 5 Rn. 5; *Vogelsang,* Entgeltfortzahlung, Rn. 269.
[299] BAG 7.5.2020 AP Nr. 78 zu § 1 KSchG 1969 Verhaltensbedingte Kündigung = NZA 2020, 1022; 3.11.2011 AP Nr. 65 zu § 1 KSchG 1969 Verhaltensbedingte Kündigung = NZA 2012, 607; HK-EFZR/*Feichtinger* EFZG § 5 Rn. 16; MüKoBGB/*Müller-Glöge* EFZG § 5 Rn. 9; MHdB ArbR/*Greiner* § 82 Rn. 8; *Vogelsang,* Entgeltfortzahlung, Rn. 270.
[300] BAG 7.5.2020 AP Nr. 78 zu § 1 KSchG 1969 Verhaltensbedingte Kündigung = NZA 2020, 1022.
[301] BAG 7.5.2020 AP Nr. 78 zu § 1 KSchG 1969 Verhaltensbedingte Kündigung = NZA 2020, 1022.
[302] BAG 31.8.1989 AP Nr. 23 zu § 1 KSchG 1969 Verhaltensbedingte Kündigung = NZA 1990, 433.
[303] MüKoBGB/*Müller-Glöge* EFZG § 5 Rn. 4.
[304] ErfK/*Reinhard* EFZG § 5 Rn. 5; MHdB ArbR/*Greiner* § 82 Rn. 6.
[305] ErfK/*Reinhard* EFZG § 5 Rn. 6; Schmitt EFZG/*Küfner-Schmitt* § 5 Rn. 21 f.
[306] BAG 7.5.2020 AP Nr. 78 zu § 1 KSchG 1969 Verhaltensbedingte Kündigung = NZA 2020, 1022.
[307] Vgl. BAG 18.2.1965 AP Nr. 26 zu § 9 MuSchG (zum Mutterschutz).
[308] BAG 3.11.2011 AP Nr. 65 zu § 1 KSchG 1969 Verhaltensbedingte Kündigung = NZA 2012, 607.

zungserkrankung anzuzeigen. Dasselbe gilt, wenn ein Dritter die Arbeitsunfähigkeit zu vertreten hat (§ 6 EFZG).[309]

5. Verletzung der Anzeigepflicht. Verletzt der AN seine Anzeigepflicht, kann im Wiederholungsfalle nach vorhergehender Abmahnung eine ordentliche Kündigung, in Ausnahmefällen auch eine außerordentliche Kündigung gerechtfertigt sein (→ § 133 Rn. 18).[310] Dies gilt selbst dann, wenn es nicht zu einer Störung des Betriebsablaufs gekommen ist.[311] Entstehen dem AG durch die Verletzung der Anzeigepflicht Schäden, ist der AN nach § 280 BGB zum Ersatz verpflichtet. 98

VIII. Nachweispflicht

1. Überblick. Dauert die Arbeitsunfähigkeit länger als drei Kalendertage, hat der AN eine ärztliche Bescheinigung über das Bestehen der Arbeitsunfähigkeit sowie deren voraussichtliche Dauer spätestens an dem darauf folgenden Arbeitstag vorzulegen (§ 5 I 2 EFZG).[312] Der erste Kalendertag ist der Tag, an dem die Arbeitsunfähigkeit eingetreten ist. **Vorzulegen ist die Bescheinigung am vierten Kalendertag,** wenn es sich hierbei in dem Betrieb des AG um einen Arbeitstag handelt.[313] Ist dies zB ein arbeitsfreier Sonntag, ist die Bescheinigung am Montag vorzulegen. Die Arbeitsunfähigkeitsbescheinigung muss dem AG am vierten Arbeitstag zugehen. Die Vorlagepflicht besteht unabhängig davon, ob dem AN noch ein Anspruch auf Entgeltfortzahlung zusteht und damit **auch nach Ablauf der sechswöchigen Entgeltfortzahlungsfrist.**[314] Legt der AN eine Arbeitsunfähigkeitsbescheinigung nicht vor, begründet dies nicht die Vermutung, der AN sei nicht (mehr) arbeitsunfähig.[315] **Einer „Gesundschreibung" bedarf es allerdings nicht** (zum Anspruch auf eine entsprechende Bescheinigung → § 95 Rn. 47). Im Falle einer Kündigung und einem sich anschließenden Kündigungsschutzprozess ist der AN nach Ablauf der Kündigungsfrist nicht mehr verpflichtet, dem AG Arbeitsunfähigkeitsbescheinigungen vorzulegen.[316] **Ab dem 1.7.2022** hat die gesetzliche Krankenkasse gem. § 109 SGB IV nach Eingang der Arbeitsunfähigkeitsdaten (§ 295 I 1 Nr. 1 SGB V) eine Meldung zum Abruf für den AG zu erstellen, die insbesondere die folgenden Daten enthält: **(1)** den Namen des Beschäftigten, **(2)** Beginn und Ende der Arbeitsunfähigkeit, **(3)** das Datum der ärztlichen Feststellung der Arbeitsunfähigkeit, **(4)** die Kennzeichnung als Erst- oder Folgemeldung und **(5)** die Angabe, ob Anhaltspunkte dafür vorliegen, dass die Arbeitsunfähigkeit auf einem Arbeitsunfall oder sonstigen Unfall oder auf den Folgen eines Arbeitsunfalls oder sonstigen Unfalls beruht. Hieran anknüpfend bestimmt § 5 Ia EFZG ebenfalls ab dem 1.7.2022, dass die in § 5 I 2 bis 5 EFZG geregelte Nachweispflicht nicht für gesetzlich versicherte AN gilt. Diese bleiben allerdings verpflichtet, zu den dort genannten Zeitpunkten das Bestehen einer Arbeitsunfähigkeit sowie deren voraussichtliche Dauer feststellen und sich eine ärztliche Bescheinigung aushändigen zu lassen. Damit soll dem AN für Streitfälle ein Beweismittel an die Hand gegeben werden.[317] Dies ist auch geboten, weil die elektronische Mitteilung der Krankenkasse keine Angabe zu dem behandelnden Arzt enthält. Zudem ist dieser Mitteilung nicht zu entnehmen, ob sie auf Grundlage einer Fernuntersuchung erhoben wurde oder ob eine „klassische" Untersuchung durchgeführt wurde.[318] Das wiederum wirft grundsätzliche Fragen nach dem Beweiswert derartiger Mitteilungen auf (dazu allgemein → Rn. 109 ff.). Die bislang geltende Vorlagepflicht bleibt für geringfügig Beschäftigte in Privathaushalten (§ 8a SGB IV) und in Fällen der Feststellung 99

309 ErfK/*Reinhard* EFZG § 5 Rn. 5; MüKoBGB/*Müller-Glöge* EFZG § 5 Rn. 8; Schmitt EFZG/*Küfner-Schmitt* § 5 Rn. 31 f.

310 BAG 7.5.2020 AP Nr. 78 zu § 1 KSchG 1969 Verhaltensbedingte Kündigung = NZA 2020, 1022.

311 Vgl. dazu BAG 16.8.1991 AP Nr. 27 zu § 1 KSchG 1969 Verhaltensbedingte Kündigung = NZA 1993, 17.

312 *Kramer* BB 1996, 1662; *Worzalla* NZA 1996, 61.

313 HK-EFZR/*Feichtinger* EFZG § 5 Rn. 39; MüKoBGB/*Müller-Glöge* EFZG § 5 Rn. 11; Schmitt EFZG/*Küfner-Schmitt* § 5 Rn. 56; *Treber* EFZG § 5 Rn. 27; *Vogelsang,* Entgeltfortzahlung, Rn. 292; aA ErfK/*Reinhard* EFZG § 5 Rn. 11, die auf die individuellen Arbeitstage des AN abstellt.

314 ErfK/*Reinhard* EFZG § 5 Rn. 3; MüKoBGB/*Müller-Glöge* EFZG § 5 Rn. 2; Staudinger/*Oetker* BGB § 616 Rn. 345; dahin tendierend BAG 11.7.2013 AP Nr. 69 zu § 9 KSchG 1969 = NZA 2013, 1259.

315 BAG 21.11.2018 AP Nr. 14 zu § 21 TzBfG = NZA 2019, 309.

316 BAG 24.11.1994 AP Nr. 60 zu § 615 BGB = NZA 1995, 263.

317 BT-Drs. 19/13959, 37; weiterführend *Knorr* KrV 2021, 9.

318 *Schulte/Tisch* NZA 2020, 761 (765).

der Arbeitsunfähigkeit durch einen Arzt, der nicht an der vertragsärztlichen Versorgung teilnimmt, unverändert bestehen.

100 **2. Vorlageverlangen des Arbeitgebers.** Der AG kann nach § 5 I 3 EFZG die Vorlage einer Arbeitsunfähigkeitsbescheinigung früher als am ersten Arbeitstag nach dem Ablauf von drei Kalendertagen verlangen. Macht der AG von diesem Recht keinen Gebrauch, kann er gleichwohl noch die Arbeitsunfähigkeit für diese Zeit bestreiten. Hierin liegt nicht stets ein widersprüchliches Verhalten. Der AN muss vielmehr damit rechnen, dass sich häufig erst im Laufe der Zeit Zweifel an der Arbeitsunfähigkeit ergeben.[319] Das Gesetz enthält für das Vorlageverlangen keine näheren Vorschriften. Das Vorlageverlangen kann mithin mündlich, telefonisch oder schriftlich erfolgen. Das Vorlageverlangen kann nach Beginn der auf Krankheit beruhenden Arbeitsunfähigkeit erfolgen. Es kann auch generell, ohne Rücksicht auf eine Erkrankung – etwa durch Aushang am Schwarzen Brett – für alle Krankheitsfälle geäußert werden.[320] Für die Geltendmachung des Vorlageverlangens bedarf es keiner Begründung.[321] Aus dem Wortlaut von § 5 I 3 EFZG ergibt sich weder eine Begründungspflicht noch dass der AG sachliche Gründe für die Vorlage haben muss. Die Anordnung unterliegt auch keiner Billigkeitskontrolle.[322] Ihre Grenze findet das Verlangen nach einer Vorlage der ärztlichen Arbeitsunfähigkeitsbescheinigung schon ab dem ersten Tag einer Erkrankung an den allgemeinen Schranken jeder Rechtsausübung, insbesondere darf das Verlangen nicht schikanös oder willkürlich sein und weder gegen den allgemeinen Gleichbehandlungsgrundsatz noch gegen Diskriminierungsverbote verstoßen.[323]

101 **3. Vorlageverpflichtung.** Im Arbeitsvertrag kann vereinbart werden, dass eine Arbeitsunfähigkeitsbescheinigung bereits für den ersten Tag krankheitsbedingter Arbeitsunfähigkeit beigebracht werden muss.[324] Eine solche Regelung in AGB ist nicht unangemessen iSv § 307 I 1 BGB.[325]

102 **4. Tarifvertrag.** Die generelle Verkürzung der Vorlagepflicht für Arbeitsunfähigkeitsbescheinigungen in Tarifverträgen ist zulässig.[326] Zwar ist die allgemeine Abkürzung der Vorlagefrist für den AN ungünstiger als die gesetzliche Regelung. Andererseits ist der einzelne AG berechtigt, auch generell die Vorlagefrist zu verkürzen. Es ist nicht ersichtlich, warum eine tarifliche Regelung, durch die ebenfalls der Inhalt der Arbeitsverhältnisse gestaltet wird, anders als eine generelle arbeitsvertragliche Vereinbarung ein unzulässiges Abweichen von den Bestimmungen des Entgeltfortzahlungsgesetzes zuungunsten der AN darstellen soll.

103 **5. Betriebsvereinbarung.** Die nach § 5 I 3 EFZG zulässige Anweisung des AG, Zeiten der Arbeitsunfähigkeit unabhängig von deren Dauer generell durch eine vor Ablauf des dritten Kalendertages nach Beginn der Arbeitsunfähigkeit vorzulegende Bescheinigung nachzuweisen, betrifft eine Frage der betrieblichen Ordnung iSv § 87 I Nr. 1 BetrVG. Das danach bestehende Mitbestimmungsrecht des BR, das originär dem örtlichen BR und nicht dem GBR zusteht, ist nicht durch das Entgeltfortzahlungsgesetz ausgeschlossen.[327] Eine Regelung der Vorlagepflicht durch Betriebsvereinbarung ist jedoch nach § 77 III BetrVG ausgeschlossen, wenn ein einschlägiger Tarifvertrag dies abschließend regelt.[328]

104 **6. Arbeitsunfähigkeitsbescheinigung. a) Inhalt der ärztlichen Bescheinigung.** Die für den AG bestimmte (schriftliche) Bescheinigung des Arztes muss einen bestimmten Mindestinhalt

[319] BAG 26.2.2003 AP Nr. 8 zu § 5 EntgeltFG.
[320] BAG 1.10.1997 AP Nr. 5 zu § 5 EntgeltFG = NZA 1998, 369; 25.1.2000 AP Nr. 34 zu § 87 BetrVG 1972 Ordnung des Betriebs = NZA 2000, 665.
[321] BAG 14.11.2012 AP Nr. 10 zu § 5 EntgeltFG = NZA 2013, 322; MüKoBGB/*Müller-Glöge* EFZG § 5 Rn. 12; Schmitt EFZG/*Küfner-Schmitt* § 5 Rn. 69; *Vogelsang,* Entgeltfortzahlung, Rn. 299.
[322] BAG 14.11.2012 AP Nr. 10 zu § 5 EntgeltFG = NZA 2013, 322; MüKoBGB/*Müller-Glöge* EFZG § 5 Rn. 12; ErfK/*Reinhard* EFZG § 5 Rn. 12; AnwK-ArbR/*Sievers* EFZG § 5 Rn. 27; aA HK-EFZR/*Feichtinger* EFZG § 5 Rn. 42 f.; *Vogelsang,* Entgeltfortzahlung, Rn. 300.
[323] BAG 14.11.2012 AP Nr. 10 zu § 5 EntgeltFG = NZA 2013, 322; Schmitt EFZG/*Küfner-Schmitt* § 5 Rn. 85.
[324] BAG 1.10.1997 AP Nr. 5 zu § 5 EntgeltFG = NZA 1998, 369; ErfK/*Reinhard* EFZG § 5 Rn. 12.
[325] *Schrader/Schubert* NZA-RR 2005, 225 (227).
[326] BAG 26.2.2003 AP Nr. 8 zu § 5 EntgeltFG; 25.1.2000 AP Nr. 34 zu § 87 BetrVG 1972 Ordnung des Betriebes = NZA 2000, 665.
[327] BAG 23.8.2016 AP Nr. 48 zu § 87 BetrVG 1972 Ordnung des Betriebes = NZA 2016, 1483; 25.1.2000 AP Nr. 34 zu § 87 BetrVG 1972 Ordnung des Betriebs = NZA 2000, 665.
[328] BAG 26.2.2003 AP Nr. 8 zu § 5 EntgeltFG.

haben. Aussteller der Bescheinigung muss ein approbierter Arzt, nicht aber unbedingt ein Kassenarzt sein. Die Bescheinigung eines Heilpraktikers oder eines Psychologen genügt nicht. Es gilt der Grundsatz der freien Arztwahl. Vereinbarungen in Arbeitsverträgen, die den Entgeltfortzahlungsanspruch von einer Arbeitsunfähigkeitsbescheinigung eines Betriebs- oder Werksarztes abhängig machen, sind nach § 12 EFZG unwirksam.[329] Die Bescheinigung muss den Namen des AN enthalten und angeben, ob es sich um eine Erst- oder Folgebescheinigung handelt. Aus der Bescheinigung müssen sich der Tag der Feststellung der Arbeitsunfähigkeit und deren Dauer ergeben. Ist ein Kalendertag als Ende der Arbeitsunfähigkeit angegeben, wird Arbeitsunfähigkeit im Zweifel bis zum Ende dieses Kalendertags bescheinigt. Dabei ist es unerheblich, ob das Ende der Arbeitsunfähigkeit auf einen Arbeits- oder arbeitsfreien Tag fällt.[330] – Zur Neuregelung ab 1.7.2022 → Rn. 99.

Die Bescheinigung muss bei Versicherten einen Vermerk des behandelnden Arztes darüber enthalten, dass der **Krankenkasse** unverzüglich die Bescheinigung über die Arbeitsunfähigkeit mit Angaben über den Befund und die voraussichtliche Dauer der Arbeitsunfähigkeit übersandt wird (§ 5 I 5 EFZG). Fehlt dieser Vermerk, liegt keine Bescheinigung iSv § 5 I EFZG vor. Der AG erlangt damit ein Leistungsverweigerungsrecht nach § 7 EFZG.[331] Eine andere Frage ist, ob der Arzt die Arbeitsunfähigkeitsbescheinigung unverzüglich übersendet und welche Rechtsfolgen sich krankenversicherungsrechtlich für den AN hieraus ergeben. Hierzu weist das BSG zu Recht darauf hin, dass § 5 I 5 EFZG nur den für die Krankenkasse bestimmten vorgeschriebenen Inhalt der AU-Bescheinigung im Verhältnis des AN zu dessen AG regelt und keine Aussage über die Pflichten von Versicherten der gesetzlichen Krankenversicherung gegenüber ihrer Krankenkasse enthält. Trotz dieser Regelung verbleibt es krankenversicherungsrechtlich dabei, dass den AN als Versicherten nach § 49 I Nr. 5 SGB V die Obliegenheit trifft, zur Sicherstellung des Krankengeldanspruchs die Arbeitsunfähigkeit der Krankenkasse zu melden. Unterlässt er dies, hat er die Folgen grundsätzlich selbst zu tragen. § 5 I 5 EFZG kann nicht entnommen werden, dass der attestierende Vertragsarzt verpflichtet wird, anstelle des krankenversicherten AN für Zwecke der Krankengeldgewährung eine Ausfertigung der AU-Bescheinigung an die Krankenkasse zu übersenden.[332] Diese Rechtslage wird für den AN durch die zum 1.1.2021 in Kraft getretene **Neufassung des § 49 I Nr. 5 und § 295 SGB V entschärft.** Die Meldung der Arbeitsunfähigkeit erfolgt nunmehr durch den Vertragsarzt. Eine Verspätung der Meldung geht entsprechend nicht mehr zu Lasten des Versicherten.[333] 105

b) Keine materielle Anspruchsvoraussetzung. Die Arbeitsunfähigkeitsbescheinigung hat keine anspruchsbegründende Bedeutung. Ist die krankheitsbedingte Arbeitsunfähigkeit unstreitig, bedarf es ihres Nachweises nicht.[334] Das Fehlen der förmlichen Arbeitsunfähigkeitsbescheinigung hat deshalb nicht zur Folge, dass dem AN allein deshalb kein Anspruch nach § 3 I EFZG zusteht.[335] In diesem Fall steht dem AG auch kein Leistungsverweigerungsrecht nach § 7 I Nr. 1 EFZG zu (dazu → Rn. 140). Umgekehrt ist auch denkbar, dass der AN vor Ablauf der bescheinigten Arbeitsunfähigkeitsdauer wieder arbeitsfähig wird. Da die Arbeitsunfähigkeitsbescheinigung allein eine Prognose darüber abgibt, wie lange die Arbeitsunfähigkeit des AN voraussichtlich dauern wird, kann ein AN auch vorher wieder zur Arbeit erscheinen.[336] 106

c) Wiedereingliederung. Können arbeitsunfähige Versicherte nach ärztlicher Feststellung ihre Tätigkeit teilweise verrichten und können sie durch eine stufenweise Wiederaufnahme ihrer Tätigkeit voraussichtlich besser in das Erwerbsleben eingegliedert werden (§ 74 SGB V), soll der Arzt auf der Bescheinigung über die Arbeitsunfähigkeit Art und Umfang der möglichen Tätigkeit angeben und dabei in geeigneten Fällen die Stellungnahme des BR oder mit Zustimmung der Krankenkasse die Stellungnahme des medizinischen Dienstes (dazu → Rn. 118) einholen. 107

[329] ErfK/*Reinhard* EFZG § 5 Rn. 13; HWK/*Vogelsang* EFZG § 5 Rn. 19; Schmitt EFZG/*Küfner-Schmitt* § 5 Rn. 98; wohl weitergehend MüKoBGB/*Müller-Glöge* EFZG § 5 Rn. 16.

[330] BAG 25.5.2016 AP Nr. 32 zu § 3 EntgeltFG = NZA 2016, 1076 unter zutreffender Aufgabe von BAG 12.7.1989 AP Nr. 77 zu § 616 BGB = NZA 1989, 927, wonach das Ende der üblichen Arbeitszeit maßgeblich war; nach wie vor wie die alte Rspr. ErfK/*Reinhard* EFZG § 5 Rn. 13; HWK/*Vogelsang* EFZG § 5 Rn. 22.

[331] ErfK/*Reinhard* EFZG § 5 Rn. 13.

[332] BSG 26.9.2019 NZS 2020, 419; 25.10.2018 – B 3 KR 23/17 R; *Müller* NZS 2020, 416; *Schütz* NZS 2020, 72.

[333] BT-Drs. 19/6337, 145.

[334] Dazu BAG 12.6.1996 AP Nr. 4 zu § 611 BGB Werkstudent = NZA 1997, 191.

[335] BAG 1.10.1997 AP Nr. 4 zu § 5 EntgeltFG = NZA 1998, 372.

[336] *Steiner/Steinicke* NZA 2020, 1150 (1152).

Die stufenweise Wiedereingliederung setzt die Zustimmung aller Beteiligten voraus. Während der stufenweisen Wiedereingliederung bleibt der AN arbeitsunfähig krank (→ Rn. 13).

108 **7. Folgebescheinigung.** Die Wirksamkeit der Bescheinigung wird durch die in ihr angegebene Dauer der Arbeitsunfähigkeit begrenzt. Dauert die Arbeitsunfähigkeit länger, hat der AN eine neue Bescheinigung vorzulegen (§ 5 I 4 EFZG).[337] Bereits zum LohnFG war umstr.,[338] ob die neue Arbeitsunfähigkeitsbescheinigung am letzten Tag der Arbeitsunfähigkeit oder danach innerhalb von drei Tagen vorzulegen ist. § 5 I EFZG enthält keine Klarstellung der Streitfrage. Da der AN grundsätzlich drei Tage bis zur Vorlage Zeit hat und der AG eine frühere Vorlage verlangen kann, wird dies auch hier gelten.[339] Die Fristberechnung richtet sich wiederum nach §§ 187 I, 188 I BGB. Der AN ist auch nach dem Ende des Entgeltfortzahlungszeitraums noch zur Vorlage einer Bescheinigung verpflichtet.[340]

109 **8. Beweiswert der Arbeitsunfähigkeitsbescheinigung. a) Überblick.** Der AN ist für die Arbeitsunfähigkeit als Voraussetzung des Anspruchs auf Entgeltfortzahlung darlegungs- und beweispflichtig. Er genügt seiner Beweislast im Allgemeinen dann, wenn er eine Arbeitsunfähigkeitsbescheinigung vorlegt. Die Anforderungen an eine ordnungsgemäße Bescheinigung werden in den Arbeitsunfähigkeitsrichtlinien konkretisiert (→ Rn. 117).[341] Eine ordnungsgemäße Arbeitsunfähigkeitsbescheinigung hat im Rahmen der nach § 286 ZPO vorzunehmenden Beweiswürdigung einen hohen Beweiswert.[342] Sie ist der gesetzlich vorgesehene und damit wichtigste Beweis für die krankheitsbedingte Arbeitsunfähigkeit und begründet eine **tatsächliche Vermutung für das Bestehen der Arbeitsunfähigkeit.**[343] Das Gericht kann grundsätzlich den Beweis der krankheitsbedingten Arbeitsunfähigkeit als erbracht ansehen, wenn der AN eine solche Bescheinigung vorlegt.[344] Der Nachweis der Arbeitsunfähigkeit kann allerdings auch in anderer Weise, zB durch Vernehmung des Arztes oder anderer Zeugen geführt werden. Weicht eine Arbeitsunfähigkeitsbescheinigung von den Arbeitsunfähigkeitsrichtlinien ab, ist sie nicht ordnungsgemäß ausgestellt mit der Folge, dass ihr nicht der sonst gegebene hohe Beweiswert zukommt. Ob sich der hohe Beweiswert auch auf die Tatsache bezieht, dass die Arbeitsunfähigkeit des AN am **letzten Tag der Bescheinigung endet,** und welche Bedeutung in diesem Zusammenhang der nach § 5 IV 3 der Arbeitsunfähigkeits-Richtlinie bestehenden Möglichkeit zukommt, eine Arbeitsunfähigkeitsbescheinigung als „Endbescheinigung" zu kennzeichnen, ist zweifelhaft.[345]

110 **b) Erschütterung des Beweiswerts.** Da der im Inland ausgestellten Arbeitsunfähigkeitsbescheinigung – anders als der in einem anderen Mitgliedstaat der EU ausgestellten Bescheinigung (dazu → Rn. 113) – nicht der Wert einer gesetzlichen Vermutung zukommt (§ 292 ZPO),[346] muss der AG nicht den Beweis des Gegenteils erbringen, wenn er meint, der AN sei nicht arbeitsunfähig gewesen.[347] Es genügt vielmehr, wenn er den Beweiswert der Arbeitsunfähigkeitsbescheinigung erschüttert. Der AG, der eine ärztliche Arbeitsunfähigkeitsbescheinigung nicht gelten lassen will, muss im Rechtsstreit tatsächliche Umstände darlegen und beweisen, die zu ernsthaften Zweifeln an der behaupteten krankheitsbedingten Arbeitsunfähigkeit Anlass geben.[348] Allgemeine Ausführungen zur Problematik des „Krankfeierns" sind unzureichend.[349]

[337] Vgl. LAG Nürnberg 18.6.1997 NZA-RR 1998, 51.

[338] Vgl. BAG 29.8.1980 AP Nr. 18 zu § 6 LohnFG.

[339] Ebenso ErfK/*Reinhard* EFZG § 5 Rn. 19; Schmitt EFZG/*Küfner-Schmitt* § 5 Rn. 129 ff.; *Treber* EFZG § 5 Rn. 39; *Vogelsang*, Entgeltfortzahlung, Rn. 317; weitergehend MüKoBGB/*Müller-Glöge* EFZG § 5 Rn. 20; HK-EFZR/*Feichtinger* EFZG § 5 Rn. 55.

[340] LAG LSA 24.4.1996 NZA 1997, 772; HK-EFZR/*Feichtinger* EFZG § 5 Rn. 57; MüKoBGB/*Müller-Glöge* EFZG § 5 Rn. 20; *Treber* EFZG § 5 Rn. 38; dahin tendierend BAG 11.7.2013 AP Nr. 69 zu § 9 KSchG 1969 = NZA 2013, 1259.

[341] *Müller* BB 2019, 2292; *Schulte/Tisch* NZA 2020, 761 (762 f.).

[342] So bereits BAG 11.8.1976 AP Nr. 2 zu § 3 LohnFG.

[343] MüKoBGB/*Müller-Glöge* EFZG § 3 Rn. 79; Schmitt EFZG/*Küfner-Schmitt* § 5 Rn. 111; weitergehend *Schulte/Tisch* NZA 2020, 761; *Sievers* jM 2020, 412 (418), der von einem Anscheinsbeweis ausgeht.

[344] BAG 26.10.2016 AP Nr. 33 zu § 3 EntgeltFG = NZA 2017, 240; 26.2.2003 AP Nr. 8 zu § 5 EntgeltFG; 1.10.1997 AP Nr. 5 zu § 5 EntgeltFG = NZA 1998, 369.

[345] *Kleinebrink* ArbRB 2016, 47 (48).

[346] BAG 19.2.1997 AP Nr. 3 zu Art. 18 EWG-Verordnung Nr. 574/72 = NZA 1997, 705; MüKoBGB/*Müller-Glöge* EFZG § 3 Rn. 79.

[347] ErfK/*Reinhard* EFZG § 5 Rn. 14; HWK/*Vogelsang* EFZG § 5 Rn. 39.

[348] BAG 19.2.1997 AP Nr. 4 zu § 3 EntgeltFG = NZA 1997, 652; vgl. auch BAG 21.3.1996 AP Nr. 42 zu § 123 BGB = NZA 1996, 1030.

[349] MüKoBGB/*Müller-Glöge* EFZG § 3 Rn. 79.

Der AG ist bei Zweifeln am Vorliegen einer Arbeitsunfähigkeit nicht verpflichtet, zunächst eine gutachterliche Stellungnahme des **Medizinischen Dienstes** der Krankenkasse (dazu → Rn. 118 ff.) einzuholen. Macht er von dieser Möglichkeit keinen Gebrauch, verliert er nicht das Recht, den Beweiswert der Arbeitsunfähigkeit auf andere Weise zu erschüttern.[350] Für Arbeitsunfähigkeitsbescheinigungen aus dem nicht zur EU gehörenden Ausland gelten die gleichen Grundsätze, sofern die Bescheinigung erkennen lässt, dass der Arzt zwischen Krankheit und Arbeitsunfähigkeit unterschieden und damit eine den Begriffen des deutschen Arbeits- und Sozialversicherungsrechts entsprechende Beurteilung vorgenommen hat.[351] Diesen Anforderungen genügt eine Arbeitsunfähigkeitsbescheinigung nach Maßgabe des Deutsch-Türkischen Sozialversicherungsabkommens.[352] Ist die Arbeitsunfähigkeitsbescheinigung demgegenüber in einem Mitgliedstaat der EU ausgestellt worden, hat der AG nicht nur den Beweiswert der Arbeitsunfähigkeitsbescheinigung zu erschüttern, sondern weitergehend den Beweis des Gegenteils anzutreten (dazu → Rn. 113). Ob diese unterschiedliche prozessuale Behandlung der Arbeitsunfähigkeitsbescheinigung aufrechterhalten werden kann, ist äußerst fraglich.[353] 111

Der Beweiswert der Arbeitsunfähigkeitsbescheinigung ist **nicht erschüttert,** wenn der AN wiederholt nicht zu Hause angetroffen wurde und der Arzt ein Ausgangsverbot nicht verhängt hat. Gleiches soll gelten, wenn eine Sekretärin eine Vertretung auf einem bestimmten Arbeitsplatz ablehnt und zwei weitere nach Versetzung krank werden.[354] Damit werden freilich die Anforderungen an die Darlegungslast des AG überspannt. Der Beweiswert der Arbeitsunfähigkeitsbescheinigung **kann erschüttert werden,** wenn ernsthafte Zweifel an dem Bestehen der Arbeitsunfähigkeit dargelegt werden oder Fehler bei der Erstellung der Arbeitsunfähigkeitsbescheinigung vorkommen.[355] Ernsthafte Zweifel an der Arbeitsunfähigkeit können sich ergeben, wenn der AN die Arbeitsunfähigkeit ankündigt,[356] er im Falle der Nichterteilung von **Urlaub** mit Arbeitsunfähigkeit droht, Schwarzarbeit verrichtet oder ganztägig auf einer Eigenheimbaustelle arbeitet.[357] Die Beweiskraft eines Arbeitsunfähigkeitsattestes, das in einem Staat, der nicht Mitglied der EU ist, ausgestellt ist, ist erschüttert, wenn Umstände zusammenwirken wie die Erkrankung gegen Ende eines nur teilweise gewährten Heimaturlaubes sowie die Annahme im Attest, der AN sei nach empfohlener 30-tägiger Bettruhe wieder arbeitsfähig.[358] Der Beweiswert einer nach einer ärztlichen Untersuchung am 1.9. erstellten Erstbescheinigung, die eine Arbeitsunfähigkeit vom 1.9. bis zum 15.9. bescheinigt, ist erschüttert, wenn der betroffene AN, dem in der Zeit vom 11.8. bis zum 29.8. Urlaub gewährt war, den für den 29.8. **gebuchten Rückflug** am 28.8. auf den 11.9. umbucht.[359] Gleiches gilt, wenn er während seiner Arbeitsunfähigkeit am späten Abend in **Bars oder Diskotheken** angetroffen wird oder der AN am Tage der Kündigung gearbeitet hat und am nächsten Tag arbeitsunfähig ist (sehr umstritten).[360] Der Beweiswert ist ferner erschüttert, wenn der AN während der behaupteten Arbeitsunfähigkeit für einen anderen AG vergleichbare Arbeiten verrichtet, wie er sie seinem bisherigen AG vertraglich schuldet.[361] Begründete Zweifel bestehen ferner, wenn der AN eine Untersuchung durch den **Medizinischen Dienst** der Krankenkasse durch sein Nichterscheinen verhindert.[362] Zweifel an der Arbeitsunfähigkeit bei dem Zustandekommen der Bescheinigung ergeben sich, wenn sie nicht auf einer Untersuchung des Arztes beruht, sondern allein auf den Angaben des Patienten, die Arbeitsunfähigkeit mehr als zwei Tage **rückwirkend attestiert** wird, wenn also gegen die Arbeitsunfähigkeitsrichtlinien verstoßen wird (dazu → Rn. 117).[363] Drei aufeinanderfolgende Erstbescheinigungen von zwei **unterschiedlichen Ärzten** nach inhaltlicher Aus- 112

[350] LAG Hamm 19.4.2008 – 18 Sa 1938/07; ErfK/*Reinhard* EFZG § 5 Rn. 17.
[351] BAG 19.2.1997 AP Nr. 4 zu § 3 EntgeltFG = NZA 1997, 652; MüKoBGB/*Müller-Glöge* EFZG § 3 Rn. 82; Schmitt EFZG/*Küfner-Schmitt* § 5 Rn. 160.
[352] BAG 1.10.1997 AP Nr. 4 zu § 5 EntgeltFG = NZA 1998, 372.
[353] Krit. hierzu auch ErfK/*Reinhard* EFZG § 5 Rn. 14; *Heinze/Giesen* BB 1996, 1830.
[354] LAG Düsseldorf 17.6.1997 BB 1997, 1902.
[355] BAG 17.6.2003 AP Nr. 13 zu § 543 ZPO 1977 = NZA 2004, 564; 15.7.1992 AP Nr. 98 zu § 1 LohnFG = NZA 1993, 23.
[356] Vgl. BAG 17.6.2003 AP Nr. 13 zu § 543 ZPO 1977 = NZA 2004, 564; 4.10.1978 AP Nr. 3 zu § 3 LohnFG; ArbG Nürnberg 28.7.1998 NZA-RR 1999, 79.
[357] BAG 26.8.1993 AP Nr. 112 zu § 626 BGB = NZA 1994, 63.
[358] LAG RhPf 24.6.2010 BB 2010, 2172.
[359] LAG Hamm 8.6.2005 NZA-RR 2005, 625.
[360] AA LAG Hamm AuR 1986, 186.
[361] BAG 26.8.1993 AP Nr. 112 zu § 626 BGB = NZA 1994, 63.
[362] LAG Hamm 29.1.2003 LAGReport 2003, 171 sowie BAG 3.10.1972 AP Nr. 1 zu § 5 LohnFG.
[363] *Müller/Berenz* AAG § 5 Rn. 51; MüKoBGB/*Müller-Glöge* EFZG § 3 Rn. 80; ErfK/*Reinhard* EFZG § 5 Rn. 16; *Vogelsang,* Entgeltfortzahlung, Rn. 356; näher dazu *Range-Ditz* ArbRB 2003, 249.

einandersetzung mit dem AG, vorheriger Eigenkündigung samt Mitnahme sämtlicher persönlicher Gegenstände aus dem Betrieb am letzten tatsächlichen Arbeitstag gut 6 Wochen vor Ablauf der Kündigungsfrist begründen ernsthafte Zweifel an der Richtigkeit der ärztlichen Arbeitsunfähigkeitsbescheinigungen.[364]

112a Sehr fraglich ist, ob die **im Internet beworbenen Arbeitsunfähigkeitsbescheinigungen** ohne Videosprechstunde den allgemeinen Beweiswert solcher Bescheinigungen haben.[365] Jedenfalls ist die Ausstellung von Arbeitsunfähigkeitsbescheinigungen im Wege der Ferndiagnose auf Grund von **ausgefüllten Online-Fragebögen,** die per WhatsApp durch den Patienten beantwortet werden und einem Arzt zur Ausstellung einer Arbeitsunfähigkeitsbescheinigung dienen, unlauterer Wettbewerb, weil es gegen die unternehmerische Sorgfalt verstößt, Krankschreibungen in einer solchen Weise zu organisieren.[366] Selbst eine **telefonische Befragung** dürfte, wie das BSG zu Recht hervorgehoben hat, zur Feststellung der Arbeitsunfähigkeit regelmäßig nicht genügen. Die erforderlichen Feststellungen sind vielmehr auf der Grundlage einer bestmöglich fundierten ärztlichen Einschätzung zu gewinnen.[367] Hiervon geht auch der Gemeinsame Bundesausschuss in der Begründung zur geänderten Arbeitsunfähigkeitsrichtlinie unter 2.3.2 aus (→ Rn. 117). Danach ist die Feststellung einer Arbeitsunfähigkeit ausschließlich auf Basis zB eines Online-Fragebogens, einer Chat-Befragung oder eines Telefonats ausgeschlossen.[368] Die Werbung mit Rückdatierung von bis zu drei Tagen und mit nahezu 100%iger Erfolgswahrscheinlichkeit legt zudem eine genaue **Prüfung der Voraussetzungen des § 275 Ia SGB V** nahe, die zu einer Erschütterung des Beweiswerts der AU-Bescheinigung führen könnte.[369] Ob den nach den Arbeitsunfähigkeitsrichtlinien zulässigen Arbeitsunfähigkeitsbescheinigungen nach **Videosprechstunde** ein uneingeschränkt hoher Beweiswert zukommt, ist umstritten. Im Hinblick auf die eingeschränkten diagnostischen Möglichkeiten spricht einiges dagegen.[370] Im Schrifttum[371] wird insoweit zu Recht darauf hingewiesen, dass die aufgrund einer Videosprechstunde erstellte Arbeitsunfähigkeitsbescheinigung selbst nach Einschätzung des Gemeinsamen Bundesausschusses mit erheblichen Unsicherheiten belastet ist.[372]

113 **c) Bescheinigung aus EU-Ausland.** Besonderheiten gelten bei einer von einem ausländischen Arzt im EU-Ausland ausgestellten Arbeitsunfähigkeitsbescheinigung. Der EuGH hat zunächst die Auffassung vertreten, Art. 18 I–IV VO (EWG) Nr. 574/72 des Rates vom 21.3.1972 über die Durchführung der VO (EWG) Nr. 1408/71 sei dahin auszulegen, dass der zuständige Träger, auch wenn es sich dabei um den AG und nicht um die Krankenkasse handele, in tatsächlicher und rechtlicher Hinsicht an die im Ausland getroffene ärztliche Feststellung über den Eintritt und die Dauer der Arbeitsunfähigkeit gebunden sei, sofern er die betroffene Person nicht durch einen Arzt seiner Wahl untersuchen lasse (Paletta I).[373] Das BAG hat sodann dem EuGH die Frage vorgelegt, ob die Bindungswirkung auch im Falle des Rechtsmissbrauchs bestehe oder ggf. das EG-Recht wegen Verletzung des Grundsatzes der Verhältnismäßigkeit unwirksam sei.[374] Darauf hat der EuGH entschieden,[375] die in Deutschland geltenden **Grundsätze zur Erschütterung des Beweiswerts der Arbeitsunfähigkeitsbescheinigung seien nicht mit den Zielen des Art. 18 der Verordnung Nr. 574/72 vereinbar,** weil ein AN, der in einem anderen Mitgliedstaat arbeitsunfähig geworden sei, Beweisschwierigkeiten habe, welche das Gemeinschaftsrecht gerade vermeiden wolle. Dem AG sei es jedoch nicht verwehrt zu beweisen, dass der AN missbräuchlich oder betrügerisch eine Arbeitsunfähigkeit gemeldet habe, ohne krank gewesen zu sein (Paletta II).[376]

114 Das bedeutet, dass der AG den **Missbrauch oder Betrug durch einen Vollbeweis** nachweisen muss. Es reicht – anders als bei im Inland ausgestellten Arbeitsunfähigkeitsbescheinigungen –

---

364 LAG Nds 7.5.2007 LAGE § 3 EFZG Nr. 10.
365 Dagegen *Heider* NZA 2019, 288 (289 f.); *Müller* BB 2019, 2292 (2293 f.); *Sievers* jM 2020, 412 (418).
366 LG Hamburg 3.9.2019 – 406 HKO 56/19.
367 BSG 16.12.2014 – B 1 KR 25/14 R; ebenso iErg *Müller* BB 2019, 2292 (2294).
368 https://www.g-ba.de/downloads/40-268-6737/2020-07-16_AU-RL_Fernbehandlung-eAU_TrG.pdf.
369 *Heider* NZA 2019, 288 (289).
370 Ebenso *Schulte/Tisch* NZA 2020, 761 (764 f.); aA *Müller* BB 2019, 2292 (2294).
371 BeckOK ArbR/*Ricken*, 1.12.2020, EFZG § 5 Rn. 27.2.
372 https://www.g-ba.de/downloads/40-268-6737/2020-07-16_AU-RL_Fernbehandlung-eAU_TrG.pdf, unter 2.3.1.
373 EuGH 3.6.1992 AP Nr. 1 zu Art. 18 EWG-Verordnung Nr. 574/72 = NJW 1992, 2687.
374 BAG 27.4.1994 AP Nr. 100 zu § 1 LohnFG = NZA 1994, 683.
375 EuGH 2.5.1996 AP Nr. 2 zu Art. 18 EWG-Verordnung Nr. 574/72 = NZA 1996, 635.
376 Dazu *Abele* NZA 1996, 631; *Heinze/Giesen* BB 1996, 1830; *Lorenz* KrV 1996, 296; *Peter* RdA 1999, 374.

nicht aus, dass der AG Umstände beweist, die nur zu ernsthaften Zweifeln an der krankheitsbedingten Arbeitsunfähigkeit Anlass geben. An den Nachweis des Missbrauchs dürfen allerdings auch keine zu hohen Anforderungen gestellt werden. Gem. § 286 I ZPO hat das Gericht unter Berücksichtigung des gesamten Inhalts der Verhandlungen und des Ergebnisses einer etwaigen Beweisaufnahme nach freier Überzeugung zu entscheiden, ob eine tatsächliche Behauptung für wahr oder für nicht wahr zu erachten sei. Das Gericht hat dabei auch die prozessualen und vorprozessualen Handlungen, Erklärungen und Unterlassungen der Parteien und ihrer Vertreter zu würdigen.[377] Das LAG Baden-Württemberg hat die Klage im Fall Paletta schließlich rechtskräftig abgewiesen.[378]

d) Rückzahlung der Entgeltfortzahlung. Hat der AN aufgrund einer zu Unrecht ausgestellten Arbeitsunfähigkeitsbescheinigung Entgeltfortzahlung im Krankheitsfall erlangt, kann der AG Rückzahlung nach § 812 BGB verlangen.[379] Der AN kann sich nicht auf den Wegfall der Bereicherung berufen (§ 818 IV, § 819 I BGB). Daneben können Schadensersatzansprüche aus § 280 BGB bzw. unerlaubter Handlung gegeben sein. 115

IX. Rechtsbeziehungen zum Kassenarzt

1. Freie Arztwahl. Für die in der gesetzlichen Krankenversicherung Versicherten gilt grundsätzlich das Prinzip der freien Arztwahl (§ 76 SGB V). Das Rechtsverhältnis zwischen Versicherten und Arzt richtet sich nach §§ 72 ff. SGB V. Im Verhältnis zwischen AG und AN muss der AN die Kosten der Arbeitsunfähigkeitsbescheinigung tragen. Zur kassenärztlichen Versorgung gehört aber nach § 73 II Nr. 9 SGB V die Ausstellung der notwendigen Bescheinigung. Der Kassenarzt ist verpflichtet, diese Bescheinigung auszustellen und der Krankenkasse zu übersenden. Nimmt ein nicht pflichtversicherter AN einen Arzt in Anspruch, hat er die Kosten der Arbeitsunfähigkeitsbescheinigung selbst zu tragen. Ob der Arzt verpflichtet ist, eine Arbeitsunfähigkeitsbescheinigung zu erteilen, richtet sich nach dem Behandlungsvertrag. Im Allgemeinen wird sich als Nebenpflicht die Verpflichtung zur Erteilung von Arbeitsunfähigkeitsbescheinigungen ergeben. Nach der GOÄ ist eine besondere Vergütung für die Erteilung vorgesehen. 116

2. Arbeitsunfähigkeitsrichtlinien. In Ausführung von § 92 I 2 Nr. 7 SGB V hat der Gemeinsame Bundesausschuss (§ 91 SGB V) Richtlinien über die Beurteilung der Arbeitsunfähigkeit und die Maßnahmen zur stufenweisen Wiedereingliederung (Arbeitsunfähigkeits-Richtlinie) idF vom 14.11.2013, zuletzt geändert am 3.12.2020, erlassen (abrufbar unter http://www.g-ba.de/informationen/richtlinien/2/). **Verbindlich** sind die Beschlüsse des Gemeinsame Bundesausschusses gem.§ 91 VI SGB V nur für die Kassenärztlichen Bundesvereinigungen, die Deutsche Krankenhausgesellschaft und den Spitzenverband Bund der Krankenkassen, deren Mitglieder und Mitgliedskassen sowie für die Versicherten und die Leistungserbringer und damit nicht für den AG und den AN als Parteien des Arbeitsverhältnisses.[380] Wie jede unterrangige Rechtsquelle unterliegen diese Richtlinien den Grundsätzen der Normenhierarchie; sie müssen also insbesondere mit höherrangigem Recht vereinbar sein.[381] Für den **Beweiswert von Arbeitsunfähigkeitsbescheinigungen** ist zunächst § 4 I 2 der Richtlinien von Bedeutung. Danach darf die Feststellung von Arbeitsunfähigkeit nur auf Grund einer unmittelbar persönlichen ärztlichen Untersuchung erfolgen. Gem. Abs. 5 dieser Bestimmung kann Arbeitsunfähigkeit auch mittelbar persönlich im Rahmen von **Videosprechstunden** festgestellt werden, wenn der Versicherte dem Vertragsarzt aufgrund früherer Behandlung unmittelbar persönlich bekannt ist und die Erkrankung dies nicht ausschließt. Eine erstmalige Feststellung der Arbeitsunfähigkeit ist nur für einen **Zeitraum von bis zu sieben Kalendertagen** möglich. Die Feststellung des Fortbestehens der Arbeitsunfähigkeit ist nur zulässig, wenn bei dem Versicherten bereits zuvor aufgrund unmittelbar persönlicher Untersuchung durch den Vertragsarzt Arbeitsunfähigkeit wegen derselben Krankheit festgestellt worden ist. Gem. § 5 I 5 der Richtlinien sind Symptome (zb 117

[377] BAG 19.2.1997 AP Nr. 3 zu Art. 18 EWG-Verordnung Nr. 574/72 = NZA 1997, 705; ErfK/*Reinhard* EFZG § 5 Rn. 28; Schmitt EFZG/*Küfner-Schmitt* § 5 Rn. 166.

[378] LAG BW 9.5.2000 NZA-RR 2000, 515; hierzu *Bauer/Diller* NZA 2000, 711; *Subatzus* DB 2001, 1631.

[379] Dazu LAG Brem 26.8.1999 AuA 2000, 450.

[380] BeckOK ArbR/*Ricken*, 1.12.2020, EFZG § 5 Rn. 27.2a; ebenso Staudinger/*Oetker* BGB § 616 Rn. 364; allgemein zur Verbindlichkeit von Richtlinien des Gemeinsamen Bundesausschusses und der hierzu ergangenen Rspr. des BSG und BVerfG Becker/Kingreen/*Schmidt-De Caluwe* SGB V § 92 Rn. 7 ff.; aA *Düwell* BB 2020, 881 (882).

[381] BeckOK SozR/*Joussen*, 1.9.2019, SGB V § 92 Rn. 2.

Fieber, Übelkeit) nach spätestens sieben Tagen durch eine Diagnose oder Verdachtsdiagnose auszutauschen. Außerdem ist § 5 III der Richtlinien von Bedeutung. Danach soll die Arbeitsunfähigkeit für eine vor der ersten Inanspruchnahme des Arztes liegende Zeit grundsätzlich nicht bescheinigt werden. Eine **Rückdatierung** des Beginns der Arbeitsunfähigkeit auf einen vor dem Behandlungsbeginn liegenden Tag ist ebenso wie eine rückwirkende Bescheinigung über das Fortbestehen der Arbeitsunfähigkeit nur ausnahmsweise und nur nach gewissenhafter Prüfung und in der Regel nur von bis zu drei Tagen zulässig. Nach § 5 IV der Richtlinien soll die voraussichtliche Dauer der Arbeitsunfähigkeit nicht für einen mehr als zwei Wochen im Voraus liegenden Zeitraum bescheinigt werden.

X. Medizinischer Dienst

118 **1. Allgemeines.** Die Krankenkassen sind in den gesetzlich bestimmten Fällen oder wenn es nach Art, Schwere, Dauer oder Häufigkeit der Erkrankung oder nach dem Krankheitsverlauf erforderlich ist, verpflichtet, zur Beseitigung von Zweifeln an der Arbeitsunfähigkeit eine gutachtliche Stellungnahme des Medizinischen Dienstes der Krankenkasse einzuholen (§ 275 I Nr. 3 SGB V).[382] Bei dem von einem Medizinischen Dienst im Auftrag der Krankenkasse erstellten sozialmedizinischen Gutachten über den Zusammenhang zwischen zwei Arbeitsunfähigkeitszeiten zur Ermittlung des Leistungspflichtigen für den zweiten Zeitraum soll es sich um eine öffentliche Urkunde mit der Beweiskraft des § 418 I ZPO handeln.[383] § 275 Ia, Ib SGB V sollen eine Verstärkung der Kontrollen durch den Medizinischen Dienst bewirken. Der Medizinische Dienst darf nicht in die Behandlung des Arztes eingreifen. Ihm obliegt nur die Begutachtung, ob Arbeitsunfähigkeit vorliegt.

119 Die Prüfung hat unverzüglich nach Vorlage der ärztlichen Feststellung über die Arbeitsunfähigkeit zu erfolgen. Der AG kann **von der jeweiligen gesetzlichen Krankenkasse verlangen,** dass sie eine gutachtliche Stellungnahme des Medizinischen Dienstes zur Überprüfung der Arbeitsunfähigkeit einholt. Die Krankenkasse kann von einer Beauftragung des Medizinischen Dienstes absehen, wenn sich die medizinischen Voraussetzungen der Arbeitsunfähigkeit eindeutig aus den der Krankenkasse vorliegenden ärztlichen Unterlagen ergeben. Einen unmittelbaren Anspruch des AG gegen den Medizinischen Dienst sieht das Gesetz nicht vor.[384] Gem. § 275 Ib SGB V prüft der Medizinische Dienst bei Vertragsärzten, die nach § 106 II 1 Nr. 2 SGB V geprüft werden, stichprobenartig und zeitnah Feststellungen der Arbeitsunfähigkeit.

120 Unabhängig von § 275 SGB V hat der **AG** kaum Möglichkeiten, die Arbeitsunfähigkeit seiner AN ärztlich **überprüfen** zu lassen. In Tarifverträgen wird gelegentlich dem AG das Recht eingeräumt, den AN amtsärztlich untersuchen zu lassen. Dies gilt zB bei Musikern.[385] Umstritten ist, ob arbeitsvertraglich die Möglichkeit der Überprüfung der Arbeitsunfähigkeit durch einen anderen Arzt, etwa den Werksarzt, vereinbart werden kann.[386] Hiergegen dürften nur dann durchgreifende Bedenken bestehen, wenn die Entgeltfortzahlung von einer solchen Untersuchung abhängig gemacht wird. Es ist dem AG aber unbenommen, Hausbesuche und dgl. zu machen. Der AN braucht den AG allerdings nicht in seine Wohnung zu lassen. Andererseits muss der AG mögliche Mitbestimmungsrechte des BR wahren (§ 87 I Nr. 1 BetrVG). Der AG kann bei einem konkreten Verdacht vorgetäuschter Arbeitsunfähigkeit **Detektive** zur Überprüfung der Arbeitsunfähigkeit einsetzen.[387] Der AN hat dem AG die durch das Tätigwerden eines Detektivs entstandenen notwendigen Kosten zu ersetzen, wenn der AG anlässlich eines konkreten Tatverdachts gegen den AN einem Detektiv die Überwachung des AN überträgt und der AN einer vorsätzlichen Vertragspflichtverletzung überführt wird (näher dazu → § 53 Rn. 24 f.).

121 **2. Gutachtliche Stellungnahme.** Der Medizinische Dienst hat dem an der vertragsärztlichen Versorgung teilnehmenden Arzt und sonstigen Leistungserbringern, über deren Leistungen er eine gutachtliche Stellungnahme abgegeben hat, sowie der Krankenkasse das Ergebnis der Begutachtung und die erforderlichen Angaben über den Befund mitzuteilen. Der Versicherte kann der Mitteilung

---

[382] Dazu *Hunold* DB 1995, 676; *Schmitt* AuA 1999, 210.

[383] LAG Köln 2.8.2002 MDR 2003, 462.

[384] MüKoBGB/*Müller-Glöge* EFZG § 3 Rn. 81; ErfK/*Reinhard* EFZG § 5 Rn. 17.

[385] BAG 25.6.1992 AP Nr. 21 zu § 611 BGB Musiker = NZA 1993, 81; 15.7.1993 AP Nr. 1 zu § 10 MTB II = NZA 1994, 851.

[386] Dafür Schmitt EFZG/*Küfner-Schmitt* § 5 Rn. 99; für denkbar hält dies im Rahmen der §§ 305 ff. BGB MüKoBGB/*Müller-Glöge* EFZG § 5 Rn. 16; abl. HWK/*Vogelsang* EFZG § 5 Rn. 19; *Vogelsang,* Entgeltfortzahlung, Rn. 330.

[387] BAG 19.2.2015 AP Nr. 44 zu § 611 BGB Persönlichkeitsrecht = NZA 2015, 994; dazu auch *Edenfeld* DB 1997, 2273; *Frölich* NZA 1996, 464.

über den Befund an die Leistungserbringer widersprechen (§ 277 I SGB V). Im Ergebnis bedeutet das, dass nicht eine abweichende Diagnose mitzuteilen ist, sondern lediglich eine abweichende Auffassung zur Frage der Arbeitsunfähigkeit und ihrer Dauer. Der AG wird durch den Medizinischen Dienst nicht benachrichtigt. Nach § 277 II SGB V hat die Krankenkasse, solange ein Anspruch auf Fortzahlung des Arbeitsentgelts besteht, dem AG und dem Versicherten das Ergebnis des Gutachtens des Medizinischen Dienstes über die Arbeitsunfähigkeit mitzuteilen, wenn das Gutachten mit der Bescheinigung des Kassenarztes im Ergebnis nicht übereinstimmt. Die Mitteilung darf keine Angaben über die Krankheit des Versicherten enthalten.

XI. Anzeige- und Nachweispflicht bei Arbeitsunfähigkeit im Ausland

1. Allgemeines. Hält sich der AN bei Beginn der Arbeitsunfähigkeit im Ausland auf, ist er verpflichtet, dem AG die Arbeitsunfähigkeit, deren voraussichtliche Dauer und die Adresse am Aufenthaltsort in der schnellstmöglichen Art der Übermittlung mitzuteilen (§ 5 II 1 EFZG).[388] Der AN wird daher idR Telefon, E-Mail, Telefax oder Telegramm zu verwenden haben. Die durch die Mitteilung entstehenden (Mehr-)Kosten hat der AG zu tragen. Dagegen besteht kein Grund, den AG anders als bei einer Erkrankung im Inland mit den Grundkosten zu belasten. Unterlässt es der AN, seine Anschrift mitzuteilen, entsteht für den AG ein vorübergehendes Leistungsverweigerungsrecht (§ 7 EFZG).[389] Während der Dauer eines krankheitsbedingten Auslandsaufenthalts ist der AN auch gehalten, Vorkehrungen zu treffen, damit ihn rechtsgeschäftliche Erklärungen des AG erreichen können. Dazu muss er die Adresse seines Aufenthaltsorts so genau mitteilen, dass ihn der AG bzw. ein Dritter am Aufenthaltsort erreichen kann.[390] Ist der AN Mitglied einer gesetzlichen Krankenkasse, ist er verpflichtet, auch dieser die Arbeitsunfähigkeit und deren voraussichtliche Dauer anzugeben. 122

2. Inhalt der Unterrichtung. Im Gesetz ist nicht ausdrücklich geregelt, ob bei einer Erkrankung im Ausland auch eine Arbeitsunfähigkeitsbescheinigung vorgelegt werden muss. In der Gesetzesbegründung (BT-Drs. 12/5798, 26 zu § 5 Abs. 2) ist vermerkt, dass durch die Neufassung die Anzeigepflicht im Ausland erweitert worden ist, um der Missbrauchsmöglichkeit zu begegnen. Es ist daher anzunehmen, dass durch § 5 II EFZG die Nachweispflichten nicht eingeschränkt, sondern die Mitteilungspflichten verschärft werden sollten. In § 5 II 6 EFZG ist auch ausdrücklich bestimmt, dass die Arbeitsunfähigkeitsbescheinigung nicht den Vermerk zu enthalten braucht, dass der Arzt der Krankenkasse eine Durchschrift der Arbeitsunfähigkeitsbescheinigung übersandt hat. Eine Arbeitsunfähigkeitsbescheinigung ist unter Beachtung der Fristen des § 5 I EFZG vorzulegen.[391] Für eine Übersetzung hat der AN nicht zu sorgen.[392] 123

Dauert die Arbeitsunfähigkeit länger als angezeigt, ist der AN verpflichtet, gegenüber der Krankenkasse die **Anzeige zu wiederholen** (§ 5 II 4 EFZG). Dagegen fehlt eine entsprechende Regelung für den AG. Dies kann nur den Grund haben, dass der AN seine Anzeige gegenüber dem AG nicht zu korrigieren braucht, sondern die Bescheinigung seines Arztes abwarten kann. 124

Die **gesetzliche Krankenkasse** kann bestimmen, dass der AN Anzeige- und Mitteilungspflichten gegenüber einem ausländischen Versicherungsträger erfüllen kann.[393] Dies gilt in aller Regel im Bereich der EU und aufgrund zahlreicher zwischenstaatlicher Vereinbarungen. Hierüber geben Merkblätter der Krankenkassen Auskunft. Kehrt der AN nach Deutschland zurück, ist er verpflichtet, dem AG und der Krankenkasse unverzüglich Mitteilung zu machen (§ 5 II 7 EFZG). 125

XII. Forderungsübergang bei Dritthaftung

1. Überblick. Wird der AN durch einen Dritten geschädigt und arbeitsunfähig krank, gehen die Schadensersatzansprüche des AN gegen den Dritten gem. § 6 I EFZG insoweit auf den AG über, als dieser dem AN nach § 3 EFZG Entgeltfortzahlung geleistet und darauf entfallende vom AG zu tragende Beiträge zur BA, Arbeitgeberanteile an Beiträgen zur Sozial- 126

[388] Dazu *Berenz* DB 1995, 1462.
[389] BAG 19.2.1997 AP Nr. 4 zu § 3 EntgeltFG = NZA 1997, 652; 1.10.1997 AP Nr. 5 zu § 5 EntgeltFG = NZA 1998, 369.
[390] LAG Hmb 11.11.2005 LAGE § 5 KSchG Nr. 111; MüKoBGB/*Müller-Glöge* EFZG § 5 Rn. 24.
[391] Ebenso MüKoBGB/*Müller-Glöge* EFZG § 5 Rn. 25.
[392] MüKoBGB/*Müller-Glöge* EFZG § 5 Rn. 25; ErfK/*Reinhard* EFZG § 5 Rn. 26; *Vogelsang*, Entgeltfortzahlung, Rn. 349.
[393] Hierzu BAG 1.10.1997 AP Nr. 4 zu § 5 EntgeltFG = NZA 1998, 372.

versicherung und zur Pflegeversicherung sowie zu Einrichtungen der zusätzlichen Alters- und Hinterbliebenenversorgung abgeführt hat.[394] Hierbei handelt es sich um einen gesetzlichen Forderungsübergang (cessio legis). Verlangt der AG von dem Dritten aus übergegangenem Recht Schadensersatz, hat er außer der Entgeltfortzahlung darzulegen und zu beweisen, dass dem AN gegen den Dritten ein Anspruch auf Ersatz des Verdienstausfallschadens aus § 823 I BGB oder – bei Verkehrsunfällen – aus § 7 I, § 11 S. 1 StVG iVm § 115 I VVG zusteht. Es gelten insoweit keine anderen Grundsätze, als wenn der AN seinen Schadensersatzanspruch selbst geltend machen würde.[395]

127 **2. Anspruchsvoraussetzungen.** Ein Forderungsübergang nach § 6 EFZG findet statt, wenn **(1)** der AN von einem Dritten Schadensersatz wegen Verdienstausfall verlangen kann, **(2)** ein schadensersatzpflichtiger Dritter vorhanden ist und **(3)** der AG das Arbeitsentgelt fortgezahlt hat. Der gesetzliche Forderungsübergang ist beschränkt auf **gesetzliche Schadensersatzansprüche.**[396] Dagegen findet der Forderungsübergang nicht statt, wenn der AN ausschließlich aufgrund vertraglicher Vereinbarung mit einem Dritten (etwa einer Versicherung) Ersatz seines Verdienstausfalles verlangen kann. Gesetzliche Forderungen sind solche aus unerlaubter Handlung, also aus §§ 823 I, 823 II BGB iVm einem Schutzgesetz und aus § 826 BGB. Bei Amtspflichtverletzungen öffentlicher Bediensteter ist die Fortzahlungsverpflichtung des AG keine anderweitige Ersatzmöglichkeit nach § 839 I 2 BGB.[397] Ein gesetzlicher Forderungsübergang besteht auch dann, wenn Ansprüche wegen Gefährdungshaftung bestehen, zB § 833 BGB, § 7 StVG. Ein gesetzlicher Schadensersatzanspruch liegt ebenso vor, wenn ein Dritter nach §§ 280 I, 311 II BGB haftet. Maßgebend sind die Haftungsvorschriften der jeweiligen Vertragsart.[398] Etwas anderes gilt für die Ansprüche auf Vertragserfüllung.[399]

128 Der Schadensersatzanspruch geht nur über, soweit er besteht. Besteht die Forderung, können dieser aber **Einwendungen entgegengehalten** werden, kann sich auch der Schädiger hierauf berufen (§§ 412, 404 BGB).[400] Im Allgemeinen kommen für den Dritten drei Fallgruppen in Betracht. Die Erhebung von Schadensersatzansprüchen kann rechtsmissbräuchlich sein, zB bei Sportverletzungen. Der Schadensersatzanspruch kann verjährt sein. Die Verjährung des Schadensersatzanspruchs richtet sich nach § 199 II BGB. Schließlich kann der Schadensersatzanspruch zeitlich befristet sein; dies ist der Fall, wenn ein weiteres Ereignis eintritt, das gleichfalls zur Arbeitsunfähigkeit führt.

129 **3. Ansprüche gegen Dritte. a) Anspruchsgegner.** Der Forderungsübergang erfasst nur Schadensersatzansprüche gegen eine natürliche oder juristische Person. Vom Forderungsübergang ausgeschlossen können jedoch sein **(1)** Schadensersatzansprüche gegen Familienangehörige, **(2)** gegen Arbeitskollegen und **(3)** gegen den AG selbst.

130 **b) Familienangehörige.** Nach § 86 III VVG, § 116 VI SGB X ist ein Übergang des Schadensersatzanspruchs bei **nicht vorsätzlicher Schädigung** durch Familienangehörige, die im Zeitpunkt des Schadensereignisses mit dem Geschädigten oder seinen Hinterbliebenen in häuslicher Gemeinschaft leben, ausgeschlossen. Ein Ersatzanspruch kann auch dann nicht geltend gemacht werden, wenn der Schädiger mit dem Geschädigten oder einem Hinterbliebenen nach Eintritt des Schadensereignisses die Ehe geschlossen hat und in häuslicher Gemeinschaft lebt. Ein derartiger Ausschluss des Schadensersatzanspruchs ergibt sich zwar nicht aus dem Wortlaut des § 6 EFZG. Der BGH hat aber einen solchen Ausschluss für § 4 LohnFG stets angenommen, da die Interessenlage gleich sei.[401] Dasselbe gilt auch für das EFZG.[402] Lebt der verletzte AN mit dem als Tierhalter haftenden Familienangehörigen in häuslicher Gemeinschaft, ist deshalb der gesetzliche Forderungsübergang gem. § 6 I EFZG auf den AG, der dem Geschädigten Entgeltfortzahlung leistet, ausgeschlossen.[403] Familienangehörige sind der Ehegatte und Verwandte sowie Verschwägerte des AN. Auf den familienrechtlichen Verwandtschaftsgrad kommt es nicht

[394] BGH 23.6.2020 AP Nr. 1 zu § 6 EntgeltFG; 22.11.2016 – VI ZR 40/16.
[395] BGH 23.6.2020 AP Nr. 1 zu § 6 EntgeltFG.
[396] ErfK/*Reinhard* EFZG § 6 Rn. 4; HWK/*Vogelsang* EFZG § 6 Rn. 4.
[397] BGH 20.6.1974 AP Nr. 1 zu § 4 LohnFG.
[398] Vgl. BGH 20.2.1958 AP Nr. 1 zu § 1542 RVO = NJW 1958, 710; Schmitt EFZG/*Schmitt* § 6 Rn. 17.
[399] ErfK/*Reinhard* EFZG § 6 Rn. 5.
[400] ErfK/*Reinhard* EFZG § 6 Rn. 14; MüKoBGB/*Müller-Glöge* EFZG § 6 Rn. 2.
[401] BGH 4.3.1976 AP Nr. 2 zu § 4 LohnFG; 15.1.1980 BB 1980, 942.
[402] MüKoBGB/*Müller-Glöge* EFZG § 6 Rn. 4; ErfK/*Reinhard* EFZG § 6 Rn. 7; Schmitt EFZG/*Schmitt* § 6 Rn. 25 ff.
[403] OLG Dresden 8.9.1999 VersR 2001, 1035.

an. Der Haftungsausschluss gilt auch innerhalb einer eingetragenen Lebenspartnerschaft, weil nach § 11 I LPartG ein Lebenspartner als Familienangehöriger des anderen Lebenspartners gilt.[404] Nicht zu den Familienangehörigen gehört der Lebensgefährte.[405] Der Übergang ist nur ausgeschlossen, wenn die Familienangehörigen mit dem AN in häuslicher Gemeinschaft leben. Diese ist zu bejahen, wenn sie eine gemeinsame Wirtschaftsführung idR in denselben Räumen haben.

c) Arbeitskollegen. Beruht die Arbeitsunfähigkeit auf einem Unfall, den ein im Betrieb tätiger Arbeitskollege durch betriebliche Tätigkeit verursacht hat, ist dieser nicht zum Ersatz des Schadens verpflichtet (§§ 104–106 SGB VII). Es fehlt damit ein Schadensersatzanspruch, der übergehen könnte.[406] Dies gilt auch dann, wenn der Arbeitskollege durch eine private Haftpflichtversicherung geschützt ist.[407] 131

d) Mehrere Schadensverursacher. Ein Schadensersatzanspruch gegen den AG besteht nur dann, wenn dieser die Arbeitsunfähigkeit vorsätzlich herbeigeführt hat oder sie auf einem nach § 8 II Nr. 1–4 SGB VII versicherten Weg entstanden ist. Im Übrigen ist der Schadensersatzanspruch bei Unfällen ausgeschlossen (§ 104 SGB VII). Ist die Arbeitsunfähigkeit infolge vorsätzlicher Handlung oder auf einem versicherten Weg eingetreten, ist der AG im Allgemeinen jedoch nicht Dritter, so dass ein Übergang des Schadensersatzanspruches ausgeschlossen ist. Eine Ausnahme besteht dann, wenn es neben dem AG weitere Schadensverursacher gibt, bei denen die Haftung nicht ausgeschlossen ist. In diesen Fällen geht der Schadensersatzanspruch gegen den Dritten auf den AG über. Im Innenverhältnis kann der AG gegen den Dritten nur den Teil des Schadensersatzanspruchs verlangen, der auf den Dritten entfällt (vgl. § 426 BGB).[408] 132

4. Gegenstand des Anspruchsübergangs. a) Fortgezahltes Arbeitsentgelt. Der Anspruch geht nur insoweit auf den AG über, „als dieser dem AN nach dem" EFZG „Arbeitsentgelt fortgezahlt und darauf entfallende vom AG zu tragende Beiträge zur BA, Arbeitgeberanteile an Beiträgen zur Sozialversicherung und zur Pflegeversicherung sowie zu Einrichtungen der zusätzlichen Alters- und Hinterbliebenenversorgung abgeführt hat". Der Forderungsübergang tritt zu dem Zeitpunkt ein, zu dem der AG das Arbeitsentgelt fortzahlt. Dies wird in aller Regel sukzessive sein. Mit dieser Regelung wird verhindert, dass der AG bereits Schadensersatzansprüche erlangt, bevor der Schaden bei ihm eintritt, indem er Vergütungsfortzahlung leistet. Zugleich wird sichergestellt, dass der AN seinen Schadensersatzanspruch nicht verliert und um den Verdienst einen Rechtsstreit führen muss.[409] Verfügt der AN über den Schadensersatzanspruch, etwa bei einem Verkehrsunfall, indem er einen Vergleich, eine Abtretung oder einen Verzicht zum Nachteil des AG erklärt, greift § 7 I Nr. 2 EFZG ein. Der AG hat dann ein Leistungsverweigerungsrecht. Der AG wird zweckmäßigerweise den Dritten von der Entgeltfortzahlung unterrichten.[410] 133

Der Forderungsübergang bezieht sich nur auf Schadensersatzansprüche wegen des Verdienstausfalls infolge der Arbeitsunfähigkeit. Das ist zunächst das vom AG nach § 4 I EFZG fortzuzahlende Entgelt (→ Rn. 71 ff.). Hat der AN trotz seiner zeitweisen Arbeitsunfähigkeit Anspruch auf eine ungekürzte **Sonderzahlung,** kann der AG von dem Schädiger den normativen Verdienstausfallschaden in Höhe des rechnerisch auf die Zeit der unfallbedingten Arbeitsunfähigkeit entfallenden Teils der Prämie verlangen. Ob sich die Sonderzahlung arbeitsrechtlich als Entgelt im engeren Sinne, als Belohnung für die in der Vergangenheit bewiesene Betriebstreue oder als Anreiz für künftige Betriebstreue darstellt oder diese Elemente miteinander verbindet, ist schadensrechtlich nach der Rechtsprechung der Zivilgerichte grundsätzlich ohne Bedeutung.[411] Der BGH geht bei der Berechnung der Verdienstausfallbeträge davon aus, dass die jährliche Sonderzahlung auf alle Jahrestage unter Abzug der tatsächlichen Urlaubs- und Freistellungstage zu verteilen ist, und rechnet wie folgt: 134

---

404 ErfK/*Reinhard* EFZG § 6 Rn. 8; HWK/*Vogelsang* EFZG § 6 Rn. 8; MüKoBGB/*Müller-Glöge* EFZG § 6 Rn. 5.
405 BGH 15.1.1980 FamRZ 1980, 348.
406 ErfK/*Reinhard* EFZG § 6 Rn. 9; HWK/*Vogelsang* EFZG § 6 Rn. 9.
407 BGH 8.5.1973 AP Nr. 7 zu § 636 RVO.
408 BGH 12.6.1973 NJW 1973, 1648.
409 ErfK/*Reinhard* EFZG § 6 Rn. 15.
410 Vgl. BSG 13.5.1992 NZA 1993, 142.
411 Hierzu und zum Folgenden BGH 22.11.2016 – VI ZR 40/16; *Schlünder* NZA 2012, 1126.

$$\frac{\text{Sonderzahlung (brutto, einschl. Arbeitgeberanteile) x Krankheitstage}}{\text{365 Kalendertage abzüglich Urlaubstage}}$$

Der Abzug der Urlaubstage ist nach Auffassung des BGH vorzunehmen, weil während der Urlaubszeit nicht gearbeitet wird und der Jahresverdienst daher an den restlichen Arbeitstagen zu verdienen ist.[412] Geht es um **Ansprüche auf Urlaubsentgelt** und war der AN in einem Urlaubsjahr nur zeitweilig arbeitsunfähig, muss das Urlaubsentgelt auf das ganze Jahr verrechnet und entsprechend auf die Jahresarbeitstage aufgeteilt werden, wobei die Urlaubszeit in Abzug zu bringen ist.[413] Im ersten Schritt ist das auf ein Urlaubsjahr entfallende Urlaubsentgelt zu ermitteln:

$$\frac{\text{Jahreseinkommen x Jahresurlaubstage}}{\text{(Jahresarbeitstage – Jahresurlaubstage)}}$$
$$= \text{jährliches Urlaubsentgelt}$$

In einem zweiten Schritt ist der anteilige Betrag bei zeitweiliger Arbeitsunfähigkeit zu ermitteln wie folgt:

$$\frac{\text{Jährliches Urlaubsentgelt x unfallbedingt ausgefallene Arbeitstage}}{\text{(Jahresarbeitstage – Jahresurlaubstage)}}$$
$$= \text{auf die zeitweilige Arbeitsunfähigkeit entfallendes Urlaubsentgelt}$$

Mit dem Arbeitsentgelt gehen auch die vom AG zu tragenden Beiträge zur BA (§§ 340 ff. SGB III), zur gesetzlichen Sozialversicherung und Pflegeversicherung sowie zu Einrichtungen der zusätzlichen Alters- und Hinterbliebenenversorgung über. Dagegen gehen nicht über etwaige Umlagen, die der AG allein zu zahlen hat. Zu den Beiträgen zur gesetzlichen Sozialversicherung gehören die **Beiträge zur Kranken-, Renten- und Pflegeversicherung.** Sie sind ein zusätzliches Entgelt, das der AG zahlt. Nicht zu den übergehenden Beträgen gehören die zur gesetzlichen Unfallversicherung.[414] Sie sind eine eigenständige Leistung des AG und nicht zusätzliches Entgelt. Weiterhin gehen Beiträge des AG an eine **Lebensversicherung, Pensions- und Unterstützungskasse** sowie die **Zusatzversorgungskasse** über.[415] Nach umstrittener Auffassung des BGH werden von § 6 I EFZG auch die Leistungen des AG zu den Lohnausgleichs- und Urlaubskassen des Baugewerbes erfasst.[416] Ein Forderungsübergang findet nicht statt wegen des Ersatzes von Schmerzensgeldansprüchen oder Ansprüchen auf sonstigen Schadensersatz.

135 **b) Gesetzliche Entgeltfortzahlungspflicht.** Kein Forderungsübergang erfolgt, wenn der AG Leistungen erbringt, ohne nach dem EFZG hierzu verpflichtet zu sein. Das kann der Fall sein bei Fortzahlung von Aufwendungsersatz oder sonstiger Arbeitgeberleistungen, die nach § 4 EFZG unberücksichtigt bleiben. Umstritten ist die Behandlung von Krankengeldzuschüssen, die der AG aufgrund einer vertraglichen oder kollektivrechtlichen Verpflichtung leistet (dazu → Rn. 158). Die überwiegende Auffassung im Schrifttum lehnt insoweit zu Recht einen Anspruchsübergang mit der Begründung ab, es handele sich hierbei nicht um einen Anspruch auf Arbeitsentgelt nach dem EFZG.[417] In diesen Fällen ist dem AG ein Rückgriff gegen den Schädiger nur möglich, wenn der AN ihm insoweit die Ansprüche abgetreten hat. Umstr. ist die Rechtslage, wenn der Entgeltfortzahlungsanspruch des AN infolge überwiegenden Mitverschuldens ausgeschlossen ist. Zum Teil wird die Auffassung vertreten, dass ein Forderungsübergang ausgeschlossen sei;[418] zum Teil wird dieser bejaht, wenn der AG gleichwohl zahlt.[419]

136 **c) Darlegungs- und Beweislast.** Der AG genügt seiner Darlegungslast, wenn er behauptet, der AN habe infolge des Unfalls, den der Dritte verschuldet habe, Verletzungen erlitten, sei deshalb in einem näher bezeichneten Zeitraum arbeitsunfähig krank gewesen und er habe für diesen Zeitraum dem AN Entgeltfortzahlung geleistet. Die Angabe näherer Einzelheiten ist

[412] BGH 13.8.2013 NZA 2014, 91.
[413] BGH 13.8.2013 NZA 2014, 91.
[414] BGH 11.11.1975 DB 1976, 58.
[415] BGH 7.7.1998 NZA-RR 1998, 457.
[416] BGH 28.1.1986 NJW-RR 1986, 512; aA ErfK/*Reinhard* EFZG § 6 Rn. 13.
[417] ErfK/*Reinhard* EFZG § 6 Rn. 11; HWK/*Vogelsang* EFZG § 6 Rn. 12; Schmitt EFZG/*Schmitt* § 6 Rn. 48; aA OLG Koblenz 14.7.1993 NJW-RR 1994, 864; MüKoBGB/*Müller-Glöge* EFZG § 6 Rn. 7.
[418] Schmitt EFZG/*Schmitt* § 6 Rn. 44.
[419] OLG Düsseldorf AP Nr. 3 zu § 4 LohnFG.

nicht erforderlich, soweit diese für die Rechtsfolgen nicht von Bedeutung sind.[420] Für den Kausalzusammenhang zwischen der Verletzungshandlung und der Rechtsgutsverletzung – **haftungsbegründende Kausalität** – gilt das strenge Beweismaß des § 286 ZPO. Erforderlich ist die volle Überzeugung des Gerichts. Für die **haftungsausfüllende Kausalität,** also für den ursächlichen Zusammenhang zwischen der primären Rechtsgutsverletzung und weiteren Schäden des Verletzten (Sekundärschäden) gilt das erleichterte Beweismaß des § 287 ZPO. Ausreichend für die Überzeugungsbildung ist eine hinreichende bzw. überwiegende Wahrscheinlichkeit.[421]

5. Quotenvorrecht. Der Forderungsübergang kann nicht zum Nachteil des AN geltend gemacht werden (§ 6 III EFZG). Das Quotenvorrecht kommt vor allem in Betracht, wenn das Vermögen des Schuldners nicht ausreicht oder die Haftung des Dritten beschränkt ist.[422] Trifft den AN ein Mitverschulden, kann auch der AG nur im Umfang des Verschuldensanteils des Schädigers von diesem Ersatz verlangen.[423] Es ist denkbar, dass der AN auch Leistungen eines gesetzlichen Sozialleistungsträgers bezogen hat. Insoweit gehen seine Ansprüche nach § 116 I SGB X auf den gesetzlichen Sozialleistungsträger über. Stehen der Durchsetzung der Ansprüche auf Ersatz eines Schadens tatsächliche Hindernisse entgegen, hat die Durchsetzung der Ansprüche des Geschädigten und seinen Hinterbliebenen Vorrang vor den übergegangenen Ansprüchen. **137**

6. Mitwirkungspflichten des Arbeitnehmers. Der AN hat dem AG nach § 6 II EFZG unverzüglich die zur Geltendmachung des Schadensersatzanspruchs erforderlichen Angaben zu machen. Er hat mithin dem AG mitzuteilen das Schadensereignis, die Schadensursache, Namen und Anschrift des Schädigers, Namen und Anschrift von Zeugen, polizeiliches Ermittlungsergebnis und sonstige Beweisurkunden. Der AN braucht nur solche Tatsachen mitzuteilen, die er wissen kann. Er hat jedoch Erkundigungen einzuziehen, soweit ihm dies möglich und zumutbar ist. Dagegen besteht keine Erkundigungslast, wenn er zB in ein Krankenhaus eingeliefert wird und keine Möglichkeit mehr hatte, den Schädiger zu ermitteln oder seinen Namen festzuhalten.[424] Verstößt der AN schuldhaft gegen seine Mitwirkungspflicht, erhält der AG ein Leistungsverweigerungsrecht (§ 7 I Nr. 2 EFZG). **138**

XIII. Leistungsverweigerungsrechte des Arbeitgebers

1. Voraussetzungen. § 7 EFZG gibt dem **AG in zwei Fällen** ein Leistungsverweigerungsrecht. Dies ist nach § 7 I Nr. 1 EFZG ein zeitlich vorübergehendes; im Falle des § 7 I Nr. 2 EFZG ein endgültiges, dauerndes, unbefristetes. Das Leistungsverweigerungsrecht aus § 100 II SGB IV (Hinterlegung des Sozialversicherungsausweises) ist nach Aufhebung dieser Vorschrift zum 1.1.2003 weggefallen. **139**

2. Nichtvorlage einer Arbeitsunfähigkeitsbescheinigung. Der AG hat ein zeitweiliges Leistungsverweigerungsrecht, wenn der AN eine Arbeitsunfähigkeitsbescheinigung nicht fristgerecht vorlegt[425] oder die Arbeitsunfähigkeitsbescheinigung nicht den gesetzlichen Anforderungen genügt. Es ist von Gesetzes wegen Sache des AN, seinen Arzt zur Ausstellung einer ordnungsgemäßen Bescheinigung zu veranlassen.[426] Entsprechendes gilt, wenn die Verlängerungsbescheinigung nicht rechtzeitig vorgelegt wird.[427] Ein Leistungsverweigerungsrecht besteht ferner, wenn der AN eine Kurbescheinigung nicht vorlegt.[428] Dagegen besteht kein Leistungsverweigerungsrecht, wenn der AN die Arbeitsunfähigkeit nicht rechtzeitig anzeigt. **140**

Ein Leistungsverweigerungsrecht des AG kommt auch in Betracht, wenn der AN bei **Erkrankung im Ausland den Anzeige- und Nachweispflichten** nicht nachkommt. Das **141**

[420] BGH 23.6.2020 AP Nr. 1 zu § 6 EntgeltFG.
[421] Anschaulich BGH 23.6.2020 AP Nr. 1 zu § 6 EntgeltFG.
[422] ErfK/*Reinhard* EFZG § 6 Rn. 21.
[423] MüKoBGB/*Müller-Glöge* EFZG § 6 Rn. 14.
[424] LAG Düsseldorf 24.4.1974 DB 1974, 1392.
[425] BAG 1.10.1997 AP Nr. 5 zu § 5 EntgeltFG = NZA 1998, 369.
[426] MüKoBGB/*Müller-Glöge* EFZG § 7 Rn. 4; HWK/*Vogelsang* EFZG § 7 Rn. 5; Schmitt EFZG/*Küfner-Schmitt* § 7 Rn. 14.
[427] ErfK/*Reinhard* EFZG § 7 Rn. 5; HWK/*Vogelsang* EFZG § 7 Rn. 5; Schmitt EFZG/*Küfner-Schmitt* § 7 Rn. 16.
[428] BAG 5.6.1972 AP Nr. 1 zu § 7 LohnFG.

Leistungsverweigerungsrecht besteht weiter, wenn der AN wieder ins Inland zurückkehrt und sich nicht nach § 5 II 7 EFZG zurückmeldet. Es wirkt dauerhaft, soweit alsdann die Bescheinigung nicht mehr nachgeholt werden kann.[429] Die Leistungsverweigerungsrechte sind ausgeschlossen, wenn der AN die Verletzung der ihm obliegenden Verpflichtungen nicht zu vertreten hat (§ 7 II EFZG), dh, wenn er sie nicht vorsätzlich oder fahrlässig verletzt hat (§ 276 BGB). Das zeitweilige Leistungsverweigerungsrecht erlischt rückwirkend, sobald der AN seine gesetzlichen Verpflichtungen erfüllt.[430] Dies ergibt sich aus § 7 I Nr. 1 EFZG, wonach das Leistungsverweigerungsrecht nur besteht, „solange" der AN seinen Verpflichtungen nicht nachkommt.

142 Bestreitet der AG in einem **Entgeltfortzahlungsprozess** die Arbeitsunfähigkeit, hat der AN sie nachzuweisen. Gelingt der Beweis der anspruchsbegründenden Tatsachen weder durch die Vorlage einer Arbeitsunfähigkeitsbescheinigung noch in sonstiger Weise, ist die Klage als unbegründet abzuweisen.[431] Mit Eintritt der Rechtskraft der klageabweisenden Entscheidung steht fest, dass der behauptete Entgeltfortzahlungsanspruch nicht gegeben ist. Es besteht dann nicht mehr nur ein zeitweiliges Leistungsverweigerungsrecht.

143 **3. Verhinderung des Anspruchsübergangs.** Ein endgültiges Leistungsverweigerungsrecht des AG besteht nach § 7 I Nr. 2 EFZG, wenn der AN den Übergang eines Schadensersatzanspruchs gegen einen Dritten auf den AG verhindert und er diese Verhinderung zu vertreten hat. Da der Schadensersatzanspruch erst dann auf den AG übergeht, wenn er die Entgeltfortzahlung im Krankheitsfalle erbringt, kann der AN vor dem Übergang über die Schadensersatzansprüche verfügen. Dies geschieht vor allem, wenn er mit der Haftpflichtversicherung des Dritten Abfindungsvergleiche oder Erlassverträge abschließt.[432] Ein Rechtsanwalt darf einen bindenden Abfindungsvergleich mit nicht unerheblicher Tragweite regelmäßig nur schließen, wenn sein Mandant hierüber belehrt ist und zugestimmt hat.[433] Ein AN, der nach einem unverschuldeten Verkehrsunfall Verletzungen davongetragen hat, handelt, wenn er mit dem Schädiger eine Vereinbarung über die Abgeltung aller aus dem Unfall herrührenden Forderungen trifft, schuldhaft, wenn er nicht zuvor mit dem AG Kontakt aufnimmt.[434]

144 Auch das endgültige Leistungsverweigerungsrecht setzt **Verschulden** voraus, dh, Vorsatz oder Fahrlässigkeit. Zum Begriff „verhindern" in § 7 I Nr. 2 EFZG gehört ein vorsätzliches Verhalten. Insoweit hat das BAG jedoch zum LohnFG ausgeführt:[435] Wird ein Arbeiter durch Verschulden eines Dritten arbeitsunfähig krank und schließt er mit der Haftpflichtversicherung des Dritten einen Abfindungsvergleich, der sämtliche aus dem Schadensfall herrührenden Ansprüche betrifft, muss er sich dieses Rechtsgeschäft gegenüber seinem AG jedenfalls dann zurechnen lassen, wenn er bei Abschluss des Vergleichs damit rechnen musste, dass sich noch Folgen aus dem Schadensfall in Gestalt weiterer Erkrankungen einstellen werden, die einen Lohnfortzahlungsanspruch gegen den AG entstehen lassen. In § 5 Nr. 1 LohnFG war dem AG ein Leistungsverweigerungsrecht eingeräumt, wenn der AN dem AG nicht unverzüglich die zur Geltendmachung des Schadensersatzanspruchs erforderlichen Angaben gemacht hat. Eine entsprechende Bestimmung fehlt in § 7 EFZG. Das Leistungsverweigerungsrecht wird sich aber gleichwohl aus allgemeinen Rechtsgrundlagen ergeben. Denn insoweit hat der AG einen Anspruch nach § 6 II EFZG, so dass ein Zurückbehaltungsrecht nach § 273 BGB entsteht.[436]

145 **4. Entgeltfortzahlung trotz Leistungsverweigerungsrechts.** Hat der AG ein zeitweiliges Leistungsverweigerungsrecht, erbringt er aber gleichwohl die Entgeltfortzahlung, besteht kein Rückzahlungsanspruch aus ungerechtfertigter Bereicherung. Die Zahlungen des AG erfolgen nicht ohne Rechtsgrund (§ 812 BGB). Hat der AG dagegen ein endgültiges Leistungsverweigerungsrecht und leistet er gleichwohl Entgeltfortzahlung, besteht ein Rückzahlungsanspruch aus ungerechtfertigter Bereicherung.[437]

[429] ErfK/*Reinhard* EFZG § 7 Rn. 9; Schmitt EFZG/*Küfner-Schmitt* § 7 Rn. 35 ff.
[430] BAG 1.10.1997 AP Nr. 5 zu § 5 EntgeltFG = NZA 1998, 369; ErfK/*Reinhard* EFZG § 7 Rn. 9.
[431] BAG 26.2.2003 AP Nr. 8 zu § 5 EntgeltFG.
[432] BAG 7.12.1988 AP Nr. 2 zu § 5 LohnFG = NZA 1989, 306.
[433] BGH 21.4.1994 NJW 1994, 2085.
[434] LAG SchlH 18.7.2006 NZA-RR 2006, 58.
[435] BAG 7.12.1988 AP Nr. 2 zu § 5 LohnFG = NZA 1989, 306.
[436] Ebenso MüKoBGB/*Müller-Glöge* EFZG § 7 Rn. 11; iErg ebenso durch eine erweiterte Auslegung bzw. analoge Anwendung des § 7 I Nr. 2 EFZG ErfK/*Reinhard* EFZG § 7 Rn. 12; Schmitt EFZG/*Küfner-Schmitt* § 7 Rn. 46 f.
[437] BAG 7.12.1988 AP Nr. 2 zu § 5 LohnFG = NZA 1989, 306.

XIV. Unabdingbarkeit

1. Abweichende Regelungen. Von den Vorschriften des EFZG kann gem. § 12 EFZG abgesehen von §§ 4 IV, 10 IV 1 EFZG (dazu → Rn. 108) nicht zuungunsten der AN abgewichen werden. Dies gilt für Einzelarbeitsverträge, Gesamtzusagen, arbeitsvertraglichen Einheitsregelungen zwischen AN und AG und ihren Zusammenschlüssen, für in Heimarbeit beschäftigte Personen (§§ 12, 10 EFZG). Auch durch Betriebsvereinbarungen kann von den Vorschriften des EFZG nicht zuungunsten der AN abgewichen werden. 146

Für **Tarifverträge** gibt es von diesem Grundsatz zwei Ausnahmen. Nach § 4 IV 1 EFZG kann durch Tarifvertrag eine abweichende Bemessungsgrundlage des fortzuzahlenden Arbeitsentgelts festgelegt werden (dazu → Rn. 88). Nach § 10 IV 1 EFZG kann für Heimarbeiter (§ 1 I lit. a HAG) durch Tarifvertrag bestimmt werden, dass sie statt des sonst vorgesehenen Zuschlags die Entgeltfortzahlung für AN erhalten. 147

2. Ausschlussfristen. Die Unabdingbarkeit des Entgeltfortzahlungsanspruchs gem. § 12 EFZG steht einem Verfall nicht entgegen.[438] Ausschlussfristen betreffen nicht die durch das EFZG gestaltete Entstehung von Rechten des AN und deren Inhalt, sondern ihren zeitlichen Bestand.[439] Eine diesbezügliche Regelung ist ebenso wenig wie ein nachträglicher Verzicht durch § 12 EFZG verboten. 148

3. Günstigkeitsvergleich. Unzulässig sind Abweichungen zuungunsten der AN. Während § 4 III TVG von unmittelbar und zwingend geltenden Tarifbestimmungen abweichende vertragliche Abmachungen nur „zugunsten" des AN zulässt und damit fordert, dass die mit dem Tarifvertrag kollidierende vertragliche Regelung „stets günstiger" ist,[440] eröffnet § 12 EFZG für die Entgeltfortzahlung an gesetzlichen Feiertagen einen weitergehenden Regelungsspielraum. Die Bestimmung verbietet nur Regelungen „zuungunsten" des AN. Allein in diesem Fall führt die Abweichung vom Gesetz zur Nichtigkeit der Regelung (§ 12 EFZG iVm § 134 BGB).[441] Wirksam sind demzufolge abweichende Regelungen der Entgeltfortzahlung nicht nur, wenn sie „stets günstiger" als das Gesetz sind, sondern auch dann, wenn nach objektiven Maßstäben – sei es, weil es sich um eine „ambivalente" Regelung handelt, bei der es von den Umständen des Einzelfalls abhängt, ob sie sich für den AN günstiger oder ungünstiger auswirkt, sei es, weil die Regelung neutral ist – nicht zweifelsfrei feststellbar ist, dass sie für den AN ungünstiger sind.[442] Soweit im Schrifttum mit Blick auf § 4 IV EFZG die Auffassung vertreten wird, die Einbeziehung ambivalenter Regelungen in die Gestaltungsmöglichkeiten sei mit § 12 EFZG nicht vereinbar,[443] berücksichtigt dies nicht genügend den Unterschied zwischen stets und damit strukturell ungünstigeren Regelungen und solchen, die sich im Einzelfall unterschiedlich auswirken können. Dagegen sind günstigere Regelungen als die des EFZG stets zulässig. Bei dem Günstigkeitsvergleich ist die einzelne gesetzliche Vorschrift mit der getroffenen Regelung zu vergleichen.[444] Liegt eine für den AN nachteilige Regelung vor, ist diese nach § 134 BGB nichtig. Dies gilt auch dann, wenn der Gesamtvergleich eine Begünstigung für den AN ergeben würde. Sind in einer individualrechtlichen Regelung nur einzelne Abweichungen ungünstiger, sind diese unwirksam (§ 134 BGB). Gem. § 139 BGB ist dann, wenn ein Teil eines Rechtsgeschäftes nichtig ist, im Zweifel das ganze Rechtsgeschäft nichtig. Diese Vorschrift ist bei Verstoß gegen Arbeitnehmerschutzvorschriften im Arbeitsrecht regelmäßig nicht anzuwenden. Im Zweifel ist im Bereich des Arbeitsrechts gerade von der Wirksamkeit der übrigen Regelungen auszugehen, es sei denn, dass die Auslegung etwas anderes ergibt. Ist ein Tarifvertrag teilweise unwirksam, ist nur dann von der Unwirksamkeit der übrigen auf die Entgeltfortzahlung sich beziehenden Bestimmungen auszugehen, wenn diese in einem inneren Zusammenhang zu der unwirksamen Regelung stehen. 149

---

[438] BAG 25.5.2005 AP Nr. 1 zu § 310 BGB = NZA 2005, 1111; 16.1.2002 AP Nr. 13 zu § 3 EntgeltFG = NZA 2002, 746.

[439] BAG 20.6.2018 AP Nr. 1 zu § 3 MiLoG = NZA 2018, 1494.

[440] BAG 15.4.2015 AP Nr. 26 zu § 4 TVG Günstigkeitsprinzip mAnm *Kühnast* = NZA 2015, 1274 (zu einer tarifvertraglichen Regelung).

[441] BAG 26.9.2001 AP Nr. 55 zu § 4 EntgeltFG = NZA 2002, 387.

[442] BAG 6.12.2017 AP Nr. 18 zu § 2 EntgeltFG mAnm *L. Schmidt* = NZA 2018, 597.

[443] *Knorr* NZA 2018, 1449; *L. Schmitt* Anm. zu AP Nr. 18 zu § 2 EntgeltFG.

[444] BAG 26.9.2001 AP Nr. 11 zu § 3 EntgeltFG = NZA 2002, 387; ErfK/*Reinhard* EFZG § 12 Rn. 7; HK-EFZR/*Malkmus* EFZG § 12 Rn. 45; Schmitt EFZG/*Schmitt* § 12 Rn. 33; *Vogelsang,* Entgeltfortzahlung, Rn. 863.

150 **4. Einzelne Abwicklungsgeschäfte.** Auf schuldrechtliche Ansprüche kann nicht einseitig verzichtet werden. Vielmehr bedarf es zu deren Beseitigung entweder eines Erlassvertrags (§ 397 I BGB) oder eines negativen Schuldanerkenntnisses (§ 397 II BGB). Ein negatives Schuldanerkenntnis ist vor allem in der Ausgleichsquittung enthalten (dazu → § 72 Rn. 14ff.). Für die Wirksamkeit von Erlassverträgen ist grundsätzlich zu unterscheiden zwischen einem bestehenden Arbeitsverhältnis und einem beendeten. Während des **bestehenden Arbeitsverhältnisses** können zukünftig erst entstehende Entgeltfortzahlungsansprüche nicht erlassen werden. Dies war für Regelungen nach dem ehemaligen LohnFG unstreitig.[445] Dagegen war die Wirksamkeit des Erlasses von bereits entstandenen und fälligen Lohnfortzahlungsansprüchen während des bestehenden Arbeitsverhältnisses umstr. Das BAG hat die Wirksamkeit eines Erlassvertrags **nach Beendigung des Arbeitsverhältnisses** zu Recht bejaht.[446] Insoweit ist der AN nicht mehr schutzbedürftig. Da der Entgeltfortzahlungsanspruch jedoch der fortbestehende Vergütungsanspruch aus § 611a II BGB ist, wird man dem AN auch im fortbestehenden Arbeitsverhältnis die Befugnis einräumen können, nach dem Entstehen des Anspruchs hierüber verfügen zu können. Ausgeschlossen ist durch § 12 EFZG damit nur eine im Voraus getroffene ungünstige Vereinbarung.[447]

151 **5. Unwirksamkeit aufgrund anderer Vorschriften.** Nach § 49 I Nr. 1 SGB V ruht der Anspruch auf Krankengeld, soweit und solange Versicherte beitragspflichtiges Arbeitsentgelt oder Arbeitseinkommen erhalten. Dies gilt nicht für einmalig gezahltes Arbeitsentgelt. Beschäftigt der AG den AN weiter, obwohl dieser Leistungen der Krankenversicherung erhält, können für die Krankenkasse Schadensersatzansprüche entstehen.[448] Zuschüsse des AG zum Krankengeld gelten nicht als Arbeitsentgelt (dazu → Rn. 158). Nach § 115 I SGB X geht der Anspruch des AN gegen den AG auf den Leistungsträger bis zur Höhe der erbrachten Sozialleistungen über, soweit der AG den Anspruch des AN auf Arbeitsentgelt nicht erfüllt und deshalb ein Leistungsträger Sozialleistungen erbracht hat. Der Forderungsübergang erfolgt im Zeitpunkt der Leistungserbringung. Hieraus folgt, dass vor Forderungsübergang der AN über seine Forderung verfügen kann. Dagegen ist eine Verfügung nach Forderungsübergang mangels Verfügungsbefugnis unwirksam.[449] Eine Ausnahme von diesem Grundsatz gilt wiederum dann, wenn der AN über seine Forderung ein Rechtsgeschäft mit einem Dritten abschließt und dieser im Zeitpunkt des Abschlusses den Forderungsübergang nicht kennen konnte (§§ 412, 407 BGB).[450] Ein Erlassvertrag ist dann unwirksam, wenn der Entgeltfortzahlungsanspruch auf einem Tarifvertrag beruht. Insoweit ist dieser nur unter den Voraussetzungen von § 4 IV TVG wirksam.[451]

Anhang: Krankengeld

152 **1. Anspruchsvoraussetzungen.** Versicherte haben Anspruch auf Krankengeld, wenn die Krankheit sie arbeitsunfähig macht oder sie auf Kosten der Krankenkasse stationär in einem Krankenhaus, einer Vorsorge- oder Rehabilitationseinrichtung behandelt werden (§ 44 I 1 SGB V). Das Krankengeld soll den Entgeltausfall nach Erschöpfung des Anspruchs auf Entgeltfortzahlung im Krankheitsfalle ausgleichen. Es hat **Entgeltersatzfunktion.** Kein Anspruch auf Krankengeld besteht mithin für Versicherte, die keinen Einnahmeausfall hinzunehmen haben. Ein Versicherter ist grundsätzlich dann arbeitsunfähig, wenn er gehindert ist, seine arbeitsvertraglich geschuldete, zuletzt ausgeübte Arbeit zu verrichten.[452] Maßstab für die Beurteilung der krankheitsbedingten Arbeitsunfähigkeit eines Versicherten in der Krankenversicherung der Arbeitslosen sind dagegen auch in den ersten sechs Monaten der Arbeitslosigkeit alle Beschäftigungen, für die er sich der Arbeitsverwaltung zwecks Vermittlung zur Verfügung gestellt hat und die ihm arbeitslosenversicherungsrechtlich zumutbar sind. Einen darüber hinausgehenden krankenversicherungsrechtlichen „Berufsschutz" gibt es auch insoweit nicht.[453] **Krankengeldberechtigt** sind grundsätzlich nur kraft Gesetzes Versicherte. Dies sind versicherungspflichtig Beschäftigte (§ 5 I Nr. I SGB V), aber auch Empfänger von Arbeitslosengeld oder Arbeitslosenhilfe. Nicht anspruchsberechtigt sind Studenten und Praktikanten, Teilnehmer an berufsfördern-

[445] BAG 20.8.1980 AP Nr. 11 zu § 6 LohnFG.
[446] BAG 27.5.2020 AP Nr. 159 zu § 615 BGB = NZA 2020, 1131; 20.8.1980 AP Nr. 12 zu § 6 LohnFG.
[447] HK-EFZR/*Malkmus* EFZG § 12 Rn. 20; MüKoBGB/*Müller-Glöge* EFZG § 12 Rn. 7f.; ErfK/*Reinhard* EFZG § 12 Rn. 5; HWK/*Vogelsang* EFZG § 12 Rn. 7.
[448] OLG Düsseldorf 18.9.1998 NZA-RR 1999, 10.
[449] BAG 20.8.1980 AP Nr. 11 zu § 6 LohnFG.
[450] BAG 11.6.1976 AP Nr. 2 zu § 9 LohnFG; 29.11.1978 AP Nr. 7 zu § 6 LohnFG.
[451] Vgl. aber BAG 20.8.1980 AP Nr. 12 zu § 6 LohnFG.
[452] BSG 8.11.2005 AP Nr. 1 zu § 44 SGB V.
[453] BSG 4.4.2006 NZS 2007, 150.

den Maßnahmen der Rehabilitation (§ 44 I 2 SGB V). Die Versicherteneigenschaft muss zum Zeitpunkt des Eintritts der Arbeitsunfähigkeit vorliegen.[454]

2. Entstehung des Anspruchs. Der Anspruch auf Krankengeld entsteht **(1)** bei Krankenhausbehandlung oder Behandlung in einer Vorsorge- oder Rehabilitationseinrichtung von ihrem Beginn an, **(2)** im Übrigen von dem Tag an, der auf den Tag der ärztlichen Feststellung der Arbeitsunfähigkeit folgt (§ 46 SGB V).[455] § 46 S. 1 Nr. 2 SGB V setzt unabdingbar sowohl bei der Erstfeststellung der Arbeitsunfähigkeit als auch bei nachfolgenden Feststellungen die persönliche Untersuchung des Versicherten durch einen Arzt voraus.[456] Bei Beziehern von Arbeitslosengeld, Arbeitslosenhilfe, Unterhaltsgeld, Kurzarbeitergeld oder Winterausfallgeld entsteht ein Anspruch auf Krankengeld vom ersten Tag der Arbeitsunfähigkeit an (§ 47b SGB V). Versicherte nach dem Künstler-Sozialversicherungsgesetz erhalten Krankengeld grundsätzlich erst mit Beginn der 7. Woche der Arbeitsunfähigkeit (vgl. § 46 S. 2, 3 SGB V). 153

3. Dauer des Anspruchs. Versicherte erhalten Krankengeld ohne zeitliche Begrenzung für den Fall der Arbeitsunfähigkeit, wegen derselben Krankheit jedoch für längstens 78 Wochen innerhalb von drei Jahren, gerechnet vom Tage des Beginns der Arbeitsunfähigkeit an (§ 48 I SGB V). Der Bezugszeitraum wird auch dann nicht verlängert, wenn eine weitere Krankheit hinzutritt. Eine hinzugetretene Krankheit ist eine solche, die für sich allein betrachtet jedenfalls zur Arbeitsunfähigkeit führt. Keine hinzugetretene Krankheit ist gegeben, wenn der Versicherte gesund ist und dann eine andere Krankheit auftritt, auch wenn er zwischenzeitlich nicht gearbeitet hat. In § 48 II SGB V ist der Fall geregelt, dass Versicherte innerhalb der letzten drei Jahre an derselben Krankheit wiederholt erkranken. 154

4. Ruhen des Anspruchs. Der Anspruch auf Krankengeld ruht, soweit und solange Versicherte beitragspflichtiges Arbeitsentgelt oder Arbeitseinkommen erhalten (§ 49 I Nr. 1 SGB V); dies gilt nicht für einmalig gezahltes Arbeitsentgelt. Eine für die Zeit nach Beendigung des Beschäftigungsverhältnisses gewährte Urlaubsabgeltung führt nicht zum Ruhen des Anspruchs auf Krankengeld.[457] Das Krankengeld ruht allerdings beim Bezug sonstiger Lohnersatzleistungen. Nach § 49 I Nr. 5 SGB V ruht der Anspruch, solange die Arbeitsunfähigkeit der Krankenkasse nicht gemeldet wird. Dies gilt jedoch nicht, wenn die Meldung innerhalb einer Woche nach der Arbeitsunfähigkeit erfolgt. Die Meldeobliegenheit soll die Krankenkasse ebenso wie die Ausschlussregelung des § 46 S. 1 Nr. 2 SGB V davon freistellen, die Voraussetzungen eines verspätet geltend gemachten Krankengeld-Anspruchs im Nachhinein aufklären zu müssen. Deshalb ist die Gewährung von Krankengeld bei verspäteter Meldung auch dann ausgeschlossen, wenn die Leistungsvoraussetzungen im Übrigen zweifelsfrei gegeben sind und den Versicherten keinerlei Verschulden an dem unterbliebenen oder nicht rechtzeitigen Zugang der Meldung trifft.[458] Nach § 5 I EFZG muss bei versicherten AN die ärztliche Bescheinigung einen Vermerk des behandelnden Arztes darüber enthalten, dass die Krankenkasse unverzüglich eine Bescheinigung über die Arbeitsunfähigkeit mit Angaben über den Befund und die voraussichtliche Dauer der Arbeitsunfähigkeit übersandt wird. Der Anspruch auf Krankengeld **ruht nicht,** wenn zwar ein Anspruch auf Entgeltfortzahlung besteht, aber vom AG nicht erfüllt wird. Erklärt der AG wirksam die Aufrechnung, hat der AN Arbeitsentgelt erhalten, weil hierdurch eine Forderung des AG gegen den AN erloschen ist.[459] Gewährt die Krankenkasse Krankengeld, weil der AG kein Arbeitsentgelt zahlt, geht in Höhe des an den AN ausgezahlten Krankengeldes der Arbeitsentgeltanspruch nach § 115 I SGB X auf die Krankenkasse über. 155

5. Wegfall und Kürzung. Versicherte haben keinen Anspruch mehr auf Krankengeld, wenn die in § 50 SGB V aufgezählten Leistungen der gesetzlichen Sozialversicherung einsetzen. 156

6. Höhe. Das Krankengeld beträgt gem. § 47 I SGB V 70% des erzielten regelmäßigen Arbeitsentgelts und Arbeitseinkommens, soweit es der Beitragsberechnung unterliegt (Regelentgelt). Es darf 90% des Nettoarbeitsentgelts nicht übersteigen (§ 47 SGB V). Werden Versicherte vor Ablauf des Bemessungszeitraums in ihrem entgeltlichen Beschäftigungsverhältnis arbeitsunfähig, bemisst sich ihr Krankengeldanspruch nach einer vorrangig die individuellen Verhältnisse berücksichtigenden Schätzung.[460] Die Berechnungseinzelheiten ergeben sich aus § 47 SGB V. 157

[454] BSG 5.10.1977 SozR 2200 § 183 Nr. 11.
[455] BSG 16.12.2014 SozR 4-2500 § 192 Nr. 7.
[456] BSG 16.12.2014 USK 2014-128.
[457] BSG 30.5.2006 SozR 4-2500 § 49 Nr. 4.
[458] BSG 16.12.2014 SozR 4-2500 § 192 Nr. 7.
[459] ErfK/*Rolfs* SGB V § 49 Rn. 7.
[460] BSG 30.5.2006 NZS 2007, 204.

Soll nach dem einschlägigen Tarifvertrag Berechnungsbasis für den Krankengeldzuschuss die am 42. Tag der Arbeitsunfähigkeit abgerechnete monatliche Vergütung sein, ist dies dahin zu verstehen, dass die auf den Monat bezogene Vergütung des Kalendermonats zugrunde zu legen ist, in den der 42. Tag der Arbeitsunfähigkeit fällt.[461]

§ 99. Fortzahlung der Arbeitsvergütung bei Kur- und Heilverfahren

Übersicht

I. Arten der Heilverfahren

1 **1. Kurzwecke.** Kuren können nach § 23 I, IV SGB V **erforderlich** sein, um **(1)** eine Schwächung der Gesundheit zu beseitigen, die in absehbarer Zeit voraussichtlich zu einer Krankheit führen würde, **(2)** einer Gefährdung der gesundheitlichen Entwicklung eines Kindes entgegenzuwirken, **(3)** Krankheiten zu verhüten oder deren Verschlimmerung zu vermeiden oder **(4)** Pflegebedürftigkeit zu vermeiden. Nach § 24 SGB V sind auch Mutter- (bzw. Vater-)Kind Maßnahmen möglich. Werden diese Maßnahmen ambulant oder gem. § 23 IV SGB V stationär mit Unterkunft und Verpflegung in einer Vorsorgeeinrichtung durchgeführt, handelt es sich um Maßnahmen der medizinischen Vorsorge und Rehabilitation iSv § 9 EFZG.

2 **2. Anspruchsgrundlage.** Ist der AN während des Heilverfahrens arbeitsunfähig krank, besteht Anspruch auf Entgeltfortzahlung im Krankheitsfalle nach den in → § 98 Rn. 1 ff. dargestellten Grundsätzen. Ist der AN nicht arbeitsunfähig, entsteht ein Anspruch auf Entgeltfortzahlung nach § 9 EFZG. Sind **Kinder** zu versorgen, kann während des Heilverfahrens für den AN von dem Träger Haushaltshilfe gewährt werden (§ 28 SGB VI iVm § 44 I Nr. 6 SGB IX 2001/ § 64 I Nr. 6 SGB IX 2018).

II. Anspruchsvoraussetzungen bei Versicherten und Nichtpflichtversicherten

3 **1. Anspruchsvoraussetzungen bei Versicherten. a) Gesetzlich Versicherte.** Ein Anspruch auf Entgeltfortzahlung für Versicherte in der gesetzlichen Kranken- und Rentenversicherung entsteht, wenn die Arbeitsverhinderung eintritt infolge einer Maßnahme der medizinischen Vorsorge oder Rehabilitation, die ein Träger der gesetzlichen Renten-, Kranken- oder Unfallversicherung, eine Verwaltungsbehörde der Kriegsopferversorgung oder ein sonstiger Sozialleistungsträger bewilligt hat und die in einer Einrichtung der medizinischen Vorsorge durchgeführt wird (§ 9 I 1 EFZG). Ist der AN nicht Mitglied einer gesetzlichen Krankenkasse oder nicht in der gesetzlichen Rentenversicherung versichert, besteht Anspruch auf Entgeltfortzahlung, wenn eine Maßnahme der medizinischen Vorsorge oder Rehabilitation ärztlich verordnet worden ist und in einer Einrichtung der medizinischen Vorsorge oder Rehabilitation oder einer vergleichbaren Einrichtung durchgeführt wird (§ 9 I 2 EFZG).

[461] BAG 20.11.2019 AP Nr. 62 zu § 1 TVG Tarifverträge: Lufthansa = NZA 2020, 1045.

b) Maßnahme der medizinischen Vorsorge oder Rehabilitation. Das EFZG verwendet anstelle des früheren Begriffs Kur- oder Heilverfahren den Begriff „Maßnahme der medizinischen Vorsorge oder Rehabilitation". Es handelt sich hierbei um eine Anpassung an die sozialversicherungsrechtlichen Regelungen. In der Sache war keine Änderung der Rechtslage beabsichtigt. 4

c) Zuzahlung des Versicherten. Die stationären Leistungen der medizinischen Vorsorge erbringen die Träger der gesetzlichen Sozialversicherung in aller Regel als Sachleistung. Die Zuzahlung des Versicherten auf die medizinischen Leistungen hat für den Entgeltfortzahlungsanspruch keine Bedeutung (§§ 23 VI, 40 V, 39 IV SGB V, § 32 SGB VI jeweils iVm § 61 S. 2 SGB V: 10 EUR kalendertäglich). Unerheblich ist bei Privatversicherten, ob sie die volle Kostenerstattung oder Zuzahlungen erhalten.[1] Kein Anspruch der Versicherten entsteht, wenn die medizinische Maßnahme nur durch einen Träger der freien Wohlfahrtspflege erbracht wird. 5

d) Einrichtung der medizinischen Vorsorge oder Rehabilitation. Unerheblich für die Entgeltfortzahlung nach § 9 I EFZG ist, ob die Maßnahme ambulant oder stationär erfolgt.[2] Sie muss allerdings in einer Einrichtung der medizinischen Vorsorge oder Rehabilitation durchgeführt werden (dazu → Rn. 12). 6

e) Sicherung der Erwerbsfähigkeit. Die Rentenversicherungsträger erbringen Maßnahmen der medizinischen Vorsorge zur Sicherung der Erwerbsfähigkeit, wenn die Versicherten eine gesundheitsgefährdende, ihre Erwerbsfähigkeit ungünstig beeinflussende Beschäftigung ausüben § 31 I Nr. 2 SGB VI. Maßnahmen der Rehabilitation werden gewährt, um den Auswirkungen einer Krankheit oder einer körperlichen, geistigen oder seelischen Behinderung auf die Erwerbstätigkeit der Versicherten entgegenzuwirken oder sie zu überwinden (§ 9 SGB VI). Die Kriegsopferversorgung kann stationäre Maßnahmen gewähren, wenn sie notwendig sind, um einer in absehbarer Zeit zu erwartenden Verschlechterung des Gesundheitszustands oder dem Eintritt einer Arbeitsunfähigkeit vorzubeugen (§ 11 II BVG). 7

2. Bewilligungsbescheid. Ein Entgeltfortzahlungsanspruch entsteht nur, wenn der Sozialleistungsträger die Maßnahme bewilligt hat. Dies geschieht regelmäßig durch Verwaltungsakt (§ 31 SGB X). Dieser ist Tatbestandsvoraussetzung. Hat der Versicherte das Heilverfahren durchgeführt und bewilligt der Sozialleistungsträger nachträglich die Maßnahme, wird nach dem Wortlaut des Gesetzes ein Entgeltfortzahlungsanspruch nicht ausgelöst.[3] Mit der Bewilligung der Maßnahmen der medizinischen Vorsorge durch den Sozialleistungsträger steht im Allgemeinen auch die Notwendigkeit der medizinischen Maßnahme fest.[4] Die Bewilligung erfolgt durch einen Verwaltungsakt des Sozialleistungsträgers, der Bindungswirkung für die Gerichte entfaltet. Die Bindung entfällt nur im Falle der Nichtigkeit des Bewilligungsbescheids.[5] 8

3. Entgeltfortzahlungsanspruch. Ein Entgeltfortzahlungsanspruch des AN besteht nach § 9 I EFZG während einer Maßnahme der medizinischen Vorsorge oder Rehabilitation, wenn diese von einem sozialen Leistungsträger bewilligt worden ist und in einer Einrichtung der medizinischen Vorsorge oder Rehabilitation iSd § 107 II SGB V durchgeführt wird. Dem genügt ein Kur- und Wellnesscenter nicht ohne Weiteres.[6] Die tatsächliche Durchführung der Maßnahme muss die Lebensführung des AN während seines Aufenthalts in der Einrichtung maßgeblich gestalten.[7] Der Entgeltfortzahlungsanspruch besteht daher regelmäßig nur dann, wenn der Sozialleistungsträger eine Maßnahme in einer Einrichtung durchführt, die den Voraussetzungen des § 107 II SGB V entspricht und einen ausreichenden Einfluss auf die Lebensführung des AN und die Durchführung der Maßnahmen nimmt.[8] Ein Aufenthalt mit urlaubsmäßigem Zuschnitt 9

[1] Vgl. BAG 20.10.1993 AP Nr. 1 zu § 34 TV Ang Bundespost = NZA 1994, 625.
[2] BAG 25.5.2016 NZA 2016, 1028; ErfK/*Reinhard* EFZG § 9 Rn. 10.
[3] Ebenso ErfK/*Reinhard* EFZG § 9 Rn. 8; MüKoBGB/*Müller-Glöge* EFZG § 9 Rn. 7; HWK/*Vogelsang* EFZG § 9 Rn. 11; Schmitt EFZG/*Schmitt* § 9 Rn. 33 f.
[4] BAG 29.11.1973 AP Nr. 2 zu § 7 LohnFG; 10.5.1978 AP Nr. 3 zu § 7 LohnFG; 14.11.1979 AP Nr. 4 zu § 7 LohnFG.
[5] Ebenso ErfK/*Reinhard* EFZG § 9 Rn. 8; MüKoBGB/*Müller-Glöge* EFZG § 9 Rn. 7; Staudinger/*Oetker* BGB § 616 Rn. 291.
[6] BAG 25.5.2016 AP Nr. 4 zu § 9 EntgeltFG = NZA 2016, 1028; *Glatzel* NZA-RR 2016, 572; *Kock/Felz* NJW 2016, 3197.
[7] BAG 19.1.2000 AP Nr. 1 zu § 9 EFZG = NZA 2000, 773.
[8] ErfK/*Reinhard* EFZG § 9 Rn. 11; Schmitt/EFZG *Schmitt* § 9 Rn. 29 ff.

löst den Anspruch nicht aus.[9] Stets ist erforderlich, dass der Sozialleistungsträger das Heilverfahren sachgemäß durchführt. Bei nicht pflichtversicherten AN hängt es von der jeweiligen Einrichtung ab, ob eine Maßnahme zweckentsprechend durchgeführt wird. Dies wird im Allgemeinen gewährleistet sein, wenn es sich um beihilfefähige Sanatorien, Kliniken oder Kurhotels handelt. Insoweit ist der AN für die zweckmäßige Ausgestaltung darlegungs- und beweispflichtig. Bei ärztlich verordneten Schonungszeiten, die nicht die Anforderungen einer Maßnahme der medizinischen Vorsorge oder Rehabilitation erfüllen, besteht kein Anspruch auf Entgeltfortzahlung nach § 9 EFZG und § 10 BUrlG.[10] Für eine ergänzende Anwendung des § 616 BGB ist neben diesen leges speciales kein Raum.[11]

10 **4. Anspruchsvoraussetzungen bei Nichtpflichtversicherten.** Für AN, die weder in der gesetzlichen Krankenkasse noch in der gesetzlichen Rentenversicherung versichert sind, entsteht ein Anspruch auf Entgeltfortzahlung bis zu sechs Wochen, wenn die Maßnahme der medizinischen Vorsorge oder Rehabilitation ärztlich verordnet ist und in einer Einrichtung der medizinischen Vorsorge oder Rehabilitation oder einer vergleichbaren Einrichtung durchgeführt wird. Maßstab hierfür ist § 107 II SGB V. Die ärztliche Verordnung tritt an die Stelle des Bewilligungsbescheids des Sozialversicherungsträgers.[12] Der Anspruch nach § 9 I 2 EFZG kann nur geltend gemacht werden, wenn dem AN kein Anspruch nach § 9 I 1 EFZG zusteht. Er ist subsidiär. Aus der ärztlichen Verordnung muss sich ergeben, dass eine Maßnahme der medizinischen Vorsorge stationär notwendig ist. Unzureichend ist, wenn nur die Notwendigkeit der Vorsorgemaßnahme bescheinigt wird. Die Verordnung kann von jedem approbierten Arzt getroffen werden.[13] Die Maßnahmen der medizinischen Vorsorge für nicht pflichtversicherte AN müssen ihrer Art und Durchführung nach den Maßnahmen der gesetzlichen Sozialversicherungsträger entsprechen. Maßstab sind die Voraussetzungen des § 107 II SGB V.[14] Werden sie in Sanatorien oder Kliniken der Sozialleistungsträger durchgeführt, ist davon auszugehen, dass dieser Voraussetzung genügt wird. Dasselbe wird aber auch dann gelten, wenn die Maßnahme in einer (als beihilfefähig) anerkannten Kurklinik erfolgt.

III. Entsprechende Anwendung der Vorschriften über die Entgeltfortzahlung

11 **1. Anwendung der Vorschriften.** Die Vorschriften der §§ 3, 4, 4a und 6–8 EFZG sind auf den Anspruch auf Entgeltfortzahlung wegen der Durchführung der medizinischen Vorsorgemaßnahmen entsprechend anzuwenden. Nicht entsprechend anzuwenden ist § 5 EFZG für die Anzeige- und Nachweispflicht. Insoweit enthält § 9 EFZG eine besondere Regelung.

12 **2. § 3 EFZG.** Der Anspruch auf Entgeltfortzahlung wird ausgelöst, wenn der AN infolge der Maßnahmen an der Arbeitsleistung verhindert ist. Es gilt insoweit wie bei der Arbeitsunfähigkeit (dazu → § 98 Rn. 15) der Grundsatz der Monokausalität.[15] Der AN braucht anders als nach § 3 EFZG nicht arbeitsunfähig krank zu sein. Zweifelhaft ist, ob die Ansprüche aus § 3 und aus § 9 EFZG sich ausschließen oder miteinander konkurrieren können. Führt ein arbeitsunfähiger AN eine medizinische Vorsorgemaßnahme nicht in einer anerkannten medizinischen Einrichtung durch, hat er keinen Anspruch aus § 9 EFZG. Ist dieser Anspruch der speziellere, könnte der AN dann aber auch seinen Anspruch auf Entgeltfortzahlung im Krankheitsfalle verlieren. Richtiger wird sein, dass beide Ansprüche nebeneinander bestehen, da sie sich in ihren Voraussetzungen unterscheiden. Kein Anspruch auf Entgeltfortzahlung besteht, wenn die Ursache für die Maßnahme der medizinischen Vorsorge verschuldet worden ist.[16] Die Regeln über die wiederholte Erkrankung und Fortsetzungskrankheit finden grundsätzlich entsprechende Anwendung (→ § 98 Rn. 51 ff.). Dies gilt allerdings nicht für den Grundsatz der Einheit des Verhinderungsfalls (dazu → § 98 Rn. 54).[17] Die medizinische Vorsorgemaß-

---

[9] BAG 14.11.1979 AP Nr. 4 zu § 7 LohnFG.
[10] ErfK/*Reinhard* EFZG § 9 Rn. 2.
[11] BAG 25.5.2016 AP Nr. 4 zu § 9 EntgeltFG = NZA 2016 1028.
[12] HWK/*Vogelsang* EFZG § 9 Rn. 13.
[13] HK-EFZR/*S. Feichtinger* EFZG § 9 Rn. 72; MüKoBGB/*Müller-Glöge* EFZG § 9 Rn. 8; *Vogelsang*, Entgeltfortzahlung, Rn. 749.
[14] ErfK/*Reinhard* EFZG § 9 Rn. 12; Staudinger/*Oetker* BGB § 616 Rn. 295.
[15] MüKoBGB/*Müller-Glöge* EFZG § 9 Rn. 13; ErfK/*Reinhard* EFZG § 9 Rn. 14.
[16] ErfK/*Reinhard* EFZG § 9 Rn. 14; HWK/*Vogelsang* EFZG § 9 Rn. 19.
[17] BAG 10.9.2014 AP Nr. 3 zu § 9 EntgeltFG = NZA 2014, 1139; *Joussen* SAE 2015, 7; MüKoBGB/*Müller-Glöge* EFZG § 9 Rn. 14.

nahme entspricht der Fortsetzungskrankheit unabhängig davon, ob der AN arbeitsunfähig ist oder nicht. Geht einer Rehabilitationsmaßnahme eine Arbeitsunfähigkeit voraus, werden beide Ausfallzeiten oftmals auf demselben Grundleiden beruhen. In diesem Fall sind die Fristen des § 3 I 2 EFZG und die dazu entwickelten Darlegungs- und Beweislastregeln zu beachten (dazu → § 98 Rn. 61).[18]

3. §§ 4, 4a EFZG. Während der Arbeitsverhinderung infolge der medizinischen Vorsorgemaßnahme ist das Entgelt nach denselben Grundsätzen zu berechnen, wie sie für die Entgeltfortzahlung im Krankheitsfall gelten (→ § 98 Rn. 71 ff.). Während einer Regenerationskur gemäß den tariflichen Vorschriften der Deutschen Flugsicherung erfüllt der AN keine Arbeitspflicht. Er ist in dieser Zeit nicht im Schichtbetrieb eingesetzt, auch wenn der Schichtplan „im Hintergrund" weiterläuft. Deshalb kann an Wochenfeiertagen keine planmäßige Freizeit vorliegen.[19] Durch die Verweisung auf § 4a EFZG wird klargestellt, dass der AG auch eine Sondervergütung bei einer Maßnahme der medizinischen Vorsorge kürzen kann.[20] **13**

4. §§ 6–8 EFZG. Es gelten bei der Arbeitsverhinderung wegen medizinischer Vorsorgemaßnahmen dieselben Grundsätze wie bei der Entgeltfortzahlung im Krankheitsfall (Leistungsverweigerungsrecht bei fehlendem Nachweis usw.). **14**

IV. Anzeige- und Nachweispflicht

1. Anzeigepflicht. Der AN ist verpflichtet, dem AG den Zeitpunkt des Eintritts der Maßnahme, die voraussichtliche Dauer und die Verlängerung der Maßnahme unverzüglich mitzuteilen (§ 9 II EFZG). Der AN hat die Maßnahme ohne schuldhaftes Zögern (§ 121 BGB) anzuzeigen. Die Anzeige muss also erfolgen, sobald der AN den Termin für die Maßnahme kennt. Wird die Maßnahme während des Heilverfahrens verlängert, ist die Verlängerung unverzüglich mitzuteilen. Die Mitteilung kann mündlich oder schriftlich erfolgen.[21] **15**

2. Nachweispflicht. Der AN hat eine Bescheinigung über die Bewilligung der Maßnahme durch einen Sozialleistungsträger (§ 9 I 1 EFZG) oder eine ärztliche Bescheinigung über die Erforderlichkeit der Maßnahme (§ 9 I 2 EFZG) vorzulegen und mitzuteilen, welcher Sozialleistungsträger die Maßnahme bewilligt hat.[22] Dagegen braucht die Bescheinigung anders als nach § 5 EFZG keinen Vermerk über die Unterrichtung der Sozialleistungsträger zu enthalten. Deren Unterrichtung ist entbehrlich, weil sie durch ihre medizinischen Dienste die Notwendigkeit der stationären Maßnahme bereits überprüft haben. **16**

3. Verletzung. Bei Verletzung der Anzeige- und Nachweispflicht können Leistungsverweigerungsrechte nach § 7 EFZG und Schadensersatzansprüche entstehen.[23] Es gelten dieselben Grundsätze wie bei der Entgeltfortzahlung im Krankheitsfall. Kein Anspruch auf Entgeltfortzahlung besteht, wenn der Bescheid erst nachträglich ergeht.[24] **17**

§ 100. Ausgleich der Arbeitgeberaufwendungen für Entgeltfortzahlung und Leistungen nach dem MuSchG

Übersicht

[18] ErfK/*Reinhard* EFZG § 9 Rn. 14; MüKoBGB/*Müller-Glöge* EFZG § 9 Rn. 14; Schmitt EFZG/*Schmitt* § 9 Rn. 51 ff.
[19] BAG 19.3.2008 AP Nr. 1 zu § 611 BGB Feiertagsvergütung = NZA 2008, 1135.
[20] MüKoBGB/*Müller-Glöge* EFZG § 9 Rn. 17; Schmitt EFZG/*Schmitt* § 9 Rn. 65; HWK/*Vogelsang* EFZG § 9 Rn. 25.
[21] ErfK/*Reinhard* EFZG § 9 Rn. 21; HWK/*Vogelsang* EFZG § 9 Rn. 31.
[22] MüKoBGB/*Müller-Glöge* EFZG § 9 Rn. 23.
[23] ErfK/*Reinhard* EFZG § 9 Rn. 23; HWK/*Vogelsang* EFZG § 9 Rn. 33.
[24] MüKoBGB/*Müller-Glöge* EFZG § 9 Rn. 24.

I. Rechtsgrundlagen

1, 2 Bis zum Inkrafttreten des Gesetzes über den Ausgleich der Arbeitgeberaufwendungen für Entgeltfortzahlung (AAG) vom 22.12.2005 (BGBl. I 3686) war in §§ 10 ff. LohnFG ein Ausgleichsverfahren für Aufwendungen der AG bei der Entgeltfortzahlung und beim Mutterschutz geregelt. Seit dem 1.1.2006 ist das Ausgleichsverfahren im AAG neu geregelt. Mit diesem Gesetz hat der Gesetzgeber die **Vorgaben aus der Entscheidung des BVerfG vom 18.11.2003**[1] **umgesetzt.** Das Gesetz regelt den Aufwendungsersatz für die Entgeltfortzahlung bei Arbeitsunfähigkeit sowie für Leistungen, die der AG bei Beschäftigungsverboten während der Schwangerschaft und als Zuschuss zum Mutterschaftsgeld in den Zeiten der Schutzfristen erbringt. Das AAG hat aber auch das Umlage- und Erstattungsverfahren reformiert. Nun sind alle Krankenkassen mit Ausnahme der landwirtschaftlichen Krankenkassen am Verfahren beteiligt und Arbeiter wie Angestellte in den Ausgleich für Entgeltfortzahlung einbezogen.[2]

II. Ausgleichsverfahren bei der Entgeltfortzahlung (U1-Umlage)

3 **1. Allgemeines.** Gem. § 1 I Nr. 1 AAG erstatten die Krankenkassen mit Ausnahme der landwirtschaftlichen Krankenkassen den AG, die in der Regel ausschließlich der zu ihrer Berufsausbildung Beschäftigten nicht mehr als 30 AN beschäftigen, 80% des für den in § 3 I, II und den in § 9 I EFZG bezeichneten Zeitraum an AN fortgezahlten Arbeitsentgelts. Des Weiteren werden nach § 1 I Nr. 2 AAG 80% der auf die entgeltfortzahlungspflichtigen Arbeitsentgelte entfallenden Beitragsanteile des AG zur BA, zur gesetzlichen Kranken-, Pflege- und Rentenversicherung sowie zu berufsständischen Versorgungseinrichtungen für von der Versicherungspflicht befreite AN (§ 172 II SGB VI) und der Beitragszuschüsse nach § 257 SGB V und § 61 SGB XI erstattet.

4 **2. Arbeitgeberbezug.** In die Entgeltfortzahlungsversicherung im Krankheitsfall sind alle AG einbezogen, die in der Regel nicht mehr als 30 AN beschäftigen. AG sind alle Personen, die AN in ihren Diensten haben (→ § 17 Rn. 1 ff.); hierzu gehören Inhaber von Ladengeschäften, Handwerksbetrieben, Ärzte und Rechtsanwälte ebenso wie Inhaber von gewerblichen Betrieben. Am Ausgleich der Arbeitgeberaufwendungen nehmen nach § 1 III AAG auch die AG teil, die nur Auszubildende beschäftigen. Nicht einbezogen in die Entgeltfortzahlungsversicherung sind u.a. Bund, Länder, Gemeinden und Körperschaften, Anstalten und Stiftungen des öffentlichen Rechts (§ 11 AAG). Der Ausschluss öffentlich-rechtlich verfasster Rechtsträger greift nicht erst dann ein, wenn sie tarifgebunden sind. Sie sind vielmehr bereits kraft ihrer Rechtsform vom Ausgleichsverfahren ausgeschlossen.[3] Die Grenze von 30 AN ist arbeitgeber- und nicht betriebsbezogen.[4] Der Arbeitgeberbezug hat Bedeutung für Unternehmen mit mehreren Betrieben, Filialen oder Kanzleisitzen. Unterhält beispielsweise eine Anwaltsgesellschaft in mehreren Städten Kanzleien, werden die Beschäftigten aller Standorte zusammengezählt, wenn AG aller AN die Anwalts-GmbH ist.

5 **3. Berechnung der Beschäftigtenzahl.** Berücksichtigt werden grundsätzlich alle AN (dazu → § 8 Rn. 1 ff.). Nicht berücksichtigt werden bei der Berechnung der Gesamtzahl der beschäftigten AN nach § 1 I 1 AAG die zu ihrer Berufsausbildung Beschäftigten. Hierzu gehören auch Praktikanten und Volontäre.[5] Gleiches gilt gem. § 3 I 5 AAG für schwerbehinderte Menschen im Sinne des SGB IX. Auch Gleichgestellte bleiben außer Ansatz.[6] Unberücksichtigt bleiben

[1] BVerfG 18.11.2003 AP Nr. 23 zu § 14 MuSchG 1968 = NZA 2004, 33.
[2] Vgl. BR-Drs. 614/05, 13 ff.
[3] BSG 31.5.2016 SozR 4–7862 § 11 Nr. 1.
[4] HK-EFZR/*S. Feichtinger* AAG § 1 Rn. 20; *Müller/Berenz* AAG § 1 Rn. 11; Schmitt EFZG/*Küfner-Schmitt* AAG § 1 Rn. 21.
[5] HK-EFZR/*S. Feichtinger* AAG § 1 Rn. 14.
[6] *Müller/Berenz* AAG § 1 Rn. 23; *Geyer/Knorr/Krasney* AAG § 1 Rn. 20; Schmitt EFZG/*Küfner-Schmitt* AAG § 1 Rn. 17.

des Weiteren Wehr- und Zivildienstleistende, AN in Elternzeit und AN in der Freistellungsphase bei Altersteilzeit.[7] Teilzeitbeschäftigte werden nach § 3 I 6 AAG anteilig berücksichtigt. AN, die wöchentlich regelmäßig nicht mehr als 10 Stunden zu leisten haben, werden mit 0,25, diejenigen, die nicht mehr als 20 Stunden zu leisten haben, mit 0,5 und diejenigen, die nicht mehr als 30 Stunden zu leisten haben, mit 0,75 angesetzt.

Ein AG beschäftigt gem. § 3 I AAG **in der Regel nicht mehr als 30 AN,** wenn er in dem letzten Kalenderjahr, das demjenigen, für das die Feststellung zu treffen ist, vorausgegangen ist, für einen Zeitraum von mindestens acht Kalendermonaten nicht mehr als 30 AN beschäftigt hat. Hat ein Betrieb nicht während des ganzen Kalenderjahrs bestanden, nimmt der AG am Ausgleich der Arbeitgeberaufwendungen teil, wenn er während des Zeitraums des Bestehens des Betriebs in der überwiegenden Zahl der Kalendermonate nicht mehr als 30 AN beschäftigt hat. Wird ein Betrieb im Laufe des Kalenderjahrs errichtet, für das die Feststellung der Beschäftigtenzahl getroffen ist, nimmt der AG am Ausgleich der Arbeitgeberaufwendungen teil, wenn nach der Art des Betriebs anzunehmen ist, dass die Zahl der beschäftigten AN während der überwiegenden Kalendermonate dieses Kalenderjahrs 30 nicht überschreiten wird. Die Feststellung nach § 3 I AAG ergeht durch einen anfechtbaren Verwaltungsakt.[8] 6

4. Erstattungsanspruch. Dem AG werden auf Antrag (§ 2 II 1 AAG) 80% des wegen Arbeitsunfähigkeit fortgezahlten Arbeitsentgelts einschließlich der vom AG zu tragenden Beitragsanteile am Gesamtsozialversicherungsbeitrag, der Beitragszuschüsse zur Kranken- und Pflegeversicherung und zu einer berufsständischen Versorgungseinrichtung erstattet. Mit der Entgeltfortzahlung entsteht gem. § 2 II 2 AAG der Anspruch nach dem AAG. Der Antrag nach § 2 II 1 AAG hat keine konstitutive Wirkung. Grundsätzlich wird der Anspruch bereits mit der Entgeltfortzahlung fällig.[9] Durch Satzung der Krankenkasse kann die Höhe der Erstattung beschränkt werden (§ 9 II Nr. 1 AAG). Sie kann dabei die Höhe des Ausgleichs der Arbeitgeberaufwendungen für Entgeltfortzahlung bei Arbeitsunfähigkeit mit einem Prozentsatz des fortgezahlten Entgelts festsetzen, ohne zusätzlich den Arbeitgeberanteil am Gesamtsozialversicherungsbeitrag abzugelten, soweit sie dabei den gesetzlichen Mindesterstattungssatz von 40% nicht unterschreitet.[10] Das AAG bezieht alle AN in das Erstattungsverfahren ein und beseitigt damit die bis Ende 2005 geltende verfassungsrechtlich bedenkliche Differenzierung zwischen Arbeitern und Angestellten. Mit der Einbeziehung der Angestellten in das Ausgleichsverfahren wird zudem eine weitergehende Entlastung von Kleinunternehmen erreicht, weil inzwischen in vielen kleineren Dienstleistungsunternehmen mehr Angestellte als Arbeiter beschäftigt werden.[11] Erfasst wird auch die Entgeltfortzahlung von Hausangestellten und geringfügig Beschäftigten iSv § 8 SGB IV. 7

Erstattungsfähig sind die Aufwendungen für die Entgeltfortzahlung nach § 3 EFZG bei Arbeitsunfähigkeit des AN sowie die Entgeltfortzahlungskosten, die bei der Durchführung von Maßnahmen der medizinischen Vorsorge und Rehabilitation nach § 9 EFZG anfallen. Die Höhe des fortzuzahlenden Entgelts richtet sich nach § 4 EFZG (→ § 98 Rn. 71 ff.). Einmalzahlungen bleiben daher außer Betracht.[12] Maßgeblich ist daher die Bruttovergütung unter Berücksichtigung etwaiger Sachbezüge.[13] Nicht erstattungsfähig sind Leistungen, die nach § 616 BGB wegen vorübergehender Verhinderung, beispielsweise wegen eines Arztbesuchs oder Betreuung eines kranken Kindes, erbrachten werden. Zuschüsse zum Krankengeld sind gleichfalls nicht erstattungsfähig. Gleiches gilt für eine Entgeltfortzahlung, die aufgrund einzelvertraglicher oder tarifvertraglicher Vereinbarung über die Dauer von sechs Wochen hinaus geleistet wird.[14] 8

III. Ausgleichsverfahren bei Mutterschaft (U2-Umlage)

1. Allgemeines. Gem. § 1 II AAG erstatten die Krankenkassen mit Ausnahme der landwirtschaftlichen Krankenkassen den AG in vollem Umfang den vom AG nach § 20 I MuSchG gezahlten Zuschuss zum Mutterschaftsgeld (dazu → § 171 Rn. 1 ff.), das vom AG 9

[7] Reinhard/Ackermann u.a./*Wagner,* EFZG, AAG § 1 Rn. 16.
[8] Schmitt EFZG/*Küfner-Schmitt* AAG § 3 Rn. 8.
[9] BSG 31.5.2016 NZS 2016, 699.
[10] BSG 13.12.2011 NZA-RR 2012, 537.
[11] *Buchner* NZA 2006, 121 (122).
[12] HK-EFZR/*S. Feichtinger* AAG § 1 Rn. 26; *Treber,* EFZG, AAG § 1 Rn. 12.
[13] Schmitt EFZG/*Küfner-Schmitt* AAG § 1 Rn. 24.
[14] Schmitt EFZG/*Küfner-Schmitt* AAG § 1 Rn. 23.

nach § 18 MuSchG bei Beschäftigungsverboten gezahlte Arbeitsentgelt (→ § 170 Rn. 1 ff.) und die auf diese Arbeitsentgelte entfallenden Beitragsanteile des AG zur BA, zur gesetzlichen Kranken-, Pflege- und Rentenversicherung sowie zu berufsständischen Versorgungseinrichtungen für von der Versicherungspflicht befreite AN (§ 172 II SGB VI) und Beitragszuschüsse nach § 257 SGB V und § 61 SGB XI. Hinsichtlich dieses Erstattungsanspruchs ist eine Beschränkung durch Satzung der Krankenkasse nicht vorgesehen.[15]

10 **2. Arbeitgeber.** In das Ausgleichsverfahren der Entgeltfortzahlung bei Mutterschaft sind seit dem 1.1.2006 alle AG unabhängig von der Zahl der Beschäftigten einbezogen.[16] AG iSv § 1 und § 7 AAG ist, wer AN beschäftigt. Die Beschäftigung nur eines AN genügt.[17] Die Teilnahme am U2-Verfahren, dh die Berechtigung, Erstattungsansprüche geltend zu machen und die damit korrespondierende Verpflichtung zur Aufbringung der erforderlichen Mittel durch Umlagen, folgt damit unmittelbar aus dem Gesetz; es handelt sich um eine kraft Gesetzes entstehende Zwangsversicherung.[18] Die Regelung gilt auch für AG mit ausschließlich männlichen Beschäftigten. Der Ausnahmekatalog des § 11 I AAG, der insbesondere öffentliche AG und Wohlfahrtseinrichtungen aus dem Erstattungsverfahren bei der Entgeltfortzahlung herausnimmt, findet hier keine Anwendung. Denn insoweit geht es nicht um die Entlastung des AG und dessen Schutz, sondern um die Sicherung der AN vor diskriminierendem Einstellungsverhalten.[19] Ausgenommen sind nach § 11 II AAG nur die mitarbeitenden Familienangehörigen eines landwirtschaftlichen Unternehmers und die Dienststellen und Einrichtungen der in der Bundesrepublik Deutschland stationierten ausländischen Truppen.[20]

IV. Erstattungsverfahren

11 **1. Krankenkasse.** Die zu gewährenden Beträge werden gem. § 2 I AAG dem AG auf Antrag von der Krankenkasse ausgezahlt, bei der die jeweiligen AN versichert sind. Der bis Ende 2005 nach altem Recht geltende Ausschluss der Betriebskrankenkassen und Ersatzkassen ist weggefallen. Ausgenommen sind nur die landwirtschaftlichen Krankenkassen. Konsequenzen hat dies nur für die in der Landwirtschaft hauptberuflich beschäftigten mitarbeitenden Familienangehörigen. Deren Ausklammerung hält der Gesetzgeber für vertretbar, da die Gefahr einer faktischen Diskriminierung dieses Personenkreises ausgeschlossen sei.[21] Für geringfügig Beschäftigte nach dem Vierten Buch Sozialgesetzbuch ist zuständige Krankenkasse die Deutsche Rentenversicherung Knappschaft-Bahn-See als Träger der knappschaftlichen Krankenversicherung.[22] Für AN, die nicht Mitglied einer gesetzlichen Krankenkasse, sondern privat versichert sind, gilt § 175 III 2 SGB V gem. § 2 I 3 AAG entsprechend. Das bedeutet, dass grundsätzlich die Krankenkasse zuständig ist, bei der zuletzt eine gesetzliche Krankenversicherung bestand. Sofern keine Versicherung bestand, hat der AG die Wahl zwischen den nach § 173 SGB V wählbaren Krankenkassen.[23] Die Erstattung ist zu gewähren, sobald der AG Entgeltfortzahlung, Arbeitsentgelt nach § 18 MuSchG oder einen Zuschuss zum Mutterschaftsgeld nach § 20 I MuSchG gezahlt hat.

12 **2. Ausschluss des Erstattungsanspruchs.** Die Erstattung kann gem. § 4 AAG versagt werden, solange der AG die nach § 3 II AAG erforderlichen Angaben nicht oder nicht vollständig macht. Die Krankenkasse hat Erstattungsbeträge vom AG zurückzufordern, soweit der AG schuldhaft falsche oder unvollständige Angaben gemacht hat oder Erstattungsbeträge gefordert hat, obwohl er wusste oder wissen musste, dass ein Entgeltfortzahlungsanspruch oder ein Anspruch nach §§ 18, 20 MuSchG nicht besteht. Die Regelung des § 4 II AAG setzt den öffentlich-rechtlichen Erstattungsanspruch als Rechtsgrundlage voraus, ergänzt ihn und formt ihn näher für die Rückforderung des geleisteten Aufwendungsersatzes aus.[24] Ist auf den AG ein Anspruch auf Schadenersatz nach § 6 EFZG übergegangen, ist die Krankenkasse nach § 5 AAG zur Erstattung nur verpflichtet, wenn der AG den auf ihn übergegangenen Anspruch bis zur anteiligen Höhe des Erstattungsbetrags an die Krankenkasse abtritt.

[15] BSG 13.12.2011 NZA-RR 2012, 429.
[16] Schmitt EFZG/*Küfner-Schmitt* AAG § 1 Rn. 32.
[17] BSG 26.9.2017 NZS 2018, 319.
[18] LSG NRW 10.12.2009 – L 16 (5) KR 211/08.
[19] *Buchner* NZA 2006, 121 (125).
[20] HK-EFZR/*S. Feichtinger* AAG § 11 Rn. 7 ff.
[21] BT-Drs. 16/39.
[22] Schmitt EFZG/*Küfner-Schmitt* AAG § 2 Rn. 10.
[23] HK-EFZR/*S. Feichtinger* AAG § 2 Rn. 4; *Treber*, EFZG, AAG § 2 Rn. 3.
[24] BSG 31.5.2016 SozR 4-7862 § 11 Nr. 1.

V. Berechnung der Umlage

Die Umlage wird aus dem Arbeitsentgelt bis zur Beitragsbemessungsgrenze der gesetzlichen Rentenversicherung nach dem jeweiligen Umlagesatz errechnet (§ 7 AAG).[25] Sie ist wie der Gesamtsozialversicherungsbeitrag im Beitragsnachweis anzugeben und wie dieser fällig. 13

VI. Verjährung und Aufrechnung

Der Erstattungsanspruch verjährt in vier Jahren nach Ablauf des Kalenderjahrs, in dem er entstanden ist. Gegen Erstattungsansprüche dürfen nur die in § 6 II AAG genannten Ansprüche aufgerechnet werden. 14

VII. Freiwilliges Ausgleichsverfahren

AG können nach § 12 AAG für Betriebe eines bestimmten Wirtschaftszweigs Einrichtungen zum Ausgleich der Arbeitgeberaufwendungen errichten. An diesen Einrichtungen können auch AG teilnehmen, welche die Voraussetzungen des § 1 AAG nicht erfüllen, also mehr als 30 AN beschäftigen.[26] Die Errichtung und die Regelung des Ausgleichsverfahrens bedürfen der Genehmigung des Bundesministeriums für Gesundheit. 15

§ 101. Betriebsrisiko

Übersicht

I. Grundsätze der Betriebsrisikolehre

1. Begriff. Betriebsrisiko ist das Risiko des AG, seinen Betrieb betreiben zu können.[1] Gemeint sind damit Fälle, in denen der AN leistungsbereit ist und der AG die Arbeitsleistung zwar annehmen will, dies aber nicht kann, weil der Betrieb beispielsweise infolge einer technischen Störung, eines Naturereignisses, eines Unglücksfalls oder aus ähnlichen Gründen stillgelegt ist.[2] Damit geht es letztlich um die Frage, ob der AG zur Entgeltzahlung verpflichtet ist, wenn er ohne eigenes Verschulden zur Beschäftigung der AN nicht in der Lage ist.[3] Wegen ihres grundsätzlich bestehenden Fixschuldcharakters (→ § 49 Rn. 5) wird die Arbeitsleistung in diesen Fällen unmöglich (§ 275 I BGB). Fraglich ist deshalb, ob der Entgeltanspruch des AN nach § 326 I 1 BGB erlischt oder der AG gleichwohl gem. § 615 BGB zur Vergütungszahlung verpflichtet ist.[4] Das **Betriebsrisiko ist vom Wirtschaftsrisiko** (→ Rn. 14) **abzugrenzen.** Nur das Betriebsrisiko ist ein Fall der Leistungsstörung im schuldrechtlichen Sinne. Das Wirtschaftsrisiko betrifft demgegenüber die Fälle, in denen der AG die Arbeitsleistung zwar annehmen kann, dies aber nicht will, weil dies für ihn wirtschaftlich sinnlos oder unvernünftig ist. Dieser Fall ist gesetzlich nicht gesondert geregelt, insoweit 1

---

25 Dazu BSG 26.9.2017 NZS 2018, 319.
26 *Müller/Berenz* AAG § 12 Rn. 2.
1 BAG 23.9.2015 AP Nr. 143 zu § 615 BGB = NZA 2016, 293.
2 *Huber* Leistungsstörungen, 2009, S. 271.
3 MüKoBGB/*Henssler* § 615 Rn. 96.
4 Grdl. *Picker* JZ 1985, 693 (699); *ders.* FS Kissel, 1994, 813 ff.; *ders.* FS U. Huber, 2006, 497 ff.; weiterhin *Canaris* FS Prölss, 2009, 21 ff.; *Huber* Leistungsstörungen, 1999, S. 271 ff.

liegt auch beim Arbeitsvertrag keine Besonderheit gegenüber anderen Austauschverträgen vor, in denen der Gläubiger das Risiko der Verwendungsmöglichkeit der Leistung trägt.[5]

2 **2. Sphärentheorie des Reichsgerichts.** Das RG und das RAG haben in grundlegenden Entscheidungen vom 6.2.1923 und 20.6.1928 die Betriebsrisikolehre entwickelt.[6] Sie haben in dem Zusammenwirken von Unternehmer und Belegschaft eine soziale Arbeits- und Betriebsgemeinschaft gesehen, aus der sich vier Richtlinien für die Problemlösung ergaben (sog. Sphärentheorie): **(a)** Die Gefahr solcher Ereignisse, die auf dem Verhalten der Arbeitnehmerschaft selbst beruht, muss von den AN, auch soweit sie an ihnen nicht beteiligt sind, getragen werden (zB Teilstreik). **(b)** Von den AN mit zu vertreten sind Ereignisse, die den Bestand des Betriebs beeinträchtigen, ihn vernichten oder auf längere Zeit lahmlegen (zB Naturereignisse, höhere Gewalt). **(c)** Vom AG allein zu vertreten sind solche Ereignisse, die aus der Führung des Betriebs herrühren (Beschaffung von Betriebsstoffen usw.). **(d)** Der Grundsatz (c) gilt dagegen dann nicht, wenn die Betriebsstörungen so schwerwiegende wirtschaftliche Nachteile haben, dass der Betrieb sie ohne Existenzgefährdung nicht tragen kann. In diesem Falle gehört das Ereignis zu den von der Arbeitnehmerschaft mit zu vertretenden Umständen.

3 **3. Bundesarbeitsgericht.** Das BAG hat in der älteren Rechtsprechung an die Betriebsrisikolehre des RG und RAG angeknüpft.[7] Es hat diese jedoch weiterentwickelt und angenommen, der AG habe das Risiko für alle von außen auf den Betrieb einwirkenden Ursachen zu tragen. Das folge daraus, dass der AG den Betrieb leite, die Erträge erziele und die Verantwortung trage. Hiernach hat der AG das Risiko der Unmöglichkeit der Arbeitsleistung aus im Betrieb liegenden Gründen **schlechthin zu tragen** und bleibt, sofern § 615 BGB nicht durch Einzelvertrag oder Kollektivvereinbarung wirksam abbedungen worden ist (→ Rn. 13), zur Entgeltzahlung verpflichtet, auch wenn diese Gründe nicht betriebstechnische Störungsursachen haben oder auf einem Versagen der sachlichen oder persönlichen Mittel des Betriebes beruhen, sondern von außen auf das Unternehmen einwirken. Dies betreffe auch Fälle, die sich für den AG als **höhere Gewalt** darstellen, wie zB Naturkatastrophen (Erdbeben, Überschwemmungen, Brände usw.), Unglücksfälle sowie extreme Witterungsverhältnisse.[8] Eine Ausnahme hiervon soll dann gelten, wenn das die Betriebsstörung herbeiführende Ereignis den Betrieb wirtschaftlich so schwer trifft, dass bei Zahlung der vollen Löhne die Existenz des Betriebes gefährdet würde.[9] Das BAG grenzt das vom AG zu tragende Betriebs- und Wirtschaftsrisiko (→ Rn. 14 ff.) vom Arbeitskampfrisiko (→ § 194 Rn. 20 ff.), das der AG nicht allein zu tragen habe, ab.[10] Die Verteilung des Arbeitskampfrisikos wird mit der Kampfparität der Verbände begründet. Zum Arbeitskampfrisiko können auch Fälle des Wirtschaftsrisikos gehören, wenn die Produktion wirtschaftlich sinnlos wird.

4 **4. Schrifttum.** Im Schrifttum sind die dogmatischen Grundlagen der Betriebsrisikolehre umstritten. Das neuere Schrifttum stellt die Notwendigkeit für die durch Rechtsfortbildung geschaffene Betriebsrisikolehre zu Recht in Frage.[11] Zutreffend wird darauf hingewiesen, dass die von der Betriebsrisikolehre erfassten Fälle richtigerweise über § 615 S. 1 BGB zu lösen sind.[12] Das BGB hat dem AG in § 615 S. 1 BGB die Risiken zugewiesen, die durch die besondere Art des Betriebs bedingt sind. Dies beruht auf dem seit Jahrhunderten anerkannten Rechtsgrundsatz,[13] dass der Gläubiger (= AG) die Gegenleistungsgefahr trägt, wenn der leistungsbereite und -fähige Schuldner (= AN) seine Leistung nicht erbringen kann, weil der vom Gläubiger dem Schuldner zur Verfügung gestellte Gegenstand oder die Mittel, an oder mit denen die Arbeit erbracht werden soll, aus zufallsbedingten Gründen versagen.[14] Der AG hat die Entgeltgefahr zu tragen, wenn die Ereignisse, welche die Arbeitsleistung unmöglich machen, aus seinem Bereich

[5] BeckOK ArbR/*Joussen*, 1.12.2020, BGB § 615 Rn. 89 f.
[6] RG 6.2.1923 RGZ 106, 272; RAG 20.6.1928 ARS 3, 116.
[7] BAG 8.2.1957 AP Nr. 2 zu § 615 BGB Betriebsrisiko; 30.5.1963 AP Nr. 15 zu § 615 BGB Betriebsrisiko.
[8] BAG 9.3.1983 AP Nr. 31 zu § 615 BGB Betriebsrisiko.
[9] BAG 9.3.1983 AP Nr. 31 zu § 615 BGB Betriebsrisiko; 30.5.1963 AP Nr. 15 zu § 615 BGB Betriebsrisiko; krit. dazu *Denck* SAE 1983, 243; Staudinger/*Richardi/Fischinger* BGB § 615 Rn. 231; ErfK/*Preis* BGB § 615 Rn. 126.
[10] BAG 22.12.1980 AP Nr. 70 zu Art. 9 GG Arbeitskampf.
[11] Vgl. dazu insbes. *Picker* FS Kissel, 1994, 813 ff.; *ders.* FS U. Huber, 2006, 497 (530 ff.); Staudinger/*Richardi/Fischinger* BGB § 615 Rn. 210 ff. jew. mwN.
[12] HWK/*Krause* BGB § 615 Rn. 113; Staudinger/*Richardi/Fischinger* BGB § 615 Rn. 212.
[13] Eingehend *Picker* FS U. Huber, 2006, 497 (500).
[14] *Picker* FS Kissel, 1994, 813 (852); *ders.* FS U. Huber, 2006, 497 (532 f.); ebenso *Fischinger/Hengstberger* NZA 2020, 559 (560); *Huber* Leistungsstörungen, 2009, S. 280.

kommen und durch die besondere Art des Betriebs bedingt sind.[15] § 615 S. 1 BGB weist dem AG als Gläubiger der Arbeitsleistung diese **Substratsgefahr,** dh die Gefahr, die vom AN angebotene Arbeitsleistung wegen einer Störung des Arbeitssubstrats nicht annehmen zu können, mit der Folge zu, in diesem Fall das Entgelt fortzahlen zu müssen.[16] In den Materialien zum BGB heißt es hierzu eher weitergehend, der AG habe nach § 615 BGB dann die Vergütung zu zahlen, wenn „aus irgendeinem auf Seiten des Gläubigers liegenden Grund" der Vertrag nicht erfüllt werden könne. Für die Begründung des Annahmeverzugs genüge die **„nackte Tatsache der Nichtannahme der angebotenen Leistung".**[17]

5. Vergütungsanspruch nach § 615 S. 3 BGB. Mit der Schuldrechtsreform ist zum 1.1.2002 § 615 S. 3 BGB eingefügt worden. Danach kann der AN die vereinbarte Vergütung auch dann verlangen, wenn die **Arbeit ausfällt und der AG das Risiko des Arbeitsausfalls trägt.** Zur Nachleistung der Arbeit ist der AN nicht verpflichtet. § 615 S. 3 BGB ist nach der Rechtsprechung des BAG eine gesetzlich angeordnete Analogie, mit der abweichend von §§ 275 I, 326 I 1 BGB bei einem Umstand, der dem von der Rechtsprechung entwickelten Betriebsrisiko unterfällt, § 615 S. 1 und 2 BGB entsprechende Anwendung finden.[18] Dieser Analogie hätte es indes nicht bedurft, weil die von § 615 S. 3 BGB erfassten Fälle der Substratsgefahr bereits in § 615 S. 1 BGB geregelt sind (→ Rn. 4). § 615 S. 3 BGB hat keinen eigenen Regelungsgehalt, weil er nicht selbst bestimmt, wann der AG das Risiko des Arbeitsausfalls zu tragen hat.[19] Nach der Gesetzesbegründung ist Ziel dieser Neuregelung sicherzustellen, dass der AG auch nach Inkrafttreten des Gesetzes zur Modernisierung des Schuldrechts weiterhin zur Zahlung des Arbeitsentgelts verpflichtet ist, wenn er das Risiko des Arbeitsausfalls trägt. Die Rechtsprechung soll diesen Grundsatz wie bisher konkretisieren und den Besonderheiten der denkbaren Fallgestaltungen Rechnung tragen.[20] Aus Sicht des Gesetzgebers sollte damit die bestehende Rechtsprechung für die Zukunft positivrechtlich festgeschrieben werden, ohne dass jedoch der Tatbestand („Risiko des Arbeitsausfalls") der Entgeltzahlungspflicht näher konkretisiert wurde.[21] 5

Voraussetzung des durch § 615 S. 3 BGB aufrechterhaltenen Vergütungsanspruchs ist, dass eine Pflicht zur Arbeitsleistung besteht und die Arbeit infolge von Umständen ausfällt, für die der AG das Risiko trägt. Das bedeutet, dass der AN in den Fällen des Betriebsrisikos seinen Entgeltanspruch grundsätzlich nur dann behält, wenn die Voraussetzungen des § 615 S. 1 BGB vorliegen. § 615 S. 3 BGB enthält damit eine **Rechtsgrundverweisung** auf die Sätze 1 und 2 dieser Bestimmung.[22] Das hat zur Konsequenz, dass grundsätzlich alle Voraussetzungen der §§ 294 ff. BGB (dazu → § 95 Rn. 25 ff.) vorliegen müssen.[23] Ein Angebot der Arbeitsleistung ist – allgemeinen Grundsätzen entsprechend – nicht erforderlich, wenn zu erwarten ist, dass es auf keinen Fall angenommen werden wird (zB bei einem behördlichen Beschäftigungsverbot).[24] § 615 S. 3 BGB setzt des Weiteren voraus, dass der AN leistungswillig oder -fähig ist (§ 297 BGB; dazu → § 95 Rn. 39 ff.).[25] Ist der AG für den Umstand, aufgrund dessen der AN die Arbeitsleistung nicht zu erbringen braucht, allein oder weit überwiegend verantwortlich, bleibt er nach § 326 II 1 Alt. 1 BGB zur Entgeltzahlung verpflichtet, auch wenn kein Fall des § 615 S. 3 BGB vorliegt (→ § 95 Rn. 2). Hat der AG die Unmöglichkeit der Arbeitsleistung zu vertreten, weil der Betrieb durch einen vom AG fahrlässig verursachten Brand zerstört worden ist, behält der AN deshalb seinen Vergütungsanspruch nicht nach § 615 BGB, sondern nach § 326 II BGB.[26] 6

Problematisch ist der Fall des **Zusammentreffens von Wegerisiko des AN** (dazu → § 97 Rn. 16) **und Betriebsrisiko des AG.** Gelangt der AN also beispielsweise wegen einer Über- 7

---

[15] Staudinger/*Richardi/Fischinger* BGB § 615 Rn. 212.

[16] *Canaris* FS Prölss, 2009, 21 (34); *Fischinger/Hengstberger* NZA 2020, 559 (560); MüKoBGB/*Henssler* § 615 Rn. 107; HWK/*Krause* BGB § 615 Rn. 9; Staudinger/*Richardi/Fischinger* BGB § 615 Rn. 19 ff.; MHdB ArbR/*Tillmanns* § 76 Rn. 4 und 81.

[17] Motive zum BGB (1888) Bd. II 68, 69; *Mugdan,* Materialien zum BGB (1899), Bd. II 38.

[18] BAG 28.9.2016 AP Nr. 150 zu § 615 BGB = NZA 2017, 124.

[19] *Krause* ZfA 2018, 126 (144); Staudinger/*Richardi/Fischinger* BGB § 615 Rn. 6; MHdB ArbR/*Tillmanns* § 76 Rn. 81; ähnlich MüKoBGB/*Henssler* § 615 Rn. 97.

[20] BT-Drs. 14/6857, 48.

[21] *Picker* FS U. Huber, 2006, 497 (536 f.).

[22] MüKoBGB/*Henssler* § 615 Rn. 97; HWK/*Krause* BGB § 615 Rn. 121; MHdB ArbR/*Tillmanns* § 76 Rn. 82; aA ErfK/*Preis* BGB § 615 Rn. 122.

[23] MHdB ArbR/*Tillmanns* § 76 Rn. 82; wohl auch Staudinger/*Richardi/Fischinger* BGB § 615 Rn. 228.

[24] HWK/*Krause* BGB § 615 Rn. 121; ähnlich MüKoBGB/*Henssler* § 615 Rn. 108.

[25] MHdB ArbR/*Tillmanns* § 76 Rn. 82.

[26] HWK/*Krause* BGB § 615 Rn. 119.

schwemmung oder Schneekatastrophe nicht zur Arbeit und kommt aus diesen Gründen zugleich auch der Betrieb des AG zum Erliegen, stellt sich die Frage, wer das Risiko des Arbeitsausfalls zu tragen hat. Da § 615 S. 3 BGB die Sätze 1 und 2 des § 615 BGB für entsprechend anwendbar erklärt, besteht ein Vergütungsanspruch des AN nur, wenn zugleich die Voraussetzungen des Annahmeverzugs erfüllt sind. Der wiederum setzt nach § 297 BGB die Leistungsfähigkeit des AN voraus. Diese fehlt in der genannten Fallkonstellation, weil der AN wegen des von ihm zu tragenden Wegerisikos an der Arbeitsleistung gehindert ist.[27]

II. Einzelfälle

8 **1. Witterungsbedingte Fälle.** Im **Anwendungsbereich des BRTV-Bau** wird § 615 BGB durch § 4 Nr. 6.1 BRTV-Bau modifiziert: Wird die Arbeitsleistung entweder aus zwingenden Witterungsgründen oder in der gesetzlichen Schlechtwetterzeit (1.12. bis 31.3.) aus wirtschaftlichen Gründen unmöglich, entfällt der Lohnanspruch. Bei einer rechtmäßig und wirksam eingeführten Kurzarbeit entfällt die Arbeitspflicht des AN ganz oder teilweise und Annahmeverzug tritt insoweit nicht ein. Der AG trägt dann nicht mehr das volle Risiko des Arbeitsausfalls iSv § 615 S. 3 BGB. Allerdings behält der AN den Lohnanspruch in Höhe des Kurzarbeitergelds (→ § 48 Rn. 1).[28] Fällt in einem Betrieb aufgrund eines plötzlichen Kälteeinbruchs die Ölheizung wegen **Paraffinierung des Heizöls** aus, muss der AG das Arbeitsentgelt fortzahlen, weil er dieses Betriebsrisiko zu tragen hat.[29] Wird der Betrieb wegen **Smogalarms** vorübergehend eingestellt, gehört auch dies zu seinem Betriebsrisiko (zum Wegerisiko des AN bei Glatteis und anderen witterungsbedingten Hindernissen → § 97 Rn. 17).[30] Anders ist zu entscheiden, wenn wegen des Smogalarms der Betrieb nicht stillgelegt werden muss, sondern lediglich Verkehrsbeschränkungen erfolgen, die den AN am Erscheinen am Arbeitsplatz hindern. Das Wegerisiko hat dann der AN zu tragen.[31] Gleiches gilt bei einer Betriebseinstellung infolge einer **Flutkatastrophe.**[32]

9 **2. Rechtliche Gründe.** Wenn der Betrieb aus **rechtlichen Gründen** zeitweilig geschlossen wird, hat der AG nach Auffassung des BAG das Entgelt fortzuzahlen.[33] Die Folgen allfälliger Verschiebungen der Fertigstellungstermine von Großbaustellen (zB BER) gehören zum Betriebsrisiko des AG.[34] Eine Musikkapelle soll nach einer älteren Entscheidung des BAG auch dann Anspruch auf Entgeltzahlung haben, wenn sie infolge eines **behördlichen Verbots „öffentlicher Lustbarkeiten“,** das aus Anlass eines Brandunglücks angeordnet wurde, vorübergehend nicht auftreten kann.[35] Wird dem AN als Wachmann eine **persönlich erteilte Einsatzgenehmigung** zum Betreten des Geländes des Auftraggebers des AG entzogen, gehört dies nicht zum Betriebsrisiko des AG.[36] Gleiches gilt, wenn ein Kunde des AG dem AN ein **Hausverbot** erteilt und dieser dort nicht eingesetzt werden kann.[37] Fällt die Arbeitszeit einer Busbegleiterin von behinderten Schulkindern wegen der **Schulferien** aus, gehört dies ebenfalls nicht zum Betriebsrisiko des AG.[38]

10 **3. Coronabedingte Betriebsstilllegungen.** Im Schrifttum[39] und in der Rechtsprechung einzelner LAG[40] wird die Auffassung vertreten, der AG habe auch bei einer pandemiebedingten, behördlich angeordneten Betriebsschließung die Lohngefahr zu tragen. Unerheblich sei, ob sich

---

[27] *Gräf/Rögele* NZA 2013, 1120 (1123); MüKoBGB/*Henssler* § 615 Rn. 36; Staudinger/*Richardi/Fischinger* BGB § 615 Rn. 238; aA ErfK/*Preis* BGB § 615 Rn. 133.
[28] BAG 25.1.2012 AP Nr. 337 zu § 1 TVG Tarifverträge: Bau.
[29] BAG 9.3.1983 AP Nr. 31 zu § 615 BGB Betriebsrisiko.
[30] ErfK/*Preis* BGB § 615 Rn. 133; zum Wegerisiko des AN bei Glatteis und anderen witterungsbedingten Hindernissen → § 97 Rn. 16.
[31] MüKoBGB/*Henssler* § 615 Rn. 101.
[32] Dazu *Sasse/Häcker* ArbRB 2013, 219.
[33] Vgl. BAG 30.5.1963 AP Nr. 15 zu § 615 BGB Betriebsrisiko.
[34] Dazu *Küpperfahrenberg/Lagardère* BB 2013, 1845.
[35] BAG 30.5.1963 AP Nr. 15 zu § 615 BGB Betriebsrisiko mAnm *Nikisch*; ebenso bereits RAG ARS 23, 219 zur Landestrauer nach dem Tod Hindenburgs.
[36] BAG 23.9.2015 AP Nr. 143 zu § 615 BGB = NZA 2016, 293.
[37] BAG 28.9.2016 AP Nr. 150 zu § 615 BGB = NZA 2017, 124.
[38] BAG 18.11.2015 AP Nr. 73 zu § 138 BGB = NZA 2016, 494.
[39] *Fischinger/Hengstberger* NZA 2020, 559 (560); *Fuhlrott/Fischer* NZA 2020, 345 (348); BeckOK ArbR/*Joussen*, 1.3.2021, BGB § 615 Rn. 97; HWK/*Krause* BGB § 615 Rn. 116; ErfK/*Preis* BGB § 615 Rn. 132fff.
[40] LAG Düsseldorf 30.3.3021 – 8 Sa 674/20; LAG Nds 23.3.2021 – 11 Sa 1062/20.

hierdurch ein durch die Eigenart der betroffenen Betriebe bedingtes Risiko verwirkliche. Auch das BAG sei bislang davon ausgegangen, dass **höhere Gewalt** den Entgeltanspruch in diesem Zusammenhang nicht ausschließe.[41] Zudem sei zu berücksichtigen, dass von den Schließungsanordnungen überwiegend Betriebe betroffen gewesen seien, die eine Vielzahl von Menschen anzögen oder bei denen es zu nahem Kundenkontakt komme (Profisport, Theater- und Konzertveranstaltungen, Kaufhäuser ua). Für diese Betriebe habe sich durch die angeordneten Schließungen ein typisches Betriebsrisiko, basiert auf deren Geschäftsmodell verwirklicht.[42] Der Grundsatz der **Monokausalität** stehe der Aufrechterhaltung des Entgeltanspruchs nach § 615 S. 1 BGB nicht entgegen, weil auch in Zeiten der Pandemie eine anderweitige Verwertung der Arbeitskraft insgesamt nicht unmöglich sei.[43] Vereinzelt wird im Anschluss an die ältere Rechtsprechung des BAG die Auffassung vertreten, bei fortschreitender Ausbreitung der Corona-Epidemie und Zunahme der wirtschaftlichen Schwierigkeiten bestehe eine **Existenzgefährdung** für Unternehmen, die Ansprüche wegen Tragung des Betriebsrisikos ausschlössen.[44]

Gegen eine Entgeltzahlungspflicht in diesen Fällen wird geltend gemacht, die nahezu flächendeckende Betroffenheit ganzer Branchen und Unternehmen durch die COVID-19-Pandemie beruhe nicht auf der Eigenart der Betriebe. Anordnungen zur Betriebsschließung erfolgten nicht wegen eines dem Betrieb anhaftenden Risikos, sondern wegen des allgemeinen Gesundheitsrisikos, das die Pandemie für die Bevölkerung ausgelöst habe. Dieses Risiko sei für den AG nicht einmal abstrakt beherrschbar und nicht in seine Kostenkalkulation einrechenbar.[45] Für diese Auffassung sprechen im Ergebnis gute Gründe, soweit jedenfalls nicht ein konkreter Betrieb wegen eines dort eingetretenen besonderen Vorfalls betroffen ist. Insoweit ist den Blick zu nehmen, dass der AG nach § 615 S. 1 BGB die Entgeltgefahr trägt, wenn der AN die vereinbarte Arbeitsleistung nicht erbringen kann, weil die vom AG bereitzustellenden Betriebsmittel (Arbeitssubstrate), an und mit denen die Arbeitsleistung erbracht werden soll, fehlen, versagen oder nicht bereitgestellt werden können, weil Gründe in der Person des AG und oder der von ihm vorgehaltenen Räumlichkeiten und Gerätschaften dies bedingen (→ Rn. 4). Hiervon ausgehend erscheint zweifelhaft, ob eine Betriebsstilllegung, die in Durchsetzung einer Corona-SchutzVO erfolgt, noch als auf einer Störung des Arbeitssubstrats des konkreten AG beruhend angesehen werden kann und ein mit der unternehmerischen Tätigkeit verbundenes Risiko betrifft.[46] Insoweit darf auch nicht außer Acht gelassen werden, dass Betriebsschließungen in der Veranstaltungsbranche, Gastronomie, Hotellerie, im Einzelhandel usw. nicht allein wegen der Gefährlichkeit des im konkreten Betrieb bestehenden Kundenkontakts erfolgen, sondern weil hierdurch die Mobilität der Menschen generell eingeschränkt und verhindert werden soll, dass sie sich außer Haus begeben. Bei der gebotenen wertenden Betrachtung dürfte das nicht mehr als eine dem einzelnen AG zuzurechnende Störung im Bereich der von ihm zur Verfügung zu stellenden Betriebsmittel angesehen werden können. Denn der AG kann die Betriebsmittel, an und mit denen die Arbeitsleistung erbracht werden soll, nicht aus Gründen nicht mehr bereitstellen, die aus seinem Bereich kommen und durch die besondere Art des Betriebs bedingt sind, sondern weil es ihm durch eine öffentlich-rechtliche Regelung, die nur aus epidemiologischen Gründen ergangen ist, untersagt ist. 11

Stets erforderlich ist freilich, dass der AN seinerseits iSv § 297 BGB **leistungsfähig und -willig** ist (→ Rn. 6). Nur dann hat er im doppelten Sinne des Wortes das Entgelt „verdient".[47] Die Leistungsfähigkeit dürfte aus Rechtsgründen in der Regel ausgeschlossen sein, wenn der AN seinerseits wegen einer COVID-19-Infektion oder des Verdachts einer solchen einer Quarantäneanordnung unterliegt und deshalb seine Wohnung nicht verlassen kann.[48] 12

4. Abdingbarkeit. Die von Rechtsprechung und Lehre entwickelten Grundsätze gelten nicht, wenn sie durch **kollektiv- oder einzelvertragliche Vereinbarung** abbedungen sind. Eine abweichende Regelung muss mit hinreichender Deutlichkeit zum Ausdruck gebracht wer- 13

[41] Vgl. BAG 9.3.1983 AP Nr. 31 zu § 615 BGB Betriebsrisiko.
[42] *Preis/Mazurek/Schmid* NZA 2020, 1137 (1142 f.); hierauf abstellend *Grimm* DB 2020, 1177 (1181).
[43] *Fischinger/Hengstberger* NZA 2020, 559 (561 f.); krit hierzu *Hohenstatt/Krois* NZA 2020, 413.
[44] *Fuhlrott/Fischer* NZA 2020, 345 (348); *Kleinebrink* DB 2020, 1457 (1459).
[45] *Bonanni* ArbRB 2020, 110 (115 f.); *Sagan/Brockfeld* NJW 2020, 1112 (1116).
[46] Zutr. *Sievers* jurisPR-ArbR 13/2021 Anm. 4.
[47] *Canaris* FS Prölss, 2009, 21 (38 f.).
[48] AA für den Fall, dass der AG zum Schutz der Belegschaft die Arbeitsleistung des AN nicht annimmt, wenn dieser aus einem Urlaub in einem Risikogebiet zurückkehrt, ArbG Dortmund 24.11.2020 – 5 Ca 2057/20.

den.[49] Die tarifübliche Klausel „Bezahlt wird nur die tatsächliche Arbeitsleistung" bezieht sich im Zweifel nur auf den Ausschluss von § 616 BGB (→ § 95 Rn. 4). Einer Abbedingung des § 615 S. 3 BGB durch **Betriebsvereinbarung** wird in der Regel § 77 III BetrVG entgegenstehen.[50] Bei einer Abbedingung der Rechtsfolgen aus § 615 BGB in **AGB** ist § 307 II Nr. 1 BGB zu beachten. Die in § 615 BGB angeordnete Tragung des Entgeltrisikos in Fällen der verwirklichten Substratsgefahr ist gesetzliches Leitbild. Dessen Abbedingung stellt in der Regel eine unangemessene Benachteiligung iSv § 307 I 1 BGB dar.

III. Wirtschaftsrisiko

14 **1. Begriff.** In den Fällen des Betriebsrisikos ist es betriebstechnisch unmöglich oder unzumutbar, die Arbeit durchführen zu lassen. Beim Wirtschaftsrisiko wird die Durchführung des Arbeitsprozesses nicht gehemmt, die Ausführung der Arbeit wird für ein Unternehmen jedoch wirtschaftlich sinnlos.[51] Nach allgemeinen schuldrechtlichen Grundsätzen muss der Unternehmer in Kaufverträgen, Mietverträgen, Dienstverträgen für die Einhaltung des Vertrags einstehen, auch wenn seine Durchführung für ihn wirtschaftlich sinnlos geworden ist. Der AG trägt damit grundsätzlich das Risiko, den AN nicht beschäftigen zu können. Dasselbe gilt auch in Arbeitsverträgen. Ausnahmen finden sich nur im Rahmen des Arbeitskampfrisikos (→ § 194 Rn. 20).

15 **2. Rechtsfolgen.** Wird die Leistung der Arbeit durch die Verschlechterung der Wirtschaftslage, Auftrags- oder Geldmangel berührt, richtet sich die Abwicklung des Arbeitsverhältnisses nach den allgemeinen Vorschriften. Hiernach hat jeder für seine finanzielle Leistungsfähigkeit grundsätzlich einzustehen. Kann der AG den AN wegen Auftragsmangels nicht beschäftigen, wird er nicht von seiner Gegenleistungspflicht befreit. Er bleibt vielmehr nach § 615 S. 1 BGB zur Entgeltzahlung verpflichtet.[52] Wird ein Betrieb wegen Auftragsmangels eingestellt, haben die AN deshalb bis zur Beendigung seines Arbeitsverhältnisses aus dem Gesichtspunkt des Annahmeverzugs Anspruch auf die Zahlung des Arbeitsentgelts.[53] Im Falle der Betriebsstilllegung können sich weitere Rechtsfolgen aus §§ 112 ff. BetrVG ergeben (dazu → § 244 Rn. 44 ff.).

16 **3. Beendigung des Arbeitsverhältnisses.** Da der Unternehmer das Wirtschaftsrisiko zu tragen hat, kann hierauf regelmäßig keine Befristung des Arbeitsverhältnisses oder außerordentliche Kündigung gestützt werden. Im Falle einer Betriebseinstellung ist die Einhaltung einer Kündigungsfrist notwendig, die einer ordentlichen Kündigungsfrist entspricht. Dies gilt auch bei unkündbaren Arbeitsverhältnissen (→ § 125 Rn. 1 ff.). Soweit in älterer Rspr. sich Einschränkungen finden, sind diese weitgehend überholt.

§ 102. Feiertagsrecht

Übersicht

I. Allgemeines

1 Im Feiertagsrecht sind arbeitsrechtlich drei Problemkreise zu unterscheiden: **(a)** arbeitsschutzrechtlich, ob und inwieweit Feiertagsarbeit zulässig ist (→ § 159 Rn. 1 ff.), **(b)** vergütungsrechtlich, inwieweit ausfallende Arbeitszeit zu vergüten ist und **(c)** inwieweit am Feiertag geleistete Arbeit mit einem Zuschlag zu bezahlen ist (jeweils → § 103 Rn. 1 ff.). Da die Feiertage in der

[49] BAG 9.3.1983 AP Nr. 31 zu § 615 BGB Betriebsrisiko; näher *Kleinebrink* DB 2020, 1457 (1460).
[50] *Kleinebrink* DB 2020, 1457 (1461).
[51] HWK/*Krause* BGB § 615 Rn. 112.
[52] BAG 7.12.2005 AP Nr. 4 zu § 12 TzBfG = NZA 2006, 423; 23.6.1994 AP Nr. 56 zu § 615 BGB = NZA 1995, 468; MüKoBGB/*Henssler* § 615 Rn. 91.
[53] Vgl. BAG 23.6.1994 AP Nr. 56 zu § 615 BGB = NZA 1995, 468.

Bundesrepublik nicht einheitlich geregelt sind, kann sich bei AN mit wechselndem Arbeitsplatz zusätzlich die Frage stellen, welches Feiertagsrecht anzuwenden ist (→ Rn. 5 ff.).

II. Gesetzessystematik

2 Die Sonn- und Feiertagsruhe ist im Wesentlichen in §§ 9 ff. ArbZG geregelt. Besondere Regelungen finden sich noch im LadSchlG und im SeeArbG. Das Gesetz zur Regelung der Lohnzahlungen an Feiertagen vom 2.8.1951 (BGBl. I 479) i. d. Änd. vom 18.12.1975 (BGBl. I 3091) hat geregelt, ob und inwieweit am Feiertag ausfallende Arbeit zu vergüten ist. Es ist aufgehoben. Seine Regelungen haben 1994 in § 2 EFZG Eingang gefunden, so dass die frühere Rspr. noch zu verwenden ist. Dagegen ist die Frage, inwieweit am Feiertag geleistete Arbeit mit einem erhöhten Verdienst zu bezahlen ist (Feiertagszuschläge), vor allem in Tarifverträgen geregelt.

III. Bestimmung der Feiertage

3 Die Bestimmung der Feiertage gehört zur Kulturhoheit der Länder und deren Gesetzgebungskompetenz (Art. 70 GG). In den alten und neuen Bundesländern sind Feiertagsgesetze erlassen worden. In allen Bundesländern ist aufgrund Art. 2 II des Einigungsvertrags der 3. Oktober zum gesetzlichen Feiertag erklärt worden. Dagegen ist der Tag der Deutschen Einheit (17.6.) als gesetzlicher Feiertag aufgehoben worden. Die Streichung des Buß- und Bettages als staatlich anerkanntem Feiertag war verfassungsrechtlich zulässig.[1]

IV. Arbeitsbefreiung an Feiertagen

4 **1. Feiertage.** An **gesetzlichen Feiertagen**[2] besteht grundsätzlich keine Arbeitspflicht. Die zivilrechtliche und öffentlich-rechtliche Sicherung der Sonn- und Feiertagsruhe ist im Zusammenhang in → § 159 Rn. 1 ff. dargestellt. An **kirchlichen Feiertagen** ist der AN grundsätzlich zur Arbeitsleistung verpflichtet. Jedoch hat ihn der AG auf Verlangen für die Dauer des Gottesdienstbesuchs von der Arbeit freizustellen. Ob dies auch für die Teilnahme an Prozessionen gilt, ist zweifelhaft.[3] Ein Anspruch auf Lohnfortzahlung nach § 2 I EFZG besteht jedenfalls nicht. Nach zweifelhafter Ansicht des OVG Berlin verstößt es nicht gegen den Gleichheitsgrundsatz, wenn ein katholischer AN am Fronleichnamstag und Allerheiligen von der Arbeit freigestellt wird, dagegen ein evangelischer AN nicht am Reformationstag.[4]

5 **2. Ausländische Arbeitnehmer.** Ausländische AN haben in vergleichbarem Umfang wie deutsche AN bei kirchlichen Feiertagen einen Anspruch auf Freistellung. Bleibt ein ausländischer AN an einem staatlichen oder religiösen Feiertag seines Heimatlandes unerlaubt der Arbeit fern, hat die ältere Rechtsprechung dem AG häufig das Recht zur ordentlichen, gelegentlich auch zur außerordentlichen Kündigung gegeben.[5] Diese Entscheidungen unterliegen Bedenken.[6] Vielmehr wird man im Einzelfall die betrieblichen Interessen und das Recht der AN auf ungestörte Religionsausübung gegeneinander abzuwägen haben (dazu → § 3 Rn. 25). Ein Verstoß gegen die Religionsfreiheit liegt nicht vor, wenn sich ein Moslem vor dem Besuch der Moschee abmelden muss.[7]

6 **3. Maßgebliches Recht.** Da nach Art. 70 GG die Feiertagsbestimmung zur Gesetzgebungskompetenz der Länder gehört und sich die Feiertagsregelungen in den einzelnen Bundesländern unterscheiden, muss stets im Einzelfall geklärt werden, welches Feiertagsrecht Anwendung findet. Maßgeblich ist das Recht des Landes, in dem der Erfüllungsort des Arbeitsverhältnisses liegt.[8] Arbeitet der AN nicht am Betriebssitz, richtet sich arbeitszeitrechtlich die Einhaltung der Feiertage und ihr Schutz nach dem Recht des Arbeitsorts, da für die öffentlich-rechtlichen Feiertagsvorschriften das Territorialitätsprinzip gilt. Ob und wie die am Feiertag ausgefallene Arbeitszeit zu bezahlen ist, bestimmt sich nach den privatrechtlichen Grundsätzen der Rechtsan-

---

[1] BVerfG 18.9.1995 NJW 1995, 3378.
[2] Übersicht über die gesetzlichen Feiertage bei *Nipperdey*, Arbeitsrecht, Nr. 250.
[3] ArbG Paderborn 8.1.1997 EzA Nr. 49 zu § 1 KSchG Verhaltensbedingte Kündigung.
[4] OVG Berlin 31.10.1989 NJW 1990, 2269.
[5] LAG Düsseldorf 14.2.1963 BB 1964, 597.
[6] Krit. auch *Echterhölter* in Anm. zu BB 1964, 597; *Habscheid* JZ 1964, 246.
[7] EKMR 12.3.1981 EuGRZ 1981, 326.
[8] BAG 17.3.2010 AP Nr. 9 zu § 1 TVG Tarifverträge: Brotindustrie; s. auch BAG 14.6.2006 ZTR 2006, 592.

wendung. Für Monteure und Reisende bleibt idR das Recht des Betriebssitzes maßgebend. Das führt dazu, dass die ausgefallene Arbeitszeit grundsätzlich zu vergüten ist. Ist der AN für eine Tätigkeit am Montageort eingestellt worden, gilt in jedem Fall Ortsrecht.

§ 103. Entgeltzahlung an Feiertagen

Übersicht

I. Anspruchsvoraussetzungen

1 **1. Allgemeine Voraussetzungen.** Nach § 2 EFZG ist vom AG für die Arbeitszeit, die infolge eines **gesetzlichen Feiertages** ausfällt, den AN der Arbeitsverdienst zu zahlen, den sie ohne den Arbeitsausfall erhalten hätten **(Entgeltausfallprinzip).** Dies gilt auch dann, wenn die Arbeit an einem für den AN arbeitspflichtigen Sonntag, der zugleich gesetzlicher Feiertag ist, wegen des Feiertages ausfällt.[1] Es gibt neun bundesweite Feiertage (Neujahr, Karfreitag, Ostermontag, 1. Mai, Christi Himmelfahrt, Pfingstmontag, 3. Oktober, 1. und 2. Weihnachtsfeiertag). In den Ländern gibt es weitere gesetzliche Feiertage. Für die Frage, ob die Arbeit wegen eines Feiertags ausfällt, ist allein der Arbeitsort maßgeblich.[2] Fällt die Arbeit nur infolge eines kirchlichen Feiertags (→ § 102 Rn. 8) aus, der nicht zugleich gesetzlicher Feiertag ist, entsteht kein Anspruch. Die Tarif- und Arbeitsvertragsparteien können günstigere Regelungen vereinbaren. Anspruchsberechtigt sind alle AN. Anspruch auf Feiertagsbezahlung haben deshalb auch die nebenberuflich beschäftigten AN und Teilzeitbeschäftigte, die nur einige Tage in der Woche arbeiten, wenn auf einen dieser Kalendertage der Feiertag fällt und aus diesem Grunde die Arbeit ausfällt.[3] Der AN ist nach § 2 EFZG so zu stellen, als hätte er an dem gesetzlichen Feiertag im Umfang der für diesen Tag geschuldeten Arbeitszeit, dh der für die Arbeit vorgesehenen oder festgelegten Zeitspanne gearbeitet. Er ist **nicht zur unentgeltlichen Vor- oder Nacharbeit** der durch den Feiertag ausgefallenen Arbeitszeit **verpflichtet.**[4] Nachholarbeit ist besonders zu vergüten.[5] Dagegen haben keinen Anspruch die nur in Eintagsarbeitsverhältnissen beschäftigten AN, auch wenn sie am Tage vor oder nach dem Feiertag gearbeitet haben.[6] Eine entsprechende Regelung findet sich in § 11 EFZG für die in Heimarbeit Beschäftigten (→ § 163 Rn. 39). **§ 2 EFZG ist keine Eingriffsnorm** iSv Art. 34 EGBGB bzw. Art. 9 Rom I-VO.[7]

2 **2. Arbeitsausfall wegen eines Feiertags.** Anspruch auf Entgeltzahlung nach § 2 I EFZG hat nur derjenige AN, bei dem Arbeitszeit an einem gesetzlichen Feiertag ausfällt.[8] Erforderlich ist, dass der Feiertag die **alleinige Ursache** des Arbeitsausfalls ist.[9] Maßgeblich ist, welche Arbeitszeit für den AN gegolten hätte, wenn der betreffende Tag kein Feiertag gewesen wäre.[10] Das gilt auch für Zeitungszusteller. Diese haben Anspruch auf Entgeltzahlung nach

[1] BAG 26.7.1979 AP Nr. 34 zu § 1 FeiertagslohnzahlungsG.
[2] Vgl. BAG 16.4.2014 NZA 2014, 1262 zur Feiertagsarbeit.
[3] BAG 19.7.1957, 9.7.1959 AP Nr. 4, 5 zu § 1 FeiertagslohnzahlungsG.
[4] BAG 16.10.2019 AP Nr. 19 zu § 2 EntgeltFG = NZA 2020, 237; 6.12.2017 AP Nr. 18 zu § 2 EntgeltFG = NZA 2018, 597.
[5] BAG 25.6.1985 AP Nr. 48 zu § 1 FeiertagslohnzahlungsG.
[6] BAG 14.7.1967 AP Nr. 24 zu § 1 FeiertagslohnzahlungsG.
[7] BAG 18.4.2012 NZA 2012, 1152.
[8] BAG 19.9.2012 ZTR 2013, 23.
[9] BAG 16.10.2019 AP Nr. 19 zu § 2 EntgeltFG = NZA 2020, 237; 26.10.2016 AP Nr. 17 zu § 2 EntgeltFG = NZA 2017, 123; 15.5.2013 NZA 2013, 974; 10.1.2007 AP Nr. 6 zu § 611 BGB Ruhen des Arbeitsverhältnisses = NZA 2007, 384; 24.1.2001 AP Nr. 5 zu § 2 EntgeltFG = NZA 2001, 1026.
[10] BAG 8.12.2010 AP Nr. 2 zu § 6 TVöD = NZA 2011, 927.

§ 2 I EFZG an Feiertagen, wenn die Zustellung entfällt, weil an dem Feiertag keine Zeitung erscheint.[11] Hätte der AN an dem betreffenden Tag auch ohne den Feiertag nicht gearbeitet und kein Entgelt erhalten, steht ihm keine Feiertagsvergütung zu. Das gilt etwa, wenn die beiderseitigen Hauptpflichten suspendiert sind und das Arbeitsverhältnis ruht.[12] Dies gilt auch für Heimarbeiter.[13] Fällt ein gesetzlicher Feiertag in den Urlaubszeitraum, besteht ein Anspruch auf Feiertagsvergütung nach § 2 I EFZG, wenn der AN ohne Urlaub und Feiertag an diesem Tag zu arbeiten gehabt hätte (→ Rn. 8). Dies folgt aus der Wertung des § 3 II BUrlG, wonach an einem gesetzlichen Feiertag, für den nicht ausnahmsweise eine Arbeitsleistung angeordnet worden ist, kein Urlaub gewährt werden kann.[14] Zur Arbeitsunfähigkeit an einem Feiertag → Rn. 9. Die Arbeitsbefreiung aus Anlass eines Vorfesttags (zB 31.12.) stellt keinen Arbeitsausfall infolge eines gesetzlichen Feiertags dar, soweit der AN dienstplanmäßig nicht in den Feiertag hinein arbeiten müsste.[15] Eine von § 2 I EFZG abweichende tarifliche Bestimmung des Ursachenzusammenhangs zwischen Arbeitsausfall und Feiertag ist unwirksam. Im Tarifvertrag kann deshalb nicht bestimmt werden, dass die am Tag vor dem Feiertag ausfallende Nachtschicht bzw. die am Vorfesttag beginnenden und in den Feiertag hineinreichenden Schichten keine Feiertagsschichten sind, wenn der Feiertag der alleinige Grund für den Arbeitsausfall ist.[16]

3 **3. Einzelfälle. a) Arbeitskampf.** Fällt die Arbeit an einem Feiertag infolge eines Arbeitskampfes aus, entsteht kein Anspruch.[17] Die in die Zeit einer Aussperrung fallenden gesetzlichen Feiertage sind auch dann nicht zu vergüten, wenn für den auf den Feiertag jeweils folgenden Werktag, den sog. Brückentag, durch Betriebsvereinbarung Betriebsruhe unter Anrechnung auf den Tarifurlaub vereinbart worden ist.[18]

4 **b) Dienstpläne.** Nach § 2 I EFZG besteht ein Entgeltzahlungsanspruch für einen arbeitsfreien gesetzlichen Feiertag bei Arbeit nach einem Schichtplan nur dann, wenn die **planmäßige Freistellung durch die gesetzliche Feiertagsruhe bestimmend beeinflusst ist,**[19] wie etwa bei einer Ausdünnung oder einem Ausfall von Schichten aufgrund eines feiertagsbedingt verminderten Leistungsbedarfs.[20] Hätte der AN an dem betreffenden Tag dagegen aufgrund eines von der gesetzlichen Feiertagsruhe unabhängigen Planschemas auch ohne den Feiertag nicht gearbeitet, besteht kein Entgeltzahlungsanspruch.[21] Dass der AN an diesem Tag planmäßig frei hat, liegt dann nicht am Feiertag, sondern dient zB dazu, einen Fünftagesrhythmus einzuhalten.[22] Wird in einem Betrieb im wöchentlichen Wechsel jeweils von Montag bis Freitag und Montag bis Donnerstag gearbeitet, besteht kein Anspruch auf Feiertagsvergütung, wenn auf den hiernach arbeitsfreien Freitag ein gesetzlicher Feiertag fällt.[23]

5 **Beispiele:** In **öffentlichen Nahverkehrsbetrieben** sind „lohnzahlungspflichtige Wochenfeiertage" iSv § 8 II Anlage 1 zum BMT-G II nicht alle Feiertage eines Jahres, die auf die Wochentage Montag bis Samstag fallen, sondern die Wochenfeiertage, die für die nicht im Schichtdienst tätigen Arbeiter des betreffenden Nahverkehrsbetriebs lohnzahlungspflichtig sind. Maßgeblich ist das im jeweiligen Beschäftigungsbetrieb geltende Feiertags-

[11] BAG 16.10.2019 AP Nr. 19 zu § 2 EntgeltFG = NZA 2020, 237.
[12] BAG 16.10.2019 AP Nr. 19 zu § 2 EntgeltFG = NZA 2020, 237; 26.10.2016 AP Nr. 17 zu § 2 EntgeltFG = NZA 2017, 123; 10.1.2007 AP Nr. 6 zu § 611 BGB Ruhen des Arbeitsverhältnisses = NZA 2007, 384.
[13] BAG 26.7.1979 AP Nr. 34 zu § 1 FeiertagslohnzahlungsG.
[14] BAG 30.1.2019 AP Nr. 75 zu § 307 BGB mAnm *Joussen* = NZA 2019, 768; 26.10.2016 AP Nr. 17 zu § 2 EntgeltFG = NZA 2017, 123.
[15] Weitergehend allerdings BAG 23.1.2008 AP Nr. 42 zu § 1 TVG Tarifverträge: Lufthansa.
[16] BAG 15.5.2013 NZA 2013, 974 unter teilweiser Aufgabe von BAG 23.1.2008 AP Nr. 42 zu § 1 TVG Tarifverträge: Lufthansa.
[17] BAG 1.3.1995 AP Nr. 68 zu § 1 FeiertagslohnzahlungsG = NZA 1995, 996; 11.5.1993 AP Nr. 63 zu § 1 FeiertagslohnzahlungsG = NZA 1993, 809.
[18] BAG 31.5.1988 AP Nr. 57 zu § 1 FeiertagslohnzahlungsG = NJW 1989, 123.
[19] BAG 24.9.2015 AP Nr. 5 zu § 6 TVöD = NZA-RR 2016, 45.
[20] BAG 24.10.2013 AP Nr. 3 zu § 6 TVöD.
[21] BAG 16.10.2019 AP Nr. 19 zu § 2 EntgeltFG = NZA 2020, 237; 26.10.2016 AP Nr. 17 zu § 2 EntgeltFG = NZA 2017, 123.
[22] Vgl. BAG 24.9.2015 AP Nr. 5 zu § 6 TVöD = NZA-RR 2016, 45; 27.3.2014 AP Nr. 4 zu § 6 TVöD = NZA-RR 2014, 500; 24.10.2013 AP Nr. 3 zu § 6 TVöD; 8.12.2010 AP Nr. 2 zu § 6 TVöD = NZA 2011, 927.
[23] BAG 24.1.2001 AP Nr. 5 zu § 2 EntgeltFG = NZA 2001, 1026.

recht.[24] Vereinbaren die Parteien das **Ruhen des Arbeitsverhältnisses** einer Reinigungskraft in den Schulferien, wird nicht unzulässig der Anspruch auf Feiertagsvergütung abbedungen.[25] Wird in einem Betrieb **an Wochenfeiertagen eingeschränkt gearbeitet,** hängt der Anspruch auf Feiertagsvergütung davon ab, welche AN wegen dieser feiertagsbedingten Maßnahme befreit waren.[26] Hat ein teilzeitbeschäftigter AN des Einzelhandels nach seinem Arbeitsvertrag regelmäßig am Samstag zu arbeiten und fällt ein gesetzlicher **Feiertag auf einen Samstag,** besteht ein Anspruch auf Feiertagslohn für den gesetzlichen Feiertag.[27] Für Beschäftigte des **öffentlichen Dienstes** ist § 6 III 3 TVöD zu beachten. Diese Bestimmung erfasst die Konstellation, dass ein AN an einem gesetzlichen Wochenfeiertag nach einem Dienstplan feiertagsunabhängig freigestellt ist und deshalb keinen Anspruch auf Entgeltfortzahlung nach § 2 I EFZG hat.[28] Für diesen Personenkreis wird die regelmäßige Arbeitszeit für jeden gesetzlichen Feiertag, der auf einen Werktag fällt, um die dienstplanmäßig ausgefallenen Stunden vermindert. Hierdurch wird allerdings kein Anspruch auf Gutschrift von Stunden auf einem Arbeitszeitkonto begründet, sondern nur die Sollarbeitszeit um die dienstplanmäßig ausgefallenen Stunden herabgesetzt.[29] Der Umfang der Verminderung der regelmäßigen Arbeitszeit bestimmt sich nach den „dienstplanmäßig ausgefallenen Stunden". Hiervon ist auch der Fall erfasst, dass dienstplanmäßig nur eine teilweise Freistellung am Wochenfeiertag vorgesehen ist.[30]

6 **c) Nacharbeit.** Zulässig ist eine Regelung, wonach die an Wochenfeiertagen ausgefallene Arbeit am nächstfolgenden arbeitsfreien Werktag nachgeholt werden muss. Jedoch darf diese Nacharbeit nach § 2 I EFZG nicht unentgeltlich gefordert werden.[31]

7 **d) Abrufarbeit.** Ursächlich ist der Feiertag, wenn bei Abrufarbeit (§ 12 TzBfG) aufgrund der Heranziehung zur Arbeit in der Vergangenheit mit hoher Wahrscheinlichkeit davon auszugehen ist, dass der AN an dem infolge des Feiertags ausfallenden Arbeitstag gearbeitet hätte.[32]

8 **e) Urlaub.** Liegt in dem Zeitraum, in dem der AN Erholungsurlaub hat, ein Feiertag, besteht ein Anspruch auf Entgeltfortzahlung nach § 2 EFZG, wenn an diesem Tag wegen des Feiertagsschutzes nicht gearbeitet worden wäre. An diesem Tag kann der AG den AN nicht durch die Gewährung von Urlaub von der Arbeit freistellen, weil wegen des Feiertags keine Arbeitspflicht besteht.[33] Wäre der AN jedoch an dem Feiertag zur Arbeitsleistung verpflichtet gewesen (zB Bedienung in einer Gaststätte), fällt die Arbeit nicht wegen des Feiertags, sondern wegen des Urlaubs aus. Ein solcher Feiertag ist urlaubsrechtlich wie ein Werktag zu behandeln.[34] Soweit ein AN während eines geplanten Urlaubszeitraums dienstplanmäßig an einem Feiertag arbeiten müsste, bedarf es auch für diesen Tag einer Freistellung von der Arbeitspflicht; dieser Tag zählt als Urlaubstag. Der AN hat deshalb keinen Anspruch auf Feiertagsvergütung, sondern auf Urlaubsentgelt (§ 1 BUrlG).[35] Im Falle der Vereinbarung von unbezahltem Sonderurlaub bestehen an Feiertagen keine Entgeltfortzahlungsansprüche nach § 2 I EFZG. Das gilt vorbehaltlich abweichender Vereinbarungen auch dann, wenn der Sonderurlaub mit dem Feiertag beginnt oder endet.[36] Wurden über Weihnachten und Neujahr Betriebsferien gewährt und mit noch nicht urlaubsberechtigten AN vereinbart, dass sie unbezahlten Urlaub erhalten, wird damit nach Auffassung des BAG nicht zugleich auch die Feiertagsbezahlung abbedungen.[37]

9 **f) Arbeitsunfähigkeit.** Eine Ausnahme von dem Grundsatz, dass der Feiertag die alleinige Ursache des Arbeitsausfalls sein muss, enthält § 4 II EFZG. Fällt ein gesetzlicher Feiertag in

[24] BAG 14.6.2006 ZTR 2006, 592.
[25] BAG 10.1.2007 AP Nr. 6 zu § 611 BGB Ruhen des Arbeitsverhältnisses = NZA 2007, 384.
[26] BAG 27.9.1983 AP Nr. 41 zu § 1 FeiertagslohnzahlungsG.
[27] BAG 10.7.1996 AP Nr. 69 zu § 1 FeiertagslohnzahlungsG = NZA 1996, 1324.
[28] BAG 24.9.2015 AP Nr. 5 zu § 6 TVöD = NZA-RR 2016, 45.
[29] BAG 8.12.2010 AP Nr. 2 zu § 6 TVöD = NZA 2011, 927.
[30] BAG 24.9.2015 AP Nr. 5 zu § 6 TVöD = NZA-RR 2016, 45.
[31] BAG 25.6.1985 AP Nr. 48 zu § 1 FeiertagslohnzahlungsG.
[32] BAG 24.10.2001 AP Nr. 8 zu § 2 EntgeltFG.
[33] BAG 26.10.2016 AP Nr. 17 zu § 2 EntgeltFG = NZA 2017, 123; 15.1.2013 AP Nr. 4 zu § 26 TVöD = NZA 2013, 1091.
[34] BAG 15.11.2005 AP Nr. 12 zu § 611 BGB Arbeitnehmerähnlichkeit.
[35] BAG 15.1.2013 AP Nr. 4 zu § 26 TVöD = NZA 2013, 1091; 11.8.1998 – 9 AZR 111/97; ErfK/*Reinhard* EFZG § 2 Rn. 9; MüKoBGB/*Müller-Glöge* EFZG § 2 Rn. 19; *Vogelsang,* Entgeltfortzahlung, Rn. 817.
[36] ErfK/*Reinhard* EFZG § 2 Rn. 9; Schmitt EFZG/*Küfner-Schmitt* § 2 Rn. 61; einschränkend BAG 27.7.1973 AP Nr. 30 zu § 1 FeiertagslohnzahlungsG.
[37] BAG 6.4.1982 AP Nr. 36 zu § 1 FeiertagslohnzahlungsG = NJW 1983, 70.

den Arbeitsunfähigkeitszeitraum nach § 3 I EFZG, hat der AN für den Feiertag Anspruch auf Entgeltfortzahlung im Krankheitsfalle. Die Höhe der Vergütungsfortzahlung für einen Feiertag, an dem im Betrieb nicht gearbeitet wurde, bemisst sich gem. § 4 II EFZG nach § 2 EFZG[38] und kann deshalb Feiertagszuschläge einschließen.[39] Entsprechendes gilt gem. § 2 II EFZG für Kurzarbeit.

4. Feiertagsarbeit. Arbeitet der AN am Feiertag, kann er nur Vergütung der Arbeit einschließlich eines evtl. tariflich oder vertraglich festgelegten Zuschlags (dazu → Rn. 26), nicht aber – vorbehaltlich tariflicher Regelungen[40] – noch zusätzlich die Feiertagsvergütung (§ 2 EFZG) verlangen.[41] **10**

II. Ausschluss der Feiertagsvergütung

Der Anspruch auf Feiertagsvergütung besteht nicht, wenn der AN am letzten Arbeitstag vor oder am ersten Arbeitstag nach dem Feiertag unentschuldigt fehlt (§ 2 III EFZG).[42] Arbeitstag ist der Tag, an dem im Betrieb zuletzt hat gearbeitet werden müssen oder wieder gearbeitet werden musste. Fallen der betriebliche und der individuell geltende Arbeitstag auseinander, zB wegen verkürzter Arbeitszeiten oder Urlaubs vor und nach dem Feiertag, ist auf den letzten bzw. ersten für den AN geltenden Arbeitstag abzustellen.[43] **11**

Von einem **unentschuldigten Fernbleiben von der Arbeit** ist auszugehen, wenn objektiv eine Vertragsverletzung vorliegt und subjektiv dem AN ein Verschulden an der Arbeitsversäumnis zur Last fällt.[44] Der AN, der am letzten Arbeitstag vor oder am ersten Arbeitstag nach einem gesetzlichen Feiertag einen Teil der Arbeitszeit unentschuldigt versäumt, hat nach Auffassung des BAG dann keinen Anspruch, wenn er nicht wenigstens die Hälfte der für den Arbeitstag maßgebenden Arbeitszeit leistet.[45] Die unentschuldigte Arbeitsversäumnis braucht mit dem Feiertag nicht in einem ursächlichen oder inneren Zusammenhang zu stehen oder gar in unmittelbarem Anschluss an den Feiertag zu erfolgen.[46] Wird in einem Betrieb zwischen Weihnachten und Neujahr nicht gearbeitet, verliert ein AN nach der Rechtsprechung des BAG seinen Anspruch auf Feiertagsbezahlung für alle in die Betriebsruhe fallenden Wochenfeiertage, wenn er am letzten Tag vor oder am ersten Tag nach der Betriebsruhe unentschuldigt fehlt.[47] Fällt ein Feiertag auf den letzten Tag des Arbeitsverhältnisses, bleibt der Anspruch erhalten, es sei denn, dass der AN am vorletzten Tag unentschuldigt fehlt.[48] **12**

III. Berechnung der Vergütung

1. Entgeltausfallprinzip. a) Grundsatz. Nach § 2 I EFZG hat der AG für Arbeitszeit, die infolge eines gesetzlichen Feiertags ausfällt, dem AN das Arbeitsentgelt zu zahlen, das er ohne den Arbeitsausfall erhalten hätte. Der AN ist so zu stellen, als hätte er an dem Feiertag die schichtplanmäßige Arbeitszeit gearbeitet.[49] Das Entgelt errechnet sich aus einem **Zeit- und einem Geldfaktor.**[50] Insoweit kann grundsätzlich auf die Ausführungen zur Entgeltfortzahlung im Krankheitsfall verwiesen werden (→ § 98 Rn. 71 ff.). Unregelmäßige **Schwankungen der Arbeitszeit und eine fortzuzahlenden Stückvergütung** – zB bei Zeitungszustellern – erfordern grundsätzlich eine hypothetische Betrachtung, die die Eigenarten der geschuldeten Tätigkeit und spezifische Abrechnungsmethoden in den Blick nimmt. **13**

[38] Vgl. hierzu bereits BAG 19.4.1989 AP Nr. 62 zu § 1 FeiertagslohnzahlungsG = NZA 1989, 715.
[39] BAG 1.12.2004 AP Nr. 68 zu § 4 EntgeltFG = NZA 2005, 1315.
[40] Dazu BAG 1.12.2004 AP Nr. 68 zu § 4 EntgeltFG = NZA 2005, 1315.
[41] BAG 19.9.2012 AP Nr. 4 zu § 11 ArbZG; 5.2.1965 AP Nr. 17 zu § 1 FeiertagslohnzahlungsG.
[42] Die Vorschrift ist an sich aus wehrwirtschaftlichen Gründen eingeführt worden. Der Bundesgesetzgeber hat sie aber übernommen; vgl. dazu ArbG Aachen 14.2.1975 DB 1975, 1463.
[43] Ebenso ErfK/*Reinhard* EFZG § 2 Rn. 22; Schmitt EFZG/*Küfner-Schmitt* § 2 Rn. 134.
[44] BAG 28.10.1966 AP Nr. 23 zu § 1 FeiertagslohnzahlungsG.
[45] BAG 28.10.1966 AP Nr. 23 zu § 1 FeiertagslohnzahlungsG; MüKoBGB/*Müller-Glöge* EFZG § 2 Rn. 37; Schmitt EFZG/*Küfner-Schmitt* § 2 Rn. 145; teilweise aA ErfK/*Reinhard* EFZG § 2 Rn. 21.
[46] BAG 28.10.1966 AP Nr. 23 zu § 1 FeiertagslohnzahlungsG.
[47] BAG 6.4.1982 AP Nr. 37 zu § 1 FeiertagslohnzahlungsG.
[48] ArbG Marburg 25.3.1969 DB 1969, 1656.
[49] BAG 27.3.2014 AP Nr. 4 zu § 6 TVöD = NZA-RR 2014, 500; 14.8.2002 AP Nr. 10 zu § 2 EntgeltFG; 24.10.2001 AP Nr. 8 zu § 2 EntgeltFG.
[50] BAG 16.10.2019 AP Nr. 19 zu § 2 EntgeltFG = NZA 2020, 237; ErfK/*Reinhard* EFZG § 2 Rn. 14 ff.; MüKoBGB/*Müller-Glöge* EFZG § 2 Rn. 25.

Ggf. ist nach den Grundsätzen des § 287 II ZPO eine Schätzung auf der Grundlage eines in der Vergangenheit liegenden Bezugszeitraums vorzunehmen, soweit dieser ein sachgerechtes Ergebnis gewährleistet. Die für die Schätzung maßgeblichen Anknüpfungspunkte hat der AN darzulegen und im Streitfall zu beweisen.[51] Seit Inkrafttreten von § 12 IV und V TzBfG zum 1.1.2019 liegt es nahe, bei schwankender Arbeitszeit diese für die Abrufarbeit geltende Regelung – ggf. analog – zur Berechnung der Entgeltzahlung heranzuziehen. Maßgebend wäre dann die durchschnittliche Arbeitszeit der letzten drei Monate vor dem Feiertag. Der AN ist nicht zur unentgeltlichen Vor- oder Nacharbeit der durch den Feiertag ausgefallenen Arbeitszeit verpflichtet.[52] Der AN hat Anspruch auf den Arbeitsverdienst einschließlich aller Bestandteile, den er erhalten hätte, wenn er gearbeitet hätte. Das hiernach maßgebliche Entgeltausfallprinzip verlangt, den **Mindestlohn** nach § 1 I 1 MiLoG als Geldfaktor in die Berechnung des Entgeltfortzahlungsanspruchs einzustellen, soweit nicht aus anderen Rechtsgründen ein höherer Vergütungsanspruch besteht.[53] Eine von § 2 EFZG abweichende Regelung trifft das Mindestlohngesetz nicht.[54] Bei Führung eines Arbeitszeitkontos ist der AG verpflichtet, die Anzahl von Stunden gutzuschreiben, die der AN schichtplanmäßig an dem Feiertag ohne den Ausfall gearbeitet hätte.[55]

14 **b) Bruttoverdienst.** Maßgeblich ist der Bruttoverdienst, den der AN als Gegenleistung für seine Arbeitsleistung erhält. Ein AN, der ohne Rücksicht auf die Zahl der geleisteten Stunden feste Bezüge für einen längeren Zeitabschnitt (Woche, Monat) erhält, erleidet durch den Arbeitsausfall am gesetzlichen Feiertag grundsätzlich keinen Verdienstausfall.[56] Dies trifft idR für alle Angestellte zu. Soweit diese neben ihrer festen Vergütung noch Provisionen erhalten, ist der Provisionsausfall entsprechend dem Durchschnittsverdienst des letzten Jahres zu schätzen.[57] Dies gilt auch für Provisionsverkäufer im Innendienst.[58] Für AN, deren Arbeitsverdienst von der Zahl der geleisteten Arbeitsstunden abhängig ist, sind die ausfallenden Stunden mit dem üblichen Arbeitsverdienst, nicht dagegen mit einem wegen des Ausgleichs der Feiertagsarbeit erhöhten Verdienst zu bezahlen.[59] Zu ersetzen ist jeweils eine ganze Schicht, auch wenn sie nur teilweise in den Feiertag fällt, deshalb aber ganz ausfällt.[60] Nahauslösungen sind regelmäßig Arbeitsverdienst im Sinne des § 2 EFZG und daher auch für Feiertage fortzuzahlen.[61]

15 **c) Überstunden.** Bei der Berechnung des fortzuzahlenden Entgelts sind Überstunden und ggf. Überstundenzuschläge zu berücksichtigen. § 4 Ia EFZG findet bei der Feiertagsvergütung keine Anwendung.[62] Werden AN regelmäßig an bestimmten Wochentagen zu Mehrarbeit herangezogen, nicht aber an dem Wochentag, der auf einen Feiertag fällt, haben sie keinen Anspruch auf Feiertagslohn in Höhe der Mehrarbeitsvergütung einschließlich des Zuschlags.[63]

16 **d) Kurzarbeit.** Im Falle der Kurzarbeit ist Vergütung in Höhe des Kurzarbeitergelds zu zahlen.[64] Der AG muss jedoch insoweit die Sozialversicherungsbeiträge tragen; sie würden sonst von der BA abgeführt. Wegen der Lohnsteuer ist er nicht ausgleichspflichtig.[65]

17 **e) Zusätzlich vergütete Arbeitsleistungen.** Erbringt ein AN aufgrund besonderer Vereinbarung regelmäßig zusätzlich vergütete Arbeitsleistungen, hat der AG nach § 2 EFZG das hierfür vereinbarte Arbeitsentgelt zu bezahlen, wenn die Arbeit infolge des Feiertages ausfällt.[66]

---

[51] BAG 16.10.2019 AP Nr. 19 zu § 2 EntgeltFG = NZA 2020, 237.
[52] BAG 10.7.1996 AP Nr. 69 zu § 1 FeiertagslohnzahlungsG = NZA 1996, 1324.
[53] BAG 16.10.2019 AP Nr. 19 zu § 2 EntgeltFG = NZA 2020, 237.
[54] BAG 6.12.2017 AP Nr. 10 zu § 1 MiLoG = NZA 2018, 582; 20.9.2017 AP Nr. 6 zu § 1 MiLoG = NZA 2018, 53.
[55] BAG 27.3.2014 AP Nr. 4 zu § 6 TVöD = NZA-RR 2014, 500.
[56] BAG 25.3.1966 AP Nr. 19 zu § 1 FeiertagslohnzahlungsG.
[57] BAG 4.6.1969 AP Nr. 27 zu § 1 FeiertagslohnzahlungsG; vgl. auch BAG 29.9.1971 AP Nr. 28 zu § 1 FeiertagslohnzahlungsG.
[58] BAG 17.4.1975 AP Nr. 32 zu § 1 FeiertagslohnzahlungsG.
[59] BAG 23.9.1960 AP Nr. 12 zu § 1 FeiertagslohnzahlungsG.
[60] BAG 26.1.1962 AP Nr. 13 zu § 1 FeiertagslohnzahlungsG.
[61] BAG 1.2.1995 AP Nr. 67 zu § 1 FeiertagslohnzahlungsG = NZA 1995, 1113; 24.9.1986 AP Nr. 50 zu § 1 FeiertagslohnzahlungsG = NZA 1987, 315.
[62] Ebenso ErfK/*Reinhard* EFZG § 2 Rn. 15; MüKoBGB/*Müller-Glöge* EFZG § 2 Rn. 21.
[63] BAG 26.3.1985 AP Nr. 47 zu § 1 FeiertagslohnzahlungsG = NZA 1986, 397; 18.3.1992 AP Nr. 64 zu § 1 FeiertagslohnzahlungsG (im Druckbetrieb) = NZA 1992, 940.
[64] BAG 5.7.1979 AP Nr. 33 zu § 1 FeiertagslohnzahlungsG.
[65] BAG 8.5.1984 AP Nr. 44 zu § 1 FeiertagslohnzahlungsG.
[66] BAG 16.1.2002 AP Nr. 7 zu § 2 EntgeltFG = NZA 2002, 1163, zu § 5 Nr. 3 BRTV – Bau.

2. Besondere Arbeitszeitgestaltungen. a) Dreischichtenbetrieb. In Dreischichtenbetrieben gelten Besonderheiten. Nach § 9 II ArbZG kann für die dort genannten Betriebe die Feiertagsruhezeit jeweils 6 Stunden nach vorne oder hinten verschoben werden. § 9 II ArbZG lässt allerdings den zivilrechtlichen Vergütungsanspruch aus § 2 I EFZG unberührt, sondern ergänzt lediglich die Vorschrift zur öffentlich-rechtlichen Feiertagsruhe in § 9 I ArbZG.[67] Haben die Betriebsparteien vereinbart, dass die aus dem Feiertag von 22.00 bis 6.00 Uhr herausragende Schicht die Feiertagsruhezeit sein soll, ist diese insgesamt nach dem EFZG zu vergüten.[68] Ebenso ist die in den Feiertag von 22.00 bis 6.00 Uhr hineinragende Schicht mit einem tariflichen Zuschlag zu bezahlen. In einem Tarifvertrag kann nicht bestimmt werden, dass die in die Feiertage hineinreichenden Schichten keine Feiertagsschichten sind, wenn der Feiertag der alleinige Grund für den Arbeitsausfall ist.[69] Haben die Tarifpartner in einem Tarifvertrag die Feiertagsarbeit von 0.00 bis 24.00 Uhr qualifiziert, ist jeweils zu prüfen, ob sie hierbei an den Dreischichtenbetrieb überhaupt gedacht haben. Das BAG hat in Tarifverträgen für das Produktivgewerbe regelmäßig eine Verschiebung des Feiertags angenommen,[70] dagegen eine andere Auffassung zu einem Tarifvertrag für das private Bankgewerbe vertreten.[71] 18

b) Flexible Arbeitszeit. Bei Einführung der flexiblen Arbeitszeit wurden mehrere Modelle entwickelt (→ § 160 Rn. 21 ff.). In den Tarifverträgen finden sich gelegentlich Regelungen über die Berechnung der Vergütungsfortzahlung an Feiertagen. Bestehen jedoch keine Sonderregelungen, gelten die allgemeinen Grundsätze. Ist die Betriebsnutzungszeit von 40 Stunden und die tägliche Arbeitszeit von acht Stunden beibehalten, dagegen die Arbeitszeitverkürzung durch Freischichten gewährleistet, fällt infolge des Feiertags eine achtstündige Schicht aus, so dass auch insoweit der Feiertag zu vergüten ist.[72] Im Falle des Arbeitsausfalls aus Anlass von gesetzlichen Feiertagen ist der AG verpflichtet, die Anzahl von Stunden gutzuschreiben, die der AN schichtplanmäßig an den Feiertagen ohne den Ausfall gearbeitet hätte.[73] Ist vorgesehen, dass unter Beibehaltung der betrieblichen Nutzungszeit von 40 Stunden die AN eine tägliche Arbeitszeitgutschrift erhalten, kann bestimmt werden, dass eine Zeitgutschrift nur für jeden geleisteten Arbeitstag erfolgt.[74] Bei rollierenden Schichten, zB der Fünf-Tage-Woche bei sechstägiger Öffnung eines Einzelhandelsunternehmens, besteht kein Anspruch auf Feiertagsbezahlung, wenn der Feiertag auf den freien Tag fällt.[75] Der AN hat keinen Verdienstausfall. Bei Arbeit auf Abruf gilt § 12 V TzBfG. – Zur Berechnung → § 98 Rn. 78. 19

3. Vor- und Nacharbeit. Die Feiertagsbezahlung kann nicht durch die Vereinbarung umgangen werden, dass der AN die infolge des Feiertags ausfallende Arbeitszeit an einem sonst arbeitsfreien Tag unentgeltlich vor- oder nacharbeitet.[76] Vielmehr ist die Arbeit an dem sonst freien Tag zusätzlich zu vergüten.[77] Umstritten ist, ob die an dem sonst arbeitsfreien Tag geleistete Arbeit mit dem tariflichen Mehrarbeitszuschlag zu bezahlen ist. Im Grundsatz wird es nur auf die tatsächlich geleistete Arbeitszeit ankommen,[78] es sei denn, der Tarifvertrag bestimmt ausdrücklich, dass die infolge des Feiertages ausfallende Arbeitszeit auf die Wochenarbeitszeit anzurechnen ist.[79] 20

4. Pauschalierung. Die Pauschalierung der Feiertagsvergütung ist zulässig. Jedoch muss der Zuschlag von vornherein erkennbar und eindeutig geeignet sein, den gesetzlichen Anspruch zu 21

[67] BAG 15.5.2013 NZA 2013, 974.
[68] BAG 17.5.1973 AP Nr. 29 zu § 1 FeiertagslohnzahlungsG mwN.
[69] BAG 15.5.2013 NZA 2013, 974, unter Aufgabe von BAG 23.1.2008 AP Nr. 42 zu § 1 TVG Tarifverträge: Lufthansa.
[70] BAG 17.5.1973 AP Nr. 29 zu § 1 FeiertagslohnzahlungsG; ebenso *Meisel* Anm. zu SAE 1968, 297; krit. *Knieper* AuR 1968, 271.
[71] BAG 28.6.1983 AP Nr. 40 zu § 1 FeiertagslohnzahlungsG.
[72] BAG 2.12.1987 AP Nr. 52 zu § 1 FeiertagslohnzahlungsG; 2.12.1987 AP Nr. 53 zu § 1 FeiertagslohnzahlungsG = NZA 1988, 538; vgl. bei Arbeitsfreistellung: BAG 14.12.1988 AP Nr. 71 zu § 1 TVG Tarifverträge: Metallindustrie = NZA 1990, 277.
[73] BAG 14.8.2002 AP Nr. 10 zu § 2 EntgeltFG.
[74] BAG 2.12.1987 AP Nr. 54 zu § 1 FeiertagslohnzahlungsG = NZA 1988, 663.
[75] BAG 16.3.1988 AP Nr. 19 zu § 1 TVG Tarifverträge: Einzelhandel = NZA 1988, 587.
[76] BAG 25.3.1966 AP Nr. 19 zu § 1 FeiertagslohnzahlungsG; 25.6.1985 AP Nr. 48 zu § 1 FeiertagslohnzahlungsG; ErfK/*Reinhard* EFZG § 2 Rn. 15; MüKoBGB/*Müller-Glöge* EFZG § 2 Rn. 23.
[77] Vgl. BAG 9.10.1996 AP Nr. 3 zu § 2 EntgeltFG = NZA 1997, 444; 10.7.1996 AP Nr. 69 zu § 1 FeiertagslohnzahlungsG = NZA 1996, 1324.
[78] BAG 7.10.1966 AP Nr. 21 zu § 1 FeiertagslohnzahlungsG; *Vogelsang,* Entgeltfortzahlung, Rn. 847.
[79] BAG 7.10.1966 AP Nr. 22 zu § 1 FeiertagslohnzahlungsG.

erfüllen.[80] Die Vergütungsabrede im Formulararbeitsvertrag muss dem Transparenzgebot entsprechen (§ 307 I 2 BGB).

22 **5. Ausschlussfristen.** Der Anspruch auf Feiertagslohnzahlung ist ein gesetzlicher Anspruch. Er kann tariflichen Ausschlussfristen unterliegen. Dies gilt aber dann nicht, wenn die tarifliche Verfallklausel nur Tarifansprüche erfasst.[81]

IV. Unabdingbarkeit

23 Die Arbeitsvertragsparteien können den Vergütungsanspruch des AN für regelmäßige zusätzliche Arbeitsleistungen nicht für Tage, an denen die Arbeit wegen eines Feiertags ausfällt, ausschließen. Hierin läge eine nach § 12 EFZG unzulässige Abweichung von der Entgeltfortzahlungspflicht nach § 2 EFZG.[82] Eine arbeitsvertragliche Regelung, nach der Arbeitstage eines **Zeitungszustellers** nur solche Tage sind, an denen Zeitungen im Zustellgebiet erscheinen, verstößt daher gegen § 12 EFZG, wenn sie den Vergütungsanspruch des Zustellers für Tage ausschließt, an denen er, wäre der betreffende Tag kein gesetzlicher Feiertag gewesen, gearbeitet hätte.[83] Auch in einem Tarifvertrag kann nicht bestimmt werden, dass die am Tag vor dem Feiertag ausfallende Nachtschicht bzw. die an den Sonntagen vor den Oster- und Pfingstmontagen beginnenden und in die Feiertage hineinreichenden Schichten keine Feiertagsschichten sind, wenn der Feiertag der alleinige Grund für den Arbeitsausfall ist.[84] Ein Verstoß gegen die gem. § 12 EFZG zwingende Vorschrift des § 2 I EFZG liegt dagegen nicht vor, wenn die Parteien nicht den Anspruch auf Feiertagsvergütung abbedingen, sondern ein generelles Ruhen des Arbeitsverhältnisses in den Zeiten der Schulferien vorgesehen. Das ist von den Feiertagen unabhängig.[85] Wirksam sind des Weiteren von § 2 I EFZG abweichende tarifliche Regelungen nicht nur, wenn sie „stets günstiger" als das Gesetz sind, sondern auch dann, wenn nach objektiven Maßstäben – sei es, weil es sich um eine „ambivalente" Regelung handelt, bei der es von den Umständen des Einzelfalls abhängt, ob sie sich für den AN günstiger oder ungünstiger auswirkt, sei es, weil die Regelung neutral ist – nicht zweifelsfrei feststellbar ist, dass sie für den AN ungünstiger sind. Begründet zB ein Tarifvertrag einen vom tatsächlichen feiertagsbedingten Arbeitsanfall unabhängigen Anspruch auf Gutschrift von 1/261 des Jahresarbeitszeitsolls, handelt es sich im Vergleich zu § 2 I EFZG um eine ambivalente Regelung. Die Gutschrift ist einerseits selbst dann zu gewähren, wenn der AN auch ohne den Feiertag nicht zur Arbeitsleistung verpflichtet gewesen wäre, ebenso, wenn der Feiertag nicht die alleinige Ursache für den Arbeitsausfall gewesen ist und/oder auch dann, wenn der tatsächlich feiertagsbedingte Arbeitsausfall geringer ist als 1/261 des Jahresarbeitszeitsolls. Sie ist andererseits auf 1/261 des individuellen Jahresarbeitszeitsolls auch dann beschränkt, wenn der tatsächlich (allein) feiertagsbedingte Arbeitsausfall höher ist. Damit weicht ein solcher Tarifvertrag nicht zuungunsten des AN von § 2 I EFZG ab.[86]

[80] BAG 22.10.1973 AP Nr. 31 zu § 1 FeiertagslohnzahlungsG.
[81] BAG 10.12.1986 AP Nr. 51 zu § 1 FeiertagslohnzahlungsG = NZA 1987, 461.
[82] BAG 16.1.2002 AP Nr. 7 zu § 2 EntgeltFG = NZA 2002, 1163.
[83] BAG 16.10.2019 AP Nr. 19 zu § 2 EntgeltFG = NZA 2020, 237.
[84] BAG 15.5.2013 NZA 2013, 974, unter Aufgabe von BAG 23.1.2008 AP Nr. 42 zu § 1 TVG Tarifverträge: Lufthansa.
[85] BAG 10.1.2007 AP Nr. 6 zu § 611 BGB Ruhen des Arbeitsverhältnisses = NZA 2007, 384.
[86] BAG 6.12.2017 AP Nr. 18 zu § 2 EntgeltFG = NZA 2018, 597.

3. Abschnitt. Urlaubsrecht

§ 104. Urlaub

Übersicht

I. Rechtsgrundlagen

1 Gesetzliche Grundlage des Urlaubsrechts ist das BUrlG vom 8.1.1963 (BGBl. I 2), zul. geänd. am 20.4.2013 (BGBl. I 868). Sonderregelungen finden sich für besondere Arbeitnehmergruppen im JArbSchG, § 17 BEEG (→ § 172 Rn. 26 ff.), § 24 MuSchG (→ § 168 Rn. 25 ff.), SeeArbG, SGB IX (→ § 178 Rn. 1 ff.), ArbPlSchG, EignungsübungsG und im ZDG (→ § 177 Rn. 1 ff.). Besondere Gesetze bestehen für Beamte,[1] Soldaten[2] und Richter. Unberührt bleiben landesgesetzliche Regelungen insbesondere zum Bildungsurlaub (dazu → § 105 Rn. 1 ff.). Des Weiteren gibt es zahlreiche tarifvertragliche und einzelvertragliche Vereinbarungen.

II. Rechtsnatur und Merkmale des gesetzlichen Urlaubsanspruchs

2 **1. Der unionsrechtliche Urlaubsbegriff. a) Urlaubszweck und allgemeine Grundsätze.** Der Anspruch auf bezahlten Erholungsurlaub ist maßgeblich durch die Rechtsprechung

[1] VO über den Erholungsurlaub der Beamtinnen, Beamten, Richterinnen und Richter des Bundes idF vom 11.11.2004 (BGBl. I 2831) sowie VO über den Heimaturlaub des Auswärtigen Dienstes v. 3.6.2002 (BGBl. I 1784) jew. m. spät. Änd.

[2] SUV v. 14.5.1997 (BGBl. I 1134) m. spät. Änd.

des EuGH zur Auslegung von Art. 7 RL 2003/88/EG bestimmt. Nach dieser Bestimmung treffen die Mitgliedstaaten die erforderlichen Maßnahmen, damit jeder AN einen bezahlten Mindestjahresurlaub von vier Wochen nach Maßgabe der Bedingungen für die Inanspruchnahme und die Gewährung erhält, die in den einzelstaatlichen Rechtsvorschriften und/oder nach den einzelstaatlichen Gepflogenheiten vorgesehen sind. Nach Abs. 2 dieser Vorschrift darf der bezahlte Mindestjahresurlaub außer bei Beendigung des Arbeitsverhältnisses nicht durch eine finanzielle Vergütung ersetzt werden. Der unionsrechtliche Anspruch auf bezahlten Jahresurlaub nach Art. 7 RL 2003/88/EG **bezweckt,** es dem AN zu ermöglichen, sich zu erholen und über einen Zeitraum für Entspannung und Freizeit zu verfügen.[3] Dieser Zweck beruht grundsätzlich auf der Prämisse, dass der AN im Laufe des Referenzzeitraums tatsächlich gearbeitet hat (→ Rn. 6).[4] Der EuGH unterscheidet den Erholungsurlaub von dem von ihm so genannten Anspruch auf **Krankheitsurlaub,** der darauf gerichtet ist, es dem AN zu ermöglichen, von einer Krankheit zu genesen.[5] Die Richtlinie 2003/88/EG steht innerstaatlichen Rechtsvorschriften nicht entgegen, die einen Anspruch auf bezahlten **Jahresurlaub von mehr als den in Art. 7 I der Richtlinie vorgesehenen vier Wochen** vorsehen und inhaltlich näher ausgestalten.[6] Ansprüche auf bezahlten Jahresurlaub, die über das in Art. 7 I der Richtlinie 2003/88/EG vorgesehene Mindestmaß hinausgehen, sind nicht durch die Richtlinie geregelt, sondern durch das nationale Recht (→ Rn. 11 f.). Derartige nationale Bestimmungen dürfen jedoch nicht dazu dienen, eine Beeinträchtigung des durch Art. 7 I der Richtlinie 2003/88/EG gewährleisteten Mindestschutzes, etwa in Gestalt einer Kürzung des Entgelts für den durch sie garantierten bezahlten Mindestjahresurlaub, zu kompensieren.[7]

Der EuGH geht davon aus, dass das Recht jedes AN auf bezahlten Jahresurlaub ein besonders **bedeutsamer Grundsatz des Sozialrechts der Union** ist, von dem nicht abgewichen werden darf und den die zuständigen nationalen Stellen nur in den Grenzen umsetzen dürfen, die in der Richtlinie 2003/88/EG selbst ausdrücklich gezogen sind.[8] Das Recht auf bezahlten Jahresurlaub sei zudem **in Art. 31 II GRCh verankert**[9] und werde durch Art. 7 I RL 2003/88EG konkretisiert.[10] Dieses Grundrecht könne nur unter Einhaltung der in Art. 52 I GRCh vorgesehenen strengen Bedingungen und insbesondere nur unter Achtung seines Wesensgehalts beschränkt werden.[11] Es umfasse auch einen Anspruch auf Bezahlung sowie den Anspruch auf eine finanzielle Vergütung für bei Beendigung des Arbeitsverhältnisses nicht genommenen Jahresurlaub.[12] Der unionsrechtlich gewährleistete Anspruch auf bezahlten Jahresurlaub dürfe **nicht restriktiv ausgelegt** werden.[13] Soweit es nach der Richtlinie 2003/88/EG Sache der Mitgliedstaaten sei, die Voraussetzungen für die Ausübung und die Umsetzung des Anspruchs auf bezahlten Jahresurlaub festzulegen, dürften sie nicht bereits die Entstehung dieses sich unmittelbar aus der Richtlinie ergebenden Anspruchs von irgendeiner Voraussetzung abhängig machen.[14] Die nationalen 3

[3] EuGH 13.12.2018 AP Nr. 28 zu Richtlinie 2003/88/EG = NZA 2019, 47 – Hein; 30.6.2016 AP Nr. 18 zu Richtlinie 2003/88/EG = NZA 2016, 877 – Sobczyszyn; 21.2.2013 AP Nr. 11 zu Richtlinie 2003/88/EG = NZA 2013, 369 – Maestre García.

[4] EuGH 25.6.2020 AP Nr. 34 zu Richtlinie 2003/88/EG = NZA 2020, 1001 – Varhoven kasatsionen sad na Republika Bulgaria; 4.10.2018 AP Nr. 24 zu Richtlinie 2003/88/EG = NZA 2018, 1323 – Dicu; 13.12.2018 AP Nr. 28 zu Richtlinie 2003/88/EG = NZA 2019, 47 – Hein.

[5] EuGH 4.6.2020 AP Nr. 33 zu Richtlinie 2003/88/EG = NZA 2020, 929 – FETICO; 30.6.2016 AP Nr. 18 zu Richtlinie 2003/88/EG = NZA 2016, 877 – Sobczyszyn.

[6] EuGH 20.7.2016 AP Nr. 19 zu Richtlinie 2003/88/EG = NZA 2016, 1067 – Maschek; 24.1.2012 AP Nr. 7 zu Richtlinie 2003/88/EG = NZA 2012, 139 – Dominguez.

[7] EuGH 19.11.2019 AP Nr. 31 zu Richtlinie 2003/88/EG = NZA 2019, 1631 – TSN; 13.12.2018 AP Nr. 28 zu Richtlinie 2003/88/EG = NZA 2019, 47 – Hein.

[8] EuGH 25.6.2020 AP Nr. 34 zu Richtlinie 2003/88/EG = NZA 2020, 1001 – Varhoven kasatsionen sad na Republika Bulgaria; 6.11.2018 AP Nr. 27 zu Richtlinie 2003/88/EG = NZA 2018, 1467 – Bauer und Willmeroth.

[9] EuGH 25.6.2020 AP Nr. 34 zu Richtlinie 2003/88/EG = NZA 2020, 1001 – Varhoven kasatsionen sad na Republika Bulgaria; 13.12.2018 AP Nr. 28 zu Richtlinie 2003/88/EG = NZA 2019, 47 – Hein; 4.10.2018 AP Nr. 24 zu Richtlinie 2003/88/EG = NZA 2018, 1323 – Dicu mwN.

[10] EuGH 8.9.2020 – C-119/19 P u.a.

[11] EuGH 6.11.2018 AP Nr. 26 zu Richtlinie 2003/88/EG = NZA 2018, 1474 – Max-Planck-Gesellschaft; 29.11.2017 AP Nr. 23 zu Richtlinie 2003/88/EG = NZA 2017, 1591 – King.

[12] EuGH 25.6.2020 AP Nr. 34 zu Richtlinie 2003/88/EG = NZA 2020, 1001 – Varhoven kasatsionen sad na Republika Bulgaria; 6.11.2018 AP Nr. 27 zu Richtlinie 2003/88/EG = NZA 2018, 1467 – Bauer und Willmeroth.

[13] EuGH 30.6.2016 AP Nr. 18 zu Richtlinie 2003/88/EG = NZA 2016, 877 – Sobczyszyn.

[14] EuGH 25.6.2020 AP Nr. 34 zu Richtlinie 2003/88/EG = NZA 2020, 1001 – Varhoven kasatsionen sad na Republika Bulgaria; 4.10.2018 AP Nr. 24 zu Richtlinie 2003/88/EG = NZA 2018, 1323 – Dicu; 29.11.2017 AP Nr. 23 zu Richtlinie 2003/88/EG = NZA 2017, 1591 – King.

Gerichte seien verpflichtet, bei der Anwendung des innerstaatlichen Rechts dieses so weit wie möglich **unionsrechtskonform auszulegen,** um das in der Richtlinie festgelegte Ziel zu erreichen und damit Art. 288 III AEUV nachzukommen.[15] Hierzu hätten sie ggf. eine gefestigte Rechtsprechung abzuändern, soweit diese mit Zielen einer Richtlinie unvereinbar sei.[16] Auch wenn eine Richtlinie nicht selbst Verpflichtungen zwischen Privaten begründe, sei zu beachten, dass der in der Richtlinie 2003/88/EG vorgesehene **Urlaubsanspruch in Art. 31 II GRCh verankert** sei, der seinen Ursprung u.a. in verschiedenen völkerrechtlichen Verträgen, wie etwa dem Übereinkommen Nr. 132 der Internationalen Arbeitsorganisation 24.6.1970 habe. Das so verstandene Recht auf bezahlten Jahresurlaub sei infolgedessen, was sein Bestehen selbst anbelange, zugleich zwingend und nicht von Bedingungen abhängig, da die Charta nicht durch unionsrechtliche oder nationalrechtliche Bestimmungen konkretisiert werden müsse. In diesen seien nur die genaue Dauer des Jahresurlaubs und ggf. bestimmte Voraussetzungen für die Wahrnehmung des Rechts festzulegen.[17] Art. 31 II GRCh verleihe den AN in Bezug auf den unionsrechtlichen Mindesturlaubsanspruch deshalb ein Recht, das sie in einem Rechtsstreit gegen ihren AG als solches geltend machen können. Dies habe zur Folge, dass nationale Gerichte eine Regelung des nationalen Rechts unangewendet zu lassen haben, die den durch die Charta verbürgten Anspruch verletze.[18]

4 **b) Wesentliche Merkmale des unionsrechtlichen Urlaubsbegriffs. aa) Mindesturlaub.** Art. 7 RL 2003/88/EG regelt einen unionsrechtlichen Mindesturlaubsanspruch. Er steht nationalen Bestimmungen nicht entgegen, die einen längeren Urlaub vorsehen, welcher unter den in diesen nationalen Bestimmungen niedergelegten Bedingungen für die Inanspruchnahme und Gewährung eingeräumt wird (→ Rn. 11).[19] Es steht den Mitgliedstaaten somit frei, einen Anspruch auf bezahlten Jahresurlaub zu regeln, der je nach Ursache der gesundheitsbedingten Abwesenheit des AN unterschiedlich ist, solange er immer noch länger als die in Art. 7 RL 2003/88/EG vorgesehene Mindestdauer von vier Wochen oder genauso lang wie diese ist.[20]

5 **bb) Anspruch auf Jahresurlaub und Zahlung des Urlaubsentgelts.** Dem unionsrechtlichen Urlaubsbegriff liegt nach der Rechtsprechung des EuGH zugrunde, dass der Anspruch auf Jahresurlaub und der auf Zahlung des Urlaubsentgelts **zwei Teile eines einzigen Anspruchs** sind.[21] Durch das Erfordernis der Zahlung eines **Urlaubsentgelts** soll der AN während des Jahresurlaubs in eine Lage versetzt werden, die in Bezug auf das Entgelt mit den Zeiten geleisteter Arbeit vergleichbar ist.[22] Das in Art. 7 I RL 2003/88/EG vorgeschriebene Urlaubsentgelt soll es dem AN ermöglichen, den Urlaub tatsächlich zu nehmen.[23] Dem AN ist deshalb für die Dauer des Jahresurlaubs das **gewöhnliche Arbeitsentgelt weiterzugewähren.**[24] Art. 7 RL 2003/88/EG lässt es nicht zu, dass das Entgelt für den Mindestjahresurlaub in Teilbeträgen gezahlt wird, die, über das entsprechende Arbeitsjahr verteilt, zusammen mit dem Entgelt für geleistete Arbeit und nicht als Entgelt für einen bestimmten Zeitabschnitt, in dem der AN tatsächlich Urlaub nimmt, ausgezahlt werden.[25] Mit diesem Verständnis harmoniert indes kaum, dass nach Auffassung des EuGH der Anspruch auf bezahlten Jahresurlaub in dem Sinne **vererblich** ist, dass bei Beendigung des Arbeitsverhältnisses durch Tod des AN die Erben Anspruch

---

[15] EuGH 6.11.2018 AP Nr. 26 zu Richtlinie 2003/88/EG = NZA 2018, 1474 – Max-Planck-Gesellschaft; 30.6.2016 AP Nr. 18 zu Richtlinie 2003/88/EG = NZA 2016, 877 – Sobczyszyn.

[16] EuGH 13.12.2018 AP Nr. 28 zu Richtlinie 2003/88/EG = NZA 2019, 47 – Hein mwN.

[17] EuGH 6.11.2018 AP Nr. 27 zu Richtlinie 2003/88/EG = NZA 2018, 1467 – Bauer und Willmeroth.

[18] EuGH 6.11.2018 AP Nr. 26 zu Richtlinie 2003/88/EG = NZA 2018, 1474 – Max-Planck-Gesellschaft; 6.11.2018 AP Nr. 27 zu Richtlinie 2003/88/EG = NZA 2018, 1467 – Bauer und Willmeroth; krit. dazu *Powietzka* BB 2019, 52 (53).

[19] EuGH 13.12.2018 AP Nr. 28 zu Richtlinie 2003/88/EG = NZA 2019, 47 – Hein.

[20] EuGH 24.1.2012 AP Nr. 7 zu Richtlinie 2003/88/EG = NZA 2012, 139 – Dominguez.

[21] EuGH 13.12.2018 AP Nr. 28 zu Richtlinie 2003/88/EG = NZA 2019, 47 – Hein; 29.11.2017 AP Nr. 23 zu Richtlinie 2003/88/EG = NZA 2017, 1591 – King; 12.2.2015 – C-396/13, AP Nr. 13 zu EWG-Richtlinie Nr. 96/71 = NZA 2015, 345 – Sähköalojen ammattiliitto; 20.1.2009 AP Nr. 1 zu Richtlinie 2003/88/EG = NZA 2009, 135 – Schultz-Hoff; 26.6.2001 AP Nr. 3 zu EWG-Richtlinie Nr. 93/104 = NZA 2001, 827 – Bectu.

[22] EuGH 22.5.2014 AP Nr. 13 zu Richtlinie 2003/88/EG = NZA 2014, 593 – Lock; 20.1.2009 AP Nr. 1 zu Richtlinie 2003/88/EG = NZA 2009, 135 – Schultz-Hoff; 16.3.2006 AP Nr. 2 zu Richtlinie 93/104/EG = NZA 2006, 481 – Robinson-Steele.

[23] EuGH 6.11.2018 AP Nr. 27 zu Richtlinie 2003/88/EG = NZA 2018, 1467 – Bauer und Willmeroth; 29.11.2017 AP Nr. 23 zu Richtlinie 2003/88/EG = NZA 2017, 1591 – King.

[24] EuGH 13.12.2018 AP Nr. 28 zu Richtlinie 2003/88/EG = NZA 2019, 47 – Hein.

[25] EuGH 16.3.2006 AP Nr. 2 zu Richtlinie 93/104 EG = NZA 2006, 481 – Robinson-Steele.

auf das noch offene Urlaubsentgelt haben.[26] Das **Abgeltungsverbot** in Art. 7 II RL 2003/88/EG soll gewährleisten, dass der AN normalerweise über eine tatsächliche Ruhezeit verfügen kann, damit ein wirksamer Schutz seiner Sicherheit und seiner Gesundheit gewährleistet ist.[27]

cc) Erholungsbedürfnis und Arbeitsleistung. Der Zweck des Urlaubs, dem AN zu ermöglichen, sich zu erholen, setzt nach der Rechtsprechung des EuGH voraus, dass der AN eine Tätigkeit ausgeübt hat, die es zu dem in der Richtlinie 2003/88/EG vorgesehenen Schutz seiner Sicherheit und seiner Gesundheit rechtfertigt, dass er über einen Zeitraum der Erholung, der Entspannung und der Freizeit verfügt. Daher sind die Urlaubsansprüche grundsätzlich anhand der Zeiträume der auf der Grundlage des Arbeitsvertrags tatsächlich geleisteten Arbeit zu berechnen.[28] Aus diesem Grund ist bei der Berechnung der Urlaubsansprüche die Dauer eines von dem AN in Bezugszeitraum genommenen **Elternurlaubs** nicht als Zeitraum tatsächlicher Arbeitsleistung anzusehen.[29] Ebenso entsteht für **Kurzarbeitszeiten,** in denen der AN nicht gearbeitet hat, kein auf Art. 7 RL 2003/88/EG beruhender Urlaubsanspruch (dazu auch → Rn. 48). Hat ein AN im Kalenderjahr 26 Wochen lang wegen Kurzarbeit tatsächlich nicht gearbeitet, hat er daher grundsätzlich nur einen Anspruch auf zwei Urlaubswochen.[30] Anderes gilt indes für Zeiten **krankheitsbedingter Arbeitsunfähigkeit** (→ Rn. 84 f.). Ist ein AN während des Bezugszeitraums wegen Arbeitsunfähigkeit der Arbeit ferngeblieben, ist er den AN, die gearbeitet haben, gleichgestellt.[31] Art. 7 I der Richtlinie 2003/88/EG schließt an sich aus, dass der Anspruch auf bezahlten Jahresurlaub mit Ablauf des Bezugszeitraums oder eines im nationalen Recht festgelegten Übertragungszeitraums erlischt, wenn der AN während des gesamten Bezugszeitraums oder eines Teils davon arbeitsunfähig war und es ihm deshalb tatsächlich nicht möglich war, Urlaub zu nehmen.[32] Dies beruht nach der Rechtsprechung des EuGH darauf, dass das Fernbleiben von der Arbeit bei Arbeitsunfähigkeit weder vorhersehbar noch vom Willen des AN abhängig ist.[33] Ist ein AN während mehrerer Kalenderjahre in Folge arbeitsunfähig, wäre er hiernach berechtigt, unbegrenzt alle während des Zeitraums seiner Abwesenheit von der Arbeit erworbenen Ansprüche auf bezahlten Jahresurlaub anzusammeln. Dies kann jedoch durch nationale Regelungen verhindert werden, die vorsehen, dass nach einem Übertragungszeitraum von **15 Monaten** der Anspruch auf bezahlten Jahresurlaub erlischt (→ Rn. 85).[34] Eine **schwangere AN** muss ihren Jahresurlaub auch dann zu einer anderen Zeit als der ihres Mutterschaftsurlaubs nehmen können, wenn der Mutterschaftsurlaub zeitlich mit dem durch Betriebsvereinbarung allgemein festgelegten Jahresurlaub für die gesamte Belegschaft zusammenfällt.[35] Im Übrigen soll der Erholungszweck einer innerstaatlichen Regelung, nach der ein arbeitsunfähiger AN während der Zeit der Arbeitsunfähigkeit bezahlten Jahresurlaub nehmen kann, nicht entgegenstehen.[36] 6

dd) Hinweispflichten des Arbeitgebers. Der AG ist verpflichtet, **konkret und in völliger Transparenz** dafür zu sorgen, dass der AN tatsächlich in der Lage ist, seinen bezahlten Jahresurlaub zu nehmen, indem er ihn – erforderlichenfalls förmlich – auffordert, dies zu tun. Dabei hat der AG dem AN klar und rechtzeitig mitzuteilen, dass der Urlaub, wenn er ihn nicht nimmt, am Ende des Bezugszeitraums oder eines zulässigen Übertragungszeitraums verfallen wird 7

[26] EuGH 6.11.2018 AP Nr. 27 zu Richtlinie 2003/88/EG = NZA 2018, 1467 – Bauer und Willmeroth; dazu *Arnold/Zeh* NZA 2019, 1; *Powietzka* BB 2019, 52.

[27] EuGH 6.11.2018 AP Nr. 27 zu Richtlinie 2003/88/EG = NZA 2018, 1467 – Bauer und Willmeroth; 16.3.2006 AP Nr. 2 zu Richtlinie 93/104 EG = NZA 2006, 481 – Robinson-Steele.

[28] EuGH 25.6.2020 AP Nr. 34 zu Richtlinie 2003/88/EG = NZA 2020, 1001 – Varhoven kasatsionen sad na Republika Bulgaria; 4.10.2018 AP Nr. 24 zu Richtlinie 2003/88/EG = NZA 2018, 1323 – Dicu; 13.12.2018 AP Nr. 28 zu Richtlinie 2003/88/EG = NZA 2019, 47 – Hein.

[29] EuGH 4.10.2018 AP Nr. 24 zu Richtlinie 2003/88/EG = NZA 2018, 1323 – Dicu.

[30] EuGH 13.12.2018 AP Nr. 28 zu Richtlinie 2003/88/EG = NZA 2019, 47 – Hein.

[31] EuGH 25.6.2020 AP Nr. 34 zu Richtlinie 2003/88/EG = NZA 2020, 1001 – Varhoven kasatsionen sad na Republika Bulgaria; 4.10.2018 AP Nr. 24 zu Richtlinie 2003/88/EG = NZA 2018, 1323 – Dicu.

[32] EuGH 29.11.2017 AP Nr. 23 Richtlinie 2003/88/EG = NZA 2017, 1591 – King; 30.6.2016 AP Nr. 18 zu Richtlinie 2003/88/EG = NZA 2016, 877 – Sobczyszyn.

[33] EuGH 25.6.2020 AP Nr. 34 zu Richtlinie 2003/88/EG = NZA 2020, 1001 – Varhoven kasatsionen sad na Republika Bulgaria; 4.10.2018 AP Nr. 24 zu Richtlinie 2003/88/EG = NZA 2018, 1323 – Dicu; 20.1.2009 AP Nr. 1 zu Richtlinie 2003/88/EG = NZA 2009, 135 – Schultz-Hoff.

[34] EuGH 22.11.2011 AP Nr. 6 zu Richtlinie 2003/88/EG Nr. 6 = NZA 2011, 1333 – KHS sowie im Anschluss daran EuGH 29.11.2017 AP Nr. 23 Richtlinie 2003/88/EG = NZA 2017, 1591 – King.

[35] EuGH 18.3.2004 AP Nr. 10 zu EWG-Richtlinie Nr. 93/104 = NZA 2004, 535 – Merino Gomez.

[36] EuGH 20.1.2009 AP Nr. 1 zu Richtlinie 2003/88/EG = NZA 2009, 135 – Schultz-Hoff.

(→ Rn. 72 ff.).[37] Diese Rechtsprechung des EuGH wird von dem **Leitgedanken** getragen, der AN sei die schwächere Partei des Arbeitsvertrags. Es müsse daher verhindert werden, dass der AG ihm eine Beschränkung seiner Rechte auferlegen könne. Der AN könne davon abgeschreckt sein, seine Rechte gegenüber seinem AG ausdrücklich geltend zu machen, weil insbesondere die Einforderung dieser Rechte ihn Maßnahmen des AG aussetzen könne, die sich zu seinem Nachteil auf das Arbeitsverhältnis auswirken könnten. Zudem sei die Schaffung eines Anreizes, auf den Erholungsurlaub zu verzichten, unvereinbar mit dem Zweck des Urlaubsanspruchs, Sicherheit und Gesundheit durch Gewährleistung einer tatsächlichen Ruhezeit zu schützen. Die Beweislast trage insoweit der AG. Könne er nicht nachweisen, dass er mit aller gebotenen Sorgfalt gehandelt habe, um den AN tatsächlich in die Lage zu versetzen, den ihm zustehenden bezahlten Jahresurlaub zu nehmen, verstoße das Erlöschen des Urlaubsanspruchs am Ende des Kalenderjahres bzw. Bezugs- oder zulässigen Übertragungszeitraums gegen Art. 7 I und II der Richtlinie 2003/88.[38] Der AG, der den AN nicht in die Lage versetze, seinen Anspruch auf bezahlten Jahresurlaub auszuüben, habe die sich hieraus ergebenden Folgen zu tragen (das BAG hat dem durch Auslegung von § 7 I und III BUrlG Rechnung getragen → Rn. 72 ff.).[39] Ein **rechtswidrig entlassener AN** könne nach Wiederaufnahme seiner Beschäftigung alle Ansprüche auf bezahlten Jahresurlaub, die er während des Zeitraums zwischen dem Tag der rechtswidrigen Entlassung und dem Tag der Wiederaufnahme seiner Beschäftigung erworben habe, geltend machen. Habe der AN allerdings **in diesem Zeitraum ein anderes Arbeitsverhältnis begründet,** habe er die Ansprüche auf Jahresurlaub, die dem Zeitraum entsprechen, in dem er einer anderen Beschäftigung nachgegangen sei, nicht beim ursprünglichen, sondern beim neuen AG geltend zu machen (dazu → Rn. 41).[40]

8 **ee) Erlöschen des Urlaubsanspruchs.** Die Richtlinie 2003/88/EG steht grundsätzlich Regelungen des nationalen Rechts entgegen, die vorsehen, dass der Urlaubsanspruch erlischt, wenn der AN an der Inanspruchnahme des Urlaubs bis zum Ablauf des Bezugszeitraums oder des Übertragungszeitraums gehindert ist.[41] Ist beispielsweise streitig, ob zwischen den Parteien ein **freies Dienstverhältnis oder ein Arbeitsverhältnis** besteht, und stellt sich im Nachhinein heraus, dass ein Arbeitsverhältnis bestanden hat, erlöschen die Jahr für Jahr entstandenen Urlaubsansprüche nicht, wenn sich der AG geweigert hat, Urlaubszeiten zu vergüten und der AN unbezahlten Urlaub genommen hat.[42] Allerdings ist es auch nach Auffassung des EuGH nicht mehr dem Zweck des Anspruchs auf bezahlten Jahresurlaub vereinbar, wenn ein AN, der während **mehrerer Kalenderjahre in Folge arbeitsunfähig** ist, berechtigt wäre, unbegrenzt alle während des Zeitraums seiner Abwesenheit von der Arbeit erworbenen Ansprüche auf bezahlten Jahresurlaub anzusammeln. In „Nuancierung" seiner früheren Urteile geht der EuGH nunmehr davon aus, dass bei Überschreiten einer „gewissen zeitlichen Grenze" dem Jahresurlaub seine positive Wirkung für den AN als Erholungszeit fehle. Einen Übertragungszeitraum von 15 Monaten hat der EuGH dabei nicht beanstandet,[43] neun Monate sind dagegen zu kurz (dazu → Rn. 85).[44]

9 **ff) Veränderung des Umfangs der Arbeitszeit.** Des Weiteren geht der EuGH davon aus, dass die Inanspruchnahme des Jahresurlaubs zu einer späteren Zeit als dem Bezugszeitraum in keiner Beziehung zu der in dieser späteren Zeit vom AN erbrachten Arbeitszeit stehe. Deshalb dürfe durch eine Veränderung, insbesondere Verringerung der Arbeitszeit beim Übergang von einer Vollzeit- zu einer Teilzeitbeschäftigung der Anspruch auf Jahresurlaub, den der AN in der Zeit der Vollzeitbeschäftigung erworben habe, nicht gemindert werden (dazu → Rn. 47).[45]

10 **2. Merkmale des gesetzlichen Urlaubsanspruchs.** Das BAG hat im Anschluss an die Rechtsprechung des EuGH (→ Rn. 5) seine vormals vorgenommenen strikte Trennung zwischen der durch die Urlaubserteilung erfolgte Befreiung von der Arbeitspflicht und der auf § 611

[37] EuGH 6.11.2018 AP Nr. 26 zu Richtlinie 2003/88/EG = NZA 2018, 1474 – Max-Planck-Gesellschaft; 6.11.2018 AP Nr. 25 zu Richtlinie 2003/88/EG = NZA 2018, 1612 – Kreuziger.
[38] EuGH 6.11.2018 AP Nr. 26 zu Richtlinie 2003/88/EG = NZA 2018, 1474 – Max-Planck-Gesellschaft.
[39] EuGH 29.11.2017 AP Nr. 23 zu Richtlinie 2003/88/EG = NZA 2017, 1591 – King.
[40] EuGH 25.6.2020 AP Nr. 34 zu Richtlinie 2003/88/EG = NZA 2020, 1001 – Varhoven kasatsionen sad na Republika Bulgaria.
[41] EuGH 29.11.2017 AP Nr. 23 zu Richtlinie 2003/88/EG = NZA 2017, 1591 – King; 20.1.2009 AP Nr. 1 zu Richtlinie 2003/88/EG = NZA 2009, 135 – Schultz-Hoff.
[42] EuGH 29.11.2017 AP Nr. 23 zu Richtlinie 2003/88/EG = NZA 2017, 1591 – King.
[43] EuGH 22.11.2011 AP Nr. 6 zu Richtlinie 2003/88/EG = NZA 2011, 1333 – KHS.
[44] EuGH 3.5.2012 AP Nr. 8 zu Richtlinie 2003/88/EG = NVwZ 2012, 688 – Neidel.
[45] EuGH 22.4.2010 AP Nr. 1 zu Richtlinie 97/81/EG = NZA 2010, 557 – Landeskrankenhäuser Tirols.

BGB beruhenden Fortzahlung der vertraglichen Vergütung aufgegeben.[46] Es geht nunmehr – wie der Gerichtshof – davon aus, dass die mit der Freistellung verknüpfte Verpflichtung zur Zahlung von **Urlaubsvergütung integraler Bestandteil des Anspruchs auf bezahlten Urlaub** ist. Das BUrlG begründet mit dem Anspruch auf den gesetzlichen Mindesturlaub nicht nur einen Freistellungsanspruch, sondern auch einen Anspruch des AN auf Bezahlung.[47] Der gesetzliche Urlaubsanspruch nach dem BUrlG ist als Freistellungsanspruch **nicht vererblich,** weil er auf die Beseitigung der Arbeitspflicht gerichtet ist, die als höchstpersönliche Pflicht (§ 613 BGB) mit dem Tod endet. Nach dem Tod des AN bestehen keine Arbeitspflichten mehr, deren Beseitigung verlangt werden könnte. Vererblich ist aber der Abgeltungsanspruch → Rn. 126.[48] Da nicht der Urlaubsanspruch selbst höchstpersönlicher Natur ist, sondern die Arbeitspflicht (§ 613 BGB), auf deren Beseitigung er gerichtet ist, kann er abgetreten werden. Gegenstand der **Abtretung** nach § 398 BGB ist nach bisherigem Verständnis der Freistellungsanspruch, so dass der Zessionar vom AG verlangen könnte, den Zedenten von der Arbeit freizustellen.[49] Daran wird aber in der Praxis kein Interesse bestehen. Die Abtretung führt nicht dazu, dass der Zessionar den abgetretenen Urlaubsanspruch für die eigene Freistellung verwenden kann. Entsprechendes gilt für die Pfändung. Wegen fehlender Gleichartigkeit der Forderungen (§ 387 BGB) unterliegt der Urlaubsanspruch nicht der **Aufrechnung** mit oder gegen eine Geldforderung. Unberührt bleibt die Aufrechnung mit und gegen das Urlaubsentgelt.[50]

III. Vertragliche und tarifvertragliche Urlaubsregelungen

1. Mehrurlaub. Die Regelungen des BUrlG gewährleisten ebenso wie der Urlaub nach der Richtlinie 2003/88/EG (→ Rn. 4) einen Mindestschutz des AN. Von ihnen kann daher gem. § 13 I BUrlG grundsätzlich nicht durch andere Vereinbarungen zuungunsten des AN abgewichen werden (näher dazu → Rn. 130 f.). Die Arbeitsvertragsparteien und die Tarifvertragsparteien können jedoch Urlaubs- und Urlaubsabgeltungsansprüche frei regeln, die den durch Art. 7 I RL 2003/88/EG und §§ 1, 3 I BUrlG begründeten Anspruch auf einen Mindestjahresurlaub von vier Wochen übersteigen (zur Auslegung entsprechender Regelungen → Rn. 12).[51] Ihre Regelungsmacht ist insbesondere nicht durch die für gesetzliche Urlaubsansprüche vom BAG inzwischen vorgenommene richtlinienkonforme Fortbildung des § 7 III und IV BUrlG beschränkt (dazu → Rn. 72a, 84, 122).[52] Diese Regelungsbefugnis schließt die Befristung des Mehrurlaubs ein.[53] Einem tariflich angeordneten Verfall des übergesetzlichen Urlaubsanspruchs und seiner Abgeltung steht Unionsrecht nicht entgegen.[54] Die RL 2003/88/EG enthält im Unterschied zur Mutterschutzrichtlinie 92/85/EWG keine Regelung, die Mehrurlaubsansprüche erfasst.[55] 11

2. Gleichlauf der Ansprüche. Ob die Tarif- oder Arbeitsvertragsparteien für den vereinbarten Mehrurlaub eine eigenständige Regelung getroffen haben, ist durch Auslegung festzustellen. Dabei sind bei AGB die hierfür geltenden Auslegungsgrundsätze zu beachten (dazu → § 35 Rn. 28 ff.). Für einen Regelungswillen der Parteien, der zwischen gesetzlichen und übergesetzlichen (tarif-)vertraglichen Ansprüchen unterscheidet, müssen deutliche Anhaltspunkte bestehen.[56] Fehlen solche, ist von einem Gleichlauf des gesetzlichen Urlaubsanspruchs und des 12

---

[46] Dazu noch 17. Aufl. § 104 Rn. 3 mwN.
[47] BAG 16.2.2021 AP Nr. 116 zu § 7 BUrlG Abgeltung; 20.8.2019 AP Nr. 91 zu § 7 BUrlG = NZA 2019, 1581.
[48] Vgl. BAG 23.6.1992 AP Nr. 59 zu § 7 BUrlG Abgeltung = NZA 1992, 1088; 18.7.1989 AP Nr. 49 zu § 7 BUrlG Abgeltung = NZA 1990, 238.
[49] Ebenso ErfK/*Gallner* BUrlG § 1 Rn. 24; HWK/*Schinz* BUrlG § 1 Rn. 21; aA *Friese,* Urlaubsrecht, Rn. 316 ff.; *Neumann/Fenski/Kühn* BUrlG § 1 Rn. 72.
[50] ErfK/*Gallner* BUrlG § 1 Rn. 27.
[51] BAG 15.12.2015 AP Nr. 78 zu § 7 BUrlG; 12.4.2011 AP Nr. 50 zu § 7 BUrlG = NZA 2011, 1050.
[52] EuGH 19.11.2019 AP Nr. 31 zu Richtlinie 2003/88/EG = NZA 2019, 1631 – TSN; 3.5.2012 AP Nr. 8 zu Richtlinie 2003/88/EG = NVwZ 2012, 688 – Neidel; 24.1.2012 AP Nr. 7 zu Richtlinie 2003/88/EG = NZA 2012, 139 – Dominguez; BAG 25.8.2020 AP Nr. 98 zu § 7 BUrlG = NZA 2021, 217.
[53] BAG 29.9.2020 AP Nr. 100 zu § 7 BUrlG = NZA 2021, 429; 14.2.2017 AP Nr. 80 zu § 7 BUrlG = NZA 2017, 655; 5.8.2014 AP Nr. 31 zu § 7 BUrlG Übertragung = NZA 2015, 625.
[54] BAG 13.11.2012 AP Nr. 97 zu § 7 BUrlG Abgeltung; 22.5.2012 NZA 2012, 987; 24.3.2009 AP Nr. 39 zu § 7 BUrlG = NZA 2009, 538.
[55] BAG 23.3.2010 AP Nr. 3 zu § 125 SGB IX = NZA 2010, 810.
[56] BAG 25.8.2020 AP Nr. 98 zu § 7 BUrlG = NZA 2021, 217; 14.2.2017 AP Nr. 80 zu § 7 BUrlG = NZA 2017, 655; 15.12.2015 AP Nr. 78 zu § 7 BUrlG; zur Vertragsgestaltung vgl. *Powietzka/Fallenstein* NZA 2010, 673.

Anspruchs auf tariflichen Mehrurlaub auszugehen.[57] Insoweit gilt ein **Regel-Ausnahme-Verhältnis:** Grundsätzlich ist davon auszugehen, dass die Vertragsparteien den vereinbarten Mehrurlaub den gesetzlichen Regelungen unterstellen wollen. Regel ist damit der „Gleichlauf" der Ansprüche. Die unterschiedliche rechtliche Behandlung ist die Ausnahme.[58] Ein Gleichlauf ist **beispielsweise nicht gewollt,** wenn der Tarifvertrag entweder bei der **Befristung und Übertragung bzw. beim Verfall** des Urlaubs zwischen gesetzlichem Mindesturlaub und tariflichem Mehrurlaub unterscheidet oder sich vom gesetzlichen Fristenregime löst und eigenständige, vom BUrlG abweichende Regelungen zur Befristung und Übertragung bzw. zum Verfall des Urlaubsanspruchs trifft. Hiervon ist auszugehen, wenn der Tarifvertrag die Anforderungen an die Übertragung des Urlaubs gegenüber den gesetzlichen Bestimmungen aus § 7 III 2 BUrlG absenkt, indem er auf die Dringlichkeit verzichtet und (einfache) betriebliche Gründe genügen lässt, sowie den Übertragungszeitraum von den ersten drei auf die ersten vier Monate des Folgejahres verlängert.[59] Der eigenständige, dem Gleichlauf der Urlaubsansprüche entgegenstehende Regelungswille muss sich dabei **auf den jeweils in Rede stehenden Regelungsgegenstand beziehen.**[60] Es genügt nicht, wenn in einem Tarifvertrag von Regelungen des BUrlG abgewichen wird, die mit den im Streit stehenden Regelungen nicht in einem inneren Zusammenhang stehen.[61] Enthält der Tarifvertrag keine Befristungsregelung, folgt hieraus nicht, dass der tarifliche Mehrurlaub dem AN unbefristet zusteht. Für den tariflichen Mehrurlaub gilt dann vielmehr das gesetzliche Befristungsregime des § 7 III 1–3 BUrlG einschließlich der vom BAG entwickelten Mitwirkungsobliegenheiten des AG (→ Rn. 72a).[62] Ein „Gleichlauf" ist regelmäßig nicht gewollt, wenn die Tarifvertragsparteien entweder bei der Befristung und Übertragung bzw. beim Verfall des Urlaubs zwischen gesetzlichem Mindesturlaub und tarifvertraglichem Mehrurlaub unterscheiden oder sich – wie in § 26 TVöD – vom gesetzlichen Fristenregime lösen und eigenständige, vom BUrlG abweichende Regelungen zur Befristung und Übertragung bzw. zum Verfall des Urlaubsanspruchs treffen.[63] Gleiches gilt, wenn der Tarifvertrag auf das Vorliegen von Übertragungsgründen verzichtet.[64] **Vertragliche Mehrurlaubsregelungen in AGB** unterliegen nach Auffassung des BAG keiner uneingeschränkten Angemessenheitskontrolle nach § 307 I 1 BGB. Sie seien nur darauf zu überprüfen, ob sie klar und verständlich sind und damit dem Transparenzgebot aus § 307 I 2 BGB standhalten.[65] Fehlen Anhaltspunkte für einen eigenen Regelungswillen, teilt der vertragliche Mehrurlaub das rechtliche Schicksal des gesetzlichen Mindesturlaubs.[66]

13 **3. Tilgungsreihenfolge.** Ist arbeits- oder tarifvertraglich ein über den gesetzlichen Mindesturlaub hinausgehender Mehrurlaub (zB 30 Urlaubstage) vereinbart, der entsprechend der getroffenen Vereinbarung auch im Fall einer lang andauernden Arbeitsunfähigkeit mit Ablauf des Übertragungszeitraums (§ 7 III BUrlG) erlischt, stellt sich die Frage, welcher Urlaubsanspruch durch die Urlaubserteilung erfüllt wird. Die Beantwortung der Frage, ob mit der Urlaubserteilung zunächst der Mindesturlaubsanspruch oder der Mehrurlaub erfüllt wird, richtet sich dabei nicht unmittelbar nach § 366 II BGB, weil es sich beim Urlaubsanspruch, der mehrere Rechtsgrundlagen hat, nicht um unterschiedliche Forderungen handelt, sondern um einen einheitlichen Anspruch.[67] Für eine analoge Anwendung des § 366 II BGB fehlt es an einer Regelungslü-

[57] BAG 29.9.2020 AP Nr. 99 zu § 7 BUrlG = NZA 2021, 279; 25.8.2020 AP Nr. 98 zu § 7 BUrlG = NZA 2021, 217 mwN.
[58] BAG 23.3.2010 AP Nr. 3 zu § 125 SGB IX = NZA 2010, 810; krit. dazu für sog. „Altverträge *Bauer/Arnold* Anm. zu AP Nr. 39 zu § 7 BUrlG; *Kamanabrou* SAE 2009, 233 (237).
[59] BAG 29.9.2020 AP Nr. 100 zu § 7 BUrlG = NZA 2021, 429.
[60] BAG 29.9.2020 AP Nr. 99 zu § 7 BUrlG = NZA 2021, 279.
[61] BAG 29.9.2020 AP Nr. 100 zu § 7 BUrlG = NZA 2021, 429; 26.5.2020 AP Nr. 94 zu § 7 BUrlG mAnm *Mehrens* = NZA 2020, 1416; 22.1.2019 AP Nr. 109 zu § 7 BUrlG Abgeltung mAnm *Kamanabrou* = NZA 2019, 985.
[62] BAG 29.9.2020 AP Nr. 99 zu § 7 BUrlG = NZA 2021, 279; 26.5.2020 AP Nr. 94 zu § 7 BUrlG mAnm *Mehrens* = NZA 2020, 1416.
[63] BAG 29.9.2020 AP Nr. 100 zu § 7 BUrlG = NZA 2021, 429; 14.2.2017 AP Nr. 80 zu § 7 BUrlG = NZA 2017, 655; 15.12.2015 AP Nr. 78 zu § 7 BUrlG; 12.11.2013 NZA 2014, 383; 22.5.2012 AP Nr. 3 zu § 26 TVöD = NZA-RR 2013, 48; 24.3.2009 AP Nr. 39 zu § 7 BUrlG = NZA 2009, 538.
[64] BAG 25.8.2020 AP Nr. 98 zu § 7 BUrlG = NZA 2021, 217; 14.2.2017 AP Nr. 80 zu § 7 BUrlG = NZA 2017, 655; zust. *Schöne* SAE 2017, 107.
[65] BAG 24.3.2009 AP Nr. 39 zu § 7 BUrlG = NZA 2009, 538; Bedenken hiergegen bei *Krieger/Arnold* NZA 2009, 530 (533); *Powietzka/Fallenstein* NZA 2010, 673 (675).
[66] BAG 4.5.2010 AP Nr. 49 zu § 7 BUrlG = NZA 2010, 1011.
[67] BAG 19.1.2016 AP Nr. 79 zu § 7 BUrlG = NZA-RR 2016, 235; 17.11.2015 – 9 AZR 275/14; 7.8.2012 AP Nr. 63 zu § 7 BUrlG = NZA 2013, 104; die frühere entgegenstehende Rspr. hat das BAG aufgegeben, dazu BAG 5.9.2002 AP Nr. 17 zu § 3 BUrlG Fünf-Tage-Woche = NZA 2003, 726.

cke. Auch wenn eine arbeits- oder tarifvertragliche Regelung eine längere Urlaubsdauer als das BUrlG vorsieht, bringt der AG mit der Freistellung des AN von der Verpflichtung zur Arbeitsleistung grundsätzlich auch ohne ausdrückliche oder konkludente Tilgungsbestimmung beide Ansprüche zum Erlöschen.[68] Hat der AN also von seinen 30 tariflichen Urlaubstagen im Urlaubsjahr 20 Urlaubstage erhalten und wird er dann zum Jahresende arbeitsunfähig, gehen die restlichen Urlaubstage mit Ablauf des im Tarifvertrag geregelten Übertragungszeitraums unter, sofern kein Gleichlauf der tariflichen Urlaubsregelung mit der gesetzlichen vorliegt (dazu → Rn. 12). Verlangt der AN ungeachtet der neueren Rechtsprechung, wonach auch bei lang andauernder Krankheit gesetzliche Urlaubsansprüche 15 Monate nach Ablauf des jeweiligen Urlaubsjahres verfallen (→ Rn. 85),[69] für mehrere zurückliegende Jahre Urlaubsabgeltung, hat der AG bei der Zahlung zu bestimmen, für welche Jahre er den Urlaub abgelten möchte, wenn er den geltend gemachten Anspruch nur teilweise erfüllt. Erfolgt dies nicht, ist davon auszugehen, dass jeglicher bestehender Abgeltungsanspruch erfüllt werden sollte. Eine hiervon abweichende nachträgliche Leistungsbestimmung ist unbeachtlich.[70]

IV. Voraussetzungen des Urlaubsanspruchs

1. Persönliche Voraussetzungen. a) Arbeitnehmer. Anspruch auf Erholungsurlaub haben alle AN (→ § 8 Rn. 1 ff.),[71] die zu ihrer Berufsausbildung (→ § 16 Rn. 1 ff.) Beschäftigten (§§ 1, 2 BUrlG) sowie arbeitnehmerähnliche Personen.[72] AN sind auch die in Teilzeit (→ § 43 Rn. 1 ff.),[73] zur Aushilfe,[74] in Ferienarbeit[75] und in Nebentätigkeit[76] oder geringfügig Beschäftigten. Die Entstehung des Urlaubsanspruchs ist unabhängig davon, ob der AN auch Rentenansprüche (Erwerbsminderungsrente) hat.[77] Für Entwicklungshelfer muss der Träger der Entwicklungshilfe die Pflichten eines AG übernehmen (§ 4 EntwicklungshelferG). In Arbeitnehmerüberlassungsverträgen besteht das Arbeitsverhältnis zum Verleiher. Wird ein Arbeitsverhältnis zum Entleiher fingiert (§ 10 I 1 AÜG), wird dieser zur Erteilung des Urlaubs verpflichtet. Beschäftigte in Arbeitsgelegenheiten nach § 16d SGB II sind zwar keine AN,[78] sie haben jedoch gleichwohl Anspruch auf bezahlten Urlaub, weil nach § 16d VII 2 SGB II das BUrlG entsprechend anzuwenden ist.[79] **Keine AN** sind zwangsweise beschäftigte Strafgefangene,[80] selbständige Dienstleister, (Mit-)Unternehmer, Vertreter kraft Amtes, Werkvertragspartner. 14

b) Altersteilzeit. Nimmt ein AN Altersteilzeit im Blockmodell in Anspruch, wird er während der Freistellungsphase von der Arbeitspflicht entbunden. Die Gewährung von Urlaub ist in dieser Zeit unmöglich, so dass Resturlaubsansprüche grundsätzlich nach Ablauf des Übertragungszeitraums verfallen.[81] Der Übergang von der Arbeits- in die Freistellungsphase bei einer Altersteilzeit im Blockmodell stellt keine Beendigung des Arbeitsverhältnisses dar. Die Abgeltung der Urlaubsansprüche, die zum Zeitpunkt des Übergangs noch nicht erfüllt sind, scheidet nach § 7 IV BUrlG daher aus (→ Rn. 93). 15

c) Auszubildende. Zur Berufsausbildung Beschäftigte sind Auszubildende, Umschüler, Volontäre, Praktikanten (→ § 16 Rn. 1 ff.), nicht aber Schüler oder sog. Gastvolontäre. 16

d) Faktische Arbeitsverhältnisse. Ein Urlaubsanspruch entsteht auch in einem faktischen Arbeitsverhältnis (→ § 34 Rn. 51).[82] Dem AN stehen hier gegen den AG die Ansprüche zu, die er gegen ihn im Falle der Wirksamkeit des Arbeitsvertrags gehabt hätte. 17

---

68 BAG 19.1.2016 AP Nr. 79 zu § 7 BUrlG = NZA-RR 2016, 235; 7.8.2012 AP Nr. 63 zu § 7 BUrlG = NZA 2013, 104.
69 BAG 7.8.2012 AP Nr. 61 zu § 7 BUrlG = NZA 2012, 1216.
70 BAG 15.10.2013 AP Nr. 102 zu § 7 BUrlG Abgeltung; 16.7.2013 AP Nr. 68 zu § 7 BUrlG = NZA 2013, 1285.
71 Zum Urlaubsanspruch von Artisten: BAG 20.10.1966 AP Nr. 1 zu § 2 BUrlG.
72 Vgl. hierzu BAG 17.1.2006 EzA Nr. 6 zu § 2 BUrlG.
73 BAG 19.1.1993 AP Nr. 20 zu § 1 BUrlG = NZA 1993, 988.
74 BAG 23.6.1992 AP Nr. 22 zu § 1 BUrlG = NZA 1993, 360.
75 ArbG Frankfurt ZIP 1984, 483; aA *Franke* DB 1982, 1324.
76 BAG 21.10.1965 AP Nr. 1 zu § 1 BUrlG.
77 BAG 26.5.1988 AP Nr. 19 zu § 1 BUrlG = NZA 1989, 362.
78 BAG 8.11.2006 AP Nr. 89 zu § 2 ArbGG 1979 = NZA 2007, 53; 17.1.2007 AP Nr. 40 zu § 64 ArbGG 1979 = NZA 2007, 644.
79 *Düwell* FA 2006, 2 f.
80 Sie erhalten Freistellung nach § 42 StVollzG.
81 BAG 15.3.2005 AP Nr. 31 zu § 7 BUrlG = NZA 2005, 994.
82 BAG 19.6.1959 AP Nr. 1 zu § 611 BGB Doppelarbeitsverhältnis.

18 **e) Arbeitnehmerähnliche Personen.** Keine AN sind arbeitnehmerähnliche Personen (→ § 9 Rn. 1 ff.); diese sind vielmehr Selbständige. Sie „gelten" jedoch gem. § 2 S. 2 BUrlG als AN.[83] Ein selbständiger Handelsvertreter, der arbeitnehmerähnliche Person ist, braucht seinen Urlaub nicht geltend zu machen, um eine Urlaubserteilung durch den Unternehmer nach § 7 I BUrlG zu erwirken. Dies wäre mit der Selbständigkeit nicht vereinbar. Der Selbständige kann grundsätzlich nach seinem Belieben Urlaub nehmen. Einschränkungen für selbständige Handelsvertreter können sich nur aus der Interessenwahrnehmungspflicht des § 86 I HGB ergeben.[84] Eine Sonderregelung gilt für Heimarbeiter (§ 12 BUrlG). Über Besonderheiten → Rn. 138 ff.

19 **2. Räumlicher Geltungsbereich.** Das BUrlG gilt in der Bundesrepublik Deutschland (→ Rn. 1). Werden deutsche AN im Ausland beschäftigt, gilt für sie das BUrlG, sofern ihr Arbeitsverhältnis deutschem Arbeitsrecht unterliegt (→ § 7 Rn. 1 ff.). Werden AN in Deutschland einem ausländischen Rechtsstatut unterstellt, gilt der gesetzliche Mindesturlaub aufgrund des ordre public.[85]

20 **3. Bestehendes Arbeitsverhältnis.** Voraussetzung der Entstehung des Urlaubsanspruchs ist die Erfüllung der Wartezeit in einem bestehenden Arbeitsverhältnis.[86] Unerheblich ist die Art des Arbeitsverhältnisses (→ Rn. 14) und grundsätzlich auch, ob der AN im Bezugszeitraum eine **Arbeitsleistung** erbracht hat (zu Ausnahmen → Rn. 30, 47b, 48).[87] AN, die nur **tageweise beschäftigt** werden, erwerben den Urlaubsanspruch, wenn die tageweise Beschäftigung im Rahmen eines Dauerarbeitsverhältnisses erfolgt. Eine unregelmäßige Beschäftigung in Form von einzelnen, jeweils auf einen Tag befristeten Arbeitsverhältnissen reicht nicht aus.[88]

21 **4. Gekündigtes Arbeitsverhältnis. a) Freistellung und Urlaubserteilung.** Der AG kann den Urlaubsanspruch auch dadurch erfüllen, dass er den AN nach einer Kündigung bis zur Beendigung des Arbeitsverhältnisses unter Anrechnung auf den Urlaubsanspruch unwiderruflich freistellt.[89] In der Freistellungserklärung muss allerdings deutlich zum Ausdruck kommen, dass eine **Befreiung von der Arbeitspflicht zur Erfüllung des Anspruchs auf Urlaub** gewährt wird (zu den damit zusammenhängenden Fragen des Annahmeverzugs → § 95 Rn. 10 ff.).[90] Es kann regelmäßig nicht davon ausgegangen werden, dass der AG mit der Freistellung konkludent Urlaub erteilt.[91] Ist der AN bereits aus anderen Gründen von der Arbeitspflicht befreit, kommt eine nachträgliche Festlegung dieser Zeiten als Urlaub nicht in Betracht.[92] Bei einer **jahresübergreifenden Kündigungsfrist** kann der AG die Freistellungserklärung zum Zweck der Erfüllung des Urlaubsanspruchs auch – soweit kein abweichender Festlegungswunsch des AN verbindlich ist – im Vorgriff auf das folgende Urlaubsjahr abgeben. In diesem Fall muss für den AN eindeutig erkennbar sein, ob der Anspruch auf den gekürzten Vollurlaub oder der Anspruch auf den Vollurlaub erfüllt werden soll. Zweifel gehen zulasten des AG.[93] Mit der unwiderruflichen **Freistellung unter Anrechnung noch bestehender Urlaubsansprüche** räumt der AG dem AN nach bisheriger Rechtsprechung in der Regel das Recht ein, die konkrete Lage des Urlaubs innerhalb eines bestimmten Zeitraums (zB Kündigungsfrist) selbst zu bestimmen. Die Urlaubserteilung ist dabei nach Treu und Glauben (§ 157 BGB) so zu verstehen, dass der AG damit zugleich streitlos stellt, für den gewährten Urlaub dem Grunde nach zur **Zahlung von Urlaubsentgelt** nach den gesetzlichen Vorgaben und etwaigen arbeitsvertraglichen Vereinbarungen verpflichtet zu sein, sofern dem nicht konkrete Anhaltspunkte entgegenstehen.[94] Der Erfüllungswirkung steht grundsätzlich nicht entgegen, dass die Freistellungserklärung nicht erkennen lässt, an welchen Tagen der AG den AN zum Zwecke der Gewährung von Erholungsurlaub und an welchen Tagen er ihn zu anderen Zwecken freistellte, denn einer nicht näher bestimmten

---

[83] BAG 17.1.2006 EzA Nr. 6 zu § 2 BUrlG; 15.11.2005 AP Nr. 12 zu § 611 BGB Arbeitnehmerähnlichkeit.
[84] BAG 20.8.2003 NZA 2004, 39 (40); ebenso iErg für Gebührenbeauftragte der Rundfunkanstalten: BAG 19.5.2009 AP Nr. 11 zu § 12a TVG = NJOZ 2009, 4918.
[85] *Neumann/Fenski/Kühn* BUrlG § 2 Rn. 5.
[86] BAG 15.12.2015 AP Nr. 3 zu § 17 BEEG = NZA 2016, 433.
[87] BAG 7.8.2012 AP Nr. 61 zu § 7 BUrlG = NZA 2012, 1216.
[88] BAG 31.7.2002 AP Nr. 2 zu § 4 TzBfG; 16.4.2003 AP Nr. 1 zu § 4 BeschFG 1996 = NZA 2004, 40.
[89] BAG 17.10.2012 AP Nr. 14 zu § 60 HGB = NZA 2013, 207.
[90] BAG 20.8.2019 AP Nr. 91 zu § 7 BUrlG = NZA 2019, 1581; 10.2.2015 AP Nr. 75 zu § 7 BUrlG = NZA 2015, 998.
[91] Zutr. *Kramer* DB 2008, 2538 (2540).
[92] BAG 14.8.2007 AP Nr. 38 zu § 7 BUrlG = NZA 2008, 473.
[93] BAG 17.5.2011 AP Nr. 51 zu § 7 BUrlG = NZA 2011, 1032.
[94] BAG 20.8.2019 AP Nr. 91 zu § 7 BUrlG = NZA 2019, 1581; 30.1.2019 AP Nr. 75 zu § 307 BGB = NZA 2019, 768.

Urlaubsfestlegung kann der AN regelmäßig entnehmen, dass der AG es ihm überlässt, die zeitliche Lage seines Urlaubs innerhalb des Freistellungszeitraums festzulegen.[95]

Eine **Einschränkung dieses Grundsatzes** gilt allerdings, wenn der AG mit der Freistellung zugleich erklärt, dass außerhalb der für die Erfüllung des Urlaubsanspruchs **gewährten Freistellung § 615 S. 2 BGB Anwendung finde.** Der AG muss in diesem Fall bestimmen, an welchen Tagen er den AN zum Zwecke der Gewährung von Erholungsurlaub und an welchen Tagen zu anderen Zwecken von der Verpflichtung zur Arbeitsleistung freistellen möchte. Geschieht dies nicht, wird der Urlaubsanspruch durch die Freistellung nicht erfüllt (§ 362 I BGB).[96] Der AN hat ein wirtschaftliches Interesse daran, sein Verhalten während des Freistellungszeitraums daran zu orientieren, ob ein etwaiger Zwischenverdienst der Anrechnung unterliegt oder nicht, denn während des Urlaubs besteht ein Anspruch auf Urlaubsentgelt und nicht auf Annahmeverzugslohn, so dass eine Anrechnung anderweitigen Verdienstes nach § 615 S. 2 BGB in dieser Zeit ausscheidet.[97] Der AG hat deshalb entweder den anrechnungsfreien Urlaubszeitraum konkret zu benennen, die Reihenfolge der Zeiträume zweifelsfrei festzulegen oder dem AN auf andere Weise mitzuteilen, ob und innerhalb welcher Zeiträume die Anrechnung nicht erfolgt.[98] Sofern keine ausdrückliche Festlegung erfolgt ist, sind die **Freistellungserklärung oder -vereinbarung auszulegen.** Die Interessenlage redlicher Vertragspartner (§ 157 BGB) wird in diesen Fällen oftmals ergeben, dass der Urlaub auf den Beginn der Freistellung festgelegt ist.[99] Ein der einseitigen Urlaubsfestlegung durch den AG **entgegenstehender Urlaubswunsch** liegt nicht darin, dass der AN Kündigungsschutzklage erhebt und diese von vornherein mit der Klage auf Urlaubsabgeltung verbindet. Die Verfolgung des Abgeltungsanspruchs hindert allein dessen Erlöschen zum Jahresende. Einen weitergehenden Erklärungswert hat die klageweise Geltendmachung nur, sofern der AN eine konkrete andere zeitliche Festlegung des Urlaubs verlangt.[100] Wurde der AG in einem **Vorprozess** rechtskräftig zur Zahlung von **Vergütung wegen Annahmeverzugs (§ 615 S. 1 BGB)** für einen bestimmten Zeitraum verurteilt, ist er aufgrund der präjudiziellen Wirkung der rechtskräftigen Entscheidung (§ 322 I ZPO) im Rechtsstreit über die Erfüllung der Urlaubsansprüche des AN mit dem Einwand ausgeschlossen, er habe im selben Zeitraum den Urlaubsanspruch des AN erfüllt.[101] 21a

b) Urlaubsansprüche nach Ablauf der Kündigungsfrist. Nach einer Kündigung und Ablauf der Kündigungsfrist besteht ein Urlaubsanspruch, wenn **(1)** der Kündigungsschutzklage rechtskräftig stattgegeben wird, **(2)** der AN einvernehmlich über das Ende der Kündigungsfrist bis zur rechtskräftigen Entscheidung über die Kündigungsschutzklage weiterbeschäftigt wird oder **(3)** der AN nach § 102 V BetrVG weiterbeschäftigt wird. In diesen Fällen besteht das Arbeitsverhältnis auch bei einer rechtskräftigen Abweisung der Kündigungsschutzklage bis zu diesem Zeitpunkt zu den bisherigen Bedingungen weiter. Dagegen entsteht kein Urlaubsanspruch, wenn der AG aufgrund des allgemeinen Weiterbeschäftigungsanspruchs (→ § 125 Rn. 16 ff.) zur Weiterbeschäftigung verurteilt worden ist und der AN wegen Zwangsvollstreckungsmaßnahmen oder um diese abzuwenden weiterbeschäftigt wird.[102] 22

c) Geltendmachung der Urlaubsansprüche. Auch im gekündigten Arbeitsverhältnis obliegt es grundsätzlich dem AN, die für die Festlegung des Urlaubs nach § 7 I 1 BUrlG maßgeblichen Urlaubswünsche zu äußern (dazu allgemein → Rn. 71). Die Erhebung einer **Kündigungsschutzklage** hat dabei regelmäßig **nicht die Geltendmachung von Urlaubsansprüchen des AN zum Inhalt.**[103] Nach bisheriger Rechtsprechung des BAG hat der AN den AG vielmehr durch die Aufforderung zur Urlaubsgewährung im Urlaubsjahr oder spätestens im Übertragungszeitraum in Verzug zu setzen, wenn er den AG für den mit Fristablauf (§ 7 III BUrlG) eintretenden Verfall des Urlaubsanspruchs haftbar machen will. Ein Auflösungsantrag des AN ändert daran nichts.[104] Hieran dürfte angesichts der neuen Rechtsprechung des EuGH 23

---

[95] BAG 16.7.2013 AP Nr. 65 zu § 7 BUrlG; 17.10.2012 AP Nr. 14 zu § 60 HGB = NZA 2013, 207; 14.3.2006 AP Nr. 32 zu § 7 BUrlG; MHdB ArbR/*Klose* § 86 Rn. 90.

[96] BAG 14.5.2013 AP Nr. 66 zu § 7 BUrlG.

[97] Dazu BAG 23.2.2021 – 5 AZR 314/20; 25.8.2020 AP Nr. 97 zu § 7 BUrlG = NZA 2020, 1633; 21.5.2019 AP Nr. 90 zu § 7 BUrlG = NZA 2019, 1571; dazu *Verma/Takacs* NZA-RR 2021, 68.

[98] BAG 16.7.2013 AP Nr. 65 zu § 7 BUrlG.

[99] Hierzu BAG 23.2.2021 – 5 AZR 314/20.

[100] BAG 14.8.2007 AP Nr. 38 zu § 7 BUrlG = NZA 2008, 473.

[101] BAG 21.5.2019 AP Nr. 90 zu § 7 BUrlG = NZA 2019, 1571; dazu *Mehrens* RdA 2020, 187.

[102] BAG 10.3.1987 AP Nr. 1 zu § 611 BGB Weiterbeschäftigung = NZA 1987, 373.

[103] Vgl. BAG 13.12.2011 AP Nr. 57 zu § 7 BUrlG.

[104] BAG 19.6.2018 AP Nr. 82 zu § 7 BUrlG = NZA 2018, 1480.

und BAG zu den Hinweispflichten des AG im Zusammenhang mit der Urlaubserteilung (→ Rn. 72 ff.)[105] nicht uneingeschränkt festgehalten werden können. Soweit hiernach der Verfall von Urlaub im bestehenden Arbeitsverhältnis in der Regel nur eintreten kann, wenn der AG den AN zuvor konkret aufgefordert hat, den Urlaub zu nehmen, wird dies auch für die im gekündigten Arbeitsverhältnis entstehenden Urlaubsansprüche zu gelten haben. Denn das der Kündigungsschutzklage stattgebende Urteil stellt lediglich die bestehende Rechtslage (Fortbestehen des Arbeitsverhältnisses) fest, so dass eine Unterscheidung der beiden Fallkonstellationen nicht möglich erscheint. Die **Mitwirkungsobliegenheiten** bestehen deshalb auch insoweit. Erteilt der AG dem AN zu Unrecht keinen Urlaub, obwohl der AN ihn verlangt hat, ist der AG schadensersatzpflichtig (→ Rn. 94) und hat deshalb den Urlaub nachzugewähren (§§ 275 I, 280 I, 283, 286 I, 287 S. 2, 249 BGB).[106] Der AG kann dem geltend gemachten Urlaubsanspruch später nicht den Einwand entgegensetzen, der AN habe während des Annahmeverzugs Urlaub nehmen können.[107] Denn Urlaub wird vom AG gewährt und nicht vom AN selbst genommen.[108]

24 **d) Vorsorgliche Urlaubserteilung.** Der AG kann dem AN nach Ausspruch einer Kündigung und Ablauf der Kündigungsfrist vorsorglich für den Fall Urlaub erteilen, dass die von ihm erklärte ordentliche oder außerordentliche **Kündigung das Arbeitsverhältnis nicht aufgelöst hat.** Dies beruht darauf, dass für die Erfüllung des Anspruchs auf bezahlten Jahresurlaub und die Realisierung des Urlaubszwecks die objektive Rechtslage maßgeblich ist, mag sie auch erst nachträglich durch das Urteil im Kündigungsschutzprozess festgestellt werden. Sozialversicherungsrechtliche Handlungsobliegenheiten des AN aus § 38 I 1, § 138 V Nr. 2, § 141 I 1 SGB III stehen der Erfüllung des Urlaubsanspruchs nicht entgegen. Sie sind dem persönlichen Lebensbereich des AN zuzuordnen.[109] Dem entspricht, dass der AG einem AN, der während eines Kündigungsschutzrechtsstreits Urlaub verlangt, Urlaub zu gewähren hat (→ Rn. 23).[110] Eine solche vorsorgliche Urlaubserteilung führt allerdings nur dann zur Erfüllung des Urlaubsanspruchs iSv § 362 I BGB, wenn der AG dem AN die **Urlaubsvergütung vor Antritt des Urlaubs bezahlt oder vorbehaltlos zusagt.**[111] Will der AG dem ungewissen Ausgang des Kündigungsschutzprozesses Rechnung tragen, kann er die Zahlung des Urlaubsentgelts mit der Tilgungsbestimmung verbinden, hilfsweise solle mit der Zahlung des Urlaubsentgelts ein ggf. bestehender Urlaubsabgeltungsanspruch des AN erfüllt werden.[112] Kündigt ein AG das Arbeitsverhältnis fristlos sowie hilfsweise ordentlich unter Wahrung der Kündigungsfrist und erklärt er im Kündigungsschreiben, er stelle den AN für den Fall der Unwirksamkeit der außerordentlichen Kündigung unter Anrechnung der Urlaubsansprüche von der Verpflichtung zur Arbeitsleistung frei, wird deshalb der Anspruch des AN auf bezahlten Erholungsurlaub nicht erfüllt, wenn die außerordentliche Kündigung unwirksam ist und der AG dem AN nicht die Urlaubsvergütung gewährt oder vorbehaltlos zugesagt hat.[113]

25 **5. Wartezeit. a) Dauer.** Der Urlaubsanspruch entsteht erstmals nach einer sechsmonatigen Wartezeit (§ 4 BUrlG), die auch auf zwei Kalenderjahre verteilt sein kann.[114] Sie ist nur einmal zurückzulegen, da nur der erstmalige Urlaubsanspruch von der Wartezeit abhängt. Hat der AN die Wartezeit erfüllt, entsteht der volle Urlaubsanspruch jedes Jahr neu am 1.1. Nach Ablauf der Wartezeit entsteht der volle Urlaubsanspruch für das gesamte Urlaubsjahr und nicht etwa nur für die bis dahin abgelaufenen sechs Monate.[115] Der Urlaubsanspruch

[105] BAG 19.2.2019 AP Nr. 84 zu § 7 BUrlG = NZA 2019, 982; EuGH 6.11.2018 AP Nr. 26 zu Richtlinie 2003/88/EG = NZA 2018, 1474 – Max-Planck-Gesellschaft; 6.11.2018 AP Nr. 25 zu Richtlinie 2003/88/EG = NZA 2018, 1612 – Kreuziger.

[106] ErfK/*Gallner* BUrlG § 7 Rn. 40.

[107] BAG 9.1.1979 AP Nr. 4 zu § 1 BUrlG.

[108] Vgl. BAG 14.8.2007 AP Nr. 38 zu § 7 BUrlG = NZA 2008, 473; 25.10.1994 AP Nr. 20 zu § 7 BUrlG = NZA 1995, 591.

[109] BAG 25.8.2020 AP Nr. 97 zu § 7 BUrlG = NZA 2020, 1633.

[110] BAG 14.8.2007 AP Nr. 38 zu § 7 BUrlG = NZA 2008, 473; 21.9.1999 AP Nr. 77 zu § 7 BUrlG Abgeltung = NZA 2000, 590.

[111] BAG 23.8.2020 AP Nr. 97 zu § 7 BUrlG = NZA 2020, 1633; 20.8.2019 AP Nr. 91 zu § 7 BUrlG = NZA 2019, 1581.

[112] BAG 19.2.2019 AP Nr. 85 zu § 7 BUrlG = NZA 2019, 1043; 19.6.2018 AP Nr. 82 zu § 7 BUrlG = NZA 2018, 1480.

[113] BAG 10.2.2015 AP Nr. 75 zu § 7 BUrlG = NZA 2015, 998; 19.1.2016 AP Nr. 257 zu § 626 BGB = NZA 2016, 1144.

[114] *Neumann/Fenski/Kühn* BUrlG § 4 Rn. 18; *Leinemann/Linck* BUrlG § 4 Rn. 9.

[115] BAG 6.8.2013 AP Nr. 69 zu § 7 BUrlG = NZA 2014, 545.

entsteht auch dann, wenn der AN zu Beginn des Urlaubsjahres arbeitsunfähig erkrankt ist und deshalb eine bezahlte Freistellung von der Arbeitspflicht zunächst nicht in Betracht kommt.[116] Dies entspricht den Vorgaben des Unionsrechts, denn mit Art. 7 I RL 2003/88EG sind Regelungen unvereinbar, nach denen der Anspruch auf bezahlten Jahresurlaub von einer effektiven Mindestarbeitszeit von zehn Tagen oder einem Monat während des Bezugszeitraums abhängt.[117] Für die Berechnung der Wartezeit gelten §§ 187 II, 188 II BGB. Die Wartezeit kann auch an einem Sonn- oder Feiertag beginnen oder enden, § 193 BGB findet keine Anwendung.[118] Die Rechtswirkungen der erfüllten Wartezeit treten nicht ein, wenn der AN gleichzeitig mit der Erfüllung der Wartezeit aus dem Arbeitsverhältnis ausscheidet, zB bei Bestand des Arbeitsverhältnisses vom 1.7. bis 31.12. In diesem Fall besteht nur ein Teilurlaubsanspruch nach § 5 I lit. b BUrlG (dazu → Rn. 65).[119] Änderungen der Wartezeit sind einzelvertraglich zugunsten der AN möglich; kollektivvertraglich sind Verkürzungen und Verlängerungen zulässig (§ 13 I BUrlG). Eine Wartezeit von zwölf Monaten kann jedoch nicht vereinbart werden, weil sie dazu führen kann, dass der AN während des gesamten Urlaubsjahres keinen Urlaubsanspruch erwirbt.[120]

b) Unterbrechungen. Die Wartezeit ist erfüllt, wenn das Arbeitsverhältnis ununterbrochen besteht. Allerdings führt nicht jede kurzfristige Unterbrechung des Arbeitsverhältnisses nach der Rechtsprechung des BAG zur Unterbrechung der Wartezeit.[121] In Anlehnung an die Rechtsprechung zu § 1 I KSchG ist vielmehr bei einem zeitlichen und sachlichen Zusammenhang der Arbeitsverhältnisse von der Erfüllung der Wartezeit des § 4 BUrlG auszugehen (dazu → § 130 Rn. 26). Jedenfalls dann, wenn die Parteien vor Beendigung ihres Arbeitsverhältnisses die Begründung eines neuen Arbeitsverhältnisses vereinbaren und nur eine kurzfristige Unterbrechung eintritt, sind auch nach Auffassung des BAG beide Arbeitsverhältnisse urlaubsrechtlich als Einheit zu betrachten.[122] Keine Unterbrechungen sind Zeiten der Arbeitsunfähigkeit oder auch des unerlaubten Fernbleibens von der Arbeit.[123] 26

c) Anrechenbare Zeiten. Auf die Wartezeit angerechnet werden Zeiten, die der AN in der Ausbildung verbracht hat.[124] Im Falle eines Betriebsübergangs wird die Wartezeit nicht unterbrochen (§ 613a I BGB); dieser führt nicht zu Urlaubsabgeltungsansprüchen des AN gegen den Veräußerer.[125] Da der Erwerber in die Arbeitsverhältnisse eintritt, muss er den Urlaubsanspruch erfüllen.[126] 27

d) Vereinbarkeit mit Unionsrecht. Die Wartezeit ist mit Art. 7 I RL 2003/88/EG vereinbar. Diese steht zwar gesetzlichen Regelungen entgegen, die den Anspruch auf bezahlten Jahresurlaub von einer ununterbrochenen Mindestbeschäftigungszeit abhängig machen.[127] Das BUrlG ergänzt die Bestimmung des § 4 BUrlG jedoch in § 5 I lit. a und b mit der Regelung von Teilurlaubsansprüchen bei nicht erfüllter Wartezeit im Kalenderjahr bzw. Ausscheiden aus dem Arbeitsverhältnis vor erfüllter Wartezeit. Soweit hiernach das Arbeitsverhältnis jedenfalls einen vollen Kalendermonat bestanden haben muss, damit ein Teilurlaubsanspruch entsteht, ist dies mit der genannten Richtlinie vereinbar.[128] Dem Ziel der Richtlinie, den Gesundheitsschutz der AN zu verbessern, ist damit genügt. 28

6. Urlaubsjahr. Der Urlaubsanspruch ist auf das Kalenderjahr bezogen (§ 1 BUrlG). Abweichend hiervon bestimmt § 56 I SeeArbG, dass das Urlaubsjahr das jeweilige Beschäftigungsjahr 29

[116] BAG 18.3.2003 AP Nr. 17 zu § 3 BUrlG Rechtsmissbrauch.
[117] EuGH 24.1.2012 AP Nr. 7 zu Richtlinie 2003/88/EG = NZA 2012, 139 – Dominguez.
[118] ErfK/*Gallner* BUrlG § 4 Rn. 4.
[119] BAG 17.11.2015 AP Nr. 6 zu § 4 BUrlG = NZA 2016, 309; anders noch BAG 26.1.1967 AP Nr. 1 zu § 4 BUrlG.
[120] ErfK/*Gallner* BUrlG § 13 Rn. 10.
[121] BAG 20.10.2015 AP Nr. 77 zu § 7 BUrlG = NZA 2016, 159.
[122] BAG 20.10.2015 AP Nr. 77 zu § 7 BUrlG = NZA 2016, 159; aA noch BAG 15.11.2005 AP Nr. 12 zu § 611 BGB Arbeitnehmerähnlichkeit.
[123] *Friese*, Urlaubsrecht, Rn. 60.
[124] Vgl. BAG 29.11.1984 AP Nr. 22 zu § 7 BUrlG Abgeltung; ErfK/*Gallner* BUrlG § 4 Rn. 5.
[125] BAG 2.12.1999 AP Nr. 202 zu § 613a BGB = NZA 2000, 480.
[126] Ausführlich hierzu *Leinemann/Lipke* DB 1988, 1217; *Leinemann/Linck* BUrlG § 1 Rn. 142 ff.; zum Gesamtschuldnerausgleich zwischen Erwerber und Veräußerer vgl. BGH 25.3.1999 NJW 1999, 2962; *Schmalz/Ebener* DB 2000, 1711.
[127] EuGH 26.6.2001 AP Nr. 3 zu EWG-Richtlinie Nr. 93/104 = NZA 2001, 827 – Bectu; 24.1.2012 AP Nr. 7 zu Richtlinie 2003/88/EG = NZA 2012, 139 – Dominguez.
[128] ErfK/*Gallner* BUrlG § 4 Rn. 1; NK-ArbR/*Düwell* BUrlG § 4 Rn. 1.

ist. Nur im Bereich der Deutschen Bahn AG und Post AG kann durch Tarifvertrag ein anderes Urlaubsjahr bestimmt werden (§ 13 III BUrlG). Der Grund hierfür ist darin zu sehen, dass zum Jahresende besonderer Saisonbetrieb herrscht. Eine von § 1 BUrlG abweichende Bestimmung des Urlaubsjahres ist grundsätzlich (Ausnahmen § 13 III BUrlG) unwirksam, weil sie für den AN nicht günstiger ist.[129] Unter den Voraussetzungen des § 7 III BUrlG kann der Urlaub in das folgende Jahr übertragen werden (→ Rn. 83 ff.).

30 **7. Tatsächliche Arbeitsleistung. a) Grundsatz.** Das Entstehen des Urlaubsanspruchs ist nur vom Bestehen eines Arbeitsverhältnisses und dem Ablauf der Wartezeit (§ 4 BUrlG) abhängig. Nicht erforderlich ist nach der Rechtsprechung des BAG, dass der AN im Urlaubsjahr tatsächlich Arbeitsleistungen erbracht hat.[130] Das entspricht allerdings nur mit Einschränkungen dem **Verständnis des EuGH** zu Art. 7 I RL 2003/88/EG (→ Rn. 6).[131] So ist bei der Bestimmung der Urlaubsansprüche die Dauer eines von dem AN im Bezugszeitraum genommenen Elternurlaubs nicht als Zeitraum tatsächlicher Arbeitsleistung anzusehen. Die in § 17 I 1 BEEG eingeräumten Befugnis zur Kürzung des Urlaubsanspruchs während der **Elternzeit** ist daher unionsrechtskonform.[132] Für **Kurzarbeitszeiten,** in denen der AN nicht gearbeitet hat, entsteht kein auf Art. 7 RL 2003/88/EG beruhender Urlaubsanspruch.[133] Anders ist für **Zeiten der Wiedereingliederung** in das Arbeitsverhältnis nach längerer Krankheit nach § 74 SGB V zu entscheiden. In dieser Zeit erbringt der AN zwar keine Arbeitsleistung, sondern befindet sich in einem Rechtsverhältnis eigener Art.[134] Da dieses jedoch auf die Wiederherstellung der Arbeitsfähigkeit gerichtet ist, sind diese Zeiten urlaubsrechtlich wie die **Zeiten der Arbeitsunfähigkeit** zu behandeln. In diesen entstehen Urlaubsansprüche, weil das Fernbleiben von der Arbeit nicht vom Willen des AN abhängig ist (zur Übertragung des Urlaubsanspruchs in das nächste Kalenderjahr → Rn. 84).[135] Die Erfüllung des Urlaubsanspruchs ist während der Wiedereingliederung ausgeschlossen.[136] Gesetzliche Urlaubsansprüche entstehen auch dann, wenn der AN eine befristete **Rente wegen Erwerbsminderung** bezieht und dies nach einer tariflichen Regelung das Ruhen des Arbeitsverhältnisses zur Folge hat.[137] – Zum unbezahlten Sonderurlaub → Rn. 47b.

31 **b) Tarifregelungen.** Tarifvertragliche Regelungen, die den gesetzlichen Urlaubsanspruch von der Erbringung von Arbeitsleistungen abhängig machen, sind unwirksam, soweit sie den gesetzlichen Urlaubsanspruch von 24 Werktagen betreffen. Denn nach § 13 I BUrlG kann von § 1 BUrlG auch nicht durch Tarifvertrag zuungunsten der AN abgewichen werden.[138] Die Tarifvertragsparteien können nur den über den gesetzlichen Mindesturlaub hinaus gehenden Urlaubsanspruch von der Erbringung tatsächlicher Arbeitsleistungen abhängig machen.[139]

32 **c) Pflichtwidrigkeiten des Arbeitnehmers.** Rechtmäßig entstandene gesetzliche Urlaubsansprüche bleiben von Vertragsverletzungen des AN unberührt. Dieser kann daher auch dann Urlaubsgewährung beanspruchen, wenn er eigenmächtig der Arbeit ferngeblieben ist.[140] Zulässig sind jedoch Kürzungsregelungen, die den weitergehenden tariflichen oder vertraglichen Urlaubsanspruch betreffen.[141]

---

[129] *Neumann/Fenski/Kühn* BUrlG § 1 Rn. 14.

[130] BAG 3.12.2019 AP Nr. 13 zu § 2 ATG = NZA 2020, 789; 23.1.2018 AP Nr. 4 zu § 17 BEEG = NZA 2018, 653; 6.5.2014 AP Nr. 24 zu § 1 BUrlG = NZA 2014, 959; NK-ArbR/*Düwell* BUrlG § 4 Rn. 6.

[131] Vgl. einerseits die Urteile EuGH 4.10.2018 AP Nr. 24 zu Richtlinie 2003/88/EG = NZA 2018, 1323 – Dicu; 13.12.2018 AP Nr. 28 zu Richtlinie 2003/88/EG = NZA 2019, 47 – Hein, in denen der Gerichtshof im Zusammenhang mit Elternzeit und Kurzarbeit das Erfordernis einer Arbeitsleistung betont, und andererseits EuGH 24.1.2012 AP Nr. 7 zu Richtlinie 2003/88/EG = NZA 2012, 139 – Dominguez; 20.1.2009 AP Nr. 1 zu Richtlinie 2003/88/EG = NZA 2009, 135 – Schultz-Hoff zur Unbeachtlichkeit krankheitsbedingt ausbleibender Arbeitsleistung.

[132] BAG 19.3.2019 AP Nr. 6 zu § 17 BEEG mAnm *Osnabrügge* = NZA 2019, 1141.

[133] EuGH 13.12.2018 AP Nr. 28 zu Richtlinie 2003/88/EG = NZA 2019, 47 – Hein.

[134] BAG 6.12.2017 AP Nr. 154 zu § 615 BGB = NZA 2018, 439; 24.9.2014 AP Nr. 135 zu § 615 BGB = NZA 2014, 1407.

[135] EuGH 4.10.2018 AP Nr. 24 zu Richtlinie 2003/88/EG = NZA 2018, 1323 – Dicu; 20.7.2016 AP Nr. 19 zu Richtlinie 2003/88/EG = NZA 2016, 1067 – Maschek; 20.1.2009 AP Nr. 1 zu Richtlinie 2003/88/EG = NZA 2009, 135 – Schultz-Hoff.

[136] BAG 19.4.1994 AP Nr. 2 zu § 74 SGB V = NZA 1995, 123.

[137] BAG 22.9.2015 AP Nr. 76 zu § 7 BUrlG mAnm *Schubert* = NZA 2016, 37.

[138] Vgl. BAG 8.3.1984 AP Nr. 15 zu § 13 BUrlG.

[139] BAG 18.5.1999 AP Nr. 1 zu § 1 TVG Tarifverträge: Fleischerhandwerk = NZA 2000, 157; 10.2.1987 AP Nr. 12 zu § 13 BUrlG Unabdingbarkeit = NZA 1987, 673.

[140] BAG 5.2.1970 AP Nr. 4 zu § 3 BUrlG.

[141] BAG 10.2.2004 AP Nr. 27 zu § 7 BUrlG Übertragung = NZA 2004, 986.

8. Gerichtliche Durchsetzung. Das BAG erachtet **Klagen auf Urlaubsgewährung für eine bestimmte Zahl von Urlaubstagen** ohne zeitliche Konkretisierung der Lage des Urlaubs für zulässig.[142] Im Vollstreckungsverfahren ist dann zu prüfen, ob dem dort konkret geltend gemachten Urlaubswunsch dringende betriebliche Belange oder Urlaubswünsche andere AN entgegenstehen (§ 7 I BUrlG). Zulässig ist auch eine **Feststellungsklage,** die auf die Feststellung des Bestehens eines Urlaubsanspruchs aus einem in der Vergangenheit liegenden Urlaubsjahr gerichtet ist. Ein solcher Antrag ist so zu verstehen, dass von ihm sowohl der Urlaubsanspruch als Primäranspruch erfasst wird als auch ggf. ein Schadensersatzanspruch auf Gewährung von Urlaub.[143] Dieses Antragsverständnis ist geeignet, eine sachgemäße Erledigung des zwischen AG und AN bestehenden Streits über den Umfang der Urlaubansprüche herbeizuführen. Angesichts der aufgezeigten prozessualen Schwierigkeiten, die mit einer Leistungsklage verbunden sind, steht einer solchen Feststellungsklage der grundsätzliche Vorrang der Leistungsklage nicht entgegen.[144] Stellt der AG den erhobenen Anspruch in Abrede, besteht das nach § 256 I ZPO erforderliche Feststellungsinteresse.[145] In der Praxis wird zur Vermeidung der aufgeführten Probleme vielfach **einstweiliger Rechtsschutz** in Anspruch genommen. Nach überwiegend vertretener Auffassung kann nach §§ 935, 940 ZPO im Wege der einstweiligen Verfügung angeordnet werden, dass dem AN Urlaub für einen bestimmten Zeitraum zu gewähren ist.[146] Dass dadurch der Urlaubsanspruch des AN nicht nur gesichert, sondern endgültig befriedigt wird, ist nach dieser Auffassung unerheblich, wenn eine rechtzeitige Durchsetzung des Urlaubsanspruchs unter Berücksichtigung der Urlaubswünsche des AN anders nicht durchzusetzen sei.[147] 33

9. Insolvenz. a) Bei Insolvenzeröffnung bestehende Urlaubsansprüche. Urlaubsansprüche, die bei Eröffnung des Insolvenzverfahrens bestehen, sind Masseverbindlichkeiten iSv § 55 I Nr. 2 InsO.[148] Die Ansprüche beruhen auf dem Arbeitsvertrag als einem gegenseitigen Vertrag, der vom Insolvenzverwalter als Schuldner zu erfüllen ist. Die Eröffnung des Insolvenzverfahrens bildet für den noch nicht festgelegten Urlaub keine Zäsur. Eine Aufteilung in einen vor und einen nach Verfahrenseröffnung entstehenden Teilurlaubsanspruch ist mit dem gesetzlichen Urlaubsrecht nicht vereinbar. Daran ändert § 108 InsO nichts.[149] Ansprüche aus dem Arbeitsverhältnis werden nach § 108 III InsO nur dann Insolvenzforderungen, wenn es sich um solche „für" die Zeit vor Eröffnung des Insolvenzverfahrens handelt. Dazu gehören Urlaubsansprüche nicht.[150] Sie sind nicht von einer Arbeitsleistung im Kalenderjahr abhängig und werden damit nicht monatlich verdient.[151] Nach § 1 BUrlG ist dem AN zwingend in jedem Kalenderjahr Erholungsurlaub zu gewähren. Dafür ist nach § 7 II BUrlG möglichst eine zusammenhängende Gewährung erforderlich. Eine Stückelung auf einzelne Tage ist unzulässig. Der Urlaub bemisst sich zwar nach Tagen und ist insoweit auch „teilbar". Das gilt aber nicht für den Urlaubsanspruch, der einheitlich nach Erfüllung der Wartezeit am 1.1. eines Jahres in voller Höhe entsteht und von keiner Arbeitsleistung des AN abhängt. Dass nach § 5 BUrlG der Urlaubsanspruch bei einer Beendigung des Arbeitsverhältnisses in der ersten Jahreshälfte auf ein Zwölftel für jeden vollen Beschäftigungsmonat verkürzt wird und bei einem Eintritt des AN in der zweiten Jahreshälfte ebenfalls nur ein Teilanspruch entsteht, ändert an der Unteilbarkeit des Anspruchs als solchem nichts.[152] Die gleichen Grundsätze gelten für den Anspruch auf ein zusätzliches Urlaubsgeld. Dieses folgt den für das Urlaubsentgelt entwickelten Grundsätzen, 34

[142] Vgl. BAG 18.3.2014 AP Nr. 72 zu § 7 BUrlG; 5.9.2002 AP Nr. 2 zu § 1 SonderurlG Saarland = NZA 2003, 1400; 21.2.1995 AP Nr. 7 zu § 47 SchwbG 1986 = NZA 1995, 839; ErfK/*Gallner* BUrlG § 7 Rn. 31; *Leinemann/Linck* BUrlG § 7 Rn. 80 f.

[143] BAG 5.8.2014 AP Nr. 31 zu § 7 BUrlG Übertragung = NZA 2015, 625.

[144] Eingehend dazu BAG 12.4.2011 AP Nr. 50 zu § 7 BUrlG = NZA 2011, 1050; 5.8.2014 AP Nr. 31 zu § 7 BUrlG Übertragung = NZA 2015, 625; 20.3.2012 AP Nr. 2 zu § 26 TVöD = NZA 2012, 803.

[145] BAG 5.8.2014 AP Nr. 31 zu § 7 BUrlG Übertragung = NZA 2015, 625.

[146] Vgl. LAG BW 3.6.2009 NZA-RR 2009, 178; LAG RhPf 7.3.2002 NZA-RR 2003, 130; ErfK/*Gallner* BUrlG § 7 Rn. 33; HK-BUrlG/*Oppermann* § 7 Rn. 80; *Powietzka*/Rolfs BUrlG § 7 Rn. 65.

[147] Vgl. LAG Köln 8.7.2015 – 11 SaGa 11/15; LAG Hmb 15.9.1989 LAGE § 7 BUrlG Nr. 26; näher hierzu *Corts* NZA 1998, 357 f.; *Leinemann/Linck* BUrlG § 7 Rn. 95.

[148] BAG 25.3.2003 AP Nr. 4 zu § 55 InsO = NZA 2004, 43; 15.2.2005 AP Nr. 4 zu § 108 InsO = NZA 2005, 1124; 21.11.2006 AP Nr. 59 zu § 11 BUrlG = NZA 2007, 696; ausf. hierzu *Düwell/Pulz* NZA 2008, 786.

[149] BAG 16.2.2021 AP Nr. 116 zu § 7 BUrlG Abgeltung; aA *Windel* Anm. zu BAG AP Nr. 17 zu § 113 InsO und Anm. zu BAG AP Nr. 4 zu § 108 InsO.

[150] BAG 18.11.2003 AP Nr. 17 zu § 113 InsO = NZA 2004, 651; aA *Windel* Anm. zu BAG AP Nr. 17 zu § 113 InsO.

[151] BAG 16.2.2021 AP Nr. 116 zu § 7 BUrlG Abgeltung.

[152] BAG 21.11.2006 AP Nr. 59 zu § 11 BUrlG = NZA 2007, 696.

wenn es so mit dem Urlaub verbunden ist, dass es mit der Urlaubsgewährung entsteht (→ Rn. 118).[153] Verhängt der Insolvenzverwalter eine Urlaubssperre, werden hierdurch keine Masseverbindlichkeiten begründet, sondern lediglich einer Urlaubsbewilligung entgegenstehende dringende betriebliche Belange gem. § 7 I 1 BUrlG angeführt. Die Masse wird finanziell durch die Urlaubssperre nicht weiter belastet, weil auch der Urlaubsentgeltanspruch eine Masseverbindlichkeit gewesen wäre.[154]

35 **b) Urlaubsabgeltung.** Ein bei Beendigung des Arbeitsverhältnisses nach Eröffnung des Insolvenzverfahrens entstehender Urlaubsabgeltungsanspruch nach § 7 IV BUrlG ist **Masseverbindlichkeit** iSv § 55 I Nr. 2 Alt. 2 InsO.[155] Da Urlaubsabgeltungsansprüche erst mit Beendigung des Arbeitsverhältnisses entstehen, können sie nicht einem früheren Zeitraum zugeordnet werden.[156] Für die Einordnung als Masseverbindlichkeit ist deshalb unerheblich, ob die Zeit nach Eröffnung des Insolvenzverfahrens bis zur Beendigung des Arbeitsverhältnisses ausgereicht hätte, den Urlaubsanspruch durch Freistellung von der Arbeitspflicht zu erfüllen.[157] Das gilt auch dann, wenn ein **starker vorläufiger Insolvenzverwalter** die Arbeitsleistung zum Zeitpunkt der Beendigung des Arbeitsverhältnisses nach § 55 II 2 InsO in Anspruch genommen hat.[158] Meldet ein AN Masseansprüche zur Tabelle an, wahrt er damit **tarifliche Ausschlussfristen,** die eine schriftliche Geltendmachung verlangen. Der Insolvenzverwalter muss sich dann darauf einstellen, dass der AN zur Tabelle angemeldete Masseansprüche auch noch als Masseforderung durchsetzen will.[159]

36 **c) Masseunzulänglichkeit.** Hat der Insolvenzverwalter dem Insolvenzgericht die Masseunzulänglichkeit nach § 208 I InsO angezeigt, richtet sich die Rangordnung, in der Masseverbindlichkeiten zu erfüllen sind, nach § 209 InsO (dazu → § 92 Rn. 22 ff.). Danach ist **zwischen sog. Altmasse- und Neumasseverbindlichkeiten zu unterscheiden.** Neumasseverbindlichkeiten sind vorrangig zu befriedigen. Eine Neumasseverbindlichkeit liegt u.a. vor, wenn der Insolvenzverwalter nach Anzeige der Masseunzulänglichkeit die „Gegenleistung" des AN in Anspruch genommen hat. Als Neumasseverbindlichkeit war nach bisheriger Rechtsprechung nur der anteilig auf die Beschäftigungszeit des AN nach Anzeige der Masseunzulänglichkeit entfallende und in Geld ausgedrückte Urlaub zu berichtigen.[160] Hiergegen hat jüngst der 6. Senat des BAG Bedenken angemeldet und gemeint, die quotale Einordnung des Urlaubsabgeltungsanspruchs habe keine insolvenzrechtliche Grundlage. Sie habe Rangänderungen von Forderungen zur Folge, die der Insolvenzordnung fremd seien.[161] Dem hat sich der 9. Senat angeschlossen und seine bisherige Rechtsprechung aufgegeben. Hiernach ist der Urlaubsabgeltungsanspruch im eröffneten Insolvenzverfahren bei Inanspruchnahme der Arbeitsleistung nach Anzeige der Masseunzulänglichkeit eine **Neumasseverbindlichkeit** nach § 209 I Nr. 2 iVm II Nr. 3 InsO. Eine quotale Zuordnung der „geldwerten Urlaubsansprüche" nach dem Verhältnis der möglichen Arbeitstage im Jahr zu den vom AN nach Anzeige der Masseunzulänglichkeit geleisteten Arbeitstage kommt nicht in Betracht.[162] **Stellt der Insolvenzverwalter den AN unwiderruflich „unter Anrechnung auf offenen Urlaub" von jeder Arbeitsleistung frei,** entsteht dagegen hinsichtlich der Ansprüche auf Urlaubsentgelt und -geld keine Neumasseverbindlichkeit.[163] Der Masse fließt in diesem Fall keine Gegenleistung des AN zu. Im Arbeitsverhältnis ist das die vom AN nach § 611a I BGB zu erbringende Arbeitsleistung. Wird der AN freigestellt, erbringt er keine Gegenleistung.[164] Macht der Insolvenzverwalter zu Recht geltend, die Masse genüge auch nicht zur Befriedigung aller Massegläubiger iSv § 209 I Nr. 2 InsO (weitere Masseunzulänglichkeit), steht diesen Gläubigern ebenfalls nur Rechtsschutz im

[153] BAG 15.2.2005 AP Nr. 4 zu § 108 InsO = NZA 2005, 1124.
[154] BAG 6.9.2018 AP Nr. 5 zu § 61 InsO = NZA 2019, 172.
[155] BAG 16.2.2021 AP Nr. 116 zu § 7 BUrlG Abgeltung; 18.10.2011 AP Nr. 54 zu § 7 BUrlG = NZA 2012, 143; 25.3.2003 AP Nr. 4 zu § 55 InsO = NZA 2004, 43.
[156] AA *Windel* Anm. zu BAG AP Nr. 7 zu § 209 InsO.
[157] BAG 25.3.2003 AP Nr. 4 zu § 55 InsO = NZA 2004, 43; 15.2.2005 AP Nr. 4 zu § 108 InsO = NZA 2005, 1124; krit. dazu *Windel* Anm. zu BAG 18.11.2003 AP Nr. 17 zu § 113 InsO.
[158] BAG 16.2.2021 AP Nr. 116 zu § 7 BUrlG Abgeltung; 10.9.2020 AP Nr. 114 zu § 7 BUrlG Abgeltung unter Aufgabe von BAG 21.11.2006 AP Nr. 59 zu § 11 BUrlG = NZA 2007, 696.
[159] BAG 15.2.2005 AP Nr. 4 zu § 108 InsO = NZA 2005, 1124.
[160] BAG 21.11.2006 AP Nr. 59 zu § 11 BUrlG = NZA 2007, 696.
[161] BAG 10.9.2020 AP Nr. 114 zu § 7 BUrlG Abgeltung.
[162] BAG 16.2.2021 AP Nr. 116 zu § 7 BUrlG Abgeltung.
[163] BAG 21.11.2006 AP Nr. 59 zu § 11 BUrlG = NZA 2007, 696.
[164] BAG 15.6.2004 AP Nr. 4 zu § 209 InsO = NZA 2005, 354.

Rahmen einer Feststellungsklage zur Verfügung.[165] Eine auf Zahlung der Urlaubsentgelt- und Urlaubsgeldansprüche gerichtete Leistungsklage des AN ist wegen fehlendem Rechtsschutzbedürfnis unzulässig.[166] Behauptet der AN allerdings eine Masseverbindlichkeit, liegt jedoch in Wahrheit eine Insolvenzforderung vor, ist die Klage nicht unzulässig, sondern unbegründet.[167]

d) Betriebsübergang nach Insolvenzeröffnung. Der Urlaubsanspruch besteht nach einem Betriebsübergang, der nach Eröffnung der Insolvenz stattfindet, gegenüber dem Betriebserwerber. Die Haftungsregelung des § 613a BGB gilt uneingeschränkt, denn die urlaubsrechtlichen Ansprüche auf bezahlte Freistellung (§ 1 BUrlG) bleiben von der Eröffnung des Insolvenzverfahrens unberührt. Nach § 108 I InsO besteht das Arbeitsverhältnis fort. Ansprüche aus dem Arbeitsverhältnis werden nach § 108 III InsO nur dann Insolvenzforderungen, wenn es sich um solche „für" die Zeit vor Eröffnung handelt (→ § 92 Rn. 2). Dazu gehören Urlaubsansprüche nicht (→ Rn. 34). Da Urlaubstage nach der Rechtsprechung des BAG nicht einem Zeitpunkt vor oder nach der Insolvenzeröffnung zugeordnet werden können, hat der Betriebserwerber für die Erfüllung bestehender Urlaubsansprüche einzutreten. Das gilt auch für übertragene Urlaubsansprüche und für Ansprüche auf Ersatz für verfallenen Urlaub.[168] 37

V. Arbeitsplatzwechsel

1. Ausschluss von Doppelansprüchen. § 6 I BUrlG regelt den Urlaubsanspruch, wenn der AN während des Urlaubsjahres den AG wechselt. Kein Wechsel des AG liegt bei einem Betriebsübergang vor. Setzt der AN das Arbeitsverhältnis mit dem neuen Inhaber des Betriebs fort (§ 613a BGB), bleibt der Urlaubsanspruch hiervon unberührt.[169] Bei aufeinanderfolgenden Arbeitsverhältnissen wird durch § 6 I BUrlG der Anspruch im neuen Arbeitsverhältnis ganz oder teilweise ausgeschlossen, wenn Urlaubsansprüche des AN bereits im früheren Arbeitsverhältnis erfüllt worden sind und auch im neuen Arbeitsverhältnis kein Anspruch auf eine höhere Anzahl von Urlaubstagen als im früheren Arbeitsverhältnis entsteht.[170] Erwirbt der AN beim Wechsel des Arbeitsplatzes in beiden Arbeitsverhältnissen nur Teilurlaubsansprüche, bestehen keine Anrechnungsprobleme.[171] Dies gilt auch dann, wenn der Urlaubsanspruch aufgerundet worden und der AN dadurch begünstigt worden ist.[172] Hat der AN für dasselbe Jahr bereits vom früheren AG Urlaub oder Urlaubsabgeltung erhalten, kann er in diesem Umfang vom neuen AG nicht nochmals Urlaub fordern (§ 6 I BUrlG). Ist der Urlaub nur teilweise gewährt oder abgegolten worden, entsteht ein neuer Urlaubsanspruch nach Maßgabe der Regelungen des neuen Arbeitsverhältnisses.[173] Noch nicht erfüllte oder abgegoltene Urlaubsansprüche aus dem früheren Arbeitsverhältnis begründen keine Anrechnungsbefugnis des neuen AG.[174] Bestand im ersten Arbeitsverhältnis ein höherer Urlaubsanspruch als im zweiten, erfolgt eine Anrechnung des im ersten Arbeitsverhältnis gewährten oder abgegoltenen Urlaubs nur insoweit, wie dieser nach dem Quotelungsprinzip der Dauer des Arbeitsverhältnisses entspricht.[175] § 6 I BUrlG formuliert eine negative Anspruchsvoraussetzung. Daher hat nach Auffassung des BAG der AN, der in dem Kalenderjahr seines Eintritts in das Arbeitsverhältnis von dem AG Urlaub verlangt, **darzulegen und ggf. zu beweisen,** dass die Voraussetzungen, unter denen § 6 I BUrlG eine Anrechnung bereits gewährten Urlaubs vorsieht, nicht vorliegen. Dabei gelten die Grundsätze der abgestuften Darlegungs- und Beweislast.[176] Zum „Doppelarbeitsverhältnis" nach einer Kündigung → Rn. 41. 38

2. Urlaubsgewährung durch den früheren Arbeitgeber. Wurde in dem früheren Arbeitsverhältnis **Urlaub aus dem Vorjahr übertragen** und hat der AG daher dem AN mehr Urlaub 39

[165] BGH 3.4.2003 ZIP 2003, 914.
[166] BAG 21.6.2005 AP Nr. 12 zu § 55 InsO.
[167] BAG 27.9.2007 AP Nr. 5 zu § 38 InsO.
[168] BAG 18.11.2003 AP Nr. 16 zu § 113 InsO = NZA 2004, 654; 18.11.2003 AP Nr. 17 zu § 113 InsO = NZA 2004, 651.
[169] BAG 2.12.1999 AP Nr. 202 zu § 613a BGB = NZA 2000, 480.
[170] BAG 21.2.2012 AP Nr. 5 zu § 6 BUrlG = NZA 2012, 793.
[171] BAG 23.9.1965 AP Nr. 1 zu § 5 BUrlG.
[172] ErfK/*Gallner* BUrlG § 6 Rn. 2; *Neumann/Fenski/Kühn* BUrlG § 6 Rn. 3; *Leinemann/Linck* BUrlG § 6 Rn. 20.
[173] BAG 25.11.1982 AP Nr. 3 zu § 6 BUrlG = DB 1983, 1155.
[174] BAG 28.2.1991 AP Nr. 4 zu § 6 BUrlG = NZA 1991, 944; ErfK/*Gallner* BUrlG § 6 Rn. 3.
[175] Näher dazu *Leinemann/Linck* BUrlG § 6 Rn. 14 ff.
[176] BAG 16.12.2014 AP Nr. 6 zu § 6 BUrlG = NZA 2015, 827.

gewährt, als ihm im laufenden Jahr zusteht, kann der neue AG diesen übertragenen Urlaub nicht anrechnen. Denn durch § 6 I BUrlG sollen nur Doppelansprüche für das jeweilige Urlaubsjahr ausgeschlossen werden. Hat der **frühere AG Urlaub nicht gewährt** oder abgegolten und hat der AN im Zeitpunkt der gerichtlichen Erhebung von Abgeltungsansprüchen gegen den ersten AG den vollen Urlaubsanspruch gegen den zweiten AG erlangt, kann der erste AG den AN nicht auf den Arbeitsbefreiungsanspruch gegen den zweiten AG verweisen. Umgekehrt kann allerdings auch der neue AG die Erfüllung entstandener Urlaubsansprüche nicht mit der Begründung (teilweise) verweigern, der AN solle zunächst seine Abgeltungsansprüche gegen den früheren AG durchsetzen.[177]

40 **3. Kein Gesamtschuldnerausgleich unter den Arbeitgebern.** Der frühere und der neue AG sind nicht zum Ausgleich des dem AN gewährten Urlaubs verpflichtet. Ein solcher Gesamtschuldnerausgleich scheitert schon daran, dass der Urlaubsanspruch als Arbeitsbefreiungsanspruch nicht gesamtschuldfähig ist.[178] Etwas anderes hat allerdings aufgrund des geänderten Verständnisses vom Urlaubsabgeltungsanspruch und der damit verbundenen Aufgabe der Surrogatstheorie durch das BAG[179] (dazu → Rn. 122) zu gelten, wenn es um den Ausgleich der vom früheren AG geleisteten Urlaubsabgeltung geht.[180] Da danach der Anspruch auf Urlaubsabgeltung mit dem Ende des Arbeitsverhältnisses als reiner Geldanspruch entsteht,[181] ist auch ein Gesamtschuldausgleich mit Abgeltungsansprüchen aus dem neuen Arbeitsverhältnis möglich.

41 **4. Doppelarbeitsverhältnis.** § 6 I BUrlG erfasst aufeinanderfolgende Arbeitsverhältnisse (→ Rn. 38) und nicht den Fall, dass ein AN nach einer Kündigung des AG ein anderweitiges Arbeitsverhältnis eingegangen ist und festgestellt wird, dass das zuerst begründete Arbeitsverhältnis durch die Kündigung nicht aufgelöst ist. In einem solchen Fall liegt ein Doppelarbeitsverhältnis vor. Das BAG geht allerdings davon aus, dass sich ein AN dann, wenn er nach einer Kündigung ein Arbeitsverhältnis mit einem anderen AG eingeht und er die Pflichten aus diesem neuen Arbeitsverhältnis nur erfüllen kann, weil er nach Ablauf der Kündigungsfrist vom bisherigen AG nicht mehr beschäftigt wird, im Falle der Unwirksamkeit der Kündigung den vom neuen AG gewährten Urlaub in entsprechender Anwendung von § 11 Nr. 1 KSchG und § 615 S. 2 BGB auf den im gekündigten Arbeitsverhältnis entstandenen Urlaub anrechnen lassen muss.[182]

42 **5. Urlaubsbescheinigung.** Der AG hat bei Beendigung des Arbeitsverhältnisses dem AN eine schriftliche Bescheinigung über den gewährten oder abgegoltenen Urlaub auszuhändigen (§ 6 II BUrlG), damit der neue AG beurteilen kann, in welchem Umfang ein Urlaubsanspruch besteht.[183] Weigert sich der AG, kann der AN auf Herstellung und Herausgabe der Bescheinigung klagen. Die Vollstreckung richtet sich nach § 888 ZPO, weil deren Gegenstand eine Wissens- und nicht eine Willenserklärung ist.[184] Die Bescheinigung kann weder mit dem einfachen noch dem qualifizierten Zeugnis verbunden werden. Auch das einfache Zeugnis enthält eine Arbeitsplatzbeschreibung, die der AN auf Dauer benötigt und die mit der Urlaubsbescheinigung nichts zu tun hat. Legt der AN die Urlaubsbescheinigung seines früheren AG nicht vor, kann der neue AG die Erfüllung des Urlaubsanspruchs mit der Begründung verweigern, der AN habe den vollen Urlaub bereits erhalten.[185] Der AN hat anhand der Bescheinigung darzulegen, dass der frühere AG noch nicht alle Urlaubsansprüche erfüllt hat.[186] Hat der AN die Urlaubsbescheinigung vorgelegt, trifft den neuen AG die Darlegungs- und Beweislast, wenn er eine hiervon abweichende Urlaubserteilung behauptet.[187]

VI. Urlaubsdauer

43 **1. Allgemeines.** Der Urlaub beträgt nach § 3 I BUrlG 24 Werktage. Als Werktage gelten alle Kalendertage, die nicht Sonn- oder gesetzliche Feiertage sind. Das Gesetz unterstellt damit

---

177 BAG 28.2.1991 AP Nr. 4 zu § 6 BUrlG = NZA 1991, 944; ErfK/*Gallner* BUrlG § 6 Rn. 3; anders noch BAG 5.11.1970 AP Nr. 8 zu § 7 BUrlG Abgeltung.

178 Ebenso *Friese,* Urlaubsrecht, Rn. 565; *Leinemann/Linck* BUrlG § 6 Rn. 30; HWK/*Schinz* BUrlG § 6 Rn. 16; aA BGH 4.7.1985 AP Nr. 50 zu § 613a BGB = NJW 1985, 2643; *Neumann/Fenski/Kühn* BUrlG § 6 Rn. 31 ff.

179 BAG 24.3.2009 AP Nr. 39 zu § 7 BUrlG = NZA 2009, 538.

180 AA MHdB ArbR/*Klose* § 88 Rn. 27.

181 BAG 19.6.2012 AP Nr. 95 zu § 7 BUrlG Abgeltung = NZA 2012, 1087.

182 BAG 21.2.2012 AP Nr. 5 zu § 6 BUrlG = NZA 2012, 793.

183 BAG 16.12.2014 AP Nr. 6 zu § 6 BUrlG = NZA 2015, 827.

184 HWK/*Schinz* BUrlG § 6 Rn. 20.

185 AA MHdB ArbR/*Klose* § 88 Rn. 18.

186 Vgl. BAG 16.12.2014 AP Nr. 6 zu § 6 BUrlG = NZA 2015, 827.

187 Ebenso ErfK/*Gallner* BUrlG § 6 Rn. 6; HWK/*Schinz* BUrlG § 6 Rn. 23.

eine an sechs Tagen der Kalenderwoche bestehende Arbeitspflicht und gewährleistet unter dieser Voraussetzung einen gesetzlichen Mindesturlaub von 24 Werktagen im Kalenderjahr.[188] Fällt ein gesetzlicher Feiertag in den Urlaubszeitraum, besteht für den Feiertag Anspruch auf Entgeltzahlung nach § 2 I EFZG.[189] Der Urlaubsanspruch ist auf Tage, nicht auf Stunden bezogen. Der Urlaub kann daher nicht stunden- oder halbtageweise gewährt werden, es sei denn, aus der Berechnung von Teilurlaubsansprüchen ergeben sich Bruchteile (dazu → Rn. 66).[190]

2. Urlaub bei Sonntags- und Feiertagsarbeit. Besteht an einem Sonn- oder Feiertag Arbeitspflicht, wie beispielsweise in der Gastronomie, handelt es sich für den betroffenen AN um einen individuellen Arbeitstag, der auch urlaubsrechtlich als solcher zu behandeln ist.[191] § 3 II BUrlG steht dem nicht entgegen, weil diese Bestimmung nur den gesetzlichen Regelfall wiedergibt (vgl. § 9 I ArbZG). 44

3. Berechnungsgrundsätze. Arbeitet der AN nicht an allen sechs Werktagen der Woche, wie bei der üblichen Fünftagewoche, bedarf es der Umrechnung auf fünf Arbeitstage. Dies geschieht in der Weise, dass die Gesamtdauer des Urlaubs durch die Zahl 6 geteilt und mit der Zahl der für den AN maßgeblichen Arbeitstage einer Woche multipliziert wird.[192] Das ergibt für einen AN, der an 5 Tagen in der Woche arbeitet, 20 Arbeitstage Mindesturlaub. Bei neun statt zehn Arbeitstagen in der Doppelwoche und 30 Urlaubstagen im Jahr ergibt sich Folgendes: 30 Urlaubstage × 9 Arbeitstage : 10 Arbeitstage = 27 Urlaubstage.[193] Diese Grundsätze gelten auch für tarifvertragliche Urlaubsansprüche, soweit der Tarifvertrag keine eigenständige Umrechnungsformel enthält.[194] Zur Berechnung bei unregelmäßiger Arbeitszeit → Rn. 50. 45

4. Teilzeitbeschäftigung. Ist der AN teilzeitbeschäftigt, ergeben sich keine Besonderheiten, wenn der AN an allen Arbeitstagen der Woche tätig ist, aber nur verkürzt arbeitet. Da der Urlaubsanspruch auf die tageweise Freistellung von Arbeitspflichten bezogen ist, hat der Teilzeitbeschäftigte in diesem Fall den gleichen Urlaubsanspruch wie ein Vollzeitbeschäftigter. Lediglich das Urlaubsentgelt ist geringer, weil nur die durch die Freistellung ausfallenden Arbeitsstunden zu vergüten sind. Ist dagegen die Arbeitszeit nicht auf alle Tage der Woche verteilt, ist eine Umrechnung vorzunehmen, die nach den gleichen Grundsätzen zu erfolgen hat, wie die Umrechnung von Werktagen auf Arbeitstage bei einer Fünftagewoche (→ Rn. 45).[195] Arbeitet ein Teilzeitbeschäftigter regelmäßig an drei Tagen der Woche, steht ihm ein gesetzlicher Mindesturlaubsanspruch von 12 Urlaubstagen zu (24 × 3 : 6); bei einer Fünftagewoche und 30 Urlaubstagen für Vollzeitbeschäftigte beträgt der Urlaubsanspruch dieses Teilzeitbeschäftigten 18 Tage (30 × 3 : 5). Das Erfordernis der Umrechnung ist in § 208 I 1 Hs. 2 SGB IX gesetzlich anerkannt worden. Unionsrechtliche Bedenken bestehen hiergegen grundsätzlich nicht.[196] Zur Änderung der Arbeitszeit → Rn. 47. 46

5. Verringerung der Arbeitszeit. Ändert sich im Verlauf eines Kalenderjahres die Verteilung der Arbeitszeit auf weniger oder auch auf mehr Arbeitstage einer Kalenderwoche, verringert oder erhöht sich entsprechend die Anzahl der dem AN zustehenden Urlaubstage. Sie waren dann nach der früheren Rechtsprechung des BAG jeweils unter Berücksichtigung der nunmehr für den AN maßgeblichen Verteilung seiner Arbeitszeit neu zu berechnen.[197] Diese Rechtsprechung hat das BAG im Nachgang zur Rechtsprechung des EuGH und das darin hervorgehobene 47

---

[188] BAG 3.12.2019 AP Nr. 13 zu § 2 ATG = NZA 2020, 789.
[189] BAG 26.10.2016 AP Nr. 17 zu § 2 EntgeltFG = NZA 2017, 123.
[190] BAG 8.5.2001 AP Nr. 1 zu § 1 TVG Tarifverträge: Blumenbinder = NZA 2001, 1254.
[191] BAG 15.1.2013 AP Nr. 4 zu § 26 TVöD = NZA 2013, 1091; 15.11.2005 AP Nr. 12 zu § 611 BGB Arbeitnehmerähnlichkeit; 5.11.2002 AP Nr. 15 zu § 1 TVG Tarifverträge: Chemie; ErfK/*Gallner* BUrlG § 3 Rn. 11; HWK/*Schinz* BUrlG § 3 Rn. 16; aA *Neumann/Fenski/Kühn* BUrlG § 3 Rn. 27.
[192] Vgl. BAG 3.12.2019 AP Nr. 13 zu § 2 ATG = NZA 2020, 789; 15.11.2005 AP Nr. 12 zu § 611 BGB Arbeitnehmerähnlichkeit; 27.1.1987 AP Nr. 30 zu § 13 BUrlG = NZA 1987, 462; 25.2.1988 AP Nr. 3 zu § 8 BUrlG = NZA 1988, 607.
[193] BAG 11.12.2001 NZA 2002, 639.
[194] BAG 8.5.2001 AP Nr. 1 zu § 1 TVG Tarifverträge: Blumenbinder = NZA 2001, 1254.
[195] BAG 14.3.2017 AP Nr. 8 zu § 26 TVöD = NZA-RR 2017, 376; 14.2.1991 AP Nr. 1 zu § 3 BUrlG Teilzeit = NZA 1991, 777.
[196] EuGH 22.4.2010 AP Nr. 1 zu Richtlinie 97/81/EG = NZA 2010, 557 – Landeskrankenhäuser Tirols; 8.11.2012 NZA 2012, 1273 – Heimann, Toltschin.
[197] BAG 28.4.1998 AP Nr. 7 zu § 3 BUrlG = NZA 1999, 156; 5.9.2002 AP Nr. 17 zu § 3 BUrlG Fünf-Tage-Woche = NZA 2003, 726.

Verbot der **Benachteiligung wegen einer Teilzeitbeschäftigung** (§ 4 I TzBfG)[198] trotz der von ihm erkannten „möglichen widersinnigen Folgen" aufgegeben.[199] Danach kann die Zahl der Tage des bezahlten Jahresurlaubs wegen des Übergangs in eine Teilzeitbeschäftigung nicht verhältnismäßig gekürzt werden, und zwar unabhängig davon, ob der AN in der Lage gewesen ist, den Urlaub vor der Reduzierung der Arbeitszeit zu nehmen. Wechselt die Anzahl der Arbeitstage unterjährig, ist der gesetzliche Urlaubsanspruch für das betreffende Kalenderjahr vielmehr unter Berücksichtigung der einzelnen Zeiträume der Beschäftigung und der auf sie entfallenden Wochentage mit Arbeitspflicht **umzurechnen.** Unter Umständen muss daher die Urlaubsdauer im Kalenderjahr mehrfach berechnet werden, sofern nicht aufgrund gesetzlicher Bestimmungen, wie etwa § 24 S. 1 MuSchG (→ § 168 Rn. 2 ff.), § 17 BEEG (→ § 172 Rn. 21 ff.), sowie nach § 13 BUrlG zulässiger kollektivrechtlicher oder vertraglicher Vereinbarungen (→ Rn. 130 ff.) Besonderheiten bestehen.[200] **Hiernach gilt Folgendes:** Hat ein AN als Vollzeitbeschäftigter 30 Urlaubstage und wechselt er zum 1.7. in ein Teilzeitarbeitsverhältnis mit vier Arbeitstagen, berechnet sich der Urlaubsanspruch für das 2. Halbjahr – wenn der AN im 1. Halbjahr noch keinen Urlaub genommen hat – wie folgt: Für das 1. Halbjahr stehen ihm die Hälfte von 30 Urlaubstagen, mithin 15 Urlaubstage zu. Für das zweite Halbjahr stehen ihm 12 Urlaubstage zu (4/5 von 15 Urlaubstagen), da insoweit eine anteilige Kürzung möglich ist.[201] Insgesamt hat er damit in diesem Fall 27 Urlaubstage. Im umgekehrten Fall einer **Verlängerung der Arbeitszeit** – etwa nach § 9 TzBfG – hat keine nachträgliche Erhöhung der bereits erworbenen Urlaubsansprüche für die Zeit vor der Arbeitszeitverlängerung zu erfolgen, sondern nur für den Zeitraum, in dem sich die Arbeitszeit des AN erhöht hat.[202] Arbeitet der AN unverändert an fünf Tagen in der Woche, jedoch mit einem reduzierten Stundenumfang (zB Reduzierung von einer Teilzeitquote von 35/40 der Arbeitszeit einer Vollzeitkraft auf 20/40), ist das Urlaubsentgelt für Urlaub, der aus der Zeit vor der Reduzierung seiner Arbeitszeit stammt, nicht auf der Grundlage der während des jeweiligen Urlaubszeitraums geltenden Teilzeitquote von 20/40, sondern auf der Grundlage der vor der Reduzierung der Regelarbeitszeit geltenden Teilzeitquote von 35/40 zu ermitteln.[203]

47a **6. Altersteilzeit.** Vereinbaren die Arbeitsvertragsparteien Altersteilzeit im **Blockmodell** (→ § 83 Rn. 13), ist eine Umrechnung des nach § 3 I BUrlG in Werktagen bemessenen gesetzlichen Urlaubsanspruchs in Arbeitstage vorzunehmen (zu Fragen der Urlaubsabgeltung bei Altersteilzeit → Rn. 93). Von Folgendem ist auszugehen:[204] Mit der Entscheidung, das Arbeitsverhältnis als Altersteilzeitarbeitsverhältnis im Blockmodell fortzuführen, treffen die Arbeitsvertragsparteien eine Vereinbarung über die Verteilung der Arbeitszeit für den Gesamtzeitraum der Altersteilzeit. Diese verpflichtet den AN allein in der Arbeitsphase zur Arbeitsleistung und entbindet ihn in der Freistellungsphase von vornherein von der Arbeitspflicht. Das führt dazu, dass dem AN für die Freistellungsphase kein gesetzlicher Anspruch auf Erholungsurlaub zusteht. Diese Zeit ist deshalb bei der Berechnung des Urlaubsanspruchs nach den im Urlaubsrecht geltenden allgemeinen Berechnungsgrundsätzen (24 Werktage x Anzahl der Tage mit Arbeitspflicht geteilt durch 312 Werktage) **mit „null" Arbeitstagen in Ansatz zu bringen.** Vollzieht sich der Wechsel von der Arbeits- zur Freistellungsphase im Verlauf des Kalenderjahres, muss der gesetzliche Urlaubsanspruch nach Zeitabschnitten berechnet werden. Diese Berechnung des Urlaubsanspruchs führt nicht zu einer iSv Art. 3 I GG sachwidrigen Ungleichbehandlung von AN, die während der Altersteilzeit im Blockmodell beschäftigt sind, im Vergleich zu AN, die in diesem Zeitraum kontinuierlich in Teilzeit zur Arbeitsleistung verpflichtet sind. Die dargestellten Berechnungsgrundsätze gelten auch für vertraglichen Mehrurlaub, wenn die Arbeitsvertragsparteien keine abweichende Vereinbarung getroffen haben.[205] Eine **Urlaubsgewährung ist innerhalb der Freistellungs-**

[198] EuGH 13.6.2013 AP Nr. 12 zu Richtlinie 2003/88/EG = NZA 2013, 775 – Brandes; EuGH 22.4.2010 AP Nr. 1 zu Richtlinie 97/81/EG = NZA 2010, 557 – Landeskrankenhäuser Tirols.

[199] BAG 10.2.2015 AP Nr. 6 zu § 26 TVöD mAnm *Powietzka* = NZA 2015, 1005; bestätigt durch BAG 20.3.2018 AP Nr. 2 zu § 26 TV-L = NZA 2018, 851.

[200] BAG 3.12.2019 AP Nr. 13 zu § 2 ATG = NZA 2020, 789; 21.5.2019 AP Nr. 89 zu § 7 BUrlG = NZA 2019, 1365; 19.3.2019 AP Nr. 86 zu § 7 BUrlG = NZA 2019, 1435; weiterführend *Bayreuther* NZA 2020, 353.

[201] *Powietzka* Anm. zu BAG AP Nr. 6 zu § 26 TVöD.

[202] EuGH 11.11.2015 AP Nr. 17 zu Richtlinie 2003/88/EG = NZA 2015, 1501 – Greenfield; zust. *v. Medem* ZESAR 2016, 431; *Stiebert* EuZW 2016, 65; aA HWK/*Schinz* BUrlG § 3 Rn. 37d.

[203] BAG 20.3.2018 AP Nr. 2 zu § 26 TV-L = NZA 2018, 851.

[204] BAG 3.12.2019 AP Nr. 13 zu § 2 ATG = NZA 2020, 789; 24.9.2019 AP Nr. 12 zu § 2 ATG = NZA 2020, 300; *Thüsing/Beden* Anm. zu BAG EzA § 3 BUrlG Nr. 33.

[205] BAG 24.9.2019 AP Nr. 12 zu § 2 ATG = NZA 2020, 300.

phase der Altersteilzeit mangels Arbeitspflicht des AN nicht mehr möglich. Das Arbeitsverhältnis besteht zwar während dieser Zeit fort, der AN ist jedoch nicht mehr zur Arbeitsleistung verpflichtet.[206]

7. Sonderurlaub. Für Zeiten eines **unbezahlten Sonderurlaubs** hat das BAG im Jahr 2014 noch angenommen, dass Urlaubsansprüche in dieser Zeit entstehen, weil die Hauptpflichten aus dem Arbeitsverhältnis nur suspendiert seien, dieses jedoch gleichwohl fortbestehe.[207] Diese Rechtsprechung hat es nunmehr im Anschluss an die neuere EuGH-Rechtsprechung[208] aufgegeben. Danach sind die Urlaubsansprüche grundsätzlich anhand der Zeiträume der auf der Grundlage des Arbeitsvertrags **tatsächlich geleisteten Arbeit zu berechnen.** Befindet sich ein AN in einem Kalenderjahr durchgehend im unbezahlten Sonderurlaub, steht ihm mangels einer Arbeitspflicht kein Anspruch auf Erholungsurlaub zu. Der Zeitraum des Sonderurlaubs ist bei der Berechnung des Urlaubsanspruchs mit „null" Arbeitstagen in Ansatz zu bringen.[209] Hat der AN nur einige Monate Sonderurlaub, ist eine Umrechnung des nach § 3 I BUrlG in Werktagen bemessenen Urlaubs in Arbeitstage vorzunehmen. Tarifvertragliche Umrechnungsregelungen sind ggf. zu beachten.[210] 47b

8. Kurzarbeit. Wird in einem Betrieb Kurzarbeit eingeführt, verringert sich der Urlaubsanspruch der AN zeitanteilig (näher → § 47 Rn. 10a). Für jeden vollen Monat der Kurzarbeit Null ist der Urlaub um 1/12 zu kürzen. Da während der Kurzarbeit die beiderseitigen Leistungspflichten aufgehoben sind, werden Kurzarbeiter wie vorübergehend teilzeitbeschäftigte AN behandelt, deren Erholungsurlaub ebenfalls anteilig zu kürzen ist (dazu → Rn. 47).[211] Das ist mit Unionsrecht vereinbar.[212] 48

9. Arbeit auf Abruf. Bei Arbeit auf Abruf (§ 12 TzBfG) werden mit der Konkretisierung der Arbeitszeit zugleich die Arbeitsstunden bestimmt, die der AN zu arbeiten und der AG zu vergüten hat (→ § 43 Rn. 8 ff.). Erhält der AN in der Zeit konkretisierter Arbeitspflicht Urlaub, sind in das Arbeitszeitkonto die infolge der Freistellung ausgefallenen Soll-Arbeitsstunden als Ist-Stunden einzustellen. Werden Ausfallzeiten dem AN nicht gutgeschrieben, bedeutet das nichts anderes, als dass ihm die hierfür zustehende Urlaubsvergütung vorenthalten wird. Dem steht die Zahlung des auf der Grundlage der vereinbarten Jahresarbeitszeit ermittelten verstetigten Entgelts nicht entgegen. Diese Form der Auszahlung sichert dem AN lediglich gleichmäßig hohe Einkünfte trotz zeitweiser Nichtbeschäftigung. Maßgeblich ist das Arbeitszeitkonto, das den Vergütungsanspruch des AN – nur in anderer Form – ausdrückt. Andernfalls müsste der AN (zusätzliche) Stunden leisten, um ein ausgeglichenes Konto zu erreichen.[213] 49

10. Unregelmäßige Arbeitszeit. Ist die Arbeitszeit nicht in jeder Woche gleich, sondern unregelmäßig verteilt, ist eine auf eine Woche bezogene Umrechnung nicht möglich.[214] In diesem Fall ist bei der Umrechnung auf den Zeitabschnitt abzustellen, in dem im Durchschnitt die regelmäßige wöchentliche Arbeitszeit erreicht wird.[215] Für die Umrechnung ist die Jahresarbeitszeit zugrunde zu legen, wenn die Arbeitszeit im gesamten Jahr unregelmäßig verteilt ist.[216] Bei der Errechnung der Jahresarbeitstage sind die auf 52 Wochen bezogenen Werte zu ermitteln. Das ist zwar nicht ganz zutreffend, weil das Kalenderjahr nicht 364 Tage (52 Wochen × 7 Tage), sondern 365 Tage (§ 191 BGB) hat. Der fehlende Tag bleibt aber im Rahmen der Urlaubsberechnung nach dem BUrlG mit Rücksicht auf die Berechnungsvorschrift des § 11 I 1 BUrlG, 50

---

[206] BAG 19.2.2019 AP Nr. 85 zu § 7 BUrlG = NZA 2019, 1043.

[207] BAG 6.5.2014 AP Nr. 24 zu § 1 BUrlG mAnm *Fieberg* = NZA 2014, 959.

[208] EuGH 13.12.2018 AP Nr. 28 zu Richtlinie 2003/88/EG = NZA 2019, 47 – Hein.

[209] BAG19.3.2019 AP Nr. 86 zu § 7 BUrlG mAnm *Fieberg* = NZA 2019, 1435; dazu *Jochheim* SAE 2020, 52; *Sprenger* ZTR 2020, 63.

[210] BAG 21.5.2019 AP Nr. 89 zu § 7 BUrlG = NZA 2019, 1365.

[211] LAG Düsseldorf 12.3.2021 – 6 Sa 824/20; ErfK/*Gallner* BUrlG § 3 Rn. 23; *Leinemann/Linck* BUrlG § 3 Rn. 62 ff.; HWK/*Schinz* BUrlG § 3 Rn. 39; näher *Gaul/Lauer* ArbRB 2020, 343; *Kania/Hölken* VSSAR 2020, 327 (344 ff.); *Klasen/Haag* BB 2020, 2228.

[212] EuGH 13.12.2018 AP Nr. 28 zu Richtlinie 2003/88/EG = NZA 2019, 47 – Hein; 8.11.2012 NZA 2012, 1273 – Heimann, Toltschin; dazu *Bayreuther* DB 2012, 2748; *Powietzka/Christ* NZA 2013, 18.

[213] BAG 5.9.2002 AP Nr. 17 zu § 3 BUrlG Fünf-Tage-Woche = NZA 2003, 726.

[214] BAG 22.10.1991 AP Nr. 6 zu § 3 BUrlG = NZA 1993, 79; 19.4.1994 AP Nr. 7 zu § 1 TVG Tarifverträge: Gebäudereinigung = NZA 1994, 899; 8.9.1998 AP Nr. 216 zu § 1 TVG Tarifverträge: Bau = NZA 1999, 665; dazu HK-BUrlG/*Hohmeister* § 3 Rn. 35 ff.

[215] BAG 15.11.2005 AP Nr. 12 zu § 611 BGB Arbeitnehmerähnlichkeit.

[216] Vgl. BAG 19.1.2010 NZA-RR 2010, 473.

die auf 13 Wochen für ein Vierteljahr abstellt, außer Betracht.[217] In Tarifverträgen kann eine andere Berechnung unter Einbeziehung des fehlenden Tages erfolgen (→ Rn. 52).[218] In der Sechstagewoche (52 × 6) bestehen damit 312 Werktage, in der Fünftagewoche (52 × 5) bestehen 260 Arbeitstage. Dabei ist zu berücksichtigen, dass Freischichttage keine Arbeitstage sind, sondern Wochentage, an denen der AN wegen der Verteilung der Arbeitszeit auf Arbeitsschichten nicht zur Arbeit verpflichtet ist. Sie verringern rechnerisch die Anzahl der in einem Jahr möglichen Tage mit Arbeitspflicht.[219] Einzurechnen sind nach Auffassung des BAG kirchliche oder religiöse Feiertage, nicht dagegen staatlich anerkannte Feiertage.[220] Die Rechenformel zur Ermittlung der Urlaubsdauer bei unregelmäßiger Arbeitszeit lautet somit: Gesetzliche oder tarifliche Urlaubsdauer geteilt durch die Jahreswerktage, multipliziert mit den Tagen, an denen der AN im Kalenderjahr zur Arbeit verpflichtet ist.[221] Besteht das Arbeitsverhältnis nur zehn Monate, ist von 260 möglichen Arbeitstagen bei der Sechstagewoche auszugehen. Hat der AN in dieser Zeit 145 Dienste (= Arbeitstage) geleistet, beträgt der Urlaub 13,38 Urlaubstage (145 x 24 : 260). Bruchteile sind nach dem Gesetz weder auf- noch abzurunden.[222]

51 **11. Schichtarbeit.** Bemisst sich die Arbeitszeit nicht nach Arbeitstagen, sondern nach Schichten, hat ebenfalls eine Umrechnung entsprechend der Arbeitsverpflichtung zu erfolgen.[223] Die vom AN zu leistenden Jahres-Soll-Schichten sind mit der Zahl der Jahres-Soll-Tage der AN mit Fünftagewoche ins Verhältnis zu setzen.[224] Die Umrechnungsformel lautet:[225]

$$\frac{\text{Urlaubstage im Jahr x Arbeitstage im Jahr bei abweichender Verteilung}}{\text{Arbeitstage im Jahr bei einer Fünftagewoche (261 Arbeitstage)}}$$

Beträgt die jährliche Arbeitsleistung insgesamt 225 Schichten, ergeben sich bei 30 Urlaubstagen eines AN in der Fünftagewoche 25,86 Urlaubstage (= Schichten, 30 x 225 : 261). Ob **zwei Kalendertage überlappende Arbeitsschichten** als ein oder zwei Arbeitstage gelten, richtet sich nach dem jeweiligen Tarifvertrag. Bei dessen Auslegung ist sicherzustellen, dass jeder AN ungeachtet der Verteilung der Arbeitszeit auf die einzelnen Wochentage die Urlaubstage erhält, die zur gleichen Dauer eines zusammenhängenden Urlaubs erforderlich sind.[226]

52 **12. Tarifvertragliche Regelungen – Öffentlicher Dienst.** Durch Tarifvertrag kann die Urlaubsdauer verlängert, nicht jedoch verkürzt werden (§ 13 I 1 BUrlG). Für den **öffentlichen Dienst enthält § 26 TVöD** eine Reihe zulässiger Abweichungen vom BUrlG. Im Unterschied zu § 7 III BUrlG muss der Urlaub im Falle der Übertragung in den ersten drei Monaten des folgenden Kalenderjahres angetreten, nicht aber genommen werden. Weiterhin ist bestimmt, dass für den Fall, dass der Erholungsurlaub wegen Arbeitsunfähigkeit oder aus dienstlichen Gründen nicht bis zum 31.3. angetreten werden kann, der Urlaub bis zum 31.5. anzutreten ist. Die Tarifvertragsparteien haben damit ein **eigenständiges, vom BUrlG abweichendes Fristenregime** geschaffen.[227] Das hat zur Folge, dass der tarifliche Mehrurlaub, der wegen Arbeitsunfähigkeit aus dem Vorjahr übertragen wurde, anders als der gesetzliche Mindesturlaub (→ Rn. 84 f.), zum 31.5. des dem Entstehungsjahr folgenden Kalenderjahres verfällt, wenn er

[217] BAG 20.8.2002 AP Nr. 27 zu § 38 BetrVG 1972; ebenso BAG 15.11.2005 AP Nr. 12 zu § 611 BGB Arbeitnehmerähnlichkeit.

[218] So der MTV der chemischen Industrie, dazu BAG 5.11.2002 AP Nr. 15 zu § 1 TVG Tarifverträge: Chemie = NZA 2003, 1167; 9.9.2003 EzA Nr. 6 zu § 4 TVG Chemische Industrie; MTV Einzelhandel Saarland, dazu BAG 20.8.2002 AP Nr. 27 zu § 38 BetrVG 1972.

[219] BAG 19.1.2010 NZA-RR 2010, 473.

[220] BAG 5.11.2002 AP Nr. 15 zu § 1 TVG Tarifverträge: Chemie = NZA 2003, 1167; s. dazu auch ErfK/*Gallner* BUrlG § 3 Rn. 19.

[221] BAG 18.2.1997 AP Nr. 13 zu § 1 TVG Tarifverträge: Chemie; *Leinemann/Linck* BUrlG § 3 Rn. 39 ff.; *Leinemann/Linck* DB 1999, 1498 (1500 f.).

[222] BAG 15.11.2005 AP Nr. 12 zu § 611 BGB Arbeitnehmerähnlichkeit.

[223] BAG 3.5.1994 AP Nr. 13 zu § 3 BUrlG Fünf-Tage-Woche = NZA 1995, 477; 8.11.1994 AP Nr. 122 zu § 1 TVG Tarifverträge: Metallindustrie = NZA 1995, 1408; HK-BUrlG/*Hohmeister* § 3 Rn. 51 ff.; *Leinemann* BB 1998, 1414.

[224] BAG 9.9.2003 – 9 AZR 468/02; 5.11.2002 AP Nr. 15 zu § 1 TVG Tarifverträge: Chemie = NZA 2003, 1167.

[225] BAG 19.1.2016 AP Nr. 7 zu § 26 TVöD; 21.7.2015 AP Nr. 6 zu § 1 TVG Tarifverträge: Versorgungsbetriebe; 15.3.2011 AP Nr. 1 zu § 26 TVöD.

[226] BAG 21.7.2015 AP Nr. 6 zu § 1 TVG Tarifverträge: Versorgungsbetriebe; 15.3.2011 AP Nr. 1 zu § 26 TVöD.

[227] BAG 12.3.2013 AP Nr. 5 zu § 26 TVöD = NZA 2014, 51; 22.5.2012 AP Nr. 3 zu § 26 TVöD = NZA-RR 2013, 48.

wegen der Arbeitsunfähigkeit nicht angetreten werden konnte. Beginnt oder endet das Arbeitsverhältnis im Laufe eines Jahres, erhält der Beschäftigte als Erholungsurlaub für jeden vollen Monat des Arbeitsverhältnisses ein Zwölftel des Urlaubsanspruchs. § 5 BUrlG bleibt unberührt. Soweit auch bei einer Beendigung des Arbeitsverhältnisses in der zweiten Jahreshälfte eine Zwölftelung des Urlaubsanspruchs erfolgt, darf der gesetzliche Mindesturlaub von 20 Tagen bei einer Fünftagewoche nicht unterschritten werden (→ Rn. 65).[228] Dies wäre jedoch beispielsweise bei 30 Tagen Jahresurlaub und einer Beendigung zum 31.7. der Fall, weil dann der anteilige Urlaub 7/12 von 30 Urlaubstagen, also 17,5 und damit gerundet 18 Tage betrüge. Kommt es in Folge des § 26 I 5 Hs. 2 TVöD, demzufolge Bruchteile von weniger als einem halben Urlaubstag unberücksichtigt bleiben, zu geringfügigen Abweichungen zulasten eines teilzeitbeschäftigten AN, handelt es sich um unbedenkliche Randunschärfen, die darin begründet sind, dass die Tarifvertragsparteien den Urlaubsanspruch entsprechend dem Tagesprinzip in ganzen Tagen berechnet sehen wollen. § 4 I TzBfG wird dadurch nicht verletzt.[229] Ruht das Arbeitsverhältnis, vermindert sich zwar nach § 26 II lit. c TVöD die Dauer des Erholungsurlaubs einschließlich eines etwaigen Zusatzurlaubs für jeden vollen Kalendermonat um ein Zwölftel. Diese Vorschrift ist jedoch insoweit unwirksam, als sie auch die Verminderung gesetzlicher Urlaubsansprüche von AN und schwerbehinderten Menschen erfasst, die aus gesundheitlichen Gründen keine Arbeitsleistung erbracht haben.[230] Soweit § 27 I lit. a TVöD den Anspruch auf **Zusatzurlaub** daran knüpft, dass der AN „ständig in **Wechselschicht**" arbeitet, erfordert dies grundsätzlich eine entsprechende tatsächliche Arbeitsleistung.[231] Der tatsächlichen Erbringung der Arbeitsleistung steht es gleich, wenn die ständige Leistung von Wechselschichtarbeit nur deshalb nicht erfolgt, weil der Beschäftigte unter Fortzahlung der Bezüge gem. § 21 S. 1 TVöD – etwa wegen krankheitsbedingter Arbeitsunfähigkeit – von der Verpflichtung zur Erbringung der Arbeitsleistung freigestellt ist. In diesem Fall erhält der AN bis zu einer Dauer von sechs Wochen die – ungekürzte – Zulage. Übertragung und Verfall dieses Zusatzurlaubs richtet sind nach den Vorgaben des BUrlG. Der AG hat daher die Mitwirkungsobliegenheiten zu beachten (→ Rn. 72 ff.).

13. Gesetzliche Sonderregelungen. Bei **Wehrpflichtigen** kann eine Kürzung des Urlaubsanspruchs nach § 4 I ArbPlSchG erfolgen. Dagegen führt bei **Schwangeren** die Zeit eines Beschäftigungsverbots nach dem MuSchG gem. § 24 S. 1 MuSchG nicht zu einer Verringerung des Urlaubsanspruchs (dazu → § 168 Rn. 1 ff.).[232] Während der **Elternzeit** ist nach § 17 I BEEG eine Kürzung des Urlaubsanspruchs möglich. Zum Urlaub nach dem BEEG → § 172 Rn. 21 ff. 53

VII. Krankheit während des Urlaubs

1. Grundsatz. Erkrankt der AN während des Urlaubs verschuldet oder unverschuldet arbeitsunfähig, werden die durch ärztliches Zeugnis nachgewiesenen Tage der Arbeitsunfähigkeit nach § 9 BUrlG nicht auf den Urlaubsanspruch angerechnet. Sie sind zu einem späteren Zeitpunkt nachzugewähren. Ohne die Regelung in § 9 BUrlG verlöre der AN gem. § 275 I BGB seinen Urlaubsanspruch ersatzlos, weil der AG mit der Festlegung des Urlaubszeitraums als Schuldner das nach § 7 I BUrlG Erforderliche getan hat (→ Rn. 74). Bei bestehender Arbeitsunfähigkeit träte somit Unmöglichkeit ein, die zum Ausschluss einer Verpflichtung des AG, erneut Urlaub zu bewilligen, führen würde.[233] Hiervon weicht § 9 BUrlG zugunsten des AN ab. Dies führt indes nicht dazu, dass der AN den Urlaub ohne Weiteres nach der Arbeitsunfähigkeit nehmen kann. Er muss ihn vielmehr gegenüber dem AG erneut geltend machen (→ Rn. 57). 54

2. Einzelfälle. Wird die Beschäftigung nach Urlaubserteilung im Falle einer nachfolgenden **Freistellung nach § 45 SGB V** unmöglich, besteht kein Anspruch aus § 9 BUrlG auf Nachgewährung des Urlaubs.[234] Der Arbeitsunfähigkeit steht gem. § 3 II EFZG die nicht rechtswidrige **Sterilisation oder der Abbruch der Schwangerschaft** gleich. Eine entsprechende Anwendung des § 9 BUrlG scheidet ebenfalls aus, wenn ein ehrenamtlicher Helfer des Technischen 55

---

[228] BAG 9.8.2016 AP Nr. 1 zu § 26 TV-L = NZA-RR 2016, 615.
[229] BAG 14.3.2017 AP Nr. 8 zu § 26 TVöD = NZA-RR 2017, 376.
[230] BAG 18.9.2012 AP Nr. 62 zu § 7 BUrlG; 7.8.2012 AP Nr. 61 zu § 7 BUrlG = NZA 2012, 1216.
[231] Hierzu und zum Folgenden BAG 26.5.2020 AP Nr. 5 zu § 27 TVöD = NZA-RR 2021, 21.
[232] BAG 8.3.1984 AP Nr. 14 zu § 3 BUrlG Rechtsmissbrauch.
[233] BAG 18.3.2014 AP Nr. 72 zu § 7 BUrlG.
[234] LAG Bln-Bbg 10.11.2010 – 11 Sa 1475/10.

Hilfswerks (THW) **während seines Erholungsurlaubs zum Dienst für das THW herangezogen** wird. Hierdurch wird die Erfüllung des bereits festgelegten Urlaubs gem. § 275 I BGB nachträglich unmöglich. Diese Unmöglichkeit hat der AG nicht nach § 280 I BGB zu vertreten. Der AN ist in einem solchen Fall allerdings aufgrund des Benachteiligungsverbots des § 3 I 1 THW-Helferrechtsgesetz so zu stellen, dass der AG den festgelegten Urlaub nicht anrechnet, sondern erneut gewährt.[235] Hat der AN diesen Anspruch innerhalb des Übertragungszeitraums geltend gemacht, der AG ihn aber abgelehnt, gerät der AG in Schuldnerverzug. Er hat deshalb nach Ablauf des Übertragungszeitraums im Wege des Schadensersatzes nach §§ 275 I, 280 I, 283, 286 I 1, 287 S. 2, 249 BGB Ersatzurlaub zu gewähren (dazu → Rn. 94). – Zu mutterschutzrechtlichen Beschäftigungsverboten → Rn. 75.

55a **3. Corona-Quarantäne während des Urlaubs.** Fraglich ist, ob bei einer während des Urlaubs auf der Grundlage des IfSG und dazu ergangener Verordnungen angeordneten Absonderung eine **Anrechnung der Quarantänezeiten** auf den Urlaub erfolgt. Ist der AN COVID-19 infiziert und arbeitsunfähig, findet § 9 BUrlG Anwendung. Befindet sich der AN jedoch nur **als Kontaktperson wegen des Verdachts einer Infektion in Quarantäne,** kommt nach der zum BSeuchG ergangenen Rechtsprechung des BGH eine analoge Anwendung in Betracht, weil Ansteckungsverdächtige vom Schicksal in ähnlicher Weise betroffen seien wie Kranke. Sie könnten sich nicht so erholen, wie es dem Urlaubszweck entspreche, denn „zu einer echten Erholung gehöre eine Sphäre der Selbstbestimmung, der persönlichen Freiheit und des Lebensgenusses".[236] Dies hätte dann zur Konsequenz, dass dem AN während der Zeit der Quarantäne kein Anspruch auf Urlaubsentgelt zustünde. Stattdessen bestünde dann ein Entschädigungsanspruch nach § 56 IfSG.[237] Ob diese Auffassung der Rechtsprechung des BAG entspricht, ist jedoch zweifelhaft, denn dies hat angenommen, alle nach der Festlegung des Urlaubszeitraums (und der vorbehaltlosen Zusage des Urlaubsentgelts) eintretenden urlaubsstörenden Ereignisse fielen entsprechend § 275 I BGB als Teil des persönlichen Lebensschicksals grundsätzlich in den Risikobereich des einzelnen AN. Die §§ 9, 10 BUrlG seien nicht verallgemeinerungsfähige Ausnahmevorschriften. Ihre entsprechende Anwendung auf andere urlaubsstörende Ereignisse oder Tatbestände komme grundsätzlich nicht in Betracht.[238] Somit trägt regelmäßig der AN das Risiko, dass sich der Urlaubszweck nach der Urlaubsgewährung durch den AG nicht (vollständig) realisiert. Dies dürfte auch das Risiko einschließen, während des Urlaubs in Quarantäne gehen zu müssen.[239]

56 **4. Nachweis der Arbeitsunfähigkeit.** Nicht auf den Urlaub angerechnet werden die durch ärztliches Zeugnis nachgewiesenen Tage der Arbeitsunfähigkeit (§ 9 BUrlG). Die Vorlage eines ärztlichen Zeugnisses ist nach dem Wortlaut des § 9 BUrlG notwendige Voraussetzung für die Nichtanrechnung.[240] Der Begriff Arbeitsunfähigkeit entspricht dem des EFZG (→ § 98 Rn. 10 ff.). Nach Auffassung des BAG kann tarifvertraglich vorgesehen werden, dass nur dann keine Anrechnung erfolgt, wenn der AN die Erkrankung unverzüglich anzeigt.[241] Unerheblich ist, ob die **Arbeitsunfähigkeit verschuldet oder unverschuldet** ist. Bei verschuldeter Arbeitsunfähigkeit erhält der AN allerdings keine Entgeltfortzahlung (§ 3 I 1 EFZG). Bei Vorlage eines ärztlichen Zeugnisses aus dem Ausland muss erkennbar sein, dass der Arzt zwischen Krankheit und Arbeitsunfähigkeit unterschieden hat.[242]

57 **5. Rechtsfolgen.** Ist der AN während des Urlaubs krankheitsbedingt arbeitsunfähig, werden die ärztlich nachgewiesenen Krankheitstage nicht auf den Urlaub angerechnet. Sie stehen dem AN damit noch als Urlaubstage zur Verfügung. Der Urlaub verlängert sich nicht ohne Weiteres um die Tage der Arbeitsunfähigkeit. Wird der AN nach Urlaubserteilung zu Beginn des Urlaubs arbeitsunfähig krank, sind nach § 9 BUrlG allein die Tage der Arbeitsunfähigkeit nicht auf den Urlaub anzurechnen. Der AG ist jedoch nicht verpflichtet, den Urlaub insgesamt neu festzusetzen (dazu auch → Rn. 71).[243] Gleiches gilt, wenn der AN vor Urlaubsantritt erkrankt und

[235] BAG 10.5.2005 AP Nr. 4 zu § 8 BUrlG = NZA 2006, 439.
[236] BGH 30.11.1978 AP Nr. 1 zu § 49 BSeuchG = NJW 1979, 422.
[237] So *Eufinger* DB 2020, 1121 (1122).
[238] BAG 25.8.2020 AP Nr. 97 zu § 7 BUrlG = NZA 2020, 1633; ebenso bereits BAG 9.8.1994 AP Nr. 19 zu § 7 BUrlG = NZA 1995, 174.
[239] Ebenso *Kania/Hölken* VSSAR 2020, 327 (331 f.).
[240] ErfK/*Gallner* BUrlG § 9 Rn. 5; HWK/*Schinz* BUrlG § 9 Rn. 11; aA *Friese,* Urlaubsrecht, Rn. 118.
[241] BAG 15.12.1987 AP Nr. 9 zu § 9 BUrlG; dagegen ErfK/*Gallner* BUrlG § 13 Rn. 16.
[242] BAG 15.12.1987 AP Nr. 9 zu § 9 BUrlG.
[243] Ebenso ErfK/*Gallner* BUrlG § 9 Rn. 6; *Leinemann/Linck* BUrlG § 9 Rn. 5; HWK/*Schinz* BUrlG § 9 Rn. 20; aA *Neumann/Fenski/Kühn* BUrlG § 9 Rn. 2.

voraussichtlich nicht während der gesamten Urlaubsdauer arbeitsunfähig sein wird.[244] Wenn der AN wieder zur Erfüllung seiner Arbeitspflicht in der Lage und der Urlaubsanspruch noch nicht durch Fristablauf erloschen ist, hat der AG auf Antrag dem AN vielmehr erneut Urlaub zu erteilen.[245] **Erkrankt der AN während des Urlaubs im Übertragungszeitraum** des § 7 III BUrlG bis zu einem Zeitpunkt nach dem 31.3., verfielen nach bisheriger Rechtsprechung die verbliebenen Urlaubstage des Vorjahres mit Ablauf des Übertragungszeitraums.[246] Hieran kann angesichts des unionsrechtlich fortentwickelten Verständnisses des § 7 III BUrlG nicht weiter festgehalten werden (dazu → Rn. 84 ff.). Danach erlischt der Urlaubsanspruch nicht, soweit der AN den Urlaub wegen Krankheit auch nicht teilweise bis zum Ende des Übertragungszeitraums nehmen kann. Der Urlaub ist vielmehr in diesem Umfang nachzugewähren.[247] In Tarifverträgen konnte auch bislang schon bestimmt werden, dass infolge Krankheit nicht gewährter Urlaub auch für mehrere Jahre nachzugewähren ist.[248] Der Anspruch auf die tarifliche Urlaubsabgeltung „bei Krankheit" kann ebenso wenig befristet sein wie der Urlaubsanspruch, den er abgilt.[249]

6. Sonstige Hinderungsgründe. War der AN aus sonstigen, in seiner Person liegenden **58**
Gründen während des Urlaubs an der Arbeitsleistung verhindert (zB Familienereignisse), werden diese Tage auf den Urlaub angerechnet.[250] Dies gilt auch dann, wenn dem AN ein tariflicher Anspruch auf Dienstbefreiung zustand.[251] Persönliche Dienstverhinderungsgründe gehören zum Lebensbereich des Einzelnen. Nach der älteren Rspr. konnten allerdings Dienstbefreiungen zur Musterung nicht auf den Urlaub angerechnet werden.[252] Unentschuldigte Fehltage oder Zeiten, in denen der AN vom Dienst suspendiert war, können nicht nachträglich mit dem Urlaub verrechnet werden. Maßnahmen der medizinischen Vorsorge oder Rehabilitation können seit 1.1.1999 nicht mehr auf den Urlaub angerechnet werden (§ 10 BUrlG).

VIII. Urlaubszweckwidrige Erwerbstätigkeit

1. Verbot. Während des Urlaubs darf der AN keine dem Urlaubszweck widersprechende **59**
Erwerbstätigkeit leisten (§ 8 BUrlG). Verboten ist jede selbständige oder unselbständige Tätigkeit, die zum Zwecke der Entgelterzielung ausgeführt und durch die die Arbeitskraft überwiegend in Anspruch genommen wird. Dies gilt auch, wenn der Urlaub in der Kündigungsfrist erteilt wurde.[253] Nicht untersagt sind Tätigkeiten, die der Auffrischung der geistigen Kräfte dienen, wie etwa die gelegentliche Mitarbeit eines Büroangestellten in der Landwirtschaft, auch wenn damit ein Entgelt erzielt wird.[254] Nicht berührt von dem Erwerbstätigkeitsverbot wird eine Nebentätigkeit, die der AN auch ohne Urlaub verrichtet oder verrichten könnte.[255] Der AN muss während des Urlaubs nicht nur seine Erholung suchen, er darf vielmehr auch eine anstrengende Urlaubsreise unternehmen, Verwandte besuchen oder Eigenleistungen und Nachbarschaftshilfe bei einem Eigenheimbau erbringen. Ein Verstoß gegen § 8 BUrlG liegt nicht vor, wenn ein Teilzeitbeschäftigter mit mehreren Arbeitsverhältnissen während des Urlaubs in dem einen Arbeitsverhältnis in dem anderen Arbeitsverhältnis weiter arbeitet.

2. Rechtsfolgen bei Verstößen. Verstößt der AN gegen das Erwerbsverbot, entfallen damit **60**
nicht der Urlaubsanspruch und der Entgeltanspruch. § 8 BUrlG enthält hierfür keine Rechtsgrundlage. Der AG kann deshalb vom AN auch nicht nach § 812 I 2 BGB Rückzahlung der Urlaubsvergütung verlangen. Der rechtliche Grund für die Leistung bleibt durch die Urlaubsarbeit unberührt.[256] Soweit hiervon abweichend in Tarifverträgen bei Verstößen gegen das Erwerbsverbot der Wegfall des Entgeltanspruchs oder ein Rückzahlungsanspruch vorgesehen ist,

[244] *Friese,* Urlaubsrecht, Rn. 122; HWK/*Schinz* BUrlG § 9 Rn. 20.
[245] BAG 9.6.1988 AP Nr. 10 zu § 9 BUrlG = NZA 1989, 137.
[246] BAG 21.1.1997 AP Nr. 15 zu § 9 BUrlG = NZA 1997, 889; 19.3.1996 AP Nr. 13 zu § 9 BUrlG = NZA 1996, 942; 28.11.1990 AP Nr. 18 zu § 7 BUrlG Übertragung = NZA 1991, 423.
[247] ErfK/*Gallner* BUrlG § 9 Rn. 7 f.
[248] BAG 20.8.1996 AP Nr. 144 zu § 1 TVG Tarifverträge: Metallindustrie = NZA 1997, 839.
[249] AA noch BAG 27.2.2002 AP Nr. 180 zu § 1 TVG Tarifverträge: Metallindustrie.
[250] BAG 11.1.1966 AP Nr. 1 zu § 1 BUrlG Nachurlaub.
[251] BAG 17.10.1985 AP Nr. 1 zu § 18 BAT.
[252] BAG 1.8.1963 AP Nr. 1 zu § 12 ArbPlatzSchutzG.
[253] BAG 19.7.1973 AP Nr. 1 zu § 8 BUrlG mAnm *Natzel.*
[254] Vgl. ErfK/*Gallner* BUrlG § 8 Rn. 2; *Friese* Rn. 513; *Neumann/Fenski/Kühn* BUrlG § 8 Rn. 5.
[255] Zur Nebenlandwirtschaft: ArbG Kassel DB 1980, 599.
[256] BAG 25.2.1988 AP Nr. 3 zu § 8 BUrlG = NZA 1988, 607; HWK/*Schinz* BUrlG § 8 Rn. 11.

ist dies im Umfang des gesetzlichen Urlaubsanspruches unwirksam.[257] Ist ein Verstoß zu erwarten, hat der AG uU Unterlassungsansprüche, die im Wege der einstweiligen Verfügung durchzusetzen sind. Macht der AN durch eine unerlaubte Urlaubstätigkeit seine Arbeitsleistung nach Urlaubsende unmöglich, kann ein Schadensersatzanspruch des AG bestehen. Regelmäßig wird bei verbotener Urlaubstätigkeit nach erfolgter Abmahnung eine ordentliche, dagegen nur ausnahmsweise eine außerordentliche Kündigung zulässig sein. Der mit einem Dritten entgegen § 8 BUrlG abgeschlossene Arbeitsvertrag ist wirksam.[258] Die Vergütungsansprüche aus diesem Arbeitsverhältnis bleiben unberührt.

IX. Teilurlaub

61 **1. Überblick.** Erfüllt ein AN im laufenden Kalenderjahr nicht die Wartezeit des § 4 BUrlG oder scheidet er vor erfüllter Wartezeit aus dem Arbeitsverhältnis aus, steht ihm nach **§ 5 I lit. a und b BUrlG** ein Anspruch auf Teilurlaub zu. Hierbei handelt es sich um einen eigenständigen Urlaubsanspruch, der von dem Anspruch auf gekürzten Vollurlaub nach § 5 I lit. c BUrlG zu unterscheiden ist. Während der Anspruch aus **§ 5 I lit. c BUrlG** der Sache nach der nachträglich gekürzte Urlaubsanspruch aus § 1, § 3 I BUrlG ist[259] und damit dem Veränderungsschutz des § 13 I BUrlG unterliegt,[260] betreffen die Ansprüche aus § 5 I lit. a und b BUrlG nicht § 1 BUrlG. Die Ansprüche aus § 5 I BUrlG sind einzelvertraglich nicht zum Nachteil des AN abdingbar (§ 13 I 3 BUrlG). Aus diesem Grund ist eine vertragliche Regelung, die bestimmt, dass der Urlaub „bei Eintritt oder Ausscheiden während eines Kalenderjahres anteilig gewährt" wird, gem. § 13 I 3 BUrlG unwirksam, soweit sie zuungunsten des AN von den gesetzlichen Regelungen der §§ 4 und 5 BUrlG abweicht.[261]

62 **2. Unionsrecht.** § 5 BUrlG ist mit Unionsrecht vereinbar. Art. 7 RL 2003/88/EG schließt Teilurlaubsansprüche nicht generell aus.[262] Der Schutz der Sicherheit und der Gesundheit der AN durch die Gewährung von Mindestruhezeiten ist nicht gefährdet, wenn der AN erst nach einem vollen Monat Beschäftigungszeit einen Teilurlaubsanspruch erwirbt. Arbeitsverhältnisse von kürzerer Dauer werden regelmäßig Aushilfsarbeitsverhältnisse sein, in denen ausreichende Ruhezeiten vor und nach der Beschäftigungszeit bestehen. Soweit durch Tarifvertrag die Entstehung dieser Ansprüche auf einen Zeitpunkt nach Ablauf der Wartezeit verschoben wird, mit der Folge, dass bei einem vorzeitigen Ausscheiden kein Teilurlaubsanspruch entsteht,[263] dürfte dies allerdings im Lichte der Rechtsprechung des EuGH nicht mit Art. 7 RL 2003/88/EG vereinbar sein. Nach Auffassung des EuGH sind nationale Regelungen mit der Richtlinie nicht vereinbar, nach denen ein AN einen Anspruch auf bezahlten Jahresurlaub erst dann erwirbt, wenn er eine ununterbrochene Mindestbeschäftigungszeit von dreizehn Wochen bei demselben AG zurückgelegt hat.[264] Die Richtlinie steht nationalen Regelungen entgegen, die bereits die Entstehung des Urlaubsanspruchs ausschließen.[265]

63 **3. Zwölftelung. a) Grundsatz.** Ein Anspruch auf ein Zwölftel des Jahresurlaubs entsteht nur, **(a)** wenn der AN im laufenden Urlaubsjahr keinen vollen Urlaubsanspruch mehr erwerben kann, zB bei Eintritt nach dem 30.6. (§ 5 I lit. a BUrlG) oder **(b)** wenn feststeht, dass der AN vor erfüllter Wartezeit aus dem Arbeitsverhältnis ausscheidet, zB bei einer Befristung bis zu einem Zeitpunkt vor Ablauf der Wartezeit (§ 5 I lit. b BUrlG) oder wenn ein Arbeitsverhältnis, auf das zunächst § 5 I lit. b BUrlG anwendbar war, gekündigt wird, **(c)** wenn feststeht, dass der AN nach erfüllter Wartezeit in der ersten Hälfte eines Kalenderjahres ausscheidet. Darüber hinausgehende Fälle von Teilurlaub, zB bei längerer Erkrankung im Urlaubsjahr, sind im Gesetz

---

[257] BAG 25.2.1988 AP Nr. 3 zu § 8 BUrlG = NZA 1988, 607; ErfK/*Gallner* BUrlG § 13 Rn. 15; *Friese,* Urlaubsrecht, Rn. 518; *Leinemann/Linck* BUrlG § 8 Rn. 14; unklar *Neumann/Fenski/Kühn* BUrlG § 8 Rn. 12.

[258] BAG 25.2.1988 AP Nr. 3 zu § 8 BUrlG = NZA 1988, 607; ErfK/*Gallner* BUrlG § 8 Rn. 3; HK-BUrlG/*Hohmeister* § 8 Rn. 6; *Leinemann/Linck* BUrlG § 8 Rn. 11 f.

[259] BAG 22.10.2009 AP Nr. 57 zu § 133 BGB = NZA-RR 2010, 565.

[260] BAG 9.6.1998 AP Nr. 23 zu § 7 BUrlG = NZA 1999, 80.

[261] BAG 16.12.2014 AP Nr. 6 zu § 6 BUrlG = NZA 2015, 827.

[262] Ebenso ErfK/*Gallner* BUrlG § 5 Rn. 4; zweifelnd HWK/*Schinz* BUrlG § 5 Rn. 11 im Hinblick auf EuGH 26.6.2001 AP Nr. 3 zu EWG-Richtlinie Nr. 93/104 = NZA 2001, 827 – Bectu.

[263] Vgl. dazu BAG 25.10.1984 AP Nr. 17 zu § 13 BUrlG = NZA 1985, 461; 15.12.1983 AP Nr. 14 zu § 13 BUrlG.

[264] EuGH 26.6.2001 AP Nr. 3 zu EWG-Richtlinie Nr. 93/104 = NZA 2001, 827 – Bectu.

[265] EuGH 24.1.2012 AP Nr. 7 zu Richtlinie 2003/88/EG = NZA 2012, 139 – Dominguez.

nicht vorgesehen.[266] Scheidet ein AN mit Ablauf des 30.6. aus dem Arbeitsverhältnis aus, erhält er nur anteiligen Urlaub, weil der Ablauf des in § 188 II BGB bezeichneten Tages einen Teil der zeitlichen Einheit des Tages bildet und mit diesem auch einen Teil der jeweils in Frage kommenden Frist.[267]

b) Beschäftigungsmonat. Teilurlaub wird für jeden vollen Monat des rechtlichen Bestehens 64
des Arbeitsverhältnisses gewährt. Für die Berechnung kommt es auf den Beschäftigungsmonat und nicht auf den Kalendermonat an.[268] Dies gilt auch bei einer Teilzeitbeschäftigung, bei der nicht an jedem Tag gearbeitet wird. Angefangene Monate bleiben außer Betracht, es sei denn, dass tariflich etwas anderes bestimmt ist.[269] Der Beschäftigungsmonat braucht mit dem Kalendermonat nicht übereinzustimmen und kann auch in zwei verschiedenen Kalenderjahren zurückgelegt werden.[270] Ein voller Beschäftigungsmonat liegt nicht vor, wenn einzelne Tage fehlen, und zwar auch dann, wenn es sich um Sonn- oder Feiertage handelt, an denen ohnehin nicht gearbeitet worden wäre.[271]

c) Ausscheiden in der zweiten Jahreshälfte. Endet das Arbeitsverhältnis nach dem 30.6. 65
in der zweiten Jahreshälfte, behält der AN seinen vollen gesetzlichen Urlaubsanspruch. Hiervon kann in Bezug auf den gesetzlichen Mindesturlaub auch **nicht durch (tarif-)vertragliche Regelungen abgewichen werden.**[272] Die Unabdingbarkeit erstreckt sich auch auf den Abgeltungsanspruch nach § 7 IV BUrlG.[273] Besteht also zB ein vertraglicher Anspruch auf 30 Urlaubstage bei einer Fünf-Tage-Woche und ist vereinbart, dass der AN im Austrittsjahr 1/12 des Jahresurlaubs für jeden vollen Monat des Bestehens des Arbeitsverhältnisses in diesem Jahr erhält, führt dies bei einer Beendigung des Arbeitsverhältnisses zum 15.8. dazu, dass dem AN ein Urlaubsabgeltungsanspruch iHv **7/12 von 30 Urlaubstagen, also 17,5 Tagen** zusteht, wenn er noch keinen Urlaub in diesem Jahr erhalten hat. Damit ist der gesetzliche Mindesturlaub unterschritten, weil der AN bei Beendigung des Arbeitsverhältnisses in der zweiten Jahreshälfte den vollen gesetzlichen Mindesturlaub von 20 Tagen beanspruchen kann. In AGB ist zur Sicherstellung hinreichender Transparenz (§ 307 I 2 BGB) bei einer solchen Kürzungsregelung der Zusatz aufzunehmen, dass hierdurch der gesetzliche Mindesturlaub unberührt bleibt.[274] Beginnt das Arbeitsverhältnis mit dem 1.7. und endet es mit Ablauf des 31.12. des Jahres, entsteht ein Teilurlaubsanspruch nach § 5 I lit. a BUrlG in Höhe von 6/12 und nicht ein Vollurlaubsanspruch, denn der Zeitpunkt des Ablaufs des Tages gehört noch zu diesem Tag und damit zu der Wartefrist des § 4 BUrlG.[275]

d) Bruchteile von Urlaubstagen. Ergeben sich bei der Zwölftelung Bruchteile von 66
Urlaubstagen, die mindestens einen halben Tag betragen, sind sie auf volle Urlaubstage aufzurunden (§ 5 II BUrlG). Betragen die Bruchteile weniger als einen halben Tag, ist eine stundenweise Gewährung vorzunehmen oder im Falle der Beendigung des Arbeitsverhältnisses der Anteil abzugelten. Eine Abrundung ist nicht möglich.[276]

4. Fälligkeit. Teilurlaubsansprüche sind **mit ihrem Entstehen fällig.** Der Teilurlaubsan- 67
spruch nach **§ 5 I lit. a BUrlG** wegen Nichterfüllung der Wartezeit im Eintrittsjahr entsteht zu Beginn des Arbeitsverhältnisses, weil dann bereits feststeht, dass der AN wegen des Arbeitsbeginns in der zweiten Jahreshälfte keinen vollen Urlaubsanspruch im laufenden Kalenderjahr erwerben wird. Der Teilurlaubsanspruch ist damit zu Beginn des Arbeitsverhältnisses und nicht

[266] Ebenso ErfK/*Gallner* BUrlG § 5 Rn. 3; *Leinemann/Linck* BUrlG § 5 Rn. 3.
[267] BAG 17.11.2015 AP Nr. 6 zu § 4 BUrlG = NZA 2016, 309; 16.6.1966 AP Nr. 4 zu § 5 BUrlG.
[268] BAG 13.10.2009 AP Nr. 5 zu § 4 BUrlG = NJOZ 2010, 906.
[269] ErfK/*Gallner* BUrlG § 5 Rn. 9.
[270] BAG 9.10.1969 AP Nr. 7 zu § 5 BUrlG.
[271] BAG 13.10.2009 AP Nr. 5 zu § 4 BUrlG = NJOZ 2010, 906; 26.1.1989 AP Nr. 13 zu § 5 BUrlG = NZA 1989, 756.
[272] BAG 9.8.2016 AP Nr. 1 zu § 26 TV-L = NZA-RR 2016, 615; 18.2.2014 AP Nr. 21 zu § 5 BUrlG.
[273] BAG 19.6.2018 AP Nr. 246 zu § 1 TVG Tarifverträge: Metallindustrie = NZA 2019, 113; 12.11.2013 AP Nr. 100 zu § 7 BUrlG Abgeltung; 20.1.2009 AP Nr. 91 zu § 7 BUrlG Abgeltung; 24.10.2000 AP Nr. 19 zu § 5 BUrlG = NZA 2001, 663.
[274] BAG 21.5.2019 AP Nr. 90 zu § 7 BUrlG = NZA 2019, 1571.
[275] BAG 17.11.2015 AP Nr. 6 zu § 4 BUrlG = NZA 2016, 309; ErfK/*Gallner* BUrlG § 5 Rn. 9; aA *Neumann/Fenski/Kühn* BUrlG § 5 Rn. 6; HK-BUrlG/*Hohmeister* § 5 Rn. 27 ff.
[276] BAG 8.5.2018 AP Nr. 33 zu § 1 TVG Tarifverträge: Bewachungsgewerbe = NZA 2018, 1011; 23.1.2018 AP Nr. 4 zu § 17 BEEG = NZA 2018, 653.

sukzessive zu Beginn eines jeden Beschäftigungsmonats fällig.[277] Der Anspruch nach **§ 5 I lit. b BUrlG** entsteht, wenn feststeht, dass das Arbeitsverhältnis vor erfüllter Wartezeit endet.[278] Das ist bei befristeten Arbeitsverhältnissen bei deren Beginn, ansonsten bei Zugang der Kündigung oder dem Abschluss eines Aufhebungsvertrags der Fall. Die Kürzung des Urlaubsanspruchs nach **§ 5 I lit. c BUrlG** erfolgt, wenn feststeht, dass der AN in der ersten Hälfte des Kalenderjahres ausscheiden wird. Dies kann bei einer längeren Befristung des Arbeitsverhältnisses nach erfüllter Wartezeit (§ 4 BUrlG) oder einer Kündigung zu einem Termin in der ersten Jahreshälfte der Fall sein. Die Kürzung erfolgt nur insoweit, wie der Urlaubsanspruch noch nicht erfüllt worden ist (§ 5 III BUrlG).

68 **5. Übertragung auf das nächste Jahr.** Entsteht ein Teilurlaubsanspruch nach § 5 I lit. a BUrlG, ist dieser auf Verlangen des AN, das keiner Begründung bedarf, auf das nächste Jahr zu übertragen (§ 7 III 4 BUrlG). Die Übertragung erfolgt in diesem Fall bis zum Ablauf des folgenden Kalenderjahres. Versäumt der AN dieses Verlangen, greift die allgemeine Regelung des § 7 III 2 BUrlG ein.[279] Wird das Arbeitsverhältnis am 30.6. begonnen, so ist die Wartezeit am 30.12. erfüllt. Damit kommt eine Übertragung nach § 7 III 4 BUrlG nicht mehr in Betracht. In diesen Fällen liegt jedoch ein persönlicher Übertragungsgrund iSv § 7 III 2 BUrlG vor. Ein Verlangen des AN kann in jeder Handlung des AN gesehen werden, mit der er für den AG deutlich macht, den Teilurlaub erst im nächsten Jahr nehmen zu wollen. An das Verlangen sind nur geringe Anforderungen zu stellen. Erforderlich ist, dass der AN zumindest konkludent zu erkennen gibt, er wünsche die Übertragung in das folgende Kalenderjahr.[280] Nicht ausreichend ist es, dass der AN im Urlaubsjahr darauf verzichtet, einen Urlaubsantrag zu stellen. „Verlangen" erfordert ein positives Tun. Damit ist es nicht vereinbar, die bloße Nichtbeantragung von Urlaub als Verlangen auszulegen.

69 **6. Rückforderungsverbot.** Hat der AN nach erfüllter Wartezeit in der ersten Hälfte des Urlaubsjahres Urlaub erhalten und endet das Arbeitsverhältnis vor dem 30.6., kann das nach Kürzung des Urlaubsanspruchs (§ 5 I lit. c BUrlG) zu viel gewährte Urlaubsentgelt nicht zurückgefordert werden (§ 5 III BUrlG). Die Freistellung von der Arbeit kann ohnehin nicht rückwirkend aufgehoben werden. Das Rückforderungsverbot gilt nur in den gesetzlich geregelten Fällen, im Übrigen können sich Rückforderungsansprüche nach §§ 812 ff. BGB ergeben.[281] Diese sind dann auf den überbezahlten Bruttobetrag gerichtet.[282] Das Rückforderungsverbot besteht nicht, wenn der Urlaub schon festgelegt wurde, die Freistellung aber noch nicht erfolgt ist. § 5 III BUrlG begründet keine der materiellen Rechtslage widersprechenden Ansprüche, sondern schließt allein Rückforderungsansprüche bei bereits erbrachten Leistungen aus.[283] Das Rückzahlungsverbot betrifft nur zu viel gewährten Urlaub, dagegen nicht irrtümlich zu viel gezahltes Urlaubsentgelt.

70 **7. Tarifvertrag.** Tarifvertraglich ist häufig eine weitergehende Urlaubsquotelung vorgesehen, zB in allen Fällen des Ausscheidens im Urlaubsjahr. Dies ist jedoch nach erfüllter Wartezeit nur in den Grenzen des § 5 I lit. c BUrlG zulässig (→ Rn. 65),[284] denn der gekürzte Vollurlaubsanspruch nach § 5 I lit. c BUrlG ist unabdingbar iSd § 13 I BUrlG.[285] Dagegen kann durch Tarifvertrag abweichend von § 5 I lit. a und b BUrlG bestimmt werden, dass ein erst im Laufe des Kalenderjahres eintretender AN abweichend von § 4 BUrlG auch bei erfüllter Wartezeit lediglich so viel Zwölftel des Jahresurlaubs beanspruchen kann, wie er Beschäftigungsmonate im Betrieb zurückgelegt hat.[286] § 4 und § 5 I lit. a und b BUrlG sind tarifdispositiv.[287] Tariflich kann bestimmt werden, dass bei zu viel gewährtem Urlaub das überzahlte Urlaubsentgelt zurückzuzahlen ist.[288] Dabei sind grundsätzlich die Pfändungsschutzvorschriften zu beachten.[289]

---

[277] Ebenso GK-BUrlG/*Bachmann* § 5 Rn. 11; ErfK/*Gallner* BUrlG § 5 Rn. 6 f.; HWK/*Schinz* BUrlG § 5 Rn. 7; aA *Neumann/Fenski/Kühn* BUrlG § 5 Rn. 10.
[278] BAG 10.3.1966 AP Nr. 2 zu § 59 KO.
[279] BAG 25.8.1987 AP Nr. 15 zu § 7 BUrlG Übertragung = NZA 1988, 245.
[280] BAG 29.7.2003 AP Nr. 26 zu § 7 BUrlG Übertragung.
[281] HK-BUrlG/*Hohmeister* § 5 Rn. 109 ff.
[282] BAG 24.10.2000 AP Nr. 19 zu § 5 BUrlG = NZA 2001, 663.
[283] BAG 23.4.1996 AP Nr. 140 zu § 1 TVG Tarifverträge: Metallindustrie = NZA 1997, 265; 24.10.2000 AP Nr. 19 zu § 5 BUrlG = NZA 2001, 663.
[284] BAG 9.6.1998 AP Nr. 23 zu § 7 BUrlG = NZA 1999, 80; 18.5.1999 AP Nr. 1 zu § 1 TVG Tarifverträge: Fleischerhandwerk = NZA 2000, 157; 20.1.2009 AP Nr. 91 zu § 7 BUrlG Abgeltung.
[285] BAG 9.6.1998 AP Nr. 23 zu § 7 BUrlG = NZA 1999, 80.
[286] Dazu 26.5.2020 AP Nr. 94 zu § 7 BUrlG mAnm *Mehrens* = NZA 2020, 1416.
[287] BAG 13.10.2009 AP Nr. 5 zu § 4 BUrlG.
[288] BAG 23.1.1996 AP Nr. 10 zu § 5 BUrlG = NZA 1996, 1101.
[289] LAG Bln EWiR BGB § 339 Nr. 1/89 = DB 1990, 639.

X. Urlaubserteilung

1. Geltendmachung des Urlaubsanspruchs. Der AN hat seinen Urlaubswunsch grundsätzlich gegenüber dem AG geltend zu machen. Dazu hat er ihn aufzufordern, ihm Urlaub zu gewähren. Die Geltendmachung muss **eindeutig, unbedingt und hinreichend bestimmt** sein. Ist in einem Tarifvertrag für die Geltendmachung des aus dem Vorjahr übertragenen Urlaubs Schriftform vorgeschrieben, erlischt der Urlaubsanspruch bei nicht formgerechter – Textform iSd § 126b BGB wird in diesen Fällen ausreichend sein – Geltendmachung ersatzlos.[290] Der Urlaubsanspruch muss überdies erfüllbar sein.[291] Der AN kann daher nicht in der **Zeit einer Erkrankung** Urlaub verlangen.[292] Wer arbeitsunfähig krank ist, kann durch Urlaubserteilung von seiner Arbeitspflicht nicht mehr befreit werden. Dabei ist unerheblich, ob sich der AN in dem fraglichen Zeitraum trotz der Unmöglichkeit der Arbeitsleistung erholen könnte.[293] Dies steht im Einklang mit Unionsrecht. Soweit der EuGH davon ausgeht, Art. 7 RL 2003/88/EG behandele den Anspruch auf Jahresurlaub und denjenigen auf Zahlung des Urlaubsentgelts als zwei Teile eines einzigen Anspruchs (→ Rn. 5), folgt daraus nicht, dass einem AN, dem die Erbringung der Arbeitsleistung nicht möglich ist, Urlaub zu gewähren ist. Es kann nicht ein Teilaspekt – der Anspruch auf Urlaubsvergütung – erfüllt werden, ohne dass zugleich auch der andere Teil – der Anspruch auf Freistellung von der Verpflichtung zur Arbeitsleistung – erfüllt wird. Ein anderes Verständnis käme einer unzulässigen Abgeltung des Urlaubs im laufenden Arbeitsverhältnis gleich.[294] Entsprechendes gilt für **Urlaubswünsche während der Pflegezeit** nach §§ 3 und 4 PflegeZG. Die Geltendmachung muss so rechtzeitig erfolgen, dass der AG noch vor Ablauf des Urlaubsjahres bzw. des Übertragungszeitraums den Anspruch erfüllen kann.[295] Noch keine Geltendmachung des Urlaubsanspruchs liegt vor, wenn ein AN lediglich der **Urlaubserteilung in der Kündigungsfrist widerspricht.**[296] Zur Geltendmachung des Urlaubsanspruchs nach einer Kündigung → Rn. 23. Wünscht der AN einen **jahresübergreifenden Urlaub,** ist er berechtigt, im laufenden Urlaubsjahr neben dem aus diesem Jahr resultierenden Urlaub auch den Urlaub aus dem Folgejahr zu beantragen.[297] **Erteilt der AG dem AN den beantragten Urlaub** – unter vorheriger Zahlung des Urlaubsentgelts (§ 11 II BUrlG) oder konkludenter Zusage der Zahlung – (→ Rn. 113),[298] hat er die von ihm geschuldete Erfüllungshandlung vorgenommen. Eine etwaige **spätere krankheitsbedingte Arbeitsunfähigkeit des AN** (→ Rn. 54) ist ein nachträgliches Erfüllungshindernis, das aus der Sphäre des AN stammt (zu einem nachträglich eintretenden mutterschutzrechtlichen Beschäftigungsverbot → Rn. 75).[299] Der AG kann den Urlaub allerdings auch einseitig festlegen (dazu → Rn. 73).[300] 71

2. Hinweispflichten des Arbeitgebers. a) Grundsätze. Im Zusammenhang mit der Urlaubserteilung treffen den AG **Mitwirkungsobliegenheiten** (→ Rn. 72a). Diese hat das BAG im Anschluss an die Rechtsprechung des EuGH (→ Rn. 7) in unionsrechtskonformer Auslegung von § 7 I und III BUrlG entwickelt.[301] Insoweit gilt **kein Vertrauensschutz** auf einen Zeitpunkt nach Inkrafttreten von Art. 7 Richtlinie 2003/88/EG.[302] Die Mitwirkungsobliegenheiten bestehen regelmäßig auch, wenn und solange der AN **arbeitsunfähig** ist. Sie können auch dann ihren Zweck erfüllen, weil sich die Dauer der Erkrankung nicht von vornherein absehen lässt und nur durch die rechtzeitige Erfüllung der Mitwirkungsobliegenheiten sicherge- 72

---

[290] BAG 14.6.1994 AP Nr. 21 zu § 7 BUrlG Übertragung = NZA 1995, 229.

[291] BAG 26.6.1986 AP Nr. 6 zu § 44 SchwbG; 13.11.1986 AP Nr. 26 zu § 13 BUrlG = NZA 1987, 390.

[292] BAG 8.2.1994 AP Nr. 17 zu § 47 BAT.

[293] BAG 18.3.2014 AP Nr. 72 zu § 7 BUrlG.

[294] BAG 18.3.2014 AP Nr. 72 zu § 7 BUrlG.

[295] BAG 7.11.1985 AP Nr. 8 zu § 7 BUrlG Übertragung = NZA 1986, 393; 13.11.1986 AP Nr. 26 zu § 13 BUrlG = NZA 1987, 390.

[296] BAG 22.9.1992 AP Nr. 13 zu § 7 BUrlG = NZA 1992, 759.

[297] BAG 17.5.2011 AP Nr. 51 zu § 7 BUrlG = NZA 2011, 1032; 11.4.2006 AP Nr. 28 zu § 7 BUrlG Übertragung.

[298] Dazu BAG 30.1.2019 AP Nr. 75 zu § 307 BGB mAnm *Joussen* = NZA 2019, 768.

[299] BAG 19.1.2016 AP Nr. 79 zu § 7 BUrlG = NZA-RR 2016, 235.

[300] BAG 23.1.2001 AP Nr. 93 zu § 615 BGB = NZA 2001, 597; 22.9.1992 AP Nr. 13 zu § 7 BUrlG = NZA 1993, 406.

[301] Grundlegend BAG 19.2.2019 AP Nr. 83 zu § 7 BUrlG = NZA 2019, 977; zusammenfassend BAG 29.9.2020 NZA 2021, 413; 29.9.2020 AP Nr. 99 zu § 7 BUrlG = NZA 2021, 279; 26.5.2020 AP Nr. 94 zu § 7 BUrlG mAnm *Mehrens* = NZA 2020, 1416.

[302] BAG 29.9.2020 NZA 2021, 413; 26.5.2020 AP Nr. 94 zu § 7 BUrlG mAnm *Mehrens* = NZA 2020, 1416; ausf. BAG 19.2.2019 AP Nr. 83 zu § 7 BUrlG = NZA 2019, 977; weiterführend *Sagan* NZA 2020, 350 (351 ff.).

stellt wird, dass der AN ab dem ersten Arbeitstag nach seiner Wiedergenesung Urlaub in Anspruch nehmen kann.[303] Die Befristung des Urlaubsanspruchs ist jedoch nicht von der Erfüllung von Mitwirkungsobliegenheiten abhängig, wenn es – was erst im Nachhinein feststellbar ist – aufgrund krankheitsbedingter Arbeitsunfähigkeit objektiv unmöglich gewesen wäre, den AN durch Mitwirkung des AG in die Lage zu versetzen, den Urlaubsanspruch zu realisieren (→ Rn. 72d).[304] Die Mitwirkungsobliegenheiten bestehen ebenso während der **Dauer eines Bestandsrechtsstreits.** So bedarf es nach einer Kündigung durch den AG zur Erfüllung der Mitwirkungsobliegenheiten der Erklärung, er sei trotz des Streits über die Wirksamkeit der Kündigung bereit, dem AN nach Ablauf der Kündigungsfrist durch eine Freistellung und die Zahlung der Urlaubsvergütung vor Antritt des Urlaubs oder eine ihn bindende Zahlungszusage vorbehaltlos bezahlten Urlaub zu gewähren. Zusätzlich ist auch in diesem Fall ein Hinweis auf das Fortbestehen der Befristung des Urlaubsanspruchs und den bei Fehlen eines Urlaubsverlangens mit Ablauf des Urlaubsjahres oder Übertragungszeitraums eintretenden Verfall erforderlich.[305] Fehlt dieser, tritt im Falle des Obsiegens des AN in Bezug auf den während des Rechtsstreits entstehenden Urlaubsanspruchs kein Verfall ein.

72a Die Befristung des Urlaubsanspruchs setzt nach § 7 III BUrlG grundsätzlich voraus, dass der AG **konkret und in völliger Transparenz** dafür Sorge trägt, dass der AN tatsächlich in der Lage ist, seinen bezahlten Jahresurlaub aus freien Stücken zu nehmen. Er muss ihn – erforderlichenfalls förmlich – jedes Urlaubsjahr auffordern, seinen Urlaub zu nehmen, und ihm klar und rechtzeitig mitteilen, dass der Urlaub mit Ablauf des Kalenderjahres oder Übertragungszeitraums verfällt, wenn er ihn nicht beantragt. Zudem darf der AG den AN nicht in sonstiger Weise daran hindern, den Urlaub wahrzunehmen.[306] Der AG kann dabei grundsätzlich frei entscheiden, wie er seine Mitwirkungsobliegenheiten erfüllt, die **Mittel müssen nur zweckentsprechend sein.** Sie müssen geeignet sein, den AN in die Lage zu versetzen, in Kenntnis aller relevanten Umstände frei darüber zu entscheiden, ob er seinen Urlaub in Anspruch nimmt. Es ist der Eintritt einer Situation zu vermeiden, in der ein AN auf Veranlassung des AG davon abgehalten werden kann, seine Rechte geltend zu machen.[307] Der AG kann seine Mitwirkungsobliegenheiten **zum Beispiel** dadurch erfüllen, dass er dem AN **zu Beginn des Kalenderjahres in Textform mitteilt,** wie viele Arbeitstage Urlaub ihm im Kalenderjahr zustehen, ihn auffordert, seinen Jahresurlaub so rechtzeitig zu beantragen, dass er innerhalb des laufenden Urlaubsjahres genommen werden kann, und ihn über die Konsequenzen belehrt, die eintreten, wenn dieser den Urlaub nicht entsprechend der Aufforderung beantragt.[308] Die Anforderungen an eine „klare" Unterrichtung sind regelmäßig durch den Hinweis erfüllt, dass der Urlaub grundsätzlich am Ende des Kalenderjahres verfällt, wenn der AN in der Lage war, seinen Urlaub im Kalenderjahr zu nehmen, er ihn aber nicht beantragt. **Abstrakte Angaben etwa im Arbeitsvertrag,** in einem Merkblatt oder in einer Betriebsvereinbarung genügen den Anforderungen in der Regel nicht. Ob Hinweise in einer **Entgeltabrechnung** genügen, erscheint fraglich. Dagegen spricht, dass eine Abrechnung regelmäßig nur eine Wissenserklärung darstellt,[309] die Hinweise aber rechtlich als Willenserklärung einzuordnen sind, weil sie auf die Herbeiführung einer Rechtsfolge gerichtet sind. Zudem muss ein AN nicht damit rechnen, irgendwo in einer Abrechnung derartige Erklärungen vorzufinden (§ 305c I BGB). Anders dürfte gelten, wenn der AG der Abrechnung eine weitere, gesonderte Erklärung beifügt. Die ständige **Aktualisierung der Mitteilung,** etwa anlässlich jeder Änderung des Umfangs des Urlaubsanspruchs ist grundsätzlich nicht erforderlich. Setzt sich der AG allerdings in Widerspruch zu seinen Erklärungen, indem er etwa einen **Urlaubsantrag aus anderen als den in § 7 I 1 BUrlG genannten Gründen ablehnt** oder anderweitig eine Situation erzeugt, die geeignet ist, den AN davon abzuhalten, seinen Urlaub zu beantragen, entfällt die Befristung des Urlaubsanspruchs nach § 7 III BUrlG. Dem AG obliegt es in diesem Fall, seine Mitwirkungshandlungen erneut vorzunehmen.[310] Ob der AG das Erforderliche getan hat, um seinen

---

303 BAG 7.7.2020 AP Nr. 95 zu § 7 BUrlG = NZA 2020, 1541.
304 BAG 29.9.2020 AP Nr. 100 zu § 7 BUrlG = NZA 2021, 429.
305 BAG 21.5.2019 AP Nr. 90 zu § 7 BUrlG = NZA 2019, 1571.
306 BAG 29.9.2020 AP Nr. 99 zu § 7 BUrlG = NZA 2021, 279; 19.2.2019 AP Nr. 83 zu § 7 BUrlG = NZA 2019, 977; 19.2.2019 AP Nr. 84 zu § 7 BUrlG = NZA 2019, 982; 19.2.2019 AP Nr. 85 zu § 7 BUrlG = NZA 2019, 1043; hierzu *Daum* RdA 2020, 179; *Dombrowsky* SAE 2020, 31; *Kiel* JbArbR 57 (2020), 95 (101 ff.).
307 BAG 26.5.2020 AP Nr. 94 zu § 7 BUrlG mAnm *Mehrens* = NZA 2020, 1416 mwN.
308 BAG 19.2.2019 AP Nr. 83 zu § 7 BUrlG = NZA 2019, 977.
309 BAG 19.3.2019 AP Nr. 111 zu § 7 BUrlG Abgeltung = NZA 2019, 1046.
310 BAG 19.2.2019 AP Nr. 83 zu § 7 BUrlG = NZA 2019, 977.

Mitwirkungsobliegenheiten zu genügen, ist unter Berücksichtigung aller Umstände des Einzelfalls festzustellen. Die **Darlegungs- und Beweislast** für die Erfüllung seiner Mitwirkungsobliegenheiten trägt der AG, weil er hieraus eine für sich günstige Rechtsfolge herleitet.[311] Diese Grundsätze gelten auch dann, wenn der AN berechtigt ist, Urlaub ohne vorherige Genehmigung durch den AG zu nehmen.[312]

Erfüllt der AG seine Mitwirkungsobliegenheiten, bindet er den Urlaubsanspruch an das Urlaubsjahr. Verlangt der AN in dieser Zeit gleichwohl nicht, ihm Urlaub zu gewähren, verfällt sein Anspruch nach Maßgabe von § 7 III 1 BUrlG mit Ablauf des Kalenderjahres, sofern nicht die Voraussetzungen einer Übertragung des Urlaubs nach § 7 III 2 oder 4 BUrlG vorliegen. In diesem Fall geht der Urlaubsanspruch nur dann mit Ablauf des Übertragungszeitraums unter, wenn der AG den AN rechtzeitig auffordert, seinen Urlaub noch innerhalb des Übertragungszeitraums zu nehmen, und ihn darauf hinweist, dass der Urlaubsanspruch anderenfalls erlischt.[313] 72b

Hat der AG seinen **Mitwirkungsobliegenheiten nicht entsprochen,** tritt der am 31.12. des Urlaubsjahres nicht verfallene Urlaub zu dem Urlaubsanspruch hinzu, der am 1.1. des Folgejahres entsteht.[314] Für ihn gelten, wie für den neu entstandenen Urlaubsanspruch, die Regelungen des § 7 I und III BUrlG. Ein **Kumulieren von Urlaubsansprüchen** aus mehreren Jahren kann der AG dadurch vermeiden, dass er seine Mitwirkungsobliegenheiten für den Urlaub aus zurückliegenden Urlaubsjahren im aktuellen Urlaubsjahr nachholt. Nimmt der AN unter diesen Umständen den kumulierten Urlaubsanspruch im laufenden Urlaubsjahr nicht wahr, obwohl es ihm möglich gewesen wäre, verfällt der Urlaub am Ende des Kalenderjahres bzw. eines (zulässigen) Übertragungszeitraums.[315] Hat der AG seine Mitwirkungsobliegenheiten auch in den Folgejahren nicht erfüllt, kommt gem. § 195 BGB nach drei Jahren eine **Verjährung** kumulierter Urlaubsansprüche in Betracht. Ob dies mit Unionsrecht vereinbar ist, ist Gegenstand eines Vorabentscheidungsersuchens des BAG.[316] 72c

War es dem AN bis zum 31.3. des zweiten auf das Urlaubsjahr folgenden Kalenderjahres allein aufgrund **durchgehend bestehender krankheitsbedingter Arbeitsunfähigkeit** nicht möglich, den Urlaub zu nehmen, erlischt sein Urlaubsanspruch für Urlaubsjahre, in denen er durchgehend arbeitsunfähig krank war und deshalb – unabhängig davon, ob der AG seine Aufforderungs- und Hinweisobliegenheiten erfüllt hat – überhaupt keinen Urlaub nehmen konnte (→ Rn. 84 f.). Die Mitwirkungsobliegen bestehen zwar auch, wenn und solange der AN arbeitsunfähig ist. Doch sind in diesem Fall nicht die Unterlassungen des AG kausal für den Verfall des Urlaubs, sondern allein die Arbeitsunfähigkeit des AN. Kann dieser die geschuldete Arbeitsleistung krankheitsbedingt nicht erbringen, wird ihm die Arbeitsleistung unmöglich. Er wird nach § 275 I BGB von der Pflicht zur Arbeitsleistung frei. Eine Befreiung von der Arbeitspflicht durch Urlaubsgewährung ist deshalb rechtlich unmöglich.[317] Anderes gilt, wenn die krankheitsbedingte **Arbeitsunfähigkeit erst im Verlauf des Urlaubsjahres eintritt** und dem AN vor deren Beginn der Urlaub hätte gewährt werden können. Hat der AG seine Mitwirkungsobliegenheiten in diesem Fall nicht erfüllt, erlischt der Urlaubsanspruch nicht. Gleiches gilt, wenn der AN **vor Ablauf von 15 Monaten nach dem Ende des Urlaubsjahres wieder arbeitsfähig** wird und der Urlaub anschließend hätte gewährt werden können.[318] 72d

b) Abweichende Vereinbarungen. Durch Arbeitsvertrag kann für den darin vereinbarten **Mehrurlaub** Abweichendes vereinbart werden.[319] Ebenso kann ein Tarifvertrag für den tariflichen Mehrurlaub von diesen Mitwirkungsobliegenheiten abweichen. Für einen solchen Regelungswillen der Tarifvertragsparteien, dem zufolge der tarifliche Mehrurlaub mit Ablauf des Kalenderjahres bzw. am Ende des Übertragungszeitraums unabhängig von der Erfüllung der 72e

[311] BAG 29.9.2020 AP Nr. 99 zu § 7 BUrlG = NZA 2021, 279; 19.2.2019 AP Nr. 83 zu § 7 BUrlG = NZA 2019, 977.

[312] BAG 22.10.2019 AP Nr. 92 zu § 7 BUrlG = NZA 2020, 307.

[313] BAG 29.9.2020 AP Nr. 99 zu § 7 BUrlG = NZA 2021, 279; 22.10.2019 AP Nr. 92 zu § 7 BUrlG = NZA 2020, 307.

[314] BAG 26.5.2020 AP Nr. 94 zu § 7 BUrlG mAnm *Mehrens* = NZA 2020, 1416 mwN.

[315] BAG 29.9.2020 AP Nr. 99 zu § 7 BUrlG = NZA 2021, 279; 22.10.2019 AP Nr. 92 zu § 7 BUrlG = NZA 2020, 307; 21.5.2019 AP Nr. 90 zu § 7 BUrlG = NZA 2019, 1571; 19.2.2019 AP Nr. 83 zu § 7 BUrlG = NZA 2019, 977.

[316] BAG 29.9.2020 NZA 2021, 413; zur Bedeutung der in einer Entgeltabrechnung enthaltene Mitteilung einer bestimmten Anzahl von Urlaubstagen als ein – rein tatsächliches – Anerkenntnis iSd § 212 I Nr. 1 BGB vgl. BAG 19.3.2019 AP Nr. 111 zu § 7 BUrlG Abgeltung = NZA 2019, 1046.

[317] BAG 7.7.2020 AP Nr. 95 zu § 7 BUrlG = NZA 2020, 1541.

[318] BAG 29.9.2020 AP Nr. 100 zu § 7 BUrlG = NZA 2021, 429.

[319] BAG 21.5.2019 AP Nr. 90 zu § 7 BUrlG = NZA 2019, 1571; dazu *Mehrens* RdA 2020, 187.

Mitwirkungsobliegenheiten durch den AG verfällt, müssen **deutliche Anhaltspunkte** vorliegen. Es genügt nicht, wenn in einem Tarifvertrag von Regelungen des BUrlG abgewichen wird, die mit den im Streit stehenden Mitwirkungsobliegenheiten nicht in einem inneren Zusammenhang stehen.[320] Erforderlich ist eine Gesamtbetrachtung der jeweiligen tariflichen Bestimmungen.[321] Fehlen solche, ist von einem diesbezüglichen Gleichlauf des gesetzlichen Urlaubsanspruchs und des Anspruchs auf tariflichen Mehrurlaub auszugehen (zu Beispielen → Rn. 12). Von § 7 III BUrlG abweichende tarifliche Regelungen zur Befristung und Übertragung bzw. zum Verfall des Urlaubsanspruchs schließen für sich betrachtet die Mitwirkungsobliegenheiten, wie sie für den gesetzlichen Mindesturlaub gelten, nicht aus.[322] Unterscheidet ein Tarifvertrag zwischen dem gesetzlichen und tariflichen Urlaubsanspruch und verlangt zudem im Rahmen eines vom BUrlG abweichenden Fristenregimes vom AN, den tariflichen Mehrurlaub zur Meidung seines Verfalls vor einem im Tarifvertrag bestimmten Termin geltend zu machen, trägt – abweichend von den Vorgaben des § 7 I 1 BUrlG für den gesetzlichen Mindesturlaubsanspruch – regelmäßig nicht der AG, sondern der AN die Initiativlast für die Verwirklichung des Mehrurlaubsanspruchs. In diesem Fall setzt deshalb die Befristung des tariflichen Mehrurlaubs nicht die Erfüllung der Mitwirkungsobliegenheiten durch den AG voraus.[323]

73 **3. Urlaubserteilung ohne Urlaubswunsch des Arbeitnehmers.** Macht der AN keinen Urlaub geltend, kann der AG gleichwohl Urlaub erteilen.[324] Das Fehlen eines Urlaubsantrags steht dem nicht entgegen. Die ohne einen Wunsch des AN erfolgte zeitliche Festlegung des Urlaubs durch den AG ist **wirksam,** wenn der AN auf die Erklärung des AG hin keinen anderweitigen Urlaubswunsch äußert.[325] Dem AN steht insoweit ein **Annahmeverweigerungsrecht** zu. Ist er mit der vom AG vorgenommenen Konkretisierung der Urlaubszeit nicht einverstanden, weil diese wegen abweichender Urlaubswünsche des AN nicht den Anforderungen des § 7 I 1 BUrlG entspricht, hat er dies dem AG unverzüglich mitzuteilen. Unterbleibt eine solche Mitteilung, kann dieser davon ausgehen, der AN sei einverstanden. Ein späteres Urlaubsverlangen des AN wäre rechtsmissbräuchlich (§ 242 BGB).[326] Hat der AN nach einer Kündigung durch den AG die Kündigungsschutzklage von vornherein mit der Klage auf Urlaubsabgeltung verbunden, liegt hierin nicht die Ausübung eines Annahmeverweigerungsrechts. Hierzu ist erforderlich, dass der AN eine konkrete andere zeitliche Festlegung des Urlaubs verlangt.[327] Für die Annahmeverweigerung in Betracht kommen Gründe in der Person des AN, wozu auch eine andere persönliche Urlaubsplanung gehören kann. Der AG hat sodann zu prüfen, ob dem Urlaubswunsch des AN dringende betriebliche Gründe oder Urlaubswünsche anderer AN entgegenstehen (→ Rn. 76).[328] Zur Urlaubserteilung nach einer Kündigung → Rn. 79.

74 **4. Rechtsnatur und Rechtsfolge der Urlaubsgewährung.** Die Urlaubsgewährung ist nach § 7 I BUrlG die **Befreiung von der Arbeitspflicht** für einen bestimmten zukünftigen Zeitraum (zu den Mitwirkungsobliegenheiten des AG → Rn. 72 ff.).[329] Mit der Festlegung des Urlaubszeitraums (und der vorbehaltlosen Zusage des Urlaubsentgelts) hat der AG als Schuldner das **nach § 7 I BUrlG Erforderliche** getan (§ 243 II BGB). Alle danach eintretenden urlaubsstörenden Ereignisse fallen entsprechend § 275 I BGB als Teil des persönlichen Lebensschicksals grundsätzlich in den Risikobereich des einzelnen AN. Nur soweit der Gesetzgeber oder die Tarifvertragsparteien – wie in §§ 9, 10 BUrlG (→ Rn. 54 ff.) – besondere Regelungen zur Nichtanrechnung von Urlaub treffen (zum **Mutterschutz** → Rn. 75), findet eine Umverteilung des Risikos zugunsten des AN statt.[330] Wird nach Festlegung des

[320] BAG 26.5.2020 AP Nr. 94 zu § 7 BUrlG mAnm *Mehrens* = NZA 2020, 1416.
[321] BAG 25.8.2020 AP Nr. 98 zu § 7 BUrlG = NZA 2021, 217.
[322] BAG 29.9.2020 AP Nr. 100 zu § 7 BUrlG = NZA 2021, 429; 19.2.2019 AP Nr. 84 zu § 7 BUrlG = NZA 2019, 982.
[323] BAG 25.8.2020 AP Nr. 98 zu § 7 BUrlG = NZA 2021, 217.
[324] BAG 23.8.2020 AP Nr. 97 zu § 7 BUrlG = NZA 2020, 1633; 15.9.2011 AP Nr. 10 zu § 280 BGB = NZA 2012, 377.
[325] BAG 25.8.2020 AP Nr. 97 zu § 7 BUrlG = NZA 2020, 1633; 24.3.2009 AP Nr. 39 zu § 7 BUrlG = NZA 2009, 538; 11.4.2006 AP Nr. 28 zu § 7 BUrlG Übertragung.
[326] BAG 6.9.2006 AP Nr. 118 zu § 615 BGB = NZA 2007, 39; *Bayreuther* NZA 2020, 1057 (1058); auf § 293 BGB abstellend ErfK/*Gallner* BUrlG § 7 Rn. 12 f.; *Friese,* Urlaubsrecht, Rn. 201.
[327] Vgl. BAG 14.8.2007 AP Nr. 38 zu § 7 BUrlG = NZA 2008, 473.
[328] ErfK/*Gallner* BUrlG § 7 Rn. 13.
[329] BAG 17.5.2011 AP Nr. 51 zu § 7 BUrlG = NZA 2011, 1032.
[330] BAG 25.8.2020 AP Nr. 97 zu § 7 BUrlG = NZA 2020, 1633.

Urlaubszeitraums in dem Betrieb **Kurzarbeit „Null"** eingeführt, besteht keine Arbeitspflicht, die suspendiert werden könnte. Die Urlaubserteilung ist vielmehr nachträglich unmöglich geworden (§ 275 I BGB).[331] Damit ist in dieser Zeit vom AG auch kein Urlaubsentgelt zu zahlen, der AN hat vielmehr Anspruch auf Kurzarbeitergeld.[332] Die eingetretene Unmöglichkeit der Freistellung zu Urlaubszwecken hat der AG zu vertreten, wenn er sie aus betrieblichen Gründen eingeführt hat, so dass dem AN dann ein Anspruch auf Ersatzurlaub zusteht (→ Rn. 94).[333] Die Urlaubserteilung erfolgt durch **einseitige empfangsbedürftige Willenserklärung des AG,** die mit Zugang beim AN nach § 130 I 1 BGB wirksam wird.[334] Die Erklärung des AG ist nach § 133 BGB auszulegen und kann unter den Voraussetzungen der §§ 119, 123 BGB angefochten werden. Der AN muss erkennen können, dass der AG in Erfüllung seiner Pflicht zur Urlaubsgewährung handelt.[335] Für den AN muss deutlich werden, dass der AG als Schuldner des Urlaubsanspruchs den AN **zu Erholungszwecken von seiner sonst bestehenden Arbeitspflicht befreit**[336] und damit die geschuldete Leistung bewirken will (§ 362 I BGB) und nicht als Gläubiger der Arbeitsleistung auf deren Annahme verzichtet (§ 615 S. 1 BGB) oder dem AN nach § 397 I BGB anbietet, die Arbeitspflicht vertraglich zu erlassen (→ § 95 Rn. 12).[337] Eine Freistellungserklärung des AG bewirkt deshalb nach § 362 I BGB nur dann das Erlöschen des Urlaubsanspruchs, wenn sie hinreichend deutlich erfolgt und für den Freistellungszeitraum eine **Arbeitspflicht des AN** besteht (→ Rn. 21).[338] Maßgeblich ist insoweit die objektive Rechtslage.[339] Beschränkt sich für AN im Reinigungsdienst die Arbeitspflicht auf die Schultage und die während der Ferienzeit anfallende Grundreinigung, kann ihnen während der übrigen freien Zeit kein Urlaub gewährt werden, weil sie insoweit nicht von der Arbeit befreit werden können.[340] Dem AN muss im Zeitpunkt der Inanspruchnahme des Urlaubs ein Anspruch auf **Vergütung** sicher sein.[341] Notwendig ist stets die endgültige Befreiung des AN von der Arbeitspflicht. Die unter dem **Vorbehalt des Widerrufs stehende Befreiung** erfüllt daher den Urlaubsanspruch nicht.[342] Eine wirksame Urlaubserteilung liegt gleichfalls nicht vor, wenn der AG erklärt, er erwarte für einen bestimmten Zeitraum, etwa bis zum Ende der Kündigungsfrist, keine Arbeitsleistungen, er „entbinde den AN von der Arbeitspflicht", oder er „verzichte" auf die Anwesenheit des AN im Betrieb, weshalb er zu Hause bleiben könne.[343] Zur vorsorglichen Urlaubserteilung nach einer Kündigung → Rn. 24. **Legt der AG Freischichttage fest,** erfüllt er nicht den Urlaubsanspruch, sondern Ansprüche auf Zeitausgleich. Diese unterscheiden sich hinsichtlich der Gewährung, Widerruflichkeit und Abgeltung von Ansprüchen auf Erholungsurlaub.[344] Bei der zeitlichen Festlegung des Urlaubs hat der AG als Schuldner des Urlaubsanspruchs § 7 I BUrlG zu beachten. Die Urlaubserteilung ist deshalb **nicht Ausübung des Direktionsrechts (§ 106 GewO).**[345] Sie hat so rechtzeitig zu erfolgen, dass sich der AN hierauf einrichten kann. Eine konkludente Einigung über den Urlaubszeitpunkt ist nur anzunehmen, wenn besondere Umstände bestehen, aus denen zu ersehen ist, dass der AG Urlaub erteilen will.[346] Hat der AG binnen angemessener Frist keine Einwendungen gegen eine vom AN vorgenommene Eintragung in die **Urlaubsliste** erhoben, kann nur bei einer entsprechenden

---

[331] BAG 16.12.2008 AP Nr. 40 zu § 7 BUrlG mAnm *Schwarze* = NZA 2009, 689; dazu auch *Bauer/Kern* NZA 2009, 925; *Lunk* BB 2009, 1984; *Walker* SAE 2010, 70.

[332] ErfK/*Gallner* BUrlG § 11 Rn. 24.

[333] BAG 16.12.2008 AP Nr. 40 zu § 7 BUrlG mAnm *Schwarze* = NZA 2009, 689; dazu auch *Bauer/Kern* NZA 2009, 925; *Bayreuther* NZA 2020, 1057 (1061); *Walker* SAE 2010, 70.

[334] BAG 24.3.2009 AP Nr. 39 zu § 7 BUrlG = NZA 2009, 538.

[335] BAG 9.8.2016 AP Nr. 1 zu § 17 MuSchG 1968 = NZA 2016, 1392; 10.2.2015 AP Nr. 75 zu § 7 BUrlG = NZA 2015, 998.

[336] BAG 10.2.2015 AP Nr. 75 zu § 7 BUrlG = NZA 2015, 998; 19.1.2010 NZA-RR 2010, 473.

[337] BAG 24.3.2009 AP Nr. 39 zu § 7 BUrlG = NZA 2009, 538; 20.1.2009 AP Nr. 91 zu § 7 BUrlG Abgeltung.

[338] BAG 9.8.2016 AP Nr. 1 zu § 17 MuSchG 1968 = NZA 2016, 1392; 18.3.2014 AP Nr. 72 zu § 7 BUrlG.

[339] BAG 25.8.2020 AP Nr. 97 zu § 7 BUrlG = NZA 2020, 1633.

[340] BAG 19.4.1994 AP Nr. 7 zu § 1 TVG Tarifverträge: Gebäudereinigung = NZA 1994, 899.

[341] BAG 25.8.2020 AP Nr. 97 zu § 7 BUrlG = NZA 2020, 1633; 10.2.2015 AP Nr. 75 zu § 7 BUrlG = NZA 2015, 998; 19.1.2016 NZA 2016, 1144.

[342] BAG 10.2.2015 AP Nr. 75 zu § 7 BUrlG = NZA 2015, 998.

[343] BAG 24.3.2009 AP Nr. 39 zu § 7 BUrlG = NZA 2009, 538.

[344] BAG 19.1.2010 NZA-RR 2010, 473.

[345] BAG 31.1.1996 EzA Nr. 47 zu § 1 KSchG Verhaltensbedingte Kündigung; 18.12.1986 AP Nr. 10 zu § 7 BUrlG = NZA 1987, 379; ErfK/*Gallner* BUrlG § 7 Rn. 10; *Leinemann* DB 1983, 989 (992).

[346] Vgl. BAG 24.9.1996 AP Nr. 22 zu § 7 BUrlG = NZA 1997, 507.

betrieblichen Übung davon ausgegangen werden, dass der angegebene Termin gelten soll.[347] Dies kann auch die Betriebsübung sein, dass der Urlaub antragsgemäß erteilt ist, wenn binnen einer bestimmten Frist keine Einwände erhoben werden. Der AN braucht dem AG die **Urlaubsanschrift** nicht mitzuteilen.[348]

75 **5. Urlaubserteilung bei mutterschutzrechtlichen Beschäftigungsverboten.** Besteht für eine **schwangere AN** infolge eines generellen tätigkeitsbezogenen Beschäftigungsverbots nach § 11 MuSchG und der Nichtzuweisung einer anderweitigen zumutbaren Tätigkeit keine Arbeitspflicht, kann auch bei vorheriger Festlegung des Urlaubszeitraums nicht der für die Erfüllung des Urlaubsanspruchs nach § 362 I BGB erforderliche Leistungserfolg eintreten. In diesem Fall behält die AN nach § 24 MuSchG ihren Urlaubsanspruch (→ § 168 Rn. 1 ff.). § 24 S. 2 MuSchG enthält eine insoweit den Rechtswirkungen des § 9 BUrlG entsprechende Ausnahme von den Rechtsfolgen des § 275 I BGB.[349]

76 **6. Entgegenstehende Belange und andere Urlaubswünsche.** Dem Urlaubswunsch des AN können dringende betriebliche Belange entgegenstehen. Das ist mit Unionsrecht vereinbar.[350] Solche Belange des AG liegen nicht erst dann vor, wenn dem Betrieb bei Verwirklichung des Urlaubswunsches des AN ein erheblicher Schaden droht. Der AG ist andererseits nicht bereits dann berechtigt, die Urlaubserteilung zu verweigern, wenn die Berücksichtigung des Urlaubswunsches des AN die Regelmäßigkeit des Betriebsablaufs stört. Denn eine solche Störung ist mit jeder Abwesenheit des AN von seinem Arbeitsplatz verbunden und deshalb grundsätzlich vom AG hinzunehmen.[351] Betriebliche Gründe können insbesondere saisonbedingte oder krankheitsbedingte Personalengpässe sein. Auch **Urlaubswünsche anderer AN** können dem Verlangen des AN entgegenstehen. Die sozialen Gesichtspunkte, die nach § 7 I 1 BUrlG zu berücksichtigen sind, können sehr verschiedenartig sein. Sie sind wegen der unterschiedlichen gesetzlichen Zielsetzungen von den sozialen Gesichtspunkten des § 1 III KSchG zu unterscheiden.[352] Neben Alter und Betriebszugehörigkeit der AN sind Schulferien schulpflichtiger Kinder, Urlaub des Ehegatten sowie der Gesundheitszustand und die besondere Erholungsbedürftigkeit des AN nach einer längeren Krankheit zu berücksichtigen. Der Vorrang des Urlaubswunsches eines anderen AN kann sich auch daraus ergeben, dass dieser in den vergangenen Jahren mit seinem Urlaubswunsch nicht berücksichtigt wurde.[353] Zur Feststellung eines Vorrangs von Urlaubswünschen anderer AN ist stets eine Interessenabwägung erforderlich.

77 **7. Kein Rückrufrecht.** Hat der AG den AN zur Erfüllung des Anspruchs auf Erholungsurlaub freigestellt, kann er den AN nicht aufgrund einer Vereinbarung aus dem Urlaub zurückrufen.[354] Eine solche Abrede verstößt gegen zwingendes Urlaubsrecht (§ 1 BUrlG) und ist rechtsunwirksam.[355] Möglich ist nur eine einvernehmliche Aufhebung der Urlaubserteilung.[356] Behält sich der AG bei Urlaubserteilung den Widerruf vor, fehlt die zur Erfüllung des Urlaubsanspruchs notwendige Freistellungserklärung.[357]

78 **8. Selbstbeurlaubung.** Der AN ist nicht berechtigt, eigenmächtig den Urlaub anzutreten.[358] Das trifft auch dann zu, wenn der AG trotz Geltendmachung den Urlaub nicht erteilt oder das Urlaubsjahr bzw. der Übertragungszeitraum sich seinem Ende nähert. Dem AN steht weder ein Zurückbehaltungs- (§ 273 BGB) noch ein Selbsthilferecht (§ 226 BGB) zu. Bei erfolgloser Geltendmachung des Urlaubs hat der AN einen Schadensersatzanspruch auf Ersatzurlaub (→ Rn. 94). Der AN kann im Wege der Leistungsklage sowie durch einstweilige Verfügung

[347] Vgl. ErfK/*Gallner* BUrlG § 7 Rn. 7; HK-BUrlG/*Oppermann* § 7 Rn. 16; weitergehend HessLAG 8.7.1996 LAGE § 7 BUrlG Nr. 35.

[348] Vgl. BAG 16.12.1980 AP Nr. 11 zu § 130 BGB; ErfK/*Gallner* BUrlG § 7 Rn. 27.

[349] BAG 9.8.2016 AP Nr. 1 zu § 17 MuSchG 1968 = NZA 2016, 1392; anders noch zur Rechtslage vor Inkrafttreten des § 17 MuSchG aF BAG 9.8.1994 AP Nr. 19 zu § 7 BUrlG = NZA 1995, 174.

[350] EuGH 10.9.2009 AP Nr. 2 zu Richtlinie 2003/88/EG = NZA 2009, 1133 – Pereda; 21.2.2013 AP Nr. 11 zu Richtlinie 2003/88/EG = NZA 2013, 369 – Maestre García.

[351] ErfK/*Gallner* BUrlG § 7 Rn. 18; *Schütz/Hauck,* Urlaubsrecht, Rn. 391.

[352] Ebenso ErfK/*Gallner* BUrlG § 7 Rn. 19.

[353] Vgl. GK-BUrlG/*Bachmann* § 7 Rn. 18; *Neumann/Fenski/Kühn* BUrlG § 7 Rn. 17.

[354] BAG 19.1.2010 NZA-RR 2010, 473.

[355] BAG 20.6.2000 AP Nr. 28 zu § 7 BUrlG = NZA 2001, 100.

[356] LAG Hamm 11.12.2002 NZA-RR 2003, 347.

[357] BAG 14.3.2006 AP Nr. 32 zu § 7 BUrlG.

[358] BAG 25.10.1994 AP Nr. 20 zu § 7 BUrlG = NZA 1995, 591; ErfK/*Gallner* BUrlG § 7 Rn. 9; HWK/*Schinz* BUrlG § 7 Rn. 16; unzutr. *Neumann/Fenski/Kühn* BUrlG § 7 Rn. 43.

seinen Urlaubsanspruch durchsetzen (→ Rn. 33). Ein eigenmächtiger Urlaubsantritt ist eine Arbeitsvertragsverletzung, die zur fristlosen Entlassung führen kann (dazu → § 127 Rn. 133).[359] Die Frist des § 626 II BGB beginnt idR nach Beendigung des Urlaubs.[360] Bei arbeitnehmerähnlichen Personen genügt die Anzeige des Urlaubs.[361]

9. Kündigung und Urlaubserteilung. Ist das Arbeitsverhältnis gekündigt, kann der AG auch ohne Antrag des AN den Urlaub in die Zeit der Kündigungsfrist legen (dazu auch → Rn. 73; zur Urlaubserteilung bei gleichzeitiger Freistellung während der Kündigungsfrist → Rn. 21). Dies wird häufig sogar notwendig sein, um ihn noch in Natur durch Freistellung zu erfüllen.[362] War der Urlaub bereits zuvor zu einem nach dem Ende des Arbeitsverhältnisses liegenden Termin festgelegt, verliert diese Festlegung der Urlaubszeit mit der Kündigung des Arbeitsverhältnisses ihre Wirkung. Da auch nach Art. 7 II RL 2003/88/EG die Urlaubsabgeltung die Ausnahme ist, bestehen grundsätzlich keine Annahmeverweigerungsrechte gegen eine Urlaubsgewährung in der Kündigungsfrist mit dem Ziel, eine Abgeltung des Urlaubs zu erhalten.[363] Der AN kann sich gegen die Neufestlegung nur dann wehren, wenn er hieran ein besonderes Interesse hat, wenn zB die gebuchte Urlaubsreise nicht mehr umdisponiert werden kann.[364] Hat der AN nach einer Kündigung Kündigungsschutzklage erhoben, ändert dies nichts daran, dass der Urlaubsanspruch grundsätzlich mit Ablauf des Kalenderjahres bzw. des Übertragungszeitraums erlischt. Zur vorsorglichen Urlaubserteilung durch den AG → Rn. 24 und zur Geltendmachung von Urlaubsansprüchen durch den AN → Rn. 23. 79

10. Nachträgliche Urlaubserteilung. Eine Anrechnung zu viel gewährter Freizeit oder unentschuldigter Fehltage des Vorjahres auf den Urlaubsanspruch des nächsten Jahres ist unzulässig. Da der Urlaubsanspruch auf das Urlaubsjahr bezogen ist, kommt zur Erfüllung des Anspruchs aus dem laufenden Jahr nur eine Urlaubsgewährung in Betracht, die im laufenden Urlaubsjahr oder im Übertragungsfall im gesetzlich oder tarifvertraglich zugelassenen Übertragungszeitraum zu einer Befreiung von der Arbeitspflicht führt.[365] Der Urlaubsanspruch kann nicht nachträglich auf Freistellungszeiten in der Vergangenheit angerechnet werden. Sowohl die einseitige nachträgliche Anrechnung als auch die nachträgliche Vereinbarung einer Erfüllung des gesetzlichen Urlaubsanspruchs scheiden aus. Denn Urlaubsgewährung ist nach § 7 I BUrlG die Befreiung von der Arbeitspflicht für einen bestimmten zukünftigen Zeitraum.[366] 80

11. Betriebsurlaub. Der AG kann der gesamten Belegschaft einheitlich Urlaub erteilen. Jedoch sind auch in diesen Fällen die Interessen der AN ausreichend zu berücksichtigen. Unbedenklich ist, Urlaub zwischen Weihnachten und Neujahr zu erteilen. Unzulässig ist eine Urlaubserteilung im Vorgriff auf Urlaubsansprüche des kommenden Urlaubsjahres.[367] Bei der Festlegung von Betriebsferien hat der BR gem. § 87 I Nr. 5 BetrVG ein erzwingbares Mitbestimmungsrecht (→ § 235 Rn. 58). Eine ohne Zustimmung des BR getroffene Festlegung von Betriebsferien ist unwirksam. Die Bindung an das Urlaubsjahr steht einer Einführung von Betriebsferien für mehrere Jahre auch im Wege des Einigungsstellenverfahrens auf Betreiben des AG nicht entgegen.[368] Sind die Betriebsferien durch Betriebsvereinbarung festgelegt, stehen damit der Urlaubszeitpunkt und die Fälligkeit fest. AN, die noch keinen vollen Urlaubsanspruch haben, kann bereits Betriebsurlaub gewährt werden. Scheiden sie jedoch vor Entstehung des vollen Urlaubsanspruchs aus dem Betrieb aus, kann das Urlaubsentgelt nicht zurückgefordert werden.[369] Wird den AN kein Betriebsurlaub gewährt, müssen sie beschäftigt werden. Werden sie nicht beschäftigt, gerät der AG in Annahmeverzug (§ 615 BGB), wenn die weiteren Voraus- 81

[359] Vgl. BAG 20.1.1994 AP Nr. 115 zu § 626 BGB = NZA 1994, 548; 22.1.1998 AP Nr. 38 zu § 626 BGB Ausschlussfrist = NZA 1998, 708.
[360] BAG 22.1.1998 AP Nr. 38 zu § 626 BGB Ausschlussfrist.
[361] BAG 19.5.2009 AP Nr. 11 zu § 12a TVG.
[362] BAG 22.9.1992 AP Nr. 13 zu § 7 BUrlG = NZA 1992, 759; 14.5.1986 AP Nr. 26 zu § 7 BUrlG Abgeltung = NZA 1986, 834.
[363] BAG 23.2.2021 – 5 AZR 314/20; ErfK/*Gallner* BUrlG § 7 Rn. 15.
[364] Vgl. dazu BAG 22.9.1992 AP Nr. 13 zu § 7 BUrlG = NZA 1992, 759; 10.1.1974 AP Nr. 6 zu § 7 BUrlG.
[365] BAG 11.7.2006 NZA 2006, 1008.
[366] BAG 24.3.2009 AP Nr. 39 zu § 7 BUrlG = NZA 2009, 538; 11.7.2006 NZA 2006, 1008.
[367] BAG 17.1.1974 AP Nr. 3 zu § 1 BUrlG.
[368] BAG 28.7.1981 AP Nr. 2 zu § 87 BetrVG 1972 Urlaub.
[369] LAG Nds 20.8.1980 DB 1980, 2395 = EzA Nr. 24 zu § 7 BUrlG.

setzungen der §§ 293 ff. BGB vorliegen (→ § 95 Rn. 25).[370] Vor dem Hintergrund der **Rechtsprechung des EuGH** ist allerdings nicht ganz klar, inwieweit die kollektivrechtliche Festlegung des Urlaubs für den AN verbindlich ist, wenn dieser damit nicht einverstanden ist. Der EuGH hat nämlich angenommen, dass der AN seinen Antrag auf Jahresurlaub nicht nur vor dem Zeitpunkt, zu dem der Jahresurlaub im Urlaubsplan des Unternehmens festgelegt wird, sondern auch nach diesem Zeitpunkt stellen könne. Hierdurch zeige er, dass er mit dem ihm zugeteilten Zeitraum nicht einverstanden sei. Eine Vereinbarung zwischen dem Unternehmen und den Vertretern der AN des Unternehmens, die den AN diese Möglichkeit nehme, sei unerheblich.[371] Ist ein(e) Arbeitnehmer(in) während des Betriebsurlaubs krank (§ 9 BUrlG) oder unterliegt sie bei Festsetzung des Betriebsurlaubs den Schutzfristen des MuSchG,[372] liegt eine wirksame Gewährung des Urlaubs nicht vor. Die Freistellung zur Teilnahme an einem **Betriebsausflug** kann nicht auf den Urlaub angerechnet werden. Denn die Freistellung erfolgt nicht mit dem Ziel, dem AN selbstbestimmte Freizeit zu gewähren, sondern um ihm die Teilnahme an dem Ausflug zu ermöglichen.[373]

82 **12. Zusammenhängende Gewährung.** Der Urlaub ist zusammenhängend zu gewähren, es sei denn, dringende betriebliche oder in der Person des AN liegende Gründe machen eine Teilung des Urlaubs erforderlich (§ 7 II BUrlG). Kann der Urlaub aus diesen Gründen nicht zusammenhängend gewährt werden und hat der AN Anspruch auf Urlaub von mehr als 12 Werktagen, muss einer der Urlaubsteile mindestens 12 aufeinander folgende Werktage umfassen.[374] Hiervon kann kraft Vereinbarung abgewichen werden (§ 13 I 3 BUrlG). Der Sinn des § 7 II BUrlG besteht darin, dem AN eine längere Zeit zur Erholung zur Verfügung zu stellen. Nach medizinischen Erkenntnissen ist dazu mindestens eine Zeitspanne von zwei Wochen notwendig. Die Aufteilung des Urlaubs in Halbtags- oder Stundenteile ist keine wirksame Erfüllung, auch wenn das mit dem AN vereinbart ist.[375] Dieser kann also erneut Urlaub verlangen. Dem steht nicht entgegen, dass stundenweise Urlaub entstehen kann.

XI. Befristung und Übertragung des Urlaubsanspruchs

83 **1. Befristung. a) Grundsatz.** Der Urlaub ist auf das laufende Kalenderjahr befristet. Er muss im laufenden Kalenderjahr gewährt und genommen werden (§ 7 III 1 BUrlG). Mit dem Ende des Urlaubsjahres erlischt grundsätzlich der Urlaubsanspruch, sofern der AG seiner Hinweispflicht nachgekommen ist (→ Rn. 72 ff.)[376] und nicht vom Willen des AN unabhängige Hinderungsgründe vorliegen (→ Rn. 8).[377] Dies gilt auch im Falle einer lang andauernden krankheitsbedingten Arbeitsunfähigkeit (→ Rn. 84), wenn der AN im Kalenderjahr so rechtzeitig gesund und arbeitsfähig wird, dass er in der verbleibenden Zeit bis zum 31.12. seinen Urlaub nehmen kann und hierauf hingewiesen wurde. Der Urlaubsanspruch geht gem. § 7 III 2 BUrlG nur insoweit auf den Übertragungszeitraum des Folgejahres über, als er wegen der Arbeitsunfähigkeit nicht mehr vollständig erfüllt werden kann.[378] Die Übertragung erfolgt grundsätzlich befristet bis zum 31.3. bzw. bis zum Ablauf des Folgejahres (zu Ausnahmen → Rn. 8, 84). **Sonderregelungen** bestehen in § 4 II ArbPlSchG für Wehr- und iVm § 78 ZDG für Zivildienstleistende (dazu → § 177 Rn. 9) sowie bei einer **Schwangerschaft** nach § 24 MuSchG (dazu → § 168 Rn. 3 f.) und bei Inanspruchnahme von **Elternzeit** nach § 17 II BEEG (dazu → § 172 Rn. 25). Hat der AN den AG aufgefordert, ihm Urlaub zu erteilen, und verweigert dieser zu Unrecht die Urlaubsgewährung, erlischt mit Ablauf des Übertragungszeitraums der Urlaubsanspruch nur dann, wenn der AG erneut seine Mitwirkungsobliegenheiten erfüllt (→ Rn. 72a).

84 **b) Ausnahmen von der Befristung. aa) Lang andauernde Krankheit.** Ist der AN bis zum Ende des Urlaubsjahres und/oder des Übertragungszeitraums krankheitsbedingt arbeitsunfähig und ist es ihm deshalb nicht möglich, den Urlaub zu nehmen, erlischt der Anspruch auf den

[370] Vgl. BAG 2.10.1974, 30.6.1976 AP Nr. 2, 3 zu § 7 BUrlG Betriebsferien.
[371] EuGH 21.2.2013 AP Nr. 11 zu Richtlinie 2003/88/EG = NZA 2013, 369 – Maestre García.
[372] LAG Düsseldorf DB 1974, 1872.
[373] IErg ebenso BAG 4.12.1970 AP Nr. 5 zu § 7 BUrlG.
[374] BAG 21.9.2010 AP Nr. 323 zu Art. 3 GG.
[375] BAG 19.6.2018 AP Nr. 82 zu § 7 BUrlG = NZA 2018, 1480; 29.7.1965 AP Nr. 1 zu § 7 BUrlG.
[376] Grdl. BAG 19.2.2019 AP Nr. 83 zu § 7 BUrlG = NZA 2019, 977; zuletzt BAG 29.9.2020 AP Nr. 99 zu § 7 BUrlG = NZA 2021, 279; zum Ganzen *Daum* RdA 2020, 179; *Dullinger/Zöllner* SAE 2020, 93.
[377] BAG 10.7.2012 AP Nr. 60 zu § 7 BUrlG.
[378] BAG 6.8.2013 AP Nr. 69 zu § 7 BUrlG = NZA 2014, 545; 13.12.2011 AP Nr. 57 zu § 7 BUrlG.

gesetzlichen Mindesturlaub in unionsrechtskonformer Auslegung von § 7 III BUrlG erst nach Ablauf von **15 Monaten nach dem Ende des Urlaubsjahres.**[379] Dies gilt jedenfalls dann, wenn der AG seine Mitwirkungsobliegenheiten (→ Rn. 72a) rechtzeitig erfüllt hat oder, bei Nichterfüllung der Mitwirkungsobliegenheiten, wenn es dem AN allein aufgrund durchgehend bestehender krankheitsbedingter Arbeitsunfähigkeit unmöglich war, den Urlaub zu nehmen (→ Rn. 72d). Ob Unionsrecht den Verfall des Urlaubsanspruchs bei ununterbrochen fortbestehender Arbeitsunfähigkeit 15 Monate nach Ablauf des Urlaubsjahres auch dann gestattet, wenn der AG seine Aufforderungs- und Hinweisobliegenheiten nicht erfüllt hat und der AN den Urlaub im Urlaubsjahr bis zum Eintritt der Arbeitsunfähigkeit zumindest noch teilweise hätte nehmen können, ist nicht geklärt und Gegenstand eines Vorabersuchens des BAG.[380] Der aufrechterhaltene Urlaubsanspruch tritt zu dem im Folgejahr entstehenden Urlaubsanspruch hinzu und ist damit erneut nach § 7 III BUrlG befristet. Er erlischt bei fortdauernder Arbeitsunfähigkeit frühestens 15 Monate nach dem Ende dieses Urlaubsjahres.[381] Ein solches Verständnis von § 7 III BUrlG ist nicht contra legem.[382] Besteht die Arbeitsunfähigkeit bis zum 31.3. des zweiten auf das Urlaubsjahr folgenden Jahres fort, liegen besondere Umstände vor, welche die Befristung des Urlaubsanspruchs zum Schutz eines überwiegenden Interesses des AG vor dem unbegrenzten Ansammeln von Urlaubsansprüchen rechtfertigen, obwohl es dem erkrankten AN nicht möglich war, den Urlaubsanspruch zu verwirklichen.[383] Dies gilt auch dann, wenn der AN mit dem Ende des Übertragungszeitraums ausscheidet.[384] Diese Grundsätze kommen ebenso zur Anwendung, wenn die RL 2003/88/EG zwischen dem AN und dem Staat als AG unmittelbar zur Anwendung kommen könnte.[385] Zu dem Fall einer fehlerhaften rechtlichen Einordung der Rechtsbeziehungen der Parteien als freies Dienstverhältnis anstatt eines Arbeitsverhältnisses → Rn. 8;[386] zum tariflichen Mehrurlaub → Rn. 85.

bb) Tariflicher Mehrurlaub. Die unionsrechtlichen Vorgaben betreffen ausschließlich den unionsrechtlichen/gesetzlichen Urlaubsanspruch von vier Wochen (→ Rn. 2). Die Tarifvertragsparteien können Urlaubsansprüche, die darüber hinausgehen, frei regeln und eine kürzere Befristung des tariflichen Mehrurlaubs vorsehen (zu den Anforderungen an eigenständige Regelungen → Rn. 11 f.).[387] **Besteht kein Gleichlauf** zwischen tariflichen und den gesetzlichen Übertragungsregelungen, erlischt der Anspruch auf tariflichen Mehrurlaub grundsätzlich auch bei Arbeitsunfähigkeit des AN mit Ablauf des Übertragungszeitraums, sofern nicht deutliche Anhaltspunkte im Tarifvertrag gegen diese Rechtsfolge und für die Geltung der unionsrechtskonformen gesetzlichen Regelung (→ Rn. 84) sprechen.[388] Eine solche tarifliche Befristung des Mehrurlaubsanspruchs führt nicht unter Verstoß gegen **Art. 3 I GG** zu einer Schlechterstellung von arbeitsunfähigen gegenüber arbeitsfähigen AN, die den Mehrurlaub innerhalb des Übertragungszeitraums nehmen können. Die Tarifvertragsparteien sind nicht verpflichtet, Fälle der Erkrankung von AN besonders zu regeln.[389] Gestattet der AG dem AN, den Urlaub aus dem Vorjahr **über den tariflich bestimmten Zeitraum hinaus zu übertragen,** geht der 85

[379] BAG 7.8.2012 AP Nr. 61 zu § 7 BUrlG = NZA 2012, 1216; 16.10.2012 AP Nr. 64 zu § 7 BUrlG = NZA 2013, 326; 12.11.2013 NZA-RR 2014, 658; 18.3.2014 AP Nr. 72 zu § 7 BUrlG; 29.9.2020 AP Nr. 100 zu § 7 BUrlG = NZA 2021, 429; zur Rspr. des Gerichtshofs vgl. EuGH 20.1.2009 AP Nr. 1 zu Richtlinie 2003/88/EG = NZA 2009, 135 – Schultz-Hoff; 10.9.2009 AP Nr. 2 zu Richtlinie 2003/88/EG = NZA 2009, 1133 – Pereda; zur Umsetzung dieser Rechtsprechung in das innerstaatliche Recht BAG 24.3.2009 AP Nr. 39 zu § 7 BUrlG = NZA 2009, 538; zur „15-Monats-Grenze" EuGH 22.11.2011 AP Nr. 6 zu Richtlinie 2003/88/EG = NZA 2011, 1333 – KHS; bestätigt durch EuGH 29.11.2017 AP Nr. 23 Richtlinie 2003/88/EG = NZA 2017, 1591 – King; 25.6.2020 AP Nr. 34 zu Richtlinie 2003/88/EG = NZA 2020, 1001 – Varhoven kasatsionen sad na Republika Bulgaria.

[380] BAG 7.7.2020 AP Nr. 95 zu § 7 BUrlG = NZA 2020, 1541.

[381] BAG 25.8.2020 AP Nr. 98 zu § 7 BUrlG = NZA 2021, 217; 20.1.2015 AP Nr. 74 zu § 7 BUrlG = NZA-RR 2015, 399.

[382] BAG 5.8.2014 AP Nr. 31 zu § 7 BUrlG Übertragung = NZA 2015, 625.

[383] BAG 29.9.2020 AP Nr. 100 zu § 7 BUrlG = NZA 2021, 429.

[384] BAG 15.10.2013 AP Nr. 102 zu § 7 BUrlG Abgeltung; 12.3.2013 AP Nr. 5 zu § 26 TVöD = NZA 2014, 51.

[385] BAG 11.6.2013 AP Nr. 67 zu § 7 BUrlG; 16.10.2012 AP Nr. 64 zu § 7 BUrlG = NZA 2013, 326.

[386] EuGH 29.11.2017 AP Nr. 23 zu Richtlinie 2003/88/EG = NZA 2017, 1591 – King.

[387] BAG 29.9.2020 AP Nr. 100 zu § 7 BUrlG = NZA 2021, 429; 19.2.2019 AP Nr. 84 zu § 7 BUrlG = NZA 2019, 982; 5.8.2014 AP Nr. 31 zu § 7 BUrlG Übertragung = NZA 2015, 625; 12.11.2013 NZA 2014, 383; 22.5.2012 AP Nr. 3 zu § 26 TVöD = NZA-RR 2013, 48; EuGH 3.5.2012 AP Nr. 8 zu Richtlinie 2003/88/EG – Neidel.

[388] BAG 29.9.2020 AP Nr. 100 zu § 7 BUrlG = NZA 2021, 429.

[389] BAG 29.9.2020 AP Nr. 100 zu § 7 BUrlG = NZA 2021, 429.

Anspruch auf tariflichen Mehrurlaub grundsätzlich am Ende des verlängerten Übertragungszeitraums unter. Dies gilt unabhängig davon, ob der AN zu diesem Zeitpunkt arbeitsunfähig krank ist.[390]

86 **cc) Erwerbsminderungsrente.** Sehen tarifliche Urlaubsregelungen, wie etwa § 26 II TVöD, vor, dass sich die Dauer des Erholungsurlaubs einschließlich eines etwaigen Zusatzurlaubs für jeden vollen Kalendermonat um ein Zwölftel vermindert, wenn das Arbeitsverhältnis ruht, sind sie jedenfalls insoweit unwirksam, als sie auch die Verminderung gesetzlicher Urlaubsansprüche von AN erfassen, die aus gesundheitlichen Gründen nicht die ihnen nach dem Arbeitsvertrag obliegende Leistung erbracht haben. Dies gilt beispielsweise im Falle des Bezugs einer Erwerbsminderungsrente. Eine solche Verminderung gesetzlicher Urlaubsansprüche lässt § 13 I 1 BUrlG bei einer unionsrechtskonformen Auslegung nicht zu.[391]

87 **dd) Weitere Fälle und offene Fragen.** Die vom EuGH für den Fall der Arbeitsunfähigkeit entwickelten Grundsätze können in **weiteren Fällen** Bedeutung erlangen, in denen das Arbeitsverhältnis kraft Gesetzes oder vertraglicher Vereinbarung ruht.[392] Hierbei geht es zum einen um gesetzlich geregelte Fälle des Wehrdienstes, **Mutterschutzes** (→ § 168 Rn. 3 f.) und der **Elternzeit** (→ § 172 Rn. 21) und zum andern um die gesetzlich nicht erfassten Fälle des Ruhens des Arbeitsverhältnisses wegen eines **seuchenrechtlichen Beschäftigungsverbots,** der Wahrnehmung eines **Abgeordnetenmandats,** der Inanspruchnahme von **Pflegezeit,** der Teilnahme an einem längerfristigen **Arbeitskampf.**

88 **ee) Übertragung im fortbestehenden Arbeitsverhältnis.** Die Übertragung des Urlaubsanspruchs führt in einem fortbestehenden Arbeitsverhältnis dazu, dass der AN nach seiner Genesung und Wiederaufnahme der Arbeit zusätzlich zu den Urlaubsansprüchen des laufenden Jahres die übertragenen Urlaubsansprüche hat. Beide sind **zusammenzurechnen** (zur Abgeltung → Rn. 122 ff.). Sie unterliegen nach allgemeinen Grundsätzen der Befristung nach § 7 III BUrlG mit der Folge, dass der gesamte Urlaub bis zum Ende des Kalenderjahres gewährt und genommen werden muss, es sei denn, es liegt ein Übertragungstatbestand iSd § 7 III 2 BUrlG vor.[393] Vertragliche **Regelungen in AGB,** die vorsehen, dass eine Übertragung des Urlaubs auf das nächste Kalenderjahr nur möglich ist, wenn der Urlaub krankheitsbedingt nicht genommen werden kann und der Urlaub ausnahmslos verfällt, wenn er „gleich aus welchen Gründen" bis zum 31.3. des nächstfolgenden Kalenderjahres nicht genommen wurde, sind nach § 13 I 3 BUrlG unwirksam.[394]

89 **2. Übertragung auf das Folgejahr.** Liegen die Voraussetzungen einer Übertragung vor, wird der Urlaub gem. § 7 III 2 BUrlG von Gesetzes wegen „von selbst" auf die ersten drei Monate des Folgejahres übertragen.[395] Es bedarf hierzu weder eines Antrags des AN auf Übertragung noch eine entsprechende Annahmeerklärung des AG. Hiervon können die Arbeitsvertragsparteien nicht zuungunsten des AN abweichen und in den Fällen des § 7 III 2 BUrlG die Übertragung von der Zustimmung des AG abhängig machen (§ 13 I 3 BUrlG).[396] Für die Übertragung von Teilurlaub nach § 7 IV 4 BUrlG reicht jede Handlung des AN aus, mit der er für den AG deutlich macht, den Teilurlaub erst im nächsten Jahr nehmen zu wollen. Nicht ausreichend ist es, dass der AN im Urlaubsjahr darauf verzichtet, einen Urlaubsantrag zu stellen.[397] Tarifverträge können vorsehen, dass die Geltendmachung schriftlich zu erfolgen hat, andernfalls der Anspruch erlischt.[398] Eine Übertragung des Urlaubs auf das nächste Kalenderjahr ist nur statthaft, wenn **dringende betriebliche oder in der Person des AN liegende Gründe** dies rechtfertigen (§ 7 III 2 BUrlG). Die betrieblichen Gründe brauchen nicht zwingend zu sein; andererseits müssen sie dringend, also zur Gewährleistung eines ordnungsgemäßen Betriebsablaufs erforderlich sein. Dringende betriebliche Gründe bestehen beispielsweise bei Abschlussarbeiten, erhöhtem Arbeitsbedarf, Messe, Urlaub oder Krankheit anderer AN. Noch

---

390 BAG 12.3.2013 AP Nr. 5 zu § 26 TVöD = NZA 2014, 51.
391 BAG 7.8.2012 AP Nr. 61 zu § 7 BUrlG = NZA 2012, 1216; ebenso BAG 22.9.2015 AP Nr. 76 zu § 7 BUrlG mAnm *Schubert* = NZA 2016, 37; 18.9.2012 AP Nr. 62 zu § 7 BUrlG.
392 Dazu *Fieberg* NZA 2009, 929; *Ch. Picker* ZTR 2009, 230 (236 ff.).
393 BAG 9.8.2011 AP Nr. 52 zu § 7 BUrlG = NZA 2012, 29.
394 BAG 19.6.2018 AP Nr. 82 zu § 7 BUrlG = NZA 2018, 1480.
395 BAG 22.10.2019 AP Nr. 92 zu § 7 BUrlG = NZA 2020, 307; 13.12.2011 AP Nr. 57 zu § 7 BUrlG.
396 BAG 15.12.2015 AP Nr. 3 zu § 17 BEEG = NZA 2016, 433.
397 BAG 29.7.2003 AP Nr. 26 zu § 7 BUrlG Übertragung = NZA 2004, 385.
398 BAG 14.6.1994 AP Nr. 21 zu § 7 BUrlG Übertragung = NZA 1995, 229; 16.3.1999 AP Nr. 25 zu § 7 BUrlG Übertragung = NZA 1999, 1116.

kein betrieblicher Grund ist gegeben, wenn der AG nicht von sich aus einer teilzeitbeschäftigten Aushilfskraft den Urlaub in das nächste Jahr überträgt.[399] Gründe in der Person des AN sind alle aus den persönlichen Verhältnissen des AN folgenden Gründe. Hierzu gehört insbesondere die Arbeitsunfähigkeit.[400] Kein persönlicher Grund ist die Arbeitsunfähigkeit, wenn sie zwar sehr lange Zeit andauert, aber im laufenden Kalenderjahr noch hinreichend Zeit für den Urlaub verbleibt.[401]

3. Erteilung des übertragenen Urlaubs. Im Falle der Übertragung muss der Urlaub in den ersten drei Monaten des folgenden Kalenderjahres gewährt und genommen werden (§ 7 III 3 BUrlG). Eine weitergehende Übertragung ist nur zulässig, wenn der AN nur einen Anspruch auf Teilurlaub nach § 5 I lit. a BUrlG hat und dessen Übertragung beansprucht (§ 7 III 4 BUrlG). Übertragener Teilurlaub kann im Zusammenhang mit dem Urlaub des folgenden Kalenderjahres gewährt und verlangt werden. Dies rechtfertigt sich aus dem Übertragungszweck, dem AN eine längere zusammenhängende Freizeit zu gewähren. Der Urlaub muss so rechtzeitig geltend gemacht werden, dass er noch bis zum Ende des Übertragungszeitraums erfüllt werden kann. Der Urlaubsantritt im Übertragungszeitraum verhindert das Erlöschen des gesetzlichen Urlaubsanspruchs nach dem 31.3. nicht.[402] Konnte der Urlaub wegen Arbeitsunfähigkeit des AN nicht erteilt werden, wird der Anspruch befristet bis zum 31.3. übertragen. Er erlischt dann nicht, wenn die Arbeitsunfähigkeit über den 31.3. hinaus andauert (dazu → Rn. 84). Anderes gilt, wenn der AG dem AN aus dringenden betrieblichen Gründen während des Urlaubsjahres keinen Urlaub gewährt. Soll der Urlaub über den 31.3. übertragen werden, müssen die Arbeitsvertragsparteien es vereinbaren.[403] Der AG hat im Übertragungszeitraum den übertragenen Urlaub entsprechend den Wünschen des AN zu erfüllen. Insoweit steht ihm kein Ablehnungsrecht nach § 7 I 1 Hs. 2 BUrlG zu.[404] 90

4. Bemessung des Urlaubsentgelts. Ist der Urlaub in das folgende Jahr übertragen worden, hat der AN Anspruch auf das Urlaubsentgelt, das er im Zeitpunkt des Urlaubsantritts erzielt. Das BAG hat davon in einer älteren Entscheidung lediglich eine Ausnahme für das zusätzliche Urlaubsgeld gemacht, das tariflich im Vorjahr noch nicht geregelt war.[405] Wird nach Beendigung des Berufsausbildungsverhältnisses das Arbeitsverhältnis fortgesetzt, ist auch Urlaub aus dem Ausbildungsverhältnis mit dem Entgelt des Arbeitsverhältnisses zu vergüten.[406] 91

5. Abweichende Vereinbarungen. Die **Arbeitsvertragsparteien** können vereinbaren, dass der AN Urlaub ohne Rücksicht auf das Bestehen gesetzlicher/tariflicher Übertragungsgründe während des gesamten folgenden Kalenderjahres beanspruchen kann. Eine solche Regelung verstößt nicht gegen § 13 I 3 BUrlG, denn sie ist günstiger als die auf den 31.3. des Folgejahres befristete Übertragung nach § 7 III BUrlG. Der in einer **Entgeltabrechnung** enthaltenen Mitteilung einer bestimmten Anzahl von Urlaubstagen kommt in aller Regel nicht der Bedeutungsgehalt zu, der AG wolle den ausgewiesenen Urlaub auch dann gewähren, wenn er ihn nicht schuldet. Die Abrechnung stellt regelmäßig eine Wissens-, nicht aber eine rechtsgestaltende Willenserklärung des AG dar.[407] Eine Übertragungsregelung kann Gegenstand einer **betrieblichen Übung** sein.[408] **Tarifverträge** können ohne Rücksicht auf Übertragungsgründe die Übertragung des Urlaubs auf das kommende Jahr regeln. So enthielten der BAT und der BMT-G gestaffelte Übertragungsfristen (weniger weitreichend nunmehr § 26 II lit. a TVöD).[409] Ein Tarifvertrag kann bestimmen, dass die Verlängerung des Übertragungszeitraums bis zum 30.6. des auf das Urlaubsjahr folgenden Kalenderjahres ausgeschlossen ist, wenn der AN im Urlaubsjahr an weniger Tagen gearbeitet hat, als ihm tarifvertraglich Urlaubstage zustehen. Es bleibt 92

[399] BAG 23.6.1992 AP Nr. 22 zu § 1 BUrlG = NZA 1993, 360.
[400] BAG 13.5.1982 AP Nr. 4 zu § 7 BUrlG Übertragung; 5.12.1995 AP Nr. 70 zu § 7 BUrlG Abgeltung = NZA 1996, 594.
[401] Vgl. BAG 24.11.1992 AP Nr. 23 zu § 1 BUrlG = NZA 1993, 423.
[402] BAG 7.11.1985 AP Nr. 8 zu § 7 BUrlG Übertragung = NZA 1986, 393; 7.12.1993 AP Nr. 15 zu § 7 BUrlG = NZA 1994, 802.
[403] Vgl. BAG 25.8.1987 AP Nr. 36 zu § 7 BUrlG Abgeltung = NZA 1988, 283.
[404] BAG 10.2.2004 AP Nr. 27 zu § 7 BUrlG Übertragung = NZA 2004, 986; ErfK/*Gallner* BUrlG § 7 Rn. 64.
[405] BAG 15.11.1973 AP Nr. 11 zu § 11 BUrlG; anders dagegen mit Recht BAG 19.1.1999 AP Nr. 67, 68 zu § 1 TVG Tarifverträge: Einzelhandel = NZA 1999, 832, 1223.
[406] BAG 29.11.1984 AP Nr. 22 zu § 7 BUrlG Abgeltung = NZA 1985, 598.
[407] BAG 19.3.2019 AP Nr. 111 zu § 7 BUrlG Abgeltung = NZA 2019, 1046.
[408] BAG 21.6.2005 AP Nr. 11 zu § 55 InsO.
[409] Vgl. § 53 MTB II; § 47 VII BAT; dazu BAG 31.5.1990 AP Nr. 12 zu § 9 BUrlG.

dann bei der gesetzlichen Übertragungsregelung des § 7 III BUrlG.[410] Sieht ein Tarifvertrag vor, dass der wegen Arbeitsunfähigkeit nicht genommene Urlaub in das Folgejahr übertragen wird, wiederholt sich dieser Vorgang, wenn der AN auch im Folgejahr fortlaufend krank ist.[411] Durch Tarifvertrag kann dagegen nicht bestimmt werden, dass nur aus dringenden betrieblichen Gründen eine Übertragung des nicht gewährten Urlaubs auf das nächste Jahr möglich ist. Eine solche Regelung ist gem. § 13 I 1 iVm §§ 1 und 3 I BUrlG unwirksam, soweit sie den gesetzlichen Mindesturlaubsanspruch trotz der Unmöglichkeit der Inanspruchnahme wegen Krankheit am Jahresende zum Erlöschen bringen soll.[412]

93 **6. Abgeltungsverbot im fortbestehenden Arbeitsverhältnis – Altersteilzeit.** Durch Tarifvertrag kann auch für den Fall einer **langandauernden Erkrankung** im fortbestehenden Arbeitsverhältnis grundsätzlich nicht die Abgeltung von Urlaubsansprüchen vorgesehen werden.[413] Das gilt regelmäßig auch für tariflichen Mehrurlaub, sofern die Tarifvertragsparteien nichts anderes vereinbart haben,[414] und bei einem Übergang von der Arbeits- in die Freistellungsphase bei einer **Altersteilzeit im Blockmodell.** Hierdurch wird das Arbeitsverhältnis nicht beendet (zur Berechnung des Urlaubsanspruchs → Rn. 47a). Eine Abgeltung der Urlaubsansprüche, die zum Zeitpunkt des Übergangs noch nicht erfüllt sind, scheidet deshalb nach § 7 IV BUrlG aus.[415] Hat der AG – im Einverständnis des AN – entgegen dem bestehenden Abgeltungsverbot anstelle der Urlaubserteilung eine höhere Vergütung gezahlt oder den Urlaub abgegolten, ist damit der Urlaubsanspruch nicht erfüllt. Der AN kann daher grundsätzlich den Urlaubsanspruch weiterhin geltend machen, soweit er noch nicht wegen des Ablaufs des Kalenderjahres bzw. des Übertragungszeitraums verfallen ist. Die gezahlte Urlaubsabgeltung kann nach Auffassung des BAG nicht zurückgefordert werden (§§ 814, 817 I BGB).[416] Soweit das BAG in der Vergangenheit eine Abgeltung ausnahmsweise als zulässig erachtet hat, beruhte dies auf der inzwischen aufgegebenen Rechtsprechung zum Erlöschen des Urlaubsanspruchs bei langandauernder Arbeitsunfähigkeit mit Ablauf des Übertragungszeitraums. Unter Zugrundelegung der früheren Rechtsprechung schaffte der Tarifvertrag mit dem Abgeltungsanspruch in diesen Fällen eine nach dem BUrlG nicht vorgesehene zusätzliche Leistung des AG als Ersatz für einen Urlaubsanspruch, der bereits wegen Zeitablaufs erloschen war.[417] Die Tarifregelung wich damit zugunsten des AN vom Gesetz ab. Davon kann nunmehr nicht mehr ohne Weiteres ausgegangen werden, weil nach heutigem Verständnis der Urlaubsanspruch in diesem Fall erst 15 Monate nach dem Ende des Urlaubsjahres erlischt (→ Rn. 85). Allein für den nach dieser Maßgabe verfallenden Urlaubsanspruch kommt eine Regelung über die Abgeltung im bestehenden Arbeitsverhältnis in Betracht. Ein solches Gesetzesverständnis entspricht auch dem Unionsrecht.[418] Insoweit darf nicht außer Acht bleiben, dass nach Auffassung des EuGH gem. Art. 7 II RL 2003/88/EG der Mindesturlaubsanspruch außer bei Beendigung des Arbeitsverhältnisses nicht durch eine finanzielle Leistung ersetzt werden darf. Dadurch soll sichergestellt werden, dass der AN über eine tatsächliche Ruhezeit verfügt.[419]

94 **7. Schadensersatz.** Hat der AN seinen Urlaubsanspruch rechtzeitig erfolglos geltend gemacht (→ Rn. 71) und damit den AG in Verzug gesetzt und hat der AG die Erfüllung rechtswidrig und schuldhaft verweigert, steht dem AN als Schadensersatz ein Ersatzurlaubsanspruch zu, der im Wege der **Naturalrestitution** durch Freistellung zu erfüllen ist (§§ 275 I und IV,

[410] BAG 18.2.2003 AP Nr. 2 zu § 1 TVG Tarifverträge: Krankenkassen.
[411] BAG 20.6.1996 AP Nr. 144 zu § 1 TVG Tarifverträge: Metallindustrie = NZA 1997, 839.
[412] BAG 5.8.2014 AP Nr. 31 zu § 7 BUrlG Übertragung = NZA 2015, 625.
[413] BAG 27.5.1997 AP Nr. 74 zu § 7 BUrlG Abgeltung = NZA 1998, 106; 9.8.1994 AP Nr. 65 zu § 7 BUrlG Abgeltung = NZA 1995, 230; 26.5.1992 AP Nr. 58 zu § 7 BUrlG Abgeltung = NZA 1993, 29; zur Abgeltung eines wegen langandauernder Erkrankung im bestehenden Arbeitsverhältnis erloschenen Urlaubsanspruchs vgl. BAG 14.3.2006 AP Nr. 90 zu § 7 BUrlG Abgeltung = NZA 2006, 1232; 24.11.1992, 3.5.1994 AP Nr. 61, 64 zu § 7 BUrlG Abgeltung; dazu auch BAG 27.5.2003 EzA Nr. 9 zu § 7 BUrlG Abgeltung.
[414] BAG 20.4.2012 AP Nr. 58 zu § 7 BUrlG = NZA 2012, 982.
[415] BAG 16.5.2017 AP Nr. 105 zu § 7 BUrlG Abgeltung = NZA 2017, 1056;16.10.2012 AP Nr. 98 zu § 7 BUrlG Abgeltung = NZA 2013, 575; 15.3.2005 AP Nr. 31 zu § 7 BUrlG = NZA 2005, 994.
[416] Vgl. hierzu BAG 7.12.1956 AP Nr. 1 zu § 817 BGB.
[417] BAG 14.3.2006 AP Nr. 90 zu § 7 BUrlG Abgeltung = NZA 2006, 1232.
[418] EuGH 21.2.2013 AP Nr. 11 zu Richtlinie 2003/88/EG = NZA 2013, 369 – Maestre García.
[419] EuGH 16.3.2006 AP Nr. 2 zu Richtlinie 93/104/EG = NZA 2006, 481 – Robinson-Steele; ebenso EuGH 20.1.2009 AP Nr. 1 zu Richtlinie 2003/88/EG = NZA 2009, 135 – Schultz-Hoff.

280 I, 283, 286, 287 S. 2, 249 I BGB).[420] Dieser Anspruch ist auf bezahlte Freistellung zu den bisherigen Bedingungen gerichtet.[421] Er unterliegt – mit Ausnahme des Fristenregimes – hinsichtlich Inanspruchnahme und Abgeltung den Modalitäten des verfallenen Urlaubsanspruchs.[422] Ein Schadensersatz in Geld (§ 251 I BGB) wegen des verfallenen Urlaubs vor der rechtlichen Beendigung des Arbeitsverhältnisses ist ausgeschlossen. Ein solcher Anspruch wäre faktisch eine nicht zulässige Abgeltung von Urlaub während des bestehenden Arbeitsverhältnisses.[423] Einer Mahnung zur Begründung des Verzugs bedarf es nach § 286 II Nr. 3 BGB nicht, wenn der AG unmissverständlich und eindeutig zum Ausdruck bringt, er verweigere den Anspruch auf Urlaubsgewährung endgültig.[424] Hiervon ist auszugehen, wenn der AG nach einer von ihm erklärten Kündigung den Bestand des Arbeitsverhältnisses in Abrede und trotz einer entsprechenden Aufforderung des AN den verlangten Urlaub nicht erteilt.[425] Der Schadensersatzanspruch setzt voraus, dass die Urlaubsgewährung während des Verzugs des AG unmöglich geworden ist. Das ist nicht der Fall, wenn der Urlaubsanspruch zum Zeitpunkt der Geltendmachung des Schadensersatzanspruchs bereits nach § 7 III BUrlG bzw. wirksamen tarifvertraglichen Befristungsregelungen verfallen war.[426] Endet das Arbeitsverhältnis vor Erfüllung des Schadensersatzanspruchs, wird die nach § 249 I BGB zunächst geschuldete Gewährung von Ersatzurlaub unmöglich. Der AG hat den AN dann gem. § 251 I BGB in Geld zu entschädigen.[427] Der Schadensersatzanspruch unterliegt weder der gesetzlichen (§ 7 III BUrlG) noch einer tariflichen Befristung, jedoch nach bisheriger Rechtsprechung der regelmäßigen dreijährigen **Verjährungsfrist** des § 195 BGB.[428] Ob hieran nach der neueren Rechtsprechung des EuGH zum Erlöschen von Urlaubsansprüchen (→ Rn. 8)[429] weiter festgehalten werden kann, ist umstritten.[430] **Ausschlussfristen** sind auf den Schadensersatzanspruch **nicht anwendbar.** Denn der AN erhält nur dann Naturalrestitution, wenn er auch im Hinblick auf vereinbarte Ausschlussfristen so gestellt wird, als sei der von ihm rechtzeitig verlangte und vom AG nicht gewährte Urlaub am Ende des Urlaubsjahres oder des Übertragungszeitraums nicht erloschen. Dies schließt die Geltung von Ausschlussfristen für den Ersatzurlaubsanspruch aus, der als Schadensersatz an die Stelle des erloschenen Urlaubsanspruchs tritt.[431]

8. Vorläufige Weiterbeschäftigung nach Kündigung. Wird ein gekündigter AN zur Erfüllung des Beschäftigungsanspruchs einvernehmlich weiterbeschäftigt, richtet sich die Urlaubserteilung wie das Urlaubsentgelt nach Vertragsrecht. Wird er dagegen zB zur Abwendung der Zwangsvollstreckung beschäftigt, hat er bei Wirksamkeit der Kündigung nach der Rechtsprechung des BAG nur einen Wertersatzanspruch (§§ 812 I 1, 818 BGB). Der Wert der Arbeit bestimmt sich entsprechend der üblichen Vergütung. Nicht zu ersetzen ist hiernach ein für die Dauer der Weiterbeschäftigung nicht erteilter Urlaub.[432] 95

9. Arbeitskampf. Während eines Arbeitskampfs kann AN, die streiken oder ausgesperrt sind, kein Urlaub erteilt werden. Durch die Teilnahme an einem rechtmäßigen Streik werden die Hauptpflichten aus dem Arbeitsverhältnis suspendiert.[433] Ein an einem Streik teilnehmender AN kann den Urlaub nur dann wirksam geltend machen, wenn er sich zumindest vorübergehend zur Wiederaufnahme der Arbeit bereit erklärt.[434] Hat der AG die Urlaubszeit bereits vor dem 96

---

[420] BAG 25.8.2020 AP Nr. 98 zu § 7 BUrlG = NZA 2021, 217; 19.1.2016 AP Nr. 79 zu § 7 BUrlG = NZA-RR 2016, 235; 3.6.2014 NZA 2015, 123; 6.8.2013 AP Nr. 69 zu § 7 BUrlG = NZA 2014, 545; 20.4.2012 AP Nr. 58 zu § 7 BUrlG = NZA 2012, 982; ErfK/*Gallner* BUrlG § 7 Rn. 40.
[421] BAG 16.5.2017 AP Nr. 105 zu § 7 BUrlG Abgeltung = NZA 2017, 1056.
[422] BAG 19.6.2018 AP Nr. 82 zu § 7 BUrlG = NZA 2018, 1480.
[423] BAG 16.5.2017 AP Nr. 105 zu § 7 BUrlG Abgeltung = NZA 2017, 1056.
[424] Dazu BAG 15.10.2013 AP Nr. 70 zu § 7 BUrlG = NZA-RR 2014, 234; 14.5.2013 DB 2013, 2155; 13.12.2011 AP Nr. 57 zu § 7 BUrlG.
[425] BAG 6.8.2013 AP Nr. 69 zu § 7 BUrlG = NZA 2014, 545.
[426] BAG 12.11.2013 NZA 2014, 383; 18.2.2003 AP Nr. 2 zu § 1 TVG Tarifverträge: Krankenkassen = NZA 2004, 52.
[427] BAG 11.4.2006 AP Nr. 28 zu § 7 BUrlG Übertragung; 26.6.1986 AP Nr. 5 zu § 44 SchwbG = NZA 1987, 98.
[428] BAG 11.4.2006 AP Nr. 28 zu § 7 BUrlG Übertragung.
[429] EuGH 29.11.2017 AP Nr. 23 zu Richtlinie 2003/88/EG = NZA 2017, 1591 – King.
[430] Dazu *Bayreuther* NZA 2018, 24 (25).
[431] BAG 19.6.2018 AP Nr. 82 zu § 7 BUrlG = NZA 2018, 1480.
[432] BAG 10.3.1987 AP Nr. 1 zu § 611 BGB Weiterbeschäftigung = NZA 1987, 373.
[433] BAG GS 21.4.1971 AP Nr. 43 zu Art. 9 GG Arbeitskampf.
[434] BAG 24.9.1996 AP Nr. 22 zu § 7 BUrlG = NZA 1997, 507.

Beginn eines Streiks festgelegt oder beginnt ein Streik erst während des Urlaubs, wird der Urlaub davon nicht berührt.[435]

XII. Urlaubsvergütung

97 **1. Urlaubsentgelt und Urlaubsgeld.** Zu unterscheiden sind das Urlaubsentgelt und das Urlaubsgeld. Urlaubsentgelt ist das für die Dauer des Urlaubs fortgezahlte Arbeitsentgelt. Urlaubsgeld ist eine zusätzliche aufgrund eines Tarifvertrags oder Einzelvertrags gewährte Vergütung (→ Rn. 117 ff.). Während des Erholungsurlaubs ist gem. § 1 BUrlG, § 611a II BGB die Vergütung fortzuzahlen.[436] § 1 BUrlG entspricht insoweit der Regelung in Art. 7 I RL 2003/88/EG und ist damit einer unionsrechtskonformen Auslegung zugänglich.[437] Nach der Rechtsprechung des EuGH muss der AN während der Urlaubs das gewöhnliche Arbeitsentgelt erhalten (→ Rn. 5).[438] Dabei ist jede Leistung, die mit der Erfüllung der dem AN nach seinem Arbeitsvertrag obliegenden Aufgaben verbunden ist und durch einen in die Berechnung des Gesamtentgelts des AN eingehenden Geldbetrag abgegolten wird, zwingend Teil des Urlaubsentgelts. Fortzuzahlen sind auch diejenigen Entgeltbestandteile, die an die persönliche und berufliche Stellung des AN anknüpfen.[439] Allein Entgeltbestandteile, die ausschließlich gelegentlich anfallende Kosten oder Nebenkosten decken sollen, die bei der Erfüllung der dem AN nach seinem Arbeitsvertrag obliegenden Aufgaben entstehen, können unberücksichtigt bleiben.[440] Dieser Grundsatz ist gem. § 13 I BUrlG zum Nachteil des AN – auch tariflich[441] – unabdingbar. Abdingbar ist allerdings der für die Berechnung des Geldwerts der ausgefallenen Arbeitszeit maßgebliche § 11 BUrlG (dazu → Rn. 101 ff.).[442] Das in § 13 I 1 iVm § 1 BUrlG enthaltene Abweichungsverbot sichert dem AN einen Anspruch auf Vergütung und Abgeltung der während des Mindesturlaubs ausfallenden Arbeitsstunden. Unabdingbar iSv § 13 I 1 BUrlG ist im Übrigen nur die Vergütung oder die Abgeltung für den gesetzlichen Mindesturlaub von 24 Werktagen. Der tarifliche Mehrurlaub bleibt hiervon unberührt. Die Tarifvertragsparteien können deshalb die Urlaubsvergütung für den Urlaub, der den von Art. 7 I RL 2003/88/EG gewährleisteten und von §§ 1, 3 I BUrlG begründeten Anspruch auf Mindestjahresurlaub von vier Wochen übersteigt, grundsätzlich frei regeln.[443] Die gesetzlichen Bestimmungen kommen allerdings dann wieder zur Geltung, wenn hinsichtlich des Mehrurlaubs eigenständige Regelungen fehlen (→ Rn. 12).[444]

98 **2. Berechnung des Urlaubsentgelts.** Es sind drei Berechnungsmethoden denkbar, nämlich das Lohnausfallprinzip, bei dem das Entgelt fortzuzahlen ist, das der AN verdient hätte, wenn er gearbeitet hätte; das Referenzprinzip, wonach dem AN die Durchschnittsvergütung, die er in einer bestimmten Bezugsperiode verdient hat, weiterzuzahlen ist, und die abstrakte Berechnungsmethode, bei der die Vergütung für eine regelmäßige oder tarifliche Arbeitszeit je Urlaubstag weiterzuzahlen ist. Alle Berechnungsmethoden kommen in der Praxis vor, da sie tariflich, nicht aber einzelvertraglich gewählt werden können.[445] Das Lebensstandardprinzip hat keine Bedeutung mehr.[446] Dem Gesetz liegt ein **modifiziertes Referenzprinzip** zugrunde:[447] Gem. § 1 BUrlG hat jeder AN Anspruch auf „bezahlten" Urlaub, dh auf Vergütung der infolge der Freistellung ausfallenden Arbeitszeiten (sog. Zeitfaktor). Wie diese Zeit zu vergüten ist, bestimmt sich nach dem in § 11 I BUrlG geregelten Geldfaktor.[448]

---

[435] BAG 9.2.1982 AP Nr. 16 zu § 11 BUrlG; 31.5.1988 AP Nr. 58 zu § 1 FeiertagslohnzahlungsG.
[436] BAG 20.6.2000 AP Nr. 28 zu § 7 BUrlG; 22.2.2000 AP Nr. 171 zu § 1 TVG Tarifverträge: Metallindustrie = NZA 2001, 268; 24.11.1992 AP Nr. 34 zu § 11 BUrlG = NZA 1993, 750.
[437] BAG 5.8.2014 AP Nr. 31 zu § 7 BUrlG Übertragung = NZA 2015, 625.
[438] EuGH 22.5.2014 AP Nr. 13 zu Richtlinie 2003/88/EG = NZA 2014, 593 – Lock.
[439] EuGH 15.9.2011 AP Nr. 5 zu Richtlinie 2003/88/EG = NZA 2011, 1167 – Williams.
[440] BAG 20.9.2016 AP Nr. 73 zu § 11 BUrlG = NZA 2017, 76; EuGH 22.5.2014 AP Nr. 13 zu Richtlinie 2003/88/EG = NZA 2014, 593 – Lock.
[441] BAG 22.2.2000 AP Nr. 171 zu § 1 TVG Tarifverträge: Metallindustrie = NZA 2001, 268; 9.11.1999 AP Nr. 47 zu § 11 BUrlG = NZA 2000, 1335.
[442] BAG 3.12.2002 AP Nr. 57 zu § 11 BUrlG; 22.1.2002 AP Nr. 55 zu § 11 BUrlG = NZA 2002, 1041.
[443] BAG 10.12.2013 AP Nr. 71 zu § 11 BUrlG.
[444] BAG 21.9.2010 AP Nr. 68 zu § 11 BUrlG = NZA 2011, 805.
[445] BAG 19.9.1985 AP Nr. 21 zu § 13 BUrlG = NZA 1986, 471.
[446] ErfK/*Gallner* BUrlG § 11 Rn. 4.
[447] Vgl. ErfK/*Gallner* BUrlG § 11 Rn. 3; HWK/*Schinz* BUrlG § 11 Rn. 4.
[448] Vgl. BAG 21.9.2010 AP Nr. 68 zu § 11 BUrlG = NZA 2011, 805; 22.2.2000 AP Nr. 171 zu § 1 TVG Tarifverträge: Metallindustrie = NZA 2001, 268; 9.11.1999 AP Nr. 47 zu § 11 BUrlG = NZA 2000, 1335.

3. Zeitfaktor. a) Grundsatz. Der Zeitfaktor gibt die Dauer (nach Tagen bzw. Stunden) der durch den Urlaub konkret ausfallenden Arbeitszeit an.[449] Für diese Zeit erhält der AN Urlaubsentgelt. Die tatsächlich ausfallende Arbeitszeit an den einzelnen Urlaubstagen und nicht etwa die in den vergangenen 13 Wochen durchschnittlich geleistete Arbeitszeit ist damit für die Berechnung des Urlaubsentgelts maßgeblich.[450] Mehrarbeitsstunden, die am jeweiligen Urlaubstag angefallen wären, sind zu berücksichtigen.[451] Bei Teilzeitbeschäftigten hängt die Höhe des fortzuzahlenden Urlaubsentgelts von der Anzahl der Arbeitsstunden ab, die an den einzelnen Urlaubstagen ausfallen.[452] Ändert sich im Verlauf eines Kalenderjahres die Verteilung der Arbeitszeit auf weniger oder auch auf mehr Arbeitstage einer Kalenderwoche, verkürzt oder verlängert sich entsprechend die Dauer des dem AN zustehenden Urlaubs (näher dazu → Rn. 47). 99

b) Arbeitszeitkonto. Da § 1 BUrlG dem AN für die Dauer des gesetzlichen Mindesturlaubs den Anspruch auf Vergütung der infolge des Urlaubs ausfallenden Arbeitszeit aufrechterhält, sind in ein für den AN geführtes Arbeitszeitkonto die infolge der Freistellung ausgefallenen Soll-Arbeitsstunden als Ist-Stunden einzustellen.[453] Urlaubstage und -stunden sind Teil der effektiven Jahresarbeitszeit. Werden Ausfallzeiten dem AN nicht gutgeschrieben, bedeutet das nichts anderes, als dass ihm die hierfür zustehende Urlaubsvergütung vorenthalten wird.[454] Der durch den Urlaub ausfallende Teil der Arbeitszeit gehört zu dem unabdingbaren Teil der Bezahlung iSd §§ 1, 3 BUrlG. Die in § 1 BUrlG begründete Verpflichtung des AG, grundsätzlich alle infolge der Arbeitsbefreiung ausfallenden Arbeitsstunden zu vergüten, hat in § 11 I BUrlG keine einschränkende Regelung erfahren.[455] 100

4. Geldfaktor. a) Begriff. Der Geldfaktor gibt den Geldwert der konkret ausgefallenen Arbeitszeit an.[456] Er wird nach Maßgabe von § 11 I BUrlG berechnet. Hierfür ist es zwingend erforderlich, das berücksichtigungsfähige Entgelt im Referenzzeitraum durch die gesamte Anzahl der Arbeitsstunden zu teilen, in denen dieses Entgelt erzielt wurde.[457] Aus diesem Grund ist der Streit, ob wegen § 11 I 1 letzter Hs. BUrlG nur der **Mehrarbeitszuschlag** oder auch die **Mehrarbeitsvergütung** nicht zu berücksichtigen ist, zumeist nicht von praktischer Relevanz. Denn wenn das für die Mehrarbeit gezahlte Entgelt (ohne Zuschläge) berücksichtigt und bei der Arbeitszeit die Mehrarbeit ebenso einbezogen wird, ändert sich der Quotient nicht (zur Berücksichtigung der Zuschläge → Rn. 104).[458] Ein AN, der einen monatlich gleichbleibenden Arbeitsverdienst hat, erhält diesen Arbeitsverdienst als Urlaubsentgelt, wenn sich die Arbeitszeit während des Urlaubs nicht verändert und im Bezugszeitraum der letzten 13 Wochen vor dem Beginn des Urlaubs keine Änderungen bei der Verdiensthöhe eingetreten sind. 101

b) Berechnungszeitraum. Der Geldfaktor bestimmt sich gem. § 11 I 1 BUrlG nach dem durchschnittlichen Arbeitsverdienst im Berechnungszeitraum der letzten 13 Wochen vor Beginn des Urlaubs. Für die Bestimmung des Geldfaktors kommt es damit nicht auf den Durchschnittsverdienst der letzten drei Abrechnungsmonate vor dem Beginn des Urlaubs an.[459] Zwar wird die Arbeitsvergütung nur noch in äußerst seltenen Ausnahmefällen wöchentlich abgerechnet. Gleichwohl ist das Urlaubsentgelt nach der eindeutigen gesetzlichen Regelung in § 11 I 1 BUrlG nicht ungeachtet des Beginns des Urlaubs anhand der letzten drei abgerechneten Monatsvergütungen zu ermitteln.[460] Je nachdem, ob wöchentlich oder monatlich das Entgelt gezahlt wird, kann es bei der Bemessung des Entgelts zu unterschiedlichen Entgelthöhen kommen. Wird der Urlaub am 1. eines Monats angetreten, decken sich zwar der gesetzliche und der tarifliche Bezugszeitraum. Bei späterer Inanspruchnahme des Urlaubs ist das aber anders. Hat der AN 102

---

[449] BAG 15.12.2009 EzA Nr. 60 zu § 13 BUrlG; *Friese,* Urlaubsrecht, Rn. 381.

[450] BAG 8.11.2017 AP Nr. 168 zu § 37 BetrVG 1972 = NZA 2018, 528; 22.1.2002 AP Nr. 55 zu § 11 BUrlG = NZA 2002, 1041; ErfK/*Gallner* BUrlG § 11 Rn. 3.

[451] BAG 27.2.2018 AP Nr. 74 zu § 11 BUrlG; ausf. BAG 22.2.2000 AP Nr. 171 zu § 1 TVG Tarifverträge: Metallindustrie = NZA 2001, 268.

[452] BAG 15.11.1990 AP Nr. 11 zu § 2 BeschFG 1985 = NZA 1991, 346.

[453] BAG 19.6.2012 AP Nr. 51 zu § 13 BUrlG = NZA 2012, 1227.

[454] BAG 5.9.2002 AP Nr. 17 zu § 3 BUrlG Fünf-Tage-Woche = NZA 2003, 726.

[455] BAG 19.6.2012 AP Nr. 51 zu § 13 BUrlG = NZA 2012, 1227.

[456] ErfK/*Gallner* BUrlG § 11 Rn. 6; KassHdB/*Schütz* 2.4 Rn. 454.

[457] BAG 27.2.2018 AP Nr. 74 zu § 11 BUrlG; 10.12.2013 AP Nr. 71 zu § 11 BUrlG.

[458] BAG 8.11.2017 AP Nr. 168 zu § 37 BetrVG 1972 = NZA 2018, 528; 10.12.2013 AP Nr. 71 zu § 11 BUrlG; 22.2.2000 AP Nr. 171 zu § 1 TVG Tarifverträge: Metallindustrie; 9.11.1999 AP Nr. 47 zu § 11 BUrlG = NZA 2000, 1335.

[459] BAG 22.10.2019 AP Nr. 92 zu § 7 BUrlG = NZA 2020, 307.

[460] BAG 8.11.2017 AP Nr. 168 zu § 37 BetrVG 1972 = NZA 2018, 528; 10.12.2013 AP Nr. 71 zu § 11 BUrlG.

etwa in der ersten Hälfte eines Monats ein erhöhtes Einkommen und nimmt der AN drei Monate später in der zweiten Monatshälfte Urlaub, wäre dieses erhöhte Arbeitsentgelt bei einem Bezugszeitraum von drei abgerechneten Kalendermonaten in vollem Umfange einzubeziehen. Bei einer wöchentlichen Entgeltabrechnung wäre es hingegen nicht zu berücksichtigen.[461] Zu abweichenden Tarifregelungen → Rn. 110.

103 **c) Arbeitsverdienst.** Der Begriff „Arbeitsverdienst" in § 11 I BUrlG bezeichnet grundsätzlich die Gegenleistung, die der AG dem AN für die erbrachten Dienste im Berechnungszeitraum nach § 611a II BGB schuldet und zu vergüten hat.[462] Bei der Bestimmung der Bestandteile des Arbeitsverdienstes ist unter Berücksichtigung der Rechtsprechung des EuGH zu beachten, dass dem AN für die Zeit des Urlaubs das **gewöhnliche Arbeitsentgelt** erhalten zu bleiben hat. Es muss jede Unannehmlichkeit, die untrennbar mit der Erfüllung der dem AN nach seinem Arbeitsvertrag obliegenden Aufgaben verbunden ist und durch einen in die Berechnung des Gesamtentgelts des AN eingehenden Geldbetrag abgegolten wird, zwingend Teil des Betrags sein, auf den der AN während seines Jahresurlaubs Anspruch hat.[463] Zum Arbeitsverdienst gehören damit alle Vergütungsarten, wie beispielsweise Stunden-, Tage-, Wochen-, Monats-, Schicht- oder Jahresentgelt, sowie das Gehalt, welches üblicherweise für die Zeitdauer des Monats gezahlt und berechnet wird. Beim Akkordlohn ist auf den tatsächlich erzielten Verdienst und nicht auf die Akkordrichtsätze abzustellen. **Entgeltfortzahlung im Krankheitsfall** nach §§ 3, 4 EFZG ist berücksichtigungsfähiger Arbeitsverdienst, weil hierbei der vertragliche Vergütungsanspruch aufrechterhalten wird. Liegen im Berechnungszeitraum der letzten 13 Wochen nach § 2 EFZG entgeltfortzahlungspflichtige Feiertage, ist eine etwaige Vergütung für Mehrarbeit in Abzug zu bringen.[464] Zahlungen des AG, die **unabhängig von der tatsächlichen Arbeitsleistung** des AN monatlich erfolgen, sind in die Berechnung des Urlaubsentgelts nach § 11 I BUrlG ebenso wenig einzustellen wie Leistungen, die nicht im gesetzlichen Berechnungszeitraum anfallen, sondern auf das gesamte Jahr bezogen sind, weil es ansonsten zu einer vom Gesetz nicht gewollten doppelten Zahlung kommen würde.[465] Unberücksichtigt bleiben ferner Entgeltbestandteile, die ausschließlich **gelegentlich anfallende Kosten oder Nebenkosten** decken sollen, die bei der Erfüllung der dem AN nach seinem Arbeitsvertrag obliegenden Aufgaben entstehen.[466]

104 **Zulagen und Zuschläge** sind Arbeitsverdienst iSv § 11 BUrlG, wenn sie für besondere Gegebenheiten des Arbeitsverhältnisses gezahlt werden und nicht nur einen konkreten Aufwand ersetzen, der nur bei tatsächlicher Arbeitsleistung anfällt.[467] Das Unionsrecht verlangt grundsätzlich nicht, dass **Überstundenzuschläge** berücksichtigt werden. Aufgrund ihres Ausnahmecharakters sind sie grundsätzlich nicht Teil des gewöhnlichen Arbeitsentgelts iSv Art. 7 RL 2003/88/EG, das der AN beanspruchen kann. Nur dann, wenn der AN arbeitsvertraglich verpflichtet ist, Überstunden zu leisten, die weitgehend vorhersehbar und gewöhnlich sind und deren Vergütung einen wesentlichen Teil des gesamten Arbeitsentgelts ausmacht, das er in Ausübung seiner Berufstätigkeit erhält, ist die zusätzliche Vergütung für diese Überstunden bei der Bemessung des Urlaubsentgelts einzubeziehen.[468] Ist nach dem Tarifvertrag das Urlaubsentgelt nach dem konkreten Lohnausfallprinzip bemessen, sind Zuschläge auch während des Urlaubs zu zahlen. Das führt dazu, dass auch ein hundertprozentiger tariflicher Zuschlag für Arbeiten am 24.12. fortzuzahlen ist, wenn ein Schichtarbeiter an diesem Tag Urlaub hat.[469] Hat ein AN Rufbereitschaft zu leisten, ist das für Zeiten der tatsächlichen **Inanspruchnahme während einer Rufbereitschaft zustehende Entgelt** bei der Berechnung der Entgeltfortzahlung für Urlaubszeiten einzubeziehen.[470] Unberücksichtigt bleiben **vermögenswirksame Leistungen** (§ 13 5. VermBG). Würden diese in die

[461] BAG 5.11.2002 AP Nr. 7 zu § 1 TVG Tarifverträge: Brauereien.
[462] BAG 8.11.2017 AP Nr. 168 zu § 37 BetrVG 1972 = NZA 2018, 528; 21.9.2010 AP Nr. 323 zu Art. 3 GG; 24.11.1992 AP Nr. 34 zu § 11 BUrlG.
[463] EuGH 22.5.2014 AP Nr. 13 zu Richtlinie 2003/88/EG = NZA 2014, 593 – Lock; 15.9.2011 AP Nr. 5 zu Richtlinie 2003/88/EG = NZA 2011, 1167 – Williams; BAG 20.9.2016 AP Nr. 73 zu § 11 BUrlG = NZA 2017, 76.
[464] *Friese,* Urlaubsrecht, Rn. 353.
[465] BAG 10.12.2013 AP Nr. 71 zu § 11 BUrlG.
[466] EuGH 22.5.2014 AP Nr. 13 zu Richtlinie 2003/88/EG = NZA 2014, 593 – Lock; BAG 20.9.2016 AP Nr. 73 zu § 11 BUrlG = NZA 2017, 76.
[467] Vgl. BAG 3.4.2001 AP Nr. 37 zu § 1 TVG Tarifverträge: Druckindustrie (Nacht- und Sonntagszuschläge bei Überstunden); 13.2.1996 AP Nr. 19 zu § 47 BAT = NZA 1996, 1046 (Bereitschaftsdienstzulage); 12.1.1989 AP Nr. 13 zu § 47 BAT = NZA 1989, 758 (Nachtzulagen).
[468] EuGH 13.12.2018 AP Nr. 28 zu Richtlinie 2003/88/EG = NZA 2019, 47 – Hein.
[469] BAG 15.2.2005 EzA Nr. 8 zu § 4 TVG Chemische Industrie.
[470] BAG 20.9.2016 AP Nr. 73 zu § 11 BUrlG = NZA 2017, 76.

Berechnung der Urlaubsvergütung eingestellt, erhielte sie der AN im Ergebnis doppelt. Darüber hinaus kann der AN auch nicht die Zahlung der vermögenswirksamen Leistungen an ihn selbst verlangen.[471] **Bezahlte Pausen** sind bei der Berechnung der Urlaubsvergütung grundsätzlich zu berücksichtigen.[472] Für die Berechnung des Urlaubsentgelts eines **Betriebsratsmitglieds** sind bei der Ermittlung des durchschnittlichen Arbeitsentgelts auch die im Referenzzeitraum nach § 37 III BetrVG geleisteten Abgeltungszahlungen zu berücksichtigen.[473] Zum Arbeitsentgelt gehörende **Sachbezüge,** die während des Urlaubs nicht weitergewährt werden, sind gem. § 11 I 4 BUrlG in bar abzugelten. Hierzu gehören Kost, Heizung, Beleuchtung, Deputatkohle, Freibier usw., aber nicht die Wohnung, wenn sie aufrechterhalten bleibt. Die Abgeltung muss angemessen sein (§ 11 I 4 BUrlG). Als angemessen können die Sätze angenommen werden, die bei der Steuerfestsetzung oder der Beitragsbemessung zur Sozialversicherung nach der SvEV zugrunde gelegt werden (→ § 68 Rn. 25).[474]

Bei **erfolgsabhängiger Vergütung** (Akkord, Prämien, Provisionen) ist auf den tatsächlich erzielten Verdienst abzustellen.[475] Prämien, die als Gegenleistung für erbrachte Arbeitsleistungen bezahlt werden und keine davon unabhängige Einmalzahlungen darstellen, sind zu berücksichtigen. Hiervon kann auch nicht durch Tarifvertrag abgewichen werden, und zwar auch dann nicht, wenn dem AN durch den Tarifvertrag ein Anspruch auf Urlaubsgeld eingeräumt wird.[476] Ein solches Verständnis verlangt auch Art. 7 RL 2003/88/EG.[477] Einem auf Provisionsbasis angestellten AN ist mithin der Durchschnitt der in den letzten drei Monaten verdienten Provisionen weiterzuzahlen. Unberücksichtigt bleiben Umsatzprovisionen, die trotz Wegfalls der Arbeitsleistung im Urlaub weitergezahlt werden, Superprovisionen, die der Vertreter für Geschäfte erhält, die von Dritten vermittelt werden, Provisionen, die für das gesamte Jahr gezahlt werden, sowie Bezirksprovisionen.[478] Hierbei handelt es sich zwar um Arbeitsverdienst.[479] Gleichwohl bleiben diese Zahlungen bei der Berechnung des Urlaubsentgelts außer Betracht, weil diese Leistungen nicht Gegenleistung für eine in dem Berechnungszeitraum erbrachte Arbeitsleistung des AN sind.[480] Sie sind vielmehr eine Gegenleistung für die Gesamtleistung des AN im laufenden Jahr bzw. beruhen auf Arbeitsleistungen Dritter. Diese Provisionen entfallen auch nicht wegen des Urlaubs. Ihre Berücksichtigung würde deshalb zu einer Doppelleistung des AG führen.[481] Ist vereinbart, dass der AG auf die erwarteten Provisionen monatlich Vorschüsse leistet und später abrechnet, sind entsprechend der Vereinbarung die in den letzten drei vollen Kalendermonaten vor Urlaubsbeginn nach § 87a I 1 HGB fällig gewordenen Provisionsansprüche zugrunde zu legen.[482] 105

Unberücksichtigt bleiben ebenso Einmalleistungen wie **Gratifikationen, Tantiemen, Gewinnbeteiligungen** sowie **Jubiläumsgelder.** Auch hierbei handelt es sich nicht um Gegenleistungen für eine in dem Berechnungszeitraum erbrachte Arbeitsleistung des AN.[483] Unberücksichtigt bleiben ferner **Aufwandsentschädigungen**[484] und **Spesen,** auch wenn sie pauschaliert werden, da diese einen tatsächlich entstandenen Aufwand voraussetzen.[485] Anderes gilt nur dann, wenn sie ein verstecktes Entgelt enthalten (→ § 98 Rn. 85) oder der Aufwand auch während des Urlaubs anfällt. Bei der Berechnung des Geldfaktors zu berücksichtigen sind die vereinbarten **Bedienungsprozente.**[486] Von den Gästen bezahlte **Trinkgelder** bleiben dagegen außer Betracht, weil es sich hierbei nicht um Gegenleistungen des AG handelt.[487] Leistungsprä- 106

[471] BAG 10.12.2013 AP Nr. 71 zu § 11 BUrlG; 17.1.1991 AP Nr. 30 zu § 11 BUrlG.

[472] BAG 23.1.2001 AP Nr. 22 zu § 1 TVG Tarifverträge: Holz; 31.1.1991 AP Nr. 31 zu § 11 BUrlG = NZA 1991, 780.

[473] Näher BAG 8.11.2017 AP Nr. 168 zu § 37 BetrVG 1972 = NZA 2018, 528 sowie 11.1.1995 AP Nr. 103 zu § 37 BetrVG 1972 = NZA 1996, 105.

[474] Dazu *Marschner* AR-Blattei SD 1380.

[475] *Friese,* Urlaubsrecht, Rn. 337; HWK/*Schinz* BUrlG § 11 Rn. 13.

[476] BAG 15.12.2009 EzA Nr. 60 zu § 13 BUrlG.

[477] EuGH 22.5.2014 AP Nr. 13 zu Richtlinie 2003/88/EG = NZA 2014, 593 – Lock; näher dazu *Franzen* NZA 2014, 647; *Pötters* EuZW 2014, 551; *Schinz* EuZA 2015, 92.

[478] BAG 11.4.2000 AP Nr. 48 zu § 11 BUrlG = NZA 2001, 153.

[479] Vgl. BAG 14.3.1966, 5.2.1970, 23.4.1996 AP Nr. 3, 7, 40 zu § 11 BUrlG.

[480] BAG 24.11.1992 AP Nr. 34 zu § 11 BUrlG = NZA 1993, 750.

[481] Dazu *Friese,* Urlaubsrecht, Rn. 348.

[482] BAG 11.4.2000 AP Nr. 48 zu § 11 BUrlG = NZA 2001, 153.

[483] Vgl. BAG 26.6.2002 EzA Nr. 51 zu § 4 EFZG Tarifvertrag.

[484] BAG 12.12.2001 AP Nr. 65 zu § 612 BGB = NZA 2002, 1338; 9.12.1965 AP Nr. 2 zu § 11 BUrlG.

[485] BAG 26.6.2002 EzA Nr. 51 zu § 4 EFZG Tarifvertrag.

[486] BAG 13.11.1959 AP Nr. 54 zu § 611 BGB Urlaubsrecht; 2.3.1961 AP Nr. 3 zu § 1 UrlaubsG Württemberg-Baden.

[487] ErfK/*Gallner* BUrlG § 11 Rn. 10.

mien, wie zB **Einsatz- und Spielprämien** im Berufsfußball, sind bei der Berechnung des gesetzlichen Urlaubsanspruchs zu berücksichtigen, weil sie eine Form der Leistungsentlohnung sind.[488] Dagegen bleiben einmalige Prämien, die keine laufende Arbeitsleistung vergüten, unberücksichtigt.[489]

107 **d) Verdienstkürzungen.** Kommt es im Berechnungszeitraum zu Verdienstkürzungen infolge von Kurzarbeit, Arbeitsausfällen oder unverschuldeter Arbeitsversäumnis, bleiben die damit verbundenen Einkommenseinbußen bei der Berechnung des Urlaubsentgelts nach § 11 I 3 BUrlG außer Betracht. Bei **Kurzarbeit** ist der AN so zu stellen, als ob keine Kurzarbeit angeordnet worden wäre.[490] Für die entsprechenden Ausfalltage ist damit das gewöhnliche Arbeitsentgelt in den Geldfaktor einzustellen.[491] Nur dies entspricht den Anforderungen des Unionsrechts.[492] **Dauerhafte Verdienstminderungen,** die erst während des Urlaubs – beispielsweise durch Übertragung einer geringer vergüteten Tätigkeit – eintreten, sind gleichfalls nicht zu berücksichtigen.[493] Bei der Beurteilung des Begriffs „unverschuldet" gelten die zur Entgeltfortzahlung im Krankheitsfall aufgezeigten Grundsätze entsprechend (dazu → § 98 Rn. 30 ff.). Bummelzeiten sind verschuldete Arbeitsversäumnis und mindern daher das Urlaubsentgelt.

108 **e) Verdiensterhöhungen.** Sind während des Bezugszeitraums zB infolge einer Steigerung des Tariflohns nicht nur vorübergehend Verdiensterhöhungen eingetreten, ist vom erhöhten Verdienst auszugehen (§ 11 I 2 BUrlG). Der AG hat den erhöhten Arbeitsverdienst dem gesamten Referenzzeitraum zugrunde zu legen. Mit dieser fiktiven Berechnung wird erreicht, dass sämtliche urlaubsbedingt ausfallenden Arbeitsstunden mit dem erhöhten Arbeitsentgelt zu vergüten sind.[494] Eine Verdiensterhöhung liegt auch beim Aufstieg in eine höhere Vergütungsgruppe (Aufstieg zum Meister, usw.) oder beim Übergang von einem Ausbildungs- in ein Arbeitsverhältnis vor.[495] Rechnerisch ist in der Weise zu verfahren, dass für die gesamte Dauer des Bezugszeitraums eine Entgeltberechnung nach dem erhöhten Verdienst vorzunehmen ist.[496] Die Änderung des Arbeitsverhältnisses von einem Teilzeit- zu einem Vollzeitarbeitsverhältnis betrifft dagegen nicht den Geldfaktor, sondern nur den Zeitfaktor.

109 **5. Berechnungsformel.** Die Berechnungsformel für das Urlaubsentgelt in der Sechstagewoche lautet: Arbeitsverdienst – ggf. gem. § 11 I 1 und 2 BUrlG bereinigt – der letzten 13 Wochen geteilt durch 78 Werktage multipliziert mit der Anzahl der Urlaubstage (zur Fünftagewoche → Rn. 112).[497] Im Arbeitsvertrag können keine Berechnungsformen vereinbart werden, durch die zum Nachteil des AN von vorstehenden Berechnungsgrundsätzen abgewichen wird.[498] Besonderheiten können sich bei der Berechnung des Urlaubsentgelts im öffentlichen Dienst ergeben.[499]

110 **6. Tarifvertragliche Regelungen. a) Grundsatz.** Die Tarifvertragsparteien können nach Maßgabe des § 13 I 1 BUrlG auch zuungunsten der AN von § 11 BUrlG abweichen. Sie sind danach grundsätzlich frei, jede ihnen als angemessen erscheinende Berechnungsmethode zu wählen und zu pauschalieren. Es muss jedoch hinsichtlich des unabdingbaren gesetzlichen Mindesturlaubsanspruchs (§ 3 BUrlG) sichergestellt sein, dass der AN ein Urlaubsentgelt erhält, wie er es bei Weiterarbeit ohne Urlaubsgewährung voraussichtlich hätte erwarten können.[500] Bei der Prüfung der Frage, ob die Tarifvertragsparteien Regelungen getroffen haben, die sich im Rahmen des § 13 I BUrlG halten, ist abstrakt darauf abzustellen, ob die Gesamtheit der tariflichen Regelungen, die die Höhe des Urlaubsentgelts bestimmen (Zeit- und Geldfaktor), die aufgezeigten Grenzen überschreitet oder nicht. Dabei sind die **unionsrechtlichen Vorgaben** zur Bestim-

---

[488] BAG 23.4.1996 AP Nr. 40 zu § 11 BUrlG = NZA 1996, 1207; 24.11.1992 AP Nr. 34 zu § 11 BUrlG = NZA 1993, 750.
[489] BAG 19.9.1985 AP Nr. 21 zu § 13 BUrlG = NZA 1986, 471.
[490] BAG 27.6.1978 AP Nr. 15 zu § 11 BUrlG.
[491] MHdB ArbR/*Klose* § 87 Rn. 36.
[492] EuGH 13.12.2018 AP Nr. 28 zu Richtlinie 2003/88/EG = NZA 2019, 47 – Hein.
[493] BAG 20.9.2000 AP Nr. 17 zu § 11 MuSchG = NZA 2001, 657.
[494] BAG 5.9.2002 AP Nr. 56 zu § 11 BUrlG = NZA 2003, 873.
[495] BAG 29.11.1984 AP Nr. 22 zu § 7 BUrlG Abgeltung = NZA 1985, 598.
[496] BAG 9.12.1965 AP Nr. 2 zu § 11 BUrlG; zu tariflichen Besonderheiten BAG 17.11.1998 AP Nr. 2 zu § 1 TVG Tarifverträge: Klempnerhandwerk = NZA 1999, 773.
[497] Vgl. BAG 24.11.1992 AP Nr. 34 zu § 11 BUrlG = NZA 1993, 750.
[498] BAG 21.3.1985 AP Nr. 11 zu § 13 BUrlG Unabdingbarkeit = NZA 1986, 25.
[499] Vgl. BAG 21.4.1988, 13.2.1996 AP Nr. 11, 19 zu § 47 BAT.
[500] BAG 21.9.2010 AP Nr. 68 zu § 11 BUrlG = NZA 2011, 805; 23.2.2010 ZTR 2010, 367.

mung des gewöhnlichen Arbeitsentgelts stets im Blick zu behalten (→ Rn. 103).[501] Nicht einzubeziehen in diesen abstrakten Günstigkeitsvergleich sind über das BUrlG hinaus gewährte zusätzliche Leistungen, wie zB ein zusätzliches Urlaubsgeld oder eine die Mindestdauer überschießende Anzahl von Urlaubstagen.[502] In Tarifverträgen kann nicht bestimmt werden, dass Verdienstkürzungen, die im Referenzzeitraum dadurch eintreten, dass an bestimmten Tagen aufgrund von Kurzarbeit keine tatsächliche Arbeitsleistung erbracht wird, bei der Berechnung der Urlaubsvergütung berücksichtigt werden. Dies hätte zur Folge, dass der AN für die Dauer des ihm zustehenden Mindesturlaubs eine Urlaubsvergütung erhält, die geringer ist als das gewöhnliche Arbeitsentgelt, das er in Arbeitszeiträumen erhält.[503]

b) Tarifregelungen. Die Tarifvertragsparteien können bei der Berechnung des Geldfaktors vom Referenzprinzip zugunsten des Lohnausfallprinzips abweichen.[504] Behalten sie das Referenzprinzip bei, können sie den **Referenzzeitraum verlängern.** Ein Referenzzeitraum von zwölf Monaten ist auch dann unbedenklich, wenn das für den gesetzlichen Mindesturlaub zu zahlende Entgelt betroffen ist.[505] Auch andere abweichende Regelungen, insbesondere zur Vereinfachung der Berechnung durch **Pauschalierung** von variablen Lohnbestandteilen sind zulässig, selbst wenn im Einzelfall eine Verringerung des Entgeltanspruchs eintreten kann. Überschritten wird der Gestaltungsspielraum mit der zielgerichteten Herausnahme fester Vergütungsbestandteile, wie etwa bei der Herausnahme von Zuschlägen für die Lage der Arbeitszeit, die nicht bloß der Abgeltung eines besonderen Aufwands dienen, oder wenn krankheitsbedingte Verdienstausfälle anspruchsmindernd zu berücksichtigen sind.[506] Werden die Zeiten der tatsächlichen **Inanspruchnahme während der Rufbereitschaft** bei der Berechnung des Urlaubs nicht berücksichtigt, wird dem AN das hierfür zustehende Urlaubsentgelt vorenthalten.[507] Nur hinsichtlich des übergesetzlichen Mehrurlaubs sind die Arbeits- und Tarifvertragsparteien frei, weiterreichende Abweichungen von der Bemessungsabsicht des § 11 I BUrlG zu treffen.[508] Haben die Tarifvertragsparteien ihren Regelungsspielraum überschritten, bestimmt sich der Urlaubsentgeltanspruch des AN für den gesetzlichen Mindesturlaub nach § 611a II BGB iVm § 11 I BUrlG.[509] 111

7. Sonderfälle. Ausgehend vom BUrlG, dem eine Sechstagewoche zugrunde liegt, ist zur Berechnung des Urlaubsentgelts bereits bei der Fünftagewoche eine Umrechnung vorzunehmen.[510] Der arbeitstägliche Verdienst errechnet sich, indem der Arbeitsverdienst der letzten 13 Wochen durch 65 geteilt wird (13 Wochen × 5 Arbeitstage). **Feiertage,** entgeltfortzahlungspflichtige Tage der Arbeitsunfähigkeit und Urlaubstage sind einzubeziehen und nicht in Abzug zu bringen.[511] Der so errechnete tägliche Verdienst ist dann für jeden dem AN individuell zustehenden Urlaubstag entsprechend der an diesem Tag für ihn maßgeblichen Arbeitszeit zu zahlen. Jedoch kann tariflich oder zugunsten des AN auch einzelvertraglich eine andere Berechnung vorgesehen werden. Bei **Teilzeitbeschäftigung** erlangt der AN nur für die Tage oder Stunden den Durchschnittsverdienst der letzten 13 Wochen, an denen er gearbeitet hätte.[512] Die Einführung der flexiblen Arbeitszeit hat zu zahlreichen Berechnungsschwierigkeiten beim Urlaub geführt. Die Tarifvertragsparteien haben in den verschiedenen Tarifbezirken unterschiedliche Regelungsmodelle entwickelt.[513] Gewährt der Verleiher dem **Leiharbeitnehmer** während des Zeitraums einer Überlassung Urlaub, berechnet sich das Urlaubsentgelt nach den dafür beim Entleiher anzuwendenden Bestimmungen.[514] 112

---

[501] Vgl. dazu EuGH 13.12.2018 AP Nr. 28 zu Richtlinie 2003/88/EG = NZA 2019, 47 – Hein.
[502] BAG 20.9.2016 AP Nr. 73 zu § 11 BUrlG = NZA 2017, 76.
[503] EuGH 13.12.2018 AP Nr. 28 zu Richtlinie 2003/88/EG = NZA 2019, 47 – Hein.
[504] BAG 15.12.2009 EzA Nr. 60 zu § 13 BUrlG; 3.12.2002 AP Nr. 57 zu § 11 BUrlG = NZA 2003, 1219.
[505] BAG 23.2.2010 ZTR 2010, 367.
[506] BAG 21.9.2010 AP Nr. 68 zu § 11 BUrlG = NZA 2011, 805; 23.2.2010 ZTR 2010, 367; 15.1.2013 AP Nr. 70 zu § 11 BUrlG = NZA-RR 2013, 585.
[507] BAG 20.9.2016 AP Nr. 73 zu § 11 BUrlG = NZA 2017, 76.
[508] BAG 21.9.2010 AP Nr. 68 zu § 11 BUrlG = NZA 2011, 805.
[509] BAG 15.12.2009 EzA Nr. 60 zu § 13 BUrlG.
[510] BAG 27.1.1987 AP Nr. 30 zu § 13 BUrlG = NZA 1987, 462.
[511] BAG 24.11.1992 AP Nr. 34 zu § 11 BUrlG = NZA 1993, 750; ErfK/*Gallner* BUrlG § 11 Rn. 16.
[512] Vgl. BAG 2.10.1987 AP Nr. 4 zu § 48 BAT.
[513] Vgl. hierzu *Leinemann* BB 1990, 201; zur Rspr. des BAG vgl. BAG 7.7.1988 AP Nr. 22, 23 zu § 11 BUrlG = NZA 1989, 68; 65; 18.11.1988 AP Nr. 25, 26, 27 zu § 11 BUrlG; 8.11.1994 AP Nr. 35 zu § 11 BUrlG = NZA 1995, 580; 8.11.1994 AP Nr. 122 zu § 1 TVG Tarifverträge: Metallindustrie = NZA 1995, 743.
[514] BAG 28.5.2014 – 5 AZR 423/12.

113 **8. Fälligkeit.** Während das Unionsrecht keine Bestimmung enthält, die ausdrücklich den Zeitpunkt festlegt, zu dem das Entgelt für den Jahresurlaub zu zahlen ist,[515] sieht das nationale Urlaubsrecht in § 11 II BUrlG ausdrücklich vor, dass das Urlaubsentgelt **vor Urlaubsantritt auszuzahlen** ist. Das gilt nach freilich umstrittener Meinung auch dann, wenn ein mit einem Monatsgehalt vergüteter Angestellter sein Gehalt am Monatsende erhält. Eine abweichende vertragliche Vereinbarung ist nach § 13 I 3 BUrlG unwirksam.[516] Die Auszahlung des Urlaubsentgelts vor Urlaubsantritt war nach früherem Verständnis des BAG nicht Voraussetzung einer rechtswirksamen Urlaubsgewährung.[517] Hiervon ist es jedoch inzwischen abgerückt. Es verlangt, dass der AG dem AN vor Antritt des Urlaubs die **Urlaubsvergütung auszahlt oder zumindest vorbehaltlos zugesagt.**[518] In der Urlaubserteilung liegt dabei regelmäßig die konkludente Zusage des AG, für den gewährten Urlaub dem Grunde nach zur **Zahlung von Urlaubsentgelt** nach den gesetzlichen Vorgaben und etwaigen arbeitsvertraglichen Vereinbarungen verpflichtet zu sein. Anderes gilt nur, sofern hierfür konkrete Anhaltspunkte vorliegen.[519] Dieser Grundsatz hat indes für jede Urlaubsgewährung zu gelten.[520] Zahlt der AG dem AN das Urlaubsentgelt nicht vor Urlaubsantritt aus, ist die Urlaubserteilung des AG nach Treu und Glauben gesetzeskonform so zu verstehen (§ 157 BGB), dass der AG zugleich die Urlaubsvergütung vorbehaltlos zusagt. Andernfalls hätte er den Urlaubsanspruch des AN nicht wirksam erfüllt (§ 362 I BGB).[521] – Zu Ausschlussfristen → Rn. 116. Mit einem Lizenzfußballspieler kann nach der Rechtsprechung des BAG vereinbart werden, dass mit den monatlichen Bezügen ein Vorschuss auf das Urlaubsentgelt gezahlt wird.[522] Dies steht mit der Rechtsprechung des EuGH nicht in Einklang,[523] die es nicht zulässt, dass das Urlaubsentgelt für den Mindestjahresurlaub in Teilbeträgen gezahlt wird, die, über das entsprechende Arbeitsjahr verteilt, zusammen mit dem Entgelt für geleistete Arbeit und nicht als Entgelt für einen bestimmten Zeitabschnitt, in dem der AN tatsächlich Urlaub nimmt, ausgezahlt werden.[524]

114 **9. Rückforderung.** Ist das Urlaubsentgelt fehlerhaft berechnet worden, kann zu viel gezahltes Urlaubsentgelt nach §§ 812 ff. BGB zurückgefordert werden.[525]

115 **10. Vererbbarkeit, Pfändung und Aufrechnung.** Der Urlaubsentgeltanspruch, den der AG für einen dem AN bereits gewährten Urlaub noch nicht gezahlt hat, geht beim Tod des AN gem. § 1922 BGB auf dessen Erben über (zum Abgeltungsanspruch → Rn. 126).[526] Da nach der Rechtsprechung des BAG für die Dauer des Urlaubs kein neuer Entgeltanspruch entsteht, der AN vielmehr seinen vertraglichen Anspruch nach § 611a II BGB behält, ist das Urlaubsentgelt, das während des Urlaubs des AN gezahlt wird, im gleichen Umfang wie das Arbeitsentgelt pfändbar.[527] Zu einem anderen Ergebnis müsste allerdings konsequenterweise der EuGH kommen, da er den Urlaubsanspruch und den Anspruch auf Zahlung des Urlaubsentgelts als zwei Teile eines einzigen Anspruchs behandelt (→ Rn. 5).[528] In diesem Falle stünde § 399 BGB einer Abtretung und Pfändung entgegen.[529] Das Urlaubsgeld ist gem. § 850a Nr. 2 ZPO unpfändbar.

116 **11. Ausschlussfristen.** Ob der Anspruch auf Urlaubsentgelt Ausschlussfristen unterliegt, ist angesichts der inzwischen gefestigten Rechtsprechung des EuGH zur Rechtsnatur des Urlaubsanspruchs (→ Rn. 5) zumindest fraglich. Danach geht der EuGH davon aus, dass der Anspruch auf

515 EuGH 22.5.2014 AP Nr. 13 zu Richtlinie 2003/88/EG = NZA 2014, 593 – Lock.
516 Vgl. ErfK/*Gallner* BUrlG § 11 Rn. 27; MHdB ArbR/*Klose* § 87 Rn. 8 f.; *Leinemann/Linck* BUrlG § 11 Rn. 83; *Powietzka*/Rolfs BUrlG § 11 Rn. 37.
517 BAG 18.12.1986 AP Nr. 19 zu § 11 BUrlG = NZA 1987, 633.
518 BAG 23.8.2020 AP Nr. 97 zu § 7 BUrlG = NZA 2020, 1633; 20.8.2019 AP Nr. 91 zu § 7 BUrlG = NZA 2019, 1581; 10.2.2015 AP Nr. 75 zu § 7 BUrlG = NZA 2015, 998; ebenso BAG 19.1.2016 AP Nr. 257 zu § 626 BGB = NZA 2016, 1144.
519 BAG 20.8.2019 AP Nr. 91 zu § 7 BUrlG = NZA 2019, 1581; 30.1.2019 AP Nr. 75 zu § 307 BGB = NZA 2019, 768.
520 AR/*Gutzeit* BUrlG § 7 Rn. 10.
521 BAG 30.1.2019 AP Nr. 75 zu § 307 BGB mAnm *Joussen* = NZA 2019, 768.
522 BAG 8.12.1998 AP Nr. 15 zu § 611 BGB Berufssport = NZA 1999, 989.
523 Ebenso MHdB ArbR/*Klose* § 87 Rn. 13.
524 Dazu EuGH 16.3.2006 AP Nr. 2 zu Richtlinie 93/104 EG = NZA 2006, 481 – Robinson-Steele.
525 Dazu BAG 1.10.2002 AP Nr. 37 zu § 253 ZPO = NZA 2003, 567.
526 ErfK/*Gallner* BUrlG § 11 Rn. 31.
527 BAG 20.6.2000 AP Nr. 28 zu § 7 BUrlG = NZA 2001, 100.
528 So etwa *Fenski* DB 2007, 686 (690).
529 So die Anhänger des abzulehnenden Einheitsanspruchs, vgl. HK-BUrlG/*Hohmeister* § 1 Rn. 15; *Neumann/Fenski/Kühn* BUrlG § 1 Rn. 72.

Jahresurlaub und der auf Zahlung des Urlaubsentgelts zwei Teile eines einzigen Anspruchs sind. Das in Art. 7 I RL 2003/88/EG vorgeschriebene Urlaubsentgelt soll es dem AN ermöglichen, den Urlaub tatsächlich zu nehmen.[530] Dies legt nahe, dass – anders als es das BAG bislang getan hat – eine Aufteilung dahingehend, dass der Anspruch auf Freistellung von der Arbeitspflicht keiner Ausschlussfrist unterliegt,[531] hingegen der Anspruch auf Zahlung des Urlaubsentgelts verfallen kann,[532] nicht weiter aufrechterhalten werden kann. – Zum Abgeltungsanspruch → Rn. 129. Dies kann indes letztlich dahinstehen. Insoweit ist zu berücksichtigen, dass der AG nach neuerer Rechtsprechung nur dann wirksam Urlaub erteilt, wenn er dem AN vor Antritt des Urlaubs die **Urlaubsvergütung auszahlt oder zumindest vorbehaltlos zusagt** (→ Rn. 113).[533] Zahlt der AG das Urlaubsentgelt – wie sehr häufig – nicht vor Urlaubsbeginn aus, sondern erst mit dem normalen Gehaltslauf am Ende des Monats (§ 614 BGB), ist die Willenserklärung, mit welcher der AG Urlaub gewährt (→ Rn. 74), gem. §§ 133, 157 BGB so zu verstehen, dass er damit – vorbehaltlich besonderer Umstände – im bestehenden Arbeitsverhältnis zugleich unstreitig stellt, für den gewährten Urlaub zur Zahlung von Urlaubsentgelt dem Grunde nach verpflichtet zu sein. Andernfalls hätte er den Urlaubsanspruch des AN nicht wirksam erfüllt (§ 362 I BGB). Der Anspruch auf Urlaubsentgelt ist damit der Notwendigkeit einer Geltendmachung innerhalb der Ausschlussfrist entzogen.[534]

XIII. Urlaubsgeld

1. Überblick. Unter Urlaubsgeld ist die zusätzliche, über das Urlaubsentgelt hinaus gezahlte Vergütung zu verstehen. Gelegentlich findet sich auch die Bezeichnung Urlaubsgratifikation. Das Urlaubsgeld kann auch Teil eines 13. Gehalts sein.[535] Der AG ist zu seiner Zahlung nur bei Bestehen eines besonderen Rechtsgrunds (kollektiv- oder einzelvertraglicher Vereinbarung) verpflichtet. Bezweckt ein tarifliches Urlaubsgeld auch die Vergütung von Arbeitsleistung, ist es zulässig, es anteilig entsprechend dem zeitlichen Umfang der Arbeitsleistung zu bemessen.[536] Knüpft ein Tarifvertrag für die Berechnung des Urlaubsgeldes an abgerechnete Mehrarbeitsvergütung an, werden hiervon nicht Mehrarbeitsstunden und Zuschläge erfasst, die in Form von Freizeit abgegolten wurden.[537] 117

2. Abhängigkeit vom Urlaub. Der Anspruch auf Urlaubsgeld kann vom Bestand von Urlaubsansprüchen abhängig gemacht werden. Es wird dann nur geschuldet, wenn auch ein Anspruch auf Urlaubsvergütung besteht.[538] Ob das Urlaubsgeld streng akzessorisch oder unabhängig vom Umfang des Urlaubs geregelt worden ist, kann nicht aufgrund eines aus der Lebenserfahrung abgeleiteten Regel-/Ausnahmeverhältnisses bestimmt werden. Maßgeblich ist vielmehr der konkrete Inhalt des einzelnen Tarif- oder Arbeitsvertrags.[539] Die Tarifvertragsparteien können festlegen, in welchem Umfang die Sonderzahlung durch Zeiten ohne tatsächliche Arbeitsleistung ausgeschlossen oder gemindert werden soll.[540] Anhand der Leistungsvoraussetzungen, dh der Anforderungen und Ausschlussgründe, ist festzustellen, ob das Urlaubsgeld von den Regelungen zum Urlaub abhängig ist oder bloß eine saisonale Sonder- 118

[530] EuGH 6.11.2018 AP Nr. 27 zu Richtlinie 2003/88/EG = NZA 2018, 1467 – Bauer und Willmeroth; 29.11.2017 AP Nr. 23 zu Richtlinie 2003/88/EG = NZA 2017, 1591 – King; 22.5.2014 AP Nr. 13 zu Richtlinie 2003/88/EG = NZA 2014, 593 – Lock; 20.1.2009 AP Nr. 1 zu Richtlinie 2003/88/EG = NZA 2009, 135 – Schultz-Hoff; 16.3.2006 AP Nr. 2 zu Richtlinie 93/104/EG = NZA 2006, 481 – Robinson-Steele.

[531] BAG 19.6.2018 AP Nr. 82 zu § 7 BUrlG = NZA 2018, 1480; 12.11.2013 AP Nr. 100 zu § 7 BUrlG Abgeltung.

[532] BAG 11.4.2000 AP Nr. 13 zu § 1 TVG Tarifverträge: Lufthansa; 22.1.2002 AP Nr. 55 zu § 11 BUrlG = NZA 2002, 1041; BSG 9. 12 2003 NZA 2004, 623; ebenso ErfK/*Gallner* BUrlG § 7 Rn. 35; *Powietzka/* Rolfs BUrlG § 11 Rn. 40; HWK/*Schinz* BUrlG § 11 Rn. 66.

[533] BAG 10.2.2015 AP Nr. 75 zu § 7 BUrlG = NZA 2015, 998; ebenso BAG 19.1.2016 AP Nr. 257 zu § 626 BGB = NZA 2016, 1144.

[534] BAG 30.1.2019 AP Nr. 75 zu § 307 BGB = NZA 2019, 768.

[535] BAG 14.8.1996 AP Nr. 19 zu § 15 BErzGG = NZA 1996, 1204; 6.9.1994 AP Nr. 50 zu § 1 TVG Tarifverträge: Einzelhandel = NZA 1995, 232.

[536] BAG 15.4.2003 AP Nr. 1 zu § 1 TVG Tarifverträge: Urlaubsgeld.

[537] BAG 15.12.2015 AP Nr. 72 zu § 11 BUrlG = NZA 2016, 772.

[538] BAG 19.5.2009 DB 2009, 2051; 24.6.2003 AP Nr. 15 zu § 1 TVG Tarifverträge: Gebäudereinigung.

[539] Vgl. BAG 19.6.2018 AP Nr. 247 zu § 1 TVG Tarifverträge: Metallindustrie = NZA 2018, 1497; 22.7.2014 AP Nr. 24 zu § 11 BUrlG Urlaubsgeld = NZA 2014, 1136.

[540] StRspr, vgl. BAG 13.2.2007 AP Nr. 18 zu § 1 TVG Tarifverträge: Presse = NZA 2007, 573 mwN.

leistung darstellt.[541] Allein die Bezeichnung einer Leistung als „Urlaubsgeld" rechtfertigt es nicht, einen zwingenden Sachzusammenhang zum Erholungsurlaub anzunehmen.[542] Sie ist allenfalls ein Indiz für die Abhängigkeit des Urlaubsgeldes von der Urlaubsvergütung.[543] Weist die Bemessungshöhe keinerlei Verbindung zum erzielten Urlaubsentgelt auf, spricht dies für eine eigenständige Sonderzahlung.[544] Auf eine Akzessorietät des zusätzlichen Urlaubsgelds zum Urlaubsanspruch deutet dagegen hin, wenn die Tarifvertragsparteien das während des Urlaubs zu zahlende Urlaubsentgelt prozentual um das zusätzliche Urlaubsgeld aufgestockt und keinen hiervon unabhängigen Festbetrag vereinbart haben.[545] Gleiches gilt, wenn ein Urlaubsgeld pro genommenem Urlaubstag vereinbart ist. Hierbei handelt es sich nicht um eine Leistung, die vom AN durch Arbeitsleistung verdient werden muss. Sie dient allein dem Erholungszweck des Urlaubs und nicht der Vergütung einer Arbeitsleistung. Deshalb kann der AG die Auszahlung vertraglich davon abhängig machen, dass das Arbeitsverhältnis zum Auszahlungstag nicht durch ihn gekündigt ist.[546] Hat das tarifliche Urlaubsgeld demgegenüber Vergütungscharakter und ist es als zusätzliches Entgelt, das an tatsächlich erbrachte Arbeitsleistungen anknüpft, ausgestaltet, ist es bei Teilzeitbeschäftigten entsprechend der verringerten Arbeitszeit proportional zu kürzen.[547] Die Tarifvertragsparteien können die Zahlung des Urlaubsgelds von der Erfüllung einer Wartezeit abhängig machen.[548]

119 **3. Freiwilligkeitsvorbehalt, Teilzeit und Mutterschutz.** Der AG kann im Arbeitsvertrag ein Urlaubsgeld nicht ohne Weiteres in der Weise in Aussicht stellen, dass er sich jedes Jahr erneut die Entscheidung vorbehält, ob und unter welchen Voraussetzungen es gezahlt werden soll (dazu → § 35 Rn. 101 ff.). Bei Teilzeitbeschäftigten erfolgt eine anteilige Bezahlung des Urlaubsgeldes.[549] Eine Tarifregelung, nach der der Anspruch auf Urlaubsgeld entfällt, wenn eine werdende Mutter sich vor der Geburt entscheidet, die Schutzfrist nach § 3 I MuSchG in Anspruch zu nehmen, anstatt weiter zu arbeiten, verstößt gegen Art. 6 IV GG. Der Verstoß hat zur Folge, dass der Anspruch auf das Urlaubsgeld auch bei Inanspruchnahme der Schutzfrist erhalten bleibt.[550]

120 **4. Arbeitskampf.** Arbeitskampfbedingte Ausfalltage ohne Entgeltanspruch des AN können anspruchsmindernd wirken. Darin liegt dann keine nach § 612a BGB verbotene Maßregelung, wenn die Regelung generell für Zeiten ohne tatsächliche Arbeitsleistung und nicht nur für den Arbeitskampf gilt. Die Arbeitsvertragsparteien vollziehen in diesem Fall lediglich eine bereits vorgegebene Ordnung nach.[551]

121 **5. Ausschlussfristen.** Der Anspruch auf Urlaubsgeld unterfällt tariflichen Ausschlussfristen. Das Urlaubsgeld wird zusätzlich zum Urlaubsentgelt bezahlt und unterliegt deshalb nicht urlaubsrechtlich bedingten Einschränkungen.

XIV. Urlaubsabgeltung

122 **1. Reiner Geldanspruch.** Nach § 7 IV BUrlG kann der Urlaub abgegolten werden, wenn er wegen Beendigung des Arbeitsverhältnisses ganz oder teilweise nicht mehr gewährt werden kann. Abzugelten ist nur ein **Urlaubsanspruch, der noch nicht erfüllt**[552] **oder verfallen ist.** Insoweit kommt es auch darauf an, ob der AG in der Vergangenheit seine Mitwirkungsobliegenheiten erfüllt hat (→ Rn. 72 ff.).[553] Unionsrechtlich (Art. 7 II RL

[541] BAG 19.5.2009 DB 2009, 2051; 13.2.2007 AP Nr. 18 zu § 1 TVG Tarifverträge: Presse = NZA 2007, 573.
[542] BAG 12.10.2010 AP Nr. 69 zu § 11 BUrlG = NZA 2011, 695.
[543] BAG 21.10.1997 AP Nr. 5 zu § 1 TVG Tarifverträge: Schuhindustrie = NZA 1998, 666.
[544] BAG 12.10.2010 AP Nr. 69 zu § 11 BUrlG = NZA 2011, 695; 19.5.2009 DB 2009, 2051.
[545] BAG 22.7.2014 AP Nr. 24 zu § 11 BUrlG Urlaubsgeld = NZA 2014, 1136; 12.10.2010 AP Nr. 9 zu § 1 TVG Tarifverträge: Dachdecker; 1.10.2002 AP Nr. 37 zu § 253 ZPO = NZA 2003, 567.
[546] BAG 22.7.2014 AP Nr. 24 zu § 11 BUrlG Urlaubsgeld = NZA 2014, 1136.
[547] BAG 21.1.2014 – 9 AZR 134/12.
[548] BAG 24.10.1995 AP Nr. 8 zu § 1 TVG Tarifverträge: Gebäudereinigung; 21.10.1997 AP Nr. 5 zu § 1 TVG Tarifverträge: Schuhindustrie = NZA 1998, 666.
[549] BAG 15.11.1990 AP Nr. 11 zu § 2 BeschFG 1985 = NZA 1991, 346.
[550] BAG 20.8.2002 AP Nr. 10 zu Art. 6 Abs. 4 GG Mutterschutz = NZA 2003, 333.
[551] BAG 13.2.2007 AP Nr. TVG 18 zu § 1 TVG Tarifverträge: Presse = NZA 2007, 573.
[552] BAG 9.8.2016 NZA-RR 2016, 615.
[553] Vgl. BAG 22.10.2019 AP Nr. 92 zu § 7 BUrlG = NZA 2020, 307.

2003/88/EG) gibt es für das Entstehen des Abgeltungsanspruchs keine andere Voraussetzung als die, dass das Arbeitsverhältnis beendet ist und der AN nicht den gesamten Jahresurlaub genommen hat, auf den er zum Zeitpunkt der Beendigung des Arbeitsverhältnisses Anspruch hatte.[554] Nach früherer Rechtsprechung des BAG entstand der Abgeltungsanspruch als Ersatz (Surrogat) für die wegen Beendigung des Arbeitsverhältnisses nicht mehr mögliche Befreiung von der Arbeitspflicht und setzte damit voraus, dass bei unterstelltem Fortbestand des Arbeitsverhältnisses der Urlaubsanspruch hätte erfüllt werden können.[555] Dieses Verständnis des Abgeltungsanspruchs hat das BAG mit Urteil vom 19.6.2012 vollständig aufgegeben.[556] Der Anspruch auf Urlaubsabgeltung ist nach diesem neuen Verständnis ein **reiner Geldanspruch.** Ist er entstanden, ist er nicht mehr Äquivalent zum Urlaubsanspruch, sondern bildet einen Teil des Vermögens des AN und unterscheidet sich in rechtlicher Hinsicht nicht von anderen Zahlungsansprüchen des AN gegen den AG.[557] Für die Höhe des Urlaubsabgeltungsanspruchs kommt es daher nicht darauf an, ob und in welchem Umfang der AN Urlaub hätte nehmen können, wenn das Arbeitsverhältnis nicht beendet worden wäre. Tritt ein AN in den Ruhestand, hat er Anspruch auf Urlaubsabgeltung, wenn er aus Krankheitsgründen im bestehenden Arbeitsverhältnis den Urlaub nicht nehmen konnte.[558] Der Abgeltungsanspruch unterfällt nicht dem Fristenregime des BUrlG. Urlaub ist deshalb grundsätzlich auch dann abzugelten, wenn der während des Urlaubsjahres ausgeschiedene AN seinen Urlaubsabgeltungsanspruch erstmals nach Ablauf des Urlaubsjahres geltend macht. Ein Verfall nach § 7 III 1 BUrlG tritt nicht ein; der AN hat allerdings die geltenden Ausschlussfristen zu beachten (dazu → Rn. 129). Arbeitsvertragliche oder tarifvertragliche Regelungen, welche die Urlaubsabgeltung für den Fall der Beendigung einschränken, zB nur Abgeltung, wenn Urlaub betriebsbedingt nicht gewährt werden konnte, sind im Umfang der gesetzlichen Mindestregelung unwirksam.[559] Zum Verzicht auf den Urlaubsabgeltungsanspruch nach einer Beendigung des Arbeitsverhältnisses → Rn. 131).

2. Keine Abgeltung im fortbestehenden Arbeitsverhältnis. Eine Abgeltung nicht gewährten Urlaubs kommt von Gesetzes wegen nur bei einer Beendigung des Arbeitsverhältnisses in Betracht.[560] Im fortbestehenden Arbeitsverhältnis besteht kein Anspruch auf Abgeltung des gesetzlichen Mindesturlaubs, und zwar auch nicht in **Altersteilzeitarbeitsverhältnissen** im Blockmodell beim Übergang von der Arbeits- zur Freistellungsphase (→ Rn. 93).[561] Der AG kann allerdings mit dem AN vereinbaren, bereits **verfallenen Urlaub** abzugelten.[562] 123

3. Inhalt und Fälligkeit des Abgeltungsanspruchs. Der Abgeltungsanspruch wird fällig mit Beendigung des Arbeitsverhältnisses.[563] Dies gilt auch in Fällen, in denen der AN bei Beendigung des Arbeitsverhältnisses krankheitsbedingt arbeitsunfähig ist. Ein vom AN eingeleitetes Kündigungsschutzverfahren und dessen Beendigung durch gerichtlichen Vergleich hat auf die durch die Kündigung herbeigeführte Beendigung des Arbeitsverhältnisses und damit Fälligkeit des Abgeltungsanspruchs keinen Einfluss.[564] Er kann in den **Grenzen des § 850c ZPO gepfändet und verpfändet** werden.[565] Er ist daher auch abtretbar (§ 400 BGB). Im Rahmen der Pfändungsgrenzen ist auch eine Aufrechnung nach §§ 387 ff. BGB möglich. 124

4. Leiharbeitnehmer. Der Urlaubsabgeltungsanspruch eines Leiharbeitsverhältnisses ist bei durchgehender Überlassung an einen Entleiher gem. § 7 IV, § 11 BUrlG zu berechnen. Es findet 125

[554] EuGH 6.11.2018 AP Nr. 26 zu Richtlinie 2003/88/EG – Max-Planck-Gesellschaft = NZA 2018, 1474; 6.11.2018 AP Nr. 27 zu Richtlinie 2003/88/EG = NZA 2018, 1467 – Bauer und Willmeroth.
[555] BAG 19.8.2003 AP Nr. 29 zu § 7 BUrlG.
[556] BAG 19.6.2012 AP Nr. 95 zu § 7 BUrlG Abgeltung = NZA 2012, 1087.
[557] BAG 22.9.2015 AP Nr. 76 zu § 7 BUrlG mAnm *Schubert* = NZA 2016, 37; 19.5.2015 AP Nr. 2 zu § 17 BEEG = NZA 2015, 989.
[558] EuGH 20.7.2016 AP Nr. 19 zu Richtlinie 2003/88/EG = NZA 2016, 1067 – Maschek; dazu *Schneider* EuZA 2017, 57.
[559] BAG 10.2.1987 AP Nr. 12 zu § 13 BUrlG Unabdingbarkeit = NZA 1987, 675.
[560] BAG 20.4.2012 AP Nr. 58 zu § 7 BUrlG = NZA 2012, 982.
[561] BAG 16.5.2017 AP Nr. 105 zu § 7 BUrlG Abgeltung = NZA 2017, 1056.
[562] BAG 21.5.2019 AP Nr. 90 zu § 7 BUrlG = NZA 2019, 1571; 18.10.2011 AP Nr. 54 zu § 7 BUrlG = NZA 2012, 143.
[563] BAG 25.6.2019 AP Nr. 112 zu § 7 BUrlG Abgeltung = NZA 2019, 1577; 20.1.2015 AP Nr. 74 zu § 7 BUrlG = NZA-RR 2015, 399; 8.4.2014 AP Nr. 103 zu § 7 BUrlG Abgeltung = NZA 2014, 852.
[564] BAG 17.10.2017 AP Nr. 106 zu § 7 BUrlG Abgeltung = NZA 2018, 57.
[565] Ebenso BAG 28.8.2001 AP Nr. 80 zu § 7 BUrlG Abgeltung = NZA 2002, 323; ErfK/*Gallner* BUrlG § 7 Rn. 82.

keine fiktive Berechnung auf der Basis des Arbeitsentgelts vergleichbarer Stammarbeitnehmer oder der für diese geltenden Urlaubs- bzw. Urlaubsabgeltungsbestimmungen statt, denn Voraussetzung für die Urlaubsabgeltung ist (regelmäßig) die Beendigung des Arbeitsverhältnisses. Damit endet spätestens auch die Überlassung des Leiharbeitnehmers, so dass ein Anspruch auf equal pay nicht mehr besteht. Bei der Berechnung des Urlaubsabgeltungsanspruchs ist nach § 11 BUrlG das Entgelt zugrunde zu legen, das der Leiharbeitnehmer in den letzten 13 Wochen vor Beendigung des Arbeitsverhältnisses erzielte, unabhängig davon, ob er in diesem Zeitraum durchgehend überlassen wurde.[566]

126 **5. Vererbbarkeit.** Endet das Arbeitsverhältnis und verstirbt der AN danach, ist der mit der Beendigung des Arbeitsverhältnisses entstandene Urlaubsabgeltungsanspruch vererbbar (§ 1922 BGB).[567] Gleiches gilt, wenn das Arbeitsverhältnis mit dem Tod des AN endet.[568] Aus dem Grundsatz der Universalsukzession (§ 1922 I BGB) folgt, dass der Anspruch der Erben des AN auf Urlaubsabgeltung nach Ablauf einer tariflichen **Ausschlussfrist** verfällt, wenn er nicht rechtzeitig geltend gemacht wird, sofern die Ausschlussfrist den Urlaubsabgeltungsanspruch erfasst und der AN sie aufgrund bestehender Tarifgeltung bei seinem Fortleben zur Meidung des Verfalls des Anspruchs hätte wahren müssen. Da der Abgeltungsanspruch mit der rechtlichen Beendigung des Arbeitsverhältnisses entsteht und grundsätzlich gleichzeitig fällig wird, beginnt die Ausschlussfrist auch für den Erben grundsätzlich am Tag nach der Fälligkeit zu laufen (→ Rn. 129).[569]

127 **6. Steuer und Sozialversicherung.** Der Anspruch auf Arbeitslosengeld ruht für die Zeit des abgegoltenen Urlaubs (§ 143 SGB III). Dies gilt auch, wenn ein Tarifvertrag im Falle einer längeren Krankheit des AN im fortbestehenden Arbeitsverhältnis eine Abgeltung des infolge Krankheit nicht erfüllbaren Urlaubsanspruchs vorsieht.[570] Hat ein AN nach einer Kündigung im Wege der Gleichwohlgewährung Arbeitslosengeld erhalten, geht der Urlaubsabgeltungsanspruch nicht nach § 115 SGB X auf die AA über. Die Gewährung des Arbeitslosengeldes beruht regelmäßig nicht auf der unterbliebenen Urlaubsabgeltung, sondern darauf, dass der AG seine wegen Annahmeverzugs gem. § 615 S. 1, § 611a II BGB bestehende Vergütungspflicht nicht erfüllt hat.[571] Der Abgeltungsanspruch ist steuer- und sozialversicherungspflichtig. Die Urlaubsabgeltung ist als sonstiger Bezug lohnsteuerpflichtig (§ 39b III EStG). Sie führt nicht zum Ruhen eines Krankengeldbezugs.[572]

128 **7. Ausschluss des Abgeltungsanspruchs.** In § 7 IV 2 BUrlG war ursprünglich vorgesehen, dass der Urlaubsabgeltungsanspruch im Falle fristloser Beendigung des Arbeitsverhältnisses bei grober Treuwidrigkeit des AN entfallen könne. In Anpassung an das Übereinkommen Nr. 132 der Internationalen Arbeitsorganisation ist diese Bestimmung durch das Heimarbeitsänderungsgesetz im Jahre 1974 aufgehoben worden. Mit der Streichung dieser Vorschrift haben sich Überlegungen zur Treuwidrigkeit eines Abgeltungsverlangens erledigt. Soweit in Tarifverträgen noch ein Verfall des Urlaubsanspruchs vorgesehen ist, bezieht sich dieser nur auf einen etwaigen tariflichen Urlaubsanspruch, sofern dieser über den gesetzlichen hinausgeht, nicht dagegen auf den gesetzlichen Anspruch.[573] Solche Tarifvorschriften erfassen auch den übergesetzlichen übertragenen Urlaub.[574]

129 **8. Ausschlussfristen.** Der gesetzliche Urlaubsabgeltungsanspruch unterliegt als reiner Geldanspruch (dazu → Rn. 122) grundsätzlich **vertraglichen,**[575] **in kirchlichen AVR ent-**

[566] BAG 28.5.2014 – 5 AZR 423/12.
[567] BAG 22.9.2015 AP Nr. 76 zu § 7 BUrlG mAnm *Schubert* = NZA 2016, 37.
[568] BAG 22.1.2019 AP Nr. 110 zu § 7 BUrlG Abgeltung = NZA 2019, 835; 22.1.2019 AP Nr. 107 zu § 7 BUrlG Abgeltung mAnm *Kamanabrou* = NZA 2019, 829; EuGH 6.11.2018 AP Nr. 27 zu Richtlinie 2003/88/EG = NZA 2018, 1467 – Bauer und Willmeroth; *Bauckhage-Hoffer* SAE 2020, 1.
[569] BAG 22.1.2019 AP Nr. 109 zu § 7 BUrlG Abgeltung = NZA 2019, 985.
[570] BAG 14.3.2006 AP Nr. 90 zu § 7 BUrlG Abgeltung = NZA 2006, 1232.
[571] BAG 19.6.2018 AP Nr. 82 zu § 7 BUrlG = NZA 2018, 1480.
[572] BSG 27.6.1984 NZA 1985, 69.
[573] Vgl. BAG 3.5.1984 AP Nr. 17 zu § 7 BUrlG Abgeltung = NZA 1985, 157.
[574] BAG 10.2.2004 AP Nr. 27 zu § 7 BUrlG Übertragung = NZA 2004, 986.
[575] BAG 22.10.2019 AP Nr. 77 zu § 307 BGB = NZA 2020, 513; 18.9.2018 AP Nr. 2 zu § 3 MiLoG = NZA 2018, 1619; 19.6.2018 AP Nr. 82 zu § 7 BUrlG = NZA 2018, 1480; 17.10.2017 AP Nr. 106 zu § 7 BUrlG Abgeltung = NZA 2018, 57.

haltenen[576] **und tariflichen Ausschlussfristen** (→ § 209 Rn. 7 ff.).[577] Für das Eingreifen der Ausschlussfristen ist unerheblich, ob der AG seinen Mitwirkungsobliegenheiten bei der Verwirklichung des Urlaubsanspruchs genügt hat (→ Rn. 72 ff.). Diese gelten nur, solange das Arbeitsverhältnis fortbesteht und die Gewährung des Urlaubs noch möglich ist.[578] Der Abgeltungsanspruch entsteht mit Beendigung des Arbeitsverhältnisses. Vorbehaltlich abweichender Regelungen wird er zu diesem Zeitpunkt auch **fällig** (→ Rn. 124).[579] Die Ausschlussfrist **beginnt** damit am Tag nach der Beendigung des Arbeitsverhältnisses zu laufen (§ 187 I BGB).[580] Dies gilt ebenso, wenn der AN zu diesem Zeitpunkt krankheitsbedingt arbeitsunfähig ist.[581] Dies ist **mit Unionsrecht vereinbar,** sofern die geltenden Ausschlussfristen nicht ungünstiger sind als diejenigen, die gleichartige Sachverhalte innerstaatlicher Art regeln (Äquivalenzgrundsatz), und die Ausübung der durch die Unionsrechtsordnung verliehenen Rechte nicht praktisch unmöglich machen oder übermäßig erschweren (Effektivitätsgrundsatz).[582] Art. 7 RL 2003/88/EG verlangt nicht, dass eine Ausschlussfrist für den Urlaubsabgeltungsanspruch die Dauer des Bezugszeitraums des Urlaubsanspruchs deutlich übersteigt.[583] Eine zweimonatige Ausschlussfrist genügt den unionsrechtlichen Anforderungen an die Gleichwertigkeit und Effektivität der Regelung.[584] Wird dem AN gekündigt, muss er den Abgeltungsanspruch auch dann rechtzeitig geltend machen, wenn er die Wirksamkeit der Kündigung durch Erhebung einer Kündigungsschutzklage zunächst in Abrede stellt.[585] In der Erhebung einer **Kündigungsschutzklage** liegt regelmäßig keine schriftliche Geltendmachung des Urlaubsabgeltungsanspruchs im Sinne tariflicher Ausschlussfristen.[586] Dieser Anspruch hängt nicht von dem Erfolg der Kündigungsschutzklage, also dem Fortbestand des Arbeitsverhältnisses, ab, sondern setzt mit der Beendigung des Arbeitsverhältnisses gerade das Gegenteil voraus.[587] Entsprechendes gilt für die Befristungskontrollklage.[588] Eine Ausschlussfrist von sechs Wochen, deren Lauf gehemmt ist, solange ein AN durch außerordentliche Störung seines körperlichen oder geistigen Zustands nicht in der Lage ist, Ansprüche geltend zu machen, ist in Bezug auf den Anspruch auf Urlaubsabgeltung wirksam.[589] Nimmt eine in AGB enthaltene Ausschlussfristenregelung Ansprüche auf den gesetzlichen **Mindestlohn** nicht aus, steht das einem Verfall des Urlaubsabgeltungsanspruchs nicht entgegen. Hierbei handelt sich nicht um Entgelt iSv § 3 S. 1 MiLoG. Die Bestimmungen des MiLoG finden auf den Abgeltungsanspruch aus § 7 IV BUrlG keine Anwendung.[590]

XV. Unabdingbarkeit des Urlaubsanspruchs

1. Grundsätze. Von den Vorschriften des BUrlG kann gem. § 13 I 3 BUrlG – abgesehen von § 7 II 2 BUrlG – durch originäre einzelvertragliche Vereinbarung nicht zuungunsten des AN abgewichen werden. Nach § 13 I 1 BUrlG können nur die Tarifvertragsparteien von den Bestimmungen des BUrlG auch zuungunsten der AN abweichen. Auch sie können insoweit aber keine die §§ 1, 2 und § 3 I BUrlG abändernden Regelungen treffen. Dieses Verbot kann auch nicht durch einen mittelbaren Eingriff in die unabdingbaren Bestimmungen umgangen werden. Die Tarifvertragsparteien sind damit zwar frei, eine ihnen als angemessen erscheinende Berechnungsmethode für das während des Urlaubs fortzuzahlende Entgelt zu vereinbaren. Die Methode muss für den gesetzlichen Mindesturlaub aber geeignet sein, ein Urlaubsentgelt sicherzustellen, wie es **130**

[576] BAG 9.8.2011 AP Nr. 56 zu § 7 BUrlG = NZA 2012, 166.
[577] BAG 27.10.2020 – 9 AZR 531/19; 7.7.2020 AP Nr. 113 zu § 7 BUrlG Abgeltung = NZA 2020, 1713; dazu *Sura* NZA-RR 2021, 53.
[578] BAG 27.10.2020 – 9 AZR 531/19.
[579] BAG 27.10.2020 – 9 AZR 531/19; 22.1.2019 AP Nr. 109 zu § 7 BUrlG Abgeltung = NZA 2019, 985; 20.1.2015 AP Nr. 74 zu § 7 BUrlG = NZA-RR 2015, 399; 8.4.2014 AP Nr. 103 zu § 7 BUrlG Abgeltung = NZA 2014, 852; 6.8.2013 NZA 2014, 545.
[580] BAG 25.6.2019 AP Nr. 112 zu § 7 BUrlG Abgeltung = NZA 2019, 1577.
[581] BAG 21.2.2012 AP Nr. 94 zu § 7 BUrlG Abgeltung = NZA 2012, 750; 9.8.2011 AP Nr. 53 zu § 7 BUrlG = NJOZ 2012, 406.
[582] BAG 7.7.2020 AP Nr. 113 zu § 7 BUrlG Abgeltung = NZA 2020, 1713.
[583] BAG 18.9.2012 AP Nr. 96 zu § 7 BUrlG Abgeltung = NZA 2013, 216.
[584] BAG 6.5.2014 AP Nr. 104 zu § 7 BUrlG Abgeltung.
[585] BAG 27.10.2020 – 9 AZR 531/19.
[586] BAG 17.10.2017 AP Nr. 106 zu § 7 BUrlG Abgeltung = NZA 2018, 57.
[587] BAG 27.10.2020 – 9 AZR 531/19; 17.10.2017 AP Nr. 106 zu § 7 BUrlG Abgeltung = NZA 2018, 57.
[588] BAG 7.7.2020 AP Nr. 113 zu § 7 BUrlG Abgeltung = NZA 2020, 1713.
[589] BAG 18.9.2012 AP Nr. 96 zu § 7 BUrlG Abgeltung = NZA 2013, 216.
[590] BAG 27.10.2020 – 9 AZR 531/19; 22.10.2019 AP Nr. 77 zu § 307 BGB = NZA 2020, 513.

der AN bei Weiterarbeit ohne Freistellung voraussichtlich hätte erwarten können (näher dazu → Rn. 110).[591] Die abweichenden tarifvertraglichen Vorschriften können gem. § 13 I 2 BUrlG von nichttarifgebundenen AG und AN arbeitsvertraglich in Bezug genommen werden.

131 **2. Ausgleichsklauseln.** Aus der einzelvertraglichen Unabdingbarkeit des gesetzlichen Urlaubsanspruchs folgte nach der bisherigen Rechtsprechung des BAG, dass ein Erlassvertrag hierüber und ebenso eine Ausgleichsquittung unwirksam waren.[592] Die Erklärung in einem Aufhebungsvertrag, alle Ansprüche aus dem Arbeitsverhältnis seien erfüllt, umfasste nur solche Urlaubsansprüche, über die der AN verfügen konnte. Der gesetzliche Mindesturlaubsanspruch gehörte dazu nicht.[593] Ebenso wenig bewirkte eine in einem Aufhebungsvertrag enthaltene Klausel, nach der alle gegenseitigen Forderungen erledigt sind, das Erlöschen des gekürzten Vollurlaubsanspruchs.[594] Diese Rechtsprechung, die an die inzwischen aufgegebene Surrogatstheorie anknüpfte (→ Rn. 122), hat das BAG nunmehr folgerichtig aufgegeben.[595] § 13 I 3 BUrlG dient dem Schutz des AN. Diese Vorschrift stellt sicher, dass der AN im laufenden Arbeitsverhältnis Anspruch auf den gesetzlichen Mindesturlaub hat. Sie sichert des Weiteren den Anspruch des AN auf Abgeltung des gesetzlichen Mindesturlaubs, den der AG wegen der Beendigung des Arbeitsverhältnisses nicht mehr gewähren kann. Daher kann der Anspruch auf Urlaub oder Urlaubsabgeltung während des Arbeitsverhältnisses durch eine rechtsgeschäftliche Vereinbarung der Arbeitsvertragsparteien weder ausgeschlossen noch beschränkt werden. Nach der Beendigung des Arbeitsverhältnisses bedarf es dieses Schutzes des AN jedoch nicht mehr. Ist der Abgeltungsanspruch als reiner Geldanspruch (→ Rn. 122) entstanden, unterscheidet er sich in rechtlicher Hinsicht nicht von anderen Zahlungsansprüchen des AN gegen den AG. Damit kommt es in Bezug auf gerichtliche Vergleiche auf den Zeitpunkt des Abschlusses an. Kommt der Vergleich erst nach Ablauf der Kündigungsfrist zustande, gelten die dargestellten Grundsätze. Wird er jedoch noch während der laufenden Kündigungsfrist – etwa im Gütetermin vor dem Arbeitsgericht – geschlossen und soll danach das Arbeitsverhältnis erst in der Zukunft mit Ablauf der Kündigungsfrist enden, ist ein Verzicht auf Urlaubsansprüche nicht möglich. In diesem Fall ist der Urlaubsanspruch zu erfüllen oder später abzugelten. Entsprechendes gilt für Aufhebungsverträge.

XVI. Sonderregelungen einzelner Wirtschaftszweige

132 **1. Baugewerbe.** Nach § 13 II 1 BUrlG sind für das Baugewerbe oder sonstige Wirtschaftszweige,[596] in denen infolge häufigen Ortswechsels Arbeitsverhältnisse von kürzerer Dauer als einem Jahr in erheblichem Umfange üblich sind, besondere Ausgestaltungen des Urlaubsanspruchs durch Tarifvertrag zugelassen, soweit dies zur Sicherung eines zusammenhängenden Jahresurlaubs für alle AN erforderlich ist.[597] Besondere Bedeutung hat die **Urlaubskassenregelung** im Baugewerbe (→ § 185 Rn. 14 f.).[598] Nach §§ 3–5 AEntG finden u.a. die Rechtsnormen eines für allgemeinverbindlich erklärten Tarifvertrags des Bauhauptgewerbes oder des Baunebengewerbes iSd Baubetriebe-Verordnung vom 28.10.1980 (BGBl. I 2033) m. spät. Änd., die die Dauer des Erholungsurlaubs, das Urlaubsentgelt oder ein zusätzliches Urlaubsgeld zum Gegenstand haben, auch auf ein Arbeitsverhältnis zwischen einem **AG mit Sitz im Ausland** und seinem im räumlichen Geltungsbereich des Tarifvertrags beschäftigten AN zwingend Anwendung.

133 **2. Maler- und Lackiererhandwerk.** Eine entspr. Regelung wie in der Bauwirtschaft besteht für das Maler- und Lackiererhandwerk nach dem Rahmentarifvertrag für die gewerblichen AN des Maler- und Lackiererhandwerks v. 1.9.1992 mit spät. Änd. und dem Tarifvertrag über das Verfahren für den Urlaub und die Zusatzversorgung im Maler- und Lackiererhandwerk idF v. 23.11.2005.

134 **3. Bahn, Post.** Im Bereich der Post AG und der Deutschen Bahn AG kann nach § 13 III BUrlG das Urlaubsjahr abweichend festgesetzt werden. Im Rahmen der Privatisierung sind Überleitungstarifverträge geschlossen worden.[599]

---

591 BAG 15.1.2013 AP Nr. 70 zu § 11 BUrlG = NZA-RR 2013, 585; 15.12.2009 EzA Nr. 60 zu § 13 BUrlG.
592 BAG 31.5.1990 AP Nr. 13 zu § 13 BUrlG Unabdingbarkeit = NZA 1990, 935.
593 BAG 20.1.1998 AP Nr. 45 zu § 13 BUrlG = NZA 1998, 816.
594 BAG 9.6.1998 AP Nr. 23 zu § 7 BUrlG = NZA 1999, 80.
595 BAG 14.5.2013 AP Nr. 52 zu § 13 BUrlG = NZA 2013, 1098.
596 Vgl. BAG 22.1.1975 AP Nr. 1 zu § 1 TVG Tarifverträge: Maler.
597 Ausführlich hierzu *Leinemann/Linck* BUrlG § 13 Rn. 118 ff.
598 Näher hierzu *Leinemann/Linck* BUrlG § 13 Rn. 132 ff.; zur Einbeziehung ausländischer AN in das Urlaubskassenverfahren vgl. *Wank/Börgmann* NZA 2001, 177.
599 BAG 16.9.1997 AP Nr. 2 zu § 1 TVG Deutsche Bahn = NZA 1998, 553.

XVII. Besondere Arbeitnehmergruppen

1. Jugendliche. Der Urlaubsanspruch ist in § 19 JArbSchG geregelt.[600] Nach § 19 I JArbSchG hat der AG Jugendlichen für jedes Kalenderjahr einen bezahlten Erholungsurlaub zu gewähren. Der Urlaub beträgt jährlich mindestens 30 Werktage, wenn der Jugendliche zu Beginn des Kalenderjahres noch nicht 16 Jahre alt ist, mindestens 27 Werktage, wenn er zum Stichtag noch nicht 17 Jahre, mindestens 25 Werktage, wenn er zum Stichtag noch nicht 18 Jahre alt ist (§ 19 II JArbSchG). Jugendliche, die unter Tage beschäftigt werden, erhalten in jeder Altersgruppe einen zusätzlichen Urlaub von drei Werktagen. Stichtag ist jeweils der 1. Januar. Hieraus folgt, dass Jugendliche, die am 1. Januar oder früher das 18. Lebensjahr vollenden, keinen Anspruch nach § 19 JArbSchG haben. Für die Berechnung des Urlaubs gilt unabhängig von § 15 JArbSchG jeder Werktag als Urlaubstag (Sechstagewoche). Der Urlaub soll **Berufsschülern** in den Berufsschulferien gewährt werden (§ 19 III 1 JArbSchG). Der AG soll dieser Empfehlung des Gesetzes auch dann nachkommen, wenn der Erteilung zu diesem Zeitpunkt betriebliche Gründe entgegenstehen. Erteilt der AG den Urlaub nicht während der Berufsschulferien, so ist für jeden Tag, an dem die Berufsschule während des Urlaubs besucht wird, unabhängig von der Unterrichtsdauer ein weiterer Urlaubstag zu gewähren (§ 19 III 2 JArbSchG). Kein Anspruch besteht, wenn der Berufsschüler die Berufsschule versäumt. Unerheblich sind die Gründe der Säumnis. Im Übrigen wird weitgehend auf das BUrlG verwiesen, um damit den Betrieben die Urlaubserteilung zu erleichtern. Nicht verwiesen ist auf § 13 I, II BUrlG. Hieraus folgt, dass – anders als bei Erwachsenen – in Tarifverträgen nur zugunsten, aber nicht zum Nachteil der Jugendlichen von § 19 JArbSchG abgewichen werden kann. Sondervorschriften bestehen für dem **SeeArbG unterliegende Jugendliche** (§ 57 SeeArbG). Die wesentliche Abweichung besteht in einer verlängerten Urlaubsdauer je Beschäftigungsjahr. Ferner bestehen Sonderregeln für in Heimarbeit tätige Jugendliche (§ 19 IV JArbSchG). 135

2. Schwerbehinderte Menschen. Der Anspruch schwerbehinderter Menschen auf Zusatzurlaub ist unter → § 178 Rn. 60 ff. behandelt. Im Saarland besteht ein Anspruch für Minderbehinderte.[601] 136

3. Seeschifffahrt. Weitere Sondervorschriften bestehen für den Urlaub in der Seeschifffahrt (§§ 56 ff. SeeArbG). 137

XVIII. Arbeitnehmerähnliche Personen und Heimarbeiter

1. Grundsatz. Arbeitnehmerähnliche Personen (→ § 9 Rn. 1 ff.)[602] sind mit Ausnahme der in Heimarbeit (→ § 10 Rn. 1 ff.) Beschäftigten, für die in § 12 BUrlG eine Sonderregelung enthalten ist, in Fragen des Urlaubsrechts grundsätzlich AN gleichgestellt (§ 2 BUrlG). Sind sie für mehrere Unternehmer tätig, haben sie nur gegen solche einen Anspruch, von denen sie wirtschaftlich abhängig sind.[603] Im Einzelnen gelten die folgenden Besonderheiten. 138

2. Urlaubsgewährung. Eine arbeitnehmerähnliche Person braucht ihren Urlaubsanspruch nicht geltend zu machen, um eine Urlaubserteilung durch den Unternehmer nach § 7 I BUrlG zu erwirken. Dies wäre mit der Selbständigkeit nicht vereinbar. Der Selbständige kann grundsätzlich nach seinem Belieben Urlaub nehmen. Einschränkungen für selbständige Handelsvertreter können sich nur aus der Interessenwahrnehmungspflicht des § 86 I HGB ergeben.[604] 139

3. Urlaubsentgelt. Heimarbeiter (§ 1 I lit. a HAG) und nach § 1 II lit. a HAG Gleichgestellte erhalten von ihrem Auftraggeber oder, falls sie von einem Zwischenmeister beschäftigt werden, von diesem bei einem Anspruch auf 24 Werktage ein Urlaubsentgelt von 9,1% des in der Zeit vom 1. Mai bis 30. April des folgenden Jahres oder bis zur Beendigung des Beschäftigungsverhältnisses verdienten Arbeitsentgelts vor Abzug der Steuern und Sozialversicherungsbeiträge ohne Unkostenzuschlag und ohne die für den Lohnausfall an Feiertagen, den Arbeitsausfall infolge Krankheit und den Urlaub zu leistenden Zahlungen (§ 12 Nr. 1 BUrlG).[605] Nach Auffas- 140

[600] Vgl. hierzu *Leinemann/Linck* BUrlG Teil II A.
[601] BAG 27.5.1997 AP Nr. 3 zu Saarland ZusatzurlaubsG = NZA 1998, 649; 15.11.2005 NZA 2006, 879; näher dazu *Leinemann/Linck* BUrlG § 15 Rn. 83 ff.
[602] Dazu BAG 17.1.2006 EzA Nr. 6 zu § 2 BUrlG; 15.11.2005 AP Nr. 12 zu § 611 BGB Arbeitnehmerähnlichkeit.
[603] BAG 28.6.1973 AP Nr. 2 zu § 2 BUrlG.
[604] BAG 20.8.2003 NZA 2004, 39.
[605] Ausf. dazu HzA/*Linck* Gruppe 17 Rn. 204 ff.

sung des BAG ist für die Berechnung der Abgeltung nach § 12 Nr. 1 BUrlG der Zeitraum vom 1.5. des dem Urlaubsjahr vorausgehenden Jahres bis zum 30.4. des Urlaubsjahres maßgeblich.[606] Nicht gewährter oder nicht genommener Urlaub verfällt nicht bei Beendigung der Beschäftigung, sondern ist zugleich mit den Feiertagen des Folgehalbjahres in die Schlussabrechnung aufzunehmen.[607] Wegen weiterer Einzelheiten vgl. § 12 BUrlG. Da das BUrlG nur für Heimarbeiter eine Sonderregelung zur Berechnung des Urlaubsentgelts getroffen hat (§ 12 BUrlG), ist für die **übrigen Arbeitnehmerähnlichen** § 11 BUrlG maßgebend.[608] Dies kann zu Unbilligkeiten führen, da arbeitnehmerähnliche Personen nicht regelmäßig eingesetzt werden und die Höhe des Urlaubsentgelts wesentlich von der Fixierung des Urlaubszeitraums abhängt. Das BAG lässt daher eine Anpassung an die individuellen Verhältnisse zu; insbesondere hält es das BAG für zulässig, auf einen längeren als dreimonatigen Bemessungszeitraum bei Berechnung des Durchschnittsverdienstes abzustellen.[609] Dabei sind auch solche Aufträge zu berücksichtigen, die vorgezogen erteilt worden sind.

141 **4. Urlaubsabgeltung.** Der Arbeitnehmerähnliche kann nicht bereits dann Urlaubsabgeltung verlangen, wenn das einzelne Auftragsverhältnis beendet ist (§ 7 IV BUrlG). Vielmehr ist auf den Gesamtablauf der geschäftlichen Beziehungen abzustellen, da nur so die sozialpolitische Zielsetzung der Urlaubsgewährung erreicht werden kann. Vielfach werden die Einzelaufträge auch durch einen Rahmenvertrag zusammengefasst sein. Wo dieser fehlt, sind die tatsächlichen Verhältnisse maßgeblich.[610]

142 **5. Erwerbstätigkeit während des Urlaubs (§ 8 BUrlG).** Der Arbeitnehmerähnliche kann grundsätzlich selbst die Arbeitseinteilung bestimmen. Aus seiner persönlichen Unabhängigkeit folgt, dass der Unternehmer die Unterlassung anderweitiger Erwerbstätigkeit nicht verlangen kann. Er kann weder bei AN noch bei arbeitnehmerähnlichen Personen die Rückzahlung des Urlaubsentgelts fordern, wenn dieser anderweitig erwerbstätig wird. Namentlich dann, wenn der Arbeitnehmerähnliche für mehrere Unternehmen arbeitet, muss es ihm überlassen bleiben – etwa durch Ablehnung der Übernahme von Aufträgen – die von verschiedenen Unternehmen gewährte Urlaubsentgeltzahlung auch durch Realisierung von Freizeit zu koordinieren.

143 **6. Krankheit während des Urlaubs (§ 9 BUrlG).** Für die Dauer der Erkrankung besteht kein gesetzlicher Entgeltfortzahlungsanspruch der Arbeitnehmerähnlichen. Die Erkrankung während des Urlaubs kann sich daher nur dahin auswirken, dass der Unternehmer dafür sorgt, dass der Urlaub um die Erkrankung verlängert werden kann und erst zu diesem Zeitpunkt Aufträge zur Verfügung stehen.

§ 105. Bildungsurlaub

Übersicht

I. Übereinkommen 140 der IAO

1 Nach dem Übereinkommen 140 der IAO vom 24.6.1974 sind die das Übereinkommen ratifizierenden Mitgliedstaaten zur Festlegung und zur Durchführung einer Politik verpflichtet, die mit geeigneten Methoden und nötigenfalls schrittweise den bezahlten Bildungsurlaub fördert.[1]

[606] BAG 20.8.2019 AP Nr. 6 zu § 29 HAG = NZA 2020, 232.
[607] BAG 11.7.2006 DB 2007, 806.
[608] *Seidel* BB 1970, 974.
[609] BAG 30.7.1975 AP Nr. 12 zu § 11 BUrlG.
[610] Vgl. BAG 8.6.1967 AP Nr. 6 zu § 611 BGB Abhängigkeit.
[1] Ratifizierungsgesetz v. 7.9.1976 (BGBl. II 1526); vgl. DB 1976, 2019.

Bislang besteht in den Ländern Baden-Württemberg,[2] Berlin,[3] Brandenburg,[4] Bremen,[5] Hamburg,[6] Hessen,[7] Mecklenburg-Vorpommern,[8] Niedersachsen,[9] NRW,[10] Rheinland-Pfalz,[11] Saarland,[12] Sachsen-Anhalt,[13] Schleswig-Holstein[14] und Thüringen[15] bei unterschiedlichen Voraussetzungen für AN ein Anspruch auf bezahlten Bildungsurlaub. Das Mitbestimmungsrecht des BR nach § 87 I Nr. 5 BetrVG erstreckt sich auch auf die Gewährung von Bildungsurlaub nach den Weiterbildungsgesetzen der Länder. Es betrifft allerdings insoweit lediglich die Aufstellung allgemeiner Freistellungsgrundsätze und eines Freistellungsplans und ggf. die Festsetzung der zeitlichen Lage der Arbeitsfreistellung im Einzelfall.[16]

II. NRW

1. Überblick. Nach § 3 AWbG-NRW haben AN Anspruch auf Bildungsurlaub von fünf Arbeitstagen im Kalenderjahr. Der Anspruch von zwei Kalenderjahren kann zusammengefasst werden.[17] Anspruchsberechtigt sind Arbeiter und Angestellte, deren Beschäftigungsverhältnis seinen Schwerpunkt in NRW hat (Arbeitnehmer). Den AN gleichgestellt sind die in Heimarbeit Beschäftigten (dazu → § 163 Rn. 1 ff.), ihnen Gleichgestellte sowie arbeitnehmerähnliche Personen (→ § 9 Rn. 1 ff.; vgl. § 2 AWbG-NRW). Die Arbeitnehmerweiterbildung erfolgt über die Freistellung von der Arbeit zum Zwecke der beruflichen und politischen Weiterbildung in anerkannten Bildungsveranstaltungen bei Fortzahlung des Arbeitsentgelts (§ 1 I AWbG-NRW). 2

2. Anerkennungsverfahren. Bildungsveranstaltungen müssen seit der zum 28.12.2009 in Kraft getretenen Neuregelung des AWbG-NRW den dort in § 9 aufgestellten Anforderungen entsprechen. Danach müssen sie insbesondere allgemein zugänglich sein,[18] weshalb Veranstaltungen nur für Gewerkschaftsmitglieder nicht hierunter fallen.[19] Die Veranstaltungen müssen Wissen vermitteln, das im Beruf verwendet werden kann und damit im weitesten Sinne für den AG von Vorteil wird. Sie müssen nach § 9 I Nr. 4 AWbG-NRW in der Regel täglich acht Unterrichtsstunden, mindestens aber sechs Unterrichtsstunden, von jeweils 45 Minuten umfassen. Was keine Bildungsveranstaltungen sind, ist in § 9 II AWbG-NRW näher bestimmt. 3

3. Politische Weiterbildung. Bildungsveranstaltungen dienen der politischen Weiterbildung, wenn sie das Verständnis der AN für gesellschaftliche, soziale und politische Zusammenhänge verbessern.[20] Dazu ist erforderlich, dass nach dem didaktischen Konzept der Veranstaltung sowie der zeitlichen und sachlichen Ausrichtung der einzelnen Lerneinheiten das Erreichen 4

---

[2] Bildungszeitgesetz Baden-Württemberg v. 17.3.2015 (GBl. 161) m. spät. Änd.
[3] Gesetz v. 24.10.1990 (GVBl. 2209) m. spät. Änd.
[4] Brandenburgisches Weiterbildungsgesetz v. 15.12.1993 (GVBl. I 498) m. spät. Änd. u. VO über die Anerkennung von Weiterbildungsveranstaltungen zur Bildungsfreistellung (Bildungsfreistellungs-Verordnung – BFV) v. 21.1.2005 (GVBl. II 57).
[5] Bremisches Bildungszeitgesetz v. 18.12.1974 (GBl. 348) m. spät. Änd. und VO über die Anerkennung von Bildungsveranstaltungen idF v. 17.10.2017 (GBl. 452) m. spät. Änd.
[6] Hamburgisches Bildungsurlaubsgesetz v. 21.1.1974 (GVBl. 6) m. spät. Änd. und VO über die Anerkennung von Bildungsveranstaltungen v. 9.4.1974 (GVBl. 113) m. spät. Änd.; dazu *Arndt* BB 1974, 1399.
[7] Gesetz idF v. 28.7.1998 (GVBl. 294) m. spät. Änd.; zur Verfassungsmäßigkeit: BVerfG 15.12.1987 AP Nr. 62 zu Art. 12 GG = NZA 1988, 355.
[8] Gesetz v. 13.12.2013 (GVOBl. 691).
[9] Gesetz idF v. 25.1.1991 (GVBl. 29) m. spät. Änd. und VO zur Durchführung des Niedersächsischen Bildungsurlaubsgesetzes v. 26.3.1991 (GVBl. 167) m. spät. Änd.
[10] Arbeitnehmerweiterbildungsgesetz v. 6.11.1984 (GV.NW 678) m. spät. Änd.
[11] Bildungsfreistellungsgesetz v. 30.3.1993 (GVBl. 157) m. spät. Änd.
[12] Saarländisches Weiterbildungsförderungsgesetz idF v. 10.2.2010 (ABl. 28) und Saarländisches Bildungsfreistellungsgesetz v. 10.2.2010 (ABl. 28).
[13] Gesetz v. 4.3.1998 (GVBl. 92) m. spät. Änd. und VO zur Durchführung des Bildungsfreistellungsgesetzes v. 24.6.1998 (GVBl. 290) m. spät. Änd.
[14] Weiterbildungsgesetz Schleswig-Holstein v. 6.3.2012 (GVOBl. 282) m. spät. Änd. und BildungsfreistellungsVO idF v. 16.5.2017 (GVOBl. 319) m. spät. Änd.
[15] Thüringer Bildungsfreistellungsgesetz (ThürBfG) v. 15.7.2015 (GVBl. 114) und Thüringer Bildungsfreistellungsverordnung (ThürBfVO) v. 12.7.2016 (GVBl. 266).
[16] BAG 28.5.2002 AP Nr. 10 zu § 87 BetrVG 1972 Urlaub = NZA 2003, 171.
[17] BAG 21.7.2015 – 9 AZR 418/14.
[18] BAG 21.7.2015 – 9 AZR 418/14.
[19] *Schiefer* DB 2010, 336 (337).
[20] BAG 15.6.1993 AP Nr. 4 zu § 1 BildungsurlaubsG NRW; 9.5.1995 AP Nr. 14 zu § 1 BildungsurlaubsG NRW; LAG BW 9.8.2017 – 2 Sa 4/17.

dieses Ziels uneingeschränkt ermöglicht wird.[21] So müssen beispielsweise Sprachkenntnisse, die in einem Sprachkurs erworben werden sollen, bei der beruflichen Tätigkeit voraussichtlich verwendbar sein.[22]

5 **Beispiele:** Die Rspr. hat eine Entgeltzahlungspflicht u.a. bei folgenden Bildungsveranstaltungen **bejaht:** Seminar über AN in Betrieb, Wirtschaft und Gesellschaft,[23] Deutschlandseminare zur Wiedervereinigung,[24] Italienisch für Anfänger bei einer Krankenschwester,[25] Spanisch-Intensiv für Journalistin in städtischer Pressestelle,[26] Antistresstraining,[27] ökologische Wattenmeerexkursion (mit Hinweis auf irreführenden Titel).[28] Das BAG hat einen **Anspruch verneint** für die Veranstaltung Anlage und Pflege von Hecken in der freien Landwirtschaft,[29] Mit dem Fahrrad auf Gesundheitskurs,[30] Rund um den ökologischen Alltag,[31] Das Meer – Ressource und Abfalleimer an der Costa Brava,[32] Architektur, Städtebau und aktuelle Situation in den neuen Bundesländern,[33] Sprachkurse zur Vertiefung der Sprachkenntnisse ohne politische Weiterbildung,[34] Studienseminar in Kuba.[35] Abgelehnt wurde auch eine Studienreise nach Brasilien.[36]

6 **4. Bewilligung des Bildungsurlaubs.** Das Verfahren über Antrag und Bewilligung des Bildungsurlaubs ist in § 5 AWbG-NRW im Einzelnen geregelt.[37] Die Freistellung erfolgt durch den AG. Bei unberechtigter Verweigerung der Freistellung kann der AN nach Maßgabe von § 5 IV AWbG an der Veranstaltung teilnehmen. Der AN hat keinen Anspruch auf Freistellung zur Teilnahme an einer Bildungsveranstaltung, wenn er seine Teilnahmeabsicht dem AG nach der neuen Fassung des AWbG nicht spätestens sechs Wochen vor deren Beginn nach § 5 I AWbG-NRW mitgeteilt hat; zwischen dem Zugang des Freistellungsantrags beim AG und dem Beginn der Bildungsmaßnahme müssen volle sechs Wochen liegen. Die verspätete Inanspruchnahme der Arbeitnehmerweiterbildung für die vom AN benannte Bildungsveranstaltung lässt den Anspruch des AN auf Freistellung für eine andere Bildungsveranstaltung unberührt.[38]

7 **5. Bezahlte Arbeitsbefreiung.** Gewährt der AG Arbeitsfreistellung zum Besuch einer Bildungsveranstaltung, ist er nach § 7 S. 1 AWbG-NRW zur Entgeltfortzahlung verpflichtet. Erfolgt keine Freistellung, besteht grundsätzlich auch kein Vergütungsanspruch des AN, wenn er gleichwohl an der Veranstaltung teilnimmt. Hiervon regelt § 5 IV 1 iVm S. 3 AWbG-NRW eine Ausnahme. Danach hat der AN auch Anspruch auf Entgeltfortzahlung, wenn der AG die Freistellung aus anderen als den in § 5 II AWbG-NRW genannten Gründen verweigert und der AN ihm seine „Gleichwohl-Teilnahme" innerhalb einer Woche seit Mitteilung der Verweigerung schriftlich mitteilt.[39]

III. Hessen

8 Jeder in Hessen beschäftigte AN und jeder in Hessen zu seiner Berufsausbildung Beschäftigte hat gegenüber seinem AG Anspruch auf bezahlten Bildungsurlaub (§ 1 HessBildUrlG). Nach §§ 1 und 2 HessBildUrlG hat ein AN einen gesetzlich bedingten Anspruch auf Freistellung von

[21] BAG 21.7.2015 – 9 AZR 418/14.
[22] BAG 21.10.1997 AP Nr. 24 zu § 1 BildungsurlaubsG NRW = NZA 1998, 760; LAG Hamm 2.5.2007 – 18 Sa 1994/06.
[23] LAG Hamm 19.12.1997 NZA-RR 1998, 483.
[24] LAG Düsseldorf 20.7.1994 BB 1994, 2208.
[25] BAG 15.6.1993 AP Nr. 4 zu § 1 BildungsurlaubsG NRW = NZA 1994, 692.
[26] BAG 21.10.1997 AP Nr. 23 zu § 1 BildungsurlaubsG NRW = NZA 1998, 758.
[27] BAG 24.10.1995 AP Nr. 21 zu § 1 BildungsurlaubsG NRW = NZA 1996, 759.
[28] BAG 24.8.1993 AP Nr. 9 zu § 1 BildungsurlaubsG NRW = NZA 1994, 456; 5.12.1995 AP Nr. 22 zu § 1 BildungsurlaubsG = NZA 1997, 151.
[29] ArbG Krefeld 1.4.1992 NZA 1992, 986.
[30] BAG 4.5.1995 AP Nr. 14 zu § 1 BildungsurlaubsG NRW.
[31] BAG 15.6.1993 AP Nr. 5 zu § 1 BildungsurlaubsG = NZA 1994, 454.
[32] BAG 24.10.1995 AP Nr. 16 zu § 1 BildungsurlaubsG NRW = NZA 1996, 647.
[33] BAG 24.10.1995 AP Nr. 15 zu § 1 BildungsurlaubsG NRW = NZA 1996, 432.
[34] BAG 24.8.1993 AP Nr. 11 zu § 1 BildungsurlaubsG NRW = NZA 1994, 451.
[35] BAG 16.3.1999 AP Nr. 27 zu § 1 BildungsurlaubsG NRW = NZA 2000, 32.
[36] LAG Hamm 18.4.1997 NZA-RR 1997, 462.
[37] Zur Übertragung des Bildungsurlaubs: BAG 24.10.1995 AP Nr. 11 zu § 7 BildungsurlaubsG NRW = NZA 1996, 254.
[38] BAG 9.11.1999 AP Nr. 4 zu § 5 BildungsurlaubsG NRW = NZA 2001, 30.
[39] BAG 21.7.2015 – 9 AZR 418/14.

der Arbeitspflicht. Die nach § 5 V HessBildUrlG erforderliche Freistellung von der Arbeitspflicht ist nicht möglich, wenn die Leistungspflichten eines Piloten wegen Fluguntauglichkeit suspendiert sind.[40] Besteht für einen Tag, an dem eine anerkannte Bildungsveranstaltung besucht wird, keine Arbeitspflicht, ist der AG nicht zu einem Freizeitausgleich verpflichtet, indem er den AN an einem anderen Tag von der Arbeitspflicht freistellt.[41] Der Anspruch wird erstmals nach einer Wartezeit von sechs Monaten erworben (§ 4 HessBildUrlG).[42] Der Bildungsurlaub dient der politischen Bildung oder der beruflichen Weiterbildung oder Schulung für ein Ehrenamt. Die politische Bildung soll den AN in die Lage versetzen, seinen Standort in Betrieb und Gesellschaft sowie gesellschaftliche Zusammenhänge zu erkennen und ihn befähigen, staatsbürgerliche Rechte und Aufgaben wahrzunehmen. Mit der Anerkennung einer Bildungsveranstaltung wird noch nicht verbindlich über die Entgeltzahlung entschieden. Die Anerkennung ist nur eine der Voraussetzungen der Entgeltzahlung. In einem gerichtlichen Verfahren kann überprüft werden, ob eine thematisch umstrittene Bildungsveranstaltung den Vorgaben entspricht.[43] Der AN hat die Darlegungs- und Beweislast für die Voraussetzungen des Anspruches.[44] Anerkannt worden sind bei einem Flugzeugführer eine Veranstaltung über die Ostsee – kleines Meer mit großen Sorgen[45] – sowie ein Seminar über Sexualität.[46]

IV. Hamburg

Ein AN hat nach dem Hamburgischen Bildungsurlaubsgesetz einen Anspruch auf bezahlte Freistellung, wenn die Bildungsveranstaltung auch dazu dient, die berufliche Mobilität des AN zu erhalten, zu verbessern oder zu erweitern. Der AG ist nicht verpflichtet, den Erwerb von beruflichen Kenntnissen und Fähigkeiten durch die Freistellung und Entgeltfortzahlung für eine Weiterbildung zu fördern, die ausschließlich dazu dient, den Stellenwechsel zu einem anderen AG vorzubereiten.[47] Ein Sprachkurs erfüllt die gesetzlichen Voraussetzungen, wenn der AN die vermittelten Kenntnisse zwar nicht für seine gegenwärtige Arbeitsaufgabe benötigt, der AG aber grundsätzlich Wert auf AN mit Sprachkenntnissen legt und entsprechende Tätigkeitsbereiche bestehen.[48] 9

V. Niedersachsen

Das Niedersächsische Gesetz über den Bildungsurlaub für Arbeitnehmer und Arbeitnehmerinnen ist nicht verfassungswidrig. Es ist auch insoweit mit Art. 12 GG vereinbar, als es die AG verpflichtet, AN für Maßnahmen bezahlt freizustellen, die der allgemeinen Bildung des AN dienen (hier: Sprachkurs Schwedisch).[49] 10

VI. Schleswig-Holstein

Zum 1.4.2012 ist in Schleswig-Holstein das Weiterbildungsgesetz (WBG) in Kraft getreten. Es hat mit Wirkung von diesem Tag das BFQG (dazu 14. Aufl. § 105 Rn. 11) abgelöst. Nach § 3 II WBG ist Ziel der Weiterbildung, über den Erwerb von Kenntnissen, Fähigkeiten und Fertigkeiten hinaus übergreifende Qualifikationen zu vermitteln. Dazu gehört auch die Fähigkeit zur Kommunikation, zur Zusammenarbeit und zur rationalen Austragung von Konflikten. Zudem soll sie die Chancen von benachteiligten Menschen insgesamt verbessern. Der Anspruch auf Bildungsfreistellung umfasst nach § 6 II WBG fünf Arbeitstage in einem Kalenderjahr. Ausnahmsweise kann der Anspruch auf Bildungsfreistellung des laufenden Kalenderjahres übertragen und bis zum Doppelten des Anspruchs mit dem des Folgejahres verbunden werden (Verblockung – § 6 III WBG). Nach § 11 WBG beträgt die Wartezeit sechs Monate. Der AG hat nach § 12 I WBG für die Zeit der Bildungsfreistellung zur Teilnahme an anerkannten Weiterbildungsveranstaltungen das zustehende Arbeitsentgelt ohne Minderung fortzuzahlen. In den §§ 17 ff. WBG ist das Anerkennungsverfahren im Einzelnen geregelt. 11

---

40 LAG Köln 30.8.2013 – 4 Sa 427/13.
41 BAG 21.9.1999 AP Nr. 5 zu § 1 BildungsurlaubsG Hessen = NZA 2000, 1012.
42 HessLAG 3.9.1996 DB 1997, 1185.
43 BAG 9.2.1993 AP Nr. 1 zu § 9 BildungsurlaubsG Hessen.
44 BAG 9.2.1993 AP Nr. 1 zu § 1 BildungsurlaubsG Hessen.
45 HessLAG 20.2.1997 LAGE § 1 BildungsurlaubsG Hessen Nr. 2.
46 ArbG Marburg 3.11.1995 BB 1996, 2149.
47 BAG 18.5.1999 AP Nr. 2 zu § 1 BildungsurlaubsG Hamburg = NZA 2000, 98.
48 BAG 17.2.1998 AP Nr. 1 zu § 1 BildungsurlaubsG Hamburg = NZA 1999, 87.
49 BAG 15.3.2005 AP Nr. 1 zu § 1 BildungsurlaubsG Niedersachsen = NZA 2006, 496.

VII. Berlin

12 Nach § 1 II 1 Berliner Bildungsurlaubsgesetz (BiUrlG) dient Bildungsurlaub „der politischen Bildung und der beruflichen Weiterbildung". Die berufliche Weiterbildung soll die berufliche Qualifikation erhalten, verbessern oder erweitern. Hiervon ausgehend soll der Kurs „Yoga I – Erfolgreich und entspannt im Beruf mit Yoga und Meditation" an einer Volkshochschule eine als Bildungsurlaub geeignete Bildungsveranstaltung darstellen. Da viele AN über zunehmenden Stress und Arbeitsdruck, Schlafstörungen und Erschöpfung klagten, diene die Bewältigung dieser Belastungsfaktoren der Verbesserung und Erweiterung der beruflichen Qualifikation.[50]

[50] LAG Bln-Bbg 11.4.2019 NZA-RR 2019, 409.

X. Buch. Sonstige Pflichten des Arbeitgebers

1. Abschnitt. Schutzpflichten und Pflegezeit

§ 106. Schutz- und Rücksichtnahmepflichten

Übersicht

I. Begriff

1 Wie bei jedem Vertragsverhältnis bestehen auch beim Arbeitsvertrag Nebenpflichten der Vertragsparteien. Allerdings sind diese wegen des personenrechtlichen Einschlags des Arbeitsverhältnisses im Verhältnis zu anderen Vertragstypen zahlreicher und inhaltlich weitergehender ausgestaltet. Da der AN regelmäßig in eine fremde Arbeitsorganisation eingegliedert ist und der AG die Arbeitsbedingungen durch das Direktionsrecht einseitig gestalten kann (→ § 45 Rn. 13 ff.), betrifft dies insbesondere die Pflichtenstellung des AG. Herkömmlicherweise werden die Schutzpflichten des AG gegenüber dem AN unter dem – heutzutage nicht mehr zeitgemäßen – Begriff der **Fürsorgepflicht** zusammengefasst. Nach der Rspr. bedeutet die Fürsorgepflicht, dass der AG seine Verpflichtungen aus dem Arbeitsverhältnis so zu erfüllen, seine Rechte so auszuüben und die im Zusammenhang mit dem Arbeitsverhältnis stehenden Interessen des AN so zu wahren hat, wie es angesichts der im Einzelfall gegebenen Umstände unter Berücksichtigung der Belange des Betriebs und der Interessen der anderen AN nach Treu und Glauben von ihm billigerweise verlangt werden kann.[1] Diese Pflichtenstellung ist nunmehr in § 241 II BGB ausdrücklich anerkannt. Danach hat der AG auf die Rechte, Rechtsgüter und Interessen des AN Rücksicht zu nehmen. Im neueren Schrifttum wird zu Recht auf den Begriff der Fürsorgepflicht verzichtet, da diesem etwas Patriarchalisches anhaftet; besser ist es, von einer **Schutz- oder Rücksichtnahmepflicht** des AG zu sprechen.

II. Inhalt

2 Die einzelnen Pflichten, die sich aus der dem AG obliegenden Schutz- und Rücksichtnahmepflicht gegenüber dem AN ergeben, sind nur zu einem geringen Teil im Gesetz ausdrücklich geregelt. Spezialgesetzlich konkretisiert sind etwa die Schutzpflicht für Leben und Gesundheit des AN. Darüber hinausgehende **Sorgfalts-, Obhuts-, Aufklärungs-, Auskunfts- oder Unterrichtungspflichten** des AG leiten sich im Einzelfall aus der allgemeinen Pflicht des AG zur Wahrung der Interessen des AN nach § 241 II BGB bzw. aus § 242 BGB ab. Diese können dabei nicht erst nach **Abschluss des Arbeitsvertrags,** sondern auch bereits **bei dessen Anbahnung** (vgl. § 311 II Nr. 2 BGB) entstehen. Die schutzrechtliche Pflichtenstellung des AG beginnt mit der Aufnahme von Vertragsbeziehungen zwischen den Parteien und erstreckt sich zum Teil über die Beendigung des Arbeitsvertrags hinaus (→ §§ 147–150 Rn. 1 ff.). So hat der AG dem AN kraft ausdrücklicher Regelung Freizeit zur Stellensuche (§ 629 BGB) und ein Zeugnis (→ § 147 Rn. 1) zu erteilen. Darüber hinaus ist er verpflichtet, dem AN auch nach Vertragsbeendigung Einsicht in die ehemalige Personalakte zu gestatten[2] und ihm die Arbeitspa-

[1] BAG 15.11.2005 AP Nr. 18 zu § 50 BAT = NZA 2006, 502.
[2] Vgl. BAG 16.11.2010 AP Nr. 4 zu § 611 BGB Personalakte = NZA 2011, 453.

piere (→ § 149 Rn. 1) herauszugeben. Auch während der Zeit, in der die Hauptleistungspflichten der Parteien aus dem Arbeitsverhältnis ruhen, besteht die Schutz- und Rücksichtnahmepflicht des AG fort.[3] Selbst bei einem **faktischen Arbeitsverhältnis** (→ § 34 Rn. 47) oder bei einer Weiterbeschäftigung während des Kündigungsschutzverfahrens kann eine mit der tatsächlichen Arbeitsleistung in Zusammenhang stehende Schutzpflicht entstehen.

III. Pflichtenträger

3 Grundsätzlich ist der AG als Arbeitsvertragspartei Träger der Schutz- oder Rücksichtnahmepflicht. Hat der AN die Arbeitsleistung bei einem Dritten zu erbringen, kann er nach dem von der Rspr. entwickelten Institut des **Vertrags mit Schutzwirkungen zugunsten Dritter** auch in die sich aus dem Vertrag zwischen dem AG und dem Dritten ergebenden Schutz- und Obhutspflichten einbezogen sein.[4] Ob die Voraussetzungen hierfür gegeben sind, kann nur im jeweiligen Einzelfall ermittelt werden. Bei einer Einbeziehung des AN in den Schutzbereich des Vertrags treffen den Dritten Schutzpflichten auch gegenüber dem AN. Verstoßen sowohl der Dritte als auch der AG gegen ihre Schutzpflichten, haften sie ggf. gegenüber dem AN gesamtschuldnerisch.[5] Ist der AN in den Haushalt des AG eingegliedert oder arbeiten dessen Angehörigen – etwa in Kleinbetrieben – im Betrieb mit, obliegt auch diesen gegenüber dem AN eine Fürsorgeverpflichtung, soweit sie in arbeitgeberähnlicher Stellung auftreten. Im **mittelbaren Arbeitsverhältnis** kann auch den Hauptarbeitgeber eine Rücksichtnahmepflicht treffen (→ § 182 Rn. 1). Umgekehrt kann auch der AG gegenüber Dritten, etwa dem Ehepartner des AN, Schutzpflichten haben (§ 311 III BGB).

IV. Abdingbarkeit

4 Die dem AG obliegende Schutz- und Rücksichtnahmepflicht kann als solche grundsätzlich nicht vertraglich ausgeschlossen werden. Lediglich über einzelne Verpflichtungen des AG können ggf. abweichende Vereinbarungen getroffen werden. Allerdings sind diese unwirksam, wenn sie gegen zwingendes Recht, insbesondere gegen nicht abdingbare arbeitsschutzrechtliche Normen verstoßen oder bei Vorliegen von AGB oder den Voraussetzungen des § 310 III Nr. 2 BGB den §§ 305c, 307 ff. BGB nicht genügen (→ § 35 Rn. 22, 39). Die Pflichtenstellung des AG in Bezug auf Gesundheit, Körper, Vermögen und Persönlichkeit des Arbeitnehmers ist zwingend und damit vor einem Schadenseintritt nicht abdingbar (vgl. § 619 BGB, § 62 IV HGB). Nach diesem Zeitpunkt kann der AN über entstandene Schadensersatzansprüche gegen den AG verfügen und damit auch auf sie verzichten.

V. Sanktionen

5 Dem AN steht ein **Erfüllungs- bzw. Unterlassungsanspruch** gegen den AG zu, wenn dieser seine Schutz- und Rücksichtnahmepflicht verletzt. Zudem ist der AN berechtigt, ein Zurückbehaltungsrecht nach § 273 BGB oder § 275 III BGB in Bezug auf seine Arbeitspflicht geltend zu machen, sofern es sich nicht nur um geringfügige oder kurzzeitige Verstöße des AG handelt, die keinen nachhaltigen Schaden beim AN bewirken.[6] Besonders schwerwiegende Verstöße können darüber hinaus einen wichtigen Grund für eine außerordentliche Kündigung nach § 626 BGB darstellen. Ferner schuldet der AG dem AN nach § 280 I BGB **Schadensersatz,** wenn er seine Schutz- und Rücksichtnahmepflicht schuldhaft verletzt und dem AN dadurch ein Schaden entstanden ist; das Verschulden eines Erfüllungsgehilfen wird dem AG nach § 278 BGB zugerechnet. Der Umfang des Schadensersatzanspruchs richtet sich nach §§ 249 ff. BGB. Nach der Neufassung des § 253 II BGB und Aufhebung von § 847 BGB kann der AN auch bei Verstößen gegen arbeitsvertragliche (Neben-)Pflichten grundsätzlich Schmerzensgeld verlangen;[7] eine Ausnahme gilt bei Arbeitsunfällen (→ § 61 Rn. 11). Zu Persönlichkeitsverletzungen → Rn. 24 ff.

---

3 BAG 17.3.2016 AP Nr. 3 zu § 33 TVöD = NZA 2016, 1220.
4 Zu den Voraussetzungen vgl. BGH 7.12.2017 NJW 2018, 1537; 9.4.2015 NJW 2015, 2737.
5 Vgl. OLG Frankfurt 3.2.2017 – 8 U 128/16.
6 Vgl. BAG 28.6.2018 AP Nr. 270 zu § 626 BGB = NZA 2018, 1259.
7 Zum früheren Recht BAG 31.10.1972 AP Nr. 80 zu § 611 BGB Fürsorgepflicht.

VI. Einzelne Pflichten des Arbeitgebers

1. Schutz von Leben und Gesundheit. a) Grundlagen. Ausdrückliche vertragliche **Schutzpflichten für Leben und Gesundheit** sind für alle AN in **§§ 617, 618 BGB** und für die Handlungsgehilfen (→ § 12 Rn. 11) in § 62 HGB geregelt. § 618 BGB gilt entspr. auch für Werkverträge.[8] Sondervorschriften bestehen zudem für Heimarbeiter (§§ 12 ff. HAG), Seeleute (§ 114 SeeArbG) und für Kinder und Jugendliche (§§ 28 ff., 32 ff. JArbSchG). Daneben dienen noch zahlreiche Bestimmungen des öffentlichen Arbeitnehmerschutzrechts (→ § 152 Rn. 1) der Gesundheitsfürsorge für den AN. Weitergehende Pflichten des AG können sich auch aus § 241 II BGB ergeben (→ Rn. 12). 6

b) Inhalt. Nach § 618 BGB, § 62 I HGB ist der AG verpflichtet, Räume, Vorrichtungen und Gerätschaften, die er zur Verrichtung der Dienste zu beschaffen hat, so einzurichten und zu unterhalten und die Dienstleistungen so zu regeln, dass der AN gegen Gefahren für Leben und Gesundheit soweit geschützt ist, wie die Natur des Betriebs und der Arbeit es gestatten. Diese Pflicht des AG wird durch die Normen des **unionsrechtlichen und des nationalen Arbeitsschutzrechts** konkretisiert.[9] Deren Einhaltung wird damit zugleich Inhalt der arbeitsvertraglich geschuldeten Schutzpflicht. Das wirkt sich auch auf das Weisungsrecht des AG (§ 106 S. 1 GewO) aus.[10] Aufgrund der Transformation der Vorschriften des technischen Arbeitsschutzes über § 618 I BGB in das Arbeitsvertragsrecht kommt diesen damit eine Doppelwirkung zu: Sie begründen nicht nur eine öffentlich-rechtliche Verpflichtung des AG, sondern zugleich auch eine unabdingbare privatrechtliche Pflicht des AG im Sinne eines einzuhaltenden **Mindeststandards.**[11] Die öffentlich-rechtlichen Schutzvorschriften geben daher das Schutzniveau vor, dem der vom AG eingerichtete Arbeitsplatz mindestens entsprechen muss und den er zugleich auch als arbeitsrechtliche Pflicht schuldet. 7

Die Regelungen in § 618 BGB, § 62 I HGB begründen nicht nur einen Anspruch des AN auf Schutz vor sicher erkannten, sondern auch vor **ernstlich möglichen Beeinträchtigungen seiner Gesundheit** am Arbeitsplatz.[12] Bei einer erhöhten Gefahr für die Gesundheit des AN besteht eine Aufklärungspflicht des AG.[13] Ausnahmsweise kann der AN, der aufgrund seiner gesundheitlichen Disposition gegen bestimmte Immissionen besonders anfällig ist, im Einzelfall auch besondere Schutzmaßnahmen verlangen.[14] Ansonsten kann er darüber hinausgehende Maßnahmen regelmäßig nicht beanspruchen. Allerdings ist es möglich, dass in Tarifverträgen oder Betriebsvereinbarungen (→ § 235 Rn. 69) ein höheres Schutzniveau begründet wird. Eine dringende ärztliche Empfehlung zum Arbeitsplatzwechsel aus gesundheitlichen Gründen berechtigt den AG regelmäßig, dem AN einen anderen Arbeitsbereich zuzuweisen. 8

Die Schutzpflichten nach § 618 I BGB, § 62 I HGB erstrecken sich nicht nur auf die **Arbeits- und Geschäftsräume,** sondern auf alle Örtlichkeiten, die der AN im Zusammenhang mit seiner Arbeitsleistung befugterweise aufsucht; dabei kann es sich sowohl um Arbeits-, Pausen-, Ruhe- und Sanitärräume als auch um im Freien liegende Arbeitsstellen – etwa Baustellen – handeln. Die Pflichten des AG in Bezug auf Einrichtung und Unterhaltung der Räume sind ua. in §§ 3a ff. ArbStättV konkretisiert. Die Räume sind ausreichend zu beleuchten;[15] ferner ist für die hinreichende Beseitigung von Staub, Dünsten, Gasen und Abfällen zu sorgen sowie Schutz gegen Zugluft zu gewähren (dazu → § 154). Der einzelne AN kann zudem nach § 618 I BGB einen Anspruch auf einen tabakrauchfreien Arbeitsplatz haben, wenn dies für ihn aus gesundheitlichen Gründen erforderlich ist.[16] 9

Darüber hinaus muss der AG nach § 618 I BGB, § 62 I HGB die **Vorrichtungen und Gerätschaften** so einrichten und unterhalten, dass der AN – soweit wie möglich – gegen 10

[8] OLG Köln 16.5.2013 NJW-RR 2014, 275.

[9] Zur Bedeutung des SARS-CoV-2-Arbeitsschutzstandard des BMAS und der SARS-CoV-2-Arbeitsschutzregel, vgl. *Sagan/Brockfeld* NZA-Beil. 2/2020, 17; *Wilrich* NZA 2020, 634.

[10] BAG 6.5.2014 AP Nr. 31 zu § 618 BGB = NJOZ 2014, 1818; 13.10.2009 AP Nr. 4 zu § 2 ArbZG = NZA-RR 2010, 623.

[11] BAG 12.8.2008 AP Nr. 29 zu § 618 BGB = NZA 2009, 102; 10.5.2016 AP Nr. 32 zu § 618 BGB = NZA 2016, 1134.

[12] BVerwG 13.9.1984 NJW 1985, 876.

[13] BAG 14.12.2006 AP Nr. 28 zu § 618 BGB = NZA 2007, 262 (Gefahr einer Virusinfektion).

[14] BAG 8.5.1996 AP Nr. 23 zu § 618 BGB = NZA 1997, 86.

[15] BGH 17.1.1974 VersR 1974, 565.

[16] BAG 17.2.1998 AP Nr. 26 zu § 618 BGB = NZA 1998, 1231; für Arbeitsstätten mit Publikumsverkehr vgl. BAG 10.5.2016 AP Nr. 32 zu § 618 BGB = NZA 2016, 1134.

Lebens- und Gesundheitsgefahren geschützt ist. Da das Gesetz weit auszulegen ist, sind alle Gegenstände erfasst, mit denen der AN bei der Erfüllung seiner Arbeitsleistung in Berührung kommt. Hierzu können ua. Maschinen, Werkzeuge, Kraftfahrzeuge, Hilfsmittel und das zu verarbeitende Material gehören. Der AG ist verpflichtet, soweit die Art der betrieblichen Tätigkeit dies erlaubt, die Arbeitsplätze möglichst frei von gesundheitsschädlichen Chemikalien und sonstigen Gefahrstoffen zu halten.[17] Er darf die AN nicht mit Tätigkeiten beauftragen, bei denen sie derart mit Asbestfasern in Kontakt kommen, dass für sie die Gefahr einer Gesundheitsschädigung besteht.[18] Insbesondere ist er gehalten, die notwendigen Schutzvorrichtungen anzubringen, die Unfallverhütungsvorschriften einzuhalten und die AN hinreichend im Gebrauch der Unfallsicherungsmittel zu unterweisen. Konkretisiert werden die Pflichten des AG durch Berufsgenossenschaftliche Vorschriften für Sicherheit und Gesundheit bei der Arbeit (BGV) und durch die §§ 3 ff. BetrSichV.[19] Entsprechen die vom AG eingesetzten Arbeitsmittel den Vorgaben des ProdSG, genügt er insoweit seinen Pflichten aus § 618 I BGB.

11 Der AG muss zudem die zum Schutz der Gesundheit notwendigen Regelungen für die **Ordnung im Betrieb** treffen (zur Mitbestimmung des BR → § 235 Rn. 26). Insbesondere hat er den AN vor Überanstrengung zu bewahren; er darf von den AN (auch den leitenden Angestellten) weder eine unangemessene Arbeitsleistung abfordern[20] noch diese wissentlich entgegennehmen. Grundsätzlich kann der AG dabei allerdings von einer normalen Leistungsfähigkeit des AN ausgehen, es sie denn ihm ist dessen eingeschränkte Leistungsfähigkeit bekannt. Für die Pflicht zur Verwendung und Bereitstellung von Schutzkleidung einschl. der Kosten → § 82 Rn. 13. Wird der AN in die **häusliche Gemeinschaft** des AG aufgenommen, hat der AG Wohn- und Schlafräume, Verpflegung sowie Arbeits- und Erholungszeit so zu gestalten, wie es mit Rücksicht auf Gesundheit, Sittlichkeit und Religion des AN erforderlich ist (§ 618 II BGB). Für Kinder und Jugendliche gilt § 30 JArbSchG, für Seeleute § 93 SeeArbG.

12 Darüber hinaus können den AG nach § 241 II BGB weitere Pflichten zum Schutz von Leben und Gesundheit der AN treffen. Bietet er etwa eine **Grippeschutzimpfung** an, ist er zur ordnungsgemäßen Auswahl der die Impfung durchführenden Person, nicht jedoch zu deren Überwachung verpflichtet.[21]

13 **c) Rechtsfolgen bei Pflichtverletzung.** Der AN kann auf **Erfüllung der Verpflichtung** aus § 618 BGB und damit auf Herstellung eines arbeitsschutzkonformen Arbeitsplatzes klagen.[22] Richtige Klageart ist regelmäßig die Leistungsklage. Bei Bestehen eines Feststellungsinteresses ist auch eine Feststellungsklage möglich. Beide Klagearten setzen allerdings jeweils einen hinreichend bestimmten Klageantrag voraus. In der Praxis kommen derartige Klagen praktisch nie vor, da die Einhaltung des technischen Arbeitsschutzes von den zuständigen Behörden überwacht wird und Verstöße bußgeldbewehrt sind. Klagen auf Erfüllung des Arbeitsschutzes sind daher selten. Sofern eine § 618 BGB konkretisierende öffentlich-rechtliche Arbeitsschutznorm (→ Rn. 9) keine bestimmte Handlungspflicht des AG enthält, besteht ohnehin nur ein Anspruch auf fehlerfreie Ermessensausübung durch den AG (→ § 154 Rn. 17).

14 Der AN ist bei einem Verstoß gegen § 618 BGB zudem berechtigt, nach § 273 BGB die Arbeitsleistung zu verweigern, da er nicht unter gesetzwidrigen Bedingungen arbeiten muss[23] (dazu auch → § 50 Rn. 1). Nicht erforderlich ist, dass bei der Beschäftigung eine „unmittelbare" Gefahr für das Leben oder die Gesundheit des AN besteht, ein arbeitsschutzwidriger Zustand ist ausreichend. Kein **Zurückbehaltungsrecht** besteht nach den Grundsätzen von Treu und Glauben bei nur geringfügigen oder kurzfristigen Zuwiderhandlungen des AG, die keinen nachhaltigen Schaden bewirken können. Der AN muss bei der Zurückhaltung seiner Arbeitsleistung auf das Zurückbehaltungsrecht hinweisen, um dem AG Gelegenheit zur Abhilfe zu geben.[24] Besteht ein Zurückbehaltungsrecht und wird es ordnungsgemäß ausgeübt, gerät der AG ohne Weiteres in Annahmeverzug und der AN behält seinen Vergütungsanspruch (→ § 95 Rn. 1).

---

[17] BAG 8.5.1996 AP Nr. 23 zu § 618 BGB = NZA 1997, 86.

[18] BAG 28.4.2011 AP Nr. 6 zu § 104 SGB VII = NZA-RR 2012, 290.

[19] VO über Sicherheit und Gesundheitsschutz bei der Verwendung von Arbeitsmitteln (Betriebssicherheitsverordnung – BetrSichV) vom 3.2.2015 (BGBl. I 49), zul. geänd. durch VO vom 30.4.2019 (BGBl. I 554).

[20] BAG 27.2.1970 AP Nr. 16 zu § 618 BGB.

[21] BAG 21.12.2017 NZA 2018, 708.

[22] BAG 12.8.2008 AP Nr. 29 zu § 618 BGB = NZA 2009, 102; 16.3.2004 AP Nr. 2 zu § 2 ArbZG = NZA 2004, 927.

[23] BAG 8.5.1996 AP Nr. 23 zu § 618 BGB = NZA 1997, 86.

[24] BAG 18.12.1974 AP Nr. 30 zu § 615 BGB = NJW 1975, 1336.

Bei einem schuldhaften Verstoß gegen § 618 BGB oder die ihn konkretisierenden öffentlich-rechtlichen Arbeitsschutznormen kommt zudem ein **vertraglicher Schadensersatzanspruch** gegen den AG nach § 280 I BGB in Betracht. Für ein Verschulden von Erfüllungsgehilfen hat der AG nach § 278 BGB einzustehen. Allerdings ist nicht jeder AN zugleich Erfüllungsgehilfe des AG bei der Einhaltung der sich für ihn aus § 618 BGB ergebenden Arbeitsschutzpflichten. Die Hilfsperson muss nach ihrer Stellung im Betrieb oder kraft besonderer Anweisung für den Gefahrenschutz nach § 618 BGB verantwortlich sein.[25] Nach § 253 II BGB iVm § 618 BGB kann der AN wegen einer Verletzung seines Körpers oder seiner Gesundheit auch **Ersatz des immateriellen Schadens** verlangen. Die Schadensersatzpflicht des AG kann wegen Mitverschuldens des AN gemildert oder ausgeschlossen sein (§ 254 I BGB), wenn dieser ihm bekannt gewordene Gefahren nicht rechtzeitig gemeldet oder vorhandene Schutzeinrichtungen nicht benutzt hat. 15

Neben vertraglichen Schadensersatzansprüchen können sich auch solche aus **unerlaubter Handlung** ergeben. Unter dem Gesichtspunkt der Verletzung von Verkehrssicherungspflichten kommt ein Anspruch aus § 823 I in Betracht, wenn der AG schuldhaft gegen die ihm nach § 618 I BGB obliegenden Schutzpflichten, insbesondere gegen **Unfallverhütungsvorschriften,** verstoßen hat. Hingegen stellt § 618 BGB für sich kein Schutzgesetz iSv § 823 II BGB dar.[26] Dies zeigt der andernfalls überflüssige Verweis in § 618 III BGB auf die §§ 842–846 BGB. Sonderregeln bestehen für den Personenschaden bei Arbeitsunfällen und Berufskrankheiten (→ § 61 Rn. 14). Bei erheblichen Verletzungen kann dem AN schließlich das Recht zur **außerordentlichen Kündigung** zustehen, wenn ihm die weitere Arbeitsleistung nicht zumutbar ist. Daneben kann die Verletzung der Schutz- und Rücksichtnahmepflicht durch den AG auch dessen **strafrechtliche Verantwortlichkeit** begründen; diese Pflicht begründet eine Garantenstellung iSv § 13 StGB.[27] 16

d) Darlegungs- und Beweislast. Den AN trifft bei Schadensersatzansprüchen (→ Rn. 16) die Darlegungs- und Beweislast, dass ein ordnungswidriger Zustand vorlag, der geeignet war, den eingetretenen Schaden herbeizuführen. Dem AG obliegt es, sein Nichtverschulden oder das Vorliegen besonderer Umstände zu beweisen, die eine andere Ursache des Schadens erkennen lassen.[28] Der AN kann zudem ein rechtliches Interesse daran haben, den Ursachenzusammenhang zwischen der Durchführung von bestimmten, von ihm als gefährlich angesehenen Arbeiten und der Beeinträchtigung seiner Gesundheit in einem selbständigen Beweisverfahren sachverständig feststellen zu lassen.[29] Zur Haftungseinschränkung bei Arbeitsunfällen → § 61 Rn. 56. 17

2. Schutz des Persönlichkeitsrechts. a) Grundsatz. Dem Arbeitgeber obliegt die arbeitsvertragliche Verpflichtung, das sich aus Art. 2 I i.V.m. Art. 1 I GG ergebende **Persönlichkeitsrecht des Arbeitnehmers** zu schützen (→ § 3 Rn. 6 ff.). Der AN hat Anspruch auf Wahrung seiner Privatsphäre, auf Schutz vor Diskriminierung sowie auf Rücksichtnahme auf sein Wohl und seine berechtigten Interessen. Hierzu gehört insbesondere auch der Schutz vor betrieblichen Situationen, in der seine Würde verletzt und ein von Einschüchterungen, Anfeindungen, Erniedrigungen, Entwürdigungen oder Beleidigungen gekennzeichnetes Umfeld geschaffen wird.[30] Eingriffe in das Persönlichkeitsrecht des AN können allerdings durch die Wahrnehmung überwiegend schutzwürdiger Interessen Dritter gerechtfertigt sein. Ob ein rechtwidrige Verletzung des – weitgefassten – Persönlichkeitsrechts gegeben ist, kann daher immer nur durch eine **umfassende Abwägung der widerstreitenden Interessen** unter Berücksichtigung des **Grundsatzes der Verhältnismäßigkeit** festgestellt werden. Maßgebend bei dieser Interessenabwägung ist dabei u.a. die Intensität des Eingriffs, die sowohl durch dessen Dauer und Schwere bestimmt wird als auch durch die betroffene Sphäre des AN (Individual-, Privat- oder Intimsphäre). Ein Eingriff in das allgemeine Persönlichkeitsrecht ist nur dann rechtswidrig, wenn das Schutzinteresse des Betroffenen die schutzwürdigen Belange der anderen Seite überwiegt.[31] Der Persönlichkeitsschutz ist bis auf einen unantastbaren Kernbereich abdingbar. Insbesondere die Eingliederung des AN in den Betrieb führt angesichts der wechselseitigen Interessen des AG und der anderen AN regelmäßig zu 18

[25] ErfK/*Wank* BGB § 618 Rn. 29.
[26] MüKoBGB/*Henssler* § 618 Rn. 107; ErfK/*Preis* BGB § 611a Rn. 618; aA BAG 25.4.2001 AP Nr. 80 zu § 2 BeschFG 1985; *Herschel* RdA 1978, 72.
[27] BGH 25.6.2009 – 4 StR 610/08.
[28] BAG 27.2.1970 AP Nr. 16 zu § 618 BGB.
[29] BAG 30.9.2008 EzA Nr. 1 zu § 485 ZPO 2002.
[30] BAG 15.9.2016 – 8 AZR 351/15; 25.10.2007 AP Nr. 6 zu § 611 BGB Mobbing = NZA 2008, 223.
[31] Vgl. etwa BAG 15.9.2016 – 8 AZR 351/15.

Beeinträchtigungen des Persönlichkeitsrechts, mit denen sich der AN durch den Abschluss des Arbeitsvertrags ausdrücklich oder konkludent einverstanden erklärt.

19 **b) Einzelfälle.** Aus dem Persönlichkeitsrecht ergibt sich der Schutz des AN vor Beleidigungen oder Belästigungen durch andere AN (zB Schutz vor sexuellen Belästigungen, Raucherschutz) oder Dritte, vor unzulässigen **Kontroll- und Überwachungsmaßnahmen** (zB durch technische Einrichtungen) sowie vor Ausforschungen seiner Privatsphäre, etwa durch die Verwertung von Ergebnissen aus ärztlichen Untersuchungen und genetischen Analysen (→ § 26 Rn. 11). Zudem obliegt dem AG eine Verpflichtung zur menschengerechten Gestaltung des Arbeitsplatzes. Die vom AN erworbenen akademischen Grade müssen verwandt werden;[32] dagegen kann er sich bei Betriebsüblichkeit nicht erfolgreich gegen das Duzen wehren.[33] Aus dem Persönlichkeitsrecht folgt ferner ein Anspruch des AN auf Entfernung einer zu Unrecht erteilten **Abmahnung** aus der vom AG geführten Personalakte,[34] ein Anspruch auf Zulassung eines Rechtsbeistands bei Personalgesprächen,[35] eine Pflicht des AG zur Erörterung von Abmahnungen im öffentlichen Dienst,[36] das Verbot des heimlichen Mithörens von Telefongesprächen[37] und der Einholung graphologischer Gutachten ohne Einwilligung des AN,[38] das Verbot anlassunabhängiger verdeckter Videoüberwachung[39] sowie ein Anspruch gegen die Veröffentlichung von beleidigenden Verhaltensweisen und gegen die Zuschreibung von Mitgliedschaften in bestimmten Vereinigungen.[40]

20 Da den AG im Hinblick auf die **persönlichen Verhältnisse des AN** eine Verschwiegenheitspflicht trifft, sind die Veröffentlichung von Fotografien aus dem Privatleben[41] sowie Mitteilungen aus der Intimsphäre des AN untersagt.[42] Der AG verletzt das Persönlichkeitsrecht des AN, wenn er unbefugt Dritten in dessen Personalakte Einblick gestattet,[43] verbotswidrig Eignungstests bei Aufstiegsverfahren berücksichtigt[44] oder Angaben in Beihilfeanträgen unbefugt verwertet.[45] Zudem muss der AG sensible Gesundheitsdaten, die in die Personalakte aufgenommen werden, in besonderer Weise – zB in einem verschlossenen Umschlag – aufbewahren.[46] Der Ausspruch einer unwirksamen Weisung oder einer unwirksamen Kündigung bewirkt dagegen für sich genommen noch keine Verletzung des Persönlichkeitsrechts. Eine nicht mehr sozial adäquate Maßnahme kann eine Kündigung nur darstellen, wenn sie den AN über den bloßen Kündigungsausspruch hinaus in seinem Persönlichkeitsrecht beeinträchtigt und dies vom AG auch so beabsichtigt ist;[47] zum Mobbing → § 36 Rn. 156 ff.

21 Der AG ist grundsätzlich nicht gehindert, **strafbare Handlungen des AN** anzuzeigen. Die Bekanntgabe einer strafbaren oder sonstigen ehrverletzenden Äußerung über den AN zB in Form eines betrieblichen Aushangs ist allerdings stets unzulässig, wenn die notwendigen Beweise noch nicht erhoben sind oder die Behauptung unzutreffend oder nicht nachweisbar ist. Selbst bei Erweislichkeit einer strafbaren Handlung darf eine Bekanntmachung im Betrieb nur erfolgen, wenn der AG ausnahmsweise hieran ein berechtigtes Interesse hat.[48] Überdies darf die Form der Bekanntmachung nicht ihrerseits unverhältnismäßig sein.

22 **c) Sanktionen.** Der AN hat bei objektiv rechtswidrigen Eingriffen in sein Persönlichkeitsrecht entsprechend §§ 12, 862, 1004 BGB Anspruch auf **Beseitigung fortwirkender Beeinträchtigungen** – etwa auf Widerruf ehrverletzender Äußerungen – und auf **Unterlassung**

---

[32] BAG 8.2.1984 AP Nr. 5 zu § 611 BGB Persönlichkeitsrecht = NZA 1984, 225.
[33] LAG Hamm 29.7.1998 NZA-RR 1998, 481; *Roellecke* NJW 1999, 999.
[34] BAG 27.11.1985 AP Nr. 93 zu § 611 BGB Fürsorgepflicht = NZA 1986, 227.
[35] ArbG Münster 6.7.1988 NJW 1989, 793.
[36] ArbG Dessau 5.6.2002 AuA 2002, 572 (bedenklich).
[37] BAG 29.10.1997 AP Nr. 27 zu § 611 BGB Persönlichkeitsrecht = NZA 1998, 307.
[38] LAG BW 26.1.1972 NJW 1976, 310.
[39] BAG 15.4.2014 AP Nr. 9 zu § 29 BetrVG 1972 = NZA 2014, 551; 29.6.2004 AP Nr. 41 zu § 87 BetrVG 1972 Überwachung = NZA 2004, 1278; EGMR 5.10.2010 EuGRZ 2011, 471.
[40] BVerfG 10.1.1998 NJW 1999, 1322.
[41] BVerfG 15.12.1999 NJW 2000, 1021.
[42] BAG 18.2.1999 AP Nr. 31 zu § 611 BGB Persönlichkeitsrecht= NZA 1999, 645.
[43] BAG 18.12.1984 AP Nr. 8 zu § 611 BGB Persönlichkeitsrecht = NZA 1985, 811.
[44] BVerwG 22.9.1988 NJW 1989, 1297; 11.2.1983 NJW 1983, 1922.
[45] LAG Köln 6.11.1984 LAGE Art. 2 GG Nr. 2.
[46] BAG 12.9.2006 AP Nr. 1 zu § 611 BGB Personalakte = NZA 2007, 269.
[47] BAG 24.4.2008 AP Nr. 42 zu § 611 BGB Haftung des Arbeitgebers = NZA 2009, 38.
[48] BAG 21.2.1979 AP Nr. 13 zu § 847 BGB = NJW 1979, 2532.

weiterer Eingriffe.[49] So kann die Wiederholung von wahren Tatsachenbehauptungen, die geeignet sind, den Betroffenen herabzusetzen, untersagt werden, wenn kein schutzwürdiges Interesse an der öffentlichen Weiterverbreitung besteht.[50] Verletzt der AG im Rahmen des Arbeitsverhältnisses das Persönlichkeitsrecht des AN, liegt darin zugleich ein Verstoß gegen seine arbeitsvertraglichen Pflichten. Bei schwerwiegenden Eingriffen in das Persönlichkeitsrecht kommt auch ein Anspruch auf Zahlung von **Schmerzensgeld** in Betracht.[51] Ob ein derartiger Eingriff vorliegt, ist aufgrund der gesamten Umstände des Einzelfalls zu beurteilen. Zu berücksichtigen sind hierbei ua. Bedeutung und Tragweite des Eingriffs, ferner Anlass und Beweggrund des Handelnden sowie der Grad seines Verschuldens.[52] Die **Darlegungs- und Beweislast** für die anspruchsbegründenden Tatsachen trägt der AN. Die Beweiserleichterung des § 22 AGG findet hierbei keine Anwendung.[53] Die Verletzung des Persönlichkeitsrechts kann zudem zu einem **Sachvortrags- oder Beweisverwertungsverbots** (→ § 127 Rn. 50) im Rahmen eines gerichtlichen Verfahrens führen.[54] Zu Ersatzleistungen bei „Mobbing" und Verstößen gegen das AGG → § 36 Rn. 1 und 156 ff.

3. Schutz des Eigentums und Vermögens des Arbeitnehmers. a) Obhuts- und Verwahrpflichten. aa) Grundsatz. Der AG hat das vom AN zulässigerweise **in den Betrieb eingebrachte Eigentum** des AN in gewissem Umfang vor **Verlust und Beschädigung zu schützen.** Er muss diejenigen Maßnahmen treffen, die ihm nach Treu und Glauben (§ 242 BGB) und nach § 241 II BGB unter Berücksichtigung der besonderen betrieblichen und örtlichen Verhältnisse zuzumuten sind.[55] Die Beurteilung des Zumutbaren richtet sich letztlich nach den Besonderheiten des Einzelfalls. Bei schuldhaften Verstößen gegen diese Verpflichtung haftet der AG nicht nur nach den Grundsätzen der unerlaubten Handlung, sondern auch nach § 280 I BGB aus dem Arbeitsvertrag. Der AG hat daher das Verschulden von Erfüllungsgehilfen in gleichem Umfang wie eigenes Verschulden zu vertreten (§ 278 BGB). Erfüllungsgehilfen sind die Personen, deren sich der AG zur Erfüllung seiner Obhuts- oder Verwahrungspflichten bedient, wenn deren Tätigkeit im Bereich des vom AG geschuldeten Gesamtverhaltens liegt. Dies ist bei extra hierfür eingesetztem Personal wie zB einem Parkwächter, Pförtner oder bei Sicherheitsfachkräften der Fall.[56] Eine bloße Gefährdungshaftung des AG besteht daneben nur nach den allgemeinen Vorschriften, zB § 7 StVG. Besondere Regelungen gelten für die Unterbringung und Verwahrung von eingebrachten Sachen bei Seeleuten (vgl. § 93 SeeArbG). Darüber hinaus trifft den AG in entsprechender Anwendung von § 670 BGB auch eine verschuldensunabhängige Haftung für Sachschäden des AN, die dadurch entstehen, dass er seinen eigenen PKW im Betätigungsbereich des AG einsetzt → § 60 Rn. 3 f. 23

bb) Umfang. Für diejenigen Gegenstände, die der AN typischerweise mit zur Arbeit bringt (zB Straßen- und Arbeitskleidung, Fahrkarten, angemessener Geldbetrag, Uhr usw.) hat der AG im Bedarfsfall **geeignete Verwahrmöglichkeiten** zu schaffen. Er hat also gegebenenfalls einen Schrank,[57] in Großbetrieben eine gesicherte Kleiderablage[58] oder einen Spind usw. zur Verfügung zu stellen. Entsprechendes gilt auch für Gegenstände, die nach ihrer Zweckbestimmung mit dem Arbeitsverhältnis im engen Zusammenhang stehen und die vom AN zu stellen sind (zB Fachbücher, Werkzeuge). Entsprechende Pflichten bestehen auch bei der Aufnahme des AN in ein Wohnheim. Stellt der AG keine geeignete Verwahrmöglichkeit zur Verfügung, kann er bei Verlust oder Beschädigung auf Schadensersatz haften. Der AG braucht aber bei Überlassung von Spinden diese nicht noch zusätzlich bewachen zu lassen. Auch ist er nicht zum Abschluss einer besonderen Sachversicherung verpflichtet.[59] Der AN muss sich ein Mitverschulden (§ 254 BGB) 24

---

[49] BAG 15.5.1991 AP Nr. 23 zu § 611 BGB Persönlichkeitsrecht = NZA 1992, 43.
[50] BAG 26.8.1997 AP Nr. 5 zu § 823 BGB Persönlichkeitsrecht = NZA 1998, 712.
[51] BAG 14.11.2013 NZA 2014, 564 („Mobbing"); 18.12.1984 AP Nr. 8 zu § 611 BGB Persönlichkeitsrecht = NZA 1985, 811 (Personalakten); 6.6.1984 AP Nr. 7 zu § 611 BGB Persönlichkeitsrecht = NZA 1984, 321 (Personalfragebogen); LAG Hmb 3.4.1991 NZA 1992, 509 (Namensnennung).
[52] BAG 23.11.2017 AP Nr. 15 zu § 22 AGG = NZA-RR 2018, 287 mAnm *Fuhlrott.*
[53] BAG 15.3.2012 AP Nr. 11 zu § 15 AGG = NZA 2012, 910.
[54] Vgl. BAG 27.7.2017 AP Nr. 263 zu § 626 BGB = NZA 2017, 1327.
[55] Vgl. BAG 25.5.2000 AP Nr. 8 zu § 611 BGB Parkplatz = NZA 2000, 1052.
[56] BAG 25.5.2000 AP Nr. 8 zu § 611 BGB Parkplatz = NZA 2000, 1052.
[57] LAG Hamm 6.12.1989 DB 1990, 1467.
[58] BAG 1.7.1965 AP Nr. 75 zu § 611 BGB Fürsorgepflicht (Bergbau).
[59] LAG Düsseldorf 19.10.1989 DB 1990, 1468; aA ArbG Karlsruhe 16.8.1984 BB 1985, 1070.

anrechnen lassen, wenn er von geeigneten Sicherungsmitteln keinen Gebrauch macht.[60] Wird der AN an einen dritten Ort entsandt (zB Montagearbeiter, Leiharbeiter) und erkrankt er, hat der AG für die Sachen des AN die geeigneten Verwahrmaßnahmen zu treffen und diese ggfs. an den Betriebssitz zurückzuschaffen.

25 Grundsätzlich muss der AG auch für **Unterbringungsmöglichkeiten** von **Fahrrädern,**[61] **Motorrädern, Mopeds** oder **Mofas** der AN sorgen. Bei **Kraftfahrzeugen** hat das BAG bisher stets offen gelassen, ob der AG zur Bereitstellung von Abstellmöglichkeiten verpflichtet ist.[62] Die Frage lässt sich nicht einheitlich beantworten, sondern hängt von den Umständen des Einzelfalls ab.[63] Hierzu zählen vor allem die Erreichbarkeit der Arbeitsstelle mit öffentlichen Verkehrsmitteln sowie die Möglichkeit und der Aufwand für die Schaffung von Parkplätzen. Die Interessenabwägung kann auch ergeben, dass der AG nur für einzelne, besonders schützenswerte AN Abstellmöglichkeiten schaffen muss.

26 Stellt der AG den AN einen **Parkplatz zur Verfügung,** trifft ihn insoweit eine Verkehrssicherungspflicht, selbst wenn eine Pflicht zur Bereitstellung nicht bestand.[64] Über den Umfang der zu treffenden Sicherungsmaßnahmen entscheiden die Umstände des Einzelfalls.[65] Der AG ist idR nicht gehalten, die auf seinem Parkplatz abgestellten Kraftfahrzeuge gegen Diebstahl oder gegen durch Dritte verursachte Unfälle zu schützen, denen man auch sonst im Straßenverkehr ausgesetzt ist.[66] Dagegen hat er für ausreichende Beleuchtung[67] und Erfüllung der Streupflicht[68] sowie dafür zu sorgen, dass keine gefährlichen Schlaglöcher vorhanden sind oder die Abstellplätze nicht zu eng angelegt und auch nicht einer besonderen Gefahr durch den vorbeifahrenden Verkehr ausgesetzt sind.[69] Wird das Auto des AN auf dem Parkplatz durch Immissionen beschädigt, kommt eine Haftung in Betracht, wenn eine Überdachung des Parkplatzes für den AG zumutbar oder die Schädigung voraussehbar war.[70] Der AG, der Parkmöglichkeiten zur Verfügung stellt, darf hierfür ein Entgelt von den AN verlangen. Auch kann der AN entstandene Parkplatzgebühren nicht erstattet verlangen, wenn der AG für seine AN neben einem gebührenpflichtigen einen -freien Parkplatz errichtet hat.[71] Steht ein Betriebsparkplatz zur Verfügung und parkt ein AN verbotswidrig auf dem Firmenhof, wird das Fahrzeug auf Kosten des AN abgeschleppt werden können, und zwar auch dann, wenn keine entspr. Grundlage in der Betriebsordnung enthalten ist.[72] Der AG kann darauf hinweisen, dass die StVO auf dem Parkplatz gilt.[73]

27 **cc) Haftungsausschluss.** Der AG kann seine Haftung für Beschädigungen der vom AN eingebrachten Sachen (→ Rn. 25) nicht generell ausschließen, da ein solcher Ausschluss auch vorsätzliches Handeln erfasst und damit gegen § 276 II BGB verstößt. Ist der Haftungsausschluss in AGBs geregelt oder liegen die Voraussetzungen des § 310 III Nr. 2 BGB vor, hindert zudem § 309 Nr. 7 BGB den wirksamen Ausschluss der Haftung für Vorsatz und grobe Fahrlässigkeit. Zudem benachteiligt ein formularmäßig vereinbarter Haftungsausschluss des AG für fahrlässiges Handeln den AN regelmäßig unangemessen (§ 307 I BGB), da sich der AN der vorübergehenden Einbringung der Sachen letztlich nicht entziehen kann. Eine einseitige „Freizeichnung" durch einen Aushang im Betrieb oder durch das Anbringen von Hinweisschildern ist ebenfalls nicht möglich. Stellt der AG den AN einen Parkplatz zur Verfügung, ist eine arbeitsvertragliche Einheitsregelung[74] oder eine Betriebsvereinbarung, die ausschließlich einen Haftungsausschluss des AG zum Inhalt hat, unwirksam.[75]

---

[60] BAG 17.12.1968 AP Nr. 2 zu § 324 BGB; LAG Hamm 6.12.1989 DB 1990, 1467.
[61] LAG Hamm 2.11.1956 AP Nr. 5 zu § 618 BGB.
[62] BAG 4.2.1960 AP Nr. 7 zu § 618 BGB; 5.3.1959 AP Nr. 26 zu § 611 BGB Fürsorgepflicht.
[63] HessLAG 16.11.2009 – 17 Sa 900/09 (Entscheidung nach billigem Ermessen).
[64] BAG 16.3.1966 AP Nr. 1 zu § 611 BGB Parkplatz; 10.11.1961 AP Nr. 58 zu § 611 BGB Fürsorgepflicht.
[65] BAG 25.5.2000 AP Nr. 8 zu § 611 BGB Parkplatz = NZA 2000, 1052.
[66] BAG 25.6.1975 AP Nr. 4 zu § 611 BGB Parkplatz; HessLAG 11.4.2003 NZA-RR 2004, 69; vgl. aber BGH 15.11.1971 NJW 1972, 150 (Kaufhausparkplatz).
[67] BGH 29.1.1968 VersR 1968, 399.
[68] BGH 22.11.1965 NJW 1966, 202.
[69] BAG 25.6.1975 AP Nr. 4 zu § 611 BGB Parkplatz = DB 1975, 1992.
[70] BAG 18.5.1965 AP Nr. 4 zu § 611 BGB Gefährdungshaftung; LAG Hamm 23.6.1971 DB 1971, 1823.
[71] BAG 22.2.1960 AP Nr. 36 zu § 611 BGB Fürsorgepflicht.
[72] LAG Düsseldorf 12.5.1977 DB 1977, 1754; enger HessLAG 15.1.1979 DB 1979, 1851.
[73] LAG Brem 19.11.1998 MDR 1999, 675 = BB 1999, 747.
[74] BAG 28.9.1989 AP Nr. 5 zu § 611 BGB Parkplatz = NZA 1990, 345.
[75] BAG 5.3.1959 AP Nr. 26 zu § 611 BGB Fürsorgepflicht.

b) Hinweis- und Informationspflichten. aa) Grundsatz. Den AG trifft grundsätzlich keine allgemeine Pflicht, die Vermögensinteressen des AN wahrzunehmen.[76] Er kann jedoch nach § 241 II BGB im Einzelfall verpflichtet sein, den AN unaufgefordert über Umstände zu informieren, die diesem unbekannt, aber für dessen Entscheidungen im Zusammenhang mit der Durchführung des Arbeitsvertrags erheblich sind. Ob eine Aufklärungs- oder Hinweispflicht des AG besteht, ist regelmäßig das Ergebnis einer **umfassenden Interessenabwägung.**[77] Entscheidend ist, ob der AN nach Treu und Glauben unter Berücksichtigung der Verkehrsanschauung redlicherweise Aufklärung erwarten durfte.[78] Zwar ist der AN grundsätzlich gehalten, sich über die für seine Rechtsstellung bedeutsamen Umstände selbst Klarheit zu verschaffen. Ist ihm dies nicht oder nur unter besonderen Schwierigkeiten möglich oder ist die ihm unbekannte Tatsache von besonderer Bedeutung, kann jedoch eine Pflichtenstellung des AG entstehen. Wie groß das Informationsbedürfnis des AN ist, hängt maßgeblich von der Schwierigkeit der Rechtsmaterie sowie dem Ausmaß der dem AN drohenden Nachteile und deren Vorhersehbarkeit ab.[79] Da der AG grundsätzlich nicht ohne das Vorliegen besonderer Umstände von einem Informationsbedürfnis des AN ausgehen muss, muss er nicht auf sämtliche für den Zweck des Arbeitsverhältnisses bedeutsamen Umstände, sondern nur auf besondere, atypische Risiken für den AN hinweisen. Das Bestehen einer Aufklärungspflicht des AG ist vor allem dann zu bejahen, wenn ihm das Schutzbedürfnis des AN wegen der Art des in Rede stehenden Geschäfts bekannt oder es offensichtlich ist. Der Umfang der Auskunftspflicht ist abhängig von dem vorangegangenen Verhalten des AG;[80] hat er in besonderem Maß einen **Vertrauenstatbestand** gesetzt oder eine **Gefahrenquelle für die Interessen des AN** geschaffen, ist auch seine etwaige Aufklärungspflicht erweitert.[81] Allerdings darf eine solche Verpflichtung keine übermäßige Belastung des AG begründen. Je größer das für den AG erkennbare Informationsbedürfnis des AN und je leichter dem AG die entsprechende Information möglich ist, desto eher ergeben sich Hinweis- und Informationspflichten für den AG.[82] 28

bb) Einzelfälle. Eine allgemeine Pflicht des AG, den AN über seine Rechte zu beraten[83] oder ihn auf die Möglichkeit der Inanspruchnahme von arbeits-[84] sowie steuer- oder sozialversicherungsrechtlichen[85] Leistungen hinzuweisen, besteht nicht. Gesteigerte Informationspflichten können den AG jedoch dann treffen, wenn auf seine Initiative und in seinem Interesse eine für den AN nachteilige Vereinbarung – etwa über die Beendigung des Arbeitsverhältnisses[86] (→ § 19 Rn. 15; → § 122 Rn. 7) oder die inhaltliche Änderung des Arbeitsvertrags[87] – getroffen wird. Erteilt der AG dem AN von sich aus oder auf entsprechende Nachfrage des AN rechtliche Auskünfte, müssen diese richtig, eindeutig und vollständig sein, ansonsten kann sich der AG schadensersatzpflichtig machen.[88] Der AG kann im Einzelfall verpflichtet sein, den AN auf die Notwendigkeit einer Klageerhebung hinzuweisen, wenn der Anschein erweckt wurde, er werde nach Abschluss eines Musterprozesses zahlen.[89] Eine besondere Hinweispflicht besteht auch, wenn der AG den Erwerb noch nicht börsennotierter Aktien der Muttergesellschaft durch die Gewährung von zweckgebundenen Arbeitgeberdarlehen fördert.[90] Besondere Auskunfts- bzw. Belehrungspflichten des AG bestehen zudem bezüglich der Krankenversicherungspflicht 29

[76] Vgl. statt aller BAG 31.7.2014 NZA-RR 2014, 674.
[77] BAG 13.11.2014 AP Nr. 5 zu § 40a EStG = NZA 2015, 166; 15.4.2014 AP Nr. 47 zu § 1 BetrAVG Auslegung.
[78] BAG 14.7.2005 AP Nr. 41 zu § 242 BGB Auskunftspflicht = NZA 2005, 1298; 4.10.2005 AP Nr. 42 zu § 242 BGB Auskunftspflicht = NZA 2006, 545.
[79] BAG 14.1.2009 AP Nr. 7 zu § 1 BetrAVG Auskunft.
[80] BAG 10.3.1988 AP Nr. 99 zu § 611 BGB Fürsorgepflicht = NZA 1988, 837 (Aufhebungsvertrag).
[81] BAG 11.12.2001 AP Nr. 2 zu § 1 BetrAVG Auskunft = NZA 2002, 1150.
[82] BAG 22.1.2009 AP Nr. 46 zu § 242 BGB Auskunftspflicht = NZA 2009, 608; 26.7.2007 NZA-RR 2008, 560.
[83] BAG 26.8.1993 AP Nr. 8 zu § 72 LPVG NW = NZA 1994, 281.
[84] BAG 26.7.1972 AP Nr. 1 zu § 4 MTB II = DB 1972, 2263.
[85] LAG MV 22.11.1993 NZA 1995, 79 (Altersübergangsgeld).
[86] BAG 15.4.2014 AP Nr. 47 zu § 1 BetrAVG Auslegung.
[87] BAG 13.11.2001 AP Nr. 1 zu § 15b BAT = NZA 2002, 1047; 13.12.2000 AP Nr. 1 zu § 1 BetrAVG Auskunft = NZA 2002, 618.
[88] BAG 27.2.2019 AP Nr. 23 zu § 74c HGB; 15.12.2016 AP Nr. 209 § 4 TVG Ausschlussfristen = NZA 2017, 528; 24.5.1974 AP Nr. 6 zu § 242 BGB Ruhegehalt-VBL.
[89] BAG 24.5.1974 AP Nr. 6 zu § 242 BGB Ruhegehalt-VBL.
[90] BAG 4.10.2005 AP Nr. 42 zu § 242 BGB Auskunftspflicht = NZA 2006, 545; enger BAG 26.9.2006 AP Nr. 45 zu § 242 BGB Auskunftspflicht = NJW 2007, 2348 (Aktienerwerb).

sowie bei Fragestellungen in Zusammenhang mit der betrieblichen Altersversorgung.[91] Der AG ist aber nicht verpflichtet, den AN von sich aus über den Anspruch auf Entgeltumwandlung nach § 1a BetrAVG zu informieren.[92] Auch muss der AG den geringfügig beschäftigten AN (→ § 44 Rn. 1) nicht darauf hinzuweisen, dass er nicht von der Möglichkeit Gebrauch macht, statt der individuellen Besteuerung nach Lohnsteuerkarte die Pauschalbesteuerung zu wählen.[93]

30 **cc) Rechtsfolgen.** Verletzt der AG seine Hinweis- oder Aufklärungspflicht schuldhaft und entsteht dem AN dadurch ein Schaden, ist der AG nach § 280 I BGB zum Schadensersatz verpflichtet. Der geschädigte AN ist nach § 249 I BGB so zu stellen, als wäre der zum Ersatz verpflichtende Umstand nicht eingetreten. Hat er auf die Richtigkeit einer fehlerhaften Information des AG vertraut, kann dies zu einem Anspruch auf Ersatz des Vertrauensschadens führen. Die Darlegungs- und Beweislast für einen solchen Anspruch trägt der AN. Da die Vermutung besteht, dass sich der AN aufklärungsgerecht verhalten hätte, muss der AG darlegen und im Streitfall beweisen, dass der Schaden auch bei Belehrung des AN eingetreten wäre.[94]

31 **4. Pflicht zur Krankenfürsorge.** § 617 BGB sieht eine Pflicht des AG zur Krankenfürsorge vor, wenn der AN, der in einem dauernden Arbeitsverhältnis steht, welches seine Erwerbstätigkeit vollständig oder hauptsächlich in Anspruch nimmt, in die **häusliche Gemeinschaft** des AG aufgenommen wurde. Ein dauerndes Arbeitsverhältnis kann nicht nur vorliegen, wenn der Vertrag auf unbestimmte Zeit, sondern auch wenn er auf längere Zeit befristet geschlossen wurde. Von einer überwiegenden Inanspruchnahme des AN durch die Erwerbstätigkeit ist auszugehen, wenn er regelmäßig mehr als 15 Stunden wöchentlich für den AG arbeiten muss. Eine Aufnahme in die häusliche Gemeinschaft ist gegeben, wenn der AN im Haus des AG wohnt und zumindest teilweise verpflegt wird. Eine häusliche Gemeinschaft kann auch bestehen, wenn mehrere AN in einer Gemeinschaftsunterkunft leben. Der Anspruch aus § 617 BGB besteht vom Beginn des Arbeitsverhältnisses und der Eingliederung des AN in den Haushalt des AG bis zur Beendigung, längstens für die Dauer von sechs Wochen. Er ist gerichtet auf die ärztliche Behandlung durch einen approbierten Arzt, Verpflegung, dh Gewährung von Nahrung und Kost, sowie die Versorgung mit Arznei, Verbands-, Hilfsmitteln und Körperersatzstücken.

32 Ausgeschlossen ist der Anspruch auf Krankenpflege nach § 617 BGB, wenn der AN die Erkrankung vorsätzlich oder durch grobe Fahrlässigkeit herbeigeführt hat. Dabei wird ein höheres Verschulden als bei § 616 BGB, § 3 EFZG vorausgesetzt (→ § 98 Rn. 30). Zudem tritt die Verpflichtung zur Krankenfürsorge nicht ein, wenn die ärztliche Behandlung durch eine Versicherung oder durch eine öffentliche, insbesondere gesetzliche Krankenpflege (§§ 27 ff. SGB V) sichergestellt ist. Der Ausschlusstatbestand greift nach seinem Sinn und Zweck auch, wenn eine private Versicherung für den AN besteht. Für Kinder und Jugendliche gilt § 30 JArbSchG.

33 **5. Sonstige Schutz- oder Rücksichtnahmepflichten.** Aus § 241 II BGB folgt die Pflicht des AG, im Zusammenwirken mit dem AN die Voraussetzungen für die **Durchführung des Arbeitsvertrags** zu schaffen und etwaige Erfüllungshindernisse nicht entstehen zu lassen bzw. diese zu beseitigen. So kann der AG etwa gehalten sein, bei der Erlangung des Freigängerstatus für den sich in Strafhaft befindlichen AN mitzuwirken, wenn dies für den AG nicht risikobehaftet ist.[95] Ist der AN aus in seiner Person liegenden Gründen nicht mehr in der Lage, die vom AG aufgrund seines Weisungsrechts zugewiesene Tätigkeit zu erbringen, muss der AG von seinem Direktionsrecht erneut Gebrauch machen und dem AN eine leidensgerechte Tätigkeit zuweisen, sofern dies für den AG zumutbar und rechtlich möglich ist. Eine entspr. Verpflichtung setzt allerdings voraus, dass der AN die **Umsetzung auf einen leidensgerechten Arbeitsplatz** verlangt und dem AG mitteilt, wie er sich seine weitere, die aufgetretenen Leistungshindernisse ausräumende Beschäftigung vorstellt.[96] Dem AG ist die Zuweisung eines neuen Arbeitsplatzes idR zumutbar, wenn keine betrieblichen bzw. wirtschaftlichen Gründe oder die Rücksichtnahmepflicht gegenüber anderen AN entgegenstehen.[97] Dies ist etwa der Fall, wenn ein entspr. Arbeitsplatz frei ist und der AG Bedarf für die Tätigkeit hat. Hingegen ist der AG nicht verpflichtet, einen entspr. Arbeitsplatz durch Umorganisation für den AN erst zu schaffen.[98] Eine Pflicht zur

[91] Dazu *Reinecke* DB 2006, 555.
[92] BAG 21.1.2014 AP Nr. 3 zu § 1a BetrAVG = NZA 2014, 903.
[93] BAG 13.11.2014 AP Nr. 5 zu § 40a EStG = NZA 2015, 166.
[94] Vgl. BGH 5.7.1973 WM 1973, 1015.
[95] BAG 9.3.1995 AP Nr. 123 zu § 626 BGB = NZA 1995, 777; 24.3.2011 AP Nr. 33 zu § 1 KSchG 1969 Personenbedingte Kündigung = NZA 2011, 1084.
[96] BAG 27.5.2015 AP Nr. 138 zu § 615 BGB = NZA 2015, 1053.
[97] BAG 19.5.2010 AP Nr. 10 zu § 106 GewO = NZA 2010, 1119.
[98] BAG 28.6.2017 AP Nr. 152 zu § 615 BGB = NZA 2017, 1528.

Zuweisung einer neuen Tätigkeit besteht auch nicht, wenn diese nur im Wege eines Austauschs mit einem anderen AN erfolgen kann, der BR den damit verbundenen Versetzungen jedoch nicht nach § 99 BetrVG zustimmt oder der drittbetroffene AN seine Zustimmung hierzu verweigert und der AG ihm eine andere Tätigkeit nicht im Rahmen seines Direktionsrechts zuweisen kann.[99]

Den AG trifft bei Vertragsverhandlungen mit dem AN als Teil der Rücksichtnahmepflicht das sog. **Gebot fairen Verhandelns.**[100] Dieses Gebot soll unterhalb der Schwelle der von §§ 105, 119 ff. BGB erfassten Willensmängel die Entscheidungsfreiheit des AN bei Vertragsverhandlungen schützen. Ein Verstoß gegen diese Pflicht kann gegeben sein, wenn eine Vertragspartei eine Verhandlungssituation herbeiführt oder ausnutzt, die eine unfaire Behandlung der anderen Partei darstellt. Maßgebend ist, ob eine Seite eine psychische Drucksituation schafft oder ausnutzt, die eine freie und überlegte Entscheidung des Vertragspartners – etwa über den Abschluss eines Aufhebungsvertrags – erheblich erschwert oder unmöglich macht. Dies kann auch durch die Schaffung besonders unangenehmer Rahmenbedingungen, die erheblich ablenken oder sogar den Fluchtinstinkt wecken, geschehen. Denkbar ist auch die Ausnutzung einer objektiv erkennbaren körperlichen oder psychischen Schwäche, unzureichender Sprachkenntnisse oder eines Überraschungs- oder Überrumplungsmoments, durch das die Entscheidungsfreiheit des AN beeinträchtigt wird.[101] Ob ein Verstoß gegen das „Gebot fairen Verhandelns" oder nur eine unerhebliche „Vertragsreue" vorliegt, ist anhand der Umstände des Einzelfalls zu bewerten.[102] Wurde ein Aufhebungsvertrag unter Verstoß gegen dieses Gebot geschlossen, soll der Schadensersatzanspruch nach § 280 I iVm §§ 249 ff. BGB nach der Rspr. des BAG dessen Unwirksamkeit zur Folge haben.[103] Dogmatisch ist dieser Ansatz abzulehnen, da damit aus einem Pflichtenverstoß ein Nichtigkeitsgrund für ein Rechtsgeschäft abgeleitet wird. 34

Der AG hat zudem die Pflicht, die **Lohnsteuer** des AN richtig zu berechnen und ihm eine fehlerfreie Lohnsteuerbescheinigung zu erteilen.[104] Auch kann er ggf. gehalten sein, bei der Wahrung oder Entstehung von **Ansprüchen des AN** mitzuwirken, die dieser gegenüber Dritten – insbesondere öffentlich-rechtlichen oder privaten Versicherungsträgern – erwerben kann.[105] Hingegen ist der AG weder gehalten, im eigenen Namen Rechtsbehelfe gegen Verwaltungsakte einzulegen, von deren Rechtmäßigkeit er ausgeht,[106] noch von einem ihm zustehenden Recht Gebrauch zu machen, wenn dies die Gefahr begründet, einen Rechtsstreit führen zu müssen.[107] Aus § 241 II BGB ergibt sich auch keine Pflicht des AG, ein Zustimmungsersetzungsverfahren nach § 99 IV BetrVG führen zu müssen.[108] Will der AG einen für einen Schaden mitverantwortlichen AN in Anspruch nehmen, muss er – sofern dies rechtlich und wirtschaftlich ohne weiteres mit Erfolg möglich ist – allerdings zunächst Ansprüche gegen den unmittelbar schädigenden Dritten durchsetzen.[109] Dagegen verpflichtet § 241 II BGB ihn nicht, eine zugunsten des AN zur Durchführung einer Entgeltumwandlung abgeschlossene Direktversicherung zu kündigen, wenn der AN mit dem Rückkaufswert der Versicherung lediglich Verbindlichkeiten tilgen will.[110] 35

Eine arbeitsvertragliche Nebenpflicht, auf deren Grundlage der AN seine **Beförderung** durchsetzen könnte, besteht nicht[111] (zu schwerbehinderten Menschen → § 178 Rn. 45). Dies gilt auch für den öffentlichen Dienst; allerdings kann sich hier aus Art. 33 II GG nach dem Grundsatz der Bestenauslese im Einzelfall ein Anspruch des AN auf Beförderung ergeben (→ § 64 Rn. 26 ff.). Dem AN steht grundsätzlich auch kein Anspruch auf eine besondere **Aus-** 36

---

[99] BAG 19.5.2010 AP Nr. 10 zu § 106 GewO = NZA 2010, 1119.

[100] BAG 7.2.2019 AP Nr. 50 zu § 620 BGB Aufhebungsvertrag; 15.3.2005 AP Nr. 7 zu § 781 BGB; 3.6.2004 – 2 AZR 427/03; 22.4.2004 AP Nr. 27 zu § 620 BGB Aufhebungsvertrag; 27.11.2003 AP Nr. 1 zu § 312 BGB; vgl. *Däubler* NZA 2001, 1334; *Henssler* RdA 2002, 135; *Lorenz* JZ 1997, 282; *Reinecke* NZA-Sonderbeil. zu Heft 18/2004, 37.

[101] Zu den verschiedenen Fallgruppen *Müller* DB 2019, 1793 ff.

[102] BAG 7.2.2019 AP Nr. 50 zu § 620 BGB Aufhebungsvertrag; zust. *Müller* DB 2019, 1792 ff.; *Schmidt* Anm. AP Nr. 50 zu § 620 BGB Aufhebungsvertrag; *Plum* MDR 2020, 69; krit. *Bauer/Romero* ZfA 2019, 608; *Zimmermann/Völkerding* DB 2019, 1628; *Holler* NJW 2019, 2206 (2207 ff.); zweifelnd auch *Fischinger* NZA 2019, 729 (730).

[103] BAG 7.2.2019 AP Nr. 50 zu § 620 BGB Aufhebungsvertrag.

[104] BFH 20.9.1996 NZA-RR 1997, 121.

[105] BAG 24.9.2009 AP Nr. 5 zu § 241 BGB = NZA 2010, 337.

[106] BAG 19.3.1992 AP Nr. 110 zu § 611 BGB Fürsorgepflicht = NZA 1992, 1031.

[107] BAG 24.9.2015 AP Nr. 209 zu § 1 KSchG 1969 Betriebsbedingte Kündigung = NZA 2015, 1457.

[108] BAG 21.2.2017 AP Nr. 68 zu § 99 BetrVG 1972 Einstellung = NJW 2017, 1692.

[109] BAG 7.6.2018 AP Nr. 146 zu § 611 BGB Haftung des Arbeitnehmers = NZA 2019, 44.

[110] BAG 26.4.2018 AP Nr. 4 zu § 1a BetrAVG = NZA 2018, 929.

[111] BAG 31.10.1985 AP Nr. 5 zu § 46 BPersVG; 20.6.1984 AP Nr. 58 zu § 611 BGB Dienstordnungs-Angestellte; 28.3.1973 AP Nr. 2 zu § 319 BGB.

oder Fortbildung gegen den AG zu. Ein solcher Anspruch kann jedoch arbeits- oder tarifvertraglich vereinbart werden. Bei Arbeitsverträgen ist dies zB dann anzunehmen, wenn eine bestimmte Fortbildungs- oder Weiterentwicklungsmöglichkeit Vertragsgegenstand geworden ist, etwa wenn ein Klinikarzt nach seinem Vertrag die Möglichkeit haben soll, die Anerkennung als Facharzt zu erreichen.[112]

37 Hat der AG das Arbeitsverhältnis gekündigt, kann dem AN aus §§ 242, 241 II BGB iVm den Vorgaben des KSchG und Art. 12 I GG ein **Wiedereinstellungsanspruch** (→ § 146 Rn. 1) gegen den AG zustehen, wenn die Umstände, die Grundlage der negativen Prognose und damit der Kündigung waren, bis zum Ablauf der Kündigungsfrist nachträglich entfallen sind.[113]

38 Ist der AN **arbeitsunfähig** erkrankt, kann der AG ihn aufgrund seiner Rücksichtnahmepflicht nur dann anweisen, zu einem Personalgespräch in den Betrieb zu kommen, wenn hierfür ein dringender betrieblicher Anlass besteht, der einen Aufschub der Weisung auf einen Zeitpunkt nach der Genesung nicht gestattet, und die persönliche Anwesenheit des AN im Betrieb dringend erforderlich ist und ihm zugemutet werden kann.[114]

§ 107. Pflegezeit

Übersicht

[112] BAG 22.2.1990 AP Nr. 23 zu § 611 BGB Arzt-Krankenhaus-Vertrag = NZA 1990, 845.

[113] Vgl. BAG 25.10.2007 AP Nr. 2 zu § 613a BGB Wiedereinstellung = NZA 2008, 357; 9.11.2006 AP Nr. 1 zu § 311a BGB; 28.6.2000 EzA Nr. 5 zu § 1 KSchG Wiedereinstellungsanspruch = NZA 2000, 1097.

[114] BAG 2.11.2016 AP Nr. 31 zu § 106 GewO = NZA 2017, 183.

I. Allgemeines

Durch das zum 1.7.2008 in Kraft getretene PflegeZG (BGBl. I 896) soll die ambulante Pflege, insbesondere auch die häusliche Pflege durch Angehörige, gestärkt werden.[1] Zugleich soll die Vereinbarkeit von Beruf und familiärer Pflege verbessert werden (§ 1 PflegeZG). Die Pflegezeitregelungen des PflegeZG basieren auf zwei Säulen: Bei unerwartetem Eintritt einer besonderen Pflegesituation haben Beschäftigte das Recht, kurze Zeit der Arbeit fernzubleiben, um die sofortige Pflege eines nahen Angehörigen sicherzustellen (§ 2 PflegeZG). Zu einer längeren Pflege in häuslicher Umgebung können berufstätige Angehörige von pflegebedürftigen Personen durch eine vollständige oder teilweise Freistellung von der Arbeit bis zur Dauer von sechs Monaten den Umfang ihrer Erwerbstätigkeit dem jeweiligen Pflegebedarf anpassen (§§ 3 und 4 PflegeZG). Dadurch soll nach Auffassung des Gesetzgebers in jeder Pflegesituation eine bedarfsgerechte Pflege des Angehörigen gewährleistet sein.[2] Das PflegeZG gewährt Beschäftigten unter den in §§ 2–4 PflegeZG geregelten Voraussetzungen einen **Anspruch, der Arbeit fernzubleiben** (dazu → Rn. 16 ff.). Einen Vergütungsanspruch haben die Beschäftigten in der Zeit des Fernbleibens von der Arbeit nur, wenn sich eine solche Verpflichtung aus anderen gesetzlichen Vorschriften oder aufgrund einer Vereinbarung ergibt. Dies ist für die Akutpflege in § 2 III PflegeZG klargestellt. Das PflegeZG selbst enthält keine Anspruchsgrundlage für einen Entgeltfortzahlungsanspruch des Beschäftigten (dazu → Rn. 28 ff.). 1

II. Anspruchsberechtigte Personen

1. Allgemeines. Die Ansprüche aus dem PflegeZG gelten für Beschäftigte, die nahe Angehörige pflegen. § 7 I PflegeZG erläutert den Begriff „Beschäftigter" iSd PflegeZG. Die Begrifflichkeit erinnert an die des § 6 I AGG und hebt teilweise die Unterschiede zwischen einem Arbeitsverhältnis und der Beschäftigung außerhalb eines Arbeitsverhältnisses auf.[3] 2

2. Beschäftigte. Zu den Beschäftigten gehören zunächst gem. § 7 I Nr. 1 PflegeZG die AN. Es gilt insoweit der allgemeine Arbeitnehmerbegriff (dazu → § 8 Rn. 1 ff.). Unerheblich ist der Beschäftigungsumfang, so dass sowohl Vollzeit- als auch Teilzeitbeschäftigte (dh auch geringfügig Beschäftigte) anspruchsberechtigt sind. Befristet eingestellte AN gehören gleichfalls zu den Beschäftigten iSd PflegeZG,[4] wobei sich durch die Inanspruchnahme der Pflegezeit nicht das Befristungsende verschiebt. Die Beendigung des Arbeitsverhältnisses durch Fristablauf ist nicht einer Kündigung (§ 5 PflegeZG) gleichzusetzen. Da leitende Angestellte AN sind, gilt auch für diese Personengruppe das PflegeZG. 3

3. Zu ihrer Berufsbildung Beschäftigte. Beschäftigte iSd PflegeZG sind nach § 7 I Nr. 2 PflegeZG auch die zu ihrer Berufsbildung Beschäftigten. Das sind nicht nur Auszubildende in einem Berufsausbildungsverhältnis iSv § 1 III BBiG, sondern ebenso die in der Berufsausbildungsvorbereitung, der beruflichen Fortbildung, der beruflichen Umschulung oder in anderen Vertragsverhältnissen iSv § 26 BBiG Beschäftigten (dazu → § 173 Rn. 1 ff.).[5] Über den in § 22 II BBiG geregelten Kündigungsschutz nach Ablauf der Probezeit hinaus genießen die in einem Berufsbildungsverhältnis stehenden Beschäftigten in den Pflegefällen der §§ 2 und 3 PflegeZG zusätzlich den Kündigungsschutz des § 5 PflegeZG. Die Kündigung bedarf daher der Zustimmung der zuständigen Behörde, und zwar nach dem Wortlaut des PflegeZG auch in der Probezeit des § 22 I BBiG (dazu → Rn. 53). 4

Um den Ausbildungserfolg nicht zu gefährden, sieht § 4 I 4 PflegeZG vor, dass die **Pflegezeit nicht auf die Berufsbildungszeiten angerechnet** wird. Soweit bestimmte Berufsbildungszeiten vereinbart worden sind, soll sich nach der Gesetzesbegründung zu § 4 PflegeZG das der Berufsbildung dienende Vertragsverhältnis um die in Anspruch genommene Pflegezeit verlängern.[6] Das Gesetz selbst geregelt diese Rechtsfolge – anders als etwa § 21 III BBiG – allerdings 5

[1] Vgl. die Bestandsaufnahme von *Müller* BB 2018, 249.
[2] BT-Drs. 16/7439, 90.
[3] Krit. dazu *Preis/Weber* NZA 2008, 82 (83); KR/*Treber* PflegeZG §§ 1–8 Rn. 2 f.
[4] *Müller* BB 2008, 1058.
[5] ErfK/*Gallner* PflegeZG § 7 Rn. 1.
[6] BT-Drs. 16/7439, 92.

nicht.[7] Die Verlängerung des Vertragsverhältnisses bezieht sich nach dem gesetzlichen Gesamtzusammenhang in § 4 I PflegeZG nur auf Pflegezeiten iSv § 3 PflegeZG und nicht auch auf die Akutpflege iSv § 2 PflegeZG. Da die Pflegezeit nach § 3 I 1 PflegeZG auch in einer teilweisen Freistellung bestehen kann, dürfte sich in diesen Fällen das Ausbildungsverhältnis im Umfang der auf Tage umgerechneten Teilfreistellung verlängern. Dass diese Regelung in der Praxis zu erheblichen Schwierigkeiten führen kann, liegt auf der Hand.[8]

6 **4. Arbeitnehmerähnliche Personen.** Nach § 7 I Nr. 3 PflegeZG gehören zu den Beschäftigten auch Personen, die wegen ihrer wirtschaftlichen Unselbständigkeit als arbeitnehmerähnliche Personen anzusehen sind (näher dazu → § 10 Rn. 1 ff.). Arbeitnehmerähnliche Personen sind Selbständige. An die Stelle der das Arbeitsverhältnis prägenden persönlichen Abhängigkeit tritt die wirtschaftliche Abhängigkeit. Wirtschaftliche Abhängigkeit ist regelmäßig gegeben, wenn der Betroffene auf die Verwertung seiner Arbeitskraft und die Einkünfte aus der Dienstleistung zur Sicherung seiner Existenzgrundlage angewiesen ist. Das kann insbesondere bei der Tätigkeit für nur einen Auftraggeber der Fall sein. Vorausgesetzt wird weiter eine gewisse Dauerbeziehung. Nach der Rechtsprechung des BAG muss der Beschäftigte außerdem seiner gesamten sozialen Stellung nach einem AN vergleichbar schutzbedürftig sein.[9] Auch wenn dieses Merkmal in § 7 I Nr. 3 PflegeZG nicht ausdrücklich genannt ist, ist es bei der Begriffsbestimmung zu berücksichtigen. Hiervon geht auch die Gesetzesbegründung aus.[10] Trotz der nicht ausdrücklichen Erwähnung dieses Merkmals in § 7 I Nr. 3 PflegeZG kann daher nicht angenommen werden, der Gesetzgeber habe im PflegeZG einen von der allgemeinen Begrifflichkeit abweichenden Begriff der arbeitnehmerähnlichen Person gewählt.[11] Hierfür spricht auch die dem § 7 I Nr. 3 PflegeZG vergleichbare Wortwahl in § 2 S. 2 BUrlG und § 5 I 2 ArbGG. Zu diesen Bestimmungen ist anerkannt, dass die einem AN entsprechende soziale Schutzbedürftigkeit Merkmal der arbeitnehmerähnlichen Person ist.[12] Beschäftigte iSd PflegeZG sind gem. § 7 I Nr. 3 PflegeZG des Weiteren die in **Heimarbeit Beschäftigten** und die ihnen **Gleichgestellten.** Der Begriff „Heimarbeiter" ist in § 2 I HAG definiert (dazu → § 11 Rn. 2); die Möglichkeit der Gleichstellung folgt aus § 1 II HAG (dazu → § 163 Rn. 3 ff.).

7 Die Einbeziehung der arbeitnehmerähnlichen Personen, Heimarbeiter und der ihnen Gleichgestellten zum Kreis der Beschäftigten iSd PflegeZG ist **gesetzessystematisch problematisch.** Diese Personengruppe hat keinen „Arbeitgeber", weil sie selbständig tätig ist. Die Mitteilungs- und Ankündigungspflichten aus §§ 2 und 3 PflegeZG bestehen jedoch gegenüber dem AG als weisungsberechtigter Person. Hieran ändert § 7 II 2 PflegeZG nichts.[13] Des Weiteren bestehen für arbeitnehmerähnliche Personen, Heimarbeiter und die ihnen Gleichgestellten regelmäßig keine festen „Arbeitstage", weil sie in der Bestimmung ihrer Arbeitszeit definitionsgemäß frei sind. Die korrekte Umsetzung des Anspruchs aus § 2 PflegeZG, der auf das Fernbleiben von der Arbeit an bis zu zehn Arbeitstagen gerichtet ist, dürfte für arbeitnehmerähnliche Personen, Heimarbeiter und die ihnen Gleichgestellten in der Praxis auf erhebliche Schwierigkeiten stoßen und „pragmatische" Lösungen befördern.

8 Rechtspolitisch zweifelhaft ist, dass für die arbeitnehmerähnlichen Personen, Heimarbeiter und die ihnen Gleichgestellten über die in § 7 I Nr. 3 PflegeZG erfolgte Einbeziehung in den vom PflegeZG begünstigten Personenkreis der **besondere Kündigungsschutz** des § 5 PflegeZG Anwendung findet (→ Rn. 51 ff.).[14] Diese Personengruppen haben ansonsten keinen materiellen Kündigungsschutz. Erst im Jahre 2007 hat das BAG entschieden, dass weder Art. 3 I GG noch Art. 12 I GG eine analoge Anwendung von § 622 I und II BGB und § 29 III und IV HAG auf die Kündigung von Beschäftigungsverhältnissen arbeitnehmerähnlicher Personen gebieten.[15] Für Heimarbeiter gilt gleichfalls kein materieller Kündigungsschutz. Nach § 29 HAG

[7] Krit. deshalb *Düwell* FA 2008, 108 (110).
[8] Krit. deshalb *Preis/Nehring* NZA 2008, 729 (730).
[9] BAG 17.1.2006 EzA Nr. 6 zu § 2 BUrlG; 30.8.2000 AP Nr. 75 zu § 2 ArbGG 1979 = NZA 2000, 1359.
[10] BT-Drs. 16/7439, 93 f.
[11] Ebenso *Müller* BB 2008, 1058; KR/*Treber* PflegeZG Rn. 18; aA ErfK/*Gallner* PflegeZG § 7 Rn. 1; *Preis/Nehring* NZA 2008, 729 (731 f.).
[12] Vgl. zu § 2 BUrlG: BAG 17.1.2006 EzA Nr. 6 zu § 2 BUrlG; ErfK/*Gallner* BUrlG § 2 Rn. 2; *Leinemann/Linck* BUrlG § 2 Rn. 46 ff.; zu § 5 ArbGG: BAG 21.2.2007 AP Nr. 64 zu § 5 ArbGG 1979 = NZA 2007, 699; 30.8.2000 AP Nr. 75 zu § 2 ArbGG 1979 = NZA 2000, 1359; GMP/*Müller-Glöge* ArbGG § 5 Rn. 34 f.
[13] Zutr. *Preis/Weber* NZA 2008, 82 (83).
[14] Krit. auch *Freihube/Sasse* DB 2008, 1320 (1322); *Preis/Nehring* NZA 2008, 729 (736); KR/*Treber* PflegeZG Rn. 3.
[15] BAG 8.5.2007 AP Nr. 15 zu § 611 BGB Arbeitnehmerähnlichkeit.

müssen nur die dort geregelten Kündigungsfristen und die Entgeltgarantie beachtet werden (→ § 163 Rn. 38 ff.).

5. Keine Wartezeit. Das Leistungsverweigerungsrecht nach § 2 PflegeZG und der Anspruch auf Pflegezeit nach § 3 PflegeZG bestehen ab dem ersten Tag des Beschäftigungsverhältnisses. Die Beschäftigten haben lediglich die in § 2 II und § 3 III PflegeZG geregelten Mitteilungs- bzw. Ankündigungsfristen zu beachten. Das führt wegen des in § 5 PflegeZG geregelten besonderen Kündigungsschutzes zu Verwerfungen (dazu → Rn. 53). 9

III. Arbeitgeber

1. Begriffsbestimmung. Nach § 7 II PflegeZG sind AG iSd PflegeZG **natürliche und juristische Personen sowie rechtsfähige Personengesellschaften,** die Beschäftigte iSv § 7 I PflegeZG beschäftigen. Für die arbeitnehmerähnlichen Personen, insbesondere für die in Heimarbeit Beschäftigten und die ihnen Gleichgestellten, tritt an die Stelle des AG der Auftraggeber oder Zwischenmeister. 10

2. Unternehmensgröße. Der Anspruch auf Pflegezeit besteht gem. § 3 I 2 PflegeZG nicht gegenüber AG mit **in der Regel 15 oder weniger Beschäftigten.** Ein Anspruch auf Pflegezeit besteht daher nur, wenn beim AG mindestens 16 Beschäftigte tätig sind.[16] Auch Teilzeitbeschäftigte werden „nach Köpfen" gezählt und nicht quotal nach dem Beschäftigungsumfang, wie etwa in § 23 I 4 KSchG.[17] Berücksichtigt werden – anders als bei anderen Schwellenwerten (zB § 15 VII Nr. 1 BEEG, § 8 VII TzBfG, § 23 I 4 KSchG) – nicht nur AN, sondern auch die zur Berufsbildung Beschäftigten, arbeitnehmerähnliche Personen sowie Heimarbeiter und die ihnen Gleichgestellten,[18] denn das sind gem. § 7 I PflegeZG Beschäftigte iSd Gesetzes. Maßgeblich ist nicht die Zahl der in einem Betrieb Beschäftigten, sondern die Zahl der beim AG iSv § 7 II PflegeZG Beschäftigten. Dies entspricht den Regelungen in § 15 VII Nr. 1 BEEG und § 8 VII TzBfG und weicht von § 23 I 2 und 3 KSchG ab. Der Schwellenwert des § 3 I 2 PflegeZG besteht nur für die Pflegezeit iSv § 3 PflegeZG. Er gilt dagegen nicht für das Leistungsverweigerungsrecht nach § 2 PflegeZG, in einer akut auftretenden Pflegesituation der Arbeit bis zu 10 Arbeitstage fernbleiben zu können.[19] 11

Für das Überschreiten des Schwellenwerts gilt eine **abgestufte Darlegungs- und Beweislast.**[20] Der Beschäftigte, der aus dem PflegeZG Rechte herleiten will, hat die Anspruchsvoraussetzungen darzulegen und vorzutragen, dass bei seinem AG mehr als 15 Beschäftigte tätig sind. Wird dies vom AG konkret bestritten (§ 138 II ZPO), ist hierzu Beweis zu erheben, wobei das Risiko der Nichterweislichkeit beim Beschäftigten liegt. Insoweit gelten ähnliche Grundsätze, wie sie vom BAG zur Darlegungs- und Beweislast zu den Voraussetzungen des § 23 I KSchG entwickelt worden sind.[21] 12

IV. Pflegebedürftigkeit naher Angehöriger

1. Begriff. Die Ansprüche nach §§ 2 und 3 PflegeZG bestehen, wenn nahe Angehörige pflegebedürftig sind. Nahe Angehörige iSd Gesetzes sind nach § 7 III PflegeZG **(1)** Großeltern, Eltern, Schwiegereltern, (seit 1.1.2015) Stiefeltern **(2)** Ehegatten, Lebenspartner (§ 1 LPartG), Partner einer eheähnlichen oder lebenspartnerschaftsähnlichen Gemeinschaft, Geschwister, Ehegatten der Geschwister und Geschwister der Ehegatten, Lebenspartner der Geschwister und Geschwister der Lebenspartner sowie **(3)** Kinder, Adoptiv- oder Pflegekinder, die Kinder, Adoptiv- oder Pflegekinder des Ehegatten oder Lebenspartners, Schwiegerkinder und Enkelkinder des Beschäftigten. Zu diesem sehr weit gefassten Personenkreis gehören allerdings nicht Tanten und Onkel sowie leibliche Kinder, Adoptiv- und Pflegekinder des Partners einer eheähnlichen Gemeinschaft.[22] Nach dem Gesetzeswortlaut dürften die Schwiegereltern des Lebenspartners keine Angehörigen sein, weil diese nicht in § 7 III Nr. 1 PflegeZG aufgeführt sind. Diese Ungleichbehandlung ist im Hinblick auf die verfassungsrechtlich gebotene Gleichstellung von 13

[16] HWK/*Lembke* PflegeZG § 3 Rn. 4; siehe auch *Preis/Weber* NZA 2008, 82 (84).
[17] *Müller/Stuhlmann* ZTR 2008, 290 (291).
[18] Krit. dazu *Preis/Weber* NZA 2008, 82 (84).
[19] ErfK/*Gallner* PflegeZG § 3 Rn. 1.
[20] Ebenso ErfK/*Gallner* PflegeZG § 3 Rn. 1; aA *Müller* BB 2008, 1058 (1059).
[21] HWK/*Lembke* PflegeZG § 3 Rn. 5; dazu BAG 26.6.2008 AP Nr. 42 zu § 23 KSchG 1969.
[22] ErfK/*Gallner* PflegeZG § 7 Rn. 2; krit. dazu *Joussen* NZA 2009, 69 (72).

Ehe und Lebenspartnerschaft problematisch, der Mangel dürfte aber durch eine verfassungskonforme Auslegung behebbar sein.[23]

14 **2. Pflegebedürftigkeit.** Nahe Angehörige sind gem. § 7 IV PflegeZG pflegebedürftig, wenn sie die Voraussetzungen der §§ 14 und 15 SGB XI erfüllen. Für die Akutpflege iSd § 2 PflegeZG genügt dabei, dass die Voraussetzungen der §§ 14 und 15 SGB XI voraussichtlich erfüllt sind. In Umsetzung der zum 1.1.2017 in Kraft getretenen zweiten Stufe der Pflegereform ist der Begriff der Pflegebedürftigkeit in §§ 14, 15 SGB XI neu gefasst und erweitert worden.[24] Nach § 14 SGB XI sind Personen pflegebedürftig, die gesundheitlich bedingte Beeinträchtigungen der Selbständigkeit oder der Fähigkeiten aufweisen und deshalb der Hilfe durch andere bedürfen. Es muss sich um Personen handeln, die körperliche, kognitive oder psychische Beeinträchtigungen oder gesundheitlich bedingte Belastungen oder Anforderungen nicht selbständig kompensieren oder bewältigen können. Die Pflegebedürftigkeit muss auf Dauer, voraussichtlich für mindestens sechs Monate, und mit mindestens der in § 15 festgelegten Schwere bestehen. Maßgeblich sind dabei die in § 14 II SGB XI aufgeführten Kriterien. In § 15 SGB XI werden pflegebedürftige Personen mit Hilfe eines pflegefachlich begründeten Begutachtungsinstruments fünf verschiedenen **Pflegegraden** zugeordnet.

V. Akutpflege

15 **1. Allgemeines.** Gem. § 2 PflegeZG haben Beschäftigte das Recht, bis zu zehn Arbeitstage der Arbeit fernzubleiben, wenn dies erforderlich ist, um für einen pflegebedürftigen nahen Angehörigen in einer akut aufgetretenen Pflegesituation eine bedarfsgerechte Pflege zu organisieren oder eine pflegerische Versorgung in dieser Zeit sicherzustellen. Das Gesetz räumt den Beschäftigten mit dieser Bestimmung ein Leistungsverweigerungsrecht ein.[25] Eine Mitwirkungshandlung des AG ist nicht erforderlich.[26] Die Ausübung des Leistungsverweigerungsrechts ist weder an eine bestimmte Beschäftigungsdauer (Wartezeit) noch an eine Mindestgröße des Unternehmens (Schwellenwert) gebunden.

16 **2. Zweck.** Das Recht, bei akut auftretenden Pflegesituationen bis zu zehn Arbeitstage der Arbeit fernbleiben zu können, soll Beschäftigten die Möglichkeit eröffnen, sich über Pflegeleistungsangebote zu informieren und die notwendigen Organisationsschritte einzuleiten. So kann die Arbeitsbefreiung zB dazu genutzt werden, für den nahen Angehörigen nach einer stationären Behandlung eine sachgerechte Anschlussversorgung im häuslichen Bereich, etwa durch Einschaltung eines Pflegedienstes, zu organisieren. Das Recht, der Arbeit kurzzeitig fernzubleiben, soll aber auch dazu beitragen, dass Pflegebedürftige, die nach einem Krankenhausaufenthalt nicht direkt in einer geeigneten Pflegeeinrichtung untergebracht werden können, zunächst kurzfristig von ihren Angehörigen zu Hause versorgt werden können.[27]

17 **3. Verhältnis zu anderen Vorschriften.** Das Leistungsverweigerungsrecht aus § 2 I PflegeZG steht neben dem aus **§ 275 III BGB.** Es ist mit diesem jedoch nicht identisch.[28] Das Leistungsverweigerungsrecht aus § 275 III BGB hat einen weitergehenden Anwendungsbereich. Es greift nicht nur in den in § 2 I PflegeZG genannten Fällen ein, sondern auch bei sonstigen Pflichtenkollisionen und Gewissenskonflikten (→ § 49 Rn. 2). § 275 III BGB erfordert allerdings eine Abwägung der beiderseitigen Interessen, während es für das Leistungsverweigerungsrecht aus § 2 I PflegeZG allein darauf ankommt, dass auf Seiten des Beschäftigten die dort aufgeführten Voraussetzungen erfüllt sind. Eine Abwägung mit Belangen des AG hat nicht zu erfolgen.[29] Der AG kann lediglich geltend machen, es sei nicht „erforderlich" gewesen, der Arbeit fernzubleiben.[30] **§ 45 SGB V** ist tatbestandlich enger gefasst als § 2 I PflegeZG.[31] Erforderlich ist, dass das Kind im Haushalt des Versicherten lebt und keine andere in diesem Haushalt

[23] KR/*Treber* PflegeZG Rn. 25; *Thüsing/Pötters* BB 2015, 181 (182).
[24] Dazu *Müller* BB 2016, 1338.
[25] ErfK/*Gallner* PflegeZG § 2 Rn. 1; HWK/*Lembke* PflegeZG § 2 Rn. 3; *Müller* BB 2008, 1058 (1059); *Preis/Nehring* NZA 2008, 729 (730).
[26] *Fröhlich* ArbRB 2008, 84 (85); KR/*Treber* PflegeZG Rn. 27.
[27] BT-Drs. 16/7439, 90.
[28] AA offenbar *Berger-Delhey* ZTR 2007, 604 f.; dagegen zutr. *Kreutz* ZTR 2008, 246.
[29] ErfK/*Gallner* PflegeZG § 2 Rn. 1; *Kreutz* ZTR 2008, 246; *Preis/Nehring* NZA 2008, 729 (731).
[30] *Müller/Stuhlmann* ZTR 2008, 290 (291).
[31] *Kreutz* ZTR 2008, 246.

lebende Person das Kind pflegen kann (→ § 97 Rn. 10).[32] § 45 III SGB V gewährt einen Freistellungsanspruch gegen den AG, § 2 I PflegeZG dagegen ein Leistungsverweigerungsrecht.[33]

4. Voraussetzungen. a) Pflegebedarf. Ein pflegebedürftiger Angehöriger (→ Rn. 13) muss sich in einer Pflegesituation befinden. Gemeint ist damit, dass Pflegebedarf iSv § 7 IV PflegeZG besteht (→ Rn. 14). Pflegebedürftig sind dabei nach § 7 IV 2 PflegeZG auch Personen, welche die Voraussetzungen nach den §§ 14, 15 SGB XI voraussichtlich erfüllen. Die Pflegebedürftigkeit und damit die Feststellung einer der drei Pflegestufen des § 15 SGB XI muss zwar noch nicht erfolgt sein, sie muss aber überwiegend wahrscheinlich sein. Die bloße Möglichkeit einer Pflegebedürftigkeit genügt nicht.[34] Irrt sich der Beschäftigte und bleibt er der Arbeit fern, obwohl nicht einmal eine voraussichtliche Pflegebedürftigkeit eines nahen Angehörigen besteht, stellt das eine Arbeitspflichtverletzung dar. Ob diese den AG zu einer Abmahnung oder einer Kündigung berechtigt, hängt maßgeblich von der Erkennbarkeit der nicht bestehenden Pflegebedürftigkeit sowie den Umständen ab, aus denen der Beschäftigte auf die Pflegebedürftigkeit geschlossen hat. 18

b) Akute Pflegesituation. Die Pflegesituation ist akut, wenn sie plötzlich und unerwartet eintritt.[35] Denkbar ist nicht nur, dass eine Krankheit oder Behinderung iSv §§ 14, 15 SGB XI plötzlich eintritt, sondern auch, dass bei bereits bestehender häuslicher Pflege die Pflegekraft unvorhergesehen vorübergehend ausfällt und eine anderweitige Versorgung nicht möglich ist. Dagegen genügt eine in absehbarer Zeit drohende Pflegebedürftigkeit ebenso wenig wie eine bereits bestehende, die sich nicht entscheidend verändert hat.[36] Ist beispielsweise absehbar, dass ein naher Angehöriger nach einem längeren Krankenhausaufenthalt pflegebedürftig sein wird und steht der Entlassungstermin schon längere Zeit fest, wird regelmäßig keine akute Pflegesituation vorliegen.[37] Im Streitfall hat der Beschäftigte darzulegen und zu beweisen, dass eine akute Pflegesituation bestanden hat. 19

c) Erforderlichkeit. Das Fernbleiben von der Arbeit bis zur Dauer von zehn Tagen muss zur Organisation einer bedarfsgerechten Pflege oder zur Sicherstellung einer pflegerischen Versorgung erforderlich sein. Die Erforderlichkeit bezieht sich nicht nur auf die Organisation der Pflege und die Sicherstellung einer pflegerischen Versorgung, sondern auch auf die Zeitdauer. Diese beträgt „bis zu zehn" Arbeitstage, weshalb auch eine kürzere Frist ausreichend sein kann.[38] Das Fernbleiben von der Arbeit ist nicht erforderlich, wenn bereits eine andere Person für den Pflegebedürftigen eine bedarfsgerechte Pflege organisiert bzw. eine pflegerische Versorgung sicherstellt. Maßgeblich ist, dass dies tatsächlich geschieht.[39] Der Dritte muss also verfügbar sowie willens und in der Lage sein, den Angehörigen zu pflegen. Daher kann der Beschäftigte von seinem Leistungsverweigerungsrecht nach § 2 I PflegeZG auch dann Gebrauch machen, wenn zwar ein Dritter (zB der Ehepartner des Beschäftigten) im Haushalt zur Verfügung steht, zur Pflege aber nicht bereit oder aufgrund seiner physischen oder psychischen Situation nicht fähig ist oder ein vom Pflegebedürftigen geäußerter Pflegewunsch einer Pflege durch den Dritten entgegensteht.[40] 20

d) Zehn Arbeitstage. Die Höchstdauer von zehn Arbeitstagen bezieht sich auf ein „normales" Beschäftigungsverhältnis mit einer Fünf-Tage-Woche.[41] Teilzeitbeschäftigte, die an weniger als fünf Tagen in der Woche arbeiten, haben daher nur einen anteilig gekürzten Anspruch.[42] Es gelten insoweit dieselben Grundsätze wie bei der Berechnung der Urlaubsdauer teilzeitbeschäftigter AN (dazu → § 104 Rn. 46 ff.). Dies folgt aus dem Zweck der Regelung, die den Beschäftigten zu einem „kurzzeitigen" Fernbleiben von der Arbeit berechtigt. Ein an zwei Arbeitstagen in der Woche Beschäftigter hätte ohne Umrechnung einen Anspruch darauf, insgesamt fünf 21

[32] ErfK/*Rolfs* SGB V § 45 Rn. 3 und 5.
[33] ErfK/*Gallner* PflegeZG § 2 Rn. 1.
[34] ErfK/*Gallner* PflegeZG § 2 Rn. 2; *Müller* BB 2008, 1058 (1059).
[35] *Freihube/Sasse* DB 2008, 1320; ErfK/*Gallner* PflegeZG § 2 Rn. 2; AR/*Krumbiegel* PflegeZG § 2 Rn. 3; APS/*Rolfs* PflegeZG § 5 Rn. 10.
[36] BAG 15.11.2011 AP Nr. 1 zu § 3 PflegeZG = NZA 2012, 323; HWK/*Lembke* PflegeZG § 2 Rn. 6; *Preis/Nehring* NZA 2008, 729 (730).
[37] *Freihube/Sasse* DB 2008, 1320.
[38] *Preis/Nehring* NZA 2008, 729 (731); KR/*Treber* PflegeZG Rn. 30.
[39] Vgl. ErfK/*Gallner* PflegeZG § 2 Rn. 2; *Müller* BB 2008, 1058 (1059).
[40] *Preis/Nehring* NZA 2008, 729 (731).
[41] Ebenso iErg *Rose/Dörstling* DB 2008, 2137 (2138).
[42] ErfK/*Gallner* PflegeZG § 2 Rn. 1; AR/*Krumbiegel* PflegeZG § 2 Rn. 10; HWK/*Lembke* PflegeZG § 2 Rn. 9; Küttner Personalbuch 2021/*Poeche* „Pflegezeit" Rn. 12; APS/*Rolfs* PflegeZG § 5 Rn. 14.

Wochen der Arbeit fernbleiben zu können, um eine bedarfsgerechte Pflege zu organisieren oder eine pflegerische Versorgung sicherzustellen. Das ist nicht mehr kurzzeitig. Die Arbeitsbefreiung ist auf ganze Tage und nicht auf Stunden bezogen.[43] Gem. § 9 I PflegeZG haben AN in dem Zeitraum vom 29.10.2020 bis einschließlich 30.6.2021 abweichend von § 2 I PflegeZG das Recht, bis zu 20 Arbeitstage der Arbeit fernzubleiben, wenn die akute Pflegesituation auf Grund der **COVID-19-Pandemie** aufgetreten ist, wobei dieser Zusammenhang vermutet wird.

22 **e) Häufigkeit der Pflegefälle.** In der Gesetzesbegründung wird die Erwartung zum Ausdruck gebracht, dass die Notwendigkeit einer pflegerischen Versorgung regelmäßig nur einmal je pflegebedürftigem Angehörigen bestehen werde, so dass das Recht zum Fernbleiben von der Arbeit in akuten Pflegesituationen regelmäßig auch nur einmal pro Pflegefall ausgeübt werde.[44] Im Wortlaut des Gesetzes hat diese Einschätzung freilich keinen Niederschlag gefunden. Deshalb wird im Schrifttum gemutmaßt, dass durch die Gesetzesbegründung die Reichweite des Leistungsverweigerungsrechts etwas verharmlost werden sollte.[45] Jedenfalls ist ohne Weiteres denkbar, dass unterschiedliche Krankheiten des Pflegebedürftigen sowie Kündigungen, Erkrankungen oder Unzuverlässigkeiten der Pflegepersonen zu mehreren akuten Pflegesituationen bei demselben Angehörigen führen können. Das Recht nach § 2 I PflegeZG kann vom Beschäftigten daher mehrmals für jeweils zehn Tage ausgeübt werden, wenn bei dem nahen Angehörigen mehrere akute Pflegesituationen auftreten.[46] Denkbar ist wegen des sehr weiten Angehörigenbegriffs in § 7 III PflegeZG auch, dass derselbe Beschäftigte bei unterschiedlichen Angehörigen in akuten Pflegesituationen die Pflege organisieren muss.[47]

23 **5. Anzeige- und Nachweispflichten. a) Überblick.** Den Beschäftigten treffen nach § 2 II PflegeZG Anzeige- und Nachweispflichten. Er ist verpflichtet, dem AG seine Verhinderung an der Arbeitsleistung und deren voraussichtliche Dauer unverzüglich mitzuteilen. Auf Verlangen ist dem AG eine ärztliche Bescheinigung über die Pflegebedürftigkeit des nahen Angehörigen und die Erforderlichkeit der in Absatz 1 genannten Maßnahmen vorzulegen. Die Erfüllung der Anzeige- bzw. Nachweispflichten ist keine Tatbestandsvoraussetzung für das Recht, der Arbeit fernbleiben zu können. Das Leistungsverweigerungsrecht besteht auch bei Verletzung dieser Pflichten.[48] Der AG kann im Falle einer Pflichtverletzung jedoch eine Abmahnung aussprechen und im Wiederholungsfall eine Kündigung in Betracht ziehen. Insoweit gelten ähnliche Grundsätze wie bei der Kündigung wegen Verletzung der Anzeige- bzw. Nachweispflichten nach § 5 EFZG (dazu → § 133 Rn. 17).

24 **b) Anzeigepflicht.** Die Anzeigepflicht nach § 2 II 1 PflegeZG soll den AG in die Lage versetzen, auf die Abwesenheit des Beschäftigten zu reagieren und Arbeitsabläufe für die voraussichtliche Dauer der Abwesenheit neu zu organisieren. Der Beschäftigte hat dem AG seine Verhinderung an der Arbeitsleistung und deren voraussichtliche Dauer unverzüglich, dh ohne schuldhaftes Zögern mitzuteilen. Die Mitteilung muss den Grund der Verhinderung enthalten. Hierzu hat der Beschäftigte dem AG den Namen der zu pflegenden Person, seine Beziehung zu ihr sowie den Grund des Fernbleibens von der Arbeit (Organisation einer bedarfsgerechten Pflege oder zur Sicherstellung einer pflegerischen Versorgung) anzugeben.[49] Damit kann der AG überprüfen, ob die formellen Voraussetzungen des Leistungsverweigerungsrechts aus § 2 I PflegeZG erfüllt sind. Zur Ursache der Pflegebedürftigkeit braucht der Beschäftigte keine Angaben zu machen.[50]

25 **c) Ärztliche Bescheinigung. aa) Überblick.** Eine ärztliche Bescheinigung über die Pflegebedürftigkeit des nahen Angehörigen und die Erforderlichkeit der in § 2 I PflegeZG genannten Maßnahmen hat der Beschäftigte nach § 2 II 2 PflegeZG nur auf Verlangen des AG vorzulegen. Das Gesetz hält eine ärztliche Bescheinigung für ausreichend, weil die kurzzeitige Arbeitsverhinderung durch Akutereignisse verursacht wird und nicht in jedem Fall bereits eine Begutachtung

---

43 AR/*Krumbiegel* PflegeZG § 2 Rn. 10.
44 BT-Drs. 16/7439, 91.
45 So *Preis/Nehring* NZA 2008, 729 (730).
46 AR/*Krumbiegel* PflegeZG § 2 Rn. 3; HWK/*Lembke* PflegeZG § 2 Rn. 7; KR/*Treber* PflegeZG Rn. 31; aA APS/*Rolfs* PflegeZG § 5 Rn. 15.
47 ErfK/*Gallner* PflegeZG § 2 Rn. 2; *Schwerdle* ZTR 2007, 655 (657).
48 AR/*Krumbiegel* PflegeZG § 2 Rn. 8; HWK/*Lembke* PflegeZG § 2 Rn. 10; *Preis/Nehring* NZA 2008, 729 (731); KR/*Treber* PflegeZG Rn. 34.
49 HWK/*Lembke* PflegeZG § 2 Rn. 11; *Müller* BB 2008, 1058 (1060).
50 ErfK/*Gallner* PflegeZG § 2 Rn. 3; *Müller* BB 2008, 1058 (1060); KR/*Treber* PflegeZG Rn. 32.

durch den Medizinischen Dienst der Krankenversicherung vorliegt.[51] Die Bescheinigung des Arztes hat neben der voraussichtlichen Pflegebedürftigkeit des Angehörigen auch die Erforderlichkeit der in § 2 I PflegeZG genannten Maßnahmen zu bestätigen.

bb) Beweiswert. Problematisch ist der Beweiswert der ärztlichen Bescheinigung. Soweit im Schrifttum angenommen wird, der Bescheinigung nach § 2 II 2 PflegeZG komme der gleiche Beweiswert zu wie einer Arbeitsunfähigkeitsbescheinigung nach § 5 EFZG,[52] kann dem nicht ohne Weiteres gefolgt werden. In Bezug auf die Feststellung der ggf. voraussichtlichen Pflegebedürftigkeit des Angehörigen kommt der Bescheinigung nur dann Beweiswert zu, wenn der Arzt, der die Bescheinigung ausgestellt hat, die pflegebedürftige Person auch selbst behandelt bzw. untersucht hat. Dies kann der AG – wenn es sich nicht aus der Bescheinigung ergibt – bestreiten. Des Weiteren ist zu berücksichtigen, dass der Arzt in vielen Fällen kaum beurteilen kann, ob das Fernbleiben von der Arbeit zur Organisation der Pflege oder Sicherstellung einer pflegerischen Versorgung „erforderlich" ist.[53] Dies setzt voraus, dass er über die familiären Verhältnisse im Einzelnen unterrichtet ist, insbesondere sicher weiß, dass die pflegebedürftige Person nicht von Dritten ausreichend versorgt werden kann. Die Bescheinigung des Arztes wird insoweit typischerweise keine Feststellungen enthalten, die der Arzt aufgrund eigener Untersuchungen und seiner medizinischen Sachkunde getroffen hat, sondern lediglich die Schilderung des Beschäftigten, der die Bescheinigung wünscht, wiedergeben. Der Bescheinigung nach § 2 II PflegeZG kann deshalb nicht derselbe Beweiswert zukommen wie einer Arbeitsunfähigkeitsbescheinigung nach § 5 EFZG (dazu → § 98 Rn. 109 ff.). Der AG kann daher die Erforderlichkeit des Fernbleibens bestreiten, ohne besondere Indizien darlegen zu müssen, die gegen die Richtigkeit der Bescheinigung sprechen. 26

cc) Kosten der Bescheinigung. Die Kosten der Bescheinigung hat der Beschäftigte zu tragen. Die Gebühren richten sich nach Nr. 70 der GOÄ.[54] Das Gesetz sieht eine Pflicht des AG zur Kostenübernahme nicht vor.[55] Insoweit unterscheidet sich § 2 II PflegeZG zB von § 5 II 2 EFZG, der im Falle einer Auslandserkrankung ausdrücklich bestimmt, dass der AG die aus der Mitteilung nach Satz 1 entstehenden Kosten zu tragen hat. Auch für die Arbeitsunfähigkeitsbescheinigung nach § 5 I 2 EFZG gibt es eine ausdrückliche Kostenregelung. Gem. § 73 II Nr. 9 SGB V haben die gesetzlichen Krankenkassen diese Kosten als Teil der vertragsärztlichen Versorgung zu tragen, weil der Versicherte die Bescheinigung für den Anspruch auf Fortzahlung des Arbeitsentgelts benötigt. Die gesetzlichen Krankenkassen haben die Kosten der Bescheinigung nach § 2 II PflegeZG daher nur dann zu tragen, wenn der Beschäftigte gem. § 2 III PflegeZG aus anderen gesetzlichen Bestimmungen oder aufgrund einer Vereinbarung Anspruch auf Fortzahlung der Vergütung hat (dazu → Rn. 29). Privat versicherte AN haben dagegen die Kosten der Bescheinigung – vorbehaltlich abweichender Vereinbarungen – selbst zu tragen.[56] 27

6. Entgeltfortzahlung. Nach § 2 III PflegeZG ist der AG zur Fortzahlung der Vergütung nur verpflichtet, soweit sich eine solche Verpflichtung aus anderen gesetzlichen Vorschriften oder aufgrund einer Vereinbarung ergibt. Das PflegeZG selbst sieht keine Pflicht zur Entgeltfortzahlung vor. Ein Anspruch des Beschäftigten auf Fortzahlung der Vergütung kann sich aus **§ 616 BGB** ergeben. Nach dieser Bestimmung verliert der zur Dienstleistung Verpflichtete seinen Vergütungsanspruch nicht dadurch, dass er für eine verhältnismäßig nicht erhebliche Zeit durch einen in seiner Person liegenden Grund ohne sein Verschulden an der Dienstleistung verhindert wird. Er muss sich jedoch den Betrag anrechnen lassen, der ihm für die Zeit der Verhinderung aus einer aufgrund gesetzlicher Verpflichtung bestehenden Kranken- oder Unfallversicherung zukommt (dazu → § 97 Rn. 30). § 616 BGB ist allerdings kollektiv- und einzelvertraglich abdingbar (→ § 97 Rn. 31). Entsprechende Regelungen entfalten auch in Bezug auf das PflegeZG Wirkung. Daran ändert § 8 PflegeZG nichts, weil sich die dort geregelte Unabdingbarkeit nur auf die Vorschriften des PflegeZG bezieht.[57] Deshalb ist stets zu prüfen, ob sich aus dem einschlägigen Tarifvertrag, einer Betriebsvereinbarung oder dem Arbeitsvertrag Einschränkungen des § 616 BGB ergeben. Im Bereich des öffentlichen Dienstes ist beispielsweise § 29 I lit. e 28

---

[51] BT-Drs. 16/7439, 92.
[52] So etwa *Freihube/Sasse* DB 2008, 1320; ErfK/*Gallner* PflegeZG § 2 Rn. 3; *Müller* BB 2008, 1058 (1060) Fn. 25; *Preis/Nehring* NZA 2008, 729 (730).
[53] *Freihube/Sasse* DB 2008, 1320.
[54] BT-Drs. 16/7439, 92.
[55] ErfK/*Gallner* PflegeZG § 2 Rn. 3; *Schwerdle* ZTR 2007, 655 (657).
[56] Schmitt EFZG/*Küfner-Schmitt* § 5 Rn. 104; *Treber* EFZG § 5 Rn. 49 f. jeweils mwN.
[57] Ebenso *Freihube/Sasse* DB 2008, 1320 (1321); ErfK/*Gallner* PflegeZG § 2 Rn. 4.

TVöD/TV-L zu beachten. Bei Auszubildenden kann sich aus § 19 I Nr. 2 lit. b BBiG ein Entgeltfortzahlungsanspruch ergeben, der gem. § 25 BBiG unabdingbar ist.

29 Der Entgeltfortzahlungsanspruch nach § 616 BGB hat **engere Voraussetzungen** als das Leistungsverweigerungsrecht nach § 2 I PflegeZG.[58] Ein in der Person des Beschäftigten liegender Hinderungsgrund kann zwar auch in der Erkrankung eines nahen Angehörigen liegen. Zu beachten ist, dass die Pflege „naher Angehöriger" keineswegs bei allen in § 7 III PflegeZG aufgeführten Personen einen Entgeltfortzahlungsanspruch nach § 616 BGB auslöst, sondern nur dann, wenn der Ehepartner,[59] eingetragene Lebenspartner,[60] Kinder,[61] Geschwister oder Eltern[62] gepflegt werden. Hinzu kommt, dass eine „verhältnismäßig nicht erhebliche Zeit" iSv § 616 BGB jedenfalls dann, wenn es nicht um die Pflege erkrankter Kinder geht, regelmäßig kürzer als zehn Tage ist und überwiegend mit fünf Tagen konkretisiert wird (→ § 97 Rn. 16).[63] Probleme ergeben sich, wenn der Beschäftigte sein Leistungsverweigerungsrecht zur Organisation der Pflege eines Elternteils für die **Dauer von zehn Tagen** ausübt, nach § 616 BGB jedoch die verhältnismäßig nicht erhebliche Zeit, für die Anspruch auf Fortzahlung der Vergütung besteht, nur fünf Tage beträgt (dazu → § 97 Rn. 16). Ist nämlich die Dauer der unverschuldeten Verhinderung an der Arbeitsleistung länger als eine verhältnismäßig nicht erhebliche Zeit, entfällt der Vergütungsanspruch insgesamt und nicht nur hinsichtlich des die Verhältnismäßigkeit übersteigenden Teils (→ § 97 Rn. 14).[64] Für eine Einschränkung dieses Grundsatzes im Falle der Ausübung des Leistungsverweigerungsrechts nach § 2 I PflegeZG gibt es keine Veranlassung, weil § 2 III PflegeZG eine Rechtsgrundverweisung auf andere gesetzliche Vorschriften enthält und deren tatbestandliche Voraussetzungen daher vorliegen müssen.[65] Die Beschäftigten werden deshalb in den Fällen der Akutpflege nach § 2 PflegeZG das Pflegeunterstützungsgeld nach § 44 III SGB XI in Anspruch zu nehmen haben (→ Rn. 59). Ob Ansprüche des AN gegen den AG bestehen, kann dann nach dem etwaigen Anspruchsübergang gem. § 115 SGB X in einem Verfahren der Pflegekasse gegen den AG geklärt werden.[66]

VI. Pflegezeit

30 **1. Zweck.** Mit der Pflegezeit soll das gesetzgeberische Ziel der Verbesserung der Vereinbarkeit von Beruf und familiärer Pflege gefördert werden. Beschäftigte, die in häuslicher Umgebung einen pflegebedürftigen Angehörigen pflegen oder in der letzten Phase des Lebens begleiten wollen, haben Anspruch auf Freistellung von der Arbeitsleistung für längstens sechs Monate. Zum 1.1.2015 sind zwei weitere Freistellungstatbestände in das Gesetz aufgenommen worden. Nach § 3 V und VI Pflege ZG besteht das Recht auf Freistellung zur Betreuung Minderjähriger und zur Sterbebegleitung (→ Rn. 33 ff.). Beschäftigte können hierbei zwischen der vollständigen und teilweisen Freistellung wählen. Der Anspruch auf Pflegezeit verbunden mit dem Recht der Beschäftigten, nach Inanspruchnahme der Pflegezeit zu denselben Arbeitsbedingungen zurückzukehren, soll Menschen, die bereit sind, Angehörige zu pflegen und Verantwortung zu übernehmen, vor einem unfreiwilligen Berufsausstieg bewahren. Eine Verschlechterung der beruflichen Entwicklungschancen soll durch die teilweise Freistellung von der Arbeitsleistung und das Rückkehrrecht in die Vollzeitbeschäftigung vermieden werden.[67] § 3 PflegeZG räumt dem Beschäftigten ein einseitiges Gestaltungsrecht ein. Durch die Erklärung, Pflegezeit in Anspruch zu nehmen, treten unmittelbar die gesetzlichen Rechtsfolgen der Pflegezeit ein, ohne dass es noch eines weiteren Handelns des AG bedürfte.[68] Die Pflegezeit wird durch die Familienpflegezeit ergänzt (→ Rn. 64 ff.). Beide Pflegezeiten sind miteinander rechtlich verbunden. Pflegezeit und Familienpflegezeit dürfen

---

[58] *Freihube/Sasse* DB 2008, 1320; ErfK/*Gallner* PflegeZG § 2 Rn. 4; *Preis/Nehring* NZA 2008, 729 (733).
[59] BAG 20.7.1977 AP Nr. 47 zu § 616 BGB.
[60] HWK/*Krause* BGB § 616 Rn. 23.
[61] BAG 19.4.1978 AP Nr. 48 zu § 616 BGB; 31.7.2002 AP Nr. 3 zu § 1 TVG Tarifverträge: Wohnungswirtschaft.
[62] Staudinger/*Oetker* BGB § 616 Rn. 57.
[63] Vgl. BAG 19.4.1978 AP Nr. 48 zu § 616 BGB; HWK/*Krause* BGB § 616 Rn. 42.
[64] BAG GS 18.12.1959 AP Nr. 48 zu § 616 BGB; ErfK/*Preis* BGB § 616 Rn. 10; MüKoBGB/*Henssler* § 616 Rn. 69.
[65] IErg auch *Freihube/Sasse* DB 2008, 1320 (1321); *Preis/Nehring* NZA 2008, 729 (733); aA ErfK/*Preis* BGB § 616 Rn. 10a; HWK/*Krause* BGB § 616 Rn. 42.
[66] ErfK/*Preis* BGB § 616 Rn. 9.
[67] BT-Drs. 16/7439, 91.
[68] BAG 15.11.2011 AP Nr. 1 zu § 3 PflegeZG = NZA 2012, 323.

nach § 4 I 4 PflegeZG/§ 2 II FPfZG gemeinsam die Gesamtdauer von 24 Monaten je pflegebedürftigen nahen Angehörigen nicht überschreiten.

2. Unternehmensgröße. Der Anspruch auf Pflegezeit besteht nach § 3 I 2 PflegeZG nur gegenüber AG mit mindestens 16 Beschäftigten iSv § 7 I PflegeZG (dazu → Rn. 3). Teilzeitbeschäftigte zählen unabhängig vom zeitlichen Umfang ihrer Beschäftigung voll. Anders als nach § 15 VII Nr. 1 BEEG sind die zur Berufsbildung Beschäftigten, arbeitnehmerähnlichen Personen, Heimarbeiter und die ihnen Gleichgestellten mit zu berücksichtigen. Maßgeblich ist die Zahl der beim selben AG Beschäftigten, unabhängig davon, ob die Beschäftigten demselben Betrieb angehören. Eine bestimmte Beschäftigungsdauer (Wartezeit) muss nicht erfüllt sein, der Anspruch besteht ab dem ersten Tag des Beschäftigungsverhältnisses. 31

3. Pflegebedürftigkeit. Der Beschäftigte kann vom AG nur dann Pflegezeit nach § 3 I 1 PflegeZG verlangen, wenn der nahe Angehörige zum Zeitpunkt der Ankündigung der Pflegezeit tatsächlich pflegebedürftig ist. Damit müssen seit dem 1.1.2017 mindestens die Voraussetzungen des Pflegegrads 1 erfüllt sein. Unschädlich ist, wenn die Pflegebedürftigkeit durch den Medizinischen Dienst der Krankenversicherung rückwirkend festgestellt wird.[69] Eine lediglich „voraussichtliche" Pflegebedürftigkeit, die gem. § 7 IV 2 PflegeZG für die Ausübung des Leistungsverweigerungsrechts nach § 2 I PflegeZG ausreicht, genügt für den Pflegezeitanspruch nach § 3 I PflegeZG nicht.[70] Eine akute Pflegesituation, wie sie § 2 I PflegeZG fordert, muss dagegen nicht vorliegen. Eine bestimmte Mindestpflegeleistung muss der AN nicht erbringen. Hierfür enthält das Gesetz keine Anknüpfungspunkte.[71] Der Beschäftigte muss die Pflege jedoch ernsthaft beabsichtigen.[72] Eine vollständige Freistellung kann auch im Falle der Inanspruchnahme von ambulanten Pflegeleistungen durch den Pflegebedürftigen beansprucht werden.[73] Zur teilweisen Freistellung → Rn. 49. Dem Gesetz ist nicht deutlich zu entnehmen, ob mehreren Beschäftigten gleichzeitig das Recht auf Freistellung zur Pflege desselben Angehörigen zusteht.[74] Dafür spricht, dass für die Pflegezeit in § 3 PflegeZG anders als für die kurzzeitige Arbeitsverhinderung nach § 2 PflegeZG nicht darauf abgestellt wird, dass die Inanspruchnahme der Pflegezeit zur Pflege des nahen Angehörigen „erforderlich" ist. Auch macht das Gesetz den Anspruch auf Pflegezeit nicht vom zeitlichen Aufwand für die Pflege abhängig. Maßgeblich ist allein, dass der nahe Angehörige pflegebedürftig iSv §§ 14, 15 SGB XI ist. Ob noch ein Pflegebedarf wegen der Pflege durch Dritte besteht, ist für den Anspruch auf Pflegezeit nach § 3 I PflegeZG daher unerheblich.[75] 32

4. Betreuung Minderjähriger. Gem. § 3 V PflegeZG besteht ein Anspruch auf vollständige oder teilweise Freistellung von der Arbeitsleistung, wenn der Beschäftigte einen minderjährigen pflegebedürftigen nahen Angehörigen in häuslicher oder außerhäuslicher Umgebung betreut. Dieser Freistellungstatbestand geht über den nach Abs. 1 hinaus und gewährt Eltern das Recht, sich auch zur Betreuung eines stationär untergebrachten Minderjährigen freistellen zu lassen.[76] Der Anspruch besteht nur bei AG mit mindestens 16 Beschäftigten (§ 3 I 2 PflegeZG). Der Begriff des nahen Angehörigen sowie die Pflegebedürftigkeit richtet sich nach § 7 PflegeZG. Erforderlich ist, dass der nahe Angehörige schon pflegebedürftig ist und nicht erst voraussichtlich pflegebedürftig sein wird.[77] Der nahe Angehörige ist gem. § 2 BGB minderjährig, wenn er das 18. Lebensjahr noch nicht vollendet hat.[78] Der Anspruch § 3 V PflegeZG besteht alternativ zum Anspruch auf Pflegezeit nach § 3 I PflegeZG. Für jeden pflegebedürftigen nahen Angehörigen kann allerdings nur entweder Pflegezeit oder Freistellung wegen Betreuung nach § 3 V PflegeZG verlangt werden.[79] Die Pflegezeit beträgt gem. § 4 III 1 iVm § 4 I 1 PflegeZG jeweils längstens 33

[69] ErfK/*Gallner* PflegeZG § 3 Rn. 1; *Müller/Stuhlmann* ZTR 2008, 290 (292); *Preis/Nehring* NZA 2008, 729 (733); KR/*Treber* PflegeZG Rn. 39.
[70] ErfK/*Gallner* PflegeZG § 3 Rn. 1; *Müller* BB 2008, 1058 (1060).
[71] HWK/*Lembke* PflegeZG § 3 Rn. 12; *Müller* BB 2016, 1338 (1339).
[72] ErfK/*Gallner* PflegeZG § 3 Rn. 1; NK-GA/*Müller* PflegeZG § 3 Rn. 9.
[73] *Preis/Nehring* NZA 2008, 729 (733).
[74] Unentschieden *Preis/Nehring* NZA 2008, 729 (734).
[75] Ebenso iErg auch HWK/*Lembke* PflegeZG § 3 Rn. 12; *Müller* BB 2008, 1058 (1061); KR/*Treber* PflegeZG Rn. 41.
[76] HK-TzBfG/*Boecken* PflegeZG § 3 Rn. 14; *v. Koppenfels-Spies,* Angehörigenpflege und Beschäftigung, 2016, Rn. 266.
[77] BR-Drs. 463/14, 32.
[78] *Müller* BB 2014, 3125 (3131).
[79] BR-Drs. 463/14, 41.

sechs Monate. § 3 V 2 PflegeZG eröffnet dem Beschäftigten die Möglichkeit, diese Freistellung jederzeit im Wechsel mit der Freistellung nach § 3 I PflegeZG im Rahmen einer Gesamtdauer von 24 Monaten in Anspruch zu nehmen. Damit soll erreicht werden, dass bei einem wechselnden Krankheits- oder Pflegeverlauf von pflegebedürftigen minderjährigen nahen Angehörigen ein Wechsel zwischen der häuslichen Pflege und der außerhäuslichen Betreuung ohne Weiteres möglich ist. Das Einhalten von besonderen Ankündigungsfristen ist nicht erforderlich, wenn es sich lediglich um einen Wechsel der Betreuungsart handelt, der zeitliche Rahmen der Freistellung jedoch unverändert bleibt.[80] Zu beachten ist allerdings, dass in diesen Fallgestaltungen nicht jeweils ein Recht auf Freistellung von bis zu sechs Monaten besteht. Vielmehr liegt die Höchstdauer der vollständigen oder teilweisen Freistellung von der Arbeitsleistung auch in diesen Wechselfällen bei zusammen sechs Monaten. Durch die Möglichkeit der „wahlweisen" Inanspruchnahme einer Freistellung nach § 3 I oder nach § 3 V PflegeZG soll – bezogen auf denselben nahen Angehörigen – eine Kumulierung der mit beiden Freistellungstatbeständen jeweils verbundenen Höchstdauer von sechs Monaten auf zwölf Monate verhindert werden.[81]

34 Nimmt der AN **zunächst Familienpflegezeit nach § 2 V FPfZG in Anspruch,** die auf eine teilweise Freistellung von der Arbeitsleistung zur Betreuung minderjähriger pflegebedürftiger naher Angehöriger gerichtet ist, kann er im unmittelbaren Anschluss danach nach § 3 V PflegeZG eine vollständige Freistellung von der Arbeitspflicht verlangen. Dies muss er allerdings nach § 3 III 6 PflegeZG dem AG spätestens acht Wochen vor Beginn schriftlich ankündigen.[82] Möchte der Beschäftigte nur eine teilweise Freistellung von der Arbeitsleistung, eröffnet ihm § 3 V PflegeZG weitergehende Gestaltungsmöglichkeiten als § 2 V FPfZG, weil das PflegeZG keine wöchentliche Mindestarbeitszeit vorsieht.[83] § 2 V FPfZG ermöglicht dem Beschäftigten zwar für längstens 24 Monate und damit länger als § 3 V PflegeZG eine teilweise Freistellung von der Arbeitsleistung. Da nach § 3 V 2 PflegeZG jedoch die Möglichkeit besteht, diese Freistellung jederzeit im Wechsel mit der Freistellung nach § 3 I PflegeZG im Rahmen einer Gesamtdauer von 24 Monaten in Anspruch zu nehmen, und die Parteien bei einer teilweisen Freistellung von der Arbeitspflicht in beiden Fällen eine Vereinbarung zu treffen haben (→ Rn. 49), dürfte § 3 V PflegeZG dem Beschäftigten einen größeren Handlungsspielraum eröffnen.

35 **5. Sterbebegleitung.** Nach § 3 VI, § 4 III 2 PflegeZG können Beschäftigte für eine Höchstdauer von drei Monaten vom AG die vollständige oder teilweise Freistellung von der Arbeitsleistung verlangen, um nahen Angehörigen in der letzten Lebensphase Beistand leisten zu können. Der Anspruch besteht unabhängig davon, ob der nahe Angehörige in häuslicher Umgebung gepflegt wird oder sich außerhalb, beispielsweise in einem Hospiz befindet.[84] Voraussetzung des Anspruchs auf Sterbebegleitung ist, dass der nahe Angehörige an einer weit fortgeschrittenen Erkrankung leidet, bei der eine Heilung ausgeschlossen und eine palliativmedizinische Behandlung notwendig ist, die eine begrenzte Lebenserwartung von Wochen oder wenigen Monaten erwarten lässt. Diesen Befund hat der Beschäftigte gegenüber dem AG durch ärztliches Zeugnis nachzuweisen. Inhaltlich entspricht die Regelung § 45 IV 1 SGB V.

36 **6. Nachweis der Pflegebedürftigkeit.** Die Beschäftigten haben nach § 3 II PflegeZG die Pflegebedürftigkeit des nahen Angehörigen durch Vorlage einer Bescheinigung der Pflegekasse oder des Medizinischen Dienstes der Krankenversicherung nachzuweisen. Bei in der privaten Pflege-Pflichtversicherung versicherten Pflegebedürftigen ist ein entsprechender Nachweis zu erbringen. Eine Frist zur Vorlage des Nachweises sieht das Gesetz nicht vor.[85] Fordert der AG den Beschäftigten zum Nachweis auf, hat dieser den Nachweis unverzüglich zu erbringen. Kündigt der Beschäftigte die Inanspruchnahme von Pflegezeit an, ohne dass zum Zeitpunkt der Ankündigung ein Nachweis über die Pflegebedürftigkeit vorliegt, ist nach § 18 III SGB XI eine Begutachtung durch den Medizinischen Dienst der Krankenversicherung spätestens innerhalb von zwei Wochen nach Eingang des Antrags bei der zuständigen Pflegekasse durchzuführen und der Antragsteller seitens des Medizinischen Dienstes der Krankenversicherung unverzüglich schriftlich darüber zu informieren, welche Empfehlung der Medizinische Dienst an die Pflegekasse weiterleitet. Der Gesetzgeber geht dabei davon aus, dass diese Verfahrensweise auch bei Versicherten der privaten Pflege-Pflichtversicherung praktiziert wird.[86] Kommt das Gutachten

---

[80] BT-Drs. 18/3449, 12; *v. Koppenfels-Spies,* Angehörigenpflege und Beschäftigung, 2016, Rn. 275.
[81] NK-GA/*Müller* PflegeZG § 4 Rn. 26; AR/*Krumbiegel* PflegeZG § 3 Rn. 16.
[82] *v. Koppenfels-Spies,* Angehörigenpflege und Beschäftigung, 2016, Rn. 295.
[83] *Müller* BB 2014, 3125 (3132).
[84] BR-Drs. 463/14, 41.
[85] AR/*Krumbiegel* PflegeZG § 3 Rn. 8.
[86] BT-Drs. 16/7439, 92.

zu dem Ergebnis, dass die Voraussetzungen der §§ 14, 15 SGB XI nicht vorliegen, treten die Wirkungen der §§ 3 ff. PflegeZG nicht ein. Ob der AG in diesem Fall wegen eines etwaigen Fernbleibens von der Arbeit eine Kündigung erklären kann, hängt davon ab, ob der Beschäftigte zur Zeit der Ankündigung davon ausgehen musste, dass die Voraussetzungen der §§ 14, 15 SGB XI nicht vorliegen.

7. Häusliche Umgebung. Die Pflege nach § 3 I PflegeZG hat, anders als die Betreuung Minderjähriger und die Sterbebegleitung (§ 3 V und VI PflegeZG), in häuslicher Umgebung zu erfolgen. Das ist nicht notwendig der Haushalt der pflegebedürftigen Person. In Betracht kommt vielmehr auch die Pflege im Haushalt des Beschäftigten oder eines anderen Angehörigen, mit dem sich der Beschäftigte die Pflege teilt.[87] Der Begriff „in häuslicher Umgebung" dient in erster Linie dazu, die häusliche Pflege iSv § 37 SGB XI von der Pflege in stationären Einrichtungen abzugrenzen. 37

8. Ankündigung der Pflegezeit. a) Überblick. Will der Beschäftigte Pflegezeit beanspruchen, muss er die Ankündigungsfrist des § 3 III PflegeZG beachten. Er muss die Pflegezeit spätestens zehn Arbeitstage vor deren Beginn schriftlich (→ Rn. 40) ankündigen und gleichzeitig erklären, für welchen Zeitraum und in welchem Umfang die Freistellung von der Arbeitsleistung in Anspruch genommen werden soll. Die Fristberechnung erfolgt nach §§ 187 ff. BGB. Der Tag des Zugangs wird gem. § 187 I BGB nicht mitgerechnet. Wenn nur teilweise Freistellung in Anspruch genommen wird, ist auch die gewünschte Verteilung der Arbeitszeit anzugeben. Hierdurch soll nach der Gesetzesbegründung der AG in die Lage versetzt werden, die notwendigen organisatorischen Maßnahmen vorzunehmen. Dies ist eine sehr optimistische Einschätzung, die in der Praxis zum Teil herbe Kritik erfahren hat.[88] Die Ankündigungsfrist ist eine Mindestfrist. Der Beschäftigte kann die Pflegezeit auch mit einer längeren Frist ankündigen, was ihm nach § 5 I PflegeZG einen Kündigungsschutz von bis zu zwölf Wochen vor dem angekündigten Beginn verschafft (dazu → Rn. 51 ff.). Versäumt der Beschäftigte die Ankündigungsfrist, verschiebt sich der Beginn der Pflegezeit entsprechend.[89] Der Beschäftigte hat in diesem Fall bis zum Ablauf der Frist zu arbeiten, wenn der AG nicht auf die Einhaltung der Frist verzichtet. Beachtet der Beschäftigte dies nicht, bleibt er unberechtigt der Arbeit fern, was eine Kündigung nach sich ziehen kann. 38

b) Zehn Arbeitstage. Die **Bemessung der Frist nach Arbeitstagen ist unscharf.** Denkbar ist, auf die Zahl der für den Beschäftigten geltenden Arbeitstage, die Zahl der Arbeitstage, die im Beschäftigungsbetrieb bzw. beim AG gelten oder die regelmäßige Zahl der Arbeitstage Vollzeitbeschäftigter abzustellen. Arbeitet ein Teilzeitbeschäftigter an zwei Tagen der Woche, betrüge die Ankündigungsfrist fünf Wochen, wenn seine individuelle Arbeitszeit maßgeblich wäre. Wird bei dem AG jeden Tag der Woche gearbeitet, wie an Tankstellen, Krankenhäusern, der Gastronomie, der Bahn oder in Großunternehmen der chemischen Industrie oder Automobilindustrie, betrüge die Frist lediglich knapp anderthalb Wochen, wenn die Zahl der beim AG bestehenden Arbeitstage entscheidend wäre. Sachgerecht erscheint es, auf die für Vollzeitbeschäftigte verbreitet geltende Fünf-Tage-Woche abzustellen. Die Frist ist dann für alle AN gleich bemessen und beträgt grundsätzlich zwei Wochen.[90] Die Berechnung nach Arbeitstagen bewirkt, dass sich die Frist um arbeitsfreie Wochenfeiertage verlängert, die in diesem Zeitraum liegen. 39

c) Schriftform. Die Ankündigung hat schriftlich (§ 126 BGB)[91] zu erfolgen. Die Textform iSd § 126b BGB ist nicht ausreichend. Das Schriftformerfordernis ist konstitutiv. Wird es nicht beachtet, ist die Ankündigung unwirksam; die Rechtsfolgen der §§ 3 ff. PflegeZG treten nicht 40

---

[87] *Joussen* NZA 2009, 69 (72); AR/*Krumbiegel* PflegeZG § 3 Rn. 5; *Müller* BB 2008, 1058 (1060 f.); *Müller/Stuhlmann* ZTR 2008, 290 (291 f.); *Preis/Nehring* NZA 2008, 729 (733).

[88] Vgl. *Berger-Delhey* ZTR 2007, 604 (605); *Freihube/Sasse* DB 2008, 1320 (1321); *Schwerdle* ZTR 2007, 655 (660); zust. dagegen *Kreutz* ZTR 2008, 246 (247).

[89] ErfK/*Gallner* PflegeZG § 3 Rn. 2; AR/*Krumbiegel* PflegeZG § 3 Rn. 10; HWK/*Lembke* PflegeZG § 3 Rn. 14; *Preis/Nehring* NZA 2008, 729 (733); KR/*Treber* PflegeZG Rn. 45; ebenso für die Inanspruchnahme von Erziehungsurlaub (jetzt: Elternzeit) BAG 17.2.1994 AP Nr. 116 zu § 626 BGB = NZA 1994, 656.

[90] Ebenso *v. Koppenfels-Spies,* Angehörigenpflege und Beschäftigung, 2016, Rn. 172; AR/*Krumbiegel* PflegeZG § 3 Rn. 10; NK-GA/*Müller* PflegeZG § 3 Rn. 25; für die beim AG geltende regelmäßige Arbeitszeit ErfK/*Gallner* PflegeZG § 3 Rn. 2; KR/*Treber* PflegeZG Rn. 47.

[91] Ebenso ErfK/*Gallner* PflegeZG § 3 Rn. 2; *v. Koppenfels-Spies,* Angehörigenpflege und Beschäftigung, 2016, Rn. 173; KR/*Treber* PflegeZG Rn. 48; zweifelnd *Preis/Nehring* NZA 2008, 729 (733).

ein.[92] Dem entspricht die Rechtslage bei der Inanspruchnahme von Elternzeit.[93] Die Ankündigung kann daher nicht wirksam per Fax, E-Mail oder SMS erfolgen. Dies gilt gem. § 9 III PflegeZG nicht, wenn die akute Pflegesituation auf Grund der **COVID-19-Pandemie** aufgetreten ist, dann genügt Textform.

41 **d) Zusammentreffen von Pflegezeit und Familienpflegezeit.** Aufgrund des seit dem 1.1.2015 möglichen Zusammentreffens von Pflegezeit und Familienpflegezeit enthält § 3 III 3 PflegeZG eine Regelung für den Fall, dass die Ankündigung des Beschäftigten unklar ist. Ist danach nicht eindeutig zu erkennen, ob der Beschäftigte Pflegezeit oder Familienpflegezeit in Anspruch nehmen will und liegen die Voraussetzungen beider Freistellungsansprüche vor, gilt die Erklärung als Ankündigung von Pflegezeit. Nach der Gesetzesbegründung handelt es sich hierbei um eine **Auslegungsregel,** die klären soll, nach welchem Gesetz sich die Rechtsfolgen der Erklärung richten.[94] Will der Beschäftigte für denselben pflegebedürftigen Angehörigen sowohl Familienpflegezeit bzw. eine Freistellung zur Betreuung minderjähriger pflegebedürftiger naher Angehöriger nach § 2 V FPfZG als auch eine Pflegezeit nach § 3 I PflegeZG in Anspruch nehmen, muss sich die Familienpflegezeit bzw. Freistellung nach § 2 V FPfZG gem. § 3 III 4 PflegeZG **unmittelbar an die Pflegezeit anschließen.** Entsprechendes gilt gem. § 3 III 6 PflegeZG im umgekehrten Fall. Eine zeitliche Unterbrechung ist unzulässig.[95] Zweck der Regelung ist, die Planungssicherheit des AG zu stärken und gleichzeitig eine bessere Verwaltungspraktikabilität bei der Rückzahlung von gewährten Darlehen zu erreichen.[96] Beruht die akute Pflegesituation auf der **COVID-19-Pandemie,** gelten insoweit nach § 9 IV und V PflegeZG abweichende Regelungen. Soll sich die Familienpflegezeit bzw. Freistellung nach § 2 V FPfZG an eine Pflegezeit anschließen, hat dies der Beschäftigte möglichst frühzeitig dem AG mitzuteilen. Die Ankündigung muss jedoch gem. § 3 III 5 Hs. 2 PflegeZG spätestens drei Monate vor Beginn der Familienpflegezeit erfolgen. Im umgekehrten Fall der Inanspruchnahme einer Pflegezeit nach einer Familienpflegezeit bzw. Freistellung nach § 2 V FPfZG beträgt die Ankündigungsfrist gem. § 3 III 6 PflegeZG mindestens acht Wochen vor Beginn der Pflegezeit und nicht wie sonst zehn Arbeitstage (§ 3 I 1 PflegeZG).

42 **9. Dauer der Pflegezeit. a) Höchstdauer.** Die Pflegezeit beträgt gem. § 4 I PflegeZG für jeden pflegebedürftigen nahen Angehörigen längstens **sechs Monate** (Höchstdauer). Hat ein Beschäftigter mehrere pflegebedürftige nahe Angehörige iSv § 7 III PflegeZG, kann er für jeden einzelnen eine Pflegezeit von bis zu sechs Monaten beanspruchen. Das ist angesichts des weiten Angehörigenbegriffs in § 7 III PflegeZG und des in § 5 PflegeZG geregelten Kündigungsschutzes folgenreich, weil sich der Beschäftigte hierdurch einen sehr lange andauernden Kündigungsschutz sichern kann (dazu → Rn. 51 ff.).[97] Seit dem 1.1.2015 ist zu beachten, dass nach § 4 I 4 PflegeZG/§ 2 II FPfZG Pflegezeit und Familienpflegezeit gemeinsam die Gesamtdauer von 24 Monaten je pflegebedürftigen nahen Angehörigen nicht überschreiten dürfen. Damit ist zum einen klargestellt, dass ein Beschäftigter für einen pflegebedürftigen nahen Angehörigen nur einmal Familienpflegezeit in Anspruch nehmen kann und zum anderen, dass Familienpflegezeit und Pflegezeit zusammen betrachtet werden müssen. Wenn die akute Pflegesituation auf Grund der **COVID-19-Pandemie** aufgetreten ist, können Beschäftigte mit Zustimmung des AG gem. § 9 VII PflegeZG nach einer beendeten Pflegezeit zur Pflege oder Betreuung desselben pflegebedürftigen Angehörigen Pflegezeit insgesamt bis zur Höchstdauer von sechs Monaten in Anspruch nehmen, wenn die Gesamtdauer von 24 Monaten nicht überschritten wird und die Pflegezeit spätestens mit Ablauf des 30.6.2021 endet.

43 **b) Verlängerungsmöglichkeit.** Für einen kürzeren Zeitraum in Anspruch genommene Pflegezeit kann bis zur Höchstdauer verlängert werden, wenn der AG zustimmt. Der AG ist in seiner Entscheidung grundsätzlich frei. Er übt insoweit kein billiges Ermessen aus, weil es nicht um eine einseitige Leistungsbestimmung, sondern um den Abschluss einer Vereinbarung geht.[98]

---

[92] ErfK/*Gallner* PflegeZG § 3 Rn. 2.
[93] Vgl. dazu BAG 10.5.2016 AP Nr. 2 zu § 16 BEEG = NZA 2016, 1137.
[94] BR-Drs. 463/14, 33.
[95] HWK/*Lembke* PflegeZG § 3 Rn. 21a; *Müller* BB 2014, 3125 (3127).
[96] BR-Drs. 463/14, 34.
[97] Krit. deswegen *Preis/Weber* NZA 2008, 82 (84).
[98] Ebenso ErfK/*Gallner* PflegeZG § 4 Rn. 1; *Freihube/Sasse* DB 2008, 1320 (1322); aA HWK/*Lembke* PflegeZG § 4 Rn. 3; *Schwerdle* ZTR 2007, 655 (659).

Eine Verlängerung bis zur Höchstdauer von sechs Monaten kann nach § 4 I 3 PflegeZG verlangt werden, wenn ein vorgesehener Wechsel in der Person des Pflegenden aus einem wichtigen Grund nicht erfolgen kann. Dies ist beispielsweise anzunehmen, wenn die Person, welche die Pflege des pflegebedürftigen Angehörigen übernehmen sollte, selbst schwer erkrankt. Die Regelung entspricht § 16 III 4 BEEG.

c) Keine Aufteilung der Pflegezeit. Das PflegeZG erlaubt es einem AN nicht, Pflegezeit für ein und denselben nahen Angehörigen mehrfach in Anspruch zu nehmen (mehrfaches Gestaltungsrecht). § 3 I 1 iVm § 4 I 1 PflegeZG eröffnet AN nur die Möglichkeit, sich einmalig bis zu sechs Monate lang der Pflege eines nahen Angehörigen zu widmen. Hat der AN die Pflegezeit durch Erklärung gegenüber dem AG in Anspruch genommen, ist sein Anspruch erloschen, sofern sich die Pflegezeit auf denselben Angehörigen bezieht (einmaliges Gestaltungsrecht). Das gilt auch dann, wenn die in Anspruch genommene Pflegezeit kürzer als sechs Monate ist.[99] Ob es mit § 3 I 1 PflegeZG vereinbar ist, dass der AN die Pflegezeit im Wege einer einmaligen Erklärung auf mehrere getrennte Zeitabschnitte verteilt, hat das BAG offengelassen. Hiergegen spricht maßgeblich, dass eine Aufteilung der Pflegezeit in mehrere Zeitabschnitte im Gesetz nicht vorgesehen ist.[100] Das PflegeZG hat eine dem § 16 I 5 BEEG entsprechende Regelung nicht übernommen.[101] 44

d) Vorzeitige Beendigung. Eine vorzeitige Beendigung der Pflegezeit ohne Zustimmung des AG ist nach § 4 II 1 PflegeZG nur möglich, wenn der nahe Angehörige nicht mehr pflegebedürftig ist oder die häusliche Pflege des nahen Angehörigen unmöglich oder unzumutbar ist. In diesen Fällen endet die Pflegezeit vier Wochen nach Eintritt der veränderten Umstände. Dem Beschäftigten wird die Pflege beispielsweise unmöglich, wenn der nahe Angehörige vor Ablauf der Pflegezeit verstirbt oder in eine stationäre Pflegeeinrichtung aufgenommen werden muss. Gleiches gilt, wenn der Beschäftigte seinerseits schwer erkrankt und den Angehörigen nicht mehr pflegen kann.[102] Eine Unzumutbarkeit kann beispielsweise angenommen werden, wenn aufgrund unvorhergesehener persönlicher Umstände die Finanzierung der Pflegezeit nicht mehr gesichert und der Beschäftigte auf die regelmäßige Arbeitsvergütung angewiesen ist.[103] Der AG ist über die veränderten Umstände unverzüglich zu unterrichten. Kommt der Beschäftigte dem nicht nach, macht er sich uU schadensersatzpflichtig (§ 280 I BGB).[104] Im Übrigen kann die Pflegezeit nur vorzeitig beendet werden, wenn der AG zustimmt. 45

10. Vollständige Freistellung. a) Kein Zustimmungserfordernis. Der Anspruch auf vollständige Freistellung während der form- und fristgerecht angekündigten Pflegezeit bedarf keiner Zustimmung durch den AG. Der Beschäftigte kann vielmehr unter Beachtung der Ankündigungsfrist des § 3 III 1 PflegeZG der Arbeit fernbleiben, ohne dass eine Vertragsverletzung vorliegt.[105] Insoweit gilt das Gleiche wie bei der rechtzeitigen Inanspruchnahme von Elternzeit. 46

b) Ruhendes Beschäftigungsverhältnis. Während der vollständigen Freistellung ruht das Beschäftigungsverhältnis. Der Beschäftigte braucht nicht zu arbeiten, der AG schuldet keine Arbeitsvergütung. Soweit Jahressonderzahlungen (Urlaubs- und Weihnachtsgeld sowie sonstige Bonuszahlungen) nur an das Bestehen eines Beschäftigungsverhältnisses anknüpfen, hat der Beschäftigte einen Anspruch auf ungekürzte Zahlung. Andernfalls besteht der Anspruch nur in gekürztem Umfang (dazu → § 78 Rn. 2). 47

c) Auswirkungen auf Urlaubsansprüche. Nach § 4 IV PflegeZG kann der AG den Erholungsurlaub, der dem Beschäftigten für das Urlaubsjahr zusteht, für jeden vollen Kalendermonats der vollständigen Freistellung von der Arbeitsleistung um 1/12 kürzen. Die Regelung entspricht § 17 I 1 BEEG (dazu → § 172 Rn. 21). 48

11. Teilweise Freistellung. Das PflegeZG hat für den Fall einer vom Beschäftigten gewünschten „Pflegeteilzeit" eine Verhandlungslösung gewählt, die § 15 V und VII BEEG ähnelt, sich jedoch im Detail von diesen Regelungen unterscheidet. Nimmt der Beschäftigte 49

---

[99] BAG 15.11.2011 AP Nr. 1 zu § 3 PflegeZG = NZA 2012, 323.

[100] LAG BW 31.3.2010 BB 2010, 1541; ErfK/*Gallner* PflegeZG § 4 Rn. 1; *Preis/Nehring* NZA 2008, 729 (734); aA *Joussen* NZA 2009, 69 (73).

[101] ErfK/*Gallner* PflegeZG § 4 Rn. 1.

[102] *Müller* BB 2008, 1058 (1062).

[103] BT-Drs. 16/7439, 93.

[104] ErfK/*Gallner* PflegeZG § 4 Rn. 2.

[105] HWK/*Lembke* PflegeZG § 3 Rn. 8; *Preis/Nehring* NZA 2008, 729 (734).

nur teilweise Freistellung in Anspruch, haben AG und Beschäftigte nach § 3 IV PflegeZG über die Verringerung und die Verteilung der Arbeitszeit eine schriftliche Vereinbarung zu treffen.[106] Das Schriftformerfordernis ist konstitutiv.[107] Ist die akute Pflegesituation auf Grund der **COVID-19-Pandemie** aufgetreten, genügt gem. § 9 VI PflegeZG Textform. Der AG hat den Wünschen der Beschäftigten zu entsprechen, es sei denn, dringende betriebliche Gründe stehen dem entgegen. Da § 3 IV 2 PflegeZG dem § 15 VII Nr. 4 BEEG (dazu → § 172 Rn. 41) nachgebildet ist,[108] kann insoweit auf die hierzu ergangene Rechtsprechung zurückgegriffen werden.[109] Danach sind an das objektive Gewicht der Ablehnungsgründe erhebliche Anforderungen zu stellen, wie der Begriff „dringend" verdeutlicht. Mit ihm wird ausgedrückt, dass eine Angelegenheit notwendig, erforderlich oder auch sehr wichtig ist. Die entgegenstehenden betrieblichen Interessen müssen mithin von erheblichem Gewicht sein. Sie müssen sich gleichsam als zwingende Hindernisse für die beantragte Verkürzung der Arbeitszeit darstellen.[110] Der Beschäftigte kann nach § 3 IV 2 PflegeZG auch eine bestimmte Verteilung der Arbeitszeit erzwingen. Die Rechtsfolgen einer unterbliebenen Einigung regelt das PflegeZG ebenso wenig wie das BEEG. Verweigert der AG nach Ansicht des Beschäftigten zu Unrecht seine Zustimmung zur Pflegeteilzeit, hat der Beschäftigte Klage auf Abgabe der Zustimmungserklärung zu erheben. Die fehlende Willenserklärung des AG wird gem. § 894 I ZPO durch die rechtskräftige Entscheidung ersetzt.[111] Im Hinblick auf die Prozessdauer eines Hauptsacheverfahrens besteht wie bei der Elternteilzeit bei gegebener Dringlichkeit die Möglichkeit, die Teilfreistellung im Wege der einstweiligen Verfügung durchzusetzen (dazu → § 172 Rn. 44).[112]

50 **12. Pflegezeit und Berufsbildung.** Nach § 4 I 5 PflegeZG wird die Pflegezeit auf Berufsbildungszeiten nicht angerechnet. Soweit bestimmte Berufsbildungszeiten vereinbart worden sind, verlängert sich das der Berufsbildung dienende Vertragsverhältnis um die in Anspruch genommene Pflegezeit.[113]

VII. Sonderkündigungsschutz

51 **1. Allgemeines.** § 5 PflegeZG enthält ein Kündigungsverbot mit Erlaubnisvorbehalt, das § 18 BEEG ähnelt. Nach § 5 I PflegeZG in der seit dem 1.1.2015 geltenden Fassung darf der AG das Beschäftigungsverhältnis von der Ankündigung, höchstens jedoch zwölf Wochen vor dem angekündigten Beginn, bis zur Beendigung der kurzzeitigen Arbeitsverhinderung nach § 2 oder der Pflegezeit nach § 3 PflegeZG nicht kündigen. Nur in besonderen Fällen kann eine Kündigung gem. § 5 II PflegeZG von der für den Arbeitsschutz zuständigen obersten Landesbehörde oder der von ihr bestimmten Stelle ausnahmsweise für zulässig erklärt werden. Die Bundesregierung kann hierzu mit Zustimmung des Bundesrats allgemeine Verwaltungsvorschriften erlassen. Das Kündigungsverbot soll das mit dem PflegeZG verfolgte Ziel – die bessere Vereinbarkeit von Beruf und familiärer Pflege – fördern. Beschäftigten soll durch den Kündigungsschutz die Sorge vor dem Verlust des Arbeitsplatzes genommen werden.[114] Das Kündigungsverbot betrifft alle Formen der Kündigung, also sowohl ordentliche als auch außerordentliche Beendigungs- und Änderungskündigungen. Nicht erfasst werden einvernehmliche Vertragsbeendigungen durch Aufhebungsverträge sowie Befristungsabreden.

52 **2. Betriebliche und persönliche Voraussetzungen.** Der Sonderkündigungsschutz nach § 5 PflegeZG besteht im Falle einer kurzzeitigen Arbeitsverhinderung iSv § 2 PflegeZG in allen Beschäftigungsverhältnissen unabhängig von der Beschäftigtenzahl. Da nach § 3 I PflegeZG nur dann ein Anspruch auf Pflegezeit besteht, wenn bei dem AG mindestens 16 Beschäftigte tätig sind, findet insoweit auch nur dann der Sonderkündigungsschutz Anwendung, wenn diese Voraussetzungen erfüllt sind. Geschützt durch § 5 PflegeZG sind alle Beschäftigten. Aufgrund

[106] Krit. hierzu *Freihube/Sasse* DB 2008, 1320 (1322); *Preis/Nehring* NZA 2008, 729 (734 f.).
[107] ErfK/*Gallner* PflegeZG § 3 Rn. 4; aA *Joussen* NZA 2009, 69 (73); *v. Koppenfels-Spies,* Angehörigenpflege und Beschäftigung, 2016, Rn. 180.
[108] BT-Drs. 16/7439, 92.
[109] *Düwell* FA 2008, 108 (110).
[110] So zur Elternzeit BAG 5.6.2007 AP Nr. 49 zu § 15 BErzGG = NZA 2007, 1352.
[111] *v. Koppenfels-Spies,* Angehörigenpflege und Beschäftigung, 2016, Rn. 182; HWK/*Lembke* PflegeZG § 3 Rn. 8.
[112] ErfK/*Gallner* PflegeZG § 3 Rn. 4.
[113] BT-Drs. 16/7439, 92; krit. zu dieser Regelung *Düwell* FA 2008, 108 (110).
[114] BT-Drs. 16/7439, 93.

des weiten Beschäftigtenbegriffs in § 7 I PflegeZG erhalten über § 5 PflegeZG nicht nur AN, sondern auch arbeitnehmerähnliche Personen, Heimarbeiter und die ihnen Gleichgestellten einen besonderen Kündigungsschutz, obwohl diese Personengruppen ansonsten keinen materiellen Kündigungsschutz genießen.[115]

3. Keine Wartezeit. Der Sonderkündigungsschutz ist nicht von der Vollendung einer Wartezeit abhängig. Da die Rechte aus §§ 2 und 3 PflegeZG ab dem ersten Tag des Beschäftigungsverhältnisses in Anspruch genommen werden können und § 5 PflegeZG für das Eingreifen des Sonderkündigungsschutzes keine Wartezeitregelung vorsieht, besteht das Kündigungsverbot des § 5 PflegeZG auch innerhalb der Wartezeit des § 1 I KSchG, wenn der Beschäftigte in dieser Zeit eine kurzzeitige Arbeitsverhinderung oder die Inanspruchnahme von Pflegezeit ankündigt. Nach dem Wortlaut des PflegeZG bedarf auch die Kündigung eines Auszubildenden in der Probezeit (§ 22 I BBiG) der Zustimmung der zuständigen Behörde, wenn der Auszubildende in dieser Zeit seine Rechte aus §§ 2 und 3 PflegeZG in Anspruch nimmt. Die Ausgestaltung des **§ 5 PflegeZG vereitelt den Zweck des § 1 I KSchG.**[116] Nach dieser Bestimmung soll der AN zum einen erst nach einer gewissen Betriebszugehörigkeit Bestandsschutz erlangen. Darüber hinaus soll der AG aber auch die Möglichkeit erhalten, die Eignung des AN für die geschuldete Tätigkeit in seinem Betrieb während der gesetzlichen Wartezeit zu überprüfen, und sich ohne Darlegung der sozialen Rechtfertigung von dem AN durch Kündigung trennen zu können.[117] Dies ist nicht möglich, wenn die in der Wartezeit bestehende Kündigungsfreiheit aufgehoben und die Kündigung in dieser Zeit an behördliche Zustimmungsvorbehalte geknüpft wird. Der AG muss dann ein Verwaltungsverfahren durchführen, auf dessen Zeitablauf er abgesehen vom Zeitpunkt des Verfahrensbeginns praktisch keinerlei Einfluss hat. Verfahrensvorschriften, wie etwa §§ 171, 174 SGB IX, fehlen. Will der AG den Beschäftigten zum Ende der Wartezeit des § 1 I KSchG kündigen, wird ihm dies daher uU schon deshalb nicht möglich sein, weil die erforderliche Zustimmung, selbst wenn sie erteilt wird, nicht rechtzeitig vorliegt. Dem PflegeZG fehlt eine Regelung, die wie § 173 I Nr. 1 SGB IX vorsieht, dass der Sonderkündigungsschutz erst nach sechsmonatigem Bestehen des Arbeitsverhältnisses eingreift. Soweit § 17 MuSchG und § 18 BEEG keine Wartezeit voraussetzen, ist dies aus verfassungsrechtlichen Gründen (Art. 6 I und IV GG) gerechtfertigt. Derartige gewichtige verfassungsrechtliche Positionen liegen jedoch der Inanspruchnahme von Pflegezeit nach § 3 PflegeZG nicht zugrunde, wie der weite Angehörigenbegriff des § 7 III PflegeZG deutlich zeigt. 53

Die Gefahr einer **missbräuchlichen Inanspruchnahme** der Pflegezeit, allein um den Kündigungsschutz des § 1 II KSchG zu erlangen, ist groß.[118] Der Gesetzgeber hat den verschiedentlich vorgebrachten Bedenken (15. Aufl. Rn. 69 f.) teilweise Rechnung getragen, indem er den Kündigungsschutz auf zwölf Wochen vor dem angekündigten Beginn der kurzzeitigen Arbeitsverhinderung nach § 2 oder der Freistellung nach § 3 PflegeZG begrenzt hat. Ungeachtet dessen sollten verbindliche Kriterien festgelegt werden, nach denen die zuständige Landesbehörde über die beantragte Zustimmung zur Kündigung zu entscheiden hat. Dabei müsste klargestellt werden, dass die Behörde die Zustimmung zur Kündigung innerhalb der Wartezeit nur verweigern kann, wenn konkrete Anhaltspunkte dafür vorliegen, dass die Kündigung gegen §§ 138, 242 oder 612a BGB verstößt.[119] Des Weiteren ist zu erwägen, den Ablauf der Wartezeit des § 1 I KSchG zu hemmen, bis die Behörde über die beantragte Zustimmung rechtskräftig entschieden hat. Dies entspricht den Grundsätzen, die zur Wahrung der Ausschlussfrist bei außerordentlichen Kündigungen (§ 626 II BGB) von Personen entwickelt wurden, die nach § 17 MuSchG bzw. § 18 BEEG geschützt sind.[120] In Betracht kommt ferner, wegen der dargestellten Besonderheiten die Pflegezeit nicht auf die Wartezeit des § 1 I KSchG anzurechnen und diese um die Dauer der Pflegezeit zuzüglich der Ankündigungsfrist zu verlängern.[121] Schließlich ist in jedem Einzelfall zu prüfen, ob ein rechtsmissbräuchliches Verhalten des Beschäftigten vorliegt.[122] 54

4. Beginn des Kündigungsschutzes. Der Sonderkündigungsschutz des § 5 PflegeZG beginnt mit dem Zeitpunkt des Zugangs der Ankündigung einer kurzzeitigen Arbeitsverhinde- 55

---

[115] Krit. deshalb *Freihube/Sasse* DB 2008, 1320 (1322); *Preis/Nehring* NZA 2008, 729 (736); *Preis/Weber* NZA 2008, 82 (83).
[116] Ebenso *Preis/Nehring* NZA 2008, 729 (736).
[117] BAG 24.1.2008 NZA-RR 2008, 405; 28.8.2008 AP Nr. 8 zu § 1 KSchG 1969.
[118] Vgl. *Böggemann* FA 2008, 357.
[119] Zu weiteren rechtspolitischen Forderungen *Rose/Dörstling* DB 2008, 2137 (2139 f.).
[120] Vgl. dazu KR/*Fischermeier* BGB § 626 Rn. 356 mwN.
[121] In Betracht gezogen auch von *Preis/Nehring* NZA 2008, 729 (736).
[122] ErfK/*Gallner* PflegeZG § 5 Rn. 2; KR/*Treber* PflegeZG Rn. 61.

rung nach § 2 oder der Pflegezeit nach § 3 PflegeZG, höchstens jedoch zwölf Wochen vor dem angekündigten Termin. Der Sonderkündigungsschutz besteht, wenn zum Zeitpunkt des Zugangs der Kündigung die Ankündigungserklärung des Beschäftigten dem AG bereits zugegangen ist.[123]

VIII. Befristete Verträge

56 **1. Allgemeines.** Der in § 6 I PflegeZG aufgeführte Befristungsgrund der Vertretung ist § 21 BEEG nachgebildet (dazu → § 172 Rn. 59).[124] Nach § 6 II PflegeZG sind sowohl Zeit- als auch Zweckbefristungen möglich. Bei einer Zweckbefristung ist § 15 II TzBfG zu beachten. Die Regelungen des TzBfG über die Schriftform (§ 14 IV TzBfG) und die Klagefrist (§ 17 TzBfG) sind anwendbar. § 6 I PflegeZG ist weiter als der daneben geltende § 14 I Nr. 3 TzBfG, weil er auch die Vertretung einer arbeitnehmerähnlichen Person zulässt.[125] § 6 PflegeZG enthält kein Zitiergebot.[126] Gem. § 6 I 2 PflegeZG ist über die Dauer der Vertretung nach Satz 1 hinaus die Befristung für notwendige Zeiten einer Einarbeitung zulässig.

57 **2. Sonderkündigungsrecht.** Der AG kann gem. § 6 III PflegeZG den befristeten Arbeitsvertrag unter Einhaltung einer Frist von zwei Wochen kündigen, wenn die Pflegezeit nach § 4 II 1 PflegeZG vorzeitig endet. Mit dieser Regelung soll vermieden werden, dass der AG in den Ausnahmefällen, in denen der Beschäftigte ohne Zustimmung des AG früher als geplant an seinen Arbeitsplatz zurückkehren kann, den zurückkehrenden Beschäftigten und die Ersatzkraft gleichzeitig beschäftigen und vergüten muss. Das Sonderkündigungsrecht besteht nicht, wenn die Voraussetzungen für eine vorzeitige Beendigung der Pflegezeit nicht vorliegen, der AG jedoch nach § 4 II 3 PflegeZG der vorzeitigen Beendigung zustimmt. Gleiches gilt nach § 6 III 3 PflegeZG, wenn das Sonderkündigungsrecht vertraglich ausgeschlossen ist. Macht der AG von dem Sonderkündigungsrecht Gebrauch, findet das KSchG gem. § 6 III 2 PflegeZG keine Anwendung. Die Kündigung bedarf daher auch dann nicht der sozialen Rechtfertigung nach § 1 KSchG, wenn der Vertreter ausnahmsweise – zB wegen vereinbarter Einarbeitungszeiten – länger als sechs Monate beschäftigt war. Die Dreiwochenfrist des § 4 KSchG ist einzuhalten. Der BR ist nach § 102 I BetrVG vor der Kündigung anzuhören. Andere Kündigungsschutzvorschriften, wie etwa § 17 MuSchG sind zu beachten.

IX. Berechnung von Schwellenwerten

58 Wird im Rahmen arbeitsrechtlicher Gesetze oder Verordnungen auf die Zahl der beschäftigten AN abgestellt, sind nach § 6 IV PflegeZG bei der Ermittlung dieser Zahl AN, die nach § 2 PflegeZG kurzzeitig an der Arbeitsleistung verhindert oder nach § 3 PflegeZG freigestellt sind, nicht mitzuzählen, solange für sie nach § 6 I PflegeZG ein Vertreter eingestellt ist. Dies gilt nicht, wenn der Vertreter nicht mitzuzählen ist. Diese Regelung gilt entsprechend, wenn im Rahmen arbeitsrechtlicher Gesetze oder Verordnungen auf die Zahl der Arbeitsplätze abgestellt wird. Zweck des § 6 IV PflegeZG ist es, eine Doppelzählung des Beschäftigten, der einen pflegebedürftigen nahen Angehörigen versorgt, und der vertretungsweise eingestellten Ersatzkraft zu vermeiden. Die Regelung entspricht inhaltlich § 21 VII BEEG.

X. Sozialversicherungsrechtliche Absicherung

59 **1. Kurzzeitige Arbeitsverhinderung.** Bei einer kurzzeitigen Arbeitsverhinderung nach § 2 PflegeZG hat der AN gem. § 44a III SGB XI Anspruch auf Pflegeunterstützungsgeld. Steht die Kurzzeitpflege im Zusammenhang mit der **SARS-CoV-2-Pandemie,** richten sich die Ansprüche abweichend von § 44a III 1 SGB XI nach § 150 Vd SGB XI. Das Pflegeunterstützungsgeld wird als Lohnersatzleistung auf vom AN unverzüglich zu stellenden Antrag unter Vorlage der ärztlichen Bescheinigung nach § 2 II 2 PflegeZG von der Pflegekasse oder dem Versicherungsunternehmen des pflegebedürftigen nahen Angehörigen gewährt. Lediglich der Antrag ist unverzüglich zu stellen, die erforderlichen Bescheinigungen können nachgereicht werden.[127] Machen mehrere Angehörige einen Anspruch auf Kurzzeitpflege nach § 2 I PflegeZG für einen pflegebedürftigen nahen Angehörigen geltend, ist deren Anspruch auf Pflegeunterstützungsgeld gem. § 44a III 2 SGB XI auf insgesamt bis zu zehn Arbeitstage begrenzt. Das Pflegeunterstützungsgeld

[123] Vgl. HWK/*Lembke* PflegeZG § 5 Rn. 2; KR/*Treber* PflegeZG Rn. 51.
[124] ErfK/*Gallner* PflegeZG § 6 Rn. 1.
[125] Krit. dazu *Preis/Weber* NZA 2008, 82 (84 f.).
[126] ErfK/*Gallner* PflegeZG § 6 Rn. 1.
[127] BR-Drs. 463/14, 51.

berechnet sich nach § 45 II 3–5 SGB V und beträgt 90% des ausgefallenen Nettoarbeitsentgelts aus beitragspflichtigem Arbeitsentgelt; es darf 70% der Beitragsbemessungsgrenze nicht überschreiten. Weiterhin ist § 7 III 1 SGB IV von Bedeutung. Danach gilt eine Beschäftigung gegen Arbeitsentgelt als fortbestehend, solange das Beschäftigungsverhältnis ohne Anspruch auf Arbeitsentgelt fortdauert, jedoch nicht länger als einen Monat. Diese Regelung erhält bei einer kurzzeitigen Arbeitsverhinderung den Versicherungsschutz für Beschäftigte in der Kranken-, Pflege-, Renten- und Arbeitslosenversicherung aufrecht. Das Arbeitsverhältnis besteht in diesem Falle fort, lediglich die Hauptpflichten hieraus ruhen für höchstens zehn Arbeitstage.

2. Pflegezeit. Mit der Inanspruchnahme von Pflegezeit entfällt für die Dauer der Pflegezeit auch der Anspruch auf Arbeitsentgelt. Nach § 7 III 1 SGB IV hätte dies an sich zur Folge, dass längstens für einen Monat eine Beschäftigung gegen Arbeitsentgelt als fortbestehend gelten würde. Der mit dem Pflege-Weiterentwicklungsgesetz neu eingeführte § 7 III 4 SGB IV schließt diese Rechtsfolge jedoch aus: „Satz 1 gilt auch nicht für die Freistellung nach § 3 PflegeZG". Die Gesetzesergänzung führt dazu, dass ab Beginn der Freistellung die Voraussetzungen der Versicherungspflicht in der Kranken-, Pflege-, Renten- und Arbeitslosenversicherung nicht mehr vorliegen. Für die Dauer der Pflegezeit muss sich der Beschäftigte in der Krankenversicherung freiwillig versichern, falls er nicht über einen Angehörigen (zB Ehegatte) nach § 10 SGB V familienversichert ist. Die Voraussetzungen für die freiwillige Versicherung ergeben sich aus § 9 SGB V und setzen eine Mindestvorversicherungszeit voraus. Die Bemessung der Beiträge erfolgt nach § 240 SGB V. Die freiwillige Krankenversicherung führt zur Versicherungspflicht in der Pflegeversicherung. Den **AG trifft keine Hinweispflicht** in Bezug auf die sozialversicherungsrechtlichen Folgen der Pflegezeit. Er hat den Beschäftigten nicht von sich aus auf die sozialversicherungsrechtlichen Konsequenzen der Pflegezeit aufmerksam zu machen. Die Inanspruchnahme von Pflegezeit erfolgt ausschließlich auf Veranlassung und im Interesse des Beschäftigten, so dass dieser von sich aus die sozialversicherungsrechtlichen Folgen zu beachten hat. 60

Beschäftigte, die nach § 3 PflegeZG von der Arbeitsleistung vollständig freigestellt werden oder deren Beschäftigung durch die Reduzierung zu einer geringfügigen Beschäftigung wird, erhalten nach § 44a I SGB XI auf **Antrag Zuschüsse zur Kranken- und Pflegeversicherung.** Die Zuschüsse belaufen sich auf die Höhe der Mindestbeiträge, die von freiwillig in der gesetzlichen Krankenversicherung versicherten Personen zur gesetzlichen Krankenversicherung und zur sozialen Pflegeversicherung zu entrichten sind, und dürfen die tatsächliche Höhe der Beiträge nicht übersteigen. 61

In der **Arbeitslosenversicherung** wurde mit § 26 IIb SGB III für den Tatbestand der Pflegezeit ein eigenständiger Versicherungspflichttatbestand geschaffen. Versicherungspflichtig sind danach Personen in der Zeit, in der sie eine Pflegezeit nach § 3 I 1 PflegeZG in Anspruch nehmen und eine pflegebedürftige Person pflegen, wenn sie unmittelbar vor der Pflegezeit versicherungspflichtig waren. Gleiches gilt für Personen, die unmittelbar vor der Pflegezeit eine als Arbeitsbeschaffungsmaßnahme geförderte Beschäftigung ausgeübt haben, die ein Versicherungspflichtverhältnis oder den Bezug einer laufenden Entgeltersatzleistung nach dem SGB III unterbrochen hat. Nach der ab dem 1.1.2017 geltenden Fassung des § 26 IIb SGB III sind Personen in der Zeit versicherungspflichtig, in der sie eine Pflegezeit nach § 3 I 1 PflegeZG in Anspruch nehmen und eine pflegebedürftige Person pflegen, wenn sie unmittelbar vor der Pflegezeit versicherungspflichtig waren oder eine als Arbeitsbeschaffungsmaßnahme geförderte Beschäftigung ausgeübt haben, die ein Versicherungspflichtverhältnis oder den Bezug einer laufenden Entgeltersatzleistung nach diesem Buch unterbrochen hat. Als beitragspflichtige Einnahme gilt dabei gem. § 345 Nr. 8 SGB III ein Arbeitsentgelt in Höhe von 10%, ab dem 1.1.2017 ein Arbeitsentgelt in Höhe von 50% der monatlichen Bezugsgröße. Die Beiträge werden von derjenigen Einrichtung getragen und gezahlt, die für die Leistungen an den Pflegebedürftigen zuständig ist (vgl. § 347 Nr. 10 SGB III). Damit der Beschäftigte bei der Bemessung des Arbeitslosengeldes keinen Nachteil erleidet, bleiben bei der Ermittlung des Bemessungszeitraums Zeiten außer Betracht, in denen der Arbeitslose eine Pflegezeit nach § 3 I PflegeZG in Anspruch genommen hat, wenn wegen der Pflege das Arbeitsentgelt oder die durchschnittliche wöchentliche Arbeitszeit gemindert war (§ 150 II Nr. 4 SGB III). 62

In der **Rentenversicherung** sind nach § 3 I Nr. 1a SGB VI Personen in der Zeit versicherungspflichtig, in der sie einen Pflegebedürftigen im Sinne des § 14 SGB XI Buches nicht erwerbsmäßig wenigstens 14 Stunden wöchentlich in seiner häuslichen Umgebung pflegen (nicht erwerbsmäßig tätige Pflegepersonen), wenn der Pflegebedürftige Anspruch auf Leistungen 63 aus der sozialen oder einer privaten Pflegeversicherung hat. Ab dem 1.1.2017 gilt dies für die Zeit, in der sie eine oder mehrere pflegebedürftige Personen mit mindestens Pflegegrad 2 wenigstens zehn Stunden wöchentlich, verteilt auf regelmäßig mindestens zwei Tage in der Woche, in ihrer häuslichen Umgebung nicht erwerbsmäßig pflegen, wenn der Pflegebedürftige Anspruch auf Leistungen aus der sozialen Pflegeversicherung oder einer privaten Pflege-Pflichtversicherung hat. Die Beiträge werden von der Pflegekasse gezahlt (vgl. § 44 SGB XI). Die Versicherungspflicht tritt gem. § 3 S. 3 SGB VI nicht ein, wenn die pflegende Person trotz der Pflege noch regelmäßig mehr als 30 Stunden wöchentlich beschäftigt oder tätig ist. In diesem Fall besteht die Versicherungspflicht aufgrund abhängiger Beschäftigung in der Regel weiter. In der **Unfallversicherung** besteht nach § 2 I Nr. 17 SGB VII Versicherungsschutz.

XI. Familienpflegezeit

64 **1. Allgemeines.** Zum 1.1.2012 ist das Familienpflegezeitgesetz (FPfZG) in Kraft getreten. Im Unterschied zum PflegeZG wurde darin den Beschäftigten kein gesetzlicher Freistellungsanspruch gegenüber ihren AG eingeräumt, sondern eine Entgeltsicherung während der Freistellungszeit gewährleistet. Das FPfZG verfolgte hehre Ziele, hat aber in der Praxis nur eine geringe Bedeutung erlangt. Dies hat der Gesetzgeber zum Anlass für eine grundlegende Überarbeitung genommen, die zum 1.1.2015 in Kraft getreten ist.

65 **2. Merkmale der Familienpflegezeit.** Nach § 2 I 1 FPfZG ist Familienpflegezeit die Zeit der Pflege eines pflegebedürftigen nahen Angehörigen in häuslicher Umgebung. Die Beschäftigten haben einen Rechtsanspruch auf eine solche Familienpflegezeit. Diese führt nur zu einer teilweisen Freistellung von der Arbeitsleistung und damit zu einer Verringerung der Arbeitszeit. Diese muss wöchentlich mindestens 15 Stunden betragen (§ 2 I 2 und 3 FPfZG). Bei einem Unterschreiten der Stundenzahl endet die Förderbarkeit der Familienpflegezeit.[128] Abweichend von diesem Grundsatz gilt gem. § 16 I FPfZG aus Anlass der COVID-19-Pandemie, dass die wöchentliche Mindestarbeitszeit von 15 Wochenstunden vorübergehend unterschritten werden darf, längstens jedoch für die Dauer von einem Monat. Ein Anspruch auf vollständige Freistellung von der Arbeitsleistung besteht anders als nach § 3 I 1 PflegeZG nach § 2 FPfZG nicht. Die Familienpflegezeit beträgt gem. § 2 I 1 FPfZG längstens 24 Monate. § 2 V FPfZG gewährt dem Beschäftigten einen Anspruch auf teilweise Freistellung von der Arbeitsleistung zur Betreuung eines minderjährigen Pflegebedürftigen nahen Angehörigen in häuslicher oder außer häuslicher Umgebung. Die Anspruchsvoraussetzungen entsprechen § 3 V PflegeZG (dazu → Rn. 37).

66 **3. Voraussetzungen der Familienpflegezeit.** Ebenso wie die Pflegezeit nach § 3 PflegeZG besteht der Anspruch auf Familienpflegezeit von Beginn des Arbeitsverhältnisses an. Eine Wartezeit ist gesetzlich nicht vorgesehen.[129] Im Unterschied zur Pflegezeit, die gem. § 3 I 2 PflegeZG gegenüber AG mit mindestens 16 Beschäftigten beansprucht werden kann, besteht der Anspruch auf Familienpflegezeit nach § 2 I 4 FPfZG nur gegenüber AG mit in der Regel mindestens 26 Beschäftigten ausschließlich der zu ihrer Berufsausbildung Beschäftigten. Der Schwellenwert ist nicht betriebs-, sondern unternehmensbezogen.[130] Insoweit gilt eine abgestufte Darlegungs- und Beweislast (zu § 3 I 2 PflegeZG → Rn. 13).[131] Die Pflege nach § 2 1 FPfZG hat in häuslicher Umgebung zu erfolgen (dazu → Rn. 37). Der Beschäftigte muss gem. § 2a I 1 FPfZG die Familienpflegezeit spätestens acht Wochen vor dem gewünschten Beginn schriftlich (§ 126 BGB)[132] ankündigen und gleichzeitig erklären, für welchen Zeitraum und in welchem Umfang innerhalb der Gesamtdauer von 24 Monaten die Freistellung von der Arbeitsleistung in Anspruch genommen werden soll. Aus Anlass der COVID-19-Pandemie gilt gem. § 16 II FPfZG Textform. Die gewünschte Verteilung der Arbeitszeit ist dabei anzugeben. Über die Verringerung und Verteilung der Arbeitszeit haben AG und Beschäftigte nach § 2a II FPfZG eine schriftliche Vereinbarung zu treffen. Diese Regelung entspricht der Vereinbarung über eine teilweise Freistellung bei der Inanspruchnahme von Pflegezeit nach § 3 IV PflegeZG (→ Rn. 49). Schöpft der Beschäftigte bei seinem Verlangen nach Familienpflegezeit die Gesamtdauer von 24 Monaten nicht aus, kann die in Anspruch genommene Familienpflegezeit nach § 2a III FPfZG bis zu dieser Gesamtdauer verlängert werden, wenn der AG zustimmt. Dies entspricht § 4 I 3 PflegeZG (→ Rn. 43). Bei einer Verknüpfung von Familienpflegezeit und Pflegezeit gelten nach § 2a I

[128] *v. Koppenfels-Spies,* Angehörigenpflege und Beschäftigung, 2016, Rn. 234.
[129] *v. Koppenfels-Spies,* Angehörigenpflege und Beschäftigung, 2016, Rn. 213.
[130] AR/*Krumbiegel* FPfZG § 2 Rn. 4; *Müller* BB 2014, 3125.
[131] AR/*Krumbiegel* FPfZG § 2 Rn. 4; aA *Müller* BB 2014, 3125 (3126).
[132] *v. Koppenfels-Spies,* Angehörigenpflege und Beschäftigung, 2016, Rn. 230.

4–6 FPfZG dieselben Maßgaben wie nach § 3 III 4–6 PflegeZG (→ Rn. 41). Die Familienpflegezeit endet gem. § 2a V FPfZG vier Wochen nach Eintritt der veränderten Umstände, wenn der Angehörige nicht mehr pflegebedürftig oder die häusliche Pflege des Angehörigen unmöglich oder unzumutbar ist. Ansprüche nach dem FPfZG können im Einzelfall auch durch eine **Regelungsverfügung** (§ 940 ZPO) durchgesetzt werden, in der die vorläufige Verringerung und Verteilung der Arbeitszeit angeordnet wird, ohne dass damit dem Hauptsacheverfahren vorgegriffen und die weiteren Folgen der Familienpflegezeit wie der Sonderkündigungsschutz bereits im Verfahren des einstweiligen Rechtsschutzes herbeigeführt werden.[133]

4. Rechtsfolgen der Familienpflegezeit. Für die Dauer der Familienpflegezeit gelten gem. § 2 III FPfZG die §§ 5–8 PflegeZG entsprechend. In dieser Zeit besteht daher insbesondere der Sonderkündigungsschutz des § 5 PflegeZG (→ Rn. 51 ff.) und der AG hat die durch § 6 PflegeZG eröffneten Gestaltungsmöglichkeiten bei befristeten Verträgen (→ Rn. 56). Im Umfang der Befreiung von der Arbeitspflicht entfällt für den Beschäftigten nach § 326 I 1 BGB der Vergütungsanspruch. Als Ausgleich hierfür und zur besseren Bewältigung des Lebensunterhalts während der Freistellung[134] erhalten die Beschäftigten nach § 3 FPfZG einen Anspruch auf finanzielle Förderung in Gestalt eines zinslosen Darlehens. Gem. § 3 I 2 FPfZG gilt dieser Anspruch auch für teilweise Freistellungen von der Arbeitsleistung nach dem PflegeZG (→ Rn. 49). Die Darlehensraten belaufen sich nach § 3 II FPfZG auf die Hälfte der Differenz zwischen den pauschalierten monatlichen Nettoentgelten vor und während der Freistellung. Unter dem pauschalierten monatlichen Nettoentgelt ist nach § 3 III 1 FPfZG das nach der im jeweiligen Kalenderjahr geltenden Verordnung über die pauschalierten Nettoentgelte für das Kurzarbeitergeld maßgebliche Entgelt, bezogen auf das auf den nächsten durch 20 teilbaren Eurobetrag gerundete regelmäßige durchschnittliche monatliche Bruttoentgelt ausschließlich der Sachbezüge der letzten zwölf Kalendermonate vor Beginn der Freistellung zu verstehen. Der Beschäftigte ist nach § 6 I FPfZG verpflichtet, das Darlehen innerhalb von 48 Monaten nach Beginn der Freistellung zurückzuzahlen. Zur Vermeidung besonderer Härten kann das darlehensgewährende Bundesamt für Familie und zivilgesellschaftliche Aufgaben nach § 7 I FPfZG den Beschäftigten auf Antrag die Rückzahlung des Darlehens stunden. 67

133 LAG Hamm 28.12.2016 NZA-RR 2017, 176; weitergehend LAG Bln-Bbg 20.9.2017 – 15 SaGa 823/17.
134 BR-Drs. 463/14, 2.

2. Abschnitt. Maßregelungsverbot und Beschäftigungspflicht

§ 108. Maßregelungsverbot

Übersicht

I. Allgemeines

1 Nach § 612a BGB darf der AG einen AN bei einer Vereinbarung oder Maßnahme nicht benachteiligen, weil der AN in zulässiger Weise seine Rechte ausübt. Dieses allgemeine Maßregelungsverbot wird in einzelnen spezialgesetzlichen Regelungen (§ 5 TzBfG, § 16 I 1 AGG) wiederholt. **Zweck** des § 612a BGB ist zu verhindern, dass AN Rechte nicht wahrnehmen, weil sie bei ihrer Inanspruchnahme mit Benachteiligungen rechnen müssen.[1] Durch § 612a BGB wird die Willensfreiheit des AN geschützt. Er soll frei darüber entscheiden können, ob er ein Recht in Anspruch nimmt oder nicht. Insoweit schränkt § 612a BGB die Vertrags- und Gestaltungsfreiheit des AG ein.[2] Die Vorschrift verbietet Maßnahmen des AG, die eine unmittelbare Reaktion auf die Wahrnehmung von Rechten durch den AN darstellen. Das Maßregelungsverbot erfasst einen Sonderfall der Sittenwidrigkeit.[3] Als Schutzbestimmung zugunsten der AN ist § 612a BGB unabdingbar.[4]

II. Persönlicher Geltungsbereich

2 Das Maßregelungsverbot des § 612a BGB gilt für **alle AN.** Hierzu gehören auch leitende Angestellte. Geschützt sind gem. §§ 10 II, 26 BBiG des Weiteren Auszubildende, Umschüler, Volontäre und Praktikanten.[5] Das BAG hat eine entsprechende Anwendung des Maßregelungsverbots auf arbeitnehmerähnliche Personen abgelehnt und prüft in diesen Fällen statt dessen einen Verstoß gegen § 138 BGB.[6] Der Schutzzweck der Norm gebietet jedoch eine entsprechende Anwendung des § 612a BGB auf arbeitnehmerähnliche Personen.[7] § 612a BGB gilt nach seinem Wortlaut sowie seiner Schutzrichtung nicht für Personen, die auf der Grundlage eines freien Dienstvertrags beschäftigt werden.[8] Auf Stellenbewerber findet § 612a BGB keine Anwendung.[9] Diese sind noch nicht AN. Bewerber werden in ihren Rechten durch § 2 I Nr. 1 AGG geschützt.

3 Das Benachteiligungsverbot richtet sich gegen den **AG.** Darunter sind nach dem Schutzzweck des § 612a BGB alle Personen zu verstehen, die Arbeitgeberfunktionen ausüben. Dies können neben dem Vertragsarbeitgeber auch Dritte sein, wie beispielsweise der Entleiher im Rahmen

1 BAG 16.2.1989 AP Nr. 20 zu § 1 KSchG 1969 Krankheit = NZA 1989, 923.
2 BAG 21.9.2011 AP Nr. 20 zu § 612a BGB = NZA 2012, 317; 15.7.2009 AP Nr. 209 zu § 242 BGB Gleichbehandlung = NZA 2009, 1202.
3 BAG 21.9.2011 AP Nr. 20 zu § 612a BGB = NZA 2012, 317; 2.4.1987 AP Nr. 1 zu § 612a BGB = NZA 1988, 18; 22.5.2003 AP Nr. 18 zu § 1 KSchG 1969 Wartezeit = NZA 2004, 399.
4 ErfK/*Preis* BGB § 612a Rn. 2; MüKoBGB/*Müller-Glöge* § 612a Rn. 2; HWK/*Thüsing* BGB § 612a Rn. 2.
5 ErfK/*Preis* BGB § 612a Rn. 4.
6 BAG 14.12.2004 AP Nr. 62 zu § 138 BGB = NZA 2005, 637.
7 MüKoBGB/*Müller-Glöge* § 612a Rn. 4; KR/*Treber* BGB § 612a Rn. 7; ErfK/*Preis* BGB § 612a Rn. 4; aA BAG 8.5.2007 AP Nr. 15 zu § 611 BGB Arbeitnehmerähnlichkeit; ArbRBGB/*Schliemann* § 612a Rn. 6.
8 MüKoBGB/*Müller-Glöge* § 612a Rn. 4; KR/*Treber* BGB § 612a Rn. 7; unentschieden HWK/*Thüsing* BGB § 612a Rn. 4.
9 BAG 15.11.2012 AP Nr. 69 zu § 138 BGB = NZA 2013, 429.

der Arbeitnehmerüberlassung.[10] Auch die Betriebsparteien haben bei Betriebsvereinbarungen das Maßregelungsverbot des § 612a BGB zu beachten.[11]

III. Sachlicher Geltungsbereich

1. Zulässige Rechtsausübung. § 612a BGB verbietet eine Benachteiligung des AN, wenn dieser in zulässiger Weise seine Rechte gegenüber dem AG wahrnimmt. Die Rechtsausübung muss objektiv rechtmäßig sein. Maßstab hierfür ist die Gesamtrechtsordnung.[12] Dazu gehört die Ausübung von Grundrechten, soweit sie im Verhältnis zum AG rechtserheblich ist.[13] Mit einer gegen den AG gerichteten Klage setzt der AN seinen öffentlich-rechtlichen Anspruch auf Rechtsschutzgewährung (Art. 20 GG) durch, und zwar unabhängig davon, ob die Klage erfolgreich ist. Eine solche Klage ist deshalb eine zulässige Rechtsausübung.[14] Nur wenn die Erhebung einer Klage mutwillig oder rechtsmissbräuchlich erfolgt, kann eine unzulässige Rechtsausübung iSd § 612a BGB angenommen werden.[15] Das vom AN behauptete **Recht muss tatsächlich bestehen.**[16] Eine fahrlässige oder gutgläubige Fehlvorstellung des AN von der Rechtslage genügt nicht.[17] Die Weigerung eines AN, einer Verlängerung der vertraglich vereinbarten Arbeitszeit von 36 auf 38 Stunden ohne Lohnausgleich zuzustimmen, ist eine zulässige Rechtsausübung.[18] Entsprechendes gilt für die fehlende Bereitschaft, auf tarifvertragliche Leistungen zu verzichten.[19] Auch im sog. **Whistleblowing** (→ § 53 Rn. 14) kann die Ausübung von Rechten gesehen werden.[20] Auf die **Verletzung von arbeitsvertraglichen Haupt- und Nebenpflichten** durch den AN kann der AG freilich mit Maßnahmen reagieren, die – wie beispielsweise Abmahnungen und Kündigungen – für den AN nachteilig sein können.[21] Die Wirksamkeit dieser Maßnahmen kann dann nach Maßgabe der jeweils einschlägigen gesetzlichen Regelungen (KSchG u.a.) überprüft werden. Unerheblich ist, ob der AN seine Rechte schriftlich oder mündlich bzw. unmittelbar oder mittelbar über einen Anwalt ausübt. 4

2. Vereinbarung oder Maßnahme. § 612a BGB verbietet Benachteiligungen bei Vereinbarungen und Maßnahmen. Zu den **Vereinbarungen** gehören sowohl individualrechtliche Rechtsgeschäfte als auch kollektivrechtliche Vereinbarungen, wie beispielsweise Betriebsvereinbarungen,[22] Interessenausgleiche und Sozialpläne[23] sowie Firmentarifverträge.[24] Der Begriff **Maßnahme** erfasst sämtliches tatsächliches und rechtliches Arbeitgeberverhalten und schließt rechtsgeschäftliches oder geschäftsähnliches Verhalten ein.[25] Dies kann auch ein Unterlassen sein.[26] In den Schutzbereich des § 612a BGB fallen damit auch Kündigungen (dazu → Rn. 11 ff.)[27] sowie einseitige Leistungsbestimmungen und tatsächliche Handlungen des AG, die den AN benachteiligen.[28] 5

3. Benachteiligung. Der AG benachteiligt den AN iSv § 612a BGB, wenn er einer zulässigen Rechtsausübung eines AN mit einer nicht an der Rechtsordnung orientierten Vereinbarung 6

[10] MüKoBGB/*Müller-Glöge* § 612a Rn. 4.
[11] BAG 18.9.2007 AP Nr. 33 zu § 77 BetrVG 1972 Betriebsvereinbarung = NZA 2008, 56.
[12] HWK/*Thüsing* BGB § 612a Rn. 12; ErfK/*Preis* BGB § 612a Rn. 6.
[13] BAG 21.9.2011 AP Nr. 20 zu § 612a BGB = NZA 2012, 317; MüKoBGB/*Müller-Glöge* § 612a Rn. 7; HWK/*Thüsing* BGB § 612a Rn. 12.
[14] BAG 1.12.2020 – 9 AZR 192/20.
[15] Vgl. BAG 23.2.2000 AP Nr. 80 zu §§ 22, 23 BAT Lehrer = NZA 2001, 680; 15.2.2005 AP Nr. 15 zu § 612a BGB = NZA 2005, 1117; krit. dazu *Isenhardt* FS Richardi, 269 (273 f.).
[16] BAG 22.10.2015 AP Nr. 256 zu § 626 BGB = NZA 2016, 417; KR/*Treber* BGB § 612a Rn. 13.
[17] *Faulenbach,* Das arbeitsrechtliche Maßregelungsverbot, 84 f.; *K. Gamillscheg* AR-Blattei SD 1183 Rn. 20 f.; MüKoBGB/*Müller-Glöge* § 612a Rn. 6, 10; ErfK/*Preis* BGB § 612a Rn. 5.
[18] BAG 12.6.2002 AP Nr. 8 zu § 612a BGB = NZA 2002, 1389; MüKoBGB/*Müller-Glöge* § 612a Rn. 5; HWK/*Thüsing* BGB § 612a Rn. 30.
[19] BAG 7.11.2002 AP Nr. 100 zu § 615 BGB = NZA 2003, 1139.
[20] EGMR 21.7.2011 AP Nr. 235 zu § 626 BGB = NZA 2011, 1269; KR/*Treber* BGB § 612a Rn. 15; krit. dazu *Windel* Anm. zu BAG AP Nr. 235 zu § 626 BGB.
[21] MüKoBGB/*Müller-Glöge* § 612a Rn. 9.
[22] BAG 16.5.2012 AP Nr. 222 zu § 1 TVG Tarifverträge: Metallindustrie; 18.9.2007 AP Nr. 33 zu § 77 BetrVG 1972 Betriebsvereinbarung = NZA 2008, 56.
[23] BAG 31.5.2005 AP Nr. 175 zu § 112 BetrVG 1972 = NZA 2005, 997.
[24] Vgl. MüKoBGB/*Müller-Glöge* § 612a Rn. 13; ArbRBGB/*Schliemann* § 612a Rn. 14; KR/*Treber* BGB § 612a Rn. 11.
[25] MüKoBGB/*Müller-Glöge* § 612a Rn. 13; HWK/*Thüsing* BGB § 612a Rn. 6.
[26] BAG 16.5.2013 AP Nr. 1 zu § 7 TVUmBw; 21.9.2011 AP Nr. 20 zu § 612a BGB = NZA 2012, 317.
[27] BAG 20.12.2012 AP Nr. 198 zu § 1 KSchG 1969 Betriebsbedingte Kündigung = NZA 2013, 1003.
[28] Soergel/*Raab* BGB § 612a Rn. 14 f.

oder einer Maßnahme begegnet, die zu einem Nachteil für den AN führt.[29] Die Benachteiligung setzt damit voraus, dass der AG zwischen verschiedenen Maßnahmen wählen konnte.[30] Richtet er sein Verhalten hingegen an einer wirksamen Regelung aus, fehlt es an einer Benachteiligung, auch wenn diese Regelung an das (erlaubte) Verhalten des AN eine diesem nachteilige Rechtsfolge knüpft.[31] Schutzzweck des Maßregelungsverbots ist es nicht, den Arbeitsvertragsparteien die rechtlich zulässigen Möglichkeiten zur Gestaltung der Arbeits- und Ausscheidensbedingungen zu nehmen.[32] Bleibt der AN der Arbeit fern, braucht der AG deshalb für die ausgefallene Arbeitszeit kein Entgelt zu zahlen, sofern nicht einer der besonders geregelten Ausnahmefälle (zB Arbeitsunfähigkeit, Urlaub usw.) vorliegt. Eine Regelung, die Ansprüche auf Arbeitsentgelt davon abhängig macht, dass der AN tatsächlich gearbeitet hat, stellt keine nach § 612a BGB verbotene Maßregelung dar.[33] Zur Feststellung der Benachteiligung ist die Lage des AN vor und nach der Maßnahme zu vergleichen. Ein Nachteil für den AN liegt vor, wenn sich die **bisherige Rechtsposition verschlechtert,** Rechte des AN mithin verkürzt werden.[34] § 612a BGB untersagt jede Benachteiligung des AN, also nicht nur die unmittelbare, sondern auch die mittelbare.[35] Ein Verstoß gegen § 612a BGB liegt nicht nur dann vor, wenn der AN eine Einbuße erleidet, dh wenn sich seine Situation gegenüber dem bisherigen Zustand verschlechtert, sondern auch dann, wenn ihm **Vorteile und Vergünstigungen vorenthalten** werden, die der AG anderen AN gewährt, die entsprechende Rechte nicht ausgeübt haben.[36] Hierzu können auch nicht unerhebliche immaterielle Vor- und Nachteile gehören.[37]

7 **4. Kausalität. a) Grundsatz.** Ein Verstoß gegen das Maßregelungsverbot des § 612a BGB liegt nur vor, wenn die Benachteiligung wegen der Ausübung von Rechten erfolgt. Zwischen der Benachteiligung und der Rechtsausübung muss ein unmittelbarer Zusammenhang bestehen.[38] Bloße Mitursächlichkeit genügt nicht.[39] Die Rechtsausübung des AN muss für die benachteiligende Vereinbarung oder Maßnahme des AG der tragende Beweggrund, dh das wesentliche Motiv gewesen sein und nicht nur in irgendeiner Weise mitursächlich oder äußerer Anlass.[40] Der AG muss freilich nicht in Benachteiligungsabsicht handeln. Rechtsirrtümer des AG schließen deshalb einen Verstoß gegen § 612a BGB nicht aus.[41]

8 **b) Einzelfragen.** Das Maßregelungsverbot ist nicht verletzt, wenn der AG mit der **Entgelterhöhung Gehaltsunterschiede ausgleicht,** die dadurch entstanden sind, dass ein Teil der AN in der Vergangenheit mit einer zu einer Gehaltsminderung führenden Verschlechterung der Arbeitsbedingungen einverstanden war (auch → Rn. 20). Eine solche Maßnahme des AG hat ihren Grund nicht in der zulässigen Ablehnung einer Änderung der Arbeitsverträge durch die von der Entgelterhöhung ausgenommenen AN, sondern im unterschiedlichen Gehaltsniveau dieser Personengruppe und derjenigen, deren Arbeitsbedingungen sich in der Vergangenheit verschlechtert haben.[42] Entsprechendes gilt, wenn der AG eine **Sonderzahlung** leistet, mit der er bezweckt,

[29] Vgl. BAG 2.4.1987 AP Nr. 1 zu § 612a BGB = NZA 1988, 18.
[30] BAG 16.5.2013 AP Nr. 1 zu § 7 TVUmBw.
[31] BAG 14.12.2011 AP Nr. 217 zu § 242 BGB Gleichbehandlung = NZA 2012, 618; 21.9.2011 AP Nr. 215 zu § 242 BGB Gleichbehandlung = NZA 2012, 31.
[32] BAG 21.9.2011 AP Nr. 20 zu § 612a BGB = NZA 2012, 317.
[33] Vgl. BAG 26.10.1994 AP Nr. 18 zu § 611 BGB Anwesenheitsprämie = NZA 1995, 266.
[34] BAG 15.9.2009 AP Nr. 186 zu § 611 BGB Lehrer, Dozenten; 14.2.2007 AP Nr. 18 zu § 612a BGB = NZA 2007, 803; 15.2.2005 AP Nr. 15 zu § 612a BGB = NZA 2005, 1117.
[35] BAG 7.11.2002 AP Nr. 100 zu § 615 BGB = NZA 2003, 1139.
[36] BAG 16.5.2013 AP Nr. 1 zu § 7 TVUmBw; 14.12.2011 AP Nr. 217 zu § 242 BGB Gleichbehandlung = NZA 2012, 618; 13.4.2011 AP Nr. 287 zu § 611 BGB Gratifikation = NZA 2011, 1047; 17.3.2010 AP Nr. 211 zu § 242 BGB Gleichbehandlung = NZA 2010, 696.
[37] MüKoBGB/*Müller-Glöge* § 612a Rn. 15.
[38] BAG 14.2.2007 AP Nr. 18 zu § 612a BGB = NZA 2007, 803; 22.9.2005 AP Nr. 20 zu § 1 KSchG 1969 Wartezeit = NZA 2006, 429.
[39] BAG 20.12.2012 AP Nr. 198 zu § 1 KSchG 1969 Betriebsbedingte Kündigung = NZA 2013, 1003.
[40] BAG 18.10.2017 AP Nr. 38 zu § 106 GewO = NZA 2017, 1452; 22.10.2015 AP Nr. 256 zu § 626 BGB = NZA 2016, 417; 16.10.2013 AP Nr. 27 zu § 106 GewO = NZA 2014, 264; 19.4.2012 AP Nr. 34 zu § 1 KSchG 1969 Personenbedingte Kündigung = NZA 2012, 1449; 21.9.2011 AP Nr. 20 zu § 612a BGB = NZA 2012, 317; 17.3.2010 AP Nr. 211 zu § 242 BGB Gleichbehandlung = NZA 2010, 696; zust. *Krause* SAE 2003, 205 (207); ErfK/*Preis* BGB § 612a Rn. 11; *Thüsing* NZA 1994, 728 (731 f.); KR/*Treber* BGB § 612a Rn. 16; aA *Kort* RdA 2003, 122 (124), der die objektive Eignung einer Maßnahme genügen lässt.
[41] MüKoBGB/*Müller-Glöge* § 612a Rn. 16.
[42] BAG 17.3.2010 AP Nr. 211 zu § 242 BGB Gleichbehandlung = NZA 2010, 696; 15.7.2009 AP Nr. 209 zu § 242 BGB Gleichbehandlung = NZA 2009, 1202.

eine geringere laufende Vergütung einer Gruppe von AN teilweise oder vollständig auszugleichen, und er der Gruppe von AN diese Sonderzahlung vorenthält, die nicht bereit war, im Rahmen eines **Standortsicherungskonzepts** Änderungsverträge mit für sie ungünstigeren Arbeitsbedingungen abzuschließen.[43] Erhebt der AN eine Entfristungsklage und spricht daraufhin der AG eine **vorsorgliche Kündigung** des Arbeitsverhältnisses aus, liegt in dieser Kündigung keine Maßregelung iSv § 612a BGB. Die Entfristungsklage ist lediglich äußerer Anlass der Kündigung, nicht aber der tragende Beweggrund. Hätte der AN keine Entfristungsklage erhoben, hätte das Arbeitsverhältnis durch Zeitablauf geendet. Um in jedem Fall eine Beendigung des Arbeitsverhältnisses zu erreichen, muss der AG vorsorglich von seinem Recht zur Kündigung Gebrauch machen.[44]

c) Benachteiligung als Reaktion auf Rechtsausübung. Umstritten ist, ob § 612a BGB nur Maßnahmen und Vereinbarungen erfasst, die der Rechtsausübung zeitlich nachfolgen, oder auch solche, die vor der Rechtsausübung liegen, aber erst später wirksam werden. Im Schrifttum wird die Auffassung vertreten, § 612a BGB schütze auch vor Benachteiligungen, die der Rechtsausübung vorangehen. Nur so werde der AN ausreichend vor Benachteiligungen bei der zulässigen Inanspruchnahme von Rechten geschützt.[45] Dagegen spricht jedoch bereits der Wortlaut des Gesetzes. Die von § 612a BGB geforderte Kausalität zwischen Rechtsausübung und Maßnahme bzw. Vereinbarung („weil") ist nur bei nachfolgenden Handlungen des AG gegeben.[46] Die benachteiligende Maßnahme muss eine Reaktion auf die Rechtsausübung durch den AN sein, die unterblieben wäre, wenn der AN seine Rechte nicht ausgeübt hätte.[47] Hinzu kommt, dass Zweck des § 612a BGB ist, den AN in seiner Willensfreiheit bei der Entscheidung darüber schützen, ob er ein Recht ausüben will oder nicht. Diese Entscheidung soll er ohne Furcht vor wirtschaftlichen oder sonstigen Repressalien des AG treffen können.[48] Der Schutz der Willensfreiheit wird gewährleistet, wenn der AN vor Maßnahmen und Vereinbarungen geschützt wird, die einer Rechtsausübung nachfolgen.[49] Schutzzweck des Maßregelungsverbots ist dagegen nicht, den Arbeitsvertragsparteien die anerkannt zulässigen Möglichkeiten zur Gestaltung der Arbeits- und Ausscheidensbedingungen zu nehmen.[50] Eine Einschränkung der Vertragsfreiheit durch Erstreckung des § 612a BGB auf Vereinbarungen, die der Rechtsausübung vorangehen, ist jedenfalls seit der Einbeziehung von Arbeitsverträgen in die AGB-Kontrolle (§§ 305 ff. BGB) nicht mehr geboten. 9

d) Maßgeblichkeit des Beweggrundes. Ist die benachteiligende Vereinbarung oder Maßnahme des AG nicht nur wesentlich, sondern ausschließlich durch die zulässige Rechtsausübung des AN bestimmt gewesen, deckt sich das Motiv des AG mit dem objektiven Anlass der Vereinbarung oder Maßnahme. In diesem Fall werden die Rechtsfolgen des § 612a BGB nicht dadurch ausgeschlossen, dass die Vereinbarung oder Maßnahme auch auf einen anderen Sachverhalt hätte gestützt werden können.[51] Ein objektiv vorhandener anderer Grund ist gerade nicht kausal geworden und scheidet deswegen als bestimmendes Motiv aus. Eine dem Maßregelungsverbot widersprechende Maßnahme kann daher auch dann vorliegen, wenn an sich ein Sachverhalt gegeben ist, der die Maßnahme des AG gerechtfertigt hätte.[52] Während das KSchG auf die objektive Sachlage zum Zeitpunkt der Kündigung und nicht auf den Beweggrund der Kündigung durch den AG abstellt und deswegen das Nachschieben materieller Kündigungsgründe individualrechtlich zulässig ist, schneidet § 612a BGB die Kausalkette für andere Gründe ab, welche die Handlung des AG nicht bestimmt haben. Kausal für die Maßnahme ist allein der Beweggrund der unzulässigen Benachteiligung gewesen.[53] 10

5. Einzelfälle. a) Kündigungen. Wesentliche Bedeutung kommt § 612a BGB bei Kündigungen außerhalb des Anwendungsbereichs des KSchG zu. Liegen die Voraussetzungen des § 45 11

---

[43] BAG 20.9.2017 AP Nr. 309 zu § 611 BGB Gratifikation = NZA 2018, 670; 5.8.2009 AP Nr. 208 zu § 242 BGB Gleichbehandlung = NZA 2009, 1135; dazu *Grau/Sittard* NZA 2009, 1396.

[44] BAG 22.9.2005 AP Nr. 20 zu § 1 KSchG 1969 Wartezeit = NZA 2006, 429.

[45] *Preis,* Grundfragen der Vertragsgestaltung, 1993, 172; ebenso Soergel/*Raab* BGB § 612a Rn. 11; Staudinger/*Richardi/Fischinger* BGB § 612a Rn. 21; KR/*Treber* BGB § 612a Rn. 19.

[46] MüKoBGB/*Müller-Glöge* § 612a Rn. 17; HWK/*Thüsing* BGB § 612a Rn. 8.

[47] BAG 14.2.2007 AP Nr. 18 zu § 612a BGB = NZA 2007, 803.

[48] BAG 15.2.2005 AP Nr. 15 zu § 612a BGB = NZA 2005, 1117.

[49] MüKoBGB/*Müller-Glöge* § 612a Rn. 17; HWK/*Thüsing* BGB § 612a Rn. 8; diff. *Isenhardt* FS Richardi, 269 (278 ff.).

[50] BAG 15.2.2005 AP Nr. 15 zu § 612a BGB = NZA 2005, 1117.

[51] BAG 23.4.2009 AP Nr. 40 zu § 611 BGB Persönlichkeitsrecht = NZA 2009, 974; ähnlich HWK/*Thüsing* BGB § 612a Rn. 11; aA *Isenhardt* FS Richardi, 269 (275 f.).

[52] BAG 23.4.2009 AP Nr. 40 zu § 611 BGB Persönlichkeitsrecht = NZA 2009, 974; 2.4.1987 AP Nr. 1 zu § 612a BGB = NZA 1988, 18; *Krause* SAE 2003, 204 (209); KR/*Treber* BGB § 612a Rn. 20.

[53] BAG 22.5.2003 AP Nr. 18 zu § 1 KSchG 1969 Wartezeit = NZA 2004, 399.

III 1 SGB V (dazu → § 97 Rn. 17) vor und bleibt ein AN bei einer **Erkrankung seines Kindes** der Arbeit fern, ist eine Kündigung, die auf ein unerlaubtes Fernbleiben von der Arbeit gestützt wird, gem. § 612a BGB unwirksam.[54] Die Unterrichtung über die bestehende Erkrankung des Kindes und die darauf beruhende Erklärung des AN, er komme wegen notwendiger Kinderbetreuung nicht zur Arbeit, eine Rechtsausübung.[55] Erklärt ein AG im zeitlichen Zusammenhang mit der **Inanspruchnahme von Elternzeit** eine Kündigung, kann diese nach § 612a iVm § 134 BGB nichtig sein, wenn der gesetzliche Kündigungsschutz nach § 18 I BEEG noch nicht greift.[56] Eine auf **Krankheitsgründe gestützte Kündigung,** die während der Probezeit oder im Kleinbetrieb erklärt wird, ist allerdings nicht nach § 612a BGB unwirksam, wenn sie durch die Krankheit selbst einschließlich ihrer betrieblichen Auswirkungen veranlasst ist.[57] Droht dagegen der AG dem AN, das Arbeitsverhältnis zu kündigen, wenn er nicht **trotz Arbeitsunfähigkeit zur Arbeit erscheint,** und kündigt der AG unmittelbar nach der Weigerung des AN, die Arbeit aufzunehmen, das Arbeitsverhältnis, liegt ein Sachverhalt vor, der eine Maßregelung iSd § 612a BGB indiziert. Ist dabei der Kündigungsentschluss des AG nicht nur wesentlich, sondern ausschließlich durch die Weigerung des AN, zur Arbeit zu erscheinen, bestimmt gewesen, deckt sich das Motiv des AG mit dem objektiven Anlass zur Kündigung. Es ist dann unerheblich, ob die Kündigung auf einen anderen Kündigungssachverhalt hätte gestützt werden können, weil sich ein möglicherweise vorliegender anderer Grund auf den Kündigungsentschluss nicht kausal ausgewirkt hat und deshalb als bestimmendes Motiv für die Kündigung ausscheidet.[58] Kündigt der AG, weil der AN in zulässiger Weise versucht hat, aus einem erstinstanzlichen Urteil seine **Weiterbeschäftigung nach § 888 ZPO zu vollstrecken,** ist diese Kündigung nach § 134 BGB nichtig (dazu → Rn. 29), weil sie gegen das Maßregelungsverbot des § 612a BGB verstößt. In diesem Falle kann der AG auch keinen Auflösungsantrag nach § 9 I 2 KSchG stellen.[59]

12 Der AG verstößt nicht gegen § 612a BGB, wenn er als Reaktion auf eine erhobene Entfristungsklage das Arbeitsverhältnis **vorsorglich kündigt.** Der AG macht damit nur von seiner allgemeinen Kündigungsmöglichkeit Gebrauch.[60] Kündigt der AG das Arbeitsverhältnis, nachdem der AN ein Änderungsangebot des AG abgelehnt hat, liegt hierin kein Verstoß gegen das Maßregelungsverbot.[61] Die Abgabe eines Änderungsangebots durch den AG ist ebenso wie die Ablehnung dieses Angebots durch den AN Ausdruck der durch Art. 2 I GG gewährleisteten Vertragsfreiheit. Von dem besonderen Unwerturteil des § 612a BGB kann daher eine Kündigung, die auf die Ablehnung eines Änderungsangebots durch den AN gestützt ist, nur dann betroffen sein, wenn die Ausgestaltung des Änderungsangebots selbst als unerlaubte Maßregelung anzusehen ist und sich gewissermaßen als „Racheakt" für eine zulässige Rechtsausübung durch den AN darstellt. Für das Änderungsangebot selbst müssen daher die besonderen, auf das Motiv des Kündigenden bezogenen Voraussetzungen des § 612a BGB vorliegen.

13 Der AG verstößt nicht gegen das Maßregelungsverbot des § 612a BGB, wenn er die Zahlung einer freiwilligen Abfindung davon abhängig macht, dass der AN **keine Kündigungsschutzklage** erhebt.[62] Die Betriebsparteien können bei einer Betriebsänderung zusätzlich zu einem Sozialplan in einer freiwilligen Betriebsvereinbarung Leistungen für den Fall vorzusehen, dass der AN von der Möglichkeit zur Erhebung einer Kündigungsschutzklage keinen Gebrauch macht.[63] Trifft der **Insolvenzverwalter** in einem massearmen Verfahren mit langjährig beschäftigten Mitarbeitern freiwillig einzelvertragliche Abfindungsregelungen, kann er in zulässiger Weise danach differenzieren, ob der Mitarbeiter durch die Erhebung von Feststellungs- und Zahlungsklagen zu einem Weniger an Planungssicherheit und Mehr an Aufwand und Kosten beigetragen hat oder nicht.[64]

14 Ein Verstoß gegen § 612a BGB liegt ferner vor, wenn die Kündigung erfolgt, weil der AN **Gehaltsrückstände eingeklagt** hat.[65] Ist eine **vorausgegangene Kündigung durch den AN** der tragende Beweggrund für eine Kündigung durch den AG, so ist diese nach § 612a BGB

[54] LAG Köln 13.10.1993 LAGE § 612a BGB Nr. 5.
[55] *Henssen* jurisPR-ArbR 7/2017 Anm. 3; aA LAG RhPf 8.11.2016 – 8 Sa 152/16.
[56] Vgl. LAG Nds 12.9.2005 NZA-RR 2006, 346.
[57] LAG Hamm 13.5.2015 – 3 Sa 13/15; ThürLAG 20.9.2007 LAGE § 242 BGB 2002 Kündigung Nr. 3.
[58] BAG 23.4.2009 AP Nr. 40 zu § 611 BGB Persönlichkeitsrecht = NZA 2009, 974; ebenso LAG LSA 27.7.1999 LAGE § 612a BGB Nr. 6.
[59] LAG Düsseldorf 13.12.1988 LAGE § 612a BGB Nr. 3.
[60] BAG 22.9.2005 AP Nr. 20 zu § 1 KSchG 1969 Wartezeit = NZA 2006, 429.
[61] BAG 22.5.2003 AP Nr. 18 zu § 1 KSchG 1969 Wartezeit = NZA 2004, 399.
[62] BAG 15.2.2005 AP Nr. 15 zu § 612a BGB = NZA 2005, 1117.
[63] BAG 31.5.2005 AP Nr. 175 zu § 112 BetrVG 1972 = NZA 2005, 997.
[64] LAG Nürnberg 19.10.2005 NZA-RR 2006, 261.
[65] BAG 9.2.1995 NZA 1996, 249 (251).

nichtig.[66] Versucht der AG durch Ausspruch einer Kündigung gleichfalls zu verhindern, dass der AN in den **Vorruhestand** tritt, ist diese Kündigung nichtig.[67] Gegen § 612a BGB können weiterhin Kündigungen verstoßen, die als Reaktion auf das berechtigte Verlangen nach einem **schriftlichen Arbeitsvertrag** erfolgen[68] oder wegen zulässiger **gewerkschaftlicher Betätigung**[69] erklärt werden.

Die außerordentliche Kündigung wegen einer **Anzeige des AG** beim Finanzamt oder bei Aufsichtsbehörden (sog. **Whistleblowing** → § 53 Rn. 14) kann insbesondere dann gegen § 612a BGB verstoßen, wenn für den AN selbst (zB Sicherheitsingenieur) die Gefahr besteht, sich bei Untätigkeit strafbar zu machen.[70] Dies trifft auch für LKW-Fahrer zu, die überladene Fahrzeuge führen müssen, wenn der AG in vorangegangenen Gesprächen hierauf bestanden hat. Vor einer Anzeige ist der AN allerdings grundsätzlich gehalten, beim AG auf Abhilfe der vorhandenen Mängel hinzuwirken. Dies ist nur dann nicht erforderlich, wenn der AG die Mängel kennt, sie offensichtlich billigt und nicht abstellen will.[71] Entsprechendes gilt für Anzeigen bei der Staatsanwaltschaft.[72] Die ordentliche Kündigung eines Arbeitsverhältnisses ist gem. § 612a BGB als unzulässige Maßregelung unwirksam, wenn tragendes Motiv für ihren Ausspruch eine den AG belastende, wahrheitsgemäße **Zeugenaussage** des AN im Rahmen eines Strafverfahrens war.[73] 15

b) Befristung. Lehnt der AG in einem befristeten Arbeitsverhältnis den Antrag des AN, den Anschlussvertrag unter Vorbehalt abzuschließen, ab und hält er an seinem zuvor unterbreiteten Angebot auf vorbehaltlosen Abschluss des weiteren befristeten Arbeitsvertrags fest, liegt hierin keine Maßregelung iSv § 612a BGB. Der AG macht in diesem Fall lediglich von der ihm zustehenden Vertragsfreiheit Gebrauch, ein vorbehaltloses Angebot auf Abschluss eines befristeten Arbeitsvertrags zu unterbreiten und das in der abweichenden Annahme liegende Angebot des AN auf Vereinbarung eines Vorbehalts abzulehnen. Eine Verpflichtung des AG zur Vereinbarung eines Vorbehalts besteht nicht. Der AG ist grundsätzlich nicht verpflichtet, einen Arbeitsvertrag mit dem vom AN gewünschten Inhalt abzuschließen.[74] Anderes gilt jedoch, wenn der AG den Abschluss eines Folgevertrags ablehnt, weil der AN in zulässiger Weise seine Rechte ausübt, und der AG den Vertrag ohne die Rechtsausübung geschlossen hätte. In diesem Fall orientiert der AG sein Verhalten nicht an der Rechtsordnung. Der AG übt nicht lediglich in zulässiger Weise seine Vertragsfreiheit aus. Sein Motiv dafür, dem AN wegen der zulässigen Ausübung von Rechten den Vorteil eines unbefristeten Arbeitsvertrags vorzuenthalten, wird vielmehr von der Rechtsordnung nach § 612a BGB missbilligt. Das gilt gleichermaßen für vorangehende sachgrundlose Befristungen wie für Befristungen mit Sachgrund.[75] 16

c) Zeugnis. Erwähnt der AG in einem Zeugnis die Elternzeit eines AN, weil der AG wegen des unverhältnismäßigen Anteils der Ausfallzeit an der zu beurteilenden Gesamtzeit ohne Erwähnung der in Anspruch genommenen Elternzeit die Leistungsbeurteilung auf die Zeit der tatsächlichen Beschäftigung beschränken müsste, liegt kein Verstoß gegen das Maßregelungsverbot vor.[76] 17

d) Weisungsrecht. Bedeutung gewinnt § 612a BGB auch als Grenze der Ausübung des Weisungsrechts.[77] Wird ein AN nach erstinstanzlich gewonnenem Kündigungsschutzprozess nicht mehr an seinem alten, sondern an einem neuen Arbeitsplatz beschäftigt, der von den übrigen AN abgetrennt ist und an dem er **sinnlose Arbeiten zu verrichten** hat, spricht jedenfalls dann der erste Anschein für eine nach § 612a BGB verbotene Maßregelung, wenn für den AN auch noch eine von der allgemeinen Regelung abweichende Arbeitspause gilt und er sich trotz vorhandener Stempeluhren und abweichender allgemeiner Übung bei jedem Verlassen des Arbeitsplatzes mündlich an- und abmelden muss.[78] Der **Entzug der Stellung eines Klassen-** 18

[66] LAG Nürnberg 7.10.1988 LAGE § 612a Nr. 2.
[67] BAG 2.4.1987 AP Nr. 1 zu § 612a BGB = NZA 1988, 18.
[68] Vgl. ArbG Düsseldorf 9.9.1992 BB 1992, 2365; einschränkend MüKoBGB/*Müller-Glöge* § 612a Rn. 6.
[69] LAG Hamm 18.12.1987 NZA 1988, 586.
[70] Vgl. Soergel/*Raab* BGB § 612a Rn. 17.
[71] LAG BW 3.2.1987 NZA 1987, 756.
[72] Dazu BVerfG 2.7.2001 AP Nr. 170 zu § 626 BGB = NZA 2001, 888.
[73] LAG LSA 14.2.2006 LAGE § 612a BGB 2002 Nr. 2.
[74] BAG 14.2.2007 AP Nr. 18 zu § 612a BGB = NZA 2007, 803; ebenso BAG 13.8.2008 AP Nr. 75 zu § 14 TzBfG = NZA 2009, 27.
[75] BAG 21.9.2011 AP Nr. 20 zu § 612a BGB = NZA 2012, 317.
[76] BAG 10.5.2005 AP Nr. 30 zu § 630 BGB = NZA 2005, 1237.
[77] BAG 16.10.2013 NZA 2014, 264 zur Anordnung von Bereitschaftsdienst gegenüber einem Oberarzt.
[78] LAG SchlH 25.7.1989 LAGE § 612a BGB Nr. 4.

lehrers und die Abordnung an eine andere Schule sind nach § 612a BGB unzulässig, wenn sie erfolgen, weil der Lehrer sich weigert, in Durchführung einer zwischen dem Land und der zuständigen Gewerkschaft getroffenen Vereinbarung über die Gestaltung eines sozialverträglichen Personalabbaus an Grundschulen einen Änderungsvertrag zu unterzeichnen, der zu einer erheblichen Verringerung der Arbeitszeit und des Arbeitsentgelts geführt hätte.[79]

19 **e) Arbeitskampf.** Im Zusammenhang mit der Zahlung von Streikbruchprämien hat sich das BAG wiederholt mit dem Maßregelungsverbot befasst. Die Zahlung einer Prämie während eines Arbeitskampfs an diejenigen AN, die sich nicht an einem Streik beteiligen, stellt keine unzulässige Maßregelung der streikenden AN iSv § 612a BGB dar. Denn die während eines Arbeitskampfs zugesagte Sonderzahlung, die das Ziel verfolgt, streikbereite AN zur Arbeit zu veranlassen, ist ein grundsätzlich zulässiges Arbeitskampfmittel des AG, dessen konkreter Einsatz am Grundsatz der Verhältnismäßigkeit zu messen ist.[80] Den Tarifvertragsparteien steht es allerdings frei, durch Vereinbarung eines weitergehenden Maßregelungsverbots nach Abschluss des Arbeitskampfs diese Differenzierung aufzuheben.[81] Eine Treueprämie, die nicht streikenden AN erst nach Beendigung des Arbeitskampfs allein dafür zugesagt wird, dass sie sich nicht am Streik beteiligt haben, verstößt grundsätzlich gegen § 612a BGB. Die Prämienzahlung ist keine Arbeitskampfmaßnahme, weil der Arbeitskampf bereits beendet ist.[82] Nur dann, wenn die Zahlung als Ausgleich für besondere Erschwernisse während des Arbeitskampfs erfolgt, die über das normale Maß von Streikarbeit hinausgehen, kann die Differenzierung zwischen streikenden und nicht streikenden AN gerechtfertigt sein.[83] Eine Maßregelungsklausel, nach der das Arbeitsverhältnis „durch die Arbeitskampfmaßnahme als nicht ruhend“ gilt, findet auch auf tarifliche Jahressonderzahlung Anwendung. Es ist danach zu unterstellen, dass das Arbeitsverhältnis nicht geruht hat. Soweit sich nach der Tarifregelung Ruhezeiten auf die Jahressonderzahlung anspruchsmindernd auswirken, schließt die Maßregelungsklausel eine Anspruchskürzung aus.[84]

20 **f) Vergütung.** Eine Maßregelung iSv § 612a BGB kann nach Auffassung des BAG darin liegen, dass der AG den Adressatenkreis einer **freiwilligen Erfolgsbeteiligung** um diejenigen Mitarbeiter verringert, die zuvor eine Verlängerung der vertraglich vereinbarten Arbeitszeit ohne Lohnausgleich abgelehnt haben (dazu auch → Rn. 8).[85] Entsprechendes soll gelten, wenn der AG einen AN allein deshalb von der Zuweisung von **Überstunden** ausnimmt, weil dieser nicht bereit ist, auf tarifliche Vergütungsansprüche zu verzichten.[86] Nimmt der AG die im Wege des **Betriebsübergangs** übernommenen AN von einer generellen Vergütungserhöhung aus, um die Nachteile der Stammbelegschaft gegenüber den übernommenen AN, die bessere vertragliche Arbeitsbedingungen haben, auszugleichen, verstößt dies nicht gegen § 612a BGB (zur Frage der Gleichbehandlung → § 112 Rn. 23).[87] Gruppiert ein öffentlicher AG freiwillig, ohne dass ein entsprechender Anspruch besteht, alle AN höher, die eine auf diese **Höhergruppierung gerichtete Klage** nicht erhoben bzw. eine solche zurückgenommen haben, und nimmt er nur diejenigen AN von der Höhergruppierung aus, die ihre Klage nicht zurücknehmen, verstößt dies gegen § 612a BGB. Dieser Verstoß führt zu einem Anspruch der betreffenden AN auf die höhere Vergütung.[88]

21 **6. Darlegungs- und Beweislast.** Den AN trifft die Darlegungs- und Beweislast dafür, dass er wegen seiner Rechtsausübung vom AG benachteiligt worden ist.[89] Der AN hat den Kausalzusammenhang zwischen Rechtsausübung und Kündigung darzulegen. Der AG muss sich nach § 138 II ZPO im Einzelnen zu diesem Vortrag erklären.[90] Die Beweiserleichterung des § 611a I 3 BGB aF konnte nach Auffassung des BAG auf § 612a BGB nicht übertragen

[79] SächsLAG 11.9.1998 NJ 1999, 162.
[80] Näher dazu BAG 14.8.2018 AP Nr. 186 zu Art. 9 GG Arbeitskampf = NZA 2019, 100; dazu *Ring* RdA 2019, 239; *Spielberger* NZA-RR 2019, 126.
[81] BAG 13.7.1993 AP Nr. 127 zu Art. 9 GG Arbeitskampf = NZA 1993, 1135; 13.2.2007 AP Nr. 18 zu § 1 TVG Tarifverträge: Presse = NZA 2007, 573.
[82] *v. Hoyningen-Huene* DB 1989, 1466 (1470).
[83] BAG 11.8.1992 AP Nr. 124 zu Art. 9 GG Arbeitskampf = NZA 1993, 39.
[84] BAG 13.2.2007 AP Nr. 18 zu § 1 TVG Tarifverträge: Presse = NZA 2007, 573.
[85] BAG 12.6.2002 AP Nr. 8 zu § 612a BGB = NZA 2002, 1389.
[86] BAG 7.11.2002 AP Nr. 100 zu § 615 BGB = NZA 2003, 1139.
[87] BAG 14.3.2007 AP Nr. 204 zu § 242 Gleichbehandlung = NZA 2007, 862.
[88] BAG 23.2.2000 AP Nr. 80 zu §§ 22, 23 BAT Lehrer = NZA 2001, 680.
[89] BAG 18.10.2017 AP Nr. 38 zu § 106 GewO = NZA 2017, 1452; 16.10.2013 AP Nr. 27 zu § 106 GewO = NZA 2014, 264; MüKoBGB/*Müller-Glöge* § 612a Rn. 24; ErfK/*Preis* BGB § 612a Rn. 22.
[90] BAG 21.9.2011 AP Nr. 20 zu § 612a BGB = NZA 2012, 317.

werden.[91] Ob hieran festzuhalten ist, wenn die Maßregelung aus Gründen erfolgt, die gegen die europäischen Antidiskriminierungsrichtlinien verstoßen, erscheint sehr fraglich. Die Richtlinien sehen eigene Beweislastregelungen mit Beweiserleichterungen vor (vgl. Art. 19 der Gleichbehandlungsrichtlinie 2006/54/EG, Art. 8 der Antirassismusrichtlinie 2000/43/EG und Art. 10 der Rahmenrichtlinie 2000/78/EG). Eine richtlinienkonforme Auslegung erscheint in diesen Fällen geboten. Dem AN kann der Beweis des ersten Anscheins zugutekommen. Dieser ist dann anzunehmen, wenn ein erkennbarer Zusammenhang zwischen Rechtsausübung und Maßnahme des AG besteht.[92] Die umgehend nach Geltendmachung für Elternzeit und vor dem Eingreifen des Kündigungsschutzes nach § 18 I BEEG ausgesprochene Kündigung des Arbeitsverhältnisses durch den AG indiziert, dass die Kündigung wegen der Inanspruchnahme von Elternzeit erfolgt ist. Diese tatsächliche Vermutung muss der AG durch substantiierten Sachvortrag widerlegen und nachweisen, dass er die Kündigung aus sachgerechten Gründen ausgesprochen hat.[93]

IV. Rechtsfolgen

§ 612a BGB ist ein Verbotsgesetz. Rechtsgeschäfte, die hiergegen verstoßen, sind nach § 134 BGB nichtig.[94] Gegen § 612a BGB verstoßende Weisungen des AG braucht der AN nicht zu befolgen.[95] Die Unwirksamkeit einer Kündigung wegen eines Verstoßes gegen § 612a BGB muss der AN innerhalb der Dreiwochenfrist des § 4 KSchG gerichtlich geltend machen. Verstößt der AG bei der Gewährung von Leistungen gegen § 612a BGB, ist die rechtswidrige Benachteiligung zu beseitigen und der AN so zu stellen, als wäre die Maßregelung nicht erfolgt.[96] Dem AN ist daher die vorenthaltene Leistung zu gewähren. Der Anspruch folgt allerdings nicht unmittelbar aus § 612a BGB.[97] Die Vorschrift ist nicht Anspruchsgrundlage für Leistungsansprüche. Diese ergeben sich vielmehr entweder aus dem arbeitsrechtlichen Gleichbehandlungsgrundsatz, weil die vom AG vorgenommene Differenzierung bei einem Verstoß gegen § 612a BGB sachgrundlos ist,[98] oder als Schadensersatz nach § 280 BGB oder aus § 823 II BGB iVm § 612a BGB.[99] Verletzt der AG das Maßregelungsverbot des § 612a BGB, indem er einem befristet beschäftigten AN keinen Folgevertrag anbietet, weil der AN in zulässiger Weise Rechte wahrgenommen hat, hat der AN keinen Anspruch auf Abschluss eines Folgevertrags, sondern kann nur Geldersatz verlangen. Einem Anspruch auf Naturalrestitution durch Abschluss eines Folgevertrags steht die entsprechende Anwendung von § 15 VI AGG entgegen.[100] 22

§ 109. Beschäftigungspflicht

Übersicht

[91] BAG 25.11.1993 AP Nr. 3 zu § 14 KSchG 1969 = NZA 1994, 837.

[92] Vgl. LAG SchlH 28.6.2005 BB 2006, 112; MüKoBGB/*Müller-Glöge* § 612a Rn. 24; ErfK/*Preis* BGB § 612a Rn. 22; KR/*Treber* BGB § 612a Rn. 26.

[93] LAG Nds 12.9.2005 NZA-RR 2006, 346.

[94] Staudinger/*Richardi/Fischinger* BGB § 612a Rn. 31.

[95] ErfK/*Preis* BGB § 612a Rn. 23; MüKoBGB/*Müller-Glöge* § 612a Rn. 20 f.; KR/*Treber* BGB § 612a Rn. 25; HWK/*Thüsing* BGB § 612a Rn. 31.

[96] BAG 23.2.2000 AP Nr. 80 zu §§ 22, 23 BAT Lehrer = NZA 2001, 680; 12.6.2002 AP Nr. 8 zu § 612a BGB = NZA 2002, 1389; 7.11.2002 AP Nr. 100 zu § 615 BGB = NZA 2003, 1139.

[97] So aber offenbar BAG 12.6.2002 AP Nr. 8 zu § 612a BGB = NZA 2002, 1389 sowie *Krause* SAE 2003, 204 (210).

[98] MüKoBGB/*Müller-Glöge* § 612a Rn. 22.

[99] ErfK/*Preis* BGB § 612a Rn. 23; KR/*Treber* BGB § 612a Rn. 26.

[100] BAG 21.9.2011 AP Nr. 20 zu § 612a BGB = NZA 2012, 317.

I. Grundsatz

1 Der AG ist aufgrund des Arbeitsvertrags verpflichtet, den AN während des bestehenden Arbeitsverhältnisses entspr. der vereinbarten Tätigkeit zu beschäftigen. Dementsprechend steht dem AN gegen den AG ein **vertraglicher Beschäftigungsanspruch** zu.[1] Die Beschäftigungspflicht zählt nicht zu den im Gegenseitigkeitsverhältnis stehenden Hauptpflichten, sondern stellt lediglich eine **Nebenpflicht** des AG dar.[2] Ihr Schutzzweck ist ausschließlich das Persönlichkeitsrecht des AN und sein Interesse an tatsächlicher Beschäftigung. Die Ansprüche des AN auf Arbeitsentgelt, die aus einer Nichtbeschäftigung folgen, sind hingegen durch § 615 BGB geschützt.[3]

2 Da die Beschäftigungspflicht disponibel ist, kann der AN auf seinen Beschäftigungsanspruch ausdrücklich oder auch stillschweigend verzichten.[4] Der Verzicht ist jedoch idR nur nach einer Freistellung des AG (→ Rn. 14) möglich; unzulässig ist hingegen ein pauschaler Vorausverzicht, zB im Arbeitsvertrag. Erfüllt der AN seinerseits bestimmte vertragliche Pflichten gegenüber dem AG nicht, kann der AG gegenüber dem Beschäftigungsanspruch des AN ein **Zurückbehaltungsrecht** nach § 273 I BGB geltend machen.[5]

II. Abgrenzung

3 Der Beschäftigungsanspruch ist inhaltlich und begrifflich vom **Weiterbeschäftigungsanspruch** zu unterscheiden. Der Beschäftigungsanspruch des AN besteht nur während eines bestehenden Arbeitsverhältnisses. Nach dessen (faktischer) Beendigung mit Zugang einer außerordentlichen Kündigung oder – bei einer ordentlichen Kündigung – nach Ablauf der Kündigungsfrist kann sich hieran ein Anspruch des AN auf Weiterbeschäftigung gegen den AG anschließen. Die Voraussetzungen und der Inhalt des Weiterbeschäftigungsanspruchs sind unter → § 125 Rn. 1 dargestellt.

4 Einige Landesverfassungen[6] sowie die Europäische Sozialcharta (→ § 6 Rn. 4) sehen ein **Recht auf Arbeit** vor. Im Gegensatz zum Beschäftigungsanspruch handelt es sich hierbei nicht um ein gegen den AG gerichtetes, sondern um ein öffentliches Recht, das sich gegen die Allgemeinheit, insbesondere den Staat richtet. Das Recht auf Arbeit soll sicherstellen, dass der Staat nach Möglichkeit für die Beschaffung von Arbeitsgelegenheiten sorgt. Ob dem AN auch noch ein **Recht am Arbeitsplatz** als subjektives Recht – vergleichbar dem Recht am eingerichteten und ausgeübten Gewerbebetrieb – zuzuerkennen ist, ist umstritten.[7]

III. Rechtsgrundlagen

5 Eine ausdrückliche Beschäftigungspflicht hat der Gesetzgeber nur für schwerbehinderte Menschen (§ 164 IV Nr. 1 SGB IX; dazu → § 178 Rn. 45) normiert. Für Dienstverhältnisse ist – anders als bei Werkverträgen – hingegen eine „Abnahmepflicht" gesetzlich nicht geregelt. Das BAG hat jedoch bereits frühzeitig aus dem **allgemeinen Persönlichkeitsrecht** des AN eine **allgemeine Beschäftigungspflicht** des AG im bestehenden Arbeitsverhältnis hergeleitet.[8] Dieses Ergebnis hat der Große Senat im Jahr 1985 bestätigt und als Rechtsgrundlage des Beschäftigungsanspruchs die §§ 611, 613 BGB iVm § 242 BGB herangezogen. Der AG ist danach zur Förderung der Beschäftigungsinteressen des AN aus dem bestehenden Arbeitsvertrag verpflichtet;

---

[1] Vgl. BAG GS 27.2.1985 AP Nr. 14 zu § 611 BGB Beschäftigungspflicht = NZA 1985, 702; 19.8.1976 AP Nr. 4 zu § 611 BGB Beschäftigungspflicht = NJW 1977, 215.

[2] MüKoBGB/*Spinner* § 611a Rn. 887; MHdB ArbR/*Reichold* § 92 Rn. 1, 8; Erman/*Edenfeld* BGB § 611 Rn. 353; aA Hauptpflicht: ErfK/*Preis* BGB § 611a Rn. 564; HWK/*Thüsing* BGB § 611 Rn. 323; *Fischer* NZA-RR 2015, 565 (566).

[3] BAG GS 27.2.1985 AP Nr. 14 zu § 611 BGB Beschäftigungspflicht = NZA 1985, 702; BAG 24.6.2015 AP Nr. 139 zu § 615 BGB = NZA 2016, 108.

[4] Vgl. auch BAG 17.12.2015 AP Nr. 3 zu § 134 InsO = NZA 2016, 508; BAG GS 27.2.1985 AP Nr. 14 zu § 611 BGB Beschäftigungspflicht = NZA 1985, 702.

[5] Vgl. BAG 18.3.2009 AP Nr. 3 zu § 297 BGB = NZA 2009, 90.

[6] Art. 24 I 3 Verf. NRW; Art. 168 II Bay. Verf.; Art. 49 Brem. Verf.; Art. 28 Hess. Verf.; Art. 18 Berl. Verf.; vgl. schon Art. 163 WRV.

[7] BAG 4.6.1998 AP Nr. 7 zu § 823 BGB = NJW 1999, 164; verneinend zB OLG Koblenz 23.1.2003 NJW 2003, 1673 = NZA 2003, 438; zweifelnd BAG 30.9.1970 AP Nr. 2 zu § 70 BAT = NJW 1971, 480.

[8] BAG 10.11.1955 AP Nr. 2 zu § 611 BGB Beschäftigungspflicht.

dies ergibt sich aus der verfassungsrechtlichen Wertentscheidung der Art. 1, 2 I GG, die über § 242 BGB auch im Rahmen des Arbeitsverhältnisses zu berücksichtigen ist.[9] Heutzutage dürfte es zutreffender sein, diesen anstelle von § 242 BGB auf § 241 II BGB zu stützen.

Unabhängig davon können AG und AN auch ausdrücklich eine **besondere Beschäftigungspflicht** vereinbaren. Praktische Bedeutung hat eine solche Abrede insbesondere, wenn sich die tatsächliche Beschäftigung für den AN fördernd auf die Aufnahme von sich anschließenden (Folge-)Arbeitsverhältnissen oder seine weitere Vermittelbarkeit auf dem Arbeitsmarkt auswirkt. Eine entspr. Vereinbarung kommt insbesondere bei Künstlern,[10] Berufssportlern,[11] Wissenschaftlern oder leitenden Angestellten in Betracht. Allerdings stellt die bloße Vereinbarung einer bestimmten Tätigkeit im Arbeitsvertrag ohne Hinzutreten besonderer Umstände noch keine stillschweigende oder konkludente Absprache eines über die gesetzliche Verpflichtung hinausgehenden Anspruchs auf Beschäftigung dar. 6

IV. Einzelheiten

1. Arbeitnehmer. Eine Beschäftigungspflicht des AG besteht nur im Rahmen eines bestehenden Arbeitsvertrags. Erforderlich ist, dass das Arbeitsverhältnis wirksam begründet wurde.[12] Auch leitenden Angestellten steht danach ein Beschäftigungsanspruch zu. **Mitglieder des Vertretungsorgans von juristischen Personen** verfügen dagegen nicht über einen „anstellungsvertraglichen Beschäftigungsanspruch". Sie können daher ohne entspr. vertragliche Vereinbarung weder während noch nach der Beendigung ihrer Bestellung eine vertragsgemäße Beschäftigung als Organvertreter oder in einer ihrer früheren Tätigkeit vergleichbaren leitenden Funktion verlangen.[13] Werden sie anschließend als AN beschäftigt, steht ihnen ein allgemeiner Beschäftigungsanspruch zu. 7

2. Vertragsgemäße Beschäftigung. Nach der Rspr. des Großen Senats richtet sich der allgemeine Beschäftigungsanspruch des AN auf eine **vertragsgemäße Beschäftigung.**[14] Der AN kann seine tatsächliche Beschäftigung vom AG damit nur nach Maßgabe der getroffenen vertraglichen Vereinbarungen verlangen. Begehrt er eine Beschäftigung auf einem bestimmten Arbeitsplatz, mit einer bestimmten Tätigkeit oder in einem bestimmten Arbeitsbereich, kann ein entspr. Anspruch hierauf nur bestehen, wenn dies im Einklang mit den vertraglichen Absprachen steht. Deren Inhalt ist ggf. durch Auslegung zu ermitteln.[15] Ist eine Tätigkeit nicht (mehr) Bestandteil der vertraglich geschuldeten Leistung, besteht keine darauf bezogene Beschäftigungspflicht.[16] Wurde keine bestimmte Tätigkeit vereinbart oder ist die Arbeitsaufgabe – wie häufig – im Arbeitsvertrag nur rahmenmäßig umschrieben (zB „Angestellte"), kann der AG aufgrund seines **Direktionsrechts** bestimmen, welche Arbeitsleistung der AN im Rahmen des Arbeitsvertrags und der auf das Arbeitsverhältnis anwendbaren Regelungen zu erbringen hat[17] (→ § 45 Rn. 13). Solange der AG in diesem Fall sein Direktionsrecht nicht erneut in zulässiger Weise ausübt und dem AN damit andere Aufgaben zuweist, bestimmt sich der konkrete Inhalt der Beschäftigungspflicht nach der zuletzt vom AG vorgenommenen Festlegung. 8

3. Interessen des Arbeitgebers. Der AG darf im Einzelfall eine Beschäftigung des AN ablehnen, wenn dieser **überwiegende schutzwerte Interessen des AG entgegenstehen.**[18] Nach Treu und Glauben ist er nicht verpflichtet, die Interessen des AN ohne Rücksicht auf seine eigenen Interessen zu fördern. Macht der AG ein entspr. Interesse an der Nichtbeschäftigung geltend, bedarf es daher der Prüfung, ob dieses schutzwürdig ist und im Rahmen einer Abwägung das Interesse des AN an einer Beschäftigung überwiegt. Dabei kann auf Seiten des AN das – idR ohnehin vorhandene – allgemeine Beschäftigungsinteresse im Einzelfall noch 9

[9] BAG GS 27.2.1985 AP Nr. 14 zu § 611 BGB Beschäftigungspflicht = NZA 1985, 702.
[10] BAG 13.6.2007 AP Nr. 11 zu § 611 BGB Film = NZA 2007, 974 (Filmschauspielerin).
[11] Zu Lizenzfußballspielern *Bepler* FS Fenn, 43; zum Profisport *Beckmann* FS DAV, 1145.
[12] BAG 28.9.1983 AP Nr. 9 zu § 611 BGB Beschäftigungspflicht = NJW 1984, 82.
[13] BGH 11.10.2010 NJW 2011, 920 (allerdings lässt die Entscheidung jegliche Auseinandersetzung mit den auch bei ehemaligen Geschäftsführern bestehenden grundrechtlichen Positionen vermissen).
[14] BAG GS 27.2.1985 AP Nr. 14 zu § 611 BGB Beschäftigungspflicht = NZA 1985, 702.
[15] BAG 13.6.2012 AP Nr. 9 zu § 611 BGB Gewerkschaftsangestellte = NZA-RR 2013, 188.
[16] Vgl. BAG 29.9.2010 AP Nr. 2 zu § 4f BDSG = NZA 2011, 151 (Datenschutzbeauftragter).
[17] Vgl. nur BAG 9.4.2014 AP Nr. 29 zu § 106 GewO = NZA 2014, 719.
[18] BAG GS 27.2.1985 AP Nr. 14 zu § 611 BGB Beschäftigungspflicht = NZA 1985, 702.

durch besondere Interessen ideeller und/oder materieller Art verstärkt werden (zB Geltung in der Berufswelt, Ausbildung, Erhaltung von Fachkenntnissen).

10 In Betracht kommt danach eine Nichtbeschäftigung zB, wenn ein wichtiger Grund zur fristlosen Kündigung gegeben ist, der AG die Kündigung aber noch nicht aussprechen kann, weil es hierfür einer Zulässigerklärung durch eine Behörde (§ 17 II MuSchG, § 174 SGB IX) oder der Zustimmung des BR nach § 103 BetrVG bedarf. Das Interesse des AG an einer Nichtbeschäftigung kann zudem überwiegen, wenn der AG weitere Auseinandersetzungen zwischen Arbeitskollegen unterbinden will oder gegenüber dem AN Anhaltspunkte für das Begehen einer Straftat (zB eine Unterschlagung) oder einer sonstigen schweren Arbeitsvertragsverletzung (zB Konkurrenztätigkeit) bestehen, die der AG aufklären will. Der bloße Ausspruch einer ordentlichen **Kündigung** begründet dagegen für sich genommen noch kein überwiegendes Interesse des AG an einer Nichtbeschäftigung des AN während des Laufs der Kündigungsfrist.[19] Auch in dieser Zeit besteht daher nur dann kein Beschäftigungsanspruch des AN, wenn überwiegende und schutzwürdige Interessen des AG dies gebieten[20] (zur Freistellung → Rn. 16). Ist zwischen AN und AG streitig, ob das Arbeitsverhältnis durch die Kündigung beendet wurde, kann sich nach Zugang der fristlosen Kündigung oder nach Ablauf der Kündigungsfrist ein Anspruch des AN gegen den AG auf Weiterbeschäftigung ergeben (→ § 125 Rn. 1). Ein überwiegendes schützenswertes Interesse des AG an einer vorübergehenden Nichtbeschäftigung des AN liegt zudem dann vor, wenn beim (auch symptomfreien) AN, der nicht im Homeoffice tätig ist, der begründete Verdacht auf eine **Coronavirus**-Infektion besteht. In diesem Fall tritt das Interesse des AN an einer Beschäftigung hinter demjenigen des AG am Schutz der übrigen Belegschaft zurück.[21]

11 Die vom Großen Senat entwickelten Grundsätze zum allgemeinen Beschäftigungsanspruch gelten auch für den **Insolvenzverwalter.** Dieser ist daher bei einem überwiegenden Interesse des AN an einer Beschäftigung verpflichtet, diesem vertragsgerechte Tätigkeiten zuzuweisen. Fehlt wegen Auftragsmangels eine Beschäftigungsmöglichkeit, überwiegen die Interessen des Insolvenzverwalters an der Nichtbeschäftigung des AN.

12 **4. Anspruchsausschluss.** Kein Beschäftigungsanspruch besteht, wenn dem AG die tatsächliche Entgegennahme der Arbeitsleistung nicht mehr möglich ist, etwa der AG keinen Betrieb mehr unterhält,[22] die Arbeit nur mit wirtschaftlich nicht sinnvollen und damit unzumutbaren Mitteln aufrechterhalten könnte[23] oder der bisherige Arbeitsplatz des AN entfallen ist.[24] Gleiches gilt, wenn dem AN die **Arbeitsleistung tatsächlich oder rechtlich unmöglich** ist. In diesem Fall ist der Anspruch auf die Arbeitsleistung ausgeschlossen (§ 275 I BGB).[25] Nicht ausreichend sind jedoch bloß Einschränkungen im Leistungsvermögen des AN, die nur „untergeordnete Modalitäten" der Arbeitsleistung betreffen.

13 Da nach der Rechtsprechung der Beschäftigungsanspruch des AN (arbeits-)täglich neu entsteht, wird er von tarif- oder vertraglichen **Ausschlussfristen nicht erfasst.**[26] Wendet sich der AN über einen längeren Zeitraum nicht gegen die ihm zugewiesenen Aufgaben, kann sein Anspruch auf vertragsgemäße Beschäftigung bei Vorliegen eines schutzwürdigen Vertrauens des AG ausnahmsweise **verwirkt** sein.[27]

V. Freistellung

14 **1. Allgemeines.** Bei einer Freistellung von der Arbeitspflicht – häufig auch **Suspendierung** genannt – weist der AG dem AN trotz bestehender Beschäftigungsplicht keine Arbeitsaufgaben (mehr) zu oder entzieht ihm seine bisherige Tätigkeit ersatzlos. Liegt eine zulässige Freistellung vor, entfällt der Beschäftigungsanspruch des AN. Sonstige Pflichten aus dem Arbeitsverhältnis bleiben von der Freistellung unberührt.[28] Der AG kann die von ihm ange-

[19] LAG München 19.8.1992 LAGE § 611 BGB Beschäftigungspflicht Nr. 32.
[20] BAG 19.8.1976 AP Nr. 4 zu § 611 BGB Beschäftigungspflicht = NJW 1977, 215; ArbG Leipzig 8.8.1996 BB 1997, 366; LAG Hamm 3.11.1993 DB 1994, 148; LAG München 19.8.1992 NZA 1993, 1130; vgl. BAG 26.5.1977 AP Nr. 5 zu § 611 BGB Beschäftigungspflicht = NJW 1978, 239.
[21] Vgl. *Dehmel/Hartmann* BB 2020, 885 (888).
[22] BAG 27.2.2002 AP Nr. 36 zu § 1 TVG Tarifverträge: Rundfunk = NZA 2002, 1099.
[23] BAG 9.7.2008 AP Nr. 123 zu § 615 BGB = NZA 2008, 1407.
[24] Vgl. BAG 21.3.2018 AP Nr. 9 zu § 767 ZPO = NZA 2018, 1071; 4.9.1985 – 5 AZR 90/84; 13.6.1990 EzA Nr. 44 zu § 611 BGB Beschäftigungspflicht.
[25] BAG 9.4.2014 AP Nr. 29 zu § 106 GewO = NZA 2014, 719.
[26] BAG 15.5.1991 AP Nr. 23 zu § 611 BGB Beschäftigungspflicht = NZA 1991, 979.
[27] BAG 12.12.2006 AP Nr. 6 zu § 1 TVG Tarifverträge: Telekom = NZA 2007, 396 (zwei Jahre).
[28] BAG 30.5.1978 AP Nr. 9 zu § 60 HGB = NJW 1979, 335.

ordnete Freistellung des AN grundsätzlich jederzeit wieder beenden; eine Ausnahme besteht, wenn er den AN unwiderruflich freigestellt hat. Die einseitige Suspendierung der Arbeitspflicht unterliegt **nicht** dem **Beteiligungsrecht des Betriebsrats.** Werden einem AN die bisherigen Arbeitsaufgaben entzogen, ohne dass neue Tätigkeiten oder Aufgaben an deren Stelle treten, liegt insbesondere keine Versetzung (§ 95 III 1 BetrVG) vor, da es an der Zuweisung eines neuen Arbeitsbereichs fehlt.[29] Zu den sozialversicherungsrechtlichen Folgen einer Freistellung → § 20 Rn. 9 und zur Möglichkeit während einer Freistellung Arbeitslosengeld zu beziehen → § 23 Rn. 97.

2. Zulässigkeit. a) Freistellung ohne vertragliche Vereinbarung. Fehlt es an einer vertraglichen Vereinbarung über die Freistellung des AN, ist eine **einseitige Suspendierung** des AN von seiner Arbeitspflicht im bestehenden Arbeitsverhältnis durch den AG grundsätzlich **nicht zulässig.**[30] Sofern im Schrifttum die Ansicht vertreten wird, auch ohne Freistellungsvereinbarung sei der AG befugt, den AN einseitig zu suspendieren, wenn seine weitere Beschäftigung für ihn unzumutbar sei oder die Gründe so gewichtig seien, dass sie eine außerordentliche Kündigung rechtfertigten,[31] besteht in der Regel bereits kein allgemeiner Beschäftigungsanspruch des AN, da seiner Beschäftigung in diesem Fall überwiegende schutzwerte Interessen des AG entgegenstehen (→ Rn. 9). Besonderheiten gelten für den **Insolvenzverwalter.** Für diesen ergibt sich nach zutreffender Auffassung aus den insolvenzrechtlichen Vorschriften (§ 55 II, § 209 II Nr. 3 InsO) ein Recht zur Freistellung des AN, wenn dessen sinnvolle Beschäftigung nicht mehr möglich ist;[32] das bloße Interesse des Insolvenzverwalters, durch die Freistellung des AN Neumasseschulden zu vermeiden, reicht hierzu alleine nicht. Die Ausübung des Suspendierungsrechts unterliegt den Grenzen des § 315 I BGB. 15

b) Freistellung aufgrund vertraglicher Vereinbarung. Der vom Großen Senat entwickelte allgemeine Beschäftigungsanspruch des AN ist in gewissem Umfang dispositiv. Daher kann grundsätzlich für ein bestehendes und ungekündigtes Arbeitsverhältnis **tarif- oder einzelvertraglich** ein **Recht des AG zur Freistellung des AN** vereinbart werden.[33] Eine in einem Tarifvertrag vereinbarte Möglichkeit zur Freistellung ist vor dem Hintergrund des Art. 9 III GG nur dann ausnahmsweise unwirksam, wenn das Persönlichkeitsrecht des AN gänzlich unberücksichtigt bleibt. Ggf. kann eine zu weitgehende Freistellungsbefugnis in einem Tarifvertrag nach den Grundsätzen der Tarifauslegung auch auf das rechtlich zulässige Maß zurückgeführt werden. Üblicherweise räumen Tarifverträge dem AG nur eine Befugnis ein, den AN unter bestimmten Voraussetzungen von der Arbeitspflicht zu suspendieren. Da im Zweifel die Ausübung eines solchen Bestimmungsrechts nach billigem Ermessen zu erfolgen hat, unterliegt die konkrete Anordnung der Freistellung den Anforderungen des § 315 I BGB.[34] 16

Das Recht des AG, den AN von seiner Arbeitspflicht freizustellen, kann auch in einem **Formulararbeitsvertrag** oder in einem vom AG **vorformulierten Vertrag** iSd § 310 III Nr. 2 BGB wirksam vereinbart werden. Die Klausel muss allerdings dem Transparenzgebot genügen; die Voraussetzungen, unter denen der AG den AN von der Arbeitspflicht freistellen darf, müssen daher zumindest rahmenmäßig umschrieben sein. Zudem darf der AN durch das vereinbarte Freistellungsrecht des AG nicht unangemessen benachteiligt werden. Dies erfordert, dass der AG für die zeitweise Nichtbeschäftigung ein zumindest anerkennenswertes Interesse hat. Nach § 307 I 1, II Nr. 1 BGB unzulässig sind Freistellungsvereinbarungen in Formulararbeitsverträgen, die dem AG entweder ein dauerhaftes oder ein an keinerlei weitere Voraussetzungen geknüpftes Recht zur uneingeschränkten Freistellung des AN von der Arbeit einräumen.[35] Da nach Auffassung des Großen Senats mit dem Ausspruch einer **Kündigung** hinsichtlich der wechselseitigen Interessen der Vertragsparteien eine Zäsur eintritt, wird die Ansicht vertreten, dem AG könne 17

---

[29] Vgl. BAG 28.3.2000 AP Nr. 39 zu § 95 BetrVG 1972 = NZA 2000, 1355; 22.1.1998 AP Nr. 11 zu § 174 BGB = NZA 1998, 699.

[30] BAG 17.12.2015 NZA 2016, 508; 9.4.2014 AP Nr. 29 zu § 106 GewO = NZA 2014, 719; 21.9.1993 AP Nr. 6 zu § 1 BildungsurlaubsG NRW = NZA 1994, 267.

[31] So ErfK/*Preis* BGB § 611a Rn. 567; idS auch MüKoBGB/*Spinner* § 611a Rn. 893; HWK/*Thüsing* BGB § 611a Rn. 326.

[32] LAG Nürnberg 30.8.2005 NZA-RR 2006, 151; LAG Hamm 6.9.2001 ZInsO 2002, 45; 27.9.2000 NZA-RR 2001, 654; *Seel* MDR 2009, 788 (789); aA *Moll* EWiR 2001, 487; *Uhlenbruck* FS Schwerdtner, 2003, 623 (635).

[33] BAG 27.2.2002 AP Nr. 36 zu § 1 TVG Tarifverträge: Rundfunk = NZA 2002, 1099.

[34] Vgl. BAG 27.2.2002 AP Nr. 36 zu § 1 TVG Tarifverträge: Rundfunk = NZA 2002, 1099.

[35] HessLAG 20.3.2013 – 18 SaGa 175/13; LAG München 7.5.2003 LAGE § 307 BGB 2002 Nr. 2; aA *Ohlendorf/Salamon* NZA 2008, 856.

in diesem Fall formularvertraglich das Recht eingeräumt werden, den AN im Fall einer ordentlichen Kündigung bis zum Ablauf der Kündigungsfrist freizustellen.[36] Dabei wird übersehen, dass der Beschäftigungsanspruch grundsätzlich auch während der Kündigungsfrist besteht. Der bloße Ausspruch einer Kündigung begründet daher noch kein anerkennenswertes Interesse des AG für eine solche Klausel.[37] Gleiches gilt, wenn die Vertragsparteien einen Aufhebungsvertrag vereinbart haben. Allerdings kann ein formularmäßig vereinbartes Freistellungsrecht für die Zeit nach dem Ausspruch einer Kündigung wirksam sein, wenn dieses ausschließlich an den Ausspruch einer außerordentlichen Kündigung mit Auslauffrist oder einer verhaltensbedingten Kündigung anknüpft.

18 Eine weitergehende – sogar voraussetzungslose – Freistellungsbefugnis kann dem AG nur in einer „echten" **Individualvereinbarung** iSd § 305b BGB eingeräumt werden. Liegt eine wirksame vertragliche Regelung über das Recht des AG zur Freistellung des AN vor, muss die entspr. Anordnung des AG indes immer noch den Anforderungen des § 315 I BGB genügen.

19 **3. Rechtsfolgen.** Die einseitige Freistellung bzw. Suspendierung des AN beseitigt die Vergütungspflicht des AG grundsätzlich nicht.[38] Ob der AN für die Zeit der Nichtarbeit Arbeitsentgelt zu beanspruchen hat, richtet sich nach den für den **Annahmeverzug** geltenden Grundsätzen (dazu → § 95 Rn. 1). In der Freistellungserklärung des AG liegt dabei typischerweise die Ablehnung der Annahme weiterer Arbeitsleistungen des AN. Haben die Vertragsparteien einvernehmlich eine Freistellung des AN vereinbart, scheidet die Anwendung des § 615 BGB hingegen aus. Da mangels Arbeitspflicht des AN dem AG die Gläubigerstellung fehlt, kann ein Annahmeverzug nach §§ 293 ff. BGB nicht begründet werden.[39] Eine Anrechnung von Zwischenverdienst ist deshalb nur möglich, wenn dies ausdrücklich vertraglich vereinbart wurde.[40]

20 Die vertragswidrige Nichtbeschäftigung des AN kann auch zu einem **Schadenersatzanspruch** des AN führen. Allerdings gehört ein dadurch ggf. entgangener Verdienst des AN aufgrund des Schutzwecks der Beschäftigungspflicht nicht zum ersatzfähigen Schaden.[41] Entsteht dem AN durch die Nichtbeschäftigung hingegen ein weitergehender Schaden (zB Abspringen von Kunden eines Provisionsreisenden), ist der AG nach allgemeinen Grundsätzen schadensersatzpflichtig (§§ 276, 280 BGB). Schließlich kann der AN außerordentlich kündigen und Schadensersatz nach § 628 II BGB verlangen;[42] möglich ist bei schweren Persönlichkeitsverletzungen auch die Zahlung einer Geldentschädigung.[43]

21 Hat der AG den AN von seiner Arbeitspflicht freigestellt, erfüllt er damit den **Urlaubsanspruch** des AN nur, wenn der AG in der Freistellungserklärung deutlich zum Ausdruck bringt, dass der AN auch zu Erholungszwecken von seiner sonst bestehenden Arbeitspflicht befreit wird.[44] Stellt der AG den AN „unter Anrechnung noch bestehender Urlaubsansprüche" frei, ist der AN regelmäßig berechtigt, die konkrete Lage des Urlaubs innerhalb des insoweit maßgeblichen Zeitraums selbst zu bestimmen.[45] Wird der AN auch zu anderen Zwecken freigestellt und erfolgt dies ausdrücklich unter Anrechnung auf den Zwischenverdienst (§ 615 S. 2 BGB), muss die Erklärung des AG zur Erfüllung des Urlaubsanspruchs allerdings konkret erkennen lassen, an welchen Tagen dem AN Erholungsurlaub gewährt und an welchen Tagen er aus anderen Gründen von der Verpflichtung zur Arbeitsleistung freigestellt wird.[46]

VI. Durchsetzung

22 Der Beschäftigungsanspruch kann vom AN gerichtlich durchgesetzt werden. Richtige Klageart ist die (Leistungs-)**Klage auf zukünftige Leistung** (§ 259 ZPO), sofern die Besorgnis

---

[36] LAG München 7.5.2003 LAGE § 307 BGB 2002 Nr. 2; ArbG Düsseldorf 3.6.1993 NZA 1994, 559; *Leßmann* RdA 1988, 149 (151).

[37] LAG Hmb 24.7.2013 – 5 SaGa 1/13; HessLAG 14.3.2011 NZA-RR 2011, 419; ArbG Frankfurt 19.11.2003 NZA-RR 2004, 409; ErfK/*Preis* BGB § 611a Rn. 570.

[38] LAG Hamm 18.7.1991 ZTR 1992, 80.

[39] BAG 19.3.2002 JuS 2002, 1239; 30.9.1982 – 6 AZR 802/79; LAG Köln 29.8.2000 – 13 Sa 525/00; LAG Köln 24.8.1991 LAGE § 615 BGB Nr. 30 = NZA 1992, 123; LAG Hamm 11.10.1996 LAGE BGB § 615 Nr. 49 = NZA-RR 1997, 287; aA LAG SchlH 20.2.1997 LAGE § 615 BGB Nr. 52.

[40] BAG 19.3.2002 JuS 2002, 1239.

[41] BAG 24.6.2015 AP Nr. 139 zu § 615 BGB = NZA 2016, 108.

[42] BAG 19.8.1976 AP Nr. 4 zu § 611 BGB Beschäftigungspflicht.

[43] LAG Hmb 13.9.2007 – 8 Sa 35/07; LAG BW 12.6.2006 – 4 Sa 68/05.

[44] BAG 14.5.2013 AP Nr. 66 zu § 7 BUrlG; 19.1.2010 AP Nr. 43 zu § 7 BUrlG = NZA-RR 2010, 473.

[45] BAG 19.3.2002 JuS 2002, 1239.

[46] BAG 14.5.2013 AP Nr. 66 zu § 7 BUrlG.

besteht, dass sich der AG seiner Beschäftigungspflicht entziehen wird[47] oder – bei Vorliegen eines Feststellungsinteresses – eine Feststellungsklage.[48] Der Antrag muss verdeutlichen, um welche Art von Beschäftigung es dem AN geht. Es genügt, wenn das Berufsbild bezeichnet wird, mit dem der AN beschäftigt werden soll, oder wenn sich in vergleichbarer Weise ergibt, worin die Tätigkeit bestehen soll; weitere Einzelheiten zum Inhalt der Beschäftigung oder zu den sonstigen Arbeitsbedingungen müssen nicht aufgenommen werden.[49] Der AN hat den Bestand des Arbeitsverhältnisses und die sich daraus ergebende Beschäftigungspflicht des AG darzulegen. Der AG ist für die Tatsachen darlegungs- und beweispflichtig, die ein überwiegendes und schutzwürdiges Interesse an der Nichtbeschäftigung des AN begründen. Um zu verhindern, dass ein Beschäftigungstitel wegen des Zeitablaufs ins Leere geht, kann nach § 61 II ArbGG zugleich beantragt werden, für den Fall der Nichtbeschäftigung eine Entschädigung festzusetzen. Zudem kann der AN auch den Erlass einer **einstweiligen Verfügung** nach § 940 ZPO beantragen. Umstritten ist, ob er in diesem Fall einen besonderen Verfügungsgrund im Form eines gesteigertes Beschäftigungsinteresses glaubhaft machen muss[50] oder ob dies wegen des Fixschuldcharakters der Arbeitspflicht und dem damit einhergehenden sukzessiven Anspruchsuntergang entbehrlich ist.[51] Wartet der AN mit der gerichtlichen Durchsetzung seines Beschäftigungsanspruchs monatelang, fehlt es regelmäßig an der Dringlichkeit für den Erlass einer einstweiligen Verfügung.[52]

Da die Beschäftigung in einem Arbeitsverhältnis eine unvertretbare Handlung ist, erfolgt die Zwangsvollstreckung eines Beschäftigungstitels nach § 888 I ZPO.[53] Materielle Einwendungen gegen den zu vollstreckenden Anspruch (Erfüllung, Unmöglichkeit) können dabei auch im Zwangsvollstreckungsverfahren zu beachten sein.[54] Zudem kann der AG eine nach Erlass des Beschäftigungstitels eingetretene Unmöglichkeit der austitulierten Beschäftigung des AN durch eine **Vollstreckungsabwehrklage** nach § 767 ZPO geltend machen. Bringt der AN allerdings mit Erfolg vor, der AG sei im Wege des Schadenersatzes verpflichtet, ihm eine anderweitige vertragsgemäße Beschäftigung zuzuweisen, soll dieser dolo-agit-Einwand nach der Rspr. des BAG dem Einwand der Unmöglichkeit entgegenstehen.[55] 23

---

[47] BAG 13.6.1985 AP Nr. 19 zu § 611 BGB Beschäftigungspflicht = NZA 1986, 562; LAG BW 11.9.2013 LAGE § 611 BGB 2002 Beschäftigungspflicht Nr. 11.

[48] BAG 27.2.2002 AP Nr. 36 zu § 1 TVG Tarifverträge: Rundfunk = NZA 2002, 1099.

[49] BAG 5.2.2020 AP Nr. 12 zu § 888 ZPO = NZA 2020, 542.

[50] So LAG RhPf 24.6.2015 – 4 SaGa 2/15; LAG Hamm 13.2.2015 NZA-RR 2015, 460; LAG Bln-Bbg 16.3.2011 NZA-RR 2011, 551; LAG Düsseldorf 17.11.2010 – 12 SaGa 19/10; LAG Bln 4.10.2005 – 12 Sa 1267/05; LAG Düsseldorf 1.6.2005 MDR 2005, 1419.

[51] So LAG HH 23.8.2107 – 5 SaGa 2/17; LAG Nürnberg 15.9.2015 AE 2016, 12; LAG Bln-Bbg 5.2.2015 ArbRAktuell 2015, 563; LAG München 18.9.2002 LAGE § 611 BGB Beschäftigungspflicht Nr. 45 = NZA-RR 2003, 269.

[52] Vgl. HessLAG 10.5.2010 – 16 SaGa 341/10.

[53] BAG 5.2.2020 AP Nr. 12 zu § 888 ZPO = NZA 2020, 542.

[54] BAG 5.2.2020 AP Nr. 12 zu § 888 ZPO = NZA 2020, 542; BGH 23.6.2016 NJW 2016, 3536.

[55] BAG 21.3.2018 AP Nr. 9 zu § 767 ZPO = NZA 2018, 1071.

3. Abschnitt. Betriebliche Übung, Gesamtzusage und Gleichbehandlungsgrundsatz

§ 110. Betriebliche Übung

Übersicht

I. Einführung

1 In der betrieblichen Praxis entwickeln sich häufig Gewohnheiten und tatsächliche Handhabungen, aufgrund derer der AG entweder bestimmte Leistungen an seine AN erbringt oder die AN ihre Arbeits- und Nebenpflichten in einer bestimmten Art und Weise erfüllen müssen. Sind diese Vorgänge gleichförmig und wiederholen sie sich über einen längeren Zeitraum, können sie eine sog. betriebliche Übung begründen, die zu **rechtlichen Bindungen der Vertragsparteien** führt.

2 Die Besonderheit des Rechtsinstituts der betrieblichen Übung besteht darin, dass sie einen **kollektiven Bezug** hat.[1] Sie richtet sich entweder an alle AN des Betriebs oder zumindest an eine abgrenzbare Gruppe von AN, ohne dass individuelle Besonderheiten die vertraglichen Beziehungen gestalten.[2] Wegen des kollektiven Bezugs der Betriebsübung können sich Verzahnungen mit dem **Gleichbehandlungsgrundsatz** (dazu → § 112 Rn. 1 ff.) ergeben.[3] Betrifft die betriebliche Übung etwa nur eine bestimmte Gruppe von AN, stellt sich ggf. die Frage nach der Zulässigkeit des Ausschlusses der anderen AN. Auch wenn sich der AG die Entscheidung über die Gewährung von Leistungen wirksam vorbehalten hat (→ Rn. 17 f.), kann ein Anspruch aus dem Gleichbehandlungsgrundsatz folgen. Von der betrieblichen Übung zu unterscheiden ist die durch schlüssiges Verhalten des AG zustande gekommene **Individualvereinbarung.**[4] Bei einer solchen bezieht sich das Verhalten des AG nur auf einen einzelnen AN.

II. Rechtsgrundlagen

3 Über die rechtlichen Grundlagen für die Begründung einer Bindungswirkung im Fall der betrieblichen Übung besteht Streit. Im Ergebnis dürfte sich dieser allerdings nur bei der Frage der Beendigung oder Beseitigung einer betrieblichen Übung auswirken. Grundsätzlich hat der Gesetzgeber – wie § 1b I 4 BetrAVG für den Bereich der betrieblichen Altersversorgung zeigt – die betriebliche Übung als Rechtsquelle des Arbeitsrechts ausdrücklich anerkannt. Die Rspr. erklärt die Bindung des AG an eine betriebliche Übung mit der sog. Vertragstheorie. Im Schrifttum finden sich dagegen Stimmen, die eine Bindung mit einer Vertrauenshaftung

[1] BAG 11.4.2006 AP Nr. 1 zu § 667 BGB = NZA 2006, 1089; krit. *Bieder* ZfA 2016, 1 ff.
[2] BAG 17.4.2013 DB 2013, 2568; 21.4.2010 AP Nr. 5 zu § 151 BGB = NZA 2010, 808.
[3] Dazu *Preis/Genenger* JbArbR 47 (2010), 93 (103 ff.).
[4] Vgl. BAG 13.5.2015 AP Nr. 304 zu § 611 BGB Gratifikation = NZA 2015, 992.

des AG begründen wollen. Beiden Theorien ist gemeinsam, dass sie die auftretenden Sachverhaltsgestaltungen dogmatisch nicht widerspruchsfrei lösen können.[5] Die weiteren Versuche, die bindende Wirkung der Betriebsübung zu erklären, werden von der Rspr. nicht (mehr) aufgegriffen, so dass insoweit auf die Darstellung in der 12. Aufl. (Rn. 2 ff.) zu verweisen ist.

1. Vertragstheorie. a) Angebot. Nach der neueren Rspr. des BAG wird ein Anspruch aus betrieblicher Übung durch **rechtsgeschäftliche Übereinkunft** begründet. Die regelmäßige Wiederholung bestimmter Verhaltensweisen durch den AG, aus denen die AN schließen können, ihnen solle eine Leistung oder eine Vergünstigung auf Dauer eingeräumt werden, ist danach als konkludentes Vertragsangebot des AG zu werten. Dieses Angebot wird von den AN in der Regel stillschweigend angenommen (§ 151 S. 1 BGB), so dass vertragliche Ansprüche auf die bisher gewährten Leistungen entstehen.[6] Zwar ist bei Vorliegen der Voraussetzungen des § 151 S. 1 BGB nur die Verlautbarung der Vertragsannahme gegenüber dem antragenden AG entbehrlich, nicht jedoch die Annahme als solche; ein Schluss auf einen entsprechenden Annahmewillen der AN ist jedoch gerechtfertigt, wenn der AN ein für ihn lediglich vorteilhaftes Angebot nicht durch einen nach außen erkennbare Willensäußerung abgelehnt hat.[7] Handelt es sich um eine den AN günstige Betriebsübung – wie etwa die Gewährung von Gratifikationen oder Ruhegeldern usw. – kann daher ohne Weiteres von einer stillschweigenden Annahme durch die AN ausgegangen werden. Damit entsteht ein vertragliches Schuldverhältnis, aus dem bei Eintritt der vereinbarten Anspruchsvoraussetzungen ein einklagbarer Anspruch auf die üblich gewordene Vergünstigung erwächst. Allerdings kommt ein Anspruch aus betrieblicher Übung nur dann in Betracht, wenn keine anderen Anspruchsgrundlagen gegeben sind. Die Subsidiarität der betrieblichen Übung setzt daher denknotwendig deren vorrangige Prüfung voraus.[8] 4

b) Maßgebend: Empfängerhorizont. Für die Begründung eines Anspruchs durch betriebliche Übung kommt es nicht darauf an, ob der AG mit Verpflichtungswillen gehandelt oder ob ihm ein solcher Wille gefehlt hat. Da die betriebliche Übung zu typisierten Leistungsbedingungen führt, ist das Verhalten des AG losgelöst von den Umständen des Einzelfalls nach objektiven Kriterien auszulegen. Die Wirkung einer Willenserklärung oder eines bestimmten Verhaltens tritt im Rechtsverkehr schon dann ein, wenn der Erklärende aus der Sicht des Erklärungsempfängers einen auf eine bestimmte Rechtswirkung gerichteten Willen geäußert hat. Trotz fehlenden Erklärungsbewusstseins liegt eine rechtsgeschäftliche Willenserklärung sogar vor, wenn der Erklärende bei Anwendung der im Verkehr erforderlichen Sorgfalt hätte erkennen und vermeiden können, dass seine Äußerung als Willenserklärung aufgefasst werden durfte, und der Empfänger sie auch tatsächlich so verstanden hat.[9] Ob eine für den AG bindende betriebliche Übung durch die Gewährung von Leistungen oder sonstigen Vergünstigungen entstanden ist, muss deshalb danach beurteilt werden, inwieweit die AN aus dem Verhalten des AG unter Berücksichtigung von Treu und Glauben sowie der Verkehrssitte (§ 242 BGB) und der Begleitumstände auf einen **Bindungswillen des AG schließen durften.**[10] Gegen diese Sichtweise wird – nicht ganz zu Unrecht – eingewandt, der von der Rspr. im Wege der Auslegung ermittelte Wille sei häufig fiktiver Natur, letztlich werde regelmäßig unterstellt, die AN dürften aus dem Verhalten auf einen Willen des AG schließen, die Leistungen auch zukünftig zu erbringen.[11] 5

2. Vertrauenshaftung. Nach der in der Lehre vertretenen sog. Vertrauenshaftungstheorie beruht die Bindung des AG an eine betriebliche Übung dagegen nicht auf einem Rechtsgeschäft, sondern auf ein vom AG durch seine gleichförmige Handlungsweise in der Vergangenheit bei den AN begründetes Vertrauen, dass er auch in Zukunft entsprechend verfahren werde. Eine rechtlich erhebliche Bindung entsteht letztlich deshalb, weil die Nichtfortsetzung der bisherigen Verhaltensweise gegen das **Verbot des widersprüchlichen Verhaltens** (sog. venire contra fac- 6

[5] Dies ist der Ausgangspunkt der Fundamentalkritik von *Preis/Genenger* JbArbR 47 (2010), 93 (95 ff.).
[6] Vgl. nur BAG 19.3.2014 AP Nr. 45 zu § 611 BGB Arbeitszeit = NZA 2014, 787.
[7] BAG 15.5.2012 AP Nr. 13 zu § 1b BetrAVG = NZA 2012, 1279.
[8] *Preis/Genenger* JbArbR 47 (2010), 93 (99).
[9] BAG 8.12.2010 AP Nr. 40 zu § 157 BGB (für eine Gesamtzusage).
[10] StRspr vgl. etwa BAG 19.3.2014 AP Nr. 45 zu § 611 BGB Arbeitszeit = NZA 2014, 787; 21.6.2005 AP Nr. 11 zu § 55 InsO; 29.9.2004 AP Nr. 67 zu § 242 BGB Betriebliche Übung; 20.1.2004 AP Nr. 65 zu § 242 BGB Betriebliche Übung; 24.6.2003 AP Nr. 63 zu § 242 BGB Betriebliche Übung = NZA 2003, 1145; 18.9.2002 AP Nr. 59 zu § 242 BGB Betriebliche Übung = NZA 2003, 337; 16.1.2002 AP Nr. 56 zu § 242 BGB Betriebliche Übung = NZA 2002, 632; ähnlich BGH 7.6.1984 NJW 1984, 2279.
[11] Krit. etwa *Hromadka* NZA 1984, 241 mwN; *Singer* ZfA 1993, 487; vgl. auch *Bepler* RdA 2005, 323 (324 f.); zuletzt *Schneider* NZA 2016, 590.

tum proprium) verstößt. Hierauf aufbauend wird die bindende Wirkung einer Betriebsübung bei sozialen Leistungen angenommen, wenn das Verhalten des AG objektiv geeignet war, das Vertrauen der AN auf seine Fortführung zu erwecken, der AG die vertrauensbegründenden Tatsachen kannte oder infolge von Fahrlässigkeit nicht kannte und die AN auf die Fortsetzung vertraut und sich darauf eingerichtet haben.[12] Dieser Begründungsansatz verkennt jedoch, dass nach unserer zivilrechtlichen Dogmatik bloßes Vertrauen grundsätzlich nicht zu einem positiven Erfüllungsanspruch führt.[13]

III. Bedeutung

7 Nach der von der Rspr. vertretenen Vertragstheorie (→ Rn. 4 f.) ist die betriebliche Übung selbst kein Anspruch, sondern **begründet vertragliche Ansprüche.** Es besteht daher kein Anspruch „auf" betriebliche Übung, sondern ein Anspruch auf eine bestimmte Leistung oder die Gewährung bestimmter Arbeitsbedingungen „aus" betrieblicher Übung.

8 In der Praxis spielt die Betriebsübung vor allem im Bereich der Sonderzuwendungen – wie etwa bei Gratifikationen, Ruhegelder, Prämien usw. – eine Rolle. Zurückhaltender ist die Rspr. des BAG hingegen bei der Bejahung einer betrieblichen Übung in Bezug auf Arbeitsbedingungen ohne unmittelbaren Vergütungsbezug[14] oder bei der Annahme einer das Direktionsrecht des AG einschränkenden betrieblichen Übung.[15] Darüber hinaus geht das BAG davon aus, dass eine Betriebsübung auch bei der **Auslegung** einer Betriebsvereinbarung herangezogen werden kann, wenn sich nach deren Wortlaut und Systematik kein eindeutiges Ergebnis ergibt.[16]

IV. Gegenstand

9 **1. Grundsatz.** Im Grundsatz kann für alle Arbeitsbedingungen, die Gegenstand einer arbeitsvertraglichen Vereinbarung der Parteien sein können, auch eine betriebliche Übung begründet werden.[17] Entspr. dem kollektiven Charakter der betrieblichen Übung betrifft dies vor allem **Regelungsgegenstände,** die für alle oder bestimmte Gruppen von AN Bedeutung haben. Eine durch betriebliche Übung begründete Vertragsbedingung enthält damit **Allgemeine Geschäftsbedingungen,**[18] die nach §§ 305 ff. BGB der AGB-Kontrolle (dazu → § 35 Rn. 1 ff.) unterliegen.

10 Auch bei der **Ausübung des Direktionsrechts** kann die Betriebsübung eine Rolle spielen.[19] Ob dem Verhalten des AG in diesem Zusammenhang ein Erklärungswert zukommt, richtet sich insbesondere danach, inwieweit dadurch das Funktionieren des Betriebs in seiner Gesamtheit betroffen ist.[20] So können die AN allein daraus, dass der AG eine bestimmte Personaleinsatzplanung über einen längeren Zeitraum hinweg beibehält, noch nicht auf seinen Willen schließen, eine solche Planung auch künftig unverändert beizubehalten und sich gegenüber den AN insoweit individualvertraglich zu binden.[21] Nimmt der AG zB gesetzliche Feiertage von der Einsatzplanung der AN aus und gewährt in den Kalenderwochen, in denen ein gesetzlicher Feiertag auf einen Werktag fällt, den dienstplanmäßig freien Arbeitstag an einem anderen Werktag der Woche, begründet dies ohne Vorliegen weiterer besonderer Umstände daher noch keine betriebliche Übung. Zu Recht haben *Preis/Genenger* hervorgehoben, dass nicht „Alles was schon immer so war oder längere Zeit nicht verändert worden ist" den reflexhaften Rekurs auf eine betriebli-

---

[12] Vgl. *Hromadka* NZA 1984, 241; *Seiter,* Die Betriebsübung, 99 ff.; *Canaris* Die Vertrauenshaftung im Deutschen Privatrecht, 1971, 38 ff., 403; *Singer* ZfA 1993, 487.

[13] Ebenso *Waltermann* RdA 2006, 257 (264).

[14] Vgl. etwa BAG 19.9.2012 AP Nr. 39 zu § 611 BGB Arbeitszeit.

[15] Vgl. etwa BAG 21.1.1997 AP Nr. 64 zu § 77 BetrVG 1972 = NZA 1997, 1009; 11.10.1995 AP Nr. 9 zu § 611 BGB Arbeitszeit = NZA 1996, 718.

[16] BAG 19.1.2011 AP Nr. 34 zu § 1 BetrAVG Berechnung; 13.10.1987 AP Nr. 2 zu § 77 BetrVG 1972 Auslegung = NZA 1988, 253; 21.8.2001 AP Nr. 10 zu § 77 BetrVG 1972 Auslegung = NZA 2002, 394.

[17] BAG 21.6.2005 AP Nr. 11 zu § 55 InsO; 21.1.1997 AP Nr. 64 zu § 77 BetrVG 1972 = NZA 1997, 1009.

[18] BAG 16.2.2010 AP Nr. 10 zu § 1b BetrAVG = NZA 2011, 42; 5.8.2009 AP Nr. 85 zu § 242 BGB Betriebliche Übung = NZA 2009, 1105; 27.8.2008 AP Nr. 36 zu § 307 BGB = NZA 2009, 49.

[19] Offengelassen für das Recht des AG nach § 5 I 3 EFZG BAG 14.11.2012 AP Nr. 10 zu § 5 EntgeltFG = NZA 2013, 322.

[20] Vgl. BAG 13.6.2007 AP Nr. 78 zu § 242 BGB Betriebliche Übung = NZA 2007, 1016.

[21] BAG 13.6.2007 AP Nr. 78 zu § 242 BGB Betriebliche Übung = NZA 2007, 1016.

che Übung entstehen lasse.[22] Dies entspricht der Vertragstheorie. Der AG muss nicht in bestimmten Zeitabständen in seinem Betrieb verlauten lassen, dass er nach § 106 GewO über ein Direktionsrecht verfügt und nicht auszuschließen sei, dass er hiervon auch anders als bisher Gebrauch macht.

2. Einzelfälle. Die Rspr. hat die Rechtsfigur der betrieblichen Übung u.a. in folgenden Fällen als anspruchsbegründend herangezogen: Verdienstausfall in betriebsbedingten Überholpausen (BAG 21.12.1954 AP Nr. 2 zu § 611 BGB Lohnanspruch); **unbezahlter Arbeitsausfall** am Rosenmontag (BAG 24.3.1993 AP Nr. 38 zu § 242 BGB Betriebliche Übung = NZA 1993, 749), am Geburtstag ab 12.00 Uhr (BAG 14.9.1994 AP Nr. 46 zu § 242 Betriebliche Übung = NZA 1995, 419) oder am 24. Dezember (BAG 6.9.1994 AP Nr. 45 zu § 242 Betriebliche Übung = NZA 1995, 418); **Arbeitsbefreiung** nach Feiertagen (BAG 17.9.1970 AP Nr. 9 zu § 242 BGB Betriebliche Übung = NJW 1971, 163); **Gratifikationsregelungen** (BAG 29.4.2003 EzA Nr. 4 zu § 1 BetrAVG Betriebliche Übung); vergünstigte Energielieferungen (BAG 19.2.2008 AP Nr. 52 zu § 1 BetrAVG); **Beihilfen** (BAG 19.5.2005 AP Nr. 71 zu § 242 BGB Betriebliche Übung = NZA 2005, 889; 20.1.2004 AP Nr. 65 zu § 242 BGB Betriebliche Übung) oder jährliche **Sonderzuwendungen** für Betriebsrentner (BAG 17.9.2013 AP Nr. 27 zu § 1 BetrAVG Beamtenversorgung); Kündigungsregelungen (BAG 10.12.1965 AP Nr. 105 zu § 242 BGB Ruhegehalt); Gewährung einer **betrieblichen Altersversorgung** (BAG 15.5.2012 AP Nr. 13 zu § 1b BetrAVG = NZA 2012, 1279; 19.7.2005 AP Nr. 42 zu § 1 BetrAVG) oder sonstiger Sozialleistungen (zB Essensgeldzuschüsse vgl. HessLAG 24.2.1984 NZA 1984, 259); Transport zur Arbeitsstelle (BAG 9.7.1985 AP Nr. 16 zu § 75 BPersVG); **Fahrgeldzuschuss** (BAG 20.10.2015 – 9 AZR 655/14); Nichtanrechnung von Tariflohnerhöhungen (BAG 23.1.1980 AP Nr. 12 zu § 4 TVG Übertariflicher Lohn und Tariflohnerhöhung); Zusatzvergütung für Reporter (OLG Stuttgart 19.8.1981 EzA Nr. 5 zu § 242 BGB Betriebliche Übung) Verrechnung von Überstundenvergütungen mit Provisionen (BAG 26.8.1987 AP Nr. 1 zu § 1 TVG Tarifverträge: Brotindustrie); Verrichtung der Arbeitsleistung innerhalb oder außerhalb des Dienstgebäudes (BAG 11.10.1995 AP Nr. 9 zu § 611 BGB Arbeitszeit = NZA 1996, 718); **Vergütung von Bereitschaftsdienst** für Schulhausmeister (BAG 13.11.1986 AP Nr. 27 zu § 242 BGB Betriebliche Übung = NZA 1987, 635); Versetzungen zwischen zwei Schichten (LAG Köln 26.7.2002 LAGE § 611 BGB Direktionsrecht Nr. 1); **Urlaubsübertragung** (BAG 21.6.2005 AP Nr. 11 zu § 55 InsO) und **Übernahme der Pauschalsteuer** (BAG 24.6.2003 AP Nr. 63 zu § 242 BGB Betriebliche Übung = NZA 2003, 1145). 11

Auch bezüglich der Gewährung oder der Erhöhung übertariflicher Leistungen und übertariflicher Anteile einer einheitlichen Leistung kann eine betriebliche Übung entstehen.[23] Dem tatsächlichen Verhalten des AG muss aber aus der Sicht der AN der Wille zugrunde liegen, eine bestimmte übertarifliche Leistung zu erbringen bzw. sie in einem bestimmten Umfang regelmäßig zu erhöhen.[24] Das bloße Ausweisen von Parkflächen mit Verkehrsschildern „nur für Mitarbeiter" und der Appell, diese Flächen anstatt Parkverbotszonen zu nutzen, begründet im öffentlichen Dienst keinen Anspruch der Mitarbeiter aus betrieblicher Übung auf unentgeltliche Nutzung von Parkmöglichkeiten.[25] 11a

V. Anforderungen

1. Wiederholtes gleichförmiges Verhalten. Nach der ständigen Rspr. des BAG erfordert das Vorliegen einer betrieblichen Übung ein gleichförmiges und wiederholtes Verhalten des AG, aus dem die AN schließen durften, der AG wolle sich zu einer Leistung auch für die Zukunft verpflichten.[26] Ob dem Verhalten des AG ein solcher Erklärungswert zukommt, kann grundsätzlich nur im Einzelfall durch Auslegung beurteilt werden. Eine allgemeinverbindliche Regel, wie oft sich das Verhalten des AG wiederholen muss, damit die AN darauf schließen dürfen, sie werden die Leistungen auch künftig erhalten, gibt es nicht.[27] Lediglich 12

[22] *Preis/Genenger* JbArbR 47 (2010), 93 (107 f.).

[23] Vgl. BAG 24.3.2010 AP Nr. 90 zu § 242 BGB Betriebliche Übung = NZA 2010, 759.

[24] BAG 29.8.2012 AP Nr. 93 zu § 242 BGB Betriebliche Übung = NZA 2013, 40; 19.9.2018 AP Nr. 95 zu § 242 BGB Betriebliche Übung = NZA 2019, 106.

[25] LAG SchlH 3.4.2001 LAGE § 242 BGB Betriebliche Übung Nr. 25; LAG BW 13.1.2014 RDG 2014, 72.

[26] Vgl. nur BAG 16.7.1997 AP Nr. 7 zu § 1 BetrAVG Betriebliche Übung = NZA 1997, 664.

[27] Vgl. BAG 8.12.2010 AP Nr. 91 zu § 242 BGB Betriebliche Übung = NZA 2011, 628; 28.5.2008 AP Nr. 80 zu § 242 BGB Betriebliche Übung = NZA 2008, 941.

für jährlich **an die gesamte Belegschaft geleistete Gratifikationen** besteht der Grundsatz, dass ein individualrechtlicher Anspruch erworben wird, wenn die Leistungen in drei aufeinander folgenden Jahren vorbehaltlos und in gleichbleibender Höhe gezahlt werden.[28] Bei anderen Sozialleistungen ist auf **Art, Dauer und Intensität der Leistungen** abzustellen. Wie lange die Übung bestehen muss, damit die AN berechtigt erwarten können, dass sie fortgesetzt werde, hängt davon ab, wie häufig die Leistungen erbracht worden sind.[29] Darüber hinaus müssen neben der Relation von Anzahl der Wiederholungen und Dauer der Übung auch Art und Inhalt der Leistungen einbezogen werden. Bei Leistungen, die für die AN oder den Kreis der Begünstigten bedeutsamer sind, sind an die Zahl der Wiederholungen geringere Anforderungen zu stellen als bei weniger wichtigen Leistungsinhalten.[30] Maßgeblich für die Betrachtung sind dabei nur die Zeiträume, in denen die Leistung nach den vom AG aufgestellten Voraussetzungen zu erbringen war und auch tatsächlich vom AG erbracht wurde.[31] Der geringe Wert einer Leistung steht der Annahme einer betrieblichen Übung nicht entgegen.[32] Hingegen können Ansprüche von Leistungsempfängern für die zukünftigen Jahre ausgeschlossen sein, wenn sich das Leistungsversprechen des AG erkennbar nur auf das jeweilige Jahr beschränkt.[33]

13 Ausgehend von diesen Grundsätzen lehnt das BAG einen Anspruch aus betrieblicher Übung bislang immer dann ab, wenn der AG den AN **Leistungen** – wie etwa ein Weihnachtsgeld,[34] eine jährliche Gehaltsanpassung,[35] eine Teuerungszulage[36] oder freie Tage[37] – in **unterschiedlicher Höhe** gewährt hat. Nach Auffassung des BAG sollen die AN aus dem wechselnden Leistungsumfang erkennen können, dass sich der AG nur für das jeweilige Jahr binden und über die Gewährung der Leistung in jedem Jahr neu entscheiden will.[38] Dabei wird jedoch übersehen, dass der AG, der eine Sonderzuwendung über einen längeren Zeitraum regelmäßig, wenn auch in unterschiedlicher Höhe gewährt, damit nicht zum Ausdruck bringt, er wolle sich das „ob" der Leistungsgewährung vorbehalten, sondern nur, dass er jährlich neu über den Umfang der Zuwendung entscheiden möchte. Die AN können aus dem Verhalten des AG daher nicht seinen Willen ableiten, in jedem Jahr neu „nach Gutdünken" über die Zuwendung zu entscheiden. Aus der unterschiedlichen Höhe der Leistungen dürfen sie vielmehr auf ein verbindliches Angebot iSv § 145 BGB auf Gewährung einer Leistung schließen, deren Höhe der AG einseitig nach billigem Ermessen festsetzt.[39] In diesem Fall wird daher eine betriebliche Übung auf Gewährung einer Sonderzuwendung begründet, bei der sich der AG zur regelmäßigen Zahlung einer Leistung verpflichtet, deren Höhe in sein Ermessen nach § 315 I BGB gestellt ist.[40]

14 Werden die für die AN günstigen Leistungen vom AG nicht aufgrund einer erkennbaren allgemeinen Regel erbracht oder hat der AG von einer betrieblichen Handhabung keine oder keine ausreichende Kenntnis, wird regelmäßig keine betriebliche Übung anzunehmen sein. Dies gilt insbesondere, wenn eine bestimmte Handhabung – wie zB die private Nutzung der betrieblichen Telefonanlagen, des E-Mail-Servers oder des Internets – nur vom AG geduldet wird. In diesen Fällen fehlt es häufig schon an einem hinreichend bestimmten Angebot des AG über den zeitlichen Umfang der **Privatnutzung von betrieblichen Einrichtungen,** da dem AG

---

[28] BAG 24.3.2010 AP Nr. 90 zu § 242 BGB Betriebliche Übung = NZA 2010, 759; 5.8.2009 AP Nr. 85 zu § 242 BGB Betriebliche Übung = NZA 2009, 1105; 1.4.2009 AP Nr. 84 zu § 242 BGB Betriebliche Übung.
[29] Vgl. BAG 28.5.2008 AP Nr. 80 zu § 242 BGB Betriebliche Übung = NZA 2008, 941.
[30] Vgl. BAG 28.5.2008 AP Nr. 80 zu § 242 BGB Betriebliche Übung = NZA 2008, 941.
[31] BAG 28.5.2008 AP Nr. 80 zu § 242 BGB Betriebliche Übung = NZA 2008, 941; 28.7.2004 AP Nr. 257 zu § 611 BGB Gratifikation = NZA 2004, 1152.
[32] BAG 29.4.2003 EzA Nr. 4 zu § 1 BetrAVG Betriebliche Übung.
[33] BAG15.5.2012 AP Nr. 13 zu § 1b BetrAVG; 15.11.2011 – 3 AZR 365/09.
[34] BAG 28.2.1996 AP Nr. 192 zu § 611 BGB Gratifikation = NZA 1996, 758.
[35] BAG 16.11.1998 AP Nr. 54 zu § 242 BGB Betriebliche Übung = NZA 1999, 203; 4.9.1985 AP Nr. 22 zu § 242 BGB Betriebliche Übung = NZA 1986, 521.
[36] BAG 3.4.1957 AP Nr. 6 zu § 611 BGB Gratifikation.
[37] BAG 17.9.1970 AP Nr. 9 zu § 242 BGB Betriebliche Übung = NJW 1971, 163.
[38] BAG 28.2.1996 AP Nr. 192 zu § 611 BGB Gratifikation = NZA 1996, 758.
[39] Vgl. für die nur an einen AN gewährte Leistung BAG 13.5.2015 AP Nr. 304 zu § 611 BGB Gratifikation = NZA 2015, 992; zust. *Worzalla* SAE 2016, 23.
[40] Vgl. für die nur an einen AN gewährte Leistung BAG 13.5.2015 AP Nr. 304 zu § 611 BGB Gratifikation = NZA 2015, 992 unter Aufgabe von BAG 28.2.1996 AP Nr. 192 zu § 611 BGB Gratifikation = NZA 1996, 758.

üblicherweise deren Umfang nicht bekannt ist. Da die betriebliche Übung ein kollektives Element erfordert, entsteht sie zudem nicht, wenn der AG in der Vergangenheit nur an einen einzelnen AN Leistungen erbracht hat.[41]

2. Anderweitige Rechtsgrundlage. Ein Anspruch aus betrieblicher Übung kann nur entstehen, wenn es an einer anderen kollektiv- oder individualrechtlichen Grundlage für die Gewährung der Leistung fehlt.[42] War der AG zu den zur Begründung der betrieblichen Übung angeführten Verhaltensweisen durch andere Rechtsgrundlagen verpflichtet, muss der AN davon ausgehen, dass der AG lediglich den dadurch begründeten Anspruch erfüllen oder einer Verpflichtung nachkommen will;[43] maßgeblich ist auch hier der Empfängerhorizont der begünstigten AN.[44] 15

3. Irrtümliche Leistungsverpflichtung. Eine betriebliche Übung entsteht auch dann nicht, wenn sich der AG nur irrtümlich zur Leistungserbringung verpflichtet glaubte. Hat der AG die Leistungen für die AN erkennbar aufgrund einer anderen, tatsächlich **nicht bestehenden Rechtspflicht** erbringen wollen, kann der AN nicht davon ausgehen, ihm solle eine Leistung auf Dauer unabhängig von dieser Rechtspflicht gewährt werden.[45] Glaubt der AG daher aufgrund des für den Betrieb geltenden Tarifvertrags[46] oder einer Betriebsvereinbarung zur jährlichen Gehaltsanpassung verpflichtet zu sein, entsteht keine dahingehende Betriebsübung, wenn der AG dieser vermeintlichen Verpflichtung nachkommt.[47] Irrtümlich rechtsgrundlos an die Belegschaft erbrachte Leistungen kann der AG grundsätzlich für die Zukunft einstellen, weil es an einem für die AN erkennbaren eigenständigen Verpflichtungstatbestand fehlt.[48] Ein Anspruch auf die Weitergewährung der bisherigen Leistung aus betrieblicher Übung kann nur dann entstehen, wenn aufgrund besonderer Anhaltspunkte für den AN erkennbar ist, dass der AG trotz der fehlenden Rechtspflicht weiterhin zur Leistungserbringung bereit ist.[49] Zu den Besonderheiten des öffentlichen Dienstes → Rn. 22. 16

4. Vorbehalt. Der AG kann das Entstehen einer betrieblichen Übung verhindern, wenn er bei oder in Zusammenhang mit der jeweiligen Gewährung der Leistung eine Erklärung abgibt, durch die eine durch sein Verhalten begründete Bindung für die Zukunft ausgeschlossen wird.[50] Voraussetzung ist, dass der vom AG erklärte Vorbehalt **klar und verständlich formuliert** ist. Genügt der Vorbehalt diesem Erfordernis, fehlt es schon an einer versprochenen Leistung iSv § 308 Nr. 4 BGB.[51] Die Bezeichnung als „freiwillig" und/oder der Zusatz „ohne jede rechtliche Verpflichtung" reichen hierfür nicht aus, da sie auch als Hinweise verstanden werden können, dass der AG die Leistung erbringt, ohne dazu durch andere Regelungen gezwungen zu sein.[52] Ausreichend sind hingegen Formulierungen wie zB „auch 17

[41] BAG 25.4.2018 – 5 AZR 85/17; 18.7.2017 ZAT 2017, 201; 13.5.2015 AP Nr. 304 zu § 611 BGB Gratifikation = NZA 2015, 992.
[42] Vgl. etwa BAG 20.6.2007 AP Nr. 52 zu § 1 TVG Bezugnahme auf Tarifvertrag = NZA 2007, 1293; 18.4.2007 AP Nr. 54 zu § 1 TVG Bezugnahme auf Tarifvertrag; 24.11.2004 AP Nr. 70 zu § 242 BGB Betriebliche Übung = NZA 2005, 349; 19.6.2001 EzA Nr. 67 zu § 77 BetrVG 1972; 27.6.1985 AP Nr. 14 zu § 77 BetrVG 1972 = NZA 1986, 401.
[43] BAG 19.3.2014 AP Nr. 45 zu § 611 BGB Arbeitszeit = NZA 2014, 787; 12.12.2012 – 5 AZR 918/11; 18.3.2009 AP Nr. 17 zu § 4 TzBfG.
[44] BAG 29.8.2012 AP Nr. 93 zu § 242 BGB Betriebliche Übung = NZA 2013, 40.
[45] Vgl. nur BAG 19.2.2020 AP Nr. 97 zu § 242 BGB Betriebliche Übung; 10.12.2013 NZA-RR 2014, 375; 18.4.2007 AP Nr. 54 zu § 1 TVG Bezugnahme auf Tarifvertrag; 30.5.2006 AP Nr. 23 zu § 77 BetrVG 1972 Tarifvorbehalt = NZA 2006, 1170.
[46] BAG 18.4.2007 AP Nr. 54 zu § 1 TVG Bezugnahme auf Tarifvertrag.
[47] BAG 23.3.2011 AP Nr. 101 zu § 77 BetrVG 1972; 24.3.2010 AP Nr. 90 zu § 242 BGB Betriebliche Übung = NZA 2010, 759.
[48] Zur irrtümlichen Annahme einer Leistungspflicht: BAG 17.3.2010 AP Nr. 9 zu § 1 TVG Tarifverträge: Brotindustrie; 26.8.1987 AP Nr. 1 zu § 1 TVG Tarifverträge: Brotindustrie; 7.5.1986 AP Nr. 12 zu § 4 BAT.
[49] BAG 22.1.2002 AP Nr. 4 zu § 77 BetrVG 1972 = NZA 2002, 1224; 10.4.1985 AP Nr. 19 zu § 242 BGB Betriebliche Übung = NZA 1986, 604; 29.11.1983 AP Nr. 15 zu § 242 BGB Betriebliche Übung.
[50] BAG 18.3.2009 NZA 2009, 535; 12.1.1994 AP Nr. 43 zu § 242 BGB Betriebliche Übung = NZA 1994, 694; 6.9.1994 AP Nr. 45 zu § 242 BGB Betriebliche Übung; 17.1.1995 EzA Nr. 48 zu § 87 BetrVG 1972 Lohngestaltung.
[51] BAG 18.3.2009 NZA 2009, 535.
[52] Vgl. BAG 14.9.2011 AP Nr. 56 zu § 307 BGB = NZA 2012, 81; 19.5.2005 AP Nr. 71 zu § 242 BGB Betriebliche Übung = NZA 2005, 889; 23.10.2002 AP Nr. 243 zu § 611 BGB Gratifikation = NZA 2003, 557.

bei mehrmaliger und regelmäßiger Zahlung wird kein Rechtsanspruch für die Zukunft erworben", „ohne Begründung einer künftigen Rechtspflicht", „die Zahlung ist einmalig und schließt zukünftige Ansprüche aus" oder „es wird kein Präjudiz für kommende Jahre geschaffen".[53] Der in der Gehaltsabrechnung enthaltene Zusatz „freiwillige und unverbindliche Leistung" genügt ebenfalls.[54] Der AG kann den Vorbehalt auch durch Aushang, Rundschreiben oder durch sonstige Erklärungen gegenüber den einzelnen AN bekannt geben.[55] Selbst ein mündlich erklärter Vorbehalt genügt, kann jedoch im Streitfall zu Beweisschwierigkeiten führen. Ein im Hinblick auf die Gewährung einer Sonderzahlung erklärter Vorbehalt, durch den ein Anspruch des AN auf eine Sonderzahlung auch bei wiederholter Zahlung nicht entsteht, benachteiligt den AN nicht entgegen § 307 II Nr. 1 BGB unangemessen. Denn es weicht nicht von § 611 I BGB ab, wenn die Vertragsparteien ausschließlich eine nach Zeitabschnitten bemessene, in der Regel monatlich zu zahlende laufende Vergütung vereinbaren.[56]

18 Nach der bisherigen Rspr. des BAG können nicht nur **Freiwilligkeitsvorbehalte,** die bei der jeweiligen Leistungsgewährung erklärt werden, sondern bereits im **Arbeitsvertrag vereinbart** wurden, dazu führen, dass das spätere konkludente Verhalten des AG entgegen seinem gewöhnlichen Erklärungswert nicht als Angebot zur dauerhaften Leistungserbringung zu verstehen ist.[57] Ob ein solcher im Vertrag geregelter Vorbehalt allerdings in der Lage ist, dauerhaft den Erklärungswert einer ohne jeden Vorbehalt und ohne den Hinweis auf die vertragliche Regelung erfolgten Leistungsgewährung des AG derart zu erschüttern, ist zweifelhaft.[58] Unschädlich ist demgegenüber, wenn eine im Arbeitsvertrag vereinbarte Bedingung für eine Sonderzahlung in nachfolgenden Begleitmitteilungen des AG mehrfach nicht mehr wiederholt wird. Ein solches Verhalten kann regelmäßig nicht dahin verstanden werden, der AG wolle die Sonderzahlung künftig unbedingt leisten.[59] Ist der im Arbeitsvertrag vereinbarte **Freiwilligkeitsvorbehalt unwirksam** (dazu → § 35 Rn. 101), kann er das Entstehen einer betrieblichen Übung nicht verhindern. Da es sich auch beim Freiwilligkeitsvorbehalt um eine Vertragsbedingung iSv § 305 I BGB handelt,[60] muss er dem **Transparenzgebot** nach § 307 I 2 BGB genügen. Dies ist nicht der Fall, wenn die Klausel nicht nur einen Freiwilligkeits- sondern auch einen Widerrufsvorbehalt enthält.[61] Darüber hinaus ist der Vorbehalt nur wirksam, wenn er den AN nicht nach § 307 I 1, II BGB unangemessen benachteiligt. Eine **unangemessene Benachteiligung** ist u.a. dann gegeben, wenn der Freiwilligkeitsvorbehalt alle zukünftigen Leistungen des AG unabhängig von ihrer Art und ihrem Entstehungsgrund erfasst und damit auch laufende Leistungen einbezieht. Ein solcher pauschaler Vorbehalt verstößt sowohl gegen den in § 305b BGB bestimmten Vorrang der Individualabrede als auch gegen den allgemeinen Rechtsgrundsatz, dass vertragliche Regelungen einzuhalten sind.[62]

19 **5. Schriftformerfordernis.** Bestimmt ein **Tarifvertrag,** dass bestimmte Vertragsabreden nur wirksam sind, wenn sie schriftlich vereinbart werden, ist die Entstehung von Ansprüchen aufgrund betrieblicher Übung grundsätzlich ausgeschlossen, wenn der Tarifvertrag unmittelbar und zwingend gilt.[63] Voraussetzung ist jedoch, dass es sich um ein konstitutives und nicht lediglich um ein deklaratorisches Schriftformerfordernis handelt.[64] Im Bereich des **TVöD** ist von Bedeutung, ob Gegenstand der betrieblichen Übung eine **Nebenabrede** ist (§ 2 III TVöD) –

[53] Vgl. BAG 18.3.2009 NZA 2009, 535; 31.7.2007 AP Nr. 79 zu § 242 BGB Betriebliche Übung = NZA-RR 2008, 263.
[54] LAG Köln 6.6.2013 – 7 Sa 121/13.
[55] BAG 15.5.2012 AP Nr. 13 zu § 1b BetrAVG = NZA 2012, 1279.
[56] BAG 18.3.2009 NZA 2009, 535.
[57] BAG 8.12.2010 AP Nr. 91 zu § 242 BGB Betriebliche Übung = NZA 2011, 628; 20.1.2010 AP Nr. 12 zu § 305c BGB = NZA 2010, 445; 21.1.2009 NZA 2009, 310; 10.12.2008 AP Nr. 40 zu § 307 BGB = NZA-RR 2009, 576; 30.7.2008 AP Nr. 274 zu § 611 BGB Gratifikation = NZA 2008, 1173.
[58] Vgl. zu den Bedenken auch BAG 14.9.2011 AP Nr. 56 zu § 307 BGB = NZA 2012, 81 mwN.
[59] BAG 18.1.2012 AP Nr. 57 zu § 307 BGB = NZA 2012, 499.
[60] BAG 19.3.2014 AP Nr. 113 zu § 315 BGB = NZA 2014, 595; noch offengelassen von BAG 30.7.2008 AP Nr. 74 zu § 611 BGB Gratifikation = NZA 2008, 1173.
[61] BAG 8.12.2010 AP Nr. 91 zu § 242 BGB Betriebliche Übung = NZA 2011, 628.
[62] BAG 13.11.2013 AP Nr. 303 zu § 611 BGB Gratifikation= NZA 2014, 368; 14.9.2011 AP Nr. 56 zu § 307 BGB = NZA 2012, 81; 16.1.2013 AP Nr. 108 zu § 315 BGB = NZA 2013, 1013; zust. *Preis/Sagan* NZA 2012, 1077; krit. *Niebling* NJW 2013, 3011; *Bauer/von Medem* NZA 2012, 894.
[63] BAG 16.7.1996 AP Nr. 7 zu § 1 BetrAVG Betriebliche Übung = NZA 1997, 664; 27.3.1987 AP Nr. 29 zu § 242 BGB Betriebliche Übung = NZA 1987, 778.
[64] Zur Unterscheidung: BAG 1.12.2004 AP Nr. 13 zu § 59 BAT = NZA 2006, 211.

dann konstitutive Schriftform – oder sie die Hauptleistungspflichten im weiteren Sinne betrifft.[65] Gilt der Tarifvertrag nur kraft einzelvertraglicher Bezugnahme[66] oder befindet er sich nur noch in der Nachwirkung, gelten hingegen die für vertragliche Schriftformklauseln geltenden Grundsätze.

Eine **arbeitsvertraglich vereinbarte Schriftformklausel,** nach der Änderungen und Ergänzungen des Vertrags der Schriftform bedürfen, kann das Entstehen eines Anspruchs aus betrieblicher Übung nicht verhindern, selbst wenn ihr entspr. der Auslegungsregel des § 125 S. 2 BGB konstitutive Bedeutung zukommt. Denn die Vertragsparteien können ein solches Schriftformgebot jederzeit schlüssig und formlos aufheben. Eine solche Abbedingung kann daher auch durch eine formfreie betriebliche Übung erfolgen.[67] Eine sog. qualifizierte oder **doppelte Schriftformklausel** (dazu → § 35 Rn. 78a) kann demgegenüber der Begründung eines Anspruchs aus betrieblicher Übung entgegenstehen.[68] Voraussetzung hierfür ist jedoch deren Wirksamkeit. Ist die Regelung so weit gefasst, dass sie beim AN den Eindruck erweckt, jede spätere vom Vertrag abweichende mündliche Individualabrede sei nach § 125 S 2 BGB nichtig, benachteiligt sie den AN unangemessen und ist nach § 307 I 1 BGB unwirksam.[69] 20

VI. Erfasster Personenkreis

Die betriebliche Übung erfasst – je nach ihrem Inhalt – **alle AN des Betriebs** oder nur einen **bestimmten Personenkreis.** Sie kann sogar nur **Betriebsrentner** betreffen, wenn der AG diesen nach Eintritt des Versorgungsfalls über die zugesagten Leistungen hinausgehende Sonderzahlungen – etwa ein „Rentnerweihnachtsgeld" – gewährt.[70] Die bindende Wirkung einer betrieblichen Übung tritt nach der Rspr. auch gegenüber den AN ein, die zwar unter der Geltung der Übung im Betrieb gearbeitet, selbst aber die Vergünstigung noch nicht erhalten haben, weil sie die nach der Übung vorausgesetzten Bedingungen noch nicht erfüllen.[71] Da der AN auf Grund der jahrelang geübten Praxis im Betrieb davon ausgehen dürfe, auch er werde dieselben Leistungen bekommen, sei es unerheblich, ob er bereits selbst in die Übung einbezogen worden sei. Daher können beim Bestehen einer entspr. betrieblichen Übung auch diejenigen AN die Zahlung eines einmaligen Jubiläumsgelds verlangen, die die hierfür erforderliche zehnjährige Beschäftigungszeit absolviert haben.[72] Diesen Weg wählt die Rspr auch für den Fall, dass es sich um **neueingestellte AN** handelt.[73] Eine Mitteilung über die an andere AN erfolgten Zahlungen oder gewährten Vergünstigungen gegenüber den übrigen AN ist ebenso wenig erforderlich wie eine allgemeine Veröffentlichung im Betrieb. Es sei – so das BAG – vielmehr von dem allgemeinen (empirisch allerdings nicht näher begründeten) Erfahrungssatz auszugehen, dass derartige Leistungen und Vergünstigungen allgemein bekannt würden.[74] Demzufolge könne ein AN bereits mit dem Beginn seiner Beschäftigung beim AG von einer betrieblichen Übung erfasst werden.[75] Damit kommt eine bestehende betriebliche Übung nach der Rspr. allen AN zugute, mit denen unter der Geltung der Übung ein Arbeitsverhältnis begründet wurde. Sollen die Neueintretenden von der betrieblichen Übung ausgenommen werden, muss dies bereits im Arbeitsvertrag oder spätes- 21

---

[65] BAG 15.3.2011 AP Nr. 1 zu § 26 TVöD; 18.9.2002 AP Nr. 59 zu § 242 BGB Betriebliche Übung = NZA 2003, 337; 7.5.1986 AP Nr. 12 zu § 4 BAT.

[66] AA LAG BW 12.9.2013 – 11 Sa 37/13.

[67] BAG 14.9.2011 AP Nr. 56 zu § 307 BGB = NZA 2012, 81; 20.5.2008 AP Nr. 35 zu § 307 BGB = NZA 2008, 1233.

[68] BAG 20.5.2008 AP Nr. 35 zu § 307 BGB = NZA 2008, 1233, dazu *Leder/Scheuermann* NZA 2008, 1222; 24.6.2003 AP Nr. 63 zu § 242 BGB Betriebliche Übung = NZA 2003, 1145; dazu der Formulierungsvorschlag von *St. Bauer* BB 2009, 1588 (1591): „Aus dem reinen einseitigen Verhalten des Arbeitgebers erwachsen dem Arbeitnehmer keine vertraglichen Rechtsansprüche, sofern nicht eine mündliche oder schriftliche einvernehmliche Vertragsänderung vorliegt (Ausschluss der betrieblichen Übung)."

[69] BAG 20.5.2008 AP Nr. 35 zu § 307 BGB = NZA 2008, 1233.

[70] BAG 23.8.2011 AP Nr. 10 zu § 1 BetrAVG Betriebliche Übung = NZA 2012, 37; 31.7.2007 AP Nr. 79 zu § 242 BGB Betriebliche Übung.

[71] BAG 15.5.2012 AP Nr. 13 zu § 1b BetrAVG = NZA 2012, 1279.

[72] BAG 28.5.2008 AP Nr. 80 zu § 242 BGB Betriebliche Übung = NZA 2008, 941.

[73] BAG 10.8.1988 AP Nr. 32 zu § 242 BGB Betriebliche Übung = NZA 1989, 57.

[74] BAG 15.5.2012 AP Nr. 13 zu § 1b BetrAVG = NZA 2012, 1279; 23.8.2011 EzA Nr. 11 zu § 1 BetrAVG Betriebliche Übung; 15.2.2011 EzA Nr. 9 zu § 1 BetrAVG Betriebsvereinbarung; 28.5.2008 AP Nr. 80 zu § 242 BGB Betriebliche Übung.

[75] BAG 15.5.2012 AP Nr. 13 zu § 1b BetrAVG = NZA 2012, 1279; 10.8.1988 AP Nr. 32 zu § 242 BGB Betriebliche Übung = NZA 1989, 57.

tens beim Eintritt in den Betrieb deutlich gemacht werden.[76] Dogmatisch lässt sich dieser Ansatz allerdings nur schwer mit der Vertragstheorie (→ Rn. 4 f.) vereinbaren. Solange der einzelne AN noch keine Leistungen erhalten hat, wäre es zutreffender, für derartige Fälle auf den **Gleichbehandlungsgrundsatz** zurückzugreifen. Alternativ scheint es auch denkbar anzunehmen, dass der AN das Angebot des Arbeitgebers zum Abschluss des Arbeitsvertrags so verstehen darf, dass der AG ihn zu den im Betrieb üblichen Bedingungen – und damit auch unter Geltung der betrieblichen Übung – einstellen will.[77]

VII. Besonderheiten

22 **1. Öffentlicher Dienst.** Besonderheiten gelten für das Entstehen einer betrieblichen Übung im **öffentlichen Dienst.**[78] Aufgrund der haushaltsrechtlichen Vorgaben nimmt die Rspr. bei einem öffentlichen AG an, dass sich dieser im Zweifel nur normgemäß verhalten und keine über- oder außertariflichen Leistungen erbringen will.[79] Ohne besondere Anhaltspunkte darf ein im öffentlichen Dienst beschäftigter AN daher auch bei langjähriger Gewährung von Vergünstigungen nicht annehmen, diese sei Vertragsinhalt geworden und werde unabhängig von einer zugrunde liegenden normativen Regelung unbefristet beibehalten.[80] Ebenso können regelmäßig gewährte über- oder außertarifliche Leistungen wieder eingestellt werden, wenn sie vom AG unter Berufung auf Vorschriften erbracht wurden, die einen Anspruch hierauf nicht vorsehen.[81] Dies gilt insbesondere bei Leistungen, die für Beamte und Tarifbeschäftigte gleichermaßen gelten. In diesem Fall kann sich eine betriebliche Übung grundsätzlich nicht in Widerspruch zu der für die Beamten maßgebenden Regelung entwickeln. Die AN müssen mit der Einstellung der Begünstigung rechnen, wenn diese auch für die Beamten beendet werden kann.[82]

23 Die Grundsätze sollen auch bei **Eigengesellschaften** von juristischen Personen des öffentlichen Rechts gelten.[83] Das BAG hat allerdings angenommen, dass ein Anspruch auf betriebliche Altersversorgung entsteht, wenn der Vorstand einer öffentlich-rechtlichen Anstalt intern beschließt, dass die AN nach vierjähriger Bewährung in der Verbandstätigkeit nach beamtenrechtlichen Grundsätzen versorgt werden, und diesen Beschluss acht Jahre lang umsetzt.[84] Nicht zu übertragen ist die für den öffentlichen Dienst entwickelte Rspr. dagegen auf **Kirchen** oder **Träger der freien Wohlfahrtspflege,** selbst wenn diese sich bei öffentlichen Leistungsträgern refinanzieren.[85]

24 **2. Bezugnahme auf Tarifvertrag.** Nach der Rspr. des BAG ist auch die vertragliche Inbezugnahme eines Tarifvertrags durch betriebliche Übung möglich.[86] Dies erfordert allerdings, dass das Verhalten des AG erkennen lässt, dass er den gesamten Tarifvertrag auf die Arbeitsverhältnisse anwenden will. Die nur punktuelle Anwendung einzelner Tarifregelungen – etwa zur Entgelthöhe durch Zahlung – reicht nicht aus.[87] Darüber hinaus soll sogar die Vereinbarung einer dynamischen Inbezugnahme künftiger Tarifverträge kraft betrieblicher Übung möglich sein,

---

[76] BAG 5.2.1971 AP Nr. 10 zu § 242 BGB Betriebliche Übung = NJW 1971, 1422.

[77] So *Waltermann* RdA 2006, 257 (265 mwN in Fn. 113); *Henssler* FS 50 Jahre BAG 2004, 683 (692).

[78] Dazu *Bieder* RdA 2013, 274; *Ch. Picker* ZTR 2012, 195.

[79] BAG 13.11.1986 AP Nr. 27 zu § 242 BGB Betriebliche Übung = NZA 1987, 635; 10.4.1985 AP Nr. 19 zu § 242 BGB Betriebliche Übung = NZA 1986, 604; zur Gewährung aufgrund eines Erlasses BAG 10.2.1988 AP Nr. 5 zu § 9 TVAL II; 5.2.1986 AP Nr. 21 zu § 242 BGB Betriebliche Übung = NZA 1986, 605; dagegen BAG 4.9.1985 AP Nr. 22 zu § 242 BGB Betriebliche Übung = NZA 1986, 521.

[80] BAG 29.9.2004 AP Nr. 67 zu § 242 BGB Betriebliche Übung; 14.1.2004 AP Nr. 19 zu § 1 TVG Tarifverträge: Deutsche Bahn; 18.9.2002 AP Nr. 59 zu § 242 BGB Betriebliche Übung = NZA 2003, 337; 29.5.2002 EzA Nr. 10 zu § 611 BGB Mehrarbeit.

[81] BAG 14.9.1994 AP Nr. 46 zu § 242 BGB Betriebliche Übung; 26.5.1993 AP Nr. 2 zu § 12 AVR Diakonisches Werk = NZA 1994, 513; 24.3.1993 AP Nr. 38 zu § 242 BGB Betriebliche Übung = NZA 1993, 749; 18.5.1988 AP Nr. 2 zu §§ 22, 23 BAT Datenverarbeitung; 13.11.1986 AP Nr. 27 zu § 242 BGB Betriebliche Übung = NZA 1987, 635; 6.3.1984 AP Nr. 16 zu § 242 Betriebliche Übung = NZA 1984, 256.

[82] BAG 1.11.2005 AP Nr. 16 zu § 33 BAT.

[83] BAG 13.11.1986 AP Nr. 27 zu § 242 BGB Betriebliche Übung = NZA 1987, 635.

[84] BAG 16.7.1996 AP Nr. 7 zu § 1 BetrAVG Betriebliche Übung = NZA 1997, 664.

[85] BAG 11.7.2018 AP Nr. 147 zu § 1 TVG Bezugnahme auf Tarifvertrag; 26.5.1993 AP Nr. 3 zu § 12 AVR Diakonisches Werk = NZA 1994, 88; aA LAG Düsseldorf 27.11.2002 NZA-RR 2003, 334.

[86] BAG 19.1.1999 AP Nr. 9 zu § 1 TVG Bezugnahme auf Tarifvertrag = NZA 1999, 879; 22.3.1994 EzA Nr. 10 zu § 4 TVG Geltungsbereich.

[87] BAG 23.11.2017 NZA-RR 2018, 217; 3.11.2004 – 4 AZR 541/03.

wenn sich aus dem Verhalten des AG ein entspr. Erklärungswert ableiten lasse.[88] Eine – hiervon zu unterscheidende – betriebliche Übung des **nicht tarifgebundenen AG** zur Anpassung des Entgelts entspr. der Tarifentwicklung in einem bestimmten Tarifgebiet kann nur dann angenommen werden, wenn es deutliche Anhaltspunkte im Verhalten des AG gibt, dass er sich derart binden und auf Dauer die von den Tarifvertragsparteien ausgehandelten Erhöhungen übernehmen will.[89] Der unterbliebene Beitritt zum Arbeitgeberverband verdeutlicht regelmäßig, dass sich der AG für die Zukunft gerade nicht der Regelungsmacht der Verbände unterwerfen will. Daher spricht vieles dafür, dass er jährlich über die Weitergabe des von Dritten ausgehandelten Tarifergebnisses neu entscheiden will. Gleiches gilt für einen **tarifgebundenen AG,** der die Tariferhöhungen – ungeachtet der Tarifgebundenheit des einzelnen AN – an alle AN weitergibt; im Regelfall wird auch dieser sich nicht über die Zeit seiner Tarifgebundenheit hinaus vertraglich binden wollen.[90]

3. Belastende Betriebsübung. Ist das nach der Vertragstheorie (→ Rn. 4 f.) als Willenser- **25**
klärung zu verstehende Verhalten des AG für die AN ungünstig, kann eine betriebliche Übung dieses Inhalts nur in Betracht kommen, wenn der einzelne AN das im belastenden Verhalten liegende – stillschweigende – Angebot des AG zumindest **konkludent angenommen** hat.[91] Ein Rückgriff auf § 151 BGB ist in diesen Fällen nicht möglich. Ein stillschweigendes Einverständnis kann ggf. darin liegen, dass der von der Verschlechterung unmittelbar betroffene AN in Kenntnis derselben über einen längeren Zeitraum widerspruchslos weiterarbeitet.[92] Nach der Rspr. soll auch der neu in den Betrieb eintretende AN eine solche ungünstige Übung gegen sich gelten lassen müssen, wenn dies im Vertrag so vereinbart worden ist, sie ihm bei Abschluss des Arbeitsvertrags mitgeteilt wird oder nach den Umständen davon auszugehen ist, dass er in sie einwilligt.[93] Der bloße Umstand, dass der neu eintretende AN die betriebliche Übung hätte kennen können,[94] reicht allerdings nicht aus. Den neueintretenden AN trifft keine Informationsobliegenheit für die im Betrieb geltenden Arbeitsbedingungen; insbesondere braucht er nicht ohne Weiteres damit zu rechnen, dass zu seinen Gunsten bestehendes dispositives Recht durch Betriebsübung abbedungen ist.

VIII. Darlegungs- und Beweislast

Dem AN obliegt die Darlegungs- und Beweislast, dass der von ihm geltend gemachte **26**
Anspruch auf einer betrieblichen Übung beruht. Er muss die Umstände darlegen, die den Eindruck einer regemäßigen Übung erwecken; notwendig ist ein Tatsachenvortrag, aus dem sich der nach abstrakten Kriterien zu bestimmende Empfängerkreis erkennen lässt.[95] Zudem hat er darzulegen, dass das Verhalten des AG aus Sicht der Empfänger ausreichende Anhaltspunkte für die Annahme bot, der AG wolle Leistungen oder Vergünstigungen gewähren, zu denen er nicht aus einem anderen Rechtsgrund – etwa aufgrund eines Tarifvertrags oder einer Betriebsvereinbarung – verpflichtet war[96] oder sich verpflichtet glaubte.[97] Erst wenn solche Darlegungen des AN die Entstehung einer betrieblichen Übung belegen, ist es Sache des AG, dem durch geeigneten Vortrag entgegenzutreten.[98] Ob aus einem wiederholten tatsächlichen Verhalten des AG eine betriebliche Übung mit Anspruch der AN auf eine zukünftige Gewährung entsteht oder ob aus dem Verhalten des AG nur eine Vergünstigung für das jeweilige Jahr abzuleiten ist, ist unter

[88] BAG 9.5.2007 AP Nr. 23 zu § 3 TVG Verbandszugehörigkeit = NZA 2007, 1439; 14.11.2001 EzA Nr. 16 zu § 4 TVG Tarifkonkurrenz.
[89] BAG 24.2.2016 NZA 2016, 557; 19.10.2011 AP Nr. 92 zu § 242 BGB Betriebliche Übung = NZA-RR 2012, 344; 23.3.2011 AP Nr. 101 zu § 77 BetrVG 1972.
[90] BAG 24.2.2016 NZA 2016, 557.
[91] Vgl. BAG 20.5.1976 AP Nr. 4 zu § 305 BGB; 17.8.1988 AP Nr. 1 zu § 120c GewO; 18.7.1960 AP Nr. 2 zu § 305 BGB; noch unklar BAG 21.12.1954 AP Nr. 1 zu § 1 FeiertagslohnzahlungsG.
[92] BAG 20.5.1976 AP Nr. 4 zu § 305 BGB; vgl. auch BAG 18.7.1960 AP Nr. 2 zu § 305 BGB.
[93] Vgl. BAG 5.2.1971 AP Nr. 10 zu § 242 BGB Betriebliche Übung = NJW 1971, 1422.
[94] Vgl. BAG 4.5.1999 AP Nr. 55 zu § 242 BGB Betriebliche Übung = NZA 1999, 1162; 26.3.1997 AP Nr. 50 zu § 242 BGB Betriebliche Übung = NZA 1997, 1007; zu Recht abl. *Preis/Genenger* JbArbR 47 (2010), 93 (111 ff.).
[95] BAG 17.4.2013 DB 2013, 2568.
[96] BAG 18.3.2020 AP Nr. 62 zu § 611 BGB Arbeitszeit mAnm *Salamon* = NZA 2020, 868; 19.2.2020 NJW 2020, 1900; 29.8.2012 AP Nr. 93 zu § 242 BGB Betriebliche Übung = NZA 2013, 40.
[97] BAG 11.11.2014 AP Nr. 74 zu § 2 BetrAVG; 10.12.2013 NZA-RR 2014, 375.
[98] BAG 29.8.2012 AP Nr. 93 zu § 242 BGB Betriebliche Übung = NZA 2013, 40; 16.7.1996 AP Nr. 7 zu § 1 BetrAVG Betriebliche Übung = NZA 1997, 664.

Berücksichtigung aller Umstände zu ermitteln.[99] Die Frage, ob eine betriebliche Übung zustande gekommen ist und welchen Inhalt sie hat, unterliegt der vollen **revisionsrechtlichen Überprüfung.**[100]

IX. Beseitigung und Änderung

27 **1. Grundsatz.** Grundsätzlich kann der AG eine bisherige betriebliche Übung durch einen einseitigen – in Erscheinung tretenden – Entschluss für die danach **neu in den Betrieb eintretenden AN** beenden.[101] Nicht ausreichend hierfür ist es, wenn er die durch betriebliche Übung entstandenen Ansprüche einmal nicht erfüllt.[102] Der AG muss vielmehr gegenüber den AN in geeigneter Form deutlich machen, dass er künftig nicht mehr bereit ist, die bisherige Handhabung – etwa die Zahlung einer Sonderzuwendung oder eines Ruhegelds – fortzusetzen. Eine entspr. Bekanntmachung zeitigt allerdings keine Rechtswirkung gegenüber den AN, bei denen die betriebliche Übung bereits zum Vertragsinhalt geworden ist; hiervon kann sich der AG nicht einfach durch einseitige Erklärung lösen.[103] Den neu eingestellten AN können Ansprüche aus einer gegenüber den bereits beschäftigten AN fortbestehenden betrieblichen Übung nur nach Maßgabe des **Gleichbehandlungsgrundsatzes** zustehen. Allerdings wird dieser regelmäßig nicht verletzt sein, da beide Personengruppen nicht vergleichbar sein und idR auch sachliche Gründe für die auf die Beseitigung der betrieblichen Übung gerichtete Differenzierung bestehen dürften.[104] Bei einer Betriebsstilllegung endet eine betriebliche Übung ebenfalls; bereits entstandene Ansprüche entfallen in diesem Fall aber ebenso wenig wie bei der Eröffnung eines Insolvenzverfahrens.[105]

28 Für die **inhaltliche Änderung** einer betrieblichen Übung gelten insoweit dieselben Grundsätze. Der AG kann daher durch die Modifikation der Leistungserbringung die Betriebsübung jederzeit inhaltlich für neu eintretende AN verändern. Die damit einhergehende Differenzierung innerhalb der Gruppe der AN dürfte regelmäßig zulässig sein.

29 **2. Beseitigung oder Änderung der entstandenen Rechtsbindung. a) Änderungskündigung oder -vertrag.** Sind die durch Betriebsübung begründeten Ansprüche Vertragsinhalt geworden, können sie nicht dadurch beseitigt oder geändert werden, dass der AG die Vergünstigungen einstellt oder ihre Gewährung inhaltlich modifiziert. Dies gilt selbst dann, wenn es sich bei der betriebsüblichen Leistung um eine einmalige – wie zB eine Jubiläumszuwendung – handelt und der AN selbst noch nie in ihren Genuss gelangt ist.[106] Da der durch die betriebliche Übung entstandene vertragliche Anspruch keine mindere Qualität hat, kann der AG ihn nur mit den **Mitteln des Vertragsrechts** abändern.[107] Die Vertragsparteien können daher eine einvernehmliche Abänderung vereinbaren; dies kann auch konkludent geschehen. Kommt keine Änderungsvereinbarung zustande, steht dem AG die Möglichkeit einer – ggf. an den Vorgaben des KSchG zu messenden – Änderungskündigung zur Verfügung. Eine kollektive Kündigung gegenüber dem BR oder eine Teilkündigung des Arbeitsverhältnisses ist nicht statthaft.

30 Erfüllt der AG die durch betriebliche Übung begründeten Ansprüche aus dem Arbeitsverhältnis nicht, gibt er damit nicht ohne Weiteres die rechtsgeschäftliche Erklärung ab, er wolle das Arbeitsverhältnis zu geänderten Bedingungen fortsetzen. Ein solches Verhalten müssen die AN daher idR nicht als Vertragsangebot verstehen. Selbst wenn in der Handhabung des AG ein

---

[99] BAG 12.1.1994 AP Nr. 43 zu § 242 BGB Betriebliche Übung = NZA 1994, 694.

[100] BAG 19.8.2015 ArbR 2016, 37; 31.7.2007 AP Nr. 79 zu § 242 BGB Betriebliche Übung = NZA-RR 2008, 263; 9.5.2007 AP Nr. 23 zu § 3 TVG Verbandszugehörigkeit = NZA 2007, 1439; 28.6.2006 AP Nr. 74 zu § 242 BGB Betriebliche Übung = NZA 2006, 1174; zweifelnd BAG 25.6.2002 AP Nr. 50 zu § 16 BetrAVG = NZA 2003, 875.

[101] Vgl. auch *Bepler* RdA 2004, 226 (238).

[102] BAG 10.8.1988 AP Nr. 32 zu § 242 BGB Betriebliche Übung = NZA 1989, 57; 27.6.2001 NZA 2002, 54.

[103] Vgl. BAG 28.5.2008 AP Nr. 80 zu § 242 BGB Betriebliche Übung = NZA 2008, 941; 28.6.2006 AP Nr. 74 zu § 242 BGB Betriebliche Übung = NZA 2006, 1174.

[104] BAG 13.10.1960 AP Nr. 30 zu § 242 BGB Gleichbehandlung.

[105] BAG 21.6.2005 AP Nr. 11 zu § 55 InsO = NZA 2006, 232.

[106] BAG 28.5.2008 AP Nr. 80 zu § 242 BGB Betriebliche Übung = NZA 2008, 941; 18.7.1968 AP Nr. 8 zu § 242 BGB Betriebliche Übung.

[107] BAG 5.8.2009 AP Nr. 85 zu § 242 BGB Betriebliche Übung = NZA 2009, 1105; vgl. etwa BAG 15.11.2016 AP Nr. 31 zu § 1 BetrAVG Beamtenversorgung = NZA 2017, 1058.

solches Angebot liegt, kommt durch die Nichtäußerung der AN kein Änderungsvertrag zustande. Das Schweigen gegenüber einem Angebot auf Verschlechterung eines Vertrags ist grundsätzlich keine Annahme eines solchen Angebots (§ 151 BGB). Das gilt bei einer widerspruchslosen Fortsetzung des Arbeitsverhältnisses durch den AN jedenfalls dann, wenn sich die angetragene Änderung nicht unmittelbar im Arbeitsverhältnis auswirkt.[108] Allenfalls in der tatsächlichen Praktizierung geänderter Vertragsbedingungen kann die konkludente Erklärung des betroffenen AN im Sinne einer Annahme innerhalb der Frist des § 147 BGB liegen.[109] Nur wenn der AN von der Durchführung der nachteiligen Vertragsgestaltung unmittelbar und sogleich betroffen wird und sich dennoch zum Angebot des AG auf die verschlechternde Vertragsänderung nicht äußert, sondern widerspruchslos seine Arbeit fortsetzt, kann darin eine Annahme durch **schlüssiges Verhalten** zu sehen sein.[110]

b) Widerrufsvorbehalt. Die aufgrund einer betrieblichen Übung entstandenen Ansprüche 31
können nur dann vom AG einseitig widerrufen werden, wenn er sich wirksam ein Recht zum Widerruf der entspr. Leistungen im Arbeitsvertrag vorbehalten hat. Der Widerrufsvorbehalt muss den für Allgemeine Geschäftsbedingungen geltenden Grundsätzen (→ § 35 Rn. 84) genügen und die im Rahmen der betrieblichen Übung gewährten Leistungen erfassen.[111] Zudem muss die Ausübung des Widerrufs billigem Ermessen iSd § 315 BGB entsprechen.[112]

c) Ablösende bzw. gegenläufige Betriebsübung. Nach einer vorübergehend vom 10. Senat 32
des BAG vertretenen Auffassung konnten die durch eine betriebliche Übung begründeten Ansprüche durch eine gegenläufige nachteilige betriebliche Übung ersetzt oder aufgehoben werden.[113] Danach sollte der AG dem AN mit einer gegenläufigen Betriebsübung über einen längeren Zeitraum hinweg ein verschlechterndes Änderungsangebot unterbreiten, das von diesem angenommen werden musste. Hiervon wurde ausgegangen, wenn der AN ausdrücklich sein Einverständnis erklärte oder der AG nach Treu und Glauben und nach der Verkehrssitte das Schweigen des AN nach dem maßgeblichen Empfängerhorizont als Zustimmung zu der geänderten betrieblichen Übung ansehen durfte. Diese Rspr. hat der 10. Senat des BAG im Jahr 2009 aufgegeben, weil es mit dem Klauselverbot für fingierte Erklärungen in § 308 Nr. 5 BGB nicht zu vereinbaren ist, dass eine dreimalige Nichtgeltendmachung einer aufgrund betrieblicher Übung entstandenen Forderung die Verpflichtung des AG beenden kann.[114]

d) Betriebsvereinbarung. aa) Konkurrierende Betriebsvereinbarung. Eine der betriebli- 33
chen Übung nachfolgende Betriebsvereinbarung verdrängt diese, wenn sie im Hinblick auf den Gegenstand der betrieblichen Übung für den einzelnen AN keine ungünstigeren Regelungen enthält (→ § 231 Rn. 36). Dies folgt aus der zwingenden Wirkung von Betriebsvereinbarungen (§ 77 IV 1 BetrVG). Nach dem Ende der Betriebsvereinbarung leben die Ansprüche aus der betrieblichen Übung jedoch wieder auf.[115] Eine von der Betriebsvereinbarung abweichende ungünstigere betriebliche Übung entfaltet jedenfalls für die Dauer ihrer zwingenden Wirkung keine Rechtswirkung.

bb) Ablösende Betriebsvereinbarung. Die auf einer betrieblichen Übung beruhenden 34
Ansprüche auf Gewährung von Leistungen können auch durch eine nachfolgende Betriebsvereinbarung verschlechtert werden. Ob eine ablösende Betriebsvereinbarung vorliegt, ist – sofern dieses Regelungsziel nicht ausdrücklich angegeben ist – im Wege der Auslegung zu ermitteln. Entspricht der Leistungszweck der Betriebsvereinbarung den durch betriebliche Übung begründeten Ansprüchen, ist hiervon regelmäßig auszugehen.[116] Eine Ablösung der durch Betriebsübung begründeten Ansprüche ist möglich, wenn die Betriebsvereinbarung insgesamt bei kollektiver Betrachtung für die AN nicht ungünstiger ist[117] (→ § 231 Rn. 37). Darüber hinaus kommt

[108] BAG 25.11.2009 AP Nr. 87 zu § 242 BGB Betriebliche Übung = NZA 2010, 283; 1.8.2001 AP Nr. 20 zu § 157 BGB = NZA 2003, 924.
[109] BAG 25.11.2009 AP Nr. 87 zu § 242 BGB Betriebliche Übung = NZA 2010, 283.
[110] BAG 20.5.1976 AP Nr. 4 zu § 305 BGB.
[111] Vgl. *Waltermann* RdA 2006, 257 (268).
[112] Vgl. BAG 24.1.2017 AP Nr. 151 zu § 87 BetrVG 1972 Lohngestaltung = NZA 2017, 931.
[113] BAG 28.5.2008 AP Nr. 80 zu § 242 BGB Betriebliche Übung = NZA 2008, 941; 4.5.1999 AP Nr. 55 zu § 242 BGB Betriebliche Übung = NZA 1999, 1162; 26.3.1997 AP Nr. 50 zu § 242 BGB Betriebliche Übung = NZA 1997, 1007.
[114] BAG 8.3.2009 AP Nr. 83 zu § 242 BGB Betriebliche Übung = NZA 2009, 601; Bestätigung BAG 25.11.2009 AP Nr. 87 zu § 242 BGB Betriebliche Übung = NZA 2010, 283.
[115] BAG 21.9.1989 AP Nr. 43 zu § 77 BetrVG 1972 = NZA 1990, 351.
[116] BAG 16.11.2011 AP Nr. 289 zu § 611 BGB Gratifikation = NZA 2012, 349.
[117] BAG GS 16.9.1986 AP Nr. 17 zu § 77 BetrVG 1972 = NZA 1987, 168.

eine Ablösung in Betracht, wenn die vertraglichen Ansprüche **betriebsvereinbarungsoffen** ausgestaltet sind. Nach der Rspr. des 10. Senats des BAG soll ein auf betrieblicher Übung beruhender Anspruch auf eine Sonderzahlung allerdings ohne entspr. ausdrückliche Abrede der Arbeitsvertragsparteien regelmäßig nicht „betriebsvereinbarungsoffen" sein.[118] Will der AG eine solche Zahlung nur unter dem Vorbehalt einer ablösenden Betriebsvereinbarung leisten, ist dies zwar grundsätzlich zulässig; der Vorbehalt muss jedoch ebenso wie ein Widerrufs- oder Freiwilligkeitsvorbehalt dem Transparenzgebot des § 307 I 2 BGB genügen.[119] Hat die betriebliche Übung – wie üblicherweise im Bereich der **betrieblichen Altersversorgung** – einen dynamischen Inhalt, eröffnet dies auch die Möglichkeit zu ihrer Abänderung auf kollektivvertraglicher Grundlage.[120] Für die in diesem Fall geltenden Zulässigkeitsanforderungen bei einem Eingriff in die bereits entstandenen Versorgungsanwartschaften der AN hat die Rspr. weitergehende Anforderungen entwickelt (dazu → § 274 Rn. 74 ff.).

35 **e) Anfechtung.** Da die Betriebsübung nach der Vertragstheorie auf einer ausdrücklich oder stillschweigend abgegebenen Willenserklärung beruht, kann der AG seine Erklärung unter den Voraussetzungen des § 119 BGB anfechten.[121] Eine Anfechtung kann jedoch nicht damit begründet werden, der AG habe nicht gewusst, dass aus seiner Übung eine Willenserklärung gefolgert werde. Insoweit handelt es sich um einen unbeachtlichen Rechtsfolgenirrtum.[122] Der AG kann ferner nicht damit gehört werden, er habe nicht gewusst, dass in seinem Betrieb eine bestimmte Übung entstehe.[123] Zudem dürfte die Irrtumsanfechtung regelmäßig an § 121 BGB scheitern, der ein unverzügliches Handeln des AG gegenüber jedem begünstigten AN verlangt.

36 **3. Mitbestimmung.** Nach § 87 I Nr. 10 BetrVG hat der BR ein erzwingbares Mitbestimmungsrecht in Fragen der Lohngestaltung (→ § 235 Rn. 89). Der AG kann die Gewährung von freiwilligen Leistungen für die Zukunft mitbestimmungsfrei einstellen. Werden die Leistungen nur gekürzt, anders verteilt oder stellt der AG die Leistungen nur für neueingestellte AN ein, so ist damit auch die Verteilungsgerechtigkeit zwischen alten und neuen Belegschaftsmitgliedern betroffen, die mitbestimmungspflichtig ist.[124] Eine ohne die notwendige Beteiligung des BR vorgenommene Leistungskürzung bzw. -umverteilung kann zu Ansprüchen der AN nach der Theorie der Wirksamkeitsvoraussetzung führen (→ § 235 Rn. 22 f.). Die vollständige Einstellung eines Werksverkehrs ist nach der Rspr. des BAG mitbestimmungsfrei.[125] Ein Mitbestimmungsrecht der Arbeitnehmervertreter bei der Einstellung von bisher rechtsgrundlos erbrachten Leistungen besteht nicht.[126]

§ 111. Gesamtzusage

Übersicht

[118] BAG 5.8.2009 AP Nr. 85 zu § 242 BGB Betriebliche Übung = NZA 2009, 1105; *Preis/Genenger* JbArbR 47 (2010), 93; *Waltermann* RdA 2006, 257 (264); aA wegen des kollektiven Charakters der betrieblichen Übung *Bepler* RdA 2005, 323 (328).
[119] BAG 5.8.2009 AP Nr. 85 zu § 242 BGB Betriebliche Übung = NZA 2009, 1105.
[120] BAG 23.2.2016 AP Nr. 73 zu § 1 BetrAVG Ablösung = NZA 2016, 961.
[121] BGH 7.6.1984 NJW 1984, 2279; weitergehend *Hromadka* NZA 2011, 65.
[122] Anders wohl *Schwarze* NZA 2012, 289; *Houben* BB 2006, 2301 (2303).
[123] *Waltermann* RdA 2006, 257 (265).
[124] BAG GS 3.12.1991 AP Nr. 51 zu § 87 BetrVG 1972 Lohngestaltung = NZA 1992, 749.
[125] BAG 9.7.1985 AP Nr. 16 zu § 75 BPersVG.
[126] BAG 7.5.1986 AP Nr. 12 zu § 4 BAT.

I. Begriff

Das Rechtsinstitut der Gesamtzusage ist von *Hilger*[1] entwickelt worden. Unter diesem Begriff werden einseitige Verpflichtungserklärungen des AG mit kollektivem Charakter verstanden, die dieser gegenüber der gesamten oder einem Teil der Belegschaft abgibt. Die Gesamtzusage ist danach die an alle AN oder einen nach abstrakten Merkmalen bestimmten Teil von ihnen in allgemeiner Form gerichtete, ausdrückliche und mit Rechtsbindungswillen verbundene Erklärung des AG, jedem AN, der die vom AG abstrakt festgelegten Voraussetzungen erfüllt, eine bestimmte Leistung zu gewähren.[2] Der Inhalt der Gesamtzusage wird Bestandteil des Arbeitsvertrags.[3] Bei den durch eine Gesamtzusage versprochenen Leistungen handelt es sich um **Allgemeine Geschäftsbedingungen**[4] (dazu → § 35 Rn. 1 ff.), die einer Kontrolle nach den §§ 305 ff. BGB unterliegen. 1

II. Zustandekommen

1. Verpflichtungserklärung des Arbeitgebers. Im Gegensatz zur betrieblichen Übung (→ § 110 Rn. 1 ff.) erfordert eine Gesamtzusage eine **ausdrückliche Erklärung des AG** an die Belegschaft oder einen Teil von ihr, in der dieser sich verpflichtet, jedem AN, der die vom AG in der Erklärung festgelegten Voraussetzungen erfüllt, eine bestimmte Leistung zu gewähren.[5] Für die Frage, ob eine mit Rechtsbindungswillen abgegebene Erklärung des AG vorliegt, kommt es auf den verobjektivierten Empfängerhorizont an.[6] Entscheidend ist, dass die AN die Erklärung des AG als Leistungsversprechen auffassen durften. Akte der internen Willensbildung des AG reichen nicht aus.[7] Auch bloße Erläuterungen des AG oder eine vom unzutreffend erteilte Rechtsauskunft können nicht zu einer Gesamtzusage führen. 2

2. Zugang. Gesamtzusagen werden bereits dann wirksam, wenn sie gegenüber den AN in einer Form verlautbart werden, die den einzelnen AN typischerweise in die Lage versetzt, von der Erklärung Kenntnis zu nehmen.[8] Eine Gesamtzusage bindet den AG nicht erst, wenn der einzelne AN von dem darin liegenden Vertragsangebot Kenntnis nimmt. Vielmehr erwirbt der AN einen Anspruch bereits dann, wenn die Leistungen in allgemeiner und betriebsüblicher[9] Form gegenüber „den Arbeitnehmern" bekannt gemacht worden sind.[10] Die Erklärung des AG kann an die Belegschaft als Ganzes oder die begünstigte Gruppe gerichtet werden.[11] Auf die konkrete Kenntnis eines einzelnen AN kommt es daher nicht an.[12] Allerdings bedarf es einer bewussten und gezielte Bekanntgabe an die AN.[13] Ein lediglich verwaltungsinterner Erlass reicht nicht aus.[14] 3

3. Annahme. Einer ausdrücklichen Annahme des in der Erklärung des AG enthaltenen Antrags iSv § 145 BGB bedarf es nicht. Da das in der Gesamtzusage liegende Angebot des AG begünstigenden Inhalt hat, erfolgt seine Annahme durch die AN in der Regel **stillschweigend** nach § 151 BGB.[15] Damit wird die Gesamtzusage ergänzender Inhalt des Arbeitsvertrags. 4

---

[1] *Hilger*, Das Ruhegeld, 1959, 51 ff.; ihr folgend BAG 12.3.1963 AP Nr. 90 zu § 242 BGB Ruhegehalt.
[2] BAG 13.11.2013 AP Nr. 303 zu § 611 BGB Gratifikation = NZA 2014, 368.
[3] BAG 5.12.1995 AP Nr. 20 zu § 1 BetrAVG Ablösung = NZA 1996, 666.
[4] Vgl. etwa BAG 13.1.2016 AP Nr. 237 zu § 1 TVG Tarifverträge: Metallindustrie; 7.7.2015 AP Nr. 87 zu § 74 HGB = NZA 2015, 1253; 13.1.2015 AP Nr. 54 zu § 1 BetrAVG Auslegung = NZA 2015 1192.
[5] BAG 16.2.2010 AP Nr. 10 zu § 1b BetrAVG = NZA 2011, 42.
[6] BAG 2.8.2018 AP Nr. 67 zu § 611 BGB Bühnenengagementvertrag.
[7] BAG 22.12.2009 NZA-RR 2010, 541; 15.7.2008 AP Nr. 6 zu § 1 BetrAVG Auslegung = NZA-RR 2009, 323.
[8] BAG 22.5.2012 AP Nr. 57 zu § 1 TVG Altersteilzeit (Verwaltungsvorschriften); 22.12.2009 NZA-RR 2010, 541; 11.12.2007 AP Nr. 37 zu § 77 BetrVG 1972 Betriebsvereinbarung.
[9] BAG 22.1.2003 AP Nr. 247 zu § 611 BGB Gratifikation (durch Intranet); 21.1.2003 EzA Nr. 5 zu § 611 BGB 2002 Gratifikation, Prämie (schwarzes Brett).
[10] BAG 13.11.2013 AP Nr. 303 zu § 611 BGB Gratifikation = NZA 2014, 368; 4.6.2008 AP Nr. 4 zu § 151 BGB = NZA 2008, 1360.
[11] BAG 28.6.2006 AP Nr. 74 zu § 242 BGB Betriebliche Übung = NZA 2006, 1174; 18.3.2003 AP Nr. 41 zu § 1 BetrAVG Ablösung = NZA 2004, 1099; BAG GS 16.9.1986 AP Nr. 17 zu § 77 BetrVG 1972 = NZA 1987, 168.
[12] BAG 15.2.2005 AP Nr. 15 zu § 612a BGB = NZA 2005, 1117.
[13] BAG 12.10.2011 AP Nr. 92 zu § 315 BGB = NZA 2012, 450.
[14] BAG 19.4.2012 AP Nr. 5 zu § 6 TVUmBw.
[15] BAG 23.9.2009 AP Nr. 36 zu § 157 BGB; 4.6.2008 AP Nr. 4 zu § 151 BGB = NZA 2008, 1360.

5 **4. Schriftform.** Bedürfen ergänzende Vertragsabreden der Parteien aufgrund eines Tarifvertrags oder wegen eines einzelvertraglichen Schriftformgebots einer schriftlichen Vereinbarung,[16] so gelten für das wirksame Zustandekommen der Gesamtzusage die Ausführungen zur betrieblichen Übung sinngemäß (→ § 110 Rn. 19 f.).

6 **5. Neueintretende Arbeitnehmer.** Nach der Rspr. wird eine Gesamtzusage regelmäßig auch gegenüber **nachträglich in den Betrieb eintretenden Mitarbeitern** abgegeben und diesen bekannt. Auch sie sollen deshalb das in ihr liegende Vertragsangebot nach § 151 BGB annehmen können. Nach § 151 S. 2 BGB ergibt sich der Zeitpunkt, in welchem der Antrag des AG erlischt, nach dem aus dem Angebot oder den Umständen zu entnehmenden Willen des AG. In den Fällen, in denen es nicht um eine einmalige Leistung an bestimmte AN geht, sondern der AG sich zu einer Regelung im Sinne einer auf Dauer angelegten Handhabung bei Erfüllung der Anspruchsvoraussetzungen bereit erklärt, spricht dies für die Fortgeltung des Antrags bis zu einer gegenteiligen Erklärung.[17] Diese Sichtweise begegnet den gleichen dogmatischen Bedenken wie die Erstreckung der betrieblichen Übung auf neu eintretende AN; vorzugswürdig ist auch hier der Gleichbehandlungsgrundsatz als Anspruchsgrundlage (dazu → § 110 Rn. 21).

7 **6. Umdeutung einer Betriebsvereinbarung.** Nach der Rspr. des BAG kann eine Gesamtzusage auch durch die Umdeutung (§ 140 BGB analog) einer unwirksamen Betriebsvereinbarung zustande kommen. Erforderlich ist, dass besondere Umstände die Annahme rechtfertigen, der AG habe sich unabhängig von der Betriebsvereinbarung auf jeden Fall verpflichten wollen, seinen AN die in der Betriebsvereinbarung vorgesehenen Leistungen zu gewähren. Dabei ist insbesondere zu berücksichtigen, dass sich der AG von einer Betriebsvereinbarung durch Kündigung jederzeit lösen kann, während eine Änderung der Arbeitsverträge, zu deren Inhalt eine Gesamtzusage wird, grundsätzlich nur einvernehmlich oder durch gerichtlich überprüfbare Änderungskündigung möglich ist. Ein hypothetischer Wille des AG, sich losgelöst von der Wirksamkeit einer Betriebsvereinbarung einzelvertraglich zu binden, kann daher nur in Ausnahmefällen angenommen werden.[18] Aus den in der Betriebsvereinbarung getroffenen Regelungen selbst kann dabei nicht auf einen solchen Rechtsbindungswillen geschlossen werden. Er muss sich vielmehr aus außerhalb der Betriebsvereinbarung liegenden Umständen ergeben.[19] Will der AG mit den Leistungen lediglich eine vermeintlich kollektivrechtliche Verpflichtung aus einer Betriebsvereinbarung erfüllen, fehlt es regelmäßig an einem darüber hinausgehenden Bindungswillen.[20]

III. Inhalt

8 Eine Gesamtzusage hat für alle von ihr begünstigten AN den **gleichen Inhalt** und die gleiche Bedeutung.[21] Maßgeblich für den einzelnen AN ist dabei der Inhalt, den die Gesamtzusage zum Zeitpunkt seines Eintritts in das Unternehmen hatte.[22] Der AG ist grundsätzlich berechtigt, für neu eintretende AN den Inhalt der Zusage zu ändern.[23] Diesen kann ein Anspruch nach der früheren Fassung der Gesamtzusage dann allenfalls noch unter dem Gesichtspunkt der Gleichbehandlung zustehen.

9 Die Ermittlung des Inhalts einer Gesamtzusage richtet sich nach den für Allgemeine Geschäftsbedingungen geltenden **Auslegungsgrundsätzen.**[24] Es kommt daher darauf an, wie

[16] Vgl. etwa BAG 4.6.2008 AP Nr. 4 zu § 151 BGB.

[17] BAG 20.8.2014 AP Nr. 69 zu § 307 BGB = NZA 2014, 1333; 23.9.2009 AP Nr. 36 zu § 157 BGB; 11.12.2007 – 1 AZR 869/06; 10.12.2002 AP Nr. 252 zu § 611 BGB Gratifikation.

[18] BAG 23.2.2016 AP Nr. 12 zu § 1 BetrAVG Betriebsvereinbarung = NZA 2016, 642; 19.6.2012 – 1 AZR 137/11, ZTR 2013, 663; 17.3.2010 AP Nr. 18 zu § 47 BetrVG 1972; 30.5.2006 AP Nr. 23 zu § 77 BetrVG 1972 Tarifvorbehalt = NZA 2006, 1170; 5.3.1997 AP Nr. 10 zu § 77 BetrVG 1972 Tarifvorbehalt = NZA 1997, 951.

[19] BAG 23.1.2018 AP Nr. 111 zu § 77 BetrVG 1972 = NZA 2018, 871; zust. *Moll* RdA 2019, 229.

[20] BAG 28.6.2005 AP Nr. 25 zu § 77 BetrVG 1972 Betriebsvereinbarung; 27.6.1995 AP Nr. 3 zu Einigungsvertrag Anlage II Kap VIII = NZA 1996, 480; 23.8.1989 AP Nr. 42 zu § 77 BetrVG 1972 = NZA 1990, 69.

[21] Vgl. etwa BAG 23.9.2009 AP Nr. 36 zu § 157 BGB; 28.7.1998 AP Nr. 4 zu § 1 BetrAVG Überversorgung = NZA 1999, 444.

[22] BAG 20.8.2014 AP Nr. 69 zu § 307 BGB = NZA 2014, 1333.

[23] BAG 20.8.2014 AP Nr. 69 zu § 307 BGB = NZA 2014, 1333.

[24] Vgl. BAG 22.3.2017 AP Nr. 29 zu § 611 BGB = NZA 2017, 1073; 7.7.2015 AP Nr. 87 zu § 74 HGB = NZA 2015, 1253; 8.12.2015 – 3 AZR 433/14; 13.1.2015 AP Nr. 54 zu § 1 BetrAVG Auslegung = NZA 2015 1192.

ihre Klauseln nach ihrem objektiven Inhalt und typischen Sinn von verständigen und redlichen Vertragspartnern unter Abwägung der Interessen der normalerweise beteiligten Verkehrskreise verstanden werden, wobei die Verständnismöglichkeiten des durchschnittlichen Vertragspartners des Verwenders zugrunde zu legen sind. Die Auslegung durch das Landesarbeitsgericht unterliegt der vollen revisionsrechtlichen Überprüfung.[25]

IV. Änderung

1. Individualrecht. Eine Änderung der Leistungsbedingungen oder die Aufhebung der Leistungsverpflichtung aus einer Gesamtzusage kann mit den allgemeinen vertragsrechtlichen Mitteln **(Änderungsvertrag oder Änderungskündigung)** erfolgen. Eine einseitige Änderungsmöglichkeit durch den AG besteht regelmäßig nur dann, wenn und soweit er sich einen **Widerruf** der mit der Gesamtzusage versprochenen Leistungen oder die Änderung der Leistungsbedingungen wirksam vorbehalten hat; insoweit gelten die für die betriebliche Übung dargestellten Grundsätze (→ § 110 Rn. 31). Der Widerruf kann nach den für die Bekanntgabe einer Gesamtzusage geltenden Grundsätzen erfolgen, dh es reicht aus, wenn der einzelne AN typischerweise von der Erklärung Kenntnis nehmen kann.[26] 10

2. Kollektivrecht. Eine durch eine Gesamtzusage begründete Vereinbarung ist gegen Verschlechterungen grundsätzlich durch das Günstigkeitsprinzip geschützt. Hiervon hat der Große Senat des BAG Ausnahmen zugelassen.[27] Eine Verschlechterung der durch Gesamtzusage begründeten Rechte durch Betriebsvereinbarung kommt danach in Betracht, wenn die Geschäftsgrundlage der Gesamtzusage gestört ist,[28] der AG sich den Widerruf der Gesamtzusage vorbehalten hat,[29] die Neuregelung durch Betriebsvereinbarung zumindest bei kollektiver Betrachtung insgesamt nicht ungünstiger als die abgelöste Gesamtzusage ist,[30] oder der AG sie unter dem Vorbehalt einer abändernden Neuregelung durch Betriebsvereinbarung gestellt hat.[31] Soll eine Betriebsvereinbarung Ansprüche aus einer Gesamtzusage auf eine Sozialleistung ablösen, muss dieses Regelungsziel ausdrücklich bestimmt sein oder sich der Betriebsvereinbarung durch Auslegung entnehmen lassen.[32] Eine betriebsvereinbarungsoffene Gesamtzusage liegt vor, wenn das sie begründende Handeln des AG einen entspr. Vorbehalt enthält. Dieser kann ausdrücklich oder bei entspr. Begleitumständen konkludent erfolgen. Ein solcher Vorbehalt kann anzunehmen sein, wenn für die AN erkennbar ist, dass die Leistung einer kollektiven, möglicherweise auch verschlechternden Veränderung zugänglich sein soll. Hiervon ist zB dann auszugehen, wenn die Gesamtzusage in Abstimmung mit der jeweils zuständigen Arbeitnehmervertretung zustande gekommen ist oder wenn Änderungen in der Vergangenheit unter Beteiligung des Betriebsrats vorgenommen worden sind.[33] Da die Gesamtzusage regelmäßig Arbeitsbedingungen enthält, die betriebseinheitlich gelten sollen und damit einen kollektiven Bezug haben, liegt zudem regelmäßig ein konkludent vom AG erklärter Vorbehalt der Betriebsvereinbarungsoffenheit vor;[34] dieser verstößt nicht gegen das Transparenzgebot aus § 307 I 2 BGB.[35] Hat die Gesamtzusage – wie typischerweise im Bereich der betrieblichen Altersversorgung – einen dynamischen Inhalt, ist damit auch die Möglichkeit zu ihrer Abänderung auf kollektivvertraglicher 11

[25] BAG 3.5.2006 EzA Nr. 18 zu § 611 BGB 2002 Gratifikation, Prämie.
[26] BAG 24.1.2006 AP Nr. 1 zu § 313 BGB.
[27] BAG GS 16.9.1986 AP Nr. 17 zu § 77 BetrVG 1972 = NZA 1987, 168.
[28] BAG 17.1.2012 AP Nr. 14 zu § 1 BetrAVG Überversorgung; 22.10.2002 AP Nr. 10 zu § 1 BetrAVG Überversorgung.
[29] BAG 15.2.2011 AP Nr. 13 zu § 1 BetrAVG Auslegung = NZA-RR 2011, 541; LAG RhPf 24.7.2012 NZA-RR 2012, 639.
[30] BAG 11.12.2007 AP Nr. 37 zu § 77 BetrVG 1972 Betriebsvereinbarung; 17.6.2003 AP Nr. 44 zu § 1 BetrAVG Ablösung = NZA 2004, 1110.
[31] BAG 10.12.2002 AP Nr. 249 zu § 611 BGB Gratifikation = NZA 2004, 271 („Einvernehmen mit dem GBR").
[32] BAG 16.11.2011 AP Nr. 289 zu § 611 BGB Gratifikation = NZA2012, 349.
[33] BAG 17.7.2012 AP Nr. 61 zu § 77 BetrVG 1972 Betriebsvereinbarung = NZA 2013, 338.
[34] BAG 11.7.2019 AP Nr. 95 zu § 611 BGB Kirchendienst = NZA-RR 2019, 590; 30.1.2019 AP Nr. 26 zu § 611 BGB Sachbezüge = NZA 2019, 1076; 24.10.2017 AP Nr. 110 zu § 77 BetrVG 1972; 5.3.2013 AP Nr. 105 zu § 77 BetrVG 1972 = NZA 2013, 916; aA *Preis/Ulber* NZA 2014, 6; dazu *Diller/Beck* BetrAV 2014, 345.
[35] BAG 30.1.2019 AP Nr. 26 zu § 611 BGB Sachbezüge = NZA 2019, 1076; aA *Creutzfeldt* NZA 2018, 1111 (1119); vgl. auch das obiter dictum in BAG 11.4.2018 AP Nr. 143 zu § 1 TVG Bezugnahme auf Tarifvertrag = NZA 2018, 1273.

Grundlage eröffnet.[36] Für die in diesem Fall geltenden Anforderungen an die Zulässigkeit der Verschlechterung der entstandenen **Versorgungsanwartschaften** der AN hat die Rspr. zusätzliche Anforderungen entwickelt (dazu → § 274 Rn. 74 ff.). Eine Gesamtzusage kann schließlich durch nachfolgende Tarifverträge zu Lasten der AN geändert werden, wenn die Zusage „tarifoffen" ausgestaltet worden ist.[37]

V. Mitbestimmung

12 Der BR hat nach § 87 I Nr. 10 BetrVG ein erzwingbares Mitbestimmungsrecht in Fragen der Lohngestaltung (→ § 235 Rn. 89). Wurde er entgegen diesen Vorgaben beim Erlass einer Gesamtzusage über eine die AN begünstigende Leistung nicht beteiligt, ist diese allerdings nicht unwirksam.[38] Im Übrigen gelten zum Beteiligungsrecht des Betriebsrats die Ausführungen zur betrieblichen Übung sinngemäß (→ § 110 Rn. 36).

§ 112. Gleichbehandlungsgrundsatz

Übersicht

I. Allgemeines

1 **1. Grundprinzip des Arbeitsrechts.** Zu den Grundprinzipien des Arbeitsrechts gehört die Pflicht zur Gleichbehandlung der AN. Der arbeitsrechtliche Gleichbehandlungsgrundsatz ist privatrechtlicher Natur. Das RAG hat ihn zunächst aus der „konkreten Ordnung des Betriebs", später aus der Treue- und Fürsorgepflicht hergeleitet.[1] Im Schrifttum gibt es verschiedene dogmatische Begründungen.[2] Die Rechtsprechung sieht den arbeitsrechtlichen Gleichbehandlungsgrundsatz als privatrechtliche Ausprägung des Gleichheitssatzes aus Art. 3 I GG,[3] der dem AG gebietet, seine AN oder Gruppen von AN gleich zu behandeln, soweit sie sich in gleicher oder vergleichbarer Lage befinden (→ Rn. 9). Letztlich wurzelt er in dem überpositiven Ideal der Gerechtigkeit, die es gebietet, Gleiches gleich und Ungleiches entsprechend seiner Eigenart ungleich zu behandeln.[4] Er beschränkt die Gestaltungsmacht des AG[5] und ist damit zugleich Anspruchsgrundlage und Schranke der Rechtsausübung.[6] Er verbietet sowohl die sachfremde Schlechterstellung einzelner AN innerhalb einer Gruppe als auch die sachfremde Gruppenbildung (→ Rn. 3). Sachfremd ist eine Differenzierung, wenn es für die unterschiedliche Behandlung keine billigenswerten Gründe

[36] BAG 10.3.2015 AP Nr. 68 zu § 1 BetrAVG Ablösung = NZA-RR 2015, 371.
[37] BAG 4.4.2001 – 10 AZR 181/00.
[38] HessLAG 4.3.2009 ZInsO 2009, 2063 (betriebliche Altersversorgung).
[1] RAG 19.1.1938 ARS 33, 172 (177); 35, 114; 36, 12; 37, 273.
[2] Zusammenfassend MHdB ArbR/*Fischinger* § 14 Rn. 8 ff.; HWK/*Thüsing* BGB § 611a Rn. 331.
[3] Vgl. BAG 19.9.2017 AP Nr. 68 zu § 1 TVG Altersteilzeit = NZA 2017, 1612; 17.6.2014 AP Nr. 70 zu § 1 BetrAVG Gleichbehandlung; 23.10.2012 AP Nr. 12 zu § 12 AVR Diakonisches Werk; aA MHdB ArbR/*Fischinger* § 14 Rn. 8.
[4] Vgl. BAG 18.11.2020 NZA 2021, 357; 3.9.2014 AP Nr. 218 zu § 242 BGB Gleichbehandlung = NZA 2015, 222; MüKoBGB/*Spinner* § 611a Rn. 1041.
[5] BAG 27.5.2015 AP Nr. 221 zu § 242 BGB Gleichbehandlung.
[6] BAG 21.12.2017 AP Nr. 1 zu § 29a TVÜ; 17.3.2016 AP Nr. 2 zu § 2 TV SozSich.

gibt (→ Rn. 14). Liegt ein sachlicher Grund für eine Ungleichbehandlung nicht vor, kann der übergangene AN verlangen, nach Maßgabe der allgemeinen Regelung behandelt zu werden (→ Rn. 27). Nicht anwendbar ist der arbeitsrechtliche Gleichbehandlungsgrundsatz, wenn Leistungen oder Vergünstigungen individuell vereinbart werden (→ Rn. 5).[7] Der Gleichbehandlungsgrundsatz ist stets verletzt, wenn die unterschiedliche Behandlung gegen Diskriminierungsverbote des § 1 AGG verstößt.[8] Da der Gleichbehandlungsgrundsatz als Prinzip austeilender Gerechtigkeit der Begründung von Rechten und nicht deren Einschränkung dient (→ Rn. 3),[9] kann hierauf nicht eine Änderungskündigung gestützt werden (dazu → § 137 Rn. 49).[10] Ebenso wenig kommt er grundsätzlich bei einer verhaltensbedingten **Kündigung** im Verhältnis von AN untereinander zur Anwendung. Eine mittelbare Auswirkung auf die Interessenabwägung kann der Gleichbehandlungsgrundsatz nur bei gleicher Ausgangslage haben.[11] Der Gleichbehandlungsgrundsatz ist vom Gesetzgeber in § 1b I 4 BetrAVG anerkannt worden. Er kann darüber hinaus als Gewohnheitsrecht angesehen werden.[12]

2. Abgrenzungen. Der Gleichbehandlungsgrundsatz ist abzugrenzen von der **Billigkeitskontrolle:** Die Pflicht zur Gleichbehandlung dient der Verwirklichung austeilender Gerechtigkeit. Gegenstand der Billigkeitskontrolle ist demgegenüber das Verhältnis von Leistung und Gegenleistung. Sie dient damit ausgleichender Gerechtigkeit.[13] Weiterhin ist der arbeitsrechtliche Gleichbehandlungsgrundsatz von spezialgesetzlichen Benachteiligungsverboten abzugrenzen. So verbietet das **AGG** in den Fällen des § 2 I AGG Benachteiligungen aus den in § 1 AGG genannten Gründen (→ § 36 Rn. 4 ff.). § 2 III AGG lässt den arbeitsrechtlichen Gleichbehandlungsgrundsatz unberührt.[14] **§ 4 TzBfG** schließt eine Schlechterstellung wegen der Teilzeitarbeit (dazu → § 43 Rn. 26 ff.) oder der Befristung des Arbeitsvertrags (dazu → § 38 Rn. 18 ff.) aus, **§ 164 II SGB IX** iVm dem AGG verbietet Benachteiligungen wegen der Schwerbehinderung (→ § 36 Rn. 11). Gegenüber dem **AGB-Recht** beinhaltet der arbeitsrechtliche Gleichbehandlungsgrundsatz ein spezielleres und abgeschlossenes Regelungs- und Rechtsfolgenkonzept. Er geht der Inhaltskontrolle nach §§ 307 ff. BGB und den Rechtsfolgen des § 306 BGB im Fall von gleichheitswidrigen Regelungen vor. Wegen seiner speziellen Voraussetzungen und Rechtsfolgen findet er vorrangig vor den Wertungen des AGB-Rechts zur Unwirksamkeit und dem Verbot der geltungserhaltenden Reduktion Anwendung. Andernfalls würden diese im Arbeitsrecht geltenden Besonderheiten nicht mehr angemessen iSv § 310 IV 2 Hs. 1 BGB berücksichtigt.[15] Zu beachten ist ferner das unionsrechtliche Gebot der gleichen Vergütung von Männern und Frauen bei gleichwertiger Arbeit aus **Art. 157 AEUV** (dazu → § 37 Rn. 1 ff.). Kollektivrechtlich ist gem. **§ 75 BetrVG** das Gebot der Gleichbehandlung zu beachten (dazu → § 231 Rn. 36). 2

II. Voraussetzungen

1. Selbst geschaffenes Regelwerk. Das Gebot der Gleichbehandlung greift immer dann ein, wenn der AG freiwillig nach einer abstrakten selbstgesetzten Regel und einem erkennbar generalisierenden Prinzip Leistungen gewährt.[16] Anknüpfungspunkt ist dieses vom AG zugrunde gelegte, selbstbestimmte Prinzip.[17] Im Bereich der **Vergütung** findet der Grundsatz Anwendung, wenn Arbeitsentgelte durch eine betriebliche Einheitsregelung generell angehoben werden und der AG die Leistungen nach einem bestimmten erkennbaren und generalisie- 3

[7] BAG 3.9.2014 AP Nr. 218 zu § 242 BGB Gleichbehandlung = NZA 2015, 222; ErfK/*Preis* BGB § 611a Rn. 575.
[8] Vgl. BAG 14.8.2007 AP Nr. 1 zu § 33 AGG = NZA 2008, 99, zur Verletzung des § 611a BGB aF.
[9] BAG 20.10.2017 AP Nr. 267 zu § 626 BGB = NZA 2018, 440.
[10] StRspr zuletzt BAG 8.10.2009 AP Nr. 143 zu § 2 KSchG 1969 = NZA 2010, 465.
[11] BAG 29.6.2017 AP Nr. 261 zu § 626 BGB = NZA 2017, 1121; 16.7.2015 AP Nr. 255 zu § 626 BGB = NZA 2016, 161.
[12] BAG 12.10.2011 AP Nr. 216 zu § 242 BGB Gleichbehandlung = NZA 2012, 680; MüKoBGB/*Spinner* § 611a Rn. 1042; ErfK/*Preis* BGB § 611a Rn. 574.
[13] MHdB ArbR/*Fischinger* § 14 Rn. 6.
[14] So auch iErg *Hinrichs/Zwanziger* DB 2007, 574; aA *Maier/Mehlich* DB 2007, 110.
[15] BAG 3.6.2020 AP Nr. 78 zu § 1 BetrAVG Gleichbehandlung = NZA 2021, 347.
[16] BAG 14.8.2018 NZA 2019, 100; 17.11.2016 AP Nr. 191 zu § 611 BGB Lehrer, Dozenten; ErfK/*Preis* BGB § 611a Rn. 574a.
[17] BAG 21.5.2014 AP Nr. 220 zu § 242 BGB Gleichbehandlung = NZA 2015, 115.

renden Prinzip gewährt, indem er bestimmte Voraussetzungen oder Zwecke festlegt.[18] Bildet der AG bei einer solchen verteilenden Entscheidung eine Gruppe begünstigter AN und schließt er einzelne AN in **vergleichbarer Lage** (→ Rn. 9) von der Leistung aus, muss dies sachlich gerechtfertigt sein (→ Rn. 14 ff.). Die Gruppenbildung kann auch durch die allgemeine Anwendung ansonsten unverbindlicher interner Richtlinien oder Erlasse erfolgen.[19] Unzulässig ist nicht nur die willkürliche Schlechterstellung einzelner AN innerhalb einer Gruppe, sondern auch eine **sachfremde Gruppenbildung.**[20] Keine Gruppenbildung durch den AG erfolgt, wenn dieser allen AN ein Angebot zur Vertragsänderung macht und jenes nur von einem Teil der Belegschaft angenommen wird. Die Teilung der Belegschaft in eine Gruppe, die das Angebot annimmt und in eine solche, die es ablehnt, vollzieht sich hier unabhängig vom Willen des AG durch die Entscheidung jedes einzelnen AN für oder gegen die Ergänzung des Arbeitsvertrags. Erfüllt der AG hiernach die Pflichten aus dem Änderungsvertrag gegenüber den AN, die das Angebot angenommen haben, besteht für die anderen kein Anspruch auf Gleichbehandlung, denn der arbeitsrechtliche Gleichbehandlungsgrundsatz kommt nicht zur Anwendung, wenn der AG ausschließlich normative oder vertragliche Verpflichtungen erfüllt.[21] Im bloßen Normenvollzug durch den AG und der Begrenzung von Leistungen auf die Normunterworfenen liegt keine willkürliche Ungleichbehandlung iSd arbeitsrechtlichen Gleichbehandlungsgrundsatzes (→ Rn. 12).[22]

4 **2. Begünstigung einzelner Arbeitnehmer.** Stellt der AG einzelne AN unabhängig von abstrakten Differenzierungsmerkmalen in Einzelfällen besser, findet der arbeitsrechtliche Gleichbehandlungsgrundsatz keine Anwendung. Erfolgt die Begünstigung unabhängig von abstrakten Merkmalen in Einzelfällen, können sich andere AN hierauf deshalb zur Begründung gleichartiger Ansprüche nicht berufen.[23] Der Gleichbehandlungsgrundsatz kommt deshalb nicht zur Anwendung, wenn es sich um individuell vereinbarte Löhne und Gehälter handelt und der AG nur einzelne AN unabhängig von abstrakten Differenzierungsmerkmalen besserstellt.[24] Ist die Anzahl der begünstigten AN im Verhältnis zur Gesamtzahl der betroffenen AN sehr gering, kann ein nicht begünstigter AN allein hieraus keinen Verstoß gegen den Gleichbehandlungsgrundsatz herleiten.[25] Das hat der Fünfte Senat bei weniger als fünf Prozent bessergestellten AN angenommen.[26] Das gilt nicht nur für freiwillige Leistungen des AG, sondern auch bei der Vereinbarung der Arbeitsvergütung.[27]

5 **3. Verhältnis zur Vertragsfreiheit. a) Grundsatz.** In Fragen der Vergütung besteht in den Grenzen der Diskriminierungsverbote (§ 7 AGG) und tariflicher Mindestentgelte grundsätzlich Vertragsfreiheit. Diese genießt Vorrang, wenn und soweit die Vertragsbedingungen frei ausgehandelt sind.[28] Der arbeitsrechtliche Gleichbehandlungsgrundsatz ist im Bereich der Arbeitsvergütung daher nur anwendbar, wenn Arbeitsentgelte durch eine betriebliche Einheitsregelung generell angehoben werden und der AG die Leistungen nach einem bestimmten erkennbaren und generalisierenden Prinzip gewährt, indem er konkrete Voraussetzungen oder Zwecke festlegt (zu kompensatorischen Leistungen → Rn. 19).[29] Der AG kann daher mit einzelnen AN besondere vertragliche Abreden treffen, ohne dass andere daraus einen Anspruch herleiten können (→ Rn. 4).[30]

---

18 BAG 27.4.2016 – 5 AZR 311/15.

19 BAG 25.6.2015 AP Nr. 119 zu §§ 22, 23 BAT Lehrer = NZA-RR 2015, 649 (Eingruppierungsrichtlinien); 15.3.2011 AP Nr. 1 zu § 26 TVöD.

20 BAG 27.4.2016 – 5 AZR 311/15; 17.6.2014 AP Nr. 70 zu § 1 BetrAVG Gleichbehandlung; 13.11.2012 AP Nr. 39 zu § 1 BetrAVG Auslegung; 29.9.2010 AP Nr. 221 zu § 1 TVG Auslegung.

21 BAG 21.9.2011 AP Nr. 215 zu § 242 BGB Gleichbehandlung = NZA 2012, 31.

22 BAG 15.4.2008 AP Nr. 133 zu § 87 BetrVG 1972 Lohngestaltung = NZA 2008, 288.

23 BAG 13.12.2016 AP Nr. 50 zu § 611 BGB Arbeitszeit = NZA 2017, 459; 24.6.2015 AP Nr. 14 zu § 17 TzBfG = NZA 2015, 1511; 12.8.2014 AP Nr. 72 zu § 1 BetrAVG Gleichbehandlung; 23.8.2011 AP Nr. 10 zu § 1 BetrAVG Betriebliche Übung = NZA 2012, 37.

24 BAG 13.2.2002 AP Nr. 184 zu § 242 BGB = NZA 2003, 215; 19.8.1992 AP Nr. 102 zu § 242 BGB Gleichbehandlung = NZA 1993, 171.

25 BAG 21.10.2009 AP Nr. 210 zu § 242 BGB Gleichbehandlung = NZA-RR 2010, 289.

26 BAG 13.2.2002 AP Nr. 184 zu § 242 BGB Gleichbehandlung = NZA 2003, 215.

27 BAG 14.6.2006 AP Nr. 200 zu § 242 BGB Gleichbehandlung = NZA 2007, 221.

28 BAG 16.2.2012 AP Nr. 15 zu § 87 HGB = NZA 2012, 1307.

29 BAG 3.9.2014 AP Nr. 219 zu § 242 BGB Gleichbehandlung; 21.5.2014 AP Nr. 220 zu § 242 BGB Gleichbehandlung = NZA 2015, 115; 23.10.2012 AP Nr. 12 zu § 12 AVR Diakonisches Werk.

30 BAG 16.5.2012 AP Nr. 66 zu § 1 TVG Tarifverträge: Arzt.

b) „Gleicher Lohn für gleiche Arbeit". Der Grundsatz „Gleicher Lohn für gleiche Arbeit" ist keine allgemeingültige Anspruchsgrundlage,[31] er bedarf vielmehr der Umsetzung in Anspruchsgrundlagen.[32] Der allgemeine Gleichbehandlungsgrundsatz verbietet nur die willkürliche Schlechterstellung einzelner AN aus sachfremden Gründen gegenüber anderen in vergleichbarer Lage befindlichen AN (dazu → Rn. 9), er verhindert jedoch nicht die Begünstigung einzelner AN (→ Rn. 4).[33] Wenn der AG, was ihm die Vertragsfreiheit erlaubt, einzelne AN besserstellt, können andere AN insoweit keine Gleichstellung aus dem Gleichbehandlungsgrundsatz verlangen. Gelingt es einem AN, eine höhere Vergütung auszuhandeln, als sie andere AN erhalten, können diese deshalb daraus keine Rechte herleiten.[34] 6

c) Befristung und Aufhebungsvertrag. Aus dem Vorrang der Vertragsfreiheit folgt, dass der AN aus dem arbeitsrechtlichen Gleichbehandlungsgrundsatz keinen Anspruch gegen den AG auf Verlängerung eines befristeten Arbeitsvertrags nach § 14 II TzBfG hat.[35] Der arbeitsrechtliche Gleichbehandlungsgrundsatz findet ebenso wenig Anwendung, wenn ein AG mit AN individuelle Aufhebungsverträge schließt und Abfindungen zahlt, die dem Grunde und der Höhe nach in einer Betriebsvereinbarung geregelt sind. In einem solchen Fall liegt keine verteilende Entscheidung des AG nach einer von ihm selbst aufgestellten Regel vor.[36] 7

d) Mehrere Vergütungssysteme. Wendet der AG, ohne nach einem erkennbaren oder generalisierenden Prinzip vorzugehen, im Betrieb mehrere Vergütungssysteme an und stellt er dabei nicht nur einzelne AN besser, bedarf es nach der Rechtsprechung des BAG hierfür eines sachlichen Grundes.[37] Anderenfalls sei der AG im Vorteil, der von vornherein keine allgemeinen Grundsätze aufstelle, sondern nach Gutdünken verfahre. Das aber sei ihm, wenn es sich nicht um individuelle Vereinbarungen handele, nach dem Gleichbehandlungsgrundsatz verwehrt (zu stichtagsbezogenen Änderungen → Rn. 16). 8

4. Vergleichbarkeit der Arbeitnehmer. a) Tätigkeitsbezug. Der Gleichbehandlungsgrundsatz gebietet nur die Gleichbehandlung von AN in vergleichbarer Lage. Diese ist grundsätzlich tätigkeitsbezogen festzustellen. Gleichartige Tätigkeiten liegen vor, wenn sie trotz fehlender Identität der Arbeitsvorgänge im Hinblick auf Qualifikation, erworbene Fertigkeiten, Verantwortung und Belastbarkeit gleiche Anforderungen stellen und die mit ihnen befassten AN wechselseitig ausgetauscht werden können. Hinsichtlich der Vergütung vergleichbar iSd arbeitsrechtlichen Gleichbehandlungsgrundsatzes sind des Weiteren AN, die gleichwertige Arbeit leisten. Ob dies zutrifft, ist durch einen Gesamtvergleich der geschuldeten Tätigkeiten festzustellen.[38] Anderes gilt, wenn der AG auf andere sachlich begründete Kriterien abstellt. Gewährt der AG nicht nur für eine bestimmte Tätigkeit eine höhere Vergütung, sondern verlangt er, dass die AN – unabhängig davon, welche Tätigkeiten sie ausüben – einen bestimmten Ausbildungsabschluss erlangt haben, ist nicht die Tätigkeit, sondern die Ausbildung das maßgebliche Kriterium für die Feststellung der Vergleichbarkeit.[39] Die Geltung verschiedener Arbeitsvertragsmodelle kann im Hinblick auf kompensatorische Leistungen (→ Rn. 19) allenfalls dann eine vergleichbare Lage ausschließen, wenn das eine Arbeitsvertragsmodell durch die dynamische Bezugnahme auf ein Tarifwerk gekennzeichnet ist und damit auf arbeitsvertraglicher Ebene kollektive, der Gestaltungsmacht des AG entzogene Regelwerke in ihrer jeweiligen Fassung zur Anwendung kommen, während das andere Arbeitsvertragsmodell der unbeschränkten Gestaltungsmacht des AG entspringt und von ihm den AN gestellt wird. Auch bei verschiedenen Arbeitsvertragsmodellen ist maßgeblich, ob sich der auf Gleichbehandlung berufende AN hinsichtlich der vom AG verteilten Leistung in vergleichbarer Lage zu den begünstigten AN befindet. Ist das der Fall, sind ansonsten unterschiedliche Arbeitsbedingungen erst für das Vorliegen eines sachlichen Differenzierungs- 9

[31] BAG 26.9.2007 AP Nr. 58 zu § 1 TVG Bezugnahme auf Tarifvertrag = NZA 2008, 179; 18.11.2003 AP Nr. 15 zu § 77 BetrVG 1972 Nachwirkung = NZA 2004, 803.
[32] BAG 16.10.2014 AP Nr. 4 zu § 8 TVÜ.
[33] BAG 13.2.2002 AP Nr. 184 zu § 242 BGB Gleichbehandlung = NZA 2003, 215.
[34] BAG 22.12.2009 NZA-RR 2010, 541.
[35] BAG 21.9.2011 AP Nr. 20 zu § 612a BGB = NZA 2012, 317; 13.8.2008 AP Nr. 75 zu § 14 TzBfG = NZA 2009, 27; offen gelassen von BAG 27.7.2016 AP Nr. 143 zu § 14 TzBfG = NZA 2016, 1531.
[36] BAG 25.2.2010 AP Nr. 3 zu § 3 AGG = NZA 2010, 561; 17.12.2009 AP Nr. 41 zu § 620 BGB Aufhebungsvertrag = NZA 2010, 273.
[37] BAG 19.8.1992 AP Nr. 102 zu § 242 BGB Gleichbehandlung = NZA 1993, 171.
[38] BAG 21.10.2009 AP Nr. 210 zu § 242 BGB Gleichbehandlung = NZA-RR 2010, 289.
[39] BAG 12.1.1994 AP Nr. 112 zu § 242 BGB Gleichbehandlung; 27.9.2001 ZTR 2002, 291.

grundes von Belang.[40] Die Festlegung des Kreises der Bezugsberechtigten bei Aktienoptionsprogrammen kann ohne Verletzung des Gleichbehandlungsgrundsatzes auf bestimmte Hierarchieebenen beschränkt werden. Die Gruppe der Bezugsberechtigten muss sich allerdings klar von der Gruppe der vom Bezugsrecht Ausgenommenen abgrenzen lassen, damit eine willkürliche Auswahl der Bezugsberechtigten ausgeschlossen ist.[41]

10 **b) Ordnungs- und Regelungsbereich.** Der Gleichbehandlungsgrundsatz bindet den Träger eines Ordnungs- und Regelungsbereichs nur in dessen eigenem Zuständigkeitsbereich. Die Begünstigung von „Nichtarbeitnehmern", wie zB Geschäftsführern, kann Ansprüche aus dem Gleichbehandlungsgrundsatz von vornherein nicht begründen.[42] Der Gleichbehandlungsgrundsatz enthält kein Gebot zur einheitlichen Behandlung von Arbeitnehmergruppen in unterschiedlichen Ordnungs- oder Regelungsbereichen.[43] Deshalb darf beispielsweise ein tarifgebundener AG bei der Bemessung des Urlaubsgelds ohne Verstoß gegen den Gleichbehandlungsgrundsatz zwischen tarifgebundenen und nicht tarifgebundenen AN unterscheiden[44] und den tarifgebundenen Beschäftigten das höhere tarifliche Urlaubsgeld gewähren. **Angestellte und Beamte** gehören unterschiedlichen Ordnungs- und Regelungsbereichen an. Eine Gleichbehandlung von beamteten und nicht beamteten im öffentlichen Dienst tätigen Personen ist deshalb nicht geboten.[45] Das Beamtenverhältnis ist wegen der statusrechtlichen Besonderheiten nicht mit einem Arbeitsverhältnis vergleichbar.[46] Das Arbeitsverhältnis ist eine vertraglich begründete, privatrechtliche Beziehung, die auch durch Tarifverträge geregelt werden kann. Das Beamtenverhältnis stellt dagegen eine durch Verwaltungsakt begründete öffentlich-rechtliche Rechtsbeziehung dar, die allgemein durch Gesetz geregelt wird. Zwischen den Beamten und ihren Dienstherrn besteht eine besondere verfassungsrechtlich verankerte Rechtsbeziehung. Die Gruppe der **Auszubildenden** befindet sich hinsichtlich der Vergütung nicht in einer vergleichbaren Lage mit den in einem Arbeitsverhältnis stehenden Beschäftigten.[47] Deren Vergütung ist ausschließlich Gegenleistung für die erbrachte Arbeit, während die Ausbildungsvergütung gem. § 17 BBiG dazu dient, den Auszubildenden und seine unterhaltsverpflichteten Eltern bei der Lebenshaltung finanziell zu unterstützen, die Heranbildung eines ausreichenden Nachwuchses an qualifizierten Fachkräften zu gewährleisten und die Leistungen des Auszubildenden in gewissem Umfang „entlohnen".[48] Hierauf beruhende unterschiedlich ausgestaltete Vergütungssysteme für die Auszubildenden einerseits und die übrigen Beschäftigten andererseits sind daher rechtlich nicht zu beanstanden.

11 **5. Arbeitgeberbezug.** Der arbeitsrechtliche Gleichbehandlungsgrundsatz gilt nur im Verhältnis zum Vertragsarbeitgeber.[49] Er verpflichtet einen AG auch im **Gemeinschaftsbetrieb** nicht, die Arbeitsbedingungen mit seinen eigenen AN an denen eines anderen am Betrieb beteiligten AG zu dessen Beschäftigten auszurichten.[50] Ob sich der arbeitsrechtliche Gleichbehandlungsgrundsatz nur auf vergleichbare AN eines Betriebs bzw. einer Dienststelle im Bereich des öffentlichen Dienstes bezieht, war vom BAG lange Zeit nicht abschließend entschieden. Inzwischen entspricht es der Rechtsprechung des BAG, dass jedenfalls dann, wenn eine verteilende Entscheidung des AG nicht auf einen einzelnen Betrieb beschränkt ist, sondern sich auf alle oder **mehrere Betriebe des Unternehmens** bezieht, auch die Gleichbehandlung betriebsübergreifend zu gewährleisten ist. Eine Unterscheidung zwischen den einzelnen Betrieben ist nur zulässig, wenn es hierfür sachliche Gründe gibt.[51] Dabei sind die Besonderheiten des Unter-

[40] BAG 3.9.2014 AP Nr. 218 zu § 242 BGB Gleichbehandlung = NZA 2015, 222.
[41] BAG 21.10.2009 AP Nr. 210 zu § 242 BGB Gleichbehandlung = NZA-RR 2010, 289.
[42] BAG 12.8.2014 AP Nr. 72 zu § 1 BetrAVG Gleichbehandlung.
[43] BAG 12.8.2014 AP Nr. 71 zu § 1 BetrAVG Gleichbehandlung; 20.3.2002 AP Nr. 289 zu §§ 22, 23 BAT 1975 = NZA 2003, 1405.
[44] Vgl. BAG 8.8.2000 – 9 AZR 517/99; 20.7.1960 AP Nr. 7 zu § 4 TVG.
[45] BAG 12.8.2014 AP Nr. 71 zu § 1 BetrAVG Gleichbehandlung; 11.12.2012 AP Nr. 67 zu § 1 BetrAVG Gleichbehandlung.
[46] BAG 15.11.2005 AP Nr. 18 zu § 50 BAT = NZA 2006, 502; 17.6.1993 AP Nr. 32 zu § 2 BeschFG 1985 = NZA 1994, 764; BVerwG 23.9.2004 BVerwGE 122, 65.
[47] BAG 21.10.2009 AP Nr. 5 zu AVR Caritasverband Anlage 1.
[48] BAG 19.2.2008 AP Nr. 8 zu § 17 BBiG = NZA 2008, 828.
[49] BAG 4.8.2016 NZA-RR 2016, 627.
[50] BAG 12.12.2006 AP Nr. 27 zu § 1 BetrVG 1972 Gemeinsamer Betrieb.
[51] BAG 18.5.2010 NZA 2011, 171; 3.12.2008 AP Nr. 206 zu § 242 BGB Gleichbehandlung = NZA 2009, 367; MüKoBGB/*Spinner* § 611a Rn. 1055; ErfK/*Preis* BGB § 611a Rn. 586; HWK/*Thüsing* BGB § 611a Rn. 350.

nehmens und der Betriebe zu berücksichtigen. Diese Grundsätze gelten auch in kirchlichen Einrichtungen, die den grundrechtlichen Schutz des Art. 140 GG iVm Art. 137 III WRV genießen.[52] Der Gleichbehandlungsgrundsatz gilt nicht im **Konzern.**[53] Gegen einen Konzernbezug spricht entscheidend, dass die zu einem Konzern zusammengeschlossenen Unternehmen ihre rechtliche Selbständigkeit behalten. Der Gleichbehandlungsgrundsatz dient nur dazu, die gleiche Behandlung mehrerer, sich in gleicher Lage befindlicher AN durch ihren gemeinsamen AG sicherzustellen.[54] Bezieht sich eine Regelung auf den **Geschäftsbereich eines Ministeriums,** ist eine Unterscheidung zwischen einzelnen Dienststellen nur zulässig, wenn es hierfür sachliche Gründe gibt.[55] Besonderheiten können in **Betrieben mit BR** gelten. Eine überbetriebliche Gleichbehandlung bei der Gewährung übertariflicher Zulagen an AN in Betrieben mit BR, in denen jedoch mit dem BR keine Einigung über die Einführung der übertariflichen Leistung erfolgt ist, mit AN in betriebsratslosen Betrieben des gleichen Unternehmens, denen solche Leistungen gewährt werden, ist nicht geboten. Dagegen spricht schon, dass der AG nach § 87 I Nr. 10 bzw. 11 BetrVG rechtlich nicht in der Lage ist, ohne Zustimmung des BR ein übertarifliches Zulagensystem einzuführen.[56]

6. Normenvollzug. a) Grundsatz. Der arbeitsrechtliche Gleichbehandlungsgrundsatz greift nur bei einem gestaltenden Verhalten des AG, nicht beim bloßen – sei es auch nur vermeintlichen – Normenvollzug ein.[57] Der AG schafft hier keine eigene Ordnung, sondern verteilt Leistungen auf der Grundlage vorgegebener generell-abstrakter Regelungen. Dies gilt auch, wenn der AG Leistungen auf der Grundlage einer schuldrechtlichen Vereinbarung zwischen tariffähigen Vertragsparteien erbringt[58] oder er lediglich das zwischen kongruenten und inkongruenten Deckungen differenzierende Anfechtungsrecht der Insolvenzordnung umsetzt.[59] Unerheblich ist, ob die betreffende Norm objektiv wirksam ist und ob sie tatsächlich für den AG gilt.[60] Stellt sich die Unwirksamkeit einer Regelung heraus, haben die AN, denen keine Leistungen zustanden, daher nicht schon deshalb einen Anspruch, weil der AG anderen AN die Leistung gewährt hat. Etwas anderes gilt allerdings dann, wenn der AG tarifliche Regelungen, von deren Unanwendbarkeit er selbst ausgeht, gleichwohl auf einzelne Arbeitsverhältnisse anwendet.[61] In diesem Fall vollzieht er keine normative Regelung, sondern trifft selbst eine verteilende Entscheidung. – Innerhalb des Anwendungsbereichs kollektivrechtlich geschaffener Normen ist eine Anwendung des Gleichbehandlungsgrundsatzes nicht möglich. Dies gilt auch dann, wenn der Tarifvertrag mangels Tarifgebundenheit des AN nicht unmittelbar und zwingend, sondern lediglich aufgrund einer arbeitsvertraglichen Inbezugnahme Anwendung findet.[62] 12

b) Beendigung des Normvollzugs. Besteht keine normativ begründete Leistungspflicht, kann der AG nach Erkenntnis der zutreffenden Rechtslage grundsätzlich die Leistung jederzeit einstellen. Macht er dies und ergreift alle rechtlichen Möglichkeiten zur Korrektur seines Irrtums, zB die Rückforderung der bereits erbrachten Leistungen von den in der Vergangenheit begünstigten AN, ist für die Anwendung des arbeitsrechtlichen Gleichbehandlungsgrundsatzes kein Raum.[63] Es gibt keinen Anspruch auf „Gleichbehandlung im Irrtum".[64] Anders verhält es sich nur dann, wenn der AG nach Kenntnis von seinem Irrtum die bis dahin ohne Rechtsgrund 13

---

[52] BAG 22.12.2009 NZA-RR 2010, 541; offengelassen von BAG 18.11.2009 AP Nr. 54 zu § 611 BGB Kirchendienst.

[53] MüKoBGB/*Spinner* § 611a Rn. 1056; zweifelnd auch BAG 20.8.1986 AP Nr. 6 zu § 1 TVG Tarifverträge: Seniorität.

[54] *v. Hoyningen-Huene* Anm. zu BAG AP Nr. 6 zu § 1 TVG Tarifverträge: Seniorität.

[55] BAG 8.11.2006 AP Nr. 177 zu § 611 BGB Lehrer, Dozenten.

[56] BAG 26.5.1998 AP Nr. 98 zu § 87 BetrVG 1972 Lohngestaltung = NZA 1998, 1292; 25.4.1995 AP Nr. 130 zu § 242 BGB Gleichbehandlung = NZA 1995, 1063.

[57] BAG 18.11.2020 NZA 2021, 357; 14.3.2019 AP Nr. 7 zu § 1 TVG Tarifverträge: Bundesagentur für Arbeit = NZA-RR 2019, 367; 11.7.2017 AP Nr. 121 zu § 16 BetrAVG = NZA 2017, 1388; 27.4.2016 – 5 AZR 311/15; 16.10.2014 AP Nr. 4 zu § 8 TVÜ.

[58] BAG 21.5.2014 AP Nr. 220 zu § 242 BGB Gleichbehandlung = NZA 2015, 115.

[59] BAG 18.10.2018 AP Nr. 21 zu § 131 InsO = NZA 2019, 203.

[60] BAG 18.11.2009 AP Nr. 13 zu § 2 TVG Firmentarifvertrag = NZA 2010, 835.

[61] BAG 11.7.2017 AP Nr. 121 zu § 16 BetrAVG = NZA 2017, 1388; 21.11.2013 AP Nr. 5 zu § 16 TV-L = NZA-RR 2014, 263; 6.7.2011 AP Nr. 214 zu § 242 BGB Gleichbehandlung = NZA 2011, 1426.

[62] BAG 12.12.2012 AP Nr. 3 zu § 20 TVöD = NZA 2013, 577.

[63] BAG 16.6.2010 NZA-RR 2011, 45.

[64] BAG 15.6.2011 AP Nr. 50 zu § 1 TVG Tarifverträge: Arzt; 27.8.2008 AP Nr. 210 zu § 1 TVG Auslegung = NZA-RR 2009, 264; 23.1.2008 AP Nr. 40 zu § 77 BetrVG 1972 Betriebsvereinbarung = NZA 2008, 709.

erbrachten Leistungen weitergewährt und rechtlich mögliche Rückforderungsansprüche nicht geltend macht. Ab diesem Zeitpunkt erbringt er bewusst zusätzliche freiwillige Leistungen. Gleiches gilt, wenn er sich in Kenntnis der Unwirksamkeit der Rechtsgrundlage an deren Begründung beteiligt.[65] Der AG muss dann die vergleichbaren AN gleichbehandeln.[66]

III. Sachliche Rechtfertigung

14 **1. Allgemeines.** Differenziert der AG bei der Leistungsgewährung zwischen verschiedenen Arbeitnehmergruppen, bedarf es sachlicher Gründe für die unterschiedliche Behandlung. Die Differenzierung ist gerechtfertigt, wenn sich nach dem Leistungszweck (→ Rn. 15) Gründe ergeben, die es unter Berücksichtigung aller Umstände rechtfertigen, einer Gruppe die der anderen gewährte Leistung vorzuenthalten.[67] Sachfremd ist eine Differenzierung, wenn es für die unterschiedliche Behandlung keine billigenswerten Gründe gibt, wenn die Regelung mit anderen Worten für eine am Gleichheitsgedanken orientierte Betrachtung willkürlich ist.[68] Da der arbeitsrechtliche Gleichbehandlungsgrundsatz eine privatrechtliche Ausprägung des Gleichheitssatzes aus Art. 3 I GG ist, ist zwischen verhaltens- oder sachverhaltsbezogenen einerseits und personenbezogenen Ungleichbehandlungen andererseits zu unterscheiden (→ § 3 Rn. 16 f.).[69] Eine sachverhaltsbezogene Ungleichbehandlung verstößt erst dann gegen den Grundsatz der Gleichbehandlung, wenn sie willkürlich ist, weil sich ein vernünftiger Grund für die Differenzierung nicht finden lässt. Erforderlich ist ein vernünftiger, sich aus der Natur der Sache ergebender oder sonst wie sachlich einleuchtender Grund für die Differenzierung.[70] Diese darf nicht gegen verfassungsrechtliche oder sonstige übergeordnete Wertentscheidungen verstoßen.[71] Die unterschiedliche Leistungsgewährung muss nicht die unter Sachgesichtspunkten beste Lösung sein, sie muss allerdings im Sinne materieller Gerechtigkeit sachgerecht sein.[72] Dagegen ist bei einer personenbezogenen Ungleichbehandlung der Gleichbehandlungsgrundsatz bereits dann verletzt, wenn eine Gruppe anders behandelt wird, obwohl zwischen beiden Gruppen keine Unterschiede von solcher Art und solchem Gewicht bestehen, dass sie die Ungleichbehandlung rechtfertigen können.[73]

15 **2. Leistungszweck.** Zur Feststellung des Sachgrundes für die erfolgte Differenzierung ist der vom AG mit der Leistung verfolgte Zweck maßgeblich. Liegen einer Leistung bestimmte Voraussetzungen zugrunde, muss die vom AG damit selbst geschaffene Gruppenbildung gemessen am Zweck der Leistung sachlich gerechtfertigt sein.[74] Die Zweckbestimmung ergibt sich vorrangig aus den tatsächlichen und rechtlichen Voraussetzungen, von deren Bestehen und Erfüllung die Leistung abhängig gemacht wird.[75] Zu berücksichtigen sind nur legitime Zwecke. Die Differenzierung muss zur Erreichung dieses Zwecks erforderlich und angemessen sowie im Sinne materieller Gerechtigkeit sachgerecht sein.[76] Mit diesen Maßgaben ist der AG in der Bestimmung des Leistungszwecks grundsätzlich frei. Ob der AG die zweckmäßigste und gerechteste Lösung gewählt hat, ist durch die Gerichte nicht zu überprüfen.[77]

16 **3. Stichtagsregelungen.** Der Anspruch auf Gleichbehandlung ist auch zeitlich begrenzt. Der AG darf unter Wahrung von Besitzständen eine neue Regelung einführen. Zulässig ist es daher, ab einem bestimmten Stichtag mit neu eingestellten AN ein anderes Vergütungssystem als mit den zuvor eingestellten zu vereinbaren (zu den hierbei zu beachtenden Mitbestimmungs-

---

[65] BAG 27.6.2012 AP Nr. 224 zu § 1 TVG Tarifverträge: Metallindustrie.
[66] BAG 27.8.2008 AP Nr. 210 zu § 1 TVG Auslegung = NZA-RR 2009, 264; 2.8.2006 EzA Nr. 3 zu § 75 BetrVG 2001; 26.11.1998 AP Nr. 11 zu § 1 BAT-O = NZA 1999, 1108.
[67] BAG 19.9.2017 AP Nr. 68 zu § 1 TVG Altersteilzeit = NZA 2017, 1612; 27.5.2015 AP Nr. 221 zu § 242 BGB Gleichbehandlung; 21.8.2012 AP Nr. 14 zu § 1b BetrAVG; 16.6.2010 NZA-RR 2011, 45.
[68] BAG 31.7.2014 AP Nr. 9 zu § 16 TV-L.
[69] BAG 12.8.2014 AP Nr. 72 zu § 1 BetrAVG Gleichbehandlung.
[70] BAG 14.8.2018 NZA 2019, 100; 6.7.2011 AP Nr. 214 zu § 242 BGB Gleichbehandlung = NZA 2011, 1426.
[71] BAG 21.5.2014 AP Nr. 220 zu § 242 BGB Gleichbehandlung = NZA 2015, 115; 22.12.2009 NZA-RR 2010, 541.
[72] Vgl. BAG 16.6.2010 NZA-RR 2011, 45; 15.9.2009 AP Nr. 186 zu § 611 BGB Lehrer, Dozenten; 15.7.2009 AP Nr. 209 zu § 242 BGB Gleichbehandlung = NZA 2009, 1202.
[73] BAG 21.8.2012 AP Nr. 14 zu § 1b BetrAVG.
[74] BAG 14.8.2018 NZA 2019, 100.
[75] BAG 27.5.2015 AP Nr. 221 zu § 242 BGB Gleichbehandlung; 17.3.2010 AP Nr. 211 zu § 242 BGB Gleichbehandlung = NZA 2010, 696.
[76] BAG 15.7.2009 AP Nr. 209 zu § 242 BGB Gleichbehandlung = NZA 2009, 1202.
[77] BAG 18.9.2001 AP Nr. 179 zu § 242 BGB Gleichbehandlung = NZA 2002, 148.

rechten des BR nach § 87 I Nr. 10 BetrVG → § 235 Rn. 97 ff.).[78] Derartige Stichtagsregelungen als „Typisierung in der Zeit" sind ungeachtet der damit verbundenen Härten zur Abgrenzung des begünstigten Personenkreises zulässig, sofern sich die Wahl des Zeitpunktes am zu regelnden Sachverhalt orientiert und die Interessenlage der Betroffenen angemessen erfasst.[79] Dies wäre bei einer Regelung, die den Anspruch auf die Einmalzahlung an eine Arbeitsleistung in einem einzigen Monat binden würde, nicht der Fall; dies stünde in keinerlei Beziehung zum Zweck dieser Zahlung und wäre deshalb unwirksam.[80] Auch Kostenbelastungen können eine Stichtagsregelung rechtfertigen.[81] Eine Stichtagsregelung ist nicht schon deshalb unzulässig, weil sie im Einzelfall zu Härten führen kann.[82] Einem AG steht es grundsätzlich frei, bisher gewährte Leistungen, zu deren Erbringung er kollektivrechtlich nicht verpflichtet ist, für neu eingestellte Beschäftigte auszuschließen, wobei die Wahl eines in der Zukunft liegenden Stichtags grundsätzlich keiner Begründung bedarf.[83] Stellt der AG die Zahlung von Jubiläumszuwendungen ein, um in Zukunft alle AN wiederum gleichzubehandeln, ist sein Verhalten im Sinne des Gleichbehandlungsgrundsatzes sachlich gerechtfertigt.[84] Die auf den Zeitpunkt der ministeriellen Anweisung zu weiteren Strukturveränderungen rückwirkende Verbesserung tariflicher Leistungen im Zusammenhang mit dem freiwilligen Ausscheiden der Angehörigen des Zivilpersonals der Bundeswehr widerspricht nicht dem Gleichbehandlungsgrundsatz. AN, die vor diesem Zeitpunkt ausgeschieden sind, haben deshalb keinen Anspruch auf die erhöhte Ausgleichszahlung.[85]

4. Beispiele. a) Arbeitsmarkt und Qualifikation. Besteht ein Mangel an Pflegekräften **17**
und zahlt ein AG eine übertarifliche Zulage, um Pflegekräfte zu gewinnen oder im Betrieb zu halten **(Arbeitsmarktzulage),** verpflichtet ihn der Gleichbehandlungsgrundsatz nicht, neu einzustellenden Pflegekräften diese Zulage ebenfalls zu gewähren, wenn nach seiner sachlich begründeten Prognose ein Mangel an Pflegekräften nicht mehr besteht. Im Streitfall hat der AG hierzu darzulegen, aufgrund welcher Umstände die bisher geübte Zulagenpraxis für die zukünftige Personalpolitik nicht mehr erforderlich ist. Diese Prognose muss auf objektiv nachvollziehbaren, plausiblen Gesichtspunkten beruhen.[86] Gewährt ein AG den Arbeitern Urlaubs- und Weihnachtsgeld, um einen finanziellen Beitrag zu den erhöhten saisonalen Aufwendungen der Arbeiter zu leisten, ist es nicht gerechtfertigt, eine Gruppe von gering qualifizierten Arbeitern (hier: Obstsortiererinnen in einem Fruchtgroßhandel) von diesen Sonderzahlungen völlig auszuschließen und ihnen aus Anlass des Weihnachtsfests nur eine Steige Obst sowie eine Flasche Kirschlikör zu übergeben.[87] Ein AG des öffentlichen Dienstes, der vergütungsrechtliche Bestimmungen **angestellter Lehrkräfte** nach einem generalisierenden Prinzip in Erlassen regelt, kann die Höhe der Vergütung von einer bestimmten Tätigkeit und vom Vorliegen bestimmter subjektiver, in der Person des Angestellten liegender Voraussetzungen abhängig machen. Unterschiede in der Lehrbefähigung sind dabei grundsätzlich geeignet, eine Differenzierung hinsichtlich der Vergütung sachlich zu rechtfertigen.[88] Eine Differenzierung bei der Vergütung dieser Lehrkräfte in den vom AG geschaffenen Eingruppierungsrichtlinien ist jedoch ausgeschlossen, wenn dafür keine Unterschiede bei den subjektiven, für die eingruppierungsrechtliche Bewertung der Unterrichtstätigkeit von angestellten Lehrkräften maßgeblichen Voraussetzungen erkennbar sind.[89]

b) Differenzierung Arbeit und Angestellte. Der bloße Statusunterschied zwischen **18**
gewerblichen AN – Arbeitern – und Angestellten stellt für sich betrachtet keine sachliche Rechtfertigung für eine Differenzierung zwischen diesen beiden Personengruppen dar.[90] Zahlt ein AG seinen Angestellten eine höhere Gratifikation als den bei ihm beschäftigten Arbeitern, weil ein Weggang der Angestellten zu besonderen Belastungen führt und er diese Beschäftigtengruppe

[78] Vgl. BAG 24.2.2011 AP Nr. 57 zu § 611 BGB Kirchendienst.
[79] BAG 24.5.2018 AP Nr. 5 zu § 1 BeihilfeVO NRW; 18.9.2007 AP Nr. 29 zu § 307 BGB; 28.7.2004 AP Nr. 257 zu § 611 BGB Gratifikation = NZA 2004, 1152.
[80] BAG 22.5.2012 AP Nr. 57 zu § 1 TVG Altersteilzeit.
[81] BAG 15.11.2011 AP Nr. 55 zu § 1 TVG Altersteilzeit = NZA 2012, 218; 15.9.2009 AP Nr. 186 zu § 611 BGB Lehrer, Dozenten; einschränkend BAG 16.6.2010 NZA-RR 2011, 45.
[82] BAG 30.10.2008 NZA 2009, 214; 18.9.2007 AP Nr. 29 zu § 307 BGB.
[83] BAG 25.10.2001 EzBAT Nr. 20 zu § 40 BAT.
[84] BAG 28.7.2004 AP Nr. 257 zu § 611 BGB Gratifikation = NZA 2004, 1152.
[85] BAG 12.12.2007 EzA Nr. 16 zu § 242 BGB 2002 Gleichbehandlung.
[86] BAG 21.3.2001 AP Nr. 17 zu § 33a BAT = NZA 2001, 782.
[87] BAG 27.10.1998 AP Nr. 211 zu § 611 BGB Gratifikation = NZA 1999, 700.
[88] BAG 19.11.2014 AP Nr. 116 zu §§ 22, 23 BAT Lehrer.
[89] BAG 25.6.2015 AP Nr. 119 zu §§ 22, 23 BAT Lehrer = NZA-RR 2015, 649.
[90] BAG 16.2.2010 AP Nr. 50 zu § 77 BetrVG 1972 Betriebsvereinbarung = NZA 2010, 701.

mit der höheren Zahlung stärker an den Betrieb binden will, kann jedoch eine solche Differenzierung nach der Rechtsprechung des BAG gerechtfertigt sein.[91] Begründet der AG die Begünstigung der Angestellten mit der Absicht, diese stärker an sich zu binden, hat er zugeschnitten auf seinen Betrieb darzulegen, aus welchen Gründen eine stärkere Bindung der Angestellten einem objektiven, wirklichen Bedürfnis entspricht.[92]

19 **c) Kompensation für verschlechterte Arbeitsbedingungen.** Der AG darf bei Sonderzahlungen und Lohnerhöhungen grundsätzlich ohne Verstoß gegen den arbeitsrechtlichen Gleichbehandlungsgrundsatz unterschiedliche Arbeitsbedingungen berücksichtigen und eine geringere laufende Arbeitsvergütung einer Arbeitnehmergruppe durch derartige Leistungen teilweise oder vollständig ausgleichen, solange keine Überkompensation eintritt.[93] Ob Differenzierungen bei Entgelterhöhungen im Sinne materieller Gerechtigkeit sachgerecht sind, kann bei unterschiedlichen Arbeitsbedingungen aufgrund verschiedener Arbeitsvertragsmodelle zuverlässig nur am Maßstab des auf Gleichbehandlung klagenden AN beurteilt werden. Zur Feststellung der Überkompensation bedarf es deshalb eines Gesamtvergleichs der konkreten Leistungen: Gegenüberzustellen ist das Arbeitsentgelt, das der auf Gleichbehandlung klagende AN im maßgeblichen Zeitraum aufgrund der für ihn geltenden arbeitsvertraglichen Regelungen tatsächlich verdient hat, und dasjenige Arbeitsentgelt, das er erhalten hätte, wenn er zu den Konditionen der begünstigten AN gearbeitet hätte.[94] Stets erforderlich ist, dass die Leistungen ausschließlich dem Ausgleich von Nachteilen der Gruppe von AN dienen, die bereit war, mit dem AG für sie ungünstigere Arbeitsbedingungen zu vereinbaren (zur Gleichbehandlung bei Sonderzahlungen → § 78 Rn. 15). Das ist nicht der Fall, wenn der AG mit der Zahlung auch vergangene und zukünftige Betriebstreue honorieren will.[95]

20 Im Falle der **Ablehnung einer vom AG angetragenen Änderung des Arbeitsvertrags** folgt aus dem arbeitsrechtlichen Gleichbehandlungsgrundsatz kein Anspruch des AN auf Gewährung der Vorteile, die der AG anderen AN vertraglich schuldet, die ein entsprechendes Änderungsangebot angenommen haben.[96] Nach Auffassung des BAG widerspricht es dem arbeitsrechtlichen Gleichbehandlungsgrundsatz, wenn ein AG eine Sonderzahlung, deren Höhe sich durch Krankheitstage reduziert und die zur **Betriebstreue** anreizen soll, nur solchen AN gewährt, die neue, verschlechternde Arbeitsbedingungen akzeptiert haben. Auch die AN, die der Vertragsänderung nicht zugestimmt haben, erfüllten diese Zwecke, wenn sie wenig fehlten, sich gesundheitsbewusst verhielten und weiterhin beim AG verblieben.[97] Gewährt der AG neben der Gehaltserhöhung als **weitere Leistung einen geldwerten Vorteil,** der nicht im Zusammenhang mit unterschiedlichen Vergütungssystemen im Betrieb steht, mit der Folge, dass ein in der Vergangenheit hingenommener Gehaltsverzicht erst durch die weitere Leistung überkompensiert wird, haben die AN der Gruppe, denen die weitere Leistung vorenthalten wird, ggf. Anspruch auf diese weitere Leistung, nicht jedoch auf die Gehaltserhöhung. Dabei ist zweifelhaft, ob die Einräumung eines zusätzlichen **Personalrabatts** überhaupt geeignet ist, eine Gehaltseinbuße objektiv messbar auszugleichen. Denn ein Personalrabatt nutzt nur demjenigen AN, der bereit ist, unter Einsatz eigener finanzieller Mittel Waren gerade bei seinem AG zu kaufen, und nur in der Höhe, in der jeder einzelne AN von der Möglichkeit eines verbilligten Einkaufs bei seinem AG Gebrauch macht.[98]

21 **d) Unterschiedliche Vergütungskomponenten.** Der AG kann ein Vergütungssystem mit unterschiedlichen Komponenten und Faktoren einführen. So kann er beispielsweise AN im Innendienst eine höhere Grundvergütung zahlen als Mitarbeitern im Außendienst. Er kann verschiedenartige Tätigkeiten auch in der Weise unterschiedlich vergüten, dass er den betreffenden AN nicht nur abweichende Grundvergütungen, sondern auch verschiedene, unterschiedlich hohe und an die Tätigkeit oder den Marktwert der Arbeitsleistung anknüpfende Zuschläge

---

[91] BAG 19.3.2003 AP Nr. 248 zu § 611 BGB Gratifikation = NZA 2003, 724.
[92] BAG 12.10.2005 AP Nr. 259 zu § 611 BGB Gratifikation = NZA 2005, 1418.
[93] BAG 20.9.2017 AP Nr. 309 zu § 611 BGB Gratifikation = NZA 2018, 670; 13.4.2011 AP Nr. 287 zu § 611 BGB Gratifikation = NZA 2011, 1047; 15.7.2009 AP Nr. 209 zu § 242 BGB Gleichbehandlung = NZA 2009, 1202.
[94] BAG 3.9.2014 AP Nr. 218 zu § 242 BGB Gleichbehandlung = NZA 2015, 222.
[95] BAG 5.8.2009 AP Nr. 208 zu § 242 BGB Gleichbehandlung = NZA 2009, 1135; 1.4.2009 AP Nr. 284 zu § 611 BGB Gratifikation = NZA 2009, 1409.
[96] BAG 14.12.2011 AP Nr. 278 zu § 217 BGB Gleichbehandlung = NZA 2012, 618.
[97] BAG 30.7.2008 AP Nr. 278 zu § 242 BGB Gleichbehandlung = NZA 2008, 1412.
[98] BAG 17.3.2010 AP Nr. 211 zu § 242 BGB Gleichbehandlung = NZA 2010, 696.

und Boni zahlt.[99] Einem AG ist es darüber hinaus möglich, zur Schaffung einer ausgewogenen Vergütungsstruktur im Betrieb Arbeitnehmergruppen unter bestimmten Voraussetzungen zusätzliche Leistungen – abhängig von seiner wirtschaftlichen Leistungsfähigkeit – zu gewähren, um bestehende erhebliche Vergütungsunterschiede oder andere finanzielle Nachteile, die zwischen den verschiedenen Gruppen von AN bestehen, abzumildern oder auszugleichen.

e) Vergütungserhöhungen, Streikbruchprämien. Die Geltung des arbeitsrechtlichen Gleichbehandlungsgrundsatzes ist bei Vergütungserhöhungen nicht ausgeschlossen. Ein Leistungsanspruch aus dem Gleichbehandlungsgrundsatz kann aber bei Verdiensterhöhungen nur insoweit entstehen, wie sich im tatsächlichen Verhalten des AG gegenüber anderen AN eine **Regelhaftigkeit** feststellen lässt. Ein Anspruch des AN auf Gewährung einer Gehaltserhöhung in gleicher Höhe, wie sie anderen AN gewährt worden ist, besteht daher nur dann, wenn der gesamte Umfang der Gehaltserhöhungen auf einer allgemeinen Regelung beruht. Bei unterschiedlichen Erhöhungen kann ein Teilbetrag auf einer allgemeinen Regelung beruhen und zB als Inflationsausgleich gewährt werden, ein anderer Teil dagegen nicht.[100] Werden Gehälter unterschiedlich erhöht, ist notfalls gem. § 287 ZPO zu schätzen, inwieweit darin ein Grundbetrag zum Ausgleich der Preissteigerungen liegt.[101] Hat ein **Unternehmen mehrere Betriebe,** darf der AG bei freiwilligen Lohnerhöhungen zwischen den einzelnen Betrieben nach deren wirtschaftlicher Leistung und dem bereits bestehenden Lohnniveau differenzieren (zur unternehmensbezogenen Pflicht zur Gleichbehandlung → Rn. 11). Es ist dabei grundsätzlich legitim, die Konkurrenz unter den Betrieben zu fördern und Leistungsanreize zu setzen. Der AG darf als sachgerechte Kriterien zum Beispiel die Arbeitsanforderungen an die AN, die Ertragssituation der Betriebe allgemein oder in bestimmter Hinsicht, die Lohnentwicklung in der Vergangenheit und die absolute Lohnhöhe berücksichtigen. Die sich aus erhöhten Flexibilitäts- und damit Arbeitsanforderungen ergebende eingeschränkte Dispositionsfreiheit von AN kann zusätzliche Gegenleistungen begründen und den Ausschluss nicht entsprechend belasteter AN rechtfertigen. Der AG darf diese und andere vernünftige Gesichtspunkte bis zur Grenze der Willkür selbst einschätzen. Gehören die Betriebe zu unterschiedlichen Branchen oder liegen sie in verschiedenen Tarifgebieten, kommt dem AG ein besonders weiter Beurteilungsspielraum zu.[102] Der AG kann zum Streik aufgerufene AN mit dem Versprechen einer finanziellen Leistung von der Teilnahme am Streik abzuhalten und seinen Betrieb fortzuführen versuchen. Die einer solchen **„Streikbruchprämie"** eigene Ungleichbehandlung von streikenden und nichtstreikenden AN ist aus arbeitskampfrechtlichen Gründen gerechtfertigt. Es handelt sich um ein zulässiges Kampfmittel der Arbeitgeberseite, dessen konkreter Einsatz am Grundsatz der Verhältnismäßigkeit zu messen ist.[103] 22

f) Betriebsübergang. Wird infolge einer Verschmelzung durch Aufnahme eine bestehende Betriebsorganisation vollständig aufgelöst und werden die übernommenen AN im Wege eines Betriebsübergangs unterschiedslos in eine neue Betriebsorganisation eingegliedert, trifft der AG keine Regelung, wenn er die bisherigen Leistungen weitergewährt. Er wendet dann nur § 324 UmwG iVm § 613a I BGB auf die Arbeitsverhältnisse an.[104] In diesem Fall ist der Erwerber auch nicht verpflichtet, nach längerer Zeit eine Angleichung der unterschiedlichen Arbeitsbedingungen herzustellen. Da bei der Weitergewährung der vor dem Betriebsübergang bestehenden Arbeitsbedingungen bereits die tatbestandlichen Voraussetzungen für die Anwendung des Gleichbehandlungsgrundsatzes fehlen, besteht keine Rechtsgrundlage für eine spätere Anpassungspflicht. Nur dann, wenn der AG neue Vergütungsstrukturen schafft, ist er an den Gleichbehandlungsgrundsatz gebunden. Das ist anzunehmen, wenn der AG eine Gehaltserhöhung gemäß einer – wie ihm bekannt ist – gegen § 77 III BetrVG verstoßenden Betriebsvereinbarung nur an seine Stammbelegschaft leistet, nicht aber an die aufgrund eines Betriebsübergangs übernommenen AN. Die Verschiedenheit der Arbeitsvertrags- und Vergütungssysteme bei der Stammbelegschaft einerseits und den übernommenen AN andererseits (§ 613a I 2 BGB) rechtfertigt allein noch keine **unterschiedliche Behandlung bei der Gehaltserhöhung.** Ein sachlicher Grund für eine Differenzierung bei einer Entgelterhöhung kann allerdings dann bestehen, wenn diese der Herstellung einheitlicher Arbeitsbedingungen durch den Ausgleich von Nachteilen und die 23

[99] BAG 12.10.2011 AP Nr. 216 zu § 242 BGB Gleichbehandlung = NZA 2012, 680.
[100] BAG 15.11.1994 AP Nr. 121 zu § 242 BGB Gleichbehandlung = NZA 1995, 939.
[101] BAG 11.9.1985 AP Nr. 76 zu § 242 BGB Gleichbehandlung = NZA 1987, 156.
[102] BAG 3.12.2008 AP Nr. 206 zu § 242 BGB Gleichbehandlung = NZA 2009, 367.
[103] BAG 14.8.2018 NZA 2019, 100.
[104] BAG 31.8.2005 AP Nr. 288 zu § 613a BGB = NZA 2006, 265; 14.3.2007 AP Nr. 204 zu § 242 BGB Gleichbehandlung = NZA 2007, 862.

Angleichung an die Bedingungen der übernommenen Belegschaft dient. Denn das Bestehen unterschiedlicher Arbeitsbedingungen in einem Betrieb kann die Zusammenarbeit der AN erschweren, weshalb die Angleichung der Arbeitsvergütung auch dann legitim ist, wenn sie durch den Gleichbehandlungsgrundsatz nicht zwingend gefordert wird. Dem steht nicht entgegen, dass die Lohnerhöhung einen Ausgleich für die alle AN treffende Geldentwertung darstellt.[105] Wird nach einem Betriebsübergang die tarifliche Vergütung der Tarifbeschäftigten des Erwerberbetriebs im gleichen Umfang wie die tarifliche Wochenarbeitszeit erhöht, begründet dies keinen Anspruch auf Gehaltserhöhung bei den Beschäftigten, deren Arbeitszeit unverändert bleibt. Es fehlt hier an der Begünstigung einer Personengruppe, weil der Wert der Arbeitsleistung pro Zeiteinheit unverändert bleibt.[106]

24 **g) Elternzeit.** Bei der Gewährung von Jahressonderzahlungen kann der AG Mitarbeiter, die sich in Elternzeit befinden, von der Leistung ausnehmen. Der sachliche Grund hierfür kann sich aus dem Zweck solcher Leistungen ergeben. Besteht dieser in der zusätzlichen Vergütung für erbrachte Arbeitsleistungen sowie in der Belohnung erbrachter bzw. zukünftiger Betriebstreue, ist die Herausnahme rechtlich nicht zu beanstanden. Denn während der Elternzeit sind die beiderseitigen Hauptpflichten suspendiert; das Arbeitsverhältnis ruht. Zusätzliche Entgeltleistungen können deshalb für diese Zeiten nicht beansprucht werden. Diese Rechtsprechung verstößt nach bisheriger Auffassung des BAG weder gegen Art. 157 AEUV noch gegen sonstiges Unionsrecht.[107] Dieses untersagt dem AG nicht, bei der Gewährung einer Weihnachtsgratifikation an eine Frau, die sich in Elternzeit befindet, Zeiten der Elternzeit anteilig leistungsmindernd zu berücksichtigen (auch → § 78 Rn. 28).[108]

25 **h) Nachwirkung des Tarifvertrags.** Vereinbart der AG bei allen Arbeitsvertragsabschlüssen seit Eintritt der Nachwirkung des Tarifvertrags zu Urlaubsgeld und Sonderzuwendung Bezugnahmeklauseln, die diese Tarifverträge ausschließen, liegt zwar eine Ungleichbehandlung zu AN vor, bei denen diese Tarifverträge zu deren ungekündigter Geltung noch arbeitsvertraglich in Bezug genommen wurden. Dieses Vorgehen ist aber sachlich gerechtfertigt. Der damit verfolgte Zweck, bei Neuabschlüssen die arbeitsvertragliche Bezugnahme der tarifrechtlichen Wirkung der fraglichen Tarifverträge anzupassen, rechtfertigt diese Vorgehensweise. § 4 V TVG eröffnet die Möglichkeit einer die nachwirkende Regelung ablösenden arbeitsvertraglichen Regelung. Auch für tarifgebundene Arbeitsvertragsparteien besteht keine zwingende Bindung an einen zum Zeitpunkt des Vertragsschlusses nur noch nachwirkenden Tarifvertrag. Die tarifrechtliche Lage zeichnet die Möglichkeit vor, ab Eintritt der Nachwirkung in arbeitsvertraglichen Vereinbarungen die Anwendbarkeit der nachwirkenden Tarifverträge auszuschließen. Wenn der AG von dieser Möglichkeit entsprechend dem so vorgegebenen Stichtag Gebrauch macht, handelt er nicht willkürlich.[109]

IV. Darlegungs- und Beweislast

26 Vergütet ein AG AN mit ähnlicher Tätigkeit unterschiedlich, hat der AG darzulegen, wie groß der begünstigte Personenkreis ist, wie er sich zusammensetzt, wie er abgegrenzt ist und warum der klagende AN nicht dazugehört. Nicht ohne Weiteres erkennbare Gründe für die vorgenommene Differenzierung hat der AG offenzulegen. Im Rechtsstreit mit einem benachteiligten AN hat er diese Gründe so substantiiert darzutun, dass es möglich ist zu beurteilen, ob die Gruppenbildung sachlichen Kriterien entspricht.[110] Sind die Unterscheidungsmerkmale nicht ohne Weiteres erkennbar, und legt der AG seine Differenzierungsgesichtspunkte nicht dar, oder ist die unterschiedliche Behandlung nach dem Zweck der Leistung nicht gerechtfertigt, kann die benachteiligte Arbeitnehmergruppe verlangen, nach Maßgabe der begünstigten Arbeitnehmergruppe behandelt zu werden.[111] Der AN hat dann darzulegen, dass er die vom AG vorgegebenen Voraussetzungen der Leistung erfüllt.[112] Es gibt keine materiellrechtliche oder

---

105 BAG 14.3.2007 AP Nr. 204 zu § 242 BGB Gleichbehandlung = NZA 2007, 862.
106 BAG 14.3.2007 AP Nr. 1 zu § 611 BGB Lohnerhöhung = NZA 2007, 981.
107 BAG 12.1.2000 AP Nr. 223 zu § 611 BGB Gratifikation = NZA 2000, 944.
108 EuGH 21.10.1999 AuR 2000, 66.
109 BAG 9.5.2007 AP Nr. 8 zu § 305c BGB.
110 BAG 21.5.2014 AP Nr. 220 zu § 242 BGB Gleichbehandlung = NZA 2015, 115; 23.2.2011 AP Nr. 213 zu § 242 BGB Gleichbehandlung = NZA 2011, 693; 16.6.2010 NZA-RR 2011, 45.
111 BAG 12.10.2011 AP Nr. 216 zu § 242 BGB Gleichbehandlung = NZA 2012, 680; 2.8.2006 EzA Nr. 3 zu § 75 BetrVG 2001.
112 BAG 19.8.1992 29.9.2004 AP Nr. 192 zu § 242 BGB Gleichbehandlung.

prozessuale Präklusion des AG mit Differenzierungsgründen. Die Verletzung des Gleichbehandlungsgrundsatzes hängt nicht davon ab, ob der AG die Gründe der von ihm vorgenommenen Differenzierung dem AN – vorprozessual – mitgeteilt hat, sondern davon, ob die Ungleichbehandlung in der Sache gerechtfertigt ist.[113] Ob der AG einen „nachgeschobenen" Differenzierungsgrund nur „vorschiebt", ist keine Frage der Präklusion, sondern der Tatsachenfeststellung. Die Tatsacheninstanzen haben nach den Grundsätzen des § 286 I ZPO festzustellen, ob der vom AG im Prozess vorgetragene Differenzierungsgrund tatsächlich vorliegt. – Stützt der AN einen Vergütungsanspruch zum einen auf die Erfüllung der tariflichen Anforderungen des Anspruchs und zum anderen auf die Verletzung des Gleichbehandlungsgrundsatzes, handelt es sich um **zwei Streitgegenstände.**[114]

V. Rechtsfolgen

Aus dem Gleichbehandlungsgrundsatz folgt nicht nur das Verbot der Ungleichbehandlung. 27
Wird der Gleichbehandlungsgrundsatz verletzt, muss der AG die von ihm gesetzte Regel entsprechend korrigieren. Die sachlich nicht gerechtfertigte Gruppenbildung führt im Ergebnis damit zu einer Anpassung dieses Merkmals durch ein gleichbehandlungskonformes. Der AN, der ohne sachliche Rechtfertigung ungleich behandelt wurde, kann die Leistung, von der er nach der Regelbildung des AG wegen Nichterfüllung des gleichbehandlungswidrigen Tatbestandsmerkmals ausgeschlossen war, von diesem verlangen, wenn es keine weiteren Voraussetzungen gibt oder wenn etwaige weitere Voraussetzungen vom AN erfüllt werden.[115] Rechtsfolge einer Verletzung des arbeitsrechtlichen Gleichbehandlungsgrundsatzes ist damit die Korrektur der arbeitgeberseitig bestimmten gleichbehandlungswidrigen Voraussetzung, nicht jedoch eine Überkompensation oder Besserbehandlung der ursprünglich Ausgeschlossenen. Es geht allein um eine Ausdehnung der Begünstigung auf unzulässig Ausgeschlossene.[116]

---

[113] BAG 15.1.2013 AP Nr. 60 zu § 1 BetrAVG Ablösung = NZA 2013, 1028; 23.2.2011 AP Nr. 213 zu § 242 BGB Gleichbehandlung = NZA 2011, 693.

[114] BAG 15.12.2010 AP Nr. 31 zu § 1 TVG Tarifverträge: Arzt.

[115] BAG 14.8.2018 NZA 2019, 100; 27.4.2016 – 5 AZR 311/15; 3.9.2014 AP Nr. 219 zu § 242 BGB Gleichbehandlung; 31.7.2014 AP Nr. 9 zu § 16 TV-L; 21.5.2014 AP Nr. 220 zu § 242 BGB Gleichbehandlung = NZA 2015, 115.

[116] BAG 3.6.2020 AP Nr. 78 zu § 1 BetrAVG Gleichbehandlung = NZA 2021, 347.

XI. Buch. Das Recht am Arbeitsergebnis und an den Arbeitsgerätschaften

§ 113. Die Zuordnung des Arbeitsergebnisses und der Arbeitsgerätschaften, Besitz, Spezifikation und Fund

Übersicht

I. Besitz

1. Besitz und Besitzdiener. Dem AN werden zur Durchführung der Arbeit vielfach Arbeitsgeräte überlassen, die entweder im Eigentum des AG oder eines Dritten stehen. Damit stellt sich die Frage nach den rechtlichen Beziehungen an den Arbeitsgeräten, und zwar **(a)** im Verhältnis zwischen dem AN und AG und **(b)** im Verhältnis des AN zu Dritten. In der Regel ist der AN nicht Besitzer der ihm zur Erfüllung seiner Arbeitsleistung überlassenen Sachen, sondern nur Besitzdiener (§ 855 BGB). Eine Besitzdienerschaft ist dann anzunehmen, wenn der Besitzdiener den Weisungen des Besitzers im Hinblick auf die Sache uneingeschränkt Folge zu leisten hat, dabei ist nicht erforderlich, dass der Besitzer eine ununterbrochene räumliche Einwirkungsmöglichkeit auf die Sache hat. Aus dem Wesen des Arbeitsvertrags folgt die Weisungsgebundenheit des AN (→ § 8 Rn. 10). Unerheblich ist, ob der Arbeitsvertrag wirksam ist, sofern der AN nur, etwa bei faktischen Vertragsverhältnissen, glaubt, den Weisungen Folge leisten zu müssen. Der AN ist danach nicht Besitzdiener, wenn er über den alleinigen Zugang zu der Sache und deren selbständige Verwaltung verfügt. Dazu gehört, dass der AN wirtschaftliche Überlegungen anzustellen und Entscheidungen über die Verwendung der Sache zu treffen hat.[1] Die Besitzdienerschaft entfällt, wenn der AN das Weisungsrecht des AG in Bezug auf die ihm überlassenen Sachen nicht (mehr) anerkennt. Erwirbt der AN im Rahmen des Arbeitsverhältnisses Gegenstände von Dritten, wird durch dieses Rechtsgeschäft der AG Eigentümer.[2] 1

2. Inhalt der Besitzdienerschaft. Der Besitzdiener hat nur die tatsächliche Verfügungsgewalt über die Sache. Entzieht er dem Besitzer den Besitz, begeht er verbotene Eigenmacht (§ 858 BGB). Diese kann zur ordentlichen oder außerordentlichen Kündigung berechtigen.[3] Gegenüber dem Besitzer kann er sich auf ein Zurückbehaltungsrecht (§ 273 BGB) an der Sache dann nicht berufen, wenn die possessorischen Ansprüche geltend gemacht werden (§ 861 BGB). Der nicht nach außen erkennbar betätigte Wille, nicht mehr für den Besitzer zu besitzen, ändert an der Besitzdienerschaft nichts.[4] 2

3. Besitzwehr. Gegenüber Dritten kann der Besitzdiener die Besitzwehr ausüben (§ 860 BGB); dagegen stehen dem Besitzdiener nicht die possessorischen Ansprüche wegen Besitzentziehung oder Besitzstörung zu (§§ 861, 863 BGB). Die Besitzwehr kommt nicht in Betracht, wenn ein anderer AN des gleichen Betriebs die Arbeitsgeräte wegnimmt, um damit innerhalb des Betriebs eine ihm aufgetragene Arbeit auszuführen.[5] 3

---

[1] BAG 17.9.1998 AP Nr. 2 zu § 611 BGB Mankohaftung = NZA 1999, 141.
[2] BAG 15.11.2001 AP Nr. 121 zu § 611 BGB Haftung des Arbeitnehmers = NZA 2002, 612.
[3] SächsLAG 17.1.2007 – 2 Sa 808/05; HessLAG 21.11.1977 DB 1978, 1406.
[4] Zur unbefugten Kontoverfügung des AN: LAG Düsseldorf 2.9.1971 DB 1971, 2069.
[5] OLG Köln 18.5.1956 AP Nr. 1 zu § 860 BGB.

4 **4. Herausgabe.** Grundsätzlich ist der AN gehalten, auf Verlangen seines AG, bei einer Freistellung[6] oder nach dem Ende des Arbeitsverhältnisses die ihm überlassenen Gegenstände des AG herauszugeben.[7] Dies gilt auch für einen ihm überlassenen Dienstwagen, selbst wenn er die fristlose Kündigung mit einer Kündigungsschutzklage angegriffen hat.[8] Etwas anderes kann dann gelten, wenn die Kündigung offensichtlich unwirksam ist, der AN weiterbeschäftigt wird[9] oder ihm auch ein Eigennutzungsrecht an dem Fahrzeug zusteht. Ansonsten stehen dem AN gegenüber dem AG keine Ansprüche aus verbotener Eigenmacht zu,[10] zu Einzelheiten → § 68 Rn. 1.

II. Erwerb von Sacheigentum durch Verarbeitung; sog. Spezifikation (§ 950 BGB)

5 **1. Voraussetzungen der Spezifikation.** Aufgrund des Arbeitsvertrags hat der AG Anspruch auf die Arbeitsleistung des AN. Soweit sie sich in einer schlichten Tätigkeit oder in einer geringfügigen Bearbeitung von Gegenständen erschöpft, ist sie für die Eigentumsordnung belanglos. Es ist aber denkbar, dass auf Grund der Arbeitsleistung neue Werte geschaffen werden, so dass sich die Frage nach ihrer rechtlichen Zuordnung stellt. Bei diesen neuen Gegenständen kann es sich um Immaterialgüterrechte handeln wie etwa Erfindungen (→ § 114 Rn. 1) oder körperliche Gegenstände, die Gegenstand absoluter Rechte sind. Die Rechtsordnung hat die werterhöhende Arbeit als Eigentumserwerbsgrund anerkannt. Eigentum erwirbt, wer durch Verarbeitung oder Umbildung eines oder mehrerer Stoffe eine neue bewegliche Sache herstellt, es sei denn, dass der Wert der Arbeiten oder Umbildung erheblich geringer ist als der Wert des Stoffs (§ 950 I 1 BGB). Der Begriff der Neuheit ist wirtschaftlich zu verstehen; in der Regel ist eine neue Sache anzunehmen, wenn sie auf einer höheren Produktionsstufe steht. Einen Anhaltspunkt bietet eine neue Bezeichnung im Verkehr. Bei der Bestimmung des Werts der Verarbeitung ist nicht auf den Aufwand für die Arbeitsleistung abzustellen, sondern der Verarbeitungswert ist zu berechnen, indem von dem Wert der neuen Sache die Summe der Werte der einzelnen verarbeiteten Sachen abgezogen wird. Als Verarbeitung gilt auch das Schreiben, Zeichnen, Malen, Drucken, Gravieren oder eine ähnliche Bearbeitung der Oberfläche (§ 950 I 2 BGB).

6 **2. Hersteller.** Es ist im Wesentlichen unstreitig, dass im Fall der Spezifikation das Eigentum unmittelbar dem AG zufällt und nicht dem AN. Für den Eigentumserwerb ist es unerheblich, ob der AN für sich erwerben will, der Arbeitsvertrag rechtsunwirksam oder der AN geschäftsunfähig ist. Entscheidend sind objektive Funktionsstellung und Weisungsrecht für die Gestaltung der Produktion, Eigentum an Produktionsmitteln, Art der Eingliederung in den Wirtschaftsablauf, Risikoverteilung. Schwierigkeiten der Abgrenzung können sich ergeben bei **Urkunden, Akten, Tonträgern,**[11] **Computerdaten** und sonstigen Dokumenten, etwa den Aufzeichnungen eines Chefarztes, wenn sie für weitere wissenschaftliche Forschungen dienen sollen.[12] Es sind zu unterscheiden die Frage der Zugriffsberechtigung einschließlich der Berechtigung, Kopien zu fertigen, und die Eigentumsfrage. Die Frage der Zugriffsberechtigung lässt sich mit den Mitteln des Sachenrechts nicht lösen. Eigentümer wird das Unternehmen sein. Bei **Herstellung von Prüfungsstücken** im Rahmen von Berufsausbildungsverträgen erwirbt regelmäßig der Auszubildende Eigentum[13] (→ § 174 Rn. 50). Mit dem Erwerb des Eigentums an der neuen Sache erlöschen die an dem Stoff bestehenden Rechte von Dritten.[14]

III. Fund

7 Der Finder einer verlorenen Sache erwirbt mit dem Ablauf von 6 Monaten seit Anzeige des Funds bei der zuständigen Behörde Eigentum an der Sache, es sei denn, dass vorher ein Empfangsberechtigter dem Finder bekannt geworden ist oder seine Rechte bei der Behörde

[6] BAG 31.1.2008 AP Nr. 339 zu § 613a BGB.
[7] LAG Bln-Bbg 25.11.2011 ArbuR 2012, 84 (Einnahmen eines Taxifahrers).
[8] ArbG Wetzlar 1.8.1986 NZA 1987, 163.
[9] LAG München 11.9.2002 NZA-RR 2002, 636.
[10] AA LAG Köln 26.1.2012 – 10 Ta 5/12; LAG Düsseldorf 4.7.1975 DB 1975, 1849.
[11] BGH 10.7.2015 NJW 2016, 317.
[12] Vgl. BGH 27.9.1990 NJW 1991, 1480.
[13] LAG München 8.8.2002 NZA-RR 2003, 187; aA LAG SchlH 14.2.2006 NZA-RR 2006, 461 (Gesellenstück).
[14] MüKoBGB/*Füller* § 950 Rn. 26.

angemeldet hat (§ 973 I BGB). Die Frist beginnt mit dem Zeitpunkt des Fundes, wenn die Sache nicht mehr als 10 EUR wert ist (§ 973 II 1 BGB). Der Finder erwirbt das Eigentum nicht, wenn er den Fund auf Nachfrage verheimlicht. Hat der AN in Ausführung seiner Arbeit eine Sache gefunden, so wird er Besitzdiener und der AG unmittelbarer Besitzer. Der Eigentumserwerb tritt daher unmittelbar in der Person des AG ein.[15] Auch hier ist entscheidend, dass der AN die Sache aufgrund einer betrieblichen Tätigkeit im Rahmen seines Arbeitsvertrags an sich genommen hat; unerheblich ist dagegen, ob er geschäftsfähig, der Arbeitsvertrag wirksam war oder welche Willensrichtung er bei der Aneignung gehabt hat. Für einen Sonderfall hat der BGH angenommen, dass der AN Finder sei: ein Baggerführer hatte bei Baggerarbeiten einen Schatz aus dem Mittelalter gefunden. Der BGH hat angenommen, dass Schatzfunde so selten seien und der AN Finder sei, sofern nicht zielgerichtet nach dem Schatz gesucht werden sollte.[16] Ist der AG Finder, steht auch ihm der Finderlohn zu. Wird eine Sache im Betrieb nur verlegt, ist § 973 BGB unanwendbar.

§ 114. Arbeitnehmererfindung

Internetadresse: http://www.dpma.de (= Deutsches Patent- und Markenamt).

Übersicht

I. Einführung

1 **1. Patent- und Gebrauchsmusterrecht. a) Überblick.** Nach dem PatG idF vom 16.12.1980 (BGBl. 1981 I 1) werden zum Patent angemeldete Erfindungen in der Weise geschützt, dass der Patentinhaber allein zur gewerbsmäßigen Herstellung, Gebrauch und Veräußerung des geschützten Gegenstands berechtigt ist. Kleinere technische Erfindungen werden nach dem GebrMG idF vom 28.8.1986 (BGBl. I 1455) geschützt. Dadurch soll ein Interessensausgleich zwischen AN und AG, der die sächlichen Voraussetzungen für die Erfindungen geschaffen hat, hergestellt werden. Arbeitsrechtlich wird das Arbeitsergebnis grundsätzlich dem AG zugeordnet

[15] ArbG Berlin 26.6.1980 EzA Nr. 1 zu § 965 BGB (50 000 DM bei Aufräumungsarbeiten).
[16] BGH 20.1.1988 AP Nr. 1 zu § 984 BGB = NJW 1988, 1204.

(→ § 113 Rn. 5). Dagegen stehen die **Patentrechte** grundsätzlich dem **Erfinder** zu. Zielsetzung des Gesetzes über Arbeitnehmererfindungen (ArbNErfG) vom 25.7.1957 (BGBl. I 756) ist es, auf einem Grenzgebiet von Arbeitsrecht und gewerblichem Rechtsschutz einen Ausgleich zwischen AG und AN zu schaffen.

2, 3 **b) Deutsches Patent- und Markenamt.** Das Deutschen Patent- und Markenamt (DPMA) ist eine Bundesoberbehörde im Geschäftsbereich des BMJV. Bei ihr wird ein Register geführt, das die Bezeichnung der Patentanmeldungen und der erteilten Patente und ergänzender Schutzzertifikate sowie Namen und Wohnort der Anmelder oder Patentinhaber angibt (§ 30 I 1 PatG). Sein **Verwaltungsaufbau** sowie Hinweise zur Anmeldung von Patenten sind aus seinem Internetauftritt ersichtlich. Im Jahr 2019 wurden beim DPMA 67 437 Patente angemeldet; der Bestand betrug 131 999 Patente. Die meisten inländischen Patentanmeldungen stammten aus Baden-Württemberg (15 230 Anmeldungen) und aus Bayern (14 064 Anmeldungen). Aktivstes Unternehmen bei den Patentanmeldungen war die Robert Bosch GmbH (4 202 Anmeldungen).[1]

4 **2. Diensterfindungen und freie Erfindungen.** Nach § 4 I ArbNErfG unterliegen alle Erfindungen der AN dem ArbNErfG. Über die freien Erfindungen kann der AN wie ein Erfinder grundsätzlich frei verfügen (§ 4 III ArbNErfG). Der AG kann die Erfindungsrechte nicht durch einseitige Inanspruchnahme auf sich überleiten; sie sind unbelastet vom Zugriffsrecht des AG, müssen diesem aber angezeigt (§ 18 ArbNErfG) und angeboten werden (§ 19 ArbNErfG). Diensterfindungen und freie Erfindungen unterliegen der Eigentumsgarantie von Art. 14 GG.[2]

II. Anwendungsbereich und Grundbegriffe des ArbNErfG

5 **1. Räumlicher Geltungsbereich, Auslandssachverhalte. a) Arbeitsstatut.** Das ArbNErfG gilt für das Bundesgebiet. Die Zuordnung einer Diensterfindung zum AN oder zum AG richtet sich bei Auslandsbezug nach dem geltenden Arbeitsstatut. Das anwendbare Recht richtet sich nach den Grundsätzen des internationalen Privatrechts (→ § 7 Rn. 7). Danach kann das Arbeitsverhältnis grundsätzlich einem ausländischen Rechtsstatut unterstellt werden. Beschränkt sich der Auslandsbezug auf das Gebiet der EU, ist die VO (EG) Nr. 593/2008 vom 17.6.2008 (Rom I-VO) maßgeblich. Nach deren Art. 8 I 2 iVm § 22 S. 1 ArbNErfG sind die Vorschriften des ArbNErfG Schutzvorschriften zu Gunsten des AN, von denen durch eine Vereinbarung nicht abgewichen werden kann.[3]

6 **b) Schutzlandprinzip.** Nicht eindeutig ist die Rechtslage, wenn die Schutzrechtsfähigkeit im In- und Ausland unterschiedlich beurteilt wird. Aus der unterschiedlichen Gestaltung der Schutzrechtsanmeldung im In- und Ausland wird gefolgert (§§ 13, 14 ArbNErfG), dass allein die Schutzfähigkeit nach dem deutschen Recht maßgeblich sein muss (Schutzlandprinzip). Ist ein Schutzrecht nur im Ausland erlangt und ist im Inland ein entsprechender Schutz nicht möglich, besteht kein Schutz nach § 2 ArbNErfG. Eine nur im Ausland schutzfähige Erfindung kann unter den Voraussetzungen von §§ 3, 20 ArbNErfG als technischer Verbesserungsvorschlag geschützt sein.

7 **2. Persönlicher Geltungsbereich. a) Arbeitnehmer.** Das ArbNErfG findet auf alle Erfindungen und technischen Verbesserungsvorschläge von AN im privaten und öffentlichen Dienst, von Beamten und Soldaten Anwendung (§ 1 ArbNErfG). Für die Bestimmung des Arbeitnehmerbegriffs gelten die allgemeinen arbeitsrechtlichen Grundsätze (→ § 8 Rn. 1).[4] Nicht zu den AN gehören die Gesellschafter von Personengesellschaften und die gesetzlichen Vertreter von juristischen Personen, es sei denn, dass diese aufgrund eines Arbeitsvertrags beschäftigt werden,[5] freie Mitarbeiter und arbeitnehmerähnliche Personen. Sie können frei über ihre Erfindungen verfügen. Zulässig ist eine Vereinbarung über die Geltung des ArbNErfG.[6]

---

1 http://www.dpma.de; Zahlen aus Jahresbericht 2019, S. 89 ff.
2 BVerfG 24.4.1998 NJW 1998, 3704.
3 OLG Karlsruhe 13.4.2018 GRUR 2018, 1030.
4 Vgl. *Bartenbach/Volz* ArbNErfG § 1 Rn. 9.
5 BGH 26.9.2006 NJW-RR 2007, 103; 11.4.2000 NZA-RR 2000, 486; zur Vertragsgestaltung *Friemel/Kamlah* BB 2008, 613.
6 *Bartenbach/Volz* ArbNErfG § 1 Rn. 92.

b) Arbeitnehmerüberlassung. Bei Leiharbeitsverhältnissen ist zwischen dem echten und unechten Leiharbeitsverhältnis zu unterscheiden. In einem echten Leiharbeitsverhältnis (→ § 120 Rn. 5), bei dem zB ein AN im Rahmen von zwischenbetrieblichen Forschungs- und Entwicklungskooperationen abgeordnet worden ist, stehen Rechte und Pflichten aus dem ArbNErfG allein dem Verleiher zu.[7] Anders ist es bei den unechten Leiharbeitsverhältnissen. Bei diesen stehen die Rechte aus dem ArbNErfG dem Entleiher zu (§ 11 VII AÜG).[8] 8

c) Arbeitgeber. Für den Begriff des AG gelten die allgemeinen Grundsätze (→ § 16 Rn. 1). Unmittelbare Rechte und Pflichten aus dem ArbNErfG bestehen nur gegenüber dem Vertragsarbeitgeber. Andere Konzerngesellschaften oder sonstige Dritte (zB Kooperationspartner des AG) werden aus dem ArbNErfG nicht unmittelbar berechtigt oder verpflichtet. Dem AN können jedoch durch gesonderte (dreiseitige) Vereinbarung mit Dritten Vergütungsansprüche eingeräumt werden, wenn diese die Erfindung nutzen. Im Falle der Betriebsnachfolge gehen die Rechte und Pflichten auf den Betriebsnachfolger über, wenn dieser in die Arbeitsverhältnisse eintritt (§ 613a I 1 BGB; → § 118 Rn. 5); widerspricht der AN dem Übergang des Arbeitsverhältnisses, tritt der Betriebsübernehmer in die sich insoweit aus dem ArbNErfG ergebende Rechtsstellung des Betriebsveräußerers ein. 9

d) Hochschule. Für Erfindungen der an einer Hochschule Beschäftigten gelten besondere Bestimmungen (§ 42 ArbNErfG). Die Vorschrift ist in formeller und materieller Hinsicht mit dem GG vereinbar.[9] Der Erfinder ist berechtigt, die Diensterfindung im Rahmen seiner Lehr- und Forschungstätigkeit zu veröffentlichen, wenn er dies dem Dienstherrn rechtzeitig, in der Regel zwei Monate zuvor, angezeigt hat. Insoweit ist er von der Verschwiegenheitspflicht dispensiert. Lehnt ein Erfinder aufgrund seiner Lehr- und Forschungsfreiheit die Offenbarung seiner Diensterfindung ab, so ist er nicht verpflichtet, die Erfindung dem Dienstherrn zu melden. Will der Erfinder seine Erfindung zu einem späteren Zeitpunkt offenbaren, so hat er die Erfindung unverzüglich zu melden. Dem Erfinder bleibt im Fall der Inanspruchnahme der Diensterfindung ein nichtausschließliches Recht zur Benutzung der Diensterfindung im Rahmen seiner Lehr- und Forschungstätigkeit. Verwertet der Dienstherr die Erfindung, beträgt die Höhe der Vergütung 30% der durch die Verwertung erzielten Einnahmen.[10] Im Übrigen wird nicht wie im öffentlichen Dienst auf das private Erfinderrecht verwiesen.[11] 10

3. Sachlicher Geltungsbereich. a) Erfindungen und technische Verbesserungsvorschläge. Dem ArbNErfG unterliegen Erfindungen und technische Verbesserungsvorschläge (§ 1 ArbNErfG). Erfindungen sind eine auf schöpferischer Leistung beruhende Lehre zum planmäßigen Handeln; sie müssen also einen individuellen geistigen Inhalt als Ergebnis einer produktiven Geistestätigkeit enthalten. Erfindungen im Sinne des ArbNErfG sind nur Erfindungen, die patent- oder gebrauchsmusterfähig sind (§ 2 ArbNErfG).[12] **Patentfähig** sind Erfindungen, die eine neue, schöpferische Lehre zum technischen Handeln geben, so dass der mit durchschnittlichem Wissen ausgestattete Fachmann danach handeln kann.[13] Das früher notwendige Merkmal der Fortschrittlichkeit ist seit Anpassung an das EPU entfallen (§§ 1 ff. PatG). Ausnahmen von der Patentfähigkeit regelt der nicht abschließende Negativkatalog des § 1 II PatG, der Art. 52 II EPÜ entspricht. Danach werden **(1)** Entdeckungen, wissenschaftliche Theorien und mathematische Methoden, **(2)** ästhetische Formschöpfungen, **(3)** Pläne Regeln und Verfahren für gedankliche Tätigkeit, für Spiele oder geschäftliche Tätigkeiten, Programme für Datenverarbeitungsanlagen und **(4)** schließlich die Wiedergabe von Informationen nicht als Erfindungen angesehen. **Gebrauchsmusterfähig** sind Erfindungen dann, wenn sie eine Lehre zum technischen Handeln geben, bei denen aber die Erfindungshöhe geringer ist. **Technische Verbesserungsvorschläge** sind Vorschläge für sonstige technische Neuerungen, die nicht patent- oder gebrauchsmusterfähig sind (§ 3 ArbNErfG). Eine Neuerung setzt eine individuelle, schöpferische Geistesleistung des Einzelnen voraus, die über das bloße Auffinden von Vorhandenem oder Vorgegebenem 11

[7] *Bartenbach/Volz* ArbNErfG § 1 Rn. 56 ff.; *Volmer/Gaul* ArbNErfG § 1 Rn. 70 ff.
[8] *Schwab* NZA-RR 2017, 517 (519); aA *Boemke/Kursawe* ArbNErfG § 1 Rn. 67.
[9] BGH 18.9.2007 BGHZ 173, 356; *Busche* CIPR 2007, 69; *Stallberg* GRUR 2007, 1035; *Weyand/Haase* GRUR 2007, 28.
[10] BGH 5.2.2013 NZA 2013, 509 (zum Begriff der Einnahmen); zu offenen Fragen bei der Vergütung von Hochschulerfindern *Heerma/Maierhöfer* GRUR 2010, 682.
[11] Zu den Urheberrechten von wissenschaftlichen Mitarbeitern *Leuze* GRUR 2006, 552.
[12] *Bartenbach/Volz* ArbNErfG § 2 Rn. 2.
[13] *Bartenbach/Volz* ArbNErfG § 1 Rn. 6.

hinausgeht. Sie muss auf technischem Gebiet liegen. Nicht vom ArbNErfG erfasst werden Züchtungen und Entwicklungen auf anderen Gebieten, zB von Pflanzensorten usw.[14]

12 **b) Arbeitsverhältnis. aa) Bestehender Arbeitsvertrag.** Erfindungen und technische Verbesserungsvorschläge werden vom ArbNErfG nur erfasst, wenn sie während der rechtlichen Dauer des Arbeitsverhältnisses[15] entstanden sind oder aber auf einer Idee beruhen, die auf der Grundlage betrieblicher Bedürfnisse und der technischen Gegebenheiten des AG erst fortentwickelt und vollendet wurde. Der Zeitpunkt der Schutzrechtsanmeldung ist ohne Bedeutung.[16] Wird die Erfindung bereits während des Arbeitsverhältnisses begonnen, aber unmittelbar nach seiner Beendigung bekannt gegeben, ist es Tatfrage, ob es sich noch um eine Erfindung aus dem Arbeitsverhältnis handelt.[17] Nach hM spricht der Beweis des ersten Anscheins dafür, dass unmittelbar nach Beendigung des Arbeitsverhältnisses bekannt gegebene Erfindungen noch während des Arbeitsverhältnisses gemacht worden sind.[18]

13 **bb) Ausscheiden des Arbeitnehmers.** Hat es ein AN pflichtwidrig unterlassen, während der Dauer seines Arbeitsverhältnisses Überlegungen hinsichtlich einer ihm aufgetragenen technischen Verbesserung anzustellen, und erfindet er eine solche Verbesserung alsbald nach seinem Ausscheiden aus dem Arbeitsverhältnis, kann er nach § 280 I BGB zur Übertragung des auf die Erfindung angemeldeten Schutzrechts auf den AG verpflichtet sein,[19] falls anzunehmen ist, dass er die Erfindung bei pflichtgemäßer Arbeitsleistung bereits während des Bestehens des Arbeitsverhältnisses gemacht hätte.

14 **Kündigt** der AN kurz vor Fertigstellung einer Erfindung sein Arbeitsverhältnis, kann unter den Voraussetzungen des § 162 BGB der AG die Übertragung der Erfindung verlangen. Liegt zwischen der Beendigung des Arbeitsverhältnisses und der Fertigstellung der Erfindung ein längerer Zeitraum, ist der AG in vollem Umfang für die Tatsache der Erfindung aus dem Arbeitsverhältnis darlegungs- und beweispflichtig. Hat der AN nach der Kündigung des Arbeitsverhältnisses einen Weiterbeschäftigungsanspruch geltend gemacht (→ § 125 Rn. 1), ist die Zeit der tatsächlichen Beschäftigung noch dem Arbeitsverhältnis zuzurechnen.

15 **4. Diensterfindungen oder gebundene Erfindungen.** § 4 ArbNErfG enthält eine Legaldefinition. Diensterfindungen sind solche, die während des rechtlichen Bestands des Arbeitsverhältnisses gemacht worden sind und entweder aus der dem AN im Betrieb oder in der öffentlichen Verwaltung obliegenden Tätigkeit entstanden (sog. **Auftragserfindungen**) sind (§ 4 II Nr. 1 ArbNErfG) oder maßgeblich auf Erfahrungen oder Arbeiten des Betriebs oder der öffentlichen Verwaltung (sog. **Aufgabenerfindungen**) beruhen (§ 4 II Nr. 2 ArbNErfG).[20] Zu den Erfindungen nach § 4 II Nr. 1 ArbNErfG zählen einmal solche, die der mit erfinderischen Aufgaben betraute AN macht, aber auch solche, die mit dem Aufgabenbereich des AN eng zusammenhängen und die ihre Ursache in der Tätigkeit in diesem Aufgabenbereich haben.[21] Dabei ist unerheblich, ob die auftrags- oder tätigkeitsbezogenen Erfindungen während oder außerhalb der Arbeitszeit entstanden sind. Geistige Leistungen werden vielfach außerhalb der Arbeitszeit und des Arbeitsorts vollbracht. Aufgabenerfindungen sind alle, die auf den positiven oder negativen Erfahrungen des Betriebs oder der Verwaltung beruhen. Der AG ist darlegungs- und beweispflichtig, dass die Erfindung auf betrieblichen Vorarbeiten oder Erfahrungswissen beruht. Zur Beweiserleichterung wird namentlich mit leitenden Angestellten vielfach vereinbart, dass sie Zugang zu allen betrieblichen Arbeitsergebnissen haben. Nach verbreiteter Ansicht soll sich in diesen Fällen die Beweislast umkehren.[22] Nicht zu den Aufgabenerfindungen gehören die sog. **Anregungserfindungen,** das sind solche, für die die betriebliche Tätigkeit allein eine Anregung gegeben hat, ohne dass der Stand der betrieblichen Technik in irgendeiner Form kausal geworden ist.

16 **5. Freie Erfindungen.** Dies sind alle Erfindungen, die mit der betrieblichen Tätigkeit des AN nicht im Zusammenhang stehen (§ 4 III ArbNErfG). Dies kann auch dann der Fall sein, wenn die Erfindung in den Tätigkeitsbereich des Unternehmens fällt.

---

[14] Vgl. *Hesse* GRUR 1980, 404.
[15] BGH 18.5.1971 AP Nr. 1 zu § 4 ArbNErfG.
[16] OLG Jena 7.12.2011 NZA-RR 2012, 371.
[17] Vgl. BAG 1.11.1959 AP Nr. 4 zu § 2 ArbNErfindVO.
[18] Weitergehend MHdB ArbR/*Bayreuther* § 98 Rn. 7 (tatsächliche Vermutung).
[19] BGH 21.10.1980 AP Nr. 3 zu § 4 ArbNErfG = NJW 1981, 345.
[20] BGH 18.5.1971 AP Nr. 1 zu § 4 ArbNErfG = NJW 1971, 1409.
[21] LG Düsseldorf 4.12.1973 GRUR 1974, 275.
[22] *Bartenbach/Volz* ArbNErfG § 1 Rn. 46.

III. Diensterfindung

1. Meldepflicht. a) Form und Inhalt der Meldung. Diensterfindungen hat der AN nach ihrer Fertigstellung, dh wenn die ihnen zugrunde liegende Lehre technisch ausführbar ist und der Durchschnittsfachmann mit den Angaben des Erfinders arbeiten kann,[23] unverzüglich (dh ohne schuldhaftes Zögern, § 121 BGB) dem AG in Textform[24] (§ 126b BGB) zu melden (§ 5 I 1 ArbNErfG). Die Meldung dient nicht nur dem Zweck, dem AG die technische Lehre der Erfindung als solche zu übermitteln. Sie soll ihm vielmehr auch deutlich machen, dass es sich um eine neue und (jedenfalls möglicherweise) auf erfinderischer Tätigkeit beruhende technische Lehre handelt, die er (nur) innerhalb gesetzlicher Frist in Anspruch nehmen und zum Patent anmelden kann.[25] Der AN kann verschiedene Formulierungskonzepte, Verfahren und Darreichungsformen in einem Schreiben zusammenfassen, solange diese dasselbe technische Problem betreffen und auf einem gemeinsamen Lösungsansatz beruhen und die Erfindungsmeldung in der Fülle des innerbetrieblichen Schriftverkehrs als solche erkennbar ist.[26] Bei der Meldung handelt es sich um eine empfangsbedürftige Wissenserklärung des AN, die als Erfindungsmeldung zu kennzeichnen ist.[27] Mit der damit verbundenen Informationsfunktion sieht der Gesetzgeber die Rechtssicherheit und -klarheit als ausreichend gewahrt an.[28] Erfolgt die Meldung nicht in Textform, führt dies nicht zu ihrer Unwirksamkeit. Sind mehrere AN an der Erfindung beteiligt **(Miterfinder)** bilden sie eine Gemeinschaft (§§ 741 ff. BGB), wenn sie ihr Innenverhältnis nicht anderweitig durch Vereinbarung geregelt haben; jeder Miterfinder kann über seinen Anteil an der Erfindung frei verfügen.[29] Miterfinder können eine gemeinsame Erfindungsmeldung abgeben (§ 5 I 2 ArbNErfG). Miterfinder sind alle Personen, die einen nicht nur unwesentlichen schöpferischen Beitrag zu der gemeinschaftlichen Erfindung geleistet haben.[30] Wird die Erfindung weiter entwickelt, ist sie erneut zu melden.[31] In der Meldung hat der AN die technische Aufgabe, ihre Lösung und das Zustandekommen zu beschreiben. Vorhandene Aufzeichnungen sollen beigefügt werden. Damit später die Erfindungsvergütung berechnet werden kann, sollen dem AN dienstlich erteilte Weisungen oder Richtlinien sowie die benutzten Erfahrungen oder Arbeiten des Betriebes (Betriebsanteil), die Mitarbeiter sowie Art und Umfang ihrer Mitarbeit und der Anteil des Erfinders angegeben werden (§ 5 II ArbNErfG).[32] Der AG hat dem AN den Eingang der Erfindungsmeldung unverzüglich in Textform zu bestätigen (§ 5 I 3 ArbNErfG). 17

b) Ergänzung und Wiederholung. Genügt die Erfindungsmeldung nicht den gesetzlichen Erfordernissen, kann der AG innerhalb von 2 Monaten ihre Ergänzung verlangen (§ 5 III ArbNErfG). Dem AG sollen hierdurch die Erfindungen seiner AN und die insoweit maßgeblichen Umstände so bekannt werden, dass er den Erfindungscharakter und die an der Erfindung beteiligten Person erkennen kann und in der Lage ist, sachgerecht über eine Inanspruchnahme oder Freigabe, über den der gemachten Erfindung gerecht werdenden Inhalt einer Schutzrechtsanmeldung und über die Festsetzung einer Vergütung allen Miterfindern gegenüber zu entscheiden.[33] Bei der Ergänzung hat er den AN zu unterstützen. Meldet ein AN arglistig eine Diensterfindung in einer Weise an, die den AG davon abhält, sie in Anspruch zu nehmen, so wird die Zweimonatsfrist des § 5 III ArbNErfG nicht in Gang gesetzt.[34] Nach Ablauf der Zwei-Monats-Frist gilt die Erfindungsmeldung als ordnungsgemäß. Wiederholt der AN eine bereits ordnungsgemäß abgegebene Meldung, liegt hierin regelmäßig nicht die Aufgabe hierdurch erlangter Rechtsstellung (→ Rn. 19).[35] Unterlässt der AN die Erfolgsmeldung, kann er schadensersatzpflichtig werden oder seine außerordentliche Kündigung gerechtfertigt sein. Mit der Schadensersatzforderung kann der AG gegen die Vergütungsansprüche im Rahmen der Pfändungsfreigren- 18

[23] BGH 10.11.1970 AP Nr. 2 zu § 4 ArbNErfG („Patentreife").
[24] Für Erfindungen, die vor dem 1.10.2009 gemeldet wurden, gilt das Schriftformerfordernis des § 5 I ArbNErfG aF weiterhin, BGH 17.12.2019 GRUR 2020, 388; 14.2.2017 GRUR 2017, 504.
[25] BGH 12.4.2011 NZA-RR 2011, 479.
[26] BGH 17.12.2019 GRUR 2020, 388.
[27] Vgl. LG Düsseldorf GRUR 1974, 173.
[28] BT-Drs. 16/11339, 49.
[29] BGH 17.10.2000 NZA-RR 2001, 209.
[30] BGH 16.9.2003 GRUR 2004, 50.
[31] BGH 5.10.2005 NZA-RR 2006, 90.
[32] Zu § 5 II 3 ArbNErfG aF BGH 17.12.2019 GRUR 2020, 388.
[33] BGH 12.4.2011 NZA-RR 2011, 479.
[34] BGH 19.5.2005 NZA 2005, 1246.
[35] BGH 17.12.2019 GRUR 2020, 388.

zen aufrechnen.[36] Der AN, der eine bereits gemeldete Diensterfindung in schöpferischer Weise weiterentwickelt, ist zu einer erneuten Erfindungsmeldung verpflichtet.[37]

19 **2. Rechtsfolgen der Meldung. a) Wahlmöglichkeit des Arbeitgebers.** Nach Eingang der ordnungsmäßigen Erfindungsmeldung hat der AG zwei Möglichkeiten. Er kann sie (unbeschränkt) **in Anspruch nehmen** oder sie **freigeben** (§ 6 I ArbNErfG). Der Gesetzgeber hat mit der Patenrechtsnovelle 2009 die von der Praxis kaum genutzte Rechtsfigur der **beschränkten Inanspruchnahme** beseitigt.[38] Darüber hinaus hat er die Inanspruchnahme der gemeldeten Erfindung als Regelfall ausgestaltet. Nach § 6 II ArbNErfG gilt die Inanspruchnahme als erklärt, wenn der AG die Diensterfindung nicht bis zum Ablauf von vier Monaten nach Eingang der ordnungsgemäßen Meldung (§ 5 II 1 und 3 ArbNErfG) gegenüber dem AN durch Erklärung in Textform freigibt. Eine ausdrückliche Erklärung über die Inanspruchnahme ist damit – anders als noch bis zum 30.9.2009 – nicht mehr erforderlich.

20 **b) Fiktion der Inanspruchnahme.** § 6 II ArbNErfG fingiert nach Fristablauf die Inanspruchnahme der Erfindung durch den AG, der damit zu ihrer Nutzung nach § 7 I ArbNErfG berechtigt ist. Nur wenn dieser die Erfindung freigeben will, ist diese Erklärung an die in § 6 II ArbNErfG bestimmte Form und Frist gebunden. Die Fiktion in setzt voraus: **(1)** eine ordnungsgemäße Meldung (§ 5 ArbNErfG), **(2)** den Ablauf der Vier-Monats-Frist ohne wirksame Inanspruchnahmeerklärung sowie **(3)** keine frist- und formgerechte Freigabeerklärung. Die Inanspruchnahme tritt auch ein, wenn der AG ihre Rechtswirkungen nicht kennt oder nicht gegen sich gelten lassen will, sowie bei Bestehen von ernsten Zweifeln an der Schutzfähigkeit der Erfindung.[39] Nach der Rspr. kann auch eine unzureichende Meldung der Diensterfindung durch den Arbeitnehmererfinder die vom AG einzuhaltende (Ausschluss-)Frist des § 6 II ArbNErfG in Lauf setzen.[40] Dabei ist für den Fristbeginn auf den Zeitpunkt abzustellen, zu dem die Kenntnis des AG offenkundig wird. Der AG kann die Inanspruchnahme der Erfindung allerdings auch bereits zu einem früheren Zeitpunkt gegenüber dem Arbeitnehmererfinder erklären;[41] dies gilt gleichermaßen für ihre Freigabe. Die Inanspruchnahmeerklärung innerhalb der angelaufenen Vier-Monats-Frist unterliegt – anders als nach § 8 S. 1 ArbNErfG – keinem Formerfordernis, sie kann daher auch mündlich oder konkludent erfolgen;[42] zweifelhaft ist, ob sie vom AG unter Auflagen oder Bedingungen erklärt werden kann. Die Frist des § 6 II ArbNErfG kann einzelvertraglich verlängert werden. Ein Verlängerungswille der Parteien muss jedoch klar und eindeutig zum Ausdruck kommen. Vor Fristbeginn und nach Fristablauf ist eine Freigabe nach § 6 II ArbNErfG nicht möglich; insoweit gelten §§ 8, 16 ArbNErfG.[43]

21 **3. Unbeschränkte Inanspruchnahme.** Mit der Inanspruchnahme der Erfindung gehen alle vermögensrechtlichen Werte der Erfindung auf den AG über (§ 7 I ArbNErfG). Dem AN verbleiben lediglich die nichtvermögensrechtlichen Persönlichkeitsrechte im Zusammenhang mit der Erfindung, also zB die Erfindernennungsrechte (§ 63 PatG).[44] Diese werden durch § 823 I BGB geschützt. Zum Ausgleich für den Übergang der vermögensrechtlichen Erfinderrechte auf den AG erlangt der AN einen Vergütungsanspruch (→ Rn. 29). Hat der AN vor der Inanspruchnahme über die Erfindung verfügt, sie zB auf Dritte übertragen, sind diese Verfügungen insoweit unwirksam, wie die Rechte des AG beeinträchtigt werden (§ 7 II ArbNErfG, § 135 BGB).

22 **4. Freigewordene Diensterfindungen.** Eine Diensterfindung wird frei, wenn der AG sie durch Erklärung in Textform freigibt. Über eine frei gewordene Diensterfindung kann der AN ohne die Beschränkungen der §§ 18, 19 ArbNErfG verfügen. Ist eine Diensterfindung, an der mehrere AN als **Miterfinder** beteiligt sind, nur gegenüber einem von ihnen

[36] BAG 18.5.1972 AP Nr. 2 zu § 39 ArbNErfG.
[37] BGH 14.2.2017 GRUR 2017, 504 (Lichtschutzfolie); 5.10.2005 NZA-RR 2006, 90.
[38] BT-Drs. 16/11339, 49.
[39] *Bartenbach/Volz* GRUR 2010, 997 (1001).
[40] Zu § 6 II ArbNErfG in der bis zum 30.9.2009 geltenden Fassung: BGH 4.4.2006 BGHZ 167, 118 = NZA-RR 2006, 474 (Haftetikett); OLG Frankfurt 22.1.2009 GRUR-RR 2009, 291; OLG München 10.7.2008 GRUR-RR 2009, 219; für die Fortgeltung der BGH-Rspr. *Bayreuther* NZA 2009, 1123 (1124); aA wohl *Schreyer-Bestmann/Garbers-von Boehm* DB 2009, 2266 (2267).
[41] *Reinecke* FA 2010, 98 (99).
[42] *Bartenbach/Volz* GRUR 2010, 997 (1002).
[43] *Bartenbach/Volz* GRUR 2010, 997 (1003).
[44] Vgl. VO zum Verfahren in Patentsachen vor dem Deutschen Patent- und Markenamt (Patentverordnung – PatV) vom 1.9.2003 (BGBl. I 1702), zul. geänd. 12.12.2018 (BGBl. I 2446).

mangels rechtzeitiger Inanspruchnahme frei geworden, besteht zwischen diesem AN und seinem AG, sofern nichts anderes vereinbart worden ist, in Bezug auf ein auf die Erfindung erteiltes Patent eine Gemeinschaft nach Bruchteilen iSd §§ 741 ff. BGB.[45] Über freigewordene Diensterfindungen kann der AN beliebig verfügen. Bei einer Kollision zwischen den arbeitsvertraglichen Geheimhaltungspflichten des AN und seinem Verwertungsinteresse muss letzteres den Vorrang haben, andernfalls könnte der AG ohne Zahlung einer Vergütung die Erfindung blockieren.

5. Schutzrechtsanmeldung im Inland. a) Anmeldung. Da nach der Grundkonzeption des ArbNErfG dem AG gegen Zahlung einer Vergütung alle Rechte an der Erfindung zustehen sollen, ist dieser allein berechtigt, aber hierzu auch verpflichtet, eine gemeldete Diensterfindung zur Erteilung eines Schutzrechts anzumelden (§ 13 I 1 ArbNErfG). Eine patentfähige Diensterfindung hat er zum Patent anzumelden.[46] Die Anmeldung hat unverzüglich nach der Erfindungsmeldung zu erfolgen, also schon vor der beschränkten oder unbeschränkten Inanspruchnahme durch den AG. Hierdurch soll das Schutzrecht frühzeitig gesichert werden. Da mit der Anmeldung erhebliche Kosten verbunden sind, muss dem AG aber eine angemessene Überlegungsfrist verbleiben. Hat der AN eine Diensterfindung unberechtigt zum Patent angemeldet, bedarf es nach Inanspruchnahme der Diensterfindung durch den AG (§§ 6, 7 ArbNErfG) einer Übertragung und nicht nur einer Umschreibung der Anmeldung oder eines hierauf erteilten Patents auf den AG.[47] 23

b) Hinderungsgründe. Die Verpflichtung zur Anmeldung **entfällt,** wenn **(a)** die Diensterfindung freigeworden ist (§ 13 II Nr. 1 ArbNErfG), **(b)** der AN der Nichtanmeldung zustimmt (§ 13 II Nr. 2 ArbNErfG), **(c)** berechtigte Belange des Betriebs es erfordern, eine gemeldete Diensterfindung nicht bekannt werden zu lassen, und der AG die Schutzfähigkeit der gemeldeten Diensterfindung anerkennt (**Betriebsgeheimnis,** → § 53 Rn. 51) oder er zur Einigung über die Schutzfähigkeit die Schiedsstelle anruft (§ 13 II Nr. 3, § 17 ArbNErfG).[48] Stehen berechtigte betriebliche Belange der Schutzrechtanmeldung entgegen, entsteht ein Vergütungsanspruch nach § 17 ArbNErfG. Eine patentfähige Diensterfindung braucht nicht zum Patent angemeldet zu werden, sofern bei verständiger Würdigung der Verwertbarkeit der Erfindung ein Gebrauchsmusterschutz zweckdienlicher erscheint (§ 13 I 2 ArbNErfG). 24

c) Durchsetzung. Erfüllt der AG seine Anmeldungsverpflichtung nicht, kann der AN vor unbeschränkter Inanspruchnahme den AG im Wege der einstweiligen Verfügung unter den Voraussetzungen von §§ 935, 940 ZPO zur Einhaltung veranlassen. Im Übrigen wird der AG dem AN schadensersatzpflichtig. Schaden ist alles, was der AN erlangt hätte, wenn die Diensterfindung zum Schutzrecht angemeldet worden wäre. Hat der AG die Diensterfindung in Anspruch genommen, kann ihm der AN eine Nachfrist zur Anmeldung setzen und nach Ablauf dieser Nachfrist die Anmeldung auf den Namen des AG vornehmen. Der AG hat die Kosten des Verfahrens zu tragen (§ 13 III ArbNErfG). Dagegen ist der AN an dem weiteren Patenterteilungsverfahren nicht beteiligt. Erhebt er gegen die Patenterteilung Einspruch, kann auf dessen Rücknahme nicht geklagt werden.[49] 25

d) Freigewordene Diensterfindungen. Diese werden durch den AN selbst angemeldet (§ 13 IV ArbNErfG). 26

e) Aufgabe. Will der AG eine Schutzrechtsanmeldung oder ein Schutzrecht aufgeben und sind die Vergütungsansprüche des AN noch nicht vollständig erfüllt, hat er die Aufgabe dem AN mitzuteilen und ihm auf dessen Verlangen und Kosten das Recht zu übertragen, sowie die zur Wahrung des Rechts erforderlichen Unterlagen auszuhändigen (§ 16 I ArbNErfG). Die Regelung soll dem Umstand Rechnung tragen, dass eine Erfindung oder ein Schutzrecht infolge der Weiterentwicklung der Technik oft schon nach kurzer Zeit derart an Wert verliert, dass sich die Weiterverfolgung einer Anmeldung oder die Aufrechterhaltung eines Patents bis zum Ablauf der gesetzlichen Schutzfrist für den AG wirtschaftlich nicht lohnt und damit unzumutbar wird. Ist der Anspruch des AN auf angemessene Vergütung erfüllt, kann der AG die Schutzrechtsanmeldung oder das Schutzrecht ohne weiteres aufgeben. Ist der Vergütungsanspruch noch nicht voll erfüllt, kann sich der AG von den mit der Schutzrechtsanmeldung oder der Aufrechterhaltung des Schutzrechts verbundenen finanziellen Belastungen lösen, muss aber dem ANerfinder 27

[45] OLG Düsseldorf 25.8.2005 NZA-RR 2006, 205.
[46] BPatG 25.2.1969 AP Nr. 1 zu § 13 ArbNErfG (bei Streit über Diensterfindung).
[47] BGH 12.4.2011 NZA-RR 2011, 479.
[48] BGH 29.9.1987 NJW 1988, 1216.
[49] BAG 23.6.1981 AP Nr. 3 zu § 32 PatG.

auf dessen Verlangen das jeweilige Schutzrecht übertragen. Für die Mitteilung über die Aufgabe bedarf es einer unbedingten und hinreichend deutlichen Erklärung.[50] Der AG ist zur Aufgabe berechtigt, wenn der AN nicht binnen drei Monaten die Übertragung des Rechts verlangt. § 16 I ArbNErfG findet keine Anwendung, wenn der AG infolge Vermögenslosigkeit die Schutzrechtsanmeldung nicht durchführen kann.[51] Will der AG sein Recht aufgeben, ist er verpflichtet, während der dem AN nach § 16 II ArbNErfG zustehenden Überlegungsfrist von drei Monaten alle Schutzmaßnahmen zu treffen. Lässt der AG eine Schutzrechtsanmeldung ohne Mitteilung an den AN verfallen, wird er schadensersatzpflichtig.[52] Die Ansprüche verjähren grundsätzlich in drei Jahren (§ 195 BGB).[53]

28 **6. Schutzrechtsanmeldung im Ausland.** Zur Schutzrechtsanmeldung im Ausland ist der AG berechtigt, aber nicht verpflichtet (§ 14 I ArbNErfG). Nutzt er sie nicht, ist er zur rechtzeitigen Freigabe verpflichtet. Bei der Freigabe kann sich der AG ein nicht ausschließliches Benutzungsrecht im Ausland gegen angemessene Vergütung vorbehalten (§ 14 III ArbNErfG). Wird die Diensterfindung in einem ausländischen Staat benutzt, in dem der AG ein technisches Schutzrecht nicht angemeldet hat, kann er auf Schadenersatz haften, wenn er den AN nicht rechtzeitig darauf hingewiesen hat, dort die Diensterfindung selbst zum Schutzrecht anzumelden.[54] Er hat für den sicheren Zugang der Erklärung Sorge zu tragen.[55]

29 **7. Vergütungsanspruch bei Inanspruchnahme der Erfindung. a) Entstehung.** Der Vergütungsanspruch entsteht dem Grunde nach, sobald der AG die Diensterfindung wirksam in Anspruch genommen hat (§ 9 I ArbNErfG); dies gilt auch, wenn der AG die angelaufene Frist für die Freigabeerklärung versäumt hat und die Inanspruchnahme nach § 6 II ArbNErfG fingiert worden ist (→ Rn. 20). Der Anspruch ist daher weder von einer Verwertungshandlung[56] oder einer positiven Entscheidung der Schutzrechterteilungsbehörde[57] abhängig. Kein Vergütungsanspruch besteht, wenn der AG bereits vor der Inanspruchnahme die Erfindung nutzt. Der Gesetzgeber hat dies hingenommen, weil dem AG auch für die Förderung der Erfindung selbst und die Schutzrechtsanmeldung Aufwendungen entstehen, die ihm auch bei Freiwerden der Diensterfindung nicht ersetzt werden. Allerdings kann bei der Bemessung der Vergütung berücksichtigt werden, dass es bereits vor der Inanspruchnahme zu Benutzungshandlungen gekommen ist.[58] Wegen der Schwierigkeiten der Bemessung der Erfindungsvergütung ist die Fälligkeit des Vergütungsanspruchs hinausgeschoben. Der Vergütungsanspruch stellt zugleich eine Entschädigung für den Übergang der vermögenswerten Rechte an der Erfindung auf den AG dar.[59] Der Anspruch entfällt, sobald in einem dazu vorgesehenen amtlichen oder gerichtlichen Verfahren die mangelnde Schutzrechtsfähigkeit der Erfindung bestands- oder rechtskräftig festgestellt wird.[60] Gehen Rechte an der durch ein technisches Schutzrecht geschützten Diensterfindung weder durch ordnungsgemäße Inanspruchnahme noch durch eine Vereinbarung zwischen dem Arbeitnehmererfinder und dem AG auf diesen über, haftet der die geschützte Erfindung benutzende AG jedenfalls nach Bereicherungsrecht.[61]

30 **b) Festsetzung.** Nach § 12 I ArbNErfG sollen AG und AN innerhalb angemessener Frist nach Inanspruchnahme durch Vereinbarung die **Vergütung** festsetzen. Kommt eine Vereinbarung nicht zustande, hat der AG die Vergütung spätestens bis zum Ablauf von 3 Monaten nach der Schutzrechtserteilung durch eine Erklärung in Textform an den AN festzusetzen (§ 12 III ArbNErfG). Kommt eine Feststellung nicht zustande und unterlässt der AG eine Festsetzung, kann der Erfinder auf gerichtliche Bestimmung der angemessenen Vergütung klagen. Der festzusetzende Vergütungsanspruch kann ausnahmsweise auf Null reduziert sein, wenn die vorbehaltlose Aufgabe des Nutzungsrechts durch den Lizenznehmer ohne Reduzierung der von ihm zu zahlenden Lizenzgebühren den Schluss zulässt, dass der Lizenznehmer der lizenzierten Erfindung

[50] Revision anh. BGH, X ZR 61/20.
[51] BGH 10.5.1988 MDR 1988, 961.
[52] BGH 6.2.2002 NJW-RR 2002, 978 = DB 2002, 1772.
[53] Vgl. OLG Frankfurt 19.12.1991 BB 1992, 1565.
[54] BGH 4.4.2006 NJW-RR 2006, 1123 (Haftetikett).
[55] BGH 31.1.1978 AP Nr. 1 zu § 11 ArbNErfG.
[56] Schiedsstelle 26.2.1993 GRUR 1996, 49; unklar BGH 23.6.1977 AP Nr. 3 zu § 9 ArbNErfG.
[57] BGH 28.6.1962 AP Nr. 2 zu § 12 ArbNErfG.
[58] BGH 29.4.2003 NJW-RR 2003, 1710 (Abwasserbehandlung).
[59] BVerfG 24.4.1998 NJW 1998, 3704.
[60] AA bei vorübergehender Nutzung LG München 9.9.2010 DB 2012, 2226.
[61] BGH 4.4.2006 NZA-RR 2006, 474 (Haftetikett).

keinen wirtschaftlichen Wert beigemessen hat.[62] Wird der AN nach Ablauf der Frist nicht tätig, entsteht regelmäßig kein Vertrauenstatbestand, der Arbeitnehmererfinder werde in Zukunft keinen Vergütungsanspruch geltend machen.[63] Die Schutzrechtserteilung zieht sich häufig länger hin. Die Vergütung soll nicht die vom AN geleisteten Arbeiten und Dienste honorieren, sondern die durch die Erfindung erlangte wirtschaftliche Monopolstellung des AG abgelten.[64] Es ist demnach bereits dann eine vorläufige Vergütung zu zahlen, wenn der AG nach Inanspruchnahme die Produktion aufgenommen hat.[65] Über die Vergütung ist Rechnung zu legen.[66] Diese verbleibt dem AN auch dann, wenn das Patent später verweigert wird.[67]

c) Mehrere Anspruchsberechtigte. Der Vergütungsanspruch des Arbeitnehmermiterfinders 31
gegenüber dem AG richtet sich nach dem Beitrag, den dieser zu der im Patent unter Schutz gestellten Gesamterfindung beigesteuert hat, wobei das Gewicht der Einzelbeiträge zueinander und zur erfinderischen Gesamtleistung abzuwägen ist.[68] Sind an der Erfindung mehrere AN beteiligt, hat der AG bei der einseitigen Vergütungsfestsetzung jedem Beteiligten die Gesamthöhe der Vergütung und die auf jeden Beteiligten entfallene Vergütung mitzuteilen,[69] damit die AN in die Lage versetzt werden, die Angemessenheit der Vergütungshöhe zu kontrollieren (§ 12 II ArbNErfG). Haben die Miterfinder im Rahmen der Erfindungsmeldung gemeinsam ihre Anteile genannt, darf der AG bei der Festsetzung der Vergütung von der Richtigkeit dieser Anteile jedenfalls dann ausgehen, wenn keine Anhaltspunkte für die Unrichtigkeit oder Unverbindlichkeit der gemeinsamen Mitteilung der Anteile ersichtlich sind.[70] **Widerspricht** der oder widersprechen die beteiligten AN nicht innerhalb einer Frist von zwei Monaten seit Zugang der Festsetzung, wird diese verbindlich. Widerspricht einer der beteiligten Erfinderarbeitnehmer, wird die Festsetzung für alle Beteiligten nicht verbindlich. Der AG kann daher eine erneute Festsetzung vornehmen (§ 12 V ArbNErfG). Schließlich kann die Schiedsstelle angerufen werden (§ 28 ArbNErfG). Nach Scheitern des Schiedsverfahrens ist der Weg zu den ordentlichen Gerichten frei. Mit der einseitigen Festsetzung der Vergütung durch den AG gem. § 12 III ArbNErfG beginnt keine Verjährung des über den festgesetzten Betrag hinausgehenden Vergütungsanspruches nach § 195 BGB.[71] Die Regelungen des § 9 ArbNErfG sind verfassungsgemäß.[72]

d) Durchsetzung. Der Arbeitnehmererfinder hat zur Berechnung der Vergütung einen Aus- 32
kunftsanspruch gegen den AG. Dies gilt auch dann, wenn der AG Schadensersatz leisten muss, weil er seine Pflichten im Anmeldungsverfahren verletzt hat.[73] Der Auskunftsanspruch wird durch die Kriterien der Erforderlichkeit und Zumutbarkeit begrenzt. Wird ein Erfindungsgegenstand sowohl separat wie auch als Teil einer umfassenden Gesamtvorrichtung vertrieben, dann ist es dem AG nicht zumutbar, die Herstellungskosten für alle Baugruppen der Gesamtvorrichtung vorzulegen.[74] Andererseits können sich Auskunftsanspruch und Rechnungslegung auf die Benutzung vor unbeschränkter Beanspruchung beziehen[75] oder auf die Nutzung im Konzern.[76] Über den mit dem Gegenstand der Erfindung gemachten Gewinn sowie über die Gestehungs- und Vertriebskosten stehen dem Arbeitnehmererfinder zur Vorbereitung seines Vergütungsanspruchs regelmäßig keine Ansprüche auf Auskunft und Rechnungslegung zu.[77] Dieser erstreckt sich auch nicht auf die Nutzungshandlungen von konzernverbundenen Unternehmen des AG.[78]

8. Bemessung. Über die Bemessung der Vergütung enthält das ArbNErfG nur Rahmen- 33
vorschriften. Nach § 9 II ArbNErfG sind die wirtschaftliche Verwertbarkeit der Diensterfindung, die Aufgaben und die Stellung des AN im Betrieb sowie der Anteil des Betriebs an

[62] BGH 4.12.2007 NZA-RR 2008, 317.
[63] BGH 10.9.2002 DB 2003, 993 = NZA-RR 2003, 253.
[64] BGH 25.11.1980 AP Nr. 5 zu § 9 ArbNErfG = NJW 1981, 1615.
[65] BGH 4.12.2007 NZA-RR 2008, 317.
[66] BGH 17.5.1994 AP Nr. 4 zu § 12 ArbNErfG = NJW 1995, 386.
[67] BGH 30.3.1971 AP Nr. 2 zu § 9 ArbNErfG.
[68] BGH 22.11.2011 GRUR 2012, 380.
[69] Zur Darlegungslast BGH 4.4.2006 NZA-RR 2006, 474 (Haftetikett).
[70] BGH 17.5.1994 AP Nr. 4 zu § 12 ArbNErfG = NJW 1995, 386.
[71] BGH 25.11.1980 AP Nr. 5 zu § 9 ArbNErfG = NJW 1981, 1615.
[72] BVerfG 24.4.1998 NJW 1998, 3704.
[73] BGH 6.2.2002 NJW-RR 2002, 978 = DB 2002, 1772.
[74] BGH 13.11.1997 NZA 1998, 313.
[75] BGH 29.4.2003 GRUR 2003, 789 = BB 2004, 112.
[76] BGH 16.4.2002 NZA-RR 2002, 594 = BB 2002, 1490.
[77] BGH 17.11.2009 GRUR 2010, 223; dazu *Volz* GRUR 2010, 865; krit. *Jesgarzewski* BB 2011, 2933.
[78] LG Düsseldorf 12.7.2011 – 4a O 52/10.

dem Zustandekommen der Erfindung maßgebend. Dies erfordert eine objektive Bewertung des Gewinnpotenzials, das der Erfindung innewohnt. Der wirtschaftliche Wert der Diensterfindung ist der Preis, der auf dem Markt für die wirtschaftliche Nutzung oder Nutzbarkeit des immateriellen Schutzgegenstands erzielbar ist. Dieser kann weder mit dem Vertrieb eines erfindungsgemäßen Produkts noch mit dem Gewinn gleichgesetzt werden, den der AG aus dem Vertrieb dieses Produkts zieht.[79] Unerheblich ist gleichermaßen das öffentliche Interesse an der Erfindung; hierfür braucht der AG keine besonders hohe Vergütung zu zahlen.[80] Über die Bemessung der Vergütung hat das BMAS (unverbindliche) Richtlinien für den privaten[81] und den öffentlichen Dienst[82] veröffentlicht. Nach den Richtlinien für den privaten Dienst wird die Vergütung berechnet nach der Formel Erfindungswert (E) × Anteilsfaktor. Der **Erfindungswert** wird nach drei Methoden berechnet, der Lizenzanalogie, nach dem erfassbaren betrieblichen Nutzen oder der Schätzung des Erfindungswerts.[83] Bei der **(a) Lizenzanalogie** wird der Lizenzsatz, der für vergleichbare Fälle bei freien Erfindern in der Praxis üblich ist, zugrunde gelegt.[84] Da freie Erfindungen üblicherweise im Wege der Lizenzerteilung verwertet werden, kann durch die Lizenzanalogie als Erfindungswert der Marktpreis ermittelt werden, den der AG einem freien Erfinder zahlen würde.[85] Bei der **(b) Nutzungsmethode** wird der Erfindungswert nach der Nutzung bemessen, der dem Betrieb aus der Benutzung der Erfindung erwächst. Nach der **(c) Schätzmethode** wird der Erfindungswert geschätzt. Sämtliche Methoden müssen zu derselben Bewertung des Erfindungswertes kommen. Da eine Diensterfindung wegen der durch den AG gewährten Förderung geringer honoriert wird als eine freie Erfindung, wird er multipliziert mit dem Anteilsfaktor. Dies ist ein Prozentsatz der Beteiligung des AN. Der Anteilsfaktor wird bestimmt durch die Stellung der Aufgabe, deren Lösung und durch die Aufgaben und die Stellung des AN im Betrieb. Wegen weiterer Einzelheiten muss auf das Spezialschrifttum verwiesen werden. Die Vergütung kann als Pauschalvergütung entsprechend der Zahl der produzierten Stücke, sowie in einem bestimmten Zeitraum gezahlt werden.

34 **9. Dauer der Vergütungszahlung.** Der AG hat regelmäßig solange eine Vergütung zu zahlen, wie das Schutzrecht besteht. Bei wesentlicher Veränderung der Umstände, die für die Festsetzung der Vergütung maßgebend waren, kann jede Partei die Neufestsetzung der Vergütung verlangen (§ 12 VI ArbNErfG), auch wenn eine Pauschalabfindung vereinbart war. Gegebenenfalls kann sich der AN gegenüber einer Vergütungsklage auch mit dem Einwand wesentlich veränderter Umstände verteidigen.[86] Ist eine Erfindungsvergütung im Wege der Lizenzanalogie ermittelt worden, so kann eine Minderung des Lizenzsatzes wegen besonders hoher Umsätze in Betracht kommen.[87] War indes die Abfindung von vornherein unangemessen festgesetzt, so kann dies nur unter den Voraussetzungen von § 23 I ArbNErfG behoben werden.[88] Der Vergütungsanspruch erlischt grundsätzlich, wenn das Schutzrecht erlischt oder anderweitig beseitigt wird, auch wenn es weiter benutzt wird. In Ausnahmefällen kann die Verpflichtung zur Vergütungszahlung über die Dauer des Schutzrechts hinausgehen, wenn der AG auch fernerhin eine faktische Monopolstellung hat.[89] Haben die Arbeitsvertragsparteien davon abgesehen, ein Schutzrecht zu erwerben, so besteht die Vergütungspflicht solange, wie der AG eine Monopolstellung hat. Dies folgt aus dem Grundgedanken des Gesetzes, wonach dem AN die durch die Erfindung vermittelte Monopolstellung vergütet werden soll. Die Vergütungspflicht endet auch nicht bei einer zwischenzeitlichen Beendigung des Arbeitsverhältnisses (§ 26 ArbNErfG), selbst wenn diese auf einer außerordentlichen Kündigung des AG beruht.[90]

35 **10. Insolvenz.** Im Insolvenzverfahren sind die Erfindungsvergütungen besonders geschützt, wenn nach der Inanspruchnahme der Diensterfindung das Insolvenzverfahren über das Vermö-

[79] BGH 6.3.2012 NZA-RR 2012, 646 (keine Analogie zu § 42 ArbNErfG).
[80] BGH 31.1.1978 AP Nr. 1 zu § 11 ArbNErfG.
[81] 20.7.1959 (Beil. zum BAnz. Nr. 156) i. d. Änd. 1.9.1983 (BAnz. Nr. 169 = BArbBl. 11/83, 27).
[82] 1.12.1960 (BAnz. Nr. 237).
[83] Vgl. *Bartenbach/Volz* ArbNErfG § 9 Rn. 74 ff.
[84] BGH 16.4.2002 NZA-RR 2002, 594 (Abgestuftes Getriebe); 13.11.1997 BB 1998, 750 (Copolyester II).
[85] BGH 17.11.2009 GRUR 2010, 223.
[86] BGH 5.12.1974 NJW 1975, 390.
[87] BGH 31.1.1978 AP Nr. 1 zu § 11 ArbNErfG.
[88] BGH 17.4.1973 BB 1973, 1638.
[89] Bei Weiterentwicklung des Patents: BGH 28.4.1970 AP Nr. 1 zu § 9 ArbNErfG.
[90] MHdB ArbR/*Bayreuther* § 98 Rn. 27; zur Neuberechnung LG Düsseldorf 25.3.2014 – 4a O 122/12.

gen des AG eröffnet wird (§ 27 ArbNErfG).[91] Dabei gelten im Einzelnen folgende Besonderheiten: **(a)** Veräußert der Insolvenzverwalter die Diensterfindung mit dem Geschäftsbetrieb, so tritt der Erwerber für die Zeit von der Eröffnung des Insolvenzverfahrens an in die Vergütungspflicht des AG ein. **(b)** Verwertet der Insolvenzverwalter die Diensterfindung im Unternehmen des Schuldners, so hat er dem AN eine angemessene Vergütung für die Verwertung aus der Insolvenzmasse zu zahlen. **(c)** In allen anderen Fällen hat der Insolvenzverwalter dem AN die Diensterfindung sowie darauf bezogene Schutzrechtspositionen spätestens nach Ablauf eines Jahres nach Eröffnung des Insolvenzverfahrens anzubieten;[92] im Übrigen gilt § 16 ArbNErfG (→ Rn. 27) entsprechend. Das bis zum 30.9.2009 bestehende Vorkaufsrecht des Arbeitnehmererfinders bei Veräußerung der Diensterfindung ohne Geschäftsbetrieb (§ 27 Nr. 2 ArbNErfG aF) ist entfallen. Nimmt der AN das Angebot innerhalb von zwei Monaten nach dessen Zugang nicht an, kann der Insolvenzverwalter die Erfindung ohne Geschäftsbetrieb veräußern oder das Recht aufgeben. Im Fall der Veräußerung kann der Insolvenzverwalter mit dem Erwerber vereinbaren, dass sich dieser verpflichtet, dem AN die Vergütung nach § 9 ArbNErfG zu zahlen. Wird eine solche Vereinbarung nicht getroffen, hat der Insolvenzverwalter dem AN die Vergütung aus dem Veräußerungserlös zu zahlen. **(d)** Im Übrigen kann der AN seine Vergütungsansprüche nach den §§ 9–12 ArbNErfG nur als Insolvenzgläubiger geltend machen.[93]

11. Verjährung und Verfallfristen. Für die Verjährung des Anspruchs auf Festsetzung des 36
Vergütungsanspruchs gilt wie für den eigentlichen Anspruch auf die konkretisierte Vergütung die regelmäßige Verjährungsfrist von drei Jahren; sie wird durch die Anrufung der beim DPMA eingerichteten Schiedsstelle entspr. § 204 I Nr. 4 BGB gehemmt.[94] Die dreijährige Verjährungsfrist gilt auch für den Auskunfts-/Rechnungslegungsanspruch; bei diesen handelt es sich um Hilfsansprüche zum Vergütungsanspruch. Regelmäßig werden Ansprüche aus dem ArbNErfG nicht von tariflichen Verfallfristen erfasst;[95] etwas anderes gilt, wenn auch mit dem Arbeitsverhältnis im Zusammenhang stehende Ansprüche von einer Verfallfrist erfasst werden. Für die Verwirkung gelten die allgemeinen Rechtsgrundsätze (→ § 72 Rn. 28).[96]

IV. Freie Erfindung

1. Begriff. Dies sind alle Erfindungen des AN, die die Voraussetzungen des § 4 II Nr. 1, 37
2 ArbNErfG nicht erfüllen (§ 18 ArbNErfG). Zu den freien Erfindungen rechnen die bloßen **Anrechnungserfindungen,** das sind Erfindungen, die nicht auf betrieblichen Anforderungen oder Vorarbeiten beruhen, aber gleichwohl auf irgendwelche Verknüpfungen zwischen Betrieb und Erfindungstätigkeit des AN zurückzuführen sind.[97] Ferner zählen hierzu die Erfindungen der Hochschullehrer (§ 42 ArbNErfG; → Rn. 10). Auf freigewordene (§ 8 ArbNErfG) bzw. später aufgegebene (§ 16 ArbNErfG) Erfindungen findet § 8 ArbNErfG keine Anwendung.

2. Mitteilung. Freie Erfindungen hat der AN seinem AG durch Erklärung in Textform 38
mitzuteilen. Dabei hat er über die Erfindung und ihre Entstehung so viel mitzuteilen, wie notwendig ist, dass der AG beurteilen kann, ob die Erfindung frei ist (§ 18 I ArbNErfG). Bestreitet der AG nicht innerhalb einer Frist von drei Monaten, dass die Erfindung frei ist, so kann sie nicht mehr als Diensterfindung in Anspruch genommen werden. Für Rechtsstreitigkeiten, ob eine Erfindung frei ist oder nicht, sind die ordentlichen Gerichte zuständig (§ 2 II ArbGG).

3. Benutzungsrecht. Bevor der AN die freie Erfindung verwertet, hat er dem AG mindes- 39
tens ein nicht ausschließliches Benutzungsrecht gegen Zahlung einer angemessenen Vergütung anzubieten. Das Benutzungsvorrecht erlischt, wenn der AG es nicht binnen einer Frist von drei Monaten annimmt. Einigen sich die Parteien nicht über die Bedingungen der Benutzung durch den AG, so setzt sie das Gericht auf Antrag des AG oder AN fest (§ 19 ArbNErfG). Die Vergütung gehört nicht zum Arbeitslohn.[98]

[91] LG Düsseldorf 10.8.2010 NZI 2012, 627 (Qualifizierungsgesellschaft); dazu *Oster* GRUR 2012, 467.
[92] Dazu *Bartenbach/Volz* GRUR 2009, 997 (1005 f.).
[93] Zur Neufassung des § 27 ArbNErfG durch die Patentrechtsnovelle 2009 *Paul* ZInsO 2009, 1839.
[94] BGH 26.11.2013 NZA-RR 2014, 305.
[95] BAG 21.6.1979 AP Nr. 4 zu § 9 ArbNErfG.
[96] BGH 23.6.1977 AP Nr. 3 zu § 9 ArbNErfG.
[97] *Bartenbach/Volz* ArbNErfG § 4 Rn. 5.
[98] BGH 29.11.1984 NJW 1985, 1031.

40 **4. Verwertung.** Frei gewordene Erfindungen darf der AN ohne die unter Rn. 38 f. dargelegten Beschränkungen für sich verwerten (§ 8 S. 2 ArbNErfG). Mit der Freigabe hat der AG zum Ausdruck gebracht, dass er die Erfindung nicht verwerten kann oder will. Der AN ist bei der Verwertung der frei gewordenen Erfindung lediglich durch die aus dem Arbeitsverhältnis resultierende **Verschwiegenheitspflicht** beschränkt (→ § 53 Rn. 51). Er darf also etwaige Betriebsgeheimnisse nicht für sich ausnutzen.

V. Technische Verbesserungsvorschläge

41 **1. Begriff.** Technische Verbesserungsvorschläge sind Vorschläge für technische Neuerungen, die nicht patent- oder gebrauchsmusterfähig sind (§ 3 ArbNErfG). Die Zuordnung und die Vergütung technischer Verbesserungsvorschläge sind im ArbNErfG nur unvollkommen geregelt. Zu unterscheiden sind die qualifizierten Verbesserungsvorschläge und andere. **Qualifizierte Verbesserungsvorschläge** sind solche, die dem AG eine ähnliche Vorzugsstellung gewähren wie ein gewerbliches Schutzrecht (§ 20 I ArbNErfG).[99] Kein Verbesserungsvorschlag ist die verzögerte Auszahlung von Schadensbeträgen durch eine Versicherung an verschiedene Gläubiger.[100]

42 **2. Zuordnung.** Soweit der AN nach dem Inhalt seines Arbeitsvertrags zur Entwicklung technischer Verbesserungsvorschläge verpflichtet ist, stehen sie dem AG zu.[101] Erfüllt der AN seine Verpflichtungen aus dem Arbeitsvertrag nicht, so kann ein Schadensersatzanspruch oder eine ordentliche Kündigung gerechtfertigt sein. Sonstige technische Verbesserungsvorschläge, die im Zusammenhang mit der betrieblichen Tätigkeit des AN stehen, hat dieser dem AG zur Verfügung zu stellen. Dies dürfte gewohnheitsrechtlich anerkannt sein.[102] Dagegen kann der AN über nicht betriebs- oder funktionsgebundene technische Verbesserungsvorschläge frei verfügen.

43 **3. Qualifizierte technische Verbesserungsvorschläge.** Diese hat der AG dem AN zu vergüten, sofern und sobald er sie verwertet (§ 20 I ArbNErfG).[103] Für die Vergütung gelten die §§ 9, 12 ArbNErfG entsprechend. Sie schließen als gesetzliche Regelung das Mitbestimmungsrecht des BR nach § 87 I Nr. 10 BetrVG nur insoweit aus, wie diese Regelung reicht. Der AG kann nicht gezwungen werden, den Verbesserungsvorschlag anzunehmen und zu vergüten. Mitbestimmungsfrei ist auch, ob und in welcher Höhe finanzielle Mittel zur Verfügung gestellt werden.[104]

44 **4. Einfache technische Verbesserungsvorschläge.** Verbesserungsvorschläge, die das Ergebnis der regulären, arbeitsvertraglich geschuldeten Arbeitsleistung sind und keine schutzrechtsähnliche Vorzugsstellung des AG begründen, lösen grundsätzlich keine (zusätzlichen) Vergütungsansprüche des AN aus. Etwas anderes gilt nur, wenn der AN eine besondere schöpferische Leistung erbringt, die eine über den üblichen vertragsmäßigen Rahmen hinausgehende Sonderleistung darstellt und dem AG bei der Benutzung einen nicht unerheblichen Vorteil bringt.[105] Es sind dies technische Verbesserungsvorschläge, die dem AG keine Vorrangstellung gewähren. Der Gesetzgeber hat von einer Regelung abgesehen, um sie nicht aus dem übrigen Vorschlagswesen herauszulösen.[106] Die Regelung der Vergütung bleibt Tarifverträgen und Betriebsvereinbarungen überlassen (§ 20 II ArbNErfG). Tarifverträge, die diesbezüglich Regelungen enthalten, sind verhältnismäßig selten. Die Regelung wird üblicherweise durch Betriebsvereinbarung getroffen, für deren Abschluss der BR ein Initiativrecht hat.[107] Der AN erwirbt in der Regel erst dann einen Vergütungsanspruch, wenn der technische Verbesserungsvorschlag als brauchbar festgestellt wird. Die Höhe der Vergütung bestimmt sich nach der jeweiligen betrieblichen Ordnung; im Durchschnitt werden Verbesserungsprämien in Höhe von 15–20% des einjährigen Nettonutzens gezahlt.[108] In Betriebsvereinbarungen kann geregelt werden, ob ein Verbesserungsvorschlag vergütungspflichtig ist. Die Parteien dürfen zur verbindlichen Beurteilung der eingereichten Verbesserungsvorschläge paritätische Kommissionen vorsehen. Dies verstößt nicht gegen § 101 ArbGG. Die mit Mehrheit

[99] Vgl. BGH 21.10.1980 AP Nr. 3 zu § 4 ArbNErfG = NJW 1981, 345.
[100] LAG Hamm 4.9.1996 NZA-RR 1997, 258.
[101] BAG 20.1.2004 AP Nr. 3 zu § 87 BetrVG 1972 Vorschlagswesen.
[102] *Bartenbach/Volz* ArbNErfG § 20 Rn. 20.
[103] Revision anh., BGH X ZR 50/20.
[104] Richardi BetrVG/*Richardi* § 87 Rn. 942.
[105] MHdB ArbR/*Bayreuther* § 98 Rn. 59.
[106] BT-Drs. II/1648, 38.
[107] BAG 20.4.1982 AP Nr. 2 zu § 87 BetrVG 1972 Vorschlagswesen.
[108] Vgl. *Gaul/Bartenbach* DB 1978, 1161.

getroffenen tatsächlichen Feststellungen und Bewertungen einer Kommission sind inhaltlich nur beschränkt – insbesondere auf grobe Unrichtigkeit – nachprüfbar. Wenn der Kommission Verfahrensfehler unterlaufen, die sich auf das Ergebnis auswirken können, oder wenn sie die Entscheidung nicht nachvollziehbar oder nicht bzw. nur in Stichworten begründet, ist die Entscheidung voll gerichtlich überprüfbar. Die Anforderungen dürfen aber nicht überspannt werden.[109]

5. Sonstige schöpferische Leistungen. Ob diese in den Schutzbereich des ArbNErfG einbezogen werden können, ist umstr. Dies gilt vor allem für von AN entwickelte Computerprogramme (→ Rn. 10). Für Geschmacksmuster gilt, dass im Arbeits- oder Auftragsverhältnis geschaffene Muster als Arbeitsergebnis originär in der Person des Unternehmers entstehen. Die Vergütungsansprüche richten sich nach den getroffenen Vereinbarungen. Nicht in den Geltungsbereich des ArbNErfG fallen entwickelte Warenzeichen oder Dienstleistungsmarken. Auch insoweit gelten die allgemeinen arbeitsrechtlichen Grundsätze.[110] 45

VI. Sonstige Verpflichtungen

Die Vorschriften des ArbNErfG können nicht zu Ungunsten des AN **abbedungen** werden. Jedoch sind nach der Meldung (→ Rn. 17) sowie nach der Mitteilung einer freien Erfindung oder eines qualifizierten technischen Verbesserungsvorschlags auch zu Ungunsten des AN zulässig (§ 22 ArbNErfG). Diese unterliegen regelmäßig einer Kontrolle nach dem Recht der Allgemeinen Geschäftsbedingungen (→ § 35 Rn. 1).[111] Allerdings findet eine Angemessenheitskontrolle der Vergütung im Geltungsbereich des § 23 I ArbNErfG nicht statt. Danach sind entsprechende Vereinbarungen und solche über die Vergütung unwirksam, soweit sie in erheblichem Maße unbillig sind. Auf die Unbilligkeit können sich die Parteien nur bis zu 6 Monate nach Ablauf des Arbeitsverhältnisses durch eine Erklärung in Textform berufen (§ 23 II ArbNErfG); bei dieser Frist handelt es sich um eine materiellrechtliche Ausschlussfrist, die nicht nur der Dispositionsmöglichkeit von AG und AN, sondern auch der Tarifvertrags- und Betriebsparteien entzogen sein soll.[112] Beiden Parteien obliegt eine **Geheimhaltungspflicht** über Erfindungen und Verbesserungsvorschläge (§ 24 ArbNErfG). Im Übrigen bleiben die Pflichten aus dem Arbeitsverhältnis durch das ArbNErfG unberührt (§ 25 ArbNErfG). 46

VII. Streitigkeiten aus dem ArbNErfG

1. Schiedsstelle. a) Errichtung. In allen Streitigkeiten zwischen AG und AN aufgrund des ArbNErfG kann von jeder Seite eine beim Patentamt in München eingerichtete Schiedsstelle (§§ 29 f. ArbNErfG) angerufen werden.[113] Die Schiedsstelle ist mit einem Juristen als Vorsitzendem und zwei Beisitzern besetzt, die vom Präsidenten aus Mitgliedern oder Hilfsmitgliedern des Patentamts für den Einzelfall berufen werden. Die Mitglieder der Schiedsstelle sind an Weisungen nicht gebunden. Mit der Anrufung der Schiedsstelle kann Antrag auf ihre Erweiterung durch je ein Mitglied aus Arbeitnehmer- und Arbeitgeberkreisen gestellt werden (§ 32 ArbNErfG); zu den Bestellungsvoraussetzungen vgl. 2. DVO vom 1.10.1957 (BGBl. I 1680), zul. geänd. am 31.7.2009 (BGBl. I 2521). 47

b) Zweck. Durch das Schiedsverfahren soll eine gütliche Regelung zwischen AG und AN erreicht werden. Um deren Verhältnis so wenig wie möglich zu belasten, ist vor Einleitung einer Klage ein Schiedsstellenverfahren zwingend als Prozessvoraussetzung vorgeschrieben (§§ 37 I, 28 ff. ArbNErfG). Dem Schiedsstellenverfahren kommt keine streitentscheidende, sondern nur streitschlichtende Entscheidung zu. Die Schiedsstelle macht den Parteien einen Einigungsvorschlag, der als angenommen gilt, wenn nicht binnen einer Frist von einem Monat seit seiner Zustellung schriftlich Widerspruch eingelegt wird (§ 34 ArbNErfG). Das Verfahren vor der Schiedsstelle ist kostenfrei (§ 36 ArbNErfG). 48

c) Anrufung. Die Schiedsstelle kann sowohl von Arbeitgeber- wie Arbeitnehmerseite angerufen werden. Die Anrufung erfolgt durch schriftlichen, aber sonst formlosen Antrag, dem eine kurze Darstellung des Sach- und Streitstands beizufügen ist. Die Schiedsstelle unterbreitet einen Einigungsvorschlag (§ 34 II ArbNErfG). Dieser gilt gem. § 34 III ArbNErfG als angenommen, wenn ihm nicht innerhalb eines Monats nach Zustellung von einer Partei schriftlich widerspro- 49

[109] BAG 20.1.2004 AP Nr. 3 zu § 87 BetrVG 1972 Vorschlagswesen.
[110] *Bartenbach* NZA-Beil. 2/90, 23 mwN.
[111] *B. Schwab* NZA-RR 2014, 281 (282); aA *Bartenbach/Volz* FS Tilmann, 442.
[112] BAG 21.6.1979 AP Nr. 4 zu § 9 ArbNErfG; OLG Düsseldorf 9.8.2007 – I-2 U 41/06.
[113] *Kaube* RdA 1981, 213; http://www.dpma.de (Jahresbericht 2019 S. 55 ff.) mit Erl. und Statistiken.

chen wird. Dieser beendet das Schiedsstellenverfahren. Für das Verfahren vor der Schiedsstelle werden Gebühren nicht erhoben (§ 36 ArbNErfG); jedoch findet auch eine Kostenerstattung nicht statt (zu Ausnahmen: § 37 II–V ArbNErfG).

50 **2. Klage. a) Erhebung.** Auf das ArbNErfG gestützte Klagen können erst erhoben werden, wenn ein Verfahren bei der Schiedsstelle vorausgegangen ist. Ausnahmen bestehen nur dann, wenn **(1)** Rechte aus einer Vereinbarung über die Erfindung oder dem Einigungsvorschlag der Schiedsstelle geltend gemacht werden oder über deren Rechtswirksamkeit gestritten wird (§§ 12, 19, 22, 34 ArbNErfG), **(2)** seit der Anrufung der Schiedsstelle 6 Monate verstrichen sind, **(3)** der AN aus dem Betrieb ausgeschieden ist, **(4)** die Parteien nach Eintritt des Schiedsfalls im Wege schriftlicher Vereinbarung davon abgesehen haben, die Schiedsstelle anzurufen, **(5)** bei Anträgen auf Arreste oder einstweilige Verfügungen, **(6)** den gem. §§ 926, 936 ZPO erhobenen Klagen zur Hauptsache (§ 37 II ArbNErfG). Die prozesshindernde Einrede des Verfahrens vor der Schiedsstelle kann nicht mehr erhoben werden, wenn beide Parteien zur Hauptsache mündlich verhandelt haben (§ 37 III ArbNErfG).

51 **b) Rechtsweg.** Für Rechtsstreitigkeiten über Erfindungen sind die für Patentstreitigkeiten zuständigen **Landgerichte** ausschließlich zuständig (§ 39 ArbNErfG, § 143 PatG). Der Rechtsweg zu den **Arbeitsgerichten** ist nur gegeben, wenn die Rechtsstreitigkeiten ausschließlich Ansprüche auf Leistungen einer festgestellten oder festgesetzten Vergütung zum Gegenstand haben (§ 2 II lit. a ArbGG). Eine solche Vereinbarung muss die verbindliche Konkretisierung des Vergütungsanspruchs einschließlich der zur Bestimmung der Vergütung relevanten Berechnungsfaktoren enthalten.[114] Dagegen sind in Streitigkeiten um einfache **technische Verbesserungsvorschläge** die Arbeitsgerichte immer zuständig (§ 2 II lit. a ArbGG).[115] Wenn im Rahmen des betrieblichen Vorschlagswesens Gruppenvorschläge eingereicht werden, kann durch Betriebsvereinbarung einem Mitglied der Gruppe eine Prozessführungsbefugnis übertragen werden.[116]

VIII. Besteuerung

52 Vergütungen, die der AG für patent- und gebrauchsmusterfähige Diensterfindungen zahlt, sind als sonstige Bezüge zu versteuern. Dies gilt auch nach der Beendigung des Arbeitsverhältnisses.[117] Eine besondere Steuerbegünstigung besteht nicht. Es kann jedoch eine Pauschalierung der Lohnsteuer nach § 40 I Nr. 1 EStG und eine Vergünstigung für mehrjährige Tätigkeit (§ 24 Nr. 1 lit. a, § 34 I, II EStG) in Betracht kommen. Eine Steuerfreiheit für Vergütungen für einfache und qualifizierte technische Verbesserungsvorschläge besteht nicht mehr.

§ 115. Urheberrecht

Übersicht

I. Rechtsgrundlagen

1 **1. Urheber.** Die Rechte der AN als Urheber sind in §§ 43, 79 UrhG vom 9.9.1965 (BGBl. I 1273) geregelt. In den jungen Bundesländern gilt das UrhG seit deren Beitritt (Art. 8 EV). Seine

[114] BAG 31.5.2016 AP Nr. 104 zu § 2 ArbGG 1979 = NZA-RR 2016, 548.
[115] BAG 30.4.1965 AP Nr. 1 zu § 20 ArbNErfG.
[116] LAG Saarl 11.10.1995 BB 1996, 487.
[117] BFH 21.9.2009 DB 2010, 87; FG München 21.5.2015 EFG 2015, 1527.

Vorschriften sind auf die vor dem Wirksamwerden des Beitritts geschaffenen Werke auch dann anzuwenden, wenn zu diesem Zeitpunkt die Fristen nach dem UrhG der ehemaligen DDR bereits abgelaufen waren (EV Anl. I Kap. III, Sachgebiet E, Abschn. II Nr. 2 § 1). Zur Harmonisierung bestimmter Aspekte des Urheberrechts und der verwandten Schutzrechte in der Informationsgesellschaft haben das Europäische Parlament und der Rat der EU die Richtlinie 2001/29/EG vom 22.5.2001 (ABl. EG L 167, 10) erlassen. Die Richtlinie ist durch den **Korb I,** das ist das Gesetz zur Stärkung der vertraglichen Stellung von Urhebern und ausübenden Künstlern vom 22.3.2002 (BGBl. I 1155), umgesetzt worden. Weiterhin ist das Gesetz zur Regelung des Urheberrechts in der Informationsgesellschaft vom 10.9.2003 (BGBl. I 1774) ergangen. Eine weitere Umsetzung durch den sog. **Korb II** ist durch das Zweite Gesetz zur Regelung des Urheberrechts in der Informationsgesellschaft vom 26.10.2007 (BGBl. I 2513) erfolgt. Durch das Gesetz zur verbesserten Durchsetzung des Anspruchs der Urheber und ausübenden Künstler auf angemessene Vergütung und zur Regelung von Fragen der Verlegerbeteiligung vom 20.12.2016 (BGBl. I 3037) sind neben Regelungen zur Rechteeinräumung (§§ 31 ff. UrhG) und zur angemessenen Vergütung (§§ 36 ff. UrhG) ein sog. Zweitverwertungs- (§ 40a UrhG) sowie ein Unterlassungsverbandsklagerecht (§ 36b UrhG) eingeführt worden. Daneben enthält das Gesetz in Hinblick auf eine angedachte Regelung im Unionsrecht eine Klarstellung, wonach der Urheber einer Beteiligung des Verlegers an Einnahmen aus bereits wirksam in die Verwertungsgesellschaft eingebrachten gesetzlichen Vergütungsansprüchen nachträglich zustimmen kann.[1] Das Gesetz zur Angleichung des Urheberrechts an die aktuellen Erfordernisse der Wissensgesellschaft vom 1.9.2017 (BGBl. I 3346) regelt (zunächst bis Februar 2023) in teilweise verfassungsrechtlich bedenklicher Weise, welche urheberrechtlichen Nutzungshandlungen im Bereich Bildung und Wissenschaft gesetzlich erlaubt sind, ohne dass es einer Zustimmung der Urheber und sonstiger Rechtsinhaber bedarf.

2. Computerprogramme. Der Rechtsschutz von Computerprogrammen ist in der EG-Richtlinie 91/250 über den Rechtsschutz von Computerprogrammen vom 14.5.1991 (ABl. EG L 122, 42) normiert und insbesondere durch die Einfügung der §§ 69a–69g UrhG in nationales Recht transformiert worden. Diese Konkretisierungen des Urheberrechtsschutzes sind auf Dienstverhältnisse entsprechend anzuwenden (§ 69b UrhG). 2

II. Urheberschutz im Arbeitsverhältnis

1. Geschützte Werke. Die urheberrechtlich geschützten Werke sind in § 2 UrhG aufgezählt. 3
Zu den geschützten Werken der Literatur, Wissenschaft und Kunst gehören insbesondere Sprachwerke, wie Schriftwerke, Reden und Computerprogramme (Nr. 1) sowie Darstellungen wissenschaftlicher oder technischer Art, wie Zeichnungen, Pläne, Karten,[2] Skizzen, Tabellen und plastische Darstellungen (Nr. 7). Übersetzungen und andere Bearbeitungen eines Werks, die persönliche geistige Schöpfungen des Bearbeiters sind, werden unbeschadet des Urheberrechts am bearbeiteten Werk wie selbständige Werke geschützt. Nicht amtlich verfasste Leitsätze gerichtlicher Entscheidungen können als Bearbeitungen wie selbständige Werke gem. § 3 UrhG geschützt sein. Ein **amtlich verfasster Leitsatz eines Gerichts** genießt dagegen keinen Schutz (§ 5 UrhG). Als amtlich verfasst iSv § 5 UrhG ist ein Leitsatz dann anzusehen, wenn er von einem Mitglied des Spruchkörpers mit dessen Billigung formuliert und der Öffentlichkeit zugänglich gemacht worden ist. Unerheblich ist dabei, ob eine dienstliche Verpflichtung zur Abfassung von Leitsätzen besteht.[3] Dagegen genießen die Orientierungssätze der Richterinnen und Richter des BAG Urheberrechtsschutz. Die Regelung des § 5 UrhG ist verfassungsgemäß.[4] Auch dann, wenn der Urheber das geschützte Werk (§§ 2 ff. UrhG) in Erfüllung einer Verpflichtung aus dem Arbeitsverhältnis geschaffen hat, stehen ihm die Rechte aus §§ 11 ff. UrhG zu (§ 43 UrhG). Desgleichen erwirbt der **ausübende Künstler** (§ 73 UrhG)[5] die sich aus § 74 UrhG ergebenden Rechte (§ 79 UrhG). Während nach § 31 UrhG der Urheber nach seiner freien Entschließung die Nutzungsrechte übertragen kann, hat der Arbeitnehmerurheber oder ausübende Künstler gem. §§ 43, 79 UrhG dem AG ein Nutzungsrecht zu übertragen, wenn dies dem Inhalt und/oder Wesen des Arbeitsverhältnisses entspricht.[6] Dasselbe gilt für arbeitnehmerähnliche Personen.

[1] Dazu BGH 21.4.2016 NJW 2016, 2418 („Vogel").
[2] BGH 28.5.1998 NJW 1998, 3352 (Stadtplan).
[3] BGH 21.11.1991 NJW 1992, 1316.
[4] BVerfG 29.7.1998 NJW 1999, 414.
[5] OLG Hamburg 20.5.1976 AP Nr. 1 zu § 79 UrhG.
[6] Vgl. BGH 22.2.1974 AP Nr. 1 zu § 43 UrhG.

4 **2. Nutzungsrechte. a) Arbeitsverhältnis.** Nach § 43 UrhG sind die §§ 31 ff. UrhG grundsätzlich auch anzuwenden, wenn der Urheber das Werk in Erfüllung seiner Verpflichtungen aus einem Arbeits- oder Dienstverhältnis geschaffen hat. Dabei wird vermutet, dass der AN als Urheber stillschweigend dem AG sämtliche Nutzungsrechte an Werken einräumt, die dieser zur Erfüllung seiner Aufgaben benötigt (§ 31 V 2 UrhG; → Rn. 5). Erforderlich ist die Beschäftigung im Rahmen eines weisungsgebundenen Vertragsverhältnisses. Daneben muss die Schöpfung nach den getroffenen oder durch Auslegung zu ermittelnden Vereinbarungen arbeitsvertraglich vorgesehen gewesen bzw. auf Weisung des AG erfolgt sein oder sich aus den mit dem Beschäftigungsverhältnis verbundenen Eigenarten (betriebliche Funktion des AN, Berufsbild, Verwendbarkeit des Werkes für den AG, Branchenüblichkeit) ergeben.[7] Beim Arbeitnehmerurheber kommt es daher auf den Zweck an, den der AG mit der arbeitsvertraglichen Vereinbarung über die Nutzung des Werkes verfolgt. Das Werk muss während des bestehenden Arbeitsverhältnisses geschaffen worden sein. Dem **freischaffenden Urheber** ist durch § 32 UrhG ein Anspruch auf angemessene Vergütung eingeräumt.

5 **b) Vereinbarung über die Nutzungsrechte. aa) Übertragung an den Arbeitgeber. (1) Bezug zum Arbeitsverhältnis.** Bei Arbeitnehmererfindungen kann der AG durch unbeschränkte Inanspruchnahme den Übergang aller Rechte an der Diensterfindung (→ § 114 Rn. 20) auf sich bewirken. Er wird dann allerdings zur Zahlung einer Vergütung verpflichtet (→ § 114 Rn. 29). Dagegen kann im Arbeitnehmerurheberrecht der AG nur die Einräumung der arbeitsvertraglich vereinbarten Nutzungsrechte verlangen (§ 31 UrhG). Im Übrigen verbleiben die Rechte beim Urheber bzw. ausübenden Künstler. Demgemäß schuldet der AG auch keine besondere Vergütung. Der AN ist zur Übertragung der Nutzungsrechte verpflichtet, wenn eine entsprechende tarif- oder arbeitsvertragliche Vereinbarung besteht (sog. Vorausverfügung). Fehlt es hieran, ist der Vertragsinhalt durch Auslegung zu ermitteln. Dabei kann von Bedeutung sein, dass nach allgemeinen Grundsätzen das Recht am Arbeitsergebnis dem AG zusteht. Das BAG geht wegen eines berechtigten Interesses des AG, die von seinem AN im Rahmen des Arbeitsverhältnisses geschaffenen Werke in rechtlich gesicherter Weise verwerten zu dürfen, im Grundsatz von einer – stillschweigenden – Einräumung der zur zweckgerechten Werkverwertung erforderlichen Nutzungsrechte aus. Nimmt zB ein Einzelhandelsunternehmen mit einer von einem angestellten Dekorateur gestalteten Schaufensterdekoration an einem von einem Lieferanten veranstalteten Wettbewerb teil, hat der Angestellte keinen Anspruch auf Wertersatz oder eine Sondervergütung, wenn der AG einen Preis gewinnt.[8] Diese Grundsätze gelten nur für bekannte Nutzungsarten. Verfügungen über die Einräumung von Rechten für unbekannte Nutzungsarten unterliegen auch im Arbeitsverhältnis der Schriftform (§ 31a I UrhG).

6 **(2) Fehlender Bezug zum Arbeitsverhältnis.** Nutzungsrechte an Werken, die der AN außerhalb eines Bezugs zu seinem Arbeitsverhältnis ohne Rückgriff auf das betrieblich gewonnene Erfahrungswissen schafft (freie Werke), müssen vom AG durch eine entsprechende Vereinbarung erworben werden. Allerdings kann der AN nach § 241 II BGB verpflichtet sein, dem AG die Nutzungsmöglichkeit für das Werk anzubieten; die §§ 18, 19 ArbNErfG sind nicht entsprechend anzuwenden. Der AN kann die Übertragung von einer zusätzlichen Vergütung abhängig machen. Bei der Verwertung seines Werks muss der AN etwaige Rücksichtnahmepflichten (→ § 53 Rn. 3) oder ein bestehendes Wettbewerbsverbot beachten.

7 **bb) Reichweite.** Die Reichweite der auf den AG zu übertragenen Rechtsstellung richtet sich nach der sog. Zweckübertragungstheorie. Sie besagt, dass sich der Umfang der eingeräumten Nutzungsrechte im Zweifel nach dem Zweck bestimmt, der mit der Nutzungsvereinbarung angestrebt wird.[9] Danach kann der AG nach §§ 31 V, 43 UrhG nur die Übertragung der diejenigen Nutzungsrechte verlangen, die er für seine betrieblichen oder dienstlichen Zwecke benötigt.[10] Der AG erwirbt im Zweifel ein ausschließliches und zeitlich unbeschränktes Nutzungsrecht an dem vom AN geschaffenen Werk (§ 31 III UrhG), sofern nicht ausnahmsweise für die betriebliche Tätigkeit der Erwerb eines einfachen Nutzungsrechts (§ 31 II UrhG) ausreichend ist. Für Beiträge in Sammlungen trifft § 38 UrhG eine Sonderregel. Nach dessen Abs. 3 S. 1 erwirbt der Verleger oder Herausgeber ein einfaches Nutzungsrecht an einem Beitrag, wenn nichts anderes vereinbart ist. Hat der Autor allerdings seine Rechte bereits einer Verwertungsge-

[7] MHdB ArbR/*Bayreuther* § 99 Rn. 3.
[8] BAG 12.3.1997 AP Nr. 1 zu § 2 UrhG = NZA 1997, 765.
[9] BGH 26.4.1974 MDR 1974, 826.
[10] BGH 12.5.2010 MDR 2011, 179; 22.2.1974 AP Nr. 1 zu § 43 UrhG.

sellschaft übertragen, kann er dem Verleger/Herausgeber kein Nutzungsrecht übertragen. Zur Vermeidung eines Schadensersatzanspruchs muss der AN den AG vor dem Anbieten des Beitrags hierauf hinweisen.[11] Nach § 34 I UrhG bedarf die Weiterübertragung der Nutzungsrechte an Dritte ebenso wie die Vergabe von Lizenzen grundsätzlich der Zustimmung des AN. Wie nach § 26 ArbNErfG ist die Übertragung der Nutzung nicht auf die Dauer des Arbeitsverhältnisses beschränkt, sondern wirkt – vorbehaltlich der getroffenen Absprachen – auch über seine Beendigung hinaus. In § 26 UrhG ist ein Folgerecht vorgesehen. Wird das Original eines Werks der bildenden Kunst verkauft, ist der Urheber zu beteiligen. Nicht anwendbar auf Arbeitsverhältnisse ist § 40a UrhG, der dem AN bei Bestehen einer Pauschalvergütung nach Ablauf von zehn Jahren ein Recht zur anderweitigen Verwertung einräumen würde; dem AG würde ansonsten nur ein einfaches Nutzungsrecht verbleiben.[12]

c) Vergütung. aa) Grundsatz. Regelmäßig besteht kein Vergütungsanspruch für die Übertragung von Rechten an einem Werk, zu dessen Herstellung der AN arbeitsvertraglich verpflichtet war. Mit der vereinbarten Arbeitsvergütung sind sowohl die Herstellung wie auch die Übertragung der Nutzungsrechte regelmäßig abgegolten.[13] Ob die getroffenen Abreden das geschaffene Werk und die Übertragung der Nutzungsrechte umfasst haben, ist dabei ggf. durch Auslegung zu ermitteln. Eine Vergütung kann der AN daher nur verlangen, wenn diese besonders vereinbart war oder er mit Wissen des AG überobligatorisch tätig war.[14] 8

bb) Besonderheiten des UrhG. (1) Angemessene Vergütung. Eine weitere Einschränkung folgt aus § 32 I UrhG, der auch für abhängig beschäftigte Urheber gilt.[15] Danach hat der Urheber Anspruch auf eine angemessene Vergütung für die Einräumung von Nutzungsrechten. Haben sich Urheber und Verwerter nicht über eine Vergütung verständigt, gilt eine angemessene Vergütung als vereinbart (§ 32 I 2 UrhG). Was angemessen ist, wird im Gesetz nur allerdings nur unvollkommen definiert. Nach § 32 II 1 UrhG ist eine nach einer **gemeinsamen Vergütungsregel** (§ 36 UrhG) ermittelte Vergütung angemessen. Nach der genannten Norm stellen Vereinigungen von Urhebern mit Vereinigungen von Werknutzern oder einzelnen Werknutzern zur Bestimmung der Angemessenheit von Vergütungen gemeinsame Vergütungsregeln auf (§ 36 I 1 UrhG). In **Tarifverträgen** enthaltene Regelungen gehen gemeinsamen Vergütungsregeln vor (§ 36 IV UrhG).[16] Fehlt es an einer gemeinsamen Vergütungsregel oder einem Tarifvertrag, sind nach der Rspr. bei der zur Ermittlung der angemessenen Vergütung vorzunehmenden Prüfung, ob eine Vergütung im Zeitpunkt des Vertragsschlusses dem entspricht, was im Geschäftsverkehr nach Art und Umfang der eingeräumten Nutzungsmöglichkeit, insbesondere nach Dauer, Häufigkeit, Ausmaß und Zeitpunkt der Nutzung, unter Berücksichtigung aller Umstände üblicher- und redlicherweise zu leisten ist, auch solche gemeinsamen Vergütungsregeln iSv § 36 UrhG als Vergleichsmaßstab und Orientierungshilfe heranzuziehen, deren Anwendungsvoraussetzungen nicht (vollständig) erfüllt sind und die deshalb keine unwiderlegliche Vermutungswirkung iSv § 32 II 1 UrhG entfalten. Für die indizielle Heranziehung von Vergütungsregeln im Rahmen der gem. § 32 II 2 UrhG vorzunehmenden Einzelfallabwägung ist es nicht erforderlich, dass sämtliche Voraussetzungen für die Anwendung der Vergütungsregel erfüllt sind. Ausreichend ist vielmehr eine vergleichbare Interessenlage; eventuell für die Frage der Angemessenheitsprüfung bestehender erheblicher Unterschiede ist im Einzelfall durch eine modifizierte Anwendung der Vergütungsregel Rechnung zu tragen. Tarifvertragliche Regelungen, deren Anwendungsvoraussetzungen nicht vorliegen, können ebenfalls im Rahmen der Bestimmung einer angemessenen Vergütung bei vergleichbarer Interessenlage indizielle Bedeutung haben, wobei erheblichen Unterschieden im Einzelfall wiederum durch eine modifizierte Anwendung der tariflichen Vergütungsbestimmungen Rechnung zu tragen ist.[17] Für einen Anspruch auf Zahlung einer angemessenen Vergütung nach § 32 UrhG genügt die 9

---

[11] MHdB ArbR/*Bayreuther* § 99 Rn. 12.

[12] IE *Konertz* NZA 2017, 614 (617); nach MHdB ArbR/*Bayreuther* § 99 Rn. 26 ist deshalb der persönliche Geltungsbereich von § 40a IV UrhG auf arbeitnehmerähnliche Personen beschränkt.

[13] BAG 13.9.1983 AP Nr. 2 zu § 43 UrhG; 12.3.1997 AP Nr. 1 zu § 2 UrhG = NZA 1997, 765; für Computerprogramme BGH 23.10.2001 GRUR 2002, 149; 24.10.2000 GRUR 2001, 155.

[14] BGH 11.11.1977 AP Nr. 30 zu § 612 BGB.

[15] Umstr.; dafür *Jacobs* NJW 2002, 1905 (1906); *Thüsing* GRUR 2002, 203 (210); dagegen wohl unverändert MHdB ArbR/*Bayreuther* § 99 Rn. 23.

[16] Zu den GVR Tageszeitungen: BGH 22.7.2020 – I ZR 114/19; 15.9.2016 NJW 2017, 819; 21.5.2015 GRUR 2016, 62; zu tariflichen Sätzen BGH 20.2.2020 GRUR 2020, 611.

[17] Zuletzt BGH 20.2.2020 GRUR 2020, 611.

Angabe einer ungefähren Größenordnung und einer Berechnungs- bzw. Schätzungsgrundlage.[18] In § 36a UrhG ist eine **Schlichtungsstelle** für die Aufstellung gemeinsamer Vergütungsregelungen vorgesehen, die von Vereinigungen von Urhebern mit Vereinigungen von Werknutzern oder einzelnen Werknutzern gebildet wird.

10 **(2) Vertragsänderung und -anpassung.** War die Vergütung nicht angemessen, kann der Urheber von seinem Vertragspartner die Einwilligung in die Änderung des Vertrags verlangen, durch die dem Urheber die angemessene Vergütung gewährt wird (§ 32 I 3 UrhG). Der Anspruch nach § 32 I 3 UrhG ist auch ausgeschlossen, soweit die Vergütung für die Nutzung der Werke tarifvertraglich bestimmt ist. In § 32a UrhG (Bestsellerregelung) ist der Fall geregelt, dass durch nachträglich eingetretene Umstände die Vergütung unangemessen geworden ist. In diesem Fall kann der Urheber eine Anpassung verlangen, sofern nicht die in § 32a IV UrhG bestimmten Ausnahmen (gemeinsame Vergütungsregel iSd § 36 UrhG oder tarifvertragliche Bestimmung) vorliegen. Sind die Nutzungsrechte einem Dritten übertragen worden, bestehen Ansprüche gegen diesen (§ 32a II UrhG).[19] Bei der Beurteilung eines auffälligen Missverhältnisses zwischen der vereinbarten Vergütung des Urhebers und den aus der Nutzung des Werks erzielten Erträgnissen und Vorteilen des Dritten sind zunächst die mit dem Urheber vereinbarte Vergütung und die vom Dritten erzielten Erträgnisse und Vorteile festzustellen. Dann ist die Vergütung zu bestimmen, die unter Berücksichtigung der erzielten Erträgnisse und Vorteile angemessen iSd § 32 II 2 UrhG ist. Schließlich ist zu prüfen, ob die vereinbarte Vergütung mit Blick auf diese angemessene Vergütung in einem auffälligen Missverhältnis zu den Erträgen und Vorteilen steht. Hierbei ist nur der Teil der vereinbarten Gegenleistung zu berücksichtigen, der auf die Übertragung oder Einräumung der vom Dritten verwerteten Nutzungsrechte entfällt.[20] Die Regelung kann nicht durch die Vereinbarung eines ausländischen Rechtsstatuts umgangen werden (§ 32b UrhG). Schließlich hat der Urheber Anspruch auf eine gesonderte angemessene Vergütung, wenn der Vertragspartner eine Nutzung aufnimmt, die im Zeitpunkt des Vertragsschlusses zwar vereinbart, aber noch unbekannt war; für diesen Anspruch gelten die Vorschriften über die angemessene Vergütung (§ 32 II–IV UrhG) entsprechend.

11 **3. Inhalt und Schranken des Urheberrechts.** Der Arbeitnehmerurheber hat je nach dem von ihm hergestellten Werk das Recht zur Veröffentlichung (§ 12 UrhG), auf Anerkennung und Benennung seiner Urheberschaft (§ 13 UrhG), zur Untersagung von Änderungen oder Entstellungen seines Werks (§§ 14, 39 UrhG), zum Rückruf wegen Nichtausübung, wenn er ein schutzwürdiges Interesse an der Veröffentlichung unter Nennung seines Namens hat (§§ 34, 41 UrhG) oder wenn eine Verwertungspflicht des AG vereinbart worden ist (§ 41 UrhG) sowie auf Zugang zu seinem Werk (§ 25 UrhG). Der AN ist allerdings mit der Einräumung der Nutzungsrechte verpflichtet, dem AG auch die Wahrnehmung seiner Rechtsstellung zu übertragen. Dies gilt etwa für die Veröffentlichungsbefugnis. Ebenso ist ein stillschweigender oder konkludenter Verzicht des AN auf die Wahrung seines Benennungsrechts denkbar, wenn ihm bekannt ist, dass die Nennung des Urhebers branchenunüblich oder mit der üblichen Verbreitungsform des Werkes unvereinbar ist.[21] Eine Einschränkung des Änderungsrechts sieht § 39 II UrhG vor. Zulässig ist die öffentliche Wiedergabe eines Werks bei einem Gottesdienst (§ 52 UrhG).[22] In den §§ 60a ff. UrhG sind Regelungen über erlaubte Nutzungen für Unterricht, Wissenschaft und Institutionen enthalten. Danach ist die öffentliche Wiedergabe eines Werks für Angehörige von Bildungseinrichtungen und deren Familien vergütungsfrei (§ 60h II UrhG).

III. Urheberrechtlicher Schutz von Computerprogrammen

12 **1. Urheberschutz.** Computerprogramme können urheberrechtlichen Schutz genießen[23] (§ 2 I Nr. 1, 7 UrhG). Nach § 69a UrhG sind Computerprogramme iSd UrhG Programme in jeder Gestalt einschließlich des Entwurfsmaterials. Der BGH unterscheidet drei Entwicklungsphasen eines EDV-Programms: **(a)** die generelle Problem- oder Systemanalyse. Sie beruht auf mathematischen Prämissen und logischer Beweisführung und mündet in den Lösungsweg

[18] LG Stuttgart 2.11.2007 ZUM 2008, 163.
[19] Dies hält auch MHdB ArbR/*Bayreuther* § 99 Rn. 24 für möglich.
[20] BGH 20.2.2020 GRUR 2020, 611; 22.9.2011 GRUR 2012, 496.
[21] MHdB ArbR/*Bayreuther* § 99 Rn. 17.
[22] BVerfG 25.10.1978 AP Nr. 1 zu § 52 UrhG.
[23] BGH 4.10.1990 ZIP 1991, 191; 9.5.1985 NJW 1986, 192; BAG 13.9.1983 AP Nr. 2 zu § 43 UrhG.

(Pflichtenheft). Insoweit besteht Schutz für ein Schriftwerk (§ 2 I 1 UrhG). **(b)** In der 2. Phase wird der Lösungsweg in einer griffigen Darstellung des Befehls- und Informationsablaufs so wiedergegeben, wie ihn die EDV-Anlage erfordert **(Datenflussplan oder Flussdiagramm).** Insoweit besteht Schutz nach § 2 I Nr. 7 UrhG. **(c)** Schließlich erfolgt die Kodierung des Programms. Das fertige Computerprogramm ist eine Folge von Befehlen, die nach Aufnahme in einen maschinenlesbaren Träger fähig sind zu bewirken, dass eine Maschine mit informationsverwendbaren Fähigkeiten eine bestimmte Funktion oder Aufgabe oder ein bestimmtes Ergebnis anzeigt, ausführt oder erzielt. Für das Programm besteht Schriftwerkschutz (§ 2 I Nr. 7 UrhG). Computerprogramme werden geschützt, wenn sie individuelle Werke in dem Sinne darstellen, dass sie das Ergebnis der eigenen geistigen Schöpfung ihres Urhebers sind (§ 69a UrhG). Die sog. Schöpfungshöhe ist für Computerprogramme deutlich abgesenkt, um eine Harmonisierung des Urheberrechtsschutzes zu erreichen.[24] Daten oder in Dateien gespeicherte Datenbestände sind für sich genommen aber keine Computerprogramme in diesem Sinne, da sie keine Befehls- oder Steuerungsanweisungen an den Computer enthalten.[25]

2. Entwicklung und Verwertung von Computerprogrammen durch den Arbeitgeber. a) Zusammenhang mit dem Arbeitsverhältnis. Das Arbeitsergebnis eines AN aus dem Arbeitsverhältnis steht grundsätzlich dem AG zu (→ § 113 Rn. 2). Unabhängig hiervon bleibt der AN aber zugleich Urheber iSv § 7 UrhG, soweit das Arbeitsergebnis ein urheberrechtlich geschütztes Werk darstellt. Nach § 69b UrhG ist ausschließlich der AG zur Ausübung aller vermögensrechtlichen Befugnisse an dem Computerprogramm berechtigt, wenn dieses von einem AN **(1)** in Wahrnehmung seiner Aufgaben oder **(2)** nach den Anweisungen seines AG geschaffen wird und nichts anderes vereinbart ist;[26] für die Abgrenzung sind damit die im Bereich des § 43 UrhG geltenden Grundsätze (→ Rn. 5) entsprechend heranzuziehen. Die Entwicklung des Computerprogramms muss in einem engen inneren Zusammenhang mit den arbeitsvertraglichen Pflichten des AN stehen.[27] Dies gilt auch dann, wenn das Programm überwiegend außerhalb der regulären Arbeitszeit bearbeitet worden ist.[28] 13

b) Entwicklung. Die Entwicklung von Computerprogrammen sowie sonstiger Softwarekategorien, wie Vorstufen- und Begleitmaterial, kann erfolgen durch **(1)** Mitarbeiter, die zur Programmierung eingestellt werden; **(2)** AN, die für andere Aufgaben eingestellt sind, aber aufgrund ihrer betrieblichen Erfahrung ein Programm innerhalb oder außerhalb ihrer betrieblichen Arbeitszeit schreiben, zB ein Buchhalter, der Arbeitsabläufe und Buchhaltung der Datenverarbeitung zugänglich macht; **(3)** Mitarbeiter, die außerhalb ihrer betrieblichen Arbeitszeit Programme entwickeln. Zwischen diesen Formen der Programmentwicklung können Übergangsformen bestehen. 14

c) Verwertung. Computerprogramme können durch den AG verwertet werden **(1)** betriebsintern; hierzu gehört die Verwendung des Programms in einem Rechenzentrum des Unternehmens, aber auch dessen Benutzung durch Kunden des Unternehmens, wenn sie die zu verwertenden Daten auf maschinenlesbaren Trägern in das Unternehmen bringen oder über Fernleitung mit dem Rechenzentrum des Unternehmens verbunden werden; **(2)** betriebsextern, zB durch die Einräumung von Lizenzen oder Übertragung entsprechender Nutzungsrechte. Beide Verwertungsformen können auch miteinander kombiniert werden. 15

d) Übertragung der Nutzungsrechte. Im Allgemeinen wird davon auszugehen sein, dass nach § 69b UrhG bei allen Auftragsprogrammen (→ Rn. 11) dem AG ein ausschließliches und zeitlich unbeschränktes Nutzungsrecht übertragen wird (Volllizenz);[29] diese umfasst auch die Möglichkeit zur Weiterentwicklung und die Rechteübertragung an Dritte. Hierzu heißt es in der amtlichen Begründung des UrhG, dass namentlich im Falle öffentlich-rechtlicher Dienstverhältnisse ein unbeschränkter Erwerb der Nutzungsrechte durch den Begünstigten als stillschweigend vereinbart aus dem Dienstverhältnis abgeleitet werden kann. Eine Beschränkung des Rechtsübergangs aus dem Gesichtspunkt der Zweckübertragungslehre findet nicht statt; deren 16

[24] Vgl. OLG München 25.11.1999 NZA-RR 2000, 258.

[25] BAG 24.3.2011 AP Nr. 233 zu § 626 BGB = NZA 2011, 1029.

[26] KG Berlin 28.1.1997 NZA 1997, 718.

[27] MHdB ArbR/*Bayreuther* § 99 Rn. 41.

[28] OLG Köln 25.2.2005 ZUM-RD 2005, 340; diff. MHdB ArbR/*Bayreuther* § 99 Rn. 42 (AG schuldet ggf. Überstundenvergütung).

[29] Für öffentlichen Dienst: OLG Koblenz 13.8.1981 BB 1983, 992.

Anwendung ist im Geltungsbereich der Vorschrift ausgeschlossen.[30] Der AN darf bei einem AGwechsel oder der Aufnahme einer selbständigen Tätigkeit die beim vormaligen AG begonnene Entwicklungstätigkeit nicht fortzuführen und das Produkt durch den neuen AG oder für sich verwerten. Dies folgt entweder unmittelbar aus dem Verwertungsrecht des vormaligen AG[31] oder dem Verbot, dessen Eintritt treuwidrig zu vereiteln.

17 **3. Urheberpersönlichkeitsrechte.** Die Urheberpersönlichkeitsrechte an einem Computerprogramm stehen dem AN als dessen Schöpfer zu. Diese sind jedoch wegen der entgegenstehenden Rechtspositionen des AG weitgehend eingeschränkt, allerdings kommt es hier auf die Umstände des Einzelfalls an. So werden im Allgemeinen die Schutzvorschriften der §§ 31, 34–37 und 39–42 UrhG, aber auch das Recht auf Namensnennung (§ 13 UrhG) und das Zugangsrecht nach § 25 UrhG nicht anzuwenden sein. Der AG ist berechtigt, das Unternehmen des AG oder ein Drittunternehmen in einem Copyright-Vermerk als Urheber auszugeben. Das Zugangsrecht (§ 25 UrhG) ist vom Bestand des Arbeitsverhältnisses abhängig. Es besteht für den Programmierer, der selbst Vervielfältigungsrechte besitzt, nur dann, wenn hierdurch die Interessen des Unternehmens nicht gefährdet werden. Die Bevorrechtigung der Interessen des Unternehmens ist gerechtfertigt, weil der angestellte Programmierer im Allgemeinen für seine Tätigkeit bezahlt wird und für den AG nur dann Anlass besteht, ihn auszuschließen, wenn hierfür sachliche Gründe bestehen. Nach Beendigung des Arbeitsverhältnisses ist ein Zugangsrecht nicht mehr gegeben, da hierdurch in die Interessen des Unternehmens und seiner Kunden eingegriffen werden könnte. Der Programmierer unterliegt der Verschwiegenheitspflicht aus dem Arbeitsverhältnis (→ § 53 Rn. 51).

18 **4. Vergütung.** Einen besonderen Vergütungsanspruch hat der AN bei Auftragsprogrammen regelmäßig nicht. Deren Erstellung gehört zu den geschuldeten Dienstleistungen und wird mit der vereinbarten Arbeitsvergütung abgegolten;[32] allerdings gelten §§ 32a, 32c UrhG auch für Programmschöpfungen.[33] Etwas anderes gilt dann, wenn der AN für eine andere Arbeit eingestellt worden ist und aufgrund betrieblicher Erfahrung oder in seiner Freizeit unabhängig vom Betrieb Programme für das Unternehmen erstellt und diese dort verwertet werden[34] (→ Rn. 13). Bei Programmen, die aufgrund **betrieblichen Erfahrungswissens** entwickelt worden sind, werden die Grundsätze für die auftragsgebundenen Programme entspr. gelten. Insoweit besteht dieselbe Interessenlage wie bei betrieblichen Erfindungen. Für **freie Programme** lassen sich Auslegungsregeln nicht aufstellen. Insoweit sind die Umstände des Einzelfalls maßgebend. Jedoch wird davon auszugehen sein, dass der AN für die Überlassung des Programms einen Entgeltanspruch erwirbt.[35]

19 **5. Abdingbarkeit.** Vertragliche Abreden über die Nutzungsrechtseinräumung sind rechtlich möglich. Sie sollen ihrem Inhalt nach genau umschreiben, ob nur Auftragsprogramme oder auch solche innerhalb oder außerhalb der betrieblichen Arbeitszeit geschriebene Programme erfasst werden. Eine **Nutzungsrechtseinräumung** kann auch als Vertrag über künftige Werke (§ 40 UrhG) angesehen werden. Dieser kann nach Ablauf von fünf Jahren gekündigt werden. Auf das Kündigungsrecht kann nicht im Voraus verzichtet werden. Es hat jedoch im Allgemeinen bei Fortbestand des Arbeitsverhältnisses keine Bedeutung, da es nur als Änderungskündigung ausgeübt werden kann. Unberührt von den vertraglichen Vereinbarungen bleiben idR die Beteiligungsansprüche nach §§ 32 ff. UrhG[36] sowie das Rückrufrecht nach § 41 UrhG.

20 **6. Verhältnis zum ArbNErfG.** Programme für Datenverarbeitungsanlagen sind nach § 1 III Nr. 3 PatG bzw. § 1 II Nr. 3 GebrMG nicht als Erfindungen anzusehen und daher an sich nicht patent- bzw. gebrauchsmusterfähig. § 1 III Nr. 3 PatG schließt nur Programme für Datenverarbeitungsanlagen als Erfindung aus, nicht aber Datenverarbeitungsanlagen selbst. Eine Anmeldemöglichkeit als Patent besteht jedoch, wenn die das Programm prägenden Anweisungen der Lösung eines konkreten technischen Problems dienen.[37] Hier können sich schwierige Abgrenzungsfragen zwischen den im Bereich des ArbNErfG und UrhG unterschiedlichen Nutzungs- und Vergütungsansprüchen ergeben.[38]

---

[30] BGH 24.10.2000 NJW-RR 2001, 626.
[31] MHdB ArbR/*Bayreuther* § 99 Rn. 44.
[32] BGH 24.10.2000 NJW-RR 2001, 626; 23.10.2001 NZA-RR 2002, 202.
[33] MHdB ArbR/*Bayreuther* § 99 Rn. 45.
[34] BGH 11.11.1977 AP Nr. 30 zu § 612 BGB; OLG München 25.11.1999 NZA-RR 2000, 258.
[35] BGH 10.5.1984 AP Nr. 3 zu § 43 UrhG = NJW 1986, 1045.
[36] BGH 23.10.2001 NZA-RR 2002, 202 = NJW-RR 2002, 339.
[37] BGH 19.10.2004 GRUR 2005, 143.
[38] Dazu insbesondere *Bayreuther* GRUR 2003, 571 (579); *Benecke* NZA 2002, 883.

XII. Buch. Umwandlung und Betriebsübergang

§ 116. Gesamtrechtsnachfolge, Umwandlung und Privatisierung

Übersicht

I. Gesamtrechtsnachfolge

1. Begriff. Der Übergang eines Betriebs oder eines Betriebsteils auf einen neuen Rechtsträger kann sich durch Gesamt- oder Einzelrechtsnachfolge vollziehen. Eine Gesamtrechtsnachfolge **(Universalsukzession)** liegt vor, wenn das Vermögen und die Schulden kraft Gesetzes uno actu auf einen neuen Rechtsträger übergehen. Eines gesonderten Übertragungsaktes hinsichtlich der einzelnen Vermögensgegenstände bedarf es in diesem Fall nicht. Die Gesamtrechtnachfolge kann sich dabei auch nur auf einen Teil der Aktiva und Passiva beziehen. In diesem Fall ist eine **partielle** Gesamtrechtsnachfolge gegeben. 1

2. Einzelfälle. Die Gesamtrechtsnachfolge bedarf grundsätzlich einer gesetzlichen Regelung. 2 So ordnet etwa § 1922 BGB eine Gesamtrechtsnachfolge für den **Erbfall** an. Mit dem Tod des Erblassers treten dessen Erben in seine vermögensrechtliche Stellung ein. Weitere Bestimmungen finden sich zB in den §§ 143 ff. SGB V, die die Vereinigung von Orts-, Betriebs- oder Innungskrankenkassen regeln.[1] Die für die Praxis bedeutendsten Bestimmungen zur – ggf. auch nur partiellen – Gesamtrechtsnachfolge enthält das UmwG vom 28.10.1994.[2] Die dort vorgesehenen gesellschaftsrechtlichen Rechtsnachfolgen treten kraft Gesetzes mit der Eintragung der **Umwandlung** (→ Rn. 3 ff.) in das Handelsregister ein (§§ 20, 131, 176 f. UmwG). Nach der Rspr. ist zudem der einzig verbleibende – das Gesellschaftsunternehmen fortführende – **Gesellschafter einer KG oder OHG** Gesamtrechtsnachfolger der durch das Ausscheiden des vorletzten Gesellschafters infolge von Konfusion erloschenen Gesellschaft.[3] Unerheblich ist, dass es sich bei diesem lediglich um den Kommanditisten der KG handelte.[4] Gleiches gilt, wenn einer der beiden Gesellschafter stirbt und vom verbliebenen allein beerbt wird[5] oder wenn über das Vermögen des vorletzten Gesellschafters das Insolvenzverfahren eröffnet wird und dieser damit nach §§ 131 III 1 Nr. 2, 161 II HGB aus der KG bzw. OHG ausscheidet.[6] Scheidet bei einer zweigliedrigen **BGB-Gesellschaft** ein Gesellschafter aus, wird der andere Gesamtrechtsnachfolger der Gesellschaft, wenn der Gesellschaftsvertrag für diesen Fall vorsieht, dass das Vermögen der

[1] Vgl. etwa BAG 21.1.2014 AP Nr. 85 zu § 611 BGB Dienstordnungs-Angestellte; 15.10.2013 AP Nr. 17 zu § 611 BGB.
[2] BGBl. I 3210, ber. 1995 I 428, zul. geänd. durch G v. 19.12.2018 (BGBl. I 2694).
[3] Vgl. BGH 5.7.2018 NJW 2018, 3310; BAG 28.2.2019 AP Nr. 1 zu § 727 ZPO.
[4] BGH 14.2.2005 DB 2005, 937; 15.3.2004 DB 2004, 1258.
[5] BGH 10.12.1990 AP Nr. 1 zu § 27 HGB = NJW 1991, 844.
[6] BGH 1.6.2017 NJW 2017, 3521; 15.3.2004 DB 2004, 1258.

Gesellschaft ohne Liquidation auf die verbleibenden Gesellschafter übergeht oder die Gesellschaft von diesen fortgesetzt wird.[7]

II. Umwandlung

3 **1. Rechtsgrundlage.** Das zum 1.1.1995 in Kraft getretene Gesetz zur Bereinigung des Umwandlungsrechts vom 28.10.1994 (→ Rn. 2) hat die Möglichkeiten zur Veränderung, Umstrukturierung oder Reorganisation von Unternehmen im UmwG neu zusammengefasst und systematisiert. Damit wollte der Gesetzgeber bestehende Regelungslücken schließen und den Unternehmen neue Möglichkeiten eröffnen, ihre rechtlichen Strukturen den veränderten wirtschaftlichen Umständen anzupassen.

4 **2. Umwandlungsformen. a) Überblick.** Nach § 1 UmwG können Rechtsträger im Inland durch Verschmelzung, Spaltung in Form der Aufspaltung, Abspaltung und Ausgliederung, durch Vermögensübertragung sowie durch Formwechsel umgewandelt werden. Von einer übertragenden Umwandlung spricht man in den Fällen der Spaltung und der Vermögensübertragung. Bei einem Formwechsel bleibt der Rechtsträger des Betriebs bzw. -teils hingegen unverändert; hier kommt es zu keinem Betriebsmittelübergang. Keine Umwandlung ist auch die sog. Anwachsung von Gesellschaftsanteilen, bei der durch den Austritt der übrigen Gesellschafter oder der Übertragung ihrer Gesellschaftsanteile ein Gesellschafter zum Alleingesellschafter einer Personengesellschaft wird (→ Rn. 2).[8]

5 **b) Verschmelzung.** Bei der Verschmelzung überträgt der übertragende Rechtsträger sein Vermögen entweder auf einen bereits bestehenden Rechtsträger oder auf einen dadurch neu gegründeten Rechtsträger. Im Gegenzug müssen ihm dafür Anteile oder Mitgliedschaftsrechte an dem übernehmenden Rechtsträger eingeräumt werden (§ 2 UmwG). Die Verschmelzung führt zur Auflösung des übertragenden Rechtsträgers (§§ 20 I Nr. 2, 36 I 1 UmwG). An einer Verschmelzung können nur die in § 3 I UmwG aufgezählten Rechtsträger beteiligt sein. Der Verschmelzungsvertrag muss bestimmte arbeitsrechtliche Angaben, insbesondere über die Folgen der Verschmelzung für die AN und ihre Vertretungen enthalten. Unerheblich ist, ob diese Folgen für die einzelnen AN vorteilhaft oder nachteilig sind.[9]

6 **c) Spaltung.** Eine Spaltung ist in verschiedenen Formen möglich (§ 123 UmwG). Bei der **Aufspaltung** wird unter Auflösung des alten Rechtsträgers ohne dessen Abwicklung sein Vermögen auf einen übernehmenden Rechtsträger oder zur Neugründung auf einen oder mehrere Rechtsträger übertragen. Bei der **Abspaltung** und **Ausgliederung** werden ein Teil oder Teile des Vermögens auf einen bestehenden oder auf einen oder mehrere neu gegründete Rechtsträger übertragen. In den Fällen der Auf- und Abspaltung erhalten die Anteilseigner des übertragenden Unternehmens dafür Mitgliedschaftsrechte. Bei der Ausgliederung erhält demgegenüber das übertragende Unternehmen Anteile. Neben den in § 3 I UmwG aufgezählten Rechtsträgern – den Personenhandelsgesellschaften, Kapitalgesellschaften, eingetragenen Genossenschaften, eingetragenen Vereinen, genossenschaftlichen Prüfungsverbänden und Versicherungsvereinen auf Gegenseitigkeit – können an einer Spaltung auch die weiteren in § 124 UmwG genannten Rechtsträger beteiligt sein. Für die Ausgliederung von Vermögen aus einer Gebietskörperschaft enthalten die §§ 168 ff. UmwG spezielle Regelungen. Auf die Ausgliederung von Betrieben aus dem Vermögen eines Landes auf eine Anstalt öffentlichen Rechts aufgrund einer landesgesetzlichen Regelung sind diese Bestimmungen allerdings nicht anwendbar.[10]

7 **d) Vermögensübertragung.** Bei der Vermögensübertragung kann der übertragende Rechtsträger unter seiner gleichzeitigen Auflösung ohne Abwicklung entweder sein Vermögen als Ganzes oder einen Teil bzw. Teile desselben auf einen anderen bestehenden Rechtsträger übertragen. Die Vermögensübertragung kann – wie die Spaltung – im Wege der Aufspaltung, Abspaltung oder Ausgliederung erfolgen (§ 174 UmwG). Beteiligte Rechtsträger können nur die in § 175 UmwG genannten juristischen Personen sein.

8 **e) Formwechsel.** Der Formwechsel führt dazu, dass der Rechtsträger eine andere Rechtsform erhält (vgl. § 190 UmwG). Formwechselnde Rechtsträger können Personenhandelsgesellschaften,

[7] BGH 31.5.2010 NJW 2010, 3100; 7.7.2008 NJW 2008, 2992.
[8] Vgl. BAG 14.7.2015 AP Nr. 117 zu § 16 BetrAVG = NZA-RR 2015, 539; BGH 14.2.2005 DB 2005, 937; 15.3.2004 DB 2004, 1258; 16.12.1999 NJW 2000, 1119; 25.3.1999 NJW-RR 2000, 631.
[9] Vgl. OLG Düsseldorf 15.5.1998 NZA 1998, 766.
[10] BAG 8.5.2001 AP Nr. 219 zu § 613a BGB = NZA 2001, 1200.

Kapitalgesellschaften, eingetragene Genossenschaften, rechtsfähige Vereine, Versicherungsvereine auf Gegenseitigkeit sowie Körperschaften und Anstalten des öffentlichen Rechts sein. Rechtsträger der neuen Rechtsform können Gesellschaften des bürgerlichen Rechts, Personenhandelsgesellschaften, Kapitalgesellschaften und eingetragene Genossenschaften (§ 191 UmwG) sein.

3. Grenzüberschreitende Umwandlungen. Grenzüberschreitende Umwandlungen werden von § 1 I UmwG nicht erfasst, weil sich die Bestimmung nur auf Rechtsträger mit Sitz im Inland bezieht. Die sich hieraus zunächst ergebende Rechtsfolge, dass die Hineinverschmelzung einer ausländischen Gesellschaft auf eine deutsche aufnehmende Gesellschaft nach dem UmwG nicht möglich war, verstieß nach Ansicht des EuGH gegen die Niederlassungsfreiheit der Art. 43 und 48 EG.[11] Der Gesetzgeber hat in der Folgezeit die Verschmelzungsrichtlinie 2005/56/EG v. 26.10.2005[12] durch die Einfügung der §§ 122a ff. UmwG mit Wirkung zum 25.4.2007 in nationales Recht umgesetzt[13] (auch → § 261 Rn. 12). Nunmehr finden auf die Beteiligung einer Kapitalgesellschaft an einer grenzüberschreitenden Verschmelzung wesentliche Bestimmungen des UmwG Anwendung. 9

4. Verhältnis zum Betriebsübergang. a) Rechtsgrundverweisung in § 324 UmwG. 10
Nach § 324 UmwG bleibt § 613a I, IV–VI BGB durch die Wirkungen der Eintragung einer Verschmelzung, Spaltung oder Vermögensübertragung unberührt. Die – sprachlich missglückte – Regelung enthält eine Rechtsgrundverweisung auf § 613a I BGB; die Voraussetzungen eines Betriebsübergangs (→ § 117 Rn. 8 ff.) sind daher auch bei einer Umwandlung selbständig zu prüfen.[14] Die Bedeutung von § 324 UmwG besteht darin, dass die Anwendung von § 613a I BGB bei gesellschaftsrechtlichen Umwandlungsvorgängen nicht am Merkmal der Übertragung „durch Rechtsgeschäft" scheitert; rechtsgeschäftliche Grundlage des Übergangs sind der Spaltungs-, Verschmelzungs- oder der Übertragungsvertrag. Bei einer Verschmelzung dürfte der Tatbestand von § 613a I BGB regelmäßig erfüllt sein, da der bestehende Betrieb nach Maßgabe des Verschmelzungsvertrags (§ 5 UmwG) auf den neuen Rechtsträger übergeht. Bei einer Spaltung kommt es ua. darauf an, ob und welche Betriebsmittel übertragen werden; dies richtet sich nach dem Spaltungs- bzw. Ausgliederungsvertrag (§ 126 UmwG) oder – bei Neugründungen – nach dem Spaltungsplan (§§ 135, 136 UmwG). Bei einem Formwechsel greift § 613a I BGB hingegen nicht, weil die Identität des Betriebs und seines Rechtsträgers ohnehin erhalten bleiben; lediglich dessen Rechtsform wechselt. Da Tatbestand und Zeitpunkt einer Umwandlung von denjenigen eines Betriebsübergangs unabhängig sind, kann ein Betrieb oder Betriebsteil schon vor dem Wirksamwerden der Umwandlung nach § 613a I BGB durch Rechtsgeschäft übertragen und durch einen neuen Inhaber fortgeführt werden.[15]

b) Übergang der Arbeitsverhältnisse. Erfüllt die Umwandlungsmaßnahme den Tatbestand des Betriebs- oder Betriebsteilübergangs (→ § 117 Rn. 8 ff.), gehen die Arbeitsverhältnisse der in der übergehenden wirtschaftlichen Einheit beschäftigten AN nach § 613a I BGB auf den anderen Rechtsträger über. Liegen die Voraussetzungen des § 613a I 1 BGB nicht vor, kann bei einer durch die Umwandlung bewirkten partiellen Gesamtrechtsnachfolge – wie im Fall der Spaltung – der Übergang der Arbeitsverhältnisse auf einen neuen Rechtsträger nicht durch die bloße Zuordnung der Arbeitsverträge zum übernehmenden Rechtsträger im Spaltungs- und Übernahmevertrag erfolgen. Vielmehr setzt ein Übergang die Zustimmung der AN voraus.[16] Dies ergibt sich aus § 613 II BGB. Danach ist der Anspruch auf Dienste im Zweifel nicht übertragbar. Höchstpersönliche Rechte sind von der Rechtsnachfolge ausgenommen.[17] Zudem garantiert Art. 12 GG den AN die freie Wahl ihres Vertragspartners. Arbeitsverhältnisse können damit bloß „umwandlungsrechtlich" nur mit Einwilligung der AN auf andere Rechtsträger übertragen werden.[18] Fehlt es hieran und wird der übertragende Rechtsträger – wie bei der Abspaltung (§ 123 II UmwG) oder Ausgliederung (§ 123 III UmwG) – durch die Umwandlung nicht aufgelöst, bestehen die Arbeitsverhältnisse mit die- 11

[11] EuGH 13.12.2005 DB 2005, 2804.
[12] ABl. EG 2005 L 310.
[13] Dazu *Engels* ArbuR 2009, 10.
[14] BAG 10.10.2017 AP Nr. 470 zu § 613a BGB = NZA 2018, 370; 6.10.2005 AP Nr. 150 zu § 102 BetrVG 1972 = NZA 2006, 990; 25.5.2000 AP Nr. 209 zu § 613a BGB = NZA 2000, 1115.
[15] BAG 25.5.2000 AP Nr. 209 zu § 613a BGB = NZA 2000, 1115.
[16] So auch BAG 19.10.2017 AP Nr. 470 zu § 613a BGB = NZA 2018, 370 für den Fall der Aufspaltung; anders BGH 13.8.2015 NJW 2015, 3373 für den Versicherungsvertreter.
[17] So ausdrücklich im Zusammenhang mit der Aufhebung von § 132 UmwG aF BT-Drs. 16/2919, 19.
[18] Ebenso APS/*Steffan* UmwG § 126 Rn. 30.

sem fort. Führt die Umwandlung dagegen zur Auflösung des übertragenden Rechtsträgers und zur partiellen Gesamtrechtsnachfolge auf mehrere Rechtsträger – wie bei der Aufspaltung nach § 123 I UmwG –, haben die AN ein Wahlrecht, mit welchem der neuen Rechtsträger sie das Arbeitsverhältnis fortsetzen möchten.[19]

12 **c) Widerspruchsrecht.** Stellt die Umwandlung einen Betrieb- bzw. Betriebsteilübergang dar, haben die AN nach § 324 UmwG grundsätzlich ein Widerspruchsrecht nach § 613a VI BGB. Kein Widerspruchsrecht besteht nach der Rspr. des BAG dagegen, wenn der **übertragende Rechtsträger durch eine gesellschaftsrechtliche Verschmelzung erlischt.**[20] Diese Rspr. dürfte auch bei anderen Umwandlungsformen wie etwa der Aufspaltung (§ 123 I UmwG) und der vollständigen Vermögensübertragung gelten, bei denen der übertragende Rechtsträger ebenfalls aufgelöst wird.[21] Davon unberührt bleibt das Unterrichtungsrecht nach § 613a V BGB[22] (→ § 118 Rn. 31 f.). Will der AN in einem solchen Fall trotz des Betriebsübergangs nach § 613a I BGB sein Arbeitsverhältnis nicht mit dem neuen AG fortsetzen, kann er eine außerordentliche Kündigung aussprechen.[23] Die Kündigungserklärungsfrist des § 626 II BGB beginnt erst ab Kenntnis von der Eintragung der zum Erlöschen des bisherigen AG führenden Umwandlung zu laufen. Ein dennoch erklärter Widerspruch des AN stellt regelmäßig weder eine Eigenkündigung noch ein Angebot auf Abschluss eines Aufhebungsvertrags dar. Da die im Zeitpunkt des Umwandlungsvorgangs bestehenden Ruhestandsverhältnisse von § 613a I BGB nicht erfasst werden, können die Betriebsrentner einem Übergang ihrer Versorgungsverhältnisse infolge der Wirkungen der Umwandlung nicht widersprechen.[24]

13 **5. Das Haftungssystem nach dem UmwG. a) Verhältnis zur Haftung nach § 613a BGB.** Das UmwG enthält für die von ihm erfassten Umwandlungen ein **eigenes Haftungssystem.** Erfüllt die Umwandlung auch den Tatbestand des Betriebsübergangs, bedarf es daher einer Abgrenzung zu den Regelungen in § 613a II, III BGB. Rechtstechnisch ist dies missglückt. Der durch Art. 2 UmwBerG (BGBl. I 3210) neu gefasste § 613a III BGB ordnet lediglich an, dass die Haftung des Betriebsveräußerers nach Abs. 2 ausgeschlossen ist, wenn er infolge der Umwandlung iSd § 1 UmwG (→ Rn. 4 ff.) erlischt. Da ein nicht mehr existierender Rechtsträger ohnehin nicht mehr haften kann, ist die Norm überflüssig. Aus ihr lässt sich auch nicht ableiten, dass in den Fällen, in denen die Umwandlung nicht zum Erlöschen des übertragenden Rechtsträgers führt, § 613a II BGB Anwendung findet. Ein solches Verständnis widerspräche dem Sinn und Zweck dieser Norm. § 613a II BGB will die AN bei einem Betriebsübergang besserstellen. Diese Zielrichtung würde verfehlt, wenn die AN im Fall einer Umwandlung gegenüber den anderen Gläubigern schlechter gestellt würden. Die u.a. wegen des längeren Nachhaftungszeitraums für die AN günstigeren §§ 133, 134 UmwG verdrängen deshalb nach zutreffender Ansicht als spezialgesetzliche Haftungsregelungen in ihrem Anwendungsbereich § 613a II BGB.[25] Die Haftung der an der Umwandlung beteiligten – verbleibenden – Rechtsträger richtet sich damit ausschließlich nach den Bestimmungen des UmwG.

14 **b) Verschmelzung.** Bei der Verschmelzung durch Aufnahme oder durch Neugründung geht das **Vermögen** des übertragenden Rechtsträgers einschließlich der Verbindlichkeiten auf den übernehmenden Rechtsträger über (§ 20 I Nr. 1, § 36 UmwG). Der übertragende Rechtsträger erlischt (§ 20 I Nr. 2 UmwG). Aus diesem Grund sind die Auswirkungen der Verschmelzung auf gegenseitige Verträge – also auch auf Arbeitsverträge (§ 21 UmwG) – und der Gläubigerschutz (§ 22 UmwG) gesetzlich geregelt. Zu den übergehenden Verbindlichkeiten gehört auch ein vom erlöschenden Rechtsträger abgeschlossener **Haustarifvertrag,** so dass der aufnehmende oder neu gegründete Rechtsträger Partei desselben wird.[26] Damit erfasst dieser normativ auch die Arbeitsverhältnisse der beim Rechtsträger bereits beschäftigten AN, die Mitglieder der tarifschließenden Gewerkschaft sind.[27] Ausgenommen von der in § 20 I Nr. 1 UmwG angeord-

[19] BAG 19.10.2017 AP Nr. 470 zu § 613a BGB = NZA 2018, 370; aA *Däubler* RdA 1995, 136 (142): Fortbestand mit allen Rechtsträgern.
[20] BAG 21.2.2008 AP Nr. 342 zu § 613a BGB = NZA 2008, 815; aA *Fandel/Hausch* BB 2008, 2402.
[21] Zur Anwachsung und Verschmelzung *Simon/Weninger* BB 2010, 117; *Otto/Mückl* BB 2011, 1978.
[22] *Otto/Mückl* BB 2011, 1978.
[23] Offengelassen von BGH 13.8.2015 NJW 2015, 3373.
[24] BAG 11.3.2008 AP Nr. 1 zu § 131 UmwG = NZA 2009, 790.
[25] Ebenso HWK/*Willemsen/Müller-Bonnani* BGB § 613a Rn. 301; Staudinger/*Annuß* BGB § 613a Rn. 349.
[26] BAG 15.6.2016 AP Nr. 2 zu § 20 UmwG = NZA 2017, 326; 4.7.2007 AP Nr. 35 zu § 4 TVG Tarifkonkurrenz = NZA 2008, 307; 24.6.1998 AP Nr. 1 zu § 20 UmwG = NZA 1998, 1346.
[27] BAG 15.6.2016 AP Nr. 2 zu § 20 UmwG = NZA 2017, 326.

neten Gesamtrechtsnachfolge sind Ansprüche oder Verbindlichkeiten, deren Erlöschen ausdrücklich bestimmt ist oder die ihrer Natur nach nicht auf einen Gesamtrechtsnachfolger übergehen können.[28]

Der **Schutz der Gläubiger** wird bei der Verschmelzung durch die **Bestellung von Sicherheiten** gewährleistet. Nach § 22 I 1 UmwG ist den Gläubigern für ihre bereits entstandenen, aber noch nicht fälligen Ansprüche von den an der Verschmelzung beteiligten Rechtsträgern Sicherheit zu leisten. Der Anspruch auf Sicherheitsleistung muss innerhalb einer Frist von sechs Monaten nach Grund und Höhe schriftlich angemeldet werden. Die Frist beginnt nach dem Tag, an dem die Eintragung der Verschmelzung in das Register desjenigen Rechtsträgers, dessen Gläubiger sie sind, gem. § 19 III UmwG als bekannt gemacht gilt. Das Recht auf Sicherheitsleistung steht den Gläubigern nach § 22 I 2 UmwG nur zu, wenn sie glaubhaft machen, dass durch die Verschmelzung die Erfüllung ihrer Forderung gefährdet wird. Hierauf ist in der Bekanntmachung der jeweiligen Eintragung hinzuweisen. Hat der Gläubiger im Fall der Insolvenz ein Recht auf vorzugsweise Befriedigung aus einer Deckungsmasse, die nach einer gesetzlichen Vorschrift zu seinem Schutz errichtet und staatlich überwacht ist, kann er keine Sicherheitsleistung verlangen (§ 22 II UmwG). Dem liegt der Rechtsgedanke zugrunde, dass es einer Sicherheitsleistung nicht bedarf, wenn der Gläubiger bereits ausreichend gesichert ist. Die Vorschrift hat arbeitsrechtlich vor allem Bedeutung für die **Versorgungsansprüche** und unverfallbaren Versorgungsanwartschaften der AN, die sich aus einer unmittelbaren Versorgungszusage des AG ergeben (vgl. BT-Drs. 12/6699, 92). Insoweit ist der AN ausreichend durch den Insolvenzschutz des Pensions-Sicherungs-Vereins geschützt. Das BAG hat daher im Fall einer Eintrittspflicht des Pensions-Sicherungs-Vereins einen Anspruch auf Sicherheitsleistung wegen bestehender Versorgungsverbindlichkeiten bei der Umwandlung einer Aktiengesellschaft in eine GmbH verneint.[29] 15

c) Spaltung.[30] **aa) Allgemeines.** Bei einer Abspaltung oder Ausgliederung im Wege der Spaltung bleibt der übertragende Rechtsträger bestehen. Welche Teile seines Vermögens auf den übernehmenden Rechtsträger übergehen, ist im Spaltungs- und Übernahmevertrag festzulegen. Hat der übertragende Rechtsträger einen **Firmentarifvertrag** geschlossen, bleibt er weiterhin Partei desselben, wenn im Spaltungs- und Übernahmevertrags anderes nicht festgelegt wurde.[31] Die **Versorgungsverbindlichkeiten** der Mitarbeiter, die vor einer Ausgliederung oder Abspaltung aus dem Arbeitsverhältnis mit dem Versorgungsschuldner ausgeschieden sind, können entweder dem übertragenden oder dem übernehmenden Rechtsträger zugeordnet werden. Entscheidend ist auch hier der Inhalt des Spaltungs- und Übernahmevertrags.[32] Einer Zustimmung der Versorgungsempfänger bedarf es nicht. Auch ein Widerspruchsrecht hiergegen besteht weder für die ausgeschiedenen AN noch für den Pensions-Sicherungs-Verein. Ist der neue Rechtsträger nur ungenügend mit Aktiva ausgestattet, stellt dies die Wirksamkeit der Umwandlung nicht infrage.[33] Allerdings regeln nach Ansicht des BAG die gesellschafts- und umwandlungsrechtlichen Vorschriften den Gläubigerschutz für diesen Fall nicht abschließend. Der übertragende Rechtsträger soll deshalb verpflichtet sein, die versorgungspflichtige Gesellschaft so auszustatten, dass sie nicht nur zur Erfüllung der laufenden Betriebsrenten, sondern auch zu Anpassungen nach § 16 BetrAVG in der Lage ist. Fehlt es hieran, soll dies zu einem **Schadensersatzanspruch** gegen den übertragenden Rechtsträger nach § 280 I 1, § 241 II, §§ 31, 278 BGB führen können.[34] 16

Erfolgt eine **Aufspaltung** zur Aufnahme (§§ 126 ff., § 131 I Nr. 2 UmwG) oder zur Neugründung (§ 135 I UmwG) erlischt der bisherige Rechtsträger. Die hierfür geltenden Haftungsregelungen ergeben sich aus §§ 133, 134 UmwG. Die Regelungen führen nicht nur zu einer Gleichbehandlung der AN mit den anderen Gläubigern der Rechtsträger, sondern in Teilbereichen auch zu einer Besserstellung. 17

bb) Gesamtschuldnerische Haftung. Für die Verbindlichkeiten des übertragenden Rechtsträgers, die vor dem Wirksamwerden der Spaltung begründet worden sind, haften die an 18

[28] BAG 4.10.2005 AP Nr. 42 zu § 242 BGB Auskunftspflicht = NZA 2006, 545.
[29] BAG 30.7.1996 AP Nr. 1 zu § 374 AktG = NZA 1997, 436; idS auch BAG 11.3.2008 AP Nr. 1 zu § 131 UmwG = NZA 2009, 790.
[30] Vgl. dazu auch *Wessels* ZIP 2010, 1417.
[31] BAG 21.12.2012 AP Nr. 1 zu § 123 UmwG = NZA 2013, 512; vgl. dazu *Gaul/Otto* BB 2014, 500; aA (für eine doppelte Parteistellung) *Wellenhofer-Klein* ZfA 1999, 239 (262).
[32] Vgl. BAG 22.2.2005 AP Nr. 1 zu § 168 UmwG = NZA 2005, 639; aA AG Hamburg 1.7.2005 DB 2005, 1562.
[33] BAG 11.3.2008 AP Nr. 1 zu § 131 UmwG = NZA 2009, 790.
[34] BAG 11.3.2008 AP Nr. 1 zu § 131 UmwG = NZA 2009, 790.

der Spaltung beteiligten Rechtsträger als Gesamtschuldner (§ 133 I 1 UmwG). Damit soll einem Missbrauch durch Zuweisung der Aktiva an den einen und der Passiva an den übernehmenden Rechtsträger vorgebeugt werden (BT-Drs. 12/6699, 122). Für die **Begründung einer Verbindlichkeit** kommt es darauf an, dass der Rechtsgrund für die Entstehung der Forderung vor der Spaltung gelegt worden sein muss.[35] Vertragliche Ansprüche aus dem Arbeitsverhältnis sind danach schon dann begründet, wenn der Vertrag vor dem Wirksamwerden der Spaltung geschlossen wurde, selbst wenn die weiteren Voraussetzungen ihres Entstehens erst danach erfüllt werden.[36] Die Haftung des Rechtsträgers, dem die Verbindlichkeiten im Spaltungs- und Übernahmevertrag nicht zugewiesen worden sind, besteht allerdings nicht unbeschränkt: Nach § 133 III UmwG haftet er nicht für Forderungen, die nach Ablauf von fünf Jahren nach der Spaltung fällig werden. Im Übrigen entfällt seine Haftung, wenn die Forderung nicht binnen fünf Jahren nach der Spaltung rechtskräftig oder in vollstreckbaren Vergleichen bzw. Urkunden oder in einem Insolvenzverfahren festgestellt oder wegen ihr die Zwangsvollstreckung betrieben wird (§ 197 III Nr. 3–5 BGB). Für vor dem Wirksamwerden der Spaltung begründete **Versorgungsverpflichtungen** nach dem BetrAVG beträgt die Haftungsfrist nach § 133 III 2 UmwG[37] zehn Jahre.[38] Die Fristen beginnen mit dem Tag, an dem die Eintragung der Spaltung in das Register des Sitzes des übertragenden Rechtsträgers bekannt gemacht wird. Ihr Ablauf wird nach § 133 IV UmwG iVm § 204 I Nr. 1 BGB durch die rechtzeitige Erhebung einer Klage gehemmt.[39]

19 Aus der Verweisungskette in § 133 I 2 Hs. 2 iVm §§ 125, 22 UmwG ergibt sich, dass – wie bei der Verschmelzung – auch ein Anspruch auf **Sicherheitsleistung** bestehen kann (→ Rn. 15). Daneben gelten die Haftungsregeln der §§ 25, 26, 28, 125 UmwG iVm § 22 HGB.

20 **cc) Spaltung in Anlage- und Betriebsgesellschaft.** Arbeitsrechtlich von besonderem Interesse ist die Regelung des § 134 UmwG, die den klassischen Fall der **Betriebsaufspaltung** in eine Anlage- und eine Betriebsgesellschaft betrifft. Spaltet ein Unternehmen sein Vermögen in der Weise, dass die zur Führung eines Betriebs notwendigen Vermögensteile bei einer sog. Anlagegesellschaft verbleiben und lediglich einer sog. Betriebsgesellschaft zur Führung des Betriebs überlassen werden, so haftet nach § 134 I UmwG die Anlagegesellschaft – wenn an den an der Spaltung beteiligten Unternehmen im Wesentlichen dieselben Personen beteiligt sind – für die Dauer von fünf Jahren ab Wirksamwerden der Spaltung für **Sozialplan- oder Nachteilsausgleichsansprüche** der bei der Betriebsgesellschaft beschäftigten AN. Da § 134 UmwG darauf abzielt, die von einer Betriebsspaltung betroffenen AN vor einer dadurch bedingten Schmälerung der Haftungsmasse zu schützen (BT-Drs. 12/6699, 122), ermöglicht die Regelung über ihren unmittelbaren Wortlaut hinaus bei der Aufstellung eines Sozialplans in der Betriebsgesellschaft einen Bemessungsdurchgriff auf die Vermögensteile der Betriebsgesellschaft, die dieser durch die Spaltung von der Anlagegesellschaft entzogen wurden.[40] Die durch § 134 I UmwG begründete fünfjährige Haftungserweiterung der Anlagegesellschaft gilt auch für AN, die erst nach der Spaltung in die Betriebsgesellschaft eintreten. Dem Gesetz liegt die Überlegung zugrunde, dass sich der neu eintretende AN nicht auf die veränderten Vermögensverhältnisse hat einstellen können und das beschränkte Betriebsvermögen häufig nicht ausreichen wird, um die Forderungen zu befriedigen. Zudem greift die gesamtschuldnerische Haftung von Anlage- und Betriebsgesellschaft nach § 134 II UmwG auch für vor dem Wirksamwerden der Spaltung begründete **Versorgungsverpflichtungen** nach dem BetrAVG (§ 134 II UmwG).

21 Die **Haftung der Anlagegesellschaft** ist auch im Fall des § 134 UmwG nicht zeitlich unbeschränkt. Nach dem – rechtstechnisch kompliziert geregelten – § 134 III UmwG erfasst sie nur die bis zum Ablauf einer **Frist von zehn Jahren** nach dem Wirksamwerden der Spaltung fälligen Ansprüche der AN. Damit setzt bei einer Insolvenz der Betriebsgesellschaft die Insolvenzsicherung durch den Pensions-Sicherungs-Verein für die Versorgungsverbindlichkeiten erst nach Ablauf dieser Zeit ein, sofern die Anlagegesellschaft über Vermögen verfügt.

---

[35] BAG 17.9.2013 AP Nr. 26 zu § 1 BetrAVG Beamtenversorgung = NZA 2015, 106.
[36] Vgl. BGH 13.8.2015 NJW 2015, 3373.
[37] Eingefügt durch Art. 1 Nr. 21a des G v. 19.4.2007 (BGBl. I 542).
[38] Vgl. BAG 17.9.2013 AP Nr. 26 zu § 1 BetrAVG Beamtenversorgung = NZA 2015, 106.
[39] BGH 13.8.2015 NJW 2015, 3373.
[40] BAG 15.3.2011 AP Nr. 212 zu § 112 BetrVG 1972 = NZA 2011, 1112; zust. *Gaul/Schmidt* DB 2014, 300 (304); *Röger/Tholuck* NZA 2012, 294 (297); *Ahrendt* RdA 2012, 340 (341); *Schweibert* NZA 2016, 321 (326); krit. *Mehrens* EWiR 2011, 621; *Oetker* Anm. EzA Nr. 41 zu § 112 BetrVG 2001.

6. Regelungen zum Kündigungsschutz. a) Kündigungsrechtliche Stellung (§ 323 I UmwG). Nach § 323 I UmwG darf sich die kündigungsrechtliche Stellung eines AN, der vor dem Wirksamwerden einer Spaltung (§ 123 UmwG) oder Teilübertragung (§ 174 II UmwG) zu dem übertragenden Rechtsträger in einem Arbeitsverhältnis steht, aufgrund der Spaltung oder der Teilübertragung für die Dauer von zwei Jahren ab dem Zeitpunkt ihres Wirksamwerdens nicht verschlechtern. Die Vorschrift gilt nur für **Verschlechterungen,** die **aufgrund der Spaltung oder der Teilübertragung** eingetreten sind. Dies ist der Fall, wenn sie sich als unmittelbare – kausale – Folge der genannten Umwandlungsvorgänge darstellen.[41] Nachfolgende Entwicklungen werden von § 323 I UmwG nicht erfasst und können sich durchaus nachteilig für den AN auswirken. Wird etwa ein abgespaltener Betrieb von dem neuen Rechtsträger später stillgelegt, ist eine Kündigung wegen Betriebsstilllegung möglich.[42] Ob die Spaltung eines Unternehmens mit dem Ziel, hinsichtlich des abgespaltenen Teils sodann Insolvenzantrag zu stellen, als rechtsmissbräuchlich anzusehen ist oder eine zulässige unternehmerische Gestaltungsmöglichkeit darstellt, um ein verbleibendes Unternehmen zu sanieren, hat das BAG bisher ausdrücklich dahin stehen lassen.[43] § 323 I UmwG gilt unabhängig davon, ob das Arbeitsverhältnis infolge der Umwandlung auf den neuen Rechtsträger übergegangen oder beim bisherigen Rechtsträger verblieben ist. In beiden Fällen kann sich eine Verschlechterung der bisherigen kündigungsrechtlichen Stellung des AN ergeben. Die Norm ist nicht abdingbar, soweit die Veränderungen auf der Spaltung oder der Teilübertragung beruhen. Für Umstrukturierungsfälle außerhalb des UmwG kann sie allerdings nicht analog herangezogen werden.[44] 22

Hauptanwendungsfall des § 323 I UmwG ist die Unterschreitung der nach § 23 I KSchG maßgeblichen **Beschäftigtenzahl** infolge der Spaltung oder Teilübertragung (BT-Drs. 12/6699, 175). War die erforderliche Anzahl der regelmäßig beschäftigen AN zum Zeitpunkt der Spaltung erreicht, bleibt dem AN der Kündigungsschutz nach dem KSchG bis zum Ablauf von zwei Jahren erhalten, selbst wenn die Voraussetzungen des § 23 I KSchG nach der Spaltung im Betrieb nicht mehr erfüllt werden.[45] Da § 323 I UmwG nur die Anwendbarkeit der zum Zeitpunkt der Spaltung oder Teilübertragung geltenden kündigungsrechtlichen Normen, nicht aber die Art und Weise ihrer Anwendung vorschreibt, kommt es für die soziale Rechtfertigung der Kündigung bei der anderweitigen Beschäftigungsmöglichkeit (§ 1 II KSchG) und der Sozialauswahl (§ 1 III KSchG) auf die zum Zeitpunkt des Kündigungsausspruchs geltenden Verhältnisse an. Zu den kündigungsrechtlichen Vorschriften iSd § 323 I UmwG gehören auch die Normen über die **Beteiligung der Arbeitsverwaltung bei Massenentlassungen**[46] (§§ 17 ff. KSchG) und über den Sonderkündigungsschutz für Mitglieder der zum Zeitpunkt des Umwandlungsvorgangs bestehenden Betriebsverfassungsorgane (§ 15 KSchG). Ein durch Tarifvertrag oder Betriebsvereinbarung vermittelter besonderer Kündigungsschutz wird von § 323 I UmwG ebenfalls erfasst, sofern deren Weitergeltung sich nicht aus § 613a I 2–4 BGB ergibt.[47] Hingegen führt § 323 I UmwG nicht dazu, dass der BR desjenigen Betriebs, dem der AN vor der Spaltung angehörte, bei einer beabsichtigten Kündigung weiter nach §§ 102, 103 BetrVG zu beteiligen ist. Der frühere BR ist für den AN nach der Spaltung nur unter den Voraussetzungen des § 21a BetrVG zuständig. 23

b) Gemeinschaftsbetrieb (§ 322 UmwG). Haben mehrere Unternehmen einen gemeinsamen Betrieb (→ § 211 Rn. 6) gebildet, gilt dieser als Betrieb iSd KSchG. Daher sind für die Berechnung der Arbeitnehmerzahl (§ 23 KSchG) und die soziale Rechtfertigung der Kündigung (§ 1 II KSchG), insbesondere für die soziale Auswahl (§ 1 III KSchG) bis zu einer etwaigen Auflösung des Gemeinschaftsbetriebs die Verhältnisse aller Gesellschaften zu berücksichtigen.[48] Führen die am Umwandlungsvorgang beteiligten Rechtsträger nach dem Wirksamwerden einer Spaltung oder einer Teilübertragung den Betrieb gemeinsam, gilt dieser nach § 322 UmwG gleichermaßen als Gemeinschaftsbetrieb iSd KSchG. Die Vorschrift gilt sinngemäß, wenn sich nicht alle, sondern nur einige der beteiligten Rechtsträger zu einer gemeinsamen Betriebsführung verbunden haben. § 322 UmwG hat vorrangig klarstellende Funktion; er begründet keine 24

[41] *Bauer/Lingemann* NZA 1994, 1061.
[42] BAG 22.9.2005 AP Nr. 1 zu § 323 UmwG = NZA 2006, 658 (Kündigung durch Insolvenzverwalter).
[43] BAG 22.9.2005 AP Nr. 1 zu § 323 UmwG = NZA 2006, 658.
[44] BAG 15.2.2007 AP Nr. 38 zu § 23 KSchG 1969 = NZA 2007, 739.
[45] BAG 15.2.2007 AP Nr. 38 zu § 23 KSchG 1969 = NZA 2007, 739 (keine analoge Anwendung).
[46] Umstr., vgl. *Bauer/Lingemann* NZA 1994, 1061.
[47] Ebenso *Wlotzke* DB 1995, 40 (44); *Düwell* NZA 1996, 393 (397); *Mengel* S. 272; aA *Kreßel* DB 1994, 925 (928); *Bauer/Lingemann* NZA 1994, 1057 (1061).
[48] BAG 5.3.1987 AP Nr. 30 zu § 15 KSchG 1969 = NZA 1988, 32; 13.6.1985 AP Nr. 10 zu § 1 KSchG 1969 = NZA 1986, 600; 23.3.1984 AP Nr. 4 zu § 23 KSchG 1969 = NZA 1984, 88.

Verpflichtung für die beteiligten Rechtsträger, ihren Betrieb auch nach der Umwandlung als Gemeinschaftsbetrieb zu führen. Zur Feststellung der Voraussetzungen des § 322 UmwG kann auf die Vermutungstatbestände des § 1 II BetrVG zurückgegriffen werden, da diese vor der Neufassung des § 1 BetrVG durch das BetrVG-ReformG in § 322 I UmwG aF enthalten waren und nur aus systematischen Gründen als allgemeine Regelungen in das BetrVG übernommen worden sind.[49]

25 **7. Zuordnung der Arbeitnehmer (§ 323 II UmwG). a) Allgemeines.** Erfüllt der Umwandlungsvorgang den Tatbestand eines Betriebsübergangs nach § 613a I 1 BGB, gehen die zum Zeitpunkt des Übergangs dem Betrieb bzw. Betriebsteil angehörenden Arbeitsverhältnisse auf den übernehmenden Rechtsträger über (→ Rn. 10). Die Vorgaben in § 613a I 1 BGB sind zwingend; eine hiervon abweichende Zuordnung der AN kann auch im Spaltungsvertrag nicht wirksam erfolgen.[50] Soweit die Zuordnung von AN in der Praxis im Einzelfall Schwierigkeiten bereitet – zB bei Mitarbeitern in Stabsabteilungen oder mit wechselndem Einsatzort – eröffnet § 323 II UmwG bei einer Verschmelzung, Spaltung oder Vermögensübertragung die Möglichkeit, die AN durch namentliche Bezeichnung in einem Interessenausgleich einem bestimmten Betrieb oder Betriebsteil zuzuordnen. Die Regelung ermächtigt nur die Betriebsparteien zu einer entspr. Vereinbarung. Eine analoge Anwendung auf die im Spaltungs- oder Übernahmevertrag getroffenen Vereinbarungen scheidet aus. Nach § 323 II UmwG kann die Zuordnung der AN im Interessenausgleich gerichtlich nur auf grobe Fehler überprüft werden. Unabhängig hiervon kann der AN auch bei einer Aufnahme in einen Interessenausgleich nach § 323 II UmwG dem Übergang seines Arbeitsverhältnisses nach § 613a IV BGB widersprechen.

26 **b) Voraussetzung.** Die Möglichkeit zur – ohnehin nur eingeschränkten – rechtssicheren Zuordnung von AN bei den in § 323 II UmwG genannten Umwandlungsvorgängen in Betrieben mit BR besteht nach zutreffender Ansicht nur, wenn die Voraussetzungen für die Aufstellung eines Interessenausgleichs nach §§ 111, 112 BetrVG gegeben sind.[51] Dies erfordert, dass die Umwandlungsmaßnahme gleichzeitig eine Betriebsänderung darstellt; ansonsten greift § 323 II UmwG nicht.

27 **c) Reichweite.** § 323 II UmwG ermöglicht nur eine Zuordnung nach den zwingenden Kriterien und Vorgaben von § 613a I BGB (→ § 118 Rn. 4).[52] Die Betriebsparteien sind nicht berechtigt, den durch § 613a I BGB vermittelten Individualschutz der AN zu beseitigen. Sie können daher im Interessenausgleich keine Zuordnung von solchen AN vornehmen, bei denen außer Zweifel steht, dass sie nicht in einer von der Umwandlung betroffenen Einheit beschäftigt sind. Umgekehrt können sie AN, die zweifelsohne in bestimmten Einheiten beschäftigt sind, auch nicht entgegen den Vorgaben von § 613a I 1 BGB einem anderen Betrieb oder Betriebsteil zuordnen oder sie gänzlich „aussparen". Eine derartige Zuordnung wäre grob fehlerhaft und damit unverbindlich. Gleiches gilt, wenn die Zuordnung nicht zu einer nach § 613a I BGB übergangsfähigen wirtschaftlichen Einheit (→ § 117 Rn. 8 ff.) erfolgt.[53] Da der Interessenausgleich nicht normativ wirkt, ermöglicht § 323 II UmwG auch keine Erweiterung des arbeitgeberseitigen Direktionsrechts. Die Betriebsparteien können daher einen AN, den der AG im Rahmen seines Weisungsrechts nicht in einen anderen Betrieb versetzen kann, nicht einem anderen Betrieb zuzuordnen. § 323 II UmwG eröffnet damit lediglich in den Zweifelsfällen einen Regelungsspielraum, in denen – etwa aufgrund einer betriebs(teil)übergreifenden Tätigkeit – eine eindeutige Zuordnung der Arbeitsverhältnisse nicht ohne weiteres möglich ist, weil zB ein klarer Schwerpunkt nicht oder nur schwerlich auszumachen ist.[54] Die namentliche Zuordnung der AN im Interessenausgleich kann durch die Arbeitsgerichte nur auf grobe Fehlerhaftigkeit überprüft werden. Diese liegt immer dann vor, wenn die Zuordnung von den zwingenden Vorgaben des § 613a I BGB abweicht. Ist auch nach den für § 613a BGB geltenden

[49] Ebenso *Düwell* NZA 1996, 393 (397); aA HWK/*Willemsen* UmwG § 322 Rn. 7 f.; *Bauer/Lingemann* NZA 1994, 1057 (1060); *Heinze* ZfA 1997, 1 (12).
[50] BAG 19.10.2017 AP Nr. 470 zu § 613a BGB = NZA 2018, 370.
[51] Kallmeyer/*Willemsen* UmwG § 324 Rn. 58; *Bauer/Lingemann* NZA 1994, 1057 (1061); aA etwa *Hohenstatt* NZA 1998, 846 (852).
[52] BAG 19.10.2017 AP Nr. 470 zu § 613a BGB = NZA 2018, 370.
[53] BAG 19.10.2017 AP Nr. 470 zu § 613a BGB = NZA 2018, 370.
[54] BAG 19.10.2017 AP Nr. 470 zu § 613a BGB = NZA 2018, 370; vgl. auch *Wlotzke* DB 1995, 45.

Kriterien eine Zuordnung nicht eindeutig, ist eine grobe Fehlerhaftigkeit nur gegeben, wenn für die von den Betriebsparteien getroffene Zuordnung keine sachlichen Gründe ersichtlich sind.

8. Mitbestimmung. a) Beteiligung der Arbeitnehmervertretung.[55] Über den geplanten Zusammenschluss oder die Spaltung von Unternehmen oder Betrieben ist der **Wirtschaftsausschuss** nach § 106 III Nr. 8 BetrVG rechtzeitig und umfassend unter Vorlage der erforderlichen Unterlagen zu unterrichten. Zudem hat der AG in Betrieben mit regelmäßig mehr als 20 wahlberechtigten AN nach § 111 BetrVG auch den **BR** rechtzeitig und umfassend über den beabsichtigten Zusammenschluss mit anderen Betrieben oder einer Spaltung zu informieren und mit diesem hierüber zu beraten (§ 111 Nr. 3 BetrVG). Daneben können bei einer Umwandlung auch Informations- und Beteiligungsrechte des BR aus §§ 80, 90 ff. und § 92 BetrVG bestehen. 28

Zusätzlich hierzu **enthält das UmwG weitere Unterrichtungsrechte** des BR, welche nicht notwendig eine Betriebsänderung voraussetzen. So ist dem BR bei einer **Verschmelzung** gem. § 5 III UmwG der Verschmelzungsvertrag oder sein Entwurf spätestens einen Monat vor dem Tag der Versammlung, in dem die Anteilsinhaber der beteiligten Rechtsträger über die Zustimmung zum Verschmelzungsvertrag beschließen wollen, zuzuleiten. Dies betrifft ggf. auch Anlagen, auf die im Vertrag oder Entwurf Bezug genommen wird. Der Verschmelzungsvertrag muss nach § 5 I Nr. 9 UmwG Angaben über die Folgen der Verschmelzung für die AN und ihre Vertretungen enthalten,[56] ohne dass es darauf ankommt, ob die Folgen für den einzelnen AN vorteilhaft oder nachteilig sind. Dies gilt sowohl bei einer Verschmelzung durch Aufnahme als auch durch Neugründung (§ 36 UmwG). Durch die Angaben im Verschmelzungsvertrag soll der BR möglichst frühzeitig und umfassend über die bevorstehenden individual- und kollektivarbeitsrechtlichen Folgen der Verschmelzung informiert werden, um eine sozialverträgliche Durchführung dieses Vorgangs zu erreichen. Daher gehören zu den im Vertrag aufzunehmenden Angaben nicht nur die unmittelbaren Folgen der Umwandlung – wie etwaige betriebsorganisatorische Änderungen durch Zusammenlegung oder Eingliederung von Betrieben, Veränderungen in der Tarifzuständigkeit oder Auswirkungen der Maßnahme auf die Größe oder den Bestand der Arbeitnehmervertretungen – sondern auch detaillierte Angaben zu den mittelbaren personellen und organisatorischen Folgen der Umwandlung, wie zB ein geplanter Personalabbau (str.).[57] 29

Welcher Arbeitnehmervertretung der Verschmelzungsvertrag zuzuleiten ist, richtet sich nach der im BetrVG bestimmten **Zuständigkeitsverteilung** (§§ 50 I, 58 I BetrVG).[58] Da sich eine Verschmelzung typischerweise auf die Rechtsträger und deren Gesamtunternehmen auswirkt und daher zwingend überbetrieblich zu regeln ist, wird regelmäßig der GBR für den Empfang des Verschmelzungsvertrags zuständig sein.[59] Unterhält das Unternehmen allerdings nur einen Betrieb, ist der dort gebildete BR nach § 5 III UmwG zu unterrichten. Wurde entgegen § 50 I BetrVG kein GBR gebildet, besteht bei innerstaatlichen Verschmelzungen keine Zuleitungspflicht; bei grenzüberschreitenden Verschmelzungen ist der Verschmelzungsvertrag hingegen den jeweils örtlichen Betriebsräten zugänglich zu machen.[60] Eine Zuständigkeit des Konzernbetriebsrats kommt – anders als in der Gesetzesbegründung angenommen (BR-Drs. 75/94, 83) – nicht in Betracht.[61] Dieser ist nicht „Betriebsrat dieses Rechtsträgers" iSd § 5 III UmwG und für die lediglich unternehmensbezogene Umwandlung nicht zuständig.[62] Besteht keine zuständige Arbeitnehmervertretung, entfällt, wie der Wortlaut von § 5 III UmwG zeigt, die Pflicht zur Zuleitung des Verschmelzungsvertrags,[63] nicht jedoch die Verpflichtung zur Aufnahme der arbeitsrechtlichen Folgen der Umwandlung für die AN in den Vertrag.[64] Wird der Vertrag nachträglich ergänzt, ist eine erneute Zuleitung dieser Urkunden an den BR erforderlich.[65] Dies gilt auch für nachträgliche Änderungen, die die Belange der AN und deren Vertreter berühren. 30

[55] Vgl. *Scharff* BB 2016, 437.

[56] Zur Frage, ob sich der Begriff der AN und ihrer Vertretungen auch auf im Ausland angesiedelte Betriebe bezieht, vgl. *Bungert/Leyendecker-Langner* ZIP 2014, 1112.

[57] *Wlotzke* DB 1995, 45; *Kreßel* BB 1995, 926; offen gelassen von OLG Düsseldorf 15.5.1998 NZA 1998, 766; vgl. ausführlich zum Meinungsstand *Scharff* BB 2016, 437 (438).

[58] *Blechmann* NZA 2005, 1143 (1147).

[59] Vgl. *Willemsen* RdA 1998, 32; *Engelmeyer* DB 1996, 2545; *Däubler* RdA 1995, 138.

[60] *Dzida* GmbHR 2009, 459.

[61] *Scharff* BB 2016, 437 (438); aA *Melchior* GmbHR 1996, 833 (835).

[62] *Willemsen* RdA 1998, 32; *Müller* DB 1997, 715; aA *Joost* ZIP 1995, 985.

[63] *Willemsen* RdA 1998, 23; *Joost* ZIP 1995, 976; aA *Pfaff* BB 2002, 1604 (Aushang am schwarzen Brett).

[64] *Willemsen* RdA 1998, 32; *Engelmeyer* DB 1996, 2544; *Müller* DB 1997, 716; aA *Joost* ZIP 1995, 985; *Geck* DStR 1995, 420.

[65] OLG Naumburg 17.3.2003 AP Nr. 2 zu § 5 UmwG.

31 Eine **fehlende** oder **unvollständige Unterrichtung** hat zwar keine arbeitsrechtlichen Folgen im Hinblick auf die geplante Betriebsänderung, jedoch wird die Monatsfrist des § 5 III UmwG nicht in Gang gesetzt. Die Wahrung der Frist ist Voraussetzung für die Eintragung der Verschmelzung und damit für ihr Wirksamwerden. Die rechtzeitige Erfüllung der Informationspflicht ist dem Registergericht nachzuweisen (§ 17 I UmwG), andernfalls wird die Eintragung abgelehnt.[66] Der BR kann zwar auf die Einhaltung der Monatsfrist verzichten, nicht jedoch auf die Zuleitung des Verschmelzungsvertrags.[67] Wurde die Verschmelzung ohne den Nachweis über die rechtzeitige Zuleitung eingetragen, bleibt die Rechtswirksamkeit der Verschmelzung unberührt.[68]

32 Auch bei der **Spaltung** durch Aufnahme ist der **Spaltungsvertrag** oder sein Entwurf spätestens einen Monat vor der Versammlung der Anteilseigner dem zuständigen BR des Rechtsträgers zuzuleiten (§ 126 III UmwG). Für die Spaltung zur Neugründung ergibt sich die Mitteilungspflicht aus der Verweisung in § 135 UmwG auf § 126 III UmwG. Für die Zuleitungspflicht bei der Spaltung gelten die gleichen Grundsätze wie bei der Verschmelzung (→ Rn. 29 f.). Bei der **Vermögensübertragung** folgt die Pflicht zur Vorlage des Übertragungsvertrags gegenüber dem BR aus der Inbezugnahme des Verschmelzungsrechts (§ 176 I, II UmwG). Bei einem **Formwechsel** ist der Entwurf des Umwandlungsbeschlusses dem BR spätestens einen Monat vor der Versammlung der Anteilsinhaber, in der über den Formwechsel beschlossen werden soll, zuzuleiten (§ 194 II UmwG). Auch hierfür gelten die gleichen Maßstäbe wie für die Zuleitungspflicht bei der Verschmelzung (→ Rn. 29 f.).

33 Die Beteiligung von **Sprecherausschuss** und **Europäischem Betriebsrat** ist unter → § 118 Rn. 30 und 32 dargestellt.

34 **b) Beibehaltung der Mitbestimmung (§ 325 II UmwG).** Hat die durch die Spaltung oder Teilübertragung eines Rechtsträgers bedingte Spaltung eines Betriebs zur Folge, dass in den betroffenen Betrieben Rechte oder Beteiligungsrechte des BR entfallen, kann nach § 325 II UmwG durch Betriebsvereinbarung oder Tarifvertrag deren Fortgeltung vereinbart werden. Der Gesetzgeber hat mit der Norm eine Öffnungsklausel für die zeitlich unbegrenzte **Beibehaltung der vor der Umwandlung bestehenden betrieblichen Mitbestimmung** geschaffen. Die Vorschrift erlaubt es, die Weitergeltung von Beteiligungsrechten zu vereinbaren, die andernfalls wegfallen würden. Die Fortgeltung kann sowohl befristet als auch unbefristet erfolgen.

35 § 325 II UmwG greift immer dann, wenn ein Betrieb durch Spaltung oder Teilübertragung seines Rechtsträgers gespalten wird und dadurch in den hieraus hervorgegangen Betrieben die für die Rechte oder Beteiligungsrechte des BR erforderliche **Mindestgröße** nicht mehr erreicht wird. Eine solche Mindestgröße ist vorgesehen für die vollständige Freistellung von Betriebsratsmitgliedern (§ 38 I BetrVG), die Aufstellung von Auswahlrichtlinien nach § 95 BetrVG, die Errichtung eines Wirtschaftsausschusses (§ 106 I BetrVG) sowie die Beteiligung bei personellen Einzelmaßnahmen nach §§ 99 f. BetrVG und bei Betriebsänderungen (§§ 111 ff. BetrVG). Ob die im Zusammenhang mit der **Beteiligung an einem GBR** bestehenden Rechte des BR (vgl. § 47 II BetrVG) auch unter § 325 II UmwG fallen, ist umstr.[69]

36 Die Anwendung der Regelung erfordert, dass die Spaltung oder Teilübertragung für den Wegfall der Rechte oder Beteiligungsrechte **kausal** ist. Dies ist der Fall, wenn die Anzahl der AN wegen der umwandlungsbedingten Betriebsspaltung – nicht jedoch aus anderen Gründen – unter die für das jeweilige (Beteiligungs-)Recht maßgebliche Grenze sinkt.[70] Die Zahl der Betriebsratsmitglieder und der Betriebsausschussmitglieder kann nach § 325 II 2 UmwG nicht abgeändert werden. Diese richten sich daher nach den tatsächlichen Verhältnissen der aus der Spaltung hervorgegangenen Betriebe. Auch der Fall, dass der Betrieb nicht mehr unter den Geltungsbereich des BetrVG fällt, wird von § 325 II UmwG nicht erfasst.

37 Die Fortgeltung der Beteiligungsrechte erfordert eine Regelung in einem **Tarifvertrag** – firmenbezogener Verbands- oder Haustarifvertrag – oder in einer **Betriebsvereinbarung.** Da die Regelungen iSd § 325 II UmwG betriebsverfassungsrechtliche Normen sind, gelten diese auch für nicht organisierte AN (§ 3 II TVG). Die Betriebsvereinbarung kann durch den BR des gespaltenen Betriebs in Vorwegnahme seines Übergangsmandats oder durch den BR des nach

66 *Melchior* GmbHR 1996, 836; *Engelmeyer* DB 1996, 2545; *Müller* DB 1997, 717.
67 OLG Naumburg 17.3.2003 AP Nr. 2 zu § 5 UmwG; LG Stuttgart 11.4.2000 GmbHR 2000, 622.
68 *Henssler* FS Kraft 1998, 219 (241).
69 Dagegen HWK/*Willemsen* UmwG § 325 Rn. 13; dafür *Däubler* RdA 1995, 145; *Trittin* AiB 1996, 365.
70 *Trittin* AiB 1996, 364; *Wlotzke* DB 1995, 47.

der Spaltung entstandenen Betriebs abgeschlossen werden. Stets handelt es sich aber um eine freiwillige Betriebsvereinbarung (→ § 231 Rn. 16, 67). Eine Frist für den Abschluss der Fortgeltungsvereinbarung ist nicht vorgesehen. Gleichwohl besteht eine zeitliche Vorgabe, da eine kollektivrechtliche Vereinbarung nicht mehr geschlossen werden kann, wenn der neue Betrieb sich betriebsverfassungsrechtlich konstituiert hat; in diesem Fall kann nicht mehr von einer „Fortgeltung" gesprochen werden.

c) Unternehmensmitbestimmung. Nach § 325 I 1 UmwG bleibt die Mitbestimmung im Aufsichtsrat des übertragenden Rechtsträgers für die Dauer von fünf Jahren erhalten, wenn durch Abspaltung oder Ausgliederung die Voraussetzungen der Mitbestimmungsgesetze entfallen. Dies gilt nur dann nicht, wenn die Arbeitnehmerzahl des übertragenden Unternehmens auf ein Viertel der für die Mitbestimmung maßgeblichen Arbeitnehmerzahlen absinkt. Die Anwendung von § 325 I UmwG setzt nicht voraus, dass zum Zeitpunkt der Abspaltung ein mitbestimmter Aufsichtsrat errichtet ist; nach dem Wortlaut der Bestimmung reicht es vielmehr aus, wenn zum Zeitpunkt der Abspaltung oder Ausgliederung die gesetzlichen Voraussetzungen für seine Errichtung vorliegen.[71] Nicht anwendbar ist § 325 I UmwG hingegen bei einer rechtsgeschäftlichen Übertragung einzelner Betriebe oder Betriebsteile.[72] Dagegen greift die Bestimmung auch ein, wenn die Abspaltung oder Ausgliederung dazu führen würde, dass statt des bisherigen Mitbestimmungsstatuts zukünftig ein anderes (zB anstelle des MitbestG nunmehr DrittelbG) gelten würde.[73] 38

9. Weitergeltung von Betriebsvereinbarungen. a) Normative Weitergeltung. Die Betriebsvereinbarungen können auch nach einer Umwandlung normativ weitergelten, wenn die Identität der bisherigen betrieblichen Einheit erhalten geblieben ist und der AG noch unter den Geltungsbereich des BetrVG fällt (→ § 119 Rn. 22 f.). In diesen Fällen führt die Umwandlung nur zu einem Austausch des AG. Die Identität bleibt zB erhalten, wenn bei einer Verschmelzung der ganze Betrieb auf den neuen Rechtsträger übergeht. Auch bei einer Betriebsspaltung kommt eine normative Fortgeltung in Betracht, wenn die gespaltenen Betriebsteile betriebsratsfähig sind und als selbständige Betriebe weitergeführt werden (→ § 119 Rn. 22). 39

b) Weitergeltung durch Transformation. Gelten Betriebsvereinbarungen nicht normativ weiter, werden sie nach § 613a I 2 BGB Inhalt des Arbeitsverhältnisses und dürfen nicht vor Ablauf eines Jahres geändert werden (→ § 119 Rn. 27 ff.), wenn die Umwandlungsmaßnahme nach § 324 UmwG (→ Rn. 10) die tatbestandlichen Voraussetzungen eines Betriebsübergangs erfüllt (→ § 117 Rn. 8 ff.). Im Wesentlichen wird dies den Fall der Verschmelzung mehrerer Betriebe betreffen, da bei diesem Umwandlungsvorgang die Identität der einzelnen Betriebe verloren geht. 40

c) Einzelne Umwandlungsfälle. Nimmt ein Unternehmen im Wege der aufnehmenden **Verschmelzung** ein oder mehrere Betriebe auf und bleibt die Identität des Betriebs oder der Betriebe erhalten, bleibt es bei der normativen Geltung der Betriebsvereinbarungen oder der Gesamtbetriebsvereinbarungen, die für den Einzelbetrieb abgeschlossen sind.[74] Wird ein Betrieb des veräußernden Unternehmens mit einem Betrieb des erwerbenden Unternehmens verschmolzen, endet die alte Betriebs- und Unternehmensverfassung. Es kann nach unter den → § 119 Rn. 22 ff. dargestellten Grundsätzen nicht zu einer kollektivrechtlichen Weitergeltung der Betriebsvereinbarungen kommen. Die Rechtsnormen der Betriebsvereinbarungen des alten Betriebs, die Rechte und Pflichten der Arbeitsvertragsparteien regeln, können jedoch nach § 613a I 2 BGB weitergelten, sofern nicht bei dem neuen Rechtsträger Betriebsvereinbarungen mit einem identischen Regelungsgegenstand bestehen (§ 613a I 3 BGB). In diesem Fall kommt es zu einer Ablösung ohne Rücksicht auf das Günstigkeitsprinzip (→ § 119 Rn. 27). 41

Werden von einem Rechtsträger mit mehreren Betrieben ein oder mehrere Betriebe **abgespalten** oder **ausgegliedert,** bleibt die Identität der Betriebe erhalten. Die Betriebsvereinbarungen gelten daher normativ weiter. Nach Ansicht des BAG können die Gesamtbetriebsvereinbarungen dabei in den abgespaltenen oder ausgegliederten Unternehmensteilen entweder als solche weitergelten – wenn die Voraussetzungen des § 47 BetrVG vorliegen – oder, wenn nur ein Betrieb abgespalten bzw. ausgegliedert wird, als Einzelbetriebsvereinbarungen.[75] Bei einer **Auf-** 42

[71] AA *Brodhun* NZG 2012, 1050 f.
[72] AA *Trittin/Gilles* RdA 2011, 46 (48).
[73] *Mengel* S. 420 f.
[74] BAG 18.9.2002 AP Nr. 7 zu § 77 BetrVG 1972 Betriebsvereinbarung = NZA 2003, 670.
[75] BAG 18.9.2002 AP Nr. 7 zu § 77 BetrVG 1972 Betriebsvereinbarung = NZA 2003, 670; 5.5.2015 AP Nr. 66 zu § 77 BetrVG 1972 Betriebsvereinbarung = NZA 2015, 1331.

spaltung zur Neugründung geht der übertragende Rechtsträger unter. Werden dabei Betriebe aufgeteilt und die einzelnen Betriebsteile organisatorisch verselbständigt weitergeführt, gelten die Betriebsvereinbarungen normativ fort (→ § 119 Rn. 22). Die übergegangenen Belegschaften werden durch den bisherigen BR bis zum Ablauf des Übergangsmandats nach Maßgabe von § 21a BetrVG weiterhin vertreten. Der AG kann diesem gegenüber die Kündigung der Betriebsvereinbarung erklären. Die Veränderungssperre des § 613a I 2 BGB endet dann mit Ablauf der Kündigungsfrist (→ § 119 Rn. 28).

III. Privatisierung

43 **1. Begriff.** Der Begriff der Privatisierung bezeichnet die Übertragung einer Dienststelle oder der in ihr erledigten hoheitlichen oder fiskalischen Aufgaben auf eine natürliche oder juristische Person des Privatrechts. Von einer formalen Privatisierung wird gesprochen, wenn ein öffentliches Unternehmen in eine Gesellschaft des Privatrechts umgewandelt wird, deren Anteile ganz oder mehrheitlich die öffentliche Hand hält.[76] Die Privatisierung kann entweder durch eine Umwandlung, die Veräußerung von Gesellschaftsanteilen oder durch Verkauf eines Betriebs bzw. -teils iSd § 613a BGB erfolgen.

44 **2. Verfahren.** Privatisierungen können durch **Ausgliederung gem. §§ 168 ff. UmwG** (→ Rn. 6) erfolgen. Die Ausgliederung eines Unternehmens, das von einer oder einem Zusammenschluss von Gebietskörperschaften betrieben wird, ist nur möglich, wenn das maßgebende Bundes- oder Landesrecht diese nicht untersagt (§ 168 UmwG). Ob zunächst ein Ausgliederungsbeschluss getroffen werden muss, bestimmt sich nach dem Organisationsrecht der Körperschaft bzw. des Zusammenschlusses (§ 169 S. 2 UmwG). Die Wirkungen der Ausgliederung treten mit deren Eintragung in das Register des Sitzes des übernehmenden bzw. des neuen Rechtsträgers ein. Sieht der Ausgliederungsplan vor, dass „alle Verbindlichkeiten des Eigenbetriebs übertragen werden, die diesem wirtschaftlich zuzuordnen sind", sind auch die Versorgungsverbindlichkeiten der ehemaligen AN des Eigenbetriebs hiervon erfasst.[77]

45 Auch durch einen **Formwechsel nach §§ 190 ff. UmwG** (→ Rn. 8) kann eine Privatisierung durchgeführt werden. In diesem Fall nimmt die Körperschaft bzw. Anstalt des öffentlichen Rechts eine private Rechtsform an. Maßgeblich hierfür sind die §§ 301 ff. UmwG. § 301 I UmwG sieht vor, dass die bisher öffentlich-rechtlichen Unternehmen nur in die Rechtsform einer Kapitalgesellschaft wechseln dürfen. Zudem ist nach § 301 II UmwG ein Formwechsel nur dann zulässig, wenn die Körperschaft oder Anstalt rechtsfähig ist und das für sie maßgebende Bundes- oder Landesrecht einen Formwechsel vorsieht oder zulässt.

46 Eine weitere Möglichkeit zur Privatisierung besteht in der **Veräußerung von Gesellschaftsanteilen,** wenn das Unternehmen schon in der Rechtsform einer AG oder einer GmbH geführt wird. In diesem Fall können die Geschäftsanteile an private Investoren verkauft werden. Zudem können eine Dienststelle oder Teile von ihr auch im Wege einer **Einzelrechtsnachfolge** an Private verkauft werden. In diesem Fall findet § 613a BGB unmittelbar Anwendung.

47 **3. Individualrechtliche Auswirkungen.** Erfüllt die Privatisierung im Wege der Ausgliederung (§ 324 UmwG; → Rn. 10) bzw. der Einzelrechtsnachfolge die Voraussetzungen des § 613a I BGB (→ 117 Rn. 8 ff.), gehen die **bestehenden Arbeitsverhältnisse** auf den privaten Rechtsträger über (→ § 118 Rn. 1). Es gelten die für den Betriebsübergang maßgebenden Grundsätze (→ § 118 Rn. 5 ff.); insbesondere besteht eine Unterrichtungspflicht der AN über den Übergang (→ § 118 Rn. 34 f.). Den AN steht in diesem Fall ein Widerspruchsrecht (→ § 118 Rn. 43 f.) zu.[78] Nach § 613a I 1 BGB gehen auch die **Versorgungsansprüche** der AN auf den Erwerber über.

48 Die Dienstverhältnisse der in der Dienststelle beschäftigten **Beamten** gehen nicht nach § 613a BGB auf den Erwerber über. Auch eine Umwandlung des Beamtenverhältnisses in eine privatrechtliche Beschäftigungsform sieht das Gesetz nicht vor. Ohne Rechtsgrundlage kann ein Beamter auch nicht in einer Einrichtung ohne Dienstherreneigenschaft eingesetzt werden.[79] Sollen diese beim privaten Rechtsträger weiterbeschäftigt werden, ist dies daher

[76] *Seel/Rabe* öAT 2011, 201.
[77] BAG 22.2.2005 AP Nr. 1 zu § 168 UmwG = NZA 2005, 639.
[78] BAG 25.5.2000 AP Nr. 209 zu § 613a BGB = NZA 2000, 1115; zur Verfassungsmäßigkeit BVerfG 25.1.2011 NZA 2011, 400; BAG 18.12.2008 AP Nr. 366 zu § 613a BGB.
[79] *Seel/Rabe* öAT 2011, 201.

nur auf der Grundlage einer spezialgesetzlichen Regelung möglich. Solche Regelungen für die Zuweisung einer dem Amt des Beamten entspr. Tätigkeit in einer privatrechtlich organisierten Einheit der Beamten enthalten § 20 BeamtStG (für Landesbeamte) oder § 29 BBG (für Bundesbeamte). Danach kann eine Zuweisung von Tätigkeiten in einer privatrechtlich organisierten Einrichtung auch ohne Zustimmung des Beamten erfolgen, wenn öffentliche Interessen dies erfordern.

4. Weitergeltung von Kollektivvereinbarungen. a) Vorbemerkung. Findet auf den Privatisierungsvorgang § 613a BGB unmittelbar oder über § 324 UmwG Anwendung, ergibt sich hinsichtlich der Anwendung der Kollektivverträge die in → § 119 Rn. 2 ff. dargestellte Rechtslage. Im Folgenden wird daher nur auf die Besonderheiten bei einem Übergang von Dienststellen oder Teile derselben eingegangen. 49

b) Tarifverträge. aa) Normative Weitergeltung oder infolge von Transformation. Die aufgrund Mitgliedschaft im Arbeitgeberverband bestehende Tarifbindung des öffentlichen AG an die **Tarifverträge des öffentlichen Dienstes** besteht bei einem Übergang auf einen privaten Erwerber regelmäßig nicht fort, da dieser nicht Verbandsmitglied ist oder sein kann. In diesem Fall richtet sich die Anwendung der bisherigen Verbandstarifverträge nach § 613a I 2–4 BGB (→ § 119 Rn. 3 ff.). Zu einer Ablösung nach § 613a I 3 BGB kommt es nur, wenn sowohl der Erwerber als auch der AN kongruent tarifgebunden sind. Dies kommt vor allem dann vor, wenn Verkehrsbetriebe oder Krankenhäuser privatisiert werden, denn in diesen Fällen ist auch nach der Privatisierung ver.di die für das Unternehmen zuständige Gewerkschaft. Bestand vor der Privatisierung ein **Haustarifvertrag,** wird der Erwerber Partei desselben, wenn sich der Übergang im Wege der Gesamtrechtsnachfolge vollzieht (→ § 119 Rn. 36). Bei einer Privatisierung ausschließlich auf der Grundlage von § 613a BGB ist der Erwerber dagegen nicht an den Haustarifvertrag gebunden (→ § 119 Rn. 2). Wird ein Betrieb durch den Verkauf von Geschäftsanteilen privatisiert, kann es von der Satzung des Arbeitgeberverbands abhängen, ob das Unternehmen weiter Mitglied des Verbands sein kann. 50

bb) Weitergeltung kraft einzelvertraglicher Bezugnahme. In den Arbeitsverträgen des öffentlichen Dienstes wird regelmäßig auf die für diesen geltenden Tarifverträge verwiesen, so dass sich deren Anwendbarkeit beim Erwerber aus dem Inhalt der Bezugnahmeklausel ergibt (→ § 119 Rn. 17 ff.). Typisch sind Vertragsklauseln, nach denen auf das Arbeitsverhältnis der BAT bzw. der TVöD/TV-L sowie die diese ergänzenden oder ersetzenden Tarifverträge in ihrer jeweiligen Fassung Anwendung finden. Verweist der Arbeitsvertrag auf den BAT in seiner jeweiligen Fassung, erfasst diese Bezugnahme – ggf. nach ergänzender Vertragsauslegung – auch die an die Stelle des BAT getretenen Tarifregelungen; von den verschiedenen Nachfolgeregelungen ist dies im Zweifel das Tarifwerk, das gelten würde, wenn die im Betrieb ausgeübten Tätigkeiten innerhalb des öffentlichen Dienstes erbracht würden.[80] Die im Arbeitsvertrag enthaltene **dynamische Verweisung** gilt nach § 613a I 1 BGB auch für den Erwerber, selbst wenn er nicht Mitglied im Arbeitgeberverband werden kann (→ § 119 Rn. 17a).[81] Dies verstößt weder gegen Art. 3 der RL 2001/23/EG noch gegen Art. 16 der Grundrechtecharta.[82] Will der Erwerber die dynamische Fortgeltung des öffentlichen Tarifwerks beseitigen, muss er dies einvernehmlich mit dem AN durch Änderungsvertrag vereinbaren oder eine – sozial gerechtfertigte (§ 2 KSchG) – Änderungskündigung aussprechen. Etwas anderes gilt lediglich dann, wenn es sich bei der Bezugnahmeklausel um eine sog. Gleichstellungsabrede handelt; diese erfasst die erst nach der Privatisierung abgeschlossenen Tarifregelungen nicht, da die in der Verweisungsklausel enthaltene Dynamik mit dem Übergang auf den nicht tarifgebundenen Erwerber endet (→ § 119 Rn. 17 ff.). 51

cc) Personalüberleitungsverträge. Bei einer Privatisierung im öffentlichen Sektor schließen Veräußerer und Erwerber häufig sog. Personalüberleitungsverträge, mit denen versucht wird, dauerhaft oder zumindest vorübergehend eine dynamische Anwendung des öffentlichen Tarifrechts auf die Arbeitsverhältnisse der übernommenen AN durch den privaten Erwerber zu erreichen. Entspr. Verpflichtungen des Erwerbers, dauerhaft Mitglied in einem bestimmten Arbeitgeberverband zu werden oder die Aufrechterhaltung einer schon 52

[80] BAG 19.5.2010 AP Nr. 76 zu § 1 TVG Bezugnahme auf Tarifvertrag = NZA 2010, 1183; 16.12.2009 AP Nr. 73 zu § 1 TVG Bezugnahme auf Tarifvertrag = NZA 2010, 401.
[81] BAG 30.8.2017 AP Nr. 139 zu § 1 TVG Bezugnahme auf Tarifvertrag = NZA 2018, 255.
[82] EuGH 27.4.2017 AP Nr. 13 zu Richtlinie 2001/23/EG = NZA 2017, 571 – Asklepios Kliniken Langen-Seligenstadt.

bestehenden Mitgliedschaft zu garantieren, verstoßen allerdings gegen die negative Koalitionsfreiheit und sind damit nach Art. 9 III 2 GG unwirksam.[83] Hingegen kann die Vereinbarung, nach der der Erwerber auch nach dem Betriebsübergang die jeweils geltenden Tarifverträge für den öffentlichen Dienst weiter anwendet, als Vertrag zugunsten Dritter – der betroffenen AN – ausgelegt werden. Da dies für die AN keine ausschließlich begünstigende Leistung darstellt, kann ein solcher Vertrag zwar nicht unmittelbar zu einer dynamischen Anwendbarkeit des Tarifwerks führen. Die Klausel berechtigt aber die begünstigten AN nach § 328 BGB vom Erwerber den Abschluss einer Vereinbarung über die dynamische Anwendung der sich aus dem Personalüberleitungsvertrag ergebenden Tarifverträge zu verlangen.[84] Ein Personalüberleitungsvertrag kann den Erwerber allerdings nur binden, wenn er an seinem Abschluss beteiligt war oder diesem zugestimmt hat.[85] Unabhängig hiervon kann die Auslegung auch ergeben, dass in der Übergabe eines Personalüberleitungsvertrags durch den Erwerber an die AN dessen Angebot liegt, auf ihre Arbeitsverhältnisse die im Vertrag genannten Tarifregelungen auch künftig dynamisch anzuwenden.[86]

53 **c) Dienstvereinbarungen.** Die Rechtsnormen der bestehenden Dienstvereinbarungen, die die Rechte und Pflichten der Arbeitsvertragsparteien regeln, werden bei einer Privatisierung, die die Voraussetzungen des § 613a I BGB erfüllt, nach § 613a I 2 BGB in das Arbeitsverhältnis transformiert (→ § 119 Rn. 34); ggf. besteht ein bes. Kündigungsrecht. Eine kollektivrechtliche Fortgeltung ist ausgeschlossen, da die übergehende Einheit nach der Privatisierung dem Anwendungsbereich des BetrVG und nicht mehr dem BPersVG bzw. den Landesvertretungsgesetzen der Länder unterliegt. Einen Rechtsformwechsel der Dienst- zur normativ geltenden Betriebsvereinbarung kennt das Gesetz nicht.

54 **5. Beteiligungsrechte der Personalvertretungen.** Beteiligungsrechte des PR bei Privatisierungen können sich sowohl aus dem UmwG als auch aus den Personalvertretungsgesetzen ergeben. Bei einer **Ausgliederung nach §§ 168 ff. UmwG** (→ Rn. 44) ist dem PR in entsprechender Anwendung von § 126 III UmwG (→ Rn. 32) der Ausgliederungsvertrag bzw. sein Entwurf zuzuleiten. Der Vertrag muss nach § 126 I Nr. 11 UmwG Angaben über die Folgen der Spaltung für die AN und ihre Vertretungen enthalten.

55 Das zum 15.6.2021 novelliert in Kraft getretene **BPersVG** regelt erstmals in § 84 I Nr. 3 ein **Mitwirkungsrecht** des PR bei der Übertragung von Aufgaben der Dienststelle, die üblicherweise von ihren Beschäftigten wahrgenommen werden, auf Dauer an Privatpersonen oder andere Rechtsträger in der Rechtsform des Privatrechts. Damit soll den Personalvertretungen die Möglichkeit eröffnet werden, bereits bei der organisatorischen Grundentscheidung die Interessen der Beschäftigten einzubringen. Daneben können sich Beteiligungsrechte bei mit der Durchführung der Privatisierung verbundenen personellen (wie zB bei einer Personalgestellung für mehr als drei Monate nach § 78 I Nr. 7 BPersVG) oder organisatorischen Maßnahmen (zB nach § 80 I Nr. 19 BPersVG – Hebung der Arbeitsleistung oder Erleichterung des Arbeitsablaufs) ergeben.

56 Auch in den Ländern bestehen zum Teil besondere Regelungen, die bei einer Privatisierung einschlägig sein können. Schutzzweck der Beteiligung des PR ist die dauerhafte Sicherung der Arbeitsplätze im öffentlichen Dienst.[87] Ein **echtes Mitbestimmungsrecht** bei der Privatisierung enthält nur noch das Landespersonalvertretungsgesetz im Saarland (§ 84 Nr. 7 LPersVG SL). In Nordrhein-Westfalen hat der PR zwar nach § 72 IV Nr. 22 LPersVG NW mitzubestimmen, jedoch obliegt die Letztentscheidung der obersten Dienstbehörde (§ 66 VII 3 iVm § 68 LPersVG NW). In Thüringen besteht nach § 73 III Nr. 9 LPersVG TH ebenfalls ein nur **eingeschränktes Mitbestimmungsrecht** des PR (§ 72 V 2 und 3 LPersVG TH). Die Personalvertretungsgesetze von Bremen und Schleswig-Holstein enthalten Mitbestimmungsrechte bei organisatorischen Maßnahmen (§ 66 I LPersVG BE, § 51 I MBG SH). In Brandenburg (§ 68 II Nr. 2 LPersVG BB), Hessen[88] (§ 81 I 1 LPersVG HE), Sachsen (§ 77 Nr. 3 LPersVG SN) und Baden-Württemberg (§ 81 I Nr. 3 LPersVG BW) hat der PR ein **Mitwirkungsrecht** bei Privatisierungsmaßnahmen. In Niedersachsen hat die Dienststelle nach § 75 I Nr. 7 LPersVG NI vor der dauerhaften Übertragung von Arbeiten einer Dienststelle auf Privatpersonen oder wirtschaftliche

[83] BAG 26.8.2009 AP Nr. 69 zu § 1 TVG Bezugnahme auf Tarifvertrag = NZA 2010, 891; 19.9.2006 AP Nr. 22 zu § 3 TVG Verbandszugehörigkeit = NZA 2007, 277.
[84] BAG 23.2.2011 AP Nr. 60 zu § 133 BGB = NZA-RR 2012, 253.
[85] BAG 13.12.2017 BB 2018, 1331.
[86] BAG 30.8.2017 AP Nr. 139 zu § 1 TVG Bezugnahme auf Tarifvertrag = NZA 2018, 255.
[87] OVG Münster 20.1.1995 PersR 1996, 200; VGH Kassel 26.1.1995 PersR 1995, 253.
[88] VGH Kassel 18.3.1991 PersR 1991, 348.

Unternehmen das Benehmen mit dem PR herzustellen. Nach dem Landesrecht in Rheinland-Pfalz ist u.a. die Privatisierung mit dem PR zu **erörtern** (§ 84 Nr. 7 LPersVG RP). Fehlt es an einer spezialgesetzlichen Ausgestaltung eines Beteiligungsrechts für die Privatisierung, ergibt sich eine Unterrichtungspflicht der Dienststelle über die beabsichtigten Auswirkungen der Ausgliederung aus dem allgemeinen Unterrichtungsrecht des PR (§ 68 II BPersVG bzw. entspr. Beteiligungstatbestände in den LPersVG).[89]

Ein Mitwirkungsrecht des PR unter dem Gesichtspunkt der **Einstellung** hat das BVerwG verneint, wenn ein Krankenhaus Reinigungsaufgaben auf ein privates Unternehmen überträgt und dem Krankenhausträger keine Weisungsbefugnisse gegen das Personal des Reinigungsunternehmens zustehen.[90] Hingegen ist die Entscheidung der Dienststelle, ihre Posteingänge nicht mehr selbst vom Hauptpostamt abzuholen, sondern sich von der Deutschen Post AG zustellen zu lassen, nach § 71 III Nr. 22 LPersVG NW mitbestimmungspflichtig.[91] Die **Instanzgerichte** haben Beteiligungsrechte bejaht bei der Vergabe von Vermessungsaufgaben an öffentlich bestellte Vermessungsingenieure,[92] der Fremdvergabe von Reinigungsaufgaben[93] oder Mäh- und Mulcharbeiten[94] sowie bei der Übertragung von Aufgaben eines Nichtsesshaftenheims auf einen Träger der freien Wohlfahrtspflege,[95] von Pflegearbeiten für einen gemeindlichen Sportplatz auf Private,[96] von Aufgaben einer Landesbehörde auf Private[97] und bei der Übertragung eines städtischen Freibads auf einen Sportverein.[98] 57

6. Haftung. Die Grundsätze der Haftung bei einem Betriebsübergang (§ 613a II BGB; → § 118 Rn. 5) und bei der Umwandlung (→ Rn. 13 ff.) sind bereits an anderer Stelle dargestellt. Für die Ausgliederung aus dem Vermögen von Gebietskörperschaften oder ihrer Zusammenschlüsse enthält darüber hinaus § 172 UmwG eine **spezielle Haftungsregelung.** Danach haftet der öffentlich-rechtliche Rechtsträger für die bei Ausgliederung nach Maßgabe des Ausgliederungsvertrags bzw. -plans auf den privaten Rechtsträger übergegangenen Verbindlichkeiten weiter fort. Gleichzeitig bleiben – anders als in § 481 BGB vorgesehen – bestehende Sicherheiten der Gläubiger aufrechterhalten. Die dadurch begründete Gesamtschuldnerschaft des öffentlichen und des privaten Rechtsträgers ist allerdings auf einen Zeitraum von fünf Jahren beschränkt. Die Haftung des öffentlich-rechtlichen Rechtsträgers entfällt mit Ablauf dieser Frist, sofern die bis dahin fälligen Verbindlichkeiten nicht innerhalb dieses Zeitraums gegenüber dem übertragenden Rechtsträger gerichtlich geltend gemacht wurden oder ein schriftliches Anerkenntnis vorliegt (§§ 173, 157 I–III UmwG iVm §§ 204 I Nr. 1, 209 BGB). 58

7. Privatisierung von Bahn und Post. Durch das Gesetz zur Neuordnung des Eisenbahnwesens (ENeuOG)[99] wurden zum 1.1.1994 die nichtrechtsfähigen Sondervermögen des Bundes – die **Deutsche Bundesbahn und die Deutsche Reichsbahn** – zu dem nichtrechtsfähigen Sondervermögen des Bundes – dem Bundeseisenbahnvermögen – zusammengefasst. Durch eine anschließende Ausgliederung entstand die Deutsche Bahn AG. Für die Überleitung galten besondere Entgeltsicherungstarifverträge.[100] Der Status der Sozialeinrichtungen richtet sich im Allgemeinen nach Art. 1 § 15 IV ENeuOG.[101] 59

Im Rahmen der sog. Postreform I durch das Gesetz zur Neustrukturierung des Post- und Fernmeldewesens und der Deutschen Bundespost vom 8.6.1989[102] wurde die **Post** in drei selbständige Unternehmen aufgeteilt, die zunächst noch als Behörden geführt wurden. In der sog. Postreform II durch das Gesetz zur Neuordnung des Postwesens und der Telekommunikation vom 14.9.1994[103] wurden die Unternehmen der Deutschen Bundespost dann in drei Aktienge- 60

---

[89] Vgl. zB OVG NRW 20.8.2013 DÖD 2013, 325.
[90] BVerwG 4.9.1995 PersV 1996, 220 = NZA-RR 1996, 318.
[91] BVerwG 15.10.2003 AP Nr. 27 zu § 72 LPVG NW = NZA-RR 2004, 276.
[92] OVG Münster 16.12.1993 PersV 1996, 399.
[93] VGH Kassel 16.12.1993 PersR 1994, 326; OVG Münster 9.11.1987 PersR 1988, 245 = PersV 1988, 310.
[94] VGH Kassel 7.6.1995 PersR 1995, 392.
[95] OVG Münster 1.3.1991 PersR 1992, 79 = PersV 1995, 474.
[96] OVG Münster 5.11.1992 PersR 1993, 177.
[97] VGH Kassel 26.1.1996 PersR 1995, 253.
[98] OVG Münster 9.11.1987 PersR 1988, 247 = PersV 1988, 313.
[99] Eisenbahnneuordnungsgesetz vom 27.12.1993 (BGBl. I 2378).
[100] Zu Kinderzulagen: BAG 24.2.2000 AP Nr. 4 zu § 1 TVG Tarifverträge: Deutsche Bahn = ZTR 2000, 422; 24.2.2000 AP Nr. 7 zu § 1 TVG Tarifverträge: Deutsche Bahn = ZTR 2000, 422.
[101] BVerwG 28.6.2000 AP Nr. 76 zu § 75 BPersVG = NZA 2000, 1123.
[102] Poststrukturgesetz (BGBl. I 1026).
[103] Postneuordnungsgesetz – PTNeuOG (BGBl. I 2325).

sellschaften – Deutsche Post AG, Deutsche Postbank AG und Deutsche Telekom AG – überführt. Durch § 2 PostUmwG wurde damit jeweils die Rechtsform geändert.[104] Ob dieser Vorgang unter die Betriebsübergangsrichtlinie 2001/23/EG (→ § 117 Rn. 2) fiel, ist nicht abschließend entschieden.[105] Jedenfalls fand § 613a BGB auf diese Privatisierungen keine Anwendung, da hierfür die speziellere Regelung in § 21 PostPersRG in der bis zum 5.6.2015 geltenden Fassung galt.[106]

§ 117. Voraussetzungen des Betriebsübergangs

Übersicht

I. Allgemeines

1 **1. Rechtliche Grundlagen.** Der Betriebsübergang und seine Auswirkungen auf das Arbeitsverhältnis sind in **§ 613a BGB** geregelt. Von dieser Norm darf nicht zum Nachteil der AN abgewichen werden (→ § 118 Rn. 23 f.). Die Vorschrift, die ursprünglich nur aus Abs. 1 S. 1, Abs. 2 und 3 bestand, wurde zum 19.1.1972 in das BGB eingefügt.[1] Nachdem sie zum 21.8.1980 zunächst in Abs. 1 um S. 2–4 ergänzt wurde,[2] wurden zum 1.4.2002 noch Abs. 5 und 6 hinzugefügt.[3] Zudem hat der Gesetzgeber Abs. 3 zum 1.1.1995 neu gefasst.[4] § 613a I 1 BGB ordnet an, dass bei einem Betriebsübergang die Arbeitsverhältnisse der betriebsangehörigen AN auf den Erwerber übergehen und dieser in die bestehenden Rechte und Pflichten eintritt. Die Sätze 2–4 regeln die Weitergeltung der bisherigen Kollektivvereinbarungen (Tarifverträge und Betriebsvereinbarungen). § 613a II und III BGB enthalten Regelungen zur Haftung des Betriebsveräußerers und -erwerbers für Ansprüche der AN. § 613a IV BGB verstärkt den Kündigungsschutz, indem er Kündigungen der AN wegen des Betriebsübergangs untersagt. Die Abs. 5 und 6 regeln eine Unterrichtung der AN über die für sie maßgeblichen Umstände eines Betriebsübergangs und ein Widerspruchsrecht der vom Betriebsübergang erfassten AN gegen den Übergang ihres Arbeitsverhältnisses.

2 Mit § 613a BGB wird die Richtlinie des Rates zur Angleichung der Rechtsvorschriften der Mitgliedstaaten über die Wahrung von Ansprüchen der AN beim Übergang von Unternehmen, Betrieben oder Unternehmens- oder Betriebsteilen (2001/23/EG) vom 12.3.2001 (ABl. EG L 82, 16) in nationales Recht umgesetzt. Die **RL 2001/23/EG** hat die vormaligen RL 77/187/EWG vom 14.2.1977 (ABl. EG L 61, 26) und RL 98/50/EG (ABl. EG L 201, 88) abgelöst. Aus diesem Grund sind bei der **Auslegung und Anwendung** von § 613a BGB die unionsrechtlichen Vorgaben der Richtlinie und die hierzu ergangene Rspr. des EuGH zu beachten.

---

[104] Vgl. BAG 24.9.2008 AP Nr. 11 zu § 305c BGB = NZA 2009, 154.
[105] BAG 16.7.2015 AP Nr. 463 zu § 613a BGB = NZA 2016, 250.
[106] BAG 16.7.2015 AP Nr. 463 zu § 613a BGB = NZA 2016, 250.
[1] IRd Neuregelung des BetrVG durch G v. 15.1.1972 (BGBl. I 13).
[2] Vgl. Art. 1 Nr. 5 des Arbeitsrechtlichen EG-Anpassungsgesetzes v. 13.8.1980 (BGBl. I 1308).
[3] Art. 4 G v. 23.3.2002 (BGBl. I 1163).
[4] Durch Art. 2 UmwBerG v. 28.10.1994 (BGBl. I 3210).

2. Normzweck. Sowohl § 613a BGB als auch die RL 2001/23/EG zielen vorrangig darauf ab, die Rechte der AN bei einem Wechsel des Unternehmensinhabers möglichst umfassend zu gewährleisten.[5] Ohne § 613a I BGB wäre eine Übertragung der Arbeitsverhältnisse bei einem rechtsgeschäftlichen Betriebsübergang nur mit Zustimmung des Erwerbers möglich. Seit Inkrafttreten von § 613a I BGB gehen die Arbeitsverhältnisse automatisch auf den Erwerber über. Die Norm schützt damit die AN vor einem Verlust ihrer Arbeitsplätze bei einem Betriebsinhaberwechsel, indem sie einen Gleichlauf der Arbeitsverhältnisse mit den übergehenden Betriebsmitteln anordnet. Dadurch wird gewährleistet, dass der Inhaber der wesentlichen Betriebsmittel auch AG der AN wird.[6] Zugleich sichert § 613a I BGB weitgehend den bisherigen Vertragsinhalt, da der Erwerber in die Rechte und Pflichten aus den im Zeitpunkt des Übergangs bestehenden Arbeitsverhältnissen eintritt[7] und die kollektivrechtlichen Arbeitsbedingungen nach Maßgabe von Abs. 1 S. 2–4 aufrechterhalten und vor Änderungen geschützt werden. 3

Da § 613a I BGB grundsätzlich **zwingendes Recht** und nicht abdingbar ist, unterliegt die Frage, ob die Voraussetzungen eines Betriebsübergangs vorliegen, nicht der Disposition des Veräußerers oder Erwerbers. Dies richtet sich vielmehr nach den tatsächlichen Umständen. Allerdings verfügen die handelnden Parteien in tatsächlicher Hinsicht über einen Gestaltungsspielraum. Weder § 613a BGB noch die RL 2001/23/EG stehen der Gestaltung von wirtschaftlichen Abläufen entgegen, die auf die Vermeidung der tatbestandlichen Voraussetzungen eines Betriebsübergangs gerichtet sind. Dies gilt insbesondere für Vertragsgestaltungen bei der Neuvergabe von Dienstleistungsaufträgen.[8] In der Praxis wird aus diesem Grund u.a. die Einschaltung von Transfergesellschaften empfohlen.[9] 4

3. Auslandsbezug. Nach der Rspr. des BAG kann § 613a BGB auch bei einem **Betriebsübergang in das Ausland** anwendbar sein.[10] Die Anwendbarkeit der Norm beschränkt sich nicht auf das territoriale Gebiet der Bundesrepublik. Ihre Geltung setzt allerdings voraus, dass für die Arbeitsverhältnisse zum Zeitpunkt des Betriebsübergangs deutsches Recht gilt.[11] Ob sich nach der – den Betriebsübergang bildenden – Verlagerung der Betriebsstätte in das Ausland das auf die Arbeitsverhältnisse anzuwendende Recht ändert, richtet sich nach den Regelungen des IPR. Wurde im Arbeitsvertrag des AN keine Rechtswahl getroffen, wird sich bei einem Wechsel von Deutschland in das Ausland regelmäßig das Arbeitsvertragsstatut ändern, so dass das Recht des Staates zur Anwendung gelangt, auf dessen Gebiet der Betriebsübergang erfolgt ist.[12] War im Rahmen einer zulässigen Rechtswahl die Geltung ausländischen Rechts vereinbart, ist dieses auf nach dem 16. Dezember 2009 geschlossene Verträge nach Art. 8 I VO (EG) Nr. 593/2008 v. 17.6.2008 (Rom I-VO) bzw. auf vor dem 17. Dezember 2009 geschlossene Verträge nach Art. 30 I EGBGB nur anwendbar, soweit dem AN dadurch nicht der zwingende Schutz des § 613a BGB entzogen wird. Lediglich dann, wenn das vertraglich vereinbarte ausländische Recht nach den gesetzlichen Kollisionsregelungen in Art. 8 II–IV Rom I-VO bzw. Art. 30 II EGBGB ohnehin zur Anwendung gelangen würde, gilt § 613a BGB nicht. Die Vorschrift gehört nicht zu den unabhängig von der getroffenen Rechtswahl stets zu beachtenden nationalen Bestimmungen iSd Art. 9 I Rom I-VO bzw. Art. 34 EGBGB, die ohne Rücksicht auf das den Vertrag anzuwendende Recht den Sachverhalt zwingend regeln.[13] 5

Für einen Betriebsübergang in Form einer **Betriebsverlagerung in das Inland** gilt § 613a BGB nur, wenn die Anwendung deutschen Rechts vereinbart ist. Ansonsten gilt das jeweils ausländische Recht. Allerdings sind im Fall einer Verlagerung aus dem Bereich der Europäischen Union ins Inland bei der Auslegung und Anwendung des Rechts des anderen Mitgliedstaats die Vorgaben der RL 2001/23/EG zu beachten. 6

4. Gesellschafterwechsel. Bei einem sog. **„share deal"** erwirbt der Käufer die Gesellschafteranteile an einem Unternehmen. Der damit verbundene Inhaberwechsel stellt selbst dann **kei-** 7

[5] Vgl. EuGH 2.12.1999 AP Nr. 28 zu EWG-Richtlinie Nr. 77/187 = NZA 2000, 587.
[6] BAG 22.2.1996 AP Nr. 138 zu § 613a BGB = NZA 1996, 980.
[7] BAG 19.3.2009 AP Nr. 369 zu § 613a BGB = NZA 2009, 1091.
[8] BAG 27.9.2007 AP Nr. 332 zu § 613a BGB = NZA 2008, 1130.
[9] *Pils* NZA 2013, 125.
[10] BAG 26.5.2011 AP Nr. 409 zu § 613a BGB = NZA 2011, 1143; 16.5.2002 AP BGB § 613a Nr. 237 = NZA 2003, 93; vgl. auch BAG 20.4.1989 AP Nr. 81 zu § 613a BGB = NZA 1990, 32.
[11] IdS auch BAG 26.5.2011 AP Nr. 409 zu § 613a BGB = NZA 2011, 1143.
[12] Zu Rechtsfragen bei grenzüberschreitenden Betriebsverlagerungen *Junker* NZA-Beil. 1/2012, 8.
[13] BAG 29.10.1992 AP Nr. 31 zu Internat. Privatrecht, Arbeitsrecht = NZA 1993, 743.

nen Betriebsübergang iSd § 613a BGB dar, wenn alle Gesellschafter ausscheiden und ihre Gesellschaftsanteile auf einen oder mehrere Erwerber übertragen.[14] Der Gesellschafterwechsel berührt die Identität der Gesellschaft als Rechtssubjekt nicht. Gleiches gilt, wenn aus einer Personengesellschaft (OHG, KG) ein einzelner Gesellschafter ausscheidet und ein anderer an seine Stelle tritt. Auch wenn der neue Mehrheitsgesellschafter die Herrschaftsmacht im Unternehmen ausüben sollte, führt dies nicht zu einem Betriebsübergang.[15] Da § 613a II BGB in diesem Fall nicht greift, haftet der persönlich haftende Gesellschafter auch nach seinem Ausscheiden weiterhin uneingeschränkt für die im Dauerschuldverhältnis begründeten Ansprüche der AN, selbst wenn sie erst nach seinem Ausscheiden fällig werden.[16] Scheidet ein Unternehmen infolge eines share deals aus dem Konzern aus, gilt eine im Betrieb eines konzernangehörigen Unternehmens geltende Konzernbetriebsvereinbarung dort normativ als Einzelbetriebsvereinbarung weiter, wenn das Unternehmen nicht unter den Geltungsbereich einer im neuen Konzernverbund geltenden Konzernbetriebsvereinbarung mit demselben Regelungsgegenstand fällt.[17] Im Gegensatz zum „share deal" erfüllt der **„asset deal"**, bei dem einzelne Vermögensgegenstände des Unternehmens (Betriebsmittel) im Wege der Einzelrechtsnachfolge auf den Erwerber übertragen werden, unter den in → Rn. 8 ff. dargestellten Voraussetzungen den Tatbestand des Betriebsübergangs.

II. Tatbestand des Betriebsübergangs

8 **1. Betrieb/wirtschaftliche Einheit. a) Betrieb.** Die Vorschrift des § 613a I BGB regelt den rechtsgeschäftlichen Übergang eines Betriebs oder Betriebsteils auf einen neuen Inhaber. Voraussetzung des § 613a I 1 BGB ist, dass ein Betrieb oder Betriebsteil auf einen anderen, den Erwerber übergeht. Nach früherer Ansicht des BAG war der Betrieb eine organisatorische Einheit, in der Personen mit Hilfe persönlicher, sächlicher oder immaterieller Mittel bestimmte arbeitstechnische Zwecke fortgesetzt verfolgen.[18] Seit 1997 orientiert sich die Rspr. bei der Auslegung der Begriffe Betrieb bzw. Betriebsteil strikt an den Vorgaben des EuGH. Der wesentliche Unterschied zur früheren Rspr. besteht darin, dass nunmehr auf den Begriff der sog. **wirtschaftlichen Einheit** abgestellt wird. Danach liegt ein Betriebs(teil)übergang vor, wenn die für den Betrieb der wirtschaftlichen Einheit verantwortliche natürliche oder juristische Person, die die Arbeitgeberverpflichtungen gegenüber den Beschäftigten eingeht, im Rahmen vertraglicher Beziehungen wechselt und die in Rede stehende Einheit nach der Übernahme durch den neuen Inhaber ihre Identität bewahrt.[19]

9 **b) Wirtschaftliche Einheit.** Nach Art. 1 Nr. 1 lit. b RL 2001/23/EG ist die Wahrung der Identität der betreffenden wirtschaftlichen Einheit Voraussetzung für den Betriebsübergang. Die Auslegung des Begriffs der wirtschaftlichen Einheit wird durch die ständige Rspr. des EuGH bestimmt. Danach erfordert eine wirtschaftliche Einheit eine hinreichend strukturierte und selbständige Gesamtheit von Personen und Sachen zur auf Dauer angelegten Ausübung einer wirtschaftlichen Tätigkeit mit eigenem Zweck.[20] Nicht ausreichend ist es, wenn die Tätigkeit nur auf die Ausführung eines bestimmten Vorhabens beschränkt ist.[21] Ob der Übergang einer wirtschaftlichen Einheit vorliegt, wird nach einer Gesamtbewertung anhand von einzelnen Aspekten beurteilt,[22] die der EuGH entwickelt hat.[23] Dazu gehören die Art des betreffenden Unterneh-

---

[14] Vgl. BAG 14.8.2007 AP Nr. 326 zu § 613a BGB = NZA 2007, 1428.
[15] BAG 23.3.2017 AP Nr. 468 zu § 613a BGB = NZA 2017, 981.
[16] BAG 18.3.1997 AP Nr. 16 zu § 1 BetrAVG Betriebsveräußerung = NZA 1998, 97; 12.7.1990 AP Nr. 87 zu § 613a BGB = NZA 1991, 63; 3.5.1983 AP Nr. 4 zu § 128 HGB = NJW 1983, 2283.
[17] BAG 25.2.2020 AP Nr. 120 zu § 77 BetrVG 1972 = NZA 2020, 875; *Klemm/Frank* BB 2013, 2741 (2743); *Cisch/Hock* BB 2012, 2113 (2115); *Kern* NZA 2009, 1313 (1317).
[18] BAG 21.1.1988 AP Nr. 72 zu § 613a BGB = NZA 1988, 838.
[19] BAG 25.8.2016 NZA-RR 2017, 123; 25.1.2018 NZA 2018, 933.
[20] EuGH 6.3.2014 NZA 2014, 423; 13.9.2007 AP Nr. 2 zu Richtlinie 2001/23/EG = NZA 2007, 1151; 2.12.1999 AP Nr. 28 zu EWG-Richtlinie Nr. 77/187 = NZA 2000, 587; 10.12.1998 NZA 1999, 253; 19.9.1995 AP Nr. 133 zu § 613a BGB = NZA 1995, 1031.
[21] BAG 27.2.2020 AP Nr. 480 zu § 613a BGB = NZA 2020, 1303; EuGH 6.3.2014 NZA 2014, 423.
[22] BAG 25.8.2015 ArbRB 2016, 451; 22.5.2014 MDR 2014, 1212; 15.12.2011 AP Nr. 423 zu § 613a BGB.
[23] EuGH 15.12.2005 AP Nr. 1 zu Richtlinie 2001/23/EG = NZA 2006, 29; 11.3.1997 AP Nr. 14 zu EWG-Richtlinie Nr. 77/187 = NZA 1997, 433; von *Hanau* FS Küttner, 2006, 357 (363) als „Kriteriensammelsurium" bezeichnet.

mens oder Betriebs (→ Rn. 17), der Übergang der materiellen Betriebsmittel (→ Rn. 18) wie Gebäude oder bewegliche Güter, der Wert der immateriellen Aktiva im Zeitpunkt des Übergangs (→ Rn. 20), die Übernahme der Hauptbelegschaft (→ Rn. 21), der Übergang der Kundschaft (→ Rn. 24) sowie der Grad der Ähnlichkeit zwischen den vor und nach dem Übergang verrichteten Tätigkeiten (→ Rn. 25) und die Dauer einer Unterbrechung dieser Tätigkeit (→ Rn. 26). Die Identität der Einheit kann sich auch aus anderen Merkmalen wie ihrem Personal, ihren Führungskräften, ihrer Arbeitsorganisation, ihren Betriebsmethoden und ggf. den ihr zur Verfügung stehenden Betriebsmitteln ergeben. Den für das Vorliegen eines Übergangs maßgeblichen Kriterien kommt je nach Art der ausgeübten Tätigkeit und den Produktions- oder Betriebsmethoden unterschiedliches Gewicht zu.[24] Der Gerichtshof hebt stets stereotyp hervor, für die Frage eines Übergangs einer wirtschaftlichen Einheit sei keines der vorstehend genannten Einzelkriterien für sich allein ausschlaggebend, sondern immer eine Gesamtwürdigung vorzunehmen.

c) Betriebsteil. Der Übergang eines Betriebsteils steht für dessen AN dem Betriebsübergang gleich. Nach überkommener Rspr. waren Betriebsteile selbständig abgrenzbare organisatorische Einheiten, mit denen innerhalb des betriebstechnischen Gesamtzwecks ein Teilzweck verfolgt wurde.[25] In der neueren Rspr. des BAG kommt dieser Definition keine Bedeutung mehr zu. Entscheidend ist vielmehr, dass der Übergang eine wirtschaftliche Einheit iSd Rspr. des EuGH betrifft (→ Rn. 9).[26] Die Voraussetzungen hierfür müssen bereits beim früheren Betriebsinhaber vorgelegen haben. Unproblematisch ist dies, wenn der entspr. Bereich schon beim Veräußerer organisatorisch verselbständigt war.[27] Nicht ausreichend ist es, wenn der Erwerber mit einzelnen, bislang nicht teilbetrieblich organisierten Betriebsmitteln einen Betrieb oder Betriebsteil gründet[28] oder beim Erwerber die gleichen Funktionen mit eigenem Personal wahrgenommen werden. Die wirtschaftliche Einheit muss bereits vor ihrem Übergang über eine funktionelle (nicht: vollständige) Selbständigkeit verfügt haben.[29] Die funktionelle Autonomie bezieht sich dabei auf die Leitungsstruktur der Einheit. Der Leitung müssen Befugnisse eingeräumt sein, um die Arbeit der zu dieser Gruppe gehörenden AN relativ frei und unabhängig zu organisieren und insbesondere Weisungen zu erteilen und Aufgaben auf diese AN zu verteilen, ohne dass andere Organisationsstrukturen des AG dabei dazwischengeschaltet sind.[30] Eine umfassende (zB disziplinarische) Personalkompetenz der Führungskräfte ist nicht erforderlich.[31] Allerdings muss es sich um eine gesondert auf die Gruppe der AN bezogene Leitung handeln, die dieser vorsteht.[32] Nicht ausreichend ist zudem, wenn die wirtschaftliche Einheit nur mit wechselndem oder rotierendem Personal betrieben wird und ihr nicht eine bestimmte Gruppe von AN zugeordnet ist.[33] Einer formellen Zuordnungsentscheidung bedarf es dabei allerdings nicht; eine faktische reicht insoweit aus.[34] Die übergehende wirtschaftliche Einheit muss beim Erwerber nicht ihre bisherige Organisationsstruktur bewahren. Es genügt, wenn dieser die funktionelle Verknüpfung zwischen den übertragenen Produktionsmitteln beibehält (→ Rn. 11).[35] Unerheblich für die Annahme des Übergangs ist, ob der verbleibende Restbetrieb noch fortgesetzt werden kann oder nicht mehr lebensfähig ist.[36] 10

d) Veränderungen der bisherigen Organisation. Wird der Betrieb vom Erwerber nicht im Wesentlichen unverändert fortgeführt und damit die Identität der wirtschaftlichen 11

[24] BAG 6.4.2006 AP Nr. 299 zu § 613a BGB = NZA 2006, 723; 22.7.2004 AP Nr. 274 zu § 613a BGB; 18.3.1999 AP Nr. 189 zu § 613a BGB.
[25] Vgl. nur BAG 13.10.2011 AP Nr. 415 zu § 613a BGB = NZA 2012, 504.
[26] BAG 25.1.2018 AP Nr. 474 zu § 613a BGB = NZA 2018, 933.
[27] Vgl. nur BAG 27.1.2011 AP Nr. 402 zu § 613a BGB = NZA 2011, 1162.
[28] BAG 21.2.2008 AP Nr. 343 zu § 613a BGB = NZA 2008, 825.
[29] BAG 27.2.2020 AP Nr. 480 zu § 613a BGB = NZA 2020, 1303; EuGH 13.6.2019 AP Nr. 23 zu Richtlinie 2001/23/EG = NZA 2019, 889.
[30] EuGH 6.3.2014 NZA 2014, 423; 6.9.2011 AP Nr. 9 zu Richtlinie 2001/23/EG = NZA 2011, 1077; vgl. hierzu *Willemsen* NZA 2014, 1010 (1011).
[31] BAG 27.2.2020 AP Nr. 480 zu § 613a BGB = NZA 2020, 1303.
[32] BAG 14.5.2020 AP Nr. 57 zu § 17 KSchG 1969 = NZA 2020, 1092; aA BAG 27.2.2020 AP Nr. 480 zu § 613a BGB = NZA 2020, 1303 (unionsrechtlich ungeklärt).
[33] BAG 14.5.2020 AP Nr. 57 zu § 17 KSchG 1969 = NZA 2020, 1092; aA BAG 27.2.2020 AP Nr. 480 zu § 613a BGB = NZA 2020, 1303 (unionsrechtlich ungeklärt).
[34] BAG 27.2.2020 AP Nr. 480 zu § 613a BGB = NZA 2020, 1303.
[35] EuGH 6.3.2014 NZA 2014, 423; 12.2.2009 NZA 2009, 251; BAG 19.3.2015 AP Nr. 464 zu § 613a BGB.
[36] BAG 7.4.2011 AP Nr. 406 zu § 613a BGB = NZA 2011, 1231.

Einheit nicht gewahrt, liegt nach der Rspr. des BAG kein Betriebsübergang vor. Dem steht auch der Normzweck von § 613a BGB (→ Rn. 3) nicht entgegen. So können etwa eine verminderte Produktionsstärke, eine geringere Mitarbeiterzahl sowie eine geänderte Produktion und Kundschaft zu einem geänderten Betriebszweck und zu neuen organisatorischen Struktur führen, so dass es an der erforderlichen Identität der wirtschaftlichen Einheit beim neuen Inhaber fehlt.[37] Eine wesentliche Änderung der Organisation der übernommenen Einheit wurde dagegen verneint, wenn die bisherige Tätigkeit fortgeführt wird und die Organisation sowie die Durchführung der übernommenen Tätigkeiten weitgehend durch die Aufgabe selbst und die übernommenen Einrichtungen geprägt sind.[38] Eine das Vorliegen von § 613a I BGB ausschließende Veränderung der bisherigen Organisation war nach der früheren Rspr. des BAG zudem bislang immer dann gegeben, wenn der neue Betriebsinhaber den bisherigen Betrieb oder Betriebsteil vollständig in seine bestehende Organisation eingegliedert.[39] Nach der Entscheidung des EuGH in der Sache „Klarenberg" liegt ein Betriebs- oder Betriebsteilübergang iSd § 613a BGB allerdings auch dann vor, wenn die übertragene Einheit beim Erwerber ihre organisatorische Selbständigkeit nicht bewahrt. Entscheidend ist danach, ob die **funktionelle Verknüpfung** zwischen den übertragenen Produktionsfaktoren beim Erwerber beibehalten wird und sie es dem Erwerber dadurch erlaubt, diese Faktoren zu nutzen, um derselben oder einer gleichartigen wirtschaftlichen Tätigkeit nachzugehen.[40] Für die Bestimmung der Identität ist infolgedessen nach der neueren Rspr. des BAG nicht mehr vorrangig auf die konkrete Organisation der verschiedenen Produktionsfaktoren durch den Unternehmer abzustellen als vielmehr auf den Zusammenhang ihrer Wechselbeziehung und der gegenseitigen Ergänzung, die dazu führt, dass die Produktionsfaktoren bei der Ausübung einer bestimmten wirtschaftlichen Tätigkeit ineinandergreifen. Bei der Eingliederung der übertragenen Einheit in die Struktur des Erwerbers fällt der Zusammenhang dieser funktionellen Verknüpfung nicht zwangsläufig weg. Sind aber keine in ihrem Funktions- und Zweckzusammenhang beibehaltenen Faktoren des Betriebsveräußerers in die Organisationsstruktur des Betriebserwerbers eingegliedert worden, spricht dies gegen einen Betriebsübergang.[41]

12 **2. Funktionsnachfolge.** Die Unterscheidung zwischen Betriebsübergang und Funktionsnachfolge ist insbesondere für den Dienstleistungsbereich von Bedeutung (→ Rn. 22). Führt ein Auftragnehmer nur die in der Einheit ausgeübte Tätigkeit weiter und übernimmt er keine Betriebsmittel, liegt eine Funktionsnachfolge und kein Betriebsübergang iSd § 613a BGB vor.[42] EuGH und BAG betonen in diesem Zusammenhang stets, dass die bloße Fortführung der Tätigkeit durch einen Auftragnehmer weder einen Betriebsübergang iSv § 613a BGB noch den Übergang einer ihre Identität bewahrenden wirtschaftlichen Einheit iSd RL 2001/23/EG darstellt, da eine Einheit nicht als bloße Tätigkeit verstanden werden darf.[43] Ihre Identität ergibt sich nicht nur aus der bisher ausgeübten Tätigkeit, sondern auch aus anderen Merkmalen wie ihrem Personal, ihren Führungskräften, ihrer Arbeitsorganisation, ihren betrieblichen Methoden und ggf. den ihr zur Verfügung stehenden Betriebsmitteln.[44] Aus diesem Grund kommt es bei einer Fremdvergabe von bisher in einem Unternehmen selbst erledigten Arbeiten (sog. Outsourcing), einer Auftragsneuvergabe bzw. dem Verlust eines Auftrags an einen Mitbewerber oder der Rückführung von ausgegliederten Funktionen in den Betrieb (Insourcing) nur zu einem Betriebsübergang, wenn entweder das Personal oder die bisher genutzten **wesentlichen Betriebsmittel**

---

[37] BAG 24.4.2008 NZA 2008, 1314; 14.8.2007 AP Nr. 325 zu § 613a BGB = NZA 2007, 1431; 13.6.2006 AP Nr. 313 zu § 613a BGB = NZA 2006, 1357; 4.5.2006 AP Nr. 304 zu § 613a BGB = NZA 2006, 1096; 13.5.2004 AP Nr. 273 zu § 613a BGB; 11.9.1997 AP Nr. 16 zu EWG-Richtlinie Nr. 77/187.

[38] BAG 15.2.2007 AP Nr. 320 zu § 613a BGB = NZA 2007, 793 (Übernahme eines Schlachthofs).

[39] BAG 22.1.2009 AP Nr. 367 zu § 613a BGB = NZA 2009, 905; 6.4.2006 AP Nr. 303 zu § 613a BGB = NZA 2006, 1039 (Bistro); 25.9.2003 AP Nr. 261 zu § 613a BGB = NZA 2004, 316 (Schießplatz).

[40] EuGH 12.2.2009 AP Nr. 4 zu Richtlinie 2001/23/EG = NZA 2009, 251; vgl. jetzt auch BAG 21.8.2014 AP Nr. 454 zu § 613a BGB = NZA 2015, 167; krit. dazu *Willemsen/Sagan* ZIP 2010, 1205 (1211 f.).

[41] BAG 22.1.2009 AP Nr. 367 zu § 613a BGB = NZA 2009, 905.

[42] BAG 25.9.2008 AP Nr. 355 zu § 613a BGB = NZA 2010, 64; 18.3.1999 AP Nr. 190 zu § 613a BGB = NZA 1999, 869.

[43] BAG 23.5.2013 AP Nr. 441 zu § 613a BGB; 28.5.2009 AP Nr. 370 zu § 613a BGB = NZA 2009, 1267; EuGH 20.1.2011 AP Nr. 8 zu Richtlinie 2001/23/EG = NZA 2011, 148; 20.11.2003 AP Nr. 34 zu EWG-Richtlinie Nr. 77/187 = NZA 2003, 1385.

[44] EuGH 26.9.2000 AP Nr. 30 zu EWG-Richtlinie Nr. 77/187 = NZA 2000, 1327; BAG 24.7.2004 AP Nr. 274 zu § 613a BGB = NZA 2004, 1383.

(→ Rn. 13) auf den externen Auftragnehmer übertragen werden.[45] Ob dies der Fall ist, entscheiden die Gerichte nach einer Gesamtwürdigung der in → Rn. 16 ff. genannten Einzelmerkmale. Dass die von dem Auftragnehmer übernommenen Betriebsmittel nicht seinem Vorgänger gehörten, sondern vom Auftraggeber zur Verfügung gestellt wurden, schließt einen Betriebsübergang nicht aus.[46] Gleiches gilt, wenn bei einer betriebsmittelgeprägten Tätigkeit zwar ein wesentlicher Teil der Belegschaft, jedoch wegen rechtlicher, umweltrelevanter oder technischer Vorgaben des Auftraggebers nicht die Betriebsmittel übernommen werden.[47]

Zur Abgrenzung, welche sächlichen Betriebsmittel wesentlich sind, stellt das BAG darauf ab, 13
ob ihr Einsatz bei wertender Betrachtungsweise den eigentlichen **Kern des zur Wertschöpfung erforderlichen Funktionszusammenhangs der zuvor ausgeübten betrieblichen Tätigkeit** ausmacht. Dies kann zB der Fall sein, wenn die Betriebsmittel unverzichtbar zur auftragsgemäßen Verrichtung der Tätigkeiten und damit identitätsprägend sind, auf dem freien Markt nicht erhältlich sind oder ihr Gebrauch vom Auftraggeber zwingend vorgeschrieben ist.[48] Maßgeblich ist, dass nicht „an", sondern „mit" den übernommenen sächlichen Betriebsmitteln gearbeitet wird. Wenn nur „an" Betriebsmitteln gearbeitet wird, werden diese nicht zur Wertschöpfung des Auftragnehmers benutzt. Ist die Wertschöpfung nur unter Zuhilfenahme bestimmter Betriebsmittel des Auftraggebers möglich, wird „mit" und nicht lediglich „an" den Betriebsmitteln gearbeitet. Bei Bewachungs-, Reinigungs- und Wartungsaufträgen wird regelmäßig an den sächlichen Betriebsmitteln des Auftraggebers gearbeitet. Etwas anders gilt, wenn der Auftraggeber verlangt, dass für die Durchführung des Bewachungsauftrags ein von ihm angeschafftes und auf seine Bedürfnisse angepasstes zentrales Alarmmanagementsystem benutzt wird.[49]

3. Öffentlicher Dienst, Kirchen. Nach Art. 1 I lit. c RL 2001/23/EG ist die Anwendung 14
von § 613a BGB bei der Übertragung von **hoheitlichen Verwaltungsaufgaben** innerhalb der öffentlichen Verwaltung und bei einer Umstrukturierung von Verwaltungsbehörden unionsrechtlich nicht geboten.[50] Während das BAG in älteren Entscheidungen noch davon ausging, die Wahrnehmung hoheitlicher Aufgaben durch eine Einrichtung stehe dem Begriff des Betriebs iSv § 613a BGB nicht von vornherein entgegen,[51] nimmt es neuerdings in Übereinstimmung mit der Rspr. des EuGH an, dass § 613a I BGB nur noch bei der Übertragung wirtschaftlicher Tätigkeiten – jedoch grundsätzlich nicht bei einer Übertragung von Tätigkeiten in Ausübung hoheitlicher Befugnisse – zur Anwendung kommen könne.[52] Eine hoheitliche Tätigkeit liegt vor, wenn die Tätigkeit eine hinreichend qualifizierte Ausübung von Sonderrechten, Hoheitsprivilegien oder Zwangsbefugnissen beinhaltet.[53] Der bloße Umstand, dass eine Tätigkeit im öffentlichen Interesse steht, reicht hierfür nicht aus. Auch die Berechtigung zum Einsatz gewisser Sonderbefugnisse – etwa der Einsatzkennzeichnung durch Blaulicht und Einsatzhorn bei einem Rettungsdienst – ist noch keine unmittelbare und spezifische Teilhabe an der Ausübung öffentlicher Gewalt und steht daher der Anwendung von § 613a I BGB nicht entgegen.[54] Andererseits

[45] EuGH 10.12.1998 NZA 1999, 189 (Neuvergabe); 10.12.1998 NZA 1999, 253; 11.3.1997 AP Nr. 14 zu EWG-Richtlinie Nr. 77/87 = NZA 1997, 433 (Auftragsverlust); BAG 17.4.2003 AP Nr. 253 zu § 613a BGB (Insourcing).

[46] BAG 13.6.2006 AP Nr. 305 zu § 613a BGB = NZA 2006, 1101.

[47] EuGH 27.7.2020 NZA 2020, 443 (Busverkehr).

[48] BAG 23.5.2013 AP Nr. 441 zu § 613a BGB (Objektschutz); 10.5.2012 AP BGB Nr. 426 zu § 613a = NZA 2012, 1161 (Rettungsdienst); 13.12.2007 AP Nr. 341 zu § 613a BGB = NZA 2008, 1021 (Lager); 27.9.2007 AP Nr. 332 zu § 613a BGB (Müllsortieranlage); 15.2.2007 AP Nr. 320 zu § 613a BGB = NZA 2007, 793 (Schlachthof); 13.6.2006 AP Nr. 305 zu § 613a BGB = NZA 2006, 1101 (Personen- und Gepäckkontrolle); 6.4.2006 AP Nr. 299 zu § 613a BGB = NZA 2006, 723 (Druckservice); 2.3.2006 AP Nr. 302 zu § 613a BGB = NZA 2006, 1105 (Forschungsschiff).

[49] BAG 23.5.2013 AP Nr. 441 zu § 613a BGB (Objektschutz).

[50] EuGH 6.9.2011 AP Nr. 9 zu Richtlinie 2001/23/EG = NZA 2011, 1077; 26.9.2000 AP Nr. 30 zu EWG-Richtlinie Nr. 77/187 = NZA 2000, 1327; 14.9.2000 AP Nr. 29 zu EWG-Richtlinie Nr. 77/187 = NZA 2000, 1279; 10.12.1998 NZA 1999, 189; 15.10.1996 AP Nr. 13 zu EWG-Richtlinie Nr. 77/187 = NZA 1996, 1279.

[51] BAG 25.9.2003 AP Nr. 261 zu § 613a BGB = NZA 2004, 316 (Schießplatz); 26.8.1999 AP Nr. 197 zu § 613a BGB = NZA 2000, 371 (Notariat); 4.3.1993 AP Nr. 101 zu § 613a BGB = NZA 1994, 260.

[52] BAG 22.5.2014 PersV 2014, 433; 22.3.2014 AP Nr. 450 zu § 613a BGB = NZA 2014, 1095; 10.5.2012 AP Nr. 426 zu § 613a BGB = NZA 2012, 1161.

[53] BAG 26.4.2015 AP Nr. 7 zu § 626 BGB Unkündbarkeit = NZA 2015, 668; 16.4.2015 AP Nr. 2 zu § 6c SGB II = NZA 2015, 1008; 22.5.2014 AP Nr. 452 zu § 613a BGB = NZA 2014, 1335; 10.5.2012 AP Nr. 426 zu § 613a BGB = NZA 2012, 1161; vgl. EuGH 29.4.2010 NVwZ 2010, 949.

[54] BAG 10.5.2012 AP Nr. 426 zu § 613a BGB = NZA 2012, 1161.

verlangt eine wirtschaftliche Tätigkeit nicht, dass die Tätigkeit auf Gewinnerzielungsabsicht ausgerichtet ist oder einem Erwerbszweck dient.[55]

15 Auch **öffentlich-rechtlich organisierte Einheiten** und Einrichtungen der **Kirchen** können wirtschaftliche Einheiten sein, die nach § 613a BGB übergehen.[56] Die Kirchenklausel des Art. 140 GG steht dem nicht entgegen, da § 613a BGB ein für „alle geltendes Gesetz" iSd Art. 137 III 1 WRV ist. Dies betrifft zunächst Einrichtungen der öffentlichen Daseinsvorsorge,[57] wie etwa Krankenhäuser, Schulen und Rundfunkanstalten. Bei einer Übernahme solcher Einrichtungen durch einen Rechtsträger des privaten oder öffentlichen Rechts oder einem Rechtsträgerwechsel unter öffentlich-rechtlichen Körperschaften kann § 613a BGB daher Anwendung finden.[58] Entscheidend ist immer, ob der Übergang durch Rechtsgeschäft erfolgt (dazu → Rn. 30 f.). Gleiches gilt, wenn ein öffentlicher Rechtsträger ein privatrechtliches Unternehmen übernimmt.[59] Auf die Umstrukturierung von Hoheitsträgern kraft Gesetzes[60] oder staatskirchenrechtlicher Verträge[61] ist § 613a BGB hingegen nicht anzuwenden (zum Widerspruchsrecht in diesen Fällen → § 118 Rn. 44). Auch bei einem gesetzlich angeordneten Übergang der Arbeitsverhältnisse kann jedoch der Tatbestand des § 613a I BGB erfüllt sein, wenn die maßgeblichen Betriebsmittel durch Rechtsgeschäft – zB öffentlich-rechtlichen Vertrag – auf den Erwerber übergehen.[62] Nach der Rspr. des EuGH schließt der Umstand, dass der Übergang auf einseitigen Entscheidungen staatlicher Stellen und nicht auf einer Willensübereinstimmung beruht, die Anwendung der Richtlinie RL 2001/23/EG nicht aus.[63]

16 **4. Bewertung anhand von Einzelkriterien. a) Grundsatz.** Sowohl der EuGH als auch das BAG prüfen die Identitätswahrung der übergehenden Einheit aufgrund einer typologischen Gesamtbewertung aller den betreffenden Vorgang kennzeichnenden Tatsachen.[64] Dazu gehören insbesondere die in → Rn. 9 genannten Einzelmerkmale, wobei bei deren Gesamtschau nach Ansicht des EuGH den nationalen Gerichten ein weiter Bewertungsspielraum zusteht. Das Abstellen auf die Einzelfallbetrachtung hat leider dazu geführt, dass das Betriebsübergangsrecht vorrangig kasuistisch geprägt ist. Die gerichtliche Bewertung eines Übertragungsvorgangs kann häufig nicht sicher prognostiziert werden, da insbesondere Kriterien für die Gewichtung der Einzelmerkmale fehlen. Zu Recht beklagt die Praxis daher die **fehlende Rechtssicherheit** bei der Beurteilung von Betriebsübertragungen. Dies betrifft vor allem den Handel und den Dienstleistungsbereich, bei denen vorwiegend die Übernahme der immateriellen Betriebsmittel und der Belegschaft im Vordergrund stehen.[65]

17 **b) Art des Betriebs.** Die Art des Betriebs ist für die Gewichtung der übernommenen sächlichen und immateriellen Betriebsmittel von Bedeutung. Handelt es sich um einen betriebsmittelgeprägten Betrieb – etwa einen Produktionsbetrieb – machen regelmäßig die sächlichen Betriebsmittel den Wert der Einheit aus. Je nach Größe des Betriebs und Fertigungsinhalt kön-

[55] BAG 26.4.2015 AP Nr. 7 zu § 626 BGB Unkündbarkeit = NZA 2015, 668; 10.5.2012 AP Nr. 426 zu § 613a BGB = NZA 2012, 1161.

[56] EuGH 26.9.2000 AP Nr. 30 zu EWG-Richtlinie Nr. 77/187 = NZA 2000, 1327; BAG 25.1.2001 AP Nr. 215 zu § 613a BGB = NZA 2001, 840.

[57] BAG 8.5.2001 AP Nr. 219 zu § 613a BGB = NZA 2001, 1200 (Krankenhaus); 25.5.2000 AP Nr. 209 zu § 613a BGB = NZA 2000, 1115 (Krankenhaus); 20.3.1997 AP Nr. 24 zu Art. 13 Einigungsvertrag = NZA 1997, 1225 (Rundfunk); 7.9.1995 AP Nr. 131 zu § 613a BGB = NZA 1996, 424 (Schule).

[58] EuGH 14.9.2000 AP Nr. 29 zu EWG-Richtlinie Nr. 77/187 = NZA 2000, 1279; 15.12.2005 AP Nr. 1 zu Richtlinie 2001/23/EG = NZA 2006, 29; BAG 25.9.2008 AP Nr. 355 zu § 613a BGB = NZA-RR 2009, 469 (Bewachung eines Truppenübungsplatzes).

[59] EuGH 11.12.2004 AP Nr. 37 zu EWG-Richtlinie Nr. 77/187 = NZA 2004, 1379.

[60] BAG 2.3.2006 AP Nr. 25 zu § 419 BGB Funktionsnachfolge = NZA 2006, 848; 8.5.2001 AP Nr. 215 zu § 613a BGB = NZA 2001, 1200; 26.8.1999 AP Nr. 197 zu § 613a BGB = NZA 2000, 371; 20.3.1997 AP Nr. 24 zu Art. 13 Einigungsvertrag = NZA 1997, 1225; 18.2.1976 AP Nr. 1 zu Saarland UniversitätsG.

[61] BAG 13.11.2002 AP Nr. 2 zu § 1 AVR Caritasverband = NZA 2004, 274; dazu *Campenhausen* FS Richardi, 2007, 861; *Reichold* FS Richardi, 2007, 943.

[62] BAG 25.1.2001 AP Nr. 215 zu § 613a BGB = NZA 2001, 840.

[63] EuGH 6.9.2011 AP Nr. 9 zu Richtlinie 2001/23/EG = NZA 2011, 1077; 29.7.2010 AP Nr. 5 zu Richtlinie 2001/23/EG = NZA 2010, 1014; 14.9.2000 AP Nr. 29 zu EWG-Richtlinie Nr. 77/187 = NZA 2000, 1279; BAG 22.5.2014 AP Nr. 452 zu § 613a BGB = NZA 2014, 1335.

[64] Vgl. etwa BAG 27.2.2020 AP Nr. 480 zu § 613a BGB = NZA 2020, 1303; 28.2.2019 AP Nr. 477 zu § 613a BGB = NZA 2019, 1279; EuGH 11.7.2018 AP Nr. 17 zu Richtlinie 2001/23/EG = NZA 2018, 1053; 26.11.2015 AP Nr. 11 zu Richtlinie 2001/23/EG = NZA 2016, 31.

[65] BAG 27.10.2005 AP Nr. 292 zu § 613a BGB = NZA 2006, 668.

nen zudem auch immaterielle Betriebsmittel wie Fertigungsverfahren und -lizenzen, Patente oder Software wirtschaftlich von Bedeutung sein. Bei Handels- und Dienstleistungsbetrieben ist in der Regel vorwiegend auf immaterielle Betriebsmittel abzustellen.[66] Kommt es für die Erledigung der Arbeiten vorrangig auf die menschliche Arbeitskraft an, spielt die Übernahme des Personals eine wesentliche Rolle (→ Rn. 21). In welcher Rechtsform die Einheit betrieben wird, ist unerheblich; auch eine Gewinnerzielungsabsicht ist nicht erforderlich. Ist das Substrat des Betriebs mit der Höchstpersönlichkeit der Tätigkeit des bisherigen Inhabers untrennbar verbunden, führt die Beendigung seiner Tätigkeit zum Ende der wirtschaftlichen Betätigung der Einheit, selbst wenn ein Nachfolger diese weiterführt.[67]

c) Materielle Aktiva. Zu den materiellen Aktiva zählen Grundstücke, Gebäude, Produkti- 18
onsanlagen bzw. -mittel, Rohstoffe sowie Halb- und Fertigfabrikate. Materielle Aktiva sind der Einheit zuzurechnen, selbst wenn sie nicht im Eigentum des Betriebsinhabers stehen. Erforderlich ist nur, dass der Betriebsinhaber sie aufgrund einer mit Dritten getroffenen Nutzungsvereinbarung zur Erfüllung seiner Betriebszwecke einsetzen kann, wobei die Nutzungsvereinbarung als Pacht, Nießbrauch oder als untypischer Vertrag ausgestaltet sein kann.[68] Ohne Bedeutung ist, ob das Eigentum an den eingesetzten Betriebsmitteln übertragen wird[69] oder die Betriebsmittel dem Erwerber zur eigenwirtschaftlichen Nutzung überlassen werden,[70] er also ohne Zweckbindung des Auftraggebers über die Betriebsmittel verfügen kann. Auch eine Übertragung der Betriebsmittel unter einer aufschiebenden Bedingung oder einem Rücktrittvorbehalt steht der Annahme eines Betriebsübergangs nicht entgegen, da der Erwerber zunächst über eine Nutzungsmöglichkeit verfügt.[71] Eine bloße Sicherungsübereignung der Betriebsmittel zur Sicherung eines Kredits bewirkt demgegenüber noch keinen Betriebsübergang, denn sie ändert im Allgemeinen nichts an der Nutzungsberechtigung des bisherigen Eigentümers.[72] Der Übernahme bzw. Nichtübernahme von unbedeutenden Betriebsmitteln kommt ebenfalls keine Bedeutung zu.[73]

Die Übertragung von materiellen Aktiva ist zwar nach Auffassung des EuGH ein **starkes** 19
Indiz für den Betriebsübergang,[74] jedoch ist der Übergang einer wirtschaftlichen Einheit auch ohne Übergang von Vermögensgegenständen möglich. Dies soll sogar für betriebsmittelgeprägte Einheiten gelten, wenn die wesentlichen sächlichen Betriebsmittel wegen rechtlicher, umweltrelevanter und technischer Vorgaben nicht vom Erwerber übernommen werden.[75] Bei dem Übergang einzelner sächlicher Betriebsmittel kommt vor allem der Fortführung der bisherigen Produktionsabläufe Bedeutung zu. Daher liegt ein Betriebsübergang nicht vor, wenn nur die sächlichen Betriebsmittel der übertragenen Einheit veräußert werden und deren bisheriger funktioneller Einsatz nicht fortgeführt wird. Führt der Erwerber mit den übernommenen Gegenständen die bisherige Produktion nur auf eine wesentlich geänderte Art und Weise weiter, spricht dies gleichfalls gegen einen Übergang[76] (zB Wechsel von Massenfertigung zu handwerklicher Einzelfertigung). Dies gilt im Ergebnis auch, wenn der Übernehmer die einzelnen übernommenen Produktionsmittel lediglich in seine bisherige Produktion eingliedert, ohne eine vom Veräußerer geschaffene Arbeitsorganisation zu übernehmen[77] oder ihre funktionelle Verknüpfung beizubehalten. Die Übernahme einzelner Betriebsmittel kann nur dann als Übernahme eines

[66] BAG 27.10.2005 AP Nr. 292 zu § 613a BGB = NZA 2006, 668.
[67] BAG 26.8.1999 AP Nr. 197 zu § 613a BGB = NZA 2000, 371 (Notar).
[68] BAG 22.7.2004 AP Nr. 274 zu § 613a BGB = NZA 2004, 1383.
[69] BAG 22.5.2014 AP Nr. 452 zu § 613a BGB = NZA 2014, 1335; 11.12.1997 AP Nr. 171 zu § 613a BGB = NZA 1998, 532; EuGH 20.11.2003 AP Nr. 34 zu EWG-Richtlinie Nr. 77/187 = NZA 2003, 1385.
[70] EuGH 15.12.2005 AP Nr. 1 zu Richtlinie 2001/23/EG = NZA 2006, 29; BAG 6.4.2006 AP Nr. 299 zu § 613a BGB = NZA 2006, 723.
[71] BAG 15.12.2005 AP Nr. 294 zu § 613a BGB = NZA 2006, 597.
[72] BAG 14.8.2007 AP Nr. 326 zu § 613a BGB = NZA 2007, 1428; 20.3.2003 NZA 2003, 1338.
[73] BAG 25.6.2009 AP Nr. 373 zu § 613a BGB = NZA 2009, 1412 (Callcenter); 6.4.2006 AP Nr. 299 zu § 613a BGB = NZA 2006, 723.
[74] EuGH 14.4.1994 AP Nr. 106 zu § 613a BGB = NZA 1994, 545.
[75] EuGH 27.2.2020 AP Nr. 24 zu Richtlinie 2001/23/EG = NZA 2020, 443 – Grafe und Pohle; krit. *Willemsen* jM 2020, 374; *Meyer* BB 2020, 1908.
[76] BAG 13.5.2004 AP Nr. 273 zu § 613a BGB; 16.5.2002 AP Nr. 237 zu § 613a BGB = NZA 2003, 93 (Schuhproduktion); 11.9.1997 AP Nr. 16 zu EWG-Richtlinie Nr. 77/187 = NZA 1998, 31 (Neuverpachtung einer Gaststätte).
[77] Vgl. BAG 6.4.2006 AP Nr. 303 zu § 613a BGB = NZA 2006, 1039 (Bistrowagen); 25.9.2003 AP Nr. 261 zu § 613a BGB = NZA 2004, 316 (Schießplatz).

Betriebsteils angesehen werden, wenn es sich hierbei um eine wirtschaftliche Einheit (→ Rn. 9) handelt.

20 **d) Immaterielle Aktiva.** Nach der Rspr. des EuGH ist u.a. auf den Wert der immateriellen Betriebsmittel abzustellen. Während bei Produktionsbetrieben regelmäßig die Übernahme der sächlichen Betriebsmittel durch den Betriebserwerber von Bedeutung ist, tritt bei Handels- oder Dienstleistungsunternehmen regelmäßig das Merkmal der immateriellen Betriebsmittel in den Vordergrund,[78] die für die Einführung des Unternehmens auf dem Markt kennzeichnend und damit für die Beibehaltung des bisherigen Kundenkreises von Bedeutung sind (zB „Know-how" und „Goodwill"). Die immateriellen Aktiva eines Unternehmens oder -teils können die materiellen Aktiva weit übersteigen.[79] Die Übernahme der immateriellen Betriebsmittel kann in der Übertragung von Gütezeichen, Warenzeichen und Firmennamen,[80] dem Eintritt in Liefer- und Abnahmeverträge[81] sowie in der Übernahme von Patent- und Gebrauchsmusterrechten, Vertriebsberechtigungen,[82] Geschäftspapieren,[83] und Kundenlisten bestehen.[84] Die Übernahme eines sog. Know-how-Trägers ist hingegen regelmäßig bei dem Merkmal „Übernahme der Belegschaft" zu berücksichtigen.[85] Der Umstand, dass der bisherige Name, unter dem der Betrieb geführt wird, geändert wird, steht der Wahrung seiner Identität nicht entgegen, wenn die Zielsetzung dieselbe bleibt.[86] Werden die vor dem Übergang beim Veräußerer aufgrund eines Dienst- oder Werkvertrags eingesetzten **„freien Mitarbeiter"** vom Veräußerer weiterbeschäftigt, spricht dies gleichermaßen für einen Betriebsübergang.

21 **e) Übernahme von Arbeitnehmern. aa) Die Belegschaft als Beurteilungskriterium.** Nach der früheren Auffassung des BAG zählten die AN nicht zu den Betriebsmitteln, da der Übergang der Arbeitsverhältnisse nicht beim Tatbestand berücksichtigt werden und zugleich Rechtsfolge der Vorschrift darstellen konnte.[87] Im Anschluss an die Rspr. des EuGH sieht das BAG nunmehr in den Einheiten, in denen es im Wesentlichen auf die menschliche Arbeitskraft ankommt und die ohne nennenswerte Vermögenwerte funktionieren, die Übernahme eines wesentlichen Teils der Hauptbelegschaft durch den Übernehmer als einen Umstand für einen Übergang an.[88] In welchem Rechtsverhältnis der Übernehmer die bisherigen AN nach der Übernahme (weiter-)beschäftigt, ist ohne Bedeutung.[89] Zu der Belegschaft gehören alle Personen, die ihre Dienste aufgrund weisungsabhängiger Arbeit erbringen (zu freien Mitarbeitern → Rn. 20). Hierzu zählen auch die zum Zeitpunkt der Übernahme im Betrieb eingesetzten Leiharbeitnehmer. Die fehlende unmittelbare Vertragsbeziehung zwischen Erwerber und dem Leiharbeitnehmer ist bei der Beurteilung des Merkmals „Übernahme der Belegschaft" ohne Bedeutung. Kann etwa der Erwerber eines betriebsmittelarmen Betriebs mit den übernommenen Stammarbeitnehmern sowie mit den weiterbeschäftigten Leiharbeitnehmern die gleichen Tätigkeiten wie der Veräußerer ausüben, kann dies zur Annahme eines Betriebsübergangs führen.[90]

22 **bb) Bedeutung.** Steht ein Betriebsübergang bereits aufgrund anderer Kriterien fest, ist der Übergang der Arbeitsverhältnisse der AN ohne Bedeutung für die Annahme eines Betriebsübergangs; insbesondere in betriebsmittelgeprägten Betrieben kann ein Betriebsübergang auch ohne die Übernahme des Personals vorliegen.[91] Der Übernahme oder Nichtübernahme von Personal kommt daher regelmäßig nur bei **betriebsmittelarmen Betrieben** – etwa im Dienstleistungs-

[78] BAG 28.4.1988 AP Nr. 74 zu § 613a BGB.
[79] ErfK/*Preis* BGB § 613a Rn. 23.
[80] BAG 16.2.2006 AP Nr. 300 zu § 613a BGB = NZA 2006, 794; 11.9.1997 AP Nr. 16 zu EWG-Richtlinie Nr. 77/187; 16.2.1993 AP Nr. 15 zu § 1 BetrAVG Betriebsveräußerung = NJW 1993, 2259.
[81] BAG 15.2.2007 AP Nr. 320 zu § 613a BGB = NZA 2007, 793; 10.6.1988 AP Nr. 82 zu § 613a BGB.
[82] EuGH 7.3.1996 AP Nr. 9 zu EWG-Richtlinie Nr. 77/187 = NZA 1996, 413.
[83] BAG 22.2.1978 AP Nr. 11 zu § 613a BGB.
[84] BAG 15.5.1985 AP Nr. 41 zu § 613a BGB = NZA 1985, 736.
[85] Dazu BAG 9.2.1994 AP Nr. 104 zu § 613a BGB = NZA 1994, 612.
[86] BAG 21.8.2008 AP Nr. 353 zu § 613a BGB = NZA 2009, 29 (Hotelname).
[87] BAG 22.5.1985 AP Nr. 42 zu § 613a BGB.
[88] BAG 25.8.2016 BB 2016, 2163; krit. dazu *Schipp* NZA 2013, 238.
[89] BAG 18.2.1999 AP Nr. 5 zu § 325 ZPO = NZA 1999, 648.
[90] EuGH 13.9.2007 AP Nr. 2 zu Richtlinie 2001/23/EG = NZA 2007, 1151.
[91] EuGH 20.11.2003 AP Nr. 34 zu EWG-Richtlinie Nr. 77/187 = NZA 2003, 1385; BAG 22.8.2013 AP Nr. 444 zu § 613a BGB; 6.4.2008 AP Nr. 303 zu § 613a BGB = NZA 2006, 1039; 22.7.2004 AP Nr. 274 zu § 613a BGB = NZA 2004, 1383.

bereich – eine für den Tatbestand des Betriebsübergangs bestimmende Bedeutung zu[92] (zur Funktionsnachfolge → Rn. 12). Dies kann etwa bei Bewachungs-[93] und Reinigungsunternehmen,[94] Haus- und Grundstücksverwaltungen[95] oder einem Callcenter[96] der Fall sein. Unerheblich ist, in welchem Rechtsverhältnis der Übernehmer die bisherigen AN nach der Übernahme weiterbeschäftigt.[97] Problematisch sind Fallgestaltungen, in denen die Gemeinschaft von materiellen und immateriellen Betriebsmitteln einerseits sowie der Belegschaft andererseits lediglich formell aufgehoben wird. Übernimmt etwa ein Unternehmen die Mehrzahl der AN eines betriebsmittelgeprägten Unternehmens und stellt sie anschließend dem Erwerber der materiellen Betriebsmittel im Wege einer nicht gewerbsmäßigen Arbeitnehmerüberlassung zur Arbeitsleistung zur Verfügung, liegt hierin kein Betriebsübergang auf das Verleihunternehmen.[98] Allerdings dürften in einem solchen Fall die Voraussetzungen des § 613a BGB gegenüber dem Erwerber der materiellen Betriebsmittel gegeben sein. Es ist ausreichend, dass dieser das Direktionsrecht gegenüber der bisherigen Belegschaft ausüben kann und insoweit in die Arbeitgeberstellung eintritt; die Zwischenschaltung eines Verleihers als Vertragsarbeitgeber ist daher ohne Bedeutung. Dies gilt gleichermaßen, wenn der Erwerber die AN mit Spezialwissen (→ Rn. 22) nicht in ein Arbeitsverhältnis übernimmt, diese aber aufgrund von Absprachen für ihn tätig werden.[99]

cc) Gegenstand der betrieblichen Tätigkeit. Nach der Rspr. des BAG hängt es grundsätzlich vom Gegenstand der betrieblichen Tätigkeit ab, welcher Bedeutung der Übernahme von Personal im Rahmen der Gesamtwürdigung für die Annahme eines Betriebsübergangs zukommt. So kann in Branchen, in denen es im Wesentlichen auf die menschliche Arbeitskraft ankommt, eine durch eine gemeinsame Tätigkeit dauerhaft verbundene Gesamtheit von AN eine wirtschaftliche Einheit darstellen, wenn der Übernehmer nicht nur die betreffende Tätigkeit weiterführt, sondern auch einen nach Zahl und Sachkunde wesentlichen Teil des Personals übernimmt, das sein Vorgänger gezielt bei dieser Tätigkeit eingesetzt hatte.[100] Bei solchen betriebsmittelarmen Strukturen bildet die Belegschaft das Substrat der übernommenen Einheit. Es spricht daher für die Wahrung ihrer Identität, wenn der neue Auftragnehmer den Großteil der AN an seinen bisherigen Arbeitsplätzen mit unveränderten Aufgaben weiter beschäftigt.[101] Als wesentlichen Teil des Personals sieht das BAG dabei einen Anteil von mehr als 75% an, ohne sich allerdings genau festzulegen.[102] Ein besonderes Fachwissen der übernommenen AN ist nicht erforderlich, wenn für die betriebliche Tätigkeit ein geringer Qualifikationsgrad der AN genügt und diese leicht austauschbar sind.[103] Dies betrifft insbesondere Tätigkeiten aus dem Bereich Catering,[104] Gebäudereinigung[105] und Bewachung.[106] Ist ein Betrieb hingegen stärker durch das Spezialwissen[107] (Know-how) und die Qualifikation der AN geprägt, kann es – neben anderen Kriterien – für § 613a I BGB ausreichen, dass wegen ihrer Sachkunde entweder einzelne oder größere Teile der Belegschaft übernommen werden;[108] entscheidend ist, ob der weiterbeschäftigte Belegschaftsteil insbesondere aufgrund seiner Sachkunde, seiner Organisationsstruktur und nicht zuletzt auch seiner relativen Größe im Grundsatz funktionsfähig bleibt.[109] Die Übernahme 23

[92] BAG 22.7.2004 AP Nr. 274 zu § 613a BGB = NZA 2004, 1383.
[93] BAG 25.9.2008 AP Nr. 355 zu § 613a BGB = NZA-RR 2009, 469.
[94] BAG 22.1.2009 AP Nr. 367 zu § 613a BGB = NZA 2009, 905.
[95] BAG 15.11.2012 AP Nr. 439 zu § 613a BGB.
[96] BAG 25.6.2009 AP Nr. 373 zu § 613a BGB = NZA 2009, 1412.
[97] Vgl. BAG 19.3.2015 EzA Nr. 34 zu § 17 KSchG; 22.5.2014 AP Nr. 452 zu § 613a BGB = NZA 2014, 1335.
[98] BAG 23.9.2010 AP Nr. 389 zu § 613a BGB = NZA 2011, 197.
[99] Dazu *Fuhlrott* NZA 2013, 183.
[100] BAG 19.3.2015 AP Nr. 461 zu § 613a BGB; 23.9.2010 AP Nr. 389 zu § 613a BGB = NZA 2011, 197.
[101] Nach *Schipp* NZA 2013, 238 reicht bereits die Fortführungsabsicht aus.
[102] BAG 24.5.2005 NZA 2006, 31 (60%); 10.12.1998 AP Nr. 187 zu § 613a BGB = NZA 1999, 420 (75%); 11.12.1997 AP Nr. 172 zu § 613a BGB = NZA 1998, 534 (85%).
[103] BAG 11.12.1997 AP Nr. 172 zu § 613a BGB = NZA 1998, 534.
[104] EuGH 20.11.2003 AP Nr. 34 zu EWG-Richtlinie Nr. 77/187 = NZA 2003, 1385; BAG 25.5.2000 – 8 AZR 337/99; 11.12.1997 AP Nr. 171 zu § 613a BGB = NZA 1998, 532.
[105] EuGH 11.3.1997 AP Nr. 14 zu EWG-Richtlinie Nr. 77/187; BAG 24.5.2005 NZA 2006, 31; 11.12.1997 AP Nr. 172 zu § 613a BGB = NZA 1998, 534; 13.11.1997 AP Nr. 169 zu § 613a BGB = NZA 1998, 251.
[106] BAG 25.9.2008 AP Nr. 355 zu § 613a BGB = NZA 2010, 64; 17.9.1998 – 8 AZR 276/97; 14.5.1998 NZA 1999, 483; 22.1.1998 AP Nr. 174 zu § 613a BGB = NZA 1998, 638.
[107] BAG 11.9.1997 AP Nr. 16 zu EWG-Richtlinie Nr. 77/187 = NZA 1998, 31.
[108] BAG 21.6.2012 NZA-RR 2013, 6; 11.12.1997 AP Nr. 172 zu § 613a BGB = NZA 1998, 534.
[109] BAG 21.6.2012 BB 2012, 2687 (IT-Servicebetrieb).

der Hauptbelegschaft ist in diesem Fall nicht erforderlich. Bei Dienstleistungsbetrieben ist deshalb auch bei einem Unterschreiten der 75%-Grenze ein Betriebsübergang anzunehmen, wenn der Erwerber die maßgeblichen AN mit Spezialwissen (zB Vorarbeiter, Arzthelferinnen, IT-Servicetechniker, EDV-Servicemitarbeiter oder Führungskräfte) übernimmt.[110] Ausnahmsweise kann die bisherige Arbeitsorganisation auch durch das in der Organisationsstruktur verkörperte besondere Erfahrungswissen der AN und deren Aufgabenzuweisung geprägt sein.[111] In diesen Fällen dürfte sogar die Übernahme einiger weniger AN ausreichen, wenn diese das Know-how der Einheit verkörpern[112] (zB besonders spezialisierte Softwareentwickler in einem EDV-Unternehmen).

24 **f) Übergang der Kundschaft.** Die Entwicklung der Kundenbeziehungen ist bei der erforderlichen Gesamtwürdigung für die Annahme eines Übergangs nach § 613a I BGB ebenfalls von Bedeutung. Gehen die bestehenden, vertraglich ausgestalteten Kundenbeziehungen des Veräußerers der Einheit auf den Erwerber über, ist dies ein Indiz für den Übergang der Einheit.[113] Übernimmt der Erwerber den durch Verträge gebundenen Kundenstamm des Veräußerers nicht oder nur in geänderter Form, spricht dies eher gegen den Übergang der Einheit.[114] Nicht einfach zu beurteilen ist das Merkmal, wenn der Kundenstamm nicht vertraglich an die Einheit gebunden ist, sondern die Geschäftsbeziehung erst aufgrund eines Willensentschlusses des Kunden, dh auf seine Initiative hin, mit der Einheit zustande kommt. Dies ist insbesondere bei Einzelhandelsgeschäften der Fall, deren Kundenstamm sich im Wesentlichen aus sog. Laufkundschaft rekrutiert. Bei deren Schließung und Neueröffnung berücksichtigt das BAG stattdessen, ob die regelmäßig durch Geschäftslage, Warensortiment und Betriebsform geprägten Kundenbeziehungen erhalten bleiben können.[115] Gleiches gilt für eine Krankenhauskantine, deren Kunden aufgrund der räumlichen Nähe die Angestellten und Patienten des Krankenhauses sind.[116] Die bloße Übernahme der Kundenbeziehungen durch die Konzernmutter führt hingegen nicht zu einem Betriebsübergang, wenn diese nunmehr ihrerseits das Tochterunternehmen mit der Durchführung der bisher bereits erbrachten Tätigkeiten beauftragt.[117] Wird der Übernehmer den Kunden gegenüber nicht selbst werbend tätig und sind die Kundenbeziehungen nicht langfristig angelegt, ist die Identität des Kundenstamms ohne Bedeutung.[118]

25 **g) Ähnlichkeit der Tätigkeiten.** Für einen Übergang der Einheit spricht es, wenn die vor und nach dem Übergang verrichteten betrieblichen Tätigkeiten gleich oder im Wesentlichen gleich geblieben sind. Die Ähnlichkeit der Tätigkeit bestimmt sich dabei vorrangig nach dem betriebstechnischen Zweck der Einheit, ihrer Betriebsmethoden sowie ihrer Organisationsstruktur.[119] Trennscharfe Abgrenzungskriterien hierzu sind freilich bisher noch nicht entwickelt worden. Liegen die Voraussetzungen des § 111 S. 3 Nr. 4 BetrVG vor (→ § 244 Rn. 19), dürfte es an der erforderlichen Ähnlichkeit fehlen. Auch die Fortführung eines Betriebs mit deutlich reduzierter Belegschaft lässt den Schluss darauf zu, dass die bisherigen Arbeitsabläufe und die Organisation maßgeblich verändert wurden.[120] Bei Produktionsbetrieben folgt die Ähnlichkeit der Tätigkeit vor und nach der Übernahme regelmäßig aus den übernommenen sächlichen und immateriellen Betriebsmitteln. Bei Dienstleistungsbetrieben ist ausschlaggebend, ob sich die Tätigkeit des Erwerbers aufgrund einer identischen oder zumindest vergleichbaren Geschäftsidee verwirklicht und sich an den gleichen Kundenkreis wendet.[121] Dabei kann ein Betriebsübergang auch vorliegen, wenn das neue Unternehmen das Service-Angebot erweitert und deshalb eine Fortbildung der übernommenen Mitarbeiter nötig wird.[122] Hingegen kann eine grundsätzliche Konzep-

---

110 BAG 21.6.2012 NZA-RR 2013, 6 (IT-Servicebetrieb); 22.6.2011 AP Nr. 408 zu § 613a BGB (Arztpraxis); 14.5.1998 NZA 1999, 483.

111 ErfK/*Preis* BGB § 613a Rn. 28 f.

112 BAG 9.2.1994 AP Nr. 104 zu § 613a BGB = NZA 1994, 612.

113 EuGH 7.3.1996 AP Nr. 9 zu EWG-Richtlinie Nr. 77/187 = NZA 1996, 413; 8.5.2019 AP Nr. 20 zu Richtlinie 2001/23/EG.

114 BAG 13.5.2004 AP Nr. 273 zu § 613a BGB.

115 BAG 2.12.1999 AP Nr. 188 zu § 613a BGB = NZA 2000, 369.

116 EuGH 20.11.2003 AP Nr. 34 zu EWG-Richtlinie Nr. 77/187 = NZA 2003, 1385; aA bei der Neuvergabe eines Catering-Vertrags BAG 11.12.1997 AP Nr. 171 zu § 613a BGB = NZA 1998, 532.

117 BAG 14.8.2007 AP Nr. 326 zu § 613a BGB = NZA 2007, 1428.

118 BAG 22.1.1998 AP Nr. 173 zu § 613a BGB = NZA 1998, 536 (technischer Kundendienst im Kaufhaus).

119 BAG 25.9.2003 AP Nr. 261 zu § 613a BGB = NZA 2004, 316 (Schießplatz).

120 BAG 27.4.2000 – 8 AZR 260/99.

121 BAG 16.7.1998 NZA 1998, 1233 (gewerkschaftliches Ferienheim/Hotel); 11.9.1997 AP Nr. 16 zu EWG-Richtlinie Nr. 77/187 = NZA 1998, 31 (gutbürgerliche Küche/arabische Speisen mit Bauchtanz).

122 BAG 25.6.2009 AP Nr. 373 zu § 613a BGB = NZA 2009, 1412.

tänderung bei der Herstellung der angebotenen Waren einem Betriebsübergang entgegenstehen.[123] Bei einer Betriebsverlegung geht die Ähnlichkeit der betrieblichen Tätigkeit nicht verloren, wenn der Erwerber eines Produktionsbetriebs Betriebsmittel verlagert und an einem anderen Ort mit gleicher Arbeitsorganisation und gleichen Betriebsmethoden die Produktion weiterführt.[124] Die räumliche Entfernung zwischen alter und neuer Betriebsstätte steht der Annahme eines Betriebsübergangs dabei nicht entgegen, sofern diese nicht derart erheblich ist, dass Zweifel an der identitätswahrenden Übertragung bestehen.[125] Eine Wegstrecke von der alten zur neuen Betriebsstätte von weniger als einer Autostunde hat das BAG als unschädlich angesehen.[126] Bei Dienstleistungsbetrieben, die von der örtlichen Lage der Einheit abhängen, wird hingegen ein Ortswechsel, der sich auf die Zusammensetzung des Kundenstamms nicht nur unwesentlich auswirkt, regelmäßig gegen einen Übergang sprechen.[127]

h) Unterbrechungsdauer. Das Merkmal der Unterbrechungsdauer grenzt den Übergang einer Einheit von ihrer Stilllegung ab. Betriebsübergang und Betriebsstilllegung schließen sich gegenseitig aus.[128] Kommt es nach einer endgültig geplanten und schon eingeleiteten oder bereits durchgeführten Betriebsstilllegung zu einer unerwarteten späteren Betriebsfortführung, führt dies nicht zum (nachträglichen) Übergang der Einheit;[129] in Betracht kommt dann allerdings ein Wiedereinstellungsanspruch der gekündigten AN (→ § 146 Rn. 8).[130] Gleiches gilt, wenn sich der AG bei einer bereits eingeleiteten Betriebsstilllegung eine Betriebsveräußerung vorbehält. An einem endgültigen Entschluss zur Betriebsstilllegung fehlt es hingegen, wenn der AG im Zeitpunkt der Kündigung noch in Verhandlungen über eine Veräußerung des Betriebs steht und dennoch kündigt. Unschädlich sind zeitlich kurze Unterbrechungen oder solche, in denen die Betriebstätigkeit der Einheit auch ohne den Erwerberwechsel geruht hätte. Dies ist der Fall bei Saisonbetrieben[131] oder zB während Wartungsarbeiten. Wird die Geschäftstätigkeit der Einheit für eine wirtschaftlich erhebliche Zeitspanne eingestellt, steht dies ihrem Übergang entgegen. Als wirtschaftlich erheblich hat das BAG eine Unterbrechung der Geschäftstätigkeit für einen die längste gesetzliche Kündigungsfrist (§ 622 II BGB) übersteigenden Zeitraum angesehen.[132] Bei Dienstleistungsbetrieben kann dieser Zeitraum kürzer sein. Maßgeblich ist, ob sich die Kunden der bisherigen Einheit in der Unterbrechungszeit neu orientieren und nach Wiederaufnahme des Geschäftsbetriebs neu gewonnen werden müssen.[133] 26

5. Rechtsprechungsübersicht. Die maßgeblichen Entscheidungen des BAG und des EuGH zum Tatbestand des Betriebsübergangs sind im Folgenden noch einmal nach Stichworten sortiert wiedergegeben: **Abwasserentsorgung/Trinkwasserversorgung:** BAG 7.4.2011 AP Nr. 406 zu § 613a BGB = NZA 2011, 1231; **Anzeigengeschäft:** BAG 28.5.2009 AP Nr. 370 zu § 613a BGB = NZA 2009, 1267; **Arbeitsvermittlung nach dem SGB II:** BAG 22.5.2014 MDR 2014, 1212; **Armaturenfertigung:** BAG 25.5.2000 – 8 AZR 335/99; **Arztpraxis:** BAG 22.6.2011 AP Nr. 408 zu § 613a BGB = NZA-RR 2012, 119; **Auslieferungslager (medizinische Hilfsmittel):** BAG 18.12.2003 AP Nr. 263 zu § 613a BGB = NZA 2004, 791; **Banken:** EuGH 8.5.2019 AP Nr. 20 zu Richtlinie 2001/23/EG; **Berufliche Fortbildung:** BAG 18.2.1999 AP Nr. 5 zu § 325 ZPO = NZA 1999, 648; **Bereedern eines Forschungsschiffs:** BAG 2.3.2006 AP Nr. 302 zu § 613a BGB = NZA 2006, 1105; **Bestückung von Zeitungen:** BAG 6.4.2006 AP Nr. 299 zu § 613a BGB = NZA 2006, 723; **Betriebskantine:** BAG 17.12.2009 AP Nr. 383 zu § 613a BGB = NZA 2010, 499; 25.5.2000 – 8 AZR 337/99; **Bewachungs- und Sicherheitsgewerbe:** EuGH 19.10.2017 AP Nr. 16 zu Richtlinie 2001/23/EG = NZA 2017, 1379; BAG 23.5.2013 AP Nr. 441 zu § 613a BGB = DB 2013, 2336; 15.12.2011 AP Nr. 423 zu § 613a BGB = NZA-RR 2013, 179; 25.9.2008 AP Nr. 355 zu § 613a BGB = NZA-RR 2009, 469; 17.9.1998 – 8 AZR 276/97; 14.5.1998 – 8 AZR 328/96; **Bistrobewirtschaftung/Bahn:** BAG 6.4.2006 AP Nr. 303 26a

[123] BAG 17.12.2009 AP Nr. 383 zu § 613a BGB = NZA 2010, 499 (Caterer: frische Zubereitung der Speisen vor Ort/Aufwärmen und Ausgeben von vorgefertigten Speisen).

[124] BAG 16.5.2002 AP Nr. 237 zu § 613a BGB = NZA 2003, 93.

[125] BAG 25.5.2011 AP Nr. 409 zu § 613a BGB = NZA 2011, 1143; 13.11.1997 – 8 AZR 435/95.

[126] BAG 25.5.2011 AP Nr. 409 zu § 613a BGB = NZA 2011, 1143.

[127] BAG 2.12.1999 AP Nr. 188 zu § 613a BGB = NZA 2000, 369.

[128] StRspr des BAG, zB BAG 25.6.2009 AP Nr. 373 zu § 613a BGB = NZA 2009, 1412; 13.6.2006 AP Nr. 305 zu § 613a BGB = NZA 2006, 1101.

[129] BAG 16.5.2002 AP Nr. 237 zu § 613a BGB = NZA 2003, 93.

[130] BAG 13.11.1997 AP Nr. 169 zu § 613a BGB = NZA 1998, 251.

[131] EuGH 17.12.1987 EuGHE I 87, 5465.

[132] BAG 22.5.1997 AP Nr. 154 zu § 613a BGB = NZA 1997, 1050.

[133] BAG 11.9.1997 AP Nr. 16 zu EWG-Richtlinie Nr. 77/187 = NZA 1998, 31.

zu § 613a BGB = NZA 2006, 1039; **Bodenpersonal/Flughafen:** BAG 16.5.2007 AP Nr. 64 zu § 111 BetrVG 1972 = NZA 2007, 1296; **Bowling-Anlage:** BAG 3.7.1986 AP Nr. 53 zu § 613a BGB = NZA 1987, 123; **Buchhaltung:** BAG 11.12.1997 – 8 AZR 699/96; **Buslinien:** EuGH 25.1.2001 NZA 2001, 249; **Callcenter:** BAG 25.6.2009 AP Nr. 373 zu § 613a BGB = NZA 2009, 1412; **Catering:** BAG 25.5.2000 – 8 AZR 337/99; 11.12.1997 AP Nr. 171 zu § 613a BGB = NZA 1998, 542; **Dachdecker:** BAG 26.7.2007 AP Nr. 324 zu § 613a BGB = NZA 2008, 112; **Depotverwaltung:** BAG 27.7.1994 AP Nr. 118 zu § 613a BGB = NZA 1998, 222; 14.7.1994 NZA 1995, 27; **Dienstleistungsauftrag/Verwaltung:** BAG 27.10.2005 AP Nr. 293 zu § 613a BGB = NZA 2006, 263; **Druckerei:** BAG 15.12.2005 AP Nr. 294 zu § 613a BGB = NZA 2006, 597; 10.12.1998 – 8 AZR 763/97; **EDV-Dienstleistungen:** BAG 24.4.1997 NZA 1998, 253; **Einzelhandel:** BAG 12.11.1998 AP Nr. 186 zu § 613a BGB = NZA 1999, 310 (Bekleidung); 30.10.1986 AP Nr. 58 zu § 613a BGB = NZA 1987, 382; 2.12.1999 AP Nr. 188 zu § 613a BGB = NZA 2000, 369; **Facility Management:** BAG 26.4.2015 AP Nr. 7 zu § 626 BGB Unkündbarkeit = NZA 2015, 668; **Film- und Bilddatenverarbeitung:** BAG 21.1.1999 – 8 AZR 287/98; **Finanzdienstleistungen:** EuGH 8.5.2019 AP Nr. 20 zu Richtlinie 2001/23/EG; **Fluggast- und Gepäckkontrolle:** EuGH 15.12.2005 AP Nr. 1 zu Richtlinie 2001/23/EG = NZA 2006, 29; **Fluggesellschaft:** EuGH 9.9.2015 EuZW 2016, 111; BAG 27.2.2020 AP Nr. 480 zu § 613a BGB = NZA 2020, 1303; 14.5.2020 AP Nr. 57 zu § 17 KSchG 1969 = NZA 2020, 1092; **Frauenhaus:** BAG 4.5.2006 AP Nr. 304 zu § 613a BGB = NZA 2006, 1096; **Frischelager:** BAG 14.8.2007 AP Nr. 326 zu § 613a BGB = NZA 2007, 1428; **Gaststätte:** BAG 11.9.1997 AP Nr. 16 zu EWG-Richtlinie Nr. 77/187 = NZA 1998, 31; **Gefahrstofflager:** BAG 22.7.2004 AP Nr. 274 zu § 613a BGB = NZA 2014, 1383; **Getränkehandel:** BAG 14.12.2000 – 8 AZR 220/00; **Grundsicherung für Arbeitsuchende:** BAG 16.4.2015 AP Nr. 2 zu § 6c SGB II = NZA 2015, 1008; **Grundstücksverwaltung:** BAG 18.3.1999 AP Nr. 190 zu § 613a BGB = NZA 1999, 869; **Hafenumschlag- und Stauereibetrieb:** BAG 22.8.2013 EzA Nr. 146 zu § 613a BGB 2002; **Handwerksbetrieb:** BAG 16.2.2006 AP Nr. 301 zu § 613a BGB = NZA 2006, 592; **Haushilfedienste:** EuGH 10.12.1998 NZA 1999, 189; **Hausverwaltung:** BAG 15.11.2012 AP Nr. 439 zu § 613a BGB = NJW 2013, 2379; **Heimleitung/Sozialbetreuung:** BAG 22.10.1998 – 8 AZR 458/97; **Hol- und Bringdienste:** BAG 10.12.1998 AP Nr. 187 zu § 613a BGB = NZA 1999, 420; **Hotel:** BAG 18.8.2011 AP Nr. 412 zu § 613a BGB = NZA 2012, 267; 21.8.2008 AP Nr. 353 zu § 613a BGB = NZA 2009, 29; 21.2.2008 AP Nr. 343 zu § 613a BGB = NZA 2008, 825; 14.12.2000 – 8 AZR 694/99; **Instandhaltungsarbeiten:** 13.11.1997 – 8 AZR 82/95; **IT-Service-Betrieb:** BAG 21.6.2012 AP Nr. 434 zu § 613a BGB = NZA-RR 2013, 6; **Jugendwohnheim:** BAG 23.9.1999 – 8 AZR 750/98; **Kaufmännische Verwaltung:** BAG 24.8.2006 AP Nr. 315 zu § 613a BGB; **Kinderheim:** 19.3.2009 AP Nr. 369 zu § 613a BGB = NZA 2009, 1091; **Kindertagesstätte:** BAG 20.3.2014 AP Nr. 450 zu § 613a BGB = NZA 2014, 1095; 19.3.2009 AP Nr. 369 zu § 613a BGB = NZA 2009, 1091; 14.9.1994 EzA Nr. 36 zu § 103 BetrVG 1972; **Kfz-Handel:** BAG 18.3.1999 AP Nr. 189 zu § 613a BGB = NZA 1999, 704; **Kommissionsbetrieb:** BAG 29.6.2000 – 8 AZR 520/99; **Konditorei-Café:** BAG 26.2.1987 AP Nr. 63 zu § 613a BGB = NZA 1987, 589; **Konzerninterne Übertragung:** EuGH 2.12.1999 AP Nr. 28 zu EWG-Richtlinie Nr. 77/187 = NZA 2000, 587; **Krankenhaus:** BAG 8.5.2001 AP Nr. 219 zu § 613a BGB = NZA 2001, 1200; 25.5.2000 AP Nr. 209 zu § 613a BGB = NZA 2000, 1115; 4.6.1998 – 8 AZR 644/96; 15.11.1990 – 2 AZR 232/90; 31.5.1990 ZTR 1991, 33; **Krankenhausküche:** EuGH 20.11.2003 AP Nr. 34 zu EWG-Richtlinie Nr. 77/187 = NZA 2003, 1385; **Lagerbetrieb:** BAG 13.12.2007 AP Nr. 341 zu § 613a BGB = NZA 2008, 1021; **Lastkraftwagen:** BAG 26.8.1999 AP Nr. 196 zu § 613a BGB = NZA 2000, 144; 3.9.1998 NZA 1999. 147; **Leiharbeitsunternehmen:** EuGH 13.9.2007 AP Nr. 2 zu Richtlinie 2001/23/EG = NZA 2007, 1151; BAG 12.12.2013 AP Nr. 447 zu § 613a BGB = NZA 2014, 436; **Lokalredaktion:** BAG 19.3.2015 EzA Nr. 34 zu § 17 KSchG; **Maschinenherstellung/-vertrieb:** BAG 28.4.2011 – 8 AZR 709/09; 23.9.2010 AP Nr. 389 zu § 613a BGB = NZA 2011, 197; **Metzgerei:** BAG 22.10.2009 AP Nr. 16 zu § 115 SGB X = NZA-RR 2010, 660; **Mietshaus:** BAG 19.3.1992 – 2 AZR 396/91; 16.10.1987 AP Nr. 69 zu § 613a BGB; **Militärische Liegenschaft:** BAG 25.9.2003 AP Nr. 261 zu § 613a BGB = NZA 2004, 316; **Modefachgeschäft:** BAG 22.5.1997 AP Nr. 154 zu § 613a BGB = NZA 1997, 1050; **Möbelauslieferung und -montage:** BAG 22.1.1998 – 8 AZR 623/96; **Möbeleinzelhandel:** BAG 13.7.2006 NZA 2006, 1357; **Müllsortieranlage:** BAG 27.9.2007 AP Nr. 313 zu § 613a BGB = NZA 2008, 1130; **Notariat:** BAG 26.8.1999 AP Nr. 197 zu § 613a BGB = NZA 2000, 371; **Objektschutz:** 22.1.2015 AP Nr. 460 zu § 613a BGB = NZA 2015, 1325;

Öffentliche Verwaltung: BAG 20.3.1997 AP Nr. 24 zu Art. 13 Einigungsvertrag = NZA 1997, 1225; 20.3.1997 – 8 AZR 404/95; **Personenkontrolle/Flughafen:** BAG 13.6.2006 AP Nr. 305 zu § 613a BGB = NZA 2006, 1101; **Planungsbüro:** BAG 9.2.1994 AP Nr. 104 zu § 613a BGB = NZA 1994, 612; **Produktionsbetrieb:** BAG 22.9.1994 AP Nr. 117 zu § 613a BGB = NZA 1995, 165; **Produktion/Handel von Design-Modellen:** BAG 31.1.2008 AP Nr. 339 zu § 613a BGB; **Rechtsanwaltskanzlei:** BAG 30.10.2008 AP Nr. 358 zu § 613a BGB = NZA 2009, 485; 23.10.2008 AP Nr. 43 zu § 23 KSchG 1969; **Reinigungsdienste:** EuGH 20.1.2011 AP Nr. 8 zu Richtlinie 2001/23/EG = NZA 2011, 148; 24.1.2002 AP Nr. 32 zu EWG-Richtlinie Nr. 77/187 = NZA 2002, 265; 10.12.1998 NZA 1999, 253; 11.3.1997 AP Nr. 14 zu EWG-Richtlinie Nr. 77/187 = NZA 1997, 433; 14.4.1994 AP Nr. 106 zu § 613a BGB = NZA 1994, 545; BAG 21.5.2008 AP Nr. 354 zu § 613a BGB = NZA 2009, 144; 24.5.2005 NZA 2006, 31; 18.2.1999 – 8 AZR 500/97; 10.12.1998 – 8 AZR 264/98; 19.3.1998 – 8 AZR 737/96; 11.12.1997 NZA 1999, 486; 13.11.1997 AP Nr. 169 zu § 613a BGB = NZA 1998, 251; **Rettungsdienst:** BAG 25.8.2016 AP Nr. 466 zu § 613a BGB; 25.8.2015 BB 2016, 2163; **Rundfunk:** BAG 18.1.1996 – 8 AZR 672/94; **Schießplatz:** BAG 25.9.2003 AP Nr. 261 zu § 613a BGB = NZA 2004, 316; **Schlacht- und Zerlegearbeiten:** BAG 29.3.2007 – 8 AZR 474/06; 9.2.1994 AP Nr. 105 zu § 613a BGB = NZA 1994, 686; **Schuhproduktion:** BAG 13.5.2004 AP Nr. 273 zu § 613a BGB; 16.5.2002 AP Nr. 237 zu § 613a BGB = NZA 2003, 93; **Schule/Schulungsbetrieb:** BAG 21.1.1999 – 8 AZR 680/97; 22.10.1998 – 8 AZR 752/96; **Schwimmtraining:** BAG 5.2.2004 NZA 2004, 845; **Sicherungsübereignung:** BAG 20.3.2003 NZA 2003, 1338; **Speditionsgewerbe:** BAG 2.2.1988 – 3 AZR 161/86; **Sprachkurse:** BAG 23.9.1999 – 8 AZR 614/98; **Tankstelle:** BAG 18.9.2014 AP Nr. 455 zu § 613a BGB = NZA 2015, 973; 17.8.2000 – 8 AZR 443/99; **Technische Dienstleistungen:** BAG 22.1.2009 AP Nr. 367 zu § 613a BG = NZA 2009, 905; 14.8.2007 AP Nr. 325 zu § 613a BGB = NZA 2007, 1431; **Technischer Kundendienst:** BAG 22.1.1998 AP Nr. 173 zu § 613a BGB = NZA 1998, 563; **Telecom Italia:** EuGH 6.3.2014 NZA 2014, 423 **Theater:** BAG 23.9.1999 – 8 AZR 135/99; **Tiernahrung:** BAG 23.9.1999 – 8 AZR 650/98; **Treuhandanstalt:** BAG 24.8.2006 AP Nr. 152 zu § 1 KSchG 1969 Betriebsbedingte Kündigung = NZA 2007, 1287; **Truppenübungsplatz:** BAG 27.4.2000 – 8 AZR 260/99; **Verpachtung:** EuGH 17.12.1987 Slg. 1987, 5465; BAG 27.4.1995 AP Nr. 128 zu § 613a BGB = NZA 1995, 1155; **Vertrieb:** BAG 16.7.1998 – 8 AZR 77/97; **Wareneingang:** BAG 17.4.2003 AP Nr. 253 zu § 613a BGB; **Warenauslieferung:** BAG 23.4.1998 – 8 AZR 665/96; **Werbe- und Informationstätigkeit f. Gemeinde:** BAG 26.9.2000 AP Nr. 30 zu EWG-Richtlinie Nr. 77/187 = NZA 2000, 1327; **Zementherstellung:** BAG 3.11.1998 – 3 AZR 484/97; **Ziegelwerk:** BAG 27.11.1986 – 2 AZR 706/85; **Zulieferung/Automobilindustrie:** BAG 18.8.2011 AP Nr. 414 zu § 613a BGB = NZA 2012, 152; **Zustelldienste:** BAG 15.3.2015 AP Nr 461 zu § 613a BGB; **Zwangsverwalter:** BAG 18.8.2011 AP Nr. 412 zu § 613a BGB = NZA 2012, 267.

III. Übergang auf den Betriebserwerber

1. Fortführung. Ein Betriebsübergang liegt nur vor, wenn der Erwerber die Einheit nach der Übernahme der betrieblichen Organisations- und Leitungsmacht auch tatsächlich fortführt.[134] Auf einen Übernahmewillen kommt es nicht an. Der bisherige Inhaber muss seine wirtschaftliche Betätigung in dem Betrieb einstellen und der Erwerber die Geschäftstätigkeit weiterführen oder wieder aufnehmen. Der Betriebsinhaberwechsel erfordert keine ausdrückliche Vereinbarung über die Übertragung der Leitungsmacht. Unerheblich ist auch, wenn schon bei Übernahme die Absicht bestand, den Erwerber später zu liquidieren; die Weiterverfolgung der übernommenen Tätigkeit muss nicht zeitlich unbegrenzt sein.[135] Die bloße Möglichkeit, die bisherige Tätigkeit unverändert fortzuführen, reicht hingegen nicht aus.[136] Ebenso liegt kein Betriebsübergang bei einer Übernahme der Betriebsmittel und einer sich unmittelbar anschließenden Stilllegung vor[137] (zu den Auswirkungen einer wesentlichen Änderung der betrieblichen Organisation → Rn. 11, 25). Die vorübergehende Fortführung der bisherigen Tätigkeit kann hingegen für einen Übergang der Einheit sprechen; wie viel 27

[134] BAG 6.2.1985 AP Nr. 44 zu § 613a BGB = NZA 1985, 735.
[135] BAG 27.2.2020 AP Nr. 480 zu § 613a BGB = NZA 2020, 1303; EuGH 13.6.2019 AP Nr. 23 zu Richtlinie 2001/23/EG = NZA 2019, 889 – Ellinika Nafpigeia.
[136] BAG 18.3.1999 AP Nr. 189 zu § 613a BGB = NZA 1999,704.
[137] BAG 18.3.1999 AP Nr. 189 zu § 613a BGB = NZA 1999, 704.

Zeit zwischen Übernahme und Stilllegung liegen darf, ist höchstrichterlich indes noch nicht entschieden. Die Rückgabe einer Pachtsache an den Verpächter erfüllt für sich allein genommen noch nicht die Voraussetzungen des § 613a BGB. Führt der Verpächter den bisherigen Betrieb nicht weiter, liegt kein Betriebsübergang vor. Hingegen ist § 613a BGB gegeben, wenn der Verpächter den Betrieb zunächst mit dem Ziel weiter betreibt, einen neuen Pächter zu finden. Kommt es – etwa wegen fehlender Interessenten – dann nicht zur Neuverpachtung und entschließt sich der Verpächter erst daraufhin zur Stilllegung, führt dies nicht dazu, dass die Rechtsfolgen des § 613a BGB rückwirkend entfallen.

28 **2. Betriebsinhaberwechsel.** Ein Betriebsübergang kann nur gegeben sein, wenn der Inhaber des Betriebs wechselt. Der Erwerber muss an die Stelle des Veräußerers treten und die **Verantwortlichkeit** für die wirtschaftliche Einheit übernehmen. Dies erfordert, dass er die wirtschaftliche Einheit im eigenen Namen führt und nach außen als deren Inhaber auftritt. Der Veräußerer muss seine wirtschaftliche Betätigung im Betrieb bzw. Betriebsteil einstellen.[138] Nicht ausreichend ist es, lediglich im Verhältnis zur Belegschaft als Inhaber aufzutreten. Notwendig ist vielmehr eine umfassende Nutzung des Betriebs oder Betriebsteils nach außen.[139] Der Betriebsinhaberwechsel setzt nicht voraus, dass der Betriebserwerber den Betrieb auf eigene Rechnung führt und die gezogene Nutzung behalten darf; der Gewinn kann auch an einen anderen abgeführt werden.[140] Die bloße Übernahme der Personalverwaltung durch eine Konzerngesellschaft ist für die Übernahme der Leitungsmacht nicht ausreichend.[141]

29 **3. Maßgeblicher Zeitpunkt.** In zeitlicher Hinsicht ist entscheidend, wann die Verantwortung für den Betrieb der übertragenen Einheit vom Veräußerer auf den Erwerber übergeht.[142] Maßgeblich ist der Zeitpunkt, in dem der neue Inhaber die Geschäftstätigkeit tatsächlich weiterführt oder wieder aufnimmt; die bloße Möglichkeit zur Fortsetzung der Betriebstätigkeit genügt hingegen nicht. Einer besonderen Übertragung einer irgendwie gearteten Leitungsmacht bedarf es nicht. Der bisherige Inhaber muss seine wirtschaftliche Betätigung in dem Betrieb oder Betriebsteil einstellen;[143] durch vertragliche Regelungen kann hiervon nicht abgewichen werden.[144] Erfolgt die Übernahme der Betriebsmittel in mehreren Schritten, ist der Betriebsübergang jedenfalls in dem Zeitpunkt erfolgt, in dem die wesentlichen, zur Fortführung des Betriebs erforderlichen Betriebsmittel übergegangen sind und die Entscheidung über den Betriebsübergang nicht mehr rückgängig gemacht werden kann.[145] Dies kann dazu führen, dass es bei einer sukzessiven Übernahme der Betriebsmittel bzw. Belegschaft durch den Erwerber erst mit zeitlichem Abstand zu einem Betriebsübergang kommt. Eine Frist, bis zu deren Ablauf längstens die Übernahme der Betriebsmittel bzw. Belegschaft in die Prüfung eines Betriebsübergangs einzubeziehen ist, hat die Rspr. bisher nicht festgelegt.

IV. Rechtsgeschäft

30 **1. Vorbemerkung.** § 613a I 1 BGB erfordert einen **rechtsgeschäftlichen Betriebs- bzw. Betriebsteilübergang.** Die Vorschrift stellt einen Auffangtatbestand dar, der alle Fälle der Betriebsnachfolge aufgrund eines Rechtsgeschäfts erfasst. Das Merkmal „Rechtsgeschäft“ dient nach der Rspr. des BAG dabei nur dazu, den Betriebsübergang iSv § 613a I BGB von dem unmittelbar auf gesetzlicher Grundlage bzw. auf Grund eines Hoheitsaktes erfolgenden Übergang der Arbeitsverhältnisse abzugrenzen (→ Rn. 31).[146] Auch nach der Rspr. des EuGH schließt der Umstand, dass der Übergang auf einseitigen Entscheidungen staatlicher Stellen und nicht auf einer Willensübereinstimmung beruht, die Anwendung der Richtlinie RL 2001/23/EG nicht aus.[147]

[138] BAG 25.1.2018 NZA 2018, 933.
[139] BAG 25.1.2018 NZA 2018, 933; 15.12.2005 AP Nr. 294 zu § 613a BGB = NZA 2006, 597; 20.3.2003 NZA 2003, 1338.
[140] BAG 15.12.2005 AP Nr. 294 zu § 613a BGB = NZA 2006, 597.
[141] BAG 14.8.2007 AP Nr. 326 zu § 613a BGB = NZA 2007, 1428.
[142] EuGH 26.5.2005 AP Nr. 1 zu Richtlinie 77/187/EWG = NZA 2005, 681.
[143] BAG 21.2.2008 AP Nr. 343 zu § 613a BGB = NZA 2008, 825.
[144] BAG 2 6.3.1996 AP Nr. 148 zu § 613a BGB = NZA 1997, 94.
[145] BAG 15.12.2005 AP Nr. 294 zu § 613a BGB = NZA 2006, 597; 16.2.1993 AP Nr. 15 zu § 1 BetrAVG Betriebsveräußerung = NJW 1993, 2259.
[146] Vgl. nur BAG 18.8.2011 AP Nr. 412 zu § 613a BGB = NZA 2012, 267.
[147] EuGH 29.7.2010 AP Nr. 5 zu Richtlinie 2001/23/EG = NZA 2010, 1014; 14.9.2000 AP Nr. 29 zu EWG-Richtlinie Nr. 77/187 = NZA 2000, 1279; sehr weit EuGH 6.9.2011 AP Nr. 9 zu Richtlinie 2001/23/EG = NZA 2011, 1077.

2. Begriff. Der Begriff des Rechtsgeschäfts ist **umfassend zu verstehen.** Er erfasst alle Fälle, in denen die für den Betrieb verantwortliche natürliche oder juristische Person, die die Arbeitgeberverpflichtung gegenüber den AN eingeht, im Rahmen vertraglicher oder sonst rechtsgeschäftlicher Beziehungen wechselt. Maßgeblich ist, ob der Betriebserwerber durch Rechtsgeschäft die maßgeblichen Betriebsmittel erworben hat. Nicht erforderlich ist das Bestehen von unmittelbaren Vertragsbeziehungen zwischen dem bisherigen Inhaber und dem Erwerber (dazu → Rn. 32).[148] Ein Rechtsgeschäft liegt auch vor, wenn die zum Betrieb gehörenden materiellen oder immateriellen Betriebsmittel durch mehrere Übertragungsakte auf den Erwerber übertragen werden, der dadurch neuer Inhaber des Betriebs und zur Nutzung der Betriebsmittel berechtigt wird (zum Zeitpunkt → Rn. 29). Erforderlich ist die vollständige Übertragung der besitzrechtlichen Position des Veräußerers auf den Erwerber, wobei ein vor Ort tätiger Betriebsleiter als Besitzdiener des Erwerbers iSv § 855 BGB anzusehen ist.[149] Die Rechtsnatur des Vertrags, durch den die Betriebsmittel übertragen werden, ist ebenso ohne Bedeutung wie die Eigentumsverhältnisse an den Betriebsmitteln.[150] In Betracht kommen etwa Kauf, Schenkung, Einbringung in eine Gesellschaft,[151] Vermächtnis, Verpachtung,[152] Leasing oder Bestellung eines Nießbrauchs sowie eine Kombination mehrerer Rechtsgeschäftstypen. Ausreichend ist auch eine Übernahme durch Management-Buy-out oder Betriebsführungsvertrag. Die Übertragung von Sicherungseigentum stellt für sich allein dagegen keinen Betriebsübergang dar, da dadurch dem bisherigen Eigentümer nicht die Nutzungsmöglichkeit entzogen wird.[153] Da die willentliche Übernahme der Organisations- und Leitungsmacht durch den Erwerber für § 613a BGB ausreichend ist, schließt die Nichtigkeit des Rechtsgeschäfts einen Betriebsübergang ebenso wenig aus[154] wie ein vereinbartes Rücktrittsrecht oder eine aufschiebende Bedingung.[155] § 613a BGB ist auch im Verhältnis zwischen zwei Konzerngesellschaften[156] oder bei der Übertragung von Betriebsmitteln im Rahmen einer Liquidation anwendbar.[157] Erfolgt die Umstrukturierung von öffentlich-rechtlichen Rechtsträgern nicht durch Gesetz oder Hoheitsakt, kann auch eine öffentlich-rechtliche Verwaltungsvereinbarung (§ 54 VwVfG) Grundlage für die Übertragung von Betriebsmitteln sein;[158] daneben folgt die Anwendbarkeit von § 613a BGB aus § 62 S. 2 VwVfG. Ein Übergang durch Rechtsgeschäft ist zudem möglich, wenn die wirtschaftliche Einheit nach einem vorangegangenen öffentlichen Vergabeverfahren übertragen wird.[159] Zur Anwendbarkeit des § 613a BGB bei einer Spaltung, Verschmelzung oder Vermögensübertragung nach dem UmwG → § 116 Rn. 10 f. 31

Das Tatbestandsmerkmal des Rechtsgeschäfts iSd § 613a BGB erfordert nicht, dass der Betrieb oder Betriebsteil als Ganzes und unmittelbar durch ein einheitliches Rechtsgeschäft von dem Veräußerer auf den Erwerber übertragen wurde. Ein **unmittelbarer Vertragsschluss** zwischen Beiden ist **nicht notwendig.**[160] Ein rechtsgeschäftlicher Betriebsübergang liegt vielmehr auch dann vor, wenn der Übergang von dem früheren auf den neuen Betriebsinhaber rechtsgeschäftlich veranlasst wurde, sei es auch durch eine Reihe von verschiedenen Rechtsgeschäften oder durch rechtsgeschäftliche Vereinbarungen mit verschiedenen Dritten.[161] So reicht es aus, wenn der Erwerber die Betriebsmittel von den einzelnen Sicherungsnehmern erwirbt, um den Betrieb als Ganzes fortzusetzen.[162] Gleiches gilt, wenn der Betrieb aufgrund einer Vereinbarung von dem 32

---

[148] BAG 28.5.2009 AP Nr. 370 zu § 613a BGB = NZA 2009, 1267; 26.8.1999 AP Nr. 197 zu § 613a BGB = NZA 2000, 371.

[149] BAG 13.12.2007 AP Nr. 338 zu § 613a BGB (dafür ist die Verwendung der Betriebsmittel nach den tatsächlichen oder mutmaßlichen Anweisungen des Erwerbers erforderlich).

[150] BAG 15.12.2005 AP Nr. 294 zu § 613a BGB = NZA 2006, 597.

[151] BAG 20.6.2002 AP Nr. 10 zu § 113 InsO = NZA 2003, 318.

[152] BAG 26.2.1987 AP Nr. 59 zu § 613a BGB = NZA 1987, 419; 12.5.1976 AP Nr. 3 zu § 613a BGB.

[153] BAG 14.8.2007 AP Nr. 326 zu § 613a BGB = NZA 2007, 1428.

[154] BAG 6.2.1985 AP Nr. 44 zu § 613a BGB = NZA 1985, 735.

[155] BAG 31.1.2008 AP Nr. 339 zu § 613a BGB; 13.12.2007 AP Nr. 338 zu § 613a BGB.

[156] EuGH 2.12.1999 AP Nr. 28 zu EWG-Richtlinie Nr. 77/187 = NZA 2000, 587.

[157] EuGH 12.11.1998 AP Nr. 26 zu EWG-Richtlinie Nr. 77/187 = NZA 1999, 31; 12.3.1998 AP Nr. 19 zu EWG-Richtlinie Nr. 77/187 = NZA 1998, 529.

[158] BAG 7.9.1995 AP Nr. 131 zu § 613a BGB = NZA 1996, 424.

[159] BAG 10.5.2012 AP Nr. 426 zu § 613a BGB = NZA 2012, 1161; 2.3.2006 AP Nr. 302 zu § 613a BGB = NZA 2006, 1105.

[160] BAG 18.8.2011 AP Nr. 412 zu § 613a BGB = NZA 2012, 267; 11.12.1997 AP Nr. 172 zu § 613a BGB = NZA 1998, 534.

[161] BAG 15.2.2007 AP Nr. 320 zu § 613a BGB = NZA 2007, 793.

[162] BAG 22.7.2004 AP Nr. 274 zu § 613a BGB = NZA 2004, 1383; 21.2.1990 AP Nr. 85 zu § 613a BGB = NZA 1990, 567; 22.5.1985 AP Nr. 43 zu § 613a BGB = NZA 1985, 773.

bisherigen Pächter an den Verpächter zurückgegeben und anschließend durch einen Pachtvertrag an einen neuen Pächter verpachtet wird.[163] Die unterschiedlichen Rechtsgeschäfte müssen nur darauf gerichtet und geeignet sein, eine funktionsfähige wirtschaftliche Einheit zu übertragen. Bei einer Auftragsneuvergabe liegt ein rechtsgeschäftlicher Übergang vor, wenn der neue Auftragnehmer eine im Wesentlichen unveränderte Arbeitsaufgabe auf vertraglicher Grundlage übernimmt und die bisher beschäftigten AN zu diesem Zweck einvernehmlich weiterbeschäftigt.[164]

33 **3. Zwangsversteigerung und -verwaltung.** § 613a BGB findet keine Anwendung, wenn die wesentlichen Betriebsmittel in der Zwangsversteigerung erworben werden, da der Zuschlag in der Zwangsversteigerung ein staatlicher Hoheitsakt ist und kein Rechtsgeschäft darstellt. Gegenstand der Zwangsversteigerung ist auch nicht der Betrieb als wirtschaftliche Einheit, sondern lediglich das Betriebsgrundstück einschließlich der von der Beschlagnahme erfassten Betriebsmittel. Dasselbe gilt für die Anordnung der Zwangsverwaltung. Diese bewirkt lediglich die Beschlagnahme des Grundstücks und der in §§ 20 f., 148 ZVG näher bezeichneten Gegenstände. Ein Eintritt des Zwangsverwalters in die schuldrechtlichen Verträge des Schuldners mit Dritten ist damit grundsätzlich nicht verbunden; dies bedarf vielmehr entspr. Vereinbarungen mit dem Schuldner. Werden diese – ggf. auch stillschweigend – geschlossen, wird das Merkmal des Rechtsgeschäfts iSv § 613a BGB erfüllt. Hiervon ist regelmäßig auszugehen, wenn der Zwangsverwalter den bisherigen Betrieb tatsächlich fortführt.[165]

34 **4. Insolvenz.** § 613a BGB findet keine Anwendung auf die Fortführung des Betriebs durch den Insolvenzverwalter nach der Übernahme der Verfügungsbefugnis über das Vermögen des Schuldners (§§ 80, 148, 159 InsO); insoweit fehlt es an einem Rechtsgeschäft. Im Übrigen gilt die Vorschrift auch für die Betriebsveräußerung durch den Insolvenzverwalter an einen Dritten; der Erwerber tritt in die bestehenden Arbeitsverhältnisse ein (zur Haftungsbeschränkung im Insolvenzverfahren → § 118 Rn. 19).[166] Dies gilt gleichermaßen, wenn der Insolvenzverwalter die Betriebstätigkeit der Insolvenzschuldnerin einstellt, einem Dritten die bisherigen Betriebsmittel zur Nutzung überlässt und dieser mit den AN der Insolvenzschuldnerin und den übernommenen Betriebsmitteln die wirtschaftliche Tätigkeit der Insolvenzschuldnerin fortführt.[167] Da § 613a I 1 BGB die Wahrung der Identität der bisherigen Einheit voraussetzt, liegt kein Betriebsübergang vor, wenn mehrere Unternehmen nur einzelne Betriebsmittel eines vom Insolvenzverwalter stillgelegten Betriebs erwerben oder mieten.[168]

§ 118. Rechtsfolgen des Betriebsübergangs

Übersicht

[163] BAG 21.1.1988 AP Nr. 72 zu § 613a BGB = NZA 1988, 838; 25.2.1981 AP Nr. 24 zu § 613a BGB.
[164] BAG 11.12.1997 AP Nr. 172 zu § 613a BGB = NZA 1998, 534.
[165] BAG 18.8.2011 AP Nr. 412 zu § 613a BGB = NZA 2012, 267; 14.10.1982 AP Nr. 36 zu § 613a BGB; 9.1.1980 AP Nr. 19 zu § 613a BGB; aA *Drasdo* NZA 2012, 239.
[166] BAG 20.6.2002 AP Nr. 10 zu § 113 InsO = NZA 2003, 318; vgl. zur KO: BAG 16.2.1993 AP Nr. 15 zu § 1 BetrAVG Betriebsveräußerung = NZA 1993, 643.
[167] BAG 25.10.2007 AP Nr. 333 zu § 613a BGB = NZA-RR 2008, 367.
[168] BAG 26.7.2007 AP Nr. 324 zu § 613a BGB = NZA 2008, 112.

I. Übergang der Arbeitsverhältnisse

1. Grundsatz. § 613a I 1 BGB ordnet – bei Vorliegen der tatbestandlichen Voraussetzungen eines Betriebsübergangs (→ § 117 Rn. 1) – einen gesetzlichen **Wechsel des Vertragspartners** der AN an. Der Betriebserwerber tritt in die im Zeitpunkt des Übergangs bestehenden Arbeitsverhältnisse ein. Gleichzeitig werden die Arbeitsverhältnisse zum bisherigen Betriebsinhaber beendet. Der Eintritt des Erwerbers in das Arbeitsverhältnis bedarf keiner Zustimmung der AN.[1] Nur bei einem bereits vor dem Betriebsübergang erklärten Widerspruch des AN bleibt sein Arbeitsverhältnis zum bisherigen Betriebsinhaber bestehen. 1

2. Arbeitnehmer. Vom Arbeitgeberwechsel nach § 613a I BGB werden nur Arbeitsverhältnisse erfasst. Nach Art. 2 I RL 2001/23/EG ist AN jede Person, die in dem betreffenden Mitgliedstaat aufgrund des einzelstaatlichen Arbeitsrechts geschützt ist. Danach gilt für § 613a I BGB der allg. Arbeitnehmerbegriff nach nationalem Recht (→ § 8 Rn. 1). Erfasst werden die Arbeitsverhältnisse aller AN, unabhängig davon, ob es sich um **Arbeiter, Angestellte oder Auszubildende**[2] handelt, auch leitende Angestellte fallen darunter.[3] Als AN des Veräußerers hat der EuGH auch die AN angesehen, die von einer Konzernführungsgesellschaft dauerhaft an andere Konzernunternehmen verliehen worden sind und mit denen der Erwerber des Konzernunternehmens nach der Übernahme ein Arbeitsverhältnis begründet hat.[4] Welche Rechtsfolgen sich aus dieser Entscheidung ergeben, ist noch nicht abschließend geklärt.[5] Das Urteil des EuGH zwingt jedenfalls nicht zu der Annahme, dass für die zum Zeitpunkt des Übergangs dauerhaft im Betrieb eingesetzten **Leiharbeitnehmer** kraft Gesetzes ein Arbeitsverhältnis mit dem Erwerber begründet wird. Auf ihre arbeitsvertragliche Beziehung zu ihrem Vertragsarbeitgeber – dem Verleiher – hat der Betriebsübergang keine Auswirkungen.[6] Hat der Arbeitsvertrag des Leiharbeitnehmers mit dem Verleiher vor dem Betriebsübergang geendet, besteht auch nach Ansicht des EuGH keine Verpflichtung des Erwerbers, ein Arbeitsverhältnis mit einem zuvor nur vorübergehend im Betrieb eingesetzten Leiharbeitnehmer einzugehen.[7] Darüber hinaus hat der EuGH die vor dem Betriebsübergang vom Veräußerer eingesetzten Leiharbeitnehmer auch nicht in den Vertragsinhaltsschutz des § 613a I BGB einbezogen. Wird ein zuvor beim Betriebsveräußerer dauerhaft (im Wege der Konzernleihe) eingesetzter Leiharbeitnehmer nach dem Übergang vom Erwerber eingestellt, muss der Vertragsschluss nicht zu den beim Entleiher geltenden Vertragsbedingungen erfolgen. Ob ein Leiharbeitnehmer nach einer Übernahme weiterhin vom Erwerber eingesetzt werden muss, beurteilt sich nach den zwischen diesem und dem Verleiher getroffenen Absprachen; die RL 2001/23/EG führt nicht zu einem Übergang des mit dem 2

[1] BAG 30.10.1986 AP Nr. 55 zu § 613a BGB = NZA 1987, 524.
[2] BAG 13.7.2006 AP Nr. 1 zu § 613a BGB Widerspruch = NZA 2006, 1406.
[3] BAG 13.2.2003 AP Nr. 249 zu § 613a BGB = NZA 2003, 854; 19.1.1988 AP Nr. 70 zu § 613a BGB = NZA 1988, 501; 22.2.1978 AP Nr. 11 zu § 613a BGB.
[4] EuGH 21.10.2010 AP Nr. 7 zu Richtlinie 2001/23/EG = NZA 2010, 1225.
[5] Vgl. *Forst* RdA 2011, 228; *Kühn* NJW 2011, 1408; *Bauer/von Medem* NZA 2011, 20; *Willemsen* RdA 2012, 291.
[6] AA *Kühn* NJW 2011, 1408.
[7] EuGH 15.9.2010 AP Nr. 6 zu Richtlinie 2001/23/EG.

Veräußerer geschlossenen Überlassungsvertrags auf den Erwerber.[8] Auch die Rechtsverhältnisse der arbeitnehmerähnlichen Personen und Heimarbeiter[9] sowie freie Dienstverhältnisse werden von § 613a BGB nicht erfasst. Das Anstellungsverhältnis eines **Organvertreters** fällt nur unter § 613a I BGB, wenn es sich um ein Arbeitsverhältnis handelt.[10] Anfechtbare oder faktische Arbeitsverhältnisse gehen ebenfalls auf den Erwerber über, nicht jedoch Vertragsverhältnisse des AN mit dem AG, die selbständig neben dem Arbeitsverhältnis bestehen oder solche, die mit Rücksicht auf das Arbeitsverhältnis vom AN mit Dritten geschlossen worden sind.

3 **3. Bestehende Arbeitsverhältnisse.** Vom Übergang erfasst sind nur die im Zeitpunkt des Betriebsübergangs bestehenden Arbeitsverhältnisse mit dem Betriebsveräußerer. Gleichgültig ist, ob der AN noch Arbeit leistet oder von seiner Arbeitspflicht freigestellt ist. Daher gehen auch **Altersteilzeitarbeitsverhältnisse** in der Freistellungsphase auf den Betriebserwerber über.[11] Gleiches gilt, wenn der AN zuvor (einseitig oder einvernehmlich) unwiderruflich von der Arbeitspflicht freigestellt wurde.[12] Zudem erfasst § 613a I BGB auch ein nach § 10 I AÜG mit dem Betriebsveräußerer fingiertes Arbeitsverhältnis. Gekündigte Arbeitsverhältnisse gehen über, wenn der Betriebsübergang noch in der Kündigungsfrist erfolgt.[13] Wurde das Arbeitsverhältnis wirksam auf das Ende des Tags vor dem Betriebsübergang befristet und setzt der Erwerber es nahtlos durch Abschluss eines neuen Arbeitsverhältnisses fort, greift § 613a BGB nach Auffassung des BAG ebenfalls ein.[14] Darüber hinaus geht das BAG davon aus, dass ein Wiedereinstellungsanspruch (→ § 146 Rn. 10) nach § 613a I 1 BGB auf den Betriebserwerber übergehen kann, wenn dieser vor dem Betriebsübergang entstanden ist.[15] Ist das Arbeitsverhältnis zum Zeitpunkt des Betriebsübergangs hingegen beendet, greift § 613a BGB grundsätzlich nicht ein. **Ruhestandsverhältnisse** werden von § 613a BGB daher nicht erfasst.[16] Auch für Provisionsansprüche[17] bereits ausgeschiedener AN muss der Erwerber deshalb nicht einstehen.

4 **4. Zuordnung der Arbeitnehmer.** Wird von mehreren Betrieben eines Unternehmens nur ein Betrieb oder von einem Betrieb nur ein Betriebsteil übertragen, kann sich die Frage stellen, welche Arbeitsverhältnisse auf den Erwerber übergehen. Bedeutung erlangt dies vor allem dann, wenn der oder die verbleibenden Betriebe oder der Restbetrieb des Veräußerers stillgelegt werden. Vom Betriebsübergang nach § 613a I BGB sind nach bisheriger Ansicht des BAG nur die Arbeitsverhältnisse derjenigen AN erfasst, die der **übergehenden wirtschaftlichen Einheit** zum Zeitpunkt des Übergangs auf den Erwerber **zugeordnet** sind.[18] Hierfür kommt es darauf an, ob der AN in die übergehende Einheit tatsächlich **eingegliedert** war. Nicht ausreichend ist es, wenn er lediglich Tätigkeiten für diese verrichtet hat, ohne in deren Struktur eingebunden gewesen zu sein.[19] Die Frage, welcher Einheit der AN zugeordnet ist, richtet sich zunächst nach dem Willen der Arbeitsvertragsparteien. Sie können ausdrücklich oder konkludent vereinbaren, in welchem Bereich der AN tätig und welcher Einheit er damit angehören soll. Fehlt es hieran, kommt es darauf an, zu welchem Betrieb oder Betriebsteil der AG den AN – ausdrücklich oder konkludent – aufgrund seines Direktionsrechts zugeordnet hat.[20] Hat der AG eine Tätigkeit in

---

[8] So auch *Bauer/von Medem* NZA 2011, 20 (22); aA *Forst* RdA 2011, 228 (Notwendigkeit zur Überleitung).

[9] BAG 24.3.1998 AP Nr. 178 zu § 613a BGB = NZA 1998, 1001; 3.7.1980 AP Nr. 23 zu § 613a BGB.

[10] BAG 13.2.2003 AP Nr. 24 zu § 611 BGB Organvertreter = NZA 2003, 552.

[11] BAG 31.1.2008 AP Nr. 340 zu § 613a BGB = NZA 2008, 705.

[12] BAG 18.12.2003 AP Nr. 263 zu § 613a BGB = NZA 2004, 791.

[13] BAG 22.2.1978 AP Nr. 11 zu § 613a BGB.

[14] BAG 19.5.2005 AP Nr. 283 zu § 613a BGB.

[15] BAG 15.12.2011 AP Nr. 423 zu § 613a BGB; 25.10.2007 AP Nr. 2 zu § 613a BGB Wiedereinstellung = NZA 2008, 357; idS wohl auch BAG 19.10.2017 AP Nr. 16 zu § 1 KSchG 1969 Wiedereinstellung = NZA 2018, 436.

[16] BAG 11.11.1986 AP Nr. 61 zu § 613a BGB = NZA 1987, 559.

[17] BAG 11.11.1986 AP Nr. 60 zu § 613a BGB = NZA 1987, 597 (selbst bei Ausführung des Geschäfts durch den Erwerber).

[18] BAG 17.10.2013 AP Nr. 446 zu § 613a BGB; 18.10.2012 AP Nr. 196 zu § 1 KSchG 1969 Betriebsbedingte Kündigung = NZA 2013, 1007; 28.10.2004 AP Nr. 69 zu § 1 KSchG 1969 Soziale Auswahl = NZA 2005, 285; 13.2.2003 AP Nr. 245 zu § 613a BGB; das Erfordernis einer *ausschließlichen* Zuordnung der AN im obiter dictum in Frage stellend BAG 27.2.2020 AP Nr. 480 zu § 613a BGB = NZA 2020, 1303.

[19] BAG 24.1.2013 DB 2013, 1556; 7.4.2011 AP Nr. 406 zu § 613a BGB = NZA 2011, 1231; 24. 8 2006 AP Nr. 315 zu § 613a BGB; 22.7.2004 AP Nr. 274 zu § 613a BGB = NZA 2004, 1383; 25.9.2003 AP Nr. 256 zu § 613a BGB.

[20] BAG 17.10.2013 AP Nr. 446 zu § 613a BGB; 21.2.2013 AP Nr. 440 zu § 613a BGB; 21.6.2012 AP Nr. 434 zu § 613a BGB; aA wohl im obiter dictum BAG 27.2.2020 AP Nr. 480 zu § 613a BGB = NZA 2020, 1303.

der übergehenden Einheit angeordnet, ist damit die Zuordnung erfolgt. Ist der Einsatz in der übergehenden Einheit nicht vom Direktionsrecht des AG gedeckt, bleibt es bei der letzten zulässigen Zuordnung zu einer Einheit.[21] War der AN in mehreren Betrieben oder Betriebsteilen tätig, kommt es nach der Rspr. des BAG darauf, in welchem er vor der (Teil)Betriebsveräußerung überwiegend eingesetzt war und somit der Schwerpunkt seiner Tätigkeit lag.[22] Dies ist nach objektiven Kriterien zu ermitteln. In erster Linie ist auf den jeweiligen zeitlichen Aufwand und Arbeitseinsatz abzustellen. Darüber hinaus ist auch der überwiegende Arbeitsort von Bedeutung.[23] Der EuGH geht demgegenüber beim Übergang einer wirtschaftlichen Einheit auf zwei verschiedene Erwerber davon aus, dass die Arbeitsverhältnisse auf beide anteilig entsprechend der von den betroffenen AN wahrgenommenen Aufgaben übergehen; dies hat zur Folge, dass ein bisheriges (Vollzeit-)Arbeitsverhältnis in mehrere Teilzeitarbeitsverhältnisse aufgespalten wird. Ist eine solche **Aufspaltung** unmöglich oder führt sie zu einer Verschlechterung der Arbeitsbedingungen der AN oder ihrer durch die RL 2001/23 gewährleisteten Rechte, soll eine Beendigung des Arbeitsvertrags nach Art. 4 I RL 2001/23 zulässig sein.[24]

Die nach der Rpr. des BAG notwendige Zuordnung zu einer bestimmten wirtschaftlichen **4a** Einheit bleibt auch bei einer **Suspendierung der Hauptpflichten** aus dem Arbeitsverhältnis erhalten. Dies gilt nicht nur im Fall einer vorübergehenden Suspendierung zB durch Wehr- bzw. Zivildienst, Elternzeit oder bei einem vorübergehenden Auslandsaufenthalt.[25] Auch eine wirksame unwiderrufliche, einseitig erklärte oder einvernehmlich vereinbarte Freistellung beendet die Zuordnung des AN zu der Einheit, der er zuletzt angehört hat, nicht.[26] Haben AN einem Betriebs- bzw. Teilbetriebsübergang widersprochen, werden sie nicht automatisch den bei dem Veräußerer verbleibenden Einheiten zugeordnet.[27] Vielmehr setzt dies ihre tatsächliche Beschäftigung in einer Einheit des Veräußerers oder die Ausübung des Direktionsrechts durch den AG voraus. Die Zuordnung kann im Vorfeld eines Betriebsübergangs vertraglich zwischen den Arbeitsvertragsparteien geregelt werden, wenn der AG den AN über den bevorstehenden Übergang aufklärt.[28] Dies ist insbesondere bei einer Freistellung der AN oder der Ausübung ihres Widerspruchsrechts zweckmäßig. Zu den Möglichkeiten der Zuordnung nach § 323 II UmwG → § 116 Rn. 25 ff.

II. Rechtsstellung des Betriebserwerbers

1. Grundsatz. Nach § 613a I 1 BGB tritt der Betriebserwerber in die Rechte und Pflichten aus den im Zeitpunkt des Übergangs bestehenden Arbeitsverhältnissen ein. Aufgrund des **gesetzlich angeordneten Vertragspartnerwechsels** wird er Schuldner aller Verbindlichkeiten aus dem Arbeitsverhältnis, auch soweit sie vor dem Übergang entstanden sind.[29] Gegenüber den übergehenden AN findet also ein Schuldnerwechsel statt. Im Gegenzug erwirbt der neue Inhaber alle bereits entstandenen und künftigen Forderungen des Betriebsveräußerers gegenüber dem AN.[30] Der Veräußerer kann nur noch in den Grenzen des § 613a II BGB neben dem Erwerber in Anspruch genommen werden (→ Rn. 21). Für nach dem Betriebsübergang begründete Verbindlichkeiten haftet grundsätzlich allein der Erwerber. Dies gilt auch, wenn das dem Betriebsübergang zugrunde liegende Rechtsverhältnis rechtsunwirksam ist. **5**

Da § 613a I 1 BGB nur einen gesetzlichen Austausch des Vertragspartners auf der Seite des **6** AG bewirkt, bleibt der **Inhalt der bestehenden Arbeitsverhältnisse unverändert.** Der Betriebserwerber tritt in die im Zeitpunkt des Betriebsübergangs bestehenden Verpflichtungen aus dem Arbeitsverhältnis ein. Der Eintritt bezieht sich auf alle arbeitsvertraglich begründeten

[21] LAG Düsseldorf 14.5.2004 LAGE § 613a BGB 2002 Nr. 4.
[22] BAG 17.10.2013 AP Nr. 446 zu § 613a BGB; 24.1.2013 DB 2013, 1556; 27.1.2011 AP Nr. 402 zu § 613a BGB = NZA 2011, 1162; aA wohl im obiter dictum BAG 27.2.2020 AP Nr. 480 zu § 613a BGB = NZA 2020, 1303 (unionsrechtlich ungeklärt).
[23] BAG 17.10.2013 AP Nr. 446 zu § 613a BGB.
[24] EuGH 26.3.2020 NZA 2020, 503.
[25] BAG 14.7.2005 AP Nr. 4 zu § 611 BGB Ruhen des Arbeitsverhältnisses = NZA 2005, 1411.
[26] IdS auch BAG 31.1.2008 AP Nr. 340 zu § 613a BGB = NZA 2008, 705; 18.12.2003 AP Nr. 263 zu § 613a BGB = NZA 2004, 791.
[27] BAG 25.9.2003 AP Nr. 256 zu § 613a BGB (Teilstilllegung).
[28] BAG 25.6.1985 AP Nr. 23 zu § 7 BetrAVG = NZA 1986, 93; 20.7.1982 AP Nr. 31 zu § 613a BGB; für einseitige Versetzungen vgl. *Elking* NZA 2014, 295.
[29] BAG 18.8.1976 AP Nr. 4 zu § 613a BGB = NJW 1977, 1168.
[30] BAG 21.8.2014 AP Nr. 140 zu § 611 BGB Haftung des Arbeitnehmers = NZA 2015, 94.

Rechte und Pflichten und umfasst mithin auch solche aus **Bezugnahmeklauseln** auf einen Tarifvertrag (→ § 206 Rn. 1 ff.). War kraft einzelvertraglicher Bezugnahme auf das Arbeitsverhältnis mit dem Betriebsveräußerer ein Tarifvertrag anwendbar war, gilt sein Inhalt nach § 613a I 1 BGB nach dem Betriebsübergang weiter (→ § 119 Rn. 17). Dies gilt auch, wenn der Tarifvertrag nicht nur aufgrund einzelvertraglicher Bezugnahme Anwendung fand, sondern zusätzlich beim Erwerber normativ galt. Die in der Bezugnahmeklausel enthaltene Dynamik endet aber mit dem Übergang, wenn es sich um eine vor dem 1.1.2002 vereinbarte sog. Gleichstellungsabrede (→ § 206 Rn. 33) handelt und der Betrieb auf einen nicht tarifgebundenen Erwerber übergeht (→ § 119 Rn. 17). Bei einem Übergang auf einen der **Kirche** zugeordneten Träger können sich nach dem Betriebsübergang zwar gesteigerte Loyalitätspflichten für die AN ergeben; allerdings ist der kirchliche AG an den bisherigen Arbeitsvertragsinhalt gebunden.[31] Auch im Fall eines Übergangs von einem kirchlichen auf einen weltlichen Träger gilt die mit dem kirchlichen AG vereinbarte dynamische Inbezugnahme von kirchlichen Arbeitsrechtsregelungen weiter, sofern sie nicht unter der auflösenden Bedingung einer Kirchenzugehörigkeit des AG steht.[32]

6a Der neue Betriebsinhaber muss sich auch **sonstige Gegebenheiten oder Erklärungen** zurechnen lassen, die als Tatbestandsmerkmal für spätere Rechtsfolgen von Bedeutung sind.[33] Hierzu gehört etwa der Zugang rechtsgeschäftsähnlicher Handlungen – wie zB die Geltendmachung von Ansprüchen durch den AN im Rahmen der Ausschlussfrist – sowie vom Veräußerer geschaffene tatsächliche Voraussetzungen für einen Annahmeverzug (§§ 293 ff. BGB).

7 **2. Einzelne Rechte und Pflichten. a) Vergütung.** Der Betriebserwerber hat dem AN die vereinbarte Vergütung nach dem Übergang weiter zu zahlen. Dies betrifft auch Ansprüche des AN auf Tantieme, Boni oder eine Gewinnbeteiligung. Stellt die Bemessungsgrundlage für diese Ansprüche auf Verhältnisse beim Veräußerer ab, die beim Erwerber nicht mehr gegeben sind, muss die zugrunde liegende Absprache ggf. im Wege einer ergänzenden Vertragsauslegung angepasst werden.[34] Da der Erwerber betriebsverfassungsrechtlich an die Stelle des früheren Betriebsinhabers tritt, ist er zudem an die im Betrieb bestehende Vergütungsordnung bis zu einer Änderung unter Mitbestimmung des BR nach § 87 I Nr. 10 BetrVG gebunden.[35] Für etwaige rückständige Lohnforderungen[36] oder Sonderzuwendungen[37] haftet der neue AG. Beruht der vor dem Übergang bereits entstandene Anspruch des AN auf kollektivrechtlichen Vereinbarungen (Tarifvertrag, Betriebsvereinbarung), spielt es für die Haftung des Erwerbers keine Rolle, ob und in welcher Form diese nach dem Betriebsübergang weiter gelten; der schon entstandene individuelle Anspruch des AN geht nach § 613a I 1 BGB auf den neuen Betriebsinhaber über. Dies gilt auch für Ansprüche von übernommenen AN auf Abfindung[38] oder Annahmeverzugslohn.[39] Deren Fälligkeit bestimmt sich nach objektiven Kriterien und ist unabhängig von Erklärungen des Betriebsübernehmers.[40] Für rückständige Sozialversicherungsabgaben und Lohnsteuer haftet der Erwerber dagegen nicht, da es sich nicht um Pflichten aus dem Arbeitsverhältnis, sondern um öffentlich-rechtliche Verpflichtungen handelt. Ausschlussfristen, die für den Fristbeginn auf die „Beendigung des Arbeitsverhältnisses" abstellen, beginnen gegenüber dem Betriebsveräußerer ab dem Zeitpunkt des Betriebsübergangs zu laufen.[41] Widerspricht der AN dem Übergang seines Arbeitsverhältnisses, so läuft eine tarifliche Ausschlussfrist zur gerichtlichen Geltendmachung von Ansprüchen gegenüber dem Betriebsveräußerer, die vom Widerspruch abhängen, grundsätz-

[31] Dazu *Reichold* FS Richardi, 943; *Joussen* NJW 2006, 1850; *Krings* Der Betriebsübergang gem. § 613a im kirchlichen Arbeitsrecht, 2009, 45 ff.

[32] BAG 11.7.2019 AP Nr. 95 zu § 611 BGB Kirchendienst; 21.6.2018 NZA 2018, 1413; 23.11.2017 AP Nr. 86 zu § 611 BGB Kirchendienst = NZA 2018, 301; *Klein* ArbRAktuell 2018, 69; *Laber* öAT 2018, 56; krit. *Trebeck* ArbRB 2018, 101 (102).

[33] BAG 22.10.2009 AP Nr. 16 zu § 115 SGB X = NZA-RR 2010, 660 (Annahmeverzug); 21.3.1991 AP Nr. 49 zu § 615 BGB = NZA 1991, 726 (Ausschlussfrist).

[34] Vgl. BAG 18.4.2012 AP Nr. 294 zu § 611 BGB Gratifikation = NZA 2012, 791.

[35] BAG 8.12.2009 AP Nr. 380 zu § 613a BGB = NZA 2010, 404.

[36] BAG 18.8.1976 AP Nr. 4 zu § 613a BGB.

[37] BAG 11.10.1995 AP Nr. 132 zu § 613a BGB = NZA 1996, 432.

[38] EuGH 27.11.2008 AP Nr. 3 zu Richtlinie 2001/23/EG = NZA 2008, 1405.

[39] BAG 22.10.2009 AP Nr. 16 zu § 115 SGB X = NZA-RR 2010, 660; 4.12.1986 AP Nr. 56 zu § 613a BGB = NZA 1987, 460.

[40] BAG 13.2.2003 AP Nr. 244 zu § 613a BGB; einschränkend BAG 12.12.2000 AP Nr. 154 zu § 4 TVG Ausschlussfristen = NZA 2001, 1082.

[41] BAG 10.8.1994 AP Nr. 126 zu § 4 TVG Ausschlussfristen = NZA 1995, 742.

lich erst ab dem Zugang des Widerspruchs.[42] Hat der AN seine Ansprüche bereits gegenüber dem Veräußerer geltend gemacht, wirkt diese Geltendmachung auch gegenüber dem Betriebserwerber.[43]

8 **b) Aktienoptionen, Personalrabatt, Darlehensansprüche.** Bei Ansprüchen, die mit dem Arbeitsverhältnis in Zusammenhang stehen, ist durch Auslegung der vertraglichen Vereinbarung zu ermitteln, ob die Verpflichtung des AG auch bei einer Übertragung des Betriebs auf einen Dritten gelten soll. Diese kann ergeben, dass die beim Betriebsveräußerer begründete Leistungspflicht beim Erwerber entfällt.[44] Hiervon wird insbesondere dann auszugehen sein, wenn der neue AG die Ansprüche nicht ohne weiteres erfüllen kann, weil sie auf Leistungen oder einer Mitwirkung von Dritten (zB konzernverbundener Unternehmen des Betriebsveräußerers) beruhen.[45] So steht etwa die Gewährung eines **Personalrabatts** regelmäßig unter dem vertraglichen Vorbehalt, dass der AG die preisgeminderten Waren selbst herstellt; daher geht ein solcher Anspruch nur auf den Erwerber über, wenn dieser die Eigenproduktion beibehält.[46] Auch die Zusage einer **Aktienoption** wird regelmäßig dahin auszulegen sein, dass sie nur für die Dauer der Beschäftigung beim zusagenden AG besteht oder nur dann gilt, wenn es sich um eigene Aktien handelt bzw. um solche, die ein Betriebserwerber nach einem Betriebsübergang zu günstigeren als den marktüblichen Konditionen beziehen kann. Wurde die Zusage von einem Dritten abgegeben, geht dieser Vertrag nicht nach § 613a I BGB über.[47] Ein mit dem Arbeitgeber vereinbartes Darlehen kann auf den Betriebserwerber übergehen, wenn es Bestandteil der Rechte und Pflichten aus dem Arbeitsverhältnis ist. Dies ist zB der Fall, wenn das **Darlehen** als Lohn- oder Gehaltsvorschuss gegeben worden ist.[48] Dasselbe gilt für Darlehensansprüche, die im Zusammenhang mit dem Arbeitsverhältnis stehen;[49] hiervon wird auszugehen sein, wenn die Darlehensgewährung an den Bestand des Arbeitsverhältnisses anknüpft oder für diesen Zeitraum Sonderkonditionen vereinbart sind. Haben die Arbeitsvertragsparteien jedoch neben dem Arbeitsvertrag einen vom Arbeitsverhältnis unabhängigen, eigenständigen Darlehensvertrag geschlossen, bleibt dieser vom Betriebsübergang unberührt.

9 **c) Gleichbehandlung.** Der Betriebsübergang kann zur Folge haben, dass für die übernommenen und die bereits beim Erwerber beschäftigten AN unterschiedliche Arbeitsbedingungen – insbesondere unterschiedliche Vergütungsniveaus – gelten. Der Erwerber ist in diesem Fall aufgrund des Gleichbehandlungsgrundsatzes (→ 110 Rn. ff.) nicht verpflichtet, die schlechteren Arbeitsbedingungen „nach oben" anzupassen;[50] da die Geltung der unterschiedlichen Arbeitsbedingungen auf den Vorgaben des § 613a I BGB beruht, stellt er insoweit keine eigene gestaltende Regel auf. Dies gilt selbst dann, wenn die übernommene Betriebsorganisation aufgelöst und die AN des Veräußerers in den Betrieb des Erwerbers integriert werden.[51] Umgekehrt kann der Erwerber die besseren Arbeitsbedingungen auch nicht „nach unten" absenken; sein Interesse an der Herstellung einheitlicher Arbeitsbedingungen begründet für sich allein kein – eine Änderungskündigung rechtfertigendes – dringendes betriebliches Erfordernis iSd § 1 II KSchG.[52] Damit können im Betrieb des Erwerbers unterschiedliche Vergütungssysteme für die bisherige und die neu dazu gekommene Belegschaft zur Anwendung kommen. Auch eine tarifliche Regelung zur Besitzstandswahrung zugunsten der übernommenen Beschäftigten ist nicht zu beanstan-

[42] BAG 16.4.2013 AP Nr. 203 zu § 4 TVG Ausschlussfristen = NZA 2013, 850.
[43] BAG 21.3.1991 AP Nr. 49 zu § 615 BGB = NZA 1991, 726.
[44] Dazu *Gaul/Naumann* NZA 2011, 121.
[45] BAG 13.12.2006 AP Nr. 20 zu § 611 BGB Sachbezüge = NZA 2007, 325 (Flugvergünstigungen).
[46] BAG 7.9.2004 AP Nr. 17 zu § 611 BGB Sachbezüge = NZA 2005, 1223.
[47] BAG 12.2.2003 AP Nr. 243 zu § 613a BGB = NZA 2003, 487; dazu *Annuß/Lembke* BB 2003, 2230; *Grimm/Walk* BB 2003, 577; *Nehls/Sudmeyer* ZIP 2002, 201; *Schnittker/Grau* BB 2002, 2497; *von Steinau-Steinrück* NZA 2003, 473; *Tappert* NZA 2002, 1188; *Willemsen/Müller-Bonanni* ZIP 2003, 1177; *Urban-Crell/Manger* NJW 2004, 125.
[48] BAG 21.1.1999 – 8 AZR 373/97.
[49] LAG Köln 18.5.2000 NZA-RR 2001, 174.
[50] Vgl. BAG 31.8.2005 AP Nr. 288 zu § 613a BGB = NZA 2006, 265; 18.11.2003 AP Nr. 15 zu § 77 BetrVG 1972 Nachwirkung = NZA 2004, 803; 17.4.1996 AP Nr. 101 zu § 112 BetrVG 1972 = NZA 1996, 1113; 25.8.1976 AP Nr. 41 zu § 242 BGB Gleichbehandlung.
[51] HWK/*Willemsen/Müller-Bonanni* BGB § 613a Rn. 246; aA ErfK/*Preis* BGB § 613a Rn. 75.
[52] BAG 20.1.2000 AP Nr. 40 zu § 103 BetrVG 1972 = NZA 2000, 592; 28.4.1982 AP Nr. 3 zu § 2 KSchG 1969 = NJW 1982, 2687; zur RL 2001/23/EG EuGH 14.9.2000 AP Nr. 29 zu EWG-Richtlinie Nr. 77/187 = NZA 2000, 1279.

den.[53] Stellt der Erwerber allerdings nach dem Betriebsübergang ohne rechtliche Grundlage eine eigene gestaltende Regel für die Arbeitsbedingungen seiner früheren und der übernommenen AN auf, bedarf eine unterschiedliche Behandlung der AN eines sachlichen Grundes.[54] Im Fall einer Entgelterhöhung darf der AG dabei nach der Rspr. des BAG eine Differenzierung zwischen der bisherigen Belegschaft und den übernommenen AN vornehmen, sofern diese zur Reduzierung der Vergütungsunterschiede zwischen der Stammbelegschaft und den übernommenen AN führt. Die Herstellung einheitlicher Arbeitsbedingungen durch den Ausgleich von Nachteilen und die Angleichung der Bedingungen rechtfertigen eine unterschiedliche Behandlung beider Gruppen.[55] Unerheblich ist, ob der AG hierbei einen vollständigen oder nur teilweisen Ausgleich der Vergütungsunterschiede vornimmt.[56]

10 **d) Betriebliche Übung, Gesamtzusage.** Eine im Betrieb des Veräußerers bereits vor Übergang begründete betriebliche Übung (dazu → § 110 Rn. 1 ff.) bindet auch den Betriebserwerber.[57] War zum Zeitpunkt des Betriebsübergangs noch keine Bindungswirkung eingetreten, wird dem Erwerber auch die bereits vom Veräußerer erfolgte Leistungsgewährung zugerechnet;[58] setzt der Erwerber die Leistungsgewährung fort, kann damit bei ihm eine betriebliche Übung entstehen. Der Erwerber kann den Eintritt der Bindungswirkung jedoch verhindern, indem er den AN diese Leistungen nicht mehr zukommen lässt. Auch eine sich aus einer Gesamtzusage (dazu → § 111 Rn. 1 ff.) ergebende vertragliche Verpflichtung geht nach § 613a I 1 BGB auf den Betriebserwerber über.[59]

11 **e) Betriebszugehörigkeit.** Die Dauer der beim Veräußerer zurückgelegten Betriebszugehörigkeit bleibt dem AN auch nach dem Betriebsübergang erhalten. Dies betrifft zunächst die Fälle, in denen das Gesetz auf eine bestimmte Betriebszugehörigkeit abstellt, wie zB bei der Wartezeit für den Kündigungsschutz (§ 1 I KSchG) und den Urlaub (§ 4 BUrlG), der Sozialauswahl (§ 1 III KSchG) sowie bei der Dauer der gesetzlichen Kündigungsfristen (§ 622 II BGB). Daneben ist die bis zum Betriebsübergang erbrachte Betriebszugehörigkeitszeit des AN auch bei Ansprüchen zu berücksichtigen, die auf übergegangenen Kollektivregelungen oder dem Arbeitsvertrag beruhen. Allerdings zwingt § 613a I BGB den Betriebserwerber nicht, die beim Betriebsveräußerer zurückgelegte Beschäftigungszeit des AN zu berücksichtigen, wenn es sich um Ansprüche handelt, die sich aus erst nach dem Betriebsübergang auf das Arbeitsverhältnis anwendbaren Leistungsbestimmungen ergeben. In diesem Fall kann die beim Veräußerer zurückgelegte Zeit außer Betracht bleiben.[60] Dies kann etwa Ansprüche aus einem ausschließlich beim Erwerber geltenden Tarifvertrag betreffen.[61]

12 **f) Überlassung von Wohnraum.** Bei der Überlassung von Wohnraum ist zwischen einer **Werkmietwohnung** (§§ 576, 576a BGB) und einer **Werkdienstwohnung** (§ 576b BGB) zu unterscheiden (zu den Begriffen → § 81 Rn. 1). Da bei der Werkdienstwohnung das Wohnrecht zum Inhalt des Arbeitsverhältnisses gehört, geht es nach § 613a I BGB auf den Erwerber über. Werkmietwohnungen (§§ 576, 576a BGB) sind hingegen nur mit Rücksicht auf das bestehende Arbeitsverhältnis vermietet. Hier besteht neben dem Arbeitsverhältnis ein Mietverhältnis, auf welches § 613a I 1 BGB keine Anwendung findet. Etwas anderes gilt nach § 566 BGB nur, wenn die Mieträume an den Erwerber mitveräußert werden. Dann tritt er auch in die Mietverhältnisse ein.

13 **g) Gestaltungsrechte.** Durch den Betriebsübergang gehen auch die sich auf das übergegangene Arbeitsverhältnis beziehenden Gestaltungsrechte **(Anfechtung, Kündigung)** auf den Erwerber über. Liegen die Gründe für eine fristlose oder fristgerechte verhaltensbedingte Kündigung noch vor dem Betriebsübergang, kann der Erwerber sich auf diese berufen, wenn sie noch nachwirken. Bei der außerordentlichen Kündigung ist die Ausschlussfrist des § 626 II BGB zu

[53] BAG 29.8.2001 AP Nr. 291 zu Art. 3 GG = NZA 2002, 863.
[54] BAG 14.3.2007 AP Nr. 204 zu § 242 Gleichbehandlung = NZA 2007, 862; 14.3.2007 AP Nr. 1 zu § 611 BGB Lohnerhöhung = NZA 2007, 981.
[55] BAG 27.7.2010 AP Nr. 212 zu § 242 BGB Gleichbehandlung = NZA 2010, 1369; 12.12.2006 AP Nr. 27 zu § 1 BetrVG 1972 Gemeinsamer Betrieb.
[56] BAG 15.7.2009 AP Nr. 209 zu § 242 BGB Gleichbehandlung = NZA 2009, 1202.
[57] BAG 3.11.2004 – 5 AZR 73/04.
[58] BAG 19.6.1980 AP Nr. 8 zu § 1 BetrAVG Wartezeit.
[59] BAG 4.6.2008 AP Nr. 4 zu § 151 BGB = NZA 2008, 1360.
[60] BAG 25.8.1976 AP Nr. 41 zu § 242 BGB Gleichbehandlung; zur betrieblichen Altersversorgung 19.4.2005 AP Nr. 19 zu § 1 BetrAVG Betriebsveräußerung; 30.8.1979 AP Nr. 16 zu § 613a BGB.
[61] BAG 17.10.2007 AP Nr. 40 zu § 1 TVG = NZA 2008, 713 (insoweit besteht ein Gestaltungsspielraum der Tarifvertragsparteien).

beachten. Hatte bereits der Veräußerer von den maßgeblichen Gründen Kenntnis, muss sich der Erwerber diese im Rahmen von § 626 II BGB zurechnen lassen.

14 **h) Wettbewerbsverbot.** Die Rechtslage bei Wettbewerbsverboten ist umstr.[62] Besteht das Arbeitsverhältnis im Zeitpunkt des Betriebsübergangs noch, tritt der Betriebserwerber in das Wettbewerbsverbot ein.[63] Hierdurch kann der Verbotsbereich zu Lasten des AN erweitert werden, wenn zB dem AN eine Wettbewerbstätigkeit im Geschäftsbereich des AG untersagt ist. Ist das Arbeitsverhältnis zum Zeitpunkt des Betriebsübergangs bereits beendet, ist § 613a I BGB auf die wettbewerbsrechtlichen Rechtsbeziehungen des Erwerbers zum ausgeschiedenen AN weder direkt noch analog anzuwenden.[64]

15 **i) Betriebliche Altersversorgung.** Die beim Veräußerer erdienten **Versorgungsanwartschaften** der übernommenen AN gehen nach § 613a I 1 BGB auf den Betriebserwerber über.[65] Ein vor dem Übergang vereinbarter Verzicht auf Versorgungsanwartschaften ist regelmäßig unwirksam.[66] Entfällt aufgrund eines Betriebsübergangs die **Möglichkeit,** den in der Versorgungszusage vorgesehenen **Durchführungsweg einzuhalten,** trifft den Betriebserwerber die Pflicht, die zugesagten Versorgungsansprüche durch Erbringung gleichwertiger Leistungen zu erfüllen.[67] Der Erwerber eines Betriebs ist allerdings nicht verpflichtet, bei der Berechnung von Versorgungsleistungen aufgrund einer eigenen Versorgungszusage solche Beschäftigungszeiten anzurechnen, die von ihm übernommene AN bei einem früheren Betriebsinhaber zurückgelegt haben. Er ist bei der Aufstellung von Berechnungsregeln frei, Vorbeschäftigungszeiten als wertbildende Faktoren außer Ansatz zu lassen. Die beim Veräußerer zurückgelegten Vordienstzeiten müssen lediglich bei der gesetzlichen Unverfallbarkeit der Versorgungsanwartschaft im Fall des Ausscheidens des AN mitberücksichtigt werden.[68]

15a Die Versorgungsansprüche der **bereits ausgeschiedenen** AN (Renten und unverfallbare Anwartschaften) sind nicht von § 613a I BGB erfasst; sie gehen daher nicht auf den Betriebserwerber über.[69] Insoweit bleibt der alte AG Versorgungsschuldner. Dies gilt auch, wenn der AN nach Eintritt des Versorgungsfalls das Arbeitsverhältnis mit dem Veräußerer als geringfügig Beschäftigter weitergeführt oder neu begründet hat.[70] Etwas anderes kann sich nach § 25 HGB ergeben (→ Rn. 20), wenn der Erwerber die Firma des Betriebsveräußerers übernimmt.[71]

16 Führt der Veräußerer seine Altersversorgung über eine **Unterstützungskasse** durch, erwirbt der Betriebsübernehmer nicht nach § 613a I BGB zugleich Rechte an der Unterstützungskasse.[72] Wird eine Unterstützungskasse aus Anlass einer Betriebsübernahme von dem Betriebserwerber übernommen, muss diese die Versorgungsansprüche der bereits ausgeschiedenen AN weiter erfüllen. Den Erwerber treffen jedoch die auf ihn entfallenden Dotierungslasten. Der Betriebsveräußerer muss die Unterstützungskasse soweit dotieren, wie diese künftige Versorgungsansprüche bereits ausgeschiedener AN erfüllen muss.[73] Wird die Unterstützungskasse bei einem Betriebsübergang nicht übertragen, tritt der Erwerber gegenüber den AN in die Versorgungsverpflichtung nach § 613a I 1 BGB ein. Erbringt die Unterstützungskasse keine Leistungen, muss der neue AG auch für übernommene Leistungsverpflichtungen einstehen.[74]

17 **j) Urlaub.** Der Erwerber tritt in die zum Zeitpunkt des Betriebsübergangs bestehenden Ansprüche des AN auf Gewährung von Erholungsurlaub (→ § 104 Rn. 1) ein; dies gilt auch

---

[62] Vgl. BAG 28.1.1966 AP Nr. 18 zu § 74 HGB; 26.9.1963 AP Nr. 1 zu § 74a HGB; *Gaul* NZA 1989, 697; *Nägele* BB 1989, 1480.
[63] BAG 27.11.1991 AP Nr. 22 zu § 4 TVG Nachwirkung = NZA 1992, 800.
[64] LAG Köln 8.7.2011 ZIP 2012, 243; LAG Hamm 3.5.1993 NZA 1994, 1033; *Gaul/Ludwig* NZA 2013, 489 (491); aA MüKoBGB/*Müller-Glöge* § 613a Rn. 102 (Analogie); ErfK/*Preis* BGB § 613a Rn. 80.
[65] BAG 12.5.1992 AP Nr. 14 zu § 1 BetrAVG Betriebsveräußerung = NZA 1992, 1080; 24.3.1977 AP Nr. 6 zu § 613a BGB.
[66] BAG 12.5.1992 AP Nr. 14 zu § 1 BetrAVG Betriebsveräußerung = NZA 1992, 1080.
[67] BAG 15.2.2011 NZA 2011, 928.
[68] BAG 19.5.2005 AP Nr. 19 zu § 1 BetrAVG Betriebsveräußerung; 24.7.2001 AP Nr. 18 zu § 1 BetrAVG Betriebsveräußerung = NZA 2002, 520; 30.8.1979 AP Nr. 15 zu § 613a BGB.
[69] BAG 24.3.1987 AP Nr. 1 zu § 26 HGB = NZA 1988, 246; 11.11.1986 AP Nr. 61 zu § 613a BGB = NZA 1987, 559; 17.1.1980 AP Nr. 18 zu § 613a BGB; 24.3.1977 AP Nr. 6 zu § 613a BGB.
[70] BAG 18.3.2003 AP Nr. 108 zu § 7 BetrAVG = NZA 2004, 848.
[71] BAG 23.3.2004 AP Nr. 265 zu § 613a BGB; 24.3.1987 AP Nr. 1 zu § 26 HGB = NZA 1988, 246; 24.3.1977 AP Nr. 6 zu § 613a BGB.
[72] *Schaub* NZA 1987, 1.
[73] BAG 28.2.1989 AP Nr. 20 zu § 1 BetrAVG Unterstützungskassen = NZA 1989, 681.
[74] BAG 5.5.1977 AP Nr. 7 zu § 613a BGB; 15.3.1979 AP Nr. 15 zu § 613a BGB.

für übertragene Urlaubsansprüche und für Ansprüche auf Ersatz für verfallenen Urlaub.[75] Da der Wechsel des AG durch Betriebsübergang kein Ende des Arbeitsverhältnisses zum Veräußerer darstellt, besteht kein Anspruch des AN gegen den alten AG auf Abgeltung des Urlaubs nach § 7 IV BUrlG bzw. aufgrund tariflicher Regelungen.[76] Nach der Rspr. des BGH schuldet der bisherige AG dem neuen AG allerdings anteiligen Ausgleich in Geld für die vor dem Betriebsübergang entstandenen Urlaubsansprüche.[77]

18 **k) Zeugnis.** Durch den gesetzlich angeordneten Vertragspartnerwechsel auf Seite des AG wird der Erwerber bei Beendigung des Arbeitsverhältnisses Schuldner des Zeugnisanspruchs (§ 109 GewO). Das Zeugnis (→ § 147 Rn. 1) muss sich dabei auf die Gesamtdauer des Arbeitsverhältnisses beziehen. Fehlen dem neuen AG hierfür die erforderlichen Informationen, steht ihm nach § 242 BGB ein Auskunftsanspruch gegen den Veräußerer zu.[78] An den Inhalt eines zuvor vom Veräußerer erteilten Zwischenzeugnisses ist der Erwerber für den Zeitraum, den das Zwischenzeugnis erfasst, gebunden, es sei denn die späteren Leistungen und das Verhalten des AN rechtfertigen eine andere Beurteilung.[79]

18a **l) Schadensersatz, Rückforderungsansprüche.** Da der Erwerber auch in die für den AN nachteiligen Rechtspositionen des Arbeitsverhältnisses eintritt,[80] erwirbt er etwaige Rückzahlungsansprüche gegen den AN wegen überzahlter Vergütung oder Schadensersatzansprüche aufgrund der Verletzung arbeitsrechtlicher Pflichten. Erfasst sind auch aus entspr. Anwendung auftragsrechtlicher Bestimmungen resultierende Schadensersatzansprüche (§ 667 Alt. 2 BGB analog iVm § 280 I BGB) gegen den AN.[81]

19 **3. Übergang in der Insolvenz.** Nach der Rspr. des BAG haftet der Betriebserwerber für im Zeitpunkt des Übergangs bereits bestehende Verbindlichkeiten nicht nach § 613a I BGB, wenn der Betrieb während eines Insolvenzverfahrens auf ihn übergegangen ist.[82] Würden die vom Erwerber übernommenen AN einen neuen zahlungskräftigen Haftungsschuldner für bereits entstandene Ansprüche erhalten, müsste dieser Vorteil von den übrigen Gläubigern insoweit finanziert werden, als vom Erwerber mit Rücksicht auf die übernommene Haftung nur ein geringerer Kaufpreis erzielt werden könnte. Dadurch wären die AN gegenüber den anderen Gläubigern unberechtigt bevorzugt. Daher gehen die besonderen Verteilungsgrundsätze des Insolvenzrechts für bereits entstandene Ansprüche § 613a I BGB als Spezialregelungen vor. Den Erwerber trifft damit bei einem **Betriebsübergang in der Insolvenz** keine Haftung für die **Insolvenzforderungen** der AN. Hierbei handelt es sich nach § 108 III InsO um Forderungen „für" die Zeit vor Eröffnung des Insolvenzverfahrens; maßgebend ist, ob die erforderliche Arbeitsleistung bereits vorher vom AN erbracht wurde[83] oder – bei Entgeltfortzahlungsansprüchen – ob die Ansprüche sich auf einen Zeitraum vor Insolvenzeröffnung beziehen. Dies gilt auch für bereits entstandene Ansprüche auf Abfindung aus einem Sozialplan,[84] aus einem Altersteilzeitvertrag[85] oder auf Erstattung von Betriebsratskosten.[86] Hinsichtlich dieser Forderungen nehmen die AN am Insolvenzverfahren teil. Für noch nicht erfüllte Urlaubsansprüche hat dagegen der Erwerber einzustehen, da sie keinem bestimmten Zeitraum im Jahr zugeordnet werden können.[87] Diese Grundsätze gelten auch

[75] BAG 18. 11 2003 AP Nr. 17 zu § 113 InsO = NZA 2004, 651; 2.12.1999 AP Nr. 202 zu § 613a BGB = NZA 2000, 480.
[76] BAG 2.12.1999 AP Nr. 202 zu § 613a BGB = NZA 2000, 480.
[77] BGH 25.3.1999 NJW 1999, 2962 = NZA 1999, 817; 4.7.1985 NJW 1985, 2643; vgl. *Schmalz/Ebener* DB 2000, 1711.
[78] BAG 16.10.2007 AP Nr. 33 zu § 630 BGB = NZA 2008, 298.
[79] BAG 16.10.2007 AP Nr. 33 zu § 630 BGB = NZA 2008, 298.
[80] BAG 21.8.2014 AP Nr. 140 zu § 611 BGB Haftung des Arbeitnehmers = NZA 2015, 94; 19.9.2007 AP Nr. 328 zu § 613a BGB = NZA 2008, 241.
[81] BAG 21.8.2014 AP Nr. 140 zu § 611 BGB Haftung des Arbeitnehmers = NZA 2015, 94.
[82] Vgl. BAG 19.10.2004 NZA 2005, 527; 19.12.2006 AP Nr. 19 zu § 3 ATG; 20.6.2002 AP Nr. 10 zu § 113 InsO = NZA 2003, 318; 30.10.2008 AP Nr. 357 zu § 613a BGB = NZA 2009, 432; vgl. schon zur Konkursordnung BAG 13.11.1986 AP Nr. 57 zu § 613a BGB = NZA 1987, 458; 13.7.1994 AP Nr. 28 zu § 61 KO.
[83] BAG 19.5.2005 AP Nr. 283 zu § 613a BGB = NZA-RR 2006, 373.
[84] BAG 15.1.2002 AP Nr. 1 zu § 2 SozplKonkG = NZA 2002, 1034.
[85] BAG 30.10.2008 AP Nr. 357 zu § 613a BGB = NZA 2009, 432; 19.12.2006 AP Nr. 19 zu § 3 ATG (Beschränkung auf Masseforderungen).
[86] BAG 13.7.1994 AP Nr. 28 zu § 61 KO.
[87] BAG 18.12.2003 AP Nr. 16 zu § 113 InsO = NZA 2004, 654.

für die Haftung nach § 25 HGB (→ Rn. 20), wenn das Unternehmen vom Insolvenzverwalter übernommen wird.[88] Die begrenzte Haftung des Betriebserwerbers im Insolvenzverfahren für bereits entstandene Ansprüche ist mit Art. 5 II lit. a RL 2001/23/EG vereinbar.[89]

Auch bei **Anwartschaften auf betriebliche Altersversorgung** haftet der Betriebserwerber nach der Rspr. des BAG nur für den Teil der Betriebsrentenansprüche, der nach Eröffnung des insolvenzrechtlichen Verfahrens erdient worden ist.[90] Für die Berechnung des Umfangs der Haftung ist die bei Eintritt des Versorgungsfalls vom Erwerber zu zahlende Rente nach der Versorgungsordnung – unter Zugrundlegung der im gesamtem Arbeitsverhältnis anrechnungsfähigen Beschäftigungszeit – zu ermitteln und zeitanteilig auf die im Rahmen des Arbeitsverhältnisses vor und nach der Insolvenzeröffnung fallende Betriebszugehörigkeit des AN aufzuteilen.[91] Art. 3 IV lit. b RL 2001/23/EG steht der eingeschränkten Haftung des Erwerbers nicht entgegen. Soweit die Versorgungsanwartschaft bei Eröffnung des Insolvenzverfahrens gesetzlich unverfallbar war, hat der Pensions-Sicherungs-Verein nach Maßgabe von § 7 II BetrAVG einzutreten (→ § 278 Rn. 5).[92] Auch im Übrigen – insbesondere bei AN mit verfallbarer Anwartschaft – ist der durch Art. 8 RL 2008/94/EG gebotene Mindestschutz gewahrt; denn den betroffenen AN, denen nicht 50% ihrer Anwartschaft erhalten bleibt oder die bei Eintritt des Versorgungsfalls wegen ihrer geringeren Rente unter die von Eurostat ermittelte Armutsgefährdungsschwelle fallen, steht insoweit aus Art. 8 RL 2008/94/EG ein unmittelbarer Zahlungsanspruch gegen den Pensions-Sicherungs-Verein zu.[93] **19a**

Wird der Betrieb noch **vor Insolvenzeröffnung** übernommen, verbleibt es bei der Haftung des Erwerbers nach § 613a I BGB.[94] Gleiches gilt, wenn eine Unternehmenssanierung außerhalb des formalisierten insolvenzrechtlichen Verfahrens durchgeführt wird, selbst wenn das Insolvenzverfahren mangels Masse nicht eröffnet werden kann.[95] **19b**

4. Firmenfortführung. Neben der Haftung des Betriebserwerbers für die Ansprüche der übernommenen AN nach § 613a I BGB kann auch eine Haftung nach § 25 HGB in Betracht kommen. Hierfür ist – neben dem Erwerb eines Handelsgeschäftes unter Lebenden[96] – zwingend dessen **Fortführung unter der bisherigen Firmenbezeichnung** (mit oder ohne Beifügung eines Nachfolgezusatzes) als nach außen tretendes Kontinuitätsmerkmal erforderlich.[97] Unerheblich ist, ob das Handelsgeschäft erheblich verkleinert wird.[98] Anders als bei § 613a I BGB findet im Fall des § 25 HGB kein Vertragspartnerwechsel statt. Der Erwerber haftet vielmehr nur für die im Betrieb begründeten Verbindlichkeiten des früheren Inhabers. Während § 613a BGB weitgehend zwingend ist (→ Rn. 23), lässt § 25 HGB abweichende Vereinbarungen zu. Eine abweichende Vereinbarung ist einem Dritten gegenüber aber nach § 25 II HGB nur wirksam, wenn sie in das Handelsregister eingetragen und bekanntgemacht oder von dem Erwerber bzw. Veräußerer dem Dritten mitgeteilt worden ist. Wird das Handelsunternehmen vom Insolvenzverwalter erworben, findet § 25 HGB keine Anwendung.[99] **20**

III. Haftung des Veräußerers

§ 613a II 1 BGB ordnet in bestimmtem Umfang eine **gesamtschuldnerische Haftung** des bisherigen Betriebsinhabers gegenüber den AN für deren bereits vor dem Betriebsübergang entstandene Verbindlichkeiten aus dem Arbeitsverhältnis an: Der Veräußerer haftet für solche Forderungen uneingeschränkt neben dem neuen AG, wenn sie bei Übergang des Betriebs schon **21**

[88] BAG 20.9.2006 AP Nr. 1 zu § 25 HGB = NZA 2007, 335.
[89] BAG 30.10.2008 AP Nr. 357 zu § 613a BGB = NZA 2009, 432.
[90] Vgl. BAG 26.1.2021 – 3 AZR 139/17; 29.10.1985 AP Nr. 4 zu § 1 BetrAVG Betriebsveräußerung; 17.1.1980 AP Nr. 18 zu § 613a BGB.
[91] BAG 16.10.2018 WM 2018, 2199; 16.10.2018 AP Nr. 19 zu Richtlinie 2001/23/EG.
[92] BAG 26.3.1996 AP Nr. 148 zu § 613a BGB = NZA 1997, 94.
[93] BAG 26.1.2021 – 3 AZR 139/17; vgl. EuGH 9.6.2020 – C-674/18 und C-675/18; BAG 16.10.2018 WM 2018, 2199; 16.10.2018 AP Nr. 19 zu Richtlinie 2001/23/EG.
[94] BAG 20.6.2002 AP Nr. 10 zu § 113 InsO = NZA 2003, 318; 21.2.1990 AP Nr. 85 zu § 613a BGB = NZA 1990, 567 (Sequestration).
[95] BAG 20.11.1984 AP Nr. 38 zu § 613a BGB; aA BAG 3.7.1980 AP Nr. 22 zu § 613a BGB.
[96] BAG 24.3.1987 AP Nr. 1 zu § 26 HGB = NZA 1988, 246; 17.9.1991 ZIP 1991, 1586; OLG Köln 8.12.1992 EWiR § 25 HGB.
[97] BAG 27.9.2012 AP Nr. 438 zu § 613a BGB = NZA 2013, 961; BGH 24.9.2008 NJW-RR 2009, 820; 28.11.2005 NJW 2006, 1002.
[98] LAG Brem 3.8.1988 NJW-RR 1989, 423 = ZIP 1988, 1396.
[99] BAG 20.9.2006 AP Nr. 1 zu § 25 HGB = NZA 2007, 335.

fällig waren.[100] Wird die Forderung des AN erst nach dem Betriebsübergang fällig, haftet der bisherige AG für sie nur in dem Umfang, der dem im Zeitpunkt des Übergangs abgelaufenen Teil ihres Bemessungszeitraums entspricht (§ 613a II 2 BGB). Geht ein Betrieb zB am 1.5. über, haftet der Erwerber für die volle, der Veräußerer für die anteilige – auf die Zeit vom 1.1. bis zum 30.4. entfallende – Jahressonderzahlung. Für Ansprüche aus dem Arbeitsverhältnis, die erst nach Betriebsübergang entstehen, haftet der bisherige AG dagegen nicht. Zudem tritt nach § 613a III BGB keine Mithaftung des bisherigen AG ein, wenn dieser durch Verschmelzung oder Umwandlung erlischt.

22 § 613a II BGB regelt nur die Haftung des früheren AG gegenüber den AN, also das sog. **Außenverhältnis.** Wer im **Innenverhältnis** zwischen Erwerber und Veräußerer die Schuld zu tragen hat, hängt von den im Übernahmevertrag getroffenen Vereinbarungen ab. Fehlt eine solche Vereinbarung, gilt § 426 I 1 BGB.[101] War das der Betriebsübergabe zugrunde liegende Rechtsgeschäft mit Rechtsmängeln behaftet und wird der Betrieb auf den bisherigen AG **zurück übertragen,** haftet dieser auch für die zwischenzeitlich neu begründeten Ansprüche der AN nach § 613a I BGB.

IV. Unabdingbarkeit

23 Vertragliche **Abreden zwischen Betriebsveräußerer und Erwerber,** mit denen die Rechtsfolgen des § 613a BGB abbedungen werden sollen, sind nach § 134 BGB unwirksam. Die Regelung enthält zugunsten der AN einseitig zwingendes Recht. Eine Vereinbarung, nach der das zum Zeitpunkt des Übergangs beim Veräußerer vorhandene Personal bei diesem verbleibt und dem Erwerber nur aufgrund einer tariflichen Regelung im Wege einer Personalgestellung überlassen wird, hindert den von Rechts wegen stattfindenden Übergang der Arbeitsverhältnisse daher nicht.[102]

24 Die Zulässigkeit vertraglicher **Absprachen zwischen Veräußerer und AN** ist ebenfalls eingeschränkt. Eine Vereinbarung zwischen dem AN und seinem bisherigen AG vor einem beabsichtigten Betriebsübergang, die auf eine Verschlechterung der Arbeitsbedingungen abzielt, ist nach § 134 BGB unwirksam.[103] Dies gilt gleichermaßen für einen vor dem Übergang geschlossenen Erlassvertrag, wenn durch diesen verhindert werden soll, dass der Betriebserwerber in sämtliche Rechte und Pflichten aus dem Arbeitsverhältnis eintritt.[104] Auch die Abrede, dass der Veräußerer alleiniger Schuldner der künftigen Versorgungsverpflichtungen bleibt, verstößt gegen § 613a I BGB und ist deshalb nichtig, selbst wenn die betroffenen AN dem zustimmen.[105] Der Schutz des § 613a I BGB greift in zeitlicher Hinsicht, wenn der Betriebsübergang absehbar ist oder die Änderungen auf die Herstellung von Arbeitsbedingungen zielen, die den Betrieb erst verkaufsfähig machen sollen.

25 Nicht eindeutig geklärt ist die Zulässigkeit von **Abreden nach dem Betriebsübergang.** Die Änderung des Vertragsinhalts zu Lasten der AN war nach einer älteren Entscheidung des BAG nur statthaft, wenn hierfür ein sachlicher Grund vorlag.[106] Diese Rspr. hat das BAG für nach dem Betriebsübergang getroffene Vereinbarungen aufgegeben, mit denen die Arbeitsbedingungen der AN für die Zukunft verschlechtert werden; diese bedürfen keines sie rechtfertigenden Sachgrundes.[107] Auch die in § 613 I 2 BGB enthaltene Veränderungssperre greift nicht ein. Allerdings werden solche Absprachen regelmäßig einer Inhaltskontrolle nach §§ 305 ff. BGB unterliegen. Ob an die Wirksamkeit von Verträgen, die den Erlass rückständiger Arbeitnehmeransprüche regeln oder die betriebliche Altersversorgung zu Lasten des AN verschlechtern, weitergehende Anforderungen zu stellen sind, ist offen.[108]

V. Beteiligung der Arbeitnehmervertretungen

26 **1. Wirtschaftsausschuss.** Von einem in Aussicht genommenen Betriebsübergang ist der Wirtschaftsausschuss zu unterrichten (§ 106 BetrVG; → § 243 Rn. 1 ff.). Ist kein Wirtschaftsaus-

[100] BAG 22.6.1978 AP Nr. 12 zu § 613a BGB.
[101] OLG Düsseldorf 28.12.1998 BB 1990, 2193 (anteilige Sonderzuwendung).
[102] BAG 20.3.2014 AP Nr. 450 zu § 613a BGB = NZA 2014, 1095.
[103] BAG 12.5.1992 AP Nr. 14 zu § 1 BetrAVG Betriebsveräußerung = NZA 1992, 1080.
[104] BAG 19.3.2009 AP Nr. 369 zu § 613a BGB = NZA 2009, 1091; krit. *Greiner* EWiR 2009, 709; zust. *Bunte* NZA 2010, 319; weiterführend *Meyer, C.* SAE 2010, 105.
[105] BAG 14.7.1981 AP Nr. 27 zu § 613a BGB = NJW 1982, 1607.
[106] BAG 27.4.1988 AP Nr. 71 zu § 613a BGB = NZA 1988, 655; 17.1.1980 AP Nr. 18 zu § 613a BGB.
[107] BAG 7.11.2007 AP Nr. 329 zu § 613a BGB = NZA 2008, 530; 19.3.2009 AP Nr. 369 zu § 613a BGB = NZA 2009, 1091; 30.8.2017 AP Nr. 139 zu § 1 TVG Bezugnahme auf Tarifvertrag.
[108] BAG 7.11.2007 AP Nr. 329 zu § 613a BGB = NZA 2008, 530 = NZA 2018, 255.

schuss vorhanden, entfällt die Unterrichtungspflicht; sie geht nicht auf den BR oder GBR über.[109] Etwas anderes gilt für die durch das Risikobegrenzungsgesetz vom 19.8.2008 eingefügte Pflicht zur Unterrichtung des Wirtschaftsausschusses nach § 106 III Nr. 9a BetrVG über eine Unternehmensübernahme, mit der der Erwerb der Kontrolle verbunden ist; existiert kein Wirtschaftsausschuss, ist nach § 109a BetrVG der BR hierüber zu informieren. Der Erwerb der Kontrolle erfordert bei börsennotierten Gesellschaften die Übernahme von mindestens 30% der Anteile.[110] Bei nicht börsennotierten Gesellschaften wird ein Stimmrechtsanteil von mindestens 50% bzw. ein bestimmender Einfluss – etwa aufgrund eines Beherrschungsvertrags – für erforderlich gehalten.[111]

2. Betriebsrat. Der Betriebsübergang als solcher unterliegt nicht der Mitbestimmung des BR. Erschöpft sich der Betriebsübergang nicht allein in dem Wechsel des Betriebsinhabers, sondern ergreifen Veräußerer oder Erwerber gleichzeitig Maßnahmen, welche einen oder mehrere der Tatbestände des § 111 BetrVG erfüllen, ist der BR über die Betriebsänderung (dazu → § 244 Rn. 8) rechtzeitig und umfassend zu unterrichten.[112] Maßgebender Zeitpunkt für die Unterrichtung ist der Moment, in dem sich derjenige Tatbestand verwirklicht, an den das Beteiligungsrecht anknüpft; im Fall des § 111 BetrVG ist dies die geplante Betriebsänderung. Diese liegt vor, wenn der AG aufgrund abgeschlossener Prüfungen und Vorüberlegungen grundsätzlich zu einer Betriebsänderung entschlossen ist. Besteht in diesem Zeitpunkt kein BR, scheidet eine Beteiligung nach §§ 111 ff. BetrVG aus.[113] Vereinbarungen mit dem Erwerber (zB Standortsicherungsverträge) kann der BR bis zum Wirksamwerden des Betriebsübergangs wegen seiner fehlenden Rechtsfähigkeit für Angelegenheiten außerhalb des BetrVG nicht schließen. Die Mitbestimmungsrechte des BR richten sich gegen den AG, wenn dieser eine nach allgemeinem Betriebsverfassungsrecht mitbestimmungspflichtige Maßnahme vornimmt. Zuständig kann danach je nach dem Zeitpunkt des Betriebsübergangs der BR des Veräußerers oder des Erwerbers sein. Zur Beteiligung des BR beim Kündigungsausspruch → § 124 Rn. 1. 27

3. Europäischer Betriebsrat. In grenzübergreifenden Angelegenheiten, die das gemeinschaftsweit tätige Unternehmen oder die gemeinschaftsweit tätige Unternehmensgruppe insgesamt oder mindestens zwei Betriebe oder zwei Unternehmen in verschiedenen Mitgliedstaaten betreffen (§ 1 II EBRG), kann die Anhörung des EBR (dazu → § 256 Rn. 1 ff.) erforderlich sein, wenn ein solcher gebildet ist. Neben der allgemeinen Unterrichtungspflicht nach § 29 EBRG hat die zentrale Leitung den EBR gem. § 30 EBRG über außergewöhnliche Umstände rechtzeitig unter Vorlage der erforderlichen Unterlagen anzuhören. Als außergewöhnliche Umstände gelten insbesondere die Verlegung oder Stilllegung von Unternehmen, Betrieben oder wesentlichen Betriebsteilen sowie Massenentlassungen (zum Begriff der Anhörung → § 256 Rn. 22). 28

4. Personalrat. Geht eine Behörde oder Dienststelle auf einen neuen Verwaltungsträger über, so bestehen Mitwirkungsrechte des PR nach dem BPersVG oder den LPersVG. 29

5. Sprecherausschuss. Gem. § 32 I und II SprAuG ist der Sprecherausschuss der leitenden Angestellten sowohl über die wirtschaftlichen Angelegenheiten als auch über geplante Betriebsänderungen zu unterrichten. Die Rechtslage ist der Unterrichtung nach §§ 106, 111 BetrVG nachgebildet. 30

VI. Unterrichtung der Arbeitnehmer

1. Allgemeines. Nach § 613a V BGB haben entweder der Betriebsveräußerer oder der Erwerber die von einem Übergang betroffenen AN vor dem Übergang in Textform über den (geplanten) Zeitpunkt des Betriebsübergangs, den Grund dafür sowie die rechtlichen, wirtschaftlichen und sozialen Folgen für die AN und die hinsichtlich der AN in Aussicht genommenen Maßnahmen zu unterrichten. Die Regelung wurde – gemeinsam mit dem Widerspruchsrecht der AN gegen den Übergang in Abs. 6 – im Rahmen der Änderung des Seemannsgesetzes vom 31

[109] BAG 5.2.1991 AP Nr. 10 zu § 106 BetrVG 1972 = NZA 1991, 644.
[110] BT-Drs. 16/7438, 15.
[111] *Liebers/Erren/Weiß* NZA 2009, 1063 (1065).
[112] BAG 31.1.2008 AP Nr. 2 zu § 613a BGB Unterrichtung = NZA 2008, 642; 25.1.2000 AP Nr. 137 zu § 112 BetrVG 1972; 4.12.1979 AP Nr. 6 zu § 111 BetrVG 1972.
[113] BAG 28.10.1992 AP Nr. 63 zu § 112 BetrVG 1972 = NZA 1993, 420.

23.3.2002 (BGBl. I 1163) in § 613a BGB eingefügt. Sie beruht auf den Vorgaben in Art. 7 VI der RL 2001/23/EG. Von einer gesonderten Regelung der daneben in Art. 7 I RL 2001/23/EG vorgesehenen Informations- und Beratungsrechte gegenüber den im Betrieb oder Unternehmen gebildeten Arbeitnehmervertretungen hat der Gesetzgeber abgesehen. Deren Beteiligungsrechte (dazu → Rn. 26 ff.) bestehen unabhängig von einer Informationspflicht gegenüber den AN. Die Regelung in § 613a V BGB gilt für alle Betriebe unabhängig von der Betriebsgröße und dem Bestehen eines BR; nach § 324 UmwG kann sie auch bei einer Umwandlung anzuwenden sein (→ § 116 Rn. 10).

32 **Zweck der Unterrichtung** nach § 613a V BGB ist es, den vom Betriebsübergang betroffenen AN eine sachgerechte Entscheidung darüber zu ermöglichen, ob sie dem Übergang ihres Arbeitsverhältnisses auf den neuen Betriebs(teil)inhaber widersprechen wollen (BT-Drs. 14/7760, 19). Damit ist die Unterrichtung teleologisch auf das Widerspruchsrecht ausgerichtet.[114] Die mitgeteilten Informationen sollen den AN in die Lage versetzen, weitere Erkundigungen anzustellen und sich ggf. beraten zu lassen, um auf dieser Grundlage über einen Widerspruch zu entscheiden. Die Unterrichtung muss dabei entspr. den Kenntnissen, Vorstellungen, Erwartungen und Planungen von Veräußerer und Erwerber vorgenommen werden. Der Inhalt der Unterrichtung ist insoweit **subjektiv determiniert.** Maßgeblich sind der Kenntnisstand des Veräußerers und des Erwerbers zum Zeitpunkt der Unterrichtung.[115] Angesichts der unpräzisen Formulierungen in § 613a V Nr. 2–4 BGB hat die Rspr. die Maßstäbe für eine ordnungsgemäße Unterrichtung in den letzten Jahren fortwährend präzisiert. Die dabei zu erfüllenden Anforderungen, die AN sowohl vollständig und inhaltlich zutreffend als auch in verständlicher Art und Weise zu unterrichten, werfen in der Praxis allerdings nicht selten Schwierigkeiten auf.[116] Als ein möglicher Anhaltspunkt für eine ordnungsgemäße Unterrichtung können die Inhalte der in den Entscheidungen des BAG vom 13.7.2006 und 10.11.2011 wiedergegebenen Schreiben der AG empfohlen werden.[117]

33 **2. Inhalt. a) Zeitpunkt und Gegenstand des Übergangs.** Nach § 613a V Nr. 1 BGB muss angegeben werden, zu wann die Übernahme der Leitungsmacht durch den Erwerber erfolgt ist bzw. erfolgen soll. Ausreichend ist die Nennung des zum Zeitpunkt der Unterrichtung geplanten oder vereinbarten Zeitpunkts. Zudem ist über den Gegenstand des Betriebsübergangs (Betrieb bzw. Teilbetrieb) zu unterrichten.[118] Geht ein Betriebsteil über, ist dieser konkret zu bezeichnen.

34 **b) Erwerber.** Der Betriebserwerber ist grundsätzlich **namentlich** – Name bzw. Firmenbezeichnung gem. § 17 I HGB einschließlich Vertretungsberechtigungen – unter Angabe seiner Geschäftsadresse oder des Firmensitzes zu nennen, um hinreichende Klarheit über seine Identität zu schaffen und die AN in die Lage zu versetzen, Erkundigungen über ihn, zB durch Einsichtnahme in das zuständige Handelsregister, einzuholen.[119] Empfehlenswert ist es zudem, das zuständige Handelsregister und die Handelsregisternummer anzugeben. Kann eine vollständige gesetzliche Vertretung (noch) nicht angegeben werden, ist eine identifizierbare natürliche Person mit Personalkompetenz als Ansprechpartner des Betriebserwerbers zu benennen.[120] Entscheidend sind dabei der Kenntnisstand des Veräußerers und Erwerbers bei Unterrichtung.[121] Besteht zu diesem Zeitpunkt keine Kenntnis von den genauen Erwerberdaten, muss das Unterrichtungsschreiben einen entspr. Hinweis enthalten. Ggf. ist es später zu vervollständigen mit der Folge einer erst dann anlaufenden Widerspruchsfrist.[122]

---

[114] BAG 15.12.2016 AP Nr. 467 zu § 613a BGB = NZA 2017, 783.

[115] BAG 10.11.2011 AP Nr. 15 zu § 613a BGB Unterrichtung; 13.7.2006 AP Nr. 312 zu § 613a BGB = NZA 2006, 1268.

[116] Krit. auch *Grau/Schaut* NZA 2018, 216 (221).

[117] BAG 10.11.2011 AP Nr. 15 zu § 613a BGB Unterrichtung; dazu *Gaul/Krause* RdA 2013, 39; BAG 13.7.2006 AP Nr. 311 zu § 613a BGB = NZA 2006, 1273; weiteres Hinweisschreiben bei *Bichlmeier* DZWIR 2007, 231; vor einer unkritischen Übernahme sei indes gewarnt; s. auch Schaub ArbRFV-HdB/*Klagges* A. Rn. 444 ff.

[118] BAG 14.12.2006 AP Nr. 318 zu § 613a BGB = NZA 2007, 682.

[119] BAG 23.7.2009 AP Nr. 10 zu § 613a BGB Unterrichtung = NZA 2010, 89; 21.8.2008 AP Nr. 348 zu § 613a BGB; 13.7.2006 AP Nr. 312 zu § 613a BGB = NZA 2006, 1268.

[120] BAG 23.7.2009 AP Nr. 10 zu § 613a BGB Unterrichtung = NZA 2010, 89.

[121] BAG 13.7.2006 AP Nr. 312 zu § 613a BGB = NZA 2006, 1268.

[122] BAG 23.7.2009 AP Nr. 10 zu § 613a BGB Unterrichtung = NZA 2010, 89.

c) Grund des Übergangs. § 613a V Nr. 2 BGB erfordert zunächst die Angabe der **unternehmerischen Gründe** für den Betriebsübergang. Angesichts der teleologischen Ausrichtung der Unterrichtungspflicht auf das Widerspruchsrecht (→ Rn. 32) reicht hierbei eine prägnante Zusammenfassung aus.[123] Den AN müssen schlagwortartig auch jene unternehmerischen Gründe mitgeteilt werden, die sich beim Erwerber und – im Fall eines Widerspruchs – beim Veräußerer auf ihren Arbeitsplatz auswirken können.[124] Zudem ist auch der **Rechtsgrund** für den Betriebsübergang (zB Kaufvertrag, Pachtvertrag, oder Umwandlung) mitzuteilen.[125] Über einzelne Bestandteile der zugrundeliegenden Verträge muss jedoch nicht informiert werden.[126] 35

d) Rechtliche, wirtschaftliche und soziale Folgen des Übergangs für Arbeitnehmer. Der Umfang der Unterrichtungspflicht über die Auswirkungen des Betriebsübergangs für die AN ist im Gesetz nur stichpunktartig umschrieben. § 613a IV Nr. 3 BGB verpflichtet zunächst zu einer Unterrichtung über dessen **rechtliche Folgen.** Hierzu gehört ein Hinweis auf den gesetzlichen Eintritt des Erwerbers in die Rechte und Pflichten aus dem Arbeitsverhältnis (§ 613a I 1 BGB) sowie auf die kündigungsrechtliche Situation, sofern der betroffene AN mit einem Kündigungsausspruch rechnen muss. Zudem bedarf es einer Erläuterung zum Umfang der gesamtschuldnerischen Haftung des Übernehmers und des Veräußerers nach § 613a II BGB.[127] Daneben ist ggf. anzugeben, ob und in welcher Form die bisher beim Veräußerer geltenden Kollektivnormen gem. § 613a I 2–4 BGB nach dem Übergang weiter gelten.[128] Eine detaillierte Bezeichnung einzelner Tarifverträge oder Betriebsvereinbarungen ist nicht erforderlich, da sich der AN nach Ansicht des BAG nach Erhalt der Unterrichtung selbst näher erkundigen kann. Notwendig ist allerdings ein Hinweis darauf, ob die Kollektivvereinbarungen normativ oder kraft Transformation in das Arbeitsverhältnis nach § 613a I 2 BGB (→ § 119 Rn. 3 f., 27 f.) fortwirken.[129] Zudem ist über den Wegfall der Dynamik einer vertraglichen Bezugnahmeklausel (→ § 119 Rn. 17 f.)[130] und über die einjährige Sperrfrist nach § 613a I 2 BGB zu informieren. Ebenso ist auf die grundsätzliche Weitergeltung der bisherigen Arbeitsbedingungen (Betriebszugehörigkeit, Vergütung, betriebliche Altersversorgung, allgemeiner und besonderer Kündigungsschutz) sowie das Kündigungsverbot des § 613a IV BGB und seine Reichweite hinzuweisen. Wie der unterschiedliche Wortlaut von § 613a V Nr. 3 BGB und § 5 I Nr. 9, § 126 I Nr. 11 UmwG zeigt, bedarf es keines Hinweises auf ein Fortbestehen der Arbeitnehmervertretungen.[131] Die Hinweise auf die Rechtsfolgen des Übergangs müssen präzise sein und dürfen keine juristischen Fehler enthalten;[132] nach der Rspr. liegt ein solcher aber nicht bereits dann vor, wenn es zu der **Rechtsfrage unterschiedliche Meinungen** gibt. Entscheidend ist, ob nach angemessener Prüfung der Rechtslage eine rechtlich vertretbare Auskunft erteilt wurde.[133] Der AN ist darüber hinaus über sein **Widerspruchsrecht** sowie darüber zu unterrichten, wie, innerhalb welcher Frist und gegenüber wem dieser erklärt werden kann.[134] 36

Zu den **wirtschaftlichen Folgen** iSd § 613a V Nr. 3 BGB gehören solche Veränderungen, die sich den Bestimmungen des § 613a I–IV BGB nicht als unmittelbare rechtliche Folge entnehmen lassen.[135] Der AN muss auch über die **mittelbaren Folgen eines Widerspruchs** informiert werden, wenn diese ein relevantes Kriterium für einen möglichen Widerspruch gegen den Übergang des Arbeitsverhältnisses bilden können.[136] Dies ist etwa der Fall, wenn die rechtlichen 37

---

[123] BAG 15.12.2016 AP Nr. 467 zu § 613a BGB = NZA 2017, 783.

[124] BAG 23.7.2009 AP Nr. 10 zu § 613a BGB Unterrichtung = NZA 2010, 89; 13.7.2006 AP Nr. 312 zu § 613a BGB = NZA 2006, 1268.

[125] BAG 23.7.2009 AP Nr. 10 zu § 613a BGB Unterrichtung = NZA 2010, 89.

[126] BAG 15.12.2016 AP Nr. 467 zu § 613a BGB = NZA 2017, 783.

[127] BAG 26.5.2011 AP Nr. 407 zu § 613a BGB; 23.7.2009 AP Nr. 10 zu § 613a BGB Unterrichtung = NZA 2010, 89; 21.8.2008 AP Nr. 348 zu § 613a BGB; 14.12.2006 AP Nr. 318 zu § 613a BGB = NZA 2007, 682.

[128] BAG 23.7.2009 AP Nr. 10 zu § 613a BGB Unterrichtung = NZA 2010, 89; 27.11.2008 AP Nr. 363 zu § 613a BGB = NZA 2009, 552; vgl. dazu *Gaul* RdA 2015, 206.

[129] So bereits BAG 10.11.2011 AP Nr. 15 zu § 613a BGB Unterrichtung; 23.7.2006 AP Nr. 312 zu § 613a BGB = NZA 2006, 1268.

[130] *Willemsen/Grau* NJW 2014, 12 (16); *Latzel* RdA 2014, 110 (117).

[131] AA *Hauck* NZA-Beil. 1/2009, 18.

[132] BAG 10.11.2011 AP Nr. 15 zu § 613a BGB Unterrichtung; 13.7.2006 AP Nr. 312 zu § 613a BGB = NZA 2006, 1268.

[133] BAG 26.3.2015 AP Nr. 7 zu § 626 BGB Unkündbarkeit = NZA 2015, 866.

[134] BAG 20.3.2008 NZA 2008, 1354.

[135] BAG 14.11.2013 AP Nr. 449 zu § 613a BGB = NZA 2014, 610; 10.11.2011 AP Nr. 15 zu § 613a BGB Unterrichtung.

[136] BAG 26.3.2015 AP Nr. 7 zu § 626 BGB Unkündbarkeit = NZA 2015, 886; 14.11.2013 AP Nr. 449 zu § 613a BGB = NZA 2014, 610; 31.1.2008 AP Nr. 2 zu § 613a BGB Unterrichtung = NZA 2008, 642.

Rahmenbedingungen beim Erwerber zu einer Gefährdung der wirtschaftlichen Absicherung der AN führen. Dementsprechend ist auf eine Sozialplanprivilegierung des Erwerbers nach § 112 II BetrVG hinzuweisen.[137] Könnte wegen der wirtschaftlichen Lage des Erwerbers die Sicherheit der Arbeitsplätze gefährdet sein, müssen auch nähere Auskünfte zu dessen wirtschaftlicher und finanzieller Situation erteilt werden. Übernimmt der Erwerber nur die beweglichen Anlageteile des Betriebs, nicht aber die Immobilie, sind die AN hierüber zu unterrichten.[138] Ist auf Grundlage der bisherigen Planungen zu erwarten, dass die widersprechenden AN betriebsbedingt gekündigt werden, sind die AN hierüber ebenfalls in Kenntnis zu setzen. Der Betriebserwerber bzw. -veräußerer ist außerdem verpflichtet, über einen abgeschlossenen Interessenausgleich und Sozialplan, der Abfindungsregelungen für die widersprechenden AN vorsieht, zu unterrichten. Befinden sich AG und BR zum Zeitpunkt der Information noch in Verhandlungen über einen Interessenausgleich und Sozialplan, muss der gegenwärtige Verhandlungsstand erläutert werden. Musste die Unterrichtung wegen ihrer subjektiven Determination (→ Rn. 32) keine Angaben über einen ins Auge gefassten Sozialplan enthalten, besteht selbst dann keine nachträgliche Pflicht zur Information, wenn später ein Interessenausgleich und ein Sozialplan zustande kommen.[139]

38 **e) Beabsichtigte Maßnahmen.** Die Unterrichtung muss sich nach § 613 IV Nr. 4 BGB auch auf die hinsichtlich der AN in Aussicht genommenen Maßnahmen erstrecken. Diese richten sich nach den Vorstellungen des Erwerbers, die ggf. auch vom Ausgang der Verhandlungen mit dem Betriebsveräußerer abhängen können. Die Maßnahme ist erst dann in Aussicht genommen, wenn ein Stadium konkreter Planungen erreicht ist.[140] Notwendig sind zB Angaben über eine zum Zeitpunkt der Unterrichtung bereits beabsichtigte spätere Ausrichtung des Betriebs beim Erwerber. Hierzu gehören auch Änderungen des Betriebszwecks und der -größe sowie die sich daraus ergebenden personellen Maßnahmen, soweit sie bereits hinreichend konkret sind.[141] Ggf. ist damit auch auf den Ausspruch betriebsbedingter Kündigungen bei einem Widerspruch gegen den Übergang hinzuweisen.[142] Unter § 613 IV Nr. 4 BGB fallen zudem etwaige Fortbildungsmaßnahmen beim Betriebserwerber, Produktionsänderungen, Umstrukturierungen und andere Maßnahmen, die die berufliche Entwicklung der AN betreffen (zB beabsichtigte Personalentwicklungs- und Beschäftigungssicherungsmaßnahmen).[143] Unter Berücksichtigung der Zielsetzung von Art. 7 I, VI von RL 2001/23/EG versteht das BAG unter „Maßnahmen" daneben auch alle sonstigen durch den bisherigen oder neuen Betriebsinhaber geplanten erheblichen Änderungen der rechtlichen, wirtschaftlichen oder sozialen Situation der von dem Übergang betroffenen AN.[144]

39 **3. Verpflichtete.** Zur Unterrichtung sind Betriebsveräußerer und -erwerber gemeinschaftlich verpflichtet; hieraus folgt zugleich eine wechselseitige Informationspflicht über die maßgeblichen Angaben.[145] Zweckmäßigerweise sind daher im Rahmen des dem Betriebsübergang zugrunde liegenden Rechtsgeschäfts auch die Einzelheiten der Unterrichtung nach § 613a V BGB zu vereinbaren. Die Unterrichtung kann sich auch aus dem Zusammenspiel der Informationen der beteiligten AG ergeben; widersprechen sich ihre Angaben, ist die Unterrichtung nicht ordnungsgemäß.

40 **4. Form und Zeitpunkt.** Die Unterrichtung muss präzise und inhaltlich sowie rechtlich richtig sein.[146] Da sich die Unterrichtung an alle AN wendet, muss der AG keine individuelle, rechtsverbindliche Rechtsberatung vornehmen.[147] Auch standardisierte Schreiben können daher

[137] BAG 15.12.2016 AP Nr. 467 zu § 613a BGB = NZA 2017, 783; 14.11.2013 AP Nr. 449 zu § 613a BGB = NZA 2014, 610.
[138] BAG 31.1.2008 AP Nr. 2 zu § 613a BGB Unterrichtung = NZA 2008, 642; krit. *Elking/Aszmons* BB 2014, 2041 (2045).
[139] BAG 14.12.2006 AP Nr. 318 zu § 613a BGB = NZA 2007, 682; 13.7.2006 AP Nr. 311 zu § 613a BGB = NZA 2006, 1273.
[140] BAG 14.11.2013 AP Nr. 449 zu § 613a BGB = NZA 2014, 610; 10.11.2011 AP Nr. 15 zu § 613a BGB Unterrichtung; 13.7.2006 AP Nr. 311 zu § 613a BGB = NZA 2006, 1273.
[141] BAG 13.7.2006 AP Nr. 311 zu § 613a BGB = NZA 2006, 1273.
[142] *Hauck* NZA-Beil. 1/2009, 18.
[143] BT-Drs. 14/7760, 19; *Hauck* NZA-Beil. 1/2009, 18.
[144] BAG 14.11.2013 AP Nr. 449 zu § 613a BGB = NZA 2014, 610; 10.11.2011 AP Nr. 15 zu § 613a BGB Unterrichtung; aA *Sagan* Anm. AP Nr. 449 zu § 613a BGB.
[145] *Willemsen/Lembke* NJW 2002, 1159 (1162); zu Konflikten *Mückl* RdA 2008, 343.
[146] BAG 10.11.2011 NZA 2012, 584; 13.7.2006 AP Nr. 311 zu § 613a BGB = NZA 2006, 1273.
[147] BAG 9.2.2006 NZA-RR 2007, 112.

ausreichend sein, jedoch müssen eventuelle Besonderheiten des Arbeitsverhältnisses erfasst werden.[148] Die Informationen müssen für einen durchschnittlichen AN verständlich sein; bei ausländischen AN ist eine Übersetzung erforderlich, wenn sie nicht über ausreichende Deutschkenntnisse verfügen. Die Unterrichtung hat in Textform (§ 126b BGB) und gegenüber jedem von dem Betriebsübergang betroffenen AN zu erfolgen. Über den Zugang sollte in geeigneter Form ein Nachweis geführt werden. Ein in Textform gehaltener Hinweis auf eine Darstellung an anderer Stelle (Aushang, Intranet, mündliche Information auf einer Betriebsversammlung) ist nicht ausreichend.

Die Unterrichtung hat **vor dem Betriebsübergang** zu erfolgen. Ist sie unterblieben, kann sie nachgeholt werden, da die Pflicht aus § 613a V BGB auch nach dem Übergang bestehen bleibt. Wird das Unterrichtungsschreiben nachträglich ergänzt, ist das Textformerfordernis zu beachten. 40a

5. Rechtsfolgen bei Verstößen. Solange keine oder keine ordnungsgemäße Unterrichtung des AN erfolgt ist, beginnt die Frist für den Widerspruch nach § 613a VI 1 BGB nicht zu laufen.[149] Nur eine den Vorgaben des Gesetzes genügende Information des AN setzt die **Widerspruchsfrist** in Gang. Allerdings hält die Rspr. eine fehlerhafte Unterrichtung über komplexe Rechtsfragen für unschädlich, wenn der Unterrichtende die Rechtslage gewissenhaft geprüft und eine rechtlich vertretbare Position eingenommen hat.[150] Darüber hinaus kann eine **unvollständige Unterrichtung** auch durch eine ergänzende Information geheilt werden[151] mit der Folge, dass die Widerspruchsfrist ab diesem Zeitpunkt zu laufen beginnt. Wurden die AN nicht über eine Sozialplanprivilegierung des Erwerbers nach § 112a II BetrVG unterrichtet, ist dieser Fehler nach der Rspr. des BAG mit Ablauf des vierjährigen Privilegierungszeitraums seit der Gründung des neuen Inhabers kraft Gesetzes geheilt und die einmonatige Widerspruchsfrist beginnt zu laufen.[152] Bis zu einer ordnungsgemäßen Unterrichtung dürfen die AN abwarten und müssen ihr Widerspruchsrecht nicht auf einer unzureichenden Tatsachenbasis ausüben.[153] Dies hat zur Folge, dass bei einer unterbliebenen oder fehlerhaften Unterrichtung der Widerspruch noch Jahre nach dem Zeitpunkt des Betriebsübergangs erklärt werden kann. Die Grenze für die Ausübung des Widerspruchsrechts bildet in diesem Fall allein die sich nach allgemeinen Grundsätzen ergebende Verwirkung (→ Rn. 51 f.). 41

Eine Verletzung der Unterrichtungspflicht kann zudem zu **Schadensersatzansprüchen** gegen den bisherigen AG aus § 280 I BGB[154] und gegen den Betriebserwerber wegen vorvertraglicher Pflichtverletzung nach §§ 280 I, 311 II BGB führen;[155] das Verschulden wird nach § 280 I 2 BGB vermutet. Die fehlerhafte Unterrichtung muss jedoch kausal für den eingetretenen Schaden sein. Hieran fehlt es, wenn der AN durch Ausübung seines noch bestehenden Widerspruchsrechts den Schadenseintritt verhindern kann.[156] Ein späteres Abweichen von den in der Unterrichtung zutreffend angekündigten Maßnahmen begründet keine Schadensersatzansprüche. 42

6. Darlegungs- und Beweislast. Betriebsveräußerer und -erwerber sind für die Ordnungsmäßigkeit der Unterrichtung darlegungs- und beweispflichtig. Hierbei gilt jedoch eine **abgestufte Darlegungs- und Beweislast.** Entspricht die Unterrichtung zunächst formal den gesetzlichen Anforderungen und ist sie nicht offensichtlich fehlerhaft, ist es nach § 138 III ZPO Sache des AN, etwaige Mängel aufzuzeigen. Dem Veräußerer bzw. -erwerber obliegt dann die Darlegungs- und Beweislast für die ordnungsgemäße Erfüllung der Unterrichtungspflicht.[157] 43

[148] BAG 13.7.2006 AP Nr. 312 zu § 613a BGB = NZA 2006, 1268.

[149] BAG 15.12.2016 AP Nr. 467 zu § 613a BGB = NZA 2017, 783; 14.11.2013 AP Nr. 449 zu § 613a BGB; 21.1.2010 AP Nr. 385 zu § 613a BGB; 24.7.2008 AP Nr. 347 zu § 613a BGB = NZA-RR 2010, 74; 20.3.2008 NZA 2008, 1354.

[150] BAG 10.11.2011 AP Nr. 15 zu § 613a BGB Unterrichtung; 13.7.2006 AP Nr. 311 zu § 613a BGB = NZA 2006, 1273.

[151] Zur Nachunterrichtung *Leßmann* DB 2011, 2378.

[152] BAG 15.12.2016 AP Nr. 467 zu § 613a BGB = NZA 2017, 783; krit. *Annuß* NZA 2017, 976.

[153] BAG 24.5.2005 AP Nr. 284 zu § 613a BGB = NZA 2005, 1302.

[154] BAG 13.7.2006 AP Nr. 1 zu § 613a BGB Widerspruch = NZA 2006, 1406.

[155] *Gaul/Otto* DB 2002, 634 (639); vgl. dazu auch *Klock* RdA 2017, 311.

[156] BAG 21.1.2010 AP Nr. 13 zu § 613a BGB Widerspruch; 20.3.2008 NZA 2008, 1297; 31.1.2008 AP Nr. 2 zu § 613a BGB Unterrichtung = NZA 2008, 642.

[157] BAG 10.11.2011 AP Nr. 15 zu § 613a BGB Unterrichtung; 14.12.2006 AP Nr. 318 zu § 613a BGB = NZA 2007, 682; 13.7.2006 AP Nr. 312 zu § 613a BGB = NZA 2006, 1268.

VII. Widerspruchsrecht

44 **1. Allgemeines.** Der AN kann nach § 613a VI BGB dem Übergang seines Arbeitsverhältnisses auf den Erwerber innerhalb eines Monats nach dem Zugang der ordnungsgemäßen Unterrichtung (→ Rn. 31 f.) schriftlich widersprechen. Mit dieser Regelung, die in Zusammenhang mit der Änderung des Seemannsgesetzes vom 23.3.2002 (BGBl. I 1163) in § 613a BGB eingefügt wurde, hat der Gesetzgeber das bereits seit 1974 vom BAG richterrechtlich anerkannte Widerspruchsrecht[158] kodifiziert. Das Widerspruchsrecht trägt grundrechtlichen Wertungen des Art. 12 I GG Rechnung,[159] der dem AN die freie Wahl des Arbeitsplatzes und damit auch die freie Wahl des Vertragspartners garantiert. Der AN soll nicht verpflichtet werden, für einen AG zu arbeiten, den er nicht frei gewählt hat. **Unionsrechtlich** ist ein Widerspruchsrecht gegen den Übergang des Arbeitsverhältnisses nicht geboten;[160] allerdings hat der EuGH die bereits vor Inkrafttreten des § 613a VI BGB geltende Rspr. des BAG nicht beanstandet.

45 **2. Anwendungsbereich.** Das Widerspruchsrecht des AN besteht grundsätzlich bei **jedem Betriebsübergang** iSd § 613a I BGB unabhängig von der Größe des Betriebs oder der übergehenden wirtschaftlichen Einheit. § 613a VI BGB kann nach § 324 UmwG auch bei einer **Umwandlung** zur Anwendung kommen, wenn diese den Tatbestand des Betriebsübergangs erfüllt (→ § 116 Rn. 10). Erlischt der bisherige AG infolge der Umwandlung zum Zeitpunkt des Betriebsübergangs, steht dem AN nach der Rspr. allerdings kein Widerspruchsrecht zu (→ § 116 Rn. 12).[161] Zudem greift die Norm nicht, wenn eine Versorgungsverbindlichkeit durch Spaltungsplan im Rahmen einer Umwandlung einem der beteiligten Rechtsträger zugeordnet wird.[162]

46 Hat ein **Landesgesetzgeber den Übergang von öffentlichen Einheiten geregelt,** ist zunächst durch Auslegung des Landesrechts zu ermitteln, ob den AN ein Widerspruchsrecht zusteht. Erfolgt der Übergang durch einen Betriebsübergang, haben die AN ein Widerspruchsrecht, da sich § 613a VI BGB nach Art. 31 GG gegenüber dem Landesrecht durchsetzt.[163] Liegt in der landesgesetzlichen Regelung kein Betriebsübergang, sondern nur eine Funktionsnachfolge oder ein betriebsmittelloser Übergang von Arbeitsverhältnissen auf einen anderen Dienstherrn, findet § 613a VI BGB keine – auch keine analoge – Anwendung.[164] Ein Landesgesetz, durch das der AG ausgewechselt wird, ist verfassungsgemäß, soweit der Eingriff in die Berufsfreiheit des AN durch Gründe des Gemeinwohls gerechtfertigt und verhältnismäßig ist.[165] Letzteres hat das BVerfG bei einer durch Landesgesetz vorgenommenen Privatisierung insbesondere wegen der Doppelrolle des Landes als Gesetzgeber und als AG verneint.[166]

47 **3. Gestaltungsrecht.** Der Widerspruch gegen den Übergang des Arbeitsverhältnisses ist ein Gestaltungsrecht, das durch **einseitige empfangsbedürftige Willenserklärung** ausgeübt wird.[167] Seine Ausübung bewirkt, dass die Rechtsfolgen des § 613a I BGB nicht eintreten. Der Widerspruch kann nicht unter eine Bedingung oder einen Vorbehalt gestellt werden; in diesem Fall ist seine Ausübung unbeachtlich. Eine Widerspruchserklärung kann nach

---

[158] Vgl. nur BAG 25.1.2001 AP Nr. 215 zu § 613a BGB = NZA 2001, 840; 25.5.2000 AP Nr. 209 zu § 613a BGB = NZA 2000, 1115; 7.4.1993 AP Nr. 22 zu § 1 KSchG 1969 Soziale Auswahl = NZA 1993, 795; 2.10.1973 AP Nr. 1 zu § 613a BGB = NJW 1975, 1378.

[159] BAG 15.12.2016 AP Nr. 467 zu § 613a BGB = NZA 2017, 783; 19.11.2015 AP Nr. 465 zu § 613a BGB = NZA 2016, 647; 24.4.2014 AP Nr. 451 zu § 613a BGB = NZA 2014, 1074; BT-Drs. 14/7760, 20 unter Hinweis auf BAG 22.4.1993 AP Nr. 103 zu § 613a BGB = NZA 1994, 360; noch offengelassen von BAG 2.3.2006 AP Nr. 25 zu § 419 BGB Funktionsnachfolge = NZA 2006, 848; 25.1.2001 AP Nr. 215 zu § 613a BGB = NZA 2001, 840.

[160] EuGH 24.1.2002 AP Nr. 32 zu EWG-Richtlinie Nr. 77/187 = NZA 2002, 265; 7.3.2006 AP Nr. 9 zu EWG-Richtlinie Nr. 77/187 = NZA 1996, 413; 16.12.1992 AP Nr. 97 zu § 613a BGB = NZA 1993 169.

[161] BAG 21.2.2008 AP Nr. 342 zu § 613a BGB = NZA 2008, 815.

[162] BAG 11.3.2008 AP Nr. 1 zu § 131 UmwG; 22.2.2005 AP Nr. 1 zu § 168 UmwG = NZA 2005, 639.

[163] BAG 25.1.2001 AP Nr. 215 zu § 613a BGB = NZA 2001, 840.

[164] BAG 28.9.2006 AP Nr. 26 zu § 419 BGB Funktionsnachfolge; 2.3.2006 AP Nr. 25 zu § 419 BGB Funktionsnachfolge = NZA 2006, 848.

[165] BVerfG 25.1.2011 NZA 2011, 400; BAG 18.12.2008 AP Nr. 366 zu § 613a BGB.

[166] BVerfG 25.1.2011 NZA 2011, 400.

[167] Vgl. nur BAG 15.12.2016 AP Nr. 467 zu § 613a BGB = NZA 2017, 783; 15.11.2015 AP Nr. 465 zu § 613a BGB = NZA 2016, 647; 24.4.2014 AP Nr. 451 zu § 613a BGB = NZA 2014, 1074; 13.7.2006 AP Nr. 1 zu § 613a BGB Widerspruch = NZA 2006, 1406; 22.4.1993 AP Nr. 103 zu § 613a BGB = NZA 1994, 360; 30.10.1986 AP Nr. 55 zu § 613a BGB = NZA 1987, 524.

ihrem Zugang auch nicht einseitig zurückgenommen bzw. widerrufen werden; möglich ist nur eine dreiseitige Vereinbarung zwischen dem AN einerseits und Betriebsveräußerer sowie Erwerber andererseits.[168] Eine **Anfechtung** des Widerspruchs ist wegen arglistiger Täuschung des AN unter den Voraussetzungen des § 123 BGB möglich.[169] Bei einer wirksamen Anfechtung geht das Arbeitsverhältnis des AN nach § 613a I 1 BGB auf den Betriebserwerber über. Denkbar ist auch eine Anfechtung des Widerspruchs wegen eines Eigenschaftsirrtums nach § 119 II BGB.[170] Hingegen kann die Nichtausübung des Widerspruchsrechts nicht angefochten werden.[171]

4. Inhalt und Form. Der AN muss in seiner Erklärung den Ausdruck „Widerspruch" nicht ausdrücklich verwenden. Ausreichend ist es, wenn sich bei Auslegung der schriftlichen Erklärung und der Umstände, unter denen sie abgegeben worden ist, für dessen Empfänger ergibt, dass der AN den Übergang seines Arbeitsverhältnisses verhindern will.[172] Die Erklärung kann auch von einem Bevollmächtigten des AN abgegeben werden; ihr Empfänger kann sie unter den Voraussetzungen des § 174 BGB zurückweisen.[173] Eine **Begründung** muss der Widerspruch nach dem Gesetz nicht enthalten; die Gründe des AN für seine Entscheidung, das Arbeitsverhältnis mit dem Betriebsveräußerer fortzusetzen, sind rechtlich ohne Bedeutung. Insbesondere verlangt das Gesetz keine Kausalität zwischen der fehlerhaften Information und dem nicht ausgeübten Widerspruchsrecht.[174] 48

Der Widerspruch bedarf zu seiner Wirksamkeit der **Schriftform** (§ 126 BGB), die Ersetzung durch die elektronische Form (§ 126a BGB) ist zulässig. Das Formerfordernis hat Warn- und Beweisfunktion; es soll dem AN die Bedeutung seiner Erklärung bewusst machen und ihn vor einer vorschnellen Äußerung über das Schicksal seines Arbeitsverhältnisses bewahren (BT-Drs. 14/7760, 20). Daneben soll sowohl dem Betriebsveräußerer als auch dem Erwerber die Beweisführung erleichtert werden, welche Arbeitsverhältnisse übergegangen sind. Die formgerechte Widerspruchserklärung muss dem Erklärungsempfänger zugehen. Ist der Widerspruch mangels Schriftform unwirksam (§ 125 S. 1 BGB), weil zB per Fax widersprochen wurde, obliegt dem Empfänger des Widerspruchs ohne Hinzutreten besonderer Umstände keine Pflicht hierauf hinzuweisen. Eine einvernehmliche Vereinbarung über die Ausübung des Widerspruchsrechts unterliegt nicht dem Formerfordernis des § 613a VI BGB. 48a

5. Adressat. Der AN kann den Widerspruch nach § 613a VI 2 BGB wahlweise gegenüber dem Betriebsveräußerer oder dem Erwerber erklären. Beruht der Betriebsübergang auf einem unmittelbaren Rechtsgeschäft zwischen Veräußerer und -erwerber, sind diese nach § 241 II BGB wechselseitig verpflichtet, sich über erfolgte Widersprüche in Kenntnis zu setzen. Haben **mehrere Betriebsübergänge** stattgefunden, kann der Widerspruch gegen den letzten Übergang nur gegenüber dem bisherigen AG oder dem neuen Inhaber erklärt werden. Bisheriger AG iSv § 613a VI BGB ist derjenige, der bis zur letzten Betriebsübertragung den Betrieb innehatte; „neuer Inhaber" ist derjenige, der den Betrieb durch den letzten Betriebsübergang erworben hat.[175] Will der AN in einem solchen Fall dem zeitlich vorhergehenden Übergang seines Arbeitsverhältnisses widersprechen, muss er zunächst erfolgreich den Widerspruch gegen den mit dem letzten Betriebsübergang verbundenen Übergang seines Arbeitsverhältnisses erklären.[176] Soweit das BAG zwischenzeitlich angenommen hat, § 613a VI BGB sehe ein Widerspruchsrecht gegen den Übergang auf einen ehemaligen AG von vorneherein nicht vor,[177] hat es hieran nicht festgehalten.[178] Allerdings kann nach der jetzigen Rspr. das Widerspruchsrecht gegen den früheren Betriebsübergang erloschen sein (→ Rn. 57). 49

[168] BAG 30.10.2003 AP Nr. 262 zu § 613a BGB = NZA 2004, 481.
[169] BAG 15.12.2011 AP Nr. 16 zu § 613a BGB Unterrichtung = NZA 2012, 1101.
[170] Zu den Voraussetzungen und der Darlegungslast insgesamt *Haas/Salamon/Hoppe* NZA 2011, 128.
[171] *Willemsen/Lembke* NJW 2002, 1159 (1164).
[172] BAG 13.7.2006 AP Nr. 1 zu § 613a BGB Widerspruch = NZA 2006, 1406.
[173] Vgl. BAG 13.7.2006 AP Nr. 1 zu § 613a BGB Widerspruch = NZA 2006, 1406.
[174] BAG 14.12.2006 AP Nr. 318 zu § 613a BGB = NZA 2007, 682.
[175] Vgl. BAG 19.11.2015 DB 2016, 1202; 21.8.2014 AP Nr. 453 zu § 613a BGB = NZA 2014, 1405; 24.4.2014 AP Nr. 451 zu § 613a BGB = NZA 2014, 1074.
[176] BAG 19.11.2015 DB 2016, 1202.
[177] BAG 11.12.2014 NZA 2015, 481; 24.4.2014 AP Nr. 451 zu § 613a BGB = NZA 2014, 1075; zust. *Rütz* BB 2015, 560; krit. *Greiner/Hennecken* EWiR 2014, 663; *Scharff* BB 2015, 640; *Elking* BB 2015, 384; vgl. zum nachträglichen Widerspruchsrecht auch *Steffan* NZA 2016, 608.
[178] BAG 19.11.2015 AP Nr. 465 zu § 613a BGB = NZA 2016, 647.

50 **6. Frist.** Nach § 613a VI 1 BGB beträgt die Frist für die Ausübung des Widerspruchs **einen Monat.** Die Widerspruchsfrist kann weder einzelvertraglich noch in Kollektivverträgen verkürzt werden. Für den Beginn der Frist kommt es auf den Zugang der ordnungsgemäßen Unterrichtung nach § 613a V BGB beim AN an. Für die Fristberechnung gelten die §§ 187 I, 188 II BGB. Werden zunächst vorhandene Unterrichtungsfehler durch eine spätere Information der AN geheilt, beginnt die Frist erst mit Zugang der nachträglichen Unterrichtung zu laufen.[179] Bei einer fehlenden oder nicht ordnungsgemäßen Unterrichtung nach § 613a V BGB kann der AN dem Betriebsübergang damit in den Grenzen der Verwirkung (→ Rn. 51 f.) jederzeit widersprechen. Endet das Arbeitsverhältnis aufgrund einer vor dem Betriebsübergang vom Veräußerer ausgesprochenen Kündigung, kann der AN sein Widerspruchsrecht auch noch nach Beendigung seines zunächst auf den Erwerber übergegangenen Arbeitsverhältnisses ausüben.[180] Die Darlegungs- und Beweislast für den rechtzeitigen Zugang des Widerspruchs trägt der AN.

51 **7. Verwirkung.** Die Ausübung des Widerspruchsrechts kann nach allgemeinen Grundsätzen verwirken, wenn der AN sein Widerspruchsrecht längere Zeit nicht geltend macht (Zeitmoment)[181] und unter Umständen untätig geblieben ist, die bei dem Betriebsveräußerer den Eindruck erweckt haben, dass er sein Widerspruchsrecht nicht mehr geltend machen will (Umstandsmoment). Wurde der AN zwar nicht ordnungsgemäß iSv § 613a V BGB unterrichtet, aber im Rahmen einer Unterrichtung nach § 613a V BGB von dem bisherigen AG oder dem neuen Inhaber über den mit dem Betriebsübergang verbundenen Übergang seines Arbeitsverhältnisses unter Mitteilung des Zeitpunkts oder des geplanten Zeitpunkts sowie des Gegenstands des Betriebsübergangs und des Betriebsübernehmers (sog. **grundlegende Informationen**) in Textform in Kenntnis gesetzt und über sein Widerspruchsrecht nach § 613a VI BGB belehrt, führt nach der Rspr. des BAG eine **widerspruchslose Weiterarbeit des AN** beim neuen Inhaber über einen **Zeitraum von sieben Jahren** regelmäßig zur Verwirkung des Widerspruchsrechts.[182] Die widerspruchslose Weiterarbeit des AN für den neuen Inhaber hat in diesem Fall eine andere Qualität als die eines schlichten Untätigbleibens, da der AN nicht nur erkennen kann, dass sein früherer AG seine bisherige Position an einen neuen Inhaber abgibt, sondern auch, was er hiergegen unternehmen kann, wenn er dies nicht wünscht. Der für die Erfüllung des Zeitmoments maßgebliche Zeitraum der widerspruchslosen Weiterarbeit beginnt frühestens mit dem Betriebsübergang, da hierin erst ab dann ein Umstandsmoment liegen kann.[183]

51a Wurde der AN nicht oder zumindest nicht in Textform über die sog. grundlegenden Informationen (→ Rn. 51) unterrichtet oder nicht über sein Widerspruchsrecht belehrt, vermag die bloße Weiterarbeit beim Erwerber dagegen kein für das Umstandsmoment notwendiges schutzwürdiges Vertrauen des Veräußerers zu begründen.[184] Für die Annahme einer Verwirkung kommt es in diesem Fall auf die Umstände des Einzelfalls an; eine feste Frist für das **Zeitmoment** gilt dann nicht. Die Länge des Zeitablaufs steht in Wechselwirkung zu dem Vertrauenstatbestand auf Seiten des Betriebsveräußerers; je stärker das vom AN gesetzte Vertrauen in die Nichtausübung seines Widerspruchsrechts ist, desto schneller kann das Recht verwirken.[185] Das Vertrauen des Veräußerers muss das Interesse des AN derart überwiegen, dass dem AG die Fortsetzung des Arbeitsverhältnisses bzw. die Erfüllung der sich daraus ergebenden Ansprüche nicht mehr zuzumuten ist.[186] Dies ist nicht bereits dann der Fall, wenn der AN mit dem Erwerber wegen des Zeitablaufs erforderliche Anpassungen der Vertragsregelungen vornimmt, ohne den rechtlichen Bestand des Arbeitsverhältnisses grundlegend zu ändern.[187]

52 Das für die Verwirkung erforderliche **Umstandsmoment** liegt jedoch idR vor, wenn der AN **über den Bestand seines Arbeitsverhältnisses disponiert** hat.[188] Das kann dadurch

---

179 Zur Nachunterrichtung *Leßmann* DB 2011, 2378.

180 BAG 24.7.2008 AP Nr. 349 zu § 613a BGB = NZA-RR 2009, 294.

181 BAG 17.10.2013 AP Nr. 448 zu § 613a BGB = NZA 2014, 774 (ca. 6 Monate); 15.3.2012 AP Nr. 29 zu § 613a BGB Widerspruch = NZA 2012, 1097 (6 Jahre); 12.11.2009 AP Nr. 381 zu § 613a BGB (fast 14 Monate); 23.7.2009 AP Nr. 10 zu § 613a BGB (über 14 1/2 Monate); 15.2.2007 AP Nr. 320 zu § 613a BGB = NZA 2007, 793 (über ein Jahr).

182 BAG 24.8.2017 NZA 2018, 168; 21.12.2017 ArbRAktuell 2018, 257.

183 BAG 24.8.2017 NZA 2018, 168; 21.12.2017 ArbRAktuell 2018, 257.

184 BAG 15.3.2012 AP Nr. 29 zu § 613a BGB Widerspruch = NZA 2012, 1097; 14.12.2006 AP Nr. 318 zu § 613a BGB = NZA 2007, 682.

185 BAG 24.2.2011 AP Nr. 396 zu § 613a BGB; 13.7.2006 AP Nr. 1 zu § 613a BGB Widerspruch = NZA 2006, 1406; 18.12.2003 AP Nr. 263 zu § 613a BGB.

186 BAG 20.3.2008 NZA 2008, 1354; 14.12.2006 AP Nr. 318 zu § 613a BGB = NZA 2007, 682.

187 BAG.15.3.2012 AP Nr. 29 zu § 613a BGB Widerspruch = NZA 2012, 1097.

188 Krit. zur Verwirkungsrechtsprechung *Reinecke* DB 2012, 50; *Sagan* ZIP 2011, 1641.

geschehen, dass er eine vom Erwerber nach dem Betriebsübergang erklärte Kündigung hinnimmt oder mit diesem einen Aufhebungsvertrag oder einen Beendigungsvergleich gegen Zahlung einer Abfindung abschließt.[189] Ein Umstandsmoment liegt auch vor, wenn der AN mit dem Betriebserwerber vereinbart, zwischen ihnen habe „nie ein Arbeitsverhältnis bestanden", und sich der Erwerber zu einer nicht näher bezeichneten Zahlung verpflichtet.[190] Um den Eintritt eines Umstandsmoments zu verhindern, ist der AN allerdings nicht gezwungen, gegen eine vom Erwerber erklärte Kündigung Klage zu erheben; ausreichend ist es, wenn er gegenüber Veräußerer und Erwerber auf andere Weise zum Ausdruck bringt, dass er die Kündigung nicht akzeptiert.[191] Der Verwirkungseinwand setzt nicht voraus, dass der Betriebsveräußerer eine konkret feststellbare Vermögensdisposition im Vertrauen auf die Nichtinanspruchnahme durch den AN getroffen hat.[192] Als Folge der gesamtschuldnerischen Unterrichtungspflicht reicht es aus, wenn einem der zur Unterrichtung Verpflichteten die Umstände, die die Verwirkung des Widerspruchsrechts begründen, bekannt sind.[193] Auf Erklärungen eines anwaltlich vertretenen AN kann der Betriebsveräußerer regelmäßig vertrauen.[194]

Ist das Widerspruchsrecht verwirkt, steht dem AN auch kein im Wege der **Naturalrestitution** auf den Fortbestand des Arbeitsverhältnisses gerichteter Schadensersatzanspruch wegen nicht ordnungsgemäßer Unterrichtung zu. Anderenfalls würden die Regelungen, die zum Untergang des Widerspruchsrechts geführt haben, umgangen.[195] 52a

8. Verzicht. Nach der früheren Rspr. des BAG konnte sich der AN angesichts eines bevorstehenden Betriebsübergangs wirksam gegenüber dem bisherigen AG verpflichten, keinen Widerspruch zu erklären.[196] Hieran wird auch nach Inkrafttreten von § 613a VI BGB grundsätzlich festzuhalten sein.[197] Im Gegensatz zu einem unzulässigen Vorabverzicht auf die Erhebung einer Kündigungsschutzklage geht es bei der Ausübung des Widerspruchsrechts nicht um den Bestand des Arbeitsverhältnisses, sondern lediglich um die Wahl des AG. Allerdings muss der Verzicht das Formerfordernis in § 613a VI 1 BGB wahren.[198] Handelt es sich um einen AGB-mäßigen Verzicht, sind zudem die Vorgaben nach §§ 305 ff. BGB zu beachten. 53

9. Rechtsmissbrauch. Nach der Rspr. des BAG kann der Widerspruch unwirksam sein, wenn er dazu eingesetzt wird, andere Zwecke als die Sicherung der arbeitsvertraglichen Rechte und die Beibehaltung des bisherigen AG herbeizuführen, der Rechtsausübung also kein schutzwürdiges Eigeninteresse zugrunde liegt und er nur als Vorwand für die Erreichung vertragsfremder oder unlauterer Zwecke dient (§ 226 BGB). In diesem Fall handele der AN rechtsmissbräuchlich.[199] Hiervon ist jedoch nicht schon dann auszugehen, wenn der AN mit dem Widerspruch nicht den endgültigen Wechsel des AG verhindern, sondern dem Erwerber den Abschluss eines Arbeitsvertrags zu für ihn günstigeren Bedingungen anbieten will.[200] 54

10. Rechtsfolgen des Widerspruchs. Hat der AN vor dem Betriebsinhaberwechsel dem Übergang seines Arbeitsverhältnisses form- und fristgerecht widersprochen, bleibt das Arbeitsverhältnis zum Betriebsveräußerer bestehen. Die kündigungsrechtlichen Folgen eines wirksamen Widerspruchs sind unter → § 135 Rn. 18 und die Auswirkungen auf einen Sozialplananspruch nach § 112 BetrVG unter → § 244 Rn. 79 dargestellt.[201] Problematisch ist die 55

[189] BAG 24.2.2011 AP Nr. 396 zu § 613a BGB; 22.4.2010 AP Nr. 15 zu § 613a BGB Widerspruch; 18.3.2010 AP Nr. 14 zu § 613a BGB Unterrichtung; 21.1.2010 AP Nr. 13 zu § 613a BGB Widerspruch; 12.11.2009 AP Nr. 381 zu § 613a BGB; 2.4.2009 AP Nr. 7 zu § 613a BGB Widerspruch = NZA 2009, 1149.
[190] BAG 17.10.2013 AP Nr. 448 zu § 613a BGB = NZA 2014, 774.
[191] BAG 24.2.2011 AP Nr. 396 zu § 613a BGB.
[192] BAG 14.12.2006 AP Nr. 318 zu § 613a BGB = NZA 2007, 682.
[193] BAG 23.7.2009 AP Nr. 10 zu § 613a BGB Widerspruch = NZA 2010, 393; 2.4.2009 AP Nr. 7 zu § 613a BGB Widerspruch = NZA 2009, 1149.
[194] BAG 15.2.2007 AP Nr. 320 zu § 613a BGB = NZA 2007, 793.
[195] BAG 12. 11 2009 AP Nr. 12 zu § 613a BGB Widerspruch; 2.4.2009 AP Nr. 6 zu § 613a BGB Widerspruch.
[196] BAG 19.3.1998 AP Nr. 177 zu § 613a BGB = NZA 1998, 750; 15.2.1984 AP Nr. 37 zu § 613a BGB = NZA 1984, 32.
[197] Ebenso *Pils* BB 2014, 185 (187); *Gaul/Otto* DB 2002, 634 (638); *Bauer/von Steinau-Steinrück* ZIP 2002, 457 (464); *Worzalla* NZA 2002, 353 (357).
[198] So auch *Gaul/Otto* DB 2002, 634 (638); aA *Pils* BB 2014, 185 (188).
[199] BAG 23.7.2009 AP Nr. 10 zu § 613a BGB Unterrichtung = NZA 2010, 89; 19.2.2009 AP Nr. 368 zu § 613a BGB = NZA 2009, 1095; 30.9.2004 AP Nr. 275 zu § 613a BGB = NZA 2005, 43.
[200] BAG 19.2.2009 AP Nr. 368 zu § 613a BGB = NZA 2009, 1095.
[201] Zur Frage nach dem zuständigen BR bei einem Widerspruch *Hidalgo/Kobler* NZA 2014, 290.

Rückabwicklung, wenn der Widerspruch erst nach dem Betriebsübergang erfolgt. Einigkeit besteht, dass mit Zugang des Widerspruchs beim Veräußerer oder -erwerber das Arbeitsverhältnis zu den bisherigen Bedingungen mit dem Betriebsveräußerer fortgesetzt wird. Nach Ansicht des BAG und der hM wirkt der Widerspruch auf den Zeitpunkt des Betriebsübergangs zurück, da die **Rechtsfolgen des § 613a I BGB rückwirkend beseitigt** werden.[202] Bis zum Zugang der Widerspruchserklärung bestand zwischen AN und Erwerber ein faktisches Arbeitsverhältnis, aufgrund dessen dem AN ein Vergütungsanspruch gegen den Erwerber (nur) für tatsächlich erbrachte Arbeitsleistung zusteht.[203] Daneben können Ansprüche aus Annahmeverzug (§ 615 BGB; → § 95 Rn. 115) gegen den Betriebsveräußerer treten, da das Arbeitsverhältnis infolge des Widerspruchs mit diesem rechtlich unverändert fortbestand.[204] Dies setzt jedoch voraus, dass der AN dem Veräußerer seine Arbeitsleistung entweder tatsächlich oder wörtlich angeboten hat (§§ 294, 295 BGB). Da weder der Veräußerer noch der Erwerber eine Kündigung ausgesprochen haben, ist ein solches Angebot nicht nach § 296 BGB entbehrlich. Liegen die Voraussetzungen des § 615 BGB nicht vor, steht dem widersprechenden AN gegen den Veräußerer für die Zeit nach dem Betriebsübergang grundsätzlich kein Anspruch auf Zahlung von Arbeitsentgelt zu. Allerdings sollen nach Auffassung des Achten Senats des BAG Schadensersatzansprüche (§ 280 I BGB) des AN wegen Verstoßes gegen die Belehrungspflicht nach § 613a V BGB möglich sein (dazu → Rn. 42). Wegen der mit der rückwirkenden Wirkung des Widerspruchs verbundenen Schwierigkeiten erscheint die Annahme, der Widerspruch wirke nur ex-nunc, vorzugswürdiger. In diesem Fall bestünde bis zum Zeitpunkt des Widerspruchs zwischen AN und Erwerber ein Vertragsverhältnis, dessen Inhalt sich nach § 613a I BGB richtet.[205]

56 Der Widerspruch gegen den Übergang des Arbeitsverhältnisses führt nicht zu einer **Sperrzeit** nach § 144 I Nr. 1 SGB III (dazu → § 23 Rn. 51), da das Arbeitsverhältnis weder gelöst wird noch der AN durch arbeitsvertragswidriges Verhalten hierzu Anlass gegeben hat.[206] Der AN ist weder gesetzlich noch arbeitsvertraglich verpflichtet, den Wechsel seines AG zu akzeptieren. Im Anwendungsbereich des TVöD bzw. TV-L hat der Betriebsveräußerer im Fall eines Widerspruchs der AN die Möglichkeit, diese nach § 4 III TVöD/TV-L ohne ihre Zustimmung dem Erwerber im Wege einer Personalgestellung zu überlassen.

57 **11. Mehrfache Übergänge.** Will der AN bei mehreren Betriebsübergängen einem dem letzten Übergang vorangegangenen Übergang seines Arbeitsverhältnisses widersprechen, muss er zunächst den Widerspruch gegen den oder die nachfolgenden Übergänge erfolgreich erklären (→ Rn. 49). Die damit grundsätzlich eröffnete Möglichkeit zu „Kettenwidersprüchen" hat die Rspr des BAG unter Verweis auf die § 613a VI BGB immanente Befriedungsfunktion eingeschränkt.[207] Danach ist das Widerspruchsrecht des AN gegen einen früheren Übergang ausgeschlossen, wenn **drei Voraussetzungen** erfüllt sind: **(1)** Der AN hat dem infolge des vorherigen Betriebsübergangs eingetretenen Übergang seines Arbeitsverhältnisses nicht innerhalb eines Monats nach Zugang der Unterrichtung über den zeitlich nachfolgenden Betriebsübergang widersprochen. **(2)** Die Frist zum Widerspruch gegen den früheren Übergang ist noch vor dem letzten Übergang abgelaufen. **(3)** Der AN hat nach § 613a V BGB von den dort genannten Personen sowohl in Bezug auf den letzten als auch den vorangegangenen Betriebsübergang die sog. grundlegenden Informationen (→ Rn. 51) nach § 613a V BGB in Textform erhalten. Ob die Unterrichtungen im Übrigen den Anforderungen des § 613a V BGB genügen (→ Rn. 33 ff.), ist für das Erlöschen des früheren Widerspruchsrechts unerheblich.[208]

VIII. Kündigungsverbot wegen des Betriebsübergangs

58 Nach § 613a IV 1 BGB ist eine Kündigung wegen eines Betriebsübergangs unzulässig. Die damit im Zusammenhang stehenden Fragen sind unter → § 134 Rn. 47 dargestellt. Der AN muss auch bei einer auf § 613a IV BGB gestützten Klage die Klagefrist (§ 4 KSchG) einhalten.

---

[202] BAG 11.7.1995 AP Nr. 56 zu § 1 TVG Tarifverträge: Einzelhandel = NZA 1996, 207; 22.4.1993 AP Nr. 102 zu § 613a BGB = NZA 1994, 357; *Franzen* RdA 2002, 258 (270); *Gaul/Otto* DB 2002, 634 (638); *Worzalla* NZA 2002, 353 (358).

[203] *Steffan* NZA 2016, 608 (613).

[204] AA *Steffan* NZA 2016, 608 (613).

[205] *Rieble* NZA 2004, 1.

[206] BSG 8.7.2009 SozR 4–4300 § 144 Nr. 20 = NJW 2010, 2459.

[207] BAG 19.11.2015 AP Nr. 465 zu § 613a BGB = NZA 2016, 647.

[208] BAG 19.11.2015 AP Nr. 465 zu § 613a BGB = NZA 2016, 647.

Die Rüge nach § 613a IV BGB muss – wenn ein Hinweis nach § 6 KSchG erfolgt ist – bis zum Schluss der mündlichen Verhandlung vor dem Arbeitsgericht erfolgen (zu Einzelheiten → § 138 Rn. 18).

§ 323 I UmwG, der vorsieht, dass sich die **kündigungsrechtliche Stellung** eines AN in 59
Folge einer Spaltung oder Teilübertragung nach dem UmwG für die Dauer von zwei Jahren ab dem Zeitpunkt ihres Wirksamwerdens nicht verschlechtern darf (→ § 116 Rn. 22f.), gilt nur für Umstrukturierungsfälle nach dem UmwG. Im Rahmen einer Einzelrechtsnachfolge nach § 613a I BGB außerhalb des Umwandlungsrechts ist die Bestimmung mangels Regelungslücke nicht analog anwendbar.[209] Widerspricht der AN einem Betriebsübergang, konnte sich dieser Umstand bei Kündigungen nur bis zum 1.1.2004 auf die Sozialauswahl (§ 1 III KSchG) auswirken (dazu → § 135 Rn. 18). Zur Wirksamkeit eines Aufhebungsvertrags im Zusammenhang mit einem Betriebsübergang → § 122 Rn. 8.

IX. Prozessuales

1. Kündigungsschutzklage. a) Passivlegitimation. Die Klage gegenüber einer im 60
Zusammenhang mit einem Betriebsübergang ausgesprochenen Kündigung ist nach Auffassung des BAG stets gegen den AG zu richten, der die Kündigung ausgesprochen hat.[210] Kündigt der Veräußerer noch vor dem Betriebsübergang, bleibt er weiter passiv legitimiert. Entspr. gilt für den Erwerber, wenn dieser das Arbeitsverhältnis vor dem Betriebsübergang gekündigt hat, die Klage aber erst nach diesem Zeitpunkt erhoben wird.[211] Denn das Arbeitsverhältnis geht so auf den Erwerber über, wie es im Zeitpunkt des Betriebsübergangs bestanden hat.[212] Das BAG wendet auf eine Betriebsveräußerung während eines rechtshängigen Verfahrens §§ 325 I, 265 II 1 ZPO analog an. Damit hat ein zwischenzeitlicher Betriebsübergang auf den Prozess keinen Einfluss. Der Erwerber kann als Rechtsnachfolger nach § 265 II 2 ZPO mit Zustimmung des Gegners an Stelle des Veräußerers das Verfahren übernehmen, nicht aber neben ihm als Hauptpartei in den Prozess eintreten.[213] Erfolgt der Betriebsübergang vor Rechtshängigkeit, finden §§ 325 I, 265 II 1 ZPO hingegen keine Anwendung. Die Kündigungsschutzklage gegen einen Betriebsveräußerer ist unbegründet, wenn der AN behauptet, der Betrieb sei bereits vor Zugang der Kündigung auf einen Erwerber übergegangen. Allerdings kann sich der AN das Vorbringen des kündigenden AG, es habe kein Betriebsübergang stattgefunden, hilfsweise zu Eigen machen.[214]

b) Kündigung nach Betriebsübergang. Hat der Veräußerer die Kündigung nach dem 61
Betriebsübergang ausgesprochen, geht seine Kündigung ins Leere. Gleichwohl bleibt nach Auffassung des BAG die Kündigungsschutzklage erfolglos, da diese nach der sog. erweiterten punktuellen Streitgegenstandstheorie nur begründet sein kann, wenn zwischen den Parteien zum Zeitpunkt des Zugangs der Kündigung ein Arbeitsverhältnis bestanden hat. Bei einer solchen „verspäteten" Kündigung des Betriebsveräußerers oder bei unklarer Sach- und Rechtslage soll der AN die Möglichkeit haben, gegenüber dem Erwerber auf Feststellung eines ungekündigt bestehenden Arbeitsverhältnisses zu klagen und hilfsweise einen Kündigungsschutzantrag gegen den Veräußerer zu erheben.[215] Dieser Vorschlag begegnet wegen der Unzulässigkeit einer bedingt subjektiven Klageerhebung jedoch Bedenken (→ Rn. 62). Zutreffend dürfte es sein, wenn der AN eine gemeinsam gegen Veräußerer und Erwerber gerichtete Klage mit dem Antrag erhebt, festzustellen, dass das Arbeitsverhältnis vor Zugang der Kündigung vom Veräußerer auf den Erwerber übergegangen ist (str.).[216] Da der kündigende (frühere) AG Partei dieses Verfahrens wäre, könnte der AN im Wege der objektiven Klagehäufung hierzu hilfsweise einen Kündigungsschutzantrag stellen; zudem könnte er – als weiteren Hauptantrag – feststellen lassen, dass sein Arbeitsverhältnis mit dem Erwerber fortbesteht (→ Rn. 62).[217]

---

209 BAG 15.2.2007 AP Nr. 38 zu § 23 KSchG 1969 = NZA 2007, 739.

210 Zur Passivlegitimation bei Widerspruch gegen den Betriebsübergang *Löwisch* BB 2009, 326.

211 BAG 27.9.1984 AP Nr. 39 zu § 613a BGB.

212 BAG 18.3.1999 AP Nr. 44 zu § 4 KSchG 1969 = NZA 1999, 706.

213 BAG 4.3.1993 AP Nr. 101 zu § 613a BGB = NZA 1994, 260.

214 BAG 26.7.2007 AP Nr. 324 zu § 613a BGB = NZA 2008, 112; 18.4.2002 AP Nr. 232 zu § 613a BGB = NZA 2002, 1207.

215 BAG 18.4.2002 AP Nr. 232 zu § 613a BGB = NZA 2002, 1207 im Anschluss an *Müller-Glöge* NZA 1999, 456.

216 Sog. „Betriebsübergangs-Feststellungsklage", vgl. BAG 24.9.2015 AP Nr. 10 zu § 626 BGB Unkündbarkeit = NZA 2016, 266; abl. jedoch BAG 25.1.2018 AP Nr. 474 zu § 613a BGB = NZA 2018, 933.

217 Vgl. dazu BAG 24.9.2015 AP Nr. 10 zu § 626 BGB Unkündbarkeit = NZA 2016, 266.

62 **2. Allgemeine Feststellungsklage.** Die erfolgreiche Kündigungsschutzklage des AN gegen die Betriebsveräußerer hat nicht zur Folge, dass damit auch eine rechtskräftige Aussage über den Fortbestand seines Arbeitsverhältnisses mit dem vermeintlichen Betriebserwerber getroffen wird. Um dies zu erreichen, muss der AN eine gegen den Veräußerer gerichtete Kündigungsschutzschutzklage mit einem gegen den Betriebserwerber auf Feststellung eines Arbeitsverhältnisses gerichteten allgemeinen Feststellungsantrag (§ 256 I ZPO) verbinden. Bei einer solchen subjektiven Klagehäufung entsteht zwischen den beiden Beklagten nur eine einfache, jedoch keine notwendige Streitgenossenschaft iSv § 62 ZPO.[218] Allerdings dürfen die Anträge nicht in einem Eventualverhältnis stehen, da ansonsten eine unzulässige bedingte subjektive Klagehäufung vorliegt.[219] Die (abgestufte) Darlegungs- und Beweislast für das Vorliegen eines Betriebsübergangs trägt der AN.[220] Verteidigt sich der AG gegenüber einer Kündigungsschutzklage damit, dass er einen Betriebsübergang auf einen anderen AG behauptet, kann er den vermeintlichen Betriebserwerber im Wege einer **Drittwiderklage** in den Prozess einbeziehen.[221] Hat der AN einen Antrag nach § 4 KSchG und eine Feststellungsklage nach § 256 I ZPO erhoben, kann der Betriebserwerber dem Verfahren nach § 4 KSchG als Nebenintervenient (§§ 66, 70 ZPO) des Betriebsveräußerers beitreten; der Betriebserwerber erhält so die Möglichkeit auch in diesem Verfahren Tatsachen vorzubringen und Rechtsmittel einzulegen. Andererseits kann der AN in dem gegen den kündigenden Betriebsveräußerer geführten Verfahren dem Erwerber den Streit verkünden, um die Wirkungen des § 68 ZPO zu seinen Lasten zu erreichen. Mit den Anträgen nach § 4 KSchG und § 256 I ZPO kann ggf. der hilfsweise Antrag auf Wiedereinstellung verbunden werden. Unzulässig ist ein Antrag, mit dem gegenüber dem Veräußerer die Feststellung begehrt wird, das Arbeitsverhältnis sei nicht auf einen Erwerb übergegangen; ein solcher Klageantrag ist im Zweifel als **positiver Feststellungsantrag** – gerichtet auf den Fortbestand des Arbeitsverhältnisses – auszulegen.

63 **3. Auflösungsantrag.** Hat der AN gegen den AG, der ihm gekündigt hat, eine Kündigungsschutzklage erhoben und wird nach deren Rechtshängigkeit der Betrieb veräußert, kann der AN einen Auflösungsantrag nach § 9 KSchG ab diesem Zeitpunkt nur noch gegen den Betriebserwerber stellen.[222] Dies gilt aber nur, wenn der AN dem Übergang seines Arbeitsverhältnisses nicht widersprochen hat und der Betriebsübergang vor dem durch § 9 II KSchG festgelegten Zeitpunkt erfolgt ist, da das Arbeitsverhältnis zum Auflösungszeitpunkt dann bereits mit dem Erwerber besteht.[223] Ansonsten ist der Auflösungsantrag gegen den Veräußerer zu richten. Dementsprechend bleibt ein AG, der eine Kündigung vor einem Betriebsübergang ausgesprochen hat, trotz des zwischenzeitlichen Arbeitgeberwechsels befugt, einen Auflösungsantrag zu stellen, wenn der Auflösungszeitpunkt zeitlich vor dem Betriebsübergang liegt.[224]

64 **4. Rechtskraft.** Grundsätzlich gilt die Rechtskraft eines Urteils nur zwischen den Parteien eines Verfahrens, in dem die Entscheidung ergangen ist. Das BAG wendet jedoch § 265 II ZPO entspr. an, wenn sich die Schuldnerstellung nach Rechtshängigkeit der Klage nach § 613a I BGB verändert. Der AN kann daher einen vor dem Betriebsübergang bereits rechtshängigen Rechtsstreit gegen den früheren AG fortsetzen. Die Rechtskraft des gegen den Veräußerer ergehenden Urteils wirkt in diesem Fall entspr. § 325 I ZPO für und gegen den Erwerber (zB hinsichtlich der Ansprüche aus Annahmeverzug). Ob der Erwerber Kenntnis von dem Prozess hat, ist nach Meinung des BAG wegen Fehlens einer Gutglaubensvorschrift unerheblich.[225] § 325 I ZPO ist aber weder unmittelbar noch analog anzuwenden, wenn der Betriebsübergang vor Eintritt der Rechtshängigkeit der Kündigungsschutzklage vollzogen wurde.[226] Auch eine Titelumschreibung ist damit nicht möglich (str.).[227] Ein gegen den Betriebserwerber ergangenes Urteil, mit dem das Bestehen

[218] BAG 25.1.2018 AP Nr. 474 zu § 613a BGB = NZA 2018, 933; 4.3.1993 AP Nr. 101 zu § 613a BGB = NZA 1994, 260.
[219] BAG 11.12.1997 AP Nr. 172 zu § 613a BGB.
[220] Vgl. für § 613a IV BGB BAG 5.12.1985 AP Nr. 47 zu § 613a BGB = NZA 1986, 522; aA im obiter dictum BAG 27.2.2020 AP Nr. 480 zu § 613a BGB = NZA 2020, 1303 (unionsrechtlich ungeklärt).
[221] LAG Köln 26.3.1998 NZA-RR 1998, 398.
[222] BAG 20.3.1997 AP Nr. 30 zu § 9 KSchG 1969 = NZA 1997, 937.
[223] *Keßler* NZA-RR 2002, 1 (5).
[224] BAG 24.5.2005 AP Nr. 282 zu § 613a BGB = NZA 2005, 1178.
[225] BAG 18.2.1999 AP Nr. 5 zu § 325 ZPO = NZA 1999, 648; 5.2.1991 AP Nr. 89 zu § 613a BGB = NZA 1991, 639.
[226] BAG 18.3.1999 AP Nr. 44 zu § 4 KSchG 1969 = NZA 1999, 706; 18.2.1999 AP Nr. 5 zu § 325 ZPO = NZA 1999, 648.
[227] AA BAG 15.12.1976 AP Nr. 1 zu § 325 ZPO; offengelassen BAG 9.2.1994 AP Nr. 104 zu § 613a BGB.

eines Arbeitsverhältnisses festgestellt wird, entfaltet ebenfalls keine Rechtskraftwirkung gegenüber dem Veräußerer.[228] Auch ein mit dem Betriebsveräußerer abgeschlossener Vergleich bindet den Betriebserwerber nur, wenn er den Vergleichsschluss nach § 177 BGB genehmigt.[229]

5. Beschlussverfahren. Ein im Zeitpunkt des Betriebsübergangs anhängiges Beschlussverfahren zwischen dem Betriebsveräußerer und dem BR ist mit dem Betriebserwerber fortzusetzen. Der Erwerber nimmt als neuer Inhaber des Betriebs auch ohne entspr. Prozesserklärung der Verfahrensbeteiligten automatisch die verfahrensrechtliche Stellung des bisherigen AG ein; der damit verbundene Wechsel in der Beteiligtenstellung muss sogar noch in der Rechtsbeschwerdeinstanz berücksichtigt werden.[230] Ist im Verhältnis zwischen BR und Betriebsveräußerer eine Verpflichtung des AG gegenüber dem BR rechtskräftig festgestellt worden, so wirkt die Rechtskraft dieser Entscheidung auch gegenüber dem Erwerber, solange die Identität des übernommenen Betriebs erhalten bleibt.[231] 65

§ 119. Weitergeltung von Kollektivvereinbarungen bei Betriebsübergang

Übersicht

I. Einführung

Die Weitergeltung von Tarifverträgen und Betriebsvereinbarungen gehört zu den schwierigsten Fragen des Betriebsübergangsrechts. Um § 613a BGB hinsichtlich der Auswirkungen des Übergangs auf Kollektivvereinbarungen an das **Unionsrecht** anzupassen, hat der Gesetzgeber durch das Arbeitsrechtliche EG-Anpassungsgesetz vom 13.8.1980 (BGBl. I 1308) die Sätze 2–4 in § 613a I BGB eingeführt. Diese regeln in knapper und nicht immer leicht verständlicher Art und Weise die Fortgeltung von bislang normativ geltenden Tarifverträgen und Betriebsvereinbarungen beim Betriebserwerber. Die Ergänzung war erforderlich, weil deren Regelungen nicht Bestandteil des Arbeitsvertrags sind und daher nicht von § 613a I 1 BGB erfasst werden. Statt eine generelle Weitergeltung der im Betrieb bestehenden Kollektivvereinbarungen durch Eintritt des Betriebserwerbs in diese anzuordnen, hat der Gesetzgeber sich für die in § 613a I 2–4 BGB enthaltene – vermittelnde – Lösung entschieden. Danach ordnet das Gesetz den Erhalt der ursprünglich normativ geltenden Regelungen nach einem Betriebsübergang durch Überführung dieses Regelbestands in das Arbeitsverhältnis an (→ Rn. 3, → Rn. 27), wenn in Folge des Betriebsübergangs die Voraussetzungen für eine normative Weitergeltung der Kollektivvereinbarungen entfallen und es nicht zu ihrer Ablösung nach § 613a I 3 BGB kommt. Gleichzeitig gewährt das Gesetz auch einen **zeitlich befristeten Inhaltsschutz** für die transformierten Regelungen (§ 613a I 2 BGB), von dem unter den Voraussetzungen des § 613a I 4 BGB Ausnahmen zulässig sind. Da die Transformation in Satz 2 lediglich eine Auffangregelung zur Sicherung des kollektiven Normbestands darstellt, bedarf es ihrer nicht, wenn den bisher beim Veräußerer geltenden Tarifverträgen 1

[228] BAG 25.1.2018 AP Nr. 474 zu § 613a BGB = NZA 2018, 933.

[229] BAG 9.12.2008 AP Nr. 356 zu § 613a BGB = NZA 2009, 254; 24.8.2006 AP Nr. 314 zu § 613a BGB = NZA 2007, 328.

[230] BAG 20.8.2014 AP Nr. 111 zu § 40 BetrVG 1972 = NZA 2015, 1530; 12.6.2003 EzA Nr. 10 zu § 613a BGB 2002; 18.10.1988 AP Nr. 10 zu § 81 ArbGG 1979 = NZA 1989, 396.

[231] BAG 18.3.2008 AP Nr. 6 zu § 3 BetrVG 1972 = NZA 2008, 1259; 5.2.1991 AP Nr. 89 zu § 613a BGB = NZA 1991, 639.

und Betriebsvereinbarungen auch beim Erwerber weiterhin normative Wirkung (→ Rn. 2, 22) zukommt (→ Rn. 4). Unabhängig von den Regelungen in § 613a I 2–4 BGB kann zudem die weitere Anwendung eines bisher beim Betriebsveräußerer geltenden Tarifvertrags auf das Arbeitsverhältnis auch infolge einer einzelvertraglich vereinbarten Bezugnahme auf den Tarifvertrag nach § 613a I 1 BGB in Betracht kommen (→ Rn. 17).[1]

II. Tarifverträge

2 **1. Normative Weitergeltung.** Die vor dem Betriebsübergang kraft beiderseitiger Tarifgebundenheit der Arbeitsvertragsparteien (→ § 204 Rn. 1) normative Geltung eines Tarifvertrags besteht auch danach fort, wenn der AN und der Erwerber beidseitig an diesen gebunden sind und das Arbeitsverhältnis auch nach dem Übergang noch in den Anwendungsbereich des Tarifvertrags fällt (→ § 202 Rn. 1). Gleiches gilt für einen aufgrund Allgemeinverbindlicherklärung (→ § 205 Rn. 1) normativ geltenden Tarifvertrag, wenn das Arbeitsverhältnis nach dem Übergang weiterhin von diesem Tarifvertrag erfasst wird (→ § 205 Rn. 75). Da die Tarifgebundenheit nach § 3 I TVG bei einem **Verbandstarifvertrag** von der Mitgliedschaft im Verband abhängt, besteht für den Betriebserwerber nur Tarifbindung, wenn er in demselben Verband wie der Veräußerer organisiert ist. Die Verbandsmitgliedschaft des Veräußerers ist nach § 38 BGB nicht übertragbar und geht daher nicht nach § 613a I BGB auf den Erwerber über.[2] Der Erwerber kann sich wegen der durch Art. 9 III GG geschützten negativen Koalitionsfreiheit gegenüber dem Veräußerer auch nicht wirksam dazu verpflichten, dem Arbeitgeberverband beizutreten oder diesem dauerhaft anzugehören.[3] Ebenso wenig tritt der Betriebserwerber außerhalb der Fälle der Gesamtrechtsnachfolge (→ § 116 Rn. 1, 14) automatisch in einen von dem Betriebsveräußerer abgeschlossenen **Firmentarifvertrag** ein.[4] Ein solcher gilt bei einer Einzelrechtsnachfolge beim Erwerber nur dann normativ, wenn dieser mit der zuständigen Gewerkschaft und dem Veräußerer die Übernahme des Tarifvertrags vereinbart.[5] Besteht nach dem Betriebsübergang keine Tarifgebundenheit der Arbeitsvertragsparteien an den bisher normativ geltenden Tarifvertrag mehr, finden § 613a I 2–4 BGB Anwendung (→ Rn. 3). Dies gilt gleichermaßen, wenn das Arbeitsverhältnis durch den Betriebsübergang aus dem Geltungsbereich des Tarifvertrags hinausfällt.[6]

3 **2. Transformation (§ 613a I 2–4 BGB). a) Regelungssystematik.** § 613a I 2 BGB ordnet grundsätzlich an, dass die beim bisherigen AG normativ für das Arbeitsverhältnis geltenden Rechtsnormen eines Tarifvertrags oder einer Betriebsvereinbarung nach einem Betriebsübergang zum „Inhalt des Arbeitsverhältnisses" mit dem Erwerber werden. Dies gilt nach § 613a I 3 BGB nur dann nicht, wenn die Regelungsgegenstände beim Erwerber gleichfalls durch auf das Arbeitsverhältnis anwendbare Kollektivvereinbarungen geregelt sind. Ist dies der Fall, finden für die Arbeitsverhältnisse der übernommenen AN insoweit die beim Erwerber geltenden Kollektivvereinbarungen Anwendung. Dies gilt auch, wenn die tarifvertraglich oder durch eine Betriebsvereinbarung geregelten Arbeitsbedingungen für den AN beim Erwerber ungünstiger sind. Durch die **Transformation** der Rechtsnormen nach Satz 2 verlieren diese zwar ihre unmittelbare und zwingende Wirkung, jedoch regelt Satz 2 zum Ausgleich dafür eine auf ein Jahr beschränkte Veränderungssperre, von der § 613a I 4 BGB zwei Ausnahmen gewährt: Verlieren die bisher beim Betriebsveräußerer geltenden Kollektivvereinbarungen vor Ablauf der Jahresfrist ihre zwingende Wirkung, kann auch das nach § 613a I 2 BGB weitergeltende Recht geändert werden. Zudem entfällt die Veränderungssperre, wenn AG und AN die Geltung eines anderen Tarifvertrags vereinbaren.

4 **b) Auffangregelungen.** § 613a I 2 BGB und die an ihn anknüpfenden Bestimmungen in Satz 3 und 4 BGB stellen lediglich eine Auffangregelung für den Fall dar, dass die bisher beim Betriebsveräußerer geltenden Tarifverträge und Betriebsvereinbarungen beim Erwerber nicht mehr kollektivrechtlich für das Arbeitsverhältnis gelten.[7] Dieser Vorbehalt kommt im Gesetzes-

---

[1] BAG 29.8.2007 AP Nr. 61 zu § 1 TVG Bezugnahme auf Tarifvertrag = NZA 2008, 364.
[2] BAG 13.7.1994 AP Nr. 14 zu § 3 TVG Verbandszugehörigkeit = NZA 1995, 479.
[3] BAG 28.8.2009 AP Nr. 69 zu § 1 TVG Bezugnahme auf Tarifvertrag = NZA 2010, 891; 19.9.2006 AP Nr. 22 zu § 3 TVG Verbandszugehörigkeit = NZA 2007, 277.
[4] BAG 15.3.2006 AP Nr. 9 zu § 2 TVG Firmentarifvertrag.
[5] BAG 10.6.2009 AP Nr. 372 zu § 613a BGB = NZA 2010, 51.
[6] BAG 1.4.1987 AP Nr. 61 zu § 613a BGB = NZA 1987, 593.
[7] BAG 21.4.2010 AP Nr. 387 zu § 613a BGB; 26.8.2009 AP Nr. 375 zu § 613a BGB = NZA 2010, 173; 19.9.2007 AP Nr. 328 zu § 613a BGB = NZA 2008, 241; 24.6.1998 AP Nr. 1 zu § 20 UmwG = NZA 1998, 1346; *Bepler* RdA 2009, 65 (67).

wortlaut zwar nicht ausdrücklich zum Ausdruck, er ergibt sich jedoch aus § 613a I 1 BGB und dem Gesetzeszweck. Die beim Veräußerer geltenden kollektivrechtlichen Arbeitsbedingungen sollen nach dem Übergang möglichst in unveränderter Art und Weise weiter auf das Arbeitsverhältnis anwendbar sein. § 613a I 2–4 BGB sind daher nur anwendbar, wenn die bisher beim Veräußerer mit normativer Kraft geltenden Tarifverträge und Betriebsvereinbarungen nicht auch beim Betriebserwerber normativ auf das Arbeitsverhältnis einwirken (→ Rn. 2). Eine normative Fortgeltung der Tarifverträge ist gegeben, wenn sowohl der AN als auch der Erwerber tarifgebunden sind.

c) Rechtsnatur der transformierten Normen. Die Wirkungsweise der durch § 613a I 2 BGB angeordneten Transformation der zum Zeitpunkt des Betriebsübergangs geltenden Tarifnormen war lange Zeit umstritten. In seiner früheren Rspr. ging das BAG – in Übereinstimmung mit Teilen des Schrifttums – davon aus, die tarifvertraglichen Normen wandelten sich mit dem Betriebsübergang in einzelvertragliche Regelungen um.[8] Diese Position hat es in der Zwischenzeit zu Recht aufgegeben. Die transformierten Normen behalten auch beim Erwerber ihren **kollektivrechtlichen Charakter** bei.[9] § 613a I 2 BGB ordnet nicht den Übergang der tariflichen Regelungen in den „Arbeitsvertrag", sondern nur die inhaltliche Fortgeltung der Tarifnormen als Inhalt des „Arbeitsverhältnisses" an. Eine ausdrückliche gesetzliche Regelung, mit der der rechtliche Charakter der Tarifnormen geändert wird, enthält die Bestimmung nicht. Die Wirkungsweise der transformierten Normen entspricht vielmehr regelmäßig derjenigen, die bei einem Austritt des Veräußerers aus dem tarifschließenden Arbeitgeberverband hinsichtlich des zu diesem Zeitpunkt geltenden Verbandstarifvertrags nach § 3 III TVG eintritt; das Ende der Sperrfrist in § 613a I 2 und 4 BGB steht dem Ende des nachbindenden Tarifvertrags gleich. Nach dem Ende der Sperrfrist nach Satz 2 oder in den Fällen von Satz 4 tritt eine der Nachwirkung nach § 4 V TVG vergleichbare rechtliche Situation ein.[10] Auf der Basis eines solchen kollektivrechtlichen Verständnisses lassen sich auch die Fälle einer Kollision der transformierten und der nach § 613a I 1 BGB kraft Bezugnahmeklausel geltenden Tarifnormen lösen (→ Rn. 20).[11] 5

d) Gegenstand der Transformation. Die in § 613a I 2 BGB angeordnete Weitergeltung bezieht sich auf die **Rechtsnormen** von Tarifverträgen, die die Rechte und Pflichten der Arbeitsvertragsparteien regeln. Dies betrifft alle Regelungen, die den Inhalt des Arbeitsverhältnisses gestalten; schuldrechtliche Vereinbarungen der Tarifvertragsparteien werden hingegen nicht erfasst.[12] Zu den weitergeltenden Normen des Tarifvertrags zählen neben den Inhalts-, auch Abschlussnormen, wenn sie für den Inhalt des Arbeitsverhältnisses (zB für Nebenabreden) von Bedeutung sein können.[13] Tarifnormen über betriebsverfassungsrechtliche Fragen sowie über gemeinsame Einrichtungen werden nicht erfasst, da sie nicht den Inhalt des Arbeitsverhältnisses betreffen.[14] Eine Weitergeltung von Betriebsnormen kommt nur in Betracht, wenn diese auch den Inhalt der Arbeitsverhältnisse gestalten[15] (zu den einzelnen Begrifflichkeiten → § 201 Rn. 10). 6

Eine Transformation nach § 613a I 2 BGB findet nur statt, wenn der Tarifvertrag vor dem Betriebsübergang **unmittelbar kraft beidseitiger Tarifgebundenheit** nach § 3 I TVG (→ § 204 Rn. 1) oder **Allgemeinverbindlichkeit** (→ § 205 Rn. 1) auf das Arbeitsverhältnis Anwendung findet. Auch ein bei Übergang des Betriebs nur noch nachwirkender Tarifvertrag (§ 4 V TVG) fällt unter § 613a I 2 BGB, da die **Nachwirkung** lediglich dessen zwingende, 7

[8] BAG 20.4.1994 AP Nr. 108 zu § 613a BGB = NZA 1994, 1140; ebenso *Hauck* FS Richardi, 537; *Hanau/Vossen* FS Hilger/Stumpf, 271 (272).

[9] BAG 12.2.2014 NZA 2014, 613; 3.7.2013 AP Nr. 443 zu § 613a BGB; 6.7.2011 AP Nr. 90 zu § 1 TVG Bezugnahme auf Tarifvertrag; 26.8.2009 AP Nr. 375 zu § 613a BGB = NZA 2010, 173; 22.4.2009 AP Nr. 371 zu § 613a BGB = NZA 2010, 41; ebenso BAG 19.11.2019 AP Nr. 479 zu § 613a BGB = NZA 2020, 297; 12.6.2019 AP Nr. 478 zu § 613a BGB; *Schliemann* NZA-Sonderbeil. 16/2003, 2 (11); *Rinck* RdA 2010, 216; aA *Meyer* NZA-RR 2013, 225 (227).

[10] BAG 26.8.2009 AP Nr. 375 zu § 613a BGB = NZA 2010, 173; 22.4.2009 AP Nr. 371 zu § 613a BGB = NZA 2010, 41.

[11] *Rinck* RdA 2010, 221.

[12] BAG 24.8.2011 ZTR 2012, 92; ebenso BAG 19.11.2019 AP Nr. 479 zu § 613a BGB = NZA 2020, 297.

[13] Ebenso MüKoBGB/*Müller-Glöge* § 613a Rn. 135; aA ErfK/*Preis* BGB § 613a Rn. 118.

[14] MüKoBGB/Müller-Glöge § 613a Rn. 135; ErfK/Preis BGB § 613a Rn. 118.

[15] Ebenso ErfK/*Preis* BGB § 613a Rn. 118.

nicht jedoch dessen unmittelbare Geltung beseitigt.[16] Besteht zum Zeitpunkt des Betriebsübergangs keine beiderseitige normative Tarifgebundenheit – etwa weil der AN der Gewerkschaft erst nach dem Übergang beigetreten ist – werden die Tarifnormen hingegen nicht von Satz 2 erfasst, da sie nicht die Rechten und Pflichten des übergehenden Arbeitsverhältnisses regeln.[17] Aus demselben Grund fällt auch ein nach dem Betriebsübergang abgeschlossener, aber rückwirkend zu einem Zeitpunkt vorher in Kraft getretener Tarifvertrag nicht unter § 613a I 2 BGB.[18] Gleiches gilt, wenn der Tarifvertrag zum Zeitpunkt des Betriebsübergangs zwar schon abgeschlossen war, aber erst danach in Kraft trat.[19] Unschädlich für eine Transformation der tariflichen Normen ist hingegen, dass diese zum Zeitpunkt des Übergangs nach den Grundsätzen der **Tarifkonkurrenz** von einem spezielleren Tarifvertrag lediglich vorübergehend verdrängt wurden. Ist der Erwerber zB an einen Verbandstarifvertrag gebunden und hat er für einen befristeten Zeitraum einen Sanierungstarifvertrag geschlossen, so sind beide Tarifverträge mit ihrem Normenbestand von § 613a I 2 BGB erfasst. Da sich die Transformation auf die beim Veräußerer bestehende Tariflage bezieht, kommt bei Ablauf des Sanierungstarifvertrags auch beim Erwerber der Verbandstarifvertrag wieder uneingeschränkt zur Anwendung.[20] § 613a I 2 BGB gilt allerdings nur für die zum Zeitpunkt des Betriebsübergangs bestehenden Arbeitsverhältnisse. Erst später eintretende AN werden von der Norm nicht erfasst.[21]

8 **e) Statische Fortgeltung.** Die Transformation nach § 613a I 2 BGB führt zu einer statischen Weitergeltung der von ihr erfassten Tarifnormen.[22] Die Tarifvertragsnorm geht in der Form in das Arbeitsverhältnis über, die sie am Tag vor dem Betriebsübergang hatte.[23] An nachträglichen Änderungen der transformierten Norm nehmen die übergegangenen Arbeitsverhältnisse nicht teil.[24] Enthält der transformierte Tarifvertrag seinerseits eine dynamische Verweisung auf andere Tarifverträge, werden diese nur mit ihrem Inhalt zum Zeitpunkt des Betriebsübergangs in die Arbeitsverträge der übernommenen AN einbezogen.[25] Hingegen werden bei einem **Stufentarifvertrag,** der zB eine stufenweise Anhebung des Gehalts oder eine Abschmelzung von Zulagen vorsieht, auch die erst nach dem Betriebsübergang Wirkung entfaltenden Regelungen nach Satz 2 transformiert, wenn diese zum Zeitpunkt des Übergangs bereits vereinbart waren.[26] Das „Einfrieren" einer zum Zeitpunkt des Betriebsübergangs bereits im transformierten Tarifvertrag festgelegten Dynamik kommt nur in Betracht, wenn deren Umsetzung nach dem Tarifvertrag zusätzlich von weiteren Anspruchsvoraussetzungen abhängig gemacht wird, nicht aber, wenn es nur und ausschließlich auf den Zeitablauf ankommt.[27]

9 **f) Weiterer Betriebsübergang.** Kommt es nach einer Weitergeltung von Normen eines Tarifvertrags nach § 613a I 2 BGB infolge eines Betriebsübergangs zu einem oder mehreren weiteren Betriebsübergängen, geht der Inhalt der früheren Tarifregelungen ebenfalls nach § 613a I 2 BGB auf den Betriebserwerber über.[28] Da die nach dem ersten Betriebsübergang in das Arbeitsverhältnis transformierten Bestimmungen auch beim ersten Erwerber ihren kollektivrechtlichen Charakter beibehalten, erfasst § 613a I 2 BGB auch den Fall bereits transformierter Bestimmungen. Soweit das BAG in der Vergangenheit auf § 613a I 1 BGB zurückgegriffen hat,[29] beruhte dies auf der in der Folgezeit aufgegebenen Ansicht, dass die transformierten Regelungen individualrechtlich und damit wie arbeitsvertraglich vereinbarte Regelungen wei-

---

[16] BAG 12.12.2007 AP Nr. 39 zu § 1 TVG = NZA 2008, 892; 27.11.1991 AP Nr. 22 zu § 4 TVG Nachwirkung = NZA 1992, 800; so auch EuGH 11.9.2014 NZA 2014, 1092 zu Art. 3 III Richtlinie 2001/23/EG.

[17] BAG 16.5.2012 AP Nr. 431 zu § 613a BGB = NZA 2012, 923.

[18] BAG 13.9.1994 AP Nr. 11 zu § 1 TVG Rückwirkung = NZA 1995, 740.

[19] BAG 16.5.2012 AP Nr. 431 zu § 613a BGB = NZA 2012, 923.

[20] BAG 22.4.2009 AP Nr. 371 zu § 613a BGB = NZA 2010, 41.

[21] BAG 22.4.2009 AP Nr. 371 zu § 613a BGB = NZA 2010, 41.

[22] Vgl. nur BAG 29.8.2001 AP Nr. 17 zu § 1 TVG Bezugnahme auf Tarifvertrag = NZA 2002, 513.

[23] BAG 3.7.2013 AP Nr. 443 zu § 613a BGB.

[24] BAG 3.7.2013 AP Nr. 443 zu § 613a BGB; 20. 6 2001 AP Nr. 18 zu § 1 TVG Bezugnahme auf Tarifvertrag = NZA 2002, 517.

[25] BAG 29.8.2001 AP Nr. 17 zu § 1 TVG Bezugnahme auf Tarifvertrag = NZA 2002, 513.

[26] BAG 22.4.2009 AP Nr. 371 zu § 613a BGB = NZA 2010, 41; 19.9.2007 AP Nr. 328 zu § 613a BGB = NZA 2008, 241.

[27] AA HWK/*Willemsen/Müller-Bonanni* BGB § 613a Rn. 265; sowie bei einer tariflichen Blankettverweisung BAG 17.5.2000 AP Nr. 8 zu § 3 TVG Verbandsaustritt = NZA 2001, 453.

[28] *Bepler* RdA 2009, 65 (70); für Betriebsvereinbarungen BAG 12.6.2019 AP Nr. 478 zu § 613a BGB.

[29] BAG 20.4.1994 AP Nr. 108 zu § 613a BGB; offen gelassen von BAG 22.3.2005 AP Nr. 26 zu § 4 TVG Geltungsbereich = NZA 2006, 383; aA *Sagan* RdA 2011, 163 (171).

tergelten. Damit sind die Regelungen auch bei weiteren Betriebserwerbern nur nach Maßgabe von § 613a I 2–4 BGB geschützt und können dort unter den Voraussetzungen des § 613a I 3 BGB abgelöst werden. Die Jahresfrist nach § 613a I 2 BGB beginnt bei einem weiteren Betriebsübergang nicht erneut zu laufen; Art. 3 III RL 2001/23/EG gebietet nichts anderes.[30]

g) Ablösung der Tarifnormen. aa) Kollektivrechtliche Ablösung (§ 613a I 3 BGB). (1) Durch beim Erwerber geltende Tarifverträge. Nach § 613a I 3 BGB ist die Weitergeltung der bisherigen Tarifnormen nach den Regelungen des § 613a I 2 BGB ausgeschlossen, wenn die Rechte und Pflichten beim Betriebsnachfolger u.a. durch Rechtsnormen eines anderen Tarifvertrags geregelt werden.[31] Der Vorschrift liegt das sog. **Ablösungsprinzip** zugrunde. In ihr kommt die Wertung des Gesetzgebers zum Ausdruck, dass ein AN des Schutzes der bisher für ihn geltenden tariflichen Vorschriften nicht (mehr) bedarf, wenn er beim Betriebserwerber durch neue, auf das Arbeitsverhältnis zwingend anwendbare Tarifnormen geschützt ist.[32] § 613a I 3 BGB erfordert nicht nur, dass die tariflichen Regelungen denselben Regelungsgegenstand betreffen, sondern verlangt auch eine kongruente Tarifgebundenheit des AN und des Erwerbers (→ § 204 Rn. 1) an den Tarifvertrag. Gilt dieser beim Erwerber nicht kraft Allgemeinverbindlichkeit (→ § 205 Rn. 1), müssen daher beide Arbeitsvertragsparteien normativ an ihn gebunden sein; die einseitige Tarifbindung des AG reicht nicht aus.[33] Ohne Bedeutung für die Anwendung von § 613a I 3 BGB ist, ob es sich bei dem beim Erwerber geltenden Tarifwerk um einen Haus- oder Verbandstarifvertrag handelt. Die Norm greift auch, wenn beim Betriebsveräußerer ein **Firmentarifvertrag** galt und der Erwerber an einen Verbandstarifvertrag gebunden ist; der Vorrang eines spezielleren Tarifvertrags entfällt in diesem Fall.[34] Nach dem Wortlaut des § 613a I 2 und 3 BGB kommt es für die Ablösung außerdem nicht darauf an, ob die Arbeitsbedingungen in dem beim Erwerber geltenden Tarifvertrag günstiger sind oder die tariflichen Ansprüche des AN verschlechtern.[35] Das Ablösungsprinzip gilt unabhängig vom sonst geltenden Günstigkeitsprinzip nach § 4 III TVG.[36] Hieran hat auch die Entscheidung des EuGH in der Rechtssache **Scattolon** nichts geändert.[37] Im Hinblick auf Art. 3 III RL 2001/23/EG begegnet es – wie vom EuGH stets bestätigt – keinen Bedenken, wenn die Fortgeltung von Kollektivvereinbarungen beim Betriebserwerber unter dem Vorbehalt steht, dass bei diesem kein anderer Kollektivvertrag gilt.[38] Die Entscheidung Scattolon betrifft lediglich den besonderen Fall, dass anlässlich eines Betriebsübergangs Regelungen für die übergehenden AN in Kraft gesetzt wurden, die dazu führten, dass der für die übergehenden AN beim Veräußerer geltende Kollektivvertrag nicht einfach durch den beim Erwerber geltenden Kollektivvertrag abgelöst wurde. Stattdessen waren im Hinblick auf den Betriebsübergang spezifische „Modalitäten" in Durchführungsvorschriften (u.a. in Form zweier ministerieller Dekrete und eines Kollektivvertrags) festgelegt worden, die dazu führten, dass das tatsächliche Dienstalter der übergehenden AN im tariflichen Entgeltsystem des Erwerbs nicht vollständig berücksichtigt wurde. Angesichts dieser Umstände hat der EuGH angenommen, der dem Erwerber und den anderen Vertragsparteien eingeräumte Spielraum zur Gestaltung der Integration der übergegangenen AN in die Lohn- und Gehaltsstruktur dürfe nicht zum Ziel oder zur Folge haben, den AN insgesamt schlechtere Arbeitsbedingungen als die vor dem Übergang geltenden aufzuerlegen. Ein allgemeines Verschlechterungsverbot lässt sich der Entscheidung nicht entnehmen.[39] Sind die 10

[30] AA *Sagan* RdA 2011, 163 (171).
[31] BAG 11.5.2005 AP Nr. 30 zu § 4 TVG Tarifkonkurrenz = NZA 2005, 1362; 19.11.1996 AP Nr. 153 zu § 613a BGB = NZA 1997, 890.
[32] Vgl. BAG 19.3.1986 AP Nr. 49 zu § 613a BGB = NZA 1986, 687.
[33] BAG 23.1.2019 AP Nr. 476 zu § 613a BGB = NZA 2019, 922; 11.5.2005 AP Nr. 30 zu § 4 TVG Tarifkonkurrenz = NZA 2005, 1362; 21.2.2001 AP Nr. 20 zu § 4 TVG = NZA 2001, 1318; 30.8.2000 AP Nr. 12 zu § 1 TVG Bezugnahme auf Tarifvertrag = NZA 2001, 5; aA *Heinze* FS Schaub, 275 (289 ff.).
[34] BAG 23.1.2008 AP Nr. 63 zu § 1 TVG Bezugnahme auf Tarifvertrag (zu einer Gleichstellungsabrede).
[35] BAG 7.7.2010 AP Nr. 388 zu § 613a BGB = NZA-RR 2011, 30; 11.5.2005 AP Nr. 30 zu § 4 TVG Tarifkonkurrenz = NZA 2005, 1362; 19.11.1996 AP Nr. 153 zu § 613a BGB = NZA 1997, 890.
[36] BAG 22.4.2009 AP Nr. 371 zu § 613a BGB = NZA 2010, 41; 23.1.2008 AP Nr. 63 zu § 1 TVG Bezugnahme auf Tarifvertrag.
[37] EuGH 6.9.2011 AP Nr. 9 zu Richtlinie 2001/23/EG = NZA 2011, 1077.
[38] EuGH 6.9.2011 – C-108/10, Slg. 2011 I-7491 – Scattolon; 27.11.2008 – C-396/07, Slg. 2008, I-8883 – Juuri; 9.3.2006 – C-499/04, Slg. 2006, I-2397 – Werhof.
[39] BAG 13.8.2019 AP Nr. 117 zu § 77 BetrVG 1972 = NZA 2020, 49; 23.1.2019 AP Nr. 476 zu § 613a BGB = NZA 2019, 922;12.6.2019 AP Nr. 478 zu § 613a BGB = NZA 2019, 1205; *Winter* RdA 2013, 36 (38); *Willemsen* RdA 2012, 291 (302); *Sittard/Flockenhaus* NZA 2013, 652 (657); aA *Steffan* NZA 2012, 473 (476); vgl. auch *Mückl* ZIP 2012, 2373 (2375); *Sagan* EuZA 2012, 247 (251 ff.).

Rechte der AN bei dem Betriebsveräußerer sowohl tariflich als auch individualrechtlich geregelt, setzt sich nach § 4 III TVG auch beim Veräußerer eine günstigere vertragliche Vereinbarung durch.[40] Die Ablösung der vor einem Betriebsübergang für das Arbeitsverhältnis maßgebenden Tarifnormen durch das beim neuen Inhaber geltende Tarifrecht nach § 613a I 3 BGB setzt zudem die normative Geltung der Tarifregelungen zum Zeitpunkt des Betriebsübergangs voraus (→ Rn. 7). Die Norm ist nicht – auch nicht – analog anwendbar, wenn die Geltung des Tarifrechts beim Betriebsveräußerer auf einer **arbeitsvertraglichen Bezugnahme** und damit auf § 613a I 1 BGB beruht.[41] Zudem findet eine Ablösung nur statt, wenn und soweit die beim Veräußerer und Erwerber jeweils geltenden Tarifverträge denselben Regelungsgegenstand betreffen.[42] Unproblematisch ist dies, wenn beide Tarifverträge zu einem bestimmte Regelungsgegenstand – etwa dem Urlaubsgeld – Normen enthalten. In diesem Fall hat die bisher beim Veräußerer geregelte Frage auch eine entspr. tarifvertragliche Regelung beim neuen Inhaber erfahren.[43] Darüber hinaus können die Voraussetzungen des § 613a I 3 BGB aber auch erfüllt sein, wenn der beim Veräußerer geltende Tarifvertrag die betreffenden Sachbereiche nicht ausdrücklich oder im Detail anders regelt. Entscheidend hierfür ist, ob nach der Regelungsabsicht der Tarifvertragsparteien der Tarifvertrag des Erwerbers die im Arbeitsverhältnis fortwirkenden Tarifregelungen insgesamt ablösen sollte.[44] Dies ist durch Auslegung zu ermitteln. Dem Tarifvertrag muss mit hinreichender Deutlichkeit zu entnehmen sein, dass ein **bestimmter Regelungsbereich** abschließend erfasst werden sollte.[45] Ergibt die Auslegung, dass sich die Tarifvertragsparteien des beim Erwerber geltenden Tarifvertrags nicht mit dem Regelungsbereich beschäftigt oder bewusst keine Regelung getroffen haben, findet keine Ablösung statt.

11 **(2) Durch beim Erwerber geltende Betriebsvereinbarung?** Umstritten ist, ob eine beim Veräußerer geltende Tarifnorm unabhängig von der Tarifsperre des § 77 III BetrVG durch eine beim Betriebserwerber bestehende Betriebsvereinbarung nach § 613a I 3 BGB abgelöst werden kann (sog. **Über-Kreuz-Ablösung**).[46] Das BAG hat dies jedenfalls für Regelungen außerhalb des Bereichs der erzwingbaren Mitbestimmung des BR und lediglich teilmitbestimmten verneint.[47] Für Ansprüche, die der erzwingbaren Mitbestimmung unterliegen, hat es diese Frage hingegen bislang offen gelassen (zur Über-Kreuz-Ablösung zugunsten eines Tarifvertrags → Rn. 26). Der Wortlaut des § 613a I 3 BGB enthält hierfür keine eindeutige Vorgabe.[48] Die Regelung kann aufgrund der Konjunktion „oder" sowohl dahin verstanden werden, dass sie eine Über-Kreuz-Ablösung erlaubt, als auch dahin, dass die Ablösungsfähigkeit einer beim Erwerber geltenden Kollektivnorm nur auf die normativ gleiche Kollektivregelung beim Veräußerer bezogen sein soll. Entscheidend gegen eine Über-Kreuz-Ablösung spricht jedoch, dass den **Betriebsparteien** damit anlässlich oder im Zusammenhang mit dem Betriebsübergang **Regelungsbefugnisse** eingeräumt werden würden, die sie ansonsten nicht besitzen. Grundsätzlich sind die Betriebsparteien weder im Rahmen der erzwingbaren Mitbestimmung (vgl. § 87 I Einleitungshs. BetrVG) noch außerhalb derselben (vgl. § 77 III 1 BetrVG) berechtigt, tariflich geregelte Arbeitsbedingungen anders zu regeln. Einer Verschlechterung tariflicher Arbeitsbedingungen durch Betriebsvereinbarung steht zudem § 4 III TVG entgegen. Da die transformierten Normen des Tarifvertrags auch beim Erwerber ihren kollektivrechtlichen Charakter beibehalten

---

[40] BAG 29.8.2007 AP Nr. 61 zu § 1 TVG Bezugnahme auf Tarifvertrag = NZA 2008, 364; 25.9.2002 AP Nr. 26 zu § 1 TVG Bezugnahme auf Tarifvertrag = NZA 2003, 807; 25.10.2000 AP Nr. 13 zu § 1 TVG Bezugnahme auf Tarifvertrag = NZA 2002, 100.

[41] BAG 29.8.2007 AP Nr. 61 zu § 1 TVG Bezugnahme auf Tarifvertrag = NZA 2008, 364.

[42] BAG 23.1.2008 AP Nr. 63 zu § 1 TVG Bezugnahme auf Tarifvertrag.

[43] BAG 20.4.1994 AP Nr. 108 zu § 613a BGB = NZA 1994, 1140; 11.5.2005 AP Nr. 30 zu § 4 TVG Tarifkonkurrenz = NZA 2005, 1362.

[44] BAG 3.7.2013 AP Nr. 445 zu § 613a BGB; 22.1.2003 AP Nr. 242 zu § 613a BGB.

[45] BAG 3.7.2013 AP Nr. 445 zu § 613a BGB.

[46] Dagegen ErfK/*Preis* BGB § 613a Rn. 126; Staudinger/*Annuß* BGB § 613a Rn. 221; MüKoBGB/*Müller-Glöge* § 613a Rn. 143; *Sagan* RdA 2011, 163 (164); dafür *Hromadka* DB 1996, 1872 (876); *Meyer* NZA 2001, 751 (755); *Kania* DB 1995, 625 (626); *Henssler* FS Schaub, 311 (321); *Döring/Grau* BB 2009, 158 (164); *Moll* RdA 1996, 275 (283); *Röder* DB 1981, 1980 (1981); *Schiefer* DB 2003, 390; *Zöllner* DB 1995, 1401 (1405).

[47] BAG 3.7.2013 AP Nr. 445 zu § 613a BGB; 21.4.2010 AP Nr. 387 zu § 613a BGB; 13.11.2007 AP Nr. 336 zu § 613a BGB = NZA 2008, 600; 6.11.2007 AP Nr. 337 zu § 613a BGB = NZA 2008, 542; offengelassen von BAG 22.3.2005 AP Nr. 26 zu § 4 TVG Geltungsbereich = NZA 2006, 383; 1.8.2001 AP Nr. 225 zu § 613a BGB = NZA 2002, 41.

[48] Für eine solche Ablösung *Müller-Bonanni/Mehrens* NZA 2012, 1194.

(→ Rn. 5), kann für sie nach dem Betriebsübergang nichts anders gelten. Selbst wenn nach dem Ende der Sperrfrist nach § 613a I 2 BGB oder in den Fällen von Satz 4 eine der Nachwirkung nach § 4 V TVG vergleichbare rechtliche Situation eintritt (→ Rn. 5), kann im Bereich der freiwilligen Mitbestimmung eine Betriebsvereinbarung eine nur nachwirkende tarifvertragliche Regelung nicht verdrängen.[49] Zudem wäre eine Über-Kreuz-Ablösung nicht mit dem Schutzzweck der Betriebsübergangsrichtlinie vereinbar, da der neue AG durch den Übergang eine Möglichkeit zum Eingriff in die kollektivrechtlichen Rechte der AN erhielte, die vor dem Übergang nicht zur Verfügung stand.

(3) Zeitpunkt. § 613a I 3 BGB gilt nicht nur, wenn der ablösende Tarifvertrag beim Erwerber schon **im Zeitpunkt des Übergangs** bestand. Die Vorschrift gelangt auch zur Anwendung, wenn es **nach Übergang** des Arbeitsverhältnisses zunächst zu einer Weitergeltung des bisherigen Tarifinhalts nach § 613a I 2 BGB gekommen ist und die Voraussetzungen des § 613a I 3 BGB erst später vorliegen.[50] Diese Situation kann eintreten, wenn erst nach dem Betriebsübergang der ablösende Tarifvertrag abgeschlossen oder für allgemeinverbindlich erklärt wird[51] oder die beiderseitige Tarifgebundenheit nach §§ 3 I, 4 I TVG eintritt.[52] Der beim Erwerber nach § 613a I 3 BGB geltende Tarifvertrag kann die Weitergeltung nach § 613a I 2 BGB nur für die Zeit seiner zwingenden Geltung beseitigen. In bereits entstandene Ansprüche der AN kann er nur nach den für die Rückwirkung von Tarifverträgen geltenden Grundsätzen (→ § 204 Rn. 29) eingreifen; allerdings kann insoweit einzelvertraglich eine Besitzstandsregelung vereinbart werden. 12

bb) Individualvertragliche Ablösung. (1) Grundsatz: Einjährige Veränderungssperre (§ 613a I 2 BGB). Eine individualvertragliche Ablösung oder Abänderung der transformierten Tarifnormen ist grundsätzlich erst nach Ablauf einer einjährigen Veränderungssperre – beginnend mit dem Zeitpunkt des Betriebsübergangs – zulässig (§ 613a I 2 BGB). Die Veränderungssperre gilt nur für nach Satz 2 transformierte Regelungen, nicht für die nach § 613a I 1 BGB auf den Erwerber übergehenden Vertragsbedingungen. Zudem erfasst sie nur für den AN nachteilige, nicht aber für ihn vorteilhafte Abreden.[53] Da § 613a I 2–4 BGB nur die Rechtsstellung des AN sichern, nicht aber verbessern soll, findet die Änderungssperre auch keine Anwendung, wenn dem Tarifvertrag bereits zum Zeitpunkt des Betriebsübergangs die zwingende Wirkung gefehlt hat.[54] Für im Zeitpunkt des Betriebsübergangs nur nachwirkende Tarifverträge können deshalb **abweichende Vereinbarungen** bereits innerhalb der Jahresfrist getroffen werden; denn bei einem Tarifvertrag im Nachwirkungsstadium (§ 4 V TVG) wären abweichende Vereinbarungen ebenfalls jederzeit möglich.[55] Gleiches gilt, wenn der Tarifvertrag vertragsdispositiv ist.[56] 13

Ob es für das Eingreifen der Sperre nach § 613a I 2 BGB auf den **Zeitpunkt** der Vornahme des abweichenden Rechtsgeschäfts oder seines Wirksamwerdens ankommt, ist str. Für Letzteres spricht Art. 3 III der RL 2001/23/EG. Danach muss die Frist für die Aufrechterhaltung der bisherigen Kollektivbedingungen zumindest ein Jahr betragen. Da die Wirkungsweise der transformierten Tarifnormen dem Zustand der Nachbindung nach § 3 III TVG entspricht (→ Rn. 5), sind innerhalb der Sperrfrist vereinbarte Individualabreden, die erst für die Zeit nach Ablauf der Frist gelten sollen, nach den für die Ablösung eines nachwirkenden Tarifvertrags nach § 4 V TVG geltenden Grundsätzen[57] (→ § 208 Rn. 21) zulässig.[58] 13a

(2) Ausnahmen (§ 613a I 4 BGB). Nach § 613a I 4 BGB können die nach Satz 2 transformierten Regelungen schon vor Ablauf eines Jahres geändert werden, wenn der Tarifvertrag nicht mehr gilt oder wenn Erwerber und AN – bei fehlender beiderseitiger Tarifgebundenheit 14

[49] BAG 22.3.2005 AP Nr. 26 zu § 4 TVG Geltungsbereich = NZA 2006, 383; aA *Müller-Bonanni/Mehrens* NZA 2012, 1194 (1198).
[50] BAG 20.4.1994 AP Nr. 108 zu § 613a BGB = NZA 1994, 1140.
[51] BAG 16.5.1995 AP Nr. 15 zu § 4 TVG Ordnungsprinzip = NZA 1995, 1166.
[52] BAG 11.5.2005 AP Nr. 30 zu § 4 TVG Tarifkonkurrenz = NZA 2005, 1362.
[53] BAG 21.4.2009 AP Nr. 371 zu § 613a BGB = NZA 2010, 41.
[54] BAG 13.9.1994 AP Nr. 11 zu § 1 TVG Rückwirkung = NZA 1995, 740; 13.11.1985 AP Nr. 46 zu § 613a BGB = NZA 1986, 422.
[55] BAG 1.8.2001 AP Nr. 255 zu § 613a BGB = NZA 2002, 41.
[56] BAG 22.4.2009 AP Nr. 371 zu § 613a BGB = NZA 2010, 41.
[57] Vgl. BAG 1.7.2009 AP Nr. 51 zu § 4 TVG Nachwirkung = NZA 2010, 248; 22.10.2008 AP Nr. 37 zu § 4 TVG Tarifkonkurrenz = NZA 2009, 265; 23.2.2005 AP Nr. 42 zu § 4 TVG Nachwirkung.
[58] Ebenso ErfK/*Preis* BGB § 613a Rn. 119.

(→ § 205 Rn. 1) – die Anwendung eines nach seinem Geltungsbereich einschlägigen anderen Tarifvertrags vereinbaren. Der Vorschrift liegt der Gedanke zugrunde, dass der durch § 613a I 2 BGB vermittelte Schutz nicht weiter reichen soll als der durch das Kollektivrecht nach § 4 I TVG und § 613a I 3 BGB vermittelte. Endet der transformierte Tarifvertrag bereits vor Ablauf der Jahresfrist im Veräußererbetrieb (zB aufgrund Fristablaufs), verliert er damit auch im Erwerberbetrieb seine zwingende Wirkung. Gleiches gilt für den Fall, dass der Tarifvertrag im Veräußererbetrieb nach dem Betriebsübergang gekündigt oder durch einen anderen Tarifvertrag abgelöst wird. Auch hier endet die zwingende Wirkung der transformierten Normen bereits mit dem Ende des Tarifvertrags, selbst wenn dieses innerhalb der Jahresfrist eintritt. Erwerber und AN können daher schon vor Ablauf des Jahres abweichende Regelungen vereinbaren. War die Nachwirkung des gekündigten Tarifvertrags von vorneherein ausgeschlossen, wird man sogar davon ausgehen müssen, dass die zunächst transformierten Regelungen ersatzlos entfallen. Sie gelten nicht mehr in den übergegangenen Arbeitsverhältnissen.[59] An deren Stelle treten die einzelvertraglich vereinbarten Arbeitsbedingungen, hilfsweise kommen die gesetzlichen Regelungen zur Anwendung. Da die Wirkungsweise der nach § 613a I 2 BGB in das Arbeitsverhältnis zwischen Betriebserwerber und AN transformierten Normen während des Laufs der Sperrfrist der Nachbindung nach § 3 III TVG entspricht (→ Rn. 5), führt auch jede Änderung der Tarifnormen im Veräußererbetrieb, die einen Wegfall der Nachbindung begründen würde, zu einem vorzeitigen Ende der Sperrfrist.[60]

15 Die 2. Alt. von § 613a I 4 BGB betrifft den Fall, dass Erwerber und AN individualvertraglich die Anwendung eines anderen Tarifvertrags als des im Veräußererbetrieb geltenden vereinbaren. Erforderlich ist indes, dass es sich um einen **fachlich, räumlich und betrieblich einschlägigen Tarifvertrag** handelt, da nur diesem die für eine Ablösung notwendige Richtigkeitsgewähr zukommt. Auch eine nur partielle Inbezugnahme des Tarifvertrags ist vom Wortlaut des § 613a I 4 Alt. 2 BGB nicht gedeckt; die Anwendung des ersetzenden Tarifvertrags muss vielmehr insgesamt vereinbart werden. Die in § 613a I 4 BGB enthaltene Formulierung, dass eine beiderseitige Tarifgebundenheit fehlt, ist nicht als einschränkendes Tatbestandsmerkmal zu verstehen. Auch bei beidseitiger Bindung der Vertragsparteien an einen Tarifvertrag kann noch dessen vertragliche Inbezugnahme erfolgen; jedoch endet die Transformation der tariflichen Regelungen des Veräußererbetriebs wegen der normativen Geltung des beim Erwerber geltenden Tarifvertrags in diesem Fall ohnehin schon nach § 613a I 3 BGB (→ Rn. 12). Noch nicht höchstrichterlich entschieden ist die Frage, ob auch eine mit dem Betriebsveräußerer vereinbarte **Tarifwechselklausel** (→ Rn. 19, → § 206 Rn. 26) die Vereinbarung eines anderen Tarifvertrags iSd § 613a I 4 Alt. 2 BGB darstellt. Dies könnte zweifelhaft sein, weil eine solche Vereinbarung bereits vor dem Betriebsübergang getroffen wird. Der Wortlaut gebietet allerdings nicht, dass die Inbezugnahme nur nach dem Übergang vereinbart sein darf.[61] Sinn und Zweck von § 613a I 4 BGB sprechen vielmehr für die Annahme, dass eine Tarifwechselklausel eine Vereinbarung iSd § 613a I 4 Alt. 2 BGB darstellt: Dem AN drohen keine Nachteile, da die Tarifwechselklausel zur Anwendung des gesamten einschlägigen Tarifvertrags führt, welcher nach der gesetzgeberischen Konzeption als gleichwertig anzusehen ist.[62] Weder vor noch nach Ablauf der Jahresfrist ist der AN zum Abschluss eines Ersetzungsvertrags iSd § 613a I 4 Alt. 2 BGB verpflichtet. Der AG kann ihn auch durch eine Änderungskündigung nicht erzwingen, da weder die Anpassung an das Tarifniveau noch eine Gleichbehandlung mit den bereits beim Erwerber beschäftigten AN einen Grund für eine soziale Rechtfertigung nach § 2 KSchG darstellen.

16 **(3) Änderung nach Ablauf der Jahresfrist.** Nach Ablauf eines Jahres stehen dem Betriebsnachfolger zur Änderung des in das Arbeitsverhältnis transformierten Kollektivrechts grundsätzlich die individualrechtlichen Gestaltungsmittel – Änderungskündigung und -vertrag – zur Verfügung. Das bloße Interesse des AG, in seinem Betrieb einheitliche Vertragsbedingungen zu schaffen, rechtfertigt allerdings noch keine Änderungskündigung nach § 2 KSchG.[63]

17 **3. Einzelvertragliche Bezugnahme. a) Grundsatz.** Die Weitergeltung eines auf das Arbeitsverhältnis anwendbaren Tarifvertrags kann sich auch daraus ergeben, dass der Tarifvertrag kraft **einzelvertraglicher Bezugnahme** (→ § 206 Rn. 1) auf das Arbeitsverhältnis Anwendung findet (→ § 118 Rn. 6). Der Eintritt des Erwerbers nach § 613a I 1 BGB

[59] BAG 22.4.2009 AP Nr. 371 zu § 613a BGB = NZA 2010, 41; 3.7.2013 AP Nr. 443 zu § 613a BGB.
[60] BAG 3.7.2013 AP Nr. 443 zu § 613a BGB; 22.4.2009 AP Nr. 371 zu § 613a BGB = NZA 2010, 41.
[61] *Rinck* RdA 2010, 216.
[62] *Jacobs* NZA-Beil. 1/2009, 45; ausführlich zu dieser Problematik *Rinck* RdA 2010, 216.
[63] BAG 12.1.2006 AP Nr. 82 zu § 2 KSchG 1969 = NZA 2006, 587.

bezieht sich auf alle zum Zeitpunkt des Betriebsübergangs arbeitsvertraglich begründeten Rechte und Pflichten und umfasst daher auch die sich aufgrund einer Verweisungsklausel auf einen Tarifvertrag ergebenden.[64] Dass der in Bezug genommene Tarifvertrag gleichzeitig normativ für das Arbeitsverhältnis der Parteien gilt (→ Rn. 2) oder aufgrund von § 613a I 2 BGB Anwendung findet (→ Rn. 3), ändert an der Weitergeltung der Bezugnahmeklausel und der sich hieraus ergebenden Anwendung des in Bezug genommenen Tarifvertrags über § 613a I 1 BGB nichts.[65] § 613a I 2 BGB ergänzt § 613a I 1 BGB lediglich und steht mit ihm nicht in Konkurrenz. Etwaige Kollisionen in diesen Fällen sind nach dem Günstigkeitsprinzip des § 4 III TVG aufzulösen (→ Rn. 20). Auch wenn auf diese Weise eine der beiden Regelungen im Arbeitsverhältnis – zeitweise – keine praktische Wirkung entfaltet, so bleibt sie dennoch bestehen und ist demgemäß Teil des bei einem Betriebsübergang mit übergehenden Regelungsbestands.[66]

An der inhaltlichen Reichweite einer Bezugnahmeklausel ändert der Betriebsübergang nichts.[67] Enthält die vertragliche Bezugnahmeklausel eine **zeit- und inhaltsdynamische Verweisung** auf die jeweils geltenden Tarifverträge einschließlich der ergänzenden, ändernden und ersetzenden (→ § 206 Rn. 30), gilt diese nach § 613a I 1 BGB daher grundsätzlich auch für den Erwerber (zur Ausnahme bei der sog. Gleichstellungsabrede → Rn. 18). Dementsprechend muss der Erwerber auch die nach dem Betriebsübergang abgeschlossenen Tarifverträge auf das Arbeitsverhältnis anwenden. Hierin liegt kein Verstoß gegen seine negative Koalitionsfreiheit nach Art. 9 III GG, da die Tarifnormen nur vertraglich, nicht aber kollektivrechtlich zur Anwendung gelangen.[68] Aus der Entscheidung des EuGH in der Rechtssache **Werhof**[69] ergibt sich nichts anderes.[70] Auch unionsrechtlich begegnet die sich durch die dynamische Verweisungsklausel ergebende vertragliche Bindung des Erwerbers an nach dem Betriebsübergang abgeschlossene Tarifverträge keinen Bedenken, selbst wenn der Erwerber nicht Mitglied des tarifschließenden Verbandes ist oder sogar werden kann. Zwar war nach der Entscheidung des EuGH in der Rechtssache **Alemo-Herron**[71] vom 18.7.2013 zunächst zweifelhaft, inwieweit hieran auch zukünftig festgehalten werden konnte. Denn danach darf ein Mitgliedstaat nicht vorsehen, dass arbeitsvertragliche Klauseln, die dynamisch auf nach dem Zeitpunkt des Übergangs abgeschlossene Kollektivverträge verweisen, gegenüber dem Erwerber durchsetzbar sind, wenn dieser keine Möglichkeit hat, an den Verhandlungen über diese Kollektivverträge teilzunehmen. Nach Ansicht des EuGH erfordern die RL 2001/23/EG und die von Art. 16 GRCh geschützte Vertragsfreiheit des Erwerbers, dass es diesem möglich sein muss, seine Interessen im Rahmen einer Beteiligung bei dem zum Vertragsabschluss führenden Verfahren wirksam geltend zu machen und damit die die Entwicklung der Arbeitsbedingungen seiner AN bestimmenden Faktoren auszuhandeln. Vor dem Hintergrund der sich hieraus ergebenden Unklarheiten hatte der Vierte Senat des BAG deshalb den EuGH um Klärung gebeten, ob die Fortgeltung einer dynamischen Bezugnahmeklausel für den Betriebserwerber im Einklang mit Unionsrecht steht, wenn dieser mangels Mitgliedschaft in der tarifschließenden Koalition keinen Einfluss auf die künftigen Tarifverhandlungen nehmen kann.[72] Durch Urteil vom 27.4.2017 in der Rechtssache **Asklepios Kliniken Langen-Seligenstadt** hat der EuGH darauf erkannt, dass Art. 3 RL 2001/23/EG iVm Art. 16 GRCh dahin auszulegen sind, dass der Veräußerer bei einem Betriebsübergang auch an eine vertraglich vereinbarte zeit- und inhaltsdynamische Verweisungsklausel auf die jeweiligen 17a

[64] BAG 17.11.2010 AP Nr. 391 zu § 613a BGB = NZA 2011, 356; 24.2.2010 AP Nr. 75 zu § 1 TVG Bezugnahme auf Tarifvertrag = NZA 2010, 513.
[65] BAG 24.2.2010 AP Nr. 75 zu § 1 TVG Bezugnahme auf Tarifvertrag = NZA-RR 2010, 530.
[66] BAG 24.2.2010 AP Nr. 75 zu § 1 TVG Bezugnahme auf Tarifvertrag = NZA-RR 2010, 530.
[67] Vgl. BAG 30.8.2017 AP Nr. 139 zu § 1 TVG Bezugnahme auf Tarifvertrag = NZA 2018, 255.
[68] BAG 24.2.2010 AP Nr. 75 zu § 1 TVG Bezugnahme auf Tarifvertrag = NZA-RR 2010, 530; 23.9.2009 AP Nr. 71 zu § 1 TVG Bezugnahme auf Tarifvertrag = NZA 2010, 513; 21.10.2009 AP Nr. 72 zu § 1 TVG Bezugnahme auf Tarifvertrag = NZA-RR 2010, 361.
[69] EuGH 9.3.2006 AP Nr. 2 zu Richtlinie 77/187/EWG = NZA 2006, 376.
[70] Vgl. auch BAG 24.2.2010 AP Nr. 75 zu § 1 TVG Bezugnahme auf Tarifvertrag = NZA-RR 2010, 530; 21.10.2009 AP Nr. 72 zu § 1 TVG Bezugnahme auf Tarifvertrag = NZA-RR 20123.9.2009 AP Nr. 71 zu § 1 TVG Bezugnahme auf Tarifvertrag = NZA 2010, 513.
[71] EuGH 18.7.2013 AP Nr. 10 zu Richtlinie 2001/23/EG = NZA 2013, 835; krit. *Jacobs/Frieling* EuZW 2013, 737; *Heuschmid* AuR 2013, 500; ErfK/*Preis* BGB § 613a Rn. 127a; *Commandeur/Kleinebrink* BB 2014, 181; zust. *Latzel* RdA 2014, 110; *Naber/Krois* ZESAR 2014, 121; diff. *Willemsen/Grau* NJW 2014, 12.
[72] BAG 17.6.2015 AP Nr. 132 zu § 1 TVG Bezugnahme auf Tarifvertrag = NZA 2016, 373; zust. *Sagan* ZESAR 2016, 116 (122); vgl. auch *Klein* NZA 2016, 410.

Tarifverträge gebunden ist, sofern das nationale Recht sowohl einvernehmliche als auch einseitige Anpassungsmöglichkeiten für den Erwerber vorsieht.[73] Diese Anforderungen erfüllt das deutsche Recht.[74] Eine einvernehmliche Vertragsänderung ist grundsätzlich auch nach dem Betriebsübergang möglich; eines Sachgrundes hierfür bedarf es nicht. Auch die Veränderungssperre nach § 613a I 2 BGB greift nicht. Zudem steht dem Erwerber die Befugnis zu, den Vertrag einseitig durch den Ausspruch einer Änderungskündigung abzuändern, wenn eine solche erforderlich ist.[75] Dass ggf. an deren soziale Rechtfertigung nach § 2 KSchG bestimmte Anforderungen zu stellen sind, ist unschädlich.[76]

18 **b) Vertrauensschutz für „Altfälle".** Nach der früheren Rspr. des BAG war die Bezugnahme in einem von einem tarifgebundenen AG vorformulierten Arbeitsvertrag auf die für das Arbeitsverhältnis einschlägigen Tarifverträge in der jeweiligen Fassung regelmäßig als sog. **Gleichstellungsabrede** auszulegen (→ § 206 Rn. 33).[77] Bei einem Betriebsübergang auf einen nicht oder anders tarifgebundenen Erwerber hatte dieses Verständnis der vertraglichen Regelung zur Folge, dass die zeitliche Dynamik der Bezugnahmeklausel endete; der in Bezug genommene Tarifvertrag galt – ebenso wie die transformierten Regelungen nach § 613a I 2 BGB (→ Rn. 8) – beim Erwerber nur noch statisch für das Arbeitsverhältnis (→ § 206 Rn. 30).[78] Diese **Auslegungsregelung** hat das BAG zwischenzeitlich aufgegeben,[79] wendet sie jedoch aus Vertrauensgesichtspunkten noch auf Bezugnahmeklausel, die vor dem 1.1.2002 vereinbart wurden, an.[80] War die Bezugnahmeklausel bei einer nach diesem Stichtag vereinbarten Vertragsänderung Gegenstand der rechtsgeschäftlichen Willensbildung der Vertragsparteien, führt dies zu einem „Neuvertrag", für die die Auslegungsgrundsätze der Gleichstellungsabrede nicht mehr gelten (→ § 206 Rn. 33).[81] Die Entscheidung über die Anwendung der für Altfälle geltenden Auslegungsregel ist damit eine Frage der Vertragsumstände und deshalb regelmäßig einzelfallbezogen zu beantworten.

19 **c) Tarifwechselklausel.**[82] Die für das Arbeitsverhältnis geltende Bezugnahmeklausel kann nicht nur in zeitlicher Hinsicht (→ § 206 Rn. 30), sondern auch fachlich oder betrieblich hinsichtlich der in Bezug genommenen Tarifverträge dynamisch ausgestaltet sein (→ § 206 Rn. 21). Eine derartige Tarifwechselklausel – auch **große dynamische Bezugnahmeklausel** genannt – liegt zB vor, wenn für das Arbeitsverhältnis mit dem tarifgebundenen AG vereinbart wurde, dass die „jeweils für den Betrieb oder das Unternehmen einschlägigen Tarifverträge"[83] oder die „Bedingungen des jeweils gültigen Tarifvertrags"[84] anzuwenden sind. Gleiches für eine mit einem tarifungebundenen AG vereinbarte Regelung, wonach die für die „Gesellschaft jeweils geltenden Tarifverträge" Anwendung finden.[85] Gilt für den Betrieb nach dem Übergang wegen eines „Herauswachsens" aus dem tariflichen Geltungsbereich der bisherigen Tarifverträge ein anderes Tarifwerk, führt eine solche Klausel dazu, dass nunmehr die für den Betrieb einschlägigen Tarifverträge vertraglich zur Anwendung gelangen. Bezieht sich die Verweisungsklausel hingegen auf das Tarifwerk einer bestimmten Branche, kann sie über ihren Wortlaut hinaus grundsätzlich nicht als große dyna-

---

[73] EuGH 27.4.2017 AP Nr. 13 zu Richtlinie 2001/23/EG = NZA 2017, 571.

[74] BAG 30.8.2017 AP Nr. 139 zu § 1 TVG Bezugnahme auf Tarifvertrag = NZA 2018, 255; aA *Willemsen/Krois/Mehrens* RdA 2018, 151 (162).

[75] So auch *Forst* DB 2013, 1847: unionsrechtskonforme Auslegung von § 2 KSchG; vgl. auch *Jacobs/Frieling* EuZW 2013, 737 (739); *Mückl* ZIP 2014, 207 (212); aA *Willemsen/Grau* NJW 2014, 12 (15); *Latzel* RdA 2014, 110 (115).

[76] Vgl. BAG 30.8.2017 AP Nr. 139 zu § 1 TVG Bezugnahme auf Tarifvertrag = NZA 2018, 255; krit. *Fink* DB 2018, 647.

[77] BAG 26.9.2001 AP Nr. 21 zu § 1 TVG Bezugnahme auf Tarifvertrag = NZA 2002, 634; 25.10.2000 AP Nr. 13 zu § 1 TVG Bezugnahme auf Tarifvertrag = NZA 2002, 100; 30.8.2000 AP Nr. 12 zu § 1 TVG Bezugnahme auf Tarifvertrag = NZA 2001, 510.

[78] BAG 10.12.2008 AP Nr. 68 zu § 1 TVG Bezugnahme auf Tarifvertrag = NZA-RR 2009, 537.

[79] BAG 29.8.2007 AP Nr. 61 zu § 1 TVG Bezugnahme auf Tarifvertrag = NZA 2008, 364; 18.4.2007 AP Nr. 53 zu § 1 TVG Bezugnahme auf Tarifvertrag = NZA 2007, 965.

[80] Vgl. nur BAG; 26.8.2009 AP Nr. 45 zu § 3 TVG = NZA 2010, 230; 10.12.2008 AP Nr. 68 zu § 1 TVG Bezugnahme auf Tarifvertrag = NZA-RR 2009, 537.

[81] BAG 24.2.2010 AP Nr. 75 zu § 1 TVG Bezugnahme auf Tarifvertrag; 18.11.2009 AP Nr. 70 zu § 1 TVG Bezugnahme auf Tarifvertrag = NZA 2010, 170.

[82] Formulierungsvorschläge bei *Jacobs* BB 2011, 2037.

[83] ZB BAG 25.10.2002 AP Nr. 22 zu § 1 TVG Bezugnahme auf Tarifvertrag = NZA 2003, 390.

[84] BAG 21.12.2012 NZA 2013, 512.

[85] BAG 13.5.2020 AP Nr. 154 zu § 1 TVG Bezugnahme auf Tarifvertrag = NZA 2020, 1420.

mische Verweisung ausgelegt werden.[86] Dass die Bezugnahmeklausel aus Gründen des Vertrauensschutzes ggf. noch als sog. Gleichstellungsabreden auszulegen ist (→ Rn. 18), ändert an ihrer sachlichen Reichweite nichts.[87]

20 **4. Kollisionen. a) Kollision von vertraglichen und transformierten Regelungen.** Widersprechen sich die nach § 613a I 1 BGB übergehenden und die nach § 613a I 2 BGB in das Arbeitsverhältnis transformierten Vertragsbedingungen, ist der Vertragsinhalt nach einem sachgruppenbezogenen **Günstigkeitsvergleich** zu bestimmen.[88] Da den nunmehr als Inhalt des Arbeitsverhältnisses fortwirkenden früheren Tarifnormen keine größere Wirkungstiefe zukommt als den unmittelbar wirkenden Tarifnormen,[89] findet auch auf eine nach § 613a I 2 BGB in das Arbeitsverhältnis transformierte Tarifnorm die gesetzliche Kollisionsauflösungsregelung des § 4 III TVG Anwendung. Im Ergebnis sind daher die in das Arbeitsverhältnis transformierten Tarifnormen nicht in der Lage, günstigere vertragliche Abmachungen zwischen den Arbeitsvertragsparteien zu verdrängen. Die transformierten Tarifnormen treten vielmehr gegenüber einzelvertraglichen Vereinbarungen zurück, soweit diese für die jeweiligen AN günstigere Bedingungen enthalten.

21 **b) Kollision von vertraglichen und normativen Regelungen.** Soweit die über § 613a I 1 BGB individualrechtlich im Arbeitsverhältnis zwischen AN und Erwerber anwendbaren Arbeitsvertrags- und Tarifregelungen in Konkurrenz zu den nach § 613a I 3 BGB beim Erwerber für das Arbeitsverhältnis normativ geltenden Tarifregelungen treten, ist eine dadurch ggf. entstehende Kollision nach dem **tarifrechtlichen Günstigkeitsprinzip** (§ 4 III TVG) zu lösen.[90] Sind die zum Zeitpunkt des Betriebsübergangs bestehenden einzelvertraglichen Vereinbarungen zwischen AN und Veräußerer ungünstiger als ein kraft normativer Tarifgebundenheit oder Allgemeinverbindlichkeit beim Veräußerer geltender Tarifvertrag, gehen sie nach § 613a I 1 BGB zwar auf den Erwerber über, werden aber für die Dauer der normativen Wirkung des Tarifvertrags dort ebenfalls verdrängt. Gilt der frühere Tarifvertrag nach dem Betriebsübergang nicht mehr normativ (→ Rn. 2), erlangen sie wieder nach § 613a I 1 BGB Wirkung, sofern sie nicht durch einen anderen normativ geltenden – günstigeren – Tarifvertrag beim Erwerber gemäß § 4 III TVG weiterhin bzw. erneut verdrängt werden.[91]

III. Betriebsvereinbarungen

22 **1. Normative Weitergeltung. a) Einzelbetriebsvereinbarung.** Eine nach § 77 IV BetrVG unmittelbar und zwingend für das Arbeitsverhältnis geltende Betriebsvereinbarung kann auch nach einem Betriebsübergang weiterhin ihre normative Geltung behalten. Die Auffangregelungen in § 613a I 2–4 BGB finden dann keine Anwendung (→ Rn. 4). Die bisherige Bindung an die Betriebsvereinbarung nach § 77 IV BetrVG bleibt in diesem Fall bestehen und erstreckt sich in der Folge auch auf nach dem Betriebsübergang neu in den Betrieb eingestellte AN. Die normative Fortgeltung setzt voraus, dass die **Identität der bisherigen betrieblichen Einheit** nach dem Betriebsübergang erhalten bleibt.[92] Der Erwerber tritt dann betriebsverfassungsrechtlich an die Stelle des früheren Betriebsinhabers. Der Übergang des Betriebs auf einen neuen Rechtsträger führt – wie im Arbeitsverhältnis – nur zu einem Wechsel des Vertragspartners auf Seiten des AG. Der neue Betriebsinhaber wird kraft Gesetzes zum Betriebspartner des fortbestehenden BR,[93] der sein ihm durch Wahl vermitteltes Mandat behält. Für ein Restmandat iSv § 21b BetrVG ist in diesen Fällen grundsätzlich kein Raum.[94] Die Einzelheiten, unter denen eine Wahrung der Betriebsidentität

[86] BAG 22.10.2008 AP Nr. 66 zu § 1 TVG Bezugnahme auf Tarifvertrag = NZA 2009, 151; 29.8.2007 AP Nr. 61 zu § 1 TVG Bezugnahme auf Tarifvertrag = NZA 2008, 364.
[87] BAG 17.11.2010 AP Nr. 391 zu § 613a BGB = NZA 2011, 356; 22.10.2008 AP Nr. 66 zu § 1 TVG Bezugnahme auf Tarifvertrag = NZA 2009, 151; 29.8.2007 AP Nr. 61 zu § 1 TVG Bezugnahme auf Tarifvertrag = NZA 2008, 364.
[88] BAG 24.2.2010 AP Nr. 75 zu § 1 TVG Bezugnahme auf Tarifvertrag = NZA-RR 2010, 530.
[89] BAG 22.4.2009 AP Nr. 371 zu § 613a BGB = NZA 2010, 41.
[90] BAG 29.8.2007 AP Nr. 61 zu § 1 TVG Bezugnahme auf Tarifvertrag = NZA 2008, 364 unter Aufgabe von BAG 23.3.2005 AP Nr. 29 zu § 4 TVG Tarifkonkurrenz = NZA 2005, 1003.
[91] BAG 12.12.2007 AP Nr. 29 zu § 4 TVG = NZA 2008, 649.
[92] Vgl. etwa BAG 12.6.2019 AP Nr. 478 zu § 613a BGB = NZA 2019, 1203; 5.5.2015 AP Nr. 66 zu § 77 BetrVG 1972 Betriebsvereinbarung = NZA 2015, 1331.
[93] BAG 8.12.2009 AP Nr. 380 zu § 613a BGB = NZA 2010, 404.
[94] BAG 24.5.2012 AP Nr. 194 zu § 1 KSchG 1969 Betriebsbedingte Kündigung = NZA 2013, 277.

anzunehmen ist, sind allerdings noch weitgehend ungeklärt. Für den Erhalt der Betriebsidentität kommt es darauf an, dass die Organisation der Arbeitsabläufe, der Betriebszweck und die Leitungsstruktur, welche die Betriebsidentität prägen, nach dem Übergang unverändert geblieben sind. Auch die bloße Zusammenfassung von Betrieben mit bis dahin eigener Arbeitnehmervertretung zu einer größeren betriebsverfassungsrechtlichen Organisationseinheit durch Tarifvertrag nach § 3 I Nr. 1 lit. b BetrVG lässt die betriebsverfassungsrechtliche Identität der zusammengefassten Einheiten unberührt.[95] Eine (Teil-)Identitätswahrung liegt zudem vor, wenn ein Betriebsteil – im Sinne einer bestehenden wirtschaftlichen Einheit – durch Betriebsübergang von einem neuen Rechtsträger übernommen und von diesem als eigenständiger Betrieb fortgeführt wird. Die vor dem Betriebsübergang im ursprünglichen Betrieb geltenden Betriebsvereinbarungen gelten dort mit normativer Wirkung weiter. Maßgebend hierfür ist, dass der bisherige Betrieb als für die Geltung der Betriebsvereinbarung maßgebende Organisationseinheit lediglich aufgespalten wird und die veräußerten Teile nicht in eine andere betriebliche Organisation eingegliedert und darin aufgegangen sind.[96] Selbst wenn in dem neuen Betrieb vorübergehend oder endgültig kein BR (mehr) errichtet wird, lässt dies die normative Wirkung der Betriebsvereinbarung unberührt. Der AG kann deren Geltung beenden, indem er einheitlich gegenüber allen betroffenen AN des Betriebs ihre Kündigung erklärt.[97] Die Identität des Betriebs geht hingegen verloren, wenn die bisherige Einheit in den Betrieb des Erwerbers eingegliedert wird (zum Rest- und Übergangsmandat des BR in diesen Fällen → § 219 Rn. 16).[98] Die an die Wahrung der Identität anknüpfende Sichtweise entspricht auch der Rspr. des EuGH zu Art. 6 I RL 2001/23, wonach die für eine wirtschaftliche Einheit errichtete Arbeitnehmervertretung fortbesteht, wenn die übertragene Einheit auch beim Erwerber ihre Selbständigkeit nicht verliert.[99]

23 Eine normative Fortgeltung der Betriebsvereinbarung entfällt, wenn der AG nach dem Übergang nicht mehr unter den **Geltungsbereich des BetrVG** fällt. Dies ist zB der Fall, wenn das BetrVG nach § 130 BetrVG keine Anwendung mehr findet. Zudem gilt das BetrVG nicht für Religionsgemeinschaften und ihre karitativen und erzieherischen Einrichtungen unbeschadet deren Rechtsform (§ 118 II BetrVG). Schließlich kann es durch den Betriebsübergang zu einem Absinken der Arbeitnehmerzahl unter 5 wahlberechtigte AN kommen (§ 1 I 1 BetrVG). In allen Fällen endet das Amt des BR. Die Rechtsnormen der Betriebsvereinbarungen, die die Rechte und Pflichten der Arbeitsvertragsparteien regeln, gelten dann lediglich nach § 613a I 2 BGB als Inhalt des Arbeitsverhältnisses weiter (→ Rn. 27).

24 **b) Gesamt- bzw. Konzernbetriebsvereinbarungen.** Unterhält ein Unternehmen mehrere Betriebe und geht einer von diesen im Wege des Betriebsübergangs auf einen neuen Erwerber über, so gilt eine bislang im übergehenden Betrieb geltende **Gesamtbetriebsvereinbarung** dort normativ weiter, wenn der Betrieb seine Identität behält. Nach der Rspr. des BAG wandelt sich in diesem Fall die Gesamtbetriebsvereinbarung in eine Einzelbetriebsvereinbarung um.[100] Unerheblich ist, ob die geregelten Angelegenheiten einen Unternehmensbezug haben[101] oder ob sich die vom BR des übergehenden Betriebs in den GBR entsandten Vertreter bei Abschluss der Gesamtbetriebsvereinbarung hiergegen ausgesprochen haben.[102] Da der BR nunmehr Vertragspartei wird, führt auch ein etwaiger Wegfall des GBR nicht zur Beendigung der normativen Wirkung.[103] Die Weitergeltung einer Gesamtbetriebsvereinbarung im übertragenen Betrieb scheidet allerdings aus, wenn die betreffende Regelung nach ihrem Inhalt die Zugehörigkeit zum bisherigen Unternehmen zwingend voraussetzt und nach dem Betriebsübergang gegenstandslos

[95] BAG 7.6.2011 AP Nr. 8 zu § 3 BetrVG 1972 = NZA 2012, 110.
[96] BAG 25.2.2020 AP Nr. 120 zu § 77 BetrVG 1972 = NZA 2020, 875; 18.11.2003 AP Nr. 15 zu § 77 BetrVG 1972 Nachwirkung = NZA 2004, 803; 18.9.2002 AP Nr. 7 zu § 77 BetrVG 1972 Betriebsvereinbarung = NZA 2003, 670.
[97] BAG 12.6.2019 AP Nr. 478 zu § 613a BGB = NZA 2019, 1203.
[98] BAG 1.8.2001 AP Nr. 225 zu § 613a BGB = NZA 2002, 41.
[99] EuGH 29.7.2010 AP Nr. 5 zu Richtlinie 2001/23/EG = NZA 2010, 1014; dazu *Mückl* BB 2010, 2830.
[100] BAG 5.5.2015 AP Nr. 66 zu § 77 BetrVG 1972 Betriebsvereinbarung = NZA 2015, 1331; 18.9.2002 AP Nr. 7 zu § 77 BetrVG 1972 Betriebsvereinbarung = NZA 2003, 670; aA *Willemsen,* Umstrukturierung, E Rn. 59 ff.
[101] AA *Jacobs* FS Konzen, 2006, 345 (351 f.); *Preis/Richter* ZIP 2004, 925 (932).
[102] BAG 5.5.2015 AP Nr. 66 zu § 77 BetrVG 1972 Betriebsvereinbarung = NZA 2015, 1331; aA *Hohenstatt/Müller-Bonanni* NZA 2003, 766 (771); *Preis/Richter* ZIP 2004, 925 (932).
[103] AA *Jacobs* FS Konzen, 2006, 345 (352, 354).

wird.[104] Dies kann auch anzunehmen sein, wenn das mit der Vereinbarung verbundene Ziel nur im Unternehmen des früheren AG sinnvoll verwirklicht werden kann.[105] Werden alle oder mehrere Betriebe des Unternehmens unter Wahrung ihrer Identität übernommen, bleiben die Gesamtbetriebsvereinbarungen beim Erwerber als solche bestehen. Allerdings endet das Amt des bisherigen GBR, wenn sämtliche Betriebe eines Unternehmens auf zwei neue, rechtlich selbständige Unternehmen übertragen werden.[106] Für die normative Fortgeltung einer **Konzernbetriebsvereinbarung** kann auf die für Gesamtbetriebsvereinbarungen geltenden Grundsätze zurückgegriffen werden. Fehlt es an einer identitätswahrenden Übertragung der betroffenen Betriebe, findet eine Transformation nach § 613a I 2 BGB statt (→ Rn. 27). Scheidet ein Unternehmen infolge der Übertragung von Geschäftsanteilen aus dem Konzern aus, gilt die zuvor in dessen (einzigen) Betrieb geltende Konzernbetriebsvereinbarung dort normativ als Einzelbetriebsvereinbarung weiter, sofern das Unternehmen nicht unter den Geltungsbereich einer im neuen Konzernverbund geltenden Konzernbetriebsvereinbarung mit demselben Regelungsgegenstand fällt. Unterhält das aus dem Konzern ausscheidende Unternehmen mehrere Betriebe, gilt die Konzernbetriebsvereinbarung in diesem Fall als Gesamtbetriebsvereinbarung fort.[107] Für die normative Fortgeltung einer Betriebsvereinbarung zur betrieblichen Altersversorgung ist unerheblich, ob deren Leitungen in dem vom AG ursprünglich vorgesehenen Durchführungsweg erbracht werden können.[108]

c) Ablösung durch beim Erwerber bestehende Betriebsvereinbarung. Die normative 25
Fortgeltung einer beim Betriebsveräußerer geltenden (Einzel-, Gesamt- oder Konzern-)Betriebsvereinbarung scheidet aus, wenn die darin geregelten Sachverhalte beim neuen Erwerber auch durch Betriebsvereinbarung geregelt sind. Denn nach dem in § 613a I 3 BGB zum Ausdruck kommenden Rechtsgedanken soll in einem Betrieb nur eine Betriebsvereinbarung zu ein und derselben Regelungsmaterie gelten. Ob die beim Erwerber geltende Betriebsvereinbarung günstiger ist, ist unerheblich; ebenso wie bei Tarifverträgen (dazu → Rn. 10) greift das Ablösungs- und nicht das Günstigkeitsprinzip. Voraussetzung ist aber, dass die Betriebsvereinbarungen im veräußerten und im Erwerberbetrieb **denselben Regelungsgegenstand** betreffen und nach § 77 IV 1 BetrVG unmittelbar und zwingend im übernommenen Betrieb gelten.[109] Ggf. ist der Regelungsbereich der aufeinander treffenden Betriebsvereinbarungen durch Auslegung zu ermitteln. Eine Ablösung erfolgt auch, wenn die Betriebsvereinbarung im Erwerberbetrieb zwar beendet ist, aber noch nachwirkt.[110] Das Ablösungsprinzip gilt ferner dann, wenn erst nach dem Betriebsübergang eine Betriebsvereinbarung im Erwerberbetrieb abgeschlossen wird (vgl. zur Rechtslage beim Tarifvertrag → Rn. 12). Kommt ein Betrieb zu einem Erwerber, bei dem bereits eine Gesamtbetriebsvereinbarung besteht, wird die Gesamtbetriebsvereinbarung des aufnehmenden Unternehmens auf den aufgenommenen Betrieb erstreckt. Bei deren Abschluss waren die AN dieses Betriebs zwar nicht durch den GBR repräsentiert. Es muss aber davon ausgegangen werden, dass im Unternehmen des Erwerbers einheitliche Arbeitsbedingungen gelten sollen. Dies hat zur Folge, dass eine vor dem Betriebsübergang beim Veräußerer geltende (Einzel-, Gesamt- oder Konzern-)Betriebsvereinbarung im Betrieb abgelöst wird, wenn sie denselben Regelungsgegenstand wie die beim Erwerber geltende Gesamtbetriebsvereinbarung hat.[111] Etwas anderes gilt lediglich dann, wenn die Gesamtbetriebsvereinbarung eine Öffnungsklausel zugunsten örtlicher Betriebsvereinbarungen enthält.

Besonderheiten gelten für den Fall der **betrieblichen Altersversorgung.** Bei der Ablösung 25a
einer Regelung zur betrieblichen Altersversorgung sind die Betriebsparteien bei Eingriffen in Versorgungsrechte an die Grundsätze des Vertrauensschutzes und der Verhältnismäßigkeit, präzisiert durch das so genannte dreistufige Prüfungsschema, gebunden. Dieses Schema findet auch im Fall eines Betriebsübergangs Anwendung, wenn eine Versorgungsordnung, die bislang im Veräußererbetrieb galt, durch eine beim Erwerber bereits vorhandene Gesamtbetriebsvereinbarung abgelöst wird.[112]

d) Kollision mit einem beim Erwerber geltenden Tarifvertrag. Die normative Weiter- 26
geltung einer beim Veräußerer bestehenden Betriebsvereinbarung kann beim Erwerber nicht in

[104] BAG 18.9.2002 AP Nr. 7 zu § 77 BetrVG 1972 Betriebsvereinbarung = NZA 2003, 670.
[105] BAG 24.2.2017 AP Nr. 67 zu § 77 BetrVG 1972 Betriebsvereinbarung = NZA-RR 2017, 413.
[106] BAG 5.6.2002 AP Nr. 11 zu § 47 BetrVG 1972 = NZA 2003, 336.
[107] BAG 25.2.2020 AP Nr. 120 zu § 77 BetrVG 1972 = NZA 2020, 875.
[108] BAG 25.2.2020 AP Nr. 120 zu § 77 BetrVG 1972 = NZA 2020, 875.
[109] BAG 1.8.2001 AP Nr. 225 zu § 613a BGB = NZA 2002, 41.
[110] *Willemsen*, Umstrukturierung, E Rn. 45.
[111] Vgl. auch BAG 27.6.1985 AP Nr. 14 zu § 77 BetrVG 1972 = NZA 1986, 401.
[112] BAG 22.10.2019 AP Nr. 81 zu § 1 BetrAVG Ablösung.

Betracht kommen, wenn dieser hinsichtlich der darin normierten Regelungsgegenstände an einen Tarifvertrag gebunden ist: Soweit diese sich auf ein erzwingbares Mitbestimmungsrecht nach § 87 I BetrVG stützt, besteht hierfür nach dem Einleitungssatz dieser Norm kein Raum; die Weitergeltung sonstiger Betriebsvereinbarungen scheitert an § 77 III BetrVG. Auch eine Fortgeltung im Wege der Transformation nach § 613a I 2 BGB scheidet aus, da die Regelungen beim Erwerber nicht rechtswirksam zur Anwendung gelangen können: Würde man § 613a I 2 BGB heranziehen und wegen des in §§ 87 I (Einleitungssatz), 77 III BetrVG zum Ausdruck kommenden Vorrangs der Tarifautonomie von einer Über-Kreuz-Ablösung nach § 613a I 3 BGB nur für die übernommenen AN, die an den beim Erwerber geltenden Tarifvertrag gebunden sind, ausgehen, hätte dies eine Fortgeltung der Normen der Betriebsvereinbarung für die Außenseiter zur Folge. Damit wären die beim Betriebsübergang transformierten Bestimmungen der Betriebsvereinbarung stärker geschützt, als wenn diese zwingend normativ gelten würde.[113]

27 **2. Transformation (§ 613a I 2–4 BGB). a) Allgemeines.** Gelten beim Veräußerer bestehende (Einzel-, Gesamt- oder Konzern-)Betriebsvereinbarungen nach dem Betriebsübergang nicht normativ weiter (→ Rn. 22 ff.), werden diejenigen Rechtsnormen der Betriebsvereinbarungen, die die Rechte und Pflichten der Arbeitsvertragsparteien regeln, nach § 613a I 2 BGB Inhalt des Arbeitsverhältnisses zwischen dem Betriebserwerber und dem AN und dürfen grundsätzlich vor Ablauf eines Jahres nicht zum Nachteil des AN geändert werden. Die für die **Transformation tariflicher Rechtsnormen maßgeblichen Grundsätze** gelten entsprechend auch für die Betriebsvereinbarung; auf diese kann daher verwiesen werden (→ Rn. 3). In Betracht kommt eine Weitergeltung durch Überführung in das Arbeitsverhältnis auch, wenn die Betriebsvereinbarung zum Zeitpunkt des Betriebsübergangs nur noch nachwirkt (§ 77 IV BetrVG), da dadurch nur die zwingende, nicht jedoch die unmittelbare Geltung der Betriebsvereinbarung weggefallen ist.[114] Ein erst nach dem Betriebs(teil)übergang im verbleibenden Betrieb für die übergehenden AN abgeschlossener Sozialplan wird hingegen nicht von § 613a I 2 BGB erfasst, sondern gilt normativ für die ausgeschiedenen AN.[115]

27a Im Hinblick auf den Vorrang der normativen Weitergeltung (→ Rn. 22) der Betriebsvereinbarung (zur Auffangfunktion von § 613a I 2–4 BGB → Rn. 4), bleibt für die Anwendung von § 613a I 2 BGB nur Raum, wenn der Betrieb beim Erwerber nicht mehr dem Geltungsbereich des BetrVG unterfällt (→ Rn. 23) oder in einen anderen Betrieb des Erwerbers eingegliedert wird (→ Rn. 22). Wegen § 613a I 3 BGB erfolgt im letztgenannten Fall eine Transformation aber nur, wenn der Regelungsgegenstand der Betriebsvereinbarung im aufnehmenden Erwerberbetrieb nicht durch eine dort geltende (Einzel-, Gesamt- oder Konzern-)Betriebsvereinbarung geregelt ist. Zudem können die zunächst transformierten Normen der Betriebsvereinbarung nach § 613a I 3 BGB durch eine beim Erwerber erst nach dem Betriebsübergang abgeschlossene Betriebsvereinbarung abgelöst werden,[116] da die als Inhalt des Arbeitsverhältnisses fortgeltenden kollektivrechtlichen Regelungen inhaltlich nicht weiter geschützt sind, als sie dies bei einem normativen Fortbestand gewesen wären. Lediglich bei Betriebsvereinbarungen über betriebliche Altersversorgung ist § 613a I 3 BGB teleologisch dahin zu reduzieren, dass eine mit Eingriffen verbundene Ablösung nur stattfindet, wenn das sog. dreistufige Prüfungsschema gewahrt ist.[117] Für die Weitergeltung nach § 613a I 2 BGB und die Ablösung nach § 613a I 3 BGB ist es ohne Bedeutung, welches Betriebsverfassungsorgan die Vereinbarung abgeschlossen hat. Die Vorschrift gilt daher auch für **Konzern- und Gesamtbetriebsvereinbarungen.** Da die Bestimmungen der Betriebsvereinbarung nach der Transformation nach § 613a I 2 BGB nur für die vom Betriebsübergang erfassten Arbeitsverhältnisse gelten, kommen ihre Regelungen für nach dem Übergang neu eingestellte AN freilich nicht zum Tragen. Eine Transformation nach § 613a I 2 BGB dürfte zudem ausscheiden, wenn der Erwerber hinsichtlich der in der Betriebsvereinbarung normierten Regelungsgegenstände an einen Tarifvertrag gebunden ist (→ Rn. 26).

28 **b) Grundsatz: Veränderungssperre für ein Jahr.** Nach § 613a I 2 BGB dürfen die transformierten Regelungen der Betriebsvereinbarung vor Ablauf einer Frist von einem Jahr seit dem

[113] Ebenso ErfK/*Kania* BetrVG § 77 Rn. 63.
[114] BAG 12.12.2007 AP Nr. 39 zu § 1 TVG = NZA 2008, 892; 27.11.1991 AP Nr. 22 zu § 4 TVG Nachwirkung = NZA 1992, 800.
[115] Vgl. BAG 10.8.1994 AP Nr. 86 zu § 112 BetrVG 1972 = NZA 1995, 314; 24.3.1981 AP Nr. 12 zu § 117 BetrVG 1972.
[116] Vgl. BAG 13.3.2012 NZA 2012, 990; 14.8.2001 AP Nr. 85 zu § 77 BetrVG 1972 = NZA 2002, 276.
[117] BAG 22.10.2019 AP Nr. 81 zu § 1 BetrAVG Ablösung.

Übergang inhaltlich nicht zu Ungunsten des AN geändert werden. Der Inhalt der insoweit individualrechtlich weitergeltenden Betriebsvereinbarungen endet nicht mit Ablauf der Jahresfrist. Nach ihrem Ablauf bleiben die weitergeltenden Rechte aus der Betriebsvereinbarung bestehen, bis sie durch **Änderungsvereinbarung, Aufhebungsvertrag oder Änderungskündigung** zwischen dem neuen AG und dem AN geändert werden. Galt die Betriebsvereinbarung schon beim Veräußerer nur noch kraft Nachwirkung (§ 77 VI BetrVG), können die nach § 613a I 2 BGB weitergeltenden Rechtsnormen der Betriebsvereinbarung vom Betriebserwerber allerdings schon vor Ablauf der Jahresfrist geändert oder beendet werden; der inhaltliche Schutz der transformierten Bestimmungen geht nicht weiter als der vor dem Übergang betriebsverfassungsrechtlich bestehende Schutz.

c) Ausnahmen von der Veränderungssperre (§ 613a I 4 BGB). Vor Ablauf der einjährigen Veränderungssperre können die Rechte und Pflichten aus der Betriebsvereinbarung anderweitig geregelt werden, wenn die Betriebsvereinbarung beim Betriebsveräußerer nicht mehr gilt (§ 613a I 4 BGB). Dies ist der Fall, wenn die Betriebsvereinbarung durch Fristablauf beendet, aufgehoben oder gekündigt worden ist. Durch einen Betriebsübergang sollen die Rechte des AN nicht verstärkt, sondern nur gesichert werden. Für die übergehenden AN und die nach § 613a I 2 BetrVG transformierten Rechte gilt daher dieselbe Situation wie sie beim Veräußerer gelten würde. Dies kann zur Folge haben, dass die transformierten Regelungen der Betriebsvereinbarung schon vor Ablauf der Jahresfrist auch ohne individualrechtliche Änderung ersatzlos entfallen, wenn die Betriebsvereinbarung auch bei kollektivrechtlicher Fortgeltung nicht mehr anwendbar wäre, weil der begünstigte AN leitender Angestellter (§ 5 III BetrVG) wird oder sie vor Ablauf der Jahresfrist ohne Nachwirkung endet. 29

d) Kündigungsmöglichkeit des Erwerbers. Wie § 613a I 3 BGB zeigt, werden die Inhaltsnormen einer Betriebsvereinbarung aufgrund ihres kollektiven Ursprungs mit dem – jeder kollektivrechtlichen Norm innewohnenden – Vorbehalt ihrer nachfolgenden Abänderbarkeit mit kollektivrechtlichen Mitteln in das Arbeitsverhältnis transformiert. Dieser im Interesse des Betriebserwerbers in § 613a I 3 BGB angelegte kollektivrechtliche Ablösungsmechanismus kann allerdings nicht greifen, wenn es sich bei den in das Arbeitsverhältnis transformierten Normen um solche einer nur **teilmitbestimmten Betriebsvereinbarung** über finanzielle Leistungen handelt, deren Gewährung der Erwerber vollständig und ersatzlos einstellen will. Der AG hat in diesem Fall keine Möglichkeit, eine mit dem BR vereinbarte Aufhebung der Normen durchzusetzen. Daher ist er berechtigt, die in das Arbeitsverhältnis transformierten Inhaltsnormen zu kündigen.[118] Kündigungsadressat ist der im Erwerberbetrieb bestehende BR. Die zum Zwecke der Leistungseinstellung erklärte Kündigung hat zur Folge, dass mit Ablauf der Kündigungsfrist die Fortwirkung der nach § 613a I 2 BGB transformierten Inhaltsnormen endet. Da der Betriebserwerber die Gewährung der finanziellen Leistungen vollständig beenden will, tritt keine Nachwirkung entspr. § 77 VI BetrVG ein.[119] 30

Ob dem neue Betriebsinhaber auch bei sonstigen Betriebsvereinbarungen ein Kündigungsrecht entspr. § 77 V BetrVG für die transformierten Normen zusteht und ob er eine solche Kündigung ggf. schon vor Ablauf eines Jahres aussprechen kann, ist ungeklärt. Wegen des kollektiv-rechtlichen Charakters dieser Normen wird man ihm ein solches Kündigungsrecht grundsätzlich zusprechen müssen, allerdings müssen dann auch die Wirkungen des § 77 VI BetrVG gelten. Eine Kündigungsmöglichkeit vor Ablauf der einjährigen Veränderungssperre scheidet jedoch aus. Das Gesetz eröffnet dem AG während dieser Zeit lediglich die Möglichkeit, die kollektivrechtlich weitergeltenden Normen der Betriebsvereinbarung vor Ablauf der Jahresfrist durch den Abschluss einer Betriebsvereinbarung mit dem im Erwerberbetrieb gebildeten BR nach § 613a I 3 BGB abzulösen. 30a

e) Weiterer Betriebsübergang. Bei einem weiteren Betriebsübergang gilt der Inhalt der transformierten Rechtsnormen der Betriebsvereinbarung nach § 613a I 2 BGB auch für den neuen Betriebserwerber weiter[120] (→ Rn. 9). Damit sind deren Bestimmungen unter den Voraussetzungen des § 613a I 3 BGB durch eine beim späteren Erwerber geltende Betriebsvereinbarung – ggf. verschlechternd – ablösbar. Die Jahresfrist nach § 613a I 2 BGB beginnt bei einem nachfolgenden Betriebsübergang nicht erneut zu laufen.[121] 31

[118] BAG 19.11.2019 AP Nr. 479 zu § 613a BGB = NZA 2020, 297.
[119] BAG 19.11.2019 AP Nr. 479 zu § 613a BGB = NZA 2020, 297.
[120] BAG 12.6.2019 AP Nr. 478 zu § 613a BGB = NZA 2019, 1203.
[121] AA *Sagan* RdA 2011, 163 (171).

IV. Regelungsabreden

32 Regelungsabreden (→ § 231 Rn. 65) zwischen AG und BR können nicht nach § 613a I 2–4 BGB in das Arbeitsverhältnis transformiert werden, da sie keine unmittelbare Wirkung zugunsten der AN haben. Auch eine individualrechtliche Bindung des Betrieberwerbers über § 613a I 1 BGB scheidet aus diesem Grund aus. Eine betriebsverfassungsrechtliche Bindung des Betriebserwerbers an eine im Betrieb bestehende Regelungsabrede kommt aber dann in Betracht, wenn die Betriebsidentität auch nach dem Übergang gewahrt wird und der neue Rechtsträger als Inhaber des Betriebs in die betriebsverfassungsrechtliche Pflichtenstellung des Veräußerers eintritt.[122]

V. Sonstige Kollektivvereinbarungen

33 **1. Sprecherausschussvereinbarungen.** Für die vom Sprecherausschuss abgeschlossenen **Richtlinien** nach § 28 II 1 SprAuG (→ § 252 Rn. 6) gelten die für Betriebsvereinbarungen geltenden Grundsätze (→ Rn. 22) entsprechend. Diese wirken daher auch beim Betriebserwerber unmittelbar und zwingend, wenn die bisherige betriebliche Einheit erhalten bleibt; ansonsten werden sie entspr. § 613a I 2 BGB in das Arbeitsverhältnis transformiert. Zwar sieht der Wortlaut von § 613a I 2 BGB eine solche Auffanglösung nicht vor. Mit dieser Bestimmung soll aber der die Wahrung der in einem Kollektivvertrag geregelten Arbeitsbedingungen der AN bei einem Betriebsübergang vorsehende Art. 3 III RL 2001/23/EG umgesetzt werden. Daher ist § 613a I 2 BGB im Rahmen einer unionsrechtskonformen Auslegung auf Richtlinien nach § 28 II 1 SprAuG entspr. anwendbar. Dasselbe soll auch für Richtlinien nach § 28 I SprAuG gelten.[123] Diese regeln allerdings nicht unmittelbar die Rechte und Pflichten des AN, sondern bedürfen einer Umsetzung auf arbeitsvertraglicher Ebene. Daher kann sich deren weitere Anwendung beim Betriebserwerber nur aus § 613a I 1 BGB ergeben.

34 **2. Dienstvereinbarungen.** Der Gesetzgeber hat in § 613a I BGB lediglich das kollektivrechtliche Schicksal von Tarifverträgen und Betriebsvereinbarungen geregelt. Da Art. 3 III RL 2001/23/EG die Wahrung der in einem Kollektivvertrag geregelten Arbeitsbedingungen der AN bei einem Betriebsübergang unter den dort bezeichneten Voraussetzungen verlangt, ist im Wege einer **unionsrechtskonformen Auslegung** eine entspr. Anwendung von § 613a I 2–4 BGB auch auf Dienstvereinbarungen geboten. Findet zwischen Rechtsträgern, die dem Geltungsbereich des BPersVG bzw. der Landesvertretungsgesetze der Länder unterliegen, ein Betriebsübergang statt, gelten daher die gleichen Grundsätze wie für eine Betriebsvereinbarung (→ Rn. 22). Geht die Dienststelle hingegen auf einen in privater Rechtsform organisierten Rechtsträger über (→ § 116 Rn. 39) und unterliegt damit dem Anwendungsbereich des BetrVG, ist eine kollektivrechtliche Fortgeltung ausgeschlossen, auch wenn die Dienststelle ihre bisherige Identität beim Erwerber beibehält. Einen Rechtsformwechsel der Dienst- zur Betriebsvereinbarung kennt das Gesetz nicht. Vielmehr werden die Regelungen der Dienstvereinbarung, die Rechte und Pflichten der Arbeitsvertragsparteien regeln, in diesem Fall nach § 613a I 2 BGB in die übergehenden Arbeitsverhältnisse der AN transformiert. Handelt es sich um eine Dienstvereinbarung, die ein kirchlicher Rechtsträger mit der bei ihm gebildeten Mitarbeitervertreter geschlossen hat, kommt eine – unmittelbare oder analoge – Anwendung von § 613a I 2–4 BGB von vornherein nicht in Betracht, da diesen Vereinbarungen im Gegensatz zu Betriebsvereinbarungen und Dienstvereinbarungen des öffentlichen Dienstes keine normative Wirkung zukommt (→ Rn. 35).[124]

35 **3. Kirchliche Arbeitsbedingungen.** Da kirchliche Arbeitsrechtsregelungen, die auf dem Dritten Weg (→ § 185 Rn. 6) zustande gekommen sind, nach weltlichem Recht nicht normativ gelten,[125] werden sie nicht von § 613a I 2–4 BGB erfasst. Das dortige Regelungssystem ist

---

[122] Vgl. BAG 5.2.1991 AP Nr. 89 zu § 613a BGB = NZA 1991, 639.

[123] *Gaul* NZA 1995, 717; aA *Oetker* ZfA 1990, 43 (85); vgl. auch BAG 10.2.2009 AP Nr. 1 zu § 28 SprAuG = NZA 2009, 970.

[124] BAG 24.6.2014 AP Nr. 74 zu § 611 BGB Kirchendienst.

[125] BAG 20.11.2012 AP Nr. 179 zu Art. 9 GG Arbeitskampf = NZA 2013, 448; 24.2.2011 AP Nr. 57 zu § 611 BGB Kirchendienst; 16.2.2012 AP Nr. 66 zu § 611 BGB Kirchendienst = NZA 2012, 1054; 25.3.2009 AP Nr. 59 zu § 14 TzBfG = NZA 2009, 1417; 8.6.2005 AP Nr. 1 zu § 42 MitarbeitervertretungG-EK Rheinland-Westfalen = NZA 2006, 611; 20.3.2002 AP Nr. 53 zu Art. 140 GG = NZA 2002, 1402.

weder direkt noch analog auf sie anwendbar.[126] Dies gilt auch für Dienstvereinbarungen, die ein kirchlicher Rechtsträger mit der bei ihm gebildeten Mitarbeitervertretung geschlossen hat.[127] Das durch Art. 140 GG iVm Art. 137 III WRV geschützte **kirchliche Selbstbestimmungsrecht** gebietet weder eine wortsinnübersteigende Auslegung von § 613a I 2–4 BGB noch eine entsprechende Anwendung der Norm.[128] Durch die vom Gesetzgeber vorgenommene Beschränkung auf Vereinbarungen nach § 1 I TVG oder § 77 BetrVG werden weder das Selbstverständnis der Kirchen noch die verfassungsrechtlich geschützte Eigenart des kirchlichen Dienstes betroffen.

[126] BAG 23.11.2017 AP Nr. 86 zu § 611 BGB Kirchendienst = NZA 2018, 301.
[127] BAG 24.6.2014 AP Nr. 74 zu § 611 BGB Kirchendienst.
[128] AA *Thüsing* NZA 2002, 306 (310); *v. Tiling* NZA 2007, 79 (82) (Analogie).

XIII. Buch. Arbeitnehmerüberlassung

§ 120. Arbeitnehmerüberlassung

Internetadressen: http://www.personaldienstleister.de; www.ig-zeitarbeit.de; www.arbeitsagentur.de, Stichwort: Leiharbeit.

Muster: Schaub ArbRFV-HdB/*Siebert* A. Rn. 418.

Übersicht

I. Unionsrechtliche Vorgaben und nationale Umsetzung

1. Leiharbeitsrichtlinie. Das Europäische Parlament und der Rat der EU haben nach fast 30jährigem Vorlauf die Richtlinie 2008/104/EG des Europäischen Parlaments und des 1

Rates vom 19. November 2008 über Leiharbeit erlassen (ABl. L 327, 9 v. 5.12.2008). Ziel der RL 2008/104/EG ist einerseits der Schutz der Leiharbeitnehmer durch die Gewährleistung des Grundsatzes der Gleichbehandlung und andererseits die „Anerkennung" der Verleiher als AG (Art. 2 RL 2008/104/EG). Letzteres soll dadurch erreicht werden, dass Verbote oder Einschränkungen des Einsatzes von Leiharbeit durch Gründe des Allgemeininteresses (Art. 4 I RL 2008/104/EG) gerechtfertigt sein müssen. Die Umsetzungsfrist für die RL 2008/104/EG endete am 5.12.2011 (Art. 11 I RL 2008/104/EG). Die RL 2008/104/EG stellt neben der RL 1999/70/EG für die befristeten Arbeitsverhältnisse und der RL 97/81/EG für Teilzeitarbeitsverhältnisse eine weitere Regelung der sog. prekären Arbeitsverhältnisse dar. Die bei der Arbeitnehmerüberlassung bestehende gespaltene Arbeitgeberstellung der Leiharbeitnehmer (Arbeitsverhältnis zum Verleiher/Beschäftigungsverhältnis zum Entleiher) ist ebenso wie das befristete und das Teilzeitarbeitsverhältnis eine Abweichung von dem – auf Unionsebene – angestrebten unbefristeten Vollzeitarbeitsverhältnis mit dem beschäftigenden AG. Nach der Rspr. des EuGH erfordert eine **Arbeitnehmerüberlassung nach unionsrechtlichem Verständnis: (a)** es muss es sich bei der Überlassung von Arbeitskräften um eine gegen Entgelt erbrachte Dienstleistung handeln, bei der der entsandte AN im Dienst des die Dienstleistung erbringenden Unternehmens bleibt, ohne dass ein Arbeitsvertrag mit dem verwendenden Unternehmen geschlossen wird; **(b)** der Wechsel des AN [in den Aufnahmemitgliedstaat] muss der eigentliche Gegenstand der Dienstleistung des erbringenden Unternehmens sein und **(c)** der AN muss im Rahmen einer solchen Überlassung seine Aufgaben unter der Aufsicht und Leitung des verwendenden Unternehmens wahrnehmen.[1]

2 **2. Umsetzung in nationales Recht.** Durch das Erste Gesetz zur Änderung des Arbeitnehmerüberlassungsgesetzes – Verhinderung von Missbrauch der Arbeitnehmerüberlassung – vom 28.4.2011 (BGBl. I 642) sollte nach der Vorstellung des Gesetzgebers das nationale Recht an die Vorgaben der RL 2008/104/EG angepasst werden. Die Änderungen traten am 1. Dezember 2011 in Kraft; hiervon ausgenommen waren die Einführung der Mindeststundenentgelte (→ Rn. 49) und die Maßnahmen zur Verhinderung des Drehtüreffekts (→ Rn. 54), die bereits ab 28. April 2011 galten. Bei der Umsetzung hat der Gesetzgeber keinen Gebrauch von der durch Art. 1 III RL 2008/104/EG eröffneten Möglichkeit gemacht, eine Ausnahme von den Schutzvorschriften des AÜG für Arbeitsverträge vorzusehen, die im Rahmen eines spezifischen öffentlichen oder von öffentlichen Stellen geförderten beruflichen Ausbildungs-, Eingliederungs- und Umschulungsprogramms geschlossen werden. Durch das G zur Änderung des Arbeitnehmerüberlassungsgesetzes und anderer Gesetze vom 21.2.2017 (BGBl. I 258) ist das AÜG erneut geändert worden. Kernpunkte der Neuregelung sind die Festlegung einer Überlassungshöchstdauer (→ Rn. 8), das Verbot des Kettenverleihs (→ Rn. 6) sowie der verdeckten Arbeitnehmerüberlassung (→ Rn. 12), die weitgehende Herausnahme von Gestellungsverträgen im öffentlichen Dienst (→ Rn. 27), Änderungen bei der Ausgestaltung des Gleichstellungsgrundsatzes (→ Rn. 41) und die Beschränkungen beim Einsatz von Leiharbeitnehmern im Arbeitskampf (→ Rn. 58). In § 11a AÜG hat der Gesetzgeber zuletzt eine bis zum 31. Dezember 2021 befristete Verordnungsermächtigung über die Gewährung von KUG in das AÜG aufgenommen (→ Rn. 57).

3 **3. Weitere internationale Regelungen zur Leiharbeit.** Die Bundesrepublik hat zunächst das Übereinkommen Nr. 96 über die Büros für entgeltliche Arbeitsvermittlung von 15.4.1954 (BGBl. II 456) ratifiziert, es jedoch im Jahr 1992 gekündigt. Das Übereinkommen Nr. 181 über private Arbeitsvermittler von 1997 ist bisher von der Bundesrepublik nicht ratifiziert worden. Es sieht u.a. ein Zulassungsverfahren für private Arbeitsvermittler vor (Art. 3) und verbietet die Erhebung von Vermittlungsgebühren beim AN (Art. 7).

II. Arbeitnehmerüberlassung

4 **1. Arbeitnehmerbegriff.** Der Gesetzgeber hat die tatbestandlichen Voraussetzungen eines Arbeitnehmerüberlassungsvertrags nicht geregelt. § 1 I AÜG bestimmt lediglich, dass Arbeitnehmerüberlassung dann vorliegt, wenn AG als Verleiher Dritten (Entleihern) AN (Leiharbeitnehmer) im Rahmen ihrer wirtschaftlichen Tätigkeit zur Arbeitsleistung überlassen. Die RL 2008/104/EG überlässt die Definition des Leiharbeitnehmers zwar dem nationalen Recht. Der Personenkreis, der dort als AN oder wie ein AN aufgrund seiner Tätigkeit

[1] So zur Arbeitnehmerentsende-RL 96/71/EG EuGH 18.6.2015 NZA 2015, 925 – Martin Meat.

geschützt wird, soll aber nach der Rspr. des EuGH der Richtlinie unterfallen. Für den Begriff des AN gilt daher im Ergebnis der **unionsrechtliche Arbeitnehmerbegriff** (→ § 8 Rn. 7). Erfasst wird eine Person, die während einer bestimmten Zeit für eine andere Person nach deren Weisung Leistungen erbringt, für die sie als Gegenleistung eine Vergütung erhält; der Abschluss eines Arbeitsvertrags ist hierfür nicht ausschlaggebend.[2] Aus diesem Grund wird vom AÜG auch die Überlassung von Personen zur Arbeitsleistung erfasst, die von einem Verleiher in einem anderen Rechtsverhältnis als einem Arbeitsverhältnis beschäftigt werden (entleiherbezogener Ansatz). Es ist unerheblich, ob sich die überlassene Person im Verhältnis zum Verleiher (auch) zur Leistung von weisungsgebundener Tätigkeit verpflichtet hat.[3] Daher können auch freie Mitarbeiter oder Vereins- bzw. Genossenschaftsmitglieder, die nach nationalem Recht nicht als AN gelten, nach § 1 I AÜG als Leiharbeitnehmer überlassen werden.[4] Hingegen liegt keine Überlassung vor, wenn das Fremdpersonal beim Entleiher nicht überwiegend weisungsgebunden beschäftigt wird;[5] zur Abgrenzung von Arbeitnehmerüberlassungs- und ähnlichen Verträgen → Rn. 14. Maßgeblich ist die tatsächliche Vertragsdurchführung (§ 12 I 2 AÜG; → Rn. 18).

2. Echtes Leiharbeitsverhältnis. Ein echtes Leiharbeitsverhältnis wird dadurch gekennzeichnet, dass der Leiharbeitnehmer überwiegend im Unternehmen des Verleihers tätig wird und nur gelegentlich zB bei Ausfall von Arbeitskräften oder vorübergehendem Mehrbedarf im Unternehmen des Entleihers arbeitet. Ein Einsatz bei einem anderen AG ist individualvertraglich nur zulässig, wenn dies vereinbart oder der AN mit einem entsprechenden Einsatz einverstanden ist. Der Verleiher bleibt auch während des Einsatzes beim Entleiher AG des AN; dh er haftet für die Vergütung, Vergütungsfortzahlung bei Urlaub und Krankheit usw. Insoweit entstehen gegen den Entleiher keine Ansprüche, da es an einer vertraglichen Beziehung zum überlassenen AN fehlt. Das echte Leiharbeitsverhältnis fällt nur in den Geltungsbereich des AÜG, wenn die Überlassung im Rahmen der wirtschaftlichen Tätigkeit des Entleihers (→ Rn. 7) erfolgt. Dennoch sind im AÜG besondere Erscheinungsformen des echten Leiharbeitsverhältnisses geregelt (→ Rn. 21). 5

3. Arbeitnehmerüberlassung (unechtes Leiharbeitsverhältnis). a) Übersicht. Der Begriff der Arbeitnehmerüberlassung ist in § 1 I 2 AÜG teilweise ausgestaltet. Danach werden AN zur Arbeitsleistung überlassen, wenn sie **(1)** in die (fremde) Arbeitsorganisation des Entleihers eingegliedert sind und **(2)** seinen Weisungen unterliegen. Mit dieser Formulierung wollte der Gesetzgeber entsprechend der bestehenden Rechtsprechung eine Abgrenzung zwischen dem Einsatz als Leiharbeitnehmer und als Erfüllungsgehilfe im Rahmen eines Werk- bzw. Dienstvertrags vornehmen (BT-Drs. 18/9232, 19). Eine ggü. dem zuvor geltenden Rechtszustand geänderte Fassung des Begriffs der Arbeitnehmerüberlassung ist hiermit nicht verbunden. Der Gesetzgeber hat die für die Beurteilung maßgeblichen Kriterien trotz des dies nahelegenden Wortlauts nicht auf die Merkmale „Arbeitsorganisation" und „Weisungsbefugnis" beschränkt;[6] für eine entsprechende Abkehr von der Rechtsprechung des BAG finden sich auch in der Entstehungsgeschichte der Neufassung keine Anhaltspunkte. Die Überlassung im Rahmen einer wirtschaftlichen Tätigkeit des Verleihers (→ Rn. 7) bedarf der Erlaubnis (→ Rn. 33). Die Überlassung und das Tätigwerdenlassen von AN als Leiharbeitnehmer sind nur zulässig, soweit zwischen dem Verleiher und dem Leiharbeitnehmer ein Arbeitsverhältnis besteht (§ 1 I 3 AÜG; zum Arbeitnehmerbegriff → Rn. 4). Mit dieser Vorschrift hat der Gesetzgeber den Ketten-, Zwischen- oder **Weiterverleih** untersagt (zur Rechtsfolge → Rn. 66). Der Leiharbeitnehmer darf danach nur im Betrieb eines bestimmten Dritten eingesetzt werden; die Überlassung an einen weiteren Entleiher ist nicht zulässig. Der Leiharbeitnehmer unterliegt während seines Einsatzes den Weisungen des Entleihers oder dessen Repräsentanten hinsichtlich der Arbeitsausführung.[7] In einem Leiharbeitsverhältnis sind drei Rechtsbeziehungen zu unterscheiden: **(1)** zwischen dem Verleiher und dem Leiharbeitnehmer (→ Rn. 37), **(2)** zwischen dem Entleiher und dem Leiharbeitnehmer (→ Rn. 70) und **(3)** zwischen dem Verleiher und dem Entleiher (→ Rn. 86). Vertragsbeziehungen existieren nur zwischen Verleiher und Entleiher (Arbeitnehmerüberlassungsvertrag) 6

[2] EuGH 17.11.2016 AP Nr. 2 zu Richtlinie 2008/104/EG = NZA 2017, 41 – Ruhrlandklinik.
[3] IE *Thüsing/Schmidt* ZIP 2016, 54 (58); aA *Lembke* NZA 2017, 1 (2).
[4] BAG 21.2.2017 AP Nr. 67 zu § 99 BetrVG 1972 Einstellung = NZA 2017, 662 (DRK); → Rn. 9 aE.
[5] BAG 17.1.2017 AP Nr. 40 zu § 1 AÜG = NZA 2017, 572.
[6] BT-Drs. 18/10064, 13; *Tuengerthal* BB 2016, 2875 (2876); aA *Kainer/Schweipert* NZA 2017, 13 (14 f.).
[7] BAG 18.1.2012 AP Nr. 10 zu § 9 AÜG = NZA-RR 2012, 455; 28.6.2000 BB 2001, 98.

und zwischen Verleiher und AN (Leiharbeitsvertrag). Zwischen dem Leiharbeitnehmer und dem Entleiher bestehen hingegen keine arbeitsvertraglichen Beziehungen; dennoch gelten auch hier bestimmte Schutzpflichten. Keine Arbeitnehmerüberlassung liegt vor bei der Beschäftigung in einem Gemeinschaftsbetrieb (→ § 211 Rn. 6), da es sich nicht um eine Eingliederung in eine fremde Arbeitsorganisation handelt.[8]

7 **b) Im Rahmen einer wirtschaftlichen Tätigkeit.** Die Erlaubnispflicht der Arbeitnehmerüberlassung war bis zum 1.12.2011 an die Gewerbsmäßigkeit der Überlassung geknüpft. Erforderlich war eine Gewinnerzielungsabsicht, wobei es nicht darauf ankam, ob tatsächlich Gewinn erzielt wird.[9] Nach § 1 I 1 AÜG in der seit dem 1.12.2011 geltenden Fassung gilt die Erlaubnispflicht nunmehr für AG, die im Rahmen ihrer wirtschaftlichen Tätigkeit Arbeitnehmerüberlassung betreiben. Damit hat sich der deutsche Gesetzgeber bei den Voraussetzungen für die Erlaubnispflicht an den Vorgaben der RL 2008/104/EG orientiert. Nach der Rspr. des EuGH liegt eine wirtschaftliche Tätigkeit vor, wenn Güter oder Dienstleistungen auf einem bestimmten Markt angeboten werden. Bezogen auf die Arbeitnehmerüberlassung ist es dafür ausreichend, wenn der AG die Überlassung von AN an Dritte vornimmt, um hierdurch unmittelbare oder mittelbare wirtschaftliche Vorteile entweder für sich oder für verbundene Unternehmer zu erzielen, soweit dies nicht in Ausübung hoheitlicher Befugnisse geschieht. Eine Gewinnerzielungsabsicht ist dazu nicht erforderlich.[10] Damit sind auch regelmäßig die konzerninterne Arbeitnehmerüberlassung[11] (→ Rn. 25) sowie eine solche durch oder zugunsten von gemeinnützigen Gesellschaften als wirtschaftliche Tätigkeit iSv § 1 I 1 AÜG anzusehen. Keine Arbeitnehmerüberlassung liegt vor, wenn der Einsatz bei einem anderen AG **kraft Gesetz** angeordnet ist und AN aufgrund der Norm von einer juristischen Person des öffentlichen Rechts einer anderen juristischen Person zur Verfügung gestellt bzw. zugewiesen werden.[12]

8 **c) Überlassungshöchstdauer. aa) Grundsatz: 18 Monate.** Nach § 1 I 2 AÜG in der ab 1.12.2011 geltenden Fassung durfte die (Arbeitnehmer-)Überlassung nur vorübergehend erfolgen, ohne dass die Vorschrift diese Grenze näher ausgestaltet oder eine Rechtsfolge für Zuwiderhandlungen festgelegt hat.[13] Nunmehr hat der Gesetzgeber mWv 1.4.2017 in § 1 I 4, Ib AÜG eine Überlassungshöchstdauer von grundsätzlich 18 Monaten (§ 1b 1 AÜG) und in § 9 I Nr. 1b AÜG eine Sanktion für darauf bezogene Zuwiderhandlungen aufgenommen. Bis zu dieser Grenze ist stets von einer nur vorübergehenden Überlassung auszugehen. Maßgeblich ist die Dauer des tatsächlichen Einsatzes beim Entleiher, daher werden auch Zeiten der Überlassung desselben AN von verschiedenen Verleihern (entleiherbezogen) zusammengerechnet. Kurzzeitige Unterbrechungen haben keinen Einfluss auf die Berechnung der Überlassungshöchstdauer. Überlassungen zu demselben Entleiher bleiben erst unberücksichtigt, wenn die Unterbrechung der Überlassung drei Monate übersteigt (§ 1 Ib 1 AÜG). Krankheits- oder urlaubsbedingte Unterbrechungen des Einsatzes sind ebenso wie arbeitsfreie Tage unbeachtlich.[14] Nach der Übergangsregelung in § 19 II AÜG werden Überlassungszeiten vor dem 1.4.2017 bei der Berechnung der Überlassungshöchstdauer nicht berücksichtigt. Bei einer zu diesem Zeitpunkt bestehenden Überlassung beginnt der Zeitraum des § 1 I 4 AÜG erst an diesem Tag.[15] Die Frist des § 1 Ib AÜG beträgt 540 Tage (§ 191 BGB), diejenige für die Zusammenrechnung der tatsächlichen Überlassungszeiten bemisst sich nach §§ 187 II, 188 II Alt. 2 BGB.[16] Nach dem Gesetzeswortlaut ist der Begriff des Entleihers **rechtsträgerbezogen** zu verstehen, insoweit können die zu § 14 II TzBfG entwickelten Grundsätze (→ § 39 Rn. 14), die auf formale Kriterien abstellen, herangezogen werden. Nach dem Normzweck läge zwar ein betriebsbezogenes Verständnis nahe, was aber bei Umstrukturierungen der Betriebsstätte zu Rechtsunsicherheit führen würde. Die AG eines **Gemeinschaftsbetriebs** (→ § 211 Rn. 6) gelten als ein AG.[17] Die Höchstüberlassungsdauer steht einem Einsatz von verschiedenen Leiharbeitnehmern auf

[8] BAG 3.12.1997 – 7 AZR 727/96; *Lembke* NZA 2018, 393 (402 f.); *Schönhöft/Oelze* BB 2016, 565 (566).
[9] BAG 2.6.2010 AP Nr. 22 zu § 10 AÜG; 21.3.1990 AP Nr. 15 zu § 1 AÜG = NZA 1991, 269.
[10] AA *Hamann* NZA 2011, 70 (71) (für die Deckung der Selbstkosten).
[11] BAG 21.10.2014 AP Nr. 36 zu § 1 AÜG; 9.2.2011 AP Nr. 80 zu § 14 TzBfG = NZA 2011, 791.
[12] BT-Drs. 18/9232, 22; BAG 5.3.1997 AP Nr. 23 zu § 1 AÜG = NZA 1997, 1165.
[13] BAG 3.6.2014 – 9 AZR 111/13; 10.12.2013 AP Nr. 34 zu § 1 AÜG = NZA 2014, 196.
[14] BAG 23.11.1988 AP Nr. 14 zu § 1 AÜG = NZA 1989, 812; *Hamann/Rudnik* NZA 2017, 209 (210 f.).
[15] *Lembke* NZA 2017, 1 (4) (kein Fristablauf vor dem 1.10.2018); Überblick bei *Bissels/Falter* MDR 2019, 198.
[16] *Pütz* DB 2017, 425 (429); wohl auch *Hamann/Rudnik* NZA 2017, 209 (210).
[17] *Hamann/Rudnik* NZA 2017, 209 (213 f.); aA *Hund/Weiss* DB 2016, 2903 (2905 ff.).

demselben (Dauer-)Arbeitsplatz nicht entgegen.[18] Diese Sichtweise ist Gegenstand einer Vorlage an den EuGH.[19] Die individualrechtlichen Rechtsfolgen bei einer Überschreitung der Überlassungshöchstdauer ergeben sich aus § 9 I Nr. 1b, § 10 AÜG (→ Rn. 60), daneben kann gegen den Verleiher ein Ordnungsgeld verhängt werden (§ 16 I Nr. 1e AÜG); die Weiterbeschäftigung eines Leiharbeitnehmers über 18 Monate hinaus bei demselben Entleiher soll auch dann ordnungswidriges Verhalten des Verleihers darstellen, wenn der Leiharbeitnehmer eine Festhaltenserklärung abgegeben hat (→ Rn. 62).[20] Darüber hinaus kommt eine auf § 99 II Nr. 1 BetrVG gestützte Zustimmungsverweigerung des BR bei der Übernahme eines Leiharbeitnehmers in Betracht.[21] Nicht geregelt hat der Gesetzgeber das rechtliche Schicksal des Arbeitnehmerüberlassungsvertrags zwischen Verleiher und Entleiher.[22]

bb) Tarifvertrag. § 1 Ib 3 AÜG eröffnet den Tarifvertragsparteien der **Einsatzbranche** eine Regelungskompetenz zur Verkürzung oder Verlängerung der Überlassungshöchstdauer, Tarifnormen für den Verleiher sind nicht ausreichend.[23] Nach der Gesetzesbegründung kann der Tarifvertrag auch Bestimmungen zu Übernahmeangeboten oder Differenzierungen nach Einsatzzwecken oder -bereichen enthalten (BT-Drs. 18/9232, 21). Nicht tarifgebundene Entleiher können diese tariflichen Regelungen nach § 1 Ib 4 AÜG **insgesamt durch Betriebs- oder Dienstvereinbarungen** übernehmen, sofern das Arbeitsverhältnis in den Geltungsbereich des Tarifvertrags fällt; eine teilweise Übernahme von einzelnen Vorschriften lässt das Gesetz nicht zu. Allerdings muss der Tarifvertrag selbst eine Überlassungshöchstdauer festlegen, eine zeitlich nicht begrenzte Überlassungsmöglichkeit darf dieser nicht vorsehen. Deren Länge hat der Gesetzgeber nicht bestimmt.[24] Es wird zu erwägen sein, die Höchstüberlassungsdauer entsprechend der zu § 14 II 3 TzBfG ergangenen Rspr. (→ § 39 Rn. 17) auf eine dreifache Überschreitung der durch das AÜG bestimmten Grenze von 18 Monaten (dh 54 Monate) zu begrenzen. Nach § 1 Ib 8 AÜG können auch die **Kirchen** und die öffentlich-rechtlichen Religionsgemeinschaften von Satz 1 abweichende Überlassungshöchstdauern festsetzen. Die Norm erlaubt entsprechend der Öffnung für Tarifverträge nur Regelungen, in denen die Kirchen und Religionsgemeinschaften als Entleiher auftreten. Sie gelten dann auch für die ihnen nach kirchlichem Recht wirksam zugeordneten Einrichtungen. Nach Ansicht des Kirchengerichtshofs der EKD kann ein **kirchlicher AG** nur zur Überbrückung eines kurzzeitigen Beschäftigungsbedarfs auf Leiharbeitnehmer zurückgreifen, während die auf Dauer angelegte Beschäftigung von Leiharbeitnehmern dem kirchlichen Leitbild der Dienstgemeinschaft widerspricht;[25] zu DRK-Schwesternschaften → Rn. 23. 9

cc) Tarifliche Öffnungsklausel. § 1 Ib 5 AÜG ermöglicht nicht nur die Übernahme von tariflichen Regelungen über die Überlassungshöchstdauer durch Betriebs- oder Dienstvereinbarungen, sondern erweitert deren Regelungsbefugnis, sofern im Tarifvertrag eine entsprechende Öffnungsklausel enthalten ist. Die Tarifvertragsparteien können danach von einer eigenen abschließenden Ausgestaltung der Überlassungshöchstdauer und dazu flankierenden Absprachen absehen, sondern betrieblichen Regelungen einen Spielraum einräumen, dessen Umfang und Grenzen im Tarifvertrag aber bestimmt sein müssen. Von der Öffnungsklausel nach Satz 5 können auch nicht tarifgebundene Entleiher in Betriebs- oder Dienstvereinbarungen Gebrauch machen (§ 1 Ib 6 AÜG). Für diese gelten hierbei in gleicher Weise wie für tarifgebundene Entleiher die Vorgaben des Tarifvertrags. Allerdings darf die dort bestimmte Überlassungshöchstdauer 24 Monate nicht überschreiten. Hiervon besteht wiederum eine (Rück-)Ausnahme, wenn der Tarifvertrag eine abweichende Überlassungshöchstdauer für Betriebs- oder Dienstvereinbarungen in der Öffnungsklausel festlegt. Für tarifgebundene Entleiher gilt diese Begrenzung der Überlassungshöchstdauer nicht. Die unterschiedliche Ausgestaltung für tarifgebundene und nicht tarifgebundene AG verstößt nicht gegen Art. 3 I GG oder die sog. negative Koalitionsfreiheit.[26] 10

---

[18] AA aus unionsrechtlichen Gründen *J. Ulber* RdA 2018, 50 (52); *Hamann/Klengel* EuZA 2017, 194.
[19] LAG Bln-Bbg 13.5.2020 NZA-RR 2020, 398; dazu *Seiwerth* ZESAR 2020, 459; Az. EuGH C-232/20.
[20] BayObLG 22.1.2020 NJW 2020, 1597.
[21] BAG 30.9.2014 AP Nr. 141 zu § 99 BetrVG 1972 = NZA 2015, 240.
[22] *Lembke* NZA 2017, 1 (6), der zu Recht § 134 BGB in Betracht zieht.
[23] Rev. anh. 4 AZR 26/21 und 83/21.
[24] *J. Ulber* RdA 2018, 50 (51 f.) hält dies nicht nur für unionsrechtswidrig, sondern auch für „eklatant" verfassungswidrig; *Seiwerth* NZA 2017, 479 (6 Jahre); wie hier *Löwisch* DB 2017, 1449.
[25] KGH.EKD 9.10.2006 NZA 2007, 761; zur Arbeitnehmerüberlassung von kirchlichen Einrichtungen *Schubert* KuR 2018, 21.
[26] AA *Löwisch* DB 2017, 1449 (1452); *Henssler* RdA 2017, 83 (98 f.).

11 **dd) Tarifpluralität.** Nach § 1 Ib 7 AÜG hat der nicht tarifgebundene Entleiher bei Abschluss einer Betriebs- oder Dienstvereinbarung nach Satz 4 (→ Rn. 9) oder Satz 6 (→ Rn. 10) auf den für seine Branche repräsentativen Tarifvertrag abzustellen, wenn sein Betrieb den Geltungsbereichen mehrerer Tarifverträge unterfällt. Bei der Feststellung der Repräsentativität ist vorrangig abzustellen auf die Zahl der tarifgebundenen Unternehmen und die der tarifgebundenen AN. Für diese Fälle enthält das AÜG eine von § 4a II TVG abweichende Regelung über die Auflösung von Tarifpluralität. Ein Verfahren für die Feststellung der Repräsentativität sieht das Gesetz – anders als in § 99 ArbGG – im AÜG aber nicht vor.

12 **d) Verdeckte Arbeitnehmerüberlassung. aa) Offenlegungsgebot.** Als verdeckte Arbeitnehmerüberlassung werden Vertragsgestaltungen bezeichnet, in denen AN im Rahmen eines bloß formal als Werkvertrag bezeichneten Vertrags an einen Dritten überlassen werden. Gleichzeitig hat der vermeintliche Werkunternehmer eine Verleiherlaubnis vorrätig gehalten, ihr Vorliegen aber nicht offenbart. Wurde deutlich, dass der „Werkvertrag" tatsächlich als Überlassungsvertrag zwischen den Parteien gelebt wurde, weil der Dritte arbeitsrechtliche Weisungsrechte gegenüber den eingesetzten AN ausübte, konnte sich der vermeintliche Werkunternehmer vor dem 1.4.2017 auf die auf Vorrat gehaltene Verleiherlaubnis berufen, um das Eingreifen der im AÜG vorgesehenen Rechtsfolgen einer illegalen Arbeitnehmerüberlassung zu verhindern.[27] Dieser aus Sicht des Gesetzgebers missbräuchlichen Gestaltung des Fremdpersonaleinsatzes („Fallschirmlösung")[28] soll das **Offenlegungsgebot** in § 1 I 5, 6 AÜG entgegenwirken (BT-Drs. 18/9232, 19 f.). Danach haben Verleiher und Entleiher die Überlassung von Leiharbeitnehmern in dem der gesetzlichen Schriftform unterliegenden Arbeitnehmerüberlassungsvertrag (→ Rn. 86) ausdrücklich als solche zu bezeichnen, bevor (!) sie den AN überlassen oder tätig werden lassen. Vor der Überlassung haben sie zusätzlich seine Person unter Bezugnahme auf den Überlassungsvertrag zu konkretisieren. Mit § 1 I 5, 6 AÜG korrespondiert die Pflicht des Verleihers, den AN vor jeder Überlassung über seinen Einsatz als Leiharbeitnehmer zu informieren (§ 11 II 4 AÜG). § 1 I 5 AÜG betrifft die Angaben im Vertrag zwischen Ver- und Entleiher. Das Verständnis des folgenden Satz 6 erschließt sich nicht eindeutig. Er kann eigentlich nur dahingehend ausgelegt werden, dass der Name des überlassenen AN vor dessen Einsatz entsprechend dem nach Satz 5 geschlossenen Vertrag vom Verleiher dem Entleiher mitzuteilen ist. Die Mitteilung bedarf nicht der Schriftform, sondern kann auch in Textform oder ggf. mündlich erfolgen.[29] Die Konkretisierung führt allerdings nicht zu einer entsprechenden dauerhaften Festlegung auf den zunächst bezeichneten AN. Eine solche Beschränkung der Rechtsstellung des Verleihers ist kaum denkbar und wäre überdies unverhältnismäßig. Dieser kann entsprechend den Vorgaben im Überlassungsvertrag einen anderen AN einsetzen; jedoch ist dessen Person dem Entleiher vorab mitzuteilen.

13 **bb) Rechtsfolgen.** Die Rechtsfolgen einer Zuwiderhandlung gegen das Offenlegungsgebot ergeben sich aus § 16 I Nr. 1c, 1d, II AÜG (Ordnungsgeld) sowie individualrechtlich bei einer kumulativen Verletzung von § 1 I 5 und 6 AÜG aus § 9 I Nr. 1a, § 10 AÜG (→ Rn. 60). Dies gilt auch bei Nichteinhaltung der Schriftform.[30] Daneben kommt eine auf § 99 II Nr. 1 BetrVG gestützte Zustimmungsverweigerung des BR im Entleiherbetrieb bei der Übernahme eines Leiharbeitnehmers in Betracht. § 1 I 5, 6 AÜG findet nicht rückwirkend auf Überlassungen Anwendung, die bereits vor dem 1.4.2017 begonnen haben.[31] Die individualrechtliche Rechtsfolge wird zu Unrecht als unverhältnismäßig angesehen.[32] Ver- und Entleiher können diese durch normgemäßes Verhalten abwenden; der Leiharbeitnehmer kann bei fehlender Offenlegung des Entleihers die Befolgung von dessen Weisungen verweigern und ist zudem vor einem ungewollten Arbeitgeberwechsel durch die Möglichkeit der Festhaltenserklärung (→ Rn. 62) geschützt. Die Rechtsfolgen aus § 9 I Nr. 1a, § 10 AÜG können auch nicht dadurch verhindert werden, dass nur die überlassenen Personen benannt werden. § 1 I 6 AÜG baut auf dem vorangehenden Satz 5 auf, die dort enthaltene Verpflichtung ist keine eigenständige, von dessen Wirksamkeit unabhängige Voraussetzung.[33] Der Gesetzgeber hat es den Vertragsparteien auch nicht

[27] BAG 12.7.2016 – 9 AZR 352/15; ArbG Mainz 28.6.2018 NZA-RR 2019, 21 (keine Rückwirkung).
[28] *Schüren/Pütz* NZA 2017, 483 (483).
[29] *Bissels* DB 2017, 246 (249 f.); *ders.* NZA 2017, 214; *Thüsing/Mathy* BB 2017, 821 (824).
[30] AA *Henssler* RdA 2017, 83 (88).
[31] ArbG Mainz 28.6.2018 NZA-RR 2019, 21.
[32] *Kainer/Schweipert* NZA 2017, 13 (15 f.), die eine teleologische Reduktion ablehnen; für Verfassungswidrigkeit *Lembke* NZA 2018, 393 (397); *Henssler* RdA 2017, 83 (89).
[33] *Schüren/Pütz* NZA 2017, 483 (484); aA *Bissels* NZA 2017, 214 (220); für *Lembke* NZA 2018, 393 (396) ist sie „sinnfrei und überflüssig"; ähnlich *Henssler* RdA 2017, 83 (88); *Wank* RdA 2017, 100 (112).

ermöglicht, im sog. **Graubereich** durch Offenlegung ihrer Zweifel die vorgenannten Rechtsfolgen zu vermeiden. Es sollte nicht nur die „bewusste", vorsätzliche verdeckte Arbeitnehmerüberlassung als klassisches Umgehungsgeschäft verhindert werden, sondern die Beteiligten sollten sich bewusst und iSe umfassenden Transparenz für oder gegen die Wahl einer förmlichen Arbeitnehmerüberlassung entscheiden,[34] das Zurückziehen auf ein „Fallnetz" soll es nicht mehr geben. Zur Vermeidung der den Beteiligten drohenden Rechtsfolgen wird es aber zulässig sein müssen, dass diese ein Anfrageverfahren in entspr. Anwendung von § 7a SGB IV durchführen können.[35]

III. Abgrenzung der Arbeitnehmerüberlassung von ähnlichen Vertragsformen

1. Dienst- oder Werkvertrag. a) Grundsatz. Bei der Arbeitnehmerüberlassung handelt es sich nur um eine Form des drittbezogenen Personaleinsatzes. Hiervon ist die Tätigkeit eines AN bei einem Dritten aufgrund eines Werk- oder Dienstvertrags zu unterscheiden. In diesen Fällen wird ein Unternehmer für einen anderen Unternehmer tätig. Der Verleiher schuldet dem Entleiher Überlassung von AN zum Zwecke der Arbeitsleistung, der Werkunternehmer schuldet dem Besteller dagegen die Herstellung eines bestimmten Arbeitsergebnisses. Das kann sowohl die Herstellung oder Veränderung einer Sache als auch ein anderer durch Arbeit oder Dienstleistung herbeizuführender Erfolg sein. Der Dienst- bzw. Werkunternehmer organisiert die zur Erreichung der von ihm eingegangenen vertraglichen Verpflichtung notwendigen Handlungen nach eigenen betrieblichen Voraussetzungen und bleibt für die Erfüllung der im Vertrag vorgesehenen Dienste oder für die Herstellung des geschuldeten Werks gegenüber dem Drittunternehmen verantwortlich. Die zur Ausführung des Dienst- oder Werkvertrags eingesetzten AN unterliegen den Weisungen des sie entsendenden AG und sind dessen Erfüllungsgehilfen. Der Werkbesteller kann jedoch, wie sich aus § 645 I 1 BGB ergibt, dem Werkunternehmer selbst oder dessen Erfüllungsgehilfen Anweisungen für die Ausführung des Werks erteilen. Solche Dienst- oder Werkverträge werden vom AÜG nicht erfasst. Gleichfalls nicht dem AÜG unterfallen Beschäftigte, die nicht weisungsgebunden aufgrund eines Dienstvertrags für eine vorübergehende Zeit als Führungskraft im Unternehmen tätig sind (sog. Interimsmanagement).[36] Ohne Bedeutung ist, wessen wirtschaftliche Zwecke mit der jeweiligen Arbeitsleistung verfolgt werden und welcher Wertschöpfung welches Rechtsträgers diese unmittelbar dienen. Eine solche Betrachtung ist weder mit dem unionsrechtlichen Verständnis noch der gesetzgeberischen Intension der AÜG-Reform 2017 vereinbar.[37] 14

b) Subunternehmen. Die echte Erbringung von Werkleistungen wird – auch im Bauhauptgewerbe – vom Verbot in § 1b AÜG nicht erfasst. Fehlt es an einem rechtlich begründeten oder tatsächlich ausgeübten Weisungsrecht, liegt keine Arbeitnehmerüberlassung vor. Werden von einem Wirtschaftsunternehmen Mitarbeiter bei einem dritten Unternehmen eingesetzt (zB Wissenschaftler und Ingenieure), können je nach den Gesamtumständen des Falls die eingesetzten Mitarbeiter Subunternehmer sein oder nicht selbständige Erfüllungsgehilfen. Es kann sich aber um Arbeitnehmerüberlassung oder die Überlassung von selbständig unternehmerisch tätigen Mitarbeitern handeln.[38] Maßgebend ist die Ausgestaltung im Einzelfall. Keine Arbeitnehmerüberlassung ist gegeben, wenn ein gewerbliches Bewachungsunternehmen ständig Wachleute zur Bewachung von Bundeswehreinrichtungen abstellt. Dies gilt auch dann, wenn die Verhaltenspflichten des Bewachungspersonals in dem Bewachungsvertrag im Einzelnen festgelegt sind.[39] Wird mit einem Subunternehmen ein Werkvertrag zur Umgehung der Vorschriften des AÜG abgeschlossen, findet dieses Anwendung. Umgehungstatbestände finden sich vielfach in Subunternehmerverhältnissen, in denen sich ein Subunternehmer gegenüber dem Generalunternehmer verpflichtet, bestimmte Leistungen zu erbringen. Ist das zu leistende Werk nicht abgrenzbar bzw. bestimmbar, liegt regelmäßig Arbeitnehmerüberlassung vor. 15

c) Montagearbeit. Vom AÜG nicht erfasst wird der Arbeitseinsatz bei Montagearbeitern zur Erfüllung vertraglicher Verpflichtungen des AG im Betrieb eines Dritten. Der drittbezogene Personaleinsatz kann aufgrund eines Werkvertrags, eines Dienstvertrags, eines Geschäftsbesorgungsvertrags oder eines Dienstverschaffungsvertrags erfolgen. Für die Abgrenzung gelten die allgemeinen Grundsätze. Auch Mischunternehmen, die sich mit Montagearbeiten und Arbeit- 16

[34] AA offenbar *Greiner* NZA 2018, 745 (747 f.).
[35] Wie hier *Lembke* NZA 2018, 393 (396 f.).
[36] Dazu *Uffmann* NZA 2018, 265; *Günther/Böglmüller* NZA 2017, 546; *Litschen/Yacoubi* NZA 2017, 484.
[37] AA *Willemsen/Mehrens* NZA 2019, 1473 (1480 f.).
[38] BFH 18.1.1991 NJW 1992, 261; BAG 13.5.1992 NZA 1993, 357.
[39] BAG 31.3.1993 AP Nr. 2 zu § 9 AÜG = NZA 1993, 1078.

nehmerüberlassung beschäftigen, bedürfen der Erlaubnis, wenn die Überlassung von AN im Rahmen ihrer wirtschaftlichen Tätigkeit erfolgt.[40]

17 **d) Maschinenüberlassungsvertrag.** Von der Arbeitnehmerüberlassung sind die Fälle eines drittbezogenen Personaleinsatzes abzugrenzen, bei denen der AG einem Dritten Maschinen oder Geräte mit Bedienungspersonal (Baumaschinen, EDV-Anlagen, Flugzeuge usw.) zur Verfügung stellt und der Dritte den Einsatz der Maschinen oder Geräte mit dem dazugehörigen Personal nach seinen eigenen betrieblichen Erfordernissen selbst bestimmt und organisiert. Derartige gemischte Verträge sollen von den Vorschriften des AÜG jedenfalls dann nicht erfasst werden, wenn nicht die Überlassung von AN, sondern des Geräts oder der Maschine den Inhalt des Vertrags prägt. Bei der Überlassung von Fahrzeugen mit Bedienungspersonal hat das BAG keine Arbeitnehmerüberlassung angenommen, wenn die Gestellung des Bedienungspersonals nur den Zweck hatte, dem Entleiher der Maschinen den vertragsmäßigen Gebrauch der überlassenen Fahrzeuge (Flugzeug) zu ermöglichen.[41] Jedoch wird richtigerweise nicht auf den Wert der überlassenen Maschine, sondern maßgebend darauf abzustellen sein, ob dem Dritten das Direktionsrecht gegenüber den zur Verfügung gestellten AN eingeräumt wird. Kein Maschinenüberlassungsvertrag ist gegeben, wenn die zur Verfügung gestellten Maschinen nur von geringem Wert sind, also das Schwergewicht auf der Überlassung des Personals liegt. Nach § 1 II Nr. 3 GüKG müssen allerdings im Werkverkehr die für die **Güterbeförderung** verwendeten Kraftfahrzeuge vom eigenen Personal des Unternehmens geführt werden. Nur im Krankheitsfall ist es dem Unternehmen gestattet, sich für einen Zeitraum von bis zu vier Wochen anderer Personen zu bedienen. Allerdings kann diese Norm unionskonform dahingehend ausgelegt werden, dass von dem Merkmal „eigenes Personal" auch solche Personen erfasst werden, denen gegenüber der AG das Weisungsrecht besitzt.[42]

18 **2. Beurteilungsgrundlagen.** Die Abgrenzung von Dienst- oder Werkverträgen zu Arbeitnehmerüberlassungsverträgen bereitet in der Praxis vielfach Schwierigkeiten. Über die rechtliche Einordnung des Vertrags zwischen dem Dritten und dem AG entscheidet der **Geschäftsinhalt** und nicht die von den Parteien gewünschte Rechtsfolge oder eine Bezeichnung, die dem tatsächlichen Geschäftsinhalt nicht entspricht (§ 12 I 2 AÜG). Die Vertragschließenden können das Eingreifen zwingender Schutzvorschriften des AÜG nicht dadurch vermeiden, dass sie einen vom Geschäftsinhalt abweichenden Vertragstyp wählen. Widerspricht dieser seiner praktischen Durchführung, ist die tatsächliche Vertragsdurchführung maßgebend, weil sich aus der praktischen Handhabung der Vertragsbeziehungen am ehesten Rückschlüsse darauf ziehen lassen, von welchen Rechten und Pflichten die Vertragsparteien ausgegangen sind, was sie also wirklich gewollt haben. Der so ermittelte wirkliche Wille der Vertragsparteien bestimmt den Geschäftsinhalt und damit den Vertragstyp.[43] Einzelne Vorgänge der Vertragsabwicklung sind zur Feststellung eines vom Vertragswortlaut abweichenden Geschäftsinhalts nur geeignet, wenn es sich dabei nicht um untypische Einzelfälle, sondern um beispielhafte Erscheinungsformen einer durchgehend geübten Vertragspraxis handelt. Die abweichende Vertragspraxis muss allerdings den aufseiten der Vertragspartner zum Vertragsabschluss **berechtigten Personen** bekannt gewesen und von ihnen zumindest geduldet worden sein. Ansonsten kann eine solche, den schriftlichen Vereinbarungen widersprechende Vertragsdurchführung nicht als Ausdruck des wirklichen Geschäftswillens der Vertragspartner angesehen werden.[44]

19 **3. Abgrenzungskriterien.** Folgende Indizien sprechen für das Vorliegen eines **Werkvertrags:**[45] **(a)** Unternehmerische Eigenverantwortlichkeit und Dispositionsmöglichkeit des Werkunternehmers gegenüber dem Besteller, **(b)** die Vereinbarung und Erstellung eines qualitativ individualisierbaren und dem Werkunternehmer zurechenbaren Werkergebnisses, **(c)** ein ausschließliches Weisungsrecht des Werkunternehmers gegenüber „seinen" AN im Betrieb des Bestellers und die Erfüllung seiner Aufgaben aus dem Werkvertrag[46] (projektbezogene Anweisungen), **(d)** die Übernahme des Unternehmerrisikos, insbes. der Gewährleistung sowie **(e)** eine herstellungsbezogene Vergütungsregelung. Dagegen sprechen folgende Indizien nach der Rechtsprechung (→ Rn. 6) für eine **Arbeitnehmerüberlassung: (a)** die Planung und die Organisa-

[40] *Hamann* RdA 2011, 322; *Rieble/Vielmeier* EuZA 2011, 474; aA *Forst* ZESAR 2011, 316 (321).
[41] BAG 17.2.1993 AP Nr. 9 zu § 10 AÜG = NZA 1993, 1125.
[42] *Böhm* DB 2011, 473 (475 f.).
[43] BAG 18.1.2012 AP Nr. 10 zu § 9 AÜG = NZA-RR 2012, 455; 6.8.2003 AP Nr. 6 zu § 9 AÜG.
[44] BAG 30.1.1991 AP Nr. 8 zu § 10 AÜG = NZA 1992, 19; *Klebe/Karthaus* NZA 2012, 417.
[45] BAG 30.1.1991 AP Nr. 8 zu § 10 AÜG = NZA 1992, 19; 28.1.1989 AP Nr. 5 zu § 14 AÜG = NZA 1990, 364; BSG 26.4.1995 AP Nr. 19 zu § 1 AÜG = NZA 1996, 90.
[46] BAG 22.6.1994 AP Nr. 16 zu § 1 AÜG = NZA 1995, 462.

tion der Arbeit durch den Besteller,[47] **(b)** die Zuweisung von Betriebsräumlichkeiten für die AN des Werkunternehmers beim Besteller, **(c)** ein (auch nur zeitweise ausgeübtes) Weisungsrecht durch den Besteller,[48] **(d)** die fehlende Kontrolle der Arbeitsausübung durch den Werkunternehmer sowie **(e)** die Pflicht des eingesetzten AN zur Vorlage von Personaleinsatz und Anwesenheitslisten, zur Abstimmung der Arbeitszeit, des Urlaubs und zur Abgabe der Arbeitsunfähigkeitsmeldung,[49] **(f)** die Ausstattung mit Werkzeugen und Sicherheitskleidung des Bestellers,[50] **(g)** die Benutzung der Sozialräume des Bestellers sowie **(h)** die Übernahme der bisher von AN des Bestellers ausgeführten Tätigkeiten.[51]

4. Prüfungsfragen. Für eine erste Abgrenzung zwischen Arbeitnehmerüberlassung und 20
dem Vorliegen eines Werk- oder Dienstvertrags können die nachfolgenden Prüfungsfragen hilfreich sein:

– Ist in dem Vertrag mit dem Auftragnehmer ein konkreter, werk- oder dienstvertragsfähiger Leistungsgegenstand vereinbart?
– Wer übt das Weisungsrecht gegenüber dem im Betrieb eingesetzten Fremdpersonal aus?
– Wer organisiert die Arbeitsabläufe?
– Arbeiten Fremdfirmenarbeitnehmer mit eigenen AN arbeitsteilig zusammen?
– Wird Fremdpersonal auch außerhalb des mit dem Werkunternehmer vereinbarten Leistungsgegenstands eingesetzt?

IV. Besonders normierte Formen der Arbeitnehmerüberlassung

1. Besondere erlaubnisfreie Arbeitnehmerüberlassungsformen. a) Abordnung zu 21
einer Arbeitsgemeinschaft. Aufgrund der in § 1 Ia 1 AÜG bestimmten Fiktion ist keine Arbeitnehmerüberlassung gegeben bei einer **(1)** Abordnung von AN zu einer **(2)** zur Herstellung eines Werks (§ 631 BGB) gebildeten **(3)** Arbeitsgemeinschaft, wenn der AG **(4)** Mitglied der Arbeitsgemeinschaft ist, **(5)** für alle Mitglieder der Arbeitsgemeinschaft Tarifverträge desselben Wirtschaftszweigs normativ[52] gelten und **(6)** alle Mitglieder aufgrund des Arbeitsgemeinschaftsvertrags zur selbständigen Erbringung von Vertragsleistungen verpflichtet sind. Dagegen liegt Arbeitnehmerüberlassung vor, wenn ein Mitglied keine Vertragsleistungen zur Arbeitsgemeinschaft erbringt.[53] Werkarbeitsgemeinschaften kommen vor allem im Baugewerbe vor, sie sind jedoch auch in anderen Wirtschaftsbereichen denkbar. Auf die Mitglieder einer ARGE, die sich zur Erbringung einer Dienstleistung zusammengeschlossen haben, ist § 1 Ia AÜG nicht anwendbar. Die Vertragsbedingungen im Baugewerbe werden nach zwei Grundmustern vollzogen. **(1)** Der AN wird von seinem AG freigestellt; dieser begründet anschließend mit der Bauarbeitsgemeinschaft einen Arbeitsvertrag (§ 9 BRTV-Bau; → § 185 Rn. 8). In diesen Fällen liegt schon nach der Begriffsbestimmung keine Arbeitnehmerüberlassung vor, so dass auch das Verbot des § 1b AÜG nicht greift (vgl. BT-Drs. 9/966, 76). **(2)** Nach der zweiten Form wird der AN zur Arbeitsgemeinschaft vorübergehend entsandt, ohne dass ein Arbeitsverhältnis zur Arbeitsgemeinschaft begründet wird. Im Wege der Fiktion nimmt § 1 Ia 1 AÜG derartige Überlassungen aus dem Begriff der gewerbsmäßigen Arbeitnehmerüberlassung heraus, allerdings sind §§ 13a, 13b AÜG im Wege der unionsrechtskonformen Auslegung anzuwenden. Für Arbeitsgemeinschaften mit Mitgliedern aus den Staaten der Europäischen Union gelten wegen der Dienstleistungsfreiheit die Voraussetzungen des § 1 Ia 2 AÜG.[54]

b) Personalaustausch in Kleinunternehmen. Ein AG braucht nach § 1a I AÜG keine 22
Verleiherlaubnis, wenn **(1)** der Personalaustausch der Vermeidung von Kurzarbeit oder Entlassung dient, **(2)** der AG weniger als 50 AN beschäftigt, **(3)** die Arbeitnehmerüberlassung einen Zeitraum von zwölf Monaten nicht übersteigt und **(4)** der überlassende AG den beabsichtigten Personaltausch der für seinen Geschäftssitz zuständigen BA vorher schriftlich anzeigt. Die Anzeige muss bestimmte Angaben enthalten. Eine unterlassene Anzeige führt nur dann zu den Fiktionswirkungen des § 10 I AÜG (→ Rn. 76), wenn die Überlassung im Rahmen der wirt-

[47] BAG 9.11.1994 AP Nr. 18 zu § 1 AÜG = NZA 1996, 572.
[48] BAG 13.5.2014 AP Nr. 65 zu § 99 BetrVG 1972 Einstellung = NZA 2014, 1149.
[49] BAG 13.8.2008 EzAÜG § 10 AÜG Fiktion Nr. 121 (auch zur Darlegungslast).
[50] BAG 15.6.1983 AP Nr. 5 zu § 10 AÜG.
[51] BAG 14.6.1984 EzAÜG § 631 BGB Werkvertrag Nr. 7.
[52] Umstr., dagegen Thüsing AÜG/*Waas* § 1 Rn. 123.
[53] OLG Karlsruhe 7.3.1990 BB 1990, 1561.
[54] EuGH 25.10.2001 AP Nr. 3 zu Art. 49 EG = NZA 2001, 1299.

schaftlichen Tätigkeit des AG erfolgt ist. Dies ist bei einer einmaligen Überlassung nicht der Fall, es sei denn, dass Wiederholungsabsicht besteht. Die Erlaubnispflicht bleibt unberührt, wenn der AG planmäßig bei Kurzarbeit oder bei drohenden Entlassungen Arbeitnehmerüberlassung betreiben will. Hat der Verleiher eine Erlaubnis beantragt und wird diese unter Bedingungen und Auflagen erteilt, kann er immer noch von § 1a I AÜG Gebrauch machen. Die Vorschrift findet keine Anwendung auf den Personalaustausch in Baubetrieben (→ Rn. 31).

23 **2. Die Ausnahmetatbestände des § 1 III AÜG. a) Übersicht.** Das AÜG ist mit Ausnahme der § 1b S. 1, § 16 I Nr. 1f und II–V sowie der §§ 17, 18 bei den in § 1 III AÜG genannten Tatbeständen nicht anzuwenden, wenn **(1)** die Arbeitnehmerüberlassung zwischen AG desselben Wirtschaftszweigs zur Vermeidung von Kurzarbeit oder Entlassungen erfolgt und für Entleiher und Verleiher geltende Tarifverträge dies vorsehen (Nr. 1); **(2)** die vorübergehende Überlassung zwischen Konzernunternehmen iSv § 18 AktG erfolgt (Nr. 2); **(3)** die Überlassung nur gelegentlich erfolgt (Nr. 2a); **(4)** die (dauerhafte) Überlassung auf der Grundlage eines für den öffentlichen Dienst geltenden Tarifvertrags nach einer Aufgabenübertragung erfolgt (Nr. 2b, sog. Personalgestellung); **(5)** zwischen AG des öffentlichen Dienstes oder der Religionsgesellschaften, wenn diese die für sie geltenden kollektiven Regelwerke anwenden (Nr. 2c); **(6)** in das Ausland, wenn der Leiharbeitnehmer in ein auf der Grundlage zwischenstaatlicher Vereinbarungen begründetes deutsch-ausländisches Gemeinschaftsunternehmen verliehen wird, an dem der Verleiher beteiligt ist (Nr. 3). Der Verleiher braucht keine Erlaubnis nach § 1 I 1 AÜG und unterliegt nicht dem Gleichstellungsgrundsatz des § 8 I AÜG, auch die Anwendung von § 28a IV SGB IV ist ausgeschlossen. Das Verbot der gewerbsmäßigen Arbeitnehmerüberlassung im Baugewerbe gilt auch in den Fällen des § 1 III AÜG. Allerdings sind die in § 1 III AÜG angeführten Tatbestände nicht mit den Vorgaben der RL 2008/104/EG zu vereinbaren. Die Vorschrift ist zudem unionsrechtskonform dahingehend auszulegen, dass auch die §§ 13a, 13b AÜG Anwendung finden. Unionsrechtswidrig lässt § 2 IV DRK-Gesetz die zeitlich nicht begrenzte Gestellung von **Rotkreuzschwestern** zu.[55]

24 **b) Vermeidung von Kurzarbeit und Entlassungen (Nr. 1).** Ein Tarifvertrag kann unter den in § 1 III Nr. 1 AÜG bestimmten Voraussetzungen die Herausnahme von AG desselben Wirtschaftsbereichs aus den Vorschriften des AÜG vorsehen, wenn beide AG an diesen gebunden sind und von seinem Geltungsbereich erfasst werden (→ § 202 Rn. 1). Die Tarifgebundenheit der AN ist ohne Bedeutung. Die Vorschrift gilt nicht für Betriebe mit einer Verleiherlaubnis und für Baubetriebe. Sie setzt voraus, dass die Überlassung zur Vermeidung von Kurzarbeit und Entlassungen erfolgt. Es muss sich daher um einen konkret bevorstehenden Arbeitsausfall (§ 169 SGB III; → § 48 Rn. 1) oder eine ebensolche Beendigung des Arbeitsverhältnisses aus betrieblichen Gründen handeln (§ 17 KSchG; → § 142 Rn. 7). Diese Überlassung muss geeignet sein, diese Maßnahmen zu vermeiden. Maßgeblich ist die objektive Rechtslage, nicht die Vorstellungen der beteiligten AG.

25 **c) Konzernleihe (Nr. 2).** Das AÜG ist bei nur vorübergehender konzerninterner Überlassung nicht anwendbar. Dies setzt voraus, dass die Überlassung zwischen Konzernunternehmen erfolgt und der AN nicht zum Zweck der Überlassung eingestellt und beschäftigt wird (§ 1 III Nr. 2 AÜG). Die RL 2008/104/EG (→ Rn. 1) enthält keine entsprechende Ausnahmebestimmung zum sachlichen Anwendungsbereich. Die dt. Reglung ist daher unionsrechtswidrig, soweit die Überlassung im Rahmen einer wirtschaftlichen Tätigkeit erfolgt.[56] Eine solche liegt vor, wenn ein konzernzugehöriges Unternehmen AN einstellt, um sie an andere Konzernunternehmen zu Bedingungen zu überlassen, die für diese Unternehmen mit geringeren Kosten verbunden sind, als wenn sie die AN selbst einstellen würden.[57] Nach dem AÜG ist die Arbeitnehmerüberlassung sowohl in Unterordnungs- als auch in Gleichordnungskonzernen zulässig (§ 18 AktG; → § 18 Rn. 1); auf die Rechtsform der Konzernunternehmen kommt es ebenso wenig an[58] wie auf den Verwaltungssitz der Konzernspitze. Keine Arbeitnehmerüberlassung ist der Einsatz eines AN einer Konzernholding bei einem Tochterunternehmen, wenn diese über keine eigene Betriebsorganisation verfügt oder mit der Muttergesellschaft einen **Gemeinschaftsbe-**

---

[55] Dazu *Düwell* ZESAR 2018, 163; *Schmitt* ZESAR 2017, 167; *Preis/Morgenbrodt* EuZA 2017, 418.

[56] Zum AÜG aF LAG Düsseldorf 26.7.2012 BB 2012, 2112; aA wohl *Schüren/Fasholz* DB 2016, 1375; wie hier zum AÜG 2017 *Wank* BB 2018, 1909 (1914); *Deinert* RdA 2017, 65 (82).

[57] BAG 9.2.2011 AP Nr. 80 zu § 14 TzBfG = NZA 2011, 791.

[58] BAG 21.7.1988 AP Nr. 8 zu § 1 AÜG = NZA 1989, 18.

trieb führt.[59] Das Gesetz regelt selbst nicht, in welchem zeitlichen Umfang (teilweise/überwiegend?) und in welchem Bezugszeitraum eine erlaubnisfreie vorübergehende Beschäftigung bei anderen Konzernunternehmen erfolgen darf. Hiervon ist nur auszugehen, wenn der AN lediglich anlassbezogen einer anderen Konzerngesellschaft zur Arbeitsleistung überlassen wird.[60] Gegen die nur vorübergehende Überlassung kann die nach Vertragsschluss erfolgte Handhabung sprechen. Bei einer nicht mehr von § 1 III Nr. 2 AÜG erfassten Überlassung richten sich die Rechtsfolgen nach § 9 I Nr. 1–1b, § 10 I AÜG (→ Rn. 60).

d) Gelegentliche Überlassung (Nr. 2a). Nach der Gesetzesbegründung soll durch diese – in zeitlicher Hinsicht völlig unbestimmte – Privilegierung die Überlassung durch Handwerksbetriebe und durch gemeinnützige Organisationen nicht „unnötig" erschwert werden (BR-Drs. 847/10, 7). Die Überlassung darf nicht vom vertraglichen Weisungsrecht umfasst sein, vielmehr muss die Überlassung während des bestehenden Arbeitsverhältnisses vereinbart werden. § 1 III Nr. 2a AÜG unterliegt in Bezug auf das Merkmal „gelegentlich" strengen Anforderungen (BT-Drs. 17/4804, 9). Der Gesetzgeber hat offenbar versucht – quasi durch die Hintertür – die mit der RL 2008/104/EG unvereinbare Besserstellung der nicht gewerbsmäßigen Arbeitnehmerüberlassung beizubehalten. Ein dagegen gerichteter Verstoß kann nach § 10 I AÜG zur Fiktion eines Arbeitsverhältnisses zwischen dem Entleiher und dem Überlassenen führen (→ Rn. 60). 26

e) Personalgestellung (Nr. 2b). aa) Öffentlicher Dienst. Um eine Personalgestellung iSd AÜG handelt es sich, wenn bei einer Verlagerung der Aufgaben eines Beschäftigten auf einen Dritten das Arbeitsverhältnis mit dem bisherigen AG weiter besteht, die arbeitsvertraglich geschuldete Leistung jedoch zukünftig bei dem Dritten nach dessen Weisungen erbracht wird. Vielfach liegt der Aufgabenübertragung ein Betriebsübergang nach § 613a I 1 BGB zugrunde. Erhebt der AN gegen den Übergang seines Arbeitsverhältnisses auf den Erwerber Widerspruch, bleibt er AN seines bisherigen AG. Da bei diesem nach der Aufgabenverlagerung regelmäßig keine Einsatzmöglichkeiten mehr bestehen und der AN aufgrund des Direktionsrechts nicht bei einem anderen AG tätig werden braucht, droht dem AN eine betriebsbedingte Kündigung bei seinem Vertrags-(AG). Im öffentlichen Dienst ist für diese Fallgestaltungen ein Recht zur Gestellung des AN an andere AG normiert worden. Nach § 4 II, III TVöD/TV-L ist unter den dort bestimmten Voraussetzungen eine Personalgestellung von AN zulässig (zu deren Arbeitnehmereigenschaft im Entleiherbetrieb → § 212 Rn. 9). Die Tarifnormen betreffen aber nur das Verhältnis zwischen dem (Vertrags-)AG und den AN, für die Zulässigkeit nach dem AÜG sind sie ohne Bedeutung. Der auf eine Anregung der Bundesländer (BR-Drs. 745/13, 2) neu eingefügte § 1 III Nr. 2b AÜG nimmt Personalgestellungen aufgrund einer Aufgabenübertragung aus, bei denen der abgebende AG die Gestellung an den aufnehmenden AG aufgrund einer Regelung in einem Tarifvertrag des öffentlichen Dienstes vornehmen darf. Allerdings dürfte die Regelung nicht unionsrechtskonform sein. Die RL 2008/104/EG (→ Rn. 1) sieht eine Ausnahme für öffentliche AG für die Personalgestellung nach einer Aufgabenübertragung nicht vor. Auch das Merkmal einer wirtschaftlichen Tätigkeit (→ Rn. 7) dürfte erfüllt sein, wenn der gestellende AG für die Überlassung ein Entgelt (zB Ersatz der Personalkosten) erhält. Allerdings erscheint es kaum vorstellbar, dass die Regelung unionsrechtskonform ausgelegt werden kann.[61] 27

bb) Andere Gestellungen. Die Gestellungsverträge von AN einer karitativen Einrichtung an einen Entleiher waren vor der Änderung des AÜG zum 1.12.2011 nicht von der Erlaubnispflicht des AÜG erfasst, wenn keine Gewinnerzielungsabsicht des Gestellers bestanden hat.[62] Sie werden nunmehr vom AÜG erfasst, wenn die Gestellung im Rahmen einer wirtschaftlichen Tätigkeit der karitativen Einrichtung erfolgt (→ Rn. 7) und die überlassenen Personen einem Weisungsrecht des Entleihers unterliegen (→ Rn. 4). Der Abschluss eines Arbeitsvertrags zum Verleiher ist dafür nicht ausreichend. Arbeitet ein öffentlicher Träger mit einem freien Träger zusammen, der seinerseits einen AN zum Zwecke der Jugendhilfe an den öffentlichen Träger abstellt, wird dieses Rechtsverhältnis nicht vom AÜG erfasst, wenn sich das Zusammenwirken nach Spezialregelungen des SGB VIII vollzieht.[63] Dasselbe gilt für die Personalgestellung zwischen öffentlich-rechtlichen Dienstherren auf der Grundlage einer normativen Bestimmung. 28

---

59 BAG 3.12.1997 AP Nr. 24 zu § 1 AÜG = NZA 1998, 876.
60 BAG 18.7.2012 AP Nr. 98 zu § 14 TzBfG = NZA 2012, 1369.
61 Revision anhängig 6 AZR 114/19.
62 BAG 20.2.1986 AP Nr. 2 zu § 5 BetrVG 1972 = NZA 1986, 690.
63 BAG 11.6.1997 AP Nr. 1 zu § 2 SGB VIII.

29 **f) Öffentlicher Dienst und Religionsgemeinschaften (Nr. 2c).** § 1 III Nr. 2c AÜG nimmt eine Überlassung zwischen juristischen Personen des öffentlichen Rechts aus dem Anwendungsbereich des AÜG heraus, sofern diese Tarifverträge des öffentlichen Dienstes anwenden. Nach der Gesetzesbegründung ist die Ausnahmeregelung aufgrund der besonderen Bindung der Rechtsträger an Recht und Gesetz sowie ihrer besonderen verfassungsrechtlichen Stellung erfolgt. Verleiher und Entleiher müssen nach dem Wortlaut der Vorschrift nicht tarifgebunden sein, eine arbeitsvertragliche Bezugnahmeklausel ist ausreichend. Diese muss auch nicht jeweils auf einen übereinstimmenden Tarifvertrag gerichtet sein. Erforderlich ist aber wohl, dass beide Rechtsträger das für sie geltende Tarifwerk für die von seinem Geltungsbereich erfassten AN insgesamt anwenden; die Bezugnahme auf einzelne Tarifverträge ist nicht ausreichend. Den Tarifverträgen gleichgestellt sind die auf dem Zweiten bzw. Dritten Weg zustande gekommenen Regelungen der öffentlich-rechtlichen Religionsgesellschaften (→ § 184 Rn. 8). Allerdings muss es sich sowohl bei dem Verleiher wie auch dem Entleiher jeweils um juristische Personen des öffentlichen Rechts handeln, andere Rechtsträger sind schon nach dem Gesetzeswortlaut nicht privilegiert, zu den unionsrechtlichen Bedenken → Rn. 23.

30 **g) Gemeinschaftsunternehmen mit Auslandsbezug (Nr. 3).** Das AÜG findet Anwendung auf die Arbeitnehmerüberlassung aus dem Ausland nach Deutschland hinein. Für Arbeitsgemeinschaften mit Mitgliedern aus den Staaten der Europäischen Union gelten wegen der Dienstleistungsfreiheit die Voraussetzungen des § 1 III Nr. 3 AÜG.[64] Die Norm betrifft die vorübergehende Überlassung ein oder mehrerer AN durch ein Unternehmen mit Geschäftssitz in Deutschland ins Ausland, soweit diese nicht bereits von § 1 III Nr. 2 AÜG (→ Rn. 25) erfasst wird. Voraussetzung für die Anwendung von § 1 III Nr. 3 AÜG ist, dass es sich um ein deutsch-ausländisches Gemeinschaftsunternehmen handelt, das auf der Grundlage zwischenstaatlicher Vereinbarungen gegründet worden ist, und dass der deutsche Verleiher daran einen kapitalmäßigen Anteil hat. Auf die Größe des Anteils und ob die AN deutsche oder ausländische Staatsangehörige sind, kommt es nicht an; zu weiteren Auslandssachverhalten → Rn. 33.

31 **3. Baugewerbe.** Die Arbeitnehmerüberlassung im Bauhauptgewerbe ist unzulässig (§ 1b S. 1 AÜG). Der Begriff des Bauhauptgewerbes wird in § 101 II SGB III definiert.[65] Das Verbot ist nicht verfassungswidrig.[66] Allerdings wird seine Vereinbarkeit mit den Ausnahmevorschriften in der RL 2008/104/EG durchgängig bezweifelt.[67] Deren Art. 4 I lässt eine Einschränkung der unionsrechtlichen Dienstleistungsfreiheit nur zu, soweit diese aus Gründen des Allgemeininteresses gerechtfertigt ist. Diese Voraussetzungen dürften nicht vorliegen. Es ist zudem nicht einsichtig, warum das Bauhauptgewerbe mit einem Verbot der Arbeitnehmerüberlassung belegt bleibt, während in den nicht erfassten Baunebenbetrieben sich der Schutz der überlassenen AN nach § 8 III AEntG nur über die Regelung von Mindestarbeitsbedingungen vollzieht.[68] Das Verbot des § 1b AÜG erfasst auch organisatorisch verselbständigte Bauabteilungen eines nicht baugewerblichen Betriebs. Liegt ein Mischbetrieb vor, ist die für den baulichen Bereich aufgewandte Gesamtarbeitszeit der AN für das Merkmal „überwiegend" maßgeblich.[69] Wird ohne die erforderliche Erlaubnis zur Arbeitnehmerüberlassung eine solche in das Baugewerbe vollzogen, kann eine Beitragspflicht zu den Sozialkassen entstehen.[70] Die Rechtsfolgen einer unerlaubten Überlassung im Baugewerbe sind nicht mehr davon abhängig, ob der Verleiher über eine Erlaubnis zur Arbeitnehmerüberlassung verfügt. Wird den Anforderungen des § 1 I 5, 6 AÜG nicht genügt, handelt es sich regelmäßig um eine verdeckte Arbeitnehmerüberlassung (→ Rn. 12). Verfügt der Verleiher nicht über die erforderliche Erlaubnis nach § 1 I 1 AÜG, kommt nach § 10 I AÜG ein Arbeitsverhältnis zwischen dem Leiharbeitnehmer und dem Entleiher zustande.[71] Nach § 1b S. 2 AÜG ist die Arbeitnehmerüberlassung ausnahmsweise gestattet **(a)** zwischen Betrieben des Baugewerbes und anderen Betrieben, wenn die diese Betriebe erfassenden, für allgemeinverbindlich erklärten Tarifverträge dies bestimmen, **(b)** zwischen Betrieben des Baugewerbes, wenn der verleihende Betrieb nachweislich seit mindestens drei Jahren von denselben Rahmen- und Sozial-

[64] EuGH 25.10.2001 AP Nr. 3 zu Art. 49 EG = NZA 2001, 1299.
[65] BGH 17.2.2000 AP Nr. 1 zu § 12a AFG = NJW 2000, 1557 zur Vorgängerregelung.
[66] BVerfG 6.10.1987 NJW 1988, 1195.
[67] Dazu *Düwell* u.a. NZA 2020, 1160; *Boehmke* RIW 2009, 177 (181 f.); aA *Ulber* ArbuR 2010, 10 (12).
[68] *Böhm* DB 2011, 473 (475); zur Praxis der Zollverwaltung *Hilbert* DB 2016, 954.
[69] BAG 24.8.1994 AP Nr. 181 zu § 1 TVG Tarifverträge: Bau = NZA 1995, 1116.
[70] BAG 8.7.1998 AP Nr. 214 zu § 1 TVG Tarifverträge: Bau = NZA 1999, 493.
[71] BAG 13.12.2006 AP Nr. 31 zu § 1 AÜG = NZA 2007, 751.

kassentarifverträgen oder von deren Allgemeinverbindlichkeit erfasst wird. Ausnahmen gelten nach § 1b S. 3 AÜG für ausländische Betriebe.[72]

4. Fleischwirtschaft. a) Einsatzverbot von Leiharbeitnehmern. Durch Art. 2 des Gesetzes zur Verbesserung des Vollzugs im Arbeitsschutz (Arbeitsschutzkontrollgesetz – ASKG) vom 22. Dezember 2020 (BGBl. I S. 3334) sind im Anwendungsbereich der GSA Fleisch mit Wirkung ab Jahresbeginn 2021 Einschränkungen für den Fremdpersonaleinsatz im Kernbereich der Fleischwirtschaft geschaffen worden. Diese Arbeiten dürfen nur noch von eigenen AN des AG ausgeführt werden. Nach § 6a II 1 GSA Fleisch darf der Inhaber im Bereich der Schlachtung einschließlich der Zerlegung von Schlachtkörpern sowie im Bereich der Fleischverarbeitung AN nur im Rahmen von mit ihm bestehenden Arbeitsverhältnissen tätig werden lassen. Der Einsatz von Selbständigen ist bereits ab dem 1. Januar 2021 untersagt, die Beschäftigung von Leiharbeitnehmern ab dem 1. April 2021 (§ 6a II 2, 3 GSA Fleisch, zu Ausnahmen → Rn. 31c). Zur Fleischverarbeitung gehören der Zutrieb, die Tötung, Schlachtung einschließlich Ausweiden, Kuttelei, Grob- und Feinzerlegung, Convenience und Verpackung.[73] Nach Auffassung des Gesetzgebers ist die Beschränkung des Einsatzes der Arbeitnehmerüberlassung geeignet, erforderlich und angemessen, um die gestörte Ordnung auf dem Teilarbeitsmarkt Fleischindustrie wiederherzustellen, den Arbeitsschutz zu verbessern und damit auch die Gesundheit von Leiharbeitnehmern zu schützen.[74] Das BVerfG hat in mehreren Entscheidungen den Erlass von einstweiligen Anordnungen gegen das Inkrafttreten des § 6a GSA Fleisch abgelehnt.[75] Allerdings dürfte ein völliges Verbot der Arbeitnehmerüberlassung außerhalb einer pandemischen Lage kaum mit den Ausnahmevorschriften in der RL 2008/104/EG vereinbar sein, ob die Übergangsregelung (→ Rn. 31c) den Vorgaben des Unionsrechts genügt, wird ggf. der Europäische Gerichtshof zu klären haben. 31a

b) Voraussetzungen. Entsprechend der Legaldefinition in § 2 VIII GSA Fleisch ist „Inhaber", wer über die Nutzung der Betriebsmittel und den Einsatz des Personals entscheidet. Bei einer Betriebsführung durch eine übergreifende Organisation (§ 6a V GSA Fleisch) ist Inhaber, wer die übergreifende Organisation führt. Die Vorschrift normiert bereits am dem 1. Januar 2021 ein sektorales Einsatzverbot für Dienst- oder Werkunternehmer sowie ab 1. April 2021 ein Beschäftigungsverbot für Leiharbeitnehmer. Das Fremdpersonalverbot ist mit einem Bußgeld bewehrt. Es wird insbesondere durch die Zollverwaltung überprüft, die dafür in § 6b GSA Fleisch neue Befugnisse erhält. Die Regelungen der §§ 6–6b GSA Fleisch gelten nach § 2 II GSA Fleisch allerdings nicht für Handwerksbetriebe mit bis zu 49 Beschäftigten.[76] 31b

c) Befristete Einsatzmöglichkeit für Leiharbeitnehmer. Während der Ausschussberatungen zum ASKG ist in § 6a III GSA Fleisch eine bis zum 2024 beschränkte Öffnung für den Einsatz von Leiharbeitnehmern geschaffen worden, sofern sich deren Einsatz an den Vorgaben eines von den Tarifvertragsparteien der Fleischwirtschaft abgeschlossenen Tarifvertrags orientiert. Für die Dauer von drei Jahren sind zur Abdeckung von Auftragsspitzen unter den normierten Voraussetzungen Ausnahmen von dem Verbot in § 6a II 1, 3 GSA Fleisch möglich Nach § 6a III 1 Nr. 1 GSA Fleisch kann in Tarifverträgen der Fleischwirtschaft für tarifgebundene Entleiher im Bereich der Fleischverarbeitung Arbeitnehmerüberlassung bis zu einer Quote von acht Prozent gemessen am kalenderjährlichen Arbeitszeitvolumen der in der Fleischverarbeitung beschäftigten eigenen AN des Inhabers zugelassen werden. Daneben darf das von Leiharbeitnehmern in der Fleischverarbeitung kalenderjährlich erbrachte Arbeitszeitvolumen dasjenige von 100 in Vollzeit beschäftigten AN nicht überschreiten (§ 6a III 1 Nr. 2 GSA Fleisch). Nur unter den vorgenannten Voraussetzungen dürfen Verleiher in einen Betrieb der Fleischwirtschaft überlassen. 31c

d) Einsatzbedingungen. Für die nach § 6 III 1 GSA Fleisch zulässigen Arbeitnehmerüberlassungen gilt das AÜG nach § 6a III 4 GSA Fleisch mit der Maßgabe, dass die Überlassungshöchstdauer (→ Rn. 8) zwingend auf vier Monate begrenzt ist. Der Zeitraum vorheriger Überlassungen durch denselben oder einen anderen Verleiher an denselben Entleiher ist vollständig 31d

[72] EuGH 25.10.2001 AP Nr. 3 zu Art. 49 EG = NZA 2001, 1299.
[73] BR-Drs. 426/20, 14.
[74] BT-Drs. 19/21978, 40ff.; BT-Drs. 19/25141, 31; krit. zu § 6a GSA Fleisch *Dilenge* DB 2020, 2241.
[75] BVerfG 25.1.2021 – 1 BvR 2888/20; 29.12.2020 NZA 2021, 120.
[76] Die gewählte Anzahl von bis zu 49 tätigen Personen orientiert sich zum einen an der Empfehlung der EU-Kommission für die Definition kleiner Unternehmen (Empfehlung 2003/361/EG) mit bis zu 49 AN (BR-Drs. 426/20, 33).

anzurechnen, wenn zwischen den Einsätzen jeweils nicht mehr als sechs Monate liegen. Daneben gilt auch der Gleichstellungsgrundsatz (§ 8 I AÜG, → Rn. 41) ab dem ersten Einsatztag zwingend und ohne Abweichungsmöglichkeit. Zur Sicherung der gesetzlichen Vorgaben ist der Inhaber verpflichtet, die zuständige Kontrollbehörde darüber zu informieren, ob Leiharbeitnehmer in seinem Betrieb eingesetzt werden und mit welchem Verleiher diese in einem Arbeitsverhältnis stehen (§ 6a III 5–8 GSA Fleisch).

32 **5. Arbeitsvermittlung.** Von den echten und unechten Leiharbeitsverhältnissen ist die Arbeitsvermittlung zu unterscheiden. Arbeitsvermittlung sind nach der Legaldefinition in § 35 I 2 SGB III alle Tätigkeiten, die darauf gerichtet sind, Ausbildungsuchende mit AG zur Begründung eines Ausbildungsverhältnisses und Arbeitsuchende mit AG zur Begründung eines Beschäftigungsverhältnisses zusammenzuführen. Nach § 1 II AÜG wird widerleglich vermutet, dass der Überlassende Arbeitsvermittlung betreibt, wenn er weder die üblichen Arbeitgeberpflichten noch das Arbeitgeberrisiko übernimmt.[77] Der Überlassende kann die Vermutung dadurch widerlegen, dass er nachweist, dass die Überlassung nur einmalig oder von geringer Bedeutung war; zur Zulässigkeit einer Vermittlungsprovision → Rn. 89. Die Bedeutung von § 1 II AÜG ist gering. Hat der Überlassende keine Erlaubnis zur Arbeitsvermittlung, kann nach § 5 I Nr. 3, § 3 I Nr. 1 AÜG eine erteilte Erlaubnis zur Arbeitnehmerüberlassung widerrufen werden. Ansonsten hat die Vermutung in § 1 II AÜG keine arbeitsrechtlichen Folgen mehr. Zur Rechtslage nach § 13 AÜG in der bis zum 31.3.1997 geltenden Fassung siehe die 16. Auflage § 120 Rn. 27.

V. Gewerberechtliche Besonderheiten für Leiharbeitgeber (Zeitarbeitgeber)[78]

33 **1. Erlaubnispflicht.** Für die Eröffnung eines Gewerbes als Leiharbeitgeber müssen die allgemeinen gewerberechtlichen Voraussetzungen vorliegen. Daneben bedürfen Zeitarbeitgeber, die im Rahmen ihrer wirtschaftlichen Tätigkeit Dritten AN zur Arbeitsleistung überlassen, ohne damit private Arbeitsvermittlung zu betreiben, nach § 1 I 1 AÜG einer besonderen Erlaubnis der BA (→ Rn. 34). Dies gilt auch für ausländische Rechtsträger, die aus dem **Ausland** AN nach Deutschland vermitteln.[79] Die Beschränkung der Betätigung als Verleiher (Verbot mit Erlaubnisvorbehalt) ist erforderlich, um Verleihern, die ihre Arbeitgeberpflichten zum Nachteil der AN verletzt haben, von der Arbeitnehmerüberlassung auszuschließen. Diese wird von den unionsrechtlichen Bestimmungen über die Dienstleistungsfreiheit erfasst und ist nicht durch die Übergangsbestimmungen der Beitrittsverträge eingeschränkt. Es gelten allerdings die gewerberechtlichen Zulässigkeitsvoraussetzungen sowohl des Entsende- als auch des Beschäftigungsstaats. Nach § 3 IV AÜG erhalten Unionsbürger und Staatsangehörige aus dem EWR die Erlaubnis unter den gleichen Voraussetzungen wie dt. Staatsangehörige; für in der BRD niedergelassene Bürger eines anderen Staats gilt beim Bestehen eines entsprechenden Abkommens § 3 V AÜG. Die Erlaubnis kann versagt werden, wenn der Antragsteller kein dt. Staatsangehöriger ist (§ 3 III AÜG); in diesem Fall besteht nur ein Anspruch auf fehlerfreie Ermessensausübung durch die BA.

34 **2. Erlaubnis.** Die Erlaubnis wird auf schriftlichen Antrag von den Regionaldirektionen der BA erteilt, in deren Bezirk der Verleiher seinen Geschäftssitz, bei mehreren Niederlassungen seinen Hauptsitz hat (§ 2 I, § 17 AÜG). Sie ist dem Antragsteller zu erteilen, wenn die gewerberechtlichen Voraussetzungen vorliegen und keine Versagungsgründe (§ 3 I, II AÜG) vorliegen. Die Erlaubnis ist an die Person des Firmeninhabers gebunden und geht nicht im Wege der Rechtsnachfolge auf einen anderen Rechtsträger über.[80] Im Falle des Betriebsübergangs eines Verleihbetriebs ist daher eine neue Erlaubnis erforderlich. Die Erlaubnis kann unter Bedingungen erteilt und mit Auflagen verbunden werden, um sicherzustellen, dass keine Tatsachen eintreten, die nach § 3 AÜG die Versagung der Erlaubnis rechtfertigen. Aufnahme, Änderung oder Ergänzung der Auflagen sind auch nach Erteilung der Erlaubnis zulässig (§ 2 II AÜG). Die Erlaubnis ist nach § 2 IV, V AÜG entweder befristet oder unbefristet zu erteilen. Für die Bear-

---

[77] BAG 2.6.2010 AP Nr. 22 zu § 10 AÜG = NZA 2011, 351; 19.3.2003 AP Nr. 4 zu § 13 AÜG.

[78] Informationen, Formulare und Merkblätter der Arbeitsverwaltung zur gewerbsmäßigen Arbeitnehmerüberlassung sind im Internet unter http://www.arbeitsagentur.de Stichwort: Arbeitnehmerüberlassung verfügbar.

[79] BayObLG 26.2.1999 FA 1999, 299; EuGH 10.2.2000 NZS 2000, 291 = ZIP 2000, 468 (Beitragsabführung).

[80] BSG 12.12.1991 SozR 3–7815 Art. 1 § 3 Nr. 2 = NZA 1992, 668.

beitung von Anträgen auf Erteilung und Verlängerung von Erlaubnissen werden Kosten aufgrund von § 2a AÜG nach Maßgabe der VO über die Kosten der Erlaubnis zur gewerbsmäßigen Arbeitnehmerüberlassung (Arbeitnehmerüberlassungserlaubnis-Kostenverordnung – AÜKostV) vom 18.6.1982 (BGBl. I 692), zul. geänd. am 17.3.2020 (BGBl. I 524), erhoben. Über Rechtsstreitigkeiten mit der BA, insbesondere wegen Erteilung, Versagung, Rücknahme oder Widerruf einer Erlaubnis entscheiden gem. § 51 I SGG die Sozialgerichte. Dem Klageverfahren ist gem. §§ 77–86 SGG ein Widerspruchsverfahren vorgeschaltet (§ 84 SGG). Grundsätzlich hat der Widerspruch keine aufschiebende Wirkung. Indes kann die Vollziehung eines Verwaltungsakts ganz oder teilweise ausgesetzt werden (§ 86 III, IV SGG). Die BA hat zur Festlegung einer einheitlichen Verwaltungspraxis „Fachliche Weisungen AÜG" erlassen.[81]

3. Rücknahme und Widerruf. Im AÜG wird wie im allgemeinen Verwaltungsrecht zwi- 35
schen Rücknahme und Widerruf der Erlaubnis unterschieden. Eine rechtswidrige Erlaubnis kann mit Wirkung für die Zukunft zurückgenommen werden (§ 4 AÜG). Sofern keiner der Ausschlusstatbestände in § 4 II AÜG vorliegt, hat die BA dem bisherigen Erlaubnisinhaber den hieraus entstehenden Vermögensnachteil auszugleichen. Die Rücknahme ist gem. § 4 III AÜG nur binnen eines Jahres möglich, nachdem die BA von den konkreten die Rücknahme ermöglichenden Tatsachen positiv Kenntnis erhalten hat. Ein Kennenmüssen reicht nicht aus. Der Widerruf der Erlaubnis ist nach § 5 I AÜG zulässig, wenn er vorbehalten war, weil eine abschließende Beurteilung des Antrags noch nicht möglich war (§ 2 III AÜG), der Verleiher einer Auflage nicht innerhalb einer ihm gesetzten Frist nachgekommen ist, infolge neuer Tatsachen oder veränderter Rechtslage die Erlaubnisbehörde berechtigt wäre, sie zu versagen. Werden Leiharbeitnehmer von einem Verleiher unerlaubt einem Dritten überlassen, hat die BA dem Verleiher dies zu untersagen und die weitere Überlassung nach den Vorschriften des Verwaltungsvollstreckungsgesetzes vom 27.4.1953 (BGBl. I 157) zu verhindern (§ 6 AÜG). Zuständig ist die BA (§ 7 I VwVG, § 17 S. 1 AÜG), die Zuständigkeit für die Vollstreckung liegt bei den Hauptzollämtern (§ 4 lit. b VwVG). Zumeist werden Zwangsgelder verhängt (§ 11 VwVG).

4. Kontrollen. Um die Kontrolle der BA zu gewährleisten, haben die Leiharbeitgeber eine 36
Reihe von Auskunftspflichten. Sie haben **(a)** unaufgefordert die Verlegung, Schließung, Errichtung von Betrieben, Betriebsteilen oder Nebenbetrieben anzuzeigen, soweit diese die Ausübung der Arbeitnehmerüberlassung zum Gegenstand haben (§ 7 I AÜG); **(b)** alle Auskünfte zu erteilen, die zur Durchführung des Gesetzes erforderlich sind.[82] Die Auskünfte sind wahrheitsgemäß, vollständig, fristgemäß und unentgeltlich zu erteilen. Auf Verlangen sind die Geschäftsunterlagen vorzulegen (§ 7 II AÜG); **(c)** in begründeten Einzelfällen ist der Erlaubnisbehörde zu gestatten, die Geschäftsräume zu betreten (§ 7 III AÜG). Ein begründeter Einzelfall ist gegeben, wenn Tatsachen vorliegen, die den konkreten Verdacht begründen, dass eine Prüfung gesetzwidrige Zustände ergeben würde und hierzu ein Betreten der Geschäftsräume erforderlich ist.[83] Durchsuchungen können indes nur auf Anordnung eines Amtsgerichts vorgenommen werden (§ 7 IV AÜG). Zur Bekämpfung der **illegalen Arbeitnehmerüberlassung** ist eine Zusammenarbeit der BA mit anderen Behörden vorgesehen (vgl. § 18 AÜG, § 31a I 1 Nr. 1 AO 2002). Diese ist durch die Änderung des AÜG und des SchwarzArbG vom 9.12.2014 (BGBl. I 1922) erheblich ausgeweitet worden.

VI. Rechtsbeziehungen zwischen Verleiher und Leiharbeitnehmer

1. Abschluss des Arbeitsvertrags. Der Leiharbeitsvertrag wird nach den allgemeinen 37
Vorschriften des BGB begründet. Er ist grundsätzlich formlos wirksam, lediglich eine vereinbarte Befristungsabrede bedarf der Schriftform (§ 14 IV TzBfG; → § 38 Rn. 50). Der Nachweis der wesentlichen Vertragsbedingungen des Leiharbeitsverhältnisses richtet sich nach den Vorgaben aus § 2 I NachwG. Zusätzlich sind Firma und Anschrift des Verleihers, die Erlaubnisbehörde, Ort und Erteilung der Erlaubnis sowie ferner Art und Höhe der Leistungen für Zeiten, in denen der Leiharbeitnehmer nicht verliehen ist, zu dokumentieren (§ 11 I 2 AÜG). Eine Pflicht des Verleihers, die wesentlichen Arbeitsbedingungen des Entleiherbetriebs nachzuweisen, besteht nicht; insoweit bestehen Ansprüche nach § 13 AÜG.[84] Die Verletzung der

[81] Die FW AÜG sind im Internet über die Seite der BA abrufbar, zu den FW AÜG 2019 *Bissels/Falter* DB 2019, 2128.

[82] BSG 12.7.1989 SozR 7815 Art. 1 § 7 Nr. 1 = NZA 1990, 157.

[83] BSG 29.7.1992 SozR 3–7815 Art. 1 § 7 Nr. 1 = NZA 1993, 524.

[84] BAG 25.3.2015 AP Nr. 52 zu § 10 AÜG = NZA 2015, 877.

Abfassungs- und Aushändigungspflicht kann für den Verleiher zum Widerruf der Erlaubnis führen und stellt eine Ordnungswidrigkeit nach § 16 Nr. 8 AÜG dar. Nimmt ein Arbeitsloser ein angebotenes Leiharbeitsverhältnis nicht an, kann eine **Sperrzeit** (→ § 23 Rn. 49) eintreten.[85]

38 **2. Nebenpflichten.** Dem Verleiher obliegen gegenüber dem Leiharbeitnehmer eine Reihe von Nebenpflichten: **(a)** er hat dem Leiharbeitnehmer ein Merkblatt der Erlaubnisbehörde über den wesentlichen Inhalt des AÜG auszuhändigen. Nichtdeutsche AN erhalten das Merkblatt und die Urkunde bzw. den Arbeitsvertrag in ihrer Muttersprache (§ 11 II 1, 2 AÜG). **(b)** Der Verleiher hat den Leiharbeitnehmer vor jeder Überlassung über den Einsatz als Leiharbeitnehmer zu unterrichten (§ 11 II 4 AÜG). Hierdurch soll eine verdeckte Arbeitnehmerüberlassung verhindert werden (→ Rn. 12). **(c)** Der Verleiher hat den AN unverzüglich über den Wegfall der Erlaubnis zu unterrichten. Entsprechendes gilt für Rücknahme oder Widerruf der Erlaubnis. Zugleich ist über die Abwicklung und die Abwicklungsfrist zu unterrichten (§ 11 III AÜG). **(d)** Der Verleiher hat den AN im Fall eines Arbeitskampfs gegen den Entleiher unverzüglich zu unterrichten und auf sein Leistungsverweigerungsrecht hinzuweisen (§ 11 V 4 AÜG, (→ Rn. 58).

39 Verletzt der Verleiher gegenüber dem Leiharbeitnehmer schuldhaft seine Nebenpflichten, kann er **schadensersatzpflichtig** (§ 280 BGB) werden. Dies gilt auch für vom Leiharbeitnehmer im Entleihbetrieb erlittene Sachschäden;[86] die Haftung wegen Personenschäden ist nach den §§ 104 ff. SGB VII eingeschränkt (→ § 61 Rn. 14).[87]

40 **3. Inhalt des Arbeitsverhältnisses. a) Mindestschutz.** Das AÜG enthält keine umfassende Regelung über den Schutz der Leiharbeitnehmer, sondern normiert in §§ 8–11 AÜG lediglich einen gewissen Mindestschutz und in § 14 AÜG Rechtsnormen zur betriebsverfassungsrechtlichen Stellung der überlassenen AN. Grundsätzlich gelten daher die allgemeinen arbeitsrechtlichen Normen. Aus dem AÜG ergeben sich indes einige Besonderheiten, zum Anspruch auf Fahrtkostenersatz → § 82 Rn. 5.

41 **b) Gleichstellungsgrundsatz. aa) Begriff.** Nach § 8 I 1 AÜG muss ein im Inland ansässiger[88] Verleiher dem Leiharbeitnehmer die wesentlichen Arbeitsbedingungen gewähren, wie sie ein vergleichbarer AN des Entleihers erhält. Entgegenstehende Abreden sind nach § 9 I Nr. 2 AÜG unwirksam. Der Gleichstellungsgrundsatz geht vom Vorliegen von Arbeitsbedingungen im Entleiherbetrieb aus, die für den Leiharbeitnehmer gegenüber den arbeitsvertraglich vereinbarten Bedingungen mit dem Verleiher günstiger sind. Schlechtere Arbeitsbedingungen im Entleiherbetrieb haben keine Auswirkung auf die zwischen Verleiher und Leiharbeitnehmer getroffenen Abreden. § 8 I AÜG bestimmt eine umfassende Gleichstellungspflicht des Leiharbeitnehmers mit einem im Entleiherbetrieb beschäftigten vergleichbaren AN. Der Gleichstellungsgrundsatz kann nur durch Tarifvertrag zu Lasten des Leiharbeitnehmers eingeschränkt werden (§ 8 II AÜG). Das BVerfG hat die Regelungen als verfassungsmäßig angesehen und einen unverhältnismäßigen Eingriff in die negative Koalitionsfreiheit der Zeitarbeitsunternehmen verneint.[89] Zur Durchsetzung seiner Ansprüche aus § 10 IV AÜG hat der Leiharbeitnehmer einen Auskunftsanspruch gegen einen inländischen Entleiher nach § 13 AÜG (→ Rn. 83).

42 **bb) Vergleichbare Arbeitnehmer.** Vergleichbare AN sind in Anlehnung an die Definition in § 2 I 3, § 3 II 1 TzBfG AN mit gleicher oder ähnlicher Tätigkeit. Es ist also nicht erforderlich, dass die Tätigkeiten völlig identisch sind, sondern es können auch funktional austauschbare AN mit gleichen Anforderungen und Belastungen sein. Wendet der Entleiher in seinem Betrieb ein allgemeines Entgeltschema an, kann auf die fiktive Eingruppierung des Leiharbeitnehmers in diesem Entgeltschema abgestellt werden.[90] Dies entspricht Art. 5 I RL 2008/104/EG. Der Gesetzgeber hat aber nicht eindeutig geregelt, ob zwischen den mit dem Verleiher vereinbarten Arbeitsbedingungen und den beim Entleiher geltenden wesentlichen Arbeitsbedingungen ein **Günstigkeitsvergleich** stattfindet. Da es sich bei den in § 8 AÜG enthaltenen Vorgaben um Mindestarbeitsbedingungen handelt, gilt für den Leiharbeitnehmer die jeweils günstigere Rege-

[85] BSG 8.11.2001 AP Nr. 1 zu § 144 SGB III = NZA-RR 2002, 657.
[86] AA ErfK/*Wank* AÜG § 11 Rn. 29.
[87] BGH 18.11.2014 NJW 2015, 940.
[88] BAG 28.5.2014 AP Nr. 37 zu § 10 AÜG = NZA 2014, 1264.
[89] Zu § 3 I Nr. 3 AÜG aF: BVerfG 29.12.2004 AP Nr. 2 zu § 3 AEntG = NZA 2005, 153.
[90] BAG 24.9.2014 AP Nr. 46 zu § 10 AÜG.

lung; die Vorschrift enthält keine abschließende Regelung für die Zeiten der Überlassung an einen Entleiher.

cc) Umfang. (1) Wesentliche Arbeitsbedingungen. Der Gleichstellungsgrundsatz bezieht sich nur auf die wesentlichen Arbeitsbedingungen einschließlich des Arbeitsentgelts. Von einer näheren Definition hat der deutsche Gesetzgeber insoweit abgesehen. Das Merkmal bestimmt sich daher entsprechend der unionsrechtlichen Vorgaben nach Art. 5 I RL 2008/104/EG. Danach zählen zu den wesentlichen Arbeitsbedingungen **(a)** die Dauer der Arbeitszeit,[91] Ruhezeiten, Nachtarbeit, Urlaub,[92] arbeitsfreie Tage, **(b)** das Arbeitsentgelt (inkl. Sonderzuwendungen und Sachbezügen, → Rn. 44), **(c)** die Bedingungen bei der Arbeit von Schwangeren und Stillenden, Kindern und Jugendlichen sowie **(d)** Maßnahmen zur Bekämpfung jeglicher Diskriminierung aufgrund des Geschlechts, der Rasse oder der ethnischen Zugehörigkeit, der Religion oder Weltanschauung, einer Behinderung, des Alters oder der sexuellen Orientierung. Daneben enthält die RL ein besonderes Benachteiligungsverbot hinsichtlich der in Art. 5 I lit. b RL 2008/104/EG genannten Merkmale während des Einsatzes beim Entleiher und ein allgemeines Diskriminierungsverbot für Leiharbeitnehmer, die in einem befristeten oder Teilzeitarbeitsverhältnis beschäftigt sind. Soweit nicht Art. 5 II und III RL 2008/104/EG etwas anderes vorsehen, gilt der Gleichstellungsgrundsatz daher auch für Teilzeitbeschäftigte und für befristet beschäftigte Leiharbeitnehmer. Er erfasst nicht Regelungen über Bestand, Laufzeit und Beendigung des Leiharbeitsverhältnisses sowie solche über dessen Ausgestaltung in sog. verleihfreien Zeiten. Zu den wesentlichen Arbeitsbedingungen gehören nicht die beim Entleiher geltenden **Ausschlussfristen.** Kann der Leiharbeitnehmer vom Verleiher nach § 10 IV AÜG die Erfüllung der wesentlichen Arbeitsbedingungen verlangen, wie sie der Entleiher vergleichbaren eigenen AN gewährt, muss er daher nicht die im Entleiherbetrieb geltenden Ausschlussfristen einhalten.[93] Der Gleichstellungsgrundsatz und damit der Entgeltanspruch nach § 10 IV AÜG bestehen nur während der Dauer der Überlassung an einen Entleiher. Mit jedem Wechsel zu einem anderen Entleiher gelten regelmäßig wieder andere Arbeitsbedingungen. 43

(2) Arbeitsentgelt. Unter Arbeitsentgelt iSd § 8 I AÜG zählt nicht nur das laufende Arbeitsentgelt, sondern jede (nicht individuell vereinbarte) Vergütung, die aus Anlass des Arbeitsverhältnisses gewährt wird bzw. aufgrund gesetzlicher Entgeltfortzahlungstatbestände gewährt werden muss;[94] hierzu können auch Sachbezüge und Auslösungen gehören (→ § 82 Rn. 11). Aufwendungsersatz (Fahrt-, Übernachtungs- und Verpflegungskosten) bleibt unberücksichtigt, sofern es sich nicht um „verschleiertes" Arbeitsentgelt handelt.[95] Es ist das Arbeitsentgelt zugrunde zu legen, das der Leiharbeitnehmer erhalten hätte, wenn er beim Entleiher für die gleiche Tätigkeit eingestellt worden wäre; hierfür kann uU auch die Betriebszugehörigkeit oder die Berufserfahrung von Bedeutung sein. Weitere Kriterien sind nur dann von Bedeutung, wenn der Entleiher diese bei der Ermittlung und Bemessung der Vergütung von vergleichbaren Stammarbeitnehmern als vergütungsrelevant berücksichtigen würde.[96] 44

Der Anspruch nach § 8 I AÜG wird zu dem arbeitsvertraglich für die Vergütung mit dem Verleiher vereinbarten Zeitpunkt **fällig.** Zu seiner Berechnung ist – wie bei § 11 KSchG (→ § 95 Rn. 80) – ein Gesamtvergleich aller Entgelte im Überlassungszeitraum mit dem jeweiligen Entleiher anzustellen. Der Anspruch unterliegt im Leiharbeitsvertrag vereinbarten **Ausschlussfristen,** soweit diese den für AGB bestehenden Anforderungen genügen (→ § 35 Rn. 58).[97] Er kann – wenn der Leiharbeitnehmer die Höhe des vergleichbaren Stammarbeitnehmern des Entleihers gewährten Arbeitsentgelts (noch) nicht im Einzelnen kennt – dem Grunde nach geltend gemacht werden.[98] Daneben unterliegt der Anspruch nach § 8 I AÜG der regelmäßigen **Verjährungsfrist** von drei Jahren. Die Frist beginnt – wenn der Leiharbeitnehmer Kenntnis von den anspruchsbegründenden Umständen hat (§ 199 I BGB) – mit dem Schluss des Jahres, in dem der Anspruch entstanden ist;[99] sie kann durch eine zunächst auf Auskunft gerich- 45

[91] *Thüsing* DB 2003, 446 (447); *Ulber* ArbuR 2003, 7 (11); aA ErfK/*Wank* AÜG § 3 Rn. 19.
[92] BAG 16.4.2014 AP Nr. 134 zu § 615 BGB = NZA 2014, 1262.
[93] BAG 23.3.2011 AP Nr. 23 zu § 10 AÜG = NZA 2011, 850.
[94] BAG 24.9.2014 AP Nr. 46 zu § 10 AÜG; 19.2.2014 AP Nr. 43 zu § 10 AÜG.
[95] BAG 13.3.2013 AP Nr. 25 zu § 10 AÜG = NZA 2013, 1226; BSG 18.1.2018 SozR 4–7815 § 10 Nr. 2.
[96] BAG 21.10.2015 AP Nr. 54 zu § 10 AÜG = NZA 2016, 422.
[97] BAG 27.1.2016 AP Nr. 71 zu § 307 BGB = NZA 2016, 679; 27.5.2015 AP Nr. 53 zu § 10 AÜG = NZA 2015, 1125; 19.2.2014 AP Nr. 39 zu § 10 AÜG.
[98] BAG 13.3.2013 AP Nr. 31 zu § 10 AÜG = NZA 2013, 680.
[99] BAG 20.11.2013 AP Nr. 30 zu § 10 AÜG; 13.3.2013 AP Nr. 27 zu § 10 AÜG = NZA 2013, 785.

tete Stufenklage gehemmt werden.[100] Bei einem teilweisen Verfall oder Verjährung des Anspruchs beschränkt sich der Gesamtvergleich auf das „für" den nicht verfallenen Zeitraum zu beanspruchende und erhaltene Arbeitsentgelt.[101] Eine **Ausgleichsklausel** über bereits entstandene Ansprüche nach § 8 AÜG in einem Vergleich oder Aufhebungsvertrag ist wirksam,[102] da sie nicht die Entstehung des gesetzlichen Anspruchs, sondern sein Erlöschen regelt.

46 **(3) Darlegungslast.** Die Darlegungslast zur Höhe des Anspruchs aus § 8 I AÜG trägt der Leiharbeitnehmer. Dieser kann er zunächst dadurch genügen, dass er sich auf eine ihm nach § 13 AÜG erteilte Auskunft beruft und diese in den Prozess einführt. Ansonsten muss er zur Darlegung des Anspruchs auf gleiches Arbeitsentgelt schriftsätzlich alle für dessen Berechnung erforderlichen Tatsachen vortragen. Dazu gehören die für einen Gesamtvergleich erforderlichen Tatsachen. Dies sind vorrangig die Benennung eines vergleichbaren Stammarbeitnehmers und das diesem vom Entleiher gewährte Arbeitsentgelt. Beruft sich der Leiharbeitnehmer – alternativ – auf ein allgemeines Entgeltschema, hat er nicht nur dessen Inhalt, sondern auch darzulegen, dass ein solches im Betrieb des Entleihers im Überlassungszeitraum tatsächlich Anwendung fand und wie er danach fiktiv einzugruppieren gewesen wäre.[103] Legt der AN keine Auskunft des Entleihers vor, darf der Verleiher die Arbeitsbedingungen regelmäßig mit Nichtwissen bestreiten, sofern sie nicht in die Urkunde nach § 12 AÜG aufgenommen sind.[104]

47 **(4) Vermutungsregelung.** In § 8 I 2 AÜG hat der Gesetzgeber einen (widerlegbaren) Vermutungstatbestand geschaffen. Erhält der Leiharbeitnehmer das im Einsatzbetrieb einer vergleichbaren Stammarbeitskraft geschuldete tarifvertragliche Arbeitsentgelt, wird seine Gleichstellung jedenfalls hinsichtlich des Arbeitsentgelts vermutet. Wird der vergleichbare AN nicht nach Tarif vergütet, soll die Vermutungsregel auch greifen, wenn der Leiharbeitnehmer das für vergleichbare AN in der Einsatzbranche zu zahlende Entgelt erhält (BT-Drs. 18/9232, 23). Der überlassene AN kann die Vermutung mit einer Auskunft nach § 13 AÜG widerlegen oder mit der Darlegung, dass der vergleichbare AN übertarifliche Leistungen erhält. § 8 I 3 AÜG enthält eine Ausgleichsregelung für die Gewährung von Sachbezügen an AN des Entleihers. Diese findet sinngemäß auf Leistungen der betrieblichen Altersversorgung Anwendung.[105]

48 **(5) Verleihfreie Zeiten.** Der Gleichstellungsgrundsatz gilt nicht für Zeiten, in denen der Leiharbeitnehmer nicht an einen Entleiher überlassen ist. Die Vertragsbedingungen für verleihfreie Zeiten unterliegen der Vereinbarung zwischen den Parteien des Leiharbeitsvertrags. Für die Höhe der Vergütung enthält das AÜG keine Vorgaben, lediglich in § 11 IV AÜG ist die Unabdingbarkeit von § 615 BGB geregelt. Hieraus lässt sich jedoch kein Rückschluss auf die Vergütungshöhe entnehmen. Die untere Grenze einer individualrechtlichen Vergütungsvereinbarung bilden das Mindeststundenentgelt (§ 8 V AÜG; → Rn. 49) sowie § 138 BGB. Maßstab ist dabei die Vergütungshöhe in Tarifverträgen der Zeitarbeitsbranche für die überlassungsfreien Zeiten.[106]

49 **(6) Mindeststundenentgelte.** Nach § 3a I AÜG können Gewerkschaften und Vereinigungen von AG, die zumindest auch für ihre jeweiligen in der Arbeitnehmerüberlassung tätigen Mitglieder zuständig sind und bundesweit tarifliche Mindeststundenentgelte im Bereich der Arbeitnehmerüberlassung miteinander vereinbart haben, dem BMAS vorschlagen, diese als Lohnuntergrenze in einer RechtsVO verbindlich festzusetzen. Der Vorschlag muss für Verleihzeiten und verleihfreie Zeiten einheitliche Mindeststundenentgelte sowie eine Laufzeit enthalten. In der RechtsVO kann bestimmt werden, dass die vorgeschlagenen tariflichen Mindeststundenentgelte als verbindliche Lohnuntergrenze auf alle in den Geltungsbereich der RechtsVO fallenden AG sowie Leiharbeitnehmer Anwendung finden (§ 3a II AÜG). Zu deren Zahlung sind die Verleiher verpflichtet (§ 8 V AÜG), auch die in einem Tarifvertrag nach § 8 II AÜG enthaltenen Arbeitsentgelte können die Mindeststundenentgelte nicht unterschreiten. Ungeregelt gelassen hat der Gesetzgeber allerdings das Zusammentreffen von zwei normativ ausgestalteten Lohnuntergrenzen[107] (→ § 162 Rn. 57).

[100] BAG 25.3.2015 AP Nr. 52 zu § 10 AÜG = NZA 2015, 877.
[101] BAG 23.10.2013 AP Nr. 33 zu § 10 AÜG = NZA 2014, 313.
[102] BAG 27.5.2015 AP Nr. 53 zu § 10 AÜG = NZA 2015, 1125.
[103] BAG 23.10.2013 AP Nr. 33 zu § 10 AÜG = NZA 2014, 313; 13.3.2013 AP Nr. 34 zu § 10 AÜG = NZA 2013, 782; zur Darlegung BAG 25.9.2013 AP Nr. 12 zu § 78a ArbGG 1979 = NZA 2013, 1231.
[104] LAG SchlH 14.5.2013 LAGE § 10 AÜG Nr. 9.
[105] Dazu *Giese/Orth* BB 2017, 693 (696 ff.).
[106] Vgl. BAG 24.3.2004 AP Nr. 59 zu § 138 BGB = NZA 2004, 971.
[107] Dazu *Düwell* DB 2013, 756 (Mindestlohn und Allgemeinverbindlichkeit).

c) Ausnahmen vom Gleichstellungsgrundsatz. aa) Tarifnormen. Der Gleichstellungsgrundsatz des § 8 I 1 AÜG gilt ab dem ersten Tag der Überlassung an einen Entleiher. Ungünstigere als die Arbeitsbedingungen eines vergleichbaren AN kann der Verleiher dem überlassenen AN während seines Einsatzes nur aufgrund eines Tarifvertrags gewähren (§ 8 II, IV AÜG). Die Regelung unterscheidet zwischen Arbeitsentgelt und sonstigen Arbeitsbedingungen und gewährt den Tarifpartnern bei den Letztgenannten einen deutlich größeren Gestaltungsraum als bei der Arbeitsvergütung. Im Unterschied zur eigentlichen Funktion des Tarifvertrags, den Schutz des AN zu gewährleisten und ggf. zu verbessern, dient ein Tarifvertrag im Bereich des AÜG letztlich zur Verschlechterung der in § 8 I AÜG normierten Arbeitsvertragsbedingungen. Die Möglichkeit zur Einschränkung des Gleichstellungsgrundsatzes durch nationale Tarifverträge ist in Art. 5 III RL 2008/104/EG ausdrücklich vorgesehen. Danach kann den Sozialpartnern die Möglichkeit eingeräumt werden, Tarifverträge zu schließen, die unter Achtung des **Gesamtschutzes von Leiharbeitnehmern** beim Arbeitsentgelt und den sonstigen Arbeits- und Beschäftigungsbedingungen vom Grundsatz der Gleichbehandlung abweichen. Allerdings enthält die RL 2008/104/EG selbst keine Definition des „Gesamtschutzes" oder Hinweise auf seinen Inhalt. Der 5. Senat des BAG hat deshalb den EuGH um die Klärung der Voraussetzungen, unter denen ein solcher Gesamtschutz anzunehmen ist, im Rahmen eines Vorabentscheidungsverfahrens ersucht.[108] **Mischbetriebe,** deren Geschäftszweck auch die gewerbsmäßige Arbeitnehmerüberlassung ist, fallen nur unter den Geltungsbereich der für die Zeitarbeitsbranche abgeschlossenen Tarifverträge, wenn sie überwiegend Leiharbeitnehmer beschäftigen.[109] Ungeklärt ist die Rechtslage, wenn Tarifverträge nur noch kraft Nachwirkung gelten (§ 4 V TVG). In diesem Fall entfällt die Abweichungsmöglichkeit, weil die Nachwirkung nur zur Vermeidung eines regelungslosen Zustands eingreifen soll.[110] Hieran fehlt es jedoch, weil nach der Beendigung des Tarifvertrags der Gleichstellungsgrundsatz eingreift. 50

bb) Bezugnahme auf Tarifnormen. Eine Ausnahme vom Gleichstellungsgrundsatz besteht auch, wenn die Parteien des Leiharbeitsverhältnisses nicht tarifgebunden sind, sondern den Tarifvertrag nur einzelvertraglich in Bezug nehmen (§ 8 II 3 AÜG). Eine solche Bezugnahme setzt die Einbeziehung des gesamten Tarifvertrags voraus;[111] die entsprechende Vertragsklausel muss den Anforderungen des Transparenzgebots (→ § 35 Rn. 54) genügen.[112] Eine **Änderungskündigung** zur Aufnahme einer Bezugnahmeklausel auf die für die Zeitarbeitsbranche geltenden Tarifverträge ist ohne Hinzutreten besonderer Umstände unwirksam.[113] 51

cc) Umfang der Abweichungsmöglichkeit. (1) Grundsatz: neun Monate. Die tarifliche Abweichungsmöglichkeit für das Arbeitsentgelt ist auf einen Zeitraum von neun Monaten begrenzt (§ 8 IV 1 AÜG). Abs. 4 stellt eine Rückausnahme von Abs. 2 im Hinblick auf das Arbeitsentgelt dar und begrenzt die Abweichungsmöglichkeit rechtsträgerbezogen grundsätzlich auf die ersten neun Monate der Überlassung an einen Entleiher. Leiharbeitnehmer haben daher selbst bei abweichenden Tarifnormen nach neun Monaten grundsätzlich Anspruch auf das Arbeitsentgelt eines vergleichbaren AN des Entleihers. Die Fristberechnung richtet sich nach § 187 I, § 188 II Alt. 1 BGB.[114] Enthält der Tarifvertrag keine Zeitgrenze oder überschreitet er den gesetzlichen Rahmen, gelten sie nur bis zum Ablauf des neunten Einsatzmonats. Bei den nicht entgeltbezogenen Arbeitsbedingungen (Urlaub, arbeitsfreie Tage, Arbeitszeitgestaltung) kann ein Tarifvertrag zeitlich unbegrenzt den Gleichstellungsgrundsatz einschränken. 52

(2) Ausnahme: Angleichung in Stufen. Der Zeitraum des § 8 IV 1 AÜG kann durch tarifliche Regelungen wahlweise zeitlich unbefristet überschritten werden, wenn **(a)** im Tarifvertrag eine Vergütung festgelegt wird, die sich am tariflichen Entgeltrahmen der Einsatzbranche orientiert und **(b)** die sich ab der sechsten Einsatzwoche dieser stufenweise annähert (§ 8 IV 2 53

[108] BAG 16.12.2020 – 5 AZR 143/19 (A), NZA 2021, 642.
[109] AA *Nebeling/Gründel* BB 2009, 2366 (2369); *Lembke/Distler* NZA 2006, 952.
[110] *Ulber* AÜG § 9 Rn. 267; *Ulber, D.* ZTR 2010, 287; aA ErfK/*Wank* AÜG § 3 Rn. 25; *Nebeling/Gründel* BB 2009, 2366 (2367 f.); *Thüsing* DB 2003, 446 (449); vermittelnd *Bayreuther* BB 2010, 309 (314) (zeitliche Begrenzung auf ein Jahr); *Kocher* DB 2010, 900.
[111] Zu § 10 IV 1 AÜG aF: BAG 16.10.2019 AP Nr. 57 zu § 10 AÜG = NZA 2020, 260; dazu *Bissels* NZA 2020, 427; *Greiner* RdA 2020, 300; *Hamann* Anm. AP Nr. 57 zu § 10 AÜG; *Ulrici* BB 2020, 756.
[112] BAG 13.3.2013 AP Nr. 31 zu § 10 AÜG = NZA 2013, 680.
[113] BAG 15.1.2009 AP Nr. 141 zu § 2 KSchG 1969 = NZA 2009, 957; 12.1.2006 AP Nr. 82 zu § 2 KSchG 1969 = NZA 2006, 587.
[114] *Bayreuther* NZA 2017, 18 (19).

AÜG). Die Tarifvertragsparteien können zwischen den beiden in § 8 IV 1, 2 AÜG festgelegten Alternativen wählen, sie aber nicht kombinieren. Die Vergütung nach Satz 2 stellt nicht auf das Gehalt ab, das ein Vergleichsarbeitnehmer im jeweiligen Einsatzbetrieb erhält, sondern pauschal auf die tarifliche **Vergütungshöhe** in der Branche des Entleihers. Bei der Ausgestaltung der Vergütung nach § 8 IV 2 AÜG steht den Tarifvertragsparteien ein Beurteilungsspielraum zu.[115] Eine etwaige übertarifliche Vergütung im Entleiherbetrieb können sie zB unberücksichtigt lassen, ebenso muss ihre Vergütungsstruktur nicht der in der Zielbranche normierten entsprechen. § 8 IV 4 AÜG enthält eine jeweils auf den Entleiher bezogene Anrechnungsregel, nach einer dreimonatigen Unterbrechungszeit kann der Verleiher bei einer Überlassung an einen vormaligen Entleiher beim Arbeitsentgelt erneut nach § 8 IV 1, 2 AÜG vom Gleichstellungsgebot abweichen. Nach § 8 IV 3 AÜG können die tariflichen Regelungen auch von Mischbetrieben/-unternehmen vereinbart werden, die überwiegend nicht Arbeitnehmerüberlassung betreiben.[116] Nach der insoweit ungenau formulierten Übergangsbestimmung gilt die (gesamte) Anrechnungsregelung erst für Überlassungszeiten ab dem 1.4.2017.

54 **dd) Konzernbezug.** Die Möglichkeit, durch Tarifvertrag von dem Gleichstellungsgrundsatz abzuweichen, besteht nach § 8 III AÜG nicht für Leiharbeitnehmer, die in den letzten sechs Monaten vor der Überlassung an den Entleiher aus einem Arbeitsverhältnis bei diesem oder einem AG, der mit dem Entleiher einen Konzern (§ 18 AktG) bildet, ausgeschieden sind. Damit soll eine Arbeitnehmerüberlassung in den fraglichen Fällen zwar nicht ganz unterbunden, aber zumindest verhindert werden, dass AN als Mitglieder der Stammbelegschaft entlassen und kurz darauf zu schlechteren Arbeitsbedingungen als Zeitarbeitskräfte wieder im Unternehmen(sverbund) beschäftigt werden (BT-Drs. 17/4804, 9, „Drehtüreffekt"). Zum Schutz der Leiharbeitnehmer soll in den gesetzlich beschriebenen Fällen der Grundsatz des „Equal Pay" oder „Equal Treatment" uneingeschränkt gelten. Eine (Rück-)Überlassung innerhalb des Konzerns ist danach zulässig, lediglich die Möglichkeit, durch Bezugnahme auf einen Tarifvertrag von dem Gleichstellungsgebot abzuweichen, ist ausgeschlossen. Dagegen gerichtete Vereinbarungen sind nach § 9 I Nr. 2 AÜG unwirksam, überdies kann der Verstoß Auswirkungen auf die Erlaubnisversagung haben und zu einem Bußgeld führen (§ 16 I Nr. 7a AÜG). Im Schrifttum ist allerdings frühzeitig darauf hingewiesen worden, dass die Drehtürklausel bei einer rechtlichen Aufrechterhaltung des bisherigen Arbeitsverhältnisses sowie bei bestimmten Gestaltungsformen im Konzern tatbestandlich nicht eingreift;[117] dies schließt es aber nicht aus, solche Fallkonstellationen als missbräuchliche Umgehung von § 8 III AÜG anzusehen.

55 **ee) Auslandssachverhalte.** Bei einer nach § 3 IV AÜG zulässigen grenzüberschreitenden Arbeitnehmerüberlassung kann durch einen normativ oder kraft Bezugnahme geltenden ausländischen Tarifvertrag vom Gleichstellungsgebot abgewichen werden, wenn dieser eine zwingende Ausgestaltung der wesentlichen Arbeitsbedingungen enthält; eine Inbezugnahme auf einen deutschen Tarifvertrag von Arbeitsvertragsparteien, deren Arbeitsverhältnis nicht dem Geltungsbereich des inländischen Tarifvertrags unterliegt, führt nicht zur Abbedingung des Gleichstellungsgebots. Daneben gilt der **Vorrang des AEntG** für die in den für allgemeinverbindlich erklärten Tarifverträgen enthaltenen Mindestbedingungen in Bezug auf die Mindestentgeltsätze (→ § 162 Rn. 15).

56 **ff) Rechtsfolgen.** Verstößt eine Vereinbarung zwischen dem Verleiher und dem Leiharbeitnehmer gegen den Gleichstellungsgrundsatz, kann der Leiharbeitnehmer von dem Verleiher die Gewährung der im Betrieb des Entleihers für einen vergleichbaren AN des Entleihers geltenden wesentlichen Arbeitsbedingungen einschließlich des Arbeitsentgelts verlangen (§ 8 I 1 AÜG). Daneben kann ein Verstoß zur Versagung sowie zum Widerruf der Verleiherlaubnis führen (§ 5 I Nr. 3 AÜG). Das Nichtgewähren tariflicher Arbeitsbedingungen ist nach § 16 I Nr. 7a AÜG bußgeldbewehrt.[118]

57 **4. Annahmeverzug, Arbeitszeitkonto und Abrufarbeitsverhältnis.** Während des Annahmeverzugs ist der AG nach § 615 S. 1 BGB grundsätzlich zur Lohnfortzahlung verpflichtet (→ § 95 Rn. 65). Dieser Anspruch kann in Leiharbeitsverhältnissen nicht durch Vertrag abbedungen werden.[119] Indes hat der Leiharbeitnehmer sich einen etwaigen Zwischenverdienst und öffentl.-rechtl. Leistungen (umstr.) anrechnen zu lassen, insoweit bleibt § 615 S. 2 BGB unbe-

115 *Thüsing/Beden* NZA 2018, 404; *Henssler* RdA 2017, 83 (94); *Bayreuther* NZA 2017, 18.
116 BSG 12.10.2016 SozR 4–7815 § 2 Nr. 1 = NZA-RR 2017, 426; *Lembke* NZA 2017, 1 (7).
117 *Lembke* DB 2011, 414 (419 f.), der zudem verfassungsrechtliche Bedenken äußert.
118 Dazu *Boehmke* BB 2016, 2741.
119 ArbG Bremen-Bremerhaven 6.12.2007 ArbuR 2008, 277 (pers. Arbeitsangebot).

rührt (§ 11 IV AÜG). Die Einrichtung eines Arbeitszeitkontos, bei dem ein Arbeitszeitguthaben durch einsatzfreie Zeiten ausgeglichen wird, ist ebenso unzulässig wie die entsprechende einseitige Anrechnung durch den Verleiher. Hierdurch wird dessen Arbeitgeberrisiko auf den AN abgewälzt.[120] Der Vereinbarung eines Abrufarbeitsverhältnisses steht die ratio von § 11 IV AÜG entgegen, wonach der Verleiher das Beschäftigungsrisiko nicht auf den AN übertragen kann. Der Arbeitsausfall von AN in einem Betrieb der gewerbsmäßigen Arbeitnehmerüberlassung ist branchenüblich; er gilt deshalb regelmäßig als vermeidbar, sodass kein **Kurzarbeitergeld** gezahlt werden kann.[121] Hiervon besteht unter den Voraussetzungen des § 11a AÜG eine bis zum 31.12.2021 befristete Ausnahme. Die genannte Vorschrift enthält eine Verordnungsermächtigung, wonach die Bundesregierung zur Krisenbewältigung ausnahmsweise u.a. die Zahlung von KUG auch an Leiharbeitskräfte ermöglichen kann. Nach § 3 KugV[122] wird das Recht von Leiharbeitnehmern auf Vergütung (§ 11 IV 2 AÜG) bei Vereinbarung von Kurzarbeit für den Arbeitsausfall und für die Dauer aufgehoben, für die den Leiharbeitnehmern KUG gezahlt wird. Dies gilt längstens bis zum 31.12.2021, wenn der Betrieb bis zum 31.6.2021 Kurzarbeit eingeführt hat.

5. Arbeitskampf. § 11 V AÜG betrifft den Einsatz von Leiharbeitnehmern während eines 58
Arbeitskampfs. Die Vorschrift beschränkt ihr Tätigwerden beim Entleiher. Sie soll verhindern, dass Arbeitskämpfe durch den Einsatz von Leiharbeitnehmern zulasten der kampfführenden Gewerkschaft beeinflusst werden. Dazu hat der Gesetzgeber ein (betriebsbezogenes) Einsatzverbot für den Entleiher und ein Leistungsverweigerungsrecht für die überlassenen AN normiert. Diese dürfen im unmittelbar bestreikten Betrieb überhaupt nicht eingesetzt werden (§ 11 V 1 AÜG). Ist dieser nur mittelbar von einem Arbeitskampf betroffen, dürfen Leiharbeitnehmer keine Tätigkeiten von AN übernehmen, die sich im Arbeitskampf befinden oder ihrerseits Tätigkeiten von streikenden oder ausgesperrten AN übernommen haben (§ 11 V 2 AÜG). Der Leiharbeitnehmer hat ein Leistungsverweigerungsrecht gegenüber einem Einsatz bei einem unmittelbar von einem Arbeitskampf betroffenen Entleiher (§ 11 V 3 AÜG). Insoweit trägt der Verleiher das Lohnrisiko.[123] Das Einsatzverbot gilt unabhängig davon, ob die überlassenen AN von ihrem Leistungsverweigerungsrecht Gebrauch machen (BT-Drs. 18/9232, 28). Für Arbeitskämpfe im Verleiherbetrieb enthält das AÜG keine Regelungen. Da die Arbeitnehmerüberlassung im Konzern (→ Rn. 25) vom Geltungsbereich des AÜG ausgenommen ist, findet § 11 AÜG insoweit keine Anwendung. Das nach § 16 I Nr. 8a, II AÜG bußgeldbewehrte Einsatzverbot ist verfassungsgemäß.[124] Es ist wegen der Konfliktlage der jeweils betroffenen Leiharbeitnehmer gerechtfertigt. Der Gesetzgeber konnte davon ausgehen, dass diese nicht in der Lage sind, ihr Leistungsverweigerungsrecht durchzusetzen und einen Einsatz bei einem vom Arbeitskampf erfassten Entleiher durchzusetzen.

6. Unwirksame Vereinbarungen. Durch § 9 I Nrn. 2–5 AÜG werden wegen der Beson- 59
derheiten des Leiharbeitsverhältnisses bestimmte Abreden zwischen dem Verleiher und dem Leiharbeitnehmer untersagt. Dies betrifft Vereinbarungen, **(a)** die für den Leiharbeitnehmer schlechtere als die ihm nach § 8 AÜG zustehenden Arbeitsbedingungen einschließlich des Arbeitsentgelts vorsehen (Nr. 2), und **(b)** solche, die dem Leiharbeitnehmer untersagen, mit dem Entleiher zu einem Zeitpunkt, in dem das Arbeitsverhältnis zwischen Verleiher und Leiharbeitnehmer nicht mehr besteht, ein Arbeitsverhältnis einzugehen (Nr. 3). **(c)** Nach § 9 I Nr. 4 AÜG ist eine zwischen Verleiher und Leiharbeitnehmer getroffene Abrede unwirksam, die es dem AN verbietet, nach Beendigung des Leiharbeitsverhältnisses ein Arbeitsverhältnis mit einem AG zu begründen, bei dem er bereits zuvor als Leiharbeitnehmer tätig war. **(d)** Unwirksam ist auch eine Vereinbarung, nach der der Leiharbeitnehmer eine Vermittlungsvergütung an den Verleiher zu zahlen hat (§ 9 I Nr. 5 AÜG). Die Möglichkeit, mit dem Entleiher ein Dauerbeschäftigungsverhältnis einzugehen, soll nicht verhindert oder erschwert werden.[125]

7. Unwirksamkeit des Vertrags. a) Voraussetzungen. Bei Vorliegen der ersten drei in 60
§ 9 I AÜG normierten Tatbeständen ist der Arbeitsvertrag zwischen Verleiher und Leiharbeitnehmer unwirksam. Das Arbeitsverhältnis geht kraft Gesetzes auf den Entleiher über (§ 10 I

[120] Umstr., wie hier LAG Bln-Bbg 17.12.2014 BB 2015, 829; dazu *Falter/Hütwohl* DB 2016, 956.
[121] BSG 21.7.2009 SozR 4–4300 § 170 Nr. 2 = NZA-RR 2010, 216.
[122] VO über Erleichterungen der Kurzarbeit (Kurzarbeitergeldverordnung – KugV) vom 25.3.2020 (BGBl. I 595) idF der VO vom 17.6.2021 (BGBl. I 1821); *Waltermann* NZS 2020, 337.
[123] BAG 1.2.1973 AP Nr. 29 zu § 615 BGB Betriebsrisiko.
[124] BVerfG 19.6.2020 NZA 2020, 1186; aA *Lembke* NZA 2017, 1 (10 f.).
[125] LAG Köln 22.8.1984 DB 1984, 445 = ZIP 1986, 736.

AÜG). Im Einzelnen sind nach § 9 I Nr. 1 AÜG Verträge zwischen Verleiher und Leiharbeitnehmer unwirksam, wenn **(1)** der Verleiher nicht die nach § 1 I 1 AÜG erforderliche Erlaubnis hat (→ Rn. 6, 33). Gleiches gilt **(2)** bei verdeckter Arbeitnehmerüberlassung (§ 9 I Nr. 1a, § 1 I 5, 6 AÜG; → Rn. 12) und **(3)** bei Überschreiten der zulässigen Höchstüberlassungsdauer (§ 9 I Nr. 1b, § 1 Ib AÜG; → Rn. 8). Die Unwirksamkeit des Vertrags setzt allerdings voraus, dass der Leiharbeitnehmer tatsächlich an den Entleiher überlassen wird und für diesen Arbeitsleistungen erbringt.[126] Der Verleiher haftet gem. § 10 II AÜG auf den Schaden, den der Leiharbeitnehmer dadurch erleidet, dass er auf die Gültigkeit des Vertrags vertraut hat. Da der Anspruch ein solcher aus Verschulden bei Vertragsschluss ist, ist er nach § 311a BGB nur auf das negative Interesse gerichtet. Hiergegen wird eingewandt, dass der Grund der fehlenden Begrenzung darin liegt, dass ein völlig anders gearteter Vertrag zwischen Entleiher und Leiharbeitnehmer zustande kommen kann und der Verleiher insoweit einen Ausgleich schuldet.[127] Der Schadenersatzanspruch ist ausgeschlossen, wenn der Leiharbeitnehmer den Grund der Unwirksamkeit kennt. Ist der Vertrag nach § 9 I AÜG unwirksam, ist der Verleiher gegenüber dem Leiharbeitnehmer verpflichtet, diesem Auskunft über solche Tatsachen zu erteilen, die dieser zur Durchsetzung eventueller Ansprüche gegenüber dem Entleiher benötigt.[128] Das Recht, die Unwirksamkeit des Leiharbeitsvertrags geltend zu machen, kann nicht verwirken (→ Rn. 76).

61 **b) Rechtsfolgen.** Ist der Arbeitsvertrag zwischen Verleiher und Leiharbeitnehmer unwirksam, erfolgt keine Rückabwicklung bereits erbrachter Leistungen; vielmehr haftet insoweit der Verleiher nach den Grundsätzen des faktischen Arbeitsverhältnisses. Zahlt der Verleiher das vereinbarte Arbeitsentgelt oder Teile des Arbeitsentgelts an den Leiharbeitnehmer, obwohl der Vertrag nach § 9 I AÜG unwirksam ist, hat er auch sonstige Teile des Arbeitsentgelts, die bei einem wirksamen Arbeitsvertrag für den Leiharbeitnehmer an einen Anderen zu zahlen wären, an den Anderen zu zahlen (§ 10 III 1 AÜG). Hierzu gehören zB die Sozialversicherungs- und Sozialkassenbeiträge.[129] Wegen dieser sonstigen Beträge gilt der Verleiher neben dem Entleiher als AG. Beide haften als Gesamtschuldner (§ 10 III 2 AÜG). Bei Insolvenz des Verleihers hat der Leiharbeitnehmer Anspruch auf Insolvenzgeld.[130]

62 **c) Widerspruchsrecht und Festhaltenserklärung. aa) Normzweck.** Nach § 9 I Nrn. 1, 1a oder 1b AÜG ist der Arbeitsvertrag zwischen dem Verleiher und dem Leiharbeitnehmer unter den dort bestimmten Voraussetzungen unwirksam (→ Rn. 60). Das Gesetz fingiert in § 10 I AÜG als Ausgleich für den Verlust des bisherigen AG ein Arbeitsverhältnis mit dem Entleiher (→ Rn. 76). Zur Vermeidung dieser Rechtsfolge räumt § 9 II AÜG dem Leiharbeitnehmer wegen des hiermit verbundenen Eingriffs in seine Berufsfreiheit[131] (Art. 12 I GG) – wie beim Betriebsübergang – für die Dauer eines Monats ein Widerspruchsrecht ein (sog. Festhaltenserklärung). Mit dessen Ausübung kann der Leiharbeitnehmer den gesetzlich angeordneten Wechsel des AG verhindern. Allerdings hat der Gesetzgeber weder dem Verleiher noch dem Entleiher eine § 613a V BGB vergleichbare Informationspflicht über die Voraussetzungen oder die Folgen seiner Erklärung auferlegt.

63 **bb) Fristbeginn.** Die gesetzliche Regelung über den Fristbeginn für die Abgabe der Festhaltenserklärung (§ 9 II AÜG) ist nicht gelungen. Dieser läuft an **(1)** bei einer fehlenden Verleiherlaubnis (§ 9 I Nr. 1 AÜG; → Rn. 6, 33) einen Monat nach dem zwischen Verleiher und Entleiher für den Beginn der Überlassung vorgesehenen Zeitpunkt; tritt die Unwirksamkeit erst nach Aufnahme der Tätigkeit beim Entleiher ein, beginnt die Frist mit Eintritt der Unwirksamkeit. **(2)** Im Fall einer verdeckten Arbeitnehmerüberlassung (§ 9 I Nr. 1a AÜG; → Rn. 12) beginnt die Monatsfrist mit dem zwischen Verleiher und Entleiher für den Beginn der Überlassung vorgesehenen Zeitpunkt. **(3)** Bei Überschreiten der Überlassungshöchstdauer (§ 9 I Nr. 1b AÜG; → Rn. 8) wird die Frist von einem Monat am Tag nach Überschreiten der zulässigen Überlassungshöchstdauer in Gang gesetzt. Der Zeitpunkt für den Fristbeginn lässt sich lediglich bei einem auf das Überschreiten der Überlassungshöchstdauer gerichteten Verstoß einigermaßen sicher ermitteln. Der AN kann erkennen, wenn er länger als 18 Monate beschäftigt wird. Wird er hingegen im Rahmen eines vermeintlichen Werk-/Dienstvertrags in den Entleiherbetrieb

[126] BAG 20.1.2016 AP Nr. 38 zu § 1 AÜG.
[127] ErfK/*Wank* AÜG § 10 Rn. 24.
[128] BAG 11.4.1984 AP Nr. 7 zu § 10 AÜG = NZA 1984, 161 (Anspruch bereits bei Verdacht).
[129] BAG 28.8.2013 AP Nr. 1 zu § 338 ZPO.
[130] BSG 29.2.1984 SozR 1500 § 75 Nr. 51 = ZIP 1984, 988.
[131] BVerfG 25.1.2011 AP Nr. 146 zu Art 12 GG = NZA 2011, 400 (AG-Wechsel durch Gesetz).

entsandt, kann der AN vielleicht noch die für die rechtliche Bewertung maßgeblichen Tatsachen erkennen, diese ohne Weiteres nachzuvollziehen, ist ihm sicherlich nicht möglich. Da aber in diesem Fall alle drei Tatbestände des § 9 I AÜG einschlägig sein können, kommen unterschiedliche Fristläufe in Betracht.[132] Im Schrifttum wird vorgeschlagen, den Fristlauf an die Kenntnis des AN von den Voraussetzungen für den Fristbeginn zu knüpfen. Zur Begründung wird auf die Wahlmöglichkeit zwischen den möglichen AG hingewiesen (so BT-Drs. 18/9232, 26), diese setze die Kenntnis des Leiharbeitnehmers von den Voraussetzungen für den Fristbeginn voraus.[133] Diese Auffassung berücksichtigt den mit dem gesetzlich angeordneten Arbeitgeberwechsel verbundenen Eingriff in die Berufsfreiheit des AN nur unzureichend. Die Frist läuft nicht vor dem Vorliegen der objektiven Voraussetzungen an. Ab diesem Zeitpunkt kann das Wahlrecht ausgeübt werden. Die Frist beginnt ansonsten erst, wenn der AN – wie beim Betriebsübergang – entweder vom Verleiher oder Entleiher auf sein Wahlrecht und die Monatsfrist hingewiesen wird. Eine an die – mehr oder weniger – Erkennbarkeit der tatbestandlichen Voraussetzungen anknüpfende Sichtweise überfordert den betroffenen AN. Allerdings erscheint fraglich, ob die hier als vorzugswürdig angesehene Auffassung noch im Wege einer verfassungskonformen Auslegung herangezogen werden kann oder sich die gesetzliche Regelung über die Festhaltenserklärung als verfassungswidrig erweist.[134] Denkbar ist auch, dass sich auf den Eintritt der Fiktionswirkung nur der betroffene Leiharbeitnehmer und die Sozialversicherungsträger in Bezug auf die gesamtschuldnerisch geschuldeten Beiträge berufen können. Nach § 9 III 1 AÜG ist eine vor Beginn einer Frist nach § 9 I AÜG abgegebene Festhaltenserklärung ebenso wie eine erneut abgegebene Erklärung (§ 9 III 3 AÜG) unwirksam. Die Festhaltenserklärung kann danach innerhalb eines Überlassungseinsatzes nur einmal abgegeben werden. Wird die rechtswidrige Überlassung nach der Festhaltenserklärung fortgeführt, wird der durch die Festhaltenserklärung zunächst mit dem Verleiher fortbestehende Arbeitsvertrag erneut unwirksam und das Arbeitsverhältnis geht erneut auf den Entleiher über.

cc) Form und Adressat der Erklärung. Die Festhaltenserklärung muss schriftlich erfolgen, dh dem gesetzlichen Schriftformerfordernis (§ 126 BGB; → § 32 Rn. 46) genügen. Eine Erklärung in Textform wahrt die Frist nicht, die nach § 126 III BGB in elektronischer Form abzugebende Erklärung dürfte sich wegen der Vorgaben des weiteren Verfahrens weitgehend erübrigen. Nach § 9 II AÜG ist sie nur wirksam, wenn sie **(1)** vom Leiharbeitnehmer persönlich einer (beliebigen) AA vorgelegt wird, **(2)** diese – vergleichbar einem Notar – die abzugebende Erklärung mit dem Datum des Tages der Vorlage und dem Hinweis versieht, dass sie die Identität des Leiharbeitnehmers festgestellt hat, und **(3)** die Erklärung spätestens am dritten Tag nach der Vorlage in der AA dem Ver- oder Entleiher zugeht. Erfolgt der Zugang erst ab dem vierten Tag, ist diese Erklärung unwirksam (BT-Drs. 19/10064, 15). Die fristgerechte Übermittlung der Erklärung an den Ver- oder Entleiher liegt im Verantwortungsbereich des Leiharbeitnehmers; eine unzutreffende Datumsangabe der AA ist insoweit ohne Bedeutung. 64

dd) Rechtsfolgen. Eine wirksam abgegebene Festhaltenserklärung hat zur Folge, dass der Vertrag zwischen dem Leiharbeitnehmer und dem Verleiher nicht unwirksam wird. Der Vertrag mit dem Entleiher kommt nicht zustande, die gesetzliche Fiktion entfällt rückwirkend. Dies folgt aus dem Umkehrschluss zur Regelung über die Haftung für die anfallenden Sozialversicherungsbeiträge in § 9 III 4 AÜG. Diese Vorschrift ordnet eine gesamtschuldnerische Haftung von Ver- und Entleiher für die zwischenzeitlich anfallenden Sozialversicherungsbeiträge an. Diese ausdrückliche Anordnung hat der Gesetzgeber nur für die sozialversicherungsrechtlichen, nicht aber die arbeitsrechtliche Beziehungen zwischen den Beteiligten getroffen. Wird die nach § 9 I AÜG illegale Überlassung nach der Festhaltenserklärung auch nur kurze Zeit fortgesetzt, treten die Rechtsfolgen aus § 9 I, § 10 I AÜG erneut ein, eine wirksame (weitere) Festhaltenserklärung ist dann nicht mehr möglich (§ 9 III 3 AÜG). 65

d) Unwirksamkeitsfolge bei Kettenverleih. Nach § 10a AÜG tritt die Unwirksamkeitsfolge des § 9 I AÜG und die Fiktion des § 10 AÜG auch dann ein, wenn AN entgegen § 1 I 3 AÜG (→ Rn. 6) von einer anderen Person überlassen werden und diese Person gegen einen in § 9 I AÜG genannten Tatbestand (→ Rn. 60) verstößt. Nach der Gesetzesbegründung soll die Vorschrift missbräuchliche Gestaltungen des Fremdpersonaleinsatzes vermeiden. Wird zwischen dem Verleiher und Entleiher ein weiterer Rechtsträger eingeschaltet, der entweder über keine Verleiherlaubnis verfügt, eine verdeckte Arbeitnehmerüberlassung durchführt oder die Überlas- 66

---

[132] Weitere Beispiele für unklare Fallgestaltungen bei *Lembke* NZA 2017, 1 (9).
[133] *Hamann/Rudnik* NZA 2017, 22 (24); *Lembke* NZA 2017, 1 (9 f.).
[134] Bedenken äußert *Lembke* NZA 2017, 1 (10); *Kainer/Schweipert* NZA 2017, 13.

sungshöchstdauer überschreitet, tritt die Unwirksamkeitsfolge im Verhältnis zum Erstverleiher ein. Es wird ein Arbeitsverhältnis zum Einsatzarbeitgeber fingiert, bei dem der überlassene AN seine Arbeitsleistung tatsächlich erbringt. Durch eine Festhaltenserklärung (→ Rn. 62) gegenüber dem Erstverleiher oder dem Entleiher kann die Unwirksamkeitsfolge beseitigt werden, das Arbeitsverhältnis zum Erstverleiher bleibt dann bestehen. Über die Rechtsfolgen in Bezug auf die zwischen den auf Arbeitgeberseite abgeschlossenen Vereinbarungen schweigt sich die Vorschrift aus, diese dürften aber nach § 134 BGB unwirksam sein.[135]

67 **8. Beendigung des Leiharbeitsverhältnisses. a) Befristung.** Ist das Leiharbeitsverhältnis nach § 14 TzBfG befristet, endet es mit dem Ablauf der Zeit, für die es eingegangen ist. Entsprechendes gilt für eine Zweckbefristung bzw. auflösende Bedingung. Für die Beurteilung des Sachgrunds (§ 14 I TzBfG) ist nicht auf die im Entleiherbetrieb, sondern auf die beim Verleiher geltenden Umstände abzustellen.[136] Eine nur vorübergehende Einsatzmöglichkeit des Leiharbeitnehmers bei einem Entleiher stellt regelmäßig keinen Sachgrund nach § 14 I 2 Nr. 1 TzBfG für die Befristung des Leiharbeitsverhältnisses dar. Die Ungewissheit über mögliche Anschlusseinsätze für den Leiharbeitnehmer zählt zum unternehmerischen Risiko des Verleihers. Dieses kann nicht durch den Abschluss eines befristeten Arbeitsvertrags auf den Leiharbeitnehmer abgewälzt werden. Das Leiharbeitsverhältnis mit dem Verleiher kann nach § 14 II TzBfG sachgrundlos befristet werden. Wird der AN später bei dem Entleiher eingestellt, kann auch dieses Arbeitsverhältnis nach § 14 II TzBfG befristet werden, da es sich nicht um demselben AG iSd § 14 II 2 TzBfG handelt; dies gilt auch bei einer umgekehrten zeitlichen Reihenfolge (→ § 39 Rn. 12). Wird der Leiharbeitnehmer mit Kenntnis des Verleihers beim Entleiher über das vereinbarte Befristungsende hinaus weiter tätig, kann nach § 15 V TzBfG mit dem Verleiher ein unbefristetes Arbeitsverhältnis zustande kommen.[137]

68 **b) Kündigung.** Das Leiharbeitsverhältnis kann vom Verleiher oder vom Leiharbeitnehmer ordentlich wie außerordentlich gekündigt werden. Das KSchG findet für Kündigungen durch den Verleiher unter den Voraussetzungen der § 1 I, § 23 I KSchG Anwendung. Für die Wartezeit nach § 1 I KSchG zählt allein die Zeit des rechtlichen Bestands des Leiharbeitsverhältnisses mit dem Verleiher, zur Kündigungsfrist → Rn. 48. Für die personen- und verhaltensbedingte Kündigung eines Leiharbeitsverhältnisses gelten hinsichtlich der Kündigungsgründe keine Besonderheiten. Eine verhaltensbedingte Kündigung kann auch auf das Verhalten des Leiharbeitnehmers im Betrieb des Entleihers gestützt werden. Eine betriebsbedingte Kündigung des Verleihers wegen fehlender Einsatzmöglichkeiten für den Leiharbeitnehmer ist nach der Aufhebung der § 9 Nr. 3, § 11 IV AÜG aF, wonach kurzfristige Auftragslücken nicht kündigungsrechtlich von Bedeutung waren, nach allgemeinen Grundsätzen zulässig. Ein auslaufender Auftrag und ein fehlender Anschlussauftrag reichen aber regelmäßig nicht aus, um einen dauerhaften Wegfall des Beschäftigungsbedürfnisses zu begründen.[138]

69 **c) Kündigungsfrist.** Nach § 622 V 1 Nr. 1 BGB kann auch einzelvertraglich im Aushilfsarbeitsverhältnis die gesetzliche Kündigungsfrist abgekürzt werden (→ § 126 Rn. 26). Um zu verhindern, dass der Verleiher das Lohnrisiko in Zeiten nicht bestehender Beschäftigungsmöglichkeit auf den Leiharbeitnehmer überwälzt, bestimmt § 11 IV AÜG, dass § 622 V Nr. 1 BGB über die Vereinbarung kürzerer Kündigungsfristen mit Aushilfsarbeitnehmern auf das Arbeitsverhältnis mit Leiharbeitnehmern nicht anzuwenden ist. Eine einzelvertragliche Vereinbarung verkürzter Kündigungsfristen ist daher unwirksam. Durch Tarifverträge können die Kündigungsfristen nach § 622 IV BGB verkürzt werden. Dagegen ist § 622 V 1 Nr. 2 BGB (→ § 126 Rn. 5) auch im Leiharbeitsverhältnis anzuwenden.

70 **d) Fehlende Verleiherlaubnis.** Das Leiharbeitsverhältnis ist in seinem Bestand von den Rechtsbeziehungen zwischen Verleiher und Entleiher unabhängig. Nur bei Wegfall (§ 2 IV 3 AÜG), Rücknahme (§ 4 AÜG) und Widerruf (§ 5 AÜG) der Erlaubnis zur Arbeitnehmerüberlassung wird der Grundsatz der Bestandsunabhängigkeit zugunsten der Fiktion des Arbeitsverhältnisses (§ 10 I AÜG) zwischen Entleiher und Leiharbeitnehmer durchbrochen (→ Rn. 71).

VII. Rechtsbeziehungen zwischen Entleiher und Leiharbeitnehmer

71 **1. Fehlende Vertragsbeziehungen.** Zwischen Entleiher und Leiharbeitnehmer bestehen regelmäßig keine vertraglichen Beziehungen. Gleichwohl ist deren (Beschäftigungs-)Verhält-

[135] Wie hier *Lembke* NZA 2017, 1 (3).
[136] *Werthebach* NZA 2005, 1044; aA *Frick* NZA 2005, 386.
[137] BAG 28.9.2016 AP Nr. 9 zu § 15 TzBfG = NZA 2017, 55.
[138] BAG 18.5.2006 AP Nr. 7 zu § 9 AÜG.

nis nicht rein faktischer Art. Da der Leiharbeitnehmer aufgrund der mit dem Verleiher getroffenen Vereinbarung in den Betrieb des Entleihers eingegliedert wird, steht diesem ein Weisungsrecht im Rahmen des mit dem Verleiher vereinbarten Einsatzes zu (→ § 45 Rn. 14). Dieser kann insoweit Art und Ausführung der Arbeit bestimmen. Der Leiharbeitnehmer ist im Rahmen der vereinbarten Höchstarbeitszeit an die Lage der Arbeitszeit im Betrieb des Entleihers gebunden und unterliegt dessen kollektiver Ordnung. Der Entleiher gilt als AG iSd ArbNErfG (§ 11 VII AÜG; → § 114 Rn. 7).

2. Nebenpflichten. a) Leiharbeitnehmer. Aus den Grundsätzen des Vertrags mit Schutzwirkung zugunsten Dritter obliegen auch dem Leiharbeitnehmer gegenüber dem Entleiher Schutzpflichten (§ 305 II BGB). Das können Verschwiegenheitspflichten und Sorgfaltspflichten sein, deren Verletzung zu Schadensersatzansprüchen führen kann. Für die Haftung des Leiharbeitnehmers gegenüber dem Entleiher gelten Besonderheiten. Die Haftung bei deliktischen Ansprüchen ist ihm gegenüber in gleichem Umfang nach den für die AN geltenden Haftungsgrundsätzen eingeschränkt (→ § 59 Rn. 29); der Entleiher steht einem betriebsfremden Dritten (→ § 59 Rn. 48) nicht gleich. 72

b) Entleiher. Der Entleiher hat gegenüber dem Leiharbeitnehmer Schutzpflichten (→ § 106 Rn. 1). In der RL 2008/104/EG sind umfangreiche Informationspflichten über den Arbeitsplatz und die von ihm ausgehenden Gefahren vorgesehen (→ § 154 Rn. 4). Er hat nach § 11 VI AÜG die für seinen Betrieb geltenden öffentl.-rechtl. Arbeitsschutzbestimmungen auch gegenüber dem Leiharbeitnehmer zu beachten.[139] § 618 BGB ist entsprechend anzuwenden. Der Entleiher hat für die eingebrachten Sachen (→ § 106 Rn. 23) des Leiharbeitnehmers zu sorgen. Verletzt der Entleiher schuldhaft seine Nebenpflichten, wird er schadensersatzpflichtig. Seine Haftung wegen Personenschäden ist nach § 104 SGB VII eingeschränkt (→ § 61 Rn. 14). Bei Eigenschäden des Leiharbeitnehmers kann sich ein Ersatzanspruch aus entspr. Anwendung von § 670 BGB ergeben (→ § 60 Rn. 2). 73

c) Schlechtleistung. Im Falle der Schlechtleistung hat mangels vertragsrechtlicher Beziehungen nur der Verleiher Schadensersatzansprüche gegen den Leiharbeitnehmer aus § 280 BGB. Nach den Grundsätzen der Schadensliquidation im Drittinteresse kann der Verleiher aber auch Schäden des Entleihers geltend machen. Die Grundsätze über die Beschränkung der Arbeitnehmerhaftung (→ § 59 Rn. 32) finden auf Sachschäden aus der Schlechtleistung des Leiharbeitnehmers beim Entleiher Anwendung. Verletzt der Leiharbeitnehmer einen AN des Entleihers, greifen die Haftungsbeschränkungen von § 105 SGB VII ein (→ § 61 Rn. 73). 74

3. Berufliche Förderung. Art. 6 RL 2008/104/EG enthält Regelungen zugunsten der Leiharbeitnehmer über den Zugang zu Beschäftigung, Gemeinschaftseinrichtungen und beruflicher Bildung. Diese Vorgaben hat der Gesetzgeber bei der Änderung des AÜG berücksichtigt.[140] Nach § 13a AÜG ist der Leiharbeitnehmer über die bei beim Entleiher zu besetzenden **Arbeitsplätze** von diesem in geeigneter Form zu informieren. Darüber hinaus eröffnet § 13b AÜG dem Leiharbeitnehmer den gleichen Zugang zu den **Gemeinschaftseinrichtungen** oder -diensten im Entleiherunternehmen wie er der Stammbelegschaft gewährt wird, sofern nicht eine unterschiedliche Behandlung aus sachlichen Gründen gerechtfertigt ist. Diese Einschränkung darf jedoch nicht an die Eigenschaft „Leiharbeitnehmer"[141] und damit an den befristeten Einsatz im Unternehmen anknüpfen. 75

4. Unwirksamkeit des Arbeitnehmerüberlassungsvertrags. a) Fehlende Erlaubnis nach dem AÜG. Bei Vorliegen der ersten drei in § 9 I Nr. 1 AÜG normierten Tatbeständen ist der Arbeitsvertrag zwischen Verleiher und Leiharbeitnehmer unwirksam (→ Rn. 60). Unwirksam ist auch ein vermeintliches selbständiges Handelsvertreterverhältnis, wenn dem rechtlich ein Arbeitsverhältnis zugrunde liegt.[142] Um den Leiharbeitnehmer abzusichern, fingiert das Gesetz in diesen Fällen ein Arbeitsverhältnis zwischen Entleiher und Leiharbeitnehmer (§ 10 I AÜG).[143] Dies gilt auch bei einer allein nach § 9 I Nr. 1 AÜG unzulässigen Überlassung im Baugewerbe,[144] es sei denn, der Verleiher verfügt über die nach § 1 AÜG 76

[139] Dazu BAG 12.3.2019 AP Nr. 85 zu § 80 BetrVG 1972 = NZA 2019, 850.
[140] Dazu ausführlich *Lembke* NZA 2011, 319.
[141] *Hamann* NZA 2011, 70 (77).
[142] LAG Hamm 21.11.1996 NZA-RR 1997, 380.
[143] BAG 30.1.1991 AP Nr. 8 zu § 10 AÜG = NZA 1992, 19; LAG Hamm 21.11.1996 NZA-RR 1997, 380.
[144] BAG 8.7.1998 AP Nr. 214 zu § 1 TVG Tarifverträge: Bau = NZA 1999, 493.

erforderliche Erlaubnis.[145] Auf die subjektiven Vorstellungen der Beteiligten kommt es nicht an. Das Recht eines Leiharbeitnehmers, sich gegenüber dem Entleiher darauf zu berufen, infolge unerlaubter Arbeitnehmerüberlassung gelte zwischen ihnen nach § 10 I AÜG ein Arbeitsverhältnis als zustande gekommen, kann nicht verwirken. Die Norm setzt allerdings voraus, dass der Leiharbeitnehmer tatsächlich an den Entleiher überlassen wird und für diesen Arbeitsleistungen erbringt.[146] Das kraft Fiktion begründete Arbeitsverhältnis kann nicht **verwirken,** sondern nur einzelne sich aus dem Status als AN ergebende Rechte.[147]

77 **b) Arbeitsverhältnis mit dem Entleiher. aa) Inhalt.** Das fingierte Arbeitsverhältnis zum Entleiher ist im Gesetz nur unvollkommen geregelt. Nach § 10 I 3 AÜG gilt die zwischen Verleiher und Entleiher vorgesehene Arbeitszeit als vereinbart. Fehlt es an einer solchen Vereinbarung, greift § 10 I 4 AÜG ein, wonach die für den Betrieb des Entleihers geltenden Vorschriften und sonstigen Regelungen gelten. Nach § 10 I 5 AÜG hat der Entleiher mindestens Anspruch auf das mit dem Verleiher vereinbarte Arbeitsentgelt. Wird das fingierte Arbeitsverhältnis jedoch von einem bei dem Entleiher geltenden Tarifvertrag erfasst, gelten nach § 10 I 4 AÜG die für den Betrieb des Entleihers geltenden Vorschriften.[148] Werden im Betrieb des Entleihers allgemein höhere Vergütungen gezahlt, hat auch der AN des fingierten Arbeitsverhältnisses nach dem Gleichbehandlungsgrundsatz (→ § 112 Rn. 1) einen entspr. Anspruch. Werden in einem Baubetrieb unerlaubt Leiharbeitnehmer beschäftigt, sind auch die Beiträge an die Zusatzversorgungskasse des Baugewerbes abzuführen.[149] Auch im fingierten Arbeitsverhältnis kann der AN nur tätig werden, wenn er über die etwaig erforderlichen öffentl.-rechtl. Erlaubnisse für seine Beschäftigung verfügt.[150]

78 **bb) Änderungen.** Das fingierte Arbeitsverhältnis ist seiner Rechtsnatur nach ein echtes Arbeitsverhältnis. § 10 I AÜG greift jedoch nicht ein, wenn die Parteien bei Übernahme des Arbeitsverhältnisses durch den Entleiher mit dem früheren Leiharbeitnehmer ein neues Arbeitsverhältnis begründen. Aufgrund der bestehenden Vertragsfreiheit ist es dem Entleiher und Leiharbeitnehmer auch unbenommen, die Arbeitsbedingungen des fingierten Arbeitsverhältnisses durch Abschluss eines neuen Arbeitsvertrags aufzuheben oder zu ändern.

79 **cc) Beendigung. (1) Kündigungsrechtliche Regelungen.** Für die Beendigung des fingierten Arbeitsverhältnisses gelten die für den Betrieb des Entleihers bestehenden kündigungsrechtlichen Regelungen. Eine etwaig im Nachhinein dem Verleiher gemäß § 2 I AÜG erteilte Erlaubnis hat für sich allein genommen keinen Einfluss auf den Bestand eines mit dem Entleiher kraft gesetzlicher Fiktion zuvor begründeten Arbeitsverhältnisses.

80 **(2) Befristung.** Nach § 10 I 2 AÜG gilt das fingierte Arbeitsverhältnis als befristet, wenn die Tätigkeit des Leiharbeitnehmers bei dem Entleiher nur befristet war. Da es im Befristungsrecht immer auf die zum Zeitpunkt des Vertragsschlusses geltenden Umstände ankommt, ist für die Wirksamkeit des befristeten Arbeitsvertrags entscheidend, ob die zwischen Verleiher und Leiharbeitnehmer vereinbarte Befristung entweder nach § 14 I TzBfG gerechtfertigt war oder ein Sachverhalt vorliegt, der die Befristung des Arbeitsverhältnisses ohne Sachgrund ermöglicht hat. Ist die Befristung unwirksam, muss der Leiharbeitnehmer die Unwirksamkeit gegenüber dem Entleiher innerhalb der Frist des § 17 S. 1 TzBfG geltend machen.

81 **(3) Kündigung.** Im Übrigen kann das fingierte Arbeitsverhältnis nach den beim Entleiher bestehenden Regelungen gekündigt werden. Der allgemeine Kündigungsschutz greift nur dann ein, wenn das fingierte Arbeitsverhältnis mindestens sechs Monate bestanden hat und im Entleihbetrieb mehr als zehn AN ausschließlich der zu ihrer Berufsausbildung Beschäftigten beschäftigt werden. Zeiten, in denen der Leiharbeitnehmer erlaubt überlassen war, bleiben für die Wartezeit unberücksichtigt.[151] Daneben gilt der besondere Kündigungsschutz nach Maßgabe seiner Voraussetzungen. Ein beim Entleiher bestehender BR ist nach § 102 I BetrVG zu beteiligen.[152]

[145] BAG 13.12.2006 AP Nr. 31 zu § 1 AÜG = NZA 2007, 751.
[146] BAG 20.1.2016 AP Nr. 38 zu § 1 AÜG.
[147] BAG 18.2.2003 AP Nr. 5 zu § 13 AÜG; aA BAG 30.1.1991 AP Nr. 8 zu § 10 AÜG = NZA 1992, 19; offen gelassen zuletzt von BAG 13.8.2008 AP Nr. 19 zu § 10 AÜG.
[148] BAG 21.7.1993 AP Nr. 10 zu § 10 AÜG = NZA 1994, 217.
[149] HessLAG 7.6.1993 NZA 1994, 672; 28.2.1994 NZA 1994, 1149.
[150] OLG Hamm 14.11.1980 AP Nr. 7 zu § 19 AFG.
[151] BAG 20.2.2014 AP Nr. 28 zu § 1 KSchG 1969 Wartezeit = NZA 2014, 1083.
[152] BAG 24.5.2018 AP Nr. 171 zu § 102 BetrVG 1972 = NZA 2018, 1396.

Die Klagefrist des § 4 KSchG ist auch gegenüber einer Kündigung eines nach § 10 I AÜG fingierten Arbeitsverhältnisses durch den Entleiher einzuhalten.

5. Rechtsweg. Für Rechtsstreitigkeiten zwischen einem Leiharbeitnehmer und einem Entleiher aus dem Leiharbeitsverhältnis oder aus unerlaubten Handlungen, soweit sie mit dem Leiharbeitsverhältnis im Zusammenhang stehen, ist der Rechtsweg zu den ArbG eröffnet.[153] 82

6. Auskunftsanspruch. Der AN hat nach § 13 AÜG gegenüber einem inländischen Entleiher[154] einen vor den ArbG zu verfolgenden Auskunftsanspruch über die in dessen Betrieb für einen vergleichbaren AN geltenden wesentlichen Arbeitsbedingungen einschließlich des Arbeitsentgelts. Der Auskunftsanspruch ist eine Wissenserklärung und dient zur Sicherung des Gleichstellungsgebots in § 8 AÜG[155] (→ Rn. 41). Eine weitergehende Pflicht des Entleihers zum Nachweis der seinen AN gezahlten Vergütung ergibt sich weder aus dem NachwG noch aus dem AÜG.[156] Für die Geltendmachung des Auskunftsanspruchs aus § 13 AÜG reicht die hinreichende Wahrscheinlichkeit des Bestehens eines Hauptanspruchs aus. Er ist unbegründet, wenn feststeht, dass der überlassene AN aufgrund der Auskunft keinesfalls etwas fordern kann. Der Entleiher kann für die Auskunft Hilfspersonen heranziehen.[157] Eine falsche, unterbliebene oder verspätete Auskunft kann zur Haftung des Entleihers nach § 280 I BGB führen. Der Anspruch entsteht im Zeitpunkt der Überlassung und verjährt – bezogen auf den jeweiligen Zeitabschnitt – nach drei Jahren.[158] 83

7. Sozialversicherung und Steuerrecht. a) Subsidiär- und Bürgenhaftung. Grundsätzlich ist der Verleiher alleiniger AG des Leiharbeitnehmers, so dass diesen die steuer- und sozialversicherungsrechtlichen Pflichten der Arbeitgeberstellung treffen. Nach § 28e II 2 SGB IV haftet der Entleiher für die Erfüllung der Zahlungspflicht des Verleihers wie ein selbstschuldnerischer Bürge, soweit ihm im Rahmen einer wirksamen Arbeitnehmerüberlassung AN gegen Vergütung zur Arbeitsleistung überlassen worden sind. Unter den Voraussetzungen des § 42d VI EStG kann bei gewerbsmäßiger Arbeitnehmerüberlassung für die Abführung der Lohnsteuer eine Subsidiärhaftung des Entleihers bestehen. Dieser haftet allerdings nicht, wenn der Überlassung des Zeitarbeitnehmers eine Erlaubnis nach § 1 AÜG zugrunde liegt und der Entleiher nachweist, dass er seinen Melde- und Mitwirkungspflichten nachgekommen ist. Zahlt der Verleiher das vereinbarte Arbeitsentgelt oder Teile des Arbeitsentgelts an den Leiharbeitnehmer, obwohl der Vertrag nach § 9 I Nr. 1–1b AÜG unwirksam ist, hat er auch den hierauf entfallenden Gesamtsozialversicherungsbeitrag an die Einzugsstelle zu zahlen. Hinsichtlich der vorstehenden Zahlungspflicht gilt der Verleiher neben dem Entleiher als AG; beide haften insoweit als Gesamtschuldner (§ 28e II 3, 4 SGB IV). 84

b) Arbeitnehmerentsendung. Überlässt ein Verleiher mit Sitz im Ausland für Bauleistungen (§ 1 I AEntG, § 101 II SGB III) einen oder mehrere AN zur Arbeitsleistung einem Entleiher im Inland, hat er nach § 3 II AEntG dies vor Beginn jeder Bauleistung der zuständigen Behörde der Zollverwaltung anzuzeigen. Der AG oder der Verleiher hat der Anmeldung eine Versicherung beizufügen, dass er die in § 1 AEntG vorgeschriebenen Arbeitsbedingungen einhält (§ 3 III AEntG). 85

VIII. Rechtsbeziehungen zwischen Verleiher und Entleiher

1. Arbeitnehmerüberlassungsvertrag. a) Form. Bei der Arbeitnehmerüberlassung nach dem AÜG handelt es sich um einen Dienstverschaffungsvertrag, der in Verbindung mit den §§ 241, 311 BGB die eine Partei verpflichtet, der anderen Partei die Dienste eines oder mehrerer Dritter zu verschaffen. Die Pflicht zur Zahlung der Überlassungsvergütung besteht unabhängig davon, ob der Entleiher den ordnungsgemäß angebotenen AN einsetzt oder nicht. Der Überlassungsvertrag zwischen Verleiher und Entleiher bedarf der Schriftform (§ 12 I 1 AÜG). Ein Formmangel führt nach § 125 BGB zur Nichtigkeit des Vertrags einschl. aller Nebenabreden.[159] Eine Heilung des Vertrags infolge Durchführung oder Bestätigung (§ 141 BGB) kommt nicht in Betracht; dies ist nur in den sonst vom Gesetz vorgesehenen Fällen möglich (§§ 311b, 518, 766, 2301 BGB). Ist ein Überlassungsvertrag infolge Formmangels 86

[153] BAG 15.3.2011 AP Nr. 96 zu § 2 ArbGG 1979 = NZA 2011, 653.
[154] BAG 28.5.2014 AP Nr. 37 zu § 10 AÜG = NZA 2014, 1264.
[155] BAG 19.2.2014 AP Nr. 43 zu § 10 AÜG; 19.9.2007 AP Nr. 17 zu § 10 AÜG = NZA-RR 2008, 231.
[156] BAG 25.3.2015 AP Nr. 52 zu § 10 AÜG = NZA 2015, 877.
[157] BAG 24.9.2014 AP Nr. 47 zu § 10 AÜG.
[158] BAG 24.4.2014 AP Nr. 6 zu § 13 AÜG = NZA 2014, 968.
[159] BGH 17.1.1984 NJW 1984, 1456.

nichtig, ist er nach den §§ 812 ff. BGB abzuwickeln. Danach kann der Verleiher zwar nicht die vereinbarte Vergütung, aber als Wertausgleich nach den Vorschriften über die ungerechtfertigte Bereicherung die allgemein übliche Vergütung verlangen (§ 812 I 1 Alt. 1, § 818 II 2 BGB). Der Entleiher ist jedenfalls bei vorliegender Erlaubnis nach § 1 I 1 AÜG um den Verkehrswert der Arbeitnehmerüberlassung einschließlich des Gewinns des Verleihers bereichert, weil der Entleiher eine solche Arbeitnehmerüberlassung regelmäßig nur auf der Grundlage eines mit diesem oder einem anderen Verleiher abzuschließenden formwirksamen Vertrags und damit lediglich gegen Zahlung der vollen Vergütung erreichen kann. Die Höhe dieser vom Entleiher eingesparten Aufwendungen bestimmt den Umfang seiner Bereicherung.[160] Der Entleiher kann aber Sozialversicherungsbeiträge, die er nach Eröffnung des Insolvenzverfahrens über das Vermögen des Verleihers zum Ausgleich der diesem obliegenden Zahlungspflicht an die Kasse geleistet hat, der vom Insolvenzverwalter geltend gemachten Bereicherungsforderung nicht anspruchsmindernd entgegensetzen.[161]

87 **b) Inhalt.** Ob zwischen den Vertragsparteien ein Arbeitnehmerüberlassungsvertrag vereinbart worden ist, richtet sich zunächst nach den getroffenen Abreden. Widersprechen sich deren Inhalt und die tatsächliche (Vertrags-)Durchführung, ist für die rechtliche Einordnung des Vertrages die tatsächliche Durchführung maßgebend (§ 12 I 2 AÜG). Zum Schutz des Entleihers vor der Inanspruchnahme als AG hat der Verleiher gegenüber dem Entleiher eine Reihe von Verpflichtungen. So hat er im Arbeitnehmerüberlassungsvertrag zu erklären, ob er die Erlaubnis zur Arbeitnehmerüberlassung besitzt (§ 12 I 3 AÜG). Er hat ihn ferner unverzüglich über den Zeitpunkt des Wegfalls der Erlaubnis zu unterrichten. In den Fällen der Nichtverlängerung (§ 2 IV 3 AÜG), der Rücknahme (§ 4 AÜG) oder des Widerrufs (§ 5 AÜG) hat er ihn auf das voraussichtliche Ende der Abwicklung (§ 2 IV 4 AÜG) und die gesetzliche Abwicklungsfrist (§ 2 IV 4 AÜG) hinzuweisen. Daneben hat der Entleiher nach § 12 AÜG in der Urkunde anzugeben, welche besonderen Merkmale die für den Leiharbeitnehmer vorgesehene Tätigkeit hat und welche berufliche Qualifikation dafür erforderlich ist sowie welche im Betrieb des Entleihers für einen vergleichbaren AN des Entleihers wesentlichen Arbeitsbedingungen einschließlich des Arbeitsentgelts gelten. Die Angaben sollen dem Verleiher die Berechnung des Arbeitsentgelts des Leiharbeitnehmers ermöglichen, wenn dieser einen Gleichstellungsanspruch (§ 8 AÜG; → Rn. 41) hat; fehlt es hieran, sind sie entbehrlich.

88 **2. Pflichten des Verleihers.** Aufgrund des Arbeitnehmerüberlassungsvertrags ist der Verleiher gegenüber dem Entleiher verpflichtet, diesem zur vereinbarten Zeit, am vereinbarten Ort arbeitswillige Arbeitskräfte mit den vorausgesetzten beruflichen und fachlichen Qualifikationen zur Verfügung zu stellen.[162] Kommt er mit seiner Verpflichtung in Verzug, haftet er nach §§ 280, 286 BGB. Dagegen hat er für das Arbeitsergebnis – anders als ein Werkunternehmer – nicht einzustehen. Jedoch gehört es zu den Hauptpflichten des Verleihers, die AN auf ihre generelle Tauglichkeit zu überprüfen.[163] Bei Vermittlung eines Buchhalters kann die Sorgfaltspflicht auch die Vorlage eines Führungszeugnisses durch den AN gebieten. Verletzt der Verleiher seine Auswahlpflichten, wird er wegen Schlechtleistung schadensersatzpflichtig.[164] Die Verpflichtung zur Zahlung der Ausgleichsabgabe nach dem SGB IX obliegt dem Verleiher.[165]

89 **3. Pflichten des Entleihers.** Die Hauptpflicht des Entleihers besteht in der Zahlung des vereinbarten Entgelts für die Arbeitnehmerüberlassung. Nach § 9 I Nr. 3 AÜG sind Vereinbarungen unwirksam, die dem Entleiher untersagen, den Leiharbeitnehmer zu einem Zeitpunkt einzustellen, in dem dessen Arbeitsverhältnis zum Verleiher nicht mehr besteht. Zulässig ist die formularmäßige Vereinbarung einer angemessenen **Vermittlungsprovision** für den Fall, dass der Entleiher den Leiharbeitnehmer im Anschluss an die Überlassung übernimmt.[166] Bei dieser sind die Dauer des vorangegangenen Verleihs, die Höhe des vom Entleiher für den Verleih bereits gezahlten Entgelts und der Aufwand für die Gewinnung eines vergleichbaren AN zu berücksichtigen (BT-Drs. 15/1749, 29; 15/6008, 11). Die Vereinbarung einer nicht mehr angemessenen Provision kann geeignet sein, den gesetzlich zulässigen und sozialpolitisch erwünschten Wechsel des Leiharbeitnehmers zum Entleiher zu verhindern oder zumindest wesentlich zu

[160] BGH 2.12.2004 AP Nr. 34 zu § 812 BGB; 25.6.2002 NJW 2002, 3317.
[161] BGH 2.12.2004 AP Nr. 34 zu § 812 BGB.
[162] BAG 5.5.1992 AP Nr. 97 zu § 99 BetrVG 1972 (obiter dictum).
[163] BGH 9.3.1971 AP Nr. 1 zu § 611 BGB Leiharbeitsverhältnis.
[164] BGH 13.5.1975 AP Nr. 1 zu § 12 AÜG = NJW 1975, 1695.
[165] BVerwG 13.12.2001 NZA 2002, 385.
[166] BGH 7.12.2006 NJW 2007, 764.

erschweren. Dazu muss die Höhe der Provision nach der vorangegangenen Verleihdauer degressiv gestaffelt sein.[167] Als wirksam hat der BGH eine Klausel angesehen, nach das Honorar maximal zwei Bruttomonatsgehälter beträgt und sich entsprechend der Dauer der erfolgten Arbeitnehmerüberlassung für jeden vollen Monat um ein Zwölftel reduziert.[168] Kommt der Entleiher mit der Abnahme der Arbeitsleistung in Verzug, bleibt er zur Zahlung der Vergütung verpflichtet. Der Zahlungsanspruch fällt unter § 38 InsO.

4. Beendigung des Arbeitnehmerüberlassungsvertrags. Der Arbeitnehmerüberlassungs- 90
vertrag kann enden infolge Befristung, ordentlicher oder außerordentlicher Kündigung oder eines Aufhebungsvertrags. Bei Tod des Leiharbeitnehmers tritt eine Beendigung nur ein, wenn eine Verpflichtung nur zur Überlassung des Verstorbenen bestanden hat.

5. Rechtsweg. Für Rechtsstreitigkeiten über den Inhalt und die Beendigung eines Arbeit- 91
nehmerüberlassungsvertrags sind die ordentlichen Gerichte zuständig.

IX. Kollektivrechtliche Besonderheiten des Leiharbeitsverhältnisses

1. Tarifverträge. a) DGB-Gewerkschaften. Nachdem bei den im DGB organisierten Ein- 92
zelgewerkschaften zunächst Vorbehalte gegenüber Tarifvertragsabschlüssen im Bereich der Zeitarbeit bestanden haben, sind seit 2003 eine Reihe von Tarifverträgen zwischen einer Gemeinschaft der DGB-Gewerkschaften und dem BZA (später auch mit der iG Zeitarbeit) abgeschlossen worden. Der Zusammenschluss war erforderlich, weil seinerzeit keine der im DGB organisierten Gewerkschaften für die gesamte gewerbliche bzw. nichtgewerbliche Arbeitnehmerüberlassung tarifzuständig war. Nach einer Satzungsänderung im Jahr 2009 war ver.di für den Bereich der gewerblichen Arbeitnehmerüberlassung zwischenzeitlich zuständig, inzwischen ist die Tarifzuständigkeit wieder eingeschränkt worden. Ob die von den DGB-Gewerkschaften gemeinschaftlich abgeschlossenen Tarifverträge für den gesamten Bereich der Leiharbeitsbranche wirksam sind und den Gleichstellungsgrundsatz abbedungen haben, ist wegen ihrer nicht eindeutigen Satzungslage zweifelhaft.[169] Die für die AN des **Entleiherbetriebs geltenden Tarifverträge** gelten für die Leiharbeitnehmer nicht, da zwischen dem Entleiherbetrieb und den Leiharbeitnehmern keine arbeitsvertraglichen Beziehungen bestehen. Etwas anderes gilt nur, wenn nach § 10 I 1 AÜG ein Arbeitsverhältnis zwischen Entleiher und Leiharbeitnehmer fingiert wird (→ Rn. 76). Allerdings hat die IG Metall im Jahr 2010 im Bereich der Stahlindustrie und 2012 für die Metall- und Elektroindustrie tarifliche Regelungen abgeschlossen, die auch für die in dieser Branche eingesetzten Leiharbeitnehmer gelten. Danach haben die überlassenen AN einen auf Zahlung von sog. **Branchenzuschlägen** gerichteten Anspruch gegen den Verleiher, wenn sie in Betrieben von bestimmten Branchen oder Wirtschaftszweigen eingesetzt werden.[170]

b) Tarifgemeinschaft der im CGB organisierten Arbeitnehmerkoalitionen. Neben 93
der Tarifgemeinschaft der DGB-Gewerkschaften haben insbesondere mittelständische Verleiher als Tarifvertrag bezeichnete Kollektivvereinbarungen mit der sog. Tarifgemeinschaft Christlicher Gewerkschaften für Zeitarbeit und Personalserviceagenturen (CGZP) abgeschlossen. Deren Mitglieder, die CGM, die DHV[171] und die GÖD hatten ihr nach der zuletzt gültigen Satzung ihren Organisationsbereich im Bereich der gewerbsmäßigen Arbeitnehmerüberlassung übertragen. Das BAG hat die CGZP nicht für eine tariffähige Spitzenorganisation iSd § 2 III TVG angesehen, weil sich ihre Mitglieder nicht im Umfang ihrer Tariffähigkeit zusammengeschlossen haben. Außerdem geht der in der Satzung der CGZP festgelegte Organisationsbereich für die gewerbliche Arbeitnehmerüberlassung über den ihrer Mitgliedsgewerkschaften hinaus.[172] Diese Mängel führten zur Unwirksamkeit der von der CGZP abgeschlossenen Vereinbarungen als Tarifvertrag; die betroffenen AG konnten sich insoweit auch nicht auf Vertrauensschutz berufen.[173]

c) Rechtsverhältnis zwischen Verleiher und Entleiher. Die Rechtsbeziehungen zwi- 94
schen Verleiher und Entleiher können wegen des Fehlens eines Arbeitsverhältnisses nicht tarif-

---

167 BGH 10.11.2011 NZA-RR 2012, 67; 11.3.2010 NZA 2010, 511.
168 BGH 5.11.2020 – III ZR 156/19, zVb.
169 *U. Fischer* RdA 2013, 326; *Rieble* BB 2012, 2177.
170 BAG 18.3.2020 AP Nr. 254 zu § 1 TVG Tarifverträge: Metallindustrie = NZA-RR 2020, 365; 21.3.2018 AP Nr. 47 zu § 1 TVG Tarifverträge: Druckindustrie; 22.2.2017 AP Nr. 242 zu § 1 TVG Tarifverträge: Metallindustrie; *Simon/Koschker* NZA 2018, 755; *Bissels/Falter* DB 2017, 1968.
171 Deren Tariffähigkeit zweifelhaft ist, Rechtsbeschwerde anhängig 1 ABR 28/20, Termin: 22.6.2021.
172 BAG 14.12.2010 AP Nr. 6 zu § 2 TVG Tariffähigkeit = NZA 2011, 289.
173 BAG 13.3.2013 AP Nr. 31 zu § 10 AÜG = NZA 2013, 680.

vertraglich gestaltet werden. Die allgemeinen Geschäftsbedingungen der Verleihunternehmen unterliegen den Regelungen über die Allgemeinen Geschäftsbedingungen (§§ 305 ff. BGB).

95 **2. Organisation der Betriebsverfassung. a) Zuordnung.** Leiharbeitnehmer zählen betriebsverfassungsrechtlich zum Betrieb des Verleihers (§ 14 I AÜG). Sie haben dort das aktive und passive Wahlrecht zum BR; dies gilt auch bei einem vorübergehenden Auslandseinsatz.[174] Daneben sind sie teilweise im Entleiherbetrieb zu berücksichtigen. Nach § 7 S. 2 BetrVG haben Leiharbeitnehmer nicht nur im Verleihbetrieb, sondern auch beim Entleiher das aktive Wahlrecht, wenn sie länger als drei Monate im Betrieb eingesetzt werden (→ § 217 Rn. 11b). Dagegen kann der Leiharbeitnehmer nicht Mitglied des BR im Entleiherbetrieb werden; ihm fehlt das passive Wahlrecht (§ 8 BetrVG).[175] Dies gilt auch in Fällen nicht gewerbsmäßiger Arbeitnehmerüberlassung.[176] Beschäftigungszeiten als Leiharbeitnehmer im entleihenden Betrieb sind auf die in § 8 I 1 BetrVG vorausgesetzte sechsmonatige Dauer der Betriebszugehörigkeit anzurechnen, wenn der AN im unmittelbaren Anschluss an die Überlassung ein Arbeitsverhältnis mit dem Entleiher begründet.[177] Aus dem Bereich des öffentlichen Dienstes an einen AG iSd BetrVG gestellte AN gelten nach § 5 I 3 BetrVG als dessen AN (→ § 212 Rn. 9).

96 **b) Schwellenwerte.** Nach § 14 II 4 AÜG sind Leiharbeitnehmer auch im Entleiherbetrieb zu berücksichtigen, soweit Bestimmungen des BetrVG eine bestimmte Anzahl oder einen bestimmten Anteil von AN voraussetzen. Ausdrücklich ausgenommen von dieser Berechnungsregel ist nur § 112a BetrVG. § 14 II 4 AÜG beschränkt sich auf die zahlenmäßige Berücksichtigung der Leiharbeitnehmer, macht aber nicht die Prüfung der weiteren Voraussetzungen in den jeweiligen Bestimmungen im BetrVG entbehrlich. Diese müssen wie bei Stammarbeitnehmern auch für die Leiharbeitnehmer gegeben sein (BT-Drs. 18/9232, 28 f.). Dabei handelt es sich um die Tatbestandsmerkmale „wahlberechtigte Arbeitnehmer", „regelmäßig beschäftigte Arbeitnehmer" sowie um „ständig wahlberechtigte Arbeitnehmer", deren Voraussetzungen auch von den eingesetzten Leiharbeitnehmern jeweils erfüllt sein müssen.[178] Die Wahlberechtigung von Leiharbeitnehmern ist Voraussetzung für ihre Berücksichtigung bei der Berechnung in § 3 III, § 9 (für die Größe des BR bis 50 AN), § 14 III, IV, § 14a, § 16, § 17 III, IV, § 19 II, § 23 I, § 48, § 56 BetrVG. Die Wahlberechtigung erwerben Leiharbeitnehmer erst, wenn sie länger als drei Monate im Entleiherbetrieb eingesetzt werden (→ Rn. 95). Auf die regelmäßige Beschäftigung stellen § 1 I, § 9, § 11, § 14 IV, § 14a, § 38 I, § 99 I, § 106, § 110, § 111 S. 1 BetrVG ab. Maßgeblich dafür ist die Personalstärke, die für den Betrieb/das Unternehmen im Allgemeinen kennzeichnend ist, und nicht, wie viele AN diesem zu dem nach der jeweiligen Norm maßgeblichen Stichtag zufällig angehören.[179] Problematisch ist ihre Berücksichtigung, soweit das BetrVG auf „ständig wahlberechtigte" AN (§ 1 I 1, § 106 I, § 110 BetrVG) abstellt. Für diese Beurteilung ist die Zahl der ständig zu besetzenden Arbeitsplätze entscheidend. Es kommt hingegen nicht darauf an, in welcher Form AN auf einem solchen Arbeitsplatz beschäftigt werden.[180] Arbeitsplätze, auf denen dauerhaft Leiharbeitnehmer eingesetzt werden, zählen daher mit.[181] Bei der Berechnung der „wählbaren" AN iSd § 1 I 1 BetrVG zählen Leiharbeitnehmer hingegen nicht mit, da diese im Entleiherbetrieb nicht wählbar sind. Nicht eindeutig geregelt hat der Gesetzgeber die Berücksichtigung von überlassenen AN, soweit das AÜG kraft ausdrücklicher Festlegung keine Anwendung auf bestimmte Überlassungsformen findet. Dies betrifft insbesondere die Tatbestände des § 1 III AÜG (→ Rn. 23). Jedoch sind auch diese AN nach dem Normzweck der jeweiligen Vorschriften im BetrVG wegen der Sondersituation (aufgespaltene Arbeitgeberstellung) bei der Berechnungsregel in § 14 II 4 AÜG zu berücksichtigen, dies führt insbesondere zu keiner Überforderung der entleihenden Unternehmen.[182]

---

174 BAG 22.3.2000 AP Nr. 8 zu § 14 AÜG = NZA 2000, 1119.
175 BAG 10.3.2004 AP Nr. 8 zu § 7 BetrVG 1972 = NZA 2004, 1340.
176 BAG 17.2.2010 AP Nr. 14 zu § 8 BetrVG 1972 = NZA 2010, 832.
177 BAG 10.10.2012 AP Nr. 15 zu § 8 BetrVG 1972.
178 *Löwisch/Wegmann* BB 2017, 373 (374).
179 BAG 18.10.2011 AP Nr. 70 zu § 111 BetrVG 1972 = NZA 2012, 221; 16.11.2004 AP Nr. 58 zu § 111 BetrVG 1972.
180 BAG 5.10.2000 AP Nr. 67 zu § 118 BetrVG 1972 = NZA 2001, 1325.
181 BGH 25.6.2019 NZA 2019, 1232; aA *Löwisch/Wegmann* BB 2017, 373 (375).
182 Dazu BAG 18.10.2011 AP Nr. 70 zu § 111 BetrVG 1972 = NZA 2012, 221; aA *Löwisch/Wegmann* BB 2017, 373 (375 f.).

3. Beteiligungsrechte. a) Sonderregelung und Schwellenwerte. In § 14 II, III AÜG hat der Gesetzgeber im Anschluss an die Rspr. des BAG die betriebsverfassungsrechtliche Rechtsstellung der Leiharbeitnehmer sowie die Mitwirkungs- und Mitbestimmungsrechte des BR im Entleiherbetrieb geregelt.[183] Leiharbeitnehmer sind zwar nach § 14 I AÜG betriebsverfassungsrechtlich grundsätzlich Teil der Belegschaft des Verleiherbetriebs und bleiben auch während der Dauer ihrer Überlassung in die dortige Betriebsorganisation eingegliedert. Gleichwohl folgt aus dieser Zuordnung nicht die Zuständigkeit des für einen Verleiherbetrieb gewählten BR in allen die Leiharbeitnehmer betreffenden sozialen, personellen und wirtschaftlichen Angelegenheiten. Denn für die Dauer einer Überlassung sind die Leiharbeitnehmer zusätzlich in die Organisation des Entleiherbetriebs eingegliedert und unterstehen dort dem Weisungsrecht des Entleihers. Die gesetzliche Regelung ist jedoch nicht abschließend.[184] Für die nicht gewerbsmäßige Arbeitnehmerüberlassung gilt § 14 AÜG entsprechend.[185] Hiervon ausgenommen sind lediglich § 14 III 2, 3 AÜG, die auf die gewerbsmäßige Arbeitnehmerüberlassung zugeschnitten sind. 97

b) Rechtsstellung der Leiharbeitnehmer. Leiharbeitnehmer sind gem. § 14 II 2 AÜG aus arbeitsschutzrechtlichen Gründen befugt, an den Sprechstunden (§ 39 BetrVG) und der Betriebs- bzw. Jugend- u. Auszubildendenversammlung des Entleiherbetriebs teilzunehmen. Weiter stehen ihnen die in §§ 81 ff. BetrVG geregelten sog. Grundrechte im Arbeitsverhältnis (→ § 234 Rn. 1) zu. Wegen des nicht abschließenden Charakters der in § 14 II AÜG enthaltenen Aufzählung sind gegenüber Leiharbeitnehmern die Benachteiligungsverbote des § 75 BetrVG, wonach AG und BR alle im Betrieb tätigen Personen nach den Grundsätzen von Recht und Billigkeit zu behandeln haben, anzuwenden. Daher ist beim Entleiher eine unterschiedliche Behandlung der Leiharbeitnehmer aufgrund von Rasse oder ethnischer Herkunft, Abstammung oder sonstiger Herkunft, Nationalität, Religion oder Weltanschauung, Behinderung, Alter, politischer oder gewerkschaftlicher Betätigung oder Einstellung oder wegen des Geschlechts oder der sexuellen Identität unzulässig. 98

c) Beteiligungsrechte des Betriebsrats. aa) Grundsatz. Ob bei Maßnahmen, die Leiharbeitnehmer betreffen, der BR des Verleiherbetriebs oder derjenige des Entleiherbetriebs mitzubestimmen haben, richtet sich danach, ob der Vertragsarbeitgeber (Verleiher) oder der Entleiher eine mitbestimmungspflichtige Entscheidung trifft, die auch die im Betrieb tätigen Leiharbeitnehmer betrifft.[186] Maßgeblich sind der Gegenstand des geltend gemachten Mitbestimmungsrechts und die darauf bezogene Entscheidungsmacht des jeweiligen AG.[187] Der BR des Entleihers ist insbesondere zuständig, wenn für das Beteiligungsrecht bereits das Tätigsein des überlassenen AN, dh seine tatsächliche Beschäftigung, von Bedeutung ist, weil etwa dieser dem Direktionsrecht des Entleihers unterliegt. Dem BR des Entleiherbetriebs steht daher das Mitbestimmungsrecht bezüglich der Arbeitszeitlage (§ 87 I Nr. 2 BetrVG) auch für Leiharbeitnehmer zu.[188] Dies gilt auch für Maßnahmen des Gesundheitsschutzes (§ 87 I Nr. 7 BetrVG).[189] Wird aus einem Verleihbetrieb mit einer 35-Stunden-Woche ein AN in einen Betrieb mit längerer Arbeitszeit entsandt, ist hingegen der BR des Verleihbetriebs für die Anordnung der Überstunden zuständig.[190] Hingegen bleibt es bei der Zuständigkeit des BR des Verleihers, wenn das Beteiligungsrecht nur an die rechtliche Stellung als Vertragsarbeitgeber anknüpft.[191] Ist das Bestehen eines Arbeitsvertrags Voraussetzung für das Beteiligungsrecht (zB bei einer Kündigung), ist es vom Verleiher gegenüber dem bei ihm gebildeten BR wahrzunehmen.[192] Beteiligungstatbestände beim Entleiher können sich aus § 80 BetrVG, der Mitbestimmung in sozialen und personellen Angelegenheiten (§§ 87, 99 ff. BetrVG), der Berufsbildung sowie aus den §§ 90 f. BetrVG ergeben. Um zu überprüfen, ob er Mitbestimmungsrechte nach § 14 III AÜG hat, kann der BR des Entleihers aus seinem 99

[183] Zu Schwellenwerten im BetrVG: BAG 2.8.2017 AP Nr. 36 zu § 38 BetrVG 1972 = NZA 2017, 1343.
[184] BAG 15.12.1992 AP Nr. 7 zu § 14 AÜG = NZA 1993, 513; BT-Drs. 9/847, 8 f.
[185] BAG 20.4.2005 NZA 2005, 1006; 22.3.2000 AP Nr. 8 zu § 14 AÜG = NZA 2000, 1119.
[186] BAG 17.6.2008 AP Nr. 34 zu § 99 BetrVG 1972 Eingruppierung = NZA 2009, 112; 19.6.2001 AP Nr. 1 zu § 87 BetrVG 1972 Leiharbeitnehmer = NZA 2001, 1263; ausf. *Linsenmaier/Kiel* RdA 2014, 135.
[187] BAG 24.8.2016 AP Nr. 84 zu § 5 BetrVG 1972 = NZA 2017, 269.
[188] BAG 28.7.2020 NZA 2020, 1491 (Schichtarbeit); 22.10.2019 AP Nr. 145 zu § 87 BetrVG 1972 Arbeitszeit = NZA 2020, 123 (BV zur Arbeitszeit); 15.12.1992 AP Nr. 7 zu § 14 AÜG = NZA 1993, 513.
[189] BAG 7.6.2016 AP Nr. 23 zu § 87 BetrVG 1972 Gesundheitsschutz = NZA 2016, 1420.
[190] BAG 19.6.2001 AP Nr. 1 zu § 87 BetrVG 1972 Leiharbeitnehmer = NZA 2001, 1263.
[191] Ähnlich LAG Nds 23.10.2009 NZA-RR 2010, 144 (Eingruppierung).
[192] BAG 24.5.2018 AP Nr. 171 zu § 102 BetrVG 1972 = NZA 2018, 1396.

Überwachungsrecht (§ 80 I BetrVG) die Vorlage der Verträge verlangen, aufgrund derer AN aus Drittbetrieben beschäftigt werden. Es sind also insoweit die Arbeitnehmerüberlassungsverträge, Werk- oder Dienstverträge vorzulegen.[193] Daneben betrifft die Entscheidung, ob und in welchem Umfang Arbeitsplätze von Stammarbeitnehmern zukünftig mit Leiharbeitnehmern besetzt werden, die Personalplanung eines Unternehmens. Sie gehört auch zu den wirtschaftlichen Angelegenheiten, über die der Wirtschaftsausschuss (§ 106 BetrVG; → § 243 Rn. 1) zu unterrichten ist, weil sie die Interessen der AN des Unternehmens im wesentlichen Maße berührt (§ 106 II, III BetrVG). Der BR kann die Ausschreibung von Arbeitsplätzen verlangen, die vom AG dauerhaft für die Besetzung mit Leiharbeitnehmern vorgesehen sind.[194]

100 **bb) Personelle Einzelmaßnahmen. (1) Übernahme eines Leiharbeitnehmers.** Da der BR des Entleiherbetriebs auf die Zusammensetzung der Belegschaft Einfluss haben soll, ist er bei der Übernahme eines Leiharbeitnehmers nach §§ 99 ff. BetrVG zu beteiligen (§ 14 III AÜG).[195] Da es sich bei der Verweisung in § 14 III AÜG um eine Rechtsfolgenverweisung handelt, besteht das Beteiligungsrecht nur dann, wenn bei dem Entleiher mehr als 20 wahlberechtigte AN beschäftigt sind. Übernahme iSd § 14 III 1 AÜG ist die tatsächliche Beschäftigung eines Leiharbeitnehmers im Betrieb des Entleihers. Die Vorschrift setzt den Einsatz als Leiharbeitnehmer voraus, der Entleiher muss daher gegenüber dem Fremdpersonal wenigstens einen Teil der Arbeitgeberstellung übernehmen. § 14 III AÜG ist nicht anwendbar, wenn der AN einer Fremdfirma auf der Grundlage eines **Dienst- oder Werkvertrags** tätig ist und nur die Fremdfirma die für das Arbeitsverhältnis typischen Entscheidungen trifft;[196] dies ist der Fall, wenn der Auftraggeber keine Einwirkungsmöglichkeiten auf das Personal der Fremdfirma hat. Das Mitbestimmungsrecht nach § 14 III AÜG wird durch die tatsächliche Eingliederung des Leiharbeitnehmers ausgelöst; die Aufnahme in einen sog. Pool von AN, ist regelmäßig nicht ausreichend, weil die Einzelheiten über den Einsatz noch nicht feststehen.[197] Auch der **Austausch von Leiharbeitnehmern** unterliegt als Einstellung der Zustimmungspflicht des BR; denn dieser kann zB Einwendungen gegen die Person des überlassenen AN (§ 99 II Nr. 6 BetrVG) erheben.[198] Dies gilt gleichermaßen für die **Verlängerung** des vorgesehenen Einsatzes[199] sowie für den **erneuten Einsatz,** selbst wenn der BR einem früheren Einsatz zugestimmt hat. Für das Beteiligungsrecht nach § 99 I BetrVG bei der Einstellung ist es ohne Bedeutung, ob die Überlassung an den Entleiher gewerbsmäßig oder nicht gewerbsmäßig erfolgt.[200]

101 **(2) Verfahren bei der Übernahme.** Der AG (Entleiher) hat daher bei der beabsichtigten Übernahme eines Leiharbeitnehmers den BR wie bei einer Einstellung eines eigenen AN zu informieren und dessen Zustimmung zu beantragen. Dies gilt auch bei der Verlängerung eines Einsatzes.[201] Der AG muss seinem BR alle Informationen geben, die für eine Zustimmungsverweigerung nach § 99 II BetrVG relevant sein können. Hierzu zählen auch Angaben zur Person des zu übernehmenden Leiharbeitnehmers[202] sowie die Erklärung des Verleihers über das Bestehen einer Verleiherlaubnis nach § 1 AÜG und die schriftlichen Erklärungen und Anzeigen des Verleihers (§ 12 I 4 AÜG). Ohne diese Angaben wird das Beteiligungsverfahren nicht wirksam eingeleitet und der Fristlauf des § 99 II BetrVG nicht ausgelöst. Keine Unterrichtungspflicht besteht jedoch in Bezug auf die Entgelthöhe der bei ihm als Leiharbeitnehmer beschäftigten Personen, ebenso über die für die Besetzung in Betracht kommenden AN, die ein Erhöhungsverlangen nach § 9 TzBfG gestellt haben.[203]

102 **(3) Zustimmungsverweigerungsgründe.** Will der beim Entleiher gebildete BR der beabsichtigten Eingliederung eines Leiharbeitnehmers widersprechen, muss er sich auf den Katalog des § 99 II BetrVG stützen. Der BR kann insbesondere die Zustimmung nach Nr. 1 verweigern

---

[193] BAG 9.7.1991 AP Nr. 94 zu § 99 BetrVG 1972 = NZA 1992, 275.
[194] BAG 1.2.2011 AP Nr. 9 zu § 93 BetrVG 1972 = NZA 2011, 703.
[195] BAG 18.10.1994 AP Nr. 5 zu § 99 BetrVG 1972 Einstellung = NZA 1995, 281.
[196] BAG 13.5.2014 AP Nr. 65 zu § 99 BetrVG 1972 Einstellung = NZA 2014, 1149.
[197] BAG 23.1.2008 AP Nr. 14 zu § 14 AÜG = NZA 2008, 603.
[198] BAG 9.3.2011 AP Nr. 63 zu § 99 BetrVG 1972 Einstellung = NZA 2011, 871; 23.1.2008 AP Nr. 14 zu § 14 AÜG = NZA 2008, 603.
[199] HessLAG 16.1.2007 AiB 2008, 171.
[200] BAG 23.6.2010 AP Nr. 60 zu § 99 BetrVG 1972 Einstellung = NZA 2010, 1302 (Gestellung).
[201] BAG 1.6.2011 AP Nr. 136 zu § 99 BetrVG 1972.
[202] BAG 9.3.2011 AP Nr. 63 zu § 99 BetrVG 1972 Einstellung = NZA 2011, 871.
[203] BAG 1.6.2011 AP Nr. 64 zu § 99 BetrVG 1972 Einstellung = NZA 2011, 1435.

bei Verstößen gegen die Normen des AÜG, wenn die Beschäftigungsaufnahme wegen der Zuwiderhandlung gegen die Norm unterbleiben muss. Dies kommt in Betracht bei Fehlen einer Verleiherlaubnis, bei verdeckter Arbeitnehmerüberlassung (→ Rn. 12) sowie bei Überschreiten der Überlassungshöchstdauer[204] (→ Rn. 8). Die Verweigerung kann auf einen Verstoß gegen die in § 164 I 1 SGB IX geregelte Prüf- und Konsultationspflicht (→ § 178 Rn. 43) gestützt werden.[205] Daneben kommt die Zustimmungsverweigerung in Betracht bei möglichen Nachteilen für die Belegschaft durch den Einsatz des Leiharbeitnehmers (§ 99 II Nr. 3, 6 BetrVG) sowie bei einer Benachteiligung des Leiharbeitnehmers zB bei der Übertragung der auszuführenden Tätigkeiten (§ 99 II Nr. 4 BetrVG). Der BR im Betrieb des Entleihers kann seine Zustimmung zur Übernahme eines Leiharbeitnehmers aber nicht mit der Begründung verweigern, die Arbeitsbedingungen des Leiharbeitnehmers beim Verleiher verstießen gegen den Gleichstellungsgrundsatz (§ 8 I AÜG).[206] Eine mögliche Versagung der Verlängerung der Erlaubnis nach § 3 I Nr. 3 AÜG begründet ebenso kein Zustimmungsverweigerungsrecht für den BR des Entleiherbetriebs.

(4) Versetzung eines Leiharbeitnehmers, Beendigung des Einsatzes. Der BR im Entleiherbetrieb ist auch nach § 99 I, § 95 III BetrVG zu beteiligen, wenn dem Leiharbeitnehmer dort eine **andere Arbeitsaufgabe** zugewiesen oder er in einen anderen Betrieb des Entleihers eingegliedert werden soll.[207] Wird ein Arbeitsverhältnis nach § 10 I AÜG fingiert und soll der frühere Leiharbeitnehmer über die beabsichtigte Einsatzdauer im Betrieb weiterbeschäftigt werden, ist zu der damit verbundenen Eingliederung der BR nach § 99 I BetrVG unter dem Gesichtspunkt der Einstellung zu beteiligen.[208] Die **Beendigung einer Personalgestellung** (→ Rn. 27) unterliegt nicht dem Mitbestimmungsrecht des BR im aufnehmenden Betrieb, wenn die Maßnahme vom abgebenden AG getroffen wird.[209] **103**

(5) Eingruppierung. Der beim Entleiher gebildete BR ist nicht nach § 99 I BetrVG in Bezug auf die Eingruppierung eines eingesetzten Leiharbeitnehmers zu beteiligen. Die im Betrieb anwendbare Vergütungsordnung findet nur auf die vertraglich mit dem jeweiligen Betriebsinhaber verbundenen AN Anwendung. Über die Eingruppierung von Leiharbeitnehmern entscheiden daher der Verleiher und dessen BR. Eine Ersatzzuständigkeit des BR des Entleihers besteht insoweit nicht.[210] **104**

---

204 Zu § 1 I 2 AÜG aF: BAG 30.9.2014 AP Nr. 141 zu § 99 BetrVG 1972 = NZA 2015, 240.
205 BAG 23.6.2010 AP Nr. 17 zu § 81 SGB IX = NZA 2010, 1361.
206 BAG 1.6.2011 AP Nr. 64 zu § 99 BetrVG 1972 Einstellung = NZA 2011, 1435; 21.7.2009 AP Nr. 4 zu § 3 AÜG = NZA 2009, 1156.
207 BAG 9.10.2013 AP Nr. 54 zu § 99 BetrVG 1972 Versetzung = NZA 2014, 795.
208 *Fitting* BetrVG § 99 Rn. 60.
209 BAG 17.2.2015 AP Nr. 56 zu § 99 BetrVG 1972 Versetzung = NZA 2015, 762.
210 BAG 17.6.2008 AP Nr. 34 zu § 99 BetrVG 1972 Eingruppierung = NZA 2009, 112.

XIV. Buch. Die Beendigung des Arbeitsverhältnisses

1. Abschnitt. Überblick

§ 121. Beendigungsgründe des Arbeitsverhältnisses

Übersicht

I. Allgemeines

Das Arbeitsverhältnis ist ein Dauerschuldverhältnis, das nicht durch einmaligen Austausch der Leistungen sein Ende findet. Es gibt vielmehr eine Reihe besonderer Beendigungstatbestände. Neben §§ 620 ff. BGB und den Regelungen des KSchG (dazu → §§ 130 ff. Rn. 1 ff.) gelten weitere spezialgesetzliche Kündigungsvorschriften und Befristungsregelungen (dazu → §§ 38 ff. Rn. 1 ff.). 1

II. Beendigungsgründe

1. Kündigung. Sie ist eine einseitige, empfangsbedürftige, rechtsgestaltende Willenserklärung, durch die das Arbeitsverhältnis für die Zukunft aufgehoben werden soll (→ § 123 Rn. 1 ff.). 2

2. Aufhebungsvertrag. Im Wege der vertraglichen Vereinbarung (Aufhebungsvertrag) kann das Arbeitsverhältnis zu jedem Zeitpunkt ohne Rücksicht auf etwaig bestehende Kündigungsschutzbestimmungen beendet werden (→ § 122 Rn. 1 ff.). 3

3. Wegfall der Geschäftsgrundlage. Der Wegfall der Geschäftsgrundlage (§ 313 BGB) war als Beendigungstatbestand vor allem im Zusammenhang mit den Ereignissen nach dem 2. Weltkrieg von Bedeutung. Er führt grundsätzlich nicht zur automatischen Beendigung des Arbeitsverhältnisses.[1] Das wird durch § 313 III BGB bestätigt. Das Kündigungsrecht verdrängt gem. § 313 III 2 BGB bei Dauerschuldverhältnissen im Fall des Wegfalls der Geschäftsgrundlage das Rücktrittsrecht.[2] Gegenüber einer Anpassung nach § 313 BGB ist das **Kündigungsrecht das speziellere Recht.**[3] Tatbestände, die für eine Störung oder den Wegfall der Geschäftsgrundlage herangezogen werden können, sind im Rahmen der §§ 2, 1 KSchG zu würdigen und können im Einzelfall ein dringendes betriebliches Änderungserfordernis im Sinne von § 2 iVm § 1 II KSchG begründen. Voraussetzung hierfür ist, dass die Parteien den Vertrag nicht oder mit anderem Inhalt geschlossen hätten, wenn sie die Änderung vorausgesehen hätten, und einem Teil unter Berücksichtigung aller Umstände des Einzelfalls, insbesondere der vertraglichen oder 4

[1] BAG 18.1.2007 AP Nr. 26 zu § 1 KSchG 1969 Personenbedingte Kündigung = NZA 2007, 680; 12.1.2006 AP Nr. 82 zu § 2 KSchG 1969 = NZA 2006, 587.

[2] Vgl. BAG 5.6.2014 NZA 2015, 40; 29.9.2011 AP Nr. 152 zu § 2 KSchG 1969 = NZA 2012, 628; 12.1.2006 AP Nr. 82 zu § 2 KSchG 1969 = NZA 2006, 587.

[3] BAG 20.10.2017 AP Nr. 267 zu § 626 BGB = NZA 2018, 440; 21.4.2016 AP Nr. 14 zu § 626 BGB Unkündbarkeit = NZA 2016, 941; 5.6.2014 AP Nr. 161 zu § 2 KSchG 1969 = NZA 2015, 40.

gesetzlichen Risikoverteilung, das Festhalten am unveränderten Vertrag nicht zugemutet werden kann. Auch Gesetzesänderungen können die Geschäftsgrundlage eines Vertrags so verändern, dass Leistung und Gegenleistung nicht mehr in dem zuvor vereinbarten Verhältnis stehen und die vertraglichen Absprachen nach den Regeln über den Wegfall oder die Änderung der Geschäftsgrundlage anzupassen sind. Das gilt gleichermaßen, wenn sich die für die Anwendbarkeit gesetzlicher Bestimmungen maßgeblichen Umstände grundlegend geändert haben.[4] Nur unter ganz außergewöhnlichen Umständen kann – abgesehen vom Tod des AN (dazu → Rn. 6) – ein Arbeitsverhältnis sein Ende finden, ohne dass eine besondere rechtsfeststellende oder rechtsgestaltende Erklärung abgegeben wird.[5] Dies kann insbesondere der Fall sein, wenn der ganze Vertrag gegenstandslos geworden ist, weil der Zweck des Arbeitsverhältnisses durch äußere Ereignisse endgültig oder doch für unabsehbare Zeit, für AG und AN erkennbar, unerreichbar geworden ist. Der AN kann sich dann nicht auf das Fehlen einer Kündigungserklärung berufen.[6]

5 **4. Befristung, Zeitablauf, Bedingung.** Ist das Arbeitsverhältnis für eine bestimmte Zeit eingegangen (→ §§ 38 ff. Rn. 1 ff.), endet es mit Zeitablauf ohne Ausspruch einer Kündigung (§ 620 I BGB). Die Zeitbestimmung kann sich aus dem Kalender, aber auch aus der Beschaffenheit oder dem Zweck des Arbeitsverhältnisses ergeben (§ 3 I 2 TzBfG). Zur Beendigung kann auch eine auflösende Bedingung führen, wie sich mittelbar aus § 21 TzBfG ergibt (dazu → § 38 Rn. 42).

6 **5. Tod des Arbeitnehmers.** Da der AN seine Dienste im Zweifel in Person zu leisten hat, endet das Arbeitsverhältnis mit seinem Tode (§ 613 S. 1 BGB). Jedoch können sich, namentlich bei leitenden Angestellten, für seine Erben gewisse Abwicklungspflichten ergeben, wenn dieser zB Unterlagen des AG aufbewahrt hat.

7 **6. Eignungsübung.** Bleibt der AN im Anschluss an eine Eignungsübung als freiwilliger Soldat in den Streitkräften, endet das Arbeitsverhältnis mit Ablauf der Eignungsübung (§ 3 I 1 EignÜbG).[7] Das Gleiche gilt, wenn er die Eignungsübung freiwillig über 4 Monate fortsetzt mit Ablauf des 4. Monats, es sei denn, dass seine Eignung nach der Übung wegen einer längeren als vierwöchigen Erkrankung nicht endgültig beurteilt werden kann und er aus diesem Grund die Eignungsübung fortsetzt (§ 3 II EignÜbG). Die Wehrdienststelle des AN trifft Benachrichtigungspflichten (§ 3 I 2, II 3 EignÜbG).

8 **7. Ernennung zum Beamten.** Das Arbeitsverhältnis zum Dienstherrn kann auch mit der Ernennung zum Beamten enden. Dies ist für die Bundesbeamten in § 12 III BBG geregelt; in den Ländern gibt es entsprechende Vorschriften. Hierdurch soll verhindert werden, dass die Begründung des Beamtenverhältnisses neben weiterbestehenden privatrechtlichen Arbeitsverhältnissen zu Versorgungszwecken missbraucht wird.[8] Die Norm erfasst jede Ernennung zum Beamten und unterscheidet nicht zwischen der Ernennung zum Beamten auf Lebenszeit und der Ernennung zum Beamten auf Widerruf.[9]

9 **8. Aussperrung.** Im Falle einer lösenden Aussperrung des AG endet das Arbeitsverhältnis. Nach dem Ende des Arbeitskampfs besteht uU ein Wiedereinstellungsanspruch.[10]

10 **9. Anfechtung.** Die Anfechtung (§§ 119, 123 BGB) oder Berufung auf die Nichtigkeit des Arbeitsvertrags (§§ 104, 117, 118, 125, 134, 138 BGB) führen zur Beendigung des Arbeitsverhältnisses (näher dazu → § 34 Rn. 48 f.).

11 **10. Betriebsbuße.** Eine Betriebsbuße kann nicht die Beendigung des Arbeitsverhältnisses vorsehen (→ § 58 Rn. 1 ff.). Denn hierdurch würde der gesetzliche Kündigungsschutz umgangen.

12 **11. Gerichtliche Entscheidung.** Das Arbeitsverhältnis kann auch durch ein Auflösungsurteil des Arbeitsgerichts nach § 9 KSchG enden (hierzu → § 141 Rn. 1 ff.).

[4] BAG 5.6.2014 AP Nr. 161 zu § 2 KSchG 1969 = NZA 2015, 40.
[5] BAG 3.10.1961 AP Nr. 4 zu § 242 BGB Geschäftsgrundlage.
[6] BAG 21.5.1963 AP Nr. 6 zu § 242 BGB Geschäftsgrundlage; 24.8.1995 AP Nr. 17 zu § 242 BGB Geschäftsgrundlage = NZA 1996, 29; APS/*Preis* Grundlagen K Rn. 72.
[7] Eignungsübungsgesetz vom 20.1.1956 (BGBl. I 13) m. spät. Änd.; VO zum EignungsübungsG vom 15.2.1956 (BGBl. I 71) m. spät. Änd.
[8] *Battis* BBG § 12 Rn. 7.
[9] Vgl. BAG 18.5.2006 ZTR 2006, 667.
[10] BAG GS 21.4.1971 AP Nr. 43 zu Art. 9 GG Arbeitskampf.

III. Keine Beendigungsgründe

1. Rücktritt des Arbeitgebers. Das Arbeitsverhältnis endet nicht durch Rücktritt des AG, wenn der AN mit seiner Dienstleistung in Verzug kommt, er schlechte Leistungen erbringt oder die weitere Annahme der Dienstleistung unmöglich wird. Bei Dauerschuldverhältnissen tritt an die Stelle des Rechts zum Rücktritt das Kündigungsrecht. 13

2. Krankheit und Erwerbsminderung. Kein automatischer Beendigungsgrund ist die Krankheit des AN. In Tarifverträgen – zB § 33 TVöD – ist allerdings zuweilen bestimmt, dass das Arbeitsverhältnis endet, wenn der AN eine Erwerbsminderungsrente bezieht (dazu → § 40 Rn. 57). 14

3. Tod des Arbeitgebers. Der Tod des AG führt nicht zur Beendigung des Arbeitsverhältnisses.[11] Das Arbeitsverhältnis besteht in diesen Fällen mit den Erben fort, denen dann das Recht zur Kündigung zusteht. 15

4. Betriebsübergang. Im Falle des Betriebsübergangs geht das Arbeitsverhältnis nach § 613a I 1 BGB auf den Betriebserwerber über (→ §§ 116 ff. Rn. 1 ff.). 16

5. Insolvenz einer der beiden Parteien. Bei einer Insolvenz des AG besteht das Arbeitsverhältnis gem. § 108 I 1 InsO fort. Dem Insolvenzverwalter steht allerdings nach § 113 InsO ein besonderes Kündigungsrecht zu (dazu → § 93 Rn. 1). 17

6. Arbeitskampf. Arbeitskampfmaßnahmen wie Streik und Aussperrung führen grundsätzlich nicht zur Beendigung des Arbeitsverhältnisses (dazu → § 194 Rn. 1 ff.). 18

7. Wehrdienst. Die Ableistung des Wehrdienstes führt nicht ohne Weiteres zur Beendigung des Arbeitsverhältnisses (→ § 144 Rn. 1 ff. und → Rn. 7). 19

[11] Zöllner/Loritz/*Hergenröder* § 22 I 2.

2. Abschnitt. Einvernehmliche Beendigung des Arbeitsverhältnisses

§ 122. Aufhebungs- und Abwicklungsvertrag

Übersicht

I. Allgemeines

1 Für die einverständliche Beendigung des Arbeitsverhältnisses haben sich zwei Vorgehensweisen herausgebildet: Der Aufhebungsvertrag und der Abwicklungsvertrag. Ein Aufhebungsvertrag ist eine Vereinbarung über das vorzeitige Ausscheiden eines AN aus einem Arbeitsverhältnis (→ Rn. 2 ff.). Durch die vertragliche Vereinbarung wird das Arbeitsverhältnis einvernehmlich beendet. Dagegen führt der Abwicklungsvertrag selbst nicht zur Beendigung (→ Rn. 45 ff.). Das Arbeitsverhältnis endet vielmehr durch eine vorangegangene Kündigung durch den AG. Mit dem Abwicklungsvertrag wird das gekündigte Arbeitsverhältnis „abgewickelt", dh es werden die Modalitäten der Beendigung vereinbart. Dazu gehört in der Regel ein Klageverzicht des AN, wofür sich der AG zur Zahlung einer Abfindung verpflichtet. Der Abwicklungsvertrag ist vor allem aus sozialversicherungsrechtlichen Gründen entwickelt worden (dazu → § 23 Rn. 54).[1]

II. Aufhebungsvertrag

2 **1. Abschluss.** Aus dem Grundsatz der Vertragsfreiheit folgt (§ 311 BGB), dass die Parteien das Arbeitsverhältnis jederzeit für die Zukunft im Wege gegenseitigen Einvernehmens beenden können. Dabei ist der AG grundsätzlich frei zu entscheiden, welchen AN er die Aufhebung ihrer Arbeitsverhältnisse anbieten möchte. Der arbeitsrechtliche Gleichbehandlungsgrundsatz findet in diesen Fällen auch dann keine Anwendung, wenn der AG Abfindungen zahlt, die dem Grunde und der Höhe nach in einer Betriebsvereinbarung geregelt sind.[2] Bietet er im Rahmen eines mit dem BR vereinbarten Personalabbaukonzepts AN bis zum

[1] Hierzu insbes. BSG 18.12.2003 NZA 2004, 661; *Bauer/Krieger* NZA 2004, 640.

[2] BAG 25.2.2010 AP Nr. 3 zu § 3 AGG = NZA 2010, 561; 17.12.2009 AP Nr. 41 zu § 620 BGB Aufhebungsvertrag = NZA 2010, 273; iErg auch BAG 16.2.2012 NZA 2012, 1307; 22.1.2009 AP Nr. 4 zu § 613a BGB Unterrichtung = NZA 2009, 547.

54. Lebensjahr den Abschluss von Aufhebungsverträgen an, liegt hierin keine ungerechtfertigte Altersdiskriminierung der älteren Beschäftigten, denen ein solches Angebot nicht unterbreitet wird, wenn in dieser Zeit und den folgenden fünf Jahren zugleich betriebsbedingte Kündigungen tarifvertraglich ausgeschlossen sind. Der Zweck des Verbots der Altersdiskriminierung wird in diesem Fall vielmehr gerade durch den weiteren Verbleib älterer AN im Arbeitsverhältnis verwirklicht.[3]

2. Schriftform. a) Grundsätze. Nach § 623 BGB unterliegt der Aufhebungsvertrag der Schriftform. Dies gilt für einen auf den Abschluss eines Aufhebungsvertrags gerichteten **Vorvertrag**[4] ebenso wie für einen **dreiseitigen Vertrag** zwischen dem AN, dem bisherigen AG und dem neuen AG, der darauf gerichtet ist, das Arbeitsverhältnis mit dem bisherigen AG zu beenden und mit dem neuen fortzusetzen.[5] Nicht erfasst vom Formerfordernis des § 623 BGB sind **Änderungsverträge.**[6] Besteht der Aufhebungsvertrag aus mehreren Blättern, kann die erforderliche Einheitlichkeit der Urkunde durch eine feste körperliche Verbindung der einzelnen Blätter hergestellt werden. Sie kann jedoch ebenso durch eine fortlaufende **Paginierung oder Nummerierung** der einzelnen Bestimmungen oder durch Verweisungen auf Anlagen und Rückverweisungen auf den Text erfolgen (sog. Auflockerungsrechtsprechung).[7] Es genügt damit die gedankliche Verbindung der einzelnen Blätter, die in einer zweifelsfreien Bezugnahme zum Ausdruck kommen muss.[8] Der gesamte Vertragsinhalt muss gem. § 126 II 1 BGB von beiden Parteien auf einer Urkunde im Original unterzeichnet sein. Sind mehrere gleichlautende Urkunden errichtet, genügt es, wenn jede Partei die für die andere Partei bestimmte Urkunde unterzeichnet (§ 126 II 2 BGB).[9] Die Unterschrift muss den Urkundentext räumlich abschließen, Nachträge oder Änderungen sind erneut zu unterschreiben.[10] Im Anschluss an die neuere Rechtsprechung des BGH zum Mietrecht[11] und des BAG zur Schriftform befristeter Arbeitsverträge[12] dürfte auch bei Auflösungsverträgen dem Formerfordernis des § 623 BGB genügt sein, wenn die eine Vertragspartei in einem von ihr unterzeichneten, an die andere Vertragspartei gerichteten Schreiben den Abschluss eines Auflösungsvertrags anbietet und die andere Vertragspartei das Vertragsangebot annimmt, indem sie das Schriftstück ebenfalls unterzeichnet.[13] Ein Telefax genügt allerdings nicht.[14] Unterzeichnet auf Arbeitgeberseite ein Gesellschafter einer GbR den Aufhebungsvertrag, muss das Handeln in Vertretung der GbR deutlich werden.[15] Fehlt ein ausdrücklicher Vertretungszusatz, ist die gesetzliche Schriftform des § 126 BGB nur gewahrt, wenn der nach § 157 BGB zu ermittelnde rechtsgeschäftliche Vertretungswille in der Urkunde, wenn auch nur unvollkommen, Ausdruck gefunden hat. Unerheblich für die Einhaltung der Formvorschriften ist, ob der unterzeichnende Gesellschafter tatsächlich zur alleinigen Vertretung der GbR ermächtigt ist. Auch bedarf die rechtsgeschäftliche Bevollmächtigung nach §§ 164 ff. BGB gem. § 167 II BGB nicht der Form, die für das Rechtsgeschäft bestimmt ist, auf das sich die Vollmacht bezieht; sie kann deshalb auch mündlich erfolgen. Eine teleologische Reduktion dieser Bestimmung, wie sie der BGH in Bezug auf das Formerfordernis bei Bürgschaftsversprechen nach § 766 S. 1 BGB vorgenommen hat,[16] ist bei dem Formerfordernis des § 623 BGB nicht geboten.[17] 3

b) Einzelfälle. Schließen die Parteien außergerichtlich einen Aufhebungsvertrag, soll dieser aber noch **gerichtlich protokolliert** werden, kommt er im Zweifel erst mit der Protokollierung zustande (§ 154 II BGB).[18] Ein Vergleich nach § 278 VI ZPO genügt der Schriftform.[19] Dies 4

[3] BAG 25.2.2010 AP Nr. 3 zu § 3 AGG = NZA 2010, 561.
[4] BAG 17.12.2009 AP Nr. 41 zu § 620 BGB Aufhebungsvertrag = NZA 2010, 273.
[5] APS/*Greiner* BGB § 623 Rn. 32; offengelassen von BAG 24.2.2011 AP Nr. 42 zu § 620 BGB Aufhebungsvertrag = NZA-RR 2012, 148.
[6] APS/*Greiner* BGB § 623 Rn. 8.
[7] MüKoBGB/*Einsele* § 126 Rn. 8 f.
[8] BGH 29.4.2009 NJW 2009, 2195 mwN.
[9] ErfK/*Preis* BGB §§ 125–127 Rn. 21.
[10] BAG 26.8.2008 NZA 2009, 161; 19.4.2007 AP Nr. 9 zu § 623 BGB = NZA 2007, 1227.
[11] BGH 14.7.2004 NJW 2004, 2962.
[12] BAG 4.11.2015 AP Nr. 138 zu § 14 TzBfG = NZA 2016, 547.
[13] Ebenso ErfK/*Müller-Glöge* BGB § 623 Rn. 19.
[14] APS/*Rolfs* AufhebVtr Rn. 18.
[15] Hierzu ausf. *Spelge* RdA 2016, 309.
[16] BGH 29.2.1996 NJW 1996, 1467.
[17] BAG 28.11.2007 AP Nr. 36 zu § 620 BGB Aufhebungsvertrag = NZA 2008, 348.
[18] BAG 16.1.1997 AP Nr. 14 zu § 779 BGB = NZA 1997, 789.
[19] BAG 23.11.2006 NZA 2007, 466; *Dahlem/Wiesner* NZA 2004, 530.

ergibt sich aus einer analogen Anwendung des § 127a BGB. Ein Verstoß gegen das Formerfordernis ist nur ausnahmsweise nach **§ 242 BGB** unbeachtlich.[20] Nach Auffassung des BAG sind darüber hinaus auch **Klageverzichtsvereinbarungen,** die im unmittelbaren zeitlichen und sachlichen Zusammenhang mit dem Ausspruch einer Kündigung getroffen werden, Auflösungsverträge iSd § 623 BGB und bedürfen daher der Schriftform.[21] Allein die zeitliche Nähe zwischen Klageverzicht und Erhalt der Kündigung vermag nach dieser Rechtsprechung jedoch den erforderlichen Zusammenhang noch nicht zu begründen.[22] Schließt ein AN mit seinem AG einen schriftlichen **Geschäftsführerdienstvertrag,** wird vermutet, dass das bis dahin bestehende Arbeitsverhältnis mit Beginn des Geschäftsführerdienstverhältnisses einvernehmlich beendet wird, soweit nicht klar und eindeutig etwas anderes vertraglich vereinbart worden ist. Es besteht vorbehaltlich besonderer Umstände des Einzelfalls kein Zweifel iSv § 305c II BGB daran, dass ein AN mit Abschluss des Geschäftsführerdienstvertrags seine vertraglichen Beziehungen ausschließlich auf diese neue vertragliche Grundlage stellt und damit zugleich das zuvor bestandene Arbeitsverhältnis zum Zeitpunkt der Aufnahme der Geschäftsführertätigkeit beendet.[23] Durch den schriftlichen Geschäftsführerdienstvertrag wird das Schriftformerfordernis des § 623 BGB für den Auflösungsvertrag auch dann gewahrt, wenn die Beendigung des Arbeitsverhältnisses nicht ausdrücklich vereinbart wird,[24] sofern die Parteien des Geschäftsführerdienstvertrags zugleich die Parteien des Arbeitsvertrags sind. Anderenfalls mangelt es an einem schriftlichen Rechtsgeschäft zwischen AG und AN, in dem die Vereinbarung über die Aufhebung des Arbeitsverhältnisses liegen kann.[25] Eine Ausnahme gilt im Falle einer Bevollmächtigung.[26]

5 **3. Nachträgliche Befristung.** Für die rechtliche Einordnung einer Vereinbarung als Aufhebungsvertrag oder befristete Fortsetzung eines Dauerarbeitsverhältnisses ist der **Regelungsgehalt der getroffenen Vereinbarung** maßgeblich.[27] Der Aufhebungsvertrag ist auf eine alsbaldige Beendigung der arbeitsvertraglichen Beziehungen gerichtet. Das bringen die Parteien in der Regel durch die Wahl einer zeitnahen Beendigung, die sich häufig an der jeweiligen Kündigungsfrist orientiert, und weitere Vereinbarungen über Rechte und Pflichten aus Anlass der vorzeitigen Vertragsbeendigung zum Ausdruck. Ein solcher auf die alsbaldige Beendigung eines Dauerarbeitsverhältnisses gerichteter Aufhebungsvertrag ist nicht Gegenstand der arbeitsgerichtlichen Befristungskontrolle.[28] Dagegen bedarf ein Aufhebungsvertrag, dessen Regelungsgehalt nicht auf die Beendigung, sondern auf eine befristete Fortsetzung eines Dauerarbeitsverhältnisses gerichtet ist, zu seiner Wirksamkeit eines sachlichen Grundes. Für das Eingreifen der Befristungskontrolle ist nicht die von den Parteien gewählte Vertragsbezeichnung entscheidend, sondern der Regelungsgehalt der getroffenen Vereinbarung. Besteht dieser in der befristeten Fortsetzung eines Dauerarbeitsverhältnisses, kann eine funktionswidrige Verwendung der gesetzlich vorgesehenen Möglichkeit, einen befristeten Arbeitsvertrag abzuschließen, vorliegen.[29] Das gilt vor allem dann, wenn der von den Parteien gewählte Beendigungszeitpunkt die jeweilige Kündigungsfrist um ein Vielfaches überschreitet und es an weiteren Vereinbarungen im Zusammenhang mit der Beendigung des Arbeitsverhältnisses fehlt, wie sie im Aufhebungsvertrag regelmäßig getroffen werden. Dazu gehören insbesondere Freistellungen, Urlaubsregelungen, ggf. auch Abfindungen uÄ.[30] Entscheidend ist eine Gesamtwürdigung aller Umstände.[31]

6 Ersetzt der Aufhebungsvertrag lediglich eine nach § 1 KSchG nicht auf ihre Sozialwidrigkeit zu überprüfende Kündigung, kann er nicht wegen der Umgehung zwingender Kündigungs-

---

[20] BAG 16.9.2004 AP Nr. 1 zu § 623 BGB = NZA 2005, 162.

[21] BAG 19.4.2007 AP Nr. 9 zu BGB § 623 = NZA 2007, 1227; mit Recht krit. hierzu *Bauer/Günther* Anm. AP Nr. 9 zu § 623 BGB; *Schöne* SAE 2008, 155.

[22] BAG 25.9.2014 NZA 2015, 350.

[23] BAG 3.2.2009 AP Nr. 66 zu § 5 ArbGG 1979 = NZA 2009, 669.

[24] BAG 19.7.2007 AP Nr. 18 zu § 35 GmbHG = NZA 2007, 1097; 3.2.2009 AP Nr. 66 zu § 5 ArbGG 1979 = NZA 2009, 669; ausf. dazu *Müller-Glöge* FS Hromadka, 2008, 255 ff.; dazu auch *Jooß* RdA 2008, 285; *Lembke* BB 2008, 393.

[25] BAG 25.9.2014 NZA 2015, 350.

[26] BAG 19.7.2007 – 6 AZR 875/06.

[27] BAG 11.2.2015 AP Nr. 128 zu § 14 TzBfG = NZA 2015, 1066.

[28] BAG 14.12.2016 AP Nr. 150 zu § 14 TzBfG = NZA 2017, 634; 28.11.2007 AP Nr. 36 zu § 620 BGB Aufhebungsvertrag = NZA 2008, 348; 15.2.2007 AP Nr. 35 zu § 620 BGB Aufhebungsvertrag = NZA 2007, 614.

[29] BAG 12.1.2000 AP Nr. 16 zu § 620 BGB Aufhebungsvertrag = NZA 2000, 718.

[30] BAG 14.12.2016 AP Nr. 150 zu § 14 TzBfG = NZA 2017, 634; 15.2.2007 AP Nr. 35 zu § 620 BGB Aufhebungsvertrag = NZA 2007, 614.

[31] BAG 10.11.2011 AP Nr. 44 zu § 620 BGB Aufhebungsvertrag = NZA 2012, 205; 28.11.2007 AP Nr. 36 zu § 620 BGB Aufhebungsvertrag = NZA 2008, 348.

schutzvorschriften unwirksam sein. Ein sachlicher Grund ist damit nicht erforderlich. Sieht der AG beispielsweise die sechsmonatige **Probezeit als nicht bestanden** an, kann er deshalb regelmäßig, ohne rechtsmissbräuchlich zu handeln, anstatt das Arbeitsverhältnis innerhalb der Frist des § 1 I KSchG mit der kurzen Probezeitkündigungsfrist (§ 622 III BGB) zu beenden, dem AN eine Bewährungschance geben und ihn mit einer überschaubaren, längeren Kündigungsfrist kündigen sowie dem AN für den Fall seiner Bewährung die Wiedereinstellung zusagen. Diese Grundsätze gelten auch für einen entsprechenden Aufhebungsvertrag.[32]

4. Widerrufsrecht. Ein Aufhebungsvertrag ist nicht allein deshalb unwirksam, weil der AG 7
dem AN weder eine Bedenkzeit noch ein Rücktritts- bzw. Widerrufsrecht eingeräumt und ihm auch das Thema des beabsichtigten Gesprächs vorher nicht mitgeteilt hat.[33] Hieran hat sich auch nach der mit der Schuldrechtsreform zum 1.1.2002 erfolgten Einfügung des Verbraucherschutzrechts in das BGB nichts geändert. Der AN ist zwar Verbraucher iSd § 13 BGB. Das in §§ 355, 312g, 312b BGB geregelte Widerrufsrecht bei Haustürgeschäften findet auf den Abschluss arbeitsrechtlicher Aufhebungsverträge gleichwohl **keine Anwendung.**[34] Hiernach (§ 312g BGB) steht dem Verbraucher bei außerhalb von Geschäftsräumen geschlossenen Verträgen und bei Fernabsatzverträgen ein Widerrufsrecht gem. § 355 BGB zu. Außerhalb von Geschäftsräumen geschlossene Verträge sind gem. § 312b I Nr. 1 BGB Verträge, die bei gleichzeitiger körperlicher Anwesenheit des Verbrauchers und des Unternehmers an einem Ort geschlossen werden, der kein Geschäftsraum des Unternehmers ist. Geschäftsräume sind gem. § 312b II BGB unbewegliche Gewerberäume, in denen der Unternehmer seine Tätigkeit dauerhaft ausübt, und bewegliche Gewerberäume, in denen der Unternehmer seine Tätigkeit für gewöhnlich ausübt. Soweit hieraus gefolgert wird, ein Widerrufsrecht des AN bei Abschluss eines Aufhebungsvertrags bestehe nun schon nach dem eindeutigen Wortsinn des § 312 b I 1 Nr. 1 BGB nicht, weil dieser üblicherweise in den Geschäftsräumen des AG geschlossen werde,[35] dürfte dies zu kurz greifen, denn die Gesetzesbegründung[36] nennt als Beispiel für einen Ort, der nicht zu den Geschäftsräumen des Unternehmers gehört, u.a. den Arbeitsplatz und verweist dabei auf den 21. Erwägungsgrund zur Richtlinie 2011/83/EU.[37] Bei einem weiten Verständnis des Begriffs „entgeltliche Leistung“ in § 312 I BGB könnte der Aufhebungsvertrag auch hierunter fallen, wenn der AG als Gegenleistung zur Beendigung des Arbeitsverhältnisses eine Abfindung zahlt.[38] Gegen ein solches Verständnis spricht indes der in der Gesetzesbegründung[39] zum Ausdruck kommende Zweck dieser Regelungen, die in erster Linie Fälle der Lieferung von Waren oder der Erbringung von Dienstleistungen betreffen.[40] Der Verbrauer soll bei solchen Geschäften, etwa dem Kauf von Produkten der eigenen Firma zu Mitarbeitervorzugspreisen, auch am Arbeitsplatz vor einer Überrumpelung geschützt werden.[41] Der Abschluss eines Aufhebungsvertrags hat hiermit nichts tun.

5. Gebot des fairen Verfahrens. Dieses Gebot ist eine arbeitsvertragliche Nebenpflicht aus 7a
§ 241 II BGB. Sie wird verletzt, wenn eine Seite eine **psychische Drucksituation** schafft, die eine freie und überlegte Entscheidung des Vertragspartners über den Abschluss eines Aufhebungsvertrags erheblich erschwert.[42] Eine solche zu missbilligende Einschränkung der Entscheidungsfreiheit ist noch nicht gegeben, wenn der eine Auflösungsvereinbarung anstrebende AG dem AN weder eine Bedenkzeit noch ein Rücktritts- oder Widerrufsrecht einräumt. Ebenso wenig ist eine Ankündigung des Unterbreitens einer Aufhebungsvereinbarung erforderlich.

[32] BAG 7.3.2002 AP Nr. 22 zu § 620 BGB Aufhebungsvertrag = NZA 2002, 1000; LAG RhPf 15.1.2019 – 6 Sa 249/18; *Lembke* DB 2002, 2648.
[33] BAG 30.9.1993 AP Nr. 37 zu § 123 BGB = NZA 1994, 209; zu einem von der Anfechtung zu trennenden tarifvertraglichem Widerrufsrecht BAG 12.3.2015 AP Nr. 47 zu § 620 BGB Aufhebungsvertrag= NZA 2015, 676.
[34] BAG 7.2.2019 AP Nr. 50 zu § 620 BGB Aufhebungsvertrag = NZA 2019, 688.
[35] *Bauer/Arnold/Zeh* NZA 2016, 449; APS/*Rolfs* AufhebVtr Rn. 85; *Schwab/Hromek* JZ 2015, 271 (273).
[36] BT-Drs. 17/12637, 50.
[37] *Kamanabrou* NZA 2016, 919.
[38] Vgl. *Bauer/Arnold/Zeh* NZA 2016, 449 (450f.); *Fischinger/Werthmüller* NZA 2016, 193 (196); aA KR/*Spilger* AufhebungsV Rn. 30.
[39] BT-Drs. 17/12637, 45.
[40] MüKoBGB/*Hesse* Vor § 620 Rn. 31; ErfK/*Müller-Glöge* BGB § 620 Rn. 14; iErg auch *Lembke* BB 2016, 3125; *Kamanabrou* NZA 2016, 919 (920).
[41] MüKoBGB/*Wendehorst* § 312 Rn. 18.
[42] Hierzu und zum Folgenden BAG 7.2.2019 AP Nr. 50 zu § 620 BGB Aufhebungsvertrag = NZA 2019, 688; weiterführend *Bauer/Romero* ZfA 2019, 608; *Fischinger* NZA 2019, 729; *Heinkel* 2020, 261; *Kamanabrou* RdA 2020, 201; *Müller* DB 2019, 1792; *Plum* MDR 2020, 69; *Spilger* NZA 2020, 357.

Unfair ist eine Verhandlungssituation erst dann zu bewerten, wenn eine psychische Drucksituation geschaffen oder ausgenutzt wird, die eine **freie und überlegte Entscheidung des Vertragspartners erheblich erschwert oder sogar unmöglich macht.** Dies kann durch die Schaffung besonders unangenehmer Rahmenbedingungen, die erheblich ablenken oder sogar den Fluchtinstinkt wecken, geschehen oder durch das Ausnutzung einer objektiv erkennbaren körperlichen oder psychischen Schwäche oder unzureichender Sprachkenntnisse. Die Nutzung eines Überraschungsmoments kann ebenfalls die Entscheidungsfreiheit des Vertragspartners beeinträchtigen (Überrumpelung). Stets ist die konkrete Situation von einer – unbeachtlichen – Vertragstreue abzugrenzen. Ein Verstoß gegen das Gebot des fairen Verfahrens beim Abschluss des Aufhebungsvertrags führt nach Auffassung des BAG[43] zum Fortbestand des Arbeitsverhältnisses.

8 **6. Betriebsübergang.** Die Arbeitsvertragsparteien können grundsätzlich auch im Zusammenhang mit einem Betriebsübergang nach § 613a BGB einen Aufhebungsvertrag schließen.[44] Dieser kann jedoch unwirksam sein, wenn er objektiv der **Umgehung der zwingenden Rechtsfolgen des § 613a I 1 BGB** dient. Dies ist anzunehmen, wenn der AN mit dem Hinweis auf eine geplante Betriebsveräußerung und Arbeitsplatzangebote des Betriebserwerbers veranlasst wird, einem Auflösungsvertrag mit dem Veräußerer zuzustimmen, um mit dem Erwerber einen neuen Arbeitsvertrag abschließen zu können.[45] Unwirksam sind damit Vertragsgestaltungen, deren objektive Zielsetzung in der Beseitigung der Kontinuität des Arbeitsverhältnisses bei gleichzeitigem Erhalt des Arbeitsplatzes besteht.[46] Hiervon zu unterscheiden sind Vereinbarungen, die zwischen dem AN und dem alten oder neuen Betriebsinhaber geschlossen werden und auf ein endgültiges Ausscheiden des AN aus dem Betrieb gerichtet sind. Solche Verträge sind ohne Rücksicht auf ihre sachliche Berechtigung wirksam. Dies gilt auch dann, wenn zugleich ein Übertritt des AN in eine Beschäftigungs- und Qualifizierungsgesellschaft vereinbart wird.[47] Eine Umgehung des § 613a BGB kann allerdings dann vorliegen, wenn die Übernahme in eine Beschäftigungsgesellschaft nur zum Schein vorgeschoben oder offensichtlich bezweckt wird, die Sozialauswahl zu umgehen.[48] § 613a BGB gewährt nur einen Schutz vor einer Veränderung des Vertragsinhaltes ohne sachlichen Grund, nicht aber einen Schutz vor einer einvernehmlichen Beendigung des Arbeitsverhältnisses ohne sachlichen Grund. Damit trägt die Rechtsprechung dem Umstand Rechnung, dass der AN dem Übergang seines Arbeitsverhältnisses auf den Betriebserwerber widersprechen und den Eintritt der Rechtsfolgen des § 613a BGB verhindern kann.[49]

9 **7. Aufklärungspflichten. a) Allgemeines.** Der AN muss sich grundsätzlich vor Abschluss eines Aufhebungsvertrags selbst über die Folgen der Beendigung seines Arbeitsverhältnisses Klarheit verschaffen. Den AG treffen jedoch dann **erhöhte Hinweis- und Aufklärungspflichten,** wenn er im betrieblichen Interesse den Abschluss eines Aufhebungsvertrags vorschlägt und dabei den Eindruck erweckt, er werde bei der vorzeitigen Beendigung des Arbeitsverhältnisses auch die Interessen des AN wahren und ihn nicht ohne ausreichende Aufklärung erheblichen Risiken für den Bestand seines Arbeitsverhältnisses aussetzen.[50] Die Hinweis- und Aufklärungspflichten ergeben sich aus dem Grundsatz von Treu und Glauben (§ 241 II BGB). Sie beruhen auf den besonderen Umständen des Einzelfalles und sind das Ergebnis einer umfassenden Interessenabwägung.[51] Die erkennbaren Informationsbedürfnisse des AN einerseits und die Beratungsmöglichkeiten des AG andererseits sind stets zu beachten.

[43] BAG 7.2.2019 AP Nr. 50 zu § 620 BGB Aufhebungsvertrag = NZA 2019, 688; abl. *Bauer/Romero* ZfA 2019, 608; *Fischinger* NZA 2019, 729 (733); *Kamanabrou* RdA 2020, 201; *Lingemann/Chakrabarti* NJW 2019, 2445 (2447); ErfK/*Müller-Glöge* BGB § 620 Rn. 15; APS/*Rolfs* AufhebVtr Rn. 108b.

[44] BAG 25.10.2012 AP Nr. 436 zu § 613a BGB.

[45] BAG 19.3.2009 AP Nr. 369 zu § 613a BGB = NZA 2009, 1091.

[46] BAG 25.10.2012 AP Nr. 436 zu § 613a BGB; 21.5.2008 AP Nr. 354 zu § 613a BGB = NZA 2009, 144.

[47] BAG 25.10.2012 AP Nr. 436 zu § 613a BGB; 27.9.2012 AP Nr. 438 zu § 613a BGB = NZA 2013, 961; 18.8.2011 AP Nr. 414 zu § 613a BGB = NZA 2012, 152; dazu *Pils* NZA 2013, 125; *Willemsen* NZA 2013, 242.

[48] BAG 23.11.2006 AP Nr. 1 zu § 613a BGB Wiedereinstellung = NZA 2007, 866.

[49] BAG 18.8.2005 AP Nr. 31 zu § 620 BGB Aufhebungsvertrag = NZA 2006, 145.

[50] BAG 18.2.2020 AP Nr. 8 zu § 1 BetrAVG Auskunft = NZA 2020, 860; 22.4.2004 AP Nr. 27 zu § 620 BGB Aufhebungsvertrag = NZA 2004, 1295; 12.12.2002 AP Nr. 25 zu § 611 BGB Haftung des Arbeitgebers = NZA 2003, 687; 21.2.2002 EzA Nr. 7 zu § 1 KSchG; 11.12.2001 AP Nr. 2 zu § 1 BetrAVG Auskunft = NZA 2002, 1150; *Bauer/Krieger/Arnold* A Rn. 174 ff.

[51] BAG 15.4.2014 AP Nr. 47 zu § BetrAVG Auslegung; 12.12.2002 AP Nr. 25 zu § 611 BGB Haftung des Arbeitgebers = NZA 2003, 687.

Erteilt der AG dem AN Auskünfte, müssen sie richtig und vollständig sein.[52] Geht die Initiative zum Abschluss eines Aufhebungsvertrags vom AN aus, kann es der AG grundsätzlich ihm überlassen, sich über die Folgen und Risiken seines Ausscheidens zu unterrichten. Er muss ihn deshalb nicht von sich aus auf Zahlungsschwierigkeiten hinweisen.[53]

b) Betriebliche Altersversorgung. Hinweis- und Aufklärungspflichten können bezüglich der betrieblichen Altersversorgung insbesondere dann bestehen, wenn der **AG im betrieblichen Interesse** den Abschluss eines Aufhebungsvertrags vorschlägt. Je größer das beim AN erweckte Vertrauen ist oder je größer, atypischer und schwerer erkennbar die betriebsrentenrechtlichen Gefahren für den AN sind, desto eher treffen den AG Informationspflichten und desto weitreichender sind sie.[54] Anderes gilt regelmäßig, wenn die Initiative zur Beendigung des Arbeitsverhältnisses vom AN ausgeht und dieser nach seiner beruflichen Stellung unschwer in der Lage ist, die Folgen der Beendigung für das Altersruhegeld zu erkennen (zB Versicherungsvertreter).[55] 10

c) Steuer- und sozialversicherungsrechtlichen Folgen. Über die steuer- und sozialversicherungsrechtlichen Folgen der Beendigung des Arbeitsverhältnisses hat der AG den AN grundsätzlich nicht von sich aus aufzuklären. Eine Hinweispflicht besteht nur insoweit, als der AG mit der Unkenntnis des AN rechnen muss.[56] Erteilt der AG auf Wunsch des AN Auskunft, muss diese allerdings richtig und vollständig sein. Weist der AG in einem Aufhebungsvertrag darauf hin, dass verbindliche Auskunft nur durch den Sozialversicherungsträger erfolgen könne, kann darin enthalten sein, dass er jede Auskunft und Stellungnahme zur sozialversicherungsrechtlichen Lage ablehnt.[57] 11

d) Sozialplanverhandlungen. Bietet der AG dem AN den Abschluss eines Aufhebungsvertrags an, muss er ihn über noch nicht abgeschlossene Sozialplanverhandlungen nicht unterrichten, wenn nicht absehbar ist, dass der AN dem Sozialplan unterfallen und durch ein Ausscheiden aufgrund des Sozialplans bessergestellt sein würde.[58] 12

8. Inhaltskontrolle. a) AGB-Kontrolle. Arbeitsrechtliche Aufhebungsverträge unterliegen einer AGB-Kontrolle, wenn es sich um vom AG für eine Vielzahl von Verträgen vorformulierte Vertragsbedingungen handelt (§ 305 I 1 BGB) oder die Voraussetzungen des § 310 III Nr. 2 BGB vorliegen (dazu → § 35 Rn. 8 ff.).[59] Soweit nach § 310 IV 2 BGB bei der Überprüfung von „Arbeitsverträgen" die Besonderheiten des Arbeitsrechts zu berücksichtigen sind, gilt dies auch für Aufhebungsverträge.[60] Die **Beendigungsvereinbarung** in einem Aufhebungsvertrag unterliegt allerdings als solche ebenso wenig einer Angemessenheitskontrolle nach § 307 I 1 BGB wie eine als **Gegenleistung** für die Zustimmung des AN zur Auflösung des Arbeitsverhältnisses etwaig gezahlte Abfindung.[61] Hierdurch wird der Umfang der von den Parteien geschuldeten Vertragsleistung festlegt.[62] Solche Regelungen sind nach § 307 III 1 BGB der inhaltlichen Überprüfung entzogen. Sie unterliegen gem. § 307 III 2 BGB lediglich einer Transparenzkontrolle nach § 307 I 2 BGB. Dagegen unterliegen sonstige Regelungen in einem Aufhebungsvertrag der Inhaltskontrolle. Dies gilt insbesondere für Ausgleichsklauseln als Nebenabreden zur kontrollfreien Aufhebungsvereinbarung. So ist eine Ausgleichsklausel, die einseitig nur Ansprüche des AN betrifft und dafür keine entsprechende Gegenleistung gewährt, wegen Verstoßes 13

[52] BAG 23.5.1989 AP Nr. 28 zu § 1 BetrAVG Zusatzversorgungskassen.

[53] BAG 24.2.2011 AP Nr. 42 zu § 620 BGB Aufhebungsvertrag = NZA-RR 2012, 148.

[54] BAG 17.10.2000 AP Nr. 116 zu § 611 BGB Fürsorgepflicht = NZA 2001, 206 (im Streitfall handelte es sich um eine Reinigungskraft).

[55] BAG 11.12.2001 AP Nr. 2 zu § 1 BetrAVG Auskunft = NZA 2002, 1150.

[56] Vgl. BAG 10.3.1988 AP Nr. 99 zu § 611 BGB Fürsorgepflicht = NZA 1988, 837.

[57] LAG Köln 13.2.1998 NZA-RR 1999, 13.

[58] BAG 22.4.2004 AP Nr. 27 zu § 620 BGB Aufhebungsvertrag = NZA 2004, 1295.

[59] BAG 24.2.2016 AP Nr. 48 zu § 620 BGB Aufhebungsvertrag = NZA 2016, 762; 24.1.2013 AP Nr. 68 zu § 307 BGB = NZA-RR 2013, 400; *Giesing,* Inhaltskontrolle und Abschlusskontrolle arbeitsrechtlicher Aufhebungsverträge, 2007, 102 ff.

[60] BAG 12.3.2015 AP Nr. 47 zu § 620 BGB Aufhebungsvertrag= NZA 2015, 676; *Bauer/Krieger/Arnold* A Rn. 246.

[61] BAG 24.2.2016 AP Nr. 48 zu § 620 BGB Aufhebungsvertrag = NZA 2016, 762; 12.3.2015 AP Nr. 47 zu § 620 BGB Aufhebungsvertrag= NZA 2015, 676; ErfK/*Müller-Glöge* BGB § 620 Rn. 15; APS/*Rolfs* AufhebVtr Rn. 40.

[62] BAG 21.6.2011 AP Nr. 53 zu § 307 BGB = NZA 2011, 1338; 8.5.2008 AP Nr. 40 zu § 620 BGB Aufhebungsvertrag = NZA 2008, 1148.

gegen das schuldrechtliche Äquivalenzprinzip unwirksam.[63] Der formularmäßige Verzicht des AN auf eine Kündigungsschutzklage stellt nach Auffassung des BAG ohne kompensatorische Gegenleistung des AG eine unangemessene Benachteiligung des AN dar (dazu → § 138 Rn. 6).[64] Ein im Aufhebungsvertrag vom AN erklärter Verzicht auf die gerichtliche Durchsetzung einer Anfechtung des Aufhebungsvertrags ist nur wirksam, wenn eine vom AN behauptete Drohung mit der außerordentlichen Kündigung nicht widerrechtlich war (dazu → Rn. 27). Im Ergebnis teilt damit die Klageverzichtsklausel das rechtliche Schicksal des Aufhebungsvertrags.[65] Ebenso ist die Klausel in einem Aufhebungsvertrag, die für den Fall der Kündigung durch den neuen AG einen Wiedereinstellungsanspruch davon abhängig macht, dass der AN „dringende betriebliche Gründe iSv § 1 II KSchG" für die Kündigung beweist, unwirksam, weil sie den AN unangemessen benachteiligt.[66] Die Vereinbarung einer Vorleistung des AN bei Abschluss eines außergerichtlichen Aufhebungsvertrags durch die Festlegung von Entstehen und Fälligkeit der Abfindung auf den Zeitpunkt der Beendigung des Arbeitsverhältnisses ist nicht unangemessen (§ 307 I 1 BGB), da der AN bis zur Beendigung des Arbeitsverhältnisses wirtschaftlich so steht, wie er ohne den Abschluss des Aufhebungsvertrags gestanden hätte.[67]

14 **b) Weitere Unwirksamkeitsgründe.** Ein Aufhebungsvertrag kann aus allgemeinen Rechtsgründen unwirksam sein.[68] Vereinbart der AG in einem Aufhebungsvertrag mit einem ausländischen AN, dass dieser für den Fall der endgültigen Rückkehr in seine Heimat nach Beendigung des Arbeitsverhältnisses eine Abfindung erhalten soll, liegt darin grundsätzlich keine Umgehung der §§ 9, 10 KSchG. Eine solche **„Heimkehrklausel"** kann jedoch wegen funktionswidriger Umgehung der §§ 111, 112 BetrVG unwirksam sein, wenn der Aufhebungsvertrag in Ausführung einer Betriebsvereinbarung geschlossen wird, die Personalabbau durch Abschluss von Aufhebungsverträgen zum Ziel hat und der deshalb eine Art Sozialplanersatzcharakter zukommt.[69] Beruft sich der AN auf die Wirksamkeit eines Aufhebungsvertrags, kann hierin ausnahmsweise eine unzulässige Rechtsausübung liegen, wenn ein zur Geschäftsführung berufener Gesellschafter mit dem AN kollusiv zum Nachteil der Gesellschaft gehandelt hat.[70] Die mit einem Aufhebungsvertrag bezweckte Entlassung ist bei Vorliegen der Voraussetzungen einer Massenentlassung gem. §§ 17, 18 KSchG wegen der öffentlich-rechtlichen Schutzrichtung dieser Vorschriften solange unwirksam, wie nicht eine **formgerechte Massenentlassungsanzeige** (§ 17 III KSchG) bei der Agentur für Arbeit eingereicht und deren Zustimmung eingeholt wird.[71] Ein **Betriebsratsmitglied** wird durch einen im Zuge einer kündigungsrechtlichen Auseinandersetzung abgeschlossenen Aufhebungsvertrag in der Regel auch dann nicht unzulässigerweise begünstigt iSv § 78 S. 2 BetrVG, wenn der Aufhebungsvertrag besonders attraktive finanzielle oder sonstige Konditionen enthält, die einem AN ohne Betriebsratsamt nicht zugestanden worden wären. Diese Begünstigung beruht regelmäßig auf dem besonderen Kündigungsschutz des Betriebsratsmitglieds nach § 15 I KSchG, § 103 BetrVG, der seine Rechtsposition gegenüber anderen AN ohne vergleichbaren Sonderkündigungsschutz erheblich verbessert.[72]

15 **9. Beendigungszeitpunkt. a) Grundsatz.** Im Aufhebungsvertrag kann grundsätzlich eine gegenwärtige oder zukünftige Beendigung des Arbeitsverhältnisses vereinbart werden. Wollen Arbeitsvertragsparteien einen fristgerechten Aufhebungsvertrag schließen und verlässt sich eine Partei auf die unbewusst falsche Berechnung der anderen Partei, ist nach Auffassung des LAG Berlin gem. § 242 BGB der Vertrag mit der zutreffend berechneten Frist aufrechtzuerhalten.[73] Dieses Ergebnis ergibt sich richtigerweise durch Auslegung des Vertrags gem. §§ 133, 157 BGB,

[63] BAG 21.6.2011 AP Nr. 53 zu § 307 BGB = NZA 2011, 1338; ebenso BAG 19.2.2014 AP Nr. 39 zu § 10 AÜG; zust. *Däubler* Anm. zu BAG AP Nr. 53 zu § 307 BGB.

[64] BAG 24.9.2015 AP Nr. 83 zu § 4 KSchG 1969 mAnm *Rolfs/Marcelli* = NZA 2016, 351; 25.9.2014 AP Nr. 81 zu § 4 KSchG 1969 = NZA 2015, 350; 6.9.2007 AP Nr. 62 zu § 4 KSchG 1969 = NZA 2008, 219; krit. dazu CKK/*Klumpp* BGB § 307 Rn. 141; *Krets* FS Bauer, 2010, 601 (607); *Müller* BB 2011, 1653 (1654).

[65] BAG 12.3.2015 AP Nr. 47 zu § 620 BGB Aufhebungsvertrag= NZA 2015, 676; dazu *Laws* MDR 2015, 1342.

[66] BAG 9.2.2011 AP Nr. 52 zu § 307 BGB = NZA-RR 2012, 232.

[67] BAG 10.11.2011 AP Nr. 43 zu § 620 BGB Aufhebungsvertrag.

[68] *Germelmann* NZA 1997, 236.

[69] BAG 7.5.1987 AP Nr. 19 zu § 9 KSchG 1969 = NZA 1988, 15.

[70] BAG 29.1.1997 AP Nr. 43 zu § 123 BGB = NZA 1997, 485.

[71] BAG 11.3.1999 AP Nr. 12 zu § 17 KSchG 1969 = NZA 1999, 587; APS/*Rolfs* AufhebVtr Rn. 82f.

[72] BAG 21.3.2018 AP Nr. 17 zu § 78 BetrVG 1972 = NZA 2018, 1019; *Fuhlrott* NZA-RR 2018, 472.

[73] LAG Bln 28.4.2000 EWiR § 242 BGB 4/01, 363.

wonach für den Vertragsinhalt der wirkliche Wille der Parteien maßgeblich ist. Der Abschluss eines Aufhebungsvertrags mit einem in der Zukunft liegenden Auflösungstermin schließt das Recht des AG zur außerordentlichen Kündigung vor dem vereinbarten Beendigungszeitpunkt nicht aus (→ Rn. 19).[74] Zum vereinbarten Recht des AN, das Arbeitsverhältnis vor dem vereinbarten Termin zu beenden → Rn. 47.

b) Rückwirkende Beendigung. Eine rückwirkende Beendigung kommt nur in Betracht, 16 soweit das Arbeitsverhältnis bereits außer Vollzug gesetzt war.[75] Das ist insbesondere bei Vergleichen in Kündigungsschutzverfahren der Fall. Wird ein Aufhebungsvertrag rückdatiert, um das Ruhen des Anspruchs auf Arbeitslosengeld nach § 158 SGB III zu vermeiden, führt dies nicht zur Nichtigkeit des Aufhebungsvertrags nach § 138 BGB.[76] Bei der Prüfung der Voraussetzungen für den Bezug von Arbeitslosengeld wird allerdings nicht der rückdatierte, sondern der tatsächliche Beendigungstermin zugrunde gelegt.

10. Bedingte Aufhebungsverträge. Verträge, welche die Beendigung von einem zukünfti- 17 gen, ungewissen Ereignis abhängig machen, sind im Allgemeinen unwirksam, wenn für sie kein sachlicher Grund besteht. Unwirksam sind demnach Aufhebungsverträge, die das Arbeitsverhältnis beenden, falls der AN nicht rechtzeitig aus dem Urlaub zurückkehrt.[77] Der Vergleich in einem Kündigungsschutzprozess nach vorangegangener krankheitsbedingter Kündigung, wonach das Arbeitsverhältnis enden wird, wenn der AN in einer bestimmten Zeitspanne mehr als 10% der Arbeitstage arbeitsunfähig krank ist, ist wegen Umgehung des Kündigungsschutzes unwirksam.[78] Dasselbe gilt, wenn das Arbeitsverhältnis beendet werden soll, sofern ein AN wieder Alkohol zu sich nimmt.[79]

11. Umdeutung einer Kündigung in ein Vertragsangebot. Nicht jede Kündigungser- 18 klärung beinhaltet gleichzeitig einen Antrag auf Abschluss eines Aufhebungsvertrags. Die Umdeutung einer außerordentlichen Kündigung in ein solches Angebot setzt voraus, dass sich aus der Kündigungserklärung der mutmaßliche Wille des Kündigenden ergibt, sich auch beim Fehlen eines (wichtigen) Grundes vom Kündigungsempfänger zu trennen. Die Annahme des Angebots erfordert, dass die Unwirksamkeit der Kündigung vom AN erkannt wird und er gleichwohl der Beendigung des Arbeitsverhältnisses zustimmt.[80] Wegen des Schriftformerfordernisses aus § 623 BGB (dazu → Rn. 3) kann die Annahme grundsätzlich nicht konkludent erfolgen. In der Unterzeichnung einer Ausgleichsquittung kann eine konkludente Annahme nur dann gesehen werden, wenn der AN eindeutig den Verzicht auf Kündigungsschutz erklärt.[81]

12. Fristlose Kündigung nach Aufhebungsvertrag. Auch nach Abschluss eines Auf- 19 hebungsvertrags kann das Arbeitsverhältnis noch vor dem vereinbarten Beendigungszeitpunkt außerordentlich gekündigt werden. In diesem Fall entfällt nach Auffassung des BAG die **Geschäftsgrundlage (§ 313 BGB)** für den zuvor geschlossenen Aufhebungsvertrag.[82] Häufig wird jedoch bereits die Auslegung des Aufhebungsvertrags ergeben, dass dieser nur gelten soll, wenn das Arbeitsverhältnis aufgrund der Aufhebungsvereinbarung endet.[83] Dies gilt jedoch nicht ohne Weiteres für einen aus betriebsbedingten Gründen geschlossenen Aufhebungsvertrag, wenn das Arbeitsverhältnis zu demselben Zeitpunkt auch verhaltensbedingt gekündigt wird. Ein Rücktritt wegen des Wegfalls der Geschäftsgrundlage des Aufhebungsvertrags kommt nur in Betracht, wenn dem AG wegen nachträglich bekannt gewordener schwerer Vertragsverletzungen des AN, die bei Abschluss des Aufhebungsvertrags nicht andeutungsweise ersichtlich waren, ein Festhalten am Aufhebungsvertrag nicht zugemutet werden kann. Das unveränderte Festhalten an dem Vertrag muss zu einem untragba-

[74] BAG 29.1.1997 AP Nr. 131 zu § 626 BGB = NZA 1997, 813.
[75] BAG 17.12.2009 AP Nr. 41 zu § 620 BGB Aufhebungsvertrag = NZA 2010, 273; 10.12.1998 AP Nr. 185 zu § 613a BGB = NZA 1999, 422.
[76] LAG BW 22.5.1991 LAGE § 611 BGB Aufhebungsvertrag Nr. 4; *Bauer/Krieger/Arnold* A Rn. 239.
[77] BAG 13.12.1984 AP Nr. 8 zu § 620 BGB Bedingung = NZA 1985, 324; 25.6.1987 AP Nr. 14 zu § 620 BGB Bedingung = NZA 1988, 391.
[78] LAG BW 15.10.1990 DB 1991, 918; aA LAG BW 15.12.1981 AP Nr. 5 zu § 620 BGB Bedingung.
[79] LAG München 29.10.1987 DB 1988, 506.
[80] BAG 13.4.1972 AP Nr. 64 zu § 626 BGB.
[81] BAG 29.6.1978, 3.5.1979 AP Nr. 5, 6 zu § 4 KSchG 1969.
[82] BAG 29.1.1997 AP Nr. 131 zu § 626 BGB = NZA 1997, 813.
[83] So wohl auch BAG 10.11.2011 AP Nr. 43 zu § 620 BGB Aufhebungsvertrag.

ren, mit Recht und Gerechtigkeit schlechthin nicht zu vereinbarenden Ergebnis führen.[84] In diesen Fällen kommt allerdings auch eine außerordentliche Kündigung durch den AG in Betracht.[85]

20 **13. Tod des Arbeitnehmers.** Stirbt der AN vor dem vereinbarten Ende des Arbeitsverhältnisses, richtet es sich nach der getroffenen Vereinbarung, ob der Abfindungsanspruch bereits entstanden und damit vererblich ist. Ist vereinbart, dass der Abfindungsanspruch erst entstehen soll, wenn das Arbeitsverhältnis durch den Aufhebungsvertrag, also zu dem darin genannten Zeitpunkt und nicht bereits vorher aus anderen Gründen beendet wird, ist die Abfindung nicht vererbbar.[86] Hiervon kann jedoch nur ausgegangen werden, wenn es hierfür konkrete Anhaltspunkte in der Vereinbarung gibt. Ist zB in einem Aufhebungsvertrag vereinbart, dass der AG dem AN bei Inanspruchnahme des vorgezogenen Altersruhegelds zur Milderung der Einkommenseinbuße eine Abfindung zahlt, entsteht dieser Anspruch regelmäßig nur, wenn der AN das vertraglich vereinbarte Ende des Arbeitsverhältnisses erlebt.[87] Der in einem Aufhebungsvertrag vereinbarte Anspruch auf Abfindung entsteht ebenfalls dann erst zu dem vereinbarten Beendigungszeitpunkt, wenn es sich um eine Frühpensionierung handelt und vertraglich kein früherer Entstehungszeitpunkt vereinbart ist. Verstirbt der AN vorher, entsteht kein vererbbarer Abfindungsanspruch.[88]

21 **Fehlen konkrete Anhaltspunkte** dafür, dass der Anspruch erst bei Beendigung des Arbeitsverhältnisses entstehen soll, ist zu berücksichtigen, dass schuldrechtliche Ansprüche regelmäßig mit Abschluss des Rechtsgeschäfts entstehen. Über allen von Menschen abgeschlossenen Verträgen liegt – wie der Zweite Senat eindrucksvoll formuliert – bei der stets vom Tode bedrohten Existenz des Menschen ohnehin eine gewisse Unsicherheit über die Lebensdauer des Vertragspartners; da es ein Erbrecht gibt, hängt grundsätzlich der Fortbestand der Verträge nicht davon ab, wie lange der Vertragspartner lebt. Deshalb kann nicht als Regelfall angenommen werden, der AN müsse davon ausgehen, ein Abfindungsvergleich werde hinfällig, wenn er den Auflösungstermin nicht erlebe. Ein solcher Erfahrungssatz besteht nicht.[89]

22 **14. Beteiligung des Betriebsrats. a) Unterrichtung nach § 102 I BetrVG.** Der AG hat den BR vor Abschluss des Aufhebungsvertrags nicht nach § 102 I BetrVG zu unterrichten, weil die einvernehmliche Beendigung des Arbeitsverhältnisses keine Kündigung ist.[90] Verständigen sich AG und AN in einem „Personalgespräch" darüber, dass das Arbeitsverhältnis durch den AG gekündigt und im Anschluss daran eine Abwicklungsvereinbarung mit Klageverzicht getroffen werden solle, ist allerdings der BR vor der Erklärung einer solchen Kündigung nach § 102 I BetrVG über die Kündigungsgründe zu unterrichten.[91] Aus § 82 II 2 BetrVG kann sich ein Anspruch des AN auf Hinzuziehung eines Betriebsratsmitglieds zu einem Personalgespräch über den Abschluss eines Aufhebungsvertrags ergeben. Maßgeblich sind die Umstände des Einzelfalls.[92] Im Bereich des öffentlichen Dienstes sind uU Mitwirkungsrechte des PR nach den jeweiligen Landespersonalvertretungsgesetzen zu beachten.[93]

23 **b) Betriebsänderung.** Wird im Zusammenhang mit einer Betriebsänderung nach § 111 BetrVG ein Aufhebungsvertrag geschlossen, ohne dass der AG den erforderlichen Interessenausgleich versucht hat, stehen dem AN Nachteilsausgleichsansprüche nach § 113 I BetrVG zu. Eine Entlassung iSd § 113 III BetrVG liegt auch vor, wenn der AG bei dem AN im Hinblick auf eine konkret geplante Betriebsänderung die objektiv berechtigte Annahme hervorgerufen hat, mit der eigenen Initiative zur Beendigung des Arbeitsverhältnisses komme er einer andernfalls notwendig werdenden betriebsbedingten Kündigung des AG lediglich zuvor. Eine solche Veranlassung ist in der Regel anzunehmen, wenn der AG dem AN zuvor mitgeteilt

[84] Vgl. APS/*Rolfs* AufhebVtr Rn. 108; zum Wegfall der Geschäftsgrundlage vgl. auch BAG 28.6.2000 AP Nr. 6 zu § 1 KSchG 1969 Wiedereinstellung = NZA 2000, 1097.
[85] *Bauer/Krieger/Arnold* C Rn. 37.
[86] Zu einer entsprechenden Tarifbestimmung BAG 22.5.1996 AP Nr. 13 zu § 4 TVG Rationalisierungsschutz = NZA 1997, 386.
[87] BAG 16.5.2000 AP Nr. 20 zu § 620 BGB Aufhebungsvertrag = NZA 2000, 1236.
[88] BAG 26.8.1997 AP Nr. 8 zu § 620 BGB Aufhebungsvertrag = NZA 1998, 643.
[89] Vgl. BAG 22.5.2003 AP Nr. 8 zu § 767 ZPO = NZA 2004, 1352.
[90] *Fitting* BetrVG § 102 Rn. 15.
[91] BAG 28.6.2005 AP Nr. 146 zu § 102 BetrVG 1972 = NZA 2006, 48.
[92] BAG 16.11.2004 AP Nr. 3 zu § 82 BetrVG 1972 = NZA 2005, 416.
[93] Vgl. LAG Hamm 4.7.1996 RzK I 9 i Nr. 46 = BB 1996, 2692 zu § 72a Abs. 2 PersVG NRW aF.

hat, er habe nach Durchführung der Betriebsänderung für ihn keine Beschäftigungsmöglichkeit mehr.[94]

24 **15. Sonstiges.** Wird das Arbeitsverhältnis zu einem Zeitpunkt vor Ablauf der geltenden Kündigungsfrist beendet, kann das zum zeitweisen Ruhen des Anspruchs auf **Arbeitslosengeld** nach §§ 157 f. SGB III führen (→ § 23 Rn. 67 ff.). In Betracht kommt bei einem Aufhebungsvertrag eine **Sperrzeit** (dazu → § 23 Rn. 50). Zum Abschluss des Aufhebungsvertrags brauchen **keine behördlichen Genehmigungen,** etwa bei Schwangeren nach § 17 MuSchG, bei schwerbehinderten Menschen nach § 168 SGB IX, eingeholt zu werden. Der Abschluss eines Aufhebungsvertrags zwischen AN und **Insolvenzverwalter** begründet keine Schadensersatzansprüche gem. § 113 S. 3 InsO.[95]

III. Anfechtung und Rücktritt

25 **1. Grundsätze.** Die zum Abschluss des Aufhebungsvertrags führenden Willenserklärungen können wie jede andere Willenserklärung nach §§ 119, 123 BGB angefochten werden (→ § 34 Rn. 23 ff.). Eine dreiseitige Vereinbarung zwischen dem AN, dem bisherigen und dem neuen AG, die auf eine Aufhebung des Arbeitsverhältnisses mit dem bisherigen und dessen Fortsetzung mit dem neuen AG gerichtet ist, der wiederum alle Rechte und Pflichten des früheren AG übernimmt, kann vom AN nur durch Anfechtung seiner Willenserklärungen gegenüber dem bisherigen und dem neuen AG beseitigt werden. Eine isolierte Anfechtung nur des Aufhebungsvertrags ist in diesem Fall dagegen nicht möglich, da der mit der Vertragsübernahme erstrebte Erfolg der Rechtsnachfolge in ein Schuldverhältnis nur durch das Zusammenwirken aller drei Parteien erreichbar ist.[96] Wird ein Aufhebungsvertrag wirksam angefochten, ist er gemäß § 142 I BGB ex tunc nichtig. Das Arbeitsverhältnis ist daher hierdurch nicht beendet worden, sondern besteht – vorbehaltlich anderer wirksamer Beendigungstatbestände – fort.

26 **2. Irrtum.** Die Irrtumsanfechtung der zum Abschluss eines Aufhebungsvertrags führenden Willenserklärung des AN ist regelmäßig nicht erfolgreich, weil sie zumeist wegen unbeachtlicher Rechtsfolgenirrtümer erfolgt. So etwa, wenn eine schwangere AN einen Aufhebungsvertrag in Unkenntnis des gesetzlichen Sonderkündigungsschutzes nach § 17 MuSchG schließt und deshalb die Anfechtung erklärt.[97] Auch ein Irrtum über die steuer- und sozialversicherungsrechtlichen Folgen eines Aufhebungsvertrags begründet keine Anfechtung nach § 119 I BGB.[98] Die Anfechtung wegen Willensmängeln enthält nicht zugleich eine Rüge der fehlenden Vertretungsmacht.[99]

27 **3. Drohung. a) Begriff.** Gem. § 123 I BGB kann derjenige, der widerrechtlich durch Drohung zur Abgabe einer Willenserklärung bestimmt wird, die Erklärung mit der Nichtigkeitsfolge des § 142 I BGB anfechten. Eine Drohung iSv § 123 I BGB setzt objektiv die Ankündigung eines zukünftigen Übels voraus, dessen Zufügung in irgendeiner Weise als von der Macht des Ankündigenden abhängig hingestellt wird. Die Androhung des AG, das Arbeitsverhältnis durch eine außerordentliche Kündigung beenden zu wollen, falls der AN nicht selbst kündige oder einen Aufhebungsvertrag abschließe, stellt die Ankündigung eines zukünftigen empfindlichen Übels dar, dessen Verwirklichung in der Macht des ankündigenden AG liegt.[100] Der bedrohte AN muss einer Zwangslage ausgesetzt sein, die ihm subjektiv das Gefühl gibt, sich nur noch zwischen zwei Übeln entscheiden zu können, von denen ihm der Aufhebungsvertrag als das geringere erscheint. Die Drohung muss nicht ausdrücklich ausgesprochen werden, sondern kann auch durch ein schlüssiges Verhalten erfolgen.[101] Für die Drohungsanfechtung ist es unerheblich, von welcher Person die Drohung stammt. Diese kann auch von einer Hilfsperson des AG ausgehen. Auch wenn Vorgesetzte die Drohung aussprechen, kann es zu einer erfolgreichen Anfechtung kommen. Anders als bei der Anfechtung wegen arglistiger Täuschung verlangt die Anfech-

---

94 BAG 23.9.2003 AP Nr. 43 zu § 113 BetrVG 1972 = NZA 2004, 440.
95 BAG 25.4.2007 AP Nr. 23 zu § 113 InsO.
96 BAG 24.2.2011 AP Nr. 42 zu § 620 BGB Aufhebungsvertrag = NZA-RR 2012, 148.
97 BAG 6.2.1992 AP Nr. 13 zu § 119 BGB = NJW 1992, 2173; 16.2.1983 AP Nr. 22 zu § 123 BGB = NJW 1983, 2958.
98 BAG 10.3.1988 AP Nr. 99 zu § 611 BGB Fürsorgepflicht = NZA 1988, 837; zur Anfechtung wegen einer Täuschung: BAG 22.4.2004 AP Nr. 27 zu § 620 BGB Aufhebungsvertrag.
99 BAG 31.1.1996 AP Nr. 41 zu § 123 BGB = NJW 1996, 2594.
100 BAG 6.12.2001 AP Nr. 33 zu § 286 ZPO = NZA 2002, 731; 23.11.2006 AP Nr. 8 zu § 623 BGB = NZA 2007, 466.
101 BAG 30.9.1993 AP Nr. 37 zu § 123 BGB = NZA 1994, 209.

tung wegen Drohung nicht, dass der Erklärungsempfänger die Drohung kannte oder kennen musste.[102] Wird das Arbeitsverhältnis in einem gerichtlichen Vergleich aufgehoben, kann die Drohung auch vom Gericht oder einem seiner Mitglieder ausgehen.[103]

28 **b) Widerrechtlichkeit.** Die Drohung muss gem. § 123 I BGB widerrechtlich sein. Die Drohung mit einer außerordentlichen Kündigung ist widerrechtlich, wenn ein verständiger AG eine solche Kündigung nicht ernsthaft in Erwägung ziehen durfte. Dabei ist es nicht erforderlich, dass sich die angekündigte Kündigung, wenn sie ausgesprochen worden wäre, in einem Kündigungsschutzprozess als rechtsbeständig erwiesen hätte.[104] Ob ein verständiger AG die fristlose Kündigung ernsthaft erwogen hätte, richtet sich nicht nur nach dem tatsächlichen subjektiven Wissensstand des einzelnen AG. Zu berücksichtigen sind nach Auffassung des BAG auch die – zB erst im Prozess gewonnenen – Ergebnisse weiterer Ermittlungen, die ein verständiger AG allerdings zuvor zur Aufklärung des Sachverhalts angestellt hätte. Maßgeblich ist hiernach der objektiv mögliche und damit hypothetische Wissensstand des AG.[105] Dabei kann von einem verständigen AG nicht generell verlangt werden, dass er bei seiner Abwägung die Beurteilung des Tatsachengerichts „trifft". Nur wenn unter verständiger Abwägung aller Umstände des Einzelfalls der AG davon ausgehen muss, die angedrohte Kündigung werde im Falle ihres Ausspruchs einer arbeitsgerichtlichen Prüfung mit hoher Wahrscheinlichkeit nicht standhalten, darf er die Kündigungserklärung nicht in Aussicht stellen, um damit den AN zu einer Eigenkündigung oder zum Abschluss eines Aufhebungsvertrags zu veranlassen.[106] Dem entspricht im Ergebnis die Rechtsprechung des BGH, wonach die Drohung mit einer Kündigung widerrechtlich ist, wenn der Drohende selbst nicht an ihre Berechtigung glaubt oder sein Rechtsstandpunkt nicht mehr vertretbar ist.[107] Bei der Prüfung, ob ein verständiger AG eine außerordentliche Kündigung ernsthaft nicht in Erwägung ziehen durfte, ist auch zu berücksichtigen, ob die angedrohte Kündigung im Falle ihres Ausspruchs mit hoher Wahrscheinlichkeit an § 626 II BGB gescheitert wäre (dazu → § 127 Rn. 20 ff.).[108] Die mögliche Widerrechtlichkeit der Drohung wird nicht durch die dem AN vom AG eingeräumte Bedenkzeit beseitigt.[109] Die Androhung einer Kündigung ist nach Auffassung des BAG widerrechtlich, wenn der Beweiswert einer ärztlichen Arbeitsunfähigkeitsbescheinigung nicht erschüttert ist, sondern lediglich ein gewisser Anfangsverdacht dafür besteht, dass der AN die Erkrankung vorgetäuscht haben könnte. In diesem Falle sei der AG regelmäßig verpflichtet, die Verdachtsmomente (zB durch eine Befragung des AN über die Art der Erkrankung) näher aufzuklären, ehe er mit einer fristlosen Kündigung droht und den AN dadurch zum Abschluss eines Aufhebungsvertrags veranlasst.[110]

29 **c) Kausalität.** Gem. § 123 I BGB muss die Drohung für die angefochtene Willenserklärung des Bedrohten ursächlich gewesen sein. Dabei genügt es, dass die Drohung nach der Vorstellung des Drohenden mitursächlich gewesen ist.[111] Die Drohungsanfechtung ist ausgeschlossen, wenn der AN seine zum Abschluss des Aufhebungsvertrags führende Willenserklärung aus eigener, selbständiger Überlegung abgegeben hat.[112] Die Ursächlichkeit der Drohung kann nicht schon dann ohne Weiteres bejaht werden, wenn die widerrechtliche Drohung conditio sine qua non, dh nicht wegzudenkende Ursache für die angefochtene Willenserklärung ist. Nach § 123 I BGB muss der Anfechtende vielmehr durch die Drohung zur Abgabe der Willenserklärung „bestimmt" worden sein. Er muss noch bei der Abgabe der Willenserklärung unter dem Eindruck der Drohung gehandelt haben und nicht aufgrund einer davon nicht mehr maßgeblich

---

102 BAG 15.12.2005 AP Nr. 66 zu § 123 BGB = NZA 2006, 841.
103 BAG 12.5.2010 AP Nr. 68 zu § 123 BGB = NZA 2010, 1250.
104 BAG 21.4.2016 NZA 2016, 1409; 12.8.1999 AP Nr. 51 zu § 123 BGB = NZA 2000, 27; 21.3.1996 AP Nr. 42 zu § 123 BGB = NZA 1996, 1030; zur Beweislast bei „Vier-Augen-Gespräch" BAG 6.12.2001 AP Nr. 33 zu § 286 ZPO = NZA 2002, 731.
105 BAG 16.11.1979 AP Nr. 21 zu § 123 BGB = NJW 1980, 2213.
106 BAG 28.11.2007 AP Nr. 36 zu § 620 BGB Aufhebungsvertrag = NZA 2008, 348; 15.12.2005 AP Nr. 66 zu § 123 BGB = NZA 2006, 841.
107 BGH 19.4.2005 NJW 2005, 2766 (2768 f.).
108 BAG 28.11.2007 AP Nr. 36 zu § 620 BGB Aufhebungsvertrag = NZA 2008, 348; 5.12.2002 AP Nr. 63 zu § 123 BGB.
109 BAG 28.11.2007 AP Nr. 36 zu § 620 BGB Aufhebungsvertrag = NZA 2008, 348.
110 BAG 21.3.1996 AP Nr. 42 zu § 123 BGB = NZA 1996, 1030; vgl. auch LAG Köln 4.5.1998 NZA-RR 1999, 12.
111 BAG 12.5.2010 NZA 2010, 1250; 15.12.2005 AP Nr. 66 zu § 123 BGB = NZA 2006, 841.
112 BAG 23.11.2006 AP Nr. 8 zu § 623 BGB = NZA 2007, 466.

beeinflussten autonomen Willensbildung.[113] Davon ist zwar regelmäßig auch dann auszugehen, wenn dem widerrechtlich Bedrohten eine Bedenkzeit eingeräumt wurde. Ohne Hinzutreten weiterer Umstände ändert eine dem AN eingeräumte Bedenkzeit nichts an der Ursächlichkeit der Drohung.[114] Für eine von der Drohung nicht mehr maßgeblich beeinflusste Willensbildung spricht jedoch, dass der Anfechtende die Bedenkzeit dazu genutzt hat, die zwischen den Parteien getroffene Vereinbarung durch aktives Verhandeln – zB neue eigene Angebote – erheblich zu seinen Gunsten zu beeinflussen, insbesondere wenn er selbst rechtskundig ist oder zuvor Rechtsrat eingeholt hat bzw. aufgrund der Dauer der eingeräumten Bedenkzeit hätte einholen können. In diesem Fall bedarf es weiterer substantiierter Darlegungen und im Bestreitensfall eines entsprechenden Beweisantritts dafür, dass der Anfechtende seine Willenserklärung letztlich immer noch unter dem Druck der widerrechtlichen Drohung abgegeben und damit weiterhin nur das kleinere, wenn auch aufgrund des Nachverhandelns verkleinerte Übel gewählt und nicht etwa die Drohung nur zum Anlass dafür genommen hat, einen selbstbestimmt gebildeten Willen (hier: Abkehrwillen) zu von ihm angestrebten oder jedenfalls im Ergebnis als annehmbar angesehenen Bedingungen zu verwirklichen.[115]

d) Einzelfälle. Ein Anfechtungsgrund liegt nicht vor, wenn der Streit über die Berechtigung 30
einer außerordentlichen Kündigung abgekürzt werden soll oder wenn der AG nach sorgfältiger Prüfung der Lage eine außerordentliche Kündigung in Aussicht stellt und der AN in die Auflösung willigt, um dem Makel einer fristlosen Kündigung, der Einleitung eines Strafverfahrens usw. zu entgehen. Entspr. Grundsätze gelten bei der Androhung von **Schadensersatzforderungen.**[116] Die Androhung einer **Strafanzeige** ist nur dann rechtswidrig, wenn dies das Ergebnis einer Gesamtwürdigung aller Umstände unter besonderer Berücksichtigung der Belange des Bedrohten sowie des Drohenden ist. Maßgeblich ist das Gewicht des erhobenen Vorwurfs, ob also bei einem bestimmten Sachverhalt ein verständiger AG eine außerordentliche Kündigung oder eine Strafanzeige ernsthaft in Erwägung ziehen würde. Die Drohung mit einer Strafanzeige ist rechtmäßig, wenn das Begehren des Drohenden mit einer Straftat in einem inneren Zusammenhang steht.[117] Das ist auch der Fall, wenn sie nur dazu dient, den Täter zur Wiedergutmachung des Schadens zu veranlassen.[118] Auch in der Androhung einer **ordentlichen Kündigung** kann eine rechtswidrige Drohung zum Abschluss eines Aufhebungsvertrags gesehen werden.[119] Dies gilt jedoch nicht, wenn das Arbeitsverhältnis nicht dem KSchG unterliegt. Eine widerrechtliche Drohung liegt nicht schon dann vor, wenn der AN beim Abschluss des Aufhebungsvertrags unter Zeitdruck gesetzt und ihm keine **Überlegungsfrist** gewährt wird.[120] Wurde die **Kündigung bereits erklärt,** bevor Verhandlungen über einen Aufhebungsvertrag aufgenommen wurden, fehlt es schon begrifflich an einer Drohung. Es handelt sich dann allein um das Ausnützen einer seelischen Zwangslage.[121] Allerdings kann in besonderen Fällen, insbesondere bei einem engen zeitlichen Zusammenhang mit dem Abschluss eines Aufhebungsvertrags, auch eine schon erklärte Kündigung als Androhung eines künftigen Übels fortwirken. Es kommt darauf an, ob vom „Empfängerhorizont" des Bedrohten aus gesehen die Drohung mit der Kündigung und mit dem damit verbundenen Arbeitsplatzverlust immer noch im Raum stand und deshalb in ihrer Wirkung noch nicht abgeschlossen war und der Betroffene davon ausging, das letzte Wort über die Kündigung sei noch nicht gesprochen.[122] Ein solcher Fall liegt jedoch nicht vor, wenn die Vereinbarung über das Ende des Arbeitsvertrags mehrere Wochen nach Ausspruch der Kündigung zustande kommt.

4. Täuschung. a) Vorspiegeln falscher Tatsachen. Der Tatbestand der arglistigen Täu- 31
schung gem. § 123 I BGB setzt voraus, dass der AG durch Vorspiegelung oder Entstellung von Tatsachen beim AN einen Irrtum erregt und ihn zur Abgabe seiner zum Abschluss des Aufhe-

---

[113] BGH 6.6.1974 WM 1974, 1023.
[114] BAG 28.11.2007 AP Nr. 36 zu § 620 BGB Aufhebungsvertrag = NZA 2008, 348.
[115] BAG 28.11.2007 AP Nr. 36 zu § 620 BGB Aufhebungsvertrag = NZA 2008, 348.
[116] Vgl. LAG BW BB 1967, 1421.
[117] BAG 30.1.1986 NZA 1987, 91.
[118] BAG 22.7.2010 NJW 2011, 630.
[119] BAG 24.1.1985 AP Nr. 8 zu § 1 TVG Tarifverträge: Einzelhandel = NZA 1986, 35; 30.9.1993 AP Nr. 37 zu § 123 BGB = NZA 1994, 209.
[120] Vgl. BAG 16.2.1983 AP Nr. 22 zu § 123 BGB; 30.9.1993 AP Nr. 37 zu § 123 BGB; 14.2.1996 EzA Nr. 21 zu § 611 BGB Aufhebungsvertrag; *Boemke* Anm. zu BAG AP Nr. 37 zu § 123 BGB; *Ehrich* NZA 1994, 438 (440).
[121] BAG 23.11.2006 AP Nr. 8 zu § 623 BGB = NZA 2007, 466; LAG Bbg 16.10.1997 NZA-RR 1998, 248.
[122] BAG 12.8.1999 AP Nr. 51 zu § 123 BGB = NZA 2000, 27.

bungsvertrags führenden Willenserklärung veranlasst.[123] Eine zur Anfechtung berechtigende arglistige Täuschung kann durch aktives Tun, insbesondere das Behaupten oder Entstellen von objektiv nachprüfbaren Tatsachen erfolgen. Erforderlich ist eine bewusste Irreführung.[124] So kann der Aufhebungsvertrag gem. § 123 I BGB angefochten werden, wenn der AG dem AN beim Abschluss des Vertrags vorspiegelt, der Betrieb solle geschlossen werden, in Wahrheit jedoch ein (Teil-)Betriebsübergang geplant ist.[125]

32 **b) Unterlassen.** Die Täuschung kann auch durch ein Unterlassen erfolgen. Dies ist anzunehmen, wenn der AG bei Vertragsverhandlungen einen Umstand verschweigt, hinsichtlich dessen ihn gegenüber dem AN eine Aufklärungspflicht trifft (dazu → Rn. 9 ff.). Eine Aufklärungspflicht besteht insbesondere dann, wenn die Abwägung der beiderseitigen Interessen unter Billigkeitsgesichtspunkten und Berücksichtigung aller Umstände des Einzelfalls ergibt, dass der AN durch eine sachgerechte und vom AG redlicherweise zu erwartende Aufklärung vor der Aufhebung des Arbeitsverhältnisses bewahrt werden muss, weil er sich durch sie aus Unkenntnis selbst schädigen würde.[126] Der AG ist nach diesen Grundsätzen beim Angebot eines Aufhebungsvertrags allerdings in der Regel nicht verpflichtet, den AN von sich aus darüber aufzuklären, dass er weitere Entlassungen beabsichtigt, die unter Umständen zu einer sozialplanpflichtigen Betriebseinschränkung führen können.[127] Bietet er dem AN den Abschluss eines Aufhebungsvertrags an, muss er ihn auch nicht über noch nicht abgeschlossene Sozialplanverhandlungen unterrichten, wenn nicht absehbar ist, dass der AN dem Sozialplan unterfallen und durch ein Ausscheiden aufgrund des Sozialplans besser gestellt sein wird.[128]

33 **5. Schadensersatz.** § 123 BGB verdrängt die Vorschriften über den Schadensersatz wegen Verschuldens bei Vertragsanbahnung nicht.[129] Beruht ein Aufhebungsvertrag auf einer arglistigen Täuschung durch den AG, kann deshalb ein Schadensersatzanspruch aus §§ 280 I, 311 II, 241 II BGB in Betracht kommen.[130] Dies ist zB anzunehmen, wenn der AG den AN über die Notwendigkeit einer betriebsbedingten Kündigung täuscht und der AN gegen eine unverhältnismäßig niedrigere Abfindung in die Aufhebung des Arbeitsverhältnisses einwilligt.[131] Der AN kann in derartigen Fällen jedoch nur eine Entschädigung, nicht jedoch die Aufhebung des Aufhebungsvertrags als Schadensersatz verlangen. Hierzu bedarf es vielmehr einer wirksamen Anfechtung.[132]

34 **6. Anfechtungsfrist.** Gem. § 124 BGB kann die Anfechtung nach § 123 BGB binnen Jahresfrist erfolgen. Für eine teleologische Reduktion des § 124 I BGB in Fällen der Anfechtung eines Aufhebungsvertrags wegen widerrechtlicher Drohung mit einer außerordentlichen Kündigung besteht keine Veranlassung.[133] Das Gesetz gewährt in § 124 I BGB bei der widerrechtlichen Drohung dem Bedrohten eine lange Überlegungsfrist von einem Jahr und macht damit deutlich, dass es das Recht des Drohenden, schnellstmöglich über die Rechtslage Bescheid zu wissen, verhältnismäßig gering einschätzt. Diese gesetzgeberische Wertung ist eindeutig und zu respektieren. Zur Annahme einer Verwirkung des Anfechtungsrechts bedarf es ganz besonderer Umstände, sollen diese gesetzlichen Vorgaben durch § 242 BGB nicht ausgehöhlt werden.[134]

35 **7. Beweislast.** Im Anfechtungsprozess trägt der AN die Beweislast für sämtliche Voraussetzungen des Anfechtungstatbestands. Er muss darlegen und beweisen, dass der AG verständigerweise nicht annehmen durfte, die Fortsetzung des Vertragsverhältnisses sei unzumutbar und deshalb die Kündigung gerechtfertigt. Da es sich dabei um einen Negativbeweis handelt, genügt hierfür zunächst eine entsprechende pauschale Behauptung. Wegen der Schwierigkeiten des Negativbeweises ist vom AG als Anfechtungsgegner nach den Grundsätzen der sekundären Darlegungslast das substantiierte Bestreiten der negativen Tatsache unter Darlegung der

[123] Vgl. APS/*Rolfs* AufhebVtr Rn. 93 ff.
[124] BAG 28.5.1998 AP Nr. 46 zu § 123 BGB = NZA 1998, 1052.
[125] BAG 23.11.2006 AP Nr. 1 zu § 613a BGB Wiedereinstellung = NZA 2007, 866.
[126] BAG 22.4.2004 AP Nr. 27 zu § 620 BGB Aufhebungsvertrag.
[127] BAG 13.11.1996 AP Nr. 4 zu § 620 BGB Aufhebungsvertrag = NZA 1997, 390.
[128] BAG 22.4.2004 AP Nr. 27 zu § 620 BGB Aufhebungsvertrag.
[129] BAG 24.2.2011 AP Nr. 42 zu § 620 BGB Aufhebungsvertrag = NZA-RR 2012, 148.
[130] *Bauer/Krieger/Arnold* A Rn. 231 ff.
[131] LAG Köln 7.1.1994 BB 1994, 1716.
[132] BAG 24.2.2011 AP Nr. 42 zu § 620 BGB Aufhebungsvertrag = NZA-RR 2012, 148.
[133] BAG 6.11.1997 AP Nr. 45 zu § 242 BGB Verwirkung = NZA 1998, 374; aA *Bauer/Krieger/Arnold* A Rn. 221 und *Hromadka* FS Zöllner, 1998, 785 (790 ff.), die eine analoge Anwendung der Dreiwochenfrist des § 4 KSchG befürworten.
[134] BAG 28.11.2007 AP Nr. 36 zu § 620 BGB Aufhebungsvertrag = NZA 2008, 348.

für das Positive sprechenden Tatsachen und Umstände zu verlangen.[135] Der AG hat im Einzelnen darzulegen, dass er in vertretbarer Weise einen Kündigungsgrund annehmen durfte. Nur die von ihm in diesem Zusammenhang vorgetragenen Umstände braucht der beweispflichtige AN dann zu widerlegen. Liegt beispielsweise der vom AG in Aussicht gestellten Kündigung eine von ihm näher dargelegte Gleitzeitmanipulation zugrunde, muss der AN im Rahmen der Anfechtung des Aufhebungsvertrags die ihm angelastete Gleitzeitmanipulation widerlegen, indem er beweist, dass er das Bedienen der Stechuhr lediglich vergessen oder ein Einlesefehler vorgelegen habe.[136] Wenn es um die Aufklärung eines **„Vier-Augen-Gesprächs"** geht, das der AN mit dem als Zeugen vernommenen Personalverantwortlichen geführt hat, kann dem Gebot der prozessualen Waffengleichheit im Rahmen der Ermessensentscheidung des § 448 ZPO durch die Anordnung zur Parteivernehmung entsprochen werden.[137] Es spricht alles dafür, dass dem Gebot der prozessualen Waffengleichheit aber auch dadurch entsprochen werden kann, dass die Partei über ein „Vier-Augen-Gespräch" nach § 141 ZPO angehört wird.[138]

8. Rücktritt. a) Tarifvertragliche Rücktrittsrechte. In verschiedenen Tarifverträgen ist dem AN das Recht eingeräumt, innerhalb bestimmter Fristen von einem Aufhebungsvertrag zurückzutreten.[139] Nach einzelnen Tarifverträgen kann auf das Rücktrittsrecht im Aufhebungsvertrag auch verzichtet werden.[140] Dies schließt indessen die Anfechtung der zum Abschluss des Aufhebungsvertrags führenden Willenserklärung nicht aus.[141] 36

b) Vertragliche Rücktrittsrechte. Vereinbaren die Parteien in einem Aufhebungsvertrag, dass das Arbeitsverhältnis gegen Zahlung einer Abfindung endet, liegt ein Vergleich vor, in dem sich der AG zur Zahlung einer Geldleistung dafür verpflichtet, dass der AN in die Beendigung des Arbeitsverhältnisses einwilligt und damit zugleich auf weitere Ansprüche verzichtet, die aus dem Fortbestand des Arbeitsverhältnisses resultieren könnten.[142] Dem AN steht deshalb nach näherer Maßgabe von § 323 BGB grundsätzlich ein Rücktrittsrecht zu, wenn der AG die vereinbarte Abfindung nicht zahlt.[143] Dabei ist zu beachten, dass § 323 BGB als ungeschriebenes Tatbestandsmerkmal die Durchsetzbarkeit der ursprünglichen Forderung verlangt.[144] Hieran fehlt es, wenn der Abfindungsanspruch aus einem noch mit dem Schuldner geschlossenen Aufhebungsvertrag vor Ausübung des Rücktrittsrechts wegen der zwischen Vertragsschluss und Fälligkeit der Abfindung erfolgten Insolvenzeröffnung zu einer Insolvenzforderung geworden ist und der Insolvenzverwalter deshalb die Zahlung der Abfindung ablehnt.[145] Anderes gilt jedoch, wenn der Aufhebungsvertrag nach Eröffnung des Insolvenzverfahrens mit dem Insolvenzverwalter abgeschlossen wird. In diesem Fall ist die Abfindung Masseverbindlichkeit iSv § 55 I Nr. 1 InsO.[146] In Rspr. und Schrifttum ist umstritten, ob sich im Wege der Auslegung ein Ausschluss des Rücktrittsrechts ergeben kann.[147] Soweit die Auffassung vertreten wird, mit dem Aufhe- 37

[135] BAG 28.11.2007 AP Nr. 36 zu § 620 BGB Aufhebungsvertrag = NZA 2008, 348; BGH 19.4.2005 NJW 2005, 2766 (2768).

[136] Vgl. BAG 12.8.1999 AP Nr. 51 zu § 123 BGB = NZA 2000, 27.

[137] Vgl. BAG 19.11.2008 AP Nr. 7 zu § 448 ZPO = NZA 2009, 318; 22.5.2007 AP Nr. 6 zu § 448 ZPO = NZA 2007, 885.

[138] BAG 6.12.2001 AP Nr. 33 zu § 286 ZPO = NZA 2002, 731.

[139] BAG 24.1.1984 AP Nr. 7 zu § 1 TVG Tarifverträge: Einzelhandel = NZA 1986, 28.

[140] BAG 24.1.1985 AP Nr. 8 zu § 1 TVG Tarifverträge: Einzelhandel = NZA 1986, 25.

[141] BAG 12.3.2015 AP Nr. 47 zu § 620 BGB Aufhebungsvertrag = NZA 2015, 676 zu einem Widerrufsrecht.

[142] BAG 24.9.2015 AP Nr. 57 zu § 794 ZPO mAnm *Hau* = NZA 2016, 716; APS/*Rolfs* AufhebVtr Rn. 105; zum Erfordernis einer Leistung oder Verpflichtung, die synallagmatisch mit der des anderen Teils verknüpft ist, um bei einem Prozessvergleich ein Gegenseitigkeitsverhältnis bejahen zu können BAG 27.8.2014 AP Nr. 56 zu § 794 ZPO = NZA 2015, 571.

[143] BAG 10.11.2011 AP Nr. 43 zu § 620 BGB Aufhebungsvertrag; *Abele* NZA 2012, 487; *Bauer/Krieger/Arnold* A Rn. 186; MüKoBGB/*Hesse* Vor § 620 Rn. 34; HWK/*Kliemt* KSchG Anh. § 9 Rn. 30; ErfK/*Müller-Glöge* BGB § 620 Rn. 15.

[144] BAG 11.7.2012 NZA 2012, 1316; 10.11.2011 AP Nr. 43 zu § 620 BGB Aufhebungsvertrag; Staudinger/*Otto/Schwarze* [2020] BGB § 323 Rn. B 28; MüKoBGB/*Ernst* § 323 Rn. 47.

[145] BAG 10.11.2011 AP Nr. 43 zu § 620 BGB Aufhebungsvertrag; 10.11.2011 AP Nr. 44 zu § 620 BGB Aufhebungsvertrag = NZA 2012, 205; *Abele* NZA 2012, 487 (489).

[146] *Reinfelder* NZA 2013, 62 (64).

[147] Dafür LAG Köln 5.1.1996 BB 1996, 907; APS/*Rolfs* AufhebVtr Rn. 64; näher dazu *Bauer/Haußmann* BB 1996, 901; *v. Puttkammer* BB 1996, 1440; offengelassen von BAG 10.11.2011 AP Nr. 43 zu § 620 BGB Aufhebungsvertrag; 10.11.2011 AP Nr. 44 zu § 620 BGB Aufhebungsvertrag = NZA 2012, 205.

bungsvertrag werde regelmäßig das Rücktrittsrecht konkludent abbedungen,[148] kann dies nicht überzeugen. Zwar ist der Aufhebungsvertrag auf eine zügige und rechtssichere Beendigung des Arbeitsverhältnisses gerichtet, doch sprechen die bei der Vertragsauslegung nach §§ 133, 157 BGB zu beachtenden Interessen beider Vertragsparteien dafür, dass der AN nicht konkludent das Recht preisgibt, unter den Voraussetzungen des § 323 BGB vom Vertrag zurücktreten zu können. Das Rücktrittsrecht stellt für ihn ein wichtiges Druckmittel dar, um ohne weitere Zahlungsklage vom AG die vereinbarte Abfindung zu erhalten.[149] Von einem Ausschluss des Rücktrittsrechts kann daher nur ausgegangen werden, wenn hierfür konkrete Anhaltspunkte im Aufhebungsvertrag vorliegen.[150]

38 **c) Rechtsfolgen des Rücktritts. aa) Aufhebungsvertrag.** Umstritten ist, ob der Rücktritt zur Unwirksamkeit des Aufhebungsvertrags führt und damit zum Fortbestehen des Arbeitsverhältnisses. Nach Auffassung des LAG Düsseldorf beseitigt der Rücktritt – anders als die Anfechtung oder der Eintritt einer auflösenden Bedingung – nicht den Vertrag, sondern wandelt ihn mit ex nunc-Wirkung in ein Abwicklungsverhältnis um.[151] Das Arbeitsverhältnis bleibe auch nach einem Rücktritt vom Aufhebungsvertrag aufgelöst.[152] Diese Sicht wird den Besonderheiten des Rücktritts vom Aufhebungsvertrag jedoch nicht gerecht. Hauptleistung des AN in dem rückabzuwickelnden Aufhebungsvertrag ist das erklärte Einverständnis mit der Beendigung des Arbeitsverhältnisses. Die „Rückgewähr" dieser Leistung iSd § 346 BGB hat zur Folge, dass die Erklärung des AN wegfällt und damit das Arbeitsverhältnis fortbesteht.[153]

39 **bb) Abwicklungsvertrag und Prozessvergleich.** Hat der AG eine Kündigung erklärt und haben die Parteien daraufhin einen Abwicklungsvertrag oder Prozessvergleich geschlossen, beseitigt der Rücktritt hiervon nicht die Beendigungswirkung der Kündigung. Im Falle eines Abwicklungsvertrags verbleibt es nach dem – wirksamen – Rücktritt des AN hiervon bei der Kündigung des Arbeitsverhältnisses. Der Rücktritt bewirkt lediglich den Wegfall der Erfüllungsansprüche aus dem Abwicklungsvertrag sowie die Verpflichtung, erhaltene Leistungen zurückzugewähren.[154] Aus der Rückabwicklung des Abwicklungsvertrags folgt hingegen keine Verpflichtung des AG zur Neubegründung eines Arbeitsverhältnisses.[155] Auch wenn man berücksichtigt, dass der AN im Hinblick auf den Abwicklungsvertrag von einer Kündigungsschutzklage abgesehen hat, spricht gegen eine derartige Verpflichtung, dass hierdurch der AN besser stünde, als wenn überhaupt kein Abwicklungsvertrag geschlossen worden wäre. In diesem Fall hätte der AN nämlich zur Vermeidung der Wirkungen des § 7 KSchG einen erfolgreichen Kündigungsschutzprozess führen müssen. Die Abwicklung eines Vertrags nach dem Rücktritt hiervon kann jedoch nicht weitergehende Wirkungen erzeugen, als die Herstellung des status quo ante.[156] Der AN kann in diesem Fall aber nach § 325 BGB Schadensersatz verlangen.[157] Auch ist eine nachträgliche Zulassung der Kündigungsschutzklage gem. § 5 KSchG in Betracht zu ziehen, wenn der Aufhebungsvertrag innerhalb der Dreiwochenfrist des § 4 KSchG abgeschlossen wurde und der AN deshalb von der Erhebung einer Kündigungsschutzklage abgesehen hat. Der wirksame Rücktritt von einem zur Erledigung eines Kündigungsrechtsstreits geschlossenen Prozessvergleichs führt des Weiteren dazu, dass auch dessen prozessbeendende Wirkung entfällt.[158] Besteht Streit über die Wirksamkeit eines Prozessvergleichs, ist dieser jedenfalls dann durch Fortführung des Ausgangsverfahrens auszutragen, wenn der Vergleich nicht allein aus Gründen unwirksam ist, die erst nach seinem Abschluss entstanden sind.[159] Wird der Vergleich als wirksam angesehen, ist auszusprechen, dass der Rechtsstreit durch den Vergleich erledigt ist.[160]

---

148 So APS/*Rolfs* AufhebVtr Rn. 64.
149 Darauf weist KR/*Spilger* AufhebungsV Rn. 27 zutr. hin.
150 BAG 24.9.2015 AP Nr. 57 zu § 794 ZPO mAnm *Hau* = NZA 2016, 716; *Besgen/Velten* NZA-RR 2010, 561; *Reinfelder* NZA 2013, 62 (63); aA APS/*Rolfs* AufhebVtr Rn. 64.
151 Dazu allgemein BGH 10.7.1998 NJW 1998, 3268; MüKoBGB/*Gaier* Vor § 346 Rn. 35; Erman/*Röthel* BGB § 346 Rn. 3.
152 LAG Düsseldorf 19.3.2010 LAGE § 346 BGB 2002 Nr. 1; ebenso LAG Nds 15.12.2010 – 2 Sa 742/10.
153 Zutr. *Reinfelder* NZA 2013, 62 (66); KR/*Spilger* AufhebungsV Rn. 27; ebenso *Bauer/Krieger/Arnold* A Rn. 187.
154 Dazu MüKoBGB/*Gaier* Vor § 346 Rn. 37.
155 AA *Reinfelder* NZA 2013, 62 (66).
156 Zu diesem Zweck des § 346 vgl. BGH 28.11.2007 NJW 2008, 911; MüKoBGB/*Gaier* Vor § 346 Rn. 1.
157 *Bauer/Krieger/Arnold* A Rn. 188.
158 BAG 24.9.2015 AP Nr. 57 zu § 794 ZPO mAnm *Hau* = NZA 2016, 716.
159 BAG 24.9.2015 AP Nr. 57 zu § 794 ZPO mAnm *Hau* = NZA 2016, 716; 24.4.2014 AP Nr. 4 zu § 524 ZPO = NZA 2015, 185; *Reinfelder* NZA 2013, 62 (67).
160 BAG 11.7.2012 AP Nr. 54 zu § 794 ZPO = NZA 2012, 1316.

IV. Rechtsfolgen des Aufhebungsvertrags

1. Urlaubsabgeltung. Mit der rechtswirksamen Aufhebung des Arbeitsverhältnisses enden die Pflichten der Parteien, die an den Bestand des Arbeitsvertrags anknüpfen. Der AN hat daher Anspruch auf Abgeltung noch nicht erhaltenen Urlaubs. Diesen Abgeltungsanspruch hat er in den Grenzen etwaiger Ausschluss- und Verjährungsfristen geltend zu machen (→ § 104 Rn. 129). 40

2. Ausgleichsklauseln. In einem Aufhebungsvertrag wollen die Parteien in der Regel das Arbeitsverhältnis abschließend bereinigen und alle Ansprüche erledigen, gleichgültig, ob sie daran dachten oder nicht. Derartige Ausgleichsklauseln sind deshalb im Interesse klarer Verhältnisse grundsätzlich weit auszulegen (→ § 72 Rn. 15 ff.). 41

3. Sozialversicherungsrechtliche Folgen. Wird das Arbeitsverhältnis durch Aufhebungsvertrag beendet, kann dies eine Sperrzeit beim Bezug von Arbeitslosengeld zur Folge haben. Das BSG geht insoweit davon aus, dass ein wichtiger Grund, der eine Sperrzeit nach § 159 I SGB III ausschließt, dann vorliegt, wenn ein AN angesichts einer drohenden betriebsbedingten Kündigung einen Aufhebungsvertrag mit einer Abfindung schließt, die sich im Rahmen des § 1a KSchG hält, sofern nicht – zB wegen offenkundiger Rechtswidrigkeit der beabsichtigten Kündigung – eine Gesetzesumgehung vorliegt. Das gilt auch für einen ordentlich unkündbaren AN, wenn ihm eine außerordentliche betriebsbedingte Kündigung droht (näher dazu → § 23 Rn. 50 ff.).[161] Abfindungszahlungen für den Verlust des Arbeitsplatzes sind kein beitragspflichtiges Einkommen iSv § 14 I SGB IV.[162] Von der Beitragspflicht nicht befreit ist dagegen verdecktes Arbeitsentgelt, das in der Abfindung enthalten ist oder mit ihr gezahlt wird.[163] Eine Abfindung, die wegen einer Rückführung auf die tarifliche Einstufung bei einem weiterbestehenden versicherungspflichtigen Beschäftigungsverhältnis gezahlt wird, ist deshalb beitragspflichtiges Arbeitsentgelt.[164] 42

4. Steuerliche Folgen. Abfindungszahlungen in Aufhebungsverträgen sind einkommensteuerrechtlich als außerordentliche Einkünfte nach §§ 34, 24 Nr. 1 EStG zu behandeln. Um in den Genuss der Steuerermäßigung nach § 34 EStG zu kommen, muss die Zahlung grundsätzlich in einem Betrag erfolgen, bei Teilzahlungen muss der Gesamtbetrag jedenfalls innerhalb eines Kalenderjahres dem AN zufließen. Verteilt sich eine Entschädigungszahlung auf zwei oder mehr Veranlagungszeiträume, ist eine Zusammenballung nicht gegeben.[165] Dies gilt auch, wenn die Ratenzahlung durch die Insolvenz der AG verursacht worden ist.[166] AG und AN können allerdings den Zeitpunkt des Zuflusses einer Abfindung beim AN in der Weise steuerwirksam gestalten, dass sie deren ursprünglich vorgesehene Fälligkeit vor ihrem Eintritt auf einen späteren Zeitpunkt verschieben.[167] Steuerfrei sind nur **Entschädigungen,** die als Schmerzensgeld im Falle von Mobbing und bei Verstößen gegen das AGG gezahlt werden.[168] Sagt ein AG dem AN in einem Aufhebungsvertrag zu, er stelle ihn so, dass er während der Arbeitslosigkeit unter Anrechnung eines Teils der Abfindung und der Leistungen Dritter im Monatsdurchschnitt **90% des letzten Nettogehaltes** erhalte, ist der AG nicht verpflichtet, dem AN steuerliche Nachteile auszugleichen, die sich aus der Berücksichtigung des steuerfreien Arbeitslosengelds für die Höhe des Steuersatzes nach § 32b EStG ergeben. Das gilt jedenfalls dann, wenn im Aufhebungsvertrag die vom AG zu berücksichtigenden Steuermerkmale und ein bestimmter vom AG monatlich zu leistender Nettobetrag einvernehmlich festgelegt werden.[169] Mit der Zusage, **Übergangsleistungen an den AN „steuerfrei"** zu erbringen, verpflichtet sich ein AG noch nicht, auch die steuerliche Belastung zu übernehmen, die durch den Progressionsvorbehalt nach § 32b II EStG verursacht wird. Verpflichtet sich der AG jedoch ausdrücklich, für die Dauer der Arbeitslosigkeit die Steuern zu übernehmen, soweit sie „für das Übergangsgeld anfallen", hat er den ausgeschie- 43

[161] BSG 2.5.2012 NZS 2012, 874.
[162] BAG 9.11.1988 AP Nr. 6 zu § 10 KSchG 1969; BSG 21.2.1990 EzA Nr. 35, 37 zu § 9 KSchG nF; 3.12.2002 BSGE 91, 293.
[163] Dazu BSG 21.2.1990, 25.10.1990 EzA Nr. 37, 38 zu § 9 KSchG nF.
[164] BSG 28.1.1999 AP Nr. 1 zu § 1 ArEV.
[165] BFH 6.9.2000 – XI R 19/00.
[166] BFH 14.4.2015 – IX R 29/14.
[167] BFH 11.11.2009 NZA-RR 2010, 150.
[168] Zu Gestaltungsfragen *Bauer/Krieger/Arnold* G Rn. 2 ff.; zu Zweifelsfragen im Zusammenhang mit der ertragsteuerlichen Behandlung von Entlassungsentschädigungen als außerordentliche Einkünfte nach § 34 EStG vgl. Schreiben des BMF v. 1.11.2013 (BMF IV C 4 – S 2290/13/10002, BStBl. I 1326).
[169] BAG 8.9.1998 AP Nr. 10 zu § 611 BGB Nettolohn = NZA 1999, 769.

denen AN steuerlich auch von der Mehrbelastung durch den Progressionsvorbehalt freizustellen. Die den Nettobetrag des zugesagten Übergangsgelds mindernde Steuerbelastung hat danach der AG zu übernehmen, soweit sie auf der Berücksichtigung der bezogenen Arbeitslosenunterstützung bei der Einkommensteuer beruht.[170]

44 **5. Schadensersatz.** Auch im Falle eines Aufhebungsvertrags kann derjenige, der durch ein vertragswidriges schuldhaftes Verhalten den Grund für die Aufhebung des Arbeitsverhältnisses gelegt hat, dem Gegner nach § 628 II BGB zum Schadensersatz verpflichtet sein. Dieser muss sich allerdings bei Aufhebung dieses Vertrags den Schadensersatzanspruch wegen Auflösungsverschuldens vorbehalten.[171]

V. Abwicklungsvertrag

45 **1. Inhalt.** Mit einem Abwicklungsvertrag vereinbaren die Parteien nach einer Kündigung die Bedingungen, zu denen der AN ausscheidet. Er ist in der Regel gekennzeichnet durch den (vertraglichen) Verzicht des AN auf Kündigungsschutz gegen Zahlung einer Abfindung. Mit solchen nach geltendem Recht unbedenklich zulässigen Abfindungs- und Abwicklungsverträgen „erkauft" sich der AG die von ihm angestrebte Planungssicherheit.[172] Der Abwicklungsvertrag selbst bewirkt nicht die Beendigung des Arbeitsverhältnisses. Das Arbeitsverhältnis wird vielmehr durch eine vorangegangene Kündigung durch den AG beendet.[173] Das gilt auch dann, wenn sich AG und AN über die Beendigung des Arbeitsverhältnisses einig sind und zur Vermeidung einer Sperrzeit (§ 159 SGB III) vereinbaren, der AG solle zunächst das Arbeitsverhältnis kündigen und anschließend werde dann der Abwicklungsvertrag geschlossen (sog. „unechter" Abwicklungsvertrag). Der in den abgegebenen Willenserklärungen zum Ausdruck kommende rechtsgeschäftliche Wille der Parteien (§§ 133, 157 BGB) geht in diesen Fällen nicht dahin, das Arbeitsverhältnis einvernehmlich zu beenden, sie wollen vielmehr die einseitige Beendigung des Arbeitsverhältnisses durch eine Kündigung herbeiführen. Die Kündigung ist kein Scheingeschäft (§ 117 BGB). Nur sie kann die Beendigung des Arbeitsverhältnisses bewirken. Die zuvor mündlich getroffene Abrede vermag das Arbeitsverhältnis mangels Schriftform nicht zu beenden; die spätere Abwicklungsvereinbarung ist nicht auf dessen Aufhebung gerichtet. Vor Ausspruch der Kündigung ist deshalb die Unterrichtung des BR nach § 102 I BetrVG erforderlich.[174]

46 **2. Klageverzicht.** Zu den in einem Abwicklungsvertrag geregelten Modalitäten der Beendigung gehört üblicherweise der Klageverzicht des AN, wofür sich der AG zur Zahlung einer Abfindung verpflichtet. Nach Auffassung des BAG stellt der ohne Gegenleistung erklärte, formularmäßige Verzicht des AN auf die Erhebung einer Kündigungsschutzklage eine unangemessene Benachteiligung iSv § 307 I 1 BGB dar. Durch einen solchen Klageverzicht werde von der gesetzlichen Regelung des § 4 S. 1 KSchG abgewichen (dazu → § 138 Rn. 6).[175] Darüber hinaus können Regelungen über die Freistellung des AN und vertragliche Wettbewerbsverbote während der Kündigungsfrist,[176] Dienstwagennutzung, Handy, Zeugnis uÄ getroffen werden. Soweit es nicht um die Hauptleistungen – Klageverzicht und Abfindung – geht, unterliegt der Abwicklungsvertrag der Kontrolle nach §§ 305 ff. BGB. Wenn es sich nicht um AGB iSv § 305 I BGB handelt, ist § 310 III Nr. 2 BGB zu beachten.

47 **3. Formfreiheit.** Der Abwicklungsvertrag selbst unterliegt nicht dem Formerfordernis des § 623 BGB, weil er nur die Modalitäten der Abwicklung des zuvor durch Kündigung beendeten Arbeitsverhältnisses regelt. Die vorangehende Kündigung soll das Arbeitsverhältnis lösen.[177] Sie hat dabei gem. § 623 BGB schriftlich zu erfolgen. Führt die Kündigung nicht zur Beendigung des Arbeitsverhältnisses, weil sie unwirksam ist, endet dieses gleichwohl, wenn in dem Abwick-

[170] BAG 29.7.2003 AP Nr. 15 zu § 611 BGB Nettolohn = NZA 2003, 1276.
[171] BAG 10.5.1971 AP Nr. 6 zu § 628 BGB.
[172] BAG 25.4.2007 AP Nr. 23 zu § 113 InsO.
[173] BAG 23.11.2006 AP Nr. 8 zu § 623 BGB = NZA 2007, 466.
[174] BAG 28.6.2005 AP Nr. 146 zu § 102 BetrVG 1972 = NZA 2006, 48.
[175] BAG 6.9.2007 AP Nr. 63 zu § 4 KSchG 1969 = NZA 2008, 219; abl. *Bauer/Günther* Anm. zu BAG AP Nr. 63 zu § 4 KSchG 1969.
[176] Dazu BAG 6.9.2006 AP Nr. 118 zu § 615 BGB.
[177] BAG 25.4.2007 AP Nr. 23 zu § 113 InsO; 23.11.2006 AP Nr. 8 zu § 623 BGB = NZA 2007, 466; 28.6.2005 AP Nr. 146 zu § 102 BetrVG 1972 = NZA 2006, 48; *Krets* FS Bauer, 2010, 601 (612); ErfK/*Müller-Glöge* BGB § 623 Rn. 8; *Preis/Gotthardt* NZA 2000, 348 (354); APS/*Rolfs* AufhebVtr Rn. 26.

lungsvertrag die Beendigung des Arbeitsverhältnisses der Schriftform des § 623 BGB entsprechend vereinbart ist. Enthält der Abwicklungsvertrag keine Beendigungsvereinbarung, sondern eine Klageverzichtsvereinbarung nach § 397 BGB, gilt nach Auffassung des BAG gleichwohl das Formerfordernis des § 623 BGB.[178] Dagegen spricht jedoch, dass der Klageverzicht nicht die Beendigung des Arbeitsverhältnisses herbeiführt, sondern die Kündigung als der maßgebliche Beendigungstatbestand. Hieran knüpft der Klageverzicht an. Das gilt auch dann, wenn die Wirksamkeit der Kündigung nur nach § 7 KSchG fingiert wird, weil der AN wegen des Klageverzichts keine Klage erheben kann, bzw. eine erhobene Klage abzuweisen ist („pactum de non petendo").[179] Ist in einem Abwicklungsvertrag vereinbart, dass der **AN vorzeitig aus dem Arbeitsverhältnis ausscheiden** kann, ist hierfür nach dem Rechtsgedanken des § 12 KSchG grundsätzlich nicht die – einzelvertraglich unabdingbare – Mindestkündigungsfrist des § 622 I BGB einzuhalten. Die Beendigungserklärung unterliegt jedoch dem Formzwang des § 623 BGB, weil es sich hierbei um eine Kündigungserklärung handelt. Eine Mitteilung per Telefax, E-Mail oder SMS genügt deshalb nicht (§ 126 I BGB).[180]

4. Anfechtung. Die zum Abschluss des Abwicklungsvertrags führenden Willenserklärungen sind nach allgemeinen Grundsätzen anfechtbar (§§ 119 ff. BGB). In Bezug auf die Rechtsfolgen ist dabei zu berücksichtigen, dass bei einer erfolgreichen Anfechtung nicht der Beendigungstatbestand wegfällt. Die dem Abwicklungsvertrag zugrunde liegende Kündigung bleibt von der Anfechtung unberührt. Erfolgt die Anfechtung nach Ablauf der Dreiwochenfrist des § 4 S. 1 KSchG, gilt die Kündigung nach § 7 KSchG als von Anfang an rechtswirksam. Der AN kann in diesem Fall allein versuchen, über § 5 KSchG die nachträgliche Zulassung der Kündigungsschutzklage zu erreichen. Erfolgt die Anfechtung nach § 123 I BGB wegen einer arglistigen Täuschung durch den AG, beginnt die Frist des § 5 III 1 KSchG mit dem Zeitpunkt der Kenntnis des Anfechtungsgrundes und nicht mit der Anfechtungserklärung, für die der AN nach § 124 BGB ein Jahr Zeit hat. Nur so wird das im KSchG zum Ausdruck kommende Ziel einer möglichst raschen Klärung der Wirksamkeit der Beendigung des Arbeitsverhältnisses verwirklicht.[181] 48

[178] BAG 19.4.2007 AP Nr. 9 zu § 623 BGB = NZA 2007, 1227.
[179] Vgl. APS/*Greiner* BGB § 623 Rn. 8 f.; *Krets* FS Bauer, 2010, 601 (612); *Rolfs* FS Reuter, 2011, 825 (827); *Schöne* SAE 2008, 155.
[180] BAG 17.12.2015 AP Nr. 10 zu § 623 BGB = NZA 2016, 361.
[181] Ebenso *Bauer* NZA 1994, 440 (441); APS/*Rolfs* AufhebVtr. Rn. 27; aA *Nebeling/Schmid* NZA 2002, 1310 (1312 f.).

3. Abschnitt. Kündigungserklärung und vorherige Unterrichtung der Arbeitnehmervertretung

§ 123. Kündigungserklärung

Übersicht

I. Begriff und beteiligte Personen

1 **1. Begriff. a) Einseitige Willenserklärung.** Die Kündigung ist eine privatrechtliche, einseitige, empfangsbedürftige, rechtsgestaltende Willenserklärung, durch die das Arbeitsverhältnis für die Zukunft aufgelöst werden soll. Ist die Kündigung unwirksam, kann sie uU in einen Antrag auf Abschluss eines Aufhebungsvertrags umgedeutet werden (→ § 122 Rn. 18).

2 **b) Bestimmtheit.** Die Kündigung muss deutlich und zweifelsfrei erfolgen. Zwar braucht nicht unbedingt das Wort Kündigung verwendet zu werden, es muss sich aber aus dem Gesamtzusammenhang ergeben, dass die Beendigung des Arbeitsverhältnisses gewollt ist.[1] Die Kündi-

[1] BAG 20.9.2006 AP Nr. 19 zu § 174 BGB = NZA 2007, 377; 19.1.1956 AP Nr. 1 zu § 620 BGB Kündigungserklärung; 22.11.1956 AP Nr. 8 zu § 4 KSchG; 15.3.1991 AP Nr. 2 zu § 47 BBiG; LAG RhPf 4.6.1992 LAGE § 620 BGB Kündigungserklärung Nr. 1.

gung muss als empfangsbedürftige Willenserklärung so bestimmt sein, dass der Empfänger Klarheit über die Absichten des Kündigenden erlangt.[2] Etwaige Unklarheiten gehen zulasten des Kündigenden.[3] Es kommt darauf an, wie der Kündigungsadressat die Erklärung unter Würdigung der ihm bekannten Umstände nach Treu und Glauben unter Berücksichtigung der Verkehrssitte auffassen muss. Vor allem muss sich aus der Erklärung selbst oder den Umständen ergeben, ob eine ordentliche oder außerordentliche Kündigung gewollt ist.[4] Erteilt ein AG über seinen Steuerberater eine Arbeitsbescheinigung, aus der sich ergibt, dass er selbst das Arbeitsverhältnis – ggf. fristlos – gekündigt hat, stellt diese Erklärung nicht eine Kündigung des Arbeitsverhältnisses dar. Die Arbeitsbescheinigung ist zur Vorlage gegenüber der Agentur für Arbeit bestimmt und kann deshalb nicht als Willenserklärung gegenüber dem AN ausgelegt werden.[5]

c) Angabe des Beendigungszeitpunktes. Der Empfänger einer ordentlichen Kündigung 3
muss erkennen können, wann das Arbeitsverhältnis aus Sicht des Kündigenden enden soll. Deshalb muss sich aus der Kündigungserklärung oder den Umständen ergeben, ob eine fristgemäße oder eine fristlose Kündigung gewollt ist.[6] Das Erfordernis der **Bestimmtheit einer ordentlichen Kündigung** verlangt vom Kündigenden allerdings nicht zwingend, den Beendigungstermin als konkretes kalendarisches Datum ausdrücklich anzugeben. Es genügt, wenn der gewollte Beendigungstermin für den Kündigungsempfänger **zweifelsfrei bestimmbar ist.**[7] Ein Hinweis auf die maßgeblichen gesetzlichen oder tarifvertraglichen Regelungen reicht aus, wenn der Erklärungsempfänger dadurch unschwer ermitteln kann, zu welchem Termin das Arbeitsverhältnis enden soll.[8] Unter dieser Voraussetzung ist auch eine Kündigung „zum nächst zulässigen Termin" oder „nächstmöglichen Zeitpunkt" hinreichend bestimmt. Sie ist typischerweise dahin zu verstehen, dass der Kündigende die Auflösung des Arbeitsverhältnisses zu dem Zeitpunkt erreichen will, der sich bei Anwendung der einschlägigen gesetzlichen, tarifvertraglichen und/oder vertraglichen Regelungen als rechtlich frühestmöglicher Beendigungstermin ergibt.[9] Gleiches gilt, wenn die Kündigung „fristgemäß zum" erfolgt und klar ist, nach welchen gesetzlichen oder tarifvertraglichen Regelungen sich die Frist bemisst.[10] Kann ein Arbeitsverhältnis ordentlich nur zum Schluss eines Kalendervierteljahres gekündigt werden, ist eine zum „1. April" ausgesprochene Kündigung in der Regel dahin auszulegen, dass sie das Arbeitsverhältnis zum 31. März beenden soll.[11] Eine Kündigung ist allerdings **nicht auslegungsfähig und damit nicht hinreichend bestimmt,** wenn in der Erklärung mehrere Termine für die Beendigung des Arbeitsverhältnisses genannt werden und für den Erklärungsempfänger nicht erkennbar ist, welcher Termin gelten soll.[12] Wird eine ordentliche Kündigung nur hilfsweise für den Fall der Unwirksamkeit einer außerordentlichen fristlosen Kündigung erklärt, ist der Kündigungsempfänger nicht im Unklaren darüber, wann das Arbeitsverhältnis nach Vorstellung des Kündigenden enden soll. Die Beendigung soll offensichtlich bereits mit Zugang der fristlosen Kündigung erfolgen. Der Kündigungsempfänger muss und kann sich in seinem praktischen Handeln auf diesen Beendigungszeitpunkt einstellen. Unter diesen Umständen kommt es nicht darauf an, ob es ihm ohne Schwierigkeiten möglich ist, die Kündigungsfrist der hilfsweise erklärten ordentlichen Kündigung zu ermitteln.[13]

d) Unbedingtheit. Die Kündigung ist bedingungsfeindlich.[14] Unzulässig ist mithin eine 4
Kündigung für den Fall, dass der AN nicht seine Leistung verbessere oder am nächsten Tag

[2] BAG 15.12.2016 AP Nr. 85 zu § 4 KSchG 1969 = NZA 2017, 502.
[3] BAG 11.6.1959 AP Nr. 1 zu § 130 BGB.
[4] Dazu BAG 13.1.1982 AP Nr. 2 zu § 620 BGB Kündigungserklärung = NJW 1983, 303.
[5] LAG SchlH 5.8.2008 – 2 Sa 74/08.
[6] BAG 20.1.2016 AP Nr. 72 zu § 622 BGB = NZA 2016, 485; 23.5.2013 AP Nr. 50 zu § 23 KSchG 1969 = NZA 2013, 1197.
[7] BAG 10.4.2014 AP Nr. 69 zu § 622 BGB = NZA 2015, 162.
[8] BAG 20.1.2016 AP Nr. 72 zu § 622 BGB = NZA 2016, 485; 20.6.2013 AP Nr. 68 zu § 622 BGB = NZA 2013, 1137.
[9] BAG 20.1.2016 AP Nr. 72 zu § 622 BGB = NZA 2016, 485; 10.4.2014 AP Nr. 69 zu § 622 BGB = NZA 2015, 162; 23.5.2013 AP Nr. 50 zu § 23 KSchG 1969 = NZA 2013, 1197.
[10] BAG 22.9.2016 AP Nr. 52 zu § 17 KSchG 1969 = NZA 2017, 175; 15.5.2013 AP Nr. 131 zu § 615 BGB = NZA 2013, 1076.
[11] BAG 25.9.2002 AP Nr. 27 zu §§ 22, 23 BAT Zuwendungs-TV = NZA 2003, 617.
[12] BAG 20.1.2016 AP Nr. 72 zu § 622 BGB = NZA 2016, 485; 20.6.2013 AP Nr. 68 zu § 622 BGB = NZA 2013, 1137; 15.5.2013 AP Nr. 131 zu § 615 BGB = NZA 2013, 1076.
[13] BAG 20.1.2016 AP Nr. 72 zu § 622 BGB = NZA 2016, 485; 23.5.2013 AP Nr. 50 zu § 23 KSchG 1969 = NZA 2013, 1197.
[14] BAG 15.3.2001 AP Nr. 26 zu § 620 BGB Bedingung = NZA 2001, 1070.

seinen Urlaub eigenmächtig antreten sollte. Entsprechendes gilt, wenn ein Bewachungsunternehmen zB mit der Kündigung erklärt, die Kündigung werde gegenstandslos, wenn ein laufender Bewachungsauftrag verlängert werde.[15] Zulässig ist die Kündigung unter einer sog. **Potestativbedingung.** Darunter versteht man eine Bedingung, deren Eintritt von einer einmalig zu treffenden Willensentscheidung des Gegners abhängt, wie zB Kündigung unter der Bedingung der Verweigerung einer Lohnerhöhung oder der Ablehnung der Vertragsänderung.[16] Der Hauptfall der Kündigung unter einer Potestativbedingung ist der der Änderungskündigung (dazu → § 137 Rn. 1 ff.). Zur „hilfsweise" oder „vorsorglich" erklärten Kündigung → Rn. 8.

5 **2. Kündigungsberechtigter Arbeitgeber.** Kündigungsberechtigt ist grundsätzlich der AG. Das kann der Einzelkaufmann sein oder bei juristischen Personen das jeweilige Vertretungsorgan (Vorstand oder Geschäftsführer). Besteht ein einheitliches Arbeitsverhältnis mit mehreren natürlichen oder juristischen Personen auf Arbeitgeberseite (→ § 16 Rn. 3), kann es im Regelfall nur von und gegenüber allen auf dieser Vertragsseite Beteiligten gekündigt werden.[17] Zur Vertretung → Rn. 14.

6 **3. Kündigungsarten. a) Ordentliche und außerordentliche Kündigung.** Zu unterscheiden sind die ordentliche und die außerordentliche Kündigung. Die ordentliche Kündigung erfolgt unter Einhaltung der gesetzlichen, tariflichen, betriebsüblichen oder einzelvertraglich vereinbarten Kündigungsfrist (→ § 126 Rn. 1 ff.). Die außerordentliche Kündigung wird zumeist fristlos erklärt. In Betracht kommt auch eine außerordentliche Kündigung mit Auslauffrist (dazu → § 128 Rn. 1 ff.).[18] Ist eine solche gewollt, ist dies zur Unterscheidung von einer ordentlichen, uU nicht fristgerechten Kündigung, klarzustellen.[19] Die Auslauffrist hat dann der jeweils einschlägigen Kündigungsfrist zu entsprechen. Wird eine kürzere Frist gewährt, gelten grundsätzlich nicht die Prüfungsmaßstäbe für die außerordentliche Kündigung mit Auslauffrist, sondern die Anforderungen der fristlosen Kündigung.[20]

7 **b) Änderungskündigung und Direktionsrecht.** Von der Beendigungskündigung ist die Änderungskündigung zu unterscheiden (→ § 137 Rn. 1 ff.). Eine Änderungskündigung ist gegeben, wenn der AG das Arbeitsverhältnis kündigt und dem AN im Zusammenhang mit der Kündigung die Fortsetzung des Arbeitsverhältnisses zu geänderten Arbeitsbedingungen anbietet. Die Änderungskündigung ist ein zusammengesetztes Rechtsgeschäft, das aus einer Kündigung und einem Vertragsangebot besteht. Sie ist von der Ausübung des Direktionsrechts nach § 106 GewO abzugrenzen. Eine Maßnahme des Direktionsrechts liegt vor, wenn die arbeitsvertraglich vereinbarte Leistungspflicht des AN konkretisiert wird (→ § 45 Rn. 13 ff.). Eine Änderungskündigung ist erforderlich, wenn die Arbeitsvertragsbedingungen nicht nur konkretisiert, sondern inhaltlich geändert werden sollen. Sie ist wegen der mit ihr verbundenen Bestandsgefährdung unverhältnismäßig, wenn die erstrebte Änderung der Beschäftigungsbedingungen durch Ausübung des Weisungsrechts des AG möglich ist.[21]

8 **c) Vorsorgliche Kündigung.** Eine „hilfsweise" oder „vorsorglich" erklärte Kündigung steht unter der – zulässigen – auflösenden Rechtsbedingung iSv § 158 II BGB, dass das Arbeitsverhältnis nicht schon aufgrund eines anderen Umstands endet.[22] Ihre Wirkung endigt, wenn feststeht, dass das Arbeitsverhältnis bereits durch den anderen Beendigungstatbestand aufgelöst worden ist.[23] Die vorsorgliche Kündigung kann auch auf Gründe gestützt werden, die bereits zum Zeitpunkt der ersten Kündigung bestanden haben. Sie kann mithin statt des Nachschiebens von Kündigungsgründen erfolgen.[24] Um den Eintritt der **Fiktionswirkung des § 7 KSchG** zu verhindern, muss der AN auch gegen eine vorsorgliche Kündigung innerhalb der Dreiwochenfrist des § 4 KSchG **Kündigungsschutzklage** erheben. Der entsprechende Kündigungsschutzantrag ist als unechter Hilfsantrag zu verstehen, mit dem sich der Kläger gegen die vorsorglich

---

[15] BAG 15.3.2001 AP Nr. 26 zu § 620 BGB Bedingung = NZA 2001, 1070.
[16] BAG 27.6.1968 AP Nr. 1 zu § 626 BGB Bedingung.
[17] BAG 10.4.2014 AP Nr. 69 zu § 622 BGB = NZA 2015, 162; 19.4.2012 AP Nr. 13 zu § 14 KSchG 1969 = NZA 2013, 27.
[18] Dazu *Bröhl,* Die außerordentliche Kündigung mit notwendiger Auslauffrist, 2005.
[19] BAG 20.1.2016 AP Nr. 72 zu § 622 BGB = NZA 2016, 485.
[20] BAG 18.10.2000 AP Nr. 9 zu § 626 BGB Krankheit = NZA 2001, 219.
[21] BAG 22.9.2016 AP Nr. 169 zu § 2 KSchG 1969 = NZA 2016, 1461.
[22] BAG 20.1.2016 AP Nr. 72 zu § 622 BGB = NZA 2017, 773; 10.4.2014 AP Nr. 69 zu § 622 BGB = NZA 2015, 162; *Niemann* NZA 2019, 65; dazu *B. Schmidt* FS Wank, 2014, 545 (548 ff.).
[23] BAG 20.1.2016 AP Nr. 72 zu § 622 BGB = NZA 2016, 485; 10.4.2014 AP Nr. 69 zu § 622 BGB = NZA 2015, 162.
[24] BAG 3.4.1986 AP Nr. 18 zu § 626 BGB Verdacht strafbarer Handlungen = NZA 1986, 877.

erklärte Kündigung seinerseits nur vorsorglich wehrt. Er fällt damit nicht zur Entscheidung an, wenn die erste Kündigung das Arbeitsverhältnis wirksam beendet hat und damit der Hauptantrag abgewiesen wird.[25]

d) Teilkündigung. aa) Unzulässigkeit. Mit der Teilkündigung sollen einzelne Bestimmun- 9
gen des Arbeitsvertrags unter Fortbestand der übrigen gekündigt werden. Sie ist grundsätzlich unzulässig.[26] Ihrer Zulässigkeit steht entgegen, dass die einzelnen Teile eines Arbeitsvertrags typischerweise nicht isoliert zustande kommen, sondern in einem inneren Zusammenhang stehen. Das **Arbeitsverhältnis kann deshalb nur als Ganzes gekündigt werden.** Sollen einzelne Arbeitsbedingungen geändert werden, bleibt nur der Weg der Änderungskündigung (dazu → § 137 Rn. 1 ff.). Zulässig ist die Teilkündigung nur dann, wenn das Arbeitsverhältnis sich aus mehreren selbständig lösbaren Teilverträgen zusammensetzt und kein zwingender Kündigungsschutz umgangen wird.[27] Hier kommt es auf die Umstände des Einzelfalls an, ob die Verbindung der beiden Verträge so eng ist, dass sie nicht eigenständig gekündigt werden können. Der Mitarbeitervertrag eines Kommanditisten mit seiner KG kann, auch wenn er in seinen Grundzügen einen Arbeitsvertrag darstellt, nach Auffassung des BAG idR nicht losgelöst vom Gesellschaftsvertrag gekündigt werden.[28] Ist einem leitenden Arzt ein Liquidationsrecht eingeräumt, ist eine insoweit vorbehaltene Teilkündigung allerdings dann wirksam, wenn nur Berechnungsmodalitäten geändert werden sollen.[29] Die arbeitsvertragliche Verpflichtung zum Bewohnen einer Werkdienstwohnung kann nicht selbständig unter Fortbestand des Arbeitsverhältnisses gekündigt werden.[30] Die Äußerung einer falschen Rechtsansicht ist keine Teilkündigung.[31]

bb) Abgrenzung zum Widerruf. Bei einer Teilkündigung ist stets zu prüfen, ob die Erklä- 10
rung der Teilkündigung als Widerruf ausgelegt werden kann. Dies wird vielfach anzunehmen sein, weil der Wille des Erklärenden (§ 133 BGB) dahin geht, eine einzelne Vertragsklausel zu beseitigen, ohne den Vertrag insgesamt infrage zu stellen.[32] Da ein Widerruf nur bei einem vereinbarten Widerrufsvorbehalt möglich ist, bedarf es einer entsprechenden **vertraglichen Vereinbarung** (→ § 35 Rn. 130).[33] Hat sich der AG das Recht zur Teilkündigung vertraglich vorbehalten, liegt es nahe, diese Vereinbarung als Widerrufsvorbehalt auszulegen. Das gilt auch für Regelungen in vorformulierten Arbeitsverträgen. Dem steht die Unklarheitenregel des § 305c II BGB nicht entgegen. Das vorbehaltene „Recht zur Kündigung" bezieht sich nicht auf die Kündigung des Arbeitsverhältnisses, die der sozialen Rechtfertigung bedürfte, sondern auf die Beseitigung der unter dem Vorbehalt gewährten Leistung.

e) Aussperrung. Keine Kündigung ist die rechtmäßige lösende Aussperrung (→ § 193 11
Rn. 2). Den AG trifft nach Beendigung des Arbeitskampfs grundsätzlich eine Wiedereinstellungspflicht.[34]

f) Versetzung in den einstweiligen Ruhestand. Behält sich der AG des öffentlichen 12
Dienstes arbeitsvertraglich vor, den AN beurlauben zu können und bei Auslaufen der Beurlaubung in Anlehnung an das Beamtenrecht einseitig in den einstweiligen Ruhestand zu versetzen, und macht er von diesem ihm vorbehaltenen einseitigen Gestaltungsrecht eigener Art Gebrauch, liegt darin **keine Kündigungserklärung.**[35] In einer solchen Erklärung wird zwar der Wille des Erklärenden erkennbar, das Arbeitsverhältnis zu beenden. Diese Wirkung soll jedoch nach dem Inhalt der Erklärung durch einen anderen Beendigungstatbestand als durch eine Kündigung eintreten.

---

[25] *Niemann* NZA 2019, 65 (66).
[26] BAG 23.3.2011 AP Nr. 3 zu § 4f BDSG = NZA 2011, 1036; 22.1.1997 AP Nr. 6 zu § 620 BGB Teilkündigung.
[27] BAG 23.3.2011 AP Nr. 3 zu § 4f BDSG = NZA 2011, 1036; 13.3.2007 AP Nr. 1 zu § 4f BDSG = NZA 2007, 563.
[28] BAG 11.5.1978 AP Nr. 2 zu § 161 HGB = DB 1979, 362.
[29] BAG 25.11.1990 AP Nr. 25 zu § 611 BGB Arzt-Krankenhaus-Vertrag = NZA 1991, 377; weitergehend BAG 28.5.1997 AP Nr. 36 zu § 611 BGB Arzt-Krankenhaus-Vertrag = NZA 1997, 1160.
[30] BAG 23.8.1989 AP Nr. 3 zu § 565e BGB = NZA 1990, 91.
[31] BAG 22.1.1997 AP Nr. 6 zu § 620 BGB Teilkündigung = NZA 1997, 711.
[32] Vgl. BAG 7.10.1982 AP Nr. 5 zu § 620 BGB Teilkündigung; 14.11.1990 AP Nr. 25 zu § 611 BGB Arzt-Krankenhaus-Vertrag.
[33] Vgl. dazu BAG 12.1.2005 AP Nr. 1 zu § 308 BGB = NZA 2005, 465; 11.10.2006 AP Nr. 6 zu § 308 BGB = NZA 2007, 87.
[34] BAG GS 21.4.1971 AP Nr. 43 zu Art. 9 GG Arbeitskampf.
[35] BAG 5.2.2009 AP Nr. 69 zu § 4 KSchG 1969.

13 **4. Kündigung Minderjähriger.** Das Recht zur Kündigung steht grundsätzlich jeder Vertragspartei zu. Ist eine Partei minderjährig und damit beschränkt geschäftsfähig (§§ 106 ff. BGB), muss die Kündigung durch den gesetzlichen Vertreter erfolgen (§ 107 BGB), es sei denn, der Minderjährige war **gem. § 113 I BGB ermächtigt,** in Dienst oder Arbeit zu treten (→ § 32 Rn. 27 ff.). In diesem Fall kann auch dem Minderjährigen gegenüber gekündigt werden.[36] Liegen die Voraussetzungen des § 113 I BGB nicht vor, wird eine an einen Minderjährigen adressierte Kündigung gem. § 131 I BGB grundsätzlich erst wirksam, wenn sie dem gesetzlichen Vertreter zugeht (dazu → Rn. 45).[37]

II. Vertretung

14 **1. Allgemeines.** Lässt sich der AG beim Ausspruch der Kündigung vertreten, gelten die allgemeinen Vorschriften über die Stellvertretung bei Rechtsgeschäften (§§ 164 ff. BGB). Eine juristische Person wird gesetzlich durch ihre Organe (Geschäftsführer, Vorstand) vertreten. Zu diesen gehört auch der besondere Vereinsvertreter nach § 30 BGB.[38] Der AG kann einen Dritten auch nach § 185 I BGB ermächtigen, eine Kündigung auszusprechen.[39]

15 **2. Vollmacht.** Die Erteilung der Vollmacht erfolgt durch Erklärung gegenüber dem Bevollmächtigten oder dem Dritten, dem gegenüber die Vertretung stattfinden soll (§ 167 I BGB). Bei Unklarheiten ist die Vollmachtserklärung nach § 133 BGB auszulegen. Maßgeblich ist bei einer in einer Urkunde verlautbarten Vollmacht die Verständnismöglichkeit des Geschäftsgegners.[40] Die Vollmachtserteilung ist **gem. § 167 II BGB formlos wirksam,** auch wenn die Kündigung der Schriftform bedarf (zur Zurückweisung nach § 174 BGB → Rn. 19).[41] Auf Seiten des AG wird die Kündigung regelmäßig durch einen Bevollmächtigten erfolgen. Die Vollmacht zur Kündigung kann in einer umfassenden Vollmacht enthalten sein, also zB in der Prokura,[42] der Generalvollmacht oder der Handlungsvollmacht. Auch Letztere erstreckt sich auf alle Geschäfte, die der Betrieb eines Handelsgewerbes mit sich bringt (§ 54 I HGB).

16 **3. Vertreter ohne Vertretungsmacht.** Eine Vertretung ohne Vertretungsmacht ist beim Ausspruch einer Kündigung gem. § 180 S. 1 BGB **unzulässig.**[43] Nach § 180 S. 2 BGB findet jedoch § 177 BGB entsprechende Anwendung, wenn der Erklärungsempfänger die von dem Vertreter behauptete Vertretungsmacht nicht bei der Vornahme des Rechtsgeschäfts, also unverzüglich iSv **§ 174 S. 1 BGB** beanstandet. Eine Zeitspanne von mehr als einer Woche ist nicht mehr unverzüglich iSv § 174 S. 1 BGB, wenn keine besonderen Umstände vorliegen (→ Rn. 29).[44] Die **Wochenfrist** beginnt mit der tatsächlichen Kenntnis des Empfängers von der Kündigung.[45] Wird die fehlende Vertretungsmacht nicht unverzüglich beanstandet, ist die Kündigung gem. §§ 177 I, 180 S. 2 BGB genehmigungsfähig.[46] Die Genehmigung kann nach § 182 I BGB sowohl gegenüber dem Vertreter als auch dem Erklärungsempfänger erklärt werden.[47] Sie wirkt gem. § 184 I BGB auf den Zeitpunkt der Vornahme des Rechtsgeschäfts, dh der Kündigung zurück.[48] Eine solche Genehmigung erteilt der AG regelmäßig schlüssig dadurch, dass er die Rechtmäßigkeit der Kündigung im Kündigungsschutzprozess verteidigt.[49] Der Kündigungsempfänger kann den Vertretenen auffordern, binnen einer Frist von zwei Wochen zu erklären, ob er die Kündigung genehmigt (§§ 180 S. 2, 177 ff. BGB).

---

[36] BAG 18.2.1977 AP Nr. 10 zu § 130 BGB.
[37] BAG 25.11.1976 AP Nr. 4 zu § 15 BBiG.
[38] BAG 18.1.1990 AP Nr. 1 zu § 30 BGB = NZA 1990, 162.
[39] BAG 27.2.2020 AP Nr. 277 zu § 626 BGB mAnm *Hergenröder* = NZA 2020, 1405.
[40] BAG 25.4.2013 AP Nr. 1 zu § 343 InsO.
[41] APS/*Greiner* BGB § 623 Rn. 17a.
[42] BAG 21.5.2008 NZA 2008, 753; 11.7.1991 AP Nr. 9 zu § 174 BGB = NZA 1992, 449.
[43] BAG 10.4.2014 AP Nr. 72 zu § 1 KSchG 1969 Verhaltensbedingte Kündigung = NZA 2014, 1197; 25.4.2013 AP Nr. 1 zu § 343 InsO.
[44] BAG 13.12.2012 AP Nr. 23 zu § 620 BGB Kündigungserklärung.
[45] BAG 25.4.2013 AP Nr. 1 zu § 343 InsO.
[46] BAG 16.12.2010 AP Nr. 232 zu § 626 BGB = NZA 2011, 571.
[47] BAG 6.9.2012 AP Nr. 74 zu § 4 KSchG 1969 = NZA 2013, 524.
[48] BAG 25.4.2013 AP Nr. 1 zu § 343 InsO.
[49] BAG 10.4.2014 AP Nr. 72 zu § 1 KSchG 1969 Verhaltensbedingte Kündigung = NZA 2014, 1197; 16.12.2010 AP Nr. 232 zu § 626 BGB = NZA 2011, 571; dazu *Zimmermann* ZTR 2007, 119.

4. Zustimmung der Gesellschafterversammlung. Sieht der Gesellschaftsvertrag einer GmbH vor, dass der Geschäftsführer zur Vornahme aller Geschäfte und Rechtshandlungen, die der Betrieb der Gesellschaft nicht gewöhnlich mit sich bringt, der Zustimmung der Gesellschafterversammlung bedarf, ist in der Regel auch die außerordentliche Kündigung des Arbeitsverhältnisses einer im Innenverhältnis mit umfassenden Befugnissen ausgestatteten Mitgesellschafterin und Prokuristin zustimmungsbedürftig. Auf eine entsprechende gesellschaftsvertragliche Beschränkung der Befugnisse des Geschäftsführers kann sich die Mitgesellschafterin und Prokuristin im Kündigungsschutzprozess berufen;[50] die fehlende Zustimmung der Gesellschafterversammlung ist ein sonstiger Unwirksamkeitsgrund, der nach der Neufassung des § 4 KSchG zum 1.1.2004 mit einer innerhalb der Dreiwochenfrist zu erhebenden Klage geltend zu machen ist. 17

5. Schriftsatzkündigung. Für die Kündigung durch den Prozessbevollmächtigten einer Partei gelten folgende Rechtsgrundsätze:[51] Im Wege der Auslegung der Vollmacht ist zu ermitteln, welchen Inhalt sie hat.[52] Wird während eines Kündigungsschutzprozesses eine zweite Kündigung erklärt, ist nach der punktuellen Streitgegenstandstheorie (→ § 138 Rn. 7) davon auszugehen, dass sich die **Prozessvollmachten** der Prozessbevollmächtigten grundsätzlich nicht auf die Erklärung und die Entgegennahme der zweiten Kündigung beziehen. Die Prozessvollmacht umfasst in der Regel nur solche Prozesshandlungen, die zur Rechtsverfolgung und Verteidigung notwendig sind.[53] Es bedarf mithin einer besonderen Bevollmächtigung. Wird die Kündigung in einem Schriftsatz erklärt, geht sie – vorbehaltlich der **Empfangsvollmacht des Prozessbevollmächtigten** – erst mit Zugang des Schriftsatzes dem AN zu, so dass ab diesem Zeitpunkt die Klagefrist nach § 4 KSchG rechnet.[54] Anders ist freilich die Rechtslage, wenn die Kündigung mit einer Klage angegriffen wird, in welcher der Antrag nach § 4 KSchG mit dem allgemeinen Feststellungsantrag nach § 256 ZPO verbunden ist (→ § 138 Rn. 14 ff.). Eine hierfür erteilte Vollmacht bevollmächtigt den Prozessbevollmächtigten zur Entgegennahme aller Kündigungen, die den mit dem Feststellungsantrag verbundenen weiteren Streitgegenstand betreffen. Es kommt deshalb in diesem Fall nicht darauf an, ob und wann die Kündigung auch dem AN selbst zugeht.[55] Die **Schriftform** des § 623 BGB ist bei einer vom Prozessbevollmächtigten des AG ausgesprochenen Schriftsatzkündigung grundsätzlich nur gewahrt, wenn die dem AN zugehende Abschrift vom Prozessbevollmächtigten des AG als Erklärendem unterzeichnet ist. Ausnahmsweise ist die Schriftform des § 623 BGB auch gewahrt, wenn die dem Prozessbevollmächtigten des AN zugegangene Abschrift beglaubigt ist und der Prozessbevollmächtigte des AG den Beglaubigungsvermerk selbst unterschrieben hat.[56] 18

III. Zurückweisung wegen fehlender Vollmacht

1. Allgemeines. Die Regelungen über die Vertretung sind kündigungsrechtlich von besonderer Bedeutung, weil der AN gem. **§ 174 S. 1 BGB** eine Kündigung, die ein Bevollmächtigter ausgesprochen hat, zurückweisen kann, wenn der Bevollmächtigte eine Vollmachtsurkunde nicht vorlegt und die Zurückweisung der Kündigung aus diesem Grunde unverzüglich erfolgt. § 174 BGB gilt grundsätzlich nur für das Handeln eines Vertreters aufgrund einer **durch Rechtsgeschäft erteilten Vertretungsmacht** (zur gesetzlichen Vertretungsmacht → Rn. 20).[57] § 174 BGB schützt den Empfänger allerdings nicht davor, dass er der Mitteilung über die Vertretungsverhältnisse keinen Glauben schenkt, sondern will ihm nur die Nachforschung darüber ersparen. Bei Zweifeln über die Vertretungsmacht kann er gemäß § 180 BGB deren Fehlen rügen.[58] Die Kündigung ist dann unwirksam, eine Genehmigung gem. § 180 BGB scheidet aus.[59] Der Bevollmächtigte muss die **Vollmachtsurkunde** 19

[50] BAG 11.3.1998 AP Nr. 144 zu § 626 BGB = NZA 1998, 997; dazu *Sitzenfrei/Tischer* DB 2008, 1307.
[51] Dazu *Diller* NZA 1994, 830; SPV Kündigung/*Preis* Rn. 109 ff.
[52] BAG 10.8.1977 AP Nr. 2 zu § 81 ZPO; 31.8.1979 AP Nr. 3 zu § 174 BGB.
[53] BAG 10.8.1977 AP Nr. 2 zu § 81 ZPO; 31.8.1979 AP Nr. 3 zu § 174 BGB.
[54] ErfK/*Müller-Glöge* BGB § 620 Rn. 28; zu Unrecht strenger SPV Kündigung/*Preis* Rn. 114, der die positive Kenntnisnahme vom Inhalt des Schriftsatzes fordert.
[55] BAG 1.12.2020 NZA 2021, 552; 1.10.2020 AP Nr. 91 zu § 4 KSchG 1969 = NZA 2021, 75; 21.1.1988 AP Nr. 19 zu § 4 KSchG 1969 = NZA 1988, 651.
[56] BGH 4.7.1986 NJW-RR 1987, 395; APS/*Preis* Grundlagen D. Rn. 86.
[57] BAG 5.12.2019 AP Nr. 25 zu § 174 BGB = NZA 2020, 505.
[58] BAG 24.9.2015 AP Nr. 24 zu § 174 BGB mAnm *Klostermann-Schneider* = NZA 2016, 102.
[59] BAG 25.9.2014 AP Nr. 23 zu § 174 BGB = NZA 2015, 159.

im Original vorlegen. Die Vorlage der Vollmachtsurkunde in Faxkopie genügt nicht,[60] ebenso wenig eine E-Mail.[61] Der AN kann auch eine ihm gegenüber von einem Nichtberechtigten mit **Einwilligung des AG nach § 185 I BGB** erklärte Kündigung mangels Vorlage der Einwilligung in schriftlicher Form zurückzuweisen, wenn nicht der AG ihn zuvor von der Einwilligung in Kenntnis gesetzt hatte.[62] Vertreten zwei Personen den AG nach außen gemeinsam **(Gesamtvertretung),** ist auf jede dieser Personen § 174 BGB anwendbar. Ist der AN vom Vollmachtgeber nicht von der Bevollmächtigung des anderen Gesamtvertreters in Kenntnis gesetzt worden, ist die Kündigung unwirksam, wenn sie der AN wegen der mangelnden Vollmachtsvorlage unverzüglich zurückgewiesen hat (→ Rn. 24).[63] Die Zurückweisung selbst bedarf keiner bestimmten Form (zu Vertretung hierbei → Rn. 28).[64] Kündigt der AG durch einen Vertreter mehrfach hintereinander, hat er grundsätzlich bei jeder neuen Kündigung eine Vollmacht vorzulegen. Anderes gilt nur dann, wenn aus der bereits vorgelegten Vollmachtsurkunde für den AN deutlich wird, dass sich die Vollmacht auch auf nachfolgende Kündigungen erstreckt.[65] Der AN trägt die **Darlegungs- und Beweislast** für die unverzügliche Zurückweisung der Kündigung, wenn er seine Unwirksamkeit geltend macht. Der AG muss hingegen die Vorlage der Vollmachtsurkunde oder das Inkenntnissetzen des AN beweisen, wenn er sich auf die Wirksamkeit des Rechtsgeschäfts berufen will.[66] Die Zurückweisung ist **gem. § 242 BGB unzulässig,** wenn der AN den Vertreter in der bestehenden Geschäftsverbindung auch ohne Vorlage einer Vollmachtsurkunde wiederholt als solchen anerkannt hat, kein begründeter Zweifel am Bestehen der Vollmacht aufgetreten und deshalb ein Vertrauenstatbestand für den AG entstanden ist, aufgrund dessen er von der Vorlage einer „Vollmachtsurkunde" abgesehen hat.[67]

20 **2. Gesetzliche Vertretungsmacht.** Beruht die Vertretungsmacht auf einer gesetzlichen Grundlage, **scheidet eine Zurückweisung aus.**[68] Die gesetzliche Vertretungsmacht beruht dann nicht auf einer Willensentscheidung des Vertretenen. Sie kann auch nicht durch eine Vollmachtsurkunde nachgewiesen werden. § 174 BGB mutet die mit der Inanspruchnahme gesetzlicher Vertretung verbundene Unsicherheit über die Wirksamkeit des Bestehens der behaupteten Vertretungsmacht dem Erklärungsempfänger zu. Der Unsicherheit über die in Anspruch genommene organschaftliche Vertretungsmacht wirkt die grundsätzlich vorgeschriebene Eintragung des Vertreters als Organ in ein öffentliches Register entgegen, aus dem sich in vielen Fällen die Person des Organs und der Umfang seiner Vertretungsmacht ergibt.[69] Das Recht zur Zurückweisung besteht deshalb im Falle der **organschaftlichen Vertretung grundsätzlich nicht,** und zwar auch nicht in Bezug auf einen besonderen Vertreter eines Vereins iSv § 30 BGB.[70] Die organschaftliche Vertretungsmacht beruht auf der Bestellung des Vertreters zum Organ zB einer juristischen Person, die kraft Gesetzes nur durch ihre Organe am Rechtsverkehr teilnehmen kann. Etwas anderes gilt allerdings, wenn eine organschaftliche Gesamtvertretungsmacht im Wege der Ermächtigung eines einzelnen Organmitglieds durch die zusammen mit ihm gesamtvertretungsbefugten Organmitglieder zu einer **organschaftlichen Alleinvertretungsmacht erweitert** wird (dazu → Rn. 24). Diese Alleinvertretungsmacht lässt sich keinem öffentlichen Register entnehmen. Die Ermächtigung des Alleinvertreters kann durch eine Erklärung aller oder der übrigen Organmitglieder nachgewiesen werden.[71] Gleiches gilt für die Vertreterstellung aufgrund der Satzung einer **Körperschaft des öffentlichen Rechts,** die auf einer

[60] Ebenso verneinend BGH 10.10.2017 NJW-RR 2018, 116; 17.10.2000 NJW 2001, 289; MüKoBGB/*Hesse* Vor § 620 Rn. 91; APS/*Preis* Grundlagen D. Rn. 77a.
[61] Palandt/*Ellenberger* BGB § 174 Rn. 5.
[62] BAG 27.2.2020 AP Nr. 277 zu § 626 BGB mAnm *Hergenröder* = NZA 2020, 1405.
[63] LAG Bln 28.6.2006 NZA-RR 2007, 15.
[64] BAG 25.9.2014 AP Nr. 23 zu § 174 BGB = NZA 2015, 159.
[65] BAG 24.9.2015 AP Nr. 24 zu § 174 BGB mAnm *Klostermann-Schneider* = NZA 2016, 102.
[66] MüKoBGB/*Schubert* § 174 Rn. 34.
[67] BAG 5.12.2019 AP Nr. 25 zu § 174 BGB = NZA 2020, 505; 14.4.2011 AP Nr. 21 zu § 174 BGB = NZA 2011, 683.
[68] BAG 5.12.2019 AP Nr. 25 zu § 174 BGB = NZA 2020, 505; 10.2.2005 AP Nr. 18 zu § 174 BGB = NZA 2005, 1207.
[69] BAG 5.12.2019 AP Nr. 25 zu § 174 BGB = NZA 2020, 505; 20.9.2006 AP Nr. 19 zu § 174 BGB = NZA 2007, 377; BGH 20.2.2014 NJW 2014, 1587.
[70] BAG 18.1.1990 AP Nr. 1 zu § 30 BGB = NZA 1990, 520; 20.9.2006 AP Nr. 19 zu § 174 BGB = NZA 2007, 377.
[71] BAG 5.12.2019 AP Nr. 25 zu § 174 BGB = NZA 2020, 505; 10.2.2005 AP Nr. 18 zu § 174 BGB = NZA 2005, 1207.

gesetzlichen Satzungsermächtigung beruht.[72] Bei solchen öffentlich-rechtlichen Satzungen handelt es sich um die einseitig erlassene Rechtssetzung eines eigenständigen, dem Staat eingeordneten Verbandes zur Regelung seiner eigenen Angelegenheiten im Rahmen der ihm verliehenen staatlichen Autonomie. Satzungen sind Rechtsvorschriften und damit Gesetze zwar nicht im formellen, aber im materiellen Sinne, nicht hingegen private Rechtsakte. Die in öffentlich-rechtlicher Satzung erfolgte Vertretungsdelegation ist daher keine rechtsgeschäftliche Erteilung von Vertretungsmacht.[73]

3. Inkenntnissetzen. a) Grundsätze. Die Zurückweisung der Kündigung ist nach § 174 S. 2 BGB ausgeschlossen, wenn der Vollmachtgeber den Empfänger der Kündigung von der Bevollmächtigung in Kenntnis gesetzt hatte. Das Inkenntnissetzen muss ein gleichwertiger Ersatz für die Vorlage einer Vollmachtsurkunde sein.[74] Hierfür genügt eine **Mitteilung des Vollmachtgebers, die sich an den (späteren) Erklärungsempfänger richtet.**[75] Die interne Übertragung einer mit der Kündigungsbefugnis verbundenen Funktion (→ Rn. 22) reicht nicht aus; erforderlich ist vielmehr, dass sie auch **nach außen im Betrieb ersichtlich** ist oder eine sonstige Bekanntmachung erfolgt. Diese Notwendigkeit ergibt sich daraus, dass die Berufung eines Mitarbeiters auf die Stelle eines Personalleiters oder eine ähnliche Stelle zunächst ein rein interner Vorgang ist.[76] Der Erklärungsempfänger muss **vor Erhalt der Kündigung** davon in Kenntnis gesetzt werden, dass der Erklärende eine solche Stellung tatsächlich innehat. Ein Hinweis des Vertreters auf seine Vertreterstellung – etwa durch einen Vertretungszusatz bei der Unterschrift – genügt deshalb nicht.[77] Das Inkenntnissetzen kann in ganz unterschiedlicher Weise erfolgen. Der AG kann den AN beispielsweise im **Arbeitsvertrag** über die Kündigungsberechtigung im Unternehmen informieren.[78] Erfolgt dies abstrakt nach einer Funktionsbezeichnung (zB Bereichsleiter, Niederlassungsleiter, Objektbetreuer), ist zusätzlich erforderlich, dass der AN vor Erhalt der Kündigung weiß, dass der konkret Kündigende diese Funktion auch innehat. Die bloße Mitteilung im Arbeitsvertrag, der jeweilige Inhaber einer bestimmten Funktion sei kündigungsberechtigt, reicht hierzu nicht aus. Der AG muss dem AN vielmehr entweder im Arbeitsvertrag oder während des Arbeitsverhältnisses einen Weg aufzeigen, auf dem dieser vor Zugang der Kündigung immer unschwer feststellen kann, welche Person die Position innehat, mit der nach dem Arbeitsvertrag das Kündigungsrecht verbunden ist.[79] Denkbar ist die Bekanntgabe der Kündigungsberechtigung eines Mitarbeiters in einer **Betriebsversammlung.**[80] Möglich ist auch, die Belegschaft durch Rundschreiben, Aushänge sowie Bekanntmachungen im Intranet zu unterrichten.[81] Die Rechtsprechung des BAG lässt dies freilich nicht ohne Weiteres ausreichen, weil § 174 S. 2 BGB keine Nachforschungen vom Erklärungsempfänger über die Bevollmächtigung des Erklärenden verlange, sondern ein Inkenntnissetzen und damit ein Handeln des Vertretenen (= AG) zur Information des Erklärungsempfängers (= AN). Das kann allerdings auch durch eine an den AN gerichtete Aufforderung erfolgen, sich anhand des Intranets oder ihm ausgehändigter Unterlagen über die Organisationsstruktur des AG zu informieren, wenn sich aus diesen Informationsquellen ergibt, dass die Person, welche die Kündigung erklärt hat, eine Funktion bekleidet, die sie zur Kündigung berechtigt.[82] 21

b) Mit Kündigungsbefugnis verbundene Stellung. Der AG setzt die AN des Weiteren dadurch über die Kündigungsberechtigung in Kenntnis, dass er einen Mitarbeiter in eine Stellung beruft, mit der das Kündigungsrecht regelmäßig verbunden ist (zum öffentlichen Dienst 22

[72] BAG 10.2.2005 AP Nr. 18 zu § 174 BGB = NZA 2005, 1207; dazu auch BAG 25.11.2010 NZA-RR 2011, 177.
[73] BAG 20.9.2006 AP Nr. 19 zu § 174 BGB = NZA 2007, 377.
[74] BAG 25.9.2014 AP Nr. 23 zu § 174 BGB = NZA 2015, 159.
[75] BAG 5.12.2019 AP Nr. 25 zu § 174 BGB = NZA 2020, 505; 24.9.2015 AP Nr. 24 zu § 174 BGB mAnm *Klostermann-Schneider* = NZA 2016, 102.
[76] BAG 5.12.2019 AP Nr. 25 zu § 174 BGB = NZA 2020, 505.
[77] BAG 12.1.2006 AP Nr. 54 zu § 1 KSchG 1969 Verhaltensbedingte Kündigung = NZA 2006, 980.
[78] LAG RhPf 18.3.2010 – 2 Sa 725/09; LAG Bln 25.7.2002 NZA-RR 2003, 538.
[79] Vgl. BAG 14.4.2011 AP Nr. 21 zu § 174 BGB = NZA 2011, 683; 20.9.2006 AP Nr. 19 zu § 174 BGB = NZA 2007, 377; dazu *Lux* NZA-RR 2008, 393.
[80] BAG 28.10.2010 AP Nr. 48 zu § 23 KSchG 1969.
[81] Ebenso ErfK/*Müller-Glöge* BGB § 620 Rn. 24b; enger MüKoBGB/*Hesse* Vor § 620 Rn. 92.
[82] BAG 26.9.2013 AP Nr. 13 zu § 108 BPersVG = NZA-RR 2014, 236; 14.4.2011 AP Nr. 21 zu § 174 BGB = NZA 2011, 683; enger BAG 3.7.2003 AP Nr. 45 zu § 1 KSchG 1969 Verhaltensbedingte Kündigung = NZA 2004, 427 zu einem Aushang am „Schwarzen Brett"; abl. LAG Bln 28.6.2006 NZA-RR 2007, 15 und LAG Köln 3.5.2002 NZA-RR 2003, 194.

→ Rn. 27).[83] Das gilt insbesondere bei der Erteilung einer Prokura. Wird eine Kündigung von einem **Prokuristen** des AG erklärt, dessen Prokura im Handelsregister eingetragen und bekannt gemacht worden ist, bedarf es nicht der Vorlage einer Vollmachtsurkunde nach Maßgabe des § 174 S. 1 BGB. Der Gekündigte muss die Prokuraerteilung gem. § 15 II HGB gegen sich gelten lassen.[84] Dies gilt allerdings nicht in gleicher Weise für **Handlungsbevollmächtigte** iSd § 54 HGB, weil die Handlungsvollmacht auf einzelne Geschäftsbereiche beschränkt sein kann und nicht ins Handelsregister eingetragen wird.[85] Ist dem AN allerdings bekannt, dass der Kündigende **Generalbevollmächtigter** des AG ist, bekleidet er eine Stelle, mit der üblicherweise die Vollmacht zur Kündigung von Dienstverhältnissen verbunden ist.[86] Des Weiteren ist in der Bestellung einer Person, die dem AN konkret bekannt sein muss (→ Rn. 21), zum **Personalleiter** die Mitteilung an die Belegschaft enthalten, dass dieser zum Ausspruch der Kündigung berechtigt sei (§ 174 S. 2 BGB).[87] Hiervon ist auch dann auszugehen, wenn der Personalleiter einen Abteilungsleiter kündigt, der auf derselben Ebene wie der Personalleiter arbeitet. Im Rahmen einer internen Organisation werden dem Führungspersonal verschiedene Aufgaben zugewiesen, die sie letztlich in eigener Verantwortung wahrzunehmen haben.[88] Eine Zurückweisung der Kündigung nach § 174 S. 2 BGB scheidet auch dann aus, wenn der kündigende Personalleiter zugleich (Gesamt-)Prokurist ist und die im Handelsregister publizierte Prokura sein alleiniges Handeln nicht deckt. Es genügt, dass der Kündigungsempfänger aufgrund der ihm bekannten Stellung des Kündigenden als Personalleiter von einer ordnungsgemäßen Bevollmächtigung zum alleinigen Ausspruch von Kündigungen ausgehen muss. Ob der Personalleiter zugleich eine ausreichende Vertretungsmacht als (Gesamt-)Prokurist besitzt, ist daneben ohne Belang. Das gilt auch dann, wenn der Personalleiter und Gesamtprokurist das Kündigungsschreiben mit dem Zusatz „ppa" unterzeichnet.[89] Kündigungsberechtigt iSv § 174 S. 2 BGB kann je nach Größe auch der **Leiter einer Niederlassung** im Hinblick auf die dort beschäftigten AN sein,[90] wenn der gekündigte AN von der Übertragung der Stellung als Niederlassungsleiter in Kenntnis gesetzt worden war.[91] Darauf, ob die Kündigungsvollmacht im **Innenverhältnis** zum AG eingeschränkt ist, kommt es nicht an. **Personalsachbearbeiter** gelten nicht kraft ihrer Funktion als kündigungsberechtigt, weshalb sie eine besondere Vollmacht benötigen.[92]

23 **c) Anwaltskanzlei.** Betreibt ein Rechtsanwalt eine Anwaltskanzlei selbständig, ohne dass die anderen im Briefkopf der Kanzlei aufgeführten Anwälte auf die tägliche Arbeit und die Personalentscheidungen erkennbar Einfluss nehmen, kann er einem von ihm angestellten Rechtsanwalt für die (Schein-)Sozietät wirksam kündigen, ohne nach § 174 BGB eine Vollmacht der anderen Mitglieder der (Schein-)Sozietät vorzulegen.[93]

24 **d) GmbH-Geschäftsführer.** Die organschaftliche Vertretungsmacht eines GmbH-Geschäftsführers beruht auf Gesetz (§ 35 GmbHG). Erfolgt die Kündigung **durch einen von zwei Geschäftsführern einer GmbH,** ist dieser aber nur zusammen mit dem zweiten Geschäftsführer im Wege der Gesamtvertretung zur Vertretung der Gesellschaft berechtigt, kann der AN die Kündigung nach § 174 S. 1 BGB zurückweisen. Zwar kann ein Geschäftsführer den anderen ermächtigen und der zweite Gesamtvertreter dann allein die Willenserklärung abgeben. Diese Ermächtigung ist aber eine Erweiterung der gesetzlichen Vertretungsmacht, auf welche die Vorschriften über die rechtsgeschäftliche Stellvertretung und damit auch §§ 174, 180 BGB entsprechend anzuwenden sind. Wird die Kündigung von dem einen Geschäftsführer allein ohne Beifügung einer Vollmachtsurkunde ausgesprochen, kann der AN die Kündigung mit der Begründung zurückweisen, eine Ermächtigungsurkunde des anderen Geschäftsführers habe nicht vorgelegen. Die Zurück-

[83] BAG 9.9.2010 ZTR 2011, 113.
[84] BAG 25.9.2014 AP Nr. 23 zu § 174 BGB = NZA 2015, 159; 21.5.2008 NZA 2008, 753; 18.10.2000 AP Nr. 9 zu § 626 BGB Krankheit = NZA 2001, 219.
[85] LAG Nds 25.6.2010 NZA-RR 2011, 22.
[86] BGH 20.10.2008 NJW 2009, 293.
[87] BAG 25.9.2014 AP Nr. 23 zu § 174 BGB = NZA 2015, 159; 14.4.2011 AP Nr. 21 zu § 174 BGB = NZA 2011, 683.
[88] LAG Nds 19.9.2003 NZA-RR 2004, 195.
[89] BAG 25.9.2014 AP Nr. 23 zu § 174 BGB = NZA 2015, 159.
[90] LAG Hamm 20.6.2000 NZA-RR 2000, 585; HessLAG 20.6.2000 LAGE § 174 BGB Nr. 11; aA freilich HessLAG 4.7.1997 NZA-RR 1998, 396; stark einschränkend auch LAG Bln 28.6.2006 NZA-RR 2007, 15; dazu *Wolff/Lahr* DB 2007, 470.
[91] HessLAG 24.8.2009 – 16 Sa 2254/08.
[92] BAG 30.5.1978 AP Nr. 2 zu § 174 BGB; zum Personalsachbearbeiter im öffentl. Dienst: BAG 29.6.1989 AP Nr. 7 zu § 174 BGB = NZA 1990, 63.
[93] BAG 6.2.1997 AP Nr. 10 zu § 620 BGB Kündigungserklärung = NZA 1997, 655.

weisung muss jedoch eindeutig aus diesem Grunde erfolgen.[94] Hieran dürfte auch vor dem Hintergrund der neueren Rechtsprechung zur Kündigungsbefugnis eines Personalleiters mit Gesamtprokura (→ Rn. 22) festzuhalten sein. Einer Übertragung der dort entwickelten Grundsätze auf die organschaftliche Vertretung einer GmbH durch mehrere Geschäftsführer dürfte entgegenstehen, dass diese gem. § 35 II GmbHG von Gesetzes wegen – vorbehaltlich einer abweichenden Regelung im Gesellschaftsvertrag – nur zur gemeinschaftlichen Vertretung der Gesellschaft befugt sind. Soll hiervon durch die Ermächtigung eines einzelnen Geschäftsführers abgewichen werden, kommt § 174 BGB zur Anwendung.[95]

e) Gesellschaft bürgerlichen Rechts. § 174 BGB findet analog Anwendung, wenn abweichend von der gesetzlichen Grundregel der §§ 709, 714 BGB ein **allein vertretungsberechtigter Gesellschafter** im Namen einer Gesellschaft bürgerlichen Rechts kündigt.[96] Bei dieser können die Vertretungsverhältnisse einem öffentlichen Register nicht entnommen werden, sondern ergeben sich aus einem keiner Publizität unterliegenden Gesellschaftsvertrag. Soweit die Gesellschaft nicht entsprechend der gesetzlichen Grundregel der §§ 709, 714 BGB durch sämtliche Gesellschafter handelt, liegt damit – anders als etwa bei einer GmbH oder AG – eine Situation vor, die der des § 174 BGB entspricht. 25

4. Insolvenzverwalter. Führt ein Insolvenzverwalter den Betrieb längere Zeit fort und beschäftigt er den bisherigen Personalleiter in gleicher Funktion weiter, ist bei der Kündigung durch den Personalleiter die Vorlage einer Vollmachtsurkunde nach § 174 S. 1 BGB nicht erforderlich. Bedient sich der Verwalter dabei in gleicher Weise wie zuvor der Schuldner eines Personalleiters, gelten für die Anwendung des § 174 S. 2 BGB keine Besonderheiten, denn Insolvenzverwalter kündigen aus eigenem Recht.[97] Auch der Insolvenzverwalter kann zumindest in beschränktem Umfang Vollmachten erteilen und sich zB bei der Erklärung von Kündigungen durch einen Bevollmächtigten vertreten lassen.[98] Bestimmt das Insolvenzgericht, dass Verfügungen des Schuldners über Gegenstände seines Vermögens nur noch mit Zustimmung des **vorläufigen Insolvenzverwalters** wirksam sind (§ 21 II Nr. 2 Alt. 2 InsO), bleibt die Kündigungsbefugnis beim Schuldner. Der Zustimmungsvorbehalt bewirkt, dass der vorläufige Insolvenzverwalter wirksame rechtsgeschäftliche Verfügungen des Schuldners verhindern kann. Die Kündigung von Arbeitsverhältnissen bedarf deshalb der Zustimmung des Insolvenzverwalters. Eine ohne Zustimmung erklärte Kündigung ist unwirksam.[99] Legt der Schuldner die schriftliche Einwilligung des vorläufigen Insolvenzverwalters nicht vor, kann der AN die Kündigung gem. § 182 III BGB zurückweisen.[100] Eine Bevollmächtigung iSv § 174 S. 2 BGB liegt nicht vor, wenn der Insolvenzverwalter als Partei kraft Amtes einem soziierten Rechtsanwalt im Einzelfall die Befugnis zum Ausspruch der Kündigung erteilt. Mangels besonderer Kündigungsvollmacht kann die Kündigung nach § 174 S. 1 BGB zurückgewiesen werden.[101] 26

5. Öffentlicher Dienst. § 174 BGB gilt auch für Kündigungen im öffentlichen Dienst.[102] Das Inkenntnissetzen iSv § 174 S. 2 BGB kann **nicht durch intern praktizierte Verwaltungsregelungen, die nicht bekannt gegeben werden, erfolgen.** Erforderlich ist eine Bekanntmachung (dazu → Rn. 21).[103] Umfangreiche und sehr ausdifferenzierte Geschäftsverteilungspläne von Behörden genügen den Anforderungen an ein Inkenntnissetzen nicht ohne Weiteres.[104] Ist in einer größeren Verwaltung die Personalabteilung lediglich für die Sachbearbeitung und für Grundsatzfragen zuständig, während nach den veröffentlichten Allgemeinen Dienst- und Geschäftsanweisungen für die Stadtverwaltung die Federführung in Personalfragen den einzelnen Amtsleitern vorbehalten bleibt, ist gegenüber den AN der einzelnen Ämter der jeweilige Amts- 27

[94] BAG 10.12.1980 AP Nr. 4 zu § 174 BGB; 10.2.2005 AP Nr. 18 zu § 174 BGB = NZA 2005, 1207; LAG Köln 13.8.2013 – 11 Sa 1099/12.

[95] Vgl. MüKoBGB/*Schubert* § 174 Rn. 4.

[96] BAG 5.12.2019 AP Nr. 25 zu § 174 BGB = NZA 2020, 505; BGH 20.2.2014 NJW 2014, 1587; 9.11.2001 AuR 2003, 115; ausf. *Spelge* RdA 2016, 309.

[97] Vgl. BAG 22.1.1998 AP Nr. 11 zu § 174 BGB (zum Gesamtvollstreckungsverwalter).

[98] BAG 21.7.1988 EzA Nr. 26 zu § 1 KSchG Soziale Auswahl.

[99] ErfK/*Müller-Glöge* BGB § 620 Rn. 29b.

[100] BAG 10.10.2002 AP Nr. 1 zu § 21 InsO.

[101] LAG Köln 31.8.2000 LAGE § 174 BGB Nr. 12.

[102] StRspr, zuletzt BAG 20.9.2006 AP Nr. 19 zu § 174 BGB = NZA 2007, 377.

[103] BAG 20.9.2006 AP Nr. 19 zu § 174 BGB = NZA 2007, 377; 12.1.2006 AP Nr. 54 zu § 1 KSchG 1969 Verhaltensbedingte Kündigung = NZA 2006, 980; 18.10.2000 AP Nr. 9 zu § 626 BGB Krankheit = NZA 2001, 219.

[104] BAG 8.12.2011 AP Nr. 22 zu § 174 BGB = NZA 2012, 495; *Schmiegel/Yalçin* ZTR 2011, 395 (403).

leiter, nicht jedoch der Leiter des Personalamts kündigungsbefugt. Die Amtsleiter können deshalb gem. § 174 S. 2 BGB bei entsprechender Kenntnis des AN ohne Vollmachtsvorlage kündigen.[105] Mitarbeiter des höheren Dienstes sind nicht ohne Weiteres kündigungsberechtigt.[106] Ein AN muss deshalb nicht von der Kündigungsberechtigung eines Referatsleiters in der Personalabteilung einer Behörde ausgehen.[107] Schreibt eine Gemeindeordnung vor, dass eine schriftliche Kündigung gegenüber einem Angestellten nur rechtsverbindlich ist, wenn das Kündigungsschreiben vom Gemeindedirektor und dem Ratsvorsitzenden handschriftlich unterzeichnet und mit **Dienstsiegel** versehen ist, handelt es sich nach Auffassung des BAG hierbei nicht um eine Formvorschrift, sondern um eine Vertretungsregelung. Das Dienstsiegel stehe in derartigen Fällen als Legitimationszeichen einer Vollmachtsurkunde iSv § 174 S. 1 BGB gleich. Unterbleibe die Anbringung des Dienstsiegels und damit die Dokumentation der Vertretungsmacht, könne der AN in entsprechender Anwendung von § 174 S. 1 BGB die Kündigung unverzüglich zurückweisen.[108] Diese Auffassung ist allerdings nicht überzeugend. Denn die Verwendung des Dienstsiegels besagt gerade nicht, dass der Verwender auch zur Abgabe einer Kündigungserklärung berechtigt ist. Keineswegs kann jeder Bedienstete, der berechtigt ein Dienstsiegel verwendet, auch kündigen.[109]

28 **6. Zurückweisung „wegen" fehlender Vollmachtsurkunde.** Der Gekündigte muss nach § 174 S. 1 BGB die Kündigung wegen nicht vorgelegter Vollmachtsurkunde unverzüglich zurückweisen. Dies muss zwar nicht ausdrücklich erfolgen. Aus der Begründung der Zurückweisung oder anderen Umständen hat sich jedoch eindeutig und für den Kündigenden zweifelsfrei zu ergeben, dass die **Zurückweisung wegen der nicht vorgelegten Vollmachtsurkunde** erfolgt. Diesen Anforderungen genügt nicht die Erklärung des Gekündigten, er widerspreche der Kündigung, deren Rechtskraft er auch deswegen anzweifele, weil das Kündigungsschreiben wahrscheinlich mit dem Mangel der nicht rechtsverbindlichen Unterzeichnung behaftet sei. Hierin liegt nur ein Bestreiten der Berechtigung, nicht aber die Beanstandung der unterbliebenen Vorlage der Vollmachtsurkunde.[110] Die Zurückweisung nach § 174 S. 1 BGB bedarf keiner bestimmten Form.[111] Erfolgt sie durch einen Bevollmächtigten, unterliegt sie ihrerseits § 174 S. 1 BGB. Sie kann deshalb wegen der Nichtvorlage einer Originalvollmacht zurückgewiesen werden.[112] Die Zurückweisungserklärung ist dann unwirksam.[113] Aus diesem Grund ist eine Zurückweisung der Kündigung durch einen Bevollmächtigten nach § 174 BGB per E-Mail oder Telefax mit in Kopie (pdf-Datei) beigefügter Vollmacht nicht zielführend.

29 **7. Unverzüglich.** Die Zurückweisung muss unverzüglich erfolgen (§ 121 BGB). Dem Erklärungsempfänger steht damit eine angemessene Spanne zur Überlegung und zur Einholung von Rechtsrat zu. Eine Zeitspanne von mehr **als einer Woche** ist ohne das Vorliegen besonderer Umstände des Einzelfalls **nicht mehr unverzüglich** iSd § 174 S. 1 BGB.[114] Die Frist beginnt mit der tatsächlichen Kenntnis des Empfängers von der Kündigung und der fehlenden Vorlage der Vollmachtsurkunde.[115] Dagegen ist die Zurückweisung grundsätzlich nicht mehr unverzüglich erklärt, wenn eine Frist von neun[116] bzw. zehn Tagen überschritten ist[117] oder sie erst in einer fristgerecht erhobenen Kündigungsschutzklage erfolgt und die Klagefrist von drei Wochen bei Zustellung der Klage abgelaufen ist.[118] Gleiches gilt, wenn der Kündigungsempfänger vier

[105] BAG 7.11.2002 AP Nr. 18 zu § 620 BGB Kündigungserklärung = NZA 2003, 520.
[106] BAG 12.1.2006 AP Nr. 54 zu § 1 KSchG 1969 Verhaltensbedingte Kündigung = NZA 2006, 980; LAG BW 6.7.2010 – 22 Sa 74/09.
[107] BAG 20.8.1997 AP Nr. 11 zu § 620 BGB Kündigungserklärung = NZA 1997, 1343; zu Sachbearbeitern vgl. BAG 29.6.1989 AP Nr. 7 zu § 174 BGB = NZA 1990, 63.
[108] BAG 29.6.1988 AP Nr. 6 zu § 174 BGB = NZA 1989, 143.
[109] BAG 20.8.1997 AP Nr. 11 zu § 620 BGB Kündigungserklärung = NZA 1997, 1343.
[110] BAG 18.12.1980 AP Nr. 5 zu § 174 BGB = NJW 1981, 1210.
[111] BAG 25.9.2014 AP Nr. 23 zu § 174 BGB = NZA 2015, 159.
[112] Vgl. LAG Bln 30.4.2004 – 13 Sa 350/04.
[113] BAG 8.12.2011 AP Nr. 22 zu § 174 BGB = NZA 2012, 495.
[114] BAG 5.12.2019 AP Nr. 25 zu § 174 BGB = NZA 2020, 505; 25.4.2013 AP Nr. 1 zu § 343 InsO.
[115] BAG 5.12.2019 AP Nr. 25 zu § 174 BGB = NZA 2020, 505; 13.12.2012 AP Nr. 166 zu § 102 BetrVG 1972 mAnm *Kocher* = NZA 2013, 669; 8.12.2011 AP Nr. 22 zu § 174 BGB = NZA 2012, 495.
[116] BAG 5.4.2001 AP Nr. 171 zu § 626 BGB = NZA 2001, 954.
[117] LAG Hamm 2.12.2010 – 15 Sa 1247/10; LAG Düsseldorf 22.2.1995 NZA 1995, 994; HessLAG 12.3.2001 FA 2001, 207.
[118] BAG 11.3.1999 AP Nr. 150 zu § 626 BGB; LAG Köln 20.2.1997 LAGE § 174 BGB Nr. 10.

Tage nach Zugang der Kündigung einen Rechtsanwalt aufsucht und die Erklärung über die Zurückweisung der Kündigung wegen fehlender Vollmachtsvorlage erst 13 Tage nach Zugang der Kündigung durch Zustellung der nur in der Klageschrift enthaltenen Zurückweisungserklärung dem Kündigenden zur Kenntnis gelangt.[119]

IV. Zugang der Kündigung

1. Zugang unter Anwesenden. Die Kündigung wird wirksam, wenn sie dem Kündigungs- 30
gegner zugeht (§ 130 BGB). Unter Anwesenden geht eine Kündigung zu, wenn sie durch Übergabe in den **Herrschaftsbereich des Empfängers gelangt.** Es kommt nicht darauf an, ob der Empfänger die Verfügungsgewalt über das Schriftstück dauerhaft erlangt; ausreichend ist vielmehr die Aushändigung und Übergabe, so dass er in der Lage ist, vom Inhalt der Erklärung Kenntnis zu nehmen.[120] Eine Kündigung ist daher zugegangen, wenn der gekündigte AN die Empfangsbestätigung eines Kündigungsschreibens versehentlich auf dem Original vorgenommen hat und ihm nur eine Kopie des Kündigungsschreibens ausgehändigt wurde.[121] Gleiches gilt, wenn einem AN ein Kündigungsschreiben ausgehändigt wird und dieser das Kündigungsschreiben kurze Zeit später zurückgibt.[122] Der Zugang wird auch dann bewirkt, wenn das Kündigungsschreiben dem Empfänger mit der für ihn erkennbaren Absicht, es ihm zu übergeben, angereicht und, falls er die Entgegennahme ablehnt, so in seiner unmittelbaren Nähe abgelegt wird, dass er es ohne Weiteres an sich nehmen und von seinem Inhalt Kenntnis nehmen kann. Es geht dagegen nicht zu, wenn es dem Empfänger zum Zwecke der Übergabe zwar angereicht, aber von dem Erklärenden wieder an sich genommen wird, weil der Empfänger die Annahme abgelehnt hat. In diesem Fall ist das Schreiben zu keinem Zeitpunkt in dessen tatsächliche Verfügungsgewalt gelangt.[123] Überreicht der AG dem AN ein Kündigungsschreiben in einem verschlossenen Briefumschlag, gibt dieser den ungeöffneten Brief jedoch wieder zurück, weil der AG keine Angaben über den Inhalt des Schreibens machen will, ist die Kündigungserklärung als Erklärung unter Anwesenden zugegangen.[124] Dem AN ist es in diesem Fall auch verwehrt, in einem späteren Prozess mit Nichtwissen zu bestreiten, dass der Umschlag tatsächlich ein Kündigungsschreiben enthielt.[125] Unerheblich ist, wenn der AN die Kündigung wegen fehlender Sprachkenntnisse nicht lesen und verstehen konnte. Der Gesetzgeber hat sich in § 130 I BGB für die Empfangstheorie und gegen die Vernehmungstheorie entschieden; eine Willenserklärung wird danach bereits mit Zugang im dargelegten Sinne wirksam und nicht erst dann, wenn sie vom Empfänger tatsächlich wahrgenommen wird.[126]

2. Zugang unter Abwesenden – Hausbriefkasten. a) Grundsatz. Unter Abwesenden 31
ist eine Kündigung zugegangen, wenn sie **in verkehrsüblicher Weise in die tatsächliche Verfügungsgewalt des Empfängers gelangt ist** und für diesen unter gewöhnlichen Verhältnissen die Möglichkeit besteht, von dem Schreiben Kenntnis zu nehmen.[127] Dies ist regelmäßig beim Einwurf eines Briefs in den Hausbriefkasten anzunehmen, weil der Empfänger dann vom Inhalt des Schreibens Kenntnis erlangen kann.[128] Unerheblich ist, ob der Empfänger von dem Kündigungsschreiben tatsächlich Kenntnis nimmt und ob er daran durch Krankheit, zeitweilige Abwesenheit oder andere besondere Umstände einige Zeit gehindert war (→ Rn. 36).[129] In diesem Fall trifft den Empfänger die Obliegenheit, die nötigen Vorkehrungen für eine tatsächliche Kenntnisnahme zu treffen. Unterlässt er dies, wird der Zugang durch solche – allein in seiner Person liegende – Gründe nicht ausgeschlossen.[130] Die Kündigung geht daher bereits zu,

---

[119] LAG RhPf 6.2.2001 LAGReport 2002, 13.
[120] BAG 26.3.2015 AP Nr. 27 zu § 130 BGB = NZA 2015, 1183.
[121] BAG 4.11.2004 AP Nr. 3 zu § 623 BGB = NZA 2005, 513.
[122] LAG Köln 4.9.2007 – 14 Ta 184/07.
[123] BAG 26.3.2015 AP Nr. 27 zu § 130 BGB = NZA 2015, 1183.
[124] BAG 7.1.2004 RzK I 2 c Nr. 36.
[125] Dazu BAG 23.2.2017 AP Nr. 27 zu § 113 InsO = NZA 2017, 995; SächsLAG 11.2.2003 – 7 Sa 292/02.
[126] BAG 19.3.2014 AP Nr. 26 zu § 130 BGB = NZA 2014, 1076; APS/*Preis* Grundlagen D. Rn. 43.
[127] BAG 22.8.2019 AP Nr. 89 zu § 4 KSchG 1969 = NZA 2019, 1490; 24.5.2018 AP Nr. 28 zu § 130 BGB = NZA 2018, 1335; 26.3.2015 AP Nr. 27 zu § 130 BGB = NZA 2015, 1183; MüKoBGB/*Einsele* § 130 Rn. 16 ff. mwN.
[128] BAG 25.4.2018 AP Nr. 20 zu § 5 KSchG 1969 = NZA 2018, 1157; 28.1.2010 AP Nr. 17 zu § 5 KSchG 1969 = NZA 2010, 1373.
[129] BAG 25.4.2018 AP Nr. 20 zu § 5 KSchG 1969 = NZA 2018, 1157; BGH 21.1.2004 NJW 2004, 1320.
[130] BAG 22.8.2019 AP Nr. 89 zu § 4 KSchG 1969 = NZA 2019, 1490; 25.4.2018 AP Nr. 20 zu § 5 KSchG 1969 = NZA 2018, 1157; 22.3.2012 AP Nr. 19 zu § 5 KSchG 1969.

wenn der Kündigungsempfänger die **abstrakte Möglichkeit der Kenntnisnahme** hatte. Gelangt ein Kündigungsschreiben in den Hausbriefkasten eines AN, kann er nach Versäumung der Dreiwochenfrist des § 4 S. 1 KSchG eine nachträgliche Klagezulassung nicht allein darauf stützen, dieses Schreiben sei aus ungeklärten Gründen nicht zu seiner Kenntnis gelangt.[131] Es gehört zu den im eigenen Interesse bestehenden Obliegenheiten des Inhabers eines Hausbriefkastens, Vorsorge dafür zu treffen, dass er von den für ihn bestimmten, eingeworfenen Sendungen auch Kenntnis nehmen kann.[132] Die Kündigung geht ebenso zu, wenn sie unter der Wohnungstür des Empfängers durchgeschoben wird.[133]

32 **b) Zeitpunkt des Zugangs.** Der Zugang ist beim Einwurf in den **Hausbriefkasten** bewirkt, sobald **nach der Verkehrsanschauung mit der nächsten Entnahme zu rechnen ist.**[134] Ein Schreiben gilt deshalb dann als am Tag seines Einwurfs in den Briefkasten zugegangen, wenn nach den Gepflogenheiten des Verkehrs eine Entnahme durch den Adressaten noch am gleichen Tag zu erwarten war.[135] Dabei ist **nicht auf die individuellen Verhältnisse des Empfängers abzustellen,** sondern im Interesse der Rechtssicherheit zu generalisieren.[136] Die im Schrifttum vertretene Auffassung, dem Erklärenden müsse ein fristwahrender Zugang bis 24.00 Uhr möglich sein, da sonst eine unzulässige Verkürzung des Fristendes gem. § 188 BGB vorliege,[137] hat das BAG zu Recht verworfen. § 188 BGB besagt nur etwas über das Fristende, nicht aber, wann vom Zugang einer Willenserklärung unter Abwesenden auszugehen ist.[138] Bestand für den Empfänger unter gewöhnlichen Verhältnissen die Möglichkeit der Kenntnisnahme, ist es unerheblich, wenn er daran durch Krankheit, zeitweilige Abwesenheit oder andere besondere Umstände einige Zeit gehindert war.[139] Den Empfänger trifft nach der Rechtsprechung des BAG die Obliegenheit, die nötigen Vorkehrungen für eine tatsächliche Kenntnisnahme zu treffen. Unterlässt er dies, wird der Zugang durch solche – allein in seiner Person liegenden – Gründe nicht ausgeschlossen.[140] Bei Hausbriefkästen ist mit einer Leerung im Allgemeinen zum Zeitpunkt der üblichen Postzustellzeiten zu rechnen, die allerdings stark variieren können.[141] Die **allgemeinen örtlichen Postzustellungszeiten** gehören nicht zu den individuellen Verhältnissen, sondern sind vielmehr dazu geeignet, die Verkehrsauffassung über die übliche Leerung des Hausbriefkastens zu beeinflussen.[142] Im Streitfall empfiehlt es sich, eine Auskunft der Deutschen Post AG zu den üblichen Zustellzeiten in dem Wohngebiet des Empfängers einzuholen.[143] Zur näheren Bestimmung des Zugangszeitpunkts kann auch eine **(gewandelte) Verkehrsanschauung bestehen,** die beispielsweise aufgrund geänderter Lebensumstände eine spätere Leerung des Hausbriefkastens – etwa mehrere Stunden nach dem Einwurf oder bezogen auf eine „feste" Uhrzeit am Tag – zum Gegenstand hat. Die Frage nach einer Verkehrsanschauung kann regional unterschiedlich zu beurteilen sein und die Antwort kann sich im Lauf der Jahre ändern. Im Streitfall hat das Arbeitsgericht hierzu auf sachdienlichen Vortrag hinzuwirken und Feststellungen zu treffen.[144] Erfolgt der Einwurf vor der gewöhnlichen Postzustellung, kann der AN nach den üblichen Gepflogenheiten von dem Schreiben an diesem Tage Kenntnis nehmen. AN, die sich selbst wegen Krankheit, Urlaub oder aus sonstigen Gründen vorübergehend zu Hause aufhalten oder zwar arbeiten, jedoch mit Personen zusammenwohnen, die tagsüber nicht dauernd oder für längere Zeit die Wohnung verlassen, überprüfen gewöhnlich alsbald nach der üblichen Postzustellungszeit ihren Briefkasten.[145] Von ihnen ist deshalb nach der Verkehrsanschauung **keine Nachschau am späten Nachmittag** mehr zu erwarten. Erst längere Zeit nach

131 LAG RhPf 19.2.2015 – 5 Sa 475/14.
132 BAG 28.5.2009 AP Nr. 16 zu § 5 KSchG 1969 = NZA 2009, 1229.
133 LAG Düsseldorf 7.12.1995 LAGE § 130 BGB Nr. 20.
134 BAG 22.8.2019 AP Nr. 89 zu § 4 KSchG 1969 = NZA 2019, 1490; hierzu *Bruns* NJW 2019, 3618; *Foerste* JZ 2020, 49; *Markworth* SAE 2020, 80; weiterführend *Ulrici* jurisPR-ArbR 5/2020 Anm. 2.
135 BGH 14.2.2019 NJW 2019, 1151.
136 BAG 25.4.2018 AP Nr. 20 zu § 5 KSchG 1969 = NZA 2018, 1157; 26.3.2015 AP Nr. 27 zu § 130 BGB = NZA 2015, 1183.
137 Staudinger/Singer/*Benedict* BGB § 130 Rn. 76.
138 BAG 22.8.2019 AP Nr. 89 zu § 4 KSchG 1969 = NZA 2019, 1490.
139 BAG 22.3.2012 AP Nr. 19 zu § 5 KSchG 1969.
140 BAG 25.4.2018 AP Nr. 20 zu § 5 KSchG 1969 = NZA 2018, 1157; 26.3.2015 AP Nr. 27 zu § 130 BGB = NZA 2015, 1183; BGH 21.1.2004 NJW 2004, 1320.
141 BAG 22.3.2012 AP Nr. 19 zu § 5 KSchG 1969.
142 BAG 22.8.2019 AP Nr. 89 zu § 4 KSchG 1969 = NZA 2019, 1490.
143 Vgl. dazu BAG 22.3.2012 AP Nr. 19 zu § 5 KSchG 1969.
144 Näher und anschaulich dazu BAG 22.8.2019 AP Nr. 89 zu § 4 KSchG 1969 = NZA 2019, 1490.
145 BAG 8.12.1983 AP Nr. 12 zu § 130 BGB = NZA 1984, 31.

den allgemeinen Postzustellzeiten wird nach Auffassung des BAG ein Wohnungsbriefkasten auf eingegangene Post nur dann überprüft, wenn der Empfänger tagsüber arbeitet und alleinstehend ist oder mit ebenfalls berufstätigen oder anderen am Tage üblicherweise abwesenden Personen in der Wohnung zusammenlebt. Erfolgt der Einwurf des Kündigungsschreibens in den Briefkasten um 15.40 Uhr,[146] nach 16.00 Uhr[147] bzw. 19.30 Uhr,[148] kann der Kündigende grundsätzlich nicht mehr damit rechnen, dass der Empfänger an diesem Tag noch seinen Briefkasten leert. Eine Briefkastennachschau an einem Sonntag ist, selbst wenn im Zustellbezirk des Empfängers sog. Wochenblätter verteilt werden, verkehrsüblich nicht mehr zu erwarten.[149]

3. Übergabe an Dritte. Wird die Kündigung einem Dritten übergeben, kann dieser **Empfangsbote** sein. Hiervon ist auszugehen, wenn der Dritte vom Empfänger zur Entgegennahme von Erklärungen ermächtigt worden oder nach der Verkehrsauffassung als ermächtigt anzusehen ist, Willenserklärungen oder diesen gleichstehende Mitteilungen mit Wirkung für den Erklärungsempfänger entgegenzunehmen. Die Eigenschaft als Empfangsbote ist nicht notwendig abhängig vom Bestehen einer persönlichen oder vertraglichen Beziehung zwischen Empfangsbote und Adressat. Auch eine normativ ausgestaltete Verpflichtung, eine Willenserklärung an den Adressaten weiterzuleiten, kann eine Empfangsbotenstellung begründen. Wird das Schreiben dem Empfangsboten übergeben, ist es dem Adressaten iSv § 130 I 1 BGB zugegangen, sobald **nach den gewöhnlichen Umständen mit der Weiterleitung an diesen zu rechnen ist.**[150] Die Kündigung kann deshalb dem AN auch zugehen, wenn sie an Hausangestellte,[151] einen in der Wohnung des Empfängers lebenden Familienangehörigen,[152] die Lebensgefährtin[153] oder den Zimmervermieter an der Wohnungstür als Empfangsboten ausgehändigt wird.[154] Eine an den AN gerichtete Kündigung gelangt grundsätzlich auch dann in dessen Machtbereich, wenn sie dem Ehegatten außerhalb der Wohnung übergeben wird. Dem AN geht sie allerdings nicht schon mit Übergabe an den Ehegatten zu, sondern erst nach Ablauf der Zeit, die dieser als Empfangsbote für die Übermittlungstätigkeit unter den gegebenen Umständen normalerweise benötigt.[155] 33

4. Postfach. Hatte der Kündigungsgegner eine postlagernde oder Postfachanschrift angegeben, geht die Kündigung zu, sobald die Post sie zur Abholung bereithält bzw. sie in das Postfach einlegt und üblicherweise noch mit der Abholung gerechnet werden kann.[156] 34

5. Mehrere Wohnsitze. Ist im Arbeitsvertrag der Hauptwohnsitz des AN aufgeführt und unterhält dieser einen **Zweitwohnsitz** am Arbeitsort, kann ein AG ohne Hinzutreten besonderer Umstände nicht annehmen, dass der AN auch am Zweitwohnsitz Vorkehrungen getroffen hat, die es ihm ermöglichen, sich zeitnah Kenntnis von einem Kündigungsschreiben zu verschaffen.[157] Erfolgt die Kündigung an den **Hauptwohnsitz,** ist dies bereits kraft melderechtlicher Definition grundsätzlich der Ort, an dem der AN unter gewöhnlichen Umständen von dem Schreiben Kenntnis nehmen kann. Dies gilt insbesondere, wenn der AN berechtigt oder unberechtigt der Arbeit fernbleibt. Wird ein Brief wegen fehlerhafter Frankierung nicht oder verspätet zugeleitet oder weist der Kündigungsempfänger ihn wegen des Nachportos zurück, trägt der Kündigende das Risiko.[158] 35

6. Abwesenheit des Arbeitnehmers. Besondere Zugangsprobleme ergeben sich, wenn sich der Kündigungsempfänger infolge **Umzugs, Urlaubs, Krankheit, Kur oder Haft**[159] nicht an seinem gewöhnlichen Aufenthaltsort aufhält. Die Lösung der sich hieraus ergebenden Streitfragen ist aus der Risikoverteilung in § 130 BGB zu gewinnen. Danach ist die Erklärung wirksam, wenn 36

---

146 LAG München 5.3.2008 – 7 Ta 2/08.
147 LAG Köln 17.9.2010 – 4 Sa 721/10.
148 BAG 14.11.1984 AP Nr. 88 zu § 626 BGB = NZA 1986, 97; siehe auch BAG 8.12.1983 AP Nr. 12 zu § 130 BGB = NZA 1984, 31: Zugang erst am nächsten Tag bei Einwurf um 16.30 Uhr.
149 LAG SchlH 13.10.2015 – 2 Sa 149/15.
150 BAG 24.5.2018 AP Nr. 28 zu § 130 BGB = NZA 2018, 1335 (zu den Bediensteten einer JVA).
151 BAG 13.10.1976 AP Nr. 8 zu § 130 BGB.
152 BAG 11.11.1992 AP Nr. 18 zu § 130 BGB = NZA 1993, 259; LAG Köln 7.9.2009 – 2 Sa 210/09 (Ehepartner).
153 LAG Brem 17.2.1988 NZA 1988, 548.
154 BAG 16.1.1976 AP Nr. 7 zu § 130 BGB; dazu *Moritz* BB 1977, 400.
155 BAG 9.6.2011 AP Nr. 25 zu § 130 BGB = NZA 2011, 847.
156 BAG 24.10.1985 AP Nr. 38 zu § 794 ZPO = NJW 1986, 1373; 8.12.1983 AP Nr. 12 zu § 130 BGB = NZA 1984, 31; LAG Köln 2.12.2006 AuA 2007, 305.
157 LAG Düsseldorf 7.12.1995 LAGE 20 zu § 130 BGB; aA ArbG Stade 6.8.1990 BB 1991, 625.
158 Ebenso APS/*Preis* Grundlagen D. Rn. 42.
159 Zur Übersendung in die JVA vgl. BAG 24.5.2018 AP Nr. 28 zu § 130 BGB = NZA 2018, 1335.

nach dem gewöhnlichen Verlauf der Dinge mit der Möglichkeit der Kenntnisnahme durch den Empfänger zu rechnen ist. Bei einem Umzug ist eine Kündigung an die bisherige Anschrift möglich, solange die neue Anschrift nicht mitgeteilt und kein Nachsendeantrag gestellt ist. Der Empfänger kann sich auf den verspäteten Zugang nicht berufen, wenn er nichts dafür getan hat, dass ihn das Schreiben an der neuen Anschrift erreicht.[160] Die Mitteilung der neuen Anschrift kann nach Auffassung des BAG auch durch Übermittlung einer Arbeitsunfähigkeitsbescheinigung mit neuer Adresse erfolgen.[161] Dies ist jedoch abzulehnen, weil Gegenstand der Arbeitsunfähigkeitsbescheinigung nicht die Mitteilung einer neuen Anschrift ist, sondern der Nachweis der Arbeitsunfähigkeit. Der AG hat deshalb nach der Verkehrssitte keine Veranlassung, die auf der Bescheinigung des Arztes angegebene Anschrift mit der ihm vorliegenden Anschrift des Beschäftigten abzugleichen und ggf. zu korrigieren. Vom AN ist vielmehr gem. § 242 BGB zu erwarten, dass er dem AG eine Adressenänderung unverzüglich ausdrücklich mitteilt. Entsprechende vertragliche Vereinbarungen sind wirksam und halten auch einer Inhaltskontrolle nach § 307 BGB stand. Während des **Urlaubs** geht ein Kündigungsschreiben zu, wenn es an die Wohnungsanschrift zugestellt bzw. in den Hausbriefkasten eingelegt wird. Dies gilt auch dann, wenn der AN verreist ist und der AG die Urlaubsanschrift kennt.[162] Entsprechendes gilt, wenn sich der AN in **Untersuchungshaft** oder **Auslieferungshaft** im Ausland befindet.[163] Bei einer Versäumung der Klagefrist des § 4 KSchG ist in diesen Fällen regelmäßig auf Antrag des AN die Kündigungsschutzklage nach § 5 KSchG nachträglich zuzulassen (→ § 139 Rn. 14). Sendet der AG die Kündigung an die Urlaubsanschrift und hat der AN den Urlaubsort bereits wieder verlassen, ist kein Zugang erfolgt.[164]

37 **7. Einschreiben. a) Übergabe-Einschreiben.** Ein Übergabe-Einschreiben geht erst mit der Aushändigung durch die Post zu.[165] Ist der Adressat zur Zeit der Briefzustellung nicht zu Hause, wird ein Benachrichtigungszettel in den Hausbriefkasten eingelegt. Dieser Schein unterrichtet den Empfänger, dass für ihn eine Einschreibesendung bei der Post zur Abholung bereitliegt. **Holt der Empfänger das Einschreiben nicht innerhalb der Frist ab,** ist es nicht iSd § 130 BGB zugegangen, denn der Zugang des Benachrichtigungsscheins ersetzt den Zugang des Einschreibebriefs und der darin enthaltenen Willenserklärung nicht.[166] Auch wenn der Empfänger den Zugang des Einschreibens dadurch verzögert, dass er den Einschreibebrief nicht unverzüglich beim Postamt abholt, rechtfertigt dies noch nicht ohne Weiteres, einen anderen Zugangszeitpunkt, etwa den der frühestmöglichen Abholung des Einschreibebriefs, zu fingieren.[167] Soweit es bei der Frage der Rechtzeitigkeit des Zugangs der Kündigungserklärung darum gehe, ob die Dreiwochenfrist des § 4 KSchG gewahrt werde, gelte – so das BAG – der allgemeine Grundsatz der Verwirkung.[168] Hole der AN den Einschreibebrief mit der Kündigung zwar nicht unverzüglich, aber noch innerhalb der von der Post mitgeteilten Aufbewahrungsfrist von sieben Werktagen ab, betrage die dadurch verursachte Verzögerung der Klageerhebung nur wenige Tage. Eine Verwirkung des Klagerechts werde deshalb in derartigen Fällen in aller Regel sowohl am fehlenden Zeitmoment als auch am fehlenden Umstandsmoment scheitern. Deshalb bestehe im Regelfall kein Bedürfnis, die Klagefrist in Lauf zu setzen, bevor die Kündigung überhaupt (tatsächlich) zugegangen sei. Andererseits könne sich der AN bei einer verzögerten Abholung des Kündigungsschreibens uU nach Treu und Glauben nicht auf den Ablauf der Zweiwochenfrist des § 626 II BGB berufen (dazu näher → § 127 Rn. 20 ff.). Gleiches gelte für den Eintritt eines Sonderkündigungsschutzes und den Ablauf der Wartefrist nach § 1 I KSchG.

38 **b) Einwurf-Einschreiben.** Beim Einwurf-Einschreiben wird die Postsendung in den Briefkasten oder das Postfach des Empfängers eingelegt und dieser Vorgang durch den Zusteller vermerkt. Der Absender erhält von der Zustellung keine Nachricht. Dem **Einlieferungs-**

160 BAG 22.9.2005 AP Nr. 24 zu § 130 BGB = NZA 2006, 204; ArbG Gelsenkirchen 31.8.1994 BB 1995, 362.

161 BAG 18.2.1977 AP Nr. 10 zu § 130 BGB.

162 BAG 24.6.2004 AP Nr. 22 zu § 620 BGB Kündigungserklärung = NZA 2004, 1330; 16.3.1988 AP Nr. 16 zu § 130 BGB = NZA 1988, 875; LAG BW 29.4.2009 – 17 Sa 47/08.

163 BAG 2.3.1989 AP Nr. 17 zu § 130 BGB = NZA 1989, 635.

164 LAG Hamm 25.2.1988 DB 1988, 1123.

165 BAG 25.4.1996 AP Nr. 35 zu § 4 KSchG 1969 = NZA 1996, 1227; BGH 26.11.1997 AP Nr. 19 zu § 130 BGB.

166 BGH 27.9.2016 NJW 2017, 68.

167 ErfK/*Müller-Glöge* BGB § 620 Rn. 54.

168 BAG 25.4.1996 AP Nr. 35 zu § 4 KSchG 1969 = NZA 1996, 1227; enger freilich – ohne dies aber deutlich zu machen – BAG 7.11.2002 AP Nr. 19 zu § 620 BGB Kündigungserklärung = NZA 2003, 719; LAG Hmb 8.4.2015 – 5 Sa 61/14.

beleg können die Sendungsnummer und der Einlieferungstag entnommen werden. Mit diesen Daten kann die Sendungsverfolgung für Einschreiben genutzt werden. Die Zustellung des Einwurf-Einschreibens erfolgt dergestalt, dass der Briefzusteller unmittelbar vor dem Einwurf das sog. „Peel-off-Label" (Abziehetikett), das zur Identifizierung der Sendung dient, von dieser abzieht und es auf den so vorbereiteten, auf die eingeworfene Sendung bezogenen Auslieferungsbeleg klebt. Auf diesem Beleg bestätigt der Postangestellte nach dem Einwurf mit seiner Unterschrift und der Datumsangabe die Zustellung. Bei der Internet-Abfrage kann sich der Absender den Auslieferungsbeleg anzeigen lassen. Auf telefonische Nachfrage erhält der Absender gegen eine Gebühr eine **Reproduktion des elektronisch archivierten Auslieferungsbelegs.** Wenn das vorbeschriebene Verfahren eingehalten wurde, liegt nach Auffassung des BGH bei Vorlage des Einlieferungsbelegs zusammen mit der Reproduktion des Auslieferungsbelegs ein **Anscheinsbeweis** dafür vor, dass die Briefsendung in den Briefkasten eingelegt worden ist.[169] Die bloße Vorlage des Einlieferungsbelegs und des **aus dem Internet ausgedruckten „Sendungsstatus"**, wonach eine Sendung an einem bestimmten Tag zugestellt worden sei, genügt zur Begründung des Anscheinsbeweises nicht.[170] Ein voller Zugangsbeweis kann nur durch öffentliche Urkunde oder Zeugenbeweis erbracht werden. Der Auslieferungsbeleg ist jedoch keine öffentliche Urkunde.[171] Wird der Zusteller ermittelt und als Zeuge benannt, ist zweifelhaft, ob dieser sich erinnern kann.[172]

8. Gerichtsvollzieher. Die Kündigungserklärung gilt dann als zugegangen, wenn sie durch den Gerichtsvollzieher nach §§ 191, 192 ZPO zugestellt worden ist (§ 132 BGB).[173] In diesem Fall ist allerdings **§ 167 ZPO nicht anwendbar.** Wenn der bloße Zugang einer materiellrechtlichen Willenserklärung nach § 130 BGB „zur Fristwahrung" genügt und es einer Zustellung nicht bedarf, scheidet eine „entsprechende Anwendung" (§ 191 ZPO) jedenfalls als Regelfall aus. Dagegen spricht, dass der mit der Fristbestimmung verbundene Zweck im Falle einer Kündigung gerade darin besteht, dem Empfänger der Kündigung Rechtssicherheit über den gesetzlich oder tariflich vorgesehenen Eintritt der mit dem Verstreichen der Frist verbundenen Rechtsfolge zu geben.[174] 39

9. Beweislast. Für den Zugang ist der **Erklärende** beweispflichtig.[175] Es gibt keinen Anscheinsbeweis dafür, dass ein zur Post gegebener Brief den Adressaten erreicht hat.[176] Setzt der AN seine Unterschrift auf eine Ablichtung des Kündigungsschreibens oberhalb seines handschriftlichen Zusatzes „Kündigung erhalten am …", kann damit zwar kein Urkundenbeweis hinsichtlich des Zeitpunkts des Zugangs der Kündigungserklärung geführt werden. Hierin kann jedoch ein der freien Beweiswürdigung gem. § 286 I 1 ZPO unterliegendes außergerichtliches Geständnis gesehen werden.[177] 40

10. Vereinbarte Zugangsfiktion. Eine vertragliche Vereinbarung, wonach mit Aufgabe zur Post die Kündigung als zugegangen gilt, ist unwirksam, weil hierdurch die gesetzlichen Mindestkündigungsfristen und die Dreiwochenfrist des § 4 KSchG verkürzt werden.[178] Wird in vorformulierten Arbeitsverträgen der Zugang einer Kündigungserklärung bei Vorliegen näher bezeichneter Voraussetzungen fingiert („Die Kündigung gilt drei Tage nach Aufgabe zur Post als zugegangen"), liegt hierin ein **Verstoß gegen § 308 Nr. 6 BGB, der zur Unwirksamkeit der Klausel führt.**[179] Eine solche Klausel ist auch dann nicht wirksam, wenn dem AN der Beweis des Gegenteils eröffnet wird („…, es sei denn, der AN weist nach, dass er das Kündigungsschreiben nicht erhalten hat"). Eine solche Klausel würde abweichend von § 130 BGB dem AN die Beweislast für den nicht erfolgten Zugang der Kündigung auferlegen. Dies verstößt gegen § 309 Nr. 12 BGB. 41

---

[169] So BGH 27.9.2016 NJW 2017, 68; ebenso LAG MV 12.3.2019 – 2 Sa 139/18; zur Zustellung durch einen privaten Kurierdienst LAG Hamm 26.3.2014 – 5 Sa 1556/13; weiterführend *Ante* NJW 2020, 3487; *Kaiser* NJW 2009, 2187.

[170] LAG BW 17.9.2020 – 3 Sa 38/19 mAnm *Boemke* jurisPR-ArbR 11/2021 Anm. 3.

[171] LAG Hamm 22.5.2002 – 3 Sa 847/01.

[172] Zur Beweiswürdigung instruktiv LAG Hamm 26.3.2014 – 5 Sa 1556/13.

[173] BAG 30.6.1983 AP Nr. 11 zu § 12 SchwbG; LAG Düsseldorf 8.12.1977 DB 1978, 752; dazu *Kaiser* NJW 2009, 2187.

[174] Vgl. BAG 16.3.2016 AP Nr. 208 zu § 4 TVG Ausschlussfristen mAnm *Boemke* = NZA 2016, 1154.

[175] HM, vgl. APS/*Preis* Grundlagen D. Rn. 60.

[176] BAG 14.7.1960 AP Nr. 3 zu § 130 BGB; BVerfG 15.5.1991 NJW 1991, 2757.

[177] LAG Bln 12.12.2002 – 6 Ta 2229/02.

[178] Vgl. BAG 13.10.1976 AP Nr. 9 zu § 130 BGB.

[179] ErfK/*Preis* BGB §§ 305–310 Rn. 101; ausf. hierzu *Mauer* DB 2002, 1442.

42 **11. Zugangsvereitelung. a) Grundsatz.** Verweigert der Adressat grundlos die Annahme eines Kündigungsschreibens, muss er sich nach den Grundsätzen von **Treu und Glauben gem. § 242 BGB** so behandeln lassen, als sei ihm das Schreiben im Zeitpunkt der Annahmeverweigerung zugegangen, wenn er nach den gegebenen Umständen mit Mitteilungen rechnen musste.[180] Voraussetzung dafür, dass der Adressat eine Erklärung als früher zugegangen gegen sich gelten lassen muss, ist allerdings stets, dass der Erklärende seinerseits alles Zumutbare dafür getan hat, dass seine Erklärung den Adressaten erreicht.[181] Beabsichtigt der AG dem AN anlässlich einer im Betrieb stattfindenden Besprechung ein Kündigungsschreiben zu übergeben, handelt der AN regelmäßig treuwidrig, wenn er die Annahme verweigert. Der Betrieb ist typischerweise der Ort, an dem das Arbeitsverhältnis berührende Fragen besprochen und geregelt werden. Ob der AN mit einer Kündigung rechnen musste, ist nicht entscheidend. Die Pflicht zur Rücksichtnahme auf Seiten des AN als Nebenpflicht aus dem Arbeitsverhältnis gemäß § 241 II BGB gebietet es, die Entgegennahme nicht grundlos zu verweigern.[182] Wenn auch eine allgemeine Pflicht, Empfangsvorkehrungen zu treffen, nicht besteht und der Empfänger einer Benachrichtigung über die Niederlegung einer Briefsendung nicht ohne Weiteres gehalten ist, das für ihn niedergelegte Schriftstück zeitnah abzuholen, sind doch Sachverhalte denkbar, in denen sich der Erklärungsempfänger, wenn er das niedergelegte Schriftstück nicht abholt, so behandeln lassen muss, als sei es in seinen Machtbereich gelangt.[183]

43 **b) Einzelfälle.** Ein AN, der aus dem Verfahren vor dem **Integrationsamt** weiß, dass ihm eine fristlose Kündigung zugehen wird, kann sich nach Treu und Glauben regelmäßig nicht auf den verspäteten Zugang des Kündigungsschreibens berufen, wenn er dieses nicht oder nicht zeitnah bei der Postdienststelle abgeholt hat, obwohl ihm ein Benachrichtigungsschreiben der Post zugegangen ist.[184] Der AN vereitelt treuwidrig den Zugang eines Kündigungsschreibens, wenn er während der gesamten Dauer des Arbeitsverhältnisses nur eine Wohnung als **Adresse** mitteilt, unter der er nicht erreichbar ist. Das gilt insbesondere dann, wenn er mit dem Zugang einer Kündigung in den nächsten Tagen rechnen musste und die falsche Adresse erneut (hier durch Arbeitsunfähigkeitsbescheinigung) mitteilt.[185] Versäumt der AN infolge der Annahmeverweigerung die Klagefrist, wird bei **schuldhaftem Verhalten** ein Antrag auf nachträgliche Zulassung der Klage (§ 5 KSchG) nicht begründet sein. Nicht erforderlich ist, dass der Empfänger den Zugang schuldhaft vereitelt; es reicht aus, wenn die Verzögerung auf Umstände zurückzuführen ist, die zu seinem Einflussbereich gehören.[186] Im Allgemeinen wird davon auszugehen sein, dass ein Kündigungsadressat durch geeignete Vorkehrungen sicherstellen muss, dass ihn Briefsendungen auch erreichen können.[187] So muss zB ein **Briefkasten** lesbar beschriftet sein.[188] Verfügt ein Haus mit mehreren Mietparteien über keine Briefkästen und erfolgt die Postzustellung üblicherweise durch Einwurf in den dafür vorgesehenen Briefschlitz der Haustür, ist ein auf diesem Weg per Boten zugestelltes Kündigungsschreiben in den Machtbereich des Empfängers gelangt und diesem zugegangen. Auf die tatsächliche Kenntnisnahme des Empfängers kommt es nicht an. Ist nach dem eigenen Vorbringen des Empfängers sichergestellt, dass ihn die ihm auf diesem Weg zugestellte Post in der Regel erreicht, kann er nicht geltend machen, ein nachgewiesenermaßen in den Briefschlitz eingeworfenes Kündigungsschreiben habe er nicht erhalten.[189] Dem Kündigungsadressaten ist jedoch nach Auffassung des BAG nicht zuzurechnen, wenn ein als **Empfangsbote** tätiger Dritter den Zugang vereitelt, sofern er darauf keinen Einfluss genommen habe.[190] Will der AG dem AN am Abend des letzten Tages des Monats die

---

[180] BAG 7.11.2002 AP Nr. 19 zu § 620 BGB Kündigungserklärung = NZA 2003, 719; 3.4.1986 AP Nr. 9 zu § 18 SchwbG; BGH 26.11.1997 AP Nr. 19 zu § 130 BGB.

[181] BAG 26.3.2015 AP Nr. 27 zu § 130 BGB = NZA 2015, 1183; 22.9.2005 AP Nr. 24 zu § 130 BGB = NZA 2006, 204.

[182] BAG 26.3.2015 AP Nr. 27 zu § 130 BGB = NZA 2015, 1183.

[183] BAG 7.11.2002 AP Nr. 19 zu § 620 BGB Kündigungserklärung = NZA 2003, 719; vgl. weiterhin BGH 26.11.1997 AP Nr. 19 zu § 130 BGB.

[184] BAG 7.11.2002 AP Nr. 19 zu § 620 BGB Kündigungserklärung = NZA 2003, 719; ähnlich LAG RhPf 10.1.2001 ArbRB 2001, 6.

[185] BAG 22.9.2005 AP Nr. 24 zu § 130 BGB = NZA 2006, 204.

[186] BAG 18.2.1977 AP Nr. 10 zu § 130 BGB.

[187] BGH 26.11.1997 NJW 1998, 194.

[188] LAG Düsseldorf LAGE § 130 BGB Nr. 14; LAG Hamm 25.2.1993 NZA 1994, 32; aA LAG Bln 17.9.2001 NZA-RR 2002, 186.

[189] LAG Düsseldorf 19.9.2000 LAGE § 130 BGB Nr. 21.

[190] BAG 11.11.1992 AP Nr. 18 zu § 130 BGB = NZA 1993, 259.

Kündigungserklärung am Arbeitsplatz übergeben, kann er sich nicht auf Zugangsvereitelung durch den AN berufen, wenn dieser kurz vor Arbeitsschluss bereits gegangen ist.[191]

12. Geschäftsunfähige. Eine gegenüber einem Geschäftsunfähigen erklärte Kündigung wird gem. § 131 I BGB nicht wirksam, bevor sie dem **gesetzlichen Vertreter zugeht.** Hierzu muss die Willenserklärung nicht nur zufällig in dessen Herrschaftsbereich gelangen, sondern auch an ihn gerichtet oder zumindest für ihn bestimmt sein. Eine bloß faktische Kenntnisnahme durch den Betreuer als gesetzlichen Vertreter reicht jedenfalls dann nicht aus, wenn dieser im Zeitpunkt der Abgabe der Willenserklärung noch nicht bestellt war und die Erklärung keinerlei Hinweis darauf enthält, dass sie für den gesetzlichen Vertreter des Adressaten bestimmt ist.[192] Ist für einen AN nach § 1903 BGB durch das Betreuungsgericht zur Abwendung einer erheblichen Gefahr für die Person oder das Vermögen des Betreuten angeordnet, dass der Betreute zu einer Willenserklärung, die den Aufgabenkreis des **Betreuers** betrifft, dessen Einwilligung bedarf (Einwilligungsvorbehalt), wird eine Kündigung gem. § 131 II 1 BGB nicht wirksam, bevor sie dem Betreuer zugeht.[193] 44

13. Minderjährige. Eine Kündigung gegenüber einem minderjährigen AN wird nach § 131 II 1 BGB wirksam, wenn sie mit dem erkennbaren Willen abgegeben worden ist, dass sie den gesetzlichen Vertreter des Minderjährigen erreicht, und wenn sie tatsächlich in den **Herrschaftsbereich des Vertreters** gelangt. Diesen Anforderungen genügt ein Kündigungsschreiben, das an den Auszubildenden, gesetzlich vertreten durch seine Eltern, adressiert ist.[194] Dies lässt den Willen des Ausbildenden, dass das Kündigungsschreiben die Eltern des Minderjährigen als dessen gesetzliche Vertreter erreichen soll, noch hinreichend erkennen. Der Ausbildende trägt allerdings bei einer solchen Adressierung das Risiko, dass bei postalischer Übermittlung die Zusteller ein solches Schreiben in einen eventuell vorhandenen eigenen Briefkasten des Minderjährigen einwerfen. Will der Ausbildende dieses Risiko vermeiden, muss er das Kündigungsschreiben an die Eltern als gesetzliche Vertreter des Auszubildenden adressieren.[195] 45

14. Massenkündigung. Eine Massenkündigung soll nach einer in der älteren Rechtsprechung vertretenen Auffassung durch Aushang am Schwarzen Brett erfolgen können, wenn Erklärungen an die AN nach Tarifvertrag, Betriebsvereinbarung oder Betriebsübung in einer derartigen Weise erfolgen dürfen. Mit dem Aushang am Schwarzen Brett wird jedoch dem Schriftformerfordernis des § 623 BGB nicht genügt.[196] 46

V. Rücknahme der Kündigung

1. Allgemeines. Ist die Kündigung zugegangen und damit wirksam geworden, kann sie **nicht mehr einseitig zurückgenommen** oder die Kündigungsfrist hinausgeschoben werden.[197] Die einseitige Rücknahme der Kündigung ist nicht möglich, weil die Gestaltungswirkung der Kündigung bereits mit dem Zugang der Kündigung eintritt.[198] Vielmehr muss in diesen Fällen das Arbeitsverhältnis einverständlich neu begründet oder fortgesetzt werden. Eine solche Vereinbarung kann auch stillschweigend geschlossen werden.[199] Nach § 625 BGB gilt das Arbeitsverhältnis zu den alten Bedingungen als auf unbestimmte Zeit verlängert, wenn der AN mit Wissen und ohne Widerspruch des AG nach Ablauf der Kündigungsfrist die Arbeit fortsetzt.[200] Dieser Grundsatz gilt auch dann, wenn die Kündigung durch den AN ausgesprochen worden ist.[201] 47

2. Fortsetzungsangebot. Die Rücknahmeerklärung kann gem. §§ 133, 157 BGB als Angebot des Kündigenden **ausgelegt** werden, entweder ein neues Arbeitsverhältnis abzuschließen oder das bisher bestehende einvernehmlich über den Kündigungstermin hinaus zu den bisheri- 48

---

191 LAG Köln 10.4.2006 NZA-RR 2006, 466.
192 BAG 28.10.2010 AP Nr. 1 zu § 131 BGB = NZA 2011, 340.
193 BAG 13.2.2008 AP Nr. 5 zu § 85 SGB IX = NZA 2008, 1055.
194 BAG 8.12.2011 AP Nr. 22 zu § 174 BGB = NZA 2012, 495.
195 BAG 8.12.2011 AP Nr. 22 zu § 174 BGB = NZA 2012, 495.
196 APS/*Preis* Grundlagen D. Rn. 57.
197 Dazu *Fischer* NZA 1999, 459; *Thüsing* AuR 1996, 245.
198 BAG 20.1.2016 AP Nr. 48 zu § 17 KSchG 1969 = NZA 2016, 490.
199 BAG 21.3.2013 AP Nr. 7 zu § 18 TVöD = NZA-RR 2013, 609.
200 BAG 21.2.1957 AP Nr. 22 zu § 1 KSchG.
201 *Bock* AuR 1994, 262.

gen Bedingungen fortzusetzen. Ein solches Angebot bedarf der Annahme durch den Gekündigten.[202] Hat der AN Klage auf Feststellung der Unwirksamkeit der Kündigung erhoben und erklärt der AG im Laufe des Prozesses die „Rücknahme" der Kündigung, hat damit der AN die Wahl, ob er das darin liegende Angebot zur Fortsetzung des Arbeitsverhältnisses annimmt oder ablehnt. In der Kündigungsschutzklage liegt nicht die antizipierte Zustimmung des AN zur Rücknahme der Kündigung des AG.[203] Bei einer Ablehnung des in der Rücknahme liegenden Angebots auf Fortsetzung des Arbeitsverhältnisses entfällt nicht sofort das allgemeine Rechtsschutzinteresse für die Kündigungsschutzklage. Dem AN verbleiben in diesem Fall vielmehr die Rechte aus §§ 9, 12 KSchG, die ein rechtliches Interesse an der Fortsetzung des Prozesses begründen können.[204]

VI. Schriftform

49 **1. Gesetz.** Die Kündigung unterliegt nach § 623 BGB der Schriftform. Das Schriftformerfordernis hat eine Beweisfunktion, die Streitigkeiten über das Vorliegen einer Kündigung verhindern soll. Daneben hat das Schriftformerfordernis eine Warnfunktion, die vor unüberlegten Äußerungen schützt. Wird die Schriftform nicht eingehalten, ist die Kündigung gem. **§ 125 S. 1 BGB nichtig.** Die Unwirksamkeit einer Kündigung wegen Nichtbeachtung der Schriftform kann noch nach Ablauf der Dreiwochenfrist des § 4 KSchG gerichtlich geltend gemacht werden, weil diese nur die schriftliche Kündigung betrifft.

50 **2. Eigenhändige Unterschrift.** Das Kündigungsschreiben ist gem. § 126 I BGB vom Aussteller eigenhändig durch Namensunterschrift oder mittels notariell beglaubigten Handzeichens zu unterzeichnen. Das Erfordernis der eigenhändigen Unterschrift verlangt nicht, dass unmittelbar bei Abgabe der schriftlichen Erklärung für den Erklärungsempfänger die Person des Ausstellers feststehen muss. Dieser soll nur identifiziert werden können. Hierzu bedarf es nicht der Lesbarkeit des Namenszugs. Vielmehr genügt ein die **Identität des Unterschreibenden ausreichend kennzeichnender Schriftzug,** der individuelle und entsprechend charakteristische Merkmale aufweist, welche die Nachahmung erschweren.[205] Die Unterschrift ist von einer bewussten und gewollten Namensabkürzung (Handzeichen, Paraphe) zu unterscheiden.[206] Eine Kündigung durch Telegramm oder Telefax genügt nicht den Anforderungen des § 126 I BGB.[207] Entsprechendes gilt grundsätzlich für die Übergabe einer Kopie des Kündigungsschreibens.[208] Dem Formerfordernis des § 623 BGB genügen **weder eine E-Mail**[209] **noch eine SMS.** § 127 II BGB, der die telekommunikative Übermittlung zur Wahrung der durch Rechtsgeschäft bestimmten Schriftform ausreichen lässt, ist nicht anwendbar, weil die Kündigung von Gesetzes wegen (§ 623 BGB) der Schriftform bedarf und die elektronische Form ausdrücklich ausgeschlossen ist. Keine Namensunterschrift ist die Unterzeichnung mit einer **Funktionsbezeichnung** („Der Vorstand").[210] Unterzeichnet ein Vertreter des AG die Kündigung, muss die Stellvertretung in dem Kündigungsschreiben zum Ausdruck kommen.[211] Wird die Kündigungserklärung für den AG von einem Vertreter mit dem Zusatz „i. A." unterzeichnet, ergibt sich daraus allein noch nicht, dass der Erklärende lediglich als Bote gehandelt hat. Maßgeblich sind vielmehr gem. §§ 133, 157 BGB die Gesamtumstände. Hierbei ist zu berücksichtigen, dass im Allgemeinen, nichtjuristischen Sprachgebrauch nicht immer hinreichend zwischen „Auftrag" und „Vertretung" unterschieden wird. Oftmals werden die Zusätze „i. V." und „i. A." lediglich verwendet, um unterschiedliche Hierarchieebenen auszudrücken. Ergibt sich aus dem Kündigungsschreiben sowie aus weiteren tatsächlichen Umständen, dass der Unterzeichner ersichtlich im Namen eines anderen die Kündigung erklärt hat, ist von einem Handeln als Vertreter auszugehen. Ob der Unterzeichner tatsächlich bevollmächtigt war, ist dabei für die Wahrung der Schriftform unerheblich.[212]

---

202 BAG 19.8.1982 AP Nr. 9 zu § 9 KSchG 1969; 6.2.1992 AP Nr. 13 zu § 119 BGB.
203 BAG 19.8.1982 AP Nr. 9 zu § 9 KSchG 1969.
204 Vgl. BAG 29.1.1981, 19.8.1982 AP Nr. 6, 9 zu § 9 KSchG 1969.
205 BAG 24.1.2008 AP Nr. 64 zu § 622 BGB = NZA 2008, 521; LAG RhPf 29.10.2009 – 2 Sa 337/09.
206 Hierzu BAG 6.9.2012 AP Nr. 74 zu § 4 KSchG 1969 = NZA 2013, 524.
207 Vgl. BGH 28.1.1993 NJW 1993, 1126; zur Lesbarkeit der Unterschrift BAG 20.9.2006 AP Nr. 19 zu § 174 BGB = NZA 2007, 377.
208 LAG Hamm 4.12.2003 BB 2004, 1341.
209 BAG 1.12.2020 NZA 2021, 552; APS/*Greiner* BGB § 623 Rn. 16.
210 APS/*Greiner* BGB § 623 Rn. 15.
211 BAG 1.12.2020 NZA 2021, 552 zu einer Schriftsatzkündigung durch den Prozessbevollmächtigten.
212 BAG 13.12.2007 AP Nr. 83 zu § 1 KSchG 1969 = NZA 2008, 403; BAG 25.3.2009 ZTR 2009, 441.

3. Alle Kündigungen. Das Schriftformerfordernis in § 623 BGB gilt ohne Einschränkung für alle Kündigungen, die eine Beendigung des Arbeitsverhältnisses bewirken.[213] Es gilt damit sowohl für die **Kündigungserklärung des AG als auch für die des AN.**[214] Erfasst wird auch die Änderungskündigung, weil sie im Falle der Ablehnung des Änderungsangebots als Beendigungskündigung wirkt. Dabei erstreckt sich das Schriftformerfordernis des § 623 BGB auch auf das Änderungsangebot.[215] § 623 gilt ferner für die **Lossagung nach § 12 KSchG,** weil es sich hierbei um ein Sonderkündigungsrecht handelt.[216] Die Schriftform des § 623 BGB ist bei einer vom Prozessbevollmächtigten des AG ausgesprochenen Schriftsatzkündigung grundsätzlich nur gewahrt, wenn die dem AN zugehende Abschrift vom Prozessbevollmächtigten des AG als Erklärendem unterzeichnet ist (zum Zugang → Rn. 18). Ausnahmsweise ist die Schriftform des § 623 BGB auch gewahrt, wenn die dem Prozessbevollmächtigten des AN zugegangene Abschrift beglaubigt ist und der Prozessbevollmächtigte des AG den Beglaubigungsvermerk selbst unterschrieben hat.[217] 51

Nicht erfasst wird der **Widerruf** einzelner vertraglich zugesagter Leistungen, und zwar auch, wenn er in der Form einer Teilkündigung erfolgt, weil hierdurch nicht die Beendigung des Arbeitsverhältnisses herbeigeführt wird.[218] Gleiches gilt für die **Nichtverlängerungsmitteilung** bei befristeten Arbeitsverträgen.[219] Hierdurch wird lediglich auf das aufgrund der vereinbarten Befristung bevorstehende Ende des Arbeitsverhältnisses hingewiesen. Die Beendigung des Arbeitsverhältnisses durch **Anfechtung** nach §§ 119, 123 BGB ist nach dem eindeutigen Gesetzeswortlaut von dem Formerfordernis des § 623 BGB gleichfalls nicht erfasst.[220] 52

4. Schriftliche Begründung. a) Gesetzliche Bestimmungen. Es gibt nur einzelne gesetzliche Bestimmungen, die zusätzlich zum allgemeinen Schriftformerfordernis des § 623 BGB eine schriftliche Begründung der Kündigung erfordern. So bedarf die Kündigung gegenüber einer Frau während der **Schwangerschaft** und bis zum Ablauf von vier Monaten nach der Entbindung, wenn sie nach § 17 II 1 MuSchG von der zuständigen Behörde für zulässig erklärt worden ist, gem. § 17 II 2 MuSchG nicht nur der schriftlichen Form. In dem Kündigungsschreiben ist auch der zulässige Kündigungsgrund anzugeben. Wird diese Formvorschrift nicht beachtet, ist die Kündigung nach § 125 S. 1 BGB nichtig, auch wenn die behördliche Zustimmung vorliegt. Ähnliches gilt nach § 22 III BBiG für die Kündigung von **Auszubildenden.** Auch hier hat die Kündigung schriftlich zu erfolgen. Wird die Kündigung nach Ablauf der Probezeit erklärt, sind zusätzlich die Kündigungsgründe anzugeben. Die Kündigungsgründe müssen dabei so genau bezeichnet werden, dass der Gekündigte erkennen kann, um welche Vorfälle es sich handelt. Werden im Kündigungsschreiben lediglich pauschale Werturteile anstatt nachprüfbarer Tatsachen genannt, ist die Kündigung wegen Nichtbeachtung dieser Formvorschrift nach § 125 S. 1 BGB nichtig.[221] 53

b) Tarifvertragliche Regelungen. Verschiedene Tarifverträge bestimmen, dass die Kündigung des Arbeitsverhältnisses unter **Angabe der Kündigungsgründe** zu erfolgen hat. Eine eingehende Schilderung der Gründe wie im Prozess wird dabei grundsätzlich nicht verlangt. Die Gründe müssen aber anhand von Tatsachen so genau bezeichnet sein, dass im Prozess nicht ernsthaft streitig werden kann, auf welchen Lebenssachverhalt die Kündigung gestützt ist. **Die bloße Bezeichnung als „betriebsbedingte Kündigung" im Kündigungsschreiben erfüllt das Formerfordernis nicht.** Auch die bloße Bezugnahme im Kündigungsschreiben auf ein inhaltlich nicht näher umschriebenes Gespräch genügt nicht dem Formerfordernis.[222] Das BAG hat offengelassen, ob eine allgemein formulierte tarifliche Begründungspflicht bei betriebsbedingten Kündigungen auch Angaben zu der vom AG getroffenen Sozialauswahl umfasst. Hiergegen spricht, dass die Begründungspflicht – soweit nicht ausdrücklich anderes bestimmt ist – nicht weiter reicht als die prozessuale Darlegungslast. Diese trägt bezüglich der Fehlerhaftigkeit der Sozialauswahl gem. § 1 III 3 KSchG jedoch der AN. Der AG genügt deshalb einer allgemei- 54

213 BAG 17.12.2015 AP Nr. 10 zu § 623 BGB = NZA 2016, 361.
214 ErfK/*Müller-Glöge* BGB § 623 Rn. 3.
215 BAG 16.9.2004 AP Nr. 78 zu § 2 KSchG 1969 = NZA 2005, 635.
216 BAG 17.12.2015 AP Nr. 10 zu § 623 BGB = NZA 2016, 361.
217 BGH 4.7.1986 NJW-RR 1987, 395; LAG Nds 30.11.2001 NZA-RR 2002, 242.
218 Ebenso ErfK/*Müller-Glöge* BGB § 623 Rn. 3; *Richardi/Annuß* NJW 2000, 1231 (1233).
219 ErfK/*Müller-Glöge* BGB § 623 Rn. 3a.
220 APS/*Greiner* BGB § 623 Rn. 10; ErfK/*Müller-Glöge* BGB § 623 Rn. 3b; *Richardi/Annuß* NJW 2000, 1231 (1233).
221 Vgl. dazu BAG 29.2.1984 AP Nr. 6 zu § 13 KSchG 1969; 17.6.1998 RzK IV 3 a Nr. 30.
222 BAG 10.2.1999 AP Nr. 2 zu § 54 BMT-G II.

nen tarifvertraglichen Pflicht zur Begründung der Kündigung jedenfalls dann, wenn er zur Sozialauswahl mitteilt, es habe eine solche stattgefunden und dem AN die Gründe der vom AG getroffenen Sozialauswahl aus einem Vorprozess bekannt sind.[223] Verstößt der AG gegen ein tarifvertragliches Begründungserfordernis, ist die Kündigung nichtig, denn tarifvertragliche Formvorschriften gehören zu den gesetzlichen Formvorschriften iSv § 125 S. 1 BGB. Tarifverträge enthalten Rechtsnormen iSv Art. 2 EGBGB und sind damit Gesetze im Sinne des Bürgerlichen Gesetzbuchs. Ein Verstoß gegen ein kraft beiderseitiger Tarifbindung geltendes zwingendes tarifliches Formerfordernis führt daher zur Nichtigkeit des Rechtsgeschäfts.[224]

55 **c) Arbeitsvertragliche Vereinbarungen.** Aufgrund der zum 1.5.2000 in Kraft getretenen gesetzlichen Formvorschrift kommt vertraglichen Formabreden nur Bedeutung zu, wenn diese strengere Anforderungen als § 623 BGB aufstellen. In AGB kann für Kündigungen durch den AN gem. **§ 309 Nr. 13 BGB keine strengere Form als die Textform** vereinbart werden.[225] Zulässig ist hingegen eine vertragliche Vereinbarung, nach der die **Kündigung durch den AG der schriftlichen Begründung bedarf.** Ergibt die Auslegung des Vertrags, dass dieses Begründungserfordernis konstitutiv wirkt, ist eine schriftlich erklärte, aber nur mündlich begründete Kündigung nach § 125 S. 2 BGB nichtig.[226] Haben die Parteien vereinbart, dass die Kündigung durch eingeschriebenen Brief erfolgen solle, ist dies gem. §§ 133, 157 BGB regelmäßig dahin auszulegen, dass die Versendung als Einschreiben lediglich beweissichernde Bedeutung hat und nicht formale Wirksamkeitsvoraussetzung der Kündigung ist. Die schriftliche Kündigung kann daher auch in anderer Form, persönlich oder durch Boten, übermittelt werden.[227]

56 **5. Verstoß gegen Treu und Glauben.** Die Berufung auf die Formnichtigkeit nach § 125 BGB verstößt nur ausnahmsweise gegen Treu und Glauben (§ 242 BGB). Formvorschriften können über den Einwand der unzulässigen Rechtsausübung regelmäßig nicht gegenstandslos gemacht werden. Grundsätzlich hat jede Partei die Rechtsnachteile zu tragen, die sich aus der Formnichtigkeit eines Rechtsgeschäftes ergeben. Voraussetzung eines Verstoßes gegen Treu und Glauben ist, dass ein Festhalten am Formerfordernis nicht nur hart, sondern **schlechthin unerträgliche Folgen hätte.**[228] Erklärt beispielsweise ein AN mehrfach – und zwar entgegen den Vorhaltungen des AG – ernsthaft und nicht nur einmalig spontan mündlich die Kündigung seines Arbeitsverhältnisses, ist es rechtsmissbräuchlich, wenn sich der AN nachträglich auf die Unwirksamkeit der eigenen Erklärung beruft. Ein solches Vorgehen steht in unlösbarem Widerspruch zum früheren eigenen Verhalten. Der AN beruft sich zu seinem Vorteil auf eine Rechtsvorschrift, die er selbst vorsätzlich missachtet hat.[229]

VII. Mitteilung des Kündigungsgrundes

57 **1. Gesetzliche Regelungen.** Eine ordentliche oder außerordentliche Kündigung ist von Gesetzes wegen **grundsätzlich ohne Angabe der Kündigungsgründe wirksam** (zu den Ausnahmen → Rn. 53).[230] Nach § 626 II 3 BGB muss der Kündigende allerdings nach Erklärung der Kündigung dem anderen Teil auf Verlangen den Grund zur außerordentlichen Kündigung unverzüglich (§ 121 BGB) schriftlich mitteilen. Entsprechendes gilt nach § 1 III 1 Hs. 2 KSchG für die Gründe der sozialen Auswahl.

58 **2. Vertraglicher Unterrichtungsanspruch.** Umstritten ist, ob sich aus einer vertraglichen Nebenpflicht des AG ein Anspruch des AN auf Mitteilung der Kündigungsgründe ergibt. Dies wird im Schrifttum vertreten.[231] Dagegen spricht jedoch, dass es einzelne gesetzliche Bestimmungen gibt, die einen solchen Anspruch begründen (dazu → Rn. 57). Hieraus ist zu schließen, dass nach den Vorstellungen des Gesetzgebers in weiteren Fällen keine Mitteilungspflicht des AG besteht. Sonst hätte es dieser Sonderregelungen nicht bedurft. Im Übrigen ist zu beachten,

[223] Vgl. BAG 27.3.2003 AP Nr. 4 zu § 54 BMT-G II.
[224] Vgl. BAG 28.10.1987 AP Nr. 1 zu § 7 AVR Caritasverband; 10.2.1999 AP Nr. 2 zu § 54 BMT-G II.
[225] ErfK/*Müller-Glöge* BGB § 623 Rn. 11.
[226] BAG 25.10.2012 AP Nr. 19 zu § 125 BGB = NZA 2013, 900.
[227] BAG 14.3.2001 AP Nr. 4 zu § 620 BGB Schuldrechtliche Kündigungsbeschränkung; 20.9.1979 AP Nr. 8 zu § 125 BGB = NJW 1980, 1304.
[228] BAG 16.9.2004 AP Nr. 1 zu § 623 BGB = NZA 2005, 162; 27.3.1987 AP Nr. 29 zu § 242 BGB Betriebliche Übung = NZA 1987, 778; APS/*Greiner* BGB § 623 Rn. 39.
[229] BAG 4.12.1997 AP Nr. 141 zu § 626 BGB = NZA 1998, 420; dazu *Singer* NZA 1998, 1309.
[230] Vgl. BAG 15.12.1955 AP Nr. 1 zu § 67 HGB; 17.8.1972, 18.9.1997 AP Nr. 65, 138 zu § 626 BGB.
[231] APS/*Preis* Grundlagen D. Rn. 26.

dass der AG gem. § 1 II 4 KSchG im Kündigungsschutzprozess ohnehin die Kündigungsgründe darlegen muss.

3. Verletzung der Mitteilungspflicht. Besteht ein Anspruch des AN auf Mitteilung der Kündigungsgründe (§ 626 II 3 BGB), kann die schuldhafte Verletzung der Mitteilungspflicht zu Schadensersatzansprüchen führen.[232] Die Kosten des Prozessbevollmächtigten erster Instanz sind allerdings nach § 12a I 1 ArbGG nicht erstattungsfähig.[233] 59

4. Anhörung des Arbeitnehmers. Die Anhörung des AN vor einer Kündigung ist grundsätzlich nicht deren Wirksamkeitsvoraussetzung.[234] Dies gilt auch vor Ausspruch einer Druckkündigung.[235] Eine Ausnahme besteht bei Verdachtskündigungen, die ohne vorherige Anhörung unwirksam sind (dazu → § 127 Rn. 136 ff.).[236] 60

VIII. Kündigung vor Dienstantritt

1. Allgemeines. Nach hM ist sowohl eine außerordentliche als auch eine ordentliche Kündigung nach Vertragsabschluss, aber vor Dienstaufnahme zulässig,[237] sofern die Parteien keine abweichenden Vereinbarungen getroffen haben.[238] Nach Auffassung des BAG hat der AG das Kündigungsverbot gegenüber einer **schwangeren AN** gem. § 17 I 1 Nr. 1 MuSchG auch bei einer Kündigung vor der vereinbarten Tätigkeitsaufnahme zu beachten.[239] Das Recht zur außerordentlichen Kündigung vor Dienstantritt ist dabei **nicht im Voraus abdingbar.**[240] Grundsätzlich kann nicht von der Erfahrungsregel ausgegangen werden, dass die Parteien eine Kündigung vor Dienstantritt ausgeschlossen haben. Vielmehr müssen besondere Umstände vorliegen, aus denen die Annahme eines Kündigungsausschlusses vor Dienstantritt folgt. Hierfür genügen nicht allein die Aufgabe eines anderen Arbeitsplatzes sowie gesteigerte Verdienstmöglichkeiten. Zureichend kann dagegen die Zusage einer Lebens- oder Dauerstellung,[241] die Abwerbung aus einer sicheren Arbeitsstelle oder die Vereinbarung einer Vertragsstrafe[242] für den Fall der Nichtaufnahme der Arbeit sein. 61

2. Ausschluss der Kündigung vor Dienstantritt. Erfolgt der Ausschluss der Kündigung vor Dienstantritt in einem Formulararbeitsvertrag, liegt hierin **keine unangemessene Benachteiligung des AN iSv § 307 I BGB,** sofern dies für beide Vertragsparteien gilt. Der Ausschluss des Kündigungsrechts führt freilich nur zur Unzulässigkeit der ordentlichen Kündigung vor Arbeitsaufnahme; das Recht zur außerordentlichen Kündigung nach § 626 BGB bleibt bestehen. Wird der Ausschluss des Kündigungsrechts im Arbeitsvertrag nicht ausdrücklich auf die ordentliche Kündigung begrenzt (zB „Vor Beginn des Arbeitsverhältnisses ist die ordentliche Kündigung ausgeschlossen"), sondern ganz allgemein die Kündigung vor Dienstantritt ausgeschlossen (zB „Die Kündigung vor Arbeitsaufnahme ist ausgeschlossen"), ist durch **Auslegung nach §§ 133, 157 BGB** festzustellen, ob auch das Recht zur außerordentlichen Kündigung ausgeschlossen werden sollte. Ist eine solche Auslegung nicht möglich, ist die Klausel bezüglich der außerordentlichen Kündigung teilnichtig.[243] Individuell ausgehandelte Arbeitsverträge, die nicht der Inhaltskontrolle nach §§ 305 ff. BGB unterliegen, können in der Regel ohne Weiteres gesetzeskonform einschränkend dahin ausgelegt werden, dass sie nur das Recht zur ordentlichen Kündigung 62

---

[232] BAG 30.1.1963 AP Nr. 50 zu § 626 BGB.

[233] BAG 30.4.1992 AP Nr. 6 zu § 12a ArbGG 1979 = NZA 1992, 1101.

[234] Vgl. BAG 10.4.2014 AP Nr. 69 zu § 622 BGB = NZA 2015, 162; 18.9.1997 AP Nr. 138 zu § 626 BGB = NZA 1998, 95; aA *Wendeling-Schröder* DB 2002, 206.

[235] BAG 4.10.1990 AP Nr. 12 zu § 626 BGB Druckkündigung = NZA 1991, 468.

[236] Dazu BAG 13.9.1995 AP Nr. 25 zu § 626 BGB Verdacht strafbarer Handlung = NZA 1996, 81; 18.11.1999 AP Nr. 32 zu § 626 BGB Verdacht strafbarer Handlung = NZA 2000, 418.

[237] BAG 25.3.2004 AP Nr. 1 zu § 620 BGB Kündigung vor Dienstantritt = NZA 2004, 1089; *Caesar* NZA 1989, 251.

[238] BAG 22.8.1964, 9.5.1985 AP Nr. 1, 4 zu § 620 BGB.

[239] BAG 27.2.2020 AP Nr. 1 zu § 17 MuSchG 2018 = NZA 2020, 721.

[240] BAG 19.12.1974 AP Nr. 3 zu § 620 BGB Bedingung; ErfK/*Müller-Glöge* BGB § 620 Rn. 70.

[241] BAG 9.2.2006 AP Nr. 56 zu § 4 KSchG 1969 = NZA 2006, 1207; 2.11.1978 AP Nr. 3 zu § 620 BGB = NJW 1980, 1015.

[242] LAG Frankfurt 18.6.1980 DB 1981, 532; ErfK/*Müller-Glöge* BGB § 620 Rn. 69; aA HessLAG 25.11.1996 DB 1997, 1572; zur Höhe der Vertragsstrafe → § 60 Rn. 1 ff.

[243] Ebenso ErfK/*Müller-Glöge* BGB § 620 Rn. 70.

ausschließen. Eine solche Auslegung entspricht der Interessenlage, weil sie das gemeinsam Gewollte so weit wie möglich aufrechterhält.[244]

63 **3. Kündigungsfrist.** Kann vor Dienstantritt gekündigt werden, ist im Wege der Auslegung des Arbeitsvertrags festzustellen, ob die Kündigungsfrist mit Zugang der Kündigung oder mit dem Tage zu laufen beginnt, an dem die Arbeit vertragsgemäß aufzunehmen war. Die Interessenlage wird im Allgemeinen ergeben, dass die **Kündigungsfrist mit dem Zugang zu laufen beginnt,** wenn nur kurze Kündigungsfristen, ein befristetes Arbeitsverhältnis oder ein Probearbeitsverhältnis vereinbart wurden. Führt die Auslegung zu keinem klaren Ergebnis, beginnt die Kündigungsfrist mit Zugang der Kündigung, weil dies der dispositiven Gesetzeslage entspricht.[245] Die Frist ist nach §§ 187 II, 188 II BGB zu berechnen, dh, der erste vorgesehene Arbeitstag ist bei der Berechnung der Kündigungsfrist mitzurechnen.[246]

IX. Umdeutung

64 **1. Begriff.** Eine unwirksame Kündigung kann uU im Wege der Umdeutung Rechtswirkungen erlangen. Nach § 140 BGB gilt, sofern ein nichtiges Rechtsgeschäft den Erfordernissen eines anderen Rechtsgeschäfts genügt, das Letztere, wenn anzunehmen ist, dass dessen Geltung bei Kenntnis der Nichtigkeit gewollt sein würde. Die Umdeutung ist von der Auslegung der Willenserklärung abzugrenzen, sie setzt deren Ergebnis voraus.[247] Anders als die Auslegung nach §§ 133, 157 BGB orientiert sich die Umdeutung nach § 140 BGB nicht am tatsächlichen, sondern am hypothetischen Willen des Erklärenden.[248]

65 **2. Anwendungsfälle.** Eine unwirksame Kündigung kann in einen Antrag auf Abschluss eines **Aufhebungsvertrags** umgedeutet werden (→ § 122 Rn. 18).[249] Dieser Antrag kann im Hinblick auf § 623 BGB nur schriftlich angenommen werden. Die wegen Fehlens eines wichtigen Grundes unwirksame Kündigung kann nur dann in ein Angebot zum Abschluss eines Aufhebungsvertrags umgedeutet werden, wenn der Erklärungsadressat die Unwirksamkeit erkennt und damit für ihn Anlass zur Annahme eines solchen Angebots besteht.[250] Wird eine ordentliche Kündigung mit **zu kurzer Kündigungsfrist** ausgesprochen, ist zunächst durch Auslegung zu ermitteln, ob diese zum nächsten zulässigen Termin wirken sollte (dazu näher → § 126 Rn. 15).[251] Scheidet dies aus, ist die Kündigung zu dem angegebenen Termin unwirksam und in der Regel gem. § 140 BGB in eine Kündigung zum nächsten möglichen Termin umzudeuten.[252] Zur Anwendbarkeit der Dreiwochenfrist zur gerichtlichen Geltendmachung einer zu kurzen Kündigungsfrist → § 138 Rn. 20. Eine ordentliche Kündigung kann nicht in eine **außerordentliche Kündigung** umgedeutet werden, weil diese weitergehende Rechtsfolgen hat.[253] Eine ordentliche Kündigung kann allerdings in eine außerordentliche Kündigung mit Auslauffrist umgedeutet werden, weil sie die gleichen Wirkungen hat wie eine ordentliche Kündigung.[254] Ausgeschlossen ist die Umdeutung einer ordentlichen Kündigung in eine **Anfechtungserklärung,** denn eine Umdeutung kann nicht in ein Rechtsgeschäft mit weitergehenden Rechtsfolgen erfolgen. Aus diesem Grund scheidet auch die Umdeutung einer außerordentlichen Kündigung in eine Anfechtungserklärung aus.[255]

---

244 Näher dazu APS/*Linck* BGB § 622 Rn. 50.

245 BAG 9.2.2006 AP Nr. 56 zu § 4 KSchG 1969 = NZA 2006, 1207; 25.3.2004 AP Nr. 1 zu § 620 BGB Kündigung vor Dienstantritt = NZA 2004, 1089.

246 BAG 2.11.1978 AP Nr. 3 zu § 620 BGB; 9.5.1985 AP Nr. 4 zu § 620 BGB = NZA 1986, 671.

247 MüKoBGB/*Busche* § 140 Rn. 3.

248 BeckOK BGB/*Wendtland* § 133 Rn. 18.

249 Vgl. BAG 13.4.1972 AP Nr. 64 zu § 626 BGB; LAG München 3.8.1988, LAG Düsseldorf 24.11.1995 LAGE § 140 BGB Nr. 8, 12.

250 BAG 13.4.1972 AP Nr. 64 zu § 626 BGB; LAG Düsseldorf 24.11.1995 BB 1996, 1119.

251 BAG 9.9.2010 NZA 2011, 343; 1.9.2010 NZA 2010, 1409; 18.4.1985 AP Nr. 20 zu § 622 BGB = NZA 1986, 229.

252 BAG 1.9.2010 NZA 2010, 1409; ErfK/*Müller-Glöge* BGB § 622 Rn. 12; teilw. aA BAG 15.12.2005 NZA 2006, 791; näher dazu APS/*Linck* BGB § 622 Rn. 44.

253 BAG 14.10.1975 AP Nr. 4 zu § 9 MuSchG 1968.

254 *Bröhl,* Die außerordentliche Kündigung mit notwendiger Auslauffrist, 2005, 251 f.; ErfK/*Müller-Glöge* BGB § 620 Rn. 62; angedeutet in BAG 25.4.2007 AP Nr. 14 zu § 4 TzBfG = NZA 2007, 881; offengelassen von BAG 22.4.2010 NZA-RR 2011, 75.

255 BAG 14.10.1975 AP Nr. 4 zu § 9 MuSchG 1968.

3. Außerordentliche Kündigung. a) Grundsätze. Eine außerordentliche Kündigung, für die ein wichtiger Grund nicht besteht oder die sittenwidrig ist,[256] kann unter den Voraussetzungen des § 140 BGB **in eine ordentliche Kündigung zum nächst zulässigen Termin umgedeutet werden.**[257] Eine Umdeutung ist möglich, wenn anzunehmen ist, dass der AG bei zutreffender Kenntnis der Rechtslage anstelle der unwirksamen außerordentlichen Kündigung eine wirksame ordentliche Kündigung erklärt hätte **(hypothetischer Parteiwille),** und dieser Wille in der gegenüber dem Empfänger der Kündigung abgegebenen Erklärung im Zeitpunkt des Kündigungszugangs erkennbar ist.[258] Da der AG mit der außerordentlichen Kündigung regelmäßig den Willen zum Ausdruck bringt, das Arbeitsverhältnis in jedem Fall zu beenden, ist im Zweifel davon auszugehen, dass er bei einer Unwirksamkeit der außerordentlichen Kündigung jedenfalls eine Beendigung zum nächst zulässigen Termin erreichen will. Hiervon muss auch der AN verständigerweise ausgehen. Der Grundsatz gilt jedoch **nicht einschränkungslos.** Wird die Kündigung wegen eines besonderen Grundes ausgesprochen und stellt sich heraus, dass dieser nicht vorliegt, scheidet eine Umdeutung regelmäßig aus, wenn es hierfür nicht besondere Anhaltspunkte gibt. Diese hat das Gericht ggf. nach § 139 ZPO aufzuklären. Eine außerordentliche fristlose Kündigung kann in eine außerordentliche Kündigung mit Auslauffrist umgedeutet werden.[259] 66

b) Einschränkungen. Die im Wege der Umdeutung ermittelte ordentliche Kündigung kann nur dann Rechtswirkungen entfalten, wenn sie ihrerseits nicht mit Rechtsmängeln behaftet ist oder gegen Kündigungsbeschränkungen verstößt. Hieraus folgt, dass eine außerordentliche Kündigung gegenüber einem **Schwerbehinderten** nicht in eine ordentliche Kündigung umgedeutet werden kann, wenn nur die Zustimmung zur außerordentlichen Kündigung beim Integrationsamt beantragt worden ist.[260] Die Umdeutung ist weiterhin ausgeschlossen, wenn die außerordentliche Kündigung nach § 623 BGB **formnichtig** ist. Schwierigkeiten bereitet bei der Umdeutung die **Unterrichtung des BR** (§ 102 BetrVG). Die Anhörung vor einer außerordentlichen Kündigung genügt dem Anhörungserfordernis für eine ordentliche Kündigung nach § 102 I BetrVG grundsätzlich nur dann, wenn der AG dem BR vorher zu erkennen gegeben hat, dass die geplante außerordentliche Kündigung im Falle der Unwirksamkeit auch als ordentliche aufrechterhalten bleiben oder von vornherein hilfsweise auch als ordentliche ausgesprochen werden soll.[261] Gleiches gilt für die Umdeutung einer unwirksamen außerordentlichen Kündigung mit Auslauffrist in eine ordentliche Kündigung.[262] Die Anhörung lediglich zu einer außerordentlichen Kündigung deckt deren Umdeutung in eine ordentliche Kündigung ausnahmsweise nur dann mit ab, wenn der BR der außerordentlichen Kündigung ausdrücklich (nicht nur durch Verstreichenlassen der Anhörungsfrist) und vorbehaltlos zugestimmt hat und auch keine Umstände zu erkennen sind, die ihn veranlasst hätten, sich für den Fall der Unwirksamkeit gegen eine dann verbleibende ordentliche Kündigung zu wenden.[263] Diese Grundsätze gelten auch für das personalvertretungsrechtliche Beteiligungsverfahren.[264] Ist der **BR/PR zu einer ordentlichen Kündigung nicht ordnungsgemäß angehört** worden, scheidet die Umdeutung einer außerordentlichen Kündigung in eine ordentliche aus.[265] 67

4. Prüfung durch das Gericht. Die Umdeutung verlangt weder einen besonderen Antrag des Kündigenden noch muss er sich ausdrücklich auf die Umdeutung berufen, weil die Umdeutung weder eine Einwendung noch eine Einrede ist. Das **Gericht muss vielmehr von sich aus prüfen,** ob aufgrund der feststehenden Tatsachen eine Umdeutung des Rechtsgeschäfts in Betracht kommt oder nicht.[266] Kann aus dem Sachvortrag der Parteien geschlossen werden, der Kündigende habe sich – für den Empfänger erkennbar – auf jeden Fall vom Empfänger der 68

---

[256] LAG Bln 3.10.1988 DB 1989, 1344.

[257] BAG 25.10.2012 NZA 2013, 371; 12.5.2010 AP Nr. 230 zu § 626 BGB = NZA 2010, 1348.

[258] BAG 25.10.2012 AP Nr. 51 zu § 626 BGB Verdacht strafbarer Handlung = NZA 2013, 371; 15.11.2001 AP Nr. 13 zu § 140 BGB = NJW 2002, 2972.

[259] BAG 25.3.2004 AP Nr. 60 zu § 138 BGB.

[260] BAG 23.1.2014 NZA 2014, 895; 7.7.2011 AP Nr. 237 zu § 626 BGB = NZA 2011, 1412.

[261] Vgl. BAG 16.3.1978 AP Nr. 15 zu § 102 BetrVG 1972; 20.9.1984 AP Nr. 80 zu § 626 BGB; zur Umdeutung einer außerordentlichen Kündigung in eine ebensolche mit Auslauffrist vgl. BAG 18.10.2000 AP Nr. 9 zu § 626 BGB Krankheit.

[262] BAG 26.3.2015 AP Nr. 7 zu § 626 BGB Unkündbarkeit = NZA 2015, 866.

[263] BAG 8.6.2000 AP Nr. 163 zu § 626 BGB = NZA 2000, 1282; 12.7.1984 AP Nr. 32 zu § 102 BetrVG 1972; 20.9.1984 AP Nr. 80 zu § 626 BGB; 16.3.1978 AP Nr. 15 zu § 102 BetrVG 1972.

[264] BAG 23.10.2008 AP Nr. 217 zu § 626 BGB.

[265] BAG 27.6.2019 AP Nr. 276 zu § 626 BGB = NZA 2019, 1343.

[266] BAG 15.11.2001 AP Nr. 13 zu § 140 BGB = NJW 2002, 2972; dazu *Vossen* RdA 2003, 181.

Kündigung trennen wollen, hat das Gericht § 140 BGB anzuwenden. Die Umdeutung tritt kraft Gesetzes ein, sie ist Bestandteil der richterlichen Rechtsfindung. Nur wenn keine Tatsachen vorliegen, aus denen auf eine Umdeutung geschlossen werden kann, hat sie zu unterbleiben. Scheitert eine Umdeutung aus formellen Gründen, können die Kündigungsgründe später noch zur Rechtfertigung einer anderen Kündigung angeführt werden.[267] Ist im Kündigungsschutzrechtsstreit entschieden, dass das Arbeitsverhältnis durch eine bestimmte Kündigung nicht aufgelöst worden ist, kann der AG eine erneute Kündigung jedoch nicht auf solche Gründe stützen, die im früheren Prozess materiellrechtlich geprüft worden sind.[268]

§ 124. Unterrichtung der Arbeitnehmervertretung

Übersicht

I. Anhörung des Betriebsrats

1 **1. Sinn und Zweck.** Nach § 102 BetrVG hat der AG den BR vor jeder Kündigung über die Gründe für die Kündigung zu unterrichten. Ziel dieser Vorschrift ist, dem BR Gelegenheit zu geben, auf den Kündigungsentschluss des AG Einfluss zu nehmen und in geeigneten Fällen dazu beizutragen, dass die Kündigung unterbleibt.[1] Soweit dieser präventive Kündigungsschutz nicht durchgreift, kann der BR mit einem Widerspruch die individuelle Rechtsstellung des AN im Kündigungsschutzprozess verbessern (§ 1 II 2 Nr. 1 Hs. 2 KSchG) und diesem unter den Voraussetzungen des § 102 V 1 BetrVG die Weiterbeschäftigung bis zum rechtskräftigen Abschluss des Kündigungsschutzverfahrens ermöglichen.[2] Die Betriebsratsanhörung nach § 102 I BetrVG zielt dagegen nicht darauf ab, dem BR Gelegenheit zu geben, die Wirksamkeit der beabsichtigten Kündigung zu überprüfen.[3] Die Anhörungspflicht besteht unabhängig von der Betriebsgröße grundsätzlich in allen Betrieben, in denen ein BR gewählt worden ist.

[267] BAG 25.11.1982 AP Nr. 10 zu § 9 KSchG 1969.
[268] BAG 26.8.1993 AP Nr. 113 zu § 626 BGB = NZA 1994, 70.
[1] BAG 13.6.2019 AP Nr. 55 zu § 17 KSchG 1969 = NZA 2019, 1638; 22.9.2016 AP Nr. 14 zu § 85 SGB IX = NZA 2017, 304; APS/*Koch* BetrVG § 102 Rn. 2.
[2] BAG 25.5.2016 AP Nr. 170 zu § 102 BetrVG 1972 mkritAnm *Nägele* = NZA 2016, 1140.
[3] BAG 22.9.2016 AP Nr. 14 zu § 85 SGB IX = NZA 2017, 304;13.12.2012 AP Nr. 23 zu § 620 BGB Kündigungserklärung.

2. Geltungsbereich. a) Territorialitätsprinzip. Die Unterrichtungspflicht nach § 102 I BetrVG gilt nach dem Territorialitätsprinzip in allen in der Bundesrepublik Deutschland bestehenden Betrieben, auch wenn sie ausländischen Unternehmen gehören oder von der Kündigung ausländische AN betroffen sind.[4] Andererseits findet das BetrVG keine Anwendung für im Ausland gelegene Betriebe deutscher Unternehmen.[5] Die Anhörungspflicht besteht mithin nicht bei AN, die dauernd ins Ausland entsandt worden sind. Hingegen liegt eine Zuordnung zu einer (inländischen) Arbeitsorganisation vor, wenn der AN hinsichtlich Zeit, Dauer, Ort und Inhalt der übernommenen Dienste einem umfassenden Weisungsrecht von Personen unterliegt, die in der im Inland gelegenen Betriebsstätte tätig sind.[6] 2

b) Tendenzunternehmen. Das Anhörungsrecht besteht auch in Tendenzunternehmen (→ § 214 Rn. 17).[7] Dem BR sind bei der beabsichtigten Kündigung eines Tendenzträgers auch tendenzbezogene Gründe mitzuteilen. Bei einem Widerspruch des BR besteht in diesen Fällen allerdings kein Weiterbeschäftigungsanspruch nach § 102 V BetrVG.[8] 3

c) Insolvenz. Durch die Eröffnung des Insolvenzverfahrens wird § 102 BetrVG nicht ausgeschlossen. Nach Eröffnung des Insolvenzverfahrens hat der Insolvenzverwalter das Unterrichtungsverfahren nach § 102 BetrVG zu beachten. Eine Betriebsratsanhörung nach § 102 I BetrVG ist auch dann erforderlich, wenn der Betrieb nach Insolvenzeröffnung stillgelegt worden ist, weil alle AN aufgrund ihres geltend gemachten Zurückbehaltungsrechts keine Arbeitsleistung mehr erbringen. Auch wenn die Amtszeit des BR an sich wegen einer Betriebsstilllegung endet, bleibt der BR aber gem. § 21b BetrVG so lange im Amt, wie das zur Wahrnehmung der damit im Zusammenhang stehenden Mitwirkungs- und Mitbestimmungsrechte erforderlich ist. Dieses Restmandat umfasst nicht nur die sich aus §§ 111 ff. BetrVG ergebenden Beteiligungsrechte, sondern erstreckt sich auch auf die Beteiligung nach § 102 BetrVG.[9] 4

d) Arbeitskampf. Eine während eines Streiks erklärte arbeitgeberseitige Kündigung bedarf zu ihrer Wirksamkeit der vorherigen Anhörung des BR, wenn die Kündigung aus anderen als arbeitskampfbedingten Gründen erfolgt.[10] Eine Einschränkung der Beteiligungsrechte des BR ist nicht erforderlich, wenn die Kündigung zwar während eines Arbeitskampfs ausgesprochen werden soll, aber nichts mit der Kampfabwehr zu tun hat und keine Wirkung auf das Kampfgeschehen entfaltet. Der BR ist daher auch vor betriebsbedingten Kündigungen, die keine Kampfkündigungen sind, gem. § 102 I BetrVG zu unterrichten.[11] Eine Einschränkung des Beteiligungsrechts nach § 102 BetrVG kommt nur bei einer sog. Kampfkündigung in Betracht, wenn die Kündigung durch den Arbeitskampf bedingt ist (zB durch einen wilden Streik).[12] 5

e) Kündigung auf Verlangen des Betriebsrats. Verlangt der BR die Entlassung eines AN nach § 104 BetrVG und kommt der AG dem alsbald nach, ist eine weitere Anhörung nach § 102 BetrVG nicht notwendig, weil in dem Verlangen des BR bereits dessen Zustimmung zur Kündigung zu sehen ist.[13] Wenn es sich bei dem zu entlassenden AN um eine durch § 103 I BetrVG geschützte Person handelt, liegt im Entlassungsverlangen des BR auch dessen Zustimmung zur außerordentlichen Kündigung dieses AN gem. § 103 I BetrVG.[14] 6

3. Kündigung von Arbeitnehmern. a) Allgemeines. Die Unterrichtung des BR nach § 102 BetrVG hat vor der Kündigung des AN zu erfolgen. AN iSd BetrVG sind Arbeiter und Angestellte sowie die zu ihrer Berufsausbildung Beschäftigten (§ 5 I BetrVG). Erfasst sind demzufolge auch Probe- und Aushilfsbeschäftigte.[15] Eine Unterrichtung des BR ist auch vor der Kün- 7

[4] BAG 9.11.1977 AP Nr. 13 zu Internat. Privatrecht, Arbeitsrecht; 30.4.1987 AP Nr. 15 zu § 12 SchwbG = NZA 1988, 135.

[5] BAG 21.10.1980 AP Nr. 17 zu Internat. Privatrecht, Arbeitsrecht = NJW 1981, 1175; 30.4.1987 AP Nr. 15 zu § 12 SchwbG = NZA 1988, 135; APS/*Koch* BetrVG § 102 Rn. 11.

[6] BAG 24.5.2018 AP Nr. 171 zu § 102 BetrVG 1972 = NZA 2018, 1396; näher *Herfs-Röttgen* NZA 2018, 150 (151).

[7] Dazu APS/*Koch* BetrVG § 102 Rn. 16 ff.

[8] BAG 7.11.1975 AP Nr. 4 zu § 118 BetrVG 1972; BVerfG 6.11.1979 AP Nr. 14 zu § 118 BetrVG 1972.

[9] BAG 25.10.2007 AP Nr. 333 zu § 613a BGB = NZA-RR 2008, 367.

[10] BAG 6.3.1979 AP Nr. 20 zu § 102 BetrVG 1972.

[11] BAG 14.2.1978 AP Nr. 60 zu Art. 9 GG Arbeitskampf.

[12] Vgl. APS/*Koch* BetrVG § 102 Rn. 15; KR/*Rinck* BetrVG § 102 Rn. 32; Richardi BetrVG/*Thüsing* § 102 Rn. 50; iErg auch BAG 7.12.1979 AP Nr. 21 zu § 102 BetrVG 1972.

[13] BAG 28.3.2017 AP Nr. 2 zu § 104 BetrVG 1972 = NZA 2017, 985; 15.5.1997 AP Nr. 1 zu § 104 BetrVG 1972 = NZA 1997, 1106.

[14] BAG 15.5.1997 AP Nr. 1 zu § 104 BetrVG 1972 = NZA 1997, 1106.

[15] APS/*Koch* BetrVG § 102 Rn. 5 f.

digung des Rechtsverhältnisses eines Heimarbeiters, der hauptsächlich für den Betrieb arbeitet, erforderlich.[16] **Leiharbeitnehmer** bleiben nach § 14 I AÜG auch während der Zeit ihrer Arbeitsleistung bei einem Entleiher Angehörige des entsendenden Betriebs des Verleihers. Demzufolge ist vor dem Kündigungsausspruch der beim überlassenden AG gebildete BR zu beteiligen.[17]

8 **b) Leitende Angestellte.** Vor der Kündigung eines leitenden Angestellten (§ 5 III BetrVG) ist der BR nicht nach § 102 I BetrVG zu unterrichten, sondern lediglich nach § 105 BetrVG über die beabsichtigte Kündigung zu informieren. Eine Verletzung der Informationspflicht hat auf die Kündigung keinen Einfluss.[18] Die Vereinbarung einer Probezeit mit einem leitenden Angestellten ändert nichts an dessen Status, wenn die Probezeit dazu dienen soll, seine persönliche Eignung gerade im Hinblick auf die Aufgaben zu erproben, die seine Stellung als leitender Angestellter begründen. Wird dagegen ein AN eingestellt, dem erst nach Ablauf der Probezeit die Position eines leitenden Angestellten übertragen werden soll, bleibt das Anhörungsrecht des BR bis dahin bestehen.[19] Im Kündigungsschutzprozess ist ggf. als Vorfrage zu prüfen, ob der gekündigte AN leitender Angestellter iSv § 5 III BetrVG ist (dazu → § 212 Rn. 15 ff.).[20] Dies gilt auch dann noch, wenn ein Zuordnungsverfahren nach § 18a BetrVG stattgefunden hat, weil dies allein Bedeutung für die Betriebsratswahl hat. Der AN kann im Kündigungsschutzprozess unabhängig von der bisherigen Einlassung des BR oder seiner eigenen Stellungnahme geltend machen, er sei kein leitender Angestellter.[21] Die Mitteilung der Kündigungsabsicht nach § 105 BetrVG stellt noch nicht die Einleitung des Anhörungsverfahrens nach § 102 I BetrVG dar; vielmehr ist eine Aufforderung zur Stellungnahme notwendig, wenngleich nicht das Wort Anhörung gebraucht werden muss.[22] Zur Anhörung des Sprecherausschusses der leitenden Angestellten → Rn. 69 ff.

9 **c) Arbeitsverhältnis außerhalb des KSchG.** Die Anhörungspflicht nach § 102 I 2 BetrVG besteht auch bei einer Kündigung innerhalb der sechsmonatigen Wartezeit des § 1 I KSchG und in Kleinbetrieben bis zu zehn AN (§ 23 I KSchG), wenn dort ein BR gewählt ist.[23] Zum Inhalt der Unterrichtung in diesen Fällen → Rn. 20. Ob der BR auch dann zu beteiligen ist, wenn bereits **vor Dienstantritt** gekündigt werden soll, ist umstritten. Gegen eine Anhörungspflicht in diesem Fall spricht, dass der AN zu diesem Zeitpunkt (noch) nicht in den Betrieb eingegliedert und deshalb nicht AN des Betriebs iSv § 102 BetrVG ist.[24]

10 **4. Anhörung vor jeder Kündigung. a) Allgemeines.** Erforderlich ist die Unterrichtung des BR vor jeder Kündigung eines AN. § 102 BetrVG gilt damit bei der **ordentlichen, außerordentlichen und der Änderungskündigung** (→ Rn. 30). Die vorherige Anhörung ist auch im Eilfall notwendig.[25] Im Falle der Kündigung eines GmbH-Geschäftsführers bedarf es vor der Kündigung keiner Betriebsratsanhörung nach § 102 I BetrVG, weil der Geschäftsführer einer GmbH gem. § 5 II Nr. 1 BetrVG nicht AN iSd BetrVG ist, mag er auch auf arbeitsvertraglicher Grundlage beschäftigt werden. Zu leitenden Angestellten → Rn. 8. Will der AG außerordentlich, **hilfsweise ordentlich kündigen,** muss er dies in der Betriebsratsanhörung grundsätzlich klarstellen und den BR zu beiden Kündigungen anhören.[26] Dabei hat der AG zu beachten, dass § 102 II BetrVG für die ordentliche und außerordentliche Kündigung unterschiedliche Äußerungsfristen des BR vorsieht (→ Rn. 34). Von diesem Grundsatz hat das BAG eine Ausnahme dann zugelassen, wenn der lediglich zur außerordentlichen Kündigung angehörte BR dieser ausdrücklich und vorbehaltslos zugestimmt hat und auch aus sonstigen Umständen nicht zu ersehen ist, dass der BR im Falle der Unwirksamkeit der außerordentlichen Kündigung einer ordentlichen entgegengetreten wäre.[27] Ebenso muss der AG im Falle einer **Verdachtskündigung** klarstellen, dass er (auch) gerade wegen des Verdachts einer schwerwiegenden Pflichtver-

[16] BAG 7.11.1995 AP Nr. 74 zu § 102 BetrVG 1972 = NZA 1996, 380.
[17] BAG 24.5.2018 AP Nr. 171 zu § 102 BetrVG 1972 = NZA 2018, 1396.
[18] BAG 7.12.1979 AP Nr. 21 zu § 102 BetrVG 1972.
[19] BAG 25.3.1976 AP Nr. 13 zu § 5 BetrVG 1972.
[20] Dazu BAG 25.10.2001 EzA Nr. 64 zu § 5 BetrVG 1972 = NZA 2002, 584.
[21] BAG 19.8.1975 AP Nr. 1 zu § 105 BetrVG 1972.
[22] BAG 7.12.1979 AP Nr. 21 zu § 102 BetrVG 1972.
[23] StRspr, vgl. BAG 22.9.2005 AP Nr. 20 zu § 1 KSchG 1969 Wartezeit = NZA 2006, 429.
[24] APS/*Koch* BetrVG § 102 Rn. 30; KR/*Rinck* BetrVG § 102 Rn. 35; aA LAG Frankfurt 31.5.1985 LAGE § 5 BetrVG 1972 Nr. 14; Richardi BetrVG/*Thüsing* § 102 Rn. 15.
[25] BAG 29.3.1977 AP Nr. 11 zu § 102 BetrVG 1972; 13.12.1975 AP Nr. 7 zu § 102 BetrVG 1972.
[26] BAG 10.11.2005 AP Nr. 196 zu § 626 BGB = NZA 2006, 491.
[27] BAG 16.3.1978 AP Nr. 15 zu § 102 BetrVG 1972.

letzung kündigen möchte (→ Rn. 26). Vor der Erteilung von **Abmahnungen** ist der BR nicht zu beteiligen.[28]

b) Wiederholungskündigung. Eine Anhörung nach § 102 I BetrVG entfaltet grundsätzlich nur für die Kündigung Wirksamkeit, für die das Unterrichtungsverfahren eingeleitet worden ist. Das durch die ordnungsgemäße Anhörung erworbene Recht zum Ausspruch der Kündigung ist durch den Zugang der Kündigung **verbraucht.**[29] Eine erneute Anhörung des BR ist deshalb erforderlich, wenn der AG wegen Bedenken gegen die Wirksamkeit der ersten Kündigung vorsorglich eine weitere Kündigung erklärt.[30] Hierbei kann der AG das Anhörungsformular benutzen, das sich auf die bereits erklärte Kündigung bezog, wenn – etwa durch eine Umdatierung – für den BR erkennbar ist, dass sich die Anhörung auf eine weitere noch auszusprechende Kündigung bezieht.[31] Geht die Kündigung, zu der der BR ordnungsgemäß angehört worden ist, dem AN nicht zu und erklärt der AG deshalb eine neue Kündigung, die er auf denselben Sachverhalt stützt, zu welchem der BR bereits ordnungsgemäß angehört worden ist, bedarf es keiner erneuten Anhörung, weil die Kündigung wegen fehlenden Zugangs noch nicht wirksam geworden ist (§ 130 I BGB).[32] 11

5. Zuständiger Betriebsrat. a) Grundsatz. Der AG hat den BR des Betriebs anzuhören, dem der zu kündigende AN angehört.[33] Ist erstmals im Betrieb ein BR gewählt worden, beginnt die Unterrichtungspflicht mit der konstituierenden Sitzung.[34] Bei einer Neuwahl ist entweder der ausscheidende oder der neue BR zu hören. Dies richtet sich nach der Amtszeit (→ § 219 Rn. 1 ff.). Keine Anhörungspflicht besteht, wenn ein BR nicht gewählt oder seine Wahl nichtig ist (anders bei bloßer Anfechtbarkeit[35]). Die Nichtigkeit kann auch inzidenter im Kündigungsschutzprozess festgestellt werden.[36] Ist ein BR für die Dauer der Äußerungsfristen des § 102 II BetrVG beschlussunfähig iSd § 33 II BetrVG, weil in dieser Zeit mehr als die Hälfte der Betriebsratsmitglieder an der Amtsausübung verhindert sind und nicht durch Ersatzmitglieder vertreten werden können, nimmt der Restbetriebsrat in entsprechender Anwendung des § 22 BetrVG die Mitbestimmungsrechte aus § 102 II BetrVG wahr.[37] 12

b) Sonderfälle. Der **GBR** ist grundsätzlich nicht zuständig für das Verfahren nach § 102 BetrVG.[38] In betriebsratslosen Betrieben ist nicht ein etwaiger GBR nach § 50 I 1 BetrVG anzuhören, denn die Unterrichtung nach § 102 I BetrVG ist grundsätzlich keine originäre Angelegenheit des GBR.[39] Eine Zuständigkeit des GBR kommt lediglich dann in Betracht, wenn ein Arbeitsverhältnis mehreren Betrieben des Unternehmens gleichzeitig zuzuordnen ist.[40] Widerspricht der AN einem Betriebsübergang und scheidet er deshalb aus diesem Betrieb aus, ohne dass ihn der bisherige Betriebsinhaber einem anderen Betrieb seines Unternehmens zuordnet, begründet dies noch nicht die Zuständigkeit des GBR.[41] Eine Anhörung des BR auf der Grundlage eines **Restmandats** iSv § 21b BetrVG kommt nur bei einem hinreichenden Bezug zu Aufgaben im Zusammenhang mit der Spaltung in Betracht.[42] Hieran fehlt es, wenn der Betrieb unter Wahrung seiner Identität im Wege des **Betriebsübergangs** nach § 613a BGB auf den Betriebserwerber übergeht. In diesem Fall behält der BR uneingeschränkt das ihm durch Wahl übertragene Vollmandat zur Vertretung der dem Betrieb zugehörigen AN und zur Wah- 13

[28] BAG 17.9.2013 AP Nr. 76 zu § 80 BetrVG 1972 = NZA 2014, 269.
[29] BAG 3.4.2008 AP Nr. 159 zu § 102 BetrVG 1972 = NZA 2008, 807 mwN; krit. dazu APS/*Koch* BetrVG § 102 Rn. 26.
[30] BAG 5.9.2002 AP Nr. 1 zu § 78 LPVG Sachsen.
[31] BAG 3.4.2008 AP Nr. 159 zu § 102 BetrVG 1972 = NZA 2008, 807.
[32] BAG 6.2.1997 EzA Nr. 95 zu § 102 BetrVG 1972; iErg auch BAG 11.10.1989 AP Nr. 55 zu § 102 BetrVG 1972 = NZA 1990, 748.
[33] BAG 8.5.2014 AP Nr. 205 zu § 1 KSchG 1969 Betriebsbedingte Kündigung = NZA 2015, 889; 24.5.2012 AP Nr. 194 zu § 1 KSchG 1969 Betriebsbedingte Kündigung = NZA 2013, 277; 12.5.2005 AP Nr. 145 zu § 102 BetrVG 1972 = NZA 2005, 1358.
[34] BAG 23.8.1984 AP Nr. 36 zu § 102 BetrVG 1972 = NZA 1985, 566.
[35] BAG 23.3.2006 AP Nr. 13 zu § 1 KSchG 1969 Konzern = NZA 2007, 30.
[36] Vgl. LAG Köln 13.5.1993 LAGE § 611 BGB Beschäftigungspflicht Nr. 35.
[37] BAG 18.8.1982 AP Nr. 24 zu § 102 BetrVG 1972 = NJW 1983, 2832.
[38] BAG 24.5.2012 NZA 2013, 277.
[39] APS/*Koch* BetrVG § 102 Rn. 73.
[40] BAG 21.3.1996 AP Nr. 81 zu § 102 BetrVG 1972 = NZA 1996, 974.
[41] BAG 21.3.1996 AP Nr. 81 zu § 102 BetrVG 1972 = NZA 1996, 974.
[42] BAG 24.9.2015 AP Nr. 10 zu § 626 BGB Unkündbarkeit = NZA 2016, 366; 24.5.2012 AP Nr. 194 zu § 1 KSchG 1969 Betriebsbedingte Kündigung = NZA 2013, 277.

rung seiner betriebsverfassungsrechtlichen Aufgaben. Auch wenn einzelne AN dem Übergang ihres Arbeitsverhältnisses auf den Betriebserwerber widersprechen, ist dies für sich genommen kein Vorgang, an den ein Restmandat anknüpfen könnte. Insbesondere wird der Betrieb aufgrund solcher Erklärungen nicht „gespalten". In diesem Fall besteht auch kein **Übergangsmandat** nach § 21a BetrVG.[43] Hat ein öffentlicher AG einen AN einer in der Rechtsform einer GmbH gebildeten **Arbeitsgemeinschaft zur Wahrnehmung der Aufgaben der Grundsicherung** für Arbeitssuchende zugewiesen, hat er vor der Kündigung des Arbeitsverhältnisses grundsätzlich nur den bei ihm errichteten PR zu beteiligen und nicht (auch) den bei der GmbH gebildeten BR gemäß § 102 I BetrVG anzuhören.[44]

14 **6. Zeitpunkt der Anhörung.** Das Anhörungsverfahren ist vor der Verwirklichung der Kündigungsabsicht des AG einzuleiten,[45] dh die Anhörung muss stets vor der Absendung des Kündigungsschreibens durchgeführt sein.[46] Das schließt nicht aus, dass der AG bereits vor der Unterrichtung des BR seinen Kündigungsentschluss gefasst hat. Es genügt, dass die Kündigung vor Abschluss des Anhörungsverfahrens den Einflussbereich des AG noch nicht verlassen hat, denn dann ist nicht auszuschließen, dass es dem BR doch noch gelingt, auf den Kündigungswillen des AG einzuwirken.[47] Hat der BR zu der Kündigungsabsicht bis zum letzten Tag der Frist des § 102 II 1 BetrVG nicht Stellung genommen, führt es nicht zur Unwirksamkeit der Kündigung, wenn der AG bereits am letzten Tag der Äußerungsfrist bei Dienstschluss das Kündigungsschreiben einem Kurierdienst übergeben und gleichzeitig dafür gesorgt hat, dass eine Zustellung erst so spät erfolgt, dass er sie noch verhindern kann, wenn der BR wider Erwarten noch in den letzten Stunden des letzten Tages der Frist zu der Kündigungsabsicht Stellung nimmt.[48] Nicht ausreichend ist es, wenn der AG eine Kündigung nur in Erwägung zieht und damit die **Anhörung „auf Vorrat"** erfolgt.[49] Eine Anhörung des BR, die unter dem Vorbehalt weiterer Entwicklungen steht, widerspricht dem Zweck des Gesetzes, dem BR Gelegenheit zu geben, auf den Kündigungsentschluss Einfluss zu nehmen.[50] Hängt die Frage, ob der AG eine Änderungskündigung oder eine Beendigungskündigung aussprechen kann, allein davon ab, ob der AN einem Betriebsübergang widerspricht oder nicht, genügt der AG seiner nach § 102 BetrVG bestehenden Unterrichtungspflicht, wenn er dem BR mitteilt, er wolle im Fall des Widerspruchs eine Beendigungskündigung und andernfalls eine Änderungskündigung erklären.[51] Der Mangel der Anhörung wird nicht dadurch geheilt, dass der BR einer vorher ausgesprochenen Kündigung nachträglich zustimmt. Eine nachträgliche Anhörung kann auch nicht das Anhörungsverfahren für eine neue Kündigung ersetzen.[52] Bedarf die Kündigung der vorherigen Zustimmung einer Behörde (zB nach § 168 SGB IX oder § 18 BEEG), kann die Betriebsratsanhörung bereits vor der Zustimmung oder Zulässigkeitserklärung der zuständigen Behörde erfolgen (→ Rn. 23).[53]

15 **7. Durchführung der Unterrichtung. a) Grundsätze.** Die Anhörung des BR nach § 102 I BetrVG ist eine rechtsgeschäftsähnliche Handlung. Sie kann **mündlich,**[54] **telefonisch**[55] **oder schriftlich** erfolgen. Bei schriftlichen Unterrichtungen ist das Unterrichtungsverfahren eingeleitet, wenn dem BR das Anhörungsschreiben zugegangen ist (§ 130 I BGB).[56] Bedient sich der AG eines Vertreters oder Boten, kann der BR die Unterrichtung **nicht analog § 174 S. 1 BGB** zurückweisen, wenn der Anhörung kein Vollmachtsnachweis beigefügt ist.[57] Hat der BR Zweifel

---

[43] BAG 24.9.2015 AP Nr. 10 zu § 626 BGB Unkündbarkeit = NZA 2016, 366; 8.5.2014 AP Nr. 205 zu § 1 KSchG 1969 Betriebsbedingte Kündigung = NZA 2015, 889; *Hidalgo/Kobler* NZA 2014, 290 (291).
[44] BAG 9.6.2011 AP Nr. 164 zu § 102 BetrVG 1972.
[45] BAG 9.9.2010 ZTR 2011, 113.
[46] BAG 1.4.1976 AP Nr. 8 zu § 102 BetrVG 1972; 13.11.1975 AP Nr. 7 zu § 102 BetrVG 1972.
[47] BAG 13.12.2012 AP Nr. 23 zu § 620 BGB Kündigungserklärung.
[48] BAG 24.9.2015 AP Nr. 10 zu § 626 BGB Unkündbarkeit = NZA 2016, 366; 8.4.2003 AP Nr. 133 zu § 102 BetrVG 1972 = NZA 2003, 961.
[49] BAG 17.3.2016 AP Nr. 26 zu § 1 KSchG 1969 Namensliste mAnm *Salamon* = NZA 2016, 1072; APS/*Koch* BetrVG § 102 Rn. 63.
[50] BAG 27.11.2003 AP Nr. 136 zu § 102 BetrVG 1972.
[51] BAG 22.4.2010 NZA-RR 2010, 583.
[52] BAG 15.12.1994 AP Nr. 67 zu § 1 KSchG 1969 Betriebsbedingte Kündigung = NZA 1995, 521.
[53] BAG 25.4.2013 AP Nr. 1 zu § 343 InsO; 23.10.2008 AP Nr. 18 zu § 1 KSchG 1969 Namensliste.
[54] BAG 5.4.2001 AP Nr. 32 zu § 99 BetrVG 1972 Einstellung = NZA 2001, 893; auch bei komplexen Sachverhalten BAG 6.2.1997 AP Nr. 85 zu § 102 BetrVG 1972 = NZA 1997, 656.
[55] BAG 13.12.2012 AP Nr. 166 zu § 102 BetrVG 1972 = NZA 2013, 669.
[56] BAG 6.10.2005 AP Nr. 150 zu § 102 BetrVG 1972 = NZA 2006, 990; 23.1.2001 – 1 ABR 19/00, AR-Blattei ES 15 000 Nr. 72; APS/*Koch* BetrVG § 102 Rn. 85.
[57] BAG 25.4.2013 AP Nr. 1 zu § 343 InsO; 13.12.2012 AP Nr. 166 zu § 102 BetrVG 1972 = NZA 2013, 669.

an der Boten- oder Vertreterstellung oder bezweifelt er, dass dieser seine Einwände zur Kenntnis nimmt und an den AG weiterleitet, kann er seine Einwände dem AG unmittelbar mitteilen. Das Anhörungsverfahren ist grundsätzlich während der Arbeitszeit einzuleiten. Allerdings kann der Betriebsratsvorsitzende die Mitteilung über die Einleitung auch außerhalb seiner Arbeitszeit entgegennehmen. Alsdann läuft auch die Anhörungsfrist. Der Betriebsratsvorsitzende kann eine Mitteilung außerhalb der Arbeitszeit aber auch zurückweisen. In diesem Fall beginnt die Frist ab Zugang während der Arbeitszeit.[58] Eine Verpflichtung, dem BR vorhandene **schriftliche Unterlagen auszuhändigen,** besteht im Allgemeinen nicht.[59] Der AG ist bei verhaltensbedingten Kündigungen nicht verpflichtet, dem BR **Beweismittel** für die Richtigkeit der Kündigungsgründe vorzulegen.[60] Die **Art der beabsichtigten Kündigung ist stets anzugeben** (ordentliche, außerordentliche, außerordentliche mit Auslauffrist, Änderungskündigung).[61]

b) Betriebsratsvorsitzender als Erklärungsempfänger. Zur Entgegennahme einer schriftlichen Unterrichtung über die beabsichtigte Kündigung ist der Betriebsratsvorsitzende (§ 26 II 2 BetrVG) berechtigt und verpflichtet.[62] Im Falle der Verhinderung hat die Unterrichtung gegenüber dem Stellvertreter (§ 26 III BetrVG)[63] oder, sofern für die Anhörung ein besonderer Ausschuss gebildet worden ist (§ 27 III BetrVG), dem Ausschuss bzw. seinem Vorsitzenden zu erfolgen.[64] Nur dann, wenn kein zur Entgegennahme Berechtigter vorhanden ist (etwa bei Urlaubsabwesenheit und fehlender Vertretungsregelung), ist jedes Betriebsratsmitglied berechtigt und verpflichtet, Erklärungen des AG für den BR entgegenzunehmen.[65] 16

8. Subjektive Determinierung. a) Grundsatz. Der AG hat dem BR die aus seiner Sicht tragenden Kündigungsgründe mitzuteilen, sog. „subjektive Determinierung" der Unterrichtungspflicht.[66] Dem kommt er dann nicht nach, wenn er dem BR einen schon aus seiner eigenen Sicht unrichtigen oder unvollständigen Sachverhalt darstellt.[67] Eine zwar vermeidbare, aber unbewusst erfolgte, „bloß" objektive Fehlinformation führt dagegen für sich genommen nicht zur Unwirksamkeit der Kündigung.[68] Maßgeblich ist, ob der AG subjektiv gutgläubig und trotz objektiv falscher Unterrichtung dem Sinn und Zweck der Betriebsratsanhörung Genüge getan ist. Dies ist bei einer **unbewussten Falschinformation** dann der Fall, wenn sich der Inhalt der Unterrichtung mit dem tatsächlichen Kenntnisstand des AG deckt und der BR damit auf derselben Tatsachenbasis wie dieser auf dessen Kündigungsabsicht einwirken kann. Unerheblich ist deshalb, ob der AG bei größerer Sorgfalt die richtige Sachlage hätte kennen können.[69] An die Mitteilungspflicht sind daher nicht dieselben Anforderungen zu stellen wie an die Darlegung des AG im Prozess.[70] Die subjektive Überzeugung des AG von der Relevanz oder Irrelevanz bestimmter Umstände ist für den Umfang der Unterrichtung nach § 102 I 2 BetrVG allerdings dann nicht maßgeblich, wenn dadurch der **Zweck der Betriebsratsanhörung** (→ Rn. 1) **verfehlt würde.** Der AG darf ihm bekannte Umstände, die sich bei objektiver Betrachtung zugunsten des AN auswirken können, dem BR nicht deshalb vorenthalten, weil sie für seinen eigenen Kündigungsentschluss nicht von Bedeutung waren. In diesem Sinne ist die Betriebsratsanhörung – ausgehend vom subjektiven Kenntnisstand des AG – auch objektiv, dh durch Sinn und Zweck der Anhörung determiniert (zu Sozialdaten → Rn. 21).[71] So ist eine Unterrichtung des BR nicht mehr 17

[58] BAG 27.8.1982 AP Nr. 25 zu § 102 BetrVG 1972 = NJW 1983, 2835.
[59] BAG 28.6.2007 AP Nr. 27 zu § 307 BGB = NZA 2007, 1049; 10.11.2005 AP Nr. 42 zu § 1 KSchG 1969 Krankheit = NZA 2006, 655; 6.2.1997 AP Nr. 85 zu § 102 BetrVG 1972 = NZA 1997, 656.
[60] BAG 26.1.1995 AP Nr. 69 zu § 102 BetrVG 1972 = NZA 1995, 672.
[61] BAG 26.3.2015 AP Nr. 253 zu § 626 BGB = NZA 2015, 1180; 29.8.1991 AP Nr. 58 zu § 102 BetrVG 1972 = NZA 1992, 416.
[62] BAG 6.10.2005 AP Nr. 150 zu § 102 BetrVG 1972 = NZA 2006, 990.
[63] Dazu BAG 7.7.2011 AP Nr. 165 zu § 102 BetrVG 1972 = NZA 2011, 1108.
[64] APS/*Koch* BetrVG § 102 Rn. 77.
[65] BAG 27.6.1985 AP Nr. 37 zu § 102 BetrVG 1972 = NZA 1985, 426.
[66] Vgl. BAG 17.3.2016 AP Nr. 26 zu § 1 KSchG 1969 Namensliste mAnm *Salamon* = NZA 2016, 1072; 19.7.2012 AP Nr. 22 zu § 1 KSchG 1969 Namensliste = NZA 2013, 86.
[67] BAG 22.9.2016 AP Nr. 14 zu § 85 SGB IX = NZA 2017, 304; 17.3.2016 AP Nr. 26 zu § 1 KSchG 1969 Namensliste = NZA 2016, 1072; 19.11.2015 NZA 2016, 540; 16.7.2015 AP Nr. 169 zu § 102 BetrVG 1972 = NZA 2016, 99; 23.10.2014 AP Nr. 168 zu § 102 BetrVG 1972 = NZA 2015, 476.
[68] BAG 21.11.2013 AP Nr. 53 zu § 626 BGB Verdacht strafbarer Handlung = NZA 2014, 243; 12.9.2013 AP Nr. 167 zu § 102 BetrVG 1972 = NZA 2013, 1412.
[69] BAG 16.7.2015 AP Nr. 169 zu § 102 BetrVG 1972 = NZA 2016, 99.
[70] BAG 3.11.2011 AP Nr. 65 zu § 1 KSchG 1969 Verhaltensbedingte Kündigung = NZA 2012, 607.
[71] BAG 22.9.2016 AP Nr. 14 zu § 85 SGB IX = NZA 2017, 304.

von der subjektiven Determinierung gedeckt, wenn der AG diesem für dessen Beurteilung bedeutsame, zuungunsten des AN sprechende, objektiv unzutreffende Tatsachen mitteilt, von denen er selbst durchaus für möglich hält, dass sie nicht der Wahrheit entsprechen.[72] Der AG ist im Rahmen der Betriebsratsanhörung aber nicht verpflichtet, die Richtigkeit dokumentierter Daten zu überprüfen (dazu auch → Rn. 21).[73] Hat der AG den Kündigungssachverhalt zutreffend geschildert, darf er daraus tatsächliche oder rechtliche Schlussfolgerungen ziehen. Ob diese – für den BR erkennbare – Würdigung zutreffend ist, ist keine Frage der Ordnungsgemäßheit der Unterrichtung, sondern eine solche der richterlichen Bewertung im Kündigungsschutzprozess.[74] Dem AG ist es verwehrt, im Kündigungsschutzprozess Gründe nachzuschieben, die über die Erläuterung des mitgeteilten Sachverhalts hinausgehen (dazu → Rn. 40 ff.).[75] Das gilt allerdings nicht für Tatsachen, die der AG dem BR bei der Anhörung zwar nicht mitgeteilt hat, die **diesem aber bekannt sind** (dazu → Rn. 19).[76]

18 **b) Keine Nachforschungspflicht des Betriebsrats.** Über seine Kündigungsgründe hat der AG den BR grundsätzlich so genau und umfassend zu unterrichten, dass er ohne zusätzliche eigene Nachforschungen in der Lage ist, selbst die Stichhaltigkeit der Kündigungsgründe zu prüfen. Die Mitteilungspflicht des AG im Rahmen von § 102 I 2 BetrVG reicht dabei allerdings nicht so weit wie seine Darlegungslast im Prozess.[77] Zu einer vollständigen und wahrheitsgemäßen Unterrichtung des BR gehört auch die Mitteilung über dem AG bekannte und von ihm als für eine Stellungnahme des BR möglicherweise bedeutsam erkannte Tatsachen, die den AN entlasten und gegen den Ausspruch einer Kündigung sprechen können.[78] Der AG genügt der ihm obliegenden Mitteilungspflicht regelmäßig nicht, wenn er den für ihn maßgeblichen Kündigungssachverhalt nur pauschal, schlagwort- oder stichwortartig umschreibt.[79] Für die Auslegung der Unterrichtungserklärung ist von ihrem Wortlaut auszugehen, so wie sie der BR als Erklärungsempfänger unter Würdigung der ihm bekannten Umstände nach Treu und Glauben und unter Berücksichtigung der Verkehrssitte verstehen musste.[80] Vor Ausspruch der Kündigung kann der AG unzureichende Informationen gegenüber dem BR ergänzen.[81] Nachträgliche Informationen können allerdings dazu führen, dass insoweit die Frist für die Stellungnahme des BR gem. § 102 II BetrVG neu zu laufen beginnt.[82]

19 **c) Kenntnis des Betriebsrats.** Kennt der BR die Kündigungsgründe, genügt der AG seiner Unterrichtungspflicht, wenn er dem BR mitteilt, auf welchen kündigungsrechtlich relevanten Tatsachenkomplex die Kündigung gestützt wird.[83] Dazu kann er pauschal auf die bereits bekannten Kündigungsgründe verweisen.[84] Erwähnt der AG zB im Unterrichtungsschreiben nicht den besonderen tariflichen Kündigungsschutz des AN, ist dem BR jedoch aufgrund zeitgleich geführter Verhandlungen über einen Interessenausgleich die Anwendbarkeit des Tarifvertrags ebenso bekannt wie das Lebensalter und die Beschäftigungsdauer des betreffenden Beschäftigten, liegt eine ordnungsgemäße Anhörung iSv § 102 I BetrVG vor.[85] Teilt der AG dem BR zB mit, der AN solle wegen eines bestimmten näher bezeichneten Ereignisses gekündigt werden, und weiß der BR – etwa aufgrund einer **Vorbefassung** –, welche konkreten Vorgänge damit gemeint sind, ist der AG mit den dem BR bekannten Einzelheiten im Prozess nicht präkludiert, auch wenn dem BR die Einzelheiten des Hergangs nicht noch einmal ausdrücklich mitgeteilt

---

[72] BAG 16.7.2015 AP Nr. 169 zu § 102 BetrVG 1972 = NZA 2016, 99.
[73] BAG 24.11.2005 AP Nr. 43 zu § 1 KSchG 1969 Krankheit = NZA 2006, 665.
[74] BAG 7.5.2020 NZA 2020, 1110.
[75] BAG 12.8.2010 AP Nr. 147 zu § 2 KSchG 1969 = NZA 2011, 460; 18.10.2006 AP Nr. 163 zu § 1 KSchG 1969 Betriebsbedingte Kündigung = NZA 2007, 798; 11.12.2003 AP Nr. 65 zu § 1 KSchG 1969 Soziale Auswahl.
[76] BAG 23.2.2012 AP Nr. 190 zu § 1 KSchG 1969 Betriebsbedingte Kündigung = NZA 2012, 992.
[77] BAG 26.3.2015 AP Nr. 208 zu § 1 KSchG 1969 Betriebsbedingte Kündigung = NZA 2015, 1083; 23.10.2014 AP Nr. 168 zu § 102 BetrVG 1972 = NZA 2015, 476.
[78] BAG 5.4.2001 AP Nr. 32 zu § 99 BetrVG 1972 Einstellung = NZA 2001, 893; 22.9.1994 AP Nr. 68 zu § 102 BetrVG 1972 = NZA 1995, 363.
[79] BAG 11.12.2003 AP Nr. 65 zu § 1 KSchG 1969 Soziale Auswahl mwN.
[80] BAG 22.9.2005 AP Nr. 24 zu § 130 BGB = NZA 2006, 204.
[81] BAG 16.7.2015 AP Nr. 255 zu § 626 BGB = NZA 2016, 161; 23.10.2014 AP Nr. 168 zu § 102 BetrVG 1972 = NZA 2015, 476.
[82] BAG 6.2.1997 AP Nr. 85 zu § 102 BetrVG 1972 = NZA 1997, 656.
[83] BAG 23.6.2009 AP Nr. 47 zu § 626 BGB Verdacht strafbarer Handlung = NZA 2009, 1136; 28.8.2003 AP Nr. 134 zu § 102 BetrVG 1972; 11.12.2003 AP Nr. 65 zu § 1 KSchG 1969 Soziale Auswahl.
[84] BAG 19.5.1993 AP Nr. 31 zu § 2 KSchG 1969 = NZA 1993, 1075.
[85] BAG 23.2.2012 AP Nr. 190 zu § 1 KSchG 1969 Betriebsbedingte Kündigung = NZA 2012, 992.

wurden.[86] Dem BR ist grundsätzlich nur das Wissen eines zur Entgegennahme von Erklärungen gem. § 26 III 2 BetrVG berechtigten oder hierzu ausdrücklich ermächtigten Betriebsratsmitglieds (Vorsitzender oder im Verhinderungsfall Stellvertreter) zuzurechnen.[87] Für die bereits vorhandene Kenntnis der Kündigungsgründe ist der AG darlegungs- und beweispflichtig.[88]

9. Kündigung innerhalb der Wartezeit des § 1 I KSchG. Auch wenn die Wartezeit des § 1 I KSchG noch nicht erfüllt ist, hat der AG dem BR vor Ausspruch der Kündigung die Kündigungsgründe mitzuteilen. Hier gilt ebenfalls der Grundsatz der subjektiven Determinierung.[89] Allerdings ist bei der Bestimmung des notwendigen Umfangs der Unterrichtung des BR über die Gründe für eine Wartezeitkündigung dem Umstand Rechnung zu tragen, dass die ersten sechs Monate des Arbeitsverhältnisses der beiderseitigen Überprüfung der Arbeitsvertragsparteien dienen und die Kündigung nicht der sozialen Rechtfertigung bedarf. Hiervon ausgehend ist zwischen Kündigungen, die auf **substantiierbare Tatsachen** gestützt werden, und Kündigungen, die auf personenbezogenen **Werturteilen** beruhen, die sich in vielen Fällen durch Tatsachen nicht näher belegen lassen, **zu differenzieren.** In der ersten Konstellation genügt die Anhörung den Anforderungen des § 102 I BetrVG nur, wenn dem BR die zugrunde liegenden Tatsachen bzw. Ausgangsgrundlagen mitgeteilt werden. In der zweiten Konstellation reicht die Mitteilung allein des Werturteils für eine ordnungsgemäße Betriebsratsanhörung aus. Der AG ist in diesem Fall nicht verpflichtet, im Rahmen des Anhörungsverfahrens nach § 102 I BetrVG sein Werturteil gegenüber dem BR näher zu begründen.[90] Liegen dem subjektiven Werturteil nach Zeit, Ort und Umständen konkretisierbare Tatsachenelemente zugrunde, muss er den BR über diesen Tatsachenkern bzw. die Ansatzpunkte für seine Wertung nicht informieren. Es genügt für eine ordnungsgemäße Anhörung, wenn er allein das Werturteil selbst als das Ergebnis seines Entscheidungsprozesses mitteilt. Dafür können pauschale, schlagwortartige Begründungen ausreichen.[91] Über Unterhaltspflichten und das Lebensalter muss der BR idR nicht unterrichtet werden, weil diese Gesichtspunkte bei vernünftiger Betrachtung weder aus Sicht des AG noch aus Sicht des BR für die Beurteilung der Wirksamkeit einer Wartezeitkündigung eine Rolle spielen können.[92] Will der AG die Kündigung während der ersten sechs Monate allein auf die Minderleistung des AN stützen, braucht er den BR nicht darüber zu unterrichten, dass der AN bereits zuvor auf Krankheitsgründe für die Minderleistung hingewiesen hat.[93] 20

10. Einzelheiten der Unterrichtung. a) Sozialdaten. Der AG muss dem BR mitteilen, 21
wer gekündigt wird.[94] Zu den anzugebenden Sozialdaten gehören jedenfalls bei einer betriebsbedingten Kündigung Alter, Betriebszugehörigkeit sowie regelmäßig auch Unterhaltsverpflichtungen des zu kündigenden AN, soweit sie der AG kennt.[95] Etwas anderes kann bei einer **verhaltensbedingten Kündigung** gelten, wenn es dem AG wegen der Schwere der Kündigungsvorwürfe auf die genauen Daten ersichtlich nicht ankommt, der BR die ungefähren Daten kennt und er daher die Kündigungsabsicht des AG ausreichend beurteilen kann.[96] Der AG ist im Rahmen der Betriebsratsanhörung nicht verpflichtet, die Richtigkeit dokumentierter Daten zu überprüfen. Er kann deshalb mangels anderweitiger Kenntnisse auch von den Eintragungen in der Lohnsteuerkarte ausgehen, hat dies aber dann gegenüber dem BR deutlich zu machen.[97]

---

[86] BAG 11.12.2003 AP Nr. 65 zu § 1 KSchG 1969 Soziale Auswahl.

[87] BAG 23.10.2008 AP Nr. 18 zu § 1 KSchG 1969 Namensliste; 27.6.1985 AP Nr. 37 zu § 102 BetrVG 1972 = NZA 1986, 426.

[88] BAG 28.8.2003 AP Nr. 134 zu § 102 BetrVG 1972; 27.6.1985 AP Nr. 37 zu § 102 BetrVG 1972 = NZA 1986, 426.

[89] BAG 19.11.2015 AP Nr. 2 zu § 20 BBiG = NZA 2016, 228 mwN.

[90] BAG 19.11.2015 AP Nr. 2 zu § 20 BBiG = NZA 2016, 228; 12.9.2013 AP Nr. 167 zu § 102 BetrVG 1972 = NZA 2013, 1412.

[91] BAG 22.4.2010 ZTR 2010, 430; 28.6.2007 AP Nr. 27 zu § 307 BGB = NZA 2007, 1049; 22.9.2005 AP Nr. 24 zu § 130 BGB = NZA 2006, 204; 16.9.2004 AP Nr. 142 zu § 102 BetrVG 1972.

[92] BAG 23.4.2009 AP Nr. 161 zu § 102 BetrVG 1972 = NZA 2009, 959.

[93] BAG 11.7.1991 AP Nr. 57 zu § 102 BetrVG 1972 = NZA 1992, 38.

[94] Die Angabe der Personalien ist auch bei Massenentlassungen erforderlich, vgl. BAG 16.9.1993 AP Nr. 62 zu § 102 BetrVG 1972 = NZA 1994, 311.

[95] BAG 26.10.2006 AP Nr. 163 zu § 1 KSchG 1969 Betriebsbedingte Kündigung = NZA 2007, 798.

[96] BAG 13.12.2018 AP Nr. 274 zu § 626 BGB = NZA 2019, 445 (zur Personalratsanhörung); 19.11.2015 NZA 2016, 540; 23.10.2014 AP Nr. 168 zu § 102 BetrVG 1972 = NZA 2015, 476.

[97] BAG 5.11.2009 AP Nr. 183 zu § 1 KSchG 1969 Betriebsbedingte Kündigung = NZA 2010, 457; 6.7.2006 AP Nr. 80 zu § 1 KSchG 1969 = NZA 2007, 266.

22 **b) Kündigungsfrist.** Angaben über die Dauer der einzuhaltenden Kündigungsfrist sind jedenfalls dann nicht erforderlich, wenn der BR über die tatsächlichen Umstände für die Berechnung dieser Frist unterrichtet ist und der AG deutlich gemacht hat, er wolle die Kündigung alsbald nach Abschluss des Anhörungsverfahrens erklären.[98] In diesem Fall kann der BR den Zeitpunkt, zu dem die Kündigung wirksam werden soll, selbst berechnen.[99] Der konkrete Termin, zu dem die Kündigung wirken soll, ist nicht notwendigerweise mitzuteilen, weil er zum Zeitpunkt der Beteiligung des BR oft nicht einmal hinreichend konkret bestimmbar ist.[100] Eine fehlerhafte Fristberechnung macht die Anhörung und damit die Kündigung regelmäßig nicht unwirksam, sofern sie nicht bewusst erfolgt[101] oder jedenfalls der zutreffende Kündigungstermin genannt wird.[102]

23 **c) Schwerbehinderung und Elternzeit.** Dem AG steht es grundsätzlich frei, den Antrag auf Zustimmung zur Kündigung eines schwerbehinderten Menschen beim Integrationsamt schon vor, während oder erst nach der Betriebsratsanhörung zu stellen.[103] Er ist auch nicht verpflichtet, dem BR das Vorliegen der Zustimmung vor Ausspruch der Kündigung anzuzeigen. Für die Zulässigkeitserklärung nach § 18 I 4 BEEG gilt nichts anderes.[104] Hat der AG vor Einschaltung des Integrationsamts den BR zur fristlosen Kündigung eines schwerbehinderten Menschen angehört, ist bei unverändertem Sachverhalt eine erneute Anhörung auch dann nicht erforderlich, wenn die Zustimmung des Integrationsamts erst nach einem jahrelangen verwaltungsgerichtlichen Verfahren erteilt wird.[105] Die Anhörung der **Schwerbehindertenvertretung** gem. § 178 II 1 SGB IX muss nicht vor der Unterrichtung des BR erfolgen.[106] Bei zunächst ordnungsgemäßer Anhörung des BR wird eine Wiederholung des Anhörungsverfahrens nur dann erforderlich, wenn sich der Sachverhalt, auf den die Kündigung gestützt werden soll, noch vor Ausspruch der Kündigung wesentlich geändert hat.[107] Dabei ist jedoch zu beachten, dass es insoweit nach dem Grundsatz der subjektiven Determinierung der Anhörung (→ Rn. 17) auf diejenigen Umstände ankommt, welche die Kündigung aus der Sicht des AG tragen.[108]

24 **d) Krankheitsbedingte Kündigung.** Bei einer Kündigung wegen Krankheit sind nicht nur die bisherigen Fehlzeiten und (soweit bekannt) die Art der Erkrankung mitzuteilen, sondern auch die wirtschaftlichen Belastungen und Beeinträchtigungen des Betriebs.[109] Nicht zu beanstanden ist, wenn der AG dem BR die jeweilige Krankheitsdauer in Kalendertagen mitteilt. Denn aus der Anzahl der Kalendertage ist die Anzahl der ausgefallenen Arbeitstage ersichtlich. Zur Unwirksamkeit der Kündigung nach § 102 I 3 BetrVG führt auch nicht, wenn die Entgeltfortzahlungskosten für sämtliche Arbeitsunfähigkeitszeiten ohne Aufschlüsselung in einem Betrag mitgeteilt werden.[110]

25 **e) Verhaltensbedingte Kündigung.** Zur ordnungsgemäßen Anhörung bei einer verhaltensbedingten Kündigung gehört in der Regel nicht nur die Information über eine erteilte Abmahnung, sondern auch über eine bereits vorliegende Gegendarstellung des AN.[111] Bei einer verhaltensbedingten Kündigung wegen wiederholten Zuspätkommens kann sich der AG auf betriebstypische Störungen auch dann berufen, wenn er diese dem BR nicht mitgeteilt hat.[112]

26 **f) Verdachtskündigung.** Im Falle der auf den Verdacht einer schwerwiegenden Pflichtverletzung gestützten Kündigung (dazu → § 127 Rn. 136) zählt zur ordnungsgemäßen Unterrich-

---

[98] Vgl. BAG 13.3.2008 AP Nr. 87 zu § 1 KSchG 1969; 15.12.1994 AP Nr. 67 zu § 1 KSchG 1969 Betriebsbedingte Kündigung = NZA 1995, 521; 29.3.1990 AP Nr. 56 zu § 102 BetrVG 1972 = NZA 1990, 894; 29.1.1986 AP Nr. 42 zu § 102 BetrVG 1972 = NZA 1987, 32.

[99] BAG 3.4.1987 NZA 1988, 37.

[100] Vgl. BAG 27.4.2006 EzA Nr. 19 zu§ 1 KSchG Personenbedingte Kündigung.

[101] BAG 26.3.2015 AP Nr. 208 zu § 1 KSchG 1969 Betriebsbedingte Kündigung = NZA 2015, 1083.

[102] BAG 31.1.2019 AP Nr. 38 zu § 1 KSchG 1969 Personenbedingte Kündigung = NZA 2019, 893.

[103] BAG 25.4.2013 AP Nr. 1 zu § 343 InsO; 24.11.2011 NZA 2012, 610; 11.5.2000 AP Nr. 42 zu § 103 BetrVG 1972 = NZA 2000, 1106.

[104] BAG 24.11.2011 NZA 2012, 610.

[105] BAG 18.5.1994 AP Nr. 3 zu § 108 BPersVG = NZA 1995, 65.

[106] BAG 13.12.2018 NZA 2019, 305.

[107] BAG 24.11.2011 NZA 2012, 610.

[108] BAG 20.1.2000 AP Nr. 38 zu § 1 KSchG 1969 Krankheit = NZA 2000, 768.

[109] BAG 24.11.1983 AP Nr. 30 zu § 102 BetrVG 1972.

[110] BAG 7.11.2002 AP Nr. 40 zu § 1 KSchG 1969 Krankheit = NZA 2003, 816.

[111] BAG 31.8.1989 AP Nr. 1 zu § 77 LPVG Schleswig-Holstein.

[112] BAG 27.2.1997 AP Nr. 36 zu § 1 KSchG 1969 Verhaltensbedingte Kündigung = NZA 1997, 761.

tung des BR über die Kündigungsgründe die Mitteilung, das Arbeitsverhältnis solle gerade (auch) deshalb gekündigt werden, weil der AN dieser Pflichtverletzung dringend verdächtig sei.[113] Hat der AG dem BR mitgeteilt, er beabsichtige, das Arbeitsverhältnis wegen einer nach dem geschilderten Sachverhalt für erwiesen erachteten Handlung zu kündigen, und stützt er die Kündigung im Prozess bei unverändert gebliebenem Sachverhalt auch darauf, der AN sei dieser Handlung zumindest verdächtig, ist er mit dem (nachgeschobenen) Kündigungsgrund des Verdachts wegen fehlender Anhörung des BR ausgeschlossen.[114] Hat der AG den BR dagegen zu einer beabsichtigten Verdachtskündigung angehört und sieht das Gericht nach tatrichterlicher Würdigung des Sachverhalts das Vorliegen einer Pflichtwidrigkeit bestätigt, ist es nicht gehindert, dies seiner Entscheidung zugrunde zu legen. Dem BR wird dadurch nichts vorenthalten.[115]

g) Betriebsbedingte Kündigung. Bei einer betriebsbedingten Kündigung hat der AG die von ihm getroffene unternehmerische Entscheidung und deren Auswirkungen auf die Beschäftigungsmöglichkeiten des zu kündigenden AN darzulegen.[116] Besteht bei einer betriebsbedingten Kündigung aus der Sicht des AG keine Möglichkeit, den zu kündigenden AN auf einem anderen Arbeitsplatz weiter zu beschäftigen (§ 1 II 2 Nr. 1b und 2b KSchG), genügt der AG seiner Anhörungspflicht insoweit in der Regel schon durch den ausdrücklichen oder konkludenten Hinweis auf fehlende Weiterbeschäftigungsmöglichkeiten. In der Mitteilung der Kündigungsabsicht liegt der erkennbar konkludente Hinweis auf das voraussichtliche Fehlen einer entsprechenden Alternative. Weitergehender Informationen bedarf es nur in Fällen, in denen der BR den AG vor Einleitung des Anhörungsverfahrens auf bestimmte unbesetzte Stellen aufmerksam gemacht hat.[117] Hat der AG den BR über Weiterbeschäftigungsmöglichkeiten auf einem vom BR benannten Arbeitsplatz zunächst irrtümlich objektiv falsch informiert und rügt der BR dies innerhalb der Frist des § 102 II BetrVG unter Angabe des zutreffenden Sachverhalts, ist der AG nach Auffassung des BAG verpflichtet, dem BR ergänzend mitzuteilen, warum aus seiner Sicht trotzdem eine Weiterbeschäftigung des AN auf diesem Arbeitsplatz nicht in Betracht kommt. In diesem Fall beginnt die Frist des § 102 II BetrVG erneut zu laufen.[118] Unterlässt der AG die Ergänzung und kündigt, ist die Kündigung nach § 102 I 3 BetrVG unwirksam.[119] Im Zusammenhang mit einem Betriebsübergang muss der AG den BR im Rahmen der Anhörung nach § 102 I BetrVG nicht über die gesellschaftsrechtlichen und wirtschaftlichen Hintergründe des Betriebsübergangs informieren.[120] 27

h) Sozialauswahl. Der AG hat dem BR von sich aus die Gründe mitzuteilen, die ihn nach § 1 III KSchG zu der getroffenen sozialen Auswahl geführt haben.[121] Kommt bei einer betriebsbedingten Kündigung nach Meinung des AG eine soziale Auswahl nach § 1 III KSchG nicht in Betracht, ist die Betriebsratsanhörung nicht fehlerhaft, wenn er das dem BR so mitteilt.[122] Einer „vorsorglichen Sozialauswahl" im Rahmen der Betriebsratsbeteiligung bedarf es nicht.[123] Sozialdaten von AN, die nach Auffassung des AG nicht in die Sozialauswahl einzubeziehen sind, müssen dem BR nicht mitgeteilt werden.[124] Diese können, wenn sich der AN im Prozess auf diese Personen beruft, vom AG noch vorgetragen werden.[125] Der AG genügt den Anforderungen des § 102 I BetrVG, wenn er dem BR nur die sich aus der Lohnsteuerkarte ergebenden Unterhaltspflichten des AN mitteilt, sofern er diese Daten auch seiner Sozialauswahl zugrunde 28

[113] BAG 12.2.2015 AP Nr. 1 zu § 22 BBiG = NZA 2015, 741.
[114] BAG 20.6.2013 AP Nr. 244 zu § 626 BGB = NZA 2014, 143; 23.4.2008 AP Nr. 56 zu § 103 BetrVG = NZA 2008, 1081; 3.4.1986 AP Nr. 18 zu § 626 BGB Verdacht strafbarer Handlung = NZA 1986, 677.
[115] BAG 10.6.2010 AP Nr. 229 zu § 626 BGB = NZA 2010, 1227.
[116] LAG Hamm 30.9.1999 LAGE § 102 BetrVG 1972 Nr. 73.
[117] BAG 26.1.2017 AP Nr. 212 zu § 1 KSchG 1969 Betriebsbedingte Kündigung = NZA 2017, 1199.
[118] Vgl. BAG 6.2.1997 AP Nr. 85 zu § 102 BetrVG 1972 = NZA 1997, 877; 3.4.1987 RzK III 1 d Nr. 3.
[119] BAG 17.2.2000 AP Nr. 113 zu § 102 BetrVG 1972 = NZA 2000, 761.
[120] BAG 12.7.2007 – 2 AZR 493/05.
[121] BAG 22.5.2003 AP Nr. 129 zu § 1 KSchG 1969 Betriebsbedingte Kündigung; 29.3.1984 AP Nr. 31 zu § 102 BetrVG 1972 = NJW 1984, 2374.
[122] BAG 12.8.2010 AP Nr. 147 zu § 2 KSchG 1969 = NZA 2011, 460.
[123] BAG 13.5.2004 AP Nr. 140 zu § 102 BetrVG 1972 = NZA 2004, 1037; 27.9.2001 AP Nr. 40 zu § 4 TVG Nachwirkung = NZA 2002, 750; 24.2.2000 AP Nr. 47 zu § 1 KSchG 1969 Soziale Auswahl = NZA 2000, 764.
[124] BAG 21.9.2000 AP Nr. 111 zu § 1 KSchG 1969 Betriebsbedingte Kündigung = NZA 2001, 535; 5.10.1995 AP Nr. 71 zu § 1 KSchG 1969 Betriebsbedingte Kündigung = NZA 1996, 524.
[125] BAG 7.11.1996 RzK III 1 b Nr. 26; 29.3.1990 AP Nr. 50 zu § 1 KSchG 1969 Betriebsbedingte Kündigung = NZA 1991, 181.

legt. Damit teilt er dem BR die aus seiner Sicht maßgeblichen Kündigungsgründe mit, auch wenn dies nicht den Anforderungen des § 1 III KSchG genügen mag.[126]

29 **i) Interessenausgleich mit Namensliste.** Der Abschluss eines Interessenausgleichs mit Namensliste nach § 1 V KSchG ersetzt für sich allein nicht die Anhörung nach § 102 I BetrVG.[127] Der AG kann allerdings die Betriebsratsanhörung mit den Verhandlungen über den Interessenausgleich verbinden. Haben AG und BR in einem Interessenausgleich eine Namensliste nach § 1 V KSchG vereinbart (dazu → § 136 Rn. 1 ff.), genügt es zunächst zur Darlegung einer ordnungsgemäßen Anhörung des BR nach § 102 I BetrVG, wenn der AG weitgehend auf den dem BR aus den Verhandlungen über den Interessenausgleich und die Namensliste bekannten Sachverhalt Bezug nimmt. Zu dem Wegfall des Arbeitsplatzes und den der Sozialauswahl zugrunde liegenden Tatsachen, die dem BR bereits aus den Verhandlungen zum Abschluss eines Interessenausgleichs bekannt sind, muss der AG im Anhörungsverfahren jedenfalls dann nicht erneut Angaben machen, wenn zwischen den Verhandlungen über den Interessenausgleich und der Anhörung ein überschaubarer Zeitraum liegt.[128] Erst wenn der AN diesen Sachvortrag konkret bestreitet, muss der AG in diesem Punkt ggf. die Vorkenntnisse des BR näher darlegen bzw. beweisen.[129] Im Übrigen unterliegt nach der Rechtsprechung des BAG die Betriebsratsanhörung nach § 102 I BetrVG auch bei Vorliegen eines Interessenausgleichs mit Namensliste grundsätzlich keinen erleichterten Anforderungen.[130]

29a **j) Außerordentliche Kündigung.** Beabsichtigt der AG eine außerordentliche Kündigung, muss er dem BR neben dem Kündigungssachverhalt auch den Zeitpunkt mitteilen, zu dem sich dieser ereignet hat. Nur so kann der BR die Stichhaltigkeit und die Gewichtigkeit der Kündigungsgründe einschließlich der Einhaltung der **Ausschlussfrist iSv § 626 II BGB** beurteilen. Der AG ist hingegen nicht verpflichtet zu erläutern, warum er von der Wahrung der Frist ausgeht. Dies gehört nicht „zu den Gründen für die Kündigung" iSv § 102 I 2 BetrVG. Macht der AG aber (freiwillig) Angaben, die für die Einhaltung der Frist des § 626 II BGB von Bedeutung sind, müssen diese der Wahrheit entsprechen.[131] Möchte der AG (nur) außerordentlich fristlos kündigen, muss er dem BR nicht mitteilen, dass dem AN ein **(tariflicher) Sonderkündigungsschutz** zukommt, der zwar eine ordentliche Kündigung weitgehend ausschließt, die Möglichkeit einer fristlosen Kündigung aber ausdrücklich unberührt lässt. Dem BR werden hierdurch keine Einwendungen abgeschnitten.[132]

30 **k) Änderungskündigung.** Im Falle einer Änderungskündigung hat der AG den BR sowohl über die Art der Kündigung als auch über die Gründe für die Änderungskündigung und über das Änderungsangebot zu unterrichten.[133] Will der AG die Arbeitsbedingungen im Wege der Änderungskündigung ändern und hat er dem AN zuvor ein Änderungsangebot unterbreitet, hat er den BR über dieses zu unterrichten und, wenn er sich eine Beendigungskündigung für den Fall der Ablehnung dieses Angebots vorbehalten und dazu eine erneute Anhörung ersparen will, zugleich gegenüber dem BR zu verdeutlichen, dass er im Falle der Ablehnung des Änderungsangebots durch den AN die Beendigungskündigung beabsichtigt. Bleibt für den BR offen, ob die Ablehnung des Änderungsangebots die Beendigungskündigung zur Folge haben soll, liegt zu der vom AG dann erklärten Beendigungskündigung keine ordnungsgemäße Anhörung des BR vor.[134] Der AG genügt seiner Unterrichtungspflicht jedoch, wenn der Ausspruch einer Änderungskündigung oder einer Beendigungskündigung allein davon abhängt, ob der AN einem Betriebsübergang widerspricht oder nicht, und er dem BR mitteilt, er wolle im Falle des Widerspruchs eine Beendigungskündigung und andernfalls eine Änderungskündigung erklären. Hierin

---

[126] BAG 17.1.2008 AP Nr. 96 zu § 1 KSchG 1969 Soziale Auswahl = NZA-RR 2008, 571.

[127] BAG 17.3.2016 AP Nr. 26 zu § 1 KSchG 1969 Namensliste mAnm *Salamon* = NZA 2016, 1072; 5.11.2009 AP Nr. 183 zu § 1 KSchG 1969 Betriebsbedingte Kündigung = NZA 2010, 457.

[128] BAG 5.11.2009 AP Nr. 183 zu § 1 KSchG 1969 Betriebsbedingte Kündigung = NZA 2010, 457.

[129] Vgl. BAG 21.2.2002 EzA Nr. 10 zu § 1 KSchG Interessenausgleich = NZA 2002, 1360; 20.5.1999 AP Nr. 5 zu § 1 KSchG 1969 Namensliste = NZA 1999, 1101.

[130] BAG 5.11.2009 AP Nr. 183 zu § 1 KSchG 1969 Betriebsbedingte Kündigung = NZA 2010, 457; 28.8.2003 AP Nr. 134 zu § 102 BetrVG 1972.

[131] BAG 7.5.2020 NZA 2020, 1110.

[132] BAG 7.5.2020 NZA 2020, 1110.

[133] BAG 16.12.2010 AP Nr. 150 zu § 2 KSchG 1969; 27.9.2001 AP Nr. 40 zu § 4 TVG Nachwirkung = NZA 2002, 450; 19.5.1993 AP Nr. 31 zu § 2 KSchG 1969 = NZA 1993, 1075; 30.11.1989 AP Nr. 53 zu § 102 BetrVG 1972 = NZA 1990, 529.

[134] BAG 30.11.1989 AP Nr. 53 zu § 102 BetrVG 1972 = NZA 1990, 529.

liegt keine unzulässige „Anhörung auf Vorrat".[135] Bei einer vorbehaltlosen Annahme des Änderungsangebots wirkt sich ein Verstoß gegen § 102 I BetrVG nicht auf die Wirksamkeit des Änderungsangebots aus. Die Rechtsfolge der Unwirksamkeit nach § 102 I 3 BetrVG betrifft nur die Kündigungserklärung. Das damit zusammenhängende Änderungsangebot ist gemäß § 139 BGB wirksam, weil der AG mit der Änderungskündigung in erster Linie die Änderung der Arbeitsbedingungen herbeiführen will und die Kündigung nur als Hilfsmittel für den Fall einsetzt, dass es nicht zu einer Annahme des Angebots kommt.[136]

11. Fehler im Anhörungsverfahren. a) Grundsätze. Bei Fehlern im Anhörungsverfahren ist wegen der Rechtsfolgen nach dem jeweiligen Zuständigkeits- und Verantwortungsbereich zu unterscheiden.[137] Nur wenn dem AG bei der ihm obliegenden Einleitung des Anhörungsverfahrens ein Fehler unterläuft, liegt darin eine Verletzung des § 102 I BetrVG mit der Folge der Unwirksamkeit der Kündigung. Mängel, die im Verantwortungsbereich des BR entstehen, führen hingegen grundsätzlich nicht zur Unwirksamkeit der Kündigung.[138] Dies gilt selbst dann, wenn der AG im Zeitpunkt der Kündigung weiß oder erkennen kann, dass der BR die Angelegenheit nicht fehlerfrei behandelt hat. Solche Fehler gehen schon deshalb nicht zulasten des AG, weil er keine wirksamen rechtlichen Einflussmöglichkeiten auf die Beschlussfassung des BR hat.[139] Eine Ausnahme kann allerdings dann gelten, wenn erkennbar keine Stellungnahme des BR, sondern lediglich die Äußerung eines Mitglieds vorliegt oder der AG den Fehler selbst veranlasst hat.[140] Das ist beispielsweise anzunehmen, wenn der Betriebsratsvorsitzende im unmittelbaren Anschluss an die Unterrichtung nach § 102 I 2 BetrVG erklärt, er stimme der beabsichtigten Kündigung zu. Das Anhörungsverfahren des § 102 I BetrVG ist damit noch nicht abgeschlossen.[141] 31

b) Verantwortungsbereich des Arbeitgebers. Zum Verantwortungsbereich des AG gehören die Einleitung des Anhörungsverfahrens und die ordnungsgemäße Mitteilung der Kündigungsgründe.[142] Ein dem AG zurechenbarer Fehler im Anhörungsverfahren kann nicht ohne Weiteres darin gesehen werden, dass der BR in lediglich zwölf Minuten nach Erhalt der schriftlichen Unterrichtung über die Kündigungsgründe seine abschließende Stellungnahme abgibt.[143] Zuzurechnen ist dem AG hingegen die unzulässige Überlassung der sozialen Auswahl der zu Kündigenden durch den BR.[144] Gleiches gilt, wenn in einem nicht betriebsausschussfähigen Betrieb ein Personalausschuss gebildet ist und nur dieser Stellung nimmt.[145] In diesem Fall muss der AG die Wochenfrist des § 102 II 1 BetrVG abwarten.[146] 32

c) Verantwortungsbereich des Betriebsrats. Unterlaufen Fehler im Verantwortungsbereich des BR bzw. Betriebsausschusses, ist das für die Wirksamkeit der Anhörung und damit der Kündigung ohne Bedeutung, selbst wenn dem AG die Fehler bekannt sind, es sei denn, er hat sie veranlasst.[147] Ohne Auswirkung auf die Wirksamkeit der Kündigung ist damit die fehlerhafte Besetzung des BR oder Ausschusses infolge nicht ordnungsgemäßer Ladung zur Betriebsratssitzung (§ 29 II BetrVG),[148] die Entscheidung im Umlaufverfahren anstatt in einer Betriebsratssitzung[149] oder die Anwesenheit des AG bei der Beratung und Abstimmung des BR.[150] 33

135 BAG 22.4.2010 AP Nr. 163 zu § 102 BetrVG 1972 = NZA-RR 2010, 583.
136 APS/*Künzl* KSchG § 2 Rn. 137; ErfK/*Oetker* KSchG § 2 Rn. 19.
137 BAG 24.6.2004 AP Nr. 22 zu § 620 BGB Kündigungserklärung = NZA 2004, 1330.
138 BAG 13.6.2019 AP Nr. 55 zu § 17 KSchG 1969 = NZA 2019, 1638.
139 BAG 22.11.2012 AP Nr. 241 zu § 626 BGB = NZA 2013, 665; 6.10.2005 AP Nr. 150 zu § 102 BetrVG 1972 = NZA 2006, 990; 11.12.2003 AP Nr. 65 zu § 1 KSchG 1969 Soziale Auswahl; 16.1.2003 AP Nr. 129 zu § 102 BetrVG 1972 = NZA 2003, 927; so auch zum Personalvertretungsrecht BAG 13.6.1996 AP Nr. 1 zu § 67 LPVG Sachsen-Anhalt = NZA 1997, 545.
140 Vgl. BAG 22.11.2012 AP Nr. 241 zu § 626 BGB = NZA 2013, 665; 6.10.2005 AP Nr. 150 zu § 102 BetrVG 1972 = NZA 2006, 990.
141 BAG 28.3.1974 AP Nr. 3 zu § 102 BetrVG 1972.
142 BAG 4.8.1975 AP Nr. 4 zu § 102 BetrVG 1972.
143 BAG 16.1.2003 AP Nr. 129 zu § 102 BetrVG 1972 = NZA 2003, 927.
144 LAG Bln 14.9.1981 EzA Nr. 46 zu § 102 BetrVG 1972.
145 BAG 26.10.1982 AP Nr. 26 zu § 102 BetrVG 1972.
146 BAG 28.3.1974 AP Nr. 3 zu § 102 BetrVG 1972.
147 BAG 4.8.1975, 2.4.1976 AP Nr. 4, 9 zu § 102 BetrVG 1972; 15.11.1995 AP Nr. 73 zu § 102 BetrVG 1972 = NZA 1996, 419.
148 BAG 11.12.2003 AP Nr. 65 zu § 1 KSchG 1969 Soziale Auswahl; 2.4.1976 AP Nr. 9 zu § 102 BetrVG 1972.
149 BAG 4.8.1975 AP Nr. 4 zu § 102 BetrVG 1972.
150 BAG 24.3.1977 AP Nr. 12 zu § 102 BetrVG 1972.

34 **12. Frist zur Stellungnahme des Betriebsrats. a) Allgemeines.** Hat der BR gegen eine Kündigung Bedenken, hat er diese dem AG bei einer ordentlichen Kündigung binnen einer Woche, bei einer außerordentlichen Kündigung spätestens innerhalb von drei Tagen schriftlich unter Angabe von Gründen mitzuteilen (§ 102 II BetrVG). Für die Berechnung der Fristen gelten §§ 186 ff. BGB. Die Wochenfrist des § 102 II 1 BetrVG endet gem. § 188 II BGB mit Ablauf des Tages der nächsten Woche, der durch seine Benennung dem Tag entspricht, an welchem dem BR die Mitteilung des AG zugegangen ist. Geht das Anhörungsschreiben dem BR am 3.2. zu, endet die Wochenfrist am 10.2. um 24.00 Uhr und nicht etwa mit Dienstschluss der Personalabteilung des AG am letzten Tag der Anhörungsfrist.[151] Entsprechendes gilt für die Dreitagefrist. Der BR muss mit seiner Äußerung allerdings nicht bis zum Fristablauf warten. Er kann bereits vor diesem Zeitpunkt zur mitgeteilten Kündigungsabsicht des AG abschließend Stellung nehmen (→ Rn. 38). Die Abfassung und Zuleitung der vom AG vor dem Kündigungsausspruch zu berücksichtigenden Stellungnahme obliegt unabhängig von den im BR erörterten Gründen nach § 26 II 1 BetrVG dem Betriebsratsvorsitzenden.[152]

35 **b) Außerordentliche, hilfsweise ordentliche Kündigung.** Will der AG eine außerordentliche und hilfsweise eine ordentliche Kündigung erklären, muss er für den Ausspruch der außerordentlichen Kündigung nicht die Wochenfrist abwarten, er kann diese vielmehr nach Ablauf der Dreitagefrist dem AN übergeben. Liegt keine abschließende Stellungnahme des BR vor (dazu → Rn. 38), kann die ordentliche Kündigung allerdings erst nach Ablauf der Wochenfrist erklärt werden. Wird der BR nur zu einer außerordentlichen Kündigung angehört und erfolgt später im Prozess eine Umdeutung (§ 140 BGB) in eine ordentliche Kündigung, ist letztere nur dann nicht nach § 102 I 3 BetrVG unwirksam, wenn der BR der außerordentlichen Kündigung ausdrücklich und vorbehaltlos zugestimmt hat.[153] Die Äußerungsfristen sind Höchstfristen für den BR. Sie können vom AG nicht einseitig verkürzt, wohl aber verlängert werden (umstr.), da hierdurch für den AN kein Nachteil eintritt.[154] Bei Massenkündigungen kann dies unter Umständen notwendig sein.[155]

36 **c) Außerordentliche Kündigung mit Auslauffrist.** Bei einer außerordentlichen Kündigung mit Auslauffrist ist der BR nach den für ordentliche Kündigungen geltenden Bestimmungen zu unterrichten.[156] Da die Mitwirkungsrechte des BR bei der ordentlichen Kündigung weiterreichend sind als bei der außerordentlichen Kündigung, stünde der unkündbare AN insoweit schlechter, als wenn er ordentlich kündbar wäre. So besteht beispielsweise der Weiterbeschäftigungsanspruch nach § 102 V BetrVG nur bei einem Widerspruch des BR gegen eine ordentliche Kündigung, jedoch nicht bei einer außerordentlichen Kündigung. Der darin liegende Wertungswiderspruch lässt sich nur durch eine entsprechende Anwendung der Vorschriften über die Mitwirkung des BR bzw. PR bei ordentlichen Kündigungen vermeiden.[157] Bei der Anhörung des BR hat der AG klarzustellen, dass er eine außerordentliche Kündigung mit Auslauffrist erklären möchte.[158]

37 **d) Zustimmungsfiktion.** Äußert sich der BR nicht innerhalb der Frist des § 102 II 1 BetrVG, gilt nach § 102 II 2 BetrVG bei einer Anhörung zur ordentlichen Kündigung seine Zustimmung zur Kündigung als erteilt. Entsprechendes ist anzunehmen, wenn der BR mitteilt, er sehe von einer Stellungnahme ab. Die Zustimmungsfiktion greift nach dem klaren Wortlaut des Gesetzes nur bei der ordentlichen Kündigung und nicht bei der außerordentlichen Kündigung, was im Fall der außerordentlichen Kündigung von Betriebsratsmitgliedern bei § 103 BetrVG zu beachten ist.[159]

38 **e) Abschließende Stellungnahme.** Der AG kann vor Ablauf der dem BR eingeräumten Äußerungsfristen des § 102 II BetrVG kündigen, wenn der BR vor Ablauf der jeweiligen Frist

[151] BAG 25.5.2016 AP Nr. 170 zu § 102 BetrVG 1972 = NZA 2016, 1140; 8.4.2003 AP Nr. 133 zu § 102 BetrVG 1972 = NZA 2003, 961.
[152] BAG 25.5.2016 AP Nr. 170 zu § 102 BetrVG 1972 mkritAnm *Nägele* = NZA 2016, 1140.
[153] BAG 20.9.1984 AP Nr. 80 zu § 626 BGB = NZA 1985, 286; 16.3.1978 AP Nr. 15 zu § 102 BetrVG 1972 = NJW 1979, 76.
[154] Vgl. APS/*Koch* BetrVG § 102 Rn. 131 f. mwN.
[155] Dazu BAG 14.8.1986 AP Nr. 43 zu § 102 BetrVG 1972 = NZA 1987, 601.
[156] StRspr, vgl. BAG 12.1.2006 AP Nr. 13 zu § 626 BGB Krankheit.
[157] BAG 8.6.2000 AP Nr. 163 zu § 626 BGB = NZA 2000, 1282; 5.2.1998 AP Nr. 143 zu § 626 BGB = NZA 1998, 771.
[158] BAG 29.8.1991 AP Nr. 58 zu § 102 BetrVG 1972 = NZA 1992, 416; näher dazu *Bitter/Kiel* FS Schwerdtner, 11 (31).
[159] Vgl. BAG 18.8.1977 AP Nr. 10 zu § 103 BetrVG 1972.

eine abschließende Stellungnahme zu der beabsichtigten Kündigung abgibt.[160] Das ist durch Auslegung (§§ 133, 157 BGB) zu ermitteln. Der Stellungnahme des BR muss eindeutig zu entnehmen sein, dass sich dieser bis zum Ablauf der Anhörungsfrist nicht noch einmal – und sei es „nur" zur Ergänzung der Begründung seiner bereits eröffneten Entschließung – äußern möchte.[161] Hierzu bedarf es besonderer Anhaltspunkte. Solche liegen regelmäßig vor, wenn der BR dem AG mitteilt, er stimme der beabsichtigten Kündigung ausdrücklich und vorbehaltlos zu, oder erklärt, von einer Äußerung zur Kündigungsabsicht abzusehen. Nicht ausreichend ist hingegen – ohne Berücksichtigung des Inhalts der Beschlussfassung – der rein formale Umstand, dass der Betriebsratsvorsitzende dem AG das Ergebnis der Beschlussfassung des Gremiums mitteilt. Dies schließt für sich allein genommen eine erneute Beschlussfassung des BR oder eine Ergänzung der mitgeteilten Beschlussgründe durch den Vorsitzenden nicht aus. Teilt der Betriebsratsvorsitzende mit, der BR sei gegen die beabsichtigte Kündigung, weil der AN in eine soziale Notlage gerate, und sei deshalb bereit, über andere Vorschläge zu diskutieren, liegt keine abschließende Stellungnahme vor.[162] Fehlt es an sicheren Anhaltspunkten dafür, dass sich der BR in keinem Fall mehr zur Kündigungsabsicht äußern wird, muss der AG, sofern er die Kündigung vor Ablauf der Wochenfrist erklären will, beim Betriebsratsvorsitzenden nachfragen und um entsprechende Klarstellung bitten. Auf dessen Erklärung darf er sich verlassen. Entgegen seiner früheren Rechtsprechung[163] verlangt das BAG zu Recht nicht mehr, dass der AG annehmen durfte, der BR wünsche keine weitere „Erörterung" des Falls. Hiergegen spricht bereits, dass § 102 I BetrVG den AG lediglich zur Anhörung des BR verpflichtet. Der BR kann vom AG nach § 102 I 1 BetrVG keine Erörterung im Sinne einer argumentativen Auseinandersetzung über die beabsichtigte Maßnahme verlangen.[164]

13. Darlegungs- und Beweislast. Hinsichtlich der ordnungsgemäßen Anhörung des BR iSd § 102 BetrVG gilt eine abgestufte Darlegungslast. Danach hat im Prozess der AN zunächst einmal die für ihn günstige Tatsache vorzutragen, dass überhaupt ein BR besteht und deshalb nach § 102 I BetrVG vor der Kündigung dessen Anhörung erforderlich war.[165] Ohne dieses Vorbringen ist das Gericht nicht berechtigt und nicht verpflichtet, das Vorliegen einer ordnungsgemäßen Betriebsratsanhörung – von Amts wegen – zu prüfen.[166] Auf einen entsprechenden Sachvortrag des AN hin obliegt es dem AG, im Einzelnen darzulegen, dass der BR ordnungsgemäß angehört worden ist.[167] Das Arbeitsgericht hat das Vorbringen des AG grundsätzlich selbst dann auf seine Schlüssigkeit hin zu überprüfen, wenn der AN ihm im weiteren Verlauf des Prozesses nicht nochmals entgegengetreten ist.[168] Anderes gilt nur dann, wenn der AN deutlich zum Ausdruck gebracht hat, dass er an dieser Rüge nicht mehr festhalte. Dann ist die Wirksamkeit der Kündigung nicht mehr unter dem Aspekt des § 102 I BetrVG zu überprüfen. Insoweit belegt § 6 KSchG, dass der AN über die Einführung der Unwirksamkeitsgründe frei entscheiden und den Prozessstoff hierdurch von vorneherein begrenzen oder in den zeitlichen Grenzen des § 6 S. 1 KSchG erweitern kann.[169] Hat der AG eine ordnungsgemäße Beteiligung des zuständigen BR schlüssig aufgezeigt, hat sich der AN zu diesem Vorbringen nach § 138 II ZPO vollständig zu erklären und konkret darzulegen, ob er rügen will, der BR sei entgegen der Behauptung des AG überhaupt nicht angehört worden, oder in welchen einzelnen Punkten er die tatsächlichen Erklärungen des AG über die Betriebsratsanhörung für falsch oder die dem BR mitgeteilten Tatsachen für unvollständig hält.[170] Der AN muss verdeutlichen, welche Angaben er für zutreffend erachtet und welche nicht. Dies erfordert ggf. einen ergänzenden Sachvortrag des AG und ermöglicht eine Beweiserhebung durch das Gericht über die tatsächlich streitigen Tatsachen. Da die Betriebs- 39

[160] BAG 21.5.2008 NZA 2008, 753; 3.4.2008 AP Nr. 159 zu § 102 BetrVG 1972 = NZA 2008, 807.
[161] Hierzu und zum Folgenden BAG 25.5.2016 AP Nr. 170 zu § 102 BetrVG 1972 mkritAnm *Nägele* = NZA 2016, 1140.
[162] BAG 1.4.1976 AP Nr. 8 zu § 102 BetrVG 1972.
[163] BAG 24.6.2004 AP Nr. 22 zu § 620 BGB Kündigungserklärung = NZA 2004, 1330.
[164] BAG 25.5.2016 AP Nr. 170 zu § 102 BetrVG 1972 = NZA 2016, 1140.
[165] BAG 8.5.2014 AP Nr. 205 zu § 1 KSchG 1969 Betriebsbedingte Kündigung = NZA 2015, 889; 24.5.2012 AP Nr. 194 zu § 1 KSchG 1969 Betriebsbedingte Kündigung = NZA 2013, 277.
[166] Dazu BAG 23.6.2005 AP Nr. 11 zu § 138 ZPO = NZA 2005, 1233.
[167] BAG 8.5.2014 AP Nr. 205 zu § 1 KSchG 1969 Betriebsbedingte Kündigung = NZA 2015, 889; 24.5.2012 AP Nr. 194 zu § 1 KSchG 1969 Betriebsbedingte Kündigung = NZA 2013, 277.
[168] BAG 24.5.2012 AP Nr. 50 zu § 626 BGB Verdacht strafbarer Handlung = NZA 2013, 137.
[169] BAG 20.6.2013 AP Nr. 244 zu § 626 BGB = NZA 2014, 143.
[170] BAG 13.12.2018 AP Nr. 274 zu § 626 BGB = NZA 2019, 445 (zur Personalratsanhörung); 22.11.2012 AP Nr. 2 zu § 626 BGB Unkündbarkeit = NZA 2013, 730.

ratsanhörung nach § 102 I 3 BetrVG Wirksamkeitsvoraussetzung der Kündigung ist, trifft den AG die objektive Beweislast.[171]

40 **14. Nachschieben von Kündigungsgründen. a) Überblick.** Ob dem BR nicht mitgeteilte Kündigungsgründe zur Rechtfertigung einer Kündigung nachgeschoben werden können, ist kündigungsrechtlich, betriebsverfassungsrechtlich und verfahrensrechtlich unterschiedlich zu bewerten.[172]

41 **b) Kündigungsrechtliche Anforderungen.** Kündigungsrechtlich können Kündigungsgründe, die dem Kündigenden bei Ausspruch der Kündigung noch nicht bekannt waren, zur Begründung der Kündigung grundsätzlich nachgeschoben werden, wenn sie im Zeitpunkt des Kündigungszugangs objektiv vorlagen.[173] Ein Nachschieben der Kündigungsgründe ist im Prozess auch dann möglich, wenn die Frist des § 626 II BGB verstrichen ist. Denn die Ausschlussfrist bezieht sich nach dem Wortlaut des § 626 II 1 BGB allein auf die Ausübung des Kündigungsrechts und nicht auf die zugrunde liegenden Kündigungsgründe.[174]

42 **c) Betriebsverfassungsrechtliche Voraussetzungen.** Betriebsverfassungsrechtlich ist das Nachschieben von Kündigungsgründen nur eingeschränkt möglich. Teilt der AG dem BR objektiv kündigungsrechtlich erhebliche Tatsachen nicht mit, weil er die Kündigung darauf nicht stützen will oder weil er sie bei seinem Kündigungsentschluss für unerheblich oder entbehrlich hält, ist die Anhörung zwar selbst ordnungsgemäß erfolgt (→ Rn. 17). Die in objektiver Hinsicht unvollständige Unterrichtung hat freilich „mittelbar" die Unwirksamkeit der Kündigung zur Folge, wenn der mitgeteilte Sachverhalt zur sozialen Rechtfertigung der Kündigung nicht ausreicht, weil es dem AG verwehrt ist, Gründe nachzuschieben, die nicht Gegenstand der Betriebsratsanhörung waren.[175] Für die Beurteilung, ob ein nachgeschobener Sachverhalt dem AG schon im Kündigungszeitpunkt bekannt war, kommt es auf den Wissensstand des Kündigungsberechtigten an. Erforderlich ist wie bei § 626 II BGB (→ § 127 Rn. 22) die positive, vollständige Kenntnis der für die Kündigung maßgebenden Tatsachen. Zulässig ist eine Erläuterung des dem BR mitgeteilten Sachverhalts.[176] Kündigt der AG wegen wiederholten Zuspätkommens zur Arbeit, kann er beispielsweise im Prozess die hierdurch entstehenden betriebstypischen Störungen des Betriebsablaufs auch dann darlegen, wenn er diese Störungen dem BR bei dessen Anhörung nicht ausdrücklich mitgeteilt hatte.[177] Keine bloße Konkretisierung der Kündigungsgründe liegt vor, wenn die Darlegungen einen eigenen Kündigungssachverhalt beinhalten oder dem mitgeteilten Kündigungsgrund ein völlig anderes Gewicht verleihen.[178] Dies gilt nach Auffassung des BAG auch dann, wenn der BR aufgrund der mitgeteilten Gründe der Kündigung bereits zugestimmt hat.[179] Dem AG bleibt allerdings der Ausspruch einer weiteren Kündigung. Kündigungsgründe, die bei Ausspruch der Kündigung bereits vorlagen, dem AG aber erst später bekannt wurden, kann der AG nach Auffassung des BAG im Kündigungsschutzprozess nur vorbringen, wenn die (nachgeschobenen) Kündigungsgründe dem BR in einem nachträglichen Anhörungsverfahren mitgeteilt worden sind.[180]

43 **d) Verfahrensrechtliche Anforderungen.** Verfahrensrechtlich sind nur solche Kündigungsgründe zu berücksichtigen, die entspr. der Fristen des § 61a ArbGG bzw. im zweiten Rechtszug nach Maßgabe des § 67 ArbGG vorgetragen worden sind.[181]

[171] BAG 21.5.2008 NZA 2008, 753; 23.6.2005 AP Nr. 11 zu § 138 ZPO = NZA 2005, 1233; 22.9.1994 AP Nr. 68 zu § 102 BetrVG 1972 = NZA 1995, 363.

[172] Ausf. hierzu APS/*Koch* BetrVG § 102 Rn. 166 ff.

[173] BAG 6.9.2007 AP Nr. 208 zu § 626 BGB = NZA 2008, 636; 4.6.1997 AP Nr. 5 zu § 626 BGB Nachschieben von Kündigungsgründen = NZA 1997, 1158.

[174] BAG 23.5.2013 AP Nr. 52 zu § 626 BGB Verdacht strafbarer Handlung = NZA 2013, 1416; 4.6.1997 AP Nr. 5 zu § 626 BGB Nachschieben von Kündigungsgründen = NZA 1997, 1158.

[175] BAG 18.6.2015 AP Nr. 74 zu § 1 KSchG 1969 Verhaltensbedingte Kündigung = NZA 2016, 287; 27.9.2001 AP Nr. 40 zu § 4 TVG Nachwirkung = NZA 2002, 750.

[176] BAG 6.10.2005 AP Nr. 150 zu § 102 BetrVG 1972 = NZA 2006, 990.

[177] BAG 27.2.1997 AP Nr. 36 zu § 1 KSchG 1969 Verhaltensbedingte Kündigung = NZA 1997, 761.

[178] GK-BetrVG/*Raab* § 102 Rn. 190.

[179] BAG 26.9.1991 AP Nr. 28 zu § 1 KSchG 1969 Krankheit = NZA 1992, 1073.

[180] BAG 18.6.2015 AP Nr. 74 zu § 1 KSchG 1969 Verhaltensbedingte Kündigung = NZA 2016, 287; 23.5.2013 AP Nr. 52 zu § 626 BGB Verdacht strafbarer Handlung = NZA 2013, 1416; aA APS/*Koch* BetrVG § 102 Rn. 174; GK-BetrVG/*Raab* § 102 Rn. 195.

[181] BAG 11.4.1985 AP Nr. 39 zu § 102 BetrVG 1972 = NZA 1986, 674.

15. Rechtsfolgen fehlerhafter Anhörung. Die Kündigung ist nach § 102 I 3 BetrVG unwirksam, wenn sie ohne vorherige Anhörung des BR erfolgt ist oder der AG den BR vor Ausspruch der Kündigung nicht ordnungsgemäß über die Kündigungsgründe unterrichtet hat.[182] Eine wirksame Anhörung kann nicht mehr erfolgen, nachdem die Kündigung ausgesprochen worden ist. Ausgesprochen ist die Kündigung, wenn die Erklärung den Machtbereich des AG verlassen hat.[183] Eine gleichwohl (nachträglich) eingeholte Stellungnahme des BR kann die Unwirksamkeit der ohne vorherige Anhörung erklärten Kündigung nicht verhindern.[184] 44

II. Widerspruch des Betriebsrats

1. Allgemeines. Der BR kann jegliche Bedenken gegen die Kündigung erheben, ohne an die Widerspruchsgründe des § 102 III BetrVG gebunden zu sein. Er kann also zB einwenden, die vom AG dargelegten verhaltensbedingten Kündigungsgründe seien unter Berücksichtigung bestimmter Entschuldigungsgründe nicht gewichtig genug. Ein rechtlich erhebliches Widerspruchsrecht steht ihm jedoch nur aus den in § 102 III BetrVG aufgeführten Gründen zu. Nur ein hierauf gestützter Widerspruch ist geeignet, einen Weiterbeschäftigungsanspruch nach § 102 V BetrVG auszulösen (dazu → § 125 Rn. 1 ff.). Der BR soll, soweit dies erforderlich erscheint, vor seiner Stellungnahme den betroffenen AN hören (§ 102 II 4 BetrVG). Unterlässt er dies, stellt dies eine Pflichtverletzung gegenüber dem AN dar. Die Wirksamkeit der Kündigung bleibt hiervon jedoch unberührt. 45

2. Formale Anforderungen. Der BR hat etwaige Bedenken sowie den Widerspruch einschließlich seiner Begründung binnen der Fristen des § 102 II BetrVG **schriftlich** darzulegen. Da der Widerspruch eine geschäftsähnliche Handlung ist, genügt Textform iSv § 126b BGB. Danach kann er auch per **Telefax**[185] oder **E-Mail** erhoben werden, wenn diese den Erfordernissen der Textform nach § 126b BGB entspricht.[186] Der BR darf sich beim Widerspruch nicht auf die Mitteilung des Gesetzeswortlauts beschränken; vielmehr hat er seine wesentlichen tatsächlichen und rechtlichen Gründe dem AG mitzuteilen, damit dieser die Bedenken des BR überprüfen kann.[187] Der Widerspruch ist bereits ausreichend begründet, wenn die Widerspruchsbegründung es als möglich erscheinen lässt, dass einer der Widerspruchsgründe geltend gemacht wird.[188] 46

3. Widerspruchsgründe. Der BR hat ein Widerspruchsrecht gegen die ordentliche Kündigung, wenn 47

- der AG bei der **Auswahl** des zu kündigenden AN soziale Gesichtspunkte nicht oder nicht ausreichend berücksichtigt. Dieser Widerspruchsgrund kommt nur bei betriebsbedingten Kündigungen in Betracht.[189] Bei personen- und verhaltensbedingten Kündigungsgründen erfolgt keine Auswahl nach sozialen Gesichtspunkten, weil der zu kündigende AN aufgrund der mangelnden Eignung bzw. der Pflichtverletzungen feststeht. Macht der BR mit seinem Widerspruch nach § 102 III Nr. 1 BetrVG geltend, der AG habe zu Unrecht AN nicht in die soziale Auswahl einbezogen, müssen diese AN vom BR entweder konkret benannt oder anhand abstrakter Merkmale bestimmbar sein;[190] 48
- die Kündigung gegen eine **Auswahlrichtlinie** (§ 95 BetrVG) verstößt (dazu → § 135 Rn. 42 ff.); 49

---

182 BAG 16.9.1993 AP Nr. 62 zu § 102 BetrVG 1972 = NZA 1994, 311; 22.9.1994 AP Nr. 68 zu § 102 BetrVG 1972 = NZA 1995, 363; 17.2.2000 AP Nr. 113 zu § 102 BetrVG 1972 = NZA 2000, 761.

183 BAG 11.7.1991 AP Nr. 57 zu § 102 BetrVG 1972 = NZA 1992, 38; s. dazu auch BAG 24.9.2015 AP Nr. 10 zu § 626 BGB Unkündbarkeit = NZA 2016, 366; 8.4.2003 AP Nr. 133 zu § 102 BetrVG 1972 = NZA 2003, 961.

184 BAG 28.2.1974 AP Nr. 2 zu § 102 BetrVG 1972.

185 Ebenso KR/*Rinck* BetrVG § 102 Rn. 184; APS/*Koch* BetrVG § 102 Rn. 188 sowie BAG 6.8.2002 AP Nr. 27 zu § 99 BetrVG 1972 Eingruppierung = NZA 2003, 386 zum Widerspruch nach § 99 III BetrVG.

186 Vgl. BAG 10.3.2009 EzA § 126b BGB 2002 Nr. 2; KR/*Rinck* BetrVG § 102 Rn. 184; APS/*Koch* BetrVG § 102 Rn. 188; *Fitting* BetrVG § 102 Rn. 64; aA GK-BetrVG/*Raab* § 102 Rn. 137: nur „strenge" Schriftform genügt; Richardi BetrVG/*Thüsing* § 102 Rn. 189: nur Telefax genügt.

187 BAG 17.6.1999 AP Nr. 11 zu § 102 BetrVG Weiterbeschäftigung = NZA 1999, 1154.

188 LAG München 17.8.1994 LAGE § 102 BetrVG 1972 Beschäftigungspflicht Nr. 18; LAG SchlH 5.5.1996 LAGE § 102 BetrVG 1972 Beschäftigungspflicht Nr. 23.

189 Ebenso ErfK/*Kania* BetrVG § 102 Rn. 18; APS/*Koch* BetrVG § 102 Rn. 192.

190 BAG 9.7.2003 AP Nr. 14 zu § 102 BetrVG 1972 Weiterbeschäftigung = NZA 2003, 1191.

50 – der zu kündigende AN an einem anderen Arbeitsplatz in demselben Betrieb des Unternehmens **weiterbeschäftigt** werden kann. Als anderer Arbeitsplatz ist jede Beschäftigungsmöglichkeit zu verstehen, die ohne Änderung der Vertragsbedingungen in demselben Betrieb oder einem anderen Betrieb desselben Unternehmens möglich ist. Unwirksam ist ein Widerspruch mit der Begründung, der AN könne an demselben Arbeitsplatz weiterbeschäftigt werden.[191] Durch das Widerspruchsrecht soll die besondere Kenntnis des BR bezüglich der Versetzungsmöglichkeiten nutzbar gemacht werden. Der Arbeitsplatz muss benannt werden.[192] Zur Begründung des Widerspruchs ist dem BR ein Mindestmaß an konkreter Argumentation abzuverlangen. Der BR hat den Arbeitsplatz zumindest in bestimmbarer Weise anzugeben und den Bereich zu bezeichnen, in dem der AN anderweitig beschäftigt werden kann.[193] Nicht ausreichend ist es, wenn der BR auf Personalengpässe bei Arbeiten hinweist, die im Betrieb von einem Subunternehmer aufgrund eines Werkvertrags erledigt werden;[194]

51 – die Weiterbeschäftigung des AN nach zumutbarer **Umschulung oder Fortbildung** möglich ist. Der AG soll veranlasst werden, AN, deren Arbeitsplatz gefährdet ist, durch Maßnahmen der beruflichen Bildung den Arbeitsplatz zu erhalten;

52 – eine Weiterbeschäftigung des AN unter **geänderten Vertragsbedingungen** möglich ist und der AN zu der Vertragsänderung sein Einverständnis erteilt. Der AG hat daher insbesondere bei personen- oder betriebsbedingten Kündigungen zu prüfen, ob eine Änderungskündigung in Betracht kommt.

53 **4. Rücknahme.** Hat der BR einer ordentlichen Kündigung widersprochen, kommt er aber – etwa nach weiterer Sachprüfung – zu dem Ergebnis, dass der Widerspruch ungerechtfertigt war, kann er diesen grundsätzlich nicht zurücknehmen. Der Widerspruch ist eine geschäftsähnliche Handlung, die mit Zugang beim AG als Adressaten entsprechend § 130 BGB wirksam wird. Für etwaige Billigkeitsüberlegungen ist kein Raum, weil der BR nach § 102 II BetrVG vor Ausübung des Widerspruchsrechts genügend Zeit hat, sich seine Entscheidung zu überlegen.

54 **5. Abschrift.** Hat der BR der Kündigung aus den in §§ 102 III BetrVG aufgezählten Gründen schriftlich und fristgemäß widersprochen, hat der AG dem AN mit der Kündigung zugleich eine Abschrift des Widerspruchs zuzuleiten (§ 102 IV BetrVG). Unterlässt der AG die Mitteilung des Widerspruchs, ist die Kündigung gleichwohl wirksam, denn durch § 102 IV BetrVG ist keine Formvorschrift für die Kündigung eingeführt worden.[195] Unabhängig davon ist der BR berechtigt, dem AN den Widerspruch von sich aus zuzuleiten.[196]

55 **6. Rechtsfolgen.** Hat der BR aus den in § 102 III BetrVG aufgeführten Gründen form- und fristgemäß Widerspruch erhoben, hat dies zwei Rechtsfolgen. Der AN kann die Kündigungsschutzklage auch hierauf stützen (§ 1 II 2 KSchG; dazu → § 130 Rn. 40 ff.) und den Weiterbeschäftigungsanspruch nach § 102 V BetrVG geltend machen (dazu → § 125 Rn. 1 ff.).

56 **7. Erweiterung der Mitbestimmungsrechte. AG und BR** können nach § 102 VI BetrVG vereinbaren, dass ordentliche wie außerordentliche Kündigungen der Zustimmung des BR bedürfen und dass bei Meinungsverschiedenheiten über die Berechtigung der Nichterteilung der Zustimmung die Einigungsstelle entscheidet.[197] Die Vereinbarung muss den Anforderungen einer Betriebsvereinbarung genügen.[198] Die Entscheidung der Einigungsstelle kann vom AG oder BR, nicht aber vom betroffenen AN beim Arbeitsgericht angefochten werden. Fristen sind hierbei regelmäßig nicht zu beachten, weil die Einigungsstelle Rechtsfragen entscheidet.[199] Eine Betriebsvereinbarung kann auch vorsehen, dass der AG bei einer Zustimmungsverweigerung des BR nicht die Einigungsstelle, sondern direkt das Arbeitsgericht anrufen und dort die Zustimmung ersetzen lassen kann.[200] Eine ohne Zustimmung des BR erklärte Kündigung ist dann unwirksam. Ordentliche wie außerordentliche Kündigungen können auch im Wege des **Tarifvertrags** von der Zustimmung des BR abhängig gemacht werden. Denn nach § 1 I TVG kön-

[191] BAG 11.5.2000 AP Nr. 13 zu § 102 BetrVG 1972 Weiterbeschäftigung = NZA 2000, 1055; 17.6.1999 AP Nr. 11 zu § 102 BetrVG 1972 Weiterbeschäftigung = NZA 1999, 1154; 12.9.1985 AP Nr. 7 zu § 102 BetrVG 1972 Weiterbeschäftigung = NZA 1986, 424.

[192] BAG 17.6.1999 AP Nr. 11 zu § 102 BetrVG 1972 Weiterbeschäftigung = NZA 1999, 1154.

[193] BAG 11.5.2000 AP Nr. 13 zu § 102 BetrVG 1972 Weiterbeschäftigung = NZA 2000, 1055.

[194] BAG 11.5.2000 AP Nr. 13 zu § 102 BetrVG 1972 Weiterbeschäftigung = NZA 2000, 1055.

[195] Ebenso APS/*Koch* BetrVG § 102 Rn. 159.

[196] *Lützen* NZA 2019, 1254.

[197] BAG 6.2.1997 AP Nr. 86 zu § 102 BetrVG 1972 = NZA 1997, 877.

[198] BAG 14.2.1978 AP Nr. 60 zu Art. 9 GG Arbeitskampf.

[199] KR/*Rinck* BetrVG § 102 Rn. 343; *Fitting* BetrVG § 102 Rn. 127; APS/*Koch* BetrVG § 102 Rn. 183.

[200] Ebenso für Tarifverträge BAG 21.6.2000 AP Nr. 121 zu § 102 BetrVG 1972 = NZA 2001, 271.

nen auch durch Tarifvertrag betriebsverfassungsrechtliche Fragen geregelt werden. Es gelten dann die gleichen Grundsätze wie bei Betriebsvereinbarungen.[201] Dagegen fehlt für eine **einzelvertragliche Erweiterung** des dem BR nach dem Betriebsverfassungsgesetz vor Ausspruch von Kündigungen zustehenden Beteiligungsrechts die erforderliche gesetzliche Ermächtigungsgrundlage.[202]

III. Anhörung des Personalrats

1. Allgemeines. Die Beteiligung des PR ist für den Bereich der Arbeiter und Angestellten im öffentlichen Dienst des Bundes im BPersVG geregelt. Das BPersVG vom 15.3.1974 (BGBl. I 639) ist mit Gesetz vom 9.6.2021 (BGBl. I 1614) **novelliert worden (BPersVG 2021).** Da sich die Strukturen und Prinzipien zwar bewährt haben, das Gesetz aber seit 1974 nur punktuell fortgeschrieben worden ist, ist es inhaltlich und sprachlich vollständig überarbeitet worden. Die Rahmenvorschriften für die Beschäftigten im öffentlichen Dienst der Länder und Kommunen sind aufgrund der Föderalismusreform 2006 nunmehr entfallen.[203] Nach § 108 II BPersVG/§ 128 BPersVG 2021 ist eine durch den AG ausgesprochene Kündigung des Arbeitsverhältnisses eines Beschäftigten unwirksam, wenn die Personalvertretung nicht oder nicht ordnungsgemäß beteiligt worden ist. Diese bundesrechtliche Regelung gilt für die Länder unmittelbar mit der Folge, dass eine Kündigung bei nicht ordnungsgemäßer Beteiligung der Personalvertretung in allen Fällen unwirksam ist, in denen das Landesrecht dessen Beteiligung vorschreibt.[204] Die Übernahme der Unwirksamkeitsfolge in ein Landesgesetz hat lediglich deklaratorischen Charakter, da ein Landesgesetzgeber von der auf der Gesetzgebungskompetenz des Bundes gem. Art. 74 I Nr. 12 GG beruhenden Bestimmung in § 108 II BPersVG/§ 128 BPersVG 2021 auch nach der Föderalismusreform 2006 nicht abweichen dürfte.[205] Die in den Ländern im Übrigen geltenden Landespersonalvertretungsgesetze stimmen in Fragen der Beteiligung des PR nicht immer mit dem BPersVG überein. 57

2. Ordentliche Kündigung. a) Überblick. Bei ordentlichen Kündigungen wirkt der PR nach §§ 72, 79 BPersVG/§§ 81–83 und 85 BPersVG 2021 mit. Eine Kündigung ist dabei nicht nur dann unwirksam, wenn der AG gekündigt hat, ohne den PR überhaupt zu beteiligen, sondern auch dann, wenn er ihn nicht richtig beteiligt, dh, wenn er das gesetzliche Beteiligungsverfahren nicht eingehalten hat.[206] Die Rechtsfolge der Unwirksamkeit der Kündigung bei nicht ordnungsgemäßer Beteiligung des PR ergibt sich im Geltungsbereich des BPersVG aus § 79 IV BPersVG/§ 85 III BPersVG 2021 und für die LPersVG aus § 108 II BPersVG/§ 128 BPersVG 2021.[207] Sie tritt auch dann ein, wenn die Kündigung vor Abschluss des Stufenverfahrens erklärt wird. 58

b) Erörterung der Kündigungsgründe. Soweit der PR mitwirkt, ist nach § 72 I BPersVG/§ 81 I BPersVG 2021 die beabsichtigte Maßnahme vor der Durchführung mit dem Ziel der Verständigung mit dem PR rechtzeitig und eingehend zu erörtern. Ihm steht mithin ein Beratungsrecht zu. Hat der PR fristgerecht Einwendungen gegen eine beabsichtigte Kündigung erhoben, ist diese in der Regel unwirksam, wenn der AG eine nach dem einschlägigen Personalvertretungsgesetz vorgeschriebene Erörterung mit dem PR unterlassen hat.[208] Unterbleibt die Erörterung der beabsichtigten Kündigung mit dem Dienststellenleiter, berührt dies die Wirksamkeit der Maßnahme allerdings dann nicht, wenn der PR eine Erörterung nicht wünscht.[209] Ein Tätigwerden eines sonstigen Beauftragten iSd § 7 BPersVG/§ 8 BPersVG 2021 setzt eine Verhinderung des Dienststellenleiters voraus.[210] Rügt der PR im Laufe des Beteiligungsverfahrens nach § 79 BPersVG/§ 85 BPersVG 2021 nicht, dass der sonstige Beauftragte ohne Verhinderung des Dienststellenleiters handelt, ist dieser Mangel auch bei fehlender Verhinderung des 59

[201] BAG 21.6.2000 AP Nr. 121 zu § 102 BetrVG 1972 = NZA 2001, 271.
[202] BAG 23.4.2009 AP Nr. 160 zu § 102 BetrVG 1972 = NZA 2009, 915.
[203] Vgl. iE BT-Drs. 19/26820.
[204] BAG 26.9.2013 NZA-RR 2014, 236; 28.1.2010 AP Nr. 162 zu § 102 BetrVG 1972.
[205] BAG 27.6.2019 AP Nr. 276 zu § 626 BGB = NZA 2019, 1343.
[206] BAG 13.3.2008 AP Nr. 87 zu § 1 KSchG 1969 mwN.
[207] BAG 27.6.2019 AP Nr. 276 zu § 626 BGB = NZA 2019, 1343.
[208] BAG 20.1.2000 AP Nr. 56 zu § 2 KSchG 1969 = NZA 2000, 367.
[209] BAG 3.2.1982 AP Nr. 1 zu § 72 BPersVG.
[210] Vgl. APS/*Koch* BPersVG § 79 Rn. 8.

Dienststellenleiters im Verhältnis zum gekündigten AN unbeachtlich.[211] Das gilt entsprechend, wenn das Verfahren zur Beteiligung des PR durch einen personalvertretungsrechtlich nicht zuständigen Vertreter des Dienststellenleiters eingeleitet wird, sofern der PR den Fehler nicht gerügt, sondern zu der beabsichtigten Kündigung abschließend Stellung genommen hat.[212]

60 **c) Mitteilung der Kündigungsgründe.** Der öffentliche AG hat dem PR die Gründe für die Kündigung mitzuteilen, dh er muss die Personalvertretung über alle Gesichtspunkte informieren, die ihn zur Kündigung des Arbeitsverhältnisses veranlasst haben. Der PR ist ordnungsgemäß unterrichtet, wenn der AG ihm die aus seiner Sicht tragenden Kündigungsgründe mitgeteilt hat.[213] Es gelten insoweit im Wesentlichen die gleichen Grundsätze wie bei der Betriebsratsanhörung (→ Rn. 17 ff.). Hat der AG nach Durchführung des Beteiligungsverfahrens gekündigt und ist dem AN die Kündigung zugegangen, bedarf es zur Wirksamkeit einer wiederholten Kündigung der erneuten Unterrichtung des PR.[214] Zu den mitzuteilenden Kündigungsgründen gehören nach Auffassung des BAG auch die Gründe für eine etwaige soziale Auswahl,[215] eine bereits ausgesprochene Abmahnung und eine evtl. Gegendarstellung des AN.[216] Der unterbliebene Hinweis auf den tarifvertraglichen Ausschluss der ordentlichen Kündigung ist jedenfalls dann unschädlich, wenn der PR anhand der mitgeteilten Sozialdaten auf die Unkündbarkeit schließen kann.[217] Bei einer Kündigung wegen häufiger Kurzerkrankungen sind dem PR regelmäßig die einzelnen Ausfallzeiten der letzten Jahre mitzuteilen, auf die der AG seine negative Gesundheitsprognose stützt.[218] Gleiches gilt für die aufgewandten Entgeltfortzahlungskosten, wenn der AG hieraus die erforderlichen betrieblichen Beeinträchtigungen infolge der krankheitsbedingten Ausfälle des AN herleitet. Der AG ist dagegen grundsätzlich nicht verpflichtet, dem PR Beweismittel oder Unterlagen zur Verfügung zu stellen.[219] Waren dem AG bei Zugang der Kündigung bestimmte Tatsachen nicht bekannt, darf er diese im Rechtsstreit zur Begründung der Kündigung zwar nachschieben, muss aber vorher den PR zu ihnen – erneut – angehört haben. Einer weiteren Anhörung bedarf es nicht, wenn die neuen Tatsachen lediglich der Erläuterung und Konkretisierung der bisherigen, dem PR bereits mitgeteilten Kündigungsgründe dienen. Das ist regelmäßig nicht der Fall, wenn die neuen Tatsachen dem mitgeteilten Kündigungssachverhalt erstmals das Gewicht eines Kündigungsgrundes geben oder weitere, selbständig zu würdigende Kündigungssachverhalte betreffen. Das gilt auch dann, wenn der PR der Kündigung zugestimmt hat.[220]

61 **d) Stellungnahme des Personalrats.** Äußert sich der PR nicht **innerhalb von zehn Arbeitstagen** – das sind die Tage Montag bis Freitag mit Ausnahme der gesetzlichen Feiertage[221] – oder hält er bei der Erörterung seine Einwendungen oder Vorschläge nicht aufrecht, gilt die beabsichtigte Maßnahme als gebilligt (§ 72 II 1 BPersVG/§ 81 II 1 BPersVG 2021). Gem. § 81 II 2 BPersVG 2021 können PR und Dienststellenleitung im Einzelfall oder für die Dauer der Amtszeit des PR schriftlich oder elektronisch eine abweichende Frist vereinbaren. Erhebt des PR Einwendungen, hat er dem Leiter der Dienststelle die Gründe mitzuteilen (§ 72 II 2 BPersVG/§ 81 II 3 BPersVG 2021). Ob die Stellungnahme **schriftlich** zu erfolgen hat, ist **umstritten.**[222] Ungeachtet dessen werden die vom PR vorgebrachten Gründe in der Praxis jedoch schriftlich mitgeteilt.[223] Der PR kann alle Einwendungen vortragen; er ist – soweit es nicht um eine Probezeitkündigung geht – nicht auf die in § 79 I 3 BPersVG/§ 85 I 3 BPersVG 2021 aufgezählten beschränkt.[224] Bei einer Probezeitkündigung sind nur solche Einwendungen beachtlich, welche die Unwirksamkeit der Probezeitkündigung als möglich erscheinen lassen,

---

211 BAG 26.10.1995 AP Nr. 8 zu § 79 BPersVG.

212 BAG 25.2.1998 AP Nr. 8 zu § 72a LPVG NW = NZA 1999, 88.

213 BAG 26.1.2017 AP Nr. 212 zu § 1 KSchG 1969 Betriebsbedingte Kündigung = NZA 2017, 1199; 13.3.2008 AP Nr. 87 zu § 1 KSchG 1969.

214 BAG 5.9.2002 AP Nr. 1 zu § 78 LPVG Sachsen.

215 BAG 26.10.1995 AP Nr. 35 zu Art. 20 Einigungsvertrag = NZA 1996, 703.

216 BAG 31.8.1989 AP Nr. 1 zu § 77 LPVG Schleswig-Holstein = NZA 1990, 658; Anhörungsergebnis bei Verdachtskündigung: LAG Frankfurt 12.11.1992 BB 1993, 1009.

217 Vgl. BAG 23.10.2014 AP Nr. 248 zu § 626 BGB = NZA 2015, 353.

218 BAG 7.11.2002 AP Nr. 18 zu § 620 BGB Kündigungserklärung = NZA 2003, 520.

219 BAG 27.3.2003 AP Nr. 81 zu Einigungsvertrag Anlage I Kap. XIX.

220 BAG 10.4.2014 NZA 2014, 1197.

221 Dazu BAG 15.12.2016 AP Nr. 211 zu § 1 KSchG 1969 Betriebsbedingte Kündigung = NZA 2017, 518.

222 Bejahend zB RDW/*Benecke* BPersVG § 79 Rn. 61 mwN: keine „strenge" Schriftform, Textform genügt; aA APS/*Koch* BPersVG § 79 Rn. 32.

223 APS/*Koch* BPersVG § 79 Rn. 32.

224 BAG 29.9.1983 AP Nr. 1 zu § 79 BPersVG.

also etwa einen Verstoß gegen §§ 138, 242 BGB oder Vorschriften des besonderen Kündigungsschutzes, wie § 17 MuSchG, zum Gegenstand haben. Nicht dazu gehört die Möglichkeit der Umsetzung in einen anderen Bereich.[225]

Soweit Beschwerden oder Behauptungen tatsächlicher Art vorgebracht werden, die für einen Beschäftigten ungünstig sind oder ihm nachteilig werden können, ist dem **Beschäftigten Gelegenheit zur Äußerung** zu geben. Die Äußerung ist aktenkundig zu machen (§ 72 II 3, § 69 II 6 BPersVG/§ 81 II 4 BPersVG 2021). Die Dienststelle kann den Einwendungen des PR Rechnung tragen. Entspricht sie dagegen den Einwendungen nicht oder nicht in vollem Umfang, teilt sie dem PR ihre Entscheidung unter Angabe der Gründe schriftlich mit (§ 72 III BPersVG/§ 81 III BPersVG 2021: schriftlich oder elektronisch). Hat die Dienststelle den Einwendungen nicht entsprochen und den PR schriftlich beschieden, kann dieser die Angelegenheit binnen drei Arbeitstagen nach Zugang der Mitteilung auf dem Dienstweg der übergeordneten Dienststelle, bei der eine Stufenvertretung besteht, mit dem Antrag auf Entscheidung vorlegen (§ 72 IV BPersVG/§ 82 BPersVG 2021). Eine Kündigung ist unwirksam, wenn sie vor Abschluss des Stufenverfahrens erklärt wird. Ist ein Antrag nach § 72 IV BPersVG/§ 82 I BPersVG 2021 gestellt, so ist die beabsichtigte Maßnahme auszusetzen (§ 72 V BPersVG/§ 82 II BPersVG 2021). 62

e) Arbeitnehmer in Spitzenpositionen. Nach §§ 79 I 2, 77 I 2 BPersVG/§ 78 IV Nr. 2 BPersVG 2021 ist die Mitwirkung des PR bei ordentlichen Kündigungen für Beamtenstellen von der **Besoldungsgruppe A 16 an aufwärts** ausgeschlossen. Diese Vorschrift erfasst auch Angestellte, die zwar keine Beamtenstelle ab der Besoldungsgruppe A 16 innehaben, aber eine Stellung bekleiden, die unter Berücksichtigung der Bedeutung der Ausnahmevorschrift einer solchen Beamtenstelle entspricht. Sinn und Zweck des § 77 I 2 BPersVG/§ 78 IV Nr. 2 BPersVG 2021 ist es, für herausgehobene Stellen unabhängige Personalentscheidungen sicherzustellen, die der Bedeutung der auf diesen Stellen zu verrichtenden Tätigkeiten und der damit verbundenen Verantwortung gerecht werden. Für die Frage, ob es sich um eine entsprechende Stelle handelt, kommt es auf die Funktionsgleichwertigkeit mit der von der Mitbestimmung ausgenommenen Beamtenstelle an. Bei der Anwendung dieser Bestimmung auf nach privatrechtlichen Grundsätzen geführte öffentlich-rechtliche Anstalten ist ein Vergleich mit der besoldungsmäßigen Einstufung der Spitzenpositionen und der darunter befindlichen Leitungsebenen entsprechender Bundesbehörden und von der Besoldungsordnung erfasster Anstalten des öffentlichen Rechts durchzuführen. Landesrundfunkanstalten sind insoweit mit Bundesoberbehörden vergleichbar.[226] 63

f) Fehlende oder fehlerhafte Personalratsbeteiligung. Die Kündigung ist nach § 79 IV BPersVG/§ 85 III BPersVG 2021 unwirksam, wenn der PR nicht beteiligt worden ist oder die Verfahrensbestimmungen des § 72 BPersVG/der §§ 81–83 BPersVG 2021 nicht eingehalten worden sind.[227] Für die LPersVG ergibt sich diese Rechtsfolge aus § 108 II BPersVG/§ 128 BPersVG 2021. Unberührt bleibt die Wirksamkeit der Kündigung, wenn das Beteiligungsverfahren an Mängeln leidet, die in den Verantwortungsbereich des PR fallen. Ebenso bleibt die Kündigung wirksam, wenn der PR ihr zuzustimmen beabsichtigt und deswegen keine Erörterung der Kündigung mehr stattfindet oder der PR den betroffenen AN nicht hört.[228] Will der AG Kündigungsgründe nachschieben, muss er zuvor den PR beteiligen. Dies gilt nach Auffassung des BAG selbst dann, wenn im Zeitpunkt der Kündigung kein PR bestand.[229] Das Mitwirkungsverfahren im Falle der Kündigung eines schwerbehinderten Menschen kann vor dem Verfahren beim Integrationsamt, während dieses Verfahrens oder im Anschluss daran durchgeführt werden.[230] 64

g) Einwendungen des Personalrats. Nach § 79 I 2 Nr. 1–5 BPersVG/§ 85 I 3 Nr. 1–5 BPersVG 2021 kann der PR gegen eine Kündigung Einwendungen aus den dort aufgezählten Gründen erheben. Die Vorschrift ist § 102 III BetrVG nachgebildet (→ Rn. 45 ff.). Hat der PR Einwendungen erhoben, ist dem AN mit der Kündigung eine Abschrift der Einwendungen 65

225 BAG 27.10.2005 AP Nr. 151 zu § 102 BetrVG 1972.
226 BAG 7.12.2000 AP Nr. 9 zu § 77 BPersVG = NZA 2001, 846.
227 Zur Regelung in NRW: BAG 5.2.1981 AP Nr. 1 zu § 72 LPVG NW; 10.3.1983 AP Nr. 1 zu § 66 LPVG NW (von BAG 25.2.1998 AP Nr. 8 zu § 72a LPVG NW aufgegeben); Baden-Württemberg: BAG 4.3.1981 AP Nr. 1 zu § 77 LPVG Baden-Württemberg; Bayern: BAG 3.2.1982 AP Nr. 1 zu Art. 77 LPVG Bayern; Schleswig-Holstein: BAG 31.8.1989 AP Nr. 1 zu § 77 LPVG Schleswig-Holstein.
228 BAG 3.2.1982 AP Nr. 1 zu § 72 BPersVG = NJW 1982, 2791.
229 BAG 11.5.1995 – 2 AZR 265/94.
230 BAG 18.5.1994 AP Nr. 3 zu § 108 BPersVG = NZA 1995, 65; 5.9.1979 AP Nr. 6 zu § 12 SchwbG; BayVGH 3.12.2018 NZA-RR 2019, 192.

zuzuleiten. Ferner erlangt der AN einen Weiterbeschäftigungsanspruch, wenn er rechtzeitig Kündigungsschutzklage erhoben hat (§ 79 II BPersVG/§ 85 II BPersVG 2021).

66 **3. Änderungskündigung.** Beabsichtigt der AG eine Änderungskündigung zu erklären, kann der PR nach §§ 75, 69 BPersVG/§ 78 BPersVG 2021 ein Mitbestimmungsrecht und nach §§ 72, 79 BPersVG/§§ 72 ff., 85 BPersVG 2021 ein Beteiligungsrecht haben. Beide Verfahren sind nebeneinander durchzuführen.[231]

67 **4. Außerordentliche Kündigung.** Vor fristlosen Entlassungen und außerordentlichen Kündigungen ist der PR anzuhören (§ 79 III BPersVG/§ 86 BPersVG 2021). Der Dienststellenleiter hat die beabsichtigte Maßnahme zu begründen und die für ihn subjektiv tragenden Gründe mitzuteilen, auf denen sein Kündigungsentschluss beruht.[232] Hat der PR Bedenken, hat er sie dem Dienststellenleiter unter Angabe von Gründen unverzüglich, spätestens innerhalb von drei Tagen schriftlich zu übermitteln (gem. § 86 S. 2 BPersVG 2021 schriftlich oder elektronisch). Eine Kündigung ist unwirksam, wenn der PR nicht beteiligt worden ist (§ 79 IV BPersVG/§ 86 S. 3 iVm § 85 III BPersVG 2021).

68 **5. Darlegungs- und Beweislast.** Die zur Betriebsratsanhörung entwickelten Grundsätze einer abgestuften Darlegungs- und Beweislast (→ Rn. 39) gelten auch in Bezug auf die Anhörung der Personalvertretung.[233]

IV. Anhörung des Sprecherausschusses

69 **1. Anhörung.** Nach § 31 II SprAuG ist der Sprecherausschuss vor jeder Kündigung eines leitenden Angestellten zu hören. Der AG hat dem Sprecherausschuss die Gründe für die Kündigung mitzuteilen. Eine ohne Anhörung des Sprecherausschusses ausgesprochene Kündigung ist gem. § 31 II 3 SprAuG unwirksam. Die Anhörungspflicht nach § 31 II 1 SprAuG besteht unabhängig davon, ob das KSchG anzuwenden ist oder nicht. Bei der einvernehmlichen Beendigung des Arbeitsverhältnisses (→ § 122 Rn. 1 ff.) oder bei Ablauf der Befristung (→ § 38 Rn. 1 ff.) besteht keine Unterrichtungspflicht nach § 31 II SprAuG. Es ist denkbar, dass ein AN leitender Angestellter nach § 5 III BetrVG ist, dagegen nicht nach § 14 KSchG. Dies ist zB der Fall, wenn ihm keine Einstellungs- oder Entlassungsbefugnis zukommt. Bei leitenden Angestellten nach § 14 KSchG, die nicht auch leitende Angestellte nach § 5 III BetrVG sind, ist der BR und nicht der Sprecherausschuss zu hören. In Zweifelsfällen ist der AG gut beraten, beide Gremien zu beteiligen.

70 **2. Unterrichtung.** Der AG hat den Sprecherausschuss über die Person des leitenden Angestellten, über die Art der Kündigung und die Kündigungsgründe zu unterrichten. Der Umfang entspricht demjenigen bei der Betriebsratsanhörung (→ Rn. 17). Die Unterrichtung erfolgt an den Vorsitzenden des Sprecherausschusses und im Falle seiner Verhinderung an seinen Stellvertreter. Die Unterrichtung muss **vor Ausspruch der Kündigung** durchgeführt werden. Da der Sprecherausschuss bei einer ordentlichen Kündigung eine Äußerungsfrist von einer Woche und bei der außerordentlichen Kündigung eine solche von drei Tagen hat, kann der AG die Kündigung erst nach Ablauf dieser Frist erklären.

71 **3. Äußerung.** Ist der Sprecherausschuss durch den AG unterrichtet worden, kann er gegen die Kündigung Bedenken erheben (§ 31 II 4 SprAuG). Insoweit kommen jegliche Einwendungen in Betracht. Anders als der BR hat der Sprecherausschuss kein Widerspruchsrecht gegen die Kündigung. Fehler in der Verfahrensabwicklung werden wie bei der Anhörung des BR der Sphäre zugerechnet, in der sie eingetreten sind (→ Rn. 31 ff.). Äußert sich der Sprecherausschuss nicht innerhalb der maßgeblichen Frist, gilt dies als Einverständnis zur Kündigung (§ 31 II 5 SprAuG). Eine ohne seine Anhörung ausgesprochene **Kündigung ist unwirksam** (§ 31 II 3 SprAuG). Die Rechtsfolge ist dieselbe wie bei der zur Anhörung des BR. Die nachträgliche Zustimmung des Sprecherausschusses vermag die Unwirksamkeit der Kündigung nicht zu heilen. Trifft den AG bei **Aufhebungsverträgen und befristeten Arbeitsverhältnissen** nur eine Informationspflicht nach § 31 I SprAuG, richtet sich die Mitwirkung des Sprecherausschusses nach §§ 25, 26 SprAuG. Kollektive Belange kann er jederzeit aufgreifen, individuelle Belange des einzelnen AN nur dann, wenn dieser es wünscht.

---

231 BAG 3.11.1975 AP Nr. 1 zu § 75 BPersVG.
232 BAG 31.7.2014 AP Nr. 251 zu § 626 BGB = NZA 2015, 621.
233 BAG 18.5.2006 AP Nr. 157 zu § 1 KSchG 1969 Betriebsbedingte Kündigung.

4. Abschnitt. Weiterbeschäftigungsanspruch und Kündigungsfristen

§ 125. Weiterbeschäftigungsanspruch

Übersicht

I. Weiterbeschäftigungsanspruch nach § 102 V BetrVG

1. Überblick. Nach § 102 V BetrVG hat der AN einen Weiterbeschäftigungsanspruch, wenn 1

(1) der AG eine ordentliche Kündigung ausgesprochen hat,
(2) der BR frist- und ordnungsgemäß widersprochen hat und
(3) der AN nach dem KSchG Klage auf Feststellung erhoben hat, dass das Arbeitsverhältnis durch die Kündigung nicht aufgelöst worden ist.

2. Voraussetzungen. a) Ordentliche Kündigung. Der Weiterbeschäftigungsanspruch kommt nur nach einer ordentlichen Kündigung des AG in Betracht. Der Grund hierfür besteht darin, dass der Gesetzgeber wegen des Gewichts des wichtigen Grundes dem AG einen Weiterbeschäftigungsanspruch des AN nicht generell zumuten wollte. Hieraus folgt, dass eine Weiterbeschäftigungspflicht nach § 102 V BetrVG auch dann nicht besteht, wenn der AG außerordentlich und **hilfsweise ordentlich** kündigt.[1] Etwas anderes gilt nur dann, wenn der AG im Laufe des Kündigungsschutzprozesses von der außerordentlichen Kündigung Abstand nimmt und nur noch die soziale Rechtfertigung der ordentlichen Kündigung geltend macht.[2] 2

b) Änderungskündigung. Ein Weiterbeschäftigungsanspruch ist bei einer Änderungskündigung nur ausnahmsweise denkbar. Insoweit ist zu differenzieren: Hat der AN das Änderungsangebot vorbehaltlos angenommen, ist der Arbeitsvertrag geändert und die Kündigung gegenstandslos. Hat dagegen der AN die Änderungskündigung unter dem Vorbehalt der sozialen Rechtfertigung angenommen, besteht kein Weiterbeschäftigungsanspruch nach § 102 V BetrVG. In diesem Fall wird nur noch über den Inhalt und nicht den Bestand des Arbeitsverhältnisses gestritten.[3] Lehnt der AN das Änderungsangebot vorbehaltlos ab, führt die Änderungskündigung zu einer Beendigung des Arbeitsverhältnisses und der AN kann die Rechte aus § 102 V BetrVG geltend machen.[4] 2a

[1] KR/*Rinck* BetrVG § 102 Rn. 261; APS/*Koch* BetrVG § 102 Rn. 186; aA *Fitting* BetrVG § 102 Rn. 104.
[2] KR/*Rinck* BetrVG § 102 Rn. 261.
[3] ErfK/*Kania* BetrVG § 102 Rn. 32; APS/*Koch* BetrVG § 102 Rn. 187.
[4] APS/*Koch* BetrVG § 102 Rn. 187.

3 **c) Ordnungsgemäßer Widerspruch.** Der Weiterbeschäftigungsanspruch des AN ist davon abhängig, dass der BR der Kündigung frist- und ordnungsgemäß widersprochen hat.[5] Der Beschluss des BR muss nach § 33 BetrVG wirksam gefasst und den Anforderungen des § 102 III BetrVG entsprechen (dazu → § 124 Rn. 45). Für eine ordnungsgemäße Begründung des Widerspruchs ist es ausreichend, wenn diese es möglich erscheinen lässt, dass mit der gegebenen Begründung ein gesetzlicher Widerspruchstatbestand geltend gemacht wird.[6] Ein Widerspruch des BR ist auch bei personen- und verhaltensbedingten Kündigungen grundsätzlich zulässig.[7]

4 **d) Kündigungsschutzklage.** Der Weiterbeschäftigungsanspruch besteht nur, wenn der AN Klage nach dem KSchG erhoben hat, dh er muss nach §§ 1, 23 KSchG dem Kündigungsschutzgesetz unterliegen. Stellt der AN mit Erhebung der Klage oder im Verlauf des Prozesses den Antrag auf Auflösung des Arbeitsverhältnisses gegen Zahlung einer Abfindung nach § 9 KSchG, entfällt der Weiterbeschäftigungsanspruch nach § 102 V BetrVG, weil der AN damit sein Desinteresse an der Weiterbeschäftigung bekundet.[8] Versäumt der AN die Klagefrist nach § 4 KSchG, kann der AN erst ab rechtskräftiger nachträglicher Zulassung der Klage gem. § 5 KSchG nach § 102 V BetrVG die Weiterbeschäftigung verlangen.[9] Schließlich entfällt der Weiterbeschäftigungsanspruch, wenn der AN die Kündigungsschutzklage zurücknimmt und die Kündigung gem. § 7 KSchG wirksam wird.

5 **e) Verlangen des Arbeitnehmers.** Der Weiterbeschäftigungsanspruch ist von dem Verlangen des AN auf Weiterbeschäftigung abhängig. Umstr. ist, bis zu welchem Zeitpunkt der AN das Verlangen auf Weiterbeschäftigung erheben kann.[10] Im Gesetz ist eine Geltendmachungsfrist nicht enthalten. Die ältere Rechtsprechung des BAG ging davon aus, das Verlangen könne unbefristet gestellt werden und unterliege nur der Verwirkung.[11] Hiervon ist das BAG jedoch inzwischen zu Recht abgerückt. Es folgert aus dem Begriff „weiterbeschäftigen", wie er in § 102 V 1 BetrVG verwendet wird, dass damit regelmäßig eine Beschäftigung im unmittelbaren Anschluss an die auslaufende Kündigungsfrist gemeint sei.[12] Diese Beschäftigung soll in § 102 V BetrVG durch einen entsprechenden Anspruch gesichert werden, damit sich der AN dem Betrieb nicht entfremdet und andererseits der AG alsbald disponieren kann. Das Weiterbeschäftigungsverlangen des AN am ersten Arbeitstag nach Ablauf der Kündigungsfrist ist noch rechtzeitig.[13]

6 **3. Rechtsfolgen.** Nach Geltendmachung des Weiterbeschäftigungsanspruchs nach Maßgabe von § 102 V BetrVG ist der AG verpflichtet, den AN auflösend bedingt bis zum rechtskräftigen Abschluss des Kündigungsschutzprozesses zu unveränderten Arbeitsbedingungen weiterzubeschäftigen. Während der Dauer der Weiterbeschäftigung besteht das bisherige Arbeitsverhältnis fort.[14] Der AN hat deshalb grundsätzlich einen Anspruch auf tatsächliche Beschäftigung.[15] Da der Anspruch auf tatsächliche Beschäftigung nicht weiter geht als im ungekündigten Arbeitsverhältnis, ist der AG berechtigt, den AN zu suspendieren, wenn er hierfür ein überwiegendes, schutzwürdiges Interesse geltend machen kann.[16] Diese Voraussetzung ist erfüllt, wenn die Weiterbeschäftigung, ggf. auf einem anderen gleichwertigen Arbeitsplatz, für den AG unmöglich ist (§ 275 BGB). Bei der Kündigung eines unkündbaren AN ist in diesem Zusammenhang allerdings zu berücksichtigen, dass der AG verpflichtet ist, mit allen zumutbaren Mitteln, ggf. nach einer entsprechenden Umorganisation, eine Weiterbeschäftigung des AN im Betrieb bzw. im Unternehmen zu versuchen.[17] Da § 102 V BetrVG den Bestand des Arbeitsverhältnisses und nicht den konkreten Arbeitsplatz schützt, kann der AG den weiterzubeschäftigenden AN im Rahmen seines Direktionsrechts – wie einen AN im ungekündigten Arbeitsverhältnis auch – auf einen anderen gleichwertigen Arbeitsplatz

[5] BAG 12.9.1985 AP Nr. 7 zu § 102 BetrVG 1972 Weiterbeschäftigung = NZA 1986, 424.
[6] BAG 17.6.1999 AP Nr. 11 zu § 102 BetrVG 1972 Weiterbeschäftigung = NZA 1999, 1154.
[7] LAG Hmb 9.4.2014 – 6 SaGa 2/14.
[8] ErfK/*Kania* BetrVG § 102 Rn. 33; APS/*Koch* BetrVG § 102 Rn. 205.
[9] KR/*Rinck* BetrVG § 102 Rn. 277; APS/*Koch* BetrVG § 102 Rn. 205.
[10] Zum Meinungsstand vgl. APS/*Koch* BetrVG § 102 Rn. 207.
[11] BAG 31.8.1978 AP Nr. 1 zu § 102 BetrVG 1972 Weiterbeschäftigungsanspruch.
[12] BAG 17.6.1999 AP Nr. 11 zu § 102 BetrVG 1972 Weiterbeschäftigung = NZA 1999, 1154.
[13] BAG 11.5.2000 AP Nr. 13 zu § 102 BetrVG 1972 Weiterbeschäftigung = NZA 2000, 1055.
[14] BAG 12.9.1985 AP Nr. 7 zu § 102 BetrVG 1972 Weiterbeschäftigung = NZA 1986, 424.
[15] BAG 26.5.1977 AP Nr. 5 zu § 611 BGB Beschäftigungspflicht.
[16] BAG 15.3.2001 AP Nr. 46 zu § 4 KSchG 1969 = NZA 2001, 1267; APS/*Koch* BetrVG § 102 Rn. 209.
[17] BAG 15.3.2001 AP Nr. 46 zu § 4 KSchG 1969 = NZA 2001, 1267.

um- bzw. versetzen.[18] Der AG ist zur Vergütungsfortzahlung einschl. der Gewährung aller Nebenleistungen verpflichtet. Er ist so zu stellen, wie ein AN, dessen Arbeitsverhältnis gekündigt worden ist. Das kann sich insbesondere auf den Bezug von Sonderzahlungen auswirken.[19] Während der Weiterbeschäftigung erlangt der AN Ansprüche auf Vergütungsfortzahlung im Krankheitsfall, Urlaub usw. Wegen der teilweise anderen Rechtslage beim allgemeinen Weiterbeschäftigungsanspruch → Rn. 16 ff.

Nach einem **ordnungsgemäßen Widerspruch** gegen die Kündigung bleibt der AG zur entsprechenden Vergütungszahlung auch für die Zeit verpflichtet, während derer er den AN tatsächlich nicht weiterbeschäftigt hat. Dies gilt auch dann, wenn sich später aufgrund der rechtskräftigen Entscheidung im Kündigungsschutzprozess herausstellt, dass die Kündigung wirksam war und tatsächlich kein Arbeitsverhältnis mehr bestand.[20] 7

Ist der **Widerspruch nicht ordnungsgemäß erfolgt,** weil die Begründung nicht den formalen Anforderungen des § 102 III BetrVG entspricht, besteht für den AN kein Anspruch auf Annahmeverzugsvergütung, wenn der AG den AN nicht weiterbeschäftigt und die Kündigungsschutzklage abgewiesen wird. Der AG ist in diesem Fall nicht gezwungen, nach § 102 V 2 BetrVG eine einstweilige Verfügung auf Entbindung von der Weiterbeschäftigungspflicht zu erwirken (dazu → Rn. 10 ff.). Wenn § 102 V BetrVG einen Weiterbeschäftigungsanspruch nur bei einem ordnungsgemäßen Widerspruch entstehen lässt, bedeutet dies gleichzeitig, dass der BR den AG nicht mit einer den gesetzlichen Widerspruchsgründen nicht entsprechenden Begründung in das einstweilige Verfügungsverfahren nach § 102 V 2 BetrVG zwingen kann.[21] 8

4. Durchsetzung des Anspruchs. Der AN kann seinen Anspruch auf Weiterbeschäftigung klageweise, aber auch im Wege der einstweiligen Verfügung verfolgen.[22] Der Verfügungsgrund ergibt sich regelmäßig aus dem drohenden Zeitablauf.[23] Der AN ist für die Voraussetzungen des Weiterbeschäftigungsanspruchs darlegungs- und glaubhaftmachungspflichtig.[24] Der titulierte Anspruch wird nach § 888 ZPO durch Zwangsgeld oder Zwangshaft gegenüber dem AG vollstreckt.[25] 9

II. Entbindung von der Weiterbeschäftigungspflicht

1. Einstweilige Verfügung. Auf Antrag kann das Gericht gem. § 102 V 2 BetrVG den AG von der Weiterbeschäftigung durch einstweilige Verfügung im Urteilsverfahren[26] entbinden. Hierzu hat der AG einen Verfügungsanspruch glaubhaft machen. Der Verfügungsgrund ist von Gesetzes wegen gegeben, wenn der AN seine Weiterbeschäftigung verlangt hat.[27] Der Anspruch auf Befreiung von der Weiterbeschäftigung kann nach überwiegend vertretener Auffassung nicht einredeweise in einem vom AN anhängig gemachten einstweiligen Verfügungsverfahren geltend gemacht werden.[28] Über die einstweilige Verfügung entscheidet das Arbeitsgericht aufgrund mündlicher Verhandlung oder in dringenden Fällen auch ohne mündliche Verhandlung durch den Vorsitzenden allein (§§ 937 II, 944 ZPO). Ist der Antrag auf Erlass einer einstweiligen Verfügung abgewiesen worden, kann er wiederholt werden, wenn sich inzwischen der Sachverhalt geändert hat.[29] 10

2. Voraussetzungen. a) Fehlende Erfolgsaussicht. Der Antrag des AG auf Erlass einer einstweiligen Verfügung ist begründet, wenn die Kündigungsschutzklage des AN keine hinrei- 11

[18] BAG 15.3.2001 AP Nr. 46 zu § 4 KSchG 1969 = NZA 2001, 1267.
[19] Ebenso KR/*Rinck* BetrVG § 102 Rn. 289; GK-BetrVG/*Raab* § 102 Rn. 221; aA APS/*Koch* BetrVG § 102 Rn. 210.
[20] BAG 7.12.2000 – 2 AZR 585/99.
[21] BAG 11.5.2000 AP Nr. 13 zu § 102 BetrVG 1972 Weiterbeschäftigung = NZA 2000, 1055.
[22] SächsLAG 1.8.2014 – 2 SaGa 10/14; LAG München 16.8.1995, LAG Hmb 25.1.1994 LAGE § 102 BetrVG 1972 Beschäftigungspflicht Nr. 21, 22; APS/*Koch* BetrVG § 102 Rn. 212; *Reidel* NZA 2000, 454.
[23] LAG Köln 26.11.2012 – 5 SaGa 14/12.
[24] LAG BW 30.8.1993 NZA 1995, 683.
[25] *Fitting* BetrVG § 102 Rn. 116; APS/*Koch* BetrVG § 102 Rn. 215 ff.
[26] *Fitting* BetrVG § 102 Rn. 117 ff.; ausführlich hierzu *Willemsen/Hohenstatt* DB 1995, 215.
[27] LAG Hmb 9.4.2014 – 6 SaGa 2/14; KR/*Rinck* BetrVG § 102 Rn. 314; APS/*Koch* BetrVG § 102 Rn. 225.
[28] Vgl. LAG SchlH 5.3.1996 LAGE § 102 BetrVG 1972 Beschäftigungspflicht Nr. 23; LAG München 10.2.1994 NZA 1994, 997; aA *Fitting* BetrVG § 102 Rn. 117.
[29] LAG Köln 19.5.1983 DB 1983, 2368.

chende Aussicht auf Erfolg bietet oder mutwillig erscheint (§ 102 V 2 Nr. 1 BetrVG). Die Tatbestandsvoraussetzungen stimmen mit denen der Bewilligung von Prozesskostenhilfe nach § 114 ZPO überein.[30] Eine Klage hat dann keine hinreichende Aussicht auf Erfolg, wenn sie offensichtlich oder mit hinreichender Wahrscheinlichkeit abgewiesen wird. Dies hat der AG darzulegen und glaubhaft zu machen. Denkbar ist dieser Verfügungsgrund insbesondere bei einer nicht rechtzeitigen Klageerhebung (§ 4 KSchG), weil dann die Kündigung gem. § 7 KSchG als wirksam gilt. Ggf. ist ein Antrag auf nachträgliche Zulassung mit zu berücksichtigen. Haben sowohl AG wie AN hinreichende Erfolgsaussichten glaubhaft gemacht, ist eine Befreiung von der Weiterbeschäftigungspflicht nicht möglich.[31]

12 **b) Unzumutbare wirtschaftliche Belastung des Arbeitgebers.** Der Antrag des AG kann ferner gem. § 102 V 2 Nr. 2 BetrVG darauf gestützt werden, dass die Weiterbeschäftigung des AN zu einer unzumutbaren wirtschaftlichen Belastung des AG führen würde. Nach überwiegender Auffassung kann dies nur ausnahmsweise in Betracht kommen, wenn die wirtschaftlichen Belastungen für den Betrieb existenzgefährdend sind.[32] Im Falle einer Betriebsstilllegung kann die tatsächliche Weiterbeschäftigung eines AN zu unveränderten Bedingungen allerdings zu einer unzumutbaren Belastung des AG führen, weil neben den reinen Entgeltkosten eigens hierfür mit hohem Aufwand eine betriebliche Infrastruktur aufrechterhalten werden müsste. In diesem Fall kann der AN nicht geltend machen, der AG bräuchte – ohne ihn tatsächlich zu beschäftigen – lediglich das Entgelt zu zahlen.[33]

13 **c) Offensichtlich unbegründeter Widerspruch.** Der AG ist schließlich nach § 102 V 2 Nr. 3 BetrVG von der Weiterbeschäftigung zu entbinden, wenn der Widerspruch des BR offensichtlich unbegründet war. Dies ist anzunehmen, wenn entweder die den Widerspruch rechtfertigenden Tatsachen nicht vorliegen – es gibt beispielsweise keine Auswahlrichtlinie, deren Verletzung vom BR gerügt wird – oder der Widerspruch bereits von vornherein nicht ordnungsgemäß war.[34] Dies ist zu bejahen, wenn der Widerspruch nicht form- und fristgerecht erfolgt ist oder beispielsweise bei einer personenbedingten Kündigung mit einer unzureichenden sozialen Auswahl begründet wird. In diesen Fällen besteht schon kein Weiterbeschäftigungsanspruch (→ Rn. 8). Der AG hat ein Rechtsschutzinteresse daran, im Wege der einstweiligen Verfügung seine Weiterbeschäftigungspflicht klären zu lassen.[35]

14 **3. Rechtsfolgen.** Die Entbindung des AG von der Weiterbeschäftigungspflicht gem. § 102 V BetrVG **wirkt nicht zurück;** sie lässt deshalb für die Zeit bis zur Entbindungsentscheidung angefallene Vergütungsansprüche des AN unberührt.[36] Der AG hat die Vergütung bei unterbliebener Beschäftigung gem. §§ 293 ff., 615 BGB nachzuentrichten. Ist der AG zu Unrecht von der Weiterbeschäftigung entbunden worden, ist umstritten, ob er nach § 945 ZPO auf Schadensersatz haftet.[37]

15 **4. Ende der Weiterbeschäftigungspflicht.** Unabhängig von der Befreiung des AG von der Weiterbeschäftigungspflicht endet diese, wenn das Arbeitsverhältnis vor rechtskräftigem Abschluss des Kündigungsschutzverfahrens aus anderen Gründen, zB infolge einvernehmlicher Aufhebung des Arbeitsvertrags oder infolge einer weiteren Kündigung[38] der einen oder anderen Partei, endet.

III. Allgemeiner Weiterbeschäftigungsanspruch

16 **1. Voraussetzungen.** Neben dem gesetzlichen Weiterbeschäftigungsanspruch nach § 102 V BetrVG hat der AN nach Ausspruch einer Kündigung noch einen vom Großen Senat des BAG im Wege der Rechtsfortbildung entwickelten allgemeinen Weiterbeschäfti-

[30] KR/*Rinck* BetrVG § 102 Rn. 303.
[31] LAG Düsseldorf 23.5.1975 EzA Nr. 4 zu § 102 BetrVG 1972 Beschäftigungspflicht.
[32] *Fitting* BetrVG § 102 Rn. 119; KR/*Rinck* BetrVG § 102 Rn. 305; vgl. LAG München 13.7.1994 LAGE § 102 BetrVG 1972 Beschäftigungspflicht Nr. 17, wonach Unzumutbarkeit schon dann besteht, wenn der AG keine Beschäftigungsmöglichkeit hat; dagegen LAG Hmb 16.5.2001 LAGE § 102 BetrVG 1972 Beschäftigungspflicht Nr. 24; 21.5.2008 – 4 SaGa 2/08; APS/*Koch* BetrVG § 102 Rn. 221.
[33] LAG Düsseldorf 24.4.2013 – 4 SaGa 6/13.
[34] LAG Hmb 9.4.2014 – 6 SaGa 2/14.
[35] Vgl. LAG Düsseldorf 15.3.1978 DB 1978, 1283; APS/*Koch* BetrVG § 102 Rn. 224 mwN.
[36] BAG 9.3.1996 AP Nr. 9 zu § 102 BetrVG 1972 Weiterbeschäftigung = NZA 1996, 930.
[37] Vgl. BAG 31.8.1978 AP Nr. 1 zu § 102 BetrVG 1972 Weiterbeschäftigung.
[38] LAG SchlH 20.3.2012 – 1 Sa 283 d/11; KR/*Rinck* BetrVG § 102 Rn. 318 f.

gungsanspruch. Der gekündigte AN hat danach einen arbeitsvertragsrechtlichen Anspruch auf vertragsgemäße Beschäftigung über den Ablauf der Kündigungsfrist oder bei einer fristlosen Kündigung über deren Zugang hinaus bis zum rechtskräftigen Abschluss des Kündigungsprozesses, wenn die Kündigung unwirksam ist und überwiegende schutzwerte Interessen des AG einer solchen Beschäftigung nicht entgegenstehen. Das Interesse des AG an der Nichtbeschäftigung des gekündigten AN für die Dauer des Kündigungsprozesses überwiegt in der Regel – sofern nicht eine offensichtlich unwirksame Kündigung vorliegt – das Beschäftigungsinteresse des AN bis zu dem Zeitpunkt, zu dem im Kündigungsprozess ein die Unwirksamkeit der Kündigung feststellendes Urteil ergeht. Nach einem solchen der Kündigungsschutzklage stattgebenden Urteil kann die Ungewissheit des Prozessausgangs für sich allein ein überwiegendes Gegeninteresse des AG nicht mehr begründen. Hinzu kommen müssen dann vielmehr zusätzliche Umstände, aus denen sich im Einzelfall ein überwiegendes Interesse des AG ergibt, den AN nicht zu beschäftigen.[39] Bei dem die Unwirksamkeit der Kündigung feststellenden Urteil muss es sich um ein solches der jeweiligen Instanz handeln, also um das Urteil des Arbeitsgerichts, soweit dieses über die vorläufige Weiterbeschäftigung entscheidet, und um ein Urteil des Landesarbeitsgerichts, wenn dort ein Antrag auf vorläufige Weiterbeschäftigung gestellt ist. Im Fall von divergierenden instanzgerichtlichen Entscheidungen und einem zurückverweisenden Urteil des BAG ist die Lage als ebenso offen anzusehen, wie wenn noch keine gerichtliche Entscheidung vorläge und deshalb Ungewissheit über den Ausgang des Kündigungsschutzverfahrens besteht.[40] Der Weiterbeschäftigungsanspruch wird vom Großen Senat wie der allgemeine Beschäftigungsanspruch (dazu → § 110 Rn. 1 ff.) aus den §§ 611, 613 BGB in Verbindung mit § 242 BGB hergeleitet. Die Generalklausel des § 242 BGB wird dabei durch die Wertentscheidung der Art. 1 und 2 GG ausgefüllt.

2. Uneigentlicher Hilfsantrag. Der allgemeine Weiterbeschäftigungsanspruch kann als unegentlicher Hilfsantrag neben dem Kündigungsschutzantrag geltend gemacht werden.[41] Es handelt sich hierbei prozessual um eine Klage auf eine zukünftige Leistung (§ 259 ZPO). Der Klageantrag[42] wird zweckmäßig dahin formuliert, dass eine Beschäftigung zu den näher bezeichneten vertraglichen Arbeitsbedingungen verlangt wird.[43] Der Antrag muss **bestimmt** sein. Aus ihm muss hervorgehen, um welche Art von Beschäftigung es geht. Für den AG als Vollstreckungsschuldner muss aus rechtsstaatlichen Gründen erkennbar sein, in welchen Fällen er mit einem Zwangsmittel zu rechnen hat.[44] Zu berücksichtigen ist aber auch, dass bei im Arbeitsvertrag nur rahmenmäßig umschriebener Arbeitspflicht der Titel aus materiell-rechtlichen Gründen nicht so genau sein kann, dass er auf eine ganz bestimmte im Einzelnen beschriebene Tätigkeit oder Stelle zugeschnitten ist. Der AN muss bei der Antragstellung deshalb verdeutlichen, um welche Art von Beschäftigung es geht, da der AG vor unberechtigten Zwangsvollstreckungsmaßnahmen geschützt werden muss. Andererseits kann der Antrag aus materiell-rechtlichen Gründen nicht so genau sein, dass er auf eine ganz bestimmte im Einzelnen beschriebene Tätigkeit oder Stelle zugeschnitten ist, weil dem AG das Weisungsrecht nach § 106 GewO (dazu → § 45 Rn. 1 ff.) zusteht. Es ist deshalb erforderlich aber auch ausreichend, wenn die Art der ausgeurteilten Beschäftigung des AN aus dem Antrag ersichtlich ist. Einzelheiten hinsichtlich der Art der Beschäftigung oder sonstigen Arbeitsbedingungen muss der Titel demgegenüber nicht enthalten. Dafür reicht es aus, wenn das Berufsbild, mit dem der AN beschäftigt werden soll, sich aus dem Titel ergibt oder sich in vergleichbarer Weise ergibt, worin die Tätigkeit bestehen soll.[45] Dies kann sich aus einer Bezugnahme auf den Arbeitsvertrag ergeben, vorausgesetzt dessen Inhalt lässt sich anhand des Tenors und der Entscheidungsgründe des Urteils eindeutig feststellen. Hieran fehlt es indes, wenn der Weiterbeschäftigungstitel, mit dem der AG verpflichtet werden soll, den AN „zu unveränderten Arbeitsbedingungen gemäß Arbeitsvertrag" zu beschäftigen, Einschränkungen enthält, die zur Unbestimmtheit führen. Hiervon ist auszugehen, wenn eine Beschäftigung zu „unveränderten Arbeitsbedingungen" wegen mangelnder Leistungsfähigkeit (§ 297 17

[39] BAG GS 27.2.1985 AP Nr. 14 zu § 611 BGB Beschäftigungspflicht = NZA 1985, 702.
[40] BAG 5.12.2019 AP Nr. 77 zu § 1 KSchG 1969 Verhaltensbedingte Kündigung = NZA 2020, 647.
[41] Vgl. BAG 22.8.2019 AP Nr. 89 zu § 4 KSchG 1969 = NZA 2019, 1490; 8.4.1988 AP Nr. 4 zu § 611 BGB Weiterbeschäftigung = NZA 1988, 741.
[42] *Growe* NZA 1996, 567; Hamacher/*Ulrich*, Antragslexikon Arbeitsrecht, „Beschäftigung" Rn. 39 ff.
[43] Vgl. BAG 15.4.2009 AP Nr. 11 zu § 888 ZPO = NZA 2009, 917; 15.3.2001 AP Nr. 46 zu § 4 KSchG 1969 = NZA 2001, 1267 (1272); LAG SchlH 6.1.1987 NZA 1987, 322; LAG Köln 24.10.1995 NZA-RR 1996, 108.
[44] BAG 28.2.2003 AP Nr. 13 zu § 78 ArbGG 1979 = NZA 2003, 516.
[45] BAG 15.4.2009 AP Nr. 11 zu § 888 ZPO = NZA 2009, 917.

BGB) nach den Entscheidungsgründen ausscheidet und das Urteil auf eine konkrete andere Beschäftigung nicht Bezug nimmt.[46] Eine Aussetzung des Verfahrens bis zum rechtskräftigen Abschluss eines anhängigen Rechtsstreites über die Wirksamkeit der Kündigung scheidet aus.[47] Ist die Wirksamkeit einer Kündigung nach den Vorschriften des KSchG zu beurteilen, ist dem Weiterbeschäftigungsantrag grundsätzlich stattzugeben, wenn die Kündigungsschutzklage des AN erfolgreich ist. Entsprechende Grundsätze gelten, wenn die Parteien über die Fortsetzung eines befristeten Arbeitsverhältnisses streiten.[48] Ein Weiterbeschäftigungsanspruch kann auch im Insolvenzverfahren bestehen. Der Insolvenzverwalter soll nicht verpflichtet sein, vorrangig Betriebsratsmitglieder mit Abwicklungsarbeiten zu beschäftigen.[49]

18 **3. Einstweilige Verfügung.** Der allgemeine Weiterbeschäftigungsanspruch kann nur ausnahmsweise vor Verkündung einer erstinstanzlichen Entscheidung über die Kündigungsschutzklage im Wege der einstweiligen Verfügung durchgesetzt werden. Erforderlich ist, dass die Kündigung offensichtlich unwirksam ist oder besondere Gründe vom AN geltend gemacht werden können.[50] Dies kann uU bei Künstlern und auch bei Auszubildenden zutreffen.[51] Einem Antrag auf Weiterbeschäftigung im Wege der einstweiligen Verfügung fehlt der Verfügungsgrund, wenn der AN in einem von ihm geführten Kündigungsschutzverfahren erstinstanzlich obsiegt, es aber unterlassen hat, dort den Weiterbeschäftigungsanspruch geltend zu machen.[52]

19 **4. Besonderheiten der Änderungskündigung.** Bei einer Änderungskündigung besteht der allgemeine Weiterbeschäftigungsanspruch nur, wenn der AN das Änderungsangebot ablehnt und im Kündigungsschutzprozess allein über die Beendigung des Arbeitsverhältnisses gestritten wird. Nimmt der AN das Änderungsangebot unter Vorbehalt an, besteht kein Weiterbeschäftigungsanspruch zu den alten Bedingungen.[53] In diesem Fall besteht kein Streit über den Fortbestand, sondern nur über den Inhalt des Arbeitsverhältnisses. Wird der AN, wenn auch zu anderen Bedingungen, tatsächlich weiterbeschäftigt, ist seinem Beschäftigungsinteresse zunächst gedient.[54]

20 **5. Vorläufige Weiterbeschäftigung ohne gerichtliche Anordnung.** Sind die Tatbestandsvoraussetzungen des allgemeinen Weiterbeschäftigungsanspruchs erfüllt, besteht eine Beschäftigungspflicht des AG auch ohne ein entsprechendes klagestattgebendes Urteil. Dies beruht darauf, dass ein Urteil, das einem auf die vorläufige Weiterbeschäftigung gerichteten Antrag stattgibt, lediglich den vom Großen Senat des BAG entwickelten Anspruch (→ Rn. 16) tituliert. Hierbei handelt es sich jedoch nicht um ein Gestaltungsurteil, das die Rechtslage ändert.[55] Hiernach wird ein AN, der mit einer Kündigungsschutzklage oder einer Befristungskontrollklage obsiegt hat und vom AG bis zum rechtskräftigen Abschluss des Bestandsschutzrechtsstreits weiterbeschäftigt wird, nicht zwangsläufig auf vertraglicher Grundlage tätig. Erfolgt eine Weiterbeschäftigung während des laufenden Rechtsstreits allein zur Abwendung der Zwangsvollstreckung aus einem Titel, der dem AG die vorläufige Weiterbeschäftigung aufgibt, begründen die Parteien kein Arbeitsverhältnis. Auch wenn die vorläufige Weiterbeschäftigung nicht zur Abwendung einer drohenden Zwangsvollstreckung erfolgt, liegt ihr jedenfalls dann kein Vertrag zugrunde, wenn der AG vor Aufnahme der Beschäftigung deutlich gemacht hat, dass er die Weiterbeschäftigung nur aufgrund des nach der Rechtsprechung des Großen Senates des BAG bestehenden allgemeinen Weiterbeschäftigungsanspruchs anbietet.[56]

21 **6. Ende und Vollstreckung des Weiterbeschäftigungsanspruchs.** Der Anspruch auf vorläufige Weiterbeschäftigung endet, wenn der AG nach einem der Kündigungsschutzklage stattgebenden Urteil eine weitere Kündigung ausspricht, der ein anderer Kündigungssachverhalt

[46] BAG 27.5.2015 AP Nr. 138 zu § 615 BGB = NZA 2015, 1053.
[47] LAG Köln 17.5.1991 NZA 1992, 84; *Grunsky* NZA 1987, 295.
[48] BAG 13.6.1985 AP Nr. 19 zu § 611 BGB Beschäftigungspflicht = NZA 1986, 562.
[49] LAG Düsseldorf 4.10.1996 ZIP 1997, 81.
[50] LAG Köln 26.11.1985 NZA 1986, 136; verneint, wenn im Kündigungsschutzprozess nicht gestellt: LAG Düsseldorf 6.2.1987 NZA 1987, 536; LAG Köln 18.8.2000 NZA-RR 2001, 387; aA wohl LAG München 19.8.1992 NZA 1993, 1130.
[51] LAG Bln 22.2.1991 BB 1991, 1050 = ZTR 1991, 209.
[52] Vgl. LAG Köln 18.8.2000 LAGE § 611 BGB Beschäftigungspflicht Nr. 42 = NZA-RR 2001, 387; LAG München 17.12.2003 NZA-RR 2005, 312.
[53] BAG 22.10.2015 AP Nr. 166 zu § 2 KSchG 1969 = NZA 2016, 225; 28.5.2005 AP Nr. 222 zu § 626 BGB = NZA 2009, 954.
[54] BAG 28.5.2009 AP Nr. 222 zu § 626 BGB = NZA 2009, 954.
[55] BAG 22.7.2014 AP Nr. 30 zu § 611 BGB Beschäftigungspflicht = NZA 2014, 1330.
[56] BAG 22.7.2014 AP Nr. 30 zu § 611 BGB Beschäftigungspflicht = NZA 2014, 1330.

zugrunde liegt.[57] Gleiches gilt, wenn der AG einen Auflösungsantrag nach §§ 9, 10 KSchG stellt.[58] Die Vollstreckung des Weiterbeschäftigungsanspruches erfolgt nach § 888 ZPO.[59] Sie ist ausgeschlossen, wenn der Schuldner die Weiterbeschäftigung nicht erfüllen kann.[60] Das kann der Fall sein, wenn der Arbeitsplatz weggefallen ist.[61] Die Erfüllung kann nicht dadurch umgangen werden, dass der AN von der Arbeit freigestellt wird.[62] Das auf Antrag des Gläubigers verhängte Zwangsgeld kann zurückgefordert werden, wenn dieser in der Beschwerdeinstanz auf die Rechte aus dem Beschluss verzichtet.[63] Der Wegfall des Weiterbeschäftigungsanspruches kann prozessual im Wege der Vollstreckungsgegenklage geltend gemacht werden (§ 767 ZPO).[64]

7. Inhalt des Weiterbeschäftigungsverhältnisses. a) Befristete oder auflösend bedingte Beschäftigung. Wird ein AN nach Ausspruch einer Kündigung und nach Ablauf der Kündigungsfrist oder nach Ablauf der vereinbarten Befristung während eines laufenden Bestandsschutzprozesses weiterbeschäftigt, kann hierin der konkludente Abschluss eines neuen befristeten Arbeitsvertrags liegen oder die Vereinbarung, das streitbefangene Arbeitsverhältnis auflösend bedingt durch die rechtskräftige Abweisung der Kündigungsschutz- bzw. Befristungskontrollklage fortzusetzen.[65] Fordert der AG einen AN auf, seine Tätigkeit bis zur Entscheidung über den Bestandsschutzrechtsstreit fortzuführen, geht der Wille der Parteien regelmäßig dahin, das Arbeitsverhältnis, das der AG als beendet ansieht, bis zur endgültigen Klärung, ob und ggf. zu welchem Zeitpunkt die Beendigung eingetreten ist, fortzusetzen oder für die Dauer des Rechtsstreits ein befristetes Arbeitsverhältnis zu begründen.[66] Hierfür spricht bereits, dass der AN nach Ablauf der Kündigungsfrist bzw. des Fristablaufs bei befristeten Arbeitsverhältnissen zu weiterer Arbeitsleistung nicht verpflichtet ist.[67] Auch die Befristung eines solchen Arbeitsvertrags bedarf allerdings nach § 14 I TzBfG zu ihrer Wirksamkeit eines Sachgrunds und der Schriftform. Beides kann durch einen im Gütetermin abgeschlossenen gerichtlichen Vergleich erfüllt werden.[68] Ist die Befristung rechtsunwirksam, weil diese Anforderungen nicht erfüllt sind, gilt der Vertrag nach § 16 S. 1 TzBfG als auf unbestimmte Zeit geschlossen.[69] 22

b) Weiterbeschäftigung nach Maßgabe des Beschlusses des Großen Senats des BAG. Etwas anderes kann dann gelten, wenn der AN zwar keinen Weiterbeschäftigungsantrag gestellt hat (→ Rn. 17), der AG jedoch dem AN nach einem der Bestandsschutzklage stattgebenden Urteil die vorläufige Weiterbeschäftigung anbietet und vor Aufnahme der Beschäftigung deutlich macht, dass die Weiterbeschäftigung nur aufgrund des nach der Rechtsprechung des Großen Senates des BAG bestehenden allgemeinen Weiterbeschäftigungsanspruchs erfolgt (→ Rn. 20). Bringt er dies hinreichend klar zum Ausdruck, kommt es zu keinem Vertragsschluss, der notwendige Grundlage einer befristeten oder auflösend bedingten Beschäftigung wäre.[70] Gleiches gilt, wenn die Weiterbeschäftigung während des laufenden Kündigungs- oder Befristungskontrollrechtsstreits allein zur Abwendung der Zwangsvollstreckung aus einem Titel, der dem AG die vorläufige Weiterbeschäftigung aufgibt, erfolgt. Auch hierdurch begründen die Parteien kein Arbeitsverhältnis. Die Weiterbeschäftigung erfolgt in einem solchen Fall vielmehr aufgrund des nach der Rechtsprechung des Großen Senates des BAG bestehenden allgemeinen Weiterbeschäftigungsanspruchs. Das wegen der Androhung der Zwangsvollstreckung erzwungene faktische Beschäftigungsverhältnis entfällt jedoch, sobald das die Weiterbeschäftigungspflicht aussprechende Urteil aufgehoben wird. Der AG kann sich dann nicht mehr darauf berufen, die Beschäftigung sei nur zur Abwendung der Zwangsvollstreckung erfolgt. Setzen die Arbeitsvertragsparteien danach das Arbeitsverhältnis fort, indem der AN seine Tätigkeit im Betrieb fortführt und der AG hierfür Vergütung entrichtet, ist davon auszugehen, dass sie das gekündigte oder durch 23

[57] BAG 19.12.1985 AP Nr. 17 zu § 611 BGB Beschäftigungspflicht = NZA 1986, 566.
[58] BAG 5.12.2019 AP Nr. 77 zu § 1 KSchG 1969 Verhaltensbedingte Kündigung = NZA 2020, 647; 16.11.1995 AP Nr. 54 zu Einigungsvertrag Anlage I Kap. XIX = NZA 1996, 589.
[59] BAG 15.4.2009 AP Nr. 11 zu § 888 ZPO = NZA 2009, 917.
[60] LAG Hamm 29.8.1984 BB 1984, 1750.
[61] LAG SchlH 12.12.2003 NZA-RR 2004, 408; LAG Köln 24.10.1995 NZA-RR 1996, 108.
[62] LAG Frankfurt NZA 1985, 460.
[63] BAG 6.12.1989 AP Nr. 5 zu § 62 ArbGG 1979.
[64] Hierzu BAG 28.3.1985 AP Nr. 4 zu § 767 ZPO = NZA 1985, 709; 19.12.1985 AP Nr. 17 zu § 611 BGB Beschäftigungspflicht = NZA 1986, 566.
[65] BAG 4.9.1986 AP Nr. 22 zu § 611 BGB Beschäftigungspflicht = NZA 1987, 376.
[66] BAG 22.10.2003 AP Nr. 6 zu § 14 TzBfG = NZA 2004, 1275.
[67] BAG 8.4.2014 – 9 AZR 856/11.
[68] Vgl. ErfK/*Müller-Glöge* TzBfG § 14 Rn. 76; hierzu auch *Ricken* NZA 2005, 323.
[69] BAG 22.10.2003 AP Nr. 6 zu § 14 TzBfG = NZA 2004, 1275.
[70] BAG 22.7.2014 AP Nr. 30 zu § 611 BGB Beschäftigungspflicht = NZA 2014, 1330.

Fristablauf beendete Arbeitsverhältnis bis zur rechtskräftigen Entscheidung im Bestandsschutzrechtsstreit auf vertraglicher Grundlage fortsetzen wollen, da eine andere Rechtsgrundlage nicht in Betracht kommt. Eine solche Befristung bedarf allerdings eines Sachgrunds und der Schriftform (→ Rn. 22). Fehlt es hieran, ist dieser Arbeitsvertrag unbefristet.[71]

24 **8. Rückabwicklung.** Wird der AN aufgrund des allgemeinen Weiterbeschäftigungsanspruchs (→ Rn. 16) weiterbeschäftigt und wird schließlich der Kündigungsschutzklage stattgegeben, besteht das Arbeitsverhältnis fort. Die Abwicklung des Arbeitsverhältnisses richtet sich mithin nach den allgemeinen arbeitsrechtlichen Bestimmungen. Wird die Kündigungsschutzklage abgewiesen, bestand während der Weiterbeschäftigung kein Arbeitsverhältnis. In diesem Fall besteht bei einem rechtskräftig die Kündigungsschutzklage abweisenden Urteil kein Rechtsgrund für die Weiterbeschäftigung, wenn diese nicht einvernehmlich, sondern zur Abwendung der Zwangsvollstreckung erfolgt ist. Die Ansprüche von AG und AN richten sich daher nach Bereicherungsrecht (§§ 812 ff. BGB).[72] Wird ein gekündigter AN während des Kündigungsschutzprozesses weiterbeschäftigt, ohne dass die Parteien das gekündigte Arbeitsverhältnis einvernehmlich fortsetzen, hat der AN bei Wirksamkeit der Kündigung gegen den AG Anspruch auf Ersatz des Werts der geleisteten Arbeit (§§ 812 I 1, 818 II BGB). Der Wert der Arbeitsleistung bestimmt sich entsprechend der üblichen Vergütung. Zu dieser gehört auch eine zeitanteilige Jahressonderzahlung, wenn diese nach dem Inhalt der für das beendete Arbeitsverhältnis maßgeblichen Tarifregelung als auf den Weiterbeschäftigungszeitraum entfallendes Entgelt anzusehen ist. Nicht zu ersetzen ist nach älterer Rechtsprechung des BAG Urlaub, der dem AN nicht gewährt worden ist.[73] Ebenso wenig bestehen Ansprüche auf Entgeltfortzahlung im Krankheitsfall und Entgeltzahlung an Feiertagen.[74]

§ 126. Kündigungsfristen

Übersicht

I. Rechtsentwicklung

1 **1. Entstehungsgeschichte.** Die gesetzlichen Kündigungsfristen waren bis 1993 für Arbeiter und Angestellte sowie in den neuen und alten Bundesländern unterschiedlich geregelt. Durch das Kündigungsfristengesetz (KündFrG v. 7.10.1993 – BGBl. I 1668) wurden die Kündigungsfristen vereinheitlicht.[1]

---

[71] BAG 8.4.2014 – 9 AZR 856/11.
[72] BAG 27.5.2020 AP Nr. 18 zu § 611 BGB Weiterbeschäftigung mAnm *Ulrici* = NZA 2020, 1169 mwN.
[73] BAG 10.3.1987 AP Nr. 1 zu § 611 BGB Weiterbeschäftigung = NJW 1987, 2251; aA LAG Hamm 21.11.2018 – 4 Sa 388/18.
[74] BAG 27.5.2020 AP Nr. 18 zu § 611 BGB Weiterbeschäftigung = NZA 2020, 1169.
[1] Zur Rechtsentwicklung vgl. 12. Aufl. Rn. 1 ff.

2. Gesetzliche Regelungen. Die gesetzlichen Kündigungsfristen für AN sind in § 622 BGB geregelt. Die Kündigungsfristen bei einem Dienstverhältnis, das kein Arbeitsverhältnis iSd § 622 BGB ist, ergeben sich aus § 621 BGB. Diese Vorschrift gilt für Vorstände und in der Regel auch für Geschäftsführer (dazu → Rn. 6). 2

3. Gesetzliche Sonderregeln. Ein **Berufsausbildungsverhältnis** kann während der Probezeit jederzeit ohne Einhaltung einer Kündigungsfrist gekündigt werden. Nach Ablauf der Probezeit ist nur noch eine außerordentliche Kündigung möglich (§ 22 BBiG; hierzu → § 174 Rn. 89 ff.). Der AN kann das Arbeitsverhältnis zum Ende der **Elternzeit** nur noch unter Einhaltung einer Kündigungsfrist von drei Monaten kündigen (§ 19 BEEG; hierzu → § 172 Rn. 59). Für **schwerbehinderte Menschen** beträgt die Mindestkündigungsfrist vier Wochen, sofern ihr Arbeitsverhältnis im Zeitpunkt des Zugangs der Kündigungserklärung ohne Unterbrechung länger als sechs Monate bestanden hat (§§ 169, 173 I Nr. 1 SGB IX; → § 179 Rn. 38). Die Kündigungsfrist ist lediglich für den AG verlängert, nicht dagegen für den Schwerbehinderten, da § 169 SGB IX eine Schutzvorschrift zugunsten des AN darstellt. § 622 BGB gilt grundsätzlich auch für die **Arbeitnehmerüberlassung.** Nach § 11 IV 1 AÜG ist allerdings § 622 V Nr. 1 BGB nicht auf Arbeitsverhältnisse zwischen Verleihern und Leiharbeitnehmern anzuwenden. Das bedeutet, dass kürzere als in § 622 I BGB geregelte Kündigungsfristen für Aushilfsarbeitnehmer im Leiharbeitsverhältnis vertraglich nicht vereinbart werden können. Eine Abkürzung ist durch Verweisung auf einschlägige Tarifverträge, die auf das Arbeitsverhältnis Anwendung finden, möglich.[2] Die Kündigungsfristen für **Heimarbeiter** ergeben sich aus § 29 HAG (→ § 163 Rn. 47 ff.). Die Kündigungsfristen für **Besatzungsmitglieder** (Schiffsleute, Schiffsoffiziere und sonstige Angestellte) und für den Kapitän nach dem SeeArbG sind weitgehend an § 622 BGB angepasst. Im **Insolvenzverfahren** ergeben sich die Kündigungsfristen aus § 113 InsO (→ § 93 Rn. 6). 3

II. Geltungsbereich

1. Ordentliche Kündigung von Arbeitnehmern. a) Persönlicher Geltungsbereich. § 622 BGB gilt für alle ordentlichen Kündigungen von AN (→ § 8 Rn. 1 ff.). AN sind auch Teilzeitbeschäftigte oder geringfügig Beschäftigte. Die gesetzlichen Kündigungsfristen finden sowohl für die Beendigungskündigung als auch für die Änderungskündigung Anwendung.[3] Auf die Kündigung des Vertragsverhältnisses einer arbeitnehmerähnlichen Person sind die Kündigungsfristen für AN nach § 622 BGB weder unmittelbar noch entsprechend anzuwenden.[4] 4

b) Betrieblicher Geltungsbereich. Die gesetzlichen Kündigungsfristen gelten grundsätzlich **auch für AN in Kleinunternehmen.** Einzelvertraglich kann eine kürzere als die gesetzliche Grundkündigungsfrist (§ 622 I BGB) vereinbart werden, wenn der AG idR nicht mehr als 20 AN ausschließlich der zu ihrer Berufsausbildung Beschäftigten beschäftigt und die Kündigungsfrist vier Wochen nicht unterschreitet (§ 622 V Nr. 2 S. 1 BGB). Maßgeblich ist im Gegensatz zu § 23 I KSchG die Beschäftigtenzahl des AG und nicht die des Betriebs. Bei der Feststellung der Zahl der beschäftigten AN sind teilzeitbeschäftigte AN mit einer regelmäßigen wöchentlichen Arbeitszeit von nicht mehr als 20 Stunden mit 0,5 und nicht mehr als 30 Stunden mit 0,75 zu berücksichtigen. Für die Berechnung der regelmäßigen Zahl der Beschäftigten ist der Zeitpunkt des Zugangs der Kündigung entscheidend. Maßgebend ist ein Rückblick auf die Beschäftigtenzahlen in der Vergangenheit und die zu erwartende zukünftige Entwicklung. Der einzige Vorteil für Kleinarbeitgeber besteht darin, dass sie von dem Kündigungstermin des 15. oder des Endes eines Kalendermonats (§ 622 I BGB) abweichen können. Die einzelvertraglichen Gestaltungsmöglichkeiten sind daher äußerst begrenzt. Von den verlängerten Kündigungsfristen des § 622 II BGB kann in Kleinbetrieben nicht arbeitsvertraglich abgewichen werden. Für **Hausangestellte** gilt nur die Grundkündigungsfrist des § 622 I BGB. Dagegen greifen die Verlängerungen für langjährig Beschäftigte nicht ein. Dies ergibt sich daraus, dass nach § 622 II BGB eine Beschäftigung in einem Betrieb oder Unternehmen vorausgesetzt wird. Der Haushalt ist aber kein Betrieb.[5] 5

[2] ErfK/*Müller-Glöge* BGB § 622 Rn. 6b; näher dazu APS/*Linck* BGB § 622 Rn. 13.
[3] BAG 12.1.1994 AP Nr. 43 zu § 622 BGB = NZA 1994, 751.
[4] BAG 8.5.2007 AP Nr. 15 zu § 611 BGB Arbeitnehmerähnlichkeit.
[5] BAG 11.6.2020 AP Nr. 78 zu § 622 BGB mAnm *Riesenhuber* = NZA 2020, 1241; HWK/*Bittner/Tiedemann* BGB § 622 Rn. 13; ErfK/*Müller-Glöge* BGB § 622 Rn. 6a; *Steinke* RdA 2018, 232 (241); aA Thüsing/Rachor/Lembke/*Wege* BGB § 622 Rn. 2.

6 **2. Organmitglieder.** Umstr. ist die Rechtslage bei Organmitgliedern.[6] Vorstände und Geschäftsführer sind in der Regel keine AN, sondern Dienstnehmer (→ § 14 Rn. 1 ff.). Der **BGH** hat allerdings zu §§ 621, 622 BGB aF angenommen,[7] die Kündigungsfrist von Geschäftsführern, die, wie insbesondere Fremdgeschäftsführer, nicht in erheblichem Umfang am Kapital der Gesellschaft beteiligt sind, richte sich nach § 622 BGB bzw. nach dem AngKSchG. § 621 BGB sei nur dann anzuwenden, wenn die Organmitglieder maßgeblich am Kapital beteiligt seien. Das **BAG** ist dem nicht gefolgt und hat entschieden, dass sich ein Geschäftsführer, der nicht Mehrheitsgesellschafter der GmbH ist und zu ihr in keinem Arbeitsverhältnis steht, nicht auf die verlängerten Kündigungsfristen des § 622 II BGB berufen könne.[8] Ist im Dienstvertrag des Geschäftsführers eines Verbands, der in der Rechtsform eines eingetragenen Vereins geführt wird, auf Tarifrecht verwiesen, ist das zulässig.[9] Es gelten dann die tariflichen Kündigungsfristen.

III. Gesetzliche Grundregelung

7 **1. Grundkündigungsfrist.** Das Arbeitsverhältnis eines Arbeiters oder eines Angestellten (AN) kann mit einer Frist von vier Wochen zum 15. oder zum Ende eines Kalendermonats gekündigt werden. Die Kündigungsfrist ist mit zwei Kündigungsterminen gekoppelt. Von der Grundkündigungsfrist können Kleinarbeitgeber (→ Rn. 5) abweichen.

8 **2. Verlängerte Kündigungsfristen. a) Allgemeines.** Die Grundkündigungsfrist verlängert sich für die Kündigung durch den AG nach Maßgabe des § 622 II BGB. Für die Kündigung durch den AN gelten die verlängerten Fristen nicht von Gesetzes wegen, sondern nur, wenn sie vertraglich vereinbart worden sind. Die in § 622 II BGB geregelte Staffelung der Kündigungsfristen verletzt nicht das Verbot der mittelbaren Altersdiskriminierung.[10]

9 **b) Altersgrenze 25. Lebensjahr.** Der bisherige § 622 II 2 BGB, wonach bei der Berechnung der Beschäftigungsdauer Zeiten vor der Vollendung des 25. Lebensjahres außer Betracht blieben, ist mWv 1.1.2019 aufgehoben worden. Der Gesetzgeber hat die Vorschrift damit unionsrechtskonform ausgestaltet.[11]

10 **c) Beschäftigungsdauer.** Maßgeblich für die Bestimmung der Beschäftigungsdauer ist der rechtliche Bestand des gekündigten Arbeitsverhältnisses in dem Betrieb oder Unternehmen. Tatsächliche Unterbrechungen, beispielsweise infolge längerer Arbeitsunfähigkeit, haben auf den Bestand des Arbeitsverhältnisses keine Auswirkungen. Zeiten, in denen das Arbeitsverhältnis kraft Gesetzes ruht, sind zu berücksichtigen. Dies gilt u.a. für Zeiten des Grundwehrdienstes nach § 6 II ArbPlSchG und die Elternzeit. Bei einer **rechtlichen Unterbrechung** des Arbeitsverhältnisses werden frühere Beschäftigungszeiten bei demselben AG nur berücksichtigt, wenn zwischen dem vorangegangenen beendeten und dem neuen Arbeitsverhältnis ein enger zeitlicher und sachlicher Zusammenhang besteht.[12] Es gelten hier die gleichen Grundsätze wie bei der Berechnung der Wartezeit nach § 1 I KSchG (→ § 130 Rn. 26). Die Zeit der rechtlichen Unterbrechung des Arbeitsverhältnisses wird indes nicht angerechnet, weil insoweit kein Arbeitsverhältnis bestanden hat.[13] Für die Berechnung der Beschäftigungsdauer kommt es auf den Zeitpunkt des Zugangs der Kündigung und nicht auf den Kündigungstermin, dh den Ablauf der Kündigungsfrist an.[14] Eine **Änderung des Inhalts des Arbeitsverhältnisses** ist unschädlich.[15] Zeiten eines Berufsausbildungsverhältnisses sind zu berücksichtigen.[16] Dagegen bleiben Prakti-

[6] Vgl. hierzu *Bauer* BB 1994, 855; *Hümmerich* NJW 1995, 1177; *Reiserer* DB 1994, 1822.
[7] BGH 26.3.1984 NJW 1984, 2528; zust. *Bauer* BB 1994, 855; ErfK/*Müller-Glöge* BGB § 622 Rn. 7; Staudinger/*Preis* BGB § 622 Rn. 14.
[8] BAG 11.6.2020 AP Nr. 79 zu § 622 BGB mAnm *Boemke* = NZA 2020, 1179; *Boemke* RdA 2018, 1 (21).
[9] BGH 26.1.1998 NJW 1998, 1481.
[10] BAG 18.9.2014 AP Nr. 70 zu § 622 BGB = NZA 2014, 1400.
[11] Näher hierzu Schaub ArbR-HdB/*Linck*, 17. Aufl., § 126 Rn. 9.
[12] Vgl. BAG 18.9.2003 AP Nr. 62 zu § 622 BGB = NZA 2004, 319; HWK/*Bittner/Tiedemann* BGB § 622 Rn. 22; ErfK/*Müller-Glöge* BGB § 622 Rn. 10.
[13] BAG 17.6.2003 AP Nr. 61 zu § 622 BGB; ErfK/*Müller-Glöge* BGB § 622 Rn. 10b; aA KR/*Spilger* BGB § 622 Rn. 71.
[14] ErfK/*Müller-Glöge* BGB § 622 Rn. 9.
[15] Vgl. BAG 23.9.1976 AP Nr. 1 zu § 1 KSchG 1969 Wartezeit = NJW 1977, 1311.
[16] BAG 9.9.2010 AP Nr. 66 zu § 622 BGB = NZA 2011, 343; 2.12.1999 AP Nr. 57 zu § 622 BGB = NZA 2000, 720.

kumszeiten[17] sowie Zeiten der Beschäftigung als freier Mitarbeiter in einem freien Dienstverhältnis außer Betracht.[18] Bei einem Betriebsübergang nach § 613a BGB werden die in einem Arbeitsverhältnis bei dem Veräußerer zurückgelegten Beschäftigungszeiten der Dauer des Arbeitsverhältnisses bei dem Erwerber hinzugerechnet.[19] Die Beschäftigungszeit als Geschäftsführer ist nach der Rechtsprechung des BAG im Zweifel auf ein neu begründetes Arbeitsverhältnis anzurechnen.[20]

d) Ordentliche Kündigung. Die Verlängerung der Grundkündigungsfrist bezieht sich 11
grundsätzlich nur auf die ordentliche Kündigung. Von diesem Grundsatz wird bei der **außerordentlichen Kündigung mit Auslauffrist** abgewichen. Ist die ordentliche Kündigung tarifvertraglich ausgeschlossen, so ist im Falle der Betriebsstilllegung oder ähnlicher Tatbestände eine außerordentliche Kündigung möglich.[21] Da der vertraglich begünstigte AN nicht schlechtergestellt sein soll, als ein ordentlich kündbarer AN mit langjähriger Betriebszugehörigkeit, ist die im Einzelfall maßgebliche Kündigungsfrist bei der außerordentlichen Kündigung einzuhalten (dazu → § 128 Rn. 1 ff.).

e) Kündigung durch den Arbeitnehmer. Für die Kündigung des Arbeitsverhältnisses 12
durch den AN darf keine längere Frist vereinbart werden als für die Kündigung durch den AG (§ 622 VI BGB). Rechtlich zulässig ist allerdings eine Vereinbarung, nach der die Kündigungsfrist für den AN in demselben Umfang verlängert wird, wie für den AG.

3. Berechnung der Kündigungsfrist. Die Kündigungsfrist beginnt grundsätzlich mit 13
dem Zugang der Kündigungserklärung (hierzu → § 123 Rn. 30 ff.). Nach § 622 I BGB und nach § 622 V Nr. 2 BGB beträgt die Kündigungsfrist vier Wochen. Dies sind 28 Tage. Unter Anwendung von §§ 187 I, 188 II BGB ergeben sich damit folgende Fristberechnungen der Grundkündigungsfrist: **(1)** Für eine Kündigung zum 28.2. bzw. im Schaltjahr zum 29.2. muss am 31.1. bzw. im Schaltjahr am 1.2. gekündigt werden. Für eine Kündigung zum 15.3. muss am 15.2. bzw. im Schaltjahr am 16.2. gekündigt werden. **(2)** In Monaten mit 30 Tagen muss am 2. des Monats für eine Kündigung zum Monatsende oder am 17. für eine Kündigung zum 15. des Folgemonats gekündigt werden. **(3)** In Monaten mit 31 Tagen muss am 3. des Monats für eine Kündigung zum Monatsende oder am 18. des Monats für eine Kündigung zum 15. des Folgemonats gekündigt werden. Die Kündigung muss an den jeweiligen Tagen zugehen (zu den Rechtsfolgen der Nichteinhaltung der Kündigungsfrist → Rn. 16). Für die Berechnung der Kündigungsfrist gelten die **§§ 186 ff. BGB.** Nach § 187 I BGB ist der Tag, an dem die Kündigung zugeht, nicht in die Frist einzurechnen. Der Fristablauf beginnt erst am folgenden Tag. Gilt eine monatliche Kündigungsfrist zum Monatsschluss, ist spätestens am letzten Tag des Vormonats zu kündigen, und zwar auch dann, wenn die Schicht vom Arbeitstag des Vormonats bis in den neuen Monat hineinläuft.[22] Ist eine sechswöchige Kündigungsfrist zum Quartalsschluss vereinbart, muss die Kündigung spätestens am 17.2. (im Schaltjahr am 18.2.), 19.5., 19.8. bzw. 19.11. zugehen. Fällt der letzte Tag, an dem noch hätte gekündigt werden können, auf einen Sonnabend, Sonntag oder staatlich anerkannten Feiertag, muss die Kündigung spätestens am Feiertag (unzureichend am folgenden Tag) zugehen.[23] § 193 BGB ist nicht, auch nicht entspr. anzuwenden.[24] Durch § 193 BGB wird eine Frist verlängert, wenn der letzte Tag der Frist auf einen Feiertag fällt. Dagegen soll die Kündigungsfrist nicht abgekürzt werden, wenn der letzte Tag an dem gekündigt werden kann, ein Feiertag ist.

4. Verbindlichkeit der Kündigungstermine. Der Kündigende kann eine längere Kündi- 14
gungsfrist einhalten als gesetzlich vorgeschrieben ist. Die in § 622 II BGB gesetzlich vorgegebe-

[17] Vgl. BAG 18.11.1999 AP Nr. 11 zu § 1 KSchG 1969 Wartezeit = NZA 2000, 529 zu § 1 I KSchG.
[18] Ebenso HaKo-KSchR/*Spengler* BGB § 622 Rn. 14; DDZ/*Callsen* BGB § 622 Rn. 11; aA MüKoBGB/*Hesse* § 622 Rn. 31; ErfK/*Müller-Glöge* BGB § 622 Rn. 10b.
[19] BAG 23.10.2008 AP Nr. 43 zu § 23 KSchG 1969; KR/*Spilger* BGB § 622 Rn. 73; DDZ/*Callsen* BGB § 622 Rn. 11.
[20] Vgl. BAG 24.11.2005 AP Nr. 19 zu § 1 KSchG 1969 Wartezeit = NZA 2006, 366.
[21] BAG 17.9.1998 AP Nr. 148 zu § 626 BGB = NZA 1999, 258; 5.2.1998 AP Nr. 143 zu § 626 BGB = NZA 1998, 771.
[22] BAG 15.7.1969 AP Nr. 6 zu § 130 BGB.
[23] BGH 28.9.1972 AP Nr. 2 zu § 193 BGB = NJW 1972, 2083; 5.3.1970 AP Nr. 1 zu § 193 BGB = NJW 1970, 1470.
[24] BGH 17.2.2005 NJW 2005, 1354; ErfK/*Müller-Glöge* BGB § 622 Rn. 11.

nen Kündigungstermine stehen dabei freilich nicht zur Disposition der Arbeitsvertragsparteien. Eine Kündigung kann deshalb nicht zu einem anderen Termin als dem Monatsende ausgesprochen werden. Auch durch die Einhaltung einer Kündigungsfrist, die länger als die gesetzliche oder vertraglich vereinbarte Kündigungsfrist ist, können die gesetzlich vorgeschriebenen Kündigungstermine nicht verändert werden.[25] Dies gilt auch dann, wenn der AG mit längerer als der gesetzlichen Frist kündigt und das Arbeitsverhältnis zu einem früheren Monatsende hätte kündigen können.[26] Wird vorzeitig gekündigt, liegt darin ein Verzicht auf die gesetzliche Kündigungsfrist. Kündigt der AG vorzeitig, darf damit jedoch nicht der gesetzliche Kündigungsschutz rechtsmissbräuchlich umgangen werden (§ 162 BGB entspr.).[27] Eine Schwangere kann sich freilich nicht auf den besonderen Kündigungsschutz nach § 17 MuSchG mit der Begründung berufen, hätte der AG erst später gekündigt, wäre sie wegen der Schwangerschaft nicht kündbar gewesen.

15 **5. Kündigung mit zu kurzer Kündigungsfrist. a) Auslegung.** Eine ordentliche Kündigung hat den Beendigungszeitpunkt in zumindest bestimmbarer Weise anzugeben (dazu → § 123 Rn. 3). Enthält die Kündigungserklärung in diesem Sinne die Angabe eines Kündigungstermins, ist die Kündigungsfrist jedoch zu kurz bemessen, so ist zunächst durch Auslegung der Kündigungserklärung zu ermitteln, ob der AG eine fristwahrende Kündigung erklären wollte.[28] Nach Auffassung des Zweiten Senats des BAG ist dabei im Regelfall davon auszugehen, dass der AG zum richtigen Kündigungstermin kündigen will.[29] Dagegen spricht allerdings, dass es viele Fälle gibt, zB Betriebsübergang, Vorbeschäftigungszeiten, Anwendbarkeit tarifvertraglicher Fristen, in denen über die richtige Kündigungsfrist Streit herrscht. Ist deshalb eine ordentliche Kündigung ohne weiteren Zusatz zu einem bestimmten Datum erklärt worden, steht schon das Bestimmtheitsgebot der Auslegung der Kündigungserklärung zu einem anderen Termin entgegen.[30] Erklärt der AG eine Kündigung zu einem bestimmten (objektiv falschen) Termin und bezeichnet er diese in dem Kündigungsschreiben als „ordentlich", kann diese regelmäßig nicht dahin ausgelegt werden, dass es ihm um die Einhaltung der maßgeblichen Kündigungsfrist gegangen ist und sich das in das Kündigungsschreiben aufgenommene Datum lediglich als Ergebnis einer fehlerhaften Berechnung der zutreffenden Kündigungsfrist erweist. Eine solche Kündigung ist daher nur der Umdeutung zum richtigen Beendigungszeitpunkt zugänglich (→ Rn. 16).[31] In einem solchen Fall hat der AN die Nichteinhaltung der objektiv richtigen Kündigungsfrist mit der fristgebundenen Klage nach § 4 S. 1 KSchG geltend zu machen.[32] Lässt sich allerdings im Wege der Auslegung feststellen, dass der AG – etwa aufgrund des Zusatzes „hilfsweise zum nächstmöglichen Zeitpunkt" oder „fristgemäß zum" – auf jeden Fall mit der zutreffenden Frist und nicht unbedingt zu einem bestimmten Termin kündigen wollte, kann der AN die Nichteinhaltung der Kündigungsfrist auch noch nach Ablauf der Dreiwochenfrist des § 4 S. 1 KSchG geltend machen.[33] Kündigt der AG zu einem bestimmten Termin, ergibt sich aus dem weiteren Umstand, dass der AG nach dem Inhalt des Kündigungsschreibens „ordentlich" habe kündigen wollen, nicht, dass es ihm wesentlich um die Einhaltung der maßgeblichen Kündigungsfrist gegangen ist und sich das in das Kündigungsschreiben aufgenommene Datum lediglich als Ergebnis einer fehlerhaften Berechnung der zutreffenden Kündigungsfrist erweist. Eine solche Kündigung ist daher nur der Umdeutung zum richtigen Beendigungszeitpunkt zugänglich (→ Rn. 16).[34]

16 **b) Umdeutung.** Hat der AG mit zu kurzer Kündigungsfrist gekündigt, ist diese Kündigung nichtig. Die gewollte Rechtsfolge, Beendigung des Arbeitsverhältnisses zu dem in dem Kündigungsschreiben angegebenen Termin, tritt nicht ein. In diesem Fall kommt jedoch nach § 140 BGB eine Umdeutung in Betracht. Zu prüfen ist, was der AG bei Kenntnis der Fehlerhaftigkeit der Kündigungsfrist und damit der Unwirksamkeit der Kündigung gewollt hätte. Maßgeblich ist

[25] BAG 21.8.2008 AP Nr. 353 zu § 613a BGB = NZA 2009, 29.
[26] BAG 12.7.2007 NZA 2008, 476.
[27] BAG 16.10.1987 AP Nr. 2 zu § 52 BAT.
[28] Ausf. hierzu APS/*Linck* BGB § 622 Rn. 42 ff.
[29] BAG 15.12.2005 AP Nr. 55 zu § 4 KSchG 1969 = NZA 2006, 791; 6.7.2006 AP Nr. 57 zu § 4 KSchG 1969 = NZA 2006, 1405; ebenso der Sechste Senat BAG 9.2.2006 AP Nr. 56 zu § 4 KSchG 1969 = NZA 2006, 1207; offengelassen dagegen vom Achten Senat BAG 21.8.2008 AP Nr. 353 zu § 613a BGB = NZA 2009, 29.
[30] Zutr. BAG 15.5.2013 AP Nr. 131 zu § 615 BGB = NZA 2013, 1076; 1.9.2010 AP Nr. 71 zu § 4 KSchG 1969 = NZA 2010, 1409.
[31] BAG 15.12.2016 AP Nr. 85 zu § 4 KSchG 1969 = NZA 2017, 502.
[32] BAG 15.5.2013 AP Nr. 131 zu § 615 BGB = NZA 2013, 1076.
[33] BAG 15.5.2013 AP Nr. 131 zu § 615 BGB = NZA 2013, 1076; 9.9.2010 AP Nr. 66 zu § 622 BGB = NZA 2011, 343; aA *Schwarze* Anm. zu AP Nr. 71 zu § 4 KSchG 1969.
[34] BAG 15.12.2016 AP Nr. 85 zu § 4 KSchG 1969 = NZA 2017, 502.

hier nicht der tatsächliche, sondern der hypothetische Wille des AG.[35] Deshalb steht die Überzeugung des AG, mit richtiger Frist gekündigt zu haben, der Annahme, er hätte bei Kenntnis der objektiven Fehlerhaftigkeit der seiner Kündigung zugrunde gelegten Frist das Arbeitsverhältnis nicht fortsetzen, sondern zum nächstzulässigen Termin beenden wollen, nicht entgegen. Zu beachten ist in diesem Zusammenhang allerdings, dass die Umdeutung nur dann möglich ist, wenn der AN die Unwirksamkeit der Kündigung wegen der fehlerhaften Kündigungsfrist mit der fristgebundenen Klage nach § 4 S. 1 KSchG angegriffen hat und nicht die Fiktionswirkung des § 7 KSchG eingetreten ist. Andernfalls gilt die mit zu kurzer Frist ausgesprochene Kündigung nach dieser Bestimmung als rechtswirksam und beendet das Arbeitsverhältnis zum „falschen Termin".[36]

6. Vertragliche Bezugnahme auf gesetzliche Kündigungsfristen. Eine formulararbeitsvertragliche Vereinbarung, mit der auf die gesetzlichen Kündigungsfristen verwiesen wird, wahrt das Transparenzgebot des § 307 I 2 BGB. Dieses erfordert nicht, den Gesetzestext in den Vertragstext aufzunehmen oder eine gesetzliche Regelung mit eigenen Worten darzustellen oder zu erläutern. Soweit die Klausel vorsieht, dass die in § 622 II BGB verlängerten Kündigungsfristen auch für die Kündigung durch den AN gelten, ist dies auch nicht überraschend iSd § 305c I BGB.[37] 17, 18

IV. Einzelvertragliche Regelung der Kündigungsfrist

1. Unabdingbarkeit. Die gesetzliche Grundkündigungsfrist des § 622 I BGB sowie die verlängerten Kündigungsfristen des § 622 II BGB können grundsätzlich einzelvertraglich nicht zum Nachteil des AN abgekürzt werden (arg. § 622 V 2 BGB). Dies gilt jedoch nach dem Zweck der Regelung nicht für die vereinbarte Möglichkeit der vorzeitigen Beendigung des Arbeitsverhältnisses durch den AN gegen Abfindungszahlung in einem Abwicklungsvertrag.[38] Dagegen ist ihre Verlängerung möglich. Die Vereinbarung einer Grundkündigungsfrist von zwei Monaten mit einer nur einmaligen jährlichen Kündigungsmöglichkeit zu einem bestimmten Kündigungstermin ist nicht unangemessen iSd § 397 I BGB, wenn dies für beide Vertragsparteien gilt.[39] 19

2. Kündigung zum Quartalsende. Probleme bereiten Arbeitsverträge, in denen als Kündigungstermin das Quartalsende vereinbart worden ist. Je nach Zeitpunkt der Kündigung ist mal die vertraglich vereinbarte Frist länger und mal die gesetzliche Frist von zwei Monaten zum Monatsende. Erfolgt die Kündigung am 25.2., endet das Arbeitsverhältnis unter Beachtung der vertraglichen Frist am 30.6., bei Anwendung der gesetzlichen Frist am 30.4. Wird die Kündigung dagegen am 10.2. erklärt, endet das Arbeitsverhältnis zum 31.3., wenn die vertraglich vereinbarte Frist gilt, und zum 30.4., wenn man die gesetzliche Frist anwendet. Im Rahmen des Günstigkeitsvergleichs müssen die tariflichen/gesetzlichen Vorschriften über die Kündigungsfristen und die vertraglichen Fristenregelungen als Einheit abstrakt gewürdigt werden. Maßgeblich ist dabei der Zeitpunkt des Vertragsschlusses und nicht der des Ausspruchs der konkreten Kündigung.[40] Beim Günstigkeitsvergleich sind die Grundkündigungsfrist und die einzelnen Stufen der verlängerten Kündigungsfristen jeweils gesondert mit der vertraglich vereinbarten Regelung zu vergleichen. Entscheidend ist die sich aus den Kündigungsfristen und den Kündigungsterminen ergebende Gesamtbindungsdauer. Eine einzelvertragliche Abrede ist nur dann günstiger als die gesetzliche Bestimmung, wenn sie – bezogen auf die jeweilige Stufe – in jedem Fall zu einer späteren Beendigung des Arbeitsverhältnisses führt. Es genügt nicht, dass die vertragliche Regelung für die längere Zeit innerhalb eines Kalenderjahres den besseren Schutz bietet.[41] Eine vertraglich vereinbarte Kündigungsfrist von drei Monaten zum Quartalsende ist deshalb ab einer Betriebszugehörigkeit von zehn Jahren unwirksam, weil sich die vertragliche Kündigungsfrist gegenüber der gesetzlichen nicht in allen Monaten durchsetzt. Eine Kombination der längeren gesetzlichen Kündigungsfrist mit der vertraglich vereinbarten Fristenregelung dergestalt, dass die jeweils günstigere Regelung gilt, findet nicht statt.[42] Soweit im 20

[35] BeckOK BGB/*Wendtland* § 133 Rn. 18.
[36] BAG 15.12.2016 AP Nr. 85 zu § 4 KSchG 1969 = NZA 2017, 502; 15.5.2013 AP Nr. 131 zu § 615 BGB = NZA 2013, 1076; 1.9.2010 AP Nr. 71 zu § 4 KSchG 1969 = NZA 2010, 1409; krit. hierzu *Eisemann* JM 2014, 201.
[37] BAG 28.5.2009 AP Nr. 6 zu § 306 BGB.
[38] BAG 17.12.2015 AP Nr. 10 zu § 623 BGB = NZA 2016, 361.
[39] BAG 25.9.2008 AP Nr. 39 zu § 307 BGB = NZA 2009, 370.
[40] BAG 29.1.2015 AP Nr. 71 zu § 622 BGB = NZA 2015, 673; ErfK/*Müller-Glöge* BGB § 622 Rn. 38.
[41] BAG 29.1.2015 AP Nr. 71 zu § 622 BGB = NZA 2015, 673.
[42] BAG 29.1.2015 AP Nr. 71 zu § 622 BGB = NZA 2015, 673.

Schrifttum erwogen wird, die vertraglich vereinbarte Kündigungsfrist nur in den Jahresabschnitten anzuwenden, in denen sie länger als die gesetzliche Frist ist, und in den Zeiten „gleichsam zu suspendieren", in denen die gesetzliche Kündigungsfrist aus Arbeitnehmersicht vorrangig ist,[43] vermag dies nicht zu überzeugen. Dieses **Herauspicken** der für den AN jeweils günstigeren Regelungen ist nicht interessengerecht, sondern begünstigt einseitig die Interessen des AN. Da beide Vertragsteile die gesamten vertraglichen Kündigungsvorschriften vereinbart haben, kann nur die Gesamtregelung auf ihre Vereinbarkeit mit den zwingenden gesetzlichen Bestimmungen überprüft werden.[44]

21 **3. Probearbeitsverhältnis. a) Befristetes Probearbeitsverhältnis.** Ein Probearbeitsverhältnis kann befristet abgeschlossen werden. Auch in befristeten Arbeitsverhältnissen ist die Vereinbarung einer Probezeit von bis zu sechs Monaten rechtlich möglich und zulässig (zur Richtlinie (EU) 2019/1152 → Rn. 22).[45] Umstritten ist allerdings, ob die in § 622 III BGB vorgesehene Kündigung während einer vereinbarten Probezeit auch auf befristete Probearbeitsverhältnisse ohne ausdrücklich vereinbarte Möglichkeit der ordentlichen Kündigung anwendbar ist. Im Schrifttum wird die Auffassung vertreten, § 622 III BGB gelte in diesen Fällen nicht, weil befristete Arbeitsverhältnisse ohne besondere Vereinbarung nicht ordentlich kündbar seien.[46] Gegen diese Auffassung spricht jedoch bereits der Wortlaut des § 622 III BGB: Das Gesetz differenziert nicht zwischen befristeten und unbefristeten Probearbeitsverhältnissen. Auch der Zweck der Probezeitvereinbarung, der darin besteht, den Parteien zu ermöglichen, sich innerhalb dieser Zeit möglichst schnell wieder voneinander lösen zu können, wenn sich herausstellt, dass eine dauerhafte Zusammenarbeit nicht möglich ist, spricht hiergegen. Daran ändert § 15 III TzBfG nichts.[47] Die Vereinbarung der ordentlichen Kündbarkeit eines befristeten Arbeitsverhältnisses nach § 15 III TzBfG ist nicht formgebunden.[48] Haben die Parteien bei einer befristeten Probezeitvereinbarung eine Kündigungsmöglichkeit nicht ausdrücklich vereinbart, ist deshalb durch Auslegung des Vertrags (§§ 133, 157 BGB) zu ermitteln, ob dies konkludent erfolgt ist. Hierfür spricht entscheidend das typische Interesse beider Arbeitsvertragsparteien, in einer überschaubaren ersten Zeit der Beschäftigung die Leistungsfähigkeit des AN bzw. die Arbeitsbedingungen zu erproben und beiden Parteien die Möglichkeit eröffnen, sich bei Unzufriedenheit rasch voneinander trennen zu können.[49] Unter Berücksichtigung dieser Interessenlage ist die Klausel auch nicht unklar iSd § 305c II BGB. Die abweichende Auffassung des Schrifttums würde dazu führen, dass auch der AN während der Probezeit nicht ordentlich kündigen könnte, was bei der gebotenen typisierenden Betrachtung kaum interessengerecht erscheint.

22 **b) Unbefristetes Probearbeitsverhältnis.** Ein Probearbeitsverhältnis kann auch als unbefristetes Arbeitsverhältnis abgeschlossen werden. Während einer vereinbarten Probezeit, längstens für die Dauer von sechs Monaten, kann das Arbeitsverhältnis dann mit einer Frist von zwei Wochen gekündigt werden (§ 622 III BGB). Die Wirksamkeit einer solchen Probezeitvereinbarung hängt nach der Rechtsprechung des BAG vorbehaltlich abweichender tarifvertraglicher Bestimmungen nach § 622 IV BGB allein davon ab, dass die Probezeitdauer sechs Monate nicht übersteigt.[50] Diese gesetzliche Höchstdauer in § 622 III BGB entspricht bei unbefristeten Arbeitsverhältnissen der in **Art. 8 I Richtlinie (EU) 2019/1152** vorgesehenen Höchstdauer.[51] Bei befristeten Arbeitsverhältnissen (→ Rn. 21) mit einer Dauer von weniger als zwölf Monaten (Erwägungsgrund 28) muss nach Art. 8 II dieser Richtlinie indes die Probezeitdauer im Verhältnis zur erwarteten Dauer des Vertrags und der Art der Tätigkeit stehen. Was das genau heißt, ist auch den Erwägungsgründen der Richtlinie nicht zu entnehmen.[52] Insoweit besteht gesetzgeberischer Regelungsbedarf.[53] Wird eine sechs Monate übersteigende Probezeit vereinbart, gilt

---

[43] So *Kramer* BB 1997, 731 (733).
[44] Ebenso MüKoBGB/*Hesse* § 622 Rn. 97.
[45] BAG 24.1.2008 AP Nr. 64 zu § 622 BGB = NZA 2008, 521.
[46] MüKoBGB/*Hesse* § 622 Rn. 33; *Preis/Kramer* DB 1993, 2125 (2127); KR/*Spilger* BGB § 622 Rn. 177; Staudinger/*Preis* BGB § 622 Rn. 37; dagegen ausführlich APS/*Linck* BGB § 622 Rn. 67 f.; iErg auch ErfK/*Müller-Glöge* TzBfG § 15 Rn. 12; ArbRBGB/*Röhsler* § 622 Rn. 60.
[47] AA KR/*Spilger* BGB § 622 Rn. 177; DDZ/*Callsen* BGB § 622 Rn. 17.
[48] *Dörner*, Der befristete Arbeitsvertrag, Rn. 728; ErfK/*Müller-Glöge* TzBfG § 15 Rn. 12.
[49] So zutr. BAG 4.7.2001 EzA Nr. 4 zu § 620 BGB Kündigung = NZA 2002, 288.
[50] Weiterführend *Stiegler* DB 2020, 2577.
[51] *Maul-Sartori* NZA 2019, 1161 (1167).
[52] EuArbRK/*Kolbe* RL (EU) 2019/1152 Art. 8 Rn. 1.
[53] *Maul-Sartori* NZA 2019, 1161 (1167); *Stiegler* DB 2020, 2577 (2579).

nach Ablauf der Frist von sechs Monaten die Grundkündigungsfrist des § 622 I BGB.[54] Eine einzelfallbezogene Angemessenheitsprüfung der vereinbarten Probezeitdauer findet nicht statt. Die in einem Formulararbeitsvertrag vereinbarte Probezeitdauer von sechs Monaten unterliegt gem. § 307 III 1 BGB nicht der Inhaltskontrolle nach § 307 I 1 BGB. Durch die formularmäßige Vereinbarung einer für beide Vertragsteile gleichermaßen geltenden sechsmonatigen Probezeit nutzen die Parteien lediglich die gesetzlich zur Verfügung gestellten Möglichkeiten und weichen hiervon nicht ab.[55] Neuerdings führt das BAG zwar eine Angemessenheitskontrolle nach § 307 I 1 BGB durch, kommt dabei allerdings zu dem Ergebnis, dass eine Probezeit im Umfang der gesetzlich vorgesehenen Höchstdauer grundsätzlich nicht unangemessen ist.[56] Ist in AGB in einer Klausel nur bestimmt, dass die ersten sechs Monate nach Beginn des Arbeitsverhältnisses als Probezeit vereinbart sind, und in einer anderen Klausel unter der Überschritt „Beendigung des Arbeitsverhältnisses" eine längere als die in § 622 III BGB vorgesehene Kündigungsfrist festgelegt, kann ein durchschnittlicher AN nach Auffassung des BAG nicht mit der gebotenen Klarheit erkennen, dass diese einzige ausdrückliche Kündigungsfristenregelung erst nach Ablauf der Probezeit gelten soll.[57]

c) Verkürzte Kündigungsfrist. Im Falle der Probezeitvereinbarung tritt die Verkürzung der 23
Kündigungsfrist ipso iure ein. Es braucht also nicht eine abgekürzte Kündigungsfrist vereinbart zu werden.[58] Mit der abgekürzten Frist kann bis zum Ende der Probezeit, längstens jedoch bis zum Ablauf von sechs Monaten gekündigt werden, auch wenn das Ende der Kündigungsfrist erst nach diesem Zeitpunkt liegt.[59] Einzelvertraglich können längere Kündigungsfristen während des Probearbeitsverhältnisses vereinbart werden. Dagegen ist eine weitere Abkürzung unwirksam (§ 622 V 2 BGB).

d) Bewährungschance. Sieht der AG eine sechsmonatige Probezeit als nicht bestanden an, 24
kann er regelmäßig, ohne rechtsmissbräuchlich zu handeln, anstatt das Arbeitsverhältnis innerhalb der Frist des § 1 I KSchG mit der kurzen Probezeitkündigungsfrist zu beenden, dem AN eine Bewährungschance geben, indem er mit einer überschaubaren, längeren Kündigungsfrist kündigt und dem AN für den Fall seiner Bewährung die Wiedereinstellung zusagt. Die Einräumung einer Kündigungsfrist von vier Monaten, die unterhalb der längsten tariflichen Kündigungsfrist liegt und dem AN die Chance einer weiteren Bewährung und die Möglichkeit einer Bewerbung aus einem bestehenden Arbeitsverhältnis heraus bietet, ist dabei angesichts des Zwecks der längeren Kündigungsfrist nicht zu beanstanden.[60] Diese Grundsätze gelten auch für einen entsprechenden Aufhebungsvertrag.

4. Bezugnahme auf Tarifrecht. Durch Tarifvertrag können von den Regelungen des 25
§ 622 I–III BGB abweichende Kündigungsfristen vereinbart werden, also auch kürzere Kündigungsfristen (§ 622 IV 1 BGB). Nach § 622 IV 2 BGB können im Geltungsbereich eines solchen Tarifvertrags die abweichenden tarifvertraglichen Bestimmungen zwischen nicht tarifgebundenen AG und AN vereinbart werden. Zulässig ist es aber auch, die tarifvertraglichen Bestimmungen in den Arbeitsvertrag aufzunehmen und ausdrücklich wiederzugeben. Die Bezugnahme kann **ausdrücklich oder konkludent** erfolgen. Sie bedarf zu ihrer Wirksamkeit grundsätzlich keiner bestimmten Form und kann deshalb auch durch betriebliche Übung erfolgen.[61] Auch dann ist die Anwendung der tariflichen Bestimmungen „vereinbart" iSv § 622 IV 2 BGB.[62] Die abweichende Auffassung des BAG[63] übersieht, dass § 622 IV 2 BGB keine „ausdrückliche" Vereinbarung fordert, sondern nur eine Vereinbarung. Gegenstand einer betrieblichen Übung sind vertragliche und damit vereinbarte Ansprüche. Eine wirksame Bezugnahme iSv § 622 IV BGB hat sich auf den nach seinem betrieblichen und persönlichen Geltungsbereich anwendbaren Tarifvertrag zu erstrecken. Dies folgt aus dem Wortlaut von § 622 IV 2 BGB sowie auch aus dem Zweck des Gesetzes, einheitliche Arbeitsbedingungen zu schaffen. Die Verweisung kann

---

[54] MüKoBGB/*Hesse* § 622 Rn. 34; ErfK/*Müller-Glöge* BGB § 622 Rn. 14.
[55] BAG 24.1.2008 AP Nr. 64 zu § 622 BGB = NZA 2008, 521.
[56] BAG 12.2.2015 AP Nr. 1 zu § 20 BBiG = NZA 2015, 737.
[57] BAG 23.3.2017 AP Nr. 73 zu § 622 BGB = NZA 2017, 773.
[58] Ebenso KR/*Spilger* BGB § 622 Rn. 179; Staudinger/*Preis* BGB § 622 Rn. 39.
[59] BAG 21.4.1966 AP Nr. 1 zu § 53 BAT = NJW 1966, 1478.
[60] BAG 7.3.2002 AP Nr. 22 zu § 611 BGB Aufhebungsvertrag mAnm *Bauer; Lembke* DB 2002, 2648.
[61] Vgl. dazu BAG 17.4.2002 AP Nr. 6 zu § 2 NachwG = NZA 2002, 1096; 19.1.1999 AP Nr. 9 zu § 1 TVG Bezugnahme auf Tarifvertrag = NZA 1999, 879.
[62] ErfK/*Müller-Glöge* BGB § 622 Rn. 37; ArbRBGB/*Röhsler* § 622 Rn. 129; KR/*Spilger* BGB § 622 Rn. 216.
[63] BAG 3.7.1996 RzK I 3 Nr. 62.

auch auf einen nachwirkenden Tarifvertrag erfolgen, dagegen nicht auf einen außer Kraft getretenen, der nicht mehr nachwirkt.[64] Die Verweisung hat sich auf die gesamte Kündigungsregelung zu erstrecken. Unzulässig ist es, nur Ausschnitte des Kündigungsrechts in Bezug zu nehmen, weil dann nicht mehr von der Richtigkeitsgewähr der tariflichen Regelung ausgegangen werden kann.[65]

26 **5. Aushilfsarbeitsverhältnis.** Aushilfsarbeitsverhältnisse können befristet und unbefristet abgeschlossen werden (→ § 41 Rn. 17 ff.). Bei befristetem Abschluss ist in aller Regel die ordentliche Kündigung ausgeschlossen. Bei unbefristetem Abschluss kann eine kürzere Kündigungsfrist als die Grundkündigungsfrist vereinbart werden. Dies gilt nicht, wenn das Arbeitsverhältnis über die Zeit von drei Monaten hinaus fortgesetzt wird (§ 622 V Nr. 1 BGB). Aus dem Arbeitsvertrag muss deutlich hervorgehen, dass eine Beschäftigung zur vorübergehenden Aushilfe vereinbart ist. Darüber hinaus muss ein nur vorübergehender Arbeitsbedarf bestehen.[66] Umstr. ist, ob bei Vereinbarung eines Aushilfsarbeitsverhältnisses gleichzeitig die kürzest mögliche Kündigungsfrist als vereinbart gilt. Dies ist zu verneinen, weil aus § 622 V 1 Nr. 1 BGB keine Anhaltspunkte für die Dauer der Frist abgeleitet werden können.[67] Die Kündigungsfrist kann ganz beseitigt werden, so dass das Aushilfsarbeitsverhältnis auch entfristet kündbar ist. Mit der abgekürzten Kündigungsfrist kann auch am letzten Tag des Aushilfsarbeitsverhältnisses gekündigt werden. Maßgebend ist der Zugang der Kündigung beim AN, so dass das Ende der Kündigungsfrist außerhalb dieses Zeitraums liegen kann.[68]

27 **6. Kleinunternehmen.** In Kleinunternehmen kann die Kündigungsfrist nach § 622 V 1 Nr. 2 BGB abgekürzt werden (→ Rn. 5).

28 **7. Verlängerung der Kündigungsfrist. a) Grundsätze.** Einzelvertraglich ist die Verlängerung der Kündigungsfrist grundsätzlich möglich.[69] Die Verlängerung der Kündigungsfrist kann auch dadurch erreicht werden, dass die Zahl der Kündigungstermine vermindert wird. Die Verlängerung der Kündigungsfrist für den AN ist nicht schrankenlos zulässig. Nach § 624 BGB kann das Arbeitsverhältnis, das für eine längere Zeit als fünf Jahre eingegangen wird, von dem Verpflichteten nach Ablauf von fünf Jahren mit einer Frist von sechs Monaten gekündigt werden. Dies ist grundsätzlich mit Art. 12 GG vereinbar.[70] Über den Anwendungsbereich des § 624 BGB hinaus kann die Verlängerung der Kündigungsfrist für den AN eine sittenwidrige Beschränkung (§ 138 BGB) oder eine Einschränkung der Freiheit der Berufswahl (Art. 12 GG) sein. Bei der Beurteilung ist auf die Umstände des Einzelfalls abzustellen. Die Interessen des AG an einer langfristigen Bindung des AN und die des AN, langfristig gesichert zu sein, aber auch einen Berufswechsel vornehmen zu können, sind gegeneinander abzuwägen. Das BAG hat in einer älteren Entscheidung eine Vertragsgestaltung als zulässig angesehen, nach der der Arbeitsvertrag für die Dauer von fünf Jahren abgeschlossen war und sich danach jeweils um weitere fünf Jahre verlängern sollte, sofern er nicht von einem Vertragspartner unter Einhaltung einer Kündigungsfrist von einem Jahr gekündigt wurde.[71] Hiervon ist der Sechste Senat nunmehr abgerückt. Hiernach soll in einer erheblichen Verlängerung der gesetzlichen Grundkündigungsfrist des § 622 I BGB in AGB für den AN auch dann eine unangemessene Benachteiligung iSv § 307 I 1 BGB liegen, wenn die Kündigungsfrist für den AG in gleicher Weise verlängert und die Verlängerung nicht angemessen kompensiert wird.[72] Welche Höchstgrenze noch zulässig vereinbart werden darf, hat das BAG offengelassen.

29 **b) Verbot längerer Kündigungsfristen für den Arbeitnehmer.** Gem. § 622 VI BGB darf für die Kündigung des Arbeitsverhältnisses durch den AN keine längere Frist vereinbart werden als für die Kündigung durch den AG. Nach dem Wortlaut wird nicht die Gleichheit der Kündigungsfrist für AN und AG verlangt, sondern nur das Verbot aufgestellt, dass die Kündigungsfrist für den AN nicht länger als für den AG sein darf. Das Verbot gilt auch für

[64] MüKoBGB/*Hesse* § 622 Rn. 66.
[65] MüKoBGB/*Hesse* § 622 Rn. 73; ErfK/*Müller-Glöge* BGB § 622 Rn. 35; Staudinger/*Preis* BGB § 622 Rn. 45.
[66] BAG 22.5.1986 AP Nr. 23 zu § 622 BGB = NJW 1987, 60.
[67] MüKoBGB/*Hesse* § 622 Rn. 83; SPV Kündigung/*Preis* Rn. 501.
[68] ErfK/*Müller-Glöge* BGB § 622 Rn. 16.
[69] BAG 17.10.1969 AP Nr. 7 zu § 611 BGB Treuepflicht.
[70] BAG 24.10.1996 AP Nr. 37 zu § 256 ZPO 1977 = NZA 1997, 597.
[71] BAG 19.12.1991 AP Nr. 2 zu § 624 BGB = NZA 1992, 543.
[72] BAG 26.10.2017 AP Nr. 74 zu § 622 BGB = NZA 2018, 297 (Verlängerung auf 3 Jahre zum Monatsende); zu Recht krit. hierzu *Fuhlrott* NJW 2018, 1139.

die Verlängerung durch Verringerung der Kündigungstermine für den AN. § 622 VI BGB findet freilich keine Anwendung auf Kündigungen des AG, die in einer Situation erklärt werden, in der der AN kein Mobilitätsinteresse (Beendigungs- oder Änderungsinteresse), sondern im Gegenteil bloß ein Bestandsinteresse hat. Dem AN muss nicht eine kurze Frist für eine Kündigung eingeräumt werden, die er nicht erklären will.[73] Verstößt eine Vereinbarung gegen § 622 VI BGB, hat dies nach neuer Rechtsprechung nicht zur Folge, dass sich die Frist für die Kündigung durch den AG verlängert. Rechtsfolge ist vielmehr, dass auch für die Kündigung durch den AN die für den AG maßgeblichen Fristen und Kündigungstermine gelten.[74]

c) § 622 VI BGB als allgemeiner Rechtsgrundsatz. Aus § 622 VI BGB wurde der allgemeine Rechtsgrundsatz abgeleitet, einseitige Kündigungserschwerungen seien für den AN unzulässig.[75] Unwirksam war mithin der Verfall von Kautionen,[76] die Vereinbarung von Vertragsstrafen im Falle einer fristgemäßen Kündigung durch den AN,[77] der Wegfall von Erfolgsbeteiligungen,[78] Urlaubsquotelungen,[79] Rückzahlung von Beträgen zur Aufstockung des Mindestgarantiegehalts, das nicht durch Provisionen abgedeckt war.[80] Unwirksam war ferner eine Vereinbarung, nach der der Angestellte bei Ausübung des gesetzlichen Kündigungsrechts zum Ende des ersten Halbjahres wegen der Höhe der Jahressollvorgabe keinerlei Provisionsansprüche erwarb.[81] Wurden im Falle der Kündigung des AN Prämien widerrufen, war der Widerruf nach § 315 BGB zu überprüfen.[82] Seit dem 1.1.2002 unterliegen solche vorformulierten Klauseln der Inhaltskontrolle nach §§ 307 ff. BGB.[83] Dabei kann § 622 VI BGB als gesetzliches Leitbild iSv § 307 II Nr. 1 BGB herangezogen werden.[84] 30

V. Tarifvertragliche Regelungen

1. Grundsatz. Nach § 622 IV 1 BGB kann durch Tarifvertrag, nicht aber durch Betriebsvereinbarung, von den Kündigungsfristen des § 622 I–III BGB abgewichen werden. Damit sind die Grundkündigungsfrist, die Kündigungsfrist bei längerer Betriebszugehörigkeit und die Kündigungsfrist im Probearbeitsverhältnis tarifdispositiv. Den Tarifvertragsparteien soll ermöglicht werden, branchenspezifische Kündigungsfristen zu schaffen. Sie können deshalb auch eine Verkürzung der gesetzlichen Kündigungsfristen an die Voraussetzung knüpfen, dass das jeweilige Arbeitsverhältnis in den Geltungsbereich eines wirksamen Sozialplans (§ 112 I 2 BetrVG) fällt.[85] Dagegen ist den Tarifvertragsparteien nicht gestattet, von dem Verbot der Kündigungserschwerung für den AN (§ 622 VI BGB) abzuweichen. Die Kündigungsfristen können auch abgekürzt werden. Die Tarifvertragsparteien müssen sich selbst bei der Schaffung allgemeiner Kündigungsfristenregelungen nicht an dem „Modell" des § 622 II BGB orientieren.[86] Rechtlich möglich sind ferner tarifvertragliche Regelungen, die für Kleinbetriebe einheitliche Kündigungsfristen und Kündigungstermine ohne Staffelung nach Betriebszugehörigkeit und Alter vorsehen.[87] 31

2. Differenzierung zwischen Arbeitern und Angestellten. Das BVerfG hat ausdrücklich unentschieden gelassen, ob tarifvertraglich vereinbarte unterschiedliche Kündigungsfristen für Arbeiter und Angestellte Art. 3 GG widersprechen. Der Tarifvorbehalt hat seinen Rechtsgrund 32

[73] BAG 18.10.2018 AP Nr. 172 zu § 2 KSchG 1969 = NZA 2019, 246.
[74] BAG 18.10.2018 AP Nr. 172 zu § 2 KSchG 1969 = NZA 2019, 246 unter Aufgabe von BAG 2.6.2005 AP Nr. 63 zu § 622 BGB = NZA 2005, 1176.
[75] Ebenso ErfK/*Müller-Glöge* BGB § 622 Rn. 44.
[76] BAG 11.3.1971 AP Nr. 9 zu § 622 BGB.
[77] BAG 9.3.1972 AP Nr. 12 zu § 622 BGB; 6.9.1989 AP Nr. 27 zu § 622 BGB = NZA 1990, 147.
[78] BAG 12.1.1973 AP Nr. 4 zu § 87a HGB.
[79] BAG 9.2.1956 AP Nr. 1 zu § 394 BGB = NJW 1956, 503.
[80] LAG Düsseldorf EzA Nr. 6 zu § 87 HGB.
[81] BAG 20.8.1996 AP Nr. 9 zu § 87 HGB = NZA 1996, 1151.
[82] BAG 27.7.1972 AP Nr. 75 zu § 611 BGB Gratifikation.
[83] Ebenso für Stichtags- und Rückzahlungsregelungen bei Sonderzahlungen BAG 3.7.2019 AP Nr. 317 zu § 611 BGB Gratifikation = NZA 2019, 1440.
[84] ErfK/*Müller-Glöge* BGB § 622 Rn. 45.
[85] BAG 24.10.2019 AP Nr. 75 zu § 622 BGB mAnm *Seiwerth* = NZA-RR 2020, 199.
[86] BAG 18.10.2018 NZA 2019, 246.
[87] BAG 23.4.2008 AP Nr. 65 zu § 622 BGB = NZA 2008, 960.

darin, dass den Tarifvertragsparteien eine branchenspezifische Regelung ermöglicht werden soll. Ob eine tarifliche Regelung verfassungsgemäß ist, haben die Gerichte für Arbeitssachen in eigener Kompetenz zu prüfen.[88] Dabei ist zwischen **deklaratorischen und konstitutiven Verweisungen** in Tarifverträgen zu unterscheiden. Haben die Tarifvertragsparteien lediglich die frühere gesetzliche Regelung mit unterschiedlichen Kündigungsfristen für Arbeiter und Angestellte übernommen, ist die tarifliche Regelung verfassungswidrig. Anders kann es dagegen sein, wenn die Tarifvertragsparteien die Kündigungsfristen konstitutiv geregelt haben. In diesem Fall bedarf es eines sachlich rechtfertigenden Grundes, wenn zwischen den Kündigungsfristen für Arbeiter und Angestellte differenziert wird.

[88] BAG 21.3.1991 AP Nr. 31 zu § 622 BGB = NZA 1991, 803; 14.2.1996 AP Nr. 21 zu § 1 TVG Tarifverträge: Textilindustrie = NZA 1997, 79.

5. Abschnitt. Die außerordentliche Kündigung

§ 127. Außerordentliche Kündigung

Übersicht

I. Überblick

1. Gesetzliche Regelungen. § 626 BGB regelt einheitlich für alle Arbeitsverhältnisse das unabdingbare außerordentliche Kündigungsrecht. Sondervorschriften bestehen für **(a)** die zu ihrer Berufsausbildung beschäftigten Personen (§ 22 II BBiG), **(b)** die dem Seearbeitsgesetz unterliegenden Personen (§§ 67–69 SeeArbG), **(c)** Dienstordnungsangestellte (§ 352 RVO iVm § 358 RVO), bei denen zwischen außerordentlicher Kündigung aus wichtigem Grund und fristloser Dienstentlassung zu unterscheiden ist,[1] und **(d)** für den öffentlichen Dienst im Beitrittsge- 1

[1] BAG 25.2.1998 AP Nr. 69 zu § 611 BGB Dienstordnungs-Angestellte.

biet wegen Tätigkeit für das MfS (Anlage I Kapitel XIX Sachgebiet A Abschn. III Nr. 1 Abs. 5 des Einigungsvertrags).

2 **2. Dienstnehmer.** § 626 BGB gilt auch für die außerordentliche Kündigung von Dienstverhältnissen. Von Bedeutung ist die Vorschrift vor allem für die Kündigung von Dienstverhältnissen der GmbH-Geschäftsführer und der Vorstandsmitglieder.[2] Besonderheiten gelten für Handelsvertreter. Sie können aus wichtigem Grund nach § 89a HGB gekündigt werden.

II. Allgemeine Grundsätze

3 **1. Überblick.** Eine außerordentliche Kündigung ist berechtigt, wenn für sie ein gesetzlich vorgesehener Grund besteht und sie wegen dieses Grundes ausgesprochen wird. Sie beendet nach § 626 BGB das Arbeitsverhältnis **fristlos.** Der AG ist jedoch nicht gezwungen, fristlos zu kündigen. Er kann die Kündigung grundsätzlich auch – etwa aus sozialen Erwägungen oder weil eine Ersatzkraft fehlt – unter Gewährung einer Auslauffrist aussprechen. Ob die **Gewährung einer Auslauffrist** zu der Annahme berechtigt, dem AG sei die Weiterbeschäftigung des AN zumindest bis zum Ablauf der Frist auch objektiv zumutbar, ist unabhängig davon und nach den Umständen des Einzelfalls zu beurteilen (zum Verzicht auf das Kündigungsrecht → Rn. 48).[3] Bei **unkündbaren AN** kommt eine außerordentliche Kündigung mit notwendiger Auslauffrist in Betracht (→ § 128 Rn. 1 ff.). Der Kündigende muss bei Ausspruch der Kündigung klarstellen, ob er eine außerordentliche Kündigung mit Auslauffrist oder eine ordentliche Kündigung erklären will.[4] Möglich ist nicht nur eine außerordentliche Beendigungskündigung, sondern auch eine außerordentliche Änderungskündigung (dazu → § 137 Rn. 11).

4 **2. Umdeutung.** Eine unwirksame außerordentliche Kündigung kann regelmäßig in eine ordentliche Kündigung umgedeutet (§ 140 BGB) werden. Dagegen ist eine Umdeutung der ordentlichen Kündigung in eine außerordentliche ausgeschlossen (→ § 123 Rn. 64 ff.).

5–7 **3. Anspruch auf Teilvergütung.** Wird nach Beginn der Arbeitsleistung das Arbeitsverhältnis nach § 626 BGB außerordentlich gekündigt, kann der AN einen seiner bisherigen Leistung entsprechenden Teil der Vergütung erlangen (§ 628 I BGB). Dasselbe gilt, wenn die fristlose Kündigung des AN unwirksam ist, der AG sie aber hinnimmt.[5] Die Vorschrift kann auf die übrigen Beendigungstatbestände entsprechend angewendet werden. Der Anspruch auf Teilvergütung ist ausgeschlossen, wenn der AN außerordentlich fristlos kündigt, ohne durch vertragswidriges Verhalten des AG dazu veranlasst worden zu sein, oder wenn er durch sein vertragswidriges Verhalten die Kündigung des anderen Teils verursacht und die bisherigen Arbeitsleistungen für den AG infolge der Kündigung nicht mehr von Interesse sind (§ 628 I 2 BGB). Dies wird im Arbeitsrecht nur selten vorkommen. Es ist aber zB denkbar, dass die bisherige Arbeitsleistung wegen der Kündigung kein Interesse mehr für den AG hat, wenn in den Ferien gekündigt wird.[6] Ist Arbeitsvergütung bereits im Voraus geleistet worden, besteht ein Anspruch nach § 628 I 3 BGB. Der Anspruch auf Teilvergütung ist abdingbar. Ist in einem Anstellungsvertrag mit einem Geschäftsführer vereinbart, dass diesem im Falle der außerordentlichen Kündigung bestimmte Leistungen verbleiben, es sei denn, dass besonders erschwerende Umstände vorliegen, braucht sich die Gesellschaft noch nicht bei der Kündigung auf diese Umstände zu berufen.[7]

8 **4. Sozialversicherung.** Die fristlose Kündigung hat zahlreiche sozialversicherungsrechtliche Auswirkungen. Sie führt grundsätzlich insbesondere nach § 159 I Nr. 1 SGB III zu einer Sperrzeit (→ § 23 Rn. 50 ff.).

9 **5. Verhältnis zur Anfechtung.** Das Recht zur außerordentlichen Kündigung ist nicht durch die Möglichkeit zur Anfechtung ausgeschlossen. Beide Gestaltungsrechte bestehen nebeneinander.[8] Dem Anfechtungsberechtigten steht in diesen Fällen ein Wahlrecht zu.[9] Anfechtung und

[2] BGH 20.6.2005 NJW 2005, 3069; 28.10.2002 NJW 2003, 431.
[3] BAG 13.5.2015 AP Nr. 254 zu § 626 BGB.
[4] BAG 19.6.1980 AP Nr. 55 zu § 620 BGB Befristeter Arbeitsvertrag; KR/*Fischermeier* BGB § 626 Rn. 28.
[5] BAG 21.10.1983 AP Nr. 2 zu § 628 BGB Teilvergütung = DB 1984, 2704.
[6] Vgl. BAG 21.10.1983 AP Nr. 2 zu § 628 BGB Teilvergütung = DB 1984, 2704.
[7] BGH 16.1.1995 WiB 1995, 382.
[8] BAG 6.9.2012 AP Nr. 72 zu § 123 BGB = NZA 2013, 1087; 7.7.2011 AP Nr. 70 zu § 123 BGB = NZA 2012, 34.
[9] BAG 16.12.2004 AP Nr. 64 zu § 123 BGB.

Kündigung unterscheiden sich in ihren Voraussetzungen und Rechtsfolgen. Die Anfechtung setzt einen Grund voraus, der schon bei Abschluss des Arbeitsvertrags vorgelegen und den AG infolge eines vom AN erregten Irrtums oder einer Täuschung durch diesen veranlasst hat, mit dem AN einen Arbeitsvertrag zu schließen. Die Anfechtung ist anders als die Kündigung (§ 623 BGB) formlos möglich. Sie hat allerdings in den Fällen des § 121 BGB unverzüglich und in denen des § 124 BGB binnen Jahresfrist zu erfolgen, während für die außerordentliche Kündigung stets die Zweiwochenfrist des § 626 II BGB gilt. Die Anfechtung wirkt nach § 142 BGB ex tunc (zu Ausnahmen → § 34 Rn. 49), während die Kündigung das Arbeitsverhältnis mit Wirkung für die Zukunft beendet. Denkbar ist aber, dass ein Anfechtungsgrund im zustande gekommenen Arbeitsverhältnis so stark nachwirkt, dass dem AG nach seinem Bekanntwerden die Fortsetzung des Arbeitsverhältnisses unzumutbar ist, so dass er neben der Anfechtung auch zur Kündigung berechtigt ist.[10]

III. Abdingbarkeit

1. Beiderseitige Unabdingbarkeit. Während eine ordentliche Kündigung vertraglich ausgeschlossen werden kann (vgl. § 624 BGB), ist das Recht zur außerordentlichen Kündigung für beide Vertragspartner unabdingbar. Unzumutbares kann auch dem AG nicht angesonnen werden. Sowohl ein einzel- wie kollektivvertraglicher Ausschluss des außerordentlichen Kündigungsrechts ist nichtig (→ § 128 Rn. 1).[11] Unzutreffend ist deshalb die frühere Annahme des BAG gewesen, die Einschränkung der außerordentlichen Kündigungsmöglichkeit auf bestimmte, im Tarifvertrag fest umrissene Tatbestände sei zulässig.[12] Mit Recht geht nunmehr die Rechtsprechung davon aus, es seien Extremfälle möglich, in denen auch im Rahmen des § 55 BAT eine außerordentliche betriebsbedingte Kündigung mit notwendiger Auslauffrist nach § 626 BGB in Betracht kommen könne, wenn nämlich das Arbeitsverhältnis als Austauschverhältnis auf Dauer sinnentleert sei, weil eine Arbeitsleistung nicht mehr erbracht werden könne und deshalb auf unzumutbar lange Zeit Vergütung ohne Gegenleistung gezahlt werden müsste (dazu → § 128 Rn. 30ff.).[13] 10

2. Kündigungserschwerungen. Dasselbe gilt, wenn die Kündigungsmöglichkeit unzumutbar erschwert wird. Dies ist dann gegeben, wenn eine außerordentliche Kündigung nur mit Zustimmung außenstehender Dritter möglich ist und diese nicht ersetzt werden kann.[14] Ebenso wenig kann das Recht zur außerordentlichen Kündigung durch Vertragsstrafen, Zahlung von Abfindungen usw. eingeschränkt werden. Zulässig soll jedoch die Bindung an eine zugesicherte pensionsähnliche Leistung für den Fall der außerordentlichen Kündigung sein.[15] Allerdings kann die Kündigung an die Zustimmung des BR geknüpft werden, sofern dessen Entscheidung ersetzbar ist (§ 102 VI BetrVG). Zulässig ist eine Vereinbarung zwischen AN und AG, dass nur der AG persönlich außerordentlich kündigen kann. Haben die Parteien den Fall der längerfristigen Verhinderung des AG nicht bedacht, kann die Auslegung jedoch ergeben, dass in diesen Fällen auch ein Angestellter zur Kündigung berechtigt ist.[16] 11

3. Vereinbarte Kündigungsgründe. Eine Erweiterung des Rechts zur außerordentlichen Kündigung zugunsten des AG ist individualvertraglich unzulässig; eine solche Vereinbarung würde gegen das grundsätzliche Verbot der vertraglichen Abkürzung der gesetzlichen Mindestkündigungsfristen aus § 622 BGB verstoßen (→ § 126 Rn. 19).[17] Da die Fristen des § 622 BGB für beide Vertragsparteien als Mindestfristen – vorbehaltlich § 622 V BGB – zwingend sind, gilt das Abweichungsverbot für beide Seiten. Eine gewisse rechtliche Bedeutung haben Vereinbarungen über die Gründe zur außerordentlichen Kündigung aber dann, wenn die Parteien solche Tatbestände, die ohnehin bei der gebotenen umfassenden Interessenabwägung als wichtige Gründe iSd 12–14

[10] BAG 6.9.2012 AP Nr. 72 zu § 123 BGB = NZA 2013, 1087.
[11] Vgl. BAG 15.3.1991 AP Nr. 2 zu § 47 BBiG = NZA 1992, 452; KR/*Fischermeier* BGB § 626 Rn. 64; ErfK/*Niemann* BGB § 626 Rn. 194.
[12] Vgl. BAG 31.1.1996 AP Nr. 13 zu § 626 BGB Druckkündigung = NZA 1996, 581; einschränkend zu § 55 BAT: BAG 27.6.2002 AP Nr. 4 zu § 55 BAT.
[13] BAG 27.6.2002 AP Nr. 4 zu § 55 BAT; 24.6.2004 AP Nr. 278 zu § 613a BGB; 6.10.2005 AP Nr. 8 zu § 53 BAT = NZA-RR 2006, 416; KR/*Fischermeier* BGB § 626 Rn. 73.
[14] Dazu BAG 6.11.1956 AP Nr. 14 zu § 626 BGB; offengelassen für den Fall, dass arbeitsvertraglich für die Kündigung durch den kirchlichen Krankenhausträger in bestimmten Fällen die Zustimmung des Diözesanbischofs erforderlich ist, BAG 7.10.1993 AP Nr. 114 zu § 626 BGB = NZA 1994, 443.
[15] BAG 8.8.1963 AP Nr. 2 zu § 626 BGB Kündigungserschwerung.
[16] BAG 9.10.1975 AP Nr. 8 zu § 626 BGB Ausschlussfrist.
[17] BAG 22.11.1973 AP Nr. 67 zu § 626 BGB.

§ 626 I BGB anzuerkennen sind, näher bestimmen und damit deutlich machen, welche Umstände ihnen unter Berücksichtigung der Eigenart des jeweiligen Arbeitsverhältnisses als Gründe für die vorzeitige Beendigung besonders wichtig erscheinen.[18] Die Tarifvertragsparteien können im Rahmen von § 622 IV BGB die Kündigungsfristen abkürzen. Es besteht daher die Möglichkeit, dass die Tarifpartner neben die Kündigung aus wichtigem Grund eine ordentliche **entfristete Kündigung** setzen.[19] Auch einem **tariflich ordentlich unkündbaren AN** kann nach § 626 I BGB außerordentlich fristlos gekündigt werden (dazu → § 128 Rn. 1 ff.). Eine fristlose Kündigung ist – auch ohne Gewährung einer Auslauffrist – stets dann gerechtfertigt, wenn es dem AG nicht einmal mehr zumutbar ist, den tariflich unkündbaren AN nur bis zum Ablauf der „fiktiven" Frist zur ordentlichen Beendigungskündigung des Arbeitsverhältnisses weiterzubeschäftigen.[20] Dies kann beispielsweise bei schweren Beleidigungen („Hasstiraden") anzunehmen sein.[21]

IV. Angabe des Kündigungsgrundes

15 **1. Anspruch auf Angabe.** Die Angabe des Kündigungsgrundes ist in den Fällen des § 22 III BBiG und des § 17 II 2 MuSchG Wirksamkeitsvoraussetzung einer außerordentlichen Kündigung.[22] Dagegen hat nach § 626 II 3 BGB der Gekündigte nur einen mündlich oder schriftlich zu erhebenden Anspruch darauf, dass ihm die Kündigungsgründe unverzüglich, dh ohne schuldhaftes Zögern (§ 121 BGB), schriftlich mitgeteilt werden. Die Mitteilung der Kündigungsgründe ist nicht Voraussetzung für die Wirksamkeit der Kündigung.[23] Zweck des § 626 II 3 BGB ist, dem Kündigungsempfänger die Überprüfung zu ermöglichen, ob er sich zu einer gerichtlichen Auseinandersetzung über die Kündigung entschließt.

16 **2. Schadensersatz.** Die Nichtangabe des Kündigungsgrundes kann zu Auskunfts- und Schadensersatzansprüchen (zB wegen der Prozesskosten) führen. Schaden sind alle Aufwendungen, die der Kündigungsgegner erspart hätte, wenn ihm rechtzeitig die Gründe zur Kündigung mitgeteilt worden wären. Erklärt der Kündigungsgegner nach Mitteilung der Kündigungsgründe die Hauptsache für erledigt, können dem Kündigenden die Kosten des Rechtsstreits in analoger Anwendung von § 91a ZPO auferlegt werden.[24] Zum ersetzbaren Schaden gehören nicht die Rechtsanwaltskosten erster Instanz, weil diese wegen § 12a ArbGG jede Partei selbst zu tragen hat.[25]

17 **3. Erlöschen des Anspruchs.** Aus dem Zweck des § 626 II 3 BGB folgt, dass der Anspruch auf Mitteilung der Kündigungsgründe bei den dem KSchG unterfallenden Personen nach Ablauf der Klagefrist erlischt (§§ 4, 13 KSchG).[26] Verzögert der Kündigende die Mitteilung der Gründe, rechtfertigt dies grundsätzlich nicht die nachträgliche Zulassung der Kündigungsschutzklage. Unberührt bleibt die Wirksamkeit der Kündigung, wenn dem AN nicht die Belastungszeugen benannt werden oder er ihnen nicht gegenübergestellt wird.[27]

V. Beurteilungszeitpunkt

18 **1. Zeitpunkt der Kündigung.** Eine außerordentliche Kündigung ist nur dann gerechtfertigt, wenn im Zeitpunkt des Zugangs der Kündigung hierfür ein wichtiger Grund bestand. Nach dem Zugang der Kündigung entstehende Gründe können grundsätzlich nur zur Rechtfertigung einer neuen Kündigung herangezogen werden.[28] Anderes kommt nur dann in Betracht, wenn solche Umstände die Vorgänge, die zur Kündigung geführt haben, in einem neuen Licht erscheinen lassen. Dazu müssen zwischen den neuen Vorgängen und den alten Gründen so enge innere Beziehungen bestehen, dass jene nicht außer Acht gelassen werden können, ohne dass ein ein-

[18] BAG 15.10.1992 EzA Nr. 45 zu § 1 KSchG Verhaltensbedingte Kündigung; 22.11.1973 AP Nr. 67 zu § 626 BGB; BGH 7.7.1988 EzA Nr. 117 zu § 626 BGB nF = NJW-RR 1988, 1381.
[19] Vgl. BAG 4.6.1987 AP Nr. 16 zu § 1 KSchG 1969 Soziale Auswahl = NZA 1988, 52; 28.4.1988 AP Nr. 25 zu § 622 BGB = NZA 1989, 85.
[20] BAG 10.10.2002 AP Nr. 180 zu § 626 BGB; 15.11.2001 AP Nr. 175 zu § 626 BGB.
[21] BAG 10.10.2002 AP Nr. 180 zu § 626 BGB.
[22] BAG 22.2.1972, 25.11.1976 AP Nr. 1, 4 zu § 15 BBiG; 17.6.1998 RzK IV 3 a Nr. 30.
[23] BAG 17.8.1972 AP Nr. 65 zu § 626 BGB.
[24] BAG 17.8.1972 AP Nr. 65 zu § 626 BGB.
[25] BAG 30.4.1992 AP Nr. 6 zu § 12a ArbGG = NZA 1992, 1101.
[26] MüKoBGB/*Henssler* § 626 Rn. 71; s. auch ErfK/*Niemann* BGB § 626 Rn. 242, der auf die Verwirkung des Anspruchs abstellt; weitergehend KR/*Fischermeier* BGB § 626 Rn. 36.
[27] BAG 18.9.1997 AP Nr. 138 zu § 626 BGB = NZA 1998, 95.
[28] BAG 19.12.1958 AP Nr. 1 zu § 133b GewO; ErfK/*Niemann* BGB § 626 Rn. 54a.

heitlicher Lebensvorgang zerrissen würde.[29] Von Bedeutung kann dies insbesondere für die Würdigung von verdachtsbegründenden Indiztatsachen sein.[30]

2. Nachschieben von Gründen. Der AG kann die außerordentliche Kündigung materiell-rechtlich mit allen Tatsachen begründen, die zum Zeitpunkt des Ausspruchs objektiv vorlagen.[31] Einschränkungen ergeben sich grundsätzlich nur aus § 102 BetrVG (→ § 124 Rn. 40 ff.). Ein sachlicher Zusammenhang zwischen dem zunächst angegebenen und dem nachgeschobenen Kündigungsgrund ist nicht erforderlich.[32] Beim Nachschieben nachträglich bekannt gewordener Gründe für eine außerordentliche Kündigung findet die Ausschlussfrist des § 626 II BGB keine Anwendung.[33] Diese bezieht sich allein auf die Ausübung des Kündigungsrechts und nicht auf die zugrunde liegenden Kündigungsgründe. Ist bereits eine Kündigung ausgesprochen, schränkt § 626 II 1 BGB ein Nachschieben nachträglich bekannt gewordener und zeitlich vor Ausspruch der Kündigung liegender Gründe nicht ein. Mit dem Ausspruch der Kündigung hat der AG zu erkennen gegeben, dass er eine Weiterbeschäftigung des AN subjektiv für unzumutbar hält. Ob diese Unzumutbarkeit bei objektiver Beurteilung tatsächlich im Zeitpunkt der Kündigung gegeben war, ist von den Gerichten unter Berücksichtigung aller zu diesem Zeitpunkt objektiv vorliegenden Umstände zu entscheiden, unabhängig davon, ob sie dem Kündigenden bei Ausspruch der Kündigung bereits bekannt waren.[34] 19

VI. Ausschlussfrist

1. Allgemeines. Nach § 626 II BGB kann die außerordentliche Kündigung nur innerhalb einer Ausschlussfrist von zwei Wochen erklärt werden; die Kündigung muss innerhalb der Frist zugehen.[35] Die Frist enthält eine Konkretisierung der Verwirkung des Kündigungsgrundes.[36] Nach ihrem Ablauf wird unwiderleglich vermutet, dass dem Kündigungsberechtigten die Fortsetzung des Arbeitsverhältnisses jedenfalls bis zum Ablauf der Kündigungsfrist zumutbar ist. Eine Wiedereinsetzung in den vorigen Stand ist ausgeschlossen.[37] Allerdings können die verfristeten Kündigungsgründe zur Rechtfertigung einer ordentlichen Kündigung herangezogen werden.[38] Die Ausschlussfrist kann weder einzel- noch kollektivvertraglich verlängert werden.[39] Die Ausschlussfrist gilt auch für Dienstverhältnisse.[40] Auf die außerordentliche Kündigung von Handelsvertreterverhältnissen (§ 89a HGB) findet sie keine Anwendung.[41] 20

2. Sinn und Zweck. Die Zweiwochenfrist des § 626 II 1 BGB dient dazu, rasch Klarheit darüber schaffen, ob ein Sachverhalt für eine außerordentliche Kündigung zum Anlass genommen wird.[42] Andererseits soll aber die zeitliche Begrenzung nicht zu hektischer Eile bei der Kündigung antreiben oder den Kündigungsberechtigten veranlassen, ohne genügende Vorprüfung voreilig zu kündigen.[43] 21

3. Fristbeginn. a) Positive Kenntnis der Kündigungsgründe. Die Ausschlussfrist des § 626 II BGB beginnt, wenn der Kündigungsberechtigte (→ Rn. 30) positive Kenntnis der 22

[29] BAG 10.6.2010 AP Nr. 229 zu § 626 BGB = NZA 2010, 1227; krit. hierzu *Husemann* RdA 2016, 30.
[30] BAG 23.10.2014 AP Nr. 252 zu § 626 BGB = NZA 2015, 429.
[31] BAG 18.6.2015 AP Nr. 74 zu § 1 KSchG 1969 Verhaltensbedingte Kündigung = NZA 2016, 287; 6.9.2007 AP Nr. 208 zu § 626 BGB = NZA 2008, 636; BGH 20.6.2005 AP Nr. 3 zu § 64 GmbHG = NZA 2005, 1415.
[32] BGH 1.12.2003 AP Nr. 6 zu § 626 BGB Nachschieben von Kündigungsgründen = NZA 2004, 173.
[33] BAG 12.1.2021 – 2 AZN 724/20; 18.6.2015 AP Nr. 74 zu § 1 KSchG 1969 Verhaltensbedingte Kündigung = NZA 2016, 287; 23.5.2013 AP Nr. 52 zu § 626 BGB Verdacht strafbarer Handlung = NZA 2013, 1416; 4.6.1997 AP Nr. 5 zu § 626 BGB Nachschieben von Kündigungsgründen = NZA 1997, 1158; ErfK/*Niemann* BGB § 626 Rn. 230.
[34] BAG 4.6.1997 AP Nr. 5 zu § 626 BGB Nachschieben von Kündigungsgründen = NZA 1997, 1158.
[35] BAG 9.3.1978 AP Nr. 12 zu § 626 BGB Ausschlussfrist = NJW 1978, 2168.
[36] BAG 5.6.2008 AP Nr. 44 zu § 626 BGB Verdacht strafbarer Handlung = NZA-RR 2008, 630; 1.2.2007 NZA 2007, 744; 17.3.2005 AP Nr. 46 zu § 626 BGB Ausschlussfrist = NZA 2006, 101; KR/*Fischermeier* BGB § 626 Rn. 330.
[37] BAG 28.10.1971 AP Nr. 1 zu § 626 BGB Ausschlussfrist; KR/*Fischermeier* BGB § 626 Rn. 332.
[38] BAG 4.3.1980 AP Nr. 4 zu Art. 140 GG.
[39] BAG 12.4.1978 AP Nr. 13 zu § 626 BGB Ausschlussfrist.
[40] BGH 19.11.1998 NJW 1999, 355.
[41] BGH 3.7.1986 NJW 1987, 57.
[42] BAG 26.6.2008 AP Nr. 213 zu § 626 BGB = NZA 2008, 1415.
[43] BAG 17.3.2005 AP Nr. 46 zu § 626 BGB Ausschlussfrist = NZA 2006, 101.

für die Kündigung maßgebenden Tatsachen hat, die ihm die fundierte Entscheidung ermöglicht, ob die Fortsetzung des Arbeitsverhältnisses zumutbar ist oder nicht. Zu den maßgebenden Tatsachen gehören sowohl die **für als auch die gegen die Kündigung sprechenden Umstände.**[44] Eine bloße Vermutung oder verschuldete, selbst grob fahrlässige Unkenntnis setzt die Frist nicht in Gang.[45] Da sich die für den AN sprechenden Umstände regelmäßig nicht ohne dessen Anhörung erfassen lassen, kann der AG nach pflichtgemäßem Ermessen **weitere Ermittlungen anstellen** und den Betroffenen anhören (dazu → Rn. 23), ohne dass die Frist des § 626 II BGB zu laufen beginnt.[46] Dies gilt allerdings nur so lange, wie der AG aus verständigen Gründen mit der gebotenen Eile Ermittlungen durchführt, die ihm eine umfassende und zuverlässige Kenntnis des Kündigungssachverhalts verschaffen sollen.[47] Im Regelfall darf der AG den AN noch zu dem **Ermittlungsbericht einer Detektei** befragen.[48] Für die weiteren Ermittlungen gilt **keine Regelfrist.** Bei ihnen ist fallbezogen zu beurteilen, ob sie hinreichend zügig betrieben wurden. Sind sie abgeschlossen und hat der Kündigungsberechtigte eine hinreichende Kenntnis vom Kündigungssachverhalt, beginnt der Lauf der Ausschlussfrist. Unbeachtlich ist, ob die Ermittlungsmaßnahmen tatsächlich zur Aufklärung des Sachverhalts beigetragen haben oder – rückblickend betrachtet – überflüssig waren.[49] Es besteht auch **keine Obliegenheit des AG,** den AN belastende und den Sachverhalt ggf. erst in den Bereich des wichtigen Grundes hebende Tatsachen zu ermitteln. Dies läge auch nicht im Interesse des AN, weil der AG zu ständigem Misstrauen angehalten und gleichsam gezwungen würde, bei der bloßen Möglichkeit einer arbeitsvertraglichen Pflichtverletzung „vom Schlimmsten" auszugehen und zügig „Belastungsermittlungen" in die Wege zu leiten.[50] Der Kündigungsberechtigte muss Gelegenheit haben, sich **Beweismittel** für die von ihm festgestellte Pflichtverletzung des AN **zu verschaffen und diese zu sichern.** Der AG kann den **Ausgang eines Strafverfahrens abwarten.** Für eine Kündigung wegen einer als erwiesen angesehenen Handlung gelten dabei grundsätzlich dieselben Erwägungen wie für eine Kündigung, die wegen des Verdachts einer strafbaren Handlung ausgesprochen wird (dazu → Rn. 28a).[51] Eine **schlichte Untätigkeit des AG** reicht freilich grundsätzlich nicht aus, um den Beginn des Laufs der Kündigungserklärungsfrist zu verhindern.[52] Dies gilt auch dann, wenn in einer **Betriebsvereinbarung die Möglichkeit einer vertraulichen Kontaktaufnahme** von Beschäftigten, die sich einer unerwünschten, belästigenden oder diskriminierenden Situation ausgesetzt sehen, auch mit kündigungsberechtigten Mitarbeitern vorgesehen ist. In diesem Fall muss der AG grundsätzlich eine angemessen kurze Frist setzen, innerhalb derer sich der betroffene AN über die Beibehaltung der Vertraulichkeit zu erklären hat. Fehlt es hieran, mangelt es regelmäßig an den mit der gebotenen Eile durchgeführten Ermittlungen zur Aufklärung des Sachverhalts.[53]

23 **b) Anhörung des Arbeitnehmers.** Beabsichtigt der Kündigungsberechtigte, dem Kündigungsgegner Gelegenheit zur Stellungnahme zu geben, wird hierdurch der Lauf der Ausschlussfrist des § 626 II BGB **gehemmt** (zur Anhörung bei einer Verdachtskündigung → Rn. 139). Diese darf jedoch nicht länger als unbedingt nötig hinausgeschoben werden.[54] Dabei ist von einer **Regelfrist von einer Woche** auszugehen, die nur aus sachlichen Gründen überschritten

[44] Vgl. BAG 10.12.2020 NJW 2021, 490; 27.2.2020 AP Nr. 277 zu § 626 BGB mAnm *Hergenröder* = NZA 2020, 1405; 12.2.2015 AP Nr. 1 zu § 22 BBiG = NZA 2015, 741; 20.3.2014 AP Nr. 54 zu § 626 BGB Verdacht strafbarer Handlung = NZA 2014, 1015.BGH 2.7.2019 NZG 2019, 1023.

[45] BAG 25.4.2018 AP Nr. 269 zu § 626 BGB = NZA 2018, 1405; 15.7.2015 AP Nr. 255 zu § 626 BGB = NZA 2016, 161.

[46] BAG 11.6.2020 AP Nr. 2 zu § 174 SGB IX 2018 = NZA 2020, 1326; 20.3.2014 AP Nr. 54 zu § 626 BGB Verdacht strafbarer Handlung = NZA 2014, 1015; 21.2.2013 AP Nr. 51 zu § 626 BGB Ausschlussfrist = NZA-RR 2013, 515.

[47] BAG 25.4.2018 AP Nr. 269 zu § 626 BGB = NZA 2018, 1405.

[48] BAG 25.11.2010 AP Nr. 231 zu § 626 BGB = NZA-RR 2011, 177; zur Zulässigkeit der Beauftragung eines Detektivs und der Verwertung von diesem gefertigter Videoaufzeichnungen BAG 19.2.2015 AP Nr. 44 zu § 611 BGB Persönlichkeitsrecht = NZA 2015, 994.

[49] BAG 11.6.2020 AP Nr. 2 zu § 174 SGB IX 2018 = NZA 2020, 1326; 27.6.2019 AP Nr. 275 zu § 626 BGB = NZA 2019, 1415; 1.6.2017 AP Nr. 264 zu § 626 BGB = NZA 2017, 1332; 15.7.2015 AP Nr. 255 zu § 626 BGB = NZA 2016, 161.

[50] BAG 27.2.2020 AP Nr. 277 zu § 626 BGB mAnm *Hergenröder* = NZA 2020, 1405.

[51] BAG 22.11.2012 AP Nr. 241 zu § 626 BGB = NZA 2013, 665.

[52] BAG 11.6.2020 AP Nr. 2 zu § 174 SGB IX 2018 = NZA 2020, 1326.

[53] Eingehend BAG 27.6.2019 AP Nr. 275 zu § 626 BGB = NZA 2019, 1415.

[54] BAG 2.2.2006 AP Nr. 204 zu § 626 BGB = NZA-RR 2006, 440.

werden darf.[55] Wird diese Regelfrist ohne erheblichen Grund überschritten, beginnt die Zweiwochenfrist mit dem Ende der Regelfrist.[56] Die vorherige Anhörung des AN ist – abgesehen von der Verdachtskündigung (dazu → Rn. 139) – **keine Wirksamkeitsvoraussetzung** der Kündigung. Die **Anforderungen an eine fristhemmende Anhörung** richten sich nach den Umständen des Einzelfalls. Die Anhörung muss sich aber immer auf einen greifbaren Sachverhalt beziehen. Der Anzuhörende muss die Möglichkeit erhalten, bestimmte, zeitlich und räumlich eingegrenzte Tatsachen ggf. zu bestreiten und Tatsachen aufzuzeigen, welche die für die Kündigung sprechenden Umstände entkräften.[57] Gibt der AG dem AN die **Möglichkeit zur Stellungnahme,** gereicht ihm dies hinsichtlich des Beginns der zweiwöchigen Ausschlussfrist auch dann nicht zum Nachteil, wenn er dem AN auf dessen Wunsch die Frist zur Stellungnahme verlängert und der AN innerhalb dieser Überlegungszeit keine Erklärung abgibt oder seine Stellungnahme rückblickend zur Feststellung des Sachverhalts nichts beiträgt. Ein nachträglicher Wegfall des ursprünglichen Aufschubs käme nur in Frage, wenn der betreffende Entschluss des AG, Aufschub zu gewähren, auf Willkür beruhte. Das ist nicht der Fall, wenn der Entschluss dadurch veranlasst war, dass sich der AN innerhalb der ihm gesetzten, angemessenen Frist nicht geäußert hat.[58] Sind nach der Anhörung die Ermittlungen abgeschlossen und hat der Kündigungsberechtigte hinreichende Kenntnis vom Kündigungssachverhalt und von den erforderlichen Beweismitteln, beginnt der Lauf der Ausschlussfrist. Eine **zweite Anhörung** kann gerechtfertigt sein, wenn aufgrund der ersten Anhörung weitere erkenntnisreiche Ermittlungen erfolgt sind; dann beginnt die Ausschlussfrist erst mit der zweiten Anhörung.[59]

Der AG ist bei einer **Erkrankung des AN** nicht gehalten, diesen vor Ende seiner Arbeitsun- 24
fähigkeit anzuhören. Die sich aus § 626 II 1 BGB ergebende Obliegenheit, mit der gebotenen Eile Ermittlungen durchzuführen, kollidiert in diesem Fall mit der aus § 241 II BGB folgenden Pflicht, auf das Wohl und die berechtigten Interessen des betroffenen AN Rücksicht zu nehmen. Es gelten die **folgenden Grundsätze:**[60] Der AG muss wegen seiner eingeschränkten Kontaktaufnahmemöglichkeit mit dem erkrankten AN und dessen fehlender Verpflichtung, den Grund und die Auswirkungen seiner Arbeitsunfähigkeit mitzuteilen, regelmäßig nicht nachforschen, ob der AN trotz Arbeitsunfähigkeit an einer Anhörung teilnehmen kann bzw. versuchen, ihn zu der Teilnahme an einer Anhörung zu bewegen. Da der AG auch während einer krankheitsbedingten Arbeitsunfähigkeit außerordentlich kündigen kann, darf er, sofern er sich die Möglichkeit zur außerordentlichen Kündigung offenhalten will, auch im Fall der Erkrankung des AN, nicht beliebig lang zuwarten, bis er versucht, mit diesem auch während der Arbeitsunfähigkeit die erforderliche Sachverhaltsaufklärung durchzuführen. Der AG hat deshalb **nach einer angemessenen Frist mit dem AN Kontakt aufzunehmen,** um zu klären, ob dieser gesundheitlich in der Lage ist, an der gebotenen Sachverhaltsaufklärung mitzuwirken. Für die Angemessenheit der Frist gibt es keine starren Grenzen.[61] Die Anfrage kann er mit einer kurzen Erklärungsfrist verbinden. Teilt der AN dem AG mit, er könne sich wegen einer Erkrankung nicht, auch nicht schriftlich, äußern, und wartet der AG dessen Gesundung ab, um ihm eine Stellungnahme zu den Vorwürfen zu ermöglichen, kann ihm regelmäßig nicht der Vorwurf gemacht werden, er betreibe keine hinreichend eilige Aufklärung. Umgekehrt verletzt der AG in einem solchen Fall nicht notwendig seine vor einer Verdachtskündigung gegebene Aufklärungspflicht aus § 626 I BGB (→ Rn. 139), wenn er von einem weiteren Zuwarten absieht. Abhängig von den Umständen des Einzelfalls kann ihm eine weitere Verzögerung unzumutbar sein, wenn er davon ausgehen darf, der AN werde sich in absehbarer Zeit nicht äußern (können).

Ist der **Sachverhalt geklärt** oder liegt sogar ein Geständnis des AN vor, beginnt die Frist zu 25
laufen.[62] Hält der AG einen bestimmten Kenntnisstand für ausreichend, um eine fristlose Kündigung wegen des Verdachts einer strafbaren Handlung oder wegen einer begangenen Straftat auszusprechen, muss er nach § 626 II BGB binnen zwei Wochen kündigen, nachdem er diesen

---

[55] BAG 11.6.2020 AP Nr. 2 zu § 174 SGB IX 2018 = NZA 2020, 1326; 25.4.2018 AP Nr. 269 zu § 626 BGB = NZA 2018, 1405; 15.7.2015 AP Nr. 255 zu § 626 BGB = NZA 2016, 161; 20.3.2014 AP Nr. 54 zu § 626 BGB Verdacht strafbarer Handlung = NZA 2014, 1015.

[56] KR/*Fischermeier* BGB § 626 Rn. 349.

[57] BAG 1.6.2017 AP Nr. 264 zu § 626 BGB = NZA 2017, 1332.

[58] BAG 20.3.2014 AP Nr. 54 zu § 626 BGB Verdacht strafbarer Handlung = NZA 2014, 1015.

[59] BAG 12.2.1973 AP Nr. 6 zu § 626 BGB Ausschlussfrist.

[60] Hierzu und zum Folgenden BAG 11.6.2020 AP Nr. 2 zu § 174 SGB IX 2018 = NZA 2020, 1326.

[61] Vgl. BAG 27.6.2019 AP Nr. 275 zu § 626 BGB = NZA 2019, 1415, hier hat das BAG einen Zeitraum von drei Wochen für die Kontaktaufnahme mit einer arbeitsunfähig erkrankten Zeugin nicht beanstandet.

[62] BAG 1.2.2007 NZA 2007, 744; 16.6.1988 AP Nr. 27 zu § 626 BGB Ausschlussfrist.

Kenntnisstand erlangt hat.[63] Ist die Frist angelaufen, kann sie nur ausnahmsweise gehemmt werden, wenn der AG ohne Fahrlässigkeit an ihrer Einhaltung gehindert ist.[64]

26 **4. Dauerstörtatbestände. a) Arbeitsunfähigkeit.** Bei „Dauerstörtatbeständen", die dadurch gekennzeichnet sind, dass sich der Kündigungssachverhalt und seine betrieblichen Auswirkungen fortwährend neu verwirklichen, reicht es zur Fristwahrung aus, dass die Störung auch noch in den letzten zwei Wochen vor Ausspruch der Kündigung angehalten hat.[65] Erfolgt die Kündigung wegen einer **lang andauernden Arbeitsunfähigkeit** als außerordentliche Kündigung mit Auslauffrist (dazu → § 128 Rn. 35), ist es für die Einhaltung der Zweiwochenfrist ausreichend, dass der AN in den letzten zwei Wochen arbeitsunfähig war.[66] **Häufige Kurzerkrankungen** eines AN können gleichfalls ein kündigungsrechtlicher Dauertatbestand sein, wenn die verschiedenen Erkrankungen den Schluss auf eine dauerhafte Krankheitsanfälligkeit des AN zulassen und damit eine negative Prognose begründen. Der Dauertatbestand beginnt in dem Zeitpunkt, zu welchem die bis dahin aufgetretenen Kurzerkrankungen einen solchen Schluss zum ersten Mal zulassen. Er endet, wenn die zurückliegenden Kurzerkrankungen zum ersten Mal eine entsprechende negative Prognose nicht mehr stützen. Deshalb kommt es für die Wahrung der Frist des § 626 II BGB nicht darauf an, ob der AN bis mindestens zwei Wochen vor Zugang der Kündigung arbeitsunfähig war. Maßgebend ist vielmehr allein, ob der Kündigungsgrund, dh. die auf der fortbestehenden Krankheitsanfälligkeit beruhende negative Prognose sowie die sich daraus ergebende erhebliche Beeinträchtigung betrieblicher Interessen, noch bis mindestens zwei Wochen vor Zugang der Kündigung fortbestanden hat.[67]

27 **b) Pflichtverletzungen.** Fehlt der AN längere Zeit unentschuldigt, zB wegen **eigenmächtiger Urlaubsnahme,** beginnt die Ausschlussfrist für eine hierauf gestützte Kündigung frühestens mit dem Ende der unentschuldigten Fehlzeit.[68] Bei Pflichtverletzungen, die zu einem **Gesamtverhalten** zusammengefasst werden können, beginnt die Ausschlussfrist des § 626 II BGB erst mit Kenntnis des letzten Vorfalls, der ein weiteres und letztes Glied in der Kette der Ereignisse bildet, die in ihrer Gesamtheit zum Anlass für eine Kündigung genommen werden.[69] Sind die **Verfehlungen verschiedenartig,** sind die früheren verfristet.[70] Bei fehlender Beschäftigungsmöglichkeit wegen Alkoholmissbrauchs, der kein Dauertatbestand ist, beginnt die Frist mit der Kenntnis hiervon durch den Kündigungsberechtigten.[71]

28 **5. Verdachtskündigung. a) Grundsatz.** Bei der Verdachtskündigung liegt grundsätzlich kein Dauertatbestand vor (dazu → Rn. 136). Die Frist des § 626 II BGB beginnt, wenn der Kündigende den Sachverhalt so genau kennt, dass er sich ein Urteil über den Verdacht, seine Tragweite und Auswirkungen bilden kann.[72] Dabei ist zu berücksichtigen, dass der den Verdacht auslösende Anlass der Kündigung, also das wahre Geschehen, für den Kündigenden im Dunkeln liegt und oft vom Vertragspartner bewusst verborgen wird.[73] Die Aufhellung des anfänglich vagen Verdachts bis zur endgültigen Klarheit geschieht nicht notwendig als ständig voranschreitender Erkenntnis- und Gewissheitszuwachs. Die den Verdacht begründenden Tatsachen verändern sich vielmehr oftmals im Laufe der Ermittlungen.[74] Dementsprechend kann es im Laufe des Aufklärungszeitraums nicht nur einen, sondern mehrere Zeitpunkte geben, in denen der Verdacht „dringend" genug ist, um eine Verdachtskündigung darauf zu stützen. Das BAG räumt dem Kündigungsberechtigten deshalb insoweit einen gewissen Beurteilungsspielraum ein. Die Ausschlussfrist ist versäumt, wenn der Kündigungsberechtigte ohne sachlichen Grund untätig blieb und der Gekündigte aus der Untätigkeit schließen konnte, der Kündigungsberechtigte werde von seinem Recht keinen Gebrauch machen.[75]

[63] BAG 28.4.1994 AP Nr. 117 zu § 626 BGB = NZA 1994, 934.
[64] BAG 5.6.2008 NZA-RR 2009, 69.
[65] BAG 26.11.2009 AP Nr. 225 zu § 626 BGB = NZA 2010, 628.
[66] BAG 25.3.2004 AP Nr. 5 zu § 54 BMT-G II = NZA 2004, 1216; 21.3.1996 AP Nr. 8 zu § 626 BGB Krankheit = NZA 1996, 871.
[67] BAG 23.1.2014 AP Nr. 16 zu § 626 Krankheit = NZA 2014, 962.
[68] BAG 22.1.1998 AP Nr. 38 zu § 626 BGB Ausschlussfrist = NZA 1998, 708.
[69] BAG 1.6.2017 AP Nr. 264 zu § 626 BGB = NZA 2017, 1332.
[70] BAG 17.8.1972, 10.4.1975 AP Nr. 4, 7 zu § 626 BGB Ausschlussfrist.
[71] BAG 12.4.1978 AP Nr. 13 zu § 626 BGB Ausschlussfrist.
[72] BAG 27.1.1972 AP Nr. 2 zu § 626 BGB Ausschlussfrist.
[73] BAG 5.6.2008 AP Nr. 44 zu § 626 BGB Verdacht strafbarer Handlung = NZA-RR 2008, 630.
[74] KR/*Fischermeier* BGB § 626 Rn. 338.
[75] BAG 5.6.2008 AP Nr. 44 zu § 626 BGB Verdacht strafbarer Handlung = NZA-RR 2008, 630.

b) Strafbares Verhalten. aa) Ausgang des Strafverfahrens abwarten. Geht es um ein strafbares Verhalten des AN und ist der Verdacht nicht ausreichend aufgeklärt, kann der AG auch den Ausgang des Strafverfahrens abwarten und seinen Kündigungsentschluss hiervon abhängig machen.[76] Dies ist ein rechtsstaatlich zwar nicht gebotenes, in jedem Fall aber gerade im Sinne des AN angemessenes Vorgehen. Der AG gibt damit zu erkennen, dass er die Kündigung nur auf einen zur rechtskräftigen Verurteilung im Strafverfahren ausreichenden Tatsachenstand stützen will und die rechtskräftige Verurteilung aus seiner Sicht ein eigenes Gewicht hat, das sie zu einem Element des Kündigungsgrundes macht (→ Rn. 29). Unter diesen Umständen ist die Ausschlussfrist des § 626 II BGB jedenfalls dann gewahrt, wenn der AG die außerordentliche Kündigung binnen zwei Wochen seit Kenntniserlangung von der Verurteilung erklärt.[77] Maßgeblich ist insoweit nicht notwendig das Datum der Urteilsverkündung, es kann vielmehr im Einzelfall auch auf die **Zuleitung des Protokolls und der schriftlichen Urteilsgründe** an den AG als Verletzten iSd StPO abzustellen sein. Erst durch die Möglichkeit der Kenntnisnahme von den schriftlichen Gründen kann der AG jedenfalls in umfangreichen und vielschichtigen Verfahren hinreichende Gewissheit über den konkreten Gegenstand und den Umfang der Verurteilung gewinnen. Die Teilnahme an der öffentlichen Verhandlung ist hierfür nicht ohne Weiteres ein ausreichendes Äquivalent.[78] Der öffentliche AG muss im Hinblick auf die in § 14 I Nr. 5 lit. b EGGVG und Nr. 16 MiStra geregelte Unterrichtung über den Ausgang des Verfahrens keine eigenen Nachforschungen zum Sachstand anstellen.[79] 28a

bb) Strafurteil als Kündigungsgrund. Der AG kann den endgültigen Ausgang eines Strafverfahrens abwarten, wenn es ihm auf das Werturteil ankommt, das mit einer Verurteilung des AN verbunden ist. Dies setzt allerdings voraus, dass er das Ergebnis tatsächlich abwartet und überdies seinen Kündigungsentschluss von ihm abhängig macht. In diesem Fall kann er nicht zu einem beliebigen, willkürlich gewählten früheren Zeitpunkt außerordentlich kündigen.[80] Will er vor Abschluss des Strafverfahrens kündigen, muss ein sachlicher Grund – bspw. Kenntnis von neuen Tatsachen oder Beweismitteln, Bericht einer internen Revision – vorliegen.[81] Hiervon ist im Falle der Anklageerhebung durch die Staatsanwaltschaft auszugehen, selbst wenn sie nicht auf neuen Erkenntnissen beruht.[82] Der Umstand, dass eine unbeteiligte Stelle mit weiterreichenden Ermittlungsmöglichkeiten als sie dem AG zur Verfügung stehen, einen hinreichenden Tatverdacht bejaht, ist geeignet, den gegen den AN gehegten Verdacht zu erhärten.[83] Des Weiteren kann der AG die Anklageerhebung zum Anlass für den Ausspruch einer weiteren Verdachtskündigung nehmen, wenn er eine solche schon zuvor erklärt hatte. Da die neuerliche Kündigung auf einer weiteren, den Verdacht der Tatbegehung verstärkenden Tatsache beruht, handelt es sich nicht um eine unzulässige Wiederholungskündigung (dazu → § 138 Rn. 38).[84] Ist rechtskräftig festgestellt, dass eine Verdachtskündigung wegen Versäumung der Ausschlussfrist unwirksam ist, hindert die Rechtskraft dieses Urteils den AG nicht, nach Abschluss des Strafverfahrens eine erneute, auf die Straftat gestützte Kündigung zu erklären.[85] Eine „für die Kündigung maßgebende Tatsache" iSv § 626 II BGB kann auch das Ergebnis eines auf die Entfernung aus dem staatlichen Schuldienst gerichteten **Disziplinarklageverfahrens** sein. Dies kommt in Betracht, wenn ein kirchlicher AG seine Entscheidung, ob er den dem Disziplinarverfahren zugrunde liegenden Sachverhalt (hier: sexuelle Handlungen an Minderjährigen) zum Anlass für eine Kündigung in dem zu ihm bestehenden Arbeitsverhältnis als Kirchenmusiker nehmen soll, von dem mit dem Ergebnis des Disziplinarverfahrens einhergehenden Werturteil abhängig machen will.[86] 29

---

[76] BAG 25.4.2018 AP Nr. 269 zu § 626 BGB = NZA 2018, 1405; 2.3.2017 AP Nr. 55 zu § 626 BGB Verdacht strafbarer Handlung = NZA 2017, 1051; 27.1.2011 AP Nr. 49 zu § 626 BGB Verdacht strafbarer Handlung = NZA 2011, 798.

[77] BAG 5.6.2008 AP Nr. 45 zu § 626 BGB Verdacht strafbarer Handlung = NZA-RR 2009, 69; 18.11.1999 AP Nr. 160 zu § 626 BGB = NZA 2000, 381.

[78] BAG 22.11.2012 AP Nr. 241 zu § 626 BGB = NZA 2013, 665.

[79] BAG 5.6.2008 AP Nr. 45 zu § 626 BGB Verdacht strafbarer Handlung = NZA-RR 2009, 69.

[80] BAG 26.9.2013 AP Nr. 246 zu § 626 BGB = NZA 2014, 529; 27.1.2011 AP Nr. 49 zu § 626 BGB Verdacht strafbarer Handlung = NZA 2011, 798.

[81] BAG 25.4.2018 AP Nr. 269 zu § 626 BGB = NZA 2018, 1405; 22.11.2012 AP Nr. 241 zu § 626 BGB = NZA 2013, 665; 5.6.2008 AP Nr. 44 zu § 626 BGB Verdacht strafbarer Handlung = NZA-RR 2008, 630.

[82] BAG 2.3.2017 AP Nr. 55 zu § 626 BGB Verdacht strafbarer Handlung = NZA 2017, 1051.

[83] BAG 27.1.2011 AP Nr. 49 zu § 626 BGB Verdacht strafbarer Handlung = NZA 2011, 798; 5.6.2008 AP Nr. 44 zu § 626 BGB Verdacht strafbarer Handlung = NZA-RR 2008, 630.

[84] BAG 27.1.2011 AP Nr. 49 zu § 626 BGB Verdacht strafbarer Handlung = NZA 2011, 798.

[85] BAG 12.12.1984 AP Nr. 19 zu § 626 BGB Ausschlussfrist = NZA 1985, 623.

[86] BAG 26.9.2013 AP Nr. 246 zu § 626 BGB = NZA 2014, 529.

30 **6. Person des Kündigungsberechtigten. a) Berechtigung.** Zur Kündigung berechtigt iSv § 626 II 2 BGB sind neben den Mitgliedern der Organe von juristischen Personen und Körperschaften die Mitarbeiter, denen der AG das Recht zur außerordentlichen Kündigung übertragen hat.[87] Dagegen ist die Kenntnis anderer Personen für den Lauf der Ausschlussfrist grundsätzlich unbeachtlich (→ Rn. 33). Dies gilt auch dann, wenn den Mitarbeitern Aufsichtsfunktionen übertragen worden sind.[88] Ist der AG noch minderjährig, kommt es auf die Kenntnis des gesetzlichen Vertreters an.

31 **b) Gesamtvertretung.** Bei Gesamtvertretung reicht für den Lauf der Frist schon die Kenntnis eines Gesamtvertreters aus (§ 28 II BGB analog).[89] Ist AG eine **Gesellschaft bürgerlichen Rechts,** beginnt die Frist des § 626 II BGB, wenn auch nur einer der Gesellschafter den Kündigungsgrund kennt.[90] Das gilt auch dann, wenn das Organmitglied oder der sonstige Vertreter bei der Behandlung des Sachverhalts eigene Pflichten gegenüber dem AG verletzt hat. Anders ist nur dann zu entscheiden, wenn es um die Kenntnis von Handlungen geht, die der Vertreter im kollusiven Zusammenwirken mit dem AN gegen die Interessen der Gesellschaft vorgenommen hat.[91] Bei einer eingetragenen **Genossenschaft** steht das Recht zur außerordentlichen Kündigung eines Vorstandsmitglieds der Generalversammlung zu. Die Frist des § 626 II BGB beginnt mithin mit der Kenntnis der General- oder Vertreterversammlung von dem Kündigungsgrund.[92] Die Kenntnis eines einzelnen Aufsichtsratsmitglieds von den für die Kündigung maßgebenden Tatsachen kann der Generalversammlung und damit der Genossenschaft grundsätzlich nicht zugerechnet werden.[93] Eine Vorverlegung des für die Fristwahrung maßgeblichen Zeitpunkts kommt allerdings in Betracht, wenn der Aufsichtsrat der Genossenschaft die Versammlung nicht in angemessen kurzer Zeit einberuft, nachdem er selbst Kenntnis von dem Kündigungsgrund erlangt hat.[94]

32 **c) Gesellschafterversammlung.** Ist über eine Kündigung nach dem Gesellschaftsvertrag einer GmbH von der Gesellschafterversammlung ein Beschluss zu fassen, kommt es für den Beginn der Ausschlussfrist grundsätzlich auf den Zeitpunkt an, in dem die ordnungsgemäß einberufene und zusammengetretene Gesellschafterversammlung über die Kündigungsgründe in Kenntnis gesetzt wird.[95] Die Frist wird nicht schon außerhalb der Gesellschafterversammlung ausgelöst, sondern erst mit dem Zusammentritt der Gesellschafterversammlung. Die Gesellschafterversammlung muss aber alsbald zusammengerufen werden; wird die Zusammenkunft durch die zuständigen Gesellschafter unangemessen verzögert, muss sie sich so behandeln lassen, als sei sie rechtzeitig zusammengerufen worden.[96] Entsprechendes gilt bei einer mitbestimmten GmbH. Die Kenntnis des Aufsichtsratsvorsitzenden ist aus Rechtsgründen unerheblich. Für die Kenntnis iSv § 626 II BGB kommt es allein auf den Wissensstand des zur Entscheidung über die fristlose Kündigung befugten und bereiten Gremiums an.[97]

33 **d) Zurechnung der Kenntnis Dritter.** Die Kenntnis eines Dritten muss sich der Kündigungsberechtigte nur dann zurechnen lassen, wenn dessen Stellung im Betrieb nach den Umständen erwarten lässt, er werde den Kündigungssachverhalt so aufklären können, dass nach entsprechender Unterrichtung der Kündigungsberechtigte ohne Weiteres seine Entscheidung treffen kann.[98] Allein die Tatsache, dass ein nicht kündigungsberechtigter AN eine gewisse arbeitgeberähnliche Funktion im Betrieb hat, genügt nicht. Erforderlich ist, dass dieser Mitarbeiter eine **ähnlich selbständige Stellung inne hat wie ein gesetzlicher oder rechtsgeschäftlicher Vertreter** des AG. Weitere Voraussetzung für eine Zurechenbarkeit der Kenntnisse dieser

[87] BAG 10.12.2020 NJW 2021, 490; 27.6.2019 AP Nr. 275 zu § 626 BGB = NZA 2019, 1415.
[88] BAG 27.2.2020 AP Nr. 277 zu § 626 BGB mAnm *Hergenröder* = NZA 2020, 1405; 15.7.2015 AP Nr. 255 zu § 626 BGB = NZA 2016, 161; 21.2.2013 AP Nr. 51 zu § 626 BGB Ausschlussfrist = NZA-RR 2013, 515.
[89] BAG 10.12.2020 NJW 2021, 490; 27.2.2020 AP Nr. 277 zu § 626 BGB mAnm *Hergenröder* = NZA 2020, 1405; 1.6.2017 AP Nr. 264 zu § 626 BGB = NZA 2017, 1332; 18.6.2015 AP Nr. 74 zu § 1 KSchG 1969 Verhaltensbedingte Kündigung = NZA 2016, 287.
[90] BAG 28.11.2007 AP Nr. 36 zu § 620 BGB Aufhebungsvertrag = NZA 2008, 348.
[91] BAG 18.6.2015 AP Nr. 74 zu § 1 KSchG 1969 Verhaltensbedingte Kündigung = NZA 2016, 287.
[92] BGH 2.7.2019 NZG 2019, 1023.
[93] BAG 5.5.1977 AP Nr. 11 zu § 626 BGB Ausschlussfrist.
[94] BGH 2.7.2019 NZG 2019, 1023.
[95] BAG 11.3.1998 AP Nr. 144 zu § 626 BGB = NZA 1998, 997.
[96] BGH 15.6.1998 AP Nr. 41 zu § 626 BGB Ausschlussfrist = NZA 1998, 1005.
[97] BGH 10.9.2001 AP Nr. 15 zu § 35 GmbHG.
[98] BAG 27.2.2020 AP Nr. 277 zu § 626 BGB mAnm *Hergenröder* = NZA 2020, 1405.

Personen zum AG ist, dass die Verzögerung bei der Kenntniserlangung in dessen eigener Person auf einer **unsachgemäßen Organisation des Betriebs** oder der Verwaltung beruht.[99] Beide Voraussetzungen, selbständige Stellung des Dritten im Betrieb und Verzögerung der Kenntniserlangung des Kündigungsberechtigten durch eine schuldhaft fehlerhafte Organisation des Betriebs müssen also **kumulativ vorliegen.**[100] Hat der **Werkschutz** eines Großunternehmens von dem Kündigungsvorfall Kenntnis und führt er Vorermittlungen durch, läuft die Frist des § 626 II BGB erst, wenn er den kündigungsberechtigten Personalverantwortlichen hiervon unterrichtet.[101] Gegenüber AN von Gemeinden ist das nach der **Gemeindeordnung** in Verbindung mit der Hauptsatzung zuständige Organ kündigungsberechtigt, so dass es auf dessen Kenntnis ankommt.[102] Ist nach der Kommunalverfassung der Gemeinderat einer Gemeinde kündigungsberechtigt, muss dieser sich die Kenntnis des ersten Bürgermeisters nicht zurechnen lassen, wenn dieser den Gemeinderat über die Kündigungsgründe erst in der nächsten turnusmäßigen Sitzung unterrichtet.[103]

7. Fristberechnung. Für die Fristberechnung gelten die §§ 186 ff. BGB. Der Tag der sicheren Kenntniserlangung wird nicht mitgerechnet (§ 187 I BGB).[104] Die Frist endet mit dem Ablauf desjenigen Tages der zweiten Woche, welcher durch seine Benennung dem Tag entspricht, in den die Kenntniserlangung fällt, es sei denn, dass dies ein Sonnabend, Sonntag oder ein staatlich anerkannter Feiertag ist. In diesem Fall endet sie mit dem Ablauf des nächsten Werktags (§ 193 BGB). Innerhalb der Ausschlussfrist ist die nach § 102 BetrVG, § 79 III BPersVG erforderliche **Anhörung des BR bzw. PR** durchzuführen. Diese haben drei Tage Zeit zur Äußerung. Die Frist des § 626 II BGB wird nicht um die Äußerungsfrist verlängert.[105] Dem Fristablauf kann nur ausnahmsweise mit der **Einrede der Arglist** begegnet werden.[106] Diese kann begründet sein, wenn der AN zunächst über die einverständliche Beendigung des Arbeitsverhältnisses verhandelt hat und nach deren Fehlschlagen unverzüglich gekündigt wird.[107] Versäumt der AG die Zweiwochenfrist des § 626 II 1 BGB, gilt die außerordentliche Kündigung gleichwohl als wirksam (§ 13 I 2, § 7 KSchG), wenn der AN die von ihm einzuhaltende Klagefrist nach §§ 4, 13 KSchG verstreichen lässt.[108] 34–36

8. Fristberechnung bei Sonderkündigungsschutz. a) Betriebsratsmitglieder. Die 37
Ausschlussfrist findet auch Anwendung bei der Kündigung von Betriebsratsmitgliedern und anderen nach § 15 KSchG besonders geschützten Personen.[109] Der AG hat den Zustimmungsantrag beim BR so rechtzeitig zu stellen, dass er bei ausdrücklicher oder wegen Fristablaufs zu unterstellender Verweigerung der Zustimmung noch vor Ablauf der Ausschlussfrist des § 626 II BGB das Ersetzungsverfahren (§ 103 II BetrVG) einleiten kann.[110] Stimmt der BR der Kündigung zu, muss der AG innerhalb der Ausschlussfrist kündigen. Verweigert dagegen der BR die Zustimmung oder gibt er innerhalb der Äußerungsfrist keine Stellungnahme ab, muss der AG innerhalb der Ausschlussfrist ein Zustimmungsersetzungsverfahren einleiten. Ist die Entscheidung über die Ersetzung rechtskräftig bzw. unanfechtbar, muss der AG unverzüglich die außerordentliche Kündigung aussprechen (dazu → § 143 Rn. 33). Hat der AG innerhalb der Frist des § 626 II BGB sowohl die erforderliche Zustimmung des PR beantragt als auch bei verweigerter Zustimmung das weitere Mitbestimmungsverfahren eingeleitet, kann die Kündigung auch nach Ablauf der Frist des § 626 II BGB erfolgen, wenn sie unverzüglich nach Erteilung der Zustimmung erklärt wird. Es reicht allerdings nicht aus, dass der AG lediglich kurz vor Ablauf der Zweiwochenfrist beim PR die Zustimmung zur Kündigung beantragt und nach Ablauf der Frist bei verweigerter Zustimmung das weitere Mitbestimmungsverfahren einleitet.[111]

---

[99] BAG 15.7.2015 AP Nr. 255 zu § 626 BGB = NZA 2016, 161; 21.2.2013 AP Nr. 51 zu § 626 BGB Ausschlussfrist = NZA-RR 2013, 515.

[100] BAG 27.2.2020 AP Nr. 277 zu § 626 BGB mAnm *Hergenröder* = NZA 2020, 1405; 23.10.2008 AP Nr. 217 zu § 626 BGB; 18.5.1994 AP Nr. 33 zu § 626 BGB Ausschlussfrist = NZA 1994, 1086.

[101] LAG Köln 12.3.2002 NZA-RR 2002, 519.

[102] BAG 18.5.1994 AP Nr. 33 zu § 626 BGB Ausschlussfrist = NZA 1994, 1086; KR/*Fischermeier* BGB § 626 Rn. 370.

[103] BAG 21.2.2013 AP Nr. 51 zu § 626 BGB Ausschlussfrist = NZA-RR 2013, 515.

[104] KR/*Fischermeier* BGB § 626 Rn. 374; ErfK/*Niemann* BGB § 626 Rn. 219.

[105] BAG 18.8.1977 AP Nr. 10 zu § 103 BetrVG 1972 = NJW 1978, 661.

[106] Vgl. BAG 27.2.1987 AP Nr. 26 zu § 626 BGB Ausschlussfrist = NZA 1988, 429; 25.4.1996 AP Nr. 35 zu § 4 KSchG 1969 = NZA 1996, 1227.

[107] Vgl. BGH 5.6.1975 NJW 1975, 1698.

[108] BAG 6.7.1972 AP Nr. 3 zu § 626 BGB Ausschlussfrist.

[109] BAG 18.8.1977 AP Nr. 10 zu § 103 BetrVG 1972.

[110] BAG 22.1.1987 AP Nr. 24 zu § 103 BetrVG 1972 = NZA 1987, 563.

[111] BAG 8.6.2000 AP Nr. 164 zu § 626 BGB = NZA 2000, 1282.

38 **b) Arbeitnehmer mit Sonderkündigungsschutz.** Die für die außerordentliche Kündigung schwerbehinderter Menschen nach § 174 SGB IX erforderliche Zustimmung des Integrationsamts muss innerhalb der Ausschlussfrist des § 626 II BGB beantragt werden (→ § 179 Rn. 27 ff.).[112] Die Zulässigkeitserklärung zu einer außerordentlichen Kündigung nach **§ 17 II MuSchG bzw. § 18 I BEEG** muss gleichfalls innerhalb der Ausschlussfrist des § 626 II BGB beantragt werden. Wird die Kündigung nach Ablauf der Zweiwochenfrist für zulässig erklärt, hat der AG unverzüglich nach Erhalt des Bescheids der zuständigen Behörde zu kündigen (zur ordentlichen Kündigung → § 172 Rn. 48).[113]

39 **9. Beweislast.** Für die Tatsache der Einhaltung der Frist ist der Kündigende darlegungs- und beweispflichtig.[114]

VII. Wichtiger Grund und Unzumutbarkeit der Weiterbeschäftigung

40 **1. Zweistufige Prüfung.** Das BAG prüft die Wirksamkeit einer außerordentlichen Kündigung zweistufig:[115] Zunächst müssen Tatsachen vorliegen, die an sich geeignet sind, einen wichtigen Grund zu bilden. In einem zweiten Schritt ist festzustellen, ob unter Abwägung aller Umstände des Einzelfalls eine Weiterbeschäftigung bis zum Ablauf der Kündigungsfrist zumutbar ist.[116] Dabei gilt ein objektiver Maßstab. Es kommt darauf an, ob die Weiterbeschäftigung zumindest bis zum Ablauf der Kündigungsfrist dem Kündigenden aus der Sicht eines objektiven und verständigen Betrachters unter Berücksichtigung der Umstände des Einzelfalls zumutbar ist oder nicht.[117] Der wichtige Grund ist ein unbestimmter Rechtsbegriff. Die Kündigungsgründe müssen im Zeitpunkt des Ausspruchs der Kündigung objektiv vorgelegen haben. Nicht erforderlich ist, dass der AG zur Zeit der Kündigung alle Kündigungsgründe kennt. Er kann daher auch Gründe für eine bereits ausgesprochene Kündigung nachschieben (dazu → Rn. 19). Die vorherige Anhörung des Gekündigten ist nicht Wirksamkeitsvoraussetzung,[118] es sei denn, es handelt sich um eine Verdachtskündigung (→ Rn. 139).

41 **2. An sich geeigneter Grund.** Ein wichtiger Grund zur Kündigung kann nicht nur in einer erheblichen Verletzung der vertraglichen **Hauptleistungspflichten** liegen. Auch die schuldhafte Verletzung von **Nebenpflichten** kann einen wichtigen Grund zur außerordentlichen Kündigung darstellen.[119] Das betrifft sowohl auf die Hauptleistungspflicht bezogene Nebenleistungspflichten, die der Vorbereitung, der ordnungsgemäßen Durchführung und der Sicherung der Hauptleistung dienen und diese ergänzen, als auch sonstige, aus dem Gebot der Rücksichtnahme (§ 241 II BGB) erwachsende Nebenpflichten.[120] Das gilt unabhängig von der Höhe eines dem AG durch die Pflichtverletzung entstandenen Schadens. Maßgebend ist vielmehr der mit der Pflichtverletzung verbundene Vertrauensbruch.[121] Dies gilt auch dann, wenn die rechtswidrige Handlung Gegenstände von geringem Wert betrifft oder zu einem nur geringfügigen, möglicherweise zu gar keinem Schaden geführt hat.[122] Für die kündigungsrechtliche Beurteilung einer Pflichtverletzung ist ihre **strafrechtliche Bewertung** nicht maßgebend.[123] Auch der Verdacht einer nicht strafbaren, aber gleichwohl erheblichen Pflichtverletzung kann einen wichtigen Grund iSv § 626 I BGB bilden (dazu → Rn. 136 ff.). Deshalb besteht regelmäßig keine Rechtfertigung für die Aussetzung eines Kündigungsschutzprozesses bis zur rechtskräftigen Erledigung

[112] BAG 3.7.1980 AP Nr. 2 zu § 18 SchwbG; 11.9.1979 AP Nr. 6 zu § 9 MuSchG 1968; ErfK/*Niemann* BGB § 626 Rn. 228.

[113] Vgl. BAG 11.9.1979 AP Nr. 6 zu § 9 MuSchG 1968; KR/*Fischermeier* BGB § 626 Rn. 355 f.; ErfK/*Niemann* BGB § 626 Rn. 227.

[114] BAG 28.4.1994 AP Nr. 117 zu § 626 BGB = NZA 1994, 934.

[115] BAG 20.11.2014 AP Nr. 249 zu § 626 BGB = NZA 2015, 294; 25.10.2012 AP Nr. 239 zu § 626 BGB = NZA 2013, 319; 27.4.2006 AP Nr. 203 zu § 626 BGB = NZA 2006, 1033.

[116] BAG 20.10.2016 AP Nr. 258 zu § 626 BGB = NZA 2016, 1527; 17.3.2016 – 2 AZR 110/15.

[117] BAG 13.5.2015 AP Nr. 254 zu § 626 BGB.

[118] BAG 18.9.1997 AP Nr. 138 zu § 626 BGB = NZA 1998, 95; ErfK/*Niemann* BGB § 626 Rn. 211.

[119] BAG 12.5.2010 NZA 2010, 1348; 2.3.2006 AP Nr. 14 zu § 626 BGB Krankheit = NZA-RR 2006, 636.

[120] BAG 20.10.2016 AP Nr. 258 zu § 626 BGB = NZA 2016, 1527; 19.1.2016 AP Nr. 257 zu § 626 BGB = NZA 2016, 1144.

[121] BAG 22.9.2016 AP Nr. 259 zu § 626 BGB = NZA 2017, 112.

[122] BAG 23.8.2018 AP Nr. 272 zu § 626 BGB; 31.7.2014 AP Nr. 251 zu § 626 BGB = NZA 2015, 621.

[123] BAG 23.8.2018 AP Nr. 272 zu § 626 BGB; 8.5.2014 NJW 2015, 109; 21.6.2012 AP Nr. 68 zu § 9 KSchG 1969 = NZA 2013, 199.

eines Strafverfahrens.[124] Auch vor Beginn des Arbeitsverhältnisses liegende, dem AG bei der Einstellung nicht bekannte Umstände oder Ereignisse können das Vertrauen des AG in die Zuverlässigkeit und Redlichkeit des AN zerstören und deshalb einen wichtigen Grund zur außerordentlichen Kündigung darstellen.[125]

3. Interessenabwägung. a) Grundsätze. Ist ein Sachverhalt an sich geeignet, einen wichtigen Grund zur Kündigung zu bilden, hat unter **Berücksichtigung des Verhältnismäßigkeitsgrundsatzes** (→ Rn. 44) eine umfassende, auf den Einzelfall bezogene Interessenabwägung dahingehend zu erfolgen, ob dem Kündigenden die Fortsetzung des Arbeitsverhältnisses trotz der eingetretenen Vertrauensstörung – zumindest bis zum Ablauf der Kündigungsfrist – zumutbar ist oder nicht.[126] Zu berücksichtigen sind regelmäßig das Gewicht und die **Auswirkungen einer Vertragspflichtverletzung,** der Grad des **Verschuldens** des AN, eine mögliche **Wiederholungsgefahr** sowie die **Dauer des Arbeitsverhältnisses** und dessen **störungsfreier Verlauf.** Die außerordentliche Kündigung muss stets das letzte Mittel sein. Sie kommt deshalb nur in Betracht, wenn es keinen angemessenen Weg gibt, das Arbeitsverhältnis fortzusetzen, weil dem AG sämtliche **milderen Reaktionsmöglichkeiten** unzumutbar sind.[127] Sie scheidet aus, wenn es ein „schonenderes" Gestaltungsmittel – etwa **Abmahnung, Versetzung, ordentliche Kündigung** – gibt, das ebenfalls geeignet ist, den mit einer außerordentlichen Kündigung verfolgten Zweck – nicht die Sanktion des pflichtwidrigen Verhaltens, sondern die Vermeidung des Risikos künftiger Störungen des Arbeitsverhältnisses – zu erreichen.[128] Dies gilt für alle an sich geeigneten Kündigungsgründe, auch strafbare Handlungen des AN,[129] weil das Gesetz seit der Aufhebung der §§ 123, 124 GewO im Jahre 1969 keine absoluten Kündigungsgründe mehr kennt. In die Zumutbarkeitsprüfung sind grundsätzlich alle tatsächlichen Umstände einzubeziehen. Nach § 626 II BGB verfristete Kündigungsgründe können zur Unterstützung nicht verbrauchter Gründe herangezogen werden. 42

b) Einzelheiten. Im Rahmen der Zumutbarkeitsprüfung zu berücksichtigen sind regelmäßig die **Wiederholungsgefahr,** das Gewicht und die Auswirkungen der Vertragspflichtverletzung im Hinblick auf das Maß eines durch sie bewirkten **Vertrauensverlusts** und ihre **wirtschaftlichen Folgen,**[130] der Grad des **Verschuldens** des AN,[131] ggf. auch eine besondere Verwerflichkeit der Tat,[132] auf **Heimlichkeit** angelegtes Verhalten,[133] ein möglicher Irrtum über das Bestehen der verletzten Pflicht (dazu → Rn. 76),[134] das Bemühen des AN, vor Ausspruch der Kündigung den **Schaden wiedergutzumachen – etwa im Rahmen eines „Täter-Opfer-Ausgleichs"**[135] – sowie die **Betriebszugehörigkeit** und deren störungsfreier Verlauf.[136] Letzteres ist mit Unionsrecht vereinbar und führt nicht zu einer ungerechtfertigten Benachteiligung jüngerer AN.[137] Deshalb kann sich im Hinblick auf die Folgen der Kündigung für den AN ein fortgeschrittenes **Alter** zu dessen Gunsten auswirken.[138] Ein **„Nachtatverhalten"** vor der Kündigung unter dem Eindruck einer drohenden Kündigung wirkt sich zwar nur schwach entlastend aus, kann jedoch die Annahme fehlender Wiederholungsgefahr stützen, wenn es sich um die Fortsetzung einer zuvor gezeigten Einsicht handelt.[139] Das Fehlen jeglicher konkreter Schädigung des AG durch eine Pflichtwidrigkeit ist zugunsten des AN zu berücksichtigen.[140] 43

---

[124] BAG 25.11.2010 AP Nr. 48 zu § 626 BGB Verdacht strafbarer Handlung = NZA-RR 2012, 222.
[125] BAG 5.4.2001 AP Nr. 171 zu § 626 BGB = NZA 2001, 954.
[126] Vgl. KR/*Fischermeier* BGB § 626 Rn. 249 ff.; ErfK/*Niemann* BGB § 626 Rn. 37 ff.
[127] BAG 20.11.2014 AP Nr. 249 zu § 626 BGB = NZA 2015, 294; 23.11.2013 AP Nr. 53 zu § 626 BGB Verdacht strafbarer Handlung = NZA 2014, 243.
[128] BAG 13.12.2018 AP Nr. 274 zu § 626 BGB = NZA 2019, 445; 23.8.2018 AP Nr. 272 zu § 626 BGB; 20.11.2014 AP Nr. 249 zu § 626 BGB = NZA 2015, 294.
[129] BAG 10.6.2010 AP Nr. 229 zu § 626 BGB = NZA 2010, 1227.
[130] BAG 10.11.2005 AP Nr. 196 zu § 626 BGB = NZA 2006, 491.
[131] BAG 21.1.1999 AP Nr. 151 zu § 626 BGB = NZA 1999, 863; dazu *Büdenbender* SAE 2000, 89 ff.; *Kaiser* FS Otto, 173 ff.
[132] BAG 27.4.2006 AP Nr. 203 zu § 626 BGB = NZA 2006, 1033.
[133] BAG 13.12.2018 AP Nr. 274 zu § 626 BGB = NZA 2019, 445; 21.6.2012 AP Nr. 66 zu § 1 KSchG 1969 Verhaltensbedingte Kündigung mAnm *Lunk* = NZA 2012, 1025.
[134] BAG 29.8.2013 AP Nr. 245 zu § 626 BGB = NZA 2014, 533.
[135] BAG 20.11.2014 AP Nr. 249 zu § 626 BGB = NZA 2015, 294.
[136] BAG 10.6.2010 AP Nr. 229 zu § 626 BGB = NZA 2010, 1227; 28.1.2010 NZA-RR 2010, 461; 26.3.2009 AP Nr. 220 zu § 626 BGB = NZA-RR 2010, 516.
[137] BAG 7.7.2011 AP Nr. 237 zu § 626 BGB = NZA 2011, 1412.
[138] BAG 15.11.1995 AP Nr. 73 zu § 102 BetrVG 1972.
[139] BAG 20.11.2014 AP Nr. 249 zu § 626 BGB = NZA 2015, 294.
[140] BAG 26.3.2009 AP Nr. 220 zu § 626 BGB = NZA-RR 2010, 516.

Da der Zweite Senat des BAG nunmehr maßgeblich auf die ungestörte Vertrauensbeziehung der Vertragspartner abstellt,[141] kann der AN die Entfernung einer Abmahnung aus der Personalakte nicht mehr mit der Begründung verlangen, diese entfalte wegen Zeitablaufs keine Wirkung mehr (dazu → § 132 Rn. 31).[142] Im Rahmen der nach § 626 I BGB gebotenen Interessenabwägung wird man entgegen der Auffassung des BAG[143] nicht nur gleichartige Abmahnungen zu berücksichtigen haben (dazu → § 132 Rn. 20), denn von einer „ungestörten" Vertrauensbeziehung kann auch bei nicht einschlägigen Abmahnungen keine Rede sein. Insoweit ist zu beachten, dass das Erfordernis der Gleichartigkeit von Abmahnungssachverhalt und Kündigungsgrund zum einen dem Verhältnismäßigkeitsgrundsatz Rechnung trägt und zum andern besteht, um die negative Prognose weiterer Pflichtverletzungen zu begründen. Dagegen geht es bei der Interessenabwägung darum, im Rahmen einer Gesamtwürdigung das Interesse des AG an der sofortigen Beendigung des Arbeitsverhältnisses gegen das Interesse des AN an dessen Fortbestand abzuwägen.[144] Das Prozessverhalten des AN kann im Rahmen der Interessenabwägung nur eine Rolle spielen, soweit es tatsächlich Rückschlüsse auf den Kündigungsgrund erlaubt.[145]

44 **4. Verhältnismäßigkeitsgrundsatz.** Die außerordentliche Kündigung ist letztes Mittel zur Beseitigung einer Vertragsstörung. Nach dem Verhältnismäßigkeitsgrundsatz ist sie deshalb nicht gerechtfertigt, wenn es mildere Mittel gibt, eine Störung zukünftig zu vermeiden. Als **mildere Mittel** sind die **ordentliche Kündigung, Änderungskündigung, Versetzung oder Abmahnung** in Betracht zu ziehen. Sie sind dann alternative Gestaltungsmittel, wenn bereits durch sie der mit der außerordentlichen Kündigung verfolgte Zweck – die Vermeidung des Risikos künftiger Störungen – erreicht werden kann.[146] Im Falle der Verletzung einer Nebenpflicht ist die ordentliche Kündigung die grundsätzlich angemessene Reaktion; eine außerordentliche Kündigung kommt nur in Betracht, wenn das Gewicht dieser Pflichtverletzung durch erschwerende Umstände verstärkt wird.[147] Beruht die Vertragspflichtverletzung auf steuerbarem Verhalten des AN, bedarf es vor Ausspruch der Kündigung grundsätzlich einer Abmahnung, weil davon ausgegangen werden kann, dass der AN hiernach sein künftiges Verhalten verändert (→ § 132 Rn. 17).[148]

45, 46 **5. Negative Prognose.** Auch für eine verhaltensbedingte außerordentliche Kündigung gilt das sog. Prognoseprinzip. Eine negative Prognose liegt vor, wenn die konkrete Vertragspflichtverletzung und die daraus resultierende Vertragsstörung den Schluss nahelegt, der AN werde den Arbeitsvertrag auch nach einer Kündigungsandrohung erneut in gleicher oder ähnlicher Weise verletzen.[149] Gleiches gilt, wenn aus der Schwere der Pflichtverletzung auf eine endgültige Zerstörung des notwendigen Vertrauensverhältnisses zu schließen ist. Das Abmahnungserfordernis dient dabei der Objektivierung der negativen Prognose. Eine erhebliche Pflichtverletzung oder der Verdacht einer schwerwiegenden strafbaren Handlung ist grundsätzlich auch dann geeignet, dem AG die Fortsetzung des Arbeitsverhältnisses für die Dauer einer längeren Frist unzumutbar zu machen, wenn der AN bereits aufgrund eines Aufhebungsvertrags von der Arbeitspflicht **freigestellt** ist. Die unwiderrufliche Freistellung des AN ist allerdings bei der Interessenabwägung zu berücksichtigen.[150]

47 **6. Darlegungs- und Beweislast.** Der Kündigende ist für die Voraussetzungen des wichtigen Grundes darlegungs- und beweispflichtig. Für Umstände, die das Verhalten des AN rechtfertigen oder entschuldigen könnten, ist seine Darlegungslast allerdings **abgestuft** (→ § 133 Rn. 10).[151] Besteht der konkrete Verdacht einer strafbaren Handlung oder einer anderen schweren Verfehlung des AN, kann der AG eine heimliche **Videoüberwachung** des AN vornehmen, wenn weniger einschneidende Mittel zur Aufklärung des Verdachts

[141] BAG 10.6.2010 AP Nr. 229 zu § 626 BGB = NZA 2010, 1227.
[142] Dazu BAG 19.7.2012 AP Nr. 34 zu § 611 BGB Abmahnung = NZA 2013, 91; *Schrader* NZA 2011, 180.
[143] BAG 10.6.2010 AP Nr. 229 zu § 626 BGB = NZA 2010, 1227 Rn. 49.
[144] BAG 10.6.2010 AP Nr. 229 zu § 626 BGB = NZA 2010, 1227 Rn. 34.
[145] BAG 10.6.2010 AP Nr. 229 zu § 626 BGB = NZA 2010, 1227.
[146] Vgl. BAG 22.10.2015 AP Nr. 256 zu § 626 BGB = NZA 2016, 417; 25.10.2012 AP Nr. 239 zu § 626 BGB = NZA 2013, 319; 10.6.2010 AP Nr. 229 zu § 626 BGB = NZA 2010, 1227.
[147] BAG 12.5.2010 NZA 2010, 1348; KR/*Fischermeier* BGB § 626 Rn. 153.
[148] BAG 25.10.2012 AP Nr. 239 zu § 626 BGB = NZA 2013, 319; 9.6.2011 AP Nr. 64 zu § 1 KSchG 1969 Verhaltensbedingte Kündigung = NZA-RR 2012, 12.
[149] BAG 9.6.2011 AP Nr. 236 zu § 626 BGB = NZA 2011, 1342.
[150] BAG 5.4.2001 AP Nr. 34 zu § 626 BGB Verdacht strafbarer Handlung = NZA 2001, 837.
[151] BAG 15.7.2015 AP Nr. 255 zu § 626 BGB = NZA 2016, 161.

ausgeschöpft sind, die verdeckte Video-Überwachung praktisch das einzig verbleibende Mittel darstellt und insgesamt nicht unverhältnismäßig erscheint (→ § 153 Rn. 9, 11). Ausreichend ist ein Anfangsverdacht.[152] Die Verwertung von Zufallsfunden ist zulässig.[153] – Zu Verwertungsverboten → Rn. 50.

7. Verzicht, Verzeihung. Der Kündigende kann auf das Recht zur außerordentlichen Kündigung verzichten; Voraussetzung ist stets, dass ihm die Gründe zur Kündigung bekannt waren. Ein **Verzicht** ist regelmäßig anzunehmen, wenn er in Kenntnis des wichtigen Grundes ordentlich kündigt oder den Kündigungsgegner nur abmahnt. Allerdings gilt dies nicht uneingeschränkt. Ist ein AN tariflich unkündbar und kündigt der AG außerordentlich mit einer so bezeichneten „sozialen Auslauffrist", spricht dies gegen einen Verzicht auf das Recht zur außerordentlichen Kündigung.[154] Schließlich kann der AG eine Pflichtverletzung, die einen wichtigen Grund bildet, verzeihen. **Verzeihung** ist ein innerer Vorgang des Inhalts, die Vertragsverletzung nicht mehr als wichtigen Grund anzusehen. 48

VIII. Prozessuale Fragen

1. Klage. AN können die Unwirksamkeit einer außerordentlichen Kündigung nur geltend machen, wenn sie innerhalb der dreiwöchigen Klagefrist (§ 13 I 2, § 4 KSchG) Klage erheben (→ § 138 Rn. 1 ff.). Dies gilt auch für die Rüge, die Ausschlussfrist des § 626 II BGB sei versäumt.[155] Da **Organmitglieder** juristischer Personen nach § 14 I KSchG nicht dem Kündigungsschutzgesetz unterliegen, brauchen sie die Klagefrist des § 4 KSchG nicht einzuhalten.[156] 49

2. Beweiswürdigung. a) Verwertungsverbote. Das Arbeitsgericht hat den Vortrag der Parteien und erhobene Beweise nach § 286 I ZPO im Rahmen einer freien Beweiswürdigung in den Blick zu nehmen. Legt der AG zum Beweis behaupteter Pflichtverletzungen des AN **Videoaufzeichnungen** vor, ist stets deren Verwertbarkeit zu prüfen (→ § 153 Rn. 9, 11).[157] Weder die ZPO noch das ArbGG enthalten Bestimmungen, welche die Verwertbarkeit von Erkenntnissen oder Beweismitteln einschränken, die eine Arbeitsvertragspartei rechtswidrig erlangt hat. Da der Anspruch auf rechtliches Gehör aus Art. 103 I GG grundsätzlich gebietet, den Sachvortrag der Parteien und die von ihnen angebotenen Beweise zu berücksichtigen, kommt ein „verfassungsrechtliches Verwertungsverbot" nur in Betracht, wenn dies wegen einer grundrechtlich geschützten Position einer Prozesspartei zwingend geboten ist. Die prozessuale Verwertung muss selbst einen Grundrechtsverstoß darstellen.[158] Es ist zwischen **Sachvortrags- und Beweisverwertungsverboten** zu unterscheiden.[159] Das Sachvortragsverwertungsverbot bewirkt, dass das inkriminierte Vorbringen des AG auch dann als bestritten zu behandeln ist, wenn es der AN nicht bestritten hat. Damit wird der Streit auf die Beweisebene gehoben. Dort greift zulasten des AG ggf. ein korrespondierendes Beweisverwertungsverbot mit der Folge, dass er für seinen – als streitig anzusehenden – Vortrag beweisfällig bleibt. Insofern bedeutet ein Verbot der „Verwertung", dass das Gericht den fraglichen Vortrag seiner Entscheidung weder als unstreitig (Sachvortragsverwertungsverbot) noch als aufgrund des inkriminierten Beweismittels bewiesen (Beweisverwertungsverbot) zugrunde legen darf. Ein Sachvortragsverwertungsverbot spielt keine Rolle, wenn der AN den betreffenden Vortrag des AG ausreichend bestreitet. Dann greift die Geständnisfiktion des § 138 III ZPO schon einfachrechtlich nicht ein. Sie muss nicht erst in verfassungskonformer Auslegung der Vorschrift „ausgeschaltet" werden. Das Gericht muss nur dann von Amts wegen prüfen, ob ein Verwertungsverbot eingreift, wenn entsprechende Anhaltspunkte dazu Anlass geben und die betreffende Partei nicht wirksam darauf verzichtet hat, die etwaige Verletzung ihres allgemeinen Persönlichkeitsrechts geltend zu machen.[160] Der AN muss daher die für ein Verwertungsverbot relevanten Umstände aufzeigen, wenn sich nicht schon 50

---

[152] BAG 20.10.2016 AP Nr. 260 zu § 626 BGB = NZA 2017, 443.
[153] BAG 22.9.2016 AP Nr. 259 zu § 626 BGB = NZA 2017, 112.
[154] BAG 13.5.2015 AP Nr. 254 zu § 626 BGB.
[155] BAG 8.6.1972 AP Nr. 1 zu § 13 KSchG 1969.
[156] BAG 5.8.1965 AP Nr. 2 zu § 21 KSchG.
[157] Hierzu BAG 21.6.2012 AP Nr. 66 zu § 1 KSchG 1969 Verhaltensbedingte Kündigung = NZA 2012, 1025; *Bayreuther* DB 2012, 2222; ausf. ErfK/*Niemann* BGB § 626 Rn. 232 ff.
[158] Ausf. BAG 23.8.2018 AP Nr. 271 zu § 626 BGB = NZA 2018, 1329; *Niemann* JbArbR 55 (2018), 41 jew. mwN.
[159] Hierzu und zum Folgenden BAG 23.8.2018 AP Nr. 271 zu § 626 BGB = NZA 2018, 1329 mwN.
[160] BAG 20.10.2016 AP Nr. 260 zu § 626 BGB = NZA 2017, 443.

aus dem Vorbringen des AG (einschließlich der Beweisantritte) oder sonst wie „Verwertbarkeitszweifel" ergeben.[161]

51 **b) Freie Beweiswürdigung.** Der AG kann den kündigungsrelevanten **Sachverhalt selbst ermitteln.** Das mindert weder den Beweiswert der in Rede stehenden Indizien, noch ist die Kündigung deshalb unwirksam, weil polizeiliche oder staatsanwaltschaftliche Ermittlungen möglicherweise zu weitergehenden Ergebnissen geführt hätten. Ob der behauptete Kündigungsgrund vorliegt, beurteilt sich allein danach, ob die ihn tragenden und im Prozess mitgeteilten Tatsachen bewiesen sind oder nicht.[162] Im Rahmen der Beweiswürdigung darf das Arbeitsgericht sich auf ein zu den Tatvorwürfen ergangenes **Strafurteil** stützen. Zwar sind die in einem strafrichterlichen Urteil enthaltenen Feststellungen für die zu derselben Frage erkennenden Zivilgerichte grundsätzlich nicht bindend. Das Strafurteil ist jedoch, wenn eine Partei sich zu Beweiszwecken darauf beruft, im Wege des Urkundenbeweises gemäß §§ 415, 417 ZPO zu verwerten.[163] Das Arbeitsgericht hat dabei die in der Beweisurkunde dargelegten Feststellungen einer eigenen kritischen Überprüfung zu unterziehen. Eine Verwertung der früheren, im Strafurteil wiedergegebenen Aussagen im Wege des Urkundenbeweises anstelle der beantragten Vernehmung von Zeugen ist freilich unzulässig, wenn eine Partei zum Zwecke des unmittelbaren Beweises deren Vernehmung verlangt.[164] Der Richter hat bei der Beurteilung der Beweisergebnisse die allgemeinen Erfahrungssätze sowie die Natur- und Denkgesetze zu beachten. Objektive Wahrscheinlichkeitserwägungen können dabei eine sachgerechte Grundlage und ein Hilfsmittel für die Überzeugungsbildung sein. Da die erreichte Beweisstärke nicht objektiv messbar ist, ergänzt zwar stets die subjektive persönliche Entscheidung den Prozess der Überzeugungsbildung. Doch ist dafür maßgebend die Rolle des Richters und nicht die Bildung der persönlichen Überzeugung der privaten Person.[165] Für die von § 286 ZPO geforderte Überzeugung des Tatrichters bedarf es keiner absoluten oder unumstößlichen Sicherheit im Sinne des wissenschaftlichen Nachweises, sondern nur eines für das praktische Leben brauchbaren Grades von Gewissheit, der Zweifeln Schweigen gebietet, ohne sie völlig auszuschließen.[166]

52 **3. Revisibilität.** Die **Frage des wichtigen Grundes** ist revisibel, soweit das LAG den Begriff des wichtigen Grundes verkannt hat, also einen Sachverhalt als geeignet oder nicht geeignet angesehen hat, einen wichtigen Grund zu bilden, oder eine umfassende Würdigung der Individualverhältnisse unterlassen hat. Der Tatsacheninstanz steht bei der Bewertung der festgestellten Tatsachen ein Beurteilungsspielraum zu, der allein darauf überprüft werden kann, ob das angefochtene Urteil den Rechtsbegriff selbst verkannt hat, es bei der Unterordnung des Sachverhalts unter die Rechtsnorm Denkgesetze oder allgemeine Erfahrungssätze verletzt hat und ob es alle vernünftigerweise in Betracht kommenden Tatsachen, die für oder gegen die außerordentliche Kündigung sprechen, widerspruchsfrei beachtet hat.[167] Die vom LAG vorgenommene **Interessenabwägung** wird in der Revisionsinstanz lediglich daraufhin überprüft, ob das Berufungsgericht bei der Unterordnung des Sachverhalts unter die Rechtsnormen Denkgesetze oder allgemeine Erfahrungssätze verletzt und ob es alle vernünftigerweise in Betracht zu ziehenden Umstände widerspruchsfrei berücksichtigt hat.[168]

IX. Haftung bei Auflösungsverschulden

53 **1. Vertragswidriges Verhalten. a) Grundsatz.** Nach § 628 II BGB ist der Kündigungsadressat zum Ersatz des durch die Aufhebung des Arbeitsverhältnisses entstehenden Schadens verpflichtet, wenn die Kündigung durch sein vertragswidriges Verhalten veranlasst worden ist. Für den Anspruch aus § 628 II BGB kommt es nicht auf die Form der Beendigung des Arbeitsverhältnisses, sondern auf den Anlass dazu an.[169] § 628 II BGB ist auch dann anwendbar, wenn das Arbeitsverhältnis auf andere Weise als durch fristlose Kündigung beendet worden ist, sofern der andere Vertragsteil durch vertragswidriges schuldhaftes Verhalten Anlass für die Beendigung

[161] BAG 23.8.2018 AP Nr. 271 zu § 626 BGB = NZA 2018, 1329.
[162] BAG 15.7.2015 AP Nr. 255 zu § 626 BGB = NZA 2016, 161.
[163] BAG 23.10.2014 AP Nr. 248 zu § 626 BGB = NZA 2015, 353.
[164] BAG 2.3.2017 AP Nr. 55 zu § 626 BGB Verdacht strafbarer Handlung = NZA 2017, 1051; 12.7.2007 AP Nr. 64 zu § 551 ZPO = NJW 2008, 540.
[165] BGH 16.4.2013 NJW 2014, 71.
[166] BAG 23.10.2014 AP Nr. 248 zu § 626 BGB = NZA 2015, 353; BGH 8.7.2008 NJW 2008, 2845.
[167] BAG 20.10.2016 AP Nr. 258 zu § 626 BGB = NZA 2016, 1527; 16.7.2015 AP Nr. 255 zu § 626 BGB = NZA 2016, 161.
[168] BAG 27.6.2019 AP Nr. 276 zu § 626 BGB = NZA 2019, 1343.
[169] BAG 22.6.1989 AP Nr. 11 zu § 628 BGB = NZA 1990, 106.

gegeben hat. Dabei muss das Auflösungsverschulden das Gewicht eines wichtigen Grundes iSv § 626 BGB haben.[170] Dem Anspruch aus § 628 II BGB steht deshalb nicht entgegen, wenn der AN keine fristlose, sondern eine außerordentliche Kündigung mit Auslauffrist ausgesprochen hat.[171] Der Entschädigungsanspruch nach § 628 II BGB setzt neben der Anwendbarkeit des KSchG weiter voraus, dass der AG im Zeitpunkt der Kündigung durch den AN das Arbeitsverhältnis nicht selbst hätte kündigen können, weil ein Kündigungsgrund iSv § 1 II KSchG nicht bestand. Hätte eine solche Kündigungsmöglichkeit bestanden, würde dem AN kein über den Verdienstausfall für die Dauer der Kündigungsfrist hinaus auszugleichender Schaden entstehen. Dies gilt auch für die nach § 15 KSchG besonders geschützten Personen. Hätte der AG ein Betriebsratsmitglied gem. § 15 IV KSchG wegen Stilllegung des Betriebs zum Zeitpunkt der Betriebsstilllegung kündigen können, steht dem Betriebsratsmitglied nach § 628 II BGB kein Schadensersatzanspruch zu, wenn es wegen vertragswidrigen Verhaltens seinerseits zu diesem Termin eine Eigenkündigung ausgesprochen hat.[172] Dem AN steht kein Anspruch nach § 628 II BGB zu, wenn er vom Insolvenzverwalter nach Eröffnung des Insolvenzverfahrens ordentlich gekündigt wird. Bereits aus § 113 InsO ergibt sich, dass die Insolvenzeröffnung als solche keinen wichtigen Grund iSd § 626 I BGB darstellt.[173] Ein Schadensersatzanspruch kann sich in diesem Fall nur aus § 113 S. 3 InsO ergeben.

b) Einhaltung der Zweiwochenfrist. Da der Schadenersatzanspruch nach § 628 II BGB voraussetzt, dass eine wirksame außerordentliche Kündigung wegen vertragswidrigen Verhaltens der anderen Vertragspartei ausgesprochen wurde oder hätte ausgesprochen werden können, muss die Zweiwochenfrist des § 626 II 1 BGB eingehalten werden. Dies gilt auch für die außerordentliche Kündigung durch den AN[174] und wenn das Arbeitsverhältnis anders als durch eine außerordentliche Kündigung beendet wird.[175] Bei Abschluss eines Aufhebungsvertrags aus Anlass eines wichtigen Grundes oder einer ordentlichen Kündigung muss sich der Anspruchsberechtigte den Schadensersatzanspruch vorbehalten.[176] 54

2. Verhältnis zu den allgemeinen Bestimmungen. § 628 II BGB ist für materielle Schadensersatzansprüche wegen Auflösungsverschuldens infolge einer nicht ordnungsgemäßen Beendigung des Arbeitsverhältnisses eine Spezialregelung, die anderen Anspruchsgrundlagen aus Vertrag oder unerlaubter Handlung vorgeht.[177] § 628 II BGB verdrängt damit in seinem Anwendungsbereich Ansprüche aus § 280 I BGB. Wurde im Rahmen der gerichtlichen Auflösung des Arbeitsverhältnisses eine Abfindung nach §§ 9, 10 KSchG zuerkannt, kann der durch die Beendigung des Arbeitsverhältnisses eingetretene Verlust einer Anwartschaft auf betriebliche Altersversorgung nicht daneben als Schadensersatz nach § 628 II BGB oder nach § 280 I BGB verlangt werden.[178] Der Anspruch aus § 628 II BGB ist vertraglich abdingbar, soweit nicht zwingende arbeitsrechtliche Vorschriften umgangen werden. Die einseitige Abbedingung des Schadensersatzanspruchs zulasten des AN in einem Formulararbeitsvertrag ist unangemessen iSv § 307 I BGB, weil sie gegen das Leitbild des § 628 II BGB verstößt.[179] 55

3. Ersatzfähiger Schaden. a) Umfang. Der Umfang des Schadensersatzanspruchs richtet sich nach §§ 249, 252 BGB.[180] Der Anspruchsberechtigte ist so zu stellen, wie er bei Fortbestand des Arbeitsverhältnisses stehen würde.[181] 56

b) Kündigung durch den Arbeitnehmer. Kündigt der AN wegen schuldhafter Vertragsverletzung des AG außerordentlich, besteht der Schaden im entgangenen Arbeitsverdienst einschließlich etwaiger Sonderzuwendungen usw. Der Ermittlung des entschädigungspflichtigen Verdienstausfallschadens können sowohl die entgangenen Brutto- als auch die entgangenen Net- 57

[170] BAG 14.12.2011 NJW 2012, 1900; 22.1.2009 AP Nr. 4 zu § 613a BGB Unterrichtung = NZA 2009, 547; 8.8.2002 AP Nr. 14 zu § 628 BGB = NZA 2002, 1323; 26.7.2001 AP Nr. 13 zu § 628 BGB = NZA 2002, 325; 20.11.1996 AP Nr. 12 zu § 611 BGB Berufssport = NZA 1997, 647.

[171] BAG 8.8.2002 AP Nr. 14 zu § 628 BGB = NZA 2002, 1323.

[172] BAG 21.5.2008 AP Nr. 22 zu § 628 BGB.

[173] BAG 25.4.2007 AP Nr. 23 zu § 113 InsO.

[174] BAG 26.7.2007 AP Nr. 19 zu § 628 BGB = NZA 2007, 1419.

[175] BAG 22.6.1989 AP Nr. 11 zu § 628 BGB = NZA 1990, 106.

[176] BAG 10.5.1971 AP Nr. 6 zu § 628 BGB = NJW 1971, 2092; 24.10.1974 AP Nr. 2 zu § 276 BGB Vertragsverletzung; 11.2.1981 AP Nr. 8 zu § 4 KSchG 1969.

[177] BAG 22.4.2004 AP Nr. 18 zu § 628 BGB.

[178] Vgl. BAG 12.6.2003 BB 2003, 2747.

[179] ErfK/*Müller-Glöge* BGB § 628 Rn. 49.

[180] ErfK/*Müller-Glöge* BGB § 628 Rn. 22.

[181] BAG 27.7.2001 AP Nr. 13 zu § 628 BGB = NZA 2002, 325.

tobezüge des Geschädigten zugrunde gelegt werden.[182] Der Schadensersatzanspruch ist grundsätzlich auf den dem kündigenden AN bis zum Ablauf der Kündigungsfrist einer fiktiven ordentlichen Kündigung entstehenden Vergütungsausfall beschränkt. Hinzukommen kann allerdings eine den Verlust des Bestandsschutzes ausgleichende angemessene Entschädigung entsprechend §§ 9, 10 KSchG. Dieser Anspruch tritt kumulativ zu dem Anspruch auf Ersatz des Vergütungsausfalls hinzu, wenn der Auflösungsantrag des AN bei unberechtigter fristloser Kündigung des AG zum Kündigungstermin einer (umgedeuteten) ordentlichen Kündigung hätte gestellt werden können.[183]

58 **c) Kündigung durch den Arbeitgeber.** Kündigt der AG außerordentlich, kann der Schaden im entgangenen Gewinn[184] oder in Aufwendungen für höheren Lohn[185] bestehen. Ersatz von Inseratskosten kann der AG nur dann verlangen, wenn diese Kosten bei ordnungsmäßiger Einhaltung der arbeitsvertraglichen Kündigungsfrist vermeidbar gewesen wären (→ § 51 Rn. 16).[186] Der Schadensersatzanspruch des AG ist ebenso wie der des AN auf die Dauer der ordentlichen Kündigungsfrist begrenzt.[187] Der Anspruch aus § 628 II BGB besteht nicht, wenn beide Vertragsteile ein Recht zur außerordentlichen Kündigung haben.[188]

59 **4. Verjährung, Pfändung, Insolvenz.** Der Schadensersatzanspruch aus § 628 II BGB unterliegt der dreijährigen Verjährungsfrist nach § 195 BGB[189] sowie ähnlich einer Abfindung dem gleichen Pfändungsschutz wie Arbeitseinkommen (§ 850i ZPO).[190] In der Insolvenz ist der Anspruch aus § 628 II BGB Masseverbindlichkeit nach § 55 I InsO, wenn er durch den Insolvenzverwalter begründet worden ist, ansonsten genießt der Anspruch kein Vorrecht.[191] Der Schadensersatzanspruch ist Einkommen im einkommensteuerrechtlichen Sinne, soweit er Lohnersatzfunktion hat.[192] Dagegen unterliegt er nicht der Beitragspflicht zur Sozialversicherung, weil er keine Einnahme aus einer Beschäftigung iSv § 14 SGB IV ist.[193] Ein Schadensersatzanspruch nach § 628 II BGB ist eine der Abfindung „ähnliche Leistung" iSv § 158 I SGB III.[194]

X. Beispiele der außerordentlichen Kündigung durch den Arbeitgeber

60 Im Folgenden sind die wichtigsten in der Rechtsprechung behandelten Fälle der außerordentlichen Kündigung **alphabetisch** zusammengestellt. Es muss davor gewarnt werden, die aufgezeigte Rechtsprechung schematisch zu übertragen. Im Rahmen der Interessenabwägung kann sich im Einzelfall eine abweichende Beurteilung rechtfertigen. Insbesondere kann auch bei Häufung vieler einzelner, auch geringfügiger Verfehlungen eine außerordentliche Kündigung gerechtfertigt sein. Weitere Beispielsfälle sind im Zusammenhang mit der ordentlichen verhaltensbedingten Kündigung dargestellt (→ § 133 Rn. 11 ff.).

61 – **Abtretung.** Hat der AN infolge Überschuldung seine Vergütungsansprüche an seine Gläubiger abgetreten, so gelten für die Kündigung dieselben Grundsätze wie bei der **Lohnpfändung** (→ Rn. 105).

62 – **Abkehrwille.**[195] Der Abkehrwille eines AN bildet grundsätzlich keinen wichtigen Grund zur außerordentlichen Kündigung.[196] Dem AN kann nicht vorgeworfen werden, dass er von seinem Recht der freien Arbeitsplatzwahl Gebrauch gemacht hat (vgl. Art. 12 GG). Unzuläs-

---

[182] Näher dazu BGH 15.11.1994 AP Nr. 35 zu § 249 BGB; zum Aufwendungsersatz vgl. BAG 11.8.1987 AP Nr. 1 zu § 16 BBiG = NZA 1988, 93.
[183] BAG 26.7.2007 AP Nr. 19 zu § 628 BGB = NZA 2007, 1419; 22.4.2004 AP Nr. 18 zu § 628 BGB; 20.11.2003 EzA Nr. 3 zu § 628 BGB 2002; 26.7.2001 AP Nr. 13 zu § 628 BGB = NZA 2002, 325; ebenso 17.1.2002 EzA Nr. 20 zu § 628 BGB = NZA 2003, 816.
[184] BAG 27.1.1972 AP Nr. 2 zu § 252 BGB.
[185] BAG 24.4.1970 AP Nr. 5 zu § 60 HGB; LAG Bln 27.9.1973 DB 1974, 638; LAG SchlH 13.4.1972 BB 1972, 1229.
[186] ErfK/*Müller-Glöge* BGB § 628 Rn. 36.
[187] Vgl. BGH 3.3.1993 NJW 1993, 1386 zu dem inhaltsgleichen § 89b II HGB.
[188] BGH 29.11.1965 AP Nr. 3 zu § 628 BGB; BAG 12.5.1966 AP Nr. 9 zu § 70 HGB; s. dazu auch BGH 11.2.1981 NJW 1981, 1264.
[189] ErfK/*Müller-Glöge* BGB § 628 Rn. 45.
[190] Vgl. BAG 12.9.1979 AP Nr. 10 zu § 850 ZPO.
[191] Vgl. BAG 22.10.1998 – 8 AZR 73/98.
[192] BFH 28.2.1975 BStBl. II 1975, 520.
[193] BSG 21.2.1990 NZA 1990, 751.
[194] Vgl. BSG 13.3.1990 NZA 1990, 829 zu § 117 AFG.
[195] Näher hierzu *Opolony* AR-Blattei SD 1020.7 (2002).
[196] LAG Stuttgart 31.5.1961 DB 1961, 95.

sig sind jedoch Vorbereitungshandlungen, die schon als Teil der werbenden Tätigkeit aufzufassen sind, weil sie unmittelbar in die Interessen des AG eingreifen.[197] Der AN braucht seinen Abkehrwillen nicht vor der Kündigung mitzuteilen. Die Absicht, sich zu verändern, kann ausnahmsweise allenfalls eine ordentliche betriebsbedingte Kündigung rechtfertigen, wenn es sich bei der besetzten Stelle um einen Arbeitsplatz handelt, für den erfahrungsgemäß nur schwer eine gute Ersatzkraft zu finden ist, der AG aber gerade zurzeit die Gelegenheit hat, eine solche Ersatzkraft einzustellen.[198] Lediglich bei einem leitenden Angestellten soll eine außerordentliche Kündigung gerechtfertigt sein, wenn er sich bei einem Konkurrenzunternehmen bewirbt, aber die Bewerbung abstreitet.[199]

- **Abwerbung** (→ § 51 Rn. 19). Der AN darf bereits während des Arbeitsverhältnisses Vorbereitungen für den künftigen eigenen Geschäftsbetrieb treffen.[200] Er kann dies auch im Betrieb erzählen. Er darf jedoch nicht auf seine Kollegen nachhaltig einwirken, mit ihm Arbeitsverhältnisse zu begründen.[201] Die gelegentliche Anfrage eines leitenden Angestellten an einen Arbeiter, ob er mit ihm gehe, wenn er sich selbständig mache, rechtfertigt eine außerordentliche Kündigung noch nicht.[202] Eine außerordentliche Kündigung kommt in Betracht, wenn die Abwerbung im entgeltlichen Auftrag eines Konkurrenten erfolgt oder zum Vertragsbruch verleiten soll. 63
- **Alkoholmissbrauch.** Der Verstoß gegen allgemeine betriebliche oder einzelvertragliche Alkoholverbote ist grundsätzlich geeignet, eine ordentliche Kündigung sozial zu rechtfertigen (zur Alkoholsucht → § 131 Rn. 17).[203] Unerheblich ist, ob der AN alkoholisiert zur Arbeit erscheint oder erst im Betrieb alkoholische Getränke zu sich nimmt.[204] Betriebliche Alkoholverbote bedürfen in Betrieben mit BR grundsätzlich der Zustimmung des BR nach § 87 I Nr. 1 BetrVG.[205] In der Regel ist vor Ausspruch der Kündigung wegen eines Verstoßes gegen ein Alkoholverbot eine Abmahnung erforderlich.[206] Eine außerordentliche Kündigung kommt nur ausnahmsweise in Betracht, etwa bei einem Busfahrer, der mit 0,46 Promille Personen im öffentlichen Nahverkehr transportiert.[207] Verstößt ein AN infolge einer Alkoholabhängigkeit gegen arbeitsvertragliche Pflichten und trinkt er zB trotz eines Alkoholverbots während der Arbeitszeit Alkohol, ist ihm zum Zeitpunkt der Pflichtverletzung regelmäßig kein Schuldvorwurf zu machen. In Betracht kommt in diesem Fall nur eine personenbedingte Kündigung wegen Alkoholsucht.[208] 64

Auch wenn kein betriebliches oder einzelvertragliches Alkoholverbot vereinbart ist, besteht die **vertragliche Nebenpflicht** des AN, seine Arbeitsfähigkeit nicht durch Alkoholgenuss zu beeinträchtigen. Es ist dann zwar erlaubt, in den Pausenzeiten alkoholische Getränke zu sich zu nehmen. Der Alkoholgenuss darf allerdings nicht dazu führen, dass der AN sich in einem Zustand befindet, in dem er seine Arbeitspflichten nicht mehr vertragsgemäß erfüllen kann oder sich und andere gefährdet.[209] Der Genuss von **Haschisch** soll eine außerordentliche Kündigung nicht rechtfertigen, auch wenn es dem Konsumenten nur um die Herbeiführung des Rauschzustands gehe.[210] 65

- **Anzeigen.** Erstattet der AN Strafanzeige gegen seinen AG, ohne zuvor eine innerbetriebliche Klärung zu versuchen, kann darin eine kündigungsrelevante Verletzung arbeitsvertraglicher 66

---

197 LAG Köln 25.2.2004 – 4 Sa 1311/03.
198 BAG 22.10.1964 AP Nr. 16 zu § 1 KSchG Betriebsbedingte Kündigung.
199 LAG Hamm 14.2.1968 BB 1969, 797.
200 BAG 30.1.1963 AP Nr. 3 zu § 60 HGB.
201 Vgl. BAG 26.6.2008 AP Nr. 213 zu § 626 BGB = NZA 2008, 1415; LAG SchlH 6.7.1989 DB 1989, 1880; LAG RhPf 7.2.1992 LAGE § 626 BGB Nr. 64; LAG BW 21.2.2002 LAGE § 60 HGB Nr. 8.
202 LAG Stuttgart 30.9.1970 BB 1970, 1538.
203 BAG 22.7.1982 AP Nr. 5 zu § 1 KSchG 1969 Verhaltensbedingte Kündigung mAnm *Otto*; 26.1.1995 AP Nr. 34 zu § 1 KSchG 1969 Verhaltensbedingte Kündigung.
204 BAG 26.1.1995 AP Nr. 34 zu § 1 KSchG 1969 Verhaltensbedingte Kündigung; LAG Hamm 11.11.1996 LAGE § 1 KSchG Verhaltensbedingte Kündigung Nr. 56.
205 Vgl. BAG 23.9.1986 AP Nr. 20 zu § 75 BPersVG.
206 LAG Frankfurt 20.3.1986, LAG Hamm 15.12.1989 LAGE § 1 KSchG Verhaltensbedingte Kündigung Nr. 9, 26.
207 LAG Nürnberg 7.12.2002 NZA-RR 2003, 301; vgl. SächsLAG 26.5.2000 NZA-RR 2001, 472 zu einem Rettungssanitäter.
208 BAG 20.12.2012 AP Nr. 50 zu § 1 KSchG 1969 Krankheit = NZA-RR 2013, 627.
209 BAG 26.1.1995 AP Nr. 34 zu § 1 KSchG 1969 Verhaltensbedingte Kündigung; näher dazu *Bengelsdorf* NZA 2001, 993; *Hemming* BB 1998, 1998 (2000); *v. Hoyningen-Huene* DB 1995, 142; *Künzl* BB 1993, 1581 (1586).
210 LAG BW 19.10.1993 NZA 1994, 175.

Nebenpflichten (§ 241 II BGB) liegen.[211] Zu einer innerbetrieblichen Klärung ist der AN allerdings nicht gehalten, wenn sie ihm nicht zugemutet werden kann. Dies ist anzunehmen, wenn er Kenntnis von Straftaten erhält, durch deren Nichtanzeige er sich selbst einer Strafverfolgung aussetzen würde. Gleiches gilt, wenn es sich bei den dem AG zur Last gelegten Vorfällen um schwerwiegende Vorwürfe handelt und die betreffenden Straftaten vom AG selbst begangen worden sind.[212] Unerheblich ist die Stellung des AN im Unternehmen. Erfüllt der AN gegenüber der Staatsanwaltschaft seine staatsbürgerlichen Pflichten, indem er auf Veranlassung der Staatsanwaltschaft als Zeuge Angaben macht, die den AG belasten, rechtfertigt dies keine außerordentliche Kündigung.[213] Nicht entscheidend ist der Ausgang des Ermittlungs- und Strafverfahrens. Eine Anklage kann ebenso wie eine Verurteilung aus zahlreichen anderen Gründen unterbleiben. Außerdem ist es gerade der Sinn der Einleitung eines Ermittlungs- und Strafverfahrens, die bei Anzeigeerstattung notwendigerweise offene Frage der Tatbegehung aufzuklären.[214] Bei der Prüfung des Kündigungsgrundes ist zu beachten, dass der Schutzbereich der durch Art. 10 EMRK geschützten Freiheit der Meinungsäußerung auch das sog. **Whistleblowing** erfasst (→ § 53 Rn. 14 ff.).[215] Eine deswegen erklärte Kündigung des AG verstößt gegen dieses Recht, wenn sie nicht „gesetzlich vorgesehen" ist, kein berechtigtes Ziel iSv Art. 10 II EMRK verfolgt und nicht „in einer demokratischen Gesellschaft notwendig" ist, um dieses Ziel zu erreichen. Wegen der Pflicht des AN zur Loyalität und Vertraulichkeit müssen allerdings auch nach Auffassung des EGMR Informationen über Missstände im Betrieb zunächst dem Vorgesetzten oder einer anderen innerbetrieblichen Stelle oder Einrichtung gegeben werden.

67 Ein Kündigungsgrund liegt vor, wenn der AN in einer Strafanzeige gegen den AG oder einen seiner Repräsentanten **wissentlich oder leichtfertig falsche Angaben** gemacht hat oder die Strafanzeige eine unverhältnismäßige Reaktion auf ein Verhalten des AG oder seines Repräsentanten darstellt.[216] Dies gilt auch dann, wenn der AN einen Strafantrag stellt, weil er sich selbst als durch eine Straftat verletzt fühlt.[217] Die Rechtsprechung des EGMR, nach der Strafanzeigen gegen den AG mit dem Ziel, Missstände in Unternehmen oder Institutionen offenzulegen, grundsätzlich in den Anwendungsbereich des Art. 10 EMRK fallen,[218] schließt eine solche Bewertung nicht generell aus.[219] Gleiches gilt, wenn ein Taxifahrer über den Taxinotruf die Polizei mit der unzutreffenden Behauptung ruft, er werde von seinem AG, der gerade in sein Auto gestiegen sei, bedroht, und nach Eintreffen der Polizei diese Behauptung wiederholt, so dass sein AG vorläufig festgenommen wird und im Anschluss daran über den Taxifunk unter Namensnennung seines AG sich brüstet, er habe „den Chef verhaften" lassen.[220] Entsprechendes gilt für die Drohung, die Presse auf angebliche Missstände aufmerksam zu machen, die tatsächlich nicht existieren.[221] Kein Grund zur außerordentlichen Kündigung besteht, wenn ein Angestellter des öffentlichen Dienstes von seinem Petitionsrecht Gebrauch macht und auf Missstände in seinem Amt hinweist,[222] er um die Überprüfung der Qualifikation seiner Vorgesetzten bei der zuständigen Stelle bittet (Schifffahrtspatent)[223] oder ein AN nach vorausgegangener Rüge im Betrieb die Verletzung von Unfallverhütungsvorschriften[224] oder die Überladung von LKWs oder die Verkehrsuntüchtigkeit des Kraftwagens[225] bei der

[211] Vgl. hierzu die Kontroverse zwischen *Binkert* AuR 2007, 195 und *Deiseroth* AuR 2007, 34 und 198.
[212] BAG 7.12.2006 AP Nr. 55 zu § 1 KSchG 1969 Verhaltensbedingte Kündigung = NZA 2007, 502.
[213] BVerfG 2.7.2001 AP Nr. 170 zu § 626 BGB; 15.12.2016 AP Nr. 76 zu § 1 KSchG 1969 Verhaltensbedingte Kündigung = NZA 2017, 703.
[214] BAG 7.12.2006 AP Nr. 55 zu § 1 KSchG 1969 Verhaltensbedingte Kündigung = NZA 2007, 502.
[215] EGMR 21.7.2011 AP Nr. 235 zu § 626 BGB = NZA 2011, 1269 – Heinisch; dazu *Windel* Anm. zu AP Nr. 235 zu § 626 BGB; *Groß/Platzer* NZA 2017, 1097; *Seifert* EuZA 2012, 411; *Thüsing/Fütterer/Jensch* RDV 2018, 133; – zur Abgrenzung zu einer überzogenen Kritik an Vorgesetzten EGMR 17.9.2015 NZA 2017, 237 – Langer.
[216] BAG 15.12.2016 AP Nr. 76 zu § 1 KSchG 1969 Verhaltensbedingte Kündigung = NZA 2017, 703; 27.9.2012 AP Nr. 240 zu § 626 BGB; 3.7.2003 AP Nr. 45 zu § 1 KSchG 1969 Verhaltensbedingte Kündigung; LAG Hamm 28.11.2003 DB 2004, 442; *Rieble/Wiebauer* ZfA 2010, 63 (91).
[217] BAG 15.12.2016 AP Nr. 76 zu § 1 KSchG 1969 Verhaltensbedingte Kündigung = NZA 2017, 703.
[218] EGMR 21.7.2011 AP Nr. 235 zu § 626 BGB = NZA 2011, 1269.
[219] BAG 27.9.2012 AP Nr. 240 zu § 626 BGB.
[220] LAG Brem 17.7.2003 NZA-RR 2004, 128.
[221] LAG Köln 10.6.1994 LAGE § 626 BGB Nr. 78.
[222] BAG 18.6.1970 AP Nr. 82 zu § 1 KSchG.
[223] LAG Düsseldorf DB 1974, 2164.
[224] AA LAG BW 20.10.1976 EzA Nr. 8 zu § 1 KSchG Verhaltensbedingte Kündigung.
[225] LAG Köln 23.2.1996 LAGE § 626 BGB Nr. 94.

zuständigen Behörde anzeigt. Kündigungsgrund ist dagegen die Bereitschaft zu Falschaussagen.[226] Diese Grundsätze können auf innerbetriebliche „Anzeigen" übertragen werden.[227] Auch insoweit muss ein AN bei der Mitteilung vermeintlicher Missstände im Betrieb angemessen auf Persönlichkeitsrechte seiner Arbeitskollegen und Vorgesetzten Rücksicht nehmen.

- **Arbeitskampf.** Die Teilnahme an einem rechtmäßigen Streik rechtfertigt keine außerordentliche Kündigung, weil die Arbeitsniederlegung bei rechtmäßigen Arbeitskämpfen keinen Arbeitsvertragsbruch darstellt.[228] Anders kann es bei rechtswidrigen Arbeitskämpfen sein.[229] Jedoch kann sich der AN im Rechtsirrtum befunden haben,[230] was im Rahmen der Interessenabwägung zu berücksichtigen ist. Ein AN, der einen Arbeitskampf organisiert, obwohl die Gewerkschaft noch über die erstrebte Lohnerhöhung verhandelt, kann fristlos gekündigt werden.[231] Die Teilnahme an Warnstreiks berechtigt grundsätzlich nicht zur außerordentlichen Kündigung.[232] **68**

Auch bei einer außerordentlichen Kündigung wegen Teilnahme an einem **rechtswidrigen Streik** sind alle vernünftigerweise in Betracht kommenden Umstände des Einzelfalls zu beachten und die Interessen der Parteien vollständig gegeneinander abzuwägen. Maßgeblich sind der Grad der Beteiligung des AN an der Arbeitsniederlegung und die Erkennbarkeit der Rechtswidrigkeit der Maßnahme einerseits und ein etwaiges eigenes rechtswidriges, die Arbeitsniederlegung mitauslösendes Verhalten des AG andererseits. Der Gesichtspunkt der Solidarität kann vor allem bei einer „schlichten" Teilnahme an der Arbeitsniederlegung zu Gunsten des AN sprechen.[233] Eine Kündigung kann vor allem dann gerechtfertigt sein, wenn Sachschäden, Beleidigungen oder andere erhebliche Rechtsverletzungen vorkommen. **69**

- **Arbeitspapiere.** Die Nichtvorlage von Arbeitspapieren trotz wiederholter Abmahnung soll in Ausnahmefällen zur fristlosen Entlassung berechtigen.[234] Denn ohne die erforderlichen Papiere könne der AG seinen gesetzlichen Pflichten zur Abführung der Lohnsteuer und der Sozialabgaben nicht ordnungsgemäß nachkommen. **70**
- **Arbeitsschutzbestimmungen** sind einzuhalten, ihre wiederholte Verletzung kann die außerordentliche Kündigung rechtfertigen.[235] Entscheidend ist die heraufbeschworene Gefahr; unerheblich ist, ob ein Schaden eingetreten ist.[236] **71**
- **Arbeitsunfähigkeit.** Ein arbeitsunfähig erkrankter AN muss sich so verhalten, dass er bald wieder gesund wird und an seinen Arbeitsplatz zurückkehren kann. Er hat alles zu unterlassen, was seine Genesung verzögern könnte. Eine schwerwiegende Verletzung dieser Rücksichtnahmepflicht kann eine außerordentliche Kündigung aus wichtigem Grund an sich rechtfertigen.[237] Ein pflichtwidriges Verhalten eines AN liegt vor, wenn er bei bescheinigter Arbeitsunfähigkeit den Heilungserfolg durch gesundheitswidriges Verhalten gefährdet. Dies ist nicht nur der Fall, wenn er nebenher bei einem anderen AG arbeitet,[238] sondern kann auch gegeben sein, wenn er Freizeitaktivitäten nachgeht, die mit der Arbeitsunfähigkeit nur schwer in Einklang zu bringen sind. Die Verletzung der vertraglichen Rücksichtnahmepflicht kann schwerer wiegen, wenn der AN aufgrund seiner beruflichen Tätigkeit in besonderem Maße dazu verpflichtet ist, das Vertrauen Außenstehender in die von ihm zu erbringende Arbeitsleistung und die korrekte Aufgabenerledigung seines AG nicht zu erschüttern (ärztlicher Gutachter des Medizinischen Dienstes der Krankenkassen für Arbeitsunfähigkeitsbescheinigungen).[239] – Zur Verpflichtung, sich **amtsärztlich untersuchen** zu lassen → § 133 Rn. 12. **72**

Ein wichtiger Grund zur außerordentlichen Kündigung liegt vor, wenn der AN sich eine **Arbeitsunfähigkeitsbescheinigung erschleicht.**[240] Dies gilt nicht nur, wenn sich der AN **73**

---

226 BAG 16.10.1986 AP Nr. 95 zu § 626 BGB = NZA 1987, 392.
227 Angedeutet von BAG 27.9.2012 AP Nr. 240 zu § 626 BGB.
228 BAG GS 28.1.1955 AP Nr. 1 zu Art. 9 GG Arbeitskampf.
229 BAG 21.10.1969, 17.12.1976, 29.11.1983 AP Nr. 41, 51, 78 zu Art. 9 GG Arbeitskampf.
230 BAG 29.11.1983 AP Nr. 78 zu § 626 BGB.
231 BAG 28.4.1966 AP Nr. 37 zu Art. 9 GG Arbeitskampf.
232 BAG 17.12.1976 AP Nr. 51 zu Art. 9 GG Arbeitskampf.
233 BAG 14.2.1978 AP Nr. 59 zu Art. 9 GG Arbeitskampf.
234 LAG Düsseldorf 23.2.1961 BB 1961, 667.
235 LAG RhPf 14.4.2005 NZA-RR 2006, 194.
236 LAG Köln 17.3.1993 LAGE § 626 BGB Nr. 71.
237 BAG 2.3.2006 AP Nr. 14 zu § 626 BGB Krankheit = NZA-RR 2006, 636; LAG RhPf 11.11.2015 – 7 Sa 672/14.
238 BAG 26.8.1993 AP Nr. 112 zu § 626 BGB = NZA 1994, 63.
239 BAG 2.3.2006 AP Nr. 14 zu § 626 BGB Krankheit = NZA-RR 2006, 636.
240 BAG 29.6.2017 AP Nr. 262 zu § 626 BGB = NZA 2017, 1179; 17.6.2003 AP Nr. 13 zu § 543 ZPO 1977 = NZA 2004, 564.

für die Zeit einer vorgetäuschten Arbeitsunfähigkeit Entgeltfortzahlung gewähren lässt und damit regelmäßig einen Betrug zulasten des AG begeht.[241] Täuscht er eine Arbeitsunfähigkeit erst nach Ablauf des Entgeltfortzahlungszeitraums vor, aber zu dem Zweck, während der attestierten Arbeitsunfähigkeit einer Konkurrenztätigkeit nachgehen zu können, verletzt er ebenfalls in erheblicher Weise seine Pflicht zur Rücksichtnahme auf die Interessen des AG gem. § 241 II BGB. Der AG wird durch die Täuschung daran gehindert, seine Rechte auf die vertragsgerechte Durchführung des Arbeitsverhältnisses geltend zu machen.[242] – Zur **Ankündigung einer Krankheit** → Rn. 104.

74 Wird die Arbeitsunfähigkeitsbescheinigung **nicht vorgelegt,** kann eine außerordentliche Kündigung nur bei ordentlich unkündbaren AN mit Auslauffrist in Betracht kommen. Erforderlich ist regelmäßig eine vorhergehende Abmahnung.[243] Für die Wirksamkeit der Kündigung ist unerheblich, ob es infolge der verspäteten Krankmeldung zu einer Störung der Arbeitsorganisation oder des Betriebsfriedens gekommen ist. Wenn derartige nachteilige Auswirkungen eingetreten sind, ist das allerdings im Rahmen der Interessenabwägung zulasten des AN zu berücksichtigen.[244] Zur ordentlichen Kündigung (→ § 133 Rn. 18).

75 – **Arbeitsverweigerung.** Die beharrliche Weigerung des AN, seine vertraglich geschuldete Arbeitsleistung zu erbringen, ist ein an sich geeigneter Kündigungsgrund. Als ein solcher kommt auch die Verletzung arbeitsvertraglicher Nebenpflichten in Betracht.[245] Eine beharrliche Arbeitsverweigerung ist dann gegeben, wenn der AN die ihm übertragene Arbeit bewusst und nachhaltig nicht leisten will und auch weiterhin nicht erbringen will, obwohl er zur Arbeitsleistung verpflichtet ist.[246] Auch ein nachhaltiger Verstoß gegen berechtigte Weisungen des AG ist eine Vertragspflichtverletzung, die grundsätzlich eine außerordentliche Kündigung zu rechtfertigen vermag.[247] Die Beharrlichkeit kann auch darin gesehen werden, dass in einem einmaligen Fall der AN eine Anweisung nicht befolgt, wenn diese durch eine vorhergehende, erfolglose Abmahnung verdeutlicht worden ist.[248] Arbeitet ein AN an einem religiösen Feiertag seines Glaubensbekenntnisses nicht, wird im Allgemeinen eine fristlose Kündigung ohne vorherige Abmahnung nicht begründet sein.[249] Aus Art. 9 EMRK folgt allerdings kein Anspruch auf Arbeitsbefreiung,[250] die Arbeitsbefreiung ist vielmehr im Lichte des Art. 4 GG zu beurteilen.[251] Fordert der AG den AN nach einer für unwirksam erklärten Kündigung zur Arbeit auf, indem er ihn mit der Maßgabe in den Betrieb einbestellt, sich an einem vorgegebenen Ort zur Entgegennahme weiterer Weisungen bereit zu halten, hat der AN dem grundsätzlich nachzukommen (zu dem Fall, in dem der AN während des Kündigungsschutzprozesses ein neues Arbeitsverhältnis begonnen hat (→ § 140 Rn. 7). Kommt der AN dem nicht nach, kann dies eine fristlose Kündigung rechtfertigen.[252] Allein der Umstand, dass der AN einen **Auflösungsantrag** gem. § 9 I 1 KSchG gestellt hat, lässt die Pflicht zur Arbeitsleistung nicht entfallen. Die rechtsgestaltende Wirkung der Auflösung des Arbeitsverhältnisses tritt nicht bereits mit der Antragstellung, sondern erst mit der formellen Rechtskraft des Urteils ein, das den Auflösungsantrag für begründet erachtet.[253]

76 Ob der AN zur Arbeitsleistung verpflichtet war, entscheidet sich nach der objektiven Rechtslage.[254] Ein unverschuldeter **Rechtsirrtum** liegt nur vor, wenn der AN seinen Irrtum auch unter Anwendung der zu beachtenden Sorgfalt nicht erkennen konnte. Dabei sind strenge

---

241 BAG 26.8.1993 AP Nr. 112 zu § 626 BGB = NZA 1994, 63.
242 BAG 29.6.2017 AP Nr. 262 zu § 626 BGB = NZA 2017, 1179.
243 Vgl. BAG 7.12.1988 AP Nr. 26 zu § 1 KSchG 1969 Verhaltensbedingte Kündigung = NZA 1989, 306; 15.1.1986 AP Nr. 93 zu § 626 BGB = NZA 1987, 93; 30.1.1976 AP Nr. 2 zu § 626 BGB Krankheit.
244 BAG 16.8.1991 AP Nr. 27 zu § 1 KSchG 1969 Verhaltensbedingte Kündigung = NZA 1993, 17.
245 BAG 28.6.2018 AP Nr. 270 zu § 626 BGB = NZA 2018, 1259; 19.1.2016 AP Nr. 257 zu § 626 BGB = NZA 2016, 1144.
246 BAG 14.12.2017 AP Nr. 266 zu § 626 BGB = NZA 2018, 646; 23.5.2013 AP Nr. 50 zu § 23 KSchG 1969 = NZA 2013, 1197.
247 BAG 23.8.2018 AP Nr. 272 zu § 626 BGB (Pfandflaschen sammeln); LAG München 19.1.1989 LAGE § 626 BGB Nr. 38 (Verweigerung einer Dienstfahrt).
248 Vgl. hierzu BAG 9.5.1996 AP Nr. 5 zu § 273 BGB = NZA 1996, 1085; 21.11.1996 AP Nr. 130 zu § 626 BGB = NZA 1997, 487.
249 Vgl. LAG Düsseldorf 14.2.1963 DB 1963, 522.
250 EGMR 13.4.2006 NZA 2006, 1401.
251 ErfK/*Niemann* BGB § 626 Rn. 76.
252 BAG 19.1.2016 AP Nr. 257 zu § 626 BGB = NZA 2016, 1144.
253 BAG 14.12.2017 AP Nr. 266 zu § 626 BGB = NZA 2018, 646.
254 BAG 14.12.2017 AP Nr. 266 zu § 626 BGB = NZA 2018, 646; 22.10.2015 AP Nr. 256 zu § 626 BGB = NZA 2016, 417.

Maßstäbe anzulegen. Es reicht nicht aus, dass er sich für seine eigene Rechtsauffassung auf eine eigene Prüfung und fachkundige Beratung stützen kann. Ein Unterliegen in einem möglichen Rechtsstreit muss zwar nicht undenkbar sein. Erforderlich ist vielmehr, dass er mit einem Unterliegen im Prozess nach sorgfältiger Prüfung der Sach- und Rechtslage nicht zu rechnen brauchte; ein normales Prozessrisiko entlastet ihn nicht.[255]

Keine rechtswidrige Arbeitsverweigerung ist gegeben, wenn sich der AG in **Annahmeverzug** 77
befindet. Dieser bewirkt neben dem Erhalt des Entgeltanspruchs des AN gem. § 615 S. 1 BGB zugleich die Unmöglichkeit der Arbeitsleistung, sodass gem. § 275 I BGB die Leistungspflicht des AN für den fraglichen Zeitraum entfällt.[256] Gleiches gilt, wenn dem AN – zB wegen erheblicher Lohnrückstände – an seiner Arbeitsleistung ein **Zurückbehaltungsrecht** (→ § 50 Rn. 3) zusteht[257] oder ein Leistungsverweigerungsrecht nach § 275 III BGB wegen eines rechtswidrigen Eingriffs in das Persönlichkeitsrecht[258] oder der AG die Grenzen des **Direktionsrechts** (dazu → § 45 Rn. 13 ff.) überschreitet.[259] Das ist etwa anzunehmen, wenn der AG den AN anweist, an einem Personalgespräch teilzunehmen, dessen einziges Ziel ist, eine vom AN bereits abgelehnte Vertragsänderung doch noch herbeizuführen (zur Frage der Verbindlichkeit der Weisung (→ § 45 Rn. 18 ff.).[260] Die Ausübung des Zurückbehaltungsrechts steht für den AN unter dem Gebot von Treu und Glauben (§ 242 BGB) und unterliegt dem Grundsatz der Verhältnismäßigkeit. Daher muss der AN vor Ausübung seines Zurückbehaltungsrechts an seiner Arbeitsleistung dem AG unter Angabe des Grundes klar und eindeutig mitteilen, dass er dieses Recht aufgrund einer ganz bestimmten, konkreten Gegenforderung ausübt. Nur dann kann der AG hinreichend den behaupteten (Gegen-)Anspruch prüfen und ihn ggf. erfüllen. Ein pauschales Berufen auf einen **„Mobbingsachverhalt"** reicht mangels hinreichender Konkretisierung der behaupteten Pflichtverletzung und des (Gegen-)Anspruchs hierfür nicht aus.[261] Dem AN kann auch dann ein Zurückbehaltungsrecht zustehen, wenn das Grundrecht der Gewissensfreiheit des AN beeinträchtigt wird (→ § 45 Rn. 30).[262] Eine AN kann sich auf eine **Pflichtenkollision** wegen der Personensorge für ihr Kind und damit auf ein Leistungsverweigerungsrecht nur dann berufen, wenn unabhängig von der Interessenabwägung eine unverschuldete Zwangslage vorliegt.[263] Die **fehlende Zustimmung des BR zur Wiedereinstellung** eines AN kann für diesen grundsätzlich nur dann ein Leistungsverweigerungsrecht begründen, wenn der BR sich auf die Verletzung seines Mitbestimmungsrechts beruft und gem. § 101 BetrVG die Aufhebung der Einstellung verlangt.[264] Weigert sich der AN trotz wiederholter Aufforderung beharrlich, ergänzende tägliche **Arbeitsaufzeichnungen** nach Maßgabe eines vom AG erstellten Formulars anzufertigen, kann dies eine außerordentliche Kündigung rechtfertigen, weil eine solche Weisung rechtmäßig ist.[265]

Kündigt der AN an, er werde in Zukunft eine **bestimmte Arbeit nicht mehr verrichten,** 78
weil er zB einer ihm in Aussicht gestellten Versetzung oder Abordnung nicht nachkommen will, so wird regelmäßig die bloße Ankündigung kein hinreichender Grund zur außerordentlichen Kündigung sein.[266] Etwas anderes kann dann gelten, wenn dem AG nicht zugemutet werden kann, erst die Arbeitseinstellung abzuwarten.[267]

– **Arbeitszeitbetrug.** Der Verstoß eines AN gegen seine Verpflichtung, die abgeleistete 79
Arbeitszeit korrekt zu erfassen, ist an sich geeignet, einen wichtigen Grund zur außerordentlichen Kündigung iSv § 626 I BGB zu bilden. Dies gilt für einen vorsätzlichen Missbrauch einer Stempeluhr ebenso wie für das wissentliche und vorsätzlich falsche Ausstellen entsprechender Formulare.[268] Dabei kommt es nicht entscheidend auf die strafrechtliche Würdigung,

---

[255] BAG 23.8.2018 AP Nr. 272 zu § 626 BGB; 17.11.2016 NZA 2017, 394; 22.10.2015 AP Nr. 256 zu § 626 BGB = NZA 2016, 417; 19.8.2015 AP Nr. 140 zu § 615 BGB = NZA 2015, 1460; BGH 6.12.2006 NJW-RR 2007, 382.

[256] BAG 14.12.2017 AP Nr. 266 zu § 626 BGB = NZA 2018, 646.

[257] BAG 9.5.1996 AP Nr. 5 zu § 273 BGB = NZA 1996, 1085.

[258] BAG 19.1.2016 AP Nr. 257 zu § 626 BGB = NZA 2016, 1144; 22.10.2015 AP Nr. 256 zu § 626 BGB = NZA 2016, 417.

[259] Vgl. BAG 28.6.2018 AP Nr. 270 zu § 626 BGB = NZA 2018, 1259.

[260] BAG 23.6.2009 AP Nr. 3 zu § 106 GewO = NZA 2009, 1011.

[261] BAG 13.3.2008 AP Nr. 87 zu § 1 KSchG 1969.

[262] BAG 24.5.1989 AP Nr. 1 zu § 611 BGB Gewissensfreiheit = NZA 1990, 144.

[263] BAG. 21.5.1992 AP Nr. 29 zu § 1 KSchG 1969 Verhaltensbedingte Kündigung = NZA 1993, 115.

[264] BAG 5.4.2001 AP Nr. 32 zu § 99 BetrVG 1972 Einstellung = NZA 2001, 893.

[265] BAG 19.4.2007 AP Nr. 77 zu § 611 BGB Direktionsrecht.

[266] LAG Hamm DB 1978, 1697.

[267] ArbG Wuppertal DB 1980, 1220.

[268] BAG 13.12.2018 AP Nr. 274 zu § 626 BGB = NZA 2019, 445; 26.9.2013 AP Nr. 77 zu § 4 KSchG 1969 = NZA 2014, 443; 9.6.2011 AP Nr. 234 zu § 626 BGB = NZA 2011, 1027.

sondern auf den mit der Pflichtverletzung verbundenen schweren Vertrauensbruch an.[269] Überträgt ein AG den Nachweis der täglich bzw. monatlich geleisteten Arbeitszeit den AN selbst (Selbstaufzeichnung) und füllt der AN die dafür zur Verfügung gestellten Formulare wissentlich und vorsätzlich falsch aus, stellt dies in aller Regel einen schweren Vertrauensmissbrauch dar.

79a – **Arzt.** Gestattet oder duldet der AG, dass ein Arzt im **Operationssaal** mit dem schnurlosen Handapparat seines Diensttelefons und/oder seinem **Mobiltelefon** auch während laufender Operationen dienstlich veranlasste Gespräche führt, ist eine Kündigung ohne vorherige Abmahnung unverhältnismäßig, die darauf gestützt wird, der Arzt habe unter den gleichen Bedingungen auch – wenige – private Gespräche geführt.[270]

80 – **Ausländerfeindliche Äußerungen**[271] im Betrieb sind grundsätzlich geeignet, eine fristlose Kündigung zu rechtfertigen.[272] Dasselbe gilt bei rassistischen[273] und rechtsradikalen Äußerungen.[274]

81 – **Außerdienstliches Verhalten** (→ § 53 Rn. 7 ff.). Der AN kann durch sein außerdienstliches Verhalten gegen seine aus § 241 II BGB herzuleitende allgemeine **Pflicht zur Rücksichtnahme** verstoßen (dazu auch → Rn. 115).[275] Der AN hat seine Verpflichtungen aus dem Arbeitsverhältnis so zu erfüllen und die im Zusammenhang mit dem Arbeitsverhältnis stehenden Interessen des AG so zu wahren, wie dies von ihm unter Berücksichtigung seiner Stellung und Tätigkeit im Betrieb, seiner eigenen Interessen und der Interessen der anderen AN des Betriebs nach Treu und Glauben billigerweise verlangt werden kann (zu Tendenzträgern → Rn. 128a).[276] Die Verletzung der Rücksichtnahmepflicht durch außerdienstliches Verhalten ist kündigungsrelevant, wenn hierdurch berechtigte Interessen des AG beeinträchtigt werden. Das ist der Fall, wenn das Verhalten negative Auswirkungen auf den Betrieb oder einen Bezug zum Arbeitsverhältnis hat.[277] Hiervon ist auszugehen, wenn AN öffentlich sichtbar auf Facebook unter ihrem Namen und mit Foto in Dienstkleidung erkennbar als Beschäftigte ihres AG rassistische Beiträge posten[278] oder mit sichtbarem Dienstausweis ihres AG als Redner bei rechtsextremen Kundgebungen auftreten.[279] Fehlt ein solcher Zusammenhang, scheidet eine Pflichtverletzung regelmäßig aus.[280] Der erforderliche Bezug zur dienstlichen Tätigkeit besteht beispielsweise, wenn der AN eine **Straftat unter Nutzung von Betriebsmitteln** oder betrieblichen Einrichtungen begeht.[281] Die Hehlerei des AN mit gestohlenen Handys eines in Geschäftsbeziehung zum AG stehenden Kunden auf dem Parkplatz des Betriebs steht in hinreichendem Bezug zum Arbeitsverhältnis. Der AG braucht nicht zu dulden, dass sein **Betriebsgelände von Mitarbeitern für strafbare Privatgeschäfte genutzt** wird.[282] Ein Arbeitgeberbezug kann auch dadurch entstehen, dass sich dieser oder andere AN staatlichen Ermittlungen ausgesetzt sehen oder **in der Öffentlichkeit mit der Straftat in Verbindung** gebracht werden.[283] Der erforderliche

---

[269] BAG 6.9.2007 AP Nr. 208 zu § 626 BGB = NZA 2008, 636; 24.11.2005 AP Nr. 197 zu § 626 BGB = NZA 2006, 484; 21.4.2005 AP Nr. 4 zu § 91 SGB IX = NZA 2005, 991.

[270] BAG 25.10.2012 AP Nr. 239 zu § 626 BGB = NZA 2013, 319; dazu *Hunold* NZA 2013, 605.

[271] *Korinth* AuR 1993, 105; *Krummel/Küttner* NZA 1996, 67; *Polzer/Powietzka* NZA 2000, 970.

[272] BAG 14.2.1996 AP Nr. 26 zu § 626 BGB Verdacht strafbarer Handlungen = NZA 1996, 873; 1.7.1999 AP Nr. 11 zu § 15 BBiG („Arbeit macht frei – Türkei schönes Land"); LAG Hamm 11.11.1994 LAGE § 626 BGB Nr. 82; LAG Köln 11.8.1995 NZA-RR 1996, 128 (Auschwitz-Lüge); LAG RhPf 10.6.1997 LAGE § 1 KSchG Verhaltensbedingte Kündigung Nr. 62 („Wir hängen Euch"); LAG Köln 14.12.1998 LAGE § 626 BGB Nr. 124 („Witzesammlung").

[273] LAG BW 20.1.1995 BB 1996, 1172.

[274] LAG Köln 11.8.1995 NZA-RR 1996, 128.

[275] ErfK/*Niemann* BGB § 626 Rn. 82 ff.; Staudinger/*Preis* BGB § 626 Rn. 159 ff.

[276] BAG 23.10.2008 AP Nr. 218 zu § 626 BGB = NZA-RR 2009, 362.

[277] BAG 10.4.2014 NZA 2014, 1197; 26.9.2013 AP Nr. 246 zu § 626 BGB = NZA 2014, 529; weiterführend *Ch. Picker* RdA 2021, 33 (387 f.).

[278] SächsLAG 27.2.2018 NZA-RR 2018, 244.

[279] LAG Nürnberg 11.8.2017 – 6 Sa 76/17.

[280] BAG 27.1.2011 AP Nr. 49 zu § 626 BGB Verdacht strafbarer Handlung = NZA 2011, 798; 28.10.2010 AP Nr. 62 zu § 1 KSchG 1969 Verhaltensbedingte Kündigung = NZA 2011, 112; 10.9.2009 AP Nr. 60 zu § 1 KSchG 1969 Verhaltensbedingte Kündigung = NZA 2010, 220; 27.11.2008 AP Nr. 90 zu § 1 KSchG 1969 = NZA 2009, 604; 23.10.2008 AP Nr. 218 zu § 626 BGB = NZA-RR 2009, 362; aus der älteren Rspr. vgl. BAG 6.6.1984, 20.9.1984, 24.9.1987 AP Nr. 11, 13, 19 zu § 1 KSchG 1969 Verhaltensbedingte Kündigung; LAG BW 19.10.1993 NZA 1994, 175; LAG Hamm 14.1.1998 NZA 1999, 546 (Spielbankbesuche).

[281] BAG 10.9.2009 AP Nr. 60 zu § 1 KSchG 1969 Verhaltensbedingte Kündigung = NZA 2010, 220.

[282] BAG 6.11.2003 AP Nr. 39 zu § 626 BGB Verdacht strafbarer Handlung = NZA 2004, 919.

[283] BAG 28.10.2010 NZA 2011, 112.

Bezug zum Arbeitsverhältnis besteht des Weiteren im Falle des **sexuellen Missbrauchs von Kindern** eines Arbeitskollegen.[284] Fehlt hingegen ein solcher Zusammenhang mit dem Arbeitsverhältnis, scheidet eine Verletzung der vertraglichen Pflicht zur Rücksichtnahme auf die Interessen des AG regelmäßig aus. Außerdienstliche Straftaten können allerdings im Einzelfall einen **personenbedingten Kündigungsgrund** darstellen, wenn sich hieraus Zweifel an der Zuverlässigkeit und Vertrauenswürdigkeit eines AN und damit an dessen Eignung ergeben. Ob ein solcher Grund vorliegt, hängt von der Art des Delikts und den konkreten Arbeitspflichten des AN sowie seiner Stellung im Betrieb ab.[285] So werden Straftaten eines im **öffentlichen Dienst** mit hoheitlichen Aufgaben betrauten AN grundsätzlich auch dann zu einem Eignungsmangel führen können, wenn sie außerdienstlich begangen wurden und es an einem unmittelbaren Bezug zum Arbeitsverhältnis fehlt (dazu auch → § 131 Rn. 48a).[286] Deshalb fehlt einem AN, der im Bereich der Bewilligung von Leistungen nach dem SGB II mit Publikumsverkehr tätig ist, die erforderliche Eignung, wenn er außerdienstlich illegal **Rauschmittel** vertreibt.[287]

81a Ob eine **betriebliche Auswirkung** gegeben ist, bestimmt sich vor allem nach der Art des Arbeitsverhältnisses und der Tätigkeit des AN.[288] Dementsprechend hat eine **Lehrkraft** auch im Rahmen zufälliger Begegnungen mit Schülern in der Freizeit ihr Verhalten so einzurichten, dass die Verwirklichung des ihr aufgrund des bestehenden Arbeitsverhältnisses zukommenden Erziehungsauftrags jedenfalls nicht ernsthaft gefährdet wird. Mit diesen Anforderungen ist es nicht vereinbar, wenn ein Lehrer einen minderjährigen Schüler in einem Freizeittreff betrunken macht oder sich einer minderjährigen Schülerin in „sexuell anzüglicher Weise" nähert.[289] Die Vornahme sexueller Handlungen an Kindern unter 14 Jahren kann auch als außerdienstliches Verhalten einen wichtigen Grund für die außerordentliche Kündigung eines Lehrers darstellen.[290] Ist eine Angestellte, die in der Betreuung und psychologischen Beratung von Familien, Alleinstehenden, Kindern und Jugendlichen in akuten Krisensituationen tätig ist, aktives Mitglied in der **Scientology Organisation,** kann dies nach bisheriger Auffassung eine Kündigung des Anstellungsverhältnisses begründen.[291] Daran ist auch unter Berücksichtigung des AGG festzuhalten (→ § 36 Rn. 10). Den AN trifft grundsätzlich keine arbeitsvertragliche Pflicht zu einem **ordentlichen gesitteten Lebenswandel.** Nach dem Wegfall des Kündigungsgrunds „liederlicher Lebenswandel" in § 123 I Nr. 2 GewO ist Kündigungen wegen außerehelicher Schwangerschaft oder intimer Beziehungen zwischen volljährigen Mitarbeitern und Mitarbeiterinnen der Boden entzogen.[292] Lediglich dann, wenn durch die intimen Beziehungen von Arbeitskollegen die Arbeitsleistung oder die betriebliche Zusammenarbeit konkret beeinträchtigt wird, oder das Verhältnis zwischen Vorgesetzten und Auszubildenden bzw. jugendlichen Mitarbeitern besteht, kommt eine Kündigung in Betracht. **Spielbankbesuche** des Zweigstellenleiters einer Bank stellen keinen Kündigungsgrund dar, wenn sie ohne Auswirkungen auf das Arbeitsverhältnis geblieben sind.[293] Ein Kündigungsgrund liegt ferner nicht vor, wenn sich eine AN in einer **„softpornografischen" Zeitschrift** (hier: Praline) unbekleidet ablichten lässt.[294] Für **Tendenzträger** in Tendenzbetrieben gelten gesteigerte Anforderungen an das außerdienstliche Verhalten (dazu → Rn. 128a).

82 Für **Angestellte des öffentlichen Dienstes** bestimmte § 8 I 1 BAT, sich insgesamt so zu verhalten, wie es von Angehörigen des öffentlichen Dienstes erwartet wird, was sich auch auf das außerdienstliche Verhalten bezog. In § 41 I TVöD BT-V ist diese Verpflichtung nicht übernommen worden.[295] Mit der Neuregelung haben sich die Tarifvertragsparteien insoweit von ihrer bisherigen Orientierung am Beamtenrecht entfernt und das Arbeitsverhältnis im öffentlichen Dienst als eine „normale Leistungsaustauschbeziehung" ausgestaltet.[296] Die kün-

[284] BAG 27.1.2011 AP Nr. 49 zu § 626 BGB Verdacht strafbarer Handlung = NZA 2011, 798.
[285] Vgl. ErfK/*Niemann* BGB § 626 Rn. 85 mwN; SPV Kündigung/*Preis* Rn. 690.
[286] BAG 10.9.2009 AP Nr. 60 zu § 1 KSchG 1969 Verhaltensbedingte Kündigung = NZA 2010, 220; zum Beamtenrecht BVerwG 19.8.2010 NVwZ 2011, 299 (außerdienstlicher Besitz kinderpornographischer Schriften).
[287] BAG 10.4.2014 NZA 2014, 1197.
[288] BAG 23.10.2008 AP Nr. 218 zu § 626 BGB = NZA-RR 2009, 362.
[289] BAG 27.11.2008 AP Nr. 90 zu § 1 KSchG 1969 = NZA 2009, 604.
[290] BAG 25.10.2012 AP Nr. 51 zu § 626 BGB Verdacht strafbarer Handlung = NZA 2013, 371.
[291] Vgl. LAG Bln 11.6.1997 LAGE § 626 BGB Nr. 112.
[292] Vgl. dazu noch LAG Düsseldorf DB 1969, 667.
[293] Vgl. LAG Hamm 14.1.1998 LAGE § 626 BGB Nr. 119.
[294] ArbG Passau 11.12.1997 NZA 1998, 427.
[295] BAG 20.6.2013 AP Nr. 93 zu § 1 KSchG 1969 = NZA 2013, 1345; 28.10.2010 NZA 2011, 112; 10.9.2009 AP Nr. 60 zu § 1 KSchG 1969 Verhaltensbedingte Kündigung = NZA 2010, 220.
[296] BAG 10.9.2009 AP Nr. 60 zu § 1 KSchG 1969 Verhaltensbedingte Kündigung = NZA 2010, 220.

digungsrechtliche Beurteilung des außerdienstlichen Verhaltens richtet sich daher nunmehr auch im öffentlichen Dienst nach allgemeinen Grundsätzen (→ Rn. 81). Danach besteht ein Kündigungsgrund, wenn ein als Straßenbauarbeiter bei der Stadt beschäftigter AN wegen gemeinschaftlicher **Zuhälterei und Körperverletzung** zu einer Gesamtfreiheitsstrafe von einem Jahr und zehn Monaten auf Bewährung verurteilt wird und diese Verurteilung u.a. auf der Einlassung des AN beruht, er sei mit seinem Gehalt, das er bei der Stadt erzielt habe, nicht zufrieden gewesen und habe einen zusätzlichen Verdienst benötigt, um seine Familie zu ernähren, und deshalb zusammen mit einem weiteren Täter den Entschluss gefasst, „im Wege der Zuhälterei Geld zu verdienen".[297] Dagegen rechtfertigt nach Auffassung des BAG die Verurteilung zu einer Freiheitsstrafe von über drei Jahren wegen außerdienstlichen Verstoßes gegen das **Betäubungsmittelgesetz** nicht die Kündigung eines im Bauhof beschäftigten Mitarbeiters, wenn dieser als Freigänger seiner Arbeit nachkommen kann. Da an seine Person angesichts der zu erledigenden Arbeiten im Bauhof – anders als idR bei einem hoheitlich tätigen Mitarbeiter – keine besonderen Erwartungen der Öffentlichkeit an ein rechtlich korrektes außerdienstliches Verhalten gestellt würden, sei er auch nicht ungeeignet.[298] Darüber hinaus kann jedoch auch die ältere Rechtsprechung zu § 8 BAT weiter berücksichtigt werden, weil die Tarifnorm Ausdruck des allgemeinen Grundsatzes des § 241 II BGB war. **Betrügereien und andere Vermögensdelikte** im außerdienstlichen Bereich stellten nach § 8 I 1 BAT erhebliche (Neben-)Pflichtverletzungen dar und sind vorbehaltlich der gebotenen Interessenabwägung grundsätzlich geeignet, eine verhaltensbedingte Kündigung zu rechtfertigen.[299] Auch die Verantwortlichkeit eines Angestellten des öffentlichen Dienstes für die Verbreitung **ausländerfeindlicher Pamphlete** kann einen außerordentlichen Kündigungsgrund darstellen.[300] Begeht ein im Geltungsbereich des BAT Beschäftigter ein vorsätzliches **Tötungsdelikt,** das zu einer Verurteilung zu einer Freiheitsstrafe von zwei Jahren auf Bewährung führt, ist es dem öffentlichen AG in der Regel unzumutbar, den AN weiterzubeschäftigen, und zwar auch dann, wenn der AN tariflich unkündbar ist.[301] Einer Bewährungshelferin, die einen vom Hafturlaub nicht zurückgekehrten Strafgefangenen für ein Wochenende in ihre Wohnung aufnimmt und **intime Beziehungen** zu ihm pflegt, kann jedenfalls ordentlich gekündigt werden, auch wenn sie nicht die Bewährungshelferin des Verurteilten ist.[302] Bezeichnet ein AN des öffentlichen Dienstes in einer außerdienstlich verfassten und u.a. im Internet verbreiteten Pressemitteilung die **Anschläge des 11. September 2001** als „längst überfällige Befreiungsaktion", billigt er damit die Terroranschläge. Ein derartiges Verhalten ist als ein Angriff auf die Menschenwürde der Opfer und ihrer Hinterbliebenen zu bewerten. Der AG ist daher berechtigt, das Arbeitsverhältnis ohne vorherige Abmahnung wegen des hierdurch entstandenen Vertrauensverlustes zu kündigen.[303]

83 – **Beleidigung.** Grobe Beleidigungen können eine fristlose Kündigung rechtfertigen.[304] Entsprechendes gilt für **bewusst wahrheitswidrig aufgestellte Tatsachenbehauptungen,** etwa wenn sie den Tatbestand der üblen Nachrede erfüllen.[305] Dabei ist die strafrechtliche Beurteilung kündigungsrechtlich nicht ausschlaggebend.[306] Deshalb kann die bewusste und gewollte Geschäftsschädigung, die geeignet ist, bei Geschäftspartnern des AG Misstrauen in dessen Zuverlässigkeit hervorzurufen, einen wichtigen Grund zur Kündigung bilden, und zwar auch dann, wenn es sich um einen einmaligen Vorgang handelt (zum Verhältnis zur Meinungsfreiheit → Rn. 84).[307] Auch eine **einmalige Ehrverletzung** ist kündigungsrelevant und umso schwerwiegender, je unverhältnismäßiger und je überlegter sie erfolgte.[308] Die

---

[297] BAG 28.10.2010 NZA 2011, 112.

[298] BAG 10.9.2009 AP Nr. 60 zu § 1 KSchG 1969 Verhaltensbedingte Kündigung = NZA 2010, 220.

[299] Vgl. BAG 20.11.1997 AP Nr. 43 zu § 1 KSchG 1969 Verhaltensbedingte Kündigung = NZA 1998, 323.

[300] BAG 14.2.1996 AP Nr. 26 zu § 626 BGB Verdacht strafbarer Handlung = NZA 1996, 873; zu weiteren Beispielen vgl. *Lansnicker/Schwirtzek* DB 2001, 865; *Polzer/Powietzka* NZA 2000, 970 (974 f.); *Scheuring* ZTR 1999, 387 mwN.

[301] Vgl. BAG 8.6.2000 AP Nr. 163 zu § 626 BGB = NZA 2000, 1282.

[302] Vgl. SächsLAG 17.12.1997 LAGE § 1 KSchG Verhaltensbedingte Kündigung Nr. 61.

[303] LAG SchlH 6.8.2002 NZA-RR 2004, 351; aA LAG Nürnberg 13.1.2004 NZA-RR 2004, 347.

[304] StRspr, vgl. BAG 5.12.2019 AP Nr. 77 zu § 1 KSchG 1969 Verhaltensbedingte Kündigung = NZA 2020, 647; 19.11.2015 AP Nr. 75 zu § 1 KSchG 1969 Verhaltensbedingte Kündigung = NZA 2016, 540; 18.12.2014 AP Nr. 250 zu § 626 BGB = NZA 2015, 797; 27.9.2012 AP Nr. 240 zu § 626 BGB; 7.7.2011 AP Nr. 237 zu § 626 BGB = NZA 2011, 1412; *Schmitz-Scholemann* BB 2000, 926.

[305] BAG 31.7.2014 NZA 2015, 245; 10.12.2009 AP Nr. 226 zu § 626 BGB = NZA 2010, 698.

[306] BAG 1.7.1999 AP Nr. 11 zu § 15 BBiG = NZA 1999, 1270.

[307] BAG 31.7.2014 NZA 2015, 245.

[308] BAG 17.2.2000 – 2 AZR 927/98.

Beleidigungen können auch in einer fremden Sprache erfolgen.[309] Was als grobe Beleidigung anzusehen ist, muss unter Berücksichtigung der Umstände des Einzelfalls entschieden werden (zB Götzgruß).[310] Zu berücksichtigen ist hierbei, ob und inwieweit die Auseinandersetzung vom AG mit verursacht wurde.[311] Von Bedeutung sind weiterhin der betriebliche bzw. der branchenübliche Umgangston, die Gesprächssituation, dh die Ernsthaftigkeit der Äußerung sowie die Frage, ob Dritte von der Beleidigung Kenntnis genommen haben. Bei der rechtlichen Würdigung sind die Umstände zu berücksichtigen, unter denen die betreffenden Äußerungen gefallen sind. Geschah dies in **vertraulichen Gesprächen** zwischen Arbeitskollegen, vermögen sie eine Kündigung des Arbeitsverhältnisses nicht ohne Weiteres zu begründen. Derartige Äußerungen unterfallen dem Schutzbereich des allgemeinen Persönlichkeitsrechts. Die vertrauliche Kommunikation in der Privatsphäre ist Ausdruck der Persönlichkeit und grundrechtlich gewährleistet. Der AN darf in diesem Fall regelmäßig darauf vertrauen, seine Äußerungen würden nicht nach außen getragen.[312] Hebt der Gesprächspartner später die Vertraulichkeit auf, geht dies rechtlich nicht zu Lasten des AN. Etwas anderes kann gelten, wenn der AN die Vertraulichkeit selbst aufhebt, etwa dadurch, dass er eine ehrverletzende Erklärung an eine – vermeintliche – Vertrauensperson richtet, um mittelbar den Dritten zu treffen.

Von der Beleidigung ist die **Kritik am AG** und an Vorgesetzten abzugrenzen.[313] Bei der 84
kündigungsrechtlichen Bewertung kritischer Äußerungen ist stets das Grundrecht auf freie Meinungsäußerung (Art. 5 GG) zu beachten (dazu → § 3 Rn. 27 ff.).[314] Art. 5 I GG schützt jedoch weder **Formalbeleidigungen und Schmähungen** noch bewusst unwahre Tatsachenbehauptungen.[315] Anderes gilt für Äußerungen, die nicht Tatsachenbehauptungen, sondern ein Werturteil enthalten. Sie fallen in den Schutzbereich des Rechts auf Meinungsfreiheit. Dasselbe gilt für Äußerungen, in denen sich **Tatsachen und Meinungen vermengen,** sofern sie durch die Elemente der Stellungnahme, des Dafürhaltens oder Meinens geprägt sind.[316] Eine **überzogene oder gar ausfällige Kritik** macht eine Erklärung für sich genommen noch nicht zur Schmähung. Hinzutreten muss vielmehr, dass bei der Äußerung nicht mehr die Auseinandersetzung in der Sache, sondern die Diffamierung der Person im Vordergrund steht, die diese jenseits polemischer und überspitzter Kritik in erster Linie herabsetzen soll.[317] Dabei ist stets vom Wortlaut der Äußerung auszugehen. Dieser legt ihren Sinn aber nicht abschließend fest. Er wird vielmehr auch von dem **sprachlichen Kontext,** in dem die umstrittene Äußerung steht und von den erkennbaren Begleitumständen, unter denen sie fällt, bestimmt. Die isolierte Betrachtung eines umstrittenen Äußerungsteils wird den Anforderungen an eine tragfähige Sinnermittlung regelmäßig nicht gerecht.[318] Das Grundrecht auf Meinungsfreiheit aus Art. 5 I GG muss deshalb mit dem Recht der persönlichen Ehre in ein ausgeglichenes Verhältnis gebracht werden.[319] **Einschränkungen der Meinungsfreiheit** können sich auch aus Art. 12 GG ergeben, der die wirtschaftliche Betätigungsfreiheit des AG vor Störungen des Arbeitsablaufs und des Betriebsfriedens schützt.[320] Des Weiteren gehört die Pflicht zur **gegenseitigen Rücksichtnahme** auf die Interessen der anderen Vertragspartei (§ 241 II BGB) zu den allgemeinen Gesetzen iSd Art. 5 II GG.[321] Die Reichweite der Pflicht

[309] LAG Bln 16.3.1981 DB 1981, 1627.
[310] LAG Frankfurt NZA 1984, 200 (bejaht), dagegen abgelehnt DB 1963, 925; DB 1972, 51.
[311] BAG 19.12.1958 AP Nr. 1 zu § 133b GewO; LAG Düsseldorf 9.12.1971 DB 1972, 51; LAG Köln 7.12.1995 LAGE § 1 KSchG Verhaltensbedingte Kündigung Nr. 50.
[312] BAG 10.12.2009 AP Nr. 226 zu § 626 BGB = NZA 2010, 698.
[313] Eingehend hierzu BAG 5.12.2019 AP Nr. 77 zu § 1 KSchG 1969 Verhaltensbedingte Kündigung = NZA 2020, 647.
[314] BVerfG 16.10.1998 AP Nr. 24 zu § 611 BGB Abmahnung; 29.7.2003 NJW 2003, 3760; BAG 24.11.2005 AP Nr. 198 zu § 626 BGB = NZA 2006, 650; 12.1.2006 NZA 2006, 917; HessLAG 1.9.2006 NZA-RR 2007, 245; *Schmitz-Scholemann* BB 2000, 926.
[315] BAG 5.12.2019 AP Nr. 77 zu § 1 KSchG 1969 Verhaltensbedingte Kündigung = NZA 2020, 647; 24.6.2004 AP Nr. 49 zu § 1 KSchG 1969 Verhaltensbedingte Kündigung = NZA 2005, 158; 6.11.2003 AP Nr. 46 zu § 1 KSchG 1969 Verhaltensbedingte Kündigung.
[316] BAG 5.12.2019 AP Nr. 77 zu § 1 KSchG 1969 Verhaltensbedingte Kündigung = NZA 2020, 647.
[317] BAG 5.12.2019 AP Nr. 77 zu § 1 KSchG 1969 Verhaltensbedingte Kündigung = NZA 2020, 647; 18.12.2014 AP Nr. 250 zu § 626 BGB = NZA 2015, 797; 29.8.2013 AP Nr. 70 zu § 9 KSchG 1969 = NZA 2014, 660; 7.7.2011 AP Nr. 237 zu § 626 BGB = NZA 2011, 1412.
[318] BVerfG 25.10.2012 NJW 2013, 217; BAG 18.12.2014 AP Nr. 250 zu § 626 BGB = NZA 2015, 797.
[319] BAG 31.7.2014 NZA 2015, 245; BVerfG 16.10.1998 AP Nr. 24 zu § 611 BGB Abmahnung.
[320] BVerfG 10.10.1995 BVerfGE 93, 266, 289; 12.1.2006 NZA 2006, 917.
[321] BAG 24.6.2004 AP Nr. 49 zu § 1 KSchG 1969 Verhaltensbedingte Kündigung = NZA 2005, 158; weiterführend hierzu *Ch. Picker* RdA 2021, 33 (36).

zur vertraglichen Rücksichtnahme muss ihrerseits unter Beachtung der Bedeutung des Grundrechts auf Meinungsfreiheit bestimmt werden; der Meinungsfreiheit muss dabei die ihr gebührende Beachtung geschenkt werden – und umgekehrt.[322]

85 **Beispiele:** Erklärt ein AN in Anwesenheit anderer AN dem Geschäftsführer, dieser habe ihm nichts zu sagen und er sei nicht bereit, dessen Weisungen zu befolgen, stellt dieses Verhalten einen geeigneten Kündigungsgrund dar. Gleiches gilt für Beschimpfungen des Geschäftsführers oder Vorgesetzten als **Betrüger, Gauner und Halsabschneider**[323] oder „Sie haben doch nur Bumsen im Kopf".[324] Ebenso kann in der Bezeichnung eines Vorgesetzten als „unterbelichteten Frauen- und Ausländerhasser" eine nicht mehr von der Freiheit der Meinungsäußerung gedeckte Beleidigung liegen.[325] Auch die **wahrheitswidrige Behauptung einer sexuellen Belästigung** durch einen Vorgesetzten ist ehrverletzend und kann eine Kündigung rechtfertigen.[326] Ein Kündigungsgrund liegt ferner vor, wenn ein AN auf einer Personalversammlung einem Beigeordneten der Stadt **grundlos Rechtsbeugung vorwirft.**[327] Der **Vergleich betrieblicher Verhältnisse und Vorgehensweisen mit dem nationalsozialistischen Terrorsystem**[328] und erst recht mit den in Konzentrationslagern begangenen Verbrechen bildet in der Regel einen wichtigen Grund zur Kündigung.[329] Die **rassistische Beleidigung eines Arbeitskollegen** stellt einen Grund zur fristlosen Kündigung dar.[330] Regelmäßig kein Grund zur außerordentlichen Kündigung sind private beleidigende Äußerungen des AN, die dem Vorgesetzten hinterbracht werden.[331] Kein Grund zur fristlosen Kündigung sind grobe Beleidigungen in einem Anwaltsschriftsatz, es sei denn, dass sie vom AN veranlasst sind, etwa durch wahrheitswidrig vorgetragene Tatsachen.[332] Die Aussage in einem Wahlaufruf zur Betriebsratswahl, der AG betreibe „Mobbing", indem er auf der Grundlage erfundener Sachverhalte willkürliche Abmahnungen und Kündigungen ausspreche, stellt nach der Rechtsprechung des BAG – auch wenn die Äußerung nicht zutrifft – keine unwahre Tatsachenbehauptung dar, sondern ein polemisches Werturteil. Dieses fällt in den Schutzbereich des Art. 5 I GG und ist mit den Grundrechten des AG – insbesondere Art. 12 I GG in ein angemessenes Verhältnis zu bringen.[333]

86 Kein Kündigungsgrund soll die **innerbetriebliche Äußerung** einer Busfahrerin sein, bei ihren Fahrgästen handele es sich um Abschaum. Solange die innere Einstellung sich nicht auf die Arbeitsleistung auswirke, sei weder eine Kündigung noch ein Auflösungsantrag gerechtfertigt.[334] Die Äußerung einer **Verkäuferin zu einer Kundin** „Nun werden Sie aber nicht so pissig" kann dagegen eine Kündigung rechtfertigen, sofern die Verkäuferin nicht durch Beleidigungen der Kundin provoziert wurde.[335] Einer **Altenpflegehelferin** kann ohne vorherige Abmahnung außerordentlich gekündigt werden, wenn sie in Ausübung ihrer Tätigkeit zwei Heimbewohner angeschrien und wüst beschimpft hat: „Reiß endlich Dein Maul auf, ich will die Zähne einsetzen" und: „Nimm endlich den Arsch hoch."[336] Bezeichnet ein AN eine Person, die in einer **Kundenbeziehung zum AG** steht, als „Arschloch", so ist dieser Sachverhalt an sich geeignet, einen fristlosen Kündigungsgrund zu begründen.[337]

86a – **Bestechung.** Siehe Schmiergelder (→ Rn. 116 f.).

---

[322] BAG 18.12.2014 AP Nr. 250 zu § 626 BGB = NZA 2015, 797; 31.7.2014 NZA 2015, 245.
[323] Vgl. BAG 6.2.1997 RzK I 6 a Nr. 146.
[324] Vgl. LAG Köln 30.1.1998 RzK I 6 e Nr. 17.
[325] BAG 19.11.2015 AP Nr. 75 zu § 1 KSchG 1969 Verhaltensbedingte Kündigung = NZA 2016, 540.
[326] Vgl. LAG RhPf 16.2.1996 LAGE § 1 KSchG Verhaltensbedingte Kündigung Nr. 54; LAG Köln 20.1.1999 LAGE § 626 BGB Nr. 128.
[327] BAG 6.11.2003 AP Nr. 46 zu § 1 KSchG 1969 Verhaltensbedingte Kündigung.
[328] BAG 7.7.2011 AP Nr. 237 zu § 626 BGB = NZA 2011, 1412.
[329] BAG 24.11.2005 AP Nr. 198 zu § 626 BGB = NZA 2006, 650; dazu auch BAG 19.11.2015 AP Nr. 75 zu § 1 KSchG 1969 Verhaltensbedingte Kündigung = NZA 2016, 540 sowie BAG 5.12.2019 AP Nr. 77 zu § 1 KSchG 1969 Verhaltensbedingte Kündigung = NZA 2020, 647.
[330] BVerfG 2.11.2020 AP Nr. 278 zu § 626 BGB = NZA 2020, 1704 („Ugah, Ugah" gegenüber einem Kollegen mit dunkler Hautfarbe); dazu *Metz* NZA 2020, 1706; weiterführend *Natter/Hensinger* AuR 2020, 148; *Ch. Picker* RdA 2021, 33 (37 f.); nicht akzeptabel *Zuck* NZA 2021, 166.
[331] BAG 30.11.1972 AP Nr. 66 zu § 626 BGB; 17.2.2000 – 2 AZR 927/98; LAG Köln 18.4.1997 NZA-RR 1998, 18.
[332] Vgl. LAG Saarl 9.12.1987 NJW 1989, 420.
[333] BAG 29.8.2013 AP Nr. 70 zu § 9 KSchG 1969 = NZA 2014, 660.
[334] LAG Düsseldorf 19.12.1995 NZA-RR 1996, 166.
[335] Vgl. LAG SchlH 5.10.1998 RzK I 6 e Nr. 18.
[336] LAG SchlH 17.5.2001 PflR 2002, 27.
[337] Vgl. LAG SchlH 8.4.2010 – 4 Sa 474/09.

– **Betriebsstilllegung.** Die Stilllegung eines Betriebs ist grundsätzlich kein Grund zur außerordentlichen Kündigung.[338] Nur wenn die ordentliche Kündigung ausgeschlossen ist, besteht ein wichtiger Grund zur Kündigung. In diesem Fall kann die Kündigung allerdings nicht fristlos, sondern regelmäßig nur mit einer der Kündigungsfrist entsprechenden Auslauffrist erfolgen (→ § 128 Rn. 30).[339] Bei Teilstilllegungen hat der AG Weiterbeschäftigungsmöglichkeiten der Unkündbaren auf anderen Arbeitsplätzen zu prüfen[340] und eine Sozialauswahl vorzunehmen.[341] **86b**

– **Betriebsveräußerung.** Die Veräußerung des Betriebs berechtigt nicht zur außerordentlichen Kündigung. Vielmehr tritt der Erwerber gem. § 613a I 1 BGB in die Arbeitsverhältnisse ein (→ § 118 Rn. 1 ff.). **87**

– **Diebstahl.** Ein Diebstahl zum Nachteil des AG kann eine außerordentliche Kündigung rechtfertigen (dazu → Rn. 124). **87a**

– **Doping.** Steht ein Sportler in einem Arbeitsverhältnis, besteht für ihn, auch wenn kein ausdrückliches Verbot vereinbart ist, die vertragliche Nebenpflicht, keine Dopingmittel einzunehmen.[342] Ein vorsätzlicher Verstoß hiergegen hat regelmäßig eine außerordentliche Kündigung zur Folge.[343] **88**

– **Drogen.** Es besteht eine Nebenleistungspflicht des AN, sich nicht in einen Zustand zu versetzen, in dem er seine Pflichten aus dem Arbeitsverhältnis nicht erfüllen oder bei Erbringung seiner Arbeitsleistung sich oder andere gefährden kann. Unerheblich ist, ob die Fähigkeit zur (sicheren) Erbringung der Arbeitsleistung durch ein Verhalten während oder außerhalb der Arbeitszeit eingeschränkt wird (zum Alkoholmissbrauch → Rn. 64). Nimmt ein Berufskraftfahrer Amphetamin und Methamphetamin ein und führt er dennoch im Rahmen seiner arbeitsvertraglichen Verpflichtung ein Fahrzeug des AG, kommt es wegen der sich aus diesem Drogenkonsum typischerweise ergebenden Gefahren nicht darauf an, ob seine Fahrtüchtigkeit konkret beeinträchtigt ist (dazu auch → Rn. 102). Der Pflichtenverstoß liegt bereits in der massiven Gefährdung der Fahrtüchtigkeit. Hierin liegt ein an sich geeigneter Kündigungsgrund iSd § 626 I BGB.[344] **88a**

– **Drohung.** Siehe Rücksichtnahmepflicht (→ Rn. 115). **88b**

– **Druckkündigung.**[345] Das ernstliche Verlangen eines Dritten (Belegschaft, Gewerkschaft, BR, Kunden usw.), der unter Androhung von Nachteilen vom AG die Entlassung eines bestimmten AN fordert, kann auch dann einen Grund zur Kündigung bilden, wenn es an einer objektiven Rechtfertigung der Drohung fehlt. Allerdings unterliegt eine solche „echte" Druckkündigung strengen Anforderungen. Insbesondere darf der AG einem Kündigungsverlangen seitens der Belegschaft oder eines Teils der Mitarbeiter nicht ohne Weiteres nachgeben. Er hat sich vielmehr **schützend vor den Betroffenen zu stellen** und alles Zumutbare zu versuchen, um die Belegschaft von ihrer Drohung abzubringen.[346] Dazu ist er auch dann verpflichtet, wenn Anlass für die Druckausübung eine objektiv schwer wiegende, jedoch ohne jeden Bezug zur dienstlichen Tätigkeit verübte Straftat des AN ist.[347] Der AG hat argumentativ deutlich zu machen, dass aus seiner Sicht ein objektiver Anlass für eine Kündigung nicht besteht. Ob er mit diesem Standpunkt letztlich durchdringen kann, ist unbeachtlich. Nur wenn trotz zumutbarer Bemühungen des AG die Verwirklichung der Drohung in Aussicht gestellt wird und dem AG dadurch schwere wirtschaftliche Nachteile drohen, die Belegschaft also beispielsweise ernsthaft die Zusammenarbeit mit dem betroffenen AN verweigert[348] bzw. mit Streik oder Massenkündigungen droht[349] oder **89**

---

[338] BAG 7.3.2002 AP Nr. 6 zu § 620 BGB Schuldrechtliche Kündigungsbeschränkung = NZA 2002, 963.
[339] BAG 18.3.2010 NZA-RR 2011, 18; 17.9.1998 AP Nr. 148 zu § 626 BGB = NZA 1999, 258.
[340] BAG 17.9.1998 AP Nr. 148 zu § 626 BGB = NZA 1999, 258.
[341] BAG 5.2.1998 AP Nr. 143 zu § 626 BGB = NZA 1998, 771.
[342] *Fischer* FA 2002, 98; *Horst/Jacobs* RdA 2003, 215 (219); ErfK/*Niemann* BGB § 626 Rn. 92; *Teschner* NZA 2001, 1233 (1235); zu Kontrollen *Klose* FS Bepler, 2012, 267 ff.
[343] *Fischer* FA 2002, 134 (135).
[344] BAG 20.10.2016 AP Nr. 258 zu § 626 BGB = NZA 2016, 1527.
[345] *Bergwitz/Vollstädt* DB 2015, 2635; *Deinert* RdA 2007, 275.
[346] Hierzu und zum Folgenden BAG 19.7.2016 AP Nr. 15 zu § 626 BGB Druckkündigung = NZA 2017, 116 mwN; zur Druckkündigung bei außerdienstlichen extremistischen Äußerungen von AN instruktiv *Ch. Picker* RdA 2021, 33 (39).
[347] BAG 15.12.2016 AP Nr. 16 zu § 626 BGB Druckkündigung = NZA 2017, 500, wonach der AG im Falle einer Arbeitsniederlegung anderer AN diesen für weitere Zuwiderhandlungen arbeitsrechtliche Maßnahmen in Aussicht stellen muss.
[348] BAG 18.7.2013 AP Nr. 14 zu § 626 BGB Druckkündigung = NZA 2014, 109.
[349] BAG 4.10.1990, 31.1.1996 AP Nr. 12, 13 zu § 626 BGB Druckkündigung.

Geschäftspartner des AG den Abbruch der Geschäftsbeziehungen ernstlich in Aussicht stellen,[350] kann eine Kündigung gerechtfertigt sein. Voraussetzung dafür ist allerdings, dass die Kündigung das **einzig praktisch in Betracht kommende Mittel** ist, um die Schäden abzuwenden.[351] Zu berücksichtigen ist auch das eigene Verhalten des AG. Insbesondere kann er sich nicht auf eine Drucksituation berufen, die er selbst in vorwerfbarer Weise herbeigeführt hat – etwa wenn er für die ablehnende Haltung der Belegschaft gegenüber dem AN selbst den Anlass gegeben hat. Ebenso ist das Verhalten des AN in den Blick zu nehmen. Der AN muss aufgrund der ihn treffenden Rücksichtnahmepflicht (§ 241 II BGB) nach Möglichkeit Nachteile für den AG vermeiden oder vermeiden helfen.[352] Denkbar ist auch eine Druckkündigung eines **Fußballtrainers oder Fußballprofis.**[353] Eine ordentliche Kündigung wegen der Drucksituation ist nach Auffassung des BAG alternativ als verhaltens-, personen- oder betriebsbedingte Kündigung zu prüfen.[354] Zumeist geht das BAG von einer betriebsbedingten Kündigung aus.[355] Eine vorherige Anhörung des AN ist nicht Wirksamkeitsvoraussetzung einer Druckkündigung.[356] Hat der AG wegen eines unabwendbaren, aber sachlich ungerechtfertigten Drucks gekündigt, können **Schadensersatzansprüche** gegen den Dritten und den AG in Betracht kommen, wenn dieser sich nicht in zumutbarer Weise vor den AN gestellt hat.[357]

90 – **EDV-Nutzung.** Die Speicherung privater Dateien auf einem Firmen-Laptop sowie die unerlaubte Speicherung unternehmensbezogener Daten auf einer privaten Festplatte ohne Sicherung gegen unbefugten Zugriff verstoßen zwar gegen die Rücksichtnahmepflicht nach § 241 II BGB. Kann dem AN jedoch nicht nachgewiesen werden, dass er die fraglichen Daten unterdrücken oder dem AG vorenthalten wollte, wiegt die Pflichtverletzung nicht so schwer, dass eine Hinnahme durch den AG offensichtlich ausgeschlossen gewesen und damit eine Abmahnung entbehrlich wäre.[358] Der Missbrauch von Zugangsrechten durch Systemadministratoren begründet regelmäßig eine fristlose Kündigung ohne vorherige Abmahnung.[359]

91 – **Ehrenämter.** Soweit der Betrieb nicht geschädigt wird, hat der AN zur Ausübung politischer Ehrenämter (Abgeordneter von Städten, Gemeinden, Landkreisen usw.) Anspruch auf unbezahlte Freizeit. Etwas anderes gilt für Ehrenämter in Vereinen (zB Sport-, Geselligkeitsvereinen). Derartige Ehrenämter muss der AN in seiner Freizeit ausüben.

92 – **Eidesstattliche Versicherung.** Die Abgabe einer vorsätzlich falschen eidesstattlichen Versicherung in einem Rechtsstreit mit dem AG ist an sich geeignet, einen wichtigen Grund zur außerordentlichen Kündigung nach § 626 I BGB zu bilden.[360]

93 – **Eignung.** Wird einem Kraftfahrer die Fahrerlaubnis entzogen und kann er deshalb nicht mehr beschäftigt werden, kann eine außerordentliche Kündigung gerechtfertigt sein, wenn kein anderer Arbeitsplatz zur Verfügung steht (näher dazu → Rn. 102).[361] Bei einem Angestellten mit besonderer Verantwortung kann ausnahmsweise durch ein einmaliges, fahrlässiges Verhalten, das geeignet war, einen größeren Schaden herbeizuführen, das Vertrauensverhältnis unheilbar zerstört werden (Betanken eines Flugzeuges mit falschem Kraftstoff).[362] Bei der Abwägung der Möglichkeit ordentlicher oder außerordentlicher Kündigung sind alle Umstände des Einzelfalles zu berücksichtigen.

94 – **Frisur.** Grundsätzlich kann eine außerordentliche Kündigung nicht auf eine auffällige Haartracht gestützt werden.[363] Gerechtfertigt ist eine Kündigung nach vorheriger Abmahnung, wenn die Frisur unfallfördernd wirkt und der AN sie nicht zu ändern bereit ist, es sei denn, dass durch ein Kopftuch oder eine Haarspange eine ausreichende Sicherung möglich ist.[364]

---

[350] BAG 18.7.2013 AP Nr. 14 zu § 626 BGB Druckkündigung = NZA 2014, 109.
[351] BAG 19.7.2016 AP Nr. 15 zu § 626 BGB Druckkündigung = NZA 2017, 116; 18.7.2013 AP Nr. 14 zu § 626 BGB Druckkündigung = NZA 2014, 109.
[352] BAG 19.7.2016 AP Nr. 15 zu § 626 BGB Druckkündigung = NZA 2017, 116 mwN.
[353] ArbG Berlin 3.6.2009 SpuRt 2010, 168; *Breucker* NZA 2008, 1046; *Menke* SpuRt 2010, 170.
[354] BAG 31.1.1996 AP Nr. 13 zu § 626 BGB Druckkündigung = NZA 1996, 581.
[355] BAG 18.7.2013 AP Nr. 14 zu § 626 BGB Druckkündigung = NZA 2014, 109.
[356] BAG 4.10.1990 AP Nr. 12 zu § 626 BGB Druckkündigung = NZA 1991, 468.
[357] Dazu BAG 4.6.1998 AP Nr. 7 zu § 823 BGB = NZA 1998, 1113; KR/*Fischermeier* BGB § 626 Rn. 224.
[358] BAG 24.3.2011 AP Nr. 233 zu § 626 BGB = NZA 2011, 1029.
[359] LAG Köln 14.5.2010 NZA-RR 2010, 579.
[360] Vgl. BAG 31.7.2014 NZA 2015, 358; 24.11.2005 AP Nr. 55 zu § 103 BetrVG 1972.
[361] BAG 30.5.1978 AP Nr. 70 zu § 626 BGB.
[362] BAG 14.10.1965 AP Nr. 27 zu § 66 BetrVG.
[363] ArbG Bayreuth BB 1972, 175.
[364] Vgl. ArbG Essen BB 1966, 861.

- **Insolvenz.** Die Insolvenzeröffnung berechtigt den AG oder Insolvenzverwalter nicht zur fristlosen Kündigung.[365] Der Insolvenzverwalter kann nach § 113 InsO kündigen (dazu → § 93 Rn. 1 ff.). 95
- **Internetnutzung.** Ein AN verstößt ganz erheblich gegen seine arbeitsvertraglichen Pflichten, wenn er ein ausdrückliches und fortlaufend wiederholtes Verbot des AG missachtet, das Internet privat zu nutzen (dazu auch → § 53 Rn. 17).[366] Die exzessive Nutzung des Internets während der Arbeitszeit zu privaten Zwecken kann den AG daher ohne vorangegangene Abmahnung zu einer fristgemäßen Kündigung des Arbeitsverhältnisses aus verhaltensbedingten Gründen berechtigen.[367] 96

Als kündigungsrelevante **Verletzung arbeitsvertraglicher Pflichten** bei einer privaten Nutzung des Internets kommt u.a. in Betracht:[368] **(1)** das Herunterladen einer erheblichen Menge von Daten aus dem Internet auf betriebliche Datensysteme (unbefugter download), insbesondere wenn damit einerseits die **Gefahr möglicher Vireninfizierungen oder anderer Störungen** des – betrieblichen – Betriebssystems verbunden sein kann oder es andererseits bei der Rückverfolgung der Daten zu möglichen Rufschädigungen des AG kommen kann, beispielsweise weil strafbare oder pornografische Darstellungen heruntergeladen werden; **(2)** die private Nutzung des vom AG zur Verfügung gestellten Internetanschlusses als solche, weil durch sie dem AG möglicherweise – zusätzliche – **Kosten** entstehen können und der AN jedenfalls die Betriebsmittel – unberechtigterweise – in Anspruch genommen hat; **(3)** die private Nutzung des vom AG zur Verfügung gestellten Internets während der Arbeitszeit, weil der AN während des Surfens im Internet zu privaten Zwecken seine arbeitsvertraglich **geschuldete Arbeitsleistung nicht erbringt** und dadurch seine Arbeitspflicht verletzt. Die Pflichtverletzung wiegt dabei umso schwerer, je mehr der AN bei der privaten Nutzung des Internets seine Arbeitspflicht in zeitlicher und inhaltlicher Hinsicht vernachlässigt. Entscheidend ist, dass sich der AN die Zeiten, die er sich verbotswidrig ohne Kenntnis seines AG am Arbeitsplatz mit privaten Dingen beschäftigt hat, als Arbeitszeit hat bezahlen lassen. Sofern keine Anhaltspunkte dafür vorliegen, dass der AG dem AN nicht in ausreichendem Umfang Arbeiten zugewiesen hat, gehört es nicht zur Darlegungslast des AG, im Einzelnen vorzutragen, ob und inwiefern auch die Arbeitsleistung des AN unter seinen Privatbeschäftigungen während der Dienstzeit gelitten hat. 97

Unerheblich ist, wenn durch die private Internetnutzung **keine zusätzlichen Kosten** verursacht werden. Der Pflichtverstoß besteht insoweit schon darin, dass der AN in großem Umfang entgegen einem ausdrücklichen Verbot seine Arbeitsmittel dazu benutzt hat, privaten Tätigkeiten nachzugehen. Die Gefahr einer **Rufschädigung** des AG kann bei der Privatnutzung des Internets dadurch entstehen, dass der AN umfangreich die verschiedensten Internetseiten mit Pornografie aufruft. Das Herunterladen pornografischer Darstellungen kann die Gefahr einer Rückverfolgung an den Nutzer mit sich bringen und damit den Eindruck erwecken, der AG befasse sich anstatt mit seinen Dienstaufgaben mit Pornografie. Auf die strafrechtliche Bewertung des entsprechenden Pflichtverstoßes durch die Staatsanwaltschaft kommt es nach § 626 I BGB nicht entscheidend an.[369] 98

Durch hausinterne Ermittlungen und das eingeleitete **Strafverfahren** werden die Verfehlungen des AN einem größeren Personenkreis zur Kenntnis gebracht. Damit liegt die Gefahr einer verbreiteten Kenntnis dieser Ermittlungen auf der Hand. Der bloße Hinweis auf die Schweigepflicht der ermittelnden Mitarbeiter reicht insoweit nicht aus, diese Gefahr zu zerstreuen. In diesem Zusammenhang kann dem AG nicht vorgeworfen werden, er habe durch seine Anzeige ein staatsanwaltschaftliches Ermittlungsverfahren selbst veranlasst. Von einem AG, der durch eine gravierende Pflichtverletzung eines seiner AN erheblich geschädigt worden ist, kann nicht verlangt werden, dass er von einer Anzeige nur absieht, um eine mögliche Schädigung seines eigenen Rufs zu verhindern.[370] 99

---

[365] BAG 24.1.2013 AP Nr. 242 zu § 626 BGB = NZA 2013, 959.

[366] Vgl. zu den damit zusammenhängenden telekommunikationsrechtlichen Fragen: *Kamanabrou* FS Otto, 2008, 209; *Koch* NZA 2008, 911; zur Duldung und Gestattung der Internetnutzung: *Bloesinger* BB 2007, 2177 (2179 ff.).

[367] Vgl. BAG 31.5.2007 AP Nr. 57 zu § 1 KSchG 1969 Verhaltensbedingte Kündigung = NZA 2007, 922; 27.4.2006 AP Nr. 202 zu § 626 BGB = NZA 2006, 977; LAG Bln-Bbg 14.1.2016 – 5 Sa 657/15.

[368] Zusammenfassend BAG 31.5.2007 AP Nr. 57 zu § 1 KSchG 1969 Verhaltensbedingte Kündigung = NZA 2007, 922; dazu *Lansnicker* BB 2007, 2184.

[369] BAG 27.4.2006 AP Nr. 202 zu § 626 BGB = NZA 2006, 977.

[370] BAG 27.4.2006 AP Nr. 202 zu § 626 BGB = NZA 2006, 977.

100 – **Kirche.** Ein wichtiger Grund zur Kündigung eines AN in einer kirchlichen Einrichtung (→ § 184 Rn. 4) kann gegeben sein, wenn dieser gegen tragende Grundsätze des Kirchenrechts verstößt.[371] Nach der Rechtsprechung des **BVerfG**[372] haben die Kirchen in den Schranken der für alle geltenden Gesetze das Recht, den kirchlichen Dienst nach ihrem Selbstverständnis zu regeln und die spezifischen Obliegenheiten kirchlicher AN verbindlich zu bestimmen. Welche kirchlichen Grundverpflichtungen als Gegenstand des Arbeitsverhältnisses bedeutsam sein können, richte sich dementsprechend nach den von der verfassten Kirche anerkannten Maßstäben (→ § 184 Rn. 2).[373] Es sei verfassungsrechtlich nicht zu beanstanden, wenn die Religionsgemeinschaften eine Abstufung der an die Beschäftigten gerichteten Loyalitätsanforderungen nach Stellung und Konfession vorsehe und selbst bei gleich gelagerter (Leitungs-)Tätigkeit nach der Religion der Mitarbeiter unterscheide. Der **EuGH** hat demgegenüber angenommen, dass nach Art. 4 II RL 2000/78/EG eine Kirche, die eine in Form einer privatrechtlichen Kapitalgesellschaft gegründete Klinik betreibe, nicht beschließen könne, an ihre leitend tätigen Beschäftigten je nach deren Konfession oder Konfessionslosigkeit unterschiedliche Anforderungen an das loyale und aufrichtige Verhalten im Sinne dieses Ethos zu stellen, ohne dass dieser Beschluss ggf. Gegenstand einer wirksamen gerichtlichen Kontrolle sein könne. Hierbei sei zu beachten, dass eine Ungleichbehandlung zwischen Beschäftigten in leitender Stellung je nach deren Konfession oder Konfessionslosigkeit nur dann mit der Richtlinie im Einklang stehe, wenn die Religion oder die Weltanschauung im Hinblick auf die Art der betreffenden beruflichen Tätigkeiten oder die Umstände ihrer Ausübung eine berufliche Anforderung sei, die angesichts des Ethos der in Rede stehenden Kirche wesentlich, rechtmäßig und gerechtfertigt sei und dem Grundsatz der Verhältnismäßigkeit entspreche.[374] Hiervon ausgehend hat das **BAG** entschieden, dass die in einem der römisch-katholischen Kirche verbundenem Krankenhaus bestehende Loyalitätspflicht der AN, keine nach dem Glaubensverständnis und der Rechtsordnung der katholischen Kirche ungültige Ehe zu schließen, keine wesentliche, rechtmäßige und gerechtfertigte berufliche Anforderung an einen dort beschäftigten Chefarzt stellt. Mit seiner Wiederverheiratung nach der Scheidung von seiner ersten Ehefrau, mit der er nach katholischem Ritus verheiratet war, hat er weder eine wirksam vereinbarte Loyalitätspflicht noch eine berechtigte Loyalitätserwartung der AG verletzt.[375] Als wichtiger Grund für eine außerordentliche Kündigung wurden hingegen anerkannt der Ehebruch (Mormonen[376]), der Kirchenaustritt einer Sozialpädagogin aus der evangelischen Kirche,[377] der Austritt eines Mitarbeiters einer von einem katholischen Caritasverband getragenen Kinderbetreuungsstätte aus der katholischen Kirche[378] sowie werbende Tätigkeit für eine andere Glaubensgemeinschaft, die von den eigenen Glaubenssätzen erheblich abweicht.[379] Den Anforderungen der **EMRK** wird diese Rechtsprechung nur gerecht, wenn die Arbeitsgerichte eine sorgfältige Abwägung zwischen dem Recht der AN auf Achtung ihres Privat- und Familienlebens nach Art. 8 EMRK einerseits und den Konventionsrechten des kirchlichen AG andererseits vornehmen.[380]

101 – **Konkurrenztätigkeit.** Siehe Wettbewerb (→ Rn. 148).

102 – **Kraftfahrer.** Der Verlust der Fahrerlaubnis kann bei einem Kraftfahrer einen personenbedingten Grund zur Kündigung – und sogar einen wichtigen Grund zur außerordentlichen Kündigung – darstellen.[381] Der AG darf den AN in diesem Fall nicht mehr als Kraftfahrer weiterbeschäftigen. Im Übrigen hat der AN als Kraftfahrer den AG unverzüglich und unaufgefordert über Umstände zu informieren, die einer Erfüllung der Arbeitspflicht entgegenstehen. Deshalb hat er den Verlust seiner Fahrerlaubnis unverzüglich mitzuteilen, wenn er diese

---

371 Ausf. hierzu *Greiner* NZA 2018, 1289.
372 Grundlegend BVerfG 4.6.1985 AP Nr. 24 zu Art. 140 GG.
373 BVerfG 22.10.2014 NZA 2014, 1387.
374 EuGH 11.9.2018 AP Nr. 43 zu Richtlinie 2000/78/EG = NZA 2018, 1187.
375 BAG 20.2.2019 AP Nr. 94 zu § 1 KSchG 1969 = NZA 2019, 901; weiterführend *Greiner/Senk* MedR 2020, 54; *Malorny* EuZA 2019, 441.
376 BAG 24.4.1997 AP Nr. 27 zu § 611 BGB Kirchendienst = NZA 1996, 145.
377 LAG RhPf 9.1.1997 NZA 1998, 149.
378 BAG 25.4.2013 AP Nr. 243 zu § 626 BGB = NZA 2013, 1131.
379 BAG 21.2.2001 AP Nr. 39 zu § 611 BGB Kirchendienst = NZA 2001, 1136.
380 Dazu EGMR 23.9.2010 NZA 2011, 277 (Obst) einerseits, 23.9.2010 NZA 2011, 279 (Schütt) andererseits sowie zuletzt EGMR 3.2.2011 – Nr. 18136/02 (Siebenhaar).
381 BAG 5.6.2008 AP Nr. 212 zu § 626 BGB; 25.4.1996 AP Nr. 18 zu § 1 KSchG 1969 Personenbedingte Kündigung = NZA 1996, 1201; 31.1.1996 AP Nr. 17 zu § 1 KSchG 1969 Personenbedingte Kündigung = NZA 1996, 819; 30.5.1978 AP Nr. 70 zu § 626 BGB.

für die Erbringung seiner Arbeitsleistung benötigt.[382] Entsprechendes gilt für eine anlässlich einer Polizeikontrolle festgestellte Fahruntüchtigkeit wegen Drogenkonsums (→ Rn. 88a). Verstößt der AN zumindest bedingt vorsätzlich hiergegen, liegt darin eine erhebliche Pflichtverletzung, die den AG grundsätzlich zur Kündigung aus wichtigem Grund berechtigt.[383] Ein Berufskraftfahrer hat aufgrund der besonderen Gefahren des öffentlichen Straßenverkehrs jeden die Fahrtüchtigkeit beeinträchtigenden Alkoholkonsum zu unterlassen.[384] Ob bei **Trunkenheit** eines Kraftfahrers eine fristlose Kündigung gerechtfertigt ist, hängt von den Umständen des Einzelfalls ab. Berechtigt ist sie jedenfalls regelmäßig dann, wenn dem Kraftfahrer die Fahrerlaubnis entzogen wird oder er Fahrerflucht begangen hat und er nicht anderweitig beschäftigt werden kann.[385] Dem AG ist nicht zuzumuten, dass sich der zur Ausübung seiner Tätigkeit auf eine Fahrerlaubnis angewiesene AN durch einen Chauffeur fahren lässt.[386] Ob eine hochgradige Alkoholisierung im Privatbereich Rückschlüsse auf die Zuverlässigkeit eines Berufskraftfahrers zulässt, hängt von den jeweiligen Umständen ab. Im Einzelfall kann nach Auffassung des BAG eine Abmahnung ausreichend sein.[387] Der Entzug bzw. der Verlust einer **Betriebsfahrberechtigung** kann grundsätzlich nicht dem Verlust einer behördlich bzw. gesetzlich vorgeschriebenen Fahrerlaubnis gleichgestellt werden.[388] Eine Gleichstellung verbietet sich schon deshalb, weil es ansonsten der AG weitergehend in der Hand hätte, sich selbst Kündigungsgründe zu schaffen. Liegen dem Entzug der betrieblichen Fahrberechtigung allerdings erhebliche Pflichtverletzungen und Verstöße gegen die Straßenverkehrsordnung zugrunde, können sich hieraus Kündigungsgründe ergeben. Die hierfür maßgeblichen Tatsachen hat der AG nach allgemeinen Grundsätzen darzulegen und zu beweisen.[389] Eine personenbedingte Kündigung kann unwirksam sein, wenn der AG sich nicht an das in seiner Dienstanweisung vorgesehene Verfahren hält, das vor einer Kündigung Schulungsmaßnahmen vorsieht.[390]

– **Krankheit** (→ § 131 Rn. 31 ff.). Unverschuldete krankheitsbedingte Fehlzeiten rechtfertigen grundsätzlich nur eine ordentliche personenbedingte Kündigung. In der Regel kommt eine außerordentliche Kündigung – mit Auslauffrist – nur bei unkündbaren AN in Betracht (→ § 128 Rn. 38).[391] Ein AN kann dagegen fristlos gekündigt werden, wenn er durch **Ankündigung einer Arbeitsunfähigkeit** einer Versetzung[392] zu entgehen oder Urlaub zu erzwingen sucht.[393] Ein solches Verhalten ist ohne Rücksicht darauf, ob der AN später tatsächlich erkrankt, an sich geeignet, einen wichtigen Grund zur Kündigung zu bilden. Aus dem Umstand, dass der AN in der Vergangenheit häufig von seinem Hausarzt krankgeschrieben worden ist, kann nicht auf ein Simulieren von Krankheiten geschlossen werden. Zur Arbeitsunfähigkeit auch → Rn. 72. War der AN allerdings im Zeitpunkt der Ankündigung bereits objektiv erkrankt, ohne dies jedoch dem AG zu offenbaren, soll nach Auffassung des BAG nicht ohne Weiteres von einer erheblichen, eine außerordentliche Kündigung rechtfertigenden Pflichtverletzung ausgegangen werden können.[394] Dem kann nicht gefolgt werden, denn auch in diesem Fall verletzt der AN seine arbeitsvertragliche Rücksichtnahmepflicht, die es ihm verbietet, den AG derart unter Druck zu setzen. Wenn es nicht darauf ankommt, ob der AN im Anschluss an seine Ankündigung tatsächlich erkrankt, ist es auch unerheblich, wenn er zur Zeit der Androhung – für den AG nicht erkennbar – bereits arbeitsunfähig ist. 103, 104

– **Lohnpfändung und Schulden.** Eine starke Verschuldung und eine Vielzahl von Lohnpfändungen sind nur ausnahmsweise geeignete Kündigungsgründe, die dann regelmäßig auch nur 105

[382] *Künzl/Sinner* NZA-RR 2013, 561 (565).
[383] BAG 20.10.2016 AP Nr. 258 zu § 626 BGB = NZA 2016, 1527.
[384] BAG 20.10.2016 AP Nr. 258 zu § 626 BGB = NZA 2016, 1527.
[385] BAG 30.5.1978 AP Nr. 70 zu § 626 BGB; 25.4.1996 AP Nr. 18 zu § 1 KSchG 1969 Personenbedingte Kündigung.
[386] LAG SchlH NZA 1987, 669; dagegen LAG RhPf NZA 1990, 28; offengelassen von BAG 14.2.1991 RzK I 6 a Nr. 70.
[387] BAG 4.6.1997 AP Nr. 137 zu § 626 BGB = NZA 1997, 1281.
[388] BAG 25.4.1996 AP Nr. 18 zu § 1 KSchG 1969 Personenbedingte Kündigung = NZA 1996, 1201.
[389] BAG 5.6.2008 AP Nr. 212 zu § 626 BGB.
[390] Vgl. BAG 25.4.1996 AP Nr. 18 zu § 1 KSchG 1969 Personenbedingte Kündigung = NZA 1996, 1201.
[391] BAG 20.3.2014 NZA 2014, 1089; 20.3.2014 NZA-RR 2015, 16; 18.10.2000 AP Nr. 9 zu § 626 BGB Krankheit = NZA 2001, 219; 16.9.1999 AP Nr. 159 zu § 626 BGB = NZA 2000, 141; 9.7.1998 EzA Nr. 1 zu § 626 BGB Krankheit.
[392] LAG Köln 14.6.1982 DB 1982, 2091.
[393] BAG 12.3.2009 AP Nr. 15 zu § 626 BGB Krankheit = NZA 2009, 779; 17.6.2003 AP Nr. 13 zu § 543 ZPO 1977 = NZA 2004, 564; 5.11.1992 AP Nr. 4 zu § 626 BGB Krankheit = NZA 1993, 308.
[394] BAG 12.3.2009 AP Nr. 15 zu § 626 BGB Krankheit = NZA 2009, 779.

eine ordentliche Kündigung rechtfertigen.[395] Die Verschuldung eines in einer Vertrauensstellung beschäftigten AN kann eine Kündigung begründen, wenn sie in relativ kurzer Zeit zu einer Vielzahl von Lohnpfändungen führt und sich aus Art und Höhe der Schulden ergibt, dass der AN noch längere Zeit in ungeordneten finanziellen Verhältnissen leben wird.[396] Die Kündigung erfordert grundsätzlich eine vorausgehende Abmahnung.[397] Die Überschuldung kann eine Kündigung nicht rechtfertigen, wenn sie im Verlauf einer anzuerkennenden Notlage entstanden ist, zB infolge notwendiger Anschaffungen für Familie und Hausstand, Krankheit usw. Die durch die Bearbeitung zahlreicher Lohnpfändungen entstehenden Kosten und Verwaltungsarbeiten können zur Begründung einer Kündigung herangezogen werden, wenn die hohe Zahl der Lohnpfändungen zu wesentlichen Störungen im Arbeitsablauf führt.

106, 107 – **Mankobeträge.** Höhere Mankobeträge begründen für sich allein noch nicht die fristlose Kündigung. Vielmehr muss im Einzelfall festgestellt werden, worauf sie zurückzuführen sind.[398] Unter Umständen kommt eine Verdachtskündigung in Betracht.[399] Auch Geldentnahmen einer Kassiererin rechtfertigen nicht stets eine fristlose Kündigung (→ Rn. 124). Wird ein Geschäftsführer einer GmbH, der mit dem Jahresabschluss befasst ist, mit erheblichen Bewertungsdifferenzen konfrontiert, muss er diesen nachgehen. Unterlässt er dies, kann seine fristlose Entlassung gerechtfertigt sein.[400]

108–110 – **Ministerium für Staatssicherheit.** Für AN im öffentlichen Dienst ist gem. Anlage I Kap. XIX Sachgebiet A Abschnitt III Nr. 1 Abs. 5 zum Einigungsvertrag vom 31.8.1990 im Falle einer früheren Tätigkeit für das Ministerium für Staatssicherheit/Amt für nationale Sicherheit der DDR (MfS/ANS) ein Grund für eine außerordentliche Kündigung gegeben. Die Zweiwochenfrist des § 626 II BGB findet hier keine Anwendung (Schaub ArbR-HdB/*Linck,* 16. Aufl., § 127 Rn. 108 ff.).

111 – **Nebentätigkeit** (→ § 42 Rn. 1 ff.). Die fortgesetzte und vorsätzliche Ausübung offensichtlich nicht genehmigungsfähiger Nebentätigkeiten in Unkenntnis des AG stellt regelmäßig bereits ohne Hinzutreten besonderer Umstände an sich einen wichtigen Grund zur Kündigung iSd § 626 I BGB dar. Ein solcher Fall liegt vor, wenn der AN über mehrere Jahre hinweg die Einholung der erforderlichen Nebentätigkeitsgenehmigungen schon deshalb unterlässt, weil ihm nach eigenem Bekunden die mangelnde Genehmigungsfähigkeit bewusst war.[401] Gleiches gilt, wenn der AN in Wettbewerb zu seinem AG tritt.[402] Unzulässig ist eine Nebentätigkeit während der Erkrankung, wenn hierdurch der Genesungsprozess verzögert wird.[403]

112 – **Offenbarungspflicht.** Macht ein AN bei seiner Bewerbung falsche Angaben über sein **letztes Gehalt,** kann nur ausnahmsweise seine außerordentliche Kündigung gerechtfertigt sein. Das gilt erst recht, wenn das bisherige Gehalt für die Eignung nichts aussagt.[404] Gibt er nach der Kündigung des Arbeitsverhältnisses unrichtige Auskunft über seinen zukünftigen AG, rechtfertigt dies grundsätzlich keine außerordentliche Kündigung.[405]

112a – **Personaleinkauf.** Die vorsätzliche Zuwiderhandlung des AN gegen die Regelungen zur Inanspruchnahme eines Sachbezugs mit dem Ziel, anstelle von Waren oder Dienstleistungen aus dem Sortiment des AG Bargeld zu erhalten, ist an sich geeignet, eine Kündigung aus wichtigem Grund iSd § 626 I BGB zu begründen.[406]

---

[395] BAG 15.10.1992 EzA Nr. 45 zu § 1 KSchG Verhaltensbedingte Kündigung; 4.11.1981 AP Nr. 4 zu § 1 KSchG 1969 Verhaltensbedingte Kündigung.

[396] Vgl. BAG 15.10.1992 EzA Nr. 45 zu § 1 KSchG Verhaltensbedingte Kündigung.

[397] Ebenso *Berkowsky* NZA-RR 2001, 57 (68); KR/*Rachor* KSchG § 1 Rn. 499; aA BAG 4.11.1981 AP Nr. 4 zu § 1 KSchG 1969 Verhaltensbedingte Kündigung.

[398] Vgl. BAG 17.4.1956, 22.11.1973 AP Nr. 8, 67 zu § 626 BGB; zur Haftung für Fehlbeträge vgl. BAG 2.12.1999 AP Nr. 3 zu § 611 BGB Mankohaftung = NZA 2000, 715.

[399] BAG 17.4.1956 AP Nr. 8 zu § 626 BGB; bei Direktionsassistent: LAG Frankfurt BB 1972, 880.

[400] OLG Brem 20.3.1997 NZA-RR 1998, 61.

[401] BAG 18.9.2008 NZA-RR 2009, 393.

[402] Vgl. BAG 19.4.2007 AP Nr. 20 zu § 174 BGB = NZA-RR 2007, 571 (vertragsärztliche Tätigkeit eines Oberarztes eines Krankenhauses ohne Nebentätigkeitsgenehmigung nach Abmahnung); 6.8.1987 AP Nr. 97 zu § 626 BGB; 16.8.1990 AP Nr. 10 zu § 611 BGB Treuepflicht = NZA 1991, 141; LAG Frankfurt 6.11.1996 LAGE § 1 KSchG Verhaltensbedingte Kündigung Nr. 10; LAG Köln 11.9.1996 LAGE § 626 BGB Nr. 103.

[403] BAG 26.8.1993 AP Nr. 112 zu § 626 BGB = NZA 1994, 63.

[404] BAG 19.5.1983 AP Nr. 25 zu § 123 BGB = DB 1984, 298.

[405] AA LAG Mannheim AP Nr. 1 zu § 626 BGB.

[406] BAG 23.6.2009 AP Nr. 59 zu § 1 KSchG 1969 Verhaltensbedingte Kündigung = NZA 2009, 1198.

– **Politische Meinungsäußerung.** Die politische Anschauung, insbesondere die Mitgliedschaft in einer politischen Partei oder Gewerkschaft, rechtfertigt grundsätzlich keine Kündigung. Etwas anderes kann nur gelten bei schweren Rechtsverletzungen, die jedem Rechtsverständnis widersprechen oder bei politischer Agitation, wenn dadurch der Betriebsfrieden gestört wird.[407] Hierzu gehört auch das Tragen parteipolitischer Plaketten mit propagandistischem Inhalt.[408] Im öffentlichen Dienst kann eine Zurückhaltung in politischen Fragen geboten sein.[409] Außerbetriebliche parteipolitische Betätigung ist grundsätzlich kündigungsrechtlich unerheblich. **113**

– **Prozessbetrug.** Bewusst wahrheitswidrige Erklärungen, die ein AN in einem Rechtsstreit mit seinem AG abgibt, weil er befürchtet, mit wahrheitsgemäßen Angaben den Prozess nicht gewinnen zu können, können eine fristlose Kündigung rechtfertigen. Dabei kommt es nicht entscheidend auf die strafrechtliche Einordnung an; ein AN, der bewusst falsch vorträgt, um sich einen Vorteil im Rechtsstreit mit seinem AG zu verschaffen, verletzt in erheblicher Weise seine nach § 241 II BGB bestehende Pflicht zur Rücksichtnahme auf die Interessen des AG.[410] **113a**

– **Rauchverbot.** Die Verletzung eines aus Sicherheitsgründen wirksam vereinbarten[411] Rauchverbots (dazu → § 53 Rn. 34) kann nach vorheriger Abmahnung eine außerordentliche Kündigung rechtfertigen.[412] **114**

– **Rücksichtnahmepflicht.** Die sich aus § 241 II BGB ergebende vertragliche Rücksichtnahmepflicht verlangt von den Parteien eines Arbeitsverhältnisses, gegenseitig auf die Rechtsgüter und Interessen der jeweils anderen Vertragspartei Rücksicht zu nehmen. Dabei ist die in den **Grundrechten** zum Ausdruck kommende Werteordnung zu beachten.[413] Der AN hat seine Verpflichtungen aus dem Arbeitsverhältnis dabei so zu erfüllen und die im Zusammenhang mit dem Arbeitsverhältnis stehenden Interessen des AG so zu wahren, wie dies von ihm unter **Berücksichtigung seiner Stellung und Tätigkeit im Betrieb,** seiner eigenen Interessen und der Interessen der anderen AN des Betriebs nach Treu und Glauben billigerweise verlangt werden kann (zu Straftaten → Rn. 115).[414] Diese Pflicht trifft den AN auch außerhalb der Arbeitszeit (zum außerdienstlichen Verhalten → Rn. 81). Der AG muss unsachliche, haltlose Angriffe, die zur Untergrabung der Position eines Vorgesetzten führen können, nicht hinnehmen. Ein bewusst **illoyales Verhalten** gegenüber Vorgesetzten kann deshalb abhängig von den Umständen des Falls einen wichtigen Grund zur außerordentlichen Kündigung darstellen.[415] Der Erhalt des **Betriebsfriedens** stellt ein berechtigtes Interesse des AG iSv § 241 II BGB dar, weil eine Störung seine wirtschaftliche Betätigungsfreiheit gem. Art. 2 I GG berührt (→ § 133 Rn. 23).[416] **Droht der AN widerrechtlich dem AG mit einem empfindlichen Übel,** um die Erfüllung eigener streitiger Forderungen zu erreichen, kann – je nach den Umständen des Einzelfalls – ein die fristlose Kündigung rechtfertigender Verstoß gegen seine Pflicht zur Rücksichtnahme auf dessen Interessen vorliegen. Unbeachtlich ist, ob das Verhalten den Straftatbestand der Nötigung (§ 240 StGB) erfüllt.[417] Ein AN, der während des bestehenden Arbeitsverhältnisses **Konkurrenztätigkeiten** entfaltet, verstößt gegen seine Pflicht aus § 241 II BGB (→ Rn. 148).[418] Gleiches gilt, wenn ein AN dienstliche Computer ohne Erlaubnis dazu benutzt, unter Umgehung eines Kopierschutzes **Vervielfältigungen privat beschaffter Musik- oder Film-CDs/DVDs** herzustellen. Das gilt unabhängig von **115**

---

[407] BAG 9.12.1982 AP Nr. 73 zu § 626 BGB = NJW 1984, 1142; *Hofmann,* Das Verbot der parteipolitischen Betätigung im Betrieb, 1984; *v. Hoyningen-Huene/Hofmann* BB 1984, 1050; *Kissel* NZA 1988, 145.

[408] BAG 9.12.1982 AP Nr. 73 zu § 626 BGB = NJW 1984, 1142; vgl. *v. Hoyningen-Huene* BB 1984, 1050.

[409] BAG 2.3.1982 AP Nr. 8 zu Art. 5 Abs. 1 GG Meinungsfreiheit; 6.6.1984 AP Nr. 22 zu Art. 33 Abs. 2 GG = NZA 1987, 392.

[410] BAG 23.10.2014 AP Nr. 252 zu § 626 BGB = NZA 2015, 429; 31.7.2014 AP Nr. 73 zu § 1 KSchG 1969 Verhaltensbedingte Kündigung = NZA 2015, 358; 8.11.2007 AP Nr. 209 zu § 626 BGB.

[411] Vgl. zur Mitbestimmung des BR: BAG 19.1.1999 AP Nr. 28 zu § 87 BetrVG 1972 Ordnung des Betriebs = NZA 1999, 546.

[412] BAG 25.4.2018 AP Nr. 269 zu § 626 BGB = NZA 2018, 1405; 27.9.2012 AP Nr. 74 zu § 15 KSchG 1969 = NZA 2013, 425; LAG Düsseldorf 17.6.1997 LAGE § 1 KSchG Verhaltensbedingte Kündigung Nr. 58.

[413] BAG 30.7.2020 AP Nr. 22 zu § 5 KSchG 1969 = NZA 2020, 1427.

[414] BAG 10.9.2009 AP Nr. 60 zu § 1 KSchG 1969 Verhaltensbedingte Kündigung = NZA 2010, 220.

[415] BAG 1.6.2017 AP Nr. 264 zu § 626 BGB = NZA 2017, 1332.

[416] BAG 30.7.2020 AP Nr. 22 zu § 5 KSchG 1969 = NZA 2020, 1427.

[417] BAG 5.12.2019 AP Nr. 77 zu § 1 KSchG 1969 Verhaltensbedingte Kündigung mAnm *Kerwer/Fischer* = NZA 2020, 647; 19.11.2015 AP Nr. 75 zu § 1 KSchG 1969 Verhaltensbedingte Kündigung = NZA 2016, 540.

[418] BAG 29.6.2017 AP Nr. 262 zu § 626 BGB = NZA 2017, 1179.

einer möglichen Strafbarkeit der damit verbundenen „Brenn"- und Kopiervorgänge.[419] Mitarbeiter von Kreditinstituten iSv § 1 I KWG sind verpflichtet, die im **Geldwäschegesetz** geregelten Pflichten sorgfältig zu beachten, Tatsachen nach § 43 I GwG ihrem Vorgesetzten oder dem Geldwäschebeauftragten zu melden, und sich weder aktiv noch passiv an zweifelhaften Transaktionen oder Geschäftsbeziehungen zu beteiligen.[420] Eine Verletzung der Rücksichtnahmepflicht kann ferner darin bestehen, dass der AN eine **laufende Lohnüberzahlung** gegenüber dem AG nicht anzeigt. Diese ist jedoch nicht kündigungsrelevant, wenn der AN aus vertretbaren Gründen annehmen durfte, die Zahlungen seien nicht irrtümlich oder rechtsgrundlos erfolgt.[421] Der AN verstößt nicht gegen Rücksichtnahmepflichten, wenn er der Vereinbarung für ihn günstiger, nicht offensichtlich den Interessen der AG zuwiderlaufender Bedingungen im Zusammenhang mit einer **parallel zum Arbeitsverhältnis aufgenommenen Geschäftsführertätigkeit** für eine andere Gesellschaft zustimmt, sofern weder ein kollusives Zusammenwirken mit dem Vertreter der AG vorliegt, noch es sich dem AN hätte aufdrängen müssen, dieser überschreite seine Vertretungsmacht.[422] **Droht** der AN dem AG nachteilige Folgen mit dem Ziel an, umstrittene eigene Forderungen durchzusetzen, kann darin ein Verstoß gegen die Rücksichtnahmepflicht liegen.[423] Hat der AN ernstliche **Drohungen bei der Durchführung eines BEM** iSv § 167 II SGB IX ausgesprochen, schließt dies die Verwertung der betreffenden Erkenntnisse im Kündigungsschutzprozess nicht aus.[424] Der AN handelt jedoch nicht rechtswidrig, wenn er sich bei zweifelhafter Rechtslage dem AG gegenüber auf einen objektiv vertretbaren Rechtsstandpunkt stellt, um den AG zum Einlenken in einem Kündigungsschutzprozess zu bewegen.[425] Rücksichtnahmepflichten des Tischchefs einer **Spielbank** verbieten die Vergabe eines Darlehens an einen Stammgast, weil hierdurch Verbindungen und Verbindlichkeiten entstehen, die den AN in berufliche Konfliktsituationen bringen.[426] Für einen **Tendenzträger** bestehen gesteigerte Rücksichtnahmepflichten (dazu auch → Rn. 128a). Ein AN darf sich nicht ohne Einverständnis des AG diesem gehörende **betriebliche Unterlagen aneignen** oder entsprechende Schriftstücke und/oder Daten für betriebsfremde Zwecke **vervielfältigen.** Die kündigungsrechtliche Bewertung eines solchen Verhaltens hängt maßgeblich von der Motivation des AN und möglichen nachteiligen Folgen für den AG ab.[427]

116 – **Schmiergelder.** Wer sich als AN bei der Ausführung von vertraglichen Aufgaben Vorteile versprechen lässt oder entgegennimmt, die dazu bestimmt oder geeignet sind, ihn in seinem geschäftlichen Verhalten zugunsten Dritter und zum Nachteil seines AG zu beeinflussen, und damit gegen das sog. Schmiergeldverbot verstößt, handelt den Interessen seines AG zuwider und gibt diesem damit regelmäßig einen Grund zur fristlosen Kündigung.[428] Dabei kommt es nicht entscheidend auf die strafrechtliche Würdigung des Sachverhalts an. Maßgeblich ist vielmehr, dass der AN hierdurch in erheblichem Maße seine Pflicht zur Rücksichtnahme auf die Interessen seines AG gem. § 241 II BGB verletzt.[429] Das gilt insbesondere im öffentlichen Dienst.[430] Geldgeschenke in einer Größenordnung von 50,00 EUR pro Fall können auch bei großzügigster Auslegung nicht mehr als bloße Aufmerksamkeiten eher symbolischer Natur gewertet werden. Was der AN mit dem pflichtwidrig erworbenen Geld macht, ist grundsätzlich unerheblich. Es kommt deshalb nicht darauf an, ob er das Geld für sich verwendet oder einer „Kaffeekasse" zuführt.[431] Das Verbot, Belohnungen oder Geschenke ohne Zustimmung des AG anzunehmen, gilt insbesondere im **Pflegebereich** auch für die Begünstigung durch letztwillige Verfügungen. Ausreichend ist, dass objektiv ein enger Zusammenhang zwischen

---

[419] BAG 16.7.2015 AP Nr. 255 zu § 626 BGB = NZA 2016, 161.
[420] BAG 25.4.2018 AP Nr. 269 zu § 626 BGB = NZA 2018, 1405.
[421] BAG 28.8.2008 AP Nr. 214 zu § 626 BGB = NZA 2009, 192.
[422] BAG 24.10.2013 NZA 2014, 540.
[423] BAG 29.6.2017 AP Nr. 265 zu § 626 BGB = NZA 2017, 1605 (ernstliche und im Zustand freier Willensbetätigung abgegebene Drohung mit Selbstmord); 13.5.2015 AP Nr. 254 zu § 626 BGB.
[424] BAG 29.6.2017 AP Nr. 265 zu § 626 BGB = NZA 2017, 1605.
[425] BAG 8.5.2014 AP Nr. 247 zu § 626 BGB = NZA 2014, 1258.
[426] BAG 26.3.2009 AP Nr. 220 zu § 626 BGB = NZA-RR 2010, 516.
[427] BAG 8.5.2014 AP Nr. 247 zu § 626 BGB = NZA 2014, 1258.
[428] BAG 24.5.2012 AP Nr. 50 zu § 626 BGB Verdacht strafbarer Handlung = NZA 2013, 137; 26.9.2002 AP Nr. 37 zu § 626 BGB Verdacht auf strafbare Handlung = NZA 2003, 991; 15.11.2001 AP Nr. 175 zu § 626 BGB.
[429] BAG 21.6.2012 AP Nr. 68 zu § 9 KSchG 1969 = NZA 2013, 199.
[430] BAG 15.11.2001 AP Nr. 175 zu § 626 BGB.
[431] BAG 10.2.1999 AP Nr. 42 zu § 15 KSchG 1969; 15.11.2001 AP Nr. 175 zu § 626 BGB.

dem Geschenk und der dienstlichen Tätigkeit besteht.[432] Keine Annahme von Schmiergeld liegt dagegen nach Auffassung des BAG vor, wenn ein AN, der nicht mit der Einstellung von Personal befasst ist, für die Vermittlung der Einstellung eines anderen AN eine **Vermittlungsprovision** erhält.[433]

Differenziert beurteilt werden müssen Korruptionsvorwürfe gegen AN, die Schmiergeldzahlungen an Dritte über **„Schwarze Kassen"** geleistet haben. In diesen Fällen kann sich eine außerordentliche Kündigung als treuwidrig (§ 242 BGB) erweisen, wenn der AG Kenntnis von den Vorgängen hatte. Hier ist sorgfältig zu prüfen, ob durch das Verhalten des AN tatsächlich das Vertrauen in dessen Redlichkeit zerstört wurde oder ob in der Kündigung nicht ein widersprüchliches und unredliches Verhalten des AG zu sehen ist, weil der die Pflichtverletzung veranlassende AG gerade nicht auf die Redlichkeit des AN vertraut.[434] Von entscheidender Bedeutung dürfte hier sein, wer die Zahlungen letztlich verlangt und die „Schwarze Kasse" gefüllt hat. **116a**

– **Schwangerschaftsabbruch.** Ein gesetzlich zulässiger Schwangerschaftsabbruch wird grundsätzlich nicht die Kündigung der Schwangeren rechtfertigen. Dies dürfte auch in kirchlichen Arbeitsverhältnissen gelten (dazu → Rn. 100). Ob die Kündigung von Ärzten oder Krankenpflegekräften gerechtfertigt ist, die sich weigern, dabei mitzuwirken, ist umstr. Das BAG verneint grundsätzlich die Berechtigung zur fristlosen Kündigung.[435] Besonderheiten bestehen in konfessionellen Krankenhäusern. **117**

– **Sekte.**[436] Stehen Personen in einem besonderen Abhängigkeitsverhältnis zu einem AN, kann dessen außerordentliche Kündigung gerechtfertigt sein, wenn er der **Scientology-Bewegung** angehört (hierzu auch → § 36 Rn. 10). Dasselbe gilt für eine Jugendleiterin, die sich werbend einsetzt.[437] **118**

– **Sexuelle Belästigung.**[438] Die Beeinträchtigung der sexuellen Selbstbestimmung einer AN durch einen männlichen AN stellt einen Kündigungsgrund dar, wenn die AN im Betrieb ohne ihre Zustimmung sexuell belästigt wird. Die Begriffsbestimmung der „sexuellen Belästigung" aus § 3 IV AGG ist auch kündigungsrechtlich maßgebend (→ § 36 Rn. 46 f.).[439] Hiernach ist der zielgerichtete Griff in die Genitalien eines anderen eine sexuell bestimmte körperliche Berührung, die – bei objektiv erkennbarer Unerwünschtheit – eine sexuelle Belästigung darstellt. Auf eine sexuelle Motivation des Handelnden kommt es nicht an.[440] Das wiederholte Greifen an das Gesäß einer Praktikantin stellt nach diesen Grundsätzen ebenso eine sexuelle Belästigung dar.[441] Gleiches gilt für die Bemerkung gegenüber einer Mitarbeiterin, sie habe einen schönen Busen. Die verbale Belästigung wird dabei durch einen anschließenden Griff an die Brust verstärkt. Ein solcher Eingriff in die körperliche Intimsphäre verletzt die Würde der AN und erniedrigt sie zum Sexualobjekt.[442] Auch sexuelle Belästigungen einer Mitarbeiterin einer Kundenfirma können die Kündigung eines angestellten Verkäufers rechtfertigen.[443] Ein wichtiger Grund zur außerordentlichen Kündigung ist des Weiteren anzunehmen, wenn ein Krankenpfleger in einer psychiatrischen Klinik, der für seelisch erkrankte Patienten verantwortlich ist, seine Stellung als Pfleger zur Befriedigung seiner geschlechtlichen Wünsche ausnutzt.[444] Der entleihende AG ist nach § 12 III AGG verpflichtet, auch die in seinem Betrieb eingesetzten Leiharbeitnehmer vor sexuellen Belästigungen zu schützen.[445] Die vom AG zu ergreifende Maßnahme muss dem **Grundsatz der Verhältnismäßigkeit** entsprechen.[446] Dieser wird durch § 12 III AGG konkretisiert (→ § 36 Rn. 153). Diese Vorschrift begrenzt **119**

---

[432] BAG 17.6.2003 EzA Nr. 59 zu § 1 KSchG Verhaltensbedingte Kündigung.
[433] BAG 24.9.1987 AP Nr. 19 zu § 1 KSchG 1969 Verhaltensbedingte Kündigung mablAnm *van Venrooy.*
[434] Hierzu ArbG München 2.10.2008 NZA-RR 2009, 134; *Steinkühler/Kunze* RdA 2009, 367; *Kolbe* NZA 2009, 228.
[435] BAG 21.10.1982 AP Nr. 14 zu Art. 140 GG = NJW 1984, 826.
[436] *Bauer/Baeck* DB 1997, 2534.
[437] LAG Bln 11.6.1997 NZA-RR 1997, 422.
[438] Vgl. hierzu *Marzodko/Rinne* ZTR 2000, 305; *Schlachter* NZA 2001, 121.
[439] BAG 20.11.2014 AP Nr. 249 zu § 626 BGB = NZA 2015, 294.
[440] BAG 29.6.2017 AP Nr. 261 zu § 626 BGB = NZA 2017, 1121.
[441] SächsLAG 10.3.2000 LAGE § 626 BGB Nr. 130.
[442] BAG 20.11.2014 AP Nr. 249 zu § 626 BGB = NZA 2015, 294.
[443] Vgl. BAG 26.6.1997 RzK I 5 i Nr. 126.
[444] BAG 12.3.2009 NZA-RR 2010, 180.
[445] BAG 29.6.2017 AP Nr. 261 zu § 626 BGB = NZA 2017, 1121.
[446] BAG 20.11.2014 AP Nr. 249 zu § 626 BGB = NZA 2015, 294; 9.6.2011 AP Nr. 236 zu § 626 BGB = NZA 2011, 1342; LAG Hamm 10.3.1999 LAGE § 1 KSchG Verhaltensbedingte Kündigung Nr. 75.

dabei das Auswahlermessen des AG auf Maßnahmen, die geeignet sind, die Belästigung für die Zukunft zu unterbinden.[447]

120 – **Spesenbetrug.** Ein Spesenbetrug des AN ist grundsätzlich auch bei verhältnismäßig geringen Beträgen ein geeigneter Kündigungsgrund.[448] Dies gilt auch dann, wenn der AN Spesen nicht hatte abrechnen wollen, eine Abrechnung jedoch auf Aufforderung durch seinen AG aus dem Gedächtnis erstellt und den AG nicht auf Zweifel an der Richtigkeit der Abrechnung hinweist.[449] Die Kündigung wegen betrügerischer Reisekostenabrechnung ist nicht schon deshalb unwirksam, weil der AG diesen Kündigungsgrund mit detektivischen Mitteln ausfindig gemacht hat, um das Arbeitsverhältnis beenden zu können, und er sich normalerweise nicht um die Abrechnungsweise des AN gekümmert hätte.[450] Mit dem Unterlassen von Kontrollen erteilt der AG dem AN keinen „Freibrief" für die Spesenabrechnungen, sondern bringt ihm im Gegenteil besonderes Vertrauen entgegen.

121 – **Stalking.** Stellt ein AN einer Kollegin unter bewusster Missachtung ihres entgegenstehenden Willens im Betrieb oder im Zusammenhang mit der geschuldeten Tätigkeit beharrlich nach, kann dies je nach Ausmaß und Intensität der Pflichtverletzung und deren Folgen für die Betroffene eine außerordentliche Kündigung begründen. Dabei kommt es nicht entscheidend auf die strafrechtliche Würdigung an (vgl. § 238 StGB), sondern auf die mit diesem Verhalten verbundene Störung des Betriebsfriedens.[451] In dem Verhalten liegt nicht nur eine Verletzung des Persönlichkeitsrechts der Betroffenen, sondern zugleich eine erhebliche Verletzung der Pflicht zur Rücksichtnahme auf die berechtigten Interessen des AG gem. § 241 II BGB, denn dieser hat die Integritätsinteressen seiner Mitarbeiter zu schützen.

122 – **Strafhaft.** Wird ein AN zum Strafantritt geladen, wird ihm die Arbeitsleistung unmöglich, so dass im Einzelfall eine außerordentliche Kündigung berechtigt sein kann; in der Regel wird jedoch eine ordentliche personenbedingte Kündigung in Betracht zu ziehen sein (→ § 131 Rn. 30).

123 – **Straftaten. Außerhalb des Arbeitsverhältnisses** begangene Straftaten rechtfertigen eine außerordentliche Kündigung nur dann, wenn sie sich auf das Arbeitsverhältnis auswirken, wie zB Vermögensdelikte eines Angestellten in einer Vertrauensstellung, Diebstähle in zum Unternehmen gehörenden anderen Kaufhäusern,[452] erhebliche Verkehrsdelikte eines Kraftfahrers, unerlaubter Waffenbesitz (dazu auch → Rn. 81).[453] Hierzu gehören auch strafbare Handlungen eines AN zulasten des Vermögens seines AG, die anlässlich eines privaten Einkaufs außerhalb der Arbeitszeit beim AG erfolgen. So stellt die zweckwidrige Verwendung produktbezogener Gutscheine im Wert von insgesamt 36,00 EUR beim Personaleinkauf durch eine Verkäuferin im Einzelhandel einen wichtigen Grund zur Kündigung dar.[454] Eine Steuerhinterziehung in erheblicher Höhe ist bei einem Angestellten einer Finanzbehörde auch dann ein geeigneter Kündigungsgrund, wenn der Angestellte die Hinterziehung gem. § 371 AO selbst angezeigt hat.[455]

124 Anders ist es dagegen bei Straftaten **im Arbeitsverhältnis.** Ein AN, der im Zusammenhang mit seiner Arbeitsleistung strafrechtlich relevante Handlungen gegen das Vermögen seines AG begeht, verletzt damit seine arbeitsvertragliche Rücksichtnahmepflicht (§ 241 II BGB) schwerwiegend und missbraucht das in ihn gesetzte Vertrauen in erheblicher Weise.[456] Das ist auch anzunehmen, wenn ein AN im Wege der Personalgestellung in einem anderen Unternehmen tätig ist, das für den Vertragsarbeitgeber Aufgaben erledigt und der AN dort einen Diebstahl

---

[447] BAG 29.6.2017 AP Nr. 261 zu § 626 BGB = NZA 2017, 1121; 9.6.2011 AP Nr. 236 zu § 626 BGB = NZA 2011, 1342.

[448] Vgl. BAG 11.7.2013 AP Nr. 69 zu § 1 KSchG 1969 Verhaltensbedingte Kündigung = NZA 2014, 250; 6.9.2007 AP Nr. 208 zu § 626 BGB = NZA 2008, 636; 2.6.1960, 22.11.1962 AP Nr. 42, 49 zu § 626 BGB; s. auch LAG SchlH 9.6.2009 – 5 Sa 430/08 (fingierte Fahrtkosten in Höhe von 1 227,60 EUR rechtfertigen fristlose Kündigung); LAG Frankfurt 5.7.1988 LAGE § 1 KSchG Verhaltensbedingte Kündigung Nr. 20, wonach im Einzelfall bei langjähriger beanstandungsfreier Beschäftigung und einem geringen Schaden – hier 25,– DM – auch eine ordentliche Kündigung unwirksam sein kann; zu manipulierten Reisekostenabrechnungen vgl. LAG Köln 2.3.1999 RzK I 6 a Nr. 174.

[449] LAG Nürnberg 28.3.2003 LAGE § 626 BGB Nr. 149.

[450] Ebenso LAG Nürnberg 28.3.2003 LAGE § 626 BGB Nr. 149; abw. OLG Köln 4.11.2002 EzA Nr. 1 zu § 626 BGB 2002, dagegen mit Recht *Diller* NZA 2006, 569 und *Küttner* FS Bartenbach, 2005, 599.

[451] BAG 19.4.2012 NZA-RR 2012, 567.

[452] BAG 20.9.1984 AP Nr. 80 zu § 626 BGB = NZA 1985, 286.

[453] LAG Bln 1.12.1986 AP Nr. 94 zu § 626 BGB.

[454] BAG 16.12.2010 AP Nr. 232 zu § 626 BGB = NZA 2011, 571.

[455] BAG 21.6.2001 AP Nr. 5 zu § 54 BAT = NZA 2002, 1030.

[456] BAG 13.12.2007 AP Nr. 210 zu § 626 BGB = NZA 2008, 1008.

begeht.[457] Entsprechendes gilt auch für **Bestechlichkeit und Nötigung.**[458] Problematisch sind Fälle der **Schmiergeldzahlung** mit Billigung des AG (dazu auch → Rn. 116).[459] Der unerlaubte **Zugriff auf Konten von Bankkunden** durch eine Kundenbetreuerin zum Zweck eigener Bereicherung berechtigt zur fristlosen Kündigung. Eine bestehende „Kaufsucht" der AN ändert daran nichts.[460] Hat der AG Beleidigungen ausgesprochen, ist es keine kündigungsrelevante **Drohung,** sondern eine zulässige und nicht zu beanstandende Reaktion des AN, wenn dieser antwortet: „Pass auf, was Du sagst, Junge!".[461] Verschafft sich ein AN vorsätzlich auf Kosten des AG einen ihm nicht zustehenden Vermögensvorteil, verletzt er erheblich seine aus § 241 II BGB folgende Pflicht zur Rücksichtnahme (→ Rn. 115). Zum Nachteil des AG begangene Eigentums- oder Vermögensdelikte, aber auch nicht strafbare, ähnlich schwerwiegende Handlungen unmittelbar gegen das Vermögen des AG kommen daher typischerweise als Grund für eine außerordentliche Kündigung in Betracht.[462] Das gilt unabhängig von der Höhe eines dem AG durch die Pflichtverletzung entstandenen Schadens.[463] Maßgebend ist vielmehr der mit der Pflichtverletzung verbundene Vertrauensbruch. Stets erforderlich ist allerdings eine sorgfältige Interessenabwägung und Prüfung des Verhältnismäßigkeitsgrundsatzes, weil es keine absoluten Kündigungsgründe gibt (näher dazu → Rn. 43).[464] Dem Diebstahl kann das **Kopieren von Daten** aus dem Bestand des AG gleichstehen (→ Rn. 115).[465] Ein **Spesenbetrug** und ein **Arbeitszeitbetrug** können selbst dann als Grund zur fristlosen Entlassung ausreichen, wenn es sich um einen einmaligen Vorfall mit geringen finanziellen Auswirkungen handelt.[466] Bei Vermögensdelikten gegen den AG sind im Rahmen der Interessenabwägung Unterhaltspflichten des AN in der Regel nicht zu berücksichtigen.[467] Trägt ein AN im Kündigungsschutzprozess bewusst wahrheitswidrig vor, weil er befürchtet, mit wahrheitsgemäßen Angaben den Prozess nicht gewinnen zu können, begeht er einen **Prozessbetrug** zulasten des AG, der einen wichtigen Grund zur außerordentlichen Kündigung bilden kann.[468] Legt eine AN dem AG eine **„Gefälligkeitsquittung"** über einen Betrag von 250,00 EUR mit dem Hinweis vor, es handele sich dabei um die Kosten, die ihr für die Bewirtung der Kollegen aus Anlass der Feier ihres 40-jährigen Dienstjubiläums entstanden seien, die zu übernehmen der AG zugesagt hatte,

[457] BAG 31.7.2014 AP Nr. 251 zu § 626 BGB = NZA 2015, 621.
[458] BAG 5.6.2008 NZA-RR 2009, 69.
[459] Vgl. zur strafrechtlichen Behandlung von Zuwendungen an Betriebsratsmitglieder („Lustreisen") BGH 17.9.2009 NJW 2010, 92.
[460] LAG BW 21.10.2009 – 13 Sa 24/09.
[461] LAG Düsseldorf 30.12.2010 – 5 Sa 825/10.
[462] BAG 22.9.2016 NZA 2017, 112.
[463] Vgl. BAG 22.9.2016 NZA 2017, 112 (Pfandbarauszahlung iHv 3,25 EUR); 31.7.2014 AP Nr. 251 zu § 626 BGB = NZA 2015, 621 (180 l Altdieselöl); 20.6.2013 AP Nr. 244 zu § 626 BGB = NZA 2014, 143 (Damenunterwäsche); 21.6.2012 AP Nr. 66 zu § 1 KSchG 1969 Verhaltensbedingte Kündigung = NZA 2012, 1025; 10.6.2010 AP Nr. 229 zu § 626 BGB = NZA 2010, 1227 (Pfandbons); 17.5.1984 AP Nr. 14 zu § 626 BGB Verdacht strafbarer Handlung; 20.9.1984 AP Nr. 80 zu § 626 BGB; 3.4.1986 AP Nr. 18 zu § 626 BGB Verdacht strafbarer Handlung (Verzehr eines Stück Bienenstichkuchens einer Verkäuferin hinter der Bedienungstheke; Diebstahl von drei Kiwifrüchten im Wert von DM 2,97; Diebstahl eines Lippenstifts zum Kaufpreis von DM 9,00); dazu auch BAG 13.12.2007 AP Nr. 210 zu § 626 BGB = NZA 2008, 1008; BAG 12.8.1999 AP Nr. 28 zu § 626 BGB Verdacht strafbarer Handlung = NZA 2000, 421 (Diebstahl von zwei Packungen Schinken (je 100 gr.), drei Kaffeetassen (Wert je 3,28 DM) und einer Dose Speiseöl (Wert: 4,75 DM) eines Mitropa-Mitarbeiters); BAG 11.12.2003 AP Nr. 179 zu § 626 BGB = NZA 2004, 486 (62 Minifläschchen Alkoholika); LAG Düsseldorf 19.2.1992 LAGE § 626 BGB Nr. 66 (Wegnahme einer Wurst in einer Metzgerei); ähnlich LAG Köln LAGE § 626 BGB Nr. 86 zur Mitnahme von 2 gebratenen Fischstücken im Wert von 10,– DM, die nach Schließung der Kantine vom Mittagessen übrig geblieben waren; LAG Köln 6.8.1999 LAGE § 626 BGB Nr. 127 (Diebstahl von jeweils einem Glas mit sechs Wiener Würstchen an drei Tagen); LAG BW 30.9.2010 NZA-RR 2011, 76 (Diebstahl eines Taschenkalenders im Einkaufswert von 4,10 EUR durch AN im Logistikbereich nach 28 Jahren Betriebszugehörigkeit); LAG Köln 18.11.2010 – 6 Sa 817/10 (Diebstahl einer Zigarettenpackung durch stellvertretende Filialleiterin eines Supermarktes rechtfertigt nicht fristlose, wohl aber ordentliche Kündigung); anders LAG Köln 30.9.1999 NZA-RR 2001, 83 (Diebstahl von 3 Briefumschlägen im Wert von 0,03 DM rechtfertigt Kündigung nur nach vorheriger Abmahnung).
[464] BAG 21.11.2013 AP Nr. 53 zu § 626 BGB Verdacht strafbarer Handlung = NZA 2014, 243; 10.6.2010 AP Nr. 229 zu § 626 BGB = NZA 2010, 1227; *Stoffels* NJW 2011, 118; *Walker* NZA 2011, 1.
[465] SächsLAG 14.7.1999 LAGE § 626 BGB Nr. 129.
[466] BAG 6.9.2007 AP Nr. 208 zu § 626 BGB = NZA 2008, 636.
[467] BAG 2.3.1989 AP Nr. 101 zu § 626 BGB = NZA 1989, 755; 5.4.2001 DB 2001, 2002; aA allerdings BAG 27.4.2006 AP Nr. 203 zu § 626 BGB = NZA 2006, 1033; 16.12.2004 AP Nr. 191 zu § 626 BGB = NZA-RR 2005, 615; mit Recht krit. hierzu APS/*Dörner/Vossen* BGB § 626 Rn. 111 f. mwN.
[468] BAG 8.11.2007 AP Nr. 209 zu § 626 BGB.

während sich diese Kosten in Wirklichkeit nur auf 83,90 EUR belaufen haben, soll dies nach zweifelhafter Auffassung des LAG Berlin-Brandenburg keine fristlose Kündigung rechtfertigen.[469] Gleiches gilt für eine vorsätzlich falsche **eidesstattliche Versicherung.**[470] Ein AN, der während seiner Tätigkeit für seinen AG mit dessen Kraftfahrzeug einen Unfall bewusst verursacht hat, um dessen **Haftpflichtversicherung zu schädigen,** begeht eine strafbare Handlung, die auch bei einem entsprechenden dringenden Verdacht geeignet ist, eine außerordentliche Kündigung aus wichtigem Grund zu rechtfertigen.[471] Der dringende Verdacht, **Autoreifen der Privat-PKW von Arbeitskollegen aufgeschlitzt** zu haben, stellt einen wichtigen Grund zur außerordentlichen Kündigung dar.[472] **Exhibitionistische Handlungen** nach § 183 StGB während der Dienstzeit unter Nutzung der Diensträume stellen einen an sich geeigneten wichtigen Grund zur außerordentlichen Kündigung dar.[473] Ein Krankenpfleger in einer psychiatrischen Klinik begeht eine besonders schwere Pflichtverletzung, die einen wichtigen Grund iSd § 626 I BGB darstellt, wenn er seine **Stellung als Pfleger zur Befriedigung seiner sexuellen Wünsche missbraucht.** Dies zeigt schon § 174a StGB, wonach mit Freiheitsstrafe von drei Monaten bis zu fünf Jahren bestraft wird, wer eine Person, die in einer Einrichtung für kranke oder hilfsbedürftige Menschen aufgenommen und ihm zur Beaufsichtigung oder Betreuung anvertraut ist, dadurch missbraucht, dass er unter Ausnutzung der Krankheit oder Hilfsbedürftigkeit dieser Person sexuelle Handlungen an ihr vornimmt oder an sich von ihr vornehmen lässt.[474] Der **sexuelle Missbrauch eines Kindes** durch eine angestellte Lehrkraft im dienstlichen Bereich stellt einen an sich geeigneten wichtigen Grund für eine fristlose Kündigung dar.[475] Gleiches gilt für sexuelle Handlungen mit einer Minderjährigen durch einen Kirchenmusiker, dessen Tätigkeit im direkten Zusammenhang mit dem Verkündigungsauftrag der Kirche steht.[476] Beachtet der AG das Mitbestimmungsrecht des BR nach § 87 I Nr. 1 BetrVG oder sich aus einer Betriebsvereinbarung ergebenden Pflichten nicht, führt dieser Umstand nicht dazu, dass der AG die unstreitige Tatsache eines im Besitz des AN während einer Personenkontrolle aufgefundenen Gegenstandes (hier: eines Lippenstiftes) in einem Kündigungsschutzprozess nicht verwerten kann.[477] Zur Zulässigkeit von **Videoaufzeichnungen** und möglichen **Beweisverwertungsverboten** (→ Rn. 50; → § 153 Rn. 9, 11).

125 – **Tätlichkeiten** im Betrieb rechtfertigen grundsätzlich die außerordentliche Kündigung.[478] Dasselbe gilt bei Angriffen auf den **Vorgesetzten.**[479] Eine Tätlichkeit gegenüber dem AG rechtfertigt regelmäßig eine außerordentliche Kündigung auch eines langjährig beschäftigten AN, weil der AN dadurch zeigt, dass er den AG missachtet und dadurch dessen Autorität untergräbt.[480]

126 Ein tätlicher Angriff auf einen **Arbeitskollegen** stellt eine schwere Verletzung der arbeitsvertraglichen Pflichten zur Rücksichtnahme auf die Rechte und Interessen des anderen AN dar. Bei schweren Tätlichkeiten unter Arbeitskollegen bedarf es regelmäßig keiner Abmahnung. Ein einmaliger Vorfall kann schon ein wichtiger Grund zur Kündigung sein, ohne dass der AG noch eine Wiederholungsgefahr begründen und den AN zuvor abmahnen müsste.[481] Der AG ist seinerseits nicht nur allen AN gegenüber verpflichtet, dafür zu sorgen, dass sie keinen Tätlichkeiten ausgesetzt sind. Er hat auch ein eigenes Interesse daran, dass die betriebliche Zusammenarbeit nicht durch tätliche Auseinandersetzungen beeinträchtigt und Mitarbeiter verletzt werden und ggf. ausfallen. Ferner kann der AG auch berücksichtigen, wie sich ein solches Verhalten auf die übrigen AN und den Betrieb auswirkt, insbesondere wenn er keine personellen Maßnahmen ergreifen würde. Eine Ohrfeige stellt unzweifelhaft einen tätlichen Angriff auf eine Arbeitskollegin dar.[482] Gießt ein Müllwerker im Verlaufe einer Auseinander-

[469] LAG Bln-Bbg 16.9.2010 NZA-RR 2010, 633; abl. *Hunold* NZA-RR 2010, 636.
[470] BAG 24.11.2005 AP Nr. 55 zu § 103 BetrVG 1972.
[471] BAG 29.11.2007 AP Nr. 40 zu § 626 BGB Verdacht strafbarer Handlung.
[472] BAG 13.3.2008 AP Nr. 43 zu § 626 BGB Verdacht strafbarer Handlung = NZA 2008, 809.
[473] BAG 5.6.2008 NZA-RR 2008, 630.
[474] BAG 12.3.2009 NZA-RR 2010, 180.
[475] BAG 23.10.2014 AP Nr. 248 zu § 626 BGB = NZA 2015, 353.
[476] BAG 26.9.2013 AP Nr. 246 zu § 626 BGB = NZA 2014, 529.
[477] BAG 13.12.2007 AP Nr. 210 zu § 626 BGB = NZA 2008, 1008.
[478] BAG 18.9.2008 – 2 AZR 1039/06; 6.10.2005 AP Nr. 25 zu § 1 KSchG 1969 Personenbedingte Kündigung = NZA 2006, 431; 30.9.1993 EzA Nr. 152 zu § 626 BGB nF; 31.3.1993 AP Nr. 32 zu § 626 BGB Ausschlussfrist = DB 1994, 839; 12.7.1984, 12.3.1987 AP Nr. 32, 47 zu § 102 BetrVG 1972.
[479] LAG Hamm 20.9.1995 NZA-RR 1996, 291.
[480] LAG Nds 27.9.2002 NZA-RR 2003, 76.
[481] BAG 18.9.2008 DB 2009, 964.
[482] BAG 6.10.2005 AP Nr. 25 zu § 1 KSchG 1969 Personenbedingte Kündigung = NZA 2006, 431; LAG RhPf 14.10.2010 – 10 Sa 296/10.

setzung eine Tasse heißen Tee über seinem Kollegen aus, liegt darin selbst dann ein wichtiger Grund zur außerordentlichen Kündigung, wenn der angegriffene Kollege den Streit provoziert und zuvor seinerseits dem anderen AN warmen Kaffee ins Gesicht geschüttet hat. Das gilt uneingeschränkt auch dann, wenn der Umgangston unter den AN (Müllwerker) als „etwas rauer" zu bezeichnen ist.[483]

Der AG hat die Tätlichkeit **darzulegen und ggf. zu beweisen.** Besitzt er keine eigene Kenntnis von den näheren Tatumständen, liegen jedoch objektive Anhaltspunkte für eine erhebliche aktive Beteiligung des AN an einer tätlichen Auseinandersetzung vor, darf sich der AG zur Begründung der Kündigung zunächst hierauf stützen. Beruft sich der AN darauf, lediglich Opfer der Auseinandersetzung gewesen zu sein oder in Notwehr gehandelt zu haben,[484] hat er im Rahmen einer abgestuften Darlegungs- und Beweislast (§ 138 II ZPO) seine dahingehende Behauptung durch entsprechenden Tatsachenvortrag zu verdeutlichen, insbesondere sich zu Anlass und Verlauf der tätlichen Auseinandersetzung zu erklären. Kommt der AN seiner dahingehenden prozessualen Erklärungspflicht nach, ist es Sache des AG, die erhebliche aktive Beteiligung des AN an der tätlichen Auseinandersetzung nachzuweisen. Lässt sich der Sachverhalt nicht abschließend aufklären, geht dies zu Lasten des AG.[485] 127

– **Telefongespräche.** Private, unerlaubte Telefongespräche können jedenfalls nach vorheriger Abmahnung eine fristlose Kündigung rechtfertigen.[486] Maßgeblich sind hier nicht allein die entstandenen Gebühren, sondern auch die eingesetzte Arbeitszeit für private Zwecke. Das vielfache Führen privater Sex-Telefonate während der Arbeitszeit auf Kosten des AG von einem Dienstanschluss kann eine außerordentliche Kündigung begründen.[487] 128

– **Tendenzträger.** Diese sind verpflichtet, sowohl bei der Arbeitsleistung als auch im außerbetrieblichen Bereich nicht gegen die Tendenz, dh die grundsätzlichen Zielsetzungen des Unternehmens zu verstoßen. Ein Tendenzträger hat sich auch außerdienstlich solcher Äußerungen und Handlungen zu enthalten, die der Tendenz des Unternehmens nachhaltig zuwiderlaufen und damit betriebliche Interessen des Unternehmens erheblich berühren.[488] Bei schwerwiegenden Verstößen gegen die Tendenz, insbesondere solchen, bei denen der Tendenzträger offensichtlich und erheblich gegen die der unternehmerischen Betätigung zugrunde liegenden Grundrechts- und Verfassungswerte verstößt und deshalb nicht mit einer entsprechenden Billigung seiner Handlung durch den AG rechnen kann, kommt ausnahmsweise eine außerordentliche Kündigung ohne Abmahnung in Betracht.[489] Ein **Redakteur einer Tageszeitung** kann beispielsweise seine vertraglichen Rücksichtnahmepflichten verletzen, indem er sich gegen eine Veröffentlichung in der Presse des eigenen AG mit einer Gegendarstellung wendet und sich diese als eine unverhältnismäßige Reaktion auf einen Pressebericht darstellt.[490] Auch Tendenzträger müssen jedoch nicht dem AG Einblick in die Akten eines gegen sie geführten staatsanwaltschaftlichen Ermittlungsverfahrens gewähren. Der AG, der mit eigenen Mitteln nicht in der Lage ist, gegen einen AN erhobene Vorwürfe selbst weiter aufzuklären, vor allem wenn sie sich auf den außerdienstlichen Bereich beziehen, wird dadurch nicht schutzlos gestellt. Er kann bei berechtigtem Interesse über § 475 StPO Auskünfte aus einem laufenden Strafverfahren erlangen.[491] 128a

– **Überstundenverweigerung.** Weigert sich ein AN, Überstunden zu verrichten, kommt eine – ggf. auch außerordentliche – Kündigung nur in Betracht, wenn der AG vom AN die Leistung der Mehrarbeit verlangen konnte.[492] Hierfür bedarf es grundsätzlich einer besonderen Rechtsgrundlage, weil der zeitliche Umfang der Arbeitspflicht nicht dem Weisungsrecht des AG unterliegt (→ § 45 Rn. 43).[493] Die Grenzen des ArbZG sind vom AG stets zu beach- 129

[483] LAG Nds 5.8.2002 LAGE § 626 BGB Nr. 142; etwas weniger streng LAG Köln 11.12.2002 NZA-RR 2003, 470.

[484] Dazu LAG Bln-Bbg 20.5.2010 – 25 Sa 130/10.

[485] BAG 18.9.2008 DB 2009, 964.

[486] Vgl. BAG 4.3.2004 AP Nr. 50 zu § 103 BetrVG 1972 = NZA 2004, 717 (18 Stunden in sieben Wochen nach Mauritius für 1 355,76 EUR); LAG LSA 23.11.1999 NZA-RR 2000, 476; LAG Nds 13.1.1998 LAGE § 1 KSchG Verhaltensbedingte Kündigung Nr. 63 (Telefongebühren in Höhe von rund 175 DM in 3½ Monaten); LAG Köln 2.7.1998 LAGE § 1 KSchG Verhaltensbedingte Kündigung Nr. 66 (Telefongebühren in Höhe von rund 580 DM in 10 Monaten): LAG Bln-Bbg 18.11.2009 LAGE § 626 BGB 2002 Nr. 25.

[487] LAG Köln 13.3.2002 NZA-RR 2002, 577; LAG Hamm 30.5.2005 NZA-RR 2006, 353.

[488] BAG 23.10.2008 AP Nr. 218 zu § 626 BGB = NZA-RR 2009, 362.

[489] BAG 28.8.2003 AP Nr. 49 zu § 103 BetrVG 1972 = NZA 2004, 501.

[490] BAG 23.10.2008 AP Nr. 218 zu § 626 BGB = NZA-RR 2009, 362.

[491] BAG 23.10.2008 AP Nr. 218 zu § 626 BGB = NZA-RR 2009, 362.

[492] Vgl. LAG Köln 27.4.1999 LAGE § 626 BGB Nr. 126.

[493] BAG 3.6.2003 AP Nr. 19 zu § 77 BetrVG 1972 Tarifvorbehalt.

ten. Als Rechtsgrundlage für ein Überstundenverlangen des AG kommen der Arbeitsvertrag, eine Betriebsvereinbarung oder ein Tarifvertrag in Betracht. In besonderen Notsituationen kann der AN auch ohne vertragliche Vereinbarung nach Treu und Glauben (§ 242 BGB) zur Leistung von Überstunden verpflichtet sein.[494] Liegt der Überstundenanordnung ein kollektiver Tatbestand zugrunde, ist in Betrieben mit BR nach § 87 I Nr. 3 BetrVG die vorherige Zustimmung des BR Wirksamkeitsvoraussetzung für die Anordnung der Überstunden.[495] Auch wenn der AN an sich verpflichtet ist, Überstunden zu leisten, ist weiterhin stets zu prüfen, ob die Anordnung der Überstunden in der konkreten Situation billigem Ermessen (§ 315 BGB) entspricht.

130 – **Unentschuldigtes Fehlen** des AN für die Dauer eines ganzen Arbeitstags ohne ausreichende Information des AG ist im Wiederholungsfall, ggf. nach einschlägiger Abmahnung, je nach den Umständen an sich geeignet, eine außerordentliche Kündigung zu begründen. Dabei obliegt es dem AG regelmäßig nicht, Betriebsablaufstörungen infolge des unentschuldigten Fehlens des AN und der nicht erfolgten Benachrichtigung konkret darzulegen. Solche Betriebsablaufstörungen sind mit einem derartigen Fehlverhalten des AN üblicherweise verbunden. Handelt es sich um gleichartige Verfehlungen (Verspätungen, unentschuldigtes Fehlen), können auch nach § 626 II BGB verfristete Kündigungsgründe unterstützend zur Rechtfertigung der Kündigung herangezogen werden.[496]

131 Bei **unbefugtem Verlassen des Arbeitsplatzes** kommt es auf die Umstände des Einzelfalles an. Im Falle der Stellensuche (§ 629 BGB) soll eine fristlose Kündigung dann nicht mehr gerechtfertigt sein, wenn der AN zwei Tage vor Beendigung des Arbeitsverhältnisses weggeht.[497] Anders ist es dagegen, wenn sich ein AN trotz Verbots vom Arbeitsplatz entfernt.[498]

132 – **Unpünktlichkeit.** Häufige Unpünktlichkeit trotz mehrfacher Abmahnung kann nur ausnahmsweise ein Grund zur außerordentlichen Kündigung sein. In der Regel kommt in diesen Fällen nur eine ordentliche Kündigung in Betracht. Allerdings hat das BAG zu weitgehend die außerordentliche Kündigung eines AN, der in 1½ Jahren 104mal verspätet zur Arbeit kam und sechs Mal abgemahnt worden ist, nicht ohne Weiteres als außerordentlichen Kündigungsgrund anerkannt, sondern eine betriebliche Störung verlangt.[499] Inzwischen hat es die Entscheidung präzisiert und die betriebliche Störung zu Recht nur im Rahmen der Interessenabwägung berücksichtigt.[500] Wer wiederholt abgemahnt wurde, hat Vorsorge gegen die Wiederholung von Verspätungen zu treffen, etwa durch Überprüfung der Fahrtüchtigkeit seines Kfz am Vorabend oder durch bessere Absicherung des Aufweckens am Morgen, wenn er mit Schlafstörungen durch ein krankes Kind rechnen muss. Wer mehrmals den Wecker überhört und verschläft, muss für einen lauteren Wecker oder für ein Aufwecken durch zuverlässige Dritte sorgen bzw. frühzeitig zu Bett gehen.[501]

133 – **Urlaub.** Die Selbstbeurlaubung berechtigt grundsätzlich zur außerordentlichen Kündigung.[502] Die Vertragsverletzung ergibt sich aus § 7 I BUrlG, wonach der Urlaub grundsätzlich vom AG zu gewähren ist und nicht vom AN einseitig genommen werden kann (→ § 104 Rn. 78). Der AN, der sich selbst beurlaubt, verletzt die Hauptpflicht zur Arbeitsleistung, von der er mangels einer Urlaubserteilung durch den AG nicht wirksam entbunden ist. Eine Kündigung wegen eigenmächtigen Urlaubsantritts kann allerdings im Einzelfall unwirksam sein, wenn beispielsweise wegen einer Auslandsbeschäftigung des AN gerichtliche Hilfe zur Durchsetzung des Urlaubsanspruchs nicht rechtzeitig in Anspruch genommen werden kann.[503] Im Rahmen der Interessenabwägung ist zu berücksichtigen, ob der AG seinerseits rechtswidrig die Urlaubserteilung verweigert hat.[504]

---

494 LAG SchlH 26.6.2001 RzK I 5 i Nr. 167; ArbG Leipzig 4.2.2003 NZA-RR 2003, 365.
495 Vgl. *Fitting* BetrVG § 87 Rn. 140 ff.
496 BAG 15.3.2001 EzA Nr. 185 zu § 626 BGB nF.
497 LAG Düsseldorf WA 1960 Nr. 155.
498 LAG Düsseldorf DB 1970, 595.
499 BAG 17.8.1988 AP Nr. 99 zu § 626 BGB = NZA 1989, 261; vgl. *Fromm* BB 1995, 2578.
500 BAG 17.1.1991 AP Nr. 25 zu § 1 KSchG 1969 Verhaltensbedingte Kündigung = NZA 1991, 557.
501 BAG 27.2.1997 AP Nr. 36 zu § 1 KSchG 1969 Verhaltensbedingte Kündigung = NZA 1997, 761.
502 BAG 25.2.1983 AP Nr. 14 zu § 626 BGB Ausschlussfrist = NJW 1983, 2720; 20.1.1994 AP Nr. 114 zu § 626 BGB = 1994, 548; 31.1.1996 EzA Nr. 47 zu § 1 KSchG Verhaltensbedingte Kündigung; 22.1.1998 AP Nr. 38 zu § 626 BGB Ausschlussfrist = NZA 1998, 708; 16.3.2000 AP Nr. 114 zu § 102 BetrVG 1972 = NZA 2000, 1332.
503 BAG 20.1.1994 AP Nr. 114 zu § 626 BGB.
504 BAG 22.1.1998 AP Nr. 38 zu § 626 BGB Ausschlussfrist = NZA 1998, 708; 16.3.2000 AP Nr. 114 zu § 102 BetrVG 1972 = NZA 2000, 1332.

Unbefugte Urlaubsüberschreitungen können ebenfalls eine außerordentliche Kündigung rechtfertigen. Bei einer Erkrankung während des Urlaubs tritt keine automatische Urlaubsverlängerung um die Krankheitstage ein (→ § 104 Rn. 57). Die Urlaubsüberschreitung ist nicht unbefugt, wenn der AN durch eine Naturkatastrophe an der rechtzeitigen Rückkehr verhindert ist. Der AG hat zu beweisen, dass der AN unberechtigt der Arbeit ferngeblieben ist. 134, 135

– **Verdachtskündigung.** Der dringende Verdacht einer strafbaren Handlung oder einer sonstigen schweren arbeitsvertraglichen Pflichtverletzung kann ein wichtiger Grund zur außerordentlichen Kündigung sein, wenn auf objektiven Tatsachen beruhende starke Verdachtsmomente vorliegen, die geeignet sind, das für die Fortsetzung des Arbeitsverhältnisses erforderliche Vertrauen zu zerstören (zur Ausschlussfrist → Rn. 28).[505] An die Voraussetzungen einer Verdachtskündigung sind strenge Anforderungen zu stellen.[506] Stets erforderlich ist, dass der AG dem AN Gelegenheit zur Stellungnahme gegeben hat (→ Rn. 139). Auch der Verdacht einer nicht strafbaren, gleichwohl erheblichen Verletzung der sich aus dem Arbeitsverhältnis ergebenden Pflichten kann ein wichtiger Grund iSv § 626 I BGB sein.[507] **Art. 6 II EMRK** (Unschuldsvermutung) steht der Zulässigkeit einer Verdachtskündigung nicht entgegen.[508] Die Kündigung wegen des Verdachts einer Pflichtverletzung ist von der Kündigung wegen einer vom AG als erwiesen erachteten Pflichtverletzung abzugrenzen (→ Rn. 143).[509] Die Grundsätze zur Verdachtskündigung gelten auch bei einem GmbH-Geschäftsführer.[510] Bezieht sich der Verdacht auf ein außerdienstliches Verhalten des AN, ist dies selbst bei strafbaren Handlungen nicht stets kündigungsrelevant. Vielmehr muss das dem Verdacht zugrunde liegende Fehlverhalten einen Bezug zum Arbeitsverhältnis und dessen Vertrauensgrundlage haben (dazu → Rn. 81).[511] Wird im Anstellungsvertrag die Anwendung der beamtenrechtlichen Grundsätze vereinbart, soweit diese nicht auf der Eigenart des öffentlichen Dienstes beruhen, schließt dies grundsätzlich eine außerordentliche Verdachtskündigung nicht aus.[512] Für die ordentliche Verdachtskündigung gelten keine abweichenden Maßstäbe (dazu → § 131 Rn. 52a).[513] 136

Eine Verdachtskündigung liegt nur vor, wenn der AG die Kündigung damit begründet, gerade der zum Zeitpunkt der Kündigung vorliegende Verdacht habe das für die Fortsetzung des Arbeitsverhältnisses erforderliche **Vertrauen zerstört.**[514] Dagegen liegt keine Verdachtskündigung vor, wenn der AG, obwohl er nur einen Verdacht hegt, die Verfehlung des AN als sicher hinstellt und mit dieser Begründung kündigt.[515] Beruft sich der AG im Prozess zur Begründung der Kündigung nicht wenigstens auch hilfsweise auf den Verdacht der Pflichtverletzung, ist der Kündigungsschutzklage im Ergebnis stattzugeben, wenn der AG die behauptete Pflichtwidrigkeit nicht durch objektive Umstände beweisen kann oder überhaupt keine objektiven Umstände für den Tatvorwurf vorliegen, sondern der Vorwurf nur auf Schlussfolgerungen des AG beruht.[516] 137

Der Verdacht muss **dringend** sein, dh es muss eine große Wahrscheinlichkeit für die Pflichtwidrigkeit des gekündigten AN bestehen.[517] Die Umstände, die den Verdacht begründen, dürfen nach allgemeiner Lebenserfahrung nicht ebenso gut durch ein Geschehen zu erklären sein, das 138

[505] BAG 18.6.2015 AP Nr. 74 zu § 1 KSchG 1969 Verhaltensbedingte Kündigung = NZA 2016, 287; 21.11.2013 AP Nr. 53 zu § 626 BGB Verdacht strafbarer Handlung = NZA 2014, 243; 25.10.2012 AP Nr. 51 zu § 626 BGB Verdacht strafbarer Handlung = NZA 2013, 371.

[506] BAG 29.11.2007 AP Nr. 40 zu § 626 BGB Verdacht strafbarer Handlung; 13.9.1995 AP Nr. 25 zu § 626 BGB Verdacht strafbarer Handlung = NZA 1996, 81.

[507] BAG 18.6.2015 AP Nr. 74 zu § 1 KSchG 1969 Verhaltensbedingte Kündigung = NZA 2016, 287; 21.6.2012 AP Nr. 68 zu § 9 KSchG 1969 = NZA 2013, 199; 25.11.2010 AP Nr. 48 zu § 626 BGB Verdacht strafbarer Handlung = NZA-RR 2012, 222.

[508] BAG 12.2.2015 AP Nr. 1 zu § 22 BBiG = NZA 2015, 741; 14.9.1994 AP Nr. 24 zu § 626 BGB Verdacht strafbarer Handlung = NZA 1995, 269.

[509] BAG 10.2.2005 AP Nr. 79 zu § 1 KSchG 1969 = NZA 2005, 1056.

[510] LAG Berlin 30.6.1997 AP Nr. 41 zu § 5 ArbGG 1979 = NZA-RR 1997, 424.

[511] BAG 27.11.2008 AP Nr. 90 zu § 1 KSchG 1969 = NZA 2009, 604.

[512] BAG 6.12.2001 AP Nr. 36 zu § 626 BGB Verdacht strafbarer Handlung = NZA 2002, 847.

[513] BAG 23.6.2009 AP Nr. 47 zu § 626 BGB Verdacht strafbarer Handlung = NZA 2009, 1136; 27.11.2008 AP Nr. 90 zu § 1 KSchG 1969 = NZA 2009, 604.

[514] BAG 2.3.2017 AP Nr. 55 zu § 626 BGB Verdacht strafbarer Handlung = NZA 2017, 1051; 23.6.2009 AP Nr. 47 zu § 626 BGB Verdacht strafbarer Handlung = NZA 2009, 1136; 10.2.2005 AP Nr. 79 zu § 1 KSchG 1969 = NZA 2005, 1056.

[515] BAG 26.3.1992 AP Nr. 23 zu § 626 BGB Verdacht strafbarer Handlung.

[516] BAG 3.4.1986 AP Nr. 18 zu § 626 BGB Verdacht strafbarer Handlung.

[517] BAG 2.3.2017 AP Nr. 55 zu § 626 BGB Verdacht strafbarer Handlung = NZA 2017, 1051; 12.2.2015 AP Nr. 1 zu § 22 BBiG = NZA 2015, 741; 20.6.2013 AP Nr. 244 zu § 626 BGB = NZA 2014, 143; 25.10.2012 AP Nr. 51 zu § 626 BGB Verdacht strafbarer Handlung = NZA 2013, 371.

eine außerordentliche Kündigung nicht zu rechtfertigen vermag.[518] Die Verdachtsmomente müssen **auf objektiven Tatsachen beruhen** und geeignet sein, das für die Fortsetzung des Arbeitsverhältnisses erforderliche Vertrauen aus der Sicht eines verständigen und gerecht abwägenden AG zu zerstören;[519] auf die subjektive Wertung des konkret kündigenden AG kommt es nicht an.[520] Bloße, auf mehr oder weniger haltbare Vermutungen gestützte Verdächtigungen reichen dementsprechend zur Rechtfertigung eines dringenden Tatverdachts nicht aus.[521] Der AG muss alle zumutbaren Anstrengungen zur Aufklärung des Sachverhalts unternommen haben.[522] Die den Verdacht stärkenden oder entkräftenden Tatsachen können dabei nach der Rechtsprechung des BAG bis zur letzten mündlichen Verhandlung in der Berufungsinstanz vorgetragen werden. Sie sind grundsätzlich zu berücksichtigen, sofern sie bereits vor Zugang der Kündigung vorlagen. Dies gilt auch für Umstände, die den Verdacht eines eigenständigen – neuen – Kündigungsvorwurfs begründen.[523] Einer erneuten Anhörung des AN hierzu bedarf es nicht. Seine Rechte werden dadurch ausreichend gewahrt, dass er sich im anhängigen Kündigungsschutzprozess gegen den neuen Tatverdacht verteidigen kann. Der BR ist indes nach der Rechtsprechung des BAG zuvor hierzu anzuhören, wenn es sich um einen neuen Sachverhalt handelt (→ § 124 Rn. 42).[524] Ein **Ermittlungsverfahren der Staatsanwaltschaft** und eine richterliche Durchsuchungsanordnung begründen für sich allein noch keinen dringenden Tatverdacht.[525] Allein aus der Entlassung aus einer eintägigen Untersuchungshaft kann noch nicht geschlossen werden, dass kein dringender Tatverdacht mehr besteht.[526] Behauptet der AG, einer von drei in Betracht kommenden AN habe einen Diebstahl begangen, und kündigt er alle drei, weil er nicht weiß, wer von ihnen es war, liegt kein dringender Verdacht vor.[527]

138a Die kündigungsrechtliche Beurteilung des in Rede stehenden Verhaltens hängt nicht von der **strafrechtlichen Bewertung** des mitgeteilten Kündigungssachverhalts ab. Entscheidungen im Strafverfahren binden die über die Wirksamkeit einer (Verdachts-)Kündigung befindenden Arbeitsgerichte nicht.[528] Entscheidend ist der mit dem Verhalten oder dem Verdacht einhergehende Vertrauensverlust.[529] Deshalb besteht regelmäßig keine Rechtfertigung für die Aussetzung eines Kündigungsschutzprozesses bis zur rechtskräftigen Erledigung eines Strafverfahrens, in dem der Kündigungsvorwurf auf seine strafrechtliche Relevanz hin geprüft wird.[530] Im Strafverfahren gewonnene Erkenntnisse oder Handlungen der Strafverfolgungsbehörden können die Annahme, der AN habe die Pflichtverletzung begangen, verstärken.[531] Sie bilden als solche aber keine objektive Tatsache, die den dringenden Verdacht eines bestimmten strafbaren Verhaltens begründen könnte.[532] Der AG hat im Prozess vielmehr Tatsachen vorzutragen, die unmittelbar als solche den Schluss zulassen, der AN sei eines bestimmten, die Kündigung rechtfertigenden Verhaltens dringend verdächtig.[533] Hierzu kann er sich Ermittlungsergebnisse der Strafverfolgungsbehörden zu eigen machen und sie durch Bezugnahme als eigene Behauptungen vorzutragen. Es genügt aber nicht, anstelle von unmittelbar verdachtsbegründenden Tatsachen lediglich

---

[518] BAG 18.6.2015 AP Nr. 74 zu § 1 KSchG 1969 Verhaltensbedingte Kündigung = NZA 2016, 287; 21.6.2012 AP Nr. 68 zu § 9 KSchG 1969 = NZA 2013, 199.
[519] BAG 25.11.2010 AP Nr. 48 zu § 626 BGB Verdacht strafbarer Handlung = NZA-RR 2012, 222.
[520] Ebenso BAG 29.11.2007 AP Nr. 40 zu § 626 BGB Verdacht strafbarer Handlung; 20.8.1997 AP Nr. 27 zu § 626 BGB Verdacht strafbarer Handlung.
[521] BAG 2.3.2017 AP Nr. 55 zu § 626 BGB Verdacht strafbarer Handlung = NZA 2017, 1051; 20.6.2013 AP Nr. 244 zu § 626 BGB = NZA 2014, 143; 24.5.2012 AP Nr. 50 zu § 626 BGB Verdacht strafbarer Handlung = NZA 2013, 137.
[522] BAG 25.11.2010 AP Nr. 48 zu § 626 BGB Verdacht strafbarer Handlung = NZA-RR 2012, 222; 29.11.2007 AP Nr. 40 zu § 626 BGB Verdacht strafbarer Handlung.
[523] BAG 18.6.2015 AP Nr. 74 zu § 1 KSchG 1969 Verhaltensbedingte Kündigung = NZA 2016, 287; 23.10.2014 AP Nr. 252 zu § 626 BGB = NZA 2015, 429; zu Besonderheiten bei Auszubildenden BAG 12.2.2015 AP Nr. 1 zu § 22 BBiG = NZA 2015, 741.
[524] BAG 18.6.2015 AP Nr. 74 zu § 1 KSchG 1969 Verhaltensbedingte Kündigung = NZA 2016, 287; 23.5.2013 AP Nr. 52 zu § 626 BGB Verdacht strafbarer Handlung = NZA 2013, 1416.
[525] BAG 29.11.2007 AP Nr. 40 zu § 626 BGB Verdacht strafbarer Handlung.
[526] BAG 6.11.2003 AP Nr. 39 zu § 626 BGB Verdacht strafbarer Handlung = NZA 2004, 919.
[527] BAG 6.9.2007 AP Nr. 62 zu § 4 KSchG 1969 = NZA 2008, 219.
[528] BAG 2.3.2017 AP Nr. 55 zu § 626 BGB Verdacht strafbarer Handlung = NZA 2017, 1051.
[529] BAG 20.6.2013 AP Nr. 244 zu § 626 BGB = NZA 2014, 143.
[530] BAG 25.10.2012 AP Nr. 51 zu § 626 BGB Verdacht strafbarer Handlung = NZA 2013, 371.
[531] BAG 24.5.2012 NZA 2013, 137.
[532] BAG 2.3.2017 AP Nr. 55 zu § 626 BGB Verdacht strafbarer Handlung = NZA 2017, 1051.
[533] BAG 25.10.2012 AP Nr. 51 zu § 626 BGB Verdacht strafbarer Handlung = NZA 2013, 371; 24.5.2012 NZA 2013, 137.

zu behaupten, auch die Strafverfolgungsbehörden gingen von einem Tatverdacht aus.[534] Das Arbeitsgericht kann die im Strafurteil enthaltenen Feststellungen im Wege des Urkundenbeweises gemäß §§ 415, 417 ZPO zu verwerten (→ Rn. 51).[535]

Der AN ist vor der Kündigung zu den Anschuldigungen **anzuhören** (→ Rn. 23).[536] Die Notwendigkeit der Anhörung des AN vor Ausspruch einer Verdachtskündigung ist Ausfluss des Verhältnismäßigkeitsprinzips und damit Wirksamkeitsvoraussetzung der Verdachtskündigung.[537] Der erforderliche Umfang und damit auch ihre Ausgestaltung richten sich nach den Umständen des Einzelfalls. Dabei ist ein objektiver Maßstab aus Sicht eines verständigen AN zugrunde zu legen.[538] Der AN muss die Möglichkeit erhalten, die Verdachtsgründe zu entkräften und Entlastungstatsachen anzuführen. Die vorherige Mitteilung des Gesprächsthemas ist grundsätzlich nicht erforderlich.[539] Die Anhörung stellt keine nach § 26 I 2 BDSG unzulässige Datenerhebung dar.[540] Die Anhörung muss nicht den Anforderungen genügen, die an eine Anhörung des BR nach § 102 I BetrVG gestellt werden.[541] Es reicht grundsätzlich nicht aus, den AN lediglich mit einer völlig unsubstantiierten Wertung zu konfrontieren. Die Anhörung muss sich vielmehr auf einen greifbaren Sachverhalt beziehen. Der AN muss die Möglichkeit haben, bestimmte, zeitlich und räumlich eingegrenzte Tatsachen zu bestreiten oder den Verdacht entkräftende Tatsachen zu bezeichnen und so zur Aufhellung der Geschehnisse beizutragen.[542] Das verlangt nicht notwendig, dass der AG hinsichtlich eines für aufklärungsbedürftig gehaltenen Sachverhalts bereits einen (dringenden) Verdacht gegen den AN hegt und hierauf im Rahmen der Anhörung ausdrücklich hinweist. Erforderlich ist allein, dass der AN erkennen kann, welchen Sachverhalt der AG für aufklärungsbedürftig hält, dass er jedenfalls auch seine, des AN, Verantwortung dafür in Betracht zieht und dass ihm, dem AN, Gelegenheit gegeben werden soll, zu den aufklärungsbedürftigen Geschehnissen und Verdachtsmomenten Stellung zu nehmen. Dies kann sich hinreichend auch aus den Umständen der Anhörung ergeben.[543] Sind dem AN aufgrund eines staatsanwaltlichen Ermittlungsverfahrens die vom AG erhobenen Anschuldigungen bekannt, müssen sie nicht nochmals im Einzelnen benannt werden.[544] Gleiches gilt, wenn der AN die vom AG erhobenen Anschuldigungen aus Vorgesprächen kennt.[545] Die Anhörung kann nicht telefonisch erfolgen, wenn unbeteiligte Dritte (Kunden usw.) mithören können.[546] Der AN kann zu der Anhörung einen **Rechtsanwalt hinzuziehen.**[547] Dessen Wissen muss er sich im Rahmen der Anhörung jedoch nicht zurechnen lassen.[548] Auch wenn der AG den Anwalt des AN zuvor über den Kündigungsgrund unterrichtet hat, muss er im Rahmen der Anhörung den AN persönlich hierüber unterrichten. Erklärt der AN, er werde sich zu dem gegen ihn erhobenen Vorwurf nicht äußern, und nennt er für seine Weigerung keine relevanten Gründe, muss der AG ihn über die Verdachtsmomente nicht näher informieren.[549] Eine solche Anhörung des AN wäre überflüssig, weil sie zur Aufklärung des Sachverhalts und zur Willensbildung des AG nicht beitragen kann.[550] Die fehlende Bereitschaft, an der Aufklärung mitzuwirken, kann sich auch aus dem späteren Verhalten des AN ergeben.[551] 139

534 BAG 25.10.2012 AP Nr. 51 zu § 626 BGB Verdacht strafbarer Handlung = NZA 2013, 371.
535 BAG 2.3.2017 AP Nr. 55 zu § 626 BGB Verdacht strafbarer Handlung = NZA 2017, 1051.
536 Vgl. BAG 25.4.2018 AP Nr. 269 zu § 626 BGB = NZA 2018, 1405; 20.3.2014 AP Nr. 54 zu § 626 BGB Verdacht strafbarer Handlung = NZA 2014, 1015.
537 BAG 20.3.2014 AP Nr. 54 zu § 626 BGB Verdacht strafbarer Handlung = NZA 2014, 1015; 23.5.2013 AP Nr. 52 zu § 626 BGB Verdacht strafbarer Handlung = NZA 2013, 1416.
538 BAG 25.4.2018 AP Nr. 269 zu § 626 BGB = NZA 2018, 1405.
539 BAG 12.2.2015 AP Nr. 1 zu § 22 BBiG = NZA 2015, 741.
540 BAG 12.2.2015 AP Nr. 1 zu § 22 BBiG = NZA 2015, 741.
541 BAG 20.3.2014 AP Nr. 54 zu § 626 BGB Verdacht strafbarer Handlung = NZA 2014, 1015; 24.5.2012 AP Nr. 50 zu § 626 BGB Verdacht strafbarer Handlung = NZA 2013, 137.
542 BAG 20.3.2014 AP Nr. 54 zu § 626 BGB Verdacht strafbarer Handlung = NZA 2014, 1015; 24.5.2012 AP Nr. 50 zu § 626 BGB Verdacht strafbarer Handlung = NZA 2013, 137.
543 BAG 25.4.2018 AP Nr. 269 zu § 626 BGB = NZA 2018, 1405.
544 BAG 13.3.2008 AP Nr. 43 zu § 626 BGB Verdacht strafbarer Handlung = NZA 2008, 809.
545 BAG 28.11.2007 NZA-RR 2008, 344.
546 LAG Köln 15.4.1997 NZA 1998, 203.
547 BAG 13.3.2008 AP Nr. 43 zu § 626 BGB Verdacht strafbarer Handlung = NZA 2008, 809; LAG Bln-Bbg 6.11.2009 LAGE § 626 BGB 2002 Verdacht strafbarer Handlung Nr. 8.
548 BAG 13.3.2008 AP Nr. 43 zu § 626 BGB Verdacht strafbarer Handlung = NZA 2008, 809.
549 BAG 20.3.2014 AP Nr. 54 zu § 626 BGB Verdacht strafbarer Handlung = NZA 2014, 1015.
550 BAG 13.3.2008 AP Nr. 43 zu § 626 BGB Verdacht strafbarer Handlung = NZA 2008, 809; 28.11.2007 NZA-RR 2008, 344; 26.9.2002 AP Nr. 37 zu § 626 BGB Verdacht strafbarer Handlung = NZA 2003, 991; 30.4.1987 AP Nr. 19 zu § 626 BGB Verdacht strafbarer Handlung = NZA 1987, 699.
551 BAG 28.11.2007 NZA-RR 2008, 344; 30.4.1987 AP Nr. 19 zu § 626 BGB Verdacht strafbarer Handlung = NZA 1987, 699.

140 Ein **Unterlassen der Anhörung** vor einer Verdachtskündigung kann auch dann unschädlich sein, wenn der AG dem AN im Rahmen des Zumutbaren Gelegenheit zur Stellungnahme gegeben, und dieser sich innerhalb der gesetzten angemessenen Frist gleichwohl nicht geäußert hat.[552] Wartet der AG, dem der AN mitteilt, er könne sich wegen einer Erkrankung nicht, auch nicht schriftlich äußern, dessen Gesundung ab, um ihm eine Stellungnahme zu den Vorwürfen zu ermöglichen, liegen in der Regel hinreichende besondere Umstände vor, aufgrund derer der Beginn der Frist des § 626 II BGB entsprechend lange hinausgeschoben wird. Dem AG, der die Möglichkeit einer weiteren Aufklärung durch den AN trotz der Zeitverzögerung nicht ungenutzt lassen möchte, wird regelmäßig nicht der Vorwurf gemacht werden können, er betreibe keine hinreichend eilige Aufklärung. Umgekehrt verletzt der AG in einem solchen Fall nicht notwendig seine Aufklärungspflicht aus § 626 I BGB, wenn er von einem weiteren Zuwarten absieht. Ihm kann aber auch – abhängig von den Umständen des Einzelfalls – eine weitere Verzögerung unzumutbar sein. Das ist anzunehmen, wenn der AG davon ausgehen darf, der AN werde sich in absehbarer Zeit nicht äußern (können). Hat etwa der AN mehrmals um eine Verlängerung der gesetzten Frist zur Stellungnahme gebeten und hat sich seine Prognose, wann er sich werde äußern können, wiederholt als unzutreffend erwiesen, wird dem AG ein weiteres Zuwarten nicht zuzumuten sein. Mehrfache ergebnislose Fristverlängerungen können überdies die Annahme rechtfertigen, der AN wolle sich in Wirklichkeit ohnehin nicht äußern. Einige weitere Tage warten zu müssen, wird der AG dabei in der Regel eher hinzunehmen haben als eine Wartezeit von mehreren Wochen.

141 Erforderlich ist eine **Abwägung aller für und gegen die sofortige Beendigung** des Arbeitsverhältnisses sprechenden Argumente. Der AG muss alles Zumutbare zur Aufklärung des Sachverhaltes unternommen haben.[553] Werden anlässlich staatsanwaltlicher Ermittlungen auf dem privaten PC eines Kindergartenleiters 60 pornografische Darstellungen des Missbrauchs von Kindern gefunden, die aus dem Internet heruntergeladen sind, ist eine Verdachtskündigung gerechtfertigt.[554] Gleiches gilt beim dringenden Verdacht der Hehlerei gestohlener Handys auf dem Firmenparkplatz,[555] der unberechtigten Buchung von Meilen-Gutschriften im miles & more Programm einer Fluggesellschaft,[556] des Diebstahls einer Verkäuferin,[557] der Vorteilsnahme eines AN für die Ausführung vertraglicher Aufgaben,[558] der Erschleichung von Beihilfeleistungen,[559] der Veruntreuung von Geldern,[560] der sexuellen Belästigung[561] sowie der Unterschlagung von Kundengeldern durch einen Bankangestellten.[562]

142 Den AG trifft die **Beweislast.** Bestreitet der AN im Kündigungsschutzprozess trotz rechtskräftiger Verurteilung weiterhin die Tatbegehung, hat das Arbeitsgericht ohne Bindung an das strafgerichtliche Urteil (§ 14 II Nr. 1 EGZPO)[563] festzustellen, ob der Tatvorwurf begründet ist oder nicht. Dabei ist die Verwertung einzelner Beweisergebnisse des Strafverfahrens im Wege des Urkundenbeweises zulässig. Die Parteien des Kündigungsschutzprozesses haben jedoch das Recht, anstelle des Urkundenbeweises unmittelbaren Zeugen- bzw. Sachverständigenbeweis anzutreten.[564] Die **Ausschlussfrist des § 626 II BGB** ist zu beachten (→ Rn. 28).[565]

143 Spricht der AG wegen eines bestimmten Sachverhalts eine Verdachtskündigung aus, ist er im Kündigungsschutzprozess materiell-rechtlich nicht gehindert, sich darauf zu berufen, die den Verdacht begründenden Pflichtwidrigkeiten rechtfertigten eine **Tatkündigung.**[566] Der Verdacht eines pflichtwidrigen Verhaltens stellt zwar gegenüber dem Tatvorwurf einen eigenstän-

[552] Dazu und zum Folgenden BAG 20.3.2014 AP Nr. 54 zu § 626 BGB Verdacht strafbarer Handlung = NZA 2014, 1015.
[553] BAG 3.7.2003 AP Nr. 38 zu § 626 BGB Verdacht strafbarer Handlung.
[554] Vgl. LAG Köln 2.7.1998 NZA-RR 1999, 192; ArbG Braunschweig 22.1.1999 NZA-RR 1999, 192.
[555] BAG 6.11.2003 AP Nr. 39 zu § 626 BGB Verdacht strafbarer Handlung = NZA 2004, 919.
[556] BAG 3.7.2003 AP Nr. 38 zu § 626 BGB Verdacht strafbarer Handlung.
[557] BAG 27.3.2003 AP Nr. 36 zu § 87 BetrVG 1972 Überwachung sowie BAG 12.8.1999 AP Nr. 28 zu § 626 BGB Verdacht strafbarer Handlung.
[558] BAG 21.6.2001 EzA Nr. 7 zu § 626 BGB Unkündbarkeit; 26.9.2002 AP Nr. 37 zu § 626 BGB Verdacht strafbarer Handlung.
[559] BAG 6.12.2001 AP Nr. 36 zu § 626 BGB Verdacht strafbarer Handlung.
[560] BAG 6.7.2000 RzK I 8 c Nr. 54.
[561] BAG 8.6.2000 AP Nr. 3 zu § 2 BeschSchG.
[562] BAG 5.4.2001 AP Nr. 34 zu § 626 BGB Verdacht strafbarer Handlung.
[563] BAG 20.8.1997 AP Nr. 27 zu § 626 BGB Verdacht strafbarer Handlung.
[564] BAG 26.3.1992 AP Nr. 23 zu § 626 BGB Verdacht strafbarer Handlung.
[565] BAG 29.7.1993 AP Nr. 31 zu § 626 Verdacht strafbarer Handlung = NZA 1994, 171.
[566] BAG 6.12.2001 AP Nr. 36 zu § 626 BGB Verdacht strafbarer Handlung = NZA 2002, 847.

digen Kündigungsgrund dar. Beide Gründe stehen jedoch nicht beziehungslos nebeneinander. Wird die Kündigung zunächst mit dem Verdacht pflichtwidrigen Verhaltens begründet, steht jedoch – ggf. nach erfolgter Beweisaufnahme – zur Überzeugung des Gerichts die Pflichtwidrigkeit tatsächlich fest, lässt dies die materiell-rechtliche Wirksamkeit der Kündigung unberührt. Maßgebend ist allein der objektive Sachverhalt, wie er sich dem Gericht nach Parteivorbringen und ggf. Beweisaufnahme darstellt. Es ist nicht erforderlich, dass der AG sich während des Prozesses darauf berufen hat, er stütze die Kündigung auch auf die erwiesene Tat.[567]

Da es sich bei dem Verdacht eines pflichtwidrigen Verhaltens um einen eigenständigen Kündigungsgrund handelt, muss der AG dem **BR** vor Ausspruch der Kündigung gem. § 102 I BetrVG mitteilen, dass er die Kündigung auf den Verdacht der Pflichtwidrigkeit stütze. Begründet der AG gegenüber dem BR die beabsichtigte Kündigung allein damit, er halte die Pflichtwidrigkeit für erwiesen, kann er sich im späteren Kündigungsschutzprozess nicht mehr auf den Tatverdacht berufen, weil der BR zu diesem Kündigungsgrund nicht angehört wurde.[568] Auf die Wirksamkeit der Betriebsratsanhörung nach § 102 BetrVG hat die Beschränkung des Kündigungssachverhalts auf die für nachgewiesen gehaltene Straftat dagegen keine Auswirkung; dadurch wird nur ein Nachschieben anderer Kündigungsgründe ausgeschlossen.[569] Der AG kann den BR auch zu beiden Kündigungsgründen anhören; aus der Unterrichtung muss dies nur deutlich hervorgehen. Hat der AG den BR nur zur Verdachtskündigung angehört und stellt sich im Prozess, beispielsweise nach einer Beweisaufnahme, heraus, dass der AN die Tat begangen hat, ist eine weitere Anhörung des BR zur Tatkündigung nicht erforderlich, wenn dem BR sämtliche Umstände mitgeteilt worden sind, welche nicht nur den Tatverdacht, sondern auch den Tatvorwurf begründen.[570] Die Mitteilung, einem AN solle wegen des Verdachts einer Handlung gekündigt werden, gibt dem BR weit stärkeren Anlass für ein umfassendes Tätigwerden im Anhörungsverfahren als eine Anhörung wegen einer als erwiesen behaupteten Handlung. Die Kündigung kann deshalb unter diesen Voraussetzungen ohne Weiteres als Tatkündigung geprüft werden.[571] 144

– **Verschwiegenheitspflicht.** Im Allgemeinen ist der AN zur Verschwiegenheit verpflichtet (dazu → § 53 Rn. 47 ff.). Je nach den Umständen des Einzelfalls kann bei Bruch der Verschwiegenheitspflicht eine ordentliche oder außerordentliche Kündigung gerechtfertigt sein.[572] Bedarf die Ausübung einer sicherheitsempfindlichen Tätigkeit nach dem Gesetz über die Voraussetzungen und das Verfahren von Sicherheitsüberprüfungen des Bundes (SÜG) einer besonderen Zugangsermächtigung, kann deren Entzug gegenüber einem ordentlich unkündbaren AN eine außerordentliche Kündigung mit Auslauffrist rechtfertigen. Dem steht nicht entgegen, dass nach dem SÜG der Entzug der Zugangsermächtigung auf einer vom AG selbst getroffenen Entscheidung beruht.[573] Eine Verschwiegenheitspflicht der **Arbeitnehmervertreter im Aufsichtsrat** besteht grundsätzlich auch gegenüber dem BR, selbst wenn ein Arbeitnehmervertreter zugleich Mitglied des BR ist. Verstößt der Arbeitnehmervertreter im Aufsichtsrat gegen diese Pflicht, kommt zunächst die Abberufung aus dem Aufsichtsrat gem. § 103 III AktG, in Betracht. Eine außerordentliche Kündigung des Arbeitsverhältnisses ist nur zulässig, wenn zugleich eine arbeitsvertragliche Pflichtverletzung vorliegt und die Auswirkungen auf das Arbeitsverhältnis so schwer wiegen, dass jede weitere Beschäftigung des AN dem AG unzumutbar ist.[574] 145

– **Vollmachtsmissbrauch.** Der AN hat die ihm im Innenverhältnis auferlegten Beschränkungen seiner Vertretungsmacht einzuhalten. Einmalige und geringfügige Vollmachtsüberschreitungen können eine Kündigung idR nicht rechtfertigen. Bei wiederholten Verstößen kann eine ordentliche und bei eigenmächtigen Verstößen eines AN, namentlich eines leitenden 146

567 BAG 23.10.2014 AP Nr. 248 zu § 626 BGB = NZA 2015, 353; 21.11.2013 AP Nr. 53 zu § 626 BGB Verdacht strafbarer Handlung = NZA 2014, 243; 10.6.2010 AP Nr. 229 zu § 626 BGB = NZA 2010, 1227.

568 BAG 16.7.2015 AP Nr. 255 zu § 626 BGB = NZA 2016, 161; 20.6.2013 AP Nr. 244 zu § 626 BGB = NZA 2014, 143; 20.8.1997 AP Nr. 27 zu § 626 BGB Verdacht strafbarer Handlung.

569 BAG 2.3.1989 AP Nr. 101 zu § 626 BGB.

570 BAG 21.11.2013 AP Nr. 53 zu § 626 BGB Verdacht strafbarer Handlung = NZA 2014, 243; 10.6.2010 AP Nr. 229 zu § 626 BGB = NZA 2010, 1227; 23.6.2009 AP Nr. 47 zu § 626 BGB Verdacht strafbarer Handlung = NZA 2009, 1136.

571 BAG 23.10.2014 AP Nr. 248 zu § 626 BGB = NZA 2015, 353.

572 BAG 4.4.1974 AP Nr. 1 zu § 626 BGB Arbeitnehmervertreter im Aufsichtsrat; zur Verletzung des Sozialgeheimnisses durch AN der Sozialleistungsträger vgl. *Eylert/Sänger* ZTR 2009, 398.

573 BAG 26.11.2009 AP Nr. 225 zu § 626 BGB = NZA 2010, 628.

574 BAG 23.10.2008 AP Nr. 58 zu § 103 BetrVG 1972 = NZA 2009, 855.

Angestellten, eine außerordentliche Kündigung berechtigt sein.[575] Einem leitenden Angestellten, dem jahrelang freie Hand eingeräumt worden ist, kann nicht ohne Weiteres mit dem Vorwurf der Vollmachtsüberschreitung gekündigt werden.[576]

147 – **Vorstrafe.** Hat der AN auf die zulässige Frage nach Vorstrafen solche wahrheitswidrig verneint (dazu → § 26 Rn. 45), kann hierauf später eine verhaltensbedingte Kündigung gestützt werden.[577]

148 – **Wettbewerb.** Der AN unterliegt während des Bestands des Arbeitsverhältnisses einem Wettbewerbsverbot, so dass eine fristlose Kündigung bei Wettbewerbsverstößen berechtigt sein kann (→ § 57 Rn. 1 ff.).[578] Für Handlungsgehilfen ist das Wettbewerbsverbot in § 60 I HGB ausdrücklich geregelt. Diese Vorschrift konkretisiert jedoch einen allgemeinen Rechtsgedanken.[579] Dem AN ist aufgrund des Wettbewerbsverbots nicht nur eine **Konkurrenztätigkeit** im eigenen Namen und Interesse untersagt, ihm ist vielmehr ebenso wenig gestattet, einen Wettbewerber des AG zu unterstützen.[580] Das gilt nach Auffassung des BAG auch, wenn die Wettbewerbshandlungen nach Ablauf der Kündigungsfrist **während des laufenden Kündigungsschutzprozesses** erfolgen. Auch dann sei auf jeden Fall die Vermittlung von Konkurrenzgeschäften oder das aktive Abwerben von Kunden verboten.[581] Die Beteiligung an einem Unternehmen, das zu dem des AG in Konkurrenz steht, kann Wettbewerb darstellen.[582] Der AN darf aber bereits während des Arbeitsverhältnisses die Aufnahme einer selbständigen Tätigkeit vorbereiten. Verboten sind allerdings Vorbereitungsmaßnahmen, die schon selbst als Teil der werbenden Tätigkeit aufzufassen sind. Vorbereitungshandlungen, die in die Interessen des AG nicht unmittelbar eingreifen, erfüllen die Voraussetzungen des § 60 I HGB hingegen nicht. Bejaht wurde eine fristlose Kündigung u.a., wenn ein Vertriebsleiter bei einem Kundenbesuch auf Konkurrenzprodukte hinweist[583] oder eine Krankenschwester heimlich eine Heilpraktikerpraxis führt und in die Behandlung der Patienten des Krankenhauses eingreift.[584]

XI. Außerordentliche Kündigung durch den Arbeitnehmer

149 **1. Allgemeines.** Für die außerordentliche Kündigung des AN gelten die **gleichen Grundsätze wie für die außerordentliche Kündigung durch den AG.** Auch die vom AN ausgesprochene außerordentliche Kündigung bedarf zu ihrer Wirksamkeit eines wichtigen Grundes iSd § 626 I BGB.[585] Der Kündigung hat ggf. eine Abmahnung vorauszugehen,[586] die Ausschlussfrist des § 626 II BGB ist anzuwenden und es hat eine umfassende Interessenabwägung stattzufinden.[587] Für den wichtigen Grund ist der AN darlegungs- und beweispflichtig.[588] Der AG kann auf Feststellung klagen, die außerordentliche Kündigung des AN sei unwirksam. Er besitzt nach Auffassung des BAG ein Feststellungsinteresse, da er in seinem Ansehen betroffen ist.[589] Hat ein AN außerordentlich ohne wichtigen Grund gekün-

575 BAG 26.11.1964 AP Nr. 53 zu § 626 BGB.
576 BAG 20.3.1964 AP Nr. 7 zu § 70 HGB.
577 Vgl. BAG 15.1.1970 AP Nr. 7 zu § 1 KSchG Verhaltensbedingte Kündigung; zur Anfechtung in diesen Fällen vgl. BAG 20.5.1999 AP Nr. 50 zu § 123 BGB = NZA 1999, 975.
578 BAG 23.10.2014 AP Nr. 252 zu § 626 BGB = NZA 2015, 429; 26.6.2008 NZA 2008, 1415; 6.8.1987 AP Nr. 97 zu § 626 BGB = NJW 1988, 438; 16.8.1990 AP Nr. 10 zu § 611 BGB Treuepflicht = NZA 1991, 141; 25.4.1991 AP Nr. 104 zu § 626 BGB = NZA 1992, 212; vgl. auch OLG Karlsruhe ZIP 1988, 1397.
579 BAG 23.10.2014 AP Nr. 252 zu § 626 BGB = NZA 2015, 429; 26.6.2008 AP Nr. 213 zu § 626 BGB = NZA 2008, 1415.
580 BAG 29.6.2017 AP Nr. 262 zu § 626 BGB = NZA 2017, 1179; 23.10.2014 AP Nr. 252 zu § 626 BGB = NZA 2015, 429.
581 BAG 23.10.2014 AP Nr. 252 zu § 626 BGB = NZA 2015, 429; 28.1.2010 NZA-RR 2010, 461; 25.4.1991 AP Nr. 104 zu § 626 BGB = NZA 1992, 212.
582 Vgl. HessLAG 28.4.1998 LAGE § 1 KSchG Verhaltensbedingte Kündigung Nr. 65.
583 SächsLAG 25.6.1996 NZA 1997, 319.
584 LAG Köln 11.9.1996 ZTR 1997, 90.
585 BAG 22.3.2018 AP Nr. 19 zu § 626 BGB Krankheit = NZA 2018, 1191; 12.3.2009 AP Nr. 221 zu § 626 BGB = NZA 2009, 840.
586 BAG 17.1.2002 EzA Nr. 20 zu § 628 BGB = NZA 2003, 816; 9.9.1992 – 2 AZR 142/92 insoweit; LAG Hamm 18.6.1991 NZA 1992, 314.
587 BAG 26.7.2001 NZA 2002, 325.
588 BAG 25.7.1963 AP Nr. 1 zu § 448 ZPO.
589 BAG 20.3.1986 AP Nr. 9 zu § 256 ZPO 1977 = NZA 1986, 714.

digt, kann er sich grundsätzlich nicht auf die Unwirksamkeit berufen, da er in diesem Fall nicht geschützt ist. Ein solches Vorgehen ist regelmäßig treuwidrig.[590]

2. Arbeitsplatzwechsel. Findet der AN ein besonders günstiges Stellenangebot, ist er nicht zur außerordentlichen Kündigung berechtigt.[591] Dies gilt auch dann, wenn er seinem AG eine gleichwertige Arbeitskraft stellt. 150

3. Arbeitsschutzverletzungen. Die Verletzung von Arbeitsschutzvorschriften durch den AG kann den AN zur außerordentlichen Kündigung berechtigen. Wenn der AN aus dem Verhalten des AG schließen darf, dass dieser nicht bereit ist, die Schutzvorschriften der ArbZG zu beachten, braucht der AN vor Ausspruch seiner fristlosen Kündigung nicht zu versuchen, den AG im Wege einer Abmahnung zur künftigen Einhaltung der zulässigen Arbeitszeit zu bewegen.[592] Entsprechendes gilt bei Belästigungen und groben Beleidigungen des AN,[593] insbesondere bei sexuellen Belästigungen. Eine fristlose Kündigung ist auch bei ausländerfeindlichen Maßnahmen gegeben, wenn die Vertrauensbasis für das Arbeitsverhältnis zerstört ist.[594] 151

4. Beschäftigungspflicht. Die Verletzung der Beschäftigungspflicht des AG kann gleichfalls nach Abmahnung zur fristlosen Kündigung berechtigen.[595] 152

5. Eheschließung. Die Eheschließung ist kein wichtiger Grund zur Kündigung.[596] 153

6. Verdiensthöhe. Ein geringer Verdienst ist grundsätzlich kein Grund zur außerordentlichen Kündigung. Erst recht dann nicht, wenn ein Missverhältnis zwischen der gezahlten Vergütung und der sonst üblichen Vergütung nicht festgestellt werden kann. Eine Ausnahme mag dann gelten, wenn der Verdienst unterhalb des gesetzlichen Mindestlohns liegt oder die Vergütung sittenwidrig ist. In der Regel wird der AN jedoch zuvor eine angemessene Vergütung anmahnen müssen. 154

7. Gewissenskonflikt. Bei Arbeiten, die der AN nach verständiger Abwägung nicht mit seinem Gewissen vereinbaren kann, hat er ein Leistungsverweigerungsrecht (dazu → § 49 Rn. 2a). Dies kann zB der Fall sein bei dem Druck von Hetzpropaganda usw. Der AG hat dann kein Recht zur Kündigung wegen Arbeitsverweigerung. 155

8. Krankheit. Kann ein AN nach ärztlichem Gutachten auf Dauer nur noch halbtags arbeiten, ist er dann nicht zur außerordentlichen Kündigung berechtigt, wenn der AG ihn entsprechend beschäftigen kann.[597] 156

9. Lohnrückstand. Die Rechtsprechung erkennt nur dann einen wichtigen Grund zur Kündigung an, wenn der AG erhebliche Zeit oder mit einem erheblichen Betrag in Rückstand geraten ist.[598] Neben dem Umfang des Lohnrückstands kann von Bedeutung sein, ob es sich um eine einmalige oder dauernde Unpünktlichkeit bei der Vergütungszahlung handelt. Ob der AG leistungsunwillig oder nur leistungsunfähig ist, spielt regelmäßig keine Rolle, zumal der AN zumeist keinen genauen Einblick in die finanzielle Leistungsfähigkeit des AG hat.[599] Der Grundsatz der Verhältnismäßigkeit verlangt in diesen Fällen in der Regel von einem AN, vor dem Ausspruch einer außerordentlichen Kündigung den AG abzumahnen.[600] Das Erfordernis entfällt, wenn der AG mitteilt, er könne die Löhne nicht mehr zahlen.[601] Rückstände mit kleineren Lohnbeträgen berechtigen zur außerordentlichen Kündigung, wenn der AG den Lohn willkürlich und ohne nachvollziehbare Begründung hartnäckig verweigert.[602] Mangelnde Zahlungsfähigkeit kann den AG nicht entschuldigen. Ein Kündigungsrecht – nach Abmahnung – kann 157

---

[590] BAG 12.3.2009 AP Nr. 221 zu § 626 BGB = NZA 2009, 840; 4.12.1997 AP Nr. 141 zu § 626 BGB = NZA 1998, 420.
[591] BAG 17.10.1969 AP Nr. 7 zu § 611 BGB Treuepflicht; 1.10.1970 AP Nr. 59 zu § 626 BGB; vgl. auch LAG SchlH LAGE § 626 BGB Nr. 52.
[592] BAG 28.10.1971 AP Nr. 62 zu § 626 BGB.
[593] *v. Hoyningen-Huene* BB 1991, 2215.
[594] LAG Hamm 27.5.1993 AiB 1994, 54.
[595] BAG 19.8.1976 AP Nr. 4 zu § 611 BGB Beschäftigungspflicht; 15.6.1972 AP Nr. 7 zu § 628 BGB.
[596] ErfK/*Niemann* BGB § 626 Rn. 164.
[597] BAG 2.2.1973 AP Nr. 1 zu § 626 BGB Krankheit.
[598] Vgl. BAG 25.7.1963 AP Nr. 1 zu § 448 ZPO; LAG Köln 23.9.1993 LAGE § 626 BGB Nr. 73.
[599] Vgl. BAG 26.7.2007 AP Nr. 19 zu § 628 BGB = NZA 2007, 1419.
[600] BAG 17.1.2002 EzA Nr. 20 zu § 628 BGB = NZA 2003, 816.
[601] BAG 26.7.2007 AP Nr. 19 zu § 628 BGB = NZA 2007, 1419.
[602] BAG 26.7.2001 AP Nr. 13 zu § 628 BGB = NZA 2002, 325.

auch dann bestehen, wenn der AG jeden Monat in Rückstand gerät. In der Insolvenz ist der AN zur außerordentlichen Kündigung berechtigt, wenn die Vergütungsforderungen, die nach Insolvenzeröffnung entstehen, aus der Masse nicht gedeckt werden können. Dem AN wird die Fortsetzung des Arbeitsverhältnisses unzumutbar, wenn der AG mehr als ein Jahr die Lohnsteuer und Sozialversicherungsbeiträge nicht abgeführt hat.[603]

158 **10. Prokura.** Lehnt es der AG ab, einem Angestellten die vertraglich zugesicherte Prokura zu erteilen oder eine widerrufene zu erneuern, rechtfertigt das nur dann eine außerordentliche Kündigung, wenn es dem Angestellten nach den besonderen Umständen unzumutbar ist, das Arbeitsverhältnis ohne Prokura fortzusetzen.[604] Entsprechendes gilt, wenn dem AN teilweise Funktionen entzogen werden.[605] Die entgegen einer vertraglichen Vereinbarung unterbliebene Bestellung eines AN zum Geschäftsführer sowie die Vorenthaltung eines Teils der Dienstbezüge sind an sich geeignet, einen wichtigen Grund zur außerordentlichen Kündigung zu bilden.[606]

159 **11. Verdächtigungen.** Äußert der AG bei bedeutenden Betriebsdiebstählen einen Verdacht gegenüber dem AN, ist dies idR für den AN kein Grund zur außerordentlichen Kündigung. Anderes gilt, wenn die Verdächtigung in besonders beleidigender Form (vor Dritten) oder leichtfertig erfolgt.[607] Der Geschäftsführer einer GmbH kann außerordentlich kündigen, wenn ihm zu Unrecht leichtfertig die Vernachlässigung seiner Pflichten vorgeworfen wird.[608]

160 **12. Vertragsverletzungen.** Weigert sich der AG, seinen Verpflichtungen aus dem Arbeitsverhältnis nachzukommen, so hat der AN nach vorheriger Abmahnung ein Recht zur außerordentlichen Kündigung. Insbesondere ist ein Kündigungsrecht gegeben, wenn der AG zugesagte Umzugskosten nicht zahlt, des AN ohne Weiterzahlung der bisherigen Durchschnittsprovision eine weitere Reisetätigkeit untersagt[609] oder ständig – unzulässige – Mehrarbeit verlangt[610] oder ihn unberechtigt teilweise von der Arbeit suspendiert.[611]

§ 128. Kündigung „unkündbarer“ Arbeitnehmer

Übersicht

I. Vereinbarte Kündigungsbeschränkungen

1 **1. Tarifvertrag. a) Überblick.** In zahlreichen Tarifverträgen finden sich Bestimmungen, welche die ordentliche Kündigung von AN nach Erreichen eines bestimmten Lebensalters und einer bestimmten Dauer der Betriebszugehörigkeit ausschließen. Derartige Regelungen führen

603 LAG BW 30.5.1968 BB 1968, 874.
604 BAG 17.9.1970 AP Nr. 5 zu § 628 BGB; 26.8.1986 AP Nr. 1 zu § 52 HGB = NZA 1987, 202.
605 BAG 15.6.1972 AP Nr. 7 zu § 628 BGB.
606 BAG 8.8.2002 AP Nr. 14 zu § 628 BGB = NZA 2002, 1323.
607 BAG 24.2.1964 AP Nr. 1 zu § 607 BGB.
608 BGH 9.3.1992 ZIP 1992, 539; 9.11.1992 NJW 1993, 463.
609 BAG 19.8.1976 AP Nr. 4 zu § 611 BGB Beschäftigungspflicht.
610 BAG 28.10.1971 AP Nr. 62 zu § 626 BGB.
611 BAG 19.8.1976 AP Nr. 4 zu § 611 BGB Beschäftigungspflicht.

nicht zu einer unzulässigen Benachteiligung jüngerer AN,[1] da sich mit zunehmendem Alter die Arbeitsmarkchancen verschlechtern. Verbreitet werden die so geschützten AN als „unkündbar" bezeichnet (vgl. § 53 III BAT; § 34 II TVöD/TV-L). Dies ist freilich sprachlich ungenau, weil durch diese Regelungen nur das Recht zur ordentlichen Kündigung ausgeschlossen wird. Das Recht zur außerordentlichen Kündigung kann nicht ausgeschlossen werden (→ § 127 Rn. 10). Seit 1.1.2002 folgt dies aus § 314 I BGB. Danach kann jeder Vertragsteil Dauerschuldverhältnisse aus wichtigem Grund ohne Einhaltung einer Kündigungsfrist kündigen. Hierbei handelt es sich nach der Gesetzesbegründung um im Kern zwingendes Recht.[2] Ein Ausschluss des Rechts zur außerordentlichen Kündigung enthielte einen unverhältnismäßigen Eingriff in die durch Art. 12 GG geschützte Freiheit des AG zur unternehmerischen bzw. gewerblichen Betätigung.[3]

b) Einzelheiten. Ganz überwiegend ist der besondere tarifliche Kündigungsschutz vom Erreichen einer bestimmten **Altersgrenze** und Dauer der **Betriebszugehörigkeit** abhängig. Die Tarifbestimmungen unterscheiden sich allerdings in den tatbestandlichen Voraussetzungen erheblich. So bestimmt beispielsweise § 34 II TVöD/TV-L für die im öffentlichen Dienst im Tarifgebiet West Beschäftigten, dass die ordentliche Kündigung eines Beschäftigten, der das 40. Lebensjahr vollendet und eine Beschäftigungszeit von 15 Jahren hat, ausgeschlossen ist. Ganz andere Voraussetzungen als der TVöD/TV-L hat demgegenüber der Kündigungsschutz älterer AN im Bereich des MTV der Metallindustrie Baden-Württembergs. Dort ist bestimmt, dass die Kündigung eines AN, der das 53. Lebensjahr vollendet und eine Betriebszugehörigkeit von mindestens drei Jahren hat, nur noch aus wichtigem Grunde möglich ist. 2

Tarifliche Unkündbarkeitsregelungen stoßen auf Bedenken, wenn sie – wie § 34 TVöD – ein relativ niedriges **Mindestalter** (vollendetes 40. Lebensjahr) mit einer Mindestbeschäftigungszeit kombinieren.[4] Zur Erreichung des legitimen Ziels des Schutzes vor dem Verlust des Arbeitsplatzes wird hier ein unangemessenes Mittel eingesetzt, weil das Risiko längerer Arbeitslosigkeit nicht so groß ist, dass es die Bevorzugung dieses Personenkreises gegenüber den anderen Beschäftigten rechtfertigt (zu Problemen bei der Sozialauswahl → § 135 Rn. 16 f.).[5] Allerdings wird man wohl nicht alle Unkündbarkeitsregelungen, die an ein bestimmtes Alter und eine Mindestbetriebszugehörigkeit anknüpfen, als mit § 7 II, § 10 S. 3 AGG nicht vereinbar ansehen können.[6] Im Hinblick auf das unbestreitbar steigende Risiko einer längeren Arbeitslosigkeit mit zunehmendem Alter dürften jedenfalls Altersgrenzen oberhalb des 50. Lebensjahres trotz der zweifelsfrei dezisionistischen Festlegung nicht zu beanstanden sein. 3

2. Arbeitsvertrag. Der Ausschluss der ordentlichen Kündigung kann auch in einem Einzelarbeitsvertrag vereinbart werden.[7] Zu den arbeitsvertraglichen Regelungen über den Ausschluss der ordentlichen Kündigung gehören nicht nur die konkret ausgehandelten Vertragsbedingungen, sondern auch die in Bezug genommenen tarifvertraglichen Vorschriften.[8] Sieht eine individualvertragliche Vereinbarung die Unkündbarkeit des Arbeitsverhältnisses vor oder schließt sie die Kündigung des Arbeitsverhältnisses aus, umfasst sie ihrem Wortlaut nach auch das nicht abdingbare Recht zur außerordentlichen Kündigung. Die Auslegung der Vereinbarung (§§ 133, 157 BGB) wird in diesen Fällen freilich oftmals ergeben, dass nur die ordentliche Kündigung ausgeschlossen werden sollte.[9] Die bloße Bezeichnung einer Stelle im Arbeitsvertrag als „Lebensstellung" oder „Dauerstellung" genügt dabei nach Auffassung des BAG regelmäßig nicht für den Ausschluss der ordentlichen Kündigung.[10] Gleiches gilt für die Äußerung des AG, auch wenn 4

[1] *Eylert/Sänger* RdA 2010, 24 (39).

[2] Vgl. BT-Drs. 14/6040, 176.

[3] Vgl. BAG 5.2.1998 AP Nr. 143 zu § 626 BGB Ausschlussfrist = NZA 1998, 771; KR/*Fischermeier* BGB § 626 Rn. 64 f.; MüKoBGB/*Henssler* § 626 Rn. 56.

[4] Ausf. dazu *Schlachter,* Das Verbot der Altersdiskriminierung und der Gestaltungsspielraum der Tarifvertragsparteien, 2014, 78 ff (91): Zulässig bis zur Grenze einer grob fehlerhaften Minderung des Kündigungsschutzes jüngerer Beschäftigter.

[5] Krit. auch *Adomeit/Mohr* AGG § 10 Rn. 96; keine durchgreifenden Bedenken sieht dagegen HK-AGG/*Hinrichs/Zimmer* § 5 Rn. 58; APS/*Greiner* TVöD § 34 Rn. 11.

[6] So aber wohl *Temming,* Altersdiskriminierung im Arbeitsrecht, 2008, 536 f.; *Kolbe* BB 2010, 501 (502 f.); diff. *Berg/Natzel* ZfA 2012, 65 (74 f.); APS/*Preis* Grundlagen J. Rn. 12a; MüKoBGB/*Thüsing* AGG § 10 Rn. 44 ff.

[7] BAG 7.3.2002 AP Nr. 6 zu § 620 BGB Schuldrechtliche Kündigungsbeschränkung = NZA 2002, 963; 25.3.2004 AP Nr. 60 zu § 138 BGB (zur Sittenwidrigkeit der Vereinbarung).

[8] BAG 5.2.1998 AP Nr. 143 zu § 626 BGB Ausschlussfrist = NZA 1998, 771.

[9] *Kania/Kramer* RdA 1995, 287 (291).

[10] Vgl. BAG 18.2.1967 AP Nr. 81 zu § 1 KSchG; KR/*Fischermeier/Krumbiegel* BGB § 624 Rn. 11; krit. dazu *Pauly* AuR 1997, 94 (95).

es der Firma mal nicht so gut gehe, werde der AN der „Letzte sein, der das Licht ausmache“.[11] Kündigungsbeschränkungen können sich in Arbeitsverhältnissen **kirchlicher AG** auch aus den AVR ergeben.[12]

5 Ist vereinbart, dass das Arbeitsverhältnis nicht ordentlich kündbar ist, sondern auf Lebenszeit des AG geschlossen und mit dessen Tod enden wird, ist eine dennoch ausgesprochene Kündigung unwirksam. Bei einem **Arbeitsvertrag auf Lebenszeit** des AG, des AN oder eines Dritten verbleibt dem AN das nicht abdingbare Kündigungsrecht nach § 15 IV TzBfG. Der AN kann das Arbeitsverhältnis nach fünf Jahren mit einer Frist von sechs Monaten kündigen. Dass demgegenüber ein solches Kündigungsrecht für den AG nicht gilt und dieser damit „lebenslänglich“ an den AN gebunden ist, hat nicht die Sittenwidrigkeit der Vereinbarung zur Folge. Wenn ein AG einen AN aufgrund des von ihm selbst vereinbarten Ausschlusses der ordentlichen Kündigung einige Jahre möglicherweise weiter bezahlen muss, ohne ihn weiter beschäftigen zu können, soll dies regelmäßig noch nicht zu einem derart gravierenden Missverhältnis führen, dass deshalb die Annahme der Sittenwidrigkeit des Vertrags gerechtfertigt wäre.[13]

6 An einer individualvertraglichen Vereinbarung muss sich ein **AG eher festhalten lassen** als an einer pauschalen, für alle Arbeitsverhältnisse einer Branche geltenden Tarifregelung, die dem Altersschutz dient und im Ausnahmefall im einzelnen Arbeitsverhältnis zu einem unzumutbaren Ergebnis führen kann.[14] Schließt ein AG (Stadt) mit einem namhaften Regisseur einen Arbeitsvertrag wenige Monate vor der Schließung des Theaters für die Dauer von fünf Jahren ohne Kündigungsmöglichkeit befristet ab, liegt deshalb nach Auffassung des LAG Köln kein wichtiger Grund zur außerordentlichen Kündigung vor.[15]

7 **3. Betriebsvereinbarung.** In den Grenzen des § 77 III BetrVG sind auch entsprechende Betriebsvereinbarungen möglich.[16] Für soziale und personelle Angelegenheiten (§§ 87 ff. und §§ 92 ff. BetrVG) besteht eine umfassende Regelungskompetenz der Betriebsparteien. Für soziale Angelegenheiten folgt die umfassende Regelungsbefugnis zum Abschluss freiwilliger Betriebsvereinbarungen aus § 88 BetrVG. § 77 III BetrVG spricht ebenfalls für eine solche Regelungskompetenz. Nach dieser Bestimmung können, sofern der Tarifvertrag den Abschluss ergänzender Betriebsvereinbarungen nicht ausdrücklich zulässt, Arbeitsentgelte und sonstige Arbeitsbedingungen, die durch Tarifvertrag geregelt sind oder üblicherweise geregelt werden, nicht Gegenstand einer Betriebsvereinbarung sein. Positiv ausgedrückt bedeutet dies, dass in den Schranken des § 77 III BetrVG jede durch Tarifvertrag gem. § 1 I TVG regelbare Angelegenheit grundsätzlich Gegenstand einer Betriebsvereinbarung sein kann. Neben betrieblichen und betriebsverfassungsrechtlichen Fragen können daher von AG und BR in einer Betriebsvereinbarung nähere Regelungen über Inhalt, Abschluss und Beendigung von Arbeitsverhältnissen getroffen werden.[17]

II. Beginn der Unkündbarkeit

8 **1. Beurteilungszeitpunkt.** Die tariflichen Unkündbarkeitsregelungen greifen regelmäßig nur ein, wenn deren Voraussetzungen bereits zum **Zeitpunkt des Zugangs der Kündigung** vorliegen. Zu diesem Zeitpunkt müssen das jeweilige Alter und die tariflich geforderte Dauer der Betriebszugehörigkeit erreicht sein. Es genügt nicht, dass diese Voraussetzungen erst in dem Zeitpunkt gegeben sind, zu dem die Kündigung das Arbeitsverhältnis beenden soll.[18] Eine objektiv funktionswidrige Umgehung des besonderen Kündigungsschutzes liegt allerdings vor, wenn die kurz vor dem Eintritt der Unkündbarkeit erklärte ordentliche Kündigung nicht zum nächstmöglichen Kündigungstermin, sondern erst zu einem späteren Termin wirken soll und dem AG für einen derart frühzeitigen Ausspruch der Kündigungserklärung kein sachlich rechtfertigender Grund zur Seite steht. Der AG muss sich in diesem Fall so behandeln lassen, als wäre der besondere tarifliche Kündigungsschutz schon eingetreten. Die

[11] LAG Köln 28.9.2010 – 5 Sa 814/10.
[12] Dazu BAG 9.9.2010 AP Nr. 1 zu § 15 AVR Caritasverband; 22.4.2010 NZA-RR 2011, 75.
[13] BAG 25.3.2004 AP Nr. 60 zu § 138 BGB.
[14] BAG 25.3.2004 AP Nr. 60 zu § 138 BGB; 7.3.2002 AP Nr. 6 zu § 620 BGB Schuldrechtliche Kündigungsbeschränkung = NZA 2002, 963; ErfK/*Niemann* BGB § 626 Rn. 50.
[15] LAG Köln 12.6.1997 NZA-RR 1998, 255.
[16] BAG 18.3.2010 NZA-RR 2011, 18; *Bröhl,* Außerordentliche Kündigung, 62 f.; *Geller,* Der vertragliche Ausschluss der ordentlichen Kündigung, 2001, 23 ff.; *Pape,* Die tarifvertragliche Unkündbarkeit, 2001, 65; aA *Rieble* NZA 2003, 1243 (1245).
[17] So BAG GS 7.11.1989 AP Nr. 46 zu § 77 BetrVG 1972 = NZA 1990, 816.
[18] BAG 16.10.1987 AP Nr. 2 zu § 53 BAT.

ordentliche Kündigung ist dann unwirksam.[19] Wartet der AG allerdings mit dem Ausspruch einer krankheitsbedingten Kündigung bis der AN nahezu das gesamte Jahr krankheitsbedingt ausfällt, ist dieser Kündigungszeitpunkt, auch wenn er kurz vor Beginn des besonderen Kündigungsschutzes liegt, nicht willkürlich gewählt. Die Voraussetzungen für eine treuwidrige Vereitelung des Eintritts des besonderen tariflichen Kündigungsschutzes (§ 162 BGB analog) liegen unter diesen Voraussetzungen nicht vor.[20]

2. Rückwirkender Gewerkschaftsbeitritt. Der tarifliche Kündigungsschutz kann nicht 9 durch rückwirkenden Gewerkschaftsbeitritt erreicht werden. Eine im Innenverhältnis wirksame Rückwirkung des Beginns der Mitgliedschaft in der Koalition ist für den Beginn der Tarifgebundenheit gem. § 3 I TVG rechtlich ohne Bedeutung.[21] Insoweit kommt es allein auf den Zeitpunkt des „tatsächlichen Beitritts" an. Die durch § 4 I TVG gesetzlich begründete normative Wirkung des Tarifvertrags steht nicht zur Disposition einer rückwirkenden Vereinbarung über den Beginn der Mitgliedschaft zwischen einer Tarifvertragspartei und deren Mitgliedern.

3. Rückwirkende Unkündbarkeitsregelungen. Die Unkündbarkeit kann auch nicht 10 durch einen rückwirkenden Tarifvertrag erreicht werden. Für die Frage, ob eine Kündigung gegen tarifliche Vorschriften verstößt, sind die Verhältnisse beim Zugang der Kündigung maßgebend. Schon aus Gründen der Rechtssicherheit muss zu diesem Zeitpunkt feststehen, ob die kündigende Partei mit ihrer Kündigung ein rechtlich zulässiges Ziel erstrebt.[22]

4. Verschlechterung des tariflichen Kündigungsschutzes. Nach einer älteren Entschei- 11 dung des BAG kann einem AN die aufgrund einer tarifvertraglichen Regelung bereits fest erworbene Rechtsposition der Unkündbarkeit nicht durch eine spätere tarifvertragliche Regelung entzogen werden.[23] Ist jedoch schon nach der bestehenden Tarifregelung die ordentliche Kündigung nach entsprechender Beschäftigungszeit und ab einem bestimmten Lebensalter nicht ausnahmslos ausgeschlossen, sondern bleibt bei bestimmten Betriebsänderungen eine ordentliche Kündigung zulässig, sind die Tarifvertragsparteien nicht gehindert, die Ausnahmevorschrift über die Zulässigkeit betriebsbedingter Kündigungen an geänderte Verhältnisse anzupassen.[24] Das Vertrauen des AN, der die tariflichen Voraussetzungen für den Sonderkündigungsschutz (Betriebszugehörigkeit, Lebensalter) bereits erreicht hat, in die Aufrechterhaltung seines Sonderkündigungsschutzes im bisherigen Umfang steht einer solchen Modifizierung der tariflichen Regelung nicht entgegen.

Umstritten ist, ob für AN, die **noch nicht die tariflichen Voraussetzungen der Unkünd- 12 barkeit erlangt** haben, durch einen neuen Tarifvertrag die Voraussetzungen für den Ausschluss der ordentlichen Kündigung verschärft oder der bisher gewährte Schutz abgesenkt werden kann. Im Schrifttum wird hierzu die Auffassung vertreten, ein unzulässiger Eingriff in eine geschützte Position liege vor, wenn kurz vor Erfüllung der bestehenden tariflichen Voraussetzungen der Tarifvertrag zum Nachteil der AN geändert werde. Die Tarifvertragsparteien müssten hier durch eine differenzierte Lösung schutzwürdige Interessen berücksichtigen.[25] Hiergegen spricht allerdings, dass jede Tarifregelung während der Laufzeit des Tarifvertrags den immanenten Vorbehalt ihrer rückwirkenden Abänderbarkeit durch Tarifvertrag in sich trägt. Auch ein tarifvertraglicher Anspruch gehört zu der von den Tarifvertragsparteien regelbaren Materie der Arbeits- und Wirtschaftsbedingungen. Die Legitimation für den rückwirkenden Eingriff in tarifliche Ansprüche haben die Tarifgebundenen den Tarifvertragsparteien durch ihre Mitgliedschaft übertragen.[26] Der einzelne Tarifgebundene ist damit der Normsetzungsbefugnis der Tarifvertragsparteien jedoch nicht grenzenlos ausgeliefert. Die rückwirkende Verschlechterung entstandener Ansprüche unterliegt den Grenzen, die für die echte rückwirkende Normsetzung gelten. Der Normunterworfene ist danach nicht schutzwürdig, wenn er im Zeitpunkt des Inkrafttretens der Norm mit einer Regelung rechnen musste, das geltende Recht unklar und verworren war, der Nor-

[19] BAG 20.7.1989 ZTR 1990, 23; 16.10.1987 AP Nr. 2 zu § 53 BAT.
[20] BAG 12.12.1996 EzA Nr. 41 zu § 1 KSchG Krankheit.
[21] BAG 22.11.2000 AP Nr. 20 zu § 3 TVG Verbandszugehörigkeit = NZA 2001, 980.
[22] BAG 10.3.1982 AP Nr. 2 zu § 2 KSchG 1969; offen gelassen von BAG 21.7.1988 AP Nr. 10 zu § 1 TVG Rückwirkung.
[23] BAG 16.2.1962 AP Nr. 11 zu § 4 TVG Günstigkeitsprinzip.
[24] BAG 9.9.2010 AP Nr. 149 zu § 2 KSchG 1969 = NJOZ 2011, 707; 17.10.2007 AP Nr. 9 zu § 53 BAT = NZA-RR 2008, 329; 2.2.2006 AP Nr. 7 zu § 1 TVG Tarifverträge: Gewerkschaften = NZA 2006, 686.
[25] Vgl. NK-TVG/*Deinert* § 4 Rn. 67.
[26] BAG 23.11.1994 AP Nr. 12 zu § 1 TVG Rückwirkung = NZA 1995, 844; 17.5.2000 AP Nr. 19 zu § 1 TVG Rückwirkung = NZA 2000, 1297.

munterworfene sich aus anderen Gründen nicht auf den Rechtsschein verlassen durfte, zB wegen widersprüchlicher Rechtsprechung, oder wenn zwingende Gründe des Gemeinwohls für eine Rückwirkung bestehen.[27]

13 Hieraus folgt für rückwirkende Veränderungen des tariflichen Sonderkündigungsschutzes, dass der dabei zu beachtende Vertrauensschutz einer Regelung entgegenstehen kann, die **wohlerworbene Rechte** der AN dadurch beeinträchtigt, dass der tarifliche Ausschluss der ordentlichen Kündigung durch eine spätere tarifvertragliche Regelung wieder entzogen wird. Sind allerdings schon nach der bestehenden Tariflage bestimmte Fallgestaltungen vom Schutz gegen ordentliche Kündigungen ausgenommen, können die Tarifvertragsparteien diese Ausnahmeregelung klarstellen bzw. modifizieren, sofern sie die Unkündbarkeit selbst nicht in Frage stellen. Der unkündbare AN muss angesichts der Gestaltungsfreiheit der Tarifvertragsparteien auch mit rückwirkenden Modifikationen im Rahmen des Vertrauensschutzes rechnen.[28] Deshalb ist auch die im öffentlichen Dienst durch den Übergang vom BAT zum TVöD erfolgte Absenkung des Schutzniveaus der Unkündbarkeitsregelung in § 34 TVöD wirksam (dazu auch → Rn. 32).[29]

III. Rechtsfolgen

14 **1. Unwirksamkeit der ordentlichen Kündigung.** Der Ausschluss der ordentlichen Kündigung hat zur Folge, dass das Arbeitsverhältnis nur noch aus wichtigem Grunde gekündigt werden kann. Eine unter Verstoß gegen den vereinbarten Ausschluss der ordentlichen Kündigung erklärte ordentliche Kündigung ist unwirksam.[30] Ist die Kündigung durch Tarifvertrag ausgeschlossen, folgt ihre Unwirksamkeit aus § 4 I TVG iVm § 134 BGB. Auch der einzelvertragliche Kündigungsausschluss enthält eine Verfügung über das Gestaltungsrecht der Kündigung, so dass eine dennoch ausgesprochene ordentliche Kündigung gleichfalls unwirksam ist.

15 **2. Außerordentliche Kündigung. a) Wichtiger Grund.** Wie bei jeder außerordentlichen Kündigung ist auch bei der außerordentlichen Kündigung unkündbarer AN Voraussetzung, dass ein für die Kündigung an sich geeigneter wichtiger Kündigungsgrund besteht (→ § 127 Rn. 60 ff.). Ist das Arbeitsverhältnis noch ordentlich kündbar, scheidet ohne wirklichen Grund eine außerordentliche Kündigung – auch eine solche mit Auslauffrist – von vornherein aus.[31] Wäre der AG hingegen wegen des tariflichen Ausschlusses der ordentlichen Kündigung gezwungen, für Jahre an einem sinnentleerten Arbeitsverhältnis festzuhalten, kommt eine außerordentliche Kündigung mit Auslauffrist in Betracht.[32] Sieht ein Tarifvertrag vor, dass ein AN bei Erreichen eines bestimmten Lebensalters und einer näher bezeichneten Dauer der Betriebszugehörigkeit nur noch aus in der Person oder im Verhalten des AN liegenden wichtigem Grund oder bei Zustimmung der Tarifvertragsparteien gekündigt werden kann, wird hierdurch kein genereller Vorrang der ordentlichen Kündigung mit Zustimmung der Tarifvertragsparteien vor einer außerordentlichen Kündigung mit (notwendiger) Auslauffrist angeordnet. Die bloß hypothetische Möglichkeit, die Zustimmung der Tarifvertragsparteien zu einer ordentlichen personenbedingten Kündigung zu erreichen, hebt den Sonderkündigungsschutz nicht auf. Solange eine entsprechende Zustimmung nicht vorliegt, verbleibt es beim Ausschluss der ordentlichen Kündigung aus Gründen in der Person des AN. Dem AG steht deshalb die Möglichkeit einer außerordentlichen Kündigung mit Auslauffrist (→ Rn. 20) offen, sofern die dafür erforderlichen materiell-rechtlichen Voraussetzungen vorliegen.[33]

16, 17 **b) Interessenabwägung.** Bei der außerordentlichen Kündigung mit Auslauffrist ist im Rahmen der nach § 626 I BGB erforderlichen Interessenabwägung allerdings nicht stets zu prüfen, ob dem AG die Einhaltung der Kündigungsfrist zumutbar ist. Nach Auffassung des BAG kann sich die Unkündbarkeit im Einzelfall zugunsten oder zuungunsten des AN auswirken. Welche Betrachtungsweise im Einzelfall den Vorrang verdiene, sei insbesondere unter Beachtung des Zwecks des Ausschlusses der ordentlichen Kündigung sowie unter Berücksichtigung der Art des Kündigungsgrundes zu entscheiden: Bei einmaligen Vorfällen ohne Wiederholungsgefahr wirke sich die län-

[27] BAG 22.10.2003 AP Nr. 21 zu § 1 TVG Rückwirkung = NZA 2004, 444; 17.5.2000 AP Nr. 19 zu § 1 TVG Rückwirkung = NZA 2000, 1297; 23.11.1994 AP Nr. 12 zu § 1 TVG Rückwirkung = NZA 1995, 844.

[28] BAG 15.11.1995 AP Nr. 20 zu § 1 TVG Tarifverträge: Lufthansa = NZA 1996, 603.

[29] *Linck/Scholz* AR-Blattei SD 1010.7 Rn. 63 ff.; ebenso *Bröhl* ZTR 2006, 174 (179).

[30] BAG 25.4.2007 AP Nr. 14 zu § 4 TzBfG = NZA 2007, 881; 10.2.1999 AP Nr. 52 zu § 2 KSchG 1969 = NZA 1999, 657.

[31] BAG 20.3.2014 NZA-RR 2015, 16.

[32] Dazu BAG 23.1.2014 AP Nr. 16 zu § 626 BGB Krankheit = NZA 2014, 962; 20.6.2013 AP Nr. 4 zu § 626 BGB Unkündbarkeit = NZA 2014, 139.

[33] BAG 20.3.2014 NZA-RR 2015, 16.

gere Vertragsbindung in der Regel zugunsten des AN aus. Bei Dauertatbeständen oder Vorfällen mit Wiederholungsgefahr könne die Fortsetzung des Arbeitsverhältnisses für den AG wegen des Ausschlusses der ordentlichen Kündigung uU eher unzumutbar sein als bei einem ordentlich kündbaren AN.[34] Scheidet eine fristgemäße Kündigung wegen des vereinbarten Ausschlusses der ordentlichen Kündigung aus, müsste beispielsweise der AG den AN trotz Stilllegung des Betriebs in der Regel bis zur vereinbarten Altersgrenze weiter vergüten. Diese wirtschaftliche Folge ist bei der nach § 626 I BGB vorzunehmenden Interessenabwägung zu berücksichtigen. Die durch die tarifliche Unkündbarkeit bewirkte lange Bindungsdauer hat in diesem Fall zur Folge, dass die Voraussetzungen des § 626 I BGB für eine außerordentliche Kündigung vorliegen.[35] Nichts anderes gilt bei Vertragsverletzungen, wenn einem AN ohne besonderen Kündigungsschutz bei vergleichbarem Kündigungssachverhalt zwar nicht nach § 626 BGB außerordentlich, jedoch ordentlich gekündigt werden könnte. Die lange Bindungsdauer aufgrund der tariflichen Unkündbarkeit kann hier dazu führen, dass dem AG zwar für die Dauer der ordentlichen Kündigungsfrist die Weiterbeschäftigung zumutbar ist, wegen der Gefahr der Wiederholung der Pflichtverletzung und des damit verbundenen Vertrauensverlusts aber eine Fortsetzung des Arbeitsverhältnisses bis zur Altersgrenze nicht zugemutet werden kann (zur Auslauffrist → Rn. 20).[36]

c) Fristlose Kündigung. Kündigt der AG einem unkündbaren AN fristlos, geht es bei der 18
Interessenabwägung allein um die Frage, ob dem AG die Fortsetzung des Arbeitsverhältnisses bis zum Ablauf der bei einem ordentlich unkündbaren AN „fiktiven" Kündigungsfrist noch zugemutet werden kann (zur Abwägung → § 127 Rn. 42 f.).[37] Hierbei besteht kein Anlass, neben dem Alter und der Beschäftigungsdauer die ordentliche Unkündbarkeit erneut zugunsten des AN zu berücksichtigen und diesen besserzustellen als einen AN ohne diesen Sonderkündigungsschutz bei entsprechenden Einzelfallumständen.[38]

d) Zweiwochenfrist. Die Ausschlussfrist des § 626 II BGB gilt grundsätzlich auch bei der 19
außerordentlichen Kündigung unkündbarer AN. Sie beginnt, sobald der Kündigungsberechtigte eine zuverlässige und möglichst vollständige positive Kenntnis der für die Kündigung maßgebenden Tatsachen hat, die ihm die Entscheidung ermöglicht, ob ihm die Fortsetzung des Arbeitsverhältnisses zumutbar ist (→ § 127 Rn. 20 ff). Bei „Dauerstörtatbeständen", die dadurch gekennzeichnet sind, dass sich der Kündigungssachverhalt und seine betrieblichen Auswirkungen fortwährend neu verwirklichen, reicht es zur Fristwahrung aus, dass die Störung auch noch in den letzten zwei Wochen vor Ausspruch der Kündigung angehalten hat.[39] In Anlehnung an die Rechtsprechung zur außerordentlichen Kündigung wegen dauernder krankheitsbedingter Unfähigkeit des AN, die geschuldete Arbeitsleistung zu erbringen,[40] geht das BAG auch bei einem betriebsbedingten dauerhaften Wegfall der Beschäftigungsmöglichkeiten für den AN von einem Dauerstörtatbestand aus.[41] Müsse der AG ein Arbeitsverhältnis aufrechterhalten, ohne für den AN eine Beschäftigungsmöglichkeit zu haben, handele es sich nicht um einen abgeschlossenen Tatbestand. Mit jeder weiteren Gehaltszahlung, der keine Gegenleistung gegenüberstehe, trete vielmehr eine weitere Störung des Arbeitsverhältnisses ein und wachse das Maß der Unzumutbarkeit.[42] Auch der Entzug der Zugangsermächtigung zum Umgang mit Verschlusssachen stellt einen Dauerstörtatbestand dar, bei dem sich das Leistungsunvermögen mit jedem Tag neu verwirklicht.[43]

3. Auslauffrist. Da sich bei der Prüfung der Frage, ob ein wichtiger Grund zur außerordentlichen Kündigung vorliegt, die tarifliche Unkündbarkeit auch zulasten des AN auswirken kann (→ Rn. 17), ist nach ständiger Rechtsprechung auf der Rechtsfolgenseite zur **Vermei-** 20, 21

[34] Vgl. BAG 14.11.1984 AP Nr. 83 zu § 626 BGB; 11.3.1999 AP Nr. 150 zu § 626 BGB = NZA 1999, 818; BAG 21.6.2001 EzA Nr. 7 zu § 626 BGB Unkündbarkeit; 8.4.2003 AP Nr. 181 zu § 626 BGB = NZA 2003, 856; krit. hierzu SPV Kündigung/*Preis* Rn. 744; *Preis/Hamacher* FS Arbeitsgerichtsbarkeit Rheinland-Pfalz, 245 (252); *Walker* Anm. zu BAG EzA Nr. 2 zu § 626 BGB Unkündbarkeit.

[35] BAG 5.2.1998 AP Nr. 143 zu § 626 BGB = NZA 1998, 771; 13.4.2000 AP Nr. 162 zu § 626 BGB = NZA 2001, 277.

[36] Vgl. BAG 11.3.1999 AP Nr. 150 zu § 626 BGB = NZA 1999, 818; 15.11.2001 AP Nr. 175 zu § 626 BGB.

[37] BAG 17.1.2008 AP Nr. 62 zu § 15 KSchG 1969 = NZA 2008, 777.

[38] BAG 18.9.2008 NZA-RR 2009, 393; 27.4.2006 AP Nr. 202 zu § 626 BGB = NZA 2006, 977.

[39] BAG 26.11.2009 AP Nr. 225 zu § 626 BGB = NZA 2010, 628.

[40] BAG 21.3.1996 AP Nr. 8 zu § 626 BGB Krankheit = NZA 1996, 871.

[41] BAG 18.6.2015 AP Nr. 8 zu § 626 BGB Unkündbarkeit = NZA 2015, 1315; 20.6.2013 AP Nr. 4 zu § 626 BGB Unkündbarkeit = NZA 2014, 139.

[42] BAG 5.2.1998 AP Nr. 143 zu § 626 BGB = NZA 1998, 771.

[43] BAG 26.11.2009 AP Nr. 225 zu § 626 BGB = NZA 2010, 628.

dung eines Wertungswiderspruchs dem tariflich besonders geschützten AN, wenn bei unterstellter Kündbarkeit nur eine fristgerechte Kündigung zulässig wäre, eine der fiktiven ordentlichen Kündigungsfrist entsprechende Auslauffrist einzuräumen.[44] Es widerspräche dem Zweck des tariflichen Sonderkündigungsschutzes, dem besonders geschützten AN eine der fiktiven Kündigungsfrist entsprechende Auslauffrist zu verweigern, wenn einem vergleichbaren AN ohne gesteigerten Kündigungsschutz bei unterstelltem gleichen Kündigungssachverhalt nur fristgerecht gekündigt werden könnte.[45] Ob die Gewährung einer Auslauffrist dazu führt, die außerordentliche Kündigung unkündbarer AN als Kündigung aus „minder schwerem Grund" anzusehen, ist umstr., im Ergebnis allerdings zu bejahen.[46] Die Kündigung mit notwendiger Auslauffrist ist von der Kündigung mit **sozialer Auslauffrist** zu unterscheiden. Hier gewährt der AG bei einer außerordentlichen Kündigung freiwillig eine Auslauffrist, ohne hierzu aus Rechtsgründen verpflichtet zu sein. Die Kündigung mit sozialer Auslauffrist ist personalvertretungs- und betriebsverfassungsrechtlich als außerordentliche Kündigung zu behandeln.[47]

22 **4. Betriebsrats- und Personalratsanhörung.** Die Beteiligung des BR bzw. PR ist bei ordentlichen und außerordentlichen Kündigungen unterschiedlich ausgestaltet. Die Mitwirkungsrechte des BR sind bei der ordentlichen Kündigung stärker als bei der außerordentlichen Kündigung. So besteht der Weiterbeschäftigungsanspruch nach § 102 V BetrVG nur bei einem Widerspruch des BR gegen eine ordentliche, nicht aber bei einer außerordentlichen Kündigung. Diesen unterschiedlichen Mitwirkungsrechten ist bei der außerordentlichen Kündigung unkündbarer AN zur **Vermeidung von Wertungswidersprüchen** Rechnung zu tragen. Der präventive Kündigungsschutz, der durch die Bestimmungen des BetrVG und der Personalvertretungsgesetze gewährleistet wird, darf für die durch die Unkündbarkeit besonders geschützten AN nicht hinter dem Kündigungsschutz der ordentlich kündbaren AN zurückbleiben, wenn der AG eine außerordentliche Kündigung mit Auslauffrist erklärt. Deshalb sind in diesen Fällen die Vorschriften über die Mitwirkung des BR bzw. PR bei ordentlichen Kündigungen anzuwenden.[48] Nur dann, wenn der AG eine fristlose Kündigung des ordentlich unkündbaren AN ausspricht, kommt § 102 II 3 BetrVG zur Anwendung.[49]

23, 24 Bei der Anhörung des BR oder PR hat der AG **klarzustellen,** dass er eine außerordentliche Kündigung eines ordentlich unkündbaren AN mit Auslauffrist erklären möchte.[50] Der BR muss wissen, ob ihm zur Behandlung der Angelegenheit nur die für eine außerordentliche fristlose Kündigung kurze Frist von höchstens drei Tagen zur Verfügung steht oder die Wochenfrist. Spricht der AG nach entsprechender Beteiligung des BR bzw. PR eine außerordentliche fristlose Kündigung aus, obwohl nur eine außerordentliche Kündigung mit Auslauffrist zulässig gewesen wäre, scheitert eine **Umdeutung** in eine Kündigung mit Auslauffrist, wenn die Arbeitnehmervertretung nicht wie bei einer ordentlichen Kündigung beteiligt worden ist.[51] Soll eine außerordentliche fristlose Kündigung hilfsweise als außerordentliche Kündigung mit Auslauffrist gelten, ist eine Beteiligung nach den für ordentliche Kündigungen geltenden Regeln jedoch ausnahmsweise entbehrlich, wenn der BR der außerordentlichen Kündigung ausdrücklich und vorbehaltlos zugestimmt hat und auch aus sonstigen Umständen nicht zu ersehen ist, dass er für den Fall der Unwirksamkeit der außerordentlichen Kündigung der dann verbleibenden ordentlichen Kündigung entgegengetreten wäre.[52]

---

44 BAG 25.4.2018 AP Nr. 18 zu § 626 BGB Krankheit = NZA 2018, 1056; 17.11.2016 AP Nr. 15 zu § 626 BGB Unkündbarkeit = NZA 2017, 394; 22.10.2015 AP Nr. 13 zu § 626 BGB Unkündbarkeit = NZA 2016, 630; 18.6.2015 AP Nr. 8 zu § 626 BGB Unkündbarkeit = NZA 2015, 1315; 20.6.2013 AP Nr. 4 zu § 626 BGB Unkündbarkeit = NZA 2014, 139.

45 APS/*Vossen* BGB § 626 Rn. 318k.

46 Näher zum Streitstand *Bröhl,* Außerordentliche Kündigung, 91 ff.; KR/*Fischermeier* BGB § 626 Rn. 321 ff.; *Linck/Scholz* AR-Blattei SD 1010.7 Rn. 79 ff.

47 BAG 18.10.2000 AP Nr. 9 zu § 626 BGB Krankheit = NZA 2001, 219.

48 BAG 18.6.2015 AP Nr. 8 zu § 626 BGB Unkündbarkeit = NZA 2015, 1315.

49 BAG 12.1.2006 AP Nr. 13 zu § 626 BGB Krankheit; 5.2.1998 AP Nr. 143 zu § 626 BGB = NZA 1998, 771; KR/*Fischermeier* BGB § 626 Rn. 323; krit. hierzu SPV Kündigung/*Preis* Rn. 781; abl. *Bitter/Kiel* FS Schwerdtner, 13 (28 ff.).

50 BAG 29.8.1991 AP Nr. 58 zu § 102 BetrVG 1972 = NZA 1992, 416; APS/*Koch* BetrVG § 102 Rn. 99a.

51 BAG 18.10.2000 AP Nr. 9 zu § 626 BGB Krankheit = NZA 2001, 219; krit. hierzu *Bitter/Kiel* FS Schwerdtner, 13 (32 f.).

52 BAG 8.6.2000 AP Nr. 163 zu § 626 BGB = NZA 2000, 1282.

5. Schwerbehinderte Menschen. Bei der außerordentlichen Kündigung eines schwerbehinderten Menschen mit Auslauffrist gelten grundsätzlich die Fristenregelungen des § 174 SGB IX (dazu → § 127 Rn. 38).[53] Auch die außerordentliche Kündigung mit notwendiger Auslauffrist kann der AG bereits dann erklären, wenn die Zustimmungsentscheidung vom Integrationsamt iSd § 174 III SGB IX „getroffen" ist und das Integrationsamt sie dem AG – innerhalb der gesetzlichen Zweiwochenfrist des § 174 III SGB IX – mündlich oder fernmündlich bekannt gegeben hat.[54] 25

6. Insolvenz. Ein besonderer tariflicher Kündigungsschutz für ältere, langjährig beschäftigte AN wird bei einer Kündigung durch den Insolvenzverwalter durch die in § 113 InsO vorgegebene Höchstfrist von drei Monaten zum Monatsende verdrängt. Diese Regelung verstößt nicht gegen Art. 9 III GG.[55] Das gilt auch für Altersteilzeitarbeitsverhältnisse.[56] 26

7. Auflösungsantrag. Wie bei einer außerordentlichen fristlosen Kündigung kann der AG auch bei einer außerordentlichen Kündigung mit Auslauffrist nicht mit Erfolg die Auflösung des Arbeitsverhältnisses beantragen. Dieses Recht steht in diesen Fällen gem. § 13 I 3, § 9 I 1 KSchG nur dem AN zu.[57] Dabei macht es keinen Unterschied, ob die Einhaltung der Auslauffrist bei Vorliegen eines Kündigungsgrundes rechtlich geboten (notwendig) war oder sich der AG freiwillig dazu entschlossen hatte, dem nicht mehr ordentlich kündbaren AN eine entsprechende Frist einzuräumen. Auch wenn die außerordentliche Kündigung mit Auslauffrist in den Rechtsfolgen der ordentlichen Kündigung angenähert ist, unterliegt sie doch den Voraussetzungen des § 626 BGB und bleibt ihrer Art nach eine außerordentliche Kündigung. 27

8. Betriebsübergang. Umstritten ist, ob ein AN den Status der Unkündbarkeit, den er nach dem beim Veräußerer geltenden Tarifvertrag bereits erlangt hat, behält, wenn ein auf das Arbeitsverhältnis beim Erwerber anwendbarer Tarifvertrag andere Voraussetzungen der Unkündbarkeit regelt. Ist etwa ein AN nach dem beim Veräußerer anwendbaren Tarifvertrag nach Vollendung des 40. Lebensjahres und einer Betriebszugehörigkeit von 15 Jahren unkündbar und fordert der beim Erwerber geltende Tarifvertrag abweichend hiervon die Vollendung des 50. Lebensjahres, ist fraglich, ob ein zum Zeitpunkt des Betriebsübergangs 45 Jahre alter AN beim Erwerber weiterhin auch vor Vollendung des 50. Lebensjahres unkündbar ist. Im Schrifttum wird dies mit der Begründung bejaht, der Kündigungsausschluss sei „unverfallbar".[58] Dagegen spricht jedoch, dass es für die Ablösung des beim Veräußerer geltenden Tarifvertrags durch den beim Erwerber geltenden Tarifvertrag gem. § 613a I 3 BGB nicht darauf ankommt, ob die beim Erwerber geltenden Tarifbestimmungen günstiger sind als die beim Veräußerer geltenden. § 613a I 3 BGB stellt nicht auf das Günstigkeitsprinzip ab, ihm liegt vielmehr das Ablösungsprinzip zugrunde.[59] Die Rechtsprechung des EuGH[60] steht dem nicht entgegen.[61] 28

Für den Fall einer **Spaltung oder Teilübertragung** wird die Auffassung vertreten, § 323 I UmwG bewirke eine mindestens zweijährige Fortgeltung der im Ursprungsbetrieb geltenden tariflichen Unkündbarkeitsregelungen. Diese Bestimmung sei im Verhältnis zu § 324 UmwG lex specialis, so dass eine im neuen Betrieb anwendbare Tarifregelung, die höhere Anforderungen an den Erwerb der Unkündbarkeit stelle, zwei Jahre nicht anwendbar sei.[62] Gegen diese Auffassung spricht, dass die kollektivrechtlichen Folgen eines Betriebsübergangs in § 613a I 2 und 3 BGB geregelt sind. Es ist deshalb naheliegend, insoweit in § 324 gegenüber § 323 I UmwG die speziellere Vorschrift zu sehen. Das hat zur Folge, dass sich der Fortbestand kollektivrechtlicher Kündigungsschutzvorschriften nach § 613a I BGB bestimmt (→ Rn. 28).[63] 29

---

[53] BAG 12.8.1999 AP Nr. 7 zu § 21 SchwbG 1986 (noch zu § 21 SchwbG); 13.5.2004 AP Nr. 12 zu § 626 BGB Krankheit = NZA 2004, 1271.

[54] BAG 12.5.2005 AP Nr. 5 zu § 91 SGB IX = NZA 2005, 1173.

[55] BAG 19.1.2000 AP Nr. 5 zu § 113 InsO = NZA 2000, 658.

[56] BAG 16.6.2005 AP Nr. 13 zu § 3 ATG = NZA 2006, 270.

[57] BAG 30.9.2010 AP Nr. 66 zu § 9 KSchG 1969 = NZA 2011, 349; 26.3.2009 AP Nr. 57 zu § 9 KSchG 1969 = NZA 2009, 679; 28.11.2007 NZA-RR 2008, 344; aA *Trappehl/Lambrich* RdA 1999, 243 ff.

[58] Küttner Personalbuch 2021/*Kania* „Unkündbarkeit" Rn. 9; aA zu Recht LAG Köln 12.10.1995 NZA-RR 1996, 327, allerdings ohne Begründung.

[59] BAG 12.6.2019 AP Nr. 478 zu § 613a BGB mAnm *Lindemann* = NZA 2019, 1203; dazu *Grau/Fischer* NZA 2019, 1469; *Müller-Bonanni* RdA 2020, 123.

[60] EuGH 6.9.2011 AP Nr. 9 zu Richtlinie 2001/23/EG = NZA 2011, 1077 – Scattolon.

[61] Eingehend BAG 12.6.2019 AP Nr. 478 zu § 613a BGB mAnm *Lindemann* = NZA 2019, 1203.

[62] Vgl. APS/*Steffan* UmwG § 323 Rn. 11; *Wlotzke* DB 1995, 40 (44).

[63] So HWK/*Willemsen* UmwG § 323 Rn. 16; WHSS Umstrukturierung/*Willemsen* H Rn. 156.

30 **9. Einzelfälle. a) Betriebsbedingte Kündigung. aa) Grundsätze.** Betriebsbedingte außerordentliche Kündigungen tariflich unkündbarer AN sind ausnahmsweise zulässig, wenn der Arbeitsplatz des AN weggefallen ist und der AG den AN auch **unter Einsatz aller zumutbaren Mittel, ggf. durch Umorganisation seines Betriebs, nicht weiterbeschäftigen kann.** Erst wenn sämtliche denkbaren Möglichkeiten der Weiterbeschäftigung ausscheiden, kann ein wichtiger Grund zur außerordentlichen Kündigung vorliegen.[64] Ein wichtiger Grund liegt allerdings nicht bereits in einer schlechten wirtschaftlichen Lage oder der (drohenden) Insolvenz des AG als solcher.[65] Dem AG ist es auch im Insolvenzfall zumutbar, die Kündigungsfrist als Auslauffrist einzuhalten. Bei unkündbaren AN scheidet deshalb eine außerordentliche fristlose betriebsbedingte Kündigung regelmäßig aus.[66] Ein wichtiger Grund für eine außerordentliche betriebsbedingte Kündigung mit Auslauffrist kann sich allerdings – ebenso wie ein dringendes betriebliches Erfordernis nach § 1 II 1 KSchG – aus dem Wegfall der Beschäftigungsmöglichkeit aufgrund einer innerbetrieblichen, von äußeren Faktoren nicht „erzwungenen" unternehmerischen Maßnahme ergeben.[67] Diese ist auch in den Fällen, in denen von ihr ein ordentlich unkündbarer AN betroffen ist, nicht auf ihre sachliche Rechtfertigung oder ihre Zweckmäßigkeit, sondern nur daraufhin zu überprüfen, ob sie offensichtlich unsachlich, unvernünftig oder willkürlich ist.[68] Der AG muss deshalb auch dann nicht von einer Fremdvergabe von Tätigkeiten absehen, wenn dadurch einem ordentlich nicht mehr kündbaren Arbeitsverhältnis die Grundlage entzogen wird. Der tarifvertragliche Sonderkündigungsschutz erhöht allerdings erheblich die Anforderungen an die Bemühungen, gleichwohl die – anderweitige – Beschäftigung des AN zu ermöglichen.[69] Der **AG hat zur Begründung der Kündigung darzulegen,** dass er ohne eine außerordentliche Kündigungsmöglichkeit gezwungen wäre, ein sinnentleertes Arbeitsverhältnis über viele Jahre hinweg allein durch Gehaltszahlungen, denen keine entsprechende Arbeitsleistung gegenübersteht, aufrechtzuerhalten. Hierzu hat er aufzuzeigen, dass keinerlei Möglichkeit besteht, das Arbeitsverhältnis sinnvoll fortzusetzen (dazu → Rn. 33). Das Fehlen jeglicher Beschäftigungsmöglichkeit zählt bei der außerordentlichen betriebsbedingten Kündigung zum „wichtigen Grund" (→ Rn. 32).[70] In Bezug auf die Zweiwochenfrist des § 626 II BGB ist zu beachten, dass der betriebsbedingte Wegfall von Weiterbeschäftigungsmöglichkeiten ein „Dauertatbestand" ist. Die Frist beginnt deshalb stets von Neuem (→ Rn. 19).[71]

31 **bb) Änderungskündigung.** Bei einer betriebsbedingten Änderungskündigung kann durch die Gerichte geprüft werden, ob die Umsetzung der Unternehmerentscheidung dem Verhältnismäßigkeitsgrundsatz entspricht. Entscheidend ist, ob das geänderte unternehmerische Konzept die vorgeschlagenen Änderungen erzwingt, ob diese unabweisbar notwendig und dem AN zumutbar sind oder ob es im Wesentlichen auch ohne oder mit weniger einschneidenden Änderungen durchsetzbar bleibt.[72] Dementsprechend hat das BAG die außerordentliche Änderungskündigung eines bei einer Kirchengemeinde in einem Gemeindehaus angestellten Hausmeisters nach Schließung des Gemeindehauses als unwirksam angesehen, weil das Angebot zur Fortsetzung des Arbeitsverhältnisses als Küster und Hausmeister der Kirche damit verbunden war, die Küsterwohnung zu beziehen, hierfür allerdings keine Notwendigkeit bestand. Der Kläger hatte die vorherige Tätigkeit unweit der Gemeindekirche ebenfalls von seiner privaten Wohnung aus verrichtet, ohne dass es zu Unzuträglichkeiten gekommen wäre.[73] Ein wichtiger Grund iSv § 626 I BGB für eine außerordentliche Änderungskündigung mit Auslauffrist zur **Reduzierung des Entgelts** eines ordentlich unkündbaren AN kann vorliegen, wenn die Änderung der Arbeitsbedingungen das Ziel hat, der konkreten Gefahr einer Betriebsschließung wegen Insol-

---

[64] BAG 27.6.2019 AP Nr. 18 zu § 626 BGB Unkündbarkeit = NZA 2019, 1345.
[65] BAG 24.1.2013 AP Nr. 242 zu § 626 BGB = NZA 2013, 959.
[66] BAG 22.11.2012 AP Nr. 2 zu § 626 BGB Unkündbarkeit = NZA 2013, 730; 18.3.2010 NZA-RR 2011, 18.
[67] BAG 20.6.2013 AP Nr. 4 zu § 626 BGB Unkündbarkeit = NZA 2014, 139.
[68] BAG 20.6.2013 AP Nr. 3 zu § 626 BGB Unkündbarkeit = NZA 2014, 208; 26.6.2008 AP Nr. 8 zu § 55 BAT.
[69] BAG 18.6.2015 AP Nr. 8 zu § 626 BGB Unkündbarkeit = NZA 2015, 1315; 22.11.2012 AP Nr. 2 zu § 626 BGB Unkündbarkeit = NZA 2013, 730; aA *Däubler* GS Heinze, 2005, 121 (127).
[70] BAG 27.6.2019 AP Nr. 18 zu § 626 BGB Unkündbarkeit = NZA 2019, 1345; 22.10.2015 AP Nr. 13 zu § 626 BGB Unkündbarkeit = NZA 2016, 630; 23.1.2014 AP Nr. 6 zu § 626 BGB Unkündbarkeit = NZA 2014, 895; 20.6.2013 AP Nr. 4 zu § 626 BGB Unkündbarkeit = NZA 2014, 139.
[71] BAG 22.11.2012 AP Nr. 2 zu § 626 BGB Unkündbarkeit = NZA 2013, 730.
[72] BAG 28.10.2010 AP Nr. 148 zu § 2 KSchG 1969 = NZA-RR 2011, 155; 28.5.2009 AP Nr. 222 zu § 626 BGB = NZA 2009, 954; 26.3.2009 AP Nr. 57 zu § 9 KSchG 1969 = NZA 2009, 679.
[73] BAG 26.6.2008 AP Nr. 8 zu § 55 BAT = BB 2009, 108.

venz zu begegnen. Ist die wirtschaftliche Lage des Unternehmens so schlecht, dass der AG ohne die angestrebte Senkung der Personalkosten Insolvenzantrag stellen müsste, ist eine Änderungskündigung zur Entgeltsenkung gegenüber der sonst zu befürchtenden Betriebsschließung regelmäßig das mildere Mittel. In einer derart existenzbedrohenden Situation kann der AG je nach den Umständen auch von seinen ordentlich unkündbaren AN einen Sanierungsbeitrag verlangen und im Wege der außerordentlichen Änderungskündigung eine Reduzierung der Jahressondervergütung durchsetzen. Der AG muss dabei darlegen, dass die Sanierung mit dem angestrebten Eingriff in die Arbeitsverträge steht und fällt und alle gegenüber der beabsichtigten Änderungskündigung milderen Mittel ausgeschöpft sind.[74] Eine **fristlose außerordentliche Änderungskündigung** zur bloßen Entgeltabsenkung kann nur in besonderen Ausnahmefällen in Betracht kommen. Dem AG ist es selbst im Insolvenzfall regelmäßig zuzumuten, die ordentliche Kündigungsfrist einzuhalten. Stets erforderlich ist, dass sich das Änderungsangebot des AG darauf beschränkt, solche Änderungen vorzusehen, die der AN billigerweise hinnehmen muss (→ § 137 Rn. 36). Dies beurteilt sich nach dem Verhältnismäßigkeitsgrundsatz.[75]

cc) Öffentlicher Dienst. Gem. § 34 II TVöD/TV-L können Arbeitsverhältnisse von Beschäftigten, die das 40. Lebensjahr vollendet haben und für welche die Regelungen des Tarifgebiets West Anwendung finden, nach einer Beschäftigungszeit iSd Abs. 3 S. 1 und 2 dieser Vorschrift von mehr als 15 Jahren durch den AG nur aus einem wichtigen Grund gekündigt werden. Soweit Beschäftigte nach den bis zum 30.9.2005 geltenden Tarifregelungen unkündbar waren, verbleibt es dabei. Der „wichtige Grund" muss dem des § 626 I BGB entsprechen. Zugleich gilt die Ausschlussfrist des § 626 II BGB (dazu → § 127 Rn. 20 ff.).[76] § 34 TVöD/TV-L wird für die Arbeiter der Kommunen durch § 14 III TVÜ-VKA ergänzt. Aus dem Geltungsbereich des BMT-G übergeleitete Beschäftigte, die am 30.9.2005 eine Beschäftigungszeit von mindestens zehn Jahren zurückgelegt haben, erwerben abweichend von § 34 II 1 TVöD den besonderen Kündigungsschutz nach Maßgabe des § 52 I BMT-G. **§ 34 II TVöD/TV-L gilt nicht in den neuen Bundesländern.** Das ist mit Art. 3 I GG nicht vereinbar.[77] Im Geltungsbereich des TVöD-Bund ist nunmehr über 30 Jahre nach der Wiedervereinigung schlechterdings nicht begründbar, warum eine Verwaltungsangestellte des BVerwG in Leipzig oder ein Angestellter des BAG in Erfurt nicht den besonderen tariflichen Kündigungsschutz erwerben kann, während Angestellte des BSG in Kassel oder des BGH in Karlsruhe (nicht aber die in der Außenstelle des BGH in Leipzig beschäftigten Mitarbeiter!) nach einer Beschäftigungszeit von 15 Jahren und der Vollendung des 40. Lebensjahres unkündbar sind.[78] Der in § 34 II TVöD geregelte Ausschluss der ordentlichen Kündigung betrifft auch Änderungskündigungen (dazu → § 128 Rn. 30 ff.). Diese Bestimmung sieht eine dem § 55 II UAbs. 2 S. 1 BAT vergleichbare Regelung nicht mehr vor. Nach der Protokollerklärung zum 3. Abschnitt des TVÜ-Bund und TVÜ-VKA bleibt § 55 II UAbs. 2 S. 2 BAT – nicht jedoch § 55 II UAbs. 2 S. 1 BAT – in seinem bisherigen Geltungsbereich unberührt. Für die Angestellten im Tarifgebiet West bleibt es deshalb beim Ausschluss der ordentlichen Kündigung, wenn die Leistungsminderung Folge eines Arbeitsunfalls oder einer Berufskrankheit iSv §§ 8, 9 SGB VII ist oder auf einer durch die langjährige Beschäftigung verursachten Abnahme der körperlichen oder geistigen Kräfte und Fähigkeiten beruht. Die durch § 34 TVöD bewirkte tarifliche Verschlechterung des Sonderkündigungsschutzes begegnet unter Vertrauensschutzerwägungen keinen Bedenken.[79] Damit gelten auch im öffentlichen Dienst grundsätzlich die gleichen Maßstäbe für die Kündigung „unkündbarer" AN wie nach anderen tariflichen Regelungen. Die von der Rechtsprechung für den öffentlichen Dienst an die Wirksamkeit einer außerordentlichen Kündigung mit notwendiger Auslauffrist gestellten Anforderungen sind erheblich.[80] Nicht jede Umorganisation oder Schließung einer Teileinrichtung, die zu einem Wegfall von Arbeitsplätzen im öffentlichen Dienst führt, kann danach eine solche Kündigung rechtfertigen. Der AG müsse vielmehr bereits bei Erstellung des unternehmerischen Konzepts die in Form von vereinbarten Kündigungsausschlüssen bestehenden arbeitsvertraglich übernommenen Garantien ebenso wie andere schuldrechtliche Bindungen berücksichtigen. Im Prozess wirke sich die übernommene Verpflichtung auch bei der Darle- 32

---

[74] BAG 20.10.2017 AP Nr. 267 zu § 626 BGB = NZA 2018, 440; 1.3.2007 AP Nr. 207 zu § 626 BGB = NZA 2007, 1445.
[75] BAG 20.10.2017 AP Nr. 267 zu § 626 BGB = NZA 2018, 440.
[76] BAG 28.10.2010 AP Nr. 148 zu § 2 KSchG 1969 = NZA-RR 2011, 155.
[77] Ausf. dazu *Linck/Scholz* AR-Blattei SD 1010.7 Rn. 157 ff.
[78] Siehe auch *Bröhl* ZTR 2006, 174 (178), der die Regelung für „rechtlich nicht unbedenklich" hält.
[79] BAG 28.10.2010 AP Nr. 148 zu § 2 KSchG 1969 = NZA 2011, 368; 27.11.2008 AP Nr. 9 zu § 55 BAT.
[80] Zuletzt BAG 28.5.2009 AP Nr. 222 zu § 626 BGB = NZA 2009, 954.

gungslast aus. Aus dem Vorbringen des AG müsse erkennbar sein, dass er auch unter Berücksichtigung der vertraglich eingegangenen besonderen Verpflichtungen alles Zumutbare unternommen habe, die notwendig gewordenen Anpassungen auf das unbedingt erforderliche Maß zu beschränken.[81] Nach Auffassung des BAG stellt eine 35-monatige Vergütungszahlung ohne Gegenleistung noch keinen „unzumutbar langen Zeitraum" dar.[82]

33 **dd) Fehlende Weiterbeschäftigungsmöglichkeit.** Weitere Voraussetzung einer wirksamen außerordentlichen betriebsbedingten Kündigung mit Auslauffrist ist, dass überhaupt keine Möglichkeit besteht, das Arbeitsverhältnis – und sei es zu geänderten Bedingungen und nach entsprechender Umschulung – sinnvoll fortzusetzen.[83] Der AG hat im Prozess darzulegen, dass er alles Zumutbare unternommen hat, um die durch sein (neues) unternehmerisches Konzept notwendig werdenden Anpassungen der Vertragsbedingungen auf das unbedingt erforderliche Maß zu beschränken.[84] Die zu berücksichtigenden Weiterbeschäftigungsmöglichkeiten sind im öffentlichen Dienst nicht auf den Einzugsbereich der Dienststelle iSv § 1 II 2 Nr. 2 lit. b KSchG beschränkt, sondern erstrecken sich auf sämtliche Geschäftsfelder im territorialen Einflussbereich des AG.[85] Der AG muss allerdings grundsätzlich keine Weiterbeschäftigungsmöglichkeiten neu schaffen, um eine außerordentliche Kündigung mit Auslauffrist zu vermeiden. Es kommt allein darauf an, ob andere Beschäftigungsmöglichkeiten tatsächlich noch bestehen.[86] Das Fehlen jeglicher Beschäftigungsmöglichkeit zählt bei der außerordentlichen betriebsbedingten Kündigung zum „wichtigen Grund".[87] Von den Gerichten zu überprüfen ist, ob das fragliche unternehmerische Konzept eine Kündigung tatsächlich erzwingt.[88] Dabei stellt weder der Verzicht auf die beschlossene Organisationsmaßnahme eine „geeignete andere Maßnahme" zur Vermeidung der Kündigung dar noch ist der AG gezwungen, seine Organisationsentscheidung mit dem Ziel zu „modifizieren", dass jedenfalls die Arbeitsplätze unkündbarer AN erhalten bleiben.[89] Ebenso wenig ist die Vergabe der Aufgaben nur eines AN an ein Drittunternehmen per se rechtsmissbräuchlich (zur Missbrauchskontrolle → § 134 Rn. 29).[90] Die Prüfung anderweitiger Beschäftigungsmöglichkeiten ist nur entbehrlich, wenn der Grund, der einer Fortsetzung des Arbeitsverhältnisses auf dem bisherigen Arbeitsplatz entgegensteht, es zugleich ausschließt, den AN auf einem anderen Arbeitsplatz oder zu anderen Bedingungen weiterzubeschäftigen. Insbesondere bei Vorliegen arbeitsplatzunabhängiger Gründe, etwa bei fortwährender Unpünktlichkeit oder Straftaten gegenüber dem AG, scheidet eine Versetzung als milderes Mittel gegenüber der Kündigung in der Regel aus.[91]

34 Auch wenn der AN bei einem **Betriebsübergang** dem Übergang seines Arbeitsverhältnisses auf einen Betriebserwerber widersprochen hat, muss der AG vor einer außerordentlichen Kündigung alle zumutbaren, eine Weiterbeschäftigung ermöglichenden Mittel ausgeschöpft haben.[92] Im öffentlichen Dienst müsse der AG auch eine Personalgestellung in Betracht zu ziehen, in deren Rahmen er etwaige Vergütungsdifferenzen zu übernehmen habe.[93] Gesellschaftsrechtliche, insbesondere konzernrechtliche oder konzernähnliche Verbindungen sind mit zu berücksichtigen.[94] Der AG hat nach Auffassung des BAG auch zu prüfen, ob das **Freimachen eines geeigneten Arbeitsplatzes** oder dessen Schaffung durch eine entsprechende Umorganisation in Betracht kommt.[95] Scheide dies nach Auffassung des AG aus, habe er darzutun, warum dies

[81] BAG 26.6.2008 AP Nr. 8 zu § 55 BAT; 18.5.2006 AP Nr. 5 zu § 55 BAT = NZA-RR 2007, 272.
[82] BAG 6.10.2005 AP Nr. 8 zu § 53 BAT.
[83] BAG 26.3.2015 AP Nr. 7 zu § 626 BGB Unkündbarkeit = NZA 2015, 866.
[84] BAG 23.1.2014 AP Nr. 6 zu § 626 BGB Unkündbarkeit = NZA 2014, 895; 20.6.2013 AP Nr. 4 zu § 626 BGB Unkündbarkeit = NZA 2014, 139.
[85] BAG 26.3.2015 AP Nr. 7 zu § 626 BGB Unkündbarkeit = NZA 2015, 866; 26.11.2009 AP Nr. 225 zu § 626 BGB = NZA 2010, 628.
[86] BAG 24.9.2015 AP Nr. 10 zu § 626 BGB Unkündbarkeit = NZA 2016, 366; 20.6.2013 AP Nr. 4 zu § 626 BGB Unkündbarkeit = NZA 2014, 139.
[87] BAG 27.6.2019 AP Nr. 18 zu § 626 BGB Unkündbarkeit = NZA 2019, 1345; 22.10.2015 AP Nr. 13 zu § 626 BGB Unkündbarkeit = NZA 2016, 630; 18.6.2015 AP Nr. 8 zu § 626 BGB Unkündbarkeit = NZA 2015, 1315.
[88] BAG 20.6.2013 AP Nr. 3 zu § 626 BGB Unkündbarkeit = NZA 2014, 208.
[89] BAG 24.9.2015 AP Nr. 10 zu § 626 BGB Unkündbarkeit = NZA 2016, 366.
[90] BAG 18.6.2015 AP Nr. 8 zu § 626 BGB Unkündbarkeit = NZA 2015, 1315.
[91] BAG 26.11.2009 AP Nr. 225 zu § 626 BGB = NZA 2010, 628.
[92] BAG 24.9.2015 AP Nr. 10 zu § 626 BGB Unkündbarkeit = NZA 2016, 366; 29.3.2007 AP Nr. 4 zu § 613a BGB Widerspruch = NZA 2008, 48.
[93] BAG 6.10.2005 AP Nr. 8 zu § 53 BAT.
[94] BAG 29.3.2007 AP Nr. 4 zu § 613a BGB Widerspruch = NZA 2008, 48.
[95] BAG 6.10.2005 AP Nr. 8 zu § 53 BAT; ausf. dazu *Bengelsdorf* BB 2007, 661.

nicht möglich oder nicht zumutbar gewesen sein soll. Auch das zu erwartende Freiwerden eines geeigneten Arbeitsplatzes aufgrund üblicher Fluktuation sei zu berücksichtigen. Es genüge nicht, dass der AG nur das Bestehen entsprechender freier Arbeitsplätze in Abrede stelle.[96]

Ob der AG einen Arbeitsplatz **„freikündigen"** muss, ist umstr.[97] Das BAG hat die Frage 35 bislang nicht eindeutig beantwortet,[98] neigt aber offenbar in seiner neuen Rechtsprechung dazu, eine solche Pflicht zu bejahen.[99] Dagegen spricht jedoch, dass die Arbeitsverhältnisse der nicht unkündbaren AN regelmäßig durch das KSchG geschützt sind und dieser Schutz nicht durch tarifliche Unkündbarkeitsregelungen unterlaufen werden darf. Tarifvertragliche und einzelvertragliche Unkündbarkeitsregelungen finden ihre Grenze im gesetzlichen Kündigungsschutz Dritter. Deshalb ist ein „Freikündigen" von Arbeitsplätzen ordentlich kündbarer AN zur Vermeidung der Kündigung unkündbarer AN unzulässig, soweit die ordentlich kündbaren Beschäftigten den Kündigungsschutz des KSchG genießen. Nur in Bezug auf AN, die noch nicht die Wartezeit des § 1 I KSchG erfüllt haben, kann eine Pflicht zur Freikündigung bestehen.[100]

ee) Soziale Auswahl. Auch bei der außerordentlichen betriebsbedingten Kündigung tarif- 36 lich unkündbarer AN ist der AG zu einer sozialen Auswahl entsprechend § 1 III KSchG verpflichtet. Hält die Auswahlentscheidung des AG einer § 1 III KSchG entsprechenden Sozialauswahl nicht stand, fehlt es an einem wichtigen Grund für eine außerordentliche Kündigung aus betrieblichen Gründen.[101] Hierbei sind auch nicht besonders geschützte AN zu berücksichtigen.[102] Dagegen gehören nach wohl überwiegend vertretener, aber abzulehnender Ansicht die tariflich unkündbaren AN bei einer betriebsbedingten Kündigung nicht besonders geschützter AN nicht zu den bei der Sozialauswahl zu vergleichenden AN (dazu → § 135 Rn. 16f.).

b) Personenbedingte Kündigung. aa) Mangelnde Eignung. Vom AN nicht zu vertre- 37 tende personenbedingte Gründe können eine außerordentliche Kündigung unkündbarer AN mit Auslauffrist rechtfertigen. Bedarf etwa die Ausübung einer sicherheitsempfindlichen Tätigkeit nach dem Gesetz über die Voraussetzungen und das Verfahren von Sicherheitsüberprüfungen des Bundes (SÜG) einer besonderen Zugangsermächtigung, kann deren Entzug zu einer außerordentlichen Kündigung mit Auslauffrist führen. In einem solchen Fall hat allerdings der AG zur Vermeidung der Kündigung alle in Betracht kommenden Beschäftigungs- und Einsatzmöglichkeiten von sich aus umfassend zu prüfen (dazu → Rn. 33).[103] Bei einer **haftbedingten Arbeitsverhinderung** kommt eine außerordentliche Kündigung eines tariflich ordentlich unkündbaren AN jedenfalls dann in Betracht, wenn die vorübergehende Unmöglichkeit der Arbeitsleistung iSv § 275 I BGB mit einer „endgültigen" Unmöglichkeit gleichzusetzen ist. Hiervon ist dann auszugehen, wenn die Dauer von zwei Jahren Freiheitsstrafe, die dem AG die Vornahme von Überbrückungsmaßnahmen zur Vermeidung einer ordentlichen Kündigung in jedem Fall unzumutbar macht (→ § 131 Rn. 30), um ein Mehrfaches überschritten wird.[104]

bb) Krankheit. Eine krankheitsbedingte außerordentliche Kündigung ist nur in eng 38 begrenzten Ausnahmefällen zulässig, wobei in der Regel eine der ordentlichen Kündigungsfrist entsprechende Auslauffrist einzuhalten ist (zur Zweiwochenfrist → § 127 Rn. 26).[105] Erforderlich ist wie bei der ordentlichen krankheitsbedingten Kündigung[106] zunächst eine negative Prognose hinsichtlich des voraussichtlichen Gesundheitszustands (→ § 131 Rn. 35). Zweitens muss aufgrund der negativen Prognose in Zukunft mit einer erheblichen Beeinträchtigung betrieblicher oder wirtschaftlicher Interessen des AG zu rechnen sein. Schließlich ist eine umfassende Interessenabwägung vorzunehmen.[107] Vor Ausspruch der Kündigung hat der AG nach leidensge-

[96] BAG 17.9.1998 AP Nr. 148 zu § 626 BGB = NZA 1999, 258; dazu auch *Groeger* NZA 1999, 850.

[97] Vgl. dazu *Bengelsdorf* BB 2007, 661 (663ff.).

[98] Zusammenfassend BAG 18.5.2006 AP Nr. 5 zu § 55 BAT = NZA-RR 2007, 272.

[99] BAG 27.6.2019 AP Nr. 18 zu § 626 BGB Unkündbarkeit = NZA 2019, 1345, das BAG spricht hier von „freimachen"; wohl auch BAG 28.10.2010 AP Nr. 148 zu § 2 KSchG 1969 = NZA-RR 2011, 155.

[100] Ebenso iErg *Berkowsky,* Betriebsbedingte Kündigung, § 7 Rn. 9; *Bröhl,* Außerordentliche Kündigung, 160; *Moll* FS Wiedemann, 333 (358ff.); ErfK/*Niemann* BGB § 626 Rn. 51; aA LAG Bln 14.11.2002 ZTR 2003, 249; *Bitter/Kiel* FS Schwerdtner, 13 (25ff.); *Kiel* NZA-Beil. 1/2005, 13 (25ff.).

[101] BAG 27.6.2019 AP Nr. 18 zu § 626 BGB Unkündbarkeit = NZA 2019, 1345.

[102] BAG 5.2.1998 AP Nr. 143 zu § 626 BGB = NZA 1998, 771.

[103] BAG 26.11.2009 AP Nr. 225 zu § 626 BGB = NZA 2010, 628.

[104] BAG 22.10.2015 AP Nr. 12 zu § 626 BGB Unkündbarkeit = NZA 2016, 482.

[105] BAG 20.3.2014 NZA-RR 2015, 16; 18.1.2001 AP Nr. 1 zu § 28 LPVG Niedersachsen = NZA 2002, 455; 18.10.2000 AP Nr. 9 zu § 626 BGB Krankheit = NZA 2001, 219.

[106] Vgl. BAG 5.7.1990 AP Nr. 26 zu § 1 KSchG 1969 Krankheit = NZA 1991, 185.

[107] BAG 23.1.2014 AP Nr. 16 zu § 626 Krankheit = NZA 2014, 962; 16.9.1999 AP Nr. 159 zu § 626 BGB = NZA 2000, 141; 9.7.1998 EzA Nr. 1 zu § 626 BGB Krankheit.

rechten Beschäftigungsmöglichkeiten für den AN zu suchen. An die Bemühungen des AG sind dabei hohe Anforderungen zu stellen.[108] Ist das Arbeitsverhältnis als Austauschverhältnis **auf Dauer** umfassend gestört, weil aufgrund der Erkrankung des AN auf nicht mehr absehbare Zeit kein Leistungsaustausch mehr erfolgen wird, kann auch eine Kündigung aus wichtigem Grund gerechtfertigt sein.[109] Die Unfähigkeit des AN, einen Teil der geschuldeten Arbeitsleistung zu erbringen, ist allerdings in der Regel noch nicht geeignet, eine außerordentliche krankheitsbedingte Kündigung zu rechtfertigen.[110] Auch **häufige kürzere Erkrankungen** können einen außerordentlichen Kündigungsgrund bilden. In diesem Fall ist der allgemeine Prüfungsmaßstab (→ § 131 Rn. 34) auf allen drei Stufen erheblich strenger.[111] Die prognostizierten Fehlzeiten (erste Stufe) und die sich aus ihnen ergebenden Beeinträchtigungen der betrieblichen Interessen (zweite Stufe) müssen deutlich über das Maß hinausgehen, das eine ordentliche Kündigung sozial zu rechtfertigen vermöchte. Es bedarf eines gravierenden Missverhältnisses zwischen Leistung und Gegenleistung. Wann dies der Fall ist, hängt von den Voraussetzungen und der Ausgestaltung des dem AN eingeräumten tariflichen Sonderkündigungsschutzes ab. Unter Geltung einer tariflichen Regelung wie derjenigen in § 34 II 1 TV-L ist eine gravierende Äquivalenzstörung anzunehmen, wenn damit zu rechnen ist, der AG werde für **mehr als ein Drittel der jährlichen Arbeitstage Entgeltfortzahlung** im Krankheitsfall leisten müssen. Im Rahmen einer umfassenden Interessenabwägung (dritte Stufe) ist zu prüfen, ob die gravierende Äquivalenzstörung dem AG auf Dauer zuzumuten ist. Vorbehaltlich besonderer Umstände des Einzelfalls ist für die Erstellung der Gesundheitsprognose ein Referenzzeitraum von drei Jahren maßgeblich. Besteht ein BR/PR, ist auf die letzten drei Jahre vor Einleitung des Beteiligungsverfahrens abzustellen. Für die Kündigung ist maßgeblich, an wie vielen Tagen der AG dem AN wegen Arbeitsunfähigkeit Entgeltfortzahlung nach §§ 3, 4 EFZG geleistet hat. Zeiten, in denen der AG ggf. unberechtigt wegen bestehender **Fortsetzungserkrankungen** iSv § 3 I 2 EFZG Entgeltfortzahlung geleistet hat, bleiben unberücksichtigt. Insofern gilt eine abgestufte Darlegungs- und Beweislast. Der AG kann sich darauf beschränken, die Zeiten zu benennen, für die er Entgeltfortzahlungsleistungen erbracht hat. Hierauf hat der AN ggf. darzulegen, dass und inwieweit in Wahrheit Fortsetzungserkrankungen vorgelegen haben sollen. Bestreitet dies der AG, hat der AN den Arzt von der Schweigepflicht zu entbinden. Die Folgen der Nichterweislichkeit einer anderen Erkrankung (das non-liquet-Risiko) sind nach allgemeinen Grundsätzen vom AG zu tragen.

39 **c) Verhaltensbedingte Kündigung.** Eine verhaltensbedingte fristlose Kündigung eines unkündbaren AN ist nur zulässig, wenn Gründe vorliegen, die nach § 626 BGB auch bei einem nicht unkündbaren AN die fristlose Kündigung rechtfertigen würden.[112] Unter Umständen ist auch bei der verhaltensbedingten Kündigung eine Auslauffrist einzuhalten. Diese dient der Vermeidung von Wertungswidersprüchen in dem Fall, dass ein wichtiger Grund zur Kündigung nur deshalb vorliegt, weil dem AG die Weiterbeschäftigung des unkündbaren AN bis zum Pensionsalter unzumutbar ist, während bei ordentlicher Kündbarkeit lediglich eine fristgemäße Kündigung zulässig wäre.[113]

[108] BAG 13.5.2004 AP Nr. 12 zu § 626 BGB Krankheit = NZA 2004, 1271.
[109] BAG 28.10.2010 AP Nr. 148 zu § 2 KSchG 1969 = NZA-RR 2011, 155; 26.11.2009 AP Nr. 225 zu § 626 BGB = NZA 2010, 628; s. auch BAG 12.1.2006 AP Nr. 13 zu § 626 BGB Krankheit zur Entgeltzahlungspflicht bis zur Pensionsgrenze ohne nennenswerte Gegenleistung.
[110] BAG 12.7.1995 AP Nr. 7 zu § 626 BGB Krankheit.
[111] Hierzu und zum Folgenden BAG 25.4.2018 AP Nr. 18 zu § 626 BGB Krankheit = NZA 2018, 1056.
[112] BAG 10.10.2002 AP Nr. 180 zu § 626 BGB; 15.11.2001 AP Nr. 175 zu § 626 BGB.
[113] BAG 13.5.2015 AP Nr. 254 zu § 626 BGB; 8.6.2000 AP Nr. 163 zu § 626 BGB = NZA 2000, 1282; 13.4.2000 NZA 2001, 277; 12.8.1999 AP Nr. 28 zu § 626 BGB Verdacht strafbarer Handlung = NZA 2000, 421; 11.3.1999 AP Nr. 150 zu § 626 BGB = NZA 1999, 818; siehe allerdings auch BAG 21.6.2012 AP Nr. 73 zu § 15 KSchG 1969 = NZA 2013, 224.

6. Abschnitt. Kündigungsschutz außerhalb des Kündigungsschutzgesetzes

§ 129. Kündigungsschutz außerhalb des Kündigungsschutzgesetzes und tariflicher Kündigungsschutz

Übersicht

I. Sonderkündigungsschutz einzelner Personengruppen

Neben dem allgemeinen Kündigungsschutz, den das Kündigungsschutzgesetz gewährleistet (→ §§ 130 ff. Rn. 1 ff.), enthalten **zahlreiche Bundes- und Landesgesetze** besondere Kündigungsbeschränkungen. 1

So regelt das 2

(a) **Kündigungsschutzgesetz** (→ §§ 130 ff. Rn. 1 ff.) auch den besonderen Kündigungsschutz von Mitgliedern der Betriebsverfassungsorgane;

(b) **SGB IX** (→ § 179 Rn. 1 ff.) in den §§ 168 ff. SGB IX den besonderen Kündigungsschutz schwerbehinderter Menschen und ihrer Vertrauensleute;

(c) **Mutterschutzgesetz** (→ § 169 Rn. 1 ff.) den der Schwangeren und der Frauen nach der Geburt;

(d) **Bundeselterngeld- und Elternzeitgesetz** (→ § 172 Rn. 48 ff.) den Kündigungsschutz bei Inanspruchnahme von Elternzeit;

(e) **Berufsbildungsgesetz** (→ § 174 Rn. 85 ff.) den Kündigungsschutz in Berufsausbildungsverhältnissen;

(f) **Arbeitsplatzschutzgesetz** (→ § 144 Rn. 1 ff.) den Kündigungsschutz der zum Wehrdienst Einberufenen und iVm § 78 Zivildienstgesetz den Kündigungsschutz der Zivildienstleistenden;

(g) **Eignungsübungsgesetz** den Schutz der zu einer Übung zwecks Auswahl freiwilliger Soldaten Einberufenen;

(h) **Gesetz über den Zivilschutz** für Dienstpflichtige im Zivilschutzkorps;

(i) Immissionsschutzgesetze mit Kündigungsschutz insbes. für **Immissionsschutzbeauftragte** (§ 53 BImSchG), **Abfallbeauftragte** gem. § 58 II BImSchG iVm § 60 III KrWG (→ § 145 Rn. 7 ff.) und – über § 6 IV 1 BDSG – **Datenschutzbeauftragte** (→ § 145 Rn. 5); vgl. im Übrigen die Übersicht bei *Nipperdey I* Arbeitsrecht Nr. 159;

(j) Grundgesetz Kündigungsschutz für **Abgeordnete** (Art. 48 II GG);

(k) Landesrecht den Bergmannsversorgungsschein in
(1) NRW idF vom 20.12.1983 (GVBl. 635),
(2) Saarland idF vom 16.10.1981 (ABl. 825) den Kündigungsschutz von im Bergbau Geschädigten alle m. spät. Änd.;

(l) **Seearbeitsgesetz** den Kündigungsschutz von Heuerverhältnissen (§§ 65 ff. SeeArbG).

Schließlich ist bei allen Kündigungen das Anhörungs- und gegebenenfalls Mitwirkungsrecht der Betriebs- und Personalvertretung sowie des Sprecherausschusses (§ 102 BetrVG, § 79 BPersVG, § 31 SprAuG) zu beachten (→ § 124 Rn. 1 ff.). 3

II. Treu- und sittenwidrige Kündigung

1. Grundlagen. Auch außerhalb des KSchG besteht ein Schutz vor willkürlichen Kündigungen. Das BVerfG leitet aus Art. 12 I GG einen verfassungsrechtlich verbürgten Mindestschutz des AN vor willkürlichen oder auf sachfremden Motiven beruhenden Kündigungen ab. Danach sind die Diskriminierungsverbote aus Art. 3 III GG bei der Auslegung der zivil- 4

rechtlichen Generalklauseln zu beachten. Hierdurch wird der in Art. 30 GRCh geregelte Schutz von AN vor ungerechtfertigter Entlassung gewährleistet.[1] Soweit unter mehreren AN eine Auswahl zu treffen ist, gebietet der verfassungsrechtliche Schutz des Arbeitsplatzes in Verbindung mit dem Sozialstaatsprinzip ein gewisses Maß an sozialer Rücksichtnahme. Ein durch langjährige Mitarbeit erdientes Vertrauen in den Fortbestand des Arbeitsverhältnisses darf nicht unberücksichtigt bleiben. Schließlich muss der objektive Gehalt der Grundrechte auch bei der Verteilung der Darlegungs- und Beweislast berücksichtigt werden. Zugleich betont aber auch das BVerfG, dass die gesetzliche Eingrenzung des Kündigungsschutzes nach dem Kündigungsschutzgesetz respektiert werden muss. Der durch Generalklauseln vermittelte Schutz darf nicht dazu führen, dass dem Kleinunternehmer praktisch die im Kündigungsschutzgesetz vorgegebenen Maßstäbe der Sozialwidrigkeit auferlegt werden.[2]

5 **2. Sittenwidrigkeit. a) Anschauung aller billig und gerecht Denkenden.** Eine Kündigung kann gegen die guten Sitten verstoßen und aus diesem Grunde nichtig sein (§ 138 BGB). § 13 II KSchG setzt die Sittenwidrigkeit einer Kündigung voraus. Erforderlich ist eine **besondere Verwerflichkeit des Verhaltens des kündigenden AG,** die sich aus dem verfolgten Ziel, den eingesetzten Mitteln oder der zutage tretenden Gesinnung ergeben kann.[3] Die Kündigung verstößt hiernach gegen die guten Sitten, wenn sie nach der Anschauung aller billig und gerecht Denkenden jenem Maß von Sittlichkeits- und Anstandsrücksichten krass widerspricht, das von Menschen durchschnittlich zu fordern ist.[4] Ob dies der Fall ist, muss im Rahmen einer Gesamtabwägung aller Umstände des Einzelfalls entschieden werden.[5] Ein Verstoß gegen die guten Sitten ist insbesondere dann gegeben, wenn Grundrechte des AN grob verletzt werden, denn die Grundrechte verkörpern den Wertgehalt der Gesamtrechtsordnung.[6] Zu berücksichtigen ist des Weiteren, ob der AG einen Kündigungsgrund geltend macht, der nach § 626 BGB oder § 1 KSchG geeignet ist, die Kündigung zu rechtfertigen. Macht der AG von seinem Kündigungsrecht Gebrauch, das ihm nach den gesetzlichen Vorschriften zusteht, kann kaum angenommen werden, die Kündigung verstoße gegen das Anstandsgefühl aller billig und gerecht Denkenden.[7]

6 **b) Beispiele.** Sittenwidrig ist beispielsweise eine Kündigung, die aus **reiner Rachsucht** erfolgt[8] oder weil der AN die Teilnahme an einer strafbaren Handlung des AG abgelehnt hat. Gleiches gilt, wenn der AG eine Kündigung auf einen **Arbeitsunfall des AN** stützt, den der AG bedingt vorsätzlich herbeigeführt hat,[9] oder die Kündigung erfolgt, weil der AN ihm zustehende Ansprüche geltend macht.[10] Entgegen der Auffassung des BAG[11] verstößt eine Kündigung, die allein wegen der **Homosexualität** eines AN erfolgt, ebenfalls gegen § 138 BGB und nicht (nur) gegen § 242 BGB.[12] Gleichfalls sittenwidrig ist eine allein auf die **wahrheitswidrige Beantwortung einer unzulässigen Frage** nach eingestellten Ermittlungsverfahren an den Stellenbewerber gestützte Kündigung. Diese verstößt gegen die objektive Wertordnung des Grundgesetzes, wie sie im Recht auf informationelle Selbstbestimmung zum Ausdruck kommt.[13] Dagegen ist eine Kündigung nicht deshalb sittenwidrig, weil sie nach einem vom AG bedingt vorsätzlich herbeigeführten Arbeitsunfall erfolgt, dessen Folgen noch nicht abzusehen waren.[14] Die Kündigung eines HIV-infizierten AN, der keinen allgemeinen Kündigungsschutz genießt, ist nicht sittenwidrig.[15]

---

[1] BAG 8.12.2011 NZA 2012, 286.
[2] BVerfG 27.1.1998 AP Nr. 17 zu § 23 KSchG 1969 = NZA 1998, 470; 24.4.1991 AP Nr. 70 zu Art. 12 GG = NZA 1992, 68 sowie im Anschluss daran zuletzt BAG 24.1.2008 NZA-RR 2008, 405; 28.6.2007 AP Nr. 27 zu § 307 BGB = NZA 2007, 1049 mwN.
[3] BAG 11.6.2020 AP Nr. 79 zu § 622 BGB = NZA 2020, 1179.
[4] BAG 14.12.2004 AP Nr. 62 zu § 138 BGB = NZA 2005, 637; 22.5.2003 AP Nr. 18 zu § 1 KSchG 1969 Wartezeit; 24.4.1997 AP Nr. 27 zu § 611 BGB Kirchendienst = NZA 1998, 145; 16.2.1989 AP Nr. 46 zu § 138 BGB = NZA 1989, 962.
[5] BAG 28.4.1994 RzK I 8 k Nr. 8; 24.4.1997 AP Nr. 27 zu § 611 BGB Kirchendienst = NZA 1998, 145.
[6] BAG 15.11.2012 AP Nr. 69 zu § 138 BGB = NZA 2013, 429; ebenso *Oetker* AuR 1997, 41 (48); APS/*Preis* Grundlagen J Rn. 39.
[7] BAG 24.4.1997 AP Nr. 27 zu § 611 BGB Kirchendienst = NZA 1988, 145; *Stahlhacke* FS Wiese, 1998, 513 (526).
[8] BAG 14.5.1964 AP Nr. 5 zu § 242 BGB Kündigung.
[9] BAG 8.6.1972 AP Nr. 1 zu § 1 KSchG 1969; 16.9.2004 AP Nr. 142 zu § 102 BetrVG 1972.
[10] BAG 14.12.2004 AP Nr. 62 zu § 138 BGB = NZA 2005, 637.
[11] BAG 23.6.1994 AP Nr. 9 zu § 242 BGB Kündigung = NZA 1994, 1010.
[12] Ebenso *Löwisch* BB 1997, 782 (785); *Preis* NZA 1997, 1256 (1266).
[13] BAG 15.11.2012 AP Nr. 69 zu § 138 BGB = NZA 2013, 429.
[14] BAG 8.6.1972 AP Nr. 1 zu § 1 KSchG 1969 mAnm *Konzen* (iErg allerdings verneint).
[15] BAG 16.2.1989 AP Nr. 46 zu § 138 BGB = NZA 1989, 962.

c) Darlegungs- und Beweislast. Der AN hat im Falle einer Kündigung durch den AG die Voraussetzungen für einen Verstoß gegen die guten Sitten darzulegen und im Streitfall zu beweisen. Es gelten die Grundsätze der abgestuften Darlegungs- und Beweislast.[16] Der **AN hat zunächst die objektiven Umstände vorzutragen,** die den Schluss auf einen Verstoß gegen die guten Sitten rechtfertigen. Aus der unterbliebenen Angabe von Kündigungsgründen allein kann nicht auf einen Verstoß gegen § 138 BGB geschlossen werden. Zu den Darlegungen des AN hat sich der AG gem. § 138 II ZPO konkret zu erklären. Die Bedeutung des Unwirksamkeitsgrundes der Sittenwidrigkeit ist insbesondere durch das Maßregelungsverbot des § 612a BGB zurückgegangen (dazu → § 108 Rn. 1 ff.). 7

3. Treu und Glauben. a) Willkürliche Kündigung. Durch die Anwendung von § 242 BGB werden AN außerhalb des Anwendungsbereichs des KSchG, also in **Kleinbetrieben** (§ 23 I KSchG)[17] und vor Ablauf der sechsmonatigen **Wartezeit** des § 1 I KSchG,[18] vor willkürlichen Kündigungen geschützt. Wenn das KSchG nicht anwendbar ist, kommen Umstände, die an sich geeignet sind, eine Kündigung sozialwidrig iSv § 1 KSchG erscheinen zu lassen, als Verstöße gegen Treu und Glauben grundsätzlich nicht in Betracht.[19] Auch unter Berücksichtigung verfassungsrechtlicher Vorgaben verstößt eine Kündigung in der Wartezeit deshalb nur dann gegen § 242 BGB, wenn sie Treu und Glauben aus Gründen verletzt, die von § 1 KSchG nicht erfasst sind.[20] Anderenfalls würde über § 242 BGB der kraft Gesetzes ausgeschlossene Kündigungsschutz doch gewährt und die Möglichkeit des AG eingeschränkt werden, die Eignung des AN für die geschuldete Tätigkeit in seinem Betrieb während der gesetzlichen Wartezeit zu überprüfen.[21] Auch das BVerfG verlangt im Hinblick auf **Art. 12 GG und das Sozialstaatsprinzip** nur einen Mindestschutz vor willkürlichen Kündigungen, und zwar insbesondere bei der Auswahl des betriebsbedingt zu kündigenden AN und fordert vom AG insoweit ein gewisses Maß an sozialer Rücksichtnahme.[22] Eine Kündigung verstößt somit in der Regel nur dann gegen § 242 BGB, wenn sie auf **willkürlichen, sachfremden oder diskriminierenden Motiven** beruht. Die unterbliebene vorherige Anhörung des AN führt nicht zur Treuwidrigkeit der Kündigung.[23] Eine willkürliche Kündigung liegt nicht vor, wenn ein **irgendwie einleuchtender Grund** für die Kündigung besteht.[24] Ein solcher ist bei einem auf konkreten Umständen beruhenden Vertrauensverlust grundsätzlich auch dann gegeben, wenn die Tatsachen objektiv nicht verifizierbar sind.[25] Ein einleuchtender Grund besteht, wenn der AG eine Probezeitkündigung mit dem seiner Meinung nach **ungepflegten Erscheinungsbild des AN** begründet.[26] Stützt der AG die Kündigung darauf, dass das für eine dauerhafte Zusammenarbeit erforderliche **Vertrauensverhältnis** innerhalb der Probezeit nicht habe aufgebaut werden können, ist das ein Kündigungsgrund, der den Willkürvorwurf entfallen lässt. Behauptet eine als **„Nanny" in einem Privathaushalt** beschäftigte AN gegenüber Dritten, die Mutter des beaufsichtigten Kindes sei nie zu Hause, schließe sich andernfalls immer in ihrem Zimmer ein und esse, wenn sie doch einmal zu Hause sei, nur Schokolade mit ihrer Tochter, besteht ein einleuchtender Kündigungsgrund. Dass die AG nicht weiter – vermeintlicher – Kritik betreffend ihre Mutterrolle durch eine in ihrem Haushalt beschäftigte AN ausgesetzt sein will, ist verständlich und hat mit Rachsucht oder Vergeltung nichts zu tun.[27] 8

[16] BAG 14.12.2004 AP Nr. 62 zu § 138 BGB = NZA 2005, 637; BVerfG 27.1.1998 AP Nr. 17 zu § 23 KSchG 1969 = NZA 1998, 470.

[17] Dazu BAG 21.2.2001, 25.4.2001 AP Nr. 12, 14 zu § 242 BGB Kündigung.

[18] BAG 28.6.2007 AP Nr. 27 zu § 307 BGB = NZA 2007, 1049; 22.5.2003 AP Nr. 18 zu § 1 KSchG 1969 Wartezeit = NZA 2004, 399; 5.4.2001 AP Nr. 13 zu § 242 BGB Kündigung = NZA 2001, 890; dazu *Löwisch* DB 2014, 1079.

[19] BAG 28.8.2008 AP Nr. 8 zu § 1 KSchG 1969.

[20] BAG 22.4.2010 ZTR 2010, 430.

[21] BAG 24.1.2008 NZA-RR 2008, 405; 28.6.2007 AP Nr. 27 zu § 307 BGB = NZA 2007, 1049; 16.4.2004 AP Nr. 44 zu § 611 BGB Kirchendienst.

[22] Dazu BVerfG 27.1.1998 AP Nr. 17 zu § 23 KSchG 1969 = NZA 1998, 470; näher dazu *Annuß* BB 2001, 1898; *Linck* FA 1999, 382 (383); *Oetker* AuR 1997, 41 ff.; *Preis* NZA 1997, 1257 (1266 ff.).

[23] BAG 5.12.2019 AP Nr. 74 zu § 138 BGB mAnm *St. Schmidt* = NZA 2020, 171.

[24] BAG 11.6.2020 AP Nr. 79 zu § 622 BGB = NZA 2020, 1179; 22.4.2010 ZTR 2010, 430; 28.8.2008 AP Nr. 8 zu § 1 KSchG 1969; 24.1.2008 NZA-RR 2008, 405; 28.6.2007 AP Nr. 27 zu § 307 BGB = NZA 2007, 1049; 28.8.2003 AP Nr. 17 zu § 242 BGB Kündigung = NZA 2004, 1296.

[25] BAG 11.6.2020 AP Nr. 79 zu § 622 BGB = NZA 2020, 1179; 5.12.2019 AP Nr. 74 zu § 138 BGB mAnm *St. Schmidt* = NZA 2020, 171.

[26] ArbG Köln 25.3.2010 – 4 Ca 10458/09.

[27] BAG 5.12.2019 AP Nr. 74 zu § 138 BGB mAnm *St. Schmidt* = NZA 2020, 171.

9 **b) Auswahlentscheidung.** Soweit unter mehreren AN eine Auswahl zu treffen ist, darf zwar ein durch langjährige Mitarbeit erdientes Vertrauen des AN in den Fortbestand des Arbeitsverhältnisses nicht unberücksichtigt bleiben.[28] Allein aus einer langjährigen Betriebszugehörigkeit folgt jedoch nicht, dass die vom AG getroffene Auswahlentscheidung am Maßstab des § 1 III KSchG zu überprüfen ist.[29] Hierzu bedürfte es einer entsprechenden Vereinbarung der Parteien. Legt der gekündigte AN dar, dass er unter Berücksichtigung soziale Gesichtspunkte ganz erheblich schutzwürdiger als ein **evident vergleichbarer weiterbeschäftigter AN** ist, spricht dies allerdings dafür, dass der AG bei seiner Entscheidung das verfassungsrechtlich gebotene Mindestmaß an sozialer Rücksichtnahme außer Acht gelassen hat. Nur wenn sich aus dem Vorbringen des AN auf den ersten Blick ergibt, dass der AG davon ausgehen musste, der gekündigte und der oder die nicht gekündigten AN seien ohne Weiteres austauschbar, kann es auf die Rechtfertigung der Auswahlentscheidung nach sozialen Gesichtspunkten ankommen.[30] Der AG hat dann im Rahmen der abgestuften Darlegungs- und Beweislast nach § 138 II ZPO aufzuzeigen, dass betriebliche, persönliche oder sonstige berechtigte Interessen zu dieser Auswahlentscheidung geführt haben.

10 Der vom AG bei evidenter Vergleichbarkeit der AN angeführte **Grund für die Auswahlentscheidung** muss angesichts der unterschiedlich langen Betriebszugehörigkeit „einleuchten".[31] Das ist nicht am Maßstab des § 1 III 2 KSchG zu beurteilen. Eine willkürliche Auswahlentscheidung ist umso eher anzunehmen, je weniger hierbei berechtigte Interessen des AG eine Rolle gespielt haben. Hat der AG keine spezifischen eigenen Interessen, einen bestimmten AN zu kündigen, und entlässt er gleichwohl den sozial Schutzbedürftigsten, spricht viel dafür, dass er bei seiner Entscheidung das verfassungsrechtlich gebotene Mindestmaß an sozialer Rücksichtnahme außer Acht gelassen hat. Bestehen dagegen bestimmte betriebliche, persönliche oder sonstige berechtigte Interessen des AG, so ist der durch § 242 BGB vermittelte Grundrechtsschutz des AN umso schwächer, je stärker die ebenfalls grundrechtlich geschützten Positionen des AG betroffen sind.[32] Kündigt beispielsweise ein Handwerker einen langjährig beschäftigten Gesellen wegen Auftragsrückgangs, kann er die Weiterbeschäftigung eines nach sozialen Gesichtspunkten deutlich weniger schutzwürdigeren AN zB damit rechtfertigen, dass der Gekündigte erhebliche krankheitsbedingte Fehlzeiten hatte.[33] Diese müssen nicht so erheblich sein, dass sie eine krankheitsbedingte Kündigung begründen könnten. Des Weiteren kann das Fehlen einer Fahrerlaubnis die Kündigung des sozial schutzwürdigeren AN als nicht treuwidrig erscheinen lassen, wenn der AG aufzeigt, dass sie erforderlich ist, um selbständig zu Kunden fahren zu können. Soweit der Handwerksbetrieb auswärts Montagearbeiten verrichtet, kann die Bereitschaft bzw. die Ablehnung von Montagetätigkeit gleichfalls berücksichtigt werden. Entsprechendes gilt für die freiwillige Leistung von Überstunden oder die häufige Unpünktlichkeit oder schlechte Arbeitsleistungen des an sich schutzwürdigeren AN.[34]

11 **c) Rechtsmissbrauch.** Denkbar ist weiterhin, dass die Kündigung rechtsmissbräuchlich erfolgt. Die Rechtsausübung ist missbräuchlich, wenn ihr kein schutzwürdiges Eigeninteresse zugrunde liegt. Das ist anzunehmen, wenn die Ausübung des Rechts als Vorwand dient, um vertragsfremde oder unlautere Zwecke zu erreichen. Ist beispielsweise der AN aus Gewissensgründen nicht in der Lage, vertraglich geschuldete Leistungen – im Streitfall Bestattungsarbeiten eines als Hilfsgärtner angestellten Sinti – zu erbringen, kann er nach § 275 III BGB die Leistung verweigern. Der AG kann dann freilich auch im Geltungsbereich des KSchG das Arbeitsverhältnis aus personenbedingten Gründen kündigen. Eine solchermaßen begründete Kündigung ist außerhalb des Anwendungsbereichs des KSchG nicht rechtsmissbräuchlich nach § 242 BGB.[35]

12 **d) Anderweitige Beschäftigungsmöglichkeiten.** Eine Kündigung innerhalb der Wartezeit des § 1 I KSchG ist nicht schon allein deshalb unwirksam, weil zum Kündigungszeitpunkt die Möglichkeit einer anderen zumutbaren Beschäftigung bestand. Andere Beschäftigungsmöglichkeiten hat der AG grundsätzlich nur im Anwendungsbereich des § 1 II KSchG in Betracht zu ziehen, weil dieses Erfordernis auf der Anwendung des dem gesetzlichen Kündigungsschutz nach § 1 II KSchG zugrunde liegenden Verhältnismäßigkeitsgrundsatzes beruht. Dieser Grundsatz ist

[28] BAG 21.2.2001 AP Nr. 12 zu § 242 BGB Kündigung = NZA 2001, 833.
[29] BAG 28.8.2003 AP Nr. 17 zu § 242 BGB Kündigung = NZA 2004, 1296.
[30] BAG 6.2.2003 AP Nr. 30 zu § 23 KSchG 1969 = NZA 2003, 717.
[31] BAG 28.8.2003 AP Nr. 17 zu § 242 BGB Kündigung = NZA 2004, 1296.
[32] BAG 28.10.2010 AP Nr. 48 zu § 23 KSchG 1969.
[33] LAG SchlH 14.10.2014 – 1 Sa 151/14.
[34] BAG 28.10.2010 AP Nr. 48 zu § 23 KSchG 1969.
[35] BAG 22.5.2003 AP Nr. 18 zu § 1 KSchG 1969 Wartezeit.

bei der Beurteilung der Wirksamkeit von Kündigungen außerhalb des Kündigungsschutzgesetzes nicht anwendbar.[36] Beabsichtigt ein Kleinunternehmer oder Freiberufler allerdings die Personalkosten zu senken und kündigt er deshalb einen älteren Mitarbeiter, der aufgrund seiner längeren Betriebszugehörigkeit deutlich mehr verdient als vergleichbare jüngere AN, kann diese Kündigung jedoch willkürlich sein, wenn der AG für den gekündigten Mitarbeiter einen jüngeren niedriger vergüteten AN einstellt oder die Arbeitszeit anderer, weniger verdienender AN erhöht und dem Gekündigten nicht zuvor eine Weiterbeschäftigung mit reduzierten Entgelt und verkürzter Arbeitszeit angeboten hat.[37] Dies gilt jedenfalls dann, wenn auf diesem Weg die vom AG angestrebte Senkung der Personalkosten umsetzbar gewesen wäre.

e) Abmahnung. Die Wirksamkeit einer Kündigung aus Gründen in dem Verhalten des AN außerhalb des Anwendungsbereichs des KSchG setzt jedenfalls in der Wartezeit des § 1 I KSchG in der Regel nicht voraus, dass dem AN vor Ausspruch der Kündigung vergeblich eine Abmahnung erteilt wurde. Darüber hinaus kann nur ausnahmsweise eine vorherige Abmahnung nach Treu und Glauben (§ 242 BGB) geboten sein, wenn sich der AG andernfalls mit der Kündigung in Widerspruch zu seinem bisherigen Verhalten setzen würde.[38] Das ist nicht der Fall, wenn die Kündigung Abschluss einer seit Monaten fortschreitenden negativen Entwicklung des Arbeitsverhältnisses ist, bei dem das Leistungsverhalten des AN seit längerem Anlass zu Gesprächen war.[39] Als treuwidrig kann allerdings zu werten sein, wenn der AG die Kündigung auf auch im Kleinbetrieb eindeutig nicht ins Gewicht fallende einmalige Fehler eines seit Jahrzehnten beanstandungsfrei beschäftigten AN stützen will. Der Vorwurf willkürlicher, sachfremder oder diskriminierender Ausübung des Kündigungsrechts scheidet dagegen aus, wenn ein irgendwie einleuchtender Grund für die Kündigung vorliegt. 13

f) Betriebliches Eingliederungsmanagement. Die unterbliebene Durchführung eines Präventionsverfahrens oder betrieblichen Eingliederungsmanagements nach § 167 I, II SGB IX hat im Falle einer Kündigung innerhalb der Wartezeit des § 1 I KSchG keine kündigungsrechtlichen Folgen. Gegenteiliges folgt auch nicht aus der Richtlinie 2000/78/EG. Art. 5 dieser Richtlinie fordert angemessene Vorkehrungen zum Schutz behinderter Menschen vor Entlassungen. Im Rahmen der Angemessenheitsprüfung sind auch Belange des AG zu berücksichtigen. Der AG muss die Möglichkeit zur Erprobung des Mitarbeiters haben. Der geltende besondere Kündigungsschutz nach §§ 168 ff. SGB IX trägt dem Rechnung. Der AG ist deshalb auch nicht verpflichtet, innerhalb der Wartezeit nach § 1 I KSchG ein Präventionsverfahren nach § 167 SGB IX durchzuführen.[40] Die Annahme kündigungsrechtlicher Konsequenzen bei einer unterbliebenen Durchführung des Präventionsverfahrens oder des betrieblichen Eingliederungsmanagements in den ersten sechs Monaten des Arbeitsverhältnisses würde demgegenüber ein Einstellungshindernis darstellen, weil der AG nicht mehr frei wäre, die konkreten Einsatzmöglichkeiten des AN in seinem Betrieb zu erproben.[41] Entsprechendes gilt im Kleinbetrieb iSv § 23 I KSchG. 14

g) Fehlende Begründung. Ein Verstoß gegen § 242 BGB kann weiterhin nicht allein deshalb angenommen werden, weil eine Kündigung ohne Angabe von Gründen ausgesprochen wurde. Der AG muss auch im Kleinbetrieb eine Kündigung nicht begründen.[42] 15

h) Unterbliebene Anhörung des Arbeitnehmers. Die unterbliebene Anhörung des AN vor der Kündigung begründet nicht deren Treuwidrigkeit. Der AG ist hierzu, abgesehen von den Fällen der Verdachtskündigung, nicht verpflichtet.[43] 16

i) Verwirkung. Das Kündigungsrecht kann verwirken.[44] Das Recht des AG zur ordentlichen Kündigung verwirkt, wenn er in Kenntnis eines Kündigungsgrundes längere Zeit untätig bleibt, 17

---

[36] BAG 24.1.2008 NZA-RR 2008, 405; 28.6.2007 AP Nr. 27 zu § 307 BGB = NZA 2007, 1049; 22.5.2003 AP Nr. 18 zu § 1 KSchG 1969 Wartezeit; 21.2.2001 AP Nr. 26 zu § 611 BGB Abmahnung = NZA 2001, 951.

[37] Vgl. dazu *Fischermeier* FS Etzel, 2011, 135.

[38] BAG 28.8.2008 AP Nr. 8 zu § 1 KSchG 1969; 21.2.2001 AP Nr. 26 zu § 611 BGB Abmahnung = NZA 2001, 951.

[39] BAG 28.8.2003 AP Nr. 17 zu § 242 BGB Kündigung = NZA 2004, 1296.

[40] BAG 21.4.2016 AP Nr. 6 zu § 84 SGB IX = NZA 2016, 1131.

[41] BAG 24.1.2008 NZA-RR 2008, 405; 28.6.2007 AP Nr. 27 zu § 307 BGB = NZA 2007, 1049; – die gegen die Entscheidung vom 24.1.2008 unter dem Aktenzeichen 1 BvR 867/08 eingelegte Verfassungsbeschwerde wurde durch Beschluss des BVerfG vom 30.5.2008 nicht zur Entscheidung angenommen.

[42] BAG 16.1.2003 AP Nr. 1 zu § 1 KSchG 1969 Gemeinschaftsbetrieb; 16.9.2004 AP Nr. 44 zu § 611 BGB Kirchendienst = NZA 2005, 1263.

[43] BAG 10.4.2014 NJW 2014, 3533.

[44] BAG 20.1.1994 AP Nr. 10 zu Art. 20 Einigungsvertrag = NZA 1994, 844.

dh die Kündigung nicht ausspricht, obwohl ihm dies möglich und zumutbar wäre (Zeitmoment), wenn er dadurch beim AN das berechtigte Vertrauen erweckt, die Kündigung werde unterbleiben und wenn der AN sich deshalb auf den Fortbestand des Arbeitsverhältnisses einrichtet (Umstandsmoment). Diese Voraussetzungen müssen kumulativ vorliegen. Gleichwohl hat das BAG angenommen, ein Vorfall könne durch Zeitablauf so an Bedeutung verlieren, dass eine ordentliche Kündigung nicht mehr gerechtfertigt sei.[45] Die Kündigung sei dann jedoch nicht mangels sozialer Rechtfertigung unwirksam, sondern nur dann, wenn das Kündigungsrecht verwirkt sei. Das ist nicht recht überzeugend, weil bei fehlendem Umstandsmoment eine Verwirkung ausscheidet. Richtigerweise sind der Zeitablauf und die Gründe des AG für das Unterbleiben einer Kündigung in der Vergangenheit im Rahmen der bei verhaltensbedingten Kündigungen notwendigen Interessenabwägung zu berücksichtigen.

18 **j) Unterrichtungspflicht nach § 613a V BGB.** Die Verletzung der Unterrichtungspflicht nach § 613a V BGB führt auch unter Berücksichtigung des Grundsatzes von Treu und Glauben (§ 242 BGB) nicht zur Unwirksamkeit der Kündigung.[46]

19 **k) Darlegungs- und Beweislast.** Die Darlegungs- und Beweislast für das Vorliegen der Tatsachen, aus denen sich die Treuwidrigkeit ergibt, liegt beim AN.[47] Im Lichte der Rechtsprechung des BVerfG ist allerdings bei der Verteilung der Darlegungslast der objektive Gehalt der Grundrechte zur Geltung zu bringen.[48] Der AN hat danach zunächst die objektiven Umstände vorzutragen, welche die Kündigung als treuwidrig erscheinen lassen können. Der AG hat sich darauf gem. § 138 II ZPO konkret zu erklären.[49] Kommt der AG dem nicht nach, gilt der schlüssige Sachvortrag des AN gem. § 138 III ZPO als zugestanden.[50] Die Feststellungslast, dh das Risiko der Nichterweislichkeit des Verstoßes gegen § 242 BGB verbleibt freilich beim AN.[51] Die Gerichte können im Rahmen der freien Beweiswürdigung Schlüsse aus den vorgetragenen objektiven Tatsachen auf die wirklichen Motive ziehen.

20 **4. Ungehörige Kündigung.** Grundsätzlich führen die äußeren Begleitumstände einer Kündigung nicht zu deren Unwirksamkeit. Gegenteiliges ist zwar in der älteren Rechtsprechung und teilweise auch im Schrifttum vertreten worden,[52] entspricht aber nicht mehr dem heutigen Verständnis des § 242 BGB. Zu berücksichtigen ist, dass nach anderen Vorschriften des BGB, wie beispielsweise § 671 II, § 723 II BGB die Kündigung zur Unzeit nur Schadensersatzansprüche auslöst und nicht zur Unwirksamkeit der Kündigung führt.[53] Weiter ist zu beachten, dass die an sich zulässige Wahrnehmung von Rechten eine nach § 226 BGB unzulässige Benachteiligung bzw. Schikane des Betroffenen darstellen kann. Insoweit überschneidet sich der Anwendungsbereich von § 242 BGB mit dem des § 226 BGB.[54] Die neuere Rechtsprechung hat denn auch weder die Kündigung am Heiligen Abend (24. Dezember) noch die Kündigung kurz nach dem Tod des Lebensgefährten[55] oder kurz nach einer Fehlgeburt der AN als unwirksam erachtet.[56]

21 **5. Maßregelungsverbot.** Nach § 612a BGB darf der AG einen AN nicht deshalb bei einer Maßnahme benachteiligen, weil der AN in zulässiger Weise seine Rechte ausübt. Als „Maßnahmen" iSd § 612a BGB kommen auch Kündigungen in Betracht (ausf. dazu → § 108 Rn. 11 ff.).

22 **6. Verstoß gegen das AGG.** Soweit das KSchG nicht anwendbar ist, ist bei Verstößen gegen das AGG die Kündigung unmittelbar an diesem Gesetz zu messen und bei einem Verstoß hiergegen gem. § 134 BGB iVm § 7 I, §§ 1, 3 AGG unwirksam (ausf. hierzu → § 36 Rn. 25 ff.).[57]

---

[45] BAG 15.8.2002 AP Nr. 42 zu § 1 KSchG 1969 Verhaltensbedingte Kündigung = NZA 2003, 795.

[46] BAG 24.5.2005 AP Nr. 284 zu § 613a BGB = NZA 2005, 1302.

[47] BAG 20.6.2013 – 2 AZR 790/11; 28.8.2008 AP Nr. 8 zu § 1 KSchG 1969; 16.9.2004 AP Nr. 44 zu § 611 BGB Kirchendienst; 22.5.2003 AP Nr. 18 zu § 1 KSchG 1969 Wartezeit.

[48] BVerfG 27.1.1998 AP Nr. 17 zu § 23 KSchG 1969 = NZA 1998, 470.

[49] Näher hierzu APS/*Preis* Grundlagen J Rn. 75 ff.; *Oetker* AuR 1997, 41 (53); *Otto* FS Wiese, 1998, 353 (374).

[50] BAG 24.1.2008 NZA-RR 2008, 405; 28.6.2007 AP Nr. 27 zu § 307 BGB = NZA 2007, 1049; 16.9.2004 AP Nr. 44 zu § 611 BGB Kirchendienst.

[51] BAG 28.10.2010 AP Nr. 48 zu § 23 KSchG 1969.

[52] Vgl. *Röhsler* DB 1969, 1147; *Siebert* BB 1960, 1029 sowie 9. Aufl. § 123 Rn. 81.

[53] Zutr. BAG 5.4.2001 AP Nr. 13 zu § 242 BGB Kündigung = NZA 2001, 890 im Anschluss an *Oetker* AuR 1997, 41 (47).

[54] Vgl. MüKoBGB/*Schubert* § 242 Rn. 244.

[55] BAG 5.4.2001 AP Nr. 13 zu § 242 BGB Kündigung = NZA 2001, 890; 14.11.1984 AP Nr. 88 zu § 626 BGB = NZA 1986, 97.

[56] BAG 12.7.1990 AP Nr. 87 zu § 613a BGB.

[57] BAG 23.7.2015 AP Nr. 7 zu § 7 AGG = NZA 2015, 1380; 19.12.2013 AP Nr. 3 zu § 2 AGG = NZA 2014, 372.

7. Abschnitt. Der allgemeine gesetzliche Kündigungsschutz

§ 130. Voraussetzungen nach dem Kündigungsschutzgesetz

Übersicht

I. Voraussetzungen des Kündigungsschutzes

1. Geschützter Personenkreis. a) Arbeitnehmer. Durch das KSchG werden nur AN geschützt (dazu → § 8 Rn. 1 ff.). AN sind auch Aushilfsbeschäftigte,[1] Teilzeitbeschäftigte oder in Nebenbeschäftigung Tätige[2] oder Werkstudenten.[3] Bei der Ermittlung der für die Geltung des KSchG nach § 23 I maßgeblichen Beschäftigtenzahl zählen Teilzeitbeschäftigte gem. § 23 I 4 KSchG anteilig. 1

b) Pfarrdienstverhältnis. Das Pfarrdienstverhältnis ist nach § 2 I des Kirchengesetzes zur Regelung der Dienstverhältnisse der Pfarrerinnen und Pfarrer in der Evangelischen Kirche in Deutschland (Pfarrdienstgesetz der EKD – PfDG.EKD) zwar ein kirchengesetzlich geregeltes öffentlich-rechtliches Dienst- und Treueverhältnis, das auf Lebenszeit begründet wird. Nach § 100 PfDG.EKD kann jedoch im Einzelfall ein privatrechtliches Dienstverhältnis begründet werden.[4] 2

c) Auszubildende. Auszubildende, Anlernlinge, Volontäre und Praktikanten (→ § 16 Rn. 1 ff.) unterliegen grundsätzlich nicht dem allgemeinen Kündigungsschutz. Im Berufsausbildungsverhältnis ist nach Ablauf der Probezeit eine ordentliche Kündigung ausgeschlossen, so dass jedenfalls der Kündigungsschutz bei ordentlichen Kündigungen nicht eingreifen kann (zur Kündigung Auszubildender → § 174 Rn. 85 ff.). Für Volontäre gelten gem. § 26 BBiG grundsätzlich die Kündigungsschutzbestimmungen der §§ 20 ff. BBiG. 3

d) Arbeitnehmerähnliche Personen. Keine AN sind arbeitnehmerähnliche Personen (→ § 9 Rn. 1 ff.),[5] zB Heimarbeiter,[6] Handelsvertreter, freie Mitarbeiter von Rundfunkanstalten. Nach hM ist eine entsprechende Anwendung des KSchG ausgeschlossen.[7] **Beamte** sowie **Familienangehörige,** die nur aufgrund familienrechtlicher Beziehungen in Betrieben mitarbeiten, sind nicht geschützt, da es an einem privatrechtlichen Dienstvertrag fehlt.[8] Ist ein Familienangehöriger jedoch im Rahmen eines Arbeitsverhältnisses beschäftigt, genießt er unter denselben Voraussetzungen wie andere AN Kündigungsschutz.[9] 4

---

[1] BAG 13.3.1983 AP Nr. 42 zu § 611 BGB Abhängigkeit = NJW 1984, 1985.
[2] BAG 13.3.1987 AP Nr. 37 zu § 1 KSchG 1969 Betriebsbedingte Kündigung = NZA 1987, 629.
[3] BAG 12.6.1996 AP Nr. 4 zu § 611 BGB Werkstudent = NZA 1997, 191.
[4] Dazu BAG 2.2.2006 AP Nr. 46 zu § 611 BGB Kirchendienst; siehe auch BAG 21.11.2013 AP Nr. 73 zu § 611 BGB Kirchendienst = NZA 2014, 362 zur Neuregelung der Pfarrdienstverhältnisse im Bereich der Evangelische Kirche in Mitteldeutschland (EKM).
[5] BAG 20.1.2004 AP Nr. 1 zu § 12a LPVG Rheinland-Pfalz.
[6] BAG AP Nr. 23 zu § 613a BGB = EzA Nr. 29 zu § 613a BGB.
[7] LAG Hamm 15.6.1989 LAGE § 23 KSchG Nr. 6.
[8] Vgl. LAG Köln 28.11.2002 AR-Blattei ES 615 Nr. 2; LAG Bln 26.6.1989 LAGE § 23 KSchG Nr. 5.
[9] Vgl. BAG 9.2.1995 EzA Nr. 12 zu § 1 KSchG Personenbedingte Kündigung.

5 **e) Gesetzliche Vertreter juristischer Personen.** Nicht zu den AN im Sinne des KSchG gehören gem. § 14 I Nr. 1 KSchG gesetzliche Vertreter juristischer Personen (zB Vorstände und Geschäftsführer von AktG und GmbH). Das gilt auch, wenn sie auf der Grundlage eines Arbeitsvertrags beschäftigt sind.[10] § 14 I Nr. 1 KSchG enthält insoweit eine **negative Fiktion,** die jedenfalls dann uneingeschränkt gilt, wenn die organschaftliche Stellung als Geschäftsführer zum Zeitpunkt des Zugangs der Kündigung besteht.[11] Für die Beurteilung der Kündigung ist es unerheblich, wenn der Beschäftigte sein Amt als Geschäftsführer nach deren Zugang niederlegt hat.[12] Im Anstellungsvertrag des Geschäftsführers einer GmbH kann jedoch vereinbart werden, dass die materiellen Regeln des KSchG zugunsten des Organmitglieds gelten sollen. In einem solchen Fall ist durch Auslegung des Vertrags festzustellen, ob sich die Gesellschaft nach §§ 9, 10 KSchG gegen Abfindung aus dem Vertrag lösen kann.[13] Entsprechendes gilt gem. § 14 I Nr. 2 KSchG für Personen, die durch Gesetz, Satzung oder Gesellschaftsvertrag zur Vertretung einer Personengesamtheit berufen sind. Es muss sich hierbei um Personen handeln, denen organschaftliche Vertretungsmacht zukommt.[14] Ist ohne weitere Einschränkung vereinbart, dass der allgemeine Kündigungsschutz bereits für die Zeit vor Dienstantritt gilt, schließt dies § 14 I Nr. 1 KSchG ein. Die ordentliche Kündigung vor Dienstantritt bedarf daher keiner sozialen Rechtfertigung, wenn der Betroffene bei der künftigen AG zum Zeitpunkt des Zugangs der Kündigung bereits auf der Grundlage eines Arbeitsverhältnisses zur Muttergesellschaft zum GmbH-Geschäftsführer bestellt ist.[15]

6 **f) Gesellschafter und Vereinsmitglieder.** Die Arbeitnehmereigenschaft fehlt solchen Personen, die aufgrund gesellschaftsrechtlicher oder körperschaftlicher Verpflichtung Arbeit leisten (zB Gesellschafter, Vereinsmitglieder) oder deren Beschäftigung nicht in erster Linie dem Erwerbe dient. Zu diesem Personenkreis gehören solche, deren Beschäftigung durch Beweggründe karitativer, religiöser, wissenschaftlicher oder künstlerischer Art bestimmt ist, bzw. deren Beschäftigung ihrer körperlichen Heilung, Wiedereingewöhnung, sittlicher Besserung und Erziehung dient (→ § 8 Rn. 1 ff.). Hat ein Gesellschafter als Kapitaleigner einen so großen Einfluss auf die Führung der Gesellschaft, dass er über seine Gesellschafterstellung letztlich auch die Leitungsmacht hat, unterliegt er nicht dem Weisungsrecht des Geschäftsführers. Deshalb kann der **Gesellschafter einer GmbH, dem mehr als 50% der Stimmen zustehen,** auch dann kein AN dieser Gesellschaft sein, wenn er nicht Geschäftsführer ist. Dabei ist unerheblich, ob er seine Leitungsmacht tatsächlich ausübt.[16] Auch der Minderheitsgesellschafter ist bei Bestehen einer Sperrminorität im Regelfall kein AN.[17]

7 **2. Leitende Angestellte. a) Voraussetzungen.** Dem Kündigungsschutz unterliegen auch Geschäftsführer im nicht organschaftlichen Sinn,[18] Betriebsleiter oder sonstige leitende Angestellte[19] (§ 14 II KSchG; Sonderregelung: § 24 V KSchG), sofern sie zur selbständigen Einstellung oder Entlassung berechtigt sind.[20] Die Einstellungs- oder Entlassungsbefugnis muss entweder eine **bedeutende Anzahl von AN** oder eine gewisse Anzahl bedeutender AN erfassen.[21] Es kann deshalb ausreichen, wenn sich die personellen Entscheidungskompetenzen des Angestellten auf eine begrenzte Gruppe von Mitarbeitern beziehen, die für das Unternehmen, insbesondere für dessen unternehmerischen Erfolg, von Bedeutung ist. Die Berechtigung muss des Weiteren einen wesentlichen Teil der Tätigkeit des Angestellten ausmachen und tatsächlich aus-

---

10 BAG 25.10.2007 AP Nr. 11 zu § 14 KSchG 1969 = NZA 2008, 168; *Bauer/Arnold* DB 2008, 350.
11 BAG 11.6.2020 AP Nr. 79 zu § 622 BGB = NZA 2020, 1179.
12 BAG 21.9.2017 AP Nr. 14 zu § 14 KSchG 1969 = NZA 2018, 358; 23.2.2017 AP Nr. 27 zu § 113 InsO = NZA 2017, 995.
13 BGH 10.5.2010 NZA 2010, 889; dazu *Dzida* NJW 2010, 2345; *Jaeger* DStR 2010, 2312; *Ulrich* GmbHR 2010, 811.
14 BAG 15.4.1982 AP Nr. 1 zu § 14 KSchG 1969 = NJW 1983, 2405.
15 BAG 23.2.2017 AP Nr. 27 zu § 113 InsO = NZA 2017, 995.
16 BAG 17.9.2014 AP Nr. 101 zu § 2 ArbGG 1979 = NZA 2014, 1293; 6.5.1998 AP Nr. 95 zu § 611 BGB Abhängigkeit.
17 Vgl. BAG 28.11.1990 AP Nr. 137 zu § 1 TVG Tarifverträge: Bau.
18 Gedacht ist nicht an die Geschäftsführer im technischen Sinne nach dem GmbHG, sondern an die Leiter von Betrieben usw., vgl. APS/*Biebl* KSchG § 14 Rn. 17; ErfK/*Kiel* KSchG § 14 Rn. 8.
19 Vgl. *Kaiser*, Leitende Angestellte, AR-Blattei SD 70.2 (2004); *Hromadka* FS 50 Jahre BAG, 2004, 395.
20 BAG 18.10.2000 AP Nr. 39 zu § 9 KSchG 1969 = NZA 2001, 437; 27.9.2001 AP Nr. 6 zu § 14 KSchG 1969 = NZA 2002, 1277.
21 BAG 19.4.2012 AP Nr. 13 zu § 14 KSchG 1969 = NZA 2013, 27; 24.3.2011 AP Nr. 67 zu § 9 KSchG 1969; 10.10.2002 AP Nr. 123 zu § 1 KSchG 1969 Betriebsbedingte Kündigung.

geübt werden.[22] Neben dem rechtlichen Können ist auch das rechtliche Dürfen erforderlich. Die Befugnis darf „nicht nur auf dem Papier stehen", sondern muss einen wesentlichen Teil der ausgeübten Tätigkeit ausmachen.[23] Von einer Berechtigung zur selbständigen Einstellung kann nicht die Rede sein, wenn sie sich auf die Befugnis beschränkt, intern Vorschläge zu unterbreiten.[24] Ein wie auch immer vermittelter informeller Einfluss auf Personalentscheidungen genügt nicht.[25] Keine Beschränkung der selbständigen Einstellungs- oder Entlassungsbefugnis liegt jedoch vor, wenn der Angestellte interne Richtlinien bzw. interne Beratungspflichten beachten oder Zweitunterschriften, die lediglich Kontrollzwecken dienen, einholen muss.[26] § 14 II KSchG verlangt keine unternehmerische Entscheidungshoheit über den Stellenplan oder die Befugnis, selbst über Stellenausweitungen oder -kürzungen zu entscheiden. Es reicht vielmehr aus, dass der Angestellte selbständig darüber entscheiden kann, wer in einem wesentlichen Bereich des Unternehmens eingestellt oder entlassen wird.[27] Werden **Führungskräfte einer Muttergesellschaft** in leitender Funktion in einer Tochtergesellschaft eingesetzt, muss die Einstellungs- oder Entlassungsbefugnis in Bezug auf die Muttergesellschaft erfüllt sein. Eine Verwirklichung dieser Voraussetzungen durch eine in dem Tochterunternehmen ausgeübte Funktion genügt nicht. § 14 II KSchG hat keinen Konzernbezug.[28] Der **Leiter eines Restaurants** einer Restaurantkette kann Betriebsleiter sein, wenn er das Restaurant eigenverantwortlich führt, unternehmerische Entscheidungen trifft und Vorgesetzter der im Restaurant Beschäftigten ist.[29] Ein **Chefarzt,** der nur im Innenverhältnis, nicht aber auch im Außenverhältnis zur Einstellung berechtigt ist, unterfällt nicht § 14 II KSchG.[30] Der **Leiter der Abteilung Baufinanzierung** mit 45 Mitarbeitern einer Bausparkasse mit 110 Beschäftigten ist leitender Angestellter, auch wenn er die Befugnisse nach § 14 II KSchG ausschließlich in Bezug auf die Mitarbeiter seiner Abteilung besitzt.[31]

b) Rechtsfolgen. Für den in § 14 II KSchG aufgeführten Personenkreis gelten einige Sonderregelungen: **(a)** Sie können nicht das Kündigungseinspruchsverfahren (§ 3 KSchG) einleiten; **(b)** ihr Arbeitsverhältnis wird auf Antrag des AG auch ohne dass ein wichtiger Grund nach § 9 KSchG vorliegt gegen Zahlung einer Abfindung aufgelöst (→ § 141 Rn. 1 ff.); **(c)** sie genießen nicht den Schutz nach dem BetrVG, wenn sie zugleich die Voraussetzungen des § 5 III BetrVG erfüllen. Vor ihrer Kündigung kann der Sprecherausschuss zu hören sein (→ § 124 Rn. 69). 8

3. Ausschluss von Kleinbetrieben. a) Gesetzliche Regelung. Nach § 23 I 2 KSchG genießen AN in Betrieben, in denen in der Regel fünf oder weniger AN beschäftigt werden, keinen allgemeinen Kündigungsschutz. Nach Satz 3 des § 23 I KSchG in der seit dem 1.1.2004 geltenden Fassung gilt das KSchG in Betrieben, in denen in der Regel zehn oder weniger AN beschäftigt werden, nicht für AN, deren Arbeitsverhältnis nach dem 31.12.2003 begonnen hat; diese AN sind bei der Feststellung der Zahl der beschäftigten AN nach Satz 2 bis zur Beschäftigung von in der Regel zehn AN nicht zu berücksichtigen. Das bedeutet, dass seit Anfang 2004 ein zweigeteilter Kündigungsschutz in Kleinbetrieben besteht. 9

b) Veränderung der Mitarbeiterzahl im „virtuellen Altbetrieb". aa) Grundsätze. Im Falle einer Veränderung der Beschäftigtenzahl kann der abgesenkte Schwellenwert des § 23 I 2 KSchG auch dann maßgeblich sein, wenn es nach dem 31.12.2003 zwar rechtliche Unterbrechungen des zuvor begründeten Arbeitsverhältnisses gegeben hat, der AN aber – zusammen mit einer ausreichenden Anzahl anderer „Alt-Arbeitnehmer" – ununterbrochen in den Betrieb eingegliedert war.[32] § 23 I 2 KSchG knüpft für die Zugehörigkeit des AN zum „virtuellen Altbetrieb" und damit für die Maßgeblichkeit des abgesenkten Schwellenwerts daran an, dass das Arbeitsverhältnis vor dem 1.1.2004 begonnen hat. Das schließt es nicht aus, rechtliche Unterbrechungen dann außer Acht zu lassen, wenn der AN durchgängig im Betrieb beschäftigt war. 10

[22] BAG 19.4.2012 AP Nr. 13 zu § 14 KSchG 1969 = NZA 2013, 27; APS/*Biebl* KSchG § 14 Rn. 22.
[23] ErfK/*Kiel* KSchG § 14 Rn. 11; LSSW/*Wertheimer* KSchG § 14 Rn. 35; ausf. hierzu *Bengelsdorf* FS 50 Jahre BAG, 2004, 331.
[24] BAG 19.4.2012 AP Nr. 13 zu § 14 KSchG 1969 = NZA 2013, 27.
[25] BAG 14.4.2011 AP Nr. 12 zu § 14 KSchG 1969.
[26] BAG 27.9.2001 AP Nr. 6 zu § 14 KSchG 1969 = NZA 2002, 1277.
[27] BAG 19.4.2012 AP Nr. 13 zu § 14 KSchG 1969 = NZA 2013, 27.
[28] *Rinsdorf/Kiedrowski* NZA 2012, 183.
[29] BAG 25.11.1993 AP Nr. 3 zu § 14 KSchG 1969 = NZA 1994, 837.
[30] BAG 18.11.1999 AP Nr. 5 zu § 14 KSchG 1969 = NZA 2000, 427.
[31] BAG 19.4.2012 AP Nr. 13 zu § 14 KSchG 1969 = NZA 2013, 27.
[32] Hierzu und zum Folgenden BAG 23.5.2013 AP Nr. 50 zu § 23 KSchG 1969 = NZA 2013, 1197.

Selbst in Fällen, in denen es an einer nahtlosen Beschäftigung des AN fehlt, kann die rechtliche Unterbrechung unschädlich sein, wenn sie verhältnismäßig kurz war und die fraglichen Arbeitsverhältnisse in einem engen sachlichen Zusammenhang stehen. Der Beginn des aktuellen Arbeitsverhältnisses iSd § 23 I 3 Hs.1 KSchG liegt in solchen Fällen am Beginn des vor der Unterbrechung begründeten Vertragsverhältnisses. Das gilt auch dann, wenn die Unterbrechung mit einem Wechsel des AG verbunden war, sofern die Identität des virtuellen Altbetriebs und die Zugehörigkeit des AN zu diesem Betrieb gewahrt geblieben sind. Hatte zB ein Handwerksmeister zum 31.12.2003 regelmäßig sechs AN vollzeitbeschäftigt, genießen diese sechs Personen auch über den 1.1.2004 hinaus Kündigungsschutz. Stellt der Handwerksmeister im Jahre 2004 einen weiteren AN ein, fällt dieser jedoch nicht in den betrieblichen Geltungsbereich des KSchG. Erst wenn der AG insgesamt mindestens fünf weitere vollzeitbeschäftigte AN einstellt und damit elf Beschäftigte hat, genießen auch die nach dem 31.12.2003 neu eingestellten AN Kündigungsschutz. Bei der Feststellung der Zahl der beschäftigten AN sind gem. § 23 I 4 KSchG teilzeitbeschäftigte AN mit einer regelmäßigen wöchentlichen Arbeitszeit von nicht mehr als 20 Stunden mit 0,5 und nicht mehr als 30 Stunden mit 0,75 zu berücksichtigen, so dass bei Teilzeitbeschäftigten entsprechend mehr AN beschäftigt sein müssen.

11 **bb) Ersatzeinstellungen.** Der Kündigungsschutz von zB zum 31.12.2003 beschäftigten sechs AN entfällt, wenn eine dieser sechs Personen nach dem 31.12.2003 aus dem Betrieb ausscheidet. Ging zB einer der Gesellen (→ Rn. 10) am 31.1.2004 in Ruhestand, findet auf die anderen fünf vor dem 31.12.2003 bereits beschäftigten AN das KSchG keine Anwendung mehr. Der Betrieb ist gewissermaßen aus dem Geltungsbereich des KSchG herausgewachsen. Hieran ändert eine Ersetzung dieses AN durch einen neu eingestellten Gesellen nichts. Dieser kann gem. § 23 I 3 Hs. 2 KSchG bei der Feststellung der Zahl der beschäftigten „Altbelegschaft" nicht berücksichtigt werden. Ersatzeinstellungen für ausgeschiedene „Alt-Arbeitnehmer" sind für die Berechnung des abgesenkten Schwellenwerts nach § 23 I 1 KSchG unbeachtlich. Erst wenn der AG auch unter Berücksichtigung der Teilzeitkräfte mehr als zehn AN beschäftigt, genießen die AN in diesem Fall wieder Kündigungsschutz.[33] Die Regelung bringt eine Reihe tatsächlicher Probleme für AN mit sich. Hat etwa ein Betrieb zum 31.12.2003 sechs vollzeitbeschäftigte AN gehabt und wird einer dieser AN im Jahre 2005 gekündigt, hat er zum betrieblichen Geltungsbereich des KSchG nicht nur darzulegen, dass das KSchG zum 31.12.2003 gem. § 23 I 2 KSchG auf ihn anwendbar war, sondern auch, dass von den vor dem 1.1.2004 mit ihm beschäftigten AN neben ihm nach wie vor mindestens fünf weitere beschäftigt sind. Dies dürfte in dem einen oder anderen Dienstleistungsbetrieb mit vielen Teilzeitbeschäftigten nicht immer einfach sein (näher zur Beweislast → Rn. 20 f.).

12 **c) Regelmäßig Beschäftigte. aa) Grundsätze.** Für die Feststellung der Zahl der Beschäftigten kommt es auf die Zahl der in der Regel beschäftigten AN an. Maßgebend ist damit grundsätzlich die Personalstärke, die für den Betrieb im Zeitpunkt des Zugangs der Kündigung, nicht hingegen zum Zeitpunkt der Beendigung des Arbeitsverhältnisses kennzeichnend ist.[34] Entscheidend ist jedoch nicht die uU zufällige Betriebsgröße zum Zeitpunkt der Kündigung, sondern die sich aus einem Rückblick auf die bisherige Beschäftigtenzahl und einem Ausblick auf die künftige Entwicklung ergebende Zahl.[35] Zeiten außergewöhnlich hohen oder niedrigen Geschäftsanfalls sind dabei nicht zu berücksichtigen.[36] Deshalb ist bei betriebsbedingten Kündigungen maßgebender Anknüpfungspunkt die unternehmerische Entscheidung, aus der sich ergibt, wie viele AN voraussichtlich insgesamt entlassen werden. Eine einheitliche Planungsentscheidung kann auch eine stufenweise Durchführung vorsehen. Ein enger zeitlicher Zusammenhang zwischen mehreren Entlassungswellen kann dabei ein wesentliches Indiz für eine von Anfang an einheitliche Planung sein.[37] Der gekündigte AN ist auch dann mitzuzählen, wenn Kündigungsgrund die unternehmerische Entscheidung ist, den betreffenden Arbeitsplatz nicht mehr neu zu besetzen. Die Unternehmerentscheidung, den Betrieb durch Abbau von Arbeitsplätzen einzuschränken, führt nur dazu, dass künftig eine andere, regelmäßige Arbeitnehmerzahl gegeben sein soll. Im Kündigungszeitpunkt ist demgegenüber für den Betrieb noch die bisherige Belegschaftsstärke kennzeichnend.[38] Unerheblich ist für die Zahl der Beschäftigten, ob einzelne

---

[33] BAG 21.9.2006 AP Nr. 37 zu § 23 KSchG 1969 = NZA 2007, 438; bestätigt durch BAG 28.10.2010 DB 2011, 118; 27.11.2008 AP Nr. 44 zu § 23 KSchG 1969 = NZA 2009, 484; 23.10.2008 AP Nr. 43 zu § 23 KSchG 1969; 17.1.2008 AP Nr. 41 zu § 23 KSchG 1969 = NZA 2008, 944.

[34] BAG 24.2.2005 AP Nr. 34 zu § 23 KSchG 1969 = NZA 2005, 764.

[35] BAG 31.1.1991 AP Nr. 11 zu § 23 KSchG 1969 = NZA 1991, 562.

[36] BAG 24.2.2005 AP Nr. 34 zu § 23 KSchG 1969 = NZA 2005, 764.

[37] BAG 8.10.2009 AP Nr. 46 zu § 23 KSchG 1969.

[38] BAG 22.1.2004 AP Nr. 31 zu § 23 KSchG 1969 = NZA 2004, 479.

AN die Wartezeit des § 1 I KSchG erfüllt haben oder ob auf Arbeitsverhältnisse in inländischen Betrieben deutsches Recht zur Anwendung kommt.

bb) Einzelfragen. Im Betrieb beschäftigte **Leiharbeitnehmer** sind zu berücksichtigen, wenn ihr Einsatz auf einem „in der Regel" vorhandenen Personalbedarf beruht.[39] Werden Leiharbeitnehmer zur Vertretung von Stammarbeitnehmern beschäftigt, zählen sie jedoch grundsätzlich nicht mit. Sie zählen auch dann nicht mit, wenn sie nur zur Bewältigung von Auftragsspitzen eingesetzt werden, die den allgemeinen Geschäftsbetrieb nicht kennzeichnen. Dagegen sind sie mitzurechnen, wenn ihre Beschäftigung dem „Regelzustand" des Betriebs entspricht, soweit also bestimmte Arbeitsplätze im fraglichen Referenzzeitraum stets mit AN besetzt waren bzw. sein werden, sei es mit eigenen AN des Betriebsinhabers, sei es, etwa nach deren Ausscheiden oder „immer schon" mit *(wechselnden)* Leiharbeitnehmern.[40] Auch **leitende Angestellte** sind AN.[41] **Ruhende Arbeitsverhältnisse** zählen grundsätzlich mit.[42] Unberücksichtigt bleibt allerdings die für einen Erkrankten eingestellte Aushilfe oder der in **Elternzeit** befindliche AN, wenn eine Ersatzkraft eingestellt wurde (§ 21 VII BEEG). Die in der Freistellungsphase der **Altersteilzeit** befindlichen AN werden nicht mitgezählt. In dieser Zeit ist zwar die Bindung des AN zum Betrieb nicht vollständig aufgehoben. Entscheidend ist jedoch, dass anders als bei anderen ruhenden Arbeitsverhältnissen eine Rückkehr in den Betrieb nicht vorgesehen ist. Der in der Freistellungsphase der Altersteilzeit befindliche AN tritt im Anschluss daran unmittelbar in den Ruhestand.[43] Ausnahmesituationen, wie etwa zu Weihnachten oder bei Saisongeschäften, bleiben außer Betracht. 13

d) Betrieb und Betriebsteile. aa) Grundsätze. Maßgeblich sind die Verhältnisse im Betrieb des AN. Das KSchG enthält allerdings keine eigenständige Definition des Betriebsbegriffs, es gilt daher im Grundsatz der allgemeine Betriebsbegriff des BetrVG (dazu → § 17 Rn. 1 ff.).[44] Von Betrieben zu unterscheiden sind Betriebsteile, die gegenüber dem Hauptbetrieb organisatorisch unselbständig sind und eine Teilfunktion von dessen arbeitstechnischem Zweck wahrnehmen.[45] § 23 I KSchG differenziert nach der Rechtsprechung des BAG nicht zwischen dem Betrieb und einem Betriebsteil, der unter den Voraussetzungen des § 4 I 1 BetrVG lediglich im Sinne einer Fiktion als selbständiger Betrieb iSd BetrVG gilt. Auch ein Hauptbetrieb und eine räumlich weit entfernte Betriebsstätte iSv § 4 I 1 Nr. 1 BetrVG können einen Betrieb iSd § 23 KSchG bilden. Im Unterschied zu § 4 I 1 Nr. 1 BetrVG differenziert § 23 KSchG nicht zwischen Betrieben und räumlich entfernten Betriebsteilen, die als selbständige Betriebe im Sinne des Betriebsverfassungsgesetzes gelten. Die räumliche Einheit ist kündigungsschutzrechtlich kein entscheidendes Abgrenzungsmerkmal, weil es wesentlich auf die Leitung des Betriebs ankommt, der es obliegt, die Einzelheiten der arbeitstechnischen Zwecksetzung zu regeln.[46] 14

bb) Einzelfälle. Einheitlich und **zentral gelenkte Verkaufsstellen,** in denen jeweils nur wenige AN beschäftigt sind, sind in ihrer Gesamtheit als ein „Betrieb" iSd Kündigungsschutzgesetzes anzusehen.[47] Eine nur teilweise Verselbständigung eines Betriebsteils iSv § 4 I 1 Nr. 2 BetrVG hat nach Auffassung des BAG nicht zur Konsequenz, dass dieser nach § 23 I KSchG als selbständiger Betrieb iSd Kündigungsschutzgesetzes anzusehen wäre.[48] Eine vom Hauptbetrieb **weit entfernt gelegene Betriebsstätte** (Tischlerei in einer Werft mit einem Meister und zwei weiteren AN) ist bei der Berechnung der Betriebsgröße regelmäßig dem Hauptbetrieb zuzurechnen, wenn die Kompetenzen des Meisters denen des Leiters einer Betriebsabteilung vergleichbar sind und die wesentlichen personellen und sozialen Entscheidungen im Hauptbetrieb getroffen werden.[49] Sind AN in einem Unternehmen mit mehreren Betriebsstätten einem Betrieb zugeordnet, werden sie nicht schon dann als AN in einen weiteren Betrieb eingebunden, wenn sie diesen gelegentlich im Rahmen von Meetings und Präsentationen aufsuchen.[50] 15

---

[39] BAG 24.1.2013 AP Nr. 34 zu § 23 KSchG 1969 = NZA 2013, 726.
[40] BAG 24.1.2013 AP Nr. 34 zu § 23 KSchG 1969 = NZA 2013, 726.
[41] APS/*Moll* KSchG § 23 Rn. 45.
[42] APS/*Moll* KSchG § 23 Rn. 50.
[43] Vgl. zu § 9 BetrVG BAG 16.4.2003 AP Nr. 1 zu § 9 BetrVG 2002 = NZA 2003, 1345.
[44] BAG 2.3.2017 AP Nr. 52 zu § 23 KSchG 1969 = NZA 2017, 859; 19.7.2016 AP Nr. 51 zu § 23 KSchG 1969 = NZA 2016, 1196; 28.10.2010 AP Nr. 48 zu § 23 KSchG 1969.
[45] Vgl. BAG 20.8.1998 AP Nr. 50 zu § 2 KSchG 1969 = NZA 1999, 255.
[46] BAG 7.7.2011 AP Nr. 26 zu § 1 KSchG 1969; 28.10.2010 AP Nr. 48 zu § 23 KSchG 1969; 3.6.2004 AP Nr. 141 zu § 102 BetrVG 1972 = NZA 2005, 175.
[47] BAG 26.8.1971 AP Nr. 1 zu § 23 KSchG 1969; KR/*Bader* KSchG § 23 Rn. 64.
[48] BAG 20.8.1998 AP Nr. 50 zu § 2 KSchG 1969 = NZA 1999, 255.
[49] BAG 15.3.2001 NZA 2001, 831.
[50] BAG 19.7.2016 AP Nr. 51 zu § 23 KSchG 1969 = NZA 2016, 1196.

16 **e) Verfassungsgemäßheit.** Die Kleinbetriebsklausel des § 23 I KSchG ist verfassungsgemäß. Sie verstößt nicht gegen Art. 3 I GG. Das BVerfG hat dies in zwei Beschlüssen aus dem Jahre 1998 bestätigt. Danach ist die Ungleichbehandlung der AN in Kleinbetrieben und derjenigen, die in größeren Betrieben beschäftigt sind, durch die besondere Lage der AG in Kleinbetrieben gerechtfertigt, die sich durch persönliche Zusammenarbeit, geringere Finanzausstattung und begrenzte Verwaltungskapazität des Unternehmens auszeichnet.[51] Daran hat sich nach Anhebung des Schwellenwertes zum 1.1.2004 nichts geändert.[52] Das BVerfG hat jedoch eine verfassungskonforme Auslegung dahin gefordert, dass § 23 I KSchG nur auf kleinere AG anzuwenden ist und nicht auf solche Unternehmen, die in zahlreiche Kleinbetriebe aufgespalten sind. Ein **„Berechnungsdurchgriff"** auf andere betriebliche Einheiten kommt freilich nur in Betracht, wenn angesichts der vom AG geschaffenen konkreten Organisation die gesetzgeberischen Erwägungen für die Privilegierung des Kleinbetriebs bei verständiger Betrachtung ins Leere gehen und die Bestimmung des Betriebsbegriffs nach herkömmlicher Definition unweigerlich zu einer sachwidrigen Ungleichbehandlung betroffener AN führen würde.[53] Eine verfassungskonforme Auslegung von § 23 I 2 und 3 KSchG verlangt jedoch nicht, den Betriebsbezug des Schwellenwerts immer schon dann zu durchbrechen, wenn sich das Unternehmen zwar in mehrere kleine, organisatorisch verselbständigte Einheiten gliedert und insgesamt mehr als zehn AN beschäftigt. Das liefe auf die vom Gesetzgeber nicht beabsichtigte generelle Gleichsetzung von Betrieb und Unternehmen hinaus und berücksichtigte nicht, dass auch das BVerfG lediglich von Einzelfällen ausgegangen ist, die dem gesetzgeberischen Leitbild nicht entsprächen.[54] Nach der Rechtsprechung des EuGH stellt die Befreiung von Kleinbetrieben von einer nationalen Kündigungsschutzregelung für AN keine Beihilfe iSd Verbots öffentlicher Subventionen dar und ist insoweit nicht zu beanstanden. Die Kleinbetriebsklausel führt auch nicht zu einer unzulässigen mittelbaren Diskriminierung von Frauen, wenn nicht nachgewiesen wird, dass die dem KSchG nicht unterliegenden Unternehmen erheblich mehr Frauen als Männer beschäftigen.[55]

17 **f) Kein Unternehmensbezug.** Ein unternehmensübergreifender „Berechnungsdurchgriff" – wie er teilweise im Schrifttum diskutiert wird[56] – ist nach der bestehenden Rechtslage nicht möglich, weil der Gesetzgeber am Betriebsbegriff festgehalten hat, obgleich im Gesetzgebungsverfahren ein Abstellen auf das Unternehmen diskutiert wurde.[57] Bei der Berechnung der notwendigen Arbeitnehmerzahl nach § 23 I KSchG sind auch die von anderen AG (Unternehmen) beschäftigten AN grundsätzlich nicht mit zu berücksichtigen. Der Kündigungsschutz nach dem KSchG ist nicht unternehmens-, dh arbeitgeberübergreifend ausgestaltet.[58] Diese Entscheidung des Gesetzgebers ist weder verfassungs- noch unionsrechtlich zu beanstanden (→ Rn. 16).

18 **g) Inlandsbezug.** Die Voraussetzungen des § 23 I 2 KSchG müssen im Inland erfüllt werden. Mit dem Begriff „Betrieb" hat der Gesetzgeber des Kündigungsschutzgesetzes einen feststehenden Rechtsbegriff aufgegriffen, der durch das Betriebsverfassungsgesetz geprägt war und dort nur solche organisatorischen Einheiten erfasst, die in der Bundesrepublik Deutschland liegen.[59] Das BVerfG hat diese Rechtsprechung gebilligt.[60] Eine Zusammenfassung einer im Inland und einer im Ausland befindlichen Betriebsstätte zu einem Gemeinschaftsbetrieb iSv § 23 I KSchG scheidet jedenfalls dann aus, wenn die Arbeitsverhältnisse der im Ausland beschäftigten AN nicht

---

[51] BVerfG 27.1.1998 AP Nr. 18 zu § 23 KSchG 1969 = NZA 1998, 469 und 27.1.1998 AP Nr. 17 zu § 23 KSchG 1969 = NZA 1998, 470 zu der zum 31.12.2003 geltenden Fassung.

[52] BAG 19.7.2016 AP Nr. 51 zu § 23 KSchG 1969 = NZA 2016, 1196; 28.10.2010 AP Nr. 48 zu § 23 KSchG 1969; 17.1.2008 AP Nr. 40 zu § 23 KSchG 1969 = NZA 2008, 872; nicht beanstandet von BVerfG 12.3.2009 – 1 BvR 1250/08.

[53] BAG 28.10.2010 AP Nr. 48 zu § 23 KSchG 1969.

[54] BAG 2.3.2017 AP Nr. 52 zu § 23 KSchG 1969 = NZA 2017, 859; 19.7.2016 AP Nr. 51 zu § 23 KSchG 1969 = NZA 2016, 1196.

[55] EuGH 30.11.1993 AP Nr. 13 zu § 23 KSchG 1969.

[56] Vgl. dazu *Bepler* AuR 1997, 54; LSSW/*Löwisch* KSchG § 23 Rn. 12; *Joost* Anm. zu BAG AP Nr. 48 zu § 23 KSchG 1969.

[57] Vgl. BAG 2.3.2017 AP Nr. 52 zu § 23 KSchG 1969 = NZA 2017, 859; 19.7.2016 AP Nr. 51 zu § 23 KSchG 1969 = NZA 2016, 1196.

[58] BAG 16.1.2003 AP Nr. 1 zu § 1 KSchG 1969 Gemeinschaftsbetrieb; 13.6.2002 AP Nr. 29 zu § 23 KSchG 1969 = NZA 2002, 1147.

[59] BAG 8.10.2009 AP Nr. 46 zu § 23 KSchG 1969 = DB 2010, 230; 26.3.2009 AP Nr. 45 zu § 23 KSchG 1969 = DB 2009, 1409; 17.1.2008 AP Nr. 40 zu § 1 KSchG 1969 Wartezeit = NZA 2008, 872; bestätigend BAG 29.8.2013 AP Nr. 202 zu § 1 KSchG 1969 Betriebsbedingte Kündigung = NZA 2014, 730; vgl. dazu teilw. krit. *Deinert* AuR 2008, 300; *Otto/Mückl* BB 2008, 1231; *Straube* DB 2009, 1406.

[60] BVerfG 12.3.2009 – 1 BvR 1250/08.

dem deutschen Recht unterliegen.[61] Besteht im Inland lediglich eine Briefkastenfirma, die ohne jegliche betriebliche Struktur nur einige Arbeitsverträge hält, kann die Anwendung des KSchG nicht allein daraus hergeleitet werden, dass an Sachverhalte außerhalb des Geltungsbereichs des KSchG angeknüpft wird und diese dem inländischen Unternehmen zugerechnet werden.[62]

h) Gemeinschaftsbetrieb. Ein arbeitgeberübergreifender Kündigungsschutz kommt nur dann in Betracht, wenn zwei oder mehrere Unternehmen einen Gemeinschaftsbetrieb haben (dazu → § 17 Rn. 5). Deshalb genießen AN einer Konzernholding, soweit kein Gemeinschaftsbetrieb zwischen der Holding und den Tochtergesellschaften besteht, regelmäßig nur dann Kündigungsschutz, wenn die Holding ihrerseits dem KSchG unterliegt.[63] Ein gemeinschaftlicher Betrieb zwischen einer Konzernholding und einer Tochtergesellschaft liegt nicht bereits dann vor, wenn die Holding aufgrund ihrer konzernrechtlichen Leitungsmacht gegenüber dem Vorstand der Tochter-AG anordnet, die Tochter solle bestimmte Arbeiten (zB Schreibarbeiten) für die Holding mit erledigen.[64] Der AN hat die tatsächlichen Voraussetzungen eines Gemeinschaftsbetriebs darzulegen und ggf. zu beweisen. Mit Rücksicht auf seine typischerweise mangelnde Kenntnis vom Inhalt der zwischen den beteiligten Unternehmen getroffenen vertraglichen Vereinbarungen genügt er seiner Darlegungslast in einem ersten Schritt, wenn er äußere Umstände aufzeigt, die für die Annahme sprechen, dass sich mehrere Unternehmen über die gemeinsame Führung eines Betriebs unter einem einheitlichen Leitungsapparat geeinigt haben. Darauf hat der AG nach § 138 II ZPO im Einzelnen zu erwidern und darzulegen, welche rechtserheblichen Umstände gegen die Annahme eines einheitlichen Betriebs sprechen sollen.[65] Keine einheitliche Leitung besteht bei den Kirchengemeinden der Evangelischen Kirche in Deutschland.[66] 19

i) Öffentlicher Dienst. Im öffentlichen Dienst muss der Schwellenwert des § 23 KSchG in der „Verwaltung" überschritten werden, in der der AN beschäftigt ist. Dabei ist jedenfalls eine Einheit, die als AG eine eigene Rechtspersönlichkeit aufweist, als „Verwaltung" anzusehen. Die Einheit „Verwaltung" kann demnach in aller Regel nicht mehr AN haben als jene Rechtsperson.[67] Beschäftigt eine Verwaltung des öffentlichen Rechts mehr als fünf AN, ist das KSchG anzuwenden, auch wenn in der einzelnen Dienststelle weniger AN beschäftigt werden.[68] 20

j) Darlegungs- und Beweislast. aa) Grundsatz. Die Darlegungs- und Beweislast für die Anwendung des KSchG und damit für den betrieblichen Geltungsbereich nach § 23 I KSchG **liegt beim AN.**[69] Ein solcher Vortrag gehört grundsätzlich zur schlüssigen Begründung der Klage.[70] Der AN muss demnach darlegen und ggf. beweisen, in einem Betrieb tätig zu sein, in dem in der Regel mehr als fünf/zehn AN ausschließlich der zu ihrer Berufsbildung Beschäftigten beschäftigt sind. An die Erfüllung der Darlegungslast durch den AN dürfen keine zu hohen Anforderungen gestellt werden.[71] Er genügt deshalb regelmäßig seiner Darlegungslast, wenn er die für eine entsprechende Arbeitnehmerzahl sprechenden Tatsachen und ihm bekannten äußeren Umstände schlüssig darlegt.[72] Der AG muss dann nach § 138 II ZPO im Einzelnen erklären, welche rechtserheblichen Umstände gegen solche substantiierten Darlegungen des AN sprechen.[73] 21

bb) Abgestufte Darlegungs- und Beweislast. Hat der AN unter Berücksichtigung des § 23 I 4 KSchG dargelegt, dass die Mindestbeschäftigtenzahl des § 23 I KSchG erreicht ist, ist es Aufgabe des sachnäheren AG, hierauf zu erwidern und dazu die Tatsachen und Umstände substantiiert darzulegen, aus denen sich ergeben soll, dass dieses Ergebnis nicht zutrifft, weil beispielsweise 22

[61] BAG 26.3.2009 AP Nr. 45 zu § 23 KSchG 1969 = DB 2009, 1409.
[62] BAG 3.6.2004 AP Nr. 33 zu § 23 KSchG 1969 = NZA 2004, 1380.
[63] BAG 13.6.2002 AP Nr. 29 zu § 23 KSchG 1969 = NZA 2002, 1147.
[64] BAG 29.4.1999 AP Nr. 21 zu § 23 KSchG 1969 = NZA 1999, 932.
[65] BAG 24.10.2013 AP Nr. 27 zu § 1 KSchG 1969 Wartezeit = NZA 2014, 725.
[66] BAG 12.11.1998 AP Nr. 20 zu § 23 KSchG 1969 = NZA 1999, 590.
[67] BAG 5.11.2009 NZA-RR 2010, 325.
[68] BAG 23.4.1998 AP Nr. 19 zu § 23 KSchG 1969 = NZA 1998, 995.
[69] BAG 2.3.2017 AP Nr. 52 zu § 23 KSchG 1969 = NZA 2017, 859; 23.10.2008 AP Nr. 43 zu § 23 KSchG 1969; 26.6.2008 AP Nr. 42 zu § 23 KSchG 1969 = DB 2008, 2311; 17.1.2008 AP Nr. 41 zu § 23 KSchG 1969 = NZA 2008, 944; 18.1.1990 AP Nr. 9 zu § 23 KSchG 1969 = NZA 1990, 977; APS/*Moll* KSchG § 23 Rn. 83; ausf. *Wolff* DB 2017, 2105; krit. hierzu LAG Bln 28.10.1994 LAGE § 23 KSchG Nr. 11; *Reinecke* NZA 1989, 577 (583 f.).
[70] BAG 24.2.2005 AP Nr. 34 zu § 23 KSchG 1969 = NZA 2005, 764.
[71] ErfK/*Kiel* KSchG § 23 Rn. 13.
[72] BAG 23.10.2008 AP Nr. 43 zu § 23 KSchG 1969.
[73] APS/*Moll* KSchG § 23 Rn. 84.

einzelne AN nur teilzeitbeschäftigt tätig sind und deshalb nicht voll mitzählen.[74] Weiter kann der AG darlegen, dass die zum Kündigungszeitpunkt bestehende Zahl der Beschäftigten zufällig ist und regelmäßig – bezogen auf die Vergangenheit und die Zukunft – weniger Beschäftigte im Betrieb tätig waren bzw. tätig sein werden.[75] Zu einem entsprechenden substantiierten Sachvortrag des AG im Rahmen einer abgestuften Darlegungs- und Beweislast gehört dabei insbesondere eine Darstellung über das – zukünftige – betriebliche Beschäftigungskonzept.[76] Der AG hat für seinen Vortrag Beweismittel anzugeben. Dazu können Vertragsunterlagen, Auszüge aus der Lohnbuchhaltung, Zeugen usw. gehören. Zu dem Vortrag des AG muss sich der AN erklären und ggf. Beweis antreten. Dabei kann er sich auf die sich aus dem Vorbringen des AG ergebenden Beweismittel stützen und die ihm bekannten Anhaltspunkte dafür vortragen, dass entgegen den Angaben des AG der Schwellenwert doch erreicht ist. Will sich der AN auf die Maßgeblichkeit des abgesenkten Schwellenwerts des § 23 I 2 KSchG berufen, genügt er seiner Darlegungslast regelmäßig zunächst dadurch, dass er schlüssige Anhaltspunkte für die Beschäftigung der erforderlichen Anzahl von „Alt-Arbeitnehmern" aufzeigt. Auf entsprechenden Vortrag muss sich der AG nach § 138 II ZPO im Einzelnen erklären und ggf. dartun, welche rechtserheblichen Tatsachen der Behauptung des AN entgegenstehen.[77] Im Falle der Unergiebigkeit der daraufhin vom Gericht erhobenen Beweise **(non liquet)** trifft den AN die objektive Beweislast.[78]

23 **k) Sondervorschriften.** Sondervorschriften gelten für die Betriebe der See- und Binnenschifffahrt und des Luftverkehrs (§ 24 KSchG). Als Betriebe gelten auch Gesamthafenbetriebe im Sinne des Gesetzes vom 3.8.1950.[79]

24 **4. Wartezeit. a) Sechsmonatiger Bestand des Arbeitsverhältnisses. aa) Grundsätze.** Der Kündigungsschutz beginnt gem. § 1 I KSchG, wenn das Arbeitsverhältnis im Zeitpunkt des Zugangs der Kündigung länger als 6 Monate bestanden hat. § 1 I KSchG ist einseitig zwingendes Recht, Vereinbarungen zum Nachteil des AN sind unwirksam.[80] Eine Verlängerung der Wartezeit ist deshalb rechtlich ausgeschlossen. Zulässig sind dagegen zugunsten des AN abweichende einzelvertragliche oder kollektivrechtliche Regelungen, welche die Wartezeit ausschließen oder verkürzen, sowie Vereinbarungen über die Anrechnung von Vorbeschäftigungszeiten bei demselben oder einem anderen AG.[81] Der allgemeine Kündigungsschutz kann sogar für die Zeit vor Dienstantritt gewährt werden.[82] Für den Beginn der Wartezeit iSv § 1 I KSchG ist der Zeitpunkt maßgebend, von dem ab die Arbeitsvertragsparteien ihre wechselseitigen Rechte und Pflichten begründen wollen. Mit der Nennung eines bestimmten Datums als des Tages, „ab dem" ein AN eingestellt werde, geben die Vertragsparteien regelmäßig zu verstehen, dass sie ihr Arbeitsverhältnis mit Beginn dieses Tages im Sinne von § 187 II BGB in Kraft setzen wollen. Die Wartezeit endet auch dann nach Ablauf von 6 Monaten, wenn der letzte Tag auf einen Sonntag, einen allgemeinen Feiertag oder einen Sonnabend fällt. § 193 BGB ist auf die Berechnung der Wartezeit nicht anwendbar.[83] Maßgeblich für die Erfüllung der Wartezeit ist allein der Bestand des Arbeitsverhältnisses; unerheblich ist dagegen, ob der AN während der Wartezeit auch gearbeitet hat.[84] Ebenso wenig ist von Bedeutung, ob während der Beschäftigung in demselben Betrieb oder Unternehmen auf das Arbeitsverhältnis deutsches oder ausländisches Recht zur Anwendung kommt.[85] Ein Wechsel der Tätigkeit begründet keine neue Wartezeit.[86] Ohne Belang ist weiterhin, ob der AN verschiedenen Betrieben angehört hat, sofern sie im Zeitpunkt der Versetzung nur zu demselben Unternehmen gehörten.

[74] BAG 2.3.2017 AP Nr. 52 zu § 23 KSchG 1969 = NZA 2017, 859.
[75] BAG 29.4.1999 NZA 1999, 932; dagegen LAG Bln 22.8.1996 BB 1997, 1000.
[76] BAG 24.2.2005 AP Nr. 34 zu § 23 KSchG 1969 = NZA 2005, 764.
[77] BAG 23.5.2013 AP Nr. 50 zu § 23 KSchG 1969 = NZA 2013, 1197.
[78] BAG 23.10.2008 AP Nr. 43 zu § 23 KSchG 1969; 26.6.2008 AP Nr. 42 zu § 23 KSchG 1969 = DB 2008, 2311.
[79] Wegen der Landbetriebe bewendet es bei den allgemeinen Vorschriften; BAG AP Nr. 1 zu § 22 KSchG.
[80] BAG 20.6.2013 – 2 AZR 790/11; ErfK/*Oetker* KSchG § 1 Rn. 15.
[81] Vgl. BAG 24.11.2005 AP Nr. 19 zu § 1 KSchG 1969 Wartezeit = NZA 2006, 366.
[82] BAG 23.2.2017 AP Nr. 27 zu § 113 InsO = NZA 2017, 995.
[83] BAG 24.10.2013 AP Nr. 27 zu § 1 KSchG 1969 Wartezeit = NZA 2014, 725; aA *Boemke* DB 2014, 2999 (3002).
[84] KR/*Rachor* KSchG § 1 Rn. 106.
[85] BAG 7.7.2011 AP Nr. 25 zu § 1 KSchG 1969 Wartezeit = NZA 2012, 148; dazu *Abele* IPRax 2012, 422.
[86] BAG 7.7.2011 AP Nr. 25 zu § 1 KSchG 1969 Wartezeit = NZA 2012, 148; SPV Kündigung/*Preis* Rn. 876; enger ErfK/*Oetker* KSchG § 1 Rn. 40.

bb) Einzelfälle. Auf die Wartezeit werden Zeiten, die ein **Auszubildender** im Betrieb zurückgelegt hat, angerechnet.[87] Ein betriebliches **Praktikum,** das der beruflichen Fortbildung dient, wird nur angerechnet, wenn es im Rahmen eines Arbeitsverhältnisses abgeleistet worden ist.[88] Nicht berücksichtigt werden Zeiten, die als **freier Mitarbeiter,** Beamter oder Dienstnehmer zurückgelegt worden sind. Frühere Beschäftigungszeiten als **Leiharbeitnehmer** sind bei der späteren Begründung eines Arbeitsverhältnisses zur Berechnung der Wartezeit ebenfalls nicht zu berücksichtigen, weil der AN während der erlaubten Arbeitnehmerüberlassung in einem Arbeitsverhältnis zum Verleiher und damit zu einem anderen Unternehmen steht.[89] Nur bei einer arbeitsvertraglich vereinbarten Anrechnung der Beschäftigungszeit als Leiharbeitnehmer ist diese Tätigkeit zu berücksichtigen. Veranlassen der frühere und der „neue" AG den AN gemeinsam zum Arbeitgeberwechsel, kann dies ein Anhaltspunkt für eine konkludente Abrede über die Anrechnung von Vorbeschäftigungszeiten sein. Geschieht der Wechsel unter „Zwischenschaltung" eines Leiharbeitsverhältnisses mit dem Ziel, den Verlust des Kündigungsschutzes herbeizuführen, kann der AN nach dem Rechtsgedanken des § 162 BGB so zu stellen sein, als hätte er die Wartefrist bei dem „neuen" AG bereits erfüllt.[90] Wird ein **GmbH-Geschäftsführer** abberufen und anschließend in einem Arbeitsverhältnis weiterbeschäftigt, lässt dies nach Auffassung des BAG regelmäßig auf den Parteiwillen schließen, die Beschäftigungszeit als Geschäftsführer auf die Wartezeit des § 1 I KSchG anzurechnen.[91] Bei einem **Betriebsinhaberwechsel** (§ 613a BGB) sind die beim Betriebsveräußerer erbrachten Beschäftigungszeiten bei der Berechnung der Wartezeit nach § 1 I KSchG für eine vom Betriebserwerber ausgesprochene Kündigung zu berücksichtigen. Dies gilt auch dann, wenn zum Zeitpunkt des Betriebsübergangs das Arbeitsverhältnis kurzfristig unterbrochen war, die Arbeitsverhältnisse zum Veräußerer und Erwerber aber in einem engen sachlichen Zusammenhang stehen.[92] 25

b) Unterbrechungen. § 1 I KSchG knüpft an den ununterbrochenen Bestand des Arbeitsverhältnisses an. Eine Unterbrechung in diesem Sinne liegt nicht vor, wenn auf Arbeitgeberseite eine Rechtsnachfolge, etwa nach § 613a BGB (→ Rn. 25), stattfindet. In diesem Fall bleibt die beim Vorgänger zurückgelegte Wartezeit erhalten.[93] Nach dem Wortlaut des § 1 I KSchG beginnt nach jeder rechtlichen Unterbrechung, sei sie auch nur von kurzer Dauer, die Wartezeit neu zu laufen. Eine solch enge Sichtweise würde aber dem Gesetzeszweck, nach dem die Parteien eine gewisse Zeit lang die Möglichkeit haben sollen, zu prüfen, ob sie sich auf Dauer binden wollen,[94] nicht gerecht werden. Unter Berücksichtigung dieses Zwecks der Wartezeit kann eine rechtliche Unterbrechung unbeachtlich sein, wenn sie verhältnismäßig kurz ist und zwischen beiden Arbeitsverhältnissen ein enger sachlicher Zusammenhang besteht. Zu berücksichtigen sind neben der absoluten Dauer auch mögliche Besonderheiten des Arbeitsverhältnisses oder der betreffenden Branche. Ob ein sachlicher Zusammenhang anzunehmen ist, hängt insbesondere vom Anlass der Unterbrechung und der Art der Weiterbeschäftigung ab.[95] Je länger die zeitliche Unterbrechung gedauert hat, desto gewichtiger müssen die für einen sachlichen Zusammenhang sprechenden Umstände sein. Eine feste zeitliche Begrenzung gibt es nicht.[96] Bei einer Unterbrechung des Arbeitsverhältnisses von 2⅔ Monaten bzw. 5 Monaten wurde ein enger sachlicher Zusammenhang zu dem vorherigen befristeten Arbeitsverhältnis verneint.[97] Eine mehr als dreiwöchige Unterbrechung des Arbeitsverhältnisses stellt im Allgemeinen einen erheblichen Zeitraum dar, der es ausschließt, von einer sachlich nicht ins Gewicht fallenden Unterbrechung zu sprechen.[98] Beträgt der zeitliche Abstand zwischen dem früheren und dem 26

[87] BAG 2.12.1999 AP Nr. 57 zu § 622 BGB = NZA 2000, 720; 26.8.1976 AP Nr. 68 zu § 626 BGB.
[88] BAG 18.11.1999 AP Nr. 11 zu § 1 KSchG 1969 Wartezeit = NZA 2000, 529.
[89] BAG 20.2.2014 AP Nr. 28 zu § 1 KSchG 1969 Wartezeit = NZA 2014, 1083; *Bayreuther* NZA 2016, 1304 (1307); ErfK/*Oetker* KSchG § 1 Rn. 36.
[90] BAG 20.2.2014 AP Nr. 28 zu § 1 KSchG 1969 Wartezeit = NZA 2014, 1083.
[91] BAG 24.11.2005 AP Nr. 19 zu § 1 KSchG 1969 Wartezeit = NZA 2006, 366.
[92] BAG 20.2.2014 AP Nr. 28 zu § 1 KSchG 1969 Wartezeit = NZA 2014, 1083; 27.6.2002 AP Nr. 15 zu § 1 KSchG 1969 Wartezeit = NZA 2003, 145.
[93] BAG 21.11.2013 NZA 2014, 362.
[94] Zu diesem Zweck 24.11.2005 AP Nr. 19 zu § 1 KSchG 1969 Wartezeit = NZA 2006, 366.
[95] Vgl. BAG 20.2.2014 AP Nr. 28 zu § 1 KSchG 1969 Wartezeit = NZA 2014, 1083; 20.6.2013 – 2 AZR 790/11; 7.7.2011 AP Nr. 25 zu § 1 KSchG 1969 Wartezeit = NZA 2012, 148.
[96] BAG 7.7.2011 AP Nr. 25 zu § 1 KSchG 1969 Wartezeit = NZA 2012, 148.
[97] BAG 22.9.2005 AP Nr. 20 zu § 1 KSchG 1969 Wartezeit; 11.11.1982 AP Nr. 71 zu § 620 BGB Befristeter Arbeitsvertrag.
[98] BAG 22.9.2005 AP Nr. 20 zu § 1 KSchG 1969 Wartezeit; 9.8.2000 RzK I 4 d Nr. 24; 18.1.1979 AP Nr. 3 zu § 1 KSchG 1969 Wartezeit mAnm *G. Hueck;* ebenso *Schleusener* Anm. zu BAG AP Nr. 10 zu § 1 KSchG 1969 Wartezeit.

neuen Arbeitsverhältnis sechs Wochen, sind nur außergewöhnlich gewichtige Umstände geeignet, einen engen sachlichen Zusammenhang zu begründen.[99] Diese können vorliegen, wenn ein Lehrer zunächst nur befristet bis zum Beginn der Schulferien beschäftigt und dann mit Beginn des neuen Schuljahres wieder eingestellt wird, und das Arbeitsverhältnis lediglich deshalb rechtlich unterbrochen ist, weil sich der AG (Land) dazu entschlossen hat, das Arbeitsverhältnis mit dem Lehrer während der Zeit, in der keine Arbeitsleistung anfällt (Schulferien), nicht fortzuführen.[100] An einem engen sachlichen Zusammenhang fehlt es dagegen, wenn eine Lehrkraft vor und nach den Sommerferien in unterschiedlichen Schultypen und Klassenstufen als Lehrer eingesetzt wird.[101] Ist zwischen den Parteien streitig, ob ein unstreitig begründetes, dann tatsächlich unterbrochenes Arbeitsverhältnis auch rechtlich unterbrochen war, hat der AG darzulegen und zu beweisen, dass auch eine rechtliche Unterbrechung vorlag.[102] Tarifvertragliche Regelungen können dazu führen, dass auch längere Unterbrechungen unbeachtlich sind. So ist im Baugewerbe die Wertung des § 11 Nr. 1.2. S. 3 BRTV-Bau bei der Berechnung der Wartezeit iSv § 1 I KSchG zu berücksichtigen. Eine Unterbrechung von bis zu sechs Monaten kann danach im Geltungsbereich des BRTV-Bau im Einzelfall unbeachtlich sein.[103]

27 **c) Zugang der Kündigung.** Eine Kündigung bedarf auch dann grundsätzlich nicht der sozialen Rechtfertigung nach § 1 II KSchG, wenn sie am letzten Tag der Wartezeit zugeht. Jedoch ist hiervon gem. § 162 BGB analog dann eine Ausnahme zu machen, wenn der Kündigende den Beginn des Kündigungsschutzes nach Treu und Glauben vereitelt hat. Das kann der Fall sein, wenn er früher als zur Fristwahrung notwendig kündigt.[104] Hierfür ist der AN darlegungs- und beweispflichtig. Vor Ablauf der Wartezeit kann eine Kündigung nur bei einem Verstoß gegen die zivilrechtlichen Generalklauseln (→ § 129 Rn. 1 ff.) oder gegen besondere Kündigungsschutzvorschriften (zB § 17 MuSchG) unwirksam sein.[105]

28 **d) Darlegungs- und Beweislast.** Die Darlegungs- und Beweislast für das Vorliegen der persönlichen Voraussetzungen des allgemeinen Kündigungsschutzes trägt der AN. Er hat deshalb auch darzulegen, dass das Arbeitsverhältnis im Zeitpunkt des Zugangs der Kündigung mindestens sechs Monate „ohne Unterbrechung" bestanden hat. Liegt unstreitig eine Unterbrechung vor, hat er die Umstände darzulegen und ggf. zu beweisen, aus denen sich ein enger sachlicher Zusammenhang ergibt.[106]

29 **5. Ordentliche Kündigung.** Vom allgemeinen Kündigungsschutz wird nur die ordentliche Kündigung des AG erfasst. Unberührt bleiben mithin die Kündigungen des AN sowie die sonstigen Beendigungsgründe des Arbeitsverhältnisses, wie sie in → § 121 Rn. 2 ff. aufgezählt sind. Voraussetzung ist, dass ein rechtswirksames Arbeitsverhältnis besteht. Wegen des Schutzes gegen Änderungs- oder außerordentliche Kündigungen des AG → § 127 Rn. 1 ff., → § 137 Rn. 1 ff.

II. Allgemeine Grundsätze zur Beurteilung der sozialen Rechtfertigung

30 **1. Allgemeines.** Eine ordentliche Kündigung des AG ist unwirksam, wenn sie nicht durch Gründe, die in der Person oder in dem Verhalten des AN liegen, oder durch dringende betriebliche Erfordernisse, die einer Weiterbeschäftigung des AN in diesem Betrieb entgegenstehen, bedingt ist (§ 1 II KSchG). Die Kündigung ist ferner unwirksam, wenn der BR oder PR aus einem der in § 1 II 2 KSchG aufgeführten Gründe begründet der Kündigung schriftlich widerspricht. Die in § 1 II 1 KSchG genannten Kündigungsgründe enthalten keine konkreten Tatbestandsmerkmale für die Wirksamkeit einer Kündigung, sondern geben im Wesentlichen nur die Richtung an, aus der die Störung des Arbeitsverhältnisses kommt: Gründe in der Person und dem Verhalten liegen in der Sphäre des AN, betriebliche Erfordernisse in der Sphäre des AG. Die gesetzlichen Kündigungsgründe sind kündigungsrelevant, wenn sie zur Unzumutbarkeit der Weiterbeschäftigung des AN führen.[107] Bei der Auslegung des Begriffs der sozialen Rechtferti-

[99] BAG 28.8.2008 AP Nr. 88 zu § 1 KSchG 1969; 22.5.2003 AP Nr. 18 zu § 1 KSchG 1969 Wartezeit mwN.
[100] BAG 19.6.2007 AP Nr. 23 zu § 1 KSchG 1969 Wartezeit = NZA 2007, 1103.
[101] BAG 28.8.2008 AP Nr. 88 zu § 1 KSchG 1969.
[102] BAG 16.3.1989 AP Nr. 6 zu § 1 KSchG 1969 Wartezeit = NZA 1989, 884.
[103] BAG 20.6.2013 – 2 AZR 790/11.
[104] Vgl. BAG 28.9.1978 AP Nr. 19 zu § 102 BetrVG 1972; 12.12.1996 RzK I 5 g Nr. 66.
[105] Vgl. BAG 16.2.1989 AP Nr. 46 zu § 138 BGB = NZA 1989, 962.
[106] BAG 20.2.2014 AP Nr. 28 zu § 1 KSchG 1969 Wartezeit = NZA 2014, 1083; 20.6.2013 – 2 AZR 790/11.
[107] Näher dazu APS/*Preis* Grundlagen H Rn. 15 ff. mwN.

gung sind die Diskriminierungsverbote des AGG als Konkretisierungen der Sozialwidrigkeit iSv § 1 KSchG zu beachten.[108]

31 **2. Prinzipien zur Feststellung der Wirksamkeit einer Kündigung. a) Interessenabwägung.** Bei der Beurteilung der sozialen Rechtfertigung (§ 1 II 1 KSchG) hat grundsätzlich eine umfassende Interessenabwägung stattzufinden.[109] Dies gilt jedenfalls für die personen- und verhaltensbedingte Kündigung.[110] Bei der betriebsbedingten Kündigung scheidet eine Interessenabwägung grundsätzlich aus.[111] Die betriebsbedingte Kündigung ist sozial gerechtfertigt, wenn aufgrund dringender betrieblicher Erfordernisse keine weitere Beschäftigungsmöglichkeit für den gekündigten AN besteht.[112] Für eine Abwägung des Bestandsschutzinteresses des AN mit dem Beendigungsinteresse des AG ist nach einem Wegfall des Arbeitsplatzes und fehlender Weiterbeschäftigungsmöglichkeiten kein Raum. Im Rahmen der erforderlichen Sozialauswahl (§ 1 III KSchG) werden die Bestandsschutzinteressen vergleichbarer AN abgewogen und festgestellt, wen die Kündigung relativ am wenigsten hart trifft.

32 **b) Anderweitige Weiterbeschäftigungsmöglichkeiten. aa) Verhältnismäßigkeitsgrundsatz.** Das Kündigungsrecht wird vom Verhältnismäßigkeitsgrundsatz beherrscht. Der AG hat deshalb in jedem Falle zu versuchen, die Kündigung **durch andere geeignete Maßnahmen zu vermeiden.** Er kann grundsätzlich keine wirksame Beendigungskündigung aussprechen, wenn eine Weiterbeschäftigungsmöglichkeit auf einem anderen Arbeitsplatz oder auf demselben Arbeitsplatz zu geänderten Arbeitsbedingungen besteht (dazu auch → § 134 Rn. 16).[113] Als milderes Mittel zur Vermeidung einer Kündigung kommt insbesondere die Möglichkeit einer anderweitigen Beschäftigung, ggf. nach zumutbaren Umschulungs- oder Fortbildungsmaßnahmen (§ 1 II 3 KSchG) in Betracht. Die Verpflichtung des AG, dem AN gem. § 1 II 3 KSchG zumutbare Umschulungs- oder Fortbildungsmöglichkeiten anzubieten, besteht allerdings nur, wenn im Kündigungszeitpunkt feststeht, dass spätestens nach Durchführung der Qualifizierungsmaßnahme ein geeigneter Arbeitsplatz im Unternehmen **vorhanden und frei** ist.[114] Der AG ist von Gesetzes wegen nicht verpflichtet, den AN allein zum Zwecke der Qualifikation weiterzubeschäftigen.[115] Die Gestaltung des Anforderungsprofils des freien Arbeitsplatzes unterliegt grundsätzlich der nur auf offenbare Unsachlichkeit zu überprüfenden unternehmerischen Disposition des AG (→ § 134 Rn. 36).[116] Stets erforderlich ist, dass für die Weiterbeschäftigung ein **freier Arbeitsplatz** vorhanden ist (→ § 134 Rn. 22).[117] Der AG ist dabei jedoch nicht verpflichtet, dem AN zur Vermeidung einer Beendigungskündigung eine **Beförderungsstelle** anzubieten.[118] Im Falle einer krankheitsbedingten Kündigung hat der AG nach Auffassung des BAG darüber hinaus einen geeigneten besetzten Arbeitsplatz durch Ausübung seines Direktionsrechts freizumachen und sich auch um die ggf. erforderliche Zustimmung des BR zu bemühen (→ § 131 Rn. 4).[119] Die Weiterbeschäftigungspflicht ist **unternehmens- und nicht nur betriebsbezogen.**[120] Sie bezieht sich allerdings grundsätzlich nicht auf Arbeitsplätze in einem im Ausland gelegenen Betrieb des AG.[121] Für das Fehlen einer anderweitigen Weiterbeschäftigungsmöglichkeit ist gem. § 1 II 4 KSchG der **AG darlegungs- und beweispflichtig.** Dabei gilt eine abgestufte Darlegungslast. Bestreitet der AN lediglich den Wegfall seines bisherigen Arbeitsplatzes, genügt der Vortrag des AG, wegen der

[108] BAG 20.11.2014 AP Nr. 53 zu § 1 KSchG 1969 Krankheit = NZA 2015, 931.
[109] KR/*Rachor* KSchG § 1 Rn. 219 f.; APS/*Preis* Grundlagen H Rn. 42 ff.; LKB/*Krause* KSchG § 1 Rn. 214 ff.
[110] Vgl. dazu BAG 23.5.2013 AP Nr. 36 zu § 1 KSchG 1969 Personenbedingte Kündigung = NZA 2013, 1211; 19.4.2012 AP Nr. 13 zu § 14 KSchG 1969 = NZA 2013, 27.
[111] BAG 20.1.2005 AP Nr. 8 zu § 18 BErzGG = NZA 2005, 687.
[112] BAG 29.8.2013 AP Nr. 202 zu § 1 KSchG 1969 Betriebsbedingte Kündigung = NZA 2014, 730; 16.6.2005 AP Nr. 13 zu § 3 ATG = NZA 2006, 270.
[113] StRspr, BAG 20.11.2014 AP Nr. 52 zu § 1 KSchG 1969 Krankheit = NZA 2015, 612; 29.8.2013 AP Nr. 37 zu § 1 KSchG 1969 Personenbedingte Kündigung = NZA-RR 2014, 325; 25.20.2012 AP Nr. 197 zu § 1 KSchG 1969 Betriebsbedingte Kündigung = NZA-RR 2013, 632.
[114] BAG 7.2.1991 AP Nr. 1 zu § 1 KSchG 1969 Umschulung = NZA 1991, 806.
[115] BAG 8.5.2014 AP Nr. 204 zu § 1 KSchG 1969 Betriebsbedingte Kündigung = NZA 2014, 1200.
[116] BAG 29.8.2013 AP Nr. 37 zu § 1 KSchG 1969 Personenbedingte Kündigung = NZA-RR 2014, 325.
[117] BAG 27.6.2019 AP Nr. 78 zu § 15 KSchG 1969 = NZA 2019, 1427; 20.6.2013 AP Nr. 93 zu § 1 KSchG 1969 = NZA 2013, 1345; 25.10.2012 AP Nr. 197 zu § 1 KSchG 1969 Betriebsbedingte Kündigung = NZA-RR 2013, 632.
[118] StRspr, BAG 30.9.2010 AP Nr. 49 zu § 1 KSchG 1969 Krankheit = NZA 2011, 39.
[119] BAG 29.1.1997 AP Nr. 32 zu § 1 KSchG 1969 Krankheit = NZA 1997, 709; zur Kritik an dieser Rspr. vgl. LKB/*Krause* KSchG § 1 Rn. 271 f. mwN.
[120] BAG 17.5.1984 AP Nr. 21 zu § 1 KSchG 1969 Betriebsbedingte Kündigung = NZA 1985, 489.
[121] BAG 29.8.2013 AP Nr. 202 zu § 1 KSchG 1969 Betriebsbedingte Kündigung = NZA 2014, 730.

betrieblichen Notwendigkeiten sei eine Weiterbeschäftigung zu den gleichen Bedingungen nicht möglich. Will der AN vorbringen, es sei eine Beschäftigung an anderer Stelle möglich, obliegt es ihm, darzulegen, wie er sich seine anderweitige Beschäftigung vorstellt. Einen konkreten freien Arbeitsplatz muss er dabei freilich in der Regel nicht benennen.[122] Erst auf entsprechenden Vortrag des AN muss der AG eingehend erläutern, aus welchen Gründen eine Umsetzung nicht möglich war.[123] – Aus dem Verhältnismäßigkeitsgrundsatz folgt für **verhaltensbedingte Kündigungen,** dass diesen in der Regel eine Abmahnung vorauszugehen hat (→ § 132 Rn. 16 ff.). Hat sich ein AG selbst gebunden, bei bestimmten Verhaltensverstößen vor Ausspruch einer Kündigung zunächst mit dem AN ein klärendes Gespräch zu führen, verstößt eine Kündigung, die der AG ausspricht, ohne ein solches Gespräch zu führen, regelmäßig gegen den Verhältnismäßigkeitsgrundsatz und ist deshalb sozialwidrig.[124]

33 **bb) Besonderheiten des öffentlichen Dienstes.** Nach § 1 II 2 Nr. 2b KSchG ist in Betrieben und Verwaltungen des öffentlichen Dienstes eine Weiterbeschäftigungsmöglichkeit grundsätzlich nur dann zu berücksichtigen, wenn sie entweder in derselben Dienststelle oder in einer anderen Dienststelle desselben Verwaltungszweigs besteht. Nach der Rechtsprechung des BAG ist dem öffentlichen AG jedoch eine über den Verwaltungszweig hinaus bestehende Weiterbeschäftigungsmöglichkeit dann kündigungsrechtlich zuzurechnen, wenn er die bisherige Verwaltungsaufgabe und Verwaltungsorganisation einer Dienststelle durch Gesetz oder Erlass aufgelöst hat, um – wenn auch nur teilweise – vergleichbare Aufgaben im Rahmen einer neu gebildeten Strukturform und Verwaltungsorganisation in einem anderen Verwaltungsbereich auszuführen.[125]

34 **c) Negative Prognose.** Jede Kündigung setzt schließlich eine negative Prognose voraus.[126] Ein Grund zur Kündigung besteht nur, wenn dem AG wegen der zu erwartenden künftigen Beeinträchtigungen des Arbeitsverhältnisses eine Weiterbeschäftigung des AN nicht zuzumuten ist.[127] Bei einer **betriebsbedingten Kündigung** muss zum Zeitpunkt der Kündigung die Prognose bestehen, die Umsetzung der unternehmerischen (Organisations-)Entscheidung auf der betrieblichen Ebene werde spätestens mit Ablauf der Kündigungsfrist zu einem voraussichtlich dauerhaften Wegfall des Bedarfs an einer Beschäftigung des betroffenen AN führen (→ § 134 Rn. 25).[128] Bei einer **personenbedingten Kündigung** ist zu prüfen, ob der AN aufgrund seines Eignungsmangels oder seiner Krankheit dauerhaft die Gewähr bietet, in der Lage zu sein, die vertraglich geschuldete Tätigkeit ordnungsgemäß zu erbringen (vgl. zur krankheitsbedingten Kündigung → § 131 Rn. 35).[129] Auch im Falle einer **verhaltensbedingten Kündigung** gilt das sog. Prognoseprinzip (→ § 133 Rn. 5). Der Zweck der Kündigung besteht nicht in einer Sanktion für die Vertragspflichtverletzung, die Kündigung dient vielmehr der Vermeidung des Risikos weiterer Pflichtverletzungen.

35 **3. Gleichbehandlung.** Der arbeitsrechtliche Gleichbehandlungsgrundsatz gilt grundsätzlich nur bei der Durchführung einer vom AG selbst gesetzten Regel (→ § 112 Rn. 1), nicht aber bei der Ausübung von Gestaltungsrechten. Er ist ein Gebot austeilender Gerechtigkeit. Eine Anwendung des arbeitsrechtlichen Gleichbehandlungsgrundsatzes scheidet bei einer Tat- oder Verdachtskündigung weitgehend aus.[130] Der AG kann daher grundsätzlich bei Vorliegen gleicher Kündigungsgründe einen AN kündigen und einen anderen nicht.[131] Bei den im Zusammenhang mit dem Gleichbehandlungsgrundsatz erörterten Fallgestaltungen geht es letztlich nicht um die Anwendung des Gleichbehandlungsgrundsatzes, sondern um die Feststellung der Unzumutbarkeit der Fortsetzung des Arbeitsverhältnisses unter Berücksichtigung der Umstände des Einzelfalls. Kündigt der AG bei gleichen Pflichtwidrigkeiten mehrerer AN nicht allen AN, sondern

---

122 BAG 20.6.2013 AP Nr. 93 zu § 1 KSchG 1969 = NZA 2013, 1345.

123 BAG 29.8.2013 AP Nr. 37 zu § 1 KSchG 1969 Personenbedingte Kündigung = NZA-RR 2014, 325; 25.10.2012 AP Nr. 197 zu § 1 KSchG 1969 Betriebsbedingte Kündigung = NZA-RR 2013, 632.

124 BAG 16.9.1999 AP Nr. 1 zu Art. 4 GrO kath. Kirche = NZA 2000, 208.

125 BAG 10.6.2010 AP Nr. 31 zu § 1 KSchG 1969 Personenbedingte Kündigung = NZA 2010, 1234.

126 Vgl. BAG 26.11.2009 AP Nr. 61 zu § 1 KSchG 1969 Verhaltensbedingte Kündigung = NZA 2010, 823; 23.4.2008 NZA-RR 2008, 515; LKB/*Krause* KSchG § 1 Rn. 172 ff.; ErfK/*Oetker* KSchG § 1 Rn. 78 ff.

127 Vgl. BAG 7.11.2002 AP Nr. 40 zu § 1 KSchG 1969 Krankheit = NZA 2003, 816 (zur krankheitsbedingten Kündigung); 8.6.2000 AP Nr. 163 zu § 626 BGB = NZA 2000, 1282 (zur verhaltensbedingten Kündigung); 11.3.1998 AP Nr. 43 zu § 111 BetrVG 1972 = NZA 1998, 879 (zur betriebsbedingten Kündigung); APS/*Preis* Grundlagen H Rn. 74 ff. mwN.

128 BAG 31.7.2014 AP Nr. 206 zu § 1 KSchG 1969 Betriebsbedingte Kündigung = NZA 2015, 101.

129 Vgl. BAG 20.3.2014 NZA 2014, 602.

130 BAG 7.5.2020 AP Nr. 172 zu § 102 BetrVG 1972 = NZA 2020, 1110.

131 BAG 15.7.2015 AP Nr. 255 zu § 626 BGB = NZA 2016, 161; 28.4.1982 AP Nr. 3 zu § 2 KSchG 1969; 22.2.1979 DB 1979, 1659.

nur einem (sog. herausgreifende Kündigung), kann hieraus zu schließen sein, dass es dem AG zumutbar ist, auch das Arbeitsverhältnis des gekündigten AN fortzusetzen.[132] Der AG hat zur Vermeidung dieser Schlussfolgerung darzulegen, warum er in einem Fall von einer Kündigung abgesehen hat.[133] Dazu reicht es beispielsweise aus aufzuzeigen, dass er aus betrieblichen Gründen auf den nicht gekündigten AN angewiesen ist.[134]

4. Beurteilungszeitpunkt. Die Wirksamkeit der Kündigung beurteilt sich nach den objektiven Verhältnissen zum Zeitpunkt des **Zugangs der Kündigung.**[135] Unerheblich ist, ob dem AG die objektiv zum Zeitpunkt der Kündigung vorliegenden Umstände auch subjektiv bekannt waren. Der AG kann daher vorbehaltlich den Beschränkungen nach § 102 I BetrVG und der einschlägigen prozessualen Vorschriften im Kündigungsschutzprozess Kündigungsgründe „nachschieben", die vor dem Zeitpunkt der Kündigung liegen, von denen er aber erst später Kenntnis erlangt hat (→ § 124 Rn. 40 ff.).[136] 36

5. Anhörung des Betriebsrats. Eine ohne Anhörung des BR/PR/Sprecherausschusses ausgesprochene Kündigung ist unwirksam (→ § 124 Rn. 1 ff.). Jedoch kann der AG die Gründe der Kündigung zur Rechtfertigung einer neuen Kündigung heranziehen, zu der er den BR gehört hat. 37

6. Beweislast. Der AG trägt gem. § 1 II 4 KSchG die Darlegungs- und Beweislast für die Kündigungsgründe.[137] Für die Fehlerhaftigkeit der Sozialauswahl ist demgegenüber gem. § 1 III 3 KSchG der AN beweisbelastet (→ § 135 Rn. 48 ff.). Behauptet der AN Rechtfertigungsgründe für sein Verhalten, hat der AG diese zu widerlegen (→ § 133 Rn. 10). 38

7. Verwirkung. Das Recht des AG zur ordentlichen Kündigung verwirkt, wenn er in Kenntnis eines Kündigungsgrundes längere Zeit untätig bleibt, dh die Kündigung nicht ausspricht, obwohl ihm dies möglich und zumutbar wäre (sog. Zeitmoment), und dadurch beim AN das berechtigte Vertrauen erweckt, die Kündigung werde unterbleiben und der AN sich deshalb auf den Fortbestand des Arbeitsverhältnisses einrichtet (sog. Umstandsmoment). Eine dann gleichwohl erklärte Kündigung aus diesem Grund stellt eine unzulässige Rechtsausübung dar, die nach Treu und Glauben (§ 242 BGB) rechtsunwirksam wäre.[138] 39

III. Widerspruch des Betriebsrats gegen die Kündigung

1. Widerspruch. Das Gesetz hat den Widerspruch des BR oder PR gegen eine Kündigung mit dem individualrechtlichen Kündigungsschutz verknüpft. Die Widerspruchsgründe des § 102 III BetrVG bzw. § 79 BPersVG sind mit Ausnahme von § 102 III Nr. 1 BetrVG und § 79 I Nr. 1 BPersVG in das KSchG aufgenommen. Voraussetzung des widerspruchsbedingten Kündigungsschutzes ist, dass **(a)** eine widerspruchsberechtigte Arbeitnehmervertretung (→ Rn. 41) gegen die Kündigung Widerspruch einlegt, **(b)** Formen und Fristen für den Widerspruch eingehalten sind (→ § 124 Rn. 51 ff.), **(c)** die Tatbestandsvoraussetzungen der Widerspruchsgründe vorliegen. Unter diesen Voraussetzungen ist die Kündigung ohne Weiteres sozialwidrig, sog. absolute Sozialwidrigkeit. Die in § 1 II 2 Nr. 2b KSchG enthaltene kündigungsschutzrechtliche Sanktion der **absoluten Sozialwidrigkeit der Kündigung** ist nach dem Sinn und Zweck dieser Vorschrift nur gerechtfertigt, wenn sich der AG über die fristgemäß vorgebrachten und durch die objektive Rechtslage begründeten Einwendungen des zuständigen Personalvertretungsorgans hinsichtlich einer bestehenden Weiterbeschäftigungsmöglichkeit des zu kündigenden AN hinweggesetzt. Einwendungen des PR iSv § 1 II 2 Nr. 2b KSchG sind freilich kündigungsschutzrechtlich unbeachtlich, wenn eine Einigungsstelle die vom PR verweigerte Zustimmung ersetzt hat.[139] 40

---

[132] So BAG 22.2.1979 DB 1979, 1659, 1660; ähnlich BAG 17.2.1994 – 8 AZR 68/93 zu einer Kündigung wegen mangelnder persönlicher Eignung nach den Sonderkündigungsvorschriften des Einigungsvertrags (dazu → § 127 Rn. 108); LAG Düsseldorf 1.7.2010 LAGE § 611 BGB 2002 Kirchliche Arbeitnehmer Nr. 4; KR/*Rachor* KSchG § 1 Rn. 246.

[133] SPV Kündigung/*Preis* Rn. 252.

[134] ErfK/*Oetker* KSchG § 1 Rn. 90.

[135] BAG 9.9.2010 ZTR 2011, 45; 28.6.2000 AP Nr. 6 zu § 1 KSchG 1969 Wiedereinstellung = NZA 2000, 1097.

[136] BAG 6.9.2007 AP Nr. 208 zu § 626 BGB = NZA 2008, 636.

[137] BAG 17.3.2016 – 2 AZR 110/15; *Ascheid,* Beweislastfragen im Kündigungsschutzprozess, 1989.

[138] BAG 15.12.2016 AP Nr. 76 zu § 1 KSchG 1969 Verhaltensbedingte Kündigung = NZA 2017, 703; 23.1.2014 AP Nr. 70 zu § 1 KSchG 1969 Verhaltensbedingte Kündigung = NZA 2014, 965; 15.8.2002 AP Nr. 42 zu § 1 KSchG 1969 Verhaltensbedingte Kündigung = NZA 2003, 795.

[139] BAG 6.6.1984 AP Nr. 16 zu § 1 KSchG 1969 Betriebsbedingte Kündigung = NZA 1985, 93.

41 **2. Widerspruchsberechtigter.** Dies ist der BR oder eine andere nach dem BetrVG zuständige Vertretung der AN. Das kann die Bordvertretung oder ein Seebetriebsrat, aber auch der Betriebsausschuss für Personalangelegenheiten nach § 27 BetrVG oder ein daneben gebildeter weiterer Ausschuss nach § 28 BetrVG sein. Unzureichend ist dagegen der Widerspruch der JAV oder des GBR.

42 **3. Widerspruchsgründe. a) Verstoß gegen Auswahlrichtlinien.** Die Kündigung kann gegen Auswahlrichtlinien verstoßen. Diese bedürfen bei Einstellungen, Versetzungen, Umgruppierungen und Kündigungen gem. § 95 BetrVG der Zustimmung des BR.[140] In Betrieben mit mehr als 500 AN kann der BR deren Aufstellung verlangen. Auswahlrichtlinien sollen zur Versachlichung und Transparenz der Personalentscheidungen beitragen.[141] Sie können den Kündigungsschutz des AN nicht eingeschränkten.[142] Zum PR § 79 I Nr. 2 BPersVG. Auswahlrichtlinien betreffen die soziale Auswahl bei der **betriebsbedingten Kündigung** (dazu → § 135 Rn. 42). Sie müssen die in § 1 III 1 KSchG genannten Auswahlgesichtspunkte enthalten. Da bei personen- und verhaltensbedingten Gründen keine Auswahl erfolgt, der Kündigungsgrund vielmehr in der Person oder dem Verhalten des AN liegt, sind Auswahlrichtlinien auf betriebsbedingte Kündigungen beschränkt.[143]

43 **b) Weiterbeschäftigungsmöglichkeiten.** Sozial ungerechtfertigt ist die Kündigung gem. § 1 II 2 Nr. 1b KSchG weiterhin, wenn der AN an einem anderen Arbeitsplatz im selben Betrieb oder in einem anderen Betrieb des Unternehmens weiterbeschäftigt werden kann. Die Versetzungsmöglichkeit auf einen anderen freien Arbeitsplatz ist freilich auch ohne Widerspruch des BR stets zu berücksichtigen (dazu → Rn. 32).[144]

§ 131. Personenbedingte Kündigung

Übersicht

I. Allgemeines

1 **1. Kündigungsgrund.** Ein personenbedingter Kündigungsgrund liegt vor, wenn
(1) der AN aufgrund mangelnder **Eignung** oder seiner persönlichen **Fähigkeiten und Eigenschaften** nicht mehr in der Lage ist, künftig seine arbeitsvertraglichen Verpflichtungen zu erfüllen;[1]
(2) die mangelnde Eignung bzw. die fehlenden Fähigkeiten zu einer **erheblichen Beeinträchtigung betrieblicher oder wirtschaftlicher Interessen** des AG führen;[2]
(3) keine **Weiterbeschäftigungsmöglichkeit** auf einem anderen Arbeitsplatz besteht;
(4) die **Interessenabwägung** zulasten des AN ausfällt.

140 Vgl. BAG 26.7.2005 AP Nr. 43 zu § 95 BetrVG 1972 = NZA 2005, 1372.
141 BT-Drs. VI/1786, 50.
142 BAG 11.3.1976 AP Nr. 1 zu § 95 BetrVG 1972.
143 APS/*Koch* BetrVG § 102 Rn. 192.
144 BAG 29.8.2013 AP Nr. 202 zu § 1 KSchG 1969 Betriebsbedingte Kündigung = NZA 2014, 730; 17.5.1984 AP Nr. 21 zu § 1 KSchG 1969 Betriebsbedingte Kündigung.
1 BAG 29.1.1997 AP Nr. 32 zu 1 KSchG 1969 Krankheit = NZA 1997, 709; 20.5.1988 AP Nr. 9 zu § 1 KSchG 1969 Personenbedingte Kündigung = NZA 1989, 464.
2 Vgl. BAG 7.11.2002 AP Nr. 40 zu § 1 KSchG 1969 Krankheit = NZA 2003, 816; 20.7.1989 AP Nr. 2 zu § 1 KSchG 1969 Sicherheitsbedenken = NZA 1990, 614.

2 **2. Mangelnde Eignung.** Als Gründe in der Person, die eine ordentliche Kündigung nach § 1 II 1 KSchG sozial rechtfertigen können, kommen Umstände in Betracht, die auf den persönlichen Verhältnissen oder Eigenschaften des AN beruhen. Die mangelnde Eignung des AN oder die fehlenden Fähigkeiten müssen dazu führen, dass der AN nicht mehr in der Lage ist, zukünftig die geschuldete Arbeitsleistung – ganz oder teilweise – zu erbringen und dadurch die Erreichung des Vertragszwecks nicht nur vorübergehend zumindest teilweise unmöglich wird.[3] Ein Kündigungsgrund kann daher auch darin bestehen, dass eine für die Tätigkeit des AN notwendige und sachlich gerechtfertigte Anforderung entfällt.[4] Die mangelnde Eignung kann auf fehlenden Fertigkeiten oder Talenten (zB Verkaufstalent, soziale Kompetenz, Führungs- oder Teamfähigkeit) beruhen. Es können aber auch objektive Kriterien maßgeblich sein, so wenn ein Kraftfahrer die Fahrerlaubnis bei einer privaten Trunkenheitsfahrt, ein Arzt die Approbation verliert (→ Rn. 20) oder ein ausländischer AN nicht die erforderliche Arbeitsgenehmigung hat (dazu → § 27 Rn. 4 ff.). Im öffentlichen Dienst kann sich ein nicht behebbarer Eignungsmangel aus begründeten Zweifeln an der Verfassungstreue des AN ergeben (→ Rn. 48a).[5] Zu prüfen ist stets, ob dem AN die Fähigkeit oder die Eignung, die geschuldete Arbeitsleistung zu erbringen, im Kündigungszeitpunkt fehlt oder ob sie erheblich eingeschränkt ist und ob mit ihrer baldigen Wiederherstellung nicht gerechnet werden kann.[6]

3 **3. Erhebliche betriebliche Beeinträchtigung.** Mangelnde Eignung oder Fähigkeiten sind nur dann geeignet, eine personenbedingte Kündigung sozial zu rechtfertigen, wenn sie zu einer erheblichen Beeinträchtigung der betrieblichen oder wirtschaftlichen Interessen des AG führen.[7] Erforderlich ist eine konkrete Störung des Arbeitsverhältnisses, die im Zeitpunkt der Kündigung noch andauert und auch zukünftig zu befürchten ist.[8]

4 **4. Fehlende Weiterbeschäftigungsmöglichkeit. a) Allgemeines.** Die soziale Rechtfertigung einer personenbedingten Kündigung erfordert des Weiteren nach dem Grundsatz der Verhältnismäßigkeit (allgemein hierzu → § 130 Rn. 32), dass keine Weiterbeschäftigungsmöglichkeit auf einem anderen Arbeitsplatz besteht, auf dem die Mängel nicht mehr oder nur unbedeutend zutage treten.[9] Das gilt auch bei Eignungsmängeln aufgrund außerdienstlicher Straftaten, es sei denn, dem AN fehlte aufgrund dieser Mängel zwangsläufig die Eignung für sämtliche in Betracht kommenden Tätigkeiten.[10] Ist im Zeitpunkt des Kündigungszugangs eine Beschäftigungsmöglichkeit nicht (mehr) vorhanden, ist es dem AG gleichwohl nach dem Rechtsgedanken des § 162 BGB verwehrt, sich auf den Wegfall von Beschäftigungsmöglichkeiten im Kündigungszeitpunkt zu berufen, wenn er die Beschäftigungsmöglichkeit treuwidrig beseitigt hat. Hiervon ist auszugehen, wenn für den AG im Zeitpunkt der Stellenbesetzung ein „Auslaufen“ der Beschäftigungsmöglichkeit für den später gekündigten AN absehbar war, Kündigungsentschluss und anderweitige Besetzung der freien Stelle also „uno actu“ erfolgten.[11] Der AG hat nur solche anderweitigen Beschäftigungsmöglichkeiten in Betracht zu ziehen, die entweder **gleichwertig** mit der bisherigen Beschäftigung sind **oder geringer bewertet** sind. Zur Vermeidung einer Beendigungskündigung hat der AG deshalb eine nach zumutbarer Umorganisation bestehende Beschäftigungsmöglichkeit zu geänderten Arbeitsbedingungen notfalls im Wege der Änderungskündigung anzubieten.[12] Das KSchG verschafft dem AN indes keinen Anspruch auf Beförderung.[13] Nach Auffassung des BAG hat der AG ggf. einen Arbeitsplatz durch Ausübung seines **Direktionsrechts** freizumachen und sich auch um die erforderliche Zustimmung des BR zu bemühen. Zu einer weitergehenden Umorganisation oder zur Durchführung eines Zustimmungsersetzungsverfahrens gem. § 99 IV BetrVG ist der AG dagegen nicht verpflichtet.[14]

---

[3] BAG 10.4.2014 AP Nr. 159 zu § 2 KSchG 1969 = NZA 2014, 653; 18.1.2007 AP Nr. 26 zu § 1 KSchG 1969 Personenbedingte Kündigung = NZA 2007, 680.

[4] BAG 21.4.2016 AP Nr. 14 zu § 626 BGB Unkündbarkeit = NZA 2016, 941.

[5] BAG 6.9.2012 AP Nr. 35 zu § 1 KSchG 1969 Personenbedingte Kündigung = NZA-RR 2013, 441.

[6] BAG 10.10.2002 AP Nr. 44 zu § 1 KSchG 1969 Verhaltensbedingte Kündigung = NZA 2003, 483.

[7] Vgl. BAG 7.11.2002 AP Nr. 40 zu § 1 KSchG 1969 Krankheit = NZA 2003, 816; 20.7.1989 AP Nr. 2 zu § 1 KSchG 1969 Sicherheitsbedenken = NZA 1990, 614.

[8] BAG 10.10.2002 AP Nr. 44 zu § 1 KSchG 1969 Verhaltensbedingte Kündigung = NZA 2003, 483.

[9] BAG 10.6.2010 AP Nr. 31 zu § 1 KSchG 1969 Personenbedingte Kündigung = NZA 2010, 1234; 28.4.1998 AP Nr. 2 zu § 14 SchwbG.

[10] BAG 20.6.2013 AP Nr. 93 zu § 1 KSchG 1969 = NZA 2013, 1345.

[11] BAG 24.11.2005 AP Nr. 43 zu § 1 KSchG 1969 Krankheit = NZA 2006, 665.

[12] BAG 13.5.2015 AP Nr. 54 zu § 1 KSchG 1969 Krankheit = NZA 2015, 1249.

[13] BAG 19.4.2007 AP Nr. 45 zu § 1 KSchG 1969 Krankheit = NZA 2007, 1041.

[14] BAG 13.5.2015 AP Nr. 54 zu § 1 KSchG 1969 Krankheit = NZA 2015, 1249; 29.1.1997 AP Nr. 32 zu § 1 KSchG 1969 Krankheit = NZA 1997, 709; dazu auch im Zusammenhang mit einem BEM BAG

4a **b) Darlegungs- und Beweislast.** Im Hinblick auf die fehlenden Weiterbeschäftigungsmöglichkeiten besteht eine abgestufte Darlegungs- und Beweislast. Ist der AG nicht zur Durchführung eines BEM verpflichtet (dazu → Rn. 9), kann er zunächst pauschal behaupten, es bestehe für den dauerhaft erkrankten AN keine andere Beschäftigungsmöglichkeit. Der AN muss sodann konkret darlegen, wie er sich eine Änderung des bisherigen Arbeitsplatzes oder eine anderweitige Beschäftigung vorstellt, die er trotz seiner eignungsbedingten oder gesundheitlichen Beeinträchtigung ausüben könne. Es ist dann Sache des AG, hierauf zu erwidern und ggf. darzulegen, warum eine solche Beschäftigung nicht möglich sei.[15] Dies gilt auch dann, wenn der AN keinen oder nur einen oberflächlichen Einblick in die organisatorischen Arbeitsabläufe in anderen betrieblichen Bereichen hat. Dem Grundsatz, dass einer Partei nicht ein ihr unmöglicher Grad an Konkretisierung ihres Vortrags abverlangt werden darf, ist dadurch Rechnung getragen, dass der AN lediglich konkret darlegen muss, wie er sich die anderweitige Beschäftigung vorstellt; von ihm wird nicht verlangt, dass er dazu ganz bestimmte Arbeitsplätze im Betrieb oder Unternehmen benennt. Aus dem Sachvortrag des AN muss sich allerdings ergeben, dass er die seinen Vorstellungen entsprechende Tätigkeit trotz seiner eignungsbedingten oder gesundheitlichen Beeinträchtigung ausüben kann.[16]

5 **5. Präventionsverfahren.** Der AG hat vor Ausspruch der Kündigung schwerbehinderter AN oder diesen nach § 2 III SGB IX gleichgestellter Beschäftigter unter den Voraussetzungen des § 167 I SGB IX ein Präventionsverfahren durchzuführen.[17] Danach schaltet der AG bei Eintreten von personen-, verhaltens- oder betriebsbedingten Schwierigkeiten im Arbeits- oder sonstigen Beschäftigungsverhältnis, die zur Gefährdung dieses Verhältnisses führen können, möglichst frühzeitig die Schwerbehindertenvertretung, die in § 176 SGB IX genannten Mitarbeitervertretungen sowie das Integrationsamt ein, um mit ihnen alle Möglichkeiten und alle zur Verfügung stehenden Hilfen zur Beratung und mögliche finanzielle Leistungen zu erörtern, mit denen die Schwierigkeiten beseitigt werden können und das Arbeitsverhältnis möglichst dauerhaft fortgesetzt werden kann. Durch die dem AG in § 167 I SGB IX auferlegten Verhaltenspflichten soll möglichst frühzeitig einer Gefährdung des Arbeitsverhältnisses eines schwerbehinderten Menschen begegnet, die dauerhafte Fortsetzung der Beschäftigung erreicht und die Arbeitslosigkeit schwerbehinderter Menschen verhindert werden.[18] Die Durchführung des Präventionsverfahrens ist allerdings **keine formelle Wirksamkeitsvoraussetzung** einer Kündigung gegenüber einem schwerbehinderten Menschen mit der Folge, dass eine Kündigung grundsätzlich unwirksam wäre, wenn ein Präventionsverfahren vor ihrem Ausspruch nicht durchgeführt worden ist.[19] § 167 I SGB IX ist vielmehr eine Konkretisierung des dem gesamten Kündigungsschutzrecht innewohnenden Verhältnismäßigkeitsgrundsatzes. Eine Kündigung kann daher wegen Verstoßes gegen das Verhältnismäßigkeitsprinzip sozial ungerechtfertigt sein, wenn bei gehöriger Durchführung des Präventionsverfahrens Möglichkeiten bestanden hätten, die Kündigung zu vermeiden. Andererseits steht das Unterbleiben des Präventionsverfahrens einer Kündigung dann nicht entgegen, wenn die Kündigung auch durch das Präventionsverfahren nicht hätte verhindert werden können. Das Präventionsverfahren nach § 167 I SGB IX ist keine angemessene Vorkehrung iSv Art. 5 RL 2000/87/EG. Deshalb ist der AG nicht verpflichtet, innerhalb der Wartezeit nach § 1 I KSchG ein Präventionsverfahren durchzuführen.[20]

6 **6. Betriebliches Eingliederungsmanagement (BEM). a) Überwindung der Arbeitsunfähigkeit.** Nach § 167 II SGB IX hat der AG mit dem BR oder PR, bei schwerbehinderten Menschen außerdem mit der Schwerbehindertenvertretung, mit Zustimmung und Beteiligung des betroffenen AN aufzuklären, wie die Arbeitsunfähigkeit des Beschäftigten möglichst überwunden werden und mit welchen Leistungen oder Hilfen erneuter Arbeitsunfähigkeit vorgebeugt und der Arbeitsplatz erhalten werden kann (Betriebliches Eingliederungsmanagement –

30.9.2010 AP Nr. 49 zu § 1 KSchG 1969 Krankheit = NZA 2011, 39; zur Kritik an dieser Rspr. LKB/*Krause* KSchG § 1 Rn. 271 ff.

[15] BAG 20.11.2014 AP Nr. 53 zu § 1 KSchG 1969 Krankheit = NZA 2015, 931; 30.9.2010 AP Nr. 49 zu § 1 KSchG 1969 Krankheit = NZA 2011, 39; 10.12.2009 AP Nr. 48 zu § 1 KSchG 1969 Krankheit = NZA 2010, 398.

[16] BAG 30.9.2010 AP Nr. 49 zu § 1 KSchG 1969 Krankheit = NZA 2011, 39; 7.12.2006 AP Nr. 56 zu § 1 KSchG 1969 Verhaltensbedingte Kündigung = NZA 2007, 617.

[17] LPK-SGB IX/*Düwell* § 84 Rn. 10.

[18] BAG 25.1.2018 AP Nr. 268 zu § 626 BGB = NZA 2018, 845; 21.4.2016 AP Nr. 6 zu § 84 SGB IX = NZA 2016, 1131; hierzu *Hoffmann-Remy* NZA 2016, 1261; *Wietfeld* SAE 2017, 22.

[19] BAG 7.12.2006 AP Nr. 56 zu § 1 KSchG 1969 Verhaltensbedingte Kündigung = NZA 2007, 617; 8.11.2007 AP Nr. 30 zu § 1 KSchG 1969 Personenbedingte Kündigung = NZA 2008, 471.

[20] BAG 21.4.2016 AP Nr. 6 zu § 84 SGB IX = NZA 2016, 1131.

BEM), wenn der Beschäftigte innerhalb eines Jahres länger als sechs Wochen ununterbrochen oder wiederholt arbeitsunfähig ist.[21] Soweit erforderlich wird der Werks- oder Betriebsarzt hinzugezogen. Der BR oder PR, bei schwerbehinderten Menschen außerdem die Schwerbehindertenvertretung, können auch ihrerseits die Klärung der Umstände verlangen.[22]

b) Einleitung des BEM. Das Erfordernis eines BEM bei einer **länger als sechs Wochen innerhalb eines Jahres** andauernden Arbeitsunfähigkeit besteht bei allen AN, nicht nur bei behinderten Menschen.[23] Anders ist nicht erklärlich, dass nach § 167 II 1 SGB IX bei schwerbehinderten Menschen „außerdem" die Schwerbehindertenvertretung zu beteiligen ist. Voraussetzung des BEM nach § 167 II SGB IX ist nach dem Zweck der Vorschrift nicht, dass in dem Betrieb ein BR besteht.[24] Nur wenn in dem Betrieb ein BR gebildet ist, hat der AG diesen zu beteiligen. Das BEM wird erforderlich, wenn der AN innerhalb eines Jahres länger als sechs Wochen arbeitsunfähig ist. Das ist gem. § 191 BGB ein Zeitraum von 365 Tagen. Es ist damit der jeweils zurückliegende Jahreszeitraum maßgeblich.[25] Nicht erforderlich ist, dass es eine einzelne Krankheitsperiode von durchgängig mehr als sechs Wochen gab. Die **Initiative zur Durchführung des BEM hat der AG zu ergreifen.**[26] Notwendige Voraussetzung des BEM ist, dass der AN mitwirkt. Hierzu ist er indes nicht verpflichtet (Art. 2 I GG). Zu einer ordnungsgemäßen **Einladung** zu einem BEM gehören das Ersuchen des AG um Zustimmung des AN sowie die **Belehrung nach § 167 II 3 SGB IX über die Ziele des BEM** sowie über Art und Umfang der hierfür erhobenen und verwendeten Daten.[27] Der Hinweis erfordert eine Darstellung der Ziele, die inhaltlich über eine bloße Bezugnahme auf die Vorschrift des § 167 II 1 SGB IX hinausgeht. Dem AN muss verdeutlicht werden, dass es um die Grundlagen seiner Weiterbeschäftigung geht und dazu ein ergebnisoffenes Verfahren durchgeführt werden soll. Daneben ist ein **Hinweis zur Datenerhebung und Datenverwendung** erforderlich, der klarstellt, dass nur solche Daten erhoben werden, deren Kenntnis erforderlich ist, um ein zielführendes, der Gesundung und Gesunderhaltung des Betroffenen dienendes BEM durchführen zu können. Dem AN ist mitzuteilen, welche Krankheitsdaten als sensible Daten iSv Art. 9 I DS-GVO erhoben und gespeichert und inwieweit und für welche Zwecke sie dem AG zugänglich gemacht werden.[28] Der AG kann diese Daten nach Maßgabe von § 26 III BDSG verarbeiten.[29] Der AG muss den AN des Weiteren darauf hinweisen, dass eine **Hinzuziehung des BR** zur „Klärung von Möglichkeiten" iSv § 167 II 1 SGB IX das Einverständnis des betroffenen AN voraussetzt.[30] Nur wenn der AN trotz ordnungsgemäßer Aufklärung nicht zustimmt, ist das Unterlassen eines BEM „kündigungsneutral" (dazu → Rn. 8).[31] Der AN hat **keinen Anspruch auf Hinzuziehung seines Anwalts.**[32] Ob der AN **einen Anspruch auf Durchführung eines BEM** hat, ist str.[33] Das BEM ist auch in Kleinbetrieben iSd § 23 I KSchG durchzuführen.[34] § 167 II SGB IX enthält insoweit keine Einschränkung. Beachtet der AG dies nicht, hat das außerhalb des Anwendungsbereichs des KSchG keine kündigungsrechtlichen Folgen (dazu → § 129 Rn. 14). 7

c) Inhalt. Das Gesetz schreibt **weder bestimmte Mittel** vor, die auf jeden – oder auf gar keinen – Fall in Erwägung zu ziehen sind, **noch beschreibt es bestimmte Ergebnisse,** die 8

[21] Dazu *Ettlinger* BB 2021, 820; *B. Schmidt,* Gestaltung und Durchführung des BEM, 2. Aufl. 2017.
[22] Ausf. *Beck* NZA 2017, 81; *Schiefer* RdA 2016, 196.
[23] BAG 13.5.2015 AP Nr. 54 zu § 1 KSchG 1969 Krankheit = NZA 2015, 1249; 12.7.2007 AP Nr. 28 zu § 1 KSchG 1969 Personenbedingte Kündigung = NZA 2008, 173.
[24] BAG 13.5.2015 AP Nr. 54 zu § 1 KSchG 1969 Krankheit = NZA 2015, 1249; 30.9.2010 AP Nr. 49 zu § 1 KSchG 1969 Krankheit = NZA 2011, 39.
[25] SRS/*vom Stein* § 21 Rn. 50.
[26] BAG 20.11.2014 AP Nr. 52 zu § 1 KSchG 1969 Krankheit = NZA 2015, 612.
[27] Dazu SRS/*vom Stein* § 21 Rn. 72 ff. mit einer Checkliste Rn. 137; weiterführend *Vossen* DB 2016, 1814.
[28] BAG 20.11.2014 AP Nr. 52 zu § 1 KSchG 1969 Krankheit = NZA 2015, 612; weiterführend *Ettlinger* BB 2021, 820 (823); SRS/*Joussen* § 21 Rn. 220 ff.
[29] Zur Einwilligung SRS/*Joussen* § 21 Rn. 227 ff.; *B. Schmidt,* Gestaltung und Durchführung des BEM, 2. Aufl. Rn. 55 ff.
[30] BAG 22.3.2016 AP Nr. 5 zu § 84 SGB IX = NZA 2016, 1283.
[31] BAG 24.3.2011 AP Nr. 6 zu § 69 ArbGG 1979 = NZA 2011, 993.
[32] LAG Köln 23.1.2020 – 7 Sa 471/19.
[33] Dafür LAG Hamm 13.11.2014 – 15 Sa 979/14; dagegen LAG Nürnberg 8.10.2020 NZA-RR 2021, 119, Rev. anhängig unter Az. 9 AZR 571/20.
[34] LPK-SGB IX/*Düwell* § 84 Rn. 48.

das Eingliederungsmanagement haben muss oder nicht haben darf. Es besteht keine Verpflichtung, eine Verfahrensordnung aufzustellen, wenn dies auch sinnvoll sein mag. Das Gesetz vertraut darauf, dass die Einbeziehung von AG, AN, BR und externen Stellen sowie die abstrakte Beschreibung des Ziels ausreichen, um die Vorstellungen der Betroffenen in ein faires und sachorientiertes Gespräch einzubringen. Demnach geht es um die **Etablierung eines unverstellten, verlaufs- und ergebnisoffenen Suchprozesses,** der individuell angepasste Lösungen zur Vermeidung zukünftiger Arbeitsunfähigkeit ermitteln soll.[35] Ein BEM-Verfahren entspricht deshalb den gesetzlichen Anforderungen, wenn es keine vernünftigerweise in Betracht zu ziehenden Anpassungs- und Änderungsmöglichkeiten ausschließt und in ihm die von den Teilnehmern gebrachten Vorschläge sachlich erörtert werden.[36] Aufgrund dieser Besonderheiten des BEM kann in betriebsärztlichen Untersuchungen und den mit ihnen verbundenen Begutachtungen kein dem BEM gleichwertiges Verfahren erblickt werden.[37]

9 **d) Kündigungsrechtliche Bedeutung.** Die Durchführung eines BEM nach § 167 II SGB IX vor Ausspruch einer Kündigung ist keine formelle Wirksamkeitsvoraussetzung einer krankheitsbedingten Kündigung.[38] Das BEM selbst ist auch keine mildere Maßnahme im Sinne des Ultima-Ratio-Prinzips.[39] Es konkretisiert jedoch den Verhältnismäßigkeitsgrundsatz.[40] Durch das Eingliederungsmanagement können mildere Mittel, wie zB die Umgestaltung des Arbeitsplatzes oder eine Weiterbeschäftigung zu geänderten Arbeitsbedingungen auf einem anderen – ggf. durch Umsetzungen „freizumachenden" – Arbeitsplatz erkannt und entwickelt werden.[41] Führt der AG ein BEM durch, kann er im Kündigungsschutzprozess zur Begründung der sozialen Rechtsfertigung der Kündigung auch auf hieraus erlangte Erkenntnisse zurückgreifen.[42] Im Einzelnen gilt Folgendes:[43]

(1) Hat ein BEM stattgefunden und zu einem **positiven Ergebnis** geführt, ist der AG grundsätzlich verpflichtet, die betreffende Empfehlung umzusetzen. Kündigt er das Arbeitsverhältnis, ohne dies zumindest versucht zu haben, muss er von sich aus darlegen, warum die Maßnahme entweder undurchführbar war oder selbst bei einer Umsetzung nicht zu einer Reduzierung der Ausfallzeiten geführt hätte.

(2) Hat das ordnungsgemäß durchgeführte BEM nach Belehrung gem. § 167 SGB IX über die Ziele des BEM sowie über Art und Umfang der hierfür erhobenen und verwendeten Daten[44] dagegen zu einem **negativen Ergebnis** geführt, genügt der AG seiner Darlegungslast, wenn er auf diesen Umstand hinweist und vorträgt, es bestünden keine anderen Beschäftigungsmöglichkeiten. Es ist Sache des AN im Einzelnen darzutun, dass es entgegen dem Ergebnis des BEM weitere Alternativen gebe, die entweder dort trotz ihrer Erwähnung nicht behandelt worden seien oder sich erst nach dessen Abschluss ergeben hätten.

(3) Hat der AG vor Ausspruch der Kündigung **kein BEM durchgeführt,** hat er die objektive Nutzlosigkeit des BEM darzulegen und ggf. zu beweisen.[45] Dazu muss er umfassend und detailliert vortragen, weshalb weder ein weiterer Einsatz auf dem bisherigen Arbeitsplatz noch dessen leidensgerechte Anpassung oder Veränderung möglich gewesen seien und der AN auch nicht auf einem anderen Arbeitsplatz bei geänderter Tätigkeit habe eingesetzt werden können, warum also ein BEM in keinem Fall dazu hätte beitragen können, neuerlichen Krankheitszeiten vorzubeugen und das Arbeitsverhältnis zu erhalten.[46] Der AG hat damit von sich aus denkbare oder

[35] BAG 20.11.2014 AP Nr. 52 zu § 1 KSchG 1969 Krankheit = NZA 2015, 612; 10.12.2009 AP Nr. 3 zu § 84 SGB IX = NZA 2010, 639; zur Durchführung *Ettlinger* BB 2021, 820 (821 ff.); SRS/*Keck* § 21 Rn. 138 ff.

[36] BAG 20.5.2020 AP Nr. 65 zu § 1 TVG Tarifverträge: Lufthansa = NZA 2020, 1194.

[37] BAG 20.11.2014 AP Nr. 52 zu § 1 KSchG 1969 Krankheit = NZA 2015, 612.

[38] BAG 13.5.2015 AP Nr. 54 zu § 1 KSchG 1969 Krankheit = NZA 2015, 1249; 20.11.2014 AP Nr. 52 zu § 1 KSchG 1969 Krankheit = NZA 2015, 612.

[39] BAG 23.4.2008 NZA-RR 2008, 515; 12.7.2007 AP Nr. 28 zu § 1 KSchG 1969 Personenbedingte Kündigung = NZA 2008, 173.

[40] BAG 20.11.2014 AP Nr. 52 zu § 1 KSchG 1969 Krankheit = NZA 2015, 612; 24.3.2011 AP Nr. 6 zu § 69 ArbGG 1979 = NZA 2011, 993.

[41] BAG 20.11.2014 AP Nr. 52 zu § 1 KSchG 1969 Krankheit = NZA 2015, 612; 20.3.2014 AP Nr. 51 zu § 1 KSchG 1969 Krankheit = NZA 2014, 602.

[42] Ebenso *Gaul/Süßbrich/Kulejewski* ArbRB 2004, 308 (311); abw. *Namendorf/Natzel* DB 2005, 1794 (1795).

[43] BAG 10.12.2009 AP Nr. 48 zu § 1 KSchG 1969 Krankheit = NZA 2010, 398.

[44] Dazu BAG 20.11.2014 AP Nr. 52 zu § 1 KSchG 1969 Krankheit = NZA 2015, 612; 24.3.2011 AP Nr. 6 zu § 69 ArbGG 1979 = NZA 2011, 993.

[45] BAG 20.5.2020 AP Nr. 65 zu § 1 TVG Tarifverträge: Lufthansa = NZA 2020, 1194.

[46] BAG 13.5.2015 AP Nr. 54 zu § 1 KSchG 1969 Krankheit = NZA 2015, 1249; 20.11.2014 AP Nr. 52 zu § 1 KSchG 1969 Krankheit = NZA 2015, 612.

vom AN bereits genannte Alternativen zu würdigen. Erst nach einem solchen Vortrag ist es Sache des AN, sich hierauf substantiiert einzulassen und darzulegen, wie er sich selbst seine Weiterbeschäftigung vorstellt.[47]

(4) Das Gleiche gilt, wenn ein **Verfahren durchgeführt wurde, das nicht den gesetzlichen Mindestanforderungen an ein BEM genügt.** Ist es denkbar, dass ein den gesetzlichen Anforderungen entsprechendes BEM ein positives Ergebnis erbracht hätte, darf sich der AG nicht darauf beschränken, pauschal vorzutragen, er kenne keine alternativen Einsatzmöglichkeiten für den erkrankten AN bzw. es gebe keine „freien Arbeitsplätze", die der erkrankte AN aufgrund seiner Erkrankung noch ausfüllen könne. Er hat vielmehr von sich aus denkbare oder vom AN (außergerichtlich) bereits genannte Alternativen zu würdigen und im Einzelnen darzulegen, aus welchen Gründen sowohl eine Anpassung des bisherigen Arbeitsplatzes an dem AN zuträgliche Arbeitsbedingungen als auch die Beschäftigung auf einem anderen – leidensgerechten – Arbeitsplatz ausscheidet.[48] Ist ein denkbares Ergebnis des BEM eine Maßnahme der Rehabilitation, hat der AG nach Auffassung des BAG darzutun, dass auch durch die gesetzlich vorgesehenen Hilfen oder Leistungen der Rehabilitationsträger künftige Fehlzeiten nicht in relevantem Umfang hätten vermieden werden können.[49]

(5) Ist Ergebnis des BEM der **Vorschlag einer stationären Heilmaßnahme,** hat der AG den AN im Falle einer spontanen Ablehnung der Maßnahme nach der Rechtsprechung des BAG vor Ausspruch einer Kündigung darauf hinzuweisen, dass eine Kündigung droht, wenn es bei der Ablehnung verbleibe. Fehle ein solcher Hinweis, sei dies allerdings unschädlich, wenn der AG darlegen könne, dass auch nach Durchführung der vorgeschlagenen Maßnahme keine Besserung der zugrunde liegenden Leiden eingetreten wäre und es weiterhin zu erheblichen Fehlzeiten kommen würde.[50]

e) Mitbestimmung des Betriebsrats. Bei der Ausgestaltung des BEM haben die Betriebsparteien für jede einzelne Regelung zu prüfen, ob ein Mitbestimmungsrecht des BR besteht. 10
Hiernach gelten folgende Grundsätze:[51] Ein Mitbestimmungsrecht kann sich bei allgemeinen Verfahrensfragen aus § 87 I Nr. 1 BetrVG, in Bezug auf die Nutzung und Verarbeitung von Gesundheitsdaten aus § 87 I Nr. 6 BetrVG und hinsichtlich der Ausgestaltung des Gesundheitsschutzes aus § 87 I Nr. 7 BetrVG ergeben. Insoweit steht dem BR ein Initiativrecht zu.[52] Vom Mitbestimmungsrecht nach § 87 I Nr. 7 BetrVG ist nicht eine sich an das BEM anschließende Umsetzung konkreter Maßnahmen erfasst. Der Begriff der Arbeitsunfähigkeit für die Einleitung eines BEM ist durch § 167 II 1 SGB IX zwingend vorgegeben und einer Ausgestaltung durch die Betriebsparteien nicht zugänglich. Der AG muss dem BR die Namen der AN mit Arbeitsunfähigkeitszeiten von mehr als sechs Wochen im Jahreszeitraum auch dann mitteilen, wenn diese der Weitergabe nicht zugestimmt haben.[53] Können sich AG und BR über die Ausgestaltung des BEM nicht einigen, hat die angerufene Einigungsstelle zu beachten, dass sie nicht durch Spruch ein Anwesenheitsrecht des BR oder eines von ihm benannten Vertreters bei den Gesprächen des AG mit dem AN regeln darf. Zudem kann durch Spruch der Einigungsstelle das Verfahren nach § 167 II 1 SGB IX über die „Klärung von Möglichkeiten" eines BEM zwischen AG und dem BR nicht insgesamt auf ein gesondertes Gremium übertragen werden, auch wenn dieses aus Mitgliedern besteht, die den Betriebsparteien benannt werden. Hierzu bedarf es einer freiwilligen Übereinkunft von AG und BR nach § 28 II BetrVG.[54]

7. Interessenabwägung. Soll eine Kündigung auf die persönlichen Verhältnisse des AN gestützt werden, bedarf es einer sorgfältigen Abwägung der Interessen des AN und des AG.[55] 11
Zugunsten des AN sind betriebliche Ursachen für die mangelnde Leistungsfähigkeit[56] ebenso

[47] BAG 20.5.2020 AP Nr. 65 zu § 1 TVG Tarifverträge: Lufthansa = NZA 2020, 1194.

[48] BAG 20.11.2014 AP Nr. 53 zu § 1 KSchG 1969 Krankheit = NZA 2015, 931; 20.3.2014 AP Nr. 51 zu § 1 KSchG 1969 Krankheit = NZA 2014, 602; 30.9.2010 AP Nr. 49 zu § 1 KSchG 1969 Krankheit = NZA 2011, 39.

[49] BAG 20.11.2014 AP Nr. 52 zu § 1 KSchG 1969 Krankheit = NZA 2015, 612; mit Recht krit. dazu *Hoffmann-Remy* NZA 2016, 267; *Rambach* ZTR 2015, 348.

[50] BAG 10.12.2009 AP Nr. 48 zu § 1 KSchG 1969 Krankheit = NZA 2010, 398.

[51] BAG 13.3.2012 AP Nr. 18 zu § 87 BetrVG 1972 = NZA 2012, 748.

[52] BAG 22.3.2016 AP Nr. 5 zu § 84 SGB IX = NZA 2016, 1283.

[53] BAG 7.2.2012 AP Nr. 4 zu § 84 SGB IX = NZA 2012, 744.

[54] BAG 22.3.2016 AP Nr. 5 zu § 84 SGB IX = NZA 2016, 1283.

[55] BAG 7.2.1990 AP Nr. 14 zu § 1 KSchG 1969 Personenbedingte Kündigung = NZA 1991, 341; APS/*Preis* Grundlagen H Rn. 50.

[56] BAG 7.11.2002 AP Nr. 40 zu § 1 KSchG 1969 Krankheit = NZA 2003, 816; 5.7.1990 AP Nr. 26 zu § 1 KSchG 1969 Krankheit = NZA 1991, 185.

wie ein altersbedingter Leistungsrückgang zu berücksichtigen. Weiterhin sind die allgemeinen sozialen Gesichtspunkte wie Betriebszugehörigkeit, Lebensalter und Unterhaltspflichten beachtlich. Auf Seiten des AG ist vor allem das Ausmaß der betrieblichen und/oder wirtschaftlichen Beeinträchtigung von Bedeutung. Zu berücksichtigen ist des Weiteren, ob der Arbeitsplatz in zumutbarer Weise umgestaltet werden kann und so der beeinträchtigten Leistungsfähigkeit des AN gerecht wird. Sofern gem. § 1 II 3 KSchG eine Weiterbeschäftigung nach einer Umschulungs- oder Fortbildungsmaßnahme in Betracht kommt, setzt dies einen geeigneten freien Arbeitsplatz zum Zeitpunkt der Beendigung der Umschulungsmaßnahme voraus (→ § 130 Rn. 32).[57] Auf Seiten des AG sind insbesondere das Ausmaß der Betriebsstörungen, die Höhe der Entgeltfortzahlungskosten sowie die in der Vergangenheit aufgewendeten Entgeltfortzahlungskosten zu berücksichtigen.[58] Zum Betrieblichen Eingliederungsmanagement nach § 167 II SGB IX vor Ausspruch krankheitsbedingter Kündigungen → Rn. 6 ff.; zu Weiterbeschäftigungsmöglichkeiten → Rn. 4.

12 **8. Abgrenzung zur verhaltensbedingten Kündigung.** Die Abgrenzung zur verhaltensbedingten Kündigung kann im Einzelfall schwierig sein.[59] Grundsätzlich gilt Folgendes: Ein personenbedingter Grund liegt bei einem nicht steuerbaren Handeln des AN vor, während der Grund im Verhalten des AN auf willensgesteuerten Verhaltensweisen beruht. Kurz: Ein Grund in der Person liegt vor, wenn der AN will, aber nicht kann; ein Grund im Verhalten ist demgegenüber gegeben, wenn der AN kann, aber nicht will.

13 **9. Mischtatbestände.** Ein sog. Mischtatbestand liegt vor, wenn ein Kündigungssachverhalt mehrere der in § 1 II 1 KSchG genannten Gründe berührt.[60] Die Abgrenzung richtet sich danach, welchem der drei Gründe der Sachverhalt primär zugeordnet werden kann.[61] Führt eine betriebliche Organisationsänderung dazu, dass ein in seiner Gesundheit beeinträchtigter AN nur noch in einer Weise beschäftigt werden könnte, die sein Leiden verschlimmert, liegt ein betriebsbedingter und kein personenbedingter Kündigungsgrund vor.[62] Fallen in einem Betrieb die von einem AN bisher verrichteten Arbeiten infolge der technischen Entwicklung und der damit verbundenen Strukturveränderungen nicht mehr an, besteht gleichfalls ein betriebsbedingter Kündigungsgrund, und zwar auch dann, wenn ältere AN wegen mangelnder Fähigkeiten nicht eingearbeitet werden können.[63]

14 **10. Mehrere Kündigungsgründe.** Wird die Kündigung auf mehrere Kündigungsgründe unterschiedlicher Kategorien gestützt, gilt zunächst der Grundsatz der Einzelprüfung. Das Gericht hat zu prüfen, ob jeder einzelne Kündigungssachverhalt für sich geeignet ist, die Kündigung zu rechtfertigen. Scheitert die Kündigung bei personen- und verhaltensbedingten Gründen, die allein in der Sphäre des AN liegen, lediglich an der jeweils durchzuführenden Interessenabwägung, ist alsdann eine Gesamtbetrachtung vorzunehmen. Zu prüfen ist, ob die Kündigungssachverhalte in ihrer Gesamtheit so gewichtig sind, dass sie die Kündigung als billigenswert erscheinen lassen.[64] Im Schrifttum wird hiergegen allerdings eingewandt, dass hierdurch eine konturlose Billigkeitsabwägung vorgenommen werde.[65] Das überzeugt nicht. Es ist nicht einsichtig, die durch eine Mehrzahl an sich geeigneter Kündigungsgründe hervorgerufene Gesamtbelastung des Arbeitsverhältnisses mit dem formalen Einwand beiseite zu schieben, die Kündigungsgründe seien stets einzeln zu prüfen. Das ist durch § 1 KSchG keineswegs zwingend vorgegeben. Von Teilen des Schrifttums wird nicht genügend berücksichtigt, dass das Gesetz bei der personen- und verhaltensbedingten Kündigung ohnehin eine Interessenabwägung fordert, die nicht schon deshalb konturloser wird, weil der zugrunde liegende Sachverhalt komplexer wird.

[57] BAG 7.2.1991 AP Nr. 1 zu § 1 KSchG 1969 Umschulung = NZA 1991, 806.
[58] BAG 6.9.1989 AP Nr. 23 zu § 1 KSchG 1969 Krankheit = NZA 1990, 434.
[59] Dazu insbes. BAG 4.6.1997 AP Nr. 137 zu § 626 BGB = NZA 1997, 1281; KR/*Rachor* KSchG § 1 Rn. 426 ff.; *Kaiser* FS Otto, 173 ff.
[60] *Rüthers/Henssler* ZfA 1988, 31.
[61] BAG 18.9.2008 NZA 2009, 425; 6.11.1997 AP Nr. 42 zu § 1 KSchG 1969 = NZA 1998, 143; 21.11.1985 AP Nr. 12 zu § 1 KSchG 1969.
[62] BAG 6.11.1997 AP Nr. 42 zu § 1 KSchG 1969 = NZA 1998, 143.
[63] BAG 29.1.1997 RzK I 5 c Nr. 82.
[64] BAG 20.11.1997 AP Nr. 43 zu § 1 KSchG 1969 = NZA 1998, 323; 22.7.1982 AP Nr. 5 zu § 1 KSchG 1969 Verhaltensbedingte Kündigung; näher dazu LKB/*Krause* KSchG § 1 Rn. 257 ff.; KR/*Rachor* KSchG § 1 Rn. 271 ff.
[65] LSSW/*Schlünder* KSchG § 1 Rn. 90 f.; ErfK/*Oetker* KSchG § 1 Rn. 95; SPV Kündigung/*Preis* Rn. 897 ff.

11. Personenbedingte außerordentliche Kündigung. Eine personenbedingte außerordentliche Kündigung kommt in Betracht, wenn die ordentliche Kündigung ausgeschlossen ist und die Voraussetzungen eines wichtigen Grundes vorliegen. In der Praxis ist insbesondere die krankheitsbedingte außerordentliche Kündigung tariflich unkündbarer AN von Bedeutung (dazu auch → § 128 Rn. 38). 15

II. Einzelne personenbedingte Kündigungsgründe

– **Aids.** Hat der AN noch keinen allgemeinen oder besonderen Kündigungsschutz, kann die Kündigung eines **HIV-Infizierten** nach § 134 BGB iVm § 7 I, §§ 1, 3 AGG unwirksam sein. (→ § 36 Rn. 28).[66] Im Anwendungsbereich des KSchG wird eine Kündigung wegen eines HIV-Infektes im Allgemeinen nicht sozial gerechtfertigt sein, weil allein dadurch das Arbeitsverhältnis in aller Regel nicht beeinträchtigt wird.[67] Eine Ausnahme hiervon gilt, wenn aufgrund der ausgeübten Tätigkeit von der Infektion gesteigerte Gefahren für Dritte ausgehen. Vor einer Kündigung sind Umsetzungsmöglichkeiten sorgfältig zu prüfen. Bei Ausbruch der Erkrankung ist eine Kündigung nach den allgemeinen Grundsätzen der Kündigung bei Krankheit möglich (dazu → Rn. 31 ff.). Verlangt die übrige Belegschaft die Kündigung des Infizierten oder Erkrankten, ist der AG gehalten, zunächst – ggf. durch Einschaltung des arbeitsmedizinischen Dienstes – aufklärend auf die Belegschaft einzuwirken und sich schützend vor den betroffenen Mitarbeiter zu stellen.[68] Eine Druckkündigung (dazu → § 127 Rn. 89) wird nur in Ausnahmefällen möglich sein. 16

– **Alkohol- und Drogensucht.** Befindet sich ein Alkoholsüchtiger in einem Zustand, in dem der Sucht ein medizinischer Krankheitswert zukommt, sind die Grundsätze über die krankheitsbedingte Kündigung anzuwenden (→ Rn. 31 ff.).[69] Die Ursachen, die zur Alkohol- oder Drogenabhängigkeit geführt haben, sind – soweit überhaupt feststellbar[70] – angemessen zu berücksichtigen.[71] Es besteht freilich kein Erfahrungssatz, dass Suchterkrankungen verschuldet sind.[72] Bei einem unkündbaren AN kann eine außerordentliche Kündigung in Betracht kommen (→ § 128 Rn. 38).[73] Will sich ein AN von dem Verdacht der Alkoholisierung mit Hilfe eines Alkoholtests entlasten, muss er diesen Wunsch von sich aus äußern.[74] Auch bei Trunk- und Drogensucht ist die negative Prognose notwendig.[75] Diese ist im Allgemeinen dann gegeben, wenn der AN nicht therapiebereit ist.[76] Bei Rückfällen nach abgeschlossenen Alkoholtherapien ist in der Regel davon auszugehen, dass sich an der Sucht und damit dem Gesundheitszustand auch in Zukunft nichts ändern wird.[77] Allerdings können auch hier die Besonderheiten des Einzelfalls eine andere Beurteilung begründen. Unterzieht sich der AN nach Ausspruch einer Kündigung einer Therapie, ist diese nicht zur Korrektur der Negativprognose geeignet.[78] Ist aufgrund der negativen Prognose eine auf Dauer ordnungsgemäße Leistung des AN nicht zu erwarten, folgt hieraus eine erhebliche Beeinträchtigung der betrieblichen Interessen des AG.[79] Eine solche Beeinträchtigung kann bei einem Therapeuten in einer Suchtklinik auch darin bestehen, dass wegen zu befürchtender Alkoholauffälligkeiten während der Arbeitszeit eine sachgerechte Behandlung der Patienten nicht mehr gewährleistet ist.[80] Dies überwiegt das Bestandsschutzinteresse des AN, wenn nach der Art der Tätigkeit 17

[66] BAG 19.12.2013 AP Nr. 3 zu § 2 AGG = NZA 2014, 372.
[67] ErfK/*Oetker* KSchG § 1 Rn. 152.
[68] ArbG Bln NJW 1987, 2325.
[69] BAG 20.12.2012 AP Nr. 50 zu § 1 KSchG 1969 Krankheit = NZA-RR 2013, 627; 13.12.1990 EzA Nr. 33 zu § 1 KSchG Krankheit.
[70] Dazu BAG 18.3.2015 AP Nr. 31 zu § 3 EntgeltFG = NZA 2015, 801.
[71] Vgl. BAG 7.11.1985 AP Nr. 17 zu § 1 KSchG 1969 Krankheit = NZA 1986, 359.
[72] Vgl. BAG 18.3.2015 AP Nr. 31 zu § 3 EntgeltFG = NZA 2015, 801; 9.4.1987 AP Nr. 18 zu § 1 KSchG 1969 Krankheit = NZA 1987, 811.
[73] BAG 20.12.2012 AP Nr. 50 zu § 1 KSchG 1969 Krankheit = NZA-RR 2013, 627; 16.9.1999 AP Nr. 159 zu § 626 BGB = NZA 2000, 141.
[74] BAG 16.9.1999 AP Nr. 159 zu § 626 BGB = NZA 2000, 141.
[75] BAG 20.12.2012 AP Nr. 50 zu § 1 KSchG 1969 Krankheit = NZA-RR 2013, 627.
[76] BAG 20.3.2014 AP Nr. 51 zu § 1 KSchG 1969 Krankheit = NZA 2014, 602; 13.12.1990 EzA Nr. 33 zu § 1 KSchG Krankheit.
[77] Vgl. BAG 20.3.2014 AP Nr. 51 zu § 1 KSchG 1969 Krankheit = NZA 2014, 602; 20.12.2012 AP Nr. 50 zu § 1 KSchG 1969 Krankheit = NZA-RR 2013, 627; 16.9.1999 AP Nr. 159 zu § 626 BGB = NZA 2000, 141.
[78] BAG 17.6.1999 AP Nr. 37 zu § 1 KSchG 1969 Krankheit = NZA 1999, 1328.
[79] BAG 20.12.2012 AP Nr. 50 zu § 1 KSchG 1969 Krankheit = NZA-RR 2013, 627.
[80] BAG 20.12.2012 AP Nr. 50 zu § 1 KSchG 1969 Krankheit = NZA-RR 2013, 627.

und der in Betracht zu ziehenden anderweitigen Beschäftigungsmöglichkeiten wegen der künftig nicht auszuschließenden Alkoholauffälligkeiten während der Arbeitszeit eine sachgerechte Beschäftigung des AN ausscheidet. Entsprechendes gilt, wenn die Verrichtung der vertraglich geschuldeten Tätigkeit mit einer beachtlichen Selbst- und Fremdgefährdung des AN oder dritter Personen verbunden ist und der AN mangels Fähigkeit zur Alkoholabstinenz nicht die erforderliche Gewähr dafür bietet, bei seiner Arbeitsleistung einschlägige Unfallverhütungsvorschriften ausnahmslos zu beachten.[81]

18 Vor Ausspruch einer personenbedingten Kündigung wegen Alkoholsucht hat der AG den AN in der Regel aufzufordern, eine **Entziehungskur** durchzuführen.[82] Dies ergibt sich aus dem Grundsatz der Verhältnismäßigkeit. Hat der AN den AG in sog. Fehlzeitengesprächen oder im Zusammenhang mit einem BEM (dazu → Rn. 6 ff.) vor Ausspruch der Kündigung nicht über seine Alkoholerkrankung unterrichtet und hat der AG auch aus sonstigen Umständen keine Kenntnis von der Alkoholsucht des AN, kann sich der AN nach Erhalt der Kündigung nicht mehr darauf berufen, der AG habe ihm die Möglichkeit einer Entziehungskur einräumen müssen. Das Verheimlichen der Sucht lässt vielmehr darauf schließen, dass der AN bis zur Kündigung nicht therapiebereit war.[83] Unterzieht sich der AN einer Entziehungskur, muss der AG grundsätzlich deren Erfolg abwarten.[84] Die Aufforderung, sich einer ärztlichen Behandlung zu unterziehen, ist entbehrlich, wenn sich der AN bereits Entgiftungsbehandlungen unterzogen hat und der AG ihm in der Vergangenheit mitgeteilt hat, dass er im Falle einer Fortsetzung der Trunksucht mit einer Kündigung zu rechnen habe.[85] – Diese Grundsätze gelten entsprechend auch für die Drogensucht.

19 – **Alter.** Das Erreichen einer bestimmten Altersgrenze ist für sich allein kein in der Person des AN liegender Kündigungsgrund, denn gem. § 41 S. 1 SGB VI ist die Tatsache, dass ein AN berechtigt ist, eine Rente wegen Alters zu beanspruchen, nicht als ein Grund anzusehen ist, der die Kündigung des Arbeitsverhältnisses durch den AG nach § 1 II 1 KSchG bedingt (zum altersbedingten Leistungsabfall → Rn. 46 ff.).[86] Hierin läge auch ein Verstoß gegen das AGG und die Richtlinie 2000/78/EG.

20 – **Arbeits- und Berufsausübungserlaubnis.** Der Verlust einer öffentlich-rechtlichen Befugnis (Erlaubnis) bzw. ein damit einhergehendes Beschäftigungsverbot kann eine Kündigung aus Gründen in der Person des AN rechtfertigen.[87] Ist einem ausländischen AN die erforderliche **Arbeitsgenehmigung** (dazu → § 27 Rn. 4 ff.) rechtskräftig versagt worden, ist eine ordentliche Kündigung regelmäßig sozial gerechtfertigt, weil der AN dann zur Leistung der vertraglich geschuldeten Dienste dauernd außerstande ist. Liegt noch keine rechtskräftige Entscheidung zu der beantragten Arbeitsgenehmigung vor, ist für die soziale Rechtfertigung einer wegen Fehlens der Erlaubnis ausgesprochenen Kündigung darauf abzustellen, ob für den AG bei objektiver Beurteilung im Zeitpunkt des Zugangs der Kündigung mit der Erteilung der Erlaubnis in absehbarer Zeit nicht zu rechnen war und der Arbeitsplatz für den AN ohne erhebliche betriebliche Beeinträchtigungen nicht offengehalten werden konnte.[88] Ebenso kann der Entzug der zur Berufsausübung als **Wachmann** notwendigen polizeilichen Befugnisse eine personenbedingte Kündigung rechtfertigen.[89]

21 Entsprechendes gilt beim Fehlen der **Fahrerlaubnis** (→ § 127 Rn. 102).[90] Wird die **Fluglizenz** eines Verkehrsflugzeugführers ungültig, kann dies einen personenbedingten Grund zur Kündigung darstellen. Macht der Pilot geltend, die Nichtverlängerung sei auf überzogene Prüfungsanforderungen zurückzuführen, soll der AG dies nach den Grundsätzen der abgestuften Darlegungs- und Beweislast widerlegen müssen.[91] Dies ist unzutreffend, soweit die Fluglizenz öffentlich-rechtlich erteilt wird. Demgegenüber hat das BAG in einer weiteren Entschei-

---

[81] BAG 20.3.2014 AP Nr. 51 zu § 1 KSchG 1969 Krankheit = NZA 2014, 602.
[82] Ebenso BAG 17.6.1999 AP Nr. 37 zu § 1 KSchG 1969 Krankheit = NZA 1999, 1328; ErfK/*Oetker* KSchG § 1 Rn. 153; einschränkend *Lepke* DB 2001, 269 (277) im Hinblick auf die relativ hohe Abbruchquote von ca. 50%.
[83] Vgl. BAG 17.6.1999 AP Nr. 37 zu § 1 KSchG 1969 Krankheit = NZA 1999, 1328.
[84] ErfK/*Oetker* KSchG § 1 Rn. 153.
[85] BAG 13.12.1990 EzA Nr. 33 zu § 1 KSchG Krankheit.
[86] BAG 20.11.1987 AP Nr. 2 zu § 620 BGB Altersgrenze = NZA 1988, 617; jedoch kann das Arbeitsverhältnis auf das Renteneintrittsalter befristet sein; → § 39 Rn. 1 ff.
[87] BAG 21.4.2016 AP Nr. 14 zu § 626 BGB Unkündbarkeit = NZA 2016, 941.
[88] BAG 7.2.1990 AP Nr. 14 zu § 1 KSchG 1969 Personenbedingte Kündigung = NZA 1991, 341.
[89] BAG 18.3.1981 AP Nr. 2 zu § 611 BGB Arbeitsleistung.
[90] BAG 30.5.1978 AP Nr. 70 zu § 626 BGB = NJW 1979, 332; LAG Köln 22.6.1995 ZTR 1996, 131 (alkoholbedingter Entzug bei Berufskraftfahrer).
[91] BAG 31.1.1996 AP Nr. 17 zu § 1 KSchG 1969 Personenbedingte Kündigung = NZA 1996, 819.

dung zutreffend ausgeführt, die Rechtmäßigkeit der Durchführung der Überprüfungsflüge sowie die Nichtverlängerung bzw. der Versagung der Erneuerung der Erlaubnis sei von den Verwaltungsgerichten nachzuprüfen. Vor Ausspruch der Kündigung müsse dem Piloten die Chance gegeben werden, eine zweite Wiederholungsprüfung zu beantragen.[92]

– **Arbeitszeit.** Kann der AG, der einen AN am Sonntag beschäftigt, keinen Ersatzruhetag nach § 11 III ArbZG gewähren, weil der AN in einem weiteren Arbeitsverhältnis steht, in dem er an den anderen sechs Wochentagen tätig ist, darf ihn der AG nicht beschäftigen. Dass die Arbeit von Montag bis Samstag bei einem anderen AG geleistet wird, steht dem nicht entgegen, weil die gesetzlichen Vorschriften über Sonntagsarbeit arbeitgeberübergreifend gelten. In diesem Fall besteht für den AG, der den AN für die Sonntagsarbeit eingestellt hat, in der Regel ein personenbedingter Kündigungsgrund.[93] 22

– **Außerdienstliches Verhalten** kann ausnahmsweise eine personenbedingte Kündigung rechtfertigen, wenn sich hieraus die mangelnde persönliche Eignung des AN ergibt. Dazu auch → Rn. 48a und zur außerordentlichen Kündigung → § 127 Rn. 81 ff. 23

– **Beurlaubung eines Beamten.** Die Beendigung des einer Bundesbeamtin, die einem Postnachfolgeunternehmen zugewiesen ist, nach § 22 I SUrlV (§ 13 I SUrlV aF) gewährten Sonderurlaubs berechtigt eine konzernangehörige Beschäftigungsgesellschaft für sich genommen nicht zur Kündigung des zwischen ihr und der Beamtin bestehenden Arbeitsverhältnisses aus einem in der Person der AN liegenden Grund. Das Fehlen einer weiteren Beurlaubung als Beamtin begründet insbesondere kein absolutes (gesetzliches oder behördliches) Beschäftigungsverbot.[94] 23a

– **Doppelverdiener.** Ein Beamter, der eine genehmigte Nebenbeschäftigung als Angestellter ausübt, kann nicht gekündigt werden, weil der AG einen Arbeitslosen einstellen will.[95] 24

– **Eheschließung/Ehescheidung.** Ebenso wenig wie die Eheschließung als solche als auflösende Bedingung für die Beendigung des Arbeitsverhältnisses vereinbart werden kann, ist sie als Kündigungsgrund anzuerkennen.[96] Ohne konkrete nachteilige Auswirkung auf das Arbeitsverhältnis ist auch die Zerrüttung bzw. das Scheitern der Ehe für die Frage der sozialen Rechtfertigung der Kündigung des Ehegattenarbeitsverhältnisses ohne Belang.[97] Zur Kündigung in kirchlichen Arbeitsverhältnissen → § 127 Rn. 100, → § 133 Rn. 27. 25

– **Ehrenämter.** Nach Art. 160 WRV hatte der AN Anspruch auf die zur Wahrnehmung öffentlicher Ämter notwendige Freizeit, sofern dadurch der Betrieb nicht erheblich geschädigt wurde. Wenngleich eine entsprechende Vorschrift in das GG nicht übernommen worden ist, rechtfertigt die Übernahme von Ehrenämtern grundsätzlich keine Kündigung,[98] erst recht nicht, wenn eine Übernahmeverpflichtung aufgrund Gesetzes oder der Landesverfassung besteht. Eine Kündigung würde in vielen Fällen auch gegen das Maßregelungsverbot (§ 612a BGB) verstoßen. Zum Teil knüpft das Gesetz an die Übernahme öffentlicher Aufgaben einen besonderen Kündigungsschutz (→ § 145 Rn. 1 ff.). Die Wahrnehmung von Ehrenämtern in Vereinigungen mit karitativer, künstlerischer, religiöser und sportlicher Zielsetzung ist gleichfalls kein personenbedingter Kündigungsgrund. Etwas anderes kann nur dann gelten, wenn die Arbeitsleistung konkret beeinträchtigt wird. Funktionen im gewerkschaftlichen Bereich können wegen Art. 9 III GG eine Kündigung ebenfalls nicht rechtfertigen. 26

– **Eignung.** Fehlende fachliche Eignung für die geschuldete Arbeitsleistung ist ein personenbedingter Kündigungsgrund.[99] Hauptanwendungsfall ist die mangelnde fachliche Qualifikation (Fehlen beruflicher Qualifikationsmerkmale, Nichtbestehen von Prüfungen, mangelhafte Kenntnisse und Fähigkeiten). Sind die Mängel in der fachlichen Eignung behebbar, muss der AG den AN auffordern, an Fortbildungsmaßnahmen teilzunehmen, bevor er kündigt. Persönliche Ungeeignetheit kann sich aus gesundheitlichen und charakterlichen Gründen ergeben.[100] Im Bereich des öffentlichen Dienstes kann fehlende politische Zuverlässigkeit ein 27

[92] BAG 7.12.2000 AP Nr. 23 zu § 1 KSchG 1969 Personenbedingte Kündigung = NZA 2001, 1304.
[93] BAG 24.2.2005 AP Nr. 51 zu § 1 KSchG 1969 Verhaltensbedingte Kündigung = NZA 2005, 759.
[94] BAG 21.4.2016 AP Nr. 14 zu § 626 BGB Unkündbarkeit = NZA 2016, 941.
[95] BAG 13.3.1987 AP Nr. 37 zu § 1 KSchG 1969 Betriebsbedingte Kündigung = NZA 1987, 629.
[96] Vgl. BAG 10.5.1957 AP Nr. 1 zu Art. 6 Abs. 1 GG Ehe und Familie; LAG Saarbrücken NJW 1976, 645.
[97] BAG 9.2.1995 EzA Nr. 12 zu § 1 KSchG Personenbedingte Kündigung; s. dazu auch LAG Köln 28.11.2002 AR-Blattei ES 615 Nr. 6; ArbG Passau 14.5.1995 BB 1996, 115; *Schulz* NZA 2010, 75.
[98] Vgl. hierzu: LAG Düsseldorf 7.1.1966 AP Nr. 2 zu Art. 48 GG.
[99] Dazu *Hunold/Wetzling,* Umgang mit leistungsschwachen Mitarbeitern, 2006; *Hunold* NZA 2000, 802; *Leuchten/Zimmer* BB 1999, 1973; *Tschöpe* BB 2006, 213.
[100] BAG 29.7.1976 AP Nr. 9 zu § 1 KSchG Verhaltensbedingte Kündigung (fehlende Führungsqualität eines Konzertmeisters).

personen- oder verhaltensbedingter Kündigungsgrund sein (dazu → Rn. 48a).[101] Ein Mangel an **Programmierkenntnissen** kann die personenbedingte Kündigung eines Organisationsprogrammierers rechtfertigen. Ist der AN in den ersten Jahren seiner Tätigkeit vertragsgemäß anderweitig beschäftigt worden und ist deshalb dieser Mangel nicht zum Tragen gekommen, ist keine andere Beurteilung geboten. Das Fehlen von Programmierkenntnissen hat der AG damit nicht „gebilligt".[102] Zum Fahrerlaubnisentzug bei Kraftfahrern → § 127 Rn. 102. Die Eignung zur Beschäftigung eines Studenten als **„studentische Hilfskraft"** an einer Forschungseinrichtung setzt in der Regel voraus, dass er dem Studium nachgeht. Entfällt diese Voraussetzung, zB durch Exmatrikulation, ist eine Kündigung aus personenbedingten Gründen regelmäßig gerechtfertigt.[103]

28 Der AG kann vom AN eine **betriebsärztliche Untersuchung** zur Feststellung der fortbestehenden gesundheitlichen Eignung des AN verlangen, wenn hieran ein berechtigtes betriebliches Interesse besteht (dazu auch → § 53 Rn. 12).[104] Bestehen berechtigte Bedenken gegen das Seh- und Hörvermögen eines AN, wird der AG verlangen können, dass der AN sich Seh- und Hörprüfungen, nicht aber einer psychologischen Eignungsuntersuchung unterzieht. Etwas anderes mag für Kraftfahrer gelten, wenn diese häufig in Unfälle verwickelt sind und die Untersuchung von der hierfür zuständigen Stelle durchgeführt wird. Im Bereich des Personennahverkehrs kann der AG als Vertrauensarzt iSv § 3 IV TV-N einen Arzt seines Vertrauens für die Untersuchung bestimmen. Dies gilt jedenfalls dann, wenn er diesen allgemein mit derartigen Begutachtungsaufgaben betraut. Hiergegen kann der AN nur begründete Einwände erheben. Lässt er sich ohne solche Gründe nicht untersuchen, kann dies nach vorheriger Abmahnung eine verhaltensbedingte Kündigung begründen.[105]

29 – **Glaubens- und Gewissenskonflikte.** Sieht sich ein AN aufgrund einer Gewissensentscheidung nicht in der Lage, die ihm zugewiesene Arbeit zu verrichten, liegt hierin ein in der Person des AN liegender Grund, der geeignet ist, eine personenbedingte Kündigung sozial zu rechtfertigen.[106] Nach dem subjektiven Gewissensbegriff ist Gewissen ein real erfahrbares seelisches Phänomen, dessen Forderungen, Mahnungen und Warnungen für den Menschen unmittelbar evidente Gebote unbedingten Sollens darstellen (→ § 45 Rn. 41). Weigert sich ein als Ladenhilfe im Einzelhandel beschäftigter AN (Moslem), aus Glaubensgründen alkoholische Getränke einzuräumen und damit einen Teil der arbeitsvertraglich vereinbarten Arbeitsleistung zu erbringen, kann dies gleichfalls je nach den Umständen des Einzelfalls eine ordentliche Kündigung rechtfertigen (ausf. zum Leistungsverweigerungsrecht aus Glaubensgründen → § 49 Rn. 2a).[107] Voraussetzung der sozialen Rechtfertigung einer solchen Kündigung ist, dass für den betreffenden AN eine andere Beschäftigungsmöglichkeit nicht besteht. Der AN hat dabei zumindest in Grundzügen aufzuzeigen, wie er sich eine mit seinen Glaubensüberzeugungen in Einklang stehende Beschäftigung im Rahmen der vom AG vorgegebenen Betriebsorganisation vorstellt.[108] Kann die Zuweisung einer anderen Tätigkeit nur durch einen Aufgabentausch mit anderen AN erfolgen, kann dem die den AG gegenüber allen AN obliegende Pflicht zur Rücksichtnahme aus § 241 II BGB entgegenstehen. Vom AG kann nicht verlangt werden, die Belange des AN unter Zurückstellung eigener schutzwürdiger Interessen oder der anderer AN durchzusetzen.[109] Weiter ist in diesem Zusammenhang eine mögliche Vorhersehbarkeit des Konflikts zu berücksichtigen. Kündigt der AG unter Berücksichtigung all dieser Umstände, liegt hierin keine unmittelbare Benachteiligung wegen der Religion iSv § 7 iVm §§ 1, 3 AGG, denn die Kündigung erfolgt nicht wegen der Religionszugehörigkeit, sondern weil sich der Beschäftigte außerstande sieht, bestimmte vertraglich eingegangene Verpflichtungen zu erfüllen. Einer mittelbaren Diskriminierung steht entgegen,

---

[101] BVerfG 22.5.1975 AP Nr. 2 zu Art. 33 V GG; BAG 28.9.1989 AP Nr. 24 zu § 1 KSchG 1969 Verhaltensbedingte Kündigung = DB 1990, 1196; 20.7.1989 AP Nr. 2 zu § 1 KSchG 1969 Sicherheitsbedenken = NZA 1990, 614.

[102] BAG 19.4.2012 AP Nr. 34 zu § 1 KSchG 1969 Personenbedingte Kündigung = NZA 2012, 1449.

[103] BAG 18.9.2008 NZA 2009, 425; *Hunold* NZA 2009, 476.

[104] BAG 27.9.2012 AP Nr. 68 zu § 1 KSchG 1969 Verhaltensbedingte Kündigung; 6.11.1997 AP Nr. 142 zu § 626 BGB = NZA 1998, 326; etwas enger BAG 12.8.1999 AP Nr. 41 zu § 1 KSchG 1969 Verhaltensbedingte Kündigung = NZA 1999, 1209.

[105] BAG 27.9.2012 AP Nr. 68 zu § 1 KSchG 1969 Verhaltensbedingte Kündigung.

[106] BAG 24.5.1989 AP Nr. 1 zu § 611 BGB Gewissensfreiheit (Arzt in Pharmaunternehmen, das Medikamente zum Einsatz in einem Atomkrieg entwickelt); ArbG Köln EzA Nr. 4 zu § 611 BGB Direktionsrecht.

[107] BAG 24.2.2011 AP Nr. 9 zu Art. 4 GG = NZA 2011, 1087.

[108] BAG 24.2.2011 AP Nr. 9 zu Art. 4 GG = NZA 2011, 1087.

[109] BAG 24.2.2011 AP Nr. 9 zu Art. 4 GG = NZA 2011, 1087.

dass der AG mit der Kündigung in einem solchen Fall ein rechtmäßiges Ziel verfolgt. Es ist erforderlich und angemessen, wenn er einen AN kündigt, der wegen seiner Glaubensüberzeugungen subjektiv nicht in der Lage ist, die vertraglich übernommenen Aufgaben zu verrichten, und anderweitig nicht eingesetzt werden kann.[110]

– **Haft.** Kann ein AN die Arbeitsleistung nicht erbringen, weil er sich in Untersuchungs- oder Strafhaft befindet, kann dies eine Kündigung rechtfertigen, wenn der AN im Kündigungszeitpunkt noch eine Freiheitsstrafe von mehr als zwei Jahren zu verbüßen hat und eine vorherige Entlassung nicht sicher zu erwarten steht. In einem solchen Fall kann dem AG regelmäßig nicht zugemutet werden, lediglich Überbrückungsmaßnahmen zu ergreifen und auf eine dauerhafte Neubesetzung des Arbeitsplatzes zu verzichten.[111] Der AG kann dabei zwar nach § 241 II BGB verpflichtet sein, den AN bei der Erlangung des Freigängerstatus zu unterstützen.[112] Er muss einem zu einer mehrjährigen Freiheitsstrafe verurteilten AN jedoch nicht auf die vage Aussicht, in ferner Zukunft Vollzugslockerungen zu erreichen, den Arbeitsplatz bis zu einer Klärung freihalten.[113] Wird der AN in **Untersuchungshaft** genommen, ist er gehalten, dem AG diesen Umstand unverzüglich anzuzeigen und ihn im Rahmen des Möglichen über die voraussichtliche Haftdauer in Kenntnis zu setzen.[114] **30**

– **Kirche.** Ob bei einem Verstoß gegen kirchliche Loyalitätspflichten dem AN die erforderliche Eignung für seine Tätigkeit fehlt oder ein verhaltensbedingter Kündigungsgrund in Betracht kommt, kann im Einzelfall fraglich sein (dazu → § 127 Rn. 100 f.). **30a**

– **Krankheit** **31**

a) Die Erkrankung eines AN ist für sich allein kein die Kündigung rechtfertigender Umstand. Andererseits genießt der AN wegen der Erkrankung keinen besonderen Kündigungsschutz. Eine Kündigung wegen Krankheit auch während der Probezeit stellt keine Maßregelung (§ 612a BGB) dar (dazu → § 112 Rn. 1 ff.). Die Krankheit des AN rechtfertigt nur dann eine personenbedingte Kündigung, wenn die Arbeitsunfähigkeit zu erheblichen betrieblichen oder wirtschaftlichen Beeinträchtigungen des AG führt. Unter Krankheit ist jeder regelwidrige Körper- und Geisteszustand zu verstehen, der eine Heilbehandlung erforderlich macht.[115] Damit richtet sich sowohl die Kündigung wegen körperlicher Leiden als auch seelischer Erkrankungen nach den Grundsätzen der krankheitsbedingten Kündigung. Eine Krankheit ist grundsätzlich keine Behinderung iSd Richtlinie 2000/78/EG; dies schließt allerdings nicht aus, dass im Einzelfall eine Krankheit zugleich eine Behinderung darstellt (zur Vereinbarkeit der von der Rechtsprechung entwickelten Grundsätze zur sozialen Rechtfertigung einer krankheitsbedingten Kündigung mit der Richtlinie 2000/78/EG → Rn. 41a).[116] Zur krankheitsbedingten außerordentlichen Kündigung mit Auslauffrist → § 128 Rn. 38.

Bei der krankheitsbedingten Kündigung sind **vier Fallgruppen** zu unterscheiden: **(a)** Die Kündigung wegen häufiger Kurzerkrankungen,[117] **(b)** die Kündigung wegen dauernder Arbeitsunfähigkeit, **(c)** die Kündigung wegen lang andauernder Erkrankung und **(d)** die Kündigung wegen krankheitsbedingter Leistungsminderung. **32**

b) Vor Ausspruch einer krankheitsbedingten Kündigung ist stets zu prüfen, ob die Kündigung durch andere Maßnahmen vermieden werden kann (zum Betrieblichen Eingliederungsmanagement → Rn. 6 ff.). Im Rahmen der **Prüfung anderweitiger Beschäftigungsmöglichkeiten** kommen nur solche in Betracht, die entweder gleichwertig mit der bisherigen **33**

---

110 BAG 24.2.2011 AP Nr. 9 zu Art. 4 GG = NZA 2011, 1087.

111 BAG 22.10.2015 AP Nr. 12 zu § 626 BGB Unkündbarkeit = NZA 2016, 482; 24.3.2011 AP Nr. 33 zu § 1 KSchG 1969 Personenbedingte Kündigung = NZA 2011, 1084; 25.11.2010 AP Nr. 32 zu § 1 KSchG 1969 Personenbedingte Kündigung mzustAnm *Schwarze* = NZA 2011, 686; näher dazu *Ch. Picker* RdA 2012, 40.

112 BAG 24.3.2011 AP Nr. 33 zu § 1 KSchG 1969 Personenbedingte Kündigung = NZA 2011, 1084.

113 BAG 25.11.2010 AP Nr. 32 zu § 1 KSchG 1969 Personenbedingte Kündigung mAnm *Schwarze* = NZA 2011, 686.

114 BAG 26.3.2015 AP Nr. 253 zu § 626 BGB = NZA 2015, 1180.

115 BAG 5.4.1976 AP Nr. 40 zu § 1 LohnFG; 25.6.1981 AP Nr. 52 zu § 616 BGB; *Lepke* NZA-RR 1999, 57.

116 Dazu EuGH 18.12.2014 – C-354/13, NZA 2015, 33 – Kaltoft; 11.4.2013 AP Nr. 28 zu Richtlinie 2000/78/EG = NZA 2013, 553 – Ring; 11.7.2006 AP Nr. 3 zu Richtlinie 2000/78/EG = NZA 2006, 839 – Chacón Navas.

117 Dazu *Hamann,* Die Kündigung wegen häufiger Kurzerkrankungen, 2008.

Beschäftigung oder geringer bewertet sind (→ Rn. 4).[118] Entscheidend ist, ob der Einsatz anderer Mittel, sei es eine Weiterbeschäftigung auf einem anderen Arbeitsplatz, eine Verringerung der Arbeitszeit oder eine Umgestaltung des Arbeitsplatzes, aller Wahrscheinlichkeit nach zu einer Verringerung der krankheitsbedingten Fehlzeiten führt. Die Möglichkeit der Weiterbeschäftigung für den gekündigten AN musste sich freilich dem AG aufdrängen. Es wäre eine Überforderung des AG, wenn er jederzeit vorsorglich die ständig wechselnden Beschäftigungsvakanzen mit den individuellen Einsatzmöglichkeiten erkrankter AN abgleichen müsste.[119] Der AG ist allein aufgrund des allgemeinen Kündigungsschutzes nicht verpflichtet, für den erkrankten AN einen besetzten leidensgerechten Arbeitsplatz im Wege einer Kündigung „freizumachen". Auch eine Schwerbehinderung des erkrankten AN vermag eine solche Verpflichtung jedenfalls dann nicht zu begründen, wenn der Inhaber der infrage kommenden Stelle seinerseits allgemeinen Kündigungsschutz nach dem KSchG genießt.[120]

34 **c)** Die Wirksamkeit einer krankheitsbedingten Kündigung wird – wenn keine anderweitige Weiterbeschäftigungsmöglichkeit besteht – in allen Fallgruppen **in drei Stufen geprüft:**[121]

(1) Erforderlich ist erstens eine **negative Gesundheitsprognose.**

(2) Aufgrund der negativen Gesundheitsprognose muss die Besorgnis bestehen, es werde zukünftig zu erheblichen **betrieblichen und/oder wirtschaftlichen Beeinträchtigungen** des AG kommen.

(3) Abschließend ist eine umfassende **Interessenabwägung** erforderlich.

35 **aa)** Die **negative Gesundheitsprognose** setzt voraus, dass objektive Tatsachen vorliegen, die die Besorgnis weiterer Erkrankungen im bisherigen Umfang rechtfertigen. Häufige Kurzerkrankungen in der Vergangenheit können indiziell für eine entsprechende künftige Entwicklung des Krankheitsbildes sprechen. In der Praxis werden üblicherweise die zurückliegenden 3 Jahre als Prognosebasis herangezogen.[122] Zwingend ist dies indes nicht.[123] Eine hinreichende Indizwirkung kann sich auch aus kürzeren Zeiträumen ergeben,[124] zumal im Streitfall ohnehin ein Sachverständigengutachten einzuholen ist und der prognostizierte Gesundheitszustand maßgeblich ist. Der AG sollte vor Ausspruch einer krankheitsbedingten Kündigung versuchen, vom AN Auskunft über dessen Gesundheitszustand zu erhalten. Eine Erkundigungspflicht des AG als formale Wirksamkeitsvoraussetzung der krankheitsbedingten Kündigung besteht auch unter Berücksichtigung von § 167 II SGB IX (Betriebliches Eingliederungsmanagement, dazu → Rn. 6 ff.) freilich ebenso wenig[125] wie nach Auffassung des BAG eine Auskunftspflicht des AN über seinen Gesundheitszustand. Weigert sich der erkrankte AN vorprozessual, die ihn behandelnden Ärzte von der Schweigepflicht zu entbinden, ist es ihm nicht verwehrt, im Kündigungsschutzprozess die negative Gesundheitsprognose unter Bezugnahme auf ein ärztliches Zeugnis zu bestreiten.[126]

36 **bb)** Eine negative Gesundheitsprognose besteht nicht, wenn die Krankheiten auf einmaligen Ereignissen, wie insbesondere **Unfällen** beruhen und ausgeheilt sind. Anderes gilt bei Sportunfällen jedoch dann, wenn aus den hierauf beruhenden Fehlzeiten gefolgert werden kann, dass der AN entweder für den ausgeübten Sport und die sonstigen Freizeitaktivitäten besonders verletzungsanfällig oder bei Ausübung dieser Tätigkeiten besonders unvorsichtig gewesen ist.[127] **Schwangerschaftsbedingte Fehlzeiten** können eine negative Prognose nicht begründen. Bei Krankheiten, die erst nach Ablauf des Mutterschutzes auftreten, ist nach der Rechtsprechung des EuGH nicht zwischen

[118] BAG 19.4.2007 AP Nr. 45 zu § 1 KSchG 1969 Krankheit = NZA 2007, 1041.

[119] BAG 24.11.2005 AP Nr. 43 zu § 1 KSchG 1969 Krankheit = NZA 2006, 665.

[120] BAG 20.11.2014 AP Nr. 53 zu § 1 KSchG 1969 Krankheit = NZA 2015, 931.

[121] BAG 13.5.2015 AP Nr. 54 zu § 1 KSchG 1969 Krankheit = NZA 2015, 1249; 20.11.2014 AP Nr. 52 zu § 1 KSchG 1969 Krankheit = NZA 2015, 612; 23.1.2014 AP Nr. 16 zu § 626 BGB Krankheit = NZA 2014, 962.

[122] Vgl. BAG 25.4.2018 AP Nr. 18 zu § 626 BGB Krankheit = NZA 2018, 1056 (zur außerordentlichen Kündigung mit Auslauffrist); 23.1.2014 AP Nr. 16 zu § 626 BGB Krankheit = NZA 2014, 962.

[123] Gegen „starre" Zeiträume allerdings BAG 20.11.2014 AP Nr. 52 zu § 1 KSchG 1969 Krankheit = NZA 2015, 612; 10.11.2005 AP Nr. 42 zu § 1 KSchG 1969 Krankheit = NZA 2006, 655; näher dazu LKB/*Krause* KSchG § 1 Rn. 360 f.

[124] BAG 19.5.1993 RzK I 5 g Nr. 54 (15 Monate).

[125] BAG 17.6.1999 AP Nr. 37 zu § 1 KSchG 1969 Krankheit = NZA 1999, 1328.

[126] BAG 7.11.2002 AP Nr. 40 zu § 1 KSchG 1969 Krankheit = NZA 2003, 816; 12.4.2002 AP Nr. 65 zu § 1 KSchG 1969 = NZA 2002, 1081.

[127] BAG 2.11.1989 RzK I 5 g Nr. 32.

schwangerschaftsbedingten Erkrankungen und anderen Krankheitsursachen zu unterscheiden. Denn Männer und Frauen sind grundsätzlich dem gleichen Krankheitsrisiko ausgesetzt, auch wenn einzelne Krankheiten spezifisch für das eine oder andere Geschlecht sind.[128] Beruhen die zurückliegenden Fehlzeiten vor allem auf **Erkältungs- oder Entzündungskrankheiten** sowie auf Beschwerden des Bewegungsapparats, zeugt das häufig von einer gewissen Anfälligkeit und begründet die Gefahr der Wiederholung, selbst wenn die akuten Erkrankungsfälle ausgeheilt sind.[129]

cc) Für die negative Prognose ist grundsätzlich auf den **Zeitpunkt des Zugangs der Kündigung** abzustellen. Die Entwicklung nach Zugang der Kündigung, insbesondere das Fortbestehen der Arbeitsunfähigkeit und die Durchführung weiterer Reha-Maßnahmen, sind nach neuerer Rechtsprechung des BAG allerdings in den Blick zu nehmen, soweit sich darin die Prognose bestätigt.[130] 37

dd) Im Prozess gilt eine **abgestufte Darlegungs- und Beweislast.** Legt der AG die tatsächlichen Voraussetzungen einer negativen Indizwirkung dar (→ Rn. 35), hat der AN gem. § 138 II ZPO vorzutragen, weshalb dies nicht zutrifft und mit einer baldigen Genesung zu rechnen ist.[131] Seiner prozessualen Mitwirkungspflicht genügt er nach der Rechtsprechung des BAG dabei schon dann, wenn er die Behauptungen des AG nicht nur bestreitet, sondern seinerseits vorträgt, die ihn behandelnden Ärzte hätten die gesundheitliche Entwicklung positiv beurteilt, und wenn er die ihn behandelnden Ärzte von der **Schweigepflicht entbindet.**[132] Eine weitere Substantiierung sei nicht erforderlich, weil der AN medizinischer Laie sei.[133] Die Entbindung von der Schweigepflicht kann dem Zeugen, der Gegenpartei oder dem Gericht gegenüber erklärt werden. In jedem Fall muss sichergestellt sein, dass die Entbindung vom AN selbst stammt. In Zweifelsfällen hat das Gericht zu klären, ob die Erklärung von der Partei selbst getragen wird.[134] Weigert sich der AN, die ihn behandelnden Ärzte von der Schweigepflicht zu entbinden und macht er dem beweispflichtigen AG die Beweisführung damit unmöglich, kann das als Beweisvereitelung im Rahmen der Beweiswürdigung zu berücksichtigen sein. Auch wenn dies nicht ohne Weiteres dazu führt, dass der Vortrag der beweisbelasteten Partei in entsprechender Anwendung des § 138 III ZPO als zugestanden gilt, kommen zugunsten des AG doch Beweiserleichterungen bis hin zur Umkehr der Beweislast in Betracht, wenn dem AG die volle Beweislast billigerweise nicht mehr zugemutet werden kann.[135] Das Berufen auf die behandelnden Ärzte ist unzureichend, wenn erkennbar ist, dass sich der AN erst durch das ärztliche Zeugnis die fehlende Kenntnis über den weiteren Verlauf seiner Erkrankung verschaffen will.[136] Bestreitet der AN nur den Zusammenhang einiger Krankheitszeiten mit seiner Alkoholabhängigkeit, ist darin nicht zugleich die Behauptung zu sehen, sein behandelnder Arzt habe die Gesundheitsprognose bezüglich aller Krankheiten positiv beurteilt.[137] Beruhen die Fehlzeiten in der Vergangenheit auf einer gewissen Anfälligkeit für bestimmte Erkrankungen (zB Erkältungen), genügt die Behauptung des AN, die Erkrankungen seien ausgeheilt, nicht.[138] Der AN hat vielmehr darzulegen, warum die Krankheitsanfälligkeit nicht mehr besteht. Da der AN im Falle der Kündigung wegen häufiger Kurzerkrankungen nicht zu beweisen hat, dass die Negativprognose nicht gerechtfertigt ist, muss die Indizwirkung der Krankheitszeiten in der Vergangenheit dann als ausreichend erschüttert angesehen werden, wenn sich aus den Auskünften 38

---

128 EuGH 30.6.1998 AP Nr. 16 zu EWG-Richtlinie 76/207 – Mary Brown.

129 BAG 20.11.2014 AP Nr. 52 zu § 1 KSchG 1969 Krankheit = NZA 2015, 612; 10.11.2005 AP Nr. 42 zu § 1 KSchG 1969 Krankheit = NZA 2006, 655.

130 BAG 20.3.2014 NZA-RR 2015, 16; 23.1.2014 AP Nr. 16 zu § 626 BGB Krankheit = NZA 2014, 962; 13.5.2004 AP Nr. 12 zu § 626 BGB Krankheit = NZA 2004, 1271; zT wohl anders BAG 20.11.2014 AP Nr. 52 zu § 1 KSchG 1969 Krankheit = NZA 2015, 612; 17.6.1999 AP Nr. 37 zu § 1 KSchG 1969 Krankheit = NZA 1999, 1328.

131 BAG 13.5.2015 AP Nr. 54 zu § 1 KSchG 1969 Krankheit = NZA 2015, 1249.

132 BAG 20.11.2014 AP Nr. 52 zu § 1 KSchG 1969 Krankheit = NZA 2015, 612.

133 BAG 7.11.2002 AP Nr. 40 zu § 1 KSchG 1969 Krankheit = NZA 2003, 816; strenger BAG 20.11.2014 AP Nr. 52 zu § 1 KSchG 1969 Krankheit = NZA 2015, 612.

134 BAG 8.5.2014 NZA 2014, 1356.

135 BAG 8.5.2014 NZA 2014, 1356; SPV Kündigung/*Preis* Rn. 1260.

136 BAG 10.11.2005 AP Nr. 42 zu § 1 KSchG 1969 *Krankheit* = NZA 2006, 655.

137 Vgl. BAG 17.6.1999 AP Nr. 37 zu § 1 KSchG 1969 Krankheit = NZA 1999, 1328.

138 BAG 10.11.2005 AP Nr. 42 zu § 1 KSchG 1969 Krankheit = NZA 2006, 655.

der behandelnden Ärzte jedenfalls Zweifel an der Negativprognose ergeben.[139] Nicht ausreichend ist die Darlegung des AN, er habe beschlossen, gesund zu werden und wieder zu arbeiten.[140]

39 **ee)** Zum Kündigungsgrund und nicht zur Interessenabwägung gehören die **betrieblichen und wirtschaftlichen Beeinträchtigungen** infolge der prognostizierten Fehlzeiten.[141] Aufgrund der zu erwartenden Krankheitszeiten müssen betriebliche oder wirtschaftliche Interessen des AG erheblich beeinträchtigt werden. So kann es beispielsweise durch das wiederholte Fernbleiben von der Arbeit in der Fließbandproduktion zu Betriebsstörungen kommen, wenn ein Arbeiter am Fließband fehlt und deshalb auch die anderen AN nicht arbeiten können.[142] In Großbetrieben werden solche Schwierigkeiten in der Regel durch den Einsatz von Springern bewältigt bzw. begrenzt. Der AG ist freilich nicht verpflichtet, eine Personalreserve vorzuhalten.[143] Arbeitet der AG daher mit einer „dünnen Personaldecke" und entstehen demzufolge bereits bei geringen Ausfallzeiten erhebliche betriebliche Beeinträchtigungen, weil beim Ausfall einzelner AN größere Umgestaltungen der Arbeitsabläufe vorzunehmen sind bzw. Arbeiten liegen bleiben, kann sich der AN nicht darauf berufen, der AG habe nicht durch Vorhalt einer Personalreserve versucht, diese Beeinträchtigungen zu verhindern. Hält der AG freilich eine Personalreserve vor, sind die dafür entstehenden Kosten im Rahmen der Interessenabwägung zu seinen Gunsten zu berücksichtigen.[144] Ist der AN infolge seiner fortbestehenden Erkrankung nicht mehr einplanbar, kann dies erhebliche betriebliche Störungen begründen.[145] Der AG hat die betrieblichen Beeinträchtigungen konkret darzulegen und im Streitfall zu beweisen.

40 **ff)** Zu den zu berücksichtigenden wirtschaftlichen Beeinträchtigungen gehören neben den Mehrkosten für den Einsatz von Aushilfskräften insbesondere die zu erwartenden **Entgeltfortzahlungskosten.** Diese sind aber erst dann kündigungsrelevant, wenn sie für mehr als sechs Wochen im Jahr anfallen.[146] Der AG hat nach § 3 I EFZG grundsätzlich Entgeltfortzahlungskosten für bis zu sechs Wochen im Jahr hinzunehmen. Keine Besonderheiten bestehen in **Kleinunternehmen** mit in der Regel nicht mehr als 30 AN. Diese bekommen zwar – vorbehaltlich abweichender Satzungsbestimmungen der Krankenkassen nach § 9 II Nr. 1 AAG – gem. § 1 AAG 80% der Entgeltfortzahlungskosten erstattet (dazu → § 100 Rn. 7). Sie sind andererseits aber auch nach § 7 AAG verpflichtet, im Rahmen eines **Umlageverfahrens** die Mittel für die Erstattung aufzubringen. Damit sollen besondere Belastungen einzelner AG auf die nach § 3 AAG umlagepflichtigen AG verteilt und das Entgeltfortzahlungsrisiko kalkulierbarer gemacht werden.[147] Diese gesetzliche Wertung ist auch im Rahmen der Prüfung der wirtschaftlichen Beeinträchtigungen zu berücksichtigen.[148] Entgeltfortzahlungskosten können auch dann als wirtschaftliche Belastungen zu berücksichtigen sein, wenn sie zum Teil aus einem **Tronc** bezahlt werden und damit zugleich die Vergütungsansprüche anderer AN schmälern.[149] Kommt es neben den Entgeltfortzahlungskosten auch zu betrieblichen Beeinträchtigungen, können diese zusammen mit den Entgeltfortzahlungskosten einen krankheitsbedingten Kündigungsgrund bilden.[150] Im Rahmen der betrieblichen Beeinträchtigungen wird auch die neuere Rechtsprechung des EuGH[151] zu berücksichtigen sein, wonach der **Urlaubsanspruch** nicht untergeht, wenn der AN am Ende des Übertragungszeitraums arbeitsunfähig ist und deshalb den noch nicht gewährten

[139] BAG 7.11.2002 AP Nr. 40 zu § 1 KSchG 1969 Krankheit = NZA 2003, 816.
[140] BAG 8.11.2007 AP Nr. 30 zu § 1 KSchG 1969 Personenbedingte Kündigung = NZA 2008, 471.
[141] BAG 29.7.1993 AP Nr. 27 zu § 1 KSchG 1969 Krankheit = NZA 1994, 67.
[142] Vgl. BAG 16.2.1989 AP Nr. 20 zu § 1 KSchG 1969 Krankheit = NZA 1989, 923.
[143] BAG 29.7.1993 AP Nr. 27 zu § 1 KSchG 1969 Krankheit = NZA 1994, 67.
[144] BAG 29.8.1991 AP Nr. 32 zu § 622 BGB = NZA 1992, 166.
[145] BAG 6.2.1992 – 2 AZR 364/91.
[146] BAG 20.11.2014 AP Nr. 52 zu § 1 KSchG 1969 Krankheit = NZA 2015, 612; 10.12.2009 AP Nr. 48 zu § 1 KSchG 1969 Krankheit = NZA 2010, 398; 16.2.1989 AP Nr. 20 zu § 1 KSchG 1969 Krankheit = NZA 1989, 923.
[147] Vgl. *Müller*/Berenz AAG § 1 Rn. 1.
[148] AA LKB/*Krause* KSchG § 1 Rn. 377.
[149] BAG 8.11.2007 AP Nr. 29 zu § 1 KSchG 1969 Personenbedingte Kündigung = NZA 2008, 593.
[150] BAG 6.9.1989 AP Nr. 23 zu § 1 KSchG 1969 Krankheit = NZA 1990, 434; 29.8.1991 AP Nr. 32 zu § 622 BGB = NZA 1992, 166.
[151] EuGH 20.1.2009 AP Nr. 1 zu Richtlinie 2003/88/EG = NZA 2009, 135 – Schultz-Hoff u. Stringer; BAG 24.3.2009 AP Nr. 39 zu § 7 BUrlG = NZA 2009, 538.

Urlaub nicht nehmen kann (dazu → § 104 Rn. 84). Dies führt zu einer weiteren finanziellen Belastung der AG, die ggf. auch bei einer krankheitsbedingten Kündigung zu berücksichtigen ist.[152] Ist der AG verpflichtet, AN mit längerer Betriebszugehörigkeit im Krankheitsfall über den gesetzlichen Sechswochenzeitraum hinaus für bestimmte Zeiträume einen **Zuschuss zum Krankengeld** zu bezahlen, kann die dadurch zu erwartende Belastung des AG nach Auffassung des BAG nicht als „kündigungsbegründende" Beeinträchtigung der wirtschaftlichen Interessen des AG anerkannt werden.[153] Zu berücksichtigen sind jedoch **Jahressonderzahlungen,** die trotz Arbeitsunfähigkeit zu gewähren sind.[154] Maßgeblich sind nicht die vergangenen, sondern die **prognostizierten Entgeltfortzahlungskosten.** Diese sind gegebenenfalls durch Sachverständigengutachten festzustellen. Anschaulich wird dies in einem Urteil aus dem Jahre 1993. Dort hatte das BAG einen Fall zu entscheiden, in dem der AN in den drei Jahren vor Ausspruch der Kündigung krankheitsbedingte Fehlzeiten zwischen 80 und 120 Arbeitstagen hatte. Die krankheitsbedingte Kündigung war im Ergebnis gleichwohl nicht sozial gerechtfertigt, weil die Krankheiten, die den einzelnen Fehlzeiten zugrunde lagen, nach den Feststellungen des Sachverständigen zum Zeitpunkt der Kündigung im Wesentlichen ausgeheilt waren. Sie beruhten entweder auf Unfällen oder singulären Erkrankungen, die keine Wiederholungsgefahr in sich bargen.[155]

gg) Liegt neben der negativen Prognose eine erhebliche Beeinträchtigung betrieblicher 41
Interessen vor, ist in einem dritten Prüfungsschritt im Rahmen der gebotenen **Interessenabwägung** zu prüfen, ob diese Beeinträchtigungen vom AG billigerweise nicht mehr hingenommen werden müssen. Zu berücksichtigen ist, ob die Erkrankungen auf betriebliche Ursachen zurückzuführen sind.[156] In aller Regel ist dem AG die Hinnahme einer Beeinträchtigung seiner betrieblichen Interessen eher zuzumuten, wenn die Gründe für die Arbeitsunfähigkeit im betrieblichen Bereich liegen.[157] Der AG trägt dabei die Darlegungs- und Beweislast dafür, dass ein solcher vom AN behaupteter ursächlicher Zusammenhang nicht besteht.[158] Für die Interessenabwägung ist des Weiteren bedeutsam, ob der AG eine Personalreserve vorhält, neben Betriebsablaufstörungen auch noch hohe Entgeltfortzahlungskosten aufzuwenden hatte sowie ob und wie lange das Arbeitsverhältnis zunächst ungestört verlaufen ist.[159] Je länger das Arbeitsverhältnis ungestört bestanden hat, desto mehr Rücksichtnahme ist vom AG zu erwarten. Einem AN, der 20 Jahre zur Zufriedenheit gearbeitet hat und dann häufig erkrankt, schuldet der AG erheblich mehr Rücksichtnahme als einem AN, der seit dem ersten Jahre der Betriebszugehörigkeit erhebliche und steigende krankheitsbedingte Ausfälle gehabt hat. Dabei sind auch Fehlzeiten von weniger als sechs Wochen im Jahr erheblich. Ferner sind das Alter, der Familienstand, eine etwaige Schwerbehinderung und die Unterhaltspflichten des AN zu berücksichtigen.[160] Hat der AG bei der Einstellung Kenntnis von einer chronischen Erkrankung des AN, führt das nicht zu einer erhöhten Rücksichtnahmepflicht des AG.[161] Denn ebenso wie die Kündigung wegen Krankheit keine Bestrafung des AN darstellt,[162] darf die bewusste Einstellung chronisch Erkrankter zu keiner Bestrafung des AG führen.[163] Der AG verhält sich auch nicht widersprüchlich, wenn er einen chronisch kranken AN einstellt und später wegen hoher

[152] Dazu *Bauer/Arnold* NJW 2009, 631; *Bufalica* ArbRB 2010, 133; aA KR/*Rachor* KSchG § 1 Rn. 401.

[153] BAG 25.4.2018 AP Nr. 18 zu § 626 BGB Krankheit = NZA 2018, 1056; aA zu Recht LSSW/*Schlünder* KSchG § 1 Rn. 251.

[154] Ebenso APS/*Vossen* KSchG § 1 Rn. 162; LKB/*Krause* KSchG § 1 Rn. 379; HaKo-KSchR/*Denecke* KSchG § 1 Rn. 571; offengelassen von BAG 21.5.1992 AP Nr. 30 zu § 1 KSchG 1969 Krankheit = NZA 1993, 497; aA KR/*Rachor* KSchG § 1 Rn. 370.

[155] BAG 14.1.1993 NZA 1994, 309.

[156] BAG 8.11.2007 AP Nr. 29 zu § 1 KSchG 1969 Personenbedingte Kündigung = NZA 2008, 593.

[157] BAG 20.11.2014 AP Nr. 53 zu § 1 KSchG 1969 Krankheit = NZA 2015, 931.

[158] BAG 7.11.2002 AP Nr. 40 zu § 1 KSchG 1969 Krankheit = NZA 2003, 816; 5.7.1990 AP Nr. 26 zu § 1 KSchG 1969 Krankheit = NZA 1991, 185.

[159] BAG 7.11.2002 AP Nr. 18 zu § 620 BGB Kündigungserklärung = NZA 2003, 520.

[160] BAG 8.11.2007 AP Nr. 29 zu § 1 KSchG 1969 Personenbedingte Kündigung = NZA 2008, 593; 20.1.2000 AP Nr. 38 zu § 1 KSchG 1969 Krankheit = NZA 2000, 768.

[161] So aber BAG 10.6.1969 AP Nr. 2 zu § 1 KSchG Krankheit; KR/*Rachor* KSchG § 1 Rn. 382; HaKo-KSchR/*Denecke* KSchG § 1 Rn. 575.

[162] So zutr. *Boewer* NZA 1988, 678 (684).

[163] Krit. auch LKB/*Krause* KSchG § 1 Rn. 385; SPV Kündigung/*Preis* Rn. 1264 Fn. 1377.

Fehlzeiten eine Kündigung ausspricht.[164] In der Regel wird der AG bei der Einstellung die Hoffnung haben, dass sich die Fehlzeiten trotz der Erkrankung in Grenzen halten. Es ist durch das Gesetz nicht vorgegeben und wäre beschäftigungspolitisch verfehlt, einem AG, der einem chronisch Kranken in Kenntnis der Erkrankung einen Arbeitsplatz anbietet, später die krankheitsbedingte Kündigung über das ohnehin bestehende Maß zu erschweren.

41a **hh)** Diese Grundsätze zur sozialen Rechtfertigung einer Kündigung wegen häufiger Kurzerkrankungen **genügen den vom EuGH aufgestellten Vorgaben** in Fällen, in denen die krankheitsbedingten Fehlzeiten auf eine **Behinderung** des AN im Sinne der RL 2000/78/EG zurückzuführen sind.[165] Mit der Möglichkeit, ein Arbeitsverhältnis kündigen zu können, wenn eine negative Gesundheitsprognose besteht, welche die Besorgnis begründet, es werde zukünftig zu erheblichen betrieblichen und/oder wirtschaftlichen Beeinträchtigungen des AG kommen, und dem Erfordernis einer abschließenden umfassenden Interessenabwägung wird in angemessener Weise das legitime Ziel verfolgt, übermäßigen Belastungen des AG durch wiederkehrende krankheitsbedingte Fehlzeiten zu begegnen. Durch die hohen Voraussetzungen, die an die Fehlzeitenprognose und das Ausmaß der Beeinträchtigung betrieblicher Interessen gestellt werden, sowie durch die sich ggf. aus § 167 II SGB IX ergebenden Anforderungen ist gewährleistet, dass die Beendigung des Arbeitsverhältnisses tatsächlich ultima ratio bleibt.[166]

42 **ii)** Im Rahmen der **Betriebsratsanhörung** zu einer Kündigung wegen häufiger Kurzerkrankungen sind dem BR regelmäßig die einzelnen Ausfallzeiten der letzten Jahre mitzuteilen. Es genügt grundsätzlich nicht, wenn die Fehlzeiten addiert für die gesamte Dauer des Arbeitsverhältnisses angegeben werden.[167] Insbesondere in Fällen, in denen der AN seit Beginn des Arbeitsverhältnisses fortlaufend jedes Jahr überdurchschnittliche Krankheitszeiten aufzuweisen hatte und hohe Entgeltfortzahlungskosten verursacht hat, kann es je nach den Umständen aus der verständigen Sicht sowohl des AG als auch der Arbeitnehmervertretung jedoch ausreichen, wenn der AG lediglich nach Jahren gestaffelt die überdurchschnittliche Krankheitshäufigkeit darlegt und die Entgeltfortzahlungskosten der letzten Jahre in einem Gesamtbetrag mitteilt.[168] Nicht zu beanstanden ist, wenn der AG dem BR die jeweilige Krankheitsdauer in Kalendertagen mitteilt.[169]

43 **d)** Bei krankheitsbedingter **dauernder Leistungsunfähigkeit** ist eine negative Prognose hinsichtlich der künftigen Entwicklung des Gesundheitszustands indiziert.[170] In aller Regel ist auch ohne Weiteres von einer erheblichen Beeinträchtigung der betrieblichen Interessen auszugehen.[171] Diese besteht darin, dass der AG auf unabsehbare Zeit gehindert ist, sein Direktionsrecht auszuüben und die Arbeitsleistung des AN abzurufen.[172] Etwaige Vertretungsmöglichkeiten können daran nichts ändern. Die wirtschaftliche Erwartung, aus der heraus das Arbeitsverhältnis mit dem bisherigen Inhalt eingegangen wurde, ist endgültig gescheitert.[173] Der AG hat allerdings auch in diesen Fällen vor Ausspruch der Kündigung zu prüfen, ob diese durch Umgestaltung des bisherigen Arbeitsbereichs oder die Weiterbeschäftigung des AN auf einem anderen leidensgerechten Arbeitsplatz vermieden werden kann. Dies schließt die Verpflichtung des AG ein, einen leidensgerechten Arbeitsplatz durch Ausübung seines Direktionsrechts „freizumachen" und sich ggf. um die erforderliche Zustimmung des BR zu bemühen (→ Rn. 4). Scheidet dies aus, kann sich im Rahmen der Verhältnismäßigkeitsprüfung auch eine Änderungskündigung – und sei es mit dem Ziel einer Weiterbeschäftigung zu schlechteren Arbeitsbedingungen – als vorrangig erweisen.[174] Ist dem AN eine Rente wegen vermin-

---

[164] So aber HaKo-KSchR/*Denecke* KSchG § 1 Rn. 575.

[165] Dazu EuGH 18.1.2018 AP Nr. 40 zu Richtlinie 2000/78/EG = NZA 2018, 159 – Ruiz Conejero.

[166] So BAG 25.4.2018 AP Nr. 18 zu § 626 BGB Krankheit = NZA 2018, 1056 zur außerordentlichen krankheitsbedingten Kündigung mit Auslauffrist; ebenso *Bayreuther* EuZW 2018, 212; *Hänlein* ZESAR 2018, 493 (496) zur ordentlichen Kündigung.

[167] BAG 18.9.1986 RzK III 1 b Nr. 8; APS/*Koch* BetrVG § 102 Rn. 121.

[168] Näher dazu BAG 7.11.2002 AP Nr. 18 zu § 620 BGB Kündigungserklärung = NZA 2003, 520.

[169] BAG 7.11.2002 AP Nr. 40 zu § 1 KSchG 1969 Krankheit.

[170] BAG 20.11.2014 AP Nr. 53 zu § 1 KSchG 1969 Krankheit = NZA 2015, 931.

[171] BAG 13.5.2015 AP Nr. 54 zu § 1 KSchG 1969 Krankheit = NZA 2015, 1249.

[172] BAG 20.11.2014 AP Nr. 53 zu § 1 KSchG 1969 Krankheit = NZA 2015, 931; 10.6.2010 AP Nr. 31 zu § 1 KSchG 1969 Personenbedingte Kündigung = NZA 2010, 1234.

[173] BAG 19.4.2007 AP Nr. 45 zu § 1 KSchG 1969 Krankheit = NZA 2007, 1041; 18.1.2007 AP Nr. 44 zu § 1 KSchG Krankheit.

[174] BAG 20.11.2014 AP Nr. 53 zu § 1 KSchG 1969 Krankheit = NZA 2015, 931.

derter Erwerbsfähigkeit nur befristet gewährt, steht das der Kündigung nicht entgegen, wenn die dauernde Arbeitsunfähigkeit feststeht.[175] Eine auf dauerhafte krankheitsbedingte Arbeitsunfähigkeit gestützte Kündigung verstößt nicht ohne Weiteres gegen das Verbot der Benachteiligung wegen einer Behinderung nach § 7 I AGG und Art. 2 I, Art. 3 I lit. c der Richtlinie 2000/78/EG. Die Kündigung ist vielmehr unionsrechtlich nicht zu beanstanden, wenn der AG nicht imstande ist, die bestehende Leistungsunfähigkeit des AN durch angemessene Vorkehrungen, dh durch effektive und praktikable, ihn nicht unzumutbar belastende Maßnahmen zu beseitigen.[176]

e) Der dauernden Leistungsunfähigkeit steht die **völlige Ungewissheit der Wiederherstellung der Arbeitsfähigkeit** gleich. Eine solche Ungewissheit besteht, wenn in absehbarer Zeit nicht mit einer positiven Entwicklung gerechnet werden kann. Als absehbar gilt in diesem Zusammenhang ein Zeitraum von bis zu 24 Monaten.[177] Hierfür reicht die bloße Ungewissheit einer Genesung nicht aus.[178] Das BAG hat dies mit der Erwägung begründet, der AG könne für diesen Zeitraum nach dem BeschFG (jetzt TzBfG) ohne sachlichen Grund einen befristeten Arbeitsvertrag abschließen.[179] Dies ist allerdings schon deshalb ein schwaches Argument, weil dem AG bei der befristeten Einstellung einer Ersatzkraft der Sachgrund der Vertretung nach § 14 I Nr. 3 TzBfG zur Seite steht (dazu → § 40 Rn. 27). Vor der Kündigung liegende Krankheitszeiten lassen nach dieser Rechtsprechung für sich genommen nicht den Schluss auf eine bestimmte (Mindest-)Dauer der zu erwartenden Arbeitsunfähigkeit zu.[180] Aus einer Rentenbewilligung wegen Erwerbsminderung kann nicht ohne Weiteres geschlossen werden, dass der Leistungsempfänger arbeitsunfähig ist, denn die arbeitsrechtlichen Voraussetzungen einer krankheitsbedingten Arbeitsunfähigkeit und die sozialrechtlichen Voraussetzungen einer Erwerbsminderung sind nicht gleich. So sind Versicherte nach § 43 II 2 SGB VI voll erwerbsgemindert, wenn sie wegen Krankheit oder Behinderung auf nicht absehbare Zeit außerstande sind, unter den üblichen Bedingungen des allgemeinen Arbeitsmarkts mindestens drei Stunden täglich erwerbstätig zu sein. Die Bedingungen am bisherigen Arbeitsplatz können jedoch von denen des allgemeinen Arbeitsmarkts abweichen.[181] Damit bedarf es weiterer Umstände, die den Schluss erlauben, dass der AN beim AG auch nicht zu geänderten Bedingungen, ggf. mit deutlich reduzierter Arbeitszeit, eingesetzt werden kann. 44

f) Eine Kündigung kann bei **krankheitsbedingter Minderung der Leistungsfähigkeit** in Betracht kommen, wenn dies zu einer Beeinträchtigung betrieblicher Interessen führt.[182] Ist ein AN mit seinem Restleistungsvermögen voraussichtlich auf Dauer oder doch für zumindest 24 Monate nach der Kündigung nicht mehr in der Lage, überhaupt eine der charakteristischen Tätigkeiten der betreffenden tariflichen Stellenbeschreibung ohne Einschränkung zu verrichten, spricht viel dafür, dass wirtschaftliche Interessen des AG dadurch erheblich beeinträchtigt sind.[183] Eine Minderung von einem Drittel ist erheblich. Ist die Leistungsminderung so erheblich, dass die Voraussetzungen für die Anerkennung als schwerbehinderter Mensch vorliegen, ist der besondere Kündigungsschutz nach §§ 168 ff. SGB IX zu beachten (→ § 179 Rn. 1 ff.). Die Kündigung ist gleichwohl ungerechtfertigt, wenn der AG die Möglichkeit hat, den AN auf einem anderen Arbeitsplatz zu beschäftigen. Ist dies nur auf einem geringwertigeren Arbeitsplatz möglich, ist dieser vor Ausspruch einer Kündigung anzubieten.[184] 45

– **Minderleistung („low performer")** 46

a) Werden durch die Arbeitsleistung des AN berechtigte Leistungserwartung des AG in einem Maße unterschritten, dass ihm ein Festhalten an dem (unveränderten) Arbeitsver-

[175] BAG 3.12.1998 AP Nr. 33 zu § 1 KSchG 1969 Krankheit = NZA 1999, 440.
[176] BAG 20.11.2014 AP Nr. 53 zu § 1 KSchG 1969 Krankheit = NZA 2015, 931.
[177] BAG 13.5.2015 AP Nr. 54 zu § 1 KSchG 1969 Krankheit = NZA 2015, 1249; 20.11.2014 AP Nr. 53 zu § 1 KSchG 1969 Krankheit = NZA 2015, 931; 12.4.2002 AP Nr. 65 zu § 1 KSchG 1969 = NZA 2002, 1081; zur Kritik an dieser Rspr. LKB/*Krause* KSchG § 1 Rn. 394.
[178] BAG 22.10.2015 AP Nr. 167 zu § 2 KSchG 1969 = NZA-RR 2016, 243.
[179] BAG 13.5.2015 AP Nr. 54 zu § 1 KSchG 1969 Krankheit = NZA 2015, 1249; 29.4.1999 AP Nr. 36 zu § 1 KSchG 1969 Krankheit = NZA 1999, 978.
[180] BAG 13.5.2015 AP Nr. 54 zu § 1 KSchG 1969 Krankheit = NZA 2015, 1249; 12.4.2002 AP Nr. 65 zu § 1 KSchG 1969 = NZA 2002, 1081.
[181] BAG 13.5.2015 AP Nr. 54 zu § 1 KSchG 1969 Krankheit = NZA 2015, 1249.
[182] BAG 26.9.1991 AP Nr. 28 zu § 1 KSchG 1969 = NZA 1992, 1073; LAG Köln 21.11.1995 BB 1996, 1992.
[183] BAG 22.10.2015 AP Nr. 167 zu § 2 KSchG 1969 = NZA-RR 2016, 243.
[184] Vgl. BAG 22.9.2005 AP Nr. 10 zu § 81 SGB IX = NZA 2006, 486.

trag unzumutbar wird und künftig nicht mit einer Wiederherstellung des Gleichgewichts von Leistung und Gegenleistung zu rechnen ist, kommt eine personenbedingte Kündigung in Betracht.[185] Der AG kann allerdings vor Ausspruch der Kündigung gehalten sein, vorhandene Defizite durch zumutbare Schulungen zu verringern. Dies gilt insbesondere bei der Einführung neuer Techniken und Fertigungsmethoden. Schwierigkeiten bereitet die Bestimmung der berechtigten Leistungserwartung des AG. Nach Auffassung des BAG schuldet der AN eine **„individuelle Normalleistung".**[186] Der Inhalt des Leistungsversprechens sei nach dem vom AG durch Ausübung des Direktionsrechts festgelegten Arbeitsinhalt und nach dem persönlichen, subjektiven Leistungsvermögen des AN zu bestimmen. „Der AN muss tun, was er soll, und zwar so gut, wie er kann.". Er schulde das „Wirken" und nicht das „Werk".[187] Der AG könne bei der personenbedingten Kündigung durch die Darlegung quantitativ erheblich unterdurchschnittlicher Leistungen des AN eine schwerwiegende Störung des Vertragsgleichgewichts begründen.[188] Eine unzumutbare Minderleistung hat das BAG in einem Fall angenommen, in dem eine schwerbehinderte AN die dem Umfang nach unstreitige Normalleistung dauerhaft um ein Drittel unterschritten hatte.[189] Bei einer **qualitativen Minderleistung** (zB überdurchschnittlich hohe Fehlerquote) sind nach Auffassung des BAG auf die bloße Fehlerhäufigkeit abstellende Grenzen nicht geeignet, die Kündigungsrelevanz der dem AN konkret vorgeworfenen Pflichtverletzungen hinreichend sicher einzugrenzen. Deshalb sei in derartigen Fällen über die bloße Betrachtung der Fehlerhäufigkeit hinaus eine einzelfallbezogene Betrachtungsweise unter Berücksichtigung der konkreten Arbeitsanforderungen und der konkreten Gegebenheiten des Arbeitsplatzes geboten. Die Prüfung habe sich auch daran zu orientieren, ob und ggf. in welchem Umfang das Verhältnis von Leistung und Gegenleistung beeinträchtigt sei.[190]

47 **b)** Unzureichende Arbeitsleistungen können allerdings auch auf einem **steuerbaren Verhalten** beruhen. In diesem Fall kommt auch eine verhaltensbedingte Kündigung in Betracht.[191] Ein AN genügt nach Auffassung des BAG – mangels anderer Vereinbarungen – seiner Vertragspflicht, wenn er unter angemessener Ausschöpfung seiner persönlichen Leistungsfähigkeit arbeitet. Er verstoße nicht allein dadurch gegen seine Arbeitspflicht, dass er die durchschnittliche Fehlerhäufigkeit aller AN überschreite.[192] Kenne der AG lediglich die objektiv messbaren Arbeitsergebnisse, genüge er seiner Darlegungslast, wenn er Tatsachen vortrage, aus denen ersichtlich werde, dass die Leistungen des AN die Durchschnittsleistung erheblich unterschreiten. Erforderlich ist dabei, dass die Arbeitsleistungen von AN verglichen werden, die unter im Wesentlichen gleichen Arbeitsbedingungen tätig sind. Zweifel an der Aussagefähigkeit von Durchschnittswerten bestehen, wenn der Höchstwert und der niedrigste Wert weit auseinanderklaffen und Leistungsunterschiede dies nicht erklären können.[193] Die längerfristige deutliche Überschreitung der durchschnittlichen Fehlerquote je nach tatsächlicher Fehlerzahl, Art, Schwere und Folgen der fehlerhaften Arbeitsleistung kann nach Auffassung des BAG ein Anhaltspunkt dafür sein, dass der AN vorwerfbar seine vertraglichen Pflichten verletze. Lege der AG dies im Prozess dar, müsse der AN erläutern, warum er trotz erheblich unterdurchschnittlicher Leistungen seine Leistungsfähigkeit ausschöpfe.[194] Des Weiteren könne der AN das Zahlenwerk und seine Aussagefähigkeit im

---

[185] BAG 17.1.2008 AP Nr. 85 zu § 1 KSchG 1969 = NZA 2008, 693; 3.6.2004 AP Nr. 33 zu § 23 KSchG = NZA 2004, 1380; 11.12.2003 AP Nr. 48 zu § 1 KSchG 1969 Verhaltensbedingte Kündigung = NZA 2004, 784; hierzu auch *Gaul/Süßbrich* ArbRB 2005, 82; *Hunold* BB 2004, 1686; *Sasse* ZTR 2009, 186; *Schul/Wichert* DB 2005, 1906; *Sedlmeier,* Unzureichende Arbeitsleistung – Voraussetzungen und Rechtsfolgen, 2009; *Wetzling/Habel* BB 2009, 1638; *Tschöpe* BB 2006, 213; *Zaumseil,* Die Minderleistung als Kündigungsgrund, 2009.

[186] Dazu BAG 20.3.1969 AP Nr. 27 zu § 123 GewO mzustAnm *Canaris;* 17.7.1970 AP Nr. 3 zu § 11 MuSchG 1968; 11.12.2003 AP Nr. 48 zu § 1 KSchG 1969 Verhaltensbedingte Kündigung mAnm *Mauer.*

[187] BAG 17.1.2008 AP Nr. 85 zu § 1 KSchG 1969 = NZA 2008, 693; 11.12.2003 AP Nr. 48 zu § 1 KSchG 1969 Verhaltensbedingte Kündigung.

[188] BAG 11.12.2003 AP Nr. 48 zu § 1 KSchG 1969 Verhaltensbedingte Kündigung; 3.6.2004 AP Nr. 33 zu § 23 KSchG 1969; LAG BW 6.9.2006 BB 2007, 1228.

[189] BAG 26.9.1991 AP Nr. 28 zu § 1 KSchG 1969 Krankheit = NZA 2002, 1073.

[190] BAG 17.1.2008 AP Nr. 85 zu § 1 KSchG 1969 = NZA 2008, 693.

[191] BAG 11.12.2003 AP Nr. 48 zu § 1 KSchG 1969 Verhaltensbedingte Kündigung = NZA 2004, 784.

[192] BAG 17.1.2008 AP Nr. 85 zu § 1 KSchG 1969 = NZA 2008, 693.

[193] Vgl. BAG 27.11.2008 AP Nr. 33 zu § 611 BGB Abmahnung = NZA 2009, 842 (im Streitfall betrug der Höchstwert das 19-fache des niedrigsten Wertes).

[194] BAG 17.1.2008 AP Nr. 85 zu § 1 KSchG 1969 = NZA 2008, 693.

Einzelnen bestreiten. Altersbedingte Leistungsdefizite, Beeinträchtigungen durch Krankheit, aber auch betriebliche Umstände könnten insoweit eine Rolle spielen. Lege der AN derartige Umstände plausibel dar, sei es alsdann Sache des AG, sie zu widerlegen. Trage der AN hingegen derartige Umstände nicht vor, gelte das schlüssige Vorbringen des AG als zugestanden (§ 138 III ZPO). Es sei dann davon auszugehen, dass der AN seine Leistungsfähigkeit nicht ausschöpfe.[195]

c) Diese Rechtsprechung ist nicht frei von Widersprüchen.[196] Schuldet der AN tatsächlich nur eine individuelle Normalleistung, wäre eine **personenbedingte Kündigung** wegen mangelnder Arbeitsleistung nicht möglich, wenn der AN unter angemessener Anspannung seiner Kräfte und Fähigkeiten diese Arbeitsleistung erbringt, damit aber erheblich unterhalb einer objektiven Normalleistung bliebe. Der AN erfüllt sein Leistungsversprechen, mehr kann der AG – wenn man mit dem BAG den personalen Charakter des Arbeitsverhältnisses so betont – berechtigterweise nicht verlangen. Das BAG überwindet diese Schwierigkeiten, indem es bei der Verteilung der Darlegungs- und Beweislast dem AG die Möglichkeit eröffnet, die Störung des Gleichgewichts von Leistung und Gegenleistung durch die Darlegung erheblicher unterdurchschnittlicher Leistungen des AN zu begründen.[197] Damit gelangt freilich auch das BAG im Ergebnis über den Umweg der Darlegungs- und Beweislastverteilung zu einer Verobjektivierung der Leistungsanforderungen. Denn unterdurchschnittliche Leistungen orientieren sich nun gerade nicht am individuellen Leistungsvermögen des einzelnen AN, sondern am Leistungsvermögen der anderen.[198] Richtigerweise liegt eine ordnungsgemäße Erfüllung der arbeitsvertraglichen Leistungspflicht vor, wenn der AN eine objektive Normalleistung (Grundgedanke des § 243 BGB) erbringt. Der AG hat, sofern arbeitsvertraglich nichts Abweichendes vereinbart ist, bei verständiger Auslegung des Arbeitsvertrags nach § 157 BGB einen Anspruch auf eine objektive Normalleistung des AN und nicht nur darauf, dass der AN die Arbeitsleistung im Rahmen des persönlichen Leistungsvermögens unter angemessener Anspannung seiner Kräfte und Fähigkeiten bewirkt.[199] Unter Normalleistung ist die Arbeitsleistung zu verstehen, die ein durchschnittlicher AN nach vollzogener Einarbeitung bei menschengerechter Gestaltung der Arbeitsbedingungen ohne Rücksicht auf Geschlecht, Alter und tägliches Schwanken der Arbeitsleistungen ohne gesteigerte Anstrengung erbringen kann. Sollte der AG aus Gründen der Verhältnismäßigkeit (dazu → § 130 Rn. 32) eine personenbedingte Änderungskündigung mit dem Ziel der Herabsetzung der Vergütung erwägen (dazu → § 137 Rn. 48), hat er als Untergrenze den gesetzlichen Mindestlohn stets zu beachten.[200] 48

– **Öffentlicher Dienst.** Ein AN des öffentlichen Dienstes kann – abhängig von seiner Funktion – die ihm nach § 3 I 2 TV-L obliegende Pflicht zur **Verfassungstreue** schon dadurch „wahren", dass er die freiheitliche demokratische Grundordnung nicht aktiv bekämpft (sog. einfache politische Treuepflicht). Auch in diesem Fall darf er jedoch den Staat, die Verfassung oder deren Organe nicht beschimpfen oder verächtlich machen.[201] Das gilt gleichermaßen für den dienstlichen wie den außerdienstlichen Bereich. Bei Zuwiderhandlungen kann eine Kündigung aus Gründen im Verhalten des AN gerechtfertigt sein, wenn die außerdienstlichen Aktivitäten zu konkreten Störungen im Arbeitsverhältnis führen. Unabhängig davon kann das Verhalten einen Eignungsmangel indizieren und den AG zu einer personenbedingten Kündigung berechtigen.[202] Verbreitet ein AN über das Internet einen **Demonstrationsaufruf,** dessen Verfasser bei sachgerechter Deutung der in dem Aufruf enthaltenen Äußerungen für einen gewaltsamen Umsturz eintreten, macht er damit deutlich, das erforderliche Mindestmaß an Verfassungstreue nicht aufbringen zu wollen.[203] Bedarf die Ausübung einer **sicherheitsempfindlichen Tätigkeit** nach dem Gesetz über die Voraussetzungen und das Verfahren 48a

---

[195] BAG 11.12.2003 AP Nr. 48 zu § 1 KSchG 1969 Verhaltensbedingte Kündigung = NZA 2004, 784.

[196] Krit. auch *Berkowsky,* Die personen- und verhaltensbedingte Kündigung, § 6 Rn. 39 ff.; *Mauer* Anm. zu BAG AP Nr. 48 zu § 1 KSchG 1969 Verhaltensbedingte Kündigung; *Winzer* BB 2007, 1231.

[197] BAG 17.1.2008 AP Nr. 85 zu § 1 KSchG 1969 = NZA 2008, 693; 3.6.2004 AP Nr. 33 zu § 23 KSchG 1969; 11.12.2003 AP Nr. 48 zu § 1 KSchG 1969 Verhaltensbedingte Kündigung.

[198] So sehr deutlich BAG 3.6.2004 AP Nr. 33 zu § 23 KSchG 1969.

[199] So aber BAG 20.3.1969 AP Nr. 27 zu § 123 GewO; 17.7.1970 AP Nr. 3 zu § 11 MuSchG 1968; 21.5.1992 AP Nr. 28 zu § 1 KSchG 1969 Verhaltensbedingte Kündigung; *Bitter* AR-Blattei SD 190 Rn. 72; MHdB ArbR/*Reichold* § 36 Rn. 43 f.

[200] *Schweibert/Leßmann* DB 2014, 1866 (1868).

[201] BAG 12.5.2011 AP Nr. 69 zu § 123 BGB = NZA-RR 2012, 43.

[202] BAG 6.9.2012 AP Nr. 35 zu § 1 KSchG 1969 Personenbedingte Kündigung = NZA-RR 2013, 441.

[203] BAG 6.9.2012 AP Nr. 35 zu § 1 KSchG 1969 Personenbedingte Kündigung = NZA-RR 2013, 441.

von Sicherheitsüberprüfungen des Bundes (SÜG) einer besonderen Zugangsermächtigung (VS-Ermächtigung), stellt deren Entzug einen personenbedingten Kündigungsgrund dar, wenn keine anderweitige Beschäftigungsmöglichkeit besteht.[204] **Außerdienstlich begangene Straftaten** eines im öffentlichen Dienst mit hoheitlichen Aufgaben betrauten AN können auch dann zu einem Eignungsmangel führen, wenn es an einem unmittelbaren Bezug zum Arbeitsverhältnis fehlt (dazu auch → § 127 Rn. 81 ff.). Hiervon ist auszugehen, wenn ein AN im Bereich der Bewilligung von Leistungen nach dem SGB II und damit in hoheitlicher Funktion mit Publikumsverkehr tätig ist und privat illegal Rauschmittel vertreibt.[205] Entsprechendes gilt für einen angestellten Wachpolizisten im Objektschutz, der in nicht geringer Menge unerlaubt Betäubungsmittel hergestellt hat,[206] Lehrkräfte oder Erzieher, die Sexualstraftaten begangen haben,[207] einen Kfz-Sachverständigen, der bei einer Trunkenheitsfahrt mit 1,9 Promille einen Unfall verursacht, Fahrerflucht begeht und dem dann die Fahrerlaubnis entzogen wird[208] oder einen Angestellten in einer Finanzbehörde, der in erheblichem Umfang Steuern hinterzogen hat.[209]

49 – **Schwangerschaft.** Aus § 17 MuSchG ergibt sich, dass das Bestehen einer Schwangerschaft nur ausnahmsweise eine Kündigung rechtfertigen kann (→ § 169 Rn. 1 ff.).

50 – **Sozialversicherungsfreiheit.** Der Wegfall der Sozialversicherungsfreiheit begründet keine mangelnde Eignung, die eine personenbedingte Kündigung rechtfertigen könnte. Etwas anderes gilt auch nicht dann, wenn die Arbeitsvertragsparteien bei Vertragsschluss die Studenteneigenschaft des AN ihrer Vertragsbeziehungen zugrunde gelegt haben. Damit haben sie keine für die vereinbarte Arbeitsleistung notwendige und sachlich gerechtfertigte Anforderung definiert, sondern lediglich die sozialversicherungsrechtlichen Folgebedingungen (Sozialversicherungsfreiheit von Studenten) festgestellt. Einen kündigungsrelevanten Zweck hat eine solche vertragliche Festlegung nicht.[210]

50a – **Sprachkenntnisse.** Verlangt der AG von seinen AN Kenntnisse der deutschen Schriftsprache, damit sie schriftliche Arbeitsanweisungen verstehen und die betrieblichen Aufgaben so gut wie möglich erledigen können, verfolgt er ein sachlich gerechtfertigtes Ziel. Diese Anforderung knüpft nicht an eines der in § 1 AGG genannten Merkmale an, denn die deutsche Schriftsprache kann unabhängig von der Zugehörigkeit zu einer Ethnie beherrscht werden. Erfüllt ein AN diese Anforderung nicht und ist aufgrund der erfolglosen Teilnahme an vom AG finanzierten Sprachkursen auch nicht damit zu rechnen, dass sich dies ändert, liegt ein personenbedingter Kündigungsgrund vor.[211]

51 – **Tendenzbetriebe.** Tendenzbetriebe dienen unmittelbar oder überwiegend politischen, koalitionspolitischen, konfessionellen, karitativen, erzieherischen, wissenschaftlichen oder künstlerischen Bestimmungen oder Zwecken der Berichterstattung oder Meinungsäußerung.[212] Namentlich im kirchlichen und karitativen Bereich (vgl. § 118 II BetrVG) spielt der Tendenzschutz kündigungsrechtlich eine große Rolle (dazu auch → § 133 Rn. 27). In **Presseunternehmen** ist § 1 KSchG zwar eine grundsätzlich zulässige Schranke für die durch Art. 5 I 2 GG geschützte Pressefreiheit. Die Reichweite dieser Schranke ist ihrerseits jedoch durch die Bedeutung der Pressefreiheit für einen freiheitlich-demokratischen Staat beschränkt.[213] **Tendenzträger** in einem Tendenzunternehmen sind AN, die tendenzbezogene Aufgaben wahrnehmen. Der Tendenzträger muss in verantwortlicher Stellung tätig sein und unmittelbar einen maßgeblichen Einfluss auf die Tendenzverwirklichung haben. Daran fehlt es, wenn sein Gestaltungsspielraum stark eingeschränkt ist. Unschädlich ist allerdings, wenn der Tendenzträger im Einzelfall nach vorgegebenen allgemeinen Richtlinien und Weisungen arbeiten muss.[214] Nicht zu den Tendenzträgern zählen solche Mitarbeiter, die Tätigkeiten verrichten, die unabhängig von der Eigenart des Tendenzbetriebes in jedem Betrieb anfallen, wie zB Schreibkräfte, Buchhalter, Bürogehilfen, Hausmeister, Lagerarbeiter; allgemein anerkannt ist,

[204] BAG 26.11.2009 AP Nr. 225 zu § 626 BGB = NZA 2010, 628; dazu auch *Adam* ZTR 2009, 569.
[205] BAG 10.4.2014 NZA 2014, 1197.
[206] BAG 20.6.2013 AP Nr. 93 zu § 1 KSchG 1969 = NZA 2013, 1345.
[207] Vgl. LAG Bln 15.12.1989 LAGE § 626 BGB Nr. 45.
[208] LAG Köln 25.8.1988 LAGE § 626 BGB Nr. 34.
[209] BAG 21.6.2001 AP Nr. 5 zu § 54 BAT = NZA 2002, 1030.
[210] BAG 18.1.2007 AP Nr. 26 zu § 1 KSchG 1969 Personenbedingte Kündigung = NZA 2007, 680; abl. *Hunold* NZA 2009, 476.
[211] BAG 28.1.2010 AP Nr. 4 zu § 3 AGG = NZA 2010, 625.
[212] BAG 28.8.2003 AP Nr. 49 zu § 103 BetrVG 1972 = NZA 2004, 501.
[213] BAG 16.1.1997 – 2 AZR 98/96.
[214] BAG 28.10.1986 AP Nr. 32 zu § 118 BetrVG 1972.

dass die Funktionsinhaber (hauptamtliche Funktionäre) bei den Parteien und Koalitionen Tendenzträger sind.[215]

Kündigungsrechtlich **erhebliche tendenzbezogene Mängel** liegen nur dann vor, wenn die von einem Tendenzträger erbrachte Arbeitsleistung bzw. dessen persönliche Eignung als solche dem Tendenzzweck zuwiderläuft.[216] Von einem Tendenzträger kann während seiner Tätigkeit eine gewisse Zurückhaltung bei solchen Betätigungen verlangt werden, die der Tendenz des Unternehmens nachhaltig widersprechen und damit betriebliche Interessen des Unternehmens erheblich berühren.[217] Das betrifft auch das außerdienstliche Verhalten (dazu → § 127 Rn. 128a). Bei der Prüfung des Kündigungsgrundes ist es erforderlich, die vom AG verfolgte Tendenz und die sich daraus ergebenden Anforderungen an das Arbeitsverhältnis des Tendenzträgers näher zu konkretisieren. Es spricht keine tatsächliche Vermutung dafür, dass die Kündigung eines Tendenzträgers stets aus tendenzbezogenen Gründen erfolgt und deshalb eine tendenzbezogene Maßnahme ist.[218] Aus personenbedingten Gründen sozial gerechtfertigt war die Kündigung einer DGB-Gewerkschaftssekretärin, die Mitglied im Kommunistischen Bund Westdeutschland (KBW) war.[219] 52

– **Verdacht.** Nicht nur eine erwiesene Vertragsverletzung, sondern schon der schwerwiegende Verdacht einer schweren Pflichtverletzung kann einen wichtigen Grund zur außerordentlichen Kündigung gegenüber dem verdächtigten AN darstellen (dazu im Einzelnen → § 127 Rn. 136 ff.). Der durch den Verdacht begründete **Eignungsmangel** stellt dabei einen personenbedingten Kündigungsgrund dar und keine unterentwickelte Tatkündigung.[220] Eine ordentliche Verdachtskündigung kommt nur in Betracht, wenn das Arbeitsverhältnis bereits durch den Verdacht so erheblich beeinträchtigt wird, dass hierauf auch eine außerordentliche Kündigung gestützt werden könnte.[221] Dies gilt zum einen für die Anforderungen an die Dringlichkeit des Verdachts als solchen. Für beide Kündigungsarten muss der Verdacht gleichermaßen erdrückend sein. Das betrifft des Weiteren die inhaltliche Bewertung des fraglichen Verhaltens und die Interessenabwägung. Ebenso ist die vorherige Anhörung des AN notwendige Voraussetzung für die Wirksamkeit der ordentlichen Verdachtskündigung.[222] Auch im Rahmen des § 1 II KSchG müssen die Verdachtsmomente zu dem Ergebnis führen, dass das Verhalten, dessen der AN verdächtig ist, – wäre es erwiesen – eine sofortige Beendigung des Arbeitsverhältnisses rechtfertigen würde.[223] Auch wenn bei der ordentlichen Verdachtskündigung § 626 II BGB nicht anwendbar ist, kann ein längeres Zuwarten des AG zur Unwirksamkeit der Kündigung führen. Die Kündigung ist nur dann durch den eingetretenen Vertrauensverlust „bedingt" iSv § 1 II 1 KSchG, wenn der AG alsbald nach Kenntnis der maßgeblichen Umstände kündigt. Maßgeblich sind die Umstände des Einzelfalls.[224] 52a

– **Verschuldung.** Die Verschuldung des AN rechtfertigt grundsätzlich keine Kündigung. Die finanzielle Lage eines AN steht in der Regel in keinem Zusammenhang zu den arbeitsvertraglichen Pflichten. Die persönliche Eignung eines AN für die vertraglich vereinbarte Arbeitsaufgabe kann jedoch entfallen, wenn der AN eine Vertrauensstellung innehat und ohne eine Notlage in ungeordneten wirtschaftlichen Verhältnissen lebt.[225] 53

– **Verwandtschaft.** Eine Kündigung kann nur ausnahmsweise gerechtfertigt sein, weil der AN mit einem konkurrierenden Unternehmer verwandt ist oder nahe Angehörige des AN bei dem konkurrierenden Unternehmer beschäftigt sind und nur durch Kündigung der Gefahr der Ausspähung von Betriebsgeheimnissen vorgebeugt werden kann.[226] Verrät der AN dage- 54

[215] BAG 28.8.2003 AP Nr. 49 zu § 103 BetrVG 1972 = NZA 2004, 501.
[216] Vgl. BAG 3.11.1982 AP Nr. 12 zu § 15 KSchG 1969 (zur Kündigung eines Orchestermusikers); 6.12.1979 AP Nr. 2 zu § 1 KSchG 1969 Verhaltensbedingte Kündigung.
[217] BAG 28.8.2003 AP Nr. 49 zu § 103 BetrVG 1972 = NZA 2004, 501.
[218] BAG 28.8.2003 AP Nr. 49 zu § 103 BetrVG 1972 = NZA 2004, 501.
[219] Vgl. BAG 6.12.1979 AP Nr. 2 zu § 1 KSchG 1969 Verhaltensbedingte Kündigung.
[220] BAG 31.1.2019 AP Nr. 38 zu § 1 KSchG 1969 Personenbedingte Kündigung = NZA 2019, 893.
[221] BAG 31.1.2019 AP Nr. 38 zu § 1 KSchG 1969 Personenbedingte Kündigung = NZA 2019, 893; 18.6.2015 AP Nr. 74 zu § 1 KSchG 1969 Verhaltensbedingte Kündigung = NZA 2016, 287; 27.11.2008 AP Nr. 90 zu § 1 KSchG 1969 = NZA 2009, 604.
[222] BAG 31.1.2019 AP Nr. 38 zu § 1 KSchG 1969 Personenbedingte Kündigung = NZA 2019, 893.
[223] BAG 18.6.2015 AP Nr. 74 zu § 1 KSchG 1969 Verhaltensbedingte Kündigung = NZA 2016, 287; 21.11.2013 AP Nr. 53 zu § 626 BGB Verdacht strafbarer Handlung = NZA 2014, 243.
[224] Sehr anschaulich BAG 31.1.2019 AP Nr. 38 zu § 1 KSchG 1969 Personenbedingte Kündigung = NZA 2019, 893.
[225] BAG 15.10.1992 EzA Nr. 45 zu § 1 KSchG Verhaltensbedingte Kündigung.
[226] LAG BW 31.10.1967 DB 1968, 359; LAG Hmb 27.3.1969 BB 1970, 1096; aA bei Lebensgefährten: LAG Hamm 29.1.1997 NZA 1999, 656.

gen selbst Betriebsgeheimnisse, kommt eine verhaltensbedingte, uU sogar eine außerordentliche Kündigung in Betracht (→ § 127 Rn. 1 ff.). Zum Entzug der VS-Ermächtigung bei einer sicherheitsempfindlichen Tätigkeit wegen Kontakten zu einem kriminellen Schwager → Rn. 48a.

55 – **Wehrdienst.** Die Ableistung ausländischen Wehrdienstes kann ein personenbedingter Kündigungsgrund sein, wenn der wehrdienstbedingte Ausfall zu einer erheblichen Beeinträchtigung der betrieblichen Interessen führt und nicht durch organisatorische Maßnahmen überbrückt werden kann.[227]

§ 132. Abmahnung

Übersicht

I. Allgemeines

1 **1. Begriff und Bedeutung.** Eine Abmahnung liegt vor, wenn der AG in einer für den AN hinreichend deutlich erkennbaren Art und Weise Leistungsmängel beanstandet und damit den Hinweis verbindet, im Wiederholungsfalle seien Inhalt oder Bestand des Arbeitsverhältnisses gefährdet.[1] Die Abmahnung ist der Ausdruck der Missbilligung eines Verhaltens unter Androhung der Kündigung des Arbeitsverhältnisses, sofern das Verhalten nicht geändert wird.[2] Mit der Abmahnung soll der AN an seine vertraglichen Pflichten erinnert **(Erinnerungsfunktion)** und vor Konsequenzen für das Arbeitsverhältnis bei weiterem Fehlverhalten gewarnt werden **(Warnfunktion).**[3] Darüber hinaus hat die Abmahnung **keine Sanktionsfunktion,** da der AN durch die Abmahnung nicht bestraft, sondern zu künftigem vertragsge-

[227] BAG 20.5.1988 AP Nr. 9 zu § 1 KSchG 1969 Personenbedingte Kündigung = NZA 1989, 464.

[1] BAG 18.1.1980 AP Nr. 3 zu § 1 KSchG 1969 Verhaltensbedingte Kündigung.

[2] BAG 17.2.1994 AP Nr. 115 zu § 626 BGB = NZA 1994, 656; 10.11.1988 AP Nr. 3 zu § 1 KSchG 1969 Abmahnung = NZA 1989, 633.

[3] Vgl. BAG 27.11.2008 AP Nr. 33 zu § 611 BGB Abmahnung = NZA 2009, 842; 11.12.2001 AP Nr. 8 zu § 611 BGB Nebentätigkeit = NZA 2002, 965; 15.11.2001 AP Nr. 4 zu § 1 KSchG 1969 Abmahnung = NZA 2002, 968.

mäßen Verhalten angehalten werden soll.[4] Damit sind freilich solche mittelbar eintretenden Wirkungen einer Abmahnung nicht ausgeschlossen. Die Abmahnung ist von der Betriebsbuße, Vertragsstrafe (dazu → § 57 Rn. 1 ff., → § 58 Rn. 1 ff.) und Ermahnung abzugrenzen. Die Ermahnung ist die bloße Rüge eines Fehlverhaltens des AN. Sie enthält keine Kündigungsandrohung.

2. Rechtsgrundlage. Der in § 314 II BGB konkretisierte **Verhältnismäßigkeitsgrundsatz** ist Rechtsgrundlage der Abmahnung.[5] Diese Vorschriften machen deutlich, dass der Gläubiger bei einem Fehlverhalten des Schuldners vor einem Einwirken auf Inhalt oder Bestand des Vertragsverhältnisses diesem grundsätzlich durch eine Abmahnung Gelegenheit zu geben hat, sein Verhalten zu ändern. Das Kündigungsrecht ist das letzte, äußerste Mittel des Arbeitsrechts; von ihm soll nur dann Gebrauch gemacht werden, wenn alle anderen Möglichkeiten erschöpft sind. 2

3. Abmahnungserfordernis außerhalb des KSchG. Dem Grundsatz der Verhältnismäßigkeit kommt allerdings **nur im Rahmen des normierten Kündigungsschutzes** Bedeutung zu.[6] Nur ausnahmsweise kann nach Treu und Glauben (§ 242 BGB) vor einer Kündigung eine vorherige vergebliche Abmahnung verlangt werden, wenn sich der AG andernfalls mit der Kündigung in Widerspruch zu seinem bisherigen Verhalten setzen würde. Die Wirksamkeit einer Kündigung aus Gründen im Verhalten des AN setzt daher außerhalb des Anwendungsbereichs des KSchG (§§ 1 I, 23 I KSchG) in der Regel nicht voraus, dass dem AN zuvor vergeblich eine Abmahnung erteilt wurde.[7] Ebenso wenig hat die fristlose Kündigung des Dienstverhältnisses eines GmbH-Geschäftsführers regelmäßig eine Abmahnung zur Voraussetzung.[8] § 314 II BGB steht dem nicht entgegen, da die Funktionszuweisung ein besonderer Umstand iSv § 323 II Nr. 3 BGB ist, auf den § 314 II 2 BGB verweist.[9] 3

4. Rechtsnatur. Die Abmahnung ist keine Willenserklärung im Rechtssinne. Die angestrebten Rechtsfolgen treten nicht ein, weil der Abmahnende dies will, sondern von Rechts wegen. Die Abmahnung ist daher eine **geschäftsähnliche Handlung,** durch die dem AN die Rechtswidrigkeit seines Verhaltens vor Augen geführt werden soll.[10] Nach der rechtlichen Qualifizierung der Abmahnung richten sich eine Reihe von praktischen Streitfragen bei der Abmahnungsbefugnis und der Zugangsnotwendigkeit. 4

5. Betriebsratsmitglieder. Betriebsratsmitglieder können abgemahnt werden, wenn sie gegen ihre Pflichten aus dem Arbeitsvertrag verstoßen haben. Eine Abmahnung wegen der berechtigten Wahrnehmung von Betriebsratstätigkeit ist dagegen ausgeschlossen.[11] Eine Abmahnung ist begründet, wenn ein Betriebsratsmitglied eine Betriebsratsschulung besucht und gem. § 37 VI BetrVG erkennbar eine Teilnahme an der Schulungsveranstaltung nicht in Betracht kommt,[12] während der Arbeitszeit Gerichtsverhandlungen anderer AN besucht, ohne vom Gericht geladen zu sein,[13] oder wenn das Betriebsratsmitglied sich entgegen seiner Pflicht aus § 37 II BetrVG nicht vor Aufnahme der Betriebsratstätigkeit abmeldet.[14] In diesen Fällen liegen Arbeitspflichtverletzungen vor. Unzulässig kann die Abmahnung aber sein, wenn das Betriebsratsmitglied mit vertretbaren Gründen, aber objektiv unrichtig annimmt, eine 5

[4] Ebenso *Kleinebrink,* Abmahnung, Rn. 27; weiter BAG 10.11.1988 AP Nr. 3 zu § 1 KSchG 1969 Abmahnung = NZA 1989, 633.

[5] BAG 25.10.2012 AP Nr. 239 zu § 626 BGB = NZA 2013, 319; 10.6.2010 AP Nr. 229 zu § 626 BGB = NZA 2010, 1227; 23.6.2009 AP Nr. 59 zu § 1 KSchG 1969 Verhaltensbedingte Kündigung = NZA 2009, 1198; KR/*Fischermeier* BGB § 626 Rn. 271; ErfK/*Niemann* BGB § 626 Rn. 29; ausf. hierzu *v. Hoyningen-Huene* RdA 1990, 193 ff.

[6] Vgl. BAG 21.2.2001 AP Nr. 26 zu § 611 BGB Abmahnung = NZA 2001, 951; KR/*Fischermeier* BGB § 626 Rn. 272.

[7] BAG 28.8.2003 AP Nr. 17 zu § 242 BGB Kündigung = NZA 2004, 1296; 21.2.2001 AP Nr. 26 zu § 611 BGB Abmahnung = NZA 2001, 951.

[8] BGH 14.2.2000 AP Nr. 16 zu § 611 BGB Organvertreter = NZA 2000, 543.

[9] BGH 2.7.2007 NJW-RR 2007, 1520.

[10] Vgl. BAG 21.5.1992 AP Nr. 28 zu § 1 KSchG 1969 Verhaltensbedingte Kündigung = NZA 1992, 1028; 9.8.1984 AP Nr. 12 zu § 1 KSchG Verhaltensbedingte Kündigung; ErfK/*Niemann* BGB § 626 Rn. 30.

[11] BAG 31.8.1994 AP Nr. 98 zu § 37 BetrVG 1972 = NZA 1995, 225.

[12] BAG 10.11.1993 AP Nr. 4 zu § 78 BetrVG 1972 = NZA 1994, 500.

[13] BAG 31.8.1994 AP Nr. 98 zu § 37 BetrVG 1972 = NZA 1995, 225.

[14] BAG 15.7.1992 AP Nr. 9 zu § 611 BGB Abmahnung = NZA 1993, 220.

Betriebsratsaufgabe wahrzunehmen.[15] Die Verteilung gewerkschaftlichen Werbematerials während der Arbeitszeit durch ein Betriebsratsmitglied ist keine Arbeitsvertragsverletzung.[16]

II. Wirksamkeitsvoraussetzungen

6 **1. Abmahnungsberechtigte.** Zur Abmahnung berechtigt sind nicht nur kündigungsberechtigte Personen, sondern alle Vorgesetzten, die nach ihrer Aufgabenstellung befugt sind, dem AN Anweisungen wegen des Orts, der Zeit sowie der Art und Weise der vertraglich geschuldeten Arbeitsleistung zu erteilen.[17] Abmahnungsberechtigt sind mithin nicht nur die Dienstvorgesetzten, die zu Personalentscheidungen befugt sind, sondern auch die Fachvorgesetzten. Es steht dem AG allerdings frei, die Abmahnungsberechtigung auf einen bestimmten Kreis der Vorgesetzten zu begrenzen, um damit der Gefahr eines Verzichts auf das Kündigungsrecht durch Abmahnung entgegenzuwirken (dazu → Rn. 25).

7 **2. Inhaltliche Anforderungen. a) Formfreiheit.** Die Abmahnung kann mündlich oder schriftlich erfolgen. Gesetzliche Formvorschriften bestehen nicht. Die Schriftform empfiehlt sich jedoch, weil so jedenfalls der Inhalt der Abmahnung feststeht.[18]

8 **b) Bestimmtheit.** Der notwendige Inhalt einer Abmahnung ergibt sich aus ihren Funktionen (dazu → Rn. 1). Da dem AN mit einer Abmahnung eindringlich vor Augen geführt werden soll, dass der AG nicht mehr bereit ist, ein bestimmtes Verhalten hinzunehmen, muss dies in der Abmahnung deutlich zum Ausdruck kommen. Die Warnfunktion erfordert, die Abmahnung **eindeutig und bestimmt zu formulieren,** mag dies auch in höflicher Form geschehen. Die Leistungsmängel müssen hinreichend konkretisiert sein.[19] Die Anforderungen an die Bezeichnung des vom AG gerügten Fehlverhaltens haben sich dabei an dem zu orientieren, was der AG wissen kann. Bei der quantitativen Minderleistung (dazu → § 131 Rn. 46 ff.) sind dies die Arbeitsergebnisse und deren erhebliches Zurückbleiben hinter den Leistungen vergleichbarer AN, verbunden mit der Rüge des AG, dass aus seiner Sicht der AN seine Leistungsfähigkeit pflichtwidrig nicht ausschöpft. Ob dies zutrifft, ist ggf. im Abmahnungsprozess zu klären (dazu → Rn. 31 ff.).[20] Erfolgt die Abmahnung wegen Unpünktlichkeit, ist dies nach Tag und Stunde zu konkretisieren. **Pauschale Wendungen,** wie zB „unpünktlich", „unzureichende Leistungen" genügen nicht. Erforderlich ist weiterhin der Hinweis, dass im Wiederholungsfall Bestand und Inhalt des Arbeitsverhältnisses gefährdet sind.[21] Der AG muss in einer für den AN hinreichend klar erkennbaren Art und Weise seine Beanstandungen vorbringen und damit deutlich – wenn auch nicht expressis verbis – den Hinweis verbinden, im Wiederholungsfall sei der Inhalt oder der Bestand des Arbeitsverhältnisses gefährdet. Dabei kann schon die Androhung „arbeitsrechtlicher Konsequenzen" eine hinreichende Warnung vor einer Bestandsgefährdung des Arbeitsverhältnisses sein, weil hierin deutlich genug zum Ausdruck kommt, dass der AN im Wiederholungsfall mit allen denkbaren arbeitsrechtlichen Folgen bis hin zu einer Beendigung des Arbeitsverhältnisses rechnen muss.[22] Nicht notwendig ist, dass bereits eine bestimmte Kündigung (ordentliche, außerordentliche, Änderungskündigung) angedroht wird.[23] Nach Auffassung des BAG ist eine Abmahnung unwirksam, wenn der AG den AN auffordert, „durchschnittliche Produktionsergebnisse" zu erzielen, weil eine solche Verpflichtung nicht bestehe. Der AN sei nicht verpflichtet, bestimmte Arbeitserfolge zu erzielen, sondern die persönliche Leistungsfähigkeit auszuschöpfen.[24]

9 **c) Zugang.** Die Abmahnung muss dem AN zugehen. Das BAG fordert darüber hinaus die tatsächliche Kenntnisnahme vom Inhalt der Abmahnung. Der AN müsse sich jedoch dann so

---

[15] BAG 31.8.1994 AP Nr. 98 zu § 37 BetrVG 1972 = NZA 1995, 225 (im konkreten Fall des Besuchs einer Gerichtsverhandlung verneint).
[16] BVerfG 14.11.1995 AP Nr. 19 zu § 611 BGB Abmahnung = NZA 1996, 381.
[17] BAG 5.7.1990 AP Nr. 1 zu § 15 SchwbG 1986 = NZA 1991, 667; 18.1.1980 AP Nr. 3 zu § 1 KSchG 1969 Verhaltensbedingte Kündigung; KR/*Fischermeier* BGB § 626 Rn. 291; APS/*Vossen* KSchG § 1 Rn. 408.
[18] Vgl. KR/*Fischermeier* BGB § 626 Rn. 290; *Kleinebrink,* Abmahnung, Rn. 366 ff.
[19] Vgl. BAG 26.1.1995 AP Nr. 34 zu § 1 KSchG 1969 Verhaltensbedingte Kündigung = NZA 1995, 517.
[20] BAG 27.11.2008 AP Nr. 33 zu § 611 BGB Abmahnung = NZA 2009, 842.
[21] BAG 17.2.1994 AP Nr. 116 zu § 626 BGB; 10.11.1988 AP Nr. 3 zu § 1 KSchG Abmahnung = NZA 1989, 633.
[22] BAG 19.4.2012 AP Nr. 238 zu § 626 BGB = NZA-RR 2012, 567.
[23] BAG 27.9.2012 AP Nr. 74 zu § 15 KSchG 1969 = NZA 2013, 425.
[24] BAG 27.11.2008 AP Nr. 33 zu § 611 BGB Abmahnung = NZA 2009, 842.

behandeln lassen, als ob ihm ihr Inhalt bekannt sei, wenn es ihm nach Treu und Glauben verwehrt ist, sich auf die fehlende Kenntnis zu berufen.[25]

d) Sammelabmahnung. Die Abmahnung kann unwirksam sein, wenn einzelne von mehreren Vorwürfen in einer sog. Sammelabmahnung nicht ausreichend begründet oder tatsächlich unzutreffend sind. Ist eine Abmahnung, die mehrere Vorwürfe enthält, nur zum Teil berechtigt, muss auf Verlangen des AN die gesamte Abmahnung aus den Personalakten entfernt werden.[26] Die Abmahnung behält aber hinsichtlich der zutreffenden Vorwürfe als mündliche Abmahnung ihre Geltung. Aus der formellen Unwirksamkeit einer Abmahnung kann der AN nicht entnehmen, der AG billige das abgemahnte Verhalten. Der AN bleibt deshalb auch dann gewarnt, wenn die Abmahnung an einem Formfehler leidet.[27] 10

e) Verhältnismäßigkeit. Nach Auffassung des BAG muss die Abmahnung ihrerseits dem Grundsatz der Verhältnismäßigkeit entsprechen.[28] Eine Abmahnung ist freilich nicht schon dann unverhältnismäßig, wenn der AG über den erhobenen Vorwurf auch hinwegsehen könnte.[29] Unerheblich ist weiterhin, ob das abgemahnte Verhalten im Wiederholungsfall eine Kündigung rechtfertigen könnte, denn dies ist zum Zeitpunkt der Abmahnung nicht vorhersehbar.[30] Eine Abmahnung ist allenfalls dann unwirksam, wenn sie aus ganz geringfügigem Anlass ausgesprochen wird. Dem AG steht in diesen Fällen die Mahnung oder Rüge zur Verfügung. 11

f) Keine Anhörungspflicht. Im Bereich der Privatwirtschaft besteht nicht die Pflicht des AG, den AN vor Ausspruch der Abmahnung zu den erhobenen Vorwürfen anzuhören.[31] Aus § 82 I BetrVG lässt sich eine entsprechende Verpflichtung des AG nicht herleiten. Das BAG verlangt auch bei der weiterreichenden Kündigung – mit Ausnahme der Verdachtskündigung – keine Anhörung des AN vor Ausspruch der Kündigung.[32] 12

3. Wirkungsdauer. oEine Abmahnung kann ihre Warn- und Androhungsfunktion verlieren, wenn der AN längere Zeit unbeanstandet seine Pflichten erfüllt hat oder der AG weitere Pflichtverletzungen des AN unbeanstandet hinnimmt.[33] Deshalb mag es im Einzelfall aus Gründen der Verhältnismäßigkeit erforderlich sein, bei einer längere Zeit zurückliegenden Abmahnung vor einer Kündigung wegen eines weiteren Fehlverhaltens eine neue Abmahnung auszusprechen.[34] Die ältere Abmahnung ist deshalb jedoch nicht vollständig wirkungslos. Sie behält ihre Bedeutung für die abschließende Interessenabwägung. Davon geht nunmehr im Grundsatz auch das BAG für die außerordentliche Kündigung aus.[35] Für die ordentliche Kündigung gilt dabei nichts anderes, weil auch hier eine abschließende Interessenabwägung erforderlich ist (→ § 133 Rn. 9). Es macht einen Unterschied, ob ein Arbeitsverhältnis über viele Jahre beanstandungsfrei verlaufen oder durch eine Mehrzahl von Abmahnungen belastet worden ist. Dabei sind allerdings entgegen der Auffassung des BAG nicht nur gleichartige Abmahnungen zu berücksichtigen. Insoweit ist zu beachten, dass das Erfordernis der Gleichartigkeit von Abmahnungssachverhalt und Kündigungsgrund zum einen dem Verhältnismäßigkeitsgrundsatz Rechnung trägt und zum anderen besteht, um die negative Prognose weiterer Pflichtverletzungen zu begründen. Dagegen geht es bei der Interessenabwägung darum, im Rahmen einer Gesamtwürdigung das Interesse des AG an der sofortigen Beendigung des Arbeitsverhältnisses gegen das Interesse des AN an dessen Fortbestand abzuwägen.[36] Zu Konsequenzen in Bezug auf die Entfernung einer Abmahnung aus der Personalakte → Rn. 31.[37] 13

---

25 BAG 9.8.1984 AP Nr. 12 zu § 1 KSchG 1969 Verhaltensbedingte Kündigung = NZA 1985, 124; 18.2.1977 AP Nr. 10 zu § 130 BGB.

26 BAG 13.3.1991 AP Nr. 5 zu § 611 BGB Abmahnung = NZA 1991, 768.

27 BAG 19.2.2009 AP Nr. 46 zu § 626 BGB Verdacht strafbarer Handlung = NZA 2009, 894.

28 BAG 23.6.2009 AP Nr. 3 zu § 106 GewO = NZA 2009, 1011; 31.8.1994 AP Nr. 98 zu § 37 BetrVG 1972 = NZA 1995, 225; zu Recht aA ErfK/*Niemann* BGB § 626 Rn. 34.

29 BAG 13.11.1991 AP Nr. 7 zu § 611 BGB Abmahnung = NZA 1992, 690.

30 Str., wie hier BAG 30.5.1996 AP Nr. 2 zu § 611 BGB Nebentätigkeit = NZA 1997, 145; MüKoBGB/*Henssler* § 626 Rn. 95; ErfK/*Niemann* BGB § 626 Rn. 34; SPV Kündigung/*Preis* Rn. 12; aA LAG Düsseldorf 2.11.1990 DB 1991, 975; KR/*Fischermeier* BGB § 626 Rn. 293 mwN.

31 Ebenso APS/*Vossen* KSchG § 1 Rn. 366a; HaKo-KSchR/*Zimmermann* KSchG § 1 Rn. 285; *Wilhelm* NZA-RR 2002, 449; aA ArbG Frankfurt/Oder 7.4.1999 DB 2000, 146; *Schaub* NJW 1990, 876.

32 Vgl. dazu BAG 18.9.1997 AP Nr. 138 zu § 626 BGB = NZA 1998, 95.

33 BAG 10.10.2002 EzA Nr. 1 zu § 626 BGB 2002 Unkündbarkeit; 18.11.1986 AP Nr. 17 zu § 1 KSchG 1969 Verhaltensbedingte Kündigung = NZA 1987, 458; 27.1.1988 ZTR 1988, 309.

34 Vgl. dazu BAG 27.9.2012 AP Nr. 74 zu § 15 KSchG 1969 = NZA 2013, 425; *Schrader* NZA 2011, 180 (181).

35 BAG 10.6.2010 AP Nr. 229 zu § 626 BGB = NZA 2010, 1227.

36 Vgl. BAG 10.6.2010 AP Nr. 229 zu § 626 BGB = NZA 2010, 1227.

37 BAG 19.7.2012 AP Nr. 34 zu § 611 BGB Abmahnung = NZA 2013, 91.

14 **4. Erklärungsfrist.** Für den Ausspruch einer Abmahnung besteht keine feste Ausschlussfrist.[38] Vielmehr steht es dem AG grundsätzlich frei, ob und wann er eine Abmahnung ausspricht. Gleichwohl kann nicht verkannt werden, dass die Wirkungen einer Abmahnung umso schwächer werden, je länger der AG wartet. Unabhängig davon kann das Recht zur Abmahnung verwirken, wenn neben einem längeren Zeitablauf ein Vertrauenstatbestand des AN auf ungestörte Vertragsentwicklung besteht.[39]

15 **5. Vorweggenommene Abmahnung.** Eine vorweggenommene Kündigungsandrohung durch Aushang am „Schwarzen Brett", Rundschreiben oder im Arbeitsvertrag, mit welcher der AG darauf hinweist, dass er ein bestimmtes, näher bezeichnetes Verhalten nicht duldet und für den Fall der Pflichtwidrigkeit die Kündigung des Arbeitsverhältnisses ankündigt, genügt grundsätzlich nicht den Anforderungen einer Abmahnung.[40] Die besondere Warn- und Hinweisfunktion wird regelmäßig nur erfüllt, wenn der AG auf eine konkrete Vertragsverletzung reagiert und diese Pflichtwidrigkeit zum Anlass nimmt, den AN an die Einhaltung der Vertragspflichten zu erinnern und damit die Kündigungsandrohung verbindet. Gleichwohl sind solche Erklärungen nicht völlig bedeutungslos, weil sie im Einzelfall bei schwereren Vertragsverletzungen eine Abmahnung vor Ausspruch einer Kündigung entbehrlich machen können.[41] Besteht zwischen AG und AN Streit über den Inhalt der Arbeitsaufgaben und verlangt der AN die Freistellung von der Arbeitspflicht bis zur gerichtlichen Klärung des Streits, kann der AG den AN durch die Androhung einer Kündigung für den Fall der Arbeitseinstellung wirksam vorab abmahnen.[42]

III. Abmahnung und Kündigung

16 **1. Verhältnismäßigkeitsgrundsatz.** Vor einer verhaltensbedingten Kündigung hat der AG regelmäßig eine Abmahnung auszusprechen, wenn der AN mit vertretbaren Gründen davon ausgehen konnte, sein Verhalten sei entweder nicht vertragswidrig oder werde vom AG zumindest nicht als erhebliches, den Bestand des Arbeitsverhältnisses gefährdendes Verhalten angesehen.[43] Eine Kündigung ist nicht gerechtfertigt, wenn es andere geeignete mildere Mittel gibt, um die Vertragsstörung zukünftig zu beseitigen.[44] Als milderes Mittel gegenüber der Kündigung ist die Abmahnung stets in Betracht zu ziehen.[45] Sie ist dann alternatives Gestaltungsmittel, wenn schon sie geeignet ist, den mit der Kündigung verfolgten Zweck – die Vermeidung des Risikos künftiger Störungen – zu erreichen.[46]

17 **2. Negative Prognose.** Zur Begründung einer negativen Prognose bedarf es regelmäßig einer Abmahnung (zur Entbehrlichkeit → Rn. 23). Ist der AN wegen gleichartiger Pflichtverletzungen schon einmal abgemahnt worden und verletzt er seine vertraglichen Pflichten gleichwohl erneut, kann regelmäßig davon ausgegangen werden, es werde auch weiterhin zu Vertragsstörungen kommen. Es reicht dabei aus, dass die jeweiligen Pflichtwidrigkeiten aus demselben Bereich stammen und somit Abmahnungs- und Kündigungsgründe in einem inneren Zusammenhang stehen.[47] Eine bestimmte Anzahl von Abmahnungen ist grundsätzlich nicht erforderlich.[48] Zur Begründung der negativen Prognose kann es freilich je nach Schwere

[38] BAG 13.12.1989 RzK I 1 Nr. 57 (8 Wochen nicht beanstandet); 15.1.1986 AP Nr. 96 zu § 611 BGB Fürsorgepflicht = NZA 1986, 421; ErfK/*Niemann* BGB § 626 Rn. 31; vgl. hierzu *Falkenberg* NZA 1988, 489; *Hunold* DB 1986, 2050.

[39] DDZ/*Deinert* BGB § 314 Rn. 74; APS/*Vossen* KSchG § 1 Rn. 409.

[40] Ebenso *Adam* AuR 2001, 41 (42); HaKo-KSchR/*Zimmermann* KSchG § 1 Rn. 272; DDZ/*Deinert* BGB § 314 Rn. 75; ähnlich KR/*Fischermeier* BGB § 626 Rn. 280.

[41] Zutr. deshalb LAG Köln 6.8.1999 LAGE § 626 BGB Nr. 127 zum mehrfachen Diebstahl von Lebensmitteln in einem Großhandel; zu weitgehend allerdings LAG Hamm 16.12.1982 BB 1983, 1601 und LAG Köln 12.11.1993 LAGE § 1 KSchG Verhaltensbedingte Kündigung Nr. 40 zur Kündigung bei nicht rechtzeitiger Vorlage einer Arbeitsunfähigkeitsbescheinigung; SPV Kündigung/*Preis* Rn. 1207.

[42] BAG 5.4.2001 AP Nr. 32 zu § 99 BetrVG 1972 Einstellung = NZA 2001, 893.

[43] BAG 17.2.1994 AP Nr. 115 zu § 626 BGB = NZA 1994, 656.

[44] BAG 12.1.2006 AP Nr. 54 zu § 1 KSchG 1969 Verhaltensbedingte Kündigung = NZA 2006, 980.

[45] BAG 19.11.2015 AP Nr. 75 zu § 1 KSchG 1969 Verhaltensbedingte Kündigung = NZA 2016, 540; 27.9.2012 AP Nr. 240 zu § 626 BGB; 9.6.2011 AP Nr. 64 zu § 1 KSchG 1969 Verhaltensbedingte Kündigung = NZA-RR 2012, 12.

[46] BAG 14.11.2014 AP Nr. 249 zu § 626 BGB = NZA 2015, 294; 27.1.2011 AP Nr. 49 zu § 626 BGB Verdacht strafbarer Handlung = NZA 2011, 798.

[47] BAG 9.6.2011 AP Nr. 236 zu § 626 BGB = NZA 2011, 1342.

[48] Ebenso HaKo-KSchR/*Zimmermann* KSchG § 1 Rn. 266; KR/*Fischermeier* BGB § 626 Rn. 288; SPV Kündigung/*Preis* Rn. 1204.

der Pflichtwidrigkeit nicht ausreichend sein, wenn der AN nur einmal abgemahnt wurde. Insbesondere wenn der abgemahnte Vorfall längere Zeit zurückliegt und nicht gravierend war, ist im Einzelfall zu prüfen, ob vor Ausspruch der Kündigung noch eine weitere Abmahnung erforderlich ist.[49]

3. Steuerbares Verhalten. Nach der Rechtsprechung des BAG ist das Abmahnungserfordernis bei jeder Kündigung zu prüfen, die wegen eines steuerbaren Verhaltens des AN erfolgt ist (zur Entbehrlichkeit der Abmahnung → Rn. 23).[50] In solchen Fällen ist grundsätzlich davon auszugehen, dass durch die Androhung von Folgen für den Bestand des Arbeitsverhältnisses das künftige Verhalten des AN positiv beeinflusst werden kann.[51] Bei personenbedingten Gründen ist eine Abmahnung jedenfalls dann entbehrlich, wenn der AN keine Bereitschaft zeigt, an der an sich möglichen Behebung des personenbedingten Leistungshindernisses (zB Sprachkenntnisse) mitzuwirken.[52] 18

4. Vielzahl von Abmahnungen. Zahlreiche Abmahnungen wegen gleichartiger Pflichtverletzungen, denen keine weiteren Konsequenzen folgen, können die Warnfunktion der Abmahnungen abschwächen. Eine Abmahnung kann diese Funktion nur erfüllen, wenn der AN diese Drohung ernst nehmen muss; es darf sich nicht um eine „leere" Drohung handeln.[53] Dies kann je nach den Umständen nicht mehr der Fall sein, wenn jahrelang die Kündigung stets nur angedroht wird. Der AG muss dann die letzte Abmahnung vor Ausspruch einer Kündigung besonders eindringlich gestalten, um dem AN klar zu machen, dass weitere Pflichtverletzungen dieser Art nunmehr zum Ausspruch einer Kündigung führen werden.[54] Angesichts der im Arbeitsleben verbreiteten Praxis, bei als leichter empfundenen Vertragsverstößen einer Kündigung mehrere – häufig drei – Abmahnungen vorausgehen zu lassen, kann in aller Regel nicht bereits die dritte Abmahnung als „entwertet" angesehen werden.[55] 19

5. Gleichartigkeit von Abmahnung und Kündigungsgrund. Soweit aus Gründen der Verhältnismäßigkeit der Kündigung eine Abmahnung voranzugehen hat, müssen die Vertragsverletzungen gleichartig sein.[56] Verletzt der AN seine vertraglichen Pflichten und ist er wegen gleichartiger Pflichtverletzungen schon einmal abgemahnt worden, kann regelmäßig davon ausgegangen werden, es werde auch weiterhin zu derartigen Vertragsstörungen kommen. Dabei ist nicht erforderlich, dass es sich um identische Pflichtverletzungen handelt.[57] Es reicht aus, dass die jeweiligen Pflichtwidrigkeiten aus demselben Bereich stammen und somit Abmahnungs- und Kündigungsgründe in einem inneren Zusammenhang stehen.[58] Entscheidend ist letztlich, ob der AN aufgrund der Abmahnung erkennen konnte, der AG werde weiteres Fehlverhalten nicht hinnehmen, sondern ggf. mit einer Kündigung reagieren.[59] Vertragsverstöße, die zu bereits abgemahnten Pflichtverletzungen in keinem Zusammenhang stehen, können nichts zur Beantwortung der Frage beitragen, ob mit einer Wiederholung der abgemahnten Pflichtverletzungen zu rechnen ist. Nach der Rechtsprechung des BAG sind Verspätungen und Verstöße gegen die Anzeigepflicht nach dem EFZG gleichartig, weil diese Pflichtverletzungen Ausdruck einer spezifischen Unzuverlässigkeit sind. Sie zeigen, dass der AN es „nicht so genau hält" und pünktliches Erscheinen zur Arbeit oder, falls das nicht möglich ist, die Unterrichtung über zu erwartende Verspätung oder absehbares Nichterscheinen für sich nicht als Verpflichtung begreift, sondern als eher unverbindlichen Vorschlag, dem man nicht immer folgen muss.[60] 20

[49] BAG 25.10.2012 AP Nr. 239 zu § 626 BGB = NZA 2013, 319; 9.6.2011 AP Nr. 64 zu § 1 KSchG 1969 Verhaltensbedingte Kündigung = NZA-RR 2012, 12.

[50] BAG 25.10.2012 AP Nr. 239 zu § 626 BGB = NZA 2013, 319; 19.4.2012 AP Nr. 13 zu § 14 KSchG 1969 = NZA 2013, 27.

[51] BAG 27.2.2020 AP Nr. 277 zu § 626 BGB mAnm *Hergenröder* = NZA 2020, 1405.

[52] BAG 28.1.2010 AP Nr. 4 zu § 3 AGG = NZA 2010, 625.

[53] BAG 27.9.2012 AP Nr. 74 zu § 15 KSchG 1969 = NZA 2013, 425.

[54] BAG 15.11.2001 AP Nr. 4 zu § 1 KSchG 1969 Abmahnung = NZA 2002, 968; dazu *Kammerer* BB 2002, 1747.

[55] BAG 16.9.2004 AP Nr. 50 zu § 1 KSchG 1969 Verhaltensbedingte Kündigung = NZA 2005, 459 ebenso BAG 27.9.2012 AP Nr. 74 zu § 15 KSchG 1969 = NZA 2013, 425.

[56] BAG 13.12.2007 AP Nr. 64 zu § 4 KSchG 1969 = NZA 2008, 589; KR/*Fischermeier* BGB § 626 Rn. 295.

[57] BAG 9.6.2011 AP Nr. 236 zu § 626 BGB = NZA 2011, 1342.

[58] BAG 19.4.2012 NZA-RR 2012, 567; 13.12.2007 AP Nr. 64 zu § 4 KSchG 1969 = NZA 2008, 589.

[59] BAG 9.6.2011 AP Nr. 236 zu § 626 BGB = NZA 2011, 1342.

[60] BAG 16.9.2004 AP Nr. 50 zu § 1 KSchG 1969 Verhaltensbedingte Kündigung = NZA 2005, 459.

21 **6. Bedeutung unwirksamer Abmahnungen.** Erweist sich eine Abmahnung als unwirksam (zum Rechtsschutz → Rn. 31 ff.), ist fraglich, ob ihr gleichwohl noch eine kündigungsrechtliche Warnfunktion zukommen kann. Richtigerweise ist zu unterscheiden: Ist eine Abmahnung wegen Verstoßes gegen eine tarifvertragliche Anhörungspflicht formfehlerhaft und deshalb aus der Personalakte zu entfernen, führt dies nicht dazu, dass sich der AG nicht mehr auf das Fehlverhalten berufen kann. Maßgeblich ist vielmehr die sachliche Berechtigung der Abmahnung und ob der AN ihr den Hinweis entnehmen kann, der AG erwäge im Wiederholungsfall die Kündigung. Sind diese Voraussetzungen gegeben, ist der AN unabhängig von formellen Unvollkommenheiten der Abmahnung gewarnt.[61] Dagegen können aus einer materiell ungerechtfertigten Abmahnung, die der AG aufgrund einer gerichtlichen Entscheidung aus der Personalakte zu entfernen hat (dazu → Rn. 31) grundsätzlich keine nachteiligen Konsequenzen für den AN gezogen werden. In einem späteren Kündigungsschutzprozess ist von der Unwirksamkeit der Abmahnung auszugehen. Schließt ein AN mit dem AG einen Prozessvergleich über die Entfernung der Abmahnung aus der Personalakte nach Ablauf einer Frist, bedeutet das allerdings nach – abzulehnenden – Teilen der Rechtsprechung nicht unbedingt die Anerkennung der Richtigkeit der Abmahnung.[62]

22 **7. Beispiele erforderlicher Abmahnungen.** Die Rechtsprechung hat eine Abmahnung vor Ausspruch einer Kündigung beispielsweise für erforderlich gehalten, wenn einem Konzertmeister der Vorwurf mangelhafter Führungseigenschaft gemacht wird,[63] eine Kassiererin entgegen einer Kassenanweisung die vorgelegte Ware nicht hinreichend überprüft,[64] eine Kassiererin nach über 30 Jahren ungestörter Betriebszugehörigkeit unberechtigt einen Pfandbon einlöst,[65] eine Tierärztin die Fleischbeschau nur mangelhaft durchführt,[66] ein AN sich weigert, vertretungsweise die Küchenleitung zu übernehmen,[67] er unerlaubt Nebentätigkeiten nachgeht,[68] während der Arbeitszeit ein Buch liest oder Briefmarken sortiert,[69] sich weigert, klare Arbeitsanweisungen zu befolgen,[70] unentschuldigt fehlt,[71] wiederholt unpünktlich ist[72] und ohne Erlaubnis den Arbeitsplatz verlässt,[73] die Arbeitsunfähigkeit nicht oder nicht rechtzeitig anzeigt bzw. nachweist.[74] Eine vorherige Abmahnung ist weiterhin regelmäßig erforderlich bei Verstößen gegen betriebliche Rauch- und Alkoholverbote,[75] Privattelefonaten, wenn der AG sie in der Vergangenheit in „gewissem" Umfang geduldet hat (Entsprechendes gilt für die Internetnutzung, → § 127 Rn. 96),[76] politischen Meinungsäußerungen und parteipolitischer Betätigung im Betrieb,[77] Verweigerung der Arbeit aus Gewissensgründen,[78] Teilnahme an politischen Demonstrationen,[79] homologer Insemination eines Chefarztes in einem katholischen Krankenhaus.[80] Hat ein AN in einem Rechtsstreit mit dem AG eine unrichtige eidesstattliche Erklärung abgegeben, kann nach Auffassung des BAG im Einzelfall eine hierauf gestützte nachfolgende Kündigung unverhältnismäßig sein, wenn dem AN nur vorgewor-

[61] BAG 28.6.2018 AP Nr. 270 zu § 626 BGB = NZA 2018, 1259; 19.2.2009 AP Nr. 46 zu § 626 BGB Verdacht strafbarer Handlung = NZA 2009, 894.
[62] LAG Hamm 5.2.1990 NZA 1990, 540.
[63] BAG 29.7.1976 AP Nr. 9 zu § 1 KSchG Verhaltensbedingte Kündigung.
[64] BAG 7.9.1988 AP Nr. 2 zu § 611 BGB Abmahnung = NZA 1989, 272.
[65] BAG 10.6.2010 NZA 2010, 1227.
[66] BAG 18.11.1986 AP Nr. 17 zu § 1 KSchG 1969 Verhaltensbedingte Kündigung = NZA 1987, 418.
[67] BAG 21.11.1985 AP Nr. 12 zu § 1 KSchG 1969 = NZA 1986, 713.
[68] BAG 11.12.2001 AP Nr. 8 zu § 611 BGB Nebentätigkeit = NZA 2002, 965; anders allerdings BAG 18.9.2008 NZA-RR 2009, 393 für offensichtlich nicht genehmigungsfähige Nebentätigkeiten.
[69] BAG 27.1.1988 ZTR 1988, 309.
[70] BAG 15.1.1986 AP Nr. 96 zu § 611 BGB Fürsorgepflicht = NZA 1986, 421.
[71] BAG 15.3.2001 EzA Nr. 185 zu § 626 BGB nF; 17.1.1991 AP Nr. 25 zu § 1 KSchG 1969 Verhaltensbedingte Kündigung = NZA 1991, 557.
[72] LAG Bln 12.8.1996 LAGE § 1 KSchG Verhaltensbedingte Kündigung Nr. 55.
[73] BAG 17.3.1988 AP Nr. 99 zu § 626 BGB = NZA 1989, 361; 13.3.1987 AP Nr. 18 zu § 1 KSchG 1969 Verhaltensbedingte Kündigung = NZA 1987, 518.
[74] BAG 16.8.1991 AP Nr. 27 zu § 1 KSchG 1969 Verhaltensbedingte Kündigung = NZA 1993, 17.
[75] BAG AP Nr. 5 zu § 1 KSchG 1969 Verhaltensbedingte Kündigung = NJW 1983, 700.
[76] Vgl. hierzu BAG 27.11.2003 AP Nr. 27 zu § 319 ZPO = NZA 2004, 452.
[77] Vgl. BAG 9.12.1982 AP Nr. 73 zu § 626 BGB; ArbG Berlin 20.12.1996 NZA-RR 1997, 281.
[78] HessLAG 20.12.1994 DB 1995, 1619; vgl. dazu auch BAG 24.5.1989 AP Nr. 1 zu § 611 BGB Gewissensfreiheit.
[79] LAG SchlH NZA 1995, 842.
[80] BAG 7.10.1993 AP Nr. 114 zu § 626 BGB = NZA 1994, 443.

fen werden kann, er habe die eidesstattliche Erklärung nicht vorsichtig genug formuliert und nur in Teilen leichtfertig falsche Angaben gemacht. In einem solchen Fall könne zur Herbeiführung künftiger Vertragstreue eine Abmahnung ausreichend sein.[81]

8. Entbehrlichkeit der Abmahnung. Die Abmahnung ist nach dem in § 314 II iVm § 323 II BGB zum Ausdruck kommenden Verhältnismäßigkeitsgrundsatz entbehrlich, wenn der AN nicht willens oder nicht in der Lage ist, sich vertragstreu zu verhalten, wenn mit anderen Worten bereits ex ante erkennbar ist, dass eine Verhaltensänderung in Zukunft selbst nach Abmahnung nicht zu erwarten steht.[82] Eine Kündigung ohne vorherige Abmahnung ist ferner möglich, wenn die Kündigung nach Abwägung aller Umstände angesichts von Art, Schwere und Folgen der Pflichtverletzung billigenswert und angemessen erscheint, dem AN die Rechtswidrigkeit der Pflichtwidrigkeit ohne Weiteres erkennbar ist und er mit deren Billigung durch den AG offensichtlich nicht rechnen konnte.[83] Dieses Erfordernis gilt grundsätzlich auch bei Störungen im Vertrauensbereich.[84] 23

9. Beispiele nicht erforderlicher Abmahnungen. Entbehrlich ist eine Abmahnung beispielsweise bei sexuellen Belästigungen eines Vorgesetzten gegenüber weiblichen Beschäftigten,[85] insbesondere Auszubildenden,[86] strafbaren Handlungen wie sexuellem Übergriffen einer angestellten Lehrkraft gegenüber unterstellten Schülerinnen,[87] Diebstahl,[88] Unterschlagung, Untreue, Betrug,[89] Tätlichkeiten[90] oder groben Beleidigungen von Vorgesetzten und Arbeitskollegen,[91] Missbrauch von Kontrolleinrichtungen (Stempeluhren),[92] Schmiergeldannahme,[93] Spesenbetrügereien.[94] Ferner zählen hierzu beharrliche Arbeitsverweigerung,[95] Selbstbeurlaubung,[96] Loyalitätsverletzungen eines leitenden Angestellten,[97] Vortäuschen der Arbeitsunfähigkeit und Nebentätigkeiten während der Arbeitsunfähigkeit,[98] schweren Verstößen gegen die Rücksichtnahmepflichten bei Arbeitsunfähigkeit,[99] Androhung von Arbeitsunfähigkeit, wenn Urlaub nicht genehmigt wird,[100] unerlaubte Installation einer Anonymisie- 24

[81] BAG 31.7.2014 AP Nr. 73 zu § 1 KSchG 1969 Verhaltensbedingte Kündigung = NZA 2015, 358.
[82] BAG 27.2.2020 AP Nr. 277 zu § 626 BGB mAnm *Hergenröder* = NZA 2020, 1405; 5.12.2019 AP Nr. 77 zu § 1 KSchG 1969 Verhaltensbedingte Kündigung = NZA 2020, 647; 13.12.2018 AP Nr. 274 zu § 626 BGB = NZA 2019, 445; 19.11.2015 AP Nr. 75 zu § 1 KSchG 1969 Verhaltensbedingte Kündigung = NZA 2016, 540; 31.7.2014 AP Nr. 73 zu § 1 KSchG 1969 Verhaltensbedingte Kündigung = NZA 2015, 358.
[83] BAG 27.2.2020 AP Nr. 277 zu § 626 BGB mAnm *Hergenröder* = NZA 2020, 1405; 13.12.2018 AP Nr. 274 zu § 626 BGB = NZA 2019, 445; 19.11.2015 AP Nr. 75 zu § 1 KSchG 1969 Verhaltensbedingte Kündigung = NZA 2016, 540; 20.11.2014 AP Nr. 249 zu § 626 BGB = NZA 2015, 294; 23.10.2014 NJW 2015, 651; 25.10.2012 AP Nr. 239 zu § 626 BGB = NZA 2013, 319.
[84] BAG 9.6.2011 AP Nr. 234 zu § 626 BGB = NZA 2011, 1027.
[85] Anders freilich im Einzelfall bei nachhaltiger Reue vor Ausspruch der Kündigung, dazu BAG 20.11.2014 AP Nr. 249 zu § 626 BGB = NZA 2015, 294; zur Kündigung nach einer Abmahnung BAG 9.6.2011 AP Nr. 236 zu § 626 BGB = NZA 2011, 1324.
[86] BAG 9.1.1986 AP Nr. 20 zu § 626 BGB Ausschlussfrist = NZA 1986, 467.
[87] BAG 23.10.2014 AP Nr. 248 zu § 626 BGB = NZA 2015, 353; ähnlich BAG 26.9.2013 AP Nr. 246 zu § 626 BGB = NZA 2014, 529.
[88] Einschränkend BAG 10.6.2010 AP Nr. 229 zu § 626 BGB = NZA 2010, 1227 (Pfandbons).
[89] BAG 16.12.2010 AP Nr. 232 zu § 626 BGB = NZA 2011, 571; 11.12.2003 AP Nr. 179 zu § 626 BGB = NZA 2004, 486; 12.8.1999 AP Nr. 28 zu § 626 BGB Verdacht strafbarer Handlung = NZA 2000, 421.
[90] BAG 18.9.2008 DB 2009, 964; 6.10.2005 AP Nr. 25 § 1 KSchG 1969 Personenbedingte Kündigung = NZA 2006, 431.
[91] BAG 12.7.1984 AP Nr. 32 zu § 102 BetrVG 1972 = NZA 1985, 96; 31.3.1993 AP Nr. 32 zu § 626 BGB Ausschlussfrist; 24.10.1996 RzK I 5 i Nr. 120.
[92] Vgl. BAG 9.6.2011 AP Nr. 234 zu § 626 BGB = NZA 2011, 1027; 21.4.2005 AP Nr. 4 zu § 91 SGB IX = NZA 2005, 991; 12.8.1999 AP Nr. 51 zu § 123 BGB = NZA 2000, 27; 13.8.1987 RzK I 5 i Nr. 31.
[93] BAG 21.6.2001 EzA Nr. 7 zu § 626 BGB Unkündbarkeit; 15.11.1995 AP Nr. 73 zu § 102 BetrVG 1972 = NZA 1996, 419.
[94] BAG 22.11.1962 AP Nr. 49 zu § 626 BGB; LAG Köln 2.3.1999 RzK I 6 a Nr. 174; LAG Frankfurt 5.7.1988 LAGE § 1 KSchG Verhaltensbedingte Kündigung Nr. 20.
[95] BAG 21.11.1996 AP Nr. 130 zu § 626 BGB = NZA 1997, 487.
[96] BAG 10.2.1999 AP Nr. 42 zu § 15 KSchG 1969 = NZA 1999, 708.
[97] BAG 11.3.1999 AP Nr. 149 zu § 626 BGB = NZA 1999, 587.
[98] BAG 17.6.2003 NZA 2004, 564; 26.8.1993 AP Nr. 112 zu § 626 BGB = NZA 1994, 63.
[99] BAG 2.3.2006 AP Nr. 14 zu § 626 BGB Krankheit = NZA-RR 2006, 636.
[100] BAG 12.3.2009 AP Nr. 15 zu § 626 BGB Krankheit = NZA 2009, 779; 17.6.2003 NZA 2004, 564; 5.11.1992 AP Nr. 4 zu § 626 BGB Krankheit = NZA 1993, 308.

rungssoftware auf einem dienstlichen Rechner,[101] unerlaubte, ausschweifende Privatnutzung des Internets,[102] Verstoß gegen Wettbewerbsverbote,[103] besonders unangemessenes Verhalten einer Verkäuferin,[104] ausländerfeindliche Äußerungen,[105] schwere Straftaten im außerdienstlichen Bereich eines Angestellten im öffentlichen Dienst.[106] Verklebt eine Grundschullehrerin Schülern zu Disziplinierungszwecken die Münder mit Tesafilm, rechtfertigt dies eine ordentliche Kündigung auch ohne vorherige Abmahnung.[107] Manipuliert ein AN Akten und versucht er im Anschluss daran, seine Pflichtverstöße zu verschleiern und eine korrekte Aufgabenerfüllung vorzutäuschen, zerstört er das in ihn gesetzte Vertrauen, so dass eine ordentliche Kündigung ohne vorherige Abmahnung in Betracht kommt.[108] Bei allen diesen Beispielen ist zu beachten, dass die Umstände des Einzelfalls von entscheidender Bedeutung sind und insbesondere bei langer Betriebszugehörigkeit und geringem Verschulden des AN auch eine andere Entscheidung in Betracht kommt.

25 **10. Kündigungsverzicht durch Abmahnung.** Mit dem Ausspruch einer Abmahnung verzichtet der AG idR zugleich auf das Recht zur Kündigung aus den Gründen, wegen derer die Abmahnung erfolgt ist.[109] Aus der maßgeblichen Empfängersicht erklärt der AG mit der Ankündigung, erst im Wiederholungsfall eine Kündigung auszusprechen, stillschweigend zugleich, eben dies aufgrund der aktuell gerügten Pflichtenverstöße nicht tun zu wollen. Darin liegt sein bewusster Rechtsverzicht. Auf das dafür maßgebliche Motiv kommt es nicht an.[110] Dies gilt allerdings dann nicht, wenn der Abmahnung selbst oder den Umständen zu entnehmen ist, dass der AG die Sache mit der Abmahnung nicht als „erledigt" ansieht.[111] Diese Grundsätze gelten auch außerhalb des Anwendungsbereiches des KSchG, denn sie beruhen nicht auf spezifischen kündigungsschutzrechtlichen Erwägungen, sondern auf allgemeinen zivilrechtlichen Grundsätzen.[112] Der AG kann deshalb eine spätere Kündigung nicht allein auf die abgemahnten Gründe stützen, sondern hierauf nur unterstützend zurückgreifen, wenn weitere kündigungsrechtlich erhebliche Umstände eintreten oder ihm nachträglich bekannt werden.[113]

26 Ein Verzicht kann allerdings nur dann angenommen werden, wenn die Vertragsrüge **deutlich und unzweifelhaft** zu erkennen gibt, dass der AG den vertraglichen Pflichtverstoß hiermit als ausreichend sanktioniert ansieht.[114] Weist der AG den AN an, einen zumutbaren Arbeitsplatz anzunehmen, besteht auch nach der ersten Weigerung die Pflicht fort, dort tätig zu werden. Durch den Ausspruch einer Abmahnung im Falle der Weigerung des AN, den Arbeitsplatz anzunehmen, weist der AG auf die nach seiner Sicht bestehende Pflicht hin und droht für den Fall der fortgesetzten Ablehnung dieses Arbeitsangebots die Kündigung an. Der AN kann aus dieser Abmahnung nicht herleiten, der AG wolle auf ein Kündigungsrecht auch für den Fall verzichten, dass der AN bei seiner Weigerung bleibt.[115] Eine bloße Ermahnung „verbraucht" dagegen nicht das Kündigungsrecht, weil ihr die Kündigungsandrohung fehlt.[116] Eine Abmahnung führt nur hinsichtlich der zum Zeitpunkt ihrer Erteilung vorliegenden und **bekannten**

[101] BAG 12.1.2006 AP Nr. 54 zu § 1 KSchG 1969 Verhaltensbedingte Kündigung = NZA 2006, 980.
[102] BAG 7.7.2005 AP Nr. 192 zu § 626 BGB = NZA 2006, 98.
[103] BAG 26.1.1995 EzA Nr. 155 zu § 626 BGB; 25.4.1991 AP Nr. 104 zu § 626 BGB = NZA 1992, 212.
[104] LAG SchlH 5.10.1998 LAGE § 626 BGB Nr. 122.
[105] BAG 1.7.1999 AP Nr. 11 zu § 15 BBiG = NZA 1999, 1270; 14.2.1996 AP Nr. 26 zu § 626 BGB Verdacht strafbarer Handlung = NZA 1996, 873.
[106] BAG 8.6.2000 AP Nr. 163 zu § 626 BGB = NZA 2000, 1282 (Totschlag).
[107] BAG 19.4.2012 AP Nr. 67 zu § 1 KSchG 1969 Verhaltensbedingte Kündigung = NZA 2012, 1274.
[108] BAG 23.1.2014 AP Nr. 70 zu § 1 KSchG 1969 Verhaltensbedingte Kündigung = NZA 2014, 965.
[109] BAG 19.11.2015 AP Nr. 75 zu § 1 KSchG 1969 Verhaltensbedingte Kündigung = NZA 2016, 540; 13.5.2015 AP Nr. 254 zu § 626 BGB; 26.11.2009 AP Nr. 61 zu § 1 KSchG 1969 Verhaltensbedingte Kündigung = NZA 2010, 823; 13.12.2007 AP Nr. 83 zu § 1 KSchG 1969 = NZA 2008, 403.
[110] BAG 26.11.2009 AP Nr. 61 zu § 1 KSchG 1969 Verhaltensbedingte Kündigung = NZA 2010, 823; aA *Raab* FS Buchner, 704.
[111] BAG 19.11.2015 AP Nr. 75 zu § 1 KSchG 1969 Verhaltensbedingte Kündigung = NZA 2016, 540; 13.5.2015 AP Nr. 254 zu § 626 BGB.
[112] BAG 13.12.2007 AP Nr. 83 zu § 1 KSchG 1969 = NZA 2008, 403.
[113] BAG 26.11.2009 AP Nr. 61 zu § 1 KSchG 1969 Verhaltensbedingte Kündigung = NZA 2010, 823; 2.2.2006 AP Nr. 52 zu § 1 KSchG 1969 Verhaltensbedingte Kündigung = NZA 2006, 880.
[114] BAG 6.3.2003 AP Nr. 30 zu § 611 BGB Abmahnung = NZA 2003, 1388.
[115] BAG 2.2.2006 AP Nr. 52 zu § 1 KSchG 1969 Verhaltensbedingte Kündigung = NZA 2006, 880.
[116] BAG 9.3.1995 NZA 1996, 875.

Gründe zum Verzicht auf das Kündigungsrecht.[117] Unberührt bleibt das Recht des AG, bei neuen Pflichtverletzungen unterstützend auf das abgemahnte Fehlverhalten zurückzugreifen. Andererseits kann der AG nach erfolgloser Kündigung wegen desselben Sachverhaltes, der für eine Kündigung nicht ausgereicht hat, abmahnen.[118]

IV. Mitwirkung des Betriebsrats

1. Mitbestimmung. Die Abmahnung als Ausübung eines arbeitsvertraglichen Rügerechts 27 unterliegt nicht der Mitbestimmung des **BR.**[119] Ein Mitbestimmungsrecht besteht nur, wenn die Abmahnung der Sache nach eine Betriebsbuße darstellt (dazu → § 58 Rn. 1 ff.).[120] Der BR kann vom AG auch keine Abschrift der Abmahnung verlangen. Unberührt bleibt jedoch das Anhörungsverfahren vor Kündigungen (§ 102 BetrVG). Vor Ausspruch einer verhaltensbedingten Kündigung hat der AG den BR auch über erfolgte Abmahnungen und die Reaktion des AN hierauf zu unterrichten.[121] Entsprechendes gilt im Allgemeinen für die Beteiligung des **PR.**[122] Je nach landesrechtlicher Regelung in den einzelnen PersVG bestehen jedoch Mitbestimmungsrechte des PR.

2. Aufsichts- und Kontrollbefugnis. Die Mitwirkungsrechte des BR nach § 102 BetrVG 28 können auch nicht mittelbar über die Aufsichts- und Kontrollbefugnis nach § 80 BetrVG erweitert werden. Der AN kann bei der Einsichtnahme in seine Personalakte ein Mitglied des BR hinzuziehen (§ 83 BetrVG). Dagegen hat der BR nach ganz hM kein eigenes Einsichtsrecht in die Personalakte. Zur Wahrnehmung von Aufsichts- und Kontrollrechten kann ihm nicht die Einsicht in Personalakten ermöglicht werden.

V. System des Rechtsschutzes

1. Keine Obliegenheit zur Klage. Der AN kann vom AG verlangen, eine zu Unrecht 29 erfolgte Abmahnung aus der Personalakte zu entfernen. Der AN ist jedoch nicht verpflichtet, zur Vermeidung von Rechtsnachteilen gegen eine aus seiner Sicht unwirksame Abmahnung etwas zu unternehmen.[123] Unternimmt der AN nichts gegen eine Abmahnung, kann der AG nicht davon ausgehen, der AN räume die erhobenen Vorwürfe ein. Dem AG steht für die Richtigkeit des abgemahnten Verhaltens kein Anscheinsbeweis zur Seite, wenn der AN – aus welchen Gründen auch immer – gegen die Abmahnungen nicht vorgeht.[124]

2. Gegendarstellung. Meint der AN, unberechtigt abgemahnt worden zu sein, kann er 30 dem AG eine Gegendarstellung zuleiten. Das Recht zur Gegendarstellung ist in § 83 II BetrVG ausdrücklich geregelt. Es ergibt sich im Übrigen aus § 242 BGB. Der AG ist freilich nicht gehalten, „langatmige Tiraden" zu den Personalakten zu nehmen, sondern nur Gegendarstellungen im Hinblick auf die Dokumentationsfunktion der Abmahnung. Beleidigende, nicht der Wahrnehmung berechtigter Interessen dienende Äußerungen brauchen nicht zu den Personalakten genommen werden. Recht und Gegenrecht müssen korrespondieren, sonst werden sie zum Rechtsmissbrauch.

3. Klage auf Entfernung der Abmahnung aus der Personalakte. a) Anspruchsgrundlage. 31 Nach der Rechtsprechung des BAG kann der AN in entsprechender Anwendung der §§ 242, 1004 BGB die Entfernung einer zu Unrecht erteilten Abmahnung aus seinen Personalunterlagen verlangen, wenn die Abmahnung formell nicht ordnungsgemäß zustande gekommen ist,[125] sie unrichtige Tatsachenbehauptungen enthält, auf einer unzutreffenden rechtlichen Bewertung des Verhaltens des AN beruht,[126] ausnahmsweise den Grundsatz der Verhältnismäßig-

[117] BAG 15.3.2001 EzA Nr. 185 zu § 626 BGB nF.
[118] BAG 7.9.1988 AP Nr. 2 zu § 611 BGB Abmahnung = NZA 1989, 272.
[119] BAG 19.7.1983 AP Nr. 5 zu § 87 BetrVG 1972 Betriebsbuße; 17.10.1989 AP Nr. 12 zu § 87 BetrVG 1972 Betriebsbuße = NZA 1990, 193.
[120] BAG 7.11.1979 AP Nr. 3 zu § 87 BetrVG 1972 Betriebsbuße.
[121] BAG 31.8.1989 AP Nr. 1 zu § 77 LPVG Schleswig-Holstein = NZA 1990, 658.
[122] OVG Münster 11.3.1992 BB 1992, 2145.
[123] KR/*Fischermeier* BGB § 626 Rn. 298; ErfK/*Niemann* BGB § 626 Rn. 35; zur Frage, ob es „klug" ist, gerichtlich die Entfernung der Abmahnung aus der Personalakte zu verlangen *Diller* ArbRB 2010, 595.
[124] BAG 13.3.1987 AP Nr. 18 zu § 1 KSchG 1969 Verhaltensbedingte Kündigung = NZA 1987, 518.
[125] BAG 27.11.2008 AP Nr. 33 zu § 611 BGB Abmahnung = NZA 2009, 842 (pauschale Vorwürfe).
[126] BAG 23.3.2009 AP Nr. 3 zu § 106 GewO = NZA 2009, 1011; 11.12.2001 AP Nr. 8 zu § 611 BGB Nebentätigkeit = NZA 2002, 965.

keit verletzt (dazu → Rn. 11)[127] oder kein schutzwürdiges Interesse des AG am Verbleib der Abmahnung in der Personalakte mehr besteht.[128] Davon kann nur ausgegangen werden, wenn das gerügte Verhalten für das Arbeitsverhältnis in jeder Hinsicht bedeutungslos geworden ist.[129] Das ist nicht der Fall, solange eine zu Recht erteilte Abmahnung etwa für eine zukünftige Entscheidung über eine Versetzung oder Beförderung und die entsprechende Eignung des AN, für die spätere Beurteilung von Führung und Leistung in einem Zeugnis oder für die im Zusammenhang mit einer möglichen späteren Kündigung erforderlich werdende Interessenabwägung von Bedeutung sein kann. Darüber hinaus kann es im berechtigten Interesse des AG liegen, die Erteilung einer Rüge im Sinne einer Klarstellung der arbeitsvertraglichen Pflichten weiterhin dokumentieren zu können. Demgegenüber verlangen die schutzwürdigen Interessen des AN nicht, einen Anspruch auf Entfernung einer zu Recht erteilten Abmahnung schon dann zu bejahen, wenn diese zwar ihre Warnfunktion verloren hat, ein Dokumentationsinteresse des AG aber fortbesteht. Auch wenn sich eine Abmahnung noch in der Personalakte befindet, ist im Rahmen eines möglichen Kündigungsrechtsstreits stets zu prüfen, ob ihr noch eine hinreichende Warnfunktion zukam.[130]

32 **b) Beseitigungsanspruch.** Gegenstand des Beseitigungsanspruchs ist die Beseitigung von Vorgängen, die in keinem Zusammenhang mit dem Arbeitsverhältnis stehen. Weiterhin gehören hierzu alle unrichtigen Tatsachenangaben, ganz gleich, ob sie in einem Vermerk oder in einer schriftlichen Abmahnung enthalten sind. Der Beseitigungsanspruch umfasst aber auch Bewertungen, wenn sie ungerechtfertigt sind. Auf die Vorwerfbarkeit des gerügten Verhaltens kommt es nicht an.[131] Der Beseitigungsanspruch bezieht sich nach Auffassung des BAG schließlich noch auf solche Vorgänge, die zwar inhaltlich zutreffend sind, aber für eine Kündigung wegen des erfolgten Zeitablaufs keine Bedeutung mehr haben (dazu → Rn. 13).

33 **c) Kein Austausch der Abmahnungsgründe.** Die Warn- und Androhungsfunktionen verbieten es, einen Austausch der Abmahnungsgründe oder deren Nachschieben in einem Rechtsstreit zuzulassen.[132] Stellt sich im Prozess heraus, dass die Abmahnungsgründe nicht zutreffen, kann der AG nicht andere Gründe nachschieben. Unberührt bleibt sein Recht, aus diesen Gründen eine neue Abmahnung auszusprechen. Zulässig ist dagegen, bestehende Abmahnungsgründe im Prozess näher zu konkretisieren. Soweit hiergegen eingewandt wird, ein Nachschieben von Abmahnungsgründen müsse möglich sein, weil auch ein Nachschieben von Kündigungsgründen zulässig sei,[133] wird die Warnfunktion der Abmahnung nicht genügend beachtet.

34 **d) Bestehendes Arbeitsverhältnis.** Nach Beendigung des Arbeitsverhältnisses hat der AN keinen Anspruch mehr auf Entfernung der Abmahnung aus der Personalakte. Etwas anderes gilt ausnahmsweise dann, wenn die Abmahnung dem AN auch nach Beendigung des Arbeitsverhältnisses noch schaden kann.[134]

35 **4. Klage auf Widerruf.** Auch nach Entfernung der Abmahnung aus der Personalakte kann nach der Rechtsprechung des BAG auf Widerruf der in ihr enthaltenen Erklärungen geklagt werden.[135]

36 **5. Feststellungsklage.** Eine Klage auf Feststellung der Unwirksamkeit einer Abmahnung ist unzulässig. Nach § 256 ZPO kann nur auf Feststellung eines Rechtsverhältnisses geklagt werden. Mit einem Klageantrag, die Unwirksamkeit einer Abmahnung festzustellen, wird die Feststellung einer Tatsache begehrt.[136] Es verstößt gegen § 308 I ZPO, wenn das Gericht in einem Streit über die Entfernung eines Abmahnungsschreibens den beklagten AG ohne entsprechenden Antrag für berechtigt erklärt, erneut schriftlich abzumahnen.[137]

---

[127] BAG 31.8.1994 AP Nr. 98 zu § 37 BetrVG 1972 = NZA 1995, 225.
[128] BAG 19.7.2012 AP Nr. 34 zu § 611 BGB Abmahnung = NZA 2013, 91; 12.8.2010 AP Nr. 8 zu Art. 4 GG = NZA-RR 2011, 162; 11.12.2001 AP Nr. 8 zu § 611 BGB Nebentätigkeit = NZA 2002, 965.
[129] BAG 19.7.2012 AP Nr. 34 zu § 611 BGB Abmahnung = NZA 2013, 91; ErfK/*Niemann* BGB § 626 Rn. 35a.
[130] BAG 19.7.2012 AP Nr. 34 zu § 611 BGB Abmahnung = NZA 2013, 91.
[131] BAG 7.9.1988 AP Nr. 2 zu § 611 BGB Abmahnung = NZA 1989, 272; 5.8.1992 AP Nr. 8 zu § 611 BGB Abmahnung; 27.11.1985 AP Nr. 93 zu § 611 BGB Fürsorgepflicht = NZA 1986, 227.
[132] *Pauly* NZA 1995, 449 (453); *Schaub* NJW 1990, 872 (874).
[133] LAG Bln 21.8.1989 NZA 1989, 964.
[134] BAG 17.11.2016 AP Nr. 15 zu § 626 BGB Unkündbarkeit = NZA 2017, 394.
[135] BAG 15.4.1999 AP Nr. 22 zu § 611 BGB Abmahnung = NZA 1999, 1037.
[136] BAG 17.10.1989 AP Nr. 12 zu § 87 BetrVG 1972 Betriebsbuße = NZA 1990, 193.
[137] BAG 14.12.1994 AP Nr. 14 zu § 611 BGB Abmahnung = NZA 1995, 461.

6. Vorbeugende Unterlassungsklage. Ob der AN eine vorbeugende Unterlassungsklage gegen eine Abmahnung erheben kann, ist höchst zweifelhaft. In der Instanzrechtsprechung wird sie nur dann anerkannt, wenn die objektive ernstliche Besorgnis weiterer Störungen des Arbeitsverhältnisses durch ungerechtfertigte Abmahnungen besteht.[138] Im Allgemeinen wird aber das Rechtsschutzinteresse fehlen. Umstr., aber mangels Feststellungsinteresses zu verneinen ist, ob auch der AG auf Feststellung der Rechtswirksamkeit einer Abmahnung klagen kann.[139] 37

7. Darlegungs- und Beweislast. Der AG trägt die Darlegungs- und Beweislast für die in der Abmahnung aufgestellten Tatsachenbehauptungen.[140] Macht der AN Rechtfertigungsgründe geltend, muss er substantiiert die Tatsachen vortragen, aus denen eine Rechtfertigung, zB eine Genehmigung des Verhaltens, folgen soll.[141] 38

8. Vermögensrechtliche Streitigkeit. Bei Streitigkeiten um Abmahnungen handelt es sich um vermögensrechtliche Streitigkeiten, so dass die Berufungsfähigkeit erstinstanzlicher Urteile von der Beschwerdesumme oder der Zulassung der Berufung durch das Arbeitsgericht abhängt.[142] Es entspricht billigem Ermessen, wenn der Streitwert für eine Abmahnung auf einen Monatsverdienst angesetzt wird.[143] 39

9. Ausschlussfristen. Nach Auffassung des BAG unterliegt der Beseitigungsanspruch keiner tariflichen Verfallfrist, weil er aus einer fortwirkenden Verletzung des Persönlichkeitsrechts folge.[144] Unberührt von den Verfallfristen bleibt die Möglichkeit der Prozessverwirkung.[145] Ein AN hatte im Anschluss an eine erklärte Abmahnung geäußert, gegen die tatsächlichen Grundlagen der abgemahnten Pflichtwidrigkeit wolle er nicht vorgehen. Der AG hat keine Beweissicherung vorgenommen. Das BAG ist in diesem Fall allerdings nicht von einer Verwirkung, sondern einer Beweislastumkehr ausgegangen. 40

§ 133. Verhaltensbedingte Kündigung

Übersicht

I. Allgemeine Grundsätze

1. Begriff und Abgrenzung. Nach § 1 II 1 KSchG ist eine Kündigung auch sozial ungerechtfertigt, wenn sie nicht durch Gründe, die in dem Verhalten des AN liegen, bedingt ist. Verhalten ist jedes vom Willen des AN gesteuerte Handeln. Das Handeln ist kündigungsrelevant, wenn der AN Vertragspflichten verletzt. Hierdurch unterscheidet sich der verhaltensbedingte Kündigungsgrund vom personenbedingten Kündigungsgrund (→ § 131 Rn. 1 ff.). Bei einer personenbedingten Kündigung sind mangelnde Eignung und Befähigung maßgebend, die nicht auf einem steuerbaren Verhalten beruhen.[1] Ein verhaltensbedingter Kündigungsgrund liegt vor, 1

[138] ArbG Bochum 17.5.1996 NZA-RR 1997, 82.
[139] *Jurkat* DB 1990, 2218.
[140] ErfK/*Niemann* BGB § 626 Rn. 35a.
[141] LAG Brem 6.3.1992 NZA 1992, 694; LAG Frankfurt 31.10.1986 LAGE § 611 BGB Abmahnung Nr. 5.
[142] BAG 24.2.1982 AP Nr. 3 zu § 64 ArbGG 1979.
[143] LAG Nürnberg 11.11.1992 NZA 1993, 430.
[144] BAG 14.12.1994 AP Nr. 15 zu § 611 BGB Abmahnung = NZA 1995, 676; 15.7.1987 AP Nr. 14 zu § 611 BGB Persönlichkeitsrecht = NZA 1988, 53.
[145] BAG 13.3.1987 AP Nr. 18 zu § 1 KSchG 1969 Verhaltensbedingte Kündigung = NZA 1987, 518.
[1] Ebenso HaKo-KSchR/*Denecke* KSchG § 1 Rn. 466; APS/*Vossen* KSchG § 1 Rn. 120; teilw. aA BAG 4.6.1997 AP Nr. 137 zu § 626 BGB = NZA 1997, 1281.

wenn der AN nicht will, ein personenbedingter Grund dagegen, wenn der AN nicht kann. Ein Sonderfall der verhaltensbedingten Kündigung ist nach hM die Verdachtskündigung (dazu → § 127 Rn. 136 ff.). Eine Druckkündigung (dazu → § 127 Rn. 89 f.) ist nach Auffassung des BAG alternativ als verhaltens-/personen- oder betriebsbedingte Kündigung zu prüfen.[2]

2 **2. Voraussetzungen.** Eine verhaltensbedingte Kündigung ist grundsätzlich in **drei Stufen zu prüfen:**

(1) Zunächst ist festzustellen, ob eine – in der Regel schuldhafte – Verletzung vertraglicher Haupt- oder Nebenpflichten vorliegt.[3]
(2) Weiterhin ist zu prüfen, ob eine einschlägige Abmahnung (dazu → § 132 Rn. 1 ff.) erfolgt ist oder ob diese wegen der Schwere der Pflichtverletzung ausnahmsweise entbehrlich ist. Hiervon hängt ab, ob die Gefahr künftiger Störungen des Arbeitsverhältnisses (negative Prognose) besteht.[4]
(3) Auf dritter Stufe ist eine Interessenabwägung vorzunehmen. In Abwägung der Interessen beider Vertragsteile muss die Kündigung billigenswert und angemessen erscheinen.

Wie bei jeder Kündigung ist schließlich auch bei der verhaltensbedingten Kündigung der **Verhältnismäßigkeitsgrundsatz** zu beachten. Eine Kündigung ist nicht gerechtfertigt, wenn es andere geeignete mildere Mittel gibt, um die Vertragsstörung zukünftig zu beseitigen.[5] Im Vergleich mit einer fristgemäßen Kündigung kommen als mildere Mittel insbesondere Versetzung und Abmahnung (§ 314 II BGB) in Betracht.[6] Eine vorherige **Abmahnung** ist unter Berücksichtigung des Verhältnismäßigkeitsgrundsatzes nur entbehrlich, wenn eine Verhaltensänderung in Zukunft trotz Abmahnung nicht erwartet werden kann oder es sich um eine schwere Pflichtverletzung handelt, deren Rechtswidrigkeit dem AN ohne Weiteres erkennbar ist und bei der die Hinnahme des Verhaltens durch den AG offensichtlich ausgeschlossen ist (dazu → § 132 Rn. 23 f.). Eine **Versetzung auf einen anderen Arbeitsplatz** ist auch bei Eignungsmängeln aufgrund außerdienstlicher Straftaten in Betracht zu ziehen, wenn dadurch künftige Störungen des Arbeitsverhältnisses vermieden werden können. So kann im Bereich des öffentlichen Dienstes die Weiterbeschäftigung mit einer nicht-hoheitlichen Tätigkeit, die nicht in gleichem Maße Anforderungen an die Zuverlässigkeit und Vertrauenswürdigkeit des AN stellt, ein zumutbares milderes Mittel gegenüber der (Beendigungs-)Kündigung darstellen.[7]

3 **3. Verletzung vertraglicher Pflichten.** Hierzu gehören Verletzungen der **Hauptpflicht,** dh der Arbeitspflicht (zB Arbeitszeitverstöße oder Schlechtleistung) sowie die Verletzung von **Nebenpflichten** (dazu → § 53 Rn. 1 ff.). Diese können sich aus dem Gesetz oder dem Arbeitsvertrag ergeben. Ausdrückliche gesetzliche Nebenpflichten sind beispielsweise die Anzeige- und Nachweispflichten bei Arbeitsunfähigkeit (§ 5 EFZG), das Verbot sexueller Belästigung nach Maßgabe des AGG und Wettbewerbsverbote (§ 60 I HGB). Die vertraglichen **Rücksichtnahmepflichten aus § 241 II BGB** sind ggf. im Lichte der im jeweiligen Einzelfall beachtlichen Grundrechte zu konkretisieren (→ § 127 Rn. 115).[8] Verletzt der AN Nebenpflichten und beeinträchtigt dadurch Integritätsinteressen des AG, erweist er sich als unzuverlässig und enttäuscht damit berechtigtes Vertrauen des AG in seine Loyalität.[9] Verhaltensbedingte Kündigungsgründe können auch gegeben sein, wenn es zu Arbeitspflichtverletzungen bei einem anderen

[2] BAG 31.1.1996 AP Nr. 13 zu § 626 BGB Druckkündigung = NZA 1996, 581.
[3] BAG 19.11.2015 AP Nr. 75 zu § 1 KSchG 1969 Verhaltensbedingte Kündigung = NZA 2016, 540; 10.4.2014 AP Nr. 72 zu § 1 KSchG 1969 Verhaltensbedingte Kündigung = NZA 2014, 1197; 11.7.2013 AP Nr. 69 zu § 1 KSchG 1969 Verhaltensbedingte Kündigung = NZA 2014, 250.
[4] BAG 27.9.2012 AP Nr. 68 zu § 1 KSchG 1969 Verhaltensbedingte Kündigung.
[5] BAG 18.9.2008 NZA-RR 2009, 393.
[6] BAG 10.4.2014 AP Nr. 72 zu § 1 KSchG 1969 Verhaltensbedingte Kündigung = NZA 2014, 1197; 10.6.2010 AP Nr. 229 zu § 626 BGB = NZA 2010, 1227; 23.6.2009 AP Nr. 59 zu § 1 KSchG 1969 Verhaltensbedingte Kündigung = NZA 2009, 1198.
[7] BAG 20.6.2013 AP Nr. 93 zu § 1 KSchG 1969 = NZA 2013, 1345.
[8] Vgl. BVerfG 30.7.2003 AP Nr. 134 zu Art. 12 GG = NZA 2003, 959; BAG 30.7.2020 AP Nr. 22 zu § 5 KSchG 1969 = NZA 2020, 1427; 24.6.2004 AP Nr. 49 zu § 1 KSchG 1969 Verhaltensbedingte Kündigung = NZA 2005, 158 (Meinungsfreiheit); 10.10.2002 AP Nr. 44 zu § 1 KSchG 1969 Verhaltensbedingte Kündigung = NZA 2003, 483 (Glaubensfreiheit).
[9] Vgl. dazu BAG 1.6.2017 AP Nr. 264 zu § 626 BGB = NZA 2017, 1332; 11.3.1999 AP Nr. 149 zu § 626 BGB; *Belling* FS Kissel, 1994, 11 (22); *Enderlein* RdA 2000, 325.

Konzernarbeitgeber gekommen ist.[10] Durch ein **rechtswidriges außerdienstliches Verhalten** verstößt der AN gegen seine schuldrechtliche Pflicht zur Rücksichtnahme aus § 241 II BGB, wenn das Verhalten einen Bezug zu seinen arbeitsvertraglichen Verpflichtungen oder zu seiner Tätigkeit hat und dadurch berechtigte Interessen des AG oder anderer AN verletzt werden. Dies gilt auch für eine außerdienstlich begangene Straftat (näher dazu → § 127 Rn. 81).[11] Vor Beginn des Arbeitsverhältnisses liegende Ereignisse und Umstände können eine verhaltensbedingte Kündigung rechtfertigen, wenn sie das Arbeitsverhältnis erheblich beeinträchtigen und dem Kündigenden nicht schon bei Vertragsschluss bekannt waren.[12] – Zur Unanwendbarkeit des arbeitsrechtlichen Gleichbehandlungsgrundsatzes → § 130 Rn. 35.

4. Abmahnung. Vor Ausspruch einer verhaltensbedingten Kündigung ist grundsätzlich eine Abmahnung erforderlich (zu Beispielen erforderlicher und nicht erforderlicher Abmahnungen → § 132 Rn. 22 und 24). Dieser grundsätzliche Vorrang der Abmahnung vor einer verhaltensbedingten Kündigung ist Ausdruck des Verhältnismäßigkeitsgrundsatzes (dazu im Einzelnen → § 132 Rn. 16 ff.).[13] 4

5. Negative Prognose. Zur sozialen Rechtfertigung einer verhaltensbedingten Kündigung ist eine negative Prognose erforderlich.[14] Auch die verhaltensbedingte Kündigung hat **keinen Sanktionscharakter.**[15] Eine negative Prognose liegt vor, wenn aus der konkreten Vertragspflichtverletzung und der daraus resultierenden Vertragsstörung geschlossen werden kann, der AN werde den Arbeitsvertrag auch nach einer Kündigungsandrohung erneut in gleicher oder ähnlicher Weise verletzen[16] und deshalb eine dauerhaft störungsfreie Vertragserfüllung in Zukunft nicht mehr zu erwarten steht.[17] Liegt eine ordnungsgemäße Abmahnung vor und verletzt der AN erneut seine vertraglichen Pflichten, kann regelmäßig davon ausgegangen werden, es werde auch zukünftig zu weiteren gleichartigen Vertragsstörungen kommen (dazu → § 132 Rn. 17).[18] Auch aus der Beharrlichkeit vergangener Vertragsverletzungen und dem Maß des Verschuldens kann auf eine negative Prognose geschlossen werden.[19] Zeigt sich der bei einer Pflichtverletzung ertappte AN uneinsichtig und beharrt er auf einer Fortsetzung seines Tuns, ist auch ohne Abmahnung eine negative Prognose gegeben. Je nach Erheblichkeit der Pflichtverletzung kann allerdings gleichwohl aus Gründen der Verhältnismäßigkeit vor der Kündigung eine Abmahnung erforderlich sein.[20] 5

6. Verschulden. Eine verhaltensbedingte Kündigung setzt in der Regel schuldhaftes, dh vorsätzliches oder fahrlässiges Verhalten voraus.[21] Hiervon ist auszugehen, wenn der AN seine diesem zugrunde liegende Handlungsweise steuern konnte. Das ist anzunehmen, wenn das Verhalten vom Willen des AN beeinflusst werden kann. Dies ist nicht der Fall, wenn dem AN die Pflichterfüllung aus von ihm nicht zu vertretenden Gründen subjektiv nicht möglich ist. Ist dies vorübergehend nicht der Fall, ist er für diese Zeit von der Pflichterfüllung befreit.[22] Will der AN geltend machen, er sei aus von ihm nicht zu vertretenden Gründen gehindert gewesen, seine Pflichten 6

---

[10] LAG Köln 28.3.2001 NZA 2002, 387.
[11] BAG 10.4.2014 AP Nr. 72 zu § 1 KSchG 1969 Verhaltensbedingte Kündigung = NZA 2014, 1197.
[12] BAG 5.4.2001 AP Nr. 171 zu § 626 BGB = NZA 2001, 954; 17.8.1972 AP Nr. 65 zu § 626 BGB.
[13] BAG 19.11.2015 AP Nr. 75 zu § 1 KSchG 1969 Verhaltensbedingte Kündigung = NZA 2016, 540; 9.6.2011 AP Nr. 64 zu § 1 KSchG 1969 Verhaltensbedingte Kündigung = NZA-RR 2012, 12.
[14] Vgl. BAG 12.1.2006 AP Nr. 54 zu § 1 KSchG 1969 Verhaltensbedingte Kündigung = NZA 2006, 980; 16.9.2004 AP Nr. 50 zu § 1 KSchG 1969 Verhaltensbedingte Kündigung = NZA 2005, 459; APS/*Vossen* KSchG § 1 Rn. 272a; HaKo-KSchR/*Zimmermann* KSchG § 1 Rn. 236 ff.; SVP Kündigung/*Preis* Rn. 1209.
[15] BAG 23.6.2009 AP Nr. 5 zu § 1 KSchG 1969 Abmahnung; 26.6.2008 AP Nr. 213 zu § 626 BGB = NZA 2008, 1415; 13.12.2007 AP Nr. 64 zu § 4 KSchG 1969 = NZA 2008, 589; ErfK/*Oetker* KSchG § 1 Rn. 196; *Ch. Picker* RdA 2021, 33 (37); SPV Kündigung/*Preis* Rn. 1209; krit. dazu *Rüthers/Müller* Anm. zu BAG EzA Nr. 41 zu § 1 KSchG Verhaltensbedingte Kündigung.
[16] BAG 23.6.2009 AP Nr. 59 zu § 1 KSchG 1969 Verhaltensbedingte Kündigung = NZA 2009, 1198.
[17] BAG 18.6.2015 AP Nr. 74 zu § 1 KSchG 1969 Verhaltensbedingte Kündigung = NZA 2016, 287; 21.6.2012 NZA 2013, 199.
[18] BAG 13.12.2007 AP Nr. 64 zu § 4 KSchG 1969 = NZA 2008, 589; 19.4.2007 AP Nr. 20 zu § 174 BGB = NZA-RR 2007, 571.
[19] BAG 10.2.1999 AP Nr. 42 zu § 15 KSchG 1969 = NZA 1999, 708.
[20] Vgl. LAG Hamm 10.8.2006 NZA-RR 2007, 20.
[21] BAG 30.7.2020 AP Nr. 22 zu § 5 KSchG 1969 = NZA 2020, 1427; 7.5.2020 AP Nr. 78 zu § 1 KSchG 1969 Verhaltensbedingte Kündigung = NZA 2020, 1022; 21.6.2012 AP Nr. 68 zu § 9 KSchG 1969 = NZA 2013, 199; generell gegen das Erfordernis schuldhaften Verhaltens *Kaiser* FS Otto, 173.
[22] BAG 3.11.2011 AP Nr. 65 zu § 1 KSchG 1969 Verhaltensbedingte Kündigung = NZA 2012, 607.

ordnungsgemäß zu erfüllen, muss er dies im Einzelnen begründen. Beruft er sich auf krankheitsbedingte Gründe, hat er diese substantiiert darzulegen und aufzuzeigen, weshalb er seine Pflichten nicht ordnungsgemäß erfüllen konnte. Die ihn behandelnden Ärzte hat der AN von der Schweigepflicht zu entbinden. Der AG hat dann unter Berücksichtigung dieses Vortrags darzulegen und zu beweisen (§ 1 II 4 KSchG), dass keine Tatsachen vorgelegen haben, die das Verhalten des AN gerechtfertigt oder entschuldigt erscheinen lassen.[23] Ein **schuldloses Verhalten** des AN kann nur unter besonderen Umständen den AG zur verhaltensbedingten Kündigung berechtigen.[24] Gefährdet der AN durch sein Fehlverhalten die Sicherheit des Betriebs oder stört durch fortlaufende Tätlichkeiten, schwerste Beleidigungen etc. schwerwiegend die betriebliche Ordnung, muss der AG die Möglichkeit haben, das Arbeitsverhältnis zu beenden, weil eine Weiterbeschäftigung des betreffenden AN bereits aufgrund des objektiven Fehlverhaltens des AN unzumutbar ist. Gerade weil auch die verhaltensbedingte Kündigung zukunftsbezogen ist und keinen Sanktionscharakter hat, ist ein Verschulden des AN keine notwendige Voraussetzung für die Wirksamkeit einer solchen Kündigung. Beruft sich der AN zur Entschuldigung seines Fehlverhaltens auf einen **Rechtsirrtum,** muss er die tatsächlichen Umstände, aus denen er den Entschuldigungsgrund herleitet, substantiiert darlegen (Einzelheiten → § 127 Rn. 76).[25]

7 **7. Betriebliche Beeinträchtigungen.** Eine verhaltensbedingte Kündigung setzt neben der Verletzung arbeitsvertraglicher Pflichten nicht voraus, dass es infolge der Vertragsverletzung zu betrieblichen Beeinträchtigungen kommt. Das Vorliegen derartiger konkreter Störungen ist nicht unabdingbare Voraussetzung für eine Kündigung.[26] Dies gilt sowohl für die Verletzung von Hauptpflichten als auch bei Verstößen gegen die vielfältigen Nebenpflichten. Deshalb ist wiederholtes unentschuldigtes Fehlen eines AN nach Abmahnung an sich geeignet, eine verhaltensbedingte Kündigung zu rechtfertigen. Für die Wirksamkeit der Kündigung ist unerheblich, ob es wegen des Zuspätkommens zu Betriebsstörungen kommt. Liegen diese jedoch vor, ist dies im Rahmen der Interessenabwägung zulasten des AN zu berücksichtigen.

8 **8. Weiterbeschäftigungsmöglichkeiten.** Anderweitige Beschäftigungsmöglichkeiten, die zu einer Beendigung der Störung des Arbeitsverhältnisses führen, sind als mildere Maßnahme in Betracht zu ziehen.[27] Erforderlich ist, dass hierdurch eine weitere Störung zuverlässig ausgeschlossen werden kann.[28] Eine anderweitige Weiterbeschäftigung ist in erster Linie bei Schlechtleistungen, dh bei arbeitsplatzbezogenen Mängeln zu berücksichtigen. Gleiches gilt nach der Rechtsprechung des BAG bei einem Verstoß gegen die Rücksichtnahmepflicht durch die außerdienstliche Begehung einer Straftat, wenn dadurch künftige Störungen des Arbeitsverhältnisses vermieden werden können (→ Rn. 2).[29] Im Falle einer Pflichtverletzung mit erheblichem Verschulden, wie einer Tätlichkeit, kann in der Regel bei einer Weiterbeschäftigung auf einem anderen Arbeitsplatz nicht von einer zuverlässigen Beseitigung der Störung ausgegangen werden.[30]

9 **9. Interessenabwägung.** Jede verhaltensbedingte Kündigung erfordert eine Interessenabwägung zwischen dem Beendigungsinteresse des AG und dem Bestandsschutzinteresse des AN. Maßgeblich sind die Umstände zum Zeitpunkt der Kündigung (→ § 130 Rn. 36).[31] Erforderlich ist, dass die Kündigung in Abwägung der Interessen beider Vertragsteile billigenswert und angemessen erscheint.[32] Es gilt dabei ein objektiver Maßstab.[33] An die Interessenabwägung sind

[23] BAG 3.11.2011 AP Nr. 65 zu § 1 KSchG 1969 Verhaltensbedingte Kündigung = NZA 2012, 607.
[24] BAG 21.1.1999 AP Nr. 151 zu § 626 BGB = NZA 1999, 863; offengelassen von BAG 3.11.2011 AP Nr. 65 zu § 1 KSchG 1969 Verhaltensbedingte Kündigung = NZA 2012, 607; wie hier APS/*Vossen* KSchG § 1 Rn. 276; aA KR/*Rachor* KSchG § 1 Rn. 426; ErfK/*Oetker* KSchG § 1 Rn. 191, die stets ein schuldhaftes Verhalten fordern und bei schuldlosen Pflichtverletzungen eine personenbedingte Kündigung in Betracht ziehen.
[25] Ausf. dazu *Kaiser* FS Otto, 173 (191 ff.).
[26] BAG 27.2.1997 AP Nr. 36 zu § 1 KSchG 1969 Verhaltensbedingte Kündigung = NZA 1997, 761; 17.1.1991 AP Nr. 25 zu § 1 KSchG 1969 Verhaltensbedingte Kündigung = NZA 1991, 557; aA nunmehr allerdings BAG 28.10.2010 AP Nr. 62 zu § 1 KSchG 1969 Verhaltensbedingte Kündigung = NZA 2011, 112; 10.9.2009 AP Nr. 60 zu § 1 KSchG 1969 Verhaltensbedingte Kündigung = NZA 2010, 220.
[27] BAG 22.7.1982 AP Nr. 5 zu § 1 KSchG 1969 Verhaltensbedingte Kündigung; LAG Hamm 30.5.1996 NZA 1997, 1056.
[28] BAG 28.10.2010 AP Nr. 62 zu § 1 KSchG 1969 Verhaltensbedingte Kündigung = NZA 2011, 112; 10.9.2009 AP Nr. 60 zu § 1 KSchG 1969 Verhaltensbedingte Kündigung = NZA 2010, 220.
[29] BAG 20.6.2013 AP Nr. 93 zu § 1 KSchG 1969 = NZA 2013, 1345.
[30] Vgl. BAG 6.10.2005 AP Nr. 25 zu § 1 KSchG 1969 Personenbedingte Kündigung = NZA 2006, 431.
[31] BAG 19.11.2015 AP Nr. 75 zu § 1 KSchG 1969 Verhaltensbedingte Kündigung = NZA 2016, 540.
[32] BAG 28.10.2010 AP Nr. 62 zu § 1 KSchG 1969 Verhaltensbedingte Kündigung = NZA 2011, 112; 10.9.2009 AP Nr. 60 zu § 1 KSchG 1969 Verhaltensbedingte Kündigung = NZA 2010, 220.
[33] BAG 19.11.2015 AP Nr. 75 zu § 1 KSchG 1969 Verhaltensbedingte Kündigung = NZA 2016, 540.

bei der verhaltensbedingten Kündigung keine so hohen Anforderungen zu stellen wie bei der personenbedingten Kündigung, weil der AN durch ihm zurechenbares steuerbares Verhalten den Kündigungsgrund selbst herbeigeführt hat. Bei der Abwägung der wechselseitigen Interessen sind auf Seiten des AG insbesondere zu berücksichtigen: Erheblichkeit der Pflichtverletzung, die Höhe des Verschuldens des AN; Betriebsstörungen; Beharrlichkeit der Pflichtverletzung; entstandene materielle und immaterielle Schäden sind bedeutsam, aber nicht notwendige Bedingung einer verhaltensbedingten Kündigung. Auf Seiten des AN sind zu berücksichtigen: Früheres Verhalten des AN, Mitverschulden des AG sowie die Dauer der – ungestörten – Betriebszugehörigkeit.[34] Auch Unterhaltspflichten und der Familienstand können je nach Lage des Falls Bedeutung gewinnen. Sie sind nach der Rechtsprechung des BAG bei der Interessenabwägung jedenfalls nicht generell ausgeschlossen.[35]

10. Darlegungs- und Beweislast. Die Darlegungs- und Beweislast für die verhaltensbedingten Kündigungsgründe trifft gem. § 1 II 4 KSchG den AG. Er hat dabei auch die Rechtswidrigkeit der Vertragsverletzung darzulegen und im Streitfall zu beweisen. Für Umstände, die das Verhalten des AN rechtfertigen oder entschuldigen könnten, ist seine Darlegungslast allerdings abgestuft. Der AG darf sich zunächst darauf beschränken, den objektiven Tatbestand einer Arbeitspflichtverletzung vorzutragen. Er muss nicht jeden erdenklichen Rechtfertigungs- oder Entschuldigungsgrund vorbeugend ausschließen. Es ist vielmehr Sache des AN, für das Eingreifen solcher Gründe – soweit sie sich nicht unmittelbar aufdrängen – zumindest greifbare Anhaltspunkte zu benennen.[36] Den AN trifft schon auf der Tatbestandsebene des wichtigen Grundes eine sekundäre Darlegungslast, wenn der AG als primär darlegungsbelastete Partei außerhalb des fraglichen Geschehensablaufs steht, während der AN aufgrund seiner Sachnähe die wesentlichen Tatsachen kennt.[37] In einer solchen Situation kann der AN gehalten sein, dem AG durch nähere Angaben weiteren Sachvortrag zu ermöglichen. Kommt er in einer solchen Prozesslage seiner sekundären Darlegungslast nicht nach, gilt das tatsächliche Vorbringen des AG – soweit es nicht völlig „aus der Luft gegriffen" ist – iSv § 138 III ZPO als zugestanden.[38] Die sekundäre Behauptungslast des AN dient freilich lediglich dazu, es dem kündigenden AG als primär darlegungs- und beweispflichtiger Partei zu ermöglichen, weitere Nachforschungen anzustellen und sodann substantiiert zum Kündigungsgrund vorzutragen und ggf. Beweis anzutreten.[39] Behauptet der AG beispielsweise, der AN habe unentschuldigt gefehlt, hat der AN seinerseits substantiiert darzulegen, warum sein Fehlen als entschuldigt anzusehen ist. Nur diese vom AN behaupteten Tatsachen hat der AG zu widerlegen. Beruft sich der AN auf eine Krankheit und legt er substantiiert dar, woran er erkrankt war und weshalb er aus diesem Grunde nicht nur arbeitsunfähig war, sondern auch bestimmte Nebenpflichten nicht ordnungsgemäß erfüllen konnte, kann sich der AG zum Beweis dafür, dass die Behauptungen des AN nicht zutreffen, auf das Zeugnis der behandelnden Ärzte berufen. Aufgrund seiner prozessualen Mitwirkungspflicht obliegt es dem AN, diese von ihrer Schweigepflicht zu entbinden.[40] 10

II. Übersicht über einzelne Kündigungsgründe

Im Folgenden wird eine **alphabetische Übersicht** über wichtige verhaltensbedingte Kündigungsgründe gegeben. Die Fallgestaltungen können nicht schematisch übertragen werden. Es kommt jeweils auf die Abwägung der Umstände des Einzelfalles an. Vielfach kommen die Gründe auch als außerordentliche Kündigungsgründe vor (dazu die Auflistung unter → § 127 Rn. 60ff.). 11

– **Ärztliche Untersuchung.** Der Verstoß gegen eine tarif- oder einzelvertraglich geregelte Pflicht des AN, bei gegebener Veranlassung auf Wunsch des AG an einer ärztlichen Untersuchung zur Feststellung der Arbeitsfähigkeit mitzuwirken (dazu → § 53 Rn. 12), kann je nach den Umständen geeignet sein, eine – auch außerordentliche – Kündigung zu rechtfer- 12

[34] Dazu BAG 7.7.2011 AP Nr. 237 zu § 626 BGB = NZA 2011, 1412.
[35] BAG 27.9.2012 AP Nr. 74 zu § 15 KSchG 1969 = NZA 2013, 425.
[36] BAG 16.7.2015 AP Nr. 255 zu § 626 BGB = NZA 2016, 161; 18.6.2015 AP Nr. 74 zu § 1 KSchG 1969 Verhaltensbedingte Kündigung = NZA 2016, 287; 8.5.2014 AP Nr. 71 zu § 1 KSchG 1969 Verhaltensbedingte Kündigung = NZA 2014, 1356.
[37] BAG 21.6.2012 AP Nr. 68 zu § 9 KSchG 1969 = NZA 2013, 199.
[38] BAG 15.7.2015 AP Nr. 255 zu § 626 BGB = NZA 2016, 161; 18.6.2015 AP Nr. 74 zu § 1 KSchG 1969 Verhaltensbedingte Kündigung = NZA 2016, 287.
[39] BAG 17.3.2016 – 2 AZR 110/15; 15.7.2015 AP Nr. 255 zu § 626 BGB = NZA 2016, 161.
[40] Vgl. BAG 8.5.2014 NZA 2014, 1356.

tigen.[41] Für die Anordnung bedarf es eines hinreichenden sachlichen Grundes. Dieser liegt vor, wenn aufgrund konkreter tatsächlicher Umstände fraglich ist, ob der AN zu der vertraglich geschuldeten Arbeitsleistung auf seinem bisherigen Arbeitsplatz gesundheitlich in der Lage ist. Anhaltspunkte für das Vorliegen einer „Erwerbsunfähigkeit" sind nicht erforderlich. Der AG ist in diesen Fällen regelmäßig nicht verpflichtet, vor Anordnung einer amtsärztlichen Untersuchung zur Feststellung der Arbeitsfähigkeit eines schwerbehinderten Beschäftigten ein Präventionsverfahren nach § 167 I SGB IX durchzuführen.[42] Die Auswahl des Arztes durch den AG hat nach billigem Ermessen zu erfolgen. Mit dieser Einschränkung ist es zur Gewährleistung gleichmäßiger Untersuchungsstandards grundsätzlich interessengerecht, das Bestimmungsrecht dem AG einzuräumen. Eine übermäßige Beeinträchtigung berechtigter Belange des AN liegt darin nicht. Dieser muss das Ergebnis nicht hinnehmen, es ist vielmehr in einem gerichtlichen Verfahren vollumfänglich nachprüfbar.[43]

13 – **Alkohol.** Ein Alkoholverbot im Betrieb kann – ggf. unter Berücksichtigung des Mitbestimmungsrechts aus § 87 I Nr. 1 BetrVG – im Wege des Direktionsrechts durch den AG angeordnet werden (dazu auch → § 127 Rn. 64 f.).[44] Soweit kein Alkoholverbot besteht, stellt maßvoller Alkoholgenuss keine Pflichtverletzung dar. Auch ohne Alkoholverbot darf der Konsum alkoholischer Getränke jedoch nicht dazu führen, dass der AN die geschuldete Arbeitsleistung nicht mehr erbringen kann.[45] Anders als im Strafrecht gibt es keine bestimmten Promillegrenzen. Entscheidend ist, ob der AN in der Lage ist, seine Vertragspflichten zu erfüllen. Hierzu können sich aus dem äußeren Erscheinungsbild (Alkoholfahne, schwankender Gang, lallende Stimme usw.) wichtige Anhaltspunkte ergeben. Einer Pflichtverletzung steht nicht entgegen, dass der AG den AN in Kenntnis von dessen Alkoholabhängigkeit eingestellt hat, wenn dies in der Annahme erfolgt ist, der AN sei in der Lage, stabil abstinent zu leben.[46]

14 Die Weigerung eines AN, den Verdacht einer Verletzung des betrieblichen Alkoholverbotes durch Einleitung einer **Blutalkoholuntersuchung** zu widerlegen, stellt im Rahmen der Beweiswürdigung (§ 286 ZPO) ein beachtliches Indiz für das Vorliegen einer Pflichtverletzung dar.[47] Will sich der AN bei einem aufgrund objektiver Anhaltspunkte bestehenden Verdacht einer Alkoholisierung im Betrieb mit Hilfe eines Alkoholtestes entlasten, muss er diesen Wunsch deutlich äußern.[48] Bei der Interessenabwägung sind die Bräuche des Berufszweiges zu berücksichtigen.[49] Allerdings sind auch hier die konkreten Umstände maßgebend, so dass trotz Üblichkeit des Alkoholgenusses während der Arbeit ein im Einzelfall bestehendes Alkoholverbot Vorrang hat. Gelegentliche Feiern mit alkoholischen Getränken aus Anlass von Geburtstagen, Karneval usw. können – soweit dort Alkoholkonsum nicht ausdrücklich untersagt ist – regelmäßig nicht beanstandet werden, es sei denn, es kommt zu Exzessen. Wird einem Berufskraftfahrer die **Fahrerlaubnis entzogen,** kann bei fehlender Versetzungsmöglichkeit auch die außerordentliche Kündigung gerechtfertigt sein (dazu → § 127 Rn. 102).[50] Liegt **Alkoholsucht** vor, kommen die Grundsätze der Kündigung wegen Krankheit (→ § 131 Rn. 17) zur Anwendung. Ein außerdienstlicher Alkoholgenuss berechtigt nur dann zur Kündigung, wenn hierdurch das Arbeitsverhältnis nachhaltig beeinträchtigt wird. Dies ist beispielsweise anzunehmen, wenn bei einer privaten Trunkenheitsfahrt die Fahrerlaubnis entzogen wird und der AN diese zur Ausübung seiner Tätigkeit benötigt (zB Berufskraftfahrer, Servicetechniker usw.). In diesem Fall liegt ein personenbedingter Kündigungsgrund vor (→ § 127 Rn. 102). Bricht der AN nach einer erfolgreichen Entziehungskur die zunächst aufgenommenen Besuche in einer Selbsthilfegruppe ab, ist das für sich allein kein Grund zur Kündigung.[51]

15 – **Anzeigen gegen Arbeitgeber.** Die Strafanzeige gegen den AG oder einen seiner Repräsentanten kann eine – regelmäßig außerordentliche – Kündigung rechtfertigen, wenn sie auf

---

[41] BAG 25.1.2018 AP Nr. 268 zu § 626 BGB = NZA 2018, 845; 27.9.2012 AP Nr. 68 zu § 1 KSchG 1969 Verhaltensbedingte Kündigung.
[42] BAG 25.1.2018 AP Nr. 268 zu § 626 BGB = NZA 2018, 845.
[43] BAG 7.11.2002 AP Nr. 19 zu § 620 BGB Kündigungserklärung = NZA 2003, 719.
[44] Dazu *Bengelsdorf* NZA 2001, 993.
[45] BAG 26.1.1995 AP Nr. 34 zu § 1 KSchG 1969 Verhaltensbedingte Kündigung = NZA 1995, 517.
[46] BAG 20.12.2012 AP Nr. 50 zu § 1 KSchG 1969 Krankheit = NZA-RR 2013, 627.
[47] LAG Hamm 11.11.1996 LAGE § 1 KSchG Verhaltensbedingte Kündigung Nr. 56.
[48] BAG 26.1.1995 AP Nr. 34 zu § 1 KSchG 1969 Verhaltensbedingte Kündigung = NZA 1995, 517; 16.9.1999 AP Nr. 159 zu § 626 BGB = NZA 2000, 141.
[49] BAG 22.7.1982 AP Nr. 5 zu § 1 KSchG 1969 Verhaltensbedingte Kündigung.
[50] BAG 25.4.1996 AP Nr. 18 zu § 1 KSchG 1969 Personenbedingte Kündigung = NZA 1996, 1201; 30.5.1978 AP Nr. 70 zu § 626 BGB; LAG Köln 22.6.1995 ZTR 1996, 131.
[51] LAG Düsseldorf 25.2.1997 NZA-RR 1997, 381.

wissentlich unwahren Angaben beruht oder in Schädigungsabsicht bzw. aus Rache erfolgt (dazu → § 127 Rn. 66 f.).

- **Arbeitspapiere.** Der AN hat spätestens bei Arbeitsaufnahme seinem AG die Arbeitspapiere vorzulegen. Kommt er dieser Verpflichtung trotz wiederholter Aufforderung nicht nach (→ § 33 Rn. 1 ff.), kann nach hM eine ordentliche, uU sogar außerordentliche[52] Kündigung gerechtfertigt sein. Indes wird man eine Kündigung nur dann anerkennen können, wenn auch eigene Interessen des AG verletzt sind. 16
- **Arbeitspflicht.** Hat der AN die Erledigung von Arbeitsaufgaben vorgetäuscht, die nur einen Teil seiner geschuldeten Tätigkeit ausmachen und nur sporadisch anfallen, kommt je nach Schwere der Pflichtverletzung eine ordentliche Kündigung in Betracht.[53] 17
- **Arbeitsunfähigkeit – Anzeige- und Nachweispflichten.** Nach § 5 EFZG ist der AN verpflichtet, dem AG die Arbeitsunfähigkeit und deren voraussichtliche Dauer anzuzeigen (→ § 98 Rn. 94 ff.). Ein Verstoß gegen die Anzeigepflicht kann nach den Umständen des Einzelfalls – ggf. nach vorheriger Abmahnung – eine ordentliche Kündigung rechtfertigen. Der AG kann grundsätzlich darauf vertrauen, der AN werde, ohne eine anderslautende Anzeige, seine Arbeit nach Ablauf der mitgeteilten Dauer der Arbeitsunfähigkeit wieder aufnehmen.[54] Betriebsablaufstörungen sind nicht Voraussetzung der sozialen Rechtfertigung einer Kündigung.[55] Soweit sie eintreten, sind sie freilich im Rahmen der Interessenabwägung zu Lasten des AN zu berücksichtigen.[56] Voraussetzung ist stets, dass der AN gesundheitlich in der Lage ist, den Anzeige- und Nachweispflichten nachzukommen. Ein **Angestellter in verantwortlicher Stellung** darf sich im Falle plötzlicher Erkrankung jedenfalls dann, wenn seine Anwesenheit im Betrieb aus besonderem Anlass (hier: Probelauf einer von ihm entwickelten Maschine) notwendig ist, nicht darauf beschränken, dem AG seine Arbeitsunfähigkeit durch Übersendung einer ärztlichen Bescheinigung ohne jede Erläuterung einfach nur anzuzeigen. Er muss sich vielmehr gem. § 241 II BGB – sofern ihm dies nicht aus besonderen, vor allem aus Gesundheitsgründen unmöglich ist – darum kümmern und den AG entsprechend unterrichten, was in seinem Aufgabenbereich ohne seine Anwesenheit geschehen soll. Die Verletzung dieser vertraglichen Nebenpflicht kann – je nach den Umständen – die fristlose Kündigung des Angestellten rechtfertigen.[57] 18

  Während der Arbeitsunfähigkeit hat der AN alles zu unterlassen, was seine Genesung verzögern könnte **(genesungswidriges Verhalten).**[58] Verstöße hiergegen berechtigen daher nach vorheriger Abmahnung zu einer ordentlichen Kündigung, in besonders gravierenden Fällen auch ohne vorherige Abmahnung zur außerordentlichen Kündigung (→ § 127 Rn. 72). Wer, obwohl er arbeitsunfähig krankgeschrieben ist, den Heilungserfolg dadurch gefährdet, dass er während seiner Krankheit schichtweise einer Vollzeitbeschäftigung, noch dazu zur Nachtzeit, unter teilweise erschwerten Arbeitsbedingungen nachgeht, zerstört das Vertrauen des AG in seine Redlichkeit. Unerheblich sind dagegen geringfügige Verstöße, wie zB Überschreiten der Ausgehzeiten, gelegentlicher kurzer Gaststättenbesuch usw.[59] **Täuscht** der AN das Vorliegen einer Krankheit vor, ist regelmäßig eine außerordentliche Kündigung gerechtfertigt.[60] 19
- **Arbeitsverweigerung.** Bei beharrlicher Arbeitsverweigerung ist im Allgemeinen eine außerordentliche Kündigung begründet (→ § 127 Rn. 76).[61] 20
- **Außerdienstliches Verhalten** stellt nur ausnahmsweise einen verhaltensbedingten Kündigungsgrund dar (ausf. dazu → § 127 Rn. 81 f.). In Betracht kommt insbesondere im öffentlichen Dienst auch eine personenbedingte Kündigung wegen mangelnder Eignung (→ § 131 Rn. 48a). 21

---

[52] LAG Düsseldorf 23.2.1961 BB 1961, 677.
[53] BAG 9.6.2011 AP Nr. 64 zu § 1 KSchG 1969 Verhaltensbedingte Kündigung = NZA-RR 2012, 12.
[54] BAG 7.5.2020 AP Nr. 78 zu § 1 KSchG 1969 Verhaltensbedingte Kündigung = NZA 2020, 1022; 3.11.2011 AP Nr. 65 zu § 1 KSchG 1969 Verhaltensbedingte Kündigung = NZA 2012, 607; 16.8.1991 AP Nr. 27 zu § 1 KSchG 1969 Verhaltensbedingte Kündigung = NZA 1993, 17; 31.8.1989 AP Nr. 23 zu § 1 KSchG 1969 Verhaltensbedingte Kündigung = NZA 1990, 433.
[55] BAG 7.5.2020 AP Nr. 78 zu § 1 KSchG 1969 Verhaltensbedingte Kündigung = NZA 2020, 1022.
[56] BAG 16.8.1991 AP Nr. 27 zu § 1 KSchG 1969 Verhaltensbedingte Kündigung = NZA 1993, 17; LAG Köln 18.10.1995 NZA 1996, 596.
[57] BAG 30.1.1976 AP Nr. 2 zu § 626 BGB Krankheit.
[58] BAG 26.8.1993 AP Nr. 112 zu § 626 BGB = NZA 1994, 63; LAG RhPf 11.1.2002 AuA 2002, 378.
[59] BAG 26.8.1993 AP Nr. 112 zu § 626 BGB = NZA 1994, 63.
[60] Vgl. BAG 26.8.1993 AP Nr. 112 zu § 626 BGB = NZA 1994, 63; 17.6.2003 AP Nr. 13 zu § 543 ZPO 1977.
[61] BAG 29.8.2013 AP Nr. 245 zu § 626 BGB = NZA 2014, 533; 21.11.1996 AP Nr. 130 zu § 626 BGB = NZA 1997, 487.

22 – **Beleidigungen.** Beleidigende Äußerungen rechtfertigen grundsätzlich eine verhaltensbedingte Kündigung, bei groben Beleidigungen auch eine außerordentliche Kündigung (→ § 127 Rn. 83 ff.). Bei der kündigungsrechtlichen Bewertung verbaler Entgleisungen ist stets das Grundrecht auf freie Meinungsäußerung (Art. 5 GG) zu berücksichtigen (→ § 3 Rn. 27 ff.).

23 – **Betriebsfrieden.** Der AG hat ein berechtigtes Interesse iSv § 241 II BGB an der Erhaltung des Betriebsfriedens, da dessen Störung seine wirtschaftliche Betätigungsfreiheit gem. Art. 2 I GG berührt. Auf den Erhalt des Betriebsfriedens gerichtete Verhaltenspflichten bedürfen einer Konkretisierung unter Berücksichtigung der wechselseitigen Interessen und grundrechtlichen Gewährleistungen. Allein der Umstand, dass eine Störung eingetreten ist, genügt nicht für die Annahme, ein AN, der dazu beigetragen hat, habe auch seine Pflicht zur Rücksichtnahme auf die berechtigten Interessen des AG verletzt.[62] Eine Kündigung kann gerechtfertigt sein, wenn der AN seine Arbeitskollegen zu einem oppositionellen Verhalten gegen den AG, zum Vertragsbruch usw. aufzuhetzen versucht und damit den Betriebsfrieden stört.[63] Die Rechtsprechung hat Kündigungen anerkannt bei parteipolitischer Agitation im Betrieb oder dessen näherer Umgebung.[64]

24 – **Denunziation.** Hinterbringt ein AN abfällige private Äußerungen eines Arbeitskollegen über Vorgesetzte dem AG, kann nach einer älteren Entscheidung des BAG die Kündigung des Denunzianten gerechtfertigt sein, wenn sich die Arbeitskollegen weigern, weiter mit ihm zusammenzuarbeiten.[65] Wenn ein AN in einer Unterhaltung mit einem Mitarbeiter über Vorstandsmitglieder seines AG und Vorgesetzte unwahre und ehrenrührige Tatsachen behauptet, aber als sicher davon ausgehen darf, sein Arbeitskollege werde die Äußerungen für sich behalten, ist der AG nicht ohne Weiteres zur außerordentlichen Kündigung berechtigt, wenn der Gesprächspartner die Vertraulichkeit der Unterhaltung ohne vernünftigen Grund missachtet und ihren Inhalt einem der angesprochenen Vorgesetzten mitteilt.[66] Ein AN ist nicht gehalten, von seinem AG und von seinen Kollegen nur positiv zu denken und sich in seiner Privatsphäre ausschließlich positiv über sie zu äußern. Hebt der Gesprächspartner gegen den Willen des sich negativ über seinen AG äußernden AN die Vertraulichkeit auf, geht dies arbeitsrechtlich grundsätzlich nicht zu Lasten des AN.[67] Aus der arbeitsvertraglichen Rücksichtnahmepflicht kann der AN allerdings – etwa zur Abwehr von Schäden durch Geheimnisverrat – verpflichtet sein, dem AG Vertragsverletzungen von Arbeitskollegen anzuzeigen.[68]

25 – **Druckkündigung.** Eine auf Verlangen Dritter ausgesprochene Druckkündigung erfolgt in der Regel als außerordentliche Kündigung (dazu → § 127 Rn. 89 f.). Fordert in einem **Leiharbeitsverhältnis** (→ § 120 Rn. 1 ff.) der Entleiher den Abzug eines Leiharbeitnehmers, ist die Kündigung durch den Verleiher, soweit nicht eine objektive Pflichtverletzung vorliegt, nur gerechtfertigt, wenn eine andere Beschäftigungsmöglichkeit nicht besteht.[69]

26 – **Internet.** Die **unbefugte private Internetnutzung** kann eine verhaltensbedingte Kündigung, ggf. auch eine außerordentliche Kündigung rechtfertigen (dazu → § 127 Rn. 96 f.).

27 – **Kirche.** Die Kirchen haben nach Art. 140 GG iVm Art. 137 III WRV das Recht, den kirchlichen Dienst nach ihrem Selbstverständnis zu regeln und die spezifischen Pflichten kirchlicher AN verbindlich zu bestimmen (→ § 184 Rn. 1). Liegt eine Verletzung von Loyalitätspflichten vor, ist die weitere Frage, ob sie eine Kündigung des kirchlichen Arbeitsverhältnisses sachlich rechtfertigt, nach den kündigungsschutzrechtlichen Vorschriften der § 1 KSchG, § 626 BGB zu beantworten (→ § 127 Rn. 100). Als Gründe für eine kündigungsrelevante Verletzung der Loyalitätspflichten hat die Rechtsprechung den **Kirchenaustritt** eines in einem katholischen Krankenhaus beschäftigten Assistenzarztes[70] und eines bei der Caritas angestellten Erziehers[71] sowie den **Entzug der missio canonica** einer kirchlichen Lehrkraft wegen einer nach Kirchenrecht ungültigen Eheschließung anerkannt.[72] Mit dem Entzug ihrer kanonischen Beauf-

---

[62] BAG 30.7.2020 AP Nr. 22 zu § 5 KSchG 1969 = NZA 2020, 1427, zur Meinungsfreiheit bei Erklärungen und Stellungnahmen zu betrieblichen Vorgängen weiterführend *Ch. Picker* RdA 2021, 33 (34 ff.).

[63] Hierzu KR/*Rachor* KSchG § 1 Rn. 506 ff; APS/*Vossen* KSchG § 1 Rn. 299.

[64] BAG 9.12.1982 AP Nr. 73 zu § 626 BGB.

[65] BAG 21.10.1965 AP Nr. 5 zu § 1 KSchG Verhaltensbedingte Kündigung; zu Strafanzeigen gegen Arbeitskollegen: LAG Frankfurt DB 1991, 2346.

[66] BAG 10.12.2009 AP Nr. 226 zu § 626 BGB = NZA 2010 698; 30.11.1972 AP Nr. 66 zu § 626 BGB.

[67] BAG 10.10.2002 EzA Nr. 1 zu § 626 BGB 2002 Unkündbarkeit.

[68] BAG 18.6.1970 AP Nr. 57 zu § 611 BGB Haftung des Arbeitnehmers; LAG Bln 9.1.1989 BB 1989, 630; LAG Hamm 29.7.1994 BB 1994, 2352.

[69] KR/*Rachor* KSchG § 1 Rn. 626.

[70] BAG 12.12.1984 AP Nr. 21 zu Art. 140 GG.

[71] BAG 25.4.2013 AP Nr 243 zu § 626 BGB = NZA 2013, 1131.

[72] BAG 25.5.1988 AP Nr. 36 zu § 140 GG.

tragung schafft sich der kirchliche AG nicht willkürlich selbst einen Kündigungsgrund. Die Kirche ist vielmehr bei ihrer Entscheidung an die kirchenrechtlichen Voraussetzungen nach can. 193 § 1 CIC gebunden. Der Entzug der missio canonica unterliegt aufgrund des verfassungsrechtlich garantierten Selbstbestimmungsrechts der Kirche allerdings ausschließlich der kircheninternen Kontrolle und ist einer Überprüfung durch die staatlichen Gerichte entzogen.[73] Die fristlose Kündigung eines **Chefarztes eines kath. Krankenhauses** ist begründet, wenn dieser mit seinen Behandlungsmethoden **(homologe Insemination)** gegen tragende Grundsätze des geltenden Kirchenrechts verstößt.[74] Einer **katholischen Schule** ist die Weiterbeschäftigung einer Lehrerin, die jahrelang in einer heimlichen Beziehung zu einem Mönch als dem Leiter der Schule einer Benediktinerabtei stand und diese Beziehung nun öffentlich gemacht hat, nicht zumutbar, weil hierdurch die Gefahr eines nicht hinnehmbaren Glaubwürdigkeitsverlustes der Kirche in der Öffentlichkeit zu befürchten wäre.[75] Der **Ehebruch eines Dekanatskirchenmusikers der katholischen Kirche** kann eine ordentliche Kündigung rechtfertigen.[76] Ein Angestellter der Religionsgemeinschaft der **Mormonen** kann wegen Ehebruchs außerordentlich gekündigt werden.[77] Denn nach der Glaubenslehre der Mormonen ist der Ehebruch nach Mord das schwerste Verbrechen. Den Anforderungen der EMRK wird diese Rechtsprechung gerecht, wenn die Arbeitsgerichte eine sorgfältige Abwägung zwischen dem Recht der AN auf Achtung ihres Privat- und Familienlebens nach Art. 8 EMRK einerseits und den Konventionsrechten des kirchlichen AG andererseits vornehmen.[78]

- **Kleidung.** Der AG kann von AN mit Kundenkontakt grundsätzlich verlangen, sich dem Charakter des Geschäfts und dessen Kundenstamm entsprechend **branchenüblich zu kleiden.** Dadurch wird das allgemeine Persönlichkeitsrecht (Art. 2 I GG) der AN nicht unverhältnismäßig eingeschränkt, wenn die Kleidungsanordnung dem berechtigten Interesse des AG nach einem einheitlichen Erscheinungsbild und den Erwartungen der Kundschaft Rechnung trägt.[79] Insbesondere kann der AG den „Stil des Hauses" vorgeben und grundsätzlich durch Einzelanweisungen die Arbeitsverhältnisse seiner Mitarbeiter ausgestalten (→ § 45 Rn. 35).[80] Die AN dürfen durch die Kleidung freilich nicht der Lächerlichkeit preisgegeben werden. Die Weigerung einer **muslimischen AN,** entsprechend der Anordnung des AG auf das Tragen eines Kopftuchs während der Arbeitszeit als Verkäuferin in einem Kaufhaus zu verzichten, rechtfertigt eine Kündigung nicht ohne Weiteres. Der AG hat bei der auf sein Direktionsrecht gestützten Festlegung von Bekleidungsregeln die grundrechtlich geschützte Glaubensfreiheit der AN zu berücksichtigen. Das Tragen eines Kopftuchs aus religiöser Überzeugung fällt in den Schutzbereich des Art. 4 GG (dazu → § 3 Rn. 24) und der Richtlinie 2000/78/EG. Zudem genießt auch die unternehmerische Betätigungsfreiheit des AG grundrechtlichen Schutz (Art. 12 GG) und auch den Schutz der GRCh. Zwischen beiden Positionen ist deshalb ein möglichst weitgehender Ausgleich herbeizuführen. Das BAG hat zur Vereinbarkeit eines Kopftuchverbots mit dem Unionsrecht ein Vorabentscheidungsersuchen an den EuGH gerichtet.[81] Zum Kopftuchverbot für Lehrkräfte → § 3 Rn. 24.[82] 28
- **Konkurrenztätigkeit.** Während des Bestands des Arbeitsverhältnisses sind alle AN verpflichtet, Wettbewerb zu unterlassen (→ § 57 Rn. 1 ff.). Bei einem Verstoß hiergegen ist häufig eine außerordentliche Kündigung, zumindest aber eine ordentliche berechtigt (dazu → § 127 Rn. 148). 29
- **Lohnpfändung.** Im Allgemeinen ist das Vorliegen mehrerer Lohnpfändungen kein Kündigungsgrund (dazu → § 127 Rn. 105). 30
- **Minderleistungen** können eine personen- oder verhaltensbedingte Kündigung rechtfertigen (dazu im Einzelnen → § 131 Rn. 46 ff.). 31
- **Nebentätigkeit.** Grundsätzlich ist der AN berechtigt, eine Nebenbeschäftigung auszuüben (→ § 42 Rn. 1 ff.). Etwas anderes gilt dann, wenn er infolge der Nebentätigkeit seinen Pflich- 32

[73] BAG 10.4.2014 AP Nr. 159 zu § 2 KSchG 1969 = NZA 2014, 653.
[74] BAG 7.10.1993 AP Nr. 114 zu § 626 BGB.
[75] BVerfG 31.1.2001 NZA 2001, 717.
[76] BAG 16.9.1999 AP Nr. 1 zu Art. 4 GrO Kath. Kirche = NZA 2000, 208; wegen nicht ausreichender Interessenabwägung beanstandet von EGMR 23.9.2010 NZA 2011, 279 (Schütt).
[77] BAG 24.4.1997 AP Nr. 27 zu § 611 BGB Kirchendienst = NZA 1998, 145; nicht beanstandet durch EGMR 23.9.2010 NZA 2011, 277 (Obst).
[78] Dazu EGMR 23.9.2010 NZA 2011, 277 (Obst) einerseits, 23.9.2010 NZA 2011, 279 (Schütt) andererseits sowie zuletzt EGMR 3.2.2011 – Nr. 18136/02 (Siebenhaar).
[79] Vgl. ErfK/*Schmidt* GG Art. 2 Rn. 83.
[80] LAG Hamm 22.10.1991 LAGE § 611 BGB Direktionsrecht Nr. 11.
[81] BAG 30.1.2019 AP Nr. 41 zu § 106 GewO = NZA 2019, 693.
[82] BVerfG 27.1.2015 – 1 BvR 471/10 und 1 BvR 1181/10.

ten aus dem Arbeitsverhältnis nicht nachkommen kann oder wenn sie vertraglich berechtigt ausgeschlossen ist. In diesen Fällen kann eine Kündigung nach vorheriger Abmahnung gerechtfertigt sein (→ § 127 Rn. 111).[83]

33 – **Politische Meinungsäußerung.** Die politische Einstellung eines AN ist für die Erfüllung arbeitsvertraglicher Pflichten idR unerheblich, so dass eine Kündigung ausscheidet. Etwas anderes gilt nur, wenn durch Äußerungen oder Handlungen des AN der Betriebsfrieden konkret beeinträchtigt wird (→ § 127 Rn. 113).[84]

34 – **Schmiergelder.** Die Annahme von Schmiergeldern rechtfertigt regelmäßig eine außerordentliche Kündigung (dazu → § 127 Rn. 116).

35 – **Schulden.** Die Verschuldung berechtigt den AG grundsätzlich nicht zur Kündigung. Etwas anderes gilt nur in besonderen Vertrauensstellungen (leitende Angestellte, Kassierer usw.). In diesem Fall kommt eine personenbedingte Kündigung in Betracht (dazu → § 131 Rn. 53). Haben AG und AN wirksam vereinbart, dass Lohnabtretungen und Verpfändungen der Einwilligung des AG bedürfen, können Verstöße gegen diese Vereinbarung nach vorheriger Abmahnung eine Kündigung begründen.[85]

36 – **Schwangerschaftsabbruch.** Rechtmäßiger Schwangerschaftsabbruch verpflichtet zur Entgeltfortzahlung im Krankheitsfalle und ist kein Grund zur Kündigung der AN (→ § 127 Rn. 117).

37 – **Sexuelle Belästigung** (§ 3 IV AGG) kann zur ordentlichen oder außerordentlichen Kündigung führen (ausf. → § 127 Rn. 119).

38 – **Sicherheitsbedenken.**[86] Kündigt eine private oder öffentliche Verwaltung (Bundeswehr) oder ein Betrieb aus Sicherheitsbedenken (Gefahr der Ausspähung von Geheimnissen, Sabotage usw.), müssen im Kündigungsschutzprozess konkrete Tatsachen vorgetragen werden, aus denen sich die Gefährdung ergeben soll.[87] Zur Rechtfertigung einer von den Streitkräften ausgesprochenen Kündigung reicht nicht der Hinweis auf den Befehl eines Kommandeurs.[88] Sicherheitsbedenken liegen – ähnlich wie bei der Verdachtskündigung (→ § 127 Rn. 136 ff.) – dann vor, wenn aufgrund von Tatsachen zu befürchten ist, der AN werde sich über bestehende Sicherheits- und Geheimhaltungspflichten hinwegsetzen.[89] Das BAG hat aus Gründen des Revisionsrechts nicht beanstandet, dass dann noch keine Sicherheitsbedenken vorliegen, wenn ein AN eines Elektrizitätswerks enge Beziehungen zu einer Lebensgefährtin unterhalten hat, die verwandtschaftlich der Terroristenszene nahestand.[90] Es verlangt vielmehr die Darlegung einer konkreten Störung des Arbeitsverhältnisses.[91] Wird eine Kündigung von den alliierten Streitkräften ausgesprochen und stellt die Militärbehörde fest, dass die Kündigung aus Sicherheitsgründen notwendig war, hat das Arbeitsgericht auf die Auflösung des Arbeitsverhältnisses gegen Zahlung der Abfindung zu erkennen (§§ 9, 10 KSchG), wenn die soziale Rechtfertigung der Kündigung nicht bewiesen werden kann. Die oberste Dienstbehörde der Truppe kann im Einvernehmen mit dem Chef des Bundeskanzleramtes die Gefahr eines schweren Schadens für die Sicherheit eines Entsendestaates durch eine förmliche Erklärung glaubhaft machen (Art. 56 IIa NTS-ZA).

39 – **Spesenbetrug.** Spesenbetrug ist im Allgemeinen Grund einer außerordentlichen Kündigung (→ § 127 Rn. 120).[92]

40 – **Straftaten.** Diebstähle, Unterschlagungen oder Hehlerei im Betrieb des AG rechtfertigen idR ohne vorherige Abmahnung die verhaltensbedingte, häufig sogar außerordentliche Kündigung (→ § 127 Rn. 123 f.).

41 – **Tätlichkeiten.**[93] Wird der AN gegenüber dem AG tätlich, ist idR eine außerordentliche Kündigung gerechtfertigt (→ § 127 Rn. 125 ff.).[94] Ausnahmen können gelten, wenn der AN provoziert worden ist und in einer Notwehrlage gehandelt hat.

---

[83] Vgl. BAG 26.8.1976 AP Nr. 68 zu § 626 BGB; LAG Köln 24.11.1993 LAGE § 626 BGB Nr. 75; ArbG Passau 16.1.1992 BB 1992, 567.

[84] Zusammenfassung: BAG 20.7.1989 AP Nr. 2 zu § 1 KSchG 1969 Sicherheitsbedenken; 9.12.1982 AP Nr. 73 zu § 626 BGB; EGMR 26.9.1995 NJW 1996, 375.

[85] Dazu LAG RhPf EzA Nr. 5 zu § 1 KSchG Verhaltensbedingte Kündigung.

[86] *Adam* ZTR 2009, 569; *Matissek* NZA 1988, 383; *Meyer,* Die Kündigung wegen Sicherheitsbedenken, 1997.

[87] BAG 20.7.1989 AP Nr. 2 zu § 1 KSchG 1969 Sicherheitsbedenken.

[88] BAG 18.11.1960 AP Nr. 28 zu Art. 44 Truppenvertrag.

[89] BAG 28.2.1963 AP Nr. 3 zu § 1 KSchG Sicherheitsbedenken.

[90] BAG 26.10.1978 AP Nr. 1 zu § 1 KSchG 1969 Sicherheitsbedenken.

[91] BAG 20.7.1989 AP Nr. 2 zu § 1 KSchG 1969 Sicherheitsbedenken = NZA 1990, 614.

[92] BAG 11.7.2013 AP Nr. 69 zu § 1 KSchG 1969 Verhaltensbedingte Kündigung = NZA 2014, 250.

[93] *Aigner* DB 1991, 596.

[94] BAG 30.9.1993 EzA Nr. 152 zu § 626 BGB nF; 31.3.1993 AP Nr. 32 zu § 626 BGB Ausschlussfrist = NZA 1994, 409; 12.7.1984 AP Nr. 32 zu § 102 BetrVG 1972; 12.3.1987 AP Nr. 47 zu § 102 BetrVG 1972.

– **Telefongespräche.** Eine Vielzahl von Privattelefonaten rechtfertigt nach vorheriger Abmahnung eine ordentliche Kündigung.[95] Ausnahmsweise kommt auch eine außerordentliche Kündigung ohne vorherige Abmahnung in Betracht (→ § 127 Rn. 128). **42**

– **Tendenzbetriebe.** AN in Tendenzbetrieben, die zugleich Tendenzträger sind, können gekündigt werden, wenn sie sich durch ihr Verhalten in Widerspruch zu den besonderen Zielen des AG setzen (dazu auch → § 127 Rn. 127a und → § 131 Rn. 51 f.).[96] Tendenzneutral sind das fehlerhafte Spielen eines Sinfonikers, Behandlungsfehler eines Arztes in einem konfessionellen Krankenhaus, Rechtschreibschwächen eines Redakteurs.[97] Ein Verstoß gegen allgemeine Anweisungen für die Gestaltung von Artikeln stellt keinen Tendenzverstoß dar.[98] **43**

– **Überstunden.** Unzulässige Über- und Mehrarbeit kann der AN verweigern (dazu → § 45 Rn. 43). Über- und Mehrarbeit muss er nur leisten, wenn eine besondere Rechtsgrundlage besteht.[99] In Notfällen, also plötzlich eintretenden, unvorhergesehenen Ereignissen, muss er grundsätzlich Überstunden leisten.[100] **44**

– **Unpünktlichkeit.** Dauernde Unpünktlichkeit kann nach vorheriger Abmahnung die Kündigung rechtfertigen.[101] **45**

– **Urlaub.** Eigenmächtiger Urlaubsantritt führt zur unentschuldigten Fehlzeit (→ § 104 Rn. 78) und berechtigt grundsätzlich zur Kündigung.[102] Häufig wird auch eine außerordentliche Kündigung gerechtfertigt sein (→ § 127 Rn. 133 f.). **46**

– **Vorstrafen** (→ § 26 Rn. 45). Vorstrafen rechtfertigen im Allgemeinen die Kündigung nicht, zumindest wenn sie längere Zeit zurückliegen. Dies gilt auch dann, wenn der AN auf eine unzulässige Frage nach Vorstrafen seine Straffreiheit versichert hat.[103] Etwas anderes kann dann gelten, wenn eine Wiederholungsgefahr besteht oder die Art der Vorstrafe den AN für den konkreten Arbeitsplatz ungeeignet erscheinen lässt. **47**

– **Wohnsitzvereinbarung.** Die Verpflichtung eines AN zur Begründung und Beibehaltung eines **Wohnsitzes in unmittelbarer Nähe zu seinem Arbeitsplatz** verstößt nicht gegen Art. 11 I, Art. 2 I GG, soweit für die Erfüllung seiner Arbeitspflicht die Wohnsitznahme notwendig ist.[104] Verletzt ein AN eine vertragliche oder tarifvertragliche Wohnsitzvereinbarung, indem er seinen Wohnsitz nicht an dem vereinbarten Ort nimmt und weigert er sich beharrlich, dies auch künftig zu tun, kann das eine ordentliche Kündigung rechtfertigen.[105] Erforderlich ist freilich regelmäßig eine Abmahnung des AN. **48**

§ 134. Betriebsbedingte Kündigung

Übersicht

[95] LAG Nds 13.1.1998 NZA-RR 1998, 259; LAG Köln 2.7.1998 LAGE § 1 KSchG Verhaltensbedingte Kündigung Nr. 66.
[96] Beim DGB: BAG 6.12.1979 AP Nr. 2 zu § 1 KSchG 1969 Verhaltensbedingte Kündigung.
[97] BAG 3.11.1982 AP Nr. 12 zu § 15 KSchG 1969; zur Abmahnung: BAG 15.8.1984 AP Nr. 8 zu § 1 KSchG 1969.
[98] LAG Düsseldorf 23.11.1995 DB 1996, 943.
[99] BAG 28.2.1958 AP Nr. 1 zu § 14 AZO.
[100] LAG SchlH 26.6.2001 – 3 Sa 224/01.
[101] BAG 27.2.1997 AP Nr. 36 zu § 1 KSchG 1969 Verhaltensbedingte Kündigung = NZA 1997, 761; 17.1.1991 AP Nr. 25 zu § 1 KSchG 1969 Verhaltensbedingte Kündigung = NZA 1991, 557; 17.3.1988 AP Nr. 99 zu § 626 BGB = NZA 1989, 261.
[102] BAG 22.1.1998 AP Nr. 38 zu § 626 BGB Ausschlussfrist = NZA 1998, 708; 20.1.1994 AP Nr. 115 zu § 626 BGB = NZA 1994, 548.
[103] BAG 15.1.1970 AP Nr. 7 zu § 1 KSchG Verhaltensbedingte Kündigung.
[104] Dazu BAG 7.6.2006 NZA 2007, 343.
[105] LAG München 9.1.1991 LAGE § 1 KSchG Verhaltensbedingte Kündigung Nr. 32.

I. Voraussetzungen der betriebsbedingten Kündigung

1 **1. Überblick.** Eine betriebsbedingte Kündigung setzt voraus, dass der Beschäftigungsbedarf für einen oder mehrere AN in dem bisher wahrgenommenen Aufgabenbereich auf Dauer entfällt und der AN nicht auf einem anderen freien Arbeitsplatz weiterbeschäftigt werden kann.[1] Nur unter diesen Voraussetzungen ist eine Kündigung gem. § 1 II 1 KSchG durch dringende betriebliche Erfordernisse bedingt. Soll von mehreren AN, die unter betrieblichen Gesichtspunkten gleichermaßen für eine Kündigung in Betracht kommen, nur einem oder einigen gekündigt werden, muss gem. § 1 III 1 KSchG eine Auswahl erfolgen. Wird hiergegen verstoßen, ist die Kündigung unabhängig vom Vorliegen betrieblicher Gründe gegenüber dem falsch ausgewählten AN sozialwidrig (§ 1 III KSchG).

2 Die Wirksamkeit einer betriebsbedingten Kündigung ist damit **dreistufig zu prüfen:**

(1) Zunächst ist der Wegfall von Beschäftigungsmöglichkeiten festzustellen.
(2) Sodann ist das Fehlen einer Weiterbeschäftigungsmöglichkeit zu prüfen.
(3) Schließlich ist – sofern mehrere vergleichbare AN betroffen sind – eine soziale Auswahl unter den in Betracht kommenden AN vorzunehmen (→ § 135 Rn. 1 ff.).

3 Nach der stRspr des BAG können sich betriebliche Erfordernisse für eine Kündigung iSv § 1 II KSchG aus innerbetrieblichen oder außerbetrieblichen Gründen ergeben.[2]

4 **2. Außerbetriebliche Gründe.** Hierzu gehören insbesondere Auftragsmangel oder Umsatzrückgang.[3] Durch diese Umstände fällt der Beschäftigungsbedarf jedoch in der Regel nicht unmittelbar weg. Das betriebliche Erfordernis beruht zumeist nicht unmittelbar und allein auf einer bestimmten negativen wirtschaftlichen Lage, sondern auf einer hierdurch motivierten gestaltenden Entscheidung des AG.[4] Nur wenn ein dauerhafter Umsatz- oder Auftragsrückgang unmittelbar zur Verringerung einer bestimmten Arbeitsmenge führt, liegt hierin allein ein dringendes betriebliches Erfordernis zur Kündigung. Dies ist anzunehmen, wenn der AG eine bestimmte Umsatzhöhe in eine konkrete Relation zur Anzahl der Beschäftigten stellt. Sind Umfang und Auswirkung des Umsatzrückganges streitig, hat der AG darzulegen, dass ein dauerhafter Umsatzrückgang vorliegt und sich dieser Rückgang auf die Arbeitsmenge für den gekündigten AN auswirkt.[5] Behauptet der AG, das Bedürfnis für eine Weiterbeschäftigung sei wegen eines Auftragsrückgangs entfallen, muss er anhand seiner Auftrags- und Personalplanung im Einzelnen darstellen, warum nicht nur eine – kurzfristige – Auftragsschwankung vorliegt, sondern ein dauerhafter Auftragsrückgang zu erwarten ist. Die Möglichkeit einer „normalen", im Rahmen des Üblichen liegenden Auftragsschwankung muss prognostisch ausgeschlossen sein.[6]

[1] StRspr, vgl. BAG 18.5.2006 AP Nr. 7 zu § 9 AÜG mwN.
[2] BAG 20.2.2014 AP Nr. 46 zu § 17 KSchG 1969 = NZA 2014, 1069; 17.6.1999 AP Nr. 102 zu § 1 KSchG 1969 Betriebsbedingte Kündigung = NZA 1999, 1095.
[3] BAG 18.5.2006 AP Nr. 7 zu § 9 AÜG.
[4] BAG 22.5.2003 AP Nr. 128 zu § 1 KSchG 1969 Betriebsbedingte Kündigung = NZA 2004, 343.
[5] BAG 15.6.1989 AP Nr. 45 zu § 1 KSchG 1969 Betriebsbedingte Kündigung = NZA 1990, 65.
[6] BAG 20.2.2014 AP Nr. 46 zu § 17 KSchG 1969 = NZA 2014, 1069.

Der bloße Hinweis auf auslaufende Aufträge und das Fehlen von Anschlussaufträgen reicht regelmäßig nicht aus, um einen dauerhaften Wegfall des Beschäftigungsbedürfnisses zu begründen.[7]

3. Innerbetriebliche Gründe. a) Unternehmerentscheidung. Innerbetriebliche Gründe liegen vor, wenn sich der AG aufgrund einer durch wirtschaftliche oder technische Entwicklungen oder fiskalische Überlegungen veranlassten unternehmerischen Entscheidung zu einer organisatorischen Maßnahme entschließt, bei deren betrieblicher Umsetzung das **Bedürfnis für die Weiterbeschäftigung eines oder mehrerer AN entfällt.**[8] Die außerbetrieblichen Umstände sind in diesem Fall nur Motiv für die unternehmerische Entscheidung des AG. Diese stellt dann ein dringendes betriebliches Erfordernis iSd § 1 II 1 KSchG dar, wenn ihre Umsetzung auf betrieblicher Ebene spätestens mit Ablauf der Kündigungsfrist zu einem voraussichtlich dauerhaften Wegfall des Bedarfs an einer Beschäftigung des betroffenen AN führt.[9] Die organisatorische Maßnahme des AG muss nicht ökonomisch zwingend geboten sein (zur gerichtlichen Überprüfung → Rn. 27).[10] Zu unternehmerischen Entscheidungen gehören zB Rationalisierungsmaßnahmen (→ Rn. 59) wie die Zusammenlegung von Abteilungen,[11] Erhöhung der Arbeitsdichte,[12] Neubestimmung des Anforderungsprofils für einen eingerichteten Arbeitsplatz (→ Rn. 36),[13] Übertragung der Arbeitsaufgaben von AN auf freie Dienstnehmer,[14] Umstellung, Einschränkung oder Verlagerung der Produktion.[15] Eine unternehmerische Entscheidung zur Reorganisation kann auch ein Gesamtkonzept beinhalten, das sowohl die Umgestaltung aller bisherigen Arbeitsplätze als auch die Reduzierung des bisherigen Arbeitsvolumens zum Gegenstand hat.[16] Zum Entscheidungsspielraum des AG gehört die Befugnis, die Zahl der Arbeitskräfte zu bestimmen, mit denen eine Arbeitsaufgabe erledigt werden soll (→ Rn. 37).[17] Der AG kann grundsätzlich sowohl das Arbeitsvolumen (Menge der zu erledigenden Arbeit) als auch das diesem zugeordnete Arbeitskraftvolumen (AN-Stunden) und damit auch das Verhältnis dieser beiden Größen zueinander festlegen.[18] 5

b) Dauerhafter Wegfall des Beschäftigungsbedarfs. Die Kündigung selbst ist keine freie Unternehmerentscheidung (zur Darlegungslast des AG insoweit → Rn. 7). Sie muss sich vielmehr nach dem klaren Wortlaut des Gesetzes an den Vorschriften des Kündigungsschutzgesetzes messen lassen.[19] Die Unternehmerentscheidung muss grundsätzlich darauf gerichtet sein, den Beschäftigungsbedarf **auf Dauer entfallen zu lassen** (zur gerichtlichen Überprüfung → Rn. 27).[20] Nur dann ist sie „dringend" (dazu → Rn. 13).[21] Eine vorübergehende Schließung des Betriebs kann eine betriebsbedingte Kündigung nur ausnahmsweise rechtfertigen. Der AG hat hierfür eine Prognose darzulegen, wonach im Kündigungszeitpunkt der Wegfall der Beschäftigungsmöglichkeit bei Ablauf der Kündigungsfrist für eine wirtschaftlich erhebliche Zeit mit großer Wahrscheinlichkeit zu erwarten war. Ein Zeitraum von fast einem Dreivierteljahr 6

[7] BAG 23.2.2012 AP Nr. 189 zu § 1 KSchG 1969 Betriebsbedingte Kündigung = NZA 2012, 852.
[8] BAG 16.12.2010 AP Nr. 186 zu § 1 KSchG 1969 Betriebsbedingte Kündigung= NZA 2011, 505; 10.7.2008 AP Nr. 181 zu § 1 KSchG 1969 Betriebsbedingte Kündigung = NZA 2009, 312.
[9] BAG 20.11.2014 AP Nr. 207 zu § 1 KSchG 1969 Betriebsbedingte Kündigung = NZA 2015, 679; 31.7.2014 AP Nr. 206 zu § 1 KSchG 1969 Betriebsbedingte Kündigung = NZA 2015, 101.
[10] BAG 22.10.2015 AP Nr. 13 zu § 626 BGB Unkündbarkeit = NZA 2016, 630.
[11] BAG 6.11.1997 AP Nr. 42 zu § 1 KSchG 1969 = NZA 1998, 143.
[12] BAG 17.6.1999 AP Nr. 102, 103 zu § 1 KSchG 1969 Betriebsbedingte Kündigung = NZA 1999, 1095, 1157; 24.4.1997 AP Nr. 42 zu § 2 KSchG = NZA 1997, 1047.
[13] BAG 7.11.1996 AP Nr. 82 zu § 1 KSchG 1969 Betriebsbedingte Kündigung = NZA 1997, 253; 10.11.1994 AP Nr. 65 zu § 1 KSchG 1969 Betriebsbedingte Kündigung = NZA 1995, 566; dazu *Mauer/Holthausen* NZA 2003, 1370.
[14] BAG 31.7.2014 AP Nr. 206 zu § 1 KSchG 1969 Betriebsbedingte Kündigung = NZA 2015, 101; 13.3.2008 AP Nr. 176 zu § 1 KSchG 1969 Betriebsbedingte Kündigung = NZA 2008, 878; 9.5.1996 AP Nr. 79 zu § 1 KSchG 1969 Betriebsbedingte Kündigung = NZA 1996, 1145; dazu *Dzida* NJW 2008, 2874.
[15] BAG 29.8.2013 AP Nr. 202 zu § 1 KSchG 1969 Betriebsbedingte Kündigung = NZA 2014, 730; 12.11.1998 AP Nr. 51 zu § 2 KSchG 1969 = NZA 1999, 471.
[16] BAG 22.9.2005 AP Nr. 141 zu § 1 KSchG 1969 Betriebsbedingte Kündigung.
[17] BAG 17.6.1999 AP Nr. 102 zu § 1 KSchG 1969 Betriebsbedingte Kündigung = NZA 1999, 1095; 7.5.1998 AP Nr. 94 zu § 1 KSchG 1969 Betriebsbedingte Kündigung = NZA 1998, 933; 24.4.1997 AP Nr. 42 zu § 2 KSchG 1969 = NZA 1997, 1047.
[18] BAG 22.5.2003 AP Nr. 129 zu § 1 KSchG 1969 Betriebsbedingte Kündigung.
[19] BAG 17.6.1999 AP Nr. 101 zu § 1 KSchG 1969 Betriebsbedingte Kündigung = NZA 1999, 1098.
[20] BAG 26.4.2007 AP Nr. 4 zu § 125 InsO; 27.11.2003 AP Nr. 64 zu § 1 KSchG 1969 Soziale Auswahl = NZA 2004, 477.
[21] BAG 17.6.1999 AP Nr. 101 zu § 1 KSchG 1969 Betriebsbedingte Kündigung = NZA 1999, 1098.

kann dabei durchaus erheblich sein.[22] Eine **Austauschkündigung** ist unzulässig. Das bedeutet aber nicht, dass der AG an einer ernsthaften unternehmerischen Entscheidung gehindert wäre, die bisher durch AN erledigten Tätigkeiten nunmehr auf andere Weise ausführen zu lassen.[23] So kann die Entscheidung des Unternehmers, bestimmte Aufgaben in Zukunft nicht mehr durch AN, sondern durch freie Mitarbeiter ausführen zu lassen, als dringendes betriebliches Erfordernis iSd § 1 II 1 KSchG eine ordentliche Kündigung rechtfertigen (→ Rn. 41).[24] Eine Austauschkündigung liegt gleichfalls nicht vor, wenn eine Gemeinde beschließt, die Aufgaben einer bisher in einem Arbeitsverhältnis beschäftigten Frauenbeauftragten in Zukunft einer ehrenamtlichen Kraft zu übertragen.[25]

7 **c) Darlegungsanforderungen.** Der AG hat im Kündigungsschutzprozess seine Entscheidung, den Personalbestand auf Dauer zu reduzieren, hinsichtlich ihrer organisatorischen Durchführbarkeit und hinsichtlich des Begriffs „Dauer" zu verdeutlichen, damit das Gericht u.a. prüfen kann, ob sie nicht offensichtlich unsachlich, unvernünftig oder willkürlich ist.[26] Je näher die eigentliche Organisationsentscheidung an den Kündigungsentschluss rückt, umso konkreter muss der AG darlegen, dass ein Beschäftigungsbedürfnis für den betroffenen AN entfallen ist. In diesen Fällen muss der AG als derjenige, der nach § 1 II 4 KSchG die soziale Rechtfertigung der Kündigung darzulegen und zu beweisen hat, konkrete Angaben dazu machen, wie sich seine Organisationsentscheidung auf die Einsatzmöglichkeiten der AN auswirkt.[27] Er hat hierbei seine Entscheidung hinsichtlich ihrer **organisatorischen Durchführbarkeit und zeitlichen Nachhaltigkeit** zu verdeutlichen. Daran fehlt es, wenn die organisatorische Maßnahme in ihrer Folge zu einer Überforderung oder Benachteiligung des im Betrieb verbliebenen Personals führte oder sie lediglich Vorwand dafür ist, bestimmte AN aus dem Betrieb zu drängen, obwohl Beschäftigungsbedarf und Beschäftigungsmöglichkeiten objektiv fortbestehen und etwa nur der Inhalt des Arbeitsvertrags als zu belastend angesehen wird.[28] Um dies auszuschließen hat der AG aufzuzeigen, in welchem Umfang durch die geänderte Organisation ein konkreter Änderungsbedarf entstanden ist. Dies gilt insbesondere dann, wenn das **Anforderungsprofil** für Arbeitsplätze geändert wird, auf denen die AN bereits langjährig beschäftigt sind (dazu → Rn. 36).[29]

8 Läuft die unternehmerische Entscheidung – zB Neuorganisation der Bürostruktur – letztlich nur auf den Abbau einer **Hierarchieebene** hinaus, die verbunden ist mit einer Neuverteilung der dem betroffenen AN bisher zugewiesenen Aufgaben, hat der AG insbesondere darzulegen, in welchem Umfang die bisher vom AN ausgeübten Tätigkeiten zukünftig im Vergleich zum bisherigen Zustand entfallen.[30] Der AG muss die Auswirkungen seiner unternehmerischen Vorgaben und Planungen auf das erwartete Arbeitsvolumen anhand einer schlüssigen Prognose im Einzelnen darstellen und angeben, wie die anfallenden Arbeiten vom verbliebenen Personal ohne überobligationsmäßige Leistungen, dh im Rahmen ihrer vertraglich geschuldeten regelmäßigen wöchentlichen Arbeitszeit erledigt werden können.[31] Das gilt nicht nur bei innerbetrieblicher Umverteilung von Aufgaben, sondern auch dann, wenn der AG Tätigkeiten an einem anderen Standort konzentriert. Bestehen im Zuge einer unternehmensinternen Aufgabenverlagerung Beschäftigungsmöglichkeiten andernorts fort, sind diese zumindest im Rahmen von § 1 II 2 KSchG zu berücksichtigen und ist eine Beendigungskündigung grundsätzlich unverhältnismäßig.[32] Fachkräften darf keine artfremde Tätigkeit abverlangt werden, die über gelegentliche Hilfstätigkeit hinausgeht.[33]

---

[22] BAG 27.4.1995 EzA Nr. 83 zu § 1 KSchG Betriebsbedingte Kündigung; zur witterungsbedingten Kündigung; 7.3.1996 AP Nr. 76 zu § 1 KSchG 1969 Betriebsbedingte Kündigung = NZA 1996, 931.

[23] BAG 18.9.2008 AP Nr. 89 zu § 1 KSchG 1969 = NZA 2009, 142.

[24] BAG 31.7.2014 AP Nr. 206 zu § 1 KSchG 1969 Betriebsbedingte Kündigung = NZA 2015, 101; 13.3.2008 AP Nr. 176 zu § 1 KSchG 1969 Betriebsbedingte Kündigung = NZA 2008, 878.

[25] BAG 18.9.2008 NZA 2009, 142.

[26] BAG 21.9.2000 AP Nr. 111 zu § 1 KSchG 1969 Betriebsbedingte Kündigung = NZA 2001, 535.

[27] BAG 16.12.2010 AP Nr. 186 zu § 1 KSchG 1969 Betriebsbedingte Kündigung= NZA 2011, 505; 13.2.2008 AP Nr. 174 zu § 1 KSchG 1969 Betriebsbedingte Kündigung = NZA 2008, 819.

[28] BAG 20.12.2012 AP Nr. 198 zu § 1 KSchG 1969 Betriebsbedingte Kündigung = NZA 2013, 1003; 24.5.2012 AP Nr. 191 zu § 1 KSchG 1969 Betriebsbedingte Kündigung = NZA 2012, 1223.

[29] BAG 18.3.2010 AP Nr. 228 zu § 626 BGB = NZA-RR 2011, 18.

[30] BAG 20.2.2014 AP Nr. 46 zu § 17 KSchG 1969 = NZA 2014, 1069.

[31] BAG 22.10.2015 AP Nr. 13 zu § 626 BGB Unkündbarkeit = NZA 2016, 630; 20.2.2014 AP Nr. 46 zu § 17 KSchG 1969 = NZA 2014, 1069; 20.12.2012 AP Nr. 198 zu § 1 KSchG 1969 Betriebsbedingte Kündigung = NZA 2013, 1003; 17.6.1999 AP Nr. 103 zu § 1 KSchG 1969 Betriebsbedingte Kündigung = NZA 1999, 1157.

[32] BAG 22.10.2015 AP Nr. 13 zu § 626 BGB Unkündbarkeit = NZA 2016, 630.

[33] BAG 17.6.1999 AP Nr. 102 zu § 1 KSchG 1969 Betriebsbedingte Kündigung = NZA 1999, 1095.

d) Formfreiheit. Die unternehmerische Entscheidung bedarf grundsätzlich keiner besonderen Form. Besteht die Unternehmerentscheidung in dem Entschluss, den Betrieb stillzulegen, ist hierfür bei einer juristischen Person bzw. einer Kommanditgesellschaft **kein formell gültiger Beschluss des zuständigen Organs** erforderlich.[34] Eines Beschlusses der Gesellschafter bedarf es nicht.[35] Auch bei einem mehrköpfigen Entscheidungsgremium, das letztlich nur gemeinsam entscheiden kann, ist in der Regel ein förmlicher Beschluss nicht erforderlich. Es genügt, dass ein einzelnes Gremiumsmitglied den betreffenden Entschluss vorbehaltlos gefasst hat und – etwa aufgrund von Erfahrungswerten – fest damit zu rechnen war, die übrigen Mitglieder würden sich dem anschließen.[36] Die unternehmerische Entscheidung zur Stilllegung eines Betriebs durch ein Organ der Gesellschaft begründet grundsätzlich auch dann ein dringendes betriebliches Erfordernis für Kündigungen gegenüber den im Betrieb beschäftigten AN iSv § 1 II 1 KSchG, wenn ungeachtet der Wirksamkeit gemäß den das Internum der Gesellschaft regelnden Normen im Kündigungszeitpunkt davon auszugehen ist, dass die Betriebsstilllegung planmäßig erfolgen wird und nicht durch einzelne Gesellschafter oder durch andere Organe der Gesellschaft über den Kündigungstermin hinaus verzögert oder gar verhindert wird. Insbesondere bezweckt § 49 II GmbHG nur den Schutz der Gesellschaft bzw. der Gesellschafter, nicht dagegen den der AN.[37] Anders ist freilich zu entscheiden, wenn der Vorstand einer Aktiengesellschaft entgegen § 111 IV AktG ohne Zustimmung des Aufsichtsrats eine Betriebsstilllegung beschließt. Die Beteiligung des Aufsichtsrats an dieser Entscheidung dient dem Schutz der AN, weil diese über ihre Vertreter im Aufsichtsrat auf die unternehmerische Entscheidung Einfluss nehmen können sollen.[38] 9

e) Öffentlicher Dienst. Im öffentlichen Dienst kann eine der Unternehmerentscheidung vergleichbare Entscheidung darin liegen, dass in einem Haushaltsplan ein sog. kw-Vermerk angebracht oder aus einem Personalbedarfsplan der Wegfall einer Stelle ersichtlich wird (dazu → Rn. 56).[39] In der Streichung einer konkreten Stelle in einem **Haushaltsplan** liegt die von den Arbeitsgerichten nicht nachprüfbare unternehmerische Entscheidung, die bezeichnete Stelle sei für die Dienststelle – zukünftig – entbehrlich.[40] Beschließt der Gemeinderat wegen des anhaltenden Geburtenrückgangs, die Verwaltung zu beauftragen, die Kündigungen einer bestimmten Zahl von Erzieherinnen zu einem näher bestimmten Zeitpunkt vorzubereiten, weil unter Berücksichtigung des gesetzlichen Betreuungsschlüssels ein Überhang an Erzieherin bestehe, handelt es sich um einen innerdienstlichen Kündigungsgrund, der auf außerdienstlichen Ursachen beruht, und nicht um einen nur allgemeinen Beschluss zur Personalreduzierung. Die Entscheidung des AG begrenzt das Beschäftigungsvolumen in einem bestimmten Bereich, so dass hierdurch der Beschäftigungsbedarf für alle AN dieses Bereichs herabgesetzt wird. Welches Arbeitsverhältnis dann gekündigt werden darf, ist eine Frage der sozialen Auswahl.[41] 10

4. Wegfall von Beschäftigungsmöglichkeiten. Inner- und außerbetriebliche Umstände begründen nur dann ein dringendes betriebliches Erfordernis iSd § 1 II KSchG, wenn sie sich konkret auf die Einsatzmöglichkeit des gekündigten AN auswirken. Es ist dabei nicht zu prüfen, ob ein bestimmter Arbeitsplatz weggefallen ist, sondern ob und in welchem Umfang das Beschäftigungsbedürfnis für den betreffenden AN entfallen ist.[42] Die Organisationsentscheidung des AG muss ursächlich für den von ihm behaupteten Wegfall des Beschäftigungsbedürfnisses sein. Das ist nur dann anzunehmen, wenn die Entscheidung sich auf eine nach sachlichen Merkmalen genauer bestimmte Stelle bezieht. Der allgemeine Beschluss, Personalkosten zu senken, erfüllt diese Anforderungen nicht.[43] 11

---

[34] BAG 25.3.2004 AP Nr. 36 zu § 9 MuSchG 1968.

[35] BAG 20.11.2014 AP Nr. 207 zu § 1 KSchG 1969 Betriebsbedingte Kündigung = NZA 2015, 679; 14.3.2013 AP Nr. 199 zu § 1 KSchG 1969 Betriebsbedingte Kündigung.

[36] BAG 31.7.2014 AP Nr. 206 zu § 1 KSchG 1969 Betriebsbedingte Kündigung = NZA 2015, 101.

[37] BAG 5.4.2001 AP Nr. 117 zu § 1 KSchG 1969 Betriebsbedingte Kündigung = NZA 2001, 949; 11.3.1998 AP Nr. 43 zu § 111 BetrVG 1972 = NZA 1998, 879; krit. hierzu *Plander* NZA 1999, 505.

[38] AA ErfK/*Oetker* KSchG § 1 Rn. 212.

[39] BAG 23.11.2004 AP Nr. 70 zu § 1 KSchG 1969 Soziale Auswahl = NZA 2005, 986; 22.5.2003 AP Nr. 129 zu § 1 KSchG 1969 Betriebsbedingte Kündigung; 18.11.1999 AP Nr. 55 zu § 2 KSchG 1969 = NZA 2000, 484; 21.1.1993 AP Nr. 1 zu § 52 MitbestG Schleswig-Holstein = NZA 1993, 1099.

[40] BAG 18.9.2008 NZA 2009, 142; 5.12.2002 AP Nr. 126 zu § 1 KSchG 1969 Betriebsbedingte Kündigung.

[41] BAG 22.5.2003 AP Nr. 129 zu § 1 KSchG 1969 Betriebsbedingte Kündigung.

[42] BAG 19.5.1993 AP Nr. 31 zu § 2 KSchG 1969 = NZA 1993, 1075; 30.5.1985 AP Nr. 24 zu § 1 KSchG 1969 Betriebsbedingte Kündigung.

[43] BAG 6.7.2006 AP Nr. 82 zu § 1 KSchG 1969 Soziale Auswahl = NZA 2007, 139; 22.5.2003 AP Nr. 129 zu § 1 KSchG 1969 Betriebsbedingte Kündigung.

12 Wird bei im Wesentlichen gleich bleibender Tätigkeit ein Arbeitsplatz umgestaltet, so dass dieser zu einer Beförderungsstelle wird, entfällt nicht ohne Weiteres der bisherige Beschäftigungsbedarf. Der durch das KSchG gewährleistete Bestandsschutz gewährt dem AN zwar regelmäßig **keinen Anspruch auf Beförderung.**[44] Hat der AG für eine bestimmte Tätigkeit eine Einstellungsentscheidung getroffen und bleibt die Tätigkeit im Wesentlichen erhalten, besteht jedoch nach Auffassung des BAG allein aufgrund der Umwidmung dieser Stelle in eine Beförderungsstelle noch kein dringendes betriebliches Erfordernis, sofern der AN geeignet ist, die Arbeitsleistung auf dem umgestalteten Arbeitsplatz zu erbringen.[45] Zur Gestaltung des Anforderungsprofils → Rn. 36.

13 **5. Dringlichkeit. a) Grundsätze.** Das Merkmal der „Dringlichkeit" der betrieblichen Erfordernisse konkretisiert den Grundsatz der Verhältnismäßigkeit. Die aus der unternehmerischen Entscheidung resultierenden betrieblichen Erfordernisse müssen dringend sein und eine Kündigung im Interesse des Betriebs notwendig machen (zur Weiterbeschäftigungspflicht auf freien Arbeitsplätzen → Rn. 16 ff.). Diese weitere Voraussetzung ist erfüllt, wenn es dem AG aufgrund der betrieblichen Verhältnisse nicht möglich ist, die unternehmerische Entscheidung durch andere Maßnahmen auf technischem, organisatorischem oder wirtschaftlichem Gebiet als durch eine Kündigung umzusetzen. Trotz der Bindung an die Entscheidung der Unternehmensleitung ist vom Gericht deshalb zu kontrollieren, ob nur der Entschluss zur Kündigung in den Rahmen der umgestaltenden Betriebsorganisation passt oder ob diese nicht auch ohne Kündigung verwirklicht werden kann (→ Rn. 27).[46] Besteht ein Kündigungsgrund, kann vom AG nicht verlangt werden, seinen Kündigungsentschluss, zB weil das Arbeitsverhältnis ruht und ihn deshalb wirtschaftlich kaum belastet, so lange zu verschieben, bis das Arbeitsverhältnis nicht mehr ruht, der Kündigungsgrund aber – möglicherweise – wieder entfallen ist. Die Einbeziehung zukünftiger Entwicklungen ist nur für diejenigen Umstände gerechtfertigt, die aus dem Blickwinkel des Zeitpunkts der Kündigung für den AG erkennbar sind, nicht aber für solche, deren späterer Eintritt ungewiss ist. Andernfalls wäre dem AG die Möglichkeit genommen, eine rationale Kündigungsentscheidung zu treffen.[47] – Zur Vermeidung betriebsbedingter Kündigungen hat der AG die Möglichkeiten einer Jahresarbeitszeitregelung auszuschöpfen, die gerade mit dem Ziel geschaffen worden ist, durch eine **Flexibilisierung der Jahresarbeitszeit** betriebsbedingte Kündigungen in Zeiten des geringeren Arbeitsanfalls zu vermeiden. Haben die AN in erheblichem Umfang Guthabenstunden angespart, hat der AG bei schlechter Beschäftigungslage die Guthabenstunden aller AN abzubauen, bevor er einzelnen AN betriebsbedingt kündigt.[48] Kommt er dem nicht nach, hat er darzulegen, welche tatsächlichen oder rechtlichen Hindernisse dem entgegenstehen.

14 **b) Bedeutung des § 2 II Nr. 2 SGB III.** Aus § 2 II Nr. 2 SGB III lässt sich für die Auslegung des Merkmals „dringend" in § 1 II 1 KSchG nichts herleiten. Nach § 2 II Nr. 2 SGB III haben die AG bei ihren Entscheidungen verantwortungsvoll deren Auswirkungen auf die Beschäftigung der AN und von Arbeitslosen und damit die Inanspruchnahme von Leistungen der Arbeitsförderung einzubeziehen. Sie sollen dabei insbesondere im Rahmen ihrer Mitverantwortung für die Entwicklung der beruflichen Leistungsfähigkeit der AN zur Anpassung an sich ändernde Anforderungen sorgen und vorrangig durch betriebliche Maßnahmen die Inanspruchnahme von Leistungen der Arbeitsförderung sowie Entlassungen von AN vermeiden. Diese Bestimmung enthält rein sozialversicherungsrechtliche Verpflichtungen, die arbeitsrechtlich keine Bedeutung haben.[49]

15 **c) Kurzarbeit als milderes Mittel.** Die Einführung von Kurzarbeit (dazu → § 47 Rn. 1 ff.) ist nur ausnahmsweise milderes Mittel zur Vermeidung betriebsbedingter Kündigungen, weil Kurzarbeit regelmäßig nur bei vorübergehendem Arbeitsmangel in Betracht kommt, eine betriebsbedingte Kündigung jedoch grundsätzlich den **dauerhaften Wegfall von Beschäfti-**

[44] BAG 21.9.2000 AP Nr. 111 zu § 1 KSchG 1969 Betriebsbedingte Kündigung = NZA 2001, 535; 29.3.1990 AP Nr. 50 zu § 1 KSchG 1969 Betriebsbedingte Kündigung = NZA 1991, 181.
[45] BAG 27.5.2012 AP Nr. 191 zu § 1 KSchG 1969 Betriebsbedingte Kündigung = NZA 2012, 1223; 18.10.2000 AP Nr. 39 zu § 9 KSchG 1969 = NZA 2001, 437; 5.10.1995 AP Nr. 71 zu § 1 KSchG 1969 Betriebsbedingte Kündigung = NZA 1996, 524; 10.11.1994 AP Nr. 65 zu § 1 KSchG 1969 Betriebsbedingte Kündigung = NZA 1995, 566.
[46] BAG 18.1.1990 AP Nr. 27 zu § 2 KSchG 1969 = NZA 1990, 734.
[47] BAG 9.9.2010 ZTR 2011, 45.
[48] BAG 8.11.2007 EzA Nr. 157 zu § 1 KSchG Betriebsbedingte Kündigung.
[49] Ebenso *Bauer/Haussmann* NZA 1997, 1100; KR/*Rachor* KSchG § 1 Rn. 567; teilw. aA *Bepler* AuR 1999, 219 (221 ff.); *Schaub* NZA 1997, 810.

gungsmöglichkeiten voraussetzt.[50] Ist Letzteres der Fall, kann der AG nicht auf die Einführung von Kurzarbeit zur Vermeidung der Kündigung verwiesen werden.[51] Eine betriebsbedingte Kündigung im Zusammenhang mit einer vom AG bereits eingeführten Kurzarbeit ist gem. § 1 II KSchG nur dann gerechtfertigt, wenn über die Gründe hinaus, die zur Einführung von Kurzarbeit geführt haben, weitergehende inner- oder außerbetriebliche Gründe vorliegen, die auf Dauer für den gekündigten AN das Weiterbeschäftigungsbedürfnis entfallen lassen.[52] Haben die Betriebsparteien durch die Einführung von Kurzarbeit den Umfang der vertraglich geschuldeten Arbeitszeit auf ein Niveau abgesenkt, das den Ausspruch betriebsbedingter Kündigungen gerade überflüssig macht, besteht regelmäßig nur dann ein dringendes betriebliches Erfordernis zur Kündigung, wenn der AG die Möglichkeit zur Arbeitszeitreduzierung voll ausgeschöpft hat und gleichwohl noch ein Beschäftigungsüberhang besteht.[53]

6. Fehlende Weiterbeschäftigungsmöglichkeiten. a) Verhältnismäßigkeit. Eine Beendigungskündigung ist unter Beachtung des in § 1 II 2 KSchG zum Ausdruck kommenden Grundsatzes der Verhältnismäßigkeit auch dann nicht geboten und deshalb sozial ungerechtfertigt, wenn der zu kündigende AN an einem anderen freien Arbeitsplatz (→ Rn. 22) in demselben Betrieb oder in einem anderen Betrieb des Unternehmens – ggf. erst nach einer dem AG zumutbaren Fortbildung oder Umschulung – zu veränderten Arbeitsbedingungen weiterbeschäftigt werden kann (zum Vorrang der Änderungskündigung → § 137 Rn. 3).[54] Diese Verpflichtung des AG erstreckt sich allerdings grundsätzlich nicht auf Arbeitsplätze in einem im Ausland gelegenen Betrieb des Unternehmens.[55] Der AG ist auch aus seiner Pflicht zur Rücksichtnahme (§ 241 II BGB) nicht verpflichtet, einen AN gegen dessen Willen kraft Direktionsrechts ins Ausland zu versetzen, um eine Beendigungskündigung zu vermeiden.[56] Erfüllt der AN das Anforderungsprofil der fraglichen Stelle, bedarf es in der Regel keiner weitergehenden Prüfung, ob dem AN die Tätigkeit zumutbar ist. Eine ggf. erforderliche Änderungskündigung darf nur in „Extremfällen" unterbleiben, zB bei einer völlig unterwertigen Beschäftigung.[57] Die Weiterbeschäftigungspflicht gilt unabhängig davon, ob ein Widerspruch der zuständigen Personalvertretung bzw. des BR vorliegt, wenn eine Weiterbeschäftigung des AN auf einem freien gleichwertigen oder geringwertigeren Arbeitsplatz in einem anderen Betrieb des Unternehmens möglich ist.[58] Die Verpflichtung des AG, dem AN zumutbare Umschulungs- oder Fortbildungsmöglichkeiten iSd § 1 II 3 KSchG anzubieten, besteht nur, wenn im Kündigungszeitpunkt feststeht, dass spätestens nach Durchführung der Qualifizierungsmaßnahme ein geeigneter Arbeitsplatz im Unternehmen vorhanden und frei ist und der AN das vom AG vorgegebene Anforderungsprofil erfüllt.[59] 16

b) Unternehmens- und Konzernbezug. Die Weiterbeschäftigungspflicht auf freien Arbeitsplätzen ist nicht nur – wie die soziale Auswahl – betriebsbezogen, sondern erstreckt sich auf das gesamte Unternehmen. Eine über den Unternehmensbereich hinausgehende gesetzliche Weiterbeschäftigungspflicht auf freien Arbeitsplätzen im Konzern besteht dagegen grundsätzlich nicht, weil das KSchG nicht konzernbezogen ist.[60] Eine konzernweite Weiterbeschäftigungspflicht besteht 17

---

[50] Dazu näher *Barnhofer,* Kurzarbeit zur Vermeidung betriebsbedingter Kündigungen, 1995, 81 ff.; *Löwisch* FS Wiese, 1998, 249.

[51] BAG 23.2.2012 AP Nr. 189 zu § 1 KSchG 1969 Betriebsbedingte Kündigung = NZA 2012, 852; 15.6.1989 AP Nr. 45 zu § 1 KSchG 1969 Betriebsbedingte Kündigung = NZA 1990, 65.

[52] BAG 26.6.1997 AP Nr. 86 zu § 1 KSchG 1969 Betriebsbedingte Kündigung = NZA 1997, 1286; *Rolf/Riechwald* BB 2010, 1597.

[53] BAG 23.2.2012 AP Nr. 189 zu § 1 KSchG 1969 Betriebsbedingte Kündigung = NZA 2012, 852.

[54] BAG 27.6.2019 AP Nr. 78 zu § 15 KSchG 1969 = NZA 2019, 1427; 8.5.2014 NZA 2014, 1200; 9.9.2010 ZTR 2011, 45.

[55] BAG 24.9.2015 AP Nr. 209 zu § 1 KSchG 1969 Betriebsbedingte Kündigung mAnm *Schrader/Felsmann* = NZA 2015, 1457; 29.8.2013 AP Nr. 202 zu § 1 KSchG 1969 Betriebsbedingte Kündigung mAnm *Deinert* = NZA 2014, 730.

[56] BAG 24.9.2015 AP Nr. 209 zu § 1 KSchG 1969 Betriebsbedingte Kündigung = NZA 2015, 1457.

[57] BAG 8.5.2014 NZA 2014, 1200; 29.8.2013 AP Nr. 202 zu § 1 KSchG 1969 Betriebsbedingte Kündigung = NZA 2014, 730.

[58] BAG 29.8.2013 AP Nr. 202 zu § 1 KSchG 1969 Betriebsbedingte Kündigung = NZA 2014, 730; 24.6.2004 AP Nr. 76 zu § 1 KSchG 1969 = NZA 2004, 1268.

[59] BAG 8.5.2014 NZA 2014, 1200.

[60] BAG 18.10.2012 AP Nr. 196 zu § 1 KSchG 1969 Betriebsbedingte Kündigung = NZA 2013, 1007; 23.4.2008 AP Nr. 177 zu § 1 KSchG 1969 Betriebsbedingte Kündigung = NZA 2008, 939; 23.11.2004 AP Nr. 132 zu § 1 KSchG 1969 Betriebsbedingte Kündigung = NZA 2006, 929; 18.9.2003 AP Nr. 14 zu § 17 KSchG 1969; dazu ausf. *Gallner* FS Düwell, 2011, 208; APS/*Kiel* KSchG § 1 Rn. 550 ff.

nur, wenn sich ein anderes Konzernunternehmen ausdrücklich zur Übernahme des AN bereiterklärt hat oder sich die Übernahmeverpflichtung unmittelbar aus dem Arbeitsvertrag oder aus anderen vertraglichen Absprachen oder aus einer Zusage des AG ergibt. Ferner ist Voraussetzung, dass der Beschäftigungsbetrieb bzw. das vertragsschließende Unternehmen auf die „Versetzung" einen bestimmenden Einfluss hat.[61] Die Versetzungsentscheidung darf grundsätzlich nicht dem zur Übernahme bereiten Unternehmen vorbehalten bleiben. Nach Auffassung des BAG spielt es keine Rolle, ob die Möglichkeit der Einflussnahme aufgrund eindeutiger rechtlicher Regelungen oder eher nur faktisch besteht.[62] Der bloße Umstand, dass ein Gesellschafter erheblichen Einfluss auf mehrere oder alle Gesellschaften der Gruppe ausüben kann, reicht allerdings nicht aus, um eine ausnahmsweise Erstreckung des Kündigungsschutzes auf den Konzern anzunehmen.[63] Im Streitfall hat der AN konkret aufzuzeigen, aus welchen vertraglichen Regelungen er die konzernweite Weiterbeschäftigungspflicht ableitet und wie er sich eine anderweitige Beschäftigung vorstellt.[64] Ein „konzernbezogener Kündigungsschutz" wird des Weiteren für Fallgestaltungen erörtert, in denen konzerninterne Entscheidungen (etwa Verlagerung von Tätigkeiten auf andere Konzernunternehmen, Stilllegung eines Konzernunternehmens oder einer Abteilung bei gleichzeitiger Neugründung eines Konzernunternehmens mit identischen arbeitstechnischen und wirtschaftlichen Zielsetzungen) den Beschäftigungsbedarf für den betreffenden AN bei konzernbezogener Betrachtungsweise nicht wegfallen lassen. Eine solche Erweiterung des Kündigungsschutzes im Wege der Rechtsfortbildung auf Fälle der bloßen konzerninternen Verlagerung von nach wie vor bestehenden Beschäftigungsmöglichkeiten fordert allerdings – wenn sie überhaupt möglich sein sollte – gesteigerte Anforderungen an die Darlegungslast des AN. Er muss zumindest hinreichend konkret darlegen, dass der in seinem Konzernunternehmen weggefallene Beschäftigungsbedarf lediglich auf ein anderes Konzernunternehmen verlagert ist, dort nach wie vor besteht und dieses Konzernunternehmen diesen Beschäftigungsbedarf nunmehr zB durch auf dem freien Arbeitsmarkt angeworbene oder willkürlich aus dem Mitarbeiterstamm seines AG ausgewählte AN abdeckt.[65]

18 **c) Öffentlicher Dienst.** Gem. § 1 II 2 Nr. 2 lit. b KSchG besteht im öffentlichen Dienst eine der Wirksamkeit der Kündigung entgegenstehende Weiterbeschäftigungsmöglichkeit, wenn in Betrieben und Verwaltungen des öffentlichen Rechts der AN an einem anderen Arbeitsplatz in derselben Dienststelle oder in einer anderen Dienststelle desselben Verwaltungszweigs an demselben Dienstort einschließlich seines Einzugsgebiets weiterbeschäftigt werden kann. Hieraus folgt zugleich, dass der öffentliche AG regelmäßig nicht verpflichtet ist, den AN auf einem (freien) Arbeitsplatz in einer Dienststelle eines anderen Verwaltungszweigs weiterzubeschäftigen. Arbeitsplätze bei anderen Rechtsträgern sind regelmäßig nicht in Betracht zu ziehen.[66] Es gibt keine „staatsweite Weiterbeschäftigungspflicht.[67] Etwas anderes kann gelten, wenn der öffentliche AG die bisherige Verwaltungsaufgabe und Verwaltungsorganisation einer Dienststelle durch Gesetz oder Erlass aufgelöst hat, um – wenn auch nur teilweise – vergleichbare Aufgaben im Rahmen einer neu gebildeten Strukturform und Verwaltungsorganisation in einem anderen Verwaltungsbereich auszuführen. Andernfalls könnten AN allein aufgrund einer Verschiebung von Zuständigkeiten aus dem Arbeitsverhältnis gedrängt werden, obwohl sich weder am tatsächlichen Beschäftigungsbedarf noch am Arbeitsinhalt noch in der Person des AG irgendetwas geändert hat oder auch nur ändern soll.[68] Was zum Dienstort einschließlich seines Einzugsgebiets gehört, ergibt sich aus dem Verweis in § 75 I Nr. 3 BPersVG auf die Regelungen des Umzugskostenrechts. Nach § 3 I Nr. 1 lit. c BUKG gehört zum Einzugsgebiet das Gebiet, das auf einer üblicherweise befahrenen Strecke weniger als 30 km von der neuen Dienststätte entfernt ist oder im neuen Dienstort liegt.[69]

19 **d) Gemeinschaftsbetrieb.** Sofern mehrere Unternehmen einen Gemeinschaftsbetrieb unterhalten (dazu → § 17 Rn. 5), ist vor der Kündigung eines in dem Gemeinschaftsbetrieb beschäftigten AN zu prüfen, ob in dem Gemeinschaftsbetrieb ein geeigneter freier Arbeitsplatz

[61] BAG 18.10.2012 AP Nr. 196 zu § 1 KSchG 1969 Betriebsbedingte Kündigung = NZA 2013, 1007.
[62] BAG 26.6.2008 AP Nr. 180 zu § 1 KSchG 1969 Betriebsbedingte Kündigung = NZA-RR 2009, 205; 23.11.2004 AP Nr. 132 zu § 1 KSchG 1969 Betriebsbedingte Kündigung = NZA 2006, 929.
[63] BAG 23.4.2008 AP Nr. 177 zu § 1 KSchG 1969 Betriebsbedingte Kündigung = NZA 2008, 939.
[64] BAG 18.10.2012 AP Nr. 196 zu § 1 KSchG 1969 Betriebsbedingte Kündigung = NZA 2013, 1007.
[65] BAG 23.3.2006 AP Nr. 13 zu § 1 KSchG 1969 Konzern.
[66] BAG 22.10.2015 AP Nr. 210 zu § 1 KSchG 1969 Betriebsbedingte Kündigung = NZA 2016, 33.
[67] BAG 12.8.2010 AP Nr. 146 zu § 2 KSchG 1969 = NJW 2011, 251.
[68] BAG 10.6.2010 AP Nr. 31 zu § 1 KSchG 1969 Personenbedingte Kündigung = NZA 2010, 1234.
[69] BAG 27.7.2017 AP Nr. 213 zu § 1 KSchG 1969 Betriebsbedingte Kündigung = NZA 2018, 234; 15.12.2016 AP Nr. 211 zu § 1 KSchG 1969 Betriebsbedingte Kündigung = NZA 2017, 518.

vorhanden ist, auf dem der AN weiterbeschäftigt werden könnte.[70] Besteht der Arbeitsvertrag zu einem an dem Gemeinschaftsbetrieb beteiligten Unternehmen, sind die Weiterbeschäftigungsmöglichkeiten in dem Gemeinschaftsbetrieb und in den weiteren Betrieben dieses Unternehmens zu berücksichtigen. Weitere Betriebe der anderen an dem Gemeinschaftsbetrieb beteiligten Unternehmen bleiben dagegen unberücksichtigt, weil insoweit keine arbeitsvertragliche Verbindung besteht.[71] Eine unternehmensübergreifende Weiterbeschäftigungspflicht im Gemeinschaftsbetrieb besteht nicht, wenn es diesen bei Zugang der Kündigung als solchen nicht mehr gibt. Mit der Beseitigung der einheitlichen Leitungsstruktur ist der Unternehmer des stillzulegenden Betriebs rechtlich nicht mehr in der Lage, eine Weiterbeschäftigung durchzusetzen.[72]

e) Vergleichbarer Arbeitsplatz. Der AG ist gem. § 1 II 1 KSchG zu einer Weiterbeschäftigung des AN auf einem anderen freien (→ Rn. 22) vergleichbaren (gleichwertigen) Arbeitsplatz oder auf einem freien Arbeitsplatz zu geänderten (schlechteren) Arbeitsbedingungen verpflichtet.[73] Der AN muss unter Berücksichtigung angemessener Einarbeitungszeiten den Anforderungen des neuen Arbeitsplatzes genügen. Dabei unterliegt die Gestaltung des Anforderungsprofils für den freien Arbeitsplatz der lediglich auf offenbare Unsachlichkeit zu überprüfenden Unternehmerdisposition des AG (dazu → Rn. 36).[74] Bedarf es nach dem Stellenprofil des freien Arbeitsplatzes bestimmter behördlicher Erlaubnisse oder Genehmigungen, muss im Kündigungszeitpunkt die berechtigte Erwartung bestehen, dass der AN in zumutbarer Zeit über sie verfügen wird. Es reicht nicht aus, dass dies nur mit gewisser Wahrscheinlichkeit zu erwarten ist.[75] Zur Weiterbeschäftigung auf einer freien Beförderungsstelle ist der AG nicht verpflichtet, weil das Arbeitsverhältnis nur in seinem bisherigen Bestand und Inhalt geschützt ist.[76] 20

f) Änderungsangebot. Besteht eine zumutbare Weiterbeschäftigungsmöglichkeit auf einem freien Arbeitsplatz zu geänderten Arbeitsbedingungen, muss der AG von sich aus dem AN die Weiterbeschäftigung anbieten. Macht der AG von der Möglichkeit Gebrauch, dem AN das Änderungsangebot bereits vor der Kündigung zu unterbreiten, gebietet es der Schutzzweck des § 2 KSchG, dass das Änderungsangebot vollständig und eindeutig ist und der AG klarstellt, dass er im Falle der Ablehnung des Änderungsangebots eine Kündigung beabsichtigt. Nimmt der AN das Änderungsangebot vorbehaltlos an, bedarf es keiner Änderungskündigung (zum Vorrang der Änderungskündigung → § 137 Rn. 3). Erklärt der AN sein Einverständnis mit den neuen Bedingungen vor Ausspruch der Kündigung unter Vorbehalt, muss der AG eine Änderungskündigung erklären. Lehnt der AN das Änderungsangebot ab, kann der AG eine Beendigungskündigung aussprechen. Erforderlich ist allerdings, dass die Ablehnung vorbehaltlos und endgültig erfolgt. Hierzu muss der AN unmissverständlich zu erkennen geben, dass er unter keinen Umständen bereit sei, zu den geänderten Arbeitsbedingungen zu arbeiten.[77] In diesem Fall ist es dem AN verwehrt, den AG bei einer erfolgten Beendigungskündigung auf eine mögliche Änderungskündigung mit dem abgelehnten Inhalt zu verweisen. Hat sich der AN nicht zu dem Angebot erklärt oder Vorbehalte geäußert, muss der AG eine Änderungskündigung aussprechen. Mit dieser Rechtsprechung hat das BAG seine frühere Auffassung[78] zum Verhältnis Änderungskündigung – Beendigungskündigung wesentlich modifiziert. 21

g) Freier Arbeitsplatz. aa) Grundsätze. Die Möglichkeit einer anderweitigen Beschäftigung setzt weiterhin das Vorhandensein eines freien Arbeitsplatzes voraus. Als „frei" sind zunächst solche Arbeitsplätze anzusehen, die zum Zeitpunkt des Zugangs der Kündigung unbesetzt sind.[79] Weiterhin sind aber auch solche Arbeitsplätze in die Beurteilung einzubeziehen, die im Laufe der Kündigungsfrist – etwa wegen altersbedingten Ausscheidens – sicher frei werden, 22

[70] BAG 18.10.2000 AP Nr. 39 zu § 9 KSchG 1969 = NZA 2001, 437.
[71] APS/*Kiel* KSchG § 1 Rn. 546.
[72] BAG 18.10.2012 AP Nr. 196 zu § 1 KSchG 1969 Betriebsbedingte Kündigung = NZA 2013, 1007.
[73] BAG 8.5.2014 NZA 2014, 1200; 29.8.2013 AP Nr. 202 zu § 1 KSchG 1969 Betriebsbedingte Kündigung = NZA 2014, 730.
[74] BAG 5.6.2008 AP Nr. 178 zu § 1 KSchG 1969 Betriebsbedingte Kündigung = NZA 2008, 1180.
[75] BAG 27.7.2017 AP Nr. 213 zu § 1 KSchG 1969 Betriebsbedingte Kündigung = NZA 2018, 234.
[76] BAG 21.9.2000 AP Nr. 111 zu § 1 KSchG 1969 Betriebsbedingte Kündigung = NZA 2001, 535.
[77] BAG 21.4.2005 AP Nr. 79 zu § 2 KSchG 1969 = NZA 2005, 1289.
[78] Vgl. dazu BAG 27.9.1984 AP Nr. 8 zu § 2 KSchG 1969.
[79] BAG 27.7.2017 AP Nr. 213 zu § 1 KSchG 1969 Betriebsbedingte Kündigung = NZA 2018, 234; 18.10.2012 AP Nr. 196 zu § 1 KSchG 1969 Betriebsbedingte Kündigung = NZA 2013, 1007.

weil in diesem Fall in Wahrheit kein Arbeitskräfteüberhang besteht, der den AG zur Kündigung berechtigen könnte.[80] Als frei gelten auch Arbeitsplätze, bei denen im Zeitpunkt der Kündigung bereits feststeht, dass sie in absehbarer Zeit nach Ablauf der Kündigungsfrist frei werden, sofern die Überbrückung dieses Zeitraums dem AG zumutbar ist. Zumutbar ist jedenfalls ein Zeitraum, den ein anderer Stellenbewerber zur Einarbeitung benötigen würde.[81] Der AN kann im Rahmen der Prüfung der unternehmensbezogenen Weiterbeschäftigungsmöglichkeit nicht die Freikündigung eines anderen besetzten Arbeitsplatzes verlangen (zum Sonderkündigungsschutz von Mandatsträgern → § 143 Rn. 42; zu tariflich Unkündbaren → § 128 Rn. 35).[82] Eine anderweitige Beschäftigungsmöglichkeit besteht auch dann, wenn der AG den Arbeitsplatz nur vorübergehend einrichten und den zeitlich ungewissen Beschäftigungsbedarf mit einem AN abdecken will, der wirksam befristet (weiter)beschäftigt werden kann. Die Möglichkeit, mit einem Stellenbewerber wirksam eine Befristung zu vereinbaren, steht dem nicht entgegen.[83]

22a **bb) Einsatz von Leiharbeitnehmern.** Ein Arbeitsplatz kann grundsätzlich auch dann als frei angesehen werden, wenn er mit einem Leiharbeitnehmer besetzt ist. Das gilt jedoch nicht, wenn Leiharbeitnehmer lediglich eingesetzt werden, um Auftragsspitzen aufzufangen oder wenn der AG Leiharbeitnehmer als Personalreserve vorhält, um den Bedarf zur Vertretung abwesender Stammarbeitnehmer zu decken. Das gilt unabhängig davon, ob der Vertretungsbedarf vorhersehbar ist und regelmäßig anfällt. Es bleibt der nur auf Missbrauch und Willkür überprüfbaren Entscheidung des AG überlassen, ob und für wie lange ein aus diesen Gründen vakanter Arbeitsplatz besetzt werden soll. Andernfalls könnte der AG gezwungen sein, mehr Arbeitsverhältnisse zu begründen, als er für zweckmäßig hält.[84] Nach Auffassung der Rechtsprechung besteht jedoch eine alternative Beschäftigungsmöglichkeit iSv § 1 II 2 KSchG, die vorrangig für sonst zur Kündigung anstehende Stammarbeitnehmer genutzt werden muss, wenn der AG Leiharbeitnehmer beschäftigt, um mit ihnen ein nicht schwankendes, ständig vorhandenes (Sockel-)Arbeitsvolumen zu decken.[85] Dagegen spricht jedoch, dass es zu dem nicht aus Rechtsgründen zu beanstandenden unternehmerischen Konzept gehören kann, Arbeiten in bestimmten Bereichen nicht von eigenen Beschäftigten, sondern von Leiharbeitnehmern kontinuierlich ausführen zu lassen.[86] Insoweit gilt nichts anderes als bei der Vergabe von Aufgaben an Selbständige.[87] Nur dann, wenn man dem in § 1 I 4 AÜG enthaltenen Merkmal „vorübergehend" eine konstitutive Bedeutung in dem Sinne beimisst, dass der arbeitsplatz- und nicht personenbezogene dauerhafte Einsatz von Leiharbeitnehmern zur Abdeckung eines kontinuierlichen Beschäftigungsbedarfs ausgeschlossen ist, wäre die unternehmerische Entscheidung, bestimmte Arbeiten kontinuierlich von Leiharbeitnehmern ausführen zu lassen, nicht bindend.[88] In § 1 Ib 1 AÜG ist aber nunmehr klargestellt, dass die Begrenzung der Überlassungshöchstdauer auf 18 Monate personenbezogen gilt.

22b **cc) Arbeitsunfähige Arbeitnehmer.** Ist ein Arbeitsplatz mit einem arbeitsunfähigen AN besetzt, ist er nicht frei. Das gilt wegen der fortbestehenden vertraglichen Bindung auch dann, wenn es wahrscheinlich ist oder gar feststeht, dass der erkrankte AN nicht an seinen Arbeitsplatz zurückkehren wird.[89] Anders ist die Rechtslage nur dann, wenn der AG eine Neueinstellung vornimmt oder die infolge der Arbeitsunfähigkeit nicht erledigte Arbeit so umverteilt, dass sie von den im Betrieb verbliebenen AN nur unter Verstoß gegen dem Schutz der AN dienende gesetzliche oder tarifvertragliche Vorschriften ausgeführt werden kann. Diese Grundsätze gelten auch für andere Vertretungsfälle, wie zB Urlaub, Sonderurlaub oder Elternzeit. In diesen Fällen würde, wenn die Gerichte diese Arbeitsplätze ohne Weiteres als „frei" zur Besetzung mit AN

---

[80] BAG 25.10.2012 AP Nr. 197 zu § 1 KSchG 1969 Betriebsbedingte Kündigung = NZA-RR 2013, 632; 1.3.2007 AP Nr. 164 zu § 1 KSchG 1969 Betriebsbedingte Kündigung.
[81] BAG 15.12.1994 AP Nr. 67 zu § 1 KSchG 1969 Betriebsbedingte Kündigung = NZA 1995, 662.
[82] Ebenso ErfK/*Oetker* KSchG § 1 Rn. 251; MüKoBGB/*Hergenröder* KSchG § 1 Rn. 305; APS/*Kiel* KSchG § 1 Rn. 562.
[83] BAG 26.3.2015 AP Nr. 208 zu § 1 KSchG 1969 Betriebsbedingte Kündigung = NZA 2015, 1083.
[84] BAG 15.12.2011 AP Nr. 21 zu § 1 KSchG 1969 Namensliste = NZA 2012, 1044; 18.10.2012 NZA-RR 2013, 68.
[85] BAG 15.12.2011 AP Nr. 21 zu § 1 KSchG 1969 Namensliste = NZA 2012, 1044; ebenso BAG 18.10.2012 NZA-RR 2013, 68; ErfK/*Oetker* KSchG § 1 Rn. 256.
[86] Ebenso LSSW/*Schlünder* KSchG § 1 Rn. 338; *Simon/Greßlin* BB 2007, 2454; aA *Düwell/Dahl* DB 2007, 1699; vgl. hierzu auch *Gaul/Ludwig* DB 2010, 2334; *Hamann* NZA 2010, 1211; *Kiel* FS Reuter, 589 (597).
[87] Dazu BAG 13.3.2008 AP Nr. 176 zu § 1 KSchG 1969 Betriebsbedingte Kündigung = NZA 2008, 878; 9.5.1996 AP Nr. 79 zu § 1 KSchG 1969 Betriebsbedingte Kündigung = NZA 1996, 1145.
[88] So auch LKB/*Krause* KSchG § 1 Rn. 731.
[89] BAG 2.2.2006 AP Nr. 142 zu § 1 KSchG 1969 Betriebsbedingte Kündigung.

ansähen, deren bisherige Beschäftigungsmöglichkeit entfallen ist, in einer nicht zu vereinbarenden Weise in den unternehmerischen Entscheidungsspielraum eingegriffen.[90]

h) Vereitelung der Weiterbeschäftigungsmöglichkeit. Besteht zu dem Zeitpunkt, zu dem der AG vom Wegfall des bisherigen Beschäftigungsbedürfnisses ausgeht, eine Weiterbeschäftigungsmöglichkeit zu gleichen oder zumutbaren geänderten Arbeitsbedingungen auf einem anderen Arbeitsplatz, kann der AG nach der Rechtsprechung des BAG diese nicht dadurch zunichtemachen, dass er die freie Stelle zunächst besetzt und erst dann die Kündigung ausspricht. Der AG kann sich demgemäß nach dem in § 162 BGB normierten Rechtsgedanken nicht auf den von ihm selbst – gewissermaßen uno actu mit der Kündigung – verursachten Wegfall der freien Stelle berufen.[91] Eine treuwidrige Vereitelung der Weiterbeschäftigungsmöglichkeit kann dem AG allerdings nur dann vorgehalten werden, wenn sich ihm die Möglichkeit der Weiterbeschäftigung aufdrängen musste.[92] Bei einem bevorstehenden Betriebsübergang muss der AG dabei nach Auffassung des BAG damit rechnen, dass die hiervon betroffenen AN dem Betriebsübergang widersprechen mit der Folge, dass ihr Arbeitsverhältnis nicht auf den neuen AG übergeht und beim bisherigen AG verbleibt. Er müsse deshalb berücksichtigen, dass die bis dahin bestehenden Arbeitsverhältnisse nicht durch einen Übergang auf einen anderen AG beendet werden und er zur Umsetzung des geplanten Umstrukturierungskonzeptes in letzter Konsequenz betriebsbedingte Kündigungen aussprechen müsse. Er könne sich daher der Möglichkeit anderweitiger, zumutbarer Weiterbeschäftigung im verbleibenden Betrieb nicht ohne Verletzung des in § 162 BGB niedergelegten Grundgedankens durch Neueinstellungen verschließen.[93] Ein Fall treuwidriger Berufung auf eine selbst herbeigeführte rechtswidrige Lage kann auch dann gegeben sein, wenn der AG einen Beschäftigungsüberhang dadurch herbeiführt, dass er die Stelle eines AN neu besetzt, der aufgrund einer später rechtskräftig für unwirksam erklärten Kündigung vorübergehend aus dem Betrieb ausgeschieden ist.[94] 23

i) Auswahl. Tritt aufgrund der unternehmensbezogenen Weiterbeschäftigungspflicht nach § 1 II 2 Nr. 1 KSchG die Situation ein, dass mehrere AN verschiedener Betriebe des Unternehmens um einen oder mehrere freie Arbeitsplätze in einem dieser Betriebe konkurrieren, ist – jeweils für sich betrachtet – keine der Kündigungen iSv § 1 II KSchG durch dringende betriebliche Erfordernisse bedingt. Welche Kündigungen nach § 1 II KSchG sozial gerechtfertigt sind, lässt sich erst nach einer Auswahlentscheidung des AG beurteilen.[95] Dabei hat der AG durch eine Sozialauswahl nach den Grundsätzen des § 1 III KSchG zu entscheiden, welchen AN er auf dem freien Arbeitsplatz weiterbeschäftigt.[96] Hat der AG die gebotene Sozialauswahl unterlassen, ist die Kündigung des klagenden AN zumindest dann nicht sozial ungerechtfertigt, wenn mit ihr zufällig eine im Ergebnis vertretbare Auswahlentscheidung getroffen wurde. Entsprechendes gilt, wenn eine Sozialauswahl zwar getroffen wurde, dem Auswahlverfahren aber methodische Fehler anhaften. Der AG hat in solchen Fällen im Prozess die Möglichkeit aufzuzeigen, dass dem klagenden AN auch dann, wenn der gerügte Auswahlfehler unterblieben wäre, gekündigt worden wäre.[97] 24

7. Beurteilungszeitpunkt. a) Prognose. Grundsätzlich muss zum Zeitpunkt des Zugangs der Kündigung der Kündigungsgrund vorliegen.[98] Der AG muss mit der betriebsbedingten Kündigung jedoch nicht abwarten, bis der Beschäftigungsbedarf für den AN tatsächlich weggefallen ist.[99] Eine betriebsbedingte Kündigung kann im Einzelfall auch schon vorher ausgesprochen 25

[90] BAG 1.3.2007 AP Nr. 164 zu § 1 KSchG 1969 Betriebsbedingte Kündigung.

[91] BAG 26.3.2015 AP Nr. 208 zu § 1 KSchG 1969 Betriebsbedingte Kündigung = NZA 2015, 1083; 12.8.2010 AP Nr. 147 zu § 2 KSchG 1969 = NZA 2011, 460; zur Kritik an dieser Begründung vgl. *v. Hoyningen-Huene* Anm. zu BAG EzA Nr. 77 zu § 1 KSchG Betriebsbedingte Kündigung.

[92] BAG 5.6.2008 AP Nr. 178 zu § 1 KSchG 1969 Betriebsbedingte Kündigung = NZA 2008, 1180.

[93] BAG 15.8.2002 AP Nr. 241 zu § 613a BGB = NZA 2003, 430; krit. hierzu *Lunk/Möller* NZA 2004, 9; *Pomberg* DB 2003, 2177.

[94] BAG 1.2.2007 AP Nr. 6 zu § 162 BGB.

[95] Ausf. dazu *Bauer/Winzer* BB 2006, 266 (268 ff.); *Haas/Salomon* NZA 2006, 1192; LKB/*Krause* KSchG § 1 Rn. 771; *v. Hoyningen-Huene/Linck* DB 1993, 1185 (1188 ff.); *Schmitt,* Sozialauswahl bei Konkurrenz um anderweitige Beschäftigung, 2000, 57 ff.

[96] BAG 27.7.2017 AP Nr. 213 zu § 1 KSchG 1969 Betriebsbedingte Kündigung = NZA 2018, 234; 24.5.2012 NZA-RR 2013, 74; 12.8.2010 AP Nr. 147 zu § 2 KSchG 1969 = NZA 2011, 460; APS/*Kiel* KSchG § 1 Rn. 583.

[97] BAG 27.7.2017 AP Nr. 213 zu § 1 KSchG 1969 Betriebsbedingte Kündigung = NZA 2018, 234.

[98] StRspr, vgl. BAG 9.9.2010 ZTR 2011, 45; 23.2.2010 AP Nr. 5 zu § 18 KSchG 1969 = NZA 2010, 944; 18.1.2001 AP Nr. 115 zu § 1 KSchG 1969 Betriebsbedingte Kündigung = NZA 2001, 719.

[99] BAG 23.2.2012 AP Nr. 189 zu § 1 KSchG 1969 Betriebsbedingte Kündigung = NZA 2012, 852.

werden. In Fällen, in denen zwar bei Zugang der Kündigung noch die Möglichkeit der Beschäftigung besteht, aber die für den künftigen Wegfall des Beschäftigungsbedürfnisses maßgeblichen Entscheidungen bereits getroffen sind, ist eine Kündigung wirksam, wenn der AN zum Kündigungstermin voraussichtlich entbehrt werden kann. Davon ist auszugehen, wenn im Zeitpunkt des Ausspruchs der Kündigung aufgrund einer vernünftigen betriebswirtschaftlichen Betrachtung zu erwarten ist, zum Zeitpunkt des Kündigungstermins werde mit einiger Sicherheit keine Beschäftigungsmöglichkeit mehr bestehen.[100] Der AG hat die Tatsachen näher darzulegen, aus denen sich ergeben soll, dass zukünftig auf Dauer mit einem reduzierten Arbeitsvolumen und Beschäftigungsbedarf zu rechnen ist. Das Vorliegen von möglicherweise nur kurzfristigen Produktions- oder Auftragsschwankungen muss ausgeschlossen sein. Dem müssen Inhalt und Substanz des Sachvortrags Rechnung tragen. Der AG hat den dauerhaften Rückgang des Arbeitsvolumens nachvollziehbar darzustellen, indem er die einschlägigen Daten aus repräsentativen Referenzperioden miteinander vergleicht.[101] Dies gilt sowohl für innerbetriebliche als auch für außerbetriebliche Umstände.[102] Aus dem tatsächlichen Eintritt der prognostizierten Entwicklung lassen sich dabei Rückschlüsse auf die Ernsthaftigkeit und Plausibilität der unternehmerischen Entscheidung ziehen.[103] Steht zB fest, dass der AG die Betriebsstätte stillgelegt und keine betrieblichen Aktivitäten mehr entwickelt hat, ist es Sache des AN, die vom AG dargelegte Stilllegungsprognose mit weiterem erheblichen Sachvortrag zu widerlegen.[104]

26 **b) Greifbare Formen.** Die der Prognose zugrunde liegende Entscheidung muss bereits gefallen sein. Deshalb ist eine Kündigung wegen Betriebsschließung nicht gerechtfertigt, solange der AG den Stilllegungsbeschluss lediglich erwägt oder plant, aber noch nicht gefasst hat. Erforderlich ist, dass die betrieblichen Umstände greifbare Formen angenommen haben.[105] Dafür genügt es, dass die Entwicklungen, die für den künftigen Wegfall der Beschäftigungsmöglichkeit maßgeblich sind, zum Zeitpunkt der Kündigung feststehen, also abschließend geplant sind, und dass die Erwartung berechtigt ist, sie würden sich bis zum Ablauf der Kündigungsfrist realisiert haben.[106] Davon ist auszugehen, wenn sich der AG zum Zeitpunkt der Kündigung ernstlich und endgültig entschlossen hat, die Betriebs- und Produktionsgemeinschaft zwischen AG und AN für einen wirtschaftlich nicht unerheblichen Zeitraum aufzugeben. Anhaltspunkte dafür sind die Kündigung aller AN sowie etwaiger Miet- oder Pachtverträge zum nächstmöglichen Zeitpunkt oder die Veräußerung der verfügbaren Betriebsmittel und Einstellung der Betriebstätigkeit.[107] Gleiches gilt für einen Stilllegungsbeschluss der Gesellschafterversammlung.[108] Unterbreitet ein Kaufinteressent vor Ausspruch der Kündigung dem AG ein Angebot zum Kauf des Betriebs, das vom kündigenden AG nicht mit einer Absage wegen endgültiger Stilllegung beantwortet wird, sondern mit der Aufnahme konkreter Verhandlungen, liegt dagegen keine endgültige Stilllegungsentscheidung vor.[109] Hieran fehlt es gleichfalls, wenn noch über eine Weiterveräußerung der Gesellschaftsanteile verhandelt wird.[110] Eine betriebsbedingte Kündigung ist nach Auffassung des BAG unwirksam, wenn sich ein Reinigungsunternehmen, dessen noch laufender Reinigungsauftrag nicht verlängert worden ist, an der Neuausschreibung beteiligt und bei Ausspruch der Kündigung die Neuvergabe noch offen ist (→ Rn. 40).[111] Gleiches soll gelten, wenn sich ein Rettungsdienst an der Ausschreibung für das Rettungswesen in einem Landkreis beteiligt und der Landkreis über den Zuschlag für die Neuvergabe des Auftrags zum Zeitpunkt des Zugangs der Kündigung noch nicht entschieden hat.[112]

---

[100] BAG 23.2.2010 AP Nr. 5 zu § 18 KSchG 1969 = NZA 2010, 944.

[101] BAG 23.2.2012 AP Nr. 189 zu § 1 KSchG 1969 Betriebsbedingte Kündigung = NZA 2012, 852.

[102] BAG 24.2.2005 AP Nr. 4 zu § 1 KSchG 1969 Gemeinschaftsbetrieb = NZA 2005, 867; 27.11.2003 AP Nr. 64 zu § 1 KSchG 1969 Soziale Auswahl = NZA 2004, 477.

[103] BAG 27.11.2003 AP Nr. 64 zu § 1 KSchG 1969 Soziale Auswahl = NZA 2004, 477.

[104] BAG 8.11.2007 AP Nr. 28 zu § 17 KSchG 1969.

[105] BAG 20.11.2014 AP Nr. 207 zu § 1 KSchG 1969 Betriebsbedingte Kündigung = NZA 2015, 679; 20.2.2014 AP Nr. 46 zu § 17 KSchG 1969 = NZA 2014, 1069.

[106] BAG 31.7.2014 AP Nr. 206 zu § 1 KSchG 1969 Betriebsbedingte Kündigung = NZA 2015, 101.

[107] BAG 14.5.2020 AP Nr. 57 zu § 17 KSchG 1969 mAnm *Lindemann* = NZA 2020, 1092; 14.3.2013 AP Nr. 199 zu § 1 KSchG 1969 Betriebsbedingte Kündigung; 16.2.2012 AP Nr. 188 zu § 1 KSchG 1969 Betriebsbedingte Kündigung = NZA-RR 2012, 465.

[108] BAG 28.5.2009 AP Nr. 370 zu § 613a BGB = NZA 2009, 1267.

[109] Vgl. BAG 14.5.2020 AP Nr. 57 zu § 17 KSchG 1969 mAnm *Lindemann* = NZA 2020, 1092; 29.9.2005 AP Nr. 139 zu § 1 KSchG 1969 Betriebsbedingte Kündigung = NZA 2006, 720.

[110] BAG 10.10.1996 AP Nr. 81 zu § 1 KSchG 1969 Betriebsbedingte Kündigung.

[111] BAG 12.4.2002 AP Nr. 120 zu § 1 KSchG 1969 Betriebsbedingte Kündigung = NZA 2002, 1205; krit. hierzu *Bauer/Baeck* RdA 2002, 173.

[112] BAG 13.2.2008 AP Nr. 173 zu § 1 KSchG 1969 Betriebsbedingte Kündigung.

8. Gerichtliche Überprüfung. a) Grundsätze. Die unternehmerische Entscheidung, die zu einer betriebsbedingten Kündigung führt, kann nur begrenzt gerichtlich überprüft werden. Nachprüfbar ist, ob die behauptete Unternehmerentscheidung überhaupt zum Kündigungszeitpunkt vorlag, sie tatsächlich vollzogen wurde und dadurch das Beschäftigungsbedürfnis für den gekündigten AN dauerhaft entfallen ist.[113] Sie unterliegt keiner Zweckmäßigkeitskontrolle (→ Rn. 28). Da dem Kündigungsgrund prognostische Elemente innewohnen, lässt der tatsächliche Eintritt der prognostizierten Entwicklung Rückschlüsse auf die Ernsthaftigkeit und Plausibilität der angestellten Prognose zu. Verläuft die Umsetzung der unternehmerischen Entscheidung planmäßig, wird die im Kündigungszeitpunkt gestellte Prognose, mit Ablauf der Kündigungsfrist werde der Beschäftigungsbedarf entfallen, bestätigt. Umgekehrt spricht bei alsbaldiger Wiedereröffnung des Betriebs bzw. bei alsbaldiger Wiederaufnahme der Produktion durch einen Betriebserwerber eine tatsächliche Vermutung gegen eine ernsthafte Absicht, den Betrieb stillzulegen.[114] Kommt es nach der Kündigung zu einer Neueinstellung, spricht dies gleichfalls dafür, dass der vom AG behauptete Wegfall von Beschäftigungsmöglichkeiten nicht dauerhaft war und in Wahrheit eine unzulässige Austauschkündigung erklärt wurde.[115] Etwas anderes gilt nur dann, wenn die Neueinstellung auf Umständen beruht, die zum Zeitpunkt der Kündigung nicht absehbar waren. Sind die Organisationsentscheidung des AG und sein Kündigungsentschluss praktisch deckungsgleich, kann die ansonsten berechtigte Vermutung, die fragliche Entscheidung sei aus sachlichen Gründen erfolgt, nicht unbesehen greifen. Da die Kündigung nach § 1 II KSchG der vom AG darzulegenden sozialen Rechtfertigung bedarf, muss dieser in diesem Fall vielmehr konkrete Angaben dazu machen, wie sich seine Organisationsentscheidung auf die Einsatzmöglichkeiten der AN auswirkt. Das gilt insbesondere beim Abbau von Hierarchieebenen, die mit der Umverteilung von Arbeitsaufgaben verbunden sind (dazu → Rn. 8). Unzureichend sind Entscheidungen, die zu einer rechtswidrigen Überforderung oder Benachteiligung des im Betrieb verbliebenen Personals führen. Gleiches gilt, wenn die zugrunde liegende unternehmerische Entscheidung lediglich Vorwand dafür ist, bestimmte AN aus dem Betrieb zu drängen, obwohl Beschäftigungsbedarf und Beschäftigungsmöglichkeiten objektiv fortbestehen und etwa nur der Inhalt des Arbeitsvertrags als zu belastend angesehen wird.[116] Der AG muss deshalb konkret erläutern, in welchem Umfang und aufgrund welcher Maßnahmen die bisher vom gekündigten AN ausgeübten Tätigkeiten für diesen zukünftig entfallen. Er hat die Auswirkungen seiner unternehmerischen Vorgaben und Planungen auf das erwartete Arbeitsvolumen anhand einer schlüssigen Prognose konkret darzustellen und anzugeben, wie die anfallenden Arbeiten vom verbliebenen Personal ohne überobligationsmäßige Leistungen, dh. im Rahmen ihrer vertraglich geschuldeten regelmäßigen wöchentlichen Arbeitszeit, erledigt werden können.[117] 27

b) Rechtskontrolle. Im Rahmen einer Rechtskontrolle ist durch die Gerichte zu überprüfen, ob die Umsetzung der Unternehmerentscheidung gegen Gesetze oder Tarifverträge verstößt.[118] So kann nach Auffassung des BAG ein Änderungsangebot zur Lage der Arbeitszeit, das eine teilzeitbeschäftigte AN gegenüber den Vollzeitbeschäftigten benachteiligt, gegen § 4 I TzBfG verstoßen und deshalb zur Sozialwidrigkeit der entsprechenden betriebsbedingten Änderungskündigung führen.[119] Eine betriebsbedingte Änderungskündigung, mit der eine tarifwidrige Arbeitszeitgestaltung (Samstagsarbeit) eingeführt werden soll, ist unwirksam.[120] Gleiches gilt für eine Änderungskündigung, mit welcher der AG versucht, die regelmäßige tarifliche Wochenarbeitszeit von 35 Stunden auf 38,5 Stunden bei einer Lohnerhöhung von 3% heraufzusetzen.[121] Bei der Veränderung des Inhalts der geschuldeten Leistung sind ggf. tarifrechtliche Vorgaben, wie tarifvertragliche Stellenbesetzungsregelungen zu beachten.[122] 27a

c) Keine Zweckmäßigkeitskontrolle. Beruht die Kündigung auf einer unternehmerischen Organisationsentscheidung, kommt es nicht darauf an, ob diese Entscheidung „dringend" war 28

[113] BAG 22.10.2015 AP Nr. 13 zu § 626 BGB Unkündbarkeit = NZA 2016, 630; 8.5.2014 AP Nr. 205 zu § 1 KSchG 1969 Betriebsbedingte Kündigung = NZA 2015, 889; 29.8.2013 AP Nr. 202 zu § 1 KSchG 1969 Betriebsbedingte Kündigung = NZA 2014, 730.

[114] BAG 16.2.2012 AP Nr. 188 zu § 1 KSchG 1969 Betriebsbedingte Kündigung = NZA-RR 2012, 465.

[115] Vgl. BAG 26.11.2009 AP Nr. 144 zu § 2 KSchG 1969.

[116] BAG 27.5.2012 AP Nr. 191 zu § 1 KSchG 1969 Betriebsbedingte Kündigung = NZA 2012, 1223.

[117] BAG 23.2.2012 AP Nr. 189 zu § 1 KSchG 1969 Betriebsbedingte Kündigung = NZA 2012, 852.

[118] BAG 7.12.2000 AP Nr. 113 zu § 1 KSchG 1969 Betriebsbedingte Kündigung = NZA 2001, 495.

[119] BAG 24.4.1997 AP Nr. 42 zu § 2 KSchG 1969 = NZA 1997, 1047.

[120] BAG 18.12.1997 AP Nr. 46 zu § 2 KSchG 1969 = NZA 1998, 304.

[121] BAG 10.2.1999 AP Nr. 52 zu § 2 KSchG 1969 = NZA 1999, 657.

[122] Dazu BAG 17.6.1999 AP Nr. 103 zu § 1 KSchG 1969 Betriebsbedingte Kündigung = NZA 1999, 1157.

oder die Existenz des Unternehmens auch ohne sie nicht gefährdet gewesen wäre. Nicht die unternehmerisch-wirtschaftlichen Erfordernisse müssen dringend sein, sondern die betrieblichen.[123] Von den Arbeitsgerichten ist deshalb nicht zu überprüfen, ob die beabsichtigte Maßnahme wirtschaftlich sinnvoll ist, sondern nur, ob sie offensichtlich unsachlich, unvernünftig oder willkürlich ist.[124] Der gesetzliche Kündigungsschutz verpflichtet den Unternehmer nicht dazu, Organisationsänderungen nur dann durchzuführen, wenn er Defizite vermeiden will. Es ist ausreichend, wenn er die Maßnahme aus nicht willkürlichen Gründen für angezeigt erachtet. Es ist nicht Sache der Gerichte, dem AG eine bestimmte betriebliche oder unternehmerische Organisationsstruktur vorzuschreiben.[125] Die Gestaltung eines Betriebs, die Frage, ob und in welcher Weise sich jemand wirtschaftlich betätigen will, ist Bestandteil der grundrechtlich geschützten unternehmerischen Freiheit, wie sie sich aus Art. 12 und Art. 14 GG ableiten lässt.[126] Nach der bestehenden Wirtschafts- und Sozialordnung trägt daher der AG das wirtschaftliche Risiko für die zweckmäßige Einrichtung und Gestaltung des Betriebs; auch wären die Gerichte überfordert, wenn sie dem AG eine „bessere" betriebliche Organisation vorschreiben wollten.[127] Auch wenn der AG außerbetriebliche Umstände, wie zB Umsatzrückgang, zum Anlass für eine unternehmerische Entscheidung nimmt, verändert sich der für innerbetriebliche Umstände anzuwendende Prüfungsmaßstab nicht. Grundsätzlich ist nicht nachzuprüfen, ob der für den AG maßgebende Anlass die getroffene organisatorische Maßnahme erforderlich gemacht hat und ob sie geeignet ist, den mit ihr verfolgten (wirtschaftlichen) Zweck zu erreichen.[128]

29 **d) Missbrauchskontrolle.** Die Missbrauchskontrolle der unternehmerischen Entscheidung zielt weder darauf ab, dem AG organisatorische Vorgaben zu machen, noch darf sie dazu dienen, die Stichhaltigkeit der Erwägungen zu prüfen, die den AG gerade zu dem von ihm gewählten Konzept geführt haben. Es geht in diesem Zusammenhang allein um die Verhinderung von Missbrauch.[129] Dabei geht das BAG davon aus, eine beschlossene und tatsächlich durchgeführte Unternehmerentscheidung habe die Vermutung für sich, dass sie aus sachlichen Gründen erfolgt ist. Rechtsmissbrauch ist die Ausnahme.[130] Ein solcher kann vorliegen, wenn die Maßnahmen des AG alleine darauf abzielen, den AN „loszuwerden".[131] Im Prozess hat daher der AN die Umstände **darzulegen und ggf. zu beweisen,** aus denen sich ergeben soll, dass die getroffene Organisationsmaßnahme offenbar unsachlich, unvernünftig oder willkürlich ist. Er trägt die objektive Beweislast.[132] Es ist nicht missbräuchlich, wenn ein AG sich entschließt, Aufgaben nicht mehr selbst unter Einsatz eigener AN zu erledigen, sondern durch Dritte, die er nicht nur zum Schein als freie Mitarbeiter behandelt, ausführen zu lassen.[133] Nach Auffassung des BAG ist es allerdings rechtsmissbräuchlich, wenn der AG ein unternehmerisches Konzept zur Kostenreduzierung wählt, das faktisch nicht zu Änderungen in den betrieblichen Abläufen, jedoch bei allen AN der betroffenen Abteilungen erklärtermaßen zum Verlust ihrer Arbeitsplätze führen soll, obwohl nach wie vor ein – allenfalls möglicherweise reduzierter – Beschäftigungsbedarf besteht. Deshalb stelle die Entscheidung des Unternehmers, einen Betriebsteil durch eine noch zu gründende, finanziell, wirtschaftlich und organisatorisch in sein Unternehmen voll eingegliederte Organgesellschaft mit von dieser neu einzustellenden AN weiter betreiben zu lassen, kein

[123] BAG 20.6.2013 AP Nr. 4 zu § 626 BGB Unkündbarkeit = NZA 2014, 139; aA *Däubler,* Die Unternehmerfreiheit im Arbeitsrecht, 2012, 32.

[124] BAG 22.10.2015 AP Nr. 13 zu § 626 BGB Unkündbarkeit = NZA 2016, 630; 20.11.2014 AP Nr. 207 zu § 1 KSchG 1969 Betriebsbedingte Kündigung = NZA 2015, 679; 31.7.2014 AP Nr. 206 zu § 1 KSchG 1969 Betriebsbedingte Kündigung = NZA 2015, 101.

[125] BAG 9.9.2010 AP Nr. 149 zu § 2 KSchG 1969.

[126] StRspr BAG 20.11.2014 AP Nr. 207 zu § 1 KSchG 1969 Betriebsbedingte Kündigung = NZA 2015, 679; 26.9.2002 AP Nr. 124 zu § 1 KSchG 1969 Betriebsbedingte Kündigung = NZA 2003, 549.

[127] StRspr, vgl. BAG 24.6.2004 AP Nr. 76 zu § 1 KSchG 1969 = NZA 2004, 1268; 17.6.1999 AP Nr. 102 zu § 1 KSchG 1969 Betriebsbedingte Kündigung = NZA 1999, 1095; krit. dazu *Annuß,* Betriebsbedingte Kündigung und arbeitsvertragliche Bindung, 2004, 101 ff.; *Dieterich* AuR 2007, 65 (68) mwN.

[128] BAG 17.6.1999 AP Nr. 103 zu § 1 KSchG 1969 Betriebsbedingte Kündigung = NZA 1999, 1157.

[129] BAG 24.9.2015 AP Nr. 10 zu § 626 BGB Unkündbarkeit = NZA 2016, 366; 21.9.2006 AP Nr. 130 zu § 2 KSchG 1969 = NZA 2007, 431.

[130] BAG 18.6.2015 AP Nr. 8 zu § 626 BGB Unkündbarkeit = NZA 2015, 1315; 27.1.2011 AP Nr. 187 zu § 1 KSchG 1969 Betriebsbedingte Kündigung.

[131] BAG 22.9.2016 NZA 2016, 1461; 24.9.2015 AP Nr. 10 zu § 626 BGB Unkündbarkeit = NZA 2016, 366.

[132] BAG 18.6.2015 AP Nr. 8 zu § 626 BGB Unkündbarkeit = NZA 2015, 1315.

[133] BAG 31.7.2014 AP Nr. 206 zu § 1 KSchG 1969 Betriebsbedingte Kündigung = NZA 2015, 101; 13.3.2008 AP Nr. 176 zu § 1 KSchG 1969 Betriebsbedingte Kündigung = NZA 2008, 878.

dringendes betriebliches Erfordernis im Sinne von § 1 II KSchG dar, das die Kündigung der in diesem Betriebsteil bisher beschäftigten AN rechtfertigen könne.[134]

9. Keine Interessenabwägung. Aus der Anerkennung der nur beschränkt nachprüfbaren freien unternehmerischen Entscheidung folgt, dass von den Gerichten im Kündigungsschutzprozess nicht nachzuprüfen ist, ob die vom AG nach Ausspruch der Kündigung erwarteten Vorteile zu den Nachteilen, die sich für den betroffenen AN ergeben, in einem vernünftigen Verhältnis stehen.[135] Voraussetzung einer betriebsbedingten Kündigung ist nicht, dass ihr Unterbleiben den AG schädigt. Maßgeblich ist vielmehr allein, ob bei ihrem Ausspruch die Beschäftigungsmöglichkeit für den AN auf Dauer entfallen ist.[136] Daher sind auch betriebsbedingte Kündigungen mit dem Ziel der Steigerung des Gewinns nicht willkürlich, sondern zulässig.[137] Die besondere soziale Schutzwürdigkeit der betroffenen AN ist im Rahmen der sozialen Auswahl nach § 1 III KSchG zu berücksichtigen. 30

10. Darlegungs- und Beweislast. a) Inner- und außerbetriebliche Gründe. Der AG hat im Kündigungsschutzprozess darzulegen und im Streitfall zu beweisen, dass er vor Ausspruch der Kündigung eine wirksame unternehmerische Entscheidung getroffen hat.[138] Wie substantiiert der Vortrag zu erfolgen hat, hängt von der Einlassung des AN ab. Zunächst genügt es, wenn der AG zumindest konkludent behauptet, er habe seine entsprechende Entscheidung schon vor Zugang der Kündigung getroffen. Wenn der AN dies bestreitet, wird der AG nähere tatsächliche Einzelheiten darlegen müssen, aus denen unmittelbar oder mittelbar geschlossen werden kann, er habe die entsprechende Absicht bereits im Kündigungszeitpunkt endgültig gehabt. Wenn sich die innere Tatsache nicht in irgendeiner Weise nach außen manifestiert hat, wird es auf die genaue Darlegung des inneren Willensbildungsprozesses der betreffenden Person, die Schlüssigkeit ihrer Angaben und ggf. ihre Glaubwürdigkeit ankommen.[139] Ein starkes Indiz für einen ernstlichen und endgültigen Stilllegungsplan ist dessen Bekanntgabe gegenüber Lieferanten, Kunden, Banken usw., weil ein AG, der die Betriebsfortführung oder Veräußerung ernsthaft ins Auge fasst, seine Geschäftsbeziehungen in der Regel nicht durch die Bekanntgabe einer Stilllegungsentscheidung gefährden will.[140] Im Kündigungsschutzprozess muss der AG konkrete Angaben dazu machen, wie sich die Verringerung der Produktion auf die Arbeitsmenge auswirkt und in welchem Maße dadurch ein konkreter Arbeitskräfteüberhang entsteht. Der AG hat plausibel darzulegen, in welchem Umfang die bisher vom AN erledigten Arbeitsaufgaben zukünftig im Vergleich zum bisherigen Zustand entfallen. Er muss aufgrund seiner unternehmerischen Vorgaben die zukünftige Entwicklung der Arbeitsmenge anhand einer näher konkretisierten Prognose darlegen.[141] Dazu muss er erläutern, dass die geplanten Maßnahmen im Kündigungszeitpunkt bereits greifbare Formen angenommen hatten.[142] Im Wege einer abgestuften Darlegungslast (§ 138 II ZPO) ist es dann Sache des AN, hierauf – soweit ihm dies, zB aus seiner bisherigen Arbeit möglich ist – zu erwidern. Dann ist es wiederum Sache des AG, sich darauf weiter einzulassen.[143] Im Kündigungsschutzprozess hat der AN die Umstände darzulegen und im Streitfall zu beweisen, aus denen sich ergeben soll, dass die getroffene innerbetriebliche Strukturmaßnahme offenbar unsachlich, unvernünftig oder willkürlich ist.[144] 31

[134] BAG 26.9.2002 AP Nr. 124 zu § 1 KSchG 1969 Betriebsbedingte Kündigung = NZA 2003, 549; mit Recht krit. hierzu *Thüsing* Anm. zu BAG EzA Nr. 124 zu § 1 KSchG Betriebsbedingte Kündigung.

[135] BAG 30.4.1987 AP Nr. 42 zu § 1 KSchG 1969 Betriebsbedingte Kündigung; MüKoBGB/*Hergenröder* KSchG § 1 Rn. 320; LSSW/*Schlünder* KSchG § 1 Rn. 305 f.; ErfK/*Oetker* KSchG § 1 Rn. 236; krit. hierzu *Stein* BB 2000, 457 (463 ff.).

[136] BAG 9.9.2010 ZTR 2011, 45.

[137] *Franzen* NZA 2001, 805 (810); *Hillebrecht* ZfA 1991, 87 (110); einschränkend *Annuß*, Betriebsbedingte Kündigung und arbeitsvertragliche Bindung, 2004, 111 f.; abl. *Quecke* NZA 1999, 1247 (1251).

[138] BAG 13.6.2002 AP Nr. 4 zu § 284 ZPO = NZA 2003, 608.

[139] BAG 20.11.2014 AP Nr. 207 zu § 1 KSchG 1969 Betriebsbedingte Kündigung = NZA 2015, 679; 31.7.2014 AP Nr. 206 zu § 1 KSchG 1969 Betriebsbedingte Kündigung = NZA 2015, 101.

[140] BAG 16.2.2012 AP Nr. 188 zu § 1 KSchG 1969 Betriebsbedingte Kündigung = NZA-RR 2012, 465.

[141] BAG 10.10.2002 AP Nr. 123 zu § 1 KSchG 1969 Betriebsbedingte Kündigung.

[142] BAG 20.11.2014 AP Nr. 207 zu § 1 KSchG 1969 Betriebsbedingte Kündigung = NZA 2015, 679; 16.2.2012 AP Nr. 188 zu § 1 KSchG 1969 Betriebsbedingte Kündigung = NZA-RR 2012, 465.

[143] Vgl. BAG 10.10.2002 AP Nr. 123 zu § 1 KSchG 1969 Betriebsbedingte Kündigung; 17.6.1999 AP Nr. 102 zu § 1 KSchG 1969 Betriebsbedingte Kündigung = NZA 1999, 1095.

[144] BAG 13.3.2008 AP Nr. 176 zu § 1 KSchG 1969 Betriebsbedingte Kündigung = NZA 2008, 878; 21.9.2006 AP Nr. 130 zu § 2 KSchG 1969 = NZA 2007, 431.

32 **b) Fehlende Weiterbeschäftigungsmöglichkeiten.** Bezüglich der fehlenden Weiterbeschäftigungsmöglichkeiten besteht eine abgestufte Darlegungs- und Beweislast: Der AG genügt zunächst seiner Darlegungslast, wenn er allgemein vorträgt, eine Weiterbeschäftigung des AN sei nicht möglich. Auf den Vortrag des AN, wie er sich eine anderweitige Beschäftigung vorstellt, muss der AG dann eingehend erläutern, aus welchem Grund eine Beschäftigung auf einem entsprechenden Arbeitsplatz nicht möglich gewesen sei.[145] Dabei genügt es für die Darlegungen des AN, wenn er angibt, welche Art der Beschäftigung gemeint ist. Der AN muss grundsätzlich keinen konkreten freien Arbeitsplatz benennen.[146]

II. Überblick über betriebsbedingte Kündigungsgründe

33, 34 **1. Absatzschwierigkeiten und Auftragsmangel.** In vielen Fällen sind Absatzschwierigkeiten und Auftragsmangel Anlass betriebsbedingter Kündigungen, indem der AG hierauf durch Veränderungen in den Produktionsabläufen oder Organisationsstrukturen reagiert. Diese unternehmerischen Entscheidungen sind dann der Kündigungsgrund (→ Rn. 5). Als außerbetrieblicher Grund, der die Kündigung allein begründet, kommen Absatzschwierigkeiten und Auftragsmangel nur ausnahmsweise in Betracht (→ Rn. 4).[147]

35 **2. Altersteilzeit.** Die Stilllegung des Betriebs stellt nach Auffassung des BAG kein dringendes betriebliches Erfordernis dar, das nach § 1 II KSchG die Kündigung eines AN, mit dem Block-Altersteilzeit vereinbart ist und der sich bereits in der **Freistellungsphase** befindet, sozial rechtfertigen kann. Dies gelte auch für eine Kündigung durch den Insolvenzverwalter. Der mit einer Betriebsstilllegung verbundene Wegfall aller Beschäftigungsmöglichkeiten im Betrieb habe für das Arbeitsverhältnis eines in Block-Altersteilzeit bereits in der Freistellungsphase befindlichen AN keine Bedeutung mehr. Der AN habe hier seine volle, vertraglich geschuldete Arbeitsleistung bereits erbracht. Während der Freistellungsphase brauche der AG den AN nicht zu beschäftigen. Die vom AG während der Freistellungsphase zu erbringende Leistung bestehe allein noch in der Gehaltszahlung. Für die Erfüllung dieser Verpflichtung spiele es keine Rolle, ob der Betrieb weiter laufe oder stillgelegt werde. Das Fehlen hinreichender finanzieller Mittel könne den Schuldner grundsätzlich nicht entlasten.[148] Dagegen stellt die Stilllegung des Betriebs ein dringendes betriebliches Erfordernis iSv § 1 II KSchG dar, wenn sich der AN in der **Arbeitsphase** der Altersteilzeit nach dem Blockmodell befindet.[149]

36 **3. Anforderungsprofil.** Die Festlegung des Anforderungsprofils für einen eingerichteten Arbeitsplatz unterliegt grundsätzlich der freien unternehmerischen Entscheidung des AG. Soweit die Erfüllung bestimmter Voraussetzungen für die sachgerechte Erledigung der Arbeitsaufgaben erforderlich ist, kann die unternehmerische Entscheidung nur daraufhin überprüft werden, ob sie offenbar unsachlich ist.[150] Die Entscheidung des AG, bestimmte Tätigkeiten nur von AN mit besonderer Qualifikation ausführen zu lassen, ist dabei grundsätzlich zu respektieren.[151] Dies gilt jedenfalls dann, wenn die Qualifikationsmerkmale einen nachvollziehbaren Bezug zu den auszuführenden Arbeiten haben. Deshalb ist zB die generelle Entscheidung des öffentlichen AG, im Rahmen der Verfügbarkeit den Unterricht an Schulen durch voll ausgebildete – verbeamtete oder angestellte – Lehrer erteilen zu lassen, grundsätzlich zu respektieren. Das hat zur Folge, dass die Ersetzung einer Lehrkraft ohne Lehrbefähigung durch einen nunmehr zur Verfügung stehenden Lehrer mit Fakultas trotz gleichbleibenden Unterrichtsbedarfs betriebsbedingt gerechtfertigt sein kann.[152] Sind die betreffende **Organisationsentscheidung und der Kündigungsentschluss des AG praktisch deckungsgleich,** weil der AN dem neuen Anforderungsprofil nicht genügt, kann die generelle Vermutung, dass eine unternehmerische Entscheidung auf sachlichen Gründen beruht, nicht unbesehen greifen. Der AG kann sich nicht lediglich auf

---

[145] BAG 18.10.2012 AP Nr. 196 zu § 1 KSchG 1969 Betriebsbedingte Kündigung = NZA 2013, 1007.

[146] Vgl. BAG 24.5.2012 NZA 2013, 277; 1.3.2007 AP Nr. 164 zu § 1 KSchG 1969 Betriebsbedingte Kündigung; 15.8.2002 AP Nr. 241 zu § 613a BGB = NZA 2003, 430 mwN.

[147] Dazu BAG 18.5.2006 AP Nr. 7 zu § 9 AÜG.

[148] BAG 5.12.2002 AP Nr. 125 zu § 1 KSchG 1969 Betriebsbedingte Kündigung = NZA 2003, 789.

[149] BAG 16.6.2005 AP Nr. 13 zu § 3 ATG = NZA 2006, 270.

[150] BAG 27.7.2017 AP Nr. 213 zu § 1 KSchG 1969 Betriebsbedingte Kündigung = NZA 2018, 234; 2.3.2017 AP Nr. 171 zu § 2 KSchG 1969 = NZA 2017, 905; 29.8.2013 AP Nr. 37 zu § 1 KSchG 1969 Personenbedingte Kündigung = NZA-RR 2014, 325; 18.3.2010 AP Nr. 228 zu § 626 BGB = NZA-RR 2011, 18.

[151] Vgl. BAG 22.10.2015 AP Nr. 210 zu § 1 KSchG 1969 Betriebsbedingte Kündigung = NZA 2016, 33; 7.7.2005 AP Nr. 138 zu § 1 KSchG 1969 Betriebsbedingte Kündigung = NZA 2006, 266 mwN.

[152] BAG 22.10.2015 AP Nr. 210 zu § 1 KSchG 1969 Betriebsbedingte Kündigung = NZA 2016, 33.

seine Entscheidungsfreiheit berufen. Er muss vielmehr konkret darlegen, wie seine Entscheidung sich auf die tatsächlichen Möglichkeiten, die AN einzusetzen, auswirkt und in welchem Umfang durch sie ein konkreter Änderungsbedarf entstanden ist.[153] Ändert der AG das Anforderungsprofil für Arbeitsplätze, die bereits mit langjährig beschäftigten AN besetzt sind, hat er hinsichtlich einer zusätzlich geforderten Qualifikation für die auszuführenden Tätigkeiten darzulegen, dass es sich hierbei nicht nur um „wünschenswerte Voraussetzungen", sondern um nachvollziehbare, arbeitsplatzbezogene Kriterien handelt.[154] Ungeeignet ist die Festlegung rein persönlicher Merkmale ohne hinreichenden Bezug zur Arbeitsaufgabe oder solcher Merkmale, die an das Verhalten oder die Leistung des AN anknüpfen. Im Kündigungsschutzprozess hat der AG darlegen, dass für die Änderung ein betrieblicher Anlass besteht. Er muss aufzeigen, dass die Stellenprofilierung im Zusammenhang mit einer organisatorischen Maßnahme steht, die nach ihrer Durchführung angesichts eines veränderten Beschäftigungsbedarfs auch die Anforderungen an den Inhaber des Arbeitsplatzes erfasst.[155] Die Festlegung von Tätigkeitsmerkmalen in einem tariflichen Entgeltgruppenschema und dessen Anwendung im Betrieb betrifft demgegenüber nicht das Anforderungsprofil für einen eingerichteten Arbeitsplatz. Während dieses die sich unmittelbar aus der übertragenen Arbeitsaufgabe oder aus einem vom AG festgelegten Stellenprofil ergebenden Anforderungen an die Fähigkeiten des Arbeitsplatzinhabers beschreibt, bestimmt sich nach den tariflichen Eingruppierungskriterien, wo die so ausgestaltete Tätigkeit des AN in das tarifliche Entgeltschema einzureihen ist.[156]

4. Arbeitsverdichtung und Abbau von Hierarchieebenen. Der AG ist grundsätzlich frei, die Zahl der Arbeitskräfte zu bestimmen, mit denen eine Arbeitsaufgabe erledigt werden soll.[157] Er kann grundsätzlich sowohl das Arbeitsvolumen (Menge der zu erledigenden Arbeit) als auch das diesem zugeordnete Arbeitskraftvolumen (AN-Stunden) und damit auch das Verhältnis dieser beiden Größen zueinander festlegen.[158] Es ist grundsätzlich seine Sache zu bestimmen, wie vorhandene Arbeiten auf die beschäftigten AN verteilt werden.[159] Außerdem unterliegt es seiner freien Entscheidung, die Zahl der Arbeitskräfte zu bestimmen, mit denen eine Arbeitsaufgabe zukünftig erledigt werden soll.[160] Soweit die Umsetzung des unternehmerischen Konzepts zu einer Arbeitsverdichtung führt, ist dies nicht zu beanstanden, wenn hierdurch nicht gegen zwingende gesetzliche oder tarifliche Vorschriften verstoßen wird und die arbeitsvertraglichen Vereinbarungen der AN beachtet werden.[161] Dies ist im Streitfall vom AG näher darzulegen. Ist Gegenstand der unternehmerischen Entscheidung der Abbau einer Hierarchieebene oder einzelner Stellen und ist dies mit dem Entschluss verbunden, verbleibende Arbeiten umzuverteilen, hat der AG konkret erläutern, in welchem Umfang und aufgrund welcher Maßnahmen die bisher vom gekündigten AN ausgeübten Tätigkeiten für diesen zukünftig entfallen (→ Rn. 7 f.). 37

5. Auftragsvergabe an Dritte. a) Grundsatz. Als eine die Arbeitsgerichte grundsätzlich bindende unternehmerische Organisationsentscheidung, die zum Wegfall von Arbeitsplätzen führen und ein dringendes betriebliches Erfordernis für eine betriebsbedingte Kündigung darstellen kann, ist die Vergabe von bisher im Betrieb durchgeführten Arbeiten an ein anderes Unternehmen anzuerkennen.[162] Es liegt jedoch eine unzulässige sog. Austauschkündigung vor, wenn die bislang von den AN des Betriebs ausgeführten Tätigkeiten nicht zur selbständigen Erledigung auf den Dritten übertragen werden.[163] 38

b) Einzelfälle. Die Entscheidung eines Krankenhausträgers, das **eigene Labor zu schließen** und die bisher im Krankenhaus durchgeführten Laborarbeiten durch ein Fremdlabor erbringen 39

---

153 BAG 2.3.2017 AP Nr. 171 zu § 2 KSchG 1969 = NZA 2017, 905.
154 BAG 2.3.2017 AP Nr. 171 zu § 2 KSchG 1969 = NZA 2017, 905; 20.6.2013 AP Nr. 3 zu § 626 BGB Unkündbarkeit = NZA 2014, 208; 24.5.2012 AP Nr. 157 zu § 2 KSchG 1969 = NZA-RR 2013, 74.
155 BAG 24.5.2012 AP Nr. 191 zu § 1 KSchG 1969 Betriebsbedingte Kündigung = NZA 2012, 1223; 10.7.2008 AP Nr. 181 zu § 1 KSchG 1969 Betriebsbedingte Kündigung = NZA 2009, 312.
156 BAG 8.10.2009 AP Nr. 143 zu § 2 KSchG 1969 = NZA 2010, 465.
157 BAG 17.6.1999 AP Nr. 102 zu § 1 KSchG 1969 Betriebsbedingte Kündigung = NZA 1999, 1095; 7.5.1998 AP Nr. 94 zu § 1 KSchG 1969 Betriebsbedingte Kündigung = NZA 1998, 933.
158 BAG 22.5.2003 AP Nr. 129 zu § 1 KSchG 1969 Betriebsbedingte Kündigung.
159 BAG 23.10.2008 AP Nr. 18 zu § 1 KSchG 1969 Namensliste.
160 BAG 24.5.2012 AP Nr. 157 zu § 2 KSchG 1969 = NZA-RR 2013, 74.
161 Vgl. LKB/*Krause* KSchG § 1 Rn. 796; APS/*Kiel* KSchG § 1 Rn. 520 ff.
162 BAG 20.11.2014 AP Nr. 207 zu § 1 KSchG 1969 Betriebsbedingte Kündigung = NZA 2015, 679; 9.9.2010 ZTR 2011, 45; 7.12.2006 AP Nr. 88 zu § 1 KSchG 1969 Soziale Auswahl = NZA-RR 2007, 460.
163 BAG 16.12.2004 AP Nr. 133 zu § 1 KSchG 1969 Betriebsbedingte Kündigung = NZA 2005, 761.

zu lassen, ist eine wirksame freie unternehmerische Entscheidung. Dadurch entfällt die Beschäftigungsmöglichkeit für die bisher im Labor tätigen medizinisch-technischen Assistentinnen.[164] Entschließt sich eine **Wohnungsgenossenschaft, künftig Malerarbeiten nicht mehr selbst auszuführen,** liegt hierin gleichfalls eine nicht zu beanstandende unternehmerische Entscheidung. Damit entfällt das Beschäftigungsbedürfnis für die als Maler beschäftigten AN. Entscheidend ist insoweit die vertragsgemäße Beschäftigung. Vertragsgemäße Beschäftigung ist nur die, die der AG aufgrund seines Weisungsrechts und ohne Änderung des Arbeitsvertrags anordnen darf. Übt ein nach dem Arbeitsvertrag als Maler angestellter AN gelegentlich auch Abrissarbeiten aus, ändert das an der vertraglich vereinbarten Tätigkeit als Maler nichts.[165] Zu den oftmals im Zusammenhang mit Fragen des Betriebsübergangs behandelten Fällen gehören beispielsweise die Ausgliederung der **Lohnbuchhaltung** an eine Steuerberatungsgesellschaft, die Vergabe von **Reinigungsarbeiten,**[166] **Wachschutzaufgaben**[167] oder der **Kantinenbewirtschaftung**[168] an Dienstleistungsunternehmen sowie die Vergabe von einfachen **Bauarbeiten** an spezialisierte Subunternehmen.[169] Gleiches gilt für die Übertragung von **Rechtsschutzaufgaben des DGB** auf die DGB-Rechtsschutz GmbH.[170] Die unternehmerische Entscheidung eines Vereins, Tätigkeiten, die bislang von AN ausgeübt wurden, künftig ehrenamtlichen Kräften zu übertragen, ist nur darauf überprüfbar, ob sie offenbar unsachlich, unvernünftig oder willkürlich ist.[171]

40 **c) Beendigung eines Dienstleistungsauftrags.** In Dienstleistungsunternehmen, wie Reinigungs- oder Bewachungsunternehmen, stellt sich immer wieder die Frage, ob eine Kündigung möglich ist, wenn der befristete Dienstleistungsauftrag ausläuft, sich das Unternehmen im Rahmen des Vergabeverfahrens um die erneute Auftragserteilung beworben hat, hierüber vom Auftraggeber jedoch erst kurz vor Ablauf des Vertrags entschieden wird. Nach Auffassung des BAG kommt in diesen Fällen eine betriebsbedingte Kündigung erst in Betracht, wenn feststeht, dass das Unternehmen den Dienstleistungsauftrag nicht erneut bekommt. Vorher liege kein endgültiger Stilllegungsbeschluss vor. Solange das Unternehmen an der Ausschreibung teilnehme und über den Zuschlag nicht entschieden sei, gebe es keine greifbaren Anhaltspunkte für die Annahme, die AN könnten zum Kündigungstermin entbehrt werden.[172]

41 **d) Übertragung von Arbeitsaufgaben auf Selbständige.** Der AG kann die wirksame unternehmerische Entscheidung treffen, die Arbeitsaufgaben fortan nicht mehr durch AN, sondern nur noch durch selbständig unternehmerisch tätige Personen durchzuführen. Es bleibt ihm überlassen, wie er sein Unternehmensziel möglichst zweckmäßig und kostengünstig am Markt verfolgt.[173] Entscheidend ist dabei, dass die Aufgaben tatsächlich durch selbständig tätige Personen ausgeführt werden.[174] Deshalb hat das BAG zu Recht angenommen, allein der Entschluss, die formale Arbeitgeberstellung aufzugeben, sei keine die Kündigung bedingende Unternehmerentscheidung, wenn der Unternehmer gegenüber den Beschäftigten im Wesentlichen weiterhin selbst die für die Durchführung der Arbeit erforderlichen Weisungen erteile und sich damit das Direktionsrecht vorbehalte. In einem solchen Fall entfällt nicht die Beschäftigungsmöglichkeit im Betrieb, vielmehr sollen nur die bisherigen Beschäftigten durch neue AN ersetzt werden.[175]

42 **e) Rechtsmissbrauch.** Abweichend von diesen Grundsätzen vertritt das BAG allerdings auch die Auffassung, es sei rechtsmissbräuchlich, wenn der AG ein unternehmerisches Konzept zur Kostenreduzierung wähle, das faktisch nicht zu Änderungen in den betrieblichen Abläufen,

[164] BAG 27.6.2002 EzA Nr. 119 zu § 1 KSchG Betriebsbedingte Kündigung; dazu *Schrader/Schubert* NZA-RR 2004, 393.
[165] BAG 12.4.2002 EzA Nr. 117 zu § 1 KSchG Betriebsbedingte Kündigung.
[166] Vgl. EuGH 11.3.1997 AP Nr. 14 zu EWG-Richtlinie Nr. 77/187 – Ayse Süzen; 11.12.1997 AP Nr. 172 zu § 613a BGB.
[167] BAG 22.1.1998 AP Nr. 174 zu § 613a BGB.
[168] BAG 11.12.1997 AP Nr. 171 zu § 613a BGB; 26.9.2002 AP Nr. 124 zu § 1 KSchG 1969 Betriebsbedingte Kündigung.
[169] Vgl. BAG 17.6.1999 AP Nr. 102 zu § 1 KSchG 1969 Betriebsbedingte Kündigung.
[170] BAG 7.12.2000 AP Nr. 113 zu § 1 KSchG 1969 Betriebsbedingte Kündigung.
[171] HessLAG 14.7.2006 NZA-RR 2007, 197.
[172] BAG 12.4.2002 AP Nr. 120 zu § 1 KSchG 1969 Betriebsbedingte Kündigung = NZA 2002, 1205; ebenso für Rettungsdienste BAG 13.2.2008 AP Nr. 173 zu § 1 KSchG 1969 Betriebsbedingte Kündigung; krit. dazu *Bauer/Baeck* RdA 2002, 173.
[173] BAG 13.3.2008 AP Nr. 176 zu § 1 KSchG 1969 Betriebsbedingte Kündigung = NZA 2008, 878; 9.5.1996 AP Nr. 79 zu § 1 KSchG 1969 Betriebsbedingte Kündigung = NZA 1996, 1145.
[174] BAG 31.7.2014 AP Nr. 206 zu § 1 KSchG 1969 Betriebsbedingte Kündigung = NZA 2015, 101.
[175] BAG 13.3.2008 AP Nr. 176 zu § 1 KSchG 1969 Betriebsbedingte Kündigung = NZA 2008, 878; 26.9.1996 AP Nr. 80 zu § 1 KSchG 1969 Betriebsbedingte Kündigung = NZA 1997, 202.

jedoch bei allen AN der betroffenen Abteilungen erklärtermaßen zum Verlust ihres Arbeitsplatzes führen solle, obwohl nach wie vor ein Beschäftigungsbedarf bestehe. So sei die Gründung einer iSv § 2 II Nr. 2 UStG finanziell, wirtschaftlich und organisatorisch in das Unternehmen eingegliederten Organgesellschaft (GmbH) und die Übertragung von Arbeiten auf diese GmbH zwar rechtlich zulässig. Diese Entscheidung sei jedoch kündigungsrechtlich rechtsmissbräuchlich und damit unbeachtlich, wenn diese Organisationsform in erster Linie dem Zweck diene, den AN der betroffenen Bereiche ihren Kündigungsschutz zu nehmen und sich von ihnen zu trennen, damit die Arbeit in Zukunft von anderen, schlechter bezahlten AN verrichtet werde.[176]

6. Betriebsstilllegung. Die Stilllegung eines Betriebs zählt zu den dringenden betrieblichen Erfordernissen iSv § 1 II 1 KSchG.[177] Unter einer Betriebsstilllegung ist die Auflösung der zwischen AG und AN bestehenden Betriebs- und Produktionsgemeinschaft zu verstehen, die ihre Veranlassung und zugleich ihren unmittelbaren Ausdruck darin findet, dass der Unternehmer die bisherige wirtschaftliche Betätigung in der ernstlichen Absicht einstellt, die Verfolgung des bisherigen Betriebszwecks dauernd oder für eine ihrer Dauer nach unbestimmte, wirtschaftlich nicht unerhebliche Zeitspanne nicht weiterzuverfolgen.[178] Der AG muss endgültig entschlossen sein, den Betrieb stillzulegen. Eine solche endgültige Entscheidung manifestiert sich, wenn der AG seine Stilllegungsabsicht unmissverständlich äußert, einen Interessenausgleich und Sozialplan mit dem BR vereinbart,[179] allen AN kündigt, etwaige Mietverträge zum nächstmöglichen Zeitpunkt auflöst, die Betriebsmittel, über die er verfügen kann, veräußert oder zurückgibt und die Betriebstätigkeit vollständig einstellt.[180] Der AG braucht mit dem Ausspruch der Kündigung nicht bis zur Stilllegung des Betriebs zu warten. Eine ordentliche Kündigung kommt vielmehr schon in Betracht, wenn die auf eine Betriebsstilllegung gerichtete unternehmerische Entscheidung zum Zeitpunkt des Zugangs der Kündigung bereits greifbare Formen angenommen hat und eine vernünftige betriebswirtschaftliche Betrachtung die Prognose rechtfertigt, dass bis zum Auslaufen der Kündigungsfrist der AN entbehrt werden kann.[181] Eine Stilllegungsabsicht des AG besteht freilich nicht, wenn er beabsichtigt, seinen **Betrieb zu veräußern.** Gleiches gilt, wenn er sich noch um neue Aufträge bemüht.[182] Die Veräußerung des Betriebs ist keine Stilllegung, weil seine Identität gewahrt bleibt und lediglich ein Betriebsübergang stattfindet.[183] Wird ein Betriebsteil veräußert und der verbleibende Restbetrieb stillgelegt, kommt es für die Wirksamkeit einer betriebsbedingten Kündigung darauf an, ob der gekündigte AN dem auf einen Erwerber übergehenden Betriebsteil zugeordnet war (zur Sozialauswahl → § 135 Rn. 6).[184] Beruft sich der AN im Rahmen eines Kündigungsschutzprozesses darauf, der Betrieb sei vom bisherigen AG nicht stillgelegt, sondern an einen neuen Inhaber übertragen und aus diesem Grund sei ihm gekündigt worden, hat der AG die Tatsachen zu beweisen, welche die Kündigung bedingen. Fehlt es daran, ist der Kündigungsschutzklage stattzugeben, ohne dass es der Feststellung bedarf, dass der tragende Beweggrund für die Kündigung ein Betriebsübergang ist (dazu → Rn. 48). An der Verteilung dieser Darlegungs- und Beweislast ändert sich durch § 125 InsO nichts.[185] Eine Betriebsstilllegung kann auch in der durch Gesetz angeordneten **Auflösung einer Körperschaft des öffentlichen Rechts** und der damit verbundenen Einstellung jeglicher Tätigkeit liegen. Eine solche vom Gesetzgeber verantwortlich getroffene Entscheidung kann von den Gerichten nicht nachgeprüft werden; sie ist vielmehr als gegeben hinzunehmen.[186] 43

Auch der **Entschluss, ab sofort keine neuen Aufträge mehr anzunehmen,** allen AN zum nächstmöglichen Kündigungstermin zu kündigen, zur Abarbeitung der vorhandenen Auf- 44

[176] BAG 26.9.2002 AP Nr. 124 zu § 1 KSchG 1969 Betriebsbedingte Kündigung = NZA 2003, 549; krit. hierzu *v. Hoyningen-Huene* FS 50 Jahre BAG, 369 (386 ff.).
[177] BAG 22.9.2016 NZA 2016, 1461.
[178] BAG 20.6.2013 AP Nr. 68 zu § 622 BGB = NZA 2013, 1137; 18.10.2012 AP Nr. 196 zu § 1 KSchG 1969 Betriebsbedingte Kündigung = NZA 2013, 1007; 16.2.2012 AP Nr. 188 zu § 1 KSchG 1969 Betriebsbedingte Kündigung = NZA-RR 2012, 465.
[179] BAG 20.6.2013 AP Nr. 68 zu § 622 BGB = NZA 2013, 1137.
[180] BAG 14.3.2013 AP Nr. 199 zu § 1 KSchG 1969 Betriebsbedingte Kündigung; 26.4.2007 AP Nr. 4 zu § 125 InsO; 24.8.2006 AP Nr. 152 zu § 1 KSchG 1969 Betriebsbedingte Kündigung = NZA 2007, 1287.
[181] BAG 20.6.2013 AP Nr. 68 zu § 622 BGB = NZA 2013, 1137; 8.11.2007 AP Nr. 28 zu § 17 KSchG 1969; 7.7.2005 AP Nr. 138 zu § 1 KSchG 1969 Betriebsbedingte Kündigung = NZA 2006, 266.
[182] BAG 16.2.2012 AP Nr. 188 zu § 1 KSchG 1969 Betriebsbedingte Kündigung = NZA-RR 2012, 465.
[183] BAG 21.5.2015 AP Nr. 462 zu § 613a BGB; 14.3.2013 AP Nr. 199 zu § 1 KSchG 1969 Betriebsbedingte Kündigung.
[184] BAG 14.3.2013 AP Nr. 199 zu § 1 KSchG 1969 Betriebsbedingte Kündigung.
[185] BAG 26.4.2007 AP Nr. 4 zu § 125 InsO.
[186] BAG 10.5.2007 AP Nr. 165 zu § 1 KSchG 1969 Betriebsbedingte Kündigung.

träge eigene AN nur noch während der jeweiligen Kündigungsfristen einzusetzen, und so den Betrieb schnellstmöglich stillzulegen, ist als unternehmerische Entscheidung grundsätzlich geeignet, die entsprechenden Kündigungen sozial zu rechtfertigen.[187] Der AG erfüllt in diesem Fall gegenüber den tatsächlich eingesetzten AN lediglich seine auch im gekündigten Arbeitsverhältnis bestehende Beschäftigungspflicht.[188] Soweit sich der AG nicht vorbehält, die gekündigten AN über den Ablauf ihrer Kündigungsfrist hinaus zu beschäftigen, um bestimmte Aufträge abzuarbeiten, entfällt durch einen solchen Stilllegungsbeschluss das Beschäftigungsbedürfnis für die AN des Betriebs jeweils mit dem Ablauf der für sie einschlägigen Kündigungsfrist. Bei einem derartigen unternehmerischen Stilllegungskonzept mit der sofortigen und gleichzeitigen Kündigung aller AN entfällt auch das Erfordernis einer sozialen Auswahl gem. § 1 III KSchG.[189] Dem AG steht es nach der Stilllegungsentscheidung grundsätzlich frei, statt Arbeiten selbst mit eigenen Mitarbeitern zu erledigen, die Arbeiten an Subunternehmer zu vergeben.[190] Wenn er aufgrund des beschlossenen schnellstmöglichen Personalabbaus auf „Null" bereits übernommene Aufträge nicht mehr vollständig abarbeiten kann, berührt dies nur seine schuldrechtlichen Verpflichtungen gegenüber den Auftraggebern. Kommt es nach Ausspruch der Kündigungen zu Verzögerungen oder Änderungen des Ablaufplans infolge eines nicht vorhersehbaren deutlich erhöhten Krankenstands und so zu einem planwidrigen Einsatz von Leiharbeitnehmern, ändert dies nichts an der Wirksamkeit der Kündigungen.[191]

45 Entsprechendes gilt für die Stilllegung eines Betriebsteils. Insoweit kommt bei fehlender Weiterbeschäftigungsmöglichkeit auch die Kündigung eines **tariflich unkündbaren AN** in Betracht (dazu näher → § 128 Rn. 30). Dabei ist die besondere Ausgestaltung des tariflichen Sonderkündigungsschutzes zu berücksichtigen. Den gesteigerten Anforderungen bei der Prüfung des wichtigen Grundes iSv § 626 I BGB entspricht auch eine gesteigerte Darlegungslast des AG. Das Fehlen jeglicher, auch anderweitiger Beschäftigungsmöglichkeiten zählt bei einer außerordentlichen betriebsbedingten Kündigung schon zum wichtigen Grund iSv § 626 BGB und ist deshalb vom AG darzulegen.[192] Besteht noch irgendeine Möglichkeit, die Fortsetzung eines völlig sinnentleerten Arbeitsverhältnisses etwa durch eine anderweitige Weiterbeschäftigung ggf. nach entsprechender Umschulung zu vermeiden, ist es dem AG regelmäßig zumutbar, diese andere Möglichkeit zu wählen. Erst wenn alle anderen Lösungsversuche gescheitert sind, kann ein wichtiger Grund zur außerordentlichen Kündigung mit Auslauffrist vorliegen. Dies hat das BAG in dem Fall angenommen, dass die gesamte berufliche Karriere der betreffenden AN auf den weggefallenen Arbeitsplatz hin aufgebaut war und jeglicher Einsatz dieser AN auf einem anderen Arbeitsplatz, auch nach entsprechender Umschulung, nicht mehr in Betracht kam.[193]

46 Die Stilllegung des verbliebenen Einzelbetriebs nach **Auflösung eines Gemeinschaftsbetriebs** stellt jedenfalls im Zusammenhang mit einer Beendigung der früheren gemeinsamen Leitungsstruktur (Führungsvereinbarung) ein dringendes betriebliches Erfordernis für eine ordentliche Kündigung dar. Gleiches gilt, wenn im Zeitpunkt der Kündigung der eine der beiden Betriebe zwar noch nicht stillgelegt ist, aufgrund einer unternehmerischen Entscheidung, die bereits greifbare Formen angenommen hat, aber feststeht, dass er bei Ablauf der Kündigungsfrist des AN stillgelegt sein wird.[194]

47 **7. Betriebsübergang. a) Eigenständiges Kündigungsverbot.** Nach § 613a IV BGB ist die Kündigung des Arbeitsverhältnisses eines AN durch den bisherigen oder neuen Betriebsinhaber wegen des Betriebsübergangs unwirksam.[195] Diese Vorschrift enthält ein eigenständiges Kündigungsverbot.[196] Zweck des § 613a IV BGB ist zu verhindern, dass bei der Übernahme der Belegschaft eine Auslese getroffen wird und Veräußerer und Erwerber den Betriebsübergang dazu benutzen, sich der besonders schutzbedürftigen älteren, schwerbehinderten, unkündbaren oder sonst sozial schwächeren AN zu entledigen.[197] Werden im Zusammenhang mit der Umwandlung des

---

187 BAG 20.6.2013 AP Nr. 68 zu § 622 BGB = NZA 2013, 1137.
188 BAG 16.2.2012 AP Nr. 188 zu § 1 KSchG 1969 Betriebsbedingte Kündigung = NZA-RR 2012, 465.
189 BAG 8.11.2007 AP Nr. 28 zu § 17 KSchG 1969; 7.7.2005 AP Nr. 138 zu § 1 KSchG 1969 Betriebsbedingte Kündigung = NZA 2006, 266.
190 BAG 7.7.2005 AP Nr. 136 zu § 1 KSchG 1969 Betriebsbedingte Kündigung = NZA 2005, 1351; 18.1.2001 EzA Nr. 111 zu § 1 KSchG Betriebsbedingte Kündigung.
191 BAG 18.1.2001 AP Nr. 115 zu § 1 KSchG 1969 Betriebsbedingte Kündigung = NZA 2001, 719.
192 Vgl. BAG 8.4.2003 AP Nr. 181 zu § 626 BGB = NZA 2003, 856; 27.6.2002 AP Nr. 4 zu § 55 BAT.
193 BAG 5.2.1998 AP Nr. 143 zu § 626 BGB = NZA 1998, 771.
194 BAG 18.9.2003 AP Nr. 14 zu § 17 KSchG 1969.
195 Ausf. hierzu *Müller-Glöge* NZA 1999, 449.
196 StRspr, vgl. BAG 27.10.2005 AP Nr. 292 zu § 613a BGB; APS/*Steffan* BGB § 613a Rn. 172.
197 BAG 20.9.2006 AP Nr. 316 zu § 613a BGB = NZA 2007, 387.

Unternehmens betriebsbedingte Kündigungen ausgesprochen, folgt die Anwendbarkeit des § 613a BGB nicht bereits aus § 324 UmwG. Die Voraussetzungen des Betriebsübergangs sind auch im Falle der Umwandlung selbständig zu prüfen.[198] § 324 UmwG enthält eine Rechtsgrundverweisung.[199]

b) Tragender Beweggrund. § 613a IV BGB gewährt keinen absoluten Bestandsschutz gegen Kündigungen im Zusammenhang mit einem Betriebsübergang. Diese Bestimmung verbietet nur, gerade den Betriebsübergang zum Anlass für eine Kündigung zu nehmen.[200] Eine im Zusammenhang mit dem Übergang des Betriebs erfolgte Kündigung ist nur dann nach § 613a IV 1 BGB unwirksam, wenn der Betriebsübergang der tragende Beweggrund für die Kündigung war.[201] Dies ist beispielsweise anzunehmen, wenn die Kündigung damit begründet wird, der neue Betriebsinhaber habe die Übernahme eines bestimmten AN, dessen Arbeitsplatz erhalten bleibe, abgelehnt, weil er „ihm zu teuer" sei.[202] Auch die bloße Forderung des Erwerbers, die Belegschaft vor dem Betriebsübergang zu verkleinern, genügt nicht als sachlicher Grund, der aus sich heraus die Kündigung rechtfertigt.[203] Erforderlich ist ein konkretes Erwerberkonzept (dazu → Rn. 49). Das Kündigungsverbot schützt nicht vor Risiken, die sich jederzeit unabhängig vom Betriebsübergang aktualisieren können, und führt insbesondere nicht zum Ausschluss der als notwendig erachteten unternehmerischen Maßnahmen.[204] Der AG kann den Betrieb und die Betriebsabläufe und damit auch die Zahl der vorhandenen Beschäftigungsmöglichkeiten (Arbeitsplätze) aufgrund seiner Unternehmerfreiheit grundsätzlich nach eigenem Ermessen gestalten, ohne insoweit einer arbeitsgerichtlichen Kontrolle unterworfen zu sein. Unerheblich ist, ob es ihm um die langfristige Optimierung eigener unternehmerischer Tätigkeit oder auch oder gar ausschließlich darum geht, den Betrieb verkaufsfähig zu machen. § 613a IV BGB steht der klassischen Sanierungskündigung auch im zeitlichen Umfeld eines Betriebsübergangs nicht entgegen.[205] Eine Kündigung erfolgt nicht wegen des Betriebsübergangs, wenn dieser nur der äußere Anlass für die Kündigung ist. Das Kündigungsverbot nach § 613a IV BGB greift des Weiteren dann nicht, wenn einem vom Übergang anderer Betriebsteile nicht betroffenen AN gekündigt wird, weil durch den Übergang der anderen Betriebsteile – denen der Gekündigte nicht angehört – der Beschäftigungsbedarf für ihn zurückgeht oder entfällt.[206] Gleiches gilt, wenn es neben dem Betriebsübergang einen sachlichen Grund gibt, der aus sich heraus die Kündigung zu rechtfertigen vermag. Das Recht des AG zur Kündigung aus anderen Gründen bleibt folglich unberührt (§ 613a IV 2 BGB). 48

c) Kündigung aufgrund eines Erwerberkonzepts. Die Kündigung des Betriebsveräußerers aufgrund eines Erwerberkonzepts verstößt dann nicht gegen § 613a IV BGB, wenn ein verbindliches Konzept oder ein Sanierungsplan des Erwerbers vorliegt, dessen Durchführung im Zeitpunkt des Zugangs der Kündigungserklärung bereits greifbare Formen angenommen hat. Der Zulassung einer solchen Kündigung widerspricht nicht dem Zweck des § 613a IV BGB, weil hierdurch keine „künstliche Verlängerung" des Arbeitsverhältnisses bei einer vorhersehbar fehlenden Beschäftigungsmöglichkeit des AN bei dem Erwerber erreicht werden soll. Für die Wirksamkeit einer betriebsbedingten Kündigung des Veräußerers nach dem Sanierungskonzept des Erwerbers kommt es – jedenfalls in der Insolvenz – nicht darauf an, ob das Konzept auch bei dem Veräußerer hätte durchgeführt werden können.[207] Eine Kündigung wegen des Betriebsübergangs iSv § 613a IV 1 BGB liegt des Weiteren nicht vor, wenn sie der Verkleinerung des Betriebs zur Verbesserung der Verkaufschancen dient und der Betrieb ohne die Rationalisierung stillgelegt werden müsste. Der Betriebsinhaber muss nicht beabsichtigen, den Betrieb selbst fortzuführen.[208] 49

d) Beurteilungszeitpunkt. Ob eine Kündigung wegen des Übergangs eines Betriebs iSd § 613a IV BGB erfolgt ist, beurteilt sich nach den Verhältnissen zum Zeitpunkt der Kündi- 50

[198] BAG 25.5.2000 AP Nr. 209 zu § 613a BGB = NZA 2000, 1115.
[199] BAG 6.10.2005 AP Nr. 150 zu § 102 BetrVG 1972 = NZA 2006, 990; MüKoBGB/*Müller-Glöge* § 613a Rn. 63.
[200] BAG 27.10.2005 AP Nr. 293 zu § 613a BGB.
[201] BAG 24.5.2005 NZA 2006, 31; 20.3.2003 AP Nr. 250 zu § 613a BGB = NZA 2003, 1027.
[202] BAG 26.5.1983 AP Nr. 34 zu § 613a BGB.
[203] BAG 20.9.2006 AP Nr. 316 zu § 613a BGB = NZA 2007, 387.
[204] BAG 20.3.2003 AP Nr. 250 zu § 613a BGB = NZA 2003, 1027.
[205] BAG 20.9.2006 AP Nr. 316 zu § 613a BGB = NZA 2007, 387.
[206] BAG 17.6.2003 AP Nr. 260 zu § 613a BGB.
[207] BAG 20.3.2003 AP Nr. 250 zu § 613a BGB = NZA 2003, 1027; vgl. dazu *Annuß/Stamer* NZA 2003, 1247; *Schmädicke* NZA 2014, 515.
[208] Vgl. BAG 20.9.2006 AP Nr. 316 zu § 613a BGB = NZA 2007, 387; 18.7.1996 AP Nr. 147 zu § 613a BGB = NZA 1997, 148.

gung.[209] Kommt es bei einer zum Zeitpunkt der Kündigung endgültig geplanten und bereits eingeleiteten oder teilweise durchgeführten Betriebsstilllegung nachträglich doch zu einem Betriebsübergang, ist die Kündigung nicht nach § 613a IV 1 BGB unwirksam.[210] Entscheidend sind auch hier die Verhältnisse zum Zeitpunkt der Kündigung, weshalb in einem solchen Fall allein zu prüfen ist, ob ungeachtet der später erfolgten Betriebsveräußerung zum Zeitpunkt der Kündigung die Voraussetzungen für eine betriebsbedingte Kündigung wegen Betriebsstilllegung vorlagen. Dem AN steht in diesem Fall allerdings ein Wiedereinstellungsanspruch zu (dazu → § 146 Rn. 8).[211]

51 **e) Darlegungs- und Beweislast.** Stützt der AG eine Kündigung im Zusammenhang mit einem Betriebsübergang auf dringende betriebliche Erfordernisse iSv § 1 II KSchG und bestreitet der AN diese Gründe, ist der AG gem. § 1 II 4 KSchG für die betrieblichen Gründe beweispflichtig. Er hat also darzulegen, dass die im Zusammenhang mit dem Betriebsübergang erfolgte Kündigung durch einen sachlichen Grund iSd § 613a IV 2 BGB gerechtfertigt ist. Gelingt dem AG dieser Nachweis, und hängt die Unwirksamkeit der Kündigung nur davon ab, ob das Kündigungsverbot des § 613a IV 1 BGB eingreift, muss der AN die Voraussetzungen dieser Vorschrift darlegen und beweisen.[212] Dazu gehört auch, dass die tatsächlichen Voraussetzungen eines Betriebsübergangs erfüllt sind.[213]

52, 53 **f) Kündigung nach Widerspruch.** Wird der AN über den Betriebsübergang nicht ordnungsgemäß nach § 613a V BGB unterrichtet, ist eine nach erfolgtem Widerspruch des AN gegen den Betriebsübergang vom Veräußerer ausgesprochene betriebsbedingte Kündigung nicht schon wegen der unzureichenden Unterrichtung unwirksam. Die Verletzung der Unterrichtungspflicht nach § 613a V BGB führt auch unter Berücksichtigung des Grundsatzes von Treu und Glauben (§ 242 BGB) nicht zur Unwirksamkeit der Kündigung. Das Entstehen des betriebsbedingten Kündigungsgrundes ist nicht Folge der unvollständigen Unterrichtung durch den AG, sondern der privatautonomen Entscheidung des AN, von seinem Widerspruchsrecht gem. § 613a VI BGB Gebrauch zu machen.[214] Widerspricht ein AN bei einem Betriebsübergang dem Übergang seines Arbeitsverhältnisses, ist die Kündigung betriebsbedingt, wenn keine Beschäftigungsmöglichkeit mehr besteht.[215]

54 **8. Leiharbeit.** Kündigt ein Zeitarbeitsunternehmen einem bei ihm angestellten Leiharbeitnehmer wegen Auftragsrückgangs, hat es wie jeder AG einen dauerhaften Rückgang des Beschäftigungsvolumens nachvollziehbar darzulegen. Dazu reicht bei einer Arbeitnehmerüberlassung regelmäßig der Hinweis des Verleihers nicht aus, der bisherige Auftrag, in dessen Rahmen der Leiharbeitnehmer eingesetzt worden sei, sei beendet und es lägen keine Anschlussaufträge vor. Kurzfristige Auftragslücken gehören zum typischen Unternehmensrisiko eines Verleiharbeitgebers und sind nicht geeignet, eine betriebsbedingte Kündigung zu rechtfertigen.[216] Dem Zeitarbeitsunternehmen steht es jedoch frei, die unternehmerische Entscheidung zu treffen, Leiharbeitnehmer für bestimmte Arbeiten dauerhaft nicht mehr anzubieten.

55 Umstritten ist, ob in dem Entschluss des AG, künftig Arbeiten nicht mehr durch eigene AN, sondern durch Leiharbeitnehmer ausführen zu lassen, eine bindende **unternehmerische Entscheidung** zu sehen ist, deren Umsetzung ein dringendes betriebliches Erfordernis zur Kündigung darstellt.[217] Das LAG Bremen hat dies verneint und angenommen, es liege eine unzulässige Austauschkündigung vor, wenn ein Unternehmer eigene Beschäftigte durch Leiharbeitnehmer ersetze.[218] Dies überzeugt nicht. Es macht grundsätzlich keinen Unterschied, ob sich ein AG entschließt, künftig Arbeiten nicht mehr durch eigene AN, sondern – beispielsweise im

209 BAG 24.5.2005 NZA 2006, 31.
210 BAG 13.11.1997 AP Nr. 169 zu § 613a BGB = NZA 1998, 251.
211 Vgl. BAG 29.9.2005 AP Nr. 139 zu § 1 KSchG 1969 Betriebsbedingte Kündigung; 13.11.1997 AP Nr. 169 zu § 613a BGB = NZA 1998, 251.
212 BAG 5.12.1985 AP Nr. 47 zu § 613a BGB; APS/*Kiel* KSchG § 1 Rn. 496.
213 BAG 18.10.2012 AP Nr. 196 zu § 1 KSchG 1969 Betriebsbedingte Kündigung = NZA 2013, 1007.
214 BAG 24.5.2005 AP Nr. 284 zu § 613a BGB = NZA 2005, 1302.
215 BAG 7.12.2000 AP Nr. 113 zu § 1 KSchG 1969 Betriebsbedingte Kündigung = NZA 2001, 495; zur Sozialauswahl in diesem Fall → § 135 Rn. 18.
216 BAG 18.5.2006 AP Nr. zu § 9 AÜG; vgl. dazu auch *Dahl* DB 2003, 1626; *Hiekel* FS 25 Jahre Arbeitsgemeinschaft Arbeitsrecht im DAV, 2006, 333.
217 Vgl. dazu *Düwell/Dahl* DB 2007, 1699; *Kleinebrink* FA 2007, 293.
218 Vgl. LAG Brem 2.12.1997 LAGE § 1 KSchG Betriebsbedingte Kündigung Nr. 47; *Bertzbach* FS Hanau, 173 ff.

Rahmen von Franchise-Verträgen – durch Selbständige[219] oder durch Leiharbeitnehmer ausführen zu lassen. Insoweit gelten die bei der Prüfung von Weiterbeschäftigungsmöglichkeiten auf von Leiharbeitnehmern besetzten Arbeitsplätzen dargestellten Grundsätze entsprechend (→ Rn. 22a).

9. Öffentlicher Dienst. a) kw-Vermerk im Haushaltsplan. Eine der Unternehmerentscheidung vergleichbare Entscheidung liegt im öffentlichen Dienst in dem Anbringen eines sog. kw-Vermerks (kw = künftig wegfallend) im Haushaltsplan oder einer Änderung des vom Gemeinderat beschlossenen Personalbedarfsplans, aus dem der Wegfall einer konkreten Stelle ersichtlich wird.[220] Die Organisationsentscheidung ist im öffentlichen Dienst ursächlich für den vom AG behaupteten Wegfall des Beschäftigungsbedürfnisses, wenn die Entscheidung sich auf eine nach sachlichen Merkmalen genauer bestimmte Stelle bezieht. Ein allgemeiner Beschluss, Personalkosten zu senken, genügt diesen Anforderungen nicht.[221] Zeitlich fixierte „kw-Vermerke" in einem Haushaltsgesetz können dringende betriebliche Erfordernisse für die Kündigung eines Arbeitsverhältnisses begründen, wenn die innerbetriebliche Entscheidung für den Wegfall der konkreten Stelle damit abschließend getroffen wurde. Dies ist nicht der Fall, wenn die Verwaltung erst noch zwischen verschiedenen Möglichkeiten einer Umsetzung der „kw-Vermerke" mit unterschiedlichen Auswirkungen auf die Dienststellen entscheiden muss.[222] Sollen durch den „kw-Vermerk" nur allgemeine Sparmaßnahmen durchgeführt werden, ist ein betriebliches Erfordernis zur Kündigung nicht gegeben.[223] In der Streichung einer konkreten, nach sachlichen Merkmalen bestimmten Stelle in einem Haushaltsplan liegt die von den Arbeitsgerichten nicht nachprüfbare unternehmerische Entscheidung, die bezeichnete Stelle sei für die Dienststelle – zukünftig – entbehrlich.[224] Der Entschluss einer Stadt, die von ihr getragene Musikschule während der allgemeinen Schulferien geschlossen zu halten und außerhalb der Ferien einen gleichmäßigen Unterricht anzubieten, ist eine organisatorische Entscheidung, die im Kündigungsrechtsstreit nicht auf ihre Zweckmäßigkeit, sondern nur darauf überprüft werden kann, ob sie offenbar unsachlich, unvernünftig oder willkürlich ist.[225] Macht eine Gemeinde von der gesetzlich vorgesehenen Möglichkeit Gebrauch, das Amt der Gleichstellungsbeauftragten in Zukunft einer ehrenamtlichen Kraft zu übertragen, besteht für die Kündigung des Arbeitsverhältnisses mit der bisher hauptberuflich im Arbeitsverhältnis beschäftigten Gleichstellungsbeauftragten regelmäßig ein dringendes betriebliches Erfordernis. Es handelt sich in solchen Fällen nicht um eine „Austauschkündigung", weil die gekündigte AN nicht durch eine andere AN ersetzt wird.[226] 56

b) Umwandlung eines Arbeitsplatzes in Beamtenstelle. Die Organisationsentscheidung des öffentlichen AG, eine Angestelltenstelle, auf der hoheitliche Aufgaben erledigt werden, in eine Beamtenstelle umzuwandeln und mit einem Beamten zu besetzen, kann ein dringendes betriebliches Erfordernis zur Kündigung des bisherigen Stelleninhabers darstellen, wenn dieser die Voraussetzungen für eine Übernahme in ein Beamtenverhältnis nicht erfüllt.[227] Erfüllt der bisherige Stelleninhaber jedoch das Anforderungsprofil der neu geschaffenen Beamtenstelle, besteht nach Auffassung des BAG kein dringendes betriebliches Erfordernis zur Kündigung des bisherigen Stelleninhabers. Der öffentliche AG könne sich nach dem in § 162 BGB normierten Rechtsgedanken nicht darauf berufen, dass er die Stelle mit einem – möglicherweise aus seiner Sicht geeigneteren – externen Bewerber besetzt habe. Der Besetzung der Stelle mit einem externen Bewerber stehe es gleich, wenn der öffentliche AG dem bisherigen Stelleninhaber unwirksam gekündigt, dann eine Ersatzkraft eingestellt habe und diese Ersatzkraft nunmehr 57

[219] Dazu BAG 13.3.2008 AP Nr. 176 zu § 1 KSchG 1969 Betriebsbedingte Kündigung = NZA 2008, 878; 9.5.1996 AP Nr. 79 zu § 1 KSchG 1969 Betriebsbedingte Kündigung = NZA 1996, 1145.

[220] BAG 6.7.2006 NZA 2007, 139; 22.5.2003 AP Nr. 129 zu § 1 KSchG 1969 Betriebsbedingte Kündigung; 5.12.2002 AP Nr. 126 zu § 1 KSchG 1969 Betriebsbedingte Kündigung; 18.11.1999 AP Nr. 55 zu § 2 KSchG 1969 = NZA 2000, 484; 21.1.1993 AP Nr. 1 zu § 52 MitbestG Schleswig-Holstein = NZA 1993, 1099.

[221] BAG 18.9.2008 AP Nr. 89 zu § 1 KSchG 1969 = NZA 2009, 142, zum Wegfall der Stelle einer hauptberuflichen Gleichstellungsbeauftragten und Übertragung der Aufgaben auf eine ehrenamtlich tätige Person.

[222] BAG 19.3.1998 AP Nr. 76 zu Einigungsvertrag Anlage I Kap. XIX = NZA 1999, 90; 18.11.1999 AP Nr. 55 zu § 2 KSchG 1969 = NZA 2000, 404.

[223] BAG 6.9.1978 AP Nr. 4 zu § 1 KSchG 1969.

[224] BAG 5.12.2002 AP Nr. 126 zu § 1 KSchG 1969 Betriebsbedingte Kündigung.

[225] BAG 26.1.1995 AP Nr. 36 zu § 2 KSchG 1969 = NZA 1995, 626.

[226] BAG 18.9.2008 AP Nr. 89 zu § 1 KSchG 1969 = NZA 2009, 142.

[227] BAG 21.9.2000 AP Nr. 112 zu § 1 KSchG 1969 Betriebsbedingte Kündigung = NZA 2001, 255; 26.2.1957 AP Nr. 23 zu § 1 KSchG.

anstelle des bisherigen Stelleninhabers auf der neu geschaffenen Beamtenstelle zum Beamten ernenne.[228] Hiergegen spricht indessen, dass das KSchG nur den Bestand des Arbeitsverhältnisses schützt und keinen Anspruch gibt, beim AG in einem anderen Status tätig zu werden.

58 **c) Drittmittelfinanzierung.** In drittmittelfinanzierten Betrieben kommt eine betriebsbedingte Kündigung in Betracht, wenn die Zuschüsse eingestellt oder gekürzt werden und die Arbeiten eingestellt werden und der AG sich entschließt, das subventionierte Arbeitsverhältnis nicht fortzusetzen.[229] Legt der AG in diesem Zusammenhang das Anforderungsprofil für die verbleibenden Arbeitsplätze anderweitig fest, liegt das in seiner freien unternehmerischen Entscheidung.[230]

59 **10. Rationalisierungsmaßnahmen.** Die vom AG näher darzulegende Straffung von Arbeitsabläufen kann betriebsbedingte Kündigungen zur Folge haben. Der AG muss hierzu aufzeigen, in welchem Umfang die bisher vom AN ausgeübten Tätigkeiten zukünftig entfallen. Führt die unternehmerische Entscheidung (zB Neuorganisation der Bürostruktur) zum Abbau einer Hierarchieebene verbunden mit einer Neuverteilung der dem betroffenen AN bisher zugewiesenen Aufgaben, hat der AG darzulegen, in welchem Umfang die bisher von dem AN ausgeübten Tätigkeiten zukünftig im Vergleich zum bisherigen Zustand entfallen (dazu → Rn. 7).[231]

60 **11. Stationierungsstreitkräfte.** Ein dringendes betriebliches Erfordernis zur Kündigung kann gegeben sein, wenn aufgrund der Entscheidung der Stationierungskräfte die bisher in einer Dienststelle erbrachten Aufgaben in die USA zurückverlegt werden und das in der Dienststelle verbleibende Personal deswegen reduziert wird. Die entsprechende Änderung des für die Dienststelle geltenden Stellenplans ist die unternehmerische Entscheidung, die zum Wegfall der überzähligen Arbeitsplätze führt.[232] Nach Art. 56 VII lit. a S. 1 NTS-ZA bestimmen die Behörden der Truppe und eines zivilen Gefolges die Zahl und Art der benötigten Arbeitsplätze. Hat der Entsendestaat aufgrund seiner Hoheitsgewalt abschließend entschieden, die vom AN erledigten Arbeiten in Zukunft nicht mehr im bisherigen Umfang durch örtliche Arbeitskräfte erledigen zu lassen, entfällt damit infolge einer grundsätzlich nicht nachprüfbaren Entscheidung der bisherige Arbeitsplatz.[233]

61 **12. Teilzeitarbeit.** Die Entscheidung des AG, wegen eines steigenden Beschäftigungsbedarfs eine Halbtags- in eine Ganztagsstelle umzuwandeln, ist grundsätzlich eine freie unternehmerische Entscheidung.[234] Ebenso ist der AG grundsätzlich frei, bei sinkendem Beschäftigungsbedarf die Arbeitsabläufe so zu organisieren, dass die in einem bestimmten Bereich verbleibende Arbeitsmenge durch Teilzeit- oder Vollzeitkräfte erledigt wird.[235] Führt eine Reorganisationsmaßnahme zur Umwandlung einer Vollzeit- in zwei Teilzeitstellen, liegt darin eine freie Unternehmerentscheidung, die nur auf Missbrauch überprüft werden kann.[236] Wegen des zum 1.1.2001 in Kraft getretenen TzBfG sieht die Rechtsprechung in Bezug auf den in § 8 TzBfG geregelten Anspruch auf Verringerung der Arbeitszeit einen gewissen Anpassungsbedarf.[237] Insoweit ist daran zu denken, dass der AG plausibel darzulegen hat, dass die Beibehaltung eines Vollzeitarbeitsplatzes zur Aufrechterhaltung einer geordneten Betriebsorganisation oder zur Vermeidung von Störungen im Arbeitsablauf oder der Sicherheit des Betriebs erforderlich ist.[238]

61a **13. Witterungsbedingte Kündigung.** Unterliegt in einem Betrieb der Arbeitsanfall je nach Jahreszeit erheblichen Schwankungen und haben die Tarifvertragsparteien und die Betriebspartner für dieses Problem durch die Festlegung einer flexiblen Jahresarbeitszeit eine Lösung geschaffen, die betriebsbedingte (hier witterungsbedingte) Kündigungen weitgehend vermeiden soll, kann der AG erst dann betriebsbedingt kündigen, wenn er diese Möglichkeiten der flexiblen Arbeitszeitgestaltung ausgenutzt hat und trotzdem noch ein Beschäftigungsüberhang besteht. Haben die AN des Betriebs bei einem derartigen Jahresarbeitszeitmodell in erheblichem Umfang

[228] BAG 21.9.2000 AP Nr. 112 zu § 1 KSchG 1969 Betriebsbedingte Kündigung = NZA 2001, 255.
[229] BAG 20.2.1986 AP Nr. 11 zu § 1 KSchG 1969.
[230] BAG 7.11.1996 AP Nr. 82 zu § 1 KSchG 1969 Betriebsbedingte Kündigung = NZA 1997, 253.
[231] BAG 16.10.2010 AP Nr. 186 zu § 1 KSchG 1969 Betriebsbedingte Kündigung = NZA 2011, 505; 13.2.2008 AP Nr. 174 zu § 1 KSchG 1969 Betriebsbedingte Kündigung = NZA 2008, 819.
[232] BAG 18.5.2006 AP Nr. 157 zu § 1 KSchG 1969 Betriebsbedingte Kündigung.
[233] BAG 24.5.2012 AP Nr. 157 zu § 2 KSchG 1969 = NZA-RR 2013, 74.
[234] Vgl. LAG RhPf 10.5.1988 NZA 1989, 273.
[235] BAG 19.5.1993 AP Nr. 31 zu § 2 KSchG 1969 = NZA 1993, 1075.
[236] BAG 22.4.2004 AP Nr. 74 zu § 2 KSchG 1969 = NZA 2004, 1158.
[237] BAG 18.2.2003 AP Nr. 2 zu § 8 TzBfG = NZA 2003, 1392; dazu *Bayreuther* DB 2004, 1726.
[238] Vgl. LKB/*Krause* KSchG § 1 Rn. 848; *Rost* ArbGegw. 39 (2002), 83 (100).

Guthabenstunden angespart, hat der AG bei schlechter Beschäftigungslage die Guthabenstunden aller AN abzubauen, ehe er einzelnen AN betriebsbedingt kündigt und den im Betrieb verbleibenden AN bei voller Weiterbeschäftigung für ihre Guthabenstunden möglicherweise sogar eine finanzielle Abgeltung zahlt.[239]

14. Kündigung auf Verlangen des Betriebsrats. Verlangt der BR die „Entlassung" eines AN gem. § 104 S. 1 BetrVG, ist dies auf eine Beendigung des Arbeitsverhältnisses des betroffenen AN gerichtet. Dem kann der AG durch eine ordentliche Kündigung oder den Abschluss eines Aufhebungsvertrags nachkommen. Der BR kann indes nicht die fristlose Kündigung des AN verlangen.[240] Kommt der AG dem Verlangen nicht nach, kann der BR sein Verlangen in einem Beschlussverfahren nach § 104 S. 2 BetrVG durchsetzen. Darin ist allein zu prüfen, ob die Voraussetzungen für ein berechtigtes Verlangen des BR gem. § 104 S. 1 BetrVG vorliegen. Für die Berechtigung des Verlangens auf Entlassung eines AN kommt es nicht darauf an, ob eine Kündigung nach den Grundsätzen des § 1 II KSchG aus Gründen im Verhalten oder in der Person des AN sozial gerechtfertigt bzw. ob im Falle der ordentlichen Unkündbarkeit des AN ein wichtiger Grund iSd § 626 I BGB gegeben wäre. Die Bestimmung normiert vielmehr selbst abschließend die Voraussetzungen für ein berechtigtes Verlangen. Wird das Verlangen des BR auf Entlassung eines AN vom Arbeitsgericht als berechtigt anerkannt, begründet dies ein dringendes betriebliches Erfordernis iSd § 1 II 1 KSchG. Ist der AN ordentlich unkündbar, liegt in dem als berechtigt anerkannten Verlangen ein wichtiger Grund iSd § 626 I BGB für eine außerordentliche Kündigung mit – notwendiger – Auslauffrist. Der AG genügt einer Verpflichtung zur Entlassung des AN gem. § 104 S. 2 BetrVG, wenn er zeitnah nach Rechtskraft der im Beschlussverfahren ergangenen Entscheidung eine Beendigung des Arbeitsverhältnisses bewirkt. **61b**

III. Abfindungsanspruch (§ 1a KSchG)

1. Überblick. Nach § 1a KSchG kann der AN bei betriebsbedingter Kündigung vom AG mit dem Ablauf der Kündigungsfrist eine Abfindung verlangen, wenn er nicht innerhalb der Dreiwochenfrist des § 4 KSchG Kündigungsschutzklage erhebt und der AG in der Kündigungserklärung darauf hinweist, dass die Kündigung auf dringende betriebliche Erfordernisse gestützt wird und der AN bei Verstreichenlassen der Klagefrist eine Abfindung beanspruchen kann. In diesem Fall beträgt die Abfindung gem. § 1a II KSchG 0,5 Monatsverdienste für jedes Jahr des Bestehens des Arbeitsverhältnisses, wobei bei der Ermittlung der Dauer des Arbeitsverhältnisses ein Zeitraum von mehr als sechs Monaten auf ein volles Jahr aufzurunden ist. Das Gesetz regelt damit in § 1a I KSchG die Voraussetzungen des Abfindungsanspruchs und in Abs. 2 dieser Vorschrift dessen Höhe. Die in § 1a KSchG geregelte Abfindung entspricht ihrem Charakter nach einer einzelvertraglich zwischen AG und AN für die Hinnahme der Kündigung vereinbarten Abfindung.[241] § 1a KSchG schließt andere Abfindungsvereinbarungen der Arbeitsvertragsparteien im Zusammenhang mit einer betriebsbedingten Kündigung nicht aus. Der AG ist nicht gehindert, Hinweise nach § 1a I 2 KSchG zu unterlassen und dem AN stattdessen einen beliebigen Betrag als Abfindung in Aussicht zu stellen, falls er eine Klage gegen die ausgesprochene Kündigung nicht erhebt. Ebenso wenig ist ausgeschlossen, dass der AG lediglich deklaratorisch auf kollektivrechtliche Bestimmungen verweist, aus denen ein Abfindungsanspruch bei Verlust des Arbeitsplatzes folge. Maßgeblich für die entsprechende Beurteilung sind die Erklärungen des AG.[242] Enthält das Kündigungsschreiben einen vollständigen Hinweis nach § 1a I 2 KSchG, spricht dies für einen eigenständigen Anspruch des AN aus § 1a II KSchG. In diesem Fall scheidet eine Anrechnung der in einem Sozialplan normativ geregelten Abfindung auf den durch den Hinweis nach § 1a I KSchG begründeten Abfindungsanspruch aus, wenn nicht der Sozialplan eine gesondert geregelte Anrechnungsmöglichkeit vorsieht.[243] **62**

2. Betriebsbedingte Kündigung. § 1a KSchG gilt für ordentliche betriebsbedingte Kündigungen. Die Vorschrift ist aber wegen der vergleichbaren Interessenlage auf außerordentliche betriebsbedingte Kündigungen unkündbarer AN mit Auslauffrist entsprechend anwendbar.[244] § 1a KSchG findet des Weiteren auf eine aus dringenden betrieblichen Gründen ausgesprochene **63**

---

[239] BAG 8.11.2007 EzA Nr. 157 zu § 1 KSchG Betriebsbedingte Kündigung.
[240] Hierzu und zum Folgenden BAG 28.3.2017 AP Nr. 2 zu § 104 BetrVG 1972 = NZA 2017, 985.
[241] BAG 16.12.2010 DB 2011, 766.
[242] BAG 19.6.2007 AP Nr. 4 zu § 1a KSchG 1969 = NZA 2007, 1357.
[243] BAG 19.7.2016 AP Nr. 11 zu § 1a KSchG 1969 = NZA 2017, 121.
[244] MüKoBGB/*Hergenröder* KSchG § 1a Rn. 9; *Preis* DB 2004, 70 (73); *Willemsen/Annuß* NJW 2004, 177 (182).

Änderungskündigung Anwendung, soweit diese wegen Nichtannahme oder vorbehaltloser Ablehnung des Änderungsangebots zur Beendigung des Arbeitsverhältnisses führt.[245]

64 **3. Hinweis des Arbeitgebers.** Nach § 1a I KSchG setzt der Anspruch auf Zahlung einer Abfindung voraus, dass die Hinweise auf die zur Rechtfertigung der Kündigung angeführten dringenden betrieblichen Erfordernisse und auf das Verstreichenlassen der Klagefrist nach § 4 S. 1 KSchG erfolgen. Die für die Berechnung des Anspruchs maßgebliche Vorschrift des § 1a II KSchG muss nicht ausdrücklich erwähnt werden.[246] Die Rechtsnatur des Hinweises ist im Schrifttum äußerst umstritten.[247] Dabei gibt es zwei Grundpositionen, die sich wiederum weiter im Detail unterscheiden. Nach einer Auffassung handelt es sich bei § 1a KSchG um einen gesetzlich begründeten Anspruch, der durch Verstreichenlassen der Klagefrist entsteht.[248] Richtigerweise handelt es sich bei dem Hinweis um eine rechtsgeschäftliche Erklärung. Der Hinweis enthält das Angebot des AG auf Zahlung einer Abfindung, das vom AN durch Verstreichenlassen der Klagefrist gem. § 151 BGB angenommen wird. Das Untätigbleiben des AN hat hier von Gesetzes wegen rechtsgeschäftlichen Charakter.[249] Die Abfindungsvereinbarung kommt deshalb unabhängig davon zustande, ob der AN das Abfindungsangebot des AG kannte.[250]

64a **4. Entstehen des Anspruchs.** Der Abfindungsanspruch nach § 1a I 1 KSchG entsteht erst mit dem Ablauf der Kündigungsfrist, denn der AN „hat" den Abfindungsanspruch unter den im Gesetz genannten weiteren Voraussetzungen „mit dem Ablauf der Kündigungsfrist".[251]

65 **5. Klagerücknahme.** Der Abfindungsanspruch entsteht nicht, wenn der AN fristgerecht Kündigungsschutzklage erhebt.[252] Nimmt der AN eine zunächst erhobene Kündigungsschutzklage zurück, gilt die Klage zwar gem. § 269 III ZPO als nicht anhängig geworden. Gleichwohl besteht in diesem Fall kein Abfindungsanspruch nach § 1a KSchG, weil es nach dieser Vorschrift auf die tatsächlichen Umstände und nicht die gesetzlich fingierte Rechtslage ankommt. Dies entspricht auch dem Zweck des Gesetzes. Der AG bietet dem AN eine Abfindung dafür an, dass er es ihm erspart, sich mit der Kündigungsschutzklage auseinanderzusetzen.[253] Aus diesen Gründen besteht ferner kein Abfindungsanspruch, wenn der AN einen Antrag auf nachträgliche Zulassung der Kündigungsschutzklage nach § 5 KSchG stellt[254] oder dies nur deswegen unterbleibt, weil der AN der Auffassung ist, die Klagefrist sei gewahrt. In beiden Fällen beruft sich der AN aus Sicht des AG auf die Sozialwidrigkeit der Kündigung und akzeptiert die Abfindung nicht.[255] Entsprechendes gilt, wenn der AN eine Klage nach § 6 KSchG erhebt.[256]

66 **6. Rechtsfolgen. a) Entstehen und Fälligkeit.** Der Abfindungsanspruch entsteht nach dem Wortlaut des Gesetzes mit Ablauf der Kündigungsfrist (→ Rn. 64a) und ist zu diesem Zeitpunkt auch fällig. Kündigt der AG mit zu kurzer Frist, entsteht der Anspruch mit Ablauf der zutreffenden Kündigungsfrist.[257] Verstirbt der AN vor Ablauf der Kündigungsfrist oder endet das Arbeitsverhältnis zuvor durch eine außerordentliche Kündigung, entsteht kein Abfindungsanspruch.[258]

67 **b) Abfindungshöhe.** Die Höhe der Abfindung beträgt nach § 1a II KSchG 0,5 Monatsverdienste für jedes Jahr des Bestehens des Arbeitsverhältnisses. Bei der Ermittlung der Dauer des Arbeitsverhältnisses ist ein Zeitraum von mehr als sechs Monaten auf ein volles Jahr aufzurunden.

---

[245] BAG 13.12.2007 AP Nr. 5 zu § 1a KSchG 1969 = NZA 2008, 528.
[246] BAG 13.12.2007 AP Nr. 6 zu § 1a KSchG 1969.
[247] Eingehend dazu KR/*Spilger* KSchG § 1a Rn. 34 ff.
[248] Vgl. *Grobys* DB 2003, 2174; *Willemsen/Annuß* NJW 2004, 177 (182).
[249] Ebenso iErg ErfK/*Oetker* KSchG § 1a Rn. 8; *Biebl,* Das neue Kündigungs- und Befristungsrecht, Rn. 45; *Düwell* ZTR 2004, 130 (132); *Giesen/Besgen* NJW 2004, 185 (186 f.); SPV Kündigung/*Preis* Rn. 1173; aA *Grobys* DB 2003, 2174; *Willemsen/Annuß* NJW 2004, 177 (182).
[250] Ebenso *Düwell* ZTR 2004, 130 (132).
[251] BAG 10.5.2007 AP Nr. 3 zu § 1a KSchG 1969 = NZA 2007, 1043.
[252] BAG 13.12.2007 AP Nr. 7 zu § 1a KSchG 1969 = NZA 2008, 696.
[253] Ebenso *Giesen/Besgen* NJW 2004, 185 (188); *Preis* DB 2004, 70 (74); KR/*Spilger* KSchG § 1a Rn. 79; *Willemsen/Annuß* NJW 2004, 177 (182).
[254] BAG 19.2.2009 AP Nr. 38 zu § 9 MuSchG 1968 = NZA 2009, 980; 13.12.2007 AP Nr. 7 zu § 1a KSchG 1969 = NZA 2008, 696.
[255] BAG 20.8.2009 AP Nr. 9 zu § 1a KSchG 1969 = NZA 2009, 1197.
[256] Ebenso *Preis* DB 2004, 70 (74); *Willemsen/Annuß* NJW 2004, 177 (183); *Wolff* BB 2004, 378 (380); aA zu § 5 KSchG: KR/*Spilger* KSchG § 1a Rn. 76.
[257] *Bauer/Krieger* NZA 2004, 77; KR/*Spilger* KSchG § 1a Rn. 88.
[258] BAG 10.5.2007 AP Nr. 3 zu § 1a KSchG 1969 = NZA 2007, 1043; *Raab* RdA 2005, 1 (10); KR/*Spilger* KSchG § 1a Rn. 86.

Die Abfindungshöhe richtet sich nach § 10 III KSchG. Maßgeblich ist damit der Bruttoarbeitsverdienst in dem Monat, in dem das Arbeitsverhältnis endet. Zu berücksichtigen sind dabei auch Sachbezüge, wie zB der geldwerte Vorteil eines privat genutzten Dienstwagens. Ein dreizehntes Monatsgehalt ist anteilig einzubeziehen.

c) Steuer und Sozialversicherung. Die Abfindung nach § 1a KSchG ist einkommensteuer- 68
rechtlich nach §§ 34, 24 Nr. 1 EStG zu behandeln (→ § 122 Rn. 43). Geht der AG nach § 1a KSchG vor und gab es keine entsprechenden Vorabsprachen, hat dies unter Berücksichtigung der neueren Rechtsprechung des BSG zum Abwicklungsvertrag keine Sperrzeit nach § 159 I Nr. 1 SGB III zur Folge (dazu → § 23 Rn. 50 ff.).[259]

d) Vererblichkeit. Der Abfindungsanspruch ist nach seinem Entstehen vererblich.[260] Die 69
Erben können deshalb dann nicht vom AG die Zahlung der Abfindung verlangen, wenn der Erblasser vor Ablauf der Kündigungsfrist verstorben ist.[261]

e) Andere Abfindungsvereinbarungen. § 1a KSchG schließt andere Abfindungsvereinba- 70
rungen nicht aus. Das betrifft zum einen Abfindungsansprüche aus Sozialplänen (→ Rn. 62) und zum anderen einzelvertragliche Zusagen. Will der AG die gesetzliche Folge des § 1a II KSchG vermeiden, muss er allerdings deutlich machen, dass er sich gerade nicht nach § 1a I KSchG binden will. Ob die Angabe eines bezifferten Betrags bloß der Information dient oder rechtsgeschäftlichen Charakter hat, ist durch Auslegung zu ermitteln.[262] Nach Auffassung des BAG spricht für ein von § 1a KSchG abweichendes Angebot bereits eine deutlich niedrigere als die gesetzlich vorgesehene Abfindung (hier: nur rund die Hälfte der sich aus § 1a II 1 KSchG ergebenden Höhe).[263] Der Anspruch entsteht dagegen auch dann im gesetzlichen Umfang, wenn der AG mit den Hinweisen nach § 1a I 2 KSchG zwar die Angabe eines zu niedrigen Betrags verbindet, aber zugleich zu verstehen gibt, er wolle eine Abfindung in der gesetzlich vorgesehenen Höhe zahlen.[264] Unterbreitet er außerhalb des Anwendungsbereichs von § 1a KSchG ein Angebot mit einer niedrigeren als der gesetzlich vorgesehenen Abfindung, liegt hierin das Angebot auf Abschluss eines Abwicklungsvertrags, das nach den allgemeinen Regeln der Rechtsgeschäftslehre zu behandeln ist.

§ 135. Soziale Auswahl bei betriebsbedingter Kündigung

Übersicht

[259] *B. Schmidt* Sozialversicherungsrecht in der arbeitsrechtlichen Praxis, 4. Aufl. 2018, Rn. 302 f.; Küttner Personalbuch 2021/*Voelzke* „Abfindung" Rn. 88.
[260] MüKoBGB/*Hergenröder* KSchG § 1a Rn. 21.
[261] BAG 10.5.2007 AP Nr. 3 zu § 1a KSchG 1969 = NZA 2007, 1043.
[262] BAG 16.12.2010 DB 2011, 766; 10.7.2008 AP Nr. 8 zu § 1a KSchG 1969 = NZA 2008, 1292; 13.12.2007 AP Nr. 6 zu § 1a KSchG 1969; 19.7.2007 AP Nr. 4 zu § 1a KSchG 1969 = NZA 2007, 1357; *Biebl,* Das neue Kündigungs- und Befristungsrecht, Rn. 56; *Grobys* DB 2003, 2174 (2176); *Thüsing/Stelljes* BB 2003, 1673 (1677); *Preis* DB 2004, 70 (73).
[263] BAG 10.7.2008 AP Nr. 8 zu § 1a KSchG 1969 = NZA 2008, 1292.
[264] BAG 19.7.2007 AP Nr. 4 zu § 1a KSchG 1969 = NZA 2007, 1357; *Preis* DB 2004, 70 (73); ähnlich *Meinel* DB 2003, 1438 (1439).

I. Überblick

1 **1. Zweck der sozialen Auswahl.** Nach § 1 III 1 KSchG ist eine aus dringenden betrieblichen Erfordernissen erfolgte Kündigung sozial ungerechtfertigt, wenn der AG bei der Auswahl des AN soziale Gesichtspunkte nicht oder nicht ausreichend berücksichtigt hat. Die soziale Auswahl dient der personellen Konkretisierung der zur Kündigung führenden dringenden betrieblichen Erfordernisse des § 1 II 1 KSchG. Da bei betriebsbedingten Kündigungen der Kündigungsgrund in der Sphäre des AG liegt, ist es nicht gerechtfertigt, in jedem Fall den AN zu kündigen, dessen konkreter Arbeitsplatz weggefallen ist. Nach der gesetzgeberischen Wertung des § 1 III KSchG hat der AG vielmehr den AN zu ermitteln, den die Kündigung relativ am wenigsten hart trifft.[1] Dies gilt auch für die außerordentliche betriebsbedingte Kündigung tariflich unkündbarer AN.[2] Eine Sozialauswahl ist auch bei einer etappenweise erfolgenden Betriebsstilllegung vorzunehmen.[3] Entschließt sich dagegen der AG, den Betrieb bzw. Betriebsteil „schnellstmöglich" stillzulegen und allen AN zum Ablauf der jeweils für sie geltenden Kündigungsfristen zu kündigen, hat er keine Sozialauswahl durchzuführen.[4] Bei personen- und verhaltensbedingten Kündigungen ist gleichfalls keine Sozialauswahl vorzunehmen.[5] Die Regelungen zur Sozialauswahl können weder durch einzelvertragliche noch durch kollektivrechtliche Vereinbarung abbedungen werden, auch nicht zugunsten einzelner AN. Eine solche Regelung würde sich zulasten anderer AN auswirken. § 1 III KSchG steht aber solchen Verschlechterungen der kündigungsrechtlichen Position eines AN nicht entgegen, die sich aus einer zulässigen vertraglichen Gestaltung von Arbeitsbedingungen mit anderen AN ergeben, solange die betreffende Vertragsgestaltung nicht rechtsmissbräuchlich ist und allein Vorteile bei der Sozialauswahl bezweckt.[6]

2 **2. Prüfungsfolge.** Die soziale Auswahl wird von der Rechtsprechung in **drei Schritten** überprüft. **(1)** Zunächst ist festzustellen, welche AN in die soziale Auswahl einzubeziehen sind (→ Rn. 3 ff.); **(2)** in einem zweiten Schritt sind für die betroffenen AN die im Gesetz genannten Sozialdaten festzustellen und zu gewichten (→ Rn. 21 ff.); **(3)** abschließend ist zu prüfen, welche AN aus den in § 1 III 2 KSchG genannten Gründen unberücksichtigt bleiben (→ Rn. 33 ff.). Maßgebend sind die Verhältnisse zum Zeitpunkt des Zugangs der Kündigung.[7]

II. Vergleichbare Arbeitnehmer

3 **1. Betriebsbezug. a) Grundsätze.** In die soziale Auswahl sind zunächst alle AN des Betriebs einzubeziehen, in dem dringende betriebliche Erfordernisse zum Wegfall von Beschäftigungsmöglichkeiten geführt haben.[8] Hat der Betrieb mehrere **Betriebsstätten oder Filialen,** sind grundsätzlich alle dort beschäftigten AN in die Sozialauswahl einzubeziehen.[9] Es erfolgt weder eine Beschränkung auf eine Betriebsabteilung noch eine auf einen Betriebs-

[1] BAG 27.4.2017 AP Nr. 100 zu § 1 KSchG 1969 Soziale Auswahl = NZA 2017, 902.
[2] BAG 5.2.1998 AP Nr. 143 zu § 626 BGB = NZA 1998, 771.
[3] BAG 20.1.1994 AP Nr. 8 zu § 1 KSchG 1969 Konzern = NZA 1994, 653.
[4] BAG 7.7.2005 AP Nr. 136 zu § 1 KSchG 1969 Betriebsbedingte Kündigung = NZA 2006, 1361.
[5] BAG 23.9.1992 EzA Nr. 37 zu § 1 KSchG Krankheit.
[6] BAG 20.6.2013 NZA 2013, 837.
[7] BAG 24.3.1983 AP Nr. 12 zu § 1 KSchG 1969 Betriebsbedingte Kündigung.
[8] BAG 20.6.2013 NZA 2013, 837; 7.7.2011 AP Nr. 26 zu § 1 KSchG 1969 Wartezeit; zur Einbeziehung ins Ausland vorübergehend entsandter AN *Monz* BB 2014 250.
[9] BAG 21.6.1995 AP Nr. 16 zu § 1 BetrVG 1972.

teil.[10] Das gilt auch dann, wenn einzelne Betriebsstätten desselben Betriebs räumlich weit voneinander entfernt liegen. Auch ein Hauptbetrieb und eine räumlich weit entfernte Betriebsstätte iSv§ 4 I 1 Nr. 1 BetrVG können einen Betrieb iSd § 23 KSchG bilden. Diese Bestimmung differenziert nicht zwischen Betrieben und räumlich entfernten Betriebsteilen, die als selbständige Betriebe im Sinne des BetrVG gelten. Eine mögliche betriebsverfassungsrechtliche Eigenständigkeit einzelner Betriebsteile steht einer betriebsteilübergreifenden Sozialauswahl nicht im Wege.[11] Fallen infolge der Stilllegung eines wesentlichen Betriebsteils Beschäftigungsmöglichkeiten weg, kann dies deshalb dazu führen, dass statt des Arbeitsverhältnisses eines dort beschäftigten AN dasjenige eines Mitarbeiters, der in einem anderen, nicht stillgelegten Teil des Betriebs tätig ist, gekündigt werden muss, weil dieser Mitarbeiter nach arbeitsplatzbezogenen Kriterien mit einem in dem stillgelegten Betriebsteil beschäftigten AN vergleichbar und sozial weniger schutzbedürftig ist.[12] Die Sozialauswahl erstreckt sich andererseits **nicht auf andere Betriebe des Unternehmens oder Konzerns.**[13] Das gilt selbst dann, wenn dem AG ein betriebsübergreifendes Versetzungsrecht zukommt.[14] Auch bei einer Ausweitung des Direktionsrechts des AG auf alle Betriebe des Unternehmens ist die Sozialauswahl grundsätzlich nicht unternehmensbezogen. Würde man die Sozialauswahl ganz oder teilweise auf den Unternehmensbereich ausdehnen, würde dies notwendigerweise zu Austauschkündigungen führen. Besteht in einem der Betriebe eines Unternehmens ein dringendes betriebliches Erfordernis, die Personalstärke an den gesunkenen Arbeitsanfall anzupassen, kann dies grundsätzlich nur die Kündigung gegenüber AN dieses Betriebs sozial rechtfertigen. Dafür, im Wege der Sozialauswahl für die zur Kündigung anstehenden AN in einem anderen Betrieb des Unternehmens Arbeitsplätze freizukündigen, besteht kein dringendes, auf deren Beschäftigungsbetrieb bezogenes Erfordernis, das eine Kündigung nach § 1 II 1 KSchG sozial rechtfertigen könnte.[15]

b) Gemeinschaftsbetrieb. Nur wenn mehrere Unternehmen einen Gemeinschaftsbetrieb 4
unterhalten (dazu → § 17 Rn. 5), ist die Sozialauswahl nach § 1 III KSchG betriebsübergreifend durchzuführen.[16] Dies gilt allerdings nicht, wenn der Gemeinschaftsbetrieb im Zeitpunkt der Kündigung nicht mehr besteht. Ist im Zeitpunkt der Kündigung einer von mehreren Betrieben, die einen Gemeinschaftsbetrieb gebildet haben, stillgelegt, sind damit die Arbeitgeberfunktionen im Bereich der sozialen und personellen Angelegenheiten sowie die unternehmerischen Funktionen im Bereich der wirtschaftlichen Angelegenheiten dem vormals einheitlichen Leitungsapparat der beteiligten Unternehmen entzogen. Der Gemeinschaftsbetrieb ist aufgelöst und damit die „gemeinsame Klammer", die eine unternehmensübergreifende Sozialauswahl begründet hätte, entfallen.[17] Gleiches gilt, wenn im Zeitpunkt der Kündigung der eine der beiden Betriebe zwar noch nicht stillgelegt ist, aufgrund einer unternehmerischen Entscheidung, die bereits greifbare Formen angenommen hat, aber feststeht, dass er bei Ablauf der Kündigungsfrist des AN stillgelegt sein wird.[18] Eine Weiterbeschäftigung des AN in dem Gemeinschaftsbetrieb kommt dann nicht mehr in Betracht. Wird nämlich mit der Stilllegung des einen Betriebs auch die gemeinsame Leitungsstruktur beseitigt, besteht ab dem Stilllegungszeitpunkt nur noch ein Betrieb fort. Der Inhaber des stillzulegenden Betriebs kann dann wegen der nicht mehr vorhandenen gemeinsamen Leitungsebene eine Weiterbeschäftigung seiner AN in dem fortgeführten Betrieb des anderen Unternehmers rechtlich nicht mehr durchzusetzen.[19]

---

[10] Vgl. BAG 31.5.2007 AP Nr. 94 zu § 1 KSchG 1969 Soziale Auswahl = NZA 2008, 33; 5.5.1994 AP Nr. 23 zu § 1 KSchG 1969 Soziale Auswahl = NZA 1994, 1023.

[11] BAG 31.5.2007 AP Nr. 94 zu § 1 KSchG 1969 Soziale Auswahl = NZA 2008, 33; 3.6.2004 AP Nr. 141 zu § 102 BetrVG 1972 = NZA 2005, 175.

[12] BAG 5.6.2014 AP Nr. 9 zu § 626 BGB Unkündbarkeit.

[13] BAG 15.12.1994 AP Nr. 66 zu § 1 KSchG 1969 Betriebsbedingte Kündigung = NZA 1995, 413; 27.11.1991 AP Nr. 6 zu § 1 KSchG 1969 Konzern = NZA 1992, 644.

[14] BAG 27.6.2019 AP Nr. 78 zu § 15 KSchG 1969 = NZA 2019, 1427; 22.10.2015 AP Nr. 210 zu § 1 KSchG 1969 Betriebsbedingte Kündigung = NZA 2016, 33; 31.5.2007 AP Nr. 94 zu § 1 KSchG 1969 Soziale Auswahl = NZA 2008, 33.

[15] BAG 15.12.2005 AP Nr. 76 zu § 1 KSchG 1969 Soziale Auswahl = NZA 2006, 590; 2.6.2005 AP Nr. 73 zu § 1 KSchG 1969 Soziale Auswahl = NZA 2005, 1175.

[16] BAG 27.6.2019 AP Nr. 78 zu § 15 KSchG 1969 = NZA 2019, 1427; 29.11.2007 AP Nr. 95 zu § 1 KSchG 1969 Soziale Auswahl; 24.2.2005 AP Nr. 4 zu § 1 KSchG 1969 Gemeinschaftsbetrieb = NZA 2005, 867.

[17] BAG 14.8.2007 AP Nr. 325 zu § 613a BGB = NZA 2007, 1431; 24.2.2005 AP Nr. 4 zu § 1 KSchG 1969 Gemeinschaftsbetrieb = NZA 2005, 867.

[18] BAG 21.5.2008 NZA 2008, 753; 24.2.2005 AP Nr. 4 zu § 1 KSchG 1969 Gemeinschaftsbetrieb = NZA 2005, 867.

[19] BAG 18.9.2003 AP Nr. 14 zu § 17 KSchG 1969 = NZA 2004, 375; 27.11.2003 AP Nr. 64 zu § 1 KSchG 1969 Soziale Auswahl = NZA 2004, 477.

5 **c) Öffentlicher Dienst.** Dem „Betrieb" im Bereich der privaten Wirtschaft entspricht in der Regel die **„Dienststelle"** im Bereich des öffentlichen Dienstes. Maßgeblich im Rahmen von § 1 KSchG ist grundsätzlich der personalvertretungsrechtliche Dienststellenbegriff.[20] Bei den **Stationierungsstreitkräften** sind gem. Art. 56 IX NTS-ZA iVm Abs. 1 des Unterzeichnungsprotokolls zu Art. 56 IX NTS-ZA Dienststellen die einzelnen Verwaltungsstellen und Betriebe einer Truppe und eines zivilen Gefolges nach näherer Bestimmung durch die betreffende Truppe selbst.[21]

6 **2. Spaltung und Teilübertragung.** Die Spaltung oder Teilübertragung nach §§ 123 ff. bzw. 174 ff. UmwG kann gem. § 323 I UmwG zu einer unternehmensübergreifenden Sozialauswahl führen, wenn die Kündigung als unmittelbare Folge der Spaltung oder Teilübertragung erfolgt.[22] Nachfolgende Entwicklungen werden von § 323 I UmwG nicht erfasst und können sich durchaus nachteilig für den AN auswirken. Wird etwa ein abgespaltener Betrieb von dem neuen Rechtsträger später stillgelegt, ist eine Kündigung aufgrund der Stilllegung möglich. Wird von den an einer Spaltung oder Teilübertragung beteiligten Unternehmen ein Betrieb gemeinsam weitergeführt, gilt dieser gem. § 322 UmwG als Betrieb im Sinne des KSchG. Das hat zur Folge, dass bei betriebsbedingten Kündigungen alle vergleichbaren AN des Betriebs in die soziale Auswahl einzubeziehen sind, mögen sie auch bei verschiedenen Unternehmen beschäftigt sein.[23] Das Erfordernis einer Sozialauswahl besteht des Weiteren, wenn sich der AG einerseits zu einer **Teilbetriebsstilllegung** und andererseits einem Betriebsteilübergang entschließt. Bei einer betriebsbedingten Kündigung eines AN des stillzulegenden Betriebsteils sind bei der Sozialauswahl auch diejenigen vergleichbaren AN zu berücksichtigen, die zur Zeit der Kündigung dem später zu übertragenden Betriebsteil angehören.[24]

7 **3. Horizontale Vergleichbarkeit.** Der zur Sozialauswahl durchzuführende Vergleich erstreckt sich nur auf dieselbe Ebene der Betriebshierarchie (sog. horizontale Vergleichbarkeit).[25] Die Vergleichbarkeit ist nicht mehr gegeben, wenn eine Weiterbeschäftigung des AN nur zu schlechteren Arbeitsbedingungen möglich ist. Der AG ist nach § 1 III 1 KSchG nicht verpflichtet, einem sozial schutzwürdigeren AN eine Weiterbeschäftigung zu geänderten (ungünstigeren) Bedingungen anzubieten, um für ihn durch Kündigung eines anderen sozial schlechter gestellten AN, mit dem der Gekündigte erst durch die Vertragsänderung vergleichbar wird, eine Beschäftigungsmöglichkeit zu schaffen.[26] Die Annahme einer vertikalen Vergleichbarkeit würde letztlich zu einem „Veränderungswettbewerb nach unten"[27] führen, bei dem der Zusammenhang zwischen dem dringenden betrieblichen Erfordernis nach § 1 II 1 KSchG und der mit § 1 III KSchG bezweckten personellen Konkretisierung der betrieblichen Gründe verloren ginge.

8 **4. Weisungsrecht. a) Grundsatz.** An einer Vergleichbarkeit fehlt es, wenn der AG den AN nicht einseitig im Rahmen des Direktionsrechts (§ 106 GewO; dazu → § 45 Rn. 13 ff.) auf einen anderen Arbeitsplatz umsetzen oder versetzen kann.[28] Die Vergleichbarkeit kann in einem solchen Fall nicht dadurch herbeigeführt werden, dass der Arbeitsvertrag eines von einem betrieblichen Ereignis betroffenen AN anlässlich der im Zusammenhang mit der Kündigung durchzuführenden Sozialauswahl einvernehmlich oder im Wege der Änderungskündigung entsprechend abgeändert wird.[29] Kann ein AN nach dem Arbeitsvertrag nur innerhalb eines bestimmten Arbeitsbereichs versetzt werden, ist bei einer wegen Wegfalls dieses Arbeitsbereichs erforderlichen betriebsbedingten Kündigung keine Sozialauswahl unter Einbeziehung der nach der ausgeübten Tätigkeit vergleichbaren AN anderer Arbeitsbereiche vorzunehmen.[30] Ist zB im

---

[20] BAG 22.10.2015 AP Nr. 210 zu § 1 KSchG 1969 Betriebsbedingte Kündigung = NZA 2016, 33.
[21] BAG 26.1.2017 AP Nr. 212 zu § 1 KSchG 1969 Betriebsbedingte Kündigung = NZA 2017, 1199; 25.10.2012 AP Nr. 197 zu § 1 KSchG 1969 Betriebsbedingte Kündigung = NZA-RR 2013, 632.
[22] BAG 22.9.2005 AP Nr. 1 zu § 323 UmwG = NZA 2006, 658.
[23] APS/*Kiel* KSchG § 1 Rn. 600.
[24] BAG 14.3.2013 AP Nr. 199 zu § 1 KSchG 1969 Betriebsbedingte Kündigung.
[25] BAG 18.10.2000 AP Nr. 39 zu § 9 KSchG 1969 = NZA 2001, 437; 7.4.1993 AP Nr. 22 zu § 1 KSchG 1969 Soziale Auswahl = NZA 1993, 795.
[26] BAG 29.3.1990 AP Nr. 50 zu § 1 KSchG 1969 Betriebsbedingte Kündigung = NZA 1991, 181.
[27] LSSW/*Schlünder* KSchG § 1 Rn. 436.
[28] BAG 20.6.2013 NZA 2013, 837; 10.6.2010 AP Nr. 98 zu § 1 KSchG 1969 Soziale Auswahl = NZA 2010, 1352; 31.5.2007 AP Nr. 94 zu § 1 KSchG 1969 Soziale Auswahl = NZA 2008, 33.
[29] BAG 31.5.2007 AP Nr. 94 zu § 1 KSchG 1969 Soziale Auswahl = NZA 2008, 33; 18.10.2006 AP Nr. 163 zu § 1 KSchG 1969 Betriebsbedingte Kündigung = NZA 2007, 798.
[30] BAG 15.8.2002 AP Nr. 241 zu § 613a BGB = NZA 2003, 430; 17.2.2000 AP Nr. 46 zu § 1 KSchG 1969 Soziale Auswahl = NZA 2000, 822.

Arbeitsvertrag vereinbart, dass eine AN als Layouterin/Redakteurin einer bestimmten Zeitschrift eines großen Verlagshauses tätig werden soll, sind in die soziale Auswahl nicht die Redakteure und Layouter anderer Zeitschriftenredaktionen dieses Verlags einzubeziehen, auch wenn sie tätigkeitsbezogen vergleichbar wären. Würde die Frage der Vergleichbarkeit der AN an die erklärte Bereitschaft des AN geknüpft, die mit dem Einsatz auf dem anderweitig besetzten Arbeitsplatz bewirkte Vertragsänderung hinzunehmen, berücksichtigte das nicht hinreichend, dass der AN durch die Eingrenzung seiner Arbeitspflicht im bestehenden Arbeitsverhältnis ein Vorteil erlangt und durch eine erneute Vertragsänderung, die erst im Zusammenhang mit der Kündigung vorgenommen wird, Rechte Dritter berührt werden. Damit dürfte eine Sozialauswahl auch dann ausscheiden, wenn zwar das Weisungsrecht es dem AG erlaubt, dem vom Verlust seines Arbeitsplatzes betroffenen AN einen anderen Arbeitsplatz zuzuweisen, der BR jedoch der Versetzung nach § 99 III BetrVG widerspricht.[31]

b) Einzelfälle. Eine Einschränkung des auswahlrelevanten Personenkreises hat die Recht- 9
sprechung **beispielsweise** angenommen, als einer AN zunächst unter Abänderung ihres Arbeitsvertrags die Leitung einer kleinen **Gaststätte in einem Sanatorium** übertragen wurde und der AG später wegen der Schließung der Gaststätte betriebsbedingt kündigte. In diesem Fall waren die ehemals vergleichbaren, ohne Leitungsfunktion in anderen Arbeitsbereichen beschäftigten AN nicht in die soziale Auswahl einzubeziehen.[32] Kann die **Redakteurin eines großen Verlagshauses** nach ihrem Arbeitsvertrag nur innerhalb der Redaktion der von ihr betreuten Zeitschrift eingesetzt werden, ist bei einer nach Einstellung der Zeitschrift erforderlichen betriebsbedingten Kündigung keine Sozialauswahl unter Einbeziehung der vom Tätigkeitsfeld vergleichbaren AN anderer Redaktionen durchzuführen.[33] Ist der AN nach seinem Arbeitsvertrag nur für **Tätigkeiten in einem bestimmten Betriebsteil** eingestellt worden, beschränkt sich sein Beschäftigungsanspruch nur auf diesen Betriebsteil. Die Sozialauswahl bleibt auf den betroffenen Betriebsteil beschränkt bzw. entfällt ganz, wenn der Betriebsteil stillgelegt wird.[34] Ist ein AN bei einer Beschäftigungsförderungsgesellschaft als **„Ausbilder im Bereich Bürokaufleute"** angestellt, ist er mit einem „Ausbilder für die Groß- und Außenhandelskaufleute" nicht vergleichbar.[35] Einer Vergleichbarkeit kann auch die einzelvertraglich vereinbarte unterschiedliche **Lage der Arbeitszeit** entgegenstehen (Schichtbetrieb mit Sonntags- und Feiertagsarbeit einerseits und allgemeine Bürozeiten andererseits).[36] Im **öffentlichen Dienst** ist zu berücksichtigen, dass der AG dem AN im Rahmen seines Direktionsrechts nur solche Tätigkeiten zuweisen kann, die dessen Fähigkeiten und Kräfte einerseits und den Merkmalen seiner im Arbeitsvertrag genannten Vergütungsgruppe andererseits entsprechen. Die im Arbeitsvertrag genannte Vergütungsgruppe schließt daher grundsätzlich die Vergleichbarkeit zwischen AN unterschiedlicher Vergütungsgruppen aus.[37] Anderes gilt im Falle eines Bewährungsaufstiegs, weil dann die höhere Vergütung nicht auf einer anderen Tätigkeit beruht.[38] Hat sich die Arbeitspflicht des AN auf bestimmte Tätigkeiten **konkretisiert** (→ § 45 Rn. 16) und kann der AG dem AN deshalb nicht mehr im Wege des Direktionsrechts andere Aufgaben zuweisen, führt dies nicht zu einer Einschränkung des Kreises der vergleichbaren AN. Anderenfalls hätte das schutzwürdige Vertrauen des AN, das Grundlage der Konkretisierung ist, eine Verschlechterung des Kündigungsschutzes zur Folge. Dies würde nicht nur dem Schutzzweck des § 1 III KSchG widersprechen, sondern auch den in § 242 BGB verankerten Vertrauensschutzgrundsätzen zuwider laufen.[39]

c) Versetzungsklausel. Probleme ergeben sich, wenn der Arbeitsvertrag neben der konkret 10
bezeichneten Tätigkeit eine allgemeine Versetzungsklausel enthält, wonach der AN verpflichtet ist, andere Tätigkeiten zu verrichten (→ § 45 Rn. 59).[40] Hierdurch würde das Weisungsrecht des AG erweitert, wenn diese Klausel so auszulegen wäre, dass sie auch dauerhafte Versetzungen

[31] LSSW/*Schlünder* KSchG § 1 Rn. 433; ErfK/*Oetker* KSchG § 1 Rn. 326; abw. *Bütefisch,* Soziale Auswahl, 2000, 191.
[32] Vgl. BAG 17.9.1998 AP Nr. 36 zu § 1 KSchG 1969 Soziale Auswahl = NZA 1998, 1332.
[33] Vgl. BAG 17.2.2000 AP Nr. 46 zu § 1 KSchG 1969 Soziale Auswahl = NZA 2000, 822.
[34] BAG 3.6.2004 AP Nr. 141 zu § 102 BetrVG 1972 = NZA 2005, 175.
[35] BAG 2.6.2005 AP Nr. 75 zu § 1 KSchG 1969 Soziale Auswahl = NZA 2005, 315.
[36] BAG 24.5.2005 NZA 2006, 31.
[37] BAG 2.2.2006 AP Nr. 142 zu § 1 KSchG 1969 Betriebsbedingte Kündigung; 23.11.2004 AP Nr. 70 zu § 1 KSchG 1969 Soziale Auswahl = NZA 2005, 986.
[38] BAG 2.3.2006 AP Nr. 80 zu § 1 KSchG 1969 Soziale Auswahl = NZA 2006, 1350.
[39] BAG 3.6.2004 AP Nr. 141 zu § 102 BetrVG 1972 = NZA 2005, 175; APS/*Kiel* KSchG § 1 Rn. 613.
[40] Dazu BAG 11.4.2006 AP Nr. 17 zu § 307 BGB = NZA 2005, 1149; 9.5.2006 AP Nr. 21 zu § 307 BGB = NZA 2007, 145; *Dzida/Schramm* BB 2007, 1221.

auf geringerwertige Arbeitsplätze erfasst. Dies hätte für die Sozialauswahl zur Konsequenz, dass weitere AN in die Auswahl einzubeziehen wären. Eine Beschränkung auf AN, die Tätigkeiten verrichten, die der arbeitsvertraglich vereinbarten des gekündigten AN entsprechen, käme nicht mehr in Betracht. Befindet sich eine solche weit gefasste Versetzungsklausel in einem **vorformulierten Arbeitsvertrag,** unterliegt sie der Inhaltskontrolle nach §§ 305 ff. BGB (dazu → § 45 Rn. 59). Hält die Klausel der Inhaltskontrolle nicht stand,[41] ist fraglich, ob sich im Kündigungsfall der AG hierauf berufen kann.[42] Der AN wird hieran kein Interesse haben, weil die Klausel in diesem Fall – anders als im bestehenden Arbeitsverhältnis – für ihn wegen der Ausweitung des Kreises der vergleichbaren AN günstig ist. Grundsätzlich kann sich zwar der Verwender von AGB nicht auf die Unwirksamkeit einer von ihm gestellten Klausel berufen (dazu → § 35 Rn. 66).[43] Hier ist jedoch zu beachten, dass die Frage der Wirksamkeit oder Unwirksamkeit der Versetzungsklausel nicht nur das Verhältnis des AG zu einem AN betrifft, sondern davon über die Sozialauswahl auch die Rechtsstellung anderer AN berührt wird. Dies hat zur Folge, dass die Klausel nur einheitlich behandelt werden kann, wenn sie in den Prozess eingeführt worden ist. Kommt man zur Unwirksamkeit der Klausel, beschränkt sich die Sozialauswahl auf die AN, die Tätigkeiten ausüben, die der im Arbeitsvertrag konkret bestimmten Arbeitsaufgabe des gekündigten AN entsprechen. Nach Auffassung des BAG verstößt es gegen das Verbot widersprüchlichen Verhaltens, wenn sich der AG als Verwender einer unwirksamen Klausel im bestehenden Arbeitsverhältnis wiederholt auf diese Klausel berufen hat und dann deren Unwirksamkeit geltend macht, um darzulegen, der AN könne sich auf diese – unwirksame – Klausel nicht stützen.[44]

11 **5. Arbeitsplatzbezogene Austauschbarkeit.** Die Austauschbarkeit richtet sich in erster Linie nach arbeitsplatzbezogenen Merkmalen. Dies gilt nicht nur bei einer Identität der Arbeitsplätze, sondern auch dann, wenn der AN aufgrund seiner Tätigkeit und Ausbildung eine andersartige, aber gleichwertige Tätigkeit ausführen kann.[45] Der AN, dessen Arbeitsplatz weggefallen ist, muss persönlich und fachlich in der Lage sein, nach einer angemessenen Einarbeitungszeit die Aufgaben eines anderen AN auszuführen.[46] Es geht darum, ob der unmittelbar kündigungsbedrohte AN den fortbestehenden Arbeitsplatz desjenigen AN übernehmen kann, dessen Arbeitsplatz nicht weggefallen ist.[47] Dabei ist auf objektive und subjektive Merkmale abzustellen.[48] Objektive Merkmale sind die Berufsausbildung sowie die im Laufe der Tätigkeit erworbenen Kenntnisse und Erfahrungen. Das Vorliegen eines Berufsabschlusses ist für die Vergleichbarkeit der AN untereinander nur maßgeblich, wenn der fehlende Berufsabschluss einer Austauschbarkeit des betreffenden AN mit einem AN mit Berufsabschluss auch tatsächlich oder vertraglich entgegensteht. Werden nach dem Organisationskonzept des AG AN mit und ohne abgeschlossene Berufsausbildung für die gleiche Tätigkeit eingesetzt, sind sie regelmäßig auch miteinander vergleichbar.[49] Der tariflichen Eingruppierung kann bei einfachen Tätigkeiten ein gewisser Indizwert zukommen.[50]

12 **6. Einarbeitungszeiten.** Gewisse Einarbeitungszeiten sind dem AN einzuräumen, um Routinevorsprünge des Stelleninhabers ausgleichen zu können.[51] Erforderlich ist jedoch eine alsbaldige Substituierbarkeit, die längere Einarbeitungszeiten ausschließt. Das BAG hat eine Einarbeitungszeit von drei Monaten zur Aneignung der erforderlichen CAD- und PC-Kenntnisse als zu lang angesehen.[52] Eine Austauschbarkeit ist ausgeschlossen, wenn die betriebliche Spezialisierung und die aktuellen besonderen Umstände einen solchen Grad erreicht haben, dass ein Einsatz der

[41] Dazu BAG 9.5.2006 AP Nr. 21 zu § 307 BGB = NZA 2007, 145.
[42] Vgl. dazu *Gehlhaar* NJW 2010, 2550.
[43] BGH 4.12.1997 BB 1998, 915.
[44] BAG 3.4.2008 AP Nr. 17 zu § 1 KSchG 1969 Namensliste = NZA 2008, 1060.
[45] BAG 20.6.2013 NZA 2013, 837; 22.3.2012 AP Nr. 99 zu § 1 KSchG 1969 Soziale Auswahl = NZA 2012, 1040.
[46] BAG 5.6.2008 AP Nr. 179 zu § 1 KSchG 1969 Betriebsbedingte Kündigung = NZA 2008, 1120; 2.6.2005 AP Nr. 75 zu § 1 KSchG 1969 Soziale Auswahl = NZA 2006, 207.
[47] BAG 23.10.2008 AP Nr. 18 zu § 1 KSchG 1969 Namensliste.
[48] BAG 5.5.1994 AP Nr. 23 zu § 1 KSchG 1969 Soziale Auswahl = NZA 1994, 1023; 7.2.1985 AP Nr. 9 zu § 1 KSchG 1969 Soziale Auswahl = NZA 1986, 260.
[49] BAG 6.7.2007 NZA 2007, 139.
[50] BAG 10.6.2010 AP Nr. 98 zu § 1 KSchG 1969 Soziale Auswahl = NZA 2010, 1352; 12.3.2009 AP Nr. 97 zu § 1 KSchG 1969 Soziale Auswahl = NZA 2009, 1023.
[51] SPV Kündigung/*Preis* Rn. 1044.
[52] BAG 5.5.1994 AP Nr. 23 zu § 1 KSchG 1969 Soziale Auswahl = NZA 1994, 1023.

zu kündigenden AN auf dem Arbeitsplatz des „Spezialisten“ auch nach einer angemessenen Einarbeitungsfrist nicht möglich ist. Dafür ist es nach Auffassung des BAG noch nicht ausreichend, dass der AN nur einen bestimmten, insbesondere untergeordneten Arbeitsvorgang nicht ausüben kann. Sein Arbeitseinsatz müsse vielmehr insgesamt nicht mehr – wirtschaftlich – erfolgen können.[53] Der Vergleichbarkeit von AN stehen **gesundheitliche Leistungsmängel** grundsätzlich nicht entgegen. Diese sind allerdings im Rahmen von § 1 III 2 KSchG zu berücksichtigen (→ Rn. 33).[54]

7. Leiharbeitnehmer. Beabsichtigt der Verleiher in seinem Betrieb betriebsbedingte Kündigungen auszusprechen, hat er jedenfalls dann, wenn die Austauschbarkeit im Einsatz befindlicher AN im Verhältnis zum Entleiher weder vertraglich noch nach Treu und Glauben ausgeschlossen ist, auch die dort beschäftigten AN, die nach sonstigen arbeitsplatzbezogenen Kriterien mit anderen beim Verleiher angestellten AN vergleichbar sind, in die Sozialauswahl einzubeziehen.[55] 13

III. Sonderfälle

1. Kurzzeitig Beschäftigte. In die soziale Auswahl sind grundsätzlich nur AN einzubeziehen, die länger als sechs Monate beschäftigt sind. Bei kürzerer Betriebszugehörigkeit besteht nach § 1 I KSchG noch kein Kündigungsschutz. Eine Ausnahme gilt dann, wenn die Voraussetzungen des § 1 III 2 KSchG vorliegen.[56] Aus diesem Grund sind in Kleinbetrieben mit mehr als fünf, aber nicht mehr als zehn AN iSv § 23 I KSchG bei einer Kündigung eines AN, der nach der Übergangsregelung noch Kündigungsschutz genießt (→ § 130 Rn. 10 ff.), die gem. § 23 I 3 KSchG nach dem 31.12.2003 eingestellten AN grundsätzlich, dh wenn nicht die Voraussetzungen des § 1 III 2 KSchG vorliegen, nicht in die Sozialauswahl einzubeziehen, solange in dem Betrieb nicht mehr als zehn AN iSv § 23 I 4 KSchG beschäftigt sind.[57] 14

2. Gesetzlicher Ausschluss der ordentlichen Kündigung. Nicht in die soziale Auswahl einbezogen werden AN, deren ordentliche Kündigung gesetzlich ausgeschlossen ist, wie etwa Betriebsrats-[58] oder Personalratsmitglieder.[59] Ist die ordentliche Kündigung nicht ausgeschlossen, sondern – wie bei § 17 MuSchG, § 18 BEEG, § 168 SGB IX, § 5 PflegeZG – von der Zustimmung der zuständigen Behörde abhängig, ist der AG nach hM nicht gehalten, die Zustimmung zur Kündigung einzuholen.[60] Fehlt die Zustimmung der Behörde, ist die Kündigung ausgeschlossen; die betreffenden AN sind dann nicht in die Sozialauswahl einzubeziehen. 15

3. Tariflich unkündbare Arbeitnehmer. Umstritten ist, ob bei einem Wegfall des Beschäftigungsbedarfs für ordentlich kündbare AN auch tariflich unkündbare AN in die Sozialauswahl einzubeziehen sind.[61] Die Diskussion hat sich beispielhaft an der Unkündbarkeitsregelung des § 4.4 MTV der Metallindustrie Südwürttemberg-Hohenzollern entzündet. Nach dieser Bestimmung sind AN nach Vollendung des 53. Lebensjahres und einer Betriebszugehörigkeit von mindestens drei Jahren nur noch aus wichtigem Grund kündbar. Die uneingeschränkte Anwendung dieser Vorschrift hätte zur Folge, dass ein 52 jähriger AN mit einer Betriebszugehörigkeit von 30 Jahren und vier unterhaltsberechtigten Kindern vor einem gerade 53 jährigen ledigen AN mit nur drei Jahren Betriebszugehörigkeit betriebsbedingt zu kündigen wäre. Die Herausnahme der tariflich geschützten AN aus der sozialen Auswahl kann daher zu Ergebnissen führen, die dem Sinn des § 1 III KSchG klar entgegenstehen.[62] Mit § 10 Nr. 7 AGG in der ursprünglich geltenden Fassung hatte der Gesetzgeber den Streit über die rechtliche Behandlung tariflicher Unkündbar- 16

[53] BAG 5.6.2008 AP Nr. 179 zu § 1 KSchG 1969 Betriebsbedingte Kündigung = NZA 2008, 1120.
[54] Vgl. LKB/*Krause* KSchG § 1 Rn. 902; SPV Kündigung/*Preis* Rn. 1038; aA APS/*Kiel* KSchG § 1 Rn. 609.
[55] BAG 20.6.2013 NZA 2013, 837; dazu *Fuhlrott/Fabritius* NZA 2014, 122.
[56] BAG 25.4.1985 AP Nr. 7 zu § 1 KSchG 1969 Soziale Auswahl = NZA 1986, 64.
[57] Ebenso wohl *Preis* DB 2004, 70 (78); *Willemsen/Annuß* NJW 2004, 177 (184).
[58] BAG 17.6.1999 AP Nr. 103 zu § 1 KSchG 1969 Betriebsbedingte Kündigung = NZA 1999, 1157.
[59] BAG 18.11.1999 AP Nr. 55 zu § 2 KSchG 1969 = NZA 2000, 484.
[60] HaKo-KSchR/*Zimmermann* KSchG § 1 Rn. 848; MüKoBGB/*Hergenröder* KSchG § 1 Rn. 419; APS/*Kiel* KSchG § 1 Rn. 623; ErfK/*Oetker* KSchG § 1 Rn. 310.
[61] Gegen eine Einbeziehung u.a.: LAG Bbg 29.10.1998 NZA-RR 1999, 360; SPV Kündigung/*Preis* Rn. 1065; *Weller* RdA 1986, 222 (230); diff. KR/*Rachor* KSchG § 1 Rn. 723.
[62] Ebenso ArbG Cottbus 17.5.2000 EzA Nr. 44 zu § 1 KSchG Soziale Auswahl; *Gaul* NZA 1992, 673 (675); LSSW/*Schlünder* KSchG § 1 Rn. 442; ErfK/*Oetker* KSchG § 1 Rn. 312; *Oetker* FS Wiese, 1998, 333 (341 f.); *Pauly* AuR 1997, 97; *Säcker/Oetker*, Grundlagen und Grenzen der Tarifautonomie, 1992, 186 ff.; diff. APS/*Kiel* KSchG § 1 Rn. 625 ff.

keitsregelungen sachgerecht entschieden. Danach konnte eine unterschiedliche Behandlung wegen des Alters die individual- oder kollektivrechtliche Vereinbarung der Unkündbarkeit von Beschäftigten eines bestimmten Alters und einer bestimmten Betriebszugehörigkeit einschließen, soweit dadurch nicht der Kündigungsschutz anderer Beschäftigter im Rahmen der Sozialauswahl nach § 1 III KSchG grob fehlerhaft gemindert wurde.

17 Nach der durch das Zweite Gesetz zur Änderung des Betriebsrentengesetzes vom 2.12.2006 (BGBl. I 2742) erfolgten Streichung des § 10 Nr. 7 AGG ist § 1 III KSchG im Lichte der Richtlinie 2000/78/EG **unionsrechtskonform auszulegen.** Das BAG geht inzwischen davon aus, dass die Berücksichtigung des höheren Lebensalters zugunsten der Betroffenen bei der Sozialauswahl nicht generell gegen das Verbot der Benachteiligung jüngerer AN wegen ihres Alters verstößt (→ Rn. 23). Der tarifliche Ausschluss ordentlicher Kündigungen für ältere AN ist allerdings dann nicht mehr durch ein legitimes Ziel iSv § 10 S. 1 AGG, Art. 6 RL 2000/78/EG gedeckt, wenn er zu einem grob fehlerhaften Auswahlergebnis führt.[63] Dieser Maßstab orientiert sich an dem Spielraum, den der Gesetzgeber den Sozialpartnern in § 1 IV KSchG einräumt. Auch wenn Unkündbarkeitsbestimmungen unmittelbar nur das Verhältnis zwischen dem AG und dem einzelnen AN regeln, kommen sie in ihrer Wirkung doch zumindest faktisch Auswahlrichtlinien gleich. Im Wege einer gesetzeskonformen einschränkenden Tarifauslegung gelangt das BAG zu dem zutreffenden Ergebnis, dass die von der Tarifnorm erfassten AN aus dem Kreis der vergleichbaren AN nicht ausgeschlossen sind, wenn die Unkündbarkeitsregelung ein grob fehlerhaftes Auswahlergebnis herbeiführen würde.

18 **4. Betriebsübergang.** Kündigt bei einem beabsichtigten Betriebsübergang der bisherige AG vor Abschluss des Übernahmevertrags AN aus betriebsbedingten Gründen, sind nur die AN des zu veräußernden Betriebs in die soziale Auswahl einzubeziehen.[64] Gleiches gilt bei einer betriebsbedingten Kündigung durch den bisherigen AG nach Abschluss, aber vor Inkrafttreten des Übernahmevertrags nach § 613a BGB.[65] Maßgeblich sind die Verhältnisse im Zeitpunkt des Zugangs der Kündigung.[66] Kündigt bei einem Teilbetriebsübergang der Veräußerer, ist eine auf den gesamten Betrieb, einschließlich des später übergehenden Betriebsteils, bezogene Sozialauswahl durchzuführen, wenn der Veräußerer vor dem Wirksamwerden des Übernahmevertrags kündigt.[67] Wird nach vollzogenem Betriebsübergang der übernommene Betrieb getrennt von anderen Betrieben des Übernehmerunternehmens fortgeführt, ergibt sich bereits aus der Betriebsbezogenheit der Sozialauswahl, dass der neue AG nur unter den AN des übernommenen Betriebs eine Sozialauswahl vorzunehmen hat.[68] Anders ist die Rechtslage, wenn der übernommene Betrieb oder Betriebsteil in einen anderen Betrieb des übernehmenden Unternehmens eingegliedert wird. In diesem Fall sind bei einer betriebsbedingten Kündigung des Übernehmers alle vergleichbaren AN des Übernehmerbetriebs in die Sozialauswahl einzubeziehen, weil anderenfalls der Grundsatz der Betriebsbezogenheit der sozialen Auswahl durchbrochen würde.[69]

19 **Widerspricht ein AN** gem. § 613a VI BGB dem Übergang seines Arbeitsverhältnisses auf den Erwerber, geht das Arbeitsverhältnis nicht auf den Übernehmer über, sondern besteht mit dem bisherigen AG fort (→ § 118 Rn. 55).[70] Sofern für den widersprechenden AN in dem nicht übergegangenen Betriebsteil jedoch keine Beschäftigungsmöglichkeiten mehr bestehen, kann der AG das Arbeitsverhältnis betriebsbedingt kündigen. Der Widerspruch des AN gegen den Betriebsübergang kann bei der Auswahlentscheidung nicht zum Nachteil des Widersprechenden berücksichtigt werden. Das Gesetz benennt in § 1 III 1 KSchG vier Auswahlgesichtspunkte, denen der Widerspruch gegen einen Betriebsübergang nicht zugeordnet werden kann. Diese Auflistung der Auswahlgesichtspunkte ist abschließend (→ Rn. 21). Des Weiteren ist zu beachten, dass das Widerspruchsrecht des AN in § 613a VI BGB gesetzlich verankert ist und der AN wegen der

---

63 Dazu und zum Folgenden BAG 20.6.2013 AP Nr. 3 zu § 626 BGB Unkündbarkeit = NZA 2014, 208; dazu *Schindler/Künzl* ZTR 2014, 395; *Sprenger* BB 2014, 1781.

64 BAG 26.5.1983 AP Nr. 34 zu § 613a BGB; KR/*Rachor* KSchG § 1 Rn. 656.

65 Ebenso iErg *Hanau* DJT-Gutachten, S. E 40; *Henckel* ZGR 1984, 225 (234); *Vossen* BB 1984, 1557 (1560); aA *Bütefisch*, Soziale Auswahl, 2000, 99 f.; *Hilger* ZGR 1984, 258 (260); *Loritz* RdA 1987, 65 (84).

66 Abw. *Annuß/Stamer* NZA 2003, 1247 (1249), die bei einer Kündigung nach dem Erwerberkonzept auf den Kündigungstermin abstellen; hierzu auch *Schmädicke* NZA 2014, 515.

67 BAG 28.10.2004 AP Nr. 69 zu § 1 KSchG 1969 Soziale Auswahl = NZA 2005, 285; *v. Hoyningen-Huene* RdA 2006, 44.

68 Ebenso iErg APS/*Kiel* KSchG § 1 Rn. 605.

69 MüKoBGB/*Hergenröder* KSchG § 1 Rn. 407; APS/*Kiel* KSchG § 1 Rn. 605; ErfK/*Oetker* KSchG § 1 Rn. 316.

70 ErfK/*Preis* BGB § 613a Rn. 105.

Ausübung des Widerrufsrechts gem. § 612a BGB nicht gemaßregelt werden darf.[71] Allerdings sind Fälle denkbar, in denen durch den Widerspruch etwa einer größeren Anzahl von AN gegen einen Betriebsübergang und der in ihrer Folge vom AG durchzuführenden Sozialauswahl tiefgreifende Umorganisationen notwendig werden, die zu schweren betrieblichen Ablaufstörungen führen können, so dass nach § 1 III 2 KSchG Teile der vom Betriebsteilübergang nicht betroffenen AN aus diesem Grund nicht in die Sozialauswahl einzubeziehen sein können.[72]

5. Teilzeitbeschäftigte. Umstritten ist, ob bei der Kündigung von Teilzeitbeschäftigten Vollzeitbeschäftigte oder bei der Kündigung von Vollzeitbeschäftigten Teilzeitbeschäftigte in die soziale Auswahl einzubeziehen sind. Das BAG geht von folgenden Rechtsgrundsätzen aus: Hat der AG die Organisationsentscheidung getroffen, bestimmte Tätigkeiten nur durch Vollzeitkräfte ausführen zu lassen, ist diese Unternehmerentscheidung nur darauf zu überprüfen, ob sie offensichtlich unsachlich, unvernünftig oder willkürlich ist. Ist das nicht der Fall und liegt eine bindende Unternehmerentscheidung vor, sind bei der Kündigung einer Teilzeitkraft die Vollzeitbeschäftigten nicht in die soziale Auswahl einzubeziehen. Will der AG dagegen lediglich die Zahl der insgesamt geleisteten Stunden abbauen, ohne dass eine Organisationsentscheidung vorliegt, bestimmte Arbeiten nur durch Vollzeit- oder Teilzeitkräfte erledigen zu lassen, sind alle mit diesen Arbeiten beschäftigten AN ohne Rücksicht auf ihr Arbeitszeitvolumen in die Sozialauswahl einzubeziehen.[73] Dieselben Rechtsgrundsätze gelten auch im öffentlichen Dienst[74] und für die soziale Auswahl zwischen Teilzeitbeschäftigten mit unterschiedlichen Arbeitszeiten.[75] Das Unionsrecht steht dem ebenso wenig entgegen[76] wie Regelungen des TzBfG.[77] Im Hinblick auf die in § 8 IV TzBfG genannten betrieblichen Gründe, die einem geltend gemachten Anspruch auf Verringerung der Arbeitszeit entgegengehalten werden können (→ § 43 Rn. 70 ff.), hat der AG ein von plausiblen technischen, wirtschaftlichen oder organisatorischen Gründen getragenes Organisationskonzept darzulegen, wenn er die Arbeitszeitdauer verändern will.[78] Dieses Organisationskonzept des AG ist bindend und unterliegt keiner Zweckmäßigkeitskontrolle. 20

IV. Auswahlgesichtspunkte

1. Abschließende Regelung. In § 1 III 1 KSchG sind die Auswahlgesichtspunkte nach dem Wortlaut des Gesetzes abschließend aufgeführt.[79] Die Regelung enthält keine Öffnungsklausel für die Berücksichtigung weiterer Gesichtspunkte. Dem entspricht auch der mit der Neuregelung verfolgte Zweck, mehr Rechtssicherheit zu schaffen.[80] Soweit es in der Begründung des Regierungsentwurfs heißt, weitere Gesichtspunkte seien nur zu berücksichtigen, wenn dies nach den betrieblichen Gegebenheiten evident einsichtig sei,[81] haben diese Erwägungen der Gesetzgebung im Wortlaut des Gesetzes keinen Niederschlag gefunden. Sie sind deshalb für die Gesetzesauslegung unbeachtlich, zumal sie mit dem übergeordneten Ziel der Neuregelung, Rechtssicherheit und Rechtsklarheit zu schaffen, nicht vereinbar sind.[82] 21

2. Die einzelnen Auswahlgesichtspunkte. a) Betriebszugehörigkeit. Die Dauer der Betriebszugehörigkeit ist ein betriebsbezogenes Sozialdatum von erheblichem Gewicht. Es verleiht dem AN besonderen Schutz, weil mit zunehmender Betriebszugehörigkeit im Allgemeinen auch der Beitrag wächst, den der AN zum Wert des Unternehmens leistet. Außerdem nimmt typischerweise die persönliche Bindung zu, die etwa in einer arbeitsplatzbezogenen 22

[71] *Gaul* NZA 2005, 730 (733).
[72] BAG 31.5.2007 AP Nr. 94 zu § 1 KSchG 1969 Soziale Auswahl = NZA 2008, 33.
[73] BAG 7.12.2006 AP Nr. 88 zu § 1 KSchG 1969 Soziale Auswahl = NZA-RR 2007, 460; 3.12.1998 AP Nr. 39 zu § 1 KSchG 1969 Soziale Auswahl = NZA 1999, 431.
[74] BAG 12.8.1999 AP Nr. 44 zu § 1 KSchG 1969 Soziale Auswahl = NZA 2000, 30.
[75] BAG 15.7.2004 AP Nr. 68 zu § 1 KSchG Soziale Auswahl = NZA 2005, 523.
[76] EuGH 26.9.2000 AP Nr. 51 zu § 1 KSchG 1969 Soziale Auswahl = NZA 2000, 1155 – Bärbel Kachelmann.
[77] Ebenso *Preis/Gotthardt* DB 2000, 2065 (2068); wohl auch *Rost* JbArbR 39 (2002), 83 (100).
[78] BAG 7.12.2006 AP Nr. 88 zu § 1 KSchG 1969 Soziale Auswahl = NZA-RR 2007, 460; weiterführend MüKoBGB/*Hergenröder* KSchG § 1 Rn. 414; APS/*Kiel* KSchG § 1 Rn. 616; *Meinel/Heyn/Herms* TzBfG § 8 Rn. 52; *Rost* JbArbR 39 (2001), 83 (100); ähnlich *Preis/Gotthardt* DB 2000, 2065 (2068).
[79] BAG 31.5.2007 AP Nr. 94 zu § 1 KSchG 1969 Soziale Auswahl = NZA 2008, 33.
[80] Vgl. BT-Drs. 15/1204, 11.
[81] BT-Drs. 15/1204, 11.
[82] Ebenso *Löwisch* BB 2004, 154.

Wahl des Wohnorts zum Ausdruck kommen kann.[83] Für die Berechnung der Dauer der Betriebszugehörigkeit ist die Beschäftigung bei demselben AG entscheidend, auch wenn sie in verschiedenen Betrieben stattfand. Denn mit einer nicht allein an den Betrieb anknüpfenden, sondern arbeitgeberbezogenen Bindung sind wirtschaftliche und soziale Wirkungen verbunden. Insoweit sind die Grundsätze heranzuziehen, die die Bemessung der Wartezeit nach § 1 I KSchG bestimmen. Zeiten eines früheren Arbeitsverhältnisses mit demselben AG sind anzurechnen, wenn das neue Arbeitsverhältnis in engem zeitlichen und sachlichen Zusammenhang mit dem früheren steht. Zu berücksichtigen sind weiterhin – ebenso wie bei § 1 I KSchG – Berufsausbildungszeiten sowie gem. § 613a I 1 BGB Beschäftigungszeiten vor einem Betriebsübergang beim Veräußerer.[84] Zeiten, in denen das Arbeitsverhältnis geruht hat, zählen ebenfalls zur Betriebszugehörigkeit. Dies folgte für Wehrdienstzeiten aus § 6 II ArbPlSchG. Auch die Elternzeit nach dem BEEG gehört zur Betriebszugehörigkeit.[85] Die vertragliche Anerkennung früherer Beschäftigungszeiten oder von Zeiten der Beschäftigung bei anderen (zB konzernangehörigen) Unternehmen darf nicht rechtsmissbräuchlich sein und nur die Umgehung der Sozialauswahl bezwecken. Ein sachlicher Grund hierfür besteht, wenn der Berücksichtigung früherer Beschäftigungszeiten ein arbeitsgerichtlicher Vergleich wegen eines streitigen Betriebsübergangs zugrunde liegt.[86]

23 **b) Lebensalter.** Die Berücksichtigung des Lebensalters bei der Sozialauswahl ist rein tatsächlich ambivalent. Zum einen ist zu berücksichtigen, dass mit zunehmendem Alter die soziale Schutzwürdigkeit steigt, weil sich die Chancen auf dem Arbeitsmarkt verschlechtern und es älteren Menschen zunehmend schwerfällt, sich beruflich zu verändern. Andererseits darf nicht außer Acht gelassen werden, dass jüngere Menschen mit Familie in besonderem Maße auf das Erwerbseinkommen angewiesen sind und wegen der familiären Bindung ihrerseits auch nicht uneingeschränkt räumlich flexibel sind. Weiter ist zu beachten, dass ältere Menschen häufig nur noch einen überschaubaren Zeitraum bis zum Rentenbezug überbrücken müssen. Die Berücksichtigung des Lebensalters ist auch rechtlich nicht unproblematisch, denn bei der Prüfung der Rechtswirksamkeit der sozialen Auswahl sind die Diskriminierungsverbote des AGG zu beachten. Eine Kündigung kann sozialwidrig sein, weil sie gegen eines der im AGG näher ausgestalteten Diskriminierungsverbote verstößt. Dabei gelangt das BAG in seiner neueren Rechtsprechung jedoch zutreffend zu dem Ergebnis, dass das Lebensalter trotz des Verbots der Altersdiskriminierung als Auswahlkriterium bei der Sozialauswahl berücksichtigt werden darf.[87] Die damit einhergehende Ungleichbehandlung und unmittelbare Benachteiligung jüngerer AN iSv § 3 I AGG ist nach § 10 S. 1 und 2 AGG gerechtfertigt. Der AG verfolgt damit ein legitimes Ziel. Das Mittel zur Erreichung dieses Ziels ist angemessen und erforderlich, weil durch die Berücksichtigung des Lebensalters ältere AN, die typischerweise schlechtere Chancen auf dem Arbeitsmarkt haben, besser geschützt werden und mildere Mittel nicht ersichtlich sind.[88] Die Berücksichtigung des Lebensalters bei der Sozialauswahl soll die Rechtsstellung solcher AN stärken, deren Chancen aufgrund ihres Alters typischerweise schlechter stehen, überhaupt oder doch zeitnah ein dauerhaftes „Ersatzeinkommen" zu erzielen. Zugleich sollen hierdurch die Ausgaben für das Arbeitslosengeld und damit die Beiträge zur Arbeitsförderung gesenkt werden. Deshalb ist ein AN, der bereits Regelaltersrente beziehen kann, deutlich weniger schutzbedürftig als ein AN, der noch keine Altersrente zu beanspruchen hat.[89] Bei der Gewichtung des Auswahlgesichtspunkts Lebensalter kann auch die Rentennähe berücksichtigt werden.[90] Hat ein älterer AN nur noch einen überschaubaren Zeitraum bis zur Regelaltersrente zu überbrücken und würde die Kündi-

---

[83] BAG 6.2.2003 EzA Nr. 51 zu § 1 KSchG Soziale Auswahl = NZA 2003, 1295.

[84] Ebenso APS/*Kiel* KSchG § 1 Rn. 634; *Schiefer* NZA-RR 2002, 169 (178); SPV Kündigung/*Preis* Rn. 1079.

[85] LSSW/*Schlünder* KSchG § 1 Rn. 450; ebenso APS/*Kiel* KSchG § 1 Rn. 634.

[86] BAG 2.6.2005 AP Nr. 75 zu § 1 KSchG 1969 Soziale Auswahl = NZA 2006, 207; ebenso *Künzl* ZTR 1996, 385 (390); *Schröder* ZTR 1995, 394 (400).

[87] BAG 27.4.2017 AP Nr. 100 zu § 1 KSchG 1969 Soziale Auswahl = NZA 2017, 902; 15.12.2011 AP Nr. 21 zu § 1 KSchG 1969 Namensliste = NZA 2012, 1044; 18.3.2010 AP Nr. 184 zu § 1 KSchG 1969 Betriebsbedingte Kündigung = NZA 2010, 1059.

[88] BAG 24.10.2013 AP Nr. 12 zu § 125 InsO = NZA 2014, 46; 27.9.2012 – 2 AZR 520/11; 19.7.2012 AP Nr. 22 zu § 1 KSchG 1969 Namensliste = NZA 2013, 86.

[89] BAG 27.4.2017 AP Nr. 100 zu § 1 KSchG 1969 Soziale Auswahl = NZA 2017, 902.

[90] LAG Nds 23.5.2005 NZA-RR 2005, 584; *Gaul/Bonanni* BB 2008, 218 (222); HWK/*Quecke* KSchG § 1 Rn. 372; wohl auch LSSW/*Schlünder* KSchG § 1 Rn. 451; aA SPV Kündigung/*Preis* Rn. 1098; zu den Folgen der „Rente mit 63 Jahren" *Klösel/Reitz* NZA 2014, 1366.

gung des jüngeren AN die Ausbildungsmöglichkeiten seiner Kinder infrage stellen, dürfte der jüngere insoweit schutzwürdiger sein.[91]

24 **c) Unterhaltspflichten.** Der AG hat weiterhin Unterhaltspflichten der AN zu berücksichtigen. Erheblich sind nur die gesetzlichen Unterhaltspflichten (§§ 1360 ff., 1569 ff., §§ 1601 ff. BGB; §§ 2, 5 LPartG).[92] Es besteht nach geltender Gesetzeslage kein rechtlicher Anknüpfungspunkt dafür, dass ein anderer Mitarbeiter demjenigen AN, der sich zur Pflege eines hilfsbedürftigen Menschen entschlossen hat oder in seinem Haushalt ohne gesetzliche Unterhaltsverpflichtung ein minderjähriges Kind betreut, in der Sozialauswahl nachzustehen hätte.[93] Familienrechtliche Unterhaltspflichten bestehen gegenüber ehelichen wie nichtehelichen oder adoptierten Kindern, dem Ehepartner, dem Lebenspartner, dem geschiedenen Ehegatten und gegenüber den Eltern, wenn diese bedürftig sind. Maßgeblich ist grundsätzlich die tatsächliche Höhe der Unterhaltspflicht,[94] wobei allerdings wegen der nur eingeschränkten Überprüfbarkeit der Auswahlentscheidung (→ Rn. 30 ff.) der konkreten Höhe kaum ausschlaggebende Bedeutung zukommen wird. Da die kinderbezogenen Eintragungen auf der Lohnsteuerkarte nur begrenzt etwas über das Bestehen dieser familienrechtlichen Verhältnisse aussagen,[95] kommt es im Rahmen der Sozialauswahl nicht allein auf die in die Lohnsteuerkarte eingetragenen Daten an, sondern auf die tatsächlich bestehenden Unterhaltspflichten.[96] Allerdings kann der AG nach der Rechtsprechung des BAG auf die ihm bekannten Daten solange vertrauen, wie er keinen Anlass zu der Annahme hat, die Daten könnten nicht zutreffen.[97] Die Verpflichtung zur Gewährung von Familienunterhalt an den mit dem AN in ehelicher Lebensgemeinschaft lebenden Ehegatten § 1360 BGB darf dagegen keinesfalls außer Betracht bleiben.[98]

25 Unberücksichtigt bleiben **nichteheliche Lebensgemeinschaften,** weil hier keine gesetzlichen Unterhaltspflichten bestehen.[99] Eine Ausnahme besteht gem. § 1615l BGB für die Unterhaltspflichten eines AN gegenüber der Mutter seines nichtehelichen Kindes in den ersten drei Lebensjahren des Kindes. Unbeachtlich sind ferner freiwillige Leistungen, beispielweise finanzielle Unterstützung der betagten Eltern, ohne dass hierzu eine rechtliche Verpflichtung besteht. Deshalb sind auch freiwillige Pflegeleistungen moralisch anerkennenswert, im Rahmen der Sozialauswahl jedoch unerheblich, soweit keine gesetzlich anerkannte Pflegebedürftigkeit besteht.

26 Für die Sozialauswahl unerheblich ist, wenn der **Partner einer Bedarfsgemeinschaft** „Arbeitslosengeld II" beantragt und nach § 9 II SGB II das Einkommen des erwerbstätigen Partners bei der Feststellung der Bedürftigkeit berücksichtigt wird. Denn hierdurch knüpft der Gesetzgeber lediglich an einen tatsächlichen Lebenssachverhalt an. Eine rechtliche Unterhaltspflicht wird hierdurch jedoch nicht begründet.

27 Im Rahmen der Unterhaltspflichten kann auch der sog. **Doppelverdienst,** also das Einkommen des Ehepartners zu berücksichtigen sein, da sich hierdurch die Unterhaltslast vermindert.[100] Der AG ist jedoch nicht verpflichtet, diesen Gesichtspunkt zulasten des AN zu berücksichtigen, weil dies dazu führen könnte, dass der AG einen AN nur wegen seiner familiären Bindung kündigen müsste.[101] Dies wäre mit Art. 6 I GG nicht vereinbar.[102]

28 **d) Schwerbehinderung.** Als viertes Kriterium hat der AG die Schwerbehinderung des AN zu berücksichtigen. Hierdurch wird der durch das Zustimmungsverfahren nach §§ 168 ff.

---

[91] Zutr. *Bauer/Lingemann* NZA 1993, 625 (628); iErg auch APS/*Kiel* KSchG § 1 Rn. 642.

[92] BAG 12.8.2010 AP Nr. 147 zu § 2 KSchG 1969 = NZA 2011, 460; ausf. dazu *Kaiser* FS Birk, 2008, 283; *Powietzka* BB 2002, 146.

[93] BAG 12.8.2010 AP Nr. 147 zu § 2 KSchG 1969 = NZA 2011, 460.

[94] BAG 29.1.2015 AP Nr. 162 zu § 2 KSchG 1969 = NZA 2015, 426; APS/*Kiel* KSchG § 1 Rn. 646.

[95] BAG 28.6.2012 AP Nr. 9 zu § 125 InsO = NZA 2012, 1090.

[96] APS/*Kiel* KSchG § 1 Rn. 646; dahin tendierend auch BAG 17.1.2008 AP Nr. 96 zu § 1 KSchG 1969 Soziale Auswahl = NZA-RR 2008, 571 und wohl auch BAG 28.6.2012 AP Nr. 9 zu § 125 InsO = NZA 2012, 1090.

[97] BAG 17.1.2008 AP Nr. 96 zu § 1 KSchG 1969 Soziale Auswahl = NZA-RR 2008, 571; aA *Kaiser* FS Birk, 283 (310).

[98] BAG 28.6.2012 AP Nr. 9 zu § 125 InsO = NZA 2012, 1090.

[99] *Kaiser* FS Birk, 283 (304).

[100] BAG 29.1.2015 AP Nr. 162 zu § 2 KSchG 1969 = NZA 2015, 426; APS/*Kiel* KSchG § 1 Rn. 647; LKB/*Krause* KSchG § 1 Rn. 945; ErfK/*Oetker* KSchG § 1 Rn. 333a sowie bereits *v. Hoyningen-Huene/Linck* DB 1997, 41 (42); aA *Kaiser* FS Birk, 2008, 283 (298).

[101] Vgl. BAG 12.3.2009 AP Nr. 97 zu § 1 KSchG 1969 Soziale Auswahl = NZA 2009, 1023.

[102] BAG 29.1.2015 AP Nr. 162 zu § 2 KSchG 1969 = NZA 2015, 426; 5.12.2002 AP Nr. 59 zu § 1 KSchG 1969 Soziale Auswahl = NZA 2003, 791.

SGB IX bestehende Schutz behinderter Menschen vor Kündigungen ergänzt.[103] Geschützt sind nicht nur die nach § 2 II SGB IX anerkannten Schwerbehinderten mit einem GdB von mindestens 50, sondern auch die nach § 2 III SGB IX Gleichgestellten, weil die Gleichstellung gerade zum Zwecke des Bestandsschutzes erfolgt.[104]

29 **3. Ermittlung der Daten.** Da es für die Sozialauswahl auf die objektiven Umstände ankommt, ist der AG berechtigt, vor Ausspruch der Kündigung die in Betracht kommenden AN nach Unterhaltspflichten und möglicher Schwerbehinderung bzw. Gleichstellung zu befragen.[105] Äußert sich der AN nicht oder nicht vollständig, kann er sich im Prozess nicht auf die nicht mitgeteilten Umstände berufen.[106] Hierin läge eine unzulässige Rechtsausübung. Das gilt auch für die im bestehenden Arbeitsverhältnis vor Ausspruch der Kündigung vom AG gestellte Frage nach einer Schwerbehinderung.[107]

30 **4. Beurteilungsspielraum. a) Grundsätze.** Für die Bewertung der einzelnen im Gesetz genannten Auswahlgesichtspunkte und deren Verhältnis zueinander gibt es keinen allgemeinverbindlichen Maßstab. Das Gesetz sieht deshalb vor, dass der AG die vier Sozialdaten bei der Auswahlentscheidung „ausreichend" berücksichtigen muss. Der AG braucht grundsätzlich nicht die „bestmögliche" Sozialauswahl vorzunehmen.[108] Ebenso wenig ist entscheidend, ob das Arbeitsgericht diese Auswahl getroffen hätte, wenn es eigenverantwortlich die sozialen Erwägungen hätte anstellen und die entsprechenden sozialen Grunddaten hätte gewichten müssen.[109] Der dem AG vom Gesetz eingeräumte Wertungsspielraum führt dazu, dass nur deutlich schutzwürdigere AN mit Erfolg die Fehlerhaftigkeit der sozialen Auswahl rügen können.[110] Daher können sich mehrere Entscheidungen als rechtlich zutreffend iSv § 1 III 1 KSchG erweisen.[111] Bei der Prüfung der „ausreichenden" Berücksichtigung sozialer Gesichtspunkte im Rahmen der Auswahl des zu kündigenden AN besitzt das Berufungsgericht wegen der damit verbundenen Würdigung von Tatsachen einen Beurteilungsspielraum, so dass seine Entscheidung in der Revisionsinstanz nur beschränkt überprüfbar ist.[112]

31 **b) Einzelfragen.** Die Gewichtung der Auswahlgesichtspunkte ist in der Rechtsprechung der vergangenen 40 Jahre recht uneinheitlich erfolgt. Zunächst hat das BAG dem Lebensalter primäre Bedeutung beigemessen.[113] Später hat es der Betriebszugehörigkeit vor dem Lebensalter und den Unterhaltspflichten Vorrang eingeräumt.[114] Diese Aussage ist dann dahingehend abgeschwächt worden, dass dem Alter und der Betriebszugehörigkeit gegenüber den Unterhaltsverpflichtungen kein genereller Vorrang zukomme.[115] Darin zeigt sich, dass die Gewichtung der Sozialdaten von den arbeitsmarktpolitischen und wirtschaftlichen Entwicklungen abhängig ist.[116] Heute geht das BAG zu Recht davon aus, dass keinem der Auswahlgesichtspunkte ein absoluter Vorrang zukommt.[117] Es ist es weder möglich noch angezeigt, dem AG hinsichtlich der Gewichtung der gesetzlichen Kriterien abstrakte Vorgaben zu machen. Weder der Gesetzeswortlaut noch die Gesetzesbegründung lassen konkrete Anhaltspunkte dafür erkennen, wie die Sozialdaten zu gewichten sind. In der Gesetzesbegründung ist allein ausgeführt, den drei Grunddaten Betriebszugehörigkeit, Lebensalter und Unterhaltspflichten komme weiterhin gleiches Gewicht zu.[118] Damit wird freilich deutlich, dass das Merkmal Schwerbehinderung eine nur nachrangige

[103] Dazu *Düwell* DB 2003, 1574.
[104] Ebenso APS/*Kiel* KSchG § 1 Rn. 651; *Löwisch* BB 2004, 154.
[105] APS/*Kiel* KSchG § 1 Rn. 656.
[106] IErg ebenso HaKo-KSchR/*Zimmermann* KSchG § 1 Rn. 872; *Kaiser* FS Birk, 2008, 283 (310 f.); APS/*Kiel* KSchG § 1 Rn. 657.
[107] LAG Hamm 30.6.2010 – 2 Sa 49/10.
[108] BAG 29.1.2015 AP Nr. 162 zu § 2 KSchG 1969 = NZA 2015, 426; 20.6.2013 NZA 2013, 837.
[109] BAG 7.7.2011 AP Nr. 26 zu § 1 KSchG 1969 Wartezeit.
[110] BAG 29.1.2015 AP Nr. 162 zu § 2 KSchG 1969 = NZA 2015, 426; 20.6.2013 NZA 2013, 837; 31.5.2007 AP Nr. 94 zu § 1 KSchG 1969 Soziale Auswahl = NZA 2008, 33.
[111] BAG 9.11.2006 DB 2007, 1087; 2.6.2005 AP Nr. 75 zu § 1 KSchG 1969 Soziale Auswahl = NZA 2006, 207; 17.3.2005 AP Nr. 71 zu § 1 KSchG 1969 Soziale Auswahl.
[112] BAG 29.1.2015 AP Nr. 162 zu § 2 KSchG 1969 = NZA 2015, 426.
[113] BAG 26.6.1964 AP Nr. 15 zu § 1 KSchG Betriebsbedingte Kündigung.
[114] BAG 18.10.1984 AP Nr. 6 zu § 1 KSchG 1969 Soziale Auswahl = NZA 1985, 423.
[115] BAG 18.1.1990 AP Nr. 19 zu § 1 KSchG 1969 Soziale Auswahl = NZA 1990, 729; 8.8.1985 AP Nr. 10 zu § 1 KSchG 1969 Soziale Auswahl = NZA 1986, 679.
[116] BAG 24.3.1983 AP Nr. 12 zu § 1 KSchG 1969 Betriebsbedingte Kündigung.
[117] BAG 29.1.2015 AP Nr. 162 zu § 2 KSchG 1969 = NZA 2015, 426; 5.11.2009 AP Nr. 183 zu § 1 KSchG 1969 Betriebsbedingte Kündigung = NZA 2010, 457.
[118] BT-Drs. 15/1204, 11.

Bedeutung besitzt. Dies ist angemessen, weil Schwerbehinderte bereits einen präventiven Kündigungsschutz nach § 168 SGB IX genießen. Maßgeblich sind jeweils die Umstände des Einzelfalls. In Bezug auf das Lebensalter geht die Rechtsprechung davon aus, dass die Vermittlungschancen jüngerer AN bis Anfang 30 weitgehend ähnlich sind, weshalb der Altersunterschied zwischen dem 21. und dem 32. Lebensjahr bei einer um ein Jahr längeren Betriebszugehörigkeit des jüngeren AN und im Übrigen gleichen Sozialdaten nicht ausschlaggebend ist.[119] In einer älteren Entscheidung hat das BAG angenommen, ein Lebensaltersunterschied von zehn Jahren sei jedenfalls in der Altersgruppe der 25- bis 35-jährigen grundsätzlich nicht erheblich. Dies gelte insbesondere bei Frauen, weil je nach den Umständen und der Einstellung des betreffenden AG sogar die Chancen einer 35-jährigen Frau am Arbeitsmarkt besser zu beurteilen sein können als die einer 25-jährigen AN.[120] Nach neuerer Rechtsprechung ist eine um drei Jahre längere Betriebszugehörigkeit nicht geeignet, drei Unterhaltspflichten aufzuwiegen, wenn der Unterhaltsverpflichtete seinerseits eine Betriebszugehörigkeit von immerhin sechs Jahren aufzuweisen hat.[121]

c) Ergebniskontrolle. Im Kündigungsschutzprozess wird nur das Auswahlergebnis geprüft.[122] 32
Auch die unrichtige oder unvollständige Berücksichtigung der Auswahlgesichtspunkte kann zu dem rechtlich zutreffenden Auswahlergebnis führen, wenn sich der Fehler nicht auswirkt.[123] Hat der AG keine Sozialauswahl vorgenommen, spricht eine vom AG auszuräumende tatsächliche Vermutung dafür, dass die Auswahl auch im Ergebnis sozialwidrig ist.[124] Es ist dann Aufgabe des AG, näher darzulegen, weshalb trotz der gegen § 1 III KSchG verstoßenden Überlegungen ausnahmsweise im Ergebnis soziale Gesichtspunkte ausreichend berücksichtigt sein sollen (zur Darlegungslast → Rn. 48 ff.).

V. Entgegenstehende betriebliche Belange

1. Allgemeines. Nach § 1 III 2 KSchG sind in die soziale Auswahl AN nicht einzubeziehen, 33
deren Weiterbeschäftigung, insbesondere wegen ihrer Kenntnisse, Fähigkeiten und Leistungen oder zur Sicherung einer ausgewogenen Personalstruktur des Betriebes, im berechtigten betrieblichen Interesse liegt. Besondere **Kenntnisse** beziehen sich auf erworbenes Wissen in der Ausbildung, dem Studium oder sonstigen Fort- und Weiterbildungsmaßnahmen (zB Sprachkenntnisse, Ausbildungsberechtigung, besondere EDV-Kenntnisse, Schweißberechtigungen usw.). **Fähigkeiten** sind Eigenschaften des AN, die losgelöst von erworbenen Kenntnissen bestehen (zB besondere soziale Kompetenzen, Verkaufstalent, Fleiß, Beständigkeit, Führungsqualitäten). **Leistungen** beziehen sich auf die geschuldete Arbeitsleistung und das hierbei erzielte Arbeitsergebnis. Die in § 1 III 2 KSchG enthaltene Auflistung entgegenstehender Belange ist nicht abschließend („insbesondere"). Ein betriebliches Interesse kann für eine Gemeinde, die gesetzlich zum Brandschutz verpflichtet ist, auch darin begründet sein, dass durch die Weiterbeschäftigung eines AN dessen jederzeitige Einsatzmöglichkeit in der Freiwilligen Feuerwehr sichergestellt werden soll.[125] Ein AN mit erheblichen **krankheitsbedingten Fehlzeiten** ist weniger leistungsstark. Er kann daher, entgegen der Auffassung des BAG, das davon ausgeht, dass der Auswahl nach sozialen Gesichtspunkten entgegenstehende Belange nur solche des sozial schwächeren AN sein können,[126] auch dann schon nicht in die Sozialauswahl einzubeziehen sein, wenn die Voraussetzungen einer krankheitsbedingten Kündigung nicht vorliegen.[127] Bei der Sozialauswahl in einem **Zeitarbeitsunternehmen** hängt der Kreis der einzubeziehenden Leiharbeitnehmer insbesondere von den Arbeitnehmerüberlassungsverträgen ab. Sehen diese Verträge vor, dass konkret benannte Leiharbeitnehmer überlassen werden und schließen sie eine Austauschbarkeit dieser Leiharbeitnehmer aus, sind Leiharbeitnehmer, die sich in einem Einsatz bei einem Entleiher befinden, nicht in die Sozialauswahl einzubeziehen.[128]

---

119 BAG 7.7.2011 AP Nr. 26 zu § 1 KSchG 1969 Wartezeit.
120 BAG 19.1.1999 AP Nr. 3 zu § 1 KSchG 1969 Namensliste = NZA 1999, 866.
121 BAG 29.1.2015 AP Nr. 162 zu § 2 KSchG 1969 = NZA 2015, 426.
122 BAG 9.11.2006 AP Nr. 87 zu § 1 KSchG 1969 Soziale Auswahl = NZA 2007, 549.
123 Vgl. BAG 27.6.2019 AP Nr. 18 zu § 626 BGB Unkündbarkeit = NZA 2019, 1345; 24.2.2000 AP Nr. 47 zu § 1 KSchG 1969 Soziale Auswahl = NZA 2000, 764.
124 BAG 3.4.2008 AP Nr. 17 zu § 1 KSchG 1969 Namensliste = NZA 2008, 1060; 24.2.2005 AP Nr. 4 zu § 1 KSchG 1969 Gemeinschaftsbetrieb = NZA 2005, 867.
125 BAG 7.12.2006 AP Nr. 88 zu § 1 KSchG 1969 Soziale Auswahl = NZA-RR 2007, 460.
126 BAG 5.6.2008 AP Nr. 179 zu § 1 KSchG 1969 Betriebsbedingte Kündigung = NZA 2008, 1120; 31.5.2007 AP Nr. 93 zu § 1 KSchG 1969 Soziale Auswahl = NZA 2007, 1362.
127 AA APS/*Kiel* KSchG § 1 Rn. 674; KR/*Rachor* KSchG § 1 Rn. 686.
128 *Schiefer* NZA-RR 2005, 1 (9).

34 **2. Systematische Einordnung.** Im Schrifttum wird anknüpfend an den Wortlaut des Gesetzes zu Recht die Auffassung vertreten, besonders kenntnisreiche, befähigte oder leistungsstarke AN iSv § 1 III 2 KSchG seien von vornherein nicht in den Kreis der vergleichbaren AN einzubeziehen.[129] Demgegenüber vertritt BAG die Auffassung, das Interesse des sozial schwächeren AN sei im Rahmen des § 1 III 2 KSchG gegen das betriebliche Interesse an der Herausnahme des „Leistungsträgers" abzuwägen: Je schwerer dabei das soziale Interesse wiege, umso gewichtiger müssen die Gründe für die Ausklammerung des Leistungsträgers sein.[130] Indem der Gesetzgeber das bloße betriebliche Interesse nicht ausreichen lasse, sondern einschränkend fordere, das Interesse müsse „berechtigt" sein, gebe er zu erkennen, dass nach seiner Vorstellung auch ein vorhandenes betriebliches Interesse „unberechtigt" sein könne. Das setze aber voraus, dass nach dem Gesetz gegenläufige Interessen denkbar und zu berücksichtigen seien, die einer Ausklammerung von Leistungsträgern aus der Sozialauswahl auch dann entgegenstehen können, wenn sie bei isolierter Betrachtung des betrieblichen Interesses gerechtfertigt wären.

35 **3. Ausgewogene Personalstruktur. a) Altersgruppenbildung.** Nach § 1 III 2 KSchG sind AN nicht in die soziale Auswahl einzubeziehen, deren Weiterbeschäftigung zur Sicherung einer ausgewogenen Personalstruktur des Betriebes im berechtigten betrieblichen Interesse liegt.[131] Danach ist es zulässig, dass der AG und über § 1 V 2 KSchG die Betriebsparteien innerhalb des zur Sozialauswahl anstehenden Personenkreises Altersgruppen nach sachlichen Kriterien bilden, die prozentuale Verteilung auf die Altersgruppen feststellen und die Gesamtzahl der auszusprechenden Kündigungen diesem Proporz entsprechend auf die einzelnen Altersgruppen verteilen.[132] Dies hat zur Folge, dass sich die Sozialauswahl iSv § 1 III 1 KSchG nur in den Gruppen vollzieht und sich der Anstieg des Lebensalters lediglich innerhalb der jeweiligen Altersgruppe auswirkt. Vom Gesetz in Kauf genommene Konsequenz ist im Einzelfall, dass das Arbeitsverhältnis eines AN, der wegen seines höheren Lebensalters in eine höhere Altersgruppe fällt, zu kündigen ist, während ein jüngerer AN mit im Übrigen gleichen Sozialdaten allein durch die Zuordnung zu einer anderen Altersgruppe seinen Arbeitsplatz behält.[133] Das Gesetz trägt damit dem Umstand Rechnung, dass insbesondere bei Massenentlassungen die soziale Auswahl anhand der Kriterien Betriebszugehörigkeit, Lebensalter, Unterhaltspflichten und Schwerbehinderung des AN dazu führen kann, dass sich die bisherige Personalstruktur des Betriebes nachhaltig verschlechtert. Wird eine Altersgruppe allerdings überproportional herangezogen, wird die bestehende Altersstruktur nicht „gesichert", sondern verändert (→ Rn. 36). Das hat nach der Rechtsprechung des BAG zur Folge, dass nicht nur die Kündigungen unwirksam sind, die unter Beibehaltung des Altersgruppensystems über den eigentlich auf die Altersgruppe entfallenden Anteil hinausgehen, sondern damit ist hiernach die gesamte Sozialauswahl nach Altersgruppen hinfällig und die fragliche Kündigung ohne dieses Privileg an § 1 III 1, § 1 V KSchG zu messen. Der entsprechende Fehler im Auswahlverfahren führt damit zwar nicht per se zur Unwirksamkeit der Kündigung. Jedoch erstreckt sich die Ergebniskontrolle nunmehr auf die gesamte Vergleichsgruppe, weil die Voraussetzungen der Ausnahmeregelung des § 1 III 2 KSchG nicht erfüllt sind.[134] Die Bildung von Altersgruppen bei der Sozialauswahl ist mit dem AGG vereinbar und verstößt nicht gegen die Richtlinie 2000/78/EG.[135] Die Bildung von Altersgruppen wirkt der Überalterung des Betriebs entgegen und relativiert damit zugleich die Bevorzugung älterer AN.[136]

[129] So *Bader* NZA 2004, 65 (73); *Bauer/Krieger*, Kündigungsrecht, Rn. 37; dagegen jedoch *Willemsen/Annuß* NJW 2004, 177 (178).

[130] BAG 19.7.2012 AP Nr. 22 zu § 1 KSchG 1969 Namensliste = NZA 2013, 86; 22.3.2012 AP Nr. 99 zu § 1 KSchG 1969 Soziale Auswahl = NZA 2012, 1040; 5.6.2008 AP Nr. 179 zu § 1 KSchG 1969 Betriebsbedingte Kündigung = NZA 2008, 1120; 31.5.2007 AP Nr. 93 zu § 1 KSchG 1969 Soziale Auswahl = NZA 2007, 1362; zu den Folgen *Krieger/Reinecke* DB 2013, 1906; insoweit abl. auch SPV Kündigung/*Preis* Rn. 1105; *Willemsen/Annuß* NJW 2004, 177 (179); *Thüsing/Stelljes* BB 2003, 1673 (1675).

[131] Ausf. hierzu *Küttner* FS 50 Jahre BAG, 2004, 409.

[132] BAG 26.3.2015 AP Nr. 25 zu § 1 KSchG 1969 Namensliste = NZA 2015, 1122; 24.10.2013 AP Nr. 12 zu § 125 InsO = NZA 2014, 46.

[133] BAG 15.12.2011 AP Nr. 21 zu § 1 KSchG 1969 Namensliste = NZA 2012, 1044.

[134] BAG 26.3.2015 AP Nr. 25 zu § 1 KSchG 1969 Namensliste = NZA 2015, 1122.

[135] BAG 24.10.2013 AP Nr. 12 zu § 125 InsO = NZA 2014, 46; 19.7.2012 AP Nr. 22 zu § 1 KSchG 1969 Namensliste = NZA 2013, 86; 15.12.2011 AP Nr. 21 zu § 1 KSchG 1969 Namensliste = NZA 2012, 1044.

[136] BAG 19.7.2012 AP Nr. 22 zu § 1 KSchG 1969 Namensliste = NZA 2013, 86; 12.3.2009 AP Nr. 97 zu § 1 KSchG 1969 Soziale Auswahl = NZA 2009, 1023.

b) Sicherung einer ausgewogenen Personalstruktur. Da das Gesetz nur die Sicherung einer ausgewogenen Personalstruktur als betriebliches Interesse anerkennt, bedeutet dies zunächst, dass § 1 III 2 KSchG dem AG keine Handhabe dafür bietet, im Zuge einer Massenkündigung die bisherige Personalstruktur des Betriebs zu verbessern.[137] Hierfür spricht auch der Vergleich mit § 125 I Nr. 2 InsO, der dem Insolvenzverwalter die Befugnis einräumt, eine ausgewogene Personalstruktur zu „schaffen". Unerheblich ist, ob die Personalstruktur zum Zeitpunkt der Kündigung ausgewogen ist oder nicht.[138] Im Prozess hat der AG darzulegen und zu beweisen, dass die im konkreten Fall vorgenommene Altersgruppenbildung und die daraus abgeleiteten Kündigungsentscheidungen zur Sicherung der bestehenden Personalstruktur tatsächlich geeignet sind.[139] 36

c) Berechtigtes betriebliches Interesse. Ein berechtigtes betriebliches Interesse an der Bildung von Altersgruppen iSd § 1 III 2 KSchG ist nur anzunehmen, wenn die im konkreten Fall vorgenommene Altersgruppenbildung tatsächlich geeignet ist, eine ausgewogene Personalstruktur zu sichern.[140] Inwieweit Kündigungen Auswirkungen auf die Altersstruktur des Betriebs haben und welche Nachteile sich daraus ergeben, hängt von den betrieblichen Verhältnissen ab und kann nicht abstrakt für alle denkbaren Situationen beschrieben werden. Zur Begründung eines berechtigten betrieblichen Interesses an der Sicherung einer ausgewogenen Personalstruktur iSv § 1 III 2 KSchG muss der AG deshalb darlegen, welche konkreten Nachteile entstünden, wenn er die zu kündigenden AN allein am Maßstab des § 1 III 1 KSchG auswählen würde.[141] Er hat auszuführen, inwieweit sich die Durchführung der Sozialauswahl allein anhand der gesetzlichen Kriterien nachteilig auf die Personalstruktur und den Betrieb auswirken würde und ob und inwieweit eine solche soziale Auswahl zu einer erheblichen Verzerrung dieser Personalstruktur geführt hätte. Jedenfalls wenn die Anzahl der Entlassungen innerhalb einer Gruppe vergleichbarer AN im Verhältnis zur Anzahl aller AN des Betriebs die Schwellenwerte des § 17 KSchG erreicht, kommen dem AG dabei Erleichterungen zugute; in diesem Fall ist ein berechtigtes betriebliches Interesse an der Beibehaltung der Altersstruktur – widerlegbar – indiziert.[142] Da in diesen Fällen regelmäßig vom Vorliegen berechtigter betrieblicher Interessen an der Beibehaltung der Altersstruktur auszugehen ist, genügt der AG seiner Darlegungslast im Hinblick auf die Bildung von Altersgruppen zunächst einmal dadurch, dass er auf das Vorliegen der Zahlenwerte des § 17 I KSchG verweist. Es ist dann Sache des AN, die Vermutung des Vorliegens berechtigter betrieblicher Interessen zu entkräften. 37

Personelle Veränderungen, die **unterhalb der Schwellenwerte des § 17 I KSchG** liegen, begründen dagegen keine Indizwirkung, auch wenn sie in Bezug auf den jeweiligen Beschäftigungsbereich erheblich sein mögen. In diesem Fall ist zwar ein berechtigtes betriebliches Interesse an der Sicherung der bestehenden Altersstruktur in dem von Kündigungen betroffenen Bereich nicht von vorneherein ausgeschlossen,[143] es bedarf dann jedoch eines eingehenden, die nachteiligen Wirkungen einer veränderten Altersstruktur konkret und schlüssig aufzeigenden Vortrags des AG.[144] Dieser hat darzulegen, wie viel Prozent der potenziell zu kündigenden AN vor Ausspruch der Kündigung den jeweiligen Altersgruppen angehörten und wie die einzelnen Kündigungen auf die Altersgruppen verteilt worden sind, damit die bislang bestehende Altersstruktur erhalten bleibt.[145] – Der AG hat jede Gruppe proportional bei den Kündigungen heranzuziehen.[146] Es unterliegt keinen rechtlichen Bedenken, wenn der AG die Altersgruppenbildung 38

[137] BAG 23.11.2000 AP Nr. 114 zu § 1 KSchG 1969 Betriebsbedingte Kündigung = NZA 2001, 601.
[138] Ebenso KR/*Rachor* KSchG § 1 Rn. 691; APS/*Kiel* KSchG § 1 Rn. 683; LKB/*Krause* KSchG § 1 Rn. 969.
[139] BAG 26.3.2015 AP Nr. 25 zu § 1 KSchG 1969 Namensliste = NZA 2015, 1122.
[140] BAG 26.3.2015 AP Nr. 25 zu § 1 KSchG 1969 Namensliste = NZA 2015, 1122; 24.10.2013 AP Nr. 12 zu § 125 InsO = NZA 2014, 46; 19.7.2012 AP Nr. 22 zu § 1 KSchG 1969 Namensliste = NZA 2013, 86; krit. zu dieser Rspr. *Lunk/Seidler* NZA 2014, 455.
[141] BAG 22.3.2012 AP Nr. 99 zu § 1 KSchG 1969 Soziale Auswahl = NZA 2012, 1040; 18.3.2010 AP Nr. 184 zu § 1 KSchG 1969 Betriebsbedingte Kündigung = NZA 2010, 1059; 6.11.2008 AP Nr. 182 zu § 1 KSchG 1969 Betriebsbedingte Kündigung = NZA 2009, 361.
[142] BAG 26.3.2015 AP Nr. 25 zu § 1 KSchG 1969 Namensliste = NZA 2015, 1122; 24.10.2013 AP Nr. 12 zu § 125 InsO = NZA 2014, 46; 19.7.2012 AP Nr. 22 zu § 1 KSchG 1969 Namensliste = NZA 2013, 86.
[143] BAG 6.9.2007 AP Nr. 169 zu § 1 KSchG 1969 Betriebsbedingte Kündigung = NZA 2008, 405.
[144] BAG 18.3.2010 AP Nr. 184 zu § 1 KSchG 1969 Betriebsbedingte Kündigung = NZA 2010, 1059.
[145] BAG 20.4.2005 NZA 2005, 877.
[146] BAG 26.3.2015 AP Nr. 25 zu § 1 KSchG 1969 Namensliste = NZA 2015, 1122; *Röder/Krieger* DB 2005, 2578 (2579).

nur auf den betrieblichen Bereich erstreckt, in dem nachvollziehbar eine Sicherung der Personalstruktur im berechtigten betrieblichen Interesse lag. § 1 III 2 KSchG erfordert nicht, die Altersgruppenbildung auch auf die Bereiche des Betriebs zu erstrecken, in denen eine Sicherung der bisherigen Personalstruktur im betrieblichen Interesse nicht erforderlich ist.[147]

39 **d) Eignung zur Erhaltung der Altersstruktur.** Eine Altersgruppenbildung ist zur Sicherung einer ausgewogenen Personalstruktur der Belegschaft nur geeignet, wenn sie dazu führt, dass die bestehende Struktur bewahrt bleibt. Dafür muss die bisherige Verteilung der Beschäftigten auf die Altersgruppen ihre prozentuale Entsprechung in der Anzahl der in der jeweiligen Altersgruppe zu kündigenden AN finden. Sind mehrere Gruppen vergleichbarer AN von den Entlassungen betroffen, muss deshalb eine proportionale Berücksichtigung aller Altersgruppen auch innerhalb der jeweiligen Vergleichsgruppen möglich sein. Die betriebsweite Sicherung der Altersstruktur muss die Folge der proportionalen Beteiligung sämtlicher Altersgruppen auch innerhalb der einzelnen Vergleichsgruppen sein. Das ist nicht gewährleistet, wenn in einer Gruppe vergleichbarer AN eine proportionale Beteiligung aller Altersgruppen nicht möglich ist, weil sich in einzelnen Altersgruppen weniger AN befinden als zur Kündigung anstehen.[148]

40 **e) Zuschnitt der Altersgruppen.** Die Betriebsparteien haben beim Zuschnitt der Altersgruppen einen weiten Gestaltungsspielraum. Die gerichtliche Überprüfung ist dabei auf Willkür, wie sie insbesondere bei unsystematischen Altersgruppen mit wechselnden oder willkürlichen Zeitsprüngen indiziert ist, beschränkt.[149] Der AG könnte beispielsweise folgende Altersgruppen bilden:[150]

AN	bis	zum	30. Lebensjahr
"	"	"	40. Lebensjahr
"	"	"	50. Lebensjahr
"	"	"	60. Lebensjahr
"	ab dem		61. Lebensjahr

41 **4. Betriebliche Ablaufstörungen.** Betriebliche Ablaufstörungen im Zusammenhang mit einer Massenkündigung können einer Auswahl nach sozialen Gesichtspunkten gem. § 1 III 2 KSchG entgegenstehen. Die mit einer Massenkündigung verbundenen Schwierigkeiten erlauben es dem AG aber nicht, völlig von einer Auswahl nach den in § 1 III 1 KSchG genannten Gesichtspunkten abzusehen. Er muss vielmehr darlegen und ggf. unter Beweis stellen, wie viele AN der unterschiedlichen Qualifikationsstufen in der fortgeführten Betriebsabteilung ausgetauscht werden können, ohne dass dadurch der Arbeitsprozess ernsthaft gefährdet würde. Je nach Struktur des Betriebs und der Qualifikationsstufe der vergleichbaren AN wird die Zahl der AN, die ohne Beeinträchtigung des ordnungsgemäßen Betriebsablaufs im Rahmen der sozialen Auswahl ausgetauscht werden können, unterschiedlich groß sein. Nach Auffassung des BAG spricht grundsätzlich eine Vermutung dafür, dass soziale Gesichtspunkte nicht ausreichend berücksichtigt wurden, wenn der AG betriebsweit den größeren Teil der AN (im entschiedenen Fall 70%) aus betriebstechnischen Gründen von der Austauschbarkeit generell ausnimmt und die Sozialauswahl auf den kleineren, verbleibenden Teil der Restbelegschaft beschränkt.[151] Vielmehr müsse der AG in jeder Qualifikationsstufe die Anzahl der austauschbaren AN ermitteln und diejenigen AN bestimmen, die sozial am wenigsten schutzbedürftig seien. Entsprechend sei in der stillzulegenden Abteilung die gleiche Anzahl der schutzbedürftigen austauschbaren AN zu bestimmen. Auf diese Zahl von AN beschränke sich dann die soziale Auswahl.[152] Der AG genügt seiner Darlegungslast, wenn er anhand von Tatsachen die begrenzten Austauschmöglichkeiten plausibel darlegt. Nicht zu verlangen ist, dass er eine mathematisch genaue Anzahl noch austauschbarer AN angibt.[153]

VI. Auswahlrichtlinien

42 **1. Mitbestimmung des Betriebsrats.** Nach § 1 IV KSchG kann in einem Tarifvertrag, in einer Betriebsvereinbarung oder in einer Richtlinie nach den Personalvertretungsgesetzen festge-

---

[147] BAG 6.9.2008 AP Nr. 169 zu § 1 KSchG 1969 Betriebsbedingte Kündigung = NZA 2008, 405.
[148] BAG 19.7.2012 AP Nr. 22 zu § 1 KSchG 1969 Namensliste = NZA 2013, 86; 22.3.2012 AP Nr. 99 zu § 1 KSchG 1969 Soziale Auswahl = NZA 2012, 1040.
[149] BAG 28.6.2012 AP Nr. 9 zu § 125 InsO = NZA 2012, 1090.
[150] APS/*Kiel* KSchG § 1 Rn. 686; weitere Beispiele bei *Röder/Krieger* DB 2005, 2578 (2579).
[151] BAG 5.12.2002 AP Nr. 60 zu § 1 KSchG 1969 Soziale Auswahl = NZA 2003, 849.
[152] Ebenso bereits BAG 25.4.1985 AP Nr. 7 zu § 1 KSchG 1969 Soziale Auswahl = NZA 1986, 64.
[153] BAG 5.12.2002 AP Nr. 60 zu § 1 KSchG 1969 Soziale Auswahl = NZA 2003, 849.

legt werden, wie die Auswahlgesichtspunkte nach § 1 III 1 KSchG im Verhältnis zueinander zu bewerten sind. Dies gilt auch für Änderungskündigungen. Dabei dürfen nicht andere als die in § 1 III 1 KSchG genannten Kriterien verwendet werden.[154] Auswahlrichtlinien sind gem. § 95 BetrVG mitbestimmungspflichtig. Das gilt auch dann, wenn sie der AG nicht generell auf alle künftigen betriebsbedingten Kündigungen, sondern nur auf konkret bevorstehende Kündigungen anwenden will.[155] Die Betriebsparteien können Vereinbarungen über die personelle Auswahl bei späterer oder schon bei zeitgleicher Gelegenheit – etwa bei Abschluss eines Interessenausgleichs mit Namensliste – ändern. Setzen sie sich in einem bestimmten Punkt gemeinsam über die Auswahlrichtlinie hinweg, ist die Namensliste zumindest dann maßgeblich, wenn Interessenausgleich und Auswahlrichtlinie von denselben Betriebsparteien herrühren.[156] Auswahlrichtlinien können im Übrigen die gesetzlichen Anforderungen an die Vergleichbarkeit der AN (dazu → Rn. 3 ff.) nicht verändern.[157] Im Rahmen eines Beurteilungsspielraums können zwar Erfahrungen der Betriebspartner hinsichtlich der Vergleichbarkeit der AN bestimmter Arbeitsplätze einfließen, es können aber nicht von vornherein AN bestimmter Abteilungen oder Arbeitsgruppen ohne ausreichende sachliche Kriterien als nicht vergleichbar eingestuft werden. § 1 IV KSchG bezieht sich nur auf die Gewichtung der sozialen Auswahlkriterien und nicht auf die Zusammensetzung des auswahlrelevanten Personenkreises oder die entgegenstehenden betrieblichen Bedürfnisse iSv § 1 III 2 KSchG.[158]

2. Grobe Fehlerhaftigkeit. Die Bewertung der Auswahlgesichtspunkte ist grob fehlerhaft, wenn die Gewichtung der Kriterien Alter, Betriebszugehörigkeit, Unterhaltspflichten und Schwerbehinderung jede Ausgewogenheit vermissen lässt, dh wenn einzelne Sozialdaten überhaupt nicht, eindeutig unzureichend oder mit eindeutig überhöhter Bedeutung berücksichtigt werden.[159] Dabei ist allerdings zu berücksichtigen, dass der Mangel der Auswahlrichtlinie nicht zwingend zur Fehlerhaftigkeit der konkreten Auswahlentscheidung führt.[160] Auch im Geltungsbereich des § 1 IV KSchG ist die **konkrete Auswahlentscheidung** maßgeblich. Diese kann sich trotz grob fehlerhafter Auswahlrichtlinie im Ergebnis als ausreichend iSd § 1 III KSchG erweisen, wenn sich der betreffende Fehler auf das Ergebnis der sozialen Auswahl nicht auswirkt und der gekündigte AN auch bei rechtlich korrekter Erstellung der Rangliste gekündigt worden wäre.[161] Es kommt insoweit auf einen Vergleich zwischen den Sozialdaten des gekündigten AN und der AN an, hinsichtlich derer der gekündigte AN Fehler bei der Sozialauswahl rügt. Bewertet die Auswahlrichtlinie ein Sozialkriterium falsch, das für die konkrete Sozialauswahl unerheblich ist, führt dies nicht zur Änderung des Prüfungsmaßstabs und zur Prüfung der Sozialauswahl nach § 1 III KSchG auf ausreichende Berücksichtigung der Sozialdaten. Sieht die Richtlinie beispielsweise vor, dass eine etwaige Schwerbehinderung des AN bei der Sozialauswahl nicht zu berücksichtigen ist, kann dieser Fehler des Bewertungsmaßstabs nur im Fall eines schwerbehinderten AN eine Rolle spielen. Ein AN, der selbst nicht schwerbehindert ist, kann sich nicht darauf berufen, die aufgestellten Bewertungsmaßstäbe dürften nicht herangezogen werden, weil sie ihn, wäre er denn schwerbehindert, ohne Berücksichtigung einer solchen Schwerbehinderung im Verhältnis zu einem anderen (möglicherweise ebenfalls nicht schwerbehinderten AN) in seiner sozialen Schutzbedürftigkeit falsch bewerteten.[162] Dem AG ist im Kündigungsschutzprozess die Möglichkeit einzuräumen, darzulegen, dass im Ergebnis soziale Gesichtspunkte ausreichende Berücksichtigung gefunden haben.[163] 43

3. Abschließende Bewertung der Auswahlgesichtspunkte. In Auswahlrichtlinien kann abschließend festgelegt werden, wie die Gesichtspunkte nach § 1 III 1 KSchG im Verhältnis zuei- 44

[154] BAG 12.8.2010 AP Nr. 147 zu § 2 KSchG 1969 = NZA 2011, 460.
[155] BAG 24.10.2013 AP Nr. 12 zu § 125 InsO = NZA 2014, 46; 26.7.2005 AP Nr. 43 zu § 95 BetrVG 1972 = NZA 2005, 1372.
[156] BAG 24.10.2013 AP Nr. 12 zu § 125 InsO = NZA 2014, 46.
[157] BAG 15.12.2011 AP Nr. 21 zu § 1 KSchG 1969 Namensliste = NZA 2012, 1044.
[158] BAG 5.6.2008 AP Nr. 179 zu § 1 KSchG 1969 Betriebsbedingte Kündigung = NZA 2008, 1120; SPV Kündigung/*Preis* Rn. 1146.
[159] BAG 24.10.2013 AP Nr. 12 zu § 125 InsO = NZA 2014, 46; 5.6.2008 AP Nr. 179 zu § 1 KSchG 1969 Betriebsbedingte Kündigung = NZA 2008, 1120; 18.10.2006 AP Nr. 86 zu § 1 KSchG 1969 Soziale Auswahl = NZA 2007, 504.
[160] BAG 12.8.2010 AP Nr. 147 zu § 2 KSchG 1969 = NZA 2011, 460.
[161] BAG 5.11.2009 AP Nr. 183 zu § 1 KSchG 1969 Betriebsbedingte Kündigung = NZA 2010, 457.
[162] BAG 18.10.2006 AP Nr. 86 zu § 1 KSchG 1969 Soziale Auswahl = NZA 2007, 504 (506).
[163] BAG 12.8.2010 DB 2011, 597.

nander zu bewerten sind. Eine individuelle Einzelfallprüfung ist nicht erforderlich.[164] Nur so wird auch der Zweck der Auswahlrichtlinie, Rechtssicherheit, verwirklicht. Wenn die Betriebspartner gleichwohl zur Vermeidung besonderer Härtefälle eine Einzelfallprüfung vorsehen, haben sie sinnvollerweise die von ihnen ins Auge gefassten Tatbestände näher zu bezeichnen. Weiterhin ist zweckmäßigerweise zu bestimmen, wie viele Punkte hierfür ggf. maximal vergeben werden sollen. Fehlen solche Regelungen, ist die Punktetabelle nicht nur weitgehend wertlos, sondern führt darüber hinaus auch zu erheblicher Rechtsunsicherheit. Denn nun können gekündigte AN im Kündigungsschutzprozess geltend machen, bei ihnen liege ein besonderer Härtefall vor, der mit einer hohen Punktzahl zu bewerten sei. Hierüber wäre dann im Prozess zu entscheiden. Nach Auffassung des BAG führt eine **„marginale" Abweichung** von der durch eine Punktetabelle ermittelten Schutzwürdigkeit der AN nicht zur groben Fehlerhaftigkeit der Sozialauswahl.[165]

45 **4. Beispiele.** Das BAG hat in der Vergangenheit folgende Punktetabellen geprüft und akzeptiert:

46 **(a) Urteil vom 18.1.1990:**[166]

(1) Dienstjahre bis 10 Dienstjahre je Dienstjahr 1 Punkt
(2) ab dem 11. Dienstjahr je Dienstjahr 2 Punkte
(3) Es werden nur Zeiten der Betriebszugehörigkeit bis zum vollendeten 55. Lebensjahr berücksichtigt, dh es sind maximal möglich 70 Punkte
(4) Lebensalter für jedes volle Lebensjahr 1 Punkt
(5) maximal möglich 55 Punkte
(6) je unterhaltsberechtigtem Kind 4 Punkte
(7) verheiratet 8 Punkte
(8) Schwerbehinderung bis 50 GdB 5 Punkte
(9) über 50 GdB je 10 GdB Erwerbsminderung 1 Punkt

47 **(b) Urteil vom 23.11.2000:**[167]

I.	Beschäftigungszeit je volles Beschäftigungsjahr		1 Punkt
II.	Lebensalter		
	> vollendete Lebensjahre	bis zu 20 Jahren	0 Punkte
		bis zu 30 Jahren	1 Punkt
		bis zu 40 Jahren	3 Punkte
		bis zu 50 Jahren	6 Punkte
		bis zu 57 Jahren	8 Punkte
		über 57 Jahren	10 Punkte
III.	Unterhaltsverpflichtungen	1. Ehegatte	
		2. je Kind	3 Punkte

Anm.: Dieses Schema müsste im Hinblick auf die seit 1.1.2004 zu berücksichtigende Schwerbehinderung um diesen Gesichtspunkt ergänzt werden.

VII. Prozessuale Fragen

48 **1. Darlegungs- und Beweislast.** Die Überprüfung der Sozialauswahl erfolgt nicht von Amts wegen. Nach § 1 III 3 KSchG obliegt die Darlegungs- und Beweislast für die Tatsachen, aus denen sich die Unrichtigkeit der Sozialauswahl ergibt, zunächst dem AN. In stRspr geht das BAG allerdings wegen des in § 1 III 1 Hs. 2 KSchG enthaltenen Auskunftsanspruchs von einer abgestuften Darlegungslast aus.[168] Es ist danach zunächst Sache des AN, die Fehlerhaftigkeit der Sozialauswahl darzulegen, sofern er über die hierzu erforderlichen Informationen verfügt. Der AN hat auszuführen, welche persönlichen Umstände der AG nicht berücksich-

[164] Ebenso BAG 24.10.2013 AP Nr. 12 zu § 125 InsO = NZA 2014, 46; 9.11.2006 AP Nr. 87 zu § 1 KSchG 1969 Soziale Auswahl = NZA 2007, 549.

[165] BAG 24.10.2013 AP Nr. 12 zu § 125 InsO = NZA 2014, 46; 18.10.2012 AP Nr. 195 zu § 1 KSchG 1969 Betriebsbedingte Kündigung = NZA-RR 2013, 68.

[166] BAG 18.1.1990 AP Nr. 19 zu § 1 KSchG 1969 Soziale Auswahl = NZA 1990, 729; im Grundsatz bestätigt durch BAG 5.12.2002 AP Nr. 59 zu § 1 KSchG 1969 Soziale Auswahl = NZA 2003, 791 und BAG 6.9.2008 AP Nr. 169 zu § 1 KSchG 1969 Betriebsbedingte Kündigung = NZA 2008, 405.

[167] BAG 23.11.2000 AP Nr. 114 zu § 1 KSchG 1969 Betriebsbedingte Kündigung = NZA 2001, 601.

[168] BAG 5.5.1994 AP Nr. 23 zu § 1 KSchG 1969 Soziale Auswahl = NZA 1994, 1023; 15.6.1989 AP Nr. 18 zu § 1 KSchG 1969 Soziale Auswahl = NZA 1990, 226.

tigt hat.[169] Nach Auffassung des BAG hat der gekündigte AN den AN zu benennen, dem an seiner Stelle hätte gekündigt werden müssen.[170] Soweit der AN nicht in der Lage ist, zur sozialen Auswahl Stellung zu nehmen und er deswegen den AG zur Mitteilung der Gründe auffordert, die ihn zu der Auswahl veranlasst haben, hat der AG als Folge seiner materiellen Auskunftspflicht gem. § 1 III 1 Hs. 2 KSchG substantiiert die für ihn maßgeblichen Gründe für die Sozialauswahl vorzutragen (→ Rn. 49 f.). Der AN hat allerdings keinen Anspruch auf die vollständige Auflistung der Sozialdaten aller objektiv vergleichbaren AN.[171]

2. Bedeutung der Auskunft des Arbeitgebers. Kommt der AG der ihm obliegenden **Darlegungslast vollständig nach,** hat der AN wieder die volle Darlegungs- und Beweislast für eine objektiv fehlerhafte Auswahlentscheidung. Gibt der AG dagegen **keine oder keine vollständige Auskunft,** kann der AN bei fehlender eigener Kenntnis seiner aus § 1 III KSchG iVm § 138 I ZPO herzuleitenden Pflicht, die Namen sozial stärkerer AN zu nennen, nicht genügen. In diesen Fällen ist der der fehlenden Kenntnis des AN entsprechende Vortrag, es seien sozial stärkere AN als er vorhanden, schlüssig und ausreichend.[172] Bleibt der AG bei seiner die Auskunft verweigernden Haltung, ist die Behauptung des AN, der AG habe soziale Gesichtspunkte nicht ausreichend berücksichtigt, **als unstreitig anzusehen (§ 138 III ZPO).**[173] Ergibt sich aus den Angaben des AG, dass das Auswahlverfahren objektiv nicht den gesetzlichen Anforderungen der sozialen Auswahl entsprochen hat, etwa weil der AG den auswahlrelevanten Personenkreis verkannt hat, und behauptet der gekündigte AN bei fehlender eigener Kenntnis, gerade aus diesen Tatsachen ergebe sich die Unrichtigkeit der sozialen Auswahl, ist es Sache des AG, seinen Vortrag hinsichtlich dieser Tatsachen zu ergänzen. Anderenfalls ist der dem Kenntnisstand des AN entsprechende und ihm konkreter nicht mögliche Vortrag, soziale Gesichtspunkte seien nicht ausreichend berücksichtigt, als unstreitig anzusehen.[174] 49

Maßgeblich ist allein das **Ergebnis der Sozialauswahl.** Auch ein mangelhaftes Auswahlverfahren kann zu einem richtigen, nicht fehlerhaften Auswahlergebnis führen. Hat der **AG keine Sozialauswahl vorgenommen oder diese methodisch fehlerhaft durchgeführt,** ist die Kündigung gleichwohl nicht unwirksam, wenn er mit der tatsächlich getroffenen Auswahl des Gekündigten eine, sei es auch zufällig, objektiv vertretbare Auswahl getroffen worden hat.[175] Die Darlegungslast dafür, dass und aus welchen Gründen soziale Gesichtspunkte gegenüber dem klagenden AN deshalb ausreichend berücksichtigt wurden, weil ihm selbst dann, wenn ein seitens des AN gerügter Auswahlfehler unterblieben wäre, gekündigt worden wäre, trägt der AG.[176] Der AG, der bei einer durchgeführten Sozialauswahl bestimmte AN übersehen oder für nicht vergleichbar gehalten und deshalb im Rahmen der Betriebsratsanhörung nach § 102 I BetrVG dem BR die für die soziale Auswahl – objektiv – erheblichen Umstände nicht mitgeteilt hat, ist grundsätzlich berechtigt, seinen Vortrag auf entsprechende Rüge im Prozess zu ergänzen. Darin liegt kein nach § 102 BetrVG unzulässiges Nachschieben von Kündigungsgründen.[177] Entsprechendes gilt, wenn der AG aus nachvollziehbaren Gründen bei Ausspruch der Kündigung davon ausgegangen ist, eine Sozialauswahl sei insgesamt entbehrlich.[178] 50

3. Entgegenstehende betriebliche Belange. Die Darlegungs- und Beweislast für das Vorliegen der Voraussetzungen entgegenstehenden betrieblichen Belange nach § 1 III 2 KSchG liegt beim AG.[179] 51

---

[169] BAG 6.7.2006 AP Nr. 82 zu § 1 KSchG 1969 Soziale Auswahl = NZA 2007, 139.

[170] StRspr, vgl. BAG 18.10.2006 NZA 2007, 504 mwN.

[171] BAG 18.1.2007 AP Nr. 89 zu § 1 KSchG 1969 Soziale Auswahl; 5.12.2002 AP Nr. 60 zu § 1 KSchG 1969 Soziale Auswahl = NZA 2003, 849.

[172] BAG 19.12.2013 AP Nr. 13 zu § 125 InsO = NZA-RR 2014, 185; 21.7.1988 AP Nr. 17 zu § 1 KSchG 1969 Soziale Auswahl = NZA 1989, 264.

[173] BAG 3.4.2008 AP Nr. 17 zu § 1 KSchG 1969 Namensliste = NZA 2008, 1060; 18.1.2007 AP Nr. 89 zu § 1 KSchG 1969 Soziale Auswahl.

[174] BAG 19.12.2013 AP Nr. 13 zu § 125 InsO = NZA-RR 2014, 185; 31.5.2007 AP Nr. 94 zu § 1 KSchG 1969 Soziale Auswahl = NZA 2008, 33.

[175] BAG 27.6.2019 AP Nr. 18 zu § 626 BGB Unkündbarkeit = NZA 2019, 1345; 20.9.2012 NZA 2013, 94; 10.6.2010 AP Nr. 98 zu § 1 KSchG 1969 Soziale Auswahl = NZA 2010, 1352.

[176] BAG 27.6.2019 AP Nr. 18 zu § 626 BGB Unkündbarkeit = NZA 2019, 1345; 27.7.2017 AP Nr. 213 zu § 1 KSchG 1969 Betriebsbedingte Kündigung = NZA 2018, 234.

[177] BAG 12.8.2010 AP Nr. 147 zu § 2 KSchG 1969 = NZA 2011, 460.

[178] BAG 9.9.2010 AP Nr. 149 zu § 2 KSchG 1969 = NJOZ 2011, 707; 26.3.2009 AP Nr. 19 zu § 1 KSchG 1969 Namensliste = NZA 2009, 1151.

[179] BAG 18.3.2010 AP Nr. 184 zu § 1 KSchG 1969 Betriebsbedingte Kündigung = NZA 2010, 1059; 5.6.2008 AP Nr. 179 zu § 1 KSchG 1969 Betriebsbedingte Kündigung = NZA 2008, 1120.

VIII. Folgen einer fehlerhaften Sozialauswahl

52 Wird mehreren AN aus dringenden betrieblichen Gründen zur selben Zeit gekündigt, dagegen nicht einem vergleichbaren AN, der gem. § 1 III 1 KSchG erheblich weniger schutzwürdig ist, konnten sich nach einer Entscheidung des BAG aus dem Jahre 1984 alle gekündigten AN mit Erfolg auf diesen Auswahlfehler berufen, sog. **„Dominoeffekt"**.[180] Ob der AG den Auswahlfehler nachträglich dadurch korrigieren kann, dass er den weniger schutzbedürftigen AN kündigt und dafür einem der gekündigten AN die Fortsetzung des Arbeitsverhältnisses anbietet, hat das BAG offen gelassen. Diese Rechtsprechung hat das BAG nunmehr zum Teil geändert. Nimmt der AG die Sozialauswahl allein durch Vollzug eines zulässigen Punktesystems vor, kann er auf die Rüge nicht ordnungsgemäßer Sozialauswahl mit Erfolg einwenden, der gerügte Auswahlfehler habe sich auf die Kündigungsentscheidung nicht ausgewirkt, weil der AN nach der Punktetabelle auch bei Vorliegen des Auswahlfehlers zur Kündigung angestanden hätte.[181]

§ 136. Interessenausgleich mit Namensliste

Übersicht

I. Überblick

1 Sind bei einer Kündigung aufgrund einer Betriebsänderung nach § 111 BetrVG die AN, denen gekündigt werden soll, in einem Interessenausgleich zwischen AG und BR namentlich bezeichnet, wird nach § 1 V KSchG vermutet, dass die Kündigung durch dringende betriebliche Erfordernisse iSd Abs. 2 bedingt ist. Die soziale Auswahl der AN kann in diesem Fall nur auf grobe Fehlerhaftigkeit überprüft werden. Dies gilt nicht, wenn sich die Sachlage nach Zustandekommen des Interessenausgleichs wesentlich geändert hat. § 1 V KSchG gilt auch für Änderungskündigungen.[1] Die Bestimmung betrifft allerdings nur ordentliche, nicht dagegen auch außerordentliche Kündigungen, und zwar auch nicht außerordentliche Kündigungen mit Auslauffrist (dazu → § 128 Rn. 1 ff.). Für diese ist § 626 BGB Prüfungsmaßstab und nicht § 1 II KSchG, auf den in § 1 V KSchG verwiesen wird.[2] § 1 V KSchG ist verfassungsgemäß. Diese Vorschrift verstößt weder gegen Art. 12 I GG noch gegen das aus Art. 20 III GG abzuleitende Gebot des fairen Verfahrens.[3] Der Interessenausgleich mit Namensliste ersetzt die Stellungnahme des BR nach § 17 III 2 KSchG.

II. Voraussetzungen

2 **1. Betriebsänderung.** § 1 V KSchG setzt tatbestandlich voraus, dass eine Betriebsänderung iSv § 111 BetrVG vorliegt (dazu → § 244 Rn. 7).[4] Unerheblich ist, welcher der Tat-

[180] BAG 18.10.1984 AP Nr. 6 zu § 1 KSchG 1969 Soziale Auswahl = NZA 1985, 423.
[181] BAG 9.11.2006 AP Nr. 87 zu § 1 KSchG 1969 Soziale Auswahl = NZA 2007, 549.
[1] BAG 19.6.2007 AP Nr. 16 zu § 1 KSchG 1969 Namensliste = NZA 2008, 103.
[2] BAG 27.6.2019 AP Nr. 18 zu § 626 BGB Unkündbarkeit = NZA 2019, 1345; 28.5.2009 AP Nr. 222 zu § 626 BGB = NZA 2009, 954.
[3] BAG 6.9.2007 AP Nr. 170 zu § 1 KSchG 1969 Betriebsbedingte Kündigung = NZA 2008, 633.
[4] BAG 21.2.2002 EzA Nr. 10 zu § 1 KSchG Interessenausgleich; 21.2.2001 EzA Nr. 8 zu § 1 KSchG Interessenausgleich.

bestände des § 111 BetrVG erfüllt ist. Besteht die Betriebsänderung in einem bloßen Personalabbau, kommt es für die Frage, ob eine „Einschränkung des Betriebs" iSv § 111 S. 3 Nr. 1 BetrVG vorliegt, auf die Schwellenwerte des § 17 I KSchG an.[5] Beruht ein sukzessiver Personalabbau auf einer einheitlichen unternehmerischen Planung, sind die einzelnen Abbaumaßnahmen grundsätzlich zusammen zu betrachten. Eine enge zeitliche Nähe der Entlassungswellen ist dabei nicht zwingend vorausgesetzt, kann allerdings eine einheitliche Planung indizieren. Eine spätere Entlassungswelle kann aber auch das Ergebnis einer neuen Planung sein. Dies gilt insbesondere, wenn nach der ersten Entlassungswelle neue, vom AG ursprünglich nicht vorhergesehene und eingeplante Umstände eingetreten sind. In solchen Fällen sind die aufgrund neuer Planung ergriffenen Maßnahmen grundsätzlich unabhängig von einem bis dahin durchgeführten Personalabbau zu betrachten, auch wenn sie möglicherweise auf derselben wirtschaftlichen Entwicklung beruhen.[6] Ein freiwilliger Interessenausgleich ohne Betriebsänderung ist nicht ausreichend.[7] Ist der GBR für den Abschluss des Interessenausgleichs zuständig, folgt hieraus seine Zuständigkeit auch für die Vereinbarung der Namensliste. Diese ist Teil des Interessenausgleichs. Ihre Vereinbarung fällt in den Zuständigkeitsbereich des Gremiums, welches für den Abschluss des Interessenausgleichs zuständig ist.[8]

2. Interessenausgleich. Erforderlich ist ein wirksam vereinbarter Interessenausgleich. Nach § 112 I BetrVG ist der Interessenausgleich schriftlich niederzulegen und von AG und BR zu unterzeichnen. Die Betriebsparteien können nach Auffassung des BAG einen Interessenausgleich einschließlich einer darin enthaltenen Auswahlrichtlinie auch als Betriebsvereinbarung schließen.[9] Der Interessenausgleich kann, um die Wirkungen des § 1 V KSchG auszulösen, noch nach seinem Abschluss zeitnah um eine Namensliste ergänzt werden (zu den Anforderungen an eine einheitliche Urkunde → Rn. 4).[10] Erforderlich ist eine Regelung über eine konkret beabsichtigte Betriebsänderung. Die Vermutungswirkungen des § 1 V KSchG treten nur ein, wenn die der Kündigung zugrunde liegende Betriebsänderung vollumfänglich Gegenstand einer Verständigung der Betriebsparteien ist. Ein Interessenausgleich nur über Teile eines geplanten Stellenabbaus reicht hingegen nicht aus.[11] Vereinbaren die Betriebspartner einheitlich einen Interessenausgleich und Sozialplan, steht dies der Anwendbarkeit des § 1 V KSchG nicht entgegen, soweit der Sozialplan nicht durch Spruch einer Einigungsstelle zustande gekommen ist.[12] 3

3. Einheitliche Urkunde. Interessenausgleich und Namensliste müssen eine einheitliche Urkunde bilden.[13] Das ist anzunehmen, wenn sowohl Interessenausgleich als auch Namensliste unterschrieben und von Anfang an körperlich fest miteinander verbunden sind.[14] Eine einheitliche Urkunde kann aber selbst dann vorliegen, wenn die Namensliste getrennt vom Interessenausgleich erstellt worden ist. Voraussetzung ist, dass im Interessenausgleich auf die zu erstellende Namensliste verwiesen wird, die erstellte Namensliste – ebenso wie zuvor der Interessenausgleich – von den Betriebsparteien unterschrieben worden ist und die Liste ihrerseits eindeutig auf den Interessenausgleich Bezug nimmt.[15] Die wechselseitige Inbezugnahme der beiden Schriftstücke muss unmissverständlich darauf gerichtet sein, die inhaltliche Ergänzung und damit den Bestandteil eines ganz bestimmten Interessenausgleichs für eine ganz bestimmte Betriebsänderung zu bilden. Hierzu genügt eine Verweisung im Interessenausgleich auf eine noch zu erstellende Namensliste nicht. Erforderlich ist vielmehr auch ein textlicher Rückbezug in der zeitnah erstellten Namensliste auf den betreffenden Interessenausgleich. Nur so ist für den Fall, dass beide Schriftstücke nicht schon von Beginn an körperlich miteinander verbunden waren, 4

[5] BAG 17.3.2016 AP Nr. 26 zu § 1 KSchG 1969 Namensliste mAnm *Salamon* = NZA 2016, 1072; 27.9.2012 AP Nr. 24 zu § 1 KSchG 1969 Namensliste = NZA 2013, 559.

[6] BAG 17.3.2016 AP Nr. 26 zu § 1 KSchG 1969 Namensliste mAnm *Salamon* = NZA 2016, 1072.

[7] Ebenso *Gaul* BB 2004, 2687; APS/*Kiel* KSchG § 1 Rn. 708; SPV Kündigung/*Preis* Rn. 1157; *Thüsing/Wege* BB 2005, 213 (214 ff.); *Willemsen/Annuß* NJW 2004, 177 (180).

[8] BAG 19.7.2012 AP Nr. 23 zu § 1 KSchG 1969 Namensliste = NZA 2013, 333.

[9] BAG 24.10.2013 AP Nr. 12 zu § 125 InsO = NZA 2014, 46.

[10] BAG 26.3.2009 AP Nr. 19 zu § 1 KSchG 1969 Namensliste = NZA 2009, 1151 (sechs Wochen mit intensiven Verhandlungen ausreichend).

[11] BAG 17.3.2016 AP Nr. 26 zu § 1 KSchG 1969 Namensliste mAnm *Salamon* = NZA 2016, 1072.

[12] KR/*Rachor* KSchG § 1 Rn. 791; *Fischermeier* NZA 1997, 1089 (1097).

[13] BAG 19.7.2012 AP Nr. 22 zu § 1 KSchG 1969 Namensliste = NZA 2013, 86.

[14] BAG 19.7.2012 AP Nr. 23 zu § 1 KSchG 1969 Namensliste = NZA 2013, 333; 6.7.2006 AP Nr. 80 zu § 1 KSchG 1969 = NZA 2007, 266.

[15] BAG 10.6.2010 AP Nr. 98 zu § 1 KSchG 1969 Soziale Auswahl = NZA 2010, 1352.

die erforderliche Einheitlichkeit der Urkunde hergestellt und garantiert.[16] Der Interessenausgleich kann, um die Wirkungen des § 1 V KSchG auszulösen, auch noch nach seinem Abschluss zeitnah um eine Namensliste ergänzt werden.[17] Schließt die Namensunterschrift eine aus mehreren Bestandteilen bestehende Urkunde räumlich ab, verlangt das **Schriftformerfordernis** nicht die körperliche Verbindung der einzelnen Blätter der Urkunde, wenn sich deren Einheit aus fortlaufender Paginierung, fortlaufender Nummerierung der einzelnen Bestimmungen, einheitlicher grafischer Gestaltung, inhaltlichem Zusammenhang des Textes oder vergleichbaren Merkmalen zweifelsfrei ergibt. Wird der Interessenausgleich mit Namensliste nicht mit vollem Namen unterzeichnet, sondern lediglich paraphiert, dürfte das im Hinblick auf die unmittelbaren und „quasi-normativen" Rechtswirkungen des § 1 V KSchG für Dritte nicht die gebotene Gewissheit über die Verbindlichkeit der Vereinbarung schaffen.[18]

5 **4. Abschließende namentliche Bezeichnung.** Die AN müssen in dem Interessenausgleich namentlich bezeichnet sein. Das bedeutet, dass die zu kündigenden AN mit ihren Namen – grundsätzlich also Vor- und Nachname – zu benennen sind.[19] Eine abstrakte Umschreibung, wie zB nach der Kostenstelle oder der Abteilung, genügt nicht. Ein Interessenausgleich mit Namensliste bildet nur dann eine ausreichende Vermutungsbasis im Sinne dieser Vorschrift, wenn in der Namensliste ausschließlich AN bezeichnet sind, die aus der eigenen Sicht der Betriebsparteien aufgrund der dem Interessenausgleich zugrunde liegenden Betriebsänderung zu kündigen sind.[20] Nur wenn sich AG und BR auf die namentliche Nennung der zu kündigenden AN endgültig geeinigt haben, ist es gerechtfertigt, die Überprüfung der Sozialauswahl zu beschränken. Denn nur so besteht die Gewähr, dass sich die Betriebspartner im Einzelnen Gedanken darüber gemacht haben, welche AN als vergleichbar für eine Sozialauswahl in Betracht kommen, welche soziale Rangfolge zwischen ihnen besteht und wer aus der Sozialauswahl auszuscheiden ist. Dem werden sog. **„Negativlisten"**, in denen die AN aufgeführt sind, denen nicht gekündigt werden soll, nicht gerecht.[21] Das Gesetz knüpft die Rechtsfolgen des § 1 V KSchG an eine vorherige Befassung der Betriebsparteien mit den Auswirkungen der Betriebsänderung auf die zu kündigenden AN. Dies ist einer Negativliste nicht hinreichend deutlich zu entnehmen. Letztlich müssen die Betriebsparteien so viel „Mut" haben, die AN positiv namentlich zu benennen, die gekündigt werden sollen. Die Vermutungswirkung der Namensliste wird bei einer Betriebsänderung, die in mehreren „Wellen" erfolgen soll, nicht dadurch beeinträchtigt, dass die Betriebsparteien auch noch weitere Maßnahmen vorhaben, die erst später durchgeführt werden sollen und für die noch keine Namensliste vorliegt.[22] Die Betriebsparteien können vielmehr zeitlich gestaffelt entsprechend den geplanten „Entlassungswellen" jeweils eine vollständige Namensliste aufstellen. Ist in einem solchen Fall der gekündigte AN von der zweiten „Welle" betroffen und liegt hinsichtlich der beiden ersten Stufen jeweils eine abschließende Einigung der Betriebspartner über den durchzuführenden Personalabbau und gibt es insoweit vollständige Namenslisten, bildet dies zusammen eine ausreichende Vermutungsbasis iSv § 1 V KSchG.[23] Dagegen dürften sog. **„Teil-Namenslisten"** nicht die Rechtsfolgen des § 1 V KSchG auslösen, weil regelmäßig nur aus einer die unternehmerische Entscheidung insgesamt erfassenden Liste deutlich wird, wie sich die dem Interessenausgleich zugrunde liegende Betriebsänderung aus Sicht der Betriebsparteien auf die konkreten Beschäftigungsmöglichkeiten der AN im Betrieb insgesamt auswirkt.[24]

6 Sind in einer Namensliste, die Teil des Interessenausgleichs ist, aber erst nach Abschluss des Interessenausgleichs vereinbart wurde, **weniger Personen bezeichnet,** als der AG nach Maßgabe des Interessenausgleichs kündigen wollte, steht das der Anwendung des § 1 V KSchG jedenfalls dann nicht entgegen, wenn der AG dargelegt, dass die Namensliste nicht sämtliche betroffenen AN erfasste, weil im Zuge der im Interessenausgleich vorgesehenen Gespräche mit vielen AN anderweitige Lösungsmöglichkeiten gefunden werden konnten.[25]

---

[16] BAG 12.5.2010 AP Nr. 20 zu § 1 KSchG 1969 Namensliste = NZA 2011, 114; vgl. auch 19.6.2007 AP Nr. 16 zu § 1 KSchG 1969 Namensliste = NZA 2008, 103.

[17] BAG 19.7.2012 AP Nr. 22 zu § 1 KSchG 1969 Namensliste = NZA 2013, 86.

[18] Zweifelnd BAG 10.5.2010 AP Nr. 20 zu § 1 KSchG 1969 Namensliste = NZA 2011, 114.

[19] SPV Kündigung/*Preis* Rn. 1161.

[20] BAG 26.3.2009 AP Nr. 19 zu § 1 KSchG 1969 Namensliste = NZA 2009, 1151.

[21] APS/*Kiel* KSchG § 1 Rn. 712; ErfK/*Oetker* KSchG § 1 Rn. 362; SPV Kündigung/*Preis* Rn. 1161; einschränkend Thüsing/Rachor/Lembke/*Benkert* KSchG § 1 Rn. 969; KR/*Rachor* KSchG § 1 Rn. 790.

[22] BAG 22.1.2004 AP Nr. 1 zu § 112 BetrVG 1972 Namensliste.

[23] BAG 17.3.2016 AP Nr. 26 zu § 1 KSchG 1969 Namensliste mAnm *Salamon* = NZA 2016, 1072.

[24] Dahin tendierend auch BAG 26.3.2009 AP Nr. 19 zu § 1 KSchG 1969 Namensliste = NZA 2009, 1151; ErfK/*Oetker* KSchG § 1 Rn. 360a.

[25] BAG 19.6.2007 AP Nr. 16 zu § 1 KSchG 1969 Namensliste = NZA 2008, 103.

5. Öffentlicher Dienst, Kirchen und Tendenzbetriebe. Die Regelung des § 1 V KSchG gilt nach dem klaren Wortlaut nur in Betrieben mit BR und nicht im Geltungsbereich des Personalvertretungsrechts sowie nicht in kirchlichen Einrichtungen mit kirchlichen Mitarbeitervertretungen.[26] Entsprechendes gilt für Tendenzbetriebe, weil dort im Falle einer Betriebsänderung kein Interessenausgleich versucht werden muss.[27] 7

III. Vermutung der Betriebsbedingtheit

1. Gesetzliche Vermutung. Liegen die Voraussetzungen des § 1 V KSchG vor, wird vermutet, dass die Kündigung durch dringende betriebliche Erfordernisse iSd § 1 II KSchG bedingt ist. Die soziale Auswahl der AN kann dann nur auf grobe Fehlerhaftigkeit überprüft werden. Der Eintritt der Wirkungen des § 1 V KSchG beruht auf der Erwägung des Gesetzgebers, dass von der übereinstimmenden Beurteilung der Betriebsparteien eine hohe Gewähr für die Richtigkeit ihrer Einschätzung ausgeht.[28] Die Rechtswirkung des § 1 V 1 KSchG besteht in einer gesetzlichen Vermutung iSd § 292 ZPO. Diese erstreckt sich neben dem Wegfall von Beschäftigungsmöglichkeiten auch auf das Nichtvorliegen einer anderweitigen Beschäftigungsmöglichkeit für den AN im Betrieb[29] und anderen Betrieben des Unternehmens.[30] Sie wird in Bezug auf das Fehlen alternativer Beschäftigungsmöglichkeiten in der Regel nicht durch einen in dem Interessenausgleich mit Namensliste zugelassenen Einsatz von Leiharbeitnehmern bis zu einer Grenze von 10% der Belegschaft für einen Personalmehrbedarf aufgrund von Krankheits- und Urlaubsfehlzeiten widerlegt.[31] Stellt das Gesetz, wie § 1 V 1 KSchG, für das Vorhandensein einer Tatsache – hier die Betriebsbedingtheit der Kündigung – eine Vermutung auf, ist nach § 292 ZPO der Beweis des Gegenteils zulässig. Eine bloße Erschütterung der Vermutung reicht nicht aus.[32] Der Beweis des Gegenteils ist seiner Natur nach Hauptbeweis, also erst dann geführt, wenn die Unwahrheit der vermuteten Tatsache, aus der sich ergibt, dass der vermutete Rechtszustand – hier die Betriebsbedingtheit der Kündigung – nicht oder anders besteht, voll bewiesen ist. Ein Anscheinsbeweis (prima-facie-Beweis) reicht nicht aus. 8

2. Verteilung der Darlegungs- und Beweislast. a) Grundsätze. Der AG hat die tatbestandlichen Voraussetzungen des § 1 V KSchG, dh dass eine für die Kündigung des AN kausale Betriebsänderung nach § 111 BetrVG vorlag und der AN ordnungsgemäß in einem Interessenausgleich benannt ist, darzulegen und zu beweisen.[33] Bei mehreren Betriebsteilen hat der AG im Einzelnen auszuführen, was im konkreten Fall als Betrieb im betriebsverfassungsrechtlichen Sinn anzusehen ist (dazu → § 211 Rn. 2 ff.).[34] Will der AN geltend machen, der Betriebsratsvorsitzende habe den Interessenausgleich ohne vorherigen wirksamen Beschluss des Betriebsratsgremiums unterzeichnet, hat er dies nach Auffassung des BAG substantiiert darzulegen. Ein Bestreiten mit Nichtwissen genügt danach nicht.[35] Dies ist zweifelhaft, weil das wirksame Zustandekommen des Interessenausgleichs vom AG darzulegen ist. – Liegen die Voraussetzungen des § 1 V KSchG vor, braucht der AG die Betriebsbedingtheit einer Kündigung nicht im Einzelnen darzutun. Der AN muss vielmehr darlegen, weshalb der Arbeitsplatz trotz der Betriebsänderung noch vorhanden ist oder wo sonst im Betrieb oder Unternehmen er weiterbeschäftigt werden kann. Dazu ist ein substantiierter Tatsachenvortrag erforderlich und unter Beweis zu 9

[26] Thüsing/Rachor/Lembke/*Benkert* KSchG § 1 Rn. 950; KR/*Rachor* KSchG § 1 Rn. 782; APS/*Kiel* KSchG § 1 Rn. 715; krit. *Richardi* DB 2004, 486 (488).

[27] Thüsing/Rachor/Lembke/*Benkert* KSchG § 1 Rn. 950; SPV Kündigung/*Preis* Rn. 1161; aA KR/*Rachor* KSchG § 1 Rn. 782; ErfK/*Kania* BetrVG § 118 Rn. 18.

[28] BAG 19.7.2012 AP Nr. 23 zu § 1 KSchG 1969 Namensliste = NZA 2013, 333.

[29] BAG 27.9.2012 AP Nr. 24 zu § 1 KSchG 1969 Namensliste = NZA 2013, 559; 15.12.2011 AP Nr. 21 zu § 1 KSchG 1969 Namensliste = NZA 2012, 1044; 23.10.2008 AP Nr. 18 zu § 1 KSchG 1969 Namensliste; ebenso zu § 125 I 1 Nr. 2 InsO BAG 24.10.2013 AP Nr. 12 zu § 125 InsO = NZA 2014, 46.

[30] BAG 6.9.2007 AP Nr. 170 zu § 1 KSchG 1969 Betriebsbedingte Kündigung = NZA 2008, 633; *Gaul* BB 2004, 2686 (2689); APS/*Kiel* KSchG § 1 Rn. 716.

[31] So für die insoweit vergleichbare Vermutung in § 125 I 1 Nr. 1 InsO: BAG 18.10.2012 AP Nr. 195 zu § 1 KSchG 1969 Betriebsbedingte Kündigung = NZA-RR 2013, 68.

[32] BAG 27.9.2012 AP Nr. 24 zu § 1 KSchG 1969 Namensliste = NZA 2013, 559.

[33] BAG 17.3.2016 AP Nr. 26 zu § 1 KSchG 1969 Namensliste mAnm *Salamon* = NZA 2016, 1072; 27.9.2012 AP Nr. 24 zu § 1 KSchG 1969 Namensliste = NZA 2013, 559.

[34] BAG 31.5.2007 AP Nr. 65 zu § 111 BetrVG 1972 = NZA 2007, 1307.

[35] BAG 21.2.2002 EzA Nr. 10 zu § 1 KSchG Interessenausgleich.

stellen, der den gesetzlich vermuteten Umstand nicht nur in Zweifel zieht, sondern ausschließt.[36] Der AN muss dabei die ihm zur Verfügung stehenden Informationsmöglichkeiten, zu denen eine Nachfrage beim BR gehören kann, tatsächlich ausschöpfen und sich auf dieser Grundlage zu der vermuteten Betriebsbedingtheit der Kündigung erklären.[37] Im Regelfall wird schon der Vortrag des AG zum Vorliegen einer Betriebsänderung iSd § 111 BetrVG dem AN gewisse Aufklärung darüber geben, aus welchen Gründen der Beschäftigungsbedarf entfallen sein soll. Hat der AN keinen Einblick in die Geschehensabläufe und ist ihm deshalb die Beweisführung erschwert, kann er nach Auffassung des BAG auch solche Umstände unter Beweis stellen, die er aufgrund greifbarer Anhaltspunkte nur vermuten kann. Zu einem unzulässigen Ausforschungsbeweis wird sein Beweisantrag unter solchen Umständen erst dann, wenn er, ohne wenigstens greifbare Anhaltspunkte für das Vorliegen eines bestimmten Sachverhalts aufzuzeigen, Behauptungen „aufs Geratewohl" oder „ins Blaue hinein" aufstellt.[38]

9a **b) Beweiserleichterungen.** Dem AN können allerdings bei der Führung des Beweises des Gegenteils Erleichterungen durch eine abgestufte Verteilung der Darlegungs- und Beweislast (§ 138 II ZPO) zugutekommen.[39] Dies entspricht allgemeinen zivilprozessualen Grundsätzen, wonach die Gegenseite eine – sekundäre – Behauptungslast trifft, wenn die primär darlegungs- und beweisbelastete Partei außerhalb eines für ihren Anspruch erheblichen Geschehensablaufs steht, während die Gegenseite alle erforderlichen Tatsachen kennt und es ihr zumutbar ist, nähere Angaben zu machen. Hieraus folgt jedoch keine umfassende Verpflichtung des AG, die Betriebsbedingtheit der Kündigung substantiiert zu begründen. Es geht lediglich darum, die dem Interessenausgleich zugrunde liegende Betriebsänderung so weit zu verdeutlichen, dass der AN in die Lage versetzt wird, seiner primären Darlegungs- und Beweislast nachzukommen, mag dies auch weitere Recherchen seinerseits erfordern.[40] Die Vermutung der Betriebsbedingtheit der Kündigung ist erst widerlegt, wenn der AN dartut und ggf. beweist, dass das Beschäftigungsbedürfnis in Wirklichkeit nicht weggefallen ist.[41] Das Risiko der Nichterweislichkeit dieser tatsächlichen Umstände liegt damit beim AN. Der AN muss darlegen, dass entweder der Arbeitsplatz trotz der Betriebsänderung noch vorhanden ist oder er an anderer Stelle im Betrieb oder Unternehmen weiterbeschäftigt werden kann. Dabei sind nur Arbeitsplätze einzubeziehen, die sowohl frei als auch für ihn geeignet sind.[42]

9b **c) Beweis des Gegenteils.** Der Beweis des Gegenteils ist nach der Rechtsprechung des BAG beispielsweise geführt, wenn feststeht, dass unverändert Beschäftigungsbedarf besteht, der AN aber durch andere AN, beispielsweise durch einen Leiharbeitnehmer oder dadurch ersetzt worden ist, dass andere AN seine Tätigkeiten in überobligatorischer Art und Weise, etwa durch Überstunden, miterledigen.[43] Bestreitet der AN in erheblicher Weise, dass sich der BR im Rahmen der Verhandlungen mit Beschäftigungsmöglichkeiten in anderen Betrieben überhaupt befasst hat, und trägt er darüber hinaus konkrete Anhaltspunkte für solche Beschäftigungsmöglichkeiten vor, hat der AG, wenn er die Vermutungswirkung erhalten will, die Befassung der Betriebsparteien mit der Frage der Beschäftigungsmöglichkeiten in anderen Betrieben darzulegen und zu beweisen.[44] Im Falle eines Betriebsübergangs im Insolvenzverfahren erstreckt sich die Vermutung auch darauf, dass die Kündigung der Arbeitsverhältnisse nicht wegen des Betriebsübergangs erfolgt (§ 128 II InsO).[45]

IV. Eingeschränkte Überprüfung der sozialen Auswahl

10 **1. Grobe Fehlerhaftigkeit. a) Grundsätze.** Liegen die Voraussetzungen des § 1 V KSchG vor, kann die soziale Auswahl der AN gem. § 1 V 2 KSchG nur auf grobe Fehlerhaftigkeit über-

[36] BAG 27.9.2012 AP Nr. 24 zu § 1 KSchG 1969 Namensliste = NZA 2013, 559; 5.11.2009 AP Nr. 183 zu § 1 KSchG 1969 Betriebsbedingte Kündigung = NZA 2010, 457.
[37] BAG 27.9.2012 AP Nr. 24 zu § 1 KSchG 1969 Namensliste = NZA 2013, 559.
[38] BAG 27.9.2012 AP Nr. 24 zu § 1 KSchG 1969 Namensliste = NZA 2013, 559; 18.9.2008 – 2 AZR 1039/06.
[39] BAG 27.9.2012 AP Nr. 24 zu § 1 KSchG 1969 Namensliste = NZA 2013, 559; 15.12.2011 AP Nr. 21 zu § 1 KSchG 1969 Namensliste = NZA 2012, 1044.
[40] BAG 27.9.2012 AP Nr. 24 zu § 1 KSchG 1969 Namensliste = NZA 2013, 559.
[41] BAG 5.11.2009 AP Nr. 183 zu § 1 KSchG 1969 Betriebsbedingte Kündigung = NZA 2010, 457; 23.10.2008 AP Nr. 18 zu § 1 KSchG 1969 Namensliste.
[42] BAG 19.7.2012 AP Nr. 23 zu § 1 KSchG 1969 Namensliste = NZA 2013, 333.
[43] BAG 12.3.2009 AP Nr. 97 zu § 1 KSchG 1969 Soziale Auswahl = NZA 2009, 1023.
[44] BAG 6.9.2007 AP Nr. 170 zu § 1 KSchG 1969 Betriebsbedingte Kündigung = NZA 2008, 633.
[45] BAG 29.9.2005 AP Nr. 139 zu § 1 KSchG 1969 Betriebsbedingte Kündigung = NZA 2006, 720.

prüft werden. Hierdurch soll den Betriebspartnern ein weiter Spielraum bei der Sozialauswahl eingeräumt werden. Das Gesetz geht davon aus, dass u.a. durch die Gegensätzlichkeit der von den Betriebspartnern vertretenen Interessen und durch die auf beiden Seiten vorhandene Kenntnis der betrieblichen Verhältnisse gewährleistet ist, dass dieser Spielraum angemessen und vernünftig genutzt wird.[46] Die Beschränkung der Überprüfungsmöglichkeit bezieht sich nicht nur auf die Auswahlgesichtspunkte und deren Gewichtung. Darüber hinaus ist auch die Bildung der auswahlrelevanten Gruppe nur auf grobe Fehlerhaftigkeit zu überprüfen.[47] Gleiches gilt für die Überprüfung der Herausnahme von AN aus der Sozialauswahl nach § 1 III 2 KSchG.[48] Grob fehlerhaft ist eine soziale Auswahl, wenn mit Blick auf den klagenden AN ein evidenter, ins Auge springender schwerer Fehler vorliegt und der Interessenausgleich jede Ausgewogenheit vermissen lässt.[49] Dies ist zB anzunehmen, wenn bei der Bestimmung des Kreises vergleichbarer AN die Austauschbarkeit offensichtlich verkannt worden ist oder bei der Anwendung des Ausnahmetatbestandes des § 1 III 2 KSchG die betrieblichen Interessen augenfällig überdehnt worden sind.[50] Nicht entscheidend ist, dass das Auswahlverfahren zu beanstanden ist. Ein mangelhaftes Auswahlverfahren – etwa wegen einer fehlerhaften Altersgruppenbildung – kann zu einem richtigen – nicht grob fehlerhaften – Auswahlergebnis führen. Die getroffene Auswahl muss sich deshalb gerade mit Blick auf den klagenden AN im Ergebnis als grob fehlerhaft erweisen.[51]

b) Einzelheiten. Bei einem Interessenausgleich mit Namensliste kann sich zwar die Berücksichtigung von Unterhaltspflichten gegenüber Kindern auf diejenigen beschränken, die aus der Lohnsteuerkarte entnommen werden können. Die Verpflichtung zur Gewährung von Familienunterhalt nach § 1360 BGB darf hingegen nicht gänzlich außer Betracht bleiben.[52] Die fehlerhafte Annahme, eine Beschäftigungsfiliale sei ein eigenständiger Betrieb, führt noch nicht zu einer grob fehlerhaften Auswahl, wenn es hierfür gut nachvollziehbare und ersichtlich nicht auf Missbrauch zielende Gründe gibt.[53] Auch bei einem Interessenausgleich mit Namensliste ist bei der Überprüfung der konkreten Auswahlentscheidung zu beachten, dass diese nur dann grob fehlerhaft iSd § 1 V 2 KSchG ist, wenn sich ihr Ergebnis als grob fehlerhaft erweist.[54] Das setzt voraus, dass der vom gekündigten AN konkret gerügte Auswahlfehler tatsächlich vorliegt, also ein bestimmter mit dem Gekündigten vergleichbarer AN in dem nach dem Gesetz erforderlichen Maß weniger schutzbedürftig ist. Nicht maßgebend ist dagegen, ob das gewählte Auswahlverfahren beanstandungsfrei ist.[55] Auch ein mangelhaftes Auswahlverfahren kann zu einem richtigen – nicht grob fehlerhaften – Auswahlergebnis führen.[56] Eine Sozialauswahl ist nach Auffassung des BAG nicht grob fehlerhaft, wenn der Punkteabstand angesichts der zugrunde liegenden Daten marginal erscheint (hier: 56 Punkte für die klagende gekündigte AN, 54,75 für die Konkurrentin).[57] Treffen AG und GBR bei einer mehrere Betriebe erfassenden Betriebsänderung eine Auswahlentscheidung auch bezogen auf AN, in deren Betrieb keine Betriebsänderung stattfinden soll, beeinträchtigt dies nicht die Vermutungswirkung. Dies führt lediglich dazu, dass die in § 1 V KSchG vorgesehenen Rechtsfolgen für die diesen Betrieben zugehörigen AN nicht eingreifen.[58] 10a

[46] BAG 17.1.2008 AP Nr. 96 zu § 1 KSchG 1969 Soziale Auswahl = NZA-RR 2008, 571.

[47] BAG 15.12.2011 AP Nr. 21 zu § 1 KSchG 1969 Namensliste = NZA 2012, 1044; 10.6.2010 AP Nr. 98 zu § 1 KSchG 1969 Soziale Auswahl = NZA 2010, 1352.

[48] BAG 10.6.2010 AP Nr. 98 zu § 1 KSchG 1969 Soziale Auswahl = NZA 2010, 1352; ebenso zu § 125 InsO: BAG 28.8.2003 AP Nr. 1 zu § 125 InsO.

[49] Beispielhaft zu § 125 II Nr. 1 InsO BAG 19.12.2013 AP Nr. 13 zu § 125 InsO = NZA-RR 2014, 185; vgl. weiter BAG 27.9.2012 AP Nr. 24 zu § 1 KSchG 1969 Namensliste = NZA 2013, 559; 19.7.2012 AP Nr. 22 zu § 1 KSchG 1969 Namensliste = NZA 2013, 86; 15.12.2011 AP Nr. 21 zu § 1 KSchG 1969 Namensliste = NZA 2012, 1044; 5.11.2009 AP Nr. 183 zu § 1 KSchG 1969 Betriebsbedingte Kündigung = NZA 2010, 457; 23.10.2008 AP Nr. 18 zu § 1 KSchG 1969 Namensliste.

[50] BAG 20.9.2006 NZA 2007, 387.

[51] BAG 19.7.2012 AP Nr. 22 zu § 1 KSchG 1969 Namensliste = NZA 2013, 86; ebenso zu § 125 I Nr. 2 InsO BAG 19.12.2013 AP Nr. 13 zu § 125 InsO = NZA-RR 2014, 185.

[52] Vgl. BAG 28.6.2012 AP Nr. 9 zu § 125 InsO = NZA 2012, 1090.

[53] BAG 20.9.2012 AP Nr. 11 zu § 125 InsO = NZA 2013, 94; 3.4.2008 AP Nr. 17 zu § 1 KSchG 1969 Namensliste = NZA 2008, 1060.

[54] BAG 20.9.2012 AP Nr. 11 zu § 125 InsO = NZA 2013, 94; 19.7.2012 AP Nr. 23 zu § 1 KSchG 1969 Namensliste = NZA 2013, 333.

[55] BAG 27.9.2012 AP Nr. 24 zu § 1 KSchG 1969 Namensliste = NZA 2013, 559.

[56] BAG 10.6.2010 AP Nr. 98 zu § 1 KSchG 1969 Soziale Auswahl = NZA 2010, 1352.

[57] BAG 17.1.2008 AP Nr. 96 zu § 1 KSchG 1969 Soziale Auswahl = NZA-RR 2008, 571; ebenso BAG 18.10.2012 AP Nr. 195 zu § 1 KSchG 1969 Betriebsbedingte Kündigung = NZA-RR 2013, 68; 10.6.2010 AP Nr. 98 zu § 1 KSchG 1969 Soziale Auswahl = NZA 2010, 1352.

[58] BAG 19.7.2012 AP Nr. 23 zu § 1 KSchG 1969 Namensliste = NZA 2013, 333.

11 **2. Auskunftsanspruch des Arbeitnehmers.** Auch wenn ein AN in eine Namensliste gem. § 1 V KSchG aufgenommen worden ist, besteht die Auskunftspflicht nach § 1 III 1 Hs. 2 KSchG. Der AG hat danach dem AN auf dessen Verlangen die Gründe mitzuteilen, die ihn zu der getroffenen sozialen Auswahl geführt haben. Die sich aus der Mitteilungspflicht ergebende Vortragslast des AG ist allerdings grundsätzlich auf die subjektiven, von ihm tatsächlich angestellten Auswahlüberlegungen beschränkt. Der AN hat keinen Anspruch auf die vollständige Auflistung der Sozialdaten aller objektiv vergleichbaren AN.[59] Erst nach Erfüllung der Auskunftspflicht trägt der AN die volle Darlegungslast für die Fehlerhaftigkeit der Sozialauswahl (dazu → § 135 Rn. 48 ff.).[60] Kommt der AG dem Auskunftsverlangen des AN nicht nach, ist die Kündigung sozialwidrig und damit unwirksam.[61] Bietet die Auskunft des AG Anhaltspunkte dafür, dass er die Sozialauswahl – bei Berücksichtigung des Vortrags des AN – grob fehlerhaft nicht auf vergleichbare AN erstreckt hat, und legt der gekündigte AN nachvollziehbar dar, gerade hieraus ergebe sich die grobe Fehlerhaftigkeit der sozialen Auswahl, wird die aus § 1 III 1 Hs. 2 KSchG folgende materielle Mitteilungspflicht des AG durch die prozessuale Erklärungspflicht nach § 138 ZPO ergänzt.[62] Ihn trifft dann die Obliegenheit, seinen Vortrag weiter zu substantiieren. Anderenfalls ist der dem Kenntnisstand des AN entsprechende und ihm konkreter nicht mögliche Vortrag, soziale Gesichtspunkte seien in grob fehlerhafter Weise unberücksichtigt geblieben, als unstreitig anzusehen.

11a **3. Rechtsfolgen der groben Fehlerhaftigkeit.** Ist das dem Interessenausgleich zugrunde liegende Punktesystem grob fehlerhaft (dazu → § 135 Rn. 43), wird hierdurch nicht die gesetzliche Vermutung der Betriebsbedingtheit der Kündigung nach § 1 V 1 KSchG beseitigt. Ein solcher Verstoß kann allenfalls zur groben Fehlerhaftigkeit der Sozialauswahl führen. Er hat aber nicht die „Unwirksamkeit" der Namensliste und des Interessenausgleichs insgesamt zur Folge, weil er nichts daran ändert, dass die Betriebsparteien ein geringeres Arbeitsvolumen erkannt und für die in dem Interessenausgleich vorgesehene Anzahl von Entlassungen einen betriebsbedingten Grund angenommen haben.[63]

V. Betriebsratsanhörung

12 Beim Vorliegen eines Interessenausgleichs mit Namensliste gem. § 1 V KSchG ist nach § 102 BetrVG eine Betriebsratsanhörung erforderlich (dazu → § 124 Rn. 29).

VI. Wesentliche Änderung der Sachlage

13 Die Vermutung der Betriebsbedingtheit der Kündigung und der geänderte Prüfungsmaßstab für die Sozialauswahl nach § 1 V 3 KSchG kommen nur dann nicht zur Anwendung, wenn sich die Sachlage nach dem Zustandekommen des Interessenausgleichs so wesentlich geändert hat, dass von einem Wegfall der Geschäftsgrundlage (§ 313 BGB) auszugehen ist.[64] Maßgebender Zeitpunkt für die Beurteilung der wesentlichen Änderung ist der Kündigungszeitpunkt. Wesentlich ist die Änderung dann, wenn nicht ernsthaft bezweifelt werden kann, dass beide Betriebsparteien oder eine von ihnen den Interessenausgleich in Kenntnis der späteren Änderung nicht oder mit anderem Inhalt geschlossen hätten. Dies ist etwa der Fall, wenn sich nachträglich ergibt, dass keine oder eine andere Betriebsänderung durchgeführt werden soll oder dass die Anzahl der mit ihr verbundenen Kündigungen erheblich verringert werden soll.[65] Eine geringfügige Veränderung genügt nicht.[66] Führt das freiwillige Ausscheiden von AN nach Abschluss eines Interessenausgleichs mit Namensliste dazu, dass Kündigungen einzelner, in der Namensliste aufgeführter AN vermieden werden, liegt darin keine wesentliche Änderung der Sachlage iSv § 1 V 3 KSchG.[67] Dies gilt insbesondere,

[59] BAG 27.9.2012 AP Nr. 24 zu § 1 KSchG 1969 Namensliste = NZA 2013, 559.
[60] BAG 21.2.2002 EzA Nr. 10 zu § 1 KSchG Interessenausgleich; 10.2.1999 AP Nr. 40 zu § 1 KSchG 1969 Soziale Auswahl = NZA 1999, 702.
[61] BAG 22.1.2004 AP Nr. 1 zu § 112 BetrVG 1972 Namensliste.
[62] BAG 27.9.2012 AP Nr. 24 zu § 1 KSchG 1969 Namensliste = NZA 2013, 559.
[63] BAG 10.6.2010 AP Nr. 98 zu § 1 KSchG 1969 Soziale Auswahl = NZA 2010, 1352; 5.11.2009 AP Nr. 183 zu § 1 KSchG 1969 Betriebsbedingte Kündigung = NZA 2010, 457; 12.3.2009 AP Nr. 97 zu § 1 KSchG 1969 Soziale Auswahl = NZA 2009, 1023.
[64] BAG 12.3.2009 AP Nr. 97 zu § 1 KSchG 1969 Soziale Auswahl = NZA 2009, 1023.
[65] BAG 28.6.2012 NZA 2012, 1029.
[66] BAG 23.10.2008 AP Nr. 18 zu § 1 KSchG 1969 Namensliste; 22.1.2004 AP Nr. 1 zu § 112 BetrVG 1972 Namensliste.
[67] BAG 28.6.2012 NZA 2012, 1029 (4 Eigenkündigungen bei 44 Personen auf der Namensliste).

wenn die Betriebsparteien hierfür bei Abschluss des Interessenausgleichs eine Regelung vorgesehen haben.[68]

§ 137. Änderungskündigung

Übersicht

I. Überblick

1. Begriff und Abgrenzung. Nach § 2 KSchG liegt eine Änderungskündigung vor, wenn der AG das Arbeitsverhältnis kündigt und im Zusammenhang mit der Kündigung die Fortsetzung des Arbeitsverhältnisses zu geänderten Bedingungen anbietet. Die Änderungskündigung ist daher ein aus zwei Willenserklärungen zusammengesetztes Rechtsgeschäft.[1] Sie enthält eine Kündigung des Arbeitsverhältnisses sowie das Angebot zur Fortsetzung des Arbeitsverhältnisses zu geänderten Bedingungen.[2] Eine Änderungskündigung ist sozial gerechtfertigt, wenn sie durch Gründe iSd § 1 II KSchG bedingt ist und das Änderungsangebot des AG sich darauf beschränkt, solche Änderungen vorzusehen, die der AN billigerweise hinnehmen muss (→ Rn. 36 f.). Eine Änderungskündigung ist wegen der mit ihr verbundenen Bestandsgefährdung unverhältnismäßig, wenn die erstrebte Änderung der Beschäftigungsbedingungen durch Ausübung des Weisungsrechts des AG gem. § 106 GewO möglich ist (→ Rn. 8 f.).[3] Kommt es im Arbeitsverhältnis zu Veränderungen, die so erheblich sind, dass sie für eine Störung oder den **Wegfall der Geschäftsgrundlage** (§ 313 BGB) herangezogen werden könnten, sind diese im Rahmen der §§ 2, 1 KSchG zu würdigen. § 2 KSchG ist gegenüber einer Vertragsanpassung nach § 313 BGB lex specialis.[4] Bei einer **Teilkündigung** werden einzelne Vertragsbedingungen gekündigt. Solche Teilkündigungen sind grundsätzlich unzulässig, weil sie das vereinbarte Ordnungs- und Äquivalenzgefüge des Vertrags zerstören. Die einzelnen Teile eines Arbeitsvertrags stehen in einem inneren Zusam- 1

[68] BAG 12.3.2009 AP Nr. 97 zu § 1 KSchG 1969 Soziale Auswahl = NZA 2009, 1023.
[1] BAG 16.9.2004 AP Nr. 78 zu § 2 KSchG 1969 = NZA 2005, 635.
[2] BAG 22.10.2015 AP Nr. 166 zu § 2 KSchG 1969 = NZA 2016, 225.
[3] BAG 22.9.2016 AP Nr. 169 zu § 2 KSchG 1969 = NZA 2016, 1461.
[4] BAG 5.6.2014 AP Nr. 161 zu § 2 KSchG 1969 = NZA 2015, 40; 8.10.2009 AP Nr. 143 zu § 2 KSchG 1969 = NZA 2010, 465.

menhang und in Wechselwirkungen.[5] Anderes gilt, wenn die Parteien eine Abrede über die gesonderte **Kündbarkeit einer Pauschalierungsvereinbarung** zur Zahlung einer Zulage getroffen haben. In diesem Fall bleibt auch nach der Kündigung das (ursprüngliche) Äquivalenzgefüge des Arbeitsverhältnisses unverändert. Hierdurch wird nicht ein eigenständiger Entgeltbestandteil und damit die Hauptleistungspflicht des AG selbst einer einseitigen Abänderbarkeit unterworfen, sondern lediglich eine Erfüllungsmodalität ausgestaltet.[6] Wird ein AN zum **Datenschutzbeauftragten** bestellt, liegt dem regelmäßig die Vereinbarung der Arbeitsvertragsparteien zugrunde, dass die Wahrnehmung des Amtes und die damit verbundene Tätigkeit Teil der vertraglich geschuldeten Leistung sein sollen. Mit der Abberufung nach § 6 IV 1 BDSG ist die Tätigkeit nicht mehr Bestandteil der vertraglich geschuldeten Leistung. Damit entfällt insoweit der arbeitsvertragliche Beschäftigungsanspruch. Einer Teilkündigung bedarf es dann nicht mehr.[7]

2 **2. Verknüpfung von Kündigung und Änderungsangebot.** Die Kündigung und das Änderungsangebot können auf verschiedene Weise miteinander verknüpft werden. Der AG kann eine unbedingte Kündigung erklären und daneben die Fortsetzung des Arbeitsverhältnisses zu geänderten Bedingungen anbieten. Er kann auch eine bedingte Kündigung aussprechen, wobei die Bedingung in der Ablehnung des Änderungsangebots durch den AN liegt.[8] Hierbei handelt es sich um eine zulässige **Potestativbedingung,** weil der Eintritt der Bedingung vom Willen des Kündigungsempfängers abhängt.[9] Auch wenn die Änderungskündigung im Ergebnis lediglich auf eine Änderung der Vertragsbedingungen zielt, handelt es sich bei ihr doch wegen der mit ihr verbundenen Kündigungserklärung um eine „echte" Kündigung. Diese unterliegt allen **formalen Anforderungen,** die an die Wirksamkeit einer Kündigung zu stellen sind (→ Rn. 12, 24a). Die jeweiligen Vorgaben muss der AG vor Zugang der Kündigungserklärung und unabhängig von einer Ablehnung oder (Vorbehalts-)Annahme des Änderungsangebots beachten (→ Rn. 8 f.).[10]

3 **3. Änderungskündigung vor Beendigungskündigung. a) Grundsatz.** Aus dem Verhältnismäßigkeitsgrundsatz folgt der Vorrang der Änderungskündigung vor der Beendigungskündigung. Soweit die Möglichkeit einer Weiterbeschäftigung zu geänderten – gleichwertigen oder verschlechterten – Arbeitsbedingungen besteht, hat der AG anstelle einer Beendigungskündigung eine Änderungskündigung auszusprechen. Zur Reichweite der Weiterbeschäftigungspflicht im Unternehmen bzw. Konzern, im Gemeinschaftsbetrieb und im öffentlichen Dienst auf „freien" Arbeitsplätzen → § 134 Rn. 16 ff. Nach früherer Auffassung des BAG hatte der AG dem AN vor Ausspruch der Beendigungskündigung ein bestimmtes Änderungsangebot zu unterbreiten.[11] Davon ist das BAG inzwischen abgerückt. Zu Recht geht es nunmehr davon aus, dass der AG nicht verpflichtet ist, in jedem Fall mit dem AN eine einvernehmliche Lösung zu suchen. Der AG kann vielmehr auch ohne vorherige Verhandlungen mit dem AN direkt eine Änderungskündigung aussprechen.[12] Damit sind vor Ausspruch der Änderungskündigung Gespräche zwischen AG und AN mit dem Ziel einer einvernehmlichen Vertragsänderung selbstverständlich nicht ausgeschlossen, sie sind lediglich nicht notwendige Voraussetzung einer wirksamen Kündigung. Erklärt der AN sein Einverständnis mit den neuen Bedingungen vor Ausspruch der Kündigung unter Vorbehalt, muss der AG eine Änderungskündigung erklären.

4 **b) Ablehnung des Angebots.** Bei einer Ablehnung des Angebots kommt kein Änderungsvertrag zustande. Der AG muss dann vor einer Beendigungskündigung keine Änderungskündigung aussprechen, wenn die Ablehnung vorbehaltlos und endgültig erfolgt ist. Hierzu muss der AN unmissverständlich zu erkennen geben, dass er unter keinen Umständen – auch nicht unter dem Vorbehalt der sozialen Rechtfertigung – bereit sei, zu den geänderten Arbeitsbedingungen zu arbei-

[5] BAG 23.3.2011 AP Nr. 3 zu § 4f BDSG; 29.9.2010 AP Nr. 2 zu § 4f BDSG; 13.3.2007 AP Nr. 1 zu § 4f BDSG.

[6] BAG 18.5.2017 AP Nr. 11 zu § 308 BGB = NZA 2017, 1195.

[7] BAG 23.3.2011 AP Nr. 3 zu § 4f BDSG = NZA 2011, 1036; 29.9.2010 AP Nr. 2 zu § 4f BDSG = NZA 2011, 151.

[8] BAG 27.9.2001 EzA Nr. 44 zu § 1 TVG; APS/*Künzl* KSchG § 2 Rn. 12; KR/*Kreft* KSchG § 2 Rn. 15.

[9] Dazu BAG 10.11.1994 AP Nr. 24 zu § 9 KSchG 1969 = NZA 1995, 309.

[10] BAG 22.10.2015 AP Nr. 166 zu § 2 KSchG 1969 = NZA 2016, 225.

[11] BAG 27.9.1984 AP Nr. 8 zu § 2 KSchG 1969 = NZA 1985, 455.

[12] Vgl. BAG 21.4.2005 AP Nr. 79 zu § 2 KSchG 1969 = NZA 2005, 1289; zust. iErg auch *Annuß* NZA 2005, 443; ErfK/*Oetker* KSchG § 2 Rn. 4; KR/*Kreft* KSchG § 2 Rn. 24 ff.; SPV Kündigung/*Preis* Rn. 1295.

ten.[13] Allein die Ablehnung eines der Kündigung vorangegangenen Angebots auf einvernehmliche Abänderung des Arbeitsverhältnisses durch den AN soll den AG jedoch nach Auffassung des BAG noch nicht von der Verpflichtung zum Ausspruch einer Änderungskündigung entbinden.[14] Damit überspannt das BAG indes die Anforderungen. Wenn der AN ein ihm unterbreitetes Angebot unter dem Vorbehalt der sozialen Rechtfertigung annehmen will, hat er dies zum Ausdruck zu bringen. Dafür ist ausreichend aber auch erforderlich, dass der AN deutlich macht, das Änderungsangebot gerichtlich überprüfen lassen zu wollen. Daran fehlt es jedoch, wenn er das Änderungsangebot ablehnt und ein Gegenangebot macht (§ 150 II BGB).[15] Unterbreitet der AG dem AN vor Ausspruch der Kündigung ein Änderungsangebot, wird er bei Beachtung der Auffassung des BAG nunmehr sicherheitshalber im Falle der Ablehnung vom AN die ausdrückliche Erklärung verlangen, das Angebot auch keinesfalls unter Vorbehalt annehmen zu wollen.[16]

c) Zumutbarkeit. Der AG hat dem AN zumutbare Weiterbeschäftigungsangebote zu machen. 5
Über die Zumutbarkeit hat grundsätzlich der AN zu entscheiden. Das Angebot darf nach Auffassung des BAG nur in Extremfällen entfallen (zB Angebot einer Pförtnerstelle an den bisherigen Personalchef), dh wenn der AG bei vernünftiger Betrachtung nicht mit einer Annahme des neuen Vertragsangebots durch den AN rechnen konnte und ein derartiges Angebot geradezu beleidigenden Charakter haben würde. Wenn dem AN eine Tätigkeit auf dem freien Arbeitsplatz nicht schlechthin unzumutbar ist, soll grundsätzlich er selbst entscheiden können, ob er eine Weiterbeschäftigung unter veränderten, möglicherweise erheblich schlechteren Arbeitsbedingungen akzeptiert oder nicht.[17] Eine solche Situation könne unter Umständen gegeben sein, wenn der betroffene AN so weit in der Personalhierarchie zurückgestuft würde, dass viele seiner bisher Untergebenen ihm nunmehr Weisungen erteilen könnten.[18] Deshalb dürfe etwa das Angebot einer Teilzeitbeschäftigung, wenn es die einzige Alternative zu einer Beendigungskündigung darstelle, nicht mit der Begründung unterbleiben, mit dem verbleibenden Einkommen könne der AN seine Familie nicht ernähren.[19] Gegen diese Rechtsprechung bestehen Bedenken, weil das BAG die Pflicht, Weiterbeschäftigungsmöglichkeiten anzubieten, nicht konsequent am Verhältnismäßigkeitsgrundsatz misst, sondern allgemeine Zumutbarkeitsüberlegungen anstellt.[20] Der Verhältnismäßigkeitsgrundsatz bestimmt jedoch Inhalt und Grenzen der Weiterbeschäftigungspflicht. Die Änderungen müssen daher geeignet sein, den Inhalt des Arbeitsvertrags den geänderten Beschäftigungsmöglichkeiten anzupassen. Das ist anzunehmen, wenn der AN persönlich und fachlich in der Lage ist, die geänderten Arbeitsaufgaben zu erledigen. Hierfür sind neben „harten“ Faktoren, wie beispielsweise Ausbildung und besondere arbeitsplatzbezogene Kenntnisse und Fähigkeiten, auch „weiche“ Faktoren von Bedeutung. Die Geeignetheit einer Weiterbeschäftigungsmöglichkeit ist objektiv zu bestimmen. Dieser Prüfungsmaßstab wird verlassen, wenn der Umfang der Weiterbeschäftigungsmöglichkeiten allein davon abhängig gemacht wird, ob sich der AN die geänderten Arbeitsbedingungen subjektiv zumuten möchte oder nicht.

d) Ungeeignete Weiterbeschäftigungsmöglichkeiten. Eine vorhandene Weiterbeschäfti- 6
gungsmöglichkeit wird regelmäßig ungeeignet sein, wenn ein vormals leitender Mitarbeiter, zB Bereichsleiter, nur noch als Sachbearbeiter tätig sein könnte und ehemals untergebene Abteilungs- und Teamleiter nunmehr direkte Vorgesetzte wären. Hier sind Konflikte vorprogrammiert. Ein ehemaliger Vorgesetzter wird sich nicht ohne Weiteres Weisungen vormals untergebener Mitarbeiter unterwerfen.[21] Ein freier Arbeitsplatz mit geänderten Arbeitsbedingungen wird allerdings in der Regel dann als objektiv geeignet anzusehen sein, wenn damit eine erheblich geringere Vergütung und eine verkürzte Wochenarbeitszeit verbunden sind, sofern der AN die

[13] BAG 21.4.2005 AP Nr. 79 zu § 2 KSchG 1969 = NZA 2005, 1289; bestätigt durch BAG 3.4.2008 AP Nr. 137 zu § 2 KSchG 1969 = NZA 2008, 812.

[14] BAG 21.4.2005 AP Nr. 79 zu § 2 KSchG 1969 = NZA 2005, 1289.

[15] Krit. zur Rspr. insoweit auch *Annuß/Bartz* NJW 2006, 2153 (2154); *Bauer/Winzer* BB 2006, 266 (268); *Berkowsky* NZA 2006, 697 (700).

[16] *Annuß/Bartz* NJW 2006, 2153 (2154); *Bauer/Winzer* BB 2006, 266 (268).

[17] BAG 8.5.2014 NZA 2014, 1200; 29.8.2013 AP Nr. 202 zu § 1 KSchG 1969 Betriebsbedingte Kündigung = NZA 2014, 730.

[18] BAG 21.9.2006 AP Nr. 130 zu § 2 KSchG 1969 = NZA 2007, 431; 21.4.2005 AP Nr. 79 zu § 2 KSchG 1969 = NZA 2005, 1289.

[19] BAG 21.4.2005 AP Nr. 79 zu § 2 KSchG 1969 = NZA 2005, 1289; 22.9.2005 AP Nr. 10 zu § 81 SGB IX = NZA 2006, 486.

[20] Krit. hierzu auch *Annuß/Bartz* NJW 2006, 2153 (2155); *Bauer/Winzer* BB 2006, 266 (267 f.); *Schrader/Straube* DB 2006, 1678 f.; *Wank* Anm. zu BAG AP Nr. 79 zu § 2 KSchG 1969.

[21] *Annuß/Bartz* NJW 2006, 2153 (2155); *Bauer/Winzer* BB 2006, 266 (267 f.); krit. auch *Wank* Anm. zu BAG AP Nr. 79 zu § 2 KSchG 1969.

„harten" und „weichen" Eignungsanforderungen erfüllt. Allein ein geringeres Einkommen, bedingt durch kürzere Arbeitszeit und niedrigere Stundenvergütung, schließt die objektive Eignung noch nicht aus. Entgegen der Auffassung des BAG ist hierfür allerdings nicht maßgebend, dass allein der AN beurteilen könne, ob die Möglichkeit eines Zuverdienstes bestehe oder ob eine Teilzeitbeschäftigung seinen Interessen entgegenkomme.[22] Entscheidend ist vielmehr, dass eine Weiterbeschäftigung zu geänderten Arbeitsbedingungen mit einer geringeren Vergütung objektiv geeignet ist, den Inhalt des Arbeitsverhältnisses den geänderten Beschäftigungsmöglichkeiten anzupassen, sofern die neue Tätigkeit keine erhebliche Änderung der Unterstellungsverhältnisse zur Folge hat und deshalb wegen der damit einhergehenden Spannungen ungeeignet ist.[23]

7 **e) Mehrere geeignete Weiterbeschäftigungsmöglichkeiten.** Bestehen mehrere geeignete Weiterbeschäftigungsmöglichkeiten, hat der AG dem AN grundsätzlich den Arbeitsplatz anzubieten, dessen Arbeitsbedingungen sich am wenigsten weit von den bisherigen entfernen. Nur dann ist das konkrete Änderungsangebot erforderlich.[24] Ist die Bewertung der Arbeitsplätze nicht eindeutig, ist es Sache des AN zu entscheiden, welche der Tätigkeiten für ihn in Betracht kommt. Der AG kann in diesem Fall eine Änderungskündigung aussprechen und dem AN dabei alternativ und jeweils für sich betrachtet hinreichend bestimmt die in Betracht kommenden Beschäftigungsmöglichkeiten anbieten. Es ist dann Sache des AN, sich für eine der Varianten zu entscheiden.[25]

7a **f) Auswahlentscheidung.** Sind von einer Organisationsmaßnahme des AG mehrere vergleichbare AN betroffen und beabsichtigt der AG Änderungskündigungen auszusprechen, hat er nach Maßgabe von § 1 III KSchG eine Sozialauswahl vorzunehmen, wenn mehrere AN um eine geringere Anzahl günstigerer Beschäftigungsmöglichkeiten konkurrieren, und danach zu entscheiden, welchen AN er auf den jeweiligen freien Arbeitsplätzen weiterbeschäftigt. Insoweit gelten die gleichen Grundsätze wie bei der Beendigungskündigung (→ § 134 Rn. 24). Liegen beispielsweise aufgrund der Stilllegung eines Betriebsteils an sich Gründe für eine Änderungskündigung vor und stehen für eine Weiterbeschäftigung der betroffenen AN freie Arbeitsplätze an anderen Orten zur Verfügung, die vom bisherigen Arbeitsort räumlich unterschiedlich weit entfernt liegen, hat der AG, wenn die Zahl der am näher gelegenen Arbeitsort zur Verfügung stehenden Arbeitsplätze geringer als die Zahl der insgesamt zu versetzenden AN ist, im Rahmen einer sozialen Auswahl analog § 1 III KSchG zu entscheiden, welchem AN er die Weiterbeschäftigung an dem näher gelegenen Ort anbietet. Diese Grundsätze sind auch anzuwenden, wenn der AG AN vor Ausspruch einer Änderungskündigung die einvernehmliche Versetzung auf einen der freien Arbeitsplätze anbietet.[26] In Zweifelsfällen empfiehlt sich auch eine Änderungskündigung mit Alternativangeboten.[27]

8 **4. Änderungskündigung und Direktionsrecht. a) Ablehnung des Angebots.** Nach dem im Kündigungsschutzrecht geltenden Grundsatz der Verhältnismäßigkeit darf der AG erst dann eine Änderungskündigung aussprechen, wenn keine Möglichkeit besteht, die beabsichtigte Änderung mit weniger einschneidenden Mitteln zu erreichen. Sofern der AG daher seinen Änderungswunsch auch durch Ausübung seines Direktionsrechts umsetzen kann, verstößt er gegen den Grundsatz der Verhältnismäßigkeit, wenn er stattdessen eine Änderungskündigung erklärt. Eine solche Änderungskündigung ist wegen der damit verbundenen Bestandsgefährdung unwirksam, wenn der AN das Änderungsangebot nicht unter Vorbehalt annimmt.[28]

9 **b) Annahme unter Vorbehalt.** Spricht der AG eine Änderungskündigung aus, obwohl die von ihm angestrebte Änderung der Tätigkeit im Wege des Weisungsrechts durchzusetzen gewesen wäre, führt das nach tradierter Auffassung des BAG nicht zur Unwirksamkeit der Änderungskündigung, wenn der AN das Änderungsangebot unter Vorbehalt annimmt.[29] Die Änderungs-

[22] BAG 21.4.2005 AP Nr. 80 zu § 2 KSchG 1969 = NZA 2005, 1294.
[23] AA insoweit *Bauer/Winzer* BB 2006, 266 (267 f.).
[24] BAG 22.9.2005 AP Nr. 10 zu § 81 SGB IX = NZA 2006, 486; zur außerordentlichen Änderungskündigung BAG 17.3.2005 AP Nr. 58 zu § 15 KSchG 1969 = NZA 2005, 949.
[25] Vgl. dazu BAG 28.10.1999 AP Nr. 44 zu § 15 KSchG 1969 = NZA 2000, 825.
[26] BAG 12.8.2010 NZA 2011, 460; angedeutet in BAG 21.9.2000 AP Nr. 111 zu § 1 KSchG 1969 Betriebsbedingte Kündigung = NZA 2001, 535 und BAG 22.9.2005 AP Nr. 59 zu § 15 KSchG 1969 = NZA 2006, 558.
[27] Sehr anschaulich hierzu *Bauer/Winzer* BB 2006, 266 (271 f.); vgl. dazu auch *Kock* NJW 2006, 728.
[28] BAG 22.9.2016 AP Nr. 169 zu § 2 KSchG 1969 = NZA 2016, 1461; 6.9.2007 AP Nr. 135 zu § 2 KSchG 1969 = NZA-RR 2008, 291.
[29] Sehr instruktiv hierzu *Niemann* RdA 2016, 339.

kündigung sei nicht wegen eines Verstoßes gegen den Grundsatz der Verhältnismäßigkeit unwirksam. Zwar sei an sich eine überflüssige Änderungskündigung wegen der damit verbundenen Bestandsgefährdung unverhältnismäßig mit der Folge der Unwirksamkeit. Bei Annahme des mit der Änderungskündigung verbundenen Angebots unter Vorbehalt führe eine **„überflüssige" Änderungskündigung** jedoch nicht zur Unwirksamkeit der Änderung der Arbeitsbedingungen wegen eines Verstoßes gegen den Grundsatz der Verhältnismäßigkeit, weil Streitgegenstand der Änderungsschutzklage nicht eine mögliche Beendigung des Arbeitsverhältnisses sei, sondern dessen inhaltliche Ausgestaltung. Unverhältnismäßig könne jedoch nur das Element der Kündigung sein, nicht dagegen das mit der Kündigung verbundene Änderungsangebot.[30] Hiergegen spricht jedoch, dass sich die Wirksamkeit einer Änderungskündigung nach den Verhältnissen zum Zeitpunkt des Zugangs der Kündigung beurteilt. Die aufgezeigte Rechtsprechung des BAG führt zu dem merkwürdigen Ergebnis, dass dieselbe Änderungskündigung als wirksam oder unwirksam behandelt wird, je nachdem, ob der AN das Änderungsangebot ablehnt oder unter Vorbehalt annimmt.[31] Hinzu kommt, dass nach dieser Rechtsprechung im Falle der Annahme des Änderungsangebots unter Vorbehalt der gesamte Sonderkündigungsschutz unbeachtlich bliebe und es nur auf die Billigkeit des Änderungsangebots ankäme (dazu → Rn. 36).[32] Andererseits und damit nicht recht harmonierend hat das BAG die Frage, ob die Änderungskündigung eine „Entlassung" iSd § 17 I KSchG ist, unabhängig davon, ob der AN einen Vorbehalt erklärt oder nicht, neuerdings bejaht und in diesem Zusammenhang ausgeführt, der AN könne sich auch in diesem Fall im Änderungsschutzprozess darauf berufen, die Änderung der Vertragsbedingungen sei schon aus einem anderen Grund als dem ihrer Sozialwidrigkeit unwirksam (→ § 142 Rn. 8).[33] Seit Ende 2015 geht der Zweite Senat des BAG davon aus, dass der AN auch bei einer Annahme des Änderungsangebots unter Vorbehalt – für den redlichen AG erkennbar – nicht darauf verzichtet, andere Unwirksamkeitsgründe iSv § 4 S. 2 Alt. 2 KSchG geltend zu machen. Damit kommt er nunmehr zu dem zutreffenden Ergebnis, dass einer Klage gegen die Wirksamkeit einer Änderungskündigung „bei einem Fehler in der Kündigungserklärung", wie er bei einem Verstoß gegen § 102 BetrVG vorliegt, regelmäßig auch dann stattzugeben ist, wenn der AN das Änderungsangebot unter Vorbehalt angenommen hat und die Kündigung „überflüssig" war. In einem solchen Fall solle die im Gesetz angelegte Urteilsformel mit Blick auf die Entscheidungsgründe und um der Klarstellung willen lauten: „Es wird festgestellt, dass die Änderungskündigung (des AG) vom (…) rechtsunwirksam ist."[34]

c) Bedingte Änderungskündigung. Ein weiterer Ansatz zur Auflösung des Spannungsverhältnisses zwischen Änderungskündigung und Direktionsrecht setzt bei der Auslegung der Erklärungen des AG an. Sei sich der AG nicht sicher, ob nach den arbeitsvertraglichen Vereinbarungen eine Versetzung im Wege des Direktionsrechts möglich ist oder nicht, könne er die Änderungskündigung nur für den Fall erklären, dass die zuvor oder zeitgleich erfolgte einseitige Versetzung im Wege des Direktionsrechts nicht möglich ist. In diesem Fall sei die „vorsorglich" erklärte Änderungskündigung dadurch auflösend bedingt, dass es für die Versetzung einer Änderung der Vertragsbedingungen nicht bedürfe. Hierbei handele es sich um eine zulässige auflösende Rechtsbedingung.[35] Wendet sich der AN in einer solchen Situation gerichtlich sowohl gegen die Ausübung des Direktionsrechts durch den AG als auch gegen die auf dasselbe Ziel gerichtete „vorsorgliche" Änderungskündigung, kann er nach Auffassung des BAG neben einem auf Feststellung der Unwirksamkeit der Versetzung gerichteten Antrag den zur Wahrung der Dreiwochenfrist erforderlichen Änderungsschutzantrag gem. § 4 S. 2 KSchG unter der auflösenden Bedingung stellen, dass es nach Auffassung des Gerichts keiner Vertragsänderung für die vom AG angestrebte Versetzung bedurfte. Mit der Entscheidung des Gerichts, ein solcher Hilfsantrag 9a

[30] BAG 19.7.2012 AP Nr. 155 zu § 2 KSchG 1969 = NZA 2012, 1038; 23.2.2012 AP Nr. 154 zu § 2 KSchG 1969; 26.1.2012 AP Nr. 153 zu § 2 KSchG 1969 = NZA 2012, 856; 29.9.2011 AP Nr. 152 zu § 2 KSchG 1969 = NZA 2012, 628; offengelassen von BAG 6.9.2007 AP Nr. 135 zu § 2 KSchG 1969 = NZA-RR 2008, 291; zust. ErfK/*Oetker* KSchG § 2 Rn. 14a f.; eingehend *Oetker* Anm. zu BAG AP Nr. 222 zu § 626 BGB.

[31] *Preis* NZA 2015, 1 (8).

[32] So offenbar BAG 19.7.2012 AP Nr. 155 zu § 2 KSchG 1969 = NZA 2012, 1038; anders offenbar nunmehr BAG 22.10.2015 AP Nr. 166 zu § 2 KSchG 1969 = NZA 2016, 225; mit Recht krit. LSSW/*Wertheimer* KSchG § 2 Rn. 113; *Preis* NZA 2015, 1 (9); abl. auch *Berkowsky* NZA-RR 2003, 449 (455); LKB/*Krause* KSchG § 2 Rn. 90; APS/*Künzl* KSchG § 2 Rn. 118; *Preis/Schneider* FS v. Hoyningen-Huene, 2014, 395 (400 ff.); *Reuter/Sagan/Witschen* NZA 2013, 935; diff. *Hromadka* NZA 2012, 896.

[33] BAG 20.2.2014 AP Nr. 46 zu § 17 KSchG 1969 = NZA 2014, 1069.

[34] BAG 22.10.2015 AP Nr. 166 zu § 2 KSchG 1969 = NZA 2016, 225.

[35] BAG 17.12.2015 AP Nr. 84 zu § 4 KSchG 1969 mAnm *Benecke* = NZA 2016, 568.

sei ihm nicht zur Entscheidung angefallen, weil die auflösende Bedingung, unter der er gestellt war, eingetreten sei, sei die der Rechtskraft iSd § 322 I ZPO fähige Feststellung verbunden, es habe für die vom AG mit der Änderungskündigung angestrebte Änderung keiner Vertragsänderung bedurft.[36] Probleme bereitet dieses Vorgehen freilich, wenn sich der AN in zwei getrennten Verfahren vor verschiedenen Kammern des ArbG gegen die Maßnahmen des AG wendet. In diesem Fall liegt eine Prozessverbindung nach § 147 ZPO nahe, die auch spruchkörperübergreifend zulässig ist.[37]

10 **5. Kündigungsfrist.** Bei einer ordentlichen Änderungskündigung, von der § 2 KSchG ausgeht, hat der AG die einschlägige Kündigungsfrist einzuhalten. Eine ordentliche Änderungskündigung, die auf eine vor Ablauf der Kündigungsfrist des betreffenden AN wirksam werdende Verschlechterung der Arbeitsbedingungen zielt, ist nach § 2 KSchG sozial ungerechtfertigt.[38] Der AN ist nicht verpflichtet, auf einen Teil der ihm zustehenden Kündigungsfrist zu verzichten und vorzeitig in eine Vertragsänderung mit schlechteren Arbeitsbedingungen (insbesondere eine Lohnminderung) einzuwilligen.[39] Ein solches Angebot des AG kann nach Auffassung des BAG nicht ohne Weiteres als Angebot verstanden werden, die neuen Arbeitsbedingungen bei Unzulässigkeit der vorfristigen Änderung erst mit dem Ablauf der ordentlichen Kündigungsfrist eintreten zu lassen. Da der AN auf das Vertragsangebot des AG reagieren und sich entscheiden müsse, ob er die geänderten Arbeitsbedingungen ablehne oder mit bzw. ohne Vorbehalt annehme, erfordere schon die Rechtssicherheit, dass zweifelsfrei klargestellt sei, zu welchen neuen Arbeitsbedingungen das Arbeitsverhältnis nach dem Willen des AG fortbestehen solle.[40] Allerdings wird stets im Wege der Auslegung zu prüfen sein, ob der AG nicht mit der zutreffenden Frist kündigen wollte. Zulässig ist aber auch eine außerordentliche fristlose Änderungskündigung[41] oder eine außerordentliche Änderungskündigung mit Auslauffrist.[42] Denkbar sind auch Massenänderungskündigungen.[43]

11 **6. Außerordentliche Änderungskündigung.** Ein wichtiger Grund zur außerordentlichen Änderungskündigung setzt voraus, dass die alsbaldige Änderung der Arbeitsbedingungen unabweisbar notwendig ist und die geänderten Bedingungen dem gekündigten AN zumutbar sind. Auch vom AN nicht zu vertretende Umstände in seiner Person können geeignet sein, eine außerordentliche Kündigung zu rechtfertigen, wenn der AN zu der nach dem Vertrag geschuldeten Arbeitsleistung auf unabsehbare Dauer nicht mehr in der Lage ist.[44] Bestehen anderweitige Beschäftigungsmöglichkeit, hat der AG im Falle des Ausschlusses der ordentlichen Kündigung eine außerordentliche Änderungskündigung mit Auslauffrist zu erklären (dazu → § 128 Rn. 31).

12 **7. Schriftform.** Die Änderungskündigung nach § 2 KSchG muss die Erklärung einer ordentlichen Kündigung des Arbeitsverhältnisses enthalten. Sie bedarf deshalb gem. § 623 BGB der Schriftform. Da die Kündigung und das Änderungsangebot eine innere Einheit bilden, bezieht sich das Schriftformerfordernis auch auf das Änderungsangebot.[45] Wird die Änderungskündigung nicht schriftlich ausgesprochen, ist sie nach § 125 BGB nichtig. Das Formerfordernis ist gewahrt, wenn der Inhalt des Änderungsangebots im Kündigungsschreiben hinreichenden Anklang gefunden hat.

13 **8. Änderungsangebot. a) Bestimmtheit.** Das Änderungsangebot muss bestimmt bzw. bestimmbar sein.[46] Es hat den Voraussetzungen des § 145 BGB zu entsprechen[47] und muss deshalb **so konkret gefasst sein, dass es der AN ohne Weiteres annehmen kann.** Ihm

[36] BAG 17.12.2015 AP Nr. 84 zu § 4 KSchG 1969 mAnm *Benecke* = NZA 2016, 568.
[37] BAG 21.9.2016 AP Nr. 4 zu § 147 ZPO = NZA 2016, 1352.
[38] BAG 21.9.2006 AP Nr. 86 zu § 2 KSchG 1969 = NZA 2007, 435.
[39] BAG 21.4.2005 AP Nr. 80 zu § 2 KSchG 1969 = NZA 2005, 1294.
[40] BAG 21.9.2006 AP Nr. 86 zu § 2 KSchG 1969 = NZA 2007, 435.
[41] BAG 2.3.2006 AP Nr. 82 zu § 2 KSchG 1969 = NZA 2006, 985; 27.9.2001 EzA Nr. 54 zu § 15 KSchG nF = NZA 2002, 815.
[42] BAG 21.6.1995 AP Nr. 34 zu § 15 KSchG 1969 = NZA 1995, 1157.
[43] BAG 18.10.1984 AP Nr. 6 zu § 1 KSchG 1969 Soziale Auswahl = NZA 1985, 423.
[44] BAG 28.10.2010 AP Nr. 148 zu § 2 KSchG 1969 = NZA-RR 2011, 155; 5.6.2008 AP Nr. 212 zu § 626 BGB.
[45] BAG 16.12.2010 AP Nr. 150 zu § 2 KSchG 1969; 28.10.2010 AP Nr. 148 zu § 2 KSchG 1969 = NZA-RR 2011, 155.
[46] BAG 20.6.2013 AP Nr. 158 zu § 2 KSchG 1969 = NZA 2013, 1409; 25.4.2013 AP Nr. 7 zu § 20 GVG; 15.1.2009 AP Nr. 141 zu § 2 KSchG 1969 = NZA 2009, 957.
[47] BAG 10.9.2009 AP Nr. 142 zu § 2 KSchG 1969 = NZA 2010, 333.

muss klar sein, welche Arbeitsbedingungen zukünftig gelten sollen.[48] Diese Anforderungen muss das Änderungsangebot bereits im Zeitpunkt des Zugangs der Kündigung erfüllen. Eine spätere Klarstellung durch den AG reicht nicht aus.[49] Bleiben nach **Auslegung des Angebots** am Maßstab der §§ 133, 157 BGB Unklarheiten, gehen diese zulasten des AG und führen zur Unwirksamkeit der Änderungskündigung.[50] Bei der Auslegung sind wegen des Schriftformerfordernisses des § 623 BGB außerhalb des Kündigungsschreibens liegende Umstände nur insoweit heranzuziehen und zu berücksichtigen, wie sie in der Urkunde Anklang gefunden haben.[51] Will der AG eine **Änderung der Arbeitsbedingungen in mehreren Punkten** erreichen und erklärt er zur Durchsetzung einer jeden Änderung eine gesonderte Kündigung, muss jede der Kündigungen das Änderungsangebot deutlich und zweifelsfrei abbilden.[52] Die **Unbestimmtheit des Änderungsangebots** ist kein von der mangelnden sozialen Rechtfertigung der Änderungskündigung zu trennender eigener Unwirksamkeitsgrund. Sie führt vielmehr dazu, dass die mit der Änderungskündigung erstrebte Änderung der Arbeitsbedingungen sozial nicht gerechtfertigt ist.[53]

Für einen Leiharbeitnehmer ist **beispielsweise** die angebotene Vertragsänderung unklar und 14
nicht hinreichend bestimmt, wenn das Verleihunternehmen sowohl eine Weiterbeschäftigung zu den tariflichen Arbeitsbedingungen der Tarifverträge CGZP als auch der BZA anbietet.[54] Ein Angebot, mit dem der AG erklärt, die „sonstigen Arbeitsbedingungen" blieben unverändert, und zugleich darauf verweist, der **AN werde zeitgleich noch weitere Änderungskündigungen erhalten,** ist widersprüchlich und führt zur Unwirksamkeit der Kündigung.[55] Gleiches gilt, wenn das Kündigungsschreiben und der Inhalt eines beigefügten Änderungsvertrags, aus dem sich die angestrebten Änderungen ergeben, in dieser Hinsicht in einem **unauflöslichen Widerspruch** stehen.[56] Das Angebot einer Tätigkeit als „Servicemitarbeiter" ist unbestimmt, wenn es zwei verschiedene Arten von „Servicemitarbeitern" gibt, nämlich „normale" und „qualifizierte" Servicemitarbeiter.[57] Da sich das Bestimmtheitserfordernis auf die künftig geltenden Vertragsbedingungen bezieht, gehört dazu bei einer Änderung der Zusammensetzung der **Vergütung die Bezeichnung der Parameter,** die fortan in einem bestimmten Verhältnis zueinander die Höhe der Vergütung des AN bestimmen. Hingegen ist es nicht erforderlich – oder regelmäßig auch nur möglich – den Wert bzw. den Grad der Erreichung der maßgeblichen Kennzahlen mitzuteilen oder gar die genaue Höhe einer variablen Vergütung „vorzurechnen".[58] Ein Änderungsangebot auf Fortsetzung des Arbeitsverhältnisses in einer Vermittlungs- und Qualifizierungseinheit zu den in einem näher bezeichneten Tarifvertrag genannten Bedingungen ist nicht hinreichend bestimmt, wenn dieser Tarifvertrag im Zeitpunkt des Zugangs der Änderungskündigung noch nicht unter Wahrung des Schriftformerfordernisses des § 1 II TVG zustande gekommen ist.[59]

Hat der AG die **Wahl zwischen verschiedenen Änderungsangeboten,** gebietet der 15
Ultima-Ratio-Grundsatz die Wahl des mildesten Mittels, dh der AG muss mit der Änderungskündigung grundsätzlich die Vertragsänderung anbieten, die dem AN bei objektiver Betrachtung am ehesten zumutbar ist und die ihn am wenigsten belastet. In Zweifelsfällen kann der AG mit der Änderungskündigung Alternativangebote unterbreiten, die jeweils für sich betrachtet den Bestimmtheitsanforderungen genügen müssen (→ Rn. 13).[60]

b) Angebot freier Mitarbeit. Der AG ist nicht verpflichtet, dem AN eine freie Mitarbeit 16
anzubieten.[61] § 2 S. 1 KSchG verlangt ein Angebot zur Fortsetzung des – modifizierten – Arbeitsverhältnisses. Die gesetzliche Regelung will einen Schutz vor einseitigen Veränderungen des Arbeitsverhältnisses schaffen.

---

[48] BAG 21.5.2019 AP Nr. 88 zu § 4 KSchG 1969 = NZA 2019, 1143; 5.6.2014 AP Nr. 161 zu § 2 KSchG 1969 = NZA 2015, 40; 20.6.2013 AP Nr. 158 zu § 2 KSchG 1969 = NZA 2013, 1409; 29.9.2011 AP Nr. 152 zu § 2 KSchG 1969 = NZA 2012, 628.
[49] BAG 28.10.2010 AP Nr. 148 zu § 2 KSchG 1969 = NZA-RR 2011, 155.
[50] BAG 17.2.2016 AP Nr. 168 zu § 2 KSchG 1969; 25.4.2013 AP Nr. 7 zu § 20 GVG.
[51] BAG 21.5.2019 AP Nr. 88 zu § 4 KSchG 1969 = NZA 2019, 1143; 25.4.2013 AP Nr. 7 zu § 20 GVG; 29.9.2011 AP Nr. 152 zu § 2 KSchG 1969 = NZA 2012, 628.
[52] BAG 10.9.2009 AP Nr. 142 zu § 2 KSchG 1969 = NZA 2010, 333.
[53] BAG 21.5.2019 AP Nr. 88 zu § 4 KSchG 1969 = NZA 2019, 1143.
[54] BAG 15.1.2009 AP Nr. 141 zu § 2 KSchG 1969 = NZA 2009, 957.
[55] BAG 10.9.2009 AP Nr. 142 zu § 2 KSchG 1969 = NZA 2010, 333.
[56] BAG 29.9.2011 AP Nr. 152 zu § 2 KSchG 1969 = NZA 2012, 628.
[57] BAG 21.5.2019 AP Nr. 88 zu § 4 KSchG 1969 = NZA 2019, 1143.
[58] BAG 25.5.2016 AP Nr. 170 zu § 102 BetrVG 1972 = NZA 2016, 1140.
[59] BAG 17.2.2016 AP Nr. 168 zu § 2 KSchG 1969.
[60] BAG 28.10.1999 AP Nr. 44 zu § 15 KSchG 1969 = NZA 2000, 825.
[61] BAG 21.2.2001 EzA Nr. 45 zu § 2 KSchG.

17 **c) Nachträgliche Befristung.** Das Änderungsangebot kann auch die nachträgliche Befristung eines zunächst auf unbestimmte Zeit eingegangenen Arbeitsverhältnisses zum Gegenstand haben.[62] In diesem Fall bedarf es zur Wirksamkeit der Befristung eines sachlichen Grundes iSv § 14 I TzBfG (→ § 38 Rn. 67).

18 **d) Nachträgliches Angebot.** Der erforderliche Zusammenhang zwischen Kündigung und Änderungsangebot besteht nur dann, wenn das Änderungsangebot spätestens mit dem Zugang der Kündigungserklärung abgegeben wird. Ein nach diesem Zeitpunkt unterbreitetes Änderungsangebot ist nicht zu berücksichtigen. Ansonsten würden in die Bewertung der Kündigung Umstände einbezogen, die im Zugangszeitpunkt noch gar nicht vorlagen. Dies wäre mit dem Grundsatz, dass die Wirksamkeit einer Kündigung nur nach den objektiven Verhältnissen im Zeitpunkt des Kündigungszugangs zu beurteilen ist, nicht vereinbar.[63] Bei einem vorangehenden Änderungsangebot liegt eine Änderungskündigung nur vor, wenn der AG in der Kündigungserklärung auf das Angebot Bezug nimmt und klarstellt, dass er das Angebot aufrechterhält.[64] Eine unbedingte Kündigungserklärung ohne gleichzeitiges oder vorausgegangenes Änderungsangebot, auf das in der Kündigung Bezug genommen wird, ist nicht als Änderungskündigung, sondern als Beendigungskündigung zu behandeln.[65]

19 **9. Mitbestimmung des Betriebsrats. a) Gesetzliche Regelung.** Bei Änderungskündigungen hat der AG den BR nicht nur nach § 102 I BetrVG, sondern im Falle der Versetzung oder Umgruppierung auch noch nach § 99 I BetrVG zu beteiligen. Führt die Änderungskündigung zu neuen Arbeitszeiten des AN oder einer Änderung des Vergütungssystems, kommt eine Mitwirkung nach § 87 I Nr. 2 bzw. Nr. 10 BetrVG in Betracht.

20 **b) Unterrichtung nach § 102 I BetrVG. aa) Inhalt der Unterrichtung.** Vor Ausspruch der Änderungskündigung hat der AG den BR anzuhören (§ 102 BetrVG). Dabei sind dem BR die Gründe für die Änderung der Arbeitsbedingungen sowie das Änderungsangebot mitzuteilen (näher dazu → § 124 Rn. 30).[66] Wird dem BR das Änderungsangebot nicht mitgeteilt und muss dieser deswegen davon ausgehen, es gehe um eine Beendigungskündigung, führt dies zur Unwirksamkeit der Änderungskündigung nach § 102 I 3 BetrVG.[67] Unterbreitet der AG dem AN vor Ausspruch der Kündigung ein Änderungsangebot und legt er im Rahmen der Anhörung zu einer beabsichtigten Änderungskündigung dem BR neben dem Änderungsangebot auch die Stellungnahme des AN hierzu vor, genügt diese Anhörung bei Ablehnung des Änderungsangebots durch den AN nach Auffassung des BAG nicht den Erfordernissen für eine dann tatsächlich ausgesprochene Beendigungskündigung.[68] Die Beendigungskündigung sei nämlich nicht die zwingende Folge der Ablehnung des Änderungsangebots durch den AN, da es im Ermessen des AG stehe, dem AN auch nach Ablehnung des Änderungsangebots eine Änderungskündigung auszusprechen. Der AG habe dem BR deshalb zu verdeutlichen, dass er bei einer Ablehnung des Angebots eine Beendigungskündigung beabsichtige.

21 **bb) Rechtsfolgen fehlerhafter Unterrichtung.** Bezüglich der Folgen einer nicht ordnungsgemäßen Betriebsratsanhörung ist zu unterscheiden: **(1)** Nimmt der AN das Änderungsangebot nicht, auch nicht unter Vorbehalt an, führt eine nicht ordnungsgemäße Betriebsratsanhörung nach § 102 I BetrVG ohne Weiteres zur Unwirksamkeit der Kündigung. **(2)** Bei vorbehaltloser Annahme des Änderungsangebots wirkt sich die nicht ordnungsgemäße Betriebsratsanhörung nicht aus. Mit der Annahme ohne Vorbehalt bringt der AN zum Ausdruck, dass die geänderten Arbeitsbedingungen unabhängig von der Wirksamkeit der Änderungskündigung gelten sollen.[69] **(3)** Nimmt der AN das Änderungsangebot unter dem Vorbehalt der sozialen Rechtfertigung an, kommt ein durch die rechtskräftige Feststellung der Unwirksamkeit der Änderungskündigung auflösend bedingter Änderungsvertrag zustande. Die Unwirksamkeit der Kündigung ergibt sich in diesem Fall schon aus dem Verstoß gegen § 102 I BetrVG. Mit der

[62] BAG 25.4.1996 AP Nr. 78 zu § 1 KSchG 1969 Betriebsbedingte Kündigung = NZA 1996, 1197.
[63] BAG 17.5.2001 EzA Nr. 3 zu § 620 BGB Kündigung = NZA 2002, 54.
[64] BAG 27.9.1984 AP Nr. 8 zu § 2 KSchG 1969 = NZA 1985, 455.
[65] BAG 17.5.2001 EzA Nr. 3 zu § 620 BGB Kündigung = NZA 2002, 54.
[66] BAG 27.9.2001 AP Nr. 40 zu § 4 TVG Nachwirkung = NZA 2002, 750; 19.5.1993 AP Nr. 31 zu § 2 KSchG 1969 = NZA 1993, 1075.
[67] BAG 27.5.1982 BB 1985, 56.
[68] BAG 30.11.1989 AP Nr. 53 zu § 102 BetrVG 1972 = NZA 1990, 529.
[69] Ebenso ErfK/*Oetker* KSchG § 2 Rn. 19.

rechtskräftigen Feststellung der Unwirksamkeit der Kündigung entfällt die individualrechtliche Grundlage für die Änderung der Arbeitsbedingungen.[70]

c) Beteiligung nach § 99 BetrVG bei Versetzungen. Will der AG mit einer Änderungskündigung eine Versetzung des AN iSv § 95 III BetrVG bewirken, ist die Zustimmung des BR nach § 99 BetrVG nur Wirksamkeitsvoraussetzung für die tatsächliche Zuweisung des neuen Arbeitsbereichs nach Ablauf der Kündigungsfrist. Für die Änderungskündigung zum Zwecke der Versetzung ist die Zustimmung des BR zur Versetzung oder ihre gerichtliche Ersetzung als solche dagegen keine Wirksamkeitsvoraussetzung.[71] Nach der neueren Rechtsprechung des BAG ist an der Trennung zwischen dem betriebsverfassungsrechtlichen Schicksal der Versetzung und den Wirksamkeitsvoraussetzungen der Kündigung auch für den Fall festzuhalten, dass die vom BR verweigerte Zustimmung zu der Versetzung, deren Durchsetzung Gegenstand der Änderungskündigung ist, gerichtlich nicht ersetzt worden und die entsprechende Entscheidung rechtskräftig ist. Durch die rechtskräftige Abweisung eines Antrags auf Ersetzung der vom BR verweigerten Zustimmung werde die Ausführung der mit der Änderungskündigung beabsichtigten Vertragsänderung nicht dauernd unmöglich iSv § 275 I BGB. Dem AG bleibe es unbenommen, nach erfolglosem Zustimmungsersuchen und erfolglosem Antrag auf Zustimmungsersetzung ein neues Ersuchen um Zustimmung an den BR zu richten und bei dessen abermaliger Ablehnung erneut deren gerichtliche Ersetzung nach § 99 IV BetrVG zu beantragen. Der AG sei damit in der Lage, die kollektivrechtliche Sperre zu beseitigen, die ihn zunächst daran hindere, die Erfüllung einer durch die Änderungskündigung herbeigeführten neuen individualrechtlichen Leistungspflicht des AN von diesem tatsächlich verlangen zu können. Eine dauernde Unmöglichkeit könne allenfalls dann angenommen werden, wenn ein weiteres Zustimmungsersetzungsbegehren – etwa wegen Rechtsmissbrauchs – schlechterdings keinen Erfolg haben könnte.[72] Dies führt bei einer sozialen Rechtfertigung des Änderungsangebots dazu, dass der AG die geänderten Vertragsbedingungen nicht durchsetzen kann, solange das Verfahren nach § 99 BetrVG nicht erfolgreich abgeschlossen ist. 22

Hiergegen bestehen **Bedenken.** Geht man davon aus, dass das Erfüllungshindernis in der verweigerten Zustimmung des BR zur Versetzung liegt, folgt daraus, dass der AG nicht bereits aus diesem Grund einwenden kann, ihm sei die Durchführung der Versetzung unmöglich. Er ist vielmehr zur Durchführung eines gerichtlichen Zustimmungsersetzungsverfahrens gehalten. Auch ist von ihm zu verlangen, den Rechtsweg auszuschöpfen. Wird nach rechtskräftigem Abschluss dieses Verfahrens jedoch die verweigerte Zustimmung des BR nicht ersetzt, ist hinreichend manifestiert, dass die Versetzung nicht durchgeführt werden kann. Die erneute Durchführung eines derartigen Verfahrens ist dem AG nicht zuzumuten.[73] Angesichts des völlig ungewissen Ausgangs eines neuen Verfahrens und der bestehenden finanziellen Lasten des AG, der Annahmeverzugsansprüchen des AN ausgesetzt ist, erscheint es bei der erforderlichen billigen Abwägung der beiderseitigen Belange vielmehr geboten, die vorübergehende der dauerhaften Unmöglichkeit (§ 275 I BGB) gleichzusetzen. Das hat zur Folge, dass der AG nach rechtskräftiger Abweisung des Zustimmungsersetzungsantrags auf der Grundlage der dann gegebenen tatsächlichen Umstände prüfen muss, ob er den AN zu den alten oder sich zwischenzeitlich neu ergebenden anderen Arbeitsbedingungen weiterbeschäftigen kann. Nach der älteren Rechtsprechung des BAG hatte der AG den AN in diesem Fall zu den bisherigen Bedingungen weiterzubeschäftigen.[74] Dagegen spricht jedoch, dass diese aufgrund der Wirksamkeit des Änderungsangebots nicht mehr gelten. Die Annahme des Änderungsangebots führt nicht – wie das BAG gemeint hat – zu einer Erweiterung des Direktionsrechts des AG, sondern zu einer Veränderung der arbeitsvertraglich geschuldeten Arbeitsleistung.[75] Der AG gerät damit nach Zustimmungsverweigerung des BR zwar nicht in Annahmeverzug (§ 615 BGB), weil der AN aufgrund der fehlenden Zustimmung des BR aus Rechtsgründen nicht beschäftigt werden kann und damit nicht leistungsfähig ist (§ 297 BGB).[76] Der AN behält indes nach § 326 II 1 Alt. 1 BGB den Entgeltanspruch, weil der AG die Unmöglichkeit der Arbeitsleistung weit überwiegend zu ver- 22a

[70] ErfK/*Oetker* KSchG § 2 Rn. 21.

[71] BAG 18.5.2017 – 2 AZR 606/16; 22.10.2015 AP Nr. 167 zu § 2 KSchG 1969 = NZA-RR 2016, 243; 22.4.2010 AP Nr. 145 zu § 2 KSchG 1969 = NZA 2010, 1235.

[72] BAG 22.4.2010 AP Nr. 145 zu § 2 KSchG 1969 = NZA 2010, 1235.

[73] *Kania* Anm. zu BAG EzA Nr. 77 zu § 2 KSchG; AR/*Kaiser* KSchG § 2 Rn. 21; iErg auch MüKoBGB/*Hergenröder* KSchG § 2 Rn. 97; APS/*Künzl* KSchG § 2 Rn. 158 f.

[74] BAG 30.9.1993 AP Nr. 33 zu § 2 KSchG 1969 = NZA 1994, 615; 7.11.2002 AP Nr. 98 zu § 615 BGB.

[75] Vgl. ErfK/*Oetker* KSchG § 2 Rn. 26; APS/*Künzl* KSchG § 2 Rn. 154.

[76] LSSW/*Wertheimer* KSchG § 2 Rn. 148; aA AR/*Kaiser* KSchG § 2 Rn. 21; DDZ/*Zwanziger* KSchG § 2 Rn. 247.

antworten hat. Er kann den Schwebezustand durch den erfolgreichen Abschluss eines weiteren Zustimmungsersetzungsverfahrens beenden. Erscheint dies aussichtslos, kommt eine Beendigungskündigung in Betracht, wenn die früheren Beschäftigungsmöglichkeiten nicht mehr bestehen, oder eine Änderungskündigung, wenn diese wieder zumutbar hergestellt werden können.[77]

22b **d) Beteiligung nach § 99 BetrVG bei Umgruppierungen.** Die Zustimmung des BR nach § 99 BetrVG zu einer beabsichtigten Umgruppierung ist als solche keine Wirksamkeitsvoraussetzung der Kündigung. Hat allerdings ein Zustimmungsersetzungsverfahren nach § 99 IV BetrVG stattgefunden, ist die gerichtlich als zutreffend festgestellte Eingruppierung für den AG im Verhältnis zu dem betroffenen AN verbindlich. Wird die Zustimmung des BR in einem solchen Verfahren nicht ersetzt, weil eine andere als die dem AN mit der Änderungskündigung angebotene Vergütungsgruppe zutreffend ist, ist der AG hieran nach der Rechtsprechung des BAG auch im Kündigungsrechtsstreit gebunden. Er könne sich weder unmittelbar zur Rechtfertigung der mit dem Ziel einer Umgruppierung erklärten Änderungskündigung auf die Maßgeblichkeit einer dem Ergebnis des Beschlussverfahrens widersprechenden Eingruppierung berufen, noch entspreche ein dem Ergebnis des Beschlussverfahrens entgegenstehendes Änderungsangebot dem Gebot der Verhältnismäßigkeit. Die Änderungskündigung sei in einem solchen Fall vielmehr sozial ungerechtfertigt iSd § 2 S. 1 KSchG.[78]

23 **e) Öffentlicher Dienst.** Im öffentlichen Dienst können weitergehende Beteiligungsrechte des PR bestehen.[79] So ist eine Änderungskündigung in der Regel unwirksam, wenn der PR fristgerecht Einwendungen erhebt und der AG eine nach dem einschlägigen Personalvertretungsgesetz vorgeschriebene Erörterung mit dem PR unterlassen hat.[80]

24 **f) Mitbestimmung des Betriebsrats nach § 87 I Nr. 10 BetrVG.** Nach Auffassung des Zweiten Senats des BAG hat das Mitbestimmungsrecht des BR aus § 87 I Nr. 10 BetrVG keine Auswirkungen auf die Wirksamkeit einer Änderungskündigung. Eine nicht mitbestimmte, aber sozial gerechtfertigte Änderung der Vertragsbedingungen könne der AG lediglich nicht durchsetzen, solange die Mitbestimmung nicht durchgeführt sei.[81] Diese Auffassung ist abzulehnen.[82] Hierbei wird nicht genügend berücksichtigt, dass eine Maßnahme des AG, die der notwendigen Mitbestimmung entbehrt, rechtswidrig und unwirksam ist. Die tatsächlich durchgeführte Mitbestimmung ist Wirksamkeitsvoraussetzung für Maßnahmen zum Nachteil des AN.[83]

24a **10. Sonderkündigungsschutz.** Der AG hat vor einer Änderungskündigung ebenso wie bei einer Beendigungskündigung den besonderen Kündigungsschutz des AN zu beachten. Die Änderungskündigung eines **schwerbehinderten Menschen** bedarf daher der vorherigen Zustimmung des Integrationsamts.[84] Die Änderungskündigung einer Frau während der **Schwangerschaft** und bis zum Ablauf von vier Monaten nach der Entbindung ist gem. § 17 I MuSchG unzulässig, soweit nicht gem. § 17 II MuSchG eine Genehmigung der zuständigen Behörde erfolgt.[85] Entsprechendes gilt gem. § 18 I BEEG für die Änderungskündigung während der **Elternzeit.**[86] **Betriebsratsmitglieder** sind nach § 15 I–III KSchG auch vor ordentlichen Änderungskündigungen geschützt.[87]

II. Annahme unter Vorbehalt

25 **1. Gesetzeszweck.** Spricht der AG eine Änderungskündigung aus, kann der AN das Änderungsangebot unter dem Vorbehalt der sozialen Rechtfertigung annehmen. Ohne diese Regelung stünde der AN nur vor der Alternative, entweder die angebotene Änderung sogar bei

[77] ErfK/*Oetker* KSchG § 2 Rn. 27.
[78] BAG 28.8.2008 AP Nr. 140 zu § 2 KSchG 1969 = NZA 2009, 505.
[79] Vgl. BAG 29.6.1988 AP Nr. 2 zu § 72 LPVG NW = NZA 1989, 364.
[80] BAG 20.1.2000 AP Nr. 56 zu § 2 KSchG 1969 = NZA 2000, 367.
[81] Vgl. BAG 17.6.1998 AP Nr. 49 zu § 2 KSchG 1969 = NZA 1998, 1225; 1.7.1999 AP Nr. 53 zu § 2 KSchG 1969 = NZA 1999, 1336; zust. APS/*Künzl* KSchG § 2 Rn. 171; KR/*Kreft* KSchG § 2 Rn. 243; ähnlich LSSW/*Wertheimer* KSchG § 2 Rn. 152 (schwebend unwirksame Änderungskündigung).
[82] Ebenso *Fitting* BetrVG § 102 Rn. 10; LKB/*Krause* KSchG § 2 Rn. 221; HaKo-KSchR/*Pfeiffer* KSchG § 2 Rn. 77.
[83] Vgl. dazu BAG GS 3.12.1991 AP Nr. 51 zu § 87 BetrVG 1972 Lohngestaltung = NZA 1992, 749.
[84] APS/*Vossen* SGB IX § 168 Rn. 19.
[85] APS/*Rolfs* MuSchG § 17 Rn. 69.
[86] APS/*Rolfs* BEEG § 18 Rn. 17.
[87] BAG 20.3.2014 AP Nr. 75 zu § 15 KSchG 1969 = NZA 2014, 1089; 12.3.2009 AP Nr. 63 zu § 15 KSchG 1969 = NZA 2009, 1264.

erheblichen Zweifeln an deren sozialer Berechtigung hinzunehmen oder aber sie ganz abzulehnen und die dann verbleibende Kündigung mit der Kündigungsschutzklage nach § 4 S. 1 KSchG anzugreifen und dabei im Falle des Unterliegens den Arbeitsplatz zu verlieren. Zweck des § 2 KSchG ist, dem AN dieses Risiko zu nehmen. Wird der Klage stattgegeben, bestehen die ursprünglichen Arbeitsbedingungen unverändert weiter. Für die Vergangenheit kann der AN ggf. Annahmeverzugsvergütung beanspruchen. Wird die Klage rechtskräftig abgewiesen, tritt die Bedingung nicht ein und das Arbeitsverhältnis besteht zu den geänderten Vertragsbedingungen fort. In jedem Fall behält der AN seinen Arbeitsplatz.

2. Erklärung des Vorbehalts. Der Vorbehalt muss gegenüber dem AG erklärt werden. Er muss hinreichend bestimmt sein und den an eine Willenserklärung zu stellenden Anforderungen genügen. Die Vorbehaltserklärung ist nicht an eine bestimmte Form gebunden. Der Vorbehalt kann deshalb auch konkludent, mündlich oder per Telefax erfolgen. Aus Beweisgründen sollte der Vorbehalt jedoch schriftlich erklärt werden.[88] Nach § 2 S. 2 KSchG hat der AN den Vorbehalt innerhalb der Kündigungsfrist, spätestens jedoch innerhalb von drei Wochen nach Zugang der Kündigung zu erklären. Die Fristberechnung erfolgt nach §§ 187 ff. BGB. Maßgeblich ist der Zugang der Vorbehaltserklärung beim AG. § 167 ZPO findet keine Anwendung, weil zur Wahrung der Frist keine Prozesshandlung erforderlich ist.[89] Hieran ändert auch die neuere Rechtsprechung des BGH[90] nichts, wonach diese Bestimmung grundsätzlich auch in den Fällen anwendbar ist, in denen durch die Zustellung eine Frist gewahrt werden soll, die auch durch außergerichtliche Geltendmachung gewahrt werden kann.[91] Insoweit ist zu berücksichtigen, dass es sich bei der Vorbehaltserklärung nicht um die Geltendmachung eines Anspruchs handelt, sondern eine Willenserklärung, die gerichtet ist auf den Abschluss eines Änderungsvertrags unter der mit Rückwirkung ausgestatteten auflösenden Bedingung, dass die fehlende soziale Rechtfertigung der Arbeitsvertragsänderungen gerichtlich festgestellt wird.[92] Es ist daher nicht ratsam, die Vorbehaltserklärung in der Kündigungsschutzklage abzugeben, weil die Klageschriften dem AG häufig erst nach Ablauf der Dreiwochenfrist zugestellt werden. 26

3. Außerordentliche Änderungskündigung. Nach Zugang einer außerordentlichen Änderungskündigung hat der AN den Vorbehalt **unverzüglich** zu erklären. Die sofortige widerspruchslose Weiterarbeit des AN auf dem ihm mit der fristlosen Änderungskündigung angebotenen neuen Arbeitsplatz ist jedenfalls in der Regel solange nicht als vorbehaltlose Annahme des Änderungsangebots und damit als Verzicht auf die Geltendmachung der Unwirksamkeit der außerordentlichen Änderungskündigung zu verstehen, wie der AN noch rechtzeitig, dh ohne schuldhaftes Zögern, einen Vorbehalt entsprechend § 2 KSchG erklären kann.[93] Das BAG hat eine Vorbehaltserklärung, die dem AG unter Einschluss des Wochenendes fünf Tage nach der außerordentlichen Änderungskündigung zuging, als noch wirksam erachtet.[94] 27

4. Verspätete Vorbehaltserklärung. Erklärt der AN den Vorbehalt nicht rechtzeitig (§ 2 S. 2 KSchG), steht es dem AG frei, sich hierauf einzulassen oder nicht. Denn in dem verspätet erklärten Vorbehalt liegt gem. § 150 I BGB ein neues Angebot des AN auf Fortsetzung des Arbeitsverhältnisses zu den vom AG angebotenen Bedingungen.[95] Dieses Angebot kann der AG annehmen. Die Annahmeerklärung kann ausdrücklich auch durch Weiterbeschäftigung des AN zu den geänderten Bedingungen erfolgen.[96] 28

5. Rechtsfolgen. Erklärt der AN ordnungsgemäß den Vorbehalt, besteht das Arbeitsverhältnis **rückwirkend (§ 8 KSchG) auflösend bedingt (§ 158 II BGB)** durch die rechtskräftige Feststellung der Unwirksamkeit der Änderungskündigung vorläufig zu den geänderten Bedingungen weiter.[97] 29

---

[88] APS/*Künzl* KSchG § 2 Rn. 212; ErfK/*Oetker* KSchG § 2 Rn. 37; KR/*Kreft* KSchG § 2 Rn. 114.
[89] BAG 17.6.1998 AP Nr. 49 zu § 2 KSchG 1969 = NZA 1998, 1225.
[90] BGH 17.7.2008 NJW 2009, 765.
[91] Zutr. *Gehlhaar* NZA-RR 2011, 169 (171 f.); LSSW/*Wertheimer* KSchG § 2 Rn. 38; aA ErfK/*Oetker* KSchG § 2 Rn. 35a; *Nägele/Gertler* NZA 2010, 1377 (1378); HaKo-KSchR/*Pfeiffer* KSchG § 2 Rn. 35.
[92] Vgl. BAG 24.3.2004 AP Nr. 22 zu § 3 EntgeltFG, 27.9.1984 AP Nr. 8 zu § 2 KSchG 1969 = NZA 1985, 455.
[93] BAG 27.3.1987 AP Nr. 20 zu § 2 KSchG 1969 = NZA 1988, 737; 19.6.1986 AP Nr. 16 zu § 2 KSchG 1969 = NZA 1987, 94.
[94] BAG 27.3.1987 AP Nr. 20 zu § 2 KSchG 1969 = NZA 1988, 737.
[95] BAG 28.10.2010 AP Nr. 148 zu § 2 KSchG 1969 = NZA-RR 2011, 155.
[96] BAG 17.6.1998 AP Nr. 49 zu § 2 KSchG 1969 = NZA 1998, 1225.
[97] BAG 24.3.2004 AP Nr. 22 zu § 3 EFZG; 27.9.1984 AP Nr. 8 zu § 2 KSchG 1969 = NZA 1985, 455.

30 Die Annahme eines Angebots unter Vorbehalt kann nach § 4 V TVG die **Nachwirkung eines Tarifvertrags beenden.**[98] So bleibt nach dem Austritt des AG aus dem Arbeitgeberverband zunächst die Tarifgebundenheit des AG nach § 3 III TVG bestehen. Es tritt die verlängerte Tarifgebundenheit (Nachbindung) ein. Diese endet mit jeder Änderung eines Tarifvertrags und erfasst dabei auch die unveränderten Tarifregelungen.[99] Bei einem Verbandsaustritt schließt sich an das Ende der verlängerten Tarifgebundenheit nach § 3 III TVG die Nachwirkung nach § 4 V TVG an.[100] Die Nachwirkung hat nur eine Überbrückungsfunktion. Sie endet ihrerseits, wenn die Tarifnormen durch eine andere Abmachung ersetzt werden. Das kann durch eine einzelvertragliche Abmachung erfolgen.[101] Eine solche Abmachung kann auch dadurch zustande kommen, dass ein AN das in einer Änderungskündigung enthaltene Änderungsangebot unter Vorbehalt annimmt. Nimmt er das Änderungsangebot unter Vorbehalt an, liegt eine Zustimmung vor, die zur Abänderung der Arbeitsbedingungen zum Zeitpunkt des Ablaufs der Kündigungsfrist führt, sobald die soziale Rechtfertigung der Änderungskündigung gem. §§ 2, 1 KSchG rechtskräftig festgestellt ist.[102]

31 Der AN ist bis zur rechtskräftigen Entscheidung im Kündigungsschutzverfahren zur Weiterarbeit zu den geänderten Arbeitsbedingungen verpflichtet. Es besteht **kein Weiterbeschäftigungsanspruch** nach § 102 V BetrVG.[103] Des Weiteren scheidet auch eine Weiterbeschäftigung zu den alten Arbeitsbedingungen aufgrund des allgemeinen Weiterbeschäftigungsanspruchs aus (näher dazu → § 125 Rn. 2a).

III. Annahme ohne Vorbehalt

32 **1. Willenserklärung.** Der AN kann das in der Änderungskündigung enthaltene Angebot zur Änderung der Arbeitsbedingungen vorbehaltlos annehmen. Die Annahme des Änderungsangebots ist eine empfangsbedürftige Willenserklärung. Sie bedarf anders als die Änderungskündigung nicht der Schriftform nach § 623 BGB. Das Arbeitsverhältnis besteht dann mit dem geänderten Inhalt fort, eine Beendigung erfolgt nicht. Die Vertragsänderung tritt nach Ablauf der Kündigungsfrist oder – bei einer außerordentlichen fristlosen Änderungskündigung – nach Zugang der Kündigung in Kraft.

33 **2. Frist.** Im Gesetz ist nicht ausdrücklich geregelt, bis zu welchem Zeitpunkt die vorbehaltlose Annahme des Änderungsangebots wirksam erklärt werden kann. Nach Auffassung des BAG ist die vorbehaltlose Annahme des in einer Änderungskündigung enthaltenen Änderungsangebots nicht an die Höchstfrist von drei Wochen nach Zugang der Kündigung (§ 2 S. 2 KSchG) gebunden.[104] Diese gelte nur für die Vorbehaltserklärung. Anders sei es, wenn der AN die Kündigung als solche nicht angreifen wolle und nur überlege, ob er nach Ablauf der Kündigungsfrist zu den neuen Bedingungen weiterarbeiten wolle oder nicht. Nach Ablauf der Dreiwochenfrist wisse der AG regelmäßig, dass nur noch zwei Möglichkeiten bestehen: Entweder arbeite der AN zu den neuen Bedingungen weiter oder das Arbeitsverhältnis ende mit Ablauf der Kündigungsfrist. Eine Verkürzung der Frist könne sich im Einzelfall aus § 147 II BGB ergeben.[105] Darüber hinaus könne der AG nach § 148 BGB eine seine besonderen Interessen berücksichtigende Frist setzen. Kündige der AG lange vor dem Zeitpunkt, zu dem er unter Einhaltung der ordentlichen Kündigungsfrist zu dem beabsichtigten Kündigungstermin noch hätte kündigen können, könne er regelmäßig nicht erwarten, dass der AN die existenzielle Entscheidung, ob er sein Arbeitsverhältnis aufgebe oder zu geänderten Arbeitsbedingungen weiterarbeite, in kürzester Frist treffe. Mindestfrist für die Erklärung der vorbehaltlosen Annahme des Änderungsangebots sei die gesetzliche Frist des § 2 S. 2 KSchG. Eine zu kurze Bestimmung der Annahmefrist führe nicht zur Unwirksamkeit der Kündigung. Sie setze vielmehr die gesetzliche Frist des § 2 S. 2

---

98 BAG 27.9.2001 AP Nr. 40 zu § 4 TVG Nachwirkung = NZA 2002, 750.

99 Vgl. BAG 7.11.2001 AP Nr. 11 zu § 3 TVG Verbandsaustritt = NZA 2002, 748; 18.3.1992 AP Nr. 13 zu § 3 TVG = NZA 1992, 700.

100 BAG 4.4.2001 AP Nr. 9 zu § 3 TVG Verbandsaustritt = NZA 2002, 104.

101 BAG 24.11.1999 AP Nr. 34 zu § 4 TVG Nachwirkung = NZA 2000, 435.

102 BAG 27.9.2001 AP Nr. 40 zu § 4 TVG Nachwirkung = NZA 2002, 750.

103 BAG 22.10.2015 AP Nr. 166 zu § 2 KSchG 1969 = NZA 2016, 225; 28.5.2005 AP Nr. 222 zu § 626 BGB = NZA 2009, 954.

104 BAG 1.2.2007 AP Nr. 132 zu § 2 KSchG 1969 = NZA 2007, 925; 18.5.2006 AP Nr. 83 zu § 2 KSchG 1969 = NZA 2006, 1092; 6.2.2003 AP Nr. 71 zu § 2 KSchG 1969 = NZA 2003, 659.

105 BAG 6.2.2003 AP Nr. 71 zu § 2 KSchG 1969 = NZA 2003, 659.

KSchG in Lauf. Der AN könne in jedem Fall die Annahme vorbehaltlos oder unter Vorbehalt innerhalb der Frist des § 2 S. 2 KSchG erklären.[106]

IV. Ablehnung des Angebots

Der AN kann das Änderungsangebot auch ablehnen. In diesem Fall wirkt die in der Änderungskündigung enthaltene Kündigung als Beendigungskündigung. Hiergegen kann der AN mit einer Kündigungsschutzklage nach § 4 S. 1 KSchG vorgehen. 34

V. Soziale Rechtfertigung

1. Überblick. Bei der Prüfung der Wirksamkeit einer Änderungskündigung ist grundsätzlich danach zu unterscheiden, ob der AN das Änderungsangebot unter Vorbehalt angenommen oder es abgelehnt hat. Nach der ordnungsgemäßen Annahme unter Vorbehalt geht es nicht mehr um die Beendigung des Arbeitsverhältnisses, sondern nur um die Wirksamkeit der Änderung der Arbeitsbedingungen. Bei einer Ablehnung des Angebots wird dagegen um den Bestand des Arbeitsverhältnisses gestritten. 35

2. Annahme unter Vorbehalt. Nach der Annahme des Änderungsangebots unter dem Vorbehalt der sozialen Rechtfertigung ist im Kündigungsschutzprozess im Rahmen der §§ 1, 2 KSchG zu prüfen, ob das Beschäftigungsbedürfnis für den betreffenden AN zu den bisherigen Vertragsbedingungen dauerhaft entfallen ist und sich der AG bei einem an sich anerkennenswerten Anlass zur Änderungskündigung darauf beschränkt hat, nur solche Änderungen vorzunehmen, die der AN billigerweise hinnehmen muss.[107] Ob der AN eine ihm vorgeschlagene Änderung billigerweise hinnehmen muss, ist nach dem **Verhältnismäßigkeitsgrundsatz** zu ermitteln. Die Änderungen müssen geeignet und erforderlich sein, um den Inhalt des Arbeitsvertrags den geänderten Beschäftigungsmöglichkeiten anzupassen. Diese Voraussetzungen müssen für alle Vertragsänderungen vorliegen. Keine von ihnen darf sich weiter vom bisherigen Inhalt des Arbeitsverhältnisses entfernen, als dies zur Erreichung des angestrebten Ziels erforderlich ist.[108] Genügt auch nur eine der beabsichtigten Änderungen nicht den Anforderungen, hat dies die Unwirksamkeit der gesamten Änderungskündigung zur Folge. Das Gericht kann nicht etwa die Änderungskündigung teilweise für wirksam erklären.[109] Als mildere Mittel gegenüber einem Änderungsangebot des AG kommen nur solche in Betracht, die gleich wirksam sind, um das vom AG legitim angestrebte Ziel zu erreichen. Das ist nur dann anzunehmen, wenn sie für die betroffenen AN weniger belastend sind und dennoch die Organisationsentscheidung des AG und deren Umsetzung im Kern nicht ändern.[110] Eine Weiterbeschäftigung zu geänderten Arbeitsbedingungen ist dem AN insbesondere dann zumutbar, wenn dies die einzige Möglichkeit darstellt, ihn überhaupt weiterzubeschäftigen.[111] 36

3. Ablehnung des Vorbehalts. Auch wenn der AN das Änderungsangebot nicht unter Vorbehalt annimmt oder der Vorbehalt verspätet erklärt wird (dazu → Rn. 28), ist im Kündigungsschutzprozess das Änderungsangebot zu berücksichtigen. In diesen Fällen ist gleichfalls zu prüfen, ob der AG einen Grund iSv § 1 II und III KSchG zur Kündigung hatte und sich bei einem an sich anerkennenswerten Anlass zur Änderungskündigung darauf beschränkt hat, nur solche Änderungen vorzunehmen, die der AN billigerweise hinnehmen muss. Es gelten insoweit dieselben Grundsätze wie bei einer Annahme unter Vorbehalt (dazu → Rn. 36).[112] Der AN, der eine zumutbare Weiterbeschäftigungsmöglichkeit ablehnt, schlägt selbst eine angemessene Alternative zur Kündigung aus. Der AN ist allerdings nicht verpflichtet, sich auf eine Änderung 37

[106] BAG 1.2.2007 AP Nr. 132 zu § 2 KSchG 1969 = NZA 2007, 925; 18.5.2006 AP Nr. 83 zu § 2 KSchG 1969 = NZA 2006, 1092.
[107] BAG 22.10.2015 AP Nr. 167 zu § 2 KSchG 1969 = NZA-RR 2016, 243; 20.6.2013 AP Nr. 158 zu § 2 KSchG 1969 = NZA 2013, 1409.
[108] BAG 18.5.2017 – 2 AZR 606/16; 22.10.2015 AP Nr. 167 zu § 2 KSchG 1969 = NZA-RR 2016, 243; 10.4.2014 AP Nr. 159 zu § 2 KSchG 1969 = NZA 2014, 653.
[109] BAG 10.9.2009 AP Nr. 142 zu § 2 KSchG 1969 = NZA 2010, 333; 21.9.2006 AP Nr. 86 zu § 2 KSchG 1969 = NZA 2007, 435.
[110] BAG 12.8.2010 AP Nr. 146 zu § 2 KSchG 1969 = NJW 2011, 251.
[111] BAG 28.10.2010 AP Nr. 148 zu § 2 KSchG 1969 = NZA-RR 2011, 155.
[112] BAG 22.10.2015 AP Nr. 167 zu § 2 KSchG 1969 = NZA-RR 2016, 243; 20.6.2013 AP Nr. 158 zu § 2 KSchG 1969 = NZA 2013, 1409; 23.2.2012 AP Nr. 154 zu § 2 KSchG 1969.

der Arbeitsbedingungen einzulassen. Die Ablehnung des Änderungsangebots ist deshalb keineswegs selbst der Kündigungsgrund.[113]

VI. Einzelfälle

38 **1. Besonderheiten des Einzelfalls.** Nachfolgend findet sich eine Übersicht über einzelne Kündigungsgründe. Bei einer Übertragung auf andere Fallgestaltungen sind stets die Besonderheiten des Einzelfalles zu berücksichtigen.

39, 40 **2. Gründe in der Person des Arbeitnehmers.** Personenbedingte Gründe zur Änderung der Arbeitsbedingung können insbesondere im Gesundheitszustand des AN liegen. Bei einer krankheitsbedingten Leistungsminderung ist die soziale Rechtfertigung einer Änderungskündigung ebenso wie die einer Beendigungskündigung (→ § 131 Rn. 34) in drei Stufen zu prüfen. Innerhalb der einzelnen Prüfungsschritte können sich mit Blick auf die Eigenart des Kündigungsgrundes gewisse Unterschiede ergeben.[114] Erforderlich ist, dass der AN aus gesundheitlichen Gründen seine bisherige Tätigkeit nicht weiter ausüben kann und ein anderer freier, gleichwertiger oder schlechter bezahlter Arbeitsplatz vorhanden ist, auf dem die **gesundheitlichen Beeinträchtigungen** nicht mehr in erheblichem Umfang auftreten, so dass künftig nicht mit erheblichen betrieblichen Beeinträchtigungen des AG zu rechnen ist.[115] Entsprechendes gilt bei **Sicherheitsbedenken** gegen einen AN.[116] Auch bei **nachlassendem Leistungsvermögen** ist eine Änderungskündigung möglich. Nach hM kann im Wege der Änderungskündigung allerdings nur eine Änderung der Tätigkeit und infolge der geänderten Arbeitsbedingungen eine Senkung der Vergütungshöhe herbeigeführt werden. Eine Änderungskündigung mit dem Ziel der **Entgeltreduzierung** ohne Änderung der Tätigkeit ist grundsätzlich unzulässig, weil der AN keinen bestimmten Leistungserfolg schuldet.[117] Eine Änderungskündigung ist allerdings in Betracht zu ziehen, wenn sie sich auf die Streichung von Zulagen bezieht, die einen Bezug zur Arbeitsleistung haben.[118]

41 **3. Gründe im Verhalten des Arbeitnehmers.** Verhaltensbedingte Gründe führen selten zu einer Änderungskündigung. Sie kommt etwa bei Streitereien unter Arbeitskollegen am Arbeitsplatz in Betracht, wenn durch eine Versetzung der Konflikt bereinigt werden kann. Ferner, wenn es um Schlechtleistungen geht, die sowohl personen- als auch verhaltensbedingt sind. Voraussetzung der Änderungskündigung ist dabei regelmäßig, dass ihr eine Abmahnung vorangegangen ist.[119]

42 **4. Dringende betriebliche Erfordernisse. a) Grundsätze.** Das Änderungsangebot des AG ist durch dringende betriebliche Erfordernisse sozial gerechtfertigt, wenn sich der AG zu einer organisatorischen Maßnahme entschließt, bei deren innerbetrieblichen Umsetzung das Bedürfnis für die Weiterbeschäftigung des AN in diesem Betrieb überhaupt oder unter Zugrundelegung des Vertragsinhalts zu den bisherigen Arbeitsbedingungen entfällt.[120] Dies gilt auch, wenn der AG die unternehmerische Organisationsentscheidung getroffen hat, eine Abteilung stillzulegen, bestimmte Arbeiten an ein anderes Unternehmen zur selbständigen Erledigung zu vergeben und/oder an einem bestimmten Standort zu konzentrieren.[121] Der AG muss sich bei einem an sich anerkennenswerten Anlass darauf beschränken, lediglich solche Änderungen vorzuschlagen, die der AN billigerweise hinnehmen muss. Nach Maßgabe des Verhältnismäßigkeitsgrundsatzes sind dem AN die ihn am wenigsten beeinträchtigenden Änderungen anzubieten (→ Rn. 36).[122] Das Änderungsangebot muss deshalb geeignet und erforderlich sein, um den Inhalt des Arbeitsvertrags an die geänderten Beschäftigungsmöglichkeiten anzupassen. Die angebotenen Änderun-

---

113 BAG 7.6.1973 AP Nr. 1 zu § 626 BGB Änderungskündigung.
114 BAG 22.10.2015 AP Nr. 167 zu § 2 KSchG 1969 = NZA-RR 2016, 243.
115 Vgl. BAG 22.9.2005 AP Nr. 10 zu § 81 SGB IX = NZA 2006, 486; 3.7.2003 AP Nr. 73 zu § 2 KSchG 1969.
116 BAG 20.7.1989 AP Nr. 2 zu § 1 KSchG 1969 Sicherheitsbedenken.
117 *Hromadka* NZA 1997, 1 (11); LKB/*Krause* KSchG § 2 Rn. 137; APS/*Künzl* KSchG § 2 Rn. 243; *Wallner*, Änderungskündigung, 2005, Rn. 394 ff.; aA *Tschöpe* BB 2006, 213 (216); vgl. auch BAG 11.12.2003 AP Nr. 48 zu § 1 KSchG 1969 Verhaltensbedingte Kündigung = NZA 2004, 784, das beiläufig eine Vergütungsreduzierung in Betracht zieht.
118 *Hromadka* NZA 1997, 1 (11 f.).
119 BAG 21.11.1985 AP Nr. 12 zu § 1 KSchG 1969.
120 StRspr, vgl. BAG 23.6.2005 AP Nr. 81 zu § 2 KSchG 1969 = NZA 2006, 92; 16.5.2002 AP Nr. 69 zu § 2 KSchG 1969 = NZA 2003, 147.
121 BAG 29.3.2007 NZA 2007, 855.
122 BAG 9.9.2010 AP Nr. 149 zu § 2 KSchG 1969 = NJOZ 2011, 707.

gen dürfen sich nicht weiter vom Inhalt des bisherigen Arbeitsverhältnisses entfernen, als zur Erreichung des angestrebten Zieles erforderlich ist.[123] Stehen mehrere Möglichkeiten der Änderung der Arbeitsbedingungen zur Verfügung, fordert der Verhältnismäßigkeitsgrundsatz, dass der AG dem AN diejenige auch ihm zumutbare Änderung anbietet, die den Gekündigten am wenigsten belastet. Dies gilt auch, wenn die Änderungskündigung infolge eines Widerspruchs des AN gegen den Übergang seines Arbeitsverhältnisses (§ 613a VI BGB) erfolgt.[124] Das Angebot einer rückwirkenden Änderung der Arbeitsbedingungen ist sozial ungerechtfertigt, weil auch eine ordentliche Kündigung erst mit Ablauf der Kündigungsfrist Wirkungen entfaltet.[125] Beruht das dringende betriebliche Erfordernis auf Umständen, die einem **Wegfall der Geschäftsgrundlage** (§ 313 BGB) gleichkommen, können die dafür geltenden Grundsätze zu berücksichtigen sein. Voraussetzung für eine danach mögliche Vertragsanpassung ist, dass die Parteien den Vertrag nicht oder mit anderem Inhalt geschlossen hätten, wenn sie die Änderung vorausgesehen hätten, und dem AG unter Berücksichtigung aller Umstände des Einzelfalls, insbesondere der vertraglichen oder gesetzlichen Risikoverteilung, das Festhalten am unveränderten Vertrag nicht zugemutet werden kann. Dabei können auch Gesetzesänderungen die Geschäftsgrundlage eines Vertrags so verändern, dass Leistung und Gegenleistung nicht mehr in dem zuvor vereinbarten Verhältnis stehen und die vertraglichen Absprachen nach den Regeln über den Wegfall oder die Änderung der Geschäftsgrundlage anzupassen sind.[126]

b) Soziale Auswahl. Auch bei der betriebsbedingten Änderungskündigung hat der AG eine soziale Auswahl (§ 1 III KSchG) vorzunehmen. Für die Frage der in die Sozialauswahl einzubeziehenden **vergleichbaren AN** kommt es bei einer Änderungskündigung nicht nur darauf an, ob die betreffenden AN nach ihren bisherigen Tätigkeiten miteinander verglichen werden können und damit auf ihren innegehabten Arbeitsplätzen austauschbar sind. Hinzukommen muss, dass diese AN auch für die Tätigkeit, die Gegenstand des Änderungsgebots ist, wenigstens annähernd gleich geeignet sind. Die Austauschbarkeit muss sich also auch auf den mit der Änderungskündigung angebotenen Arbeitsplatz beziehen.[127] Anders als bei der Beendigungskündigung ist bei der betriebsbedingten Änderungskündigung die Sozialauswahl nicht daran auszurichten, welcher von mehreren vergleichbaren AN durch den Verlust des Arbeitsplatzes am wenigsten hart getroffen wird. Da es bei der ordentlichen Änderungskündigung unabhängig davon, ob der AN sie unter Vorbehalt angenommen hat oder nicht, um die soziale Rechtfertigung des Änderungsangebotes geht, ist auch bei der sozialen Auswahl darauf abzustellen, wie sich die vorgeschlagene Vertragsänderung auf den sozialen Status vergleichbarer AN auswirkt. Es ist zu prüfen, ob der AG, statt die Arbeitsbedingungen des gekündigten AN zu ändern, diese Änderung einem anderen vergleichbaren AN hätte anbieten können, dem sie unter Berücksichtigung der in § 1 III 1 KSchG genannten Gesichtspunkte eher zumutbar gewesen wäre.[128] Die Austauschbarkeit der AN (dazu → § 135 Rn. 11) muss sich auch auf den mit der Änderungskündigung angebotenen Arbeitsplatz beziehen. Für die **Auswahlentscheidung** sind allein die Kriterien Betriebszugehörigkeit, Unterhaltspflichten, Lebensalter und Schwerbehinderung maßgebend. Auf eine Heranziehung zusätzlicher Faktoren und Kriterien muss wegen der klaren gesetzlichen Regelung verzichtet werden. Es kommt allenfalls eine Ergänzung im Rahmen der Gewichtung der Grunddaten aus § 1 III KSchG in Betracht, soweit die ergänzenden Faktoren einen unmittelbaren Bezug zu diesen Grunddaten haben.[129] Da es bei der ordentlichen Änderungskündigung – unabhängig davon, ob der AN sie unter Vorbehalt angenommen hat oder nicht – um die soziale Rechtfertigung des Änderungsangebots geht, ist darauf Bedacht zu nehmen, wie sich die vorgeschlagene Vertragsänderung auf den sozialen Status vergleichbarer AN auswirkt. Es ist zu prüfen, ob der AG, statt die Arbeitsbedingungen des gekündigten AN zu ändern, diese Änderung einem vergleichbaren AN hätte anbieten können, dem sie eher zumutbar gewesen wäre.[130] Auch für 43

[123] StRspr, vgl. BAG 8.10.2009 AP Nr. 143 zu § 2 KSchG 1969 = NZA 2010, 465; 15.1.2009 AP Nr. 141 zu § 2 KSchG 1969 = NZA 2009, 957; 18.1.2007 AP Nr. 89 zu § 1 KSchG 1969 Soziale Auswahl.
[124] BAG 27.11.2008 AP Nr. 9 zu § 55 BAT = NZA 2009, 481.
[125] BAG 29.9.2011 AP Nr. 152 zu § 2 KSchG 1969 = NZA 2012, 628.
[126] BAG 5.6.2014 AP Nr. 161 zu § 2 KSchG 1969 = NZA 2015, 40; 8.10.2009 AP Nr. 143 zu § 2 KSchG 1969 = NZA 2010, 465.
[127] BAG 18.5.2017 – 2 AZR 606/16; 9.9.2010 AP Nr. 149 zu § 2 KSchG 1969; 18.1.2007 AP Nr. 89 zu § 1 KSchG 1969 Soziale Auswahl; 13.6.1986 AP Nr. 13 zu § 1 KSchG 1969 Soziale Auswahl = NZA 1987, 155.
[128] BAG 12.8.2010 NZA 2011, 460; 18.1.2007 AP Nr. 89 zu § 1 KSchG 1969 Soziale Auswahl.
[129] BAG 29.1.2015 NZA 2015, 426; 12.8.2010 NZA 2011, 460.
[130] BAG 29.1.2015 NZA 2015, 426.

Änderungskündigungen können Auswahlrichtlinien nach § 1 IV KSchG[131] und Namenslisten nach § 1 V KSchG aufgestellt werden.[132]

44 **c) Einzelfälle.** Bei betriebsbedingten Änderungskündigungen sind verschiedene Fallgestaltungen zu unterscheiden:

45 **(1) Arbeitsort.** Der Entschluss eines Unternehmens, die Arbeitsorte zu ändern und bestimmte Arbeiten an einem bestimmten Standort zu konzentrieren, stellt eine freie unternehmerische Entscheidung dar. Es gehört zum Kern der unternehmerischen Freiheit, die betriebliche Organisation zu gestalten und festzulegen, an welchem Standort welche arbeitstechnischen Zwecke und Ziele verfolgt werden sollen. Der gesetzliche Kündigungsschutz verpflichtet den AG nicht, eine bestimmte betriebliche Organisationsstruktur oder einen konkreten Standort beizubehalten.[133] Führt diese Entscheidung zum Wegfall von Beschäftigungsmöglichkeiten an einem Arbeitsort, ist der AG nicht verpflichtet, dem AN statt eines Arbeitsplatzes in einem räumlich entfernt liegenden Betrieb (Neuß statt zuvor Kassel) am bisherigen Arbeitsort eine Tätigkeit als freier Mitarbeiter anzubieten. Das Gesetz verlangt ein Angebot zur Fortsetzung des – geänderten – Arbeitsverhältnisses.[134]

46 **(2) Arbeitszeit.** Im Wege einer Änderungskündigung kann die vertraglich vereinbarte Arbeitszeit geändert werden. Der Unternehmer ist grundsätzlich frei darin, wie er die Kapazitäten und Arbeitszeiten auf seine Produktion verteilt. Ein dringendes betriebliches Erfordernis für eine Absenkung der Dauer der Arbeitszeit besteht jedoch nicht, wenn es auf der Grundlage der Organisationsentscheidung des AG nicht zu einer Verringerung des vorhandenen Beschäftigungsvolumens in dem Umfang kommt, welcher der reduzierten Arbeitszeit entspricht, die dem AN angeboten worden ist.[135] Auch das bloße Interesse des AG an der Vereinheitlichung der regelmäßigen wöchentlichen Arbeitszeit – etwa nach einem Betriebsübergang – stellt kein dringendes betriebliches Erfordernis für eine Änderungskündigung dar.[136] Nach Auffassung des BAG verstößt ein Änderungsangebot zur Lage der Arbeitszeit einer teilzeitbeschäftigten Verkäuferin im Einzelhandel, die jeden Samstag arbeiten muss, während Vollzeitbeschäftigte nur jeden sechsten Samstag arbeiten, gegen § 2 I BeschFG (jetzt § 4 I TzBfG).[137] Die Einführung von Samstagsarbeit ist eine unternehmerische Entscheidung, die einen billigenswerten Anlass zur Änderung von Arbeitsbedingungen darstellen kann. Voraussetzung ist freilich, dass diese Arbeitszeitgestaltung rechtlich zulässig ist. Tarifvertragliche Arbeitszeitregelungen, welche die Samstagsarbeit zeitlich beschränken, können dem entgegenstehen. Dies gilt unabhängig von der Tarifbindung des einzelnen AN, weil es sich insoweit um Betriebsnormen (§ 3 II TVG) handelt.[138] Die unternehmerische Entscheidung, die Arbeitszeit herab- oder heraufzusetzen, kann gleichfalls eine betriebsbedingte Änderungskündigung rechtfertigen.[139] Nach einer Verringerung der Arbeitszeit, die nach § 8 V 2 und 3 TzBfG eingetreten ist, kann der AG im Kündigungsschutzrechtsstreit zur Rechtfertigung der Änderung der Arbeitsbedingungen mit dem Ziel einer Verlängerung der Arbeitszeit grundsätzlich nur solche Tatsachen vortragen, die er dem Teilzeitverlangen des AN vor Ablauf der einmonatigen Frist des § 8 V 1 TzBfG nicht hätte entgegenhalten können.[140] Hierzu hat er plausibel darzulegen, dass die Arbeitszeitänderung zur Aufrechterhaltung einer geordneten Betriebsorganisation oder zur Vermeidung von Störungen im Arbeitsablauf oder der Sicherheit des Betriebs erforderlich ist.[141] Ein dringendes betriebliches Erfordernis liegt vor, wenn ein Land zukünftig den Vertretungsbedarf an Grundschulen grundsätzlich mit pädagogischen Mitarbeitern und nicht mehr mit Lehrern abdecken will

---

131 BAG 12.8.2010 NZA 2011, 460.

132 BAG 23.2.2012 AP Nr. 154 zu § 2 KSchG 1969; 19.6.2007 AP Nr. 16 zu § 1 KSchG 1969 Namensliste = NZA 2008, 103.

133 BAG 12.8.2010 AP Nr. 146 zu § 2 KSchG 1969 = NJW 2011, 251.

134 BAG 21.2.2002 EzA Nr. 45 zu § 2 KSchG.

135 BAG 26.11.2009 AP Nr. 144 zu § 2 KSchG 1969.

136 BAG 10.9.2009 AP Nr. 142 zu § 2 KSchG 1969 = NZA 2010, 333.

137 BAG 24.4.1997 AP Nr. 42 zu § 2 KSchG 1969 = NZA 1997, 1047; abl. *Henssler* Anm. zu BAG AP Nr. 42 zu § 2 KSchG 1969.

138 BAG 18.12.1997 AP Nr. 46 zu § 2 KSchG 1969 = NZA 1998, 304.

139 Dazu BAG 19.5.1993 AP Nr. 31 zu § 2 KSchG 1969 = NZA 1993, 1075; LAG RhPf 10.5.1988 NZA 1989, 273; einschränkend LAG Hamm 26.9.1996 LAGE § 2 KSchG Nr. 23.

140 BAG 20.1.2015 AP Nr. 33 zu § 8 TzBfG = NZA 2015, 805.

141 Vgl. BAG 7.12.2006 AP Nr. 88 zu § 1 KSchG 1969 Soziale Auswahl = NZA-RR 2007, 460; *Rost* ArbRGegw 39 (2002) 83 (100); s. dazu auch den Hinweis in BAG 18.2.2003 AP Nr. 2 zu § 8 TzBfG.

(„verlässliche Grundschule"). Dementsprechend entfällt das Bedürfnis für eine Beschäftigung von Vertretungslehrern.[142]

Entschließt sich der AG zu einer betrieblichen Umorganisation, die zu einer anderen zeitlichen Lage und **Herabsetzung der Dauer der Arbeitszeit** führt, handelt es sich dabei um eine im Ermessen des AG stehende unternehmerische Entscheidung. Er kann dabei weitgehend frei entscheiden, ob das noch verbleibende Arbeitsvolumen durch weniger Vollzeitkräfte oder durch alle beschäftigten AN in Teilzeit erledigt werden soll.[143] So kann er einem vollzeitbeschäftigten AN eine Änderungskündigung aussprechen und ihm unter Wegfall eines Teils seiner Arbeitsaufgaben eine Halbtagsstelle mit entsprechend geringerer Vergütung anbieten. Der AG ist nicht verpflichtet, stattdessen einen Teilzeitbeschäftigten zu kündigen. Ein Missbrauch der unternehmerischen Organisationsfreiheit ist nicht schon dann gegeben, wenn der AG die Möglichkeit hatte, auf die Reorganisation zu verzichten. Missbrauch kann allerdings vorliegen, wenn der AG den Arbeitsplatz umgestaltet, nachdem der AN Streit mit dem Vorgesetzten hatte, und hieraus der Schluss zu ziehen ist, die Arbeitszeitverringerung sei zur Maßregelung des AN erfolgt.[144] 46a

(3) Befristete Weiterbeschäftigung. § 2 KSchG schließt die nachträgliche Befristung eines zunächst auf unbestimmte Zeit eingegangenen Arbeitsverhältnisses im Wege der Änderungskündigung nicht grundsätzlich aus. Für deren soziale Rechtfertigung kommt es darauf an, ob ein dringendes betriebliches Erfordernis zur Änderung der bisherigen Arbeitsbedingungen besteht und der AG dem AN Änderungen anbietet, die für diesen unter Berücksichtigung des Verhältnismäßigkeitsgrundsatzes annehmbar sind. In diesem Zusammenhang ist auch zu prüfen, ob das Angebot einer nur befristeten Weiterbeschäftigung – u.a. nach § 14 TzBfG – sachlich gerechtfertigt ist. Fehlt es daran, muss der AN die Änderung der Arbeitsbedingungen billigerweise nicht hinnehmen, was die Sozialwidrigkeit der Änderung der Arbeitsbedingungen zur Folge hat. Der sachliche Grund kann darin liegen, dass der AG dem AN aus sozialen Erwägungen eine befristete Beschäftigung im Sinne einer Übergangsregelung ermöglichen will. Die sozialen Erwägungen müssen dann das überwiegende Motiv des AG für das Änderungsangebot sein.[145] 47

(4) Entgeltreduzierung. Das deutsche Recht lässt eine einseitige Änderung arbeitsvertraglich vereinbarter Arbeitsbedingungen ohne Änderungsvertrag oder Änderungskündigung nicht zu.[146] Geschlossene Verträge sind grundsätzlich einzuhalten. Ein Geldmangel allein entlastet den Schuldner nicht.[147] Die **Unrentabilität des Betriebs** kann einer Weiterbeschäftigung des AN zu unveränderten Bedingungen entgegenstehen und ein dringendes betriebliches Erfordernis zur Änderung der Arbeitsbedingungen sein, wenn bei Aufrechterhaltung der bisherigen Personalkostenstruktur weitere, betrieblich nicht mehr auffangbare Verluste entstehen, die absehbar zu einer Reduzierung der Belegschaft oder sogar zu einer Schließung des Betriebes führen.[148] Regelmäßig setzt deshalb eine solche Kündigung einen umfassenden Sanierungsplan des AG voraus, der alle gegenüber der beabsichtigten Änderungskündigung milderen Mittel ausschöpft.[149] Liegen diese Voraussetzungen vor und hat sich die große Mehrheit der AN (hier ca. 97%) mit der Reduzierung der Vergütung freiwillig einverstanden erklärt, kann sich ein AN, dem gegenüber die Reduzierung durch Änderungskündigung erfolgt, nicht darauf berufen, die Änderungskündigung sei ihm gegenüber nicht mehr erforderlich, weil der Sanierungserfolg schon durch die freiwilligen Gehaltsreduzierungen erreicht sei.[150] Der AG muss mit der Änderungskündigung nicht warten, bis sein Ruin unmittelbar bevorsteht.[151] Entscheidend ist, ob die schlechte Geschäftslage einer Weiterbeschäftigung des AN zu unveränderten Bedingungen entgegensteht (zur außerordentlichen Änderungskündigung zur Entgeltsenkung → § 128 Rn. 31).[152] Bei der Prüfung, ob ein 48

[142] BAG 29.11.2007 AP Nr. 136 zu § 2 KSchG 1969 = NZA 2008, 523.
[143] BAG 26.11.2009 AP Nr. 144 zu § 2 KSchG 1969.
[144] Vgl. BAG 22.4.2004 AP Nr. 74 zu § 2 KSchG 1969 = NZA 2004, 1158.
[145] BAG 16.12.2010 AP Nr. 150 zu § 2 KSchG 1969.
[146] BAG 20.10.2017 AP Nr. 267 zu § 626 BGB = NZA 2018, 440.
[147] BAG 12.1.2006 AP Nr. 82 zu § 2 KSchG 1969 = NZA 2006, 587; 16.5.2002 EzA Nr. 46 zu § 2 KSchG.
[148] BAG 26.6.2008 AP Nr. 138 zu § 2 KSchG 1969 = NZA 2008, 1182.
[149] BAG 20.6.2013 AP Nr. 158 zu § 2 KSchG 1969 = NZA 2013, 1409; 10.9.2009 AP Nr. 142 zu § 2 KSchG 1969 = NZA 2010, 333; 16.5.2002 AP Nr. 69 zu § 2 KSchG 1969 = NZA 2003, 147.
[150] BAG 26.6.2008 AP Nr. 138 zu § 2 KSchG 1969 = NZA 2008, 1182.
[151] BAG 12.1.2006 AP Nr. 82 zu § 2 KSchG 1969 = NZA 2006, 587; 27.9.2001 AP Nr. 40 zu § 4 TVG Nachwirkung = NZA 2002, 750; 1.7.1999 AP Nr. 53 zu § 2 KSchG 1969 = NZA 1999, 1336.
[152] BAG 1.3.2007 AP Nr. 207 zu § 626 BGB = NZA 2007, 1445; 1.7.1999 AP Nr. 53 zu § 2 KSchG 1969 = NZA 1999, 1336.

dringendes betriebliches Erfordernis zu einer Änderung der Arbeitsbedingungen einzelner AN besteht, ist auf die **wirtschaftliche Situation des Gesamtbetriebs** und nicht nur auf die Lage eines unselbständigen Betriebsteils abzustellen.[153] Der AG hat zur Begründung einer Änderungskündigung zur Entgeltsenkung die Finanzlage des Betriebs, den Anteil der Personalkosten, die Auswirkung der erstrebten Kostensenkungen für den Betrieb und für die AN darzulegen und vorzutragen, warum andere Maßnahmen nicht in Betracht kommen.[154] Die Änderung der Entgelthöhe muss unter Berücksichtigung der betrieblichen Umstände zur Vermeidung von Beendigungskündigungen geeignet und erforderlich sein und dem Verhältnismäßigkeitsgrundsatz entsprechen.[155] Deshalb muss der AN nicht hinnehmen, dass sein Einkommen durch eine Änderungskündigung auf Dauer, sondern nur vorübergehend ohne Gegenleistung abgesenkt wird, wenn die Entgeltkürzung nur mit vorübergehenden wirtschaftlichen Verlusten begründet wird.[156] Die Änderung des Liquidationsrechts für **wahlärztliche Leistungen eines Chefarztes** durch den Krankenhausträger aufgrund einer Änderung der maßgeblichen gesetzlichen Vorschriften stellt keine Änderungskündigung zur Entgeltreduzierung dar. Dem Arzt ist regelmäßig nur vertraglich das Recht eingeräumt, diese Leistungen selbst abzurechnen und zu liquidieren. Eine Änderung der Regelungen über die Beteiligung nachgeordneter ärztlicher Mitarbeiter an den Erlösen der liquidationsberechtigten Ärzte ändert daran nichts.[157]

49 (5) **Gleichbehandlungsgrundsatz.** Die Gleichbehandlung mit anderen AN stellt kein dringendes betriebliches Erfordernis dar, das die Verschlechterung einer arbeitsvertraglichen Vergütungsregelung im Wege der Änderungskündigung bedingen kann. Der Gleichbehandlungsgrundsatz dient der Begründung von Rechten, nicht deren Einschränkung.[158] Beim Abschluss eines Arbeitsvertrags hat der Grundsatz der Vertragsfreiheit Vorrang vor dem arbeitsrechtlichen Gleichbehandlungsgrundsatz. Dem AG, der mit einzelnen AN einzelvertraglich eine höhere Vergütung vereinbart hat, als sie dem betrieblichen Niveau entspricht, ist es deshalb verwehrt, unter Berufung auf den Gleichbehandlungsgrundsatz diese Vergütung dem Arbeitsentgelt der übrigen AN anzupassen, mit denen er eine solche höhere Lohnvereinbarung nicht getroffen hat.[159] Dies gilt auch dann, wenn sich der AG für die angestrebte Neuregelung auf eine Betriebsvereinbarung berufen kann, der das Änderungsangebot inhaltlich entspricht.[160]

50 (6) **Verkaufskonzept.** Der Entschluss eines Einzelhandelsunternehmens, sein Verkaufskonzept von einem beratungsorientierten Facheinzelhandel mit ansprechender Warenpräsentation und vielfältigem Angebot zu einem beratungsarmen Discountgeschäft mit eingeschränktem Warenangebot umzuwandeln, stellt zusammen mit dem Entschluss, das Anforderungsprofil der Arbeitsplätze dahin zu ändern, dass alle AN alle anfallenden Arbeiten auszuführen haben, keine rechtsmissbräuchliche Unternehmerentscheidung dar.[161]

51 (7) **Änderung von Tätigkeit und Vergütung.** Auch dann, wenn durch das Änderungsangebot die Tätigkeit und die Vergütung des AN geändert werden sollen, ist das Änderungsangebot grundsätzlich insgesamt am Verhältnismäßigkeitsgrundsatz zu messen.[162] Die angebotenen Änderungen dürfen sich nicht weiter vom Inhalt des bisherigen Arbeitsverhältnisses entfernen, als es zur Erreichung des angestrebten Zieles erforderlich ist. Der AG muss darlegen, inwiefern sich der Wert der Arbeitsleistung gegenüber dem bisherigen Zustand verändert hat. Das Vorbringen des AG muss erkennbar machen, dass er auch unter Berücksichtigung der vertraglich eingegangenen Verpflichtungen alles Zumutbare unternommen hat, die durch die unternehmerische Entscheidung notwendig gewordenen Anpassungen auf das unbedingt erforderliche Maß zu beschränken. Eine Entgeltreduzierung bei geändertem Arbeitsinhalt kann auch durch einen evident geringeren Marktwert der neu angebotenen gegenüber der bisherigen Tätigkeit gerechtfertigt sein.[163] Ist ein AN des öffentlichen Dienstes in eine bestimmte Entgeltgruppe

153 BAG 11.7.1999 AP Nr. 53 zu § 2 KSchG 1969 = NZA 1999, 1336; 20.8.1998 AP Nr. 50 zu § 2 KSchG 1969 = NZA 1999, 255.

154 BAG 10.9.2009 AP Nr. 142 zu § 2 KSchG 1969 = NZA 2010, 333; 26.6.2008 AP Nr. 138 zu § 2 KSchG 1969 = NZA 2008, 1182; 23.6.2005 AP Nr. 81 zu § 2 KSchG 1969 = NZA 2006, 92.

155 ErfK/*Oetker* KSchG § 2 Rn. 63.

156 BAG 1.3.2007 AP Nr. 207 zu § 626 BGB = NZA 2007, 1445.

157 BAG 5.6.2014 AP Nr. 161 zu § 2 KSchG 1969 = NZA 2015, 40.

158 BAG 8.10.2009 AP Nr. 143 zu § 2 KSchG 1969 = NZA 2010, 465; 1.3.2007 AP Nr. 207 zu § 626 BGB = NZA 2007, 1445.

159 BAG 12.1.2006 AP Nr. 82 zu § 2 KSchG 1969 = NZA 2006, 587; 16.5.2002 EzA Nr. 46 zu § 2 KSchG.

160 BAG 20.1.2000 AP Nr. 40 zu § 103 BetrVG 1972 = NZA 2000, 592.

161 BAG 23.6.2005 AP Nr. 81 zu § 2 KSchG 1969 = NZA 2006, 92.

162 BAG 9.9.2010 AP Nr. 149 zu § 2 KSchG 1969 = NZA 2011, 824; 3.4.2008 AP Nr. 137 zu § 2 KSchG 1969 = NZA 2008, 812; 2.3.2006 AP Nr. 84 zu § 2 KSchG 1969 = NZA 2006, 985.

163 BAG 29.11.2007 AP Nr. 136 zu § 2 KSchG 1969 = NZA 2008, 523; 23.6.2005 AP Nr. 81 zu § 2 KSchG 1969 = NZA 2006, 92.

eingruppiert, können ihm kraft Direktionsrechts alle – aber auch nur solche – Arbeiten zugewiesen werden, welche die Merkmale der Vergütungsgruppe erfüllen, in die er „eingestuft" ist. Der AN behält in diesem Fall seinen Vergütungsanspruch, einer Änderungskündigung bedarf es nicht. Anders ist der Fall zu beurteilen, wenn der AG dem AN Tätigkeiten gemäß den Qualifikationsmerkmalen einer niedrigeren Vergütungsgruppe anbietet. In diesem Fall bedarf es einer Änderungskündigung. Diese ist grundsätzlich nicht unverhältnismäßig, wenn der AN künftig auch „nur" entsprechend dieser Entgeltgruppe bezahlt wird und der AG nicht mehr als erforderlich den Inhalt des bisherigen Arbeitsverhältnisses geändert hat.[164] – Zur **Änderung des Anforderungsprofils** → § 134 Rn. 36.

Eine gesonderte Rechtfertigung der Vergütungsänderung ist nur dann entbehrlich, wenn sich die Vergütung für die geänderte Arbeitsaufgabe aus einem im Betrieb angewandten Vergütungssystem ergibt (Tarifautomatik).[165] In diesen Fällen ist eine Aufspaltung der unternehmerischen Entscheidung in die Abschaffung bzw. Veränderung der Tätigkeit einerseits und deren Vergütung andererseits aus Rechtsgründen ausgeschlossen. Ist die Tätigkeit einer bestimmten Entgeltgruppe zugeordnet, ergibt sich eine **Eingruppierung** automatisch aus der übertragenen Arbeitsaufgabe. Ist die Veränderung der Tätigkeit aufgrund der unternehmerischen Entscheidung unabweisbar und daher sogar geeignet, eine außerordentliche Änderungskündigung zu rechtfertigen, gilt dies auch für die Änderung der Eingruppierung. Dem AG ist es in diesen Fällen regelmäßig nicht zumutbar, lediglich die Tätigkeit des AN den neuen Gegebenheiten anzupassen und es bei der bisherigen höheren Bezahlung zu belassen.[166] Hat der AG die bisherige Tätigkeit übertariflich entlohnt, vergütet er die geänderte Tätigkeit aber generell nur tariflich, verlangt § 2 KSchG nicht, dem von der Änderungskündigung betroffenen AN auch für die geänderte Tätigkeit eine – wie auch immer bemessene – übertarifliche Vergütung zu zahlen. Dies kommt nur dann in Betracht, wenn sich die geänderte Vergütung nicht aus einem im Betrieb angewandten Vergütungssystem ergibt.[167] Sind auf das Arbeitsverhältnis Tarifverträge nicht anwendbar, kann ein innerbetriebliches Vergütungssystem als Maßstab dienen.[168] Zur Bemessung des Wertes der Arbeit ist im Übrigen auf die übliche Vergütung abzustellen (§ 612 II BGB). Hierfür bietet die tarifliche Vergütung der Tätigkeit in der jeweiligen Branche am Arbeitsort einen wichtigen Anhaltspunkt.[169] Ggf. sind branchenähnliche Tarife heranzuziehen. Besteht kein Entgeltsystem, sondern leistet der AG individuell vereinbarte Arbeitsvergütungen, kann ggf. die Gesamtschau dieser Vergütungen Aufschluss über den Wert der Arbeit geben. Nach den Grundsätzen der abgestuften Darlegungs- und Beweislast ist zu prüfen, ob die dem AN konkret angebotene Vergütung dessen Änderungsschutz hinreichend berücksichtigt. Der AG ist nicht verpflichtet, dem betroffenen AN im Wege der Änderungskündigung die höchste für vergleichbare Tätigkeiten gezahlte Vergütung anzubieten. Er hat lediglich den AN, dem gegenüber er eine Änderungskündigung ausspricht, unter Berücksichtigung seines Änderungsschutzes in das frei ausgehandelte Vergütungsgefüge einzuordnen.[170] 51a

(8) Nebenabrede. Ein dringendes betriebliches Erfordernis zur Änderung der Arbeitsbedingungen kann in Betracht kommen, wenn die Parteien eine Nebenabrede zum Arbeitsvertrag vereinbart haben, die an Umstände anknüpft, die erkennbar nicht während der gesamten Dauer des Arbeitsverhältnisses gleich bleiben müssen.[171] Möchte sich der AG wegen veränderter Umstände von einer solchen Nebenabrede lösen, kann dies eine Änderungskündigung erforderlich machen, wenn die Parteien nicht von vornherein in der Nebenabrede einen Widerrufsvorbehalt vereinbart haben (dazu → § 35 Rn. 130). Entschieden ist dies für den Fall, dass in einem Arbeitsverhältnis ursprünglich eine **pauschale Überstundenabgeltung** vereinbart war, der AG aber wegen veränderter Umstände zur „Spitzabrechnung" der Mehrarbeitsvergütung übergehen wollte.[172] Weiterhin kann ein **Mietzuschuss,** der ursprünglich die 52

[164] BAG 24.9.2015 AP Nr. 165 zu § 2 KSchG 1969.
[165] BAG 9.9.2010 AP Nr. 149 zu § 2 KSchG 1969 = NZA 2011, 824; 29.11.2007 AP Nr. 136 zu § 2 KSchG 1969 = NZA 2008, 523.
[166] BAG 27.11.2008 AP Nr. 9 zu § 55 BAT = NZA2009, 481.
[167] BAG 28.10.2010 AP Nr. 148 zu § 2 KSchG 1969 = NZA-RR 2011, 155.
[168] BAG 3.4.2008 AP Nr. 137 zu § 2 KSchG 1969 = NZA 2008, 812; 23.6.2005 AP Nr. 81 zu § 2 KSchG 1969 = NZA 2006, 92.
[169] Vgl. MüKoBGB/*Müller-Glöge* § 612 Rn. 30.
[170] BAG 3.4.2008 AP Nr. 137 zu § 2 KSchG 1969 = NZA 2008, 812.
[171] BAG 20.6.2013 AP Nr. 158 zu § 2 KSchG 1969 = NZA 2013, 1409.
[172] BAG 23.11.2000 AP Nr. 64 zu § 2 KSchG 1969 = NZA 2001, 492.

Preisdifferenz zwischen einer billigen Werkwohnung und einer Wohnung auf dem freien Markt ausgleichen sollte, wegen veränderter Umstände nicht mehr gerechtfertigt sein.[173] Entsprechendes gilt für einen **kostenlosen Busverkehr vom Wohnort zum Arbeitsort,** wenn dieser nach mehreren Jahren nur noch von sehr wenigen AN in Anspruch genommen wird.[174] Durften die **Kontrollschaffner eines Verkehrsunternehmens** zunächst ihre Arbeit an der ihrer Wohnung nächstgelegenen Haltestelle aufnehmen, können betriebliche Gründe für die geänderte Regelung bestehen, die Arbeit nunmehr stets vom Betriebshof aus aufzunehmen.[175]

53 (9) **Umstrukturierung der Arbeitsorganisation.** Entschließt sich ein Unternehmen zu einer Umstrukturierung der Arbeitsorganisation und fallen infolge dieser Maßnahme Führungsebenen weg, kann eine Änderungskündigung mit dem Angebot der Weiterbeschäftigung in der nächstmöglichen Hierarchieebene sozial gerechtfertigt sein. Dies gilt auch für eine außerordentliche (§ 15 I KSchG) Änderungskündigung eines Betriebsratsmitglieds.[176] Läuft die unternehmerische Entscheidung aber letztlich nur auf den Abbau einer Hierarchieebene hinaus verbunden mit einer Neuverteilung der dem betroffenen AN bisher zugewiesenen Aufgaben, bedarf es der Konkretisierung dieser Entscheidung, damit überhaupt geprüft werden kann, ob der Arbeitsplatz des betroffenen AN tatsächlich weggefallen ist. Der AG muss plausibel darlegen, in welchem Umfang die bisher vom AN ausgeübten Tätigkeiten zukünftig anfallen. Er hat aufgrund seiner unternehmerischen Vorgaben die zukünftige Entwicklung der Arbeitsmenge anhand einer näher konkretisierten Prognose darzustellen und anzugeben, wie die anfallenden Arbeiten vom verbliebenen Personal ohne überobligationsmäßige Leistungen erledigt werden können.[177]

VII. Prozessuale Fragen

54 **1. Klageantrag.** Nimmt der AN das **Änderungsangebot unter Vorbehalt an,** hat er zur Überprüfung der Wirksamkeit der vom AG beabsichtigten Änderung der Arbeitsbedingungen gem. § 4 S. 2 KSchG auf die Feststellung zu klagen, dass die Änderung der Arbeitsbedingungen sozial ungerechtfertigt ist. Die Änderungsschutzklage des AN zielt auf die Feststellung, dass für das Arbeitsverhältnis nicht die Bedingungen gelten, die in dem mit der Kündigung verbundenen Änderungsangebot des AG enthalten sind.[178] Die in § 2 S. 2 KSchG vorgesehene Annahme unter **Vorbehalt ermöglicht die Annahme auch eines unwirksamen Angebots,** damit die Frage der Wirksamkeit im Änderungsschutzverfahren nach § 4 S. 2 KSchG geklärt werden kann. Der Umstand, dass der AN das Änderungsangebot unter Vorbehalt angenommen hat, ändert daher nichts an der Unwirksamkeit des Änderungsangebots mangels Bestimmtheit.[179] Erklärt der AG in einem Schreiben, **er kündige das Arbeitsverhältnis zu einem ersten, hilfsweise zu einem späteren Termin,** und bietet er dem AN an, das Arbeitsverhältnis ab dem Tag nach dem ersten, hilfsweise ab dem Tag nach dem späteren Termin zu geänderten Vertragsbedingungen fortzusetzen, handelt es sich um zwei Änderungskündigungen, nämlich um eine unbedingte Änderungskündigung zu dem ersten und eine in zulässiger Weise auflösend bedingte Änderungskündigung zu dem späteren Termin. Der AN kann in Bezug auf jede – mögliche – Kündigung entscheiden, ob er das mit ihr verbundene Vertragsangebot ablehnen oder mit bzw. ohne Vorbehalt annehmen möchte. Nimmt er beide Angebote unter Vorbehalt an, wendet er sich mit einem Hauptantrag nach § 4 S. 2 KSchG gegen die unbedingte und mit einem unechten Hilfsantrag nach § 4 S. 2 KSchG gegen die bedingte Kündigung.[180]

55 **2. Entscheidung.** Ist die Änderung der Arbeitsbedingungen wirksam, ist die Klage abzuweisen. Stellt das Arbeitsgericht fest, dass die beabsichtigte Änderung unwirksam ist, gilt die Änderungskündigung gem. § 8 KSchG als von Anfang an rechtsunwirksam. Der AG hat dann dem AN etwaige Vergütungsdifferenzen nachzuzahlen und ihm den alten, vertragsgemäßen Arbeitsplatz wieder zuzuweisen. Wird die Klagefrist versäumt, erlischt der Vorbehalt; die Änderung gilt

[173] BAG 28.4.1982 AP Nr. 3 zu § 2 KSchG 1969.
[174] BAG 27.3.2003 AP Nr. 72 zu § 2 KSchG 1969 = NZA 2003, 1029.
[175] BAG 26.7.2001 EzBAT § 8 BAT Direktionsrecht Nr. 50.
[176] BAG 21.6.1995 AP Nr. 36 zu § 15 KSchG 1969 = NZA 1995, 1157.
[177] BAG 27.9.2001 AP Nr. 6 zu § 14 KSchG 1969 = NZA 2002, 1277.
[178] BAG 26.8.2008 AP Nr. 139 zu § 2 KSchG 1969 = NZA-RR 2009, 300.
[179] BAG 21.5.2019 AP Nr. 88 zu § 4 KSchG 1969 = NZA 2019, 1143.
[180] BAG 18.10.2018 AP Nr. 172 zu § 2 KSchG 1969 = NZA 2019, 246.

gem. § 7 KSchG als wirksam. Hat der AN die im Zusammenhang mit der Kündigung angebotene Vertragsänderung abgelehnt, ist die ausgesprochene Änderungskündigung rechtlich eine Beendigungskündigung, für die das normale Kündigungsschutzverfahren gilt. Nimmt der AN das Änderungsangebot unter Vorbehalt an, scheidet eine Auflösung des Arbeitsverhältnisses nach §§ 9, 10 KSchG aus.[181] Streitgegenstand des Rechtsstreits ist nicht die Beendigung des Arbeitsverhältnisses, sondern die Wirksamkeit der Änderung der Arbeitsbedingungen.

[181] BAG 24.10.2013 AP Nr. 71 zu § 9 KSchG 1969 = NZA 2014, 486.

8. Abschnitt. Kündigungsschutzklage und gerichtliche Auflösung des Arbeitsverhältnisses

§ 138. Kündigungsschutzklage

Übersicht

I. Überblick

Klagemuster: Schaub ArbRFV-HdB/*Straube* C. Rn. 11 ff.

1 **1. Allgemeines.** Will ein AN geltend machen, dass eine schriftliche Kündigung sozial ungerechtfertigt oder aus anderen Gründen rechtsunwirksam ist, muss er innerhalb einer Frist von drei Wochen nach Zugang der Kündigung beim Arbeitsgericht Klage mit dem Antrag erheben, „festzustellen, dass das Arbeitsverhältnis durch die Kündigung vom … nicht aufgelöst worden ist" (§ 4 S. 1 KSchG). Die befristete Klagemöglichkeit ist im **Zusammenhang mit § 7 KSchG** zu sehen, wonach eine Kündigung als rechtswirksam gilt, wenn der AN nicht innerhalb der Dreiwochenfrist Kündigungsschutzklage erhoben hat.[1] Dieser systematische Zusammenhang macht den Zweck der kurzen Klagefrist deutlich: Der AG soll alsbald Klarheit darüber erlangen, ob der AN die Kündigung hinnimmt oder ihre Unwirksamkeit gerichtlich geltend machen will.[2] Das KSchG hat die Kündigungsschutzklage als **Feststellungsklage und nicht als Gestaltungsklage konzipiert.** Das Arbeitsverhältnis endet deshalb im Falle einer wirksamen Kündigung nicht etwa durch gerichtliches Urteil, sondern durch die vom AG erklärte Kündigung.[3] Auf die **Eigenkündigung** des AN finden §§ 4 und 7 KSchG keine Anwendung. Ein an § 4 S. 1 KSchG ausgerichteter Klageantrag des AG gegen eine Eigenkündigung des AN kann als Feststellungsklage (§ 256 ZPO) ausgelegt werden, für die allerdings nicht ohne weiteres das erforderliche Feststellungsinteresse zu bejahen ist.[4] Eine

[1] BAG 1.12.2020 NZA 2021, 552.
[2] BAG 14.9.1994 AP Nr. 32 zu § 4 KSchG 1969 = NZA 1995, 417.
[3] BAG 17.7.2012 AP Nr. 178 zu Art. 9 GG Arbeitskampf = NZA 2012, 1432.
[4] Dazu BAG 1.10.2020 AP Nr. 90 zu § 4 KSchG 1969 = NZA 2020, 1637; 21.9.2017 AP Nr. 86 zu § 4 KSchG 1969 = NZA 2017, 1524.

wegen doppelter Rechtshängigkeit nach § 261 III Nr. 1 ZPO zunächst unzulässige Klage ist geeignet, den Eintritt der Fiktionswirkung nach § 7 KSchG zu verhindern.[5]

2. Geltungsbereich. a) Schriftliche Kündigung. § 4 S. 1 KSchG findet nach dem Wortlaut des Gesetzes nur für ordentliche Kündigungen des Arbeitsverhältnisses Anwendung. Nach § 4 S. 2 KSchG gilt die Dreiwochenfrist auch, wenn sich der AN nach einer **Änderungskündigung** gegen die Änderung der Arbeitsbedingungen wendet. Die Unwirksamkeit einer **außerordentlichen Kündigung** kann wegen des Verweises in § 13 I 2 KSchG gleichfalls nur innerhalb der Dreiwochenfrist geltend gemacht werden.[6] Gleiches gilt für die Geltendmachung der Unwirksamkeit einer außerordentlichen Änderungskündigung. Zwar verweist § 13 I 2 KSchG nicht auf § 2 KSchG, doch fordert der Zweck des § 2 KSchG, dass der AN die Wirksamkeit auch einer außerordentlichen Änderungskündigung gerichtlich überprüfen lassen kann, ohne zugleich den Verlust des Arbeitsplatzes insgesamt riskieren zu müssen.[7] Erfolgt eine **Anfechtung** des Arbeitsvertrags durch den AG, ist die Dreiwochenfrist nicht zu beachten, weil die Anfechtung keine Kündigung ist.[8] Behält sich der AG in einer Beurlaubungsvereinbarung vor, den AN bei Auslaufen der Beurlaubung in Anlehnung an das Beamtenrecht einseitig in den **einstweiligen Ruhestand** zu versetzen, und macht er von diesem ihm vorbehaltenen einseitigen Gestaltungsrecht eigener Art Gebrauch, liegt darin keine Kündigungserklärung, deren Unwirksamkeit mit einer nach § 4 S. 1 KSchG fristgebundenen Kündigungsschutzklage gerichtlich geltend gemacht werden müsste.[9] Die Dreiwochenfrist gilt nach dem eindeutigen Wortlaut des § 4 S. 1 KSchG nur für schriftliche Kündigungen. Die Unwirksamkeit einer die **Schriftform** nicht wahrenden Kündigung kann auch noch nach Ablauf dieser Frist bis zur Grenze der Verwirkung im Wege der allgemeinen Feststellungsklage (§ 256 ZPO) geltend gemacht werden.[10] 2

b) Arbeitsverhältnis. Die Dreiwochenfrist gilt zunächst für die Kündigung von Arbeitsverhältnissen. Bei der außerordentlichen Kündigung von **Auszubildenden** nach § 22 BBiG gilt aufgrund der Verweisung in § 13 I 2 KSchG auch die Dreiwochenfrist. Ggf. ist vorher ein **Ausschuss nach § 111 II ArbGG** zu beteiligen (→ § 174 Rn. 99).[11] § 4 S. 1 KSchG ist ebenso bei Kündigungen durch den Insolvenzverwalter zu beachten. Die Kündigung eines Betriebsveräußerers nach der **Betriebsübertragung** geht mangels eines mit ihm bestehenden Arbeitsverhältnisses ins Leere. Eine gleichwohl erhobene Klage auf Feststellung der Unwirksamkeit der Kündigung ist unbegründet (Einzelheiten → § 118 Rn. 59).[12] 3

c) Wartezeit- und Kleinbetriebskündigung. AN, welche die Wartezeit des § 1 I KSchG noch nicht erfüllt haben, müssen innerhalb der Dreiwochenfrist Kündigungsschutzklage erheben.[13] Das gilt gem. § 13 I 2 iVm § 4 S. 1 KSchG auch für eine außerordentliche Kündigung in der Wartezeit.[14] Gem. § 23 I 2 und 3 KSchG gilt die Dreiwochenfrist auch für AN in Kleinbetrieben. Das KSchG nimmt an keiner Stelle AN vom Geltungsbereich der §§ 4–7 KSchG aus. Dies entspricht auch dem Zweck des § 4 KSchG, bei allen Kündigungen, unabhängig vom Erfüllen der Wartezeit des § 1 I KSchG und der Betriebsgröße, alsbald Klarheit zu schaffen, ob die Wirksamkeit der Kündigung gerichtlich überprüft wird oder nicht.[15] 4

3. Keine Hinweispflicht. Trotz der weitreichenden Folgen ist der AG nicht verpflichtet, den AN auf die nur befristete Klagemöglichkeit hinzuweisen. Der AG ist nicht zur allgemeinen Rechtsberatung des AN verpflichtet. Über die für das Arbeitsverhältnis einschlägigen Vorschriften muss sich der AN grundsätzlich selbst informieren.[16] 5

4. Klageverzicht. Der AN kann nach Erhalt der Kündigung grundsätzlich auf die Erhebung einer Kündigungsschutzklage verzichten. Zu beachten ist allerdings, dass ein vom AG in einer 6

[5] BAG 16.7.2015 AP Nr. 169 zu § 102 BetrVG 1972 = NZA 2016, 99.
[6] BAG 18.12.2014 AP Nr. 79 zu § 4 KSchG 1969 = NZA 2015, 635; 26.9.2013 AP Nr. 77 zu § 4 KSchG 1969 = NZA 2014, 443.
[7] BAG 28.10.2010 NZA 2011, 368.
[8] MüKoBGB/*Hergenröder* KSchG § 4 Rn. 7; APS/*Hesse* KSchG § 4 Rn. 16.
[9] BAG 5.2.2009 AP Nr. 69 zu § 4 KSchG 1969.
[10] BAG 28.6.2007 AP Nr. 61 zu § 4 KSchG 1969 = NZA 2007, 9728.
[11] BAG 23.7.2015 AP Nr. 82 zu § 4 KSchG 1969 = NZA-RR 2015, 628.
[12] BAG 20.3.2014 AP Nr. 450 zu § 613a BGB = NZA 2014, 1095.
[13] BAG 15.12.2016 AP Nr. 85 zu § 4 KSchG 1969 = NZA 2017, 502; 9.2.2006 AP Nr. 56 zu § 4 KSchG 1969 = NZA 2006, 1207.
[14] BAG 28.6.2007 AP Nr. 61 zu § 4 KSchG 1969 = NZA 2007, 972.
[15] Vgl. BT-Drs. 15/1587.
[16] BAG 26.8.1993 AP Nr. 8 zu § 72 LPVG NW = NZA 1994, 281.

Ausgleichsquittung vorformulierter Klageverzicht eine überraschende Klausel iSd § 305c I BGB darstellen kann.[17] Der formularmäßige Verzicht auf eine Kündigungsschutzklage in AGB des AG ohne kompensatorische Gegenleistung des AG – etwa in Bezug auf den Beendigungszeitpunkt, die Beendigungsart, die Zahlung einer Entlassungsentschädigung oder den Verzicht auf eigene Ersatzansprüche – hält im Übrigen nach Auffassung des BAG einer Inhaltskontrolle nach § 307 I 1 BGB nicht stand. Eine solche sei möglich, weil hierdurch von der gesetzlichen Regelung in § 4 S. 1 KSchG abgewichen werde, wonach dem AN drei Wochen für die Überlegung zur Verfügung stehen, ob er Kündigungsschutzklage erheben will.[18] Als kompensatorische Gegenleistung genügt nach Auffassung des BAG nicht die vom AG in einem Abwicklungsvertrag übernommene Verpflichtung, dem AN ein Zeugnis mit einer näher bestimmten (überdurchschnittlichen) Leistungs- und Führungsbeurteilung zu erteilen.[19] Die Vereinbarung über einen Klageverzicht im unmittelbaren zeitlichen und sachlichen Zusammenhang mit einer Kündigung kann nach Auffassung des BAG auch ein Auflösungsvertrag sein und damit dem Schriftformerfordernis des § 623 BGB unterliegen.[20] Der erforderliche Zusammenhang muss hiernach die Annahme rechtfertigen, Kündigung und Klageverzicht seien gemeinsam nur ein anderes Mittel, um das Arbeitsverhältnis in Wirklichkeit im gegenseitigen Einvernehmen zu lösen. Fehlt es daran, wird das Arbeitsverhältnis allerdings nicht durch einen Vertrag aufgelöst, sondern durch die erfolgte Kündigung.[21]

II. Feststellungsklage

7 **1. Streitgegenstand. a) Grundsätze.** Die Kündigungsschutzklage ist eine Feststellungsklage. Sie unterscheidet sich von der allgemeinen Feststellungsklage nach § 256 ZPO durch den Streitgegenstand. Während dort um das Bestehen oder Nichtbestehen eines Rechtsverhältnisses gestritten wird, ist Gegenstand der Kündigungsschutzklage ein Element eines Rechtsverhältnisses, nämlich die Wirksamkeit der im Antrag **näher bezeichneten Kündigung des Arbeitsverhältnisses zu dem in ihr vorgesehenen Termin.** Die Kündigungsschutzklage nach § 4 KSchG hat damit einen punktuellen Streitgegenstand.[22] Das Gericht hat zu prüfen, ob das Arbeitsverhältnis durch die Kündigung aufgelöst worden ist. Das BAG geht allerdings von einem erweiterten Streitgegenstand der Kündigungsschutzklage aus, der auch den Bestand des Arbeitsverhältnisses im maßgeblichen Auflösungstermin umfasst (Einzelheiten → Rn. 8).[23] Der Kündigungsschutzantrag nach § 4 S. 1 KSchG mit seinem punktuellen Streitgegenstand ist grundsätzlich nur bei einer Kündigungsschutzklage im Anwendungsbereich des § 4 bzw. § 13 I KSchG zulässig.[24] In den anderen Fällen einer in Streit stehenden wirksamen Beendigung des Arbeitsverhältnisses ist – abgesehen vom Anwendungsbereich des § 17 TzBfG – das Fortbestehen des Arbeitsverhältnisses zum Gegenstand einer allgemeinen Feststellungsklage iSd § 256 ZPO zu machen.[25] Ein gegen eine außerordentliche Kündigung gerichteter Kündigungsschutzantrag gem. § 4 S. 1 KSchG umfasst regelmäßig auch das Begehren festzustellen, das Arbeitsverhältnis ende nicht aufgrund einer ggf. nach § 140 BGB kraft Gesetzes eintretenden **Umdeutung der außerordentlichen Kündigung in eine ordentliche.** Dafür, dass sich ein AN, der gegen eine außerordentliche Kündigung Kündigungsschutzklage erhebt, nicht auch gegen eine Auflösung des Arbeitsverhältnisses infolge einer solchen Umdeutung wenden möchte, bedarf es besonderer Anhaltspunkte.[26]

---

[17] BAG 25.9.2014 AP Nr. 81 zu § 4 KSchG 1969 = NZA 2015, 350.

[18] BAG 24.9.2015 AP Nr. 83 zu § 4 KSchG 1969 mAnm *Rolfs/Marcelli* = NZA 2016, 351; 25.9.2014 AP Nr. 81 zu § 4 KSchG 1969 = NZA 2015, 350; 6.9.2007 AP Nr. 62 zu § 4 KSchG 1969 = NZA 2008, 219; aA *Krets* FS Bauer, 601 (607).

[19] BAG 24.9.2015 AP Nr. 83 zu § 4 KSchG 1969 = NZA 2016, 351; dazu *Meyer* BB 2016, 1589; *Stoffels* RdA 2016, 304.

[20] BAG 19.4.2007 AP Nr. 9 zu BGB § 623 = NZA 2007, 1227; abl. *Bauer/Günther* NJW 2008, 1617, 1618; LKB/*Linck* KSchG § 4 Rn. 94.

[21] BAG 25.9.2014 AP Nr. 81 zu § 4 KSchG 1969 = NZA 2015, 350.

[22] BAG 12.5.2005 AP Nr. 53 zu § 4 KSchG 1969 = NZA 2005, 1259; 10.10.2002 AP Nr. 49 zu § 4 KSchG 1969 = NZA 2003, 684; 13.3.1997 AP Nr. 38 zu § 4 KSchG 1969 = NZA 1997, 844; 27.1.1994 AP Nr. 28 zu § 4 KSchG 1969 = NZA 1994, 812.

[23] BAG 29.1.2015 AP Nr. 80 zu § 4 KSchG 1969 = NZA 2015, 1022; 18.12.2014 AP Nr. 79 zu § 4 KSchG 1969 = NZA 2015, 635; 20.3.2014 AP Nr. 73 zu § 123 BGB = NZA 2014, 1131; ausf. *Gallner* FS Wank, 2014, 117 ff.

[24] BAG 20.3.2014 AP Nr. 73 zu § 123 BGB = NZA 2014, 1131; 10.11.2011 AP Nr. 44 zu § 620 BGB Aufhebungsvertrag = NZA 2012, 205.

[25] Vgl. BAG 21.11.2013 AP Nr. 1 zu § 164 SGB V.

[26] BAG 27.6.2019 AP Nr. 276 zu § 626 BGB = NZA 2019, 1343.

b) Einzelheiten. Mit dem durch § 4 S. 1 KSchG vorgegebenen Antrag, festzustellen, dass das Arbeitsverhältnis durch eine näher bezeichnete Kündigung zu dem in ihr vorgesehenen Termin nicht aufgelöst worden ist, ist nach Auffassung des BAG Streitgegenstand der Kündigungsschutzklage nicht nur – punktuell – die Wirksamkeit der vom AG erklärten Kündigung, sondern auch das Bestehen eines Arbeitsverhältnisses zum Zeitpunkt des Zugangs der Kündigung.[27] Da Streitgegenstand einer Kündigungsschutzklage mit einem Antrag nach § 4 S. 1 KSchG die Frage sei, ob das Arbeitsverhältnis der Parteien aus Anlass einer bestimmten Kündigung zu dem in ihr vorgesehenen Termin aufgelöst worden ist,[28] erfasse der Kündigungsschutzantrag darüber hinaus auch die Frage, ob das Arbeitsverhältnis am vorgesehenen Auflösungstermin noch bestanden hat und nicht durch einen während der Kündigungsfrist eingetretenen Umstand aufgelöst worden ist **(sog. erweiterter punktueller Streitgegenstandsbegriff).**[29] Daraus folge, dass in einer Beendigungsschutzklage nach § 4 S. 1 KSchG zugleich der Angriff gegen solche Kündigungen liege, die dem AN noch während des Laufs der von der ersten Kündigung ausgelösten Auflösungsfrist zugehen und innerhalb dieser Frist Wirkung entfalten sollen. Durch eine Kündigungsschutzklage seien in der Regel auch solche Auflösungstatbestände mitangegriffen, die zu demselben Termin wie die im Antrag bezeichnete Kündigung wirken sollen.[30] Die Klage wahre daher die Klagefrist des § 4 S. 1 KSchG für eine Folgekündigung, die das Arbeitsverhältnis vor dem oder bis einschließlich zu dem Termin der ersten Kündigung auflösen soll, jedenfalls dann in analoger Anwendung von § 6 KSchG, wenn die Unwirksamkeit der Folgekündigung noch vor Schluss der mündlichen Verhandlung erster Instanz ausdrücklich geltend gemacht und mit einem Antrag nach § 4 S. 1 KSchG erfasst werde.[31] Hat der AG beispielsweise zunächst eine ordentliche Kündigung ausgesprochen und im Anschluss daran die Anfechtung seiner zum Abschluss des Arbeitsvertrags führenden Willenserklärung erklärt, hängt der Erfolg der gegen die Kündigung gerichteten Kündigungsschutzklage auch von der Wirksamkeit der Anfechtung ab, wenn diese – ihre Berechtigung unterstellt – auf einen Zeitpunkt wirkt, der vor dem Auflösungstermin der Kündigung liegt. Der AN muss in einem solchen Fall nach Auffassung des BAG das durch die Anfechtung infrage gestellte Bestehen eines Arbeitsverhältnisses nicht zum Gegenstand einer gesonderten allgemeinen Feststellungsklage nach § 256 ZPO machen. Über die Wirksamkeit der Anfechtung sei vielmehr im Rahmen der Kündigungsschutzklage zu entscheiden, da diese nur Erfolg haben könne, wenn zum vorgesehenen Auflösungstermin überhaupt ein Arbeitsverhältnis bestanden habe. Eine gleichwohl erhobene Feststellungsklage stehe unter der zulässigen Rechtsbedingung, dass über die Berechtigung der Anfechtung nicht bereits im Kündigungsschutzprozess entschieden werde.[32] Diese Grundsätze gelten für die Änderungsschutzklage nach § 4 S. 2 KSchG entsprechend.[33] 8

2. Umfang der Rechtskraft des Urteils. a) Wirksamkeit der Kündigung und Bestand des Arbeitsverhältnisses. Der Streitgegenstand der Kündigungsschutzklage bestimmt maßgeblich den Umfang der Rechtskraft einer gerichtlichen Entscheidung im Kündigungsschutzprozess. Die dem Kündigungsschutzantrag stattgebende Entscheidung enthält nach Auffassung des BAG deshalb zugleich die Feststellung, dass zum vorgesehenen Auflösungszeitpunkt noch ein Arbeitsverhältnis zwischen den Parteien bestanden hat.[34] Etwas anderes gelte nur dann, wenn der AN selbst den Gegenstand eines Kündigungsschutzantrags (konkludent) begrenzt habe und das Gericht auf die Unwirksamkeit einer später wirkenden Kündigung erkenne, ohne dass der Rechtsstreit über die Wirksamkeit einer früher wirkenden Kündigung bereits rechtskräftig entschieden sei (→ Rn. 10).[35] Will der AG diese Rechtsfolge vermeiden, weil er beispielsweise während des Laufs der Kündigungsfrist eine weitere außerordentliche Kündigung erklärt hat, ist 9

[27] BAG 21.4.2016 AP Nr. 14 zu § 626 BGB Unkündbarkeit = NZA 2016, 941; 18.12.2014 AP Nr. 79 zu § 4 KSchG 1969 = NZA 2015, 635.
[28] BAG 27.1.2011 AP Nr. 73 zu § 4 KSchG 1969 = NZA 2011, 804.
[29] BAG 24.5.2018 AP Nr. 87 zu § 4 KSchG 1969 = NZA 2018, 1127; 29.1.2015 AP Nr. 80 zu § 4 KSchG 1969 = NZA 2015, 1022; 18.12.2014 AP Nr. 79 zu § 4 KSchG 1969 = NZA 2015, 635; 20.3.2014 AP Nr. 73 zu § 123 BGB = NZA 2014, 1131.
[30] BAG 24.5.2018 AP Nr. 87 zu § 4 KSchG 1969 = NZA 2018, 1127; 18.12.2014 AP Nr. 79 zu § 4 KSchG 1969 = NZA 2015, 635.
[31] BAG 24.5.2018 AP Nr. 87 zu § 4 KSchG 1969 = NZA 2018, 1127.
[32] BAG 20.3.2014 AP Nr. 73 zu § 123 BGB = NZA 2014, 1131.
[33] BAG 24.5.2018 AP Nr. 87 zu § 4 KSchG 1969 = NZA 2018, 1127.
[34] BAG 18.12.2014 AP Nr. 79 zu § 4 KSchG 1969 = NZA 2015, 635.
[35] BAG 18.12.2014 AP Nr. 79 zu § 4 KSchG 1969 = NZA 2015, 635; 26.9.2013 AP Nr. 77 zu § 4 KSchG 1969 = NZA 2014, 443; 23.5.2013 AP Nr. 52 zu § 626 BGB Verdacht strafbarer Handlung = NZA 2013, 1416.

er nach dieser Rechtsprechung gehalten, diesen Beendigungstatbestand von sich aus in den Kündigungsrechtsstreit einzuführen. Gem. § 322 ZPO steht die Rechtskraft im Verhältnis der Parteien zueinander einer hiervon abweichenden gerichtlichen Feststellung in einem späteren Verfahren grundsätzlich entgegen.[36] Weitere Konsequenz dieses Verständnisses ist, dass mit der rechtskräftigen Feststellung, dass das Arbeitsverhältnis bereits zu einem früheren Zeitpunkt beendet wurde, die Klage gegen eine Kündigung, die erst zu einem späteren Zeitpunkt wirken soll, keinen Erfolg haben kann. Selbst die „Ausklammerung" der vorgreiflichen Frage, ob ein früher wirkender Beendigungstatbestand vorliegt, aus dem Verfahren über den später wirkenden Tatbestand kommt dann nicht mehr in Betracht, weil die bereits eingetretene Rechtskraft gem. § 322 ZPO im Verhältnis der Parteien zueinander eine abweichende gerichtliche Feststellung in einem späteren Verfahren ausschließt.[37]

10 **b) Beschränkung der Rechtskraft.** Von einem erweiterten Streitgegenstand der Kündigungsschutzklage ist nach der Rechtsprechung des BAG allerdings dann nicht auszugehen, wenn der Streitgegenstand der Kündigungsschutzklage und damit der Umfang der Rechtskraft eines ihr stattgebenden Urteils auf die streitige Auflösung des Arbeitsverhältnisses durch die konkret angegriffene Kündigung beschränkt worden ist.[38] In einem solchen Fall werde die zwischen den Parteien streitige Auflösung des Arbeitsverhältnisses durch eine vorangegangene Kündigung ausgeklammert.[39] Die Einschränkung des Streitgegenstands der Kündigungsschutzklage bedürfe allerdings deutlicher Anhaltspunkte, die sich aus der Entscheidung selbst ergeben müssten. Das schließe es allerdings nicht aus, für die Bestimmung des Umfangs der Rechtskraft im Einzelfall Umstände heranzuziehen, die schon mit der Entscheidungsfindung zusammenhingen.[40] Von einer Einschränkung des Streitgegenstands sei deshalb auszugehen, wenn der Kläger in einer Kündigungsschutzklage, die gegen eine vom AG erklärte vorsorgliche Kündigung erhoben worden sei, darauf hinweise, dass es noch eine weitere, zuvor erklärte Kündigung gebe und ausführe, der Rechtsstreit über die Wirksamkeit der vorsorglich erklärten Kündigung könne für erledigt erklärt werden, wenn der AG die Unwirksamkeit dieser vorsorglichen Kündigung bestätige.[41] Gleiches komme in Betracht, wenn der AN gegen mehrere Kündigungen des AG jeweils einzelne Kündigungsschutzklagen erhebe. Werde hierüber in einem Termin verhandelt und stelle der Kläger seine Anträge nebeneinander zur Entscheidung, spreche dies dafür, dass er die Kündigungen unabhängig voneinander auf ihre Wirksamkeit überprüfen lassen wolle.[42] Dies verdeutliche regelmäßig, dass weder der klagende AN noch das Gericht das Bestehen eines Arbeitsverhältnisses bei Zugang der späteren Kündigung zum Gegenstand des über deren Wirksamkeit geführten Rechtsstreits machen wollten. Ob der AN in analoger Anwendung von § 6 KSchG die Unwirksamkeit der weiteren Kündigung im ersten Rechtszug geltend machen muss, hat das BAG dabei offengelassen.[43] Nehme der AG die Berufung gegen ein der Kündigungsschutzklage stattgebendes Urteil des Arbeitsgerichts betreffend die zweite Kündigung zurück, könne dies nicht so verstanden werden, dass der AG auch den ungekündigten Bestand des Arbeitsverhältnisses zum Zeitpunkt des Zugangs dieser Kündigung anerkennen wolle. Dem AG könne daher nicht entgegengehalten werden, der Fortbestand des Arbeitsverhältnisses sei rechtskräftig festgestellt worden.[44] Da mehrere Kündigungen in der Praxis im Regelfall mit eigenständigen Kündigungsschutzklagen angegriffen werden, dürfte es in diesen Fallkonstellationen – anders als vom BAG angenommen – wohl eher die Ausnahme sein, dass der Streitgegenstand einer Kündigungsschutzklage auch die Frage umfasst, ob im Zeitpunkt des Wirksamwerdens der Kündigung ein Arbeitsverhältnis zwischen den Parteien bestand.[45]

11 **3. Mehrere Kündigungen. a) Grundsätze.** Hat der AG mehrere Kündigungen ausgesprochen, muss der AN grundsätzlich jede einzelne Kündigung mit dem Kündigungsschutzantrag nach § 4 S. 1 KSchG angreifen und beantragen festzustellen, dass das Arbeitsverhältnis durch die

[36] BAG 23.5.2013 AP Nr. 52 zu § 626 BGB Verdacht strafbarer Handlung = NZA 2013, 1416; 22.11.2012 AP Nr. 75 zu § 4 KSchG 1969.
[37] BAG 29.1.2015 AP Nr. 80 zu § 4 KSchG 1969 = NZA 2015, 1022.
[38] BAG 18.12.2014 AP Nr. 79 zu § 4 KSchG 1969 = NZA 2015, 635.
[39] BAG 26.9.2013 AP Nr. 77 zu § 4 KSchG 1969 = NZA 2014, 443.
[40] BAG 22.11.2012 AP Nr. 241 zu § 626 BGB = NZA 2013, 665.
[41] BAG 26.3.2009 AP Nr. 2 zu § 58 BImSchG = NZA 2011, 166.
[42] BAG 26.9.2013 AP Nr. 77 zu § 4 KSchG 1969 = NZA 2014, 443; 22.11.2012 AP Nr. 241 zu § 626 BGB = NZA 2013, 665; krit. hierzu LKB/*Linck* KSchG § 4 Rn. 147.
[43] BAG 18.12.2014 AP Nr. 79 zu § 4 KSchG 1969 = NZA 2015, 635.
[44] BAG 23.5.2013 AP Nr. 52 zu § 626 BGB Verdacht strafbarer Handlung = NZA 2013, 1416; 22.11.2012 AP Nr. 241 zu § 626 BGB = NZA 2013, 665.
[45] *Lingemann/Weingarth* Anm. zu BAG AP Nr. 77 zu § 4 KSchG 1969.

Kündigung vom … nicht aufgelöst worden ist. Darüber hinaus hat er nach der Rechtsprechung des BAG die Möglichkeit, die Kündigungsschutzklage mit einem allgemeinen Feststellungsantrag nach § 256 ZPO zu verbinden (dazu → Rn. 14). Ergibt die Auslegung von zwei Kündigungsschreiben, dass der AG lediglich eine **(doppelt verlautbarte) Kündigungserklärung** abgegeben hat, deren Zugang er auf zwei verschiedenen Wegen sicherstellen wollte, reicht es aus, dass der AN hiergegen nur einmal rechtzeitig Kündigungsschutzklage erhebt.[46] Dies kann auch dann gelten, wenn beide Kündigungsschreiben an zwei aufeinanderfolgenden Tagen abgeschickt werden und deshalb unterschiedliche Daten tragen.[47] Hat der AG am selben Tag eine Tatkündigung und mit weiterem Kündigungsschreiben eine Verdachtskündigung erklärt, ist – nach den Umständen des Falls – eine vom AN ohne Differenzierung zwischen der Tat- und der Verdachtskündigung erhobene Kündigungsschutzklage gegen die (nach Datum bezeichnete) Kündigung regelmäßig ausreichend, um für den AG und das Gericht deutlich zu machen, dass sich der AN gegen beide Kündigungen zur Wehr setzen will.[48] Dagegen liegen zwei eigenständige Kündigungen vor, wenn die Kündigungsschreiben verschiedene Daten tragen und der AG die darin einzeln erklärten Kündigungen auf jeweils unterschiedliche, im Einzelnen näher ausgeführte Kündigungssachverhalte stützt.[49] Diese Kündigungen müssen dann gesondert angegriffen werden.

b) Außerordentliche und hilfsweise ordentliche Kündigung. Hat der AG außerordentlich, hilfsweise ordentlich gekündigt und beantragt der AN in der Kündigungsschutzklage festzustellen, dass das Arbeitsverhältnis weder durch die außerordentliche noch durch die ordentliche Kündigung aufgelöst worden sei, stellt er zwei Anträge gem. § 4 S. 1 KSchG. Mit einem **Hauptantrag** wendet er sich gegen die außerordentliche, mit einem **unechten Hilfsantrag** gegen die hilfsweise erklärte ordentliche Kündigung.[50] Letzterer ist nach § 158 II BGB auflösend bedingt durch ein Unterliegen mit dem Hauptantrag und fällt dementsprechend nicht zur Entscheidung an, wenn ersterer erfolglos bleibt. Ein solcher Hilfsantrag wahrt die Dreiwochenfrist des § 4 S. 1 KSchG.[51] In der Abweisung des nicht zur Entscheidung angefallenen Hilfsantrags liegt ein Verstoß gegen § 308 I 1 ZPO.[52] 12

4. Feststellungsinteresse. Ein besonderes Feststellungsinteresse ist für die Kündigungsschutzklage nicht erforderlich. Die Notwendigkeit, Klage zu erheben, folgt aus § 7 KSchG, wonach die Kündigung als wirksam gilt, wenn der AN nicht fristgerecht Kündigungsschutzklage erhebt.[53] 13

5. Verbindung mit einem Feststellungsantrag nach § 256 ZPO. a) Grundsatz. Ein AN kann neben einer Kündigungsschutzklage nach § 4 S. 1 KSchG eine allgemeine Feststellungsklage nach § 256 ZPO auf Fortbestehen des Arbeitsverhältnisses zu unveränderten Bedingungen über den Kündigungsendtermin hinaus erheben. Damit macht der AN zwei selbständige prozessuale Ansprüche geltend. Diese Anträge kann er gem. § 260 ZPO zulässig in einer Klage verbinden.[54] Streitgegenstand dieser allgemeinen Feststellungsklage ist der Fortbestand des Arbeitsverhältnisses über den Kündigungstermin hinaus bis zum Zeitpunkt der letzten mündlichen Verhandlung in der Tatsacheninstanz.[55] Mit einem neben dem Kündigungsschutzantrag angebrachten allgemeinen Feststellungsantrag soll geklärt werden, ob das Arbeitsverhältnis aufgrund von Beendigungstatbeständen aufgelöst worden ist, die vom Streitgegenstand der Kündigungsschutzklage nicht umfasst sind.[56] Die Rechtskraft eines positiven Feststellungsurteils erfasst bis dahin alle Beendigungsgründe.[57] 14

[46] BAG 9.6.2011 AP Nr. 64 zu § 1 KSchG 1969 Verhaltensbedingte Kündigung = NZA-RR 2012, 12.
[47] BAG 6.9.2007 AP Nr. 208 zu § 626 BGB = NZA 2008, 636.
[48] Vgl. BAG 23.6.2009 AP Nr. 47 zu § 626 BGB Verdacht strafbarer Handlung = NZA 2009, 1136.
[49] BAG 22.3.2012 AP Nr. 19 zu § 5 KSchG 1969.
[50] BAG 10.12.2020 NZA 2021, 293.
[51] BAG 21.11.2013 AP Nr. 3 zu § 164 SGB V; ebenso zu Änderungskündigungen BAG 18.10.2018 AP Nr. 172 zu § 2 KSchG 1969 = NZA 2019, 246.
[52] BAG 10.12.2020 NZA 2021, 293.
[53] BAG 11.2.1981 AP Nr. 8 zu § 4 KSchG 1969.
[54] BAG 26.9.2013 AP Nr. 77 zu § 4 KSchG 1969 = NZA 2014, 443; 12.5.2005 AP Nr. 53 zu § 4 KSchG 1969 = NZA 2005, 1259; 10.10.2002 AP Nr. 49 zu § 4 KSchG 1969 = NZA 2003, 684; 13.3.1997 AP Nr. 38 zu § 4 KSchG 1969 = NZA 1997, 844; dazu *Niemann* NZA 2019, 65 (71).
[55] BAG 26.9.2013 AP Nr. 77 zu § 4 KSchG 1969 = NZA 2014, 443; 10.10.2002 AP Nr. 49 zu § 4 KSchG 1969 = NZA 2003, 684; 16.3.1994 AP Nr. 29 zu § 4 KSchG 1969 = NZA 1994, 860.
[56] BAG 1.12.2020 NZA 2021, 552; 20.3.2014 AP Nr. 73 zu § 123 BGB = NZA 2014, 1131.
[57] BAG 26.9.2013 AP Nr. 77 zu § 4 KSchG 1969 = NZA 2014, 443; 12.5.2005 AP Nr. 53 zu § 4 KSchG 1969 = NZA 2005, 1259.

15 **b) Antragsformulierung.** Soll die Kündigungsschutzklage nach § 4 KSchG mit der allgemeinen Feststellungsklage nach § 256 ZPO verbunden werden, hat der Kläger dies hinreichend deutlich im Antrag zu formulieren. Unklarheiten bereitet häufig der dem Antrag nach § 4 KSchG floskelhaft hinzugefügte Zusatz „sondern ungekündigt fortbesteht". Unter Berücksichtigung der Klagebegründung ist durch Auslegung festzustellen, ob hierin ein unselbständiges Anhängsel zum Antrag nach § 4 S. 1 KSchG oder ein stark verkürzt formulierter Feststellungsantrag nach § 256 I ZPO zu sehen ist.[58] Fehlen Ausführungen zur allgemeinen Feststellungsklage, kann der Zusatz regelmäßig nicht als Feststellungsantrag nach § 256 ZPO behandelt werden.[59] Bei Unklarheiten ist das Gericht zur Aufklärung nach § 139 ZPO verpflichtet.[60]

16 **c) Begründung des Feststellungsinteresses.** Für die Klage nach § 256 ZPO ist zur Begründung eines Interesses an alsbaldiger Feststellung Tatsachenvortrag zur Möglichkeit weiterer Beendigungsgründe erforderlich. Das Feststellungsinteresse besteht nicht schon deshalb, weil eine bestimmt bezeichnete Kündigung ausgesprochen worden und wegen dieser Kündigung ein Kündigungsschutzrechtsstreit anhängig ist. Der klagende AN hat vielmehr durch Tatsachenvortrag weitere streitige Beendigungstatbestände in den Prozess einzuführen oder wenigstens deren Möglichkeit glaubhaft darzustellen und damit zu belegen, warum er an dem die Klage nach § 4 KSchG erweiternden Antrag ein rechtliches Interesse hat.[61] Ein solcher Sachvortrag ist im Falle einer ursprünglich mangels ausreichender Begründung unzulässigen Klage auch noch nach Ablauf der Dreiwochenfrist bei einer inzwischen ausgesprochenen, weiteren Kündigung nachholbar und ergänzbar.[62] Erfolgt zum Feststellungsinteresse kein weiterer Sachvortrag, ist die Klage insoweit als unzulässig abzuweisen.

17 **d) Folgekündigungen.** Ein innerhalb der Frist des § 4 S. 1 KSchG erhobener Antrag nach § 256 I ZPO, mit dem die Feststellung des Fortbestehens des Arbeitsverhältnisses begehrt wird, wahrt nach Auffassung des BAG die Klagefrist für spätere Kündigungen jedenfalls dann, wenn der AN die Sozialwidrigkeit der Kündigungen noch bis zum Schluss der mündlichen Verhandlung erster Instanz geltend macht und in den Prozess eingeführt.[63] Soweit das BAG vor dem 1.1.2004 angenommen hat, der AN könne Folgekündigungen auch noch bis zum Schluss der mündlichen Verhandlung in der Berufungsinstanz in den Rechtsstreit einführen,[64] kann dem nach der zu diesem Zeitpunkt in Kraft getretenen Neufassung des § 6 KSchG angesichts des klaren Wortlauts dieser Bestimmung nicht mehr gefolgt werden (hierzu auch → Rn. 42 ff.). Wird eine **später ausgesprochene Kündigung** mit einer Kündigungsschutzklage nach § 4 S. 1 KSchG angegriffen, liegt darin nach Auffassung des BAG zugleich eine gem. § 264 Nr. 2 ZPO, § 6 KSchG zulässige Änderung des Feststellungsantrags dahin, dass von diesem Kündigungsschutzantrag der Zeitraum erfasst werde, der vor dem Ablauf der Kündigungsfrist der nun gesondert angegriffenen Kündigung liege, wenn beide Anträge im selben Rechtsstreit angebracht werden. Der Einwand der anderweitigen Rechtshängigkeit als spezielle Ausprägung des Fehlens eines Rechtsschutzbedürfnisses greife nicht durch, wenn das Rechtschutzziel der späteren Klage über das der ersten hinausgeht. So liege es im Verhältnis eines Kündigungsschutzantrags zu einer früheren allgemeinen Feststellungsklage, weil § 4 S. 1 KSchG eine auf die konkrete Kündigung bezogene punktuelle Klage verlange.[65] Werde neben dem Kündigungsschutzantrag der allgemeine Feststellungsantrag nach § 256 ZPO aufrechterhalten, beziehe sich dieser dann auf die Zeit danach bis zum Schluss der mündlichen Verhandlung. Spätestens zum letztgenannten Zeitpunkt müsse für den weiterhin gestellten allgemeinen Feststellungsantrag allerdings ein nicht mehr aus der gesondert angegriffenen Kündigung herleitbares rechtliches Interesse an alsbaldiger Feststellung gem. § 256 I ZPO vorliegen. Andernfalls sei die Klage insoweit als teilweise abzuweisen.[66] Diese Erwägungen gelten nach Auffassung

[58] BAG 26.9.2013 AP Nr. 77 zu § 4 KSchG 1969 = NZA 2014, 443.
[59] BAG 18.12.2014 AP Nr. 79 zu § 4 KSchG 1969 = NZA 2015, 635; 27.1.1994 AP Nr. 28 zu § 4 KSchG 1969 = NZA 1994, 812; 16.3.1994 AP Nr. 29 zu § 4 KSchG 1969 = NZA 1994, 860.
[60] BAG 27.1.1994 AP Nr. 28 zu § 4 KSchG 1969 = NZA 1994, 812.
[61] BAG 1.12.2020 NZA 2021, 552; 26.9.2013 AP Nr. 77 zu § 4 KSchG 1969 = NZA 2014, 443; 20.9.2012 AP Nr. 11 zu § 125 InsO = NZA 2013, 94.
[62] BAG 26.9.2013 AP Nr. 77 zu § 4 KSchG 1969 = NZA 2014, 443; 13.3.1997 AP Nr. 38 zu § 4 KSchG 1969 = NZA 1997, 844.
[63] BAG 26.9.2013 AP Nr. 77 zu § 4 KSchG 1969 = NZA 2014, 443.
[64] BAG 13.3.1997 AP Nr. 38 zu § 4 KSchG 1969 = NZA 1997, 844.
[65] BAG 1.10.2020 AP Nr. 91 zu § 4 KSchG 1969 = NZA 2021, 75.
[66] BAG 7.12.1995 AP Nr. 33 zu § 4 KSchG 1969 = NZA 1996, 334 sowie BAG 16.8.1990 AP Nr. 10 zu § 611 BGB Treuepflicht = NZA 1991, 141.

des BAG gleichermaßen für **vor Klageerhebung zugegangene Kündigungen.** Die Frage, ob über den Antrag nach § 256 I ZPO die Klagefrist des § 4 S. 1 KSchG gewahrt werde, sei auch in diesem Fall danach zu beantworten, ob der allgemeine Feststellungsantrag innerhalb der Dreiwochenfrist gestellt worden sei.[67]

6. Geltendmachung aller Unwirksamkeitsgründe. a) Grundsätze. Will der AN geltend machen, eine schriftliche Kündigung sei rechtsunwirksam, hat er innerhalb von drei Wochen Kündigungsschutzklage zu erheben. Dies gilt nicht nur, wenn er die fehlende soziale Rechtfertigung rügt, sondern auch dann, wenn er nur sonstige Unwirksamkeitsgründe geltend macht.[68] Der AN kann damit nicht nach Ablauf der Dreiwochenfrist mit der Begründung Klage erheben, die Kündigung sei wegen Verstoßes gegen **§ 102 I BetrVG, § 168 SGB IX oder § 17 I MuSchG** unwirksam (dazu auch → Rn. 31 ff.). Auch **rechtsgeschäftliche Mängel** der Kündigung (zB §§ 138, 174, 242 BGB) müssen nunmehr mit der fristgebundenen Kündigungsschutzklage geltend gemacht werden.[69] Kündigt allerdings ein vollmachtloser Vertreter oder ein Nichtberechtigter das Arbeitsverhältnis des AN, zB der Schuldner nach Eröffnung des Insolvenzverfahrens, liegt keine Kündigung des AG iSv § 4 S. 1 KSchG vor. Eine ohne Vollmacht des AG ausgesprochene Kündigung ist dem AG erst durch eine (nachträglich) erteilte Genehmigung (§ 180 S. 2, § 177 I BGB) zurechenbar. Die dreiwöchige Klagefrist kann deshalb frühestens mit Zugang der Genehmigung zu laufen beginnen.[70] Macht der AN geltend, die ordentliche Kündigung sei unwirksam, weil er aufgrund einer tarifvertraglichen oder arbeitsvertraglichen Vereinbarung **unkündbar** sei, hat er die Klagefrist des § 4 S. 1 KSchG einzuhalten.[71] Gleiches gilt, wenn die ordentliche Kündigung gegen das Kündigungsverbot des **§ 15 III TzBfG** verstößt, weil der befristete Vertrag weder die Möglichkeit vorsieht, das Arbeitsverhältnis ordentlich zu kündigen noch die Anwendbarkeit eines Tarifvertrags vereinbart ist, der ein solches Kündigungsrecht enthält.[72] Auch die aus einem Verstoß gegen die Anzeigepflicht bei **Massenentlassungen** nach § 17 KSchG folgende Unwirksamkeit der Kündigung[73] ist mit der fristgebundenen Kündigungsschutzklage geltend zu machen (dazu → § 142 Rn. 28). Weist der AN die Kündigung nach **§ 174 BGB** unverzüglich zurück, führt das zur Unwirksamkeit der Kündigung (→ § 123 Rn. 19 ff.). Der AN muss diesen sonstigen Unwirksamkeitsgrund innerhalb der Dreiwochenfrist gerichtlich geltend machen.[74] Eine Ausnahme gilt bei einem Verstoß gegen das in § 623 BGB normierte **Schriftformerfordernis,** weil § 4 S. 1 KSchG eine schriftliche Kündigung voraussetzt. Kündigt der AG mündlich, kann sich der AN auf diesen Unwirksamkeitsgrund (§ 125 BGB) auch noch Ablauf der Dreiwochenfrist berufen.[75] Zeitliche Grenze ist hier die Verwirkung.[76] 18

b) Verstoß gegen § 613a IV BGB. Gegen die Einbeziehung der Unwirksamkeit einer Kündigung wegen eines Betriebsübergangs nach § 613a IV BGB werden im Schrifttum europarechtliche Bedenken erhoben. Werde eine Betriebsstilllegung nur vorgeschoben und komme es nach Ausspruch der Kündigung zu einem Betriebsübergang, sei oftmals die Dreiwochenfrist bereits abgelaufen. Damit stehe dem AN kein effektiver Rechtsschutz gegen Kündigungen wegen eines Betriebsübergangs zu, was mit Art. 4 I RL 2001/23/EG vom 12.3.2001[77] nicht vereinbar sei.[78] Diesen Bedenken ist Rechnung zu tragen, indem die Kündigungsschutzklage nach § 5 I KSchG nachträglich zuzulassen ist, wenn der AG den AN arglistig über das Bestehen eines Betriebsüber- 19

---

[67] BAG 26.9.2013 AP Nr. 77 zu § 4 KSchG 1969 = NZA 2014, 443.

[68] Anders zu der bis zum 31.12.2003 geltenden Rechtslage, vgl. BAG 21.6.2000 AP Nr. 121 zu § 102 BetrVG 1972 = NZA 2001, 271 sowie BAG 31.5.1979 AP Nr. 50 zu § 256 ZPO.

[69] *Bader* NZA 2004, 65 (67); *Richardi* NZA 2003, 764 (765); ausf. zu Vertretungsmängeln *Bender/Schmidt* NZA 2004, 358 (362 f.); *Ulrici* FS v. Hoyningen-Huene, 2014, 501; *ders.* DB 2004, 250 mit teilweise anderer Auffassung.

[70] BAG 6.9.2012 AP Nr. 74 zu § 4 KSchG 1969 = NZA 2013, 524; 26.3.2009 AP Nr. 70 zu § 4 KSchG 1969 = NZA 2009, 1176.

[71] BAG 8.11.2007 AP Nr. 63 zu § 4 KSchG 1969 = NZA 2008, 936.

[72] BAG 22.7.2010 NZA 2010, 1142.

[73] BAG 22.11.2012 AP Nr. 42 zu § 17 KSchG 1969 = NZA 2013, 845.

[74] APS/*Hesse* KSchG § 4 Rn. 10c; ErfK/*Kiel* KSchG § 4 Rn. 4; *Bender/Schmidt* NZA 2004, 358 (362); MüKoBGB/*Hergenröder* KSchG § 4 Rn. 12; SPV Kündigung/*Vossen* Rn. 1832; aA *Hanau* ZIP 2004, 1169 (1175); *Raab* RdA 2004, 321 (325); *Ulrici* DB 2004, 250 (251).

[75] BAG 28.6.2007 AP Nr. 61 zu § 4 KSchG 1969 = NZA 2007, 972.

[76] Dazu BAG 2.12.1999 AP Nr. 6 zu § 242 BGB Prozessverwirkung = NZA 2000, 540; 20.5.1988 AP Nr. 5 zu § 242 BGB Prozessverwirkung = NZA 1989, 19.

[77] ABl. L 82, 16 v. 22.3.2001.

[78] Vgl. *Sprenger* AuR 2005, 175; *Kamanabrou* NZA 2004, 950.

gangs getäuscht und so von einer fristgemäßen Klageerhebung abgehalten hat.[79] Ggf. ist dabei die Ausschlussfrist des § 5 III 2 KSchG unionsrechtskonform einschränkend auszulegen.[80]

20 **c) Nichteinhaltung der Kündigungsfrist.** Will der AN geltend machen, der AG habe die zutreffende Kündigungsfrist nicht eingehalten, hat er innerhalb der Frist des § 4 S. 1 KSchG Kündigungsschutzklage zu erheben. Eine mit zu kurzer Frist ausgesprochene Kündigung gilt nach § 7 KSchG als rechtswirksam und beendet das Arbeitsverhältnis zum „falschen Termin", wenn die zu kurze Kündigungsfrist nicht als anderer Rechtsunwirksamkeitsgrund binnen drei Wochen nach Zugang der schriftlichen Kündigung im Klagewege geltend gemacht worden ist.[81] Etwas anderes gilt nur dann, wenn im Wege der Auslegung der richtige Kündigungstermin ermittelt werden kann (dazu → § 126 Rn. 15 f.).

21 **7. Zuständiges Gericht. a) Grundsätze.** Die Klage ist an das zuständige Arbeitsgericht zu richten. Die im Übrigen form- und fristgerechte Klageerhebung vor dem **örtlich unzuständigen Arbeitsgericht oder dem Amts- bzw. Landgericht** wahrt die Dreiwochenfrist, wenn der Rechtsstreit an das zuständige Arbeitsgericht verwiesen wird. Dies gilt auch, wenn die Verweisung erst nach Ablauf der Dreiwochenfrist erfolgt.[82] Die Zuständigkeit der Arbeitsgerichte ist immer dann gegeben, wenn der Kläger behauptet, ein Arbeitsverhältnis sei ordentlich gekündigt worden (sog. sic-non-Fall).[83] Ist der Kläger nicht AN, ist die Klage als unbegründet abzuweisen.[84]

21a **b) Klageerhebung in der Berufungsinstanz.** Schwebt ein Prozess in der Berufungsinstanz, kann ein Kündigungsschutzantrag auch noch dort im Wege der **Klageänderung** einbezogen werden, sofern dies nach den allgemeinen prozessualen Grundsätzen gem. § 533 ZPO zulässig ist.[85] Dies kann auch im Wege einer **Anschlussberufung** erfolgen. Nimmt der AG die Berufung zurück, verliert die Anschließung zwar gem. § 524 IV ZPO ihre Wirkung. Das führt nach Auffassung des BAG allerdings nicht dazu, dass die durch die fristgerechte Klageerhebung zunächst vermiedene Wirksamkeitsfiktion nach § 7 Hs. 1 KSchG eintritt. Der AN soll den Eintritt dieser Rechtsfolge vielmehr verhindern können, indem er in analoger Anwendung der in § 5 III 1 KSchG bestimmten Frist von zwei Wochen ab Kenntnis vom Wirkungsverlust eine neue Kündigungsschutzklage anhängig macht.[86]

22 **8. Aktivlegitimation.** Das Recht zur Erhebung der Klage ist ein höchstpersönliches Recht.[87] Dritte können sich auf die Sozialwidrigkeit nicht berufen. Für die Klage sind der Pfändungspfandgläubiger oder der Zessionar von Lohnforderungen nicht aktivlegitimiert. Ist über das Vermögen des AN das **Verbraucherinsolvenzverfahren** eröffnet, verbleiben die Entscheidung über eine Klage gegen eine Arbeitgeberkündigung und die Prozessführungsbefugnis beim AN (→ § 93 Rn. 9).[88] Verstirbt der AN vor Ablauf der Kündigungsfrist, sind auch seine **Erben** nicht klagebefugt, weil das Arbeitsverhältnis wegen des Todes und nicht aufgrund der Kündigung endet. Anders ist die Rechtslage, wenn der AN nach Ablauf der Kündigungsfrist bzw. nach einer außerordentlichen Kündigung, aber vor Ablauf der Frist des § 4 S. 1 KSchG stirbt. Dann können die Erben Kündigungsschutzklage erheben bzw. die Klage fortsetzen, um etwaige Annahmeverzugsansprüche über das Ende der Kündigungsfrist bis zum Todeszeitpunkt durchzusetzen.[89]

23 **9. Klagegegner. a) Arbeitgeber.** Die Klage ist gegen den AG zu richten. Ist eine Parteibezeichnung nicht eindeutig, ist die Partei durch Auslegung zu ermitteln. Im Falle einer **Gesellschaft bürgerlichen Rechts** (GbR) muss die Gesellschaft verklagt werden.[90] Dies

[79] Ebenso *Kamanabrou* NZA 2004, 950 (951); *Vossen* FS Leinemann, 2006, 273 (277); *Willemsen/Annuß* NJW 2004, 177 (184).
[80] *Kamanabrou* NZA 2004, 950 (952).
[81] BAG 15.5.2013 AP Nr. 131 zu § 615 BGB = NZA 2013, 1076.
[82] KR/*Klose* KSchG § 4 Rn. 243, 250.
[83] BAG 8.11.2006 AP Nr. 89 zu § 2 ArbGG 1979.
[84] BAG 24.4.1996 AP Nr. 1 zu § 2 ArbGG 1979 Zuständigkeitsprüfung = NZA 1996, 1005; 20.9.2000 AP Nr. 8 zu § 2 ArbGG 1979 Zuständigkeitsprüfung = NZA 2001, 210.
[85] BAG 1.12.2020 NZA 2021, 552; 14.12.2017 AP Nr. 266 zu § 626 BGB = NZA 2018, 646; 10.12.1970 AP Nr. 40 zu § 3 KSchG.
[86] BAG 10.12.2020 NZA 2021, 293.
[87] ErfK/*Kiel* KSchG § 4 Rn. 17; APS/*Hesse* KSchG § 4 Rn. 33.
[88] BAG 12.8.2014 NZA 2014, 1155; 20.6.2013 AP Nr. 2 zu § 35 InsO = NZA 2013, 1147.
[89] ErfK/*Kiel* KSchG § 4 Rn. 17; KR/*Klose* KSchG § 4 Rn. 113.
[90] KR/*Klose* KSchG § 4 Rn. 123; APS/*Hesse* KSchG § 4 Rn. 44.

folgt aus der zutreffenden Rechtsprechung des BGH zur Parteifähigkeit der GbR.[91] Bei Personengesellschaften, wie **OHG, KG,** ist die Klage gem. §§ 124 I, 161 II HGB gegen die Gesellschaft zu richten. Eine Kündigungsschutzklage gegen einen einzelnen Gesellschafter ist unzulässig. Bei juristischen Personen, wie **GmbH oder AG,** ist diese zu verklagen.[92] **Partnergesellschaften** können unter dem Namen ihrer Partnerschaft verklagt werden. Richtige Partei für eine Kündigungsschutzklage gegen eine Partnerschaftsgesellschaft ist die Gesellschaft selbst und sind nicht deren Gesellschafter (§ 7 II PartGG, § 124 HGB). Wie etwa bei der BGB-Gesellschaft ist jedoch bei einer Klage gegen die Gesellschafter zu prüfen, ob sie nicht in Wahrheit gegen die Gesellschaft selbst gerichtet sein soll.[93] Im Falle eines mittelbaren Arbeitsverhältnisses ist die Klage gegen den Mittelsmann zu richten.[94] Die Klagefrist wird nach Auffassung des BAG auch dann gewahrt, wenn der AG nur hilfsweise verklagt wird.[95] Streiten die Parteien über die Existenz des AG oder über die sich aus dessen Erlöschen ergebenden Folgen, ist die Parteifähigkeit als Prozessvoraussetzung zu unterstellen.[96]

b) Falschbezeichnung. Ist der AG nur falsch bezeichnet, steht jedoch von vornherein fest, wer richtiger Beklagter sein soll, kann das Rubrum berichtigt werden.[97] Maßgeblich ist, welcher Sinn der von der klagenden Partei in der Klageschrift gewählten Parteibezeichnung bei objektiver Würdigung des Erklärungsinhalts beizulegen ist.[98] Ist der Klage das Kündigungsschreiben beigefügt, aus dem sich der AG ergibt, kann die Klage entsprechend ausgelegt werden.[99] Für die Parteistellung in einem Prozess ist deshalb nicht allein die formelle Bezeichnung der Partei in der Klageschrift maßgebend. Eine Rubrumsberichtigung ist auch vorzunehmen, wenn statt der richtigen Bezeichnung irrtümlich die Bezeichnung einer tatsächlich existierenden (juristischen oder natürlichen) Person gewählt wird, solange nur aus dem Inhalt der Klageschrift und etwaigen Anlagen unzweifelhaft deutlich wird, welche Partei tatsächlich gemeint ist.[100] Dies soll auch gelten, wenn der Kläger im Rubrum der Klageschrift irrtümlich nicht seinen AG, sondern dessen Bevollmächtigten als Beklagten benennt.[101] Im Hinblick auf Art. 20 GG dürfe der Zugang zu den Gerichten nicht in einer aus Sachgründen nicht mehr zu rechtfertigenden Weise erschwert werden.[102] Ist streitig, wer der richtige AG ist, kann nach Auffassung des BAG der richtige AG auch durch eine hilfsweise gegen ihn gerichtete Klage in den Prozess einbezogen werden, obwohl eine evtl. subjektive Klagehäufung unzulässig ist.[103] Wird versehentlich **anstatt des Insolvenzverwalters die Schuldnerin verklagt,** macht dies den Insolvenzverwalter nicht zur Partei. Eine solche Klage wahrt deshalb auch nicht die Klagefrist nach § 4 KSchG.[104] In diesen Fällen ist jedoch stets zu prüfen, ob der Fehler durch eine Rubrumsberichtigung beseitigt werden kann. Lässt sich der Klageschrift und den beigefügten Anlagen entnehmen, dass der Insolvenzverwalter die Kündigung ausgesprochen hat, oder auch nur, dass das Insolvenzverfahren gegen die Schuldnerin eröffnet worden ist, wird regelmäßig eine Ergänzung des Beklagtenrubrums möglich sein.[105] Enthält die Klageschrift jedoch keinen Hinweis auf ein eröffnetes Insolvenzverfahren und die Bestellung des Insolvenzverwalters und wird vielmehr die Schuldnerin eindeutig als Beklagte bezeichnet, kann die Klageschrift nur dahin aufgefasst und ausgelegt werden, dass sich die Klage allein gegen die Schuldnerin richten soll. Die Klage ist dann abzuweisen.[106] 24

[91] BAG 1.12.2004 AP Nr. 14 zu § 50 ZPO; BGH 29.1.2001 NJW 2001, 1056.
[92] Zum Wegfall der Parteifähigkeit nach Auflösung und Liquidation: BAG 9.7.1981 AP Nr. 4 zu § 50 ZPO = NJW 1982, 1831.
[93] BAG 1.3.2007 AP Nr. 60 zu § 4 KSchG 1969 = NZA 2007, 1013.
[94] BAG 21.2.1990 EzA Nr. 32 zu § 611 BGB Arbeitnehmerbegriff.
[95] BAG 31.3.1993 AP Nr. 27 zu § 4 KSchG 1969 = NZA 1994, 237.
[96] BAG 21.11.2013 AP Nr. 1 zu § 164 SGB V.
[97] BAG 24.10.2013 AP Nr. 27 zu § 1 KSchG 1969 Wartezeit = NZA 2014, 725.
[98] BAG 18.10.2012 AP Nr. 196 zu § 1 KSchG 1969 Betriebsbedingte Kündigung = NZA 2013, 1007.
[99] BAG 28.8.2008 NZA 2009, 221; 21.9.2006 AP Nr. 58 zu § 4 KSchG 1969 = NZA 2007, 404; 15.3.2001 AP Nr. 46 zu § 4 KSchG 1969 = NZA 2001, 1267.
[100] BAG 20.2.2014 AP Nr. 78 zu § 4 KSchG 1969 = NZA-RR 2015, 380; 28.8.2008 AP Nr. 67 zu § 4 KSchG 1969 = NZA 2009, 221; 21.9.2006 AP Nr. 58 zu § 4 KSchG 1969 = NZA 2007, 404.
[101] BAG 21.2.2002 EzA Nr. 63 zu § 4 KSchG nF.
[102] BAG 12.2.2004 AP Nr. 50 zu § 4 KSchG 1969.
[103] BAG 31.3.1993 AP Nr. 27 zu § 4 KSchG 1969 = NZA 1994, 237.
[104] BAG 18.10.2012 AP Nr. 196 zu § 1 KSchG 1969 Betriebsbedingte Kündigung = NZA 2013, 1007; 21.9.2006 AP Nr. 58 zu § 4 KSchG 1969 = NZA 2007, 404.
[105] BAG 17.1.2002 EzA Nr. 62 zu § 4 KSchG nF = NZA 2002, 999; 18.10.2012 AP Nr. 196 zu § 1 KSchG 1969 Betriebsbedingte Kündigung = NZA 2013, 1007.
[106] BAG 21.9.2006 AP Nr. 58 zu § 4 KSchG 1969 = NZA 2007, 404.

25, 26 **c) Betriebsübergang.** Beim Betriebsübergang (§ 613a BGB) ist die Klage gegen eine noch vom Veräußerer als AG vor dem Betriebsübergang ausgesprochene Kündigung grundsätzlich gegen diesen zu richten und fortzusetzen (→ § 118 Rn. 60 ff.).[107]

27 **d) Alliierte Streitkräfte.** Die BRD ist Prozessstandschafter für Kündigungsschutzklagen der bei den Alliierten Streitkräften beschäftigten AN (Art. 56 VIII NTS-ZA).[108] Geht aus der Klageschrift oder ihren Anlagen deutlich hervor, dass der klagende AN „zivile Arbeitskraft" iSv Art. 56 VIII NTS-ZA ist, kann als die wahre Beklagte einer gegen den Entsendestaat als AG gerichteten Klage die Bundesrepublik Deutschland als Prozessstandschafterin anzusehen sein.[109]

28 **10. Anforderungen an die Klageschrift.** Nach § 4 S. 1 KSchG muss der Antrag einer Kündigungsschutzklage auf die Feststellung gerichtet sein, „dass das Arbeitsverhältnis durch die Kündigung nicht aufgelöst ist". Entspricht der Antrag nicht dieser Vorgabe, ist durch Auslegung festzustellen, ob der Kläger einen solchen Kündigungsschutzantrag stellen wollte. Dabei ist ein großzügiger Maßstab anzulegen,[110] und zwar auch dann, wenn der ungenaue Antrag von einem Fachanwalt für Arbeitsrecht formuliert wurde.[111] Ausreichend ist, wenn sich ergibt, dass der AN mit einer näher bezeichneten oder der Klage beigefügten Kündigung nicht einverstanden ist.[112] Aus der Klage muss weiterhin ersichtlich sein, gegen wen sie sich richtet.[113] Eine Kündigungsschutzklage wahrt auch dann die Dreiwochenfrist, wenn der Kläger seinen Wohnort nicht angegeben hat, sofern seine Identität gleichwohl zweifelsfrei feststeht. Die in § 253 IV iVm § 130 Nr. 1–5 ZPO bestimmten Angaben gehören weder zu den Mindestanforderungen an eine wirksame Klageerhebung noch werden sie von § 4 S. 1 KSchG verlangt.[114] Die Klage ist nach § 130 Nr. 6 ZPO eigenhändig zu unterschreiben. Geht innerhalb der Dreiwochenfrist des § 4 KSchG beim Arbeitsgericht ein nicht unterzeichneter, jedoch im Übrigen den Erfordernissen einer Klageschrift entsprechender Schriftsatz ein, kann der Mangel der fehlenden Unterzeichnung noch fristwahrend nach § 295 ZPO geheilt werden.[115] Eine per Telefax beim Arbeitsgericht eingereichte Klage genügt dem Formerfordernis.[116] Die Darlegung aller klagebegründenden Tatsachen, wie die Erfüllung der kündigungsschutzrechtlichen Voraussetzungen nach § 1 I, § 23 I KSchG, gehört nicht zur Zulässigkeit der Kündigungsschutzklage, sondern zur Schlüssigkeit des Sachvortrags; ihr Fehlen führt demnach nicht zur Unzulässigkeit der Kündigungsschutzklage, sondern zu deren Unbegründetheit.[117]

29 **11. Klagefrist.** Die Kündigungsschutzklage ist innerhalb von drei Wochen nach Zugang der Kündigung beim Arbeitsgericht zu erheben (zum Zugang → § 123 Rn. 30 ff.). Maßgebend ist der Zeitpunkt, zu dem die Klageschrift beim Arbeitsgericht eingeht, sofern die Klage demnächst zugestellt wird (§ 167 ZPO).[118] Die Fristberechnung erfolgt nach §§ 186 ff. BGB. Durch die Anrufung einer Schlichtungsstelle (zB § 44 AVR-Diakonie) wird die Klagefrist weder gehemmt noch gewahrt.[119] Die Besatzung von Seeschiffen, Binnenschiffen und Luftfahrzeugen hat gem. § 24 III KSchG abweichend von § 4 KSchG die Kündigungsschutzklage binnen 3 Wochen, nachdem das Besatzungsmitglied zum Sitz des Betriebes zurückkehrt, zu erheben, spätestens jedoch binnen 6 Wochen nach Zugang der Kündigung. Wird die Kündigung während der Fahrt des Schiffs oder des Luftfahrzeugs ausgesprochen, beginnt nach der Ausnahmebestimmung des Satzes 2 die 6-Wochen-Frist nicht vor dem Tag, an dem das Schiff oder das Luftfahrzeug einen deutschen Hafen oder Liegeplatz erreicht.[120]

30 **12. Änderungskündigung.** Im Falle einer Änderungskündigung richtet sich der Klageantrag nach der Reaktion des AN auf das in der Änderungskündigung enthaltenen Änderungsan-

[107] Dazu LKB/*Linck* KSchG § 4 Rn. 82 ff.; *Göttling* FS Willemsen, 133 ff.
[108] BAG 26.1.2017 AP Nr. 212 zu § 1 KSchG 1969 Betriebsbedingte Kündigung = NZA 2017, 1199; 26.3.2015 AP Nr. 7 zu § 626 BGB Unkündbarkeit = NZA 2015, 866.
[109] BAG 20.2.2014 AP Nr. 78 zu § 4 KSchG 1969 = NZA-RR 2015, 380.
[110] Vgl. BAG 23.6.2009 AP Nr. 47 zu § 626 BGB Verdacht strafbarer Handlung = NZA 2009, 1136.
[111] BAG 13.12.2007 AP Nr. 64 zu § 4 KSchG 1969 = NZA 2008, 589.
[112] BAG 21.5.1981 AP Nr. 7 zu § 4 KSchG 1969.
[113] BAG 18.7.2013 AP Nr. 14 zu § 626 BGB Druckkündigung = NZA 2014, 109.
[114] BAG 1.10.2020 AP Nr. 91 zu § 4 KSchG 1969 = NZA 2021, 75.
[115] BAG 26.6.1986 AP Nr. 14 zu § 4 KSchG 1969 = NZA 1986, 761.
[116] BAG 14.1.1986 AP Nr. 2 zu § 94 ArbGG 1979.
[117] BAG 18.7.2013 AP Nr. 14 zu § 626 BGB Druckkündigung = NZA 2014, 109.
[118] BAG 24.10.2013 AP Nr. 27 zu § 1 KSchG 1969 Wartezeit = NZA 2014, 725; 8.4.1976 AP Nr. 2 zu § 4 KSchG 1969.
[119] LAG Hamm 25.1.1994 LAGE § 4 KSchG Nr. 24.
[120] Dazu BAG 9.1.1986 AP Nr. 1 zu § 24 KSchG 1969.

gebot (→ § 137 Rn. 54). **Lehnt der AN dies ab,** wird über die Beendigung des Arbeitsverhältnisses gestritten. Der AN hat demzufolge eine Kündigungsschutzklage nach § 4 S. 1 KSchG zu erheben. **Nimmt er das Änderungsangebot unter dem Vorbehalt der sozialen Rechtfertigung an,** ist nach § 4 S. 2 KSchG die Klage auf die Feststellung zu richten, dass die Änderung der Arbeitsbedingungen sozial ungerechtfertigt oder aus anderen Gründen rechtsunwirksam ist. Streitgegenstand der Änderungsschutzklage ist in diesem Fall allein, zu welchen Bedingungen es fortbesteht (dazu auch → § 137 Rn. 9).[121] Zur Vermeidung des Eintritts der Fiktionswirkung des § 7 KSchG reicht es aus, wenn der AN innerhalb der Klagefrist Kündigungsschutzklage nach § 4 S. 1 KSchG erhebt und den Antrag später entsprechend § 4 S. 2 KSchG fasst. Einer analogen Anwendung von § 6 KSchG bedarf es nicht. Die Umstellung auf die richtige Antragsformulierung gem. § 4 S. 2 KSchG kann daher auch noch im Berufungsverfahren erfolgen.[122] Hat die Klage Erfolg, stellt das Gericht entsprechend § 4 S. 2 KSchG fest, dass die Änderung der Arbeitsbedingungen sozial ungerechtfertigt oder aus einem anderen Grund unwirksam ist. Anderenfalls weist es die Änderungsschutzklage ab und das Arbeitsverhältnis besteht zu den für diesen Fall akzeptierten, geänderten Bedingungen fort. Aus § 8 KSchG ergibt sich trotz der missverständlichen Formulierung nichts anderes. Die Bestimmung stellt lediglich klar, dass die mit der Annahme unter Vorbehalt verbundene auflösende Bedingung rückwirkend eintritt, der Arbeitsvertragsinhalt also von Anfang an unverändert fortbesteht, wenn der Kläger mit der Änderungsschutzklage obsiegt.[123]

III. Behördliche Zustimmung

1. Allgemeines. Nach § 4 S. 4 KSchG läuft die Frist zur Anrufung des Arbeitsgerichts, soweit die Kündigung der Zustimmung einer Behörde bedarf, erst ab dem Zeitpunkt der Bekanntgabe der Entscheidung der Behörde an den AN. Diese Regelung berücksichtigt, dass der AN bis zu diesem Zeitpunkt nicht immer sicher weiß, ob der AG die behördliche Zustimmung überhaupt beantragt hat. Auch wenn der AN hiervon Kenntnis hat, weil er in dem Verfahren beteiligt wurde, ist ihm jedenfalls bis zur Bekanntgabe nicht der Inhalt der Entscheidung der Behörde bekannt und damit, ob dem AG bereits rechtswirksam eine Zustimmung erteilt worden ist und aus welchen Gründen dies ggf. geschehen ist. Diesem Informationsdefizit trägt § 4 S. 4 KSchG Rechnung, indem die Klagefrist erst ab Bekanntgabe der behördlichen Entscheidung an den AN zu laufen beginnt.[124] Voraussetzung für die Anwendbarkeit der Ausnahmeregelung des § 4 S. 4 KSchG ist jedoch stets die Kenntnis des AG von den den Sonderkündigungsschutz begründenden Tatsachen zum Zeitpunkt des Zugangs der Kündigung.[125] 31

2. Einzelfälle. a) Schwerbehinderung. Kündigt der AG einem schwerbehinderten AN in **Kenntnis von dessen Schwerbehinderteneigenschaft,** ohne zuvor nach § 168 SGB IX die erforderliche Zustimmung des Integrationsamts zur Kündigung einzuholen, kann der AN die Unwirksamkeit der Kündigung bis zur Grenze der Verwirkung bzw. des § 6 KSchG[126] gerichtlich geltend machen.[127] Ist dagegen dem AG bei Ausspruch der Kündigung die Schwerbehinderung des AN bzw. dessen Gleichstellung **nicht bekannt** und hatte der AG die Zustimmung des Integrationsamts folglich auch nicht beantragt, findet § 4 S. 4 KSchG keine Anwendung. Den AN trifft in diesem Fall zur Wahrung des Sonderkündigungsschutzes die Obliegenheit, den AG rechtzeitig auf den besonderen Kündigungsschutz hinzuweisen. Anderenfalls ist das Recht verwirkt. Als Maßstab für die Rechtzeitigkeit der Geltendmachung ist von der Dreiwochenfrist des § 4 S. 1 KSchG auszugehen. Hinzuzurechnen ist die Zeitspanne, innerhalb derer er den Zugang der Mitteilung über den bestehenden Sonderkündigungsschutz beim AG zu bewirken hat.[128] Viel dürfte dafür sprechen, in Anlehnung an die Konkretisierung des Merkmals „unverzüglich" in § 174 S. 1 BGB dem AN für die Übermittlung der Erklärung eine Frist von einer Woche 32

[121] BAG 26.1.2012 AP Nr. 153 zu § 2 KSchG 1969 = NZA 2012, 856.
[122] BAG 21.5.2019 AP Nr. 88 zu § 4 KSchG 1969 = NZA 2019, 1143.
[123] BAG 24.10.2013 AP Nr. 71 zu § 9 KSchG 1969 = NZA 2014, 486.
[124] BAG 3.7.2003 AP Nr. 7 zu § 18 BErzGG = NZA 2003, 1335; ebenso bereits BAG 17.2.1982 AP Nr. 1 zu § 15 SchwbG; dies übersehen *Zeising/Kröpelin* DB 2005, 1626 (1628).
[125] BAG 19.2.2009 AP Nr. 38 zu § 9 MuSchG 1968 = NZA 2009, 980; HaKo-KSchR/*Gallner* KSchG § 4 Rn. 118.
[126] BAG 9.6.2011 AP Nr. 11 zu § 85 SGB IX = NZA-RR 2011, 516.
[127] BAG 13.2.2008 AP Nr. 5 zu § 85 SGB IX = NZA 2008, 1055.
[128] BAG 22.9.2016 AP Nr. 14 zu § 85 SGB IX = NZA 2017, 304.

einzuräumen (→ § 179 Rn. 11). Hiernach müsste dem AG spätestens vier Wochen nach Zugang der Kündigung der Hinweis des AN auf die tatsächlichen Voraussetzungen für die Einholung der Zustimmung des Integrationsamtes zur Kündigung zugehen. Der AN kann sich in diesem Zusammenhang nicht auf den Rechtsgedanken des § 167 ZPO berufen, wenn der Hinweis auf die Schwerbehinderung allein in der Kündigungsschutzklage enthalten ist und deren Zustellung außerhalb der für eine unmittelbare Übermittlung an den AG zuzugestehenden Zeitspanne erfolgt.[129] § 4 S. 4 KSchG ist ebenso nicht anwendbar, wenn der AN dem AG seinen Schwerbehindertenstatus bzw. seine Gleichstellung innerhalb einer angemessenen Frist nach der Kündigung mitteilt, aber nicht fristgerecht Klage erhebt. Dann kann sich der AN zwar auf den Sonderkündigungsschutz berufen. Allerdings muss er zugleich auch die Klagefrist des § 4 S. 1 KSchG einhalten, denn zum Zeitpunkt des Zugangs der Kündigung war dem AG der Sonderkündigungsschutz nicht bekannt und er konnte eine Zustimmung nicht beantragen.[130]

33 **b) Mutterschutz.** Ist dem AG die Schwangerschaft oder die Entbindung der AN zur Zeit der Kündigung nicht bekannt, wurde sie ihm aber innerhalb von zwei Wochen nach Zugang der Kündigung mitgeteilt (§ 17 I 1 MuSchG), ist die Kündigung nur mit Zustimmung der Behörde zulässig (dazu → § 169 Rn. 13 ff.). In diesem Fall ist die Klagefrist nach § 4 S. 1 KSchG angelaufen, weil im Zeitpunkt des Zugangs der Kündigung die Voraussetzungen des Sonderkündigungsschutzes (Kenntnis des AG von Schwangerschaft bzw. Entbindung) nicht vorgelegen haben. § 4 S. 4 KSchG greift nicht ein, weil im Zeitpunkt des Zugangs der Kündigung die Voraussetzungen des Sonderkündigungsschutzes und damit die Notwendigkeit einer behördlichen Zustimmung nicht gegeben waren und damit die Klagefrist nach § 4 S. 1 KSchG mit Zugang der Kündigung bei der AN in Gang gesetzt wurde. Durch die Bekanntgabe der Schwangerschaft wird die angelaufene Klagefrist auch nicht mehr gehemmt. Erhebt die AN keine Kündigungsschutzklage, obwohl sie den AG innerhalb der Zweiwochenfrist des § 17 I 1 MuSchG von ihrer Schwangerschaft nachträglich in Kenntnis gesetzt hat, gilt die Kündigung deshalb gem. § 7 KSchG als von Anfang an wirksam.[131] Dieser Gedanke liegt auch § 5 I 2 KSchG zugrunde.[132] Erlangt eine AN aus einem von ihr nicht zu vertretenden Grund erst nach Ablauf der Dreiwochenfrist von ihrer Schwangerschaft Kenntnis, kann sie die nachträgliche Zulassung der Kündigungsschutzklage beantragen. Diese Vorschrift setzt damit voraus, dass in diesen Fällen bei einer Kündigung des AG die Dreiwochenfrist des § 4 S. 1 KSchG mit Zugang der Kündigung zu laufen begonnen hat.[133] § 5 I 2 KSchG ist deshalb auch keineswegs überflüssig,[134] weil in dem dort geregelten Fall § 4 S. 4 KSchG nicht anwendbar ist.

34 **c) Elternzeit.** Befindet sich der AN in Elternzeit, hat der AG hiervon wegen § 16 I 1 BEEG Kenntnis. Er hat daher gem. § 18 I 2 BEEG die Zustimmung zur Kündigung zu beantragen. § 4 S. 4 KSchG ist in diesem Fall uneingeschränkt anwendbar. Der Insolvenzverwalter muss sich die Kenntnis des Schuldners von der Elternzeit zurechnen lassen.

IV. Aussetzen wegen eines vorgreiflichen Rechtsstreits

35 Es steht im pflichtgemäßen Ermessen der Arbeitsgerichte, ob sie den Kündigungsschutzrechtsstreit aussetzen oder nicht, wenn ein **verwaltungsgerichtlicher Rechtsstreit** über die Zustimmung des Integrationsamts noch anhängig ist. Gegenüber dem vorrangigen Zweck einer Aussetzung – einander widersprechende Entscheidungen zu vermeiden – sind der Nachteil einer langen Verfahrensdauer und die daraus für die Parteien entstehenden Folgen abzuwägen. Auch kommt bei Bestandsschutzstreitigkeiten dem gesetzlich geregelten Beschleunigungsgrundsatz (§ 9 I, § 64 VIII und § 61a ArbGG) eine besondere Bedeutung zu. Aufgrund dessen hat das Interesse der Parteien, die Verkündung möglicherweise einander widersprechender Entscheidungen zu verhindern, grundsätzlich zurückzutreten.[135] Dem Kläger steht ggf. der Restitutionsgrund des § 580 Nr. 7 lit. b ZPO analog zur Seite, falls er später vor dem Verwaltungsgericht

---

[129] BAG 22.9.2016 AP Nr. 14 zu § 85 SGB IX = NZA 2017, 304.
[130] BAG 13.2.2008 AP Nr. 5 zu § 85 SGB IX = NZA 2008, 1055.
[131] BAG 19.2.2009 AP Nr. 38 zu § 9 MuSchG 1968 = NZA 2009, 980; ebenso im Grundsatz BAG 13.2.2008 AP Nr. 5 zu § 85 SGB IX = NZA 2008, 1055.
[132] Dazu LAG Düsseldorf 10.2.2005 NZA-RR 2005, 382.
[133] BAG 19.2.2009 AP Nr. 38 zu § 9 MuSchG 1968 = NZA 2009, 980; *Raab* RdA 2004, 321 (331); *Schmidt* NZA 2004, 79 (80 f.).
[134] So aber *Bader* NZA 2004, 65 (68); *Willemsen/Annuß* NJW 2004, 177 (184).
[135] BAG 18.1.2007 AP Nr. 44 zu § 1 KSchG 1969 Krankheit; 26.9.1991 AP Nr. 28 zu § 1 KSchG 1969 Krankheit = NZA 1992, 1073.

obsiegen sollte. Entsprechendes gilt für die Zulässigkeitserklärung nach § 17 II MuSchG.[136] Die Erhebung einer **Verfassungsbeschwerde** gegen eine Entscheidung in einem Kündigungsschutzprozess hemmt den Eintritt der Rechtskraft der Entscheidung über die Kündigung nicht. Führen Parteien einen **Rechtsstreit über Entgeltansprüche,** die von der Wirksamkeit einer Kündigung abhängen, verbietet der arbeitsrechtliche Beschleunigungsgrundsatz aus § 9 I ArbGG regelmäßig eine Aussetzung nach § 148 ZPO bis zum Eintritt der Rechtskraft im Bestandsschutzverfahren. Etwas anderes kann nur bei Vorliegen besonderer Umstände gelten, die ausnahmsweise das schützenswerte Interesse des AN an einer auch vorläufigen Existenzsicherung überwiegen.[137]

V. Das Urteil

1. Klageabweisung. Wird die Kündigungsschutzklage rechtskräftig abgewiesen, steht die Beendigung des Arbeitsverhältnisses durch die streitgegenständliche Kündigung fest. In einem Folgeprozess kann nicht mehr darüber gestritten werden, ob die Kündigung aus anderen Gründen unwirksam war. Dies gilt nicht nur, wenn die vom AG dargelegten Kündigungsgründe vorliegen, sondern ebenso für eine Abweisung der Klage wegen Versäumung der Dreiwochenfrist. Auch in diesem Fall ist die Klage wegen der materiell-rechtlichen Wirkung des § 7 KSchG als unbegründet abzuweisen.[138] **36**

2. Feststellungsurteil. Wird der Kündigungsschutzklage rechtskräftig stattgegeben, steht fest, dass das Arbeitsverhältnis nicht durch die streitgegenständliche Kündigung beendet worden ist. Damit ist nach Auffassung des BAG grundsätzlich zugleich entschieden, dass **zum maßgeblichen Auflösungstermin zwischen den Parteien ein Arbeitsverhältnis bestanden hat,** das nicht schon zuvor durch andere Ereignisse aufgelöst worden ist (dazu → Rn. 9). Die Rechtskraft eines solchen Urteils schließt danach ebenso die Möglichkeit aus, den Arbeitsvertrag durch die Anfechtung der zum Vertragsschluss führenden Willenserklärung wieder zu beseitigen.[139] Besteht kein Arbeitsverhältnis, ist die Klage schon aus diesem Grund abzuweisen.[140] Die Unwirksamkeit der Kündigung hat zur Folge, dass der AG, wenn er den AN in der Zwischenzeit nicht beschäftigt hat, in Annahmeverzug geraten ist und dem AN gem. § 615 BGB das Entgelt fortzuzahlen hat (dazu → § 95 Rn. 1 ff.). Gegenüber dem Anspruch des AN auf Zahlung der Annahmeverzugsvergütung kann der AG nicht nochmals die Wirksamkeit der Kündigung einwenden.[141] Da das Arbeitsverhältnis fortbesteht, ist der AN andererseits jederzeit auf Verlangen des AG zur Wiederaufnahme der Arbeit verpflichtet.[142] **37**

VI. Wiederholungskündigung

Ist in einem Kündigungsrechtsstreit entschieden, dass das Arbeitsverhältnis durch eine bestimmte Kündigung nicht aufgelöst worden ist, kann der AG eine erneute Kündigung nicht auf Kündigungsgründe stützen, die er schon zur Begründung der ersten Kündigung vorgebracht hat und die in dem ersten Kündigungsschutzprozess materiell geprüft worden sind mit dem Ergebnis, dass sie die Kündigung nicht rechtfertigen können.[143] Dies gilt, wenn der AG noch während des ersten Kündigungsschutzverfahrens für den Fall seines Unterliegens vorsorglich eine oder mehrere Kündigungen mit demselben Kündigungsgrund nachschiebt, sog. Wiederholungskündigung,[144] aber auch für eine sog. Trotzkündigung nach Rechtskraft des Urteils in dem ersten Prozess. Mit einer Wiederholung der Gründe zur Stützung einer späteren Kündigung ist der AG – auch bei Dauertatbeständen[145] – aber nur bei identischem Kündigungssachverhalt **38**

---

[136] BAG 17.6.2003 AP Nr. 33 zu § 9 MuSchG 1968 = NZA 2003, 1329.
[137] BAG 16.4.2014 AP Nr. 11 zu § 148 ZPO = NZA 2015, 183.
[138] BAG 26.6.1986 AP Nr. 14 zu § 4 KSchG 1969 = NZA 1986, 761.
[139] BAG 18.2.2021 NZA 2021, 446.
[140] BAG 1.12.2020 NZA 2021, 552.
[141] LSSW/*Spinner* KSchG § 4 Rn. 89.
[142] Zutr. LAG Düsseldorf 14.10.1969 DB 1970, 545.
[143] BAG 18.12.2014 AP Nr. 79 zu § 4 KSchG 1969 = NZA 2015, 635; 11.7.2013 AP Nr. 69 zu § 1 KSchG 1969 Verhaltensbedingte Kündigung = NZA 2014, 250; 20.12.2012 AP Nr. 198 zu § 1 KSchG 1969 Betriebsbedingte Kündigung = NZA 2013, 1003.
[144] Dazu *Lingemann/Beck* NZA-RR 2007, 225.
[145] Dazu BAG 6.9.2012 AP Nr. 35 zu § 1 KSchG 1969 Personenbedingte Kündigung = NZA-RR 2013, 441.

ausgeschlossen, nicht jedoch, wenn sich dieser wesentlich geändert hat.[146] Die Präklusionswirkung tritt ferner dann nicht ein, wenn die frühere Kündigung bereits aus formellen Gründen, also etwa wegen der nicht ordnungsgemäßen Beteiligung des BR oder PR für unwirksam erklärt worden ist.[147] Gegen die zweite Kündigung muss der AN zwar nach §§ 4, 7 KSchG Klage erheben, der zweiten rechtzeitig erhobenen Klage ist jedoch aus Gründen der Präjudizialität ohne Weiteres stattzugeben.[148] Hat das Arbeitsgericht die gegenüber einem tariflich unkündbaren AN erklärte außerordentliche fristlose Kündigung rechtskräftig für unwirksam erklärt, weil dem AG die Einhaltung einer Auslauffrist zumutbar gewesen sei, kann derselbe Lebenssachverhalt zur Rechtfertigung einer erneuten außerordentlichen Kündigung dienen, welche die erforderliche Auslauffrist einhält. Es liegt insoweit kein Fall einer – unzulässigen – Wiederholungskündigung vor.[149]

VII. Auswirkungen auf Entgeltansprüche

39 **1. Ausschlussfristen.** Verlangt eine tarifliche Ausschlussklausel die schriftliche Geltendmachung aller gegenseitigen Ansprüche aus dem Arbeitsverhältnis innerhalb einer bestimmten Frist, erfasst die fristgerecht erhobene Kündigungsschutzklage regelmäßig auch Entgeltansprüche, die vom Erfolg dieser Klage abhängigen. Die Kündigungsschutzklage umfasst nach ihrem Streitgegenstand deshalb die Zahlungsansprüche des AN wegen Annahmeverzugs, denn diese bestehen nur im Falle des Erfolgs der Kündigungsschutzklage (→ § 209 Rn. 37, 42 f.).[150]

40 **2. Verjährung.** Durch die Kündigungsschutzklage nach § 4 KSchG oder eine Klage auf Feststellung des Fortbestehens des Arbeitsverhältnisses gem. § 256 ZPO wird die Verjährung von Zahlungsansprüchen des AN wegen Annahmeverzugs daher nicht gehemmt.[151] Die auf Verfassungsbeschwerde eines AN vom BVerfG aufgehobene – zunächst rechtskräftige – Abweisung einer Kündigungsschutzklage ist als solche keine „höhere Gewalt" iSd § 203 II BGB aF. Sie hemmt auch nicht die Verjährungsfrist für vom Ausgang des Kündigungsschutzprozesses abhängige Ansprüche (→ § 72 Rn. 9).

41 **3. Urlaubsansprüche.** Die Erhebung einer Kündigungsschutzklage hat regelmäßig **nicht die Geltendmachung** von Urlaubs- oder Urlaubsabgeltungsansprüchen zum Inhalt (→ § 104 Rn. 23). Gegenstand der Kündigungsschutzklage ist die Feststellung der Unwirksamkeit einer Kündigung, nicht jedoch die Feststellung von Ansprüchen aus dem mit der Kündigung zu beendenden Arbeitsverhältnis.[152]

VIII. Verlängerte Anrufungsfrist (§ 6 KSchG)

42 **1. Allgemeines.** Nach § 6 S. 1 KSchG kann sich ein AN, der innerhalb der Klagefrist des § 4 KSchG die Rechtsunwirksamkeit einer Kündigung im Klagewege geltend gemacht hat, in diesem Verfahren bis zum Schluss der mündlichen Verhandlung erster Instanz zur Begründung der Unwirksamkeit auch auf innerhalb der Klagefrist noch nicht geltend gemachte Gründe berufen. Hierbei handelt es sich um eine Präklusionsvorschrift.[153] Die Regelung des § 6 S. 1 KSchG dient der Konzentration des Kündigungsschutzprozesses und in diesem Zusammenhang auch dem Schutz des AG. Dieser soll sich nicht erstmals in zweiter Instanz auf einen bis dahin in das gerichtliche Verfahren nicht eingeführten „anderen" Unwirksamkeitsgrund einlassen und dementsprechend langfristig entsprechende Beweise sichern müssen.[154] Die Einführung eines zusätzlichen Unwirksamkeitsgrundes führt zwar nicht zu einem Wechsel des Streitgegenstands, sie macht jedoch deutlich, dass es der AN in

[146] BAG 20.3.2014 AP Nr. 160 zu § 2 KSchG 1969 = NZA 2014, 1415; 26.11.2009 AP Nr. 225 zu § 626 BGB = NZA 2010, 628.
[147] BAG 20.12.2012 AP Nr. 198 zu § 1 KSchG 1969 Betriebsbedingte Kündigung = NZA 2013, 1003.
[148] BAG 12.2.2004 AP Nr. 75 zu § 1 KSchG 1969; 26.8.1993 AP Nr. 113 zu § 626 BGB = NZA 1994, 70.
[149] BAG 26.11.2009 AP Nr. 225 zu § 626 BGB = NZA 2010, 628.
[150] Vgl. BAG 24.9.2014 AP Nr. 206 zu § 4 TVG Ausschlussfristen = NZA 2015, 35; 23.9.2009 AP Nr. 15 zu § 115 SGB X = NZA 2010, 781.
[151] BAG 24.6.2015 AP Nr. 1 zu § 204 BGB = NZA 2015, 1256.
[152] BAG 21.2.2012 AP Nr. 94 zu § 7 BUrlG Abgeltung = NZA 2012, 750; 21.9.1999 AP Nr. 77 zu § 7 BUrlG Abgeltung = NZA 2000, 590.
[153] BAG 18.1.2012 AP Nr. 6 zu § 6 KSchG 1969 = NZA 2012, 817.
[154] BAG 20.1.2016 AP Nr. 48 zu § 17 KSchG 1969 = NZA 2016, 490; 24.5.2012 AP Nr. 50 zu § 626 BGB Verdacht strafbarer Handlung = NZA 2013, 137.

der Hand hat, den Prozessstoff von vornherein oder später zu begrenzen oder in den zeitlichen Grenzen des § 6 S. 1 KSchG zu erweitern.[155] So erweitert die Rüge der fehlerhaften Betriebsratsanhörung nach § 102 I BetrVG den Prozessstoff, soweit dieser Unwirksamkeitsgrund im ersten Rechtszug in den Prozess eingeführt wird. Umgekehrt **reduziert sich der Prozessstoff** entsprechend, wenn der AN im Verlauf des Rechtsstreits zweifelsfrei zu erkennen gibt, sich auf bestimmte, rechtlich eigenständige Unwirksamkeitsgründe nicht (mehr) berufen zu wollen. An eine solche Beschränkung des Sachvortrags, die grundsätzlich bis zum Schluss der mündlichen Verhandlung in zweiter Instanz möglich ist, sind die Gerichte selbst dann gebunden, wenn sich aus dem eigenen Vorbringen des AG Zweifel hinsichtlich der Wirksamkeit der Kündigung unter dem betreffenden Gesichtspunkt ergeben.[156]

2. Bedeutung. § 6 KSchG hat nach seinem Wortlaut zunächst Bedeutung für die Kündigungsschutzklage nach § 4 S. 1 KSchG mit punktuellem Streitgegenstand. Der AN muss nicht innerhalb der Dreiwochenfrist formelhaft alle denkbaren Unwirksamkeitsgründe rügen, sondern kann weitere Unwirksamkeitsgründe bis spätestens zum **Schluss der mündlichen Verhandlung erster Instanz** geltend machen. Dabei hat er die Grenzen des § 61a V ArbGG zu beachten.[157] § 6 S. 1 KSchG ermöglicht damit nicht mehr, wie die bis zum 31.12.2003 geltende Gesetzesfassung, nur die Erweiterung der aus anderen Gründen erhobenen Klage auf Feststellung der Sozialwidrigkeit der Kündigung, sondern beschränkt auch zeitlich die Möglichkeit des AN, nach Ablauf der Klagefrist weitere Unwirksamkeitsgründe nachzuschieben auf den Schluss der mündlichen Verhandlung erster Instanz.[158] Im Falle einer **Massenentlassung** ist zu beachten, dass der in § 17 KSchG geregelte besondere Kündigungsschutz in zwei getrennt durchzuführende Verfahren mit jeweils eigenen Wirksamkeitsvoraussetzungen unterfällt, nämlich die in § 17 II KSchG normierte Pflicht zur Konsultation des BR einerseits und die in § 17 I und III KSchG geregelte Anzeigepflicht gegenüber der Agentur für Arbeit andererseits (→ § 142 Rn. 1). Zur Vermeidung der Präklusion nach § 6 S. 1 KSchG genügt es deshalb nicht, wenn der AN erstinstanzlich Mängel aus dem einen Verfahren rügt, um damit die Möglichkeit zu eröffnen, auch Mängel des anderen Verfahrens und die daraus folgende Unwirksamkeit der Kündigung erstmals im Berufungsverfahren geltend zu machen. Erforderlich ist vielmehr, dass der AN bereits in der ersten Instanz Mängel rügt, die sich eindeutig erkennbar dem Verfahren hinsichtlich der Anzeigepflicht und/oder dem Konsultationsverfahren zuordnen lassen. Hinsichtlich der Mängel, die bezüglich des nicht bereits in erster Instanz angesprochenen Verfahrens bestehen, ist er in zweiter Instanz bei ordnungsgemäß erteiltem Hinweis (→ Rn. 45) durch § 6 S. 1 KSchG präkludiert.[159] 43

§ 6 KSchG ist über seinen unmittelbaren Anwendungsbereich hinaus von Bedeutung, wenn sich der AN innerhalb der Dreiwochenfrist mit einer **allgemeinen Feststellungsklage** nach § 256 I ZPO gegen die Kündigung wendet.[160] Der Antrag nach § 256 I ZPO wahrt die Klagefrist des § 4 S. 1 KSchG, wenn er innerhalb der Dreiwochenfrist gestellt worden ist und der AN die fragliche Kündigung noch bis zum Schluss der mündlichen Verhandlung erster Instanz konkret bezeichnet in den Prozess einführt und auf sie bezogen einen punktuellen Kündigungsschutzantrag stellt.[161] Macht der AN innerhalb von drei Wochen nach Zugang einer Kündigung eine Klage auf **Weiterbeschäftigung** anhängig, kann er nach dem Umständen des Einzelfalls in entsprechender Anwendung von § 6 KSchG bis zum Schluss der mündlichen Verhandlung beim Arbeitsgericht auch die Unwirksamkeit der Kündigung nach § 4 S. 1 KSchG geltend machen.[162] § 6 KSchG ist des Weiteren entsprechend auf die Fälle anzuwenden, in denen der 44

---

[155] BAG 26.9.2013 NZA-RR 2014, 236; 24.5.2012 AP Nr. 50 zu § 626 BGB Verdacht strafbarer Handlung = NZA 2013, 137.

[156] BAG 20.6.2013 AP Nr. 244 zu § 626 BGB = NZA 2014, 143.

[157] *Raab* RdA 2004, 321 (329); SPV Kündigung/*Vossen* Rn. 1931; insoweit auch *Quecke* RdA 2004, 86 (102); aA *Bader* NZA 2004, 65 (69); APS/*Hesse* KSchG § 6 Rn. 3.

[158] BAG 20.1.2016 AP Nr. 48 zu § 17 KSchG 1969 = NZA 2016, 490; NK-GA/*Roloff* KSchG § 6 Rn. 7.

[159] BAG 20.1.2016 AP Nr. 48 zu § 17 KSchG 1969 = NZA 2016, 490.

[160] MüKoBGB/*Hergenröder* KSchG § 6 Rn. 4; APS/*Hesse* KSchG § 6 Rn. 11; LSSW/*Spinner* KSchG § 6 Rn. 14; *Raab* RdA 2004, 321 (328); NK-GA/*Roloff* KSchG § 6 Rn. 19; *Quecke* RdA 2004, 86 (102); krit. hierzu *Bayreuther* ZfA 2005, 391 (399 f.).

[161] BAG 26.9.2013 AP Nr. 77 zu § 4 KSchG 1969 = NZA 2014, 443; dazu NK-GA/*Roloff* KSchG § 6 Rn. 34 f.

[162] Dazu BAG 24.6.2015 AP Nr. 14 zu § 17 TzBfG = NZA 2015, 1511; weitergehend 23.4.2008 AP Nr. 65 zu § 4 KSchG 1969 = NZA-RR 2008, 466; LAG Köln 17.2.2004, NZA-RR 2005, 136; ErfK/*Kiel* KSchG § 6 Rn. 3; diff. APS/*Hesse* KSchG § 6 Rn. 19.

AN gegen die Unwirksamkeit einer Kündigung nicht innerhalb von drei Wochen nach Zugang der Kündigung eine Kündigungsschutzklage nach § 4 S. 1 KSchG erhebt, sondern innerhalb dieser Frist auf andere Weise geltend macht, eine wirksame Kündigung liege nicht vor.[163] Dies betrifft in der Praxis vor allem **Lohnklagen** aus Annahmeverzug, deren Erfolg von der Unwirksamkeit der Kündigung abhängt.[164] Unzureichend ist dagegen eine Klage auf **Nachteilsausgleich** nach § 113 BetrVG, weil dieser Anspruch gerade die Wirksamkeit der Kündigung voraussetzt.[165] Gleiches gilt, wenn der AN Abfindungsansprüche aus einem **Sozialplan** geltend macht, weil auch diese regelmäßig die Wirksamkeit der Kündigung voraussetzen.[166]

45 **3. Geltendmachung.** Zu den erstinstanzlich „geltend zu machenden" Unwirksamkeitsgründen gehört nach Auffassung des BAG auch der tarifvertragliche oder arbeitsvertragliche Ausschluss der ordentlichen Kündigung.[167] Noch nicht geklärt sind allerdings die Anforderungen, die an ein „Geltendmachen" zu stellen sind.[168] In Bezug auf tarifvertragliche „Unkündbarkeitsregelungen" ist zu beachten, dass die Anwendung von Normen Rechtsanwendung ist.[169] Das Arbeitsgericht hat der von den Parteien in den Prozess eingeführten Geltung von Tarifnormen nach § 293 ZPO von Amts wegen nachzugehen. Hat der AN die tatbestandlichen Voraussetzungen für die Anwendung der Tarifnorm dargelegt, insbesondere die beiderseitige Tarifbindung kraft Verbandszugehörigkeit oder arbeitsvertraglicher Bezugnahmeklausel sowie die konkreten Tatbestandsmerkmale, wie regelmäßig Alter und Betriebszugehörigkeit, muss er die Rechtsfolgen einer Tarifregelung, dh den Ausschluss der ordentlichen Kündigung, nicht iSd § 6 S. 1 KSchG „geltend machen". Es gilt dann der Grundsatz „iura novit curia".[170] Ein „Geltendmachen" ist jedoch dann erforderlich, wenn sich aus der Anwendung von Rechtsvorschriften auf den Vortrag des Klägers nicht unmittelbar die Unwirksamkeit der Kündigung ergibt. Trägt dieser etwa in der Kündigungsschutzklage nur vor, er sei schwerbehindert oder beim AG bestehe ein BR, ergibt sich hieraus allein noch nicht die Unwirksamkeit der Kündigung. Nur dann, wenn der AG den BR nicht ordnungsgemäß unterrichtet und nicht die Zustimmung des Integrationsamts eingeholt hat, tritt diese Rechtsfolge ein. Deshalb hat der AN die ordnungsgemäße Unterrichtung des BR zu bestreiten und ebenso die fehlende Zustimmung des Integrationsamts „geltend zu machen".

46 **4. Hinweispflicht.** Das Arbeitsgericht ist nach § 6 S. 2 KSchG verpflichtet, den AN darauf hinzuweisen, dass er nach § 6 S. 1 KSchG weitere Unwirksamkeitsgründe nur bis zum Schluss der mündlichen Verhandlung geltend machen kann. Mehr verlangt § 6 S. 2 KSchG nicht. Insbesondere ist das Arbeitsgericht nach dieser Bestimmung nicht gehalten, auf einzelne konkrete Unwirksamkeitsgründe hinzuweisen.[171] Deshalb reicht der bloße Hinweis des Arbeitsgerichts auf den Regelungsgehalt des § 6 S. 1 KSchG zur Wahrung der Hinweispflicht nach § 6 S. 2 KSchG aus. Die Hinweispflicht besteht auch im Falle anwaltlicher Vertretung.[172] Neben der Hinweispflicht aus § 6 S. 2 KSchG bestehen noch die allgemeinen Hinweis- und Fragepflichten des Arbeitsgerichts nach § 139 ZPO.[173] Verletzt das Arbeitsgericht die Hinweispflicht, weist es also trotz Vorliegens der Voraussetzungen des § 6 S. 1 KSchG den AN nicht auf diese Möglichkeit hin oder macht es ihn, wenn der AN lediglich einen Zahlungsantrag gestellt hatte, nicht auf die Notwendigkeit des Feststellungsantrags aufmerksam, liegt ein Mangel im Verfahren vor (§ 139 II ZPO). Diesen Verfahrensfehler kann der Kläger in der Berufung gem. § 520 III Nr. 4 ZPO rügen und sich deshalb auch vor dem LAG noch auf weitere Unwirksamkeitsgründe

---

[163] BAG 18.12.2014 AP Nr. 79 zu § 4 KSchG 1969 = NZA 2015, 635; 23.4.2008 AP Nr. 65 zu § 4 KSchG 1969 = NZA-RR 2008, 466.

[164] BAG 24.6.2015 AP Nr. 14 zu § 17 TzBfG = NZA 2015, 1511; 26.9.2013 AP Nr. 77 zu § 4 KSchG 1969 = NZA 2014, 443.

[165] Zutr. KR/*Klose* KSchG § 6 Rn. 22; HaKo-KSchR/*Gallner* KSchG § 6 Rn. 25.

[166] APS/*Hesse* KSchG § 6 Rn. 16.

[167] BAG 8.11.2007 AP Nr. 63 zu § 4 KSchG 1969 = NZA 2008, 936.

[168] Offengelassen auch von BAG 4.5.2011 NZA 2011, 1178 (7. Senat) zu § 17 S. 2 TzBfG iVm § 6 KSchG, der allerdings die Anforderungen aus BAG 8. 11 2007 AP Nr. 63 zu § 4 KSchG 1969 als „streng" bewertet.

[169] *Zeuner* FS Leipold, 221 (228 ff.).

[170] Vgl. *Zeuner* FS Leipold, 221 (230); dazu BAG 18.1.2012 AP Nr. 6 zu § 6 KSchG 1969 = NZA 2012, 817.

[171] BAG 26.9.2013 AP Nr. 13 zu § 108 BPersVG = NZA-RR 2014, 236; 18.1.2012 AP Nr. 6 zu § 6 KSchG 1969 = NZA 2012, 817.

[172] BAG 21.3.2018 AP Nr. 16 zu § 17 TzBfG.

[173] BAG 26.9.2013 AP Nr. 13 zu § 108 BPersVG = NZA-RR 2014, 236; 18.1.2012 AP Nr. 6 zu § 6 KSchG 1969 = NZA 2012, 817.

berufen.[174] Eine Zurückverweisung der Sache an das Arbeitsgericht ist in diesem Falle jedoch ausgeschlossen.[175]

§ 139. Nachträgliche Zulassung der Kündigungsschutzklage

Übersicht

I. Überblick

Gem. § 5 I 1 KSchG kann der AN bei Versäumung der Klagefrist die nachträgliche Zulassung einer verspätete Kündigungsschutzklage verlangen, wenn er trotz **Anwendung aller ihm nach Lage der Umstände zuzumutenden Sorgfalt** verhindert war, rechtzeitig Klage zu erheben. Gleiches gilt nach § 5 I 2 KSchG, wenn eine Frau von ihrer Schwangerschaft aus einem von ihr nicht zu vertretenden Grund erst nach Ablauf der Dreiwochenfrist Kenntnis erlangt. Der Antrag auf nachträgliche Zulassung ist nur innerhalb von zwei Wochen seit Behebung des Hindernisses, das der Wahrung der Klagefrist entgegenstand, zulässig, längstens bis zum Ablauf von sechs Monaten seit Ablauf der Klagefrist (§ 5 III KSchG; → Rn. 17). Das Hindernis ist behoben, wenn die Partei oder ihr Bevollmächtigter Kenntnis von der Fristversäumung hat oder bei ordnungsgemäßer Verfolgung der Rechtssache hätte haben können. Maßgeblich ist die Kenntnis der Säumnis, nicht die Kenntnis von deren Ursache. Das Weiterbestehen des Hindernisses darf nicht mehr als unverschuldet angesehen werden können. Dies ist der Fall, wenn tatsächliche Umstände nach Eintritt der Fristversäumung eine entsprechende positive Kenntnis vermittelt oder zumindest Anlass zu Zweifeln gegeben haben, ob die Frist eingehalten war.[1] Mit dem Antrag ist die Klageerhebung zu verbinden oder, sofern diese bereits erhoben ist, auf diese Bezug zu nehmen (§ 5 II 1 KSchG). Der Antrag muss die Angabe der Tatsachen enthalten, die die Zulassung begründen sollen, sowie die Mittel ihrer Glaubhaftmachung bezeichnen (§ 5 II KSchG). 1

II. Zuzumutende Sorgfalt

Voraussetzung der nachträglichen Zulassung der Kündigungsschutzklage ist, dass der AN trotz Anwendung aller ihm nach Lage der Umstände zuzumutenden Sorgfalt verhindert war, rechtzeitig Klage zu erheben. Es ist der konkret betroffene AN in seiner ganz individuellen Situation und nach seinen persönlichen Fähigkeiten in den Blick zu nehmen. Individuelle Besonderheiten können allerdings insoweit keine Rolle spielen, wie Grund für die Versäumung der Dreiwochenfrist die Unkenntnis der Klagefrist ist.[2] Das Gesetz stellt strenge Anforderungen. Es kommt auf „alle" dem AN zuzumutende Sorgfalt an. Ihn darf an der Fristversäumung kein Verschulden treffen. Es darf auch keine leichte Fahrlässigkeit vorliegen.[3] 2

III. Einzelfälle

Zur zuzumutenden Sorgfalt hat sich eine kaum überschaubare **Kasuistik** entwickelt. Nachfolgend sind die wichtigsten Fälle in alphabetischer Reihenfolge aufgelistet. 3

[174] BAG 20.8.2014 AP Nr. 121 zu § 14 TzBfG = NZA-RR 2015, 9.
[175] BAG 4.5.2011 AP Nr. 11 zu § 17 TzBfG = NZA 2011, 1178.
[1] BAG 30.7.2020 AP Nr. 22 zu § 5 KSchG 1969 = NZA 2020, 1427.
[2] BAG 25.4.2018 AP Nr. 20 zu § 5 KSchG 1969 = NZA 2018, 1157.
[3] LAG Brem 21.10.2001 NZA 2002, 580; LAG Düsseldorf 21.10.1997 LAGE § 5 KSchG Nr. 89; ErfK/*Kiel* KSchG § 5 Rn. 2.

4 – **Arbeitsgericht:** Ist am letzten Tag der Klagefrist das Arbeitsgericht wegen eines Betriebsausflugs geschlossen, so dass der AN nicht die Rechtsantragsstelle in Anspruch nehmen kann, ist eine nachträgliche Zulassung gerechtfertigt.[4]

5 – **Auskunft – geeignete Stellen:** Falsche Auskünfte entlasten den AN nur dann, wenn er die **Auskunft bei einer geeigneten Stelle** eingeholt hat. Als geeignet anzusehen sind **Rechtsanwälte** oder **Rechtssekretäre** der Gewerkschaften. Ein Verschulden dieser Personen bei der Beratung ist dem AN nicht zuzurechnen, wohl aber bei Prozesshandlungen (→ Rn. 9). Geeignet ist weiterhin die **Rechtsantragsstelle** des Arbeitsgerichts.[5] Für einen bei einem deutschen AG angestellten AN, der in einem südosteuropäischen Land (hier: Rumänien) eine fristlose Kündigung erhält, ist die **deutsche Botschaft** in diesem Land eine zuverlässige Stelle, bei der sich der AN Rechtsrat bzgl. der Einlegung einer Kündigungsschutzklage holen kann.[6] – **Ungeeignete Stellen** sind der **BR,**[7] die **Geschäftsstelle** eines Arbeitsgerichts,[8] Rechtsantragstelle des Amtsgerichts,[9] die **Agenturen für Arbeit**[10] sowie Vertreter der **Rechtsschutzversicherungen.**[11] Die **Büroangestellte** eines Rechtsanwalts ist keine zuverlässige Stelle.[12] Ein **Richter am Landgericht** soll gleichfalls grundsätzlich nicht als zuverlässige Stelle für die Erteilung von Auskünften in arbeitsrechtlichen Fragen anzusehen sein (sehr zweifelhaft).[13]

6 – **Dreiwochenfrist:** Die **Unkenntnis** vom Kündigungsschutzverfahren und der dabei einzuhaltenden Klagefrist ist grundsätzlich vorwerfbar, weil heute jeder AN die Grundzüge des Kündigungsschutzrechts und insbesondere die dabei zu beachtende Klagefrist kennen muss oder sich diese Kenntnisse alsbald nach Zugang der Kündigung bei einer zuverlässigen Stelle verschaffen muss.[14] Dies gilt auch für ausländische AN.[15]

6a – **Erfolgsaussichten:** Allein die Angabe des AG in einem Kündigungsschreiben, die Kündigung erfolge aus „dringenden betrieblichen Erfordernissen" stellt ohne weitere Umstände keine Täuschung des AN über die Erfolgsaussichten der Kündigungsschutzklage dar, die die nachträgliche Zulassung der Kündigungsschutzklage rechtfertigt.[16]

6b – **Hausbriefkasten:** Gelangt ein Kündigungsschreiben in den Hausbriefkasten eines AN, kann er eine nachträgliche Klagezulassung nicht allein darauf stützen, dieses Schreiben sei aus ungeklärten Gründen nicht zu seiner Kenntnis gelangt. Der Inhaber eines Hausbriefkastens muss grundsätzlich dafür Sorge tragen und Vorsorge treffen, dass er von für ihn bestimmte Sendungen Kenntnis nehmen kann. Zur Darlegung einer unverschuldeten Fristversäumnis reicht es nicht aus, wenn sich ein AN allein und pauschal darauf beruft, ein Kündigungsschreiben sei weder von ihm noch von seiner Ehefrau oder seiner Tochter im Hausbriefkasten vorgefunden worden. Vielmehr muss, da es nach der gesetzlichen Formulierung auf die Anwendung „aller" dem AN zuzumutenden Sorgfalt ankommt, grundsätzlich durch eine nähere Darstellung und Glaubhaftmachung auch ein naheliegender – und ggf. verschuldeter – Verlust des Kündigungsschreibens in der Sphäre des Kündigungsempfängers ausgeschlossen werden. Zu einem entsprechenden Vortrag gehört deshalb zumindest die Darlegung, wer von den in Betracht kommenden Personen im fraglichen Zeitraum den Briefkasten geleert hat, ob – und ggf. welche – andere Postsendungen oder Reklame sich im Briefkasten befanden und wie mit diesen verfahren wurde.[17] Ist eine AN länger als sechs Wochen abwesend, hat er in geeigneter Weise dafür Sorge zu tragen, dass er zeitnah von für ihn bestimmten Sendungen, die in den Briefkasten eingelegt werden, Kenntnis erlangt. Er muss dann zB eine Person seines Vertrauens damit beauftragen, die für ihn bestimmte Post regelmäßig zu öffnen und ihn oder einen zur Wahrnehmung seiner Rechte beauftragten Dritten zeitnah über ihren Inhalt zu informieren

---

[4] LAG Frankfurt 29.9.1993 BB 1994, 1083.
[5] LAG BW 11.4.1988 NZA 1989, 153.
[6] LAG Brem 31.10.2001 NZA 2002, 580.
[7] LAG BW 3.4.1998 LAGE § 5 KSchG Nr. 98; LAG Bln 17.6.1991 LAGE § 5 KSchG Nr. 52.
[8] LAG Köln 28.11.1985 LAGE § 5 KSchG Nr. 21.
[9] LAG Nürnberg 28.1.2016 NZA-RR 2016, 248.
[10] LAG Düsseldorf 25.4.1991 LAGE § 5 KSchG Nr. 51.
[11] SächsLAG 23.7.1998 NZA 1999, 112.
[12] LAG Düsseldorf 21.10.1997 NZA 1998, 728.
[13] LAG Düsseldorf 25.7.2002 NZA-RR 2003, 101.
[14] LAG Köln 29.10.2014 – 5 Ta 366/14; 28.12.2007 PersV 2008, 478; LAG RhPf 10.7.2012 – 6 Ta 68/12; SächsLAG 23.7.1998 NZA 1999, 112.
[15] LAG Düsseldorf 6.3.1980 EzA Nr. 9 zu § 5 KSchG; LAG Hmb 6.7.1990 LAGE § 130 BGB Nr. 16.
[16] LAG RhPf 23.5.2008 – 9 Ta 85/08.
[17] BAG 28.5.2009 AP Nr. 16 zu § 5 KSchG 1969; LAG RhPf 19.2.2015 – 5 Sa 475/14.

oder sie an einen zu ihrer Öffnung und Wahrung seiner Rechte bevollmächtigten Dritten weiterzuleiten.[18]

– **Krankheit:** Eine Krankheit rechtfertigt die nachträgliche Zulassung einer Klage nur dann, wenn der AN dadurch gehindert war, die Klage selbst rechtzeitig zu erheben und auch keine andere Person mit der Klageerhebung beauftragen konnte.[19] Es kommt also auf die Art der Erkrankung und auf deren konkrete Auswirkungen auf den AN an, der die nachträgliche Zulassung begehrt. Allein das Vorliegen einer psychischen Erkrankung rechtfertigt nicht die Annahme, dass ein AN ohne das Hinzutreten weiterer Umstände an der Erhebung einer Kündigungsschutzklage gehindert gewesen wäre. Der Kläger muss vielmehr glaubhaft machen, während welcher Zeit und im welchem Umfang eine erhebliche Einschränkung des Urteilsvermögens bestanden hat.[20] Entsprechendes gilt für einen Krankenhausaufenthalt. Solange Krankheitsverlauf oder Behandlungsmethode nicht entgegenstehen, besteht kein durchschlagender Grund, den Krankenhauspatienten von der Anforderung freizustellen, sich nötigenfalls telefonisch beraten zu lassen.[21] Erkrankt ein AN erst im letzten Teil der Klagefrist und ist er deshalb an der Klageerhebung objektiv gehindert, ist die Klage nachträglich zuzulassen.[22] Ist der AN indes zu Beginn der Dreiwochenfrist wegen einer Erkrankung an der Klageerhebung gehindert, kann er die nachträgliche Zulassung der Kündigungsschutzklage nicht mit der Begründung verlangen, ihm habe wegen der Erkrankung nicht die volle dreiwöchige Überlegungsfrist zur Verfügung gestanden.[23] Ist die Frist noch nicht verstrichen, hat der AN unverzüglich Klage zu erheben.[24] Ob ein AN, der während einer urlaubsbedingten Ortsabwesenheit erkrankt und deshalb nicht rechtzeitig an seinen Wohnort zurückkehrt, im Rahmen des Zumutbaren sicherzustellen hat, dass ihn rechtsgeschäftliche Erklärungen erreichen, die ihm nach Urlaubsende an seinem Wohnort zugehen, ist sehr umstritten.[25] 7

– **Postlauf, Telefax:** Der AN darf grundsätzlich auf die von der Post angegebenen Postlaufzeiten vertrauen.[26] Er darf daher darauf vertrauen, dass eine Kündigungsschutzklage am Montag beim Arbeitsgericht eingeht, wenn er die Klage am Samstag in den Postbriefkasten wirft, sofern dieser am Samstag geleert wird.[27] Dies gilt allerdings nicht während eines Streiks bei der Post.[28] Wenn zur Fristwahrung die Übersendung durch Fax erforderlich ist, muss der Prozessbevollmächtigte entweder allgemein oder im Einzelfall die von ihm beauftragte Hilfskraft anweisen, nach der Übersendung per Telefax einen Einzelnachweis auszudrucken und anhand dessen die Vollständigkeit der Übermittlung, nämlich die Übereinstimmung der Zahl der übermittelten Seiten mit derjenigen des Originalschriftsatzes, zu überprüfen.[29] Wird die Klage per Telefax bei der Staatsanwaltschaft eingereicht und von dort verspätet an das Arbeitsgericht weiterleitet, scheidet eine nachträgliche Zulassung aus.[30] Eine Pflicht, sich bei Gericht nach dem rechtzeitigen Eingang der Klageschrift zu erkundigen, ist nur anzunehmen, wenn die Klage so knapp vor Fristablauf abgesandt wird, dass der rechtzeitige Eingang nicht mehr ohne Weiteres unterstellt werden kann oder wenn aus anderen Gründen konkrete Zweifel am rechtzeitigen Eingang der Klage angebracht sind.[31] Auch wenn der Prozessbevollmächtigte grundsätzlich nicht verpflichtet ist, den Eingang seiner Schriftsätze bei Gericht zu überwachen, verhält er sich doch gegenüber den Interessen der von ihm vertretenen Partei in vermeidbarer Weise gleichgültig, wenn er nach Absenden einer Kündigungsschutzklage die Sache dauerhaft wiedervorlagefrei stellt (dazu auch → Rn. 18).[32] 8

---

[18] BAG 25.4.2018 AP Nr. 20 zu § 5 KSchG 1969 = NZA 2018, 1157.

[19] LAG Köln 28.12.2007 PersV 2008, 478; LAG Bln 14.4.1999 RzK I 10 d Nr. 97; LAG Köln 1.9.1993 LAGE § 5 KSchG Nr. 62; LAG Köln 18.2.1997 RzK I 10 d Nr. 82.

[20] LAG Köln 28.12.2007 AuR 2008, 232.

[21] LAG Düsseldorf 19.9.2002 NZA-RR 2003, 78.

[22] LAG Bln 14.4.1999 RzK I 10 d Nr. 97.

[23] Zutr. LAG Hamm 5.8.1981 EzA Nr. 11 zu § 5 KSchG; LAG Köln 1.9.1993 LAGE § 5 KSchG Nr. 62.

[24] ErfK/*Kiel* KSchG § 5 Rn. 12; SächsLAG 11.5.2015 – 4 Ta 19/15 (6), das allerdings im Übrigen die seit 2008 geltende Rechtslage komplett ignoriert.

[25] LAG Nds 8.11.2002 RzK I 10 d Nr. 120; aA LAG Bln 23.8.2001 NZA-RR 2002, 355.

[26] BAG 6.10.2010 NJW 2011, 1246; BVerfG 27.2.1992 EzA Nr. 14 zu § 233 ZPO; Postlaufzeit von Usbekistan HessLAG 24.5.2000 BB 2001, 1907.

[27] LAG SchlH 29.5.2008 – 4 Ta 71/08.

[28] BVerfG 29.12.1994 EzA Nr. 28 zu § 233 ZPO.

[29] BAG 24.11.2011 AP Nr. 18 zu § 5 KSchG 1969 = NZA 2012, 413; LAG Hamm 9.1.2014 – 15 Sa 1351/13.

[30] LAG Nürnberg 23.7.1993 BB 1994, 650.

[31] LAG Köln 23.3.2005 – 7 Ta 43/05.

[32] BAG 6.10.2010 NJW 2011, 1246.

9 – **Prozessbevollmächtigte** (Rechtsanwalt, Gewerkschaftssekretär): In der Rechtsprechung der LAG ist umstritten, ob dem AN ein Verschulden seines Prozessbevollmächtigten zuzurechnen ist. Nachdem in § 85 ZPO bestimmt ist, dass die von dem Bevollmächtigten vorgenommenen Prozessbehandlungen, wozu auch eine Klageerhebung gehört, in gleicher Weise für die Partei verpflichtend sind, wie wenn sie von der Partei selbst vorgenommen worden wären, muss der Kläger sich dessen Verschulden entgegenhalten lassen.[33] Entsprechendes gilt, wenn eine Fachgewerkschaft den Klageauftrag eines Mitglieds entgegennimmt und die Prozessführung anschließend, allerdings nach Ablauf der Dreiwochenfrist des § 4 S. 1 KSchG, an die DGB Rechtsschutz GmbH abgibt.[34] Ein etwaiges Verschulden der Partei bzw. ihres Prozessbevollmächtigten tritt allerdings hinter gerichtliches Verschulden zurück, wenn ohne dieses die Frist gewahrt worden wäre. Maßgeblich ist dann der in der Sphäre des Gerichts liegende Grund für die Fristversäumung.[35] Der AN muss sich nicht ein Verschulden von Hilfspersonen seines Prozessbevollmächtigten zurechnen lassen. Ein Rechtsanwalt darf einfache Verrichtungen, die keine juristische Schulung verlangen, seinem geschulten und zuverlässigen Büropersonal zur selbständigen Erledigung übertragen. Solche einfachen Tätigkeiten sind insbesondere die Überprüfung bestimmender Schriftsätze auf die erforderliche Unterschrift und das Absenden eines Telefaxes. Der Rechtsanwalt muss dabei durch allgemeine Anweisungen Vorsorge dafür treffen, dass bei normalem Lauf der Dinge Fristversäumnisse wegen fehlender Unterschrift vermieden werden. Den Prozessbevollmächtigten darf kein eigenes Organisationsverschulden an der Fristversäumung treffen, etwa bei der Auswahl oder Überwachung der Hilfsperson.[36] Schuldhaft handelt der Rechtsanwalt, wenn er bei Wiederholungskündigungen nur gegen die letzte Kündigung Klage erhebt.[37] Teilt ein Anwalt eine zu notierende Frist für die Einlegung einer Kündigungsschutzklage seiner Büroangestellten nur mündlich mit, muss er Vorkehrungen dafür treffen, dass die Frist korrekt eingetragen wird und insbesondere Hörfehler ausgeschlossen sind.[38] Das Verschulden eines Dritten, etwa einer Angestellten des Prozessbevollmächtigten, muss sich der AN allerdings nur dann zurechnen lassen, wenn der Prozessbevollmächtigte die Fehlleistung des Dritten seinerseits mit verursacht hat, weil er diesen nicht hinreichend sorgfältig ausgewählt, angewiesen oder überwacht hat. Hierin liegt dann ein eigenes Verschulden des Bevollmächtigten.[39]

10 – **Prozesskostenhilfe:** Stellt eine Klagepartei gleichzeitig einen Prozesskostenhilfeantrag und einen für den Fall der Prozesskostenhilfebewilligung bedingten Kündigungsschutzantrag, kommt einer Prozesskostenhilfebewilligung keine Rückwirkung zu. Wird über den Prozesskostenhilfeantrag erst nach Ablauf der Frist des § 4 KSchG entschieden, steht damit gleichzeitig fest, dass die Erfolgsaussicht der Kündigungsschutzklage fehlt, der Prozesskostenhilfeantrag ist abzuweisen. Die Erfolgsaussicht der Kündigungsschutzklage kann auch nicht mit der Überlegung bejaht werden, der AN könne nach Bewilligung der Prozesskostenhilfe nachträglich Klagezulassung gem. § 5 KSchG beantragen und damit die Fristversäumung heilen. Die Mittellosigkeit des AN kommt als Hindernis für eine rechtzeitige Klageerhebung nicht in Betracht, weil die Klageerhebung beim Arbeitsgericht inhaltlich nur geringe Anforderungen stellt, die Hilfe einer Rechtsantragsstelle des Arbeitsgerichts offensteht und der AN auch nicht mit einem Gebührenvorschuss belastet wird (§ 12 IV 2 ArbGG).[40]

11 – **Rechtsschutzversicherung:** Wartet der AN mit der Erhebung der Kündigungsschutzklage bis zur Deckungszusage der Rechtsschutzversicherung, rechtfertigt dies nicht die nachträgliche Zulassung.[41]

12 – **Schwangerschaft:** Hat eine AN von ihrer Schwangerschaft aus einem von ihr nicht zu vertretenden Grund erst nach Ablauf der Frist des § 4 S. 1 KSchG Kenntnis erlangt, kann sie nach § 5 I 2 KSchG nachträgliche Zulassung der Klage beantragen. Die Regelung bezweckt, einer gekündigten AN die Möglichkeit zu geben, nachträglich Kündigungsschutzklage zu erheben, weil sie es aufgrund einer schlichten Unkenntnis unverschuldet versäumt hat, die

---

[33] BAG 25.4.2013 AP Nr. 1 zu § 343 InsO; 22.3.2012 AP Nr. 19 zu § 5 KSchG 1969; 24.11.2011 AP Nr. 18 zu § 5 KSchG 1969 = NZA 2012, 413; 6.10.2010 AP Nr. 8 zu § 17 TzBfG = NZA 2011, 477.

[34] BAG 28.5.2009 AP Nr. 15 zu § 5 KSchG 1969 = NZA 2009, 1052.

[35] BAG 30.7.2020 AP Nr. 22 zu § 5 KSchG 1969 = NZA 2020, 1427, zu einem Verstoß gegen die Hinweispflicht aus § 46c VI ArbGG.

[36] BAG 25.4.2013 AP Nr. 1 zu § 343 InsO.

[37] BGH 11.2.1999 EzA Nr. 1 zu § 675 BGB.

[38] LAG Köln 10.10.2002 AuR 2003, 77.

[39] BAG 22.3.2012 AP Nr. 19 zu § 5 KSchG 1969; 24.11.2011 AP Nr. 18 zu § 5 KSchG 1969 = NZA 2012, 413.

[40] LAG Nürnberg 23.10.2003 ZTR 2004, 98.

[41] LAG RhPf 23.1.1972 BB 1972, 839.

Klagefrist einzuhalten (§ 17 I 2 MuSchG).[42] Die Frage, zu welchem Zeitpunkt die Schwangerschaft eingetreten ist, ist im Verfahren der nachträglichen Zulassung der Kündigungsschutzklage nach § 5 I 2 KSchG nicht Prüfungsgegenstand. Maßgeblich ist allein, ob die verspätete Klageerhebung verschuldet ist.[43]

- **Unterschrift:** Eine Kündigungsschutzklage ist nachträglich zuzulassen, wenn die Partei zwar schuldhaft vergessen hat, die innerhalb der Klagefrist eingereichte Klage zu unterschreiben, dies jedoch hätte rechtzeitig nachholen können, wenn sie vom Gericht einen im Rahmen des normalen Geschäftsganges ohne Weiteres noch vor Ablauf der Klagefrist möglichen Hinweis erhalten hätte. Die Pflicht zur Neutralität verbietet es dem Gericht nicht, schon vor Ablauf der Klagefrist einen Hinweis auf das Fehlen der Unterschrift zu geben.[44] 13
- **Urlaub:** Der AN ist unverschuldet an der rechtzeitigen Klageerhebung gehindert, wenn das Arbeitsverhältnis während seines Urlaubs gekündigt wird, ihm das an die Wohnanschrift gerichtete Kündigungsschreiben zugeht und er während des Urlaubs verreist ist.[45] Während der Dauer des Urlaubes muss er keine Vorsorge treffen, dass ihm die Post an den Urlaubsort nachgesandt wird, oder er in sonstiger Weise von der zu Hause eingehenden Post Kenntnis erlangt.[46] Dies gilt jedenfalls bei einer urlaubsbedingter Abwesenheit von bis zu sechs Wochen (→ Rn. 6b).[47] Ist der AN zum Zwecke des Erholungsurlaubs von den Hauptpflichten des Arbeitsverhältnisses befreit und ist er urlaubsbedingt ortsabwesend, kann von ihm nicht erwartet werden, dass er auf Erklärungen des AG reagiert. Der AG andererseits muss während des Urlaubes typischerweise mit einer Ortsabwesenheit rechnen, weshalb es nicht sorgfaltswidrig ist, wenn der urlaubsbedingt abwesende AN keine Vorkehrungen trifft, um am Urlaubsort von seiner zu Hause eingehenden Post Kenntnis zu erlangen.[48] Ein Sonderfall ist gegeben, wenn nach Urlaubsrückkehr nur noch eine geringe Restfrist zur Klageerhebung läuft. Eine Restfrist von einer Woche reicht regelmäßig aus.[49] Beträgt die Restfrist nur zwei Tage, trifft den AN kein Verschulden, wenn er nicht innerhalb der Frist Klage erhebt.[50] Geht die Kündigung dem AN im Ausland zu, muss er ggf. versuchen, von dort aus Klage zu erheben.[51] 14
- **Vergleichsverhandlungen:** Die Hoffnung des AN auf einen Erfolg außergerichtlicher Vergleichsverhandlungen schließt ein Verschulden iSv § 5 I KSchG nicht aus.[52] Erweckt der AG nach einer Kündigung die unbestimmte Erwartung beim AN, das Arbeitsverhältnis doch fortsetzen zu wollen, schließt dies ein Verschulden an der Nichteinhaltung der Dreiwochenfrist nicht aus. Solange keine Vereinbarung über die Fortsetzung des Arbeitsverhältnisses getroffen oder zumindest eine feste Zusage erteilt worden ist, darf der AN nicht darauf vertrauen, dass es dazu kommen werde, sondern handelt auf eigenes Risiko, wenn er dies gleichwohl tut.[53] Hat der AN von der rechtzeitigen Erhebung einer Kündigungsschutzklage abgesehen, weil ihm von einem anderen Unternehmen mit demselben Geschäftsführer eine nahtlose Weiterbeschäftigung zugesagt worden sein soll, rechtfertigt dessen spätere Weigerung keine nachträgliche Klagezulassung. Der AN ist dann vielmehr auf die Durchsetzung seines Einstellungsanspruchs verwiesen.[54] 15

IV. Antrag

Die nachträgliche Zulassung der Kündigungsschutzklage kommt nur nach einem entsprechenden Antrag des AN in Betracht. Das Gericht kann nicht von Amts wegen tätig werden.[55] Auch wenn ein solcher Antrag nicht ausdrücklich angekündigt und gestellt zu werden braucht, muss dem Vorbringen des Klägers doch zu entnehmen sein, dass die Zulassung einer verspäteten Klage 16

[42] BAG 19.2.2009 AP Nr. 38 zu § 9 MuSchG 1968 = NZA 2009, 980.
[43] LAG Düsseldorf 10.2.2005 NZA-RR 2005, 382.
[44] LAG MV 27.7.1999 LAGE § 5 KSchG Nr. 95.
[45] BAG 16.3.1988 AP Nr. 16 zu § 130 BGB; LAG Hamm 7.11.2013 – 16 Sa 1679/12.
[46] LAG Hamm 28.3.1996 LAGE § 5 KSchG Nr. 78; LAG Köln 4.3.1996 LAGE § 5 KSchG Nr. 75.
[47] LAG Nürnberg 23.8.2005 MDR 2006, 274.
[48] LAG Nds 8.11.2002 RzK I 10 d Nr. 120.
[49] LAG Köln 17.4.1997 LAGE § 5 KSchG Nr. 87; enger LAG München 23.1.1992 NZA 1993, 266, das drei Tage noch ausreichen lässt.
[50] ThürLAG 19.4.2001 RzK I 10 d Nr. 108.
[51] LAG Brem 31.10.2001 LAGE § 233 ZPO Nr. 28.
[52] BAG 19.2.2009 AP Nr. 38 zu § 9 MuSchG 1968 = NZA 2009, 980; LAG Köln 26.11.1999 LAGE § 5 KSchG Nr. 97.
[53] LAG Bln-Bbg 2.11.2012 – 6 Sa 1754/12.
[54] LAG Bln 17.12.2002 LAGE § 139 ZPO 2002 Nr. 1.
[55] NK-GA/*Roloff* KSchG § 5 Rn. 18.

erstrebt wird. Allein die Tatsache einer verspäteten Klageerhebung – und somit das bloße Vorliegen einer Klageschrift – reicht jedoch nicht aus, um einen Zulassungsantrag annehmen zu können.[56] Mit dem Antrag ist die Kündigungsschutzklage zu erheben. War die Klage bereits eingereicht, ist auf sie Bezug zu nehmen. Der Antrag auf nachträgliche Zulassung ist nach Auffassung des BAG stets Hilfsantrag für den Fall, dass die Kündigungsschutzklage verspätet ist.[57]

V. Antragsfrist

17 Der Antrag ist gem. § 5 III 1 KSchG innerhalb von zwei Wochen nach Behebung des Hindernisses zu stellen. Der Begriff des Hindernisses in § 5 III 1 KSchG knüpft an den der Verhinderung in § 5 I 1 KSchG an. Ist diese nicht länger unverschuldet, beginnt die Zweiwochenfrist.[58] Das ist der Zeitpunkt, zu dem die Partei bzw. ihr Bevollmächtigter von der Fristversäumung Kenntnis erhalten hat oder bei ordnungsgemäßer Verfolgung der Rechtssache hätte haben können. Liegen also Umstände vor, die zu Zweifeln führen, ob die Rechtsmittelfrist eingehalten worden ist, oder hätten der Partei oder ihrem Anwalt aufgrund solcher Umstände Zweifel kommen müssen, beginnt die Frist des § 5 III 1 KSchG spätestens in dem Zeitpunkt, in dem sie durch Nachfrage Gewissheit über die Rechtzeitigkeit der Klageerhebung hätten erlangen können. Dabei wird der Partei ein Verschulden ihres Prozessbevollmächtigten nach § 85 II ZPO zugerechnet,[59] nicht jedoch das Verschulden von Kanzleimitarbeitern des Prozessbevollmächtigten (→ Rn. 9).[60] Dieser hat jedoch für eine ordnungsgemäße Kanzleiorganisation zu sorgen. **Nach sechs Monaten,** gerechnet vom Ende der versäumten Frist, kann der Antrag nicht mehr gestellt werden (§ 5 III 2 KSchG). Das ist grundsätzlich verfassungsgemäß. Hierin liegt weder ein Verstoß gegen die Rechtsweggarantie des Art. 19 IV GG noch gegen das aus dem Rechtsstaatsprinzip des Art. 20 III GG folgende Gebot der Rechtssicherheit. Ebenso wenig verletzt dies Grundrechte des gekündigten AN.[61] § 5 III 2 KSchG verlangt allerdings wegen der Anforderungen an ein faires Verfahren (Art. 2 I iVm Art. 20 III GG) eine **teleologische Reduktion,** wenn dem AG eine Klage zugestellt worden ist, die zwar (zunächst unerkannt) die formalen Anforderungen an eine Kündigungsschutzklage iSv § 4 S. 1 KSchG nicht erfüllte, aber vom Gericht als solche behandelt worden ist. In diesem Fall hat die Versäumung der Frist des § 5 III 2 KSchG ihre Ursache in der Sphäre des Gerichts. Auf den Eintritt der Fiktionswirkung des § 7 Hs. 1 KSchG kann der AG dann bis zu einem entsprechenden Hinweis des Gerichts nicht vertrauen.[62] Das Hindernis ist spätestens behoben, wenn der AN erkennt, dass die Klagefrist abgelaufen ist.[63] Gegen die Versäumung der Antragsfrist gibt es keine Wiedereinsetzung in den vorigen Stand.[64]

18 Die zweiwöchige Antragsfrist beginnt zu laufen, wenn ein Anwalt bei einer Wiedervorlage erkennen kann, dass **nach mehr als zwei Monaten noch keine Reaktion des Gerichts** erfolgt ist. Nicht maßgeblich ist, wann über den Nichteingang der Klageschrift positive Kenntnis gegeben war. Angesichts der engen Zeitvorgabe, innerhalb der nach gesetzgeberischem Willen die Güteverhandlung durchzuführen ist, führt eine Wiedervorlagefrist zur Überprüfung des Klageeingangs von mehr als zweieinhalb Monaten zur verschuldeten Unkenntnis vom fehlenden Klageeingang. Spätestens nach drei Wochen ohne Ladungseingang muss sich der Verlust der Klageschrift aufdrängen.[65] Nach Auffassung des Hessischen LAG beginnt die Frist des § 5 III 1 KSchG mit dem Eingang der Ladung zum Gütetermin, wenn die Ladung auch die Mitteilung über den Zeitpunkt des Klageeingangs bei Gericht enthält.[66]

[56] BAG 19.2.2009 AP Nr. 38 zu § 9 MuSchG 1968 = NZA 2009, 980.
[57] BAG 22.3.2012 AP Nr. 19 zu § 5 KSchG 1969; 5.4.1984 AP Nr. 6 zu § 5 KSchG.
[58] Vgl. BAG 25.4.2013 AP Nr. 1 zu § 343 InsO.
[59] BAG 6.10.2010 AP Nr. 8 zu § 17 TzBfG = NZA 2011, 477; ebenso BAG 25.4.2013 AP Nr. 1 zu § 343 InsO.
[60] BAG 25.4.2013 AP Nr. 1 zu § 343 InsO.
[61] BAG 28.1.2010 AP Nr. 17 zu § 5 KSchG 1969 = NZA 2010, 1373.
[62] BAG 30.7.2020 AP Nr. 22 zu § 5 KSchG 1969 = NZA 2020, 1427.
[63] LAG Hamm 4.11.1996 LAGE § 5 KSchG Nr. 81.
[64] BAG 28.1.2010 AP Nr. 17 zu § 5 KSchG 1969 = NZA 2010, 1373; 16.3.1988 AP Nr. 16 zu § 130 BGB = NZA 1988, 875; LAG Köln 14.3.2003 – 4 Ta 3/03; LAG Hamm 26.6.1995 LAGE § 5 KSchG Nr. 76.
[65] LAG Köln 11.8.2004 LAGReport 2005, 29.
[66] HessLAG 11.3.2005 NZA-RR 2005, 322; ebenso LAG Köln 23.3.2005 – 7 Ta 43/05.

VI. Glaubhaftmachung

1. Angabe der Mittel der Glaubhaftmachung. Die Mittel zur Glaubhaftmachung der die nachträgliche Zulassung begründenden Tatsachen sind innerhalb der Antragsfrist des § 5 III KSchG von zwei Wochen anzugeben. Zwischen der Verfahrensvoraussetzung der Angabe der Mittel der Glaubhaftmachung und der Glaubhaftmachung der Tatsachen, welche die Zulassung begründen, ist zu unterscheiden. Um der Verfahrensanforderung des § 5 II 2 KSchG gerecht zu werden, genügt die Angabe der Mittel der Glaubhaftmachung. Die Glaubhaftmachung selbst ist eine besondere Art der Beweisführung, die auch noch später erfolgen kann.[67] Nach Ablauf der Antragsfrist des § 5 III KSchG benannte Mittel der Glaubhaftmachung können nicht mehr berücksichtigt werden.[68] Möglich ist nur noch eine Konkretisierung der angegebenen Mittel der Glaubhaftmachung.[69] Dies gilt nur dann nicht, wenn die die Zulassung rechtfertigenden Tatsachen offenkundig, gerichtsbekannt oder aktenkundig sind.[70] Sind die Mittel zur Glaubhaftmachung dem Antrag nicht beigefügt, sind sie bis zur Beschlussfassung nachzureichen.[71] Das Arbeitsgericht ist nicht verpflichtet, die antragstellende Partei im Rahmen der Zweiwochenfrist zur Benennung weiterer Mittel der Glaubhaftmachung aufzufordern.[72] Ein vom AN selbst verfasster Antrag auf nachträgliche Zulassung soll regelmäßig dahin auszulegen sein, dass er wegen der Glaubhaftmachung auf seine eigene eidesstattliche Versicherung verweist.[73] Zu weit geht es indessen, einem von einem Rechtsanwalt verfassten Antrag auf nachträgliche Zulassung der Kündigungsschutzklage in der Regel auch ohne ausdrückliche Hervorhebung zu entnehmen, es sollten die Tatsachen, welche die Zulassung begründen, soweit sie im Wissen des AN stehen, durch dessen eidesstattliche Versicherung glaubhaft gemacht werden.[74] Hier wird unzulässig mit Unterstellungen gearbeitet, um mangelnde Sorgfalt zu verdecken. 19

2. Glaubhaftmachung der Tatsachen. Zur Glaubhaftmachung genügt die **Versicherung an Eides Statt,** es sind aber auch alle anderen Beweismittel zuzulassen (vgl. § 294 ZPO). Der AN muss nur bestrittene Umstände glaubhaft machen. Hierfür braucht er dem Richter nicht die volle Überzeugung des § 286 I 1 ZPO zu vermitteln, ausreichend ist vielmehr die überwiegende Wahrscheinlichkeit des geschilderten Geschehensablaufs. Das ist der Fall, wenn bei umfassender Würdigung der Umstände des Einzelfalls mehr für als gegen die Behauptung spricht.[75] Der Beweiswert einer eigenen eidesstattlichen Versicherung einer Partei ist mit besonderer Sorgfalt zu würdigen. Beruft sich ein AN unter Vorlage einer entsprechenden eigenen eidesstattlichen Versicherung darauf, dass ein per Bote in seinen Hausbriefkasten eingeworfenes Schriftstück weder von ihm noch von seiner Ehefrau oder 15-jährigen Tochter darin vorgefunden wurde, rechtfertigt allein dieses Vorbringen nach Auffassung des LAG Rheinland-Pfalz eine nachträgliche Zulassung der Kündigungsschutzklage jedenfalls dann nicht, wenn dieser AN schon in der Vergangenheit wahrheitswidrig behauptet hatte, auch ein per Boten ihm übermitteltes Abmahnschreiben nicht in diesem Briefkasten vorgefunden zu haben.[76] 20

VII. Entscheidung

1. Verbundverfahren. Seit dem 1.4.2008 ist das Verfahren über den Antrag auf nachträgliche Zulassung gem. § 5 IV KSchG mit dem Verfahren über die Klage zu verbinden (zur früheren Rechtslage vgl. 12. Aufl.).[77] Die gemeinsame Verhandlung und Entscheidung über die Frage der nachträglichen Zulassung und die Bestandsschutzklage ist nach dem Wortlaut dieser Bestimmung der Regelfall.[78] In diesem Fall hat das Arbeitsgericht durch Endurteil zu entscheiden, gegen das nach § 64 II lit. c ArbGG die Berufung statthaft ist. Eine Vorabentscheidung über den Antrag auf nachträgliche Klagezulassung gem. § 5 I 1 und 2 KSchG setzt 21

[67] BAG 25.4.2013 AP Nr. 1 zu § 343 InsO.
[68] LAG BW 8.3.1988 LAGE § 5 KSchG Nr. 37; LAG Bln 19.1.1987 LAGE § 5 KSchG Nr. 27.
[69] LAG München 27.11.2013 – 5 Sa 550/13; LAG Nürnberg 6.11.1995 LAGE § 5 KSchG Nr. 71.
[70] LAG Hamm 5.1.1998 NZA-RR 1998, 209.
[71] LAG BW 8.3.1988 LAGE § 5 KSchG Nr. 37; LAG Bln 20.7.1983 DB 1984, 885.
[72] LAG München 27.11.2013 – 5 Sa 550/13.
[73] LAG Hamm 19.6.1986 AP Nr. 7 zu § 5 KSchG 1969; LAG Hamm 18.4.1996 NZA-RR 1996, 454.
[74] So aber LAG Hamm 18.4.1996 LAGE § 5 KSchG Nr. 79; LAG Hmb 18.5.2005 NZA-RR 2005, 489.
[75] BAG 25.4.2013 AP Nr. 1 zu § 343 InsO.
[76] LAG RhPf 27.7.2005 – 2 Ta 148/05.
[77] Dazu *Bader* NZA 2008, 620; *Francken/Natter/Rieker* NZA 2008, 377; *Reinhard/Böggemann* NJW 2008, 1263; *Schwab* FA 2008, 135.
[78] *Francken/Natter/Rieker* NZA 2008, 377 (380); aA NK-GA/*Roloff* KSchG § 5 Rn. 126 f.: Freies Ermessen.

voraus, dass die Klagefrist tatsächlich versäumt ist. Sind Zugang oder Zugangszeitpunkt der Kündigung streitig, darf das Gericht über einen hilfsweise gestellten Antrag auf nachträgliche Klagezulassung vorab nur entscheiden, wenn es die Überzeugung gewonnen hat, die Klagefrist sei versäumt.[79] Über die Berufung entscheidet das LAG gleichfalls durch Urteil. Da hiergegen unter den Voraussetzungen des § 72 I ArbGG die Revision statthaft ist, hat nunmehr auch das BAG über Anträge auf nachträgliche Klagezulassungen zu entscheiden.

22 **2. Zwischenstreit.** Das Arbeitsgericht kann das Verfahren zunächst auf die Verhandlung und Entscheidung über den Antrag auf nachträgliche Klagezulassung beschränken. Im Rahmen eines solchen Zwischenstreits ist zu prüfen, ob die Klage verspätet war und gegebenenfalls nachträglich zuzulassen ist. Der Antrag auf nachträgliche Zulassung der Kündigungsschutzklage ist dabei ein Hilfsantrag für den Fall, dass die Klage verspätet ist. Das Gericht darf daher über den Antrag nur entscheiden, wenn es zu der Ansicht gelangt ist, der Kläger habe gegen eine dem AG zuzurechnende Kündigung verspätet Klage erhoben.[80] Die Entscheidung durch Zwischenurteil (§ 303 ZPO) kann nach der ausdrücklichen Regelung des § 5 IV 3 KSchG wie ein Endurteil angefochten werden. Hierdurch soll sichergestellt werden, dass auch in diesem Fall die Möglichkeit der Berufung und ggf. der Revision zum BAG gegeben ist und eine bundeseinheitliche Rechtsprechung ermöglicht wird.

23 **3. Im zweiten Rechtszug gestellter Antrag.** Hat das Arbeitsgericht über einen Antrag auf nachträgliche Klagezulassung nicht entschieden oder wird ein solcher **Antrag erstmals vor dem LAG gestellt,** entscheidet hierüber gem. § 5 V KSchG die Kammer des LAG.

§ 140. Wahlrecht des Arbeitnehmers bei Fortbestand des Arbeitsverhältnisses

Übersicht

I. Wahlrecht

1 Hat der AN nach Zugang der Kündigung ein neues Arbeitsverhältnis begründet und stellt das Gericht auf die Kündigungsschutzklage fest, dass die Kündigung rechtsunwirksam ist, stellt sich für den AN die Frage, ob er das alte Arbeitsverhältnis fortsetzen oder das neue aufrechterhalten will. § 12 KSchG räumt ihm ein Wahlrecht ein. Dies gilt auch dann, wenn er in dem neuen Vertrag die Dienste noch nicht aufgenommen hat.[1] Kein Wahlrecht besteht, wenn der AN einen Werkvertrag abgeschlossen, sich selbständig gemacht hat[2] oder sich als Gesellschafter an einer Gesellschaft beteiligt.[3] Ist das Arbeitsverhältnis nach §§ 9, 10 KSchG durch das Gericht aufgelöst worden, findet § 12 KSchG keine Anwendung. Dagegen bleibt das Wahlrecht unberührt, wenn der Auflösungsantrag zurückgewiesen worden ist.

II. Fortsetzung des alten Arbeitsverhältnisses

2 **1. Beendigung des neuen Arbeitsverhältnisses.** Entschließt sich der AN zur Fortsetzung des alten Arbeitsverhältnisses, muss er das neu eingegangene entsprechend den gesetzlichen,

[79] BAG 28.5.2009 AP Nr. 16 zu § 5 KSchG 1969.
[80] BAG 22.3.2012 AP Nr. 19 zu § 5 KSchG 1969; NK-GA/*Roloff* KSchG § 5 Rn. 141.
[1] APS/*Biebl* KSchG § 12 Rn. 7.
[2] BAG 25.10.2007 AP Nr. 3 zu § 12 KSchG 1969 = NJW 2008, 1466; aA KR/*Rost/Spilger* KSchG § 12 Rn. 10.
[3] Ebenso ErfK/*Kiel* KSchG § 12 Rn. 2; APS/*Biebl* KSchG § 12 Rn. 5; aA KR/*Rost/Spilger* KSchG § 12 Rn. 10.

kollektivvertraglichen oder einzelvertraglich vereinbarten Kündigungsfristen kündigen. Ein Recht zur außerordentlichen Kündigung besteht nicht. Tritt der AN die Arbeit bei dem alten AG erst nach Ablauf der Kündigungsfrist an, kann dieser aus einer solchen Verzögerung keine Rechte herleiten, weil das Verhalten des AN nicht schuldhaft ist.[4] Etwas anderes kann dann gelten, wenn sich der AN langfristig an den neuen AG gebunden hat, sei es, dass die Kündigungsfrist erheblich verlängert oder ein unkündbares befristetes Arbeitsverhältnis abgeschlossen worden ist. Gelingt es dem AN nicht, dieses Arbeitsverhältnis einvernehmlich zu beenden, kann für den alten AG ein Recht zur verhaltens- oder betriebsbedingten Kündigung entstehen.

2. Annahmeverzugsansprüche. Setzt der AN das alte Arbeitsverhältnis fort, bestehen gegen den alten AG gem. § 615 S. 1 BGB wegen der rückständigen Vergütung Annahmeverzugsansprüche (→ § 95 Rn. 1 ff.). Allein aus der Eingehung eines neuen Arbeitsverhältnisses kann nicht das Fehlen jeder Leistungsbereitschaft (§ 297 BGB) des gekündigten AN im alten Arbeitsverhältnis hergeleitet werden. Kommt der AN jedoch einer Arbeitsaufforderung des alten AG ohne jegliche Erklärung nicht nach, hüllt er sich quasi in Schweigen, indiziert dies ihm gegenüber seine fehlende Leistungsbereitschaft iSd § 297 BGB, die etwaige Annahmeverzugsansprüche ausschließt.[5] Gleiches gilt, wenn er das neue Arbeitsverhältnis nicht unverzüglich kündigt.[6] 3

III. Fortsetzung des neuen Arbeitsverhältnisses

1. Beendigung des alten Arbeitsverhältnisses. Entscheidet sich der AN für die Fortsetzung des neuen Arbeitsverhältnisses, kann er bis zum Ablauf einer Woche nach Rechtskraft des Urteils[7] durch Erklärung gegenüber dem alten AG die Fortsetzung des Arbeitsverhältnisses verweigern. Hierbei handelt es sich nicht um ein Leistungsverweigerungsrecht, sondern um ein befristet bestehendes Sonderkündigungsrecht, das die Wirkung einer fristlosen Kündigung hat. Deshalb bedarf die Erklärung auch der **Schriftform** des § 623 BGB.[8] Aus der Erklärung muss sich ergeben, dass der AN die Fortsetzung des Arbeitsverhältnisses ablehnt. Der Eintritt der **Rechtskraft** bestimmt sich nach dem Prozessrecht (§ 705 ZPO). Bei der Berechnung der Wochenfrist wird der Tag, an dem die Rechtskraft eintritt, nicht mitgerechnet (§ 187 I BGB). Ausreichend ist, wenn die schriftliche Erklärung des AN innerhalb der Wochenfrist zur Post gegeben wird, auch wenn sie erst nach ihrem Ablauf dem alten AG zugeht (§ 12 S. 2 KSchG). Vereitelt der AN den alsbaldigen Zugang, zB durch schuldhaft fehlerhafte Adressierung, kann er dem AG schadensersatzpflichtig werden. Eine Wiedereinsetzung in den vorigen Stand wegen Versäumung der Erklärungsfrist des § 12 KSchG ist nicht vorgesehen.[9] Mit Zugang der Nichtfortsetzungserklärung erlischt das alte Arbeitsverhältnis (§ 12 S. 3 KSchG).[10] Eine Ausnahme hiervon besteht, wenn der AN die neue Stelle schon vor Eintritt der Rechtskraft angetreten und die Nichtfortsetzungsanzeige schon abgegeben hat. Die Erklärung des AN wirkt in diesem Fall zu dem Zeitpunkt, zu dem das Urteil rechtskräftig wird.[11] Äußert sich der AN binnen der Frist nicht, ist er, auch bei entgegenstehender innerer Willensrichtung, zur Fortsetzung des alten Arbeitsverhältnisses verpflichtet.[12] Dieses besteht mit allen Rechten und Pflichten fort. Der AN kann und muss deshalb jederzeit damit rechnen, dass der AG ihn zur Wiederaufnahme der Arbeit auffordert.[13] 4

2. Vergütungsfortzahlung. Entscheidet sich der AN für die Fortsetzung des neuen Arbeitsverhältnisses, hat der alte AG unter den Voraussetzungen des Annahmeverzugs (§ 615 BGB) die Vergütung für die Zeit zwischen der Entlassung und dem Tag des Eintritts in das neue Arbeitsverhältnis fortzuzahlen (§ 12 S. 4 KSchG; → § 95 Rn. 1 ff.).[14] Entscheidend ist nicht der Abschluss des neuen Arbeitsvertrags, sondern der Arbeitsbeginn, weil der AN anderenfalls ohne Vergütung stünde. Der alte AG ist daher nach Ausübung des Sonderkündigungsrechts nur für 5

[4] LAG Köln 23.11.1994 BB 1995, 1544.
[5] BAG 16.5.2012 AP Nr. 128 zu § 615 BGB = NZA 2012, 971.
[6] APS/*Biebl* KSchG § 12 Rn. 23.
[7] BAG 19.10.1972 AP Nr. 1 zu § 12 KSchG 1969.
[8] BAG 17.12.2015 AP Nr. 10 zu § 623 BGB = NZA 2016, 361; APS/*Biebl* KSchG § 12 Rn. 15; LSSW/*Spinner* KSchG § 12 Rn. 7.
[9] APS/*Biebl* KSchG § 12 Rn. 14; KR/*Rost/Spilger* KSchG § 12 Rn. 28.
[10] BAG 19.7.1978 AP Nr. 16 zu § 242 BGB Auskunftspflicht = NJW 1979, 285.
[11] ErfK/*Kiel* KSchG § 12 Rn. 4; KR/*Rost/Spilger* KSchG § 12 Rn. 25; aA APS/*Biebl* KSchG § 12 Rn. 12.
[12] BAG 23.5.2013 AP Nr. 50 zu § 23 KSchG 1969 = NZA 2013, 1197.
[13] BAG 19.1.2016 NZA 2016, 1144; 16.5.2012 AP Nr. 128 zu § 615 BGB = NZA 2012, 971.
[14] BAG 19.7.1978 AP Nr. 16 zu § 242 BGB Auskunftspflicht = NJW 1979, 285.

den Zeitraum zwischen der Entlassung und dem Tag der Arbeitsaufnahme in dem neuen Arbeitsverhältnis zur Vergütungszahlung verpflichtet. Für die Zeit vom Antritt der neuen Tätigkeit bis zum Erlöschen des alten Arbeitsverhältnisses bestehen keine Vergütungsansprüche.[15] Ist das Urteil bereits vor dem Zeitpunkt ergangen, zu dem der AN die Arbeit in dem neuen Arbeitsverhältnis aufzunehmen hat, muss er auf Verlangen des AG während der Zwischenzeit noch arbeiten, um den Vergütungsanspruch zu erhalten. Tritt der AN die neue Stelle erst nach dem Erlöschen des Arbeitsverhältnisses an, hat er nach dem Erlöschen keine Vergütungsansprüche. Auf den Vergütungsfortzahlungsanspruch ist der erzielte Zwischenverdienst gem. § 11 KSchG anzurechnen. Der Zahlungsanspruch ist echter Vergütungsanspruch, auf den die Entgeltschutzvorschriften Anwendung finden (→ §§ 88 ff. Rn. 1 ff.). Für den AN kann es von Interesse sein, das alte Arbeitsverhältnis nicht durch eine Erklärung nach § 12 S. 1 KSchG zu beenden, sondern eine ordentliche Kündigung zu erklären. Alsdann können Annahmeverzugsansprüche ohne die Grenzen des § 12 KSchG geltend gemacht werden.

§ 141. Auflösung des Arbeitsverhältnisses gegen Zahlung einer Abfindung

Übersicht

I. Grundgedanken und Zweck

1 Das KSchG schützt den Bestand des Arbeitsverhältnisses. Plakativ formuliert das BAG: Das **KSchG ist ein „Bestandsschutzgesetz" und kein „Abfindungsgesetz".**[1] Allerdings erkennt auch das KSchG an, dass es Fälle geben kann, in denen dem AN oder dem AG nach gerichtlich festgestellter Sozialwidrigkeit der Kündigung die Fortsetzung des Arbeitsverhältnisses unzumutbar ist. Deshalb sieht § 9 I 1 KSchG vor, dass das Gericht auf Antrag des AN das Arbeitsverhältnis durch Urteil aufzulösen hat, wenn dem AN die Fortsetzung des Arbeitsverhältnisses nicht zuzumuten ist. Entsprechendes gilt, wenn Gründe vorliegen, die eine den Betriebszwecken dienliche weitere Zusammenarbeit zwischen AG und AN nicht

[15] Dazu BAG 19.7.1978 AP Nr. 16 zu § 242 BGB Auskunftspflicht = NJW 1979, 285; 6.11.1986 RzK I 13 b Nr. 4; zu taktischen Überlegungen im Hinblick auf Vergleichsverhandlungen vgl. *Bauer* BB 1993, 2444 ff.

[1] BAG 29.8.2013 AP Nr. 70 zu § 9 KSchG 1969 = NZA 2014, 660.

erwarten lassen, und der AG die Auflösung des Arbeitsverhältnisses beantragt. Die Auflösung tritt durch das Urteil des Gerichts ein. Hierbei handelt es sich nicht um ein Feststellungsurteil, sondern um ein rückwirkendes Gestaltungsurteil.[2] Die Höhe der vom Gericht festzusetzenden Abfindung berechnet sich nach Maßgabe von § 10 KSchG (dazu → Rn. 44 ff.).

Die §§ 9, 10 KSchG enthalten keine allgemein anzuwendende Abfindungsregelung. Sie stellen eine **Ausnahmeregelung** dar und verkörpern keinen allgemeinen Rechtsgedanken.[3] An die Auflösungsgründe sind strenge Anforderungen zu stellen.[4] Die §§ 9, 10 KSchG können nur bei besonderer gesetzlicher Verweisung – etwa durch § 113 I und III BetrVG – entsprechend angewendet werden. Nur wenn die besonderen Voraussetzungen des § 9 KSchG erfüllt sind, tritt das Bestandsschutzinteresse des AN hinter das bereits durch den Kündigungsausspruch geäußerte Beendigungsinteresse des AG zurück. Nur in diesem im KSchG geregelten Fall sollen die dem AN durch den Verlust des Arbeitsplatzes entstehenden Nachteile in pauschalierter Form in Gestalt einer Abfindung abgegolten werden. Für andere Beendigungstatbestände enthalten die §§ 9, 10 KSchG weder das Verbot einer abfindungsfreien Beendigung noch das Gebot einer Beendigung nur gegen Abfindung. § 9 KSchG ist verfassungsgemäß. Die Regelung dient dem Ausgleich der wechselseitigen Interessen der AG und AN bei der Auflösung zerrütteter Arbeitsverhältnisse.[5] § 9 II KSchG verstößt weder gegen den Gleichheitssatz des Art. 3 I GG noch gegen die Eigentumsgarantie des Art. 14 GG und schließlich auch nicht gegen das in Art. 20 III GG verankerte Rechtsstaatsprinzip.[6] 2

Die in §§ 9 und 10 KSchG geregelte Auflösung des Arbeitsverhältnisses gegen Zahlung einer Abfindung ist von der **Abfindungsregelung des § 1a KSchG** zu unterscheiden (dazu → § 134 Rn. 62 ff.). Der Abfindungsanspruch nach § 1a KSchG besteht nur, wenn der AG dem AN freiwillig ein entsprechendes Angebot macht. Dem AN steht es dann frei, dieses Angebot anzunehmen oder abzulehnen. Demgegenüber erfolgt die Auflösung des Arbeitsverhältnisses gegen Zahlung einer Abfindung nach §§ 9, 10 KSchG, wenn AG oder AN einen entsprechenden Antrag stellen und die tatbestandlichen Voraussetzungen des § 9 I 1 und 2 KSchG vorliegen auch gegen den Willen des jeweils anderen durch gerichtliches Urteil. 3

Die Auflösung des Arbeitsverhältnisses nach §§ 9, 10 KSchG kann Folgen für die **betriebliche Altersversorgung** haben. Wird im Rahmen der gerichtlichen Auflösung des Arbeitsverhältnisses eine Abfindung nach §§ 9, 10 KSchG zuerkannt, kann der durch die Beendigung des Arbeitsverhältnisses eingetretene Verlust einer Anwartschaft auf betriebliche Altersversorgung daneben nicht als Schadensersatz nach § 628 II BGB oder § 280 BGB verlangt werden.[7] Denn bei der Bemessung der Abfindungshöhe sind bereits die für den AN eintretenden Folgen der Entlassung, wozu der Verlust einer Ruhegeldanwartschaft vor Eintritt der Unverfallbarkeit gehört, angemessen zu berücksichtigen (→ Rn. 45).[8] 4

II. Voraussetzungen

1. Bestehendes Arbeitsverhältnis zum Auflösungszeitpunkt. Eine gerichtliche Auflösung des Arbeitsverhältnisses kommt nur in Betracht, wenn das Arbeitsverhältnis zu dem in § 9 II KSchG vorgeschriebenen Auflösungszeitpunkt (dazu → Rn. 38) noch bestanden hat. Anderenfalls kann durch das Urteil nichts mehr gestaltet werden.[9] Hat das Arbeitsverhältnis schon vor dem Auflösungszeitpunkt, dh vor dem Zeitpunkt, zu dem es bei sozial gerechtfertigter Kündigung geendet hätte (§ 9 II KSchG), beispielsweise aufgrund einer während der Kündigungsfrist ausgesprochenen außerordentlichen Kündigung oder durch Tod des AN geendet, scheidet eine Auflösung des Arbeitsverhältnisses nach § 9 KSchG durch Urteil aus.[10] Das Kündigungsschutzverfahren ist in diesem Fall einschließlich des Auflösungsantrags in der Hauptsache erledigt. Hat das Arbeitsverhältnis dagegen nach dem vom Gericht nach § 9 II KSchG festzusetzenden Zeitpunkt, aber vor Erlass des Auflösungsurteils aus anderen Gründen (zB Tod des AN, Erreichen der tariflich festgelegten Altersgrenze, weitere Kündigung) geendet, steht dies einer gerichtlichen 5

[2] Vgl. LSSW/*Spinner* KSchG § 9 Rn. 75.
[3] Vgl. BAG 9.9.2010 AP Nr. 64 zu § 9 KSchG 1969 = NJW 2010, 3798.
[4] BAG 29.8.2013 AP Nr. 70 zu § 9 KSchG 1969 = NZA 2014, 660.
[5] BAG 19.11.2015 AP Nr. 75 zu § 1 KSchG 1969 Verhaltensbedingte Kündigung = NZA 2016, 540; BVerfG 22.10.2004 AP Nr. 49 zu § 9 KSchG 1969 = NZA 2005, 41.
[6] BVerfG 29.1.1990 EzA Nr. 34 zu § 9 KSchG nF; BAG 16.5.1984 AP Nr. 12 zu § 9 KSchG 1969.
[7] BAG 12.6.2003 AP Nr. 16 zu § 628 BGB.
[8] Vgl. dazu BAG 28.11.1968 AP Nr. 19 zu § 1 KSchG Betriebsbedingte Kündigung.
[9] BAG 20.3.1997 AP Nr. 30 zu § 9 KSchG 1969 = NZA 1997, 937.
[10] Vgl. BAG 23.2.2010 AP Nr. 61 zu § 9 KSchG 1969 = NZA 2010, 1123.

Auflösung des Arbeitsverhältnisses nicht entgegen.[11] Maßgeblicher Beurteilungszeitpunkt für die Auflösungsgründe ist in diesem Fall freilich nicht die letzte mündliche Verhandlung in der Tatsacheninstanz, sondern der Zeitpunkt der anderweitigen Beendigung des Arbeitsverhältnisses (dazu → Rn. 26).[12] Bei der Bemessung der Höhe der Abfindung ist zu berücksichtigen, dass das Arbeitsverhältnis auch ohne die gerichtliche Auflösung nicht mehr lange über den in § 9 II KSchG bestimmten Zeitpunkt hinaus bestanden hätte.[13] Es ist regelmäßig ermessensfehlerhaft, über einen Kündigungsschutzantrag hinsichtlich einer **zweiten Kündigung** und einen hierauf bezogenen Auflösungsantrag eher zu entscheiden, als über einen zeitlich vorhergehenden Auflösungsantrag (dazu → Rn. 38).[14] Ausgeschlossen ist eine Auflösung des Arbeitsverhältnisses nach Auffassung des BAG in diesen Fällen indes nicht. Beruft sich der AG neben der Kündigung, auf die sich ein Antrag des AN nach §§ 9, 10 KSchG bezieht, noch auf andere, später wirksam werdende Beendigungstatbestände, hindert dies die Entscheidung über den zeitlich vorgehenden Auflösungsantrag selbst dann nicht, wenn der Eintritt der anderweitigen Beendigung umstritten ist und die Parteien hierüber einen Prozess führen. Das Gericht müsse in diesem Verfahren eine Prognose hinsichtlich der Wahrscheinlichkeit des Eintritts der anderweitigen Beendigung anstellen.[15] Die Auflösung durch Urteil kann in einem **einheitlichen Arbeitsverhältnis mit mehreren AG** grundsätzlich nur insgesamt erfolgen. Ausreichend ist im Regelfall ein Auflösungsgrund, der für oder gegen einen der AG vorliegt.[16] Nach § 13 II KSchG besteht für den AN das Recht, einen Auflösungsantrag zu stellen, wenn die Kündigung sittenwidrig ist (→ § 129 Rn. 5 ff.). Das betrifft insbesondere Kündigungen in der **Wartezeit** (§ 1 I KSchG).[17] Andernfalls hätte diese Vorschrift praktisch keinen Anwendungsbereich, weil eine sittenwidrige Kündigung regelmäßig auch sozialwidrig ist. Anders ist für Kündigungen in **Kleinbetrieben** iSd § 23 I KSchG zu entscheiden, weil nach dieser Bestimmung § 13 II KSchG keine Anwendung findet.[18]

6 **2. Betriebsübergang.** Kommt es während des Laufs der Kündigungsfrist nach Rechtshängigkeit der Kündigungsschutzklage zu einem Betriebsübergang, kann der AN einen bislang noch nicht gestellten Auflösungsantrag mit Erfolg nur in einem Prozess gegen den ihm bekannten Betriebserwerber stellen. Ein Auflösungsantrag gegen den früheren AG kommt nicht mehr in Frage. Das Arbeitsverhältnis besteht, wenn der AN dem Betriebsübergang nicht widerspricht, zum Erwerber fort.[19] Nach Auffassung des BAG kann der Betriebsveräußerer allerdings noch einen Auflösungsantrag stellen, wenn der Betriebsübergang nach Ablauf der Kündigungsfrist erfolgt. Andernfalls sei der Betriebsveräußerer allein wegen des Betriebsübergangs gezwungen, die Pflichten aus dem Arbeitsverhältnis bis zum Zeitpunkt des Betriebsübergangs zu erfüllen, obwohl ihm die Fortsetzung des Arbeitsverhältnisses unzumutbar sei.[20]

7 **3. Sozialwidrigkeit der Kündigung. a) Grundsatz.** Die Auflösung des Arbeitsverhältnisses nach § 9 KSchG setzt zunächst voraus, dass das Arbeitsverhältnis durch die mit der Kündigungsschutzklage angegriffene Kündigung nicht aufgelöst worden ist, weil sie nicht sozial gerechtfertigt ist. Um das feststellen zu können, hat der AN eine ordnungsgemäße Kündigungsschutzklage zu erheben (§ 4 S. 1 KSchG). Er kann sich nicht unmittelbar mit einem Auflösungsantrag gegen die Kündigung wenden.[21] Nach der Grundkonzeption des Kündigungsschutzgesetzes führt die Sozialwidrigkeit der Kündigung zu deren Rechtsunwirksamkeit und zum Fortbestand des Arbeitsverhältnisses. Der Auflösungsgrund und die festzusetzende Abfindung ersetzen den Kündigungsgrund aus § 1 II KSchG, wenn die Kündigung

---

[11] BAG 24.5.2005 AP Nr. 282 zu § 613a BGB = NZA 2005, 1178; KR/*Spilger* KSchG § 9 Rn. 43; aA LSSW/*Spinner* KSchG § 9 Rn. 28.

[12] BAG 23.2.2010 AP Nr. 61 zu § 9 KSchG 1969 = NZA 2010, 1123; 24.5.2005 AP Nr. 282 zu § 613a BGB = NZA 2005, 1178.

[13] Ebenso APS/*Biebl* KSchG § 9 Rn. 88; KR/*Spilger* KSchG § 9 Rn. 44.

[14] BAG 27.4.2006 AP Nr. 55 zu § 9 KSchG 1969 = NZA 2007, 229 unter Aufgabe von BAG 17.9.1987 RzK I 11 a Nr. 16; dazu *Lingemann/Beck* NZA-RR 2007, 225 (331 ff.).

[15] BAG 11.7.2013 AP Nr. 69 zu § 9 KSchG 1969 = NZA 2013, 1259.

[16] BAG 19.4.2012 AP Nr. 13 zu § 14 KSchG 1969 = NZA 2013, 27.

[17] Thüsing/Rachor/Lembke/*Stelljes* KSchG § 13 Rn. 26; ErfK/*Kiel* KSchG § 13 Rn. 10; LSSW/*Löwisch* KSchG § 13 Rn. 49; aA APS/*Biebl* KSchG § 13 Rn. 52.

[18] Thüsing/Rachor/Lembke/*Stelljes* KSchG § 13 Rn. 25.

[19] BAG 20.3.1997 AP Nr. 30 zu § 9 KSchG 1969 = NZA 1997, 937.

[20] BAG 24.5.2005 AP Nr. 282 zu § 613a BGB = NZA 2005, 1178; dazu *Andelewski* DB 2005, 2083; *Berkowsky* NZI 2006, 81.

[21] BAG 29.5.1959 AP Nr. 19 zu § 3 KSchG; LAG BW 3.6.1991 LAGE § 9 KSchG Nr. 20.

nicht sozial gerechtfertigt ist. Eine Auflösung nach § 9 KSchG scheidet deshalb aus, wenn der AN mit der Kündigungsschutzklage lediglich einen sonstigen Unwirksamkeitsgrund, wie etwa die fehlende Zustimmung des Integrationsamts nach § 168 SGB IX oder die fehlende Unterrichtung des BR nach § 102 I BetrVG, rügt und nicht gem. § 6 KSchG bis zum Schluss der mündlichen Verhandlung erster Instanz auch die fehlende soziale Rechtfertigung geltend macht.[22] Dem Gericht ist in diesem Fall eine Prüfung der sozialen Rechtfertigung der Kündigung nicht möglich.

b) Mündliche Kündigung. Probleme entstehen, wenn der AN erst nach Ablauf der Dreiwochenfrist mit einer allgemeinen Feststellungsklage nach § 256 ZPO die Formunwirksamkeit (§ 125 S. 1 BGB) einer mündlichen Kündigung des Arbeitsverhältnisses geltend macht. Die Dreiwochenfrist muss in diesem Fall nicht eingehalten werden, weil § 4 S. 1 KSchG nur für schriftliche Kündigungen gilt (→ § 138 Rn. 2). Da eine Auflösung des Arbeitsverhältnisses nach § 9 KSchG jedoch die Sozialwidrigkeit der Kündigung voraussetzt und diese nach § 4 S. 1 KSchG nur innerhalb der Dreiwochenfrist geltend gemacht werden kann, scheidet eine Auflösung des Arbeitsverhältnisses nach § 9 KSchG aus, wenn der AN gegen eine mündliche Kündigung erst nach Ablauf der Dreiwochenfrist Klage erhebt.[23] Die soziale Rechtfertigung der Kündigung wird dann nach § 7 KSchG fingiert. 8

c) Wiederholungskündigung. Der Auflösung nach § 9 KSchG steht bei Wiederholungskündigungen, die auf denselben Kündigungsgrund gestützt werden (dazu → § 138 Rn. 38), nicht entgegen, dass die Unwirksamkeit der Kündigung im Ergebnis aus der Präjudizialität der Entscheidung im Vorverfahren hergeleitet wird. Zwar setzt eine Auflösung des Arbeitsverhältnisses nach § 9 KSchG bei mehreren Unwirksamkeitsgründen stets voraus, dass auch die Sozialwidrigkeit der Kündigung festgestellt wird. Dass bei der wiederholten Kündigung keine erneute abweichende Beurteilung der sozialen Rechtfertigung der Kündigung nach § 1 KSchG erfolgen darf, führt aber zu dem notwendigen Schluss, dass auch die zweite Kündigung nach § 1 KSchG als unwirksam anzusehen ist, wenn auch die erste Kündigung sozialwidrig war.[24] 9

d) Wiederholungsauflösungsantrag. Kommt es zu einem Wiederholungsauflösungsantrag, weil der AG sowohl im Vorprozess als auch im Kündigungsschutzverfahren über die Wiederholungskündigung einen Auflösungsantrag stellt, ist zunächst über den zeitlich vorgehenden Auflösungsantrag zu entscheiden, wenn der erste Auflösungsantrag sich auf ein Auflösungsdatum bezieht, das vor der zweiten Kündigung liegt.[25] Wird der zweite Auflösungsantrag auf dieselben Gründe gestützt wie der erste Auflösungsantrag, sind sie durch die Entscheidung über den ersten Auflösungsantrag verbraucht; der zweite Auflösungsantrag ist als unbegründet abzuweisen.[26] Unter Umständen gibt es aber neue Gesichtspunkte, die der Antragsteller zur Begründung seines Auflösungsantrags anführen kann. 10

4. Weitere Unwirksamkeitsgründe. a) Antragsteller. Ist die Kündigung nicht nur sozialwidrig, sondern auch aus anderen Gründen nichtig, ist für die Beurteilung der Wirksamkeit von Auflösungsanträgen zwischen dem Antrag des AN und dem des AG zu unterscheiden. Praktische Bedeutung hat dies vor allem, wenn die Kündigung auch wegen nicht ordnungsgemäßer Anhörung des BR nach § 102 I BetrVG oder wegen fehlender Zustimmung des Integrationsamts nach § 168 SGB IX oder der zuständigen Behörden nach § 17 MuSchG, § 18 BEEG oder § 5 PflegeZG unwirksam ist. 11

b) Antrag des Arbeitnehmers. Der AN kann den Auflösungsantrag stellen, wenn die aus anderen Gründen unwirksame Kündigung zumindest auch sozialwidrig ist und der AN dies im Rahmen einer ordnungsgemäß erhobenen Kündigungsschutzklage geltend macht.[27] Die Fortsetzung des Arbeitsverhältnisses kann für den AN auch dann unzumutbar sein, wenn die Kündigung noch an einem weiteren Mangel leidet. Stellt der AN einen Auflösungsantrag und hat er zuvor die mangelnde soziale Rechtfertigung der Kündigung gerügt, hat das Arbeitsgericht allerdings auch beim Vorliegen sonstiger Unwirksamkeitsgründe die soziale Rechtfertigung der Kündigung zu prüfen. Nur wenn die Kündigung auch gem. § 1 II KSchG sozialwidrig ist, kommt eine 12

[22] APS/*Biebl* KSchG § 9 Rn. 9.
[23] *Quecke* RdA 2004, 86 (100); aA HaKo-KSchR/*Gallner* KSchG § 4 Rn. 3.
[24] BAG 26.8.1993 AP Nr. 113 zu § 626 BGB = NZA 1994, 70.
[25] BAG 27.4.2006 AP Nr. 55 zu § 9 KSchG 1969 = NZA 2007, 229.
[26] *Lingemann/Beck* NZA-RR 2007, 225 (233).
[27] BAG 20.3.1997 AP Nr. 30 zu § 9 KSchG 1969 = NZA 1997, 937; 29.1.1981 AP Nr. 6 zu § 9 KSchG 1969.

Auflösung nach § 9 I KSchG in Betracht. Bei einem Anerkenntnisurteil, das die Unwirksamkeit einer Kündigung feststellt, ist – wenn die Unwirksamkeit der Kündigung sowohl auf die fehlende Anhörung des BR als auch auf die Sozialwidrigkeit gestützt worden ist – durch Auslegung zu ermitteln, ob der AG auch die Sozialwidrigkeit der Kündigung anerkannt hat. Zur Auslegung sind ergänzend zum Tenor die Anerkenntniserklärung und das Parteivorbringen heranzuziehen.[28]

13 **c) Antrag des Arbeitgebers.** Der AG kann eine Auflösung des Arbeitsverhältnisses nach § 9 I KSchG nur verlangen, wenn die Kündigung lediglich nach § 1 II KSchG sozialwidrig ist. Die Lösungsmöglichkeit nach § 9 KSchG bedeutet für den AG eine Vergünstigung, die nur in Betracht kommt, wenn eine Kündigung „nur" sozialwidrig und nicht auch aus anderen Gründen nichtig ist.[29] Die sonstige Unwirksamkeit muss nach Auffassung des BAG allerdings Folge eines Verstoßes gegen eine Schutznorm zugunsten des AN sein.[30] Sonst bestehe kein Grund, dem AG die Vergünstigung eines Auflösungsantrages nach § 9 KSchG bei sozialwidriger Kündigung zu verwehren.[31] Ein Auflösungsantrag des AG scheidet nach dieser Rechtsprechung aus, wenn die Kündigung nicht nur sozialwidrig, sondern auch wegen fehlerhafter Beteiligung des BR rechtsunwirksam ist oder gegen § 168 SGB IX,[32] § 17 MuSchG, § 18 BEEG oder § 5 PflegeZG verstößt. Dabei ist von der Unwirksamkeit einer Kündigung wegen fehlerhafter Anhörung des BR der Fall zu unterscheiden, dass „nur" bestimmte Kündigungsgründe mangels diesbezüglicher Beteiligung des Gremiums im Rechtsstreit nicht berücksichtigt werden können.[33] Liegen der Kündigung mehrere Kündigungssachverhalte zugrunde und beruht bei einem Kündigungssachverhalt die Unwirksamkeit allein auf der fehlenden sozialen Rechtfertigung nach § 1 II KSchG, ist es unschädlich, wenn der AG zusätzlich weitere Kündigungssachverhalte geltend macht, die aus anderen Gründen die Unwirksamkeit der Kündigung begründen. Es ist kein sachlicher Grund dafür ersichtlich, dem AG die Vergünstigung des § 9 KSchG zu entziehen, wenn er die Kündigung zusätzlich auf weitere Kündigungsgründe stützt, die wegen Verstoßes gegen Vorschriften außerhalb des Kündigungsschutzgesetzes – zB nicht ordnungsgemäße Unterrichtung des BR über diesen Kündigungssachverhalt – nicht zur Wirksamkeit der Kündigung führen können.[34] Zur außerordentlichen Kündigung → Rn. 22.

14 **5. Rücknahme der Kündigung.** Der AG kann einen drohenden Auflösungsantrag des AN nicht durch „Rücknahme" der Kündigung verhindern. Nach „Rücknahme" der Kündigung durch den AG entfällt nicht ohne Weiteres das Rechtsschutzinteresse für die anhängige Kündigungsschutzklage. Da in der Erhebung der Kündigungsschutzklage nicht die vorweggenommene Zustimmung des AN zu dem in der Kündigungsrücknahme liegenden Vertragsangebot zur Fortsetzung des Arbeitsverhältnisses liegt (dazu → § 123 Rn. 47), ist der AN im Prozess frei zu entscheiden, ob er das Angebot des AG annimmt oder es wegen Unzumutbarkeit der Weiterbeschäftigung ablehnt und deshalb einen Auflösungsantrag stellt.[35]

15 **6. Änderungskündigung.** Bei einer Änderungskündigung kommt eine Auflösung des Arbeitsverhältnisses nicht in Betracht, wenn der AN das Änderungsangebot nach § 2 KSchG unter Vorbehalt angenommen hat.[36] Streitgegenstand der Änderungsschutzklage ist die Wirksamkeit der Änderung der Arbeitsbedingungen (§ 4 S. 2 KSchG) und nicht die Beendigung des Arbeitsverhältnisses. Hat der AN dagegen das Änderungsangebot nicht angenommen, sondern Kündigungsschutzklage nach § 4 S. 1 KSchG erhoben, wird über die Wirksamkeit der Kündigung des Arbeitsverhältnisses und nicht über die Änderung der Arbeitsbedingungen gestritten. Eine Auflösung des Arbeitsverhältnisses ist deshalb nach Maßgabe von § 9 KSchG möglich.[37]

---

[28] BAG 29.1.1981 AP Nr. 6 zu § 9 KSchG 1969.
[29] BAG 31.7.2014 AP Nr. 73 zu § 1 KSchG 1969 Verhaltensbedingte Kündigung = NZA 2015, 358; 23.2.2010 AP Nr. 61 zu § 9 KSchG 1969 = NZA 2010, 1123.
[30] BAG 24.11.2011 AP Nr. 10 zu § 85 SGB IX = NZA 2012, 610; 26.3.2009 AP Nr. 57 zu § 9 KSchG 1969 = NZA 2009, 679.
[31] BAG 24.11.2011 AP Nr. 10 zu § 85 SGB IX = NZA 2012, 610; 28.8.2008 AP Nr. 62 zu § 9 KSchG 1969 = NZA 2009, 275; krit. hierzu LKB/*Linck* KSchG § 9 Rn. 20; LSSW/*Spinner* KSchG § 9 Rn. 46.
[32] BAG 31.7.2014 AP Nr. 73 zu § 1 KSchG 1969 Verhaltensbedingte Kündigung = NZA 2015, 358.
[33] BAG 24.5.2018 AP Nr. 72 zu § 9 KSchG 1969 = NZA 2018, 1131.
[34] BAG 21.9.2000 AP Nr. 35 zu § 9 KSchG 1969 = NZA 2001, 102.
[35] BAG 29.1.1981, 19.8.1982 AP Nr. 6, 9 zu § 9 KSchG 1969.
[36] BAG 24.10.2013 AP Nr. 71 zu § 9 KSchG 1969 = NZA 2014, 486; ErfK/*Kiel* KSchG § 9 Rn. 2; APS/*Biebl* KSchG § 9 Rn. 14.
[37] BAG 27.9.2001 AP Nr. 6 zu § 14 KSchG 1969 = NZA 2002, 1277.

7. Außerordentliche Kündigung. Im Falle einer außerordentlichen Kündigung kann gem. § 13 I 3 KSchG nur der AN einen Auflösungsantrag stellen (dazu → Rn. 21). Der AG kann die Auflösung des Arbeitsverhältnisses im Zusammenhang mit einer für unwirksam erklärten außerordentlichen Kündigung nicht beantragen. Das gilt auch für eine außerordentliche Kündigung mit notwendiger **Auslauffrist.**[38] Eine Auflösung des Arbeitsverhältnisses auf Antrag des AG kommt in diesen Fällen nur in Betracht, wenn die außerordentliche Kündigung nach § 140 BGB in eine ordentliche Kündigung umgedeutet werden kann oder eine solche hilfsweise ausgesprochen worden ist. 15a

8. Berufsausbildungsverhältnis. Im Falle der außerordentlichen Kündigung eines Berufsausbildungsverhältnisses nach § 22 II BBiG scheidet eine Auflösung des Ausbildungsverhältnisses aus. § 13 I 3 KSchG ist auf das Berufsausbildungsverhältnis nicht anwendbar.[39] 16

9. Alliierte Streitkräfte. Für Zivilbeschäftigte bei den alliierten Streitkräften besteht in Art. 56 IIa 1 NTS-ZA eine Sonderregelung. Danach kann der AG einen Auflösungsantrag auch darauf stützen, dass der Fortsetzung des Arbeitsverhältnisses besonders schutzwürdige militärische Interessen entgegenstehen. 16a

III. Antrag

1. Antragserfordernis. Die Auflösung des Arbeitsverhältnisses erfolgt nicht von Amts wegen, sondern nur auf Antrag einer Partei.[40] Der Antrag ist zu begründen.[41] Der Antragsteller muss darlegen, aus welchem Grunde eine Fortsetzung des Arbeitsverhältnisses unzumutbar sein soll oder eine weitere gedeihliche Zusammenarbeit ausscheidet.[42] Das Gericht darf nur Auflösungsgründe verwerten, die vom Antragsteller vorgetragen worden sind. Soweit er sich auf die Prozessführung des Gegners oder andere Gründe stützen will, hat er diese konkret darzulegen. Zur schlüssigen Begründung des Auflösungsantrags gehört der Vortrag konkreter Tatsachen. Allgemeine Redewendungen etwa des Inhalts, die Vertrauensgrundlage sei weggefallen oder ein unüberbrückbares Zerwürfnis sei eingetreten, genügen nicht. 17

2. Rechtsnatur. Der Antrag auf Auflösung des Arbeitsverhältnisses ist eine Prozesshandlung,[43] für welche die allgemeinen prozessualen Anforderungen gelten. Wie jede andere Prozesshandlung ist auch der Auflösungsantrag auslegungsfähig. Der **Auflösungsantrag des AN** ist ein sog. unechter Eventualantrag.[44] Er ist nur für den Fall gestellt, dass der Feststellungsantrag begründet ist. Ist der Kündigungsschutzantrag unbegründet, fällt der Auflösungsantrag nicht zur Entscheidung an, weil das Arbeitsverhältnis bereits durch die angegriffene Kündigung aufgelöst worden ist. Wird der Auflösungsantrag in dem Sinn „hilfsweise" gestellt, dass er nur bei Abweisung des Antrags auf Feststellung der Sozialwidrigkeit der Kündigung gelten solle, ist er nicht begründet. Der **Auflösungsantrag des AG** ist dagegen ein echter Eventualantrag.[45] Der Auflösungsantrag ist nur für den Fall gestellt, dass der Klage stattgegeben wird und damit an sich das Arbeitsverhältnis fortbestünde. Weist das erstinstanzliche Gericht die Kündigungsschutzklage ab, hat es über den Hilfsantrag des AG nach § 9 KSchG nicht zu befinden. Der AG kann allerdings auch davon absehen, die Sozialwidrigkeit der Kündigung zu bestreiten, und nur die Auflösung des Arbeitsverhältnisses nach § 9 KSchG beantragen.[46] Der Auflösungsantrag ist dann Hauptantrag. Praktisch wird das selten vorkommen, weil der AG, wenn das Gericht die Sozialwidrigkeit der Kündigung verneint, die Auflösung des Arbeitsverhältnisses ohne Abfindung erreicht. 18

3. Zeitpunkt der Antragstellung. Der Auflösungsantrag kann von der Erhebung der Klage bis zum Schluss der mündlichen Verhandlung in der Berufungsinstanz gestellt werden. Soll der Auflösungsantrag erstmals im zweiten Rechtszug gestellt werden, sind hierbei nicht die Förmlichkeiten der Berufung bzw. Anschlussberufung einzuhalten. § 9 I 3 KSchG ist insoweit lex specialis. Einer ausdrücklichen Bezeichnung des Begehrens als Anschlussberufung bedarf es 19

[38] BAG 30.9.2010 AP Nr. 66 zu § 9 KSchG 1969 = NZA 2011, 349.
[39] BAG 29.11.1984 AP Nr. 6 zu § 13 KSchG 1969; SPV Kündigung/*Vossen* Rn. 2093.
[40] BAG 28.1.1961 AP Nr. 8 zu § 7 KSchG; ErfK/*Kiel* KSchG § 9 Rn. 3.
[41] BAG 18.10.2000 AP Nr. 39 zu § 9 KSchG 1969 = NZA 2001, 437.
[42] BAG 14.5.1987 AP Nr. 18 zu § 9 KSchG 1969 = NZA 1988, 16.
[43] Ebenso ErfK/*Kiel* KSchG § 9 Rn. 4; APS/*Biebl* KSchG § 9 Rn. 22.
[44] Vgl. BAG 23.6.1993 AP Nr. 23 zu § 9 KSchG 1969 = NZA 1994, 264; ErfK/*Kiel* KSchG § 9 Rn. 3.
[45] BAG 25.10.1989 AP Nr. 36 zu § 611 BGB Direktionsrecht; APS/*Biebl* KSchG § 9 Rn. 46.
[46] Vgl. BAG 9.10.1997 – 2 AZR 32/97.

nicht.[47] Über den Antrag ist allerdings nicht mehr zu entscheiden, wenn er nach Schluss der mündlichen Verhandlung vor einem Verkündungstermin gestellt wird. Nimmt der im Kündigungsschutzprozess in erster Instanz unterlegene AG die von ihm eingelegte Berufung in der Berufungsverhandlung zurück, ist ein vom AN erstmals durch Anschlussberufung verfolgter Auflösungsantrag abzuweisen.[48] Der Auflösungsantrag kann nicht mehr in der Revisionsinstanz gestellt werden.

20 **4. Antragsformulierung.** Der Antrag lautet: „Das Arbeitsverhältnis wird gegen Zahlung einer Abfindung in Höhe von … EUR zum … aufgelöst." Die Angabe eines Abfindungsbetrags ist zwar nicht erforderlich. Die Parteien können auch die Auflösung des Arbeitsverhältnisses gegen Zahlung einer angemessenen Abfindung beantragen. Das kommt insbesondere bei einer vom AG beantragten Auflösung des Arbeitsverhältnisses in Betracht. Allerdings sollte auch in diesem Fall die Größenordnung der festzusetzenden Abfindung in der Antragsbegründung angegeben werden. Dies kann im Antrag durch folgenden Zusatz erfolgen: „Das Arbeitsverhältnis wird gegen Zahlung einer angemessenen Abfindung, die jedoch … EUR nicht über- (bzw. unter-)schreiten soll, zum … aufgelöst." Der Auflösungsantrag kann bis zum Schluss der mündlichen Verhandlung in der Berufungsinstanz zurückgenommen werden. Hierzu bedarf es nicht der Einwilligung des Prozessgegners, da damit keine Klagerücknahme verbunden ist. Die Rücknahme des Auflösungsantrags bedeutet in der Regel keinen Klageverzicht iSv § 306 ZPO.[49]

21 **5. Antrag des Arbeitnehmers.** Der AN kann bei einer ordentlichen und gem. § 13 I 3 KSchG auch bei einer außerordentlichen Kündigung die Auflösung des Arbeitsverhältnisses beantragen. Kommt die Umdeutung einer fristlosen Kündigung des AG in eine ordentliche Kündigung in Betracht, hat der AN grundsätzlich die Möglichkeit, die Auflösung des Arbeitsverhältnisses nach § 9 KSchG bezogen auf die fristlose Kündigung oder nur auf die umgedeutete fristgerechte Kündigung zu beantragen.[50] Dies hat uU erhebliche Auswirkungen auf etwaige Annahmeverzugsansprüche. Hat der AN in der ersten Instanz keinen Auflösungsantrag gestellt und hat das Arbeitsgericht der Kündigungsschutzklage stattgegeben, kann er nicht Berufung einlegen, um in der zweiten Instanz einen Auflösungsantrag zu stellen (dazu → Rn. 19).[51]

22 **6. Antrag des Arbeitgebers.** Während der AN auch nach einer außerordentlichen Kündigung einen Auflösungsantrag stellen kann, ist dies dem AG nur nach einer ordentlichen Kündigung möglich. Dies folgt mittelbar aus gem. § 13 I 3 KSchG, der bei einer außerordentlichen Kündigung nur dem AN die Möglichkeit eines Auflösungsantrags zuweist. Ist die ordentliche Kündigung vertraglich oder tarifvertraglich ausgeschlossen, kommt eine Auflösung nach § 9 I 2 KSchG nicht in Betracht (→ Rn. 15a).[52] Bei einer außerordentlichen Kündigung scheidet eine Auflösung des Arbeitsverhältnisses auf Antrag des AG aus. Nur wenn die außerordentliche Kündigung nach § 140 BGB in eine ordentliche Kündigung umgedeutet werden kann, kommt eine Auflösung in Betracht, sofern die allgemeinen Voraussetzungen vorliegen. Hat das Arbeitsgericht die Klage abgewiesen, fällt der Hilfsantrag auch ohne Anschlussrechtsmittel des AG ohne Weiteres in der **Rechtsmittelinstanz** an.[53] Wird im ersten Rechtszug der Kündigungsschutzklage des AN stattgegeben und das Arbeitsverhältnis auf Antrag des AG aufgelöst, kann der AG gegen das Urteil Berufung einlegen, um den Klageabweisungsantrag weiter zu verfolgen.[54]

23 Hat das Arbeitsgericht angenommen, eine ordentliche Arbeitgeberkündigung sei sowohl nach § 1 KSchG als auch wegen fehlerhafter Personalratsbeteiligung unwirksam, und deshalb den Auflösungsantrag des AG abgewiesen, kann das Berufungsgericht auch bei einer **auf den Auflösungsantrag beschränkten Berufung des AG** erneut prüfen, ob eine ordnungsgemäße Personalratsbeteiligung vorliegt. Der Streitgegenstand des Auflösungsantrags wird durch die rechtskräftige Entscheidung über den Kündigungsschutzantrag, erst recht durch deren Begründung nicht

---

[47] BAG 11.7.2013 AP Nr. 69 zu § 9 KSchG 1969 = NZA 2013, 1259.
[48] BAG 3.4.2008 AP Nr. 58 zu § 9 KSchG 1969 = NZA 2008, 1258.
[49] BAG 26.10.1979 AP Nr. 5 zu § 9 KSchG 1969 = NJW 1980, 1484.
[50] BAG 26.8.1993 AP Nr. 113 zu § 626 BGB = NZA 1994, 70.
[51] BAG 11.7.2013 AP Nr. 69 zu § 9 KSchG 1969 = NZA 2013, 1259.
[52] BAG 28.11.2007 NZA-RR 2008, 344.
[53] BAG 31.7.2014 AP Nr. 73 zu § 1 KSchG 1969 Verhaltensbedingte Kündigung = NZA 2015, 358; 10.10.2002 AP Nr. 123 zu § 1 KSchG 1969 Betriebsbedingte Kündigung.
[54] BAG 28.1.1961 AP Nr. 8 zu § 7 KSchG.

berührt. Tatsächliche Feststellungen als solche erwachsen nicht in Rechtskraft. Werden andere Rechtsfolgen aus demselben Tatsachenkomplex hergeleitet, greift die Präklusionswirkung nicht ein.[55]

7. Antrag beider Parteien. Stellen beide Parteien einen Auflösungsantrag nach § 9 KSchG oder stimmt eine Partei dem Auflösungsantrag der Gegenpartei zu, **steht fest, dass ein Auflösungsgrund besteht.** Das Gericht braucht in diesen Fällen nur noch zu prüfen, ob die Kündigung sozial gerechtfertigt (dann Klageabweisung) oder ungerechtfertigt war und in welcher Höhe die Abfindung festzusetzen ist.[56] Die Parteien können nicht an einem Arbeitsverhältnis festgehalten werden, das sie beide nicht mehr wollen. Haben in einem Kündigungsschutzprozess beide Parteien einen Auflösungsantrag gestellt und löst das Arbeitsgericht daraufhin das Arbeitsverhältnis auf, ist der AN, der die Höhe der festgesetzten Abfindung nicht angreift, durch dieses Urteil grundsätzlich nicht beschwert. Die Berufung des AN ist deshalb regelmäßig unzulässig, auch wenn das Arbeitsgericht das Arbeitsverhältnis auf den Antrag des AG hin auflöst. Der AN kann in einem derartigen Fall nicht allein mit dem Ziel Berufung einlegen, seinen erstinstanzlich gestellten Auflösungsantrag zurückzunehmen und eine Fortsetzung des Arbeitsverhältnisses zu erreichen.[57] 24

IV. Auflösungsgründe

1. Übersicht. Nach § 9 I 1 KSchG hat das Gericht auf Antrag des AN das Arbeitsverhältnis aufzulösen, wenn dem AN die Fortsetzung des Arbeitsverhältnisses nicht zuzumuten ist. Auf Antrag des AG hat gem. § 9 I 2 KSchG eine Auflösung des Arbeitsverhältnisses zu erfolgen, wenn Gründe vorliegen, die eine den Betriebszwecken dienliche weitere Zusammenarbeit zwischen AG und AN nicht erwarten lassen. Eine Auflösung kommt vor allem, aber nicht ausschließlich in Betracht, wenn während eines Kündigungsschutzprozesses zusätzliche Spannungen zwischen den Parteien auftreten, die eine Fortsetzung des Arbeitsverhältnisses sinnlos erscheinen lassen.[58] 25

2. Beurteilungszeitpunkt. Maßgeblicher Zeitpunkt für die Beurteilung der Frage, ob die Fortsetzung des Arbeitsverhältnisses unzumutbar oder eine den Betriebszwecken dienliche weitere Zusammenarbeit zwischen AG und AN nicht zu erwarten ist, ist – anders als bei der Beurteilung der Wirksamkeit einer Kündigung (dazu → § 130 Rn. 36) – der **Zeitpunkt der letzten mündlichen Verhandlung in der Tatsacheninstanz.**[59] Für die Auflösung des Arbeitsverhältnisses ist eine Vorausschau auf die künftige Gestaltung der Rechtsbeziehungen zwischen den Parteien anzustellen.[60] Wegen dieses zeitlichen Beurteilungsansatzes ist es denkbar, dass mögliche Auflösungsgründe ihr Gewicht wieder verlieren, weil die tatsächlichen oder rechtlichen Umstände sich im Zeitpunkt der abschließenden Entscheidung geändert und damit ihre Bedeutung für die erforderliche Prognoseentscheidung geringer ist.[61] Beruft sich der AG neben der Kündigung, auf die sich ein Antrag des AN nach §§ 9, 10 KSchG bezieht, noch auf andere, später wirksam werdende Beendigungstatbestände, hindert dies nach Auffassung des BAG die Entscheidung über den zeitlich vorgehenden Auflösungsantrag selbst dann nicht, wenn der Eintritt der anderweitigen Beendigung umstritten ist und die Parteien hierüber einen Prozess führen.[62] Hat das Arbeitsverhältnis nach dem gem. § 9 II KSchG festzusetzenden Zeitpunkt, aber schon vor Erlass des Auflösungsurteils geendet, ist die Begründetheit des Auflösungsantrags allerdings nicht wie sonst ausgehend von den bei Erlass des Urteils vorliegenden Umständen zu beurteilen. Die nach § 9 I KSchG anzustellende Prognose ist vielmehr anhand der Umstände anzustellen, die zwischen dem Termin, zu dem die Kündigung gewirkt hätte, und dem anderweitigen Beendigungstermin eingetreten sind.[63] Das schließt selbst eine unterstützende Heran- 26

[55] BAG 27.9.2001 AP Nr. 41 zu § 9 KSchG 1969 = NZA 2002, 1171.
[56] Vgl. BAG 29.3.1960 AP Nr. 7 zu § 7 KSchG; ErfK/*Kiel* KSchG § 9 Rn. 24; APS/*Biebl* KSchG § 9 Rn. 71; aA KR/*Spilger* KSchG § 9 Rn. 81.
[57] BAG 23.6.1993 AP Nr. 23 zu § 9 KSchG 1969 = NZA 1994, 264.
[58] BAG 6.9.2007 AP Nr. 208 zu § 626 BGB = NZA 2008, 636.
[59] BAG 19.11.2015 AP Nr. 75 zu § 1 KSchG 1969 Verhaltensbedingte Kündigung = NZA 2016, 540; 29.8.2013 AP Nr. 70 zu § 9 KSchG 1969 = NZA 2014, 660.
[60] BAG 10.6.2010 AP Nr. 63 zu § 9 KSchG 1969 = NJW 2010, 3796; 10.7.2008 AP Nr. 181 zu § 1 KSchG 1969 Betriebsbedingte Kündigung = NJW 2009, 1766.
[61] BAG 19.11.2015 AP Nr. 75 zu § 1 KSchG 1969 Verhaltensbedingte Kündigung = NZA 2016, 540; 7.3.2002 AP Nr. 42 zu § 9 KSchG 1969 = NZA 2003, 261.
[62] BAG 11.7.2013 AP Nr. 69 zu § 9 KSchG 1969 = NZA 2013, 1259.
[63] BAG 29.8.2013 AP Nr. 70 zu § 9 KSchG 1969 = NZA 2014, 660.

ziehung von Vorfällen aus, die sich erst nach der anderweitigen Beendigung ereignet haben.[64] Ist der Eintritt einer anderweitigen Beendigung umstritten, muss das Gericht eine Prognose hinsichtlich der Wahrscheinlichkeit des Eintritts der anderweitigen Beendigung anstellen.[65]

27 **3. Antrag des Arbeitnehmers. a) Grundsätze.** Voraussetzung für die Auflösung des Arbeitsverhältnisses auf Antrag des AN ist, dass ihm die Fortsetzung des Arbeitsverhältnisses nicht zuzumuten ist. Die Auflösungsgründe müssen nicht so erheblich sein, dass ein wichtiger Grund iSv § 626 I BGB vorliegt. Nach dieser Bestimmung ist erforderlich, dass dem AN die Fortsetzung des Arbeitsverhältnisses auch nur bis zum Ablauf der Kündigungsfrist unzumutbar ist. Für die Auflösung des Arbeitsverhältnisses nach § 9 I 1 KSchG reicht es dagegen aus, wenn die Fortsetzung des Arbeitsverhältnisses **auf unbestimmte Dauer unzumutbar** ist.[66] Die Unzumutbarkeit des § 9 KSchG ist weiterhin nicht identisch mit der Sozialwidrigkeit der Kündigung. Ist eine Kündigung unwirksam, ist nicht schon allein deshalb dem AN die Fortsetzung des Arbeitsverhältnisses unzumutbar. Die Unzumutbarkeit muss sich aus weiteren Gründen ergeben, die der AG gesetzt hat. Diese können sich aus den Modalitäten der Kündigung als solcher und aus weiteren Handlungen des AG ergeben, die mit der Kündigung einhergehen.[67] Der AN hat nicht etwa die freie Wahl, bei festgestellter Unwirksamkeit der Kündigung das Arbeitsverhältnis fortzusetzen oder gegen eine Abfindung auszuscheiden. In der Regel treten durch jede Kündigung Spannungen zwischen AG und AN auf. Diese allein vermögen einen Auflösungsantrag noch nicht zu rechtfertigen.[68] Die Auflösungsgründe müssen im Zusammenhang mit der Kündigung oder dem Kündigungsschutzprozess stehen.[69] Fehlt dieser Zusammenhang, kann der AN ggf. außerordentlich kündigen und nach § 628 BGB Schadensersatz verlangen (dazu im Einzelnen → § 127 Rn. 53 ff.).

28 **b) Einzelfälle.** Das Verhalten des AG im Zusammenhang mit der ausgesprochenen sozialwidrigen Kündigung ist geeignet, die Unzumutbarkeit der Fortsetzung des Arbeitsverhältnisses zu begründen, wenn durch unzutreffende, **ehrverletzende Behauptungen des AG** über die Person oder das Verhalten des AN das Vertrauensverhältnis zwischen den Arbeitsvertragsparteien unheilbar zerrüttet ist. Weiter kommt eine Auflösung in Betracht, wenn das **Kündigungsschutzverfahren mit einer derartigen Schärfe** geführt worden ist, dass der AN mit einem schikanösen Verhalten des AG rechnen muss, wenn er in den Betrieb zurückkehrt. Gleiches gilt, wenn feststeht, dass der AG ungeachtet der Rechtsauffassung des Gerichts sich **auf jeden Fall von dem AN trennen will** und offensichtlich beabsichtigt, mit beliebigen Begründungen so lange Kündigungen auszusprechen, bis er sein Ziel erreicht hat.[70] Doch ist Unzumutbarkeit nicht allein deshalb gegeben, weil der AG nach dem der Klage stattgebenden Urteil erster Instanz im Kündigungsschutzprozess nunmehr aus seiner Sicht unter Beachtung der Rechtsauffassung des Gerichts **erneut kündigt.** Auch die Ankündigung, er wolle **alle rechtlichen Mittel einsetzen,** um seine unternehmerische Entscheidung weiterzuverfolgen, hält sich noch im Rahmen der Wahrnehmung berechtigter Interessen. Die Drohung mit einer erneuten, nunmehr aus Sicht des AG nach § 1 KSchG sozial gerechtfertigten Kündigung ist ohne das Vorliegen weiterer Umstände nicht als rechtswidrig anzusehen.[71] Die Fortsetzung des Arbeitsverhältnisses kann dem AN jedoch unzumutbar sein, wenn sich der AG im Laufe des Kündigungsschutzprozesses unberechtigt an den Arzt des AN wendet und **Zweifel an der Berechtigung zur Krankschreibung äußert.**[72] In Frage kann auch kommen, dass für den AN, falls er aufgrund eines obsiegenden Urteils in den Betrieb zurückkehrt, die Gefahr besteht, dass er dort nicht mehr ordnungsgemäß behandelt wird, der AG oder ein Vorgesetzter sich vielmehr für den Verlust des Prozesses zu **„rächen"** sucht. Allerdings müssen für eine solche Gefahr tatsächliche Anhaltspunkte gegeben sein. Unter Umständen kann auch eine **völlig unberechtigte Suspendierung** von der Arbeit während der Kündigungsfrist einen Auflösungsantrag rechtfertigen.[73] Wird ein

[64] BAG 23.2.2010 AP Nr. 61 zu § 9 KSchG 1969 = NZA 2010, 1123.
[65] BAG 11.7.2013 AP Nr. 69 zu § 9 KSchG 1969 = NZA 2013, 1259.
[66] BAG 11.7.2013 AP Nr. 69 zu § 9 KSchG 1969 = NZA 2013, 1259; 27.3.2003 AP Nr. 48 zu § 9 KSchG 1969.
[67] BAG 11.7.2013 AP Nr. 69 zu § 9 KSchG 1969 = NZA 2013, 1259.
[68] BAG 24.9.1992 AP Nr. 3 zu Einigungsvertrag Anlage I Kap. XIX = NZA 1993, 362.
[69] BAG 24.9.1992 AP Nr. 3 zu Einigungsvertrag Anlage I Kap. XIX = NZA 1993, 362.
[70] BAG 11.7.2013 AP Nr. 69 zu § 9 KSchG 1969 = NZA 2013, 1259.
[71] BAG 27.3.2003 AP Nr. 48 zu § 9 KSchG 1969.
[72] Vgl. BAG 27.3.2003 AP Nr. 48 zu § 9 KSchG 1969; 20.11.1997 – 2 AZR 803/96.
[73] BAG 24.9.1992 AP Nr. 3 zu Einigungsvertrag Anlage I Kap. XIX = NZA 1993, 362.

ausländischer AN wegen seiner Nationalität gekündigt, ist ihm eine Fortsetzung des Arbeitsverhältnisses regelmäßig nicht mehr zumutbar.[74] Auch konkret zu **erwartende Spannungen mit Mitarbeitern,** etwa wegen deren Benennung als sozial weniger schutzbedürftig im Streit über die soziale Auswahl nach § 1 III KSchG, können den Antrag rechtfertigen,[75] wobei klarzustellen ist, dass die unbegründete ordentliche Kündigung allein einen Auflösungsantrag noch nicht rechtfertigt.[76] Ein Auflösungsgrund liegt gleichfalls nicht vor, wenn die einer Weiterarbeit entgegenstehenden Tatsachen im Einfluss- oder Risikobereich des AN liegen. Davon ist auszugehen, wenn der AN infolge einer sozialwidrigen Kündigung erkrankt oder durch sie eine schon bestehende Erkrankung sich verschlimmert, aber der AG die Krankheit weder zielgerichtet herbeigeführt, noch mit einer offensichtlich unbegründeten Kündigung oder etwa ehrverletzenden Äußerungen die Verschlechterung des Gesundheitszustands des AN als möglich angesehen und bewusst in Kauf genommen hat.[77]

Der AN kann sich grundsätzlich nicht auf Auflösungsgründe berufen, die er **selbst in treuwidriger Weise herbeigeführt** hat.[78] Dies folgt aus dem Rechtsgedanken des § 162 BGB, wonach sich niemand auf den Eintritt oder Nichteintritt eines Ereignisses berufen darf, das er selbst treuwidrig herbeigeführt oder verhindert hat. Die Eingehung eines **neuen Arbeitsverhältnisses** rechtfertigt den Auflösungsantrag nicht, weil das Gesetz insoweit in § 12 KSchG eine Sonderregelung vorsieht.[79] 29

4. Antrag des Arbeitgebers. a) Grundsätze. Stellt das Gericht in einem Kündigungsrechtsstreit fest, dass das Arbeitsverhältnis durch die sozialwidrige Kündigung nicht aufgelöst worden ist, hat es nach § 9 I 2 KSchG auf Antrag des AG das Arbeitsverhältnis gegen Zahlung einer angemessenen Abfindung aufzulösen, wenn Gründe vorliegen, die eine **den Betriebszwecken dienliche weitere Zusammenarbeit zwischen AG und AN nicht erwarten lassen.** Eine Auflösung des Arbeitsverhältnisses auf Antrag des AG kommt dabei nur in Betracht, wenn die Kündigung nicht auch aus einem anderen Grund als dem der Sozialwidrigkeit unwirksam ist (dazu → Rn. 13). Auflösungsgründe können Umstände sein, die das persönliche Verhältnis zum AN, eine Wertung seiner Persönlichkeit, seiner Leistung oder seiner Eignung für die ihm gestellten Aufgaben und sein Verhältnis zu den übrigen Mitarbeitern betreffen.[80] Die Auflösungsgründe müssen nicht im Verhalten, insbesondere nicht im schuldhaften Verhalten des AN liegen.[81] Maßgeblich ist vielmehr, ob die objektive Lage beim Schluss der mündlichen Verhandlung in der Tatsacheninstanz beim AG die Besorgnis aufkommen lassen kann, die weitere Zusammenarbeit mit dem AN sei gefährdet.[82] Durch eine bloße Bezugnahme auf nicht ausreichende Kündigungsgründe genügt der AG seiner Darlegungslast nicht (→ Rn. 35a).[83] Dem AG ist es nicht gestattet, sich auf von ihm selbst herbeigeführte Auflösungsgründe zu berufen.[84] Ausgeschlossen sind Gründe, wenn sie durch den AG oder durch Personen, für die er nach § 278 BGB einzustehen hat, provoziert worden sind. Erforderlich ist dabei, dass die dem AG zuzurechnenden Anteile an deren Verursachung gegenüber den Anteilen des AN hieran überwiegen.[85] Auch ist das eigene Prozessverhalten des AG in die Abwägung einzubeziehen. Stets ist zu prüfen, ob ein an sich geeigneter Auflö- 30

[74] Vgl. LAG Hamm 17.5.1993 RzK I 11 b Nr. 12.

[75] Vgl. LAG Köln 2.2.1987 LAGE § 9 KSchG Nr. 5; ErfK/*Kiel* KSchG § 9 Rn. 9a; KR/*Spilger* KSchG § 9 Rn. 51; einschränkend *Bauer* FS Hanau, 151 (154); MüKoBGB/*Hergenröder* KSchG § 9 Rn. 40.

[76] BAG 24.9.1992 AP Nr. 3 zu Einigungsvertrag Anlage I Kap. XIX = NZA 1993, 362; LSSW/*Spinner* KSchG § 9 Rn. 40.

[77] BAG 11.7.2013 AP Nr. 69 zu § 9 KSchG 1969 = NZA 2013, 1259.

[78] BAG 24.9.1992 AP Nr. 3 zu Einigungsvertrag Anlage I Kap. XIX = NZA 1993, 362.

[79] ErfK/*Kiel* KSchG § 9 Rn. 9a; KR/*Spilger* KSchG § 9 Rn. 54.

[80] BAG 11.7.2013 AP Nr. 69 zu § 1 KSchG 1969 Verhaltensbedingte Kündigung = NZA 2014, 250; 7.3.2002 AP Nr. 42 zu § 9 KSchG 1969 = NZA 2003, 261.

[81] BAG 24.5.2018 AP Nr. 72 zu § 9 KSchG 1969 = NZA 2018, 1131; 19.11.2015 AP Nr. 75 zu § 1 KSchG 1969 Verhaltensbedingte Kündigung = NZA 2016, 540; 23.10.2008 AP Nr. 218 zu § 626 BGB = NZA-RR 2009, 362.

[82] BAG 29.8.2013 AP Nr. 70 zu § 9 KSchG 1969 = NZA 2014, 660; 24.3.2011 AP Nr. 67 zu § 9 KSchG 1969 = NZA-RR 2012, 243.

[83] BAG 19.11.2015 AP Nr. 75 zu § 1 KSchG 1969 Verhaltensbedingte Kündigung = NZA 2016, 540.

[84] BAG 23.2.2010 AP Nr. 61 zu § 9 KSchG 1969 = NZA 2010, 1123; 23.10.2008 AP Nr. 218 zu § 626 BGB = NZA-RR 2009, 362.

[85] BAG 11.7.2013 AP Nr. 69 zu § 1 KSchG 1969 Verhaltensbedingte Kündigung = NZA 2014, 250; 10.7.2008 AP Nr. 181 zu § 1 KSchG 1969 Betriebsbedingte Kündigung = NZA 2009, 312; 2.6.2005 AP Nr. 51 zu § 9 KSchG 1969.

sungsgrund wegen eines zwischenzeitlich eingetretenen Wandels der betrieblichen Verhältnisse seine Bedeutung verloren hat.[86] Bei der Gewichtung der Gründe ist die Stellung des AN im Betrieb im Auge zu behalten. Eine weitere den Betriebszwecken dienliche Zusammenarbeit zwischen AG und AN kann gerade deshalb nicht zu erwarten sein, weil der AN, ohne leitender Angestellter im Sinne von § 14 II KSchG zu sein, im Betrieb eine Schlüsselstellung innehat und aus beachtlichen Gründen das Vertrauen des AG verloren hat.[87]

31 Der AG kann sich zur Begründung des Auflösungsantrags auch auf Umstände berufen, die er dem BR oder PR vor Ausspruch der Kündigung nicht mitgeteilt hat. **Betriebsverfassungs- oder personalvertretungsrechtliche Verwertungsverbote** für nicht mitgeteilte Kündigungsgründe erstrecken sich nicht auf die Verwendung dieser Gründe im Rahmen eines Auflösungsantrags nach § 9 I 2 KSchG.[88]

32 **b) Mandatsträger.** Hat der AN nach Zugang der Kündigung ein betriebsverfassungs- oder personalvertretungsrechtliches Amt übernommen, ist das beim Auflösungsgrund besonders zu berücksichtigen, wenn der AN zum Zeitpunkt der Entscheidung über den Auflösungsantrag dieses Amt noch innehat. Der Auflösungsgrund muss diesem Fall im Hinblick auf den durch § 15 KSchG gewährleisteten Kündigungsschutz so gewichtig sein, dass er eine Kündigung aus wichtigem Grund rechtfertigen könnte.[89] Die Zustimmung des BR zum Auflösungsantrag in entsprechender Anwendung von § 103 BetrVG sowie die Einhaltung der Zweiwochenfrist des § 626 II BGB sind dagegen nicht erforderlich.[90] Für eine analoge Anwendung dieser Vorschriften besteht kein Bedürfnis, weil dem besonderen Schutz der Betriebsratsmitglieder bei der Prüfung des Auflösungsgrunds hinreichend Rechnung getragen werden kann. Hat der AG vor Eintritt des Sonderkündigungsschutzes eines Wahlbewerbers nach § 15 III KSchG eine sozial nicht gerechtfertigte ordentliche Kündigung erklärt und hierauf bezogen einen Auflösungsantrag gestellt, kommt eine entsprechende Anwendung von § 15 III 1 und 2 KSchG, § 103 BetrVG im Rahmen des Auflösungsbegehrens nicht in Betracht, wenn der Sonderkündigungsschutz im Zeitpunkt der Entscheidung über den Auflösungsantrag bereits wieder geendet hat. Der von § 15 III KSchG bezweckte Schutz der Unabhängigkeit des Wahlbewerbers verlangt in einem solchen Fall auch nicht danach, während der Zeit des Sonderkündigungsschutzes entstandene Sachverhalte entweder gar nicht oder nur dann als Auflösungsgrund zu berücksichtigen, wenn sie geeignet wären, einen wichtigen Grund iSv § 626 I BGB abzugeben. Stehen die behaupteten Tatsachen, die die Auflösung begründen sollen, mit der Kandidatur in Verbindung, ist der AN hinreichend geschützt, wenn dieser Aspekt bei der materiellen Bewertung des geltend gemachten Auflösungsgrundes angemessen Berücksichtigung findet.[91] Die Auflösung des Arbeitsverhältnisses eines Mitglieds der **Mitarbeitervertretung in Einrichtungen der katholischen Kirche** ist gem. § 9 I KSchG in Fällen der Kündigung wegen Loyalitätspflichtverletzungen uneingeschränkt zulässig.[92] Denn § 19 I 2 MAVO lässt eine ordentliche Kündigung des Dienstgebers gegenüber dem Mitglied der Mitarbeitervertretung wegen Verletzung von Loyalitätsobliegenheiten zu. Der besondere Kündigungsschutz der Mitarbeitervertreter, der hinsichtlich der Loyalitätsobliegenheiten stark eingeschränkt ist, wird durch den Auflösungsantrag nicht umgangen.

33 **c) Sonderkündigungsschutz.** Entsprechendes (→ Rn. 32) gilt, wenn eine AN nach Ausspruch der Kündigung schwanger wird und so dem besonderen Schutz des § 17 MuSchG unterliegt. Der verfassungsrechtlich gebotene Schutz der Schwangeren kann mit einer strengeren Prüfung der Auflösungsgründe erreicht werden. Eine Zustimmung der Aufsichtsbehörde in analoger Anwendung von § 17 MuSchG ist nicht erforderlich.[93] Entsprechendes gilt für AN in der Eltern- und Pflegezeit. Der Auflösungsantrag bedarf bei schwerbehinderten Menschen nicht der Zustimmung des Integrationsamts. Dies gilt auch, wenn der minderbehinderte AN seinen Antrag auf Gleichstellung mit einem Schwerbehinderten nach Zugang der Kündigung gestellt

[86] BAG 10.7.2008 AP Nr. 181 zu § 1 KSchG 1969 Betriebsbedingte Kündigung = NZA 2009, 312; 7.3.2002 AP Nr. 42 zu § 9 KSchG 1969 = NZA 2003, 261.
[87] BAG 26.6.1997 – 2 AZR 502/96.
[88] BAG 10.10.2002 AP Nr. 45 zu § 9 KSchG 1969.
[89] BAG 7.12.1972 AP Nr. 1 zu § 9 KSchG 1969; ErfK/*Kiel* KSchG § 9 Rn. 20; diff. APS/*Biebl* KSchG § 9 Rn. 58.
[90] Ebenso MüKoBGB/*Hergenröder* KSchG § 9 Rn. 55; aA KR/*Spilger* KSchG § 9 Rn. 76.
[91] BAG 29.8.2013 AP Nr. 70 zu § 9 KSchG 1969 = NZA 2014, 660.
[92] BAG 16.9.1999 AP Nr. 1 zu Art. 4 GrO kath. Kirche = NZA 2000, 208.
[93] AA SächsLAG 12.4.1996 RzK I 5 c Nr. 71; KR/*Spilger* KSchG § 9 Rn. 77.

hat.[94] Der besondere Kündigungsschutz schwerbehinderter Menschen wird vom BAG im Rahmen der Gesamtabwägung berücksichtigt.[95]

d) Tendenzbetriebe. Ergeben sich in einem Tendenzbetrieb besondere Anforderungen an das Verhalten oder die Person des AN, kann daraus ein gestärktes Interesse des AG an der Vertragsauflösung folgen. Bei der Auslegung und Anwendung des § 9 I 2 KSchG sind daher die wechselseitigen Grundrechtspositionen des AN und des AG (zB Pressefreiheit) zu berücksichtigen und abzuwägen.[96] Diese Abwägung kann dazu führen, dass in einem Tendenzarbeitsverhältnis bestimmte Sachverhalte für eine Auflösung ausreichen, die in einem nicht von der Tendenz bestimmten Arbeitsverhältnis nicht hinreichend wären. Allerdings rechtfertigt allein die Tendenzträgereigenschaft eine Auflösung nicht, da eine § 14 II 2 KSchG entsprechende Vorschrift für Tendenzträger gerade nicht besteht.[97] 34

e) Leitende Angestellte und Gesellschafter. Keiner Begründung bedarf der Auflösungsantrag des AG, wenn es sich um das Arbeitsverhältnis eines leitenden Angestellten iSv § 14 II 2 KSchG handelt. Ein AN unterliegt mit Rücksicht auf das Arbeitsverhältnis keiner besonderen Zurückhaltungspflicht, wenn er als Minderheitsgesellschafter des Unternehmens seines AG im Rahmen zulässiger Interessenwahrnehmung gesellschaftsrechtliche Befugnisse wahrnimmt. Der Schutz, den die gesetzlichen Kündigungsvorschriften auch über § 9 KSchG gewährleisten, ist nicht deshalb ein geringerer, weil der AN zugleich Gesellschafter des Unternehmens ist.[98] 35

f) Kündigungsgründe als Auflösungsgründe. Der AG kann sich zur Begründung seines Auflösungsantrags grundsätzlich auch auf solche Gründe berufen, mit denen er zuvor – erfolglos – die ausgesprochene Kündigung begründet hat. Er muss in diesen Fällen allerdings zusätzlich greifbare Tatsachen dafür vortragen, dass der Kündigungssachverhalt, obwohl er die Kündigung nicht rechtfertigt, in der Gesamtschau mit weiteren Umständen eine weitere gedeihliche Zusammenarbeit nicht erwarten lässt.[99] Der Vortrag des AG muss so beschaffen sein, dass sich das Gericht, wollte es die Auflösung des Arbeitsverhältnisses auf dieses Vorbringen stützen, nicht in Widerspruch zu seiner Beurteilung des Kündigungsgrundes als unzureichend setzen müsste. Insoweit ist zu beachten, dass es für die Beurteilung, ob ein Auflösungsgrund vorliegt, auf die Lage am Schluss der mündlichen Verhandlung in der Tatsacheninstanz ankommt und es genügen kann, wenn dann eine durch objektive Tatsachen begründete Gefahr feststellbar ist, der AN könne ein pflichtwidriges Verhalten mit erheblichem Schadenspotenzial trotz Abmahnung wiederholen. Damit unterscheiden sich sowohl der Beurteilungszeitpunkt als auch der Beurteilungsmaßstab.[100] Das Gericht darf nur solche Tatsachen berücksichtigen, die der darlegungspflichtige AG vorgetragen oder aufgegriffen hat.[101] 35a

g) Einzelfälle. Die **Auflösungsgründe** müssen zwar nicht im Verhalten, insbesondere nicht im schuldhaften Verhalten des AN liegen.[102] Andererseits darf der AG **Spannungen zwischen dem AN und Kollegen** oder Vorgesetzten nicht ohne Beachtung der Verursachungsanteile zulasten eines AN lösen. Weder kann die bloße Weigerung von Arbeitskollegen, mit einem AN zusammenzuarbeiten, die Auflösung nach § 9 I 2 KSchG rechtfertigen, noch ist dem AG gestattet, sich auf Auflösungsgründe zu berufen, die von ihm selbst oder von Personen, für die er einzustehen hat, provoziert worden sind.[103] Wahlbewerber zum BR dürfen zwar unternehmensöffentlich Kritik am AG und den betrieblichen Verhältnissen üben und sich ggf. auch überspitzt oder polemisch äußern. Die Meinungsfreiheit muss jedoch regelmäßig dann zurücktreten, wenn sich das in der Äußerung enthaltene Werturteil als Formalbeleidigung oder **Schmähkritik** erweist.[104] **Beleidigungen,** sonstige ehrverletzende Äußerungen oder persönliche Angriffe des 36

[94] VGH BW 12.12.2005 NZA-RR 2006, 356.
[95] BAG 7. 3 2002 AP Nr. 42 zu § 9 KSchG 1969 = NZA 2003, 261.
[96] BVerfG 14.1.2008 – 1 BvR 273/03.
[97] BAG 23.10.2008 AP Nr. 218 zu § 626 BGB = NZA-RR 2009, 362.
[98] BAG 24.3.2011 AP Nr. 67 zu § 9 KSchG 1969 = NZA-RR 2012, 243.
[99] BAG 19.11.2015 AP Nr. 75 zu § 1 KSchG 1969 Verhaltensbedingte Kündigung = NZA 2016, 540.
[100] BAG 24.5.2018 AP Nr. 72 zu § 9 KSchG 1969 = NZA 2018, 1131; BVerfG 15.12.2008 – 1 BvR 347/08.
[101] BAG 10.12.2009 AP Nr. 226 zu § 626 BGB = NZA 2010, 698.
[102] BAG 14.5.1987 AP Nr. 18 zu § 9 KSchG 1969 = NZA 1988, 16.
[103] BAG 23.10.2008 AP Nr. 218 zu § 626 BGB = NZA-RR 2009, 362; 10.10.2002 AP Nr. 45 zu § 9 KSchG 1969; hierzu auch BAG 18.11.1999 AP Nr. 5 zu § 14 KSchG 1969 = NZA 2000, 427.
[104] BAG 29.8.2013 AP Nr. 70 zu § 9 KSchG 1969 = NZA 2014, 660.

AN gegen AG, Vorgesetzte oder Kollegen sind als Auflösungsgrund geeignet.[105] So verletzt ein Angestellter, der der Verwaltung der Stadt, bei der er beschäftigt ist, öffentlich vorwirft, sie mache mit der Zuweisung eines bestimmten Dezernats an einen Beigeordneten „den Bock zum Gärtner" und „mangels Kompetenz" des betreffenden „erfolg- und glücklosen Wirtschaftsbürgermeisters" stelle die Dezernatsaufteilung eine „Mogelpackung" dar, in erheblichem Maße das sich für ihn aus § 8 BAT bzw. § 241 II BGB ergebende Gebot der Mäßigung und Zurückhaltung. Er handelt insoweit nicht als Privatperson ohne Bezug zu seiner beruflichen Tätigkeit.[106] Gleiches gilt, wenn ein in Leitungsfunktion tätiger AN im Rahmen eines Streits um einen Anspruch aus dem Arbeitnehmererfindungsgesetz seinem AG schriftlich vorwirft, er sei „bekanntlich und wie bereits exerziert nicht sonderlich an einer wahrheitsgemäßen Klärung von Vergütungsansprüchen interessiert", „die zur Vergütung verpflichteten deutschen Konzerntöchter hüllten sich in organisierte Unwissenheit", „die wissentliche Duldung einer nicht geeigneten Organisation, die den Mitarbeiter zwangsläufig benachteiligt, erfüllt den Straftatbestand des Betruges, mindestens aber den der arglistigen Täuschung".[107] Auch dürfen die Parteien nicht leichtfertig Tatsachenbehauptungen aufstellen, deren Unhaltbarkeit ohne Weiteres auf der Hand liegt.[108] **Falsche Tatsachenbehauptungen** sind nicht vom Schutzbereich des Art. 5 I GG umfasst.[109] Behauptet der AN im Prozess, das **Vertrauensverhältnis zu Vorgesetzten sei völlig zerrüttet,** weil die notwendige Kooperationsbereitschaft nicht mehr bestehe, kann sich der AG zur Begründung seines Auflösungsantrages diesen Vortrag zu eigen machen.[110] Ein Auflösungsantrag des AG kann weiterhin dann berechtigt sein, wenn sich der gekündigte AN mit unzutreffenden Tatsachenbehauptungen gegen den AG an die Öffentlichkeit wendet und so den **AG in Misskredit** bringt.[111] Gleiches gilt bei einer offenbar nicht begründeten **Strafanzeige gegen den AG**[112] oder wenn der AN seinen Kollegen und Vorgesetzten vorwirft, Mobbing gegen ihn zu betreiben, ohne hierfür ausreichende Tatsachen vorzutragen.[113] **Strafanzeigen gegen Vorgesetzte** können einen Auflösungsantrag begründen, wenn der AN den Vorgesetzten wahrheitswidrig beschuldigt hat oder insoweit zumindest der dringende Verdacht fehlt.[114] Aufgrund der besonderen Glaubwürdigkeit, auf die **Kirchengemeinden** in der Öffentlichkeit angewiesen sind, kann im Einzelfall der Eindruck einer heillosen Zerstrittenheit des Gemeindepersonals die Auflösung eines Arbeitsverhältnisses eines kirchlichen AN rechtfertigen.[115]

37 Ungeeignet sind **wirtschaftliche oder betriebliche Gründe,** diese können nur Anlass für eine betriebsbedingte Kündigung sein.[116] Die **mehrfache Verweigerung des Grußes** gegenüber dem Geschäftsführer eines mittelständischen Betriebes nach dessen vorherigem Gruß bei Begegnungen außerhalb des Betriebes in Anwesenheit dritter Personen stellt nach Auffassung des LAG Köln keinen Grund zur Auflösung des Arbeitsverhältnisses dar, wenn der Gruß aus Verärgerung über ein zuvor geführtes Personalgespräch verweigert worden ist.[117] Polemische und unhöfliche Formulierungen einer Partei oder des Bevollmächtigten im **Kündigungsschutzprozess** sind durch Wahrnehmung berechtigter Interessen gerechtfertigt, solange sie einen sachlichen, nachvollziehbaren Bezug zu den maßgeblichen rechtlichen Fragen haben und die Grenze zu persönlicher **Schmähung,** Gehässigkeit und bewusster Wahrheitswidrigkeit nicht überschreiten.[118] Verfahrensbeteiligte dürfen starke, **eindringliche Ausdrücke und sinnfällige Schlagworte** benutzen, um ihre Rechtsposition zu unterstreichen, selbst wenn sie ihren Standpunkt vorsichtiger hätten formulieren können.[119] Dies gilt etwa für die schriftsätzliche Äußerung eines Klägers, ihm sei „ganz

---

[105] BAG 23.2.2010 AP Nr. 61 zu § 9 KSchG 1969 = NZA 2010, 1123; 6.11.2003 AP Nr. 46 zu § 1 KSchG 1969 Verhaltensbedingte Kündigung; 10.10.2002 AP Nr. 45 zu § 9 KSchG 1969.

[106] BAG 6.11.2003 AP Nr. 46 zu § 1 KSchG 1969 Verhaltensbedingte Kündigung.

[107] LAG Köln 14.9.2005 – 7 Sa 242/05.

[108] BAG 29.8.2013 AP Nr. 70 zu § 9 KSchG 1969 = NZA 2014, 660; 23.2.2010 AP Nr. 61 zu § 9 KSchG 1969 = NZA 2010, 1123.

[109] BAG 24.5.2018 AP Nr. 72 zu § 9 KSchG 1969 = NZA 2018, 1131.

[110] Vgl. LAG Bln 5.5.1997 LAGE § 9 KSchG Nr. 29.

[111] LAG Düsseldorf 8.9.1978 DB 1979, 556; LAG Köln 29.9.1982 DB 1983, 124.

[112] LAG RhPf 20.12.2005 – 5 Sa 504/05.

[113] LAG SchlH 18.10.2001 RzK I 11 a Nr. 36.

[114] LAG Hmb 27.6.1995 LAGE § 9 KSchG Nr. 26.

[115] BVerfG 2.2.1990 EzA Nr. 36 zu § 9 KSchG nF.

[116] BAG 14.10.1954 AP Nr. 6 zu § 3 KSchG; 9.12.1955 AP Nr. 2 zu § 7 KSchG; APS/*Biebl* KSchG § 9 Rn. 62; KR/*Spilger* KSchG § 9 Rn. 66.

[117] LAG Köln 29.11.2005 – 9 (7) Sa 657/05.

[118] BAG 9.9.2010 AP Nr. 64 zu § 9 KSchG 1969 = NJW 2010, 3798.

[119] BAG 24.5.2018 AP Nr. 72 zu § 9 KSchG 1969 = NZA 2018, 1131; 19.11.2015 AP Nr. 75 zu § 1 KSchG 1969 Verhaltensbedingte Kündigung = NZA 2016, 540; 24.3.2011 AP Nr. 67 zu § 9 KSchG 1969 = NZA-RR 2012, 243; BVerfG 8.11.2016 – 1 BvR 988/15.

erhebliches Unrecht geschehen durch eine als betriebsbedingt vorgeschobene Kündigung".[120] Gleiches gilt, wenn der AN nach einer betriebsbedingten Kündigung die Richtigkeit der vom AG in den Prozess eingeführten Umsatzzahlen bestreitet und darüber hinaus auch eigene Behauptungen über höhere Umsätze aufgestellt.[121] Ebenso wenig genügen **falsche Rechtsbehauptungen,** wie die Kündigung sei sittenwidrig oder willkürlich.[122] Bewusst **wahrheitswidriger Prozessvortrag** eines AN in einem Kündigungsrechtsstreit, den dieser hält, weil er befürchtet, mit wahrheitsgemäßen Angaben den Prozess zu verlieren, ist dagegen geeignet, eine Auflösung des Arbeitsverhältnisses zu rechtfertigen.[123] Für die Beantwortung der Frage, ob eine weitere Zusammenarbeit mit dem AN dienlich ist, kann auch das **Verhalten seines Prozessbevollmächtigten** mit zu berücksichtigen sein.[124] Dies gilt für vom AN nicht veranlasste Erklärungen des Prozessbevollmächtigten jedenfalls dann, wenn der AN sich diese zu eigen macht und sich auch nachträglich nicht hiervon distanziert.[125] Das **Verhalten sonstiger dritter Personen** ist als Grund für den Auflösungsantrag des AG nach § 9 KSchG geeignet, wenn der AN dieses Verhalten durch eigenes Tun entscheidend veranlasst hat.[126] Die bloße **Weigerung von Arbeitskollegen,** mit dem Gekündigten zusammenzuarbeiten, kann allein eine Auflösung nicht rechtfertigen. Der AG muss in diesem Fall aufzeigen, dass er – erfolglos – alles Zumutbare getan hat, um einen Ausgleich zwischen den AN herbeizuführen.[127]

V. Auflösungszeitpunkt

Nach § 9 II KSchG ist das Arbeitsverhältnis bei einer **ordentlichen Kündigung** zu dem Zeitpunkt aufzulösen, zu dem es bei sozial gerechtfertigter Kündigung geendet hätte. Dieser Zeitpunkt bestimmt sich nach der auf das Arbeitsverhältnis anwendbaren Kündigungsfrist (dazu → § 126 Rn. 1 ff.). Dies gilt auch dann, wenn der AG sie nicht eingehalten hat und der AN dies im Rechtsstreit nicht gerügt hat.[128] Bei einer **außerordentlichen Kündigung** ist nach § 13 I 4 KSchG der Zeitpunkt maßgebend, zu dem die außerordentliche Kündigung ausgesprochen wurde. Hat der AG eine außerordentliche, hilfsweise ordentliche Kündigung erklärt, kommt für den AN sowohl eine Auflösung nach § 13 I 4 wie nach § 9 II KSchG in Betracht. Maßgebend ist allein, welchen Antrag der AN gestellt hat.[129] Da nach § 9 II KSchG die Auflösung des Arbeitsverhältnisses zu dem Zeitpunkt zu erfolgen hat, zu dem es bei sozial gerechtfertigter Kündigung geendet hätte, kann ein Auflösungsantrag nicht mehr mit Erfolg gestellt werden kann, wenn das Arbeitsverhältnis zu diesem Zeitpunkt bereits aus anderen Gründen beendet war. Eine gerichtliche Auflösung ist nur möglich, wenn das Arbeitsverhältnis zu dem gesetzlich zwingend vorgeschriebenen Auflösungszeitpunkt noch bestanden hat. Andernfalls kann durch das Urteil nichts mehr gestaltet werden.[130] Eine Auflösung des Arbeitsverhältnisses ist daher noch möglich, wenn das Arbeitsverhältnis nach dem gem. § 9 II KSchG festzusetzenden Zeitpunkt, aber vor Erlass des Auflösungsurteils geendet hat (zu dem dann maßgeblichen Beurteilungszeitpunkt für Auflösungsgründe → Rn. 26).[131] Hat der AG mehrere Kündigungen ausgesprochen, ist es regelmäßig ausgeschlossen, über einen Kündigungsschutzantrag gegen eine spätere Kündigung eher zu entscheiden, als über einen zeitlich vorgehenden Auflösungsantrag (zu Ausnahmen → Rn. 5).[132] 38

VI. Auflösungsurteil

1. Entscheidungsmöglichkeiten. In einem Kündigungsrechtsstreit, in dem ein Auflösungsantrag gestellt worden ist, sind **drei Prozessergebnisse denkbar: (1)** Die Kündigung ist sozial 39

[120] BAG 9.9.2010 AP Nr. 64 zu § 9 KSchG 1969 = NJW 2010, 3798.
[121] BAG 10.10.2002 AP Nr. 123 zu § 1 KSchG 1969 Betriebsbedingte Kündigung.
[122] BAG 21.9.2000 AP Nr. 112 zu § 1 KSchG 1969 Betriebsbedingte Kündigung = NZA 2001, 255.
[123] BAG 24.5.2018 AP Nr. 72 zu § 9 KSchG 1969 = NZA 2018, 1131.
[124] BAG 3.11.1983 RzK I 11 a Nr. 7; 30.6.1959 AP Nr. 56 zu § 1 KSchG.
[125] BAG 9.9.2010 AP Nr. 64 zu § 9 KSchG 1969 = NJW 2010, 3798; 10.6.2010 AP Nr. 63 zu § 9 KSchG 1969 = NJW 2010, 3796; 7.3.2002 AP Nr. 42 zu § 9 KSchG 1969 = NZA 2003, 261; APS/*Biebl* KSchG § 9 Rn. 66.
[126] BAG 14.5.1987 AP Nr. 18 zu § 9 KSchG 1969 = NZA 1988, 16.
[127] BAG 23.10.2008 AP Nr. 218 zu § 626 BGB = NZA-RR 2009, 362.
[128] BAG 21.6.2012 AP Nr. 68 zu § 9 KSchG 1969 = NZA 2013, 199.
[129] BAG 20.5.1988 RzK I 11 b Nr. 7.
[130] BAG 23.2.2010 AP Nr. 61 zu § 9 KSchG 1969 = NZA 2010, 1123.
[131] BAG 23.2.2010 AP Nr. 61 zu § 9 KSchG 1969 = NZA 2010, 1123; 24.5.2005 AP Nr. 282 zu § 613a BGB = NZA 2005, 1178.
[132] BAG 28.5.2009 AP Nr. 60 zu § 9 KSchG 1969 = NZA 2009, 966.

gerechtfertigt. Dann wird die Klage kostenpflichtig abgewiesen. Die vom AN oder AG gestellten Auflösungsanträge fallen nicht zur Entscheidung an, weil sie nur hilfsweise für den Fall gestellt sind, dass der Kündigungsschutzklage stattgegeben wird. **(2)** Die Kündigung ist sozial ungerechtfertigt und der vom AG oder AN gestellten Auflösungsantrag ist unbegründet. In dieser Konstellation hat das Arbeitsgericht im Tenor auszusprechen, dass das Arbeitsverhältnis durch die Kündigung vom … zum … nicht aufgelöst worden ist und den Auflösungsantrag abzuweisen. Hatte der AG den Auflösungsantrag gestellt, hat er die gesamten Kosten des Rechtsstreits zu tragen, weil er voll unterlegen ist (§ 91 ZPO). Ist dagegen der Auflösungsantrag des AN zurückgewiesen worden, hat idR eine Kostenteilung zu erfolgen (§§ 91, 92 ZPO), wobei der AG die überwiegenden Kosten zu tragen hat.[133] **(3)** Die Kündigung ist sozial ungerechtfertigt und der Auflösungsantrag des AN und/oder AG ist begründet. In diesem Fall ist das Arbeitsverhältnis durch Gestaltungsurteil aufzulösen und zugleich im Urteil die Abfindung festzusetzen. Nach hM ist in diesen Fällen zu tenorieren:[134] „Das Arbeitsverhältnis wird mit dem … aufgelöst. Der Beklagte wird zur Zahlung einer Abfindung in Höhe von … EUR verurteilt." Für die Kostenentscheidung gelten die vorstehenden Ausführungen sinngemäß. Hat der AN einen bezifferten Abfindungsantrag gestellt, hat er die Kosten anteilig zu tragen, wenn ihm das Gericht der Höhe nach nicht folgt.[135] Zur Antragstellung im zweiten Rechtszug → Rn. 19.

40 **Unzulässig** ist es, im Wege des **Teilurteils** über die Wirksamkeit der Kündigung und durch Schlussurteil über die Auflösung des Arbeitsverhältnisses zu entscheiden.[136] Dieser Grundsatz steht indes dem Erlass eines Teilanerkenntnisurteils über die Unwirksamkeit der Kündigung nicht entgegen.[137]

41 Bei der Bemessung des **Streitwerts** (§ 61 I ArbGG) ist die Abfindungssumme nicht zu berücksichtigen.[138] Maximal ist die Vergütung eines Vierteljahres der Streitwertbemessung zugrunde zu legen.

42 **2. Vergütungsfortzahlung.** Der AG hat gem. §§ 611, 615 BGB bis zu dem Zeitpunkt, zu dem das Arbeitsverhältnis aufgelöst wird, die Arbeitsvergütung fortzuzahlen.

VII. Auflösungsvergleich

43 Die Prozessparteien können in einem Vergleich die Beendigung des Arbeitsverhältnisses gegen Zahlung einer Abfindung vereinbaren.

VIII. Abfindung

44 **1. Überblick.** Wird das Arbeitsverhältnis nach § 9 KSchG aufgelöst, hat das Arbeitsgericht zugleich eine Abfindung festzusetzen. Die Berechnung der Abfindungshöhe ist in § 10 KSchG nur rudimentär geregelt. Die Abfindung muss nach § 9 I KSchG angemessen sein. Sie ist vom Gericht nach pflichtgemäßem Ermessen festzusetzen.[139] Bei der Bemessung der Abfindung sind alle Umstände des Einzelfalls zu berücksichtigen.

45 **2. Bemessungskriterien.** Maßgeblich sind **soziale Faktoren** wie insbesondere das Lebensalter,[140] die Dauer der Betriebszugehörigkeit[141] und die wirtschaftliche Lage des AG[142] (nicht dagegen die des AN,[143] weil sonst der sparsame AN benachteiligt wird – BT-Drs. V/3913, 9). Bei Fehlen besonderer Anzeichen für eine überdurchschnittliche Leistungsfähigkeit ist davon auszugehen, dass für Kleinbetriebe eine Abfindungssumme in Höhe von über 20 000,– EUR eine größere wirtschaftliche Belastung als für einen Großbetrieb bedeutet.[144] Weiterhin sind zu

---

[133] Vgl. BAG 28.1.1961 AP Nr. 8 zu § 7 KSchG: Verteilung ¾ zu ¼.
[134] BAG 9.12.1955 und 13.12.1956 AP Nr. 2, 5 zu § 7 KSchG; vgl. auch KR/*Spilger* KSchG § 9 Rn. 101.
[135] BAG 26.6.1986 AP Nr. 3 zu § 10 KSchG 1969 = NZA 1987, 139.
[136] BAG 12.5.2010 AP Nr. 67 zu § 15 KSchG 1969 = NZA-RR 2011, 15; 9.12.1971 AP Nr. 3 zu Art. 56 ZA-Nato-Truppenstatut; 4.4.1957 AP Nr. 1 zu § 301 ZPO; KR/*Spilger* KSchG § 9 Rn. 100; diff. APS/*Biebl* KSchG § 9 Rn. 7.
[137] BAG 29.1.1981 AP Nr. 6 zu § 9 KSchG 1969; LSSW/*Spinner* KSchG § 9 Rn. 69.
[138] Vgl. BAG AP Nr. 7 zu § 12 ArbGG 1953; andere Abfindungen werden hinzugerechnet: LAG Bln 17.3.1995 NZA 1995, 1072.
[139] BAG 26.8.1976 AP Nr. 68 zu § 626 BGB.
[140] Zum Berechnungszeitpunkt: LAG RhPf 16.12.1994 BB 1995, 935 (Auflösungsentscheidung).
[141] APS/*Biebl* KSchG § 10 Rn. 21; KR/*Spilger* KSchG § 10 Rn. 45.
[142] BAG 28.11.1968 AP Nr. 19 zu § 1 KSchG Betriebsbedingte Kündigung.
[143] LAG Köln 15.9.1994 BB 1995, 523.
[144] BAG 20.11.1997 RzK I 11 c Nr. 13.

berücksichtigen Unterhaltspflichten, der Verlust etwaiger betrieblicher Anwartschaftsrechte auf Ruhegelder,[145] die Chancen, eine neue Stelle zu finden.[146] Zu den Umständen des Einzelfalls gehört nach Auffassung des BAG auch die Sicherheit des Arbeitsplatzes.[147] Da die Abfindung nach §§ 9, 10 KSchG in erster Linie ein Ausgleich für den Verlust des Arbeitsplatzes sei, wiege der Verlust des Arbeitsplatzes umso schwerer, je sicherer der Arbeitsplatz gewesen sei, dh je weniger der AN befürchten musste, diesen in absehbarer Zeit zu verlieren. Lägen dagegen zum Zeitpunkt der Auflösungsentscheidung Anzeichen dafür vor, dass der AN auch ohne eine gerichtliche Auflösung des Arbeitsverhältnisses in naher Zukunft mit einem Verlust seines Arbeitsplatzes rechnen musste, sei dies abfindungsmindernd zu berücksichtigen. Bedeutung hat ferner das **Maß der Sozialwidrigkeit** der Kündigung, weil der Abfindung u.a. auch eine Sanktionsfunktion zukommt, um ungerechtfertigten Kündigungen vorzubeugen.[148] Auch das sonstige Maß des Auflösungsverschuldens, wie zB schwere Beleidigungen und Bedrohungen während des Kündigungsschutzprozesses sind zu berücksichtigen. Mindernd kann berücksichtigt werden, wenn der AN den Auflösungsgrund schuldhaft herbeigeführt hat.[149]

3. Höchstgrenzen. Das Höchstmaß der Abfindung beträgt gem. § 10 I KSchG zwölf 46
Monatsverdienste; sie kann nach § 10 II KSchG auf 15 Monatsverdienste erhöht werden, wenn der AN das 50. Lebensjahr vollendet und das Arbeitsverhältnis mindestens 15 Jahre bestanden hat; auf 18 Monatsverdienste, wenn der AN das 55. Lebensjahr vollendet hat und das Arbeitsverhältnis mindestens 20 Jahre bestanden hat. Die Erhöhung gilt nicht, wenn der AN im Auflösungszeitpunkt das Rentenalter erreicht hat. Wie in § 1 KSchG wird auf die ununterbrochene Betriebszugehörigkeit abgestellt.[150] Hat das Arbeitsverhältnis zu einem früheren Zeitpunkt einmal geendet, sind die Vordienstzeiten grundsätzlich nicht zu berücksichtigen. Etwas anderes kann dann gelten, wenn zwischen den beiden Arbeitsverhältnissen ein enger zeitlicher und sachlicher Zusammenhang besteht (dazu → § 130 Rn. 26). Dass das Lebensalter des AN für die Bestimmung der Abfindungshöhe von Bedeutung ist, ist zulässig.[151] Das im AGG geregelte Verbot der **Benachteiligung wegen des Alters** steht dem nicht entgegen. § 10 Nr. 6 AGG, der die Berücksichtigung des Alters bei der Bemessung von Sozialplanabfindungen regelt, ist zu entnehmen, dass bei Abfindungsregelungen die vom Alter abhängigen Chancen auf dem Arbeitsmarkt berücksichtigt werden können. Steht der AN kurz vor der Altersgrenze, die ihn zum Bezug einer Regelaltersrente berechtigt, kann dies, wie § 10 II 2 KSchG zeigt, abfindungsmindernd berücksichtigt werden. Nach einer allerdings nicht allseitig anerkannten Faustregel wird je Beschäftigungsjahr ein halbes Monatseinkommen als Abfindung festgesetzt. Der sich hieraus ergebende Betrag ist einzelfallbezogen zu modifizieren.

4. Berechnung des Monatseinkommens. Als Monatsverdienst gilt, was dem AN bei regel- 47
mäßiger betriebsüblicher Arbeitszeit in dem Monat, in dem das Arbeitsverhältnis kraft richterlicher Auflösung endet, an Geld und Sachbezügen zusteht (§ 10 III KSchG). Überstunden und Kurzarbeit bleiben unberücksichtigt. Weicht die tatsächliche Arbeitszeit über einen längeren Zeitraum von der tariflichen oder im Arbeitsvertrag vereinbarten Arbeitszeit ab, ist sie maßgeblich, weil sie Ausdruck des wirklichen Willens der Arbeitsvertragsparteien ist. Insoweit gelten die zu § 4 I, Ia EFZG entwickelten Grundsätze auch hier (dazu → § 98 Rn. 81). Das Gesetz stellt in § 10 III KSchG auf den **Monat der Beendigung des Arbeitsverhältnisses** und nicht, wie bei der Berechnung des Urlaubsgelds und des Mutterschutzlohns, auf eine in der Vergangenheit liegende Referenzperiode ab. Bei Gehaltssteigerungen im Ausscheidensmonat ist von dem erhöhten Betrag auszugehen. Die Sachbezüge sind mit dem wahren Wert in Ansatz zu bringen. Für privat genutzte Dienstwagen (dazu → § 68 Rn. 8 ff.) beträgt der Wert gem. § 6 I Nr. 4 EStG für jeden Kalendermonat 1% des inländischen Listenpreises im Zeitpunkt der Erstzulassung zuzüglich der Kosten für Sonderausstattungen einschließlich Umsatzsteuer. Geldleistungen, die für einen längeren Zeitraum erbracht werden (zB 13. Monatsgehalt, Tantiemen, Provisionen), sind anteilig für den Ausscheidungsmonat zu berücksichtigen. Leistungen mit Gratifikationscha-

---

145 BAG 31.3.1969 AP Nr. 1 zu § 242 BGB Ruhegehalt – Lebensversicherung; 28.11.1968 AP Nr. 19 zu § 1 KSchG Betriebsbedingte Kündigung.

146 ErfK/*Kiel* KSchG § 10 Rn. 6; LSSW/*Spinner* KSchG § 10 Rn. 15; aA APS/*Biebl* KSchG § 10 Rn. 25.

147 BAG 20.11.1997 RzK I 11 c Nr. 13.

148 BAG 20.11.1997 RzK I 11 c Nr. 13; 25.11.1982 AP Nr. 10 zu § 9 KSchG 1969; 15.2.1973 AP Nr. 2 zu § 9 KSchG 1969; LAG Düsseldorf 29.11.1994 BB 1995, 523 = NZA 1995, 579.

149 BAG 18.3.1993 AP Nr. 20 zu Einigungsvertrag Anlage I Kap. XIX = NZA 1993, 601.

150 Vgl. BAG 26.8.1976 AP Nr. 68 zu § 626 BGB.

151 Vgl. *Annuß* BB 2006, 325 (326).

rakter bleiben außer Betracht.[152] Nicht zu berücksichtigen sind weiterhin Zuwendungen mit Aufwendungscharakter (Schmutzzulagen, Spesen usw.).

48 **5. Steuerrechtliche Behandlung.** Abfindungen sind einkommensteuerrechtlich als außerordentliche Einkünfte nach §§ 34, 24 Nr. 1 EStG zu behandeln (→ § 122 Rn. 43).

49 **6. Sozialversicherungsrechtliche Behandlung.** Abfindungen, die für künftig entfallende Verdienstmöglichkeiten vom AG gezahlt werden, sind in der Kranken-, Pflege-, Renten- und Arbeitslosenversicherung beitragsfrei.[153] Enthält die Abfindung dagegen verdeckte Vergütungszahlungen oder ist in ihr die Urlaubsabgeltung enthalten, unterliegt sie in diesem Umfang der Beitragspflicht. Ansprüche auf Arbeitslosengeld können nach Maßgabe von § 158 SGB III ruhen (dazu → § 23 Rn. 1 ff.). Eine Abfindung, die wegen Verringerung der Wochenarbeitszeit bei weiterbestehendem versicherungspflichtigem Beschäftigungsverhältnis gezahlt wird, ist beitragspflichtiges Arbeitsentgelt.[154]

50 **7. Vererbbarkeit.** Wird das Auflösungsurteil vor dem nach § 9 II KSchG zu bestimmenden Auflösungszeitpunkt rechtskräftig, wie dies namentlich bei langen Kündigungsfristen möglich ist, entfällt die Verpflichtung des AG zur Zahlung der im Urteil festgesetzten Abfindung selbst dann nicht, wenn der AN vor dem Auflösungszeitpunkt aber nach Rechtskraft des Urteils stirbt.[155] Mit dem vor dem Tod des AN rechtskräftig gewordenen Auflösungsurteil ist der Abfindungsanspruch des AN entstanden und damit auch vererblich.

51 **8. Pfändung, Abtretung, Aufrechnung, Verfallfrist.** Die Abfindung ist Arbeitseinkommen iSv § 850 ZPO. Sie unterliegt dem Pfändungsschutz nach § 850i ZPO, nicht aber dem Schutz nach § 850c ZPO, weil die Abfindung nicht zum laufenden Arbeitsentgelt gehört, das für einen bestimmten Zeitraum gezahlt wird.[156] Sie wird durch einen sich nur auf Vergütungsansprüche beziehenden Pfändungs- und Überweisungsbeschluss erfasst, auch wenn sie nicht besonders erwähnt wird.[157] Sie ist abtretbar und gegen sie kann aufgerechnet werden, sofern der AN keinen Antrag nach § 850i ZPO gestellt hat (§ 394 BGB).[158] Macht erst der **Insolvenzverwalter** einen Antrag auf Auflösung des Arbeitsverhältnisses nach § 9 KSchG rechtshängig und löst das Gericht das Arbeitsverhältnis daraufhin auf, ist der Anspruch auf Abfindung nach § 10 KSchG eine Masseverbindlichkeit, die nach § 53 InsO vorweg zu berichtigen, also wie geschuldet in voller Höhe zu erfüllen ist. Das gilt auch dann, wenn die der Auflösung zugrunde liegende Kündigung noch vom späteren Insolvenzschuldner erklärt worden ist.[159]

52 **9. Insolvenzrechtlicher Rang.** Eine durch Auflösungsurteil zuerkannte Abfindung ist immer dann eine Masseverbindlichkeit iSd § 55 I 1 InsO, wenn der Insolvenzverwalter das durch § 9 I KSchG eingeräumte Gestaltungsrecht selbst ausübt, indem er erstmals den Auflösungsantrag stellt oder diesen erstmals prozessual wirksam in den Prozess einführt. Um eine bloße Insolvenzforderung iSd § 38 InsO handelt es sich demgegenüber, wenn der Insolvenzverwalter lediglich den von ihm vorgefundenen, bereits rechtshängigen Antrag des Schuldners weiterverfolgt und an dem so schon von diesem gelegten Rechtsgrund festhält.[160]

---

[152] APS/*Biebl* KSchG § 10 Rn. 18; KR/*Spilger* KSchG § 10 Rn. 38; aA ErfK/*Kiel* KSchG § 10 Rn. 2.
[153] BAG 9.11.1988 AP Nr. 6 zu § 10 KSchG 1969; 3.12.2002 BSGE 91, 293.
[154] BSG 28.1.1999 EzA Nr. 1 zu § 14 SGB III.
[155] BAG 25.6.1987 EzA Nr. 23 zu § 9 KSchG nF; KR/*Spilger* KSchG § 9 Rn. 33.
[156] BAG 13.11.1991 AP Nr. 13 zu § 850 ZPO = NZA 1992, 384.
[157] BAG 13.11.1991 AP Nr. 13 zu § 850 ZPO = NZA 1992, 384.
[158] SPV Kündigung/*Vossen* Rn. 2145; APS/*Biebl* KSchG § 10 Rn. 44.
[159] BAG 14.3.2019 AP Nr. 24 zu § 55 InsO = NZA 2019, 567.
[160] BAG 14.3.2019 AP Nr. 24 zu § 55 InsO = NZA 2019, 567.

9. Abschnitt. Massenentlassungen

§ 142. Anzeigepflichtige Massenentlassungen

Übersicht

I. Allgemeines

1 Die Regelungen der §§ 17 ff. KSchG beruhen auf der RL 98/59/EG. Diese sieht eine Teilharmonisierung der Vorschriften über den Schutz der AN bei Massenentlassungen vor. Sie betrifft lediglich das Verfahren, greift aber nicht in die freie Entscheidung des AG ein, Massenentlassungen vorzunehmen.[1] Die Regelungen sollen zum einen für den Fall von Massenentlassungen einen vergleichbaren Schutz der AN in den verschiedenen Mitgliedstaaten gewährleisten, zum anderen sollen die für die Unternehmen mit diesen Schutzvorschriften verbundenen Belastungen zur Beseitigung von Wettbewerbsverzerrungen einander angeglichen werden.[2] **Hauptziel** der unionsrechtlichen und nationalen Regelungen ist es, die sozioökonomischen Auswirkungen von Massenentlassungen aufzufangen, indem vor solchen Entlassungen Konsultationen mit Arbeitnehmervertretern erfolgen und die zuständige Behörde unterrichtet wird. Der in § 17 KSchG geregelte besondere Kündigungsschutz bei Massenentlassungen besteht aus **zwei getrennt durchzuführenden Verfahren: (1)** die in § 17 II KSchG normierte Pflicht zur Konsultation des BR einerseits (→ Rn. 15 ff.) und **(2)** die in § 17 I und III KSchG geregelte Anzeigepflicht gegenüber der AA andererseits (→ Rn. 24 ff.). Beide Verfahren stehen selbständig nebeneinander und dienen in unterschiedlicher Weise der Erreichung des mit dem Massenentlas-

[1] EuGH 21.12.2016 AP Nr. 8 zu Richtlinie 98/59/EG – AGET Iraklis.
[2] EuGH 30.4.2015 NZA 2015, 601 – USDAW und Wilson; EuArbRK/*Spelge* RL 98/59/EG Rn. 5 ff.

sungsschutz verfolgten Ziels.[3] Jedes dieser Verfahren stellt ein eigenständiges Wirksamkeitserfordernis für die im Zusammenhang mit einer Massenentlassung erfolgten Kündigungen dar (→ Rn. 23, 35).

II. Anwendungsbereich

2 **1. Betrieblicher Geltungsbereich. a) Allgemeines.** Die §§ 17 ff. KSchG gelten für alle Betriebe und Verwaltungen des privaten Rechts sowie für Betriebe, die von einer öffentlichen Verwaltung zur Erreichung wirtschaftlicher Zwecke geführt werden (§ 23 II KSchG). Wirtschaftliche Zwecke können auch verfolgt werden, wenn der öffentlichen Verwaltung die Erwerbsabsicht fehlt. Die §§ 17 ff. KSchG gelten mithin für alle Betriebe der öffentlichen Verwaltung, die auch von einer Person des Privatrechts betrieben werden könnten (zB Gas-, Wasser- und Elektrizitätswerke, Verkehrsunternehmen, Theater, Sparkassen, Krankenhäuser usw.), nicht dagegen für Betriebe der Hoheitsverwaltung oder solche, die spezifisch Aufgaben der öffentlichen Fürsorge wahrnehmen (Forschungsbetriebe, Schulen, Universitäten, uU Heilstätten usw.).[4] Zu den Betrieben iSv § 17 I KSchG gehören auch Gemeinschaftsbetriebe,[5] soweit sie dem unionsrechtlichen Betriebsbegriff entsprechen (→ Rn. 3). Der Massenentlassungsschutz gilt nur in Betrieben mit **idR mehr als 20 AN. Leiharbeitnehmer** sind bei der Bestimmung der Betriebsgröße im Entleiherbetrieb nicht mitzuzählen, sie sind vielmehr dem Verleiherbetrieb zugeordnet.[6] Die **Anzahl wird nach Köpfen bestimmt,** unabhängig davon, ob die AN teilzeit- oder vollzeitbeschäftigt sind.[7]

3 **b) Unionsrechtlicher Betriebsbegriff.** Der Begriff des Betriebs in § 17 KSchG ist ein unionsrechtlicher. Er ist deshalb losgelöst von den Begrifflichkeiten des nationalen Rechts auszulegen. Unter einem Betrieb ist in diesem Zusammenhang die Einheit zu verstehen, der die von der Entlassung betroffenen AN zur Erfüllung ihrer Aufgaben angehören. Es muss sich um eine unterscheidbare Einheit von einer gewissen Dauerhaftigkeit und Stabilität handeln, die zur Erledigung einer oder mehrerer Aufgaben bestimmt ist und über eine Gesamtheit von AN sowie über technische Mittel und eine organisatorische Struktur zur Erfüllung dieser Aufgaben verfügt. Ob die Einheit eine Leitung hat, die selbständige Massenentlassungen vornehmen kann, ist für die Definition des Betriebs ebenso wenig entscheidend wie ihre rechtliche, wirtschaftliche, finanzielle, verwaltungsmäßige oder technologische Autonomie.[8] Anders als bei § 4 BetrVG spielt auch eine räumliche Entfernung zum Hauptbetrieb keine Rolle.[9] Bei aufgrund einer Vereinbarung nach § 3 BetrVG errichteten Betrieben wird es vom Einzelfall abhängen, ob sie dem unionsrechtlichen Betriebsbegriff entsprechen. Andernfalls ist auf den einzelnen Betrieb als Teil der betriebsverfassungsrechtlichen Organisationseinheit abzustellen.[10]

4 **c) Nicht erfasste Betriebe.** Die §§ 17 ff. KSchG finden keine Anwendung in **Saison- und Kampagnebetrieben,** wenn die Entlassungen durch die Eigenart des Betriebs bedingt sind (§ 22 KSchG).[11] Der Massenentlassungsschutz gilt in diesen Betrieben allerdings dann, wenn die Entlassungen während der Saison oder der Kampagne notwendig werden. Saisonbetriebe sind alle Betriebe, die regelmäßig in einer bestimmten Jahreszeit aus witterungsabhängigen (zB Ziegeleien, Drahtseilbahnen usw.) oder anderen Gründen (zB Weihnachten) verstärkt arbeiten. Kam-

---

[3] BAG 13.6.2019 AP Nr. 55 zu § 17 KSchG 1969 mAnm *Moll/Jacoby* = NZA 2019, 1638; 9.6.2016 AP Nr. 51 zu § 17 KSchG 1969 = NZA 2016, 1198.

[4] ErfK/*Kiel* KSchG § 17 Rn. 7; zu Stationierungsstreitkräften BAG 15.12.2016 AP Nr. 211 zu § 1 KSchG 1969 Betriebsbedingte Kündigung = NZA 2017, 518.

[5] APS/*Moll* KSchG § 17 Rn. 4; ErfK/*Kiel* KSchG § 17 Rn. 6.

[6] EuArbRK/*Spelge* RL 98/59/EG Art. 1 Rn. 45a; aA ErfK/*Kiel* KSchG § 17 Rn. 11; über das Vorabentscheidungsersuchen des BAG vom 16.11.2017 AP Nr. 54 zu § 17 KSchG 1969 = NZA 2018, 245 konnte wegen Erledigung vom EuGH nicht entschieden werden.

[7] APS/*Moll* KSchG § 17 Rn. 18.

[8] BAG 14.5.2020 AP Nr. 57 zu § 17 KSchG 1969 = NZA 2020, 1092; 27.2.2020 AP Nr. 480 zu § 613a BGB = NZA 2020, 1303; 13.2.2020 AP Nr. 56 zu § 17 KSchG 1969 = NZA 2020, 1006; krit. *Moll* RdA 2021, 49 (52); vgl. zum unionsrechtlichen Betriebsbegriff weiterhin EuGH 13.5.2015 NZA 2015, 669 – Rabal Cañas; 13.5.2015 NZA 2015, 731 – Lyttle; 15.2.2007 AP Nr. 4 zu EWG-Richtlinie Nr. 98/59 = NZA 2007, 319 – Athinaiki Chartopoiia, dazu *v. Hoyningen-Huene* FS Wank, 2014, 161 (170 ff.).

[9] *Spelge* RdA 2018, 297 (299).

[10] *Spelge* RdA 2018, 297 (299).

[11] *Reinfeld,* Saison- und Kampagnearbeit, AR-Blattei SD 1390.

pagnebetriebe sind solche, die regelmäßig nicht mehr als einige Monate arbeiten (zB Zuckerfabriken, Freibäder, vorübergehend geöffnetes Strandhotel). Die Massenentlassungsvorschriften gelten ferner nicht für **Seeschiffe** und ihre Besatzungen (§ 23 II KSchG), wohl aber für die dazugehörigen Landbetriebe (Docks, Werften, Wartungsbetriebe, Lagerhäuser).[12] Anders als nach früherem Recht sind dagegen Binnenschiffe, Luftfahrzeuge und deren Besatzungen in den Geltungsbereich der Vorschriften einbezogen worden, weil die RL derartige Ausnahmen nicht kennt.[13]

2. Persönlicher Geltungsbereich. Der Massenentlassungsschutz **gilt für alle AN.** Wer AN ist, bestimmt sich nach dem **unionsrechtlichen Arbeitnehmerbegriff.** Danach ist AN, wer während einer bestimmten Zeit für eine andere Person nach deren Weisung Leistungen erbringt, für die er als Gegenleistung eine Vergütung erhält.[14] Dazu zählen etwa auch die Auszubildenden unabhängig von deren Alter. Praktikanten sind AN, wenn sie im Unternehmen zum Erwerb oder zur Vertiefung von Fachkenntnissen praktisch mitarbeiten und dafür eine Vergütung erhalten, die jedoch nicht zwingend vom AG gezahlt werden muss, sondern auch auf einer öffentlichen Arbeitsförderung beruhen kann.[15] Der unionsrechtliche Arbeitnehmerbegriff kann nicht durch innerstaatliche Regelungen modifiziert werden. Soweit § 17 V KSchG bestimmte Personengruppen aus dem Schutzbereich der §§ 17 ff. KSchG ausnimmt, ist die Norm nur teilweise mit Unionsrecht vereinbar.[16] Unbedenklich ist die Herausnahme von Geschäftsführern aus dem Massenentlassungsschutz, die bestimmenden Einfluss auf die Gesellschafterversammlung haben. Abhängig beschäftigte Geschäftsführer (zB Fremdgeschäftsführer einer GmbH) sind hingegen ungeachtet dessen AN idS, dass der Geschäftsführervertrag regelmäßig kein Arbeitsvertrag ist.[17] § 17 V Nr. 1 KSchG ist insoweit teleologisch zu reduzieren.[18] Die Herausnahme der leitenden Angestellten, die zur selbständigen Einstellung und Entlassung befugt sind (§ 17 V Nr. 3 KSchG), ist ebenfalls unanwendbar. Die Regelung ist mit der Richtlinie 98/59/EG nicht vereinbar, weil diese für leitende Angestellte und Fremdgeschäftsführer keine Ausnahme vorsieht. 5

3. Entlassung. Der Massenentlassungsschutz gilt für alle Entlassungen. Die Entlassung wurde von der Rechtsprechung des BAG zunächst von der Kündigung unterschieden.[19] Nach der Rspr. des EuGH ist die RL 98/59/EG jedoch dahingehend auszulegen, dass die Kündigungserklärung des AG das Ereignis darstellt, das als Entlassung gilt. Der AG dürfe Massenentlassungen erst nach Ende des Konsultationsverfahrens iSd Art. 2 RL 98/59/EG und nach der Anzeige der beabsichtigten Massenentlassung iSd Art. 3 und 4 RL 98/59/EG vornehmen.[20] Im Anschluss an diese Entscheidung geht das BAG nunmehr davon aus, dass unter einer Entlassung iSv § 17 I KSchG die Erklärung der Kündigung des Arbeitsverhältnisses zu verstehen ist.[21] § 17 I KSchG lässt eine richtlinienkonforme Auslegung zu. Der Begriff der „Entlassung" kann nach allgemeinem Sprachgebrauch auch im Sinne von „Kündigung" verstanden werden. Da eine nach Zugang der Kündigung erstattete Massenentlassungsanzeige nach der früheren Rechtsprechung des BAG und der Verwaltungspraxis der BA nicht zur Unwirksamkeit der Kündigungen geführt hatte, konnten sich AG bezüglich der Rechtsprechungsänderung nach Auffassung des BAG auf Vertrauensschutz berufen, solange sie von der geänderten Rechtsauffassung der Arbeitsverwaltung keine Kenntnis haben mussten.[22] Nach weit mehr als sieben Jahren Verfahrenslaufzeit beim BVerfG hat dieses indes mit Beschluss vom 10.12.2014 entschieden, das BAG habe mit dieser Rechtsprechung die Vorlage- 6

[12] Vgl. BAG 18.9.2003 AP Nr. 14 zu § 17 KSchG 1969 = NZA 2004, 375.
[13] BT-Drs. 8/1041, 6 = BR-Drs. 400/77, 10.
[14] EuGH 9.7.2015 AP Nr. 6 zu Richtlinie 98/59/EG = NZA 2015, 861 – Balkaya.
[15] EuGH 9.7.2015 AP Nr. 6 zu Richtlinie 98/59/EG = NZA 2015, 861 – Balkaya.
[16] ErfK/*Kiel* KSchG § 17 Rn. 10; *v. Hoyningen-Huene* FS Wank, 2014, 161 (167); *Lunk/Hildebrand* NZA 2016, 129 (132).
[17] EuGH 9.7.2015 AP Nr. 6 zu Richtlinie 98/59/EG = NZA 2015, 861 – Balkaya; krit. EuArbRK/*Spelge* RL 98/59/EG Art. 1 Rn. 47.
[18] EuArbRK/*Spelge* RL 98/59/EG Art. 1 Rn. 47; ErfK/*Kiel* KSchG § 17 Rn. 10; aA APS/*Moll* KSchG § 17 Rn. 15, 16a.
[19] BAG 18.9.2003 AP Nr. 14 zu § 17 KSchG 1969 = NZA 2004, 375; 13.4.2000 AP Nr. 13 zu § 17 KSchG 1969 = NZA 2001, 144.
[20] EuGH 27.1.2005 AP Nr. 18 zu § 17 KSchG 1969 = NZA 2005, 213 – Junk; zu den Folgen für das nationale Recht *v. Hoyningen-Huene* FS Wank, 2014, 161 (163 ff.).
[21] BAG 25.4.2013 AP Nr. 1 zu § 343 InsO; 21.3.2013 AP Nr. 45 zu § 17 KSchG 1969 = NZA 2013, 966; 10.5.2010 AP Nr. 20 zu § 1 KSchG 1969 Namensliste = NZA 2011, 114; 23.3.2006 AP Nr. 21 zu § 17 KSchG 1969 = NZA 2006, 971.
[22] BAG 23.3.2006 AP Nr. 21 zu § 17 KSchG 1969 = NZA 2006, 971; 13.7.2006 AP Nr. 22 zu § 17 KSchG 1969 = NZA 2007, 25; 22.3.2007 NZA 2007, 1101; 31.1.2008 AP Nr. 339 zu § 613a BGB.

pflicht aus Art. 267 III AEUV in unhaltbarer Weise gehandhabt und damit Art. 101 I 2 GG verletzt. Das Gericht habe es unterlassen, dem EuGH die Frage vorzulegen, ob es mit Art. 288 III AEUV bzw. Art. 4 II EUV vereinbar ist, bei der Anwendung der §§ 17 ff. KSchG eine rückwirkende Berücksichtigung der neueren Rechtsprechung des EuGH aus Vertrauensschutzgesichtspunkten auszuschließen.[23]

7 **4. Entlassungsgründe.** Unerheblich ist, aus welchen Gründen die Entlassung erfolgt. Entsprechende Einschränkungen der RL sind nicht übernommen worden.[24] Erfasst werden mithin Entlassungen aus personen-, verhaltens-, betriebsbedingten Gründen, auf Verlangen des BR usw.[25] Die Pflicht zur Durchführung des Konsultationsverfahrens und zur Erstattung einer Massenentlassungsanzeige besteht deshalb auch dann, wenn der AG eine Betriebsstilllegung beabsichtigt.[26] Nach § 17 I 2 KSchG stehen den Entlassungen andere Beendigungen des Arbeitsverhältnisses gleich, die vom AG veranlasst werden (→ Rn. 11).[27] Zu berücksichtigen sind auch AN, bei denen im Zeitpunkt der Massenentlassungsanzeige noch nicht feststeht, ob sie in eine Transfergesellschaft wechseln werden.[28]

8 **5. Änderungskündigung.** Der Begriff der „Entlassung" in § 17 I KSchG erfasst auch Änderungskündigungen.[29] Diese zählen bei der Berechnung der für eine Anzeige maßgebenden Zahl zu entlassender AN mit. **Unerheblich** ist, ob die von einer Änderungskündigung betroffenen AN das ihnen unterbreitete Änderungsangebot bei oder nach Zugang der Kündigungserklärung **abgelehnt oder unter dem Vorbehalt des § 2 KSchG angenommen** haben.[30] Weder dem Wortlaut des § 17 KSchG noch der RL 98/59/EG ist zu entnehmen, dass die Erklärung einer Kündigung nur dann als „Entlassung" iSd jeweiligen Vorschriften zu verstehen ist, wenn sie tatsächlich zum Ausscheiden des AN aus dem Betrieb führt. Entscheidend ist vielmehr, dass der AG auch bei einer Änderungskündigung damit rechnen muss, dass seine Kündigungserklärung die Auflösung des Arbeitsverhältnisses bewirkt. Hat der AG eine nach § 17 I KSchG erforderliche Anzeige nicht erstattet, führt dies zur Unwirksamkeit der Beendigungskündigungen, und zwar auch derjenigen, die im Rahmen von Änderungskündigungen (bei Ablehnung des Änderungsangebots) erklärt worden sind. Welche Rechtsfolgen das Fehlen einer Anzeige im Verhältnis zu AN hat, die das Angebot zur Änderung ihrer Vertragsbedingungen unter Vorbehalt angenommen haben, hat das BAG offengelassen. Die besseren Gründe dürften dafür sprechen, die angetragene Änderung der Arbeitsbedingungen als unwirksam anzusehen, da es sich bei der Unwirksamkeit nach § 17 I KSchG iVm § 134 BGB um einen sonstigen Unwirksamkeitsgrund handelt (→ Rn. 34), der auch zur Unwirksamkeit der Änderungskündigung nach Vorbehaltsannahme führt.

9 **6. Fristlose Entlassung.** Der Massenentlassungsschutz gilt grundsätzlich nicht für fristlose Entlassungen (§ 17 IV 1 KSchG), auch wenn aus sozialen Gründen eine Auslauffrist eingehalten wird.[31] Entscheidend ist, dass dem AG das Recht zur außerordentlichen Kündigung zusteht und eine solche Kündigung erfolgt. Von der Gewährung einer sozialen Auslauffrist ist die **notwendige Auslauffrist** zu unterscheiden, die der AG insbesondere bei der betriebsbedingten Kündigung unkündbarer AN einzuhalten hat (→ § 128 Rn. 1 ff.). Eine solche Kündigung fällt nicht unter § 17 IV KSchG, weil in diesen Fällen kein Grund zur fristlosen Entlassung vorliegt.[32]

10 **7. Nachkündigung.** Die durch eine ordnungsgemäße Massenentlassungsanzeige gem. § 17 I KSchG eröffnete Kündigungsmöglichkeit wird mit der Erklärung dieser Kündigung **verbraucht.**[33] Für jede weitere Kündigung ist unter den Voraussetzungen des § 17 I KSchG eine

---

[23] BVerfG 10.12.2014 NZA 2015, 375 unter Aufhebung von BAG 1.2.2007 – 2 AZR 15/06; dazu *Sagan* NZA 2014, 341.
[24] BAG 8.6.1989 AP Nr. 6 zu § 17 KSchG 1969 = NZA 1990, 224; s. dazu auch Bericht des Ausschusses für Arbeits- und Sozialordnung, BT-Drs. 8/1546, 7 f.
[25] APS/*Moll* KSchG § 17 Rn. 37.
[26] BAG 22.9.2016 AP Nr. 52 zu § 17 KSchG 1969 = NZA 2017, 175; 26.2.2015 AP Nr. 47 zu § 17 KSchG 1969 = NZA 2015, 881.
[27] BAG 19.3.2015 AP Nr. 464 zu § 613a BGB; 28.6.2012 AP Nr. 40 zu § 17 KSchG 1969 = NZA 2012, 1029.
[28] BAG 28.6.2012 AP Nr. 40 zu § 17 KSchG 1969 = NZA 2012, 1029.
[29] EuGH 21.9.2017 AP Nr. 9 zu Richtlinie 98/59/EG = NZA 2017, 1323 – Socha; 11.11.2015 AP Nr. 7 zu Richtlinie 98/59/EG = NZA 2015, 1441 – Pujante Rivera.
[30] Hierzu und zum Folgenden BAG 20.2.2014 AP Nr. 46 zu § 17 KSchG 1969 = NZA 2014, 1069.
[31] Ebenso ErfK/*Kiel* KSchG § 17 Rn. 16; APS/*Moll* KSchG § 17 Rn. 42.
[32] ErfK/*Kiel* KSchG § 17 Rn. 16.
[33] BAG 22.4.2010 AP Nr. 38 zu § 17 KSchG 1969 = NZA 2010, 1057.

neue Massenentlassungsanzeige erforderlich. Ebenso ist für Folgekündigungen das Konsultationsverfahren durchzuführen, wenn abermals ein Massenentlassungstatbestand vorliegt und (noch) eine beteiligungsfähige Arbeitnehmervertretung besteht.[34] Es sind dann alle nach § 17 I KSchG relevanten Entlassungstatbestände, die innerhalb von 30 Kalendertagen erfolgen, zusammenzuzählen. Das gilt auch dann, wenn sie auf einem neuen, eigenständigen Kündigungsentschluss beruhen. Erfolgt im selben Betrieb eine weitere Kündigung innerhalb der 30-Tage-Frist und damit in dem von § 17 I KSchG geforderten zeitlichen Zusammenhang mit der Massenentlassung, ist für sie vor Abgabe der Kündigungserklärung eine eigenständige Massenentlassungsanzeige notwendig. In einem solchen Fall stellt auch die (Nach-)Kündigung eines einzelnen AN einen anzeigepflichtigen Tatbestand dar.[35] Aus § 18 IV KSchG folgt nichts anderes. Diese Bestimmung gibt auch nicht dem Insolvenzverwalter das Recht, ein nach ordnungsgemäßer Massenentlassungsanzeige bereits vom Schuldner gekündigtes Arbeitsverhältnis innerhalb der Freifrist noch einmal zu kündigen, wenn diese zweite Kündigung im zeitlichen Zusammenhang von 30 Tagen mit einer weiteren Massenentlassung erklärt wird.

8. Sonstige Beendigungstatbestände. Nach § 17 I 2 KSchG stehen den Entlassungen andere Beendigungen des Arbeitsverhältnisses gleich, die vom AG veranlasst werden. Hierzu gehören namentlich **Aufhebungsverträge** und **Eigenkündigungen,** mit denen die AN einer sonst erforderlichen betriebsbedingten Arbeitgeberkündigung zuvorkommen.[36] § 17 I KSchG gilt auch bei der **Kündigung durch den Insolvenzverwalter.**[37] Ob der Abschluss eines **sog. dreiseitigen Vertrags** mit vorübergehendem Übertritt in eine Transfergesellschaft einer Entlassung gleichsteht, ist höchstrichterlich noch nicht geklärt[38] und dürfte nicht ohne die Durchführung eines Vorabentscheidungsersuchens zu beantworten sein. Die §§ 17 ff. KSchG **gelten nicht,** wenn AN aufgrund befristeter oder auflösend bedingter Arbeitsverhältnisse ausscheiden.[39] Nicht anzuwenden ist der Massenentlassungsschutz ferner bei Werksbeurlaubung oder sonstigen Fällen vorübergehender Arbeitsbefreiung. Hierbei handelt es sich nicht um fristlose Entlassungen iSv § 17 IV KSchG. 11

9. Besonderheiten im Konzern. Nach § 17 IIIa KSchG gelten die Auskunfts-, Beratungs- und Anzeigepflichten auch dann, wenn die Entscheidung über die Entlassungen von einem den AG beherrschenden Unternehmen getroffen wurde. Die Pflichten treffen jedoch gleichwohl nur den AG, nicht das beherrschende Unternehmen.[40] Der in § 17 IIIa KSchG verwendete **Begriff des herrschenden Unternehmens ist unionsrechtskonform auszulegen.**[41] Nach der Rspr. des EuGH ist darunter ein Unternehmen zu verstehen, das mit dem AG durch Beteiligungen an dessen Gesellschaftskapital oder durch andere rechtliche Gesichtspunkte verbunden ist, die es ihm ermöglichen, einen bestimmenden Einfluss in den Entscheidungsorganen des AG auszuüben und ihn zu zwingen, Massenentlassungen in Betracht zu ziehen oder vorzunehmen. Ein nur tatsächlich oder vertraglich abgesicherter Einfluss sei nicht ausreichend.[42] Ob danach auch die Möglichkeit der Einflussnahme aufgrund eines Beherrschungsvertrags iSv § 291 AktG nicht genügt, ist unklar. Im Schrifttum wird eine solche vertragliche Beherrschung mit guten Gründen für ausreichend gehalten.[43] Jedenfalls vorsorglich sollten diese Fälle im Rahmen von § 17 IIIa KSchG berücksichtigt werden.[44] 12

III. Voraussetzungen der Massenentlassung

1. Zahl der Entlassenen. Eine Massenentlassung liegt vor, wenn der AG in Betrieben mit idR mehr als 20 und weniger als 60 AN sechs oder mehr AN, in Betrieben mit idR mindestens 13

[34] BAG 22.9.2016 AP Nr. 52 zu § 17 KSchG 1969 = NZA 2017, 175.
[35] BAG 20.1.2016 AP Nr. 48 zu § 17 KSchG 1969 = NZA 2016, 490.
[36] BAG 19.3.2015 AP Nr. 464 zu § 613a BGB; 28.6.2012 AP Nr. 40 zu § 17 KSchG 1969 = NZA 2012, 1029; 11.3.1999 AP Nr. 12 zu § 17 KSchG 1969 = NZA 1999, 761.
[37] BAG 20.9.2006 AP Nr. 24 zu § 17 KSchG 1969; EuGH 17.12.1998 NZA 1999, 305 – Dansk Metalarbejderforbund.
[38] Offengelassen in BAG 19.3.2015 AP Nr. 464 zu § 613a BGB; 28.6.2012 AP Nr. 40 zu § 17 KSchG 1969 = NZA 2012, 1029; 11.3.1999 AP Nr. 12 zu § 17 KSchG 1969 = NZA 1999, 761; verneinend EuArbRK/*Spelge* RL 98/59/EG Art. 1 Rn. 39 unter Hinweis auf die Notwendigkeit eines Vorabentscheidungsersuchens; bejahend LAG BaWü 23.10.2013 NZA-RR 2014, 192; ErfK/*Kiel* KSchG § 17 Rn. 14; LKB/*Bayreuther* KSchG § 17 Rn. 50.
[39] BAG 21.5.1981 AP Nr. 15 zu § 611 BGB Bühnenengagementsvertrag.
[40] EuGH 7.8.2018 AP Nr. 11 zu Richtlinie 98/59/EG = NZA 2018, 1051 – Bichat; 10.9.2009 AP Nr. 3 zu Richtlinie 98/59/EG = NZA 2009, 1083 – Akavan Erityisalojen Keskusliitto.
[41] ErfK/*Kiel* KSchG § 17 Rn. 38.
[42] EuGH 7.8.2018 AP Nr. 11 zu Richtlinie 98/59/EG = NZA 2018 1051 – Bichat.
[43] ErfK/*Kiel* KSchG § 17 Rn. 38; *Jares/Fuchs* NZA 2020, 1071 (1078); *Forst* EWiR 2018, 631 (632).
[44] *Mückl/Wittek* BB 2020, 1332 (1335).

60 und weniger als 500 AN 10% der im Betrieb regelmäßig beschäftigten AN oder aber mehr als 25 AN, in Betrieben mit idR mindestens 500 AN mindestens 30 AN innerhalb von 30 Kalendertagen entlässt. Dabei sind alle vom AG erklärten Kündigungen und von ihm veranlassten Beendigungen von Arbeitsverhältnissen zusammenzuzählen. Das gilt unabhängig davon, ob sie auf demselben oder einem neuen Kündigungsentschluss beruhen.[45] Für die Feststellung der Beschäftigungszahlen sind nur die in der Regel beschäftigten AN maßgebend. Es kommt damit nicht auf die Anzahl der im konkreten Zeitpunkt der Entlassung beschäftigten AN an. Der Begriff **„in der Regel"** lässt sich nicht iSe Durchschnitts auslegen. Maßgebend ist die normale Beschäftigtenzahl des Betriebs, dh die Personalstärke, die für den Betrieb bei gewöhnlichem Geschäftsgang kennzeichnend ist.[46] Zur Feststellung der regelmäßigen Beschäftigtenzahl bedarf es grundsätzlich eines Rückblicks auf die bisherige personelle Stärke des Betriebs und einer Einschätzung der künftigen Entwicklung, wobei Zeiten außergewöhnlich hohen oder niedrigen Geschäftsanfalls nicht zu berücksichtigen sind.[47] Im Falle einer Betriebsstilllegung kommt jedoch nur ein Rückblick auf die bisherige Belegschaftsstärke in Frage.[48] Werden AN aufgrund einer Weiterbeschäftigungspflicht beschäftigt, sind sie zu berücksichtigen.[49] Befristet beschäftigte AN sind mitzuzählen, wenn sie immer wieder für eine bestimmte Tätigkeit eingestellt werden.[50] Unberücksichtigt bleiben Ersatz- und Aushilfskräfte. Bei der Berechnung der Zahl der Ausscheidenden zählen weiterhin AN nicht mit, deren Arbeitsverhältnis aufgrund von Tatbeständen endet, die nicht dem Massenentlassungsschutz unterliegen (→ Rn. 9, 11). Bei **Konzernsachverhalten oder Matrixstrukturen** ist es zuweilen schwierig zu bestimmen, welchem Betrieb ein AN zugeordnet ist. Im Regelfall wird der AN dem Betrieb seines Vertragsarbeitgebers zuzurechnen sein, aus dem er die Weisungen erhält. Ist das Weisungsrecht hingegen aufgeteilt, kann der AN im Einzelfall auch zwei Betrieben im unionsrechtlichen Sinne zuzuordnen sein.[51]

14 **2. Beurteilungszeitpunkt.** Für die Berechnung der Anzahl der AN ist der Zeitpunkt des Zugangs der Kündigungserklärung maßgebend.[52] Endet das Arbeitsverhältnis durch einen **Aufhebungsvertrag oder einen sog. dreiseitigen Vertrag** mit dem Wechsel in eine Transfergesellschaft, kommt es auf den Zugang der Annahmeerklärung an.[53] Der **Referenzzeitraum von 30 Tagen** ist nicht auf einen bestimmten Zeitraum – etwa nur vor oder nur nach Zugang der Kündigung – festgelegt. Vielmehr ist der Zeitraum heranzuziehen, in den die betreffende Kündigung fällt und in dem der AG die meisten Kündigungen erklärt hat.[54] Fällt eine Kündigung nicht in den 30-Tage-Zeitraum und damit nicht in den zeitlichen Zusammenhang einer Massenentlassung, entfallen grundsätzlich die Pflichten aus § 17 KSchG, und zwar auch dann, wenn die Kündigung auf demselben Kündigungsentschluss, beispielsweise derselben Stilllegungsentscheidung, beruht wie vorangegangene Kündigungen, bei denen einer der Schwellenwerte des § 17 I KSchG überschritten wurde.[55] Hierin liegt grundsätzlich keine Umgehung der Anzeige- und Konsultationspflicht, sondern eine aus arbeitsmarktpolitischer Sicht eher verträgliche Verteilung der Kündigungen über einen längeren Zeitraum.[56] Etwas anderes gilt allerdings nach der Rechtsprechung des BVerfG, wenn hierdurch AN im Zusammenhang mit ihrer **Elternzeit** vom Anwendungsbereich des Massenentlassungsschutzes ausgenommen werden. Dies verstoße gegen Art. 3 I iVm Art. 6 I GG. Zugleich liege hierin eine nicht gerechtfertigte faktische Benachteiligung wegen des Geschlechts und somit ein Verstoß gegen Art. 3 III 1 GG, weil Elternzeit derzeit in evident höherem Maß von Frauen beansprucht werde. In diesen Fällen gelte der 30-

---

[45] BAG 20.1.2016 AP Nr. 48 zu § 17 KSchG 1969 = NZA 2016, 490.
[46] BAG 16.11.2017 AP Nr. 54 zu § 17 KSchG 1969 = NZA 2018, 245.
[47] BAG 22.3.2001 AP Nr. 59 zu Art. 101 GG = NZA 2002, 1349; 13.4.2000 AP Nr. 13 zu § 17 KSchG 1969 = NZA 2001, 144.
[48] BAG 13.4.2000 AP Nr. 13 zu § 17 KSchG 1969 = NZA 2001, 144; 8.6.1989 AP Nr. 6 zu § 17 KSchG 1969 = NZA 1990, 224.
[49] APS/*Moll* KSchG § 17 Rn. 27; LKB/*Bayreuther* KSchG § 17 Rn. 52.
[50] EuGH 11.11.2015 AP Nr. 7 zu Richtlinie 98/59/EG = NZA 2015, 1441 – Pujante Rivera; dazu *Franzen* NZA 2016, 26.
[51] *Jares/Fuchs* NZA 2020, 1071 (1072).
[52] BAG 18.10.2012 DB 2013, 586 = NZI 2013, 151; 22.3.2007 NZA 2007, 1101; 23.3.2006 AP Nr. 21 zu § 17 KSchG 1969 = NZA 2006, 971.
[53] *Mückl/Wittek* BB 2020, 1332; *Johnson* BB 2019, 1909 (1911); aA *Wolff/Köhler* BB 2017, 1078 (1079) (Zeitpunkt des Antrags).
[54] EuGH 11.11.2020 ZIP 2020, 2417 – Marclean Technologies.
[55] BAG 22.4.2010 AP Nr. 38 zu § 17 KSchG 1969 = NZA 2010, 1057.
[56] BAG 25.4.2013 AP Nr. 1 zu § 343 InsO.

Tage-Zeitraum auch dann als gewahrt, wenn der Antrag auf Zustimmung der zuständigen Behörde zu der Kündigung innerhalb dieses Zeitraums erfolgt sei.[57] Das BAG hat diese verbindlichen Vorgaben des BVerfG nunmehr ungeachtet der Probleme umgesetzt, die u.a. dann entstehen, wenn die behördliche Zustimmung erst außerhalb der 90-tägigen Freifrist des § 18 IV KSchG erteilt wird oder wenn bei einer AN in Elternzeit die Kündigung als solche zugleich Teil einer zweiten, § 17 KSchG unterfallenden Welle von Kündigungen ist.[58] Unklar ist, für welche anderen Personengruppen, die einem eine behördliche Zustimmung erfordernden besonderen Kündigungsschutz unterliegen, eine solche Auslegung von § 17 KSchG zu erfolgen hat. Das BVerfG hat die Notwendigkeit der verfassungskonformen Auslegung damit begründet, dass § 18 BEEG keinen dem § 17 KSchG gleichwertigen Schutz biete. Dies spricht dafür, dass bei Personengruppen, die aufgrund ihres Sonderkündigungsschutzes vergleichbar geschützt sind, nicht auf den Zeitpunkt der Anzeige, sondern auf denjenigen des Zugangs der Kündigungserklärung abzustellen ist.[59] Bis zur höchstrichterlichen Klärung dieser Frage ist es empfehlenswert, auch bei der **Kündigung schwerbehinderter Menschen und Schwangerer** vorsorglich den Zeitpunkt der Antragstellung bei der zuständigen Behörde als Entlassung iSv § 17 KSchG zu betrachten und sie deshalb in das Massenentlassungsverfahren einzubeziehen.[60]

IV. Konsultationsverfahren

1. Unterrichtung der Arbeitnehmervertretung. a) Allgemeines. § 17 II KSchG enthält eine eigenständige Verpflichtung des AG, die gleichwertig neben den in § 17 III KSchG geregelten Verpflichtungen gegenüber der AA steht.[61] Die Unterrichtung des BR soll es diesem ermöglichen, konstruktive Vorschläge zu unterbreiten, um die Massenentlassung zu verhindern oder deren Folgen jedenfalls zu beschränken.[62] 15

b) Zuständiges Gremium. Ungeachtet des unionsrechtlichen Betriebsbegriffs (→ Rn. 3) sind die Konsultationen mit der nach nationalem Recht für die AN des betroffenen Betriebs zuständigen Vertretung durchzuführen. Im Regelfall wird dies ein **BR** sein. Das Restmandat des BR nach § 21b BetrVG erstreckt sich nach Sinn und Zweck der RL 98/59/EG auch auf das Verfahren nach § 17 II KSchG.[63] Sind mehrere Betriebe von einer nach einem einheitlichen Unternehmenskonzept vollzogenen Betriebsänderung betroffen, ist das Konsultationsverfahren mit dem **GBR** durchzuführen.[64] Ob es bei konzerneinheitlichem Konzept mit dem **KBR** durchzuführen ist, ist höchstrichterlich noch nicht geklärt.[65] Sowohl Art. 2 IV RL 98/59/EG als auch § 17 IIIa KSchG legen allerdings nahe, dass dieser nicht zu beteiligen ist, sondern die Konsultation beim Vertragsarbeitgeber zu erfolgen hat.[66] Der **EBR** ist nicht zu beteiligen.[67] Ist eine Arbeitnehmervertretung auf der Grundlage eines TV nach § 3 I Nr. 1 und 2 BetrVG gebildet, ist diese zu beteiligen.[68] Ist ein BR nicht gewählt, besteht aber eine vergleichbare Arbeitnehmervertretung, ist bei unionsrechtskonformer Auslegung von § 17 II KSchG diese im Rahmen des Konsultationsverfahrens einzubeziehen.[69] Die **Schwerbehindertenvertretung** iSv §§ 176 ff. SGB IX ist hingegen kein Gremium, mit dem eine Konsultation zu erfolgen hätte. Die RL 98/59/EG fordert keine „doppelte Repräsentanz" einzelner Arbeitnehmergruppen.[70] Demgegenüber dürfte im Fall der leitenden Angestellten ggf. der **Sprecherausschuss** zu kon- 16

[57] BVerfG 8.6.2016 AP Nr. 49 zu § 17 KSchG 1969 = NZA 2016, 939 unter Aufhebung von BAG 25.4.2013 AP Nr. 1 zu § 343 InsO.
[58] BAG 26.1.2017 AP Nr. 53 zu § 17 KSchG 1969 = NZA 2017, 577.
[59] So für die Kündigung Schwangerer *Spelge* RdA 2018, 297 (301).
[60] *Spelge* RdA 2018, 297 (301); *Mückl/Wittek* BB 2020, 1332.
[61] BAG 13.12.2012 AP Nr. 44 zu § 17 KSchG 1969.
[62] BAG 13.6.2019 AP Nr. 55 zu § 17 KSchG 1969 mAnm *Moll/Jacoby* = NZA 2019, 1638; 20.9.2012 AP Nr. 41 zu § 17 KSchG 1969 = NZA 2013, 32; EuGH 3.3.2011 NZA 2011, 337 – Claes; 10.9.2009 AP Nr. 3 zu RL 98/59/EG = NZA 2009, 1083 – Akavan Erityisalojen Keskusliitto.
[63] BAG 22.9.2016 AP Nr. 52 zu § 17 KSchG 1969 = NZA 2017, 175.
[64] BAG 13.12.2012 AP Nr. 44 zu § 17 KSchG 1969.
[65] Offengelassen in BAG 22.11.2012 AP Nr. 42 zu § 17 KSchG 1969 = NZA 2013, 845.
[66] EuArbRK/*Spelge* RL 98/59/EG Art. 1 Rn. 69 f.; LKB/*Bayreuther* KSchG § 17 Rn. 63; ErfK/*Kiel* KSchG § 17 Rn. 19b; aA APS/*Moll* KSchG § 17 Rn. 74d.
[67] EuArbRK/*Spelge* RL 98/59/EG Art. 1 Rn. 73; LKB/*Bayreuther* KSchG § 17 Rn. 63; ErfK/*Kiel* KSchG § 17 Rn. 19d.
[68] MHdB ArbR/*Spelge* § 121 Rn. 86; ErfK/*Kiel* KSchG § 17 Rn. 19c.
[69] BAG 13.2.2020 AP Nr. 56 zu § 17 KSchG 1969 = NZA 2020, 1006.
[70] BAG 13.2.2020 AP Nr. 56 zu § 17 KSchG 1969 = NZA 2020, 1006.

sultieren sein.[71] Das bedeutet, dass ein Konsultationsverfahren für diesen Personenkreis nicht durchzuführen ist, wenn ein Sprecherausschuss nicht besteht.[72] Bestehen in einem Betrieb im unionsrechtlichen Sinne **mehrere Arbeitnehmervertretungen,** ist mit jeder von ihnen ein Konsultationsverfahren durchzuführen. Dies muss aber weder einheitlich noch zeitlich oder inhaltlich parallel erfolgen. Der AG ist jedoch – soweit erforderlich – verpflichtet, über den Stand der Beratungen mit dem jeweils anderen Gremium zu unterrichten. Das ist etwa dann der Fall, wenn der AG eines der mehreren Konsultationsverfahren abschließt oder aufgrund der Erörterung in einem der Verfahren seine Planungen überarbeitet.[73] Führt der AG das Konsultationsverfahren mit dem zuständigen Gremium durch, ist es ohne Bedeutung, ob die vom BR entsandten Vertreter zur Durchführung der Konsultationen bevollmächtigt sind. Es gilt die **Sphärentheorie,** nach der sich Mängel im Zuständigkeits- und Verantwortungsbereich des BR grundsätzlich nicht zu Lasten des AG auswirken.[74]

17 **c) Inhalt der Unterrichtung.** Nach § 17 II KSchG hat der AG den BR (oder eine vergleichbare Arbeitnehmervertretung → Rn. 16) nach näherer Maßgabe über die beabsichtigte Massenentlassung zu unterrichten und mit ihm über Möglichkeiten zu beraten, wie diese vermieden oder eingeschränkt werden können. Insbesondere hat er ihn zu unterrichten über **(1)** die Gründe für die geplanten Entlassungen, **(2)** die Zahl und die Berufsgruppen der zu entlassenden AN, **(3)** die Zahl und die Berufsgruppen der idR beschäftigten AN, **(4)** den Zeitraum, in dem die Entlassungen vorgenommen werden sollen, **(5)** die vorgesehenen Kriterien für die Auswahl der zu entlassenden AN, **(6)** die für die Berechnung etwaiger Abfindungen vorgesehenen Kriterien.[75] Informiert er den BR nicht über die Berufsgruppen der zu entlassenden AN, hat dies bei der Entlassung aller AN keine Folgen für diese Prüfung durch den BR. Da sich der Fehler nicht zu Lasten der betroffenen AN auswirken kann, ist er in Bezug auf die Kündigungen folgenlos.[76] Im Übrigen hängt der Umfang der Unterrichtung von den Umständen des Einzelfalls ab. Hat der BR – etwa aus Verhandlungen über einen Interessenausgleich – bereits Kenntnisse über die Umstände der beabsichtigten Massenentlassung, können schlagwortartige Informationen ausreichen.[77] In zeitlicher Hinsicht genügt es, wenn die Informationen im Lauf des Verfahrens, jedoch vor ihrem Abschluss, erteilt werden.[78] Inwieweit das Unionsrecht Vorgaben zum Umfang der Unterrichtungspflicht enthält, ist noch nicht abschließend geklärt.[79]

18 **d) Schriftform.** Das Schriftformerfordernis in § 17 II 1 KSchG verlangt nicht die Einhaltung der strengen Form des § 126 BGB, vielmehr ist die **Textform** nach § 126b BGB ausreichend.[80] Eine nur mündliche Unterrichtung genügt jedoch nicht. Dagegen ist es unschädlich, wenn nach der schriftlichen Unterrichtung weitere ergänzende Auskünfte mündlich erteilt werden.[81] Ist noch kein Sozialplan abgeschlossen, genügt der AG der Verpflichtung zur Unterrichtung über die für etwaige Abfindungen maßgeblichen Kriterien nach § 17 II Nr. 6 KSchG mit dem Hinweis, dass sich diese aus dem noch abzuschließenden Sozialplan ergeben.[82]

19 **e) Verbindung mit Interessenausgleichsverhandlungen und Betriebsratsanhörung.** Soweit die gegenüber dem BR bestehenden Pflichten aus § 111 BetrVG mit denen aus § 17 II 1 KSchG übereinstimmen, kann der AG sie gleichzeitig erfüllen und beide Verfahren verbinden. Der AG hat dabei klarzustellen, dass diese parallel durchgeführt werden sollen.[83] Überdies muss das Verfahren den Unterrichtungspflichten des § 17 II 1 KSchG genügen. Eine Verletzung der Unterrichtungspflicht wird auch bei Vorliegen eines Interessenausgleichs nicht durch die bloße

---

71 BAG 13.2.2020 AP Nr. 56 zu § 17 KSchG 1969 = NZA 2020, 1006.

72 MHdB ArbR/*Spelge* § 121 Rn. 91; LKB/*Bayreuther* KSchG § 17 Rn. 69; *Schubert/Schmitt* ZESAR 2020, 53 (55 f.); aA APS/*Moll* KSchG § 17 Rn. 57; *Moll* RdA 2021, 49 (55).

73 BAG 13.2.2020 AP Nr. 56 zu § 17 KSchG 1969 = NZA 2020, 1006.

74 BAG 13.6.2019 AP Nr. 55 zu § 17 KSchG mAnm *Moll/Jacoby* = NZA 2019, 1638; 22.9.2016 AP Nr. 52 zu § 17 KSchG 1969 = NZA 2017, 175.

75 Vgl. EuGH 8.6.1994 EWS 1995, 125.

76 BAG 9.6.2016 AP Nr. 51 zu § 17 KSchG 1969 = NZA 2016, 1198.

77 BAG 13.6.2019 AP Nr. 55 zu § 17 KSchG 1969 mAnm *Moll/Jacoby* = NZA 2019, 1638.

78 BAG 26.2.2015 AP Nr. 47 zu § 17 KSchG 1969 = NZA 2015, 881; 10.9.2009 AP Nr. 3 zu Richtlinie 98/59/EG = NZA 2009, 1083 – Akavan Erityisalojen Keskusliitto.

79 Für Konzernsachverhalte vgl. BVerfG 3.9.2018 – 1 BvR 552/17.

80 BAG 22.9.2016 AP Nr. 52 zu § 17 KSchG 1969 = NZA 2017, 175.

81 ErfK/*Kiel* KSchG § 17 Rn. 23.

82 BAG 28.5.2009 AP Nr. 370 zu § 613a BGB = NZA 2009, 1267.

83 BAG 13.6.2019 AP Nr. 55 zu § 17 KSchG 1969 mAnm *Moll/Jacoby* = NZA 2019, 1638; 9.6.2016 AP Nr. 51 zu § 17 KSchG 1969 = NZA 2016, 1198; 26.2.2015 AP Nr. 47 zu § 17 KSchG 1969 = NZA 2015, 881; 20.9.2012 AP Nr. 41 zu § 17 KSchG 1969 = NZA 2013, 32.

Erklärung des BR unbeachtlich, rechtzeitig und vollständig informiert worden zu sein.[84] Eine solche Verbindung des Interessenausgleichsverfahrens mit der schriftlichen Unterrichtung des BR nach § 17 II 1 KSchG ist richtlinienkonform.[85] Die gleichzeitige Erfüllung der Pflichten aus § 17 II 1 KSchG und aus § 102 I BetrVG (dazu → Rn. 37) ist dagegen praktisch schwierig. Die Konsultationspflicht geht über eine bloße Anhörung deutlich hinaus. Der AG muss mit dem BR über die Entlassungen bzw. die Möglichkeiten ihrer Vermeidung verhandeln bzw. ihm dies zumindest anbieten.[86] Hinzu kommt, dass zum Zeitpunkt der Konsultation des BR die Kündigungsgründe noch nicht hinreichend konkret feststehen.[87] In der Praxis ist der AG deshalb gut beraten, die Anhörung des BR nach § 102 I BetrVG erst nach Abschluss des Konsultationsverfahrens vorzunehmen.[88] „Gespräche" mit dem Wirtschaftsausschuss sind hingegen schon deshalb nicht Beratungen iSv § 17 II 2 KSchG, weil BR und Wirtschaftsausschuss verschiedene Gremien sind.[89]

2. Beratung mit der Arbeitnehmervertretung. a) Beginn der Beratungspflicht. Die Beratungspflicht nach § 17 II 2 KSchG besteht vor dem Entschluss des AG zur Kündigung.[90] Nur dann besteht noch die Möglichkeit, Massenentlassungen zu vermeiden oder zumindest ihre Zahl zu beschränken oder ihre Folgen zu mildern. Für den Beginn der Konsultationspflicht ist nach der Rspr. des EuGH der Zeitpunkt maßgeblich, zu dem der AG die strategische oder betriebswirtschaftliche Entscheidung trifft, die ihn zwingt, Massenentlassungen ins Auge zu fassen oder zu planen.[91] In einem **konzernangehörigen Unternehmen** (→ Rn. 12) kommt es darauf an, wann die Entscheidung über die Massenentlassungen von dem herrschenden Unternehmen getroffen wurde.[92] Bloße Beratungen des herrschenden Unternehmens über Strukturveränderungen begründen diese Pflicht noch nicht.[93] Gleichwohl ist damit die Konsultationspflicht sehr weit vorverlagert.[94] Sind **mehrere Arbeitnehmervertretungen** zu beteiligen, muss die Konsultation weder gleichzeitig noch gemeinsam erfolgen.[95] Das Entstehen der Verpflichtung des AG, Beratungen über die beabsichtigten Massenentlassungen aufzunehmen, setzt unionsrechtlich nicht voraus, dass dieser bereits in der Lage ist, den Arbeitnehmervertretern alle Auskünfte gem. Art. 2 III UAbs. 1 lit. b RL 98/59/EG zu erteilen. Ist ihm dies zu Beginn der Beratung nicht möglich, hat er die Auskünfte im Verlauf des Verfahrens bis zu dessen Abschluss zu vervollständigen.[96] Das Konsultationsverfahren ist hiermit allerdings nicht abgeschlossen, der AG muss vielmehr eine Reaktion des BR auf die abschließende Unterrichtung abwarten. Hierzu kann er eine angemessene Frist setzen.[97] Kündigungen können nach der Rspr. des EuGH erst nach Abschluss des Konsultationsverfahrens erklärt werden.[98] 20

b) Zusammenhang zwischen Beratung und Kündigung. Gem. § 17 III 2 KSchG muss der AG der Massenentlassungsanzeige die Stellungnahme des BR zu den Massenentlassungen beifügen. Liegt eine Stellungnahme nicht vor, hat er gem. § 17 III 3 KSchG – unter Darlegung des Beratungsstands – glaubhaft zu machen, dass er den BR mindestens zwei Wochen vor Erstattung der Anzeige unterrichtet hat. Zwar setzt § 17 III 3 KSchG keine zwingende Frist bzgl. des Zeitraums zwischen Unterrichtung und Anzeige oder Entlassung der AN. Will der AG aber 21

[84] BAG 13.6.2019 AP Nr. 55 zu § 17 KSchG 1969 mAnm *Moll/Jacoby* = NZA 2019, 1638; 9.6.2016 AP Nr. 51 zu § 17 KSchG 1969 = NZA 2016, 1198.
[85] BAG 20.9.2012 AP Nr. 41 zu § 17 KSchG 1969 = NZA 2013, 32.
[86] BAG 21.3.2013 AP Nr. 45 zu § 17 KSchG 1969 = NZA 2013, 966.
[87] ErfK/*Kiel* KSchG § 17 Rn. 26.
[88] ErfK/*Kiel* KSchG § 17 Rn. 26; APS/*Moll* KSchG § 17 Rn. 85.
[89] BAG 26.2.2015 AP Nr. 47 zu § 17 KSchG 1969 = NZA 2015, 881.
[90] EuGH 21.9.2017 AP Nr. 10 zu Richtlinie 98/59/EG = NZA 2017, 1325 – Ciupa; dazu *Reichold* ZESAR 2018, 142; *Weber* EuZA 2018, 492.
[91] EuGH 10.9.2009 AP Nr. 3 zu Richtlinie 98/59/EG = NZA 2009, 1083 – Akavan Erityisalojen Keskusliitto.
[92] EuGH 10.9.2009 AP Nr. 3 zu Richtlinie 98/59/EG = NZA 2009, 1083 – Akavan Erityisalojen Keskusliitto.
[93] EuArbRK/*Spelge* RL 98/59/EG Rn. 18.
[94] Krit. deshalb *Forst* NZA 2010, 144 (147).
[95] *Schubert/Schmitt* ZESAR 2020, 53 (57).
[96] BAG 9.6.2016 AP Nr. 51 zu § 17 KSchG 1969 = NZA 2016, 1198.
[97] Vgl. BAG 26.2.2015 AP Nr. 47 zu § 17 KSchG 1969 = NZA 2015, 881.
[98] EuGH 10.9.2009 AP Nr. 3 zu Richtlinie 98/59/EG = NZA 2009, 1083 – Akavan Erityisalojen Keskusliitto; 27.1.2005 AP Nr. 18 zu § 17 KSchG 1969 = NZA 2005, 213 – Junk.

nicht das Risiko eingehen, mangels Stellungnahme des BR zu dem von ihm geplanten Zeitpunkt keine Massenentlassungsanzeige vornehmen zu können, muss er das Konsultationsverfahren **grundsätzlich mindestens zwei Wochen vor dem Zeitpunkt einleiten, zu dem er die Massenentlassungsanzeige zu erstatten beabsichtigt.**[99] Wahrt er diese Frist nicht und gibt der BR keine abschließende Stellungnahme ab oder genügt diese nicht den gesetzlichen Anforderungen,[100] ist dem AG die Erstattung einer nach seinen Vorgaben rechtzeitigen Massenentlassungsanzeige nicht möglich, weil die Voraussetzungen für eine Ersetzung der Stellungnahme nach § 17 III 3 KSchG noch nicht vorliegen. Vor Ablauf von zwei Wochen kann eine Massenentlassungsanzeige nur dann wirksam erstattet werden, wenn der BR eine ausreichende und abschließende Stellungnahme abgegeben hat und diese erkennen lässt, dass er sich für ausreichend unterrichtet hält, keine (weiteren) Vorschläge unterbreiten wird und die Zweiwochenfrist des § 17 III 3 KSchG nicht ausschöpfen will.[101]

22 **c) Gemeinsame Beratung.** Nach der Unterrichtung hat eine gemeinsame Beratung darüber stattzufinden, ob Entlassungen vermieden werden können (§ 17 II 2 KSchG). Hierbei hat sich der AG auf **ernsthafte Gespräche mit dem BR** einzulassen.[102] Dem steht nicht entgegen, dass der AG die Vermeidung oder Einschränkung von Entlassungen von bestimmten Bedingungen abhängig macht. Eine absolute Mindestverhandlungsdauer ist weder nach nationalem noch nach Unionsrecht vorgeschrieben.[103] Die Konsultationen sind ohne Einigung der Betriebsparteien beendet, wenn der AG annehmen darf, es bestehe kein Ansatz mehr für weitere, zielführende Verhandlungen.[104] Dem AG kommt insoweit eine Beurteilungskompetenz zu.[105] Dabei ist allerdings stets zu prüfen, ob der AG dem BR zuvor alle zweckdienlichen Auskünfte iSd § 17 II 1 Hs. 1 KSchG erteilt hat.[106] Ein vor der „Entlassung" abgeschlossener Interessenausgleich erfüllt die Beratungspflicht nach § 17 II 2 KSchG. Weder nach dem KSchG noch nach Unionsrecht ist es notwendig, nach dem Scheitern der Verhandlungen der Betriebsparteien noch einen unparteiischen Dritten einzuschalten, wie dies § 112 II BetrVG vorsieht. Die Richtlinie schreibt nur Konsultationen zwischen dem AG und der zuständigen Arbeitnehmervertretung vor.[107] Gegen dieses Gesetzesverständnis bestehen keine verfassungsrechtlichen Bedenken.[108] Von der Auskunftspflicht nach § 17 II KSchG bleiben die Mitwirkungs- und Informationsrechte nach §§ 92, 106, 111 BetrVG unberührt.

23 **3. Rechtsfolgen eines unterbliebenen oder mangelhaften Konsultationsverfahrens.** Hat der AG im Rahmen einer Massenentlassung das Konsultationsverfahren nach § 17 II KSchG vor Zugang einer Kündigung nicht oder nicht hinreichend durchgeführt, ist die Kündigung unabhängig von dem der Ordnungsgemäßheit der Anzeige bei der AA nach § 17 III KSchG wegen Verstoßes gegen ein **gesetzliches Verbot iSv § 134 BGB** rechtsunwirksam. Die Durchführung des Konsultationsverfahrens ist ein eigenständiges Wirksamkeitserfordernis für die Kündigung.[109] Der AN hat diesen Mangel mit der fristgebundenen Kündigungsschutzklage nach § 4 S. 1 KSchG, ggf. unter Beachtung von § 6 S. 1 KSchG geltend zu machen (→ § 138 Rn. 43).[110]

V. Anzeige gegenüber der Agentur für Arbeit

24 **1. Allgemeines.** Das Anzeigeverfahren **dient in erster Linie beschäftigungspolitischen Zwecken.** Die AA soll rechtzeitig über eine bevorstehende Massenentlassung unterrichtet werden, um sich auf die Entlassung einer größeren Anzahl von AN einstellen zu können. Die Anzeige soll die Arbeitsverwaltung in die Lage versetzen, Maßnahmen einzuleiten, die die Belastungen des Arbeitsmarkts vermeiden oder zumindest verzögern, die Folgen der Entlassungen für

[99] Krit. *Moll/Jacoby* Anm. zu BAG 13.6.2019 AP Nr. 55 zu § 17 KSchG 1969.
[100] BAG 28.6.2012 AP Nr. 40 zu § 17 KSchG 1969 = NZA 2012, 1029.
[101] BAG 13.6.2019 AP Nr. 55 zu § 17 KSchG 1969 mAnm *Moll/Jacoby* = NZA 2019, 1638; 9.6.2016 AP Nr. 51 zu § 17 KSchG 1969 = NZA 2016, 1198; 13.12.2012 AP Nr. 44 zu § 17 KSchG 1969.
[102] ErfK/*Kiel* KSchG § 17 Rn. 24.
[103] BAG 22.9.2016 AP Nr. 52 zu § 17 KSchG 1969 = NZA 2017, 175.
[104] BAG 26.2.2015 AP Nr. 47 zu § 17 KSchG 1969 = NZA 2015, 881.
[105] BAG 14.5.2020 AP Nr. 56 zu § 17 KSchG 1969 = NZA 2020, 1092.
[106] BAG 22.9.2016 AP Nr. 52 zu § 17 KSchG 1969 = NZA 2017, 175.
[107] BAG 21.5.2008 NZA 2008, 753; 16.5.2007 AP Nr. 64 zu § 111 BetrVG 1972 = NZA 2007, 1296; vgl. dazu näher *Bauer/Krieger/Powietzka* DB 2005, 445 (447); *Klumpp* NZA 2006, 703 (705 ff.).
[108] BVerfG 25.2.2010 AP Nr. 65 zu Art. 101 GG = NZA 2010, 439.
[109] BAG 21.3.2013 AP Nr. 45 zu § 17 KSchG 1969 = NZA 2013, 966; *Reinhard* RdA 2007, 207 (211).
[110] *Krieger/Sandforth* Anm. zu BAG AP Nr. 45 zu § 17 KSchG 1969.

die Betroffenen mildern und für deren anderweitige Beschäftigung sorgen.[111] Anders als das Konsultationsverfahren ist das Anzeigeverfahren nicht dazu gedacht, noch auf den Kündigungsentschluss des AG einzuwirken.[112] Die Arbeitsverwaltung soll beurteilen können, ob die Betriebsparteien auf der Grundlage ausreichender Informationen tatsächlich über die geplanten Massenentlassungen und insbesondere deren Vermeidung beraten haben. Daneben soll sie Kenntnis von einer – evtl. dem AG ungünstigen – Sichtweise des BR erlangen.[113]

2. Anzeigepflichtiger. Steht eine Massenentlassung bevor und sind die Vorschriften über die Massenentlassung nach ihrem betrieblichen, persönlichen und sachlichen Geltungsbereich anzuwenden (→ Rn. 2 ff.), hat der AG nach § 17 I KSchG vor den Kündigungen selbst oder durch seinen bevollmächtigten Vertreter zur Wahrung seiner Interessen[114] eine Anzeige bei der AA zu erstatten. Erfolgt die Anzeige für ein verbundenes Unternehmen iSv § 15 AktG, handelt es sich dabei nicht um eine Rechtsdienstleistung iSv § 2 I RDG.[115] Im Falle der Insolvenz ist der Insolvenzverwalter zuständig.[116] Bei einer anschließenden Betriebsnachfolge bleibt die Anzeige des Veräußerers wirksam. Die Anzeigepflicht des AG besteht auch dann, wenn die Entscheidung über die Entlassungen von einem beherrschenden Unternehmen getroffen wurde (§ 17 IIIa KSchG). 25

3. Zuständige Behörde. § 17 KSchG bestimmt nur, dass der AG die Anzeige „der Agentur für Arbeit" zu erstatten hat. Die örtliche Zuständigkeit der AA ist nicht ausdrücklich geregelt. Nach Sinn und Zweck des Anzeigeverfahrens (→ Rn. 1) ist die Anzeige bei der AA zu erstatten, in deren Zuständigkeitsbereich sich die Folgen der geplanten Massenentlassung realisieren. Das ist die AA am Sitz des Betriebs, nicht des Unternehmens.[117] Eine Ausnahme gilt bei Erstattung einer sog. Sammelanzeige durch ein Unternehmen mit deutschlandweitem Filialnetz.[118] Diese Sonderregelung begegnet weder unionsrechtlichen noch verfahrensrechtlichen Bedenken.[119] Mit der Einreichung bei einer unzuständigen AA genügt der AG nur dann seiner Anzeigepflicht, wenn die Anzeige rechtzeitig an die örtlich zuständige AA weitergeleitet wird.[120] Allerdings ist diese nach den fachlichen Weisungen der BA zur unverzüglichen Weiterleitung verpflichtet.[121] Betriebe im Geschäftsbereich des Bundesministers für Verkehr oder Post- und Telekommunikation haben bei der Entlassung von mehr als 500 AN die Anzeige an die Zentrale der BA zu richten (§ 21 KSchG). Bei Stilllegung eines privaten Luftfahrtunternehmens ist die Massenentlassungsanzeige hingegen nicht an die Hauptstelle der BA, sondern an die zuständige AA zu richten. Das Unternehmen gehört nicht zum Geschäftsbereich des Bundesministers für Verkehr; dass dieser die Luftfahrtgenehmigung erteilt, ist unerheblich.[122] Wird die Anzeige **bei der unzuständigen Behörde erstattet,** ohne dass sie an die zuständige Behörde weitergeleitet wird, hat das die **Unwirksamkeit der Massenentlassungsanzeige** zur Folge. Das gilt auch für den Fall, dass die unzuständige AA im Vorfeld mitgeteilt hat, die Anzeige sei bei ihr zu erstatten. Eine solche Auskunft begründet keinen – die Arbeitsgerichte bindenden – Vertrauensschutz für den AG.[123] 26

4. Form der Anzeige. Nach § 17 III 3 KSchG ist die Anzeige **schriftlich** zu erstatten. Ob insoweit die strenge Schriftform erforderlich oder – ebenso wie für das Konsultationsverfahren – die Textform (§ 126b BGB) ausreichend ist, ist höchstrichterlich noch nicht geklärt. Die besseren 27

---

[111] BAG 14.5.2020 AP Nr. 56 zu § 17 KSchG 1969 = NZA 2020, 1092; 13.2.2020 AP Nr. 56 zu § 17 KSchG 1969 = NZA 2020, 1006; 20.1.2016 AP Nr. 48 zu § 17 KSchG 1969 = NZA 2016, 490; EuGH 21.12.2016 AP Nr. 8 zu Richtlinie 98/59/EG – AGET Iraklis; 10.12.2009 AP Nr. 4 zu Richtlinie 98/59/EG = NZA 2010, 151 – Rodríguez Mayor u.a.

[112] BAG 13.6.2019 AP Nr. 55 zu § 17 KSchG 1969 mAnm *Moll/Jacoby* = NZA 2019, 1638.

[113] BAG 22.9.2016 AP Nr. 52 zu § 17 KSchG 1969 = NZA 2017, 175.

[114] Die Anzeigepflicht ist nicht durch Strafandrohung gesichert; bei ihrer Vernachlässigung erleidet der AG allein Rechtsnachteile. Daher ist § 17 KSchG auch kein Schutzgesetz iSv § 823 II BGB.

[115] BAG 21.5.2019 AP Nr. 214 zu § 1 KSchG 1969 Betriebsbedingte Kündigung = NZA 2019, 1052.

[116] Vgl. BAG 20.9.2006 AP Nr. 24 zu § 17 KSchG 1969.

[117] BAG 13.2.2020 AP Nr. 56 zu § 17 KSchG 1969 = NZA 2020, 1006.

[118] Fachliche Weisungen der BA KSchG, Stand 20.10.2017, zu § 17 Ziff. 2.2.3. Abs. 4 und 5.

[119] BAG 13.2.2020 AP Nr. 56 zu § 17 KSchG 1969 = NZA 2020, 1006.

[120] BAG 14.5.2020 AP Nr. 56 zu § 17 KSchG 1969 = NZA 2020, 1092; 27.2.2020 AP Nr. 480 zu § 613a BGB = NZA 2020, 1303; 13.2.2020 AP Nr. 56 zu § 17 KSchG 1969 = NZA 2020, 1006.

[121] Fachliche Weisungen der BA KSchG, Stand 20.10.2017, zu § 17 KSchG Ziff. 2.2.3. Abs. 3.

[122] BAG 4.3.1993 AP Nr. 60 zu § 1 KSchG 1969 Betriebsbedingte Kündigung = NZA 1993, 840.

[123] BAG 27.2.2020 AP Nr. 480 zu § 613a BGB = NZA 2020, 1303; 13.2.2020 AP Nr. 56 zu § 17 KSchG 1969 = NZA 2020, 1006.

Gründe sprechen dafür, auch hier die Textform genügen zu lassen.[124] Sinn und Zweck der Massenentlassungsanzeige gebieten nicht die Einhaltung der strengen Schriftform.

28 **5. Inhalt der Anzeige.** In der Anzeige **müssen** angegeben werden der Name des AG, der Sitz und die Art des Betriebs, die Gründe für die geplanten Entlassungen, die Zahl und die Berufsgruppen der zu Entlassenden und der idR beschäftigten AN im unionsrechtlichen Sinne (→ Rn. 5), der Zeitraum, in dem die Entlassungen vorgenommen werden sollen – nicht hingegen Kündigungsfristen und -termine[125] – und die vorgesehenen Kriterien für die Auswahl der zu entlassenden AN (§ 17 III 4 KSchG). Hinsichtlich dieser Angabe genügt die Vorlage eines Interessenausgleichs nicht. Aus diesem ergeben sich nicht die Kriterien, sondern lediglich das Ergebnis der vorgenommenen Sozialauswahl.[126] Die Gründe für die geplanten Kündigungen sind konkret unter Angabe von Tatsachen zu benennen. Eine pauschale Bezeichnung genügt nicht.[127] Die Angabe der Berufsgruppen ist in der RL 98/59/EG nicht vorgesehen. § 17 III KSchG geht insoweit über die RL hinaus.[128] Die von der AA vorgesehenen Berufsgruppen ergeben sich aus der „Klassifikation der Berufe 2010".[129] Die AA erbittet in dem von ihr bereitgestellten Formblatt,[130] dessen Verwendung im eigenen Interesse empfohlen wird, möglichst auch die Angabe der dort ebenfalls genannten Berufsklasse. **Fehler bei diesen „Muss-Angaben" führen grundsätzlich zur Unwirksamkeit der Massenentlassungsanzeige.**[131] Das gilt auch für den Fall, dass der AG den Betriebsbegriff verkennt, die Anzeige in der Folge für einen falschen Betrieb erstattet und sich die Angaben deshalb als unrichtig erweisen.[132] Wird lediglich die Anzahl der zu entlassenden AN zu niedrig angegeben, können sich allerdings nur die AN auf diesen Fehler berufen, die von der Massenentlassungsanzeige nicht erfasst sind.[133] Erst mit einer vollständigen Anzeige beginnt die Sperrfrist des § 18 KSchG.[134] Neben den notwendigen Angaben **sollen** im Einvernehmen mit dem BR Angaben zum Geschlecht, zum Alter, zum Beruf und zur Staatsangehörigkeit der zu entlassenden AN gemacht werden (§ 17 III 5 KSchG). Es handelt sich um freiwillige Angaben. Das Einvernehmen der Arbeitnehmervertretung ist nicht zwingend erforderlich.[135] Fehlen derartige Angaben, ist die Anzeige zwar wirksam. Die AA kann aber insoweit um Ergänzung bitten.

29 **6. Unterrichtung der AA über das Konsultationsverfahren. a) Beifügung der Stellungnahme des Betriebsrats.** Der AG hat der Anzeige zum Nachweis der Durchführung des Konsultationsverfahrens (→ Rn. 17 ff.) eine Abschrift der Mitteilung an den BR (§ 17 III 1 KSchG) sowie eine Stellungnahme des BR (Muster: Schaub ArbRFV-HdB/*Schrader* B. Rn. 338 ff.) beizufügen (§ 17 III 2 KSchG). Gibt es in dem Betrieb keinen BR, hat der AG in der Anzeige auf diesen Umstand hinzuweisen.[136] Die Beifügung der Stellungnahme des BR ist **Wirksamkeitsvoraussetzung** für die Anzeige.[137] Sie soll die Arbeitsverwaltung in die Lage versetzen zu beurteilen, ob die Betriebsparteien auf der Grundlage ausreichender Informationen tatsächlich über die geplanten Massenentlassungen und insbesondere deren Vermeidung beraten haben.[138] Das Erfordernis, eine Stellungnahme beizufügen, soll auch verhindern, dass der AG eine vom BR für möglich gehaltene Alternative gegenüber der AA verschweigt, um eine für ihn günstige Entscheidung der Behörde zu erwirken.[139] Die Stellungnahme muss sich auf das

[124] ErfK/*Kiel* KSchG § 17 Rn. 28; EuArbRK/*Spelge* RL 98/59/EG Art. 3 Rn. 9; HessLAG 23.9.2019 – 17 Sa 1528/18; LAG Düsseldorf 13.3.2019 – 12 Sa 726/18.
[125] APS/*Moll* KSchG § 17 Rn. 67.
[126] ErfK/*Kiel* KSchG § 17 Rn. 29b.
[127] APS/*Moll* KSchG § 17 Rn. 64.
[128] EuArbRK/*Spelge* RL 98/59/EG Art. 3 Rn. 5.
[129] Abzurufen unter http://www.arbeitsagentur.de.
[130] Abzurufen unter http://www.arbeitsagentur.de.
[131] BAG 28.6.2012 AP Nr. 40 zu § 17 KSchG 1969 = NZA 2012, 1029.
[132] BAG 14.5.2020 AP Nr. 56 zu § 17 KSchG 1969 = NZA 2020, 1092; 13.2.2020 AP Nr. 56 zu § 17 KSchG 1969 = NZA 2020, 1006.
[133] BAG 28.6.2012 AP Nr. 40 zu § 17 KSchG 1969 = NZA 2012, 1029.
[134] KR/*Weigand* KSchG § 17 Rn. 153.
[135] ErfK/*Kiel* KSchG § 17 Rn. 29b.
[136] BAG 28.6.2012 AP Nr. 40 zu § 17 KSchG 1969 = NZA 2012, 1029.
[137] BAG 20.1.2016 AP Nr. 48 zu § 17 KSchG 1969 = NZA 2016, 490; 26.2.2015 AP Nr. 47 zu § 17 KSchG 1969 = NZA 2015, 881; 21.3.2013 AP Nr. 45 zu § 17 KSchG 1969 = NZA 2013, 966.
[138] BAG 14.5.2020 AP Nr. 56 zu § 17 KSchG 1969 = NZA 2020, 1092; 28.6.2012 AP Nr. 40 zu § 17 KSchG 1969 = NZA 2012, 1029.
[139] BAG 22.11.2012 AP Nr. 42 zu § 17 KSchG 1969 = NZA 2013, 845; 21.3.2012 AP Nr. 39 zu § 17 KSchG 1969 = NZA 2012, 1058; 18.1.2012 AP Nr. 6 zu § 6 KSchG 1969 = NZA 2012, 817.

Ergebnis der nach § 17 II 2 KSchG erforderlichen Beratung beziehen. Sie soll Auskunft darüber geben, ob und welche Möglichkeiten der BR sieht, die angezeigten Kündigungen zu vermeiden, und belegen, dass soziale Maßnahmen mit ihm beraten und ggf. getroffen worden sind.[140] Der BR muss sich in einer Weise äußern, die erkennen lässt, dass er seine Beteiligungsrechte als gewahrt ansieht und dass es sich um eine **abschließende Erklärung** zu den vom AG beabsichtigten Kündigungen handelt. Dafür reicht auch die eindeutige Mitteilung aus, keine Stellung nehmen zu wollen.[141] Den gesetzlichen Anforderungen entspricht eine Stellungnahme nicht, die lediglich den Hinweis des BR enthält, er sei darüber informiert worden, dass ein Antrag auf Entlassungen gem. § 17 KSchG an die AA gesendet worden sei.[142] Unzureichend ist ebenso die Vorlage von Widersprüchen des BR gegen die beabsichtigten Kündigungen. Diese stellen keine solche Stellungnahme dar, weil sich ihnen nicht entnehmen lässt, dass sie das Ergebnis von Beratungen nach § 17 II 2 KSchG sind.[143] Die Stellungnahme des BR kann in einem **Interessenausgleich** enthalten sein. Während ein Interessenausgleich **mit Namensliste** (dazu → Rn. 31) gem. § 1 V 3 KSchG, § 125 II InsO die Stellungnahme des BR selbst dann ersetzt, wenn im Interessenausgleich keine Bekundungen des BR zu den Beratungen mit dem AG enthalten sind, muss ein Interessenausgleich **ohne Namensliste** hinreichend deutlich erkennen lassen, dass der BR sich als ausreichend unterrichtet ansieht, die Beratungen für abgeschlossen hält und er keine weitere Stellungnahme abgeben will. Eine Stellungnahme des BR in einem eigenständigen Dokument ist nicht erforderlich.[144] Die Anzeige dürfte auch wirksam sein, wenn der BR seine Stellungnahme unmittelbar an die AA sendet.[145]

b) Glaubhaftmachung bei fehlender oder ungenügender Stellungnahme. Hat der **BR keine oder keine den Anforderungen des § 17 II 2 KSchG genügende Stellungnahme abgegeben,** hat der AG nach § 17 III 3 KSchG unter Darlegung des Beratungsstands **glaubhaft zu machen,** dass er den BR mindestens zwei Wochen vor Erstattung der Anzeige unter Beachtung der Anforderungen des § 17 II 1 KSchG unterrichtet hat.[146] Der Stand der Beratungen ist lediglich darzulegen; das kann auch in eigenen Worten des AG geschehen.[147] Dazu müssen nicht sämtliche Einzelheiten der Konsultationen geschildert werden, jedoch genügt eine bloß formelhafte Wiedergabe des Gesetzestextes nicht. Ebenso wenig ist es ausreichend, wenn der AG den Stand der Beratungen in einer Weise irreführend darstellt, die geeignet ist, eine für ihn günstige Entscheidung der AA zu erwirken.[148] Stellt sich der BR – zu Recht oder zu Unrecht – auf den Standpunkt, er könne mangels ausreichender Informationen nicht weiter beraten, und bricht der AG daraufhin das Konsultationsverfahren ab, ohne die geforderten weiteren Auskünfte zu erteilen, ist auch dies als Stand der Beratungen der AA mitzuteilen. Ob das weitere Auskunftsverlangen des BR berechtigt war, ist im Rahmen des § 17 III 3 KSchG unerheblich.[149] Verbindet der AG das Konsultationsverfahren mit den Verhandlungen über einen Interessenausgleich, genügt die Darlegung des Stands der Verhandlungen nur dann den Anforderungen von § 17 III 3 KSchG, wenn die AA auch die Verbindung der beiden Verfahren aus der Darlegung erkennen kann.[150] Erst nach Eingang der Stellungnahme des BR oder einer ordnungsgemäßen Glaubhaftmachung nach § 17 III 3 KSchG ist die Anzeige bei der AA vollständig. Bei Fehlen einer den Anforderungen des § 17 II 2 KSchG genügenden Stellungnahme ist die Glaubhaftmachung der Voraussetzungen des § 17 III 3 KSchG **Wirksamkeitsvoraussetzung** für die Anzeige.[151] 30

c) Interessenausgleich mit Namensliste. Ein Interessenausgleich mit Namensliste nach § 1 V KSchG (dazu → § 136 Rn. 1 ff.) ersetzt gem. § 1 V 3 KSchG die Stellungnahme des BR 31

[140] BAG 21.3.2013 AP Nr. 45 zu § 17 KSchG 1969 = NZA 2013, 966; 21.3.2012 AP Nr. 39 zu § 17 KSchG 1969 = NZA 2012, 1058.

[141] BAG 26.2.2015 AP Nr. 47 zu § 17 KSchG 1969 = NZA 2015, 881.

[142] BAG 28.6.2012 AP Nr. 40 zu § 17 KSchG 1969 = NZA 2012, 1029.

[143] BAG 21.3.2013 AP Nr. 45 zu § 17 KSchG 1969 = NZA 2013, 966.

[144] BAG 21.3.2012 AP Nr. 39 zu § 17 KSchG 1969 = NZA 2012, 1058; ebenso BAG 22.11.2012 AP Nr. 42 zu § 17 KSchG 1969 = NZA 2013, 845.

[145] KR/*Weigand* KSchG § 17 Rn. 142; LAG Hamm 6.6.1986 LAGE § 17 KSchG Nr. 2.

[146] BAG 28.6.2012 AP Nr. 40 zu § 17 KSchG 1969 = NZA 2012, 1029.

[147] BAG 22.9.2016 AP Nr. 52 zu § 17 KSchG 1969 = NZA 2017, 175.

[148] BAG 14.5.2020 AP Nr. 56 zu § 17 KSchG 1969 = NZA 2020, 1092; 22.9.2016 AP Nr. 52 zu § 17 KSchG 1969 = NZA 2017, 175.

[149] BAG 14.5.2020 AP Nr. 56 zu § 17 KSchG 1969 = NZA 2020, 1092; 28.6.2012 AP Nr. 40 zu § 17 KSchG 1969 = NZA 2012, 1029.

[150] BAG 14.5.2020 AP Nr. 56 zu § 17 KSchG 1969 = NZA 2020, 1092.

[151] BAG 20.1.2016 AP Nr. 48 zu § 17 KSchG 1969 = NZA 2016, 490; 26.2.2015 AP Nr. 47 zu § 17 KSchG 1969 = NZA 2015, 881; 21.3.2013 AP Nr. 45 zu § 17 KSchG 1969 = NZA 2013, 966.

iSv § 17 III 2 KSchG. Dies gilt auch dann, wenn er lediglich vom BR unterzeichnet, aber noch nicht formwirksam iSv § 112 I 1 BetrVG geschlossen worden ist. Mit der Unterschrift durch ein vertretungsberechtigtes Mitglied unter den Interessenausgleich mit Namensliste dokumentiert der BR, dass aus seiner Sicht das Konsultationsverfahren abgeschlossen ist.[152] Wird ein geplanter Personalabbau auf der Grundlage eines unternehmenseinheitlichen Konzepts durchgeführt und sind mehrere Betriebe von der Betriebsänderung betroffen, ist nach § 50 I BetrVG für den Abschluss eines betriebsübergreifenden Interessenausgleichs mit Namensliste der GBR originär zuständig. In diesem Fall ersetzt der Interessenausgleich mit Namensliste die Stellungnahme des GBR nach § 17 III 2 KSchG.[153] In der Insolvenz gilt nach § 125 II InsO Entsprechendes. Zum **Interessenausgleich ohne Namensliste** → Rn. 29.

32 **7. Zeitpunkt der Anzeige.** Die Anzeige ist vor Zugang der Kündigungen iSv § 130 I 1 BGB vollständig zu erstatten.[154] Maßgebend ist der Eingang der Anzeige bei der örtlich zuständigen AA. Wird sie bei einer unzuständigen AA eingereicht, muss sie vor Zugang der Kündigungen an die zuständige AA weitergeleitet worden und dort eingegangen sein.[155] Der AG muss bei Erstattung der Anzeige – anders als bei Einleitung des Konsultationsverfahrens – bereits zur Kündigung entschlossen sein. Andernfalls liefe die Anzeigepflicht auf eine unzulässige „Vorratsanzeige" hinaus.[156] Bei unionsrechtskonformer Auslegung des § 17 KSchG muss der AG ferner das Konsultationsverfahren durchgeführt haben (dazu → Rn. 17 ff.). Eine Nachholung der Anzeige nach Zugang der Kündigung ist nicht möglich.

33 **8. Zuleitung einer Abschrift an die Arbeitnehmervertretung.** Gem. § 17 III 6 KSchG hat der AG dem BR eine Abschrift der Anzeige zuzuleiten. Der BR soll erkennen können, ob und in welchem Umfang der AG seine Vorschläge berücksichtigt hat, und die Möglichkeit erhalten, ggf. weitere Stellungnahmen abzugeben (§ 17 III 7 KSchG), über welche er wiederum den AG in Kenntnis zu setzen hat (§ 17 III 8 KSchG). Ein Verstoß gegen diese Verpflichtung führt jedoch nicht zur Unwirksamkeit der Massenentlassungsanzeige.[157]

34 **9. Rechtsfolgen einer unterlassenen oder fehlerhaften Anzeige.** Eine Kündigung ist **nach § 134 BGB nichtig,** wenn der AG im Zeitpunkt ihres Zugangs die nach § 17 I KSchG erforderliche Massenentlassungsanzeige nicht wirksam erstattet hat.[158] Hierzu bedarf es notwendigerweise der Feststellung, dass die Schwellenwerte des § 17 I 1 KSchG überschritten sind. Fällt die Kündigung nicht in die 30-Tage-Frist des § 17 I 1 KSchG und war sie deshalb nicht anzeigepflichtig (→ Rn. 14), führen im Anzeige- und Konsultationsverfahren aufgetretene Fehler nicht zur Unwirksamkeit dieser Kündigung (dazu im Übrigen → Rn. 23).[159] Die Unwirksamkeit ist **innerhalb der Dreiwochenfrist des § 4 KSchG** gerichtlich geltend zu machen, weil es sich um einen **sonstigen Unwirksamkeitsgrund** handelt. Das ist auch bei der Anwendung von § 6 KSchG zu beachten (dazu → § 138 Rn. 43). Dies ist mit dem Unionsrecht vereinbar.[160]

35 **10. Darlegungs- und Beweislast.** Der AN ist darlegungs- und ggf. beweispflichtig für die tatsächlichen Voraussetzungen der Anzeigepflicht nach § 17 KSchG. Steht die Anzeigepflicht fest, hat der AG auf die konkrete Rüge des AN die ordnungsgemäße Durchführung des Verfahrens darzulegen und ggf. zu beweisen.[161]

11. Checkliste

36
- **Zeitpunkt der Massenentlassungsanzeige** (→ Rn. 32)
  - o **Nach Kündigungsentschluss**
  - o **Vor Zugang der Kündigungen**

---

[152] BAG 18.1.2012 AP Nr. 6 zu § 6 KSchG 1969 = NZA 2012, 817.
[153] BAG 20.9.2012 AP Nr. 41 zu § 17 KSchG 1969 = NZA 2013, 32.
[154] BAG 14.5.2020 AP Nr. 57 zu § 17 KSchG 1969 = NZA 2020, 1092; 13.6.2019 AP Nr. 55 zu § 17 KSchG 1969 mAnm *Moll/Jacoby* = NZA 2019, 1638.
[155] BAG 13.2.2020 AP Nr. 56 zu § 17 KSchG 1969 = NZA 2020, 1006.
[156] BAG 13.6.2019 AP Nr. 55 zu § 17 KSchG 1969 mAnm *Moll/Jacoby* = NZA 2019, 1638.
[157] ErfK/*Kiel* KSchG § 17 Rn. 33; LKB/*Bayreuther* KSchG § 17 Rn. 135.
[158] BAG 14.5.2020 AP Nr. 56 zu § 17 KSchG 1969 = NZA 2020, 1092; 13.2.2020 AP Nr. 56 zu § 17 KSchG 1969 = NZA 2020, 1006; 22.9.2016 AP Nr. 52 zu § 17 KSchG 1969 = NZA 2017, 175; 19.3.2015 AP Nr. 464 zu § 613a BGB.
[159] BAG 25.4.2013 AP Nr. 1 zu § 343 InsO.
[160] Vgl. EuGH 16.7.2009 AP Nr. 5 zu Richtlinie 98/59/EG – Mono Car Styling; ebenso *Junker* RIW 2010, 343 (348); ErfK/*Kiel* KSchG § 17 Rn. 39; *Weber* EuZA 2010, 235.
[161] BAG 18.1.2012 AP Nr. 6 zu § 6 KSchG 1969 = NZA 2012, 817.

- **Form der Massenentlassungsanzeige**
  - o **Schriftlich** (Textform dürfte genügen → Rn. 27)
- **Inhalt der Massenentlassungsanzeige** (→ Rn. 28)
  - o **Mussangaben** (§ 17 III 4 KSchG)
    Name des AG
    Sitz und Art des Betriebs (im unionsrechtlichen Sinne → Rn. 3)
    Gründe für die geplanten Entlassungen (→ Rn. 28)
    Zahl und Berufsgruppen der zu entlassenden AN (im unionsrechtlichen Sinne → Rn. 5)
    Zahl und Berufsgruppen der idR beschäftigten AN (im unionsrechtlichen Sinne → Rn. 5)
    Zeitraum, in dem die Entlassungen (→ Rn. 6 ff.) vorgenommen werden sollen
    Vorgesehene Sozialauswahlkriterien (→ Rn. 28)
  - o **Sollangaben** (§ 17 III 5 KSchG)
    Geschlecht, Alter, Beruf und Staatsangehörigkeit der zu entlassenden AN (→ Rn. 28)
- **Beifügung einer Information über das Konsultationsverfahren**
  - o **Stellungnahme des BR** (§ 17 III 2 KSchG → Rn. 29) **oder**
  - o **Darlegung des Beratungsstands und Glaubhaftmachung ordnungsgem. Unterrichtung** (§ 17 III 3 KSchG, → Rn. 30) **oder**
  - o **Interessenausgleich mit Namensliste** (→ Rn. 31)
- **Einreichung bei der zuständigen AA**
  - o **Grds. AA am Sitz des Betriebs, nicht des Unternehmens** (→ Rn. 26)
  - o **Maßgebend ist der unionsrechtliche Betriebsbegriff** (→ Rn. 3)
- **Zuleitung einer Abschrift an die Arbeitnehmervertretung** (§ 17 III 6 KSchG, → Rn. 33)

VI. Weitere Beteiligungsrechte des Betriebsrats

Der AG hat den BR zusätzlich nach **§ 102 I BetrVG** vor Ausspruch der Kündigung zu hören. Allerdings kann der AG beide Verfahren gleichzeitig durchführen (dazu → Rn. 19). Will er in dieser Weise vorgehen, hat er das klarzustellen.[162] Eine Verbindung beider Verfahren ist jedoch nicht empfehlenswert, weil im Zeitpunkt der Konsultation des BR die Kündigungsgründe noch nicht hinreichend konkret feststehen.[163] Der AG sollte die Anhörung des BR nach § 102 I BetrVG deshalb erst nach Abschluss des Konsultationsverfahrens vornehmen.[164] Der BR hat keinen Anspruch auf Verlängerung der Anhörungsfrist. Das Beharren des AG auf Einhaltung der Frist aus § 102 II 1 BetrVG kann nach Auffassung des BAG bei Massenentlassungen allerdings rechtsmissbräuchlich sein. Hierfür reichen jedoch Umstände wie die Zahl der Kündigungen und die sich hieraus für die Bearbeitung im BR ergebenden Schwierigkeiten nicht aus. Wesentlich sei, ob der BR innerhalb der Wochenfrist vom AG eine Fristverlängerung verlangt habe und wie sich beide Betriebspartner bis zur formellen Einleitung des Anhörungsverfahrens verhalten haben.[165] Soll im Wege der Massenänderungskündigung eine Umgruppierung oder Versetzung erfolgen, kann zudem ein Mitbestimmungsrecht des BR nach §§ 99 ff. BetrVG bestehen. 37

VII. Wirkungen der Anzeige

1. Sperrfrist. Die Anzeige setzt mit ihrem Eingang bei der AA eine Sperrfrist von regelmäßig einem Monat in Lauf. **Entlassungen innerhalb dieses Zeitraums sind unwirksam** (§ 18 KSchG). Die Kündigung als Rechtsgeschäft ist dagegen wirksam. Sie beendet, sofern der Kündigungstermin vor Ablauf dieser Sperrfrist liegen sollte, das Arbeitsverhältnis nur nicht zu dem in der Kündigungserklärung genannten Zeitpunkt, sondern erst mit Ablauf eines Monats nach Eingang der Anzeige, wenn keine Zustimmung der AA zu einer früheren Beendigung (§ 18 I KSchG) erfolgt.[166] § 18 I KSchG verschiebt dagegen nicht den Beginn der Kündigungsfrist.[167] 38

2. Verlängerung der Sperrfrist. Die AA kann die Sperrfrist durch einen dem AG innerhalb der normalen Sperrfrist zugehenden Verlängerungsbeschluss bis zur Höchstdauer von zwei 39

[162] BAG 18.1.2012 AP Nr. 6 zu § 6 KSchG 1969 = NZA 2012, 817.
[163] ErfK/*Kiel* KSchG § 17 Rn. 26.
[164] ErfK/*Kiel* KSchG § 17 Rn. 26; APS/*Moll* KSchG § 17 Rn. 85.
[165] BAG 14.8.1986 AP Nr. 43 zu § 102 BetrVG 1972 = NZA 1987, 601.
[166] BAG 28.5.2009 AP Nr. 370 zu § 613a BGB = NZA 2009, 1267.
[167] BAG 6.11.2008 AP Nr. 4 zu § 18 KSchG 1969 = NZA 2009, 1013.

Monaten verlängern (§ 18 II KSchG). Die Verlängerungsmöglichkeit dient arbeitsmarktpolitischen Gründen. Sie soll hingegen nicht den AN den Verdienst für diesen Zeitraum sichern oder die Arbeitslosenversicherung entlasten.[168] Die Verlängerung kann nur für den Betrieb, nicht jedoch für eine einzelne Kündigung erfolgen. Die Anordnung muss dem AG vor Ablauf der regulären Sperrfrist zugehen (§ 39 SGB X). Andernfalls endet die Entlassungssperre ersatzlos.[169] Die Verlängerung wirkt nur zu Gunsten des AN. Es steht ihm frei, auch ohne Eigenkündigung mit Ablauf der Kündigungsfrist aus dem Arbeitsverhältnis auszuscheiden.[170]

40 **3. Verkürzung der Sperrfrist.** Die AA kann die Sperrfrist auch verkürzen, und zwar rückwirkend bis zum Tage der Antragstellung (§ 18 I KSchG). Die Verkürzung muss beantragt werden. Das Arbeitsverhältnis endet dann mit Ablauf der Kündigungsfrist, frühestens jedoch zum Zeitpunkt der Antragstellung. Wird der AN nach Antragstellung, aber vor dem rückwirkenden Bescheid der AA entlassen, erlischt mit dem Bescheid ein nach § 615 BGB entstandener Anspruch auf Annahmeverzugslohn.

41 **4. Genehmigung unter Auflagen.** Die AA kann schließlich die Zustimmung zur Massenentlassung unter Auflagen, zB der Zahlung von Abfindungen an die AN, erteilen. Damit erlangen die AN freilich nicht unmittelbar einen zivilrechtlichen Anspruch gegen den AG. Dieser kann vielmehr den Ablauf der gesetzlichen (§ 18 I KSchG) oder von der AA bestimmten (§ 18 II KSchG) Sperrfrist abwarten und alsdann ohne Zahlung der Abfindung die AN entlassen oder die Kündigungen teilweise zurücknehmen, so dass die für die Massenentlassung maßgebliche Zahl unterschritten wird.[171]

42 **5. Kurzarbeit.** Die AA kann, wenn der AG nicht in der Lage ist, sämtliche AN während der Dauer der Sperrfrist zu beschäftigen, die Einführung von Kurzarbeit gestatten (§ 19 I KSchG).[172] Die Zulassung ist ein privatrechtsgestaltender Verwaltungsakt, der eine Ermächtigung des AG zum Inhalt hat. Hat die AA eine Ermächtigung zur Einführung von Kurzarbeit erteilt, kann der AG nach hM einseitig die Arbeitsverhältnisse ändern.[173] Indes kann sich die AA bei der Genehmigung nicht über Bestimmungen eines TV über Einführung, Ausmaß und Bezahlung der Kurzarbeit hinwegsetzen. Ob dem BR bei der Einführung der Kurzarbeit mit Zustimmung der AA ein erzwingbares Mitbestimmungsrecht nach § 87 I Nr. 3 BetrVG zusteht, ist umstritten,[174] aber zu bejahen. § 19 KSchG ändert nichts an den Mitbestimmungsrechten des BR.

43 **6. Negativattest.** Teilt die AA (der zuständige Ausschuss) dem AG mit, eine Genehmigung zur Massenentlassung sei nicht notwendig, obwohl diese in Wahrheit doch erforderlich war, wirkt diese Mitteilung wie eine Genehmigung, da sich der AG auf die Auskunft verlassen kann. Die AA ist nach § 20 I KSchG zuständige Stelle. Dies gilt indes nicht, wenn der AG nur angefragt hat, ob eine Genehmigung der Massenentlassung notwendig sei.

VIII. Wirkungen des Ablaufs der Sperrfrist

44 **1. Vornahme der Kündigung.** Nach Ablauf der gesetzlichen oder von der AA bestimmten Sperrfrist können Entlassungen beliebig vorgenommen werden, soweit **(1)** die Wirksamkeitsvoraussetzungen der Kündigung eingehalten sind und **(2)** der Kündigung keine Kündigungsbeschränkungen (→ § 129 Rn. 1 ff.) entgegenstehen. Die Kündigung kann auch zum Ablauf der Sperrfrist erklärt werden. War die Kündigung bereits vor Zustimmung der AA zu einer Verkürzung der Sperrfrist zugegangen und die Kündigungsfrist abgelaufen, verlängert sich das Arbeitsverhältnis bis zum Ablauf der Sperrfrist (→ Rn. 38).

45 **2. Frist für Entlassung.** Nach § 18 IV KSchG bedarf es „unter den Voraussetzungen des § 17 I" einer erneuten Anzeige, soweit die Entlassungen nicht innerhalb von 90 Tagen nach dem Zeitpunkt, zu dem sie nach § 18 I und II KSchG zulässig sind, durchgeführt werden. Hierdurch wird der AG verpflichtet, die Kündigungen innerhalb der 90-Tage-Frist zu erklären. Nach Ablauf der sog. Freifrist muss er eine erneute Anzeige erstatten, wenn er von der Möglichkeit

[168] Vgl. BSG 21.3.1978 BSGE 46, 99.
[169] LKB/*Bayreuther* KSchG § 18 Rn. 5.
[170] APS/*Moll* KSchG § 18 Rn. 35; ErfK/*Kiel* KSchG § 18 Rn. 6.
[171] Vgl. BAG 22.5.1960 AP Nr. 6 zu § 15 KSchG.
[172] Die Ermächtigung berechtigt auch zur Einführung der Kurzarbeit gegenüber Schwangeren: BAG 7.4.1970 AP Nr. 3 zu § 615 BGB Kurzarbeit.
[173] ErfK/*Kiel* KSchG § 19 Rn. 4.
[174] Bejahend: *Fitting* BetrVG § 87 Rn. 155; GK-BetrVG/*Wiese/Gutzeit* § 87 Rn. 417; verneinend: HWGNRH/*Worzalla* BetrVG § 87 Rn. 250.

der Kündigungserklärung bis dahin keinen Gebrauch gemacht hat. Auf diese Weise werden „Vorratsanzeigen" verhindert, die dem Zweck des Gesetzes zuwiderliefen, die AA über das tatsächliche Ausmaß der Beendigungen von Arbeitsverhältnissen ins Bild zu setzen.[175]

IX. Entscheidung der Agentur für Arbeit

1. Ausschuss. Die Entscheidungen der AA werden durch einen Ausschuss getroffen, der sich zusammensetzt aus dem Geschäftsführer der AA oder einem von ihm beauftragten Angehörigen der AA sowie je zwei Vertretern der AN, der AG und der öffentlichen Körperschaften, die von dem Verwaltungsausschuss der AA benannt werden (§ 20 II 1 KSchG). Die AA hat vor ihren mit Stimmenmehrheit gefassten Beschlüssen AG und BR anzuhören (§ 20 III KSchG). Sie kann Auskünfte vom AG und BR einholen (§ 20 III 2 KSchG). **46**

Der Ausschuss hat bei seinen Entscheidungen das Interesse des AG, der zu entlassenden AN, das öffentliche Interesse und die Lage des Arbeitsmarkts zu berücksichtigen (§ 20 IV KSchG). Insoweit handelt es sich um **unbestimmte Rechtsbegriffe,** bei denen dem Ausschuss ein gerichtlich voll nachprüfbarer Beurteilungsspielraum zukommt. Dagegen sind die Entscheidungen über Verkürzung oder Verlängerung der Sperrfrist **Ermessensentscheidungen,** die gerichtlich nur eingeschränkt überprüfbar sind. **47**

2. Verwaltungsakt. Die Entscheidungen der AA sind **Verwaltungsakte nach § 31 SGB X.**[176] **48**
Sie sind mit ausreichender Begründung und Rechtsmittelbelehrung zu versehen. Die Arbeitsgerichte überprüfen, ob eine Entlassung nach § 17 KSchG anzeigepflichtig war oder nicht. Sie sind an die Auffassung des Ausschusses nicht gebunden. Die Bindungswirkung eines Bescheids der AA nach § 20 KSchG umfasst nur dessen eigentlichen Inhalt, also die Dauer der Sperrfrist und den Zeitpunkt ihres Ablaufs oder die Genehmigung, Entlassungen vor Ablauf der Sperrfrist vorzunehmen, nicht aber die Wirksamkeit der Massenentlassungsanzeige selbst.[177] Die Einhaltung der formalen Anforderungen des § 17 KSchG ist lediglich eine Vorfrage des Bescheids nach § 20 KSchG und gehört damit nach den allgemeinen verwaltungsverfahrensrechtlichen Grundsätzen nicht zum Regelungsinhalt des Bescheids.[178] Die Arbeitsgerichte sind durch einen bestandskräftigen Verwaltungsakt der Arbeitsverwaltung nach § 18 I, II iVm § 20 KSchG nicht gehindert, im Kündigungsschutzprozess die Unwirksamkeit der Massenentlassungsanzeige anzunehmen. Fehler, die dem AG bei der Erstattung der Massenentlassungsanzeige unterlaufen sind, werden durch einen solchen Verwaltungsakt **nicht geheilt.**[179]

---

[175] BAG 9.6.2016 AP Nr. 50 zu § 17 KSchG 1969 = NZA 2016, 1202; 23.2.2010 AP Nr. 5 zu § 18 KSchG 1969 = NZA 2010, 944.

[176] BAG 13.4.2000 AP Nr. 13 zu § 17 KSchG 1969 = NZA 2001, 144; BSG 30.10.1959 AP Nr. 1 zu § 18 KSchG; ErfK/*Kiel* KSchG § 20 Rn. 4.

[177] BAG 21.3.2013 AP Nr. 45 zu § 17 KSchG 1969 = NZA 2013, 966; 20.9.2012 AP Nr. 41 zu § 17 KSchG 1969 = NZA 2013, 32; 28.6.2012 AP Nr. 40 zu § 17 KSchG 1969 = NZA 2012, 1029.

[178] BAG 20.9.2012 AP Nr. 41 zu § 17 KSchG 1969 = NZA 2013, 32; 13.12.2012 AP Nr. 44 zu § 17 KSchG 1969.

[179] BAG 27.2.2020 AP Nr. 480 zu § 613a BGB = NZA 2020, 1303; 13.2.2020 AP Nr. 56 zu § 17 KSchG 1969 = NZA 2020, 1006; 26.2.2015 AP Nr. 47 zu § 17 KSchG 1969 = NZA 2015, 881; 21.3.2013 AP Nr. 45 zu § 17 KSchG 1969 = NZA 2013, 966; krit. APS/*Moll* KSchG § 18 Rn. 136 ff.; *Moll* RdA 2021, 49 (57 f.).

10. Abschnitt. Besonders geschützte Personen und Wiedereinstellungsanspruch

§ 143. Kündigungsschutz von Mitgliedern oder Wahlbewerbern der Betriebsverfassungsorgane

Übersicht

I. Allgemeines

1 **1. Zweck.** Wahlbewerber und Mitglieder der Betriebsverfassungsorgane haben einen besonderen Kündigungsschutz, damit sie sich ohne Furcht vor Entlassung um ein Amt bewerben und frei und unabhängig ihre Aufgaben wahrnehmen können.[1] Zweck des § 15 KSchG ist aber nicht nur, die Betriebsratsmitglieder verstärkt vor Kündigungen zu schützen, sondern auch die Kontinuität der Arbeit der jeweiligen Arbeitnehmervertretung dadurch zu sichern, dass diese als Ganzes für die Dauer der Wahlperiode in ihrer personellen Zusammensetzung möglichst unverändert erhalten bleibt.[2] Die ordentliche Kündigung ist für diesen Personenkreis nach § 15 I KSchG grundsätzlich ausgeschlossen. Eine außerordentliche Kündigung bedarf gem. § 103 I BetrVG der Zustimmung des BR. Da der besondere Kündigungsschutz zum Schutz der Funktionsfähigkeit der Betriebsverfassungsorgane eingeführt worden ist, stellt § 15 KSchG kein Schutzgesetz iSv § 823 II BGB zugunsten der einzelnen Betriebsratsmitglieder dar.[3]

2 **2. Zwingende Regelung.** Die gesetzliche Regelung des § 15 KSchG ist zwingend. Sie kann weder durch Einzelvertrag noch kollektivrechtliche Vereinbarung ausgeschlossen oder eingeschränkt werden. Vor Zugang einer Kündigung ist sie unverzichtbar. Jedoch wird eine anderweitige Beendigung des Arbeitsverhältnisses (Befristung, Bedingung oder Aufhebungsvertrag) hiervon grundsätzlich nicht berührt (zum Auflösungsantrag → § 141 Rn. 32).[4]

---

[1] BAG 27.6.2019 AP Nr. 78 zu § 15 KSchG 1969 = NZA 2019, 1427.
[2] BAG 27.9.2012 AP Nr. 74 zu § 15 KSchG 1969 = NZA 2013, 425.
[3] BAG 14.2.2002 AP Nr. 21 zu § 611 BGB Haftung des Arbeitgebers = NZA 2002, 1027.
[4] Vgl. hierzu BAG 23.1.2002 AP Nr. 230 zu § 620 BGB Befristeter Arbeitsvertrag = NZA 2002, 986.

3. Arbeitskampf. Während eines rechtmäßigen Arbeitskampfs kommt als Reaktion des AG nur eine Aussperrung in Betracht, die bei Betriebsratsmitgliedern lediglich suspendierende Wirkung hat.[5] Will der AG einem rechtswidrigen Arbeitskampf mit Kampfkündigungen begegnen, ruht nach umstrittener Rechtsprechung des BAG das Mitbestimmungsrecht des BR. Indes hat der AG in diesen Fällen das Zustimmungsersetzungsverfahren beim Arbeitsgericht einzuleiten.[6] 3

4. Insolvenz. Auch in der Insolvenz des AG genießen Betriebsratsmitglieder den besonderen Kündigungsschutz. § 125 InsO stellt lediglich gegenüber § 1 KSchG, nicht aber gegenüber § 15 KSchG eine „lex specialis" dar.[7] 4

II. Persönlicher Geltungsbereich

1. Geschützter Personenkreis. Dem Kündigungsschutz unterliegen die Mitglieder **(a)** eines **BR** (GBR, KBR) – auch eines nach § 3 I Nr. 1–3 BetrVG gebildeten BR[8] und gem. § 40 EBRG auch eines EBR –, **(b)** einer **JAV, (c)** einer **Bordvertretung, (d)** eines **Seebetriebsrats** (§ 15 I KSchG), **(e)** eines **PR,** der in einem Arbeitsverhältnis steht (§ 47 BPersVG), sowie des entspr. Jugend- und Auszubildendenvertreters, Wahlvorstandsmitglieds usw., **(f) Ersatzmitglieder**[9] der in (a)–(e) genannten Personen. Ersatzmitglieder genießen freilich nur einen eingeschränkten Kündigungsschutz. Er besteht während der gesamten Dauer der Vertretung eines ordentlichen Betriebsratsmitglieds und hängt nicht davon ab, dass das Ersatzmitglied während der Vertretungszeit tatsächlich Betriebsratsaufgaben erledigt.[10] Die Vertretungstätigkeit beginnt mit der Arbeitsaufnahme des Ersatzmitglieds an dem Tag, an dem das ordentliche Betriebsratsmitglied erstmals verhindert ist, ohne dass es auf die Benachrichtigung des AG ankommt.[11] Im Urlaubsfall ist dies regelmäßig der erste Urlaubstag des verhinderten Betriebsratsmitglieds.[12] Das beurlaubte Betriebsratsmitglied ist zumindest so lange verhindert, bis es seine Bereitschaft, gleichwohl Betriebsratstätigkeiten zu verrichten, positiv anzeigt.[13] Arbeitsunfähigkeit führt nicht zwingend zur Verhinderung. Es kann Fälle geben, in denen das Betriebsratsmitglied zwar nicht seine Arbeitspflichten, wohl aber sein Amt wahrnehmen kann.[14] Ist das Mitglied allerdings nach § 38 I BetrVG freigestellt, hat eine vom Arzt bescheinigte Arbeitsunfähigkeit stets auch die Verhinderung an der Ausübung der Amtspflichten zur Folge. Ob sich das Betriebsratsmitglied – subjektiv – zur Aufgabenwahrnehmung in der Lage sieht, ist in diesem Fall unerheblich.[15] Der Schutz des § 15 I 2 KSchG entfällt nicht allein deshalb, weil sich im Nachhinein herausstellt, dass ein Vertretungsfall in Wahrheit nicht vorgelegen hat. Etwas anderes gilt, wenn der Vertretungsfall durch kollusive Absprachen zum Schein herbeigeführt worden ist oder das Ersatzmitglied weiß bzw. sich ihm aufdrängen muss, dass ein solcher nicht vorliegt.[16] Fällt in eine kurze Vertretung oder zu Beginn einer längeren Vertretung eine Betriebsratssitzung, genießt das Ersatzmitglied auch in der Vorbereitungszeit den besonderen Schutz. Dies ist die Zeit der Ladung, idR sind nach Auffassung des BAG drei Tage Vorbereitungszeit ausreichend.[17] Ersatzmitglieder, die nach Beendigung der Vertretungszeit wieder aus dem BR ausgeschieden sind, sind gem. § 15 I 2 KSchG nach jedem Vertretungsfall für ein Jahr gegen eine ordentliche Kündigung geschützt. Voraussetzung für den Eintritt des nachwirkenden Kündigungsschutzes gem. § 15 I 2 KSchG ist nach der Rspr. des BAG, dass das Ersatzmitglied in der Vertretungszeit tatsächlich Betriebsratsaufgaben wahrgenommen hat.[18] Ersatzmitgliedern, die nicht in die Betriebsvertretung nachgerückt oder nicht in dieser tätig geworden sind, kommt nach § 15 III 2 KSchG nur innerhalb von sechs Monaten nach Bekanntgabe des Wahlergebnisses nachwirkender Kündigungsschutz als Wahlbewerber zu. In der Zeit des nachwirkenden Kündigungsschutzes bedarf die 5

[5] BVerfG 19.2.1975 AP Nr. 50 zu Art. 9 GG Arbeitskampf.
[6] BAG 14.2.1978 AP Nr. 57 zu Art. 9 GG Arbeitskampf = NJW 1978, 2054.
[7] BAG 17.11.2005 AP Nr. 60 zu § 15 KSchG 1969 = NZA 2006, 370.
[8] BAG 27.6.2019 AP Nr. 78 zu § 15 KSchG 1969 = NZA 2019, 1427.
[9] Hierzu *Uhmann* NZA 2000, 576.
[10] Näher dazu APS/*Linck* KSchG § 15 Rn. 92.
[11] BAG 8.9.2011 AP Nr. 70 zu § 15 KSchG 1969 = NZA 2012, 400; 18.5.2006 AP Nr. 2 zu § 15 KSchG 1969 Ersatzmitglied = NZA 2006, 1037.
[12] BAG 8.9.2011 AP Nr. 70 zu § 15 KSchG 1969 = NZA 2012, 400.
[13] BAG 27.9.2012 AP Nr. 74 zu § 15 KSchG 1969 = NZA 2013, 425; 8.9.2011 AP Nr. 70 zu § 15 KSchG 1969 = NZA 2012, 400.
[14] BAG 23.8.1984 AP Nr. 17 zu § 103 BetrVG 1972 = NZA 1985, 254.
[15] BAG 28.7.2020 BB 2020, 2619.
[16] BAG 27.9.2012 AP Nr. 74 zu § 15 KSchG 1969; 12.2.2004 AP Nr. 1 zu § 15 KSchG 1969 Ersatzmitglied.
[17] BAG 17.1.1979 AP Nr. 5 zu § 15 KSchG 1969 = DB 1979, 1136.
[18] BAG 19.4.2012 AP Nr. 34 zu § 1 KSchG 1969 Personenbedingte Kündigung = NZA 2012, 1449.

außerordentliche Kündigung allerdings nicht der Zustimmung des BR nach § 103 BetrVG.[19] Das Zustimmungserfordernis besteht nur, wenn das Ersatzmitglied entweder endgültig für ein ausgeschiedenes Mitglied eingerückt ist (§ 25 I 1 BetrVG) oder wenn und solange es ein zeitweilig verhindertes Mitglied vertritt (§ 25 I 2 BetrVG).[20] Ferner genießen gem. § 15 III KSchG besonderen Kündigungsschutz **(g)** Mitglieder des **Wahlvorstands zur Betriebsratswahl,** auch wenn die Belegschaft nach der Bestellung erklärt, sie wolle keinen BR wählen.[21] Unverzichtbare Mindestanforderung einer Bestellung nach § 17 II BetrVG ist, dass die Wahl in einer Betriebsversammlung erfolgte und jeder für den Wahlvorstand vorgesehene AN mit der Mehrheit der Stimmen der bei der Betriebsversammlung anwesenden AN gewählt worden ist; die Mehrheit der abgegebenen Stimmen genügt nicht.[22] Bewerber für das Amt des Wahlvorstands zur Durchführung einer Betriebsratswahl genießen allein aufgrund ihrer Kandidatur keinen besonderen Kündigungsschutz nach § 15 III KSchG; sie sind keine „Wahlbewerber" im Sinne dieser Bestimmungen.[23] Sonderkündigungsgeschützt sind auch **(h) Wahlbewerber** zu den in (a)–(f) genannten Ämtern,[24] dagegen nicht die Bewerber zum Wahlvorstand.[25] Der besondere Kündigungsschutz der Wahlbewerber setzt voraus, dass diese für das Amt wählbar sind.[26] Den **(i) Initiatoren einer Betriebsratswahl** (§ 15 IIIa KSchG) kann im Fall der Betriebsstilllegung unter den Voraussetzungen des § 15 IV KSchG ordentlich gekündigt werden; die Nichterwähnung von Absatz 3a in § 15 IV KSchG beruht auf einem Redaktionsversehen, welches durch das Betriebsrätemodernisierungsgesetz (→ Rn. 6) beseitigt werden soll.[27] Den **(j) ehemaligen Mitgliedern** der Betriebsverfassungsorgane kommt innerhalb eines Jahres nach Beendigung der Amtszeit nachwirkender Kündigungsschutz zu (§ 15 I 2 KSchG). Die **(k) Mitglieder und stellvertretenden Mitglieder einer Schwerbehindertenvertretung** können gem. § 179 III SGB IX, § 15 I KSchG ebenfalls nur aus wichtigem Grund und nur mit Zustimmung des BR oder PR gekündigt werden, ebenso **(l) Wahlbewerber und Wahlvorstand** für das Amt der Schwerbehindertenvertretung. Einer Zustimmung der Schwerbehindertenvertretung bedarf es gem. § 179 III 1 SGB IX nicht.[28] Der Sonderkündigungsschutz für **(m)** in **Heimarbeit** beschäftigte Mitglieder des BR ergibt sich aus § 29a HAG.

6 **2. Betriebsrätemodernisierungsgesetz 2021.** Durch das Gesetz zur Förderung der Betriebsratswahlen und der Betriebsratsarbeit in einer digitalen Arbeitswelt vom 14.6.2021 (BRModG; BGBl. I 1762) ist der Sonderkündigungsschutz im Vorfeld einer Betriebsratswahl erweitert worden. Zum einen ist die Anzahl der in der Einladung genannten AN, die dem Kündigungsschutz nach **§ 15 IIIa KSchG** unterfallen, **von drei auf sechs erhöht worden.** Diese Änderung soll es mehr AN ermöglichen, sich offen für die Betriebsratswahl zu engagieren.[29] Zum anderen ist in einem **neuen § 15 IIIb KSchG** ein besonderer Kündigungsschutz für sog. **„Vorfeld-Initiatoren"**[30] eingeführt worden. Das sind AN, die **Vorbereitungshandlungen** zur Errichtung eines BR oder einer Bordvertretung unternehmen **und** eine **öffentlich beglaubigte Erklärung** (§ 129 BGB) mit dem Inhalt abgegeben haben, dass sie die Errichtung eines BR oder einer Bordvertretung beabsichtigen. Unter einer Vorbereitungshandlung ist jedes für Dritte erkennbare Verhalten zu verstehen, das zur Initiierung einer Betriebsratswahl geeignet ist. Darunter fallen zB Gespräche mit anderen AN, um die Unterstützung für die Gründung eines BR zu ermitteln, das Für und Wider einer solchen zu besprechen oder Schritte zu planen, die für die Organisation einer entsprechenden Wahl relevant sein können. Auch die Kontaktaufnahme zu einer Gewerkschaft zu dem Zweck, Informationen zur Betriebsratswahl zu erhalten, ist eine solche Vorbereitungshandlung.[31] Für diesen Personenkreis ist im Zeitraum zwischen der Abgabe der beglaubigten Erklärung und dem Zeitpunkt der Einladung zu einer Betriebs-, Wahl- oder Bordversammlung, längstens jedoch für drei Monate, eine **in der Person oder im Verhalten begründete Kündigung nur aus wichtigem Grund zulässig.** Notwendige betriebsbe-

[19] BAG 26.9.1996 AP Nr. 3 zu § 15 KSchG 1969 Ersatzmitglied = NZA 1996, 1037.
[20] BAG 5.11.2009 AP Nr. 65 zu § 15 KSchG 1969 = NZA-RR 2010, 236.
[21] LAG Hamm 29.11.1973 DB 1974, 389.
[22] BAG 31.7.2014 AP Nr. 76 zu § 15 KSchG 1969 = NZA 2015, 245.
[23] BAG 31.7.2014 AP Nr. 76 zu § 15 KSchG 1969 = NZA 2015, 245.
[24] BAG 12.3.2009 AP Nr. 63 zu § 15 KSchG 1969 = NZA 2009, 1264.
[25] BAG 31.7.2014 AP Nr. 76 zu § 15 KSchG 1969 = NZA 2015, 245.
[26] BAG 26.9.1996 AP Nr. 3 zu § 15 KSchG 1969 Wahlbewerber = NZA 1997, 666.
[27] BAG 4.11.2004 AP Nr. 57 zu § 15 KSchG 1969 = NZA 2005, 656; hierzu näher APS/*Linck* KSchG § 15 Rn. 51 ff.
[28] BAG 19.7.2012 AP Nr. 3 zu § 96 SGB IX = NZA 2013, 143.
[29] BR-Drs. 271/21, 21.
[30] BR-Drs. 271/21, 22.
[31] BR-Drs. 271/21, 22.

dingte ordentliche Kündigungen bleiben hingegen unverändert möglich.[32] Zur Änderung von § 103 BetrVG → Rn. 36.

3. Nicht geschützte Personen. Keinem besonderen Kündigungsschutz unterliegen **(a)** Mitglieder des **Wirtschaftsausschusses** (§§ 106 ff. BetrVG); **(b)** Arbeitnehmervertreter im **Aufsichtsrat** (§ 9 MitbestG);[33] **(c)** Arbeitnehmervertreter der **sonstigen betrieblichen Institutionen** (Einigungsstelle, Schlichtungsstelle, Beschwerdestelle); **(d) Bewerber zum Wahlvorstand für das Amt der Vertrauensperson der schwerbehinderten Menschen.** Dieser Personenkreis kann sich nur auf den allgemeinen Kündigungsschutz berufen. Darüber hinaus kann deren Kündigung nach § 78 BetrVG bzw. § 26 S. 2 MitbestG dann unwirksam sein, wenn sie erfolgt ist, um ein Mitglied des Wirtschaftsausschusses oder Aufsichtsrats zu maßregeln (§ 612a BGB), in der Amtsausübung zu beeinflussen oder zu beschränken.[34] 7

III. Beginn und Ende des Kündigungsschutzes

1. Beginn. Der Kündigungsschutz beginnt ohne Rücksicht auf die Kenntnis des AG **(a)** beim **Wahlvorstand** mit der Bestellung nach Maßgabe von §§ 16 ff. BetrVG. Wird der Wahlvorstand durch eine Betriebsversammlung gewählt, beginnt der Sonderkündigungsschutz mit der Bekanntgabe des Wahlergebnisses durch den Versammlungsleiter,[35] bei gerichtlich bestellten Mitgliedern des Wahlvorstands mit der Verkündung, nicht erst mit der formellen Rechtskraft des Einsetzungsbeschlusses.[36] Zum Zeitpunkt der Kandidatur für das Amt des Wahlvorstands ist der AN kein „Wahlbewerber" iSv § 15 III KSchG.[37] Ist die Bestellung des Wahlvorstands nichtig, besteht kein Sonderkündigungsschutz.[38] Bei **(b) Wahlbewerbern** setzt der Schutz im Zeitpunkt der Aufstellung des Wahlvorschlags (§ 14 III BetrVG) ein,[39] sofern der Wahlbewerber nach § 8 BetrVG überhaupt wählbar ist. Maßgebend dafür ist nicht der Zeitpunkt des Zugangs der Kündigung, sondern der Zeitpunkt der Betriebsratswahl.[40] Der Wahlvorschlag ist nach Auffassung des BAG aufgestellt, wenn er die erforderliche Zahl von Unterschriften hat,[41] also noch nicht bereits bei Aufstellung einer Kandidatenliste durch die Gewerkschaft. Andererseits ist danach die Einreichung des Wahlvorschlags beim Wahlvorstand nicht notwendig.[42] Unerheblich ist nach Auffassung des BAG auch, ob bei der Anbringung der letzten Stützunterschrift die Frist zur Einreichung von Wahlvorschlägen schon angelaufen war.[43] Der besondere Kündigungsschutz nach § 15 III KSchG besteht nach Auffassung des BAG auch dann, wenn der Wahlvorschlag lediglich behebbare Mängel aufweist.[44] Bei **(c) Mitgliedern eines BR,** einer **JAV,** einer **Bordvertretung** oder eines **Seebetriebsrats** bzw. eines **PR** setzt der Sonderkündigungsschutz mit dem Beginn der Amtszeit (§ 21 I 2 BetrVG) ein. Bis zu diesem Zeitpunkt haben die gewählten AN den Kündigungsschutz des Wahlbewerbers. In dieser Zeit ist jedoch § 103 BetrVG entsprechend anzuwenden.[45] Für den Kündigungsschutz unerheblich ist, ob die Wahl mit Mängeln behaftet ist, solange sie nicht wirksam angefochten (§ 19 BetrVG) und der Beschluss rechtskräftig geworden ist.[46] Die erfolgreiche Anfechtung der Wahl nach § 19 I BetrVG hat keine Rückwirkung, sondern wirkt nur für die Zukunft.[47] Kein Schutz besteht, 8

[32] BR-Drs. 271/21, 23.
[33] KR/*Rinck* BetrVG § 103 Rn. 23; LKB/*Bayreuther* KSchG § 15 Rn. 42 ff.
[34] Vgl. BAG 6.7.1955 AP Nr. 1 zu § 20 BetrVG Jugendvertreter; 4.4.1974 AP Nr. 1 zu § 626 BGB Arbeitnehmervertreter im Aufsichtsrat.
[35] *Eylert/Rinck* BB 2018, 308 (311).
[36] BAG 26.11.2009 AP Nr. 64 zu § 15 KSchG 1969 = NZA 2010, 443.
[37] BAG 31.7.2014 AP Nr. 76 zu § 15 KSchG 1969 = NZA 2015, 245.
[38] BAG 29.9.1988 AP Nr. 76 zu § 613a BGB = NZA 1989, 799; 7.5.1986 AP Nr. 18 zu § 15 KSchG 1969 = NZA 1986, 753.
[39] BAG 4.4.1974 AP Nr. 1 zu § 626 BGB Arbeitnehmervertreter im Aufsichtsrat.
[40] BAG 7.7.2011 AP Nr. 69 zu § 15 KSchG 1969 = NZA 2012, 107.
[41] BAG 5.12.1980 AP Nr. 9 zu § 15 KSchG 1969; 4.3.1976 AP Nr. 1 zu § 15 KSchG 1969 Wahlbewerber.
[42] BAG 7.7.2011 AP Nr. 69 zu § 15 KSchG 1969 = NZA 2012, 107; 4.3.1976 AP Nr. 1 zu § 15 KSchG 1969 Wahlbewerber; *Fitting* BetrVG § 103 Rn. 10a; aA APS/*Linck* KSchG § 15 Rn. 70; Richardi BetrVG/*Thüsing* § 103 Rn. 19.
[43] BAG 19.4.2012 AP Nr. 72 zu § 15 KSchG 1969.
[44] BAG 17.3.2005 AP Nr. 6 zu § 27 BetrVG 1972 = NZA 2005, 1064.
[45] APS/*Linck* KSchG § 15 Rn. 58; ErfK/*Kiel* KSchG § 15 Rn. 17; voller Sonderkündigungsschutz schon ab Bekanntgabe des Wahlergebnisses: *Fitting* BetrVG § 103 Rn. 55; KR/*Rinck* BetrVG § 103 Rn. 26; Richardi BetrVG/*Thüsing* § 103 Rn. 17; aA HWGNRH/*Huke* BetrVG § 103 Rn. 21.
[46] BAG 29.9.1983 AP Nr. 15 zu § 15 KSchG 1969 = DB 1984, 302.
[47] BAG 13.3.1991 AP Nr. 20 zu § 19 BetrVG 1972 = NZA 1991, 946.

wenn die Wahl auch ohne Anfechtung absolut nichtig ist. Dies kann im Kündigungsschutzstreit inzidenter überprüft werden.[48]

9 **2. Ende.** Der Kündigungsschutz endet **(a)** bei **Wahlvorständen und Wahlbewerbern** sechs Monate nach Bekanntgabe des Wahlergebnisses,[49] es sei denn, der Wahlvorstand ist durch gerichtliche Entscheidung nach § 18 I BetrVG durch einen anderen Wahlvorstand ersetzt worden (§ 15 III 2 KSchG). In diesen Fällen endet der Kündigungsschutz mit der Ersetzung. Das Zustimmungserfordernis des BR nach § 103 I BetrVG endet vor Bekanntgabe des Wahlergebnisses im Fall der Rücknahme der Kandidatur zum BR.[50] Bei **(b) Mitgliedern des BR,** einer **Personalvertretung,** einer **JAV** oder eines **Seebetriebsrats** endet der Kündigungsschutz ein Jahr, bei Mitgliedern einer **Bordvertretung** sechs Monate nach Beendigung der Amtszeit; eine Verlängerung des Kündigungsschutzes über die Amtszeit hinaus tritt dann nicht ein, wenn die Beendigung auf einer gerichtlichen Entscheidung beruht (§ 24 Nr. 5 und 6 BetrVG). Nachwirkender Kündigungsschutz besteht unabhängig von der Amtszeit des Organs auch dann, wenn ein einzelnes Betriebsratsmitglied[51] oder Wahlvorstandsmitglied[52] sein **Amt niederlegt.** Widerspricht ein Mitglied des BR eines nach § 613a BGB übergehenden Betriebs dem Übergang seines Arbeitsverhältnisses, scheidet es mit dem Betriebsübergang aus dem BR aus. Das Betriebsratsmitglied genießt dann nur nachwirkenden Kündigungsschutz.[53] Während des nachwirkenden Kündigungsschutzes bedarf es nicht mehr der Zustimmung des BR zur Kündigung.[54] Zum Ende des Kündigungsschutzes von **Ersatzmitgliedern** → Rn. 5.

10 Ist der **besondere Kündigungsschutz beendet,** kann der AG dem Amtsträger oder Bewerber wie jedem anderen AN kündigen. Diese Kündigung kann er auch auf Pflichtverletzungen des AN stützen, die dieser während der Schutzfrist begangen hat und die erkennbar nicht im Zusammenhang mit der Wahlbewerbung oder dem Amt stehen.[55]

11 **3. Beurteilungszeitpunkt.** Der jeweils geltend gemachte Sonderkündigungsschutz muss zum Zeitpunkt des Zugangs der Kündigung bestehen.[56] Ist ein AN als Ersatzmitglied für ein verhindertes Betriebsratsmitglied in den BR eingerückt, beginnt der Sonderkündigungsschutz jedenfalls zu dem Zeitpunkt, zu dem das verhinderte Betriebsratsmitglied nach den im Betrieb geltenden Arbeitszeitregelungen seine Arbeit aufnehmen konnte. Ist das zB 6.00 Uhr und geht dem Ersatzmitglied die Kündigung um 10.00 Uhr zu, besteht der Sonderkündigungsschutz.[57]

12 **4. Darlegungs- und Beweislast.** Der AN, der sich auf einen Sonderkündigungsschutz nach § 15 KSchG beruft, hat die dafür erforderlichen Tatsachen darzulegen und ggf. zu beweisen.[58] Ein Ersatzmitglied, das sich auf ein Nachrücken und das Eingreifen des Sonderkündigungsschutzes beruft, muss deshalb darlegen und beweisen, dass ein tatsächlicher Verhinderungsgrund vorgelegen hat.[59]

IV. Materieller Kündigungsschutz

13 **1. Ausschluss der ordentlichen Kündigung. a) Grundsätze.** Während der Dauer des Kündigungsschutzes ist jede ordentliche Kündigung, Änderungskündigung[60] und nach gefestigter Rechtsprechung des BAG auch die ordentliche Massenänderungskündigung[61] grundsätzlich unzulässig. Gleiches gilt für eine verhaltensbedingte außerordentliche Kündigung mit notwendi-

48 BAG 27.4.1976 AP Nr. 4 zu § 19 BetrVG 1972.
49 Dazu BAG 5.11.2009 AP Nr. 65 zu § 15 KSchG 1969 = NZA-RR 2010, 236.
50 BAG 17.3.2005 AP Nr. 6 zu § 27 BetrVG 1972 = NZA 2005, 1064.
51 BAG 5.7.1979 AP Nr. 6 zu § 15 KSchG 1969; dazu *Nickel* SAE 1980, 322 ff.; LAG Hamm EzA Nr. 17 zu § 15 KSchG.
52 BAG 9.10.1986 AP Nr. 23 zu § 15 KSchG 1969 = NZA 1987, 279.
53 BAG 25.5.2000 AP Nr. 209 zu § 613a BGB = NZA 2000, 1115.
54 BAG 5.11.2009 AP Nr. 65 zu § 15 KSchG 1969 = NZA-RR 2010, 236.
55 BAG 13.6.1996 AP Nr. 2 zu § 15 KSchG Wahlbewerber = NZA 1996, 1032.
56 BAG 31.7.2014 AP Nr. 76 zu § 15 KSchG 1969 = NZA 2015, 245; 27.9.2012 AP Nr. 74 zu § 15 KSchG 1969 = NZA 2013, 425.
57 BAG 8.9.2011 AP Nr. 70 zu § 15 KSchG 1969 = NZA 2012, 400.
58 BAG 31.7.2014 AP Nr. 76 zu § 15 KSchG 1969 = NZA 2015, 245.
59 BAG 27.9.2012 AP Nr. 74 zu § 15 KSchG 1969 = NZA 2013, 425.
60 BAG 12.3.2009 AP Nr. 63 zu § 15 KSchG 1969 = NZA 2009, 1264; 2.3.2006 AP Nr. 61 zu § 15 KSchG 1969 = NZA 2006, 988.
61 BAG 7.10.2004 AP Nr. 56 zu § 15 KSchG 1969 = NZA 2005, 156; 21.6.1995 AP Nr. 36 zu § 15 KSchG 1969 = NZA 1995, 1157.

ger Auslauffrist.[62] Voraussetzung der Kündigung ist damit das Vorliegen eines wichtigen Grundes iSv § 626 I BGB, und zwar auch dann, wenn der AG eine soziale Auslauffrist gewährt.[63] Eine ordentliche Kündigung ist nur in den Fällen des § 15 IV und V KSchG möglich (dazu → Rn. 40 ff.). Eine **vor Beginn des Sonderkündigungsschutzes erklärte Kündigung** bleibt wirksam, auch wenn die Kündigungsfrist erst nach Eintritt des Schutzes abläuft (zum Auflösungsantrag → § 141 Rn. 32). Andererseits ist eine Kündigung während des Schutzes unwirksam, auch wenn die Kündigungsfrist erst nach dem Ende des Schutzes abläuft. Ist eine Massenänderungskündigung wegen des besonderen Kündigungsschutzes gegenüber den Betriebsverfassungsorganen unwirksam, ist zu prüfen, ob nicht eine außerordentliche Kündigung mit Auslauffrist in Betracht kommt.[64]

b) Einzelfälle. Das Kündigungsverbot gilt auch für solche Kündigungen, die ein **Tendenzunternehmen** gegenüber einem dem BR angehörenden Tendenzträger (→ Rn. 22) wegen nicht tendenzbezogener Leistungsmängel erklärt. Tendenzbezogene Leistungsmängel liegen nur vor, wenn die vom Tendenzträger erbrachte Arbeitsleistung als solche dem Tendenzzweck zuwiderläuft. Um tendenzneutrale Leistungsstörungen handelt es sich, wenn sie keinen unmittelbaren Bezug zum verfolgten Tendenzzweck haben.[65] Zur Zustimmung des BR → Rn. 22. Die ordentliche Kündigung ist schlechthin unwirksam. Die Entlassung eines **Dienstordnungsangestellten** ist dagegen wirksam.[66] Kann der AG im Wege des Direktionsrechts ein Betriebsratsmitglied **versetzen,** besteht zwar nach § 15 KSchG kein besonderer Schutz. Die Versetzung bedarf aber nach § 103 III BetrVG der Zustimmung des BR, wenn sie zu einem Verlust des Amtes oder der Wählbarkeit führen würde.[67] Der Verstoß gegen das Kündigungsverbot des § 15 KSchG ist innerhalb der **Dreiwochenfrist** des § 4 KSchG geltend zu machen.[68] Zum **Auflösungsantrag** des AG, wenn der AN nach einer ordentlichen Kündigung zwischenzeitlich besonderen Kündigungsschutz nach § 15 III 1 oder 2 KSchG erlangt → § 141 Rn. 32. 14

2. Wichtiger Grund. a) Grundsatz. Eine außerordentliche Kündigung der dem Sonderkündigungsschutz unterliegenden Personen ist nur zulässig, wenn ein wichtiger Grund iSv § 626 BGB vorliegt.[69] Ein wichtiger Grund ist gegeben, wenn Tatsachen vorliegen, aufgrund derer dem Kündigenden unter Berücksichtigung aller Umstände des Einzelfalls und unter Abwägung der Interessen beider Vertragsteile die Fortsetzung des Arbeitsverhältnisses bis zum Ablauf der Kündigungsfrist nicht zugemutet werden kann (→ § 127 Rn. 40 ff.). Bei der Zumutbarkeitsprüfung ist auf die fiktive Kündigungsfrist abzustellen, die ohne den besonderen Kündigungsschutz bei einer ordentlichen Kündigung gelten würde.[70] Nicht erforderlich ist, dass der AG auch fristlos kündigt. Will er mit einer sozialen Auslauffrist kündigen, muss er jedoch eindeutig zum Ausdruck bringen, dass eine außerordentliche Kündigung gewollt ist.[71] Denn nach § 15 KSchG ist eine verhaltensbedingte außerordentliche Kündigung mit notwendiger Auslauffrist gegenüber dem geschützten Personenkreis unzulässig.[72] 15

b) Ausschlussfrist (§ 626 II BGB). Nach § 626 II BGB kann die außerordentliche Kündigung nur binnen einer Frist von zwei Wochen seit Kenntnis des Kündigungsgrundes erfolgen (→ § 127 Rn. 20). Diese Frist gilt auch für die Kündigungen von Mitgliedern der Betriebsverfassungsorgane. Der AG muss die Zustimmung des BR innerhalb der Frist beantragen.[73] Hierbei muss er die Äußerungsfrist des BR gem. § 102 II 3 BetrVG berücksichtigen. Der Zustimmungsantrag muss daher so rechtzeitig gestellt werden, dass im Falle des Schweigens des BR oder der Verweigerung der Zustimmung noch innerhalb der Zweiwochenfrist des § 626 II BGB ein 16

---

[62] BAG 21.6.2012 AP Nr. 73 zu § 15 KSchG 1969; 17.1.2008 AP Nr. 62 zu § 15 KSchG 1969 = NZA 2008, 777.
[63] BAG 20.3.2014 AP Nr. 75 zu § 15 KSchG 1969 = NZA 2014, 1089.
[64] Dazu BAG 21.6.1995 AP Nr. 36 zu § 15 KSchG 1969 = NZA 1995, 1157; 6.3.1986 AP Nr. 19 zu § 15 KSchG 1969 = NZA 1987, 102.
[65] BAG 3.11.1982 AP Nr. 12 zu § 15 KSchG 1969 = NJW 1983, 1221.
[66] BAG 9.5.1986 AP Nr. 27 zu § 15 KSchG 1969 = NZA 1987, 636.
[67] AA zur Rechtslage vor Inkrafttreten des BetrVG-Reformgesetzes: BAG 11.7.2000 AP Nr. 44 zu § 103 BetrVG 1972.
[68] ErfK/*Kiel* KSchG § 4 Rn. 4.
[69] BAG 23.4.2008 AP Nr. 56 zu § 103 BetrVG = NZA 2008, 1081.
[70] BAG 13.5.2015 AP Nr. 77 zu § 15 KSchG 1969 = NZA 2016, 116; 27.9.2012 AP Nr. 74 zu § 15 KSchG 1969 = NZA 2013, 425.
[71] BAG 20.3.2014 AP Nr. 75 zu § 15 KSchG 1969 = NZA 2014, 1089.
[72] BAG 21.6.2012 AP Nr. 73 zu § 15 KSchG 1969 = NZA 2013, 224; 17.1.2008 AP Nr. 62 zu § 15 KSchG 1969 = NZA 2008, 777.
[73] BAG 27.6.2019 AP Nr. 275 zu § 626 BGB = NZA 2019, 1415.

Zustimmungsersetzungsantrag beim Arbeitsgericht gestellt werden kann.[74] Der Antrag ist deshalb spätestens am zehnten Tag nach Kenntnis vom Kündigungsgrund (§ 626 II 1 BGB) beim BR zu stellen. Nur ein zulässiger Zustimmungsersetzungsantrag wahrt die Ausschlussfrist des § 626 II BGB.[75] Ein vorsorglich für den Fall der Zustimmungsverweigerung gestellter Ersetzungsantrag ist unwirksam und wirkt daher nicht fristwahrend.[76] Ein vor der Zustimmungsverweigerung gestellter Antrag auf Ersetzung der Zustimmung ist unzulässig.[77]

17 Hat der AG beim BR innerhalb der Frist des § 626 II BGB die erforderliche Zustimmung beantragt und bei deren ausdrücklicher oder wegen Fristablaufs zu unterstellender Verweigerung das Verfahren auf **Ersetzung der Zustimmung nach § 103 II BetrVG** beim Arbeitsgericht eingeleitet, ist die Kündigung nicht wegen einer Überschreitung der Frist unwirksam, wenn das Zustimmungsersetzungsverfahren bei ihrem Ablauf noch nicht abgeschlossen ist. Die Kündigung kann vielmehr **auch noch nach Ablauf der Frist des § 626 II BGB erfolgen,** wenn sie **analog § 174 V SGB IX unverzüglich** nach der rechtskräftigen gerichtlichen Entscheidung über die Ersetzung der Zustimmung erklärt wird.[78] Endet der Sonderkündigungsschutz des Amtsträgers während des laufenden Zustimmungsersetzungsverfahrens, muss der AG die Kündigung unverzüglich erklären, nachdem er davon Kenntnis erlangt hat.[79]

18 **c) Amts- und Vertragspflichten.** Wegen der **Doppelfunktion als AN und Funktionsträger** kann der wichtige Grund im arbeitsvertraglichen Bereich, im Amtsbereich oder in beiden Bereichen gleichzeitig liegen. Liegt die Pflichtverletzung allein im arbeitsvertraglichen Bereich, kommt allein eine außerordentliche Kündigung in Betracht. Verletzt eine Person, die dem Sonderkündigungsschutz unterliegt, allein ihre Amtspflichten, rechtfertigt dies keine außerordentliche Kündigung, sondern lediglich ein Amtsenthebungsverfahren nach § 23 I BetrVG.[80] Eine Kündigung kommt dagegen in Betracht, wenn in dem Verhalten zugleich eine Vertragspflichtverletzung zu sehen ist.[81] Grundsätzlich erhöht die Mitgliedschaft im BR oder PR nicht den Schutz vor Kündigungen aus wichtigem Grund.[82] Die Pflichtverletzungen der besonders geschützten Personen sind daher nicht strenger oder milder als bei sonstigen AN zu bewerten. Nur wenn die Vertragsverletzung der Amtstätigkeit entspringt, ist nach Auffassung des BAG ein **strengerer Maßstab** geboten, weil die Pflichtverletzung dann häufig aus einer Konfliktsituation entsteht, welcher der AN, der nicht Betriebsratsmitglied ist, nicht ausgesetzt ist.[83] Genau genommen geht es hierbei jedoch lediglich um die Berücksichtigung einer möglichen Konfliktsituation im Rahmen der Interessenabwägung. Dies ist beispielsweise anzunehmen, wenn es bei Verhandlungen zwischen AG und BR im Verlauf langer, schwieriger und erregter Auseinandersetzungen je nach der Persönlichkeitsstruktur der Teilnehmer zu verbalen Entgleisungen kommt.[84]

19 **d) Einzelfälle.** Ein wichtiger Grund zur Kündigung ist beispielsweise angenommen worden bei wiederholter parteipolitischer Agitation im Betrieb,[85] fortgesetzter Störung des Betriebsfriedens,[86] beleidigenden Äußerungen gegenüber dem Werkleiter in einer Betriebsversammlung,[87] Beeinflussung nicht demonstrationswilliger AN zum Verlassen des Arbeitsplatzes,[88] persönlicher Bereicherung des Betriebsratsmitglieds durch unrichtige Spesenabrechnungen,[89] wahrheitswidri-

[74] BAG 24.10.1996 AP Nr. 32 zu § 103 BetrVG 1972 = NZA 1997, 371; 18.8.1977 AP Nr. 10 zu § 103 BetrVG 1972.
[75] BAG 7.5.1986 AP Nr. 18 zu § 103 BetrVG 1972 = NZA 1986, 719.
[76] BAG 7.5.1986 AP Nr. 18 zu § 103 BetrVG 1972 = NZA 1986, 719.
[77] BAG 24.10.1996 AP Nr. 32 zu § 103 BetrVG 1972 = NZA 1997, 371.
[78] BAG 1.10.2020 NZA 2020, 1639; 25.4.2018 AP Nr. 62 zu § 103 BetrVG 1972 = NZA 2018, 1087.
[79] BAG 1.10.2020 NZA 2020, 1639; 16.11.2017 AP Nr. 61 zu § 103 BetrVG 1972 = NZA 2018, 240.
[80] Vgl. BAG 16.10.1986 AP Nr. 95 zu § 626 BGB = NZA 1987, 392.
[81] Vgl. BAG 13.5.2015 AP Nr. 77 zu § 15 KSchG 1969 = NZA 2016, 116; 19.7.2012 AP Nr. 3 zu § 96 SGB IX = NZA 2013, 143; 12.5.2010 AP Nr. 67 zu § 15 KSchG 1969 = NZA-RR 2011, 15.
[82] Vgl. BAG 27.9.2001 EzA Nr. 54 zu § 15 nF KSchG = NZA 2002, 815; 16.10.1986 AP Nr. 95 zu § 626 BGB = NZA 1987, 392.
[83] BAG 5.11.2009 AP Nr. 65 zu § 15 KSchG 1969 = NZA-RR 2010, 236.
[84] Vgl. BAG 12.5.2010 AP Nr. 67 zu § 15 KSchG 1969 = NZA-RR 2011, 15; 16.10.1986 AP Nr. 95 zu § 626 BGB = NZA 1987, 392.
[85] Einschränkend BVerfG 28.4.1976 AP Nr. 2 zu § 74 BetrVG 1972.
[86] LAG Köln 28.11.1996 LAGE § 15 KSchG Nr. 14 = NZA 1997, 1166.
[87] BAG 2.4.1987 AP Nr. 96 zu § 626 BGB.
[88] BAG 23.10.1969 AP Nr. 19 zu § 13 KSchG.
[89] BAG 22.8.1974 AP Nr. 1 zu § 103 BetrVG 1972.

gen Behauptungen über den AG gegenüber Belegschaft und in Flugblättern,[90] Bereitschaft zur Falschaussage,[91] vorsätzlicher Falschaussage in einem gegen den AG geführten Beschlussverfahren,[92] Diebstahl,[93] überzogener Kritik und Ehrverletzungen,[94] Verdacht einer strafbaren Handlung oder schwerer Arbeitsvertragsverletzung (Erschleichen einer Arbeitsunfähigkeitsbescheinigung),[95] Annahme eines auf mehrere Jahre befristeten Wahlamts bei der Gewerkschaft ohne entsprechende Arbeitsfreistellung.[96] Dagegen ist die Wahrnehmung des Amts als Beisitzer von Einigungsstellen anderer Betriebe des AG grundsätzlich nicht geeignet, einen wichtigen Grund zur außerordentlichen Kündigung eines Betriebsratsmitglieds zu bilden.[97] Eine außerordentliche Kündigung wegen einer krankheitsbedingten Leistungsminderung kommt nur in Betracht, wenn ein gravierendes Missverhältnis zwischen Leistung und Gegenleistung besteht.[98]

e) Außerordentliche Änderungskündigung. Eine außerordentliche **betriebsbedingte** 20
Änderungskündigung zur Angleichung der Arbeitsbedingungen der nach § 15 KSchG geschützten AN an die übrigen Mitglieder einer bestimmten Arbeitnehmergruppe ist grundsätzlich möglich.[99] Die mit notwendiger Auslauffrist zu erklärende Änderungskündigung gegenüber einem Betriebsratsmitglied kommt etwa dann in Betracht, wenn ohne die Änderung der Arbeitsbedingungen ein sinnlos gewordenes Arbeitsverhältnis über einen erheblichen Zeitraum nur durch Gehaltszahlungen fortgesetzt werden müsste und der AG möglicherweise sogar eine unternehmerische Entscheidung, bestimmte Arbeitsplätze einzusparen, wegen des Beschäftigungsanspruchs des Mandatsträgers nicht vollständig umsetzen könnte.[100] Dagegen soll die außerordentliche Kündigung mit Auslauffrist eines Betriebsratsmitglieds wegen häufiger **krankheitsbedingter Fehlzeiten** regelmäßig unzulässig sein,[101] bei Wahlwerbung während der Arbeitszeit sei die Gehaltskürzung gegenüber der fristlosen Kündigung das mildere Mittel.[102]

V. Zustimmung des Betriebsrats

1. Allgemeines. Der AG bedarf zur Kündigung eines Wahlvorstandsmitglieds bis zur 21
Bekanntgabe des Wahlergebnisses, eines Wahlbewerbers vom Zeitpunkt der Aufstellung des Wahlvorschlags bis zur Bekanntgabe des Wahlergebnisses und eines Mitglieds des BR, einer Jugend- und Auszubildendenvertretung, einer Bordvertretung oder eines Seebetriebsrats vom Beginn bis zum Ende der Amtszeit der vorherigen[103] Zustimmung des amtierenden[104] BR (§ 103 I BetrVG).[105] Für die Frage, ob es der Zustimmung nach § 103 I BetrVG bedarf, ist auf den Zeitpunkt des Zugangs der Kündigung iSv § 130 I 1 BGB abzustellen. Davor entfaltet die Kündigung keine Rechtswirkungen.[106] Von Bedeutung ist diese Grenzziehung insbesondere für die Fälle zeitweiliger Verhinderung iSv § 25 I 2 BetrVG, in denen ein Ersatzmitglied nachrückt und für diese Zeit den Kündigungsschutz nach § 15 I 1 KSchG genießt (→ Rn. 5). Die Kündigung im Nachwirkungszeitraum nach Beendigung der Amtszeit ist dagegen nicht zustimmungspflichtig; hier ist lediglich die Unterrichtung nach § 102 I BetrVG erforderlich.[107] Das Zustimmungserfordernis soll verhindern, dass der AG durch eine willkürliche außerordentliche

---

90 BAG 15.12.1977 DB 1978, 1038; s. auch BAG 26.5.1977 AP Nr. 5 zu § 611 BGB Beschäftigungspflicht.
91 BAG 16.10.1986 AP Nr. 95 zu § 626 BGB = NZA 1987, 392.
92 BAG 5.11.2009 AP Nr. 65 zu § 15 KSchG 1969 = NZA-RR 2010, 236; LAG Bln 29.8.1988 NZA 1989, 280.
93 BAG 10.2.1999 AP Nr. 24 zu § 15 KSchG 1969 = NZA 1999, 708.
94 BAG 15.12.1977 AP Nr. 69 zu § 626 BGB; s. dazu auch BAG 24.6.2004 AP Nr. 49 zu § 1 KSchG 1969 Verhaltensbedingte Kündigung = NZA 2005, 158 zur Kündigung eines gewerkschaftlichen Vertrauensmanns wegen kritischer Äußerungen gegenüber dem AG.
95 LAG Bln 3.8.1998 LAGE § 15 KSchG Nr. 17.
96 LAG Bln 16.10.1995 NZA-RR 1996, 368.
97 BAG 13.5.2015 AP Nr. 77 zu § 15 KSchG 1969 = NZA 2016, 116.
98 BAG 20.3.2014 AP Nr. 75 zu § 15 KSchG 1969 = NZA 2014, 1089.
99 BAG 21.6.1995 AP Nr. 36 zu § 15 KSchG 1969 = NZA 1995, 1157.
100 BAG 7.10.2004 AP Nr. 56 zu § 15 KSchG 1969 = NZA 2005, 156.
101 BAG 18.2.1993 AP Nr. 35 zu § 15 KSchG 1969 = NZA 1994, 74; 9.7.1998 EzA Nr. 1 zu § 626 BGB Krankheit.
102 LAG Köln 1.2.1991 LAGE § 15 KSchG Nr. 7.
103 BAG 20.3.1975, 11.11.1976 AP Nr. 2, 8 zu § 103 BetrVG 1972; 9.7.1998 AP Nr. 36 zu § 103 BetrVG 1972 = NZA 1998, 1273.
104 BAG 28.9.1983 AP Nr. 1 zu § 21 BetrVG 1972 = DB 1984, 833.
105 Im öffentlichen Dienst vgl. § 15 II KSchG iVm § 47 BPersVG.
106 BAG 27.9.2012 AP Nr. 74 zu § 15 KSchG 1969 = NZA 2013, 425.
107 APS/*Linck* BetrVG § 103 Rn. 4.

Kündigung eine geschützte Person aus dem Betrieb entfernt und diese nach längerer Verfahrensdauer dem Betrieb entfremdet ist, so dass eine Wahl zum BR nicht mehr in Betracht kommt. Das Zustimmungsverfahren ist grundsätzlich ein um die Zustimmung erweitertes Anhörungsverfahren. Es gelten daher ergänzend die Grundsätze des § 102 BetrVG.[108] Wird die Zustimmung nicht erteilt, hat der AG nach § 103 II BetrVG ein Zustimmungsersetzungsverfahren beim Arbeitsgericht einzuleiten (→ Rn. 29 ff.).

22 **2. Tendenzunternehmen.** Die Kündigung eines als Tendenzträger beschäftigten Betriebsratsmitglieds aus tendenzbezogenen Gründen bedarf nicht der Zustimmung des BR nach § 103 I BetrVG. Der BR ist nur nach § 102 I BetrVG anzuhören.[109] Einem als Tendenzträger beschäftigten Betriebsratsmitglied kann deshalb ohne Zustimmung des BR nach § 103 I BetrVG aus tendenzbedingten Gründen gekündigt werden. Ein AN ist Tendenzträger, wenn er in verantwortlicher Stellung tätig ist und unmittelbar einen maßgeblichen Einfluss auf die Tendenzverwirklichung hat. Daran fehlt es, wenn sein Gestaltungsspielraum stark eingeschränkt ist. Unschädlich ist allerdings, wenn der Tendenzträger im Einzelfall nach vorgegebenen allgemeinen Richtlinien und Weisungen arbeiten muss.[110] Nicht zu den Tendenzträgern zählen solche Mitarbeiter, die Tätigkeiten verrichten, die unabhängig von der Eigenart des Tendenzbetriebs in jedem Betrieb anfallen, wie zB Buchhalter, Bürogehilfen, Schreibkräfte, Hausmeister, Registrator, Lagerarbeiter. Allgemein anerkannt ist, dass die Funktionsinhaber (hauptamtliche Funktionäre) bei den Parteien und Koalitionen Tendenzträger sind.[111]

23 **3. Zustimmungsverfahren. a) Mitteilung der Kündigungsgründe.** Der AG hat dem BR die Gründe für die außerordentliche Kündigung mitzuteilen. Der Umfang der Unterrichtung richtet sich nach den zu § 102 I BetrVG entwickelten Grundsätzen (dazu → § 124 Rn. 17 ff.).[112] Die Kündigung wie auch das Verfahren zur Ersetzung der Zustimmung des BR kann nur auf solche Gründe gestützt werden, die diesem zuvor mitgeteilt worden sind.[113] Will der AG seine Kündigung in erster Linie auf den dringenden Verdacht einer erheblichen Verletzung arbeitsvertraglicher Pflichten stützen, muss er dies dem BR mitteilen und die Umstände angeben, aus denen sich der Verdacht ergeben soll. Informiert er den BR nur über eine aus seiner Sicht erwiesene Vertragspflichtverletzung des AN, kann er sich im späteren Kündigungsschutzprozess zur Begründung der Kündigung nicht mehr auf den Verdacht stützen, wenn die Verdachtsmomente bei Ausspruch der Kündigung bekannt waren.[114] Insoweit liegt ein unzulässiges Nachschieben von Kündigungsgründen vor.[115]

24 **b) Beschlussfassung des Betriebsrats.** Die Entscheidung über die Zustimmung erfolgt durch Beschluss des BR bzw. des zuständigen Ausschusses (§§ 27, 28 BetrVG). Die Übertragung des Zustimmungsrechts des BR zu einer beabsichtigten außerordentlichen Kündigung eines Betriebsratsmitglieds nach § 103 BetrVG auf einen Betriebsausschuss gem. § 27 II 2 BetrVG oder einen besonderen Ausschuss nach § 28 BetrVG ist grundsätzlich zulässig. Das Zustimmungsrecht nach § 103 BetrVG muss dem Ausschuss nur ausdrücklich übertragen worden sein. Im schriftlichen Übertragungsbeschluss müssen die übertragenen Befugnisse so genau umschrieben werden, dass der Zuständigkeitsbereich des Ausschusses eindeutig feststeht. Es muss zweifelsfrei feststellbar sein, in welchen Angelegenheiten der Betriebsausschuss anstelle des BR rechtsverbindliche Beschlüsse fassen kann.[116] Eine Übertragung auf eine Arbeitsgruppe nach § 28a BetrVG ist nicht möglich.

25 Das **betroffene Betriebsratsmitglied** ist nicht berechtigt, an der Sitzung teilzunehmen oder abzustimmen, da es sonst die Meinungsbildung des BR beeinflussen könnte.[117] Der Ausschluss folgt aus dem allgemeinen Grundsatz, dass niemand „Richter in eigener Sache" sein kann.[118] Soll sämtlichen Mitgliedern des BR außerordentlich gekündigt werden, hat nach der Rspr. des BAG der BR jede einzelne Kündigung zu beraten; das jeweils betroffene Betriebsratsmitglied ist gehindert, an der Beratung und Abstimmung über seine Kündigung teilzunehmen. Ihm kann

---

[108] BAG 23.4.2008 AP Nr. 56 zu § 103 BetrVG 1972 = NZA 2008, 1081.
[109] BAG 28.8.2003 AP Nr. 49 zu § 103 BetrVG 1972.
[110] Dazu BAG 28.10.1986 AP Nr. 32 zu § 118 BetrVG 1972 = NZA 1987, 531.
[111] BAG 6.12.1979 AP Nr. 2 zu § 1 KSchG 1969 Verhaltensbedingte Kündigung.
[112] BAG 23.4.2008 AP Nr. 56 zu § 103 BetrVG = NZA 2008, 1081.
[113] BAG 27.5.1975, 27.1.1977 AP Nr. 4, 7 zu § 103 BetrVG 1972.
[114] BAG 20.6.2013 AP Nr. 244 zu § 626 BGB = NZA 2014, 143.
[115] BAG 23.4.2008 AP Nr. 56 zu § 103 BetrVG = NZA 2008, 1081.
[116] BAG 17.3.2005 AP Nr. 6 zu § 27 BetrVG 1972 = NZA 2005, 1064.
[117] BAG 26.8.1981 AP Nr. 13 zu § 103 BetrVG 1972; 23.8.1984 AP Nr. 17 zu § 103 BetrVG 1972 = NZA 1985, 254.
[118] Vgl. BAG 3.8.1999 AP Nr. 7 zu § 25 BetrVG 1972 = NZA 2000, 440.

jedoch Gelegenheit gegeben werden, zu den erhobenen Vorwürfen Stellung zu nehmen.[119] Ist ein BR wegen fehlender Ersatzmitglieder nicht mehr in voller Stärke vorhanden, nimmt in entsprechender Anwendung des § 22 iVm § 13 II Nr. 2 BetrVG der Restbetriebsrat das Zustimmungsrecht nach § 103 BetrVG wahr.[120] Besteht der BR nur aus einer Person und soll dieser gekündigt werden, ist die Zustimmung des Ersatzmitglieds notwendig. Ist ein solches nicht vorhanden, ist das Zustimmungsersetzungsverfahren beim Arbeitsgericht einzuleiten.[121]

c) Entscheidung des Betriebsrats. Schweigt der BR (drei Tage) auf das Ersuchen des AG zur Ersetzung der Zustimmung, liegt keine Zustimmung zur Kündigung vor.[122] Die Zustimmung, ebenso wie ihre Ablehnung, kann formlos erteilt werden. Zweifelhaft ist, ob sie unter einer Bedingung erteilt werden kann. Das Zustimmungsverfahren ist nicht beendet, wenn der BR noch die Erklärung eines Belastungszeugen verlangt.[123] Hat der BR die Zustimmung zur Kündigung erklärt, kann sie später nicht zurückgenommen werden, wenn der AG von der Kündigungsmöglichkeit Gebrauch macht.[124] Umgekehrt kann der BR die von ihm zunächst verweigerte Zustimmung nach Einleitung des Verfahrens nach § 103 II BetrVG noch nachträglich erteilen. Durch eine wirksame nachträgliche Zustimmung des BR erledigt sich das Beschlussverfahren zur gerichtlichen Ersetzung der Zustimmung nach § 103 II BetrVG in der Hauptsache.[125] Der AG muss in diesem Falle die Kündigung unverzüglich erklären, nachdem er von der nachträglichen Zustimmung Kenntnis erlangt hat.[126] 26

Hat der BR in einem **rechtlich fehlerhaften Verfahren** zugestimmt, ist zweifelhaft, welche Auswirkungen das auf die Kündigung hat.[127] Ein Betriebsratsbeschluss ist grundsätzlich nur bei schweren Mängeln nichtig.[128] Andererseits setzt § 103 BetrVG konstitutiv die wirksame Zustimmung voraus. Nach den Grundsätzen des Vertrauensschutzes darf der AG regelmäßig auf die Wirksamkeit eines Zustimmungsbeschlusses nach § 103 BetrVG vertrauen, wenn ihm der Betriebsratsvorsitzende oder sein Vertreter mitteilt, der BR habe die beantragte Zustimmung erteilt. Das gilt nur dann nicht, wenn der AG die Tatsachen kennt oder kennen muss, aus denen die Unwirksamkeit des Beschlusses folgt.[129] Den AG trifft keine Erkundigungspflicht.[130] Kenntnis ist anzunehmen, wenn der Betriebsratsvorsitzende nach Mitteilung der Kündigungsgründe sofort und ohne Beratung des BR erklärt, der BR stimme der Kündigung zu. Wenn der AG wegen Bedenken gegen die Wirksamkeit der ersten Kündigung eine weitere Kündigung erklären will, hat er erneut die Zustimmung des BR zu beantragen. Ein stattdessen gestellter Zustimmungsersetzungsantrag ist unzulässig.[131] 27

4. Kündigung nach Zustimmung. Der AG kann die Kündigung erst nach erfolgter Zustimmung des BR wirksam erklären. Kündigt er ohne vorherige Zustimmung des BR oder Zustimmungsersetzung (→ Rn. 33), ist die Kündigung nichtig.[132] Eine Genehmigung der Kündigung durch den BR ändert hieran nichts.[133] Zur vorsorglichen Kündigung während des Zustimmungsersetzungsverfahrens → Rn. 33. 28

5. Zustimmungsersetzungsverfahren. a) Allgemeines. Verweigert der BR die Zustimmung, kann sie das Arbeitsgericht auf Antrag des AG im Beschlussverfahren ersetzen (§ 103 II BetrVG). Der Zustimmungsersetzungsantrag kann nicht vorsorglich unter der Bedingung gestellt werden, dass der BR die Zustimmung zu der beabsichtigten außerordentlichen Kündigung verweigert.[134] Bei einem Betriebsratsmitglied, das zugleich schwerbehindert ist, kann das Ersetzungsverfah- 29

[119] BAG 3.8.1999 AP Nr. 7 zu § 25 BetrVG 1972 = NZA 2000, 440.
[120] BAG 16.10.1986 AP Nr. 95 zu § 626 BGB.
[121] BAG 25.4.2018 AP Nr. 62 zu § 103 BetrVG 1972 = NZA 2018, 1087; 14.9.1994 EzA Nr. 36 zu § 103 BetrVG 1972.
[122] BAG 18.8.1977, 17.9.1981 AP Nr. 10, 14 zu § 103 BetrVG 1972.
[123] BAG 1.12.1977 AP Nr. 11 zu § 103 BetrVG 1972.
[124] Vgl. BAG 3.2.1982 AP Nr. 1 zu § 72 BPersVG; KR/*Rinck* BetrVG § 103 Rn. 90.
[125] BAG 23.6.1993 AP Nr. 2 zu § 83 ArbGG 1979 = NZA 1993, 1052.
[126] BAG 17.9.1981 AP Nr. 14 zu § 103 BetrVG 1972.
[127] Näher hierzu APS/*Linck* BetrVG § 103 Rn. 24 ff.
[128] BAG 15.4.2014 AP Nr. 9 zu § 29 BetrVG 1972 = NZA 2014, 551.
[129] BAG 17.3.2005 AP Nr. 6 zu § 27 BetrVG 1972 = NZA 2005, 1064.
[130] BAG 23.8.1984 AP Nr. 17 zu § 103 BetrVG 1972 = NZA 1985, 254.
[131] BAG 24.10.1996 AP Nr. 32 zu § 103 BetrVG 1972 = NZA 1997, 371.
[132] BAG 28.4.1994 AP Nr. 12 zu Art. 20 Einigungsvertrag = NZA 1995, 168; 22.8.1974 AP Nr. 1 zu § 103 BetrVG 1972.
[133] BAG 9.7.1998 AP Nr. 36 zu § 103 BetrVG 1972 = NZA 1998, 1273; 20.3.1975 AP Nr. 2 zu § 103 BetrVG 1972.
[134] BAG 7.5.1986 AP Nr. 18 zu § 103 BetrVG 1972 = NZA 1986, 719.

ren nach Erteilung der Zustimmung des Integrationsamts bzw. deren Fiktion unverzüglich eingeleitet werden.[135] Sind die Schutzfristen des § 15 KSchG, innerhalb derer der BR einer außerordentlichen Kündigung nach § 103 I BetrVG zustimmen muss, abgelaufen, bedarf es zur Kündigung eines (ehemaligen) Mitglieds eines Betriebsverfassungsorgans im Nachwirkungszeitraum nur der Anhörung nach § 102 BetrVG. Im Rahmen des Zustimmungsersetzungsverfahrens kann der AG auch noch solche Umstände zur Begründung des Antrags heranziehen, die erst während des laufenden Verfahrens entstanden sind. Er muss allerdings vor der Einführung dieser Umstände im Zustimmungsersetzungsverfahren dem BR Gelegenheit gegeben haben, seine Stellungnahme im Lichte der neuen Tatsachen zu überprüfen.[136] Zur Versetzung von Betriebsratsmitgliedern (→ § 241 Rn. 41).

30 In dem **Beschlussverfahren** (§§ 80 ff. ArbGG) ist das Betriebsratsmitglied, das gekündigt werden soll, nach § 103 II 2 BetrVG Beteiligter. Aus der Beteiligtenstellung folgt auch die Befugnis des betroffenen AN, gegen einen Beschluss, der die Zustimmung zur außerordentlichen Kündigung ersetzt, Beschwerde nach §§ 87 ff. ArbGG einzulegen (→ Rn. 31).[137] Gleiches gilt für die Einlegung einer Rechtsbeschwerde nach §§ 92 ff. ArbGG. Das Arbeitsgericht hat nach § 103 II BetrVG die verweigerte Zustimmung des BR zu ersetzen, wenn die außerordentliche Kündigung unter Berücksichtigung aller Umstände gerechtfertigt ist. Der AG hat daher in der Antragsschrift die Gründe für die beabsichtigte Kündigung vorzutragen und darzulegen, dass der BR die Zustimmung zu der beabsichtigten Kündigung verweigert hat. Das Arbeitsgericht muss dann prüfen, ob Tatsachen vorliegen, die die beabsichtigte außerordentliche Kündigung aus einem wichtigen Grund iSd § 626 I BGB rechtfertigen. Hierbei hat es auch zu prüfen, ob das Verfahren innerhalb der Frist des § 626 II BGB eingeleitet worden ist (→ Rn. 16). Anderenfalls darf es dem Antrag des AG auf Zustimmungsersetzung nicht stattgeben.[138]

31 Das **Rechtsschutzinteresse des AG für das Beschlussverfahren** entfällt, wenn die Zustimmungsbedürftigkeit zur Kündigung wegfällt, zB weil ein Wahlbewerber nicht gewählt worden ist. In diesen Fällen ist das Beschlussverfahren erledigt.[139] Der Antrag des AG nach § 103 II BetrVG auf Ersetzung der Zustimmung des BR zur fristlosen Entlassung eines Betriebsratsmitglieds wird unzulässig, wenn das Arbeitsverhältnis mit dem Betriebsratsmitglied während des laufenden Beschlussverfahrens beendet wird.[140]

32 **b) Zustimmungsersetzung.** Wird die Zustimmung ersetzt, kann das betroffene Betriebsratsmitglied gegen den Ersetzungsbeschluss auch dann Beschwerde einlegen, wenn der BR die gerichtliche Entscheidung hinnimmt.[141] Da der BR bei der Frage der Zustimmung keinen Ermessensspielraum hat, muss das Arbeitsgericht die Zustimmung ersetzen, wenn die Voraussetzungen des wichtigen Grundes vorliegen.[142] Es hat dabei alle bekannt gewordenen Umstände zu berücksichtigen; indes ist notwendig, dass sie zuvor dem BR mitgeteilt waren.[143] Der Amtsermittlungsgrundsatz des Beschlussverfahrens führt nicht dazu, dass ein von Amts wegen ermittelter Sachverhalt der gerichtlichen Entscheidung zugrunde gelegt wird, auf den sich der AG nicht berufen hat.[144]

33 **c) Rechtskräftige Entscheidung.** Die Zustimmung ist ersetzt, wenn der Beschluss des Arbeitsgerichts rechtskräftig ist.[145] Die formelle Rechtskraft eines die Zustimmung des BR ersetzenden Beschlusses des LAG nach § 103 II BetrVG tritt, sofern die Rechtsbeschwerde nicht zugelassen worden ist, mit dem Ablauf der Frist nach § 92a S. 2 iVm § 72a II 1 ArbGG oder mit der Zurückweisung der Nichtzulassungsbeschwerde durch das BAG ein.[146] Der AG kann die außerordentliche **Kündigung grundsätzlich erst zu diesem Zeitpunkt** aussprechen.[147] Eine

[135] BAG 22.1.1987 AP Nr. 24 zu § 103 BetrVG 1972 = NZA 1987, 563; vgl. hierzu auch BAG 11.5.2000 AP Nr. 42 zu § 103 BetrVG 1972 = NZA 2000, 1106.
[136] BAG 23.4.2008 AP Nr. 56 zu § 103 BetrVG = NZA 2008, 1081.
[137] BAG 23.6.1993 AP Nr. 2 zu § 83a ArbGG 1979 = NZA 1993, 1052; 10.12.1992 AP Nr. 4 zu § 87 ArbGG 1979 = NZA 1993, 501.
[138] BAG 27.6.2019 AP Nr. 275 zu § 626 BGB = NZA 2019, 1415; 25.4.2018 AP Nr. 62 zu § 103 BetrVG 1972 = NZA 2018, 1087.
[139] BAG 30.5.1978 AP Nr. 4 zu § 15 KSchG 1969.
[140] BAG 27.6.2002 AP Nr. 47 zu § 103 BetrVG 1972 = NZA 2003, 229.
[141] BAG 10.12.1992 AP Nr. 4 zu § 87 ArbGG 1979 = NZA 1993, 501.
[142] BAG 22.8.1974 AP Nr. 1 zu § 103 BetrVG 1972.
[143] BAG 27.1.1977 AP Nr. 7 zu § 103 BetrVG 1972.
[144] BAG 27.1.1977 AP Nr. 7 zu § 103 BetrVG 1972.
[145] BAG 9.7.1998 AP Nr. 36 zu § 103 BetrVG 1972 = NZA 1998, 1273.
[146] BAG 16.11.2017 AP Nr. 61 zu § 103 BetrVG 1972 = NZA 2018, 240; näher hierzu *Diller* NZA 2004, 579 ff.; APS/*Linck* BetrVG § 103 Rn. 43 ff.
[147] BAG 16.11.2017 AP Nr. 61 zu § 103 BetrVG 1972 = NZA 2018, 240; 24.11.2011 AP Nr. 71 zu § 15 KSchG 1969 = NZA-RR 2012, 333.

zuvor erklärte Kündigung ist nicht nur schwebend unwirksam, sondern unheilbar nichtig.[148] Eine Ausnahme gilt nach Auffassung des BAG für die Fälle, in denen sich ein Rechtsmittel oder Rechtsbehelf gegen den die Zustimmung ersetzenden Beschluss als offensichtlich aussichtslos darstellt. Unter dieser Voraussetzung kann (nicht: muss) die Kündigung schon vor Eintritt der formellen Rechtskraft der die Zustimmung des BR oder PR ersetzenden gerichtlichen Entscheidung erfolgen.[149] Kündigt der AG im Laufe des gerichtlichen Verfahrens ohne Zustimmung des BR unter Aufrechterhaltung seines Ersetzungsantrags, erfolgt dies in der Regel nur vorsorglich für den Fall, dass es einer Zustimmung des BR nicht mehr bedarf.[150] Etwas anderes müsste positiv festgestellt werden. Durch eine derartige **vorsorgliche Kündigung** wird weder die auch im Rahmen des Ersuchens um Zustimmung nach § 103 I BetrVG erforderliche Anhörung noch das an den BR gerichtete und vom AG aufrechterhaltene Ersuchen um Zustimmung als solches „verbraucht".[151] In der Aufrechterhaltung des Zustimmungsersuchens liegt **zugleich eine Anhörung iSv § 102 I BetrVG.** Einer förmlichen neuen Anhörung bedarf es nicht.[152] Gründe für eine solche vorsorgliche Kündigung können beispielsweise Zweifel am Fortbestehen des Zustimmungserfordernisses nach einer mängelbehafteten – nach Meinung des AG nichtigen – Neuwahl des BR sein. Denkbar sind auch Zweifel an der Wirksamkeit einer nachträglich erteilten Zustimmung des BR zur Kündigung, einer zweifelhaften Amtsniederlegung des Betriebsratsmitglieds oder am Bestehen eines Verhinderungsfalls iSd § 25 I 2 BetrVG.[153] Hat das Arbeitsgericht die Zustimmung rechtskräftig ersetzt oder der BR der Kündigung zugestimmt, muss die Kündigung unverzüglich erklärt werden (→ Rn. 16).[154] Ist ein Zustimmungsersetzungsantrag abgewiesen worden, kann ein neuer Antrag nur dann in Betracht kommen, wenn es für die Kündigung neue Tatsachen gibt.[155] Die Zustimmung des BR zur außerordentlichen Kündigung eines Betriebsratsmitglieds nach § 103 BetrVG ist keine Zustimmung iSd §§ 182 ff. BGB. Das Betriebsratsmitglied kann daher die Kündigung nicht nach § 182 III BGB iVm § 111 S. 2, 3 BGB zurückweisen, weil ihm der AG die vom BR erteilte Zustimmung nicht in schriftlicher Form vorgelegt hat.[156]

d) Ende der Amtszeit während des laufenden Verfahrens. Endet das Amt des Betriebs- 34
ratsmitglieds, wird der Antrag des AG auf Ersetzung der Zustimmung zur außerordentlichen Kündigung unzulässig, weil für ihn kein Rechtsschutzbedürfnis (mehr) besteht. Der AG ist nunmehr berechtigt, die Kündigung auch ohne Zustimmung des BR zu erklären.[157] Auf einen bereits ergangenen Zustimmungsersetzungsbeschluss ist dies jedoch – solange er nicht mit einem Rechtsmittel angefochten ist – ohne Einfluss. Dieser wird nicht gegenstandslos. Mit ihm ist in der jeweiligen Instanz in der Hauptsache endgültig entschieden. Für eine anschließende andere Entscheidung in dieser Instanz ist kein Raum mehr, und zwar unabhängig davon, ob der Beschluss noch nicht formell rechtskräftig ist.[158] Ein **Wechsel im betriebsverfassungsrechtlichen Amt** ändert nichts an der rechtsgestaltenden Wirkung der gerichtlichen Zustimmungsersetzung bezogen auf die nämlichen Kündigungsgründe.[159]

e) Einstweilige Verfügung. Eine Ersetzung der Zustimmung im Wege einstweiliger Verfü- 35
gung ist unzulässig. Der Verfahrensstreitwert für das Ersetzungsverfahren beträgt idR drei Monatsverdienste. Die Beteiligung des Betriebsratsmitglieds am Beschlussverfahren ist keine Amtstätigkeit, so dass etwaige Anwaltskosten vom AG nicht zu ersetzen sind.[160] Etwas anderes gilt dann, wenn auf die Beschwerde des beteiligten Betriebsratsmitglieds der Antrag auf Ersetzung der Zustimmung abgewiesen worden ist. Das gebietet das Benachteiligungsverbot des § 78 II BetrVG.[161]

---

148 BAG 20.3.1975 AP Nr. 2 zu § 103 BetrVG 1972; 24.10.1996 AP Nr. 32 zu § 103 BetrVG 1972 = NZA 1997, 371; 9.7.1998 AP Nr. 36 zu § 103 BetrVG 1972 = NZA 1998, 1273.

149 BAG 24.11.2011 AP Nr. 71 zu § 15 KSchG 1969 = NZA-RR 2012, 333; 9.7.1998 AP Nr. 36 zu § 103 BetrVG 1972 = NZA 1998, 1273.

150 BAG 25.4.2018 AP Nr. 62 zu § 103 BetrVG 1972 = NZA 2018, 1087.

151 BAG 1.10.2020 NZA 2020, 1639; 27.1.2011 AP Nr. 68 zu § 15 KSchG 1969 = NZA-RR 2011, 348.

152 BAG 1.10.2020 NZA 2020, 1639; 27.1.2011 AP Nr. 68 zu § 15 KSchG 1969 = NZA-RR 2011, 348.

153 Vgl. *Diller* NZA 2004, 579 (584).

154 BAG 25.4.2018 AP Nr. 62 zu § 103 BetrVG 1972 = NZA 2018, 1087.

155 BAG 16.9.1999 AP Nr. 38 zu § 103 BetrVG 1972 = NZA 2000, 158.

156 BAG 4.3.2004 AP Nr. 50 zu § 103 BetrVG 1972 = NZA 2004, 717.

157 BAG 27.1.2011 AP Nr. 68 zu § 15 KSchG 1969 = NZA-RR 2011, 348.

158 BAG 16.11.2017 AP Nr. 61 zu § 103 BetrVG 1972 = NZA 2018, 240.

159 BAG 16.11.2017 AP Nr. 61 zu § 103 BetrVG 1972 = NZA 2018, 240.

160 BAG 21.1.1990 AP Nr. 28 zu § 103 BetrVG 1972 = NZA 1991, 152; 3.4.1979 AP Nr. 16 zu § 40 BetrVG 1972.

161 BAG 21.1.1990 AP Nr. 28 zu § 103 BetrVG 1972 = NZA 1991, 152; hierzu auch *Wilfurth/Hubmann* FA 2000, 273.

36 **f) Fehlen eines funktionsfähigen Betriebsrats.** Besteht kein BR, welcher der außerordentlichen Kündigung zB eines Wahlvorstands oder -bewerbers zustimmen könnte, beispielsweise weil ein BR erstmals gewählt werden soll, hat der AG direkt die Zustimmung des Arbeitsgerichts einzuholen. Nur so wird dem besonderen Schutzbedürfnis Rechnung getragen.[162] Dasselbe gilt, wenn der BR funktionsunfähig ist.[163] Das ist anzunehmen, wenn alle Betriebsrats- und Ersatzmitglieder nicht nur kurzfristig an der Amtsausübung verhindert sind, also beispielsweise wegen Krankheit[164] oder vor der konstituierenden Sitzung des neu gewählten BR (§ 29 I BetrVG).[165] Durch die Einfügung des § 103 II a BetrVG iRd BRModG (→ Rn. 6) ist dies nunmehr gesetzlich geregelt.[166]

37 **g) Weiterbeschäftigungspflicht.** Bis zur Ersetzung der Zustimmung hat der AG das Betriebsratsmitglied weiterzubeschäftigen. Eine Ausnahme besteht nur dann, wenn der AG berechtigt ist, einen AN von der Arbeit zu suspendieren.[167] In diesem Fall behält das Mitglied des Betriebsverfassungsorgans entsprechend dem Normzweck von § 103 BetrVG bis zur Rechtskraft des Ersetzungsbeschlusses und Ausspruch der außerordentlichen Kündigung grundsätzlich ein Zutrittsrecht zum Betrieb, um das Amt auszuüben.[168] Bei besonders schweren Pflichtverletzungen, die den Betriebsfrieden nachweisbar konkret und erheblich beeinträchtigen, kann es allerdings untragbar sein, dem zur fristlosen Kündigung vorgesehenen Betriebsratsmitglied bis zum rechtskräftigen Abschluss des Zustimmungsersetzungsverfahrens nach § 103 BetrVG uneingeschränkten Zutritt zum Betrieb zu gewähren.[169] Die Entscheidungen ergehen im Streitfall durch einstweilige Verfügung. Mit dem Beschlussverfahren nach § 103 II BetrVG kann hilfsweise der Antrag verbunden werden, den betroffenen AN wegen grober Verletzung seiner gesetzlichen Pflichten nach § 23 I BetrVG aus dem BR auszuschließen.[170]

38 **6. Individueller Kündigungsschutz.** Wird die Zustimmung ersetzt, hat das betroffene Betriebsratsmitglied gleichwohl noch die Möglichkeit, gegen die dann ausgesprochene außerordentliche Kündigung Kündigungsschutzklage zu erheben.[171] Dieser Klage steht weder fehlendes Rechtsschutzinteresse noch die rechtskräftige Zustimmungsersetzung entgegen. Allerdings entfaltet der in dem Zustimmungsersetzungsverfahren ergangene Beschluss **Bindungswirkung,** so dass der AN **nur noch solche Einwendungen erheben kann, die erst nach Abschluss des Beschlussverfahrens oder nach Ausspruch der Kündigung bekannt geworden sind.**[172] Hierzu gehört insbes. die Frage, ob die Kündigung unverzüglich nach Eintritt der formellen Rechtskraft des Zustimmungsersetzungsbeschlusses erklärt worden ist, nicht hingegen die Einhaltung der zweiwöchigen Ausschlussfrist des § 626 II BGB.[173] Keine Bindungswirkung entsteht, wenn das betroffene Betriebsratsmitglied am Beschlussverfahren nicht beteiligt war. Ist es dagegen formell beteiligt worden und hat es von seinem Beteiligungsrecht lediglich keinen Gebrauch gemacht, tritt zu seinen Lasten die Bindungswirkung ein. Gleiches gilt, wenn der AG nach Abschluss des Zustimmungsersetzungsverfahrens und Ausscheiden des AN aus dem BR eine ordentliche Kündigung ausspricht. Die rechtskräftige Ersetzung der vom BR verweigerten Zustimmung zu einer außerordentlichen Kündigung nach § 103 BetrVG entfaltet nach Auffassung des BAG allerdings keine Bindungswirkung hinsichtlich des Kündigungsgrundes für einen späteren Kündigungsschutzprozess, in dem der AN die Sozialwidrigkeit einer auf denselben Sachverhalt gestützten ordentlichen Kündigung geltend macht.[174]

162 BAG 12.8.1976 AP Nr. 2 zu § 15 KSchG 1969; 30.5.1978 AP Nr. 4 zu § 15 KSchG 1969; 16.12.1982 AP Nr. 13 zu § 15 KSchG 1969.
163 BAG 16.12.1982 AP Nr. 13 zu § 15 KSchG 1969.
164 BAG 5.9.1986 AP Nr. 26 zu § 15 KSchG 1969 = BB 1987, 1319.
165 BAG 23.8.1984 AP Nr. 36 zu § 102 BetrVG 1972 = NZA 1985, 566.
166 Vgl. BR-Drs. 271/21, 21.
167 LAG Hamm 24.10.1974 EzA Nr. 5 zu § 103 BetrVG 1972; zur Suspendierung SächsLAG 14.4.2000 NZA-RR 2000, 588; teilw. wird die Suspendierung nur mit Zustimmung des BR zugelassen, vgl. *Dütz* Anm. zu EzA Nr. 9 zu § 103 BetrVG 1972; KR/*Rinck* BetrVG § 103 Rn. 150.
168 LAG Hamm 27.4.1972 EzA Nr. 1 zu § 103 BetrVG 1972; LAG Düsseldorf DB 1977, 1053.
169 LAG München 19.3.2003 NZA-RR 2003, 641; KR/*Rinck* BetrVG § 103 Rn. 157; HWK/*Ricken* BetrVG § 103 Rn. 24.
170 BAG 21.2.1978 AP Nr. 1 zu § 74 BetrVG 1972; LAG Nds 25.10.2004 NZA-RR 2005, 530.
171 BR-Drs. 715/70.
172 BAG 25.4.2018 AP Nr. 62 zu § 103 BetrVG 1972 = NZA 2018, 1087; zur erforderlichen Zustimmung des Integrationsamts: BAG 11.5.2000 AP Nr. 42 zu § 103 BetrVG 1972 = NZA 2000, 1106.
173 BAG 25.4.2018 AP Nr. 62 zu § 103 BetrVG 1972 = NZA 2018, 1087; 16.11.2017 AP Nr. 61 zu § 103 BetrVG 1972 = NZA 2018, 240.
174 BAG 15.8.2002 AP Nr. 48 zu § 103 BetrVG 1972 = NZA 2003, 432.

7. Vergütungsansprüche. Das Betriebsratsmitglied hat Anspruch auf Vergütungsfortzahlung bis zur Rechtswirksamkeit der außerordentlichen Kündigung. Allerdings soll der AG nach Auffassung des BAG dann die Vergütungsfortzahlung verweigern können, wenn die Erhebung der Ansprüche gegen Treu und Glauben verstoße.[175] Dieser Verstoß wird aber noch nicht dadurch festgestellt, dass das Arbeitsgericht die Zustimmung zur Kündigung in einem noch nicht rechtskräftigen Beschluss ersetzt hat. 39

VI. Betriebsstilllegung

1. Allgemeines. Die ordentliche Kündigung gegenüber einer dem Sonderkündigungsschutz unterliegenden Person ist zulässig, wenn der Betrieb oder eine Betriebsabteilung stillgelegt wird (§ 15 IV und V KSchG). Hierbei sind die einzel- oder kollektivvertraglichen bzw. gesetzlichen Kündigungsfristen einzuhalten.[176] Dies gilt auch, wenn der Mandatsträger aufgrund einer tarifvertraglichen Bestimmung ordentlich unkündbar ist. In diesen Fällen tritt lediglich an die Stelle der ordentlichen Kündigungsmöglichkeit gem. § 15 IV und V KSchG die grundsätzlich mögliche außerordentliche Kündigung mit Auslauffrist (dazu → § 128 Rn. 30).[177] Im Unterschied zu den nicht durch § 15 KSchG geschützten AN hat der AG jedoch bei der Stilllegung einer Betriebsabteilung eine besondere Übernahmepflicht (dazu → Rn. 45). Diese gilt nach Auffassung des BAG für alle Beschäftigten mit Sonderkündigungsschutz nach § 15 KSchG und damit auch für Wahlbewerber und nicht nur für Mandatsträger. Dem Gesetz seien keine Unterschiede in der Intensität des Kündigungsschutzes für die einzelnen Gruppen zu entnehmen. § 15 V 1 KSchG ordne vielmehr dessen Geltung für alle in den Absätzen 1 bis 3 genannten Personen an. Auch die in § 15 IIIa KSchG aufgeführten Personen seien einbezogen. Lediglich die Dauer, für die der Schutz bestehe, sei je nach dem Grund des Schutzes unterschiedlich lang.[178] 40

2. Frühester Kündigungstermin. Die Kündigung ist frühestens zum Zeitpunkt der Stilllegung wirksam, und zwar auch dann, wenn die Belegschaft etappenweise abgebaut wird.[179] Solange im Betrieb noch Arbeit vorhanden ist, muss die dem Sonderschutz unterliegende Person vorrangig beschäftigt werden. Sie ist also notfalls innerhalb des Betriebs zu versetzen. Dies gilt nur dann nicht, wenn die Kündigung zu einem früheren Zeitpunkt durch zwingende betriebliche Erfordernisse bedingt ist.[180] Dies ist der Fall, wenn für die Arbeit kein Bedürfnis mehr besteht, zB wenn ein Betriebsmaurer oder Reparaturschlosser infolge der Betriebsstilllegung nicht mehr gebraucht wird. Hat der AG mehrere Betriebe, zB mehrere Einzelhandelsgeschäfte oder Versicherungsniederlassungen, hat er zur Vermeidung der Kündigung eine Versetzung in einen anderen Betrieb zu prüfen. Das BAG hat diesen Grundsatz auch für BR angewandt. Ist in einem anderen Betrieb ein freier Arbeitsplatz vorhanden, muss das Betriebsratsmitglied dort weiterbeschäftigt werden.[181] 41

3. Betriebsstilllegung. a) Begriff. § 15 KSchG definiert nicht, was unter einem **Betrieb** zu verstehen ist. Es gilt deshalb der allgemeine Betriebsbegriff, der im Wesentlichen demjenigen des § 1 I 1 BetrVG entspricht.[182] Danach ist ein Betrieb eine organisatorische Einheit von Arbeitsmitteln, mit deren Hilfe der AG allein oder in Gemeinschaft mit seinen AN unter Einsatz von technischen und immateriellen Mitteln einen bestimmten arbeitstechnischen Zweck fortgesetzt verfolgt, der nicht nur in der Befriedigung von Eigenbedarf liegt.[183] Eine aufgrund einer Vereinbarung nach § 3 Abs. 1 Nr. 1–3 BetrVG errichtete betriebsverfassungsrechtliche Organisationseinheit stellt hingegen für sich genommen ohne entsprechende Organisationsstruktur keinen Betrieb iSd § 1 I 1 BetrVG dar. Bei der durch TV oder BV gewillkürten Einheit handelt es sich lediglich um eine auf das Betriebsverfassungsrecht beschränkte Fiktion, die für das KSchG ohne Bedeutung ist.[184] Unter einer **Betriebsstilllegung** ist die Auslösung der zwischen AG und AN bestehenden Betriebs- und Produktionsgemeinschaft zu verstehen, die ihre Veranlassung und zugleich ihren unmittelbaren 42

[175] Vgl. BAG 11.11.1976 AP Nr. 8 zu § 103 BetrVG 1972.
[176] BAG 22.9.2016 NZA 2016, 1461; 23.1.2014 AP Nr. 6 zu § 626 BGB Unkündbarkeit = NZA 2014, 895; 21.6.2001 AP Nr. 50 zu § 15 KSchG 1969 = NZA 2002, 212.
[177] BAG 15.2.2007 AP Nr. 2 zu § 613a BGB Widerspruch; 18.9.1997 AP Nr. 35 zu § 103 BetrVG 1972 = NZA 1998, 189.
[178] BAG 12.3.2009 AP Nr. 63 zu § 15 KSchG 1969 = NZA 2009, 1264.
[179] BAG 26.10.1967 AP Nr. 17 zu § 13 KSchG; 29.3.1977 AP Nr. 11 zu § 102 BetrVG 1972.
[180] Ebenso KR/*Kreft* KSchG § 15 Rn. 129.
[181] BAG 13.8.1992 AP Nr. 32 zu § 15 KSchG 1969 = NZA 1993, 224.
[182] BAG 27.6.2019 AP Nr. 78 zu § 15 KSchG 1969 mablAnm *Deinert* = NZA 2019, 1427; 19.7.2016 AP Nr. 51 zu § 23 KSchG 1969 = NZA 2016, 1196.
[183] BAG 2.3.2017 AP Nr. 52 zu § 23 KSchG 1969 = NZA 2017, 859.
[184] BAG 27.6.2019 AP Nr. 78 zu § 15 KSchG 1969 mablAnm *Deinert* = NZA 2019, 1427.

Ausdruck darin findet, dass der AG die wirtschaftliche Betätigung in der ernstlichen Absicht einstellt, den bisherigen Betriebszweck dauernd oder für eine ihrer Dauer nach unbestimmte, wirtschaftlich nicht unerhebliche Zeitspanne nicht weiter zu verfolgen.[185] Die Stilllegung braucht keine endgültige zu sein; nur darf die Wiederaufnahme des Betriebs nicht kurzfristig beabsichtigt sein, so dass sie als Fortsetzung des bisherigen Betriebs erscheint (Betriebsunterbrechung).[186] Keine Stilllegung liegt vor, wenn der Unternehmer den Betrieb nur vorübergehend schließt, um den Kündigungsschutz zu umgehen, oder wenn er den Betriebszweck ändert, jedoch die Betriebsorganisation beibehält, oder wenn er den Betrieb veräußert und dieser unter Beibehaltung der Identität vom Erwerber fortgesetzt wird (§ 613a BGB), oder wenn das Insolvenzverfahren eröffnet wird und der Insolvenzverwalter den Betrieb weiterführt. Wird der Betrieb an einen anderen Ort verlegt, ist eine Stilllegung gegeben, wenn die alte Betriebsgemeinschaft aufgelöst und am neuen Ort eine neue begründet wird.[187] Legt eines der an einem **Gemeinschaftsbetrieb** beteiligten Unternehmen seinen Betrieb still, handelt es sich ebenfalls um eine Betriebsstilllegung iSv § 15 IV KSchG.[188] In den **Fällen des § 3 I Nr. 13 BetrVG** setzt die Anwendung von § 15 IV KSchG lediglich voraus, dass der Betrieb iSd § 1 I 1 BetrVG stillgelegt wird. Die Stilllegung aller Betriebsstätten, die der betriebsverfassungsrechtlichen Organisationseinheit angehören, ist nicht erforderlich.[189]

43 **b) Weiterbeschäftigungsmöglichkeit.** Auch eine im Übrigen nach § 15 IV KSchG zulässige ordentliche Kündigung ist nur wirksam, wenn für den AG keine Möglichkeit bestand, den geschützten AN in einem anderen Betrieb des Unternehmens oder einer anderen Dienststelle iSv § 1 II 2 KSchG weiterzubeschäftigen (→ § 134 Rn. 16 ff.).[190] Der Amtsträger kann eine solche Weiterbeschäftigung nur verlangen, wenn ein freier Arbeitsplatz vorhanden ist. Eine betriebsübergreifende „Verdrängung" von AN findet nicht statt.[191] Über die Beteiligungsrechte des BR bei Betriebsstilllegung → § 244 Rn. 1 ff.

44 **4. Stilllegung einer Betriebsabteilung. a) Begriff.** Wird nur eine Betriebsabteilung stillgelegt, ist der AG nach § 15 V KSchG verpflichtet, mit allen ihm zur Verfügung stehenden Mitteln für die Weiterbeschäftigung eines Mitglieds der Betriebsvertretung zu sorgen. Eine Betriebsabteilung iSv § 15 V KSchG ist ein räumlich und organisatorisch abgegrenzter Teil des Betriebs, der eine personelle Einheit erfordert, dem eigene technische Betriebsmittel zur Verfügung stehen und der einen eigenen Betriebszweck verfolgt, auch wenn dieser in einem bloßen Hilfszweck für den arbeitstechnischen Zweck des Gesamtbetriebs besteht.[192]

45 **b) Übernahmepflicht.** Der AG muss im Falle der Stilllegung einer Betriebsabteilung dem Mandatsträger grundsätzlich eine gleichwertige Stelle anbieten. Durch das Angebot eines geringerwertigen Arbeitsplatzes mit geringerem Arbeitsentgelt genügt er regelmäßig noch nicht seinen gesetzlichen Verpflichtungen. Ist die Ausübung des Direktionsrechts zur Zuweisung eines anderen Arbeitsplatzes nicht ausreichend und ist es auch nicht zu einer einvernehmlichen Regelung gekommen, muss der AG die nach § 15 V 1 KSchG mögliche Weiterbeschäftigung in einer anderen Betriebsabteilung im Rahmen einer Änderungskündigung anbieten.[193] Die Übernahme des Betriebsratsmitglieds in einer anderen Betriebsabteilung ist nach Auffassung des BAG notfalls durch **Freikündigen** eines geeigneten Arbeitsplatzes sicherzustellen (→ Rn. 46).[194] Dies soll auch für Wahlbewerber gelten.[195] Der AG ist jedoch nicht verpflichtet, dem Mandatsträger die Beschäftigung auf einem höherwertigen Arbeitsplatz anzubieten, und zwar auch dann nicht, wenn eine andere Beschäftigungsmöglichkeit nicht besteht und der Mandatsträger das Anforderungsprofil der Beförderungsstelle erfüllt. § 15 V 1 KSchG sichert im Interesse der personellen Kontinuität

185 BAG 20.6.2013 AP Nr. 68 zu § 622 BGB = NZA 2013, 1137; näher APS/*Linck* KSchG § 15 Rn. 137.
186 BAG 21.6.2001 AP Nr. 50 zu § 15 KSchG 1969 = NZA 2002, 212; 27.9.1984 AP Nr. 39 zu § 613a BGB = NZA 1985, 493.
187 BAG 12.2.1987 AP Nr. 67 zu § 613a BGB = NZA 1988, 170.
188 BAG 5.3.1987 AP Nr. 30 zu § 15 KSchG 1969 = NZA 1988, 32.
189 BAG 27.6.2019 AP Nr. 78 zu § 15 KSchG 1969 mablAnm *Deinert* = NZA 2019, 1427.
190 BAG 27.7.2017 AP Nr. 213 zu § 1 KSchG 1969 Betriebsbedingte Kündigung = NZA 2018, 234.
191 BAG 27.6.2019 AP Nr. 78 zu § 15 KSchG 1969 = NZA 2019, 1427.
192 BAG 23.2.2010 AP Nr. 66 zu § 15 KSchG 1969 = NZA 2010, 1288; 12.3.2009 AP Nr. 63 zu § 15 KSchG 1969 = NZA 2009, 1264.
193 Vgl. BAG 23.2.2010 AP Nr. 66 zu § 15 KSchG 1969 = NZA 2010, 1288; 12.3.2009 AP Nr. 63 zu § 15 KSchG 1969 = NZA 2009, 1264.
194 BAG 23.2.2010 AP Nr. 66 zu § 15 KSchG 1969 = NZA 2010, 1288; 2.3.2006 AP Nr. 61 zu § 15 KSchG 1969 = NZA 2006, 988.
195 BAG 12.3.2009 AP Nr. 63 zu § 15 KSchG 1969 = NZA 2009, 1264.

des Gremiums das Arbeitsverhältnis in seinem Bestand. Ein Beförderungsanspruch lässt sich daraus nicht ableiten, zumal Betriebsratsmitglieder nach § 78 S. 2 Hs. 1 BetrVG wegen ihrer Tätigkeit nicht begünstigt werden dürfen.[196] Die innerbetriebliche Weiterbeschäftigungspflicht des AG entfällt nach § 15 V 2 KSchG nur dann, wenn dem AG die Übernahme in eine andere Betriebsabteilung „aus betrieblichen Gründen" nicht möglich ist. Das ist anzunehmen, wenn der Mandatsträger auf dem anderen innerbetrieblichen Arbeitsplatz nicht in wirtschaftlich vertretbarer Weise eingesetzt werden kann.[197] Eine Betriebsabteilung iSv § 15 V KSchG wird im Rahmen eines **Gemeinschaftsbetriebs** nur dann stillgelegt, wenn bezogen auf den gesamten gemeinsamen Betrieb die Arbeits- und Produktionsgemeinschaft zwischen Unternehmer und Belegschaft der Betriebsabteilung aufgelöst wird und dies auf einem ernstlichen Willen des AG beruht.[198]

c) Freikündigen von Arbeitsplätzen. Wird eine Betriebsabteilung stillgelegt und kann ein dort beschäftigtes Betriebsratsmitglied nach entsprechender Änderungskündigung zu im Übrigen unveränderten Bedingungen auf einem freien Arbeitsplatz in einer anderen Betriebsabteilung weiterbeschäftigt werden, ist der AG grundsätzlich nicht verpflichtet, einen örtlich näher gelegenen und deshalb das Betriebsratsmitglied weniger belastenden Arbeitsplatz freizukündigen.[199] Im Rahmen einer Interessenabwägung zwischen dem besonderen Schutz des Betriebsratsmitglieds und dem Weiterbeschäftigungsinteresse der anderen AN ist der AN zu ermitteln, den die Kündigung relativ am wenigsten hart treffen würde. Ist die Übernahme in eine andere Abteilung aus betrieblichen Gründen nicht möglich, ist **ggf. eine Versetzung in einen anderen Betrieb** des Unternehmens vorzunehmen, wenn dort ein geeigneter freier Arbeitsplatz vorhanden ist.[200] Die aktiven Mandatsträger genießen Vorrang vor den Ersatzmitgliedern im Nachwirkungszeitraum bei der Weiterbeschäftigung auf einer Stelle in einer anderen Abteilung.[201] 46

d) Darlegungs- und Beweislast. Beruft sich der AG auf die Kündigungsmöglichkeit nach § 15 V 2 KSchG, hat er deren Voraussetzungen darzulegen und ggf. zu beweisen. Dazu gehört die Darlegung, dass es sich um eine Betriebsabteilung handelt, diese stillgelegt worden ist oder stillgelegt wird und dass es ihm unmöglich ist, den AN weiterzubeschäftigen.[202] Dabei hat er aufgrund des Ausnahmecharakters der Regelung und seiner Sachnähe[203] von sich aus alle denkbaren Übernahmemöglichkeiten zu prüfen und seine Erwägungen im Rechtsstreit substantiiert darzulegen.[204] 47

5. Beteiligung des Betriebsrats. Bei der Stilllegung ist der BR nach § 102 BetrVG zu beteiligen. Einer Zustimmung des BR gem. § 103 BetrVG bedarf es nicht.[205] Dem BR ist im Rahmen des Anhörungsverfahrens neben der Unternehmerentscheidung über die geplante Stilllegung auch der voraussichtliche Stilllegungstermin mitzuteilen.[206] Auch im Falle der tariflichen Unkündbarkeit eines Betriebsratsmitglieds bedarf es bei Betriebsstilllegungen nicht der Zustimmung des BR. Dies hat das Arbeitsgericht ggf. in einer den Zustimmungsersetzungsantrag abweisenden Entscheidung auch ohne einen ausdrücklichen Antrag des AG festzustellen. Die Entscheidung des Arbeitsgerichts hat insoweit präjudizielle Wirkung für das nachfolgende Kündigungsschutzverfahren.[207] 48

6. Öffentlicher Dienst. § 15 IV und V KSchG gelten auch im öffentlichen Dienst. Aus dem Umstand, dass die Auflösung einer Dienststelle oder einer Abteilung einer **Dienststelle** der öffentlichen Verwaltung keine ausdrückliche Erwähnung findet, kann nicht gefolgert werden, dass diese Vorschriften nur auf Funktionsträger aus dem Bereich der Betriebsverfassung anzuwenden wären. Denn die Absätze 4 und 5 des § 15 KSchG beziehen sich nach deren Wortlaut ohne Einschränkung auf die „in den Absätzen 1–3 genannten Personen", somit auch 49

[196] BAG 23.2.2010 AP Nr. 66 zu § 15 KSchG 1969 = NZA 2010, 1288; SPV Kündigung/*Vossen* Rn. 1713; aA *Houben* NZA 2008, 851 (855).
[197] BAG 12.3.2009 AP Nr. 63 zu § 15 KSchG 1969 = NZA 2009, 1264.
[198] BAG 15.2.2007 AP Nr. 2 zu § 613a BGB Widerspruch.
[199] BAG 28.10.1999 AP Nr. 44 zu § 15 KSchG 1969 = NZA 2000, 825.
[200] Ebenso ErfK/*Kiel* KSchG § 15 Rn. 45.
[201] BAG 2.3.2006 AP Nr. 61 zu § 15 KSchG 1969 = NZA 2006, 988.
[202] BAG 15.11.1981 AP Nr. 11 zu § 15 KSchG 1969 = NJW 1982, 1719.
[203] BAG 15.11.1981 AP Nr. 11 zu § 15 KSchG 1969 = NJW 1982, 1719.
[204] APS/*Linck* KSchG § 15 Rn. 167; *Eylert/Rinck* BB 2018, 308 (318); vgl. auch BAG 23.2.2010 AP Nr. 66 zu § 15 KSchG 1969 = NZA 2010, 1288.
[205] BAG 22.9.2016 NZA 2016, 1461; 23.2.2010 AP Nr. 66 zu § 15 KSchG 1969 = NZA 2010, 1288; 29.3.1977 AP Nr. 11 zu § 102 BetrVG 1972.
[206] LAG Köln 13.1.1993 ZIP 1993, 1107.
[207] BAG 18.9.1997 AP Nr. 35 zu § 103 BetrVG 1972 = NZA 1998, 189.

auf die in § 15 II KSchG genannten Mitglieder einer Personalvertretung.[208] Die Übernahmeverpflichtung ist dabei dienststellenbezogen, weil die Dienststelle dem Betrieb entspricht. Im Falle einer Abteilungsstilllegung ist der AG deshalb nicht verpflichtet, ein Mitglied der Stufenvertretung (Bezirksbetriebsvertretung) über die Dienststelle hinaus in eine zur Zuständigkeit der Bezirksbetriebsvertretung gehörende Dienststelle weiterzubeschäftigen.[209] Für Arbeitsverhältnisse von **Zivilangestellten der alliierten Streitkräfte** ist § 15 IV KSchG mit der Maßgabe anzuwenden, dass an die Stelle der Betriebsstilllegung die Auflösung der Dienststelle tritt. Für die Qualifizierung einer organisatorischen Einheit als „Dienststelle" kommt es nach Art. 56 IX NTS-ZA auf die Festlegungen der jeweiligen Streitkräfte an.[210]

50 **7. Sonderkündigungsschutz.** Der besondere Kündigungsschutz bei anzeigepflichtigen Massenentlassungen nach §§ 17 ff. KSchG und der besondere Kündigungsschutz besonders geschützter Personengruppen, insbes. nach § 168 SGB IX,[211] § 17 MuSchG, § 18 BEEG gilt neben § 15 IV und V KSchG.

VII. Vergütungsfortzahlung und Ablehnung der Weiterbeschäftigung

51 Stellt das Gericht die Unwirksamkeit der Kündigung einer dem Sonderkündigungsschutz unterliegenden Person fest, kann diese nach § 16 KSchG, wenn sie inzwischen ein neues Arbeitsverhältnis eingegangen ist, binnen einer Woche nach Rechtskraft des Urteils durch Erklärung gegenüber dem alten AG die Weiterbeschäftigung verweigern. Die Frist wird gewahrt, wenn die Erklärung fristgemäß zur Post gegeben wird. Diese Vorschrift entspricht § 12 KSchG (→ § 140 Rn. 1 ff.). Wird die Unwirksamkeit der Kündigung festgestellt, kann der Gekündigte aber auch an den Arbeitsplatz zurückkehren. Unter den Voraussetzungen des Annahmeverzugs haftet der AG für den entgangenen Zwischenverdienst, auf den jedoch anderweitig erzielter oder böswillig nicht erzielter Verdienst anzurechnen ist (§ 16 KSchG).

§ 144. Kündigungsschutz bei Einberufung zum Wehrdienst

Übersicht

I. Allgemeines

1 § 2 ArbPlSchG schützt Wehrpflichtige von der Zustellung des Einberufungsbescheids bis zur Beendigung des Grundwehrdienstes sowie während einer Wehrübung. Dieser Sonderkündigungsschutz hat auch nach der durch die **Neufassung des Wehrpflichtgesetzes** (WPflG) vom 15.8.2011 (BGBl. I 1730) erfolgten Aussetzung der Pflichtdienste weiterhin Bedeutung. Hierdurch wurde die Wehrpflicht nicht abgeschafft, vielmehr sollen die Pflichtdienste künftig nach der im Grundgesetz geregelten Feststellung des Spannungs- oder Verteidigungsfalles wieder aufleben (§ 2 WPflG). Frauen und Männer können sich nach § 58b SG verpflichten, freiwilligen Wehrdienst als besonderes staatsbürgerliches Engagement zu leisten. Dieser Wehrdienst besteht aus sechs Monaten freiwilligem Wehrdienst als Probezeit und bis zu 17 Monaten anschließendem freiwilligem zusätzlichem Wehrdienst. Mit dieser Aufteilung sollte klargestellt werden, dass die ersten sechs Monate des freiwilligen Wehrdienstes dem Grundwehrdienst nach § 5 WPflG entsprechen.[1] Da gem. § 58f SG Regelungen in anderen Gesetzen oder Rechtsverordnungen, die an die Ableistung des Grund-

---

[208] BAG 22.9.2005 AP Nr. 59 zu § 15 KSchG 1969 = NZA 2006, 558.
[209] BAG 22.9.2005 AP Nr. 59 zu § 15 KSchG 1969 = NZA 2006, 558.
[210] BAG 27.7.2017 AP Nr. 213 zu § 1 KSchG 1969 Betriebsbedingte Kündigung = NZA 2018, 234.
[211] BAG 23.1.2014 AP Nr. 6 zu § 626 BGB Unkündbarkeit = NZA 2014, 895.
[1] BT-Drs. 17/4821, 15 zur Vorgängerregelung im WPflG, die durch das 15. Gesetz zur Änderung des SG vom WPflG in das SG verschoben wurde, dazu BT-Drs. 17/12059, 7.

wehrdienstes (§ 5 WPflG) oder des freiwilligen zusätzlichen Wehrdienstes im Anschluss an den Grundwehrdienst (§ 6b WPflG) anknüpfen, auf Personen, die freiwilligen Wehrdienst leisten, entsprechend anzuwenden sind, ist auf Frauen und Männer, die den freiwilligen Grundwehrdienst leisten, der Sonderkündigungsschutz des § 2 ArbPlSchG mit der Maßgabe weiterhin anwendbar, dass die Vorschriften über den Grundwehrdienst anzuwenden sind (§ 16 VII ArbPlSchG). Durch diesen Generalverweis sollte eine Vielzahl von Folgeänderungen in anderen Gesetzen, die auf die Wehrpflicht oder den Grundwehrdienst abstellen, vermieden werden.[2]

II. Kündigung während des Wehrdienstes

1. Kündigungsschutz bei ordentlicher Kündigung. Von der Zustellung des Einberufungsbescheids bis zur Beendigung des Grundwehrdienstes sowie während einer Wehrübung darf der AG das Arbeitsverhältnis nicht kündigen (§ 2 I ArbPlSchG). Entspr. gilt für die in § 16a ArbPlSchG genannten Soldaten auf Zeit. Beim Grundwehrdienst beginnt der Kündigungsschutz mit der Zustellung des Einberufungsbescheids, also idR vier bis sechs Wochen vor Dienstantritt bei der Bundeswehr. Bei Wehrübungen beträgt dagegen die Einberufungsfrist häufig mehrere Monate, so dass hier eine Ausdehnung bei der zumeist nur 2 bis 3 Wochen andauernden Wehrübung nicht angemessen erschien. Eine während des Kündigungsschutzes ausgesprochene ordentliche Kündigung ist nach § 134 BGB unwirksam.[3] Geht dem AN nach der Zustellung des Einberufungsbescheids oder während des Wehrdienstes eine Kündigung zu, beginnt die Dreiwochenfrist des § 4 KSchG erst zwei Wochen nach dem Ende des Wehrdienstes (§ 2 IV ArbPlSchG). 2

2. Außerordentliche Kündigung. Das Recht zur außerordentlichen Kündigung aus wichtigem Grund bleibt unberührt (§ 2 III ArbPlSchG).[4] Der AG kann mithin aus einem wichtigen Grund kündigen, den er erst nach Beginn des Kündigungsschutzes erfahren hat. Die Einberufung ist grundsätzlich kein wichtiger Grund. Hiervon macht das Gesetz eine Ausnahme. Im Falle des Grundwehrdienstes von mehr als sechs Monaten kann einem unverheirateten AN in einem Betrieb mit idR fünf oder weniger AN ausschließlich der Auszubildenden außerordentlich gekündigt werden, wenn dem AG infolge der Einstellung einer Ersatzkraft die Weiterbeschäftigung des AN nach der Entlassung aus dem Wehrdienst nicht zugemutet werden kann (§ 2 III 2 ArbPlSchG). Bei der Feststellung der Zahl der beschäftigten AN sind teilzeitbeschäftigte AN mit einer regelmäßigen wöchentlichen Arbeitszeit von nicht mehr als 20 Stunden mit 0,5 und nicht mehr als 30 Stunden mit 0,75 zu berücksichtigen. Wegen der längerfristig Beschäftigten enthält das Gesetz eine Überleitungsbestimmung. Eine solche außerordentliche Kündigung ist nur mit einer Frist von zwei Monaten für den Zeitpunkt der Entlassung aus dem Wehrdienst zulässig (§ 2 III 5 ArbPlSchG). Versäumt der AG diese Frist, verliert er das Kündigungsrecht, die Kündigung ist unwirksam. 3

3. Klagefrist. Geht dem AN nach der Zustellung des Einberufungsbescheids oder während des Wehrdienstes eine Kündigung zu, beginnt bei Anwendung des KSchG die Klagefrist des § 4 S. 1 KSchG erst zwei Wochen nach dem Ende des Wehrdienstes (§ 2 IV ArbPlSchG). Seit 1.1.2004 hat der AN diese Frist stets zu wahren, wenn er sich gegen die Unwirksamkeit der Kündigung wenden will, und zwar auch dann, wenn er einen Verstoß gegen das Kündigungsverbot des § 2 I ArbPlSchG geltend machen will. 4

III. Kündigung vor und nach dem Wehrdienst

Grundsätzlich ist der AG berechtigt, vor oder nach dem Wehrdienst das Arbeitsverhältnis ordentlich oder außerordentlich zu kündigen. Das Gesetz sieht jedoch **zwei Maßgaben** vor. 5

1. Wehrdienst als Anlass. Aus Anlass des Wehrdienstes darf der AG vor oder nach dem Wehrdienst nicht kündigen (§ 2 II 1 ArbPlSchG).[5] Eine hiergegen verstoßende Kündigung ist rechtsunwirksam (§ 134 BGB). Dieser Kündigungsschutz gilt auch für AN, die nicht dem KSchG unterliegen. Denn gerade für diesen Personenkreis musste der Kündigungsschutz erweitert werden. Aus Anlass des Wehrdienstes erfolgt jede Kündigung, für die der bestehende oder der bereits 6

[2] BT-Drs. 17/4821, 16.
[3] APS/*Linck* ArbPlSchG § 2 Rn. 10.
[4] Zur Betriebsstilllegung: ArbG Bochum DB 1972, 441.
[5] LAG Brem DB 1964, 1230.

abgeleistete Wehrdienst die Ursache ist.[6] Untersagt ist mithin auch eine Kündigung aus Anlass der Wehrerfassung, der Musterung, Ableistung einer Wehrübung[7] usw. Die Beweislast dafür, dass das Arbeitsverhältnis nicht aus Anlass des Wehrdienstes gekündigt worden ist, trifft den AG (§ 2 II 3 ArbPlSchG). Seit 1.1.2004 hat der AN einen Verstoß gegen § 2 II 1 ArbPlSchG innerhalb der Dreiwochenfrist des § 4 S. 1 KSchG durch Erhebung einer Kündigungsschutzklage geltend zu machen. Die Frist beginnt gem. § 2 IV ArbPlSchG zwei Wochen nach dem Ende des Wehrdienstes.

7 **2. Soziale Auswahl.** Einen noch weitergehenden Schutz schafft das Gesetz für die dem KSchG unterliegenden AN. Muss ein AG aus dringenden betrieblichen Erfordernissen (§ 1 II KSchG; → § 131 Rn. 1 ff.) AN kündigen, darf er bei der Auswahl der zu Kündigenden die Einberufung eines AN zum Wehrdienst nicht zu dessen Ungunsten berücksichtigen (§ 2 II ArbPlSchG).[8] Auch insoweit trifft den AG – allerdings abweichend von § 1 III 3 KSchG – die Beweislast dafür, dass er bei der Auswahl der zu Kündigenden den Wehrdienst nicht zuungunsten des AN berücksichtigt hat (§ 2 II 3 ArbPlSchG).[9]

IV. Zivildienst und Bundesfreiwilligendienst

8 Der Kündigungsschutz nach dem ArbPlSchG gilt für **Zivildienstleistende** entsprechend (§ 78 I Nr. 1 ZDG). Bei anerkannten Beschäftigungsstellen sind nach Grundsätzen für den Dienst von Zivildienstleistenden vom 15.9.1998 und Richtlinien des Bundesamtes für Familie und zivilgesellschaftliche Aufgaben Zivildienstbeauftragte zu bestellen. Deren Kündigung und Versetzung richten sich nach den allgemeinen arbeitsrechtlichen Vorschriften.[10] Der Zivildienst ist allerdings seit dem 1.7.2011 ausgesetzt (§ 1a, § 23 ZDG). An seine Stelle ist der **Bundesfreiwilligendienst** nach dem BFDG getreten. Mangels eines gesetzlichen Verweises gilt jedoch § 2 ArbPlSchG für diesen Personenkreis nicht. Die den Bundesfreiwilligendienst Leistenden müssen deshalb mit ihrem AG eine Vereinbarung über das Ruhen ihres Arbeitsverhältnisses treffen oder dieses kündigen.[11]

§ 145. Sonderfälle des Kündigungsschutzes

Übersicht

I. Kündigungsschutz der am Luftschutzdienst oder Katastrophenschutz Beteiligten

1 Nach § 27 des Gesetzes über den Zivilschutz und die Katastrophenhilfe des Bundes (ZSKG) vom 25.3.1997 (BGBl. I 726) richten sich die Rechte und Pflichten der im Zivilschutz mitwirkenden Helferinnen und Helfer nach den landesrechtlichen Vorschriften für den Katastrophenschutz, soweit durch das ZSKG oder durch andere Rechtsvorschriften des Bundes nichts anderes bestimmt ist. In §§ 11 ff. ZSKG ist der Katastrophenschutz im Zivilschutz geregelt.

II. Kündigungsschutz für Abgeordnete

2 **1. Bundes- und Landtagsabgeordnete.** Nach Art. 48 II 1 GG darf niemand gehindert werden, das Amt eines Abgeordneten zu übernehmen und auszuüben. Eine Kündigung oder

[6] Vgl. auch die ähnliche Formulierung in § 8 EFZG; hierzu → § 98 Rn. 1 ff.
[7] LAG Hamm DB 1967, 1272; AuR 1967, 250.
[8] Dazu ArbG Hamburg 23.4.1998 AiB 1999, 50.
[9] ErfK/*Gallner,* 12. Aufl., ArbPlSchG § 2 Rn. 5.
[10] BAG 12.9.1996 AP Nr. 1 zu § 30 ZDG = NZA 1997, 381.
[11] APS/*Linck* ArbPlSchG § 2 Rn. 5; HWK/*C. W. Hergenröder* ArbPlSchG § 1 Rn. 9.

Entlassung aus Anlass oder wegen der Abgeordnetentätigkeit ist unwirksam (Art. 48 II 2 GG).[1] Diese Rechtsgrundsätze sind im Gesetz über die Rechtsverhältnisse der Mitglieder des Deutschen Bundestags (Abgeordnetengesetz – AbgG) v. 21.2.1996 (BGBl. I 326) m. spät. Änd. näher ausgestaltet. Nach § 2 III AbgG ist eine Kündigung oder Entlassung wegen der Annahme oder Ausübung des Mandats unzulässig, also nach § 134 BGB unwirksam. Eine Kündigung ist im Übrigen nur aus wichtigem Grund zulässig. Ein solcher kann nicht die Übernahme des Mandats sein. Der Kündigungsschutz beginnt mit der Aufstellung des Bewerbers durch das dafür zuständige Organ der Partei oder mit der Einreichung des Wahlvorschlags. Er gilt bis ein Jahr nach Beendigung des Mandats.[2] In den Ländern bestehen zum Teil abweichende Regelungen.

2. Europaabgeordnete. Nach § 3 III EuAbgG ist eine Kündigung oder Entlassung wegen 3
der Übernahme oder Ausübung des Mandats unzulässig. Im Übrigen ist eine Kündigung nur aus wichtigem Grund zulässig. Der Kündigungsschutz beginnt mit der Aufstellung des Bewerbers durch für dafür zuständige Organe der Wahlvorschlagsberechtigten. Er gilt ein Jahr nach Beendigung des Mandats fort. Für Wahlbewerber, die kein Mandat im Europäischen Parlament erlangt haben, besteht kein nachwirkender Kündigungsschutz.[3]

III. Kündigungsschutz von Immissionsschutzbeauftragten

Ist der Immissionsschutzbeauftragte AN des zur Bestellung verpflichteten Betriebs, ist die 4
Kündigung des Arbeitsverhältnisses unzulässig, es sei denn, dass Tatsachen vorliegen, die den Betreiber zur Kündigung aus wichtigem Grund ohne Einhaltung einer Kündigungsfrist berechtigen (§ 58 II BImSchG). Entsprechendes gilt gem. § 60 III KrWG. Der besondere Kündigungsschutz nach § 60 III KrWG iVm § 58 II BImSchG setzt die Bestellung des AN zum **Betriebsbeauftragten für Abfall** (Abfallbeauftragten) voraus. Die Bestellung kann auch im schriftlichen Arbeitsvertrag enthalten sein.[4] Nach der **Abberufung des Immissionsschutzbeauftragten** ist die Kündigung innerhalb eines Jahres, vom Zeitpunkt der Beendigung der Bestellung an gerechnet, unzulässig, es sei denn, dass Tatsachen vorliegen, die den Betreiber zur Kündigung aus wichtigem Grund ohne Einhaltung einer Kündigungsfrist berechtigen (§ 58 II 2 BImSchG). Der Immissionsschutzbeauftragte kann abberufen werden. Er kann aber auch jederzeit sein Amt niederlegen. Eine solche Amtsniederlegung löst jedenfalls dann nicht den nachwirkenden Kündigungsschutz des § 58 II 2 BImSchG aus, wenn sie nicht durch ein Verhalten des AG, etwa durch Kritik an seiner Amtsführung oder Behinderung in der Wahrnehmung seiner Amtspflichten, veranlasst worden, sondern allein von dem AN selbst ausgegangen ist.[5]

IV. Kündigungsschutz von Datenschutzbeauftragten

1. Allgemeines. §§ 5–7 BDSG enthalten Regelungen zur Benennung, Stellung und Aufga- 5
ben eines Datenschutzbeauftragten für **öffentliche Stellen.** Für verpflichtend bestellte Datenschutzbeauftragte bei **nichtöffentlichen** Stellen verweist § 38 II BDSG auf den bei öffentlichen Stellen bestehenden Schutz vor Abberufung und Kündigung gem. § 6 IV BDSG. Aufgrund der unmittelbaren Geltung der DS-GVO in jedem Mitgliedstaat (Art. 99 II DSGVO iVm Art. 288 II AEUV) kommt dem BDSG lediglich noch eine ergänzende Funktion zu.[6] Mit der Neufassung des BDSG 2018 sollte die zuvor geltende Rechtslage für den betrieblichen Datenschutzbeauftragten weitestgehend beibehalten werden.[7]

2. Besonderer Kündigungsschutz. Der Datenschutzbeauftragte darf wegen der Erfüllung 6
seiner Aufgaben **nicht benachteiligt** werden (§ 6 III 3 BDSG). Er kann gem. § 6 IV 1 BDSG nur in entsprechender Anwendung von § 626 BGB abberufen werden. Mit der Abberufung ist die Tätigkeit nicht mehr Bestandteil der vertraglich geschuldeten Leistung. Es bedarf dann keiner Änderungs- oder Teilkündigung.[8] Neben dem Schutz vor einer Abberufung besteht **nach § 6 IV 2 und 3 BDSG ein besonderer Kündigungsschutz.** Danach ist die Kündigung des

[1] BAG 30.6.1994 AP Nr. 2 zu Art. 9 Einigungsvertrag = NZA 1995, 426.
[2] APS/*Greiner* AbgG § 2 Rn. 14.
[3] BAG 18.5.2017 AP Nr. 17 zu § 626 BGB Unkündbarkeit = NZA 2017, 1250.
[4] Einzelheiten BAG 26.3.2009 AP Nr. 2 zu § 58 BImSchG = NZA 2011, 166.
[5] BAG 22.7.1992 AP Nr. 1 zu § 58 BImSchG = NZA 1993, 557.
[6] ErfK/*Franzen* BDSG § 38 Rn. 1.
[7] Vgl. BT-Drs. 18/11325, 82.
[8] BAG 23.3.2011 AP Nr. 3 zu § 4f BDSG = NZA 2011, 1036; 29.9.2010 AP Nr. 2 zu § 4f BDSG = NZA 2011, 151; anders noch BAG 13.3.2007 AP Nr. 1 zu § 4f BDSG = NZA 2007, 563; dazu *Gehlhaar* NZA 2010, 373.

Arbeitsverhältnisses unzulässig, es sei denn, es liegen Tatsachen vor, welche die öffentliche Stelle zur Kündigung aus wichtigem Grund ohne Einhaltung einer Kündigungsfrist berechtigen. Aufgrund des Verweises in § 38 II BDSG gilt dieser Kündigungsschutz auch für **verpflichtend bestellte Datenschutzbeauftragte bei nichtöffentlichen Stellen.** Voraussetzung ist, dass der AG idR mindestens 20 Personen ständig mit der automatisierten Verarbeitung personenbezogener Daten beschäftigt (§ 38 I 1 BDSG) oder – unabhängig von der Anzahl der AN – Verarbeitungen vornimmt, die einer Datenschutz-Folgenabschätzung nach Art. 35 DS-GVO unterliegen, oder personenbezogene Daten geschäftsmäßig zum Zweck der Markt- oder Meinungsforschung verarbeitet (§ 38 I 2 BDSG). Soweit die Verpflichtung von der Anzahl der beschäftigten Personen abhängt, sind kurzfristige Schwankungen der Personenzahl nicht von Bedeutung.[9] Beruft eine Stelle, die der Benennungspflicht nach § 38 I 1 BDSG unterliegt, mehrere (interne) Datenschutzbeauftragte, können alle den Sonderkündigungsschutz gem. § 38 II BDSG erwerben.[10] Der in § 38 II BDSG nach nationalem Recht vorgesehene Kündigungsschutz geht über den in Art. 38 III 2 DS-GVO unionsrechtlich vorgesehenen hinaus. Wegen der Vereinbarkeit dieser weitergehenden Regelung mit Unionsrecht hat der Zweite Senat des BAG ein **Vorabentscheidungsersuchen** an den EuGH gerichtet.[11]

7 **a) Beginn und Ende.** Der besondere Kündigungsschutz gilt ab dem Zeitpunkt der Wirksamkeit der Benennung und damit ggf. auch während der Wartezeit nach § 1 I KSchG.[12] Die Benennung erfolgt formfrei. Sie bedarf zu ihrer Wirksamkeit aber der Zustimmung der bestellten Person.[13] Entfallen die Voraussetzungen der Benennung zum Datenschutzbeauftragten, erlischt das Amt.[14] Das ist etwa der Fall, wenn die Zahl der idR beschäftigten Personen unter den Schwellenwert des § 38 I 1 BDSG sinkt. Damit entfällt auch der – vorbehaltlich der Vereinbarkeit mit Unionsrecht (→ Rn. 6) bestehende – Sonderkündigungsschutz des verpflichtend benannten Datenschutzbeauftragten, ohne dass es eines Widerrufs der Benennung durch den AG bedarf. Es schließt sich allerdings der nachwirkende Kündigungsschutz an (→ Rn. 8).[15] Ob der Beauftragte wieder als verpflichtend bestellter Beauftragter iSv § 38 I 1 BDSG anzusehen ist, wenn der Schwellenwert später erneut überschritten wird, wofür gute Gründe sprechen, hat das BAG bislang offengelassen.[16]

8 **b) Nachwirkender Kündigungsschutz.** Der Schutz besteht gem. § 6 IV 3 BDSG auch für die Dauer eines Jahres nach dem Ende der Tätigkeit als Beauftragter für den Datenschutz, und zwar ebenso nach Ablauf einer von vornherein zeitlich begrenzten Bestellung.[17] Während der Zeit des nachwirkenden Kündigungsschutzes ist ebenfalls eine außerordentliche betriebsbedingte Kündigung mit Auslauffrist regelmäßig ausgeschlossen, weil es für den AG grundsätzlich nicht unzumutbar ist, diesen Zeitraum ggf. auch ohne adäquate Gegenleistung des AN überbrücken zu müssen.[18] Wird für die Dauer der Verhinderung des „originären" Datenschutzbeauftragten ein **„stellvertretender" Datenschutzbeauftragter** berufen, genießt dieser jedenfalls dann nachwirkenden Kündigungsschutz gem. § 6 IV 3 BDSG, wenn er während des Vertretungsfalls tatsächlich Aufgaben eines Datenschutzbeauftragten wahrgenommen hat.[19]

§ 146. Wiedereinstellungsanspruch

Übersicht

[9] BAG 5.12.2019 AP Nr. 5 zu § 4f BDSG = NZA 2020, 227.
[10] BAG 27.7.2017 AP Nr. 4 zu § 4f BDSG = NZA 2018, 166.
[11] BAG 30.7.2020 NZA 2020, 1468.
[12] ErfK/*Franzen* BDSG § 38 Rn. 10.
[13] Vgl. BAG 13.3.2007 AP Nr. 13 zu § 4f BDSG = NZA 2007 563.
[14] ErfK/*Franzen* BDSG § 38 Rn. 8.
[15] BAG 5.12.2019 AP Nr. 5 zu § 4f BDSG = NZA 2020, 227.
[16] BAG 5.12.2019 AP Nr. 5 zu § 4f BDSG = NZA 2020, 227.
[17] BAG 27.7.2017 AP Nr. 4 zu § 4f BDSG = NZA 2018, 166.
[18] BAG 23.1.2014 AP Nr. 6 zu § 626 BGB Unkündbarkeit = NZA 2014, 895.
[19] BAG 27.7.2017 AP Nr. 4 zu § 4f BDSG = NZA 2018, 166.

I. Allgemeines

1. Rechtsgrundlagen. Nach der Rechtsprechung des BAG folgt der Wiedereinstellungsanspruch, soweit hierfür nicht eine anderweitige Rechtsgrundlage besteht,[1] aus einer vertraglichen, den Vorgaben des KSchG und der staatlichen Schutzpflicht aus Art. 12 I GG Rechnung tragenden, letztlich auf § 242 BGB beruhenden arbeitsvertraglichen Nebenpflicht. Der Wiedereinstellungsanspruch entspricht dem durch § 1 KSchG intendierten Bestandsschutz. Er stellt ein notwendiges Korrektiv für die Fälle dar, in denen die Kündigung aufgrund des maßgeblichen Prüfungszeitpunkts ihres Zugangs zwar wirksam ist, die relevanten Umstände sich aber noch während der Kündigungsfrist entgegen der im Zeitpunkt des Ausspruchs der Kündigung angestellten Prognose nachträglich ändern.[2] Entfallen die Umstände, die Grundlage der negativen Prognose und damit der Kündigung waren, und liegen diese Umstände in der Sphäre des AG, kann es aus Gründen der Billigkeit gerechtfertigt sein, dem AN einen Wiedereinstellungsanspruch zu gewähren. Wegen der engen Verknüpfung mit dem durch § 1 KSchG bewirkten Bestandsschutz besteht ein Wiedereinstellungsanspruch nicht bei einer Kündigung innerhalb der Wartezeit (§ 1 I KSchG) und in einem Kleinbetrieb iSv § 23 I KSchG.[3] Im Falle einer vom EGMR festgestellten Konventionsverletzung durch ein rechtskräftiges klageabweisendes Urteil im Kündigungsschutzverfahren besteht kein Wiedereinstellungsanspruch. Die Voraussetzungen für eine hierfür erforderliche Rechtsfortbildung hat das BAG verneint.[4] 1

Der Wiedereinstellung des AN können **berechtigte Interessen des AG entgegenstehen,** wenn dieser im Hinblick auf die zunächst gegebene Wirksamkeit der Kündigung Dispositionen getroffen hat.[5] Dies ist u.a. dann der Fall, wenn der AG den unvorhergesehen frei gewordenen Arbeitsplatz schon wieder mit einem anderen AN besetzt hat. Dadurch erlischt grundsätzlich ein etwa entstandener Wiedereinstellungsanspruch. Hiervon ist dann eine Rückausnahme zu machen, wenn der AG den – erneuten – Wegfall der in Betracht kommenden Beschäftigungsmöglichkeit treuwidrig herbeigeführt hat, indem er den Arbeitsplatz in Kenntnis des Wiedereinstellungsverlangens des AN treuwidrig mit einem anderen AN besetzt hat. Dies folgt auch aus dem in § 162 BGB normierten allgemeinen Rechtsgedanken, nach dem niemand aus einem von ihm selbst treuwidrig herbeigeführten Ereignis Vorteile herleiten darf.[6] 2

2. Befristung des Anspruchs. Ein Wiedereinstellungsanspruch kommt grundsätzlich nur im bestehenden Arbeitsverhältnis **bis zum Ablauf der Kündigungsfrist** in Betracht.[7] Da der Rechtsgrund des Wiedereinstellungsanspruchs in dem Vertrauen des AN darauf zu sehen ist, dass der Kündigungsgrund auch noch zum Zeitpunkt des Ablaufs der Kündigungsfrist besteht, begründen danach eintretende Umstände kein schutzwürdiges Vertrauen des AN. Nach Ablauf der Kündigungsfrist bestehen keine vertraglichen Beziehungen mehr, die nach der Rechtspre- 3

[1] ZB § 6c II 4 SGB II, dazu BAG 28.1.2020 AP Nr. 11 zu § 6c SGB II.

[2] BAG 26.1.2017 AP Nr. 212 zu § 1 KSchG 1969 Betriebsbedingte Kündigung = NZA 2017, 1199; 16.5.2007 AP Nr. 14 zu § 1 KSchG 1969 Wiedereinstellung; 28.6.2000 AP Nr. 6 zu § 1 KSchG 1969 Wiedereinstellung = NZA 2000, 1097; 6.8.1997 AP Nr. 2 zu § 1 KSchG 1969 Wiedereinstellung = NZA 1998, 254; 27.2.1997 AP Nr. 1 zu § 1 KSchG 1969 Wiedereinstellung = NZA 1997, 757.

[3] BAG 19.10.2017 AP Nr. 16 zu § 1 KSchG 1969 Wiedereinstellung mAnm *Germakowski* = NZA 2018, 436.

[4] BAG 20.10.2015 AP Nr. 15 zu § 1 KSchG 1969 Wiedereinstellung = NZA 2016, 299; zust. *Höpfner/Richter* RdA 2016, 149; abl. *Buschmann* AuR 2016, 248.

[5] BAG 27.2.1997 AP Nr. 1 zu § 1 KSchG 1969 Wiedereinstellung = NZA 1997, 757; 4.12.1997 AP Nr. 3 zu § 1 KSchG 1969 Wiedereinstellung; 28.6.2000 AP Nr. 6 zu § 1 KSchG 1969 Wiedereinstellung = NZA 2000, 1097.

[6] BAG 4.5.2006 AP Nr. 304 zu § 613a BGB = NZA 2006, 1096; 28.6.2000 AP Nr. 6 zu § 1 KSchG 1969 Wiedereinstellung = NZA 2000, 1097.

[7] BAG 15.12.2011 AP Nr. 423 zu § 613a BGB = NZA-RR 2013, 179; 28.6.2000 AP Nr. 6 zu § 1 KSchG 1969 Wiedereinstellung = NZA 2000, 1097; 6.8.1997 AP Nr. 2 zu § 1 KSchG 1969 Wiedereinstellung = NZA 1998, 254; zu den Besonderheiten der Verdachtskündigung → Rn. 8 ff.

chung des BAG Grundlage des Wiedereinstellungsanspruchs sind.[8] Der AG darf dann grundsätzlich darauf vertrauen, dass danach eintretende Umstände die Wirksamkeit der Kündigung nicht mehr beeinflussen. Dem steht nicht entgegen, dass es auch nach Beendigung des Arbeitsverhältnisses nachwirkende Nebenpflichten des AG gibt.[9] Diese beziehen sich nur auf die Abwicklung des beendeten Arbeitsverhältnisses und betreffen im Wesentlichen Bescheinigungen, Auskünfte und Herausgabeansprüche.[10] Ein Anspruch auf Wiedereinstellung kann hierauf grundsätzlich nicht gestützt werden. Schließlich ist es auch aus Gründen der Rechtssicherheit geboten, den Wiedereinstellungsanspruch zeitlich zu begrenzen.[11] Der AG ist im Einzelfall nach § 242 BGB verpflichtet, den AN über die veränderten Umstände zu unterrichten.[12] Soweit gegen die zeitliche Begrenzung des Wiedereinstellungsanspruchs eingewandt wird, diese führe bei einer **Massenentlassung** dazu, dass der AG nur die AN wieder einstellen müsse, deren Kündigungsfristen im Zeitpunkt der Änderung der Beschäftigungsmöglichkeiten noch nicht abgelaufen seien,[13] gebietet dies kein anderes Ergebnis.[14] Denn mit zunehmender Dauer der Betriebszugehörigkeit verfestigen sich die Bindungen der Arbeitsvertragsparteien, was im Kündigungsrecht und auch im Arbeitsförderungsrecht zu zahlreichen Differenzierungen je nach Dauer des Arbeitsverhältnisses führt. Mit dieser Verfestigung der Vertragsbindung erhöht sich das schutzwürdige Vertrauen des AN. Dies kommt auch in der Regelung der Sozialauswahl nach § 1 III KSchG zum Ausdruck und rechtfertigt die unterschiedlichen zeitlichen Grenzen für den Weiterbeschäftigungsanspruch.[15]

4 **3. Auswahlentscheidung.** Kommt es bei einer Kündigung wegen beabsichtigter Betriebsteilstilllegung während der Kündigungsfrist zu einer eingeschränkten Fortführung des von der Stilllegung bedrohten Betriebsteils und kann der AG deshalb einzelne der gekündigten AN wieder einstellen, hat er eine Auswahl unter den Gekündigten vorzunehmen.[16] Hierbei hat der AG **nicht nach § 1 III KSchG vorzugehen, sondern nach § 315 BGB** neben betrieblichen Belangen auch soziale Gesichtspunkte wie Alter, Betriebszugehörigkeit, Unterhaltspflichten zu berücksichtigen.[17] Ein geändertes Anforderungsprofil für einen eingerichteten Arbeitsplatz kann einem Wiedereinstellungsanspruch entgegenstehen.[18]

II. Einzelfälle

5 **1. Betriebsbedingte Kündigung.** Dem betriebsbedingt gekündigten AN kann ein Wiedereinstellungsanspruch zustehen, wenn sich zwischen der Kündigung und dem Ablauf der Kündigungsfrist unvorhergesehen eine Weiterbeschäftigungsmöglichkeit ergibt.[19] Kommt es in einem Kündigungsschutzprozess zu einem Abfindungsvergleich, kann dies dem Wiedereinstellungsanspruch entgegenstehen (dazu → Rn. 9). Ein überwiegendes schutzwürdiges Interesse des AG an der Beendigung des Arbeitsverhältnisses besteht, wenn sich eine nach dem Kündigungszeitpunkt unerwartet ergebende Möglichkeit, den Betrieb zu veräußern, vom Erwerber davon abhängig gemacht wird, dass die Rationalisierungsmaßnahmen durchgeführt werden. Denn ohne die Umsetzung dieser Maßnahmen würde der Verkauf scheitern und es müsste deshalb zu der von Anfang an geplanten Betriebsstilllegung kommen.[20]

6 **2. Krankheitsbedingte Kündigung.** Nach einer krankheitsbedingten Kündigung kommt ein Wiedereinstellungsanspruch nur in Betracht, wenn sich nachträglich innerhalb der Kündigungsfrist herausstellt, dass die bei Zugang der Kündigung begründete Besorgnis lang anhalten-

---

[8] Vgl. BAG 28.6.2000 AP Nr. 6 zu § 1 KSchG 1969 Wiedereinstellung = NZA 2000, 1097.
[9] So aber *Walker* SAE 1998, 103 (106).
[10] Vgl. hierzu näher *Boemke* AR-Blattei SD 220.10 Rn. 62 ff.
[11] Zutr. *Bartel* SAE 1998, 318; HWK/*Quecke* KSchG § 1 Rn. 81.
[12] Ebenso *Boewer* NZA 1999, 1177 (1180); *Raab* RdA 2001, 243 (251); HWK/*Quecke* KSchG § 1 Rn. 85; aA *Berkowsky*, Betriebsbedingte Kündigung, § 21 Rn. 23.
[13] So *Kiel/Koch*, Die betriebsbedingte Kündigung, Rn. 860.
[14] Vgl. *Linck* FA 2000, 334 (336).
[15] APS/*Kiel* KSchG § 1 Rn. 746.
[16] BAG 28.6.2000 AP Nr. 6 zu § 1 KSchG 1969 Wiedereinstellung = NZA 2000, 1097; 2.12.1999 AP Nr. 45 zu § 1 KSchG 1969 Soziale Auswahl = NZA 2000, 531; 4.12.1997 AP Nr. 4 zu § 1 KSchG 1969 Wiedereinstellung = NZA 1998, 701.
[17] BAG 4.5.2006 AP Nr. 304 zu § 613a BGB = NZA 2006, 1096; 28.6.2000 AP Nr. 6 zu § 1 KSchG 1969 Wiedereinstellung = NZA 2000, 1097; APS/*Kiel* KSchG § 1 Rn. 753.
[18] BAG 4.5.2006 AP Nr. 304 zu § 613a BGB = NZA 2006, 1096.
[19] BAG 15.12.2011 AP Nr. 21 zu § 1 KSchG 1969 Namensliste = NZA 2012, 1044.
[20] Vgl. BAG 27.2.1997 AP Nr. 1 zu § 1 KSchG 1969 Wiedereinstellung = NZA 1997, 757.

der oder dauerhafter Arbeitsunfähigkeit nicht mehr gerechtfertigt ist und der Wiedereinstellung berechtigte Interessen des AG, insbesondere wegen zwischenzeitlicher anderweiter Dispositionen, nicht entgegenstehen. Nicht ausreichend ist, wenn die Gesundheitsprognose lediglich zweifelhaft wird. Erforderlich ist vielmehr, dass die **Besorgnis der wiederholten Erkrankung ausgeräumt** ist und eine veränderte, positive Prognose besteht. Dafür trägt der AN die Darlegungs- und Beweislast.[21] Außerdem scheidet ein Wiedereinstellungsanspruch aus, wenn die neu eintretenden Umstände auf einem neuen Kausalverlauf beruhen.[22]

3. Verdachtskündigung. Bei einer Kündigung wegen des Verdachts einer strafbaren Handlung oder sonstigen schweren arbeitsvertraglichen Pflichtverletzung (dazu → § 127 Rn. 136 ff.) kommt ein Wiedereinstellungsanspruch in Betracht, wenn sich später die Unschuld des AN herausstellt oder nachträglich Umstände bekannt werden, die den bestehenden Verdacht beseitigen.[23] Die bloße Einstellung des staatsanwaltschaftlichen Ermittlungsverfahrens nach § 170 II 1 StPO begründet jedoch noch keinen Wiedereinstellungsanspruch. Denn die Einstellungsverfügung stellt lediglich eine vorläufige Beurteilung durch die staatlichen Ermittlungsbehörden dar, der keinerlei Bindungswirkung für ein Arbeitsgerichtsverfahren zukommt.[24] Als **zeitliche Grenze** ist hier nicht auf die Dauer der Kündigungsfrist abzustellen. Der AN kann im Falle einer Verdachtskündigung auch noch nach Ablauf der Kündigungsfrist einen Wiedereinstellungsantrag stellen. Diese Ausnahme ist gerechtfertigt, weil eine Kündigung, die mit dem letztlich ungerechtfertigten Verdacht einer Straftat begründet worden ist, zu einer erheblichen Verletzung des allgemeinen Persönlichkeitsrechts des AN führt. Im Hinblick darauf muss der AN die Möglichkeit haben, bei erwiesener Unrichtigkeit der erhobenen Vorwürfe voll rehabilitiert zu werden und an seinen Arbeitsplatz zurückkehren zu können.[25] Der Wiedereinstellungsanspruch muss jedoch grundsätzlich bis zum Abschluss des Kündigungsschutzprozesses geltend gemacht werden.[26] In dieser Zeit hat der AG kein schutzwürdiges Vertrauen darauf, dass der AN die Kündigung hinnehmen wird. Für die Prozessdauer als zeitliche Grenze spricht auch, dass das Kündigungsschutzverfahren Gelegenheit gibt, die Verdachtsmomente im Einzelnen zu überprüfen. Ferner wird in dieser Zeit auch in den meisten Fällen ein staatsanwaltschaftliches Ermittlungsverfahren abgeschlossen sein, wobei insoweit zusätzlich eine Aussetzung des Verfahrens nach § 149 ZPO zu erwägen ist. Hat der AN keine Kündigungsschutzklage erhoben, kann der Wiedereinstellungsanspruch bei einer Verdachtskündigung bis zur Grenze der Verwirkung geltend gemacht werden. 7

4. Betriebsübergang. Kommt es nach einer betriebsbedingten Kündigung zu einem Betriebsübergang, kann der AN nach der Rechtsprechung des BAG **auch noch nach Ablauf der Kündigungsfrist** die Fortsetzung des Arbeitsverhältnisses beim Erwerber verlangen,[27] weil ein Betriebsübergang nicht nur durch die Übernahme materieller und/oder immaterieller Betriebsmittel, sondern auch durch die willentliche Übernahme der Hauptbelegschaft erfolgen könne. Nur so werde ein den unionsrechtlichen Vorgaben genügender Bestandsschutz bei Betriebsübergängen gewährleistet.[28] Ein Fortsetzungsanspruch der AN gegenüber dem neuen Betriebsinhaber bestehe, wenn der Betriebsübergang zwar erst am Tag nach Ablauf der Kündigungsfrist erfolge, die Weiterbeschäftigungsmöglichkeit jedoch schon während des Laufs der Kündigungsfrist entstanden und die ursprünglich bei Zugang der Kündigung anzustellende Prognose dadurch während des Laufs der Kündigungsfrist unzutreffend geworden sei. Weder der frühere noch der neue Betriebsinhaber könnten sich auf die Wirksamkeit der Kündigung berufen, wenn die an sich wirksame Kündigung noch während des Laufs der Kündigungsfrist durch einen Fortsetzungsanspruch korrigiert werden müsse, weil mittlerweile Tatsachen entstanden seien, welche die Prognose bei Kündigungsausspruch nachträglich als unzutreffend erscheinen ließen.[29] Für den Sonderfall des Betriebsübergangs nach Ablauf der Kündigungsfrist anlässlich 8

---

[21] BAG 27.6.2001 AP Nr. 10 zu § 1 KSchG 1969 Wiedereinstellung = NZA 2001, 1135.

[22] BAG 7.11.2001 AP Nr. 40 zu § 1 KSchG 1969 Krankheit.

[23] Vgl. BAG 20.8.1997 AP Nr. 27 zu § 626 BGB Verdacht strafbarer Handlungen = NZA 1997, 1340; APS/*Vossen* BGB § 626 Rn. 370.

[24] BAG 20.8.1997 AP Nr. 27 zu § 626 BGB Verdacht strafbarer Handlungen = NZA 1997, 1340.

[25] Ähnlich *Fischermeier* FS 25 Jahre Arbeitsgemeinschaft Arbeitsrecht im DAV, 2006, 275 (286 f.); *Nicolai/Noack* ZfA 2000, 87 (101 f.); *Oetker* ZIP 2000, 643 (649); *Otto* FS Kraft, 1998, 451 (461).

[26] HWK/*Sandmann* BGB § 626 Rn. 292; aA APS/*Vossen* BGB § 626 Rn. 370.

[27] Vgl. BAG 15.12.2011 AP Nr. 423 zu § 613a BGB = NZA-RR 2013, 179; 25.9.2008 AP Nr. 355 zu § 613a BGB = NZA-RR 2009, 469; 21.8.2008 AP Nr. 353 zu § 613a BGB = NZA 2009, 29.

[28] IErg ebenso *Nicolai/Noack* ZfA 2000, 87 (97 f.); *Langenbucher* ZfA 1999, 299 (306 ff.).

[29] BAG 25.10.2007 AP Nr. 2 zu § 613a BGB Wiedereinstellung = NZA 2008, 357.

einer insolvenzbedingten Kündigung hat der Achte Senat des BAG bislang einen Wiedereinstellungsanspruch verneint.[30] Entsprechend der Frist zur Ausübung des Widerspruchsrechts muss das Wiedereinstellungs- oder Fortsetzungsverlangen nach der Rechtsprechung des BAG binnen einer Frist von einem Monat geltend gemacht werden.[31] Wurde über einen erfolgenden oder bereits erfolgten Betriebsübergang überhaupt nicht unterrichtet, beginnt die Frist nicht zu laufen.[32]

9 **5. Aufhebungsvertrag.** Wird das Arbeitsverhältnis durch einen Aufhebungsvertrag beendet, steht dem AN nur ausnahmsweise ein Anspruch auf Wiedereinstellung zu.[33] Kommt es auf Veranlassung des AG zur Vermeidung einer betriebsbedingten Kündigung zum Abschluss eines Aufhebungsvertrags, ist dieser Vertrag **nach den Regeln über den Wegfall der Geschäftsgrundlage (§ 313 BGB) anzupassen,** wenn sich in der Zeit zwischen dem Abschluss des Aufhebungsvertrags und dem vereinbarten Vertragsende unvorhergesehen eine Weiterbeschäftigungsmöglichkeit für den AN ergibt.[34] Die Vertragsanpassung kann dabei auch in einer Wiedereinstellung liegen. Dabei sind nach § 242 BGB alle Umstände des Einzelfalls zu berücksichtigen. Insoweit ist von Bedeutung, ob in dem Aufhebungsvertrag durch eine Abfindung ein als angemessen erscheinender Ausgleich der beiderseitigen Interessen geschaffen wurde. In diesem Fall wird häufig das Festhalten an dem Vergleich auch für den AN nicht unzumutbar sein. Dies gilt umso mehr, als regelmäßig ohnehin keine Anpassung, sondern lediglich die grundsätzlich nicht vorgesehene ersatzlose Aufhebung des Abfindungsvergleichs in Betracht kommt. Die Wiedereinstellung ist letztlich keine Anpassung des Abfindungsvergleichs, sondern das Gegenteil dessen, was die Parteien in diesem vereinbart haben.[35]

10 Ob in den Allgemeinen Geschäftsbedingungen eines Aufhebungsvertrags ein **Ausschluss des Wiedereinstellungsanspruchs** ohne Weiteres wirksam vereinbart werden kann, ist fraglich. Dagegen spricht, dass hierin eine Abweichung von den im Wege der Rechtsfortbildung entwickelten Rechtsgrundsätzen liegt (§ 307 II Nr. 1 BGB), wonach ein Aufhebungsvertrag nach den Regeln über den Wegfall der Geschäftsgrundlage (§ 313 BGB) anzupassen ist (→ Rn. 9). Der Annahme eines Verstoßes gegen § 307 II Nr. 1 BGB steht nicht entgegen, dass der Wiedereinstellungsanspruch grundsätzlich einzelvertraglich in Abfindungsvergleichen abbedungen werden kann.[36] Denn zum gesetzlichen Leitbild iSv § 307 II Nr. 1 BGB gehören die Vorschriften des dispositiven Rechts und nicht die zwingenden Vorschriften, weil eine Abweichung hiervon bereits nach § 134 BGB zur Unwirksamkeit führt (dazu → § 35 Rn. 52). Für die Anwendung des § 307 II Nr. 1 BGB ist vielmehr maßgebend, ob die Regelung, von der durch Allgemeine Geschäftsbedingungen abgewichen wird, nicht nur auf Zweckmäßigkeitserwägungen beruht, sondern eine Ausprägung des Gerechtigkeitsgebots darstellt.[37] Dies ist für den aus Billigkeitsgründen entwickelten Wiedereinstellungsanspruch zu bejahen (dazu → Rn. 1). Ein Verzicht auf diesen Anspruch in einem vorformulierten Aufhebungsvertrag könnte allerdings wirksam sein, wenn er durch eine angemessene Abfindung kompensiert wird. Eine Kompensation benachteiligender Klauseln mit begünstigenden Regelungen kann die Unangemessenheit nach § 307 I 1 BGB ausschließen, sofern zwischen beiden Klauseln ein sachlicher Zusammenhang besteht (dazu → § 35 Rn. 49). Dieser besteht bei einem Aufhebungsvertrag zwischen der Abfindungshöhe und dem Verzicht auf einen Wiedereinstellungsanspruch. Fehlt eine kompensatorische Gegenleistung, setzt der AG einseitig sein Interesse an „klaren Verhältnissen" durch. Er nimmt dann dem AN das zu seinen Gunsten entwickelte Korrektiv des Wiedereinstellungsanspruchs und damit die Möglichkeit, im Falle einer Änderung der Verhältnisse unter Beachtung grundrechtlich durch Art. 12 I GG geschützter Positionen das Arbeitsverhältnis fortsetzen zu können. Der formularmäßig vereinbarte Ausschluss des Wiedereinstellungsanspruchs ist in diesem Fall nach § 307 I 1 BGB unwirksam.

---

[30] BAG 16.2.2012 AP Nr. 188 zu § 1 KSchG 1969 Betriebsbedingte Kündigung = NZA-RR 2012, 465; 13.5.2004 AP Nr. 264 zu § 613a BGB; ebenso *Annuß* ZInsO 2001, 49 (59); *Schubert* ZIP 2002, 554 (558).

[31] BAG 21.8.2008 AP Nr. 353 zu § 613a BGB = NZA 2009, 29.

[32] BAG 27.1.2011 AP Nr. 402 zu § 613a BGB = NZA 2011, 1162.

[33] BAG 22.4.2004 AP Nr. 27 zu § 620 BGB Aufhebungsvertrag.

[34] BAG 28.6.2000 AP Nr. 6 zu § 1 KSchG 1969 Wiedereinstellung = NZA 2000, 1097; 27.2.1997 AP Nr. 1 zu § 1 KSchG 1969 Wiedereinstellung = NZA 1997, 757; 4.12.1997 AP Nr. 4 zu § 1 KSchG 1969 Wiedereinstellung = NZA 1998, 701.

[35] BAG 28.6.2000 AP Nr. 6 zu § 1 KSchG 1969 Wiedereinstellung = NZA 2000, 1097.

[36] Vgl. hierzu BAG 28.6.2000 AP Nr. 6 zu § 1 KSchG 1969 Wiedereinstellung = NZA 2000, 1097.

[37] BAG 7.12.2005 AP Nr. 4 zu § 12 TzBfG = NZA 2006, 423.

6. Befristung. Nach Ablauf eines wirksam befristeten Arbeitsvertrags besteht, sofern nicht tarifvertraglich oder einzelvertraglich etwas anderes vereinbart ist, **grundsätzlich kein Wiedereinstellungsanspruch** (→ § 38 Rn. 76).[38] 11

III. Durchsetzung des Wiedereinstellungsanspruchs

Macht der AN einen Wiedereinstellungsantrag gerichtlich geltend, ist der Antrag auf die Abgabe einer Willenserklärung, nämlich der Annahme des Angebots des AN auf Abschluss eines Arbeitsvertrags zu den bisherigen Bedingungen zu richten.[39] Es handelt sich hierbei um einen eigenen Streitgegenstand, was ggf. bei einer Rechtsmittelbegründung zu beachten ist.[40] Die Arbeitsbedingungen sind gem. § 253 II Nr. 1 ZPO näher zu bezeichnen.[41] Hierzu kann auf den bisherigen Arbeitsvertrag Bezug genommen werden. Die Vollstreckung der Annahmeerklärung des AG richtet sich nach § 894 ZPO. Seit dem 1.1.2002 ist wegen des Inkrafttretens des § 311a BGB nach der Rechtsprechung des BAG auch eine rückwirkende Verurteilung zum Abschluss eines Vertrags möglich.[42] Für die Voraussetzungen eines etwaigen Wiedereinstellungsanspruchs ist der AN darlegungs- und beweispflichtig.[43] 12

[38] BAG 20.2.2002 AP Nr. 11 zu § 1 KSchG 1969 Wiedereinstellung = NZA 2002, 896.

[39] BAG 28.6.2000 AP Nr. 6 zu § 1 KSchG 1969 Wiedereinstellung = NZA 2000, 1097; 27.2.1997 AP Nr. zu § 1 KSchG 1969 Wiedereinstellung = NZA 1997, 757.

[40] Vgl. BAG 8.5.2008 AP Nr. 40 zu § 620 BGB Aufhebungsvertrag = NZA 2008, 1148.

[41] BAG 15.10.2013 NZA-RR 2014, 119; 13.6.2012 AP Nr. 65 zu § 307 BGB.

[42] BAG 9.2.2011 AP Nr. 52 zu § 307 BGB = NZA-RR 2012, 232; 25.10.2007 AP Nr. 2 zu § 613a BGB Wiedereinstellung = NZA 2008, 357; 9.11.2006 AP Nr. 1 zu § 311a BGB.

[43] BAG 17.6.1999 AP Nr. 37 zu § 1 KSchG 1969 Krankheit = NZA 1999, 1328.

XV. Buch. Zeugnis und Arbeitspapiere

§ 147. Zeugnis und Auskunft

Übersicht

I. Voraussetzungen des Zeugnisanspruchs

1. Anspruchsberechtigte. Nach § 109 GewO hat der AN einen unabdingbaren Anspruch auf ein schriftliches Zeugnis in deutscher Sprache. Diese zum 1.1.2003 in Kraft getretene Bestimmung hat für AN § 630 BGB abgelöst. § 630 BGB ist nur noch für freie Dienstverhältnisse von Bedeutung. Auszubildende können nach § 16 BBiG vom Ausbilder ein Zeugnis verlangen. Damit besteht ein einheitliches Zeugnisrecht für alle AN. Auf Umschulungsverhältnisse iSv § 1 V iVm §§ 58 ff. BBiG ist § 16 BBiG nicht anwendbar. Der Zeugnisanspruch eines Umschülers richtet sich deshalb entweder nach § 630 BGB oder § 109 GewO. Wird eine Umschulung nicht im Rahmen eines Arbeitsverhältnisses, sondern auf der Grundlage eines Berufsbildungsvertrags durchgeführt, folgt der Zeugnisanspruch aus § 630 BGB.[1] Anspruch auf ein Zeugnis haben des Weiteren arbeitnehmerähnliche Personen und „kleine" Handelsvertreter (§ 84 II HGB)[2] sowie freie Mitarbeiter. In jedem Fall steht er einem Geschäftsführer zu, der nicht gleichzeitig Gesellschafter ist.[3] 1

2. Dauerndes Dienstverhältnis. Nach § 630 BGB entsteht der Anspruch auf ein Zeugnis in Dienstverhältnissen nur bei Beendigung eines „dauernden" Dienstverhältnisses, mag es sich dabei auch um nebenberufliche Tätigkeit handeln. Diese Einschränkung enthält § 109 GewO für den Zeugnisanspruch von AN ebenso wenig wie § 16 BBiG für Auszubildende. Ein „dauerndes" Dienstverhältnis iSv § 630 BGB ist dann gegeben, wenn es auf eine solche Zeit zugeschnitten ist,[4] die eine Beurteilung der fachlichen und persönlichen Qualitäten des Dienstverpflichteten erlaubt. Dies kann auch bei einer kurzzeitigen Tätigkeit von sechs Wochen der Fall sein.[5] 2

[1] BAG 12.2.2013 AP Nr. 6 zu § 16 BBiG = NZA 2014, 31.
[2] RAG ARS 27, 7; MüKoBGB/*Henssler* § 630 Rn. 9.
[3] BGH 9.11.1967 NJW 1968, 396; *Mohrbutter* BB 1967, 1354; dagegen *Ordemann* DB 1966, 1958.
[4] Vgl. ErfK/*Müller-Glöge* BGB § 630 Rn. 2; Staudinger/*Preis* BGB § 630 Rn. 4.
[5] LAG Köln 30.3.2001 BB 2001, 1959.

3 **3. Aussteller des Zeugnisses.** Zur Ausstellung ist der AG verpflichtet. Er kann sich zur Erfüllung seiner Verpflichtung eines angestellten[6] Vertreters bedienen, der es in seinem Namen auszufüllen hat. Der Vertreter muss – aus dem Zeugnis ablesbar – ranghöher als der Empfänger des Zeugnisses sein.[7] Unzureichend ist deshalb die Erstellung des Zeugnisses durch einen lediglich betriebsintern ranghöheren Prokuristen für einen anderen Prokuristen.[8] War der Angestellte als wissenschaftlicher Mitarbeiter tätig, ist das Zeugnis zumindest auch von einem der ihm vorgesetzten Wissenschaftler zu unterzeichnen. Eine von diesem Grundsatz abweichende behördeninterne Regelung der Zeichnungsbefugnis rechtfertigt keine Ausnahme.[9] Lässt sich der AG bei der Ausstellung des Zeugnisses durch einen Angestellten vertreten, ist im Zeugnis deutlich zu machen, dass dieser Vertreter dem AN gegenüber weisungsbefugt war.[10] Das Vertretungsverhältnis und die Funktion sind regelmäßig durch einen Zusatz zum Namen anzugeben, weil Person und Rang des Unterzeichnenden Aufschluss über die Wertschätzung des AN geben. Der AG hat dabei sicherzustellen, dass der als Aussteller Genannte das Zeugnis auch persönlich unterschreibt, weil ansonsten der Eindruck entstehen kann, der Aussteller distanziere sich vom Inhalt des Zeugnisses.[11] Ist der AN direkt der Geschäftsführung unterstellt, muss das Zeugnis zumindest auch von einem der Geschäftsführer unterzeichnet sein.[12] Das von einem leitenden Angestellten im eigenen Namen erstellte „Referenz-Zeugnis" lässt die Verpflichtung des AG unberührt.[13]

4 Zeugnisse für die bei den **Stationierungsstreitkräften** tätigen AN haben die von den Streitkräften dazu bestimmten Dienststellen zu erstellen. Der Rechtsstreit wird gegen die Bundesrepublik als Prozessstandschafter geführt.[14]

5 Ist das Arbeitsverhältnis beendet worden, wird ein Zeugnisrechtsstreit nicht gem. § 240 ZPO durch die Eröffnung des **Insolvenzverfahrens** unterbrochen und ist deshalb gegen den Schuldner fortzusetzen.[15] Der Schuldner hat das Arbeitszeugnis zu erteilen, weil er zum Zeitpunkt der Beendigung des Arbeitsverhältnisses die Arbeitgeberstellung innehatte. § 108 I InsO fingiert keine Arbeitgeberstellung des Insolvenzverwalters für bereits beendete Arbeitsverhältnisse. Der vorläufige Insolvenzverwalter hat vor Insolvenzeröffnung den Zeugnisanspruch nur dann zu erfüllen, wenn dem Schuldner ein allgemeines Verfügungsverbot gem. § 22 I InsO auferlegt worden ist, so dass die Verwaltungs- und Verfügungsbefugnis auf den „starken" vorläufigen Insolvenzverwalter übergegangen und dieser deshalb in die Arbeitgeberstellung eingerückt ist.[16] Dies kann auch aufgrund einer Einzelermächtigung gem. § 22 II InsO geschehen. Ein allgemeiner Zustimmungsvorbehalt iSv § 21 I Nr. 2 Alt. 2 InsO genügt dafür nicht.[17] Hat der Insolvenzverwalter den AN weiter beschäftigt, ist er zur Erfüllung des Zeugnisanspruchs verpflichtet, soweit er sich die notwendigen Informationen verschaffen kann. Zur Erfüllung dieser Verpflichtung hat der Insolvenzverwalter einen Auskunftsanspruch nach § 97 InsO gegenüber dem Schuldner.[18] Ist dieser verstorben, besteht die Verpflichtung auf Zeugniserteilung als Nachlassverbindlichkeit. Der Erbe muss sich aus den verfügbaren Unterlagen unterrichten.[19] Kommt dies nicht in Betracht, ist die Erfüllung des Anspruchs unmöglich.[20]

6 Nach einem **Betriebsübergang** hat der Erwerber das Zeugnis auszustellen, und zwar für den gesamten Zeitraum des Arbeitsverhältnisses. Die erforderlichen Auskünfte hat der Erwerber ggf. beim Veräußerer einzuholen, wobei es für den AN in diesem Fall besonders nützlich sein wird, vor dem Betriebsübergang ein Zwischenzeugnis einzuholen (dazu → Rn. 9). Der Betriebserwerber ist an ein vom Veräußerer erstelltes Zwischenzeugnis gebunden, soweit die späteren Leistungen und das spätere Verhalten des AN keine andere Beurteilung rechtfertigen (dazu → Rn. 9). Fehlen dem Betriebsbewerber selbst die nötigen Informationen, um die Tätigkeit, die Leistung und das Verhalten des AN vor dem Betriebsübergang zu beurteilen, steht ihm in

[6] LAG Düsseldorf DB 1969, 534; nicht eines Rechtsanwaltes: LAG Hamm 2.11.1966 DB 1966, 1815.
[7] BAG 4.10.2005 AP Nr. 32 zu § 630 BGB = NZA 2006, 436; LAG RhPf 12.12.2017 – 8 Sa 151/17; HWK/*Gäntgen* GewO § 109 Rn. 8.
[8] BAG 16.11.1995 EzA Nr. 18 zu § 630 BGB; s. auch LAG Köln 14.7.1994 NZA 1995, 685.
[9] BAG 4.10.2005 AP Nr. 32 zu § 630 BGB = NZA 2006, 436.
[10] BAG 26.6.2001 AP Nr. 27 zu § 630 BGB = NZA 2002, 34; HWK/*Gäntgen* GewO § 109 Rn. 8.
[11] BAG 21.9.1999 AP Nr. 23 zu § 630 BGB = NZA 2000, 257.
[12] BAG 16.11.1995 EzA Nr. 18 zu § 630 BGB.
[13] MüKoBGB/*Henssler* § 630 Rn. 53.
[14] BAG 29.1.1986 AP Nr. 2 zu § 48 TVAL II = NZA 1987, 384.
[15] LAG Nürnberg 5.12.2002 NZA-RR 2003, 463; ausf. *Stiller* NZA 2005, 330.
[16] HWK/*Gäntgen* GewO § 109 Rn. 9.
[17] BAG 23.6.2004 AP Nr. 29 zu § 630 BGB = NZA 2004, 1392.
[18] BAG 23.6.2004 AP Nr. 29 zu § 630 BGB = NZA 2004, 1392.
[19] ArbG Münster 10.4.1990 BB 1990, 2266; *Schleßmann* 158.
[20] ErfK/*Müller-Glöge* GewO § 109 Rn. 4a.

der Regel ein Auskunftsanspruch gegenüber dem Betriebsveräußerer zu. Der neue AG kann sich deshalb im Verhältnis zu seinem AN nicht auf die Unkenntnis der zeugnisrelevanten Tatsachen vor dem Betriebsübergang berufen.[21]

4. Entstehung des Anspruchs. Der Zeugnisanspruch entsteht bei Beendigung des Arbeitsverhältnisses und ist sogleich fällig. Da der AN jedoch ein **Wahlrecht** zwischen einem einfachen und einem qualifizierten Zeugnis hat (§ 109 S. 2 und 3 GewO), ist der Anspruch für den AG erst erfüllbar, wenn der AN sein Wahlrecht (§ 262 BGB) ausgeübt hat. Der Zeugnisanspruch ist daher ein sog. „verhaltener Anspruch".[22] Ein fristgerecht gekündigter AN hat spätestens mit Ablauf der Kündigungsfrist oder bei seinem tatsächlichen Ausscheiden Anspruch auf ein Zeugnis über Leistung und Verhalten (§ 109 I 2 GewO) und nicht lediglich auf ein Zwischenzeugnis. Das gilt auch dann, wenn die Parteien in einem Kündigungsschutzprozess über die Rechtmäßigkeit der Kündigung streiten. Im Hinblick auf den Zusammenhang zwischen § 629 BGB und § 109 GewO kann der AN ein Zeugnis regelmäßig schon nach der Kündigung des Arbeitsverhältnisses verlangen.[23] Endet das Arbeitsverhältnis ohne Ausspruch einer Kündigung (zB wegen Befristung), ist das Zeugnis ab dem Zeitpunkt auf Verlangen zu erteilen, der dem Beginn der gesetzlichen Kündigungsfrist entspricht. Ein vor Ablauf der Kündigungsfrist erteiltes Zeugnis kann der AG als vorläufiges Zeugnis bezeichnen, weil noch Änderungen eintreten können.[24] Bei einer außerordentlichen Kündigung ist das Zeugnis sofort zu erteilen. 7

Verliert der AN das Zeugnis oder wird es beschädigt, kann der AN vom AG – ggf. gegen Kostenerstattung – eine neue Ausfertigung des Zeugnisses verlangen. Der AG hat dabei grundsätzlich eine Zweitschrift mit demselben Datum und Inhalt des Originals zu fertigen.[25] Ein solcher Anspruch besteht nicht, wenn die Erfüllung dem AG unmöglich oder unzumutbar ist, also beispielsweise der Aussteller nicht mehr in dem Unternehmen beschäftigt ist und deshalb die Zweitschrift nicht unterzeichnen kann. Die Kopie des alten Zeugnisses reicht grundsätzlich nicht aus.[26] 8

5. Zwischenzeugnis. In Ausnahmefällen kann der AN schon vor Beendigung des Arbeitsverhältnisses ein Zeugnis verlangen. Erforderlich ist ein **triftiger Grund.**[27] Dies ist vor allem der Fall, wenn der AG dem AN demnächst eine Kündigung in Aussicht stellt und der AN das Zeugnis für Bewerbungszwecke benötigt,[28] der Vorgesetzte wechselt,[29] die Tätigkeit erheblich verändert wird, bei einem Betriebsübergang oder wenn das Arbeitsverhältnis wegen Wehrdienst, Elternzeit uÄ längere Zeit ruhen wird. Streiten die Parteien gerichtlich über die Beendigung des Arbeitsverhältnisses, besteht ein triftiger Grund für die Erteilung eines Zwischenzeugnisses. Dieser Grund entfällt mit rechtskräftigem Abschluss des Beendigungsrechtsstreits.[30] Der Anspruch auf ein Zwischenzeugnis nach § 35 II TVöD besteht noch nicht, wenn der AN das Zeugnis nur in einem Höhergruppierungsprozess verwenden will.[31] Für das Zwischenzeugnis gelten nach Form und Inhalt dieselben Grundsätze wie für das Zeugnis. Unerheblich ist, ob das Zwischenzeugnis auf einem Entwurf des AN beruht. Mit seiner Unterschrift macht sich der AG oder sein Vertreter den entworfenen Zeugnisinhalt zu eigen.[32] Der AG braucht im Schlusszeugnis nicht die Formulierungen des Zwischenzeugnisses zu verwenden.[33] Er kann allerdings grundsätzlich bei gleicher Beurteilungsgrundlage seine im Zwischenzeugnis vorgenommenen Beurteilungen im Schlusszeugnis nicht ändern. Schließt sich nach der Erteilung des Zwischenzeugnisses ein weiterer im End- 9

[21] BAG 16.10.2007 AP Nr. 33 zu § 630 BGB = NZA 2008, 298.
[22] BAG 12.2.2013 AP Nr. 6 zu § 16 BBiG = NZA 2014, 31; ErfK/*Müller-Glöge* GewO § 109 Rn. 7; HWK/*Gäntgen* GewO § 109 Rn. 16a.
[23] BAG 27.2.1987 AP Nr. 16 zu § 630 BGB = NZA 1987, 628.
[24] ErfK/*Müller-Glöge* GewO § 109 Rn. 8; Boemke/*Müller* GewO § 109 Rn. 4 f.; HWK/*Gäntgen* GewO § 109 Rn. 16b.
[25] LAG Hamm 15.7.1986 LAGE § 630 BGB Nr. 5.
[26] Ebenso ErfK/*Müller-Glöge* GewO § 109 Rn. 58; Boemke/*Müller* GewO § 109 Rn. 20.
[27] ErfK/*Müller-Glöge* GewO § 109 Rn. 50; HWK/*Gäntgen* GewO § 109 Rn. 34; *Schleßmann* 136.
[28] Vgl. BAG 11.12.2019 AP Nr. 63 zu § 1 TVG Tarifverträge: Lufthansa = NZA 2020, 800.
[29] BAG 1.10.1998 AP Nr. 2 zu § 61 BAT = NZA 1999, 894.
[30] BAG 20.5.2020 AP Nr. 65 zu § 1 TVG Tarifverträge: Lufthansa = NZA 2020, 1194.
[31] BAG 21.1.1993 AP Nr. 1 zu § 61 BAT = NZA 1993, 1031.
[32] BAG 16.10.2007 AP Nr. 33 zu § 630 BGB = NZA 2008, 298.
[33] LAG Düsseldorf 2.7.1976 DB 1976, 2310.

zeugnis zu beurteilender Zeitraum an, darf der AG vom Inhalt des Zwischenzeugnisses nur abweichen, wenn die späteren Leistungen und das spätere Verhalten des AN das rechtfertigen.[34]

10 **6. Erlöschen.** Der Anspruch auf Erteilung eines Zeugnisses erlischt, wenn der AG den vom AN geltend gemachten Anspruch nach Form und Inhalt ordnungsgemäß erfüllt hat. Verlangt der AN ein qualifiziertes Zeugnis nach § 109 I 3 GewO, erlischt der Anspruch nicht mit Ausstellung eines einfachen Zeugnisses nach § 109 I 2 GewO. Entsprechendes gilt im umgekehrten Fall. Genügt das Zeugnis nicht den Anforderungen, kann der AN dessen Berichtigung oder Ergänzung beanspruchen (dazu → Rn. 30 ff.).[35]

11 Der Zeugnisanspruch unterliegt der allgemeinen **Verjährungsfrist** von drei Jahren. Wie jeder schuldrechtliche Anspruch kann er aber bereits vorher **verwirken.**[36] Ein qualifiziertes Zeugnis kann dann nicht mehr verlangt werden, wenn der AN den Anspruch nicht angemessene Zeit nach Beendigung des Arbeitsverhältnisses geltend gemacht hat und so ein schutzwürdiges Vertrauen des AG entstanden ist.[37] Hat der AG in unmittelbarer zeitlicher Nähe zu einem arbeitsgerichtlichen Vergleich ein qualifiziertes Zeugnis erteilt, darf er davon ausgehen, dass der AN alsbald Einwendungen erheben wird, wenn er mit dem Inhalt des Zeugnisses nicht einverstanden ist. Wartet der AN 15 Monate ab, einen Anspruch auf Zeugnisberichtigung geltend zu machen, führt dies regelmäßig zur Verwirkung des Anspruchs auf Abänderung des Zeugnisses.[38] Das BAG hat die Verwirkung in einem Fall bejaht, in dem der AN zehn Monate nach Ausstellung eines qualifizierten Zeugnisses dessen Berichtigung vom AG verlangt hat.[39] Ein einfaches Zeugnis kann so lange verlangt werden, wie die Unterlagen über Art und Dauer der Beschäftigung im normalen Geschäftsbetrieb aufbewahrt werden. Im Übrigen kommt es auf die Umstände des Einzelfalls an.

12 Der Zeugnisanspruch unterliegt als Anspruch aus dem Arbeitsverhältnis tariflichen **Ausschlussfristen.**[40] Maßgebend ist, ob die jeweilige Verfallklausel auch Ansprüche erfasst, die bei Beendigung des Arbeitsverhältnisses entstehen.[41] Dies gilt etwa für § 70 II BAT/§ 37 I TVöD, die „alle Ansprüche aus dem Arbeitsverhältnis" erfassen.[42]

13 **7. Einrede des nicht erfüllten Vertrags.** Die Einrede des nicht erfüllten Vertrags oder ein sonstiges Zurückbehaltungsrecht kann gegenüber dem Zeugnisanspruch nicht erhoben werden, weil zwischen dem Anspruch auf Arbeitsleistung und der Zeugnispflicht kein Gegenseitigkeitsverhältnis besteht und dies im Übrigen den AN in unverhältnismäßiger Weise bei der Stellensuche beeinträchtigt würde.[43] Das Zeugnis ist daher bei Beendigung des Arbeitsverhältnisses zu erteilen.

14 **8. Unabdingbarkeit.** Der Anspruch auf Zeugniserteilung ist unabdingbar, dh, er kann nicht von vornherein für die Zukunft ausgeschlossen oder erlassen werden. Da es im Ermessen des AN steht, ob er den Zeugnisanspruch geltend macht, kann auf den Anspruch nach Beendigung des Arbeitsverhältnisses verzichtet werden.[44] Von einer Ausgleichsquittung wird er im Allgemeinen nicht erfasst.[45]

15 **9. Holschuld.** Die Zeugniserteilung ist eine Holschuld.[46] Der AG ist im Einzelfall gehalten, den AN darüber in Kenntnis zu setzen, wenn er das Zeugnis erstellt und bereitgelegt hat. Der

[34] BAG 16.10.2007 AP Nr. 33 zu § 630 BGB = NZA 2008, 298; LAG Köln 22.8.1997 LAGE § 630 BGB Nr. 30.

[35] BAG 12.8.2008 AP Nr. 1 zu § 109 GewO = NZA 2008, 1349; 21.6.2005 AP Nr. 31 zu § 630 BGB = NZA 2006, 104.

[36] BAG 26.6.2001 AP Nr. 27 zu § 630 BGB = NZA 2002, 34; 17.2.1988 AP Nr. 17 zu § 630 BGB = NZA 1988, 427; LAG Düsseldorf 11.11.1994 DB 1995, 1135 = BB 1995, 2064; LAG Saarl 28.2.1990 LAGE § 630 BGB Nr. 9; LAG Hamm 16.3.1989 BB 1989, 1486.

[37] Näher zur Verwirkung BAG 16.10.2007 AP Nr. 33 zu § 630 BGB = NZA 2008, 298; 25.4.2001 NZA 2001, 966; LAG München 11.2.2008 – 6 Sa 539/07 (Verwirkung nach 21 Monaten Untätigkeit).

[38] LAG Hamm 3.7.2002 NZA-RR 2003, 73.

[39] BAG 17.2.1988 AP Nr. 17 zu § 630 BGB = NZA 1988, 427.

[40] BAG 4.10.2005 AP Nr. 32 zu § 630 BGB = NZA 2006, 436; ErfK/*Müller-Glöge* GewO § 109 Rn. 54.

[41] HWK/*Gäntgen* GewO § 109 Rn. 19; zu Unrecht verneinend: ArbG Hamburg 5.3.1997 BB 1997, 1212; zu vertraglichen Ausschlussfristen: LAG Nürnberg 18.1.1994 LAGE § 630 BGB Nr. 20.

[42] BAG 23.2.1983 AP Nr. 10 zu § 70 BAT = DB 1983, 2043.

[43] ErfK/*Müller-Glöge* GewO § 109 Rn. 48.

[44] Ebenso ErfK/*Müller-Glöge* GewO § 109 Rn. 52; Staudinger/*Preis* BGB § 630 Rn. 7.

[45] BAG 16.9.1974 AP Nr. 9 zu § 630 BGB; LAG Düsseldorf 23.5.1995 LAGE § 630 BGB Nr. 24; dagegen freilich LAG Köln 17.6.1994 LAGE § 630 BGB Nr. 22.

[46] BAG 8.3.1995 AP Nr. 21 zu § 630 BGB = NZA 1995, 671; HWK/*Gäntgen* GewO § 109 Rn. 17.

AN muss nicht auf gut Glück bei dem AG persönlich vorstellig werden.[47] Wird das Zeugnis entgegen dem Verlangen des AN bei Beendigung des Arbeitsverhältnisses nicht bereitgehalten, hat der AG es auf seine Gefahr und Kosten dem AN zu übersenden.

II. Form des Zeugnisses

1. Schriftform. Das Zeugnis ist schriftlich zu erteilen und vom AG (→ Rn. 3) zu unterschreiben.[48] Es ist auf einem Firmenbogen oder weißem Bogen (alsdann Unterzeichnung mit Firma) abzufassen. Werden üblicherweise **Firmenbögen** verwandt, ist ein Zeugnis nur dann ordnungsgemäß, wenn es auf Firmenpapier geschrieben ist.[49] Das Zeugnis ist mit dem **Ausstellungsdatum** zu versehen.[50] Ein vom AG berichtigtes Zeugnis ist auf das ursprüngliche Ausstellungsdatum zurückzudatieren, wenn die verspätete Ausstellung nicht vom AN zu vertreten ist.[51] Dies ist nicht der Fall bei einer Berichtigung im Rahmen eines Prozessvergleichs.[52] Schließt das Arbeitszeugnis mit dem in Maschinenschrift angegebenen Namen des Ausstellers und seiner Funktion, muss das Zeugnis von diesem persönlich unterzeichnet werden.[53] Das Zeugnis ist vom Aussteller mit einem dokumentenechten Stift zu unterzeichnen.[54] Ein nur mit Bleistift oder ein unsauber geschriebenes Zeugnis (Flecken, Durchstreichung, Radierungen usw.) kann der AN zurückweisen.[55] Gleiches gilt, wenn die **Unterschrift** nicht parallel zum maschinenschriftlichen Zeugnistext auf das Zeugnis gesetzt wird, sondern von links oben nach rechts unten gekippt wurde.[56] Eine vom AG im Arbeitszeugnis verwendete überdimensionierte, im Wesentlichen aus bloßen Auf- und Abwärtslinien bestehende Unterschrift kann nicht ordnungsgemäß sein, wenn sie darauf hindeutet, der AG wolle sich von dem Zeugnisinhalt, zu dessen Aufnahme in das Zeugnis er durch rechtskräftiges Urteil verpflichtet worden ist, distanzieren.[57] Ein Anspruch auf ein **ungeknicktes Zeugnis** besteht nicht, wenn das Originalzeugnis kopierfähig ist und die Knicke im Zeugnisbogen sich nicht auf den Kopien abzeichnen, zB durch Schwärzungen.[58] Ebenso wenig besteht ein Anspruch auf ein **„ungetackertes" Zeugnis.** Es gibt keinerlei Belege dafür, dass ein „getackertes" Zeugnis einem unbefangenen AG mit Berufs- und Branchenkenntnis signalisiert, der Zeugnisaussteller sei mit dem AN nicht zufrieden gewesen.[59] Der AN kann verlangen, dass das Zeugnis frei von **Rechtschreibmängeln** ist, weil hieraus ein Leser des Zeugnisses auf eine Geringschätzung des AN schließen könnte.[60] Nicht zu beanstanden ist, wenn ein Arbeitszeugnis nur wenige Silbentrennungen aufweist.[61] Während früher für Zeugnisse ein fortlaufender Text üblich war, finden sich in neuerer Zeit auch Zeugnismuster, die nach Bewertungsmerkmalen aufgebaut sind.[62] Dies ist aus Rechtsgründen nicht zu beanstanden. Die Erteilung des Zeugnisses in elektronischer Form ist gem. § 109 III GewO ausgeschlossen. 16

2. Geheime Zeichen. Das Zeugnis darf nicht mit geheimen Zeichen versehen werden, durch die der AN in positiver oder negativer Sicht gekennzeichnet wird.[63] Dieser allgemeine Rechtsgrundsatz kommt in § 109 II 2 GewO zum Ausdruck. Danach darf das Zeugnis keine unklaren Formulierungen enthalten, durch die der AN anders beurteilt werden soll, als dies aus dem Zeugniswortlaut ersichtlich ist (Grundsatz der Zeugnisklarheit). Genügt das erteilte Zeugnis diesen Anforderungen nicht, kann der AN weiterhin Erfüllung seines Zeugnisanspruchs durch entsprechende Berichtigung oder Ergänzung des Zeugnistexts verlangen (→ Rn. 32). Beschei- 17

[47] HessLAG 19.6.2017 – 10 Ta 172/17.
[48] LAG RhPf 12.12.2017 – 8 Sa 151/17.
[49] BAG 3.3.1993 AP Nr. 20 zu § 630 BGB = NZA 1993, 219.
[50] LAG Nürnberg 13.9.1994 LAGE § 630 BGB Nr. 21.
[51] BAG 9.9.1992 AP Nr. 19 zu § 630 BGB = NZA 1993, 698; ErfK/*Müller-Glöge* GewO § 109 Rn. 12.
[52] LAG Nürnberg 13.9.1994 LAGE § 630 BGB Nr. 21.
[53] BAG 21.9.1999 AP Nr. 23 zu § 630 BGB = NZA 2000, 257.
[54] LAG Brem 23.6.1989 LAGE § 630 BGB Nr. 6.
[55] BAG 3.3.1993 AP Nr. 20 zu § 630 BGB = NZA 1993, 697; HWK/*Gäntgen* GewO § 109 Rn. 14.
[56] LAG Hamm 27.7.2016 NZA-RR 2016, 570.
[57] LAG Nürnberg 3.8.2005 NZA-RR 2006, 13.
[58] BAG 21.9.1999 AP Nr. 23 zu § 630 BGB = NZA 2000, 257.
[59] LAG RhPf 9.11.2017 – 5 Sa 314/17; *Naber/Schulte/Tisch* BB 2019, 757 (758).
[60] Ebenso LAG Düsseldorf 23.5.1995 LAGE § 630 BGB Nr. 24; Staudinger/*Preis* BGB § 630 Rn. 27; einschränkend ErfK/*Müller-Glöge* GewO § 109 Rn. 15.
[61] LAG BW 27.11.2014 – 3 Sa 21/14.
[62] Vgl. die Muster in Schaub ArbRFV-HdB/*Novak* A. Rn. 662 ff.
[63] ErfK/*Müller-Glöge* GewO § 109 Rn. 16.

nigt der AG dem AN: „Wir haben Herrn K. als sehr interessierten und hochmotivierten Mitarbeiter kennen gelernt, der stets eine sehr hohe Einsatzbereitschaft zeigte", handelt es sich nicht um eine dem Gebot der Zeugnisklarheit widersprechende verschlüsselte Formulierung (Geheimcode). Mit der Wendung „kennen gelernt" bringt der AG nicht zum Ausdruck, dass die im Zusammenhang angeführten Eigenschaften tatsächlich nicht vorliegen.[64]

III. Inhalt des Zeugnisses

18 **1. Einfaches Zeugnis.** Das einfache Zeugnis erstreckt sich nur auf Art und Dauer der Beschäftigung. Aus ihm muss die Person des AN mit Namen, Vornamen und Beruf (akademischer Grad) zweifelsfrei hervorgehen. Anschrift und Geburtsdatum sind nur im Einverständnis des oder der AN(in) aufzunehmen.[65] Die Art der Beschäftigung ist so genau und vollständig zu beschreiben, dass sich ein Dritter hierüber ein Bild machen kann.[66] Hierzu gehört die Beschreibung der übertragenen Arbeitsplätze, besondere Leitungsbefugnisse, Dauer des Bestands einer Prokura,[67] durchgeführte Fortbildungsmaßnahmen usw. Gegebenenfalls kann auf die Stellenbeschreibung zurückgegriffen werden.[68] Dagegen gehört die Tätigkeit oder Mitgliedschaft im BR nicht in das Arbeitszeugnis, da sie mit der erbrachten Arbeitsleistung nichts zu tun hat.[69] Etwas anderes gilt bei einem qualifizierten Zeugnis, wenn der AN so lange dem BR angehört hat, dass seine Leistung nicht mehr beurteilt werden kann.[70] Die rechtliche Dauer des Arbeitsverhältnisses ist anzugeben. Das ist auch dann der Zeitpunkt des Zugangs einer außerordentlichen Kündigung oder der Ablauf der Kündigungsfrist, wenn für die Dauer des Kündigungsschutzprozesses eine Prozessbeschäftigung des AN erfolgte.[71] Kürzere Unterbrechungen[72] (Urlaub, Krankheit usw.) sind nicht aufzunehmen. Der AG darf in einem Zeugnis die Elternzeit eines AN nur erwähnen, sofern sich die Ausfallzeit als eine wesentliche tatsächliche Unterbrechung der Beschäftigung darstellt. Das ist der Fall, wenn diese nach Lage und Dauer erheblich ist und wenn bei ihrer Nichterwähnung für Dritte der falsche Eindruck entstünde, die Beurteilung des AN beruhe auf einer der Dauer des rechtlichen Bestands des Arbeitsverhältnisses entsprechenden tatsächlichen Arbeitsleistung.[73] Befindet sich ein AN (Koch) von dem 50 Monate dauernden Arbeitsverhältnisses während 33½ Monaten in Elternzeit, ist das eine erhebliche Unterbrechung, weil im Gaststättengewerbe der Berufserfahrung eine erhebliche Bedeutung zukommt.[74] Der Beendigungsgrund ist nach hM nur auf Verlangen anzugeben.[75] Auch bei berechtigter fristloser Kündigung ist diese nach hM grundsätzlich nicht anzugeben.[76]

19 **2. Qualifiziertes Zeugnis.** Der gesetzlich geschuldete Inhalt eines Zeugnisses richtet sich nach den mit ihm verfolgten Zwecken. Es dient dem AN regelmäßig als Bewerbungsunterlage und ist insoweit insbesondere möglichen künftigen AG Grundlage für ihre Personalauswahl. Dem AN gibt es zugleich Aufschluss darüber, wie der AG seine Leistung beurteilt. Daraus ergeben sich als inhaltliche Anforderungen der Grundsatz der Zeugniswahrheit und der in § 109 II GewO auch ausdrücklich normierte Grundsatz der Zeugnisklarheit.[77] Ein qualifiziertes Zeugnis hat sich hiernach auf Art und Dauer sowie Leistung und Verhalten im Arbeitsverhältnis zu erstrecken. Es muss daher neben den Angaben des einfachen Zeugnisses auch Tatsachen und Beurteilungen zu Leistung und Verhalten enthalten.[78] Dagegen ist es nicht ausreichend, nur die

[64] BAG 15.11.2011 AP Nr. 3 zu § 109 GewO = NZA 2012, 448.
[65] HWK/*Gäntgen* GewO § 109 Rn. 14; MüKoBGB/*Henssler* § 630 Rn. 29; aA ErfK/*Müller-Glöge* GewO § 109 Rn. 13.
[66] BAG 12.8.1976 AP Nr. 11 zu § 630 BGB.
[67] LAG BW 19.6.1992 NZA 1993, 127.
[68] LAG Hamm 28.8.1997 NZA-RR 1998, 490.
[69] BAG 19.8.1992 AP Nr. 5 zu § 8 BPersVG = NZA 1993, 222; LAG Hamm 12.4.1976 DB 1976, 1112.
[70] LAG Frankfurt 10.3.1977 DB 1978, 167; ErfK/*Müller-Glöge* GewO § 109 Rn. 21; vgl. *Witt* BB 1996, 2194.
[71] BAG 14.6.2016 – 9 AZR 8/15.
[72] MüKoBGB/*Henssler* § 630 Rn. 28; anders zu langfristigen Erkrankungen SächsLAG 30.1.1996 NZA 1997, 47.
[73] Vgl. HessLAG 2.2.2015 NZA-RR 2016, 179.
[74] BAG 10.5.2005 AP Nr. 30 zu § 630 BGB = NZA 2005, 1237.
[75] Vgl. dazu BAG 12.8.1976 AP Nr. 11 zu § 630 BGB; LAG Hamm 12.7.1994 LAGE § 630 BGB Nr. 26; LAG Köln 29.11.1990 LAGE § 630 BGB Nr. 11; LAG BW 9.5.1968 DB 1968, 1319; einschränkend ErfK/*Müller-Glöge* GewO § 109 Rn. 26.
[76] LAG Düsseldorf NZA 1988, 399 = BB 1988, 1463; LAG Köln BB 1990, 856.
[77] BAG 14.6.2016 – 9 AZR 8/15; 15.11.2011 AP Nr. 3 zu § 109 GewO = NZA 2012, 448.
[78] Dazu LAG Hamm 1.12.1994 LAGE § 630 BGB Nr. 28; LAG Köln 30.6.1999 LAGE § 630 BGB Nr. 34.

Leistung oder das Verhalten zu beurteilen, da das Zeugnis ein Gesamtbild ergeben soll.[79] Der AN kann nicht verlangen, und der AG ist nicht berechtigt, die Beurteilung nur auf bestimmte Zeiträume im Arbeitsverhältnis zu erstrecken.[80]

Die **Wortwahl** steht im Ermessen des AG; auf eine bestimmte Formulierung hat der AN 20 keinen Anspruch.[81] Der AG entscheidet deshalb auch darüber, welche positiven oder negativen Leistungen er stärker hervorheben will als andere.[82] Jedoch ist das Zeugnis nach **Form und Stil** objektiv abzufassen, wobei der Verkehrssitte Rechnung zu tragen ist, die mit bestimmten Formulierungen („er hat sich bemüht ...") den Ausdruck des Tadels verbindet[83] oder die in Zeugnissen bestimmter Arbeitnehmergruppen die Attestierung gewisser Eigenschaften verlangt.[84] Weder Wortwahl noch Auslassungen dürfen dazu führen, dass bei Lesern des Zeugnisses der Wahrheit nicht entsprechende Vorstellungen entstehen können. Ein Zeugnis darf insbesondere dort keine Auslassungen enthalten, wo der verständige Leser eine positive Hervorhebung erwartet.[85] Anspruch auf ausdrückliche Bescheinigung bestimmter Merkmale hat damit der AN, in dessen Berufskreis dies üblich ist und bei dem das Fehlen einer entsprechenden Aussage im Zeugnis sein berufliches Fortkommen behindern könnte. Soweit bestimmte Merkmale in besonderem Maße gefragt sind und deshalb der allgemeine Brauch besteht, diese im Zeugnis zu erwähnen, kann die Nichterwähnung (beredtes Schweigen) ein erkennbarer Hinweis für den Zeugnisleser sein.[86] AN, die mit Geld oder anderen Vermögenswerten umgegangen sind (wie zB Handlungsgehilfen, Kassierer, Laden- und Fahrverkäufer, Auslieferungsfahrer, Filialleiter, Außendienstmitarbeiter [wegen Spesenabrechnungen], Hotelpersonal, Hausgehilfinnen), können regelmäßig die Erwähnung der „Ehrlichkeit" im Arbeitszeugnis fordern, wenn branchenüblich davon ausgegangen wird, dass beim Fehlen des Wortes Zweifel an ihrer Ehrlichkeit bestehen und vom bisherigen AG keine Tatsachen vorgetragen werden, die gegen ein ehrliches Verhalten sprechen.[87] Hat der AG die Arbeitsleistung während des Arbeitsverhältnisses nicht beanstandet, bedeutet dies aber noch nicht, dass sie als sehr gute Leistung bewertet werden muss.[88] Bei längerer Beschäftigung ist eine fundierte Beurteilung zu erwarten.[89] Doppelsinnige Ausdrucksweisen, missverständliche Wortwahl oder Satzstellung, Auslassungen usw. sind zu vermeiden.

Das qualifizierte Zeugnis soll Leistung und Führung während der **gesamten Dauer des** 21 **Arbeitsverhältnisses** charakterisieren. Es muss daher alle wesentlichen Tatsachen und Bewertungen enthalten, die für die Gesamtbeurteilung des AN von Bedeutung und für den Dritten von Interesse sind.[90] Einmalige Vorfälle oder Umstände, die für den AN, seine Führung und Leistung nicht charakteristisch sind – seien sie für ihn vorteilhaft oder nachteilig – gehören nicht in das Zeugnis.[91] Das außerdienstliche Verhalten ist im Zeugnis grundsätzlich nicht zu erwähnen, da der AG nicht Sittenwächter des AN ist. Die „dienstliche Führung" eines AN ist allerdings betroffen, wenn dieser unbefugt ein Dienstfahrzeug seines AG in fahruntüchtigem Zustand zu einer Privatfahrt benutzt hat und deswegen strafgerichtlich verurteilt worden ist.[92] **Unterbrechungen des Arbeitsverhältnisses,** etwa durch langandauernde Erkrankungen können in ein Zeugnis aufgenommen werden, wenn sie für die Gesamtbeurteilung von Bedeutung sind.[93] Eine Unterbrechung der Arbeit durch Elternzeit ist in das Zeugnis aufzunehmen, wenn diese nach Lage und Dauer erheblich ist und wenn bei ihrer Nichterwähnung für Dritte der falsche Eindruck entstünde, die Beurteilung des AN beruhe auf einer der Dauer des rechtlichen Bestands des Arbeitsverhältnisses entsprechenden tatsächlichen Arbeitsleistung.[94]

---

[79] LAG Köln 30.3.2001 BB 2001, 1959; LAG Düsseldorf 30.5.1990 LAGE § 630 BGB Nr. 10.
[80] LAG Frankfurt 14.9.1984 BB 1985, 1397 = DB 1985, 820.
[81] BAG 16.10.2007 AP Nr. 33 zu § 630 BGB = NZA 2008, 298; 14.10.2003 AP Nr. 28 zu § 630 BGB = NZA 2004, 843; LAG Bln 10.12.1998 BB 1999, 851; LAG Köln 22.8.1997 LAGE § 630 BGB Nr. 30; ErfK/*Müller-Glöge* GewO § 109 Rn. 17; HWK/*Gäntgen* GewO § 109 Rn. 29.
[82] BAG 12.8.2008 AP Nr. 1 zu § 109 GewO = NZA 2008, 1349.
[83] Vgl. zu typ. Zeugnisformulierungen Schaub ArbRFV-HdB/*Novak* A. Rn. 662 ff.
[84] Vgl. BAG 29.7.1971 AP Nr. 6 zu § 630 BGB (Ehrlichkeit).
[85] ErfK/*Müller-Glöge* GewO § 109 Rn. 27; HWK/*Gäntgen* GewO § 109 Rn. 29.
[86] BAG 12.8.2008 AP Nr. 1 zu § 109 GewO = NZA 2008, 1349.
[87] LAG Hamm 29.7.2005 – 4 Ta 594/04.
[88] LAG Düsseldorf 26.2.1985 DB 1985, 2692 = NZA 1985, 503.
[89] BAG 24.3.1977 AP Nr. 12 zu § 630 BGB = DB 1977, 1369.
[90] BAG 12.8.1976 AP Nr. 11 zu § 630 BGB.
[91] Die Erfindung eines Forschers ist in das Zeugnis aufzunehmen: BAG 24.3.1977 AP Nr. 12 zu § 630 BGB; HWK/*Gäntgen* GewO § 109 Rn. 28.
[92] BAG 29.1.1986 AP Nr. 2 zu § 48 TVAL II.
[93] SächsLAG 30.1.1996 NZA 1997, 47; ErfK/*Müller-Glöge* GewO § 109 Rn. 28a; HWK/*Gäntgen* GewO § 109 Rn. 28; *Schleßmann* 65 f.; ausf. *Mühlhausen* NZA-RR 2006, 337.
[94] BAG 10.5.2005 AP Nr. 30 zu § 630 = NZA 2005, 1237.

22 Das qualifizierte Zeugnis muss eine **Bewertung von Leistung und Verhalten** des AN enthalten. Indikatoren der Leistung sind insbesondere Arbeitsumfang, Qualität, Tempo, Ökonomie, Fachkenntnisse, Arbeitsbereitschaft, Ausdrucksvermögen und Verhandlungsgeschick. Die Beurteilung des Verhaltens hat sich nur auf den Dienst und nicht auf das Privatleben zu erstrecken. Für die Bewertung der Leistung hat sich zwischenzeitlich ein Sprachgebrauch entwickelt, der aus einem Gestrüpp beschönigender Formulierungen besteht.[95] Die Rechtsprechung hat eine den Schul- oder Prüfungsnoten vergleichbare Skala entwickelt, die von „sehr gut" über „gut" und „befriedigend" bis hin zu „ausreichend" und „mangelhaft" reicht. Dabei ist zu beachten, dass auch die Ausdrücke „stets" oder „immer" im Zusammenhang der Zeugnissprache eine eigenständige Bedeutung haben. Sie bedeuten ein „Mehr" im Vergleich zu dem, was üblicherweise erwartet werden konnte. Sie meinen aber nicht, dass dem AN während der gesamten Dauer des Arbeitsverhältnisses nie ein Fehler unterlaufen ist. Dies kann ein AG von einem AN regelmäßig nicht erwarten.[96]

23 **3. Notenskala.** Überwiegend geht die Praxis von einer **sechsstufigen Notenskala** aus,[97] deren einzelne Stufen jedoch in dem letztlich fehlgeschlagenen Bemühen um stetes Wohlwollen nicht einheitlich verwendet werden:[98]

(1) Eine sehr gute Leistung wird mit „stets (oder jederzeit, immer) zu unserer vollsten Zufriedenheit" bezeichnet.[99]

(2) Eine gute Leitung wird mit „stets zu unserer vollen Zufriedenheit"[100] bewertet.

(3) Wird die Leistung mit „stets zu unserer Zufriedenheit"[101] oder „zu unserer vollen Zufriedenheit" bewertet, soll dies eine befriedigende bzw. gut durchschnittliche Beurteilung sein.[102]

(4) Eine unterdurchschnittliche, aber noch ausreichende Leistung wird mit „zu unserer Zufriedenheit"[103] bewertet.

(5) Eine mangelhafte Leistung wird mit „insgesamt zu unserer Zufriedenheit"[104] oder mit „eine im Großen und Ganzen zufriedenstellende Erledigung der Arbeit"[105] gekennzeichnet.

(6) Bezeichnet der AG die Leistungen mit „der AN hat sich bemüht", die Arbeitsanforderungen zu erfüllen, heißt dies, dass der AN eine unzureichende Leistung erbracht hat. Die Beurteilung entspricht der Schulnote ungenügend.[106] Gleiches gilt, wenn formuliert wird, der AN „hat die ihm übertragenen Aufgaben mit großem Fleiß und Interesse durchgeführt".[107]

24 **Arbeitserfolg und Arbeitsweise** werden im Allgemeinen wie folgt formuliert: Seine Aufgaben erledigte er stets mit äußerster Sorgfalt und großer Genauigkeit (sehr gut), mit großer Sorgfalt und Genauigkeit (gut), bei Weglassen des groß (befriedigend), darunter ausreichend bis mangelhaft.

---

[95] Vgl. ErfK/*Müller-Glöge* GewO § 109 Rn. 31 ff.; Formulierungsbeispiele bei HWK/*Gäntgen* GewO § 109 Rn. 26 f.

[96] BAG 18.11.2014 AP Nr. 5 zu § 109 GewO = NZA 2015, 435; *Schleßmann* 196.

[97] HWK/*Gäntgen* GewO § 109 Rn. 32; noch differenzierter *Schleßmann* 194 f.; aA ErfK/*Müller-Glöge* GewO § 109 Rn. 30 ff.; Boemke/*Müller* GewO § 109 Rn. 42; LAG Hamm 13.2.1992 LAGE § 630 BGB Nr. 16.

[98] Zusammenfassend BAG 18.11.2014 AP Nr. 5 zu § 109 GewO = NZA 2015, 435.

[99] Vgl. BAG 23.9.1992 EzA Nr. 16 zu § 630 BGB; LAG Düsseldorf 12.3.1986 LAGE § 630 BGB Nr. 2; LAG Saarl 28.2.1990 LAGE § 630 BGB Nr. 9; LAG Frankfurt 6.9.1991 LAGE § 630 BGB Nr. 14; HWK/*Gäntgen* GewO § 109 Rn. 32; Staudinger/*Preis* BGB § 630 Rn. 51; *Schleßmann* 194.

[100] BAG 15.11.2011 AP Nr. 3 zu § 109 GewO = NZA 2012, 448; 14.10.2003 AP Nr. 28 zu § 630 BGB = NZA 2004, 843; LAG Brem 9.11.2000 NZA-RR 2001, 287; LAG Düsseldorf 23.5.1995 LAGE § 630 BGB Nr. 24; *Schleßmann* 195.

[101] Vgl. LAG Köln 2.7.1999 LAGE § 630 BGB Nr. 35.

[102] LAG Brem 9.11.2000 NZA-RR 2001, 287; LAG Köln 18.5.1995 LAGE § 630 BGB Nr. 23.

[103] LAG Köln 2.7.1999 LAGE § 630 BGB Nr. 35; LAG Hamm 19.10.1990 LAGE § 630 BGB Nr. 12; HWK/*Gäntgen* GewO § 109 Rn. 32; *Schleßmann* 195.

[104] LAG Hamm 13.2.1992 LAGE § 630 BGB Nr. 16; LAG Köln 30.6.1999 LAGE § 630 BGB Nr. 34; HWK/*Gäntgen* GewO § 109 Rn. 32.

[105] ErfK/*Müller-Glöge* GewO § 109 Rn. 34.

[106] LAG RhPf 6.7.2006 MDR 2007, 284; HWK/*Gäntgen* GewO § 109 Rn. 32.

[107] BAG 24.3.1977 AP Nr. 12 zu § 630 BGB; LAG Hamm 16.3.1989 BB 1989, 1486.

Bei der **Bewertung des Verhaltens** werden üblicherweise folgende Formulierungen verwandt:[108] Sein Verhalten bei Vorgesetzten und Mitarbeitern war stets einwandfrei/vorbildlich (sehr gut), ohne stets (gut), sein Verhalten war gut (befriedigend), war stets befriedigend (ausreichend). Die Formulierung, der AN sei „ehrlich und pünktlich", kann die durchschnittliche Leistungsbeurteilung „zu unserer vollen Zufriedenheit" entwerten, weil durch die Hervorhebung dieser Selbstverständlichkeiten und das Weglassen des Beurteilungskriteriums „Zuverlässigkeit" der Eindruck entstehen kann, der AN sei unzuverlässig.[109] Die Bewertung des Verhaltens bezieht sich nicht auf ein sozial-ethisches Verhalten, sondern das Sozialverhalten gegenüber Vorgesetzten, Kollegen und Dritten, Verantwortungsbereitschaft, Beachtung der betrieblichen Ordnung und Führungsverhalten gegenüber Mitarbeitern. Es finden sich Formulierungen wie: Er verstand es, seine Mitarbeiter so zu überzeugen und zu motivieren, dass er alle ihm übertragenen Aufgaben mit großem Erfolg verwirklichen konnte (sehr gut); er überzeugte seine Mitarbeiter und förderte die Zusammenarbeit (gut); er führte seine Mitarbeiter zielbewusst zu überdurchschnittlichen Leistungen (befriedigend); er motivierte seine Mitarbeiter (ausreichend) usw. Die Feststellung in einem Zeugnis, der AN habe es stets verstanden, seine Interessen im Betrieb durchzusetzen, besagt regelmäßig, dass der AN seine Interessen im Arbeitsverhältnis stets rücksichtslos durchgesetzt hat. Sie ist nur zulässig, wenn sie für das Arbeitsverhältnis kennzeichnend war.[110] 25

Wegen der **Beendigungstatbestände** finden sich folgende Formulierungen:[111] ... verlässt unser Unternehmen auf eigenen Wunsch (Kündigung durch AN), das Arbeitsverhältnis endete am ... (Kündigung durch AG), das Arbeitsverhältnis endete im besten beiderseitigen Einvernehmen (einvernehmliche Trennung), wir haben uns ... einvernehmlich getrennt (Aufhebungsvertrag auf Initiative des AG), unsere besten Wünsche begleiten ihn (wir weinen ihm keine Träne nach). 26

Arbeitszeugnisse enden typischerweise mit einer **Schlussformel,** in der das Bedauern über das Ausscheiden, der Dank für die geleistete Arbeit sowie die Wünsche für die Zukunft ausgedrückt werden. Hierdurch kann der übrige Inhalt bekräftigt bzw. durch Weglassung relativiert werden.[112] Jedenfalls dann, wenn dem AN eine nur durchschnittliche Leistungs- und Verhaltensbeurteilung zusteht, braucht der AG das Arbeitszeugnis nicht mit einer „Dankes- und Wunschformel" abzuschließen.[113] Der AG ist nach Auffassung des BAG von Gesetzes wegen überhaupt nicht verpflichtet, das Arbeitszeugnis mit einer solchen Schlussformel abzuschließen.[114] Ist der AN mit einer vom AG in das Zeugnis aufgenommenen Schlussformel nicht einverstanden, kann er nur die Erteilung eines Zeugnisses ohne diese Formulierung verlangen. Ein Anspruch auf Erteilung eines Zeugnisses mit einem vom AN formulierten Schlusssatz besteht nicht.[115] 27

4. Grundsatz der Wahrheit und des Wohlwollens. Jedes Zeugnis muss der Wahrheit entsprechen.[116] Der Grundsatz der Zeugniswahrheit erstreckt sich auf alle wesentlichen Tatsachen, die für die Gesamtbeurteilung des AN von Bedeutung sind und an deren Kenntnis ein künftiger AG ein berechtigtes und verständiges Interesse haben kann. Hiervon ausgehend hat der AN keinen Anspruch auf die Formulierung im Arbeitszeugnis „Herr ... hat das Arbeitsverhältnis auf eigenen Wunsch beendet, um sich einer neuen Herausforderung zu stellen", wenn die Parteien in dem nach einer Arbeitgeberkündigung abgeschlossenen Abwicklungsvertrag vereinbart haben, dass das Arbeitsverhältnis vom AG ordentlich aus betriebsbedingten Gründen gekündigt worden ist.[117] Die Tätigkeiten des AN sind so vollständig und genau zu beschreiben, dass sich ein künftiger AG ein klares Bild machen kann.[118] Das Zeugnis darf daher nur Tatsachen, dagegen 28

---

[108] Vgl. ErfK/*Müller-Glöge* GewO § 109 Rn. 43; HWK/*Gäntgen* GewO § 109 Rn. 27.

[109] Vgl. ArbG Nürnberg 2.5.2001 LAGE § 630 BGB Nr. 36 sowie andererseits ArbG Bayreuth 26.11.1991 NZA 1992, 799.

[110] HessLAG 16.6.1998 – 9 Sa 132/98.

[111] HWK/*Gäntgen* GewO § 109 Rn. 24.

[112] HWK/*Gäntgen* GewO § 109 Rn. 28a.

[113] LAG Düsseldorf 21.5.2008 LAGE § 630 BGB 2002 Nr. 5.

[114] BAG 11.12.2012 AP Nr. 4 zu § 109 GewO = NZA 2013, 324; 20.2.2001 AP Nr. 26 zu § 630 BGB = NZA 2001, 843.

[115] BAG 11.12.2012 AP Nr. 4 zu § 109 GewO = NZA 2013, 324; krit. dazu HWK/*Gäntgen* GewO § 109 Rn. 28a.

[116] BAG 14.6.2016 – 9 AZR 8/15; 15.11.2011 AP Nr. 3 zu § 109 GewO = NZA 2012, 448; 16.10.2007 AP Nr. 33 zu § 630 BGB = NZA 2008, 298; 10.5.2005 AP Nr. 30 zu § 630 BGB = NZA 2005, 1237; *Naber/Schulte/Tisch* BB 2019, 757.

[117] LAG Hamm 14.2.2018 – 2 Sa 1255/17.

[118] BAG 12.8.2008 AP Nr. 1 zu § 109 GewO = NZA 2008, 1349.

keine Behauptungen, Annahmen oder Verdächtigungen enthalten.[119] Dass ein Ermittlungsverfahren gegen den AN anhängig ist, stellt keine Tatsache in diesem Sinne dar und hat daher regelmäßig keine Erwähnung im Arbeitszeugnis zu finden.[120] Der Grundsatz der Zeugniswahrheit wird nach ständiger Rechtsprechung ergänzt durch das Verbot, das weitere Fortkommen des AN ungerechtfertigt zu erschweren (Wohlwollensgrundsatz).[121] Die Bewertung von Leistung und Verhalten des AN muss daher zugleich die eines wohlwollenden verständigen AG sein. Da das Zeugnis nur im Rahmen der Wahrheit wohlwollend sein kann,[122] besteht vielfach ein Spannungsverhältnis zur Wahrheitspflicht. Wenngleich jede Beurteilung notwendig subjektive Momente enthält, ist die subjektive Einstellung möglichst zurückzudrängen. Wohlwollende Beurteilung heißt grundsätzlich nicht, dass Ungünstiges nicht gesagt werden darf.[123] In eine Beurteilung gehören auch schwerwiegende Mängel (zB Nichtbestehen einer Prüfung).[124] Jedoch soll dem AN das Fortkommen nicht unnötig erschwert werden. Angaben über den Gesundheitszustand gehören nur dann in das Zeugnis, wenn dadurch das Arbeitsverhältnis grundsätzlich beeinflusst wird.[125] Ein Strafverfahren wegen sittlicher Verfehlung eines Heimerziehers darf nicht unerwähnt bleiben.[126] Nach Auffassung des LAG Baden-Württemberg widerspricht es „dem zeugnisrechtlichen Wohlwollensgebot", im Arbeitszeugnis neben einem Hinweis auf das beiderseitige Einvernehmen über die Beendigung des Arbeitsverhältnisses anzugeben, dies sei auf Veranlassung des AG geschehen, wenn sich AG und AN im Anschluss an eine verhaltensbedingte Kündigung des AG in einem Prozessvergleich darauf geeinigt haben, das Arbeitsverhältnis habe aufgrund einer Kündigung des AG geendet, und sich der AG zugleich zur Zahlung einer Abfindung verpflichtet hat.[127]

29 **5. Bindung.** Der AG muss sich an der im Zeugnis zum Ausdruck kommenden Beurteilung der Leistungen des AN festhalten lassen. Dies ist insbesondere für Zwischenzeugnisse zu beachten (→ Rn. 9).[128] Erteilt ein AG ein wohlwollendes Zeugnis und kündigt er zwei Tage später fristlos, ohne dass sich der Sachverhalt geändert hat, kann dies im Kündigungsschutzprozess Bedeutung erlangen. Der AG hat den Wertungswiderspruch aufzuklären.[129] Ein Verzicht auf etwaige Kündigungsgründe und Schadensersatzansprüche kann in einem – aus Rechtsgründen notwendig – wohlwollend formulierten Zeugnis allerdings nicht ohne Weiteres gesehen werden.[130] Ein AG, der auf das berechtigte Verlangen des AN nach einer Berichtigung des Zeugnisses dem AN ein „neues" Zeugnis zu erteilen hat, ist an seine bisherige Verhaltensbeurteilung gebunden, soweit keine neuen Umstände eine schlechtere Beurteilung rechtfertigen.[131]

IV. Berichtigung des Zeugnisses

30 **1. Mängel des Zeugnisses.** Der AG hat den Zeugnisanspruch des AN erfüllt, wenn er ein formell zutreffendes, inhaltlich vollständiges und in der Bewertung mindestens durchschnittliches Zeugnis erstellt hat. Die Leistung des AG ist dann frei von Mängeln iSv § 362 BGB.[132] Bei der Einschätzung des Verhaltens und der Leistung hat der AG einen Beurteilungsspielraum, der von den Gerichten nur beschränkt überprüfbar ist. Voll überprüfbar sind dagegen die Tatsachen, die der AG seiner Leistungsbeurteilung zugrunde gelegt hat.[133]

31 **2. Darlegungs- und Beweislast.** Die Verteilung der Darlegungs- und Beweislast hängt vom Inhalt des Zeugnisses ab.[134] Hat der AG dem AN insgesamt eine „durchschnittliche" Leistung

[119] LAG Hamm 13.2.1992 LAGE § 630 BGB Nr. 16.
[120] LAG Düsseldorf 3.5.2005 DB 2005, 1799.
[121] BAG 14.6.2016 – 9 AZR 8/15; 11.12.2012 AP Nr. 4 zu § 109 GewO = NZA 2013, 324; 10.5.2005 AP Nr. 30 zu § 630 BGB = NZA 2005, 1237; 3.3.1993 AP Nr. 20 zu § 630 BGB = NZA 1993, 219; ErfK/*Müller-Glöge* GewO § 109 Rn. 22 f.; HWK/*Gäntgen* GewO § 109 Rn. 4 f.; krit. *Schleßmann* 109 ff.
[122] BAG 14.6.2016 – 9 AZR 8/15.
[123] BAG 23.6.1960 AP Nr. 1 zu § 73 HGB; 29.7.1971 AP Nr. 6 zu § 630 BGB.
[124] LAG Hamm 24.9.1985 LAGE § 630 BGB Nr. 1.
[125] SächsLAG 30.1.1996 NZA 1997, 47.
[126] BAG 5.8.1976 AP Nr. 10 zu § 630 BGB = BB 1977, 297.
[127] LAG BW 25.1.2007 – 5 Sa 1442/06.
[128] LAG Köln 9.7.1993 LAGE § 630 BGB Nr. 18.
[129] Zu weitgehend freilich LAG Brem 22.11.1983 BB 1984, 473.
[130] Zutr. ErfK/*Müller-Glöge* GewO § 109 Rn. 57; wohl aA HWK/*Gäntgen* GewO § 109 Rn. 39 unter Hinweis auf die verfehlte Entscheidung BAG 8.2.1972 AP Nr. 7 zu § 630 BGB.
[131] BAG 21.6.2005 AP Nr. 31 zu § 630 BGB = NZA 2006, 104.
[132] Zutr. ErfK/*Müller-Glöge* GewO § 109 Rn. 65.
[133] BAG 14.10.2003 AP Nr. 31 zu § 630 BGB = NZA 2004, 843.
[134] ErfK/*Müller-Glöge* GewO § 109 Rn. 85.

bescheinigt, muss der AN die Tatsachen vortragen und beweisen, aus denen sich eine bessere Beurteilung ergeben soll. Hat der AG den AN „unterdurchschnittlich" beurteilt, obliegt dem AG, die seiner Beurteilung zugrunde liegenden Tatsachen darzulegen und zu beweisen.[135] Demzufolge hat der AN im Rechtsstreit die Tatsachen vorzutragen und zu beweisen, die eine bessere Schlussbeurteilung rechtfertigen, wenn der AG ihm im Zeugnis bescheinigt hat, er habe seine Leistungen „zur vollen Zufriedenheit" erbracht. Ohne unmittelbaren Einfluss auf die Darlegungs- und Beweislast für die zusammenfassende Gesamtbeurteilung der Leistung im Arbeitszeugnis ist dabei die Häufigkeit einzelner Schlussnoten in den Zeugnissen einer Branche.[136] Für eine sehr gute Beurteilung genügt nicht der Vortrag, die Arbeitsleistungen seien nie beanstandet worden. Erforderlich ist vielmehr die Darlegung von Tatsachen, die auf eine regelmäßige Bestleistung schließen lassen.[137] Genügt eine der Parteien ihrer jeweiligen Darlegungs- und Beweislast für die Leistungsbeurteilung nicht, ist der AG zu einer durchschnittlichen Beurteilung zu verurteilen.[138]

3. Klage. Hat der AG nach Ansicht des AN kein ordnungsgemäßes Zeugnis erteilt, kann der AN gerichtlich dessen Berichtigung oder Ergänzung verlangen. Mit einer solchen Klage macht der AN nach Auffassung des BAG keinen dem Gesetz fremden Berichtigungsanspruch geltend, sondern verlangt weiterhin die Erfüllung seines Zeugnisanspruchs.[139] Anspruchsgrundlage für die Erfüllung des Zeugnisanspruchs ist § 288 IV BGB, wenn der AG ein nicht den formalen Anforderungen entsprechendes, inhaltlich vollständiges Zeugnis mittler Art und Güte erstellt hat und er durch eine Mahnung des AN in Verzug geraten ist. Erfüllt das Zeugnis diese Anforderungen, enthält es jedoch materielle Bewertungsfehler, kann der AN nach § 280 BGB Schadensersatz verlangen.[140] Der Schadensersatz ist durch Naturalrestitution zu leisten, indem der AG dem AN ein mangelfreies Zeugnis ausstellt.[141] Begehrt der AN die Erteilung eines Zeugnisses, muss er beantragen, den AG zu verurteilen, ihm ein einfaches bzw. ein qualifiziertes Zeugnis zu erteilen. Verlangt ein AN nicht nur ein einfaches oder qualifiziertes Zeugnis, sondern außerdem auch einen bestimmten Zeugnisinhalt, hat er im Klageantrag genau zu bezeichnen, was in welcher Form das Zeugnis enthalten soll. Nur wenn der Entscheidungsausspruch bereits die dem Gericht zutreffend erscheinende Zeugnisformulierung enthält, wird verhindert, dass sich der Streit über den Inhalt des Zeugnisses vom Erkenntnis- in das Vollstreckungsverfahren verlagert.[142] Dementsprechend genügt ein Antrag, dem Kläger ein wohlwollendes qualifiziertes Zeugnis entsprechend Schulnote „gut" zu erteilen, nicht den Bestimmtheitsanforderungen des § 253 II ZPO.[143] 32

Hat der AG ein Zeugnis erteilt und verlangt der AN Berichtigungen, muss er den **Antrag bestimmt fassen** (§ 253 II Nr. 2 ZPO) und die zu ändernden Passagen selbst formulieren.[144] Im Klageantrag ist genau zu bezeichnen, was das Zeugnis in welcher Form enthalten soll.[145] Der Antrag, der AG habe ein Zeugnis zu erteilen, „aus dem sich ergibt", dass der AN „stets zur vollsten Zufriedenheit gearbeitet" hat, ist unbestimmt und deshalb unzulässig.[146] Da das Zeugnis ein einheitliches Ganzes ist und seine Teile nicht ohne Gefahr der Sinnentstellung auseinandergerissen werden können, sind die Gerichte befugt, das gesamte Zeugnis zu überprüfen und uU selbst neu zu formulieren.[147] Der AG hat alsdann das Zeugnis zu erteilen, ohne dass er auf das Urteil verweisen darf.[148] Das Zeugnis ist auf den Tag der ersten Ausstellung zurückzudatieren, da der AG die Nicht- oder Schlechterfüllung zu vertreten hat.[149] Haben die Parteien in einem 33

[135] BAG 14.10.2003 AP Nr. 31 zu § 630 BGB = NZA 2004, 843; LAG Saarl 28.2.1990 LAGE § 630 BGB Nr. 9; LAG Düsseldorf 12.3.1986 LAGE § 630 BGB Nr. 2; ErfK/*Müller-Glöge* GewO § 109 Rn. 86.
[136] BAG 18.11.2014 AP Nr. 5 zu § 109 GewO = NZA 2015, 435.
[137] LAG Frankfurt 6.9.1991 LAGE § 630 BGB Nr. 14.
[138] LAG Köln 30.6.1999 LAGE § 630 BGB Nr. 34.
[139] BAG 12.8.2008 AP Nr. 1 zu § 109 GewO = NZA 2008, 1349; 16.10.2007 AP Nr. 33 zu § 630 BGB = NZA 2008, 298.
[140] ErfK/*Müller-Glöge* GewO § 109 Rn. 65 f.
[141] ErfK/*Müller-Glöge* GewO § 109 Rn. 67.
[142] BAG 14.3.2000 FA 2000, 286.
[143] Vgl. LAG Nürnberg 3.5.2016 – 2 Ta 50/16.
[144] BAG 19.1.1983 AP Nr. 28 zu § 102 BetrVG 1972; LAG Hamm 13.2.1992 LAGE § 630 BGB Nr. 16.
[145] BAG 14.2.2017 – 9 AZB 49/16.
[146] BAG 14.3.2000 FA 2000, 286.
[147] BAG 24.3.1977 AP Nr. 12 zu § 630 BGB; 23.6.1960 AP Nr. 1 zu § 73 HGB.
[148] ErfK/*Müller-Glöge* GewO § 109 Rn. 12.
[149] BAG 9.9.1992 AP Nr. 19 zu § 630 BGB = NZA 1993, 658.

gerichtlichen Vergleich vereinbart, dass der AN ein Vorschlagsrecht zur Formulierung des Zeugnisses hat, von dem der AG nur aus wichtigem Grund abweichen darf, haben sie zulässigerweise die Formulierungshoheit auf den AN übertragen. Weicht der AG vom Entwurf durch eine Steigerungen nach „oben" ab, ist der titulierte Zeugnisanspruch nicht erfüllt, wenn sich aus dem Gesamteindruck des Zeugnisses ergibt, dass die Bewertungen durch ihren ironisierenden Charakter nicht ernstlich gemeint sind.[150]

34 **4. Zwangsvollstreckung.** Die Vollstreckung eines der Klage stattgebenden Urteils erfolgt nach § 888 ZPO durch Androhung von Zwangsgeld oder Zwangsstrafen.[151] Ein Prozessvergleich, mit dem sich der AG verpflichtet, ein „pflichtgemäßes" qualifiziertes Zeugnis „entsprechend" einem vom AN noch anzufertigenden Entwurf zu erstellen, hat einen vollstreckbaren Inhalt. Der AG kann grundsätzlich durch Zwangsmittel nach § 888 ZPO dazu angehalten werden, dem AN ein Zeugnis mit den von diesem vorgegebenen Formulierungen zu erteilen. Er kann jedoch nicht im Wege der Zwangsvollstreckung dazu angehalten werden, in das Zeugnis Formulierungen aufzunehmen, die mit dem Grundsatz der Zeugniswahrheit nicht in Einklang stehen.[152] Ein Vollstreckungstitel, der den AG zur Erteilung eines Zeugnisses verpflichtet, dessen Inhalt einer bestimmten Notenstufe entspricht, genügt nicht den zwangsvollstreckungsrechtlichen Bestimmtheitsanforderungen. Es bleibt in diesem Fall Sache des AG, das Zeugnis im Einzelnen abzufassen, wobei die Formulierung in seinem pflichtgemäßen Ermessen steht. Anders als bei der Verpflichtung, ein Zeugnis gemäß einem Entwurf des AN zu erteilen, lässt die Vereinbarung einer bestimmten Notenstufe dem AG einen derart weiten Gestaltungsspielraum hinsichtlich der Auswahl und Gewichtung einzelner Gesichtspunkte, des Umfangs des Zeugnistextes sowie der Formulierung der Leistungs- und Führungsbeurteilung, dass von einem konkreten Leistungsbefehl, der die Grundlage einer mit staatlichen Zwangsmitteln zu vollziehenden Vollstreckung bildet, nicht die Rede sein kann.[153] Ein etwaiger Streit über den Inhalt des Zeugnisses ist nicht im Rahmen der Zwangsvollstreckung, sondern gegebenenfalls in einem neuen vom AN anzustrengenden auf Zeugnisberichtigung gerichteten Erkenntnisverfahren auszutragen.[154] Nach § 61 II ArbGG[155] ist die Zwangsvollstreckung nach § 888 ZPO dann ausgeschlossen, wenn im Urteil auf Antrag des Klägers für den Fall der Nichterteilung des Zeugnisses innerhalb einer bestimmten Frist eine Geldentschädigung zugesprochen wird. Der AN bleibt dann freilich ohne Zeugnis.[156] Ist gegen eine Partei, die verpflichtet ist, ein Arbeitszeugnis zu erteilen, ein Zwangsgeld gem. § 888 ZPO festgesetzt worden, darf ein weiterer Zwangsgeldbeschluss erst dann ergehen, wenn der erste Beschluss vollstreckt worden ist.[157]

35 **5. Streitwert.** Der Urteilsstreitwert für ein qualifiziertes Zeugnis ist regelmäßig in Höhe der Arbeitsvergütung für einen Monat festzusetzen,[158] bei einem Zwischenzeugnis in Höhe von 500 EUR[159] bis zu einem halben Monatsverdienst.[160] Der Zeugnisstreit ist vermögensrechtlicher Art.[161] Der Streitwert bei der Zwangsvollstreckung zur Durchsetzung des Zeugnisanspruchs richtet sich nach dem der Hauptsache, nicht dagegen nach dem festgesetzten Zwangsgeld.[162]

V. Widerruf des Zeugnisses

36 Die Erteilung eines Zeugnisses kann als Wissenserklärung grundsätzlich nicht angefochten werden.[163] Erkennt der AG nachträglich, dass ihm bis dahin nicht bekannte Umstände eine wesentlich andere Beurteilung begründen, kann er das Zeugnis widerrufen und Zug um Zug

---

[150] LAG Hamm 14.11.2016 – 12 Ta 475/16.

[151] BAG 29.1.1986 AP Nr. 2 zu § 48 TVAL II = NZA 1987, 384; LAG Nürnberg 14.1.1993 BB 1993, 365; ErfK/*Müller-Glöge* GewO § 109 Rn. 76.

[152] BAG 9.9.2011 AP Nr. 53 zu § 794 ZPO = NZA 2012, 1244.

[153] BAG 14.2.2017 – 9 AZB 49/16; HessLAG 10.8.2018 NZA-RR 2019, 157; aA LAG Bln-Bbg 5.4.2018 – 9 Ta 1625/17.

[154] BAG 9.9.2011 AP Nr. 53 zu § 794 ZPO = NZA 2012, 1244.

[155] Hierzu *Opolony* FA 2001, 66.

[156] ErfK/*Müller-Glöge* GewO § 109 Rn. 78.

[157] LAG SchlH 19.4.2006 NZA-RR 2006, 540.

[158] BAG 20.2.2001 AP Nr. 26 zu § 630 BGB = NZA 2001, 843; 20.1.1967 AP Nr. 16 zu § 12 ArbGG 1953; LAG Düsseldorf 5.11.1987 LAGE § 3 ZPO Nr. 6.

[159] LAG Hmb 30.6.2005 – 8 Ta 5/05.

[160] SächsLAG 19.10.2000 LAGE § 3 ZPO Nr. 12; LAG Hamm DB 1989, 1344 = BB 1989, 634.

[161] LAG Düsseldorf 26.8.1992 EzA Nr. 18 zu § 12 ArbGG 1979 Streitwert.

[162] LAG BW DB 1985, 2004.

[163] Ebenso ErfK/*Müller-Glöge* GewO § 109 Rn. 56; Staudinger/*Preis* BGB § 630 Rn. 59.

gegen Neuerteilung seine Herausgabe verlangen.[164] Gleiches gilt, wenn der AN das Zeugnis auf unredliche Weise erlangt hat.[165] Für seinen Irrtum ist er beweispflichtig. Der Rückforderungsanspruch ist ausgeschlossen, wenn der AG das Zeugnis von vornherein bewusst unrichtig erteilt hat (Gefälligkeitszeugnis). Etwas anderes kann gelten, wenn der Gebrauch eines solchen Zeugnisses gegen die guten Sitten verstößt. Der Berichtigungsanspruch ist ferner ausgeschlossen, wenn der AG durch Urteil oder Vergleich zur Erteilung des Zeugnisses verpflichtet worden ist.

Ein **Zwischenzeugnis** ist Zug um Zug gegen Herausgabe des endgültigen Zeugnisses zurückzugeben. 37

VI. Rechtsfolgen bei Verletzung der Zeugnispflicht

1. Schadensersatz. Bei verschuldeter Schlechterfüllung oder verspäteter Erfüllung der Zeugnispflicht kann der AN nach § 280 I BGB bzw. §§ 286, 288 IV BGB Ersatz des Schadens verlangen, den er dadurch erleidet, dass er infolge der verspäteten Zeugniserteilung oder des mängelbehafteten Zeugnisses keine oder eine schlechtere Arbeitsstelle erhalten hat.[166] Der AG gerät mit der Erteilung des Zeugnisses nach § 109 GewO grundsätzlich erst in Verzug, wenn der AN sein Wahlrecht zwischen einem einfachen und einem qualifizierten Zeugnis ausgeübt hat und nach Nichterteilung das gewählte Zeugnis gegenüber dem AG angemahnt hat.[167] Die Darlegungs- und Beweislast dafür, dass die Nichterteilung, die verspätete Erteilung oder die Erteilung eines unrichtigen Zeugnisses für den Schaden des AN ursächlich gewesen ist, liegt nach der Rechtsprechung des BAG beim AN. Macht der AN einen Schadensersatzanspruch geltend, weil er wegen des fehlenden ordnungsgemäßen Zeugnisses einen Verdienstausfall erlitten habe, muss er darlegen und ggf. beweisen, dass ein bestimmter AG bereit gewesen sei, ihn einzustellen, sich aber wegen des fehlenden Zeugnisses davon habe abhalten lassen.[168] Für den Nachweis des Minderverdienstes infolge der Zeugnisverletzung kommen dem AN die Beweiserleichterungen nach § 252 S. 2 BGB zugute, deren Voraussetzungen nach § 287 I ZPO zu schätzen sind.[169] Einen Erfahrungssatz dahin, dass bei leitenden Angestellten oder AN das Fehlen eines Zeugnisses Ursache für den Misserfolg von Bewerbungen ist, gibt es nicht.[170] Der Schadensersatzanspruch kann wegen Mitverschuldens gemindert sein, wenn der AN dem AG nicht mitteilt, dass er im Rahmen einer Bewerbung unverzüglich das Zeugnis vorlegen muss. 38

2. Mitbestimmung. Der BR hat bei Erteilung, Form und Inhalt des Zeugnisses kein Mitbestimmungsrecht. Er kann Zeugnisse lediglich durch Beurteilungsrichtlinien beeinflussen (§ 94 II BetrVG). Der AN kann den BR nach §§ 84 ff. BetrVG – durch eine Beschwerde in Streitigkeiten mit dem AG – einschalten. 39

VII. Haftung gegenüber Dritten bei unrichtiger Zeugniserteilung

1. Schadensersatz. Da das Zeugnis der Wahrheit entsprechen muss, kann der AG bei unrichtiger Zeugnisausstellung nach § 826 BGB[171] schadensersatzpflichtig werden, wenn er wissentlich unwahre Angaben gemacht hat, das Bewusstsein der Möglichkeit schädlicher Folgen hatte und diese billigend in Kauf genommen hat. Bedingter Vorsatz ist ausreichend, nicht dagegen Fahrlässigkeit. Die Voraussetzungen liegen selten vor, da das Zeugnis idR im Interesse des AN erteilt wird und der AG häufig berechtigte Hoffnung haben kann, ein bestimmter Vorfall sei einmalig. 40

Weitergehend vertritt der BGH die Auffassung, der AG gebe mit der Erteilung des Zeugnisses auch eine rechtsgeschäftliche Erklärung gegenüber dem Folgearbeitgeber ab, aufgrund derer er zum Schadensersatz verpflichtet sein könne, wenn diese Erklärung unrichtig sei.[172] Hierbei unterstellt der BGH allerdings unzutreffend[173] eine vertragsähnliche Rechtsbeziehung zwischen 41

[164] Vgl. ArbG Passau 15.10.1990 BB 1991, 350; ErfK/*Müller-Glöge* GewO § 109 Rn. 56; HWK/*Gäntgen* GewO § 109 Rn. 38; Boemke/*Müller* GewO § 109 Rn. 30.

[165] LAG SchlH 17.10.2017 NZA-RR 2018, 69.

[166] HWK/*Gäntgen* GewO § 109 Rn. 41.

[167] BAG 12.2.2013 AP Nr. 6 zu § 16 BBiG = NZA 2014, 31.

[168] BAG 16.11.1995 EzA Nr. 20 zu § 630 BGB; 26.2.1976 AP Nr. 3 zu § 252 BGB; 25.10.1967 AP Nr. 6 zu § 73 HGB.

[169] BAG 16.11.1995 EzA Nr. 20 zu § 630 BGB; 26.2.1976 AP Nr. 3 zu § 252 BGB.

[170] BAG 16.11.1995 EzA Nr. 20 zu § 630 BGB.

[171] BGH 26.11.1963, 22.9.1970 AP Nr. 10, 16 zu § 826 BGB; *Gleisberg* DB 1979, 1227; *Löwenheim* JZ 1980, 469; ErfK/*Müller-Glöge* GewO § 109 Rn. 68.

[172] BGH 15.5.1979 AP Nr. 13 zu § 630 BGB = NJW 1979, 1882.

[173] Mit Recht abl. auch ErfK/*Müller-Glöge* GewO § 109 Rn. 72; *Löwenheim* JZ 1980, 469.

dem Aussteller des Zeugnisses und dem Folgearbeitgeber, weshalb der AG für das Verschulden seiner Erfüllungsgehilfen hafte (§ 278 BGB).

42 **2. Mitverschulden.** Die Schadensersatzpflicht kann wegen Mitverschuldens gemindert sein, wenn der Folgearbeitgeber aus der Formulierung des Zeugnisses erkennen konnte, dass Verfehlungen vorgekommen sind. Dies gilt insbesondere, wenn das Verschweigen bestimmter Tatsachen beredt ist, also zu erwartende Angaben über Ehrlichkeit usw. fehlen (§ 254 BGB).

VIII. Auskünfte gegenüber Dritten

43 **1. Allgemeines.** Vielfach sind AG daran interessiert, über das Zeugnis hinaus Informationen über den neu einzustellenden AN einzuholen. Dies gilt insbesondere dann, wenn es sich um leitende Angestellte oder solche in besonderer Vertrauensstellung handelt. Neben dem Zeugnis haben Auskünfte des ehemaligen AG erheblich an Bedeutung gewonnen. Die Auskünfte werden zumeist mündlich erteilt; sie sollen den derzeitigen Leistungs- und Befähigungsstand charakterisieren.

44 **2. Rechtspflicht.** Eine rechtliche Verpflichtung zur Auskunftserteilung des früheren AG gegenüber einem Dritten besteht nicht, es sei denn, der frühere AG und der Dritte haben vertraglich besondere Abmachungen über die wechselseitige Auskunftserteilung geschlossen, wie dies gelegentlich bei konzerngebundenen Unternehmen der Fall ist (zur Zustimmung des AN → Rn. 45). Behörden sind untereinander zwar zur Amtshilfe verpflichtet (Art. 35 GG). Daraus kann entgegen der älteren Rechtsprechung jedoch nicht gefolgert worden, die öffentlichen AG hätten sich ohne Weiteres wechselseitig Auskünfte zu erteilen und die Personalakten zur Verfügung zu stellen.[174] Das widerspricht jedoch datenschutzrechtlichen Grundsätzen. Auskünfte können daher nur mit Zustimmung des Bediensteten erteilt werden.[175]

45 **3. Berechtigung zur Auskunftserteilung.** Nach der älteren Rechtsprechung des BAG ist der AG berechtigt, auch ohne Einverständnis seines ehemaligen AN Auskünfte an Dritte zu erteilen, sofern diese daran ein berechtigtes Interesse haben.[176] Dem kann nicht zugestimmt werden. Grenze des Auskunftsrechts ist das Persönlichkeitsrecht des AN. Das durch Art. 1 und 2 GG gewährleistete allgemeine Persönlichkeitsrecht schützt den AN nicht nur vor einer zu weit gehenden Kontrolle und Ausforschung seiner Persönlichkeit, sondern umfasst ebenfalls den Schutz vor Offenlegung personenbezogener Daten, und zwar auch solcher, von denen der AG in zulässiger Weise Kenntnis erlangt hat.[177] Ohne Zustimmung des AN ist der AG deshalb nicht zur Auskunftserteilung berechtigt.[178] Zulässig soll allerdings die Auskunft an einen AG des Baunebengewerbes sein, der AN leide an epileptischen Anfällen. Dies dürfte mit § 26 III BDSG nicht mehr zu vereinbaren sein. Im konkreten Fall hatte dies der AN aber bereits früher selbst erzählt.[179] AN und AG können bindende Vereinbarungen über den Umfang der Auskunftserteilung gegenüber Dritten schließen. Bei Verstößen hiergegen kommen Schadensersatzansprüche in Betracht (→ Rn. 49).[180]

46 Erteilt der AG Auskunft, ist er gem. Art. 15 I lit. c DS-GVO verpflichtet, seinen **AN auf Verlangen über den Inhalt der Auskunft zu unterrichten** und einen etwaigen Durchschlag einer schriftlichen Auskunft zur Einsicht vorzulegen,[181] damit dieser in die Lage versetzt wird, eine unrichtige Auskunft richtigzustellen. Es muss in jedem Fall verhindert werden, dass ein AN durch die ohnehin schwer zu kontrollierenden Auskünfte in irgendeiner Weise abgestempelt oder gekennzeichnet wird. Der AG kann sich gegenüber seinem AN verpflichten, keine Auskünfte zu geben.

47 **4. Verpflichtung gegenüber dem Arbeitnehmer.** Der AG hat nach Auffassung des BAG auch nach Beendigung des Arbeitsverhältnisses die nachwirkende Vertragspflicht, auf Wunsch

174 BAG 15.7.1960 AP Nr. 1 zu Art. 35 GG.
175 Ebenso ErfK/*Müller-Glöge* GewO § 109 Rn. 61; MüKoBGB/*Henssler* § 630 Rn. 85 f.
176 BAG 25.10.1957 AP Nr. 1 zu § 630 BGB; 18.12.1984 AP Nr. 8 zu § 611 BGB Persönlichkeitsrecht = NZA 1985, 811.
177 BAG 4.4.1990 AP Nr. 21 zu § 611 BGB Persönlichkeitsrecht = NZA 1990, 933.
178 Ebenso HWK/*Gäntgen* GewO § 109 Rn. 40; MüKoBGB/*Henssler* § 630 Rn. 86; ErfK/*Müller-Glöge* GewO § 109 Rn. 61.
179 LAG Köln 27.6.1997 NZA-RR 1998, 533.
180 BAG 29.9.1994 – 8 AZR 570/93.
181 BGH 10.7.1959 AP Nr. 2 zu § 630 BGB; Staudinger/*Preis* BGB § 630 Rn. 83.

des AN Dritten Auskünfte zu erteilen, sofern das besondere Interesse des AN es verlangt und die Auskunftserteilung nicht mit besonderen Belastungen verbunden ist.[182] Allerdings braucht er nicht noch einmal mündlich ein allgemeines Urteil abzugeben, sondern lediglich Auskunft über solche Fragen zu erteilen, die im Zeugnis nicht behandelt sind. Verweigert der AG eine eingehende Auskunftserteilung, werden daraus im Rechtsverkehr vielfach für den AN nachteilige Schlüsse gezogen. Es sollte daher nachdrücklich klargestellt werden, warum eine Auskunftserteilung nicht erfolgt (fehlendes Erinnerungsvermögen; grundsätzlich keine Auskünfte ohne Einverständnis des AN usw.).

5. Inhalt. Dem Inhalt nach muss die Auskunft sorgfältig und wahrheitsgemäß erteilt werden.[183] Insoweit gelten die Ausführungen über das Zeugnis entsprechend (→ Rn. 28). Da die Auskunft den nächstfolgenden AG in ein genaueres Bild setzen soll, dürfen auch ungünstige Umstände geschildert werden. 48

6. Schadensersatz. Hat der AG rechtswidrig und schuldhaft eine unrichtige, unvollständige oder sonst fehlerhafte Auskunft erteilt und ist hierdurch dem AN ein Schaden entstanden, haftet der AG nach § 280 I BGB auf Schadensersatz.[184] Der Schaden kann sich aus der unterbliebenen Einstellung bei einem neuen AG ergeben.[185] Neben dem Anspruch aus positiver Vertragsverletzung kann ein solcher aus unerlaubter Handlung gegeben sein (§ 826 BGB). Ist die Gefahr weiterer Auskunftserteilung gegeben, kann der AN auf Unterlassung klagen. Er trägt grundsätzlich die Beweislast für die Unrichtigkeit der Auskunft, soweit es nicht um ehrverletzende Äußerungen geht (§ 186 StGB).[186] Dem Dritten haftet der AG wegen eines durch eine fehlerhafte Auskunft verursachten Schadens unter den Voraussetzungen von § 826 BGB. 49

§ 148. Personalakten

Übersicht

I. Allgemeines

1. Begriff. Der Begriff der Personalakte ist gesetzlich nicht definiert. Die Begriffsbestimmung der Personalakte muss entsprechend dem Schutzzweck der jeweiligen gesetzlichen und tariflichen Bestimmung erfolgen. Im Allgemeinen sind Personalakten im materiellen Sinne alle Urkunden und Vorgänge, die persönliche und dienstliche Verhältnisse eines AN betreffen und in einem **inneren Zusammenhang mit dem Arbeitsverhältnis stehen.**[1] Sie sollen ein möglichst vollständiges, wahrheitsgemäßes und sorgfältiges Bild über diese Verhältnisse geben.[2] Unerheblich für den Begriff der Personalakte ist, ob sie in Haupt- und Nebenakten, in elektronischer Form oder an verschiedenen Stellen im Betrieb geführt werden. Der AG ist nicht verpflichtet, überhaupt Personalakten zu führen.[3] – Zu Bewerbungsunterlagen → § 25 Rn. 6. 1

2. Grundsätze der Personalaktenführung. a) Vollständigkeit und Richtigkeit. Es besteht grundsätzlich ein legitimes Anliegen des AG, dass von ihm geführte Personalakten voll- 2

---

182 BAG 18.12.1984 AP Nr. 8 zu § 611 BGB Persönlichkeitsrecht; 5.8.1976 AP Nr. 10 zu § 630 BGB; Staudinger/*Preis* BGB § 630 Rn. 83.

183 BAG 5.8.1976 AP Nr. 10 zu § 630 BGB.

184 Staudinger/*Preis* BGB § 630 Rn. 86.

185 LAG Frankfurt 20.12.1979 DB 1980, 1224.

186 Vgl. MüKoBGB/*Henssler* § 630 Rn. 89.

1 BAG 16.11.2010 AP Nr. 4 zu § 611 BGB Personalakte = NZA 2011, 453; BVerwG 23.1.1991 NJW 1991, 1658; ausf. dazu *Müller* DB 2011, 2604.

2 BAG 19.7.2012 AP Nr. 34 zu § 611 BGB Abmahnung = NZA 2013, 91; *Herfs-Röttgen* NZA 2013, 478.

3 MHdB ArbR/*Reichold* § 95 Rn. 7; Richardi BetrVG/*Thüsing* § 83 Rn. 12.

ständig sind. Sie sollen möglichst lückenlos über die Person des Angestellten und seine dienstliche Laufbahn Aufschluss geben. Grundsätzlich steht es dem AG deshalb frei zu entscheiden, welche Unterlagen in die Personalakten aufgenommen werden. Der AN hat allerdings einen Anspruch darauf, dass die Personalakte ein zutreffendes Bild seiner Person vermittelt. Er kann deswegen verlangen, dass unrichtige Angaben, wie etwa zu Unrecht erfolgte Abmahnungen (→ § 132 Rn. 31), aus der Personalakte entfernt werden.[4] Das Prinzip der Vollständigkeit bedeutet zudem, dass dem AN die Unterlagen aus der Personalakte vollständig verfügbar sein müssen. Das Führen von Geheimakten ist unzulässig.[5] Der AN hat jedoch keinen Anspruch darauf, dass der AG die zu den Personalakten genommenen Unterlagen paginiert.[6]

3 **b) Datenschutzrechtliche Grenzen.** Soweit in einem Unternehmen Personalakten in elektronischer Form geführt werden, ergeben sich Einschränkungen der Aktenführung aus § 26 I 1 BDSG. Da in Papierform geführte Personalakten personenbezogene Daten (Art. 4 Nr. 1 DS-GVO) enthalten, die nicht automatisiert verarbeitet werden, aber in einem Dateisystem, dh in einer strukturierten Sammlung (Art. 4 Nr. 6 DS-GVO) geführt werden, hat die Verarbeitung (Art. 4 Nr. 2 DS-GVO) der Daten in einer Personalakte den Anforderungen der DS-GVO und des § 26 BDSG zu entsprechen.[7] Nach Erwägungsgrund 15 S. 3 DS-GVO fallen lediglich Akten, Aktensammlungen und ihre Deckblätter, die nicht nach bestimmten Kriterien geordnet sind, nicht in den Anwendungsbereich der DS-GVO.[8] Soweit dementsprechend die Datenverarbeitung ohne Speicherung in einem Dateisystem erfolgt, gilt gem. § 26 VII BDSG allein § 26 I–VI BDSG. Die **Verarbeitung sensibler Daten** richtet sich nach § 26 III BDSG iVm Art. 9 I DS-GVO (→ Rn. 4).[9] In die Personalakte dürfen gem. § 26 I 1 BDSG nur die für das Arbeitsverhältnis erforderlichen Daten aufgenommen werden. Hierzu gehören zunächst die sog. Stammdaten (insbesondere Name, Adresse, Geschlecht, Familienstand), die der AG zur Erfüllung der grundlegenden Pflichten, insbesondere der Lohnzahlung benötigt. Hinzu kommen Daten, die für die weitere Personalplanung bedeutsam sein können, so etwa Ausbildung, Studium, Fortbildungen und Sprachkenntnisse. Des Weiteren kann der AG die Daten speichern, die er zur Erfüllung und Durchführung arbeitsrechtlicher, steuerrechtlicher und sozialversicherungsrechtlicher Gesetze benötigt.[10] Daten, die keinen solchen Bezug zum Arbeitsverhältnis aufweisen und der Privatsphäre des AN zuzurechnen sind, können grundsätzlich nicht verarbeitet werden.[11] Hierzu zählen Angaben zu Freizeitbeschäftigungen, Hobbies, kulinarischen Vorlieben und anderen persönlichen Interessen des Beschäftigten. Die Personalakten dürfen gem. § 26 III 3 iVm § 22 II BDSG **nicht allgemein zugänglich** sein und müssen sorgfältig verwahrt werden.[12] Zudem muss der AG für die vertrauliche Behandlung durch die Sachbearbeiter Sorge tragen und den Kreis der mit Personalakten befassten Beschäftigten möglichst eng halten.[13] Der AG hat die Personalakten vor dem Zugriff und der Einsichtnahme Dritter zu schützen.

4 **c) Sensible Daten.** Die Verarbeitung sensibler Daten unterliegt einem besonderen Schutz (→ § 153 Rn. 18). Zu diesen Daten gehören nach **Art. 9 I DS-GVO** Daten, aus denen die rassische und ethnische Herkunft, politische Meinungen, religiöse oder weltanschauliche Überzeugungen oder die Gewerkschaftszugehörigkeit hervorgehen, sowie genetische und biometrische Daten zur eindeutigen Identifizierung einer natürlichen Person, Gesundheitsdaten oder Daten zum Sexualleben oder der sexuellen Orientierung einer natürlichen Person. Die Verarbeitung dieser Daten ist nach Art. 9 II lit. b DS-GVO iVm § 26 III BDSG nur zulässig, wenn sie zur Ausübung von Rechten oder zur Erfüllung rechtlicher Pflichten aus dem Arbeitsrecht, dem Recht der sozialen Sicherheit und des Sozialschutzes erforderlich ist. Das Merkmal der Erforderlichkeit verlangt eine **Verhältnismäßigkeitsprüfung.**[14] Hiernach können auch Daten aus einem durchgeführten betrieblichen Eingliederungsmanagement (BEM),[15] die vom AN mitge-

---

[4] WHWS Arbeitnehmerdatenschutz-HdB/*Breyer* B III Rn. 21 f.; *Herfs-Röttgen* NZA 2013, 478 (479).
[5] *Herfs-Röttgen* NZA 2013, 478 (480).
[6] BAG 16.10.2007 AP Nr. 3 zu § 241 BGB = NZA 2008, 367.
[7] HWK/*Lembke* DSGVO Art. 88 Rn. 111.
[8] Ehmann/Selmayr/*Zerdick* DS-GVO Art. 2 Rn. 2; NK-DatenschutzR/*Roßnagel* DS-GVO Art. 2 Rn. 16.
[9] ErfK/*Franzen* BDSG § 26 Rn. 46; HWK/*Lembke* DSGVO Art. 88 Rn. 13; näher dazu *Düwell/Brink* NZA 2017, 1081 (1083).
[10] GK-BetrVG/*Franzen* § 83 Rn. 5; MHdB ArbR/*Reichold* § 95 Rn. 3.
[11] MHdB ArbR/*Reichold* § 95 Rn. 5.
[12] GK-BetrVG/*Franzen* § 83 Rn. 18; MHdB ArbR/*Reichold* § 95 Rn. 13; *Wächter* Datenschutz Rn. 875.
[13] BAG 12.9.2006 NZA 2007, 269.
[14] Gola/*Pötters* DS-GVO Art. 88 Rn. 93.
[15] BAG 7.2.2012 AP Nr. 4 zu § 84 SGB IX = NZA 2012, 744.

teilte Schwerbehinderteneigenschaft[16] oder die Schwangerschaft einer AN verarbeitet werden. In die Personalakte dürfen dagegen nicht die dem AG wegen der ärztlichen Schweigepflicht nach § 8 I 3 ASiG nicht zugänglichen Aufzeichnungen des Betriebsarztes aufgenommen werden.[17] Bei der Verwahrung sensibler Daten hat der AG **besondere Vorkehrungen** dafür zu treffen, dass eine zufällige Kenntnisnahme durch Unbefugte ausgeschlossen ist.[18] Der Schutz betrifft nicht nur die Beschränkung des informationsberechtigten Personenkreises, sondern ebenso die Sicherung vor zufälliger Kenntnisnahme. Daher müssen solche Unterlagen in einem verschlossenen Umschlag aufbewahrt werden.[19] Verstößt der AG gegen diese Grundsätze, hat der AN nach den §§ 12, 862, 1004 BGB einen Anspruch darauf, dass der AG ausreichende Maßnahmen zum Schutz dieser Daten vor unbefugter Einsichtnahme, zB durch Aufbewahrung in einem verschlossenen Umschlag, ergreift.[20]

d) Weitergabe an Dritte. aa) Grundsätze. Der AG darf Daten aus der Personalakte des AN nur unter den Voraussetzungen des § 26 I BDSG an Dritte weitergegeben. Die Weitergabe von Daten ist eine Verarbeitung iSd Art. 4 Nr. 2 DS-GVO.[21] Ein Sonderfall der Weitergabe an Dritte ist die Auftragsverarbeitung iSv Art. 4 Nr. 8 DS-GVO. Hierbei entscheidet der Auftragsverarbeiter (Art. 28 DS-GVO) nicht über die Zwecke und Mittel der Verarbeitung personenbezogener Daten, die Entscheidungsbefugnis verbleibt vielmehr beim Verantwortlichen iSv Art. 4 Nr. 7 DS-GVO. Der Auftragsverarbeiter darf die Daten gem. Art. 29 DS-GVO ausschließlich auf Weisung des Verantwortlichen verarbeiten. Die Verantwortung für die Einhaltung der datenschutzrechtlichen Vorschriften liegt nach Art. 24 DS-GVO beim Verantwortlichen. Im Arbeitsverhältnis erfolgt eine Auftragsbearbeitung insbesondere im Bereich der Entgeltabrechnung durch externe Dienstleister.[22] 5

bb) Weitergabe innerhalb des Konzerns. Miteinander verbundene Unternehmen eines Konzerns oder einer Unternehmensgruppe gelten datenschutzrechtlich als **Dritte.**[23] Weder die DS-GVO noch § 26 BDSG enthalten für die Verarbeitung von Beschäftigtendaten im Konzern ein Konzernprivileg. Art. 88 II DS-GVO verlangt vielmehr, dass die Mitgliedstaaten Vorschriften zur Übermittlung personenbezogener Daten innerhalb einer Unternehmensgruppe erlassen.[24] Aus dem Erwägungsgrund 48 DS-GVO folgt nichts anderes. Soweit es dort heißt, dass Verantwortliche, die Teil einer Unternehmensgruppe sind, ein berechtigtes Interesse haben können, personenbezogene Daten innerhalb der Unternehmensgruppe für interne Verwaltungszwecke zu übermitteln, kann hieraus nicht auf eine privilegierte Weitergabe von Daten im Konzern geschlossen werden.[25] Der Erwägungsgrund 48 DS-GVO ist allerdings bei der Auslegung des § 26 I 1 BDSG zu berücksichtigen. Hiernach muss die Datenverarbeitung durch das andere Konzernunternehmen erforderlich sein.[26] 6

II. Einsichtsrecht des Arbeitnehmers

1. Grundsatz. Das Recht auf Einsichtnahme des AN in die Personalakten folgt grundsätzlich aus § 83 I 1 BetrVG.[27] Im öffentlichen Dienst finden sich neben den für Beamte und Soldaten geltenden Vorschriften tarifliche Regelungen in § 3 V TVöD. Das Recht auf Einsicht besteht vom Beginn bis zur Beendigung des Arbeitsverhältnisses. Aus vorvertraglichen Vertrauensbeziehungen folgt kein Einsichtsrecht. Nach Auffassung des BAG kann auch nach Beendigung des Arbeitsverhältnisses gem. § 241 II BGB iVm Art. 2 I und Art. 1 I GG ein Anspruch auf Akten- 7

---

[16] BAG 16.2.2012 AP Nr. 9 zu § 85 SGB IX = NZA 2012, 555.
[17] *Fitting* BetrVG § 83 Rn. 6; MHdB ArbR/*Reichold* § 95 Rn. 5.
[18] GK-BetrVG/*Franzen* § 83 Rn. 19; NK-DatenschutzR/*Seifert* DS-GVO Art. 88 Rn. 168; *Herfs-Röttgen* NZA 2013, 478 (480); *Wächter* Datenschutz Rn. 889.
[19] GK-BetrVG/*Franzen* § 83 Rn. 19; MHdB ArbR/*Reichold* § 95 Rn. 13; WHWS Arbeitnehmerdatenschutz-HdB/*Breyer* B III Rn. 24; *Herfs-Röttgen* NZA 2013, 478 (480).
[20] BAG 12.9.2006 NZA 2007, 269.
[21] NK-DatenschutzR/*Seifert* DS-GVO Art. 88 Rn. 172.
[22] NK-DatenschutzR/*Seifert* DS-GVO Art. 88 Rn. 172.
[23] Kühling/Buchner/*Maschmann* DS-GVO Art. 88 Rn. 53; NK-DatenschutzR/*Seifert* DS-GVO Art. 88 Rn. 175.
[24] Ehmann/Selmayr/*Selk* DS-GVO Art. 88 Rn. 140.
[25] Kühling/Buchner/*Maschmann* DS-GVO Art. 88 Rn. 53; aA offenbar Paal/Pauly/*Pauly* DS-GVO Art. 88 Rn. 15.
[26] NK-DatenschutzR/*Seifert* DS-GVO Art. 88 Rn. 177 f.
[27] BAG 12.7.2016 AP Nr. 6 zu § 611 BGB Personalakte = NZA 2016, 1344; 16.11.2010 AP Nr. 4 zu § 611 BGB Personalakte = NZA 2011, 453; GK-BetrVG/*Franzen* § 83 Rn. 22.

einsicht bestehen.[28] Der AN kann unter Wahrung der betrieblichen Interessen (Dienststunden, in angemessenen Abständen) das Recht auf Einsicht in die Personalakte jederzeit ausüben. Es braucht dafür kein besonderer Anlass zu bestehen.[29] Soweit die Einsichtnahme während der Dienstzeit zulässig ist, darf das Arbeitsentgelt nicht gekürzt werden (entspr. §§ 20 III, 39 III, 44 I BetrVG).[30]

8 **2. Betriebsrat.** Der AN kann bei der Einsichtnahme ein Mitglied des BR nach seiner Wahl hinzuziehen (§ 83 I BetrVG). Das Wahlrecht kann durch die Geschäftsverteilung des BR nicht beseitigt werden. Schwerbehinderte können die Schwerbehindertenvertretung beiziehen (§ 178 III SGB IX). Da vertragliche Rechtsbeziehungen zwischen AN und BR nicht bestehen, hat das Gesetz dem Betriebsratsmitglied und der Schwerbehindertenvertretung gegenüber dem AN eine besondere Verschwiegenheitspflicht auferlegt (Schutzgesetz iSv § 823 II BGB). Das Betriebsratsmitglied darf Dritten über den Inhalt der Personalakten nur dann Auskunft geben, wenn es von dem AN von der Verschwiegenheitspflicht befreit wurde (§ 83 BetrVG); ein Zeugnisverweigerungsrecht im prozessualen Sinne besteht freilich nicht.

9 **3. Persönliche Einsicht.** Das Einsichtsrecht steht grundsätzlich nur dem AN persönlich zu. Etwas anderes gilt allerdings, wenn der AN selbst verhindert ist, weil er zB krank ist.[31] Der AG ist nicht verpflichtet, einem Bevollmächtigten des AN Zutritt zum Betrieb zu gewähren. Das Gesetz sieht lediglich vor, dass der AN ein Mitglied des BR hinzuziehen kann (§ 83 I 2 BetrVG). Deshalb kann gegen den Willen des AG das Einsichtsrecht nicht von einem Bevollmächtigten ausgeübt werden, dh grundsätzlich auch nicht von einem Anwalt oder Gewerkschaftsvertreter.[32] Etwas anderes gilt, wenn die sofortige Akteneinsicht erforderlich ist und der AN unverschuldet daran gehindert ist. Der AN hat auch keinen Anspruch darauf, zur Einsichtnahme in die Personalakte einen Rechtsanwalt hinzuzuziehen. Dies gilt nach Auffassung des BAG jedenfalls in den Fällen, in denen der AG dem AN erlaubt, Kopien der in der Personalakte befindlichen Schriftstücke zu fertigen.[33] Im öffentlichen Dienst kann die Einsichtnahme auch durch einen schriftlich Bevollmächtigten ausgeübt werden (§ 3 V 2 TVöD). Die Vollmacht ist zu den Personalakten zu nehmen. Der Bevollmächtigte darf nur dann zurückgewiesen werden, wenn es aus dienstlichen oder betrieblichen Gründen geboten ist (Geheimhaltungsinteresse).

10 **4. Einsichtnahme.** Der AN darf bei der Einsichtnahme vom Inhalt der gesamten Akten Kenntnis nehmen. Er darf auch Abschriften oder Kopien (gegen Kostenerstattung) fertigen.[34] Die Akteneinsicht braucht nur in Gegenwart des Dienstvorgesetzten oder einer von diesem beauftragten Person gestattet zu werden. EDV-gespeicherte Personaldaten sind dem AN zur Einsichtnahme vollständig auszudrucken. Ein Anspruch auf Überlassung der Personalakte, um sie mit nach Hause zu nehmen, besteht nicht.

§ 149. Herausgabe und Aufbewahrung von Arbeitspapieren

Übersicht

[28] BAG 16.11.2010 AP Nr. 4 zu § 611 BGB Personalakte = NZA 2011, 453.
[29] MHdB ArbR/*Reichold* § 95 Rn. 21; Richardi BetrVG/*Thüsing* § 83 Rn. 22; GK-BetrVG/*Franzen* § 83 Rn. 22.
[30] WHWS Arbeitnehmerdatenschutz-HdB/*Breyer* B III Rn. 12; *Fitting* BetrVG § 83 Rn. 12; GK-BetrVG/*Franzen* § 83 Rn. 22.
[31] LAG SchlH 17.4.2014 NZA-RR 2014, 465; GK-BetrVG/*Franzen* § 83 Rn. 26; aA *Fitting* BetrVG § 83 Rn. 12.
[32] Richardi BetrVG/*Thüsing* § 83 Rn. 27; aA *Fitting* BetrVG § 83 Rn. 12.
[33] BAG 12.7.2016 AP Nr. 6 zu § 611 BGB Personalakte = NZA 2016, 1344.
[34] *Fitting* BetrVG § 83 Rn. 11; GK-BetrVG/*Franzen* § 83 Rn. 25.

I. Herausgabepflicht

1. Allgemeines. Grundsätzlich hat der AG mit der rechtlichen Beendigung des Arbeitsverhältnisses die Arbeitspapiere herauszugeben. Ist das Arbeitsverhältnis fristlos gekündigt worden, muss dem AG angemessene, nach den Umständen des Einzelfalls zu bemessende Zeit zu deren Ausfüllung eingeräumt werden. Zu den Arbeitspapieren gehören vor allem das Zeugnis (§ 109 GewO; dazu → § 147 Rn. 1 ff.), die Urlaubsbescheinigung (§ 6 II BUrlG; dazu → § 104 Rn. 42), die Arbeitsbescheinigung (§ 312 SGB III), die Versicherungskarten (§ 286 SGB VI), eine Durchschrift der Abmeldung bei der Einzugsstelle, im Baugewerbe die Lohnnachweiskarte und etwaige bei Einstellung übergebene Zeugnisse. **Bewerbungsunterlagen,** die der AN auf Anforderung des AG vorgelegt hat, sind nach Beendigung des Bewerbungsverfahrens zurückzugeben. Keine Rückgabepflicht besteht dagegen bei unaufgefordert zugesandten Unterlagen.[1] 1

2. Holschuld. Die Pflicht zur Aushändigung der Arbeitspapiere ist keine Bringschuld, sondern eine Holschuld.[2] Der AN hat die Papiere deshalb grundsätzlich im Betrieb abzuholen (§ 269 BGB). Der AG ist allerdings dann zur Übersendung verpflichtet, wenn die Aushändigung zum Zeitpunkt der Beendigung noch nicht erfolgen konnte oder es dem AN unverhältnismäßige Schwierigkeiten machen würde, die Papiere abzuholen oder sicher abholen zu lassen. Der AG ist für die erfolgte Übergabe der Arbeitspapiere darlegungs- und beweispflichtig. Er hat deshalb nach § 368 BGB einen Anspruch darauf, dass der AN dem Empfang der Papiere durch eine Quittung bestätigt. Befand sich der AG mit der Aushändigung im Verzug, hat er die Papiere auf seine Gefahr und Kosten zu übersenden (§ 292 BGB). 2

3. Streit über die Herausgabe der Arbeitspapiere. Die **Vollstreckung** eines Urteils auf Herausgabe der Arbeitspapiere erfolgt nach § 883 ZPO,[3] die Vollstreckung der Anordnung zur Ausfüllung der Papiere erfolgt idR nach § 888 ZPO. Wegen etwaiger Gegenforderungen steht dem AG an den Arbeitspapieren **kein Zurückbehaltungsrecht** nach § 273 BGB zu (dazu → § 50 Rn. 1 ff.).[4] Dies rechtfertigt sich daraus, dass dem AG keine Zwangsrechte zur Arbeitserfüllung eingeräumt werden sollen und der AN die Arbeitspapiere wegen der öffentlich-rechtlichen Verpflichtungen sowie zur Arbeitssuche und Arbeitsvermittlung benötigt. Verletzt der AG die Herausgabepflicht, indem er die Papiere nicht oder verspätet herausgibt, ist er dem AN zum **Schadensersatz** verpflichtet (§§ 280 II, 286 BGB).[5] Dasselbe gilt, wenn er die Arbeitspapiere unrichtig ausfüllt. Die Darlegungs- und Beweislast dafür, dass die Nichterteilung, verspätete Erteilung oder die Erteilung mit unrichtigem Inhalt für einen Schaden ursächlich geworden ist, trifft den AN. 3

II. Lohnkonto und Lohnsteuerbescheinigung

1. Lohnkonto. Der AG hat für jeden AN ein Lohnkonto zu führen (§ 41 I 1 EStG iVm § 4 LStDV). Das Lohnkonto ist beim Ausscheiden des AN, spätestens am Ende des Kalenderjahres abzuschließen und bis zum Ablauf des sechsten Kalenderjahres, das auf die zuletzt eingetragene Lohnzahlung folgt, aufzubewahren (§ 41 I 9 EStG). Das Finanzamt überwacht die ordnungsgemäße Einbehaltung und Abführung der Lohnsteuer durch eine Prüfung (Außenprüfung) des AG (§ 42f EStG). 4

2. Lohnsteuerbescheinigung. Der AG hat bei Beendigung des Arbeitsverhältnisses oder am Ende des Kalenderjahres spätestens bis zum 28.2. des Folgejahres nach amtlich vorgeschriebenem Datensatz durch Datenfernübertragung an die amtlich bestimmte Übermittlungsstelle eine elektronische Lohnsteuerbescheinigung zu übersenden. Gem. § 41b I 2 und 3 EStG hat der AG dem AN einen nach amtlich vorgeschriebenem Muster gefertigten Ausdruck der elektronischen Lohnsteuerbescheinigung **auszuhändigen oder elektronisch bereitzustellen.** Hat der AG die **Lohnsteuerbescheinigung unvollständig ausgefüllt,** also zB unterlassen, die Beschäftigungszeit, die Höhe des Lohns oder die einbehaltene Lohn- oder Kirchensteuer einzutragen, kann der AN klageweise die Ergänzung mit dem Antrag begehren, den AG zu verurteilen, die erteilte Lohnsteuerbescheinigung hinsichtlich der Beschäftigungszeit, des Arbeitslohns oder der Lohnsteuer zu ergänzen. Als ein Fall der Ergänzung ist auch anzusehen, wenn der AG nachträglich, 5

---

[1] Küttner Personalbuch 2021/*Poeche* „Bewerbung" Rn. 3.
[2] Vgl. BAG 8.3.1995 AP Nr. 21 zu § 630 BGB = NZA 1995, 671; *Boemke* AR-Blattei SD 220.10 Rn. 97.
[3] LAG Frankfurt 25.6.1980 DB 1981, 534.
[4] ArbG Wetzlar 17.1.1989 DB 1989, 1428; *Boemke* AR-Blattei SD 220.10 Rn. 99.
[5] LAG Frankfurt 1.3.1984 DB 1984, 2200.

zB in Ausführung eines Urteils oder Vergleichs, noch weiteren Arbeitslohn zahlt oder wenn in einem Kündigungsrechtsstreit sich ergibt, dass das Arbeitsverhältnis erst zu einem späteren Zeitpunkt endet. Hat der AG die Lohnsteuerbescheinigung nicht, nicht vollständig oder unrichtig erteilt, ist er zum Ersatz des dem AN hieraus entstandenen Schadens verpflichtet.[6]

6 **3. Rechtswegfragen.** Für Klagen auf Berichtigung der Berichtigung der Lohnsteuerbescheinigung sind die Finanzgerichte zuständig.[7] Die Arbeitsgerichte sind hingegen zuständig, wenn um Bestehen und Inhalt einer Nettolohnvereinbarung gestritten und damit nach dem sachlichen Gehalt des Klagebegehrens zusätzlicher Lohn gefordert wird.[8] Die Verpflichtung zur ordnungsgemäßen Ausfüllung der Lohnsteuerkarte ist dagegen nicht nur eine Nebenpflicht des AG aus dem Arbeitsverhältnis, sondern in erster Linie nach § 41b EStG eine öffentlich-rechtliche Verpflichtung. Demzufolge liegt hier keine bürgerlich-rechtliche Streitigkeit, sondern eine steuerrechtliche Streitigkeit vor. Hierfür sind die Finanzgerichte zuständig.[9] Besteht Streit, ob Lohnsteuer-Abzugsbeträge, die in der Lohnabrechnung vorgenommen worden sind, in der Lohnsteuerbescheinigung auszuweisen sind, ist gleichfalls der Finanzrechtsweg gegeben.[10]

III. Aufbewahrung von Personalunterlagen

7 Das Arbeitsverhältnis kann auch nach Beendigung des Arbeitsvertrags Nachwirkungen entfalten. Der AG hat daher die sich auf das Arbeitsverhältnis beziehenden Unterlagen so lange aufzubewahren, wie noch mit Ansprüchen des AN zu rechnen ist, es sei denn, dass ihm kraft besonderer gesetzlicher Vorschrift längere Verwahrungsfristen auferlegt sind. Für die Aufbewahrung von **allgemeinen Personalunterlagen** bestehen keine gesetzlichen Verwahrungsfristen. Sie können daher nach Ablauf der für das Arbeitsverhältnis geltenden tariflichen Verfallfristen, spätestens nach Ablauf der Verjährungsfristen vernichtet werden. Da das BAG für einzelne Ansprüche aus dem Arbeitsverhältnis die Geltung der tariflichen Ausschlussfristen verneint, sind die Akten weitgehend auch nach deren Ablauf aufzubewahren. In derartigen Fällen können allgemeine Personalunterlagen dann vernichtet werden, wenn die Erfüllung des Anspruchs dem AG nicht mehr zumutbar ist. Quittungsbelege über Zahlungen von Arbeitslohn sind gem. § 257 HGB zehn Jahre aufzubewahren. Die Unterlagen können auf einem Bildträger oder auf anderen Datenträgern aufbewahrt werden (§ 257 HGB). Lohnberechnungsunterlagen sind zehn Jahre aufzubewahren, soweit sie für die Besteuerung Bedeutung haben (§ 147 AO). Gleiches gilt für Bücher, Inventare und Bilanzen. Die Aufbewahrung auf Bild- oder Datenträger ist zulässig. Indes ist handels- wie steuerrechtlich notwendig, dass Hilfsmittel zur Verfügung gehalten werden, sie lesbar zu machen (§ 257 HGB, § 147 AO). Lohnkonten sind nach § 41 I 10 EStG bis zum Ende des sechsten Jahres, das auf die zuletzt eingetragene Lohnzahlung folgt, aufzubewahren. Die Verletzung der Aufbewahrungspflicht, namentlich im steuerrechtlichen Bereich, kann dazu führen, dass die Buchführung nicht als ordnungsgemäß anerkannt wird.

§ 150. Herausgabepflichten des Arbeitnehmers nach Beendigung des Arbeitsverhältnisses

Übersicht

I. Herausgabepflicht des Arbeitnehmers

1 Nach Beendigung des Arbeitsverhältnisses hat der AN die ihm zur Verfügung gestellten Arbeitsmittel an den AG herauszugeben. Zu den Arbeitsmitteln gehören insbesondere Werkzeuge, Mobiltelefone, Notebooks und Geschäftsunterlagen. Die Herausgabepflicht ergibt sich

[6] BAG 20.2.1997 AP Nr. 4 zu § 611 BGB Haftung des Arbeitgebers = NZA 1997, 880.
[7] BAG 7.5.2013 NZA 2013, 862; 11.6.2003 AP Nr. 84 zu § 2 ArbGG 1979 = NZA 2003, 877.
[8] BFH 4.9.2008 – VI B 108/07.
[9] BAG 11.6.2003 AP Nr. 84 zu § 2 ArbGG 1979 = NZA 2003, 877; aA FG Hamburg 30.6.2003 AP Nr. 86 zu § 2 ArbGG 1979.
[10] BFH 13.12.2007 DB 2008, 737; ausf. *Thomas* FS Küttner, 2006, 239 ff.

aus den possessorischen und petitorischen Ansprüchen (§§ 861, 985 BGB) sowie aus den getroffenen arbeitsvertraglichen Vereinbarungen.

II. Verletzung der Herausgabepflicht

Kommt der AN seiner Rückgabepflicht nicht nach und bestehen Zweifel über den Umfang 2
der in seinem Besitz befindlichen Werkzeuge und Geschäftsunterlagen, hat der AG neben den Herausgabeansprüchen in entsprechender Anwendung von § 666 BGB einen klagbaren Anspruch auf Auskunftserteilung[1] und Abgabe der eidesstattlich versicherten Vermögensoffenbarung. Wird dem AN die Herausgabe unmöglich, **haftet** er nach §§ 281, 280 BGB mit der Möglichkeit der Haftungseinschränkung wegen betrieblich veranlasster Tätigkeit (§ 619a BGB). Bei verspäteter Herausgabe haftet der AN nach §§ 280 II, 286 BGB.

III. Zurückbehaltungsrecht

Dem AN steht im Allgemeinen an den Arbeitsmitteln kein Zurückbehaltungsrecht zu (§ 273 3
BGB). Ein Zurückbehaltungsrecht an Geschäftsunterlagen zum Zwecke einer künftigen Verteidigung in einem Zivil- oder Strafverfahren besteht nicht mehr, wenn der AN durch die Übersendung der Unterlagen an Behörden – etwa im Rahmen einer Anzeigenerstattung bei der Staatsanwaltschaft und der Mitteilung an die Bundesanstalt für Finanzdienstleistungsaufsicht (BaFin) – seine staatsbürgerlichen Rechte bereits ausgeübt hat.[2] IdR hat der AN an den Arbeitsmitteln keinen Eigenbesitz, sondern ist nur Besitzdiener.

IV. Kraftfahrzeug

Sind dem AN Gegenstände des AG auch zur privaten Nutzung überlassen worden **(Dienst-** 4
wagen), handelt es sich um eine Naturalvergütung (Einzelheiten → § 68 Rn. 8 ff.).[3] Der AG kann mithin grundsätzlich erst nach dem Ende des Arbeitsverhältnisses die Rückgabe verlangen, sofern in dem Überlassungsvertrag nichts anderes vereinbart ist.

---

[1] *Boemke* AR-Blattei SD 220.10 Rn. 78.
[2] BAG 14.12.2011 AP Nr. 2 zu § 667 BGB = NZA 2012, 501.
[3] BAG 23.6.1994 AP Nr. 34 zu § 249 BGB = NZA 1994, 1128; 11.10.2000 AP Nr. 13 zu § 611 BGB Sachbezüge = NZA 2001, 445.

XVI. Buch. Arbeitsschutz und Beschäftigtendatenschutz

§ 151. Begriff, Funktion und Gliederung des Arbeitsschutzes

Internetadressen: http://www.bmas.de; http://www.baua.de; https://osha.europa.eu.

Übersicht

I. Begriff und Zweck

1. Arbeitnehmerschutzrecht im engeren Sinne. Das gesamte Arbeitsrecht ist Arbeitnehmerschutzrecht. Arbeitsschutzrecht im engeren Sinne ist die Summe derjenigen Rechtsnormen, deren Einhaltung behördlicher Aufsicht unterliegt oder durch Strafen und Bußgelder gesichert ist. Daneben bestehen Schutzpflichten des AG aufgrund der vertraglichen **Fürsorgepflicht,** die insoweit in §§ 617, 618 BGB sowie für Handlungsgehilfen in § 62 HGB geregelt ist. Wegen der Einzelheiten → § 106 Rn. 6 ff. 1

Zum Arbeitsschutzrecht im engeren Sinne gehören 2

- der **technische Arbeitsschutz,** der den AN vor den Gefahren der Betriebsanlagen und Produktionsweisen sichern will;
- der **medizinische Arbeitsschutz,** durch den eine gesunde Arbeitsumgebung erreicht werden soll;
- der **soziale Arbeitsschutz** mit dem Arbeitszeitrecht und dem Schutzrecht für besondere Arbeitnehmergruppen (Frauen und Jugendliche).

Der technische Arbeitsschutz setzt entweder vorgreiflich zur Herstellung sicherer Produkte und Arbeitsmittel (Produktsicherheitsgesetz, GefahrStoffVO) oder betrieblich bei der Arbeitsausführung ein. 3

2. Öffentliches Recht. Arbeitsschutzrecht im engeren Sinne ist öffentliches Recht. AG und AN sind gegenüber dem Staat zur Einhaltung des Arbeitsschutzrechts verpflichtet. Verletzen AG oder AN den Arbeitsschutz, kann dieser durch Verwaltungsakt durchgesetzt werden. Gelegentlich stellt die Verletzung des Arbeitsschutzes eine Ordnungswidrigkeit oder sogar eine Straftat dar.[1] 4

Der Arbeitsschutz ist **dual aufgebaut.** Neben dem staatlichen Arbeitsschutz steht derjenige der Berufsgenossenschaften. 5

3. Privatrechtliche Auswirkungen. Gleichwohl kommt der Verletzung des Arbeitsschutzes auch **privatrechtliche Bedeutung** zu. **(1)** Arbeitsschutznormen stellen Schutzgesetze iSv § 823 II BGB dar. Ihre Einhaltung ist damit auch durch **Schadensersatzansprüche** des AN gesichert (→ § 106 Rn. 15 f.). **(2)** Erfüllt der AG seine arbeitsschutzrechtlichen Verpflichtungen nicht, so erlangt der AN an seiner Arbeitsleistung ein **Zurückbehaltungsrecht** (§ 273 BGB; → § 50 Rn. 4, 8). Allerdings besteht kein Zurückbehaltungsrecht, wenn es sich nur um geringfügige oder kurzfristige Verstöße gegen Arbeitsschutznormen handelt (→ § 106 Rn. 14).[2] Gleichzeitig gerät der AG in **Annahmeverzug,** wenn der leistungsfähige, leistungswillige und leistungsbereite AN seine Arbeits- 6

[1] Näher hierzu *Wiebauer* ArbRAktuell 2018, 534 ff. u. 562 ff.
[2] Vgl. BAG 28.6.2018 AP Nr. 270 zu § 626 BGB = NZA 2018, 1259.

leistung nur mit Rücksicht auf bestehende Zurückbehaltungsrechte verweigert. **(3)** Das Arbeitsschutzrecht gestaltet auch den Inhalt der Arbeitsverhältnisse. Die öffentlich-rechtlichen Arbeitsschutznormen konkretisieren den Inhalt der Organisationspflichten, die dem AG nach § 618 BGB im Hinblick auf die Sicherheit und das Leben der AN obliegen. Die Vorschriften des technischen Arbeitsschutzes entfalten eine Doppelwirkung, indem ihre Schutzpflichten über § 618 Abs. 1 BGB in das Arbeitsvertragsrecht transformiert werden. Die Arbeitsschutzbestimmungen sind neben öffentlich-rechtlicher Pflicht zugleich unabdingbare privatrechtliche Pflicht des AG im Sinne eines einzuhaltenden Mindeststandards.[3] Es konkretisiert den Inhalt der dem AG obliegenden Fürsorgepflicht, insbesondere deren Ausprägung in § 618 BGB (→ § 106 Rn. 6 ff.). Die Verletzung von Arbeitsschutznormen bedeutet damit gleichzeitig eine Arbeitsvertragsverletzung mit der Rechtsfolge eines Schadensersatzanspruchs gegen den AG (§ 280 I BGB). Sofern es um Personenschäden geht, greift allerdings die Haftungsbeschränkung nach § 104 I 1 SGB VII (hierzu → § 61 Rn. 56 ff.), so dass eine Haftung nur für vorsätzlich herbeigeführte Schäden eintritt. Allein der Verstoß gegen für den AN bestehende Schutzpflichten indiziert noch keinen Vorsatz bezüglich der Herbeiführung des Arbeitsunfalls.[4] Es gibt auch keinen Erfahrungssatz, wonach derjenige, der eine zugunsten des AN bestehende Schutzvorschrift missachtet, eine Schädigung oder Berufskrankheit billigend in Kauf nimmt.[5] **(4)** Ferner kann eine Haftung des AG nach § 110 SGB VII gegenüber dem Sozialversicherungsträger für die infolge eines Versicherungsfalls entstandenen Aufwendungen begründet werden.

II. Einteilung des Arbeitsschutzrechts nach Inhalt und Zielgruppen

7 **1. Einteilung nach Inhalt.** Nach dem Inhalt unterteilt man es in **(1)** Betriebs- oder Gefahrenschutz, **(2)** den Arbeitszeitschutz, **(3)** Entgeltschutz und **(4)** den Datenschutz.

8 **2. Einteilung nach Zielgruppen.** Nach der Zielgruppe wird das Arbeitsschutzrecht unterteilt in den Frauen- und Mutterschutz, Jugendarbeitsschutz, Schutz von schwerbehinderten Menschen, Heimarbeiterschutz. In den meisten dieser Rechtsgebiete finden sich sowohl öffentliche als auch private Schutznormen.

9 **3. Träger des Arbeitsschutzes.** Nach dem Träger des Arbeitsschutzes wird unterschieden zwischen **(1)** staatlichem Arbeitsschutz, der durch den Staat gewährleistet wird, **(2)** dem autonomen Arbeitsschutz, der von den Unfallversicherungsträgern gewährleistet wird und **(3)** dem privaten Arbeitsschutz, in den der BR und PR eingeschaltet ist.

III. Verfassungsrechtliche Grundlagen

10 Aus Art. 2 II GG folgt für den Gesetzgeber der Auftrag, den Gesundheitsschutz der AN durch entsprechende Normen zu gewährleisten. Ausdrücklich ausgesprochen hat das BVerfG dies für die gesetzlichen Bestimmungen über die Nachtarbeit. Arbeitsschutzregelungen können erforderlich sein, um dem objektiven Gehalt des Grundrechts auf körperliche Unversehrtheit nach Art. 2 II 1 GG Genüge zu tun. Insoweit postuliert das BVerfG eine Schutzpflicht des Staates.[6] Der AG kann im Rahmen der Abwägung zwischen körperlicher Unversehrtheit des Arbeitnehmers nach Art. 2 II GG und der unternehmerischen Betätigungsfreiheit des Arbeitgebers gemäß Art. 12 I GG gehalten sein, Maßnahmen zu ergreifen, die die gesundheitlichen Belastungen des AN möglichst weitgehend minimieren, wobei der AG einen – gerichtlich nur eingeschränkt überprüfbaren – Gestaltungsspielraum bei der Wahl der zu treffenden Maßnahmen hat.[7]

IV. Einfluss des Unionsrechts

Internetadresse: http://eur-lex.europa.eu/de/index.htm.

11 **1. Richtlinien.** Insbesondere auf dem Gebiet des Arbeitsschutzes ist ein europäisches Arbeitsrechtnormiert.[8] In der EU bestehen auf der Grundlage von Art. 114 AEUV und Art. 153 AEUV inzwischen zahlreiche Richtlinien zum Arbeitsschutz, die sich unter der angegebenen Internetadresse abrufen lassen. Die wesentlichen Grundsätze sind in der Rahmenrichtlinie 89/391/EWG

---

[3] BAG 19.5.2009 AP Nr. 30 zu § 618 BGB = NZA 2009, 775.
[4] BAG 20.6.2013 NZA-RR 2014, 63; 28.4.2011 AP Nr. 6 zu § 104 SGB VII = NZA-RR 2012, 290.
[5] BAG 20.6.2013 NZA-RR 2014, 63.
[6] BVerfG 17.11.1992 BVerfGE 87, 363 = DB 1993, 538; 28.1.1992 BVerfGE 85, 191 = NZA 1992, 270.
[7] BAG 10.5.2016 AP Nr. 32 zu § 618 BGB = NZA 2016, 1134.
[8] Vgl. hierzu *Krimphove,* Europäisches Arbeitsrecht, Rn. 517 ff.

enthalten. Auf der Grundlage von Art. 16 RL 89/391/EWG sind zahlreiche Einzelrichtlinien zur Konkretisierung für bestimmte Arbeitsschutzbereiche ergangen.

2. Umsetzung durch nationale Gesetze. Die Rahmenrichtlinie 89/391/EWG ist durch das Gesetz zur Umsetzung der EG-Rahmenrichtlinie Arbeitsschutz und weiterer Arbeitsschutz-Richtlinien vom 7.8.1996 (BGBl. I 1246) in das nationale Recht umgesetzt worden. Die verschiedenen Einzelrichtlinien für bestimmte Sachgebiete, wie Arbeitsstätten, Benutzung von persönlichen Schutzausrüstungen, manuelle Handhabung schwerer Lasten und Bildschirmarbeitsplätze sind auf der Grundlage des neuen Gesetzes durch Rechtsverordnungen in das nationale Recht umgesetzt worden (→ § 154 Rn. 1 ff.). Das Umsetzungsgesetz enthält in Art. 1 das Gesetz über die Durchführung von Maßnahmen des Arbeitsschutzes zur Verbesserung der Sicherheit und des Gesundheitsschutzes der Beschäftigten bei der Arbeit (Arbeitsschutzgesetz – ArbSchG). 12

V. Bundesanstalt für Arbeitsschutz und Arbeitsmedizin

Internetadresse: http://www.baua.de.

Die Bundesanstalt für Arbeitsschutz und Arbeitsmedizin (BAuA) ist am 1.7.1996 durch Erlass des Bundesministeriums für Arbeit und Sozialordnung, neu gefasst am 27.6.2013, errichtet worden. Die neue Bundesanstalt entstand durch Fusion der Bundesanstalt für Arbeitsschutz in Dortmund und der Bundesanstalt für Arbeitsmedizin in Berlin. Sie ist eine Ressortforschungsanstalt des Bundes mit Sitz in Dortmund. Ihr obliegen folgende **Aufgaben:** 13

(1) Beratung des Bundesministeriums für Arbeit und Soziales in allen Fragen von Sicherheit und Gesundheit sowie der menschengerechten Gestaltung der Arbeit;

(2) Erfüllung der durch Rechtsvorschriften oder durch das Bundesministerium für Arbeit und Soziales übertragenen Aufgaben;

(3) Betreiben, Initiieren und Koordinieren von Forschung und Entwicklung mit dem Ziel der Verbesserung von Gesundheit bei der Arbeit sowie der menschengerechten Gestaltung der Arbeit. Auswertung der wissenschaftlichen und praktischen Entwicklungen; Untersuchung der Auswirkungen der Arbeitsbedingungen auf die Sicherheit und Gesundheit der Beschäftigten. Entwickeln und Erproben von Vorschlägen zum präventiven Arbeitsschutz und zur betrieblichen Gesundheitsförderung;

(4) Förderung des Transfers von Erkenntnissen und Lösungsvorschlägen in die betriebliche Praxis insbesondere durch Kampagnen, Veröffentlichungen und Veranstaltungen mit dem Ziel, die Qualität der Arbeit in Deutschland zu verbessern;

(5) Mitwirkung in nationalen, europäischen und internationalen Gremien bei der Regelsetzung und Normung;

(6) Zugänglich- und Nutzbarmachung der Ergebnisse ihrer Arbeit für die Allgemeinheit;

(7) Unterhalten einer Ausstellung als ständige bildungsaktive Einrichtung, um die Öffentlichkeit über die Arbeitswelt, ihren Stellenwert für Individuum und Gesellschaft sowie über die Bedeutung menschengerechter Gestaltung der Arbeit aufzuklären (DASA – Deutsche Arbeitsschutzausstellung).

§ 152. Durchführung des Arbeitsschutzrechts

Übersicht

I. Betriebliche Durchführung des Arbeitsschutzrechts

1 **1. Arbeitgeber.** Der AG hat die **organisatorischen Voraussetzungen** des gesetzlichen Arbeitsschutzes zu schaffen, die sachlichen Arbeitsschutzmittel bereitzustellen und die **Durchführung** des Arbeitsschutzes zu überwachen (§ 3 ArbSchG). Erfüllt der AG die Vorschriften des Arbeitsschutzes nicht, so kann er gem. § 22 III ArbSchG durch Anordnung der zuständigen Behörde (→ Rn. 20 ff.) hierzu angehalten werden. Dagegen kann der AG nicht durch Anordnungsverfügung angehalten werden, dass die AN auch die Schutzeinrichtungen benutzen.[1] Eine Anordnung kann ferner gegenüber der verantwortlichen Person gem. § 13 ArbSchG erlassen werden. Dort wo das Gesetz unmittelbare Pflichten des AN enthält (§ 15 ArbSchG), kann auch dieser Anordnungsadressat sein. Verstöße können als Ordnungswidrigkeiten (§ 25 ArbSchG), in bestimmten Fällen sogar als Straftaten (§ 26 ArbSchG) geahndet werden.

2 Die **Grundpflichten des AG** sind in §§ 3–14 ArbSchG geregelt (hierzu → § 154 Rn. 6 ff.).

3 **2. Arbeitnehmer.** Die AN haben die Arbeitnehmerschutzvorschriften, insbesondere die Unfallverhütungsvorschriften zu beachten.[2] Sie haben also Schutzkleidung zu tragen, Sicherheitsvorrichtungen zu benutzen usw. Die Beachtung des Arbeitsschutzes ist eine **arbeitsvertragliche Nebenpflicht** (§§ 15 ff. ArbSchG). Hieraus folgt eine Meldepflicht gegenüber dem AG, wenn sich Mängel an Produktionseinrichtungen oder Sicherheitsmaßnahmen einstellen (→ § 53 Rn. 38). Verstößt der AN gegen den technischen Arbeitsschutz, so kann nach vorheriger Abmahnung eine Kündigung des Arbeitsverhältnisses gerechtfertigt[3] und der AN zum Schadensersatz (§ 280 I BGB) verpflichtet sein. Ferner unterliegt der AN der Ordnungsstrafgewalt der Sozialversicherungsträger (§ 209 SGB VII).

4 Nach Art. 13 der **Rahmenrichtlinie 89/391/EWG** sind die Beschäftigten verpflichtet, zum eigenen wie auch zum Schutz derjenigen, die von den eigenen Handlungen betroffen sein können, nach den gegebenen Möglichkeiten und den erhaltenen Unterweisungen zum Arbeitsschutz beizutragen. Entsprechend enthält das Arbeitsschutzgesetz in §§ 15–17 allgemeine Rechtspflichten des AN (hierzu → § 154 Rn. 13 ff.).

5 **3. Sicherheitsbeauftragte.** Der AG hat unter Mitwirkung des BR oder PR grundsätzlich in allen Unternehmen mit mehr als 20 Beschäftigten Sicherheitsbeauftragte zu bestellen (§ 22 SGB VII). In Betrieben mit hoher Unfallgefahr kann auch in kleineren Unternehmen ein Sicherheitsbeauftragter zu bestellen sein. In Betrieben mit geringer Unfallgefahr kann durch Satzung der Berufsgenossenschaft bestimmt werden, dass erst bei einer höheren Beschäftigtenzahl ein Sicherheitsbeauftragter zu bestellen ist. Die Zahl der zu bestellenden Sicherheitsbeauftragten wird durch die DGUV Vorschrift 1 näher geregelt. Die Sicherheitsbeauftragten haben den Unternehmer bei der Durchführung des Unfallschutzes zu unterstützen, sich insbesondere von dem Vorhandensein und der ordnungsgemäßen Benutzung der vorgeschriebenen Schutzvorrichtungen fortlaufend zu überzeugen. Stellen die Sicherheitsbeauftragten Mängel fest, so haben sie den AG zu benachrichtigen. Sorgt dieser nicht für Abhilfe, ist die Berufsgenossenschaft einzuschalten. Zur Unterscheidung von den Fachkräften für Sicherheit nach dem ASiG → § 154 Rn. 53.

6 Die **Ausbildung der Sicherheitsbeauftragten** erfolgt unter Beteiligung der zuständigen Landesbehörde durch die Berufsgenossenschaft. Diese trägt auch die unmittelbaren Ausbildungskosten wie die damit zusammenhängenden Fahrt-, Unterbringungs- und Verpflegungskosten (§ 23 SGB VII).[4]

7 **4. Mitarbeitervertretung.** BR und PR haben die Einhaltung der arbeitsschutzrechtlichen Vorschriften (also sowohl den gesetzlichen wie autonomen Arbeitsschutz) zu überwachen (§ 89 BetrVG), die für den Arbeitsschutz zuständigen Stellen zu unterstützen sowie sich für die Durchführung der Vorschriften über den Arbeitsschutz im Betrieb einzusetzen (§ 89 BetrVG). Sie sollen sowohl auf den AG wie den AN einwirken. Die dem BR obliegende Pflicht, die für den Arbeitsschutz zuständigen Behörden zu unterstützen, berechtigt ihn allerdings nicht, den Aufsichtsbehörden die vom AG elektronisch erfassten tatsächlich geleisteten Arbeitszeiten namensbezogen weiterzugeben. Vielmehr muss er aus Gründen des Datenschutzes die Erforder-

---

[1] Vgl. BayVGH 20.12.1988 NZA 1989, 850 (LS) (zu §§ 120a, 120d GewO aF).
[2] *Wlotzke* FS Hanau, 1999, 317 ff.
[3] LAG RhPf 14.4.2005 NZA-RR 2006, 194; → § 127 Rn. 71.
[4] Vgl. BAG 10.3.1976 AP Nr. 17 zu § 618 BGB; zu Lohnfortzahlungsansprüchen: BAG 20.7.1977 AP Nr. 1 zu § 720 RVO.

lichkeit im Einzelfall prüfen.[5] Weiter kann der BR nach § 88 BetrVG mit dem AG **Betriebsvereinbarungen** über zusätzliche Maßnahmen zur Verhütung von Arbeitsunfällen und Gesundheitsschädigungen abschließen[6] (hierzu → § 236 Rn. 1 ff.). Die nach § 193 V SGB VII erforderlichen Anzeigen über schwerwiegende Unfälle sind vom BR bzw. PR mit zu unterzeichnen.

5. Betriebsärzte und Fachkräfte für Arbeitssicherheit. Sie sind vom AG zu bestellen (→ § 154 Rn. 42 ff.). 8

6. Weitere Beauftragte. Der AG hat weitere Beauftragte zu bestellen. Zum besonderen Kündigungsschutz → § 145 Rn. 5 ff. Zu den weiteren Beauftragten gehören insbesondere: 9

a) Datenschutz. Für den Datenschutz: Die Bestellung richtet sich bei Datenverarbeitung öffentlicher Stellen nach § 5 BDSG; für Datenschutzbeauftragte nichtöffentlicher Stellen gilt § 38 BDSG. Die Datenschutzbeauftragten öffentlicher Stellen sind bei der Erfüllung ihrer Aufgaben weisungsfrei und berichten unmittelbar der höchsten Leistungsebene der öffentlichen Stelle (§ 6 III BDSG). Der Datenschutzbeauftragte kann dem Betrieb angehören oder als Externer verpflichtet werden. Der Datenschutzbeauftragte ist nicht zur Kontrolle des BR berechtigt.[7] 10

b) Strahlenschutz. Für den Strahlenschutz (§§ 70 ff., 43, 47 StrahlenschutzG idF vom 27.6.2017, BGBl. I 1966, als Umsetzung der Richtlinie 2013/59/Euratom vom 15.12.2013), bei Umgang mit radioaktiven Stoffen und Kernbrennstoffen, Errichtung und Betrieb von Anlagen zur Erzeugung ionisierender Strahlen. Der Beauftragte muss die erforderliche Fachkunde und Zuverlässigkeit besitzen, hat dafür zu sorgen, dass die Schutzvorschriften eingehalten werden und ist dem Strahlenschutzverantwortlichen zu unterstellen. Es muss ein innerbetrieblicher Entscheidungsbereich festgelegt werden. Die Bestellung ist der zuständigen Behörde anzuzeigen. 11

c) Schwerbehinderte Menschen. Für schwerbehinderte Menschen (§ 181 SGB IX), wenn eine Beschäftigungspflicht für Schwerbehinderte besteht oder sie beschäftigt werden. Der Beauftragte soll über das notwendige Fachwissen verfügen, ist dem AG zu unterstellen und vertritt ihn in Angelegenheiten der Schwerbehinderten. Er ist dem Integrationssamt und der Agentur für Arbeit zu melden (§ 163 VIII SGB IX). 12

d) Gewässerschutz. Für den Gewässerschutz (§§ 64 ff. WasserhaushaltsG). 13

e) Abfall. Für den Abfall ein Betriebsbeauftragter für Abfall (§§ 59, 60 Kreislaufwirtschaftsgesetz – KrWG).[8] 14

f) Immissionsschutz. Für den Immissionsschutz (§§ 53–58 BImSchG idF vom 17.5.2013, BGBl. I 1274, m. spät. Änd.).[9] Zum Kündigungsschutz → § 145 Rn. 5 f. Ferner ist ein Störfallbeauftragter nach § 58a BImSchG vorgesehen. Weitere Einzelheiten in den zahlreichen Verordnungen zur Durchführung des BImSchG. 15

g) Gefahrguttransport. Bei Gefahrguttransport ein Gefahrgutbeauftragter nach der VO über die Bestellung von Gefahrgutbeauftragten in Unternehmen vom 25.2.2011 (BGBl. I 341, m. spät. Änd.).[10] 16

h) Gentechnik. Bei Gentechnik nach dem Gesetz zur Regelung der Gentechnik (Gentechnikgesetz – GenTG) idF vom 16.12.1993 (BGBl. I 2066, m. spät. Änd.) iVm VO über die Sicherheitsstufen und Sicherheitsmaßnahmen bei gentechnischen Arbeiten in gentechnischen Anlagen idF vom 14.3.1995 (GenTSV, BGBl. I 297, m. spät. Änd.).[11] 17

i) Umweltschutz. Betriebsbeauftragte für den Umweltschutz. Deren Bestellung richtet sich nach den jeweils anwendbaren Umweltschutzgesetzen, zB dem BImSchG.[12] 18

j) Frauen- und Gleichberechtigungsbeauftragte. Für Frauenfragen Frauen- und Gleichstellungsbeauftragte (nach BGleiG sowie verschiedenen landesgesetzlichen Bestimmungen). 19

---

[5] BAG 3.6.2003 AP Nr. 1 zu § 89 BetrVG 1972.
[6] S. hierzu *Wiese* BB 2002, 674 ff.
[7] BAG 11.11.1997 AP Nr. 1 zu § 36 BDSG = NZA 1998, 385.
[8] *Ehrich* DB 1996, 1468; *Mehle/Neumann* NJW 2011, 360.
[9] *Ehrich* DB 1993, 1772; *Schaub* DB 1993, 481; *Schneider* CR 1993, 35.
[10] *Strecker* AiB 1995, 768.
[11] Vgl. *Wiese* BB 1994, 1209.
[12] *Becker/Kniep* NZA 1999, 243; *Fischer* ArbuR 1996, 474; *Schierbaum/Nahrmannn* AiB 1997, 36; *Schaub* DB 1993, 481.

II. Staatliche Aufsichtsorgane

20 **1. Einzelne Aufsichtsorgane.** Dies sind die Gewerbeaufsicht, die staatlichen Gewerbeärzte, die Ordnungs- und Polizeibehörden und Sonderaufsichtsbehörden. Ein Überblick über die bei Ministerien des Bundes und der Länder, Gewerbeaufsichtsämtern und sonstigen öffentlichen Stellen für den Arbeitsschutz zuständigen Stellen findet sich bei *Nipperdey* II, Arbeitssicherheit, Nr. 950. Sie können auch regelmäßig im Internet aufgerufen werden. Die Regierungspräsidenten und die Arbeitsministerien haben regelmäßig **Aufsichtsfunktionen.** Sie haben nur ausnahmsweise Vollzugszuständigkeiten.

21 **2. Gewerbeaufsicht.** Sie ist eine technische Sonderverwaltung, deren Einrichtung von den Ländern geregelt wird. **Unterste Arbeitsbehörde** sind die Gewerbeaufsichtsämter. Teilweise wurden diese in den Ländern aufgelöst und die Aufgaben auf die Kreise, Städte und Gemeinden oder Bezirksregierungen übertragen. **Oberste Arbeitsbehörde** eines Landes sind regelmäßig die Landesarbeitsminister.

22 **Zuständig** sind die Behörden der Gewerbeaufsicht für den gesamten Arbeitsschutz mit Ausnahme der gesundheitlichen Maßnahmen und der See- und Bergaufsicht. Die Aufgaben der Gewerbeaufsichtsbehörden ergeben sich nicht nur aus § 139b GewO, sondern aus allen Bestimmungen des Gefahrenschutzes, der Gewerbehygiene, des Arbeitszeitschutzes und den Vorschriften des MuSchG und JArbSchG (vgl. § 51 JArbSchG, § 29 MuSchG).

23 Die **Aufgaben der Gewerbeaufsicht** bestehen in der Befugnis **(1)** Arbeitsstätten zu betreten und zu beaufsichtigen, **(2)** von AG die Erteilung von Auskünften und die Vorlage von Unterlagen zu verlangen, soweit dies zur Erfüllung der Aufgaben notwendig ist, **(3)** technische Prüfungen vorzunehmen und die Bereitstellung der dazu erforderlichen Arbeitskräfte sowie Hilfsmittel zu verlangen, **(4)** Stoffproben zu entnehmen und untersuchen zu lassen, **(5)** Sachverständige hinzuzuziehen. Die Art der Überwachung ist regelmäßig in den Dienstanweisungen für die Gewerbeaufsichtsämter geregelt.

24 Bei der **Ausführung der Kontrollen** stehen den Gewerbeaufsichtsbehörden alle Befugnisse der Ortspolizeibehörden **(Ordnungsbehörden)** zu (§ 139b I 2 GewO). Zu den Betriebsbesichtigungen ist ein Vertreter des BR hinzuzuziehen (§ 89 II 1 BetrVG). Der AG kann sich durch einen Vertreter vertreten lassen.

25 Die Gewerbeaufsicht soll den AG bei der Durchführung des Arbeitnehmerschutzes **beraten, anregen** und mit allen betrieblichen Stellen, insbesondere dem BR, Fühlung halten.

26 Bei **Feststellung von Mängeln** und Gesetzesverstößen hat sie auf ihre Behebung hinzuwirken. Sie kann Anordnungen erlassen. Das Anordnungsrecht ergibt sich aus dem Arbeitsschutzrecht. Spezialregelungen finden sich in § 11 Produktsicherheitsgesetz (ProdSG), § 32 SprengG, § 29 III MuSchG, § 12 ASiG. Fehlt eine spezielle Eingriffsnorm, folgt das Eingriffsrecht aus § 139b GewO. Die Gewerbeaufsicht kann von den ihr nach den Landesgesetzen zustehenden Zwangsmitteln Gebrauch machen. Das sind regelmäßig die Ersatzvornahme, dh die Ausführung der zu erzwingenden Maßnahmen auf Kosten des AG, die Festsetzung von Zwangsgeld und der unmittelbare Zwang. Daneben kann sie die ganze oder teilweise Einstellung des Betriebes verfügen oder Straf- und Ordnungswidrigkeitsverfahren einleiten.

27 Den Gewerbeaufsichtsbehörden ist regelmäßig die Entscheidung über **Ausnahmebewilligungen,** zB auf dem Gebiet des Arbeitsschutzes, übertragen. Die jeweilige Zuständigkeit richtet sich nach Landesrecht. Bei der Ausübung ihrer Tätigkeit sind die Gewerbeaufsichtsbeamten zur Geheimhaltung verpflichtet (§ 139b I 3 GewO).

28 **3. Staatliche Gewerbeärzte.** Sie sind in den Ländern zumeist nicht in die Gewerbeaufsichtsämter eingegliedert. Sie finden sich bei den Unter-, Mittel- und Oberbehörden der Länder, dem BMAS und bei besonderen Instituten. Sie überwachen die gesundheitsgefährdenden Betriebe, beraten die Gewerbeaufsichtsämter in arbeitsmedizinischen Fragen und wirken bei der Durchführung des Mutter- und Jugendarbeitsschutzes mit. Auch sie sollen mit den Betriebsräten zusammenarbeiten. Sie besitzen keine Anordnungs- und Strafbefugnis, sondern bedienen sich insoweit der Hilfe der Ordnungs- und Polizeibehörden.

29 **4. Ordnungsbehörden.** Sie sind neben den Gewerbeaufsichtsämtern zuständig, soweit letzteren nicht die alleinige Zuständigkeit übertragen ist (§ 139b GewO). Die Schutzpolizei besitzt nach den meisten Polizeiorganisationsgesetzen der Länder eine Notzuständigkeit.

30 **5. Sonderaufsichtsbehörden.** Sie bestehen für den Bergbau in den Bergämtern und den ihnen vorgesetzten Oberbergämtern, für die Seeschifffahrt in den Seemannsämtern. Dem Gefahrenschutz der schwerbehinderten Menschen dienen die Integrationsämter und die Bundesagen-

tur für Arbeit. Für den Arbeitnehmerschutz im Güterfernverkehr ist das Amt für den Güterfernverkehr zuständig.

6. Rechtsbehelfe. Verwaltungsakte der staatlichen Gewerbeaufsichtsämter können mit dem Widerspruch angegriffen werden (§ 69 VwGO), sofern das Widerspruchsverfahren nicht gem. § 68 I 2 VwGO abgeschafft ist. Über den Widerspruch entscheidet bei einem dreistufigen Verwaltungsaufbau die Mittelinstanz (Regierungspräsident oder Landesgewerbeaufsichtsamt), bei zweistufigem Verwaltungsaufbau die Gewerbeaufsichtsbehörde, die den Verwaltungsakt erlassen hat (vgl. § 73 VwGO). Der Widerspruch ist innerhalb eines Monats nach Bekanntgabe der Anordnung schriftlich oder zur Niederschrift des Gewerbeaufsichtsamtes einzulegen. Gegen den Widerspruchsbescheid kann Klage vor den Verwaltungsgerichten erhoben werden. Der Widerspruch hat nach § 80 I VwGO aufschiebende Wirkung, dh, der Verwaltungsakt braucht nicht mehr beachtet zu werden. Es kann jedoch die sofortige Vollziehung angeordnet werden. 31

III. Berufsgenossenschaftliche Aufsicht

Internetadresse: http://www.dguv.de (= Deutsche Gesetzliche Unfallversicherung).

1. Unfallverhütungsvorschriften. Sie werden durch die Berufsgenossenschaften vollzogen (§§ 17 ff. SGB VII). Die Einhaltung der Unfallverhütung wird durch die technischen Aufsichtsbeamten überwacht. Die Anordnungen zur Durchführung der Unfallverhütungsvorschriften erlässt der Geschäftsführer der Berufsgenossenschaft. Der zuständige technische Aufsichtsbeamte ist nach § 19 I 2 SGB VII ermächtigt, bei Gefahr im Verzuge sofort vollziehbare Anordnungen zu erlassen. Die Berufsgenossenschaften können nach den Verwaltungsvollstreckungsgesetzen des Bundes und der Länder die Anordnungen vollstrecken. Die Ausübung unmittelbaren Zwanges wird jedoch den staatlichen Behörden überlassen. Gegen die Anordnungen und sonstigen Maßnahmen kann Widerspruch eingelegt werden. Gegen den Widerspruchsbescheid ist die Anfechtungsklage bei den Sozialgerichten gegeben. 32

2. Zusammenarbeit. Nach § 21 III ArbSchG wirken die zuständigen Landesbehörden und die Unfallversicherungsträger auf Grundlage einer gemeinsamen Beratungs- und Überwachungsstrategie eng zusammen und stellen den Erfahrungsaustausch sicher. Sie unterrichten sich gegenseitig über durchgeführte Betriebsbesichtigungen und deren wesentlichen Ergebnisse. 33

IV. Aushang

Zur Durchsetzung des Arbeitsschutzes hat der AG einzelne Arbeitsschutzgesetze im Betrieb auszuhängen (s. zB § 16 ArbZG, § 26 MuSchG, § 47 JArbSchG). 34

§ 153. Beschäftigtendatenschutz

Übersicht

I. Überblick

1. Bedeutung der Datenschutz-Grundverordnung (DS-GVO). Durch die seit dem 25.5.2018 geltende **Datenschutz-Grundverordnung (DS-GVO)** hat der Datenschutz eine wesentliche Neuausrichtung erfahren. Als unmittelbar geltendes Unionsrecht (→ § 4 Rn. 8) gilt sie vorrangig vor dem nationalen Recht. Entgegenstehendes nationales Recht darf grundsätzlich 1 nicht angewendet werden.[1] Nach den Erwägungsgründen 10, 13, 170 der DS-GVO ist Ziel dieser Verordnung die Gewährleistung eines gleichwertigen Datenschutzniveaus in der Union, sie bezweckt damit eine **Harmonisierung** der Datenschutzbestimmungen innerhalb der EU.[2] Zu beachten ist allerdings, dass nach Art. 88 I DS-GVO die Mitgliedstaaten durch Rechtsvorschriften **spezifischere Vorschriften** zur Gewährleistung des Schutzes der Rechte und Freiheiten hinsichtlich der Verarbeitung personenbezogener Beschäftigtendaten vorsehen können.[3] Von dieser Möglichkeit hat der deutsche Gesetzgeber mit § 26 BDSG für den Beschäftigtendatenschutz Gebrauch gemacht.[4] Diese Bestimmung führt die spezialgesetzliche Regelung des § 32 BDSG aF fort und hat lediglich den Wortlaut an die Terminologie der DS-GVO angepasst.[5] Anknüpfend an Art. 4 Nr. 2 DS-GVO wurde die Unterscheidung zwischen Erhebung, Verarbeitung und Nutzung der Daten aufgegeben und es wird nunmehr nur noch der Begriff Verarbeitung verwendet.[6] § 26 BDSG ist die zentrale Erlaubnisnorm für die Datenverarbeitung (→ Rn. 4). Er regelt den Datenschutz im Beschäftigungsverhältnis. Der persönliche Geltungsbereich ergibt sich aus dem **Beschäftigtenbegriff in § 26 VIII BDSG.** – Zur Weitergabe von Daten an Dritte oder andere Konzernunternehmen → § 148 Rn. 5 f.

2 Wie weit die Regelungsmöglichkeiten der Mitgliedstaaten nach Art. 88 I DS-GVO reichen, ist im Einzelnen umstritten.[7] Einvernehmen besteht insoweit, als eine **Absenkung** des durch die DS-GVO vorgegebenen Schutzniveaus durch Rechtsvorschriften und Kollektivvereinbarungen ausgeschlossen ist.[8] Ob eine **Anhebung** des Schutzes durch nationale Regelungen zulässig ist, wird dagegen unterschiedlich beurteilt.[9] Insoweit ist zu berücksichtigen, dass der EuGH zur Datenschutzrichtlinie 95/46/EG die Auffassung vertreten hat, diese diene der Vollharmonisierung, weshalb die Mitgliedstaaten keine zusätzlichen Anforderungen an den Datenschutz stellen dürften. Die Mitgliedstaaten durften hiernach in Bezug auf die Zulässigkeit der Verarbeitung personenbezogener Daten keine anderen als die in Art. 7 der Richtlinie aufgezählten Grundsätze einführen und auch nicht durch zusätzliche Bedingungen die Tragweite der sechs in Art. 7 vorgesehenen Grundsätze verändern.[10] Die Erwägungsgründe 10, 13, 170 der DS-GVO sprechen dafür, dass diese ganz ähnliche Ziele verfolgt.[11] Hiernach soll die Verordnung ein gleichmäßiges und hohes Datenschutzniveau für natürliche Personen gewährleisten und die Hemmnisse für den Verkehr personenbezogener Daten in der Union beseitigen. Das Schutzniveau für die Rechte und Freiheiten von natürlichen Personen bei der Verarbeitung dieser Daten soll in allen Mitgliedstaaten gleichwertig sein. Die Vorschriften zum Schutz der Grundrechte und Grundfreiheiten von natürlichen Personen bei der Verarbeitung personenbezogener Daten sollen unionsweit gleichmäßig und einheitlich angewandt werden. Folgt man dem, beschränkte sich der Regelungsspielraum der Mitgliedstaaten auf eine Konkretisierung des durch die DS-GVO vorgegebenen Schutzes. Letztlich wird der EuGH diese Frage zu klären haben, da es sich hierbei um die Auslegung von Unionsrecht handelt.

3 **2. Datenschutzrechtliches Mehrebenensystem.** Der Beschäftigtendatenschutz wird sowohl über die DS-GVO als auch über § 26 BDSG gewährleistet. Letzterer ist stets im Lichte der ranghöheren **DS-GVO** auszulegen. Diese wiederum ist unter Berücksichtigung der **GRCh** zu interpretieren. Stets beachtet werden muss zudem **Art. 8 EMRK** und die hierzu ergangene Rechtsprechung des EGMR.[12] Es gibt damit ein datenschutzrechtliches Mehrebenensystem.[13]

---

[1] *Kort* NZA-Beil. 2/2016, 62 (63); *Taeger/Rose* BB 2016, 819 (830).

[2] EuArbRK/*Franzen* VO 2016/679/EU Art. 88 Rn. 7 ff.; HWK/*Lembke* DSGVO Einl. Rn. 2; Thüsing Beschäftigtendatenschutz/*Thüsing* § 3 Rn. 5.

[3] Dazu *Düwell/Brink* NZA 2016, 665; *Körner* NZA 2016, 1383; *Kort* ZD 2016, 555; *Maschmann* DB 2016, 2480.

[4] Gola/*Pötters* DS-GVO Art. 88 Rn. 9.

[5] BT-Drs. 18/11325, 96 f.

[6] ErfK/*Franzen* BDSG § 26 Rn. 2.

[7] Weiterführend Kühling/Buchner/*Maschmann* DS-GVO Art. 88 Rn. 7 ff.

[8] *Kort* ZD 2016, 555 (557); Paal/Pauly/*Pauly* DS-GVO Art. 88 Rn. 4; NK-DatenschutzR/*Seifert* DS-GVO Art. 88 Rn. 22; *Spelge* DuD 2016, 775 (776).

[9] Dafür zB *Düwell/Brink* NZA 2016, 665 (666); *Kort* ZD 2016, 555 (557); Paal/Pauly/*Pauly* DS-GVO Art. 88 Rn. 4; dagegen zB *Maschmann* DB 2016, 2480 (2482 ff.).

[10] EuGH 19.10.2016 NJW 2016, 3579 – Breyer; 24.11.2011 NZA 2011, 1409 – ASNEF.

[11] HWK/*Lembke* DSGVO Einl. Rn. 2; ebenso EuArbRK/*Franzen* VO 2016/679/EU Art. 88 Rn. 10; Kühling/Buchner/*Maschmann* DS-GVO Art. 88 Rn. 40; *Maschmann* DB 2016, 2480 (2483); Gola/*Pötters* DS-GVO Art. 88 Rn. 3; Ehmann/Selmayr/*Selk* DS-GVO Art. 88 Rn. 93; aA NK-DatenschutzR/*Seifert* DS-GVO Art. 88 Rn. 23.

[12] Dazu EGMR 22.2.2018 NZA 2018, 1609 – Libert; 9.1.2018 – 1874/13, AuR 2019, 32 – López Ribalda; 5.9.2017 NZA 2017, 1443 – Barbulescu; dazu *Grimm/Göbel* jM 2018, 155; *Sagan* AuR 2018, 93.

[13] HWK/*Lembke* DSGVO Einl. Rn. 4.

Das **BDSG** selbst enthält nunmehr nur noch einige wenige Begriffsbestimmungen. Im Übrigen sind die in Art. 4 DS-GVO enthaltenen maßgeblich. Dies gilt in gleicher Weise für die in Art. 5 ff. DS-GVO enthaltenen Grundsätze der Verarbeitung personenbezogener Daten. Auch die Rechte der Betroffenen (Auskunftsansprüche sowie Recht auf Berichtigung oder Löschung) sind nunmehr im Wesentlichen in Art. 12 ff. DS-DVO geregelt. Hierbei ist zu beachten, dass der **sachliche Geltungsbereich der DS-GVO enger ist als der des § 26 BDSG.** Nach Art. 2 I gilt die DS-GVO für die ganz oder teilweise automatisierte Verarbeitung personenbezogener Daten sowie für die nicht automatisierte Verarbeitung personenbezogener Daten, die in einem Dateisystem gespeichert sind oder gespeichert werden sollen. Ein Dateisystem ist dabei nach Art. 4 Nr. 6 DS-GVO eine strukturierte Sammlung personenbezogener Daten, die nach bestimmten Kriterien zugänglich sind, unabhängig davon, ob diese Sammlung zentral, dezentral oder nach funktionalen oder geographischen Gesichtspunkten geordnet geführt wird. Nach § 26 VII BDSG gelten die spezifischen datenschutzrechtlichen Vorschriften für Beschäftigte (§ 26 I–VI BDSG) demgegenüber auch dann, wenn personenbezogene Daten von Beschäftigten verarbeitet werden, ohne dass sie in einem Dateisystem gespeichert sind oder gespeichert werden sollen. Das betrifft insbesondere in Papierform geführte Personalakten (→ § 148 Rn. 3).

Nach § 1 II BDSG gehen andere Vorschriften des Bundes über den Datenschutz den Bestimmungen des BDSG vor. Dieses Gesetz hat insofern den Charakter eines Auffanggesetzes und gilt somit lediglich **subsidiär.**[14] § 1 II 2 BDSG stellt allerdings ergänzend klar, dass dies nur dann gilt, wenn die andere Norm den Sachverhalt deckungsgleich regelt. Zu den arbeitsrechtlich relevanten **Sonderregelungen** gehört § 83 BetrVG, wonach der AN ein Einsichtsrecht in seine Personalakten hat (→ § 148 Rn. 7; zur Weitergabe von Daten aus der **Personalakte** innerhalb eines Konzerns → § 148 Rn. 6). Die Regelungen des TKG und des TMG, die insbesondere bei der **privaten Internetnutzung am Arbeitsplatz** eine Rolle spielen,[15] sind Sonderregelungen, die das BDSG ergänzen (dazu → § 53 Rn. 18 f.). Bei der **Veröffentlichung von Mitarbeiterfotos oder Firmenvideos** besteht ein Spannungsverhältnis zwischen Datenschutzrecht und den Bestimmungen des KUG (→ § 53 Rn. 23; zum Widerruf der Einwilligung → Rn. 16). Damit ist im Einzelnen zu klären, in welchem Verhältnis nationale datenschutzrechtliche Sonderregelungen, wie etwa das TKG, TMG, das GenDG oder die datenschutzrechtlichen Regelungen des SGB, zur DS-GVO und zum BDSG stehen. 4

II. Grundsätze des Datenschutzes

1. Verbot mit Erlaubnisvorbehalt. Nach Art. 6 I 1 DS-GVO ist die Verarbeitung von Daten nur rechtmäßig, wenn eine der in dieser Vorschrift aufgeführten Bedingungen erfüllt ist. Es besteht damit ein Verbot mit Erlaubnisvorbehalt.[16] In seinem Anwendungsbereich verdrängt § 26 BDSG Art. 6 I UAbs. 1 lit. b DS-GVO,[17] weil er die Datenverarbeitung für die Erfüllung und Durchführung des Arbeitsvertrags näher ausgestaltet. § 26 BDSG ist eine spezifische Vorschrift iSv Art. 88 I DS-GVO.[18] Als weitere Erlaubnistatbestände kommen in Arbeitsverhältnissen insbesondere nach Art. 6 I UAbs. 1 lit. a DS-GVO die **Einwilligung** gem. Art. 7 DS-GVO iVm § 26 II BDSG (→ Rn. 12 ff.) und **Kollektivvereinbarungen** nach § 26 IV BDSG in Betracht. Hierzu gehören insbesondere Betriebsvereinbarungen, wie in Erwägungsgrund 155 zur DS-GVO klargestellt ist (→ Rn. 17). Für **sensible Daten** iSv Art. 9 I DS-GVO gelten besondere Erlaubnistatbestände. Deren Verarbeitung ist nur unter den in Art. 9 II DS-GVO aufgeführten Voraussetzungen zulässig. § 26 III BDSG knüpft insoweit an Art. 9 II lit. b DS-GVO an (→ Rn. 18).[19] 5

2. Datenverarbeitung für Zwecke des Beschäftigungsverhältnisses. a) Eigenständige Erlaubnisnorm. § 26 I 1 BDSG enthält eine eigenständige Erlaubnisnorm für die Verarbeitung und Nutzung von Daten im Beschäftigungsverhältnis. Danach dürfen personenbezogene Daten eines AN für Zwecke des Beschäftigungsverhältnisses verarbeitet werden, wenn dies – zusammengefasst formuliert – für dessen **Begründung** (→ § 26 Rn. 12 ff.), **Durchführung oder Beendi-** 6

---

[14] Kühling/Buchner/*Klar* BDSG § 1 Rn. 14; Gola/*Gola/Reif* BDSG § 1 Rn. 11.
[15] Dazu WHWS Arbeitnehmerdatenschutz-HdB/*Baumgartner* B IX Rn. 1 ff.; *Gola,* Datenschutz am Arbeitsplatz, Rn. 213 ff.; Thüsing Beschäftigtendatenschutz/*Thüsing/Traut* § 9 Rn. 1 ff.
[16] *Franzen* ZFA 2019, 18 (25); Ehmann/Selmayr/*Heberlein* DS-GVO Art. 6 Rn. 1; HWK/*Lembke* DSGVO Einl. Rn. 64.
[17] ErfK/*Franzen* BDSG § 26 Rn. 5.
[18] ErfK/*Franzen* BDSG § 26 Rn. 4; NK-DatenschutzR/*Seifert* DS-GVO Art. 88 Rn. 52; hiervon geht auch BAG 7.5.2019 AP Nr. 87 zu § 80 BetrVG 1972 = NZA 2019, 1218 aus; krit. Kühling/Buchner/*Maschmann* DS-GVO Art. 88 Rn. 63.
[19] NK-DatenschutzR/*Seifert* DS-GVO Art. 88 Rn. 221.

gung erforderlich ist. Da § 26 I 1 BDSG die Vorgängerregelung in § 32 I 1 BDSG im Wesentlichen fortschreibt und nur sprachlich an die DS-GVO anpasst, gelten die hierzu entwickelten Grundsätze fort, soweit nicht Regelungen der DS-GVO dem entgegenstehen.[20]

7 Zur **Durchführung** des Beschäftigungsverhältnisses gehört die Kontrolle, ob der AN seinen Pflichten nachkommt, zur **Beendigung** iSd Kündigungsvorbereitung die Aufdeckung einer Pflichtverletzung, die die Kündigung des Arbeitsverhältnisses rechtfertigen kann. Der Begriff der Beendigung umfasst dabei auch die Abwicklung eines Beschäftigungsverhältnisses. Der AG darf deshalb die Daten speichern und verwenden, die er benötigt, um die ihm obliegende Darlegungs- und Beweislast in einem potentiellen Kündigungsschutzprozess zu erfüllen.[21] **§ 26 I 2 BDSG entfaltet keine „Sperrwirkung“** dergestalt, dass eine anlassbezogene Datenerhebung durch den AG ausschließlich zur Aufdeckung von Straftaten zulässig wäre und sie nicht nach § 26 I 1 BDSG zulässig sein könnte.[22] § 32 I 1 BDSG aF stellte nach der Rechtsprechung des BAG für die Verarbeitung und Nutzung von personenbezogenen Daten eines AN, die der AG durch eine **Videoüberwachung** öffentlich zugänglicher Räume erlangt hat, eine eigenständige, von den Voraussetzungen des § 6b III BDSG aF unabhängige Erlaubnisnorm dar. Ist danach eine bestimmte Datenverarbeitung oder -nutzung rechtmäßig, kommt es im Verhältnis zu dem betroffenen AN nicht darauf an, ob die Anforderungen gem. § 6b III BDSG aF erfüllt sind. Das BAG geht dabei zu Recht davon aus, dass das Gleiche aus § 26 I 1 BDSG iVm Art. 6 I UAbs. 1 lit. f DS-GVO folgt.[23]

8 **b) Grundsatz der Verhältnismäßigkeit.** Im Rahmen der Erforderlichkeitsprüfung nach § 26 I 1 BDSG sind die widerstreitenden Grundrechtspositionen zur Herstellung praktischer Konkordanz abzuwägen. Dabei sind die Interessen des AG an der Datenverarbeitung und das Persönlichkeitsrecht des AN zu einem schonenden Ausgleich zu bringen, der beide Interessen möglichst weitgehend berücksichtigt.[24] In der Sache geht es damit um eine Anwendung des Verhältnismäßigkeitsprinzips.[25] Dieses verlangt, dass der Eingriff **geeignet, erforderlich und unter Berücksichtigung der gewährleisteten Freiheitsrechte angemessen** ist, um den erstrebten Zweck zu erreichen. Es dürfen keine anderen, zur Zielerreichung gleich wirksamen und das Persönlichkeitsrecht der AN weniger einschränkenden Mittel zur Verfügung stehen. Die Verhältnismäßigkeit im engeren Sinne (Angemessenheit) ist gewahrt, wenn die Schwere des Eingriffs bei einer Gesamtabwägung nicht außer Verhältnis zu dem Gewicht der ihn rechtfertigenden Gründe steht. Die Datenverarbeitung darf keine übermäßige Belastung für den AN darstellen und muss der Bedeutung des Informationsinteresses des AG entsprechen. Sie kann deshalb nur dann auf § 26 I 1 BDSG gestützt werden, wenn der **auf konkrete Tatsachen begründete Verdacht** einer schwerwiegenden, jedoch nicht strafbaren Pflichtverletzung besteht.[26] Die konkreten Anforderungen an die Schwere der Pflichtverletzung und den Grad des Verdachts richten sich auch nach der Eingriffsintensität der vom AG ergriffenen Maßnahmen. Bei einer weniger intensiven Überwachung bestehen hierfür niedrigere Hürden (→ Rn. 10).[27]

9 **c) Verdeckte Überwachungsmaßnahmen.** Vom AG veranlasste verdeckte Überwachungsmaßnahmen, wie der Einsatz eines Detektivs (→ § 53 Rn. 24),[28] einer GPS-Ortung (→ § 53 Rn. 25),[29] einer Videoüberwachung[30] oder eines Keyloggers[31] sind nach § 26 I 1 BDSG nur zulässig,

---

[20] Ebenso BAG 23.8.2018 AP Nr. 271 zu § 626 BGB = NZA 2018, 1329; einschränkend Kühling/Buchner/*Maschmann* BDSG § 26 Rn. 2.

[21] BAG 23.8.2018 AP Nr. 271 zu § 626 BGB = NZA 2018, 1329; 27.7.2017 AP Nr. 263 zu § 626 BGB mAnm *Jacobs/Holle* = NZA 2017, 1327, noch zu § 32 BDSG aF; Kühling/Buchner/*Maschmann* BDSG § 26 Rn. 55.

[22] Eingehend BAG 29.6.2017 AP Nr. 262 zu § 626 BGB = NZA 2017, 1179 noch zu § 32 BDSG aF; zuletzt bestätigt durch BAG 31.1.2019 AP Nr. 38 zu § 1 KSchG 1969 Personenbedingte Kündigung = NZA 2019, 893; HWK/*Lembke* DSGVO Art. 88 Rn. 23; *Niemann* JbArbR 55 (2018), 41 (52).

[23] BAG 23.8.2018 AP Nr. 271 zu § 626 BGB = NZA 2018, 1329; zust. NK-DatenschutzR/*Seifert* DS-GVO Art. 88 Rn. 136.

[24] BT-Drs. 18/11325, 97.

[25] BAG 23.8.2018 AP Nr. 271 zu § 626 BGB = NZA 2018, 1329; 27.7.2017 AP Nr. 263 zu § 626 BGB mAnm *Jacobs/Holle* = NZA 2017, 1327, noch zu § 32 BDSG aF; ErfK/*Franzen* BDSG § 26 Rn. 9; *Kort* ZD 2017, 319 (320); HWK/*Lembke* DSGVO Art. 88 Rn. 23; *Niemann* JbArbR 55 (2018), 41 (52 ff.); *Wybitul* NZA 2017, 413 (415).

[26] BAG 27.7.2017 AP Nr. 263 zu § 626 BGB mAnm *Jacobs/Holle* = NZA 2017, 1327; 29.6.2017 AP Nr. 262 zu § 626 BGB = NZA 2017, 1179, noch zu § 32 BDSG aF.

[27] *Niemann* JbArbR 55 (2018), 41 (53).

[28] BAG 29.6.2017 AP Nr. 262 zu § 626 BGB = NZA 2017, 1179.

[29] Dazu auch WHWS Arbeitnehmerdatenschutz-HdB/*Byers* B VII Rn. 1 ff.; NK-DatenschutzR/*Seifert* DS-GVO Art. 88 Rn. 141.

[30] Dazu BAG 20.10.2016 AP Nr. 260 zu § 626 BGB = NZA 2017, 443; weiterführend WHWS Arbeitnehmerdatenschutz-HdB/*Byers* B VIII Rn. 1 ff.

[31] BAG 27.7.2017 AP Nr. 263 zu § 626 BGB mAnm *Jacobs/Holle* = NZA 2017, 1327.

wenn der konkrete Anfangsverdacht einer schweren arbeitsvertraglichen Pflichtverletzung besteht. Der Verdacht muss sich in Bezug auf eine konkrete strafbare Handlung oder andere schwere Verfehlung zu Lasten des AG gegen einen zumindest räumlich und funktional abgrenzbaren Kreis von AN richten. Er darf sich einerseits nicht auf die allgemeine Mutmaßung beschränken, es könnten Pflichtverletzungen begangen werden. Er muss sich andererseits nicht notwendig nur gegen einen einzelnen, bestimmten AN richten. Auch im Hinblick auf die Möglichkeit einer weiteren Einschränkung des Kreises der Verdächtigen müssen weniger einschneidende Mittel als eine verdeckte Überwachung zuvor ausgeschöpft worden sein.[32] Es ist allerdings nicht zwingend erforderlich, die Überwachung zuvor in der Weise zu begrenzen, dass von ihr ausschließlich Personen erfasst werden, bezüglich derer bereits ein konkretisierter Verdacht besteht. Ausreichend ist, wenn die Maßnahme so eng durchgeführt wird, wie dies nach den Umständen tatsächlich möglich ist.[33] Hat der AG dies beachtet, ist auch die Verarbeitung von Daten solcher Personen rechtmäßig, gegen die sich der Anfangsverdacht nicht gerichtet hat. Es kommt damit nicht darauf an, ob der AG alle anderen zumutbaren Aufklärungsmaßnahmen auch bezüglich des zufällig aufgedeckten Fehlverhaltens bereits ausgeschöpft hat. Dies ist, wenn es noch keinen entsprechenden Verdacht gab, weder möglich noch geboten. Unter diesen Voraussetzungen ist deshalb auch die Verwertung von **„Zufallsfunden"** rechtmäßig.[34] Eine **verdeckte Ermittlung „ins Blaue hinein"**, ob ein AN sich pflichtwidrig verhält, ist dagegen nach § 26 I 1 BDSG unzulässig. Sie ist, ohne dass es noch darauf ankäme, ob mildere, gleich effektive Mittel vorhanden waren, jedenfalls nicht verhältnismäßig im engeren Sinne.[35]

Anderes gilt bei einer **weniger intensiv** in das allgemeine Persönlichkeitsrecht des AN eingreifenden Datenerhebung. Das betrifft vor allem eine nach **abstrakten Kriterien** durchgeführte, keinen AN besonders unter Verdacht stellende offene Überwachungsmaßnahme, die der Verhinderung von Pflichtverletzungen dienen sollen.[36] Sofern solche präventiven Maßnahmen keinen derartigen psychischen Anpassungsdruck erzeugen, dass die AN bei objektiver Betrachtung in ihrer Freiheit, ihr Handeln aus eigener Selbstbestimmung zu planen und zu gestalten, wesentlich gehemmt sind, sind diese Maßnahmen zulässig.[37] Dementsprechend kann die vorübergehende Speicherung und stichprobenartige Kontrolle der **Verlaufsdaten eines Internetbrowsers** zulässig sein, um die Einhaltung eines vom AG aufgestellten Verbots oder einer Beschränkung der Privatnutzung von IT-Einrichtungen zu kontrollieren (→ § 53 Rn. 18).[38] Dabei werden lediglich die Adressen und Titel der aufgerufenen Seiten und der Zeitpunkt des Aufrufs protokolliert und damit nicht mehr Daten gespeichert, als benötigt werden, um einen möglichen inhaltlichen oder zeitlichen Missbrauch der Nutzungsrechte festzustellen.[39] Gleiches gilt, wenn der AG aus einem nicht willkürlichen Anlass prüfen möchte, ob der AN seine vertraglichen Pflichten vorsätzlich verletzt hat, und der AG dazu auf einem **Dienstrechner gespeicherte Daten** einsieht, die nicht ausdrücklich als privat gekennzeichnet oder offenkundig privater Natur sind. Dies gilt jedenfalls dann, wenn die Maßnahme offen erfolgt und der AN im Vorfeld darauf hingewiesen worden ist, welche legitimen Gründe eine Einsichtnahme in dienstliche Ordner und Dateien erfordern können, und dass der AN Ordner und Dateien durch eine Kennzeichnung als privat von einer Einsichtnahme ohne qualifizierten Anlass ausschließen kann.[40] 10

d) Offene Überwachungsmaßnahmen. Erfolgt eine **offene Videoüberwachung** von Verkaufsräumen, um sowohl Straftaten Dritter als auch solche von eigenen AN zu verhindern oder doch aufdecken und verfolgen zu können, ist diese regelmäßig nach § 26 I 1 BDSG, Art. 6 I UAbs. 1 lit. f DS-GVO (dazu auch Erwägungsgrund 47) zulässig, sofern kein unverhältnismäßiger psychischen Anpassungsdruck erzeugt wird.[41] Bei der offenen, sich gegen alle AN gleichermaßen richtenden Aufzeichnung handelt es sich um eine zum Schutz des Eigentums des AG grundsätzlich erlaubte Maßnahme.[42] Die Speicherung von Bildsequenzen, die geeignet sind, den mit einer 11

[32] BAG 20.10.2016 AP Nr. 260 zu § 626 BGB = NZA 2017, 443; 22.9.2016 AP Nr. 259 zu § 626 BGB = NZA 2017, 112; ebenso für den Einsatz eines Keyloggers BAG 27.7.2017 AP Nr. 263 zu § 626 BGB mAnm *Jacobs/Holle* = NZA 2017, 1327.

[33] *Niemann* JbArbR 55 (2018), 41 (55).

[34] BAG 22.9.2016 AP Nr. 259 zu § 626 BGB = NZA 2017, 112.

[35] BAG 27.7.2017 AP Nr. 263 zu § 626 BGB = NZA 2017, 1327.

[36] BAG 31.1.2019 AP Nr. 38 zu § 1 KSchG 1969 Personenbedingte Kündigung = NZA 2019, 893.

[37] Dazu BAG 25.4.2017 AP Nr. 48 zu § 87 BetrVG 1972 Überwachung = NZA 2017, 1205.

[38] BAG 27.7.2017 AP Nr. 263 zu § 626 BGB = NZA 2017, 1327.

[39] Dazu LAG Bln-Bbg 14.1.2016 – 5 Sa 657/15.

[40] BAG 31.1.2019 AP Nr. 38 zu § 1 KSchG 1969 Personenbedingte Kündigung = NZA 2019, 893.

[41] BAG 23.8.2018 AP Nr. 271 zu § 626 BGB = NZA 2018, 1329; näher WHWS Arbeitnehmerdatenschutz-HdB/*Byers* B VIII Rn. 20; *Jacobs/Holle* Anm. BAG AP Nr. 263 zu § 626 BGB; *Niemann* JbArbR 55 (2018), 41 (60 f.).

[42] Vgl. EGMR 28.11.2017 – 70838/13 – Antović und Mirković/Montenegro.

rechtmäßigen Videoaufzeichnung verfolgten Zweck zu fördern, bleibt zulässig, bis der Zweck entweder erreicht oder aufgegeben oder nicht mehr erreichbar ist.[43] Der AG ist grundsätzlich nicht zur anlasslosen zeitnahen Sichtung und anschließenden Löschung verpflichtet, denn der rechtmäßig gefilmte Vorsatztäter ist in Bezug auf die Aufdeckung und Verfolgung seiner materiellrechtlich noch verfolgbaren Tat nicht schutzwürdig. Ein faktischer Zwang zu zeitnaher Aufdeckung und „Sanktionierung" von Pflichtverletzungen würde den Arbeitnehmerschutz durch die Vorgaben des Datenschutzrechts in sein Gegenteil verkehren. Die Speicherung – nach wie vor – erforderlicher Sequenzen kann deshalb nur unangemessen sein, wenn das Verhalten des AG objektiv den Schluss zulässt, er wolle diese Passagen nicht allein zur Rechtsverfolgung verwenden. Es muss die greifbare Gefahr eines Missbrauchs personenbezogener Daten bestehen. Solange sich die Speicherung der relevanten Sequenzen im Verhältnis zu dem betreffenden AN nach § 26 I 1 BDSG als gerechtfertigt darstellt, müssen grundsätzlich auch miterfasste Dritte (zB Kunden) die weitere Verarbeitung und mögliche Nutzung dieses Videomaterials dulden. Anders könnte es nur liegen, wenn auf diese bezogen von einer greifbaren Missbrauchsgefahr auszugehen wäre.

12 **3. Einwilligung. a) Allgemeines.** Nach Art. 6 UAbs. 1 lit. a DS-GVO, § 26 II BDSG kann eine Datenverarbeitung erfolgen, wenn der AN hierin freiwillig einwilligt. Der Begriff der Einwilligung ist in Art. 4 Nr. 11 DS-GVO näher bestimmt. Die unionsrechtlichen Bedingungen einer wirksamen Einwilligung ergeben sich aus Art. 7 DS-GVO. Hiervon ausgehend ist § 26 II BDSG eine spezifische Vorschrift iSv Art. 88 I DS-GVO, welche die in der DS-GVO normierte Einwilligung konkretisiert. Der Gesetzgeber hat damit von der im Erwägungsgrund 155 zur DS-GVO eingeräumten Regelungsmöglichkeit Gebrauch gemacht.[44] Vor der Einwilligungserklärung ist der Betroffene auf den Zweck der Datenverarbeitung **hinzuweisen.** Dies folgt aus Art. 4 Nr. 11 DS-GVO, wonach die betroffene Person in informierter Weise und unmissverständlich den Willen zur Einwilligung bekunden muss. Nach § 26 II 4 BDSG hat der AG zudem den AN über den Zweck der Datenverarbeitung und sein Widerrufsrecht nach Art. 7 III DS-GVO in Textform (§ 126b BGB) **aufzuklären.**

13 **b) Freiwilligkeit.** Die Einwilligung hat freiwillig zu erfolgen. Bei der Beurteilung der Freiwilligkeit sind gem. § 26 II 1 und 2 BDSG die im Beschäftigungsverhältnis bestehende Abhängigkeit sowie die Umstände, unter denen die Einwilligung erteilt worden ist, zu berücksichtigen. Freiwilligkeit kann danach insbesondere dann vorliegen, wenn für den AN ein rechtlicher oder wirtschaftlicher Vorteil erreicht wird oder der AG und der AN gleichgelagerte Interessen verfolgen. Beispiele für einen rechtlichen oder wirtschaftlichen Vorteil sind die Erlaubnis zur Privatnutzung betrieblicher IT-Systeme,[45] die Datenverarbeitung zur Teilnahme an einem Firmenrabattsystem oder zur Gewährung eines Arbeitgeberdarlehens.[46] Die Verfolgung gleichgerichteter Interessen kann nach der Gesetzesbegründung bei der Aufnahme von Name und Geburtsdatum in eine Geburtstagsliste oder der Nutzung von Fotos für das Intranet vorliegen, bei der AG und AN im Sinne eines betrieblichen Miteinanders zusammenwirken.[47] Weiter ist das **Koppelungsverbot** zu beachten, dh der AG darf die Erfüllung eines Arbeitsvertrags nicht davon abhängig machen, dass der AN in Datenverarbeitungen einwilligt, die für die Erfüllung dieses Vertrags nicht erforderlich sind.[48] Insoweit ist der unionsrechtlichen Wertung aus Art. 7 IV DS-GVO Rechnung zu tragen.[49]

14 **c) Schriftform.** Nach § 26 II 3 BDSG in der seit dem 26.11.2019 geltenden Fassung hat die Einwilligung schriftlich oder elektronisch zu erfolgen, soweit nicht wegen besonderer Umstände eine andere Form angemessen erscheint. Damit genügt die Textform oder die Übermittlung der Einwilligung per E-Mail.[50] Bloßes Schweigen oder Untätigbleiben nach einem Hinweis des AG stellen keine formgerechte Einwilligung dar.[51]

15 **d) Bestimmtheit.** Die Einwilligungserklärung muss bestimmt sein. Eine pauschal gehaltene Erklärung, welcher der Betroffene nicht mit hinreichender Deutlichkeit entnehmen kann, wor-

---

[43] Hierzu und zum Folgenden BAG 23.8.2018 AP Nr. 271 zu § 626 BGB = NZA 2018, 1329.

[44] Vgl. ErfK/*Franzen* BDSG § 26 Rn. 40; HWK/*Lembke* DSGVO Art. 88 Rn. 62; Kühling/Buchner/*Maschmann* BDSG § 26 Rn. 62; NK-DatenschutzR/*Seifert* DS-GVO Art. 88 Rn. 215.

[45] BT-Drs. 18/11325, 97; dazu *Behling* BB 2018, 52 (54).

[46] NK-DatenschutzR/*Seifert* DS-GVO Art. 88 Rn. 217.

[47] BT-Drs. 18/11325, 97; Kühling/Buchner/*Maschmann* BDSG § 26 Rn. 63; krit. NK-DatenschutzR/*Seifert* DS-GVO Art. 88 Rn. 217.

[48] *Kort* ZD 2016, 555 (557); *Wybitul* BB 2016, 1077 (1081); näher dazu Ehmann/Selmayr/*Heckmann*/*Paschke* DS-GVO Art. 7 Rn. 94 ff.

[49] HWK/*Lembke* DSGVO Art. 88 Rn. 68.

[50] Vgl. BT-Drs. 19/11181, 17; HWK/*Lembke* DSGVO Art. 88 Rn. 71; *Thüsing/Rombey* NZA 2019, 1399.

[51] BAG 27.7.2017 AP Nr. 263 zu § 626 BGB = NZA 2017, 1327.

auf sich seine Einwilligung konkret bezieht, genügt den Anforderungen nicht. Erfolgt die Einwilligung durch eine schriftliche Erklärung, die noch andere Sachverhalte betrifft, muss sie nach **Art. 7 II 1 DS-GVO** so erfolgen, dass das Ersuchen von den anderen Sachverhalten klar zu unterscheiden ist. Wird die Erklärung dem nicht gerecht, ist sie unwirksam. Soweit Einwilligungserklärungen vom AG vorformuliert sind, unterliegen sie grundsätzlich einer **AGB-Kontrolle.**[52] Die Einwilligung darf deshalb keine überraschende Klausel iSv § 305c I BGB darstellen (→ § 35 Rn. 22). Eine weitergehende Inhaltskontrolle findet – abgesehen von der Transparenzkontrolle nach § 307 I 2 BGB[53] – indes nicht statt.

e) Widerrufsrecht. Der AN kann seine Einwilligung nach Art. 7 III 1 DS-GVO **jederzeit** widerrufen. Der Widerruf muss gem. Art. 7 III 4 DS-GVO so einfach wie die Erteilung der Einwilligung sein. Er kann deshalb schriftlich oder elektronisch erfolgen.[54] Es dürfen keine höheren Anforderungen gestellt werden, weshalb der Widerruf keiner Begründung bedarf. Soweit das BAG im Zusammenhang mit einer Einwilligung zu Filmaufnahmen seiner Person für einen Werbefilm des AG angenommen hat, der Widerruf einer Einwilligung bedürfe der **plausiblen Erklärung,** warum der AN nunmehr, anders als bei der Erteilung der Einwilligung, sein Recht auf informationelle Selbstbestimmung gegenläufig ausüben wolle,[55] kann hieran nicht mehr festgehalten werden.[56] Dies schließt nicht aus, dass die Ausübung des Widerrufsrechts im Einzelfall gegen vertragliche Rücksichtnahmepflichten aus § 214 II BGB verstößt.[57] Nach Art. 7 III 2 DS-GVO wird durch den Widerruf der Einwilligung die Rechtmäßigkeit der aufgrund der Einwilligung bis zum Widerruf erfolgten Verarbeitung nicht berührt. Der Widerruf wirkt damit ex nunc.[58] Ein Verzicht auf das datenschutzrechtliche Widerrufsrecht ist nicht möglich.[59] 16

4. Kollektivvereinbarungen. Gem. § 26 IV BDSG können auch Kollektivvereinbarungen eine Erlaubnisgrundlage für die Verarbeitung personenbezogener Daten im Beschäftigungsverhältnis sein. Der Begriff „Kollektivvereinbarungen" knüpft an die Terminologie des Art. 88 I DS-GVO an. Hierdurch wird klargestellt, dass Tarifverträge, Betriebsvereinbarungen oder Dienstvereinbarungen weiterhin die Rechtsgrundlage für Regelungen zum Beschäftigtendatenschutz bilden können. Für Betriebsvereinbarungen ist das im Erwägungsgrund 155 ausdrücklich klargestellt. Kollektivvereinbarungen sollen den Verhandlungsparteien die Ausgestaltung eines auf die betrieblichen Bedürfnisse zugeschnittenen Beschäftigtendatenschutzes ermöglichen.[60] Für Sprecherausschussrichtlinien dürfte das in gleicher Weise gelten.[61] Betriebsvereinbarungen unterliegen der Rechtskontrolle nach § 75 BetrVG. Hierbei wird auch geprüft, ob sie den Anforderungen des Art. 88 II DS-GVO entsprechen.[62] Geht man davon aus, dass die DS-GVO der Vollharmonisierung des Datenschutzes dient (→ Rn. 2), dürfen Kollektivvereinbarungen das unionsrechtliche Datenschutzrecht lediglich konkretisieren, jedoch keine anderen Standards einführen.[63] Wie weit das reicht, ist im Einzelnen umstritten.[64] 17

5. Sensible Daten. Besonderen Schutz genießen sensible Daten iSv Art. 9 I DS-GVO. Diese können nur unter den **besonderen Voraussetzungen des Art. 9 II DS-GVO** verarbeitet werden. Im Arbeitsverhältnis bedeutsam sind dabei die Fälle des lit. a (ausdrückliche Einwilligung), lit. b iVm § 26 III 1 iVm § 22 II BDSG (Verarbeitung für Zwecke des Beschäftigungsverhältnisses) und lit. f (Verarbeitung zur Geltendmachung von Rechtsansprüchen). Des Weiteren ist der Erlaubnistatbestand des Art. 9 II lit. e DS-GVO zu beachten, wenn sich die Verarbeitung auf Daten bezieht, welche die betroffene Person offensichtlich öffentlich gemacht hat (→ § 26 Rn. 14). Die Verarbeitung sensibler Daten für Zwecke des Beschäftigungsverhältnisses nach § 26 III 1 iVm § 22 II BDSG setzt voraus, dass sie zur Ausübung von Rechten oder zur Erfüllung rechtlicher Pflichten aus dem Arbeitsrecht, dem Recht der sozialen Sicherheit und des Sozial- 18

[52] *Kort* DB 2016, 711 (715).
[53] Ebenso HWK/*Lembke* DSGVO Art. 88 Rn. 73.
[54] HWK/*Lembke* DSGVO Art. 88 Rn. 60.
[55] BAG 11.12.2014 AP Nr. 42 zu § 611 BGB Persönlichkeitsrecht = NZA 2015, 604.
[56] *Kort* DB 2016, 711 (715); näher *Assmus/Winzer* ZD 2018, 508.
[57] *Dzida/Grau* DB 2018, 189 (190); Gola/*Schulz* DS-GVO Art. 7 Rn. 57; HWK/*Lembke* DSGVO Art. 88 Rn. 61.
[58] Ehmann/Selmayr/*Heckmann/Paschke* DS-GVO Art. 7 Rn. 92.
[59] Ehmann/Selmayr/*Heckmann/Paschke* DS-GVO Art. 7 Rn. 92.
[60] BT-Drs. 18/11325, 98.
[61] *Dzida/Grau* DB 2018, 189 (191).
[62] Dazu *Dzida/Grau* DB 2018, 189 (192 f.); *Klösel/Mahnhold* NZA 2017, 1428; *Wurzberger* ZD 2017, 258.
[63] *Dzida/Grau* DB 2018, 189 (193); *Franzen* EuZA 2017, 313 (344 f.).
[64] Überblick bei HWK/*Lembke* DSGVO Art. 88 Rn. 85 ff.

schutzes erforderlich ist und kein Grund zu der Annahme besteht, dass das schutzwürdige Interesse des betroffenen Beschäftigten an dem Ausschluss der Verarbeitung überwiegt. Stets zu beachten ist, dass aufgrund des Verweises auf § 22 II BDSG der AG angemessene und spezifische Maßnahmen zur Wahrung der Interessen der betroffenen Person vorzusehen hat. Welche Maßnahmen dazu gehören, ist in dieser Vorschrift im Einzelnen aufgelistet.

19 **6. Verantwortliche Stelle.** Verantwortlicher Adressat der datenschutzrechtlichen Verhaltenspflichten ist der **AG, dh das Unternehmen** als rechtlich selbständigen Rechtsträger.[65] Der BR ist nach bisherigem Verständnis vor Inkrafttreten des DS-GVO als Teil der verantwortlichen Stelle angesehen worden und nicht selbst als Verantwortlicher.[66] Ob hieran unter der Geltung der DS-GVO festgehalten werden kann, ist zweifelhaft und umstr.[67] Das BAG hat offengelassen, ob der BR als Verantwortlicher iSv Art. 4 Nr. 7 DS-GVO angesehen werden kann.[68] Zu Änderungen durch das **Betriebsrätemodernisierungsgesetz** (→ § 210 Rn. 10).

III. Rechte des Arbeitnehmers

20 Der AN hat nach näherer Maßgabe des Art. 15 DS-GVO gegenüber dem AG einen Auskunftsanspruch über die verarbeiteten personenbezogenen Daten.[69] Er kann vom AG gem. Art. 16 DS-GVO Berichtigung unrichtiger personenbezogener Daten sowie nach näherer Maßgabe des Art. 17 DS-GVO die Löschung dieser Daten verlangen. Aus Art. 18 DS-GVO folgt ein Recht auf Einschränkung der Verarbeitung sowie unter den in Art. 20 DS-GVO im Einzelnen enthaltenen Voraussetzungen das Recht, die den AN betreffenden personenbezogenen Daten in einem strukturierten, gängigen und maschinenlesbarem Format zu erhalten. Art. 21 DS-GVO statuiert ein besonderes Widerspruchsrecht gegen die Verarbeitung personenbezogener Daten. Schließlich kann der AN nach Art. 38 DS-GVO den Datenschutzbeauftragten anrufen und unter den Voraussetzungen des Art. 82 DS-GVO vom AG Schadensersatz verlangen, wenn dieser personenbezogene Daten unzulässig verarbeitet hat.

§ 154. Betriebs- oder Gefahrenschutz

Muster: Schaub ArbRFV-HdB/*Schrader* B. Rn. 219; *Schwede,* Muster-Betriebsvereinbarung für die Bestellung von Sicherheitsbeauftragten, ArbRAktuell 2017, 588 ff.; *ders.* Muster-Betriebsvereinbarung zur Durchführung der Gefährdungsbeurteilung, ArbRAktuell 2018, 117 ff.

Internetadresse: http://www.bmas.de.

Übersicht

[65] Kühling/Buchner/*Maschmann* BDSG § 26 Rn. 15.
[66] BAG 7.2.2012 AP Nr. 4 zu § 84 SGB IX = NZA 2012, 744; 14.1.2014 NZA 2014, 738.
[67] Kühling/Buchner/*Maschmann* BDSG § 26 Rn. 16 mwN zum Streitstand.
[68] BAG 7.5.2019 AP Nr. 87 zu § 80 BetrVG 1972 = NZA 2019, 1218.
[69] Hierzu BAG 27.4.2021 – 2 AZR 342/20.

I. Grundlagen des Arbeitsschutzrechts

1. Gesetzliche Regelung. Schutzpflichten des AG ergeben sich schon aus der vertraglichen **Fürsorgepflicht,** die insoweit in **§§ 617, 618 BGB** sowie für Handlungsgehilfen in § 62 HGB geregelt ist. Wegen der Einzelheiten → § 106 Rn. 6 ff. Daneben gelten die besonderen Bestimmungen des öffentlichen Arbeitnehmerschutzrechts, die damit gleichzeitig Teil der privatrechtlichen Verpflichtung des AG sind (→ § 151 Rn. 6). 1

2. Unionsrecht. Die EG hat die Richtlinie 89/391/EWG vom 12.6.1989 über die Durchführung von Maßnahmen zur Verbesserung der Sicherheit und des Gesundheitsschutzes der AN bei der Arbeit (ABl. EG L 183, 1), die sog. **Arbeitsschutz-Rahmenrichtlinie** erlassen. Diese Rahmenrichtlinie ist durch das Gesetz zur Umsetzung der EG-Rahmenrichtlinie Arbeitsschutz und weiterer Arbeitsschutz-Richtlinien vom 7.8.1996 (BGBl. I 1296) in das nationale Recht umgesetzt worden. Dieses Gesetz enthält in Art. 1 das Gesetz über die Durchführung von Maßnahmen des Arbeitsschutzes zur Verbesserung der Sicherheit und des Gesundheitsschutzes der Beschäftigten bei der Arbeit (Arbeitsschutzgesetz – ArbSchG) vom 7.8.1996 (BGBl. I 1246, zul. geänd. am 22.12.2020, BGBl. I 3334). Daneben wurden **zahlreiche Einzelrichtlinien** zum Arbeitsschutz erlassen, zB 2

- RL 89/654/EWG, Richtlinie über Mindestvorschriften für Sicherheit und Gesundheitsschutz in Arbeitsstätten;
- RL 2009/104/EG, Richtlinie über Mindestvorschriften für Sicherheit und Gesundheitsschutz bei Benutzung von Arbeitsmitteln durch Arbeitnehmer bei der Arbeit (die die RL 89/655/EWG abgelöst hat);
- RL 89/656/EWG, Richtlinie über Mindestvorschriften für Sicherheit und Gesundheitsschutz bei Benutzung persönlicher Schutzausrüstungen durch Arbeitnehmer bei der Arbeit;
- RL 90/269/EWG, Richtlinie über Mindestvorschriften bezüglich der Sicherheit und des Gesundheitsschutzes bei der manuellen Handhabung von Lasten, die für die Arbeitnehmer insbesondere eine Gefährdung der Lendenwirbelsäule mit sich bringt;
- RL 90/270/EWG, Richtlinie über Mindestvorschriften bezüglich der Sicherheit und des Gesundheitsschutzes bei der Arbeit an Bildschirmgeräten;
- RL 92/57/EWG, Richtlinie über die auf zeitlich begrenzte oder ortsveränderliche Baustellen anzuwendenden Mindestvorschriften für Sicherheit und Gesundheitsschutz.

3. Zweck des ArbSchG. Durch das ArbSchG ist das **klassische Arbeitsschutzrecht,** das der Verhütung von Arbeitsunfällen und der Berufskrankheiten und sonstigen arbeitsbedingten Gesundheitsgefahren diente, **erweitert.** Es will nicht nur die menschengerechte Gestaltung der Arbeit sichern (§ 2 I ArbSchG), sondern Sicherheits- und Gesundheitsschutz schon in das Vorfeld verlegen. Es dient dagegen nicht dem Schutz des Eigentums der AN.[1] 3

II. Arbeitsschutzgesetz

1. Geltungsbereich. a) Beschäftigte. Das ArbSchG gilt für alle Beschäftigten (§ 1 I ArbSchG).[2] Beschäftigte im Sinne des Gesetzes sind gem. § 2 II ArbSchG **(1)** AN, **(2)** die zu ihrer Berufsausbildung Beschäftigten, **(3)** arbeitnehmerähnliche Personen iSv § 5 ArbGG, ausgenommen die in Heimarbeit Beschäftigten und ihnen Gleichgestellten, **(4)** Beamtinnen und Beamte, **(5)** Richterinnen und Richter, **(6)** Soldatinnen und Soldaten, **(7)** die in Werkstätten für Behinderte Beschäftigten. Für Leiharbeitnehmer gelten gem. § 11 VI AÜG die für den Entleiher geltenden Vorschriften des Arbeitsschutzrechts. 4

[1] BAG 25.5.2000 AP Nr. 8 zu § 611 BGB Parkplatz = NZA 2000, 1052.
[2] Vgl. zur Geltung für ein sog. Einfühlungsverhältnis *Aligbe* ArbRAktuell 2019, 605; zum Begriff → § 182 Rn. 2.

5 **b) Ausnahmen.** Ausgenommen vom ArbSchG sind Hausangestellte in privaten Haushalten (§ 1 II 1 ArbSchG) und die in Heimarbeit Beschäftigten (§ 2 II Nr. 3 ArbSchG), nicht dagegen Telearbeitnehmer (→ § 164 Rn. 44 f.). Es gilt ferner nicht in der Seeschifffahrt und im Bergbau, soweit dort Sonderregeln bestehen. Besonderheiten bestehen nach der VO über die modifizierte Anwendung von Vorschriften des Arbeitsschutzgesetzes für bestimmte Tätigkeiten im öffentlichen Dienst des Bundes im Geschäftsbereich des BMI (Bundesministerium des Innern-Arbeitsschutzgesetzanwendungsverordnung – BMI-ArbSchGAnwV) vom 19.6.2020 (BGBl. I 1328) sowie im Geschäftsbereich des BMVg (Bundesministerium der Verteidigung-Arbeitsschutzgesetzanwendungsverordnung – BMVg-ArbSchGAnwV) vom 3.6.2002 (BGBl. I 1850).[3]

6 **2. Verantwortung des Arbeitgebers. a) Allgemeines.** Grundsätzlich ist der AG für den Arbeitsschutz verantwortlich (§§ 3–14 ArbSchG). Der AG ist **verpflichtet,** die erforderlichen Maßnahmen des Arbeitsschutzes unter Berücksichtigung der Umstände zu treffen, die die Sicherheit und Gesundheit bei der Arbeit beeinflussen. Er hat die getroffenen Maßnahmen auf ihre Wirksamkeit zu überprüfen und soweit erforderlich an sich ändernde Gegebenheiten anzupassen (§ 3 I 2 ArbSchG). Es gilt der Grundsatz der Verhältnismäßigkeit.[4] Gem. § 3 III ArbSchG hat der AG die **Kosten** der Maßnahmen des Gesundheitsschutzes zu tragen und kann diese nicht auf die AN abwälzen.[5] Diese Verpflichtungen gelten gem. § 11 VI AÜG auch im Verhältnis zu **Leiharbeitnehmern.**[6] Der Entleiher ist für die Einhaltung der bestehenden Verpflichtungen verantwortlich, weil er das Direktionsrecht ausübt sowie die Arbeitsbedingungen und Arbeitsabläufe bestimmt. Für den Verleiher bestehen insoweit im Wesentlichen Kontroll- und Überwachungspflichten.[7] Wenn Beschäftigte mehrerer AG an einem Arbeitsplatz tätig sind, müssen die verschiedenen AG bei der Durchführung der Sicherheits- und Gesundheitsschutzvorschriften zusammenarbeiten (§ 8 I ArbSchG). Gemeint sind damit gemeinsame Arbeitsorte, wie zB Baustellen.

7 In § 4 ArbSchG sind eine Reihe von **Einzelgrundsätzen** aufgezählt, die der AG zu beachten hat. Hiernach hat er insbesondere die Arbeit so zu gestalten, dass eine Gefährdung für das Leben sowie die physische und psychische Gesundheit möglichst vermieden wird (s. auch § 618 I BGB; hierzu → § 106 Rn. 7); die Gefahren sind an ihrer Quelle zu bekämpfen; bei den getroffenen Maßnahmen sind der Stand der Technik, Arbeitsmedizin und Hygiene sowie sonstige gesicherte arbeitswissenschaftliche Erkenntnisse zu berücksichtigen; individuelle Schutzmaßnahmen sind nachrangig zu anderen Maßnahmen; spezielle Gefahren für besonders schutzbedürftige Beschäftigungsgruppen sind zu berücksichtigen. Unmittelbar oder mittelbar geschlechtsspezifisch wirkende Maßnahmen sind nur zulässig, wenn dies aus biologischen Gründen zwingend geboten ist.

8 **b) Gefährdungsbeurteilung.** Der AG hat durch eine Beurteilung der für die Beschäftigten mit ihrer Arbeit verbundenen Gefährdungen – auch psychischer Art (s. jetzt § 5 III Nr. 6 ArbSchG, § 3 I 3 ArbStättV)[8] – zu ermitteln, welche **Maßnahmen des Arbeitsschutzes** erforderlich sind (§ 5 I ArbSchG, s. auch § 3 ArbStättV). Nach **§ 10 I MuSchG** muss auch eine Beurteilung im Hinblick auf die Gefährdungen für eine schwangere, stillende Frau oder ihr Kind erfolgen.[9] Nach Mitteilung der Schwangerschaft müssen unverzüglich die nach Maßgabe der Gefährdungsbeurteilung erforderlichen Schutzmaßnahmen festgelegt werden (§ 10 II 1 MuSchG).[10] Gem. § 3 BetrSichV[11] hat der AG vor der Verwendung von Arbeitsmitteln (§ 2 I BetrSichV) die auftretenden Gefährdungen zu beurteilen. Das gilt auch für die von den AN mit Billigung des AG mitgebrachten Arbeitsmittel. Aus § 5 I ArbSchG iVm § 618 BGB folgt ein Anspruch des AN auf Beurteilung der mit der Beschäftigung verbundenen Gefährdung.[12] Er kann aber nicht eine Gefährdungsbeurteilung nach von ihm vorgegebenen Kriterien verlangen.

[3] Zu Besonderheiten des öffentlichen Dienstes: *Geffken* RiA 1998, 265; *Graßl/Zakrzewski* DÖD 2000, 49.
[4] Vgl. BAG 12.8.2008 AP Nr. 29 zu § 618 BGB = NZA 2009, 102; *Fröhlich/Hartmann* ArbRB 2009, 336 (338).
[5] Hierzu BAG 13.12.2016 AP Nr. 50 zu § 611 BGB Arbeitszeit = NZA 2017, 459.
[6] Näher hierzu *Aligbe* ArbRAktuell 2014, 146; generell zum Einsatz im Fremdbetrieb *Wiebauer* RdA 2014, 29.
[7] BAG 7.6.2016 AP Nr. 23 zu § 87 BetrVG 1972 Gesundheitsschutz mAnm *Ulber* = NZA 2016, 1420; *Aligbe* ArbRAktuell 2014, 146 (147); *Wiebauer* RdA 2014, 29 (35).
[8] Hierzu *Thewes* BB 2013, 1141; *Fritsche/Meckle* BB 2015, 821; *Sasse/Schönfeld* RdA 2016, 346.
[9] Hierzu *Olbert* AuA 2019, 504.
[10] Näher hierzu *Aligbe* ArbRAktuell 2018, 62 ff.
[11] Näher zur BetrSichV *Wilrich* DB 2016, 981; *Wiebauer* ArbRAktuell 2015, 198, 243.
[12] BAG 12.8.2008 AP Nr. 29 zu § 618 BGB = NZA 2009, 102; anders noch die Vorinstanz: LAG SchlH 23.11.2006 LAGE § 618 BGB 2002 Nr. 2.

Vielmehr steht dem AG ein **Beurteilungsspielraum** zu, der nach § 315 BGB auszufüllen ist.[13] Durch die dem AG auferlegten Beurteilungspflichten sollen mögliche Gefährdungen aus der Arbeit erkannt werden. Ausreichend ist bei gleichartigen Arbeitsbedingungen, wenn ein Arbeitsplatz oder eine Tätigkeit beurteilt wird (§ 5 II 2 ArbSchG). Weil des Gesetz dabei keine Identität fordert, müssen die Arbeitsbedingungen dabei im Wesentlichen, nicht jedoch in allen Einzelheiten übereinstimmen.[14] Von der Beurteilung der Arbeitsbedingungen und deren Dokumentation sind auch für Kleinbetriebe keine Ausnahmen zulässig.[15] Gefährdungen können sich insbesondere ergeben durch **(1)** die Gestaltung und die Einrichtung der Arbeitsstätte und des Arbeitsplatzes, **(2)** physikalische, chemische und biologische Einwirkungen, **(3)** die Gestaltung, die Auswahl und den Einsatz von Arbeitsmitteln sowie den Umgang damit, **(4)** die Gestaltung von Arbeits- und Fertigungsverfahren, Arbeitsabläufen und Arbeitszeit und deren Zusammenwirken, **(5)** unzureichende Qualifikation und Unterweisung der Beschäftigten, **(6)** psychische Belastungen bei der Arbeit[16] (§ 5 III ArbSchG). Aufgrund der Corona-Pandemie hat das BMAS am 11.8.2020 die SARS-CoV-2-Arbeitsschutzregel herausgeben, die unter Punkt 3 auch die Gefährdungsbeurteilung betrifft.[17] Eine unterlassene Gefährdungsbeurteilung berechtigt den BR nicht, dem Einsatz eines AN auf dem betreffenden Arbeitsplatz gem. § 99 II Nr. 1 BetrVG zu widersprechen.[18] Die Versetzung als Maßnahme verstößt hier nicht gegen ein Gesetz (§ 5 I ArbSchG, § 3 ArbStättV). Das wäre vielmehr nur dann der Fall, wenn gerade der betreffende AN aus Gründen des Gesundheitsschutzes auf dem für ihn vorgesehenen Arbeitsplatz nicht beschäftigt werden dürfte. Bei der Gefährdungsbeurteilung besteht ein **Mitbestimmungsrecht** des BR nach **§ 87 I Nr. 7 BetrVG,**[19] **nicht dagegen ein Beteiligungsrecht der Personalvertretung nach § 75 III Nr. 11 BPersVG.**[20] Das Mitbestimmungsrecht des BR umfasst die Klärung, inwieweit die Arbeitsbedingungen verschiedener AN gleichartig sind (§ 5 II 2 ArbSchG), mit welchen Methoden und Verfahren das Vorliegen und der Grad einer Gefährdung sowie die Dringlichkeit eines Handlungsbedarfs ermittelt werden sollen.[21] Wird eine Einigungsstelle errichtet, kann sich der Einigungs- und Bestellungsgegenstand nicht sowohl auf die Ausgestaltung des Verfahrens zur Durchführung einer Gefährdungsbeurteilung als gleichzeitig auch auf die ggf. erforderlichen Schutzmaßnahmen und die Regelung ihrer Wirksamkeitskontrolle erstrecken; dies folgt aus dem rechtssystematischen Zusammenhang der Regelungen in § 5 ArbSchG auf der einen Seite und § 3 I ArbSchG auf der anderen Seite.[22]

c) Dokumentation. Die Dokumentationspflicht ist in § 6 ArbSchG (sowie in § 14 MuSchG, 9 § 3 VIII BetrSichV) geregelt. Der AG muss über die je nach Art der Tätigkeit und der Zahl der Beschäftigten erforderlichen Unterlagen verfügen, aus denen das Ergebnis der Gefährdungsbeurteilung, die von ihm festgesetzten Maßnahmen des Arbeitsschutzes und das Ergebnis ihrer Überprüfung ersichtlich sind. Es ist nicht notwendig, für jeden Arbeitsplatz Unterlagen verfügbar zu halten, wenn die Gefährdungssituation gleich ist. Die Ausnahme von der Dokumentationspflicht für Kleinbetriebe gem. § 6 I 3 ArbSchG ist zum 25.10.2013 weggefallen. Bei der Ausgestaltung der Dokumentation der Ergebnisse der Gefährdungsbeurteilung hat der BR ein Mitbestimmungsrecht nach § 87 I Nr. 7 BetrVG.[23]

d) Unterweisung/arbeitsmedizinische Untersuchung. Bei der **Übertragung von Arbeit** 10 muss der AG darauf achten, ob die Beschäftigten befähigt sind, die für die Sicherheit und den Gesundheitsschutz bei der Aufgabenerfüllung zu beachtenden Bestimmungen und Maßnahmen einzuhalten (§ 7 ArbSchG). Nach § 11 ArbSchG hat der AG den Beschäftigten je nach den Gefahren für ihre Sicherheit und Gesundheit bei der Arbeit zu ermöglichen, sich regelmäßig **arbeitsme-**

[13] Zu dem Instrument der Belegschaftsbefragung *Schwede* ArbRAktuell 2016, 82.
[14] BAG 13.8.2019 AP Nr. 27 zu § 87 BetrVG 1972 = NZA 2019, 1717.
[15] EuGH 7.2.2002 AP Nr. 1 zu § 6 ArbSchG = NZA 2002, 321; als Konsequenz aus dieser Entscheidung hat der Gesetzgeber § 14 II ASiG aufgehoben; s. auch § 3 II 1 ArbStättV.
[16] Zur Frage der Erfassung solcher Belastungen s. *Sandrock* AuA 2015, 580.
[17] GMBl. 2020, S. 484–495.
[18] LAG München 6.12.2011 – 6 TaBV 67/11; offen geblieben in der Entscheidung des BAG 9.10.2013 AP Nr. 52 zu § 99 BetrVG 1972 Versetzung = NZA 2014, 156; aA *Helm/Huber* ArbuR 2013, 346.
[19] BAG 13.8.2019 AP Nr. 27 zu § 87 BetrVG 1972 = NZA 2019, 1717; 12.8.2008 AP Nr. 29 zu § 618 BGB = NZA 2009, 102; 8.6.2004 AP Nr. 13 zu § 87 BetrVG 1972 Gesundheitsschutz = NZA 2004, 1175; ausf. *Wiebauer* RdA 2019, 41.
[20] BVerwG 5.3.2012 NZA-RR 2012, 447; 14.10.2002 AP Nr. 81 zu § 75 BPersVG = NZA-RR 2003, 273.
[21] BAG 19.11.2019 AP Nr. 28 zu § 87 BetrVG 1972 = NZA 2020, 266.
[22] BAG 19.11.2019 AP Nr. 28 zu § 87 BetrVG 1972 = NZA 2020, 266.
[23] BAG 13.8.2019 AP Nr. 27 zu § 87 BetrVG 1972 = NZA 2019, 1717.

dizinisch untersuchen zu lassen. Eine spezielle **Unterweisungspflicht** ergibt sich aus § 12 ArbSchG sowie § 6 ArbStättV. Der AG hat die Beschäftigten über Sicherheit und Gesundheitsschutz bei der Arbeit zu unterweisen. Bei einer Arbeitnehmerüberlassung ist die Unterweisung durch den Entleiher durchzuführen (§ 12 II ArbSchG). Die Unterweisung muss individuell zugeschnitten, der Gefährdungsentwicklung angepasst sein und gegebenenfalls wiederholt werden. Insoweit besteht ein Vorrang der Gefährdungsbeurteilung.[24] Wegen der Art und des Inhalts der Unterweisung besteht ein Mitbestimmungsrecht des BR.[25] Können sich die Betriebspartner hierüber nicht einigen, ist das im Einigungsstellenverfahren zu regeln, wobei die Erkenntnisse der Gefährdungsbeurteilung zu berücksichtigen sind. Das BAG verlangt die Regelung einer konkreten arbeitsplatz- oder aufgabenbezogenen Unterweisung. Nicht ausreichend ist danach das bloße Aufstellen allgemeiner Bestimmungen über die Unterweisung zu Gefahren am Arbeitsplatz.[26] Die Zusammenarbeit mehrerer AG regelt § 8 ArbSchG. Die Vorschrift hat Schutzcharakter (§ 823 II BGB) und kann bei Verletzung zu Schadensersatzansprüchen führen.

11 **e) Besonders gefährliche Arbeitsbereiche.** Der AG hat Maßnahmen zu treffen, damit nur Beschäftigte Zugang zu besonders gefährlichen Arbeitsbereichen haben, die zuvor geeignete Arbeitsanweisungen erhalten haben (§ 9 ArbSchG). Neben § 9 ArbSchG gelten u.a. § 20 DrucklV, § 14 GefStoffV (→ Rn. 32, → Rn. 30). Erste Hilfe und Notfallmaßnahmen sind in § 10 ArbSchG geregelt.

12 **3. Übertragung von Arbeitgeberpflichten.**[27] In § 13 I ArbSchG sind die Personen aufgezählt, die für die Erfüllung der Arbeitgeberpflichten nach dem ArbSchG verantwortlich sind. Von § 13 I Nr. 4 ArbSchG wird nicht jeder Vorgesetzte erfasst, sondern nur, wer eigenverantwortlich ein Unternehmen oder einen Betrieb führt. Der AG kann gem. § 13 II ArbSchG zuverlässige und fachkundige Personen schriftlich damit beauftragen, ihm obliegende Aufgaben nach dem ArbSchG in eigener Verantwortung wahrzunehmen. Dies setzt schon wegen der hiermit verbundenen Verantwortlichkeit nach § 14 II StGB und § 9 II OWiG das Einverständnis des zu beauftragenden AN voraus.[28] Bei der Beauftragung externer Personen oder Stellen besteht kein Mitbestimmungsrecht des BR nach § 87 I Nr. 7 BetrVG.[29] Die Übertragung der Verantwortlichkeit auf Dritte ändert aber nichts an der Verantwortlichkeit des AG für den Arbeitsschutz im Unternehmen.[30] Daher hat sie auch keine Auswirkungen auf das Bestehen von Mitbestimmungsrechten des BR zB im Rahmen von § 5 (Gefährdungsanalyse) und § 12 ArbSchG (Unterweisung der Beschäftigten).[31]

13 **4. Verpflichtungen der Arbeitnehmer.** Durch das ArbSchG werden nicht nur Obliegenheiten sondern darüber hinausgehend auch Verpflichtungen der AN begründet. Die Beschäftigten sind gem. § 15 I ArbSchG verpflichtet, nach ihren Möglichkeiten sowie gemäß der Unterweisung und Weisung des AG für ihre eigene Sicherheit und Gesundheit und derjenigen Person zu sorgen, die von ihren Handlungen und Unterlassungen betroffen sind. Nach den Unfallverhütungsvorschriften müssen sie sich in Erster Hilfe ausbilden lassen.[32] Bei den in §§ 15, 16 ArbSchG geregelten Pflichten handelt es sich um öffentliche Pflichten, die aber zugleich Konkretisierungen der privatrechtlichen Pflichten darstellen.[33]

14 Die AN haben **technische Arbeitsmittel** bestimmungsgemäß zu verwenden (§ 15 II ArbSchG). Hierzu gehört auch, dass sie nicht verändert werden. Persönliche Schutzausrüstungen müssen getragen werden.

15 Nach § 16 ArbSchG haben die Beschäftigten dem AG oder dem zuständigen Vorgesetzten jede **von ihnen festgestellte unmittelbar erhebliche Gefahr** für die Sicherheit und Gesundheit sowie jeden an den Schutzsystemen festgestellten Defekt unverzüglich zu melden. Die Meldepflicht bezieht sich nur auf unmittelbare erhebliche Gefahren. Die Beschäftigten sollen neben

---

[24] *Lützeler* BB 2012, 2756 (2759); ausf. zur Unterweisung *Aligbe* ArbRAktuell 2017, 323.
[25] BAG 11.1.2011 AP Nr. 17 zu § 87 BetrVG 1972 Gesundheitsschutz = NZA 2011, 651.
[26] BAG 8.11.2011 AP Nr. 18 zu § 87 BetrVG 1972 Gesundheitsschutz = NZA 2012, 1063 (LS); 11.1.2011 AP Nr. 17 zu § 87 BetrVG 1972 Gesundheitsschutz = NZA 2011, 651; 8.6.2004 AP Nr. 20 zu § 76 BetrVG 1972 = NZA 2005, 227; *Lützeler* BB 2012, 2756.
[27] *Gerhard* AuA 1998, 236; Muster: Schaub ArbRFV-HdB/*Siebert* A. Rn. 413.
[28] LAG Bln-Bbg 17.11.2017 ZTR 2018, 213.
[29] BAG 18.8.2009 AP Nr. 16 zu § 87 BetrVG 1972 Gesundheitsschutz = NZA 2009, 1434; anders noch die Vorinstanz: LAG Nds 4.4.2008 LAGE § 87 BetrVG 2001 Gesundheitsschutz Nr. 2.
[30] Näher hierzu *Aligbe* ArbRAktuell 2013, 37.
[31] LAG SchlH 29.5.2012 – 7 TaBV 61/11; BAG 30.9.2014 NZA 2015, 314.
[32] *Leube* BB 1998, 1738.
[33] ErfK/*Wank* ArbSchG §§ 15, 16 Rn. 1.

der Meldung an den AG die Fachkraft für Arbeitssicherheit, den Betriebsarzt und den Sicherheitsbeauftragten nach § 22 SGB VII einschalten (§ 16 II 2 ArbSchG).

5. Vorschlagsrecht der Arbeitnehmer. Nach § 17 I 1 ArbSchG sind die Beschäftigten 16
berechtigt, dem AG **Vorschläge zu allen Fragen der Sicherheit und des Gesundheitsschutzes** bei der Arbeit zu machen. Sind Beschäftigte aufgrund konkreter Anhaltspunkte der Auffassung, dass die vom AG getroffenen Maßnahmen und bereitgestellten Mittel nicht ausreichen, um die Sicherheit und Gesundheit bei der Arbeit zu gewährleisten und hilft der AG darauf gerichteten Beschwerden der Beschäftigten nicht ab, so können sich diese gem. § 17 II 1 ArbSchG an die zuständigen Behörden wenden.

6. Zivilrechtliche Ansprüche. a) Überblick. Das ArbSchG enthält neben den in → § 151 17
Rn. 6 dargestellten zivilrechtlichen Auswirkungen des Arbeitsschutzes und dem Anspruch auf eine Gefährdungsbeurteilung (→ Rn. 8) **drei weitere zivilrechtliche Anspruchsgrundlagen.**

b) § 9 III ArbSchG. Nach § 9 III ArbSchG hat der AG Maßnahmen zu treffen, die es 18
dem Beschäftigten **bei unmittelbarer erheblicher Gefahr** ermöglichen, sich durch sofortiges Verlassen des Arbeitsplatzes in Sicherheit zu bringen. Dem Beschäftigten dürfen hierdurch keine Nachteile erwachsen. Hält die unmittelbare Gefahr an, darf der AG die Beschäftigten nur in besonders begründeten Ausnahmefällen auffordern, ihre Tätigkeit wieder aufzunehmen. Ein Entfernungsrecht steht dem Beschäftigten nur bei unmittelbarer und erheblicher Gefahr zu, nicht dagegen dann, wenn der AN nur irrtümlich an eine Gefahr glaubt.[34]

c) § 17 I ArbSchG. Mit dem Recht der Beschäftigten, nach § 17 I ArbSchG dem AG **Vor-** 19
schläge zu allen Fragen der Arbeitssicherheit zu machen (→ Rn. 16), korrespondiert eine Verpflichtung des AG zur Kenntnisnahme. Dagegen erwächst daraus keine Verpflichtung zur Berücksichtigung.

d) § 17 II ArbSchG. Nach § 17 II ArbSchG wird der AN von der arbeitsvertraglichen 20
Schweigepflicht befreit. Die Beschäftigten haben ein abgestuftes **Beschwerderecht** (→ Rn. 16). Durch dessen Ausübung dürfen ihnen **keine Nachteile** entstehen (§ 17 II 2 ArbSchG).

III. Ausführungsverordnungen – Übersicht

Internetadressen: → § 151 vor Rn. 1.

Das ArbSchG ist (gem. der Ermächtigung der §§ 18, 19 ArbSchG) durch eine Reihe von 21
Ausführungsverordnungen ergänzt worden, die entsprechende Richtlinien der EG umsetzen. Hierzu gehören u.a.:[35]

(1) VO über Sicherheit und Gesundheitsschutz bei der Benutzung persönlicher Schutzausrüs- 22
tung bei der Arbeit (PSA-BenutzungsV – PSA-BV) vom 4.12.1996 (BGBl. I 1841).

(2) VO über Sicherheit und Gesundheitsschutz bei der manuellen Handhabung von Lasten 23
bei der Arbeit (Lastenhandhabungsverordnung – LasthandhabV) vom 4.12.1996 (BGBl. I 1842) m. spät. Änd.

(3) Die frühe BildscharbV ist jetzt in die ArbStättV integriert (Anh. Nr. 6 ArbStättV).[36] Unter 24
den Begriff des Bildschirms iSd Art. 2 der Richtlinie 90/270 EWG fallen auch Bildschirme, auf denen Filmaufzeichnungen in analoger oder digitalisierter Form dargestellt werden.[37] Soweit die Kosten für eine Bildschirmarbeitsbrille in Normalausführung von der Krankenkasse getragen werden, entfällt mangels Erforderlichkeit ein gegen den AG gerichteter allgemeiner Anspruch.[38]

(4) VO über Arbeitsstätten (ArbStättV) vom 12.8.2004 (BGBl. I 2179),[39] zul. geänd. 25
22.12.2020 (BGBl. I 3334).

(5) VO zur Neuregelung der Anforderungen an den Arbeitsschutz bei der Verwendung von 26
Arbeitsmitteln und Gefahrstoffen (BetrSichV) vom 3.2.2015 (BGBl. I 49) m. spät. Änd.[40] Sie dient der Umsetzung zahlreicher europäischer Einzelrichtlinien, nämlich RL 89/655/EWG,

---

[34] ErfK/*Wank* ArbSchG § 9 Rn. 1.
[35] Weitere Verordnungen s. *Nipperdey* plus Nr. 373 ff. oder *Nipperdey* II, Arbeitssicherheit, Nr. 200 ff.
[36] Ausf. hierzu *Aligbe* ArbRAktuell 2018, 585 ff.
[37] EuGH 6.7.2000 AP Nr. 3 zu EWG-Richtlinie 90/270 = NZA 2000, 877; vgl. auch EuGH 24.10.2002 – C-455/00.
[38] LAG Hamm 29.10.1999 NZA-RR 2000, 351.
[39] Zur Neufassung *Börkircher* PuR 2017, 33; *Wiebauer* NZA 2017, 220.
[40] *Wilrich* DB 2002, 1553; *ders.* DB 2002, 2165; *Schucht* NZA 2015, 333.

geändert durch RL 95/63/EG und abgelöst durch RL 2009/104/EG des Rates über Mindestvorschriften für Sicherheit und Gesundheitsschutz bei Benutzung von Arbeitsmitteln durch AN bei der Arbeit, Zweite Einzelrichtlinie, RL 1999/92/EG des Europäischen Parlaments und des Rates vom 16.12.1999 über Mindestvorschriften zur Verbesserung des Gesundheitsschutzes und der Sicherheit der AN, die durch explosionsfähige Atmosphären gefährdet werden können, der Richtlinie 75/324 des Rates vom 20.5.1975 zur Angleichung der Rechtsvorschriften über Aerosolpackungen (ABl. EG L 147, 40), der Richtlinie 97/23/EG über Druckgeräte (ABl. EG L 181, 1, ABl. EG L 265, 110), der Richtlinien zum Schutz der AN der Gefährdungen durch Karzinogene bei der Arbeit und der RL 98/24/EG vom 7.4.1998 zum Schutz vor der Gefährdung durch chemische Arbeitsstoffe (Zusammenfassung von drei Richtlinien).

27 **(6)** Die Regelungen der VO zum Schutze der Mütter am Arbeitsplatz (MuSchArbV) vom 15.4.1997 (BGBl. I 782) m. spät. Änd. wurden nunmehr in das MuSchG integriert.

28 **(7)** VO über Sicherheit und Gesundheitsschutz auf Baustellen (BaustellV) vom 10.6.1998 (BGBl. I 1283) m. spät. Änd.[41]

29 **(8)** VO über Sicherheit und Gesundheitsschutz bei Tätigkeiten mit biologischen Arbeitsstoffen (BioStoffV) vom 15.7.2013 (BGBl. I 2514) m. spät. Änd.

30 **(9)** VO zum Schutz vor Gefahrstoffen (GefStoffV) vom 26.11.2010 (BGBl. I 1643)[42] m. spät. Änd.

31 **(10)** VO zum Schutz der Beschäftigten vor Gefährdungen durch Lärm und Vibrationen (LärmVibrationsArbSchV) vom 6.3.2007 (BGBl. I 261) m. spät. Änd.

32 **(11)** VO über Arbeiten in Druckluft (DrucklV) vom 4.10.1972 (BGBl. I 1909) m. spät. Änd.

32a **(12)** Auf Grundlage von § 18 III ArbSchG wurde am 21.1.2021 die SARS-CoV-2-Arbeitsschutzverordnung (Corona-ArbSchV, BAnz AT 22.1.2021 V1; NF BAnz AT 28.6.2021 V1) erlassen, die für den Zeitraum vom 27.1. bis zum 10.9.2021 Maßnahmen des AG zur Kontaktreduktion im Betrieb regelte.

IV. Durchführung des Arbeitsschutzes nach dem ArbSchG

33 **1. Arbeitgeber und Arbeitnehmer.** Die Normen des Arbeitsschutzrechts wenden sich überwiegend an den AG; dieser muss den Arbeitsschutz durchführen. Der AN ist zumeist nur zu einem dem Arbeitsschutz entsprechenden Verhalten verpflichtet. Allerdings hat das ArbSchG echte Pflichten geschaffen. Der AN kann aber auch in bestimmten Fällen Ordnungswidrigkeiten begehen, wenn er die Normen des Arbeitsschutzes nicht einhält. Mittelbar wird die Einhaltung eines arbeitsschutzgerechten Verhaltens erzwungen durch: **(1)** Erwachsen von Schadensersatzansprüchen gegen den AN; **(2)** Kündigung des Arbeitsverhältnisses, Verletzungen des Arbeitsschutzes können verhaltensbedingte Kündigungsgründe sein; **(3)** Ordnungsgelder der Berufsgenossenschaften.

34 **2. Betriebsrat/Personalrat.** Besondere Bedeutung kommt dem BR bzw. PR bei der Durchführung des Arbeitsschutzes zu (Einzelheiten → § 235 Rn. 75 ff.). Der BR hat nach § 80 I Nr. 1 BetrVG die Einhaltung des Arbeitsschutzes zu **überwachen.** Er hat im Rahmen von § 87 I Nr. 7 BetrVG ein **erzwingbares Mitbestimmungsrecht** über Regelungen über die Verhütung von Arbeitsunfällen und Berufskrankheiten sowie über den Gesundheitsschutz im Rahmen der gesetzlichen Vorschriften oder der Unfallverhütungsvorschriften. Dabei ist es unerheblich, ob die Rahmenvorschriften dem Gesundheitsschutz unmittelbar oder nur mittelbar dienen.[43] Der BR kann allerdings nicht unter Berufung auf den Arbeitsschutz die Einstellung zusätzlicher Mitarbeiter erzwingen, weil hierin ein Eingriff in die mitbestimmungsfreie Personalplanung des AG läge.[44] Bei der Mitbestimmung geht es um die Ausfüllung von Arbeitsschutzvorschriften.[45] Erfasst werden nur gesetzliche Rahmenvorschriften zum Gesundheitsschutz, so dass entsprechende tarifvertragliche Schutzvorschriften keine Mitbestimmungsrechte auslösen.[46] Der

[41] *Klindt* AR-Blattei SD 370.2; *Kossens* AiB 1998, 550; *Pieper* ArbuR 1999, 88.
[42] Hierzu *Grüneberg* ArbRB 2011, 588.
[43] BAG 11.2.2014 AP Nr. 20 zu § 87 BetrVG 1972 Gesundheitsschutz = NZA 2014, 989; 8.6.2004 AP Nr. 13 zu § 87 BetrVG 1972 Gesundheitsschutz = NZA 2004, 1175.
[44] LAG SchlH 25.4.2018 ArbRAktuell 2018, 404 (LS); *Dahl* BB 2018, 1972 ff.
[45] BAG 12.8.2008 AP Nr. 29 zu § 618 BGB = NZA 2009, 102; 8.6.2004 AP Nr. 13 zu § 87 BetrVG 1972 Gesundheitsschutz = NZA 2004, 1175; 10.4.1979 AP Nr. 1 zu § 87 BetrVG 1972 Arbeitssicherheit.
[46] BAG 11.12.2012 AP Nr. 19 zu § 87 BetrVG 1972 Gesundheitsschutz = NZA 2013, 752 (LS).

Begriff des Gesundheitsschutzes entspricht dem in § 1 I ArbSchG.[47] Mitbestimmungsrechte sind immer dann zu beachten, wenn zum einen gesetzliche Handlungspflichten bestehen, zum anderen jedoch keine zwingenden Vorgaben über die Umsetzung des Arbeits- und Gesundheitsschutzes festgelegt sind, so dass dem AG ein Ermessens- oder Gestaltungsspielraum bleibt.[48] Bei öffentlich-rechtlichen Regelungen, die weit gefasste Generalklauseln enthalten, wie zB nach § 3 I 1 ArbSchG oder nach § 3a I 1 ArbStättV[49] setzt das Mitbestimmungsrecht zwar nicht das Bestehen einer konkreten Gesundheitsgefahr voraus,[50] wohl aber das Vorliegen konkreter Gefährdungen iSv § 5 I ArbSchG.[51] Diese müssen entweder feststehen oder im Rahmen einer Gefährdungsbeurteilung nach § 5 ArbSchG festzustellen sein.[52] Daher muss nicht allein aufgrund der Aufnahme der Tätigkeit bereits mit dem sofortigen Eintritt einer Gesundheitsgefahr zu rechnen sein; ausreichend ist vielmehr zB, wenn die Tätigkeit als solche dazu führt, dass ihre geplante Fortsetzung – über einen gewissen Zeitraum hinweg – gesundheitsbelastend ist. Sofern die einschlägigen Bestimmungen dagegen eine bestimmte Maßnahme vorschreiben, besteht kein Handlungsrahmen und es ist kein Raum für Mitbestimmungsrechte. Daher hat der BR kein Mitbestimmungsrecht bei der Frage, ob ein Arbeitsschutzausschuss (→ Rn. 60) zu bilden ist, weil das Gesetz das in § 11 ASiG vorgibt; er kann diese Verpflichtung auch nicht in einem arbeitsgerichtlichen Beschlussverfahren durchsetzen.[53] Erst recht unterliegt die Teilnahme einzelner Mitglieder an den Sitzungen nicht der Mitbestimmung.[54] § 88 Nr. 1 BetrVG begründet ein freiwilliges Mitbestimmungsrecht bei der Schaffung zusätzlicher Regelungen und nach § 89 BetrVG bestehen Mitwirkungsrechte bei der Durchführung des Arbeitsschutzes[55] sowie nach § 90 BetrVG Mitwirkungsrechte zur Arbeitssicherheit. Das erzwingbare Mitbestimmungsrecht bezieht sich insbesondere auf die Gefährdungsbeurteilung nach § 5 ArbSchG (→ Rn. 8), die Ausgestaltung der Dokumentation gem. § 6 ArbSchG, die Unterweisung der AN gem. § 12 ArbSchG (→ Rn. 10), Maßnahmen des Gesundheitsschutzes gem. § 3 ArbSchG einschließlich einer Pausenregelung und präventiver Maßnahmen des Gesundheitsschutzes, betriebliche Maßnahmen der Organisation des Gesundheitsschutzes gem. § 3 II Nr. 1 ArbSchG und arbeitsmedizinische Vorsorgeuntersuchungen gem. § 11 ArbSchG[56] sowie gem. Anh. Nr. 6 ArbStättV,[57] nicht aber auf die Beauftragung fachkundiger Personen mit Aufgaben des Gesundheitsschutzes gem. § 13 ArbSchG, weil es sich hierbei regelmäßig um eine Einzelmaßnahme handelt.[58] Zu den Mitwirkungsrechten des BR bei der Umsetzung von Nachtarbeitnehmern (§ 6 IV ArbZG) und zum Ausgleich für Nachtarbeit (§ 6 V ArbZG) → § 157 Rn. 11, 14f. Bei der Wahrnehmung der Pflichten des Gesundheitsschutzes gegenüber **Leiharbeitnehmern** ist grundsätzlich der BR des Entleihers zu beteiligen.[59]

Besonderheiten gelten für Leiharbeitnehmer. Zwar sind sie gem. § 14 I AÜG grundsätzlich 35
Teil der Belegschaft des Verleihbetriebes. Aus dieser Zuordnung ergibt sich aber noch nicht die

[47] BAG 8.6.2004 AP Nr. 13 zu § 87 BetrVG 1972 Gesundheitsschutz = NZA 2004, 1175; zu § 75 III Nr. 11 BPersVG vgl. BVerwG 14.2.2013 NZA-RR 2013, 390.

[48] BAG 19.11.2019 AP Nr. 28 zu § 87 BetrVG 1972 = NZA 2020, 266; 28.3.2017 AP Nr. 24 zu § 87 BetrVG 1972 Gesundheitsschutz = NZA 2017, 1132; 7.6.2016 AP Nr. 23 zu § 87 BetrVG 1972 Gesundheitsschutz = NZA 2016, 1420; 18.3.2014 AP Nr. 21 zu § 87 BetrVG 1972 Gesundheitsschutz = NZA 2014, 855; 18.8.2009 AP Nr. 16 zu § 87 BetrVG 1972 Gesundheitsschutz = NZA 2009, 1434.

[49] Vgl. hierzu BAG 18.7.2017 AP Nr. 25 zu § 87 BetrVG 1972 Gesundheitsschutz = NZA 2017, 1615.

[50] So noch BAG 11.12.2012 AP Nr. 19 zu § 87 BetrVG 1972 Gesundheitsschutz = NZA 2013, 752 (LS); 8.6.2004 AP Nr. 13 zu § 87 BetrVG 1972 Gesundheitsschutz = NZA 2004, 1175.

[51] BAG 28.3.2017 AP Nr. 24 zu § 87 BetrVG 1972 Gesundheitsschutz = NZA 2017, 1132; ausf. hierzu *Fieseler/Berg* NZA 2018, 1520; *Wiebauer* RdA 2019, 41.

[52] BAG 25.4.2017 AP Nr. 48 zu § 87 BetrVG 1972 Überwachung = NZA 2017, 1205; 28.3.2017 AP Nr. 24 zu § 87 BetrVG 1972 Gesundheitsschutz = NZA 2017, 1132; ausf. hierzu *Oberberg/Hien* NZA 2018, 18ff.

[53] BAG 15.4.2014 NZA 2014, 1094; aA HessLAG 1.2.1996 NZA 1996, 114.

[54] BAG 8.12.2015 NZA 2016, 504.

[55] Dazu BAG 3.6.2003 AP Nr. 1 zu § 89 BetrVG 1972; zur Unterweisung: BAG 8.11.2011 AP Nr. 18 zu § 87 BetrVG 1972 Gesundheitsschutz = NZA 2012, 1063 (LS); 11.1.2011 AP Nr. 17 zu § 87 BetrVG 1972 Gesundheitsschutz = NZA 2011, 651.

[56] LAG Hmb 21.9.2000 LAGE § 87 BetrVG 1972 Gesundheitsschutz Nr. 1 = NZA-RR 2001, 190.

[57] *Fitting* BetrVG § 87 Rn. 302; LAG Hmb 21.9.2000 AP Nr. 11 zu § 87 BetrVG 1972 Gesundheitsschutz = NZA-RR 2001, 190; vgl. zu §§ 5, 12 ArbSchG BAG 8.6.2004 AP Nr. 13 zu § 87 BetrVG 1972 Gesundheitsschutz = NZA 2004, 1175.

[58] BAG 18.8.2009 AP Nr. 16 zu § 87 BetrVG 1972 Gesundheitsschutz = NZA 2009, 1434; aA LAG Nds 4.4.2008 LAGE § 87 BetrVG 2001 Gesundheitsschutz Nr. 2.

[59] BAG 7.6.2016 AP Nr. 23 zu § 87 BetrVG 1972 Gesundheitsschutz mAnm *Ulber* = NZA 2016, 1420; → Rn. 6.

Zuständigkeit des BR des Verleihbetriebes in allen die Leiharbeitnehmer betreffenden sozialen, personellen und wirtschaftlichen Angelegenheiten. Die Zuständigkeit bestimmt sich vielmehr nach dem Gegenstand des jeweiligen Mitbestimmungsrechts und der darauf bezogenen Entscheidungsmacht von Verleiher oder Entleiher (im Einzelnen hierzu → § 120 Rn. 99 ff.). Für Maßnahmen des Gesundheitsschutzes nach § 87 I Nr. 7 BetrVG ist für die Dauer der Entsendung nach § 11 VI 1 AÜG grundsätzlich der Entleiher verantwortlich, so dass der bei diesem gebildete BR zu beteiligen ist. Etwas Abweichendes kann allerdings dann gelten, wenn der Verleiher sich gegenüber dem Verleiher zu bestimmten Schutzmaßnahmen, zB der Stellung der erforderlichen Schutzausrüstung iSd PSA-BV (→ Rn. 22) verpflichtet hat.[60]

36 **3. Betriebliche Stellen.** Der Durchführung des Arbeitsschutzes dienen folgende betriebliche Stellen: Betriebsärzte, Fachkräfte für Arbeitssicherheit, Sicherheitsbeauftragte der Berufsgenossenschaften.

37 **4. Staatliche Stellen.** In den Arbeitsschutz eingeschaltet sind Gewerbeaufsichtsamt (Arbeitsschutzämter), Bergämter, Seemannsämter, Güterfernverkehrsamt für Fernlastfahrer. Ferner sind insoweit auch die Berufsgenossenschaften zuständig.

V. Gesundheits- und Gefahrenschutz

38 **1. Arbeitsstätten.** Aufgrund § 18 ArbSchG ist die Verordnung über Arbeitsstätten (ArbStättV) vom 12.8.2004 (BGBl. I 2179, zul. geänd. am 22.12.2020, BGBl. I 3334[61]) ergangen. Die ArbStättV ist eine Konkretisierung der Regelung des § 618 I BGB, der seinerseits eine Ausprägung der Fürsorgepflicht des AG darstellt. Der nach § 7 ArbStättV zu bildende Ausschuss für Arbeitsstätten (ASTA) hat zudem zwischenzeitlich mehrere Technische Regeln Arbeitsstätten erlassen, zB über Sicherheits- und Gesundheitsschutzkennzeichnung (ASR A1.3), Fluchtwege und Notausgänge, Flucht- und Rettungsplan (ASR A2.3), Raumtemperatur (ASR A3.5), Erste-Hilfe-Räume, Mittel und Einrichtungen zur Ersten Hilfe (ASR A4.3).[62] Zu den Sonderregelungen bei der Telearbeit → § 164 Rn. 38.

39 Nach § 3a I 1 ArbStättV hat der AG dafür zu sorgen, dass Arbeitsstätten so eingerichtet und betrieben werden, dass von ihnen keine Gefährdungen für die Sicherheit und die Gesundheit der Beschäftigten ausgehen. Gem. § 3a II 1 ArbStättV sind die besonderen Belange der Behinderten im Hinblick auf Sicherheit und Gesundheitsschutz zu berücksichtigen. Dabei muss der AG den Stand der Technik sowie die vom Bundesministerium für Arbeit und Soziales nach § 7 IV ArbStättV bekanntgemachten Regeln und Erkenntnisse berücksichtigen. In § 4 ArbStättV sind die besonderen Anforderungen an das Betreiben von Arbeitsstätten festgelegt. Der AG hat dafür zu sorgen, dass festgestellte Mängel unverzüglich beseitigt werden (§ 4 I 1 ArbStättV). Wenn Mängel, mit denen eine unmittelbare erhebliche Gefahr verbunden ist, nicht sofort beseitigt werden, ist die Arbeit insoweit einzustellen (§ 4 I 2 ArbStättV). Der AG muss für eine **Reinigung** entsprechend den hygienischen Erfordernissen sorgen (§ 4 II ArbStättV).[63] Die **Sicherheitseinrichtungen** sind sachgerecht zu warten und auf ihre Funktionsfähigkeit zu prüfen (§ 4 III ArbStättV). Verkehrswege, Fluchtwege und Notausgänge müssen ständig freigehalten werden. Der AG muss dafür sorgen, dass die Beschäftigten sich bei Gefahr in Sicherheit bringen können und schnell gerettet werden können. UU ist ein Flucht- und Rettungsplan aufzustellen (§ 4 IV 3 ArbStättV). Es müssen Mittel und Einrichtungen der Ersten Hilfe zur Verfügung gestellt und regelmäßig auf ihre Vollständigkeit und Verwendbarkeit überprüft werden (§ 4 V ArbStättV). Der nach Art. 2 I 1 GG gebotene **Nichtraucherschutz** ist in § 5 ArbStättV geregelt. Der AG muss die erforderlichen Maßnahmen treffen, damit die nicht rauchenden Beschäftigten in Arbeitsstätten wirksam vor den Gesundheitsgefahren durch Tabakrauch geschützt sind (§ 5 I 1 ArbStättV). Nicht schutzbedürftig sind diejenigen AN, die nicht nur Raucher sind, sondern außerdem bei der Arbeit rauchen.[64] Bei Bestehen eines öffentlich-rechtlichen Rauchverbots gem. § 618 BGB ist der AG verpflichtet, einen rauchfreien Arbeitsplatz zur Verfügung zu stellen.[65] In Betrieben mit Publikumsverkehr hat der AG Schutzmaßnahmen insoweit zu treffen, als die Natur des Betriebes und die Art der Beschäftigung es zulassen (§ 5 II ArbStättV).

[60] BAG 7.6.2016 AP Nr. 23 zu § 87 BetrVG 1972 Gesundheitsschutz mAnm *Ulber* = NZA 2016, 1420.
[61] Zu den Änderungen *Wiebauer* NZA 2017, 220.
[62] http://www.baua.de.
[63] Zur Frage eines entsprechenden Anspruchs des AN auf bestimmte Maßnahmen: LAG RhPf 19.12.2008 – 9 Sa 427/08.
[64] BAG 10.5.2016 AP Nr. 32 zu § 618 BGB = NZA 2016, 1134.
[65] BAG 19.5.2009 AP Nr. 30 zu § 618 BGB = NZA 2009, 775.

Dabei hat eine Abwägung zwischen der unternehmerischen Betätigungsfreiheit nach Art. 12 I GG und der Schutzpflicht aus Art. 2 II 1 GG zu erfolgen. Der AG ist dort nicht zwingend verpflichtet, einen vollständig rauchfreien Arbeitsplatz zu schaffen, er muss aber zumutbare Schutzmaßnehmen treffen, um die Gefährdung der AN zu minimieren. Hierbei hat er einen gerichtlich nur eingeschränkt überprüfbaren Gestaltungsspielraum.[66] Häufig vereinbaren die Betriebspartner Betriebsvereinbarungen, die ein weitgehendes Rauchverbot (→ § 53 Rn. 34) vorsehen. Ein generelles Rauchverbot im Freien lässt sich allerdings regelmäßig mit dem Gesundheitsschutz der Nichtraucher nicht rechtfertigen.[67] Nach Anh. Nr. 1.2 ArbStättV sind solche Arbeitsräume bereitzustellen, die eine ausreichende Grundfläche und Höhe sowie einen ausreichend Luftraum aufweisen.[68] Insoweit sind konkretisierende Regelungen durch Betriebsvereinbarung möglich.[69] Durch Anh. Nr. 3.4 ist geregelt, dass die Arbeitsräume, Pausen- und Bereitschaftsräume sowie Unterkünfte möglichst Tageslicht erhalten und eine Sichtverbindung nach außen aufweisen müssen.[70] Ferner sind hinreichende Toilettenräume sowie (falls die Beschäftigten besondere Arbeitskleidung tragen müssen) geeignete Umkleideräume bereitzustellen, und zwar jeweils getrennt für Männer und Frauen (Anh. Nr. 4.1 ArbStättV). Nach der ASR A3.5 (Gemeinsames Ministerialblatt Nr. 35 vom 23.6.2010, S. 751 ff.)[71] soll die Lufttemperatur in Arbeitsräumen 26° Celsius nicht überschreiten. Bei starker Sonneneinstrahlung, die zu einer Raumtemperatur von mehr als 26° führt, sind Sonnenschutzsysteme einzubauen. Bei Außentemperaturen von mehr als 26° sind weitere Maßnahmen geregelt. Bei einer Raumtemperatur von mehr als 30° müssen Maßnahmen (die beispielhaft in der ASR A3.5 aufgezählt werden) ergriffen werden. Außerdem ist grundsätzlich eine Temperaturobergrenze von 35° für Arbeitsräume vorgesehen. Dann ist der Raum nur noch mit bestimmten Maßnahmen (Entwärmungsphasen, Hitzeschutzkleidung) als Arbeitsraum geeignet. Diese Regelungen gelten naturgemäß nicht für Räume, an die spezifische klimatische Anforderungen gestellt werden, wie Kühllager oder Kühlhäuser, wohl aber für Räume, die typischerweise durch Temperaturschwankungen geprägt sind, wie etwa Backstuben oder Restaurantküchen.[72] Ein Überschreiten der Temperaturgrenzen führt nicht zu einem Wegfall der Arbeitspflicht, allerdings kann für den AN bei Unterlassen zumutbarer gebotener Maßnahmen ein Leistungsverweigerungsrecht nach § 273 BGB bestehen (auch → § 106 Rn. 14), sofern es sich nicht lediglich um geringfügige oder kurzfristige Verstöße handelt.[73] Ferner gibt es Temperaturuntergrenzen je nach Art der Tätigkeit der AN (ASR A3.5 Tabelle zu Ziff. 4.2), was technische Maßnahmen erforderlich machen kann. Denn bestehende Gefahren sind vorrangig an der Quelle zu bekämpfen. Erst wenn dies nicht möglich ist, kommen individuelle Schutzmaßnahmen (zB Schutzkleidung) in Betracht.[74] Die Technischen Regelungen für Arbeitsstätten (Anhang zu § 3 ArbStättV) sind selber keine Rechtsnormen, haben aber praktische Bedeutung, indem sie als dokumentierte, allgemein anerkannte Regeln bzw. gesicherte arbeitswissenschaftliche Erkenntnisse angesehen werden können. Bei ihrer Einhaltung ist nach § 3a I 3 ArbStättV davon auszugehen, dass der AG die Anforderungen der ArbStättV erfüllt. Aufgrund der für den AG bei der Umsetzung bestehenden Gestaltungsspielräume besteht insoweit regelmäßig ein Mitbestimmungsrecht des BR (→ Rn. 34).[75]

2. Besondere Regelungen für den Gesundheitsschutz. Aufgrund § 18 ArbSchG sind eine Reihe weiterer Verordnungen iSd Gesundheitsschutzes erlassen worden (hierzu → Rn. 22 ff.). Aufgrund der zum 1.1.2021 eingefügten Regelung in § 18 II Nr. 3a ArbSchG kann durch Verordnung geregelt werden, dass für bestimmte Beschäftigte angemessene Unterkünfte bereitzustellen sind, wenn dies aus Gründen der Sicherheit, zum Schutz der Gesundheit oder aus Gründen der menschengerechten Gestaltung der Arbeit erforderlich ist, und welche Anforderungen dabei zu erfüllen sind. Aufgrund der Corona-Pandemie hat das BMAS am 11.8.2020 mit der SARS-CoV-2-Arbeitsschutzregel[76] zusätzliche Arbeitsschutzmaßnahmen festgelegt.[77] Insoweit handelt es sich 40

[66] BAG 10.5.2016 AP Nr. 32 zu § 618 BGB = NZA 2016, 1134 (für ein Spielcasino); ausf. *Kock* NJW 2017, 198.
[67] BAG 19.1.1999 AP Nr. 28 zu § 87 BetrVG 1972 Ordnung des Betriebes = NZA 1999, 546.
[68] Weitere Regelungen finden sich im Anhang zur ArbStättV Anforderungen an Arbeitsstätten nach § 3 I.
[69] Vgl. LAG MV 9.3.2010 – 5 TaGVGa 6/09.
[70] Krit. zur Neuregelung *Wiebauer* NZA 2017, 220 (223 f.).
[71] Im Internet unter http://www.baua.de.
[72] *Schulze/Ratzesberger* AiB 2016, 24.
[73] BAG 28.6.2018 AP Nr. 270 zu § 626 BGB = NZA 2018, 1259; *Kolbe* BB 2010, 2762 (2764).
[74] Hierzu zB VG Münster 28.2.2013 – 7 L 853/12.
[75] BAG 18.7.2017 AP Nr. 25 zu § 87 BetrVG 1972 = NZA 2017, 1615; *Bonani* ArbRB 2019, 381.
[76] GMBl. 2020, S. 484–495.
[77] Hierzu *Wilrich* NZA 2020, 634.

aber nicht um eine Rechtsnorm, sondern eine unverbindliche Empfehlung, die allerdings nach § 4 Nr. 3 ArbSchG bei den zu treffenden Maßnahmen des Arbeitsschutzes zu berücksichtigen ist.[78] Ferner wurde in diesem Zusammenhang in **§ 18 III ArbSchG** zum 1.1.2021 geregelt, dass das BMAS in epidemischen Lagen von nationaler Tragweite nach § 5 I IfSG ohne Zustimmung des Bundesrates spezielle Rechtsverordnungen für einen befristeten Zeitraum erlassen kann. Auf dieser Grundlage wurde am 21.1.2021 die SARS-CoV-2-Arbeitsschutzverordnung (**Corona-ArbSchV,** BAnz AT 22.1.2021 V1 m. spät. Änd.; NF BAnz AT 28.6.2021 V1) erlassen, die für den Zeitraum vom 27.1. bis zum 30.9.2021 besondere Schutzregeln aufgestellt hat. Zu den danach erforderlichen **Schutzmaßnahmen** gehörten nach §§ 2 ff. Corona-ArbSchV organisatorische Maßnahmen zur Reduzierung von Personenkontakten, bestimmte Mindestflächen pro in einem Raum tätiger Personen, Lüftungsmaßnahmen, Abtrennungen und nach § 2 II Corona-ArbSchV unter bestimmten Voraussetzungen eine Pflicht für den AG, medizinische Gesichtsmasken (Mund-Nase-Schutz) zur Verfügung zu stellen (zur weiteren Verpflichtung des AG, im Falle von Büroarbeit oder vergleichbaren Tätigkeiten den Beschäftigten anzubieten, diese Tätigkeiten in deren Wohnung auszuführen, → § 164 Rn. 23). Die Vorgaben galten nach § 2 I 3 Corona-ArbSchV auch in den Pausenbereichen. Gleichzeitig regelte § 2 II Corona-ArbSchV eine Verpflichtung der Beschäftigten, die zur Verfügung gestellten Masken zu tragen. Nach § 4 I Corona-ArbSchV hatte der AG Beschäftigten, soweit diese nicht ausschließlich in ihrer Wohnung arbeiten, mindestens zweimal pro Kalenderwoche einen Test in Bezug auf einen direkten Erregernachweis des Coronavirus SARS-CoV-2 anzubieten. Nicht geregelt war, wo und durch wen der Test durchzuführen war. Erfolgte die Testung im Betrieb, ist die hierfür aufgewandte Zeit arbeitszeitschutzrechtlich als Arbeitszeit einzuordnen (vgl. zum Begriff der Arbeitszeit insoweit → § 156 Rn. 11). Ob eine Pflicht des AN bestand, sich testen zu lassen, ist in der Lit. umstr. (hierzu → § 53 Rn. 12a). Eine gesetzliche Impfpflicht bestand und besteht dagegen nicht. Eine solche **Impfpflicht** könnte grundsätzlich zwar durch Tarifvertrag, Betriebsvereinbarung oder auch arbeitsvertraglich geregelt werden. Dies kommt aber wegen der Grundrechtspositionen der AN nach Art. 2 I iVm Art. 1 I GG (allgemeines Persönlichkeitsrecht), Art. 2 II GG nur insoweit in Betracht, als ein berechtigtes Interesse des AG an einer Impfung besteht, das die grundrechtlich geschützten Interessen der AN überwiegt. Das kann der Fall sein, wenn ansonsten durch die Umstände der Tätigkeit (etwa im Bereich der Pflege) erhebliche Gefahren für andere Personen bestehen, die nicht auf andere Weise vermieden werden können.[79] Dabei dürften wohl ausschließlich die in § 2 III–V CoronaImpfV aufgezählten AN (Schutzimpfungen mit höchster Priorität) in Betracht kommen. Die Begründung einer Impflicht aufgrund des Direktionsrechts des AG scheidet aufgrund der Grundrechtspositionen des AN dagegen regelmäßig aus.[80] Zweifelhaft ist, ob der AG einen Anreiz durch sog. „Impfprämien" schaffen darf oder ob hierin ein Verstoß gegen § 612a BGB liegt.[81]

41 **3. Allgemeine Gesetze.** Dem Gesundheitsschutz dienen schließlich allgemeine, nicht nur im Interesse des Arbeitsschutzes erlassene Gesetze. Hierzu gehören: **(1)** das Gesetz zum Schutz vor gefährlichen Stoffen (Chemikaliengesetz – ChemG) idF vom 28.8.2013 (BGBl. I 3498, 3991, m. spät. Änd.) und die zu seiner Durchführung ergangenen VO, insbesondere die VO über gefährliche Arbeitsstoffe (Gefahrstoffverordnung – GefStoffV) idF vom 26.11.2010 (BGBl. I 1643); ein besonderer Arbeitsschutz besteht bei der Verwendung von Asbest;[82] **(2)** Gesetz über die Bereitstellung von Produkten auf dem Markt (Produktsicherheitsgesetz – ProdSG) idF vom 8.11.2011 (BGBl. I 2179, m. spät. Änd.) nebst zahlreichen DVO.

VI. Gesetz über Betriebsärzte, Sicherheitsingenieure und Fachkräfte für Arbeitssicherheit

42 **1. Pflichten des Arbeitgebers.** Aufgrund des Gesetzes über Betriebsärzte, Sicherheitsingenieure und andere Fachkräfte für Arbeitssicherheit (ASiG) vom 12.12.1973 (BGBl. I 1885, zul. geänd. am 20.4.2013, BGBl. I 868) ist der AG, dem unverändert die Verantwortung für Arbeitsschutz und Unfallverhütung obliegt, verpflichtet, Betriebsärzte und Fachkräfte für Arbeitssicherheit

[78] *v. Steinau-Steinrück/Jöries* NZA 2020, 1368.
[79] Ausf. hierzu *Naber/Schulte* NZA 2021, 81; *Gutzeit* DB 2021, 955.
[80] *Wittek* ArbRAktuell 2021, 61 (62); *Fuhlrott/Fischer* NJW 2021, 657 (659).
[81] Vgl. hierzu *Wittek* ArbRAktuell 2021, 61 (63); *Naber/Schulte* NZA 2021, 81 (85).
[82] BayObLG 17.3.1998 NZA-RR 1998, 385; zum Zurückbehaltungsrecht wegen Asbestbelastung: BAG 19.2.1997 AP Nr. 24 zu § 618 BGB = NZA 1997, 821; 8.5.1996 AP Nr. 23 zu § 618 BGB = NZA 1997, 86.

zu bestellen (§ 1 S. 1 ASiG). Diese sollen ihn sachverständig beim Arbeitsschutz und der Unfallverhütung unterstützen. Die Bestellung kann uU auch im Wege des Direktionsrechts erfolgen.[83]

2. Betriebsärzte. a) Pflicht zur Bestellung. Betriebsärzte sind zu bestellen und ihnen die in § 3 ASiG aufgezählten Aufgaben zu übertragen, wenn dies im Hinblick auf **(1)** die Betriebsart und die damit für die AN verbundenen Unfall- und Gesundheitsgefahren, **(2)** die Zahl der beschäftigten AN und die Zusammensetzung der Arbeitnehmerschaft und **(3)** die Betriebsorganisation, insbesondere im Hinblick auf die Zahl und die Art der für den Arbeitsschutz und Unfallverhütung verantwortlichen Personen, erforderlich ist (§ 2 I ASiG). Hieraus folgt, dass der AG unter Beachtung des Mitbestimmungsrechts des BR (§ 87 I Nr. 7 BetrVG; → Rn. 34)[84] selbstverantwortlich zu prüfen hat, ob überhaupt und welche Maßnahmen für seinen Betrieb zu treffen sind.[85] Für die Beurteilung der Notwendigkeit zur Bestellung und Übertragung von Aufgaben sind dem AG drei Kriterien als Maßstab an die Hand gegeben, die jeweils in ihrem Zusammenhang betrachtet werden müssen. Eine ärztliche Betreuung ist danach erforderlich, wenn nach der spezifischen Art des Betriebes und der darin anfallenden Arbeit (ohne Rücksicht auf den Gewerbezweig) Unfall- und Gesundheitsgefahren für die AN bestehen. Die Berufsgenossenschaften haben die Unfallverhütungsvorschrift Betriebsärzte und Fachkräfte für Arbeitssicherheit (DGUV Vorschrift 2, vormals BGV A 2, GUV-V A 2 und GUV-V A 6/7) erlassen (s. § 22 SGB VII).[86] 43

b) Bestellung. Die Bestellung, die nicht mit der Anstellung zu verwechseln ist, hat schriftlich zu erfolgen (§ 126 BGB). 44

Betriebsärzte können von einem AG **fest angestellt** oder aber auch **freiberuflich** im Rahmen von Werk- oder Dienstverträgen beschäftigt werden. Ferner kann sich der AG eines überbetrieblichen arbeitsmedizinischen Dienstes bedienen, zB eines Werkarztzentrums. Insoweit sieht der EuGH allerdings aufgrund Art. 7 RL 89/391/EWG einen Vorrang für die Betrauung interner Fachleute.[87] 45

Derartige arbeitsmedizinische Dienste können von mehreren Betrieben oder etwa einem Arbeitgeberverband eingerichtet werden (§ 19 ASiG). Für die Verträge mit Betriebsärzten sind Musterverträge herausgegeben worden (Schaub ArbRFV-HdB/*Schrader* B. Rn. 221). Angestellte Betriebsärzte sind keine leitenden Angestellten (→ § 212 Rn. 15 ff.), weil sie keine unternehmerischen Teilaufgaben erfüllen. 46

c) Beteiligung des Betriebsrats. Beteiligungsrechte des BR kommen nach § 87 I Nr. 7, §§ 99 ff., § 102 BetrVG sowie § 9 III ASiG in Betracht. Bei der Entscheidung des AG, welche der drei Möglichkeiten für die Rechtsform der Bestellung er wählt, ob er also einen Betriebsarzt einstellen, einen freiberuflichen verpflichten oder sich einem überbetrieblichen Dienst anschließen will, hat der BR ein Mitbestimmungs- und Initiativrecht **(§ 87 I Nr. 7 BetrVG).**[88] Das gilt auch, wenn die Unfallversicherungsträger einen überbetrieblichen Dienst eingerichtet haben und ein Anschlusszwang nach § 24 II 1 SGB VII besteht. Der AG kann nämlich nach § 24 II 2 SGB VII eine Befreiung vom Anschlusszwang erreichen.[89] Nach § 9 III 1 ASiG sind die Betriebsärzte und Fachkräfte für Arbeitssicherheit mit Zustimmung des BR zu bestellen und abzuberufen. Dieses Mitbestimmungsrecht besteht allerdings nur in Bezug auf angestellte Ärzte oder Fachkräfte für Arbeitssicherheit. Bei freiberuflich tätigen Ärzten und Fachkräften für Arbeitssicherheit besteht nach § 9 III 3 ASiG lediglich ein Anhörungsrecht.[90] Neben dem Mitbestimmungsrecht nach **§ 9 III ASiG** sind ggf. die Mitbestimmungsrechte nach **§§ 99 ff. BetrVG** zu wahren, wenn ein **Arbeitsverhältnis** begründet werden soll. Insoweit ist grundsätzlich zwischen dem Arbeitsverhältnis und der Funktion nach dem ASiG zu unterscheiden. Dasselbe gilt bei der Abberufung, Aufgabenerweiterung und Beschränkung (§ 9 III ASiG). Die Zustimmung des BR ist Voraussetzung der Abberufung. Ist der Zustimmungsbeschluss unwirksam, führt das aber nicht zur Unwirksamkeit der Abberufung, wenn der AG auf die Wirksamkeit 47

[83] LAG Bln 2.2.1998 NZA-RR 1998, 437.
[84] BAG 10.4.1979 AP Nr. 1 zu § 87 BetrVG 1972 Arbeitssicherheit.
[85] *Aligbe* ArbRAktuell 2012, 524.
[86] http://www.dguv.de; näher: *Pieper,* ArbSchR, Arbeitssicherheitsgesetz Rn. 26 ff.
[87] EuGH 23.5.2003 – C-441/01, Slg 2003, I – 5463; 6.4.2006 – C-428/04, Slg 2006, I – 3325 = ZESAR 2007, 30; zur Frage der Umsetzung im deutschen Recht HK-ArbSchR/*Kohte/Kiesche* ASiG § 1 Rn. 14.
[88] BAG 10.4.1979 AP Nr. 1 zu § 87 BetrVG 1972 Arbeitssicherheit; *Fitting* BetrVG § 87 Rn. 316; GK-BetrVG/*Gutzeit* § 87 Rn. 679.
[89] GK-BetrVG/*Gutzeit* § 87 Rn. 681; *Fitting* BetrVG § 87 Rn. 316.
[90] HK-ArbSchR/*Kohte* ASiG § 9 Rn. 9.

vertrauen durfte.[91] Dass die Abberufung des Betriebsarztes der Zustimmung des BR bedarf (§ 9 III ASiG), hat auch Auswirkungen auf den Kündigungsschutz des Betriebsarztes, wenn die Zustimmung nicht ersetzt wird. Zumindest dann, wenn eine Beendigungskündigung auf Gründe gestützt wird, die sachlich mit der Tätigkeit des Betriebsarztes in untrennbarem Zusammenhang stehen, ist die Kündigung bei fehlender Zustimmung unwirksam.[92] Andererseits ist eine vom AG mit Zustimmung des BR erfolgte Abberufung regelmäßig betriebsbedingt.[93] Mitbestimmungspflichtig nach § 9 III ASiG ist außerdem die Frage, in welchem Umfang dem angestellten Betriebsarzt Aufgaben übertragen werden, wobei allerdings der Aufgabenbereich schon durch § 3 I und § 6 ASiG weitgehend festgelegt ist. Ferner sind bei der Kündigung daneben die Rechte des BR nach § 102 BetrVG zu wahren, wobei die verschiedenen Beteiligungsgegenstände in ein und demselben Schreiben enthalten sein können. Aufgrund des Zwecks von § 9 III ASiG, wonach Betriebsärzte und Fachkräfte für Arbeitssicherheit das Vertrauen (auch) des BR besitzen müssen, besteht für den BR ein **Initiativrecht bei deren Abberufung,** soweit sie im Rahmen eines Arbeitsverhältnisses tätig sind.[94]

48 Bei der Bestellung und Abberufung **freiberuflicher Betriebsärzte** sowie bei der Einschränkung oder Erweiterung ihrer Aufgaben besteht gem. § 9 III 3 ASiG lediglich ein Anhörungsrecht des BR. Das gleiche gilt, wenn der AG sich nach § 24 II 1 SGB VII einem überbetrieblichen Dienst des Unfallversicherungsträgers anschließen muss. Insoweit lässt sich ein Mitbestimmungsrecht auch nicht aus § 87 I Nr. 7 BetrVG ableiten, weil § 9 III ASiG eine gesetzliche Regelung iSv § 87 I BetrVG darstellt.[95] Die fehlende Anhörung berührt die Wirksamkeit der Verpflichtung oder Entpflichtung aber nicht, weil es sich insoweit um eine bloße Konkretisierung des Gebots der vertrauensvollen Zusammenarbeit nach § 2 I BetrVG handelt und eine dem § 102 I 3 BetrVG entsprechende Regelung fehlt.[96]

49 **d) Ermöglichen der Aufgabenwahrnehmung.** Der AG hat dafür zu sorgen, dass die bestellten Betriebsärzte ihre Aufgabe erfüllen. Er hat sie bei ihrer Aufgabe zu **unterstützen, Räume** und **Hilfsmittel** zur Verfügung zu stellen usw.[97] Den fest angestellten Betriebsärzten ist die zur Erfüllung ihrer Aufgaben erforderliche **Fortbildung** (nicht Ausbildung) unter Berücksichtigung der betrieblichen Belange (dagegen keine allgemeine Fortbildung) zu ermöglichen (§ 2 II, III ASiG). Unter den Fortbildungsmöglichkeiten ist die zweckmäßigste und kostengünstigste zu wählen.

50 **e) Aufgaben.** Die Aufgaben der Betriebsärzte sind beispielhaft in **§ 3 ASiG** aufgezählt. Welche Aufgaben dem Betriebsarzt übertragen werden, entscheiden die **betriebsspezifischen Erfordernisse.** Zu unterscheiden sind vier Hauptgruppen, nämlich die **Beratung,** die **Untersuchung, Überwachung** und **Verhaltensbeeinflussung.** Die Beratung erstreckt sich auf den AG, sowie die sonst für den Arbeitsschutz und die Unfallverhütung verantwortlichen Personen. Zur Beratung gehört insbesondere auch die Organisation der Ersten Hilfe sowie die Unterstützung bei der Gefährdungsbeurteilung nach § 5 ArbSchG. Die Untersuchung bezieht sich auf die AN; sie sind medizinisch zu beurteilen und zu beraten. In Betracht kommen Einstellungs- und Nachuntersuchungen gesetzlich vorgesehener Untersuchungen. Diese können beruhen auf § 15 SGB VII, dem JArbSchG sowie diversen Arbeitsschutzverordnungen (→ Rn. 22 ff., 39 ff.). Schließlich sollen die Betriebsärzte bei der Verhütung von Arbeitsunfällen unterstützen und etwaige Mängel beim Arbeitsschutz und der Unfallverhütung aufdecken sowie die AN zu einem der Unfallverhütung entsprechenden Verhalten beeinflussen. Ihnen obliegt dagegen nicht die Überprüfung von Krankmeldungen der AN auf ihre Berechtigung (§ 3 III ASiG). Der Umfang der Einsatzzeiten ist in den von den Berufsgenossenschaften erlassenen Unfallverhütungsvorschriften für Betriebsärzte und Fachkräfte für Arbeitssicherheit (→ Rn. 52) geregelt.

51 **f) Ärztliche Schweigepflicht.** Die Betriebsärzte unterliegen wegen der Gesundheitsdaten der einzelnen AN gem. § 8 I 3 ASiG der ärztlichen Schweigepflicht. Die Weitergabe von Einzelheiten der Behandlung, Untersuchung oder Beratung eines AN insbes. gegenüber dem AG ist nur zulässig, wenn es eine Rechtfertigung hierfür gibt. Diese kann aus einem Einverständnis des AN, einer gesetzlichen Offenbarungspflicht (zB § 202 SGB VII, §§ 6–15 IfSG) oder einem Not-

---

[91] LAG Bbg 2.4.1998 ZTR 1998, 526 (LS).
[92] BAG 24.3.1988 AP Nr. 1 zu § 9 ASiG = NZA 1989, 60.
[93] LAG Brem 9.1.1998 AP Nr. 3 zu § 9 ASiG = NZA-RR 1998, 250.
[94] LAG Hamm 7.1.2008 – 10 TaBV 125/07; Richardi BetrVG/*Richardi* § 87 Rn. 599; *Fitting* BetrVG § 87 Rn. 321; aA LAG Bln-Bbg 5.11.2019 NZA-RR 2020, 77.
[95] GK-BetrVG/*Gutzeit* § 87 Rn. 687; vgl. BAG 4.11.1980 – 1 ABR 53/78.
[96] GK-BetrVG/*Gutzeit* § 87 Rn. 688; *Fitting* BetrVG § 87 Rn. 320.
[97] Vgl. Internetadresse: http://www.dguv.de m. zahlr. Informationen der Berufsgenossenschaften.

stand (§ 34 StGB) folgen.[98] Ein konkludentes Einverständnis ist (wegen der Freiwilligkeit) im Zweifel bei einer Einstellungsuntersuchung (→ § 26 Rn. 18) anzunehmen.[99]

3. Fachkräfte für Arbeitssicherheit.[100] Das sind Sicherheitsingenieure, Techniker und Meister. Sie sind vom AG gem. § 5 I ASiG unter denselben Voraussetzungen wie Betriebsärzte zu bestellen. Die Berufsgenossenschaften haben Unfallverhütungsvorschriften für Betriebsärzte und Fachkräfte für Arbeitssicherheit (DGUV V 2,[101] vormals BGV A 2, GUV-V A 2 und GUV-V A 6/7) erlassen (s. § 22 SGB VII). Aus deren Anlage ergeben sich Tabellen der einzelnen Berufsgenossenschaften, wie viele Fachkräfte erforderlich sind. Weil die Regelungen allerdings teilweise Handlungsspielräume für den AG enthalten, bestehen insoweit Mitbestimmungsrechte des BR nach § 87 I Nr. 7 BetrVG.[102] Die Bestellung der Fachkräfte muss schriftlich erfolgen (§ 5 I ASiG). Für ihre tarifliche Eingruppierung sind nicht die Bestimmungen des ASiG, sondern ausschließlich die tariflichen Gruppenmerkmale entscheidend.[103] 52

Die Fachkräfte für Arbeitssicherheit sind nicht zu verwechseln mit dem nach § 22 SGB VII bestellten **Sicherheitsbeauftragten** (→ § 152 Rn. 5). Der Sicherheitsbeauftragte hat den Unternehmer bei der Durchführung des Unfallschutzes zu unterstützen, insbesondere sich von dem Vorhandensein und der Benutzung der vorgeschriebenen Sicherheitsvorkehrungen zu überzeugen. Die Fachkräfte für Arbeitssicherheit haben die Aufgabe, den AG beim Arbeitsschutz und bei der Unfallverhütung in allen Fragen der Arbeitssicherheit, einschließlich der menschengerechten Gestaltung der Arbeit zu unterstützen (§ 6 I 1 ASiG). Als besonderes Beispiel dieser Allzuständigkeit zählt das Gesetz in § 6 I 2 ASiG Beratungsaufgaben, Überprüfungsaufgaben sowie Schulungs- und Belehrungsaufgaben gegenüber der Belegschaft auf (§ 6 I 2 Nr. 1–3 ASiG). 53

Die Fachkräfte für Arbeitssicherheit können von einem AG **fest angestellt** oder aber auch **freiberuflich** im Rahmen von Werk- oder Dienstverträgen beschäftigt werden. Ferner kann sich der AG eines überbetrieblichen sicherheitstechnischen Dienstes bedienen. Insoweit sieht der EuGH allerdings aufgrund Art. 7 RL 89/391/EWG einen Vorrang für die Betrauung interner Fachleute.[104] Die fest angestellten Fachkräfte haben wie die Betriebsärzte einen Anspruch auf Fortbildungsunterstützung. Zur **Mitbestimmung** gilt das für Betriebsärzte Ausgeführte (→ Rn. 47, 48). 54

4. Unterstellung. Betriebsärzte und Fachkräfte für Arbeitssicherheit oder, sofern mehrere bestellt sind, der Leiter der Betriebsärzte bzw. der Fachkräfte für Arbeitssicherheit **unterstehen unmittelbar dem Betriebsleiter** bzw. im Bereich der öffentlichen Verwaltung dem Leiter der Dienststelle oder Behörde.[105] Das Gesetz geht von dem Modell einer sicherheitstechnischen Stabsstelle aus und will gewährleisten, dass diesem Personenkreis keine nur untergeordnete Stellung im Betrieb zukommt. Das schließt es aus, sie organisatorisch oder disziplinarisch einem Abteilungsleiter zu unterstellen; dagegen können personelle Angelegenheiten, wie etwa Urlaubsgewährung an die Personalabteilung delegiert werden.[106] Sie sind bei der Anwendung ihrer arbeitsmedizinischen und sicherheitstechnischen Fachkunde unabhängig; dh, ihnen darf insoweit keine Weisung erteilt werden (§ 8 ASiG). Können sie sich mit dem Leiter des Betriebes über die zu treffenden Maßnahmen nicht verständigen, so können sie ihren Vorschlag unmittelbar dem AG unterbreiten. Lehnt auch dieser den Vorschlag ab, so ist der Vorschlagende schriftlich und begründet zu bescheiden (§ 8 III ASiG). Der BR erhält eine Abschrift des Bescheides. 55

5. Haftung. Wird der AN durch eine fehlerhafte Diagnose oder durch die Untersuchung des Betriebsarztes an Körper oder Eigentum geschädigt, so bestehen **keine vertraglichen Schadensersatzansprüche** gegen den Betriebsarzt, da kein Behandlungsvertrag zwischen Betriebsarzt und AN besteht. Unberührt bleiben Ansprüche aus unerlaubter Handlung. 56

Ist der Betriebsarzt bei einem AG fest angestellt oder nebenberuflich für ihn tätig, so ist der Betriebsarzt **Erfüllungsgehilfe des AG** (§ 278 BGB). Grundsätzlich haftet der AG daher 57

---

98 Näher hierzu *Hülsemann* ArbRAktuell 2015, 192.
99 *Hülsemann* ArbRAktuell 2015, 192 (194); aA ErfK/Preis BGB § 611a Rn. 296.
100 *Schwede* AiB 1998, 664; Muster für die Bestellung s. Schaub ArbRFV-HdB/*Schrader* B. Rn. 221.
101 http://www.dguv.de.
102 *Rey* DB 2014, 1617 (1618).
103 BAG 16.10.1985 AP Nr. 108 zu §§ 22, 23 BAT 1985.
104 EuGH 23.5.2003 – C-441/01, Slg 2003, I – 5463; 6.4.2006 – C-428/04, Slg 2006, I – 3325 = ZESAR 2007, 30; zur Frage der Umsetzung im deutschen Recht HK-ArbSchR/*Kohte*/*Kiesche* ASiG § 1 Rn. 14.
105 BAG 15.12.2009 AP Nr. 1 zu § 8 ASiG = NZA 2010, 506.
106 BAG 15.12.2009 AP Nr. 1 zu § 8 ASiG = NZA 2010, 506; LAG Köln 3.4.2003 NZA-RR 2003, 319; VG Münster 16.1.2002 – 9 K 2097/99; ArbG Osnabrück 15.6.1993 ArbuR 1996, 29.

aus Vertrag auf Schadensersatz wegen Behandlungsfehlern. Ruft ein Betriebsarzt im eigenen Namen zu einer Impfung auf, deren Kosten vom AG getragen werden, kommt hierdurch noch kein Behandlungsvertrag nach § 630a BGB zwischen AG und AN zustande, aus dem sich gem. § 630e BGB die Pflicht des AG zur Aufklärung über Impfgefahren ergeben könnte.[107]

58 Die **Haftung des AG wie des Betriebsarztes** aus unerlaubter Handlung kann eingeschränkt sein. Die durch Untersuchung und Behandlung verursachten Körperschäden können einen Arbeitsunfall (hierzu → § 61 Rn. 1 ff.) darstellen (§§ 7 ff., 104 SGB VII). Ist dies der Fall, ist die Haftung für Körperschäden ausgeschlossen; dagegen bleibt die Haftung für Sachschäden bestehen (→ § 61 Rn. 65).

59 **6. Zusammenarbeit.** Die Betriebsärzte und Fachkräfte für Arbeitssicherheit haben bei der Erfüllung ihrer Aufgabe mit dem BR zusammenzuarbeiten (vgl. § 9 ASiG).[108]

60 **7. Arbeitsschutzausschuss.** Gem. § 11 ASiG ist in Betrieben mit mehr als zwanzig (durchschnittlich[109]) Beschäftigten ein Betriebsausschuss zu bilden. Zwar kann der BR die Bildung des Ausschusses nicht erzwingen (→ Rn. 34). Die Einhaltung dieser gesetzlichen Verpflichtung kann aber nach § 12 ASiG durch die zuständige Behörde durchgesetzt werden. In dem Ausschuss sind neben dem AG (oder einem von ihm Beauftragten), den Betriebsärzten, den Fachkräften für Arbeitssicherheit und Sicherheitsbeauftragten nach § 22 SGB VII auch zwei vom BR bestimmte Betriebsratsmitglieder vertreten. Ist kein BR gebildet, besteht die Möglichkeit, zwei Vertreter der Beschäftigten in den Ausschuss aufzunehmen; ebenso kann der AG auch andere Personen, etwa einen Schwerbehindertenvertreter oder Strahlenschutzverantwortliche, in den Ausschuss aufnehmen.[110] Mit Ausnahme der Betriebsratsangehörigen werden die Mitglieder vom AG bestellt und auch abberufen. Der AG hat ferner die Anzahl der entsandten Betriebsärzte, Fachkräfte für Arbeitssicherheit und Sicherheitsbeauftragten nach § 22 SGB VII festzulegen. Insoweit besteht aber für den BR ein Mitbestimmungsrecht nach § 87 I Nr. 7 BetrVG.[111] Der Arbeitsschutzausschuss hat die Aufgabe, Anliegen des Arbeitsschutzes und der Unfallverhütung zu beraten (§ 11 S. 3 ASiG). Er hat damit insoweit eine lediglich beratende Funktion. Er tritt mindestens einmal vierteljährlich zusammen.

61 **8. Ausnahmen.** Das ASiG gilt gem. § 17 I ASiG nicht für im **Haushalt** beschäftigte AN. Für diese gelten aber die Schutzpflichten des AG aufgrund der vertraglichen **Fürsorgepflicht** gem. §§ 617, 618 BGB (wegen der Einzelheiten → § 106 Rn. 6 ff. Die Ausnahme nach § 17 I ASiG betrifft allerdings nur die AN, die der Haushalt selbst beschäftigt und nicht AN einer Reinigungsfirma, die für private Haushalte tätig wird.[112] Eine weitere Ausnahme besteht nach § 17 II ASiG für den Bereich der **Seeschifffahrt,** für den Spezialregelungen gelten (s. §§ 99 ff. SeeArbG). Im **Bergbau**[113] richtet sich der Gesundheitsschutz nach der Bergverordnung zum gesundheitlichen Schutz der Beschäftigten (Gesundheitsschutz-Bergverordnung – GesBergV) vom 31.7.1991 (BGBl. I 1751; m. spät. Änd.); s. auch § 17 III ASiG.

§ 155. Arbeitszeitschutz

Übersicht

[107] BAG 21.12.2017 AP Nr. 46 zu § 611 BGB Haftung des Arbeitsgebers = NZA 2018, 708.
[108] *Hüttig* DB 1975, 594.
[109] Vgl. BT-Drs. 13/3540, 22.
[110] *Aligbe* ArbRAktuell 2019, 410 (411).
[111] BAG 8.12.2015 NZA 2016, 504.
[112] *Aligbe* ArbRAktuell 2012, 524 (526).
[113] *Kremer* NZA 2000, 132.

I. Verfassungsrechtliche Grundlagen

1 Im Bereich des Arbeitszeitschutzes sind auf Seiten der AN vornehmlich ihre Grundrechte nach **Art. 2 II, 4 I u. II, 6 I GG** und auf Seiten des AG das Grundrecht nach **Art. 12 I GG** betroffen. Grundrechtsadressat ist zwar im Allgemeinen der Staat (Art. 1 III GG). Die Grundrechte sind aber innerhalb privatrechtlicher Beziehungen insoweit von Bedeutung, als den Staat entsprechende Schutzpflichten treffen, um dem Gehalt der Grundrechte Genüge zu tun.[1] Das betrifft auch die Frage, wie Schutznormen auszugestalten sind, damit sie dem Grundrechtsschutz der AN gerecht werden (insbesondere welche Pflichten den AG danach treffen).[2] Dabei kommt dem Gesetzgeber ein „Einschätzungs- und Prognosevorrang" zu;[3] er hat also einen rechtspolitischen Gestaltungsfreiraum und eine Einschätzungsprärogative.[4] An dieser Stelle entfaltet sich mittelbar die Drittwirkung der Grundrechte. Aus Art. 2 II GG folgt für den Gesetzgeber der Auftrag, den Gesundheitsschutz der AN durch entsprechende Normen zu gewährleisten. Ausdrücklich ausgesprochen hat das BVerfG dies für die gesetzlichen Bestimmungen über die Nachtarbeit. Regelungen hierüber können erforderlich sein, um dem objektiven Gehalt des Grundrechts auf körperliche Unversehrtheit nach Art. 2 II 1 GG Genüge zu tun. Gerade im Hinblick auf dieses Grundrecht postuliert das BVerfG eine Schutzpflicht des Staates.[5] Für damit verbundene Einschränkungen des Grundrechts des AG nach Art. 12 I GG ist allerdings der Grundsatz der Verhältnismäßigkeit zu beachten; insoweit gilt ein Übermaßverbot. Soweit den Gesetzgeber eine Verpflichtung zum Schutz bestimmter Rechtsgüter trifft, müssen seine Maßnahmen aber hinreichend effektiv sein; insoweit gilt also zugleich ein Untermaßverbot. Erhebliche Bedeutung kommt außerdem Art. 4 I, II GG zu, der gleichzeitig auch dem (kirchlichen) AG Grundrechtsschutz gewährt. Nach der Rechtsprechung des BVerfG erfährt das Grundrecht aus Art. 4 I, II GG eine Konkretisierung durch die Sonn- und Feiertagsgarantie nach Art. 140 GG iVm Art. 139 WRV.[6] Die Arbeitsruhe dient darüber hinaus dem Schutz von Ehe und Familie (Art. 6 I GG). Auch hier ist dieses Grundrecht – wie bei Art. 2 II GG – vor allem als „Gegenrecht" zum Grundrecht des AG nach Art. 12 I GG bedeutsam.[7] Eingetragene Lebenspartnerschaften nach dem LPartG fallen zwar nicht unter Art. 6 I GG, ihre Schlechterbehandlung ist aber regelmäßig mit Art. 3 I GG (s. auch Art. 21 I GrCh sowie § 1 AGG) unvereinbar.

II. Unionsrecht

2 Im Unionsrecht gelten die Richtlinie 2003/88/EG vom 4.11.2003 sowie die Verordnung Nr. 561/2006/EG des Europäischen Parlaments und des Rates vom 15.3.2006 zur Harmonisierung bestimmter Sozialvorschriften im Straßenverkehr und zur Änderung der Verordnungen Nr. 3821/85/EWG und Nr. 2135/98/EG des Rates sowie zur Aufhebung der Verordnung Nr. 3820/85/EWG des Rates.

III. Gesetzliche Grundlagen

3 Die wichtigsten Rechtsgrundlagen sind das Gesetz zur Vereinheitlichung und Flexibilisierung des Arbeitszeitrechts (Arbeitszeitrechtsgesetz – ArbZRG) vom 6.6.1994 (BGBl. I 1170), das in Art. 1 das Arbeitszeitgesetz (ArbZG) enthält, das zuletzt am 22.12.2020 (BGBl. I 3334) geändert worden ist. Es wird für Unternehmen, die noch Beamte beschäftigen, durch VO ergänzt, vgl. zB Telekom-Arbeitszeitverordnung vom 23.6.2000 (BGBl. I 931, zul. geänd. am 12.10.2015, BGBl. I 1685). Das Gesetz ist als reines Arbeitnehmerschutzgesetz konzipiert.

4 Die **Sonn- und Feiertagsarbeit** wird in §§ 9 ff. ArbZG geregelt. Die meisten Sonderregelungen sind aufgehoben. Es gelten noch die Verordnung über Ausnahmen vom Verbot der Beschäftigung von Arbeitnehmern an Sonn- und Feiertagen in der Eisen- und Stahlindustrie idF vom 31.7.1968 (BGBl. I 885, zul. geänd. am 6.6.1994, BGBl. I 1170) und die Verordnung über Ausnahmen vom Verbot der Beschäftigung von Arbeitnehmern an Sonn- und Feiertagen

---

1 BVerfG 1.12.2009 BVerfGE 125, 39 = ArbuR 2010, 167; 17.11.1992 BVerfGE 87, 363 = DB 1993, 538; 28.1.1992 BVerfGE 85, 191 = NZA 1992, 270.

2 Vgl. BAG 10.5.2016 AP Nr. 32 zu § 618 BGB = NZA 2016, 1134.

3 BVerfG 17.11.1992 BVerfGE 87, 363 = DB 1993, 538.

4 ErfK/*Schmidt* GG Einl. Rn. 28.

5 BVerfG 17.11.1992 BVerfGE 87, 363 = DB 1993, 538; 28.1.1992 BVerfGE 85, 191 = NZA 1992, 270.

6 BVerfG 1.12.2009 BVerfGE 125, 39 = ArbuR 2010, 167; 9.6.2004 BVerfGE 111, 10 = NJW 2004, 2363.

7 BVerfG 1.12.2009 BVerfGE 125, 39 = ArbuR 2010, 167.

in der Papierindustrie vom 20.7.1963 (BGBl. I 491, zul. geänd. 6.6.1994, BGBl. I 1170) sowie das Ladenschlussgesetz (LadSchlG) idF vom 2.6.2003 (BGBl. I 744, zul. geänd. am 31.8.2015, BGBl. I 1474)[8] bzw. die von fast allen Bundesländern erlassenen landesrechtlichen Ladenschlussbestimmungen (→ § 157 Rn. 21 ff.).

5 Arbeitszeitregelungen für **besondere Arbeitnehmergruppen** sind enthalten im Jugendarbeitsschutzgesetz (JArbSchG) vom 12.4.1976 (BGBl. I 965, zul. geänd. 22.12.2020, BGBl. I 3334); Mutterschutzgesetz (MuSchG) idF vom 23.5.2017 (BGBl. I 1228, zul. geänd. 12.12.2019, BGBl. I 2652); das Gesetz über das Fahrpersonal von Kraftfahrzeugen und Straßenbahnen (FPersG) idF vom 19.2.1987 (BGBl. I 640, zul. geänd. 20.11.2019, BGBl. I 1626) sowie VO zur Durchführung des Fahrpersonalgesetzes vom 27.6.2005 (BGBl. I 1882, zul. geänd. 8.8.2017, BGBl. I 3158).

IV. Regelungsbereiche

6 Der Arbeitszeitschutz gewährt dem AN einen vierfachen Schutz:
(1) er setzt eine **Höchstdauer** für die tägliche Arbeitszeit fest (→ § 156 Rn. 1 ff.);
(2) er regelt die **zeitliche Lage** der Arbeitszeit (→ § 157 Rn. 1 ff.);
(3) er schreibt **Arbeitspausen** und **Ruhezeiten** vor (→ § 158 Rn. 1 ff.);
(4) er beschränkt die Arbeit an **Sonn- und Feiertagen** (→ § 159 Rn. 1 ff.).

V. Grundlagen

7 Das Arbeitszeitrecht gliedert sich in die öffentlich-rechtlichen, kollektivrechtlichen und individualrechtlichen Regelungen.

8 **1. Vertragliche Regelungen.** Vereinbarungen, durch die der AN **über die Höchstgrenzen** des Arbeitszeitschutzrechts zur Arbeit verpflichtet wird, sind nichtig (§ 134 BGB).[9] Dies gilt auch dann, wenn die Verpflichtung zur Arbeitsleistung auf mehreren Arbeitsverträgen beruht.[10] In diesen Fällen hat der AN ein Leistungsverweigerungsrecht bei Überschreitung der gesetzlich zulässigen Arbeitszeit.[11] Infolge der Nichtigkeit einer Arbeitszeitvereinbarung tritt regelmäßig nicht die Nichtigkeit des gesamten Vertragswerkes ein (→ § 35 Rn. 63 ff., → § 34 Rn. 20 f.).

9 Ob ein AN im Rahmen der gesetzlich zulässigen Arbeitsleistung, zur Ableistung von **Überstunden** verpflichtet ist, richtet sich nach dem Inhalt des Arbeitsvertrags (→ § 45 Rn. 43 f.). Dasselbe gilt für die Frage, ob und inwieweit der AG Mehr- und Überarbeitsstunden zu vergüten hat (→ § 69 Rn. 7 ff.).

10 **2. Anspruch.** Der AN hat einen klagbaren Anspruch auf Einhaltung des Arbeitszeitschutzes. Bei Verletzung des Arbeitszeitschutzes hat der AN ein **Zurückbehaltungsrecht** (→ § 50 Rn. 1 ff.), ohne dass dem AG deswegen ein Recht zur Kündigung erwächst. Ferner wird der AG wegen Verletzung der Fürsorgepflicht schadensersatzpflichtig. Die Arbeitszeitvorschriften sind **Schutzgesetz** iSv § 823 II BGB. Die gesetzlichen Verpflichtungen nach dem ArbZG gelten gem. § 11 VI AÜG auch im Verhältnis zu **Leiharbeitnehmern.**[12] Der Entleiher ist für die Einhaltung der bestehenden Verpflichtungen verantwortlich, weil er das Direktionsrecht ausübt sowie die Arbeitsbedingungen und Arbeitsabläufe regelt. Für den Verleiher bestehen insoweit im Wesentlichen Kontroll- und Überwachungspflichten.[13]

11 **3. Sicherung der Arbeitszeit.** Zur Sicherung der Einhaltung der Arbeitszeit hat der AG **(a)** an geeigneter Stelle im Betrieb einen Abdruck der ArbZG auszulegen (§ 16 I ArbZG); **(b)** die aufgrund des ArbZG erlassenen Rechtsverordnung und die für den Betrieb geltenden Tarifverträge und Betriebsvereinbarungen, durch die von den Vorschriften des Gesetzes abgewichen wird, auszulegen oder auszuhängen (§ 16 I ArbZG). **(c)** Nachweise über Abweichungen von der regelmäßigen täglichen Arbeitszeit zu führen und der Aufsichtsbehörde zugänglich zu machen (§§ 16 II, 17 ArbZG). Das Gesetz verpflichtet den AG damit lediglich zur Dokumentation der Arbeitszeiten, die an Werktagen den Zeitraum von acht Stunden täglich überschreiten bzw. die auf Sonn- und Feiertage fallen. Die Einhaltung der Arbeitszeit wird durch das Gewerbe-

---

[8] Zur Verfassungsmäßigkeit BVerfG 9.6.2004 BVerfGE 111, 10 = NJW 2004, 2363.
[9] BAG 24.2.2005 AP Nr. 51 zu § 1 KSchG 1969 = NZA 2005, 759.
[10] BAG 19.6.1959 AP Nr. 1 zu § 611 BGB Doppelarbeitsverhältnis = NJW 1959, 2036.
[11] BAG 14.12.1967 AP Nr. 2 zu § 1 AZO.
[12] BAG 7.6.2016 AP Nr. 23 zu § 87 BetrVG 1972 Gesundheitsschutz = NZA 2016, 1420; näher hierzu *Wiebauer* NZA 2012, 68 (70).
[13] *Wiebauer* NZA 2012, 68 (70).

aufsichtsamt überwacht (§ 17 ArbZG). Zuwiderhandlungen gegen die Vorschriften des Arbeitszeitschutzes, die durchweg zwingend sind, sind unter Strafandrohung und Ordnungsgeld-Androhung gestellt (§§ 22, 23 ArbZG, §§ 5 ff. FPersG, § 147 GewO; §§ 24, 25 LadSchlG). Daneben bestehen Überwachungspflichten des BR (§ 80 I Nr. 1 BetrVG) bzw. des PR (zB gem. § 68 I Nr. 2 BPersVG) sowie Unterrichtungspflichten für den AG gem. § 80 II BetrVG bzw. § 68 II BPersVG[14] (oder den landesrechtlichen Personalvertretungsregelungen).

4. Erfassung der Arbeitszeit. Nach der Rspr. des EuGH folgt aus der Richtlinie 2003/88/ 12
EG, die eine Konkretisierung von Art. 31 II GRCh darstellt, eine Pflicht des AG zur Erfassung der täglichen Arbeitszeit. Um die praktische Wirksamkeit dieser Regelungen zu gewährleisten, müssen die Mitgliedstaaten die AG verpflichten, ein objektives, verlässliches und zugängliches[15] System einzuführen, mit dem die von einem jeden AN geleistete tägliche Arbeitszeit gemessen werden kann.[16] Eine entsprechende Regelung enthält § 16 II ArbZG nicht. Bestimmungen über eine umfassende Aufzeichnungspflicht finden sich im deutschen Recht lediglich in einzelnen Sondervorschriften, wie etwa in § 21a VII 1 ArbZG, § 17 MiLoG, § 19 AEntG. Auch die unionsrechtliche Pflicht zur Arbeitszeiterfassung betrifft den AG nicht unmittelbar, weil Art. 31 II GRCh insoweit – anders als im Fall des Anspruchs auf bezahlten Urlaub (hierzu → § 104 Rn. 3 ff.) – keinen konkreten Rechtsanspruch des AN begründet und damit ein Gestaltungsspielraum für den Gesetzgeber verbleibt.[17] Daher bedarf es insoweit noch einer Umsetzung in das nationale Recht;[18] eine unionsrechtskonforme Auslegung von § 16 II ArbZG kommt nicht in Betracht.[19] Daher kann auch nicht der Ansicht des ArbG Emden gefolgt werden, wonach in einem Prozess auf Zahlung von Vergütung der Vortrag des AN zu den geleisteten Arbeitszeiten als nach § 138 III ZPO zugestanden gelten soll, wenn der AG kein objektives, verlässliches und zugängliches System der Arbeitszeiterfassung eingeführt hat.[20]

5. Überstunden/Mehrarbeit. Ein gesetzlicher Anspruch auf Über- oder Mehrarbeitsstun- 13
denvergütung (wie noch in der AZO geregelt) ist im ArbZG nicht vorgesehen.

§ 156. Höchstdauer der Arbeitszeit

Internetadressen: https://www.mags.nrw/arbeitszeit-gestalten; Bundesanstalt für Arbeitsschutz und Arbeitsmedizin, http://www.baua.de.

Übersicht

[14] Dabei kann auch die Übermittlung anonymisierter Daten ausreichend sein, BVerwG 19.3.2014 NZA-RR 2014, 387.

[15] Vgl. zu diesen Begriffen *Thüsing/Flink/Jänsch* ZfA 2019, 456.

[16] EuGH 14.5.2019 – C-55/18, AP Nr. 30 zu Richtlinie 2003/88/EG = NZA 2019, 683 – CCOO; vgl. hierzu *Hanau* ZfA 2020, 129, der annimmt, dass der EuGH damit keine Pflicht zur Aufzeichnung postuliert.

[17] *Fuhlrott/Garden* ArbRAktuell 2019, 263 (264); *Reinhard* NZA 2019, 1313 (1314); *Höpfner/Daum* RdA 2019, 270 (275); *Bayreuther* EuZW 2019, 446 (447); *Methfessel/Weck* DB 2020, 1346; anders ArbG Emden 20.2.2020 NZA-RR 2020, 279 (LS).

[18] *Kössel* DB 2019, 1958 (1962); *Brors* NZA 2020, 1685; anders *Hanau* ZfA 2020, 129.

[19] *Reinhard* NZA 2019, 1313 (1314); so wohl auch *Ulber* NZA 2019, 677 (680); aA *Schrader* NZA 2019, 1035.

[20] ArbG Emden 20.2.2020 NZA-RR 2020, 279 (LS); sowie 24.9.2020 NZA-RR 2021, 13 (LS); krit. *Thüsing* DB 2020, 1343; *Fuhlrott* NZA-RR 2020, 279; *Richnow/Hörth* ArbRAktuell 2020 562 (564) sowie ArbRAktuell 2021, 8; *Methfessel/Weck* DB 2020, 1346.

I. Zweck des ArbZG

1 Mit dem am 1.7.1994 in Kraft getretenen ArbZG, das die aus dem Jahr 1938 stammende AZO abgelöst hat, wird der Gesundheitsschutz der AN[1] verbessert, den Tarifvertragsparteien und Betriebspartnern bei Arbeitszeitfragen eine erweiterte Gestaltungsmöglichkeit eingeräumt und die Sonn- und Feiertagsruhe geschützt (vgl. § 1 ArbZG).[2] Es werden aber auch die Rahmenbedingungen für flexible Arbeitszeitmodelle durch Verlängerung des Ausgleichszeitraums zur Einhaltung des Acht-Stunden-Tages von bisher zwei Wochen auf sechs Monate geschaffen. Hierdurch soll ein Schritt zur größeren Flexibilität und zur Sicherung des Industriestandortes Deutschland vorgenommen werden (vgl. BR-Drs. 626/93, 45). Das ArbZG ist **Schutzgesetz** iSv § 823 II BGB.[3]

II. Geltungsbereich des ArbZG

2 **1. Räumlicher Geltungsbereich.** Für den räumlichen Geltungsbereich des ArbZG gilt das Territorialitätsprinzip;[4] dh, es gilt für alle sich im Bereich der BRD aufhaltenden Personen, also auch für Deutsche, die bei ausländischen Unternehmen oder für ausländische AN, die bei deutschen oder ausländischen Unternehmen[5] beschäftigt sind. Es gilt dagegen, sofern nicht Abweichendes vereinbart ist, nicht für deutsche AN, die außerhalb der BRD arbeiten.[6] Nach der am 1.8.2013 in Kraft getretenen Neufassung von § 1 Nr. 1 ArbZG gelten die Regelungen neben dem Gebiet der Bundesrepublik auch in der ausschließlichen Wirtschaftszone. Hierunter ist nach Art. 55 des Seerechtsübereinkommens der Vereinten Nationen vom 10.12.1982 das Gebiet jenseits des Küstenmeeres bis zu einer Erstreckung von 200 Seemeilen ab der Basislinie zu verstehen, in dem der angrenzende Küstenstaat in begrenztem Umfang souveräne Rechte und Hoheitsbefugnisse wahrnehmen kann. Hierdurch werden insbes. Offshore-Tätigkeiten auf künstlichen Inseln oder Errichterschiffen (zB für Windparks) erfasst. Für die bei den Stationierungsstreitkräften beschäftigten AN ergibt sich die Geltung aus Art. 56 Zusatzabkommen zum Truppenstatut idF vom 3.8.1973 (BGBl. II 1021). Ausgenommen sind lediglich die Arbeitskräfte, die bei ausländischen Missionen arbeiten.

3 **2. Persönlicher Geltungsbereich. a) Arbeitnehmer.** Das ArbZG **gilt mit wenigen Ausnahmen** für alle AN in allen Beschäftigungsbereichen. AN im Sinne des Gesetzes sind gem. § 2 II ArbZG Arbeiter und Angestellte sowie die zu ihrer Berufsausbildung Beschäftigten (zum Arbeitnehmerbegriff → § 8 Rn. 1 ff.). Anders als nach dem Regierungsentwurf gilt das ArbZG auch für im Haushalt beschäftigte AN (BT-Drs. 12/6990, 44). Auch für Telearbeitnehmer ist es anwendbar (→ § 164 Rn. 35). Wegen der Sonn- und Feiertagsruhe ist das Ladenschlussgesetz für im Einzelhandel beschäftigte AN lex specialis.

4 **b) Ausnahmen.** Das **ArbZG ist nicht anzuwenden** (§ 18 ArbZG) auf

(1) leitende Angestellte iSd § 5 III BetrVG (→ § 212 Rn. 15 ff.) sowie Chefärzte, dh ärztliche Leiter eines Krankenhauses oder einer Krankenhausabteilung mit Vorgesetztenfunktion und ärztlicher Gesamtverantwortung für die Patientenversorgung in ihrem Bereich (nicht dagegen: Ober- oder Assistenzärzte),[7]

[1] Generell zu den (insbes. auch gesundheitlichen) Auswirkungen verschiedener Arbeitszeitmodelle d. versch. Aufsätze in Heft 4/19 der ZArbwiss.
[2] Zum Schutzzweck vgl. BAG 11.7.2006 AP Nr. 10 zu § 611 BGB Dienstreise = NZA 2007, 155.
[3] *Neumann/Biebl* ArbZG § 1 Rn. 10.
[4] BAG 9.5.1959 AP Nr. 3 zu Internat. Privatrecht, Arbeitsrecht = NJW 1959, 1702; 13.5.1959 AP Nr. 4 zu Internat. Privatrecht, Arbeitsrecht = NJW 1959, 1893; 12.12.1990 AP Nr. 2 zu § 4 TVG Arbeitszeit = NZA 1991, 386.
[5] Zu Ausländern mit dem Status der Exterritorialität: BAG 10.5.1962 AP Nr. 6 zu Internat. Privatrecht, Arbeitsrecht = NJW 1962, 1885.
[6] BAG 12.12.1990 AP Nr. 2 zu § 4 TVG Arbeitszeit = NZA 1991, 386.
[7] *Schliemann* ArbZG § 18 Rn. 20.

(2) Leiter von öffentlichen Dienststellen und deren Vertreter sowie AN im öffentlichen Dienst, die zu selbständigen Entscheidungen in Personalangelegenheiten befugt sind; zu selbständigen Entscheidungen befugt sind sie, wenn sie nach § 75 BPersVG eine autonome Entscheidungsbefugnis haben,

(3) AN, die in häuslicher Gemeinschaft mit den ihnen anvertrauten Personen zusammenleben und sie eigenverantwortlich erziehen, pflegen oder betreuen. Ein Zusammenleben in häuslicher Gemeinschaft setzt ein gemeinsames Wohnen und Wirtschaften auf längere Zeit voraus, das auf personelle Kontinuität sowie nahezu permanente Verfügbarkeit des AN angelegt und davon geprägt ist, dass sich Arbeits- und Ruhezeiten nicht voneinander trennen lassen.[8] Gemeint waren mit der Regelung vornehmlich Erzieher in SOS-Kinderdörfern (BT-Drs. 12/6990, 44) – wegen des Tatbestandsmerkmals der Eigenverantwortlichkeit kann diese Ausnahmeregelung allerdings sonstige AN nicht erfassen;[9] die Regelung ist zudem nur dann mit Art. 17 I RL 2003/88/EG vereinbar, wenn die Arbeitszeit tatsächlich nicht gemessen oder nicht im Voraus festgelegt wird oder vom AN selbst festgelegt werden kann;[10] daher ist die Herausnahme von häuslichen Pflegekräften aus dem Arbeitszeitschutz unionsrechtswidrig.[11] Die RL 2003/88/EG erfasst dagegen nicht die Tätigkeit von Pflegeeltern, die das zu betreuende Kind in den eigenen Haushalt aufnehmen.[12]

(4) den liturgischen Bereich der Kirchen und der Religionsgemeinschaften. Zum liturgischen Bereich gehören nach dem Selbstverständnis der Kirchen insbes. die Verkündigung des Wortes Gottes, die Gottesdienste, das gemeinschaftliche Gebet, die Austeilung der Sakramente und die Seelsorge.[13] Dagegen ist das ArbZG anzuwenden in den sozialen Diensten.

Für die Beschäftigung von **Personen unter 18 Jahren** gilt gem. § 18 II ArbZG anstelle des ArbZG das JArbSchG (→ § 161 Rn. 10 f., 22 f.). 5

Für die Beschäftigung von AN auf **Kauffahrteischiffen** als Besatzungsmitglieder iSv § 3 SeeArbG gilt anstelle des ArbZG das SeeArbG (§ 18 III ArbZG; hierzu → Rn. 50 ff.). 6

Für die Beschäftigung von AN in **Bäckereien und Konditoreien** galt gem. § 18 IV anstelle des ArbZG das Gesetz über die Arbeitszeit in Bäckereien und Konditoreien. § 18 IV ArbZG wurde durch Art. 2 Nr. 3 iVm Art. 8 des Gesetzes über den Ladenschluss und zur Neuregelung der Arbeitszeit in Bäckereien und Konditoreien vom 30.7.1996 (BGBl. I 1186) aufgehoben. Jetzt gilt insoweit das ArbZG (Besonderheiten s. §§ 2 III, 10 III ArbZG). 7

c) Beschäftigung im öffentlichen Dienst. Bei der Wahrnehmung **hoheitlicher Aufgaben** im öffentlichen Dienst, wenn also der Staat bzw. eine öffentlich-rechtliche Körperschaft oder Anstalt kraft öffentlich-rechtlicher Überordnung tätig wird, können, soweit keine tarifvertragliche Regelung besteht, durch die zuständige Dienstbehörde die für Beamte geltenden Bestimmungen über die Arbeitszeit auf die AN übertragen werden. Insoweit finden die §§ 3–13 ArbZG keine Anwendung (§ 19 ArbZG). Wegen der bestehenden tariflichen Regelungen im TVöD/TV-L kommt der Bestimmung kaum praktische Bedeutung zu. Für Bundesbeamte gilt die VO über die Arbeitszeit der Beamtinnen und Beamten des Bundes vom 23.2.2006 (BGBl. I 427) m. spät. Änd. 8

d) Luftfahrt/Binnenschifffahrt. Sonderregeln sind ferner vorgesehen für die Beschäftigung in der Luftfahrt (§ 20 ArbZG, Dritte Durchführungsverordnung zur Betriebsordnung für Luftfahrtgerät – 3. DV LuftBO vom 19.3.2009, BAnz. 2009, 1139) und in der Binnenschifffahrt (§ 21 ArbZG, Binnenschifffahrts-Arbeitszeitverordnung vom 19.7.2017, BGBl. I 2659). 9

III. Begriffsbestimmungen des Gesetzes

1. Arbeitszeit. Dies ist nach § 2 I ArbZG die Zeit von Beginn bis Ende der Arbeit ohne Ruhepausen. Arbeitszeit ist somit die Summe der Zeiten zwischen dem Arbeitsbeginn und dem Arbeitsende. 10

Grundsätzlich zum Begriff der **Arbeit** → § 8 Rn. 9 f. Der Begriff der Arbeitszeit iSv § 2 I 1 ArbZG ist ausgehend vom Sinn und Zweck des ArbZG zu bestimmen[14] und muss nicht zwingend 11

[8] BVerwG 8.5.2020 BVerwGE 165, 290 = NVwZ-RR 2020, 404.
[9] *Scheiwe/Schwach* NZA 2013, 1116.
[10] EuGH 26.7.2017 – C-175/16, NZA 2017, 113 – Hälvä u.a.
[11] *Steinke* RdA 2018, 232 (234).
[12] EuGH 20.11.2018 – C-147/17 – Sindicatul Familia Constanţa.
[13] *Schliemann* ArbZG § 18 Rn. 26.
[14] BAG 11.7.2006 AP Nr. 10 zu § 611 BGB Dienstreise = NZA 2007, 155.

deckungsgleich mit der Arbeitszeit im vergütungsrechtlichen Sinn sein.[15] Ferner ist zu berücksichtigen, dass die Regelungen des ArbZG der Umsetzung der Richtlinie 2003/88/EG dienen, die in Art. 2 Nr. 1 eine Definition enthält und die ebenfalls nicht die Frage des Entgelts betrifft.[16] Danach ist Arbeitszeit jede Zeitspanne, während der ein AN gemäß den einzelstaatlichen Rechtsvorschriften und/oder Gepflogenheiten arbeitet, dem AG zur Verfügung steht und seine Tätigkeit ausübt oder Aufgaben wahrnimmt.[17] Arbeit kann dabei auch die Teilnahme an einer vom AG veranlassten Fortbildung oder an einem vom diesem initiierten (freiwilligen) Mediationsverfahren[18] sein. Keine Arbeitszeit sind Zeiträume von Ruhezeit und Ruhepausen. Zur Qualifikation **kurzfristiger Unterbrechungen der Ruhezeit,** zB durch Annahme von Telefonaten → § 158 Rn. 5. Für den Begriff der Arbeitszeit ist unerheblich, ob der AN auch tatsächlich arbeitet. Ausreichend ist, wenn er sich am Arbeitsplatz bereithält (Verfügbarkeit). Arbeit ist auch die vom AG veranlasste Untätigkeit, während derer der AN am Arbeitsplatz anwesend sein muss und nicht (wie zB während einer Pause) frei über die Nutzung des Zeitraums bestimmen kann.[19] Daher gehören **Arbeitsunterbrechungen** zB wegen Maschinenstillstandes oder fehlender Arbeitsmaterialien zur Arbeitszeit. Auch die Teilnahme an einer **Betriebsversammlung** ist Arbeitszeit. Zum einen folgt das daraus, dass es sich insoweit um eine betrieblich veranlasste Tätigkeit handelt und zum anderen spricht hierfür auch die Wertung des § 44 I 1 BetrVG.[20] Höchstrichterlich nicht geklärt ist, ob die **Betriebsratstätigkeit** zur Arbeitszeit im Sinne des Arbeitszeitschutzrechts zählt.[21] Die Frage ist zu verneinen. Zwar leistet das Betriebsratsmitglied in diesem Zeitraum Arbeit im Sinne der allgemeinen Definition (→ § 8 Rn. 9 f.). Seine Tätigkeit dient der Befriedigung des Bedürfnisses eines anderen. Trotz eines Interessengegensatzes im Verhältnis zum AG und des Fehlens eines Weisungsrechts wegen der Betriebsratsarbeit erfolgt die Tätigkeit nicht im eigenen Interesse, sondern im Interesse des Betriebes und der Belegschaft. Aber das Gesetz regelt die Tätigkeit des BR in § 37 I BetrVG ausdrücklich als Ehrenamt, für das gleichzeitig ein Anspruch auf – bezahlte – Freistellung gem. §§ 37, 38 BetrVG begründet wird (und dessen Ausübung sozialversicherungsrechtlich wie eine Arbeitsleistung behandelt wird, → § 221 Rn. 6). Außerdem kann der AG ohnehin nicht in die Unabhängigkeit des BR bei der Amtsausführung eingreifen, indem er ihm Zeitvorgaben macht. Der arbeitszeitrechtliche Überforderungsschutz lässt sich durch die Ansprüche nach § 37 II BetrVG gewährleisten.[22] Danach dürfte eine Unzumutbarkeit weiterer Arbeitsleistung an dem betreffenden Tag anzunehmen sein, sobald eine Zusammenrechnung der Zeiten einer Betriebsratstätigkeit und der Zeiten der arbeitsvertraglichen Arbeitsleistung die Zeitgrenzen nach § 3 ArbZG überschreitet.[23] Entsprechendes gilt für eine Personalratstätigkeit.[24] Diese Grundsätze dürften zudem auch auf die Tätigkeitszeiten betriebsangehöriger Beisitzer einer betriebsverfassungsrechtlichen Einigungsstelle zu übertragen sein.[25] **Wasch- und Umkleidezeiten** sind dann Arbeitszeit, wenn sie einem fremden Bedürfnis dienen und nicht zugleich ein eigenes Bedürfnis erfüllen.[26] Das Ankleiden mit vorgeschriebener Dienstkleidung im Betrieb ist nicht lediglich fremdnützig und damit keine Arbeitszeit, wenn sie zu Hause angelegt und – ohne objektiv gesehen besonders auffällig zu sein – auch auf dem Weg zur

---

[15] BAG 17.10.2018 AP Nr. 53 zu § 611 BGB Arbeitszeit = NZA 2019, 159; 11.10.2000 AP Nr. 20 zu § 611 BGB Arbeitszeit = NZA 2001, 458.

[16] EuGH 21.2.2018 – C-518/15, AP Nr. 22 zu Richtlinie 2003/88/EG = NZA 2018, 293 – Motzak.

[17] EuGH 10.9.2015 – C-266/14, NZA 2015, 1177 – Servicios Privados del sindicato Comisiones obreras.

[18] Anders insoweit für den Arbeitszeitbegriff nach § 87 I BetrVG LAG Nürnberg 27.8.2013 ZTR 2013, 693.

[19] BAG 20.4.2011 AP Nr. 51 zu § 307 BGB = NZA 2011, 917 (für Zeiten als Beifahrer); *Kleinebrink* DB 2015, 2023.

[20] OVG NRW 10.5.2011 BB 2011, 1972 (LS); vgl. hierzu auch *Tonikidis* ArbuR 2018, 284.

[21] Hierzu *Schulze/Tillmanns* ArbRAktuell 2012, 475 (477); *Schulze/Volk/Wolters* ArbRAktuell 2020, 313; verneinend *Wiebauer* NZA 2013, 540 (541 f.) mwN; offengelassen von BAG 18.1.2017 AP Nr. 167 zu § 37 BetrVG 1972 = NZA 2017, 791.

[22] *Tillmanns* ArbRAktuell 2012, 477 (478).

[23] Vgl. BAG 18.1.2017 AP Nr. 167 zu § 37 BetrVG 1972 = NZA 2017, 791; LAG Nds 20.4.2015 LAGE § 37 BetrVG 2001 Nr. 12 = NZA-RR 2015, 476; LAG Hamm 20.2.2015 LAGE § 37 BetrVG 2001 Nr. 10 = ArbRAktuell 2015, 289 (LS); *Ricken* DB 2016, 1255 (1260); *Söhl* ArbRAktuell 2015, 570; anders *Wiebauer* NZA 2013, 540 (544 f.); *Wolmerath* PersR 2016, 59; krit. auch – unter Hinweis auf die RL 2003/88/EG – *Mey* ArbuR 2015, 415.

[24] BAG 16.9.2020 AP Nr. 7 zu § 5 ArbZG = NZA 2021, 369.

[25] Abweichend *Kuhn/Scupra* DB 2020, 2185.

[26] BAG 17.11.2015 AP Nr. 138 zu § 87 BetrVG 1972 Arbeitszeit = NZA 2016, 247; 12.11.2013 AP Nr. 131 zu § 87 BetrVG 59 1972 Arbeitszeit = NZA 2014, 557; 19.9.2012 AP Nr. 39 zu § 611 BGB Arbeitszeit = NZA-RR 2013, 63; 28.7.1994 AP Nr. 32 zu § 15 BAT = NZA 1995, 437; 22.3.1995 AP Nr. 8 zu § 611 BGB Arbeitszeit = NZA 1996, 107; 11.10.2000 AP Nr. 20 zu § 611 BGB Arbeitszeit = NZA 2001, 458; krit. *Andritzky/Schneedorf* NZA 2016, 1379.

Arbeitsstätte getragen werden kann. An der ausschließlichen Fremdnützigkeit fehlt es auch, wenn es dem AN erlaubt ist, die an sich besonders auffällige Dienstkleidung außerhalb der Arbeitszeit zu tragen und er sich entscheidet, diese nicht im Betrieb an- und abzulegen. Anders ist es, wenn die Dienstkleidung notwendig im Betrieb angelegt werden muss, dort nach Beendigung der Tätigkeit verbleiben muss und der AN sie aus Gründen des Arbeitsschutzes tragen muss.[27] Um eine besonders auffällige Dienstkleidung handelt es sich dann, wenn sie die AN – unabhängig von der Auffälligkeit des Designs, insbes. der Farbgestaltung als Angehörige ihres AG ohne weiteres erkennen lässt[28] oder wenn der AN aufgrund der Kleidung einem bestimmten Berufsbild oder einer Branche zugeordnet werden kann.[29] Gibt der AG dagegen nur allgemein eine Farbgebung für die Bekleidung vor (zB weißes Oberhemd für einen Kellner), liegt keine ausschließliche Fremdnützigkeit vor.[30] Ist das Anlegen der Dienstkleidung Arbeitszeit, gilt das für die Zeitspanne, die für den einzelnen AN unter Ausschöpfung seiner persönlichen Leistungsfähigkeit hierfür erforderlich ist.[31] Die Abholung von Dienstkleidung (außerhalb der Arbeitsstätte) ist dann Arbeitszeit, wenn dies dem AN abverlangt wird, mit der eigentlichen Tätigkeit zusammenhängt und ausschließlich den Interessen des AG dient. Umfasst wird dabei nicht nur die Zeit für Auswahl, Anprobe und Entgegennahme sondern auch die zur Abholung erforderliche Wegezeit.[32] Hierfür kann allerdings eine gesonderte Vergütungsregelung getroffen werden; durch TV können diese Zeiten auch von der Vergütungspflicht ausgenommen werden.[33] Das gilt auch dann, wenn die betreffenden Umkleidezeiten und damit verbundene Wegezeiten durch Maßnahmen des Arbeitsschutzes veranlasst sind.[34] Zur Arbeitszeit zählen ferner sonstige Zeiten, die für das **Empfangen, Abgeben und Bereitmachen notwendiger Arbeitsmittel** aufgewandt werden.[35] Im Bergbau unter Tage zählen auch die Ruhepausen zur Arbeitszeit (§ 2 I 2 ArbZG).

Nicht gesetzlich geregelt sind der **Beginn und das Ende der Arbeitszeit.** Insoweit besteht das Direktionsrecht des AG bzw. ist auf Regelungen eines Tarifvertrags, einer Betriebsvereinbarung oder des Einzelarbeitsvertrags abzustellen. **12**

2. Wegezeit. Keine Arbeitszeit sind Wegezeiten, die der AN benötigt, um von seiner Wohnung zum Betrieb oder wieder zurückzukommen.[36] Dagegen gehören zur Arbeitszeit Wege im Betrieb und zu außerhalb des Betriebes gelegenen Betriebsorten oder zu Kunden.[37] Bei AN, die keinen festen oder gewöhnlichen Arbeitsort haben, ist auch die Fahrzeit vom Wohnort zum ersten Kunden und vom letzten Kunden zum Wohnort Arbeitszeit iSv Art. 2 Nr. 1 der Richtlinie 2003/88/EG[38] (zu Zeiten für die Abholung von Dienstkleidung → Rn. 11). Für solche Fahrzeiten kann aber eine gesonderte Vergütungsregelung, die von der für die eigentliche Tätigkeit abweicht, getroffen werden, zB auch in Form einer Nahauslösung, sofern auf diese Weise nicht der Mindestlohn nach § 1 MiLoG für die im maßgeblichen Abrechnungszeitraum (vgl. → § 66 Rn. 22) insgesamt geleistete Arbeit unterschritten wird.[39] **13**

---

[27] BAG 13.12.2016 AP Nr. 50 zu § 611 BGB Arbeitszeit = NZA 2017, 459; 17.11.2015 AP Nr. 138 zu § 87 BetrVG 1972 Arbeitszeit = NZA 2016, 247; 12.11.2013 AP Nr. 131 zu § 87 BetrVG 1972 Arbeitszeit = NZA 2014, 557; 19.9.2012 AP Nr. 39 zu § 611 BGB Arbeitszeit = NZA-RR 2013, 63; 10.11.2009 AP Nr. 125 zu § 87 BetrVG 1972 = NZA-RR 2010, 301; 11.10.2000 AP Nr. 20 zu § 611 BGB Arbeitszeit = NZA 2001, 458; hierzu *Salamon/Ohlendorf* ArbRAktuell 2012, 61.

[28] BAG 17.11.2015 AP Nr. 138 zu § 87 BetrVG 1972 Arbeitszeit = NZA 2016, 247.

[29] BAG 6.9.2017 AP Nr. 51zu § 611 BGB Arbeitszeit = NZA 2018, 180.

[30] *Schreiner/Hellenkemper* AuA 2014, 86 (87).

[31] BAG 17.11.2015 AP Nr. 138 zu § 87 BetrVG 1972 Arbeitszeit = NZA 2016, 247; 12.11.2013 AP Nr. 131 zu § 87 BetrVG 1972 Arbeitszeit = NZA 2014, 557.

[32] BAG 19.3.2014 AP Nr. 45 zu § 611 BGB Arbeitszeit = NZA 2014, 787.

[33] BAG 12.12.2018 AP Nr. 55 zu § 611 BGB Arbeitszeit = NZA 2019, 549; 25.4.2018 AP Nr. 31 zu § 1 TVG Tarifverträge: Bewachungsgewerbe = NZA 2018, 1081; 13.12.2016 AP Nr. 50 zu § 611 BGB Arbeitszeit = NZA 2017, 459; 26.10.2016 AP Nr. 49 zu § 611 BGB Arbeitszeit = NZA 2017, 323; 19.3.2014 AP Nr. 45 zu § 611 BGB Arbeitszeit = NZA 2014, 787.

[34] BAG 13.12.2016 AP Nr. 50 zu § 611 BGB Arbeitszeit = NZA 2017, 459; *Gaul/Hofelich* NZA 2016, 149; *Franzen* NZA 2016, 136 (138); aA LAG Hmb 6.7.2015 LAGE § 3 ArbSchG Nr. 1 = NZA 2016, 66.

[35] BAG 12.11.2013 AP Nr. 131 zu § 87 BetrVG 1972 Arbeitszeit = NZA 2014, 557.

[36] BAG 26.8.1960 AP Nr. 2 zu § 611 BGB Wegezeit; 8.12.1960 AP Nr. 1 zu § 611 BGB Wegezeit; 19.1.1977 AP Nr. 5 zu § 42 BAT.

[37] BAG 12.12.2012 AP Nr. 41 zu § 611 BGB Arbeitszeit = NZA 2013, 1158; 22.4.2009 AP Nr. 11 zu § 611 BGB Wegezeit = NZA-RR 2010, 231.

[38] EuGH 10.9.2015 – C-266/14, NZA 2015, 1177 – Servicios Privados del sindicato Comisiones obreras.

[39] BAG 18.3.2020 NZA 2020, 868; 25.4.2018 AP Nr. 12 zu § 611 BGB Wegezeit = NZA 2018, 1211; 19.3.2014 AP Nr. 45 zu § 611 BGB Arbeitszeit = NZA 2014, 787; 12.12.2012 AP Nr. 41 zu § 611 BGB Arbeitszeit = NZA 2013, 1158.

14 **3. Dienstreisezeit.** Dienstreisezeit ist diejenige Zeit, die der AN benötigt, um von dem Betriebs- oder Wohnort an einen vom AG bestimmten Ort außerhalb der Gemeindegrenzen des Betriebs- oder Wohnorts zu gelangen, an dem die Dienstgeschäfte zu erledigen sind.

15 Die Dienstreisezeit gehört dann zur Arbeitszeit, wenn der AN selbst arbeitet, zB ein Auto fährt oder sonstige Aufgaben für den AG erledigt.[40] Die Dienstreisezeit zählt nicht zur Arbeitszeit, wenn der AN sich in dieser Zeit erholen und entspannen kann (näher → § 45 Rn. 55). Das soll zB dann gelten, wenn der AG lediglich die Benutzung eines öffentlichen Verkehrsmittels vorgibt und dem AN überlassen bleibt, wie er die Zeit nutzt.[41]

16 **4. Arbeitsbereitschaft.** Arbeitsbereitschaft (auch → § 45 Rn. 48) liegt vor, wenn die Art der vom AN verrichteten Arbeit einen Wechsel zwischen voller und geringerer Beanspruchung beinhaltet. Sie ist wache Achtsamkeit im Zustand der Entspannung.[42]

17 Arbeitsbereitschaft ist zB gegeben, wenn die Verkäuferin auf den Kunden wartet oder der Pförtner an der offenen Haustür auf den Besucher. Arbeitszeitrechtlich sind Zeiten der Arbeitsbereitschaft in die **Arbeitszeit** einzubeziehen.

18 **5. Bereitschaftsdienst.** Bereitschaftsdienst (auch → § 45 Rn. 50) liegt vor, wenn der AN sich an einer vom AG bestimmten Stelle innerhalb oder außerhalb des Betriebes aufzuhalten hat, um, sobald es notwendig ist, seine Arbeit sofort oder zeitnah aufzunehmen zu können, ohne sich im Zustand wacher Achtsamkeit zu befinden.[43]

19 Ein Bereitschaftsdienst liegt zB vor, wenn eine Betreuungskraft im Haushalt der zu betreuenden Person wohnen muss und grundsätzlich verpflichtet ist, zu allen Tag- und Nachtstunden bei Bedarf Arbeit zu leisten.[44] Die Zeit, die ein Kraftfahrer als Beifahrer verbringt, wenn sich Berufsfahrer auf längeren Touren als Fahrer und Beifahrer abwechseln, ist nach§ 21a III Nr. 3 ArbZG keine Arbeitszeit iSd Arbeitszeitschutzes. Vergütungsrechtlich ist sie dagegen Arbeitszeit (Bereitschaftszeit). § 21a III Nr. 3 ArbZG regelt nur die arbeitsschutzrechtliche Herausnahme dieser Zeit aus der Arbeitszeit und nicht die Frage, was vergütungspflichtige Arbeitszeit ist.[45] Bereitschaftsdienst ist nach der Richtlinie 2003/88/EG **Arbeitszeit im arbeitsschutzrechtlichen Sinne,** auch wenn der AG hierfür einen Ruheraum zur Verfügung stellt[46] oder wenn der AN die Bereitschaftszeit zu Hause verbringt.[47] Dies hat Bedeutung für die Höchstarbeitszeit in § 5 III und § 7 II Nr. 1 ArbZG aF. Nach diesen Bestimmungen war der Bereitschaftsdienst nicht als Arbeitszeit iSv § 2 I ArbZG anzusehen.[48] Ob diese Vorschriften europarechtswidrig waren, war umstritten.[49] Das BAG hat dies bejaht und entschieden, dass eine europarechtskonforme Auslegung des ArbZG nicht möglich sei, denn dadurch würden §§ 5 III, 7 II Nr. 1 ArbZG aufgehoben. Da die Richtlinie sich nur an den Staat wende, sei vom Wortlaut des Gesetzes auszugehen.[50] Hat ein Mitgliedstaat eine Richtlinie nicht oder nicht richtig umgesetzt, kann sich der Bürger gegenüber dem Staat und seinen Untergliederungen unmittelbar auf die Richtlinie berufen,

---

[40] BAG 11.7.2006 AP Nr. 10 zu § 611 BGB Dienstreise = NZA 2007, 155; 23.7.1996 AP Nr. 26 zu § 87 BetrVG 1972 Ordnung des Betriebes = NZA 1997, 216; *Loritz* NZA 1997, 1188 (1191 f.); *Heins/Leder* NZA 2007, 249 (250); *Kleinebrink* ArbRB 2011, 26; *Stöhr/Stolzenberg* NZA 2019, 505.

[41] BAG 11.7.2006 AP Nr. 10 zu § 611 BGB Dienstreise = NZA 2007, 155; hierzu *Barthel/Müller* AuA 2011, 152; s. aber nunmehr zur Vergütungspflicht BAG 12.12.2012 AP Nr. 41 zu § 611 BGB Arbeitszeit = NZA 2013, 1158; aA *Boemke* RdA 2020, 65 (74).

[42] BAG 11.7.2006 AP Nr. 10 zu § 611 BGB Dienstreise = NZA 2007, 155; 18.2.2003 AP Nr. 12 zu § 611 BGB Arbeitsbereitschaft = NZA 2003, 742; 28.1.1981 AP Nr. 1 zu § 18 MTL II.

[43] BAG 25.4.2007 AP Nr. 53 zu § 15 BAT = NZA 2007, 1108; 16.3.2004 AP Nr. 2 zu § 2 ArbZG = NZA 2004, 927; 18.2.2003 AP Nr. 12 zu § 611 BGB Arbeitsbereitschaft = NZA 2003, 742.

[44] BAG 24.6.2021 – 5 AZR 505/20; 18.11.2015 AP Nr. 27 zu § 611 BGB = NZA 2016, 828.

[45] BAG 21.12.2016 AP Nr. 56 zu § 611 BGB Mehrarbeitsvergütung = NZA-RR 2017, 233; 16.5.2012 AP Nr. 53 zu § 611 BGB Mehrarbeitsvergütung = NZA 2012, 939; 20.4.2011 AP Nr. 51 zu § 307 BGB = NZA 2011, 917; LAG Bln-Bbg 4.2.2010 LAGE § 21a ArbZG Nr. 1.

[46] Zur früheren RL 93/104/EG EuGH 1.12.2005 AP Nr. 1 zu Richtlinie 93/104/EG = NZA 2006, 89 – Dellas; 9.9.2003 AP Nr. 7 zu EWG-Richtlinie 93/104 = NZA 2003, 1019 – Jaeger; 3.10.2000 AP Nr. 2 zu EWG-Richtlinie 93/104 = NZA 2000, 1227 – SIMAP.

[47] EuGH 21.2.2018 – C-518/15, AP Nr. 22 zu Richtlinie 2003/88/EG = NZA 2018, 293 – Matzak.

[48] BAG 18.2.2003 AP Nr. 12 zu § 611 BGB Arbeitsbereitschaft = NZA 2003, 742.

[49] Vgl. zur europarechtskonformen Auslegung *Griebeling* FA 2003, 38.

[50] BAG 5.6.2003 AP Nr. 7 zu § 611 BGB Bereitschaftsdienst = NZA 2004, 164; 18.2.2003 AP Nr. 12 zu § 611 BGB Arbeitsbereitschaft = NZA 2003, 742.

wenn die betreffenden Vorschriften inhaltlich unbedingt und hinreichend bestimmt sind.[51] Untergliederungen sind auch öffentliche Verwaltungen als AG. Dagegen entfalten die Richtlinien nach Ansicht des BAG keine Bindung gegenüber privaten AG. Das hat dazu geführt, dass unterschiedliche Arbeitszeitregelungen in öffentlichen und privaten Krankenhäusern notwendig wurden. Inzwischen spricht der EuGH einer nicht ordnungsgemäß in nationales Recht umgesetzten Richtlinie faktisch auch Auswirkungen im Verhältnis zu einem privaten AG zu: Die nationalen Gerichte seien verpflichtet, das nationale Recht (auch Tarifverträge) so weit wie möglich so auszulegen, um zu einem Ergebnis zu gelangen, das mit dem von der Richtlinie verfolgten Ziel vereinbar ist; die Gerichte müssten alles tun, um die Überschreitung der in der Richtlinie festgelegten wöchentlichen Höchstarbeitszeit von 48 Stunden zu verhindern.[52]

Durch das Gesetz zu Reformen am Arbeitsmarkt vom 24.12.2003 (BGBl. I 2003) ist das 20 Arbeitszeitgesetz geändert worden. Bereitschaftsdienst und Arbeitsbereitschaft sind danach zur **Arbeitszeit iSv § 2 I ArbZG** zu rechnen (vgl. § 7 I Nr. 1 lit. a ArbZG).[53] Das gilt auch für die Bestimmung der Dauer von gesetzlichen Ruhepausen.[54] In vielen Bereichen ist es aber notwendig, auf Arbeitszeitorganisationen zurückzugreifen, die lange Anwesenheitszeiten erforderlich machen. Nach § 7 I Nr. 1 ArbZG wird daher die Möglichkeit eröffnet, dass in einem Tarifvertrag oder aufgrund eines Tarifvertrags durch eine Betriebs- oder Dienstvereinbarung die Arbeitszeit über zehn Stunden werktäglich verlängert werden kann, wenn in die Arbeitszeit in erheblichem Umfang Arbeitsbereitschaft oder Bereitschaftsdienst fällt. In Tarifverträgen oder in Betriebs- und Dienstvereinbarungen aufgrund eines Tarifvertrags kann gem. § 7 IIa, III ArbZG unter bestimmten Voraussetzungen vorgesehen werden, dass ein Ausgleich nicht erfolgt (näher hierzu → Rn. 36). Zur Frage der **Vergütung** → § 45 Rn. 51.

6. Rufbereitschaft. Rufbereitschaft ist die Verpflichtung des AN, sich an einem selbstbestimmten, aber dem AG anzugebenden Ort auf Abruf zur Arbeit bereitzuhalten.[55] 21

Sie kann gegeben sein, wenn der AN sein Mobiltelefon einschalten muss.[56] Allerdings ist die 22 bloße telefonische Erreichbarkeit ohne die Verpflichtung, binnen einer bestimmten Zeit für die Aufnahme der Arbeit zur Verfügung zu stehen, keine Rufbereitschaft.[57] Setzt der AG eine zeitlich kurze Frist (zB 10 oder 20 Minuten), innerhalb derer die Arbeit aufgenommen werden muss, fehlt es an dem für die Rufbereitschaft prägenden Merkmal der freien Wahl des Aufenthaltsortes, so dass eine Arbeitsbereitschaft oder ein Bereitschaftsdienst anzunehmen ist.[58] Allerdings ist der AN auch bei einer Rufbereitschaft in der Wahl seines Aufenthaltsortes nicht völlig frei. Zwischen dem Abruf und der Arbeitsaufnahme darf nur eine solche Zeitspanne liegen, die den Arbeitseinsatz nicht gefährdet und im Bedarfsfall die Arbeitsaufnahme gestattet. Der Aufenthaltsort des AN muss sich noch in einer Entfernung von der Arbeitsstelle befinden, die es ihm ermöglicht, die Arbeitsstelle in angemessen kurzer Zeit zu erreichen.[59] Bei der Rufbereitschaft ist grundsätzlich nur die Zeit, die für die tatsächliche Erbringung von Leistungen aufgewandt wird, als Arbeitszeit anzusehen[60] (vgl. §§ 5 III, 7 II Nr. 1 ArbZG). Etwas anderes gilt aber dann, wenn eine Gesamtbeurteilung aller Umstände des Einzelfalls, zu denen die Folgen einer solchen Zeitvorgabe und gegebenenfalls die durchschnittliche Häufigkeit von Einsätzen während der Bereitschaftszeit gehören, ergibt, dass die dem AN während der Bereitschaftszeit auferlegten Einschränkungen von solcher Art sind, dass sie seine Möglichkeiten, dann die Zeit, in der seine

---

[51] EuGH 4.12.1997 AP Nr. 3 zu EWG-Richtlinie 91/533 = NZA 1998, 137 – Kampelmann; 26.2.1986 NJW 1986, 2178 – Marshall; 19.1.1982 NJW 1982, 499 – Becker.

[52] EuGH 5.10.2004 AP Nr. 12 zu EWG-Richtlinie 93/104 = NZA 2004, 1145 – Pfeiffer; s. hierzu *Matthiesen/Shea* DB 2005, 106; krit. zu den Grenzen einer richtlinienkonformen Auslegung: *Thüsing* ZIP 2004, 2301.

[53] BAG 16.3.2004 AP Nr. 2 zu § 2 ArbZG = NZA 2004, 927.

[54] BAG 16.12.2009 AP Nr. 3 zu § 4 ArbZG = NZA 2010, 505.

[55] Vgl. BAG 11.7.2006 AP Nr. 10 zu § 611 BGB Dienstreise = NZA 2007, 155; 31.1.2002 ZTR 2002, 432 = NZA 2002, 871 (LS); 19.12.1991 AP Nr. 1 zu § 67 BMT-G II = NZA 1992, 560.

[56] BAG 29.6.2000 AP Nr. 41 zu § 15 BAT = NZA 2001, 165; dazu *Pieper* ZTR 2001, 292; *Zetl* ZMV 2001, 187; *Gaul* DB 2013, 60 (61).

[57] Vgl. zu § 2 Nr. 11 AZV BVerwG 30.10.2018 ZTR 2019, 245.

[58] BAG 31.1.2002 ZTR 2002, 432 = NZA 2002, 871 (LS); 19.12.1991 AP Nr. 1 zu § 67 BMT-G II = NZA 1992, 560; zum Unionsrecht EuGH 21.2.2018 AP Nr. 22 zu Richtlinie 2003/88/EG = NZA 2018, 293 – Matzak.

[59] BAG 22.6.2011 AP Nr. 45 zu § 611 BGB Haftung des Arbeitgebers = NZA 2012, 91; 31.5.2001 ZTR 2002, 173 = NZA 2002, 351 (LS); 12.2.1969 AP Nr. 1 zu § 9 TVAL II.

[60] EuGH 3.10.2000 AP Nr. 2 zu EWG-Richtlinie 93/104 = NZA 2000, 1227 – SIMAP.

beruflichen Leistungen nicht in Anspruch genommen werden, frei zu gestalten und sie seinen eigenen Interessen zu widmen, objektiv gesehen ganz erheblich beeinträchtigen.[61] In diesem Fall liegt der Sache nach ein Bereitschaftsdienst vor. Bei einer Rufbereitschaft gehört der Weg zur Arbeitsstätte nicht zur Arbeitszeit, es sei denn, der Arbeitseinsatz im Rahmen der Rufbereitschaft erfolgt nicht in der Betriebsstätte des AG, sondern bei einem Kunden.[62] Bei der Einführung von Rufbereitschaft hat der BR ein erzwingbares Mitbestimmungsrecht.[63]

23 **7. Nachtarbeit.** Sie ist jede Arbeit (dh jede Tätigkeit, die nach § 2 I ArbZG als Arbeitszeit zu bewerten ist, also zB auch Bereitschaftsdienst), die mehr als zwei Stunden der Nachtzeit[64] umfasst (§ 2 IV ArbZG). **Nachtzeit** ist gem. § 2 III ArbZG die Zeit von 23 bis 6 Uhr (in Bäckereien und Konditoreien: von 22 bis 5 Uhr). **Nachtarbeitnehmer** im Sinne des ArbZG sind gem. § 2 V ArbZG AN, die **(1)** aufgrund ihrer Arbeitszeitgestaltung normalerweise Nachtarbeit in Wechselschicht zu leisten haben oder **(2)** Nachtarbeit an mindestens 48 Tagen im Kalenderjahr leisten (§ 2 V ArbZG). Die Formulierung „normalerweise" in § 2 V Nr. 2 ArbZG soll sicherstellen, dass AN, die nur ausnahmsweise Nachtarbeit in Wechselschicht leisten, von dieser Alternative nicht erfasst werden. Wechselschicht ist anzunehmen, wenn sich die AN (auch nur einzelne AN, nicht zwingend Gruppen von AN) in der Schichtfolge ablösen.[65] Entscheidend ist bei § 2 V Nr. 1 ArbZG die rechtliche Verpflichtung („zu leisten haben"), während § 2 V Nr. 2 ArbZG auf die tatsächliche Leistung („leisten") von Nachtarbeit an 48 Tagen im Kalenderjahr abstellt. Diese Alternative greift auch schon dann ein, wenn (zB aufgrund des Schichtplans) mit Sicherheit zu erwarten ist, dass der AN 48 Tage in der Nachtzeit beschäftigt werden wird.[66] Nicht jeder AN, der Nachtarbeit gem. § 2 IV ArbZG leistet, ist damit auch Nachtarbeitnehmer iSv § 2 V ArbZG, für den die in § 6 ArbZG geregelten Rechte (→ § 157 Rn. 10 ff.) gelten.[67] Teilweise wird die Beschränkung auf AN in Wechselschicht bzw. auf AN, die Nachtarbeit an mindestens 48 Tagen im Kalenderjahr leisten, als mit Art. 12 der RL 2003/88/EG unvereinbar angesehen.[68]

IV. Dauer der gesetzlich zulässigen Höchstarbeitszeit

24 **1. Höchstarbeitszeit. a) Werktägliche Arbeitszeit.** Die werktägliche Arbeitszeit der AN darf **acht Stunden nicht überschreiten** (§ 3 S. 1 ArbZG). Sie kann ohne bestimmte Anlässe auf **bis zu zehn Stunden v**erlängert werden, wenn innerhalb von sechs Kalendermonaten (das sind ca. 26 Wochen) oder innerhalb von 24 Wochen im Durchschnitt acht Stunden werktäglich nicht überschritten werden (§ 3 S. 2 ArbZG). Nach § 16 II 1 ArbZG sind Überschreitungen der werktäglichen Arbeitszeit nach § 8 S. 1 ArbZG aufzuzeichnen.[69] Eine Pflicht zur Erfassung der täglichen Arbeitszeit folgt nach der Rspr. des EuGH aus der Richtlinie 2003/88/EG (→ § 155 Rn. 12).[70]

25 Mit dieser Regel sollte eine gesetzliche Grundlage für alle Formen der Modelle der Gleitzeit und der flexiblen Arbeitszeit geschaffen werden. Werktage sind alle Tage, die nicht Sonn- oder Feiertage sind. Anders als der Kalendertag wird der Werktag nicht von 0.00 bis 24.00 Uhr gerechnet, sondern zählt ab Beginn der Arbeit (zB Montag um 7 Uhr) und endet 24 Stunden später bis (in diesem Beispiel am Dienstag um 7 Uhr).[71] Denkbar sind allerdings Fälle, in denen die Einsatzzeiten (zB bei Wechselschichten) variieren. Dann kann der AN zwar uU die elfstündige Ruhezeit nach Ende der Schicht einhalten, würde aber die Arbeit noch innerhalb des 24-stündigen Arbeitstages iSv § 3 S. 1 ArbZG wieder aufnehmen und so die Zehn-Stunden-Grenze

---

[61] EuGH 9.3.2021 – C-580/19, NZA 2021, 489 – Stadt Offenbach am Main; 9.3.2021 – C-344/19, NZA 2021, 485 – Radiotelevizija Slovenija.
[62] *Boemke* RdA 2020, 65 (71).
[63] BAG 23.1.2001 AP Nr. 78 zu § 75 BPersVG = NZA 2001, 741.
[64] Hierzu *Ulber* AuR 2020, 157 (158), der diese Voraussetzung, die unterhalb der Mindestumfangs von 3 Stunden nach Art. 2 Nr. 4 lit. a RL 2003/88/EG liegt, für verfassungsrechtlich bedenklich hält.
[65] Vgl. BAG 23.6.1960 AP Nr. 4 zu § 2 AZO = DB 1960, 1279; LAG Düsseldorf 7.12.2010 ZTR 2011, 293 (LS); ErfK/*Wank* ArbZG § 2 Rn. 19.
[66] LAG Düsseldorf 7.12.2010 ZTR 2011, 293 (LS); *Lakies* ArbRAktuell 2012, 521; ErfK/*Wank* ArbZG § 2 Rn. 19.
[67] *Schliemann* ArbZG § 2 Rn. 139.
[68] *Ulber* AuR 2019, 157 (158 f.); anders *Schliemann* ArbZG § 2 Rn. 152 unter Hinweis auf Art. 2 Nr. 4 RL 2003/88/EG.
[69] Umfassend zu den Pflichten des AG zur Aufzeichnung der Arbeitszeit *Schliemann* FA 2016, 66.
[70] EuGH 14.5.2019 – C-55/18, AP Nr. 30 zu Richtlinie 2003/88/EG = NZA 2019, 683 – CCOO.
[71] *Schliemann* ArbZG § 3 Rn. 7 mwN.

für diesen Arbeitstag nach § 3 S. 2 ArbZG überschreiten.[72] Ob der AG als Ausgleichszeitraum sechs Kalendermonate oder 24 Wochen wählt, steht in seinem Ermessen. Trotz der Bezeichnung als Kalendermonate sind, wie die alternativ genannte Zeitdauer von 24 Wochen (die an jedem beliebigen Wochentag beginnen können) zeigt, Zeitmonate gemeint.[73] Der Sechsmonatszeitraum beginnt also nicht jeweils nur am Monatsersten. In der Lit. war umstritten, ob der Ausgleichszeitraum der Arbeitszeitrichtlinie entspricht.[74] Diese Frage dürfte nach der Rspr. des EuGH nunmehr geklärt sein. Danach ist zum einen der in Art. 16 lit. b RL 2003/88/EG geregelte Ausgleichzeitraum von 4 Monaten überschritten (der nur unter den Voraussetzungen von Art. 17 III, Art. 18 RL 2003/88/EG erweitert werden kann). Zum anderen folgt aus Art. 6 lit. b, 16 lit. b und Art. 19 I RL 2003/88/EG, dass die durchschnittliche wöchentliche Höchstarbeitszeit von 48 Stunden während jedes auf zwei aufeinanderfolgende feste Bezugszeiträume verteilten Sechsmonatszeitraums gewährleistet sein muss.[75] Daher darf sowohl vorwärts als auch rückwärts gerechnet ausgehend von jedem Arbeitstag innerhalb zweier aufeinanderfolgender Bezugszeiträume der Durchschnitt von 48 Wochenarbeitsstunden nicht überschritten sein.[76] Ausfallzeiten mit Entgeltschutz (Urlaub, Krankheit, vorübergehende Verhinderung gem. § 616 BGB, Feiertage) müssen bei der Berechnung des Ausgleichszeitraumes unberücksichtigt bleiben.[77] Das gilt auch für Urlaubszeiträume, die über den gesetzlichen Mindesturlaub hinausgehen.[78] Dies entspricht Art. 16 lit. b RL 2003/88/EG. Der BR hat nach § 87 I Nr. 3 BetrVG ein erzwingbares Mitbestimmungsrecht.

b) Gesetzlicher Höchstrahmen. Der gesetzliche Höchstrahmen für die Arbeitszeit beträgt 26 damit 6 × 8 Stunden = 48 Stunden × 48 Wochen (52 Jahreswochen minus 4 Wochen gesetzlicher Urlaub) = 2304 Arbeitsstunden. Die Arbeitszeit kann bis zu 60 Stunden wöchentlich erhöht werden, wenn innerhalb des gesetzlich festgelegten Ausgleichszeitraums von 6 Monaten bzw. 24 Wochen die Arbeitszeit von acht Stunden werktäglich nicht überschritten wird. Der Ausgleich der Mehrarbeit innerhalb des Ausgleichszeitraums ist die einzige Voraussetzung für die Verlängerung der regelmäßigen Arbeitszeit. Ist ausnahmsweise Arbeit an Sonn- und Feiertagen zulässig, wird diese dem Arbeitszeitbudget nicht hinzugerechnet (§ 11 II ArbZG). Für den Bereich des öffentlichen Dienstes (beamteter Feuerwehrmann) hat der EuGH entschieden, dass eine nationale Regelung, die eine höhere durchschnittliche Wochenarbeitszeit als 48 Stunden nach Art. 6 lit. b der Richtlinie 2003/88/EG vorsieht, nur möglich ist, wenn sie hierfür eine Zustimmung des AN voraussetzt. Bei einem Verstoß besteht ein verschuldensunabhängiger Ausgleichsanspruch in Form von Freizeitausgleich oder einer finanziellen Entschädigung gegen die Behörden des Mitgliedstaates für die geleistete Mehrarbeit. Der Anspruch setzt nicht voraus, dass der AN zuvor gegenüber dem AG einen Antrag auf Einhaltung der Arbeitszeitbestimmungen gestellt hat.[79]

c) Arbeitszeitflexibilisierung. Da die **Verlängerung der gesetzlichen Arbeitszeit** nur 27 von der Gewährung von Ausgleichszeit abhängig ist, sind praktisch alle Formen der Arbeitszeitflexibilisierung möglich. Denkbar wäre zB ein Arbeitszeitmodell von 48 Stunden wöchentlich (6 × 8 Stunden). Bei einem Ausgleichszeitraum von 24 Wochen ergibt sich eine Gesamtarbeitszeit von 1 152 Stunden. Dies entspricht 144 Werktagen je acht Stunden. Im äußersten Fall kann die Gesamtarbeitszeit von 1 152 Stunden auf 115 Werktage mit je 10 Stunden und einem Werktag von zwei Stunden verteilt werden (1 152 : 10 = 115,2). Dann wären 28,8 Werktage arbeitsfrei.

Umstritten ist, ob zB ein Arbeitszeitmodell zulässig ist, in dem der AN zunächst 115,2 Tage 28 arbeitet und dann freigestellt wird und im nächsten Ausgleichszeitraum zunächst freigestellt wird und dann in der Sechs-Tage-Woche 60 Stunden arbeitet. In der Regierungsbegründung (BT-Drs. 12/5888, 24) heißt es, dass in den „folgenden" sechs Kalendermonaten der Ausgleich erfolgen müsse. Insoweit wird es sich um ein sprachliches Versehen handeln, weil eine weitestgehende Flexibilisierung gewollt war. Der Gesetzestext enthält jedenfalls **keine Vorgaben für die Wahl**

---

72 *Baeck/Deutsch* ArbZG § 3 Rn. 17; *Wirtz* BB 2014, 1397 (1398).

73 Ausf. *Schliemann* ArbZG § 3 Rn. 34 ff.

74 Verneinend ErfK/*Wank* ArbZG § 3 Rn. 7; *Buschmann/Ulber* ArbZG § 3 Rn. 22; aA *Linnenkohl/Rauschenberg* ArbZG § 3 Rn. 18.

75 EuGH 11.4.2019 – C-254/18, AP Nr. 29 zu Richtlinie 2003/88/EG = NZA 2019, 765 – Syndicat des cadres de la sécurité intérieure.

76 *Buschmann* AuA 2019, 34.

77 BVerwG 9.5.2018 NZA-RR 2018, 608; *Erasmy* NZA 1994, 1105 (1107); *Junker* ZfA 1998, 105 (112); ausführlich *Schliemann* ArbZG § 3 Rn. 83 ff.; aA *Dobberahn*, Das neue Arbeitszeitgesetz, Rn. 31.

78 BVerwG 9.5.2018 BB 2018, 1267 (LS).

79 EuGH 25.11.2010 AP Nr. 4 zu Richtlinie 2003/88/EG = NZA 2011, 53 – Fuß; hierzu *Buschbaum* ArbRAktuell 2010, 653; *Wank* RdA 2011, 200 ff.

des Ausgleichzeitraums. Daher ist es ohne Bedeutung, ob die Tage mit kürzerer Arbeitszeit am Anfang, am Ende oder in der Mitte des Ausgleichzeitraums liegen.[80]

29 **d) Mehrere Arbeitgeber.** Arbeitszeiten bei mehreren AG sind **zusammenzurechnen** (§ 2 I ArbZG).

30 **e) Mitbestimmung des Betriebsrats.** Der BR hat nach **§ 87 I Nr. 3 BetrVG** bei der Festlegung des Ausgleichszeitraumes ein erzwingbares Mitbestimmungsrecht, sofern es sich nicht um eine individuelle Regelung ohne kollektiven Bezug handelt.

31 **2. Arbeitsverpflichtung. a) Individuell geltende Arbeitszeit.** Das ArbZG enthält allein einen **gesetzlich zulässigen Höchstrahmen** für die Tagesarbeitszeit. Dagegen enthält es keine Aussage zur zeitlichen Verpflichtung des AN, Arbeit zu leisten. Dies gilt sowohl für die Zahl der Arbeitsstunden als auch die Zahl der Werktage in der Woche. In welchem Umfang der AN zur Arbeitsleistung verpflichtet ist, muss im Tarifvertrag, einer Betriebsvereinbarung oder im Einzelarbeitsvertrag festgelegt sein.

32 **b) Verstöße gegen das ArbZG.** Der AG, der einen AN **länger als 10 Stunden beschäftigt** oder Überschreitungen der Zehn-Stunden-Grenze duldet, handelt nach § 22 I Nr. 1 ArbZG ordnungswidrig. Die Ordnungswidrigkeit kann mit einer Geldbuße bis zu 15 000 EUR geahndet werden.

33 Die Höchstarbeitszeitgrenzen des ArbZG bedeuten ein gesetzliches Beschäftigungsverbot, das es dem AG untersagt, Arbeitsleistungen in einem die gesetzlichen Höchstgrenzen überschreitenden Rahmen anzuordnen oder entgegenzunehmen.[81] **Vereinbarungen** zwischen AG und AN, nach denen der AN verpflichtet wird, über die gesetzlich zulässige Arbeitszeit hinaus zu arbeiten, sind nach § 134 BGB unwirksam. Der AN hat insoweit an seiner Arbeitsleistung ein Zurückbehaltungsrecht (§ 273 BGB). Der Arbeitsvertrag bleibt im Übrigen wirksam. Ein Verstoß gegen § 3 ArbZG steht der Vergütungspflicht für die entsprechende Arbeitszeit nicht entgegen.[82]

34 **c) Überstunden/Mehrarbeit.** Erbringt der AN eine **Leistung über seine individualvertraglich geschuldete Arbeitsleistung** bis zur Dauer der gesetzlich zulässigen Arbeitszeit, so muss sich im Wege der Auslegung kollektivrechtlicher oder individualrechtlicher Vereinbarungen ergeben, inwieweit dem AN Anspruch auf **Überstundenvergütung** zusteht. Fehlt eine solche Regelung, folgt ein Anspruch auf Überstundenvergütung uU aus § 612 I BGB (→ § 69 Rn. 8). Ein gesetzlicher Anspruch auf Zahlung von Überstundenzuschlägen besteht dagegen nicht. Bei einem **Überschreiten der gesetzlichen regelmäßigen Arbeitszeit** spricht man üblicherweise von **Mehrarbeit.** Das ArbZG normiert (anders als die frühere Regelung in § 15 AZO) keinen Anspruch auf Zahlung eines Mehrarbeitszuschlages. Es ist vielmehr als reines Arbeitsschutzgesetz konzipiert.

35 **d) Sommerzeit.**[83] Die mitteleuropäische Sommerzeit beginnt jeweils am letzten Sonntag im März um 2 Uhr mitteleuropäischer Zeit und endet am letzten Sonntag im Oktober. Sie wird zu Beginn von 2 auf 3 Uhr vorgestellt und am Ende von 3 auf 2 Uhr zurückgestellt.[84] Die mit der Einführung der Sommerzeit zusammenhängenden Probleme sind zumeist tariflich besonders geregelt. Bestehen keine Sonderregeln, so erlangt der AN entsprechend der geleisteten Arbeitszeit Vergütungsansprüche. Das BAG hat dies aber bislang erst anerkannt, soweit der AN trotz der ausgefallenen Arbeitsstunde die vereinbarte Zahl von Arbeitsstunden und damit die geschuldete Arbeitsvergütung erreicht.[85] Bei Einführung der Winterzeit fällt regelmäßig eine Arbeitsstunde mehr an. Insoweit kommt es auf den Inhalt des Tarifvertrags an, ob Ansprüche auf Überstundenvergütung entstehen.

36 **3. Tarifliche Regelung.** In einem Tarifvertrag oder aufgrund eines Tarifvertrags in einer Betriebsvereinbarung kann zugelassen werden, **abweichend von § 3 ArbZG (a)** die Arbeitszeit über zehn Stunden werktäglich auch ohne Ausgleich zu verlängern, wenn in die Arbeits-

[80] HM, s. *Erasmy* NZA 1994, 1105 (1106); *Zmarzlik* DB 1994, 1082 (1083); *Schliemann* ArbZG § 3 Rn. 65 ff.; ErfK/*Wank* ArbZG § 3 Rn. 9; *Dobberahn,* Das neue Arbeitszeitgesetz, Rn. 32; aA *Buschmann/Ulber* ArbZG § 3 Rn. 26; *Roggendorff* ArbZG § 3 Rn. 12.
[81] BAG 20.11.2018 AP Nr. 11 zu § 3 ArbZG = NZA 2019, 535.
[82] BAG 24.8.2016 AP Nr. 10 zu § 3 ArbZG = NZA 2017, 58.
[83] Zu arbeitsrechtlichen Problemen bei Einführung der Sommerzeit: *Zilius* ArbuR 1980, 236.
[84] VO über die Einführung der mitteleuropäischen Sommerzeit ab dem Jahr 2002 (Sommerzeitverordnung – SoZV) vom 12.7.2001 (BGBl. I 1591).
[85] BAG 11.9.1985 AP Nr. 38 zu § 615 BGB = NZA 1986, 1781.

zeit regelmäßig und in erheblichem Umfang Arbeitsbereitschaft oder Bereitschaftsdienst fällt (§ 7 I Nr. 1 lit. a ArbZG), **(b)** einen anderen Ausgleichszeitraum festzulegen (§ 7 I Nr. 1 lit. b ArbZG); Art. 19 III RL 2003/88/EG begrenzt den Spielraum auf ein Jahr. Regelmäßig bedeutet, dass es zur Eigenart der Tätigkeit gehören muss, dass Zeiten der Vollarbeit mit Zeiten geringerer Inanspruchnahme wechseln. Für das Merkmal des erheblichen Umfangs (§ 7 I Nr. 1 lit. a ArbZG) kommt es auf das Verhältnis von Arbeitsbereitschaft zur vollen Arbeitsleistung an. Es wird als erfüllt anzusehen sein, wenn die während der Vollarbeit anfallende Zeit der Arbeitsbereitschaft einen Richtwert von 1/4 bis 1/3 erreicht.[86] Die Verlängerung der Arbeitszeit wird dabei nicht generell durch die jeweilige Dauer der Arbeitsbereitschaft bzw. des Bereitschaftsdienstes begrenzt. Vielmehr enthält das Gesetz in § 7 VIII und IX ArbZG abschließende Regelungen zu den Obergrenzen.[87] Die Rufbereitschaft ist in § 7 I Nr. 1 lit. a ArbZG nicht erwähnt, weil sie – soweit keine tatsächliche Arbeitsaufnahme erfolgt – ohnehin nicht als Arbeitszeit anzusehen ist (→ Rn. 22).[88] Nach § 7 II ArbZG können in einem Tarifvertrag oder auf Grund eines Tarifvertrags in einer Betriebs- oder Dienstvereinbarung ferner die dort in Ziff. 1–4 aufgezählten Abweichungen von den gesetzlichen Vorgaben zugelassen werden, sofern der Gesundheitsschutz der AN durch einen entsprechenden Zeitausgleich gewährleistet wird. Zu § 7 II Nr. 1 ArbZG → § 158 Rn. 10. Im Bereich der Landwirtschaft (zum Begriff → § 158 Rn. 7) sind nach § 7 II Nr. 2 ArbZG Anpassungen der Regelungen der §§ 3, 5 I ArbZG (Ruhezeiten) und § 6 II ArbZG (werktägliche Höchstarbeitszeit der Nachtarbeitnehmer) an die Bestellungs- und Erntezeit sowie an die Witterungseinflüsse möglich. Nach § 7 II Nr. 3 ArbZG können die Regelungen der §§ 3, 4, 5 I und § 6 II ArbZG bei der Behandlung, Pflege und Betreuung von Personen (→ § 158 Rn. 7) der Eigenart dieser Tätigkeit und dem Wohl dieser Personen entsprechend angepasst werden. Neben dem Wohl der betreffenden Personen muss dabei aber auch der Gesundheitsschutz der AN hinreichend berücksichtigt werden.[89] Nach § 7 II Nr. 4 ArbZG können die Regelungen der §§ 3, 4, 5 I und § 6 II ArbZG bei Verwaltungen und Betrieben des Bundes, der Länder, der Gemeinden und sonstigen Körperschaften, Anstalten und Stiftungen des öffentlichen Rechts sowie bei anderen AG, die der Tarifbindung eines für den öffentlichen Dienst geltenden oder eines im wesentlichen inhaltsgleichen Tarifvertrags unterliegen, der Eigenart der Tätigkeit bei diesen Stellen angepasst werden.[90] Eine Ausnahme von der Begrenzung auf durchschnittlich 48 Stunden wöchentlich enthält die an Art. 22 I RL 2003/88/EG angelehnte Regelung in § 7 IIa ArbZG. Diese setzt neben dem Erfordernis, dass in die Arbeitszeit regelmäßig und in erheblichem Umfang Arbeitsbereitschaft oder Bereitschaftsdienst fällt, weiter voraus, dass durch besondere Regelungen sichergestellt wird, dass die Gesundheit der AN nicht gefährdet wird.[91] Das Gesetz überlässt den Tarifvertragsparteien einen weiten Gestaltungsspielraum, ohne etwa eine Höchstgrenze für die Verlängerung der werktäglichen Arbeitszeit ohne Ausgleich festzulegen; § 7 VIII 1 ArbZG gilt hier nicht. Regelungen nach § 7 IIa ArbZG können zB verlängerte Ruhezeiten, spezielle arbeitsmedizinische Untersuchungen sowie die Festlegung von Höchstarbeitszeiten sein.[92] Darüber hinaus bedarf es gem. § 7 VII einer schriftlichen Einwilligung des AN. Dieser kann ein einmal gegebenes Einverständnis jederzeit widerrufen. Er muss dabei jedoch eine Frist von sechs Monaten einhalten, innerhalb derer der AG die erforderlichen Dispositionen treffen kann. AN, die ihre Zustimmung nicht erteilen oder später widerrufen, dürfen nicht benachteiligt werden (§ 7 VII 3 ArbZG).[93] Diese Rechtsfolge ergäbe sich allerdings auch schon aus § 612a BGB.[94] Die Ablehnung einer Bewerbung nur aufgrund der Weigerung, die Zustimmung nach § 7 VII 3 ArbZG zu erklären, führt allerdings nicht zu einem Schadenersatzanspruch in Form eines Anspruchs auf Abschluss eines Arbeitsvertrages. Denn § 7 VII 3 ArbZG regelt nur die Rechtsbeziehungen im bestehenden Arbeitsverhältnis.[95]

---

[86] Vgl. BAG 24.1.2006 AP Nr. 3 zu § 3 ArbZG = NZA 2006, 862; *Schliemann* ArbZG § 7 Rn. 39; ErfK/*Wank* ArbZG § 7 Rn. 6; vgl. auch *Baeck/Deutsch* ArbZG § 7 Rn. 51; abw. *Buschmann/Ulber* ArbZG § 7 Rn. 31, die 50% voraussetzen wollen.

[87] *Wirtz* BB 2014, 1397 (1400).

[88] Für eine Anwendung des § 7 I Nr. 1 lit. a ArbZG dagegen *Wirtz* BB 2014, 1397 (1400).

[89] *Schliemann* ArbZG § 7 Rn. 69.

[90] Krit. zu dieser Regelung *Buschmann/Ulber* ArbZG § 7 Rn. 54.

[91] Vgl. hierzu BAG 23.6.2010 AP Nr. 4 zu § 7 ArbZG = NZA 2010, 1081; krit. zu dieser Regelung *Buschmann* AuR 2004, 1 (4 f.).

[92] ErfK/*Wank* ArbZG § 7 Rn. 18.

[93] Zum Benachteiligungsverbot nach der RL 2003/88/EG EuGH 14.10.2010 AP Nr. 3 zu Richtlinie 2003/88/EG = NZA 2010, 1344 – Fuß I.

[94] *Preis/Ulber* ZESAR 2011, 147 (153).

[95] ErfK/*Wank* ArbZG § 7 Rn. 27; aA *Neumann/Biebl* ArbZG § 7 Rn. 57; offengelassen von *Preis/Ulber* ZESAR 2011, 147 (155).

Wird die Arbeitszeit auf der Grundlage von § 7 I Nr. 1 und 4, II Nr. 2–4 ArbZG verlängert, darf sie (auch in den Fällen der Geltung nach § 7 II u. IV ArbZG) 48 Stunden wöchentlich im Durchschnitt von zwölf Kalendermonaten nicht überschreiten (§ 7 VIII 1 ArbZG). Wird die Arbeitszeit über zwölf Stunden verlängert, muss in unmittelbarem Anschluss an die Beendigung der Arbeitszeit eine Ruhezeit von mindestens elf Stunden gewährt werden (§ 7 IX ArbZG).

37 Von der gesetzlichen Regelung kann im Rahmen der gesetzlichen Ermächtigung durch Tarifvertrag abgewichen werden.[96] Abweichungen in einer **Betriebsvereinbarung** sind nur dann wirksam, wenn ein Tarifvertrag vorliegt und sich aus diesem eindeutig ergibt, dass und in welchem Umfang die Tarifvertragsparteien ihre Befugnis zur Zulassung von Abweichungen auf die Betriebspartner übertragen haben. Nach § 7 III ArbZG können im Geltungsbereich eines Tarifvertrages nach § 7 I, II oder IIa ArbZG abweichende tarifvertragliche Regelungen im Betrieb eines nicht tarifgebundenen AG durch Betriebs- oder Dienstvereinbarung übernommen werden. Nur wenn ein BR oder PR nicht besteht, kann die Übernahme durch schriftliche Vereinbarung der Arbeitsvertragsparteien erfolgen. Dabei können die tarifvertraglichen Regelungen nur ohne jede Änderung übernommen werden. Eine nach § 7 II Nr. 4 ArbZG getroffene abweichende tarifvertragliche Bestimmung, mit der die Regelungen der §§ 3, 4, 5 I und § 6 II ArbZG an die Eigenart der Tätigkeit bei den genannten öffentlichen Stellen angepasst werden kann, hat zwischen nicht tarifgebundenen AG und AN allerdings nur Geltung, wenn zwischen ihnen die Anwendung der für den öffentlichen Dienst geltenden tarifvertraglichen Bestimmungen vereinbart ist und die AG die Kosten des Betriebs überwiegend mit Zuwendungen im Sinne des Haushaltsrechts[97] (vgl. § 14 HGrG, § 23 BHO) decken.

38 **4. Regelungen für den Bereich der Kirchen.** Kirchen und öffentliche Religionsgemeinschaften[98] können die in § 7 I, II und IIa ArbZG genannten Abweichungen gem. § 7 IV ArbZG in ihren Regelungen vorsehen. Zu den Kirchen gehören auch deren karitative und erzieherische Einrichtungen. Mit § 7 IV ArbZG wollte der Gesetzgeber dem Recht der Religionsgesellschaften, ihre Angelegenheiten selbständig innerhalb der Schranken des für alle geltenden Gesetzes zu verwalten (Art. 140 GG iVm Art. 137 III WRV), Rechnung tragen. Üblicherweise wird die Arbeitszeit durch arbeitsvertragliche Einheitsregelungen, die nicht den Rang von Tarifverträgen haben (→ § 184 Rn. 10), geregelt.

39 **5. Ausnahmeregelungen.** In einem Bereich, in dem Regelungen durch Tarifvertrag üblicherweise nicht getroffen werden, können Ausnahmen durch die Aufsichtsbehörde bewilligt werden, wenn dies aus betrieblichen Gründen erforderlich ist und die Gesundheit der AN nicht gefährdet wird (§ 7 V ArbZG). Schließlich kann die BReg. durch RechtsVO mit Zustimmung des Bundesrats Ausnahmen zulassen, sofern dies aus betrieblichen Gründen erforderlich ist und die Gesundheit der AN nicht gefährdet wird (§ 7 VI ArbZG).

40 **6. Ausnahmen in besonderen Fällen. a) Notfall und außergewöhnlicher Fall.** Nach § 14 I ArbZG kann von den §§ 3–5 ArbZG (Vorschriften über die Höchstarbeitszeit, Mindestruhepausen und Mindestruhezeiten), § 6 II ArbZG (Höchstarbeitszeit der Nachtarbeitnehmer), § 7 ArbZG (abweichende Tarifregelungen) sowie §§ 9–11 ArbZG (Sonn- und Feiertagsausgleich) abgewichen werden bei vorübergehenden Arbeiten in **Notfällen** und in **außergewöhnlichen Fällen,** die unabhängig vom Willen der Betroffenen eintreten und deren Folgen nicht auf andere Weise zu beseitigen sind, besonders, wenn Rohstoffe oder Lebensmittel zu verderben oder Arbeitsergebnisse zu misslingen drohen. Für Jugendliche gilt die Sonderregelung in § 21 JArbSchG (→ § 161 Rn. 36 f.).

41 Ein **Notfall** ist durch die Gefahr des Eintritts eines unverhältnismäßigen Schadens infolge eines unvorhergesehenen und plötzlich eintretenden Ereignisses gekennzeichnet. Aus dem Gesetz ergeben sich keine Untergrenzen des drohenden Schadens. Notfälle sind insbes. Fälle höherer Gewalt (zB Überschwemmungen, Schneekatastrophen, Stürme). Ein streikbedingter Ausfall von Arbeitskräften ist nur dann als Notfall anzusehen, wenn dessen Folgen über die für einen Arbeitskampf typischen Produktionsausfälle hinausgehen[99] (zB bei einer Existenzbedrohung des Betriebes). Keine Notfälle sind nach hM Ereignisse, die sich als Folge von Organisati-

[96] Zu den Auswirkungen auf Ordnungswidrigkeits- und Strafrecht nach §§ 22, 23 ArbZG *Meyer* RdA 2020, 25.
[97] Zu diesem Begriff BAG 20.11.2018 AP Nr. 11 zu § 3 ArbZG = NZA 2019, 535.
[98] Vgl. zu diesem Begriff BAG 22.3.1995 AP Nr. 21 zu § 5 ArbGG 1979 = NZA 1995, 823.
[99] OLG Celle 8.10.1986 NZA 1987, 283.

onsmängeln einstellen oder die auf fehlerhaften Entscheidungen des AG beruhen.[100] Das ist im Hinblick auf fahrlässig verursachte Notsituationen zweifelhaft, weil die Verhütung unverhältnismäßiger Schäden nicht unter dem Gebot der schuldlosen Verursachung steht.[101] Im Fall einer vorsätzlichen Verursachung durch den AG dürfte schon § 242 BGB (unzulässige Rechtsausübung) einer Abweichung nach § 14 ArbZG entgegenstehen.

Der **außergewöhnliche Fall** unterscheidet sich vom Notfall graduell. Außergewöhnliche Fälle sind zumeist durch eine geringere Intensität des drohenden Schadens gekennzeichnet. Voraussetzung für die abweichende Arbeitszeit ist, dass der außergewöhnliche Fall unabhängig vom Willen der Betroffenen eintritt und dass die Folgen nicht auf andere Weise zu beseitigen sind. Sowohl der Begriff des Notfalls als auch des außergewöhnlichen Falls setzen eine Unvorhersehbarkeit voraus. Diese liegt nicht vor, wenn das Ereignis mit einer gewissen Wahrscheinlichkeit als Nebenfolge des Betriebes eintritt. Die Folgen des Notfalls oder des außergewöhnlichen Falles müssen nicht unbedingt den AG treffen. Sie können vielmehr auch bei einem Dritten, zB einem Kunden, auftreten.[102] 42

b) Abweichende Fälle nach § 14 II ArbZG. § 14 II Nr. 1 ArbZG gestattet abweichende Arbeitszeiten, wenn eine verhältnismäßig geringe Zahl von AN vorübergehend mit Arbeiten beschäftigt wird, deren Nichterledigung das Ergebnis der Arbeiten gefährden oder einen unverhältnismäßigen Schaden zur Folge haben würde. § 14 II Nr. 2 ArbZG erlaubt Abweichungen in Forschung und Lehre, bei unaufschiebbaren Vor- und Abschlussarbeiten sowie bei unaufschiebbaren Arbeiten zur Behandlung, Pflege und Betreuung von Personen oder zur Behandlung und Pflege von Tieren an einzelnen Tagen. 43

Eine verhältnismäßig geringe Zahl der eingesetzten AN ist nicht nur dann anzunehmen, wenn die Zahl der beschäftigten AN in Relation zur Gesamtbelegschaft gering ist, sondern auch dann, wenn sich deren absolute Zahl (in einem Kleinbetrieb) als objektiv gering darstellt.[103] Der Anwendungsbereich der Vorschrift kann nicht von der jeweiligen Betriebsorganisation und Betriebsgröße abhängen. 44

Arbeiten bei **Forschung und Lehre** sind solche, die darauf abzielen, in methodischer, systematischer und nachprüfbarer Weise neue Erkenntnisse zu gewinnen oder zu verwerten.[104] Hierunter können auch Tätigkeiten von nichtwissenschaftlichen Mitarbeitern fallen, sofern die AN, die unmittelbar forschend oder lehrend arbeiten, hierauf angewiesen sind.[105] **Vor- und Abschlussarbeiten** sind Tätigkeiten, die ihrer Art nach zu bestimmten Zeiten, nämlich vor Beginn oder nach Ende der unmittelbar zur Erfüllung des Betriebszwecks dienenden Tätigkeiten stattfinden müssen.[106] Vorarbeiten sind zB das Beheizen der Produktionsräume oder das Auffüllen der Verkaufsregale. Nacharbeiten sind zB Aufräumungsarbeiten, Reinigungsarbeiten aber auch das Zu-Ende-Bedienen von Kunden (bis zur Dauer von 30 Minuten).[107] Der Begriff der Pflege und Betreuung von Personen deckt sich mit dem in § 5 II ArbZG.[108] Der Begriff der Behandlung und Pflege von Tieren verlangt mehr als die bloße Tierhaltung iSv § 5 II ArbZG. Alle diese Arbeiten müssen aber jeweils unaufschiebbar sein. Ferner gestattet § 14 II Nr. 2 ArbZG die Beschäftigung nur an einzelnen Tagen. 45

Beide Ausnahmeregelungen nach § 14 II ArbZG setzen voraus, dass sich die Abweichungen von den Arbeitszeitnormen nicht durch andere dem AG zumutbare Maßnahmen vermeiden lassen. 46

c) Obergrenze. Im Rahmen aller Ausnahmeregelungen in § 14 I und II ArbZG darf die Arbeitszeit 48 Stunden wöchentlich im Durchschnitt von sechs Kalendermonaten oder 24 Wochen (zu diesen Fristen → Rn. 25) nicht überschreiten (§ 14 III ArbZG). 47

[100] BAG 28.2.1958 AP Nr. 1 zu § 14 AZO = ArbuR 1958, 378; *Anzinger/Koberski* ArbZG § 14 Rn. 5; *Linnenkohl/Rauschenberg* ArbZG § 14 Rn. 5; *Schliemann* ArbZG § 14 Rn. 8; ErfK/*Wank* ArbZG § 14 Rn. 2.

[101] So auch *Baeck/Deutsch* ArbZG § 14 Rn. 8.

[102] Vgl. BVerwG 23.6.1992 BVerwGE 90, 238 = MDR 1992, 1191 = NJW 1993, 1027 (LS); *Linnenkohl/Rauschenberg* ArbZG § 14 Rn. 8.

[103] OLG Celle 8.10.1986 NZA 1987, 283.

[104] ErfK/*Wank* ArbZG § 14 Rn. 7 unter Hinweis auf BVerfG 29.5.1973 BVerfGE 35, 79 (113) = AP Nr. 1 zu Art. 5 Abs. 3 GG Wissenschaftsfreiheit.

[105] *Schliemann* ArbZG § 14 Rn. 25; *Neumann/Biebl* ArbZG § 14 Rn. 16; aA ErfK/*Wank* ArbZG § 14 Rn. 7.

[106] *Schliemann* ArbZG § 14 Rn. 27.

[107] ErfK/*Wank* ArbZG § 14 Rn. 8; *Neumann/Biebl* ArbZG § 14 Rn. 14.

[108] Zu den Besonderheiten im Krankenhausbereich *Stöhr/Büchner/Gümmer* NZA-RR 2015, 281.

48 **d) COVID-19-ArbZV.** Aufgrund des im Zusammenhang mit der Corona-Pandemie zum 28.3.2020 eingeführten und bis zum 31.12.2020 geltenden Regelung in § 14 IV ArbZG konnte das BMAS durch Rechtsverordnung im Einvernehmen mit dem BMG ohne Zustimmung des Bundesrates in außergewöhnlichen Notfällen mit bundesweiten Auswirkungen, insbesondere in epidemischen Lagen von nationaler Tragweite nach § 5 I IfSG, für Tätigkeiten der AN für einen befristeten Zeitraum Ausnahmen zulassen, die über die im ArbZG und in den auf Grund des ArbZG erlassenen Rechtsverordnungen sowie in Tarifverträgen vorgesehenen Ausnahmen hinausgehen. Die auf dieser Grundlage ergangene COVID-19-Arbeitszeitverordnung (COVID-19-ArbZV, BAnz AT vom 9.4.2020 – V2) hat vorübergehend (ab 10.4.2020 bis 31.7.2020) für systemrelevante Tätigkeiten die Verlängerung der werktäglichen Arbeitszeit auf bis zu 12 Stunden, der Wochenarbeitszeit auf 60 Stunden, die Verkürzung der Ruhezeit auf 9 Stunden sowie eine Ausdehnung der erlaubten Beschäftigung an Sonntagen und an gesetzlichen Feiertagen ermöglicht, wobei dies mit Ausgleichpflichten verknüpft war.[109]

49 **7. Sonderregelungen nach § 15 ArbZG.** Gem. § 15 I ArbZG kann die Aufsichtsbehörde für kontinuierliche Schichtbetriebe (zur Erreichung zusätzlicher Freischichten), für Bau- und Montagestellen sowie für Saison- und Kampagnebetriebe von den §§ 3, 6 II und 11 II ArbZG abweichende längere tägliche Arbeitszeiten bewilligen. § 15 II ArbZG erlaubt weitergehende Maßnahmen, soweit sie im öffentlichen Interesse dringend nötig werden. Voraussetzung ist, dass die ansonsten zulässigen vorgesehenen Ausnahmen nicht ausreichen oder im konkreten Fall nicht rechtzeitig greifen. Ein öffentliches Interesse kann insbes. vorliegen bei Arbeiten zur Sicherung der Ernährung, zum Schutz größerer Mengen von Lebensmitteln vor dem Verderb, zur Versorgung mit Strom oder Gas sowie für Belange der Landesverteidigung. Bloße geschäftliche Interessen genügen dagegen nicht.[110] In jedem Fall darf aber nach § 15 IV ArbZG eine wöchentliche Arbeitszeit von 48 Stunden im Durchschnitt von 6 Kalendermonaten oder 24 Wochen nicht überschritten werden. Mit der zum 25.4.2013 in Kraft getretenen Regelung des § 15 IIa ArbZG wurde eine Verordnungsermächtigung für Offshore-Tätigkeiten eingeführt. In § 15 III u. IIIa ArbZG finden sich Sonderregelungen, die Rechtsverordnungen im Bereich des Bundesministeriums der Verteidigung erlauben.

50 **8. Sonderregelungen für die Seeschifffahrt.** Im Geltungsbereich des SeeArbG sind für die Besatzung des Schiffes die Sonderregelungen der §§ 42 ff. SeeArbG anzuwenden. Für sonstige Beschäftigte (§ 3 III SeeArbG) gelten dagegen die Regelungen des ArbZG. Die **Höchstarbeitszeit** eines Besatzungsmitglieds darf 14 Stunden innerhalb eines 24-stündigen Zeitraums und 72 Stunden in einem Zeitraum von sieben Tagen nicht überschreiten (§ 48 I Nr. 1 SeeArbG). Die **Mindestruhezeit** beträgt zehn Stunden innerhalb eines 24-stündigen Zeitraums und 77 Stunden in einem Zeitraum von sieben Tagen (§ 48 I Nr. 2 SeeArbG). Ausnahmen gelten gem. § 48 II SeeArbG bei häufiger Hafenfolge (§ 48 II 2 SeeArbG). Neuregelungen wurden für die **Arbeit auf Offshore-Anlagen** geschaffen. Im Interesse der Arbeitszeitflexibilisierung wurden Verordnungsermächtigungen in das SeeArbG und das ArbZG aufgenommen (§ 55 S. 1 Nr. 3 SeeArbG, § 15 IIa ArbZG).

51 Für die Besatzungsmitglieder des **Decks- und Maschinendienstes** unterscheidet das Gesetz zwischen der Seearbeitszeit und Hafenarbeitszeit. Die Vorschriften über die Seearbeitszeit gelten von dem Zeitpunkt an, in dem das Schiff seinen Liegeplatz im Hafen oder auf der Reede zu verlassen beginnt, um seine Reise anzutreten oder fortzusetzen (§ 42 I 1 SeeArbG). Die Bestimmungen über die Hafenarbeitszeit gelten von dem Zeitpunkt an, von dem das Schiff im Hafen ordnungsgemäß festgemacht oder auf der Reede geankert hat (§ 42 I 2 SeeArbG). Die – nach einem Dreiwachenplan eingeteilte – **Seearbeitszeit** der zum Wachdienst eingeteilten Besatzungsmitglieder darf nach § 43 I SeeArbG acht Stunden täglich nicht überschreiten. Damit gilt eine wöchentliche Arbeitszeit von 56 Stunden (7 x 8 Stunden). Die Arbeitszeit der nicht zum Wachdienst eingeteilten Besatzungsmitglieder darf acht Stunden werktäglich nicht überschreiten. Eine Tätigkeit an Sonn- und Feiertagen ist nur bei Arbeiten zur Abwendung von Gefahren sowie bei Rollenmanövern bzw. in dringenden Fällen erlaubt (§ 47 SeeArbG). Die **Hafenarbeitszeit** darf gem. § 44 SeeArbG von Montag bis Freitag acht Stunden täglich nicht überschreiten. Am Sonnabend gilt eine Höchstarbeitszeit von fünf Stunden (bei Wachdienst acht Stunden).

52 Für das **Service- und Krankenpflegepersonal** gilt die Unterscheidung zwischen Seearbeitszeit und Hafenarbeitszeit ebenfalls. Die Arbeitszeit darf gem. §§ 43 III, 44 III SeeArbG

[109] Näher hierzu *Schliemann* NZA 2020, 565; *Greiner* NZS 2020, 338; *Oberthür* ArbRB 2020, 178.
[110] *Neumann/Biebl* ArbZG § 15 Rn. 8.

in der Regel acht Stunden täglich nicht überschreiten. Sie kann um eine Stunde verlängert werden, wenn in die Arbeitszeit regelmäßig und in erheblichem Umfang Arbeitsbereitschaft fällt.

Die Arbeitszeit der Besatzungsmitglieder kann für Arbeiten, die für die unmittelbare Sicherheit des Schiffes, der Personen an Bord, der Ladung oder zur Hilfeleistung für andere, in Seenot befindliche Schiffe oder Personen sowie für Rollenmanöver **verlängert** werden (§ 47 I, II SeeArbG). Daneben kann der Kapitän in sonstigen dringenden Fällen nach § 47 IV SeeArbG eine Verlängerung der Arbeitszeit anordnen. Gem. § 49 SeeArbG können durch Tarifvertrag, Betriebs- oder Bordvereinbarung weitere Verlängerungen zugelassen werden. Das Gleiche gilt bei vertraglicher Vereinbarung der (gesamten) Bestimmungen des Tarifvertrags. 53

9. Sonderregelungen für Kraftfahrer. Weitere Sonderregelungen sind im EU-Bereich für Kraftfahrer vorgesehen (§ 21a ArbZG). Hierdurch wird in Umsetzung der Richtlinie 2002/15/EG nur die arbeitsschutzrechtliche Herausnahme dieser Zeit aus der Arbeitszeit geregelt, nicht dagegen die Frage, was vergütungspflichtige Arbeitszeit ist (→ Rn. 19).[111] Für AN als Fahrer oder Beifahrer bei Straßenverkehrstätigkeiten gilt grundsätzlich die Verordnung Nr. 561/2006/EG des Europäischen Parlaments und des Rates vom 15.3.2006 zur Harmonisierung bestimmter Sozialvorschriften im Straßenverkehr und zur Änderung der Verordnungen Nr. 3821/85/EWG und Nr. 2135/98/EG des Rates sowie zur Aufhebung der Verordnung Nr. 3820/85/EWG des Rates. Nach ihrem sachlichen Geltungsbereich sind Ausnahmen vorgesehen. Diese sind in Art. 3 Verordnung Nr. 561/2006/EG aufgeführt. Daneben gilt die Richtlinie 2002/15/EG des Europäischen Parlaments und des Rates zur Regelung der Arbeitszeit von Personen, die Fahrtätigkeiten im Bereich des Straßentransports ausüben. Sie ist Spezialgesetz im Verhältnis zur allgemeinen Arbeitszeitrichtlinie 2003/88/EG und ergänzt die Verordnung Nr. 561/2006/EG. Beim grenzüberschreitenden Verkehr auf öffentlichen Straßen und Plätzen der EG-Mitgliedstaaten gilt das Europäische Übereinkommen über die Arbeit des im internationalen Straßenverkehr beschäftigten Fahrpersonals (AETR) vom 1.7.1970 (zuletzt geändert am 9.11.2011, BGBl. II 1095; Deutschland ist seit dem 5.1.1976 Mitglied des Abkommens). 54

Zur Durchführung der EWG-VO Nr. 3820/85 ist das Gesetz über das Fahrpersonal von Kraftfahrzeugen und Straßenbahnen (FahrpersonalG – FPersG) idF vom 19.2.1987 (BGBl. I 640, zul. geänd. 20.11.2019, BGBl. I 1626) sowie die VO zur Durchführung des Fahrpersonalgesetzes (Fahrpersonalverordnung – FPersV) vom 27.6.2005 (BGBl. I 1882, zul. geänd. 8.8.2017, BGBl. I 3158) ergangen. Kommt es wegen der Überschreitung der zulässigen Lenkzeiten zu einem Unfallschaden, kann sich eine Haftung des AG aus § 831 BGB ergeben.[112] Die nach § 2 FPersG für die digitalen Tachografen vorgesehene Fahrerkarte ist kein vom AG zu beschaffendes Betriebsmittel, so dass die für die Beschaffung erforderlichen Aufwendungen des AN nicht analog § 670 BGB vom AG zu erstatten sind.[113] 55

Die Vorschriften dienen der Sicherheit im Straßenverkehr, dem Gesundheitsschutz der Fahrer und der Gewährleistung des Wettbewerbs im grenzüberschreitenden Straßenverkehrsgewerbe. Das Recht zum Schutz des Fahrpersonals gilt nicht für das Fahren von Straßenbahnen, weil dauerhaft auf Schienen verkehrende Fahrzeuge nicht erfasst werden (Art. 4 Verordnung Nr. 561/2006/EG).[114] 56

Die **Lenkzeiten** müssen in ganz Europa eingehalten werden.[115] Die tägliche Lenkzeit darf nach Art. 6 I Verordnung Nr. 561/2006/EG neun Stunden nicht überschreiten; sie darf höchstens zweimal in der Woche auf höchstens zehn Stunden verlängert werden. Die wöchentliche Lenkzeit darf 56 Stunden und die summierte Lenkzeit während zweier aufeinanderfolgender Wochen darf 90 Stunden nicht überschreiten (Art. 6 II Verordnung Nr. 561/2006/EG). Die Pausen- und Ruhezeiten sind in Art. 7 ff. Verordnung Nr. 561/2006/EG geregelt. Vorgaben zu der Frage, unter welchen Voraussetzungen Ansprüche auf Erstattung von Unterbringungskosten bestehen bzw. die Fahrer darauf verwiesen werden können, die Ruhezeiten im Fahrzeug zu verbringen, enthält die Verordnung Nr. 561/2006/EG nicht.[116] Weitere Sonderrege- 57

[111] BAG 21.12.2016 AP Nr. 56 zu § 611 BGB Mehrarbeitsvergütung = NZA-RR 2017, 233; 20.4.2011 AP Nr. 51 zu § 307 BGB = NZA 2011, 917.
[112] OLG Hamm 9.12.2008 NJW 2009, 2685.
[113] BAG 16.10.2007 AP Nr. 34 zu § 670 BGB = NZA 2008, 1012.
[114] BAG 18.11.2008 AP Nr. 3 zu § 2 ArbZG = NZA 2009, 354.
[115] Vgl. BayObLG 28.2.2001 NZV 2001, 309 = DB 2001, 985 (LS).
[116] EuGH 18.2.2016 – C-325/15.

lungen finden sich in § 21a II–VIII ArbZG.[117] Die Dokumentationspflicht nach § 21a VII ArbZG muss der AG nicht persönlich erfüllen. Er kann diese Aufgabe delegieren, und zwar auch, indem er den AN zur Selbstaufschreibung anweist.[118] Ferner kann die Aufzeichnungsverpflichtung durch eine anderweitige Dokumentation erfüllt werden, insbesondere durch digitale Aufzeichnung.[119] Das ändert aber nichts an der Verpflichtung nach § 21a VII 3 ArbZG, dem AN auf Verlangen eine Kopie der (mindestens zwei Jahre aufzubewahrenden) Aufzeichnungen auszuhändigen. Auch wenn die Herausgabepflicht dazu dienen soll, dem AN insbesondere mit Blick auf etwaige drohende Bußgelder eine Rekonstruktion seiner vergangenen Lenkzeiten zu ermöglichen, besteht der Anspruch unabhängig davon, welchen Zweck der AN mit seiner Geltendmachung verfolgt (zB den Nachweis von geleisteten Überstunden).[120] Der Auskunftsanspruch nach § 21a V 3 ArbZG kann daher auch Gegenstand der ersten Stufe einer Stufenklage in einem Überstundenprozess sein und kann auch nach mehr als zwei Jahren bestehen, wenn der AG die Aufzeichnungen länger als die vorgeschriebenen zwei Jahre aufbewahrt.[121]

V. Aufsichtsbehörde

58 Die Einhaltung des ArbZG und der aufgrund des ArbZG ergangenen Rechtsverordnungen obliegt gem. § 17 I ArbZG den Aufsichtsbehörden. Welche Behörden zuständig sind, richtet sich nach den **landesrechtlichen Bestimmungen.** Zumeist sind dies die für die Gewerbeaufsicht zuständigen Behörden (→ § 152 Rn. 22). Die Aufsichtsbehörde kann gem. § 17 II ArbZG die erforderlichen Maßnahmen anordnen, die der AG im Interesse des Arbeitszeitschutzes zu treffen hat. Die Anordnung ergeht durch Verwaltungsakt, der nach Durchführung eines Widerspruchsverfahrens (sofern das Widerspruchsverfahren nicht gem. § 68 I 2 VwGO abgeschafft ist) vor dem VG angefochten werden kann. Bei dem der Aufsichtsbehörde durch § 17 II ArbZG eröffneten Ermessen handelt es sich nicht um ein sog. „intendiertes Ermessen", bei dem die Behörde bei Vorliegen der tatbestandlichen Voraussetzungen regelmäßig einzuschreiten hätte und eine gegenteilige Entscheidung nur bei Vorliegen besonderer Gründe gerechtfertigt wäre.[122] Bei Meinungsverschiedenheiten über die Auslegung des ArbZG und der hierzu ergangenen Rechtsverordnungen kann die Aufsichtsbehörde durch Verwaltungsakt eine verbindliche Festlegung vornehmen.[123]

59 Der AG muss der Aufsichtsbehörde gem. § 17 IV 1 ArbZG alle **Auskünfte erteilen,** die diese zur Erfüllung ihrer Aufgaben benötigt. Der Auskunftsanspruch besteht zwar nicht nur bei einem konkreten Verdacht eines Gesetzesverstoßes, er berechtigt aber auch nicht zu einer generellen Ausforschung des AG, nur um die behördliche Aufsicht zu erleichtern.[124] Gem. § 17 IV 2 ArbZG kann die Aufsichtsbehörde Vorlage oder Übersendung von Arbeitszeitnachweisen, Tarifverträgen sowie Betriebs- oder Dienstvereinbarungen iSv § 7 I–III, §§ 12 u. 21a VI ArbZG verlangen. Eine Zuwiderhandlung ist eine Ordnungswidrigkeit gem. § 22 I Nr. 10 ArbZG.

60 Darüber hinaus besteht ein **Recht auf Betreten und Besichtigen der Arbeitsstätten** während der Betriebs- und Arbeitszeit. Außerhalb dieser Zeiten und bei Arbeitsstätten, die sich in einer Wohnung befinden, besteht dieses Recht nur zur Verhütung von dringenden Gefahren für die Sicherheit und Ordnung (§ 17 V 1 ArbZG). Einer vorherigen Ankündigung bedarf es nicht.[125] Der BR ist gem. § 89 II BetrVG hinzuzuziehen. Entsprechendes gilt gem. § 81 II BPersVG bzw. den jeweiligen Landespersonalratsgesetzen für den PR. Der AG muss den Beauftragten der Aufsichtsbehörde das Betreten gem. § 17 V 2 ArbZG gestatten. Weigert er sich, kann eine Duldungsverfügung ergehen. Außerdem begeht er eine Ordnungswidrigkeit nach § 22 I Nr. 10 ArbZG. In § 17 VI ArbZG ist ein Aussageverweigerungsrecht des AG bzw. der mit der Umsetzung des ArbZG Beauftragen geregelt. Dieses bezieht sich allerdings nicht auf die Herausgabe von Unterlagen iSv § 17 IV 2 ArbZG.[126]

---

[117] S. hierzu *Didier* NZA 2007, 120.
[118] HessLAG 12.10.2011 – 18 Sa 563/11.
[119] *Didier* NZA 2007, 120 (123).
[120] HessLAG 12.10.2011 – 18 Sa 563/11.
[121] BAG 28.8.2019 AP Nr. 61 zu § 611 BGB Arbeitszeit = NZA 2019, 1649.
[122] BVerwG 8.5.2020 BVerwGE 165, 290 = NVwZ-RR 2020, 404.
[123] OVG NRW 10.5.2011 BB 2011, 1972 (LS).
[124] *Neumann/Biebl* ArbZG § 17 Rn. 3.
[125] *Neumann/Biebl* ArbZG § 17 Rn. 5.
[126] *Schliemann* ArbZG § 17 Rn. 31; *Neumann/Biebl* ArbZG § 17 Rn. 6.

§ 157. Zeitliche Lage der Arbeitszeit

Übersicht

I. Allgemeines

1. Regelungen. Die zeitliche Lage der Arbeitszeit ist gesetzlich nicht allgemein geregelt. Insoweit gelten für alle AN nur besondere Schutzvorschriften bei Nachtarbeit (→ Rn. 4). Für die zeitliche Lage können sich auch aus Tarifverträgen Regelungen ergeben. 1

2. Betriebsrat. Der BR hat nach § 87 I Nr. 2 BetrVG ein erzwingbares Mitbestimmungsrecht bei der täglichen Arbeitszeit (→ § 235 Rn. 34 ff.). 2

II. Nacht- und Schichtarbeit

1. Vorgaben. a) Verfassungsrecht. Das BVerfG hat dem Gesetzgeber in der **Entscheidung** vom 28.1.1992:[1] aufgegeben, den Schutz der AN vor den schädlichen Folgen der Nachtarbeit neu zu regeln. Eine solche Regelung war notwendig, um dem objektiven Gehalt der Grundrechte, insbesondere des Rechts auf körperliche Unversehrtheit (Art. 2 II 1 GG), Genüge zu tun. Dabei ist zu beachten, dass Nachtarbeit nach gesicherten arbeitswissenschaftlichen Erkenntnissen grundsätzlich für jeden Menschen schädlich ist und negative gesundheitliche Auswirkungen hat.[2] 3

b) Unionsrecht. Art. 8 RL 2003/88/EG regelt die Grenzen zulässiger Nachtarbeit. Danach darf die normale Arbeitszeit für Nachtarbeiter im Durchschnitt grundsätzlich acht Stunden pro 24-Stunden-Zeitraum nicht überschreiten. Nach Art. 2 Nr. 4 der Richtlinie ist Nachtarbeiter jeder AN, der während der Nachtzeit normalerweise mindestens drei Stunden seiner täglichen Arbeitszeit verrichtet oder der während der Nachtzeit gegebenenfalls einen bestimmten Teil seiner jährlichen Arbeitszeit verrichtet, der nach Wahl des jeweiligen Mitgliedstaates festgelegt wird. Nachtzeit ist nach Art. 2 Nr. 3 RL 2003/88/EG jede in den einzelstaatlichen Rechtsvorschriften festgelegte Zeitspanne von mindestens sieben Stunden, welche auf jeden Fall die Zeitspanne zwischen 24 Uhr und 5 Uhr umfasst. Zur Frage der Auswirkungen der Richtlinie auf das nationale Recht → § 156 Rn. 19. 4

2. Gesicherte arbeitswissenschaftliche Erkenntnisse. a) Menschengerechte Gestaltung der Arbeit. Aus Gründen des Gefahrenschutzes ist Nachtarbeit für Schwangere und stillende Mütter (§ 5 MuSchG) verboten; für Jugendliche gelten Einschränkungen (§ 14 JArbSchG; → § 161 Rn. 33). Im Übrigen wird Nacht- und Schichtarbeit nicht verboten, sondern es soll der Gesundheitsschutz verbessert werden. Die Arbeitszeit der Nacht- und Schichtarbeitnehmer ist nach den gesicherten arbeitswissenschaftlichen Erkenntnissen über die menschengerechte Gestaltung der Arbeit festzulegen (§ 6 I ArbZG). 5

b) Schichtarbeit. Über § 6 I ArbZG sollen die Erkenntnisse der Schichtarbeitsforschung in die **Schichtplanungsgestaltung** einfließen. Die Europäische Stiftung zur Verbesserung der Lebens- und Arbeitsbedingungen, Dublin, hat die Erkenntnisse zusammengefasst: **(1)** Möglichst kurze Nachtschichtfolgen, in der Regel nicht mehr als zwei bis vier Nachtschichten; **(2)** ausreichende Ruhezeiten zwischen den Schichten; **(3)** regelmäßige freie Wochenenden; **(4)** keine 6

[1] BVerfG 28.1.1992 BVerfGE 85, 191 = AP Nr. 2 zu § 19 AZO = NZA 1992, 270; vgl. auch BVerfG 17.11.1992 BVerfGE 87, 363 = AP Nr. 13 zu § 5 BAZG.

[2] BVerfG 28.1.1992 BVerfGE 85, 191 = AP Nr. 2 zu § 19 AZO = NZA 1992, 270; BAG 9.12.2020 – 10 AZR 334/20; 21.3.2018 BB 2018, 2362; 9.12.2015 AP Nr. 14 zu § 6 ArbZG = NZA 2016, 426.

Arbeitsperioden von acht oder mehr Tagen; **(5)** Vorwärtswechsel der Schichten, also Früh-, Spät- und Nachtschicht; **(6)** Flexibilität bei den Übergabezeiten; **(7)** Spielraum für individuelle Wünsche der AN; **(8)** rechtzeitige Information der AN über den Schichtplan. Die BAnst. für Arbeitsschutz und Arbeitsmedizin[3] soll eine Bilanzierung der bisherigen Arbeitserkenntnisse zur Nacht- und Schichtarbeitsforschung vorlegen und interessierten Betrieben zur Verfügung stellen. Ob ein Verstoß gegen § 6 I ArbZG ein Leistungsverweigerungsrecht des AN oder Schadensersatzansprüche auslöst, ist streitig.[4]

7 **c) Nachtarbeitnehmer.** Die werktägliche Arbeitszeit der Nachtarbeitnehmer (zum Begriff → § 156 Rn. 23) darf gem. § 6 II ArbZG acht Stunden nicht überschreiten. Sie kann auf bis zu zehn Stunden nur verlängert werden, wenn abweichend vom Ausgleichszeitraum des § 3 ArbZG innerhalb von einem Kalendermonat oder innerhalb von vier Wochen im Durchschnitt werktäglich acht Stunden nicht überschritten werden.

8 Der verkürzte Ausgleichzeitraum gilt für die gesamte Arbeitszeit des Nachtarbeitnehmers, also auch für Zeiten, die nicht zur Nachtarbeit iSv § 2 III ArbZG gehören. Ebenso gilt er für Zeiträume, in denen Entgeltansprüche ohne Arbeitsleistung bestehen (Urlaub, Arbeitsunfähigkeit, vorübergehende Verhinderung nach § 616 BGB). Auch hier ist – wie im Fall des § 3 ArbZG (→ § 156 Rn. 28) – eine Koppelung der Ausgleichzeiträume möglich.[5] Für Zeiträume, in denen Nachtarbeitnehmer nach § 2 V Nr. 2 ArbZG nicht zur Nachtarbeit herangezogen werden, bleibt es gem. § 6 II 3 ArbZG bei dem Ausgleichzeitraum des § 3 S. 2 ArbZG; erfasst werden hiervon nur AN, die an mindestens 48 Tagen im Kalenderjahr Nachtarbeit leisten, aber nicht nach § 2 V Nr. 1 ArbZG normalerweise Nachtarbeit in Wechselschicht erbringen.

9 Nach **§ 7 I Nr. 4 lit. a ArbZG** kann in einem Tarifvertrag oder auf Grund eines Tarifvertrags in einer Betriebs- oder Dienstvereinbarung zugelassen werden, dass die Arbeitszeit für Nachtarbeitnehmer über zehn Stunden werktäglich hinaus verlängert wird, wenn in die Arbeitszeit regelmäßig und in erheblichem Umfang (vgl. zu diesen Voraussetzungen → § 156 Rn. 36) Arbeitsbereitschaft oder Bereitschaftsdienst fällt. Ferner kann gem. **§ 7 I Nr. 4 lit. b ArbZG** durch Tarifvertrag oder auf Grund eines Tarifvertrags in einer Betriebs- oder Dienstvereinbarung ein anderer Ausgleichszeitraum festgelegt werden. Dieser ist allerdings nach § 7 VIII 1 ArbZG auf 12 Monate beschränkt. Bei den Regelungen nach § 7 I Nr. 4 ArbZG müssen die Tarifvertragsparteien bzw. die Betriebsparteien aber die Vorgaben des § 6 I ArbZG beachten, wonach die Arbeitszeit der Nacht- und Schichtarbeitnehmer nach den gesicherten arbeitswissenschaftlichen Erkenntnissen über die menschengerechte Gestaltung der Arbeit festzulegen ist.[6] Weitere Ausnahmen von § 6 II ArbZG lassen die Regelungen in **§ 7 II Nr. 2–4 ArbZG** zu (vgl. hierzu → § 156 Rn. 36).

10 **3. Rechte der Nachtarbeitnehmer. a) Arbeitsmedizinische Untersuchung. Nachtarbeitnehmer** sind berechtigt, sich vor Beginn der Beschäftigung und danach in regelmäßigen Zeitabständen von nicht länger als drei Jahren arbeitsmedizinisch untersuchen zu lassen. Unzureichend ist eine hausärztliche Untersuchung. Nach Vollendung des 50. Lebensjahres steht Nachtarbeitnehmern dieses Recht in Zeitabständen von einem Jahr zu. Die **Kosten** der Untersuchung trägt der AG. Er kann sie aber durch einen Betriebsarzt oder überbetrieblichen Dienst von Betriebsärzten durchführen lassen (§ 6 III ArbZG). Will der AN sich von einem von ihm ausgewählten Arzt untersuchen lassen, steht ihm dies nach dem Grundsatz der **freien Arztwahl** zu. Allerdings muss er nach dem Wortlaut des Gesetzes die Kosten tragen. Wird durch die Wahl eines anderen Arztes ein zusätzlicher Arbeitsausfall verursacht, hat der AG nach § 616 BGB den Verdienstausfall zu bezahlen. Kein Anspruch besteht bei Untersuchungen außerhalb der Schichtzeit. Unterbleibt die Untersuchung aus vom AG zu vertretenden Gründen, hat der AN ein Zurückbehaltungsrecht (→ § 50 Rn. 1 ff.).

11 **b) Umsetzung auf einen Tagesarbeitsplatz.** Der AG hat den AN gem. § 6 IV ArbZG auf dessen Verlangen auf einen für ihn geeigneten Tagesarbeitsplatz umzusetzen, wenn **(a)** nach arbeitsmedizinischer Feststellung die weitere Nachtarbeit den AN in seiner Gesundheit gefährdet, **(b)** oder im Haushalt ein Kind unter 12 Jahren lebt, das nicht von einer anderen im Haushalt

---

[3] Internetadresse: http://www.baua.de, s. auch die dort aufgeführten Gestaltungsgrundsätze für Arbeitsschutz und Arbeitsmedizin.

[4] So *Schliemann* ArbZG § 6 Rn. 20, 22; *Buschmann/Ulber* ArbZG § 6 Rn. 17; *Anzinger/Koberski* ArbZG § 6 Rn. 24; aA *Ebert* ArbRB 2016, 246 (248).

[5] *Schliemann* ArbZG § 6 Rn. 35.

[6] *Schliemann* ArbZG § 7 Rn. 59.

lebenden Person betreut werden kann, **(c)** oder der AN einen schwerpflegebedürftigen Angehörigen (der Begriff verwies ursprünglich auf § 53 SGB V; vgl. nunmehr § 15 III 4 Nr. 3–5 SGB XI – mindestens Pflegegrad 3[7]) zu versorgen hat, der nicht von einem anderen im Haushalt lebenden Angehörigen versorgt werden kann. Tagesarbeitsplatz ist ein Arbeitsplatz, an dem die Arbeit regelmäßig außerhalb der Nachtzeit gem. § 2 III ArbZG zu erbringen ist. Das zu betreuende Kind gem. § 6 IV lit. b ArbZG muss nicht das eigene Kind des AN sein. Voraussetzung ist lediglich, dass es im Haushalt des Betreffenden lebt, zB aufgrund einer eheähnlichen Gemeinschaft. Umgekehrt muss aber auch die in Betracht kommende andere Betreuungsperson nicht unbedingt ein Familienangehöriger sein.[8] Angehörige iSv § 6 IV lit. c ArbZG sind nicht nur Verwandte und Verschwägerte sondern auch Pflegeeltern oder Pflegekinder. Zu den Angehörigen zählen auch Lebenspartner und deren Verwandte.[9] Der AN ist für die Voraussetzungen darlegungs- und beweispflichtig. Der Anspruch des AN besteht nur im Rahmen der objektiven Beschäftigungsmöglichkeiten im Betrieb, nicht dagegen des Unternehmens. Der AG braucht keinen entsprechenden Tagesarbeitsplatz zu schaffen. Er wird auch häufig rechtlich nicht in der Lage sein, einen solchen Arbeitsplatz durch Versetzung eines anderen AN im Rahmen des Direktionsrechts frei zu machen.[10] Jedenfalls besteht keine Verpflichtung, gegenüber einem anderen AN eine Änderungskündigung auszusprechen. Die **Eignung** des Tagesarbeitsplatzes beurteilt sich nach der arbeitsvertraglichen Arbeitspflicht.[11] Die Einschränkung des Anspruches ist an § 1 II KSchG angelehnt. Es bedarf hiernach einer Abwägung nach den Grundsätzen der Verhältnismäßigkeit. Die Darlegungs- und Beweislast für die Einschränkung trifft den AG. Weitere Voraussetzung für den Anspruch auf eine Umsetzung ist jeweils, dass dem **keine dringenden betrieblichen Erfordernisse** entgegenstehen. Will sich der AG auf solche dringenden betrieblichen Erfordernisse berufen, für die er ebenfalls darlegungs- und beweispflichtig ist, muss er den **BR oder PR anhören.** Dabei sind der Umsetzungswunsch, die in Betracht kommenden Tagesarbeitsplätze sowie etwaige der Umsetzung entgegenstehende Gründe mitzuteilen. Gem. § 6 IV 3 ArbZG kann der BR oder PR Vorschläge für eine Umsetzung unterbreiten. An diese Vorschläge ist der AG aber nicht gebunden. Die Anhörung ist nach hM in der Lit. Wirksamkeitsvoraussetzung für die Ablehnung des Versetzungswunsches aufgrund dringender betrieblicher Erfordernisse.[12] Ein Recht auf Anrufung der Einigungsstelle (§ 76 BetrVG) sieht das ArbZG insoweit nicht vor. Kommt der AG einer bestehenden Umsetzungsverpflichtung nicht nach, erlangt der AN ein Zurückbehaltungsrecht nach § 273 BGB (→ § 50 Rn. 1 ff.). Ist die Nachtarbeit für den AN unzumutbar, fehlt es jedoch an den Voraussetzungen für einen Umsetzungsanspruch (zB weil ein geeigneter Tagesarbeitsplatz nicht zur Verfügung steht), kann der AN zwar die Arbeit verweigern, verliert aber den Entgeltanspruch.[13]

c) Ausgleich. Soweit keine **tarifvertraglichen Ausgleichsregelungen** bestehen, haben Nachtarbeitnehmer gem. § 6 V ArbZG nach Wahl des AG Anspruch auf eine angemessene Zahl bezahlter **freier Tage** oder auf einen angemessenen **Entgeltzuschlag.** 12

Zweck der Regelung in § 6 V ArbZG ist es, im Interesse der Gesundheit der AN Nachtarbeit einzudämmen, indem sie verteuert und für den AG damit weniger attraktiv gemacht wird,[14] weil Nachtarbeit generell als gesundheitsschädlich angesehen wird.[15] Zudem soll der Zuschlag den AN in gewissem Umfang für die erschwerte Teilhabe am sozialen Leben entschädigen.[16] Auszugleichen ist nicht nur die Nachtarbeitszeit nach § 2 IV ArbZG, dh die Arbeit, die mehr 13

[7] Ausf. HK-ArbZR/*Lorenz* ArbZG § 6 Rn. 89; ebenso HWK/*Gäntgen* ArbZG § 6 Rn. 13 (Fn. 5); abw. (ab Pflegegrad 2) MHdB ArbR/*Koberski* § 184 Rn. 43.
[8] *Schliemann* ArbZG § 6 Rn. 68.
[9] *Neumann/Biebl* ArbZG § 6 Rn. 21; *Baeck/Deutsch* ArbZG § 6 Rn. 72; *Schliemann* ArbZG § 6 Rn. 71.
[10] ErfK/*Wank* ArbZG § 6 Rn. 10; für eine solche Verpflichtung *Baeck/Deutsch* ArbZG § 6 Rn. 58; *Neumann/Biebl* ArbZG § 6 Rn. 22; *Linnenkohl/Rauschenberg* ArbZG § 6 Rn. 78.
[11] ErfK/*Wank* ArbZG § 6 Rn. 10; *Linnenkohl/Rauschenberg* ArbZG § 6 Rn. 74; weitergehend (Maßgeblichkeit der individuellen Voraussetzungen des AN): *Buschmann/Ulber* ArbZG § 6 Rn. 46.
[12] *Schliemann* ArbZG § 6 Rn. 81; ErfK/*Wank* ArbZG § 6 Rn. 13; *Neumann/Biebl* ArbZG § 6 Rn. 23; aA *Baeck/Deutsch* ArbZG § 6 Rn. 62.
[13] *Schliemann* ArbZG § 6 Rn. 79.
[14] Vgl. BAG 15.7.2020 AP Nr. 19 zu § 6 ArbZG = NZA 2021, 44; 31.8.2005 AP Nr. 8 zu § 6 ArbZG = NZA 2006, 324; 27.5.2003 AP Nr. 5 zu § 6 ArbZG = ZTR 2004, 212; krit. *Ulber* Anm. zu BAG AP Nr. 14 zu § 6 ArbZG.
[15] Vgl. auch BVerfG 28.1.1992 BVerfGE 85, 191 = NZA 1992, 270; 9.12.2015 AP Nr. 14 zu § 6 ArbZG = NZA 2016, 426; BAG 9.12.2015 AP Nr. 15 zu § 6 ArbZG = NZA 2016, 1021.
[16] BAG 9.12.2020 – 10 AZR 334/20; 15.7.2020 AP Nr. 19 zu § 6 ArbZG = NZA 2021, 44.

als zwei Stunden der Nachtzeit umfasst, sondern grundsätzlich jede Arbeitszeit während der Nachtzeit.[17] Liegt ein Bereitschaftsdienst in der Nachtzeit, ist dieser in seiner ganzen Dauer nach § 6 V ArbZG auszugleichen, und zwar unabhängig davon, in welchen Stunden tatsächlich Arbeitsleistung erbracht wurde.[18]

14 Der AG hat ein **Wahlrecht.**[19] Ein Rangverhältnis zwischen den beiden Alternativen besteht nicht.[20] Die Wahlschuld (§ 262 BGB) konkretisiert sich erst dann auf eine der geschuldeten Leistungen, wenn der AG das Wahlrecht ausübt;[21] die Leistung zur Abwendung der Zwangsvollstreckung aus einem Urteil stellt keine Ausübung des Wahlrechts dar.[22] Bei der Ausübung des Wahlrechts besteht ein **Mitbestimmungsrecht** des BR nach § 87 I Nr. 7 u. 10 BetrVG.[23] Das gilt allerdings dann nicht, wenn der Tarifvertrag eine Festlegung auf eine Ausgleichsform regelt.[24] Ist das Arbeitsverhältnis beendet, kommt naturgemäß nur die Zahlung eines Zuschlages in Betracht.

15 Die **Höhe des Nachtarbeitszuschlags** ist nicht gesetzlich geregelt. Konkrete Vorgaben enthält auch die RL 2003/88/EG nicht. Das Gesetz überlässt die Ausgleichsregelung in erster Linie den Tarifvertragsparteien, wobei auch eine stillschweigende Regelung denkbar ist, sofern erkennbar ist, dass eine Kompensation für die mit der Nachtarbeit verbundene Belastung beabsichtigt war,[25] zB durch eine entsprechende Vergütungsregelung für Arbeitnehmergruppen, die Nachtdienst leisten. **Tarifliche Regelungen** unterliegen keiner Angemessenheitskontrolle nach § 6 V ArbZG,[26] ihre Wirksamkeit ist vielmehr nach den allgemein für Tarifverträge geltenden Regeln zu beurteilen (→ § 198 Rn. 4, → § 201 Rn. 21 ff.).[27] Ein weiter Gestaltungsspielraum besteht erst recht, soweit sie Nachtarbeitszuschläge für AN vorsehen, die keine Nachtarbeitnehmer iSv § 2 V ArbZG sind, bzw. soweit sie Arbeiten betreffen, die nicht während der Nachtzeit iSv § 2 III ArbZG geleistet werden.[28] Eine tarifliche Regelung, die für Nachtarbeit einen Zuschlag von 50% zum Stundenlohn vorsieht, für Nachtarbeit im Schichtbetrieb jedoch nur einen Zuschlag von 15%, verstößt gegen Art. 3 I GG mit der Folge, dass insgesamt der höhere Zuschlag zu gewähren ist (Anpassung „nach oben").[29] Ausgehend von dem Zweck des Zuschlags gilt dasselbe für eine tarifliche Regelung, die vorsieht, dass sich der Nachtarbeitszuschlag halbiert, wenn die Nachtarbeit innerhalb eines Schichtsystems geleistet wird; dies führt zu einer Anpassung „nach oben" mit der Folge, dass für beide Gruppen der höhere Zuschlag gilt.[30] Zweifelhaft ist, ob eine tarifliche Regelung, die bei der Höhe des Nachtarbeitszuschlags danach differenziert, ob regelmäßige oder unregelmäßige Nachtarbeit geleistet wird, mit der RL 2003/88/EG sowie Art. 20 GRC vereinbar ist; insoweit hat das BAG den EuGH im Wege eines Vorabentscheidungsersuchens nach Art. 267 AEUV angerufen.[31]

16 Besteht keine tarifvertragliche Regelung, kann der **Entgeltzuschlag** arbeitsvertraglich – auch durch allgemeine Geschäftsbedingungen – geregelt werden,[32] wobei als Kompensation auch eine

---

[17] *Schliemann* ArbZG § 6 Rn. 87.

[18] BAG 23.3.2011 AP Nr. 12 zu § 6 ArbZG = NZA 2011, 1000 (LS); 15.7.2009 AP Nr. 10 zu § 6 ArbZG = NJW 2010, 1020 (LS).

[19] BAG 18.5.2011 AP Nr. 11 zu § 6 ArbZG = NZA-RR 2011, 581; 5.9.2002 AP Nr. 4 zu § 6 ArbZG = NZA 2003, 563; *Ulber* Anm. zu BAG AP Nr. 14 zu § 6 ArbZG sieht hierin einen Verstoß gegen Art. 2 II GG.

[20] BAG 15.7.2020 AP Nr. 19 zu § 6 ArbZG = NZA 2021, 44; 9.12.2015 AP Nr. 14 zu § 6 ArbZG = NZA 2016, 426; 9.12.2015 AP Nr. 15 zu § 6 ArbZG = NZA 2016, 1021; aA *Ulber* AuR 2020, 157 (159).

[21] BAG 9.12.2015 AP Nr. 14 zu § 6 ArbZG = NZA 2016, 426; 9.12.2015 AP Nr. 15 zu § 6 ArbZG = NZA 2016, 1021; 18.5.2011 AP Nr. 11 zu § 6 ArbZG = NZA-RR 2011, 581.

[22] BAG 1.2.2006 AP Nr. 9 zu § 6 ArbZG = NZA 2006, 494.

[23] BAG 9.12.2015 AP Nr. 14 zu § 6 ArbZG = NZA 2016, 426; 17.1.2012 AP Nr. 127 zu § 87 BetrVG 1972 Arbeitszeit = NZA 2012, 513; 26.4.2005 AP Nr. 118 zu § 87 BetrVG 1972 Arbeitszeit = NZA 2005, 884; 26.8.1997 AP Nr. 74 zu § 87 BetrVG 1972 Arbeitszeit = NZA 1998, 441.

[24] BAG 17.1.2012 AP Nr. 127 zu § 87 BetrVG 1972 Arbeitszeit = NZA 2012, 513.

[25] BAG 12.12.2012 AP Nr. 13 zu § 6 ArbZG = NZA-RR 2013, 476; 18.5.2011 AP Nr. 11 zu § 6 ArbZG = NZA-RR 2011, 581; 26.4.2005 AP Nr. 118 zu § 87 BetrVG 1972 Arbeitszeit = NZA 2005, 884; *Lakies* ArbRAktuell 2012, 521 (522).

[26] *Schliemann* ArbZG § 6 Rn. 85.

[27] Ausf. hierzu *Creutzfeld/Eylert* ZfA 2020, 239 mit Beispielen für tarifliche Regelungen.

[28] Vgl. BAG 11.12.2013 NZA 2014, 669.

[29] BAG 21.3.2018 AP Nr. 17 zu § 6 ArbZG = NZA 2019, 622; krit. *Creutzfeld/Eylert* ZfA 2020, 239 (273 ff.); für ein Abstellen auf die gesetzliche „Auffangregelung" nach § 6 V ArbZG *Kleinebrink* NZA 2019, 1464 (1463 f.).

[30] BAG 9.12.2020 – 10 AZR 334/20.

[31] BAG 9.12.2020 – 10 AZR 332/20 (A).

[32] BAG 15.7.2009 AP Nr. 10 zu § 6 ArbZG = NJW 2010, 1020 (LS).

entsprechende Erhöhung des Grundlohns wegen der Nachtarbeit zulässig ist.[33] Der Zuschlag muss aber angemessen sein. Fehlt es an einer Regelung, besteht kein einseitiges Leistungsbestimmungsrecht des AG nach § 315 BGB; vielmehr handelt es sich um die Ausfüllung eines unbestimmten Rechtsbegriffs, die letztlich den Gerichten für Arbeitssachen obliegt (s. hierzu auch → § 69 Rn. 35).[34] Als angemessen sieht das BAG regelmäßig 25% an.[35] Eine Erhöhung oder Verminderung des Zuschlagssatzes kommt in Betracht, wenn Umstände im Zusammenhang mit der Arbeitsleistung vorliegen, die den regelmäßig angemessenen Wert von 25% wegen der im Vergleich zum Üblichen niedrigeren oder höheren Belastung als zu gering oder zu hoch erscheinen lassen.[36] Bei Dauernachtschichtarbeit wird zB ein Zuschlag von 30% als angemessen angesehen.[37] Es ist auf die Art der Arbeitsleistung abzustellen, so dass ein geringerer Ausgleich erforderlich sein kann, wenn in die Nachtarbeit Arbeitsbereitschaft fällt.[38] Das Gleiche gilt für einen Bereitschaftsdienst.[39] Eine Verringerung kann auch mit Rücksicht auf eine Unvermeidbarkeit der Nachtarbeit erfolgen, sofern die Nachtarbeit aus zwingenden technischen oder aus zwingend mit der Art der Tätigkeit verbundenen Gründen unvermeidbar ist.[40] Das gilt zB für Angehörige eines Rettungsdienstes, bei denen der Gesetzeszweck, die Nachtarbeit einzuschränken, nicht erreichbar ist und überragende Gründe des Gemeinwohls die Nachtarbeit zwingend erfordern; für diese ist daher ein geringerer Zuschlag (mindestens jedoch 10%) angemessen.[41] Die Höhe des Zuschlags pro Arbeitsstunde ist dabei nicht abhängig davon, wie viele Arbeitsstunden in der Nachtzeit erbracht werden.[42] Für die Bemessung des Zuschlags können die im Wirtschaftszweig des AG bestehenden Tarifverträge eine Orientierung bieten, soweit es sich um repräsentative branchenmäßig einschlägige Tarifverträge handelt.[43] Entsprechende Grundsätze gelten für die **Bemessung des Freizeitausgleichs;** die Angemessenheit des Zuschlags ist bei der Zahlung und der Freizeitgewährung nach einem einheitlichen Maßstab zu beurteilen.[44] Bei der Bemessung der Höhe der Entgeltzuschläge bzw. der Anzahl der freien Tage besteht **kein Mitbestimmungsrecht** des BR nach § 87 BetrVG, weil es sich um eine Rechtsfrage, nämlich die Frage der Angemessenheit handelt.[45] Ein Anspruch auf Zahlung eines Sonn- und Feiertagszuschlages (neben dem Nachtzuschlag) für an einem Sonn- oder Feiertag geleistete Nachtarbeit ergibt sich aus § 6 V (iVm § 11 II) ArbZG nicht.[46]

Der Nachtarbeitszuschlag ist nach Maßgabe der Regelung in **§ 3b EStG** steuerfrei, sofern er für tatsächlich geleistete Nachtarbeit gezahlt wird und nicht als bloße Pauschalabgeltung unabhängig von einer Nachtarbeit und deren Umfang.[47] Zur Pfändbarkeit[48] → § 90 Rn. 5. In diesem Umfang besteht gem. § 1 I 1 Nr. 1 SvEV auch eine **Beitragsfreiheit in der Sozialversicherung.** 17

Erfolgt ein Freizeitausgleich und **erkrankt der AN im Ausgleichszeitraum,** ist der Freistellungsanspruch damit gleichwohl abgegolten. Insoweit muss dasselbe gelten wie bei einer Freistellung zum Abbau von Überstunden (→ § 98 Rn. 23). Nach allgemeiner Ansicht wird das mit dem Erfordernis der Monokausalität der Erkrankung für den Arbeitsausfall (→ § 98 Rn. 15) begründet. 18

---

[33] BAG 5.9.2002 AP Nr. 4 zu § 6 ArbZG = NZA 2003, 563; 24.2.1999 AP Nr. 17 zu § 3 TVG Verbandszugehörigkeit = NZA 1999, 995; *Lakies* ArbRAktuell 2012, 521 (523).

[34] BAG 9.12.2015 AP Nr. 14 zu § 6 ArbZG = NZA 2016, 426; 9.12.2015 AP Nr. 15 zu § 6 ArbZG = NZA 2016, 1021; anders noch BAG 24.2.1999 AP Nr. 17 zu § 3 TVG Verbandszugehörigkeit = NZA 1999, 995.

[35] Vgl. etwa BAG 15.7.2020 AP Nr. 19 zu § 6 ArbZG = NZA 2021, 44.

[36] BAG 15.7.2020 AP Nr. 19 zu § 6 ArbZG = NZA 2021, 44; 9.12.2015 AP Nr. 15 zu § 6 ArbZG = NZA 2016, 1021; 16.4.2014 AP Nr. 8 zu § 1 TVG Tarifverträge: Entsorgungswirtschaft = NZA 2014, 1277; 27.5.2003 AP Nr. 5 zu § 6 ArbZG = ZTR 2004, 212.

[37] BAG 15.7.2020 AP Nr. 19 zu § 6 ArbZG = NZA 2021, 44; 25.4.2018 AP Nr. 13 zu § 1 MiLoG = NZA 2018, 1145; 9.12.2015 AP Nr. 15 zu § 6 ArbZG = NZA 2016, 1021; 5.9.2002 AP Nr. 4 zu § 6 ArbZG = NZA 2003, 563.

[38] BAG 18.5.2011 AP Nr. 11 zu § 6 ArbZG = NZA-RR 2011, 581.

[39] BAG 15.7.2020 AP Nr. 19 zu § 6 ArbZG = NZA 2021, 44.

[40] BAG 15.7.2020 AP Nr. 19 zu § 6 ArbZG = NZA 2021, 44– – für eine Seniorenresidenz.

[41] BAG 25.4.2018 AP Nr. 13 zu § 1 MiLoG = NZA 2018, 1145; 9.12.2015 AP Nr. 14 zu § 6 ArbZG = NZA 2016, 426; 31.8.2005 AP Nr. 8 zu § 6 ArbZG = NZA 2006, 324.

[42] BAG 25.4.2018 AP Nr. 13 zu § 1 MiLoG = NZA 2018, 1145.

[43] BAG 9.12.2015 AP Nr. 15 zu § 6 ArbZG = NZA 2016, 1021; 27.5.2003 AP Nr. 5 zu § 6 ArbZG = ZTR 2004, 212.

[44] BAG 1.2.2006 AP Nr. 9 zu § 6 ArbZG = NZA 2006, 494.

[45] BAG 26.4.2005 AP Nr. 118 zu § 87 BetrVG 1972 Arbeitszeit = NZA 2005, 884; 26.8.1997 AP Nr. 74 zu § 87 BetrVG 1972 Arbeitszeit = NZA 1998, 441.

[46] BAG 11.1.2006 AP Nr. 2 zu § 11 ArbZG = NZA 2006, 372.

[47] BFH 8.12.2011 BFHE 236, 97 = NZA-RR 2012, 197 mwN; *Lakies* ArbRAktuell 2012, 521.

[48] Hierzu BGH 29.6.2016 NJW 2016, 2812.

Das Ergebnis dürfte aber auch schon daraus abzuleiten sein, dass der AG mit der Freistellung unter Fortzahlung der Vergütung die ihm obliegenden Verpflichtungen (nach § 6 V ArbZG) erfüllt hat und der AN wegen der Arbeitsvergütung durch die Regelungen des EFZG nicht besser gestellt werden soll als für den Fall, dass er arbeitsfähig gewesen wäre. Die Bestimmungen über die Entgeltfortzahlung dienen dagegen nicht der Nutzung von Freizeitansprüchen.[49]

19 **d) Weiterbildung.** Nachtarbeitnehmern ist der gleiche Zugang zur betrieblichen Weiterbildung und zu aufstiegsfördernden Maßnahmen wie den übrigen AN zu gewähren (§ 6 VI ArbZG). Der Grundsatz stellt eine Konkretisierung des allgemeinen Gleichbehandlungsgrundsatzes dar (BT-Drs. 12/5888, 41 [Nr. 22], 52 [zu Nr. 22]).

20 **4. Tarifvorrang.** Die Tarifvertragsparteien und aufgrund eines Tarifvertrags die Betriebspartner können abweichend von § 6 II ArbZG bei Arbeitsbereitschaft die Arbeitszeit über zehn Stunden werktäglich hinaus und auch ohne Ausgleich regeln (§ 7 I Nr. 4a ArbZG). Sie können ferner einen längeren Ausgleichszeitraum festlegen und den Beginn des siebenstündigen Nachtzeitraums auf die Zeit zwischen 22.00 und 24.00 Uhr festlegen, also jeweils um eine Stunde vor- oder zurücklegen (vgl. § 7 I Nr. 4, 5 ArbZG).

III. Ladenschluss

21 **1. Geltende Regelungen.** Das **Gesetz über den Ladenschluss** (LadSchlG) idF vom 2.6.2003 (BGBl. I 744) dient sowohl der Verhinderung ungesunden Wettbewerbs als auch dem Arbeitnehmerschutz.[50] Die Regelung ist verfassungskonform.[51] Nach der am 1.9.2006 in Kraft getretenen Föderalismusreform[52] unterliegt der Ladenschluss jetzt der **Regelungszuständigkeit der Länder.** Bis zum Inkrafttreten entsprechender Landesgesetze bleibt das bisherige LadSchlG aber gem. Art. 125a I GG bestehen.[53] Die Gesetzgebungskompetenz der Länder für die Regelungen über die zulässige Arbeitszeit im Einzelhandel, also für den Arbeitnehmerschutz gilt, ergibt sich aus Art. 70 I GG, nachdem der Ladenschluss ausdrücklich aus dem Bereich der konkurrierenden Gesetzgebung gem. Art. 74 I Nr. 11 GG herausgenommen wurde.[54] Demgegenüber ist das Arbeitszeitrecht gem. Art. 74 I Nr. 12 GG Gegenstand der konkurrierenden Gesetzgebungskompetenz des Bundes, der von dieser Kompetenz aber nicht abschließend iSd Art. 72 I GG Gebrauch gemacht hat.[55] Inzwischen haben fast alle Bundesländer jeweils eigene Ladenschlussgesetze erlassen. Die Regelungen müssen dabei dem Schutzauftrag von Art. 139 WRV iVm Art. 140 GG Rechnung tragen und ein Mindestniveau des Schutzes der Sonntage und der Feiertage gewährleisten. Gleichzeitig ist das Grundrecht des AG auf freie Berufsausübung nach Art. 12 I GG zu beachten. Damit ist eine Regelung, die eine Möglichkeit von Ladenöffnungen an allen vier Adventssonntagen vorsieht, nicht vereinbar. Zulässig sind dagegen Bestimmungen, die unter bestimmten Voraussetzungen die Öffnung von Verkaufsstellen für eine Anzahl von (zumindest vier) Sonntagen ermöglichen. Wird die Ausnahmeregelung davon abhängig gemacht, dass die Öffnung „im öffentlichen Interesse liegt", ist eine der Wertung des Art. 139 WRV genügende Auslegung geboten. Es ist ein öffentliches Interesse solchen Gewichts zu verlangen, das die Ausnahmen von der Arbeitsruhe rechtfertigt. Allein das Umsatz- und Erwerbsinteresse der Verkaufsstelleninhaber oder das „Shopping-Interesse" der Kunden reichen hierfür nicht aus. Eine Sonntagsöffnung von Verkaufsstellen mit einem uneingeschränkten Warenangebot gem. § 14 I LadSchlG „aus Anlass eines Marktes" ist nur zulässig, wenn die prägende Wirkung des Marktes für den öffentlichen Charakter des Tages gegenüber der typisch werktätigen Geschäftigkeit der Ladenöffnung überwiegt. Die Ladenöffnung muss dabei in engem räumlichen Bezug zum Marktgeschehen stehen und es muss prognostiziert werden können, dass der Markt für sich genommen einen beträchtlichen Besucherstrom anzieht, der die bei einer alleinigen Öffnung der Verkaufsstellen zu

[49] BAG 11.9.2003 AP Nr. 1 zu § 611 BGB Gleitzeit = NZA 2004, 738; 31.5.1989 ZTR 1990, 77; 4.9.1985 AP Nr. 13 zu § 17 BAT = BB 1986, 460.

[50] BR-Drs. 324/99.

[51] BVerfG 9.6.2004 BVerfGE 111, 10 = NJW 2004, 2363; so auch schon BVerfG 29.11.1961 BVerfGE 13, 237 = AP Nr. 4 zu § 3 LSchlG = NJW 1962, 99; 21.2.1962 BVerfGE 14, 19 = NJW 1962, 579; 9.2.1982 BVerfGE 59, 336 AP Nr. 5 zu § 18 LSchlG = NJW 1982, 1509; zur Übereinstimmung mit dem EG-Recht: EuGH 23.11.1989 NJW 1991, 626 – B und Q PLC.

[52] BGBl. I 2034.

[53] Vgl. *Kühn* ArbuR 2006, 418 ff.; *Horstman* NZA 2006, 1246 ff.

[54] BVerfG 1.12.2009 BVerfGE 125, 39 = ArbuR 2010, 167; *Horstmann* NZA 2006, 1246 (1250); aA *Kühn* ArbuR 2006, 419 mwN.

[55] BVerfG 14.1.2015 BVerfGE 138, 261 = NVwZ 2015, 583.

erwartende Zahl der Ladenbesucher übersteigt.[56] Ferner bedarf es grundsätzlich einer uhrzeitlichen Begrenzung der Sonntagsöffnung. Eine Öffnung für 24 Stunden ist nur zulässig, wenn dies an besonders hohe Voraussetzungen geknüpft wird, zB an ein herausragend gewichtiges öffentliches Interesse.[57] In den einzelnen Bundesländern gelten nunmehr folgende Regelungen, die zwischenzeitlich zumeist Änderungen erfahren haben, um der Rechtsprechung des BVerfG Rechnung zu tragen:

Baden-Württemberg: Gesetz über die Ladenöffnung in Baden-Württemberg vom 14.2.2007 (LadÖG, GBl. 135), es gilt eine 6 x 24 Regelung (dh unbegrenzte Öffnungszeit an Werktagen), drei verkaufsoffene Sonn- und Feiertage pro Jahr aus Anlass von örtlichen Festen, Märkten, Messen oder ähnlichen Veranstaltungen; 22

Bayern: noch keine Regelung; hier gilt noch eine auf der Grundlage des LadSchlG ergangene Ladenschlussverordnung vom 21.5.2003 (GVBl. 340). 23

Berlin: Berliner Ladenöffnungsgesetz vom 14.11.2006 (BerlLadÖffG, GVBl. 1045), es gilt eine 6 × 24 Regelung, bis zu acht von der Senatsverwaltung festzulegende verkaufsoffene Sonn- und Feiertage pro Jahr zuzügl. zwei weitere zu besonderen Anlässen;[58] 24

Brandenburg: Brandenburgisches Ladenöffnungsgesetz vom 27.11.2006 (BbgLöG, GVBl. II 158), es gilt eine 6 × 24 Regelung, bis zu fünf von der örtlichen Ordnungsbehörde festzulegende verkaufsoffene Sonn- und Feiertage pro Jahr aus Anlass von besonderen Ereignissen; 25

Bremen: Bremisches Ladenschlussgesetz vom 22.3.2007 (LadSchlG BR, Brem.GBl. 221), es gilt eine 6 x 24 Regelung, bis zu vier vom Senat bzw. dem Magistrat der Stadt Bremerhaven festzulegende verkaufsoffene Sonn- und Feiertage pro Jahr aus Anlass von Messen, Märkten und ähnlichen Veranstaltung; 26

Hamburg: Hamburgisches Gesetz zur Regelung der Ladenöffnungszeiten vom 22.12.2006 (LÖG HA, HmbGVBl. 611), es gilt eine 6 x 24 Regelung, bis zu vier von dem Senat festzulegende verkaufsoffene Sonn- und Feiertage pro Jahr aus Anlass von besonderen Ereignissen; 27

Hessen: Hessisches Ladenöffnungsgesetz vom 23.11.2006 (HLöG, GVBl. I 606), es gilt eine 6 × 24 Regelung, bis zu vier von den Gemeinden festzulegende verkaufsoffene Sonn- und Feiertage pro Jahr aus Anlas von Märkten, Messen, örtlichen Festen oder ähnlichen Veranstaltungen; 28

Mecklenburg-Vorpommern: Gesetz über die Ladenöffnungszeiten für das Land Mecklenburg-Vorpommern vom 18.6.2007 (LöffG M-V, GVOBl. M-V 226), es gilt eine 5 × 24 Regelung, Samstagsöffnungszeiten von 0.00 bis 22.00 Uhr (an vier Samstagen im Jahr aus besonderem Anlass nach vorheriger Anzeige bis 24.00 Uhr), bis zu vier verkaufsoffene Sonn- und Feiertage pro Jahr aus besonderem Anlass; 29

Niedersachsen: Niedersächsisches Gesetz über Ladenöffnungs- und Verkaufszeiten vom 8.3.2007 (NLöffVZG, Nds. GVBl. 111), es gilt eine 6 × 24 Regelung, bis zu vier (in Ausflugsorten: acht) verkaufsoffene Sonn- und Feiertage pro Jahr; 30

Nordrhein-Westfalen: Gesetz zur Regelung der Ladenöffnungszeiten vom 16.11.2006 (LÖG NRW, GV. NRW. 516), es gilt eine 6 × 24 Regelung, bis zu acht verkaufsoffene Sonn- und Feiertage (im öffentlichen Interesse) pro Jahr; 31

Rheinland-Pfalz: Ladenöffnungsgesetz Rheinland-Pfalz vom 21.11.2006 (LadöffnG, GVBl. 351), montags bis samstags Öffnungszeiten von 6.00 bis 22.00 Uhr (erweiterte Öffnungszeiten durch Rechtsverordnung regelbar), aufgrund kommunaler Regelung bis zu vier verkaufsoffene Sonn- und Feiertage pro Jahr; 32

Saarland: Gesetz Nr. 1606 zur Regelung der Ladenöffnungszeiten vom 15.11.2006 (LÖG Saarland, Amtsbl. 1974), montags bis samstags Öffnungszeiten von 6.00 bis 20.00 Uhr, bis zu vier verkaufsoffene Sonn- und Feiertage pro Jahr; 33

Sachsen: Sächsisches Gesetz über die Ladenöffnungszeiten vom 1.12.2010 (SächsLadÖffG, SächsGVBl. 338), montags bis samstags Öffnungszeiten von 6.00 bis 22.00 Uhr, bis zu vier von den Gemeinden zu bestimmende verkaufsoffene Sonn- und Feiertage pro Jahr aus besonderem Anlass; 34

Sachsen-Anhalt: Gesetz über die Ladenöffnungszeiten im Land Sachsen-Anhalt vom 22.11.2006 (LÖffzeitG LSA, GVBl. LSA 528), es gilt eine 5 × 24 Regelung, Samstagsöffnungszeiten bis 20.00 Uhr, aufgrund Erlaubnis der Gemeinde bis zu vier verkaufsoffene Sonn- und Feiertage pro Jahr aus besonderem Anlass; 35

---

[56] BVerwG 11.11.2015 BVerwGE 153, 183 = NVwZ 2016, 689.

[57] BVerfG 1.12.2009 BVerfGE 125, 39 = ArbuR 2010, 167; zust. *Rozek* ArbuR 2010, 148; krit. *Classen* JZ 2010, 144; ein Bedienen von Kunden oder Aufräum- und Abschlussarbeiten über 24 Uhr hinaus an darauffolgenden Sonn- und Feiertagen sind unzulässig, BVerwG 4.12.2014 DVBl. 2015, 435 = AuA 2015, 133.

[58] Die gem. § 3 I des Gesetzes in der bis zum 22.10.2010 geltenden Fassung enthaltene Adventssonntagsregelung für die Ladenöffnungszeiten war wegen Verstoßes gegen Art. 4 I und II iVm Art. 140 GG und Art. 139 WRV unwirksam: BVerfG 1.12.2009 BVerfGE 125, 39 = ArbuR 2010, 167.

36 **Schleswig-Holstein:** Gesetz über die Ladenöffnungszeiten vom 29.11.2006 (LÖffZG, GVOBl. 243), es gilt eine 6 × 24 Regelung, bis zu vier verkaufsoffene Sonn- und Feiertage pro Jahr aus besonderem Anlass;

37 **Thüringen:** Thüringer Ladenöffnungsgesetz vom 24.11.2006 (ThürLadÖffG, GVBL. 541), montags 0.00 Uhr bis samstags 20.00 Uhr, aufgrund kommunaler Regelung bis zu vier verkaufsoffene Sonn- und Feiertage pro Jahr aus besonderem Anlass. Die in § 12 III 1 u. 2 ThürLadÖffG enthaltene Beschränkung des Einsatzes von AN an Samstagen auf zwei Samstage im Monat verstößt weder gegen Art. 12 GG noch Art. 9 III oder Art. 3 I GG.[59]

38 **2. Geltungsbereich.** Die einzelnen Landesgesetze beschreiben den Geltungsbereich durchweg ähnlich wie das LadSchlG (s. hierzu die 12. Auflage § 157 Rn. 15). Betrieblich galt das LadSchlG (und gilt es zurzeit noch in Bayern) für alle Verkaufsstellen, in denen **Warenumsatzgeschäfte an jedermann** vorgenommen werden (§ 1 LadSchlG).[60] Hierzu gehören **(1) Ladengeschäfte aller Art.** Dies sind Verkaufsstellen, die in Räumen betrieben werden, die nicht nur vorübergehend mit dem Grund und Boden verbunden sind und mit zum Verkauf erforderlichen Einrichtungen ausgestattet sind; **(2) sonstige Verkaufsstände und -buden,** Kioske, Basare und ähnliche Einrichtungen, falls in ihnen ebenfalls von einer festen Stelle aus ständig Waren zum Verkauf an jedermann feilgeboten werden. Zu den Einrichtungen muss jedermann Zugang haben. Dies ist dann der Fall, wenn der Zugang für jedermann frei ist oder für Mitglieder einer Organisation, wenn jedermann die Mitgliedschaft erwerben kann.[61] In der Verkaufseinrichtung müssen Waren feilgeboten werden. Dem Feilbieten gleichgestellt ist das Zeigen von Mustern, Proben und Ähnlichem, wenn Warenbestellungen entgegengenommen werden; **(3) Verkaufsstellen von Genossenschaften.** Dies beruht darauf, dass Konsumvereine früher Waren nur an Mitglieder verkaufen durften, als der Zugang für jedermann fehlte.

39 **3. Abweichende Ladenschlusszeiten.** Die verschiedenen Landesgesetze lassen ebenso wie das LadSchlG für bestimmte Geschäfte Ausnahmen zu. Das sind Apotheken (vgl. § 4 LadSchlG), Zeitungs- und Zeitschriftenkioske (vgl. § 5 LadSchlG), Tankstellen (vgl. § 6 LadSchlG),[62] Verkaufsstellen auf Personenbahnhöfen (vgl. § 8 LadSchlG), auf Flugplätzen und in Fährhäfen (vgl. § 9 LadSchlG),[63] Schiffsanlegestellen (vgl. § 7 I 1 LadöffnG RP), Verkaufsstellen landwirtschaftlicher Betriebe (Hofläden, s. zB § 4 I 1 Nr. 3 lit. b NLöffVZG, § 5 I Nr. 3 LÖG NRW), Verkaufsstellen für Tourismusartikel (vgl. § 4 I Nr. 1 BerlLadÖffG), Verkauf bestimmter Waren anlässlich von Kultur- und Sportveranstaltungen (s. zB § 5 I Nr. 2 LÖG NRW, § 4 I Nr. 2 BerlLadÖffG), sowie in Kur- und Erholungsorten (vgl. § 10 LadSchlG) bzw. Ausflugsorten (vgl. § 4 I 2 NLöffVZG).[64] Zu den nach dem LadSchlG zulässigen Ausnahmebewilligungen vgl. die 12. Auflage § 157 Rn. 19.

40 **4. Arbeitnehmerschutz.**[65] Der eigentliche Arbeitnehmerschutz war in **§ 17 LadSchlG** (der zurzeit noch in Bayern anwendbar ist) enthalten, wodurch jedoch ein weitergehender Schutz nach anderen Gesetzen unberührt blieb.[66] Wegen der Einzelheiten kann auf § 17 LadSchlG verwiesen

---

59 BVerfG 14.1.2015 BVerfGE 138, 261 = NVwZ 2015, 583; zur Vereinbarkeit mit Art. 35 I ThürVerf ThürVerfGH 7.12.2016 – VerfGH 28/12.

60 Vgl. für Großhandlungen, die nur an Wiederverkäufer und Großverbraucher verkaufen: OLG Hamm 24.9.1963 AP Nr. 1 zu § 1 LSchlG; zu Warenpassagen: BayObLG 18.12.1964 AP Nr. 2 zu § 1 LSchlG = DB 1965, 252; Selbstbedienungsgroßhandlung: BGH 22.12.1965 AP Nr. 3 zu § 1 LSchlG = NJW 1966, 828; Tankstellen, bei Verkauf von Waren für den Fahrer: OVG Münster 3.12.1990 NJW 1991, 1374. Zulässig ist aber, zB ein Möbelgeschäft sonntags offenzuhalten, wenn damit den Kunden Gelegenheit zur Besichtigung gegeben wird; BVerwG 12.12.1967 AP Nr. 15 zu § 3 LSchlG; BGH 26.3.1976 AP Nr. 23 zu § 3 LSchlG; zum Anprobieren und Reservieren von Kleidung BGH 7.11.1980 AP Nr. 26 zu § 3 LSchlG (vgl. AP Nr. 6, 7, 8, 10, 12, 19, 25 zu § 3 LSchlG). Als unzulässig wird die Warenaushändigung während der Ladenschlusszeiten angesehen oder die Besichtigung von Kraftfahrzeugen, wenn Provisionsvertreter Aufsicht führt: BayObLG 17.9.1981 AP Nr. 27 zu § 3 LSchlG; 31.7.1990 DB 1991, 393; die Vorführung von Elektrogeräten durch Herstellerfirma: BGH 8.12.1983 NJW 1984, 872; Betrieb eines Waschsalons: OVG Nordrhein-Westfalen 22.2.1994 GewArch 1994, 264 = DB 1994, 1580 (LS); HessVGH 24.11.1993 GewArch 1994, 160 = DB 1994, 1580 (LS).

61 OVG Hamburg 30.9.1986 GewArch 1987, 102.

62 Zum Wagenwaschen vgl. BayObLG 9.3.1967 AP Nr. 1 zu § 6 LSchlG; OLG Frankfurt 12.4.1983 BB 1984, 1808; BayVGH 24.2.1986 GewArch 1986, 142; OLG Hamm 25.1.1990 AP Nr. 2 zu § 6 LSchlG; BVerwG 26.10.1993 NJW 1994, 1017; dazu *Schunder* NJW 1994, 1773.

63 BGH 19.5.1982 AP Nr. 1 zu § 9 LSchlG; OLG Frankfurt 1.10.1987 DB 1987, 2518 = NJW-RR 1988, 166; vgl. zu Flughäfen: *Wohlrabe* GewArch 1988, 112; *Zmarzlik* DB 1988, 119.

64 Zu Ausnahmebewilligungen *Rozek* NJW 1999, 2921.

65 Hierzu *Kerwer* NZA 1999, 1313.

66 Vgl. aber OVG Koblenz 14.10.1994 NJW 1995, 741.

werden. Die landesrechtlichen Bestimmungen enthalten ebenfalls Arbeitnehmerschutzregelungen, die meist die Sonn- und Feiertagsbeschäftigung wie in § 17 LadSchlG auf die zugelassenen Öffnungszeiten zuzüglich 30 Minuten für Vorbereitungs- und Abschlussarbeiten und auf 22 Tage pro Jahr beschränken und in Anlehnung an § 17 III LadSchlG Freistellungsansprüche vorsehen (vgl. zB § 13 LÖffZG, § 9 LÖG HA). Die Ladenschlussgesetze dienen dem Schutz der AN und sind **Schutzgesetze** gem. § 823 II BGB. Soweit die Bestimmungen verletzt werden, hat der AN wegen seiner Arbeitsleistung ein Zurückbehaltungsrecht nach § 273 BGB (→ § 50 Rn. 1 ff.). Gewerkschaften, die im Geltungsbereich der Maßnahme über Mitglieder verfügen, sind befugt, vor dem VG Rechtsverordnungen oder Verwaltungsakte anzufechten, die das Offenhalten von Verkaufsstellen außerhalb der Ladenöffnungszeiten vorsehen.[67] Das gilt aber nicht für einen BR.[68]

§ 158. Pausen und Ruhezeiten

Übersicht

I. Zweck und Rechtsgrundlagen

1 **1. Zweck.** Zum Schutz des AN gegen Überanstrengungen dient nicht nur die **Festlegung von Höchstarbeitszeiten,** sondern auch das **Gebot von Mindestruhezeiten** zwischen den einzelnen Schichten und von **Pausen** während der Schicht. Zur **Sonn- und Feiertagsruhe** → § 159 Rn. 3 ff.

2 **2. Rechtsgrundlagen.** Die wichtigsten Rechtsgrundlagen sind enthalten in §§ 4, 5 ArbZG. Den Tarifvertragsparteien ist eine abweichende Regelung gestattet (§§ 7, 25 ArbZG). Ferner finden sich Regelungen in der GefStoffVO, in Verordnungen für die Eisen- und Stahlindustrie sowie die Papierindustrie, im JArbSchG, MuSchG, SeeArbG und im FahrpersonalG.

II. Ruhezeiten

3 **1. Begriff.** Ruhezeit ist die Zeit zwischen dem Ende der Arbeit und ihrem Wiederbeginn. Es ist der Zeitraum zwischen zwei Arbeitsschichten, in dem der AN zu keiner Arbeit herangezogen wird.[1] Die Begriffe Arbeitszeit und Ruhezeit schließen sich gegenseitig aus.[2] Der AN darf nach der Rspr. des EuGH während der Ruhezeit gegenüber dem AG keiner Verpflichtung unterliegen, die ihn daran hindert, frei und ohne Unterbrechung seinen eigenen Interessen nachzugehen.[3] Die Ruhezeit kann durch unterschiedliche Formen der Freistellung von der Arbeitspflicht eingehalten werden, zB auch durch Urlaub oder Feiertage.[4] Ebenso können Zeiträume einer Arbeitsunfähigkeit eine Ruhezeit darstellen. Auch Wegezeiten gehören, sofern sie nicht Arbeitszeit sind (→ § 156 Rn. 13), zur Ruhezeit. Die **Freistellung** kann **entgeltlich oder unentgeltlich** erfolgen. § 5 ArbZG schreibt dem AG keine bestimmte Arbeitszeitgestaltung zur Gewährleistung der Ruhezeit vor. Die Ruhezeit kann daher auch durch eine tariflich vorgeschriebene Freistellung zum Ausgleich von Bereitschaftsdiensten gewährt werden.[5] Führt die Einhaltung der Ruhezeit zu einem Ausfall von Arbeitszeit (oder einer geringeren Gutschrift auf einem Arbeitszeitkonto), begründet dies grundsätzlich keinen entsprechenden Ausgleichsanspruch.[6] Nicht zur Ruhezeit gehören (inaktive Zeiten von) **Arbeitsbereitschaft** (→ § 156 Rn. 16 f.) und **Bereitschaftsdienst** (→ § 156 Rn. 18 ff.), und zwar unabhängig davon, ob der AN

---

[67] HessVGH 15.5.2014 NZA-RR 2014, 664; BayVGH 6.12.2013 ArbuR 2014, 250 (LS) mwN.
[68] VG SchlH 24.9.2014 ArbRAktuell 2014, 574 (LS).
[1] BAG 13.2.1992 AP Nr. 13 zu § 12 AZO = NZA 1992, 891; 23.11.1960 AP Nr. 6 zu § 12 AZO.
[2] Vgl. EuGH 3.10.2000 – C-303/98, AP Nr. 2 zu Richtlinie 93/104/EWG = NZA 2000, 1227 – SIMAP.
[3] EuGH 9.9.2003 – C-151/02, AP Nr. 7 zu Richtlinie 93/104/EWG = NZA 2003, 1019 – Jaeger.
[4] BAG 13.2.1992 AP Nr. 13 zu § 12 AZO = NZA 1992, 891.
[5] BAG 23.5.2018 AP Nr. 59 zu § 1 TVG Tarifverträge: Lufthansa = NZA 2019, 321; 22.7.2010 AP Nr. 14 zu § 1 TVG Tarifverträge: Arzt = NZA 2010, 1194.
[6] *Schliemann* ArbZG § 5 Rn. 16; vgl. auch BAG 13.12.2007 NZA-RR 2008, 418.

tatsächlich eine Tätigkeit aufnimmt. Der AG kann aber während des Bereitschaftsdienstes wirksam Pausen anordnen, während derer der AN weder Arbeit leisten muss noch sich zur Arbeitsaufnahme bereit zu halten hat.[7] Regelmäßig zur Ruhezeit gehört dagegen die **Rufbereitschaft** (→ § 156 Rn. 21 f.),[8] sofern es nicht zu einem Arbeitseinsatz kommt. Unzulässig ist, dem AN für die Dauer der Ruhezeit Arbeiten zur häuslichen Erledigung mitzugeben.

4 **2. Dauer. a) Grundsätzlich 11-stündige Ruhezeit.** Nach § 5 I ArbZG müssen AN nach Beendigung der täglichen Arbeitszeit eine **ununterbrochene Ruhezeit** von mindestens elf Stunden haben. Von dieser Regelung gibt es eine Reihe von Ausnahmen. Jede Unterbrechung der Ruhezeit setzt die elf Stunden erneut in Lauf.

5 Problematisch ist, ob es für solche **Unterbrechungen** eine Erheblichkeitsschwelle gibt. Praktisch wird diese Frage vornehmlich dann, wenn ein außerhalb der eigentlichen Bürozeit erreichbarer AN kurzfristig eine Tätigkeit für den AG aufnimmt. Teilweise wird für solche Tätigkeiten die Ansicht vertreten, durch eine in jeder Hinsicht geringfügige Unterbrechung der Ruhezeit – zB das Versenden einer kurzen E-Mail oder ein kurzes Telefonat – werde die gesetzliche 11-Stunden-Frist nicht erneut in Gang gesetzt, weil eine solche „Arbeitsaufnahme“ nicht mit einer kurzfristigen Tätigkeit am Arbeitsplatz vergleichbar sei.[9] Diese Annahme mag für ein kurzes freiwilliges, also nicht auf Veranlassung des AG erfolgtes Abhören von Nachrichten oder Versenden von E-Mails oder SMS zutreffend sein. Das gilt aber nicht, wenn für den AN eine entsprechende Verpflichtung zur Erreichbarkeit und kurzfristigen Entfaltung einer Tätigkeit für den AG besteht. Dann liegt vielmehr ein Rufbereitschaft (→ § 156 Rn. 21 f.) bzw. eine Arbeitstätigkeit vor. Eine kurzfristige Arbeitsaufnahme – zB während einer Arbeitsbereitschaft – kann dann dazu führen, dass der AN eine folgende Arbeitsschicht nicht wie an sich geplant antreten kann. Für die ausgefallene Arbeitszeit bestehen zwar nach Ansicht des BAG keine Entgeltansprüche nach § 615 S. 1 oder S. 3 BGB und § 275 iVm § 326 II BGB.[10] Dem AN dürfen aber durch die Heranziehung zur Arbeit während der Arbeitsbereitschaft bezogen auf sein Wochen- oder Monatsentgelt keine Nachteile entstehen, dh er muss die Möglichkeit haben, die ausgefallene Arbeitszeit nachzuholen.

6 Die Ruhezeit muss sich unmittelbar an die Arbeitszeit anschließen, deren Ausgleich sie dient. Die tägliche Arbeitszeit iSv § 5 I ArbZG, innerhalb dessen die Ruhezeit liegen muss, ist nicht die Arbeitszeit eines Kalendertages, sondern die individuelle werktägliche Arbeitszeit des jew. AN.[11] Der Zeitraum, innerhalb dessen die Mindestruhezeit liegen muss, ist in § 5 I ArbZG nicht geregelt. Aus den bei der Auslegung der Norm zu berücksichtigten unionsrechtlichen Vorgaben von Art. 3 RL 2003/88/EG folgt jedoch, dass die Ruhezeit innerhalb eines Zeitraums von 24 Stunden nach Beginn der Arbeitszeit zu gewähren ist.[12] Der 24-Stunden-Zeitraum, innerhalb dessen die Ruhezeit zu gewähren ist, beginnt danach nicht mit dem Kalendertag, sondern mit der Arbeitsaufnahme. Die Ruhezeit begrenzt damit die Arbeitszeit innerhalb eines 24-Stunden-Zeitraums auf 13 Stunden. Ferner steht sie sog. Doppelschichten entgegen, nicht aber „Doppelvorstellungen“ eines Orchesters am selben Tag.[13]

7 **b) Ausnahmeregelungen.** Die **Dauer der Ruhezeit** kann

- in Krankenhäusern (zum Begriff → § 162 Rn. 51) und anderen Einrichtungen zur Behandlung, Pflege und Betreuung von Personen (also etwa Altersheimen, Einrichtungen der medizinischen Rehabilitation, Vorsorge und Nachsorge, Kurheime, psychosomatische Kliniken[14]),
- in Gaststätten (vgl. §§ 1, 23 GaststättenG) und anderen Einrichtungen zur Bewirtung und Beherbergung (zB private Pensionen),
- in Verkehrsbetrieben, das sind alle öffentlichen und privaten Betriebe, deren Zweck auf die Beförderung von Personen gerichtet ist, sowie die dazugehörigen selbständigen oder unselbständigen Hilfs- und Nebenbetriebe,
- beim Rundfunk sowie

[7] BAG 16.12.2009 AP Nr. 3 zu § 4 ArbZG = NZA 2010, 505.
[8] OLG Karlsruhe 29.4.1981 AP Nr. 7 zu § 611 BGB Arbeitsbereitschaft = NJW 1981, 2526; BAG 11.7.2006 AP Nr. 10 zu § 611 BGB Dienstreise = NZA 2007, 155.
[9] *Bissels/Domke/Wisskirchen* DB 2010, 2052 (2054); *Reinhard* ArbRB 2012, 186 (187); *Wirtz* BB 2014, 1397 (1401); *Baeck/Winzer* NZA 2020, 96; aA *Falder* NZA 2010, 1150 (1152); *Gaul* DB 2013, 60 (61); *Tonikidis* ArbuR 2018, 67.
[10] BAG 13.12.2007 AP Nr. 31 zu § 1 TVG Tarifverträge: Deutsche Bahn (LS) = NZA-RR 2008, 418.
[11] BAG 16.9.2020 AP Nr. 7 zu § 5 ArbZG = NZA 2021, 369; *Schliemann* ArbZG § 5 Rn. 17.
[12] BAG 16.9.2020 AP Nr. 7 zu § 5 ArbZG = NZA 2021, 369; EUArbRK/*Gallner* RL 2003/88/EG Rn. 7.
[13] Vgl. BAG 23.6.2015 AP Nr. 27 zu § 1 TVG Tarifverträge: Musiker.
[14] *Schliemann* ArbZG § 5 Rn. 32.

– in der Landwirtschaft (wirtschaftliche Nutzung des Erdbodens zur Gewinnung pflanzlicher und/oder tierischer Erzeugnisse, nicht: Forstwirtschaft, Gärtnereien, die überwiegend nicht der Erzeugung von Pflanzen dienen[15]) und in der Tierhaltung (auch: zoologische Gärten, Tierparks, Tierpensionen, Fischzucht)

um bis zu eine Stunde verkürzt werden, wenn jede Verkürzung der Ruhezeit innerhalb eines Kalendermonats oder innerhalb von vier Wochen durch Verlängerung einer anderen Ruhezeit auf mindestens zwölf Stunden ausgeglichen wird (§ 5 II ArbZG). Eine Verkürzung von weniger als einer Stunde muss zwingend durch eine Verlängerung einer anderen Ruhezeit um eine Stunde auf 12 Stunden ausgeglichen werden;[16] eine Gesamtabrechnung in der Weise, dass mehrere Verkürzungen zusammengefasst ausgeglichen werden,[17] ist nicht möglich. Der Gesetzeswortlaut ist in diesem Punkt unmissverständlich und auch der Vergleich mit den Regelungen in § 7 ArbZG für Abweichungen durch TV oder Betriebsvereinbarung (→ Rn. 10) spricht für eine solche Auslegung.

Durch die Ausnahmeregelung für die im **Rundfunkbereich** beschäftigten AN soll der Informationsvermittlung des Rundfunks Rechnung getragen werden. Erfasst werden der gesamte öffentlich-rechtliche und private Hörfunk sowie das öffentlich-rechtliche und private Fernsehen (vgl. § 17 II Nr. 5 JArbSchG). 8

Abweichend von der vorab geschilderten Regelung können in Krankenhäusern und anderen Einrichtungen zur Behandlung, Pflege und Betreuung von Personen Kürzungen der Ruhezeit durch Inanspruchnahme während der Rufbereitschaft, die nicht mehr als die Hälfte der Ruhezeit betragen, zu anderen Zeiten ausgeglichen werden (§ 5 III ArbZG). Das gilt für alle dort beschäftigten AN, nicht nur für das Ärzte- und Pflegepersonal. Mehrfache Inanspruchnahmen während einer Rufbereitschaft sind insoweit zusammenzurechnen.[18] 9

Gem. § 7 I Nr. 3 ArbZG kann in einem **Tarifvertrag oder auf Grund eines Tarifvertrags** in einer Betriebs- oder Dienstvereinbarung zugelassen werden, dass die Ruhezeit abweichend von § 5 I ArbZG auf **bis zu neun Stunden gekürzt** wird, wenn die Art der Arbeit dies erfordert und die Kürzung der Ruhezeit innerhalb eines festzulegenden Ausgleichszeitraums ausgeglichen wird. Eine solche Kürzung ist dann erforderlich, wenn die Arbeit ansonsten nicht oder nur unzureichend durchgeführt werden könnte. Dabei kommt es auf die Art der Arbeit an. Sie muss so gestaltet sein, dass sie von demselben AN auszuführen ist und dieser aus technischen Gründen keine elfstündige Ruhepause einhalten kann.[19] Bei der Beurteilung der Erforderlichkeit steht den Tarifvertragsparteien ein weiter Beurteilungsspielraum zu.[20] Der Ausgleich muss in demselben Umfang wie die Kürzung erfolgen, so dass bei einer Kürzung um zwei Stunden an einem anderen Tag dafür eine Ruhezeit von dreizehn Stunden gewählt werden muss. Nach § 7 II ArbZG können in einem TV oder auf Grund eines TV in einer Betriebs- oder Dienstvereinbarung ferner in den dort in Ziff. 1–4 aufgezählten Bereichen (→ § 156 Rn. 36) von den gesetzlichen Vorgaben über die Ruhezeit nach § 5 ArbZG abweichende Regelungen zugelassen werden, sofern der Gesundheitsschutz der AN durch einen entsprechenden Zeitausgleich gewährleistet wird. Insbesondere können die Ruhezeiten bei Rufbereitschaft den Besonderheiten dieses Dienstes angepasst werden; zB kann geregelt werden, dass Kürzungen der Ruhezeit infolge von Inanspruchnahmen während dieses Dienstes zu anderen Zeiten ausgeglichen werden (§ 7 II Nr. 1 ArbZG). Solche Regelungen können auch mit abweichenden Regelungen nach § 7 I Nr. 1 lit. a und § 7 I Nr. 4 lit. a ArbZG kombiniert werden. Seit dem 1.4.2004 gilt § 7 II Nr. 1 ArbZG nicht mehr für Bereitschaftsdienste, weil diese zur Arbeitszeit zählen. 10

c) Sonderregelungen für Kraftfahrer und für die Seeschifffahrt. Zu den Sonderregelungen für Kraftfahrer → § 156 Rn. 54 ff., zu den Sonderregelungen für die Seeschifffahrt → § 156 Rn. 50 ff. 11

III. Pausen

1. Begriff. a) Ruhepause. Der Begriff der Ruhepause ist **gesetzlich nicht definiert.** Ruhepausen sind im Voraus festgelegte, zumindest jedoch vorhersehbare Zeiten einer Arbeitsunterbrechung von bestimmter Dauer, in denen der AN von jeglicher Arbeitspflicht 12

[15] *Neumann/Biebl* ArbZG § 5 Rn. 14; *Schliemann* ArbZG § 5 Rn. 49.
[16] So etwa *Schliemann* ArbZG § 5 Rn. 18.
[17] So etwa ErfK/*Wank* ArbZG § 5 Rn. 5.
[18] *Schliemann* ArbZG § 5 Rn. 57.
[19] *Schliemann* ArbZG § 7 Rn. 54.
[20] Neumann/*Biebl* ArbZG § 7 Rn. 27.

befreit ist und sich zu keiner Arbeitsleistung bereithalten muss, sondern frei darüber entscheiden kann, wie er diese Freizeit verbringen will.[21] Während Ruhezeiten zwischen den Arbeitszeiten einzuhalten sind, liegen Ruhepausen innerhalb der Arbeitszeit.

13 Für die Ruhepause ist unschädlich, dass der AN auch während der Ruhepause einen sog. Euro-Piper mit sich zu führen hat.[22] Keine Voraussetzung für eine Pause ist, dass der AN das Betriebsgelände verlassen darf.[23] Für das Merkmal „im voraus feststehend" iSv § 4 S. 1 ArbZG genügt es, wenn bei Beginn der täglichen Arbeitszeit ein zeitlicher Rahmen feststeht, innerhalb dessen Ruhepausen angetreten werden können. Erst recht ausreichend ist es, wenn der genaue Beginn und die Dauer der Ruhepause bei Arbeitsbeginn mitgeteilt werden; eine Festlegung zu einem früheren Zeitpunkt ist jedenfalls nicht erforderlich.[24] Das gilt auch dann, wenn eine Betriebsvereinbarung einen bestimmten Termin für die zeitliche Festlegung der Pause bestimmt. Denn die Festlegung, was eine Pause ist, ist im Gesetz enthalten und unterliegt nicht der Mitbestimmung des BR nach § 87 I Nr. 2 BetrVG.[25] Jedenfalls spätestens zu Beginn der Arbeitsunterbrechung muss auch deren Dauer feststehen.[26] Allerdings kann der AG es einer Gruppe von AN überlassen, die Lage der Pausen untereinander einvernehmlich zu regeln. Kommt es dann aber zu keiner Regelung, liegt keine wirksame Pausengewährung vor.[27] Ruhepausen können in die Zeit einer Rufbereitschaft gelegt werden, nicht dagegen in Zeiten von Arbeitsbereitschaft und Bereitschaftsdienst, weil diese zur Arbeitszeit zählen (→ § 156 Rn. 19 ff.).[28] In Betrieben mit mehr als 10 Beschäftigten, oder wenn Sicherheits- oder Gesundheitsgründe dies erfordern, ist gem. Anh. Nr. 4.2 ArbStättV ein **Pausenraum** oder ein entsprechender Pausenbereich zur Verfügung zu stellen. Dies gilt nicht, wenn die Beschäftigten in Büroräumen oder vergleichbaren Arbeitsräumen beschäftigt sind und dort gleichwertige Voraussetzungen für eine Erholung während der Pause gegeben sind; für Jugendliche gilt die Sonderregelung des § 11 III JArbSchG (→ § 161 Rn. 31). Ruhepausen sind nicht vergütungspflichtig. Wenn allerdings die Voraussetzungen des § 4 ArbZG nicht erfüllt sind, sodass keine wirksame Pausengewährung vorliegt, sind die betreffenden Zeiträume entweder gem. § 611 I BGB als Arbeitszeit[29] oder gem. § 615 BGB[30] zu vergüten. Im Bergbau unter Tage zählen die Ruhepausen generell zur Arbeitszeit (§ 2 I 2 ArbZG).

14 **b) Betriebspause.** Die Ruhepause ist zu unterscheiden von Betriebspausen. Diese sind kurzfristige Arbeitsunterbrechungen, die nicht im Interesse der AN, sondern aus technischen Gründen erforderlich oder notwendig sind. Derartige Betriebspausen kommen insbesondere bei unvorhergesehenen Betriebsstillstandszeiten vor. Sie sind arbeitszeit- und vergütungsrechtlich auf die Arbeitszeit anzurechnen (→ § 156 Rn. 11).[31]

15 **c) Kurzpausen/Erholungszeiten.** Einen Anspruch auf Kurzpausen oder Erholungszeiten enthält das ArbZG nicht. Insbesondere gibt es keinen Anspruch auf bezahlte Raucherpausen.[32] Regelungen über Kurzpausen finden sich aber teilweise in Tarifverträgen und Betriebsvereinbarungen. Dabei handelt es sich regelmäßig um zusätzliche bezahlte, meist 5- bis 10-minütige Arbeitsunterbrechungen, die der Regeneration dienen. Sie sind keine Pausen iSv § 4 ArbZG, sofern nicht die Voraussetzungen nach § 7 I Nr. 2 ArbZG vorliegen (→ Rn. 17).

---

[21] BAG 1.7.2003 AP Nr. 107 zu § 87 BetrVG 1972 Arbeitszeit = NZA 2004, 620.
[22] LAG Nds 9.10.1991 ZTR 1992, 251.
[23] BAG 21.8.1990 AP Nr. 17 zu § 87 BetrVG 1972 Ordnung des Betriebes = NZA 1991, 154.
[24] BAG 25.2.2015 AP Nr. 137 zu § 87 BetrVG Arbeitszeit = NZA 2015, 442; 25.2.2015 AP Nr. 136 zu § 615 BGB = NZA 2015, 494; *Erasmy* NZA 1994, 1105 (1107); *Junker* ZfA 1998, 105 (115); *Neumann/Biebl* ArbZG § 4 Rn. 3; dagegen fordern einzelne LAG, dass die zeitliche Lage der Pause vor Beginn der Arbeit feststeht, LAG BW 14.10.1998 ZTR 1999, 365; LAG Köln 16.5.2012 – 3 Sa 49/12.
[25] LAG Köln 21.3.2013 LAGE § 4 ArbZG Nr. 4 = ArbuR 2013, 412 (jew. nur LS).
[26] BAG 13.10.2009 AP Nr. 4 zu § 2 ArbZG = NZA-RR 2010, 623; 29.10.2002 AP Nr. 11 zu § 611 BGB Arbeitsbereitschaft = NZA 2003, 1212; LAG Köln 21.3.2013 LAGE § 4 ArbZG Nr. 4 = ArbuR 2013, 412 (jew. nur LS).
[27] BAG 27.2.1992 AP Nr. 5 zu § 3 AZO Kr = DB 1992, 2247; *Kleinebrink* DB 2015, 2023 (2024).
[28] ErfK/*Wank* ArbZG § 4 Rn. 1.
[29] ZB wenn der AN sich in dem betreffenden Zeitraum für eine Arbeitsleistung bereithalten muss, also tatsächlich keine Befreiung von der Arbeitspflicht vorliegt, → Rn. 12.
[30] ZB bei einer Festlegung der Pause auf das Ende der Arbeitszeit, → Rn. 16.
[31] Vgl. BAG 23.11.1960 AP Nr. 6 zu § 12 AZO; *Kleinebrink* DB 2015, 2023.
[32] LAG RhPf 6.5.2010 ZTR 2010, 600; vgl. auch LAG SchlH 21.6.2007 – 4 TaBV 12/07; LAG Nürnberg 21.7.2015 LAGE § 242 BGB Betriebliche Übung Nr. 11 = MDR 2015, 1224.

16 **2. Dauer und zeitliche Lage.** Die Arbeit ist durch im Voraus feststehende Ruhepausen von mindestens 30 Minuten bei einer Arbeitszeit von mehr als sechs bis zu neun Stunden und 45 Minuten bei einer Arbeitszeit von mehr als neun Stunden insgesamt zu unterbrechen. Die Ruhezeiten können in Zeitabschnitten von jeweils mindestens 15 Minuten aufgeteilt werden. Länger als sechs Stunden hintereinander dürfen AN nicht ohne Ruhepausen beschäftigt werden (§ 4 ArbZG). § 4 ArbZG regelt ein Mindestmaß an Pausen und verbietet es dem AG nicht, aufgrund des Direktionsrechts im Rahmen des billigen Ermessens darüber hinausgehende Pausenzeiten vorzuschreiben.[33] Das gilt vornehmlich bei psychisch oder physisch besonders belastenden Arbeiten. Die Anordnung von Pausenzeiten darf aber nicht etwa zu dem Zweck erfolgen, Betriebsstillstandszeiten (→ Rn. 14) zu überbrücken, um so Ansprüche nach § 615 BGB zu vermeiden. **Jugendlichen** ist bei einer Beschäftigung von 4½ bis 6 Stunden Arbeitszeit eine Pause von 30 Minuten, bei mehr als 6 Stunden 1 Stunde Ruhepause zu gewähren (§ 11 I JArbSchG). Bei Jugendlichen dürfen die Pausen gem. § 11 II JArbSchG nicht in der ersten und der letzten Arbeitsstunde gewährt werden. Für Erwachsene gilt diese Einschränkung nicht, weil § 4 ArbZG eine entsprechende Regelung nicht enthält.[34] Eine Pausengewährung kurz nach Arbeitsbeginn oder kurz vor Arbeitsende kann allerdings im Einzelfall eine Überschreitung des billigen Ermessens gem. **§ 315 BGB** darstellen, weil dies dem Zweck der Pausengewährung nicht entspricht.[35] Auf keinen Fall zulässig ist es jedenfalls, die Pausen unmittelbar an den Beginn oder das Ende der Arbeitszeit zu legen, weil dann keine Arbeitsunterbrechung im Sinne von § 4 S. 1 ArbZG vorliegt.[36] Wegen der Ausnahmeregelungen in § 14 I und II ArbZG → § 156 Rn. 41 ff. Werden die Pausen zu Unrecht nicht gewährt, so erwächst kein Anspruch auf geldliche Abgeltung, wenn die Wochenarbeitszeit nicht überschritten wird.[37]

17 **3. Tarifvertrag.** Die Tarifvertragsparteien und aufgrund eines Tarifvertrags die Betriebspartner können gem. § 7 I Nr. 2 ArbZG abweichend von § 4 S. 2 ArbZG die Gesamtdauer der Ruhezeiten in Schichtbetrieben und Verkehrsbetrieben auf **Kurzpausen** von angemessener Dauer aufteilen (nicht: verringern). Eine bestimmte Mindestdauer schreibt das Gesetz nicht vor. Jedenfalls eine Aufteilung in Kurzpausen von jeweils mindestens acht Minuten ist nicht zu beanstanden. Auch solche Kurzpausen sind Ruhepausen iSv § 4 ArbZG und keine Arbeitszeit.[38] Verkehrsbetriebe sind alle öffentlichen und privaten Betriebe, deren Zweck auf die Beförderung von Personen, Gütern, Nachrichten gerichtet ist, sowie die dazu gehörigen selbständigen oder unselbständigen Hilfs- und Nebenbetriebe (BT-Drs. 12/5888, 25). Ferner können nach § 7 II ArbZG in einem Tarifvertrag oder auf Grund eines Tarifvertrags in einer Betriebs- oder Dienstvereinbarung in den dort in Ziff. 3 u. 4 aufgezählten Bereichen von den gesetzlichen Vorgaben über die Ruhezeit nach § 5 ArbZG abweichende Regelungen zugelassen werden, sofern der Gesundheitsschutz der AN durch einen entsprechenden Zeitausgleich gewährleistet wird (vgl. insoweit → § 156 Rn. 36).

18 **4. Betriebsrat.** Bei der Festlegung der Pausen hat der BR nach § 87 I Nr. 2 BetrVG ein erzwingbares Mitbestimmungsrecht (→ § 235 Rn. 40). Ungeklärt ist die Frage, wie konkret eine Pausenregelung in einer Betriebsvereinbarung sein muss, um eine wirksame Ausübung des Mitbestimmungsrechts darzustellen.[39] Im Interesse einer Flexibilität für AN und AG muss es als ausreichend angesehen werden, wenn lediglich Pausenkorridore festgelegt werden, sofern der Korridor nicht so weit gefasst ist, dass faktisch keine Eingrenzung vorliegt. Ebenso wird man es als zulässig ansehen müssen, wenn die Betriebsvereinbarung auf erforderliche Absprachen innerhalb einer Gruppe von AN verweist (auch → Rn. 13). Keine wirksame Ausübung des Mitbestimmungsrechts liegt aber dann vor, wenn die Regelung dem AG das alleinige Gestaltungsrecht eröffnet.[40] Verstößt der AG gegen eine mit dem BR getroffene Pausenzeitregelung, kann ein Anspruch des BR nach § 23 III BetrVG bestehen, es zu unterlassen, für die festgelegten Pausenzeiten Arbeit anzuordnen oder Arbeitsleistungen entgegenzunehmen.[41] Nach Ansicht des LAG Köln führt eine Pausenanord-

[33] BAG 16.12.2009 AP Nr. 3 zu § 4 ArbZG = NZA 2010, 505.

[34] ErfK/*Wank* ArbZG § 4 Rn. 3; aA *Roggendorff,* Arbeitszeitgesetz, Rn. 14.

[35] *Schliemann* ArbZG § 4 Rn. 26.

[36] LAG Köln 21.3.2013 LAGE § 4 ArbZG Nr. 4 = ArbuR 2013, 412 (jew. nur LS); *Kleinebrink* DB 2015, 2023 (2024).

[37] BAG 28.9.1972 AP Nr. 9 zu§ 12 AZO.

[38] BAG 3.10.2009 AP Nr. 4 zu § 2 ArbZG = NZA-RR 2010, 623.

[39] Vgl. hierzu die Darstellung der uneinheitlichen Rspr. des LAG Köln bei *Dahl* jurisPRArbR 28/2014.

[40] BAG 25.2.2015 AP Nr. 137 zu § 87 BetrVG 1972 Arbeitszeit = NZA 2015, 442; 25.2.2015 AP Nr. 136 zu § 615 BGB = NZA 2015, 494.

[41] BAG 7.2.2012 AP Nr. 128 zu § 87 BetrVG 1972 Arbeitszeit = NZA-RR 2012, 359.

nung unter Missachtung des Mitbestimmungsrechts des BR gem. der Theorie der Wirksamkeitsvoraussetzung (→ § 235 Rn. 22 ff.) dazu, dass die Pausenzeiträume gem. § 615 BGB zu vergüten sind, auch wenn sie an sich den Vorgaben des § 4 ArbZG entsprechen.[42] Allerdings betreffen die vom BAG entwickelten Grundsätze zur Wirksamkeitsvoraussetzung nur Maßnahmen zum Nachteil des AN, also solche, die bestehende Rechtspositionen des AN schmälern.[43] Das ist aber bei einer – gesetzlich geschuldeten – Pausenfestlegung nicht zwingend der Fall. Erst wenn die Festlegung nicht billigem Ermessen entspricht, zB weil sie das Erholungsbedürfnis des AN nicht respektiert (→ Rn. 16), liegt eine Beeinträchtigung des AN vor. In diesem Fall ist die Maßnahme des AG aber schon gem. § 315 BGB unwirksam. Entgeltansprüche des AN nach § 615 BGB setzen jeweils zumindest ein wörtliches Angebot des AN voraus.[44]

§ 159. Sonn- und Feiertagsruhe

Übersicht

I. Einleitung

1 **1. Abgrenzung.** Im Feiertagsrecht sind vier Rechtsfragen zu unterscheiden:

(1) In welchem Umfang der AN an Feiertagen zur Arbeit verpflichtet ist;
(2) in welchem Umfang er Fortzahlung der Arbeitsvergütung verlangen kann, wenn die Arbeit infolge eines Feiertages ausfällt (→ § 103 Rn. 1 ff.);
(3) ob der AN Anspruch auf Vergütungszuschläge hat, wenn er am Feiertag beschäftigt wird (→ Rn. 40);
(4) welche Tage Feiertage sind (→ § 102 Rn. 4 ff.).

2 **2. Feiertagsruhe.** In welchem Umfang Feiertagsruhe herrscht, war außerordentlich verstreut geregelt. Die Rechtslage ist durch das Gesetz zur Vereinheitlichung und Flexibilisierung des Arbeitszeitrechtes (Arbeitszeitrechtsgesetz – ArbZRG) vom 6.6.1994 (BGBl. I 1170) vereinheitlicht worden, das am 1.7.1994 in Kraft getreten ist.

II. Sonn- und Feiertagsruhe

3 **1. Beschäftigungsverbot.** Nach übereinstimmender Auffassung in Rspr. und Schrifttum enthalten Art. 140 GG iVm Art. 139 WRV eine institutionelle Garantie der Sonn- und Feiertagsruhe (→ § 155 Rn. 1, → § 157 Rn. 21).[1] Sie gibt dem Gesetzgeber einen verbindlichen Gestaltungsrahmen vor. Die Garantie steht aber in einem Spannungsverhältnis zum Grundrecht des AG aus Art. 12 I GG.[2] Von der arbeitsschutzrechtlichen Zulässigkeit der Sonntagsarbeit zu trennen ist die Frage, inwieweit der AG aufgrund des Direktionsrechts (§ 106 GewO; hierzu

[42] LAG Köln 23.10.2013 – 5 Sa 12/13.
[43] BAG 19.7.2005 AP Nr. 42 zu § 1 BetrAVG = DB 2006, 343; auch → § 235 Rn. 22.
[44] BAG 25.2.2015 AP Nr. 136 zu § 615 BGB = NZA 2015, 494; 25.2.2015 AP Nr. 137 zu § 87 BetrVG 1972 Arbeitszeit = NZA 2015, 442.
[1] BVerfG 1.12.2009 BVerfGE 125, 39 = ArbuR 2010, 167; *Rozek* ArbuR 2010, 148; *Classen* JZ 2010, 144; *Preis/Ulber* NZA 2010, 729.
[2] *Düwell* RdA 2010, 129 (133).

→ § 45 Rn. 13 ff.) im Einzelfall berechtigt ist, Sonntagsarbeit anzuordnen. Die Regelungen in §§ 9–11 ArbZG stellen zugleich sicher, dass die in Art. 5 RL 2003/88/EG geforderte Mindestruhezeit von 24 Stunden pro Siebentageszeitraum gewährleistet ist. Die Frage, ob es sich dabei um einen festen Bezugszeitraum handelt,[3] wirkt sich damit für das nationale Recht nicht aus.[4]

2. Inhalt. Nach § 9 I ArbZG dürfen AN an Sonn- und Feiertagen von 0.00 bis 24.00 Uhr nicht beschäftigt werden. Im Unterschied zu § 5 I ArbZG ist damit auch die Ruhezeit festgelegt. Das schließt auch die Verlängerung der Arbeitszeit an Arbeitstagen vor Sonn- und Feiertagen um 30 Minuten im Anschluss an eine Ladenöffnung bis 24.00 Uhr für Schließ- und Aufräumarbeiten aus.[5] In mehrschichtigen Betrieben mit Nachtschichtarbeit kann aber nach § 9 II ArbZG die Ruhezeit um 6 Stunden verlegt (nicht: verkürzt) werden, wenn für die auf den Beginn der Ruhezeit folgenden 24 Stunden der Betrieb ruht. Die Feiertagsruhe kann daher von 18.00 Uhr vor dem Feiertag bis 18.00 Uhr am Feiertag oder von 6.00 Uhr am Feiertag bis 6.00 Uhr am darauf folgenden Tag gehen. Voraussetzung ist eine **objektive Betriebsruhe,** nicht bloß eine 24-stündige Ruhezeit für den einzelnen AN.[6] Gem. § 9 III ArbZG kann der AG den Beginn der 24-stündigen Sonn- und Feiertagsruhe für Kraftfahrer und Beifahrer (korrespondierend mit der Regelung des „Sonntagsfahrverbots" in § 30 III StVO) um bis zu zwei Stunden vorverlegen. Weitergehende Einschränkungen bestehen für schwangere und stillende Frauen (§ 6 MuSchG; → § 167 Rn. 16) sowie für Jugendliche (§ 17 JArbSchG; → § 161 Rn. 34). 4

Von dem Beschäftigungsverbot an Sonn- und Feiertagen bestehen **Ausnahmen** kraft Gesetzes (→ Rn. 6 ff.), durch Rechtsverordnung (→ Rn. 27) und durch Verwaltungsakt (→ Rn. 28 ff.). 5

3. Gesetzliche Ausnahmen. Die gesetzlichen Ausnahmen vom Beschäftigungsverbot an Sonn- und Feiertagen sind in 16 Ausnahmetatbeständen zusammengefasst (§ 10 I ArbZG). Die Ausnahmen gelten kraft Gesetzes. Eine Ausnahmegenehmigung der zuständigen Behörde ist nicht notwendig. Der AG hat in jedem Einzelfall zu prüfen, ob die Ausnahmetatbestände gegeben sind. Er trägt hierfür die straf- und bußgeldrechtliche Verantwortung (§ 22 I Nr. 5, § 23 I ArbZG). In Zweifelsfällen kann er gem. § 13 III Nr. 1 ArbZG durch die Aufsichtsbehörde feststellen lassen, ob eine Beschäftigung nach § 10 ArbZG zulässig ist. Weitere Ausnahmen ergeben sich aus den Ladenöffnungsgesetzen der Länder bzw. – für Bayern – dem LadSchlG (hierzu → § 157 Rn. 21 ff.). 6

Die **Ausnahme ist davon abhängig,** dass die Arbeiten nicht an Werktagen vorgenommen werden können. Diese Voraussetzung ist jedenfalls dann gegeben, wenn die Arbeiten aus rein **technischen Gründen** nicht auf einen Werktag verlegt werden können. Umstritten ist, ob die Arbeiten auch dann nicht verlegt werden können, wenn der Verlegung **wirtschaftliche Gründe** entgegenstehen, weil die Vornahme der Arbeiten an Werktagen für den Betrieb mit unverhältnismäßigen wirtschaftlichen oder sozialen Folgen verbunden wäre.[7] Die hM bejaht das zu Recht, weil der Gesetzeswortlaut an die frühere Rechtslage (§ 105c Nr. 3 und 4 GewO) angelehnt ist. Entstehungsgeschichte und Zweck, den Standort Deutschland zu sichern, sprechen ebenfalls für die herrschende Meinung.[8] Die Ausnahmen vom Beschäftigungsverbot umfassen auch die zulässigen Hilfs- und Nebentätigkeiten. Der Umfang der Arbeiten und die Anzahl der betroffenen AN sind aber auf das erforderliche Maß zu beschränken. Unerheblich ist, ob die Arbeiten durch rechtlich selbständige Betriebe oder Betriebsabteilungen erbracht werden. Drohende Schäden infolge eines Streiks können beim bestreikten AG Sonntagsarbeit nicht rechtfertigen, sofern der Streik rechtmäßig ist. Hierdurch drohende Schäden Dritter können dagegen Sonntagsarbeit rechtfertigen; das gilt insbes. im Bereich der Daseinsvorsorge.[9] 7

Die **Mitbestimmungsrechte des BR** bleiben nach § 87 I BetrVG unberührt. 8

---

[3] So noch EuGH 9.11.2017 – C-306/16, AP Nr. 21 zu Richtlinie 2003/88/EG = NZA 2017, 1521 – Maio Marques da Rosa; anders nunmehr EuGH 11.4.2019 – C254/18, AP Nr. 29 zu Richtlinie 2003/88/EG = NZA 2019, 765 – Syndicat des cadres de la sécurité intérieure.

[4] Vgl. EUArbRK/*Gallner* RL 2003/88/EG Art. 5 Rn. 3.

[5] Vgl. BVerwG 4.12.2014 ArbuR 2016, 250.

[6] Ganz hM, vgl. *Schliemann* ArbZG § 9 Rn. 13 mwN.

[7] ErfK/*Wank* ArbZG § 10 Rn. 2; *Schliemann* ArbZG § 10 Rn. 8; *Dobberahn,* Das neue Arbeitszeitgesetz, Rn. 100; *Neumann/Biebl* ArbZG § 10 Rn. 5; *Dommermuth-Alhäuser* NZA 2016, 522; aA *Buschmann/Ulber* ArbZG § 10 Rn. 8.

[8] *Erasmy* NZA 1995, 97 (98); *Zmarzlik* RdA 1988, 257 (263).

[9] *Dommermuth-Alhäuser* NZA 2016, 522.

9 **4. Ausnahmetatbestände. a) § 10 I ArbZG.** In den in § 10 I ArbZG aufgelisteten Fällen bestehen Ausnahmen vom Beschäftigungsverbot.

10 **(1)** In **Not- und Rettungsdiensten** sowie bei der **Feuerwehr.** Diese Bestimmung ist weit auszulegen. Sie erfasst alle Dienstleistungen und Tätigkeiten zur Hilfeleistung.[10] Hiervon erfasst werden auch die handwerklichen Notdienste, die Notrufzentralen auch der Automobilclubs und die Zentralen Sperrannahmestellen der Bank- und Kreditorganisationen (BT-Drs. 12/5888, 29).

11 **(2)** Zur **Aufrechterhaltung der öffentlichen Sicherheit und Ordnung** sowie der Funktionsfähigkeit von Gerichten und Behörden und für Zwecke der Verteidigung.

12 **(3)** In **Krankenhäusern** (zum Begriff → § 162 Rn. 51) und anderen Einrichtungen zur Behandlung, Pflege und Betreuung von Personen. Zu den anderen Einrichtungen zählen auch die ambulanten Pflegedienste (BT-Drs. 12/5888, 29).

13 **(4)** In **Gaststätten** und anderen Einrichtungen zur Bewirtung und Beherbergung sowie im Haushalt. Ein Party-Service zählt zu den Einrichtungen zur Bewirtung (BT-Drs. 12/6990, 40).

14 **(5)** Bei **Musikaufführungen, Theatervorstellungen, Filmvorführungen,** Schaustellungen, Darbietungen und anderen ähnlichen Veranstaltungen. Auch öffentliche Proben zählen hierzu.[11] Erfasst wird ferner das Aufstellen und Betreiben von Musik- und Unterhaltungsautomaten sowie die Störungsbeseitigung.[12]

15 **(6)** Bei **nichtgewerblichen Aktionen und Veranstaltungen der Kirchen,** Religionsgesellschaften, Verbände, Vereine, Parteien und anderer ähnlicher Vereinigungen.

16 **(7)** Beim **Sport** (Wettkämpfe und sonstige sportliche Veranstaltungen) und in Freizeit-, Erholungs- und Vergnügungseinrichtungen, beim Fremdenverkehr sowie in Museen und wissenschaftlichen Präsenzbibliotheken (insbes. Universitätsbibliotheken).

17 **(8)** Beim **Rundfunk** (hierzu zählt neben dem **Hörfunk** auch das **Fernsehen,** vgl. § 17 II Nr. 5 JArbSchG), bei der **Tages- und Sportpresse,** bei **Nachrichtenagenturen,** sowie bei den der Tagesaktualität dienenden Tätigkeiten für andere Presseerzeugnisse einschließlich des Austragens, bei der Herstellung von Satz, Filmen und Druckformen für tagesaktuelle Nachrichten und Bilder bei tagesaktuellen Aufnahmen auf Ton- und Bildträger sowie beim Transport und Kommissionieren von Presseerzeugnissen, deren Ersterscheinungstag am Montag oder am Tag nach einem Feiertag liegt. Die Ausnahmen vom Beschäftigungsverbot bestehen bei den sog. Sonntagszeitungen, aber auch für am Sonntag erscheinende Tageszeitungen (BT-Drs. 12/5888, 29).

18 **(9)** Bei **Messen, Ausstellungen und Märkten** im Sinne des Titels IV der Gewerbeordnung (§§ 64 ff. GewO) sowie bei Volksfesten (§ 60b GewO). Hausmessen des Großhandels sowie der Einkaufsverbände werden nicht erfasst, da es an einer Vielzahl von Ausstellern fehlt.

19 **(10)** In **Verkehrsbetrieben** (→ § 158 Rn. 7) sowie beim Transport und Kommissionieren von leicht verderblichen Waren im Sinne des § 30 III Nr. 2 der StVO. Zum Kommissionieren zählen das Aufarbeiten, Verpacken und Zusammenstellen von Waren zum Zweck des Versandes. Bei Obst und Gemüse sowie leicht verderblichen Waren gehört hierzu auch das Sortieren nach Sorten, Qualität und Größe, das Abfüllen in Transport- und Verkaufsbehälter, die Kennzeichnung, die Qualitätsprüfung- und Sicherung, die Zusammenstellung der Kundenaufträge sowie alle sonstigen Arbeiten zum Herstellen der Versandfertigkeit.[13]

20 **(11)** In den **Energie- und Wasserversorgungsbetrieben** sowie in **Abfall- und Abwasserentsorgungsbetrieben** (zB Klärwerke) und deren Zulieferbetrieben, soweit dies zur Energieversorgung notwendig ist (vgl. BT-Drs. 12/6990, 40).

21 **(12)** In der **Landwirtschaft** und in der **Tierhaltung** (→ § 158 Rn. 7) sowie in Einrichtungen zur Behandlung und Pflege von Tieren (zB Tierkliniken, Tierheime).

22 **(13)** Im **Bewachungsgewerbe** (§ 34a GewO: gewerbsmäßiges Bewachen von Leben oder Eigentum fremder Personen) und bei der Bewachung von Betriebsanlagen (nicht: die Überwachung laufender Produktionsanlagen[14]).

23 **(14)** Bei der **Reinigung und Instandhaltung von Betriebseinrichtungen,** soweit hierdurch der regelmäßige Fortgang des eigenen oder eines fremden Betriebs bedingt ist, bei der Vorbereitung der Wiederaufnahme des vollen werktägigen Betriebs sowie bei der Aufrechterhaltung der Funktionsfähigkeit von Datennetzen und Rechnersystemen. Die Ausnahme vom Beschäftigungsverbot besteht auch dann, wenn die Ingangsetzung von Maschinen zur Funktionsprüfung zwingend mit dem Ingangsetzen der Produktion verbunden ist (BT-Drs. 12/6990, 40).

---

[10] BVerwG 26.11.2014 BVerwGE 150, 327 = NVwZ 2015, 590.
[11] BAG 26.4.1990 AP Nr. 42 zu § 611 BGB Bühnenengagementsvertrag = NZA 1990, 979.
[12] BVerwG 7.10.1965 BVerwGE 22, 144 = AP Nr. 2 zu § 105b GewO.
[13] *Schliemann* ArbZG § 10 Rn. 33.
[14] OVG Münster 16.12.1993 GewArch 1994, 241 = DB 1994, 1580 (LS).

Durch den angestiegenen bargeldlosen Zahlungsverkehr mit Eurocheque, Kredit-, Tank- und ähnlichen Karten müssen Großrechenanlagen kontinuierlich arbeiten. Erfasst wird damit sowohl die Kontrolle der Einsatzfähigkeit wie deren Instandhaltung (BT-Drs. 12/6990, 43). Dagegen wird das Bestücken der Geldautomaten nicht erfasst.[15]

(15) Zur **Verhütung des Verderbens von Naturerzeugnissen oder Rohstoffen** oder des Misslingens von Arbeitsergebnissen sowie bei kontinuierlich durchzuführenden Forschungsarbeiten. Ein Misslingen von Arbeitsergebnissen ist dann anzunehmen, wenn wegen der Unterbrechung an Sonn- und Feiertagen nicht oder fehlerhaft gelungene Arbeitserzeugnisse in Höhe von 5% einer Wochenproduktion an fehlerfreien Arbeitserzeugnissen anfallen (BT-Drs. 12/5888, 29), und zwar bezogen auf die jeweilige Maschine oder Fertigungsanlage (nicht: den Gesamtbetrieb[16]). Die 5%-Grenze wird nach den Grundsätzen der Verhältnismäßigkeit unterschritten werden können, zB wenn ansonsten weitere unzumutbare Folgeschäden drohen. Arbeitsergebnisse sind misslungen, wenn sie zu dem vom AG vorgesehenen Zweck nicht brauchbar sind, weil ihre bestimmungsgemäße Verwendung ausgeschlossen oder wesentlich beeinträchtigt ist. Die Unterbrechung der Beschäftigung an Sonn- und Feiertagen muss ursächlich für eine je nach den betrieblichen Verhältnissen relevante Misslingensquote sein. Sie muss zur Vermeidung der Fehler erforderlich sein.[17] 24

(16) Zur **Vermeidung einer Zerstörung oder erheblichen Beschädigung der Produktionseinrichtungen.** Erheblich ist eine Beschädigung, die einen ins Gewicht fallenden Reparaturaufwand bedingt, der zu einer unzumutbaren Belastung des AG (Reparaturkosten, Produktionsausfall) führt.[18] 25

b) § 10 II, III ArbZG. Abweichend vom Beschäftigungsverbot dürfen AN gem. § 10 II ArbZG an Sonn- und Feiertagen mit den **Produktionsarbeiten** beschäftigt werden, wenn die infolge der Unterbrechung der Produktion nach Nr. 14 zulässigen Arbeiten den Einsatz von mehr AN als bei durchgehender Produktion erfordern, also zB für Reinigungsarbeiten. Gesetzgeberisches Ziel war, die Zahl der von Sonntagsarbeit betroffenen AN zu verringern. Zum Teil wird dagegen die Auffassung vertreten, die Bestimmung sei analog auf die Fälle nach Nr. 15 und 16 anzuwenden.[19] Diese Ansicht ist abzulehnen.[20] In Anbetracht des klaren Gesetzeswortlauts lässt sich schon die für eine Analogie erforderliche Gesetzeslücke nicht feststellen. § 10 III ArbZG erlaubt für **Bäckereien und Konditoreien** eine Beschäftigung für bis zu drei Stunden mit der Herstellung und dem Austragen oder Ausfahren von Backwaren, die an Sonn- oder Feiertagen zum Verkauf kommen. Für das Verkaufspersonal gelten die Regelungen für den Ladenschluss, die jeweils Sonntagsöffnungszeiten vorsehen (→ § 157 Rn. 21 ff.). 26

5. Rechtsverordnung. In § 13 ArbZG wird die BReg. ermächtigt, durch Rechtsverordnung mit Zustimmung des BR zur Vermeidung erheblicher Schäden unter Berücksichtigung des Schutzes der AN und der Sonn- und Feiertagsruhe die Bereiche mit Sonn- und Feiertagsbeschäftigung sowie die dort zugelassenen Arbeiten näher zu bestimmen sowie weitere Ausnahmen zuzulassen. Soweit die BReg. von der Ermächtigung keinen Gebrauch macht, können in bestimmten Fällen die LReg. Ausnahmen zulassen. Die Länder haben insoweit entsprechende Verordnungen (meist als Bedarfsgewerbeverordnungen bezeichnet) erlassen.[21] Auf Normenkontrollanträge einer Gewerkschaft und evangelischer Gemeindeverbände hat das BVerwG entschieden, dass die Hessische Bedarfsgewerbeverordnung insoweit nichtig ist, als sie eine Beschäftigung von AN an Sonn- und gesetzlichen Feiertagen in den Bereichen Videotheken und öffentliche Bibliotheken, Callcentern sowie Lotto- und Totogesellschaften zulässt. Ferner wurde die Beschäftigung von AN an Sonn- und Feiertagen in Brauereien, Betrieben zur Herstellung von alkoholfreien Getränken oder Schaumwein durch die Hessische Bedarfsgewerbeverordnung als nicht erforderlich angesehen, um tägliche oder an diesen Tagen besonders hervortretende Bedürfnisse der Bevölkerung im Sinne der Verordnungsermächtigung iSv § 13 I Nr. 2a ArbZG zu befriedigen.[22] Jedenfalls dient sie nicht zur Vermeidung erheblicher Schäden im Sinne der Verordnungsermächtigung. Demgegenüber hat das BVerwG die Zulassung der Beschäftigung im Buchmachergewerbe für wirksam erklärt.[23] 27

---

15 *Erasmy* NZA 1995, 97 (99); *Schliemann* ArbZG § 10 Rn. 52; *Neumann/Biebl* ArbZG § 10 Rn. 42.
16 *Baeck/Deutsch* ArbZG § 10 Rn. 126; *Schliemann* ArbZG § 10 Rn. 62.
17 BVerwG 19.9.2000 AP Nr. 1 zu § 10 ArbZG = NZA 2000, 1232.
18 *Schliemann* ArbZG § 10 Rn. 69.
19 *Baeck/Deutsch* ArbZG § 10 Rn. 148.
20 So die hM, s. *Erasmy* NZA 1995, 97 (100); *Neumann/Biebl* ArbZG § 10 Rn. 54; *Linnenkohl/Rauschenberg* ArbZG § 10 Rn. 93; *Schliemann* ArbZG § 10 Rn. 74.
21 Zu Umfang und Grenzen entsprechender Verordnungen: *Richardi/Annuß* NZA 1999, 953.
22 HessVGH 1.7.2020 NVwZ-RR 2020, 1022 (LS).
23 BVerwG 26.11.2014 BVerwGE 150, 327 = NVwZ 2015, 590; ausf. hierzu *Greiner* ZfA 2015, 469.

28 **6. Aufsichtsbehörde. a) Befugnisse nach § 13 III ArbZG.** Die Aufsichtsbehörde kann nach § 13 III Nr. 1 ArbZG feststellen, ob eine Beschäftigung nach § 10 ArbZG zulässig ist. Einen entsprechenden Antrag kann der AG stellen, um in Zweifelsfällen das Risiko eines ordnungswidrigen oder strafbaren Verhaltens (§§ 22, 23 ArbZG) auszuschließen. Ferner kann die Aufsichtsbehörde gem. § 13 III Nr. 2 ArbZG in den dort beschriebenen drei Fällen Ausnahmen vom Beschäftigungsverbot an Sonn- und Feiertagen zulassen. Dabei ist nicht zwischen „hohen" Feiertagen und „normalen" Sonn- und Feiertagen zu unterscheiden.[24] Soweit das Gesetz dabei „besondere Verhältnisse" voraussetzt, müssen diese durch Umstände verursacht sein, die von außen auf das betreffende Unternehmen einwirken. Sie dürfen daher nicht vom Unternehmen selbst geschaffen sein; auf die Frage, ob sie vorhersehbar waren, kommt es dagegen nicht an.[25] Die Regelungen sind verfassungskonform. Sie dienen dem Ausgleich zwischen dem Gebot der Sonn- und Feiertagsruhe nach Art. 140 GG iVm Art. 139 WRV und der von Art. 12 I GG geschützten Berufsausübungsfreiheit des AG.[26] AN, die arbeitsvertraglich an Sonn- und Feiertagen beschäftigt werden dürfen, sind nach § 42 II VwGO befugt, gegen eine auf Antrag des Unternehmens ergangene behördliche Feststellung zu klagen, dass eine Beschäftigung von AN an Sonn- und Feiertagen zulässig ist.[27] Dasselbe gilt für Gewerkschaften.[28]

29 **b) § 13 IV ArbZG.** Nach § 13 IV ArbZG soll die Aufsichtsbehörde Abweichungen vom Beschäftigungsverbot bewilligen, wenn diese aus chemischen, biologischen, technischen oder physikalischen Gründen einen ununterbrochenen Fortgang auch an Sonn- und Feiertagen erfordern.

30 **c) § 13 V ArbZG.** Nach § 13 V ArbZG hat die Aufsichtsbehörde Ausnahmen zu bewilligen, wenn folgende Voraussetzungen festgestellt werden (vgl. BT-Drs. 12/6990, 37, 41, 42):[29]

31 **(1)** das antragstellende Unternehmen die gesetzlich zulässigen wöchentlichen Betriebszeiten von 144 (6 × 24) Stunden weitgehend ausnutzt. Es muss also auch samstags gearbeitet werden. Bestimmte Stillstandszeiten stehen aber der Genehmigung nicht entgegen. Abgestellt ist auf wöchentliche Betriebszeiten, so dass auch mehrwöchige Betriebsferien einer Genehmigung nicht entgegenstehen;

32 **(2)** ausländische Konkurrenten des Unternehmens mehr als 144 Stunden in der Woche produzieren; grundsätzlich ist es Sache der Behörde, die ausländischen Betriebszeiten zu ermitteln. Im Verwaltungsverfahren herrscht der Untersuchungsgrundsatz. Zweckmäßig werden aber dem Antrag entsprechende Unterlagen beigefügt;

33 **(3)** die Konkurrenzfähigkeit des Unternehmens unter Berücksichtigung der verfassungsmäßig garantierten Sonn- und Feiertagsruhe beeinträchtigt ist, zB bei höheren Fertigungskosten.[30] Die Beeinträchtigung muss unzumutbar sein, dh der Wettbewerbsvorteil der ausländischen Konkurrenz muss so hoch sein, dass der Antragsteller ansonsten mit dem Verlust entscheidender Marktanteile zu rechnen hat.[31] Nicht erforderlich ist eine drohende Existenzgefährdung des Betriebes. Die längeren Arbeitszeiten brauchen nicht kausal für die fehlende Konkurrenzfähigkeit zu sein. Ausreichend ist, dass im Ausland längere Arbeitszeiten gegeben sind („bei");[32]

34 **(4)** ohne die Genehmigung von Sonn- und Feiertagsarbeit Arbeitsplätze verloren gehen. Die Genehmigung muss also Arbeitsplätze sichern. Längere Maschinenlaufzeiten ermöglichen eine kostengünstigere Produktion.

35 Liegen die vorstehenden Voraussetzungen vor, so hat die Behörde die Genehmigung zu erteilen. Es ist ein gebundenes Ermessen. Eine Beteiligung des BR am Verwaltungsverfahren ist nicht vorgesehen.

III. Ausgleich für die Ausnahme vom Beschäftigungsverbot

36 **1. Ausgleichsleistungen nach § 11 ArbZG. a) § 11 I ArbZG. Mindestens fünfzehn Sonntage** im (Zeit-)Jahr (nicht: Kalenderjahr)[33] müssen **beschäftigungsfrei** (auch kein Bereitschaftsdienst oder Rufbereitschaft) bleiben (§ 11 I ArbZG). Abzustellen ist auf den einzelnen AN und nicht auf den Betrieb. Dies ergibt sich aus dem gesetzessystematischen Zusammenhang, der

[24] OVG NRW 10.4.2000 NZA-RR 2000, 491.
[25] OVG NRW 11.12.2019 ArbRB 2020, 144 (LS).
[26] BAG 15.9.2009 AP Nr. 7 zu § 106 GewO = NJW 2010, 394.
[27] BVerwG 19.9.2000 AP Nr. 1 zu § 10 ArbZG = NZA 2000, 1232.
[28] OVG NRW 11.12.2019 ArbRB 2020, 144 (LS).
[29] OVG NRW 10.4.2000 NZA-RR 2000, 491 = DB 2000, 1671 (LS); dazu *Rose* DB 2000, 1662.
[30] *Erasmy* NZA 1995, 97 (101).
[31] *Baeck/Deutsch* ArbZG § 13 Rn. 83 mwN.
[32] *Schliemann* ArbZG § 13 Rn. 91.
[33] ErfK/*Wank* ArbZG § 11 Rn. 1.

auf den Ausgleich für den einzelnen AN abstellt. Weil auf die tatsächlichen Umstände abzustellen ist, sind beschäftigungsfrei auch Zeiten von Urlaub oder bestehender Arbeitsunfähigkeit.

b) § 11 II ArbZG. Durch die Beschäftigung an Sonn- und Feiertagen darf weder die **Höchstarbeitszeit** noch der **Ausgleichszeitraum** des § 3 ArbZG überschritten werden (§ 11 II ArbZG). Im Einzelfall kann es damit zu einer 70-stündigen Arbeitszeit kommen. Der erforderliche Ersatzruhetag muss nur innerhalb von zwei Wochen gewährt werden. Im Ausgleichszeitraum darf aber der Schnitt von 48 Stunden nicht überschritten werden. 37

c) § 11 III ArbZG. Für die Beschäftigung an Sonn- oder Feiertag ist ein **Ersatzruhetag** zu gewähren, und zwar für die Beschäftigung am Sonntag innerhalb eines Zeitraums von zwei Wochen und für die Beschäftigung am Feiertag innerhalb von acht Wochen (§ 11 III ArbZG).[34] Der Ersatzruhetag für Feiertagsbeschäftigung kann durch einen Werktag (Sonnabend) gewährt werden, der ohnehin arbeitsfrei ist; ein Anspruch auf eine bezahlte Freistellung an einem Beschäftigungstag besteht nicht.[35] Ist die Gewährung eines Ersatzruhetages für einen ausschließlich an Sonntagen beschäftigten AN unmöglich, weil dieser an den übrigen sechs Wochentagen bei einem anderen AG beschäftigt ist, liegt ein personenbedingter Kündigungsgrund vor.[36] 38

d) § 11 IV ArbZG. Sowohl die Sonn- und Feiertagsruhe als auch der Ersatzruhetag sind nach § 11 IV ArbZG in unmittelbarem **Zusammenhang mit einer täglichen Ruhezeit** (§ 5 ArbZG) von elf Stunden zu gewähren, soweit dem technische oder arbeitsorganisatorische Gründe[37] nicht entgegenstehen. Damit soll grundsätzlich eine ununterbrochene Ruhezeit von 35 Stunden sichergestellt werden (BT-Drs. 12/5888, 30). 39

2. Kein Entgeltzuschlag. Einen gesetzlichen Anspruch auf Zahlung eines Entgeltzuschlages für geleistete Sonn- und Feiertagsarbeit regelt das ArbZG nicht. Ein Anspruch auf Zahlung eines Sonn- und Feiertagszuschlages (neben einem Nachtzuschlag) für an einem Sonn- oder Feiertag geleistete Nachtarbeit folgt auch nicht aus § 11 II iVm § 6 V ArbZG.[38] 40

3. Tarifvorrang. Gem. § 12 ArbZG können durch Tarifvertrag oder aufgrund eines Tarifvertrags durch Betriebs- oder Dienstvereinbarung Abweichungen von den Ausgleichsregelungen des § 11 ArbZG zugelassen werden. Diese können aus Gründen der Tarifautonomie die Arbeitsbedingungen der AN sowohl verbessern als auch verschlechtern. 41

IV. Rechtsfolgen der Überschreitung des Beschäftigungsverbots

1. Zivilrechtliche Folgen. Verpflichtet ein AG einen AN über die Grenzen des Beschäftigungsverbotes zu arbeiten, so ist diese Verpflichtung nach § 134 BGB unwirksam. Der AN hat an seiner Arbeitsleistung ein Zurückbehaltungsrecht (§ 273 BGB; → § 50 Rn. 1 ff.). 42

2. Ordnungswidrigkeit. Die Einhaltung des Beschäftigungsverbots ist durch Bußgeld und Strafe gegen den AG gesichert (§§ 22, 23 ArbZG). 43

V. Kirchliche Feiertage

An kirchlichen Feiertagen, die nicht gleichzeitig gesetzliche Feiertage sind, besteht keine gesetzlich vorgeschriebene Arbeitsbeschränkung (→ § 102 Rn. 4). 44

§ 160. Besondere Arbeitszeitgestaltungen

Internetadresse: zu besonderen Arbeitszeitgestaltungen mit umfangreicher Materialsammlung: http://www.arbeitszeitberatung.de; auch → § 156 vor Rn. 1.

---

34 *Ulber* AiB 1999, 181.

35 BAG 19.9.2012 ZTR 2013, 23 = DB 2013, 640 (LS); 13.7.2006 AP Nr. 1 zu § 15 MTArb = NZA 2007, 173; 23.3.2006 AP Nr. 3 zu § 11 ArbZG = DB 2006, 1435 (LS); 12.12.2001 AP Nr. 1 zu § 11 ArbZG = NZA 2002, 505.

36 BAG 24.2.2005 AP Nr. 51 zu § 1 KSchG 1969 Verhaltensbedingte Kündigung = NZA 2005, 759.

37 Bei einem Schichtwechsel der bis 22.00 Uhr dauernden Schicht am Samstag und Beginn der nächsten Schicht am Montag um 6.00 Uhr, vgl. *Neumann/Biebl* ArbZG § 11 Rn. 15; *Schliemann* ArbZG § 11 Rn. 24.

38 BAG 11.1.2006 AP Nr. 2 zu § 11 ArbZG = NZA 2006, 372.

Übersicht

I. Allgemeines

1 In der Arbeitswelt gibt es ein zunehmendes Bedürfnis für eine Flexibilisierung der Arbeitszeiten. Auf Arbeitgeberseite stehen dabei die Orientierung an Kundenanforderungen, die Förderung der Teamarbeit, die Motivation der Mitarbeiter, die Vereinfachung betrieblicher Abläufe, die Nutzung verlängerter Betriebs- und Maschinenlaufzeiten sowie die effiziente Nutzung des vorhandenen Arbeitszeitvolumens im Vordergrund. Auf Arbeitnehmerseite beruhen die Anreize insbesondere auf dem Interesse an der Sicherung von Arbeitsplätzen und der Schaffung von Gestaltungsspielräumen bei der Arbeitszeitgestaltung. In der Praxis nutzt man daher nicht nur die bisherigen Instrumente, um im **Einzelfall** Abweichungen von einer feststehenden Arbeitszeit zu ermöglichen, wie die Anordnung von Überstunden oder die Einführung von Kurzarbeit, sondern geht vermehrt von starren, festliegenden Arbeitszeiten ab und ermöglicht **generell flexible Arbeitszeiten.** Unter dem Stichwort der Flexibilisierung der Arbeitszeit werden verschiedene Gestaltungsformen zusammengefasst. Hierunter werden Formen der Teilzeitarbeit (→ § 43 Rn. 1 ff.), der Abrufarbeit (→ § 43 Rn. 6 ff.), der kapazitätsorientierten Arbeitszeit (→ § 43 Rn. 6 ff.), des Jobsharing (→ § 43 Rn. 17), der Altersteilzeit (→ § 83 Rn. 1 ff.), der Jahresarbeitszeitverträge, der gleitenden Arbeitszeit, der Arbeitszeitkonten, der Vertrauensarbeitszeit und die verschiedenen Formen der Verkürzung der betrieblichen Arbeitszeit (zB 4-Tage-Woche) verstanden.

II. Gleitende Arbeitszeit

2 **1. Begriff und Formen.** Von gleitender Arbeitszeit wird dann gesprochen, wenn der AN nicht an eine genau bestimmte Arbeitszeit an einem Arbeitstag gebunden ist, sondern die Arbeit innerhalb einer gewissen Zeitspanne zu einem selbst gewählten Zeitpunkt beginnen und nach Ablauf der betrieblichen Arbeitszeit beenden **(einfache Gleitarbeitszeit)** oder auch innerhalb einer gewissen Zeitspanne zu einem selbst gewählten Zeitpunkt beenden kann **(qualifizierte Gleitarbeitszeit oder gleitende Arbeitszeit mit Zeitausgleich).**

Für die **einfache gleitende Arbeitszeit** ist charakteristisch, dass der AN zwar an seine tägliche Arbeitszeitdauer gebunden ist, aber früher oder später als sonst üblich beginnen oder aufhören kann. Bei der **qualifizierten Gleitarbeitszeit** kann der AN zusätzlich über die tägliche Dauer der Arbeitszeit entscheiden und so zusätzlich Arbeitszeit ansparen oder nachholen. 3

Bei beiden Modellen verzichtet der AG teilweise auf sein wegen der Lage und der Verteilung der Arbeitszeit bestehendes Direktionsrecht nach § 106 GewO. Gleitarbeitszeit wird seit etwa 1970 praktiziert. 4

Die Einführung der gleitenden Arbeitszeit liegt vielfach im **öffentlichen Interesse,** weil dadurch Verkehrsüberlastungen in den Spitzenzeiten vorgebeugt werden kann; im **Interesse des AN,** der je nach Arbeitsvermögen mehr oder minder lange arbeiten und bei der qualifizierten Gleitarbeitszeit für Besorgungen auch Zeitreserven ansparen kann; im **Interesse des AG,** da hierdurch die Dienstbefreiungen für Besorgungen und Arztbesuche weitgehend entfallen können und das Pünktlichkeitsrisiko verlagert wird. 5

Die Einführung der gleitenden Arbeitszeit ist idR ausgeschlossen, wenn AN im Takt oder am Fließband arbeiten. In der Praxis haben sich gewisse Prototypen der gleitenden Arbeitszeit herausgebildet. 6

2. Einführung. Die Einführung der gleitenden Arbeitszeit kann, soweit gesetzliche und tarifliche Arbeitszeitregelungen nicht bestehen, im Wege der **erzwingbaren Mitbestimmung** des BR erfolgen (§ 87 I BetrVG). Der BR hat wegen der zeitlichen Lage der Arbeitszeit und auch wegen der Dauer (umstr.) der täglichen Arbeitszeit ein erzwingbares Mitbestimmungsrecht (→ § 235 Rn. 34 ff.).[1] Der AG verletzt dann Mitbestimmungsrechte des BR, wenn er Schulungsveranstaltungen für Mitarbeiter ohne Zustimmung des BR nicht in die Kern-, sondern in die Gleitzeit legt.[2] Ist ein BR nicht vorhanden oder ist der Betrieb nicht betriebsratspflichtig, so kann die Einführung der gleitenden Arbeitszeit grundsätzlich kraft **Direktionsrechts** des AG erfolgen. 7

Besteht bei einer Bank eine Gleitzeitvereinbarung mit Festlegung von Kernarbeitszeiten und Gleitzeitrahmen, so ist der AG nicht gehindert, die Banköffnungszeiten ohne Zustimmung des BR zu ändern, wenn diese noch innerhalb des Gleitzeitrahmens liegen.[3] 8

3. Inhalt der Gleitzeitregelung. Im Falle der Einführung der gleitenden Arbeitszeit werden zweckmäßig Bestimmungen getroffen über **(a)** die eigentliche Normalarbeitszeit; **(b)** die Gleitspanne am Vor- und Nachmittag, innerhalb der die Arbeit begonnen und beendet werden kann; **(c)** die Kernarbeitszeit, innerhalb der alle AN grundsätzlich am Arbeitsplatz sein müssen; das Zeitguthaben bzw. den Zeitrückstand, welcher bei der qualifizierten gleitenden Arbeitszeit innerhalb einer bestimmten Frist für einen AN höchstens bestehen darf; **(d)** den Ausgleichszeitraum, innerhalb dessen bei der qualifizierten gleitenden Arbeitszeit Zeitguthaben und Zeitrückstand auszugleichen sind; **(e)** Bestimmungen, wie bei einem Guthabenüberhang bzw. einem Rückstandsüberhang zu verfahren ist; **(f)** über die Kontrolle der Arbeitszeit und **(g)** ob die Ausgleichung des Zeitkontokorrents Vorrang vor etwaigen Mehr- oder Überstunden hat. Muster einer Regelung: Schaub ArbRFV-HdB/*Schrader* B. Rn. 181.[4] 9

4. Pause. Die gleitende Arbeitszeit bringt im Allgemeinen bei Pausen keine arbeitszeitrechtlichen Probleme. Nach § 4 S. 1 ArbZG ist die Arbeitszeit durch im Voraus feststehende Ruhepausen von mindestens 30 Minuten bei einer Arbeitszeit von mehr als sechs bis zu neun Stunden und 45 Minuten bei einer Arbeitszeit von mehr als neun Stunden insgesamt zu unterbrechen. Ausreichend ist, wenn im Voraus ein zeitlicher Rahmen für die Pausen festgelegt wird (→ § 158 Rn. 13). 10

Für **Jugendliche** bestimmt § 11 JArbSchG, dass sie nicht länger als 4½ Stunden ohne Pause beschäftigt werden dürfen. Außerdem muss die Pause auch für sie im Voraus feststehen (→ § 158 Rn. 16). Für Jugendliche besteht also nur die Möglichkeit, entweder die Pausen von vornherein festzulegen oder zu bestimmen, dass in bestimmten Zeitabständen nach Arbeitsaufnahme Pausen einzulegen sind. 11

---

[1] Vgl. BAG 30.3.2000 AP Nr. 2 zu § 15 BAT-O = NZA 2001, 111; Ausfall wegen Betriebsausflug: BAG 27.1.1998 AP Nr. 14 zu § 87 BetrVG 1972 Sozialeinrichtung = NZA 1998, 835.

[2] BAG 18.4.1989 AP Nr. 33 zu § 87 BetrVG 1972 Arbeitszeit.

[3] LAG RhPf 20.3.1997 NZA-RR 1997, 390.

[4] Vgl. die zugrundeliegende Regelung bei BAG 29.4.2004 AP Nr. 3 zu § 77 BetrVG 1972 Durchführung = NZA 2004, 670.

12 **5. Höchstarbeitszeit. a) Einfache gleitende Arbeitszeit.** Wegen der Höchstarbeitszeiten bestehen bei der einfachen gleitenden Arbeitszeit arbeitsrechtlich keine Probleme. Die Arbeitszeit wird lediglich verschoben, während die Höchstdauer der Arbeitszeit unverändert bleibt. Wird die Gleitspanne so groß gewählt, dass der AN noch in den Abendstunden arbeiten kann, so entstehen im Allgemeinen keine Ansprüche auf tariflichen Spätdienstzulagen usw. Diese sollen typischerweise die besonderen Erschwernisse und Beanspruchungen des AN abgelten, die vom AG ausgehen. Wenn der AN aber selbst diese Arbeitszeit wählt, so kann die vornehmlich in seinem Interesse eingeführte gleitende Arbeitszeit nicht zu einer Verdiensterhöhung führen.

13 **b) Qualifizierte gleitende Arbeitszeit.** Die qualifizierte gleitende Arbeitszeit ist hinsichtlich der einzuhaltenden Höchstarbeitszeit im meist ebenfalls nicht problematisch. Zu beachten ist § 3 ArbZG, wonach die werktägliche Arbeitszeit der AN acht Stunden nicht überschreiten darf. Sie kann aber bis auf 10 Stunden verlängert werden, wenn innerhalb von sechs Kalendermonaten oder innerhalb von 24 Wochen im Durchschnitt acht Stunden werktäglich nicht überschritten werden (→ § 156 Rn. 24 ff).

14 **6. Tarifvorrang.** Nach § 7 ArbZG können die Tarifvertragsparteien vom ArbZG abweichende Regelungen vereinbaren (→ § 156 Rn. 36).

15 **7. Besondere Arbeitnehmergruppen.** Für **Schwangere und Jugendliche** ist die Einführung der gleitenden Arbeitszeit mit Zeitausgleich praktisch ausgeschlossen, da wegen der Arbeitszeitbegrenzung ein Ansparen oder Nachholen der Arbeitszeit nicht möglich ist (vgl. §§ 4, 5 MuSchG, § 8 JArbSchG). Insbesondere ist die Ausnahmeregelung von § 8 II JArbSchG nicht anwendbar, die sich nur auf den Arbeitsausfall im Zusammenhang mit Feiertagen bezieht. Für diese Beschäftigten kommt eine gleitende Arbeitszeit mit Zeitausgleich im Allgemeinen nur in Betracht, wenn die Wochenarbeitszeit unter 40 Stunden liegt.

16 **8. Über- und Mehrarbeit.** Das ArbZG enthält keine Vorschrift über die **Vergütung** von Über- und Mehrarbeit. In Tarifverträgen kann die Höchstarbeitszeit festgelegt sein. Im Wege der Auslegung des Tarifvertrags ist zu ermitteln, ob Über- und Mehrarbeitszuschläge dann gezahlt werden müssen, wenn die tarifliche Höchstarbeitszeit individuell überschritten wird. Im Allgemeinen werden aber keine Zuschläge anfallen, da die tariflichen Zuschlagsregelungen die Arbeitserschwernis des AN abgelten sollen. Arbeitet der AN aus persönlichen Gründen über die tarifliche Höchstarbeitszeit hinaus, handelt es sich regelmäßig weder um angeordnete noch gebilligte Überstunden.[5]

17 **9. Arbeitskampf.** Fällt Arbeitszeit infolge eines Arbeitskampfes aus, so kann in aller Regel nicht das **Gleitzeitkonto** gekürzt werden. Vielmehr ist die Vergütung zu kürzen. Grundsätzlich ist es aber möglich, in einer Betriebsvereinbarung Regelungen zu treffen, wonach Zeiten der Streikteilnahme mit dem Gleitzeitkonto verrechnet werden.[6]

18 **10. Aufzeichnung.** Nach § 16 II ArbZG ist der AG verpflichtet, die über die werktägliche Arbeitszeit von acht Stunden hinausgehende Arbeitszeit der AN aufzuzeichnen. Ausreichend ist die Erfassung durch Stempelkarten oder durch sonstige elektronische Erfassungssysteme.[7] Die Eintragungen können auch in die Lohnlisten oder die Lohnkartei erfolgen. Zu der unionsrechtlichen Pflicht zur Arbeitszeiterfassung → § 155 Rn. 12.

III. Vier-Tage-Woche

19 **1. Einführung.** Nach § 3 ArbZG ist die Einführung der Vier-Tage-Woche möglich, sofern die Arbeitszeit 40 Stunden wöchentlich nicht übersteigt. Von ihr auszunehmen sind nur Schwangere (§ 4 MuSchG) und Jugendliche (§ 8 JArbSchG), da deren tägliche Arbeitszeit acht Stunden nicht übersteigen darf.

20 Beträgt die wöchentliche Arbeitszeit über 40 Stunden, dürfte die Einführung einer Vier-Tage-Woche ohne behördliche Genehmigungen ausgeschlossen sein (→ § 156 Rn. 24 ff.).

21 **2. Vier-Tage-Woche und Gleitzeit.** Die Vier-Tage-Woche kann mit der einfachen gleitenden Arbeitszeit, aber mangels Möglichkeit eines Zeitausgleichs kaum mit der qualifizierten gekoppelt werden. Möglich ist es, ein Mischsystem einzuführen, wonach einzelne AN auf die

---

[5] Vgl. LAG Köln 4.11.1992 BB 1993, 436 (LS).

[6] BAG 30.8.1994 AP Nr. 131 zu Art. 9 GG Arbeitskampf = NZA 1995, 32; 30.8.1994 AP Nr. 132 zu Art. 9 GG Arbeitskampf = NZA 1995, 183.

[7] *Forster/Vatteroth* Co-Pers. 1993, 19; *dies.* Arbeitgeber 1993, 125; *Hoff* PersF 1994, 788.

Vier-Tage-Woche übergehen, wenn die Kernarbeitszeit montags oder/und freitags aufgehoben wird.

3. Arbeitsplatzsicherung. Durch verschiedene Tarifverträge wurde die Vier-Tage-Woche im Zusammenhang mit der Arbeitsplatzsicherung eingeführt. Für den Bereich der Volkswagen AG vereinbarten die Tarifparteien zum 1.1.1994 eine regelmäßige Arbeitszeit von 28,8 Stunden in der Woche im Jahresdurchschnitt,[8] die inzwischen allerdings nicht mehr gilt. 22

IV. Verkürzung der tariflichen Arbeitszeit

1. Umfang der tariflichen Arbeitszeit. Ständiges Thema bei Tarifverhandlungen ist der Umfang der tariflichen Arbeitszeit. Besonders umstritten war dabei die Einführung der 38,5- bzw. 35-Stunden-Woche. Wegen der Einzelheiten der Tarifentwicklung wird auf die 13. Auflage § 160 Rn. 26 ff. verwiesen. 23

2. Tarifliche Reduzierung der Wochenarbeitszeit in der Metallindustrie. a) Berechnung. Aufgrund der Einführung der 38,5-Stunden-Woche insbesondere im Bereich der Metallindustrie im Jahr 1984 aufgrund des Leber/Rüthers Kompromisses ergaben sich zahlreiche kollektiv- und individualrechtliche Rechtsprobleme. Nach den Normen des Tarifvertrags war es nur erforderlich, dass die **durchschnittliche** Arbeitszeit auf 38,5 Stunden gesenkt wird. Dagegen war es durchaus möglich, dass Teile der Belegschaft des Betriebes weiterhin 40 Stunden, andere dagegen nur 37,0 Stunden arbeiten. Die Durchschnittsberechnung wurde dadurch erreicht, dass im Wege der Betriebsvereinbarung (§ 87 I Nr. 3 BetrVG) für Gruppen von AN bestimmte Arbeitszeitgrenzen vereinbart werden konnten. 24

b) Regelungsmodelle. In der **betrieblichen Praxis** sind die verschiedensten Regelungsmodelle entwickelt worden. So finden sich Regelungen, bei denen **(1)** die Arbeitszeit des Betriebes schematisch gesenkt wird, **(2)** produktivitätsfordernde Abteilungen weiterhin 40 Stunden, andere dagegen nur noch 37 Stunden arbeiten, **(3)** differenzierte, nach Produktivitätsgesichtspunkten orientierte Lösungen gefunden werden, **(4)** für Gruppen von AN Freischichten eingeführt werden, so dass im Wochendurchschnitt eine Arbeitszeit von 38,5 Stunden erreicht wird. 25

c) Kollektivrechtliche Rechtsprobleme. Die **Regelungsmacht der Tarifpartner** ist grundsätzlich auf die Tarifgebundenen (→ § 204 Rn. 1 ff.) beschränkt. Durch die notwendig abzuschließenden Betriebsvereinbarungen über die Dauer der Arbeitszeit werden auch die Außenseiter von den tariflichen Regelungen erfasst. In der wissenschaftlichen Literatur bestand nicht nur Streit darüber, ob die Bindung der Außenseiter an die Tarifverträge wirksam ist, sondern auch, ob die Tarifpartner die Betriebspartner ermächtigen können, über den Inhalt von § 87 I BetrVG hinaus Regelungen zur Arbeitszeit zu treffen. Das BAG ist jedenfalls von der Wirksamkeit derartiger Regelungen ausgegangen.[9] Im ArbZG ist vorgesehen, dass die Tarifvertragsparteien die Betriebspartner ermächtigen können, Arbeitszeitregelungen vorzunehmen (vgl. § 7 ArbZG). Umstr. ist, ob die Tarifvertragsparteien eine Betriebsvereinbarung angreifen können, wenn sie diese für unwirksam halten, weil sie sich nicht im Regelungsrahmen hält. Das BAG hat das zunächst verneint.[10] Inzwischen räumt es aber den Tarifvertragsparteien einen Unterlassungsanspruch ein.[11] 26

Die **Aufspaltung in die tarifliche und betriebsindividuelle Arbeitszeit** führt für Gruppen von AN zu erheblichen Verdiensteinbußen. Insoweit wurde gegen das System eingewandt, dass ein Verstoß gegen die Lohngleichheit vorliege und die Beschränkung der Verdienstmöglichkeiten der Außenseiter nicht möglich sei. So wurde vor allem vertreten, dass entgegen § 75 BetrVG Lohndifferenzierungen vorgenommen würden.[12] 27

d) Individualrechtliche Rechtsfragen. Nach dem Wortlaut des Tarifvertrags muss entschieden werden, ob die tarifliche Arbeitszeit **allgemein** gesenkt worden ist. In diesem Fall ist es denkbar, dass diejenigen Arbeitnehmergruppen, die mehr als zB 38,5 Stunden arbeiten, Ansprüche auf Überstundenvergütung erlangen. Rechtsprobleme ergeben sich ferner bei der Gewährung von **Sondervergütungen** und im Falle der **Vergütungsfortzahlung ohne** 28

---

[8] Vgl. NZA 1994, 111 = ArbuR 1994, 230 = DB 1994, 42 mAnm *Bauer;* hierzu: *Bauer/Diller* NZA 1994, 353; *Zachert* ArbuR 1995, 1.
[9] BAG 10.8.1987 AP Nr. 23 zu § 77 BetrVG 1972 = NZA 1987, 779.
[10] BAG 20.8.1991 AP Nr. 2 zu § 77 BetrVG 1972 Betriebsvereinbarung = NZA 1992, 317.
[11] BAG 20.4.1999 AP Nr. 89 zu Art. 9 GG = NZA 1999, 887.
[12] *Zöllner,* Gutachten für den 52. DJT, S. D 43; *Joost* ZfA 1984, 173 ff.

Arbeitsleistung. Die Berechnung der Vergütungsfortzahlung ohne Arbeitsleistung hängt vom Wortlaut der tarifvertraglichen Regelungen ab. Insoweit hat sich eine umfangreiche Rspr. des BAG entwickelt.[13] Umstr. war vor allem auch, inwieweit bei Tariflohnerhöhungen eine **Anrechnung der Effektivverdienste** erfolgen darf (→ § 200 Rn. 19 ff.). Schließlich können sich Schwierigkeiten ergeben, wenn ein AN in eine **Arbeitsgruppe mit anderer Arbeitszeitregelung** umgesetzt werden soll. Dies wird im Wege des Direktionsrechts möglich sein, weil die betrieblichen Arbeitszeitregelungen auf der gewollten Anpassung an betriebliche Bedürfnisse beruhen.

29 **3. Tarifeinigung 1990 in der Metallindustrie. a) Vereinbarungen.** In den Tarifabschlüssen der Metallindustrie des Jahres 1990 ist in den Altbundesländern der Leber/Rüthers-Kompromiss aus dem Jahr 1984 abgelöst worden. In der Metallindustrie wurde die tarifliche wöchentliche Arbeitszeit auf 37 Stunden, ab 1.4.1993 auf 36 Stunden und ab 1.10.1995 auf 35 Stunden verkürzt. Ferner wurde bestimmt, dass die individuelle regelmäßige wöchentliche Arbeitszeit (Irwaz) der Vollzeitbeschäftigten grundsätzlich der tariflichen wöchentlichen Arbeitszeit entspricht. Jedoch kann mit Zustimmung der einzelnen AN die individuelle regelmäßige wöchentliche Arbeitszeit auf bis zu 40 Stunden verlängert werden. Die Zahl der AN mit verlängerter Arbeitszeit darf allerdings je nach Tarifbezirk einen bestimmten Prozentsatz der AN des Betriebes (13–18%) nicht übersteigen. Mit dieser Regelung ist ein neues Tarifmodell eingeführt worden, das den unterschiedlichen Bedürfnissen der Betriebe Rechnung tragen soll.

30 **b) Regelungsmodelle.** Wegen der Arbeitszeitregelungen sind **drei unterschiedliche Grundmodelle** denkbar: **(1)** Die tarifliche Arbeitszeit dient nur als Bemessungsgrundlage für die Tariflohnfestlegung. Sie bedeutet keine normative Regelung der Arbeitszeit. **(2)** Die tariflichen Arbeitszeitregelungen dienen auch der Festlegung einer Grenze für zulässige Arbeitszeitvereinbarungen, ohne dass sie den Umfang der Arbeitspflicht normieren. **(3)** Tarifliche Arbeitszeitregelungen können auch den Umfang der Arbeitsverpflichtung regeln. Sie bestimmen also den Umfang der Rechte und Pflichten aus dem Arbeitsverhältnis nach § 4 I TVG. Welche der Regelungen gewollt ist, muss sich aus der Auslegung des Tarifvertrags ergeben. Bei allen Gestaltungen können rechtliche Schwierigkeiten wegen der **Mehrarbeits- oder Überstundenzuschläge** auftreten. Im Wege der Auslegung des Tarifvertrags kann sich ergeben, dass bereits bei Überschreitung der regulären betrieblichen Arbeitszeit Zuschläge zu zahlen sind.

31 **4. Flexibilisierung der Arbeitszeit in der Metallindustrie.** Im Bereich der Metall- und Elektroindustrie haben die Tarifvertragsparteien zum 1.1.2019 neue Möglichkeiten zur Flexibilisierung der Arbeitszeit eingeführt. Diese sehen unter bestimmten Voraussetzungen eine „verlängerte Vollzeit“ von bis zu 40 Wochenstunden sowie eine „verkürzte Vollzeit“ mit einer Reduzierung bis auf 28 Wochenstunden vor. Außerdem wurden tarifliche Freistellungszeiten für bestimmte Schichtbeschäftigte sowie zur Pflege von Angehörigen und zur Betreuung eines Kindes eingeführt.

32 **5. Einzelvertragliche Arbeitszeitregelung und Tarifvertrag.** Bereits nach dem Leber/Rüthers-Kompromiss war die **Streitfrage** entstanden, ob individualvertraglich die Arbeitszeit über die betriebliche Arbeitszeit verlängert werden kann. Soweit die Tarifverträge eine Öffnungsklausel für die Verlängerung der Arbeitszeit enthalten, ist die Verlängerung tarifrechtlich ohne weiteres möglich. Umstr. ist dagegen, ob und inwieweit **individualvertraglich Arbeitszeitregelungen** über den Tarifvertrag hinaus getroffen werden können, insbes. ob insoweit ein Günstigkeitsvergleich zwischen individueller Arbeitszeit und tariflicher Arbeitszeit vorgenommen werden kann (→ § 207 Rn. 29).[14] Jedenfalls kann der **BR** nach § 99 BetrVG einer Einstellung nicht widersprechen, wenn er Wahlmöglichkeiten des AN generell verneint. Dies gilt zumindest dann, wenn die Einstellung sich im Rahmen der Prozentregelung des Tarifvertrags hält.[15] Auch wegen der **Durchführungspflicht der Tarifverträge** (→ § 199 Rn. 12 ff.) bestehen Meinungsverschiedenheiten. Prinzipiell kann keine Durchführungspflicht bejaht werden, günstigere Vertragsabreden zu verhindern.

---

[13] Zur **Feiertagsvergütung** im Freischichtenmodell → § 103 Rn. 19; zur Überstundenvergütung im Freischichtenmodell → § 69 Rn. 10. Zur **Entgeltfortzahlung** nach dem EFZG → § 98 Rn. 71 ff.; *Vogelsang,* Entgeltfortzahlung, Rn. 462. Zur Berechnung der **Urlaubsvergütung** im Freischichtenmodell → § 104 Rn. 50.

[14] LAG Nds 28.5.1998 NZA-RR 1998, 362; *Kort* NJW 1997, 1476.

[15] Vgl. BAG 17.6.1997 AP Nr. 2 zu § 3 TVG Betriebsnormen = NZA 1998, 213.

V. Vertrauensarbeitszeit[16]

Bei der Vertrauensarbeitszeit führt der AG kein Zeitkonto und nimmt keine Zeiterfassung vor. Teilweise spricht man in diesem Zusammenhang auch von einer Vertrauensgleitzeit (bzw. „amorpher“ Arbeitszeit)[17] oder einer „Zeitsouveränität.“[18] Mit diesem Modell kann eine Kostenentlastung verbunden sein, weil die Aufwendungen für eine Erfassung der geleisteten Arbeitszeit entfallen. Der AG vertraut darauf, dass die Mitarbeiter ihre **Arbeitsverpflichtung auch ohne Kontrolle** erfüllen. Die AN führen gewissermaßen selbst ein „Stundenkontokorrent“. Ein typischer Anwendungsfall ist die Telearbeit (→ § 164 Rn. 1 ff.). Eine Vertrauensarbeitszeit ist zudem häufig bei Außendienstmitarbeitern aus der Natur der Sache heraus geboten, weil es hier kaum Möglichkeiten einer effektiven Arbeitszeitkontrolle gibt. Denkbar sind auch Mischmodelle, die nur eine eingeschränkte Arbeitszeitsouveränität ermöglichen, indem etwa bestimmte Kernarbeitszeiten oder ein festgelegter frühester Arbeitsbeginn und ein spätestes Arbeitsende vorgeschrieben werden. Vertrauensarbeitszeit schließt die Vergütung von Überstunden nicht aus, wenn der AN Überarbeit nicht durch eine selbstbestimmte Anpassung der Arbeitszeit ausgleichen kann.[19] 33

Durch die Vertrauensarbeitszeit entfällt nicht die Pflicht des AN, eine bestimmte Arbeitszeit abzuleisten. Die Einhaltung dieser Verpflichtung wird lediglich nicht kontrolliert.[20] 34

Diesem Kontrollverzicht des AG auf der einen Seite steht auf der anderen die **Eigenverantwortung des AN** gegenüber.[21] Allerdings ist der AG gleichwohl verpflichtet, sich über die Arbeitszeitdaten zu informieren, schon um die Einhaltung der gesetzlichen (und ggf. tariflichen) Arbeitszeitobergrenzen sowie der gesetzlich vorgeschriebenen Ruhezeiten zu gewährleisten.[22] Er muss in der Lage sein, dem BR im Rahmen von dessen Überwachungsaufgaben nach § 80 I Nr. 1 BetrVG auf Verlangen Auskunft über die geleisteten Arbeitszeiten zu geben.[23] Der BR kann dagegen nicht gem. § 87 I Nr. 6 BetrVG die Einführung einer technischen Kontrolleinrichtung verlangen, weil insoweit kein Initiativrecht besteht.[24] Darüber besteht auch bei einer Vertrauensarbeitszeit die zwingende[25] Verpflichtung des AG gegenüber der Aufsichtsbehörde, gem. § 16 II 1 ArbZG die über die werktägliche Arbeitszeit nach § 3 S. 1 ArbZG hinausgehende Arbeitszeit der AN aufzuzeichnen. Es muss also zumindest sichergestellt werden, dass es verwertbare Aufzeichnungen der Mitarbeiter über solche geleisteten Arbeitszeiten von mehr als acht Stunden pro Werktag gibt. Daneben bestehen für bestimmte Gruppen von AN, insbesondere geringfügig Beschäftigte, die Aufzeichnungspflichten nach § 17 MiLoG, § 19 AEntG, § 17c AÜG. Teilweise wird nunmehr aus der Rspr. des EuGH zur Arbeitszeiterfassung[26] gefolgert, dass eine Vertrauensarbeitszeit generell nicht mehr zulässig sei.[27] Tatsächlich dürfte aber nach wie vor eine Delegation der Aufzeichnungspflichten auf den AN möglich sein; den AG treffen dann aber Organisations- und Kontrollpflichten.[28] 35

VI. Arbeitszeitfreiheit

Bei der Arbeitszeitfreiheit wird die Arbeitszeit als Leistungsmaßstab durch einen oder mehrere andere abgelöst. Es werden Ziele vereinbart, die in einer bestimmten Zeitspanne erledigt werden müssen. Diese müssen allerdings so bemessen sein, dass sie in der vertraglichen bzw. in der betriebsüblichen Arbeitszeit im Rahmen der gesetzlichen und tariflichen Grenzen erledigt werden können. Überstunden kann es nicht geben. Andererseits hat der AG auch keinen Nacharbeitsanspruch, wenn der AN sein Ziel in der Hälfte der Arbeitszeit erreicht. 36

[16] Ausf. hierzu *Compensis* NJW 2007, 3089; *Erbach,* Rechtsprobleme der Vertrauensarbeitszeit, Diss. 2006.
[17] *Reichold* NZA 1998, 393 (396).
[18] *Erbach,* Rechtsprobleme der Vertrauensarbeitszeit, Diss. 2006, A. I. (S. 8).
[19] BAG 26.6.2019 AP Nr. 59 zu § 611 BGB Arbeitszeit = NZA 2019, 1361.
[20] BAG 15.5.2013 AP Nr. 42 zu § 611 BGB Arbeitszeit = NZA-RR 2014, 519.
[21] *Compensis* NJW 2007, 3089.
[22] BAG 6.5.2003 AP Nr. 61 zu § 80 BetrVG 1972 = NZA 2003, 1348.
[23] BAG 6.5.2003 AP Nr. 61 zu § 80 BetrVG 1972 = NZA 2003, 1348.
[24] LAG Nds 22.10.2013 LAGE § 98 ArbGG 1979 Nr. 68.
[25] *Erbach,* Rechtsprobleme der Vertrauensarbeitszeit, Diss. 2006, D. I. 4. a) aa) (S. 109).
[26] EuGH 14.5.2019 – C-55/18, AP Nr. 30 zu Richtlinie 2003/88/EG = NZA 2019, 683 – CCOO.
[27] *Ulber* NZA 2019, 677 (680); *Schrader* NZA 2019, 1035 (1039); *Kössel* DB 2019, 1958 (1962).
[28] *Reinhard* NZA 2019, 1313 (1318 f.); *Thüsing/Flink/Jänsch* ZfA 2019, 456 (471 ff.); vgl. auch *Bayreuther* NZA 2020, 1 (8); *Bettinghausen* BB 2019, 2740.

VII. Arbeitszeitkonten

Internetadresse: http://www.arbeitszeitberatung.de.

37 **1. Zeit- und Geldkonten.** Zur Flexibilisierung der Arbeitszeit werden Geld- und Zeitkonten eingeführt. Beim **Geldkonto** werden Zeitguthaben und Zeitverluste in Geldbeträgen ausgewiesen. In das Geldkonto können auch Überstundenentgelte eingebracht werden. In der betrieblichen Praxis sind aber die **Zeitkonten** vorherrschend. Erbringt der AN mehr Arbeitsleistung als die betriebsübliche Arbeitszeit, erlangt er ein Zeitguthaben; erbringt er weniger, entstehen Zeitverluste auf dem Zeitkonto.

38 Hier wird das monatliche Entgelt verstetigt. Arbeitszeitschwankungen führen nicht zu einem schwankenden Arbeitseinkommen. Die Entwicklung des Zeitguthabens auf dem Konto tritt an die Stelle der ansonsten evtl. eintretenden Vergütungsschwankungen oder wie es das BAG formuliert: Das Arbeitszeitkonto drückt nur in anderer Form den Vergütungsanspruch aus.[29] Das Arbeitszeitkonto hält fest, in welchem zeitlichen Umfang der AN seine Hauptleistungspflicht nach § 611 I BGB erbracht hat oder aufgrund eines Entgeltschutztatbestandes nicht erbringen musste, ohne den Anspruch auf Vergütung zu verlieren, bzw. in welchem zeitlichen Umfang er noch Arbeitsleistung für die vereinbarte und gezahlte Vergütung erbringen muss.[30] Zum Entgeltschutz bei Arbeitsunfähigkeit → § 98 Rn. 73.

39 Streiten die Arbeitsvertragsparteien über den Umfang der geleisteten und dem Konto gutzubringenden Arbeitsstunden, kann der AN daher auf eine entsprechende Gutschrift klagen. Das gilt allerdings nur solange, als das Arbeitsverhältnis noch besteht.[31] Dabei ist konkret anzugeben, an welcher Stelle des Kontos die Gutschrift erfolgen soll.[32] Ein Zahlungsanspruch kommt nur in Betracht, wenn die Regelungen über die Führung des Arbeitszeitkontos für unterlassene Gutschriften einen solchen Zahlungsanspruch vorsehen.[33] Ist dagegen die Höhe der Vergütung pro Arbeitsstunde streitig, muss Zahlung der Vergütungsdifferenz geltend gemacht werden.[34] Für einen Anspruch auf eine Zeitgutschrift können ebenso wie für einen Zahlungsanspruch **Ausschlussfristen** eingreifen. Allerdings werden Ansprüche auf Berücksichtigung von Stunden auf einem Arbeitszeitkonto erst mit dem Ende des Zeitraums fällig, an dem sie hätten ausgeglichen werden müssen.[35] Eine vorbehaltlose Mitteilung des AG über den Stand des Kontos stellt dessen Saldo in gleicher Weise streitlos wie dies für den geschuldeten Entgeltbetrag bei einer Lohn- oder Gehaltsabrechnung der Fall ist. Eine Geltendmachung zur Wahrung von etwaigen Ausschlussfristen ist dann nicht erforderlich.[36] Die Belastung des Arbeitszeitkontos mit Minusstunden kommt aber regelmäßig nur dann in Betracht, wenn materiell-rechtlich eine Pflicht des AN zur Nachleistung besteht. Das ist der Fall bei einer vorschussweise gewährten Vergütung oder einer Regelung, die (meist innerhalb eines begrenzten Rahmens) eine unregelmäßige Verteilung der Arbeitszeit erlaubt bzw. dem AN die Entscheidung überlässt, ob eine Zeitschuld entsteht. In einem solchen Fall kann der AG regelmäßig einseitig im Rahmen seines Direktionsrechts nach § 106 S. 1 GewO einen Freizeitausgleich zum Abbau des Arbeitszeitguthabens festlegen.[37] Um eine Erfüllungswirkung nach § 362 I BGB und damit einen Abbau des Guthabens zu bewirken, muss er allerdings in für den AN erkennbarer Weise eine Freistellung zum Zwecke des Abbaus des Arbeitskontos erklären; eine bloße Freistellung reicht insoweit für sich genommen nicht aus.[38] Beruhen die Minusstunden dagegen darauf, dass der AG die arbeitsvertragliche

[29] BAG 26.1.2011 AP Nr. 36 zu § 611 BGB Arbeitszeit = NZA 2011, 640; 28.7.2010 AP Nr. 195 zu § 4 TVG Ausschlussfristen = NZA 2010, 1241; 13.2.2002 AP Nr. 57 zu § 4 EntgeltFG = NZA 2002, 683.
[30] BAG 16.9.2020 AP Nr. 7 zu § 5 ArbZG = NZA 2021, 369; 29.6.2016 AP Nr. 148 zu § 615 BGB = NZA 2016, 1152.
[31] BAG 26.6.2013 AP Nr. 43 zu § 611 BGB Arbeitszeit = NZA 2013, 1262.
[32] BAG 29.6.2016 AP Nr. 148 zu § 615 BGB = NZA 2016, 1152; 19.3.2014 AP Nr. 45 zu § 611 BGB Arbeitszeit = NZA 2014, 787; 21.3.2012 AP Nr. 38 zu § 611 BGB Arbeitszeit = NZA 2012, 870.
[33] BAG 18.3.2020 AP Nr. 62 zu § 611 BGB Arbeitszeit = NZA 2020, 868.
[34] BAG 10.11.2010 NZA 2011, 876.
[35] Vgl. BAG 5.9.2002 AP 17 zu § 3 BUrlG Fünf-Tage-Woche = NZA 2003, 726; LAG Hamm 2.7.2013 LAGE § 307 BGB 2002 Nr. 38.
[36] BAG 20.11.2019 AP Nr. 58 zu § 794 ZPO = NZA 2020, 386; 28.7.2010 AP Nr. 195 zu § 4 TVG Ausschlussfristen = NZA 2010, 1241.
[37] BAG 19.5.2009 AP Nr. 41 zu § 7 BUrlG = NZA 2009, 1211.
[38] BAG 20.11.2019 AP Nr. 58 zu § 794 ZPO = NZA 2020, 386.

oder tarifvertragliche Sollarbeitszeit nicht ausgeschöpft hat, mit der Folge eines Annahmeverzuges nach § 615 BGB, scheidet eine Anrechnung von Minusstunden aus.[39] Der AN muss Einwände hiergegen nicht innerhalb geltender Ausschlussfristen erheben, weil er keinen eigenen Anspruch geltend macht sondern es lediglich um die Frage der Reaktion auf einen vom AG erhobenen Anspruch auf Rückzahlung geht.[40] Begehrt der AN (nach Beendigung des Arbeitsverhältnisses) Auszahlung des Zeitguthabens, muss er lediglich die Vereinbarung eines Arbeitszeitkontos sowie das Guthaben auf dem Konto darlegen und ggfs. beweisen, nicht aber im Einzelnen das tatsächliche Erbringen der auf dem Konto dokumentierten Arbeitsleistung bzw. die etwaige Anordnung von Überstunden.[41]

Unterschieden werden **kurzfristige und langfristige Konten.** Möglich sind aber auch sog. Lebensarbeitszeitkonten, die häufig mit Altersteilzeitregelungen verbunden sind. Im Bereich der Volkswagen AG ist ein Lebensarbeitszeitmodell eingeführt geworden, das als wesentlichen Bestandteil sog. Zeit-Wertpapiere vorsieht.[42] Sie werden aus dem Zeitgegenwert (Geld in Zeit) für Mehrleistungen, Teilen von Erholungszeiten, Zulagen, Prämien, Boni und ersparten Sozialplanmitteln finanziert. Der Anspruch auf andere Vergütungsformen wird durch das Zeitwertpapier ersetzt. Bei Einlösung der Wertpapiere ergibt sich der Umrechnungskurs aus den geltenden Lohn- und Gehaltstarifverträgen. Ein Zeitwertpapier wird gegen eine zeitnahe Vergütung im vorgezogenen Ruhestand oder in Altersteilzeit getauscht. 40

Regelmäßig werden aber **überschaubare Zeitkonten** von 100 bis 500 Stunden eingeführt. Ferner werden im Allgemeinen Zeitspannen geregelt, innerhalb derer das Zeitplus abgebaut oder das Zeitminus vom AN ausgeglichen werden muss. Teilweise gelten insoweit sog. „Ampelsysteme“ mit abgestufter Steuerung von Arbeitszeitsalden.[43] Zu der **Gewährleistung des Mindestlohns** bei Arbeitszeitkonten gem. § 2 II MiLoG → § 66 Rn. 37 f. 41

2. Tarifliche Arbeitszeitkonten. Sie sind inzwischen **in mehreren Tarifgebieten und Bezirken** eingeführt. Eine typische Regelung enthält beispielsweise der Manteltarifvertrag für Galvaniseure, Graveure und Metallbildner, wo es in § 3b heißt: 42

1. Arbeitszeitkonto

1.1 Zwischen AG und BR kann durch Abschluss einer freiwilligen Betriebsvereinbarung ein Arbeitszeitkonto für jeden AN bei gleichzeitiger Einführung eines konstanten Monatseinkommens (…) vereinbart werden. In Betrieben ohne BR kann der AG die flexible Arbeitszeit einseitig einführen.

1.2 In das Zeitkonto fließen die Arbeitszeiten ein, die abweichend von der regelmäßigen Wochenarbeitszeit geleistet werden.

…

1.4 Das Arbeitszeitkonto des einzelnen Beschäftigten beträgt maximal +80/-40 Stunden. Der Ausgleichszeitraum, in dem die tarifliche Wochenarbeitszeit erreicht sein muss, beträgt 12 Monate. Aus betrieblichen Gründen kann dieser mit Zustimmung des BR – soweit vorhanden – um weitere 3 Monate ausgedehnt werden. …

In die Arbeitszeitkonten werden häufig **Zuschläge für Über- und Mehrarbeit** eingebracht. Zusätzlich können auch sonstige Zulagen und Zuschläge aufgenommen werden, die in Freizeit ausgeglichen werden. Insoweit wird eine Beschäftigungssicherung angestrebt. Ob für geleistete Überstunden eine zusätzliche Vergütung geschuldet wird, ist nach dem Inhalt des jeweiligen Tarifvertrags zu entscheiden.[44] 43

Will der AN das **Arbeitszeitplus abbauen,** muss er im Allgemeinen eine bestimmte Ankündigungsfrist einhalten, wenn er zB mehrere Tage oder Wochen fehlen will. Andererseits erhält er Zuschläge, wenn der AG die Freistellung verweigert. 44

3. Betriebliche Arbeitszeitkontenregelungen. a) Einschränkungen der Regelungsbefugnis. Betriebliche Regelungen sind im Allgemeinen differenzierter als die Rahmenregelungen der Tarifverträge. 45

Rechtliche Hindernisse für betriebliche Arbeitszeitkonten können sich aus dem **ArbZG** und den jeweiligen Tarifverträgen ergeben. Die Arbeitszeit von 48 bzw. 60 Stunden nach § 3 ArbZG ist einzuhalten. Sofern die **Tarifverträge** keine Öffnungsklauseln für Arbeitszeitkonten enthalten, kann die Einführung von Arbeitszeitkonten ausgeschlossen sein, wenn Obergrenzen festgeschrieben 46

[39] BAG 26.1.2011 AP Nr. 36 zu § 611 BGB Arbeitszeit = NZA 2011, 640.
[40] BAG 26.1.2011 AP Nr. 36 zu § 611 BGB Arbeitszeit = NZA 2011, 640.
[41] LAG Hamm 2.7.2013 LAGE § 307 BGB 2002 Nr. 38.
[42] PersF 2001, 15; *Polley* AuA 1996, 387.
[43] Vgl. hierzu *Maiß/Zander* ArbRAktuell 2020, 51.
[44] Vgl. BAG 25.10.2000 AP Nr. 174 zu § 1 TVG Tarifverträge: Metallindustrie = DB 2001, 1620.

sind. Zu den sich aus dem Anspruch auf **Mindestlohn** gem. § 22 II MiLoG ergebenden Einschränkungen → § 66 Rn. 39f. Zu den Einschränkungen bei einer **Arbeitnehmerüberlassung**[45] → § 120 Rn. 57.

47 **b) Mitbestimmungsrecht.** Wegen der Einführung von Arbeitszeitkonten hat der BR nach § 87 I BetrVG ein **erzwingbares Mitbestimmungsrecht.** Dagegen besteht kein Mitbestimmungsrecht bei der individuellen Arbeitszeit bzw. Freizeit. Dies widerspräche der individuellen Gestaltung der Arbeitszeit.

48 **c) Beendigung des Arbeitsverhältnisses/Betriebsübergang.** Scheidet der AN aus, wird im Allgemeinen das Arbeitszeitkonto auszugleichen sein. Mit der Beendigung des Arbeitsverhältnisses geht – sofern nichts Abweichendes vereinbart ist – die Schließung des Arbeitszeitkontos einher.[46] Das auszuzahlende Wertguthaben ist dann zu versteuern, außerdem sind die Sozialversicherungsbeiträge zu leisten (§ 23b II SGB IV). Eine Übertragung von Zeitguthaben oder Zeitverlusten ist nur möglich, wenn der neue AG sie übernimmt.[47] Bei einem **Betriebsübergang** geht das Zeitguthaben gem. § 613a I 1 BGB auf den neuen AG über. Da er in alle Rechte und Pflichten aus dem bestehenden Arbeitsverhältnis eintritt, erwirbt er auch den Anspruch auf den Ausgleich eines negativen Arbeitszeitkontos. Verstirbt der AN, so wird ein Zeitplus als vorweggenommene Arbeitsleistung **vererblich** sein.[48] Die frühere Rspr. zur Unvererblichkeit von Urlaubsansprüchen kann nicht übertragen werden. Ein Zeitminus geht dagegen unter, weil der Erbe nicht verpflichtet ist, die Arbeit fortzusetzen. Zur Übertragung eines Wertguthabens iSv § 7b SGB IV → Rn. 60.

49 **d) Insolvenz. Rechtliche Risiken** können sich daraus ergeben, dass die Parteien sich wechselseitig Arbeitszeitkredite einräumen, wenn es zur Insolvenz kommt. Zur Absicherung der Wertguthaben → Rn. 54ff.

50 **4. Änderungskündigung.** Arbeitszeitkonten können auch im Wege einer Änderungskündigung eingeführt werden.[49]

VIII. Jahresarbeitszeitvertrag mit Zeitkorridor

51 **1. Arbeitsvertrag mit Zeitkorridor.** Er ist eine besondere Form eines Arbeitsvertrags mit einem Arbeitszeitkonto. Mit dem Arbeitsvertrag mit Zeitkorridor wird eine Anpassung der Arbeitszeit an die betrieblichen Bedürfnisse angestrebt. Für einen Betrieb gilt zB die 37 Stunden-Woche. Es wird aber zumeist tariflich ermöglicht, dass der AG die Arbeitszeit in auftragsstarken Zeiten auf 40 Stunden erhöhen kann, wenn er zu anderen Zeiten nur 34 Stunden arbeiten lässt. Denkbar sind auch Arbeitszeitmodelle, bei denen ein Jahresarbeitszeitdeputat vom AG entsprechend dem Arbeitsanfall abgefordert wird. Eine solche Regelung ist mit § 12 TzBfG vereinbar.[50]

52 **2. Rechte des Betriebsrats.** Der BR hat ein erzwingbares Mitbestimmungsrecht (§ 87 I Nr. 3 BetrVG).

53 **3. Verstetigtes Arbeitsentgelt.** Der AN erhält in aller Regel ein verstetigtes Arbeitsentgelt entsprechend der regulären betrieblichen Arbeitszeit. Er verliert aber den Anspruch auf Überstundenzuschläge, da die Arbeitszeit flexibel festgesetzt wird. Wirtschaftlich gewähren sich die Arbeitsvertragsparteien wechselseitig Darlehen; der AG gewährt ein Entgeltdarlehn bei herabgesetzter Arbeitszeit; der AN gewährt ein Arbeitszeitdarlehen bei heraufgesetzter Arbeitszeit. Ferner wird regelmäßig dafür Vorsorge getroffen, dass die Zeitsalden in angemessener Zeit ausgeglichen werden. Dabei kann auch ein vom AN auszugleichendes negatives Saldo entstehen, soweit die AN selbst über die Entstehung und den Ausgleich eines negativen Kontenstandes entscheiden können.[51] Ob positive Zeitsalden mit Prozenten abzugelten sind, richtet sich nach dem Inhalt des jeweiligen Tarifvertrags. Insofern wird zumeist bei Abgeltung eines Zeitplus ein Überstundenzuschlag nicht anfallen.[52] Das Modell konnte zu zahlreichen sozialversicherungsrechtlichen

---

[45] Hierzu BAG 16.4.2014 AP Nr. 134 zu § 615 BGB = NZA 2014, 1262.
[46] BAG 20.11.2019 AP Nr. 58 zu § 794 ZPO = NZA 2020, 386.
[47] *Knospe* NZA 2006, 187 (192).
[48] *Reiter* BB 2006, 42.
[49] Vgl. (grundsätzlich bejahend zur Änderung der Arbeitszeitregelung): BAG 18.12.1997 AP Nr. 46 zu § 2 KSchG 1969 = NZA 1998, 304; LAG Bln 31.3.1998 NZA 1998, 1061; s. auch *Gaul* DB 1998, 1913.
[50] *Lindemann* ArbRAktuell 2013, 561 (562); ErfK/*Preis* TzBfG § 12 Rn. 18.
[51] BAG 13.12.2000 AP Nr. 31 zu § 394 BGB = NZA 2002, 390; *Lindemann* ArbRAktuell 2013, 561 (562).
[52] Vgl. BAG 25.10.2000 AP Nr. 174 zu § 1 TVG Tarifverträge: Metallindustrie = DB 2001, 1620.

Schwierigkeiten, insbesondere beim Insolvenzgeld (vormals Konkursausfallgeld) führen. Letztes war dann der Fall, wenn der AN ein Zeitguthaben hatte, das durch das Insolvenzgeld nicht mehr gesichert war. Um diese sozialversicherungsrechtlichen Schwierigkeiten zu beheben, ist das Gesetz zur sozialversicherungsrechtlichen Absicherung flexibler Arbeitszeitregelungen vom 6.4.1998 (BGBl. I 688) erlassen worden.

IX. Sozial- und insolvenzrechtliche Absicherung von Arbeitszeitkonten

1. Gesetzliche Regelungen. Das Gesetz zur sozialrechtlichen Absicherung flexibler Arbeitszeitregelungen vom 6.4.1998 (BGBl. I 688) dient der sozialversicherungsrechtlichen Absicherung der Flexibilisierung der Arbeitszeit und entwickelt die Altersteilzeit weiter. Hauptziele der gesetzlichen Regelung sind es, zum einen eine eindeutige Regelung der Beitragspflicht zur Sozialversicherung und zum anderen den Versicherungsschutz bei Flexibilisierungsregelungen zu schaffen. Das sog. Flexigesetz ist in das SGB IV eingefügt (s. insbes. §§ 7 Ia und b, 7a, 23 I 3, 23b SGB IV) und inzwischen mehrfach geändert worden. Zum 1.1.2009 ist das neue Gesetz zur Verbesserung der Rahmenbedingungen für die Absicherung flexibler Arbeitszeitregelungen und zur Änderung anderer Gesetze (Flexi II-Gesetz vom 21.12.2008, BGBl. I 2940) in Kraft getreten, durch das die Absicherung flexibler Arbeitszeitregelungen weiter verbessert werden soll. 54

2. Vereinbarung einer Arbeitszeitflexibilisierung. Arbeitsrechtlich ist für die Arbeitszeitflexibilisierung typisch, dass die in der Freistellungsphase nicht erbrachte Arbeitsleistung in der vorhergehenden oder nachfolgenden Arbeitsphase geleistet wird. Fehlt die **Vor- oder Nacharbeit** wie zB bei Erholungsurlaub, Krankheit oder Freistellung zu Bildungsmaßnahmen unter Entgeltfortzahlung, greift das Flexigesetz nicht ein. 55

Gem. § 7 III 1 SGB IV gilt eine **Beschäftigung gegen Arbeitsentgelt** als **fortbestehend,** solange das Beschäftigungsverhältnis ohne Anspruch auf Arbeitsentgelt fortdauert, jedoch nicht länger als einen Monat. Nach § 7 Ia SGB IV besteht während der Freistellung von mehr als einem Monat eine Beschäftigung gegen Arbeitsentgelt fort, wenn für Zeiten einer Freistellung Arbeitsentgelt aus einem **Wertguthaben** nach § 7b SGB IV fällig ist und das monatlich fällige Arbeitsentgelt in der Zeit der Freistellung nicht unangemessen von dem für die vorausgegangenen zwölf Kalendermonate abweicht, in denen Arbeitsentgelt bezogen wurde. Nach dem gemeinsamen Rundschreiben der Spitzenverbände der Sozialversicherungsträger vom 31.3.2009[53] ist das der Fall, wenn das Entgelt während der Freistellung mindestens 70% und maximal 130% des Monatsentgelts während des Referenzzeitraums beträgt. Die Regelung in § 7 Ia SGB IV ist abschließend mit der Folge, dass es in ihrem Anwendungsbereich auf weitere Umstände nicht ankommt; Wertguthaben iSv § 7 Ia SGB IV können auch in Zeiten entstehen, in denen der AN unter Fortzahlung der Vergütung von der Arbeitsleistung freigestellt war.[54] Nach § 7 Ia 2 SGB IV kann die Beschäftigung unter denselben Voraussetzungen auch mit einer Freistellungsphase beginnen. Unschädlich ist es, wenn das Arbeitsverhältnis aus unvorhergesehenen Gründen nach der Freistellungsphase endet (§ 7 Ia 3 SGB IV). Ferner besteht das Arbeitsverhältnis sozialversicherungsrechtlich fort, wenn Arbeitsentgelt aus einem der Deutschen Rentenversicherung Bund übertragenen Wertguthaben (→ Rn. 60) bezogen wird (§ 7 III 2 SGB IV). 56

3. Wertguthabenvereinbarung. a) Voraussetzungen nach § 7 Ia SGB IV. Eine Wertguthabenvereinbarung[55] gem. § 7 Ia 1 Nr. 1 SGB IV setzt nach **§ 7b SGB IV** voraus, dass 57

- (Nr. 1) eine schriftliche Vereinbarung über den Aufbau des Wertguthabens getroffen wurde,
- (Nr. 2) die Vereinbarung nicht das Ziel der flexiblen Gestaltung der werktäglichen oder wöchentlichen Arbeitszeit oder den Ausgleich betrieblicher Produktions- und Arbeitszyklen verfolgt,
- (Nr. 3) Arbeitsentgelt in das Wertguthaben eingebracht wird, um es für Zeiten der Freistellung von der Arbeitsleistung oder der Verringerung der vertraglich vereinbarten Arbeitszeit zu entnehmen,
- (Nr. 4) das aus dem Wertguthaben fällige Arbeitsentgelt mit einer vor oder nach der Freistellung von der Arbeitsleistung oder der Verringerung der vertraglich vereinbarten Arbeitszeit erbrachten Arbeitsleistung erzielt wird und

[53] Abgedruckt in AuR 2009, 202 ff.
[54] BSG 24.9.2008 BSGE 101, 273 = NJW 2009, 1772.
[55] Zur rechtlichen Einordnung *Peiter/Westphal* BB 2011, 1781.

- (Nr. 5) das fällige Arbeitsentgelt 450 EUR monatlich übersteigt, es sein denn, die Beschäftigung wurde vor der Freistellung als geringfügige Beschäftigung ausgeübt.

58 Mit der Neuregelung sind jetzt sog. Flexikonten, deren primärer Zweck nicht die Freistellung sondern die flexible Arbeitszeitgestaltung ist, vom Insolvenzschutz ausgenommen (§ 7b Nr. 2 SGB IV).

59 **b) Zwecke.** § 7c SGB IV regelt die Zwecke, für die ein Wertguthaben verwendet werden kann. Das sind gem. § 7c I Nr. 1 SGB IV zum einen gesetzlich geregelte vollständige oder teilweise Freistellungen von der Arbeitsleistung oder gesetzlich geregelte Verringerungen der Arbeitszeit. Die Aufzählung in § 7c I Nr. 1 lit. a–c SGB IV (Pflege von pflegebedürftigen nahen Angehörigen; Kinderbetreuung nach § 15 BEEG, Fälle der Arbeitszeitverringerung nach § 8 TzBfG), ist, wie sich aus der Formulierung „insbesondere" ergibt, nicht abschließend. Zum anderen sind gem. § 7c I Nr. 2 SGB IV vertraglich geregelte vollständig oder teilweise Freistellungen oder Arbeitszeitreduzierungen erfasst. Wertgutvereinbarungen sind (neben der Altersteilzeit, → § 83 Rn. 1 ff.) insbesondere als Mittel zum **Vor- und Frühruhestand** möglich. Gem. § 7c II SGB IV können die Parteien diese Zwecke für die Inanspruchnahme eines Wertguthabens durch Vereinbarung beschränken. Wegen der Zweckbindung ist ein Wertguthaben gem. § 851 ZPO iVm § 399 BGB **nicht pfändbar.** Denn eine Abtretung könnte nicht ohne Veränderung des Anspruchsinhalts erfolgen.[56] Pfändungsmöglichkeiten bestehen erst dann, wenn das Guthaben bei einem Störfall an den AN ausgezahlt wird (→ Rn. 48, 66). Die Gutschrift auf einem Wertguthabenkonto stellt keinen Zufluss von Arbeitslohn dar und unterliegt deshalb nicht der Einkommensteuer.[57]

60 **c) Übertragung.** Die Übertragung des Wertguthabens ist in § 7f SGB IV geregelt. Der AN kann bei Beendigung der Beschäftigung durch schriftliche Erklärung gegenüber seinem bisherigen AG verlangen, dass das Wertguthaben auf den neuen AG übertragen wird, wenn dieser mit AN eine Wertguthabenvereinbarung nach § 7b SGB IV geschlossen und deren Übertragung zugestimmt hat (§ 7f I 1 Nr. 1 SGB IV). Alternativ kann der AN (insbes. wenn der neue AG nicht mit einer Übertragung einverstanden ist) eine Übertragung auf die Deutsche Rentenversicherung Bund verlangen, sofern das Wertguthaben einschließlich des Gesamtsozialversicherungsbeitrages einen Betrag in Höhe des Sechsfachen der monatlichen Bezugsgröße (2020: alte Bundesländer 19 110 EUR, neue Bundesländer 18 060 EUR) übersteigt (§ 7f I 1 Nr. 2 SGB IV).[58] Zur Inanspruchnahme des Guthabens s. § 7f II SGB IV, zur Verwaltung s. § 7f III SGB IV.

61 **4. Sozialversicherungsschutz. a) Versicherungspflicht.** Liegt eine **Vereinbarung über flexible Arbeitszeiten** vor, besteht für den gesamten Zeitraum der Vereinbarung, also auch für Zeiten der Freistellung mit Bezug von Arbeitsentgelt, Versicherungsschutz in allen Zweigen der gesetzlichen Sozialversicherung. Korrespondierend besteht auch Versicherungspflicht. Nach § 23b I SGB IV ist für Zeiten der tatsächlichen Arbeitsleistung und der Freistellung das in dem jeweiligen Zeitraum fällige Arbeitsentgelt als Arbeitsentgelt iSd § 23 I SGB III maßgebend; dh die Beiträge für auf dem Arbeitszeitkonto angesparte Arbeitsentgelte sind gestundet, bis sie in der Freistellungsphase ausgezahlt werden.[59] Gem. § 22 I 2 SGB IV gilt für die Pflicht zur Zahlung der Sozialversicherungsbeiträge die Auszahlung von Entgeltguthaben (auch bei Flexikonten) in der Freistellungsphase das Zuflussprinzip.

62 **b) Krankenversicherung.** In der Krankenversicherung wird klargestellt, dass ein AN Krankengeld nur auf der Basis des tatsächlich gezahlten Arbeitsentgeltes erhält (§ 47 II 4, 5 SGB V). Nach § 49 I Nr. 6 SGB V ruht der Anspruch auf Krankengeld, soweit und solange für Zeiten einer Freistellung von der Arbeitsleistung eine Arbeitsleistung nicht geschuldet wird. Aus § 186 I SGB V ergibt sich, dass eine Mitgliedschaft der gesetzlichen Krankenversicherung auch dann besteht, wenn das Beschäftigungsverhältnis mit einer Freistellungsphase beginnt.

63 **c) Rentenversicherung.** Die Regelung, wonach in der Rentenversicherung die im Zeitpunkt des Versicherungsfalles (zB bei Tod des AN) noch offenen Arbeitsentgelte eines Wertguthabens dem Versicherungskonto gutgeschrieben wurden (§ 75 I 2 SGB VI), ist durch Gesetz vom 20.12.2000 (BGBl. I 1983) mit Wirkung vom 1.1.2001 gestrichen worden.

---

[56] *Uckermann* RdA 2011, 236 (237).
[57] BFH 22.2.2018 BFHE 260, 532 = NZA-RR 2018, 389.
[58] Näher *Meurs* BB 2021, 1012.
[59] Zur beitragsrechtlichen Behandlung der Wertguthaben bei Arbeitgeberwechsel: BB 2000, 467.

d) Arbeitslosenversicherung. In der Arbeitslosenversicherung wird bei der Bemessung des Arbeitslosengeldes nicht das ursprünglich vereinbarte Arbeitsentgelt zugrunde gelegt, sondern das Arbeitsentgelt, das der Arbeitslose für die geleistete Arbeitszeit ohne eine Vereinbarung nach § 7 Ia SGB IV erzielt hätte. Für Zeit der Freistellung wird das tatsächlich erzielte Arbeitsentgelt zugrunde gelegt (§ 131 III Nr. 2 SGB III). 64

e) Störfälle. Von Störfällen wird dann gesprochen, wenn Vereinbarungen zur flexiblen Arbeitszeitregelung durch Gründe, die bei einem der beiden Vertragspartner liegen, **nicht eingehalten** werden. Nach § 7 Ia 3 SGB IV besteht eine Versicherungspflicht auch dann, wenn die Beschäftigung gegen Arbeitsentgelt mit der Freistellung beginnt und die Arbeitsleistung nicht mehr erbracht wird, weil das Arbeitsverhältnis zB wegen Auftragsmangel gekündigt werden musste. Das Gesetz vermeidet, dass dem AN rückwirkend der Sozialversicherungsschutz entzogen wird. 65

Ist dagegen auf dem Ansparkonto bereits ein Zeitwert- oder Geldwertguthaben angesammelt und wird die **Freistellungsphase nicht mehr durchgeführt,** stellt sich die Frage, was beitragsrechtlich mit diesem Konto geschehen soll. Für diese Fälle regelt § 23b II SGB IV, dass als Arbeitsentgelt iSv § 23 SGB IV die Summe der Arbeitsentgelte maßgebend ist, die zum Zeitpunkt der tatsächlichen Arbeitsleistung ohne die Berücksichtigung der Wertguthabenvereinbarung beitragspflichtig gewesen wäre (auch → Rn. 48). 66

5. Führung und Verwaltung von Wertguthaben. Nach § 7d I SGB IV (in der ab dem 1.1.2009 geltenden Fassung) sind Wertguthaben als Arbeitsentgeltguthaben (und nicht als Zeitwertkonto)[60] einschließlich des darauf entfallenden Arbeitgeberanteils am Gesamtsozialversicherungsbeitrag zu führen. Insoweit ist der volle Arbeitgeberanteil iSv § 28d SGB IV zugrunde zu legen, so dass die Beiträge fiktiv auf der Basis der jeweiligen Beitragsätze zu berechnen sind.[61] Die Zeitguthaben sind **in Arbeitsentgelt umzurechnen.** § 7d II SGB IV verpflichtet den AG, die Beschäftigten mindestens einmal jährlich in Textform über die Höhe ihres im Wertguthaben enthaltenen Arbeitsentgeltguthabens zu **unterrichten.** § 7d SGB IV regelt die **Anlage der Wertguthaben.** Die Regelung verweist dabei auf die §§ 80 ff. SGB IV mit der Maßgabe, dass eine Anlage in Aktien oder Aktienfons bis zu einem Anteil von 20% erlaubt ist, sofern ein Rückfluss zum Zeitpunkt der Inanspruchnahme des Wertguthabens mindestens in der Höhe des angelegten Betrages gewährleistet ist (§ 7c III 1 SGB IV). Gem. § 7c III 2 SGB IV darf auch ein höherer Anlageteil in Aktien oder Aktienfonds erfolgen, wenn dies in einem Tarifvertrag oder aufgrund eines Tarifvertrags in einer Betriebsvereinbarung vereinbart ist oder das Wertguthaben ausschließlich für den Vorruhestand in Anspruch genommen werden kann. Die Anlagerendite ist nicht geregelt. Sie steht daher, falls die Parteien nichts Abweichendes vereinbaren, dem AG als der die Guthabenanlage durchführende Vertragspartei zu.[62] Die Regelung des § 7d SGB IV **gilt nicht für Flexikonten,** weil diese gem. § 7b Nr. 2 SGB IV keine Wertguthabenvereinbarungen darstellen. 67

6. Insolvenzschutz. a) Insolvenzrechtliche Einordnung. Spart der AN in der Phase der Erbringung von Arbeitsleistung Zeit- oder Geldwertkonten an, so tritt er in **Vorleistung,** bevor das Geld in der Freistellungsphase ausgezahlt wird. Dies kann zu Schäden im Insolvenzverfall führen. Das Arbeitszeitkonto drückt nur in anderer Form den Vergütungsanspruch des AN aus.[63] Daher sind die auf Vergütung der vorgeleisteten Arbeit gerichteten Ansprüche Insolvenzforderungen (§ 38 InsO). Sie unterliegen nicht der Aussonderung (§ 47 InsO), und zwar auch dann nicht, wenn der AG hierfür entsprechende Geldbeträge auf einem besonderen Bankkonto bereitstellt, über das AG und BR nur gemeinsam verfügen können.[64] 68

b) Verpflichtung nach § 7e SGB IV. Nach § 7e I SGB IV haben die Vertragsparteien im Rahmen ihrer **Wertguthabenvereinbarung** nach § 7b SGB IV (also **nicht** bei einer **Arbeitszeitflexibilisierung,** vgl. § 7b Nr. 2 SGB IV; zu **Altersteilzeitvereinbarungen** → § 83 Rn. 15) durch den AG zu erfüllende Vorkehrungen zu treffen, um das Wertguthaben einschließlich des darin enthaltenen Gesamtsozialversicherungsbeitrages gegen das Risiko einer Insolvenz des AG vollständig abzusichern, soweit kein Anspruch auf Insolvenzgeld besteht und das Wertguthaben einschließlich Gesamtsozialversicherungsbeitrag einen Betrag in Höhe der monatlichen Bezugsgröße (2019: alte Bundesländer 3 115 EUR, neue Bundesländer 2 870 EUR) übersteigt. Insoweit 69

[60] *Ars/Blümke/Scheithauer* BB 2009, 2252.
[61] *Ars/Blümke/Scheithauer* BB 2009, 1358 (1358/1359).
[62] *Hanau/Veit* NJW 2009, 182 (185).
[63] BAG 13.2.2002 AP Nr. 57 zu § 4 EntgeltFG = NZA 2002, 683.
[64] BAG 24.9.2003 AP Nr. 1 zu § 47 InsO = NZA 2004, 980.

kann durch Tarifvertrag oder aufgrund eines Tarifvertrags durch Betriebsvereinbarung gem. § 7e I 2 ein von § 7e I 1 Nr. 2 SGB IV abweichender Betrag vereinbart werden. Kein Insolvenzschutz ist notwendig, soweit ein Anspruch auf Insolvenzgeld besteht oder bei nicht insolvenzfähigen **juristischen Personen des öffentlichen Rechts** (§ 7e IX SGB IV). Für den Begriff des Insolvenzfalles dürfte auf die Regelung in § 7 I BetrAVG (hierzu → § 278 Rn. 27 ff.) zurückzugreifen sein.[65]

70 Wegen der **zugelassenen Sicherungsmittel** eröffnet § 7e II SGB IV zwei Alternativen. Wertguthaben können dabei zum einen unter Ausschluss der Rückführung **durch einen Dritten** geführt werden, der im Fall der Insolvenz des AG für die Erfüllung der Ansprüche aus dem Wertguthaben einsteht, insbesondere in einem Treuhandverhältnis, das die unmittelbare Übertragung des Wertguthabens in das Vermögen des Dritten und die Anlage des Wertguthabens auf einem offenen Treuhandkonto oder in anderer geeigneter Weise sicherstellt (§ 7e II 1 SGB IV). Zum anderen können die Wertguthaben auch **vom AG** selbst geführt werden, sofern die Parteien ein anderes, einem Treuhandverhältnis iSv § 7e II 1 SGB IV gleichwertiges Sicherungsmittel vereinbaren, insbesondere ein Versicherungsmodell oder ein schuldrechtliches Verpfändungs- oder Bürgschaftsmodell mit ausreichender Sicherung gegen Kündigung (§ 7e II 2 SGB IV). § 7e III SGB IV stellt klar, dass bilanzielle Rückstellungen sowie zwischen Konzernunternehmen begründete Einstandspflichten, insbesondere Bürgschaften, Patronatserklärungen oder Schuldbeitritte, keine geeignete Sicherungsvorkehrungen darstellen. Die Prüfung der Sicherungsvorkehrungen obliegt nach § 7e VI SGB IV den Trägern der Rentenversicherung.

71 Kommt es wegen eines nicht geeigneten oder nicht ausreichenden Insolvenzschutzes zu einer Verringerung oder einem Verlust des Wertguthabens, haftet der AG gem. § 7e VII 1 SGB IV für den entstanden Schaden. Diese Haftung ist bei einer Insolvenz des AG allerdings wirtschaftlich wertlos. Eine persönliche Haftung der Organvertreter eine juristischen Person kam bisher nur in Ausnahmefällen in Betracht (zur Altersteilzeit → § 83 Rn. 14). Mit dem Flexi II-Gesetz wurde jetzt in § 7e VII 2 SGB IV eine Regelung aufgenommen, die eine **Haftung der organschaftlichen Vertreter** einer juristischen Person oder einer Gesellschaft ohne Rechtspersönlichkeit normiert. Diese haften nur dann nicht, wenn sie den Schaden nicht zu vertreten haben (§ 7e VII 3 SGB IV).

§ 161. Jugendarbeitsschutzrecht

Internetadresse: http://www.bmas.de (Stichwort: Jugendarbeitsschutz); http://www.jugendarbeitsschutz.de (Staatliches Amt für Arbeitsschutz, Aachen).

Übersicht

[65] So *Hanau/Veit* NJW 2009, 182 (185).

I. Allgemeines

1. Rechtsgrundlagen. a) JArbSchG. Der Jugendarbeitsschutz ist im Wesentlichen im JArbSchG vom 12.4.1976 (BGBl. I 965, zul. geänd. 22.12.2020, BGBl. I 3334) geregelt. Es enthält neben öffentlich-rechtlichen **Arbeitnehmerschutzvorschriften** auch **Arbeitsvertragsrecht.** Im Interesse der besseren Übersichtlichkeit sind beide Normenkreise zusammen behandelt. 1

b) Unionsrecht. Im Bereich der EU gilt die Richtlinie des Rates über den Jugendarbeitsschutz (94/33/EG) vom 22.6.1994 (ABl. EG L 216, 12). Der Schutz von Kindern und Jugendlichen wird insbes. durch folgende Regeln gewährleistet: 2

(1) Die Arbeit von Kindern ist grundsätzlich verboten. Soweit Kinder ausnahmsweise beschäftigt werden dürfen, darf die Arbeit an einem Schultag zwei Stunden nicht überschreiten. Kinder sind vor Nachtarbeit geschützt. Für alle Kinder und Jugendlichen müssen zwei Tage in der Woche arbeitsfrei bleiben.
(2) In besonderem Maße sind Kinder und Jugendliche vor Überbelastungen und vor schädlichen Einwirkungen von Gefahrstoffen am Arbeitsplatz geschützt.
(3) Jugendliche, die die Schule verlassen haben, genießen einen besonderen Schutz im Arbeits- und Ausbildungsverhältnis.
(4) Jugendliche dürfen grundsätzlich nicht mehr als acht Stunden täglich und 40 Stunden in der Woche beschäftigt werden. Nachtarbeit ist grundsätzlich unzulässig.
(5) Es besteht die Möglichkeit, Ausnahmen zuzulassen.

2. Persönlicher Geltungsbereich. Nach seinem persönlichen Geltungsbereich (§ 1 JArbSchG) gilt das JArbSchG für Personen, die noch nicht 18 Jahre alt sind: 3

Nach den Definitionsnormen (§ 2 JArbSchG) sind

- **Kinder** Personen, die das 15. Lebensjahr noch nicht vollendet haben,
- **Jugendliche** solche, die das 15., aber noch nicht das 18. Lebensjahr vollendet haben.

Soweit ein besonderer Schutz für über 18-Jährige notwendig ist, ist dieser besonderen Verordnungen vorbehalten. Gem. § 2 III JArbSchG finden auf solche Jugendliche, die der **Vollzeitschulpflicht** unterliegen, die für Kinder geltenden Vorschriften Anwendung. Der Begriff der Vollzeitschulpflicht ist aus § 2 II des Abkommens zwischen den Ländern der Bundesrepublik zur Vereinheitlichung auf dem Gebiet des Schulwesens (Hamburger Abkommen) vom 28.10.1964 entnommen; sie beträgt heute 9 Schuljahre, in Berlin, Brandenburg, Bremen, Nordrhein-Westfalen und Thüringen 10 Jahre. Die auf die Vollzeitschulpflicht ggf. folgende Berufsschulpflicht fällt nicht unter den Geltungsbereich des § 2 III JArbSchG. 4

Für Kinder über 13 Jahre und vollzeitschulpflichtige Jugendliche gelten Besonderheiten. Gem. § 5 III JArbSchG können sie mit Einwilligung des Personensorgeberechtigten mit einer leichten und für Kinder geeigneten Tätigkeit beschäftigt werden. Durch die auf Grundlage des § 5 IVa JArbSchG ergangene Verordnung über den Kinderarbeitsschutz (Kinderarbeitsschutzverordnung – KindArbSchV) vom 23.6.1998 (BGBl. I 1508) sind die entsprechenden Tätigkeiten näher bestimmt (→ Rn. 16). 5

6 **3. Arbeitgeber.** Der Begriff des AG ist weiter als der allgemein arbeitsrechtliche (→ § 16 Rn. 1 ff.). Da nicht nur Arbeitsverhältnisse vom JArbSchG erfasst werden (→ Rn. 7), ist jeder AG, der ein Kind oder einen Jugendlichen gem. § 1 JArbSchG beschäftigt. Funktionale AG sind auch die in § 14 I, II StGB, § 9 I, II OWiG genannten Personen, also Organmitglieder, vertretungsberechtigte Gesellschafter, gesetzliche Vertreter sowie ausdrücklich mit Aufgaben des Betriebsinhabers beauftragte Personen, wie etwa Betriebsleiter, Personalleiter, Ausbildungsleiter. In mittelbaren und Leiharbeitsverhältnissen kommt im Interesse der Durchführung des JArbSchG sowohl dem Mittelsmann wie dem Dienstberechtigten, also auch Verleiher und Entleiher (→ § 120 Rn. 71 ff.) Arbeitgebereigenschaft zu.

7 **4. Sachlicher Geltungsbereich.** Nach seinem sachlichen Geltungsbereich gilt das JArbSchG für **jede Form der Beschäftigung von Jugendlichen,** und zwar in der betrieblichen Berufsausbildung (→ § 174 Rn. 1 ff.; ausgenommen also der Schulunterricht), als AN oder Heimarbeiter, bei der Beschäftigung mit sonstigen Dienstleistungen, die der Arbeitsleistung von AN oder Heimarbeitern ähnlich sind sowie in einem der Berufsausbildung ähnlichen Ausbildungsverhältnis (§ 1 I JArbSchG) und im Rahmen eines Praktikums.[1] Beschäftigung iSd JArbSchG ist jede Leistung abhängiger, weisungsgebundener Arbeit im Rahmen eines privatrechtlichen Rechtsverhältnisses (vgl. § 7 I SGB IV). Eine selbständige, eigenwirtschaftliche Tätigkeit fällt nicht hierunter. Unerheblich ist, ob ein rechtswirksamer Vertrag vorliegt,[2] denn sonst könnte das JArbSchG umgangen werden. Auf die Vereinbarung eines Entgelts kommt es ebenfalls nicht an. Zur Berufsausbildung iSv § 1 I Nr. 1 JArbSchG gehören auch die nicht dem BBiG unterfallende Ausbildung in einem Berufsausbildungsverhältnis, das mit dem Ziel einer späteren Verwendung als Beamter begründet wird sowie die nicht dem BBiG unterfallende Ausbildung in Heil- und Heilhilfsberufen (hierzu → § 173 Rn. 11 ff.). Nicht vom JArbSchG erfasst wird dagegen die Ausbildung in einem öffentlich-rechtlichen Dienstverhältnis (§ 3 II Nr. 2 BBiG). Sondervorschriften gelten für die Beschäftigung von Jugendlichen auf Kauffahrteischiffen (§ 61 JArbSchG, s. §§ 7, 10, 53, 117 SeeArbG), die Beschäftigung im Vollzug einer Freiheitsentziehung (§ 62 JArbSchG), um unter Berücksichtigung der besonderen Verhältnisse, vor allem des Strafvollzuges, das Leben den allgemeinen Lebensverhältnissen anzupassen.

8 **Nicht unter den Beschäftigungsbegriff** fällt das Spiel, eine Hobbytätigkeit oder die Mitwirkung von Kindern und Jugendlichen in Vereinen und Gruppen, wenn sie im freien Willen stehen und im eigenen Interesse ausgeführt werden sowie die Befriedigung des eigenen Bedarfs, etwa bei Aufnahme in Heimen und Anstalten.

9 **5. Ausnahmen vom Jugendarbeitsschutz.** Vom JArbSchG ausgenommen sind gem. § 1 II Nr. 1 JArbSchG **geringfügige Hilfeleistungen,** soweit sie **gelegentlich** entweder aus Gefälligkeit (lit. a), aufgrund familienrechtlicher Vorschriften (lit. b), in Einrichtungen der Jugendhilfe (lit. c) oder in Einrichtungen zur Eingliederung Behinderter (lit. d) erbracht werden. Geringfügig ist eine Hilfeleistung, wenn sie unter Berücksichtigung des Alters und des Entwicklungsstandes das bei Kindern und Jugendlichen übliche Maß nicht übersteigt.[3] Gelegentlich sind Leistungen, wenn sie nicht regelmäßig wiederkehren, ihnen also kein Zeitplan zugrunde liegt. Nicht gelegentlich ist dauernde Arbeitsbereitschaft.[4] **Gefälligkeitsleistungen** (lit. a) sind solche, die uneigennützig, ohne rechtliche Verpflichtung erbracht werden. Belohnungen usw. stehen nicht entgegen. Hierunter können insbesondere Tätigkeiten im Bereich der Nachbarschaftshilfe fallen, wie etwa Babysitting, Einkäufe, Blumengießen sowie Tätigkeiten aus karitativen oder religiösen Gründen.[5] Ferner sind (gelegentliche, geringfügige) Leistungen **aufgrund familienrechtlicher Vorschriften** ausgenommen (lit. b). Hierunter fallen die sich aus § 1619 BGB ergebenden Pflichten. Der Regierungsentwurf hatte eine weitere Einschränkung dahin enthalten, dass eine Ausnahme vom Jugendarbeitsschutzgesetz aus Gefälligkeit im Rahmen der Nachbarschaftshilfe oder anderer sozialer Tätigkeiten bestehen sollte. Dieser Zusatz wurde gestrichen, um die Heranziehung etwa bei Sporteinrichtungen und dergleichen zu ermöglichen. Unter **Einrichtungen der Jugendhilfe** (lit. c) fallen insbes. Heime und Tageseinrichtungen, in denen Kinder und Jugendliche dauernd oder zeitweise ganztägig oder für einen Teil des Tages betreut werden (vgl. §§ 23, 32, 34 SGB VIII).[6] **Einrichtungen zur Eingliederung Behinderter** – gemeint: behinderter Menschen – (lit. d) sind vornehmlich solche, die sich mit der beruflichen Bildung

[1] *Scherer* NZA 1986, 280 (286).
[2] BayObLG 21.12.1973 AP Nr. 1 zu § 66 JugArbSchutzG; OLG Hamm 14.8.1987 AiB 1989, 267.
[3] Vgl. hierzu BayObLG 26.8.1982 AP Nr. 1 zu § 1 JugArbSchutzG.
[4] OLG Hamm 29.10.1954 BB 1955, 97.
[5] ErfK/*Schlachter* JArbSchG § 1 Rn. 15.
[6] *Zmarzlik/Anzinger* JArbSchG § 1 Rn. 39.

behinderter Menschen befassen, insbes. Werkstätten für Behinderte. Ferner gilt das Jugendarbeitsschutzgesetz gem. § 1 II Nr. 2 nicht bei der Beschäftigung durch Personensorgeberechtigte im **Familienhaushalt;** hierunter sind in der Landwirtschaft Haus und Hof zu verstehen.[7] Hier greift die Beschränkung auf geringfügige, gelegentlich erbrachte Hilfeleistungen, wie in § 1 II Nr. 1 lit. a–d JArbSchG nicht. Personensorgeberechtigte sind gem. §§ 1626, 1626a BGB grundsätzlich die Eltern (bei Getrenntlebenden s. §§ 1671, 1672,[8] bei Adoptivkindern § 1754 BGB).

6. Arbeitszeit. Dies ist die Zeit vom Beginn bis zum Ende der täglichen Beschäftigung ohne **10** die Ruhepausen. Die Definition stimmt im Wesentlichen mit der in § 2 ArbZG überein (→ § 156 Rn. 10). Beschäftigungszeit ist die Zeit, in der der Jugendliche am Arbeitsplatz sein muss oder die er zur Verrichtung der aufgetragenen Beschäftigung benötigt, also auch außerhalb des Betriebes. Arbeitszeit ist daher nicht nur die Zeit, in der gearbeitet wird, sondern auch die Zeit des Wartens auf Arbeit am Arbeitsplatz sowie die der Ausbildung oder des Bereitschaftsdienstes. Die Verrichtung von Schularbeiten unterfällt dagegen auch dann nicht der Arbeitszeit, wenn sie im Betrieb erledigt wird. Beginn und Ende der Beschäftigung richten sich nach der Ausformung durch Vertrag, Gesetz, Tarifvertrag oder Betriebsvereinbarung. Im Allgemeinen wird der Beginn das arbeitsfertige Einfinden am Arbeitsplatz, das Ende das Verlassen des Arbeitsplatzes sein. Allerdings kann auch das Passieren des Tores (Stechuhr, Torkontrolle usw.) Beginn sein. **Schichtzeit** ist gem. § 4 II JArbSchG die tägliche Arbeitszeit unter Hinzurechnung der Pausen (§ 11 JArbSchG). Sie wird auch durch eine mehrstündige Pause nicht unterbrochen, in der der Jugendliche den Arbeitsplatz verlassen darf.[9] Für den Bergbau gilt die Sonderregelung des § 4 III JArbSchG. Danach gilt die Schichtzeit als Arbeitszeit. Sie wird gerechnet vom Betreten des Förderkorbes bei der Einfahrt bis zum Verlassen des Förderkorbes oder vom Eintritt in das Stollenmundloch bis zum Wiederaustritt.

Für die Berechnung der **Wochenarbeitszeit** wird auf den Zeitraum von Montag bis zum **11** darauf folgenden Sonntag abgestellt (§ 4 IV JArbSchG). Fällt im Laufe der Woche infolge eines gesetzlichen Feiertages die Arbeit aus, so wird die ausfallende Arbeitszeit mitgerechnet. Durfte ein Jugendlicher nach § 17 II, III JArbSchG auch an Sonntagen arbeiten, so ist diese Arbeitszeit entgegen dem Gesetzeswortlaut des § 4 IV 2 JArbSchG anzurechnen, wenn sie infolge des Feiertages ausfällt.[10] Insoweit liegt ein Redaktionsversehen vor.[11] Es können also bereits dann Mehrarbeitsstunden anfallen, wenn die effektive Arbeitszeit weniger als 40 Stunden in der Woche beträgt. Wird ein Kind oder ein Jugendlicher **von mehreren AG beschäftigt** (§ 4 V JArbSchG), so werden die Arbeitstage sowie die Arbeits- und Schichtzeiten **zusammengerechnet** (ebenso: § 2 I ArbZG). Insoweit hat das Gesetz die Rechtsprechung des BAG festgeschrieben.[12] Zum Mitbestimmungsrecht des BR bei der Festlegung der Arbeitszeit → § 235 Rn. 34.

II. Kinderarbeit

1. Beschäftigungsverbot. Die Beschäftigung von Kindern (→ Rn. 2, 3) ist im Rahmen **12** der in § 1 JArbSchG genannten Tätigkeiten **grundsätzlich verboten** (§§ 5, 7 JArbSchG),[13] auch wenn diese während ihrer Freizeit die Tätigkeit als Hobby ausführen, um das Taschengeld aufzubessern, sofern nicht die Voraussetzungen des § 1 II JArbSchG (→ Rn. 9) vorliegen.[14] Das Beschäftigungsverbot gilt auch in Notfällen (arg. § 21 JArbSchG); allenfalls gilt eine Ausnahme bei übergesetzlichem Notstand.[15] Bei gleichwohl erfolgter Beschäftigung scheidet eine vertragliche Haftung des Kindes gegenüber der Person, die es beschäftigt, schon wegen des Fehlens eines wirksamen Vertrags aus.[16] Ein Vertrag über eine verbotswidrige Beschäftigung ist ex nunc unwirksam, er wird aber wirksam, sobald die Altersgrenze im Lauf der Beschäftigung überschritten wird.[17]

---

[7] BT-Drs. VI/4544, 4 zu § 1.
[8] Zur teilweisen Verfassungswidrigkeit der Regelungen BVerfG 21.7.2010 BVerfGE 127, 132 = NJW 2010, 3008.
[9] BayObLG 28.1.1982 AP Nr. 1 zu § 4 JugArbSchutzG.
[10] ErfK/*Schlachter* JArbSchG § 4 Rn. 6; *Lakies* JArbSchG § 4 Rn. 15.
[11] *Molitor/Volmer/Germelmann* JArbSchG § 4 Rn. 35.
[12] BAG 14.12.1967 AP Nr. 2 zu § 1 AZO; 19.6.1959 AP Nr. 1 zu § 611 BGB Doppelarbeitsverhältnis.
[13] Das Verbot verstößt nicht gegen das GG: OLG Hamm 2.5.1963 AP Nr. 1 zu § 7 JugArbSchutzG. Zur Frage, ob sich der AG vergewissern muss, ob jemand Jugendlicher oder Kind ist: BayObLG 11.11.1981 AP Nr. 1 zu § 5 JugArbSchutzG.
[14] BAG 23.1.1973 AP Nr. 3 zu § 7 JugArbSchutzG.
[15] BT-Drs. VII/4544, 4.
[16] BAG 23.1.1973 AP Nr. 3 zu § 7 JugArbSchutzG.
[17] BAG 25.4.2013 AP Nr. 23 zu § 611 BGB Berufssport = NZA 2013, 1206.

13 Nach § 1 KindArbSchV besteht ein grundsätzliches **Beschäftigungsverbot** auch **für Kinder über 13 Jahre** und **vollzeitschulpflichtige Jugendliche.** Ausnahmen sind nur zulässig, soweit sie im JArbSchG oder in § 2 der KindArbSchV vorgesehen sind.

14 **2. Ausnahmen. a) Gesetzliche Ausnahmetatbestände. Ohne Altersgrenze** können Kinder gem. § 5 II JArbSchG zum Zwecke der Beschäftigungs- und Arbeitstherapie,[18] im Rahmen des Betriebspraktikums während der Vollzeitschulpflicht (→ Rn. 4) und in Erfüllung einer richterlichen Weisung beschäftigt werden. Die Ausnahmen dienen dem Interesse der Kinder, etwa um sie zu heilen oder ihnen die Orientierung für das zukünftige Berufsleben zu erleichtern. Nach Art. 4 II lit. b der Richtlinie 94/33/EG ist ein Mindestalter von 14 Jahren für die Beschäftigung im Betriebspraktikum erforderlich. Die Ausnahmen in Erfüllung einer richterlichen Weisung tragen den §§ 10, 23 JGG[19] sowie den bürgerlich-rechtlichen Maßnahmen nach §§ 1631 II, 1666, 1915 BGB Rechnung.

15 Ist eine Beschäftigung von Kindern zulässig, so darf sie gem. § 5 II 2 iVm § 7 JArbSchG nur mit **leichten, für sie geeigneten Tätigkeiten** bis zu 7 Stunden täglich = 35 Stunden wöchentlich erfolgen. Dagegen gelten keine besonderen Begrenzungen im Rahmen eines Berufsausbildungsverhältnisses. Im Übrigen finden auf die Beschäftigung von Kindern die Vorschriften der §§ 9–46 JArbSchG entsprechende Anwendung.

16 Ferner gilt das Beschäftigungsverbot gem. § 5 III JArbSchG nicht für die Beschäftigung von Kindern über 13 Jahren mit Einwilligung des Personensorgeberechtigten, soweit die Beschäftigung leicht und für Kinder geeignet ist. Die Beschäftigung ist leicht, wenn sie aufgrund ihrer Beschaffenheit und der besonderen Bedingungen, unter denen sie ausgeführt wird, **(1)** die Sicherheit, Gesundheit und Entwicklung der Kinder, **(2)** ihren Schulbesuch, ihre Beteiligung an Maßnahmen zur Berufswahlvorbereitung oder Berufsbildung, die von der zuständigen Stelle anerkannt sind, und **(3)** ihre Fähigkeit, dem Unterricht mit Nutzen zu folgen, nicht nachteilig beeinflusst. Durch die auf Grundlage des § 5 IVa JArbSchG ergangene Verordnung über den Kinderarbeitsschutz (Kinderarbeitsschutzverordnung – KindArbSchV) vom 23.6.1998 (BGBl. I 1508) sind die entsprechenden Tätigkeiten näher bestimmt. Zulässig sind gem. § 1 KindArbSchV der Verordnung nur die dort in § 2 KindArbSchV genannten Tätigkeiten. Die Aufzählung ist damit abschließend, dh andere als die dort genannten Beschäftigungen sind für Kinder und vollzeitschulpflichtige Jugendliche (→ Rn. 4) nicht erlaubt, unabhängig davon, ob sie ebenfalls als leicht und für Kinder geeignet iSv § 5 III JArbSchG eingeordnet werden könnten.

17 Nach **§ 2 KindArbSchV** sind folgende Tätigkeiten erlaubt:
(1) das Austragen von Zeitungen, Zeitschriften, Anzeigenblättern und Werbeprospekten,
(2) in privaten und landwirtschaftlichen Haushalten: **(a)** Tätigkeiten in Haushalt und Garten, **(b)** Botengänge, **(c)** Betreuung von Kindern und anderen zum Haushalt gehörenden Personen, **(d)** Nachhilfeunterricht, **(e)** Betreuung von Haustieren, **(f)** Einkaufstätigkeiten mit Ausnahme des Einkaufs von alkoholischen Getränken und Tabakwaren,
(3) in landwirtschaftlichen Betrieben Tätigkeiten **(a)** bei der Ernte und der Feldbestellung, **(b)** der Selbstvermarktung landwirtschaftlicher Erzeugnisse, **(c)** der Versorgung von Tieren,
(4) Handreichungen beim Sport,
(5) Tätigkeiten bei nichtgewerblichen Aktionen und Veranstaltungen der Kirchen, Religionsgemeinschaften, Verbänden, Vereinen und Parteien.

18 Voraussetzung ist aber immer, dass die Beschäftigung gem. **§ 5 III JArbSchG** leicht und für Kinder über 13 Jahre und vollzeitschulpflichtige Jugendliche geeignet ist. In § 2 II 1 KindArbSchV ist festgelegt, für welche Tätigkeiten das jedenfalls nicht gilt, nämlich Beschäftigungen, **(1)** die mit einer manuellen Handhabung von Lasten verbunden ist, die regelmäßig das maximale Lastgewicht von 7,5 kg oder gelegentlich das maximale Lastgewicht von 10 kg überschreiten (diese Einschränkung gilt nur für unter 15-jährige, § 2 II 2 KindArbSchV), **(2)** die infolge einer ungünstigen Körperhaltung physisch belastend sind, **(3)** die mit Unfallgefahren verbunden sind, die typischerweise von Kindern und Jugendlichen nicht erkannt oder abgewendet werden können. Nach § 3 KindArbSchV kann die Aufsichtsbehörde im Einzelfall feststellen, ob die Beschäftigung nach § 2 der Verordnung zulässig ist.

19 Die Kinder dürfen bei all diesen Tätigkeiten gem. § 5 III 3 JArbSchG nicht mehr als zwei Stunden täglich, in landwirtschaftlichen Familienbetrieben nicht mehr als drei Stunden täglich, nicht zwischen 18 bis 8 Uhr, nicht vor und während des Schulunterrichts beschäftigt werden.

---

[18] Im Allgemeinen wird nur die eigene Beschäftigungs- und Arbeitstherapie in Betracht kommen; es sollen Rehabilitationsmaßnahmen ermöglicht werden. Die Therapie darf nicht in Form eines Arbeitsverhältnisses erbracht werden.

[19] Vgl. zur Verfassungsmäßigkeit: BVerfG 13.1.1987 BVerfGE 74, 102 = AP Nr. 59 zu Art. 12 GG.

Das Verbot gilt nach § 5 IV JArbSchG nicht für die Beschäftigung von Jugendlichen (§ 2 III JArbSchG) während der Schulferien für höchstens vier Wochen.

20 **b) Aufsichtsbehördliche Ausnahmen.** Ausnahmen vom Beschäftigungsverbot bestehen schließlich kraft aufsichtsbehördlicher Ausnahme[20] gem. § 6 bei Theaterveranstaltungen und Musikaufführungen,[21] aber auch bei Werbeveranstaltungen, sofern die Kinder gestaltend mitwirken, also selbst Teil der Aufführung sind (zB als Schauspieler, Musiker), und nicht lediglich Tätigkeiten aus Anlass der Veranstaltung ausüben. Keine Ausnahmemöglichkeit besteht daher für die sonstige Beschäftigung, etwa als Kartenverkäufer, Garderobiere oder Platzanweiser. Die Genehmigung ist bei dem örtlich zuständigen Gewerbeaufsichtsamt zu beantragen. Die Entscheidung erfolgt nach Anhörung des Jugendamtes. Die zeitlichen Einschränkungen der Beschäftigung sind in § 6 JArbSchG geregelt bzw. ergeben sich aus der Genehmigung der Aufsichtsbehörde.

III. Beschäftigung Jugendlicher

21 **1. Mindestalter.** Nach § 5 I JArbSchG ist die Beschäftigung von Kindern verboten. Unterliegen sie aber (zB bei vorzeitiger Einschulung) nicht mehr der Schulpflicht, so dürfen sie gem. § 7 JArbSchG im Berufsausbildungsverhältnis (nicht dagegen einem in § 26 BBiG genannten Vertragsverhältnis) und außerhalb eines Berufsausbildungsverhältnisses mit leichten und für sie geeigneten Tätigkeiten bis zu 7 Stunden täglich und 35 Stunden wöchentlich beschäftigt werden. Die Vorschrift hat nur geringe praktische Bedeutung, weil eine neun- bzw. zehnjährige Schulpflicht besteht. Für die leichte und geeignete Tätigkeit hat das Gesetz keine Bestimmung getroffen und von der Verordnungsermächtigung in § 26 JArbSchG wurde bisher kein Gebrauch gemacht. Die für Kinder über 13 Jahre und vollzeitschulpflichtige Jugendliche geltenden Grundsätze (→ Rn. 16) können insoweit Anhaltspunkte geben. Dabei ist allerdings das etwas höhere Lebensalter der unter § 7 JArbSchG fallenden Jugendlichen (14 bzw. 15 Jahre, statt 13 bzw. 14 Jahre) zu berücksichtigen. Als Beispiele werden im Schrifttum genannt das Austragen von Waren und Zeitungen, Botentätigkeit, Lager und Sortierarbeit, Verkaufstätigkeit.[22]

22 **2. Arbeitszeit.** Die Arbeitszeit (→ Rn. 10, 11) der Jugendlichen darf 8 Stunden täglich oder 40 Stunden wöchentlich nicht überschreiten (§ 8 JArbSchG). Zur Beschäftigung bei mehreren AG → Rn. 11. In der Landwirtschaft dürfen Jugendliche über 16 Jahre während der Erntezeit nicht mehr als 9 Stunden täglich und 85 Stunden in der Doppelwoche beschäftigt werden (§ 8 III JArbSchG). Die Verlängerung der Arbeitszeit beruht auf der Erwägung, dass während der Erntezeit auf die Hilfe der Jugendlichen nicht verzichtet und durch Verkürzung der Arbeitszeit in den übrigen Jahreszeiten ein Ausgleich erzielt werden kann. Pausen werden in die Arbeitszeit nicht eingerechnet. Da die Arbeitszeit grundsätzlich 8 Stunden nicht übersteigen darf, ist eine anderweitige Verteilung der Arbeitszeit ausgeschlossen. Ebenso wenig können Jugendliche über 8 Stunden im Rahmen der qualifizierten gleitenden Arbeitszeit (→ § 160 Rn. 2 ff.) beschäftigt werden. Wenn an einzelnen Werktagen die Arbeitszeit auf weniger als acht Stunden verkürzt ist, können Jugendliche an den übrigen Werktagen in derselben Woche 8½ Stunden beschäftigt werden (§ 8 IIa JArbSchG). Wenn Jugendliche unzulässige **Mehrarbeit** geleistet haben, ist dies durch Freizeit auszugleichen, ein Anspruch auf **Mehrarbeitsvergütung**[23] kommt aufgrund des Normzwecks nur in Betracht, wenn ein Freizeitausgleich wegen Beendigung der Beschäftigung nicht mehr möglich ist (vgl. auch § 21 II JArbSchG). Ein Anspruch auf Zahlung eines **Mehrarbeitszeitzuschlags** besteht nach Wegfall des früheren § 12 JArbSchG nicht. Es können aber, weil zB die betriebliche Arbeitszeit auf 37,5 Stunden begrenzt ist, vergütungspflichtige **Überstunden** anfallen, für die uU tarifliche Zuschläge zu zahlen sind.

23 **3. Ausnahmen vom Höchstarbeitszeitschutz.** Soll in Verbindung mit (gesetzlichen wie kirchlichen)[24] Feiertagen zum Zwecke der Gewährung einer längeren **zusammenhängenden Freizeit** an einzelnen Tagen nicht gearbeitet werden, darf die ausfallende Arbeitszeit auf die Werktage von 5 zusammenhängenden, die Ausfalltage einschließenden Wochen dergestalt ver-

---

20 Vgl. OVG Münster 17.2.1986 NJW 1987, 1443.

21 Vgl. Art. 8 Übereinkommen Nr. 138 über das Mindestalter für die Zulassung zur Beschäftigung der Internationalen Arbeitsorganisation Genf; Nr. 3b Entschl. (72) 4 des Ministerkomitees des Europarats betreffend den Schutz der Jugendlichen bei der Arbeit vom 18.2.1972 (BArbBl., Facht. Arbeitsschutz 1972, 378); Nr. 5 der Empfehlung der Kommission der EWG zum Jugendarbeitsschutz vom 31.1.1967 (ABl. EG S. 405). Anstelle der Empfehlung vgl. die Richtlinie 93/33/EG.

22 S. *Zmarzlik/Anzinger* JArbSchG § 7 Rn. 14; ErfK/*Schlachter* JArbSchG § 7 Rn. 2.

23 Vgl. zum alten Recht BAG 4.10.1963 AP Nr. 3 zu § 10 JugArbSchutzG.

24 ErfK/*Schlachter* JArbSchG § 8 Rn. 3.

teilt werden, dass die Wochenarbeitszeit im Durchschnitt dieser 5 Wochen 40 Stunden nicht übersteigt. Die tägliche Arbeitszeit darf nicht über 8½ Stunden ausgedehnt werden (§ 8 II JArbSchG). Die infolge des Wochenfeiertages ausfallende Arbeitszeit wird auf die Wochenarbeitszeit angerechnet. Der Ausgleichszeitraum stimmt nicht mit dem ArbZG überein, so dass gemeinsame Arbeitszeitgestaltungen unmöglich sein können.

24 **4. Berufsschule.**[25] Nach § 9 I 1 JArbSchG, der redaktionell an § 7 S. 1 BBiG aF/jetzt § 15 S. 1 BBiG angepasst wurde, sind Jugendliche für die tatsächliche Teilnahme am Berufsschulunterricht einschließlich der notwendigen Wegezeiten[26] **freizustellen.** Insoweit hat der Jugendliche ein Leistungsverweigerungsrecht. Die öffentlich-rechtliche Berufsschulpflicht geht der privatrechtlich begründeten Arbeitspflicht vor. Der AG hat den Jugendlichen gem. § 14 I Nr. 4 BBiG zum Besuch der Berufsschule anzuhalten. Freizustellen ist für die Unterrichtszeit, die Schulpausen, die Wegezeiten von und zur Berufsschule, verbindliche Schulveranstaltungen, Tätigkeit in der Schülermitverwaltung. Nicht freigestellt zu werden braucht für Hausaufgaben und freiwillige Schulveranstaltungen. Für volljährige Auszubildende können die Summe der Ausbildungszeit und die betrieblichen Ausbildungszeiten größer sein als die tarifliche Wochenarbeitszeit.[27]

25 Um sie vor einer Überforderung zu schützen, besteht für Jugendliche nach § 9 JArbSchG ein **Beschäftigungsverbot** vor einem vor 9 Uhr beginnenden Unterricht,[28] an einem Berufsschultag mit mehr als fünf Unterrichtsstunden von mindestens je 45 Minuten einmal in der Woche (entscheidend ist Anwesenheit in Berufsschule; auch Ausfallstunden sind mitzuzählen)[29] und in Berufsschulwochen mit einem planmäßigen Blockunterricht von mindestens 25 Stunden an mindestens 5 Tagen. Ist an zwei Tagen in der Woche Berufsschulunterricht, so besteht für den zweiten kein besonderes Beschäftigungsverbot. Beim Blockunterricht sind zusätzliche betriebliche Ausbildungsveranstaltungen bis zu zwei Stunden wöchentlich zulässig. Das Gesetz trägt damit dem Blockunterricht Rechnung, bei dem an die Stelle des eintägigen Unterrichts jährlich einmal eine zusammenhängende Berufsschulzeit von etwa 10 Wochen tritt. Das Beschäftigungsverbot bleibt auch dann bestehen, wenn der Umfang des Blockunterrichts wegen eines außergewöhnlichen Ereignisses (Rosenmontag) nicht erreicht wird.[30] Durch den Besuch der Berufsschule darf ein Entgeltausfall nicht eintreten (§ 9 III JArbSchG), damit der Jugendliche keinen Anreiz erhält, den Unterricht zu versäumen. Für erwachsene Berufsschulpflichtige gilt § 19 I Nr. 1, § 15 BBiG (→ § 174 Rn. 51, 80). Fällt der Berufsschultag auf einen arbeitsfreien Tag, so ist diese Unterrichtszeit zu vergüten, soweit sie auf die Arbeitszeit angerechnet wird.[31] Die Freistellungspflicht gilt auch in Notfällen; § 21 I JArbSchG verweist nämlich gerade nicht auf § 9 JArbSchG.[32]

26 Gem. § 9 II Nr. 1 JArbSchG zählen **Berufsschultage** mit mehr als fünf Unterrichtsstunden von 45 Minuten als 8stündige Arbeitszeit, und zwar auch dann, wenn sie auf einen arbeitsfreien Sonnabend fallen.[33] Fällt eine geplante Stunde aus, kommt es darauf an, ob es sich um eine Randstunde handelt oder nicht. Nur bei Randstunden kann eine Verkürzung unter 5 Stunden eintreten, es sei denn, dass dies nicht vorhersehbar war. Diese Anrechnung gilt jedoch nur für einen Berufsschultag in der Woche. Hat der Jugendliche an zwei Tagen in der Woche Unterricht, so gilt nur die Unterrichtszeit einschließlich der Pausen als Arbeitszeit (§ 9 II Nr. 3 JArbSchG). Die Anrechnungsbestimmung basiert auf einer 40stündigen wöchentlichen Arbeitszeit. Ist im Zuge der Arbeitszeitverkürzung die Tagesarbeitszeit auf weniger als 8 Stunden festgesetzt, so sind Berufsschultage mit mehr als fünf Unterrichtsstunden von mindestens je 45 Minuten mit jeweils acht Stunden nur auf die gesetzliche Höchstarbeitszeit von 40 Stunden wöchentlich und nicht auf die kürzere tarifliche Arbeits- bzw. Ausbildungszeit anzurechnen.[34] Der wöchentliche planmäßige Blockunterricht von mindestens 25 Stunden entspricht der 40-

[25] Vgl. *Zmarzlik* DB 1981, 2490; *Natzel/Natzel* DB 1987, 1734; *Ressel/Naujoks* AiB 1998, 127.
[26] BAG 26.3.2001 AP Nr. 1 zu § 7 BBiG = NZA 2001, 892; zur Fahrtkostenerstattung BAG 11.1.1973 AP Nr. 1 zu § 6 BBiG.
[27] BAG 13.2.2003 AP Nr. 2 zu § 7 BBiG = NZA 2003, 984.
[28] Nicht maßgebend ist der Zeitpunkt des Fahrtbeginns zur Berufsschule, *Zmarzlik/Anzinger* JArbSchG § 9 Rn. 21.
[29] ErfK/*Schlachter* JArbSchG § 9 Rn. 7.
[30] OVG Münster 11.3.1985 AP Nr. 1 zu § 9 JugArbSchutzG.
[31] ErfK/*Schlachter* JArbSchG § 9 Rn. 14.
[32] *Zmarzlik/Anzinger* JArbSchG § 9 Rn. 13.
[33] LAG SchlH 16.6.1966 AP Nr. 2 zu § 13 JugArbSchutzG.
[34] BAG 27.5.1992 AP Nr. 1 zu § 8 JugArbSchutzG = NZA 1993, 453; dazu *Taubert* BB 1992, 133; *Zmarzlik* DB 1992, 526; *ders.* ZTR 1992, 506.

Stunden-Woche. Im Übrigen entspricht die Unterrichtszeit einschließlich der Pausen der Arbeitszeit.

§ 10 JArbSchG normiert einen Freistellungsanspruch im Zusammenhang mit Prüfungen und Ausbildungsmaßnahmen. Diese Verpflichtung ist ähnlich gestaltet wie die aus § 15 BBiG (→ § 174 Rn. 51, 72) und hat – anders als § 15 BBiG – Bedeutung auch für den öffentlichen Dienst. Nach § 10 I JArbSchG hat der AG den Jugendlichen für die **Teilnahme an Prüfungen** (Zwischen-, Abschluss- und Wiederholungsprüfungen) und Ausbildungsmaßnahmen, die aufgrund öffentlich-rechtlicher oder vertraglicher Bestimmungen außerhalb der Arbeitsstätte durchzuführen sind, sowie am Arbeitstag, der der schriftlichen Abschlussprüfung unmittelbar vorangeht, ohne Entgeltausfall freizustellen. Diese Freistellung ist mit 8 Stunden auf die Arbeitszeit anzurechnen; die Prüfungszeit wird mit ihrer tatsächlichen Dauer angerechnet (§ 10 II 1 JArbSchG). Nach dem unmissverständlichen Wortlaut der Norm besteht kein Freistellungsanspruch für den Tag vor einer mündlichen Abschlussprüfung[35] sowie vor der praktischen Prüfung. Ist der Tag vor der Prüfung ohnehin arbeitsfrei, besteht hierfür keine Freistellungsverpflichtung. Streitig ist, ob ein Freistellungsanspruch für den vorletzten Tag vor der der schriftlichen Prüfung besteht, wenn der letzte Tag vor der Prüfung ein Berufsschultag ist. Angesichts des unmissverständlichen Wortlauts der Norm („unmittelbar vorangeht") ist das zu verneinen.[36] 27

Infolge des Besuches der Berufsschule darf der Jugendliche gem. § 10 II 2 JArbSchG keinen **Entgeltausfall** erleiden. Andererseits hat der Jugendliche keinen Entgeltzahlungsanspruch für Unterrichtszeiten, in denen er keinen Lohnausfall hat (zB bei Kurzarbeit).[37] Findet die Berufsschule an arbeitsfreien Sonnabenden statt und war der Jugendliche an anderen Tagen wegen der bestehenden Höchstarbeitszeiten freizustellen, so darf gleichfalls keine Entgeltminderung eintreten. Aus dem Lohnausfallprinzip folgt, dass die Vergütung einschließlich aller Zuschläge fortzuzahlen ist. 28

5. Geltung für Personen über 18 Jahre. Die Anrechnungsvorschrift des § 9 II JArbSchG ist auf über 18 Jahre alte Auszubildende nicht anzuwenden. Für diese Personen kann deshalb die Summe der Berufsschulzeit und der betrieblichen Ausbildungszeiten Kalenderwöchentlich größer sein als die regelmäßige tarifliche Wochenausbildungszeit.[38] 29

6. Pausen, Ruhezeiten und Lage der Arbeitszeit. Den Jugendlichen müssen bei einer Arbeitszeit von mehr als 4½ Stunden eine oder mehrere im Voraus feststehende **Ruhepausen** (zum Begriff auch → § 158 Rn. 12) gewährt werden. Diese müssen mindestens betragen bei mehr als 4½ bis 6 Stunden 30 Minuten und bei mehr als 6 Stunden Arbeitszeit 60 Minuten. Länger als 4½ Stunden hintereinander dürfen Jugendliche nicht ohne Ruhepausen beschäftigt werden. Als solche gelten nur Arbeitsunterbrechungen von mindestens 15 Minuten (§ 11 JArbSchG). Während der Ruhepausen muss der Jugendliche von jeder Anweisung des AG freigestellt sein; indes gilt während des Aufenthalts im Betrieb das Hausrecht. Es ist nicht nötig, dass der Betrieb verlassen werden darf.[39] Keine Ruhepausen sind Betriebspausen, also technisch bedingte Arbeitsunterbrechungen, selbst wenn sie vorausberechnet werden können (→ § 156 Rn. 11, → § 158 Rn. 14),[40] Arbeitsbereitschaft oder Bereitschaftsdienst (→ § 156 Rn. 16 ff.). Die Ruhepausen müssen in angemessener zeitlicher Lage gewährt werden (§ 11 II JArbSchG). AG, die regelmäßig mindestens drei Jugendliche beschäftigen, haben die Pausenordnung gem. § 48 durch Aushang bekanntzumachen, um zu verhindern, dass unvorhergesehene Unterbrechungen mit Pausen verrechnet werden. Die Festlegung der Pausen ist mitbestimmungspflichtig (§ 87 I Nr. 2 BetrVG). An Berufsschultagen, an denen eine Beschäftigung im Betrieb zulässig ist (→ Rn. 25), sind die entsprechenden Zeiträume (sowohl die Unterrichtszeit als auch die Pausenzeiten) für die Ermittlung der Dauer und der Lage der Ruhepausen mit zu berücksichtigen, so dass in der Berufsschule gewährte Pausen auf die Pausenzeiten gem. § 11 JArbSchG anzurechnen sind. Dies folgt aus der Anrechnungsregelung des § 9 II Nr. 3 JArbSchG.[41] 30

[35] AA ErfK/*Schlachter* JArbSchG § 10 Rn. 3; HWK/*Tillmanns* JArbSchG § 10 Rn. 1 (analoge Anwendung).
[36] *Lakies* JArbSchG § 10 Rn. 7; *Molitor/Volmer/Germelmann* JArbSchG § 10 Rn. 19a; aA *Zmarzlik/Anzinger* JArbSchG § 9 Rn. 18; ErfK/*Schlachter* JArbSchG § 10 Rn. 3.
[37] BAG 3.9.1960 AP Nr. 1 zu § 13 JugArbSchutzG. Zur Lohnfortzahlung am Rosenmontag bei Arbeitsausfall im Betrieb: BAG 17.11.1972 AP Nr. 3 zu § 13 JugArbSchutzG.
[38] BAG 13.2.2003 AP Nr. 2 zu § 7 BBiG = NZA 2003, 984; 26.3.2001 AP Nr. 1 zu § 7 BBiG = NZA 2001, 892.
[39] BAG 21.8.1990 AP Nr. 17 zu § 87 BetrVG 1972 Ordnung des Betriebes = NZA 1991, 154.
[40] BAG 23.9.1992 AP Nr. 6 zu § 3 AZO Kr.
[41] *Zmarzlik/Anzinger* JArbSchG § 11 Rn. 14; ErfK/*Schlachter* JArbSchG § 11 Rn. 3.

31 In Betrieben mit mehr als 10 Beschäftigten, oder wenn Sicherheits- oder Gesundheitsgründe dies erfordern, ist gem. Anh. Nr. 4.2 ArbStättV ein **Pausenraum** oder ein entsprechender Pausenbereich zur Verfügung zu stellen. Dies gilt nicht, wenn die Beschäftigten in Büroräumen oder vergleichbaren Arbeitsräumen beschäftigt sind und dort gleichwertige Voraussetzungen für eine Erholung während der Pause gegeben sind. Jugendlichen darf der Aufenthalt während der Ruhepausen in den Arbeitsräumen gem. § 11 III JArbSchG aber nur gestattet werden, wenn die Arbeit in diesen Räumen während dieser Zeit eingestellt ist und auch sonst die notwendige Erholung nicht beeinträchtigt wird; diese Einschränkung gilt gem. § 11 IV JArbSchG nicht für den Bergbau unter Tage.

32 Nach **Beendigung der täglichen Arbeit** ist Jugendlichen mindestens 12 Stunden ununterbrochene **Freizeit** zu gewähren (§ 13 JArbSchG). Unzulässig ist auch die Festlegung von Arbeitsbereitschaft (→ § 156 Rn. 16 f.), Rufbereitschaft (→ § 156 Rn. 21 f.) oder Bereitschaftsdienst (→ § 156 Rn. 18 ff. f.).[42] Unschädlich ist aber, wenn der Jugendliche in einem Betriebsheim wohnt und wegen der Schließung des Heimes zu bestimmten Zeiten anwesend sein muss.

33 **Nachtruhe:** Nach § 14 I JArbSchG dürfen Jugendliche nur in der Zeit von 6 bis 20 Uhr beschäftigt werden. Um den besonderen Bedürfnissen einzelner Gewerbezweige, insbesondere der hinreichenden Ausbildung Rechnung zu tragen, dürfen Jugendliche über 16 Jahre im Gaststätten- und Schaustellergewerbe bis 22 Uhr, in mehrschichtigen Betrieben bis 23 Uhr, in der Landwirtschaft ab 5 Uhr oder bis 21 Uhr, in Bäckereien und Konditoreien ab 5 Uhr (über 17 Jahre ab 4 Uhr) beschäftigt werden. Nach vorheriger Anzeige an die Aufsichtsbehörde dürfen Jugendliche in Betrieben, in denen die übliche Arbeitszeit aus verkehrstechnischen Gründen nach 20 Uhr endet, bis 21 Uhr beschäftigt werden, wenn unnötige Wartezeiten verhindert werden. Weitere Ausnahme: § 14 V JArbSchG. In jedem Fall ist eine Beschäftigung nach 20 Uhr dann verboten, wenn am Folgetag der Berufsschulunterricht vor 9 Uhr beginnt (§ 14 IV JArbSchG). Schließlich finden sich eine Reihe von Ausnahmen kraft aufsichtsbehördlicher Genehmigung; ferner können auch nach § 21 JArbSchG im Wege der Rechtsverordnung bei entsprechendem Bedarf weitere Ausnahmen vom Verbot der Beschäftigung zur Nachtzeit geschaffen werden.

34 **7. Fünf-Tage-Woche.** Wegen des höheren **Freizeit- und Erholungswertes** zweier Tage dürfen Jugendliche nur an 5 Tagen in der Woche beschäftigt werden (§ 15 JArbSchG). Nach §§ 16 I, 17 I JArbSchG dürfen Jugendliche an Samstagen und Sonntagen grundsätzlich nicht beschäftigt werden. Zulässig ist die Beschäftigung von Jugendlichen an Samstagen oder Sonntagen nur (§§ 16 II, 17 II JArbSchG), soweit dies in den im Gesetz aufgezählten Wirtschaftsbereichen notwendig ist;[43] in diesen Fällen haben die Jugendlichen gem. §§ 16 III, 17 III JArbSchG – auch bei einem nur kurzzeitigen Arbeitseinsatz an einem Samstag oder Sonntag[44] – jedoch Anspruch auf Arbeitsfreistellung an einem anderen berufsschulfreien Tag in derselben Woche[45] (s. § 4 IV 1 JArbSchG), wobei es sich um einen Tag handeln muss, an dem im Betrieb üblicherweise gearbeitet wird und der Jugendliche ohne die Freistellung ebenfalls arbeiten müsste; das kann in den Fällen des §§ 16 II, 17 II JArbSchG auch ein Samstag oder Sonntag sein.[46] Kann ein Jugendlicher in Verkaufsstellen wegen des vorzeitigen Ladenschlusses an Sonnabenden nicht 8 Stunden beschäftigt werden, so kann die nicht verbrauchte Arbeitszeit auf den Ersatzruhetag gelegt werden (§ 16 IV JArbSchG). Nach § 16 II 2 JArbSchG sollen mindestens zwei Samstage im Monat arbeitsfrei bleiben. Die Vorschrift begründet keine erzwingbare Verpflichtung, diese kann sich aber aus einem Tarifvertrag oder auch aus der Fürsorgepflicht des AG ergeben.[47] Für die Sonntagsarbeit gilt gem. § 17 II 2 JArbSchG, dass jeder zweite Sonntag beschäftigungsfrei bleiben soll und zwei Sonntage im Monat beschäftigungsfrei bleiben müssen. Von der in § 17 II 2 JArbSchG enthaltenen Sollvorschrift darf nur aus sachlichen Gründen abgewichen werden.[48] Generell können die beschäftigungsfreien Samstage oder Sonntage nicht in anderen Monaten vorgezogen oder nachgeholt werden. Die Einzelheiten zur **Feiertagsruhe** sind in § 18 JArbSchG geregelt.

---

[42] *Zmarzlik/Anzinger* JArbSchG § 13 Rn. 7.
[43] Zu Kfz-Reparaturbetrieben: OLG Karlsruhe 14.1.1983 AP Nr. 1 zu § 16 JugArbSchutzG.
[44] Weil es auf die Dauer der Beschäftigung insoweit nicht ankommt, ErfK/*Schlachter* JArbSchG § 16 Rn. 13, § 17 Rn. 7.
[45] BayObLG 21.2.1983 AP Nr. 2 zu § 16 JugArbSchutzG.
[46] *Zmarzlik/Anzinger* JArbSchG § 16 Rn. 47.
[47] *Zmarzlik/Anzinger* JArbSchG § 16 Rn. 43, 44.
[48] ErfK/*Schlachter* JArbSchG § 17 Rn. 6.

8. Urlaub. Wegen der Sonderregelung in § 19 JArbSchG über den Urlaubsanspruch → § 104 Rn. 135. 35

9. Sonderregeln, Abweichungen durch Tarifvertrag. Gewisse Sonderregelungen sind kraft Gesetzes für die **Binnenschifffahrt,** dh für die Schifffahrt auf Binnengewässern, Flüssen, Kanälen und Seen, vorgesehen (§ 20 JArbSchG). Für Tätigkeiten im Bereich der Binnenfischerei gelten die Regelungen über die Beschäftigung Jugendlicher in der Landwirtschaft.[49] Im Bereich der Hochsee- und Küstenschifffahrt gelten die Sonderregelungen des SeeArbG (§ 61 JArbSchG, §§ 53, 54, 74, 117 SeeArbG). 36

Im Übrigen kann nach § 21 I JArbSchG in **Notfällen,** also bei plötzlich eintretenden unvorhersehbaren Ereignissen, denen durch die Beschäftigung Erwachsener nicht Rechnung getragen werden kann, von den vorstehenden Vorschriften mit Ausnahme der Freistellung vom Berufsschulunterricht und den Prüfungen sowie der Festlegung des Urlaubs abgewichen werden. Weitere Ausnahmen können im Wege der Rechtsverordnung geschaffen werden (§ 21b JArbSchG). Nach § 21a JArbSchG sind die verschiedenen Arbeitszeitregelungen weitgehend **tarifdispositiv** oder können, wenn der Tarifvertrag dies vorsieht, durch Betriebsvereinbarung oder, falls ein BR nicht besteht, durch schriftliche Vereinbarung mit dem Jugendlichen abbedungen werden. 37

IV. Beschäftigungsverbote und Beschränkungen für Jugendliche

1. Allgemeines Beschäftigungsverbot. Gefahren für die Gesundheit und Entwicklung von Kindern und Jugendlichen können sich aus der Arbeitszeit (→ Rn. 22), aus der Art der Tätigkeit sowie aus der Person des Beschäftigten ergeben. Kinder und Jugendliche sind im Allgemeinen geringer belastbar und leichter beeinflussbar. Der allgemein geltende Arbeitsschutz ist daher für sie verschärft. 38

Nach § 22 I JArbSchG ist die Beschäftigung von Jugendlichen mit den im Gesetz aufgezählten **gefährlichen Arbeiten** verboten. Es handelt sich um eine Vorschrift des technischen Arbeitsschutzes, der sich mit dem für Erwachsene weitgehend deckt. Diese Beschäftigungsverbote können durch Rechtsverordnung gem. § 26 JArbSchG weiter konkretisiert werden, sie gelten indes auch ohne den Erlass weiterer Rechtsverordnungen. 39

Erheblich sind insoweit zB § 9 II DruckluftVO, die ArbStättV, das StrahlenschutzG und die StrahlenschutzVO (→ § 154 Rn. 21 ff.). Unabhängig von §§ 22, 26 JArbSchG sind die allgemeinen Schutzvorschriften zu beachten. Darüber hinaus gilt für Jugendliche das Jugendschutzgesetz vom 23.7.2002 (JuSchG, BGBl. I 2730, zul. geänd. am 9.4.2021, BGBl. I 742). Es enthält zum Teil abweichende Begriffsbestimmungen für den Begriff des Jugendlichen, den Jugendschutz in der Öffentlichkeit beim Besuch von Gaststätten und Tanzveranstaltungen sowie zum Verbot der Abgabe von Alkohol und Rauchwaren. In einem Abschnitt 3 ist der Jugendschutz im Bereich der Medien geregelt. Diese Regelungen werden ergänzt durch den Jugendmedienschutz-Staatsvertrag (JMStV) der Länder vom 10./27.9.2002. Der Staatsvertrag ist am 1.4.2003 in Kraft getreten.[50] 40

2. Verbotene Beschäftigungen. Unzulässig ist die Beschäftigung von Jugendlichen gem. § 22 I JArbSchG mit Arbeiten, die ihre **physische und psychische Leistungsfähigkeit**[51] übersteigt (Nr. 1), bei denen sie sittlichen Gefahren[52] ausgesetzt sind (Nr. 2), die mit besonderen Unfallgefahren[53] verbunden sind, die Jugendliche wegen mangelnden Sicherheitsbewusstseins oder mangelnder Erfahrung nicht erkennen oder abwenden können (Nr. 3), mit Arbeiten unter besonderer Einwirkung der Umwelt (Hitze, Kälte, starke Nässe: vgl. Nr. 4; Lärm, Erschütterungen, Strahlen: vgl. Nr. 5),[54] mit Arbeiten, bei denen sie schädlichen Einwirkungen von Gefahrstoffen im Sinne des Chemikaliengesetzes ausgesetzt sind (Nr. 6), mit Arbeiten, bei denen sie schädlichen Einwirkungen von biologischen Arbeitsstoffen iSd Richtlinie 90/679/EWG des Rates vom 26.11.1990 zum Schutze der AN gegen Gefährdung durch biologische Arbeitsstoffe 41

---

[49] ErfK/*Schlachter* JArbSchG § 20 Rn. 1.
[50] http://www.bmfsfj.de, unter Publikationen; dazu *Bornemann* NJW 2003, 787; *Liesching* NJW 2002, 3281.
[51] Abzustellen ist auf die individuelle physische, psychische und geistige Leistungsfähigkeit.
[52] Sittliche Gefahr ist gegeben, wenn die Ausübung der Tätigkeit geeignet ist, bestehende Wertmaßstäbe – nicht nur sexueller Art – negativ zu beeinflussen. Verboten ist daher zB eine Beschäftigung in Sexläden; unzulässig ist eine Beschäftigung, bei der die Gefahr der Verrohung besteht. Vgl. JuSchG vom 23.7.2002 (BGBl. I 2730).
[53] Ausreichend ist eine abstrakte Unfallgefährdung. Zu beachten sind Gesetze und Verordnungen zur Vermeidung von Unfällen.
[54] Zu beachten sind insbes. die allgemeinen ArbeitsschutzVO.

bei der Arbeit ausgesetzt sind (Nr. 7).[55] Es handelt sich jeweils um individuelle Beschäftigungsverbote, die eine Prüfung im Einzelfall erforderlich machen.

42 Eine **Ausnahme vom Beschäftigungsverbot** gem. § 22 I Nr. 3–7 JArbSchG gilt wiederum für die Beschäftigung von Jugendlichen, soweit dies zur Erreichung ihres Ausbildungszieles notwendig und ihr Schutz durch die Aufsicht eines Fachkundigen, der theoretische und praktische Kenntnisse zur Überprüfung der Funktionsfähigkeit der Betriebsanlagen haben muss, gewährleistet ist und der Luftgrenzwert bei gefährlichen Stoffen unterschritten wird (§ 22 II 1 JArbSchG), es sei denn es geht um den absichtlichen Umgang mit biologischen Arbeitsstoffen, wie sie von § 22 I Nr. 7 JArbSchG erfasst werden (§ 22 II 2 JArbSchG). Der Fachkundige braucht nicht notwendig ein Arzt oder eine Fachkraft für Arbeitssicherheit zu sein. Außerdem muss bei Jugendlichen, die in einem Betrieb beschäftigt werden, für den ein Betriebsarzt oder eine Fachkraft für Arbeitssicherheit verpflichtet ist, ihre betriebsärztliche oder sicherheitstechnische Betreuung gewährleistet sein (§ 22 III JArbSchG).

43 **3. Leistungsunabhängige Entlohnung.** Grundsätzlich dürfen Jugendliche nicht beschäftigt werden **(1)** mit **Akkordarbeit** oder jeglichen Arbeiten, bei denen durch ein gesteigertes Arbeitstempo (zB Prämienlohn) ein höheres Entgelt erzielt werden kann. Es soll vermieden werden, dass Jugendliche durch den Lohnanreiz ihre Kräfte überschätzen. Untersagt sind auch Prämiensysteme, die neben dem Arbeitstempo die Arbeitsqualität anreizen. Wird an mehrere Faktoren angeknüpft, so sind die Systeme untersagt, bei denen vom Tempoanreiz entscheidender Einfluss ausgeht. Zulässig ist dagegen die Beschäftigung mit Arbeiten, die üblicherweise im Akkord vergütet werden, bei denen der Jugendliche Zeitlohn erhält (sofern nicht § 23 I Nr. 2 JArbSchG einschlägig ist) sowie Arbeiten im Stücklohn in Heimarbeit (arg. § 11 II 3 HAG). Außerdem dürfen Jugendliche nicht beschäftigt werden **(2)** in einer **Arbeitsgruppe mit erwachsenen AN,** die Arbeiten nach (1) verrichten, auch wenn der Jugendliche nur Zeitlohn erhält. Hier soll dem von der Gruppe ausgehenden Leistungsdruck vorgebeugt werden. Verboten ist ferner die Beschäftigung **(3)** mit allen Arbeiten, bei denen das **Arbeitstempo** nicht nur gelegentlich vorgeschrieben, vorgegeben oder auf andere Weise erzwungen wird. Nicht zulässig ist daher eine Beschäftigung, bei der das Arbeitstempo vorgegeben ist. Erlaubt ist dagegen die mechanische Zuführung von Material und Werkzeug. Eine Ausnahme der Beschäftigung Jugendlicher in Leistungsgruppen besteht nach § 23 II JArbSchG dann, wenn dies zur Erreichung des Ausbildungszieles notwendig oder wenn sie eine Berufsausbildung für die vorgegebene Beschäftigung abgeschlossen haben und jeweils durch die Aufsicht eines Fachkundigen ausreichender Schutz gewährleistet ist.

44 **4. Bergbau.** Grundsätzlich besteht ein **Beschäftigungsverbot** für Jugendliche **unter Tage (§ 24 I JArbSchG).** Das Verbot musste in das Gesetz aufgenommen werden, um das Übereinkommen Nr. 123 der internationalen Arbeitsorganisation über das Mindestalter für die Zulassung zu Untertagearbeiten in Bergwerken, ergänzt durch die Empfehlung Nr. 124 betreffend das Mindestalter für die Zulassung zu Untertagearbeiten in Bergwerken, ratifizieren zu können.[56] Eine Beschäftigung unter Tage kann nach dem Schutzzweck der Norm auch dann vorliegen, wenn es sich nicht um bergmännische Tätigkeit handelt, sondern um eine Tätigkeit in Anlagen, die ihrer Natur nach unterirdisch in einer ähnlichen Weise wie im Bergbau angelegt sind, weil auch hier besondere Erschwernisse wegen geringer Frischluft, eines höheren Lärms, ständiger Nässe, eines höheren Gefahrenpotentials, dem Fehlen eines unmittelbaren Zugangs zum Tageslicht bestehen (zB unterirdische Steinbrüche, nicht dagegen Verkaufsräume im Kellergeschoss[57]). **Ausnahmen** vom Beschäftigungsverbot bestehen gem. § 24 II JArbSchG für Jugendliche über 16 Jahren, sofern **(1)** dies zur Erreichung des Ausbildungsziels erforderlich ist, **(2)** wenn sie eine Berufsausbildung für eine Beschäftigung unter Tage[58] abgeschlossen haben oder **(3)** wenn sie an einer von der Bergbehörde genehmigten Ausbildungsmaßnahme für Bergjungarbeiter[59] teilneh-

---

[55] Hierbei handelt es sich zB um sehr giftige, krebserzeugende, fruchtschädigende, erbgutverändernde oder sonst chronisch schädigende Stoffe; vgl. ErfK/*Schlachter* JArbSchG § 22 Rn. 10.

[56] Vgl. BT-Drs. VII/2305, 33.

[57] *Molitor/Volmer/Germelmann* JArbSchG § 24 Rn. 8; ErfK/*Schlachter* JArbSchG § 24 Rn. 1; aA *Zmarzlik/Anzinger* JArbSchG § 24 Rn. 3.

[58] Hierzu gehören nicht nur die klassischen Ausbildungsberufe im Bergbau, sondern auch sonstige, soweit sie ihrer Natur nach auf eine Tätigkeit unter Tage ausgerichtet sind; s. *Molitor/Volmer/Germelmann* JArbSchG § 24 Rn. 16.

[59] Hierbei handelt es sich nicht um einen Ausbildungsberuf, sondern um einen Anlernberuf, wobei die Ausbildung nach einem von der Bergbehörde genehmigten Ausbildungsplan erfolgt.

men oder teilgenommen haben. In all diesen Fällen muss außerdem der Schutz der Jugendlichen durch die Aufsicht eines Fachkundigen gewährleistet sein.

5. Verbot der Beschäftigung durch bestimmte Personen. Nach § 25 JArbSchG ist die Beschäftigung Jugendlicher durch solche Personen verboten, die rechtskräftig zu einer **Freiheitsstrafe** von mindestens zwei Jahren verurteilt worden sind oder bestimmte im Gesetz bezeichnete Delikte sowie mehrfache Ordnungswidrigkeiten nach § 58 JArbSchG begangen haben. Bei einer Beschäftigung durch eine Personengesellschaft gilt das Verbot schon dann, wenn nur einer der vertretungsberechtigten Gesellschafter unter § 25 I und II JArbSchG fällt. Es greift ferner dann ein, wenn nicht der AG selbst, aber die von ihm beauftragte Person (→ Rn. 6) betroffen ist. Das Verbot gilt gem. § 25 III JArbSchG nicht für die Beschäftigung durch die Personensorgeberechtigten (→ Rn. 9); insoweit kann aber § 1666 BGB eingreifen. Gem. § 29 BBiG ist der erfasste Personenkreis auch nicht persönlich geeignet als Ausbildender oder Ausbilder im Berufsausbildungsverhältnis (→ § 174 Rn. 18 ff.). 45

6. Ermächtigungen. Gerade auf dem Gebiet des Arbeitsschutzes kann der Gesetzgeber nicht alle Entwicklungen voraussehen. Nach § 26 JArbSchG ist daher das BMAS mit Zustimmung des Bundesrates ermächtigt, zum Schutze der Jugendlichen gegen Gefahren für Leben und Gesundheit sowie zur Vermeidung einer Beeinträchtigung der körperlichen oder seelisch-geistigen Entwicklung Rechtsverordnungen zu erlassen, in denen der Begriff der für Jugendliche geeigneten, leichten Arbeiten näher umschrieben oder über die Beschäftigungsverbote von §§ 22–25 JArbSchG hinaus weitere geschaffen werden. Andererseits kann aber auch die Situation eintreten, dass Zweifel über die Anwendung des Gesetzes auf bestimmte Arbeiten bestehen. Insoweit haben die Verwaltungsbehörden ein gerichtlich nachprüfbares Feststellungsrecht (§ 27 JArbSchG). 46

V. Besondere Fürsorgepflichten für Jugendliche

Den AG trifft eine Reihe von besonderen Fürsorgepflichten gegenüber Kindern und Jugendlichen. Er hat 47

(1) bei der **Einrichtung und Unterhaltung der Arbeitsstätte** einschließlich der Maschinen, Werkzeuge und Geräte und bei der Regelung der Beschäftigung die erforderlichen Vorkehrungen und Maßnahmen zum Schutze von Leben, Gesundheit und Sittlichkeit zu treffen (§ 28 JArbSchG);

(2) vor Beginn der Beschäftigung Jugendlicher und bei wesentlichen Änderungen die **Arbeitsbedingungen** die mit der Beschäftigung verbundenen Gefährdungen Jugendlicher zu beurteilen (§ 28a JArbSchG). Im Übrigen wird auf das ArbSchG (§ 5 ArbSchG; hierzu → § 154 Rn. 8) verwiesen);

(3) sie vor Beginn der Beschäftigung und bei wesentlicher Änderung der Arbeitsbedingungen in angemessenen Zeitabständen über die **Unfall- und Gesundheitsgefahren** und die Vorkehrungsmaßnahmen zu **belehren** (§ 29 JArbSchG); Maß und Umfang richten sich nach der Art der Arbeit und den mit ihr verbundenen Gefahren für Leben und Gesundheit. Auf die Auffassungsgabe des Jugendlichen ist Rücksicht zu nehmen;[60]

(4) den in die **häusliche Gemeinschaft** Aufgenommenen in sittlicher und gesundheitlicher Beziehung einwandfreie Unterkunft, ausreichende, gesunde Kost und bei Erkrankung, soweit nicht Sozialversicherungsträger eintreten, bis zur Dauer von 6 Wochen, jedoch nicht über die Beendigung des Arbeitsverhältnisses hinaus, die erforderliche Pflege und Behandlung zuteil werden zu lassen (§ 30 JArbSchG); häusliche Gemeinschaft kann auch eine bloße Gemeinschaft der AN untereinander sein (Lehrlingsheim usw.),[61] sofern sie der Hausordnung unterstellt sind;

(5) sie vor **körperlicher Züchtigung** und Misshandlung und sittlicher Gefährdung zu schützen (§ 31 I, II JArbSchG). Körperliche Züchtigung ist jede Einwirkung auf den Körper, durch die jemand zu einem bestimmten Verhalten gezwungen werden oder für ein bestimmtes Verhalten bestraft werden soll; Misshandlung ist jede üble, unangemessene Behandlung, die das Wohlbefinden oder die körperliche Unversehrtheit nicht unwesentlich beeinträchtigt.[62] Im Übrigen wird der Schutz der körperlichen und seelischen Gesundheit durch die strafrechtlichen Normen (§§ 223 ff. StGB) gewährleistet;

[60] Vgl. *Molitor/Volmer/Germelmann* JArbSchG § 29 Rn. 7.
[61] Vgl. BAG 8.6.1955 AP Nr. 1 zu § 618 BGB.
[62] *Zmarzlik/Anzinger* JArbSchG § 31 Rn. 4, 6.

(6) die Verabreichung **alkoholischer Getränke und Tabakwaren** an Jugendliche unter 16 Jahren an Jugendliche überhaupt zu verhindern (§ 31 II 2 JArbSchG);

(7) das JArbSchG und die Anschrift der zuständigen Aufsichtsbehörde **auszuhängen** (§ 47 JArbSchG), einen Aushang über Beginn und Ende der regelmäßigen Arbeitszeit und der Ruhepausen zu fertigen (§ 48 JArbSchG) und bestimmte Verzeichnisse zu führen (§ 49 JArbSchG). Ferner sind Aushänge über Ausnahmebewilligungen (§ 54 III JArbSchG) vorgeschrieben.[63]

VI. Gesundheitliche Betreuung der Jugendlichen (§§ 32–46 JArbSchG)

48 **1. Allgemeines.** Damit Jugendliche nicht mit gesundheitsschädigenden oder ihrem Entwicklungsstand nicht entsprechenden Arbeiten beschäftigt werden, sind ärztliche Untersuchungen vorgeschrieben. Nach den Übereinkommen Nr. 77 und 78 der IAO sind jährliche Wiederholungsuntersuchungen vorgesehen; die Übereinkommen sind nicht ratifiziert, da das JArbSchG dahinter zurückbleibt.

49 **2. Erstuntersuchung.** Mit der tatsächlichen Beschäftigung eines Jugendlichen darf nur begonnen werden, wenn dieser **(a)** innerhalb der letzten 14 Monate von einem Arzt untersucht worden ist und **(b)** dem AG eine ärztlich ausgestellte Bescheinigung vorlegt (§ 32 I JArbSchG). Das Verbot gilt nach § 32 II JArbSchG nicht bei einer nur geringfügigen oder nicht länger als zwei Monate dauernden Beschäftigung mit leichten Arbeiten (vgl. § 5 III 2 JArbSchG), von denen keine gesundheitlichen Nachteile für den Jugendlichen zu befürchten sind.[64] Für die Beschaffung dieser Bescheinigung hat der Jugendliche zu sorgen. § 32 I JArbSchG enthält ein Beschäftigungsverbot, das überwindbar ist, wenn die Bescheinigung vorgelegt wird. Der zugrunde liegende Vertrag ist daher nicht nach § 134 BGB nichtig (s. § 311a I BGB).[65] Bringt der Jugendliche die Bescheinigung nicht bei, hat er keinen Beschäftigungsanspruch. Da der Jugendliche ohne Beibringung der Bescheinigung den AG nicht in Annahmeverzug (§ 615 BGB) setzen kann, entfällt auch der Entgeltanspruch. Nach vorheriger Abmahnung kann eine fristlose Kündigung des Jugendlichen berechtigt sein.[66] Berufsausbildungsverträge Jugendlicher werden in das Berufsausbildungsverzeichnis oder die Handwerksrolle erst eingetragen, wenn die Bescheinigung vorliegt (§ 35 I Nr. 3 BBiG, § 29 I Nr. 3 HwO).

50 Die **Untersuchung** muss durch einen Arzt vorgenommen werden. Arzt iSv § 32 JArbSchG ist eine Personen, die über eine Approbation oder Bestallung als Arzt verfügt. Das kann auch der Arzt sein, der den Jugendlichen selbst beschäftigen möchte. Für den Jugendlichen gilt die freie Arztwahl.

51 **3. Nachuntersuchung.** Vor Ablauf des 1. Beschäftigungsjahres hat sich der AG gem. § 33 JArbSchG die Bescheinigung eines Arztes vorlegen zu lassen, dass der Jugendliche nachuntersucht worden ist (erste Nachuntersuchung). Neun Monate nach Aufnahme der ersten Beschäftigung hat der AG den AN nachdrücklich auf den Zeitpunkt hinzuweisen, bis zu dem der Jugendliche ihm die Bescheinigung über die **erste Nachuntersuchung** vorzulegen hat, um ihn dann zur Nachuntersuchung aufzufordern. Ein Jahr nach Aufnahme der ersten Beschäftigung hat der AG sich dann die Bescheinigung des Arztes über die erste Nachuntersuchung vorlegen zu lassen. Legt der Jugendliche die Bescheinigung über die Nachuntersuchung nicht vor, so hat ihn der AG binnen Monatsfrist schriftlich unter Hinweis auf das Beschäftigungsverbot aufzufordern, die Bescheinigung einzureichen. Eine Durchschrift des Schreibens ist den Personensorgeberechtigten und dem BR oder PR zuzusenden. Nach Ablauf von 14 Monaten darf der Jugendliche nicht mehr weiter beschäftigt werden, wenn er die Bescheinigung nicht vorlegt (§ 33 III JArbSchG). Dies gilt auch dann, wenn der Arzt eine Bescheinigung nicht erteilt, weil er eine weitere Untersuchung für notwendig hält. Auch in dieser Zeit besteht kein Vergütungsanspruch (§ 326 BGB).

52 Gem. § 34 JArbSchG kann sich der Jugendliche nach Ablauf eines jeden weiteren Jahres erneut nachuntersuchen lassen, sog. **weitere Nachuntersuchungen.** Der AG soll ihn auf diese Möglichkeit hinweisen und auf die Vorlage einer Bescheinigung drängen.

53 **4. Außerordentliche Nachuntersuchung.** Der Arzt, der eine Untersuchung vorgenommen hat, soll eine Nachuntersuchung anordnen, wenn sich ergeben hat, dass der Jugendliche

---

[63] Vgl. *Pulte* BB 2008, 2569; s. auch § 3 JuSchG.

[64] BayObLG 11.1.1983 AP Nr. 1 zu § 32 JugArbSchutzG.

[65] Vgl. zum alten Recht BAG 22.2.1972 AP Nr. 1 zu § 15 BBiG; allgemein zu Beschäftigungsverboten → § 32 Rn. 61.

[66] ErfK/*Schlachter* JArbSchG § 32 Rn. 1.

nicht seinem Alter entsprechend entwickelt ist, oder wenn sonst gesundheitliche Schäden oder Schwächen festgestellt werden, deren Folgen noch nicht übersehbar sind (§ 35 JArbSchG).

5. Ärztliche Untersuchung und Wechsel des Arbeitgebers. Wechselt der Jugendliche den AG, so darf ihn der neue AG erst beschäftigen, wenn ihm die Bescheinigung über die Erstuntersuchung und, falls seit der Aufnahme der Beschäftigung ein Jahr vergangen ist, die Bescheinigung über die erste Nachuntersuchung vorliegt (§ 36 JArbSchG). 54

6. Eingreifen der Aufsichtsbehörde. Die Aufsichtsbehörde hat, wenn die dem Jugendlichen übertragenen Arbeiten Gefahren für seine Gesundheit befürchten lassen, dies dem Personensorgeberechtigten und dem AG mitzuteilen und eine ärztliche Nachuntersuchung durch einen von ihr ermächtigten Arzt[67] zu verlangen (§ 42 JArbSchG). Die Mitteilung begründet noch kein Beschäftigungsverbot, durch ihre Missachtung kann sich der AG aber uU schadensersatzpflichtig machen. Der Jugendliche ist zwar nicht verpflichtet, sich einer Untersuchung zu unterziehen. Unterbleibt sie jedoch, so ist der AG zur Kündigung berechtigt. 55

7. Inhalt und Durchführung der Untersuchung. Die ärztliche Untersuchung hat sich auf den Gesundheits- und den Entwicklungsstand und die körperliche Beschaffenheit des Jugendlichen sowie die Auswirkungen der Beschäftigung auf seine Gesundheit und Entwicklung zu beziehen (vgl. § 37 JArbSchG). Evtl. kann eine Ergänzungsuntersuchung durch einen anderen Arzt oder Zahnarzt erforderlich sein (s. § 38 JArbSchG). Der **Untersuchungsbefund** ist schriftlich festzuhalten; das wesentliche Ergebnis ist dem Personensorgeberechtigten des Jugendlichen mitzuteilen (§ 39 JArbSchG). Für den AG ist eine schriftliche Bescheinigung über die Untersuchung auszustellen. In ihr sind die Arbeiten zu vermerken, mit denen der Jugendliche nicht beschäftigt werden darf (§ 39 II JArbSchG). Die Bescheinigung ist vom AG aufzubewahren (§ 41 JArbSchG). Sind in der Bescheinigung verbotene Arbeiten aufgenommen, so darf der Jugendliche mit diesen nur beschäftigt werden, wenn die Aufsichtsbehörde dies im Einvernehmen mit einem Arzt zulässt (§ 40 II JArbSchG). 56

8. Freistellung für Untersuchungen. Der AG hat dem Jugendlichen die für die Untersuchung notwendige Zeit unter Fortzahlung des Entgeltes zu gewähren (§ 43 JArbSchG). Der Jugendliche kann den Untersuchungstermin auch in die Arbeitszeit legen, muss dabei aber auf die betrieblichen Belange Rücksicht nehmen. Wird die Untersuchung während der Freizeit durchgeführt, entsteht dadurch kein Anspruch auf Freizeitausgleich,[68] eine § 9 II oder § 10 II JArbSchG entsprechende Regelung enthält § 43 JArbSchG nicht. Die **Kosten der Untersuchung** trägt das Land, also nicht die Krankenkasse (§ 44 JArbSchG). Es handelt sich um einen öffentlich-rechtlichen Anspruch, den der Arzt mit dem Land abrechnet und notfalls im Verwaltungsrechtsweg durchsetzt.[69] Nach § 2 VO über die ärztlichen Untersuchungen nach dem JArbSchG idF vom 16.10.1990 (BGBl. I 2221) erfolgt eine Kostenerstattung nur dann, wenn der Arzt der Kostenforderung einen von der nach Landesrecht zuständigen Stelle ausgegebenen Untersuchungsberechtigungsschein ausgefüllt hat. 57

VII. Durchführung des Jugendarbeitsschutzes

1. Aushänge, Auslagen. Um den Jugendlichen über seine Rechte zu informieren, hat der AG einen Abdruck des JArbSchG an geeigneter Stelle (etwa im Betriebsratsbüro) auszulegen und einen Aushang über Beginn und Ende der regelmäßigen täglichen Arbeitszeit und der Ruhepausen der Jugendlichen an sichtbarer Stelle im Betrieb anzubringen (§ 47 JArbSchG). Verletzt der AG seine Pflichten aus dem JArbSchG, kann der Jugendliche Schadensersatz verlangen und bei nachhaltiger Pflichtverletzung außerordentlich kündigen. 58

2. Verzeichnisse und Auskunft. Der Durchführung des JArbSchG dient ferner die Führung von Verzeichnissen (§§ 49, 50 JArbSchG). Der AG hat der Personalvertretung, den beteiligten Jugendlichen sowie den zuständigen Behörden Einsicht in die Verzeichnisse zu gewähren (§ 50 JArbSchG). 59

3. Aufsichtsbehörde. Die Aufsicht über die Einhaltung des Jugendarbeitsschutzes wird regelmäßig durch die Gewerbeaufsichts- und Bergämter ausgeübt (§ 51 JArbSchG). Die Aufsichtsbehörden haben die Befugnisse nach § 139b GewO. Sie können einen Jugendlichen notfalls zwangsweise entfernen. Nach § 55 I JArbSchG haben alle LReg. bei einer obersten Arbeitsbehörde Landesausschüsse für Jugendarbeitsschutz zu bilden. 60

[67] Insoweit gilt für den Jugendlichen keine freie Arztwahl.
[68] ErfK/*Schlachter* JArbSchG § 43 Rn. 1.
[69] BVerwG 28.11.1974 BVerwGE 47, 229.

61 **4. Bußgeld und Strafvorschriften.** Schließlich ist die Einhaltung durch Bußgeld und Strafandrohungen gesichert (§§ 58–60 JArbSchG). Die Strafandrohungen gelten für den AG, soweit er eine natürliche Person ist und für die gesetzlichen Vertreter juristischer Personen (s. § 14 StGB, § 9 OWiG; auch → Rn. 6). Der AG kann die Erfüllung der Pflichten aus dem JArbSchG Angehörigen des Betriebes übertragen.[70] Eine **konkludente Übertragung** genügt nicht. Ausreichend ist eine **formlose Übertragung;** regelmäßig sollte aber schon aus Beweisgründen die Schriftform eingehalten werden. Hat der AG die Sorge für die Einhaltung der Pflichten aus dem JArbSchG auf Betriebsangehörige übertragen, so richtet sich die Strafandrohung gegen diese. Der AG kann aber bei mangelhafter Auswahl oder Überwachung strafrechtlich verantwortlich bleiben.

§ 162. Zwingende Arbeitsbedingungen nach dem AEntG und dem AÜG

Übersicht

I. Tarifvorrang

1 Grundsätzlich ist den Arbeitgeber- und Arbeitnehmerorganisationen die Aushandlung und Festsetzung von Arbeits- und Wirtschaftsbedingungen übertragen (Art. 9 III GG; → § 188 Rn. 1 ff.).

2 Schon seit 1952 gab es aber eine gesetzliche Regelung für die Einführung von Mindestarbeitsbedingungen. Grundlage für die Festsetzung von Mindestarbeitsbedingungen war zunächst das Gesetz über die Festsetzung von Mindestarbeitsbedingungen vom 11.1.1952 (MiArbG 1952, BGBl. I 17, zul. geänd. 31.10.2006, BGBl. I 2407). Tatsächlich wurde aber von der Möglichkeit zum Erlass von Rechtsverordnungen nach § 4 III MiArbG 1952 nie Gebrauch gemacht. Durch die im April 2009 in Kraft getretene Novelle des MiArbG (v. 22.4.2009, BGBl. I 818) sollte die Festsetzung von Mindestentgelten erleichtert werden. Auch auf der Grundlage der Novelle des MiArbG ist jedoch keine Rechtsverordnung erlassen worden (näher hierzu die 15. Aufl. § 162 Rn. 2 ff.).

3 Durch das aufgrund des TarifAStG eingeführte MiLoG hat der Gesetzgeber nunmehr zum 1.1.2015 einen gesetzlichen Mindestlohn normiert (→ § 66 Rn. 1 ff.) und gleichzeitig das MiArbG außer Kraft gesetzt. Darüber hinaus gibt es immerhin **vier Möglichkeiten,** um durch eine staatliche Rechtssetzung **Mindestarbeitsbedingungen** für Arbeitsverhältnisse **festzulegen,** und zwar durch

(1) Allgemeinverbindlicherklärung von Tarifverträgen gem. § 5 TVG (→ § 205 Rn. 1 ff.), ggf. mit einer Erstreckung nach §§ 3 ff. AEntG (→ Rn. 18 ff.),
(2) Rechtsverordnung gem. §§ 7, 7a AEntG (→ Rn. 20 ff.),

[70] Vgl. OLG Hamm 4.9.1973 NJW 1974, 72.

(3) Festsetzung von Mindestarbeitsbedingungen im Pflegebereich gem. §§ 10 ff. AEntG durch Rechtsverordnung (→ Rn. 50 ff.),
(4) durch Rechtsverordnung nach § 3a AÜG (→ Rn. 73 ff.).

Ferner kann der gesetzliche Mindestlohn durch Rechtsverordnung gem. §§ 1 II, 11 MiLoG angepasst werden (→ § 66 Rn. 52 ff.). 4

Für **Heimarbeiter** ermöglichen die Bestimmungen des HAG in weitem Umfang die Festsetzung von Arbeitsbedingungen (→ § 163 Rn. 32). 5

II. Arbeitnehmer-Entsendegesetz

Merkblätter: Zum AEntG gibt es mehrere Merkblätter, die bei den Agenturen für Arbeit erhältlich sind oder über das Internet abgerufen werden können, http://www.arbeitsagentur.de.

1. Zielsetzung. Das AEntG regelt die Schaffung und Durchsetzung angemessener Mindestarbeitsbedingungen für grenzüberschreitend entsandte und für regelmäßig im Inland beschäftigte AN sowie die Gewährleistung fairer und funktionierender Wettbewerbsbedingungen durch die Erstreckung der Rechtsnormen von Branchentarifverträgen. Dadurch sollen zugleich sozialversicherungsrechtliche Bedingungen erhalten und die Ordnungs- und Befriedungsfunktion der Tarifautonomie gewahrt werden (§ 1 AEntG). Dem Gesetzgeber ging es darum, auf die Verwerfungen auf dem Arbeitsmarkt zu reagieren, die durch eine globalisierte Wirtschaft und die Intensivierung des europäischen Binnenmarktes entstanden sind.[1] Man wollte dem Wettbewerbsdruck durch die Entsendung ausländischer AN in die BRD und dem damit verbundenen Druck auf die Entgeltbedingungen entgegenwirken. Regelungsbedarf sah man dabei insbesondere im Bereich der Baubranche. 6

Mit der Neufassung im Jahr 2009 wollte man ferner die zunehmende inländische Entgeltspreizung infolge der zurückgehenden Tarifbindung bekämpfen und eine Stabilisierung des Anteils der sozialversicherungspflichtigen „Normalarbeitsverhältnisse" erreichen.[2] Aus diesem Grund sind die Rechtssetzungsmöglichkeiten nochmals erweitert worden. Mit dem am 16.8.2014 in Kraft getretenen Tarifautonomiestärkungsgesetz (TarifAStG, BGBl. I 1348) hat der Gesetzgeber die Möglichkeit der Erstreckung tariflicher Arbeitsbedingungen durch Rechtsverordnung auf alle Branchen erweitert und die Erstreckung allgemeinverbindlicher Tarifverträge auf die Baubranche beschränkt. Durch das am 29.11.2019 in Kraft getretene Pflegelöhneverbesserungsgesetz (BGBl. I 1756) wurde das Instrument der Tarifnormerstreckung durch Rechtsverordnung im öffentlichen Interesse nach § 7a I 1 AEntG auch auf die **Pflegebranche** erstreckt. Weitere grundlegende Änderungen sind mit dem am 30.7.2020 in Kraft getretenen Gesetz zur Umsetzung der Richtlinie 2018/957/EU (BGBl. I 1657) erfolgt, insbes. eine Erweiterung der erfassten Arbeitsbedingungen. 7

Ausgangspunkt für den Regelungsbedarf sind letztlich die Regelungen des **internationalen Privatrechts,** wonach die Arbeitsverhältnisse entsandter AN grundsätzlich dem Recht des Staates unterliegen, in dem der AN in Erfüllung seines Vertrags gewöhnlich seine Arbeit verrichtet (näher hierzu → § 7 Rn. 2 ff.). Folge hiervon ist, dass für ausländische AN deutsche Tarifverträge, auch wenn sie für allgemeinverbindlich erklärt wurden, grundsätzlich keine Anwendung finden. Eine Ausnahme gilt lediglich dann, wenn es sich insoweit um Eingriffsnormen iSv Art. 9 Rom I-VO (→ § 7 Rn. 17) handelt.[3] 8

2. Rechtsgrundlagen. a) Entsenderichtlinie. Die **Richtlinie** des Europäischen Parlaments und des Rates über die Entsendung von AN im Rahmen der Erbringung von Dienstleistungen **(96/71/EG)** vom 16.12.1996 (ABl. EG L 18, 1 v. 21.1.1997) gilt für Unternehmen in einem Mitgliedstaat, die im Rahmen einer länderübergreifenden Erbringung von Dienstleistungen AN in das Hoheitsgebiet eines Mitgliedstaates entsenden. Nach Art. 3 der Richtlinie haben die Mitgliedstaaten dafür zu sorgen, dass den in ihr Hoheitsgebiet entsandten AN bestimmte durch Rechtsvorschriften und allgemeinverbindliche Tarifverträge festgelegte Arbeits- und Beschäftigungsbedingungen garantiert werden, insbes. im Hinblick auf Höchstarbeitszeiten, Urlaub, Mindestlohn, Arbeitsschutz sowie Gleichbehandlung von Frauen und Männern. Die Richtlinie bezweckt zum einen die Sicherstellung eines lauteren Wettbewerbs und zum anderen die Geltung des Mindestschutzes gem. den Regelungen des Aufnahmestaates über den Arbeits- 9

[1] BT-Drs. 13/2414, 7.
[2] *Sittard* NZA 2009, 346 (347); ErfK/*Franzen* AEntG § 1 Rn. 2.
[3] ErfK/*Franzen* AEntG § 1 Rn. 4.

und Beschäftigungsschutz.[4] Die Entsenderichtlinie ist durch das Gesetz über zwingende Arbeitsbedingungen bei grenzüberschreitenden Dienstleistungen (Arbeitnehmer-Entsendegesetz – AEntG) vom 26.2.1996 (BGBl. I 227) – bereits vor ihrem Inkrafttreten – in das nationale Recht umgesetzt worden. Zum 24.4.2009 wurde das AEntG neu gefasst (G. v. 20.4.2009, BGBl. I 799[5] und trägt jetzt die amtliche Bezeichnung „Gesetz über zwingende Arbeitsbedingungen für grenzüberschreitend entsandte und für regelmäßig im Inland beschäftigte Arbeitnehmer und Arbeitnehmerinnen". Mit der DurchsetzungsRL 2014/67/EU wurden die Kontrollbefugnisse der Behörden gestärkt und vereinheitlicht; ferner wurde der Entsendebegriff konkretisiert (Art. 4 RL 2014/67/EU.) Am 29.5.2018 hat das EU-Parlament eine **Überarbeitung der Entsenderichtlinie** (RL 2018/957/EU, in Kraft getreten am 29.7.2018)[6] beschlossen, um Lohn- und Sozialdumping zu vermeiden. Nach dieser Änderungsrichtlinie wird die Entsendung künftig auf zwölf Monate limitiert mit einer möglichen Verlängerung um sechs Monate. Nach dieser Frist gelten alle Arbeits- und Beschäftigungsbedingungen des Gastlandes. Ferner sollen künftig für entsandte AN europaweit die gleichen Lohnbedingungen wie für einheimische AN gelten. Dazu gehören alle im Gastland branchenüblichen Lohnbestandteile einschließlich Urlaubsgeld, Wochenend- und Überstundenzuschläge. Außerdem muss der AG nach der Neuregelung künftig die Reise-, Unterbringungs- und Verpflegungskosten für den entsandten AN tragen und darf diese nicht vom Entgelt abziehen. Die neuen Regelungen der Richtlinie gelten grundsätzlich auch im Verkehrssektor,[7] dort allerdings erst, sobald die geplanten sektorspezifischen Rechtsvorschriften in Kraft getreten sind Für die Umsetzung dieser Regelungen galt eine Frist bis zum 30. Juli 2020. Mit dem am 30.7.2020 in Kraft getretenen Gesetz vom 10.7.2020 (BGBl. I 1657) ist diese Umsetzung nunmehr erfolgt.

10 **b) Art. 56 AEUV.** Aus Art. 56 AEUV (vormals Art. 49 EG) folgt die **Dienstleistungsfreiheit.** Damit haben ausländische AG die Möglichkeit, ihre AN in die BRD zu entsenden, um hier ihre Dienstleistungen zu heimischen Preisbedingungen zu erbringen. Betroffen ist vor allem die Bauindustrie, die bei der Auftragsvergabe durch ausländische Unternehmen unterboten wird.[8] Regelmäßig sind die AN nicht nach deutschem Recht sozialversicherungspflichtig, so dass ein weiterer Kostenvorteil erwächst. Nach Art. 14 Nr. 1 lit. a VO 1408/71 EWG besteht nur dann Sozialversicherungspflicht, wenn die AN zum Zweck der Entsendung angeworben wurden.[9] Art. 56 AEUV verwehrt es den Mitgliedstaaten nicht, die Geltung von tariflichen Mindestlöhnen auf (auch vorübergehend) in Deutschland tätige AN ausländischer AG zu erstrecken.[10] Allerdings kann eine Verletzung der Dienstleistungsfreiheit vorliegen, wenn die Verpflichtung zur Zahlung des Mindestlohns bei einem kurzfristigen Einsatz von AN im grenznahen Bereich zu einem unzumutbaren und damit unverhältnismäßigen Verwaltungsaufwand führt.[11] Wegen der Bürgenhaftung nach § 1a AEntG aF (jetzt § 14 AEntG) hatte das BAG ein Vorabentscheidungsverfahren beim EuGH eingeleitet.[12] Der EuGH hat entschieden, dass die Bürgenhaftung mit der durch Art. 49 EG (jetzt Art. 56 AEUV) gewährleisteten Freiheit des Dienstleistungsverkehrs vereinbar ist.[13] Generell lässt sich anhand der Rechtsprechung des EuGH ablesen, dass er sowohl die RL 96/71/EG als auch das deutsche AEntG **mit dem europäischen Primärrecht** für **vereinbar** hält.[14]

11 **3. Regelungsinhalt des AEntG.** Das AEntG unterscheidet zwischen allgemeinen Arbeitsbedingungen und tariflichen Arbeitsbedingungen. Für allgemeine Arbeitsbedingungen wird in § 2 AEntG die Geltung bestimmter inländischer Regelungen angeordnet. In den §§ 3 ff. AEntG

[4] EuGH 12.2.2015 – C-396/13, NZA 2015, 345 – Sähköalojen ammattiliitto.

[5] Vgl. BT-Drs. 16/10486 v. 7.10.2008.

[6] Nichtigkeitsklagen von Ungarn und Polen gegen die Anpassung der Richtlinie sind vor dem EuGH erfolglos geblieben; EuGH 8.12.2020 – C620/18; 8.12.2020 – C-826/18.

[7] Zur Anwendbarkeit der RL im Straßenverkehrssektor und der Voraussetzung einer hinreichenden Verbindung zum Hoheitsgebiet des anderen Mitgliedstaates EuGH 1.12.2020 – C-815/18 – Federatie Nederlandse Vakbeweging; zur Anwendbarkeit für das Bordpersonal internationaler Züge EuGH 19.12.2019 – C-16/18, AP Nr. 14 zu Nr. 96/71 EWG-Richtlinie = NZA 2020, 225 – Dobersberger.

[8] Vgl. BAG 6.11.2002 AP Nr. 1 zu § 1a AEntG = NZA 2003, 490.

[9] Vgl. OLG Köln 28.2.1997 NZA-RR 1998, 29; EuGH 10.2.2000 AP Nr. 1 zu EWG-Verordnung 1408/71 = NZA-RR 2000, 201.

[10] EuGH 23.11.1999 AP Nr. 1 zu Art. 59 EG-Vertrag = NZA 2000, 85 – Arblade/Leloup; 15.3.2001 AP Nr. 2 zu EWG-Richtlinie Nr. 96/71 = NZA 2001, 554 – Mazzoleni und ISA.

[11] EuGH 15.3.2001 AP Nr. 2 zu EWG-Richtlinie Nr. 96/71 = NZA 2001, 554 – Mazzoleni und ISA.

[12] BAG 6.11.2002 AP Nr. 1 zu § 1a AEntG = NZA 2003, 490.

[13] EuGH 12.10.2004 AP Nr. 9 zu Art. 49 EG = NZA 2004, 1211 – Wolf & Müller.

[14] Ausf. hierzu Thüsing MiLoG/*Thüsing* AEntG vor § 1 Rn. 12 ff.

ist die Erstreckung tariflicher Bestimmungen auf Arbeitsverhältnisse geregelt. Ferner enthält das Gesetz in den §§ 10 ff. AEntG Sonderregelungen für die Pflegebranche. Die Regelungen sind nicht beschränkt auf AG mit Sitz in der EU, sie gelten auch für eine Entsendung durch AG aus Drittstaaten.

4. Allgemeine Arbeitsbedingungen. Nach § 2 I AEntG finden die in Rechts- und Verwaltungsvorschriften enthaltenen Regelungen über **(1)** die Entlohnung einschließlich der Überstundensätze ohne die Regelungen über die betriebliche Altersversorgung, **(2)** den bezahlten Mindestjahresurlaub, **(3)** die Höchstarbeitszeiten und Mindestruhezeiten, **(4)** die Bedingungen für die Überlassung von Arbeitskräften, insbesondere durch Leiharbeitsunternehmen, **(5)** die Sicherheit, den Gesundheitsschutz und die Hygiene am Arbeitsplatz, einschließlich der Anforderungen an die Unterkünfte von AN, wenn sie vom AG für AN, die von ihrem regelmäßigen Arbeitsplatz entfernt eingesetzt werden, unmittelbar oder mittelbar, entgeltlich oder unentgeltlich zur Verfügung gestellt werden, **(6)** die Schutzmaßnahmen im Zusammenhang mit den Arbeits- und Beschäftigungsbedingungen von Schwangeren und Wöchnerinnen, Kindern und Jugendlichen, **(7)** die Gleichbehandlung der Geschlechter sowie andere Nichtdiskriminierungsbestimmungen und **(8)** die Zulagen oder die Kostenerstattung zur Deckung der Reise-, Unterbringungs- und Verpflegungskosten für AN, die aus beruflichen Gründen von ihrem Wohnort entfernt sind, auch auf Arbeitsverhältnisse zwischen einem im Ausland ansässigen AG und seinen im Inland beschäftigten AN zwingend Anwendung. Gem. § 2 III AEntG gilt § 2 I Nr. 8 AEntG für AG mit Sitz im Ausland, wenn der Arbeitnehmer oder die Arbeitnehmerin zu oder von seinem oder ihrem regelmäßigen Arbeitsort im Inland reisen muss oder von dem Arbeitgeber von seinem oder ihrem regelmäßigen Arbeitsort im Inland vorübergehend zu einem anderen Arbeitsort geschickt wird. In § 2 II AEntG wird klargestellt, dass ein AG mit Sitz im Ausland einen AN auch dann im Inland beschäftigt, wenn er ihn einem Entleiher mit Sitz im Ausland oder im Inland überlässt und der Entleiher den AN im Inland beschäftigt. Das Gesetz übernimmt mit der zum 30.7.2020 neu gefassten Regelung des § 2 AEntG insoweit die Regelung in Art. 3 RL 96/71/EG und die Erweiterungen aufgrund der Überarbeitung der Entsenderichtlinie (RL 2018/957/EU). 12

Diese Arbeitsbedingungen finden unabhängig davon Anwendung, in welcher **Branche** die AN beschäftigt sind. Mit dem Begriff *zwingend* wird klargestellt, dass es sich hierbei um eine Vorschrift iSv Art. 9 Rom I-VO handelt, die nach den Grundsätzen des internationalen Privatrechts auch dann anzuwenden ist, wenn das Arbeitsverhältnis eines entsandten AN im Übrigen dem Recht eines anderen Staates, zB des Herkunftsstaates, unterliegt.[15] Nicht hierunter fallen § 2 EFZG sowie § 615 BGB und auch nicht § 3 EFZG, soweit die Arbeitsverhältnisse von Wanderarbeitnehmern betroffen sind, auf die deutsches Sozialversicherungsrecht nicht anwendbar ist.[16] Die Frage, ob der entsandte Beschäftigte **AN** ist oder nicht, ist nach deutschem Recht zu beurteilen.[17] **Rechtsvorschriften** iSv § 2 AEntG sind insbesondere Gesetze. Allgemeinverbindliche Tarifverträge fallen nicht hierunter, weil deren Geltung in der speziellen Bestimmung des § 3 AEntG geregelt ist.[18] Unter den Begriff der **Verwaltungsvorschriften** fallen vor allem Runderlasse der Bundesagentur sowie Verwaltungsakte der Aufsichtsbehörden. 13

Bis zum 30.7.2020 waren durch **§ 2 Nr. 1 AEntG** lediglich Mindestentgeltsätze erfasst. Hierunter fielen die Festlegungen nach dem MiLoG und die sich aus § 138 BGB ergebenden Entgeltuntergrenzen[19] (→ § 34 Rn. 4 ff.). Erfasst wurde ferner die Regelung in § 17 I 1 BBiG[20] (→ § 174 Rn. 62 ff.). In Umsetzung der Überarbeitung der Entsenderichtlinie (RL 2018/957/EU) sind jetzt mit Ausnahme der Regelungen über die betriebliche Altersversorgung **alle Entgeltbestandteile** erfasst. Was Gegenstand der Entlohnung iSv § 2 I Nr. 1 AEntG ist, regelt **§ 2a AEntG.** Diese Regelung knüpft dabei an das Arbeitsverhältnis und das Gegenseitigkeitsverhältnis zwischen der Pflicht des AN zur Arbeitsleistung auf der einen Seite und der Pflicht des AG zur Zahlung der Entlohnung auf der anderen Seite an, und zwar unabhängig davon, ob das Entgelt in Form einer Geldleistung oder einer Sachleistung geleistet wird. Zu gewähren sind zB auch 14

[15] Thüsing MiLoG/*Thüsing* AEntG § 2 Rn. 2.
[16] BAG 13.5.2015 AP Nr. 74 zu § 4 EntgeltFG = NZA 2015, 1227; 12.1.2005 AP Nr. 2 zu § 1a AEntG = NZA 2005, 627.
[17] HessLAG 29.10.2007 – 16 Sa 2012/06; ErfK/*Franzen* AEntG § 3 Rn. 5.
[18] Vgl. BT-Drs. 19/19371, 23.
[19] Thüsing MiLoG/*Thüsing* AEntG § 2 Rn. 7.
[20] ErfK/*Franzen* AEntG § 2 Rn. 2.

Entgeltbestandteile, die an die Art der Tätigkeit, Qualifikation und Berufserfahrung anknüpfen. Neben der Grundvergütung sind daher auch insbes. Zulagen für Nacht-, Sonn und Feiertagsarbeit sowie für Überstunden und Schichtarbeit zu zahlen.[21] Nicht erfasst sind dagegen Leistungen, die der AG nur anlässlich des Arbeitsverhältnisses gewährt, wie etwa den Zugang zu Sozialeinrichtungen (Kantine/Firmenparkplatz). Ferner umfasst der Begriff der Entlohnung nicht Leistungen, die Dritte, die nicht AG sind, im Zusammenhang mit dem Arbeitsverhältnis erbringen.[22] Gem. **§ 2b I AEntG** können allerdings vom AG gewährte **Entsendezulagen angerechnet** werden, sofern es sich hierbei nicht Leistungen handelt, die der Erstattung von Kosten dienen, die infolge der Entsendung tatsächlich entstanden sind (Entsendekosten). Fehlt es an einer arbeitsvertraglichen Festlegung, welche Bestandteile einer Entsendezulage als Erstattung von Entsendekosten gezahlt werden und welche Bestandteile Teil der Entlohnung sind, wird nach § 2b II AEntG unwiderleglich vermutet, dass die Entsendezulage als Erstattung von Entsendekosten gezahlt wird. Der AG kann das Eingreifen dieser Vermutung verhindern, indem er nachweist, dass in den auf das Arbeitsverhältnis anwendbaren Arbeitsbedingungen geregelt ist, dass bzw. in welchem Umfang die Entsendezulage der Entlohnung dient.[23]

15 **§ 2 I Nr. 2 AEntG** betrifft den gesetzlichen Mindesturlaub nach § 3 BUrlG sowie nach § 208 SGB IX. Umfasst ist dabei auch die Regelung über die Höhe des Urlaubsentgelts nach § 11 BUrlG.[24] **§ 2 I Nr. 3 AEntG** bezieht vor allem die arbeitszeitrechtlichen Vorgaben nach §§ 3, 5 ArbZG (→ §§ 156–159 Rn. 1 ff.) sowie die Regelungen nach den Ladenschlussgesetzen (→ § 157 Rn. 18 ff.) und dem SeeArbG (→ § 156 Rn. 50 ff.) ein. **§ 2 I Nr. 4 AEntG** betrifft alle gewerbe-, vermittlungs- und erlaubnisrechtlichen Regelungen nach dem AÜG sowie auch die erlaubnisfreie Arbeitnehmerüberlassung nach § 1 III AÜG und die nicht gewerbsmäßige Arbeitnehmerüberlassung.[25] **§ 2 I Nr. 5 AEntG** erfasst das gesamte Arbeitsschutzrecht, insbesondere also die Bestimmungen des ArbSchG, ASiG. Durch die Änderung dieser Regelung zum 30.7.2020 wurde klargestellt, dass alle – auch ausländische – AG die Anforderungen erfüllen müssen, die für vom AG gestellte Unterkünfte in deutschen Rechts- und Verwaltungsvorschriften vorgeschrieben sind. Damit gelten insbes. die Regelungen nach der ArbStättV. Unerheblich ist dabei, ob der AG die Unterkunft unmittelbar zur Verfügung stellt, oder ob er Dritte, etwa Makler oder Vermietungsgesellschaften zwischenschaltet. **§ 2 I Nr. 6 AEntG** bestimmt die Anwendbarkeit der Regelungen zum Schutz von Frauen (MuSchG) sowie Kindern und Jugendlichen (JArbSchG, KindArbSchV; → § 161 Rn. 1 ff.). **§ 2 I Nr. 7 AEntG** normiert die Geltung der Antidiskriminierungsvorschriften, insbesondere des AGG sowie in § 4 I u. II TzBfG. Nicht erfasst wird dagegen der allgemeine Gleichberechtigungsgrundsatz, weil dieser keine Antidiskriminierungsvorschrift darstellt, sondern allgemein die Frage der gleichmäßigen Gewährung von Leistungen betrifft.[26]

16 Der zum 30.7.2020 neu eingefügte **§ 2 I Nr. 8 AEntG** dient der Umsetzung von Art. 3 VII UAbs. 2 S. 2 der Entsenderichtlinie (96/71/EG). Danach gelten insbes. die Ansprüche auf Aufwendungsersatz, die sich für den AN in analoger Anwendung von § 670 BGB ergeben. Dabei kommt es nach § 2 III AEntG nicht darauf an, ob der AN aufgrund beruflicher Veranlassung an einem anderen Arbeitsort übernachten muss, sondern nur darauf, ob er sich aus beruflichen Gründen zu einem anderen Ort als seinem Wohnort begibt.[27] Nach der klarstellenden Regelung in **§ 2 II AEntG** beschäftigt ein AG mit Sitz im Ausland einen AN auch dann im Inland, wenn er diesen einem Entleiher mit Sitz im Ausland oder im Inland überlässt und der Entleiher den AN im Inland beschäftigt. Dies gilt insbes. auch dann, wenn ein ausländischer Verleiher einen **Leiharbeitnehmer** an einen in- oder ausländischen Verleiher überlässt und der Entleiher den AN im Inland beschäftigt. Verleiher und Entleiher können dabei auch im selben Mitgliedstaat ansässig sein.[28] Damit der Verleiher den ihm danach obliegenden Verpflichtungen nachkommen kann, regelt § 15a AEntG eine **Unterrichtungspflicht des Entleihers.** Diese betrifft den Einsatz des AN in einem anderen Mitgliedstaat (§ 15a I AEntG) sowie die wesentlichen Arbeitsbedingungen, die im Betrieb des Entleihers für einen vergleichbaren AN des Entleihers gelten, einschließlich der Entlohnung (§ 15a II 1 AEntG). Einer solchen Unterrichtung

[21] *Björn* BB 2020, 1780 (1781).
[22] BT-Drs. 19/19371, 26.
[23] BT-Drs. 19/19371, 26.
[24] Thüsing MiLoG/*Thüsing* AEntG § 2 Rn. 8; vgl. hierzu EuGH 12.2.2015 – C-396/13, NZA 2015, 345 – Sähköalojen ammattiliitto.
[25] ErfK/*Franzen* AEntG § 2 Rn. 3.
[26] Thüsing MiLoG/*Thüsing* AEntG § 2 Rn. 13.
[27] BT-Drs. 19/19371, 24.
[28] BT-Drs. 19/19371, 25.

über die Arbeitsbedingungen bedarf es allerdings dann nicht, wenn der Gleichbehandlungsgrundsatz nach § 8 II und IV 2 AÜG nicht gilt (§ 15a II 2 AEntG).

5. Tarifvertragliche Arbeitsbedingungen. a) Überblick. Das AEntG normiert zwei Wege, um eine Tarifnormerstreckung zu erreichen: 17

(1) Zum einen können für allgemeinverbindlich erklärte Tarifverträge unter den Voraussetzungen der §§ 4–6 AEntG zwingend Anwendung finden (→ Rn. 18 ff).
(2) Zum anderen kann eine Geltungserstreckung durch Rechtsverordnung nach §§ 7, 7a AEntG erfolgen (→ Rn. 20 ff.).

b) Erstreckung allgemeinverbindlicher Tarifverträge. aa) Regelungsziel. Gem. § 3 I Nr. 1 AEntG finden die Rechtsnormen eines **Tarifvertrags** auch auf Arbeitsverhältnisse zu einem AG mit Sitz im Ausland und seinen im räumlichen Geltungsbereich dieses Tarifvertrags beschäftigten AN zwingend Anwendung, wenn der Tarifvertrag für allgemeinverbindlich erklärt ist. Die Vorschrift bewirkt, dass auch AG, die ihren Sitz im Ausland haben, bestimmte tarifvertragliche Arbeitsbedingungen einhalten müssen, wenn sie AN in Deutschland beschäftigen. Die Vorschrift enthält die Grundnorm, dass die in diesem Gesetz zwingend geregelten tarifvertraglichen Arbeitsbedingungen ebenfalls zwingende Normen iSd Art. 9 Rom I-VO sind. Wegen des unionsrechtlichen Verbots der Diskriminierung von Dienstleistungserbringern mit Sitz in einem anderen Staat des europäischen Wirtschaftsraums darf von einem dort ansässigen AG, der AN nach Deutschland entsendet, die Einhaltung tarifvertraglicher Arbeitsbedingungen nur verlangt werden, wenn auch alle entsprechenden AG der Branche, dh seine potentiellen hiesigen Konkurrenten, diese Arbeitsbedingungen zwingend einhalten müssen. Diese Gleichbehandlung lässt sich nur erreichen, wenn die Einhaltung der entsprechenden Tarifverträge für alle inländischen AG der betreffenden Branche zwingend vorgeschrieben wird. 18

bb) Erfasste Branchen. Bis zum Inkrafttreten der Änderungen durch das TarifAStG konnte die Erstreckung allgemeinverbindlicher Tarifverträge aller in § 4 AEntG (jetzt § 4 I AEntG) aufgeführten Branchen erfolgen. Zum 16.8.2014 war die Geltung allgemeinverbindlicher Tarifverträge auf den Bereich der Baubranche (§ 4 I Nr. 1 AEntG) beschränkt worden. Durch das am 30.7.2020 in Kraft getretene Gesetz zur Umsetzung der Richtlinie 2018/957/EU ist der Anwendungsbereich von § 3 AEntG auf alle Branchen ausgeweitet worden. 19

c) Rechtsverordnungen. aa) Allgemeines. Auf gemeinsamen Antrag der Tarifvertragsparteien kann das BMAS (bzw. in den Fällen der §§ 7 V 3, 7a IV 3 AEntG die Bundesregierung) durch RechtsVO ohne Zustimmung des BR bestimmen, dass die Rechtsnormen eines Tarifvertrags auf alle unter seinen Geltungsbereich fallenden und nicht an ihn gebundenen AG sowie AN Anwendung finden. Der Erlass von RechtsVO richtet sich für die in § 4 I AEntG aufgeführten Branchen nach § 7 AEntG, während für alle übrigen Branchen § 7a AEntG anzuwenden ist. 20

bb) Regelung in § 7 AEntG. (1) Einbezogene Branchen. § 7 AEntG betrifft die in § 4 I AEntG aufgeführten Branchen. Hierzu gehören neben (Nr. 1) dem Bauhauptgewerbe oder dem Baunebengewerbe, (Nr. 2) der Gebäudereinigung sowie (Nr. 3) den Briefdienstleistungen nunmehr seit der Novelle des AEntG im Jahre 2009 zusätzlich (Nr. 4) die Sicherheitsdienstleistungen, (Nr. 5) Bergbauspezialdienstleistungen auf Steinkohlebergwerken, (Nr. 6) Wäschereidienstleistungen im Objektkundengeschäft, (Nr. 7) die Abfallwirtschaft einschließlich Straßenreinigung und Winterdienst sowie (Nr. 8) Aus- und Weiterbildungsleistungen nach dem SGB II und III und nach der Novelle des Gesetzes im Jahre 2014 Tarifverträge für Schlachten und Fleischverarbeitung (Nr. 9). 21

Wegen der Definition des Bereichs der **Baubranche** verweist § 4 I Nr. 1 AEntG auf die Baubetriebe-Verordnung und § 6 I AEntG nimmt wegen des Begriffs der Bauleistungen Bezug auf § 101 II SGB II, wonach dies alle Leistungen sind, die der Herstellung, Instandsetzung, Instandhaltung, Änderung oder Beseitigung von Bauwerken dienen. Ein Betrieb, der überwiegend Bauvorrichtungen, Baumaschinen, Baugeräte oder sonstige Baubetriebsmittel ohne Personal Betrieben des Baugewerbes gewerblich zur Verfügung stellt oder überwiegend Baustoffe oder Bauteile für den Markt herstellt, sowie ein Betrieb, der Betonentladegeräte gewerblich zur Verfügung stellt, ist dagegen kein Betrieb des Baugewerbes. Maßgeblich ist gem. § 6 I AEntG, ob eine **überwiegende Erbringung von Bauleistungen** vorliegt. Es kommt darauf an, ob bezogen auf die Gesamtarbeitszeit der AN des Betriebes bzw. der selbständigen Betriebsabteilung 22 im jeweiligen Kalenderjahr vornehmlich Bauleistungen erbracht werden.[29] Eine **Betriebsabteilung** ist ein vom Gesamtbetrieb räumlich, personell und organisatorisch abgegrenzter Betriebsteil, der mit eigenen technischen Betriebsmitteln einen eigenen Betriebszweck verfolgt. Das zusätzliche Merkmal der **Selbständigkeit** verlangt eine nach außen hin erkennbare deutliche räumliche und organisatorische Abgrenzung sowie einen besonders ausgeprägten arbeitstechnischen Zweck.[30] Die verschiedenen Baustellen eines Baubetriebes fallen nicht unter diesen Begriff.[31]

23 § 4 I Nr. 2 AEntG erfasst die gesamte Branche der **Gebäudereinigung** und nicht nur Handwerksbetriebe.[32] **Briefdienstleistung** (Nr. 3) ist das gewerbsmäßige Befördern von Briefsendungen für Dritte (§ 6 III AEntG), insbesondere das Einsammeln, Weiterleiten oder Ausliefern von Briefsendungen an den Empfänger.[33] **Sicherheitsdienstleistungen** (Nr. 4) sind nicht nur das Bewachen von Leben, Gesundheit und Eigentum fremder Personen iSv § 34a I 1 GewO, sondern Leistungen, die dem Schutz von Rechtsgütern aller Art dienen (§ 6 IV AEntG). Hierunter fallen neben Objekt- und Wachschutz einschließlich Geld- und Wertdiensten auch der Schutz von kerntechnischen Anlagen, Schutz- und Sicherheitsaufgaben in Verkehrsflughäfen, City-Streifen, Bewachung militärischer Liegenschaften, Überwachung des öffentlichen Personenverkehrs, der Personenschutz, Pfortenempfangsdienste und Ordnungsdienste, Revier- und Interventionsdienste, Sicherungsposten bei Gleisarbeiten, Notruf- und Service-Leitstellen, ausgegliederte Werksfeuerwehren sowie sonstige sicherheitsrelevante Serviceaufgaben.[34] **Bergbauspezialarbeiten** (Nr. 5) sind von Drittfirmen erbrachte Serviceleistungen im Steinkohlebergbau, die im Auftrag eines Unternehmens dessen Rohstoffgewinnung unterstützen, zB durch Erstellen von Grubenräumen, einschließlich Schacht- und Streckenbauarbeiten (s. § 6 V AEntG).[35] **Wäschereidienstleistungen** im Objektkundengeschäft (Nr. 6) umfassen das Waschen von waschbaren Textilien für gewerbliche Kunden und öffentliche oder kirchliche Einrichtungen wie zB Krankenhäuser (§ 6 VI AEntG). Nicht erfasst sind chemische Reinigungen. Ebenfalls nicht unter § 4 Nr. 6 fallen Wäschereiabteilungen, die für die eigene Organisationseinheit waschen[36] (zB Krankenhauswäschereien) sowie gem. § 6 VII 2 AEntG Wäschereidienstleistungen, die von Werkstätten für behinderte Menschen iSv § 219 SGB IX erbracht werden. **§ 4 I Nr. 7 AEntG** betrifft als Branche das Sammeln, Transportieren, Sortieren, Verarbeiten, Verbrennen und Deponieren von Abfällen und das Wiedergewinnen von Rohstoffen aus Abfall. Außerdem erfasst sind das Reinigen von öffentlichen Straßen und Plätzen und das Beseitigen von Schnee und Eis auf solchen Plätzen, einschließlich des Einsatzes von Streugut[37] (s. auch § 6 VII AEntG). Unter **§ 4 I Nr. 8 AEntG** fallen alle Qualifizierungsmaßnahmen, die nach dem SGB II und II durchgeführt werden (berufsvorbereitende Maßnahmen, Trainingsmaßnahmen und Weiterbildung). Ausgenommen sind gem. § 6 VIII 2 AEntG Einrichtungen der beruflichen Rehabilitation iSv § 51 SGB IX, **§ 4 I Nr. 9 AEntG** erfasst Betriebe und Betriebsabteilungen, in denen überwiegend geschlachtet oder Fleisch verarbeitet wird sowie Betriebe und Betriebsabteilungen, die ihre AN überwiegend in Betrieben der Fleischwirtschaft einsetzen (§ 6 IX 1 AEntG). Gem. § 6 IX 2 AEntG umfasst das Schlachten alle Tätigkeiten des Schlachtens und Zerlegens von Tieren mit Ausnahme von Fischen. Der Begriff der Verarbeitung ist in § 6 IX 3 AEntG definiert und erfasst alle Tätigkeiten der Weiterverarbeitung von beim Schlachten gewonnenen Fleischprodukten zur Herstellung von Nahrungsmitteln sowie deren Portionierung und Verpackung, sofern diese nicht direkt auf Anforderung des Endverbrauchers erfolgt (§ 6 IX 4 AEntG).

24 In § 6 AEntG sind die für die Branche geltenden Besonderheiten zusammengefasst. Soweit für die einzelnen Branchen in § 6 I–IX AEntG auf die **überwiegende Erbringung bestimmter Leistungen** abgestellt wird, kommt es darauf an, ob bezogen auf die Gesamtarbeitszeit der AN des Betriebes bzw. der selbständigen Betriebsabteilung im jeweiligen Kalenderjahr vornehmlich die betreffende Tätigkeit erbracht wird.[38] Zum Begriff der selbständigen Betriebsabteilung → Rn. 22.

---

[29] *Sittard* NZA 2009, 346 (347) unter Hinweis auf BAG 24.8.1994 AP Nr. 181 zu § 1 TVG Tarifverträge: Bau = NZA 1995, 1116.
[30] Vgl. BAG 25.1.2005 AP Nr. 21 zu § 1 AEntG = NZA 2006, 171.
[31] ErfK/*Franzen* AEntG § 6 Rn. 3.
[32] ErfK/*Franzen* AEntG § 4 Rn. 6.
[33] BT-Drs. 16/6735, 6.
[34] BT-Drs. 16/11669, 21.
[35] BT-Drs. 16/11669, 21.
[36] Thüsing MiLoG/*Waas* AEntG § 4 Rn. 27.
[37] BT-Drs. 16/11669, 21.
[38] *Sittard* NZA 2009, 346 (347) unter Hinweis auf BAG 24.8.1994 AP Nr. 181 zu § 1 TVG Tarifverträge: Bau = NZA 1995, 1116.

(2) Formelle Voraussetzungen. Voraussetzung für eine Rechtsverordnung nach § 7 AEntG ist nach der Neufassung durch das TarifAStG ein gemeinsamer **Antrag beider Tarifvertragsparteien.** Nach der Neufassung von § 7 I AEntG müssen diese nunmehr nicht mehr eine Allgemeinverbindlicherklärung beantragen, um den Erlass einer Rechtsverordnung bewirken zu können. 25

Der Kreis der Anhörungsberechtigten ist in § 7 IV AEntG geregelt. Besonderheiten gelten nach § 7 V AEntG bei einem **erstmaligen Antrag.** Hier ist der Tarifausschuss nach § 5 I TVG damit zu befassen. Wie sich aus der Regelung in § 7 V 4 AEntG ergibt, liegt ein erstmaliger Antrag nicht schon dann vor, wenn für einen bestimmten Tarifvertrag erstmalig ein Antrag nach § 7 I AEntG gestellt wird, sondern nur dann, wenn für eine Branche, die bisher nicht in das AEntG einbezogen war, erstmals eine Rechtsverordnung erlassen werden soll.[39] Konsequenz hieraus ist, dass immer dann, wenn für eine Branche bereits eine Rechtsverordnung erlassen wurde, für jede neue Rechtsverordnung, auch zu einem Tarifvertrag mit einem völlig anderen Regelungsgegenstand, keine Beteiligung des Tarifausschusses erforderlich ist.[40] 26

(3) Materielle Voraussetzungen. Gem. § 7 I AEntG iVm muss die Erstreckung des Tarifvertrages im öffentlichen Interesse geboten erscheinen, um die in § 1 AEntG genannten Gesetzesziele (→ Rn. 6 f.) zu erreichen. Insoweit müssen dieselben Kriterien gelten wie nach § 5 I 1 Nr. 2 TVG bei einer Allgemeinverbindlicherklärung (→ § 205 Rn. 16 f.). Für das Ministerium besteht dabei ein weiter Beurteilungsspielraum[41] Nicht vorausgesetzt wird daher zB für eine Mindestlohnregelung die Erforderlichkeit zur Behebung einer sozialen Notlage oder schwerwiegender Verwerfungen. Ausreichend sind vielmehr das Nachvollziehen eines anerkannten Interesses des Gesetzgebers aufgrund der in § 1 AEntG genannten Gesetzesziele und eine Abwägung der kollidierenden Interessen.[42] Die rechtlichen Grenzen des Ermessens sind erst überschritten, wenn die getroffene Entscheidung in Anbetracht des Zwecks der Ermächtigung und der hiernach zu berücksichtigenden öffentlichen und privaten Interessen – einschließlich der Interessen der Tarifvertragsparteien – schlechthin unvertretbar oder unverhältnismäßig erscheint.[43] 27

(4) Auswahl zwischen mehreren Tarifverträgen. In § 7 II AEntG enthält das Gesetz eine Regelung für den Fall, dass in einer Branche mehrere Tarifverträge bestehen. Maßstab für die Auswahlentscheidung sind zum einen die § 1 AEntG genannten **Gesetzesziele** (→ Rn. 6) sowie zum anderen die **Repräsentativität** der jeweiligen Tarifverträge. Das letztere Kriterium wird in § 7 II 2 AEntG näher erläutert. Vorrangig ist dabei auf die Zahl der jeweils von den tarifgebundenen AG beschäftigten unter den Geltungsbereich des Tarifvertrags fallenden AN abzustellen (§ 7 II 2 Nr. 1 AEntG) sowie auf die Zahl der jeweils unter den Geltungsbereich des Tarifvertrags fallenden Mitglieder der Gewerkschaft, die den Tarifvertrag geschlossen hat (§ 7 II 2 Nr. 2 AEntG). Sofern ein konkurrierender Tarifvertrag nur einen Ausschnitt der Branche erfasst, sind auch nur die in diesem Bereich Beschäftigten bei der Ermittlung des Zahlenverhältnisses zu berücksichtigen.[44] Wenn mehrere Anträge auf Tarifnormerstreckung gestellt wurden, hat der Verordnungsgeber nach § 7 III AEntG „mit besonderer Sorgfalt" die von einer Auswahlentscheidung betroffenen Güter von Verfassungsrang abzuwägen und die widerstreitenden Grundrechtsinteressen zu einem „schonenden Ausgleich" zu bringen. Die Formulierung „schonenden Ausgleich" spielt auf das Prinzip der praktischen Konkordanz an und soll offenbar insbesondere als Gegenwicht zu den Kriterien des § 7 II AEntG eine Benachteiligung der christlichen Gewerkschaften verhindern.[45] Allerdings ist ein Ausgleich bei der Auswahlentscheidung kaum denkbar, zumal im Ergebnis nur die eine oder die andere Tarifnorm in ihrer Geltung erstreckt werden kann. In der Praxis dürften daher die in § 7 II 2 Nr. 1 AEntG genannten Kriterien am ehesten ausschlaggebend sein. Insgesamt erscheint die Differenzierung zwischen § 7 II AEntG (AVE-Antrag nur für einen Tarifvertrag) und § 7 III AEntG (mehrere Anträge) kaum nachvollziehbar. Dass mit Sorgfalt entschieden werden sollte, stellt eine Selbstverständlichkeit dar und was unter der Steigerung „besonderer" Sorgfalt zu verstehen sein soll, erschließt sich nicht.[46] 28

---

[39] ErfK/*Franzen* AEntG § 7 Rn. 12.
[40] Krit. *Bayreuther* DB 2009, 678 (679).
[41] Vgl. BAG 28.3.1990 AP Nr. 25 zu § 5 TVG = NZA 1990, 781.
[42] Vgl. *Schwab* NZA-RR 2010, 225 (229); *Sittard* NZA 2009, 347 (348) jew. zur früheren Fassung des § 7 I AEntG.
[43] Vgl. BVerwG 3.11.1988 AP Nr. 23 zu § 5 TVG = NZA 1989, 364.
[44] ErfK/*Franzen* AEntG § 7 Rn. 8.
[45] *Sittard* NZA 2009, 347 (348).
[46] Krit. hierzu *Bayreuther* DB 2009, 678 (680).

29 **(5) Arbeitsbedingungen.** Erfasst werden alle Arbeitsbedingungen nach § 4 I sowie §§ 5 und 6 AEntG. Eine Ausnahme gilt nach § 7 I 1 AEntG für die Erstreckung von Entlohnungsbestandteilen nach § 5 S. 1 Nr. 1a AEntG, also für solche, die über die Mindestentgeltsätze des § 5 S. 1 Nr. 1 AEntG hinausgehen, insoweit kann eine Geltung nur aufgrund eines bundesweiten allgemeinverbindlichen TV erfolgen.

30 **cc) Regelung in § 7a AEntG.** Mit Wirkung vom 16.8.2014 wurde der Anwendungsbereich des AEntG auf tarifliche Regelungen in **allen übrigen Branchen** erweitert. Voraussetzung ist gem. § 7a I AEntG für diese Branchen, ebenso wie in § 7 I AEntG, dass die Erstreckung der Rechtsnormen des Tarifvertrages im öffentlichen Interesse[47] geboten scheint, um die in § 1 AEntG genannten Gesetzesziele (→ Rn. 6 f.) zu erreichen. Spezifiziert werden die Gesetzesziele insoweit, als es insbesondere darum gehen soll, einem Verdrängungswettbewerb über die Lohnkosten entgegenzuwirken. Hierbei handelt es sich um ein vom BVerfG anerkanntes verfassungsrechtlich legitimes Ziel, das einen Eingriff in die Tarifautonomie nach Art. 9 III GG rechtfertigen kann.[48] Das Verfahren auf Erlass einer RechtsVO ist in § 7a AEntG geregelt. Für die Frage der Auswahl zwischen mehreren Tarifverträgen verweist § 7a II auf § 7 II und III AEntG (hierzu → Rn. 24). Der Kreis der Anhörungsberechtigten ist in § 7a III AEntG gegenüber § 7 IV AEntG erweitert. Außerdem muss diesen auch Gelegenheit zur Stellungnahme dazu gegeben werden, ob die Erstreckung geeignet ist, einem Verdrängungswettbewerb über die Lohnkosten entgegenzuwirken. Mit dem am 29.11.2019 in Kraft getretenen Pflegelöhneverbesserungsgesetz (BGBl. I 1756) wurde das Instrument der Tarifnormerstreckung durch Rechtsverordnung im öffentlichen Interesse nach § 7a I 1 AEntG auch auf die **Pflegebranche** ausgedehnt,[49] und zwar mit der Modifikation, dass das BMAS hier im Einvernehmen mit dem BMG handeln muss (§ 7a I 3 AEntG). Dabei sind nach § 7a I 4 AEntG auch die in § 7a Ia AEntG genannten Voraussetzungen (über die Beteiligung der von den Religionsgesellschaften gebildeten paritätisch besetzten Kommissionen zur Festlegung von Arbeitsbedingungen auf der Grundlage kirchlichen Rechts für den Bereich kirchlicher AG in der Pflegebranche) zu erfüllen.[50] Ferner sind die in § 11 II AEntG genannten Gesetzesziele (Sicherstellung der Qualität der Pflegeleistung sowie der Auftrag kirchlicher und sonstiger Träger der freien Wohlfahrtspflege nach § 11 II SGB IX) zu berücksichtigen.

31 **dd) Arbeitsbedingungen.** In § 5 AEntG werden die Arbeitsbedingungen benannt, die Gegenstand eines nach dem AEntG relevanten Tarifvertrags sein können. Diese korrespondieren mit den Regelungsgegenständen in § 2 AEntG. Eine Ausnahme gilt nach § 7a I 2 AEntG für die Erstreckung von Entlohnungsbestandteilen nach § 5 S. 1 Nr. 1a AEntG, also für solche, die über die Mindestentgeltsätze des § 5 S. 1 Nr. 1 AEntG hinausgehen; insoweit kann eine Geltung nur aufgrund eines bundesweiten allgemeinverbindlichen TV erfolgen. Zu den erfassten Arbeitsbedingungen gehören die Mindestentgeltsätze, die nach der Art der Tätigkeit, Qualifikation der AN und Regionen differieren können, einschließlich der Überstundensätze, die Dauer des Erholungsurlaubs, das Urlaubsentgelt oder ein zusätzliches Urlaubsgeld, die Einbeziehung von Beiträgen und die Gewährung von Leistungen im Zusammenhang von Urlaubsansprüchen, Arbeitsbedingungen iSv § 2 Nr. 3–7 AEntG, also die Höchstarbeitszeiten und Mindestruhezeiten, die Bedingungen für die Überlassung von Arbeitskräften, insbesondere durch Leiharbeitsunternehmen, die Sicherheit, den Gesundheitsschutz und die Hygiene am Arbeitsplatz, die Schutzmaßnahmen im Zusammenhang mit den Arbeits- und Beschäftigungsbedingungen von Schwangeren und Wöchnerinnen, Kindern und Jugendlichen, die Gleichbehandlung von Männern und Frauen. **Mindestentgeltsätze** iSv § 5 S. 1 Nr. 1 AEntG bezeichnen nicht nur die für alle AN geltende Entgeltuntergrenze, sondern, wie sich aus der Formulierung „die nach … differieren können" auch nach bestimmten Tätigkeiten differenzierende Regelungen sowie Unterscheidungen nach der Qualifikation der AN sowie nach Regionen.[51] Eine Erstreckung eines vollständigen **Lohngitters** dürfte aber ebenso wie nach der früheren Regelung in § 4 II 2 MiArbG (s. hierzu die 15. Aufl. § 162 Rn. 4) wohl nicht

---

[47] Zur Bedeutung dieses Begriffs insbes. im Bereich der Pflegebranche *Hartmann* ZfA 2020, 348 (353 ff.).

[48] BVerfG 20.3.2007 NZA 2007, 609; 11.7.2006 BVerfGE 116, 202 = NZA 2007, 42; s. auch die Gesetzesbegründung zum TarifAStG, BT-Drs.18/1558, 62.

[49] Insoweit werden teilw. verfassungsrechtliche Bedenken erhoben, vgl. *Hartmann* ZfA 2020, 348 (372 ff.).

[50] Näher hierzu *Franzen* RdA 2020, 75 (78 ff.), der hierin eine gegen Art. 3 I GG verstoßende Privilegierung kirchlicher AG gegenüber anderen Tarifaußenseitern sieht.

[51] Zur Vereinbarkeit der Differenzierungen mit der Entsenderichtlinie (RL 96/71/EG): ErfK/*Franzen* AEntG § 5 Rn. 2.

in Betracht kommen.[52] Dies gilt auch nach der zum 30.7.2020 eingefügten Formulierung in § 5 S. 1 Nr. 1 AEntG, wonach die Differenzierung nach Art der Tätigkeit und Qualifikation insgesamt **bis zu drei Stufen** umfassen kann. Keine Grenze gibt es wegen der Anzahl der regionalen Differenzierungen.[53] **Überstundensätze** iSv § 5 I Nr. 1 AEntG sind die tariflich geregelten Entgeltbeträge bzw. -zuschläge. Sie können auch in einem gesonderten Tarif geregelt sein.[54] Die Frage, was Überstunden sind, insbesondere also welche Arbeitszeit regelmäßig geschuldet ist, wird von § 5 S. 1 Nr. 1 AEntG nicht geregelt und muss daher nach dem Arbeitsvertrag bzw. nach dem geltenden nationalen Recht beurteilt werden.[55] Ebenso wenig modifiziert das AEntG in seinem Anwendungsbereich die zwingenden Bestimmungen des EFZG[56] oder des BUrlG.[57] Durch die Ergänzung der Regelung in § 5 S. 1 Nr. 4 AEntG zum 30.7.2020 wurde – ohne inhaltliche Änderung – klargestellt, dass die Geltung der tariflichen Anforderungen für eine vom AG gestellte Unterkunft unabhängig davon gelten, ob der AG die Unterkunft entgeltlich oder unentgeltlich zur Verfügung stellt. Unerheblich ist ferner, ob er diese unmittelbar zur Verfügung stellt, oder ob er Dritte, etwa Makler oder Vermietungsgesellschaften zwischenschaltet.

Die mit dem TarifAStG eingeführte Bestimmung in § 5 S. 2 AEntG stellt klar, dass die Arbeitsbedingungen nach § 5 S. 1 Nr. 1–3 AEntG auch **Regelungen zur Fälligkeit** entsprechender Ansprüche erfassen. Das gilt auch für hierzu vereinbarte Ausnahmen, zB Übertragungsregelungen bei Arbeitszeitkonten, und deren Voraussetzungen. 32

Zum **Mindestentgelt** zählen (unabhängig von ihrer Bezeichnung) alle Leistungen des AG, die als Gegenleistung für die Arbeitsleistung gewährt werden, nicht dagegen Aufwandsentschädigungen.[58] Ein Mindestlohn wird dann gewährleistet, wenn die Arbeitsstunden (einschließlich gewährter Zuschläge) insgesamt im Durchschnitt mit dem Mindestlohn vergütet werden.[59] Entscheidend ist nach der Rspr. des BAG und des EuGH[60] jeweils, ob eine **funktionale Gleichwertigkeit** vorliegt. 33

Danach können Leistungen in den Mindestlohn einbezogen werden, wenn sie das Verhältnis zwischen Leistung des AN auf der einen und der Gegenleistung, die er dafür erhält, auf der anderen Seite nicht verändern. Das ist dann der Fall, wenn eine funktionale Gleichwertigkeit der Leistungen vorliegt. Entscheidend ist jeweils, inwieweit der Zweck der Leistung dem Zweck des Mindestlohns funktional gleichwertig ist, ob also diejenige Arbeitsleistung entgolten werden soll, die mit der tariflich begründeten Zahlung zu vergüten ist.[61] Dabei ist in erster Linie auf die Einordnung der jeweiligen Leistung durch die einschlägige Mindestlohnregelung abzustellen.[62] Nicht maßgeblich ist dagegen die Bezeichnung der Leistung im Arbeitsvertrag oder in einer Entgeltabrechnung. 34

Dabei können auch geleistete **Sonderzahlungen,** wie etwa ein 13. Monatsentgelt oder ein Weihnachtsgeld zu berücksichtigen sein, sofern sie Entgeltcharakter haben. Problematisch erscheint allerdings, ob eine Anrechnung auch dann erfolgen kann, wenn solche Leistungen lediglich einmalig (zB im Dezember) geleistet werden, so dass sie dem AN in den vorhergehenden Abrechnungsmonaten nicht zur Verfügung stehen. Das AEntG enthält insoweit keine dem § 2 I 1 MiLoG (→ § 66 Rn. 36) entsprechende Fälligkeitsregelung. Gleichwohl wird man nach dem Gesetzeszweck eine anteilige Zahlung in dem betreffenden Abrechnungszeitraum fordern müssen, um einen Anrechnung zu erreichen.[63] Ansonsten bleibt es bei einer Anrechenbarkeit nur im jeweiligen Auszahlungsmonat, weil nur so sichergestellt ist, dass dem AN das Mindestentgelt zum Bestreiten seines Lebensunterhaltes zur Verfügung steht. Das korrespondiert mit der 35

[52] Vgl. BT-Drs. 16/10486, 14; *Bayreuther* DB 2009, 678; ErfK/*Schlachter*, 19. Aufl., AEntG § 5 Rn. 2.
[53] BT-Drs. 19/19371, 27.
[54] BAG 19.5.2004 AP Nr. 16 zu § 1 AEntG = NZA 2005, 1170.
[55] BAG 19.5.2004 AP Nr. 16 zu § 1 AEntG = NZA 2005, 1170.
[56] BAG 13.5.2015 AP Nr. 74 zu § 4 EntgeltFG = NZA 2015, 1127 mzustAnm *Heukenkamp*.
[57] BAG 13.5.2015 AP Nr. 16 zu § 2 EntgeltFG = ArbRAktuell 2015, 348 (LS).
[58] Thüsing MiLoG/*Waas* AEntG § 5 Rn. 3.
[59] BAG 8.10.2008 NZA 2009, 98.
[60] EuGH 7.11.2013 – C-522/12, NZA 2013, 1359 – Isbir; 14.4.2005 – C-341/02, AP Nr. 1 zu Richtlinie 96/71/EG = NZA 2005, 573 – Kommission/Deutschland.
[61] BAG 16.4.2014 BB 2014, 2612 (LS); 18.4.2012 AP Nr. 1 zu § 1 TVG Tarifverträge: Gebäudereinigung = NZA 2013, 392 (zu § 1 I 1 Nr. 1 AEntG aF).
[62] *Ulber* RdA 2014, 176 (177); vgl. hierzu EuGH 12.2.2015 – C-396/13, NZA 2015, 345 – Sähköalojen ammattiliitto.
[63] *Ulber* RdA 2013, 176 (180 f.).

durch das TarifAStG eingefügten Regelung in § 23 I Nr. 1 AEntG, wonach bereits die nicht rechtzeitige Zahlung des Mindestlohns bußgeldbewehrt ist. Dieser Gesetzeszweck steht dagegen einer Anrechnung von im Voraus gezahlten Leistungen nicht entgegen. Zwar besteht hier die Gefahr eines frühen Verbrauchs der Leistungen zum Bestreiten des Lebensunterhalts. Die Regelungen über einen Mindestlohn bezwecken aber nicht etwa eine Beeinflussung der AN dahingehend, ihre Einkünfte möglichst vorausschauend einzuteilen.[64] Generell kann eine Sonderzahlung nur dann angerechnet werden, wenn die Leistung dem AN tatsächlich endgültig zufließt und nicht von einer weiteren Bedingung (zB einer zukünftigen Betriebstreue) abhängig ist.[65] Ein gezahltes **Urlaubsgeld** ist nicht anzurechnen, weil es nicht in erster Linie Gegenleistung für eine erbrachte Arbeitsleistung ist, sondern einer verbesserten Erholungsmöglichkeit und damit der Erhaltung der Arbeitskraft dient.[66] Nach Ansicht des BAG sind **tarifliche Einmalzahlungen,** die als einheitliche lineare Lohnerhöhung für einen bestimmten Zeitraum geleistet werden, zu berücksichtigen. Auf das Vorabentscheidungsersuchen des BAG[67] hat der EuGH dies bestätigt und ausgeführt, dass Leistungen in den Mindestlohn einbezogen werden können, wenn sie das Verhältnis zwischen Leistung des AN auf der einen und der Gegenleistung, die er dafür erhält, auf der anderen Seite nicht verändern.[68] Dagegen kann zB ein geltendes monatliches Mindestentgelt nicht dadurch gewahrt werden, dass der AN eine höhere als die im maßgeblichen Tarifvertrag festgelegte monatliche Arbeitszeit leistet. Denn Entgeltfestlegung beinhaltet immer die Normierung eines Entgeltanspruchs für einen bestimmten Zeitraum (Stunde, Woche, Monat). Tarifverträge legen daher die Verpflichtung fest, für einen bestimmten, definierten Zeitraum ein bestimmtes Entgelt zu zahlen. Ebenso wenig zu berücksichtigen sind besondere **Zulagen oder Zuschläge,** etwa für Nachtarbeit[69] oder für besondere Erschwernisse bei der Arbeitsleistung.[70] Nachtarbeitszuschläge, auf die zudem ein gesetzlicher Anspruch nach § 6 V ArbZG bestehen kann (→ § 157 Rn. 12 ff.), sind im Zweifel nicht mit einem tariflichen Mindestlohn abgegolten. Eine gezahlte Spätschichtzulage kann anrechenbar sein, wenn sie für eine Tätigkeit gewährt wird, die nach dem Inhalt des Mindestlohntarifvertrages eine „Normaltätigkeit" und keine zuschlagspflichtige Arbeit darstellt.[71] **Vermögenswerte Leistungen** sind nicht anrechenbar, weil sie anderen Zwecken dienen als einer Gegenleistung für die erbrachte Arbeitsleistung.[72] Sofern keine entsprechende tarifliche Regelung besteht, ist gem. § 20 I BetrAVG wegen des Tarifentgelts eine **Entgeltumwandlung** (§ 1 II Nr. 3 BetrAVG) **ausgeschlossen** (→ § 273 Rn. 55).

36 **ee) Tariflicher Geltungsbereich.** Der räumliche Geltungsbereich des Tarifvertrags muss sich gem. § 3 S. 1 AEntG auf das gesamte Bundesgebiet erstrecken. Eine Ausnahme gilt nach § 3 S. 2 AEntG, soweit Regelungen über die Dauer des Erholungsurlaubs, das Urlaubsentgelt oder ein zusätzliches Urlaubsgeld (§ 5 Nr. 2 AEntG) oder Regelungen nach § 5 Nr. 3 AEntG zur Beitragspflicht zu Urlaubskassen betroffen sind. Solche Tarifverträge erstrecken sich auch dann, wenn sie nur regional gelten, auf Arbeitsverhältnisse ausländischen Rechts. Es müssen hierfür allerdings mehrere regionale Tarifverträge gelten, die zusammengefasst das gesamte Bundesgebiet abdecken und die außerdem allesamt allgemeinverbindlich sind (bzw. im Fall des § 7 AEntG durch Rechtsverordnung für zwingend erklärt worden sind).[73] Durch diese Ausnahmeregelung soll sichergestellt werden, dass das Urlaubskassenverfahren der Bauwirtschaft in den Geltungsbereich des AEntG einbezogen bleibt.[74]

37 **d) Wirkung der Tariferstreckung.** Die Wirkungen der Tariferstreckung ergeben sich aus **§ 8 AEntG.** Danach sind die erfassten AG mit Sitz im Inland oder im Ausland – auch bei einer

[64] *Nebel/Kloster* BB 2014, 2933 (2936) zur gleichen Problematik nach dem MiLoG.
[65] *Ulber* RdA 2013, 176 (180).
[66] *Ulber* RdA 2013, 176 (181).
[67] BAG 18.4.2012 AP Nr. 1 zu § 1 TVG Tarifverträge: Gebäudereinigung = NZA 2013, 392 (zur inhaltsgleichen Vorgängerregelung des § 1 I 1 Nr. 1 AEntG aF).
[68] EuGH 7.11.2013 – C-522/12, NZA 2013, 1359 – Isbir.
[69] BAG 16.4.2014 AP Nr. 8 zu § 1 TVG Tarifverträge: Entsorgungswirtschaft = NZA 2014, 1277; *Ulber* RdA 2013, 176 (181).
[70] BAG 18.4.2012 AP Nr. 1 zu § 1 TVG Tarifverträge: Gebäudereinigung = NZA 2013, 392; 18.4.2012 DB 2013, 67 (jew. zur inhaltsgleichen Vorgängerregelung des § 1 I Nr. 1 AEntG aF).
[71] BAG 16.4.2014 AP Nr. 8 zu § 1 TVG Tarifverträge: Entsorgungswirtschaft = NZA 2014, 1277.
[72] BAG 16.4.2014 AP Nr. 8 zu § 1 TVG Tarifverträge: Entsorgungswirtschaft = NZA 2014, 1277; 18.4.2012 AP Nr. 1 zu § 1 TVG Tarifverträge: Gebäudereinigung = NZA 2013, 392 (zur inhaltsgleichen Vorgängerregelung des § 1 I 1 Nr. 1 AEntG aF); EuGH 7.11.2013 – C-522/12, NZA 2013, 1359 – Isbir.
[73] *Bayreuther* DB 2009, 678.
[74] *Schwab* NZA-RR 2010, 225 (228); *Bayreuther* DB 2009, 678.

Entsendung aus Nicht-EU-Staaten – verpflichtet, ihren AN zumindest die durch Allgemeinverbindlicherklärung oder aufgrund Rechtsverordnung erstreckten tariflichen Arbeitsbedingungen zu gewähren sowie einer gemeinsamen Einrichtung der Tarifvertragsparteien die dieser nach § 5 Nr. 3 AEntG zustehenden Beiträge zu leisten; ihnen stehen umgekehrt auch die gegenüber der Einrichtung bestehenden Erstattungsansprüche zu.[75] Für die Tarifgeltung gilt dieselbe Rechtsfolge sowohl im Falle der Tarifbindung (§ 3 TVG), der Allgemeinverbindlicherklärung (§ 5 TVG) als auch bei einer Rechtsverordnung (§§ 7, 7a AEntG). Soweit für die betreffenden AN aufgrund der einschlägigen Gesetze oder anwendbarer anderer Tarifverträge günstigere inländische oder ausländische Regelungen gelten, bleiben diese maßgeblich. Für den Günstigkeitsvergleich ist dabei jeweils auf die Ergebnisse abzustellen, zu denen die Rechtsordnungen in dem betreffenden Teilbereich im Einzelnen gelangen.[76] Wegen der zeitlichen Wirkung ist zwischen der Allgemeinverbindlicherklärung und Rechtsverordnungen nach §§ 7, 7a AEntG zu unterscheiden. Allgemeinverbindliche Tarifverträge entfalten gem. § 4 V TVG **Nachwirkung** (→ § 205 Rn. 36). Im Falle einer Rechtsverordnung gelten die Bestimmungen des Tarifvertrages dagegen nach der Rspr. des BAG unabhängig von seinem Fortbestand bis zur Aufhebung der Rechtsverordnung. Entscheidend sei allein die Geltungsdauer der Rechtsverordnung. Nach ihrer Aufhebung ende die Anwendbarkeit. Das gelte auch bei einer Nachwirkung des betreffenden Tarifvertrages. § 4 V TVG sei weder unmittelbar noch entsprechend anwendbar.[77] Dem ist zuzustimmen. Denn die Geltung der Arbeitsbedingungen beruht auf einer staatlichen (nicht einer tariflichen) Regelung, die lediglich den Inhalt eines Tarifvertrages übernimmt. Daher sind diese Arbeitsbedingungen auch im kirchlichen Bereich verbindlich, für den allgemein Tarifverträge nicht gelten.[78]

In § 8 II AEntG wird klargestellt, dass die von der Erstreckung erfassten Tarifnormen auch dann als Mindestarbeitsbedingungen maßgeblich sind, wenn der AG kraft Tarifbindung gem. § 3 TVG oder Allgemeinverbindlichkeit gem. § 5 TVG **an einen anderen Tarifvertrag gebunden** ist. Dies nahm das BAG auch schon für die Vorgängernorm des § 1 AEntG aF an.[79] Damit ist eine ausnahmslose Bindung sowohl ausländischer als auch inländischer AG an die erstreckten Tarifnormen gewährleistet, wie sie vom EuGH zur Vermeidung einer etwaigen Diskriminierung ausländischer AG gefordert wurde.[80] Weiterer Anlass für die Aufnahme dieser Bestimmung dürfte die verwaltungsgerichtliche Rechtsprechung zum Postmindestlohn gewesen sein, wonach § 1 IIIa 1 AEntG aF nur die Einbeziehung nicht tarifgebundener Arbeitsvertragsparteien anders organisierter AG zulasse, während die betreffende Verordnung auch die einem Minderheitentarifvertrag unterfallenden Arbeitsvertragsparteien erfasse.[81] Durch § 8 II AEntG wird der im Tarifrecht ansonsten geltende **Spezialitätsgrundsatz** (→ § 203 Rn. 4) **verdrängt.** Dies bedeutet allerdings eine Einschränkung der Tarifautonomie.[82] Problematisch ist dies allerdings nur, sofern der andere Tarifvertrag keine günstigeren Regelungen enthält und soweit er nicht nur kraft arbeitsvertraglicher Vereinbarung gilt. Im ersten Fall ergäbe sich die Geltung des erstreckten Tarifvertrags schon nach dem Günstigkeitsprinzip und im zweiten Fall würde der ungünstigere Tarifvertrag ohnehin nach der neuen Rechtsprechung des BAG zu § 4 III TVG verdrängt werden.[83] Für Regelungsgegenstände, die der nach dem AEntG erstreckte Tarifvertrag nicht erfasst, bleibt es bei der Geltung der insoweit einschlägigen Tarifverträge. Für ein Arbeitsverhältnis können daher verschiedene Tarifverträge nebeneinander anwendbar sein.[84] 38

---

[75] Vgl. BAG 1.4.2009 AP Nr. 312 zu § 1 TVG Tarifverträge: Bau = NZA 2009, 1302 (jew. nur LS); 25.1.2005 AP Nr. 21 zu § 1 ATG = NZA 2006, 171.

[76] BAG 17.6.2020 AP Nr. 392 zu § 1 TVG Tarifverträge: Bau.

[77] So für die insoweit inhaltsgleiche Vorgängerregelung in § 1 IIIa 1 AFG aF: BAG 20.4.2011 NZA 2011, 1105; iErg zust. *Sittard* NZA 2012, 299, der allerdings auch bei allgemeinverbindlichen Tarifverträgen keine Nachwirkung annimmt; *ders.* RdA 2013, 301 (303), abweichend wegen der dogmatischen Einordnung.

[78] *Richert/Stomp* NZA 2012, 707 (711).

[79] BAG 25.6.2002 AP Nr. 12 zu § 1 AEntG = NZA 2003, 275; 20.7.2004 AP Nr. 18 zu § 1 AEntG = NZA 2005, 114; 18.10.2006 AP Nr. 287 zu § 1 TVG Tarifverträge: Bau = NZA 2007, 1111.

[80] EuGH 24.1.2002 AP Nr. 4 zu Art. 49 EG = NZA 2002, 207 – Portugaia Construções; 18.7.2007 AP Nr. 15 zu Art. 49 EG = NZA 2008, 159 – Laval.

[81] VG Berlin 7.3.2008 NZA 2008, 482; OVG Bln-Bbg 18.12.2008 ArbuR 2008, 46; offengelassen vom BVerwG 28.1.2010 BVerwGE 136, 54 = NZA 2010, 718.

[82] Hierzu ErfK/*Franzen* AEntG § 7 Rn. 9 sowie *Sittard* NZA 2009, 347 (349), der deshalb eine äußerst restriktive Auslegung der Erstreckungsvoraussetzungen fordert.

[83] BAG 22.10.2008 AP Nr. 66 zu § 1 TVG Bezugnahme auf Tarifvertrag = NZA 2009, 151; *Bayreuther* DB 2009, 678 (681); hierzu → § 206 Rn. 6.

[84] BAG 18.10.2006 AP Nr. 287 zu § 1 TVG Tarifverträge: Bau = NZA 2007, 1111.

39 § 8 III AEntG regelt die Erstreckung des Tarifvertrags auf **Leiharbeitnehmer.** Hierdurch soll gewährleistet werden, dass AG nicht auf den Einsatz von Leiharbeitnehmern ausweichen können, um sich den nach dem AEntG zwingenden Arbeitsbedingungen zu entziehen.[85] Werden Leiharbeitnehmer vom Entleiher mit Tätigkeiten beschäftigt, die in den Geltungsbereich eines Tarifvertrages nach § 3 S. 1 Nr. 1 AEntG, soweit er Arbeitsbedingungen nach § 5 S. 1 Nr. 2–4 AEntG enthält, oder einer Rechtsverordnung nach § 7 oder § 7a AEntG fallen, muss der Verleiher zumindest die nach diesem Tarifvertrag geltenden Arbeitsbedingungen einhalten bzw. Beiträge zu einer gemeinsamen Einrichtung iSv § 5 Nr. 3 AEntG zahlen. § 8 III AEntG begründet dabei nicht nur eine Zahlungsverpflichtung des Verleihers gegenüber einer solchen Einrichtung, sondern führt auch dazu, dass für ihn auch tariflich vorgesehene Erstattungsansprüche gegen die Sozialkasse bestehen.[86] Die Erstreckung des Tarifvertrags gilt auch dann, wenn der Betrieb des Entleihers nicht in den fachlichen Geltungsbereich dieses Tarifvertrages oder dieser RechtsVO fällt. Damit sind entsprechende Mindestarbeitsbedingungen auch dann verbindlich, wenn der Einsatzbetrieb zwar nicht vom Geltungsbereich des Tarifvertrages (bzw. einer entsprechenden Rechtsverordnung) erfasst wird, der Zeitarbeitnehmer aber bei dem Entleiher mit Arbeiten beschäftigt wird, die von dem Tarifvertrag (bzw. der Rechtsverordnung) erfasst werden. Ferner ist es unerheblich, ob eine gewerbsmäßige Arbeitnehmerüberlassung vorliegt und ob eine Erlaubnis zur Arbeitnehmerüberlassung erforderlich ist bzw. ob diese erteilt wurde.[87] Damit ist die ansonsten gem. § 8 II AÜG bestehende Möglichkeit, eigene, für die Zeitarbeitsbranche vereinbarte Tarifverträge anzuwenden, eingeschränkt. Problematisch ist die Frage, welche Arbeitszeitkontenregelungen für Leiharbeitnehmer mit AEntG-Mindestlöhnen gelten, wenn sowohl die Tarifbestimmungen der Zeitarbeit als auch der Einsatzbranche entsprechende Regelungen enthalten.[88]

40 **e) Geltende Rechtsverordnungen.** Schon seit dem 1.1.1999 bestand für den Gesetzgeber nach der früheren Regelung in § 1 IIIa AEntG aF die Möglichkeit, Rechtsverordnungen zu erlassen. Aktuell gelten folgende Rechtsverordnungen über zwingende Arbeitsbedingungen:

41
- 12. VO über zwingende Arbeitsbedingungen im Baugewerbe (12. BauArbbV, gültig bis zum 31.12.2021)[89]
- 10. VO über zwingende Arbeitsbedingungen im Maler- und Lackiererhandwerk (10. MalerArbbV, befristet bis zum 31.5.2022)[90]
- 10. VO über zwingende Arbeitsbedingungen im Dachdeckerhandwerk (DachdArbbV10, gültig bis zum 31.12.2021)[91]
- 8. VO über zwingende Arbeitsbedingungen in der Gebäudereinigung (GebäudeArbbV8, gültig bis zum 31.12.2023)[92]
- 5. VO über zwingende Arbeitsbedingungen für Aus- und Weiterbildungsdienstleistungen nach dem Zweiten oder Dritten Buch Sozialgesetzbuch (AusbDienstLArbbV5, gültig bis zum 31.12.2022)[93]
- 6. VO über zwingende Arbeitsbedingungen im Gerüstbauer-Handwerk (Gerüstbauer-ArbbV6, gültig bis 30.9.2021)[94]
- 3. VO über zwingende Arbeitsbedingungen im Steinmetz- und Steinbildhauerhandwerk (3. SteinmetzArbbV, gültig bis 30.4.2021)[95]
- 8. VO über zwingende Arbeitsbedingungen für die Abfallwirtschaft einschließlich der Straßenreinigung und Winterdienst (8. AbfallArbbV, gültig bis 30.9.2022[96])
- (Eine Nachfolgeregelung für die 2. VO über zwingende Arbeitsbedingungen für Geld- und Wertdienste (GeldWertArbbV2, gültig bis 31.12.2018)[97] gibt es nicht.)

[85] Thüsing MiLoG/*Bayreuther* AEntG § 8 Rn. 20.
[86] HessLAG 17.12.2019 NZA-RR 2020, 176.
[87] BAG 17.4.2013 BB 2013, 1716 (LS); *Schwab* NZA-RR 2010, 225 (228).
[88] Hierzu ArbG Düsseldorf 30.11.2015 BB 2016, 959; *Bayreuther* BB 2016, 957; *Falter/Hütwohl* DB 2016, 956.
[89] BAnz. AT 30.4.2021 V2.
[90] BAnz. AT 30.4.2021 V3.
[91] BAnz. AT 30.1.2020 V1.
[92] BAnz. AT 21.4.2021 V1.
[93] BAnz. AT 27.3.2019 V1; vgl. zur Unanwendbarkeit für den Bereich der beruflichen Rehabilitation BAG 13.5.2015 AP Nr. 74 zu § 4 EntgeltFG = NZA 2015, 1127 mzustAnm *Heukenkamp.*
[94] BAnz. AT 26.2.2021 V1.
[95] BAnz. AT 30.8.2019 V1.
[96] BAnz. AT 27.12.2019 V1.
[97] BAnz. AT 29.9.2017 V1.

- (Eine Nachfolgeregelung für die VO über zwingende Arbeitsbedingungen in der Fleischwirtschaft (FlWiArbbV, gültig bis 31.12.2017[98]) gibt es nicht.)
- (Eine Nachfolgeregelung für die 2. VO über zwingende Arbeitsbedingungen in der Textil- und Bekleidungsindustrie (2. TextilArbbV, gültig bis zum 31.12.2017[99]) gibt es nicht.)
- (Eine Nachfolgeregelung für die VO über zwingende Arbeitsbedingungen in der Land- und Forstwirtschaft sowie im Gartenbau (LandwArbbV, gültig bis zum 31.12.2017[100]) gibt es nicht.)
- (Eine Nachfolgeregelung für die 2. VO über zwingende Arbeitsbedingungen für Wäschereidienstleistungen im Objektkundengeschäft (2. WäschereiArbV, gültig bis zum 30.9.2017[101]) gibt es nicht.)
- (Eine Nachfolgeregelung für die 3. VO über zwingende Arbeitsbedingungen für Bergbauspezialarbeiten auf Steinkohlebergwerken (3. BergbauArbbV, gültig bis zum 31.3.2015[102]) gibt es nicht.)
- (Eine Nachfolgeregelung für die VO über zwingende Arbeitsbedingungen im Friseurhandwerk (FriseurArbbV), gültig bis zum 31.7.2015[103]) gibt es ebenfalls nicht.)
- (Eine Nachfolgeregelung für die VO über zwingende Arbeitsbedingungen für Sicherheitsdienstleistungen (SicherheitArbbV, gültig bis 31.12.2013) gibt es nicht.)
- (Die bis zum 30.4.2010 geltende VO über zwingende Arbeitsbedingungen für die Branche Briefdienstleistungen (BriefArbbV)[104] wurde durch das BVerwG für rechtswidrig erklärt.[105] Eine neue Verordnung ist nicht erlassen worden.)

6. Ausnahmen von der Geltung des AEntG. Nach **§ 24 I 1** gilt das AEntG (außerhalb der Erbringung von Bauleistungen iSv § 101 II SGB III) während einer Frist von acht Tagen für bestimmte tarifvertragliche Arbeitsbedingungen (Mindestlohn/Urlaub) nicht, wenn Erstmontage- oder Einbauarbeiten erbracht werden, die Bestandteil eines Liefervertrages sind, für die Inbetriebnahme der gelieferten Güter unerlässlich sind und von Facharbeitern oder Facharbeiterinnen oder angelernten Arbeitern oder Arbeiterinnen des Lieferunternehmens ausgeführt werden. Die Regelung entspricht der bis zum 29.7.2020 geltenden Bestimmung des § 6 I AEntG, mit der Art. 3 II RL 96/71/EG übernommen wurde. 42

Neu eingeführt zum 30.7.2020 wurde demgegenüber die Regelung in **§ 24 II AEntG.** Danach gelten die Arbeitsbedingungen nach § 2 I Nr. 1 und 2 AEntG (Entlohnung, Mindestjahresurlaub), § 5 S. 1 Nr. 1–4 AEntG (→ Rn. 31) und § 13b AEntG sowie nach § 20 MiLoG nicht für AN und Leiharbeitnehmer, die vom AG oder Entleiher mit Sitz im Ausland vorübergehend im Inland beschäftigt werden und, ohne im Inland Werk- oder Dienstleistungen für ihren AG gegenüber Dritten zu erbringen, **(1)** für ihren AG Besprechungen oder Verhandlungen im Inland führen, Vertragsangebote erstellen oder Verträge schließen, **(2)** als Besucher an einer Messeveranstaltung, Fachkonferenz oder Fachtagung teilnehmen, ohne Tätigkeiten nach § 2a I Nr. 8 SchwarzArbG zu erbringen, **(3)** für ihren AG einen inländischen Unternehmensteil gründen oder **(4)** als Fachkräfte eines international tätigen Konzerns oder Unternehmens zum Zweck der betrieblichen Weiterbildung im inländischen Konzern- oder Unternehmensteil beschäftigt werden. Vorübergehend ist eine Beschäftigung nach § 24 II AEntG, wenn der AN nicht mehr als 14 Tage ununterbrochen und nicht mehr als 30 Tage innerhalb eines Zeitraums von zwölf Monaten im Inland tätig ist. Mit dieser Regelung werden Fälle der Inlandsbeschäftigung ausgenommen, die üblicherweise nicht mit der Erbringung einer Werk- oder Dienstleistung des im Ausland ansässigen AN gegenüber Dritten verbunden sind. Für die Beschäftigung von Leiharbeitnehmern gelten die Ausnahmen nur dann, wenn ein Entleiher mit Sitz im Ausland von ihm entliehene AN in Deutschland beschäftigt und keine grenzüberschreitende Arbeitnehmerüberlassung nach Deutschland vorliegt.[106] 43

---

[98] BAnz. AT 31.7.2014 V1.
[99] BAnz. AT 30.11.2015 V1.
[100] BAnz. AT 19.12.2014 V1.
[101] BAnz. AT 31.1.2014 V1.
[102] BAnz. AT 27.11.2013 V1.
[103] BAnz. AT 10.12.2014 V1.
[104] BAnz. 2007, 8410.
[105] BVerwG 28.1.2010 BVerwGE 36, 54 = NZA 2010, 718; ebenso die Vorinstanzen: VG Berlin 7.3.2008 NZA 2008, 482; OVG Bln-Bbg 18.12.2008 ArbuR 2008, 46; BAG 18.4.2012 NZA 2012, 978 (mit der Klarstellung, dass die Entscheidung der Verwaltungsgerichtsbarkeit keine Bindungswirkung für die Gerichte in Arbeitssachen entfaltet); dazu *Klebeck* NZA 2008, 446; *Greiner* BB 2008, 840; allgemein zum Rechtsschutz gegen Mindestlohnregelungen *Latzel/Serr* ZfA 2011, 391.
[106] BT-Drs. 19/19371, 37.

44 Für den Bereich des Straßenverkehrssektors gelten nach § 27 AEntG vorläufig noch die Regelungen des AEntG in der Fassung vom 18.7.2017. Dies beruht darauf, dass die mit der Änderungsrichtlinie (RL 2018/957/EU) eingeführten Neuerungen erst gelten, wenn auf EU-Ebene spezifische Vorschriften zur Anwendung der Entsenderichtlinie in diesem Bereich in Kraft getreten sind.[107]

45 **7. Verhältnis zum gesetzlichen Mindestlohn. § 1 III MiLoG** stellt klar, dass die Regelungen des AEntG, des AÜG und der auf ihrer Grundlage erlassenen Rechtsverordnungen dem MiLoG vorgehen, soweit sie den Mindestlohn nach § 2 MiLoG nicht unterschreiten. Das gleiche gilt für nach dem TVG oder nach §§ 5 und 6 II AEntG für allgemeinverbindlich erklärte Tarifverträge. Der Mindestlohn gibt die unterste Entgeltgrenze vor. Im Übrigen sind die für die Branchenmindestlöhne geltenden Regelungen den Regelungen nach dem MiLoG vorrangig. Das gilt insbesondere für die branchenspezifischen Regelungen zu Fälligkeit und Arbeitszeitkonten[108] sowie insbesondere zu Ausschlussfristen. Insgesamt soll eine Angleichung der Entgelte „nach unten" vermieden werden. Besonderheiten galten für einen Übergangszeitraum nach **§ 24 I 1 MiLoG.** Danach war bis zum 31.12.2017 ein Unterschreiten des gesetzlichen Mindestlohns aufgrund abweichender Regelungen eines Tarifvertrages repräsentativer Tarifvertragsparteien möglich, wenn sie für alle unter den Geltungsbereich des Tarifvertrages fallenden AG mit Sitz im In- oder Ausland sowie deren AN verbindlich gemacht sind. Diese Bestimmung betraf die aufgrund des AEntG geregelten Mindestentgelte. Ab dem 1.1.2017 mussten entsprechende abweichende Regelungen mindestens ein Entgelt von 8,50 EUR je Zeitstunde vorsehen. Einzelheiten → § 66 Rn. 19. Aufgrund tariflicher Regelungen oder RechtsVO nach dem AEntG kann die Vergütung für **Arbeitsbereitschaft** und **Bereitschaftsdienste** (→ § 156 Rn. 16, 18 ff.) wegen der geringeren Arbeitsbelastung unterhalb der sonstigen Vergütung liegen (→ § 45 Rn. 51). Für diese Zeiten gilt aber nunmehr auch das MiLoG so dass zumindest ein Stundenentgelt in Höhe des Mindestlohnes gewährt werden muss (→ § 66 Rn. 23).

46 **8. Verzicht, Verwirkung, Ausschlussfrist, Verjährung.** Ein Verzicht auf den aufgrund einer Rechtsverordnung nach § 7 oder § 7a AEntG entstandenen Anspruch der AN auf Mindestentgeltsätze nach § 5 S. 1 Nr. 1 ist gem. § 9 S. 1 AEntG nur durch gerichtlichen Vergleich zulässig; im Übrigen ist ein Verzicht ausgeschlossen. Verzichtet werden kann daher nur auf bereits entstandene Ansprüche, nicht dagegen auf künftige Ansprüche. Wegen der vom Begriff des Verzichts erfassten Rechtsgeschäfte und wegen der Zulässigkeit eines Tatsachenvergleichs, der auch als außergerichtlicher Vergleich wirksam ist, kann auf die Ausführungen zu § 4 IV TVG verwiesen werden (→ § 209 Rn. 1 ff.). Ein gerichtlicher Vergleich ist auch der im schriftlichen Verfahren geschlossene Vergleich nach § 278 VI ZPO. Allerdings soll dies nach Ansicht des BAG bei der vergleichbaren Regelung in § 14 I 2 Nr. 8 TzBfG nur für einen Vergleich gelten, der auf einem Vorschlag des Gerichts beruht, nicht dagegen bei einem Vergleich, den die Parteien dem Gericht unterbreiten (ausführlich hierzu → § 40 Rn. 39).[109] Sofern man dieser Rspr. folgt, muss Entsprechendes auch im Rahmen des § 9 S. 1 AEntG gelten.

47 Die **Verwirkung** des Anspruchs auf das Mindestentgelt ist gem. § 9 S. 2 AEntG generell ausgeschlossen. Zum Begriff der Verwirkung → § 72 Rn. 23 ff. Nicht vom Verwirkungsverbot erfasst ist die Einrede der arglistigen Geltendmachung von Ansprüchen, soweit es nicht um das verspätete, illoyale Erheben von Ansprüchen geht[110] (hierzu → § 209 Rn. 5). Bei beiderseitiger Tarifbindung sowie bei einer Allgemeinverbindlichkeit des Tarifvertrags ergibt sich dies auch schon aus § 4 II 2 TVG.

48 Nach § 9 S. 3 AEntG können **Ausschlussfristen** (→ § 209 Rn. 7 ff.) für die Geltendmachung des Anspruchs nur in dem nach dem nach §§ 7, 7a AEntG erstreckten Tarifvertrag selbst enthalten sein. Insoweit entspricht die Regelung der in § 4 IV 3 TVG. Arbeitsvertragliche oder in Betriebsvereinbarungen enthaltene Ausschlussfristen sind also generell ausgeschlossen.[111] Werden in einzelvertraglichen Ausschlussfristen Mindestentgeltansprüche nicht ausgenommen, ergeben sich im Hinblick auf die Wirksamkeit der vertraglichen Regelung insoweit dieselben Konsequenzen wie im Fall des § 3 MiLoG (hierzu → § 66 Rn. 45 f.). Die Ausschlussfrist muss mindestens sechs Monate betragen. Wegen des Vorrangs des erstreckten Tarifvertrags (→ Rn. 38) gilt dies auch,

[107] BT-Drs. 19/19371, 39.
[108] BT-Drs. 18/1558, 41.
[109] BAG 15.2.2012 AP Nr. 95 zu § 14 TzBfG = NZA 2012, 919; aA LAG Nds 5.11.2013 LAGE § 14 TzBfG Nr. 79.
[110] Thüsing MiLoG/*Bayreuther* AEntG § 9 Rn. 8.
[111] Zu Ansprüchen nach § 3 I EFZG im Geltungsbereich der PflegeArbbV BAG 24.8.2016 AP Nr. 1 zu § 9 AEntG = NZA 2016, 1539.

falls in einem anderen verdrängten Tarifvertrag eine kürzere Ausschlussfrist enthalten ist.[112] Der Lauf der Frist beginnt mit der Fälligkeit des Anspruchs (hierzu → § 209 Rn. 23 ff.). Für die Frage, auf welche Weise die Geltendmachung zu erfolgen hat (zB Schriftform), kommt es auf den Inhalt der jeweiligen (erstreckten) Tarifregelung an.

Die **Verjährung** der Ansprüche wird durch § 9 AEntG nicht ausgeschlossen und richtet sich 49 nach den allgemeinen Vorschriften der §§ 194 ff. BGB.

9. Sonderregelungen für den Pflegebereich. a) Überblick. Für die Festsetzung von Min- 50 destarbeitsbedingungen im Pflegebereich enthält das AEntG in den §§ 10–13 Sonderregelungen, mit denen der Gesetzgeber dem Umstand Rechnung tragen wollte, dass in diesem Bereich Leistungen häufig durch kirchliche Träger erbracht werden, bei denen Kollektivvereinbarungen im Rahmen des sog. **„Dritten Weges“** (→ § 184 Rn. 8 ff.) existieren.[113] Diese unterfallen dem verfassungsrechtlichen Schutz nach Art. 140 GG iVm Art. 137 WRV. Wegen der vorhandenen kirchenrechtlichen Regelungen kam eine Erstreckung von Tarifverträgen nicht in Betracht.

b) Anwendungsbereich. In § 10 AEntG wird der Anwendungsbereich festgelegt und der 51 Begriff der **Pflegebranche** definiert. Umfasst werden danach Betriebe oder selbständige Betriebsabteilungen (zu diesem Begriff → Rn. 20), die überwiegend ambulante, stationäre Pflegeleistungen oder ambulante Krankenpflegeleistungen für Pflegebedürftige erbringen. Zu den Pflegeleistungen gehören die Grund- und Behandlungspflege sowie die damit verbundenen hauswirtschaftlichen Dienstleistungen.[114] In § 10 S. 3 AEntG wird der Begriff der Pflegebedürftigkeit definiert. Danach sind pflegebedürftig Personen, die gesundheitlich bedingte Beeinträchtigungen der Selbständigkeit oder der Fähigkeiten aufweisen, deshalb vorübergehend oder auf Dauer der Hilfe durch andere bedürfen und körperliche, kognitive oder psychische Beeinträchtigungen oder gesundheitlich bedingte Belastungen oder Anforderungen nicht selbständig kompensieren oder bewältigen können. Ausdrücklich ausgenommen sind Einrichtungen, in denen die Leistungen zur medizinischen Vorsorge, zur medizinischen Rehabilitation, zur Teilhabe am Arbeitsleben oder am Leben in der Gemeinschaft, die schulische Ausbildung oder die Erziehung kranker oder behinderter Menschen im Vordergrund des Einrichtungszwecks stehen, sowie Krankenhäuser (§ 10 S. 4 AEntG). Für den Begriff des Krankenhauses dürfte auf die gesetzliche Definition in § 2 Nr. 1 KrankenhausfinanzierungsG zurückzugreifen sein.[115] Danach sind Krankenhäuser Einrichtungen, in denen durch ärztliche und pflegerische Hilfeleistung Krankheiten, Leiden oder Körperschäden festgestellt, geheilt oder gelindert werden sollen und in denen die zu versorgenden Personen untergebracht und verpflegt werden können.

c) Kommission. Gem. § 12 I AEntG errichtet das BMAS eine ständige Kommission, die 52 über Empfehlungen zur Festlegung von Arbeitsbedingungen nach § 12a II AEntG beschließt. Die achtköpfige Kommission wird für die Dauer von fünf Jahren berufen. Sie besteht jeweils aus zwei Vertretern der Arbeitgeber der Pflegebranche, der Gewerkschaften sowie der Dienstgeberseite und der Dienstnehmerseite von paritätisch besetzten Kommissionen, die Arbeitsbedingungen auf Grundlage des kirchlichen Rechts festlegen. Die Benennung erfolgt unter Berücksichtigung von Vorschlägen vorschlagsberechtigter Stellen nach § 11 IV AEntG. Wegen der Einzelheiten s. § 11 V–VIII AEntG.[116] Klagen gegen die Besetzung der Kommission haben nach § 12 VIII AEntG keine aufschiebende Wirkung; hierdurch soll die Funktionssicherheit der Kommission gesichert werden. Die Kommission beschließt unter Berücksichtigung der gesetzgeberischen Ziele nach § 1 AEntG (→ Rn. 6) sowie nach § 11 II AEntG (Sicherstellung der Qualität der Pflegleistung sowie der Auftrag der kirchlichen und sonstigen Träger der freien Wohlfahrtspflege) Empfehlungen zur Festsetzung von Arbeitsbedingungen. Vorgeschlagen und geregelt werden können allerdings nach § 12 I AEntG ausschließlich Arbeitsbedingungen nach § 12a II AEntG, also Mindestentgeltsätze nach § 5 Nr. 1 AEntG (→ Rn. 31) und Urlaubsregelungen nach § 5 Nr. 2 AEntG. Dabei kann die Kommission auch eine Ausschlussfrist empfehlen, soweit sie den Anforderungen des § 9 S. 3 AEntG entspricht (hierzu → Rn. 48).

d) Rechtsverordnung. Nach § 11 AEntG kann das Bundesministerium für Arbeit und Sozi- 53 ales durch Rechtsverordnung bestimmen, dass die von der Kommission nach § 12 AEntG vorgeschlagenen Arbeitsbedingungen nach § 5 Nr. 1 und 2 AEntG auf alle AG und AN, die unter den Geltungsbereich einer Empfehlung nach § 12a AEntG fallen, Anwendung finden. Dem

---

112 *Bayreuther* DB 2009, 678 (681).
113 *Bayreuther* DB 2009, 678 (681 f.).
114 Näher Thüsing MiLoG/*Thüsing* AEntG § 10 Rn. 5.
115 Thüsing MiLoG/*Thüsing* AEntG § 10 Rn. 7.
116 Hierzu *Franzen* RdA 2020, 75 (81 f.).

Ministerium steht dabei unter Berücksichtigung der in § 11 II AEntG genannten Ziele ein gewisser Einschätzungsspielraum zu.[117] Es kann aber den Vorschlag der Kommission nur entweder im Ganzen übernehmen oder nicht, dagegen kann es ihn nicht inhaltlich abgeändert in eine Rechtsverordnung übernehmen. Vor Erlass der Rechtsverordnung, die nicht der Zustimmung des Bundesrats bedarf, hat die Kommission den betroffenen Tarifvertragsparteien bzw. kirchlichen Kommissionen Gelegenheit zur Stellungnahme innerhalb von drei Wochen zu geben (§ 11 III AEntG). Nach § 13 AEntG gehen die Regelungen einer Rechtsverordnung nach § 7a AEntG den Regelungen einer Rechtsverordnung nach § 11 AEntG vor, soweit sich die Geltungsbereiche der Rechtsverordnungen überschneiden.[118] Unabhängig hiervon steht eine Rechtsverordnung nach § 11 AEntG für die Anwendung der §§ 8 und 9 sowie der Abschnitte 5 und 6 AEntG einer Rechtsverordnung nach § 7 AEntG gleich. Insbesondere gelten die §§ 8, 9 AEntG (→ Rn. 37 ff.) sowie § 14 AEntG (→ Rn. 63 ff.).

54 Aufgrund der Ermächtigung in § 11 AEntG ist am 1.8.2010 die bis zum 31.12.2014 befristete Pflegearbeitsbedingungsverordnung (PflegeArbbV, BAnz. 2571) in Kraft getreten. Seit dem 1.1.2015 ist sie durch die 2. PflegeArbbV (BAnz. AT 28.11.2014 V1) abgelöst mit einer Geltungsdauer bis zum 31.10.2017. Für die Zeit vom 1.11.2017 bis 30.4.2020 galt die 3. PflegeArbbV (BAnz. AT 11.8.2017 V1). Seit dem 1.5.2020 gilt die 4. PflegeArbbV (BAnz. AT 28.4.2020 V2). Sie gilt gem. § 1 I 1 für Pflegebetriebe, die in § 1 I 2, 3 PflegeArbbV4 wie in § 10 AEntG definiert sind (→ Rn. 51). Nach § 1 II PflegeArbbV4 gilt die VO für AN. Auszubildende sowie Pflegeschülerinnen und Pflegeschüler sind vom Geltungsbereich ausgenommen. Ab Mai 2020 gilt in den alten Bundesländern ein Mindeststundenentgelt iHv 11,35 EUR, ab Juli 2020 von 11,60 EUR, ab April 2021 von 11,80 EUR, ab September 2021 von 12,00 EUR und ab April 2022 von 12,55 EUR. In den neuen Bundesländern betragen die Stundensätze ab Mai 2020 10,85 EUR, ab Juli 2020 11,20 EUR, ab April 2021 11,50 EUR, ab September 2010 12,00 EUR und ab April 2022 12,55 EUR; damit sind die Sätze in den alten und neuen Bundesländern ab September 2021 einheitlich. Für Pflegekräfte mit einer mindestens einjährigen Ausbildung (qualifizierte Pflegehilfskräfte) sowie für Pflegefachkräfte gelten jeweils höhere Sätze. Bisher war nicht danach differenziert worden, ob eine Vollarbeit erbracht wird oder ein Bereitschaftsdienst oder eine Arbeitsbereitschaft vorliegt[119] (zur Qualifikation als Arbeitszeit → § 156 Rn. 20). Daher waren diese Zeiträume mit dem Mindeststundenentgelt zu vergüten. Beim Bereitschaftsdienst war allerdings gem. § 2 IV 1 PflegeArbbV3 aufgrund einer kollektivrechtlichen oder schriftlichen arbeitsvertraglichen Vereinbarung eine Bewertung nur mit 40% der Arbeitszeit möglich, sofern nicht eine darüber hinaus gehende Arbeitsleistung erbracht wurde. Bereitschaftsdienste iSd Verordnung leisteten AN, die sich auf Anordnung des AG außerhalb ihrer regelmäßigen Arbeitszeit an einer vom AG bestimmten Stelle aufhalten, um im Bedarfsfall die Arbeit aufzunehmen, wenn zu erwarten war, dass zwar Arbeit anfällt, erfahrungsgemäß aber die Zeit ohne Arbeitsleistung mindestens 75% beträgt (§ 2 III 2 PflegeArbbV3); war dies nicht der Fall, war für die gesamte Zeit des Bereitschaftsdienstes das Mindestentgelt zu zahlen.[120] Nach § 2 VI 2 PflegeArbbV4 muss für Bereitschaftsdienste nunmehr die monatlich ausgezahlte Bruttovergütung geteilt durch die geleisteten Arbeitsstunden einschließlich der Bereitschaftsstunden mindestens die jeweilige Höhe des gesetzlichen Mindestlohns nach dem MiLoG erreichen. Rufbereitschaften werden dagegen von der Verordnung nicht erfasst (§ 2 VII 1 PflegeArbbV4); insoweit handelt es sich nicht um Arbeitszeit (→ § 156 Rn. 21 f.);[121] nur für die Zeit, für die der AN im Rahmen der Rufbereitschaft tatsächlich zur Arbeitsleistung herangezogen wird, ist das Mindeststundenentgelt zu zahlen. In § 3 PflegeArbbV4 wird die Fälligkeit des Mindestentgelts geregelt (nicht die Fälligkeit sonstiger, darüber hinaus gehender Vergütungsansprüche[122]) sowie eine Obergrenze von 225 Stunden für Arbeitszeitguthaben. Dagegen enthält die Verordnung in § 3 keine Regelung der maximalen monatlichen Arbeitszeit.[123] Eine derartige Regelung wäre auch durch die Verordnungsermächtigung in § 11 I AEntG, die nur die in § 5 Nr. 1 u. 2 AEntG genannten Arbeitsbedingung erfasst, nicht gedeckt. Nach § 4 PflegeArbbV4 besteht ein Anspruch auf fünf Tage Mehrurlaub für die Jahre 2020 und 2021 sowie auf sechs Tage für das Jahr 2022 (jeweils ausgehend von einer Fünf-Tage-Woche), soweit nicht tarifliche, betriebliche, arbeitsvertragliche oder sonstige Regelungen insgesamt einen über den gesetzlichen Erholungs-

117 ErfK/*Franzen* AEntG § 11 Rn. 2; vgl. auch Thüsing MiLoG/*Thüsing* AEntG § 11 Rn. 4.
118 Hierzu *Franzen* RdA 2020, 75 (82).
119 LAG BW 28.11.2012 ArbuR 2012, 1356 (LS).
120 Zu § 2 II PflegeArbbV2 BAG 12.12.2018 AP Nr. 56 zu § 611 BGB Arbeitszeit = NZA 2019, 775.
121 BAG 19.11.2014 AP Nr. 24 zu § 611 BGB.
122 Vgl. LAG Bln-Bbg 15.8.2012 – 4 TaBV 958/12; 15.7.2011 NZA-RR 2011, 512.
123 So aber offenbar LAG BW 28.11.2012 ArbuR 2012, 1356 (LS).

urlaub hinausgehenden Anspruch auf bezahlten Urlaub vorsehen. § 5 PflegeArbbV4 regelt eine 12-monatige **Ausschlussfrist.** Für eine ordnungsgemäße Geltendmachung muss für die in Anspruch genommene Partei erkennbar gemacht werden, um welche Forderung es sich handelt. Die Höhe des Anspruchs und der Zeitraum, für den er verfolgt wird, müssen ersichtlich sein; eine Bezifferung ist dann nicht zwingend geboten.[124] Eine vom AG als Allgemeine Geschäftsbedingung gestellte arbeitsvertragliche Ausschlussfristenregelung, die auch den Anspruch auf ein Mindestentgelt nach einer Verordnung nach § 11 AEntG erfasst, ist insoweit nach § 9 S. 3 iVm § 13 AEntG unwirksam. Sie kann auch nicht wegen der das Mindestentgelt übersteigenden Ansprüche, aufrechterhalten werden weil die Klausel gegen das Transparenzgebot des § 307 I 2 BGB verstößt.[125] Zum Verhältnis zum gesetzlichen Mindestlohn → § 66 Rn. 27, 19.

10. Langfristige Entsendung. Mit den zum 30.7.2020 eingeführten Regelungen in § 13b und § 13c AEntG hat der Gesetzgeber weitere Änderungen der Entsenderichtlinie (RL 96/71/EG) in Art. 3 Ia aufgrund der ÄnderungsRL aus dem Jahr 2018 (RL 2018/957/EU) umgesetzt. Mit diesen Regelungen wird festgelegt, ab welcher Beschäftigungsdauer AG mit Sitz im Ausland welche zusätzlichen inländischen Arbeitsbedingungen einzuhalten haben. Weil Art. 3 Ia RL 96/71/EG und § 13b AEntG keinen kollisionsrechtlichen Statutenwechsel normieren, ist das auf das Arbeitsverhältnis anwendbare nationale Recht nach Art. 8 Rom I-VO zu bestimmen, weshalb im Fall einer Kollision beider Rechtsordnungen gem. Art. 3 II RL 96/71/EG das Günstigkeitsprinzip gilt.[126] 55

a) Zusätzliche Arbeitsbedingungen. Wenn ein AN von einem im Ausland ansässigen AG **mehr als zwölf Monate** im Inland beschäftigt wird, finden nach § 13b I AEntG auf dieses Arbeitsverhältnis nach zwölf Monaten Beschäftigungsdauer im Inland zusätzlich zu den Arbeitsbedingungen nach §§ 2–13 AEntG alle Arbeitsbedingungen Anwendung, die am Beschäftigungsort in Rechts- und Verwaltungsvorschriften und in allgemeinverbindlichen Tarifverträgen vorgeschrieben sind. Dies gilt nicht für **(1)** die Verfahrens- und Formvorschriften und Bedingungen für den Abschluss oder die Beendigung des Arbeitsverhältnisses (zB nach dem KSchG, dem BEEG oder SGB IX) einschließlich nachvertraglicher Wettbewerbsverbote, und **(2)** für die betriebliche Altersversorgung, und zwar auch dann, wenn diese in einem allgemeinverbindlichen TV geregelt sind. Erfasst werden durch § 13b I AEntG **„Arbeitsbedingungen"** und damit arbeitsrechtliche Vorschriften. Hierzu zählen Ansprüche nach dem EFZG auf Entgeltfortzahlung an Feiertagen, nicht dagegen die Entgeltfortzahlung im Krankheitsfall (oder nach §§ 3a und 9 EFZG), weil diese nach dem Verständnis der Entsenderichtlinie an das Sozialversicherungsrecht anknüpft. Ferner erfasst sind u.a. Ansprüche auf Elternzeit nach dem BEEG, Ansprüche auf Pflegezeiten nach dem FPfZG und PflegeZG, Aufwendungsersatzansprüche nach den §§ 670, 675 BGB (unabhängig von den Voraussetzungen nach § 2 I Nr. 8, III AEntG) sowie die Regelungen über die deliktische Haftung im Arbeitsverhältnis.[127] Zu den arbeitsrechtlichen Vorschriften zählen auch **allgemeinverbindliche TV,** und zwar anders als nach §§ 3 ff. AEntG nicht nur solche, die bundesweit gelten. Nicht anwendbar sind demgegenüber mit dem Beschäftigungsverhältnis in Verbindung stehende Vorschriften aus anderen Rechtsbereichen, etwa dem **Steuerrecht und Sozialrecht.**[128] Nach Art. 12 I VO 883/2004/EG tritt innerhalb der EU bei Entsendungen grundsätzlich erst nach 24 Monaten ein Statuswechsel zum Sozialrecht des Zielstaates ein, wobei gem. Art. 15 der VO Verlängerungsvereinbarung zwischen einzelnen EU-Mitgliedstaaten zulässig sind; bis zum Ablauf der Frist gelten die sozialrechtlichen Bestimmungen des Herkunftslandes. Für die Frage, wann ein ausländischer AG einen AN im Inland beschäftigt, verweist § 13b I AEntG auf die Klarstellung in § 2 II AEntG (hierzu → Rn. 16). Nach § 13b II 1 AEntG besteht für den AG die Möglichkeit, den Zeitraum, nach dessen Ablauf die zusätzlichen Arbeitsbedingungen für die betroffenen AN gelten, **auf 18 Monate zu verlängern,** indem er eine Erklärung nach § 13b II 2 AEntG abgibt. Diese Mitteilung muss in Textform nach § 126b BGB gegenüber der zuständigen Behörde der Zollverwaltung in deutscher Sprache erfolgen und folgende Angaben enthalten: **(1)** Familienname, Vornamen und Geburtsdatum der AN, **(2)** Ort der Beschäftigung im Inland, bei Bauleistungen die Baustelle, **(3)** die Gründe für die Überschreitung der zwölfmonatigen Beschäftigungsdauer im Inland und **(4)** die zum Zeitpunkt der Mitteilung anzunehmende voraussichtliche Beschäftigungsdauer im Inland. Die zuständige Behörde der Zollverwaltung hat nach § 13b II 3 AEntG den Eingang der Mitteilung zu bestätigen. § 13b 56

[124] Zu § 4 PflegeArbbV2 BAG 12.12.2018 AP Nr. 56 zu § 611 BGB Arbeitszeit = NZA 2019, 775.
[125] BAG 24.8.2016 NZA 2016, 1539; abl. *Bayreuther* NZA 2017, 487.
[126] ErfK/*Franzen* AEntG § 13b Rn. 1.
[127] So die Aufzählung in der Gesetzesbegründung, BT-Drs. 19/19371, 31.
[128] BT-Drs. 19/19371, 31.

III und IV AEntG regeln Ermächtigungen für den Erlass von Rechtsverordnungen durch das BMF.

57 **b) Berechnung der Beschäftigungsdauer im Inland.** § 13c AEntG regelt die Berechnung der Beschäftigungsdauer im Inland. Gem. **§ 13c I AEntG** sind dann, wenn der AN im Rahmen von Dienst- oder Werkverträgen im Inland beschäftigt wird, zur Berechnung der Beschäftigungsdauer im Inland alle Zeiten zu berücksichtigen, in denen der AN im Rahmen dieser Verträge **im Inland beschäftigt** wird. Dabei sind gem. **§ 13c II AEntG** auch Zeiten zu berücksichtigen, die in einem Unternehmen absolviert werden, das nach § 15 AktG mit dem AG verbunden ist. Ausreichend für eine solche Verbindung ist es, wenn ein Beherrschungs- oder Gewinnabführungsvertrag iSv §§ 291, 291 AktG besteht.[129] Überlässt ein im Ausland ansässiger AG als Verleiher einen **Leiharbeitnehmer** einem Entleiher im Inland, werden nach **§ 13c III 1 AEntG** zur Berechnung der Beschäftigungsdauer im Inland alle Zeiten berücksichtigt, in denen der AN im Rahmen des Überlassungsvertrags im Inland beschäftigt wird. Beschäftigt ein Entleiher mit Sitz im Ausland einen Leiharbeitnehmer oder eine Leiharbeitnehmerin im Inland, sind diese Zeiten einer Beschäftigung im Inland anzurechnen (§ 13c III 2 AEntG); diese Regelung korrespondiert mit der in § 2 II AEntG. § 25 I AEntG enthält eine **Übergangsregelung,** nach der die Rechtsfolgen der Langzeitentsendung frühestens ab Inkrafttreten der Änderung des AEntG zum 30.7.2020 gelten. Gem. § 25 II 1AEntG werden Zeiten der Beschäftigung im Inland vor dem 30.7.2020 mitgezählt, was zu einer teilweisen rückwirkenden Anwendung von § 13b AEntG führen kann. Hat die Beschäftigung im Inland vor dem 30.7.2020 begonnen, gilt die Mitteilung nach § 13b II AEntG als abgegeben.

58 Gem. § 13c IV 1 AEntG gilt eine **Unterbrechung** der Tätigkeiten der AN oder des Leiharbeitnehmers oder der Leiharbeitnehmerin im Inland bei der Berechnung der Beschäftigungsdauer im Inland nicht als Beendigung der Beschäftigung im Inland. Die Frist nach § 13b AEntG beginnt dann nicht von vorne zu laufen. Der Begriff der Unterbrechung wird dabei durch das Gesetz nicht definiert; eine § 1 Ib 2 AÜG entsprechende Regelung (drei Monate) fehlt. Unterbrechungszeiten, bei denen das Arbeitsverhältnis nicht ruht, werden für die Berechnung mitgezählt, sofern der AN in diesem Zeitraum nicht eine Arbeitsleistung im Ausland erbringt. Daher sind Unterbrechungen aufgrund von Feiertagen, Wochenenden, arbeitsfreien Tagen, Arbeitsunfähigkeit, Urlaub mitzurechnen; dasselbe gilt für eine Corona-bedingte Unterbrechung.[130] Zeiten, in denen die gegenseitigen Pflichten aus dem Arbeitsverhältnis ruhen, wie etwa Mutterschutzzeiten, Elternzeiten sowie unbezahlter Sonderurlaub, werden nicht berücksichtigt (§ 13c IV 2 AEntG); sie führen aber nicht dazu, dass die Frist von vorne zu laufen beginnt.[131]

59 Wird der AN im unmittelbaren Anschluss an eine Beschäftigung nach § 13c I–III AEntG weiter gem. § 13c I-II AEntG im Inland beschäftigt, werden nach **§ 13c V AEntG** zur Berechnung der Beschäftigungsdauer im Inland die Zeiten der beiden Beschäftigungen zusammengerechnet. Unerheblich ist dabei, ob die Anschlussbeschäftigung in derselben Konstellation iSv § 13c I–III AEntG erfolgt oder ob sich unterschiedliche Konstellationen (also zB zunächst eine Beschäftigung nach § 13c I und dann eine Beschäftigung als Leiharbeitnehmer nach § 13c II AEntG) aneinander anschließen. Der Begriff „im unmittelbaren Anschluss" wird im Gesetz nicht definiert. Eine Tätigkeit im unmittelbaren Anschluss ist jedenfalls dann anzunehmen, wenn die weitere Beschäftigungszeit am ersten Arbeitstag beginnt, der auf das Ende der vorhergehenden Beschäftigungszeit folgt, wobei auch Zeiträume zu berücksichtigen sind, in denen zwar zB aufgrund eines Urlaubs nicht gearbeitet wird, das Arbeitsverhältnis aber nicht ruht. Umgekehrt ist eine Beschäftigung im unmittelbaren Anschluss jedenfalls dann nicht gegeben, wenn zwischen den jeweiligen Beschäftigungszeiten im Inland eine Beschäftigung in einem anderen Mitgliedstaat liegt.[132]

60 § 13c VI AEntG regelt die Vorgaben für die Berechnung der Beschäftigungsdauer, wenn keine unter die Abs. 1–2 fallende Inlandsbeschäftigung vorliegt. Maßgeblich ist dann die Zeit der ununterbrochenen Beschäftigung in Deutschland. Die Abs. 4 und 5 sind hier nicht anzuwenden, weil es an der verbindenden Klammer der Werk- oder Dienstleistung bzw. der Beschäftigung bei einem Betrieb des AG im Inland oder einem mit ihm verbundenen Unternehmen oder des Arbeitnehmerüberlassungsvertrags bei einer Überlassung an einen inländischen Entleiher fehlt.

---

[129] BT-Drs. 19/19371, 33.
[130] *Zieglmeier* DStR 2020, 1923 (1926).
[131] BT-Drs. 19/19371, 34.
[132] BT-Drs. 19/19371, 34.

In § 13c VII AEntG sind die Fälle einer **Rotation** geregelt. Wird ein AN durch einen anderen ersetzt, der die gleiche Tätigkeit am gleichen Ort ausübt, werden die Einsatzzeiten dieser AN zusammengerechnet. Maßgeblich ist insoweit also nicht eine AN-bezogene, sondern eine arbeitsplatzbezogene Betrachtung. Der Begriff der gleichen Tätigkeit wird in § 13c VII 2 AEntG definiert. Er setzt voraus, dass der AN im Wesentlichen dieselben Aufgaben wie der AN wahrnimmt, den er ersetzt, und dass diese Aufgaben **(1)** im Rahmen derselben Dienst- oder Werkverträge ausgeführt werden bzw. **(2)** bei Tätigkeit in einem Betrieb oder verbundenen Unternehmen des AG in demselben Betrieb oder demselben Unternehmen im Inland ausgeführt werden oder **(3)** als Leiharbeitnehmer bei demselben Entleiher mit Sitz im Inland ausgeführt werden. § 13c VII 3 AEntG bestimmt, dass eine Tätigkeit am gleichen Ort vorliegt, wenn der AN **(1)** an derselben Anschrift oder in unmittelbarer Nähe derselben Anschrift wie der AN tätig ist, den er ersetzt, oder **(2)** im Rahmen derselben Dienst- oder Werkverträge wie der AN, den er ersetzt, an anderen für diese Dienst- oder Werkverträge vorgegebenen Anschriften tätig ist. Eine Beschäftigung des anderen AN im unmittelbaren Anschluss setzt § 13c VII AEntG dabei nicht voraus, so dass eine Zusammenrechnung auch dann erfolgt, wenn zwischen den Einsätzen der verschiedenen AN eine zeitliche Lücke besteht.[133] Diese Bestimmung führt dazu, dass bei jedem neu eingesetzten AN die Beschäftigungszeiten aller zuvor auf dem betreffenden Arbeitsplatz eingesetzten AN hinzuaddiert werden. Die Geltung der Arbeitsbedingungen iSv § 13b AEntG tritt allerdings erst nach Ablauf von zwölf Monaten und nicht etwa rückwirkend ab Beginn der ersten Beschäftigung ein. Arbeitet beispielsweise ein AN im Rahmen einer Rotation iSv § 13c VII AEntG über einen Zeitraum von 10 Monaten und ein zweiter AN anschließend für weitere 10 Monate, greift § 13b AEntG erst ab dem dritten Beschäftigungsmonat des zweiten AN ein; der erste AN profitiert für seinen Beschäftigungszeitraum von der Regelung in § 13b AEntG dagegen nicht. 61

Neben den §§ 13b, 13c AEntG gelten die Regelungen in § 1 Ib 1 **AÜG** über die **Höchstüberlassungsdauer** (hierzu → § 120 Rn. 8 ff.) und in § 9 I Nr. 1b und § 10 AÜG über die Rechtsfolgen einer Überschreitung (hierzu → § 120 Rn. 60 ff.). 62

11. Bürgenhaftung. Durch den 1999 in das AEntG aF eingefügten § 1a AEntG wurde eine verschuldensunabhängige Haftung des Generalunternehmers eingeführt. Der EuGH hat auf Vorlage des BAG[134] entschieden, dass die Bürgenhaftung mit der durch Art. 49 EG (jetzt Art. 56 AEUV) gewährleisteten Freiheit des Dienstleistungsverkehrs vereinbar ist.[135] Das BVerfG hat die Regelung zudem mit dem GG für vereinbar erachtet.[136] An die Stelle des früheren § 1a AEntG ist mit der Neufassung des Gesetzes im Jahr 2009 nunmehr die im Wesentlichen inhaltsgleiche Bestimmung des **§ 14 AEntG** getreten. Zweck der Regelung ist es vornehmlich, einen Anreiz für Unternehmer zu schaffen, nur mit korrekt handelnden Subunternehmern zusammenzuarbeiten; ferner soll Schwarzarbeit verhindert werden.[137] 63

Haftungsadressaten sind ausschließlich Unternehmer. Die Haftung trifft daher nicht Personen, die im Privatbereich Dienst- oder Werkverträge abschließen. Der Unternehmer muss sich seinerseits gegenüber seinem Vertragspartner zur Erbringung von Werk- oder Dienstleistungen verpflichtet haben und diese Verpflichtung nicht mit eigenen, sondern mit fremden Arbeitskräften erfüllen (Haupt- oder Generalunternehmer). Die Bürgenhaftung erfasst also nicht den Bauherrn selbst,[138] wohl aber einen Bauträger, der Gebäude im eigenen Namen und auf eigene Rechnung erstellen lässt, um sie während oder nach der Bauphase zu veräußern. Insoweit ist § 14 S. 1 AEntG einschränkend auszulegen.[139] Entscheidendes Abgrenzungskriterium ist dabei, ob die Erstellung und Veräußerung Teil der Geschäftstätigkeit ist oder ob das Gebäude zu anderen – auch wirtschaftlichen – Zwecken (zB als Verwaltungssitz oder Vermietungsobjekt) genutzt werden soll.[140] Nach § 14 AEntG haftet nur, wer bei der Erfüllung seiner Verbindlichkeiten nicht eigene AN einsetzt, sondern hierfür einen oder mehrere Subunternehmer beauftragt. Auf die Wirksamkeit des jeweiligen Vertrages kommt es nicht an.[141] Diese für den Baubereich entwi- 64

---

[133] So die Gesetzesbegründung, BT-Drs. 19/19371, 34.

[134] BAG 6.11.2002 AP Nr. 1 zu § 1a AEntG = NZA 2003, 490.

[135] EuGH 12.10.2004 AP Nr. 9 zu Art. 49 EG = NZA 2004, 1211 – Wolf & Müller.

[136] BVerfG 20.3.2007 NZA 2007, 609.

[137] *Schwab* NZA-RR 2010, 225 (228/229); Thüsing MiLoG/*Mohr* AEntG § 14 Rn. 4; BAG 8.12.2010 NZA 2011, 514 mwN.

[138] BAG 28.3.2007 NZA 2007, 613; 12.1.2005 AP Nr. 2 zu § 1a AEntG = NZA 2005, 627.

[139] BAG 16.10.2019 AP Nr. 1 zu § 14 AEntG = NZA 2020, 112; zur Vorgängerregelung in § 1a AEntG BAG 16.5.2012 AP Nr. 6 zu § 1a AEntG = NZA 2012, 980; abl. *Stähle* NZA 2020, 1086.

[140] Vgl. auch BAG 30.10.2019 AP Nr. 380 zu § 1 TVG Tarifverträge: Bau = NZA 2020, 334.

[141] *Bayreuther* NZA 2015, 961 (964).

ckelten Grundsätze lassen sich sinngemäß auch auf die übrigen Branchen und insbesondere auf den Anwendungsbereich von § 13 MiLoG übertragen.[142] Nicht erfasst sind ferner Verträge, die nicht auf eine Werk- oder Dienstleistung gerichtet sind. Das gilt insbes. für Lieferverträge mit einer Montageverpflichtung, bei denen die kaufvertraglichen Pflichten im Vordergrund stehen (s. auch § 6 I AEntG).[143] Umstritten ist die Anwendbarkeit für beim Sub- oder Nachunternehmer beschäftigte Leiharbeitnehmer.[144] Kein Unternehmer iSv § 14 AEntG ist die öffentliche Hand.[145] Unter die Haftung fällt dagegen ein Subunternehmer, der seinerseits Nachunternehmer beauftragt.[146] Eine Haftung besteht dabei immer nur insoweit, als Tätigkeiten für den Hauptunternehmer ausgeführt werden. Für Entgeltansprüche im Rahmen sonstiger geschäftlicher Aktivitäten des Subunternehmers außerhalb dieser Beauftragung haftet der Hauptunternehmer nicht.[147]

65 Der Haftungsadressat haftet für die **Verpflichtungen des beauftragten Unternehmers,** eines **Nachunternehmers** oder eines von dem Unternehmer oder dem Nachunternehmer beauftragten **Verleihers.** Gehaftet wird gegenüber den AN und den gemeinsamen Einrichtungen iSv § 5 Nr. 3 AEntG.

66 Nach dem Gesetzeswortlaut greift die Haftung des Hauptunternehmers auch im Fall der **Insolvenz** des Nachunternehmers.[148] Das entspricht dem Schutzweck der Norm, der u.a. darauf gerichtet ist, den Hauptunternehmer zu veranlassen, nur Nachunternehmer zu beauftragen, die eine größtmögliche Gewähr für die Erfüllung der Mindestlohnansprüche gewährleisten.[149] Außerdem besteht für den Hauptunternehmer die Möglichkeit, von dem Nachunternehmer entsprechende Sicherheiten (zB in Form einer Bankbürgschaft) zu verlangen.[150] Häufig werden Freistellungsvereinbarungen getroffen, aufgrund derer der Nachunternehmer in Anspruch genommen werden kann, was insbesondere bei Nachunternehmerketten von Interesse ist. Denkbar ist ferner die Vereinbarung eines Kündigungsrechts für den Fall eines Mindestlohnverstoßes[151] sowie die Einräumung von Kontrollbefugnissen.[152] Das Insolvenzrisiko lässt sich so aber nicht ausschließen. Außerdem haftet der Nachunternehmer ohnehin gem. § 774 I 1 BGB. Die Haftung des Hauptunternehmers geht aber bei der Zahlung von **Insolvenzgeld** weder nach § 187 S. 1 SGB III noch gem. § 412 iVm § 401 I BGB auf die Bundesagentur für Arbeit über. Die Haftung nach § 14 AEntG begründet keinen Anspruch auf Insolvenzgeld und ist keine iSd § 401 I BGB bestellte Bürgschaft, sondern eine gesetzliche angeordnete Bürgenhaftung. Insoweit ist auch eine Abtretung der Ansprüche durch den AN an die Bundesagentur ausgeschlossen, weil die Haftung des Nachunternehmers mit der Zahlung des Insolvenzgeldes und damit dem Eintreten des Sicherungszwecks (in Höhe des gezahlten Insolvenzgeldes) erlischt.[153]

67 **Haftungsgegenstand** ist die Verpflichtung zur Zahlung des Mindestentgelts oder zur Zahlung von Beiträgen an eine gemeinsame Einrichtung iSv § 5 Nr. 3 AEntG. Über das Mindestentgelt hinausgehende, höhere Vergütungsansprüche werden von § 14 AEntG nicht

---

[142] *Kühn/Reich* BB 2014, 2938 (2940); *Oltmanns/Fuhlrott* NZA 2015, 392 (393); *Bayreuther* NZA 2015, 961 (963); *Bissels/Falter/Krings* DB 2015, 1962 (1963).

[143] Hierzu *Insam/Hinrichs/Tacou* NZA-RR 2014, 569 (570); *Bayreuther* NZA 2015, 961 (964).

[144] Bejahend ErfK/*Franzen* AEntG § 14 Rn. 4; *Riechert/Nimmerjahn* MiLoG § 13 Rn. 32; *Schwab* NZA-RR 2014, 2010, 225 (227); verneinend *Oltmanns/Fuhlrott* NZA 2015, 392 (394); *Bayreuther* NZA 2015, 961 (965).

[145] KAEW/*Winkler* AEntG § 14 Rn. 20; krit. ErfK/*Franzen* AEntG § 14 Rn. 3; aA *Oltmanns/Fuhlrott* NZA 2015, 392 (394); diff. *Insam/Hinrichs/Tacou* NZA-RR 2014, 569 (571).

[146] BAG 17.8.2011 AP Nr. 5 zu § 1a AEntG = NZA 2012, 563; *Schwab* NZA-RR 2010, 225 (227).

[147] *Kühn/Reich* BB 2014, 2938 (2940).

[148] Das BVerfG hat die Frage, ob dies mit Art. 12 GG vereinbar ist, ausdrücklich offengelassen: BVerfG 20.3.2007 NZA 2007, 609; so auch BAG 8.12.2010 NZA 2011, 514; eine Verfassungswidrigkeit annehmend *Kühn/Reich* BB 2014, 2938 (2939).

[149] Vgl. BVerfG 20.3.2007 NZA 2007, 609; bejahend *Bayreuther* NZA 2015, 961 (966); *Sick* RdA 2016, 224 (226); aA *Bissels/Falter/Krings* DB 2015, 1962 (1964).

[150] Das OLG Stuttgart verlangt bei AGB aber eine Hervorhebung der Bürgenhaftung nach dem AEntG, OLG Stuttgart 28.9.2001 BauR 2002, 1093.

[151] Zum Kündigungsrecht des Unternehmers *Bayreuther* NZA 2015, 961 (968).

[152] Formulierungsvorschläge bei *Oltmanns/Fuhlrott* NZA 2015, 392 (396 ff.); zum Datenschutz vgl. *Franck/Krause* DB 2015, 1285; *Bayreuther* NZA 2015, 961 (969).

[153] BAG 8.12.2010 AP Nr. 4 zu § 1a AEntG = NZA 2011, 514 (zur inhaltsgleichen Vorgängerregelung des § 1a AEntG aF); *Oltmanns/Fuhlrott* NZA 2015, 392 (395); aA *Bayreuther* NZA 2015, 961 (966).

erfasst. Der Haftung unterliegt dabei nur der Anspruch des AN auf **Arbeitsentgelt für tatsächlich geleistete Arbeit.** Nicht erfasst werden Annahmeverzugsansprüche des AN und Ansprüche gegen den AG auf Verzugszinsen wegen verspäteter Entgeltzahlungen.[154] Aus diesem Grund scheidet auch eine Haftung für Ansprüche nach dem EFZG oder dem BUrlG aus.

Gem. § 14 S. 2 AEntG bezieht sich die Haftung ausschließlich auf das **Nettoentgelt,** also nicht auf die Zahlung von Steuern und Sozialabgaben. Der Begriff Nettoentgelt wird dabei im Gesetz definiert als der Betrag, der nach Abzug der Steuern und der Beiträge zur Sozialversicherung und zur Arbeitsförderung oder entsprechender Aufwendungen zur sozialen Sicherung an die AN auszuzahlen ist. Entscheidend ist also nicht der tatsächlich gezahlte (Netto-)Betrag, sondern das, was nach dem geltenden Steuer- und Sozialversicherungsrecht zu zahlen ist.[155] Gilt für den AN ausländisches Sozialversicherungsrecht, sind die entsprechenden Beiträge zu berücksichtigen und nicht etwa fiktive Abzüge nach deutschem Sozialversicherungsrecht.[156] Besonderheiten gelten allerdings insoweit für das Baugewerbe: Hier haftet der Generalunternehmer gem. § 28e IIIa SGB IV für die Abführung der Gesamtsozialversicherungsbeiträge durch einen beauftragten Subunternehmer und gem. § 150 III SGB VII (iVm § 28e IIIa SGB IV) für dessen Zahlung der Beiträge zur gesetzlichen Unfallversicherung. Allerdings besteht für ihn gem. § 28e IIIb SGB IV eine Exkulpationsmöglichkeit. Im Steuerrecht gilt für die Baubranche gem. §§ 48–48c EStG das Bauabzugsbesteuerungsverfahren.[157] 68

Der Unternehmer haftet **wie ein Bürge,** der auf die Einrede der Vorausklage verzichtet hat (§§ 765, 773 I Nr. 1 BGB, § 349 HGB). Er kann den AN bzw. die gemeinsamen Einrichtungen iSv § 5 Nr. 3 AEntG nicht darauf verweisen, den Anspruch zunächst gegenüber dem Nachunternehmer oder Verleiher einzuklagen. Die Haftung ist **verschuldensunabhängig,** der Schuldner kann ihr nicht durch den Nachweis einer fehlenden subjektiven Verantwortung für Verstöße des beauftragen Unternehmers entgehen. Die in § 14 AEntG normierte Haftung hat aber keine Auswirkungen auf die Darlegungs- und Beweislast in einem Prozess auf Zahlung des Mindestentgelts. Insbesondere kann sich der Unternehmer wegen der Zahl der vom Subunternehmer eingesetzten AN sowie des Umfangs der von ihnen geleisteten Arbeit gem. § 138 IV ZPO mit Nichtwissen erklären.[158] Soweit der Hauptunternehmer erfolgreich in Anspruch genommen wird, geht der Anspruch gegen den Nachunternehmer gem. § 14 AEntG iVm § 774 I 1 BGB auf ihn über. 69

12. Überwachung/Durchsetzung. Für die Prüfung der Einhaltung der Pflichten eines AG nach § 8 AEntG, soweit sie sich auf die Gewährung von Arbeitsbedingungen nach § 5 S. 1 Nr. 1–4 AEntG beziehen, sind gem. § 16 AEntG die Behörden der Zollverwaltung zuständig. Unionsrechtliche Grundlage für Sanktionen wegen etwaiger Verstöße ist Art. 20 RL 2014/67/EU. Danach müssen die Sanktionen verhältnismäßig sein.[159] Verstöße sind gem. § 23 AEntG bußgeldbewehrt. Sanktionsadressaten sind sowohl inländische als auch ausländische AG, die die geltenden Mindestlohnbedingungen nicht einhalten oder die Mitwirkungs-, Melde- und Duldungspflichten nach §§ 17–19 AEntG nicht erfüllen. Nach Inkrafttreten des TarifAStG zum 16.8.2014 ist auch die nicht rechtzeitige Zahlung des Mindeststundenentgelts sanktioniert. Gem. § 23 II AEntG bestehen Sanktionsmöglichkeiten auch gegenüber Auftraggebern und Generalunternehmern, deren Subunternehmer die Mindestarbeitsbedingungen nicht einhalten., sofern insoweit Kenntnis oder fahrlässige Unkenntnis vorliegt. Ist der Täter keine natürliche Person, wird nach § 9 I OWiG der gesetzliche Vertreter zur Verantwortung gezogen. Die Ordnungswidrigkeit kann in den Fällen des § 23 I und II AEntG, also bei einer Nichteinhaltung der Mindestarbeitsbedingungen, mit einer Geldbuße bis zu 500 000 EUR und in den übrigen Fällen bis zu 30 000 EUR geahndet werden (§ 23 II AEntG). Für die Bemessung der Geldbuße gilt § 17 OWiG. Grundlage für die Zumessung der Geldbuße sind die Bedeutung der Ordnungswidrigkeit und der Vorwurf, der den Täter trifft. Die wirtschaftlichen Verhältnisse des Täters sind zu berücksichtigen (§ 17 III OWiG). Fahrlässige Verstöße können höchstens mit der Hälfte des angedrohten Höchstbetrages geahndet werden (§ 17 II OWiG). Die Geldbuße wegen der Nichtzahlung des Mindestlohns setzt sich dabei regelmäßig aus dem wirtschaftlichen Vorteil des Täters sowie einer individuellen Geldbuße zusammen (vgl. § 17 70

[154] BAG 12.1.2005 AP Nr. 2 zu § 1a AEntG = NZA 2005, 627.
[155] BAG 17.8.2011 NZA 2012, 563 (zur inhaltsgleichen Vorgängerregelung des § 1a I 2 AEntG aF).
[156] BAG 17.8.2011 NZA 2012, 563 (zur inhaltsgleichen Vorgängerregelung des § 1a I 2 AEntG aF).
[157] S. hierzu *Stickan/Martin* DB 2001, 1441; *Rieble/Lessner* ZfA 2002, 29 (34); Thüsing MiLoG/*Mohr* AEntG § 14 Rn. 7.
[158] BAG 2.8.2006 AP Nr. 3 zu § 1a AEntG = NZA-RR 2007, 646; 19.11.2008 NZA-RR 2009, 541 (LS).
[159] Hierzu EuGH 19.12.2019 – C-140/19 u.a.

IV OWiG). Bei dem wirtschaftlichen Vorteil ist zum einen der Gewinn aufgrund der geringeren Vergütungszahlung und zum anderen der – ggf. zu schätzende – erzielte Marktvorteil zu berücksichtigen. Daneben sollen AG, gegen die eine Geldbuße von wenigstens 2 500 EUR verhängt wurde, gem. § 21 I 1AEntG für eine angemessene Zeit bis zur nachgewiesenen Wiederherstellung ihrer Zuverlässigkeit von der Vergabe öffentlicher Aufträge ausgeschlossen werden. Das Gleiche gilt gem. § 21 I 2 AEntG auch schon vor Durchführung eines Bußgeldverfahrens, wenn „kein vernünftiger Zweifel an einer schwerwiegenden Verfehlung" iSv § 21 I 1 AEntG besteht. Der Begriff der Angemessenheit wird im Gesetz nicht erläutert. Im Allgemeinen wird in analoger Anwendung von § 21 SchwarzArbG ein Zeitrahmen von bis zu drei Jahren als angemessen angesehen.[160] Bei der Ermessensentscheidung sind alle Umstände des Einzelfalles abzuwägen. Dazu zählen die Schwere des Gesetzesverstoßes, die Wiederholungsgefahr, die Folgen des Ausschlusses für den AG und die Arbeitsplätze seiner AN sowie die Auswirkungen auf die Wettbewerbssituation.[161] Ebenfalls nicht geregelt ist, auf welche Weise die Zuverlässigkeit wieder hergestellt und nachgewiesen werden kann. Insoweit besteht für die zuständige Behörde damit ein erheblicher Beurteilungs- bzw. Ermessensspielraum. Die Verstöße werden in das Wettbewerbsregister nach § 1 WRegG aufgenommen, so dass öffentliche Auftraggeber sich über Ausschlussgründe von der Teilnahme an einem Vergabeverfahren nach § 21 AEntG informieren können.

71 **13. Gerichtsstand.** AN, die in den Geltungsbereich dieses Gesetzes entsandt sind oder waren, können gem. § 15 S. 1 AEntG gegenüber dem AG oder einem nach § 14 AEntG als Bürgen haftenden Hauptunternehmer eine auf den Zeitraum der Entsendung bezogene Klage auf Erfüllung der Verpflichtungen nach den §§ 2, 8, 13b oder 14 AEntG auch vor einem deutschen Gericht für Arbeitssachen erheben. Diese Klagemöglichkeit besteht auch für gemeinsame Einrichtungen der Tarifvertragsparteien in Bezug auf die ihr zustehenden Beiträge (§ 15 S. 2 AEntG).

72 **14. Leistungsanspruch für Beratungsstellen.** In § 23a AEntG ist ein Leistungsanspruch des DGB für den Aufbau und die Unterhaltung von Beratungsstellen zu arbeits- und sozialrechtlichen Themen geregelt.

III. Lohnuntergrenze gem. § 3a AÜG

73 **1. Zielsetzung.** Durch die Einführung einer Lohnuntergrenze wollte der Gesetzgeber die Akzeptanz und Qualität der Arbeitnehmerüberlassung verbessern. Gleichzeitig ging es darum, ein befürchtetes Lohndumping durch grenzüberschreitende Arbeitnehmerüberlassung nach der zum 1.5.2011 verwirklichten Arbeitnehmerfreizügigkeit für die acht im Jahr 2004 der EU beigetretenen östlichen Mitgliedstaaten zum 1.5.2011 zu verhindern.[162] Die Regelung des § 3a AÜG ist mit dem 30.4.2011 in Kraft getreten und zuletzt mit dem TarifAStG geändert worden. Sie ist vereinbar mit Art. 5 der Leiharbeitsrichtlinie (RL 2008/104/EG). Denn hierdurch wird die nach Art. 5 II RL 2008/104/EG zulässige Einschränkung des Gleichstellungsgebots (Equal-Pay- bzw. Equal-Treatment-Regelung, → § 120 Rn. 41 ff.) durch eine Lohnuntergrenze zusätzlich abgefedert. Auch ein Verstoß gegen Art. 4 I RL 2008/104/EG liegt nicht vor, zumal dort Einschränkungen des Einsatzes von Leiharbeit aus Gründen des Schutzes der AN ausdrücklich zugelassen werden.[163] Gleichzeitig ist eine gleiche Vergütung für verleihfreie Zeiten garantiert.[164] Der mit § 3a AÜG einhergehende Eingriff in die Tarifautonomie nach Art. 9 III GG ist gerechtfertigt, weil er hinreichend wichtigen Gemeinwohlbelangen dient, nämlich der Stabilität des Systems der sozialen Sicherung und der Bekämpfung der Arbeitslosigkeit.[165]

74 **2. Erlass einer Rechtsverordnung.** Die Regelungssystematik des § 3a AÜG ist an § 7 AEntG angelehnt. Ein wesentlicher Unterschied besteht allerdings darin, dass nicht die Anwendung eines Tarifvertrages sondern lediglich die Anwendung eines tariflichen **Mindeststundenentgelts als Lohnuntergrenze** geregelt wird. Voraussetzung ist gem. § 3a I 1 AÜG ein gemeinsamer Vorschlag von Gewerkschaften und Vereinigungen von Arbeitgeberverbänden, die zumindest auch für ihre jeweiligen in der Arbeitnehmerüberlassung tätigen Mitglieder zuständig sind und bundesweit tarifliche Mindeststundenentgelte im Bereich der Arbeitnehmerüberlassung

[160] ErfK/*Franzen* AEntG § 21 Rn. 1; *Ulber* AEntG § 21 Rn. 15; KAEW/*Koberski* AEntG § 21 Rn. 19; Thüsing MiLoG/*Mengel* AEntG § 21 Rn. 8.
[161] Thüsing MiLoG/*Mengel* AEntG § 21 Rn. 9; KAEW/*Koberski* AEntG § 21 Rn. 19.
[162] BT-Drs. 17/5238, 18.
[163] *Hamann* RdA 2011, 321 (329).
[164] *Leuchten* NZA 2011, 608 (611).
[165] ErfK/*Wank* AÜG § 3a Rn. 11; Ulber/*J. Ulber* AÜG § 3a Rn. 6.

(zum Begriff → § 120 Rn. 6 ff.) miteinander vereinbart haben. Ein Mindestorganisationsgrad wie bei § 5 I TVG ist hierfür nicht erforderlich.[166] Die Mindeststundenentgelte können auch Regelungen zur Fälligkeit entsprechender Ansprüche einschließlich hierzu vereinbarter Ausnahmen (zB bei Arbeitszeitkonten) und deren Voraussetzungen umfassen. Die Lohnuntergrenzen können nach dem jeweiligen Beschäftigungsort differenzieren. Beschäftigungsort ist der Ort der tatsächlichen Arbeitsleistung, also regelmäßig der Betriebssitz des Entleihers. Eine Differenzierung nach verschiedenen tariflichen Entgeltstufen (ein sog. Tarifgitter) ist dagegen nicht vorgesehen.[167] Ebenso wenig können Regelungen über einen Leistungslohn vorgeschlagen werden, weil Bezugspunkt eine Arbeitsstunde sein muss.[168] Eine wesentliche Voraussetzung ist, dass der nach § 3a I 4 AÜG schriftlich zu begründende Vorschlag **für Verleihzeiten und verleihfreie Zeiten einheitliche Mindeststundenentgelte** enthalten muss.

Das BMAS kann gem. § 3a II AÜG in einer Rechtsverordnung, die nicht der Zustimmung des Bundesrates bedarf, bestimmen, dass die vorgeschlagenen tariflichen Mindestentgelte als verbindliche Lohnuntergrenze auf alle in den Geltungsbereich der VO fallenden AG sowie Leiharbeitnehmer Anwendung findet. Dabei ist das BMAS nach § 3a II 2 AÜG **an den Vorschlag gebunden.** Es kann ihn also nicht etwa mit inhaltlichen Änderungen in die Rechtsverordnung übernehmen. Dies verstieße im Übrigen auch gegen die Tarifautonomie (Art. 9 III GG). Der Erlass einer Rechtsverordnung muss gem. § 3a II 1 AÜG im öffentlichen Interesse geboten erscheinen. Bei der Entscheidung sind die Ziele des AÜG, nämlich insbes. ein angemessenes Schutzniveau für die Leiharbeitnehmer durch Schaffung angemessener Arbeitsbedingungen sowie die Bekämpfung der Arbeitslosigkeit,[169] die finanzielle Stabilität der Sozialversicherungssysteme zu berücksichtigen sowie außerdem bestehende Tarifverträge im Bereich der Arbeitnehmerüberlassung und die Repräsentanz der vorschlagenden Tarifvertragspartei (§ 3a III 1, 2 AÜG). **75**

Bei Vorliegen mehrerer Vorschläge nach § 3a I AÜG ist die Entscheidung gem. § 3a IV AÜG unter besonderer Berücksichtigung der Repräsentanz der vorschlagenden Tarifvertragsparteien zu treffen. Die Regelung in § 3a IV AÜG entspricht insoweit inhaltlich der in § 7 II AEntG. Auf die Ausführungen hierzu kann verwiesen werden (→ Rn. 24). Nicht übernommen wurde die – ohnehin etwas verunglückte – Bestimmung des § 7 III AEntG, was nichts daran ändert, dass die Entscheidung unter sorgfältiger Abwägung der verfassungsrechtlich geschützten Rechtspositionen zu treffen ist. **76**

Der Entwurf der Rechtsverordnung ist vor dem Erlass im Bundesanzeiger bekannt zu machen (§ 3a V 1 AÜG). Den Verleihern und Leiharbeitnehmern sowie ihren Verbänden ist Gelegenheit zu schriftlichen Stellungnahme innerhalb von drei Wochen ab Bekanntmachung zu geben (§ 3a V 2 AÜG). Die Regelung entspricht insoweit der in § 7 IV AEntG. Nach Ablauf der Frist wird der Tarifausschuss nach § 5 I TVG mit dem Vorschlag befasst (§ 3a V 3 AÜG). Anders als nach § 5 I TVG und §§ 7 V, 7a IV AEntG (bei einem Erstantrag, → Rn. 26) bedarf es aber keines Einvernehmens mit dem Tarifausschuss.[170] **77**

Nach § 3a VI AÜG können die vorschlagsberechtigten Tarifvertragsparteien gemeinsam eine Änderung der Rechtsverordnung vorschlagen. Für das Verfahren gelten dann die Regelungen in § 3a AÜG entsprechend. **78**

3. Rechtsfolgen. Eine Rechtsverordnung nach § 3a AÜG ist **kein Tarifvertrag** gem. § 3 I Nr. 3 S. 2, § 9 Nr. 2 Hs. 2 AÜG. Daher rechtfertigt sie keine Abweichung vom Gleichstellungsgebot (→ § 120 Rn. 41 ff.), und zwar auch nicht aufgrund einer arbeitsvertraglichen Inbezugnahme.[171] Die Rechtsverordnung nach § 3a AÜG legt eine verbindliche **Lohnuntergrenze** fest, die auch **durch anderweitige tarifliche Regelungen nicht unterschritten** werden kann. Soweit die Tarifvertragsparteien einen Tarifvertrag vereinbart haben, der eine Abweichung vom Gleichbehandlungsgrundsatz gem. § 3 I Nr. 3 S. 2, § 9 Nr. 2 Hs. 2 AÜG vorsieht, darf er die Lohnuntergrenze der Rechtsverordnung nicht unterschreiten. Im Falle eines Verstoßes gilt gem. § 8 II 4 AÜG das Gleichstellungsgebot (und nicht lediglich die Lohnuntergrenze), dh der AN hat Anspruch auf das an einen vergleichbaren AN im Entleihbetrieb zu zahlende Stundenentgelt.[172] Unterschreiten bei einem Tarifvertrag nur einzelne Entgeltgruppen die Lohnuntergrenze, wäh- **79**

---

[166] Thüsing AÜG/*Thüsing* § 3a Rn. 10.
[167] *Hamann* RdA 2011, 321 (330).
[168] Ulber/*J. Ulber* AÜG § 3a Rn. 10.
[169] Vgl. BT-Drs. 17/5238, 17 f.; Thüsing AÜG/*Thüsing* § 3a Rn. 23.
[170] Vgl. Ulber/*J. Ulber* AÜG § 3a Rn. 54; für eine analoge Anwendung der Regelungen des AEntG dagegen Thüsing AÜG/*Thüsing* § 3a Rn. 32.
[171] *Ulber* AuR 2011, 426 (427).
[172] *Huke/Neufeld/Luickhardt* BB 2012, 961 (962); Thüsing AÜG/*Thüsing* § 10 Rn. 69.

rend das Entgelt ansonsten darüber liegt, bleibt es für diese höheren Entgeltgruppen bei der Geltung des Tarifvertrages, weil dieser „soweit" (§ 10 II 4 AÜG) die Vergütung nach der Rechtsverordnung wahrt.[173] Die Lohnuntergrenze nach § 3a AÜG gilt auch im Anwendungsbereich des § 8 III AEntG. Liegen die danach (aufgrund einer Allgemeinverbindlichkeitserklärung oder einer Rechtsverordnung) zu zahlenden Entgelte unter denen nach einer Rechtsverordnung nach § 3a AÜG, ist die darin enthaltene Lohnuntergrenze maßgeblich.

80 Die Lohnuntergrenze **gilt auch für die verleihfreie Zeit** (§ 3a I 2, § 8 V AÜG). Verleihfreie Zeiten sind solche, in denen der AN nicht an einen Entleiher überlassen ist (vgl. § 8 V AÜG), zB Zeiten eines Annahmeverzuges nach § 615 BGB, § 11 IV 2 AÜG. Das betrifft allerdings nur die Grundvergütung, nicht dagegen Zuschläge, die an zusätzliche Erschwernisse bei tatsächlicher Arbeit (zB Nachtzuschläge, Schmutzzulagen) anknüpfen.[174] Außerdem bindet die Lohnuntergrenze gem. § 2 Nr. 4 AEntG **ausländische Verleihfirmen,** die AN nach Deutschland verleihen.[175]

81 **§ 1 III MiLoG** stellt klar, dass die Regelungen des AEntG, des AÜG und der auf ihrer Grundlage erlassenen Rechtsverordnungen dem MiLoG vorgehen, soweit sie den Mindestlohn nach § 2 MiLoG nicht unterschreiten. Das gleiche gilt für nach dem TVG oder nach §§ 5 und 6 II AEntG für allgemeinverbindlich erklärte Tarifverträge. Der Mindestlohn gibt die unterste Entgeltgrenze vor. Im Übrigen sind die für die Branchenmindestlöhne geltenden Regelungen den Regelungen nach dem MiLoG vorrangig. Das gilt insbesondere für die branchenspezifischen Regelungen zu Fälligkeit und Arbeitszeitkonten[176] sowie insbesondere zu Ausschlussfristen. Insgesamt soll eine Angleichung der Entgelte „nach unten" vermieden werden. Besonderheiten galten für einen Übergangszeitraum nach **§ 24 I 2 MiLoG.** Einzelheiten → § 66 Rn. 19.

82 **4. LUGrVO.** Auf Grund des § 3a AÜG hat das BMAS am 21.3.2014 mehrere Verordnungen über eine Lohnuntergrenze in der Arbeitnehmerüberlassung erlassen. Seit dem 1.9.2020 gilt die 4. LUGrVO vom 20.8.2020 (LohnUGAÜV 4, BAnz AT 31.8.2020 V1). Die Verordnung enthält in § 2 IV auch Regelungen über die maximale Plusstundenzahl bei einem Arbeitszeitkonto.[177]

83 **5. Kontrolle/Ordnungswidrigkeiten.** Die Kontrolle über die Einhaltung der Lohnuntergrenze ist gem. § 17 II AÜG – ebenso wie im Bereich des AEntG (§§ 16 ff.) – den Zollbehörden übertragen. Die Einzelheiten sind in §§ 17a–17c AÜG geregelt. Verstöße werden gem. § 16 I Nr. 7a, 7b AÜG als Ordnungswidrigkeit geahndet, wobei nach Inkrafttreten des TarifAStG auch die nicht rechtzeitige Zahlung des Mindeststundenentgelts bußgeldbewehrt ist.

§ 163. Heimarbeit

Internetadresse: http://www.bmas.de (Stichwort Heimarbeit).

Übersicht

[173] Offengelassen von *Huke/Neufeld/Luickhardt* BB 2012, 961 (962).
[174] Ulber/*J. Ulber* AÜG § 3a Rn. 15.
[175] *Hamann* RdA 2011, 321 (330); Ulber/*J. Ulber* AÜG § 3a Rn. 5.
[176] BT-Drs. 18/1558, 41.
[177] Zu konkurrierenden Arbeitszeitkontenregelungen bei Überlassung von Leiharbeitnehmern mit AEntG-Mindestlöhnen → Rn. 35.

I. Rechtsgrundlagen

Wegen ihrer wirtschaftlichen Abhängigkeit bedürfen **Heimarbeiter** (→ Rn. 4) und **Hausgewerbetreibende** (→ Rn. 5), auch wenn sie keine AN sind (→ Rn. 9), eines besonderen Schutzes. Dieser ist geregelt im **Heimarbeitsgesetz** (HAG) idF vom 29.10.1974 (BGBl. I 2879, ber. BGBl. 1975 I 1010, zuletzt geändert am 18.12.2018, BGBl. I 2651) nebst 1. RechtsVO zur Durchführung des HAG vom 26.1.1976 (BGBl. I 221) betr. das Gleichstellungsverfahren, die Errichtung und das Verfahren der Heimarbeits- und Entgeltausschüsse sowie die Durchführung der allgemeinen Schutzvorschriften. Für die rechtliche Einordnung des Vertragsverhältnisses und damit für die Anwendbarkeit des HAG kommt es allein auf die objektiven Gegebenheiten und nicht auf die Vertragsbezeichnung durch die Parteien an.[1] 1

Für die Abgrenzung von Heimarbeitern und Hausgewerbetreibenden sind für den Bereich des Arbeitsrechts die Definition von § 2 HAG und des Sozialversicherungsrechts die des § 12 SGB IV maßgebend. 2

II. Begriffe des HAG

1. Begriffe. Das HAG verwendet die Begriffe 3
- Heimarbeiter (§ 2 I HAG) → Rn. 4,
- Hausgewerbetreibende (§ 2 II HAG) → Rn. 5,
- Gleichgestellte (§ 1 II HAG) → Rn. 7,
- Zwischenmeister (§ 2 III HAG) → Rn. 6.

2. Heimarbeiter. Heimarbeiter ist, wer in selbstgewählter Arbeitsstätte allein oder mit seinen Familienangehörigen im Auftrag von Gewerbetreibenden oder Zwischenmeistern erwerbsmäßig arbeitet, jedoch die Verwertung der Arbeitsergebnisse dem unmittelbar oder – bei Einschaltung von Zwischenmeistern – mittelbar auftraggebenden Gewerbetreibenden überlässt (§ 2 I 1 HAG). Für die rechtliche Einordnung kommt es nicht etwa auf die von den Vertragsparteien gewählte Bezeichnung oder gewünschte Rechtsfolge an. Entscheidend ist allein der Geschäftsinhalt.[2] Die **selbstgewählte Arbeitsstätte** kann eine eigene oder angemietete Wohnung oder Betriebsstätte sein; jedenfalls muss der Arbeitende über sie selbst verfügen können.[3] **Erwerbsmäßig** arbeitet im Sinne des HAG, wer eine auf gewisse Dauer angelegte und auf die Bestreitung des Lebensunterhalts gerichtete Tätigkeit ausübt. Nicht erforderlich ist, dass mit den Einkünften der Lebensunterhalt bestritten werden könnte.[4] Unerheblich ist die Höhe des Entgelts; auch eine geringfügig oder unregelmäßig ausgeübte Tätigkeit kann Heimarbeit sein.[5] Es kommt auch nicht auf das Merkmal einer mehr manuellen oder mechanischen Arbeit an;[6] auch Tätigkeiten, die eine 4

[1] BAG 24.8.2016 AP Nr. 145 zu § 14 TzBfG = NZA 2017, 244, *Deinert* RdA 2018, 359 (360).
[2] BAG 3.4.1990 AP Nr. 11 zu § 2 HAG = NZA 1991, 267.
[3] S. hierzu *Deinert* RdA 2018, 359 (363), der jeden selbst gewählten Arbeitsort für ausreichend hält.
[4] BAG 12.7.1988 AP Nr. 10 zu § 2 HAG = NZA 1989, 141.
[5] BSG 18.12.1969 BB 1970, 1399; BAG 12.7.1988 AP Nr. 10 zu § 2 HAG = NZA 1989, 141.
[6] So schon zu der Formulierung „gewerblich arbeitet" in der bis zum 31.10.1974 geltenden Fassung des § 2 HAG: BAG 10.7.1963 AP Nr. 3 zu § 2 HAG; BSG 22.10.1971 AP Nr. 7 zu § 2 HAG.

höherwertige Qualifikation erfordern, können in Heimarbeit ausgeübt werden.[7] Der Eigenschaft als Heimarbeiter steht es gem. § 2 I 2 HAG nicht entgegen, wenn sich der Beschäftigte die erforderlichen Roh- und Hilfsstoffe selbst beschafft. Andererseits gehört nicht jede Auftragsproduktion zur Heimarbeit. Ob Zulieferertätigkeit für eine oder mehrere Großunternehmen Heimarbeits- oder hausgewerbliche Tätigkeit ist, hängt von den Umständen des Einzelfalles, dem Grad der Abhängigkeit und der Verkehrsanschauung ab.

5 **3. Hausgewerbetreibender.** Hausgewerbetreibender ist gem. § 2 II HAG, wer in eigener Arbeitsstätte (eigener Wohnung oder Betriebsstätte) mit nicht mehr als zwei fremden Hilfskräften (gem. § 2 VI HAG) oder Heimarbeitern im Auftrag von Gewerbetreibenden oder Zwischenmeistern Waren herstellt, bearbeitet oder verpackt, wobei er selbst wesentlich am Stück mitarbeitet, jedoch die Verwertung der Arbeitsergebnisse dem unmittelbar oder mittelbar auftraggebenden Gewerbetreibenden überlässt. Für eine Mitarbeit am Stück reicht die bloße Wahrnehmung kaufmännischer oder unternehmerischer Aufgaben nicht aus. Angestelltentätigkeiten werden von § 2 II HAG nicht erfasst.[8] Dass überhaupt Hilfskräfte beschäftigt werden, ist keine Tatbestandsvoraussetzung für den Begriff des Hausgewerbetreibenden.[9] Ohne Bedeutung ist die Zahl der mithelfenden Familienangehörigen iSv § 2 V HAG. Der Eigenschaft als Hausgewerbetreibender steht es nach § 2 II 2 HAG nicht entgegen, wenn er die Roh- und Hilfsstoffe selbst beschafft oder vorübergehend unmittelbar für den Absatzmarkt arbeitet. Arbeitet er vorübergehend für den Absatzmarkt, so wird dadurch seine Eigenschaft als Hausgewerbetreibender nicht berührt. Im Anschluss an die Rspr. des BFH wird eine Arbeit für den Absatzmarkt bis zu 10% der Arbeitszeit als unschädlich angesehen.[10] Der Unterschied zum Heimarbeiter besteht darin, dass der Hausgewerbetreibende Kleinunternehmer ist. Hausgewerbetreibender kann daher auch sein, wer seinen Betrieb beim Gewerbeamt angemeldet hat oder im Handelsregister eingetragener Kaufmann ist.[11] Bei der Qualifizierung des Hausgewerbetreibenden ist auf den aus den Gesamtumständen zu gewinnenden sozialen und wirtschaftlichen Status abzustellen.[12]

6 **4. Zwischenmeister.** Zwischenmeister ist, wer, ohne AN zu sein, die ihm vom Gewerbetreibenden übertragene Arbeit an Heimarbeiter oder Hausgewerbetreibende weitergibt (§ 2 III HAG). Er ist der Mittler zwischen dem auftraggebenden Gewerbetreibenden und dem in Heimarbeit Beschäftigten.

7 **5. Gleichgestellte.** Nach § 1 II 1 lit. a–d HAG können heimarbeiterähnliche Personen, Hausgewerbetreibende, Lohngewerbetreibende sowie Zwischenmeister den Heimarbeitern gleichgestellt werden, wenn dies wegen ihrer Schutzwürdigkeit gerechtfertigt erscheint. Maßgeblich hierfür ist das Ausmaß der wirtschaftlichen Abhängigkeit, das insbesondere (aber nicht ausschließlich) nach den in § 1 II 3 HAG genannten Kriterien zu bewerten ist (näher unter → Rn. 17).

8 **6. Außenarbeitnehmer.** Von den Heimarbeitern, Hausgewerbetreibenden und Zwischenmeistern sind die sog. Außenarbeitnehmer zu unterscheiden. Bei ihnen handelt es sich um Personen, die aus betrieblichen und persönlichen Gründen in eigener Wohnung oder Werkstatt arbeiten, aber gleichwohl persönlich und sachlich der Aufsicht des AG unterliegen. Ihnen werden zB die Arbeitszeit, die Reihenfolge der Arbeit, deren Durchführung usw. vorgeschrieben. Als Außenarbeitnehmer werden zumeist solche Personen beschäftigt, denen aus räumlichen Gründen ein Arbeitsplatz im Betrieb nicht zur Verfügung gestellt werden kann oder denen mit Rücksicht auf ihre körperlichen Behinderungen oder familiären Bindungen (Anwaltsgehilfin, die zu Hause schreibt)[13] gestattet ist, zu Hause zu arbeiten. Außenarbeitnehmer sind echte AN. Das Gleiche gilt für Telearbeiter (→ § 8 Rn. 40, → § 164 Rn. 1 ff.). Sie unterliegen in vollem Umfang dem Arbeitsrecht.

III. Rechtsbeziehungen der Heimarbeiter

9 **1. Status.** Heimarbeiter, Hausgewerbetreibende und Zwischenmeister sind trotz ihrer oft erheblichen wirtschaftlichen Abhängigkeit **keine AN,** da sie nicht persönlich abhängig

[7] BAG 14.6.2016 AP Nr. 129 zu § 611 BGB Abhängigkeit = NZA 2016, 1453; *Deinert* RdA 2018, 359 (362).
[8] *Schmidt/Koberski/Tiemann/Wascher* HAG § 2 Rn. 35.
[9] BAG 27.10.1972 AP Nr. 8 zu § 2 HAG.
[10] BFH 4.10.1962 BFHE 76, 185 = BStBl. III 1963, S. 66.
[11] BAG 15.12.1960 AP Nr. 2 zu § 2 HAG.
[12] BAG 27.10.1972 AP Nr. 8 zu § 2 HAG.
[13] Vgl. BSG 22.10.1971 AP Nr. 7 zu § 2 HAG.

sind.[14] Sie unterliegen nicht dem Direktionsrecht des AG. Sie können Dauer und Lage der Arbeitszeit nach eigenem Ermessen einrichten, die Reihenfolge der Arbeit bestimmen und evtl. Gehilfen hinzuziehen. Ihre Verträge mit den Unternehmern sind Dauerschuldverhältnisse und können Werkverträge (§ 631 BGB), aber uU auch Dienstverträge (§ 611 BGB), Kauf- (§ 433 BGB) oder Werklieferungsverträge (§ 651 BGB) sein. In Heimarbeit Beschäftigte sind auch nicht AN iSd RL 2003/88/EG.[15]

2. Anzuwendende arbeitsrechtliche Vorschriften. Arbeitsrecht findet auf Heimarbeiter und Gleichgestellte grundsätzlich keine Anwendung. Das HAG enthält Vorschriften über den Arbeitsschutz, allgemeinen Gefahrenschutz, Entgelt- und Kündigungsschutz. In einzelnen Bestimmungen des Arbeitsrechts sind Heimarbeiter den AN **gleichgestellt.** Insoweit ist insbesondere auf folgende Vorschriften zu verweisen: 10

(a) § 5 I 2 ArbGG: Zuständigkeit der Arbeitsgerichte
(b) § 5 I 2 BetrVG: Das BetrVG ist für Heimarbeiter anwendbar, soweit sie in der Hauptsache für den Betrieb arbeiten (→ § 212 Rn. 6b)
(c) § 11 EFZG: Feiertagslohnzahlung nach Maßgabe des § 11 I–V EFZG
(d) § 10 EFZG: Zuschlag zum Entgelt im Krankheitsfalle
(e) §§ 1 II Nr. 6, 8 MuSchG
(f) § 20 II BEEG: Elternzeit
(g) § 210 SGB IX: Anwendung des SGB IX für schwerbehinderte Menschen
(h) § 12 BUrlG: Urlaubsentgelt (→ § 104 Rn. 140)
(i) § 7 ArbPlSchG: Anwendbarkeit der Schutzvorschriften in den §§ 1–4 ArbPlSchG bei Einberufung zum Wehrdienst
(j) § 1 II 2 5. VermBG
(k) § 3 IV AGG: Schutz vor sexueller Belästigung am Arbeitsplatz.

Damit hat der Gesetzgeber geregelt, inwieweit er Heimarbeiter den AN gleichstellen wollte.[16] Sofern die arbeitsrechtlichen Schutzgesetze im Übrigen Heimarbeiter nicht als Normadressaten aufführen, sind sie für diese auch nicht anzuwenden.[17] Daher ist eine vorhergehende Beschäftigung als Heimarbeiter auf die Frist des § 14 II 1 TzBfG bei der Vereinbarung einer sachgrundlosen Befristung im Rahmen eines anschließenden Arbeitsverhältnisses nicht anzurechnen.[18] Im Verhältnis der Heimarbeiter untereinander ist der Gleichbehandlungsgrundsatz anwendbar,[19] im Allgemeinen aber nicht im Verhältnis zu AN.[20] 11

Die Regelungen in § 613a BGB über den Betriebsübergang gelten weder unmittelbar[21] noch analog.[22] Eine Anwendung von § 615 BGB scheidet nach Ansicht des BAG aufgrund der Sonderregelung in § 29 V und VI HAG aF (jetzt § 29 VII u. VIII HAG) aus.[23] Allerdings dürfte die Bestimmung für nicht von § 29 HAG erfasste Zeiträume anwendbar sein, sofern ein Dienstverhältnis vorliegt. Unanwendbar ist das MiLoG. Zum Kündigungsschutz → Rn. 47 ff. 12

IV. Gleichstellung

1. Erfasste Personen hinsichtlich ihrer Schutzwürdigkeit. a) § 1 II 1 lit. a HAG. Eine Gleichstellung ist möglich für (natürliche[24]) Personen, die idR allein oder mit ihren Familienangehörigen (§ 2 V HAG) in eigener Wohnung oder selbst gewählter Betriebsstätte eine sich in regelmäßigen Arbeitsvorgängen wiederholende Arbeit im Auftrag eines anderen gegen Entgelt ausüben, ohne dass ihre Tätigkeit als gewerblich anzusehen oder dass der Auftraggeber ein 13

[14] BAG 24.8.2016 AP Nr. 145 zu § 14 TzBfG = NZA 2017, 244; 10.7.1963 AP Nr. 3 zu § 2 HAG.
[15] BAG 20.8.2019 AP Nr. 6 zu § 29 HAG = NZA 2020, 232.
[16] BAG 24.3.1998 AP Nr. 178 zu § 613a BGB = NZA 1998, 1001; 3.7.1980 AP Nr. 23 zu § 613 BGB.
[17] Anders noch (inzwischen aber durch die unter → Rn. 10 genannten Regelungen überholt) BAG 20.4.1956 AP Nr. 6 zu § 611 BGB Urlaubsrecht.
[18] BAG 24.8.2016 NZA 2017, 244.
[19] *Schmidt/Koberski/Tiemann/Wascher* HAG Anh. § 19 Rn. 23 ff.
[20] BAG 19.6.1957 AP Nr. 12 zu § 242 BGB Gleichbehandlung; vgl. auch BAG 13.9.1983 AP Nr. 1 zu § 29 HAG = NZA 1984, 42 sowie BAG 24.6.1986 AP Nr. 2 zu § 29 HAG = NZA 1987, 275; *Deinert* RdA 2018, 359 (360).
[21] BAG 3.7.1980 AP Nr. 23 zu § 613 BGB.
[22] BAG 24.3.1998 AP Nr. 178 zu § 613a BGB = NZA 1998, 1001.
[23] BAG 13.9.1983 AP Nr. 1 zu § 29 HAG = NZA 1984, 42.
[24] Gleichstellungsmöglichkeit besteht nur für natürl. Personen: OLG Oldenburg 15.12.1961 AP Nr. 50 zu § 2 ArbGG 1953; aA anscheinend BFH 8.7.1971 BFHE 104, 454 = BStBl. 1972 II 385; offen gelassen: BAG 8.3.1988 AP Nr. 5 zu § 1 HAG = NZA 1988, 613.

Gewerbetreibender oder Zwischenmeister (§ 2 III HAG) ist. Die Definition entspricht im Wesentlichen der des Heimarbeiters. Die gelegentliche Beschäftigung von dritten Personen hindert die Gleichstellung nicht. Die Arbeit darf nicht in der Wohnung oder der Betriebsstätte des Auftraggebers ausgeübt werden. Unerheblich ist für die Gleichstellung, ob Maschinen und Werkzeuge durch den Auftraggeber überlassen werden. Die Arbeit muss in sich regelmäßig wiederholenden Arbeitsvorgängen verrichtet werden, ohne dass sie als gewerblich angesehen wird. Gleichstellungsfähig sind also nur nichtgewerbliche Arbeiten; das sind Arbeiten in der Urproduktion, zB Verlesen von Sämereien für Samenzüchter, Arbeiten für die freien Berufe (Rechtsanwälte, Notare, Ärzte) sowie juristische Personen des öffentlichen Rechts. Von der Gleichstellungsmöglichkeit ist zB für Büroheimarbeiter Gebrauch gemacht worden (Gleichstellung vom 24.11.1975, BAnz. Nr. 54 vom 18.3.1976).

14 **b) § 1 II 1 lit. b HAG.** Ferner können gleichgestellt werden **Hausgewerbetreibende,** die mit mehr als zwei fremden Hilfskräften oder Heimarbeitern arbeiten. Der Unterschied zu den unmittelbar dem HAG unterfallenden Hausgewerbetreibenden (→ Rn. 5) besteht allein darin, dass sie mit mehr als zwei Hilfskräften oder Heimarbeitern arbeiten. Unerheblich ist die Beschäftigung von Familienangehörigen, es sei denn, dass sie als AN arbeiten (→ § 9 Rn. 23). Es handelt sich bei ihnen um kleinere Unternehmer, die tatsächlich und wirtschaftlich von größeren abhängen. Eine Gleichstellung von Hausgewerbetreibenden, die auf bestimmte Tätigkeiten abstellt, gilt im Zweifel auch für Mischbetriebe, wenn die überwiegend ausgeführten Arbeiten von der Gleichstellung erfasst werden.[25]

15 **c) § 1 II 1 lit. c HAG.** Außerdem ist eine Gleichstellung möglich für **andere, im Lohnauftrag arbeitende Gewerbetreibende,** die infolge ihrer wirtschaftlichen Abhängigkeit eine ähnliche Stellung wie Hausgewerbetreibende einnehmen. Lohngewerbetreibende sind wie Hausgewerbetreibende selbständige Gewerbetreibende, die nicht für den Absatzmarkt, sondern auf Bestellung arbeiten.[26] Sie brauchen nicht mehr selbst am Stück mitzuarbeiten. Gleichstellungsfähig sind auch im Handelsregister Eingetragene. Der Unterschied zu den Hausgewerbetreibenden besteht darin, dass sie auch andere als gewerbliche Arbeiten verrichten können (Büroheimgewerbetreibende).[27]

16 **d) § 1 II 1 lit. d HAG.** Schließlich kann eine Gleichstellung erfolgen für **Zwischenmeister.** Das sind diejenigen, die, ohne AN zu sein, die ihnen von Gewerbetreibenden übertragenen Arbeiten (etwa nach dem Zuschneiden) an Heimarbeiter oder Hausgewerbetreibende weitergeben (§ 2 III HAG; → Rn. 6).

17 **2. Schutzbedürftigkeit.** Die Gleichstellung darf nur erfolgen, wenn dies **wegen der Schutzbedürftigkeit** der genannten Personen **gerechtfertigt** ist. Die Voraussetzungen sind von Amts wegen zu prüfen; allerdings trägt der Antragsteller die materielle Beweislast für das Vorliegen der Voraussetzungen. Maßgebliches Kriterium für die Gleichstellung ist das Ausmaß der wirtschaftlichen Abhängigkeit. Hierbei darf es sich nicht nur um eine allgemeine, wirtschaftliche Abhängigkeit handeln, sondern um eine gesteigerte, die die Existenz des oder der Gewerbetreibenden in einer das normale Maß übersteigenden Weise gefährdet.[28] Hierbei ist der sozialpolitische Zweck des HAG zu beachten.[29] § 1 II 3 HAG enthält nicht abschließend aufgezählte („insbesondere") Entscheidungskriterien zur Feststellung der Schutzbedürftigkeit; bei der Entscheidung sind zu berücksichtigen die Zahl der fremden Hilfskräfte, Abhängigkeit von einem oder mehreren Auftraggebern, Möglichkeit des unmittelbaren Zugangs zum Absatzmarkt, Höhe und Art der Eigeninvestitionen sowie der Umsatz. Auf die Gleichstellung besteht kein Rechtsanspruch; sie ist in das Ermessen der zuständigen Stelle gestellt. Von der Gleichstellung können Personenhandelsgesellschaften ausgenommen werden.[30] Die Gleichstellung erfolgt auf Antrag der an der Gleichstellung interessierten Personen und Personengruppen (Antragsprinzip). Das Verfahren selbst wird von der Offizialmaxime beherrscht. Nach dem HAG ist zwischen der Einzel- und Gruppengleichstellung zu unterscheiden.

18 **3. Zuständigkeit.** Zuständig für die Gleichstellung ist der zuständige **Heimarbeitsausschuss** (§ 1 IV HAG). Besteht ein Heimarbeitsausschuss für den Gewerbezweig oder die

[25] BAG 8.4.1986 AP Nr. 3 zu § 1 HAG = NZA 1986, 832.
[26] BAG 19.1.1988 AP Nr. 12 zu § 19 HAG = NZA 1988, 805.
[27] *Schmidt/Koberski/Tiemann/Wascher* HAG § 1 Rn. 24.
[28] BAG 8.3.1988 AP Nr. 5 zu § 1 HAG = NZA 1988, 613; *Schmidt/Koberski/Tiemann/Wascher* HAG § 1 Rn. 35 ff.
[29] Vgl. BAG 27.10.1972 AP Nr. 8 zu § 2 HAG.
[30] BAG 8.3.1988 AP Nr. 5 zu § 1 HAG = NZA 1988, 613.

Beschäftigungsart nicht, so entscheidet die **zuständige Arbeitsbehörde** (§ 1 V HAG). Wegen der Verfahrenseinzelheiten vgl. § 1 IV, V iVm 1. DurchführungsVO vom 26.1.1976.

Zuständige Arbeitsbehörde sind die Landesarbeitsminister (LAM) oder, sofern die Angelegenheit den Zuständigkeitsbereich mehrerer Länder berührt, die beteiligten LAM im Einvernehmen mit dem BMAS und, sofern eine Vereinbarung der LAM nicht zustande kommt oder die Angelegenheit das gesamte Bundesgebiet betrifft, der BMAS (§ 3 HAG). Die zuständige Arbeitsbehörde errichtet Heimarbeitsausschüsse, die aus je drei Beisitzern aus Kreisen der beteiligten Auftraggeber und der Beschäftigten und einem unparteiischen Vorsitzenden bestehen (§ 4 HAG). Die Abberufung des Vorsitzenden ist ein Verwaltungsakt, der erst mit Bekanntgabe an den Adressaten wirksam wird.[31] Die Beisitzer werden auf Vorschlag der Koalitionen berufen (§ 5 HAG). Die Heimarbeitsausschüsse können innerhalb ihres Zuständigkeitsbereiches Unterausschüsse bilden (§ 4 I HAG). Die Zuständigkeit von Heimarbeitsausschüssen richtet sich nicht nach dem Gewerbezweig, dem der Auftraggeber angehört; maßgebend ist das Produkt, das in Heimarbeit hergestellt wird.[32] 19

4. Rechtsnatur der Gleichstellung. Die Rechtsnatur der Gleichstellung ist umstr. Nach einer Meinung soll es sich nur bei der Gruppengleichstellung um einen Normsetzungsakt handeln.[33] Nach anderer Meinung ist sowohl die Einzel- wie die Gruppengleichstellung ein Rechtssetzungsakt.[34] Nach dritter Meinung ist zu differenzieren zwischen der Gruppengleichstellung als Rechtssetzungsakt und der Einzelgleichstellung als mehrstufigem Verwaltungsakt.[35] Letzterer Meinung ist zu folgen, da sich die Einzelgleichstellung auf einen bestimmten Betroffenen bezieht, während bei der Gruppengleichstellung nach abstrakten Merkmalen eine unbestimmte Zahl von Personen den Heimarbeitern gleichgestellt wird. Die Gleichgestellten sind nicht zu überblicken, so dass die Qualifizierung als Allgemeinverfügung ausscheidet.[36] 20

Aus der Qualifizierung folgt, dass sie bei der **Gruppengleichstellung** von den Betroffenen nicht verwaltungsgerichtlich angefochten werden kann. Vielmehr unterliegt sie lediglich der inzidenten Überprüfung in Verfahren vor dem Arbeitsgericht, wobei aber die Feststellung der Schutzbedürftigkeit allein dem Heimarbeitsausschuss obliegt und nicht den Arbeitsgerichten.[37] Wird dagegen die Gleichstellung abgelehnt, so haben die Antragsteller die Möglichkeit einer Verpflichtungsklage vor den Verwaltungsgerichten. Die Rechtslage ist damit ähnlich wie bei der Allgemeinverbindlichkeitserklärung (→ § 205 Rn. 1 ff.). 21

V. Prüfung bei Ausgabe von Heimarbeit

Wer Heimarbeit ausgibt, hat den besonderen Heimarbeitsschutz zu beachten. Der Unternehmer hat daher die Voraussetzungen des Heimarbeitsschutzes zu überprüfen. Nach ständiger Rechtsprechung des BAG haben die Beschäftigten von sich aus keine Verpflichtung, den Unternehmer zu benachrichtigen, ob sie dem HAG unterliegen.[38] Die Nachforschungspflicht des Unternehmers ist allerdings gemildert. Gleichgestellte haben bei Entgegennahme von Heimarbeit auf Befragen des Auftraggebers ihre Gleichstellung bekannt zu geben (§ 1 VI HAG). Gibt der Gleichgestellte seine Stellung nicht bekannt, kann ihm eine unzulässige Rechtsausübung entgegengehalten werden.[39] Lohnnachzahlungsaufforderungen (§ 24 HAG) und Amtsklagen (§ 25 HAG) kommen dann nicht in Betracht. 22

VI. Arbeitszeitschutz

1. Schutz vor Zeitversäumnis. Unter der Bezeichnung „Arbeitszeitschutz" werden dem Gesetz unterfallende Personen in doppelter Weise geschützt: **(1)** Bei der Ausgabe von Heimarbeit ist unnötige Zeitversäumnis bei Ausgabe oder Abnahme zu vermeiden. Die oberste Arbeitsbehörde bzw. die von ihr bestimmte Stelle kann die notwendigen Anordnungen treffen. Verwaltungsakte sind vor den Verwaltungsgerichten anfechtbar (§ 10 HAG). **(2)** Die Arbeitsmenge soll 23

---

[31] BAG 19.1.1988 AP Nr. 1 zu § 4 HAG = NZA 1988, 463.
[32] BAG 10.11.1981 AP Nr. 10 zu § 19 HAG.
[33] BAG 10.3.1972 AP Nr. 6 zu § 19 HAG mAnm *Schneider.*
[34] OVG Münster 26.4.1961 BB 1962, 224; *Etzel* DB 1967, 1321 ff.
[35] *Schmidt/Koberski/Tiemann/Wascher* HAG § 1 Rn. 69.
[36] Vgl. BVerfG 27.2.1973 AP Nr. 7 zu § 19 HAG.
[37] LAG Köln 14.2.2012 – 11 Sa 1380/10.
[38] BAG 15.12.1960 AP Nr. 2 zu § 2 HAG; 21.1.1965 AP Nr. 1 zu § 1 HAG.
[39] BAG 10.7.1969 AP Nr. 6 zu § 2 HAG; vgl. BAG 21.1.1965 AP Nr. 1 zu § 1 HAG; 13.7.1967 AP Nr. 2 zu § 1 HAG; 19.1.1988 AP Nr. 12 zu § 19 HAG = NZA 1988, 805.

gleichmäßig unter Berücksichtigung der Leistungsfähigkeit der HA-Betriebe verteilt werden; uU können gem. § 11 II HAG besondere Festlegungen durch den Heimarbeitsausschuss erfolgen. Ferner soll auf diesem Wege die Arbeitszeit der Heimarbeiter und der ihnen Gleichgestellten kontrolliert werden.[40]

24 **2. Verletzung des Arbeitszeitschutzes.** Verletzt der Ausgeber von Heimarbeit seine Pflicht, für eine zügige Abfertigung zu sorgen, so kann er aus dem Vertrag oder nach § 823 II BGB iVm § 10 HAG schadensersatzpflichtig werden.

VII. Gefahrenschutz

25 **1. Grundsätze des Gefahrenschutzes.** Die Arbeitsstätten der in Heimarbeit Tätigen einschließlich der Maschinen, Werkzeuge und Geräte müssen so beschaffen, eingerichtet und unterhalten werden und die Heimarbeit ist so auszuführen, dass keine vermeidbaren Gefahren für Leben, Gesundheit oder Sittlichkeit der Beschäftigten und ihrer Mitarbeiter oder für die öffentliche Gesundheit entstehen (§ 12 I HAG).

26 **2. Durchführung.** Zur Durchführung des Gefahrenschutzes kann die BReg. mit Zustimmung des Bundesrats RechtsVO erlassen (§ 13 I HAG) oder die Heimarbeit ganz verbieten (§ 13 II HAG). Sie kann ferner RechtsVO zum Schutz der Öffentlichkeit gegen gemeingefährliche und übertragbare Krankheiten erlassen (§ 14 HAG). Schließlich können durch die Gewerbeaufsichtsämter besondere Verwaltungsakte erlassen werden (§ 14 II HAG).

27 Auf der Grundlage eines früheren HAG waren zahlreiche RechtsVOen ergangen, die nach § 34 II 2 HAG bis zum 1.10.1986 weiter gegolten haben. Sie sind mit dem Inkrafttreten der VO über gefährliche Stoffe (Gefahrstoffverordnung – GefStoffV) idF vom 15.11.1999 (BGBl. I 2233) außer Kraft getreten. Die VO zum Schutz vor Gefahrstoffen (Gefahrstoffverordnung – GefStoffV) ist neu gefasst, zuletzt vom 26.11.2010 (BGBl. I 1643, zul. geänd. 29.3.2017, BGBl. I 626). Auftraggeber und Zwischenmeister sind den AG gleichgestellt (§ 2 VII Nr. 2 GefStoffV). Nach § 16 IV GefStoffV dürfen Heimarbeiter nur Tätigkeiten mit geringer Gefährdung durchführen. Nach § 13 II HAG kann die Bundesregierung mit Zustimmung des Bundesrats Heimarbeit, die mit erheblichen Gefahren für Leben, Gesundheit oder Sittlichkeit der Beschäftigten verbunden ist, durch Rechtsverordnung verbieten. Verstöße gegen die GefStoffV sind Ordnungswidrigkeiten.

28 **3. Hilfskräfte.** Werden von Hausgewerbetreibenden oder Gleichgestellten fremde Hilfskräfte beschäftigt, so gelten die Vorschriften des Arbeitsschutzes und die übrigen Verpflichtungen des AG gegenüber seinen AN (§ 12 II HAG).

29 **4. Anzeigepflicht.** Wer Heimarbeit ausgibt, für die zur Durchführung des Gefahrenschutzes besondere Vorschriften gelten, hat dem Gewerbeaufsichtsamt und der Polizei (Ordnungsamt) Namen und Arbeitsstätte der von ihm in Heimarbeit Beschäftigten anzugeben (§ 15 HAG). Gegenüber den Heimarbeitern und Gleichgestellten hat der Unternehmer die Fürsorgepflicht, dass durch ausgegebene Arbeitsmittel und Arbeitsstoffe Leben und Gesundheit nicht gefährdet werden (§ 16 HAG). Ferner sind die Heimarbeiter und Gleichgestellten über die Gefahren- und Unfallverhütung zu belehren (§ 7a HAG).

VIII. Arbeitsvergütung

30 **1. Entgelt. a) Entgeltregelungen.** Die Arbeitsvergütung der Heimarbeiter, Hausgewerbetreibenden und der ihnen Gleichgestellten kann **grundsätzlich frei vereinbart** werden. Damit die in Heimarbeit Beschäftigten die Möglichkeit haben, sich jederzeit über die zustehenden Entgelt zu informieren (Prinzip der Lohnklarheit),[41] hat derjenige, der Heimarbeit ausgibt oder annimmt, gem. § 8 HAG in den Räumen der Ausgabe und Abnahme **Entgeltverzeichnisse** und Nachweise über die sonstigen Vertragsbedingungen offen auszulegen. Wird die Heimarbeit in die Wohnung oder die Betriebsstätte der Beschäftigten gebracht, hat der Auftraggeber dafür zu sorgen, dass das Entgeltverzeichnis zur Einsichtnahme vorgelegt wird. Ferner sind nach § 9 HAG Entgeltbücher bzw. Entgelt- oder Arbeitszettel auszufüllen. **Zwingende Entgeltregelungen** können sich aus Tarifverträgen, bindenden Festsetzungen von Entgelten und sonstigen Vertragsbedingungen (§ 19 HAG) sowie Mindestarbeitsbedingungen für fremde Hilfskräfte (§ 17 II HAG) ergeben. Das MiLoG ist dagegen unanwendbar.

---

[40] *Schmidt/Koberski/Tiemann/Wascher* HAG § 10 Rn. 1.
[41] BAG 5.11.2002 AP Nr. 2 zu § 8 HAG = NZA 2003, 1267.

b) Tarifverträge. Da Heimarbeiter, Hausgewerbetreibende und Gleichgestellte keine AN im Rechtssinne sind, enthält § 17 I HAG eine Klarstellung. Als **Tarifverträge** gelten auch **schriftliche Vereinbarungen** zwischen Gewerkschaften einerseits und Auftraggebern oder deren Vereinigungen andererseits über Inhalt, Abschluss oder Beendigung von Vertragsverhältnissen der in Heimarbeit Beschäftigten oder Gleichgestellten mit ihren Auftraggebern (§ 17 HAG). Für den Abschluss derartiger Vereinbarungen gelten die Vorschriften über Tarifverträge (→ § 198 Rn. 1 ff.) entsprechend. Sie können sowohl einen normativen wie einen schuldrechtlichen Teil haben und im normativen Teil für allgemeinverbindlich erklärt werden. 31

c) Bindende Festsetzungen. aa) Voraussetzungen. Bestehen für den Zuständigkeitsbereich eines Heimarbeitsausschusses keine Koalitionspartner oder umfassen sie nur eine Minderheit der Auftraggeber oder Beschäftigten, so kann der Heimarbeitsausschuss nach Anhörung der Beteiligten mit Zustimmung der zuständigen Arbeitsbehörde Entgelte und sonstige Vertragsbedingungen mit bindender Wirkung für alle Auftraggeber und Beschäftigten seines Zuständigkeitsbereiches festsetzen, wenn unzulängliche Entgelte gezahlt werden oder die sonstigen Vertragsbedingungen unzulänglich sind (§ 19 HAG). Missachtet der Heimarbeitsausschuss im Verfahren zur bindenden Festsetzung das Anhörungsrecht eines Auftraggebers, so liegt ein schwerer Verfahrensmangel vor, der bewirken kann, dass die bindende Festsetzung für die Beschäftigungsverhältnisse der nicht angehörten Auftraggeber nicht anzuwenden ist. Der Verfahrensverstoß bleibt ohne Auswirkungen, wenn der nicht angehörte Auftraggeber nicht darlegen kann, dass der Heimarbeitsausschuss bei ordnungsgemäßer Anhörung einen Beschluss mit anderem Inhalt hätte fassen können.[42] Die Zuständigkeit richtet sich nach den hergestellten Produkten, dagegen nicht nach der Branche oder dem Gewerbezweig, dem der AG angehört (→ Rn. 19). 32

bb) Rechtscharakter/Überprüfung. Bindende Festsetzungen sind **Rechtsregeln** wie die normativen Bestimmungen der Tarifverträge (→ § 200 Rn. 1 ff.); sie werden wie die normativen Bestimmungen der Tarifverträge ausgelegt.[43] Sie werden von den Gerichten für Arbeitssachen nicht auf Zweckmäßigkeit oder Billigkeit kontrolliert, sondern nur auf ihre Vereinbarkeit mit höherrangigem Verfassungs- und Gesetzesrecht, die guten Sitten und tragenden Grundsätze des Arbeitsrechts.[44] Unzulänglich sind Entgelte und Vertragsbedingungen, wenn sie unter Berücksichtigung der sozialen und wirtschaftlichen Eigenart der Heimarbeit unter den tariflichen Arbeitsbedingungen für gleiche oder gleichwertige Betriebsarbeit liegen. Durch die Anbindung an die Tariflöhne soll der Abstand zu den tariflichen Entgelten vermindert werden. Gleichzeitig ist darauf Rücksicht zu nehmen, dass die Heimarbeiter auch Betriebskosten usw. haben. Soweit im Zuständigkeitsbereich Entgelte und Vertragsbedingungen tarifvertraglich vereinbart sind, sollen zum Schutz der Tarifautonomie die bindenden Festsetzungen keine günstigeren Regelungen als die Tarifverträge enthalten (§ 19 I 3 HAG). 33

cc) Zustimmungserfordernis. Im Interesse der Rechtsstaatlichkeit bedarf die bindende Festsetzung der **Zustimmung der zuständigen Arbeitsbehörde** und der Veröffentlichung (Einzelheiten § 19 II HAG). Das BVerfG hat unabhängig von Art. 80 bzw. Art. 20 GG die Verfassungsmäßigkeit von § 19 HAG anerkannt; entscheidend sei der systematische Zusammenhang der Regelungen im HAG mit dem Arbeitsrecht, im Besonderen mit dem für diese Materie zentralen Tarifrecht, dessen Besonderheiten durch Art. 9 III GG zugelassen und garantiert sei.[45] 34

dd) Wirkung. Die bindende Festsetzung hat die **Wirkung eines Tarifvertrags** nach Allgemeinverbindlicherklärung und ist in das Tarifregister einzutragen (§ 19 III 1 HAG). § 19 III HAG entspricht weitgehend den Regelungen des § 4 III, IV TVG, auf die in Satz 6 zudem generell verwiesen wird. Von der bindenden Festsetzung kann nur zugunsten des Beschäftigten abgewichen werden. Nach Entstehung der Rechte kann auf diese in einem Vergleich nur mit Zustimmung der obersten Arbeitsbehörde verzichtet werden (§ 19 III 3 HAG). Die Verwirkung (→ § 72 Rn. 23 ff.) ist ausgeschlossen (§ 19 III 4 HAG). Ausschlussfristen (→ § 209 Rn. 7 ff.) können nur in den bindenden Festsetzungen normiert werden (§ 19 III 5 HAG). Für gleichgestellte Zwischenmeister können Entgeltregelungen getroffen werden (§ 21 HAG). Hierdurch sollen die Zwischenmeister und die bei ihnen in Heimarbeit Beschäftigten geschützt werden. Dem Schutz der Heimarbeiter dient auch die **Mithaftung** der AG gegenüber den Heimarbeitern der Zwischenmeister (§ 21 II HAG). Diese Mithaftung kann der Auftraggeber nur ausschlie- 35

[42] BAG 5.5.1992 AP Nr. 14 zu § 19 HAG = NZA 1993, 315.
[43] BAG 12.8.1976 AP Nr. 9 zu § 19 HAG.
[44] BAG 5.5.1992 AP Nr. 14 zu § 19 HAG = NZA 1993, 315.
[45] BVerfG 27.2.1973 BVerfGE 34, 307 = AP Nr. 7 zu § 19 HAG.

ßen, wenn er bei der Kalkulation der Vergütung des Zwischenmeisters die üblicherweise beim Zwischenmeister anfallenden Kosten berücksichtigt, zu denen sämtliche Kosten der Heimarbeit nach den jeweiligen bindenden Festsetzungen unter Einbeziehung aller gesetzlicher Abgaben sowie sonstige anfallende Kosten und ein Ertrag des Zwischenmeisters gehören.[46] Sind die Entgelte der Hausgewerbetreibenden oder Gleichgestellten durch bindende Festsetzung geregelt, so können durch besondere Entgeltausschüsse auch für deren fremde Hilfskräfte **Mindestarbeitsbedingungen** erlassen werden (§ 22 HAG).

36 **ee) Entgelthöhe.** Die Entgelte für Heimarbeiter sollen gem. § 20 HAG nach Möglichkeit auf der Grundlage von Stückzeiten als Stückentgelte festgesetzt werden. Hierdurch soll gewährleistet sein, dass der Heimarbeiter wirklich auf einen angemessenen Stundenlohn kommt.[47] Das Entgelt kann wie bei Geldakkord durch Multiplikation von Arbeitsmenge × Geldfaktor oder beim Zeitakkord durch Multiplikation von Arbeitsmenge × Vorgabezeit × Geldfaktor berechnet werden (→ § 67 Rn. 34). Werden Vorgabezeiten so kurz bemessen, dass die Normalleistung nicht ausreicht, um ein bindend festgesetztes Mindeststundenentgelt zu erzielen, so ist die entsprechende Regelung unwirksam.[48] Die Vorgabezeiten können zum Inhalt des Heimarbeitsvertrags werden; sollen sie dann geändert werden, so bedarf es hierzu eines Änderungsvertrags.[49] Wird das Entgelt eines Heimarbeiters nach Vorgabezeit und bindend festgesetztem Entgelt berechnet, so kann sich der Auftraggeber nicht darauf berufen, eine Unterschreitung des bindend festgesetzten Entgelts werde durch erhöhte Vorgabezeiten ausgeglichen.[50] Geänderte Vorgabezeiten kann der Auftraggeber den Heimarbeitern nur entgegenhalten, wenn er die Entgeltverzeichnisse in Form des § 8 HAG offengelegt hat.[51] Haben Heimarbeiter von ihrem Auftraggeber (konkludent) die Zusage erhalten, dass sie auf absehbare Zeit mit bestimmten Arbeitsmengen rechnen dürfen, so kann ein Anspruch auf Schadensersatz erwachsen, wenn die zugesicherte Auftragsmenge vertragswidrig gekürzt wird.[52] Zur Mithaftung des Auftraggeber neben dem Zwischenmeister → Rn. 35.

37 **ff) Arbeitsmenge.** Aus der Begründung eines Heimarbeitsverhältnisses folgt grundsätzlich weder ein Anspruch des Heimarbeiters auf Ausgabe einer bestimmten Arbeitsmenge noch ein Anspruch des Auftraggebers auf Erledigung eines bestimmten Arbeitspensums. Leistungspflichten entstehen regelmäßig vielmehr erst mit der Ausgabe und Entgegennahme der Heimarbeit.[53] Eine Entgeltsicherung während der Kündigungsfrist ist in § 29 VII HAG geregelt (→ Rn. 53). Einer „Aushungerung" soll ferner die Regelung in § 29 VIII 1, 3 HAG entgegenwirken (hierzu → Rn. 54). § 615 BGB findet jedenfalls neben den Entgeltsicherungen nach § 29 VII u. VIII HAG keine Anwendung.[54]

38 **gg) Mitbestimmung.** Sind in einer bindenden Festsetzung **Entgeltgruppen** enthalten, so hat der BR bei der Eingruppierung der Heimarbeiter ein Mitwirkungsrecht nach § 99 BetrVG.[55]

39 **2. Urlaub, Entgeltfortzahlung.** Als **Urlaubsentgelt** ist nach § 12 BUrlG bei einem Anspruch von 24 Werktagen ein Urlaubsentgelt von 9,1% des Entgelts im Referenzzeitraum vom 1.5. bis 30.4. des Folgejahres oder der Beendigung des Beschäftigungsverhältnisses zu leisten (→ § 104 Rn. 140).[56] Auch für die **Urlaubsabgeltung** enthält § 12 BUrlG eine gegenüber § 7 IV BUrlG spezielle Regelung.[57] Nach § 210 III 1 SGB IX richtet sich die Bezahlung des zusätzlichen Urlaubs der in Heimarbeit beschäftigten oder diesen gleichgestellten schwerbehinderten Menschen nach den für die Bezahlung ihres sonstigen Urlaubs geltenden Berechnungsgrundsätzen. Sofern keine besondere Regelung besteht, erhalten die schwerbehinderten Menschen als zusätzliches **Urlaubsgeld** 2% des in der Zeit vom 1. Mai des vergangenen bis zum 30. April des laufenden Jahres verdienten Arbeitsentgelts ausschließlich der Unkostenzuschläge (§ 210 III 2

---

[46] BAG 5.11.2002 AP Nr. 2 zu § 8 HAG = NZA 2003, 1267.
[47] Vgl. BAG 13.3.1963 AP Nr. 1 zu § 20 HAG.
[48] BAG 13.9.1983 AP Nr. 11 zu § 19 HAG.
[49] BAG 13.9.1983 AP Nr. 11 zu § 19 HAG.
[50] BAG 5.11.2002 AP Nr. 2 zu § 8 HAG = NZA 2003, 1267.
[51] BAG 5.11.2002 AP Nr. 2 zu § 8 HAG = NZA 2003, 1267; 5.5.1981 AP Nr. 1 zu § 8 HAG.
[52] BAG 13.9.1983 AP Nr. 1 zu § 29 HAG.
[53] BAG 20.8.2019 AP Nr. 6 zu § 29 HAG = NZA 2020, 232; 11.7.2006 AP Nr. 5 zu § 29 HAG = NZA 2007, 1365.
[54] BAG 20.8.2019 AP Nr. 6 zu § 29 HAG = NZA 2020, 232; 13.9.1983 AP Nr. 1 zu § 29 HAG = NZA 1984, 42.
[55] LAG Brem 26.1.1990 DB 1990, 1571.
[56] Dazu näher *Leinemann/Linck* BUrlG § 12.
[57] BAG 20.8.2019 AP Nr. 6 zu § 29 HAG = NZA 2020, 232.

SGB IX). Anstelle der Entgeltfortzahlung im **Krankheitsfall** ist den in Heimarbeit Beschäftigten und einem Teil der Gleichgestellten ein **besonderer Zuschlag** zu zahlen (§ 10 EFZG). Der Zuschlag ist Arbeitsentgelt. Gem. § 1 I Nr. 5 Sozialversicherungsentgeltverordnung (SvEV) sind hierauf aber keine Beiträge zur Sozialversicherung zu entrichten. Der Zuschlag soll es den Beschäftigten ermöglichen, Rücklagen für den Fall der Arbeitsverhinderung zu bilden. Der Anspruch besteht unabhängig davon, ob der Beschäftigte arbeitsunfähig ist oder war. Während der **Stillzeit** besteht ein Entgeltanspruch gem. § 23 II 1 MuSchG, der nach der Höhe des durchschnittlichen Stundenentgelts für jeden Werktag zu berechnen ist.

Heimarbeiter und Gleichgestellte haben nach Maßgabe von § 11 EFZG Anspruch auf **Feiertagsbezahlung.** Das Feiertagsgeld beträgt gem. § 11 II EFZG 0,72% des Verdienstes für einen Zeitraum von 6 Monaten ohne Unkostenzuschläge (zB Aufwendungen für die zu beschaffenden Rohstoffe). Den Referenzzeitraum für die in die Zeit vom 1.5. bis 31. 10 bilden die vorhergehenden Monate vom 1.11. bis 30.4. und für die in die Zeit vom 1.11. bis 30.4. fallenden Feiertage die vorhergehenden Monate vom 1.5. bis zum 31.10. Der Anspruch ist unabhängig davon, ob im laufenden Halbjahreszeitraum noch eine Beschäftigung in Heimarbeit stattfindet, so dass das Feiertagsgeld über die letzte Auftragsvergabe hinaus zu zahlen ist. Voraussetzung für den Anspruch auf Feiertagsgeld ist, dass der Feiertag die alleinige Ursache für den Arbeitsausfall darstellt.[58] Das ergibt sich aus dem Verweis auf § 2 I EFZG, der nach hM eine Monokausalität voraussetzt (→ § 103 Rn. 2). Ein Anspruch besteht daher nicht, wenn der Feiertag auf einen Sonntag fällt und Arbeitszeit nicht ausgefallen ist, wobei in Anbetracht der fehlenden Bindung der Heimarbeiter an bestimmte Arbeitszeiten naturgemäß schwer feststellbar ist, ob am Sonntag gearbeitet worden wäre.[59] Das Feiertagsgeld ist gem. § 11 II EFZG grundsätzlich bei der letzten Entgeltzahlung vor dem Feiertag zu zahlen; Sonderregelungen gelten bei Unterbrechung der Beschäftigung und Einstellung der Ausgabe von Heimarbeit (s. § 11 III 2, 3 EFZG). 40

Ein wirksamer **Verzicht** auf die Ansprüche nach → Rn. 38, 39 ist weder während noch nach dem Ende des Beschäftigungsverhältnisses möglich (s. § 12 EFZG).[60] **Abweichende Regelungen durch Tarifvertrag** sind bei der Entgeltfortzahlung im Krankheitsfall zulässig, allerdings nur mit dem in § 10 IV EFZG geregelten Inhalt. Die Leistungsbeträge sind in den Entgeltbelegen jeweils gesondert auszuweisen (§§ 10 III, 11 II 4 EFZG). Ein Auftraggeber oder Zwischenmeister ist für seine Behauptung, das gezahlte Entgelt enthalte auch die Zuschläge, darlegungs- und beweispflichtig.[61] 41

3. Vermögensbildung. Heimarbeiter sind durch § 1 II 2 5. VermBG begünstigt. Vermögenswirksame Leistungen können auch durch bindende Festsetzungen geregelt werden (§ 19 V HAG). 42

4. Entgeltprüfung. a) Entgeltprüfer. Die Landesarbeitsminister haben für eine wirksame Überwachung der Entgelte und sonstigen Vertragsbedingungen durch Entgeltprüfer zu sorgen. Diese haben die Einhaltung der allgemeinen Schutzvorschriften, sonstigen Vertragsbedingungen und die ordnungsmäßige Zahlung der Entgelte zu **überwachen,** sowie auf Antrag bei der Errechnung der Stückentgelte **Berechnungshilfe** zu leisten (§ 23 II HAG). Die Berechnungshilfe kann vom Auftraggeber wie vom Beschäftigten in Anspruch genommen werden. Zur Durchführung der Entgeltprüfung usw. sind durch die Obersten Arbeitsbehörden idR bei den Gewerbeaufsichtsämtern Entgeltüberwachungsstellen eingerichtet. Diese leisten im Rahmen anhängiger Prozesse auch Berechnungshilfe. 43

b) Sanktionen. Hat ein Auftraggeber oder Zwischenmeister ein zu geringes Entgelt oder zu geringe Zuschläge gezahlt, kann der Landesarbeitsminister oder die von ihm bezeichnete Stelle zur **Nachzahlung** und zur **Vorlage eines Zahlungsnachweises** auffordern (§ 24 HAG). Entsprechendes gilt bei Außerachtlassung sonstiger nach den §§ 17–19 HAG festgesetzten Vertragsbedingungen. Hat der Auftraggeber falsche Angaben gemacht oder ist er der Zahlungsaufforderung nicht nachgekommen, so kann die weitere Ausgabe von Heimarbeit durch die oberste Arbeitsbehörde verboten werden (§ 30 Nr. 2, 3 HAG). Notfalls kann das Land zugunsten des Heimarbeiters, Hausgewerbetreibenden oder der Gleichgestellten die Ansprüche gerichtlich geltend machen (§ 25 HAG). Die gleiche Rechtslage gilt zugunsten der fremden Hilfskräfte, wenn 44

[58] BAG 26.7.1979 AP Nr. 34 zu § 1 Feiertagslohnzahlungsgesetz; ErfK/*Reinhard* EFZG § 11 Rn. 4; aA *Schmidt/Koberski/Tiemann/Wascher* HAG Anh. § 19 Rn. 79; *Wedde/Kunz* EFZG § 11 Rn. 15; *Treber* EFZG § 11 Rn. 9; diff. Schmitt EFZG/*Schmitt* § 11 Rn. 32 ff.

[59] BAG 26.7.1979 AP Nr. 34 zu § 1 FeiertagslohnzahlungsG.

[60] BAG 22.10.1964 AP Nr. 1 zu § 25 HAG; 28.7.1966 AP Nr. 2 zu § 25 HAG.

[61] BAG 13.3.1963 AP Nr. 1 zu § 20 HAG.

der Hausgewerbetreibende oder Gleichgestellte diesen ein geringeres als in Mindestarbeitsbedingungen festgelegtes Entgelt gezahlt hat **(Prozessstandschaft der Länder).** Die Klagebefugnis ist eingeräumt worden, weil vielfach Heimarbeiter, Hausgewerbetreibende und Gleichgestellte wegen ihrer wirtschaftlichen Abhängigkeit von der Durchsetzung der Rechte absehen. Gerichtlich geltend gemacht werden können Zahlungs- und Auskunftsklagen, soweit sie Zahlungsklagen vorbereiten sollen. Ist den Heimarbeitern aber bereits eine vollständige Abrechnung erteilt, kann die Arbeitsbehörde unter Berufung auf § 25 HAG keine nochmalige Auskunft erzwingen.[62]

45 **5. Pfändungsschutz.** Das Entgelt, das den in Heimarbeit Beschäftigten und Gleichgestellten gezahlt wird, ist nur nach Maßgabe der besonderen **Pfändungsschutzbestimmungen** für Arbeitsvergütung (§§ 850–850i ZPO) pfändbar (§ 27 HAG).

46 **6. Auskunft.** Auftraggeber, Zwischenmeister, die in Heimarbeit Beschäftigten und fremde Hilfskräfte haben den mit der Entgeltfestsetzung oder Entgeltprüfung beauftragten Stellen auf Verlangen Auskunft über alle die Entgelte betreffenden Fragen zu erteilen und die einschlägigen Belege vorzulegen (§ 28 HAG). Heimarbeiter und Gleichgestellte können vom Auftraggeber verlangen, dass ihnen die Berechnung und Zusammensetzung ihres Entgeltes erläutert wird (§ 28 II HAG).

IX. Kündigungsschutz

47 **1. Ordentliche Kündigung. a) Keine Geltung des Arbeitnehmerschutzrechts.** Auch wenn den Heimarbeitern jeweils einzelne Aufträge erteilt werden, die nach früherer Rechtsprechung aufgrund von Dienst- oder Werkverträgen ausgeführt werden, bedarf es zur **Beendigung des Rechtsverhältnisses** einer Kündigung. Die Formvorschrift des **§ 623 BGB gilt nicht,** weil die vom HAG erfassten Personen keine AN sind (→ Rn. 9). Aus demselben Grund **findet das KSchG keine Anwendung** (→ Rn. 56).

48 **b) Kündigungsfristen.** Die Kündigungsfristen sind in Anlehnung an § 622 BGB geregelt.[63] Die Kündigungsfristen des § 29 HAG gelten nicht allgemein für arbeitnehmerähnliche Personen (→ § 10 Rn. 1 ff.).[64] Das Beschäftigungsverhältnis eines in Heimarbeit Beschäftigten kann beiderseits **an jedem Tag für den Ablauf des folgenden Tages** gekündigt werden (§ 29 I HAG). Wird ein in Heimarbeit Beschäftigter von einem Auftraggeber oder Zwischenmeister länger als vier Wochen beschäftigt, so kann das Arbeitsverhältnis beiderseits nur mit einer Frist von zwei Wochen gekündigt werden (§ 29 II HAG).

49 Bei **überwiegender Beschäftigung** eines in Heimarbeit Beschäftigten durch einen Auftraggeber oder Zwischenmeister beträgt die **beiderseitige Kündigungsfrist** vier Wochen zum 15. oder zum Ende eines Kalendermonats. Während einer vereinbarten Probezeit, längstens für die Dauer von sechs Monaten beträgt die Kündigungsfrist zwei Wochen (§ 29 III HAG). Allein die Frist für den Auftraggeber oder Zwischenmeister beträgt, wenn das Beschäftigungsverhältnis **(1)** 2 Jahre bestanden hat, einen Monat zum Ende eines Kalendermonats; **(2)** 5 Jahre bestanden hat, zwei Monate zum Ende eines Kalendermonats; **(3)** 8 Jahre bestanden hat, drei Monate zum Ende eines Kalendermonats; **(4)** 10 Jahre bestanden hat, vier Monate zum Ende eines Kalendermonats; **(5)** 12 Jahre bestanden hat, fünf Monate zum Ende eines Kalendermonats; **(6)** 15 Jahre bestanden hat, sechs Monate zum Ende eines Kalendermonats; **(7)** 20 Jahre bestanden hat, sieben Monate zum Ende eines Kalendermonats. Die Regelung in § 29 IV 2 HAG, wonach bei der Berechnung der Beschäftigungsdauer Zeiten, die vor der Vollendung des 25. Lebensjahres des Beschäftigten liegen, nicht berücksichtigt wurden, ist zum 1.1.2019 entfallen. Ebenso wie bei der Altersgrenze nach § 622 II 2 BGB in der bis zum 31.12.2018 geltenden Fassung[65] ist davon auszugehen, dass die Bestimmung des § 29 IV 2 aF HAG wegen eines Verstoßes gegen das **europarechtliche Verbot der Benachteiligung wegen des Alters** gem. Art. 2 I iVm Art. 1 der Rahmenrichtlinie 2000/78/EG unwirksam war.[66] Im Fall des § 622 II 2 aF BGB war wegen der fehlenden unmittelbaren Wirkung einer EU-Richtlinie (hierzu → § 4 Rn. 12 ff.) umstritten, ob die nationalen Gerichte die Bestimmung unanwendbar lassen konnten[67] (so dass die Beschäftigungszeiten vor dem

---

[62] BAG 10.4.1984 AP Nr. 4 zu § 25 HAG = NZA 1985, 362.
[63] Ausf. hierzu APS/*Linck* HAG § 29 Rn. 7 ff.
[64] BAG 8.5.2007 AP Nr. 15 zu § 611 BGB Arbeitnehmerähnlichkeit = BB 2007, 2298.
[65] Zum Verstoß von § 622 II 2 BGB gegen Art. 2 I der Rahmenrichtlinie 2000/78/EG: Schaub ArbR-HdB/*Linck,* 17. Aufl., § 126 Rn. 9.
[66] So: APS/*Linck* HAG § 29 Rn. 14.
[67] So: LAG Bln-Bbg 24.7.2007 NZA-RR 2007, 17; LAG SchlH 28.5.2008 DB 2008, 1976 (LS).

25. Lebensjahr zu berücksichtigen sind) oder ob eine Vorlage an den EuGH erforderlich war.[68] Nach der Entscheidung des EuGH in Sachen Kücükdeveci[69] war die Bestimmung in § 622 II 2 aF BGB unangewendet zu lassen, weil sie gegen den allgemeinen gemeinschaftsrechtlichen Grundsatz des Verbots der Diskriminierung wegen Alters (jetzt Art. 21 GrCh) verstieß.[70] Für die gleichlautende Regelung in § 29 IV 2 aF HAG konnte daher nichts Anderes gelten.

Überwiegend wird ein in Heimarbeit Beschäftigter von einem Auftraggeber oder Zwischenmeister beschäftigt, wenn bei zwei oder mehr Heimarbeitsverhältnissen mehr als die Hälfte der Zeit für das Beschäftigungsverhältnis bei diesem Auftraggeber oder Zwischenmeister aufgewandt wird. Auf die Höhe des Verdienstes kommt es nicht an.[71] In den Vergleich nicht einbezogen wird ein daneben bestehendes Arbeitsverhältnis. Besteht nur ein Heimarbeitsverhältnis, so ist der **erhöhte Kündigungsschutz** auch dann gegeben, wenn der Heimarbeiter noch sonstige Einnahmen zB aus Renten oder Pensionen hat. 50

Kürzere Kündigungsfristen können durch Tarifvertrag vereinbart werden. Nach § 29 V HAG gelten § 622 IV–VI BGB entsprechend (→ § 126 Rn. 31 ff.). 51

2. Außerordentliche Kündigung. Für die außerordentliche Kündigung gilt § 626 BGB entsprechend (§ 29 VI HAG). 52

3. Geringere Arbeitsmenge. Eine **Entgeltsicherung** sieht § 29 VII HAG vor. Hierdurch soll ein Unterlaufen der Kündigungsbestimmungen durch geringere Zuteilung von Arbeitsaufträgen während der Kündigungsfristen verhindert werden.[72] Für die Dauer der Kündigungsfristen nach § 29 II–V HAG hat der Heimarbeiter auch bei Ausgabe einer geringeren Arbeitsmenge Anspruch auf Arbeitsentgelt in Höhe von 1/12 bei einer Kündigungsfrist von zwei Wochen, 2/12 bei einer solchen von vier Wochen, 3/12 bei einer Kündigungsfrist von einem Monat, 4/12 bei einer von zwei Monaten, 6/12 bei einer Kündigungsfrist von 3 Monaten, 8/12 bei einer von vier Monaten, 10/12 bei einer von fünf Monaten, 12/12 bei einer von sechs Monaten und 14/12 bei einer Kündigungsfrist von sieben Monaten des Gesamtbetrages, den er in den dem Zugang der Kündigung vorausgegangenen 24 Wochen als Entgelt erhalten hat. Die gesetzliche Einkommensgarantie umfasst nur den Zeitraum der gesetzlichen Fristen, nicht dagegen den Zeitraum einer einzelvertraglich etwa vereinbarten längeren Kündigungsfrist.[73] Bei der Berechnung der Verdienstsicherung sind das Stückentgelt, der Unkostenzuschlag und der Krankengeldzuschlag zu berücksichtigen. Feiertagsgelder sind stets außer Ansatz zu lassen. Urlaubszahlungen sind einzubeziehen, soweit dem Heimarbeiter auf seinen Antrag Urlaub gewährt worden ist.[74] War der Heimarbeiter in der Referenzperiode arbeitsunfähig und hat er Krankengeld bezogen oder hat er Kurzarbeitergeld erhalten, so sind die Ausfallzeiten aus der Referenzperiode herauszurechnen (§ 29 VII 3 HAG). Sind während des Bezugszeitraums Entgelterhöhungen eingetreten, so ist während der Kündigungsfrist von dem erhöhten Entgelt auszugehen (§ 29 VII 2 HAG); dh, es bedarf einer fiktiven Entgeltberechnung nach dem erhöhten Verdienst während der Referenzperiode und Division des erhöhten Entgeltes. Die Entgeltabrechnung entspricht damit im Wesentlichen der Berechnung des Urlaubsentgelts bzw. des Mutterschaftsgeldes. 53

4. Aushungerung. Schließlich beugt das Gesetz einer „Aushungerung" des Heimarbeiters vor. Insoweit handelt es sich um einen Ausgleich dafür, dass der Heimarbeiter keinen Anspruch auf Ausgabe einer bestimmten Arbeitsmenge hat (→ Rn. 37). Will ein Auftraggeber oder Zwischenmeister die einem Heimarbeiter erteilte Arbeitsmenge, die er mindestens 1 Jahr regelmäßig ausgegeben hat oder bei kürzerer Dauer der Beschäftigung während der Beschäftigung ausgegeben hat, um mehr als 1/4 verringern, so hat er die – fiktiven – Kündigungsfristen nach § 29 VII HAG einzuhalten. 54

---

[68] So: LAG Düsseldorf 21.11.2007 LAGE § 622 BGB Nr. 3 = DB 2007, 2655 (LS) (Vorlagebeschluss an den EuGH); *Tavakoli/Westhauser* DB 2008, 702.

[69] EuGH 19.1.2010 AP Nr. 14 zu Richtlinie 2000/78/EG = NZA 2010, 85 – Kücükdeveci; der allgemeine gemeinschaftsrechtliche Grundsatz wurde bereits in der Mangold-Entscheidung postuliert: EuGH 22.11.2005 AP Nr. 2 zu EWG-Richtlinie Nr. 99/70 = NZA 2005, 1345 – Mangold; anders dagegen die Begründung in Sachen Palacios zu tariflichen Altersgrenzen: EuGH 16.10.2007 AP Nr. 8 zu Richtlinie 2000/78/EG = NZA 2007, 1219 – Palacios.

[70] BAG 9.9.2010 AP Nr. 66 zu § 622 BGB = NZA 2011, 343; *Preis/Temming* NZA 2010, 185; *Kolbe* BB 2010, 501; krit. zu der Annahme eines allgemeinen Grundsatzes des Gemeinschaftsrechts: *Preis* NZA 2006, 401; *Mörsdorf* NJW 2010, 1046.

[71] APS/*Linck* HAG § 29 Rn. 11 mwN; LAG Nds 15.11.2018 – 6 Sa 1225/17.

[72] BAG 20.8.2019 AP Nr. 6 zu § 29 HAG = NZA 2020, 232; 11.7.2006 AP Nr. 5 zu § 29 HAG = NZA 2007, 1365.

[73] BAG 13.9.1983 AP Nr. 1 zu § 29 HAG.

[74] BAG 11.7.2006 AP Nr. 5 zu § 29 HAG = NZA 2007, 1365.

Etwas anderes gilt nur dann, wenn die Kürzung der Arbeitsmenge auf einer anderweitigen Verteilung der Arbeit durch die zuständige Stelle (§ 11 II HAG) oder auf Kurzarbeit beruht (§ 29 VIII 1, 3 HAG). Die Ansprüche nach § 29 VII u. VIII HAG bestehen nicht nebeneinander. Verringert der Auftraggeber die Arbeitsmenge um mehr als ¼, bleibt dem Heimarbeiter das Entgelt für die Dauer einer fiktiven Kündigungsfrist erhalten. Kündigt der Auftraggeber anschließend, löst dies keinen weiteren Anspruch auf Entgeltsicherung nach § 29 VII HAG aus.[75]

55 **5. Ersatzanspruch.** Schließlich erlangt der Zwischenmeister einen Ersatzanspruch, wenn ihm die Kürzung der Arbeitsmenge nicht rechtzeitig mitgeteilt worden ist und er aus diesem Grunde seinen Heimarbeitern ohne Einhaltung einer Kündigungsfrist nur eine geringere Arbeitsmenge zuteilen kann (§ 29 IX HAG).

56 **6. Kündigungsschutz für Gleichgestellte.** Für Gleichgestellte gilt der Kündigungsschutz nach dem HAG nur dann, wenn sich die Gleichstellung hierauf bezieht (§ 1 III 2 HAG).[76]

57 **7. Allgemeiner Kündigungsschutz.** Neben dem Kündigungsschutz nach dem HAG gelten die allgemeinen Bestimmungen für eine Kündigung. Diese ist also nichtig, wenn sie gegen ein gesetzliches Verbot (§ 134 BGB), die guten Sitten (§ 138 BGB) oder Treu und Glauben (§ 242 BGB) verstößt. Dagegen findet das KSchG keine Anwendung.[77] Einbezogen sind Heimarbeiter in den Kündigungsschutz nach § 17 I MuSchG, §§ 18, 20 BEEG, § 7 ArbPlSchG, § 210 SGB IX, §§ 3, 7 I 3 PflegeZG. Für dem Mutterschutz unterliegende Gleichgestellte gilt der Kündigungsschutz nur, wenn sich die Gleichstellung ausdrücklich auf § 29 HAG bezieht (§ 17 III 2 MuSchG). In Heimarbeit Beschäftigte und ihnen Gleichgestellte dürfen während der Schwangerschaft und bis zum Ablauf von vier Monaten nach der Entbindung nicht gegen ihren Willen bei der Ausgabe von Heimarbeit ausgeschlossen werden (§ 17 III 1 MuSchG). Ferner genießen Heimarbeiter und Hausgewerbetreibende, die einer Jugend- und Auszubildendenvertretung oder dem BR angehören, einen besonderen Kündigungsschutz nach § 29a HAG. Dieser ist dem Kündigungsschutz der AN nachgebildet. Insoweit kann auf → § 143 Rn. 1 ff. verwiesen werden.

58 **8. Befristung.** Eine Befristung von Heimarbeitsverhältnissen ist nach § 620 BGB zulässig. Das TzBfG findet keine Anwendung, weil hierfür bei den vom HAG erfassten Beschäftigten an der Arbeitnehmereigenschaft fehlt (→ Rn. 9).[78] Allerdings kann unter Umgehungsgesichtspunkten ein Sachgrund für die Befristung erforderlich sein, sofern eine Umgehung der für Heimarbeiter anwendbaren Sonderkündigungsschutzbestimmungen (→ Rn. 57) in Betracht kommt, zB bei einem befristeten Vertragsschluss mit einer Schwangeren.[79] Bei Zweckbefristungen gilt zwar mangels Arbeitnehmereigenschaft nicht die Auslauffrist des § 15 II TzBfG, es muss aber eine Ankündigungsfrist entsprechend den Fristen des § 29 HAG gelten (hierzu → § 10 Rn. 10).[80]

59 **9. Anhörung des Betriebsrats.** Vor Ausspruch der Kündigung eines Heimarbeiters ist die Anhörung des BR (→ § 124 Rn. 1 ff.) dann notwendig, wenn der Heimarbeiter in der Hauptsache für den Betrieb arbeitet; denn nur dann ist das BetrVG überhaupt anwendbar (§ 5 I 2 BetrVG).[81] Der BR hat gegen die Kündigung des Heimarbeiters auch ein Widerspruchsrecht nach § 102 III BetrVG. Ein Weiterbeschäftigungsanspruch nach § 102 V BetrVG kann nicht entstehen, da Heimarbeiter nicht dem KSchG unterliegen.

X. Durchführung des Gesetzes

60 **1. Durchführungspflichten.** Der Durchführung dienen zahlreiche Informations-, Benachrichtigungs- und Schutzpflichten gegenüber Heimarbeitern, Hausgewerbetreibenden und Gleichgestellten. Hierzu gehören: **(1)** Anzeige bei erstmaliger Ausgabe von Heimarbeit an den Landesarbeitsminister oder die von diesem bezeichnete Stelle (§ 7 HAG); **(2)** Führung von Listen über die mit Heimarbeit Beschäftigten oder Zwischenmeister, deren sich der Auftraggeber zur Weitergabe bedient; Aushängung der Listen und halbjährliche Übersendung an den Landesarbeitsminister oder die von diesem bezeichneten Stellen; diese leiten ihrerseits je eine Abschrift an die entsprechenden

[75] BAG 20.8.2019 AP Nr. 6 zu § 29 HAG = NZA 2020, 232; 13.9.1983 AP Nr. 1 zu § 29 HAG = NZA 1984, 42.
[76] *Schmidt/Koberski/Tiemann/Wascher* HAG § 29 Rn. 28.
[77] Vgl. BAG 3.7.1980 AP Nr. 23 zu § 613a BGB; *Schmidt/Koberski/Tiemann/Wascher* HAG § 29 Rn. 18; APS/*Linck* HAG § 29 Rn. 2.
[78] LAG Köln 14.2.2014 – 9 Sa 546/13 (zum Anschlussverbot des § 14 II 2 TzBfG).
[79] APS/*Steffan/Backhaus* BGB § 620 Rn. 3.
[80] APS/*Steffan/Backhaus* BGB § 620 Rn. 3; KDZ/*Däubler* BGB § 620 Rn. 3.
[81] BAG 7.11.1995 AP Nr. 74 zu § 102 BetrVG 1972 = NZA 1996, 380; *Schmidt* NJW 1976, 930.

Koalitionen weiter (§ 6 HAG); **(3)** Auslegen von Entgeltverzeichnissen und sonstigen Arbeitsbedingungen (§ 8 HAG); **(4)** Aushändigung von Entgeltbelegen (Entgeltbüchern oder mit Zustimmung der zuständigen Arbeitsbehörde von Entgeltzetteln usw.). Die in Heimarbeit Beschäftigten haben diese aufzubewahren und sie auf Verlangen den Aufsichtsbehörden vorzulegen (§ 9 HAG).

2. Strafen und Bußgelder. Ferner ist die Einhaltung des HAG in vielen Fällen durch Strafen und Bußgelder gesichert (§§ 31 ff. HAG). Die oberste Arbeitsbehörde kann bestimmten Personen die Ausgabe von Heimarbeit verbieten (§ 30 HAG).[82] 61

XI. Sozialrechtliche Behandlung

Hausgewerbetreibende, Heimarbeiter und Zwischenmeister sowie Gleichgestellte unterliegen der **gesetzlichen Sozialversicherung,** sofern nicht eine geringfügige und damit versicherungsfreie Beschäftigung vorliegt. Versicherungsfreiheit besteht daher, wenn das Arbeitsentgelt aus dieser Beschäftigung im Monat 450 EUR nicht übersteigt (§ 8 SGB IV) oder die Beschäftigung innerhalb eines Jahres seit ihrem Beginn auf längstens zwei Monate oder 50 Arbeitstage nach ihrer Eigenart begrenzt zu sein pflegt oder im Voraus vertraglich begrenzt ist, es sei denn, dass die Beschäftigung berufsmäßig ausgeübt wird und ihr Entgelt 450 EUR im Monat übersteigt. Bei Heimarbeitern ist wegen der Ermittlung der wöchentlichen Arbeitszeit grundsätzlich von der Arbeitszeit auszugehen, die sich aus der Natur der Sache ergibt. Es ist jedoch bei Heimarbeitern möglich, aus dem Arbeitsentgelt auf die wöchentliche Arbeitszeit zu schließen.[83] In allen Fällen, in denen ein Mindeststundenentgelt festgelegt ist, wird die wöchentliche Arbeitszeit aus diesem Mindeststundenentgelt abgeleitet. Die Rechenformel lautet (Mindeststundenentgelt × 15 bzw. 18 Stunden × 13 Wochen) : 3 = Monatsgrenzwert. 62

Der sozialversicherungsrechtliche Begriff von Hausgewerbetreibenden, Heimarbeitern und Zwischenmeistern ist in § 12 SGB IV enthalten; er ist mit dem arbeitsrechtlichen nicht identisch. 63

Hausgewerbetreibende sind selbständig Tätige, die in eigener Arbeitsstätte im Auftrag und für Rechnung von Gewerbetreibenden, gemeinnützigen Unternehmen oder öffentlich-rechtlichen Körperschaften gewerblich arbeiten, auch wenn sie Roh- und Hilfsstoffe selbst beschaffen oder vorübergehend für eigene Rechnung tätig sind (§ 12 I SGB IV). Sie sind selbständig, weil sie nicht in den Produktionsablauf des Auftraggebers einbezogen sind. Zu Hausgewerbetreibenden werden Selbständige nur, wenn sie vom Auftraggeber wirtschaftlich abhängig sind.[84] Die Zahl der von ihnen Beschäftigten ist zur Beurteilung der wirtschaftlichen Abhängigkeit nur begrenzt brauchbar, da dieses Tatbestandsmerkmal aus § 2 II HAG nicht übernommen worden ist. Allerdings ist offen gelassen, ob zB ein Schneidermeister mit zehn Gehilfen Hausgewerbetreibender sein kann.[85] Erforderlich ist eine eigene Arbeitsstätte; Eigentum daran ist nicht notwendig. Erhebliche Kapitalinvestitionen zur Einrichtung der Betriebsstätte verhindern die wirtschaftliche Abhängigkeit. Unschädlich ist eine Investition von 7 000 EUR für eine Drehbank und Arbeitswerkzeuge.[86] Es besteht Abhängigkeit, wenn der Verdienst demjenigen eines AN vergleichbar ist. Notwendig ist gewerbliche Arbeit, also die Herstellung, Be- oder Verarbeitung von Waren. Hausgewerbetreibende sind in der Unfallversicherung (§ 2 I Nr. 6 SGB VII) und Rentenversicherung (§ 2 S. 1 Nr. 6 SGB VI) pflichtversichert, nicht dagegen in der Krankenversicherung (§ 5 SGB V, anders noch § 166 I Nr. 1 RVO). 64

Heimarbeiter sind sonstige Personen, die in eigener Arbeitsstätte im Auftrag und für Rechnung der zu → Rn. 62 genannten Personen erwerbsmäßig arbeiten, auch wenn sie Roh- oder Hilfsstoffe selbst beschaffen; sie gelten als Beschäftigte. In die sozialversicherungsrechtliche Definition sind privatrechtliche Gewerbebetriebe und öffentlich-rechtliche Körperschaften aufgenommen. Es fehlt die Verweisung auf mitarbeitende Familienangehörige. Hierdurch war jedoch keine Änderung beabsichtigt. Heimarbeiter unterscheiden sich von den Hausgewerbetreibenden insoweit, als sie nach außen nicht als Unternehmer auftreten. Arbeiten sie vorübergehend für eigene Rechnung, werden sie zu Hausgewerbetreibenden. Dasselbe gilt, wenn sie fremde Hilfskräfte einstellen. Im Unterschied zu Hausgewerbetreibenden brauchen sie nicht gewerblich, sondern lediglich erwerbsmäßig zu arbeiten. Sie können also auch typische Angestelltentätigkeiten verrichten (Büroheimarbeiter). Nach § 12 V SGB IV gelten auch die nach § 1 II lit. a, c, d HAG Gleichgestellten als 65

[82] Zur Verfassungsgemäßheit der Strafbestimmungen: BVerfG 11.2.1976 BVerfGE 41, 314 = DB 1976, 727.
[83] BSG 11.6.1992 BSGE 71, 4 = NZS 1993, 555.
[84] Vgl. zur Vorgängerregelung des § 162 RVO: BSG 26.10.1962 AP Nr. 1 zu § 162 RVO = BSGE 18, 70 = BB 1963, 1097.
[85] BSG 28.8.1968 SozR Nr. 1 zu § 729 RVO.
[86] BSG 13.5.1980 – 12 RK 32/79.

Heimarbeiter. Da Heimarbeiter als Beschäftigte gelten, sind sie in allen Zweigen der Sozialversicherung versicherungspflichtig. Sie unterliegen der Versicherungspflicht in der gesetzlichen Krankenversicherung (§ 5 I Nr. 1 SGB V),[87] der gesetzlichen Rentenversicherung (§ 1 S. 1 Nr. 1 SGB VI), dem Versicherungsschutz in der Unfallversicherung (§ 2 I Nr. 6 SGB VII) und der gesetzlichen Arbeitslosenversicherung (§ 13 SGB III).

66 **Zwischenmeister** sind selbständig Tätige, die ihnen übertragene Arbeit an Hausgewerbetreibende oder Heimarbeiter weitergeben (§ 12 IV SGB IV). Regelmäßig erhalten sie Rohstoffe und Halbfertigwaren von Auftraggebern und lassen diese durch Heimarbeiter und Hausgewerbetreibende bearbeiten. Zwischenmeister sind nur in der Unfallversicherung versicherungspflichtig (§ 2 I Nr. 6 SGB VII). Sie können aber gleichzeitig Heimarbeiter oder Hausgewerbetreibende sein, was § 27 III Nr. 2 SGB III voraussetzt.

67 Die nach § 1 II lit. a, c–d HAG **Gleichgestellten** gelten als Hausgewerbetreibende, Heimarbeiter oder Zwischenmeister (§ 12 V 1 SGB IV). Das gilt allerdings gem. § 12 V 2 SGB IV nicht für den Bereich des SGB III.

68 Als **Arbeitgeber** der Hausgewerbetreibenden oder Heimarbeiter gilt, wer die Arbeit unmittelbar an sie vergibt, als **Auftraggeber** der, in dessen Auftrag und für dessen Rechnung sie arbeiten (§ 12 III SGB IV). Im Allgemeinen sind AG und Auftraggeber identisch. Dies ist dann nicht der Fall, wenn ein Zwischenmeister eingeschaltet ist; dieser ist AG, aber nicht Auftraggeber. Der AG hat die Melde- und Abführungspflichten des Gesamtsozialversicherungsbeitrages zu erfüllen (§ 28a VI, § 28m II–IV SGB IV). Erfüllt der AG seine sozialversicherungsrechtlichen Verpflichtungen nicht, kann der Versicherungspflichtige die Beiträge selbst zahlen. Er erlangt dann einen Erstattungsanspruch.

XII. Steuerrechtliche Behandlung

69 Der arbeits- und der sozialversicherungsrechtliche Begriff des AN stimmen nicht mit dem steuerrechtlichen überein. Die Rspr. und die Finanzverwaltung stellen jedoch im Rahmen von § 11 III GewStG für die Anwendung der ermäßigten Steuermesszahl bei Hausgewerbetreibenden auf die Definitionen des HAG ab.[88] Hausgewerbetreibende und Zwischenmeister unterliegen der Einkommensteuer. Heimarbeiter sind lohnsteuerpflichtig. Heimarbeiter erhalten neben der sonstigen Entlohnung vielfach Heimarbeiterzuschläge, die zur Abgeltung der durch die Heimarbeit bedingten Mehraufwendungen bestimmt sind (Heizung, Beleuchtung von Arbeitsräumen). Die Zuschläge sind im Lohnkonto getrennt vom übrigen Arbeitslohn auszuweisen. Sie gehören nicht zum steuerpflichtigen Arbeitslohn, soweit sie den Betrag von 10% des jeweils gezahlten Stück- oder Werklohnes oder des auf den einzelnen Lohnzahlungszeitraum entfallenden Arbeitslohnes nicht übersteigen (R 46. II 1 LStR).

§ 164. Homeoffice/Telearbeit

Muster: Schaub ArbRFV-HdB/*Thoms* B. Rn. 103 f.; *Müller*, Homeoffice in der arbeitsrechtlichen Praxis, Anhang II Rn. 705 ff.; *Bongers/Hoppe* AuA 2014, 148 ff.; *Kamann* ArbRAktuell 2016, 75; *Schulze/Ratzesberger* ArbRAktuell 2016, 109; *Hülsemann* ArbRAktuell 2017, 483; *Stück/Salo* AuA 4/2021, 22.

Internetadresse: http://www.bmas.de (Stichwort: Telearbeit).

Übersicht

[87] BSG 10.9.1987 NZA 1988, 629.
[88] BFH 26.6.1987 BFHE 150, 361 = DB 1987, 2619 = BStBl. 1987 II 719.

I. Allgemeines

1 **1. Einleitung.** Aufgrund der Digitalisierung in der Arbeitswelt besteht zunehmend die Möglichkeit, bestimmte Tätigkeiten der Mitarbeiter im Rahmen eines Dienst-, Werk- oder Arbeitsverhältnisses außerhalb der Betriebsstätte ausführen zu lassen. Arbeitsrechtlich ist dabei in letzter Zeit nicht zuletzt aufgrund der Corona-Krise der Begriff des sog. Homeoffice stärker in den Mittelpunkt der Betrachtung gerückt. Aber auch unabhängig hiervon hat die Zahl der im Homeoffice bzw. in Telearbeit tätigen AN in den letzten Jahren kontinuierlich zugenommen.[1]

2 **2. Begriffe.** Insgesamt ist die im Zusammenhang mit Tätigkeiten außerhalb der Betriebsstätte verwendete Terminologie nicht ganz einheitlich. Unter dem Begriff **Telearbeit** werden typischerweise Arbeitsformen zusammengefasst, bei denen die Mitarbeiter ihre Arbeit ganz oder teilweise außerhalb des Betriebes des AG bzw. Vertragspartners leisten. Oft wird auch von **Mobilarbeit** oder von **mobiler Arbeit** gesprochen. In letzter Zeit wird im Arbeitsleben zunehmend der Begriff des **Homeoffice** verwendet.[2] Telearbeit, mobile Arbeit oder Homeoffice stellen eine besondere **Form der Arbeitsorganisation** dar. Typisch ist die Nutzung der elektronischen Informations- und Kommunikationstechnik. Der Gesetzgeber verwendet den Begriff der Telearbeit in § 5 I 1 BetrVG sowie in § 16 I 2 BGleiG. § 2 VII ArbStättV enthält darüber hinaus eine Definition des Begriffs Telearbeitsplatz, die allerdings sehr einschränkend gefasst ist und sich nur auf den Anwendungsbereich der ArbStättV bezieht.

3 Die Telearbeit wird in verschiedenen Organisationsformen realisiert:

4 Bei der **ausschließlichen Telearbeit** (Homeoffice, teilw. auch als Teleheimarbeit bezeichnet) befindet sich der Arbeitsplatz permanent zu Hause.

Bei der **alternierenden Telearbeit** (auch insoweit wird in der Praxis der Begriff Homeoffice verwendet) wechseln einzelne Arbeitsplätze. Sie befinden sich teilweise zu Hause und teilweise in der Betriebsstätte des AG.

Beim **Satellitenbüro** und **Nachbarschaftsbüro** sind Betriebsabteilungen ausgelagert. Die Arbeitsplätze liegen teilweise oder permanent wohnortnah.

Beim **Teleservicecenter** liegt ein wohnortnahes Dienstleistungsangebot für dezentrale Unternehmen vor.

Bei der **mobilen Telearbeit** sind einzelne oder beliebige Arbeitsplätze teilweise oder permanent an beliebigen Orten.[3]

On-site-Telearbeit bezeichnet die Ausführung von Telearbeit am Ort des Gebäudes und der Infrastruktur eines Fremdunternehmens.[4]

5 **3. Rechtspolitische Aspekte.** Die Einführung der Telearbeit ist rechtspolitisch umstritten. Zudem ist bei weitem nicht jede Tätigkeit nach ihrer Eigenart überhaupt geeignet, außerhalb der Betriebsstätte bzw. in der Wohnung des AN verrichtet zu werden. Auch die Wohnsituation

[1] Vgl. hierzu den vom BMAS in Auftrag gegebenen Forschungsbericht 549 vom Oktober 2020 über die Verbreitung und Auswirkungen von mobiler Arbeit und Homeoffice, http://www.bmas.de. Danach lag der Anteil der Erwerbstätigen, die ihre Tätigkeit teilweise von zu Hause aus ausüben, im Jahr 2018 bei etwa 12%.

[2] Die vom BMAS bekanntgemachte SARS-CoV-2-Arbeitsschutzregel (GMBl. 2020 S. 484) definiert das Homeoffice als Form des mobilen Arbeitens, die es den Beschäftigten ermöglicht, zeitweilig im Privatbereich für den AG tätig zu sein (Ziff. 2.2 (3)).

[3] ZB bei Vertretern oder Kundenbetreuern.

[4] ZB ein Reisebüro arbeitet in einem Unternehmen, in dem zahlreiche Geschäftsreisen zu organisieren sind.

des AN oder auch datenschutzrechtliche Bedenken können eine Arbeit im Homeoffice bzw. Telearbeit von vornherein ausschließen.

6 Die **Vorteile der Telearbeit** für Telearbeiter werden darin gesehen, dass **(1)** Anfahrtswege vermieden werden, **(2)** die Arbeitszeit freier eingeteilt werden kann, **(3)** Beschäftigungsmöglichkeiten für AN verfügbar sind, die zB aus familiären Gründen nicht an einer Vollzeitstelle, sondern nur an einer Teilzeitbeschäftigung interessiert sind, und **(4)** für Personen, deren Mobilität beschränkt ist, ein Arbeitsplatz in ihrem häuslichen Umfeld geschaffen wird.

7 Die **Nachteile der Telearbeit** werden gesehen **(1)** in der sozialen Isolation, **(2)** in der Entsolidarisierung und Schwächung der gewerkschaftlichen Tarifposition, **(3)** in der technischen Leistungsüberwachung, **(4)** in der Monotonie und Standardisierung der Arbeitsaufgaben, **(5)** in geringeren beruflichen Aufstiegschancen, **(6)** in der erhöhten Arbeitsplatzunsicherheit, **(7)** in fließenden Grenzen zwischen Arbeitszeit und Freizeit, insbesondere bei vereinbarter Abrufarbeit (→ § 43 Rn. 6 ff.), **(8)** in der Doppelbelastung insbes. von Frauen, **(9)** in der Kinderarbeit und **(10)** im Arbeitsstress in der Familie.

8 **Betriebswirtschaftlich nachweisbar** sind im Allgemeinen **(1)** an Vorteilen für den AG die Einsparung von Kosten für Räumlichkeiten und deren Ausstattung, die Verbesserung der Arbeitsergebnisse, größere Flexibilität im Personaleinsatz, effizientere Kundenbetreuung, Abwälzung der Kosten für die technische Einrichtung des Arbeitsplatzes, Einsparung von Kosten für die Papierkommunikation; **(2)** an Nachteilen: hohe Ausstattungskosten für besondere Arbeitsplätze, schlechte Überwachungsmöglichkeiten, Verminderung der Vertraulichkeit überlassener Dokumente, Abhängigkeit von den Gebühren für die Benutzung der allgemeinen Kommunikationssysteme.

9 Ein vom BMAS vorgestellter Referentenentwurf für ein Mobile Arbeit Gesetz – MAG, der unter bestimmten Voraussetzungen einen Anspruch auf mobile Arbeit vorsah, ist nicht Gesetz geworden.

II. Rechtliche Rahmenbedingungen

10 **1. Rahmenvereinbarung über Telearbeit.** Der Europäische Rat hat im Rahmen der europäischen Beschäftigungsstrategie die Sozialpartner aufgerufen, Vereinbarungen zur Modernisierung der Arbeitsorganisation einschließlich einer flexiblen Arbeitsgestaltung mit dem Ziel auszuhandeln, die Produktivität und Wettbewerbsfähigkeit der Unternehmen zu erhöhen und dabei das nötige Gleichgewicht zwischen Flexibilität und Sicherheit zu erreichen. Am 16.7.2002 haben die europäischen Sozialpartner eine Rahmenvereinbarung über Telearbeit geschlossen, die die von den Mitgliedern der Unterzeichnerparteien in den Mitgliedstaaten und den Ländern umgesetzt wird. Telearbeit wird dort definiert als Form der Organisation und/oder Ausführung von Arbeit unter Verwendung von Informationstechnologie im Rahmen eines Arbeitsvertrages/eines Beschäftigungsverhältnisses, bei der die Arbeit, die auch in den Einrichtungen des AG ausgeführt werden könnte, regelmäßig außerhalb dieser Einrichtungen verrichtet wird. Die Rahmenvereinbarung enthält insbes. Regelungen über die Freiwilligkeit der Telearbeit, gleiche Beschäftigungsbedingungen (auch im Hinblick auf kollektive Rechte), Datenschutz, den Schutz der Privatsphäre, Arbeitsausrüstung, Gesundheitsschutz und Arbeitssicherheit.

11 **2. Vertrag. a) Rechtsnatur des Vertrages.** Die ausschließliche Telearbeit, die alternierende Telearbeit, die Arbeit in einem Telecenter, in einem Teleservicecenter, in mobiler Telearbeit und die on-site-Telearbeit kann aufgrund eines Arbeitsvertrags, eines Dienstvertrags oder eines Werkvertrags erfolgen. Für die ausschließliche Telearbeit und die alternierende Telearbeit kann auch ein Heimarbeitsverhältnis in Betracht kommen. Die Abgrenzung der Vertragstypen erfolgt danach, ob und in welchem Umfang die Arbeit in persönlicher Abhängigkeit oder in einem freien Mitarbeiterverhältnis geleistet wird bzw. ob Arbeits-/Dienstleistung geschuldet wird oder ein Arbeitserfolg, also eine Werkleistung. Insoweit gelten die allgemeinen Grundsätze.

12 **b) Arbeitsverhältnis.** Ein Arbeitsverhältnis[5] ist immer dann anzunehmen, wenn dem Mitarbeiter Weisungen im Hinblick auf Arbeitsdurchführung **(fachliche Weisungsgebundenheit),** Arbeitsort und Arbeitszeit gegeben werden und eine Eingliederung in die betriebliche Organisation vorliegt. Eine fachliche Weisungsgebundenheit kann sich aus der täglichen Zuweisung neuer Arbeit ergeben. Eine fachliche Bindung kann auch dann bestehen, wenn durch ein automatisches Verteilungssystem ständig neue Telefongespräche durchgestellt werden. Eine Weisungsgebundenheit ist im Allgemeinen anzunehmen, wenn eine ständige online-Verbindung zum AG, insbesondere, wenn

[5] Allgemein zu den Merkmalen → § 8 Rn. 1 ff.; zur Telearbeit → § 8 Rn. 40.

sich aus dem System feststehende Arbeitsvorgaben ergeben, sowie Anmelde- und Abmeldeverpflichtungen bestehen. In diesen Fällen ergibt sich eine kontinuierliche Überwachungsmöglichkeit.

Bei der häuslichen Telearbeit oder der alternierenden Telearbeit ergibt sich die **örtliche Bindung** durch die Verrichtung der Arbeit an verschiedenen häuslichen oder betrieblichen Computern. Die **zeitliche Bindung** kann durch die Einbindung in die betrieblichen Arbeitszeiten erfolgen. Die zeitliche Bindung kann sich auch durch einen Zeitrahmen ergeben. Seine Einhaltung kann durch die Zugriffszeiten zum Rechner kontrolliert und gesteuert werden. Dagegen begründet allein die Abhängigkeit vom Rechner noch keine Arbeitnehmereigenschaft. 13

Ferner sprechen für ein Arbeitsverhältnis: Vorgabe bestimmter Erledigungszeiten, Inanspruchnahme der gesamten Arbeitskraft, hohe Berührungsdichte mit den Betriebsabläufen, Zusammenarbeit mit den übrigen Mitarbeitern des Betriebes, insbesondere Bürotage, Notwendigkeit ständiger Berichterstattung, fehlendes unternehmerisches Risiko, Abführung von Sozialversicherungsbeiträgen. 14

Die Arbeit in einem **Satelliten- oder Nachbarschaftsbüro** wird im Allgemeinen nur in einem Arbeitsverhältnis zu leisten sein. 15

c) Heimarbeitsverhältnis. Liegen die Merkmale eines Arbeitsverhältnisses nicht vor, kann bei häuslicher Telearbeit auch ein Heimarbeitsverhältnis gegeben sein. Hierfür sprechen fehlende Weisungsbefugnis im Hinblick auf Arbeitsdurchführung, Arbeitszeit und Arbeitsort, keine Eingliederung in den Betrieb, aber gleichwohl eine Anbindung, Tätigwerden für mehrere Auftraggeber, Mithilfe von Familienangehörigen, wirtschaftliche Abhängigkeit. Auch sonstige in der Telearbeit Beschäftigte können arbeitnehmerähnliche Personen sein. 16

Heimarbeiter ist, wer in selbst gewählter Arbeitsstätte allein oder mit seinen Familienangehörigen im Auftrag von Gewerbetreibenden oder Zwischenmeistern gewerbsmäßig arbeitet, jedoch die Verwertung des Arbeitsergebnisses dem unmittelbar oder mittelbar Auftraggebenden überlässt (§ 2 I HAG; dazu → § 163 Rn. 1 ff.). Zum Begriff des Heimarbeiters gehört daher eine eigene Arbeitsstätte. Das kann die Wohnung, ein Regional- oder Nachbarschaftsbüro sein. Der Heimarbeiter überlässt die Verwertung der Arbeit (Schreib- und Programmierarbeiten usw.) einem Gewerbetreibenden oder Zwischenmeister. Er trägt nicht das kaufmännische Risiko, das Verwertungsrisiko. Heimarbeiter sind wirtschaftlich, aber nicht persönlich abhängig. 17

Denkbar ist eine **Gleichstellung von Telearbeitnehmern** nach dem HAG (→ § 163 Rn. 12 ff.). 18

d) Selbständige Tätigkeit. Ein Telearbeiter ist selbständig, wenn er **(1)** entweder als freier Mitarbeiter selbständig über Arbeitszeit, Arbeitsort und Art der Arbeitsleistung bestimmen kann. Eine Bestimmung über die Art der Arbeitsleistung ist insbesondere dann gegeben, wenn Hard- und Software innerhalb eines selbst bestimmten Organisationsrahmens zur Verfügung gestellt und die Arbeitskraft für verschiedene Auftraggeber angeboten wird; **(2)** als Unternehmer über eine innere und äußere Unternehmensorganisation verfügt, für die er das unternehmerische Risiko trägt. Die äußere Betriebsorganisation ist insbesondere gegeben, wenn er für den Absatzmarkt arbeitet. 19

Telearbeit kann von **freien Mitarbeitern** verrichtet werden. Dies sind vor allem solche Personen, die für mehrere Unternehmen hoch qualifizierte Programmierarbeit im Bereich der Datentechnik für mehrere Unternehmen anbieten. Denkbar ist aber auch, dass solche Personen freie Mitarbeiter sind, die einfache Tätigkeiten für mehrere Unternehmen verrichten. Entscheidend ist das Merkmal der Abhängigkeit. Insoweit kann uU aber eine Scheinselbständigkeit vorliegen (→ § 8 Rn. 54). 20

Der Dienstnehmer kann möglicherweise als arbeitnehmerähnliche Person anzusehend sein. Die Abgrenzung erfolgt nach den allgemeinen Merkmalen (hierzu → § 10 Rn. 1 ff) Ist der Dienstnehmer arbeitnehmerähnlich, finden § 5 I 2 ArbGG, § 2 S. 2 und § 12a TVG Anwendung. 21

III. Arbeitsrechtliche Behandlung des Homeoffice

1. Grundsätzlich kein Anspruch auf Homeoffice. Im Rahmen eines bestehenden Arbeitsverhältnisses hat der AG ohne entsprechende Vereinbarung **keinen Anspruch gegenüber dem AN,** dass dieser seine privaten Räume für die Einrichtung eines Homeoffice (Telearbeitsplatzes) zur Verfügung stellt. Daher kann er grundsätzlich auch nicht gem. § 106 S. 1 GewO einseitig die Tätigkeit im Homeoffice anordnen.[6] Dem steht bereits das Grundrecht des AN nach Art. 13 GG entgegen.[7] 22

[6] LAG Bln-Bbg 14.11.2018 NZR-RR 2019, 287 (LS); *Schiefer* DB 2021, 114 (115).

[7] *Müller* DB 2019, 1624 (1626); *Köhler/Schürgers* BB 2020, 2613; *Schliemann* FA 2020, 90 (91); *Krieger/Rudnik/Povedano Peramato* NZA 2020, 473 (474 f.); *Schulze/Simon* ArbRAktuell 2021, 119.

23 Umgekehrt besteht ohne entsprechende Vereinbarung im Arbeitsvertrag oder eine Regelung in einem TV oder einer Betriebsvereinbarung grundsätzlich auch **kein Anspruch des AN** auf Festlegung des Arbeitsplatzes im Homeoffice.[8] Selbst wenn der AG über längere Zeit hinweg die Arbeit im Homeoffice akzeptiert hat, folgt hieraus regelmäßig keine entsprechende Einschränkung des Direktionsrechts dahin, dass der AN nunmehr nicht mehr in der Betriebsstätte eingesetzt werden kann.[9] Denn allein die mehrjährige Durchführung eines Arbeitsverhältnisses aufgrund einer in der Vergangenheit erteilten Arbeitsanweisung hindert den AG nicht, diese Weisung mit Wirkung für die Zukunft zu ändern (→ § 45 Rn. 16). Auch die für Bundesbedienstete geltende Regelung in **§ 16 I 2 BGleiG** gewährt keinen Anspruch auf einen Telearbeitsplatz, weil die Regelung unter dem Vorbehalt der dienstlichen Möglichkeiten steht.[10] Generell hat der AN keinen Anspruch auf eine bestimmte Ausübung des Direktionsrechts nach § 106 S. 1 GewO wegen des Arbeitsortes. Insbesondere ist der AG nicht verpflichtet, den Betrieb so umzuorganisieren, dass Telearbeit ermöglicht wird.[11] In Ausnahmefällen ist allerdings ein Anspruch des AN auf Telearbeit denkbar. Kann ein schwerbehinderter AN die Arbeitsleistung aus gesundheitlichen Gründen (teilweise) nur zu Hause ausüben und erfolgte eine Beschäftigung bisher auch schon im Rahmen einer Telearbeit, kommt gem. **§ 164 IV 1 SGB IX** eine Verpflichtung zur Umgestaltung der Arbeitsorganisation in Betracht, wenn die Art der Tätigkeit dies zulässt und die Umgestaltung mit keinem großen Aufwand verbunden ist.[12] Grundsätzlich stellt die Anordnung von Telearbeit auch kein vom AG zu prüfendes milderes Mittel zur Vermeidung einer ansonsten auszusprechenden Kündigung dar.[13] Etwas anderes gilt allerdings dann, wenn es um den Ausspruch einer außerordentlichen Kündigung gegenüber einem ordentlich unkündbaren AN geht und das Organisationskonzept des AG Telearbeit vorsieht.[14] Auf Grundlage von § 18 III ArbSchG wurde am 21.1.2021 die SARS-CoV-2-Arbeitsschutzverordnung (**Corona-ArbSchV,** BAnz AT 22.1.2021 V1) erlassen, die in § 2 IV **für den Zeitraum vom 27.1. bis zum 30.6.2021** vorsah, dass der AG den Beschäftigten (§ 2 II ArbSchG) im Falle von Büroarbeit oder vergleichbaren Tätigkeiten anzubieten hatte, diese Tätigkeiten in deren Wohnung auszuführen, wenn keine zwingenden betriebsbedingten Gründe entgegenstehen. Büroarbeiten sind typischerweise schriftliche oder verwaltungstechnische Arbeiten; die Nutzung von digitaler Informationstechnik wird nicht vorausgesetzt. Nicht geregelt war, ob es sich um überwiegende oder sogar ausschließliche Büroarbeit handelt muss. Erbringen Beschäftigte nur teilweise Büroarbeit, konnte sich die Verpflichtung des AG nach § 2 IV Corona-ArbSchV aF ausschließlich auf Tätigkeiten beziehen, die als Büroarbeit geleistet werden bzw. auf vergleichbare Tätigkeiten;[15] dies allerdings unter der Voraussetzung, dass die Tätigkeiten organisatorisch entsprechend aufgeteilt werden können. Entgegenstehende zwingende betriebsbedingte Gründe können vorliegen, wenn die Tätigkeit nicht im Homeoffice erledigt werden kann, etwa weil die Tätigkeit ortsgebunden ist und eine Präsenz im Betrieb erfordert,[16] sofern diese Bindung nicht durch entsprechende organisatorische Maßnahmen aufgehoben werden kann. Das gleiche muss gelten, wenn datenschutzrechtliche Anforderungen und der Schutz von Betriebsgeheimnissen nur innerhalb des Betriebes erfüllt werden können.[17] Das Fehlen entsprechender technischer Einrichtungen dürfte kein zwingender betrieblicher Grund sein, es sei denn, die Anschaffung würde zu einer finanziellen Überforderung des AG führen.[18] Das Fehlen entsprechender IT-Kenntnisse des AN stellt wohl nur einen vorübergehenden betrieblichen Grund dar, nämlich bis zu einer entsprechenden Schulung des AN, sofern diese mit einem zumutbaren Aufwand möglich ist.[19] Darüber hinaus konnte ein Angebot nach § 2 IV Corona-ArbSchV aF nicht erfolgen, wenn die Wohnung des Beschäftigten hierfür räumlich oder aus familiären Gründen nicht geeignet ist. Eine **Pflicht** des Beschäftigten **zur Annahme des Angebots** bestand nach der Corona-

---

[8] *Oberthür* MDR 2015, 1269; *Schiefer* DB 2021, 114 (115).
[9] *Schliemann* FA 2020, 90 (91).
[10] Näher hierzu *Oberthür* MDR 2015, 1269 (1270); *Picker* ZfA 2019, 269 (275 f.); vgl. auch BVerwG 31.1.2008 BVerwGE 130, 201 = NVwZ 2008, 689.
[11] LAG RhPf 18.12.2014 ArbRAktuell 2015, 158 (LS).
[12] LAG Nds 6.12.2010 – 12 Sa 860/10.
[13] Vgl. LAG Hamm 22.7.2009 – 3 Sa 1630/08; *Müller,* Homeoffice in der arbeitsrechtlichen Praxis, Rn. 638; anders ArbG Berlin 10.8.2020 BB 2021, 575; *Mückl/Merget* DB 2021, 1013.
[14] BAG 2.3.2006 AP Nr. 84 zu § 2 KSchG 1969 = NZA 2006, 985.
[15] *Müller* BB 2021, 372.
[16] Beispiele finden sich in den FAQ des BMAS vom 20.1.2021, http://www.bmas.de.
[17] *Jahn* DB 2021, 290 (291) *Herfs-Röttgen* NZA 2021, 388 (389).
[18] *Fuhlrott/Oltmanns* ArbRAktuell 2021, 64 (67).
[19] *Herfs-Röttgen* NZA 2021, 388 (389).

ArbSchV aF nicht,[20] ist aber nunmehr mWv 23.4.2021 in **§ 28b VII 2 IfSG** geregelt, sofern dem nicht Gründe auf Seiten des AN entgegenstehen; diese Bestimmung gilt gem. § 28b IX IfSG für die Dauer der Feststellung einer epidemischen Lage von nationaler Tragweite nach § 5 1 IfSG, längstens bis zum 30.6.2021. § 2 IV Corona-ArbSchV aF räumte dem AN demgegenüber **kein subjektives** – einklagbares – **Recht** ein;[21] Verstöße des AG konnten daher nur ggf. ein Leistungsverweigerungsrecht nach § 273 BGB oder Schadensersatzansprüche nach § 280 BGB auslösen.[22] Dasselbe muss für die wortgleiche Regelung in § 28b VII 1 IfSG gelten. Im Hinblick auf die Kostentragung gelten grundsätzlich die allgemeinen Grundsätze (→ Rn. 41); allerdings ist zu berücksichtigen, dass die VO auf Grundlage von § 18 III ArbSchG ergangen ist, so dass § 3 III ArbSchG eingreift, wonach dem Kosten für Maßnahmen aufgrund des ArbSchG nicht dem Beschäftigten auferlegt werden dürfen.

2. Einführung des Homeoffice. Die Einführung eines Homeoffice kann im Arbeitsvertrag, einem TV oder in einer Betriebs- oder Dienstvereinbarung geregelt sein. Eine Einführung allein aufgrund des Direktionsrechts des AG oder per Änderungskündigung kommt allenfalls in Ausnahmefällen in Betracht. 24

a) Arbeitsvertrag. Arbeitsvertraglich kann eine Vereinbarung über eine Tätigkeit des AN im Homeoffice und damit auch über einen entsprechenden Anspruch des AN getroffen werden.[23] Insoweit ist auch ein konkludentes Einverständnis des AN denkbar.[24] 25

b) Tarifvertrag. Inzwischen gibt es zunehmend tarifvertragliche Regelungen über eine Arbeit im Homeoffice.[25] 26

c) Betriebsvereinbarung. Denkbar sind ferner Regelungen hierüber in einer Betriebsvereinbarung. Auch wenn der Arbeitsvertrag vorsieht, dass der AN seine Arbeitsleistung in der Betriebstätte oder an einem anderen definierten Arbeitsort auszuüben hat, steht einer solchen Betriebsvereinbarung nicht automatisch das Günstigkeitsprinzip entgegen. Denn jedenfalls bei einer Regelung aufgrund vorformulierter Arbeitsbedingungen mit kollektivem Bezug ist nach der Rspr. des BAG von einer Betriebsvereinbarungsoffenheit auszugehen (→ § 231 Rn. 46).[26] Es ist aber zu prüfen, ob der mit der Regelung verbundene Eingriff in die Privatsphäre des AN mit § 75 I, II BetrVG vereinbar ist.[27] 27

d) Direktionsrecht. Eine Anordnung der Tätigkeit des AN im Homeoffice aufgrund des Direktionsrechts kommt grundsätzlich nicht in Betracht (→ Rn. 22). Im Zusammenhang mit der Corona-Krise wird allerdings teilweise die Möglichkeit einer einseitigen **vorübergehenden Einführung** des Homeoffice erwogen.[28] Insoweit kann der AN ausnahmsweise nach § 241 II BGB verpflichtet sein, eine solche Weisung des AG zu befolgen. Dies kann aber nur gerechtfertigt sein, wenn ein **Notfall oder außergewöhnlicher Fall** iSv § 14 ArbZG (zu den Voraussetzungen → § 156 Rn. 40 ff.) vorliegt (vgl. auch → § 45 Rn. 37).[29] Darüber hinaus muss für den AN eine – vorübergehende – Tätigkeit im Homeoffice aufgrund seiner persönlichen und familiären Verhältnisse, insbes. der Wohnsituation, zumutbar sein. In einem solchen Fall wäre eine Ablehnung einer Tätigkeit im Homeoffice jedenfalls böswillig iSv § 615 S. 2 BGB und stünde damit einem Anspruch des AN auf Annahmeverzugsvergütung entgegen.[30] Bei einer besonderen Gefährdungslage für die Belegschaft kann sogar eine Pflicht des AG zur vorübergehenden Versetzung des AN ins Homeoffice in Betracht kommen.[31] Weniger strenge Voraussetzungen für eine einseitige Anordnung einer Tätigkeit im Homeoffice müssen dann gelten, wenn der AN bereits 28

[20] *Jahn* DB 2021, 290 (291); *Fuhlrott/Oltmanns* ArbRAktuell 2021, 64 (67 f.).
[21] *Müller* BB 2021, 372 (375); *Jahn* DB 2021, 290 (291); *Fuhlrott/Oltmanns* ArbRAktuell 2021, 64 (67); *Herfs-Röttgen* NZA 2021, 388.
[22] Vgl. *Fuhlrott/Oltmanns* ArbRAktuell 2021, 64 (67).
[23] Mustervertrag: http://www.bmas.de.
[24] *Schliemann* FA 2020, 90 (91).
[25] Beispiele hierfür vgl. *Löwisch/Kunz* BB 2020, 2804; *Müller* BB 2019, 1624 (1624).
[26] *Krieger/Rudnik/Povedano Peramato* NZA 2020, 473 (477).
[27] Verneinend *Schulze/Simon* ArbRAktuell 2021, 119 (120).
[28] *Müller* FA 2020, 123; weitergehend *Krieger/Rudnik/Povedano Peramato* NZA 2020, 473 (475); für den Fall einer behördlich angeordneten Betriebsschließung nach § 28a IfSG *Günter/Böglmüller* ArbRAktuell 2020, 186.
[29] *Müller* FA 2020, 123; *Krieger/Rudnik/Povedano Peramato* NZA 2020, 473 (474 f.).
[30] *Krieger/Rudnik/Povedano Peramato* NZA 2020, 473 (476); *Müller* FA 2020, 123 (124).
[31] *Mues/Müncheberg* ArRB 2020, 214 (215).

eine alternierende Telearbeit leistet und diese vorübergehend auf alle Arbeitstage ausgedehnt werden soll.[32]

29 **e) Änderungskündigung.** Eine Einführung einer Tätigkeit im Homeoffice durch Änderungskündigung setzt – sofern das KSchG gilt – voraus, dass der AN aus betriebs- oder personenbedingten Gründen nicht mehr in der Betriebsstätte beschäftigt werden kann, so dass zur Vermeidung einer Beendigungskündigung allein eine Tätigkeit im Homeoffice bleibt.[33] Ein betriebsbedingter Grund kann dabei auch auf der unternehmerischen Entscheidung des AG beruhen, künftig bestimmte Arbeiten nicht mehr in der Betriebsstätte erledigen zu lassen. Für eine vorübergehende Einführung eines Homeoffice in einem Notfall oder außergewöhnlichen Fall, zB aufgrund der Corona-Krise, eignet sich eine Änderungskündigung schon wegen der hierbei einzuhaltenden Kündigungsfrist regelmäßig nicht. Darüber hinaus rechtfertigt eine nur vorübergehende Einschränkung der Möglichkeiten, die Arbeiten in der Betriebsstätte auszuführen, keine Änderungskündigung, weil dies dem AG die dauerhafte Fortsetzung des Arbeitsverhältnisses zu unveränderten Bedingungen nicht unzumutbar macht.[34] Das gilt erst recht dann, wenn man für solche Fälle eine Möglichkeit zur Anordnung der Tätigkeit im Homeoffice aufgrund des Direktionsrechts des AG annimmt (→ Rn. 28).

30 **3. Beendigung der Tätigkeit im Homeoffice.** Die Arbeitsvertragsparteien können die Tätigkeit im Homeoffice einvernehmlich beenden. Darüber hinaus bestehen sowohl für den AG als auch den AN unter bestimmten Voraussetzungen Möglichkeiten für eine einseitige Beendigung.

31 **a) Beendigung durch den Arbeitgeber.** Die Beendigung der Tätigkeit im Homeoffice kann grundsätzlich aufgrund des **Direktionsrechts des AG** nach § 106 S. 1 GewO erfolgen, weil hierdurch der Ort der Arbeitsleistung festgelegt wird.[35] Etwas anderes gilt, sofern ein (zB arbeitsvertraglicher) Anspruch auf einen Telearbeitsplatz besteht oder die Beendigung der Tätigkeit im Homeoffice durch Arbeitsvertrag, TV oder Betriebsvereinbarung an bestimmte Bedingungen geknüpft ist.[36] Formularmäßige Vereinbarungen, die es dem AG ermöglichen, eine Telearbeit aufzuheben, sind aber aufgrund der Abweichung vom gesetzlichen Leitbild des § 106 S. 1 GewO unangemessen iSv § 307 I 1 BGB, wenn sie dem AG eine Beendigung der Telearbeit ohne Berücksichtigung der Interessen des AN erlauben.[37] Besteht eine vertraglicher Anspruch auf Zuweisung einer Tätigkeit im Homeoffice, bedarf es – sofern keine einvernehmliche Beendigung der Tätigkeit im Homeoffice erzielt werden kann – einer Änderungskündigung nach § 2 KSchG. Ist eine Tätigkeit im Homeoffice zB aufgrund eines Notfalls von vornherein nur vorübergehend angeordnet worden, endet sie mit Ablauf des festgelegten Zeitraums bzw. der betreffenden Notfallsituation.[38]

32 **b) Beendigung durch den Arbeitnehmer.** Für den AN besteht schon aufgrund seiner Grundrechtsposition nach **Art. 13 GG** grundsätzlich die Möglichkeit zur einseitigen Beendigung des Homeoffice. Diese Möglichkeit einer einseitigen Beendigung durch den AN ist allerdings von der Frage zu trennen, ob er damit gegen seine Verpflichtungen aus dem Arbeitsverhältnis verstößt und welche Folgen sich hieraus ergeben. Insoweit sind auch für den AN grundsätzlich einschränkende Regelungen für eine Beendigung der Tätigkeit im Homeoffice aufgrund Arbeitsvertrages, TV oder Betriebsvereinbarung möglich, die diese an bestimmte Voraussetzungen knüpfen oder hierfür einzuhaltende Fristen vorsehen. Denkbar ist insbes. die Vereinbarung eines Widerrufsrechts für den AN, das an bestimmte Voraussetzungen geknüpft werden kann. Eine formularmäßige Vereinbarung, die den AN verpflichtet, seinen Wohnraum für die Tätigkeit zur Verfügung zu stellen, und es ihm generell verbietet, die Tätigkeit im Homeoffice zu beenden, ist als unangemessen benachteiligend iSv § 307 I 1 BGB anzusehen und damit unwirksam.[39] Mit einer einseitigen Beendigung des Homeoffice verstößt der AN jedenfalls dann gegen seine Pflichten aus dem Arbeitsverhältnis, wenn der AG ausnahmsweise aufgrund eines Notfalls oder eines außergewöhnlichen Falles iSv § 14 ArbZG einseitig (hierzu → Rn. 28) die Tätigkeit im Rahmen des Homeoffice anordnen kann. Beendet der AN die Tätigkeit im Home-

---

[32] ErfK/*Preis* GewO § 106 Rn. 28a.
[33] *Müller* FA 2020, 123 (124).
[34] *Müller* FA 2020, 123 (124).
[35] *Müller* FA 2020, 123 (127).
[36] Vgl. zu einer Widerrufsfrist LAG Köln 14.8.2020 ArbRAktuell 2020, 374 (LS).
[37] LAG Düsseldorf 10.9.2014 BB 2014, 2995 (LS); *Oberthür* MDR 2015, 1269 (1271).
[38] Vgl. hierzu *Schliemann* FA 2020, 90 (92).
[39] *Müller,* Homeoffice in der arbeitsrechtlichen Praxis, Rn. 523.

office vertragswidrig und kann der AG keinen entsprechenden Arbeitsplatz in der Betriebstätte zur Verfügung stellen, kann der AN die Arbeitsleistung nicht mehr in der geschuldeten Weise erbringen und verliert damit den Entgeltanspruch. Darüber hinaus kommt in diesem Fall uU eine Kündigung des Arbeitsverhältnisses in Betracht.

4. Vertragsgestaltung. Wird der Arbeitnehmerstatus beibehalten, so ist für die Formulierung des Arbeitsvertrags den Vorgaben des Nachweisgesetzes Rechnung zu tragen. In jedem Fall bedarf es der Regelungen im Arbeitsvertrag über die **Art der zu leistenden Arbeit,** das **Volumen der Arbeitszeit** und die **Arbeitsmittel.** Ferner sind Regelungen notwendig über die **Überlassung von Büroraum, Versicherung** der Maschinen und einer Hausratsversicherung. 33

a) Verteilung der Arbeitszeit. Regelungen über die Verteilung der Arbeitszeit sind nur notwendig, wenn der AG zu bestimmten Zeiten auf die Arbeitsleistung Zugriff nehmen muss (betriebsbestimmte Arbeitszeit). Ist der Mitarbeiter auf die ständige Zugriffsmöglichkeit auf den Rechner des Unternehmens angewiesen, lässt sich die Arbeitszeit hierdurch steuern und kontrollieren. Andererseits geht damit die Flexibilität verloren, die regelmäßig gerade angestrebt wird. Häufig gilt bei einer Tätigkeit im Homeoffice eine Vertrauensarbeitszeit (→ § 160 Rn. 33 f.). Unabhängig von der in § 16 II ArbZG geregelten Verpflichtung zur Aufzeichnung der über die werktägliche Arbeitszeit nach § 3 I ArbZG hinausgehenden Arbeitszeit besteht auch bei einer Tätigkeit im Homeoffice aufgrund der Rspr. des EuGH eine Pflicht zur **Arbeitszeiterfassung**[40] (hierzu auch → § 155 Rn. 12). Insoweit ist – wie bei einer Vertrauensarbeitszeit (→ § 160 Rn. 35) – eine Delegation der Aufzeichnungspflichten auf den AN möglich; den AG treffen dann aber Organisations- und Kontrollpflichten.[41] 34

Auch beim Homeoffice gilt der gesetzliche **Arbeitszeitschutz** nach dem ArbZG, insbes. die dort vorgeschriebenen Pausen- und Ruhezeiten. Es kann daher sinnvoll sein, Höchstarbeitszeit, Ruhepausen und Ruhezeiten entsprechend dem Gesetz vertraglich zu regeln. Bei alternierender Telearbeit sind uU Bürotage festzulegen. 35

b) Zutrittsrecht. Beim Homeoffice bedarf es der Regelung des **Zutrittsrechts des AG.**[42] Wegen des Grundrechtsschutzes aus **Art. 13 I GG** ist ein Betreten der Wohnung ohne Zustimmung des Beschäftigten nicht möglich. Allein in der Vereinbarung einer häuslichen Tätigkeit liegt noch keine solche Zustimmung,[43] erst recht nicht eine Zustimmung zu einem Betreten der Wohnung durch den BR. Auch wenn die Parteien ein Zutrittsrecht des AG vereinbaren, handelt es sich hierbei lediglich um eine schuldrechtliche Verpflichtung des AN. Jedes Betreten der Wohnung im Einzelfall bedarf der Zustimmung des AN. Außerdem darf das Zutrittsrecht nur in angemessenem Umfang und nicht zur Unzeit ausgeübt werden. Verweigert der AN ohne sachlichen Grund das Betreten der Wohnung, ist der AG berechtigt, die Bewilligung der Telearbeit zu widerrufen bzw. bei einer entsprechenden Vereinbarung eine Änderungskündigung zu erklären, mit dem Ziel, den AN zu einer Tätigkeit im Betrieb zu verpflichten. Eine Beendigungskündigung dürfte dagegen regelmäßig ausscheiden.[44] Denkbar ist, dass der häuslichen Telearbeit Bestimmungen in der Teilungserklärung für Eigentumswohnungen entgegenstehen. Bei einem Zutrittsrecht können sich außerdem Probleme im Hinblick auf die Rechte der Mitbewohner ergeben. Auch wenn sich der Beschäftigte verpflichtet, zu gewährleisten, dass Personen, mit denen er in häuslicher Gemeinschaft lebt, das Zutrittsrecht nicht vereiteln, wird damit deren Recht auf Unverletzlichkeit der Wohnung nicht berührt. Bei einer vertragswidrigen Zutrittsverweigerung kann aber zugunsten des AG im Hinblick auf Sachverhaltsfragen, die im Zusammenhang mit der Arbeitsstätte stehen, eine Beweislastlastumkehr eingreifen. Aufgrund der zum 1.1.2021 neu eingefügten Regelung in § 2 II 6 ArbSchG besteht ein Zutrittsrecht für die für die Überwachung des Gesundheitsschutzes zuständige Behörde, soweit dies zur Verhütung dringender Gefahren für die öffentliche Sicherheit und Ordnung erforderlich ist. 36

Da der **BR** eine Überwachungspflicht nach § 80 I Nr. 1 BetrVG hat, muss ihm ein Zutrittsrecht gewährt werden. Dieser Anspruch richtet sich aber allein gegen den AG, der durch eine entsprechende Vereinbarung mit dem AN eine Zutrittsmöglichkeit gewährleisten muss. Die bloße Vereinbarung eines Zutrittsrechts für den AG bedeutet mit Blick auf die Bedeutung der 37

[40] EuGH 14.5.2019 – C-55/18, AP Nr. 30 zu Richtlinie 2003/88/EG = NZA 2019, 683 – CCOO.

[41] Vgl. zur Vertrauensarbeitszeit *Reinhard* NZA 2019, 1313 (1318 f.); *Thüsing/Flink/Jänsch* ZfA 2019, 456 (471 ff.); s. auch *Bayreuther* NZA 2020, 1 (8); *Bettinghausen* BB 2019, 2740.

[42] Ausführlich *Rieble/Picker* ZfA 2014, 383 (398 ff.); Formulierungsvorschläge: Schaub ArbRFV-HdB/*Thoms* B. Rn. 104; *Moderegger* ArbRB 2001, 90 (92); *Nägele* ArbRB 2002, 313 (315).

[43] *Wiese* RdA 2009, 344 (349); *Rieble/Picker* ZfA 2014, 383 (402).

[44] *Rieble/Picker* ZfA 2014, 383 (404).

Unverletzlichkeit der Wohnung im Zweifel nicht, dass damit auch eine entsprechende Befugnis des BR eingeräumt werden soll.[45] Gewährt der AN (vertragswidrig) keinen Zutritt, kann der BR im Verhältnis zum Mitarbeiter ein Betreten der Wohnung (schon wegen Art. 13 I GG) nicht erzwingen.[46]

38 Zutrittsrechte für die **Gewerkschaft** bestehen nicht. Zwar normiert § 2 II BetrVG einen Anspruch der Gewerkschaft auf Zugang zum Betrieb, der durch Art. 9 III GG geschützt ist (→ § 215 Rn. 3 ff.). Für den Bereich des Betriebes kollidiert dieser grundgesetzlich garantierte Anspruch aber nur mit einem räumlichen Bereich, der aufgrund seiner Zweckbestimmung für den Zutritt Dritter offener und damit weniger schutzwürdig ist, während das Grundrecht des AN nach Art. 13 I GG solchen Einschränkungen nicht unterliegt.[47]

39 **5. Haftung.** Wird die Telearbeit in einem Arbeitsverhältnis verrichtet, gelten für den Telearbeitnehmer die allgemeinen **Grundsätze der Haftungsbegrenzung** im Arbeitsverhältnis (→ § 59 Rn. 24 ff.). Die Haftungsbeschränkung greift allerdings nur bei einer betrieblich veranlassten Tätigkeit ein. Gerade beim Arbeiten in der häuslichen Umgebung kann jedoch die Abgrenzung betrieblich und privat veranlasster Tätigkeit durch die unterschiedlichen Gestaltungsmöglichkeiten des Homeoffice Probleme bereiten. Die Grundsätze der abgestuften Arbeitnehmerhaftung gelten jedenfalls dann nicht, wenn der AN ein verkehrsunübliches privates Schadensrisiko verursacht. Vermengen sich dagegen bei einer Tätigkeit Aspekte der privaten und der betrieblichen Sphäre, ist im Zweifel von einer betrieblichen Veranlassung auszugehen, weil dieses Risiko letztlich auf den Besonderheiten des Homeoffice beruht.[48] Nutzt der AN allerdings betrieblich zur Verfügung gestellte Einrichtungen (etwa ein Laptop) entgegen einer Weisung des AG privat, haftet er für hierdurch verursachte Schäden uneingeschränkt.[49] Besonderheiten ergeben sich ferner daraus, dass bei der häuslichen Telearbeit und der alternierenden Telearbeit der Schaden auch von Dritten verursacht sein kann. Verursacht ein Kollege, etwa bei einem Besuch, den Schaden, wird die Haftung nach den arbeitsrechtlichen Grundsätzen begrenzt sein. Zweifelhaft ist die Rechtslage bei Familienmitgliedern des Telearbeitnehmers. Steht der Schaden in Zusammenhang mit der Telearbeit, greift eine Haftungsbegrenzung entsprechend den Prinzipien des Vertrags mit Schutzwirkung zugunsten Dritter[50] ein.[51] Das gilt zumindest in den Fällen, in denen der Schaden durch den AN und den Dritten gemeinsam verursacht wird, weil der AN ansonsten aufgrund des Haftungsausgleichs nach § 426 BGB letztlich doch unbeschränkt haften müsste.[52] Erfolgt die Schädigung unabhängig von der Telearbeit, zB durch Verrat verschaffter Betriebsgeheimnisse, kommt eine Haftungsbeschränkung dagegen nicht in Betracht.

40 Der Telearbeitgeber trägt das **Lohnrisiko,** wenn die Arbeit infolge einer betrieblichen Störung nicht erbracht werden kann (zum Betriebsrisiko → § 101 Rn. 1 ff.).

41 **6. Kosten. a) Kosten für den Arbeitsplatz.** Einer besonderen Regelung bedarf die Tragung der Kosten. Alle Fragen der Arbeitsausrüstung, der Haftung und der Kosten sollten vor der Aufnahme der Telearbeit unmissverständlich geregelt werden (s. auch Nr. 7 der europäischen Rahmenvereinbarung, → Rn. 10). Die **Kosten für den Außenarbeitsplatz trägt der AG.** Hierzu gehört die Anschaffung der Büroeinrichtung, Anschaffung, Wartung und Pflege der Kommunikationseinrichtung, dienstlicher Anteil der Raummiete, Beleuchtung und Heizung. Erbringt der Telearbeitnehmer derartige Aufwendungen, hat er einen Erstattungsanspruch nach § 670 BGB. Naheliegend ist die Vereinbarung einer bestimmten monatlichen Pauschale als Ausgleich für die beim AN anfallenden laufenden Mehrkosten.

42 **b) Fahrtkosten.** Im Hinblick auf die Frage eines Anspruchs des AN auf Erstattung etwaiger Fahrtkostenkommt es darauf an, welche Art von Telearbeit vorliegt. Ist ausschließlich eine Tätigkeit im Homeoffice vereinbart, besteht ein Fahrtkostenerstattungsanspruch, wenn der Telearbeitnehmer in den Betrieb kommen muss. Anders ist es bei alternierender Telearbeit oder bei Arbeit im Nachbarschaftsbüro und Teleservicecenter. Hier handelt es sich um einen im Voraus vereinbarten Arbeitsort und normale Kosten des Dienstantritts. Die Arbeitsleistung ist Bring-

---

[45] MHdB ArbR/*Heinkel* § 201 Rn. 20; aA *Körner* NZA 1999, 1190 (1192); *Rieble/Picker* ZfA 2014, 383 (409).

[46] *Wiese* RdA 2009, 344 (350).

[47] *Wiese* RdA 2009, 344 (351).

[48] *Wilhelm* NZA 2021, 15 (16); *Schwarze* NZA 2018, 65 (67 f.).

[49] *Müller,* Homeoffice in der arbeitsrechtlichen Praxis, Rn. 326.

[50] S. hierzu zB Palandt/*Grüneberg* BGB § 328 Rn. 13 ff.

[51] Vgl. *Müller,* Homeoffice in der arbeitsrechtlichen Praxis, Rn. 334 ff.; Bieler/*Bieler,* Telearbeit, Rn. 180; *Wank,* Telearbeit, Rn. 472; MHdB ArbR/*Heinkel* § 201 Rn. 16.

[52] *Müller,* Homeoffice in der arbeitsrechtlichen Praxis, Rn. 335.

schuld. Für einen weit entfernt arbeitenden Telearbeitnehmer können in solchen Fällen erhebliche Fahrtkosten anfallen; diese sollten vertraglich geregelt werden.

c) Telekommunikationseinrichtungen. Bei Privatnutzung der Telekommunikationseinrichtungen ist zu differenzieren. Ist der AN Eigentümer, darf er diese auch privat benutzen; in diesem Fall liegt es nahe, die Zahlung eines Pauschalbeitrages für die betriebliche Nutzung der Einrichtungen des AN zu vereinbaren. Ist der AG Eigentümer, ist dem AN die private Nutzung grundsätzlich untersagt. Insoweit gelten dieselben Grundsätze wie bei der privaten Telefon- und Internetbenutzung (→ § 53 Rn. 42, 17 ff.). Es kann aber vertraglich vereinbart werden, dass die Privatnutzung eine Naturalvergütung darstellt oder der AN eine Pauschale zahlt. 43

7. Arbeitsschutz.[53] Nach der europäischen Rahmenvereinbarung (→ Rn. 13) hat der AG für den Gesundheitsschutz und die Sicherheit des Telearbeitnehmers zu sorgen. Der AG muss Räume, Vorrichtungen und Gerätschaften so einrichten und unterhalten, dass der Telearbeitnehmer gegen Gefahren für Leben und Gesundheit geschützt ist. Dem AG obliegt auch beim Homeoffice der gesetzlich geregelte Arbeitsschutz.[54] Entsprechende Pflichten ergeben sich u.a. aus § 618 I BGB sowie § 3 I, II **ArbSchG.** Ihre Anwendbarkeit ergibt sich aus der Eigenschaft als AN. Die Bereichsausnahme nach § 1 II 1 und § 2 II Nr. 3 ArbSchG kann nicht auf den häuslichen Telearbeitsplatz erstreckt werden.[55] Ebenfalls anwendbar ist das **ArbSichG.**[56] 44

Ferner gelten nach § 1 III **ArbStättV** die Regelungen in § 3 und § 6 ArbStättV. Im Hinblick auf die Gestaltung von Bildschirmarbeitsplätzen gilt der Anhang Nummer 6 zur ArbStättV (vormals BildscharbV). Allerdings wird der Telearbeitsplatz in § 2 VII ArbStättV einschränkend definiert. Erforderlich ist danach ein fest eingerichteter Bildschirmarbeitsplatz im Privatbereich der Beschäftigten, für den der AG eine mit den Beschäftigten vereinbarte wöchentliche Arbeitszeit und die Dauer der Einrichtung festgelegt hat. Ein Telearbeitsplatz ist vom AG erst dann eingerichtet, wenn AG und Beschäftigte die Bedingungen der Telearbeit arbeitsvertraglich oder im Rahmen einer Vereinbarung festgelegt haben und die benötigte Ausstattung des Telearbeitsplatzes mit Mobiliar, Arbeitsmitteln einschließlich der Kommunikationseinrichtungen durch den AG oder eine von ihm beauftragte Person im Privatbereich des Beschäftigten bereitgestellt und installiert ist. Ungeklärt ist allerdings, ob diese einschränkende Definition mit der RL 90/270/EWG (Bildschirmarbeitsrichtlinie) vereinbar ist, weil danach kein Telearbeitsplatz vorläge, wenn der Beschäftigte an einem von ihm selbst gestellten Schreibtisch arbeitet.[57] Jedenfalls ist der Schutz des AN über die Generalklauseln in den §§ 3–5 ArbSchG gewährleistet. Nach § 1 III Nr. 1 ArbStättV gilt ferner die Besonderheit, dass eine **Gefährdungsbeurteilung** nur bei der erstmaligen Beurteilung der Arbeitsbedingungen und des Arbeitsplatzes erfolgen muss, und auch nur dann, wenn der Arbeitsplatz von dem im Betrieb abweicht; diese Einschränkung gilt aber lediglich, soweit die Voraussetzungen des § 2 VII ArbStättV vorliegen. Unproblematisch ist die Durchführung der Gefährdungsbeurteilung, sofern der AN einer Begehung des Arbeitsplatzes durch den AG zustimmt. Hierzu ist er aber aufgrund seiner grundrechtlichen Position nach Art. 13 GG nicht verpflichtet. Zudem können dem auch Rechte Dritter, nämlich der Mitbewohner des AN entgegenstehen. In diesem Fall muss es ausreichen, wenn der AG den AN im Einzelnen zu den Umständen des Heimarbeitsplatzes befragt und die Gefährdungsbeurteilung auf Grundlage der so eingeholten Informationen erstellt.[58] Dabei darf der AG grundsätzlich auf die Richtigkeit dieser Informationen vertrauen, sofern sie nicht offensichtlich unzutreffend oder widersprüchlich sind.[59] 45

8. Datenschutz. Je nach der Art der ausgelagerten Arbeit können **Fragen des Datenschutzes** (hierzu → § 153 Rn. 1 ff.)[60] eine Rolle spielen, also zB, wenn Teile der Personalverwaltung ausgelagert werden. Werden personenbezogene Daten durch AN im Homeoffice verarbeitet, liegt grundsätzlich eine interne Datenverarbeitung vor. Hierfür sind keine besonderen Erlaubnistatbestände erforderlich, soweit die Datenverarbeitung im Unternehmen nach § 26 BDSG an sich erlaubt ist.[61] Der Telearbeiter ist zum Datenschutz verpflichtet, indem er etwa Familienmit- 46

[53] *Boemke/Ankersen* BB 2000, 1570; *Gola/Jaspers* RDV 1998, 243.
[54] Näher hierzu *Aligbe* ArbRAktuell 2016, 132; *Hidalgo* NZA 2019, 1448.
[55] *Rieble/Picker* ZfA 2014, 383 (389).
[56] *Boemke/Ankersen* BB 2010, 1570.
[57] Hierzu *Wiebauer* NZA 2017, 220 (222).
[58] *Köhler/Schürgers* BB 2020, 2613 (2615).
[59] *Isenhardt* DB 2016, 1499 (1500).
[60] *Gola* MDR 1999, 322; *Kieper* DuD 1998, 583; *Wedde* DuD 1998, 576; *Schierbaum/Fischer* CR 1998, 231; *Zilkens/Werhahn* RDV 1999, 60.
[61] *Köhler/Schürgers* BB 2020, 2613 (2616).

glieder von den Daten fernhält. Der AG als datenschutzrechtlich Verantwortlicher muss durch entsprechende Weisungen an den im Homeoffice tätigen Beschäftigten sicherstellen, dass die datenschutzrechtlichen Vorgaben eingehalten werden.[62] Ferner genießt der Telearbeiter selbst Datenschutz. Der Rechner erlaubt Arbeitszeit, Pausen, Häufigkeit von Fehlern zu kontrollieren. Datenschutzrechtlich ist die Verarbeitung personenbezogener Daten iRv § 26 BDSG zulässig. Nach der europäischen Rahmenvereinbarung (→ Rn. 10) hat der AG den Telearbeitnehmer insbesondere über etwaige Einschränkungen der Benutzung informationstechnologischer Geräte oder Hilfsmittel zu informieren wie zB das Internet und die Sanktionen bei Nichteinhaltung.

47 **9. Aus- und Weiterbildung.** Telearbeitnehmer haben denselben Zugang zu Aus- und Weiterbildungs- und Karriereentwicklungsmöglichkeiten wie vergleichbare AN in den Einrichtungen des AG. Für Telearbeitnehmer gelten dieselben Beurteilungskriterien wie für diese anderen AN. Telearbeitnehmer sollen nach der Rahmenvereinbarung eine angemessene gezielte Schulung über die ihnen zur Verfügung stehende technische Ausrüstung erhalten.

IV. Mitwirkung und Mitbestimmung des Betriebsrats

48 **1. Mitwirkungsrechte.**[63] Die Zuständigkeit des BR besteht nach § 5 I 1 BetrVG auch für AN, die ihre Arbeitsleistung außerhalb des Betriebs erbringen. Betriebsverfassungsrechtlich ist das Homeoffice kein Betrieb iSv § 1 BetrVG; es ist vielmehr nach § 4 II BetrVG dem – betriebsratsfähigen – Hauptbetrieb zuzuordnen.[64] Der BR hat bei der Einführung von Telearbeit bzw. eines Homeoffice nur dann Mitwirkungsrechte, wenn sie aufgrund eines Arbeitsverhältnisses oder eines Heimarbeitsverhältnisses geleistet wird.[65] Insoweit gilt grundsätzlich nicht anderes als für die in der Betriebsstätte des AG Beschäftigten.

49 Mitwirkungsrechte können nach **§§ 80 ff. BetrVG** bestehen. Der BR ist über Einführung und Ausgestaltung umfassend zu unterrichten. Die Telearbeit, insbes. das Homeoffice nimmt Einfluss auf den Arbeitsplatz, die technische Arbeitsumgebung und auf die Arbeitsabläufe. Insoweit kommen Mitwirkungsrechte nach §§ 90, 91 BetrVG (→ § 237 Rn. 1 ff.) in Betracht.[66] Es können sich bei Fragen der **Arbeitszeit** aber auch erzwingbare Mitbestimmungsrechte aus § 87 I BetrVG bei betriebsbestimmten Arbeitszeiten ergeben.

50 Die **personelle Mitbestimmung** der §§ 92 ff. BetrVG, insbesondere der §§ 99 ff. BetrVG bleibt unberührt. Die Begründung sowie die Beendigung der Telearbeit bzw. des Homeoffice ist bei AN als Versetzung nach § 99 I 1 BetrVG mitbestimmungspflichtig,[67] ebenso die Übertragung einer Tätigkeit im Rahmen eines Mobile Office.[68] Bei einer Änderungskündigung zur Einführung einer Telearbeit bzw. des Homeoffice bestehen die Mitbestimmungsrechte des BR nach § 102 I BetrVG. Wird eine werkvertragliche Lösung gewählt, bestehen keine Mitbestimmungsrechte des BR.

51 **2. Soziale Mitbestimmung.** Im Rahmen der sozialen Mitbestimmung können sich Mitbestimmungsrechte ergeben
- nach § 99 BetrVG bei der Anordnung oder einseitigen Beendigung der Telearbeit durch den AG;[69]
- nach § 87 I Nr. 1 BetrVG (→ § 235 Rn. 26 ff.) über Fragen der Ordnung des Betriebes und das Verhalten der AN im Betrieb, wobei das Mitbestimmungsrecht allerdings nicht in die private Lebensführung des AN eingreifen kann; die Einführung einer Tätigkeit im Homeoffice fällt nicht unter § 87 I Nr. 1 BetrVG;[70] Mitbestimmungsrecht können allerdings bestehen, wenn es um Regelungen über die Verwendung der Betriebsmittel geht;
- nach § 87 I Nr. 2 BetrVG (→ § 235 Rn. 34 ff.) bei Beginn und Beendigung der Arbeitszeit, soweit sie betrieblich bedingt ist;

---

[62] *Bertram/Falder* ArbRAktuell 2021, 95.
[63] Musterbetriebsvereinbarung: Schaub ArbRFV-HdB/*Thoms* B. Rn. 104; http://www.bmas.de; s. auch *Schulze/Ratzesberger* ArbRAktuell 2016, 109.
[64] *Schliemann* FA 2020, 90 (92).
[65] Ausführlich hierzu *Rieble/Picker* ZfA 2014, 383 (424 ff.); *Schulze/Ratzesberger* ArbRAktuell 2016, 109.
[66] *Köhler/Schürgers* BB 2020, 2613 (2616).
[67] LAG Köln 14.8.2020 – 9 TaBV 11/20; LAG Düsseldorf 10.9.2014 BB 2014, 2995 (LS); *Fitting* BetrVG § 99 Rn. 138a; *Müller* FA 2020, 123 (128).
[68] *Fitting* BetrVG § 99 Rn. 138b.
[69] *Schulze/Simon* ArbRAktuell 2021, 119 (120).
[70] HessLAG 18.6.2020 NZA 2021, 291.

- nach § 87 I Nr. 3 BetrVG (→ § 235 Rn. 44 ff.) bei einer vorübergehenden Verkürzung oder Verlängerung der betriebsüblichen Arbeitszeit; ein Mitbestimmungsrecht nach § 87 I Nr. 3 BetrVG besteht nur bei einer kollektiven Maßnahme;
- nach § 87 I Nr. 6 BetrVG (→ § 235 Rn. 62 ff.) bei der technischen Überwachung; ausreichend ist, wenn die technische Einrichtung zur Überwachung objektiv geeignet ist (→ § 235 Rn. 69); moderne Kommunikationstechnologie erlaubt die lückenlose Überwachung des Telearbeitnehmers durch Kontrolle der Zugriffszeiten auf den Rechner;[71]
- nach § 87 I Nr. 7 BetrVG (→ § 235 Rn. 75 ff.) im Rahmen der Unfallverhütung; das Mitbestimmungsrecht bei der Ausfüllung gesetzlicher Rahmenvorschriften zur Verhütung von Arbeitsunfällen und Berufskrankheiten. Für die Frage, inwieweit die jeweilige Bestimmung eine Rahmenvorschrift darstellt, kommt es darauf an, ob dem AG ein eigener Regelungsspielraum verbleibt;
- nach § 87 I Nr. 10 und 11 BetrVG (→ § 235 Rn. 97 ff., 119 ff.) bei der Lohngestaltung;
- nach § 87 I Nr. 14 BetrVG bei der Ausgestaltung von mobiler Arbeit, die mittels Informations- und Kommunikationstechnik erbracht wird.

3. Wirtschaftliche Mitbestimmung. Schließlich ist denkbar, dass im Rahmen der wirt- 52
schaftlichen Mitbestimmung (§§ 111 ff. BetrVG) Mitwirkungsrechte bestehen. Die Einführung der Telearbeit stellt eine Betriebsänderung dar. Allerdings muss es sich um eine Maßnahme handeln, die den gesamten Betrieb oder wesentliche Betriebsteile erfasst. Dies ist regelmäßig anzunehmen, wenn die Zahl der von der Änderung Betroffenen die Schwellenwerte in § 17 I KSchG überschreitet, mindestens aber 5% der Belegschaft erreicht[72] (→ § 244 Rn. 18). Sind dagegen nur einzelne Arbeitsplätze von der Einführung der Telearbeit bzw. des Homeoffice betroffen, liegt keine Betriebsänderung vor. Führt eine Betriebsänderung zu wirtschaftlichen Nachteilen für die betroffenen AN, so kann der BR nach §§ 111, 112 BetrVG den Abschluss eines Interessenausgleichs (→ § 244 Rn. 41 ff.) und ggf. eines Sozialplans (→ § 244 Rn. 53 ff.) verlangen.

V. Internationalisierung

Internetadresse: https://europa.eu.

Die Telearbeit wird zu einer weiteren Internationalisierung des Arbeitsrechts führen. Ob der 53
Telearbeitsplatz auf den Bahamas oder in einem Programmierzentrum in Neu-Delhi liegt, ist nur eine Frage der unternehmerischen Entscheidung. Das Arbeitsstatut richtet sich nach den in → § 7 Rn. 1 ff. dargestellten Grundsätzen. Hiernach gilt das vereinbarte Recht (Art. 8 Rom I-VO) mangels einer Vereinbarung gem. den in Art. 8 II–IV Rom I-VO genannten Anknüpfungspunkten. Deutsches Tarifvertragsrecht kann zwar auch für im Ausland gelegene „Konzernunternehmen" geschaffen werden.[73] Das Betriebsverfassungsrecht ist aber auf das Gebiet der Bundesrepublik beschränkt.[74]

VI. Sozialversicherung

Telearbeitnehmer sind in der Renten-, Kranken- und Arbeitslosenversicherung versicherungs- 54
pflichtig. Insoweit bestehen keine Besonderheiten. In der Unfallversicherung können sich Abgrenzungsprobleme ergeben, was dem dienstlichen Bereich und was dem häuslichen Bereich zuzuordnen ist.[75] Entscheidend ist die objektive Handlungstendenz des Versicherten,[76] dh welche Verrichtung mit welchem Zweck der AN im Unfallzeitpunkt ausgeübt hat (→ § 61 Rn. 20). Wegeunfälle, die in der Betriebsstätte des AG nach § 8 SGB VII versichert wären, sind dies nicht zwingend auch im Homeoffice. So ist ein innerhalb des Wohngebäudes zurückgelegter Weg, um Wasser zum Trinken zu holen, kein versicherter Betriebsweg.[77] Dasselbe gilt für den

---

[71] Näher hierzu *Wiese* RdA 2009, 344 (351 ff.).
[72] *Müller*, Homeoffice in der arbeitsrechtlichen Praxis, Rn. 571.
[73] BAG 11.9.1991 AP Nr. 29 zu Internat. Privatrecht, Arbeitsrecht = NZA 1992, 321 (Goethe-Institut).
[74] BAG 16.1.1990 ZTR 1990, 299; 7.12.1989 AP Nr. 27 zu Internat. Privatrecht, Arbeitsrecht = NZA 1990, 658.
[75] Näher hierzu → § 61 Rn. 17 ff.; *Müller*, Homeoffice in der arbeitsrechtlichen Praxis, Rn. 427 ff.
[76] BSG 31.8.2017 BSGE 124, 93 = NJW 2018, 1207.
[77] BSG 5.7.2016 BSGE 122, 1 = NJW 2017, 508; LSG NRW 19.9.2007 NZS 2008, 379; näher zur Unfallversicherung *Oberthür* ArbRB 2019, 115.

Weg vom und zum WC[78] sowie den Weg zwischen Kindergarten und häuslichem Arbeitsplatz.[79] Versichert ist dagegen ein AN, der von einem Auswärtstermin zur Wohnung zurückkehrt und dort auf dem Weg zu seinem als Homeoffice genutzten Büro auf der Treppe stürzt.[80]

55 Haben die in Telearbeit Beschäftigten den Status von Heimarbeitern, ergibt sich die Versicherungspflicht aus den für diese geltenden Bestimmungen (→ § 163 Rn. 62 ff.).

56 Wenn der AN sein **Homeoffice im Ausland** hat, kann er unter den Voraussetzungen des Art. 13 I VO (EG) 883/2004 in der deutschen Sozialversicherung versichert sein. Sofern das Homeoffice in einem Mitgliedstaat der EU oder des EWR bzw. der Schweiz gelegen ist, gilt dies dann, wenn er entweder regelmäßig in Deutschland und im ausländischen Homeoffice tätig ist und seinen Wohnsitz in Deutschland hat und mindestens 25% seiner Tätigkeit in Deutschland ausübt oder, wenn er seinen Wohnsitz in Deutschland hat, weniger als 25% seiner Tätigkeit in Deutschland ausübt und der Sitz des AG in Deutschland liegt.[81]

VII. Steuerliche Behandlung

57 Nach § 9 V iVm § 4 V 1 Nr. 6b EStG kann der AN Aufwendungen für das häusliche Arbeitszimmer als **Werbungskosten** steuerlich absetzen. Dies gilt allerdings nicht, wenn für die betriebliche oder berufliche Tätigkeit kein anderer Arbeitsplatz zur Verfügung steht. In diesem Fall ist die Höhe der abziehbaren Aufwendungen auf 1 250 EUR begrenzt; diese Beschränkung gilt aber dann nicht, wenn das Arbeitszimmer den Mittelpunkt der gesamten betrieblichen und beruflichen Betätigung bildet.[82] Wegen der Corona-Krise wurde für die Jahre 2020 und 2021 eine sog. **Homeoffice-Pauschale** eingeführt. Nach § 4 V 1 Nr. 6b S. 4 EstG können für jeden Tag, an dem der AN seine Tätigkeit ausschließlich in der häuslichen Wohnung ausübt, fünf EUR Werbungskosten abgezogen werden, höchstens jedoch für 120 Tage pro Jahr, insgesamt also 600,00 EUR jährlich. Dieser Betrag wird allerdings in die Werbungskostenpauschale iHv 1 000 EUR eingerechnet. Voraussetzung für den Abzug ist, dass kein häusliches Arbeitszimmer vorliegt oder auf einen Abzug der Aufwendungen für ein häusliches Arbeitszimmer nach § 4 V 1 Nr. 6b S. 2 und 3 EstG verzichtet wird.

58 Denkbar ist auch, dass der AN das Arbeitszimmer an den AG vermietet; in diesem Fall erzielt er zu versteuernde Einnahmen aus Vermietung und Verpachtung iSv § 21 I 1 Nr. 1 EStG.[83]

59 Bei einem **Homeoffice im Ausland** hängt die Frage, ob eine Pflicht des inländischen AG zum Lohnsteuerabzug in Deutschland besteht, davon ab, wo der AN steuerlich ansässig ist. Bei einem weiteren Wohnsitz und/oder gewöhnlichen Aufenthalt im Ausland kann der AN – nach Maßgabe des ausländischen Rechts – regelmäßig auch im Ausland einkommensteuerpflichtig sein.[84]

---

[78] SG München 4.7.2019 NZA-RR 2019, 616.
[79] BSG 30.1.2020 – B 2 U 19/18 R; LSG Nds-Brem 26.9.2018 NZA-RR 2019, 112.
[80] BSG 27.11.2018 ArbRAktuell 2019, 203 (LS).
[81] Näher: *Hidalgo/Ceelen* NZA 2021, 19.
[82] Vgl. BFH 26.2.2014 BFHE 245, 14 = NZA-RR 2014, 434; näher hierzu *Geserich* BB 2020, 1810.
[83] BFH 17.4.2018 BFHE 261, 400 = NZA-RR 2018, 682.
[84] Ausführlich hierzu *Schrade/Denninger* NZA 2021, 102.

XVII. Buch. Schutz besonderer Personengruppen

1. Abschnitt. Schwangerschaft

§ 165. Mutterschutzrecht

Übersicht

I. Allgemeines

Kernstück des Mutterschutzrechts ist das **mWv 1.1.2018 neu geregelte MuSchG.** Hierdurch wurde das bis dahin geltende MuSchG 1969 m. spät. Änderungen abgelöst. Die Reform des Mutterschutzes soll dazu dienen, dass eine verantwortungsvolle Interessenabwägung zwischen der Gesundheit der schwangeren Frau, der jungen Mutter und der stillenden Frau und ihres (ungeborenen) Kindes einerseits und ihrer selbstbestimmten Teilhabe an der Erwerbstätigkeit andererseits gewährleistet wird, ein (bundes-)einheitliches Schutzniveau für alle Frauen in Beschäftigung sichergestellt wird, die Regelungen für alle Betroffenen klarer und verständlicher gefasst werden, die Umsetzbarkeit des Mutterschutzes verbessert wird und ein zeitgemäßer und verantwortungsvoller Mutterschutz gewährleistet wird. Zudem soll Diskriminierungen von schwangeren und stillenden Frauen entgegengewirkt werden.[1] 1

Das MuSchG dient der Umsetzung der **Richtlinie 92/85/EWG (Mutterschutzrichtlinie), Art. 33 GRCh** sowie verfassungsrechtlich des **Art. 6 IV GG.**[2] Die Mutterschutzrichtlinie wurde durch die Richtlinie 2007/30/EG sowie durch die Richtlinie 2014/27/EU in Bezug auf das Berichtswesen sowie auf das Einstufungs- und Kennzeichnungssystem von Gefahrstoffen angepasst, ohne dass hierdurch das Schutzniveau geändert worden wäre.[3] Zudem ist die Richtlinie 2006/54/EG zur Verwirklichung des Grundsatzes der Chancengleichheit und Gleichbehandlung von Männern und Frauen in Arbeits- und Beschäftigungsfrage von Bedeutung.[4] Daneben gibt es mehrere **internationale Übereinkommen** zum Mutterschutz.[5] Mit dem Inkrafttreten des neuen MuSchG zum 1.1.2018 ist die Verordnung zum Schutz der Mütter am Arbeitsplatz – MuSchArbV) vom 15.4.1997 außer Kraft getreten. 2

II. Zweck des MuSchG

Nach § 1 I MuSchG dient das Gesetz zum einen dem Schutz der Gesundheit der Frau und ihres Kindes während der Schwangerschaft, nach der Entbindung und in der Stillzeit. Zum anderen soll es der Frau ermöglichen, ihre Beschäftigung oder sonstige Tätigkeit in dieser Zeit ohne Gefährdung ihrer Schwangerschaft oder der ihres Kindes fortzusetzen und so Benachteiligungen während der Schwangerschaft, nach der Entbindung und in der Stillzeit entgegenwirken. Dieser ausdrücklich formulierte Zweck ist neu und trägt dem Umstand Rechnung, dass Mutterschutz eng mit dem Verbot der Geschlechtsdiskriminierung zusammenhängt.[6] 3

---

[1] BT-Drs. 18/8963, 34.

[2] Vgl. BVerfG 25.1.1972 BVerfGE 32, 273 = NJW 1972, 572; *Buchner/Becker* Einf. Rn. 59 ff.

[3] Preis/Sagan/*Brose* Europäisches Arbeitsrecht § 9 Rn. 9.3.

[4] Brose/Weth/Volk/*Latterner/Weth* MuSchG Einl. Rn. 22.

[5] Übereinkommen Nr. 3 der Internationalen Arbeitsorganisation betreffend die Beschäftigung der Frauen vor und nach der Niederkunft von 1919 (G. v. 16.7.1927, RGBl. II 497) und Ratifikationsbekanntmachung v. 26.11.1927 (RGBl. II 1124) sowie Bekanntmachung v. 5.6.1952 (BGBl. II 607; die Neufassung Nr. 103 von 1952 ist nicht ratifiziert); Übereinkommen zum Mutterschutz v. 15.6.2000 (Nr. 183). Einzelheiten vgl. *Buchner/Becker* Einf. Rn. 41 ff.

[6] ErfK/*Schlachter* MuSchG § 1 Rn. 4.

III. Geltungsbereich des MuSchG

4 **1. Örtlicher Geltungsbereich.** Das MuSchG findet grundsätzlich **unabhängig von der Staatsangehörigkeit** der AN[7] und des AG Anwendung, wenn der Arbeitsort – nicht der Unternehmenssitz – in Deutschland liegt.[8] Dem steht die vereinbarte Geltung ausländischen Rechts nicht entgegen, weil die Vorschriften des MuSchG zwingendes Recht iSd Art. 8 I Rom I-VO sind. Somit ist es auch anzuwenden, wenn die AN im Ausland wohnt, jedoch in Deutschland beschäftigt ist (Grenzgängerin),[9] wenn sie bei den Stationierungsstreitkräften[10] oder bei den sog. Exterritorialen[11] (ausländische Botschaft oder Gesandtschaft) arbeitet. Liegt der Arbeitsort einer deutschen AN im Ausland und hat sie die Geltung ausländischen Rechts mit einem AG vereinbart, der in Deutschland wirtschaftlich tätig ist, kommen die Bestimmungen des MuSchG nur dann zur Anwendung, wenn es sich hierbei um Eingriffsnormen iSd Art. 9 Rom I-VO handelt (dazu → § 7 Rn. 15 ff.). Dies ist für jede einzelne Vorschrift des Gesetzes gesondert zu prüfen und für § 20 I (= 14 I aF) MuSchG bejaht worden.[12] Liegt der **Arbeitsort der AN im Ausland,** ist das MuSchG in der Regel auch dann nicht anwendbar, wenn AN und AG im Inland wohnen und beide die deutsche Staatsangehörigkeit besitzen, es sei denn, es liegt eine vorübergehende Entsendung ins Ausland vor[13] oder das Arbeitsverhältnis ist vertraglich dem deutschen Arbeitsrecht unterstellt.

5 **2. Sachlicher Geltungsbereich.** Das MuSchG findet in Betrieben und Verwaltungen aller Art, insbes. auch in Tendenzbetrieben sowie für Beschäftigte in Familienhaushalten, in der Landwirtschaft und in der See- und Luftfahrt Anwendung.[14] Die Geltung des MuSchG ist nicht von einer bestimmten Betriebsgröße abhängig.

6 **3. Persönlicher Geltungsbereich.** Der gesetzliche Mutterschutz gilt nach § 1 II 1 MuSchG für **Frauen in einer Beschäftigung iSv § 7 I SGB IV.** Mit dem Verweis auf diese Bestimmung soll der unionsrechtliche Arbeitnehmerbegriff abgebildet und der Rechtsprechung des EuGH zu Fremdgeschäftsführerinnen sowie Minderheiten-Gesellschafter-Geschäftsführerinnen[15] Rechnung getragen werden.[16] Maßgeblich ist das Vorliegen eines Beschäftigungsverhältnisses, in dem weisungsgebundene Arbeit in einer fremden Arbeitsorganisation erbracht wird.[17] Auf die Wirksamkeit des Arbeitsvertrags kommt es nicht an, so dass auch ein **fehlerhaftes Arbeitsverhältnis** erfasst wird.[18] Hier sind die Arbeitsschutzvorschriften (§§ 3–16 MuSchG) anzuwenden, weil sie an die bloße Beschäftigung anknüpfen. Soweit die AN im Rahmen des faktischen Arbeitsverhältnisses gearbeitet hat, kann sie für die geleistete Arbeit Vergütung verlangen. Gleiches gilt für Ansprüche nach §§ 18, 20 MuSchG, wenn die AN nur wegen eines Beschäftigungsverbots nicht gearbeitet hat und die Parteien ihre Rechtsbeziehungen wie ein fehlerfrei zustande gekommenes Arbeitsverhältnis behandelt haben.[19] Dagegen gilt der Kündigungsschutz nach § 17 MuSchG nicht, weil kein Arbeitsverhältnis besteht.[20] In § 1 IV MuSchG ist klargestellt, dass auch sog. **Leihmütter** in den Schutzbereich des MuSchG fallen.[21] Aus unionsrechtlichen Gründen ist es allerdings nicht geboten, einer AN in ihrer Eigenschaft als Bestellmutter, die im Rahmen einer Ersatzmuttervereinbarung ein Kind erhalten hat, einen Mutterschaftsurlaub gem. Art. 8 RL 92/85/EWG zu gewähren, und zwar auch dann nicht, wenn sie das Kind nach der Geburt

---

[7] Es besteht ein Diskriminierungsverbot für Ausländerinnen, das für Frauen aus Mitgliedstaaten der EU aus Art. 45 II AEUV und für andere aus § 75 BetrVG bzw. § 67 BPersVG und Art. 12 GG folgt.
[8] Brose/Weth/Volk/*Latterner/Weth* MuSchG § 1 Rn. 88; HWK/*C.W. Hergenröder* MuSchG § 1 Rn. 8.
[9] Brose/Weth/Volk/*Latterner/Weth* MuSchG § 1 Rn. 88; ErfK/*Schlachter* MuSchG § 1 Rn. 13.
[10] Vgl. hierzu Art. IX Abs. 4 des NATO-Truppenstatuts v. 19.6.1951 (BGBl. 1961 II 1190; 1963 II 745) und Art. 56 I lit. a NTS-ZA vom 3.8.1959 (BGBl. 1961 II 1218).
[11] Brose/Weth/Volk/*Latterner/Weth* MuSchG § 1 Rn. 88.
[12] BAG 12.12.2001 AP Nr. 10 zu Art. 30 EGBGB = NZA 2002, 734; weiterführend Brose/Weth/Volk/*Latterner/Weth* MuSchG § 1 Rn. 89.
[13] Brose/Weth/Volk/*Latterner/Weth* MuSchG § 1 Rn. 92.
[14] ZT sind namentlich in den letzten Fällen Einschränkungen gemacht. Diese werden im Zusammenhang erörtert.
[15] EuGH 11.11.2010 AP Nr. 13 zu EWG-Richtlinie Nr. 92/85 = NZA 2011, 143 – Danosa.
[16] BT-Drs. 18/8963, 49.
[17] HWK/*C.W. Hergenröder* MuSchG § 1 Rn. 3; TM/*Tillmanns* MuSchG § 1 Rn. 22.
[18] BAG 19.12.1966 AP Nr. 2 zu § 12 MuSchG; MHdB ArbR/*Heinkel* § 189 Rn. 6.
[19] BAG 19.12.1966 AP Nr. 3 zu § 12 MuSchG.
[20] BAG 19.12.1966 AP Nr. 3 zu § 12 MuSchG.
[21] HK-MuSchG/*Pepping* § 1 Rn. 8 f.; ErfK/*Schlachter* MuSchG § 3 Rn. 8.

möglicherweise oder tatsächlich stillt.[22] Das MuSchG gilt dagegen nicht für **Adoptivmütter,** da diese keinen schwangerschaftsbedingten Belastungen ausgesetzt sind. Bei **mittelbaren Arbeitsverhältnissen** (→ § 182 Rn. 1 ff.) muss das MuSchG, je nach Verantwortungsbereich für die Arbeitsleistung, grundsätzlich sowohl vom Mittelsmann als auch vom Unternehmer beachtet werden.[23] In **Leiharbeitsverhältnissen** (→ § 120 Rn. 1 ff.) treffen den Verleiher die Vergütungspflichten, Beschäftigungs- und Kündigungsverbote, den Entleiher die Beachtung der Beschäftigungsverbote.[24] Probleme entstehen im Rahmen des **Weiterbeschäftigungsanspruchs.** Hier ist zu differenzieren: Bei einer Weiterbeschäftigung nach § 102 V BetrVG gelten die Vorschriften des MuSchG bis zur rechtskräftigen Entscheidung des Kündigungsschutzprozesses. Gleiches gilt bei einer einvernehmlichen Weiterbeschäftigung bis zum Ablauf des Kündigungsrechtsstreits. Erfolgt die Weiterbeschäftigung dagegen nach Maßgabe des vom Großen Senat des BAG[25] entwickelten allgemeinen Weiterbeschäftigungsanspruchs (→ § 125 Rn. 16), gelten für die Zeit der tatsächlichen Beschäftigung der AN die Beschäftigungsverbote.

Unabhängig vom Bestehen eines Beschäftigungsverhältnisses gilt das MuSchG seit dem 7
1.1.2018 gem. § 1 II Nr. 7 MuSchG auch für Frauen, die wegen ihrer wirtschaftlichen Unselbständigkeit als **arbeitnehmerähnliche Personen** anzusehen sind (→ § 10 Rn. 1 ff.). Dies gilt freilich mit der Einschränkung, dass die leistungsrechtlichen Regelungen der §§ 18, 19 II und § 20 MuSchG auf sie nicht anzuwenden sind.[26] Die übrigen Pflichten nach dem MuSchG gelten für den Dienstberechtigten oder Besteller nur insoweit, als sie in ihren Einflussbereich fallen.[27] Das MuSchG gilt deshalb nunmehr auch für **Handelsvertreterinnen,** die aufgrund ihrer wirtschaftlichen Unselbständigkeit arbeitnehmerähnlich sind. Gleiches gilt für weibliche **Organmitglieder juristischer Personen,** wenn sie eine Tätigkeit für eine bestimmte Zeit nach der Weisung oder unter der Aufsicht eines anderen Organs dieser Gesellschaft ausüben und als Gegenleistung für die Tätigkeit ein Entgelt erhalten.[28]

Vom Geltungsbereich des MuSchG **nicht erfasst** sind Frauen, die nicht in einem Arbeitsver- 8
hältnis stehen, sondern **aufgrund Werk- oder Dienstvertrags** selbständig tätig werden, wie dies zB für selbständige Freiberufler gilt. Der Ausschluss der Selbständigen aus dem Geltungsbereich des MuSchG verstößt nicht gegen Art. 3 I GG.[29] Selbständige fallen auch nicht in den Schutzbereich der Richtlinie 92/85/EWG.[30] Wird eine **selbständige „Tagesmutter“,** die nach §§ 22 ff., § 43 SGB VIII als Tagespflegeperson Kinder in der Kindertagespflege betreut, schwanger, hat sie keinen Anspruch auf Zuschuss zum Mutterschaftsgeld nach dem Mutterschutzgesetz.[31]

§ 166. Mitteilungspflichten der Schwangeren

Übersicht

I. Mitteilung der Schwangerschaft

Nach § 15 I 1 MuSchG soll eine schwangere Frau ihrem AG ihrer Schwangerschaft und den voraussichtlichen Tag der Entbindung mitteilen, sobald sie weiß, dass sie schwanger ist. 1

[22] EuGH 18.3.2014 – C-167/12.
[23] Vgl. Brose/Weth/Volk/*Latterner/Weth* MuSchG § 1 Rn. 33; HK-MuSchG/*Pepping* § 1 Rn. 30.
[24] Brose/Weth/Volk/*Latterner/Weth* MuSchG § 1 Rn. 32; HK-MuSchG/*Pepping* § 1 Rn. 29.
[25] BAG GS 27.2.1985 AP Nr. 14 zu § 611 BGB Beschäftigungspflicht = NZA 1985, 702.
[26] ErfK/*Schlachter* MuSchG § 1 Rn. 10.
[27] BT-Drs. 18/8963, 51.
[28] EuGH 11.11.2010 AP Nr. 13 zu EWG-Richtlinie Nr. 92/85 = NZA 2011, 143 – Danosa; Brose/Weth/Volk/*Latterner/Weth* MuSchG § 1 Rn. 26.
[29] Brose/Weth/Volk/*Latterner/Weth* MuSchG § 1 Rn. 37.
[30] EuGH 19.9.2013 – C-5/12 – Betriu Montull.
[31] BAG 23.5.2018 AP Nr. 27 zu § 14 MuSchG 1968 = NZA 2019, 39.

Eine bestimmte Form sieht das Gesetz nicht vor, die Mitteilung kann daher auch mündlich erfolgen. Die Mitteilung ist eine geschäftsähnliche Handlung, auf die § 130 BGB entsprechend anwendbar ist; dh, sie wird wirksam mit Zugang beim AG.[1] Es reicht aber auch aus, wenn sie seinem Vertreter in personellen Angelegenheiten (zB Personalabteilung) oder dem Dienstvorgesetzten zugeht.[2] Nicht ausreichend ist die Unterrichtung eines nur fachlich vorgesetzten AN (zB Vorarbeiter).[3] Der AG muss die Mitteilung auch dann gegen sich gelten lassen, wenn er sie wegen Verwendung medizinischer Fachausdrücke (Hyperemesis gravid = Erbrechen während der Schwangerschaft; Gravidität = Schwangerschaft) missverstanden hat.[4] Die Mitteilung muss nicht durch die Schwangere persönlich, sondern kann auch durch eine Vertreterin erfolgen. Die Mitteilung soll erfolgen, sobald der AN die Schwangerschaft bekannt ist. Der AN ist es allerdings gesetzlich nicht verwehrt, erst zu Beginn des Beschäftigungsverbots nach § 3 I 1 MuSchG den AG über die Schwangerschaft zu unterrichten.

II. Mitteilungsobliegenheit

2 Die Mitteilungsobliegenheit des § 15 I 1 MuSchG ist nicht als Rechtspflicht ausgestaltet, sondern beinhaltet lediglich eine **nachdrückliche Empfehlung** an die AN im Interesse ihrer und der Gesundheit des Kindes.[5] Im Rahmen des bestehenden Arbeitsverhältnisses ist aus arbeitsvertraglicher Rücksichtnahmepflicht (→ § 53 Rn. 3) die Schwangere jedoch im Einzelfall dann zur unverzüglichen Mitteilung verpflichtet, wenn berechtigte Arbeitgeberinteressen berührt sind.[6] Dies kann zB der Fall sein, wenn Beschäftigungsverbote zur Anwendung kommen, die Frau in einer Schlüsselposition arbeitet und eine Vertretung einer erheblichen Einarbeitungszeit bedarf. Die Schwangere handelt aber nicht schuldhaft, wenn sie trotz Kenntnis vom Bestehen einer Schwangerschaft mit der entspr. Mitteilung abwartet, bis sie vom Arzt eine Bestätigung der Schwangerschaft erhält.[7] Eine AN, die dem AG das Bestehen einer Schwangerschaft mitgeteilt hat, ist verpflichtet, ihn unverzüglich zu unterrichten, wenn die **Schwangerschaft vorzeitig endet** (etwa aufgrund einer Fehlgeburt);[8] dies gilt auch dann, wenn der AG sich mit der Annahme ihrer Dienste in Verzug befindet und eine von ihm erklärte Kündigung wegen Verstoßes gegen § 17 MuSchG rechtskräftig für rechtsunwirksam erklärt worden ist. Hat eine AN diese Mitteilung schuldhaft unterlassen und hat der AG deshalb das Arbeitsverhältnis nicht gekündigt, kann der AG freilich die „Nichtbeendigung" des Arbeitsverhältnisses und die Erfüllung der sich aus dem Arbeitsverhältnis ergebenden Ansprüche der AN auf Entgelt nach Auffassung des BAG nicht als Schaden geltend machen.[9] – Zur (fehlenden) Offenbarungspflicht vor Begründung des Arbeitsverhältnisses → § 26 Rn. 41.

III. Benachrichtigungs- und Verschwiegenheitspflichten

3 **1. Zuständige Aufsichtsbehörde.** Der AG hat nach § 27 I Nr. 1 lit. a MuSchG die örtlich zuständige Aufsichtsbehörde (§ 29 MuSchG) von der mitgeteilten Schwangerschaft zu benachrichtigen. Diese Verpflichtung des AG ist nach § 32 Nr. 11 MuSchG bußgeldbewehrt. Ob die Pflicht zur Unterrichtung der Aufsichtsbehörde auch dann gilt, wenn der AG von dritter Seite von der Schwangerschaft erfahren hat, ist umstr., aber nach dem Gesetzeswortlaut zu verneinen. Die Mitteilungspflicht besteht nicht gegenüber der Krankenkasse.

4 **2. Verschwiegenheitspflicht.** Der AG darf die Mitteilung nicht unbefugt Dritten bekannt geben (§ 27 I 2 MuSchG). Unbefugt ist eine Weitergabe, wenn für sie kein rechtfertigender Grund besteht. Die Weitergabe der Mitteilung an unmittelbare Vorgesetzte oder den BR wird

[1] BAG 15.11.1990 AP Nr. 17 zu § 9 MuSchG 1968 = NZA 1991, 669.
[2] Ausreichend: Personalsachbearbeiterin (BAG 13.4.1956 AP Nr. 9 zu § 9 MuSchG; ähnlich LAG Köln 30.6.1994 NZA 1995, 995 zur Unterrichtung über eine Schwerbehinderung); Filialleiterin (LAG Düsseldorf DB 1965, 223); leitende Angestellte, die auch zur Kündigung berechtigt wären (BAG 18.2.1965 AP Nr. 26 zu § 9 MuSchG).
[3] BAG 18.2.1965 AP Nr. 26 zu § 9 MuSchG.
[4] BAG 13.4.1956 AP Nr. 9 zu § 9 MuSchG.
[5] BAG 6.6.1974 AP Nr. 3 zu MuSchG 1968; 13.6.1996 AP Nr. 22 zu § 9 MuSchG 1968 = NZA 1996, 1154.
[6] Vgl. HK-MuSchG/*Pepping* § 15 Rn. 6; aA Brose/Weth/Volk/*Kühn* MuSchG § 15 Rn. 6.
[7] LAG Nürnberg 17.3.1992 NZA 1993, 946.
[8] HK-MuSchG/*Pepping* § 15 Rn. 21.
[9] BAG 18.1.2000 AP Nr. 1 zu § 5 MuSchG 1968 = NZA 2000, 1157; 13.11.2001 AP Nr. 37 zu § 242 BGB Auskunftspflicht = NZA 2002, 1176; krit. hierzu *Bittner* RdA 2001, 336; Brose/Weth/Volk/*Kühn* MuSchG § 15 Rn. 15.

regelmäßig gerechtfertigt sein, weil diese mit der Einhaltung des Mutterschutzes betraut sind (vgl. § 89 II BetrVG). Ebenso ist zu berücksichtigen, dass der AG nach § 10 II MuSchG nach Mitteilung der Schwangerschaft unverzüglich die nach Maßgabe der Gefährdungsbeurteilung erforderlichen Schutzmaßnahmen festzulegen hat. Er hat der Frau zudem ein Gespräch über weitere Anpassungen ihrer Arbeitsbedingungen anzubieten. Diese Pflichten kann der AG nur durch seine leitenden Mitarbeiter erfüllen, so dass diese über das Vorliegen der Schwangerschaft zu unterrichten sind. Problematisch ist, ob dem BR nach § 80 II BetrVG ein Unterrichtungsanspruch zur Durchführung seiner Aufgaben nach § 80 I Nr. 1 BetrVG zusteht. Das BAG hat dies grundsätzlich bejaht und angenommen, die Erfüllung der dem BR von Gesetzes wegen zugewiesenen Aufgaben sei nicht von einer vorherigen Einwilligung der AN abhängig. Dass die betroffenen AN der Information des BR über ihre Schwangerschaft widersprochen habe, stehe der verlangten Datenübermittlung nicht entgegen.[10]

IV. Nachweis

1. Zeugnis eines Arztes oder einer Hebamme. Zum Nachweis der bestehenden Schwan- 5
gerschaft kommen zwei Zeugnisse in Betracht. Nach § 15 II MuSchG soll die Schwangere auf Verlangen des AG das Zeugnis eines Arztes oder einer Hebamme/eines Entbindungspflegers vorlegen. Der AG kann nicht das Zeugnis eines bestimmten Arztes verlangen. Es besteht keine Rechtspflicht zur Vorlage eines Zeugnisses,[11] demzufolge kann die Vorlage auch nicht erzwungen werden.[12] Wird es nicht vorgelegt, kann allerdings die Realisierung des Mutterschutzes gefährdet sein. Das Zeugnis soll gem. § 15 II 2 MuSchG den mutmaßlichen Tag der Entbindung zu enthalten. Der angegebene Entbindungstag ist verbindlich.[13] Dies gilt insbesondere für die Berechnung der Schutzfrist des § 3 I 1 MuSchG, bei der Bestimmung von Beschäftigungsverboten nach § 11 V Nr. 3 MuSchG sowie bei der Berechnung des Tages der Empfängnis zur Bestimmung des Beginns des Kündigungsschutzes nach § 17 MuSchG (dazu → § 169 Rn. 3). Der bescheinigte voraussichtliche Geburtstermin ist auch dann für die Berechnung der Schutzfrist mit allen sich daraus ergebenden Konsequenzen maßgebend, wenn sich der Arzt oder die Hebamme geirrt haben. In diesem Fall verlängert oder verkürzt sich die Schutzfrist je nach tatsächlichem Geburtstermin.[14] Allerdings besteht die Möglichkeit einer Korrektur durch ein neueres ärztliches Zeugnis.[15]

2. Kosten. Die Kosten des auf Verlangen, nicht dagegen des freiwillig vorgelegten Attestes 6
trägt der AG (§ 9 VI 2 MuSchG). Das gilt selbst dann, wenn eine Schwangerschaft nicht attestiert wird, denn es soll dazu dienen, dem AG Gewissheit über das Bestehen einer Schwangerschaft zu vermitteln.

§ 167. Gefahrenschutz schwangerer und stillender Frauen

Übersicht

[10] BAG 9.4.2019 AP Nr. 86 zu § 80 BetrVG 1972 = NZA 2019, 1055; dazu *Fuhlrott* NZA-RR 2019, 475; *Kleinebrink* DB 2019, 2577.
[11] Brose/Weth/Volk/*Kühn* MuSchG § 15 Rn. 9; ErfK/*Schlachter* MuSchG § 15 Rn. 5.
[12] BAG 6.6.1974 AP Nr. 3 zu § 9 MuSchG 1968.
[13] HK-MuSchG/*Pepping* § 15 Rn. 29; ErfK/*Schlachter* MuSchG § 15 Rn. 5.
[14] ErfK/*Schlachter* MuSchG § 15 Rn. 5; ausf. hierzu *Birk/Deffner* SGb 1980, 6.
[15] BAG 27.10.1983 AP Nr. 14 zu § 9 MuSchG 1968 = NZA 1985, 222.

I. Allgemeines

1 Der betriebliche Gesundheitsschutz hat durch die Neuregelung des MuSchG zum 1.1.2018 eine vollständig neue Ausgestaltung erfahren. In § 9 I MuSchG sind die grundlegenden Zielsetzungen des betrieblichen Gesundheitsschutzes geregelt. Danach hat der AG bei der Gestaltung der Arbeitsbedingungen einer schwangeren oder stillenden Frau alle aufgrund der Gefährdungsbeurteilung nach § 10 MuSchG erforderlichen Maßnahmen für den Schutz ihrer physischen und psychischen Gesundheit sowie der ihres Kindes zu treffen. Der in § 9 I 1 MuSchG verwendete Begriff der „erforderlichen Maßnahmen" erfasst auch die Beurteilung der Arbeitsbedingungen nach § 10 MuSchG sowie die Umsetzung der sich daraus ergebenden Schutzmaßnahmen nach den Maßgaben der §§ 11 und 12 MuSchG. Der Schutz bezieht sich auch auf das ungeborene bzw. zu stillende Kind.[1] § 9 II MuSchG verlangt vom AG, die Arbeitsbedingungen so zu gestalten, dass Gefährdungen einer schwangeren oder stillenden Frau oder ihres Kindes möglichst vermieden werden und eine unverantwortbare Gefährdung ausgeschlossen wird. Zur Gefahrenfeststellung hat der AG zunächst eine abstrakte, anlassunabhängige Gefährdungsbeurteilung nach Maßgabe von § 10 I MuSchG vorzunehmen. Sobald eine Frau ihm mitgeteilt hat, dass sie schwanger ist oder stillt, hat er nach § 10 II unverzüglich die nach Maßgabe dieser Gefährdungsbeurteilung erforderlichen Schutzmaßnahmen festzulegen und ihr ein Gespräch über eine weitere Anpassung der Arbeitsbedingungen anzubieten.

II. Schutz vor Gefährdungen

2 **1. Bezug zur ausgeübten Tätigkeit.** Bei der Gestaltung der Arbeitsbedingungen müssen Gefährdungen der schwangeren oder stillenden Frau möglichst vermieden und die verbleibenden Gefährdungen möglichst geringgehalten werden.[2] Eine Gefährdung im arbeitsschutzrechtlichen Sinn tritt vor einer Gefahr ein. Während unter einer Gefahr eine Sachlage zu verstehen ist, die bei ungehindertem Ablauf des objektiv zu erwartenden Geschehens mit einer hinreichenden Wahrscheinlichkeit zu einem Schaden führt, erfasst die Gefährdung bereits die Möglichkeit eines Schadens oder einer gesundheitlichen Beeinträchtigung ohne bestimmte Anforderungen an ihr Ausmaß oder ihre Eintrittswahrscheinlichkeit.[3] Eine Gefährdung iSv § 9 MuSchG setzt einen hinreichenden Bezug zur ausgeübten Tätigkeit und zu den mit ihr verbundenen Arbeitsbedingungen voraus.[4] Dieser besteht, wenn eine im Vergleich zu Frauen, die den betreffenden Arbeitsbedingungen nicht ausgesetzt sind, signifikant erhöhte Wahrscheinlichkeit besteht, dass eine gesundheitliche Beeinträchtigung eintritt.[5] Hieran fehlt es dagegen, wenn die Gefährdung außerhalb des Arbeitsumfelds in gleicher Weise besteht.[6] Dementsprechend löst beispielsweise die Möglichkeit, dass die Frau an einer Grippe erkrankt, keine mutterschutzrechtlichen Schutzmaßnahmen aus, wenn die Erkrankungswahrscheinlichkeit am Arbeitsplatz gegenüber der außerhalb des Arbeitsumfelds nicht erhöht ist.[7]

3 **2. Verantwortbare und unverantwortbare Gefährdungen.** § 9 MuSchG unterscheidet zwischen verantwortbaren und unverantwortbaren Gefährdungen.[8] Gem. § 9 II 2 MuSchG ist eine Gefährdung unverantwortbar, wenn die Eintrittswahrscheinlichkeit einer Gesundheitsbeeinträchtigung angesichts der zu erwartenden Schwere des möglichen Gesundheitsschadens nicht hinnehmbar ist. Insoweit sind insbesondere die Vorgaben aus §§ 10 und 11 MuSchG sowie die veröffentlichten Regeln des Ausschusses für Mutterschutz (§ 30 MuSchG) zu beachten. Der AG hat hinnehmbare Gefährdungen nach Möglichkeit zu vermeiden oder möglichst gering zu halten.[9] Ob eine Gefährdung hinnehmbar ist, richtet sich nach der **Eintrittswahrscheinlichkeit:**[10] Die Wahrscheinlichkeit, dass ein Schaden eintritt, muss umso größer sein, je geringer der möglicherweise eintretende Schaden ist, und sie muss umso kleiner sein, je schwerer der etwaige Schaden wiegt. Wegen des hohen Ranges des vom Mutterschutz verfolgten Schutzziels der gesundheitlichen Unversehrtheit der Frau und ihres (unge-

[1] BT-Drs. 18/8963, 64.
[2] BT-Drs. 18/8963, 65.
[3] BAG 12.8.2008 AP Nr. 29 zu § 618 BGB mAnm *Kothe* = NZA 2009, 102.
[4] Roos/Bieresborn/*Altenbeck* MuSchG § 9 Rn. 18; ErfK/*Schlachter* MuSchG § 9 Rn. 4.
[5] HK-MuSchG/*Pepping* § 9 Rn. 26.
[6] HWK/*C. W. Hergenröder* MuSchG § 9 Rn. 4.
[7] BT-Drs. 18/8963, 65.
[8] HK-MuSchG/*Pepping* § 9 Rn. 28; Roos/Bieresborn/*Altenbeck* MuSchG § 9 Rn. 20.
[9] HWK/*C. W. Hergenröder* MuSchG § 9 Rn. 5.
[10] BT-Drs. 18/8963, 67.

borenen) Kindes sind die Anforderungen an die Wahrscheinlichkeit grundsätzlich gering. Eine unverantwortbare Gefährdung gilt nach § 9 II 3 MuSchG als ausgeschlossen, wenn der AG alle Vorgaben einhält, die aller Wahrscheinlichkeit nach dazu führen, dass die Gesundheit einer schwangeren oder stillenden Frau oder ihres Kindes nicht beeinträchtigt wird. Eine Gesundheitsgefährdung, die nicht nach den Maßstäben praktischer Vernunft ausgeschlossen ist, sondern hiernach durchaus möglich, wenn auch nur gering wahrscheinlich erscheint, unterfällt nicht dem Bereich eines zu vernachlässigenden Restrisikos.[11] Der AG ist nach § 9 IV MuSchG zur Einhaltung des Standes der Technik, der Arbeitsmedizin und der Hygiene sowie der sonstigen gesicherten wissenschaftlichen Erkenntnisse verpflichtet.[12] Er kann nach § 9 V MuSchG eine zuverlässige und fachkundige Person schriftlich mit der Wahrnehmung der Aufgaben beauftragen. Auch in diesem Falle bleibt er jedoch verantwortlich für die Aufsicht und Kontrolle dieser Person.[13]

3. Abstrakte Gefährdungsbeurteilung. Nach § 10 I MuSchG hat der AG im Rahmen der abstrakten Gefährdungsbeurteilung nach § 5 ArbSchG die Gefährdungen nach **Art, Ausmaß und Dauer** zu beurteilen, denen eine schwangere oder stillende Frau oder ihr Kind ausgesetzt ist oder sein kann. Er hat des Weiteren unter Berücksichtigung des Ergebnisses der Beurteilung der Gefährdung zu ermitteln, ob für eine schwangere oder stillende Frau oder ihr Kind Schutzmaßnahmen oder eine Umgestaltung der Arbeitsbedingungen erforderlich sein werden oder eine Fortführung der Tätigkeit der Frau an diesem Arbeitsplatz ausgeschlossen ist. Bei **gleichartigen Arbeitsbedingungen** ist gem. § 10 I 2 MuSchG die Beurteilung eines Arbeitsplatzes oder einer Tätigkeit ausreichend. Diese Gefährdungsbeurteilung hat auch dann zu erfolgen, wenn die jeweilige Stelle durch einen Mann oder eine nicht geschützte Frau ausgefüllt wird und in naher Zukunft nicht zu erwarten steht, dass eine AN den Arbeitsplatz einnehmen wird. Dies ist gerechtfertigt, weil grundsätzlich alle Arbeitsplätze mit Frauen besetzt werden können und bei Bedarf etwaige Schutzmaßnahmen sofort umgesetzt werden können sollen.[14] Unerheblich ist, ob es sich bei der jeweiligen Tätigkeit um eine gefahrenspezifische Beschäftigung handelt oder nicht.[15] Bei der Gefährdungsbeurteilung hat der AG das Verbot der Mehr- und Nachtarbeit, der Sonn- und Feiertagsarbeit sowie die Kataloge unzulässiger Tätigkeiten und Arbeitsbedingungen (§§ 4, 5, 10 und 11 MuSchG) zu beachten. Die Beurteilung darf sich nicht nur auf die Gefährdung der Frau beschränken, sondern muss eine mögliche Gefährdung des ungeborenen Kindes einbeziehen. Der AG muss des Weiteren feststellen, ob es unverantwortbare oder noch hinnehmbare Gefährdungen gibt. Hiervon hängt ab, ob ggf. ein Beschäftigungsverbot nach § 13 I Nr. 3 MuSchG in Betracht zu ziehen ist. 4

4. Rangfolge der Schutzmaßnahmen. Hat der AG die Gefährdungsbeurteilung abgeschlossen, ist er gem. § 10 I Nr. 2 MuSchG verpflichtet, unter Berücksichtigung des Ergebnisses **drei abgestufte Feststellungen** zu treffen und diese § 14 I MuSchG zu dokumentieren: **(1)** Schutzmaßnahmen sind nicht erforderlich. In diesem Fall weisen die Tätigkeiten an einem bestimmten Arbeitsplatz keine besonderen mutterschutzrechtlichen Gefährdungen auf; **(2)** eine Umgestaltung der Arbeitsbedingungen ist voraussichtlich erforderlich. In diesem Fall darf der AG eine schwangere oder stillende Frau nicht mit den an diesem Arbeitsplatz anfallenden Tätigkeiten beschäftigen, für die Schutzmaßnahmen erforderlich sind. Der AG hat nach § 13 I Nr. 1 MuSchG die Arbeitsbedingungen durch Schutzmaßnahmen umzugestalten. Eine Weiterbeschäftigung mit anderen Tätigkeiten, für die keine Schutzmaßnahmen zu ergreifen sind, ist bis dahin zulässig; **(3)** eine Fortführung der Tätigkeit der Frau an diesem Arbeitsplatz wird nicht möglich sein. Hier sind die Gefährdungen, die mit einer bestimmten Tätigkeit oder mit allen Tätigkeiten an einem Arbeitsplatz verbunden sind, für die schwangere oder stillende Frau unverantwortbar und können durch Schutzmaßnahmen nicht ausgeglichen werden. In diesem Fall hat der AG gem. § 13 I Nr. 2 MuSchG die Frau an einem anderen geeigneten Arbeitsplatz einzusetzen, wenn er einen solchen Arbeitsplatz zur Verfügung stellen kann und dieser der Frau zumutbar ist. **Unmöglichkeit der Umgestaltung** der Arbeitsbedingungen liegt auch bei Unzumutbarkeit wegen eines nachweislich unverhältnismäßigen Aufwandes vor. Maßgeblich sind insoweit die Umstände des Einzelfalls.[16] Der AG hat bei der Prüfung, ob er der Frau einen anderen Arbeitsplatz im Betrieb zur Verfügung stellen kann, auch besetzte Arbeitsplätze einzubeziehen, die er 5

[11] So bereits BVerwG 27.5.1993 NJW 1994, 401.
[12] HK-MuSchG/*Pepping* § 9 Rn. 37.
[13] BT-Drs. 18/8963, 68.
[14] Roos/Bieresborn/*Altenbeck* MuSchG § 10 Rn. 8; ErfK/*Schlachter* MuSchG § 10 Rn. 1.
[15] *Bayreuther* NZA 2017, 1145 (1148).
[16] BT-Drs. 18/8963, 83.

mit anderen AN tauschen kann, sofern dem jeweiligen Stelleninhaber im Wege des Direktionsrechts ein anderer Arbeitsplatz zugewiesen werden kann.[17] Eine Änderungskündigung muss der AG nicht aussprechen.[18]

6 Ein **Beschäftigungsverbot** kommt gem. § 13 I Nr. 3 MuSchG nur in Betracht, wenn der AG der unverantwortbaren Gefährdung der schwangeren oder stillenden Frau weder durch Schutzmaßnahmen noch durch einen Arbeitsplatzwechsel begegnen kann.[19] Der AG hat dann sicherzustellen, dass die Frau ihre Arbeit auch entsprechend dem Beschäftigungsverbot unterbricht. Das Beschäftigungsverbot darf dabei nur in dem Umfang erfolgen, in dem es zum Ausschluss der unverantwortbaren Gefährdung der schwangeren oder stillenden Frau erforderlich ist. Im übrigen Teil der Arbeit sind die erforderlichen und möglichen Schutzmaßnahmen zu ergreifen. Der Entgeltanspruch der Frau richtet sich bei betrieblichen Beschäftigungsverboten nach § 18 MuSchG.

III. Beschäftigungsverbote

7 **1. Individuelles Beschäftigungsverbot für werdende Mütter. a) Gefährdung von Mutter oder Kind.** Vor der Entbindung dürfen schwangere AN gem. § 16 I MuSchG nicht beschäftigt werden, soweit nach ärztlichem Zeugnis Leben oder Gesundheit von Mutter oder Kind bei Weiterbeschäftigung gefährdet werden. Maßgeblich sind der **individuelle Gesundheitszustand und die konkrete Arbeitstätigkeit der schwangeren AN.**[20] **§ 16 I MuSchG verlangt die Prognose, dass eine Gefährdung von Leben oder Gesundheit** eintritt, wenn die Beschäftigung andauert. Unerheblich ist die genaue Ursache der Gefährdung. Die Arbeit der Schwangeren oder ihr räumlicher Arbeitsbereich muss nicht gesundheitsgefährdend sein. Ein Beschäftigungsverbot ist vielmehr auch dann auszusprechen, wenn die Beschäftigung für andere Frauen unabhängig von einer Schwangerschaft keinerlei Gefährdung ergibt, aber im Einzelfall aufgrund der individuellen Verhältnisse der Schwangeren die Gesundheit von Mutter oder Kind gefährden würde.[21] Unter dieser Voraussetzung können auch psychische Belastungen der AN ein Beschäftigungsverbot begründen.[22] Das individuelle Beschäftigungsverbot des § 16 I MuSchG greift erst ein, wenn der Arzt es im Einzelfall mündlich oder schriftlich ausgesprochen hat. Das objektive Vorliegen einer Gefährdung allein genügt nicht. Das ärztliche Zeugnis ist deshalb für das Beschäftigungsverbot konstitutiv.[23] Durch das Verbot nach § 16 I MuSchG wird die Arbeitspflicht der AN suspendiert.[24] Beruht der Arbeitsausfall allein auf dem Beschäftigungsverbot, hat die AN gem. § 18 MuSchG Anspruch auf Mutterschutzlohn (→ dazu § 170 Rn. 1 ff.). Auch im Falle der Arbeitsunfähigkeit kann der Arzt bei einer hierauf beruhenden Gefährdung von Leben oder Gesundheit der Mutter oder des Kindes ein Beschäftigungsverbot aussprechen.[25] Die krankheitsbedingte Arbeitsunfähigkeit schließt allerdings den Anspruch auf Entgeltzahlung nach § 18 MuSchG aus (dazu → § 170 Rn. 4 ff.).

8 **b) Verhältnis zu den gesetzlichen Beschäftigungsverboten.** Die Voraussetzungen eines besonderen gesetzlichen Beschäftigungsverbots nach § 11 MuSchG und der individuelle Tatbestand des § 16 I MuSchG können zugleich erfüllt sein. Liegt ein Fall des Beschäftigungsverbots nach § 11 MuSchG vor, besteht immer auch eine Gefährdung des Lebens oder der Gesundheit von Mutter oder Kind iSd § 16 I MuSchG. Sind die Voraussetzungen des § 11 MuSchG gegeben, geht diese speziellere Vorschrift vor. Solange sich dieser Bestimmung ein bestimmter Fall

[17] HWK/*C. W. Hergenröder* MuSchG § 13 Rn. 4; ErfK/*Schlachter* MuSchG § 13 Rn. 2.
[18] *Bayreuther* NZA 2017, 1145 (1148); Brose/Weth/Volk/*Kühn* MuSchG § 13 Rn. 16; ErfK/*Schlachter* MuSchG § 13 Rn. 2.
[19] Brose/Weth/Volk/*Kühn* MuSchG § 13 Rn. 23.
[20] HK-MuSchG/*Pepping* § 16 Rn. 3.
[21] Brose/Weth/Volk/*Volk* MuSchG § 16 Rn. 23.
[22] BAG 7.11.2007 AP Nr. 21 zu § 3 MuSchG 1968; 13.2.2002 AP Nr. 22 zu § 11 MuSchG 1968 = NZA 2002, 738; 21.3.2001 AP Nr. 16 zu § 3 MuSchG 1968 = NZA 2001, 1017; 11.11.1998 AP Nr. 12 zu § 3 MuSchG 1968 = NZA 1999, 763; 12.3.1997 AP Nr. 10 zu § 3 MuSchG 1968 = NZA 1997, 882.
[23] BAG 7.11.2007 AP Nr. 21 zu § 3 MuSchG 1968; 11.11.1998 AP Nr. 12 zu § 3 MuSchG 1968 = NZA 1999, 763; 12.3.1997 AP Nr. 10 zu § 3 MuSchG 1968 = NZA 1997, 882; HWK/*C. W. Hergenröder* MuSchG § 16 Rn. 4.
[24] Brose/Weth/Volk/*Volk* MuSchG § 16 Rn. 46.
[25] BAG 13.2.2002 AP Nr. 22 zu § 11 MuSchG 1968 = NZA 2002, 738.

aber nicht mit Gewissheit zuordnen lässt, kann gleichwohl ein Beschäftigungsverbot nach § 16 I MuSchG in Betracht kommen.[26]

c) Zwingende Wirkung. Der AG hat das in einem ärztlichen Zeugnis ausgesprochene Verbot mit seinem jeweiligen Inhalt zwingend zu beachten, unabhängig von seiner Richtigkeit (zu Zweifeln an der Richtigkeit → Rn. 10). Der AG darf die AN nicht mehr verbotswidrig einsetzen, und zwar auch dann nicht, wenn sie hiermit einverstanden ist.[27] Er kann nicht seine Beurteilung an die Stelle des Arztes setzen. Falls er die AN gleichwohl zur Arbeitsleistung auffordert, steht dieser ein Leistungsverweigerungsrecht zu.[28] 9

d) Zweifel an der Richtigkeit des individuellen Beschäftigungsverbots. aa) Grundsatz. Der schriftlichen Bescheinigung nach § 16 I MuSchG kommt grundsätzlich ein hoher Beweiswert zu.[29] Hat der AG gleichwohl Zweifel an dem ausgesprochenen Beschäftigungsverbot, kann er vom ausstellenden Arzt Auskünfte über die Gründe für das Attest verlangen, soweit diese nicht der ärztlichen Schweigepflicht unterliegen. Auf Verlangen des AG hat der Arzt ihm mitzuteilen, von welchen tatsächlichen Arbeitsbedingungen der AN er bei Erteilung seines Zeugnisses ausgegangen ist und ob krankheitsbedingte Arbeitsunfähigkeit vorgelegen hat. Will der AG das Beschäftigungsverbot wegen objektiv begründbarer Zweifel nicht gegen sich gelten lassen, kann er eine weitere ärztliche Untersuchung der AN verlangen. Die Schwangere hat auch insoweit freie Arztwahl.[30] 10

bb) Erschütterung des Beweiswerts der ärztlichen Bescheinigung. Der AG kann unabhängig von einer neuerlichen Untersuchung Umstände vortragen, die den Beweiswert des ärztlichen Zeugnisses erschüttern. Er könnte zB einwenden, die AN habe dem Arzt ihre Arbeitsbedingungen, die für den Ausspruch des Verbots ausschlaggebend gewesen seien, unzutreffend beschrieben.[31] Der Beweiswert eines zunächst nicht näher begründeten ärztlichen Beschäftigungsverbots ist ferner erschüttert, wenn die AN trotz Aufforderung des AG keine ärztliche Bescheinigung vorlegt, aus der hervorgeht, von welchen Arbeitsbedingungen der Arzt beim Ausspruch des Beschäftigungsverbots ausgegangen ist und welche Einschränkungen für die AN bestehen.[32] Solche Angaben verletzen nicht das Persönlichkeitsrecht der AN (Art. 2 I GG), weil nicht die Mitteilung des medizinischen Befunds verlangt wird, sondern die Angabe der Verhaltensanordnungen, die der Arzt der AN auf der Grundlage seiner Untersuchungen erteilt hat. So muss der Arzt auf Nachfrage beispielsweise mitteilen, ob und inwieweit die AN Arbeiten sitzend oder stehend verrichten soll und ob sie körperlich belastende Arbeiten leisten kann. Bei einem auf „Stresssituationen am Arbeitsplatz" oder „Probleme mit Vorgesetzten und Kollegen" gestützten Beschäftigungsverbot kann der AG die konkrete Beschreibung der zugrunde liegenden Umstände verlangen. Auch genügt der AG, der die Berechtigung des Verbots anzweifelt, seiner Darlegungslast zunächst dadurch, dass er solche Probleme am Arbeitsplatz bestreitet. Es ist Sache der AN, sie näher zu erläutern und entsprechende Geschehnisse zu konkretisieren. Erst dann ist der AG gehalten, dies substantiiert zu bestreiten und seinen Vortrag zu beweisen.[33] Die nicht weiter substantiierte Behauptung der AN, sie habe unter „Mobbing" gelitten, ist unzureichend.[34] 11

2. Generelles Beschäftigungsverbote vor und nach der Entbindung. a) Vor der Entbindung. In den letzten 6 Wochen vor der Entbindung ist nach § 3 I MuSchG eine Beschäftigung unzulässig, es sei denn, dass sich die AN ausdrücklich zur Arbeitsleistung bereit erklärt. Diese Erklärung kann gem. § 3 I 2 MuSchG jederzeit mit Wirkung für die Zukunft widerrufen werden. Zur Berechnung der Frist hat die AN das Zeugnis eines Arztes oder einer Hebamme vorzulegen (§ 15 II MuSchG). Der **Beginn der Frist** wird gem. §§ 187 ff. BGB in der Weise ermittelt, dass von dem mutmaßlichen Tag der Entbindung 6 Wochen zurückgerechnet werden. Gem. § 187 I BGB wird der Tag des mutmaßlichen Entbindungstermins selbst nicht mitgerech- 12

---

26 Vgl. BAG 11.11.1998 AP Nr. 12 zu § 3 MuSchG 1968 = NZA 1999, 763.

27 ErfK/*Schlachter* MuSchG § 16 Rn. 10; Brose/Weth/Volk/*Volk* MuSchG § 16 Rn. 60.

28 BAG 11.11.1998 AP Nr. 12 zu § 3 MuSchG 1968 = NZA 1999, 763; HK-MuSchG/*Pepping* § 16 Rn. 41.

29 Vgl. BAG 17.10.2013 AP Nr. 15 zu § 15 AGG = NZA 2014, 303; 7.11.2007 AP Nr. 21 zu § 3 MuSchG 1968.

30 BAG 13.2.2002 AP Nr. 22 zu § 11 MuSchG 1968 = NZA 2002, 738; 21.3.2001 AP Nr. 16 zu § 3 MuSchG 1968 = NZA 2001, 1017; Roos/Bieresborn/*Betz* MuSchG § 16 Rn. 15.

31 Brose/Weth/Volk/*Volk* MuSchG § 16 Rn. 39.

32 BAG 7.11.2007 AP Nr. 21 zu § 3 MuSchG 1968.

33 BAG 13.2.2002 AP Nr. 22 zu § 11 MuSchG 1968 = NZA 2002, 738.

34 BAG 7.11.2007 AP Nr. 21 zu § 3 MuSchG 1968.

net. Die Rückwärtsfrist beginnt damit am Tag vor dem mutmaßlichen Geburtstermin und endet gem. § 188 II BGB um 0 Uhr desjenigen Wochentages, welcher durch seine Benennung dem Tage entspricht, in den das Ereignis (die Entbindung) fällt. Um 0 Uhr dieses Tages beginnt damit die vorgeburtliche Schutzfrist.[35] Ist Dienstag, der 17.9. der vom Arzt bestimmte voraussichtliche Geburtstermin, beginnt die Schutzfrist am Dienstag, dem 6.8.

13 **b) Nach der Entbindung.** Die Schutzfrist nach der Entbindung beträgt gem. § 3 II MuSchG grundsätzlich 8 Wochen. Bei **Früh- und Mehrlingsgeburten** verlängert sie sich auf 12 Wochen. Bei Frühgeburten und sonstigen vorzeitigen Entbindungen verlängert sich die Schutzfrist nach der Geburt gem. § 3 II 3 MuSchG zusätzlich um den Zeitraum der Verkürzung der sechswöchigen Schutzfrist nach § 3 I MuSchG, der nicht in Anspruch genommen werden konnte. Damit wird der Mutterschutzrichtlinie 92/85/EWG vom 19.10.1992 Rechnung getragen, die in Art. 8 I einen Mutterschaftsurlaub von mindestens 14 Wochen vorsieht. Das Beschäftigungsverbot nach der Entbindung ist im Gegensatz zu dem vor der Entbindung beidseitig zwingend. Das **Verbot ist zwingend,** eine Einwilligung der AN ändert daran nichts.[36] Verboten sind alle Formen der Beschäftigung, damit auch eine Tätigkeit für den AG, die in der Wohnung der AN erbracht wird. Stirbt das Kind nach der Entbindung, kann die AN nach § 3 IV 1 MuSchG auf ihr ausdrückliches Verlangen schon vor Ablauf der Schutzfrist, aber nicht in den ersten zwei Wochen nach der Entbindung, wieder beschäftigt werden, wenn nach ärztlichem Zeugnis nichts dagegen spricht.

14 **c) Begriff der Entbindung.** Der Begriff Entbindung ist im MuSchG nicht näher bestimmt. Hierunter ist grundsätzlich die **Trennung der Leibesfrucht vom Mutterleib** zu verstehen, was bei einer Lebendgeburt vollkommen unproblematisch ist.[37] Im Übrigen wird zur Definition einheitlich im Arbeits- und Sozialversicherungsrecht auf § 31 PStV idF vom 22.11.2008 (BGBl. I 2263) zurückgegriffen.[38] Danach liegt eine **Lebendgeburt** vor, wenn bei einem Kind nach der Scheidung vom Mutterleib entweder das Herz geschlagen oder die Nabelschnur pulsiert oder die natürliche Lungenatmung eingesetzt hat. Hat sich keines dieser Merkmale des Lebens gezeigt, beträgt das Gewicht der Leibesfrucht jedoch mindestens 500 Gramm, gilt sie als ein tot geborenes oder in der Geburt verstorbenes Kind. Auch eine solche **Totgeburt** ist als Entbindung anzusehen.[39] Beträgt das Gewicht der Leibesfrucht weniger als 500 Gramm, liegt eine **Fehlgeburt** vor, die in den Personenstandsbüchern nicht beurkundet wird. Eine solche Fehlgeburt ist keine Entbindung iSd MuSchG. Bei einer Fehlgeburt nach der zwölften Schwangerschaftswoche besteht der besondere Kündigungsschutz gem. § 17 I Nr. 2 MuSchG bis zum Ablauf von vier Monaten nach der Fehlgeburt (→ § 169 Rn. 4). Eine **Frühgeburt** ist eine Entbindung, bei der das Kind – bei Mehrlingsgeburten das schwerste Kind – bei der Geburt weniger als 2 500 g wiegt oder das Kind trotz höheren Gewichts wegen noch nicht voll ausgebildeter Reifezeichen oder wegen verfrühter Beendigung der Schwangerschaft einer wesentlich erweiterten Pflege bedarf.[40] Eine **Mehrlingsgeburt** ist die Entbindung von mehr als einem Kind bei einem einheitlichen Geburtsvorgang. Das Beschäftigungsverbot des § 3 II MuSchG gilt **nicht bei Fehlgeburten**[41] **und Schwangerschaftsabbrüchen.**[42] Frauen, die nach ärztlichem Zeugnis in den ersten Monaten nach der Entbindung nicht voll leistungsfähig sind, dürfen nicht zu einer ihrer Leistungsfähigkeit übersteigenden Arbeit herangezogen werden (§ 16 II MuSchG). Ist die Frau nicht voll leistungsfähig, gilt das individuelle Beschäftigungsverbot. Ist sie dagegen arbeitsunfähig, greifen die Vorschriften über die Entgeltfortzahlung im Krankheitsfall ein.[43]

15 **3. Beschäftigungsverbote wegen der Art der Tätigkeit.** Schwangere Frauen dürfen nicht mit den in § 11 MuSchG im Einzelnen aufgeführten Tätigkeiten beschäftigt werden. Für stillende Frauen ergibt sich aus § 12 MuSchG ein entsprechendes Verbot.

---

35 Brose/Weth/Volk/*Weth* MuSchG § 3 Rn. 22.

36 BAG 14.10.1954 AP Nr. 1 zu § 13 MuSchG; HWK/*C. W. Hergenröder* MuSchG § 3 Rn. 7; ErfK/*Schlachter* MuSchG § 3 Rn. 10; Brose/Weth/Volk/*Weth* MuSchG § 3 Rn. 40.

37 BAG 12.12.2013 AP Nr. 17 zu § 15 AGG = NZA 2014, 722; Brose/Weth/Volk/*Weth* MuSchG § 3 Rn. 41.

38 BAG 15.12.2005 AP Nr. 37 zu § 9 MuSchG 1968 = NZA 2006, 994; *Ullmann* NJW 1994, 544; krit. dazu APS/*Rolfs* MuSchG § 9 Rn. 25.

39 BAG 12.12.2013 AP Nr. 17 zu § 15 AGG = NZA 2014, 722.

40 BAG 12.3.1997 AP Nr. 4 zu § 6 MuSchG 1968 = NZA 1997, 764.

41 BAG 16.12.1973 AP Nr. 2 zu § 9 MuSchG 1968.

42 Brose/Weth/Volk/*Weth* MuSchG § 3 Rn. 42; HWK/*C. W. Hergenröder* MuSchG § 3 Rn. 4; ErfK/*Schlachter* MuSchG § 3 Rn. 9.

43 HK-MuSchG/*Pepping* § 16 Rn. 48.

4. Mehrarbeit, Nacht- und Sonntagsarbeit. Werdende und stillende Mütter dürfen nach § 4 I MuSchG nicht mit Mehrarbeit und gem. § 5 I MuSchG nicht in der Nacht zwischen 20.00 und 6.00 Uhr und nach § 6 I MuSchG nicht an Sonn- und Feiertagen beschäftigt werden.[44] **Mehrarbeit** ist jede Arbeit, die von Frauen unter 18 Jahren über 8 Stunden täglich oder 80 Stunden in der Doppelwoche, von sonstigen Frauen über 8½ Stunden täglich oder 90 Stunden in der Doppelwoche geleistet wird (§ 4 I 1 MuSchG). Nach dem neu in das Gesetz eingefügten § 4 I 4 MuSchG darf der AG eine schwangere oder stillende Frau nicht in einem Umfang beschäftigen, der die vertraglich vereinbarte wöchentliche Arbeitszeit im Durchschnitt des Monats übersteigt. Gemeint ist der Kalendermonat.[45] Hierdurch soll sichergestellt werden, dass insbesondere teilzeitbeschäftigte Frauen gemessen an der vertraglich vereinbarten Arbeitszeit im Vergleich zu vollzeitbeschäftigten Frauen nicht unverhältnismäßig zu Mehrarbeit verpflichtet werden.[46] Gem. § 28 I 1 MuSchG kann die Aufsichtsbehörde auf Antrag des AG abweichend von dem Verbot der **Nachtarbeit** genehmigen, dass eine schwangere oder stillende Frau zwischen 20.00 und 22.00 Uhr beschäftigt wird, wenn sie sich ausdrücklich dazu bereit erklärt und nach ärztlichem Zeugnis nichts gegen eine solche Beschäftigung spricht, insbesondere eine unverantwortbare Gefährdung für die Schwangere oder ihr Kind durch Alleinarbeit ausgeschlossen ist. Von dem in § 6 I 1 MuSchG geregelten Verbot der **Sonn- und Feiertagsarbeit** für schwangere und stillende Frauen kann nach näherer Maßgabe von S. 2 dieser Bestimmung abgewichen werden. Schließlich ist stillenden Müttern die erforderliche **Stillzeit** einzuräumen (§ 7 MuSchG). 16

5. Zumutbare Ersatztätigkeit. Der AG kann nach § 13 I Nr. 2 MuSchG eine schwangere oder stillende Frau an einem anderen geeigneten Arbeitsplatz einsetzen, wenn er eine unverantwortbare Gefährdung für sie nicht durch die Umgestaltung der Arbeitsbedingungen ausschließen kann oder eine solche unzumutbar ist. Bei der Ausübung des Weisungsrechts nach § 106 GewO hat der AG billiges Ermessen zu wahren und deshalb insbesondere bei Beschäftigungsalternativen auch die Belange der AN zu berücksichtigen. Lehnt die Frau eine für sie zumutbare Umsetzung ab, verliert sie den Anspruch aus § 18 MuSchG.[47] Führt die Umsetzung dazu, dass die Frau eine geringer bewertete Tätigkeit ausübt, muss der AG grundsätzlich die bisherige Vergütung fortentrichten.[48] Allerdings ist er unionsrechtlich nicht verpflichtet, Zulagen, welche die AN vor ihrer vorübergehenden Umsetzung für die Ausübung bestimmter Tätigkeiten unter besonderen Umständen erhalten hat, weiterzuzahlen, wenn sie diese Tätigkeiten während ihrer vorübergehenden Beschäftigung auf einem anderen Arbeitsplatz nicht mehr ausübt.[49] 17

6. Stillzeit. Der Anspruch der Frau auf Stillzeit bezieht sich nach § 7 II MuSchG auf die für das Stillen erforderliche Zeit. Dazu gehört nicht nur die eigentliche Stillzeit, sondern auch die Zeit der Vorbereitungen, die Wegezeiten zu einem Stillraum oder zur häuslichen Wohnung. Die AN muss auf betriebliche Belange Rücksicht nehmen und die Stillzeiten durch organisatorische Maßnahmen in angemessenen Grenzen halten.[50] Der Anspruch auf Stillzeit ist nach § 7 II 1 MuSchG auf die ersten zwölf Monate nach der Entbindung begrenzt. Der Gesetzgeber begründet diese zeitliche Begrenzung damit, dass die Vorteile des Stillens mit zunehmendem Lebensalter des Kindes abnehmen. Spätestens wenn das Kind zwölf Monate alt ist, sei das Stillen weder aus ernährungsphysiologischer Sicht noch immunologischer Sicht notwendig.[51] Durch die Gewährung der Stillzeiten darf gem. § 23 I MuSchG kein Verdienstausfall eintreten. Der AG kann von der AN deshalb nicht verlangen, die Stillzeiten vor- oder nachzuarbeiten. Ist eine AN nur unter der Bedingung zur Arbeitsaufnahme bereit, dass sie ihr Kind in den Betrieb mitbringen und dort stillen darf, kommt der AG, der dies ablehnt, nach der Rechtsprechung des BAG nicht in Annahmeverzug, wenn die Verhältnisse am Arbeitsplatz dem Verlangen der AN entgegenstehen und zum Stillen geeignete Räume nicht vorhanden sind.[52] 18

---

[44] Zur Nachtarbeit schwangerer Frauen EuGH 19.9.2018 AP Nr. 5 zu Richtlinie 2006/54/EG = NZA 2018, 1391.
[45] Brose/Weth/Volk/*Weth* MuSchG § 4 Rn. 22.
[46] BT-Drs. 18/11782, 32.
[47] Küttner Personalbuch 2021/*Poeche* „Mutterschutz" Rn. 21.
[48] *Nebe* ZESAR 2011, 10 (16).
[49] EuGH 1.7.2010 NZA 2010, 1284; dazu *Höpfner* EuZA 2011, 223.
[50] BAG 3.7.1985 AP Nr. 1 zu § 7 MuSchG = NZA 1986, 131.
[51] BT-Drs. 18/8963, 62.
[52] BAG 3.7.1985 AP Nr. 1 zu § 7 MuSchG = NZA 1986, 131.

§ 168. Urlaubsansprüche während des Mutterschutzes

Übersicht

I. Wartezeit

1 Die mutterschutzrechtlichen Beschäftigungsverbote berühren nicht den Bestand des Arbeitsverhältnisses. Der AN ist in dieser Zeit nur die Beschäftigung untersagt. Hieran knüpft § 24 S. 1 MuSchG an und bestimmt, dass für den Anspruch auf bezahlten Erholungsurlaub und dessen Dauer die **Ausfallzeiten wegen mutterschutzrechtlicher Beschäftigungsverbote als Beschäftigungszeiten gelten.** Diese Regelung hat für die Berechnung der sechsmonatigen Wartezeit des § 4 BUrlG nur klarstellende Bedeutung.[1]

II. Urlaubserteilung

2 Für die Urlaubserteilung während des Mutterschutzes gelten die allgemeinen zu § 7 I BUrlG entwickelten Grundsätze (dazu → § 104 Rn. 74 ff.). Erklärt der AG während eines Beschäftigungsverbots, er könne der AN keine andere Arbeit anbieten, liegt darin keine Urlaubserteilung, sondern nur ein Verzicht auf Arbeitsleistung.[2] Hat der AG auf Antrag der AN zu Beginn des Urlaubsjahres den Urlaub festgelegt, tritt keine Erfüllung des Urlaubsanspruchs ein, wenn für die **AN während der festgelegten Urlaubszeit ein Beschäftigungsverbot** nach § 3 I und § 16 MuSchG besteht. Der Urlaubsanspruch geht in diesem Fall nicht wegen nachträglicher Unmöglichkeit gem. § 275 I BGB unter. Dem steht § 24 S. 2 MuSchG entgegen.[3]

III. Übertragung der Urlaubsansprüche

3 Hat die schwangere AN ihren Urlaub vor Beginn der Beschäftigungsverbote nicht oder nicht vollständig erhalten, kann sie nach § 24 S. 2 MuSchG den Resturlaub im laufenden oder im nächsten Jahr beanspruchen. Der in § 24 MuSchG genannte Begriff „mutterschutzrechtliche Beschäftigungsverbote" erfasst dabei nicht nur die generellen Beschäftigungsverbote nach § 3 I und II MuSchG, sondern auch die individuellen mutterschutzrechtlichen Beschäftigungsverbote nach § 16 I und § 11 MuSchG.[4] Damit wird – wie bei § 17 II BEEG – ein weiterer Übertragungstatbestand geschaffen und dem Unionsrecht Rechnung getragen.[5] Rechtsfolge der Übertragung ist nicht nur eine Verlängerung des Übertragungszeitraums des § 7 III 3 BUrlG, sondern dass der Urlaub auch im Folgejahr genommen werden kann. Dieses ist dann das für das Fristenregime des § 7 III BUrlG maßgebliche Urlaubsjahr. Der nach § 24 S. 2 MuSchG übertragene Urlaub kann deshalb unter den Voraussetzungen des § 7 III 2 BUrlG bis zum 31.3. des dann nachfolgenden Kalenderjahres weiter übertragen werden.[6]

4 Von der Übertragung nach § 24 S. 2 MuSchG wird nicht nur der laufende Urlaub des Urlaubsjahres erfasst, sondern auch der aus dem Vorjahr nach § 7 III BUrlG **übertragene Urlaub,** soweit dieser zu Beginn des Beschäftigungsverbots noch erfüllbar war.[7] Wäre der Urlaubsanspruch jedoch ohne das Beschäftigungsverbot wegen Überschreitens des Übertragungszeitraums des § 7 III BUrlG ganz oder teilweise erloschen, scheidet eine Übertragung nach § 24 S. 2 MuSchG aus.[8] Beginnt zB das Beschäftigungsverbot des § 3 I MuSchG am 26.3. und hat die AN noch einen Resturlaub von 10 Urlaubstagen, wären bei angenommenen 4 Arbeitsta-

---

[1] Ebenso *Friese* NZA 2003, 597 (598); *Joussen* NZA 2002, 702 (705).
[2] BAG 25.1.1994 AP Nr. 16 zu § 7 BUrlG = NZA 1994, 652.
[3] BAG 9.8.2016 AP Nr. 1 zu § 17 MuSchG 1968 = NZA 2016, 1392 unter Aufgabe von BAG 9.8.1994 AP Nr. 19 zu § 7 BUrlG; ErfK/*Gallner* BUrlG § 7 Rn. 24.
[4] BAG 15.12.2015 AP Nr. 3 zu § 17 BEEG = NZA 2016, 433.
[5] EuGH 18.3.2004 AP Nr. 10 zu EWG-Richtlinie Nr. 93/104 = NZA 2004, 535 – Gómez.
[6] BAG 15.12.2015 AP Nr. 3 zu § 17 BEEG = NZA 2016, 433.
[7] Ebenso zu § 17 II BErzGG: BAG 1.10.1991 AP Nr. 2 zu § 17 BErzGG = NZA 1992, 419.
[8] Ebenso *Friese* NZA 2003, 597 (601); *Sowka* DB 2002, 1658.

gen bis zum 31.3. ohne die Übertragungsregelung des § 24 S. 2 MuSchG nur 4 Urlaubstage erfüllbar. Die übrigen 6 Tage verfielen. Von § 24 S. 2 MuSchG werden in diesem Fall daher nur 4 Tage Resturlaub erfasst. Nimmt die AN unmittelbar nach Ablauf der Schutzfrist des § 3 II MuSchG Elternzeit in Anspruch, werden die nach § 24 S. 2 MuSchG übertragenen Urlaubsansprüche von § 17 II BEEG erfasst und nach Maßgabe dieser Bestimmung übertragen (→ § 172 Rn. 23).

§ 169. Kündigungsschutz schwangerer Arbeitnehmerinnen

Übersicht

I. Zweck und Geltungsbereich

1. Zweck. Durch den besonderen Kündigungsschutz des § 17 MuSchG sollen AN vor dem Verlust ihres Arbeitsplatzes geschützt werden. Kündigt der AG entgegen dem bestehenden Kündigungsverbot, ist die Kündigung gem. § 134 BGB nichtig.[1] Der AG kann in Annahmeverzug geraten (→ § 95 Rn. 1 ff.). Außerdem ist § 17 MuSchG Schutzgesetz iSv § 823 II BGB.[2] Der AG kann daher auch zum Ersatz eines weitergehenden Schadens verpflichtet sein. § 17 MuSchG enthält ein absolutes Verbot der Kündigung mit Erlaubnisvorbehalt.[3] Das Kündigungsverbot ist verfassungsrechtlich zulässig.[4] Es gilt auch für solche AN, die zur Vertretung von in Mutterschutz stehenden AN eingestellt sind, wenn sie selbst schwanger werden.[5] Die AN kann auf den besonderen Kündigungsschutz nicht im Vorhinein verzichten.[6] Sie kann jedoch nach Ausspruch der Kündigung, ggf. in einem Abwicklungsvertrag gegen Zahlung einer Abfindung, von einer Kündigungsschutzklage absehen. 1

2. Persönlicher Geltungsbereich. Kündigungsschutz genießen alle AN einschließlich der zu ihrer Ausbildung beschäftigten Frauen (zum persönlichen Geltungsbereich des MuSchG → § 165 Rn. 6).[7] Letztere stehen zwar nicht in einem Arbeitsverhältnis, § 17 MuSchG gilt aber wegen des Verweises in § 10 II BBiG.[8] Voraussetzung ist ein rechtswirksamer Arbeitsvertrag. Der Kündigungsschutz nach § 17 MuSchG setzt **nicht die Erfüllung einer Wartezeit** voraus, sondern besteht vom Beginn des Arbeitsverhältnisses an. Nach Auffassung des BAG ist die Aufnahme der vereinbarten Tätigkeit hierfür nicht erforderlich, so dass hiernach das Kündigungsverbot auch bei einer Kündigung nach Abschluss des Arbeitsvertrags und **vor Dienstantritt** gilt.[9] 2

---

[1] BAG 27.2.2020 AP Nr. 1 zu § 17 MuSchG 2018 = NZA 2020, 721.

[2] Ebenso Brose/Weth/Volk/*Volk* MuSchG § 17 Rn. 156; HWK/*C. W. Hergenröder* MuSchG § 17 Rn. 11; ErfK/*Schlachter* MuSchG § 17 Rn. 11.

[3] KR/*Gallner* MuSchG § 17 Rn. 29; APS/*Rolfs* MuSchG § 17 Rn. 19; HK-MuSchG/*Schöllmann* § 17 Rn. 2.

[4] BVerfG 25.1.1972 BVerfGE 32, 273 = AP Nr. 1 zu § 9 MuSchG 1968; BAG 11.9.1979 AP Nr. 6 zu § 9 MuSchG 1968.

[5] EuGH 14.7.1994 NZA 1994, 783 – Webb.

[6] APS/*Rolfs* MuSchG § 17 Rn. 22.

[7] LAG Bln 1.7.1985 BB 1986, 62.

[8] KR/*Gallner* MuSchG § 17 Rn. 40.

[9] BAG 27.2.2020 AP Nr. 1 zu § 17 MuSchG 2018 = NZA 2020, 721.

Besteht nur ein faktisches Vertragsverhältnis, kann sich der AG jederzeit davon lösen. Arbeitet die Frau in einem **Gruppenarbeitsverhältnis,** wirkt der Kündigungsschutz auch zugunsten der übrigen Gruppenmitglieder.[10] In **Jobsharing**-Arbeitsverhältnissen sind regelmäßig die Arbeitsverhältnisse in ihrem Bestand voneinander unabhängig. Gegen eine Änderungskündigung nach § 13 II TzBfG ist die Schwangere durch § 17 MuSchG geschützt. **Heimarbeiterinnen,** die am Stück arbeiten (§ 1 II Nr. 6 MuSchG), genießen den gleichen Kündigungsschutz wie AN (§ 17 III MuSchG). Für die ihnen Gleichgestellten gilt dies nach § 17 III 2 MuSchG nur dann, wenn sich die Gleichstellung auch auf den 9. Abschnitt – Kündigung – des HAG erstreckt. **Organvertreterinnen,** die in einem Arbeitsverhältnis stehen, sind Beschäftigte iSv § 1 II Nr. 7 MuSchG und erhalten deshalb den Schutz des § 17 MuSchG.[11] Für Schülerinnen und Studentinnen besteht nach § 1 II Nr. 8 MuSchG eine Ausnahme von der grundsätzlichen Anwendbarkeit des MuSchG bezüglich § 17. Diese genießen nicht den mutterschutzrechtlichen Sonderkündigungsschutz.

II. Voraussetzungen des Kündigungsschutzes

3 **1. Schwangerschaft zum Zeitpunkt der Kündigung. a) Beginn des Kündigungsschutzes.** Der Sonderkündigungsschutz besteht, wenn die Kündigung während einer Schwangerschaft[12] oder innerhalb eines Zeitraums von vier Monaten nach der Entbindung erfolgt (→ § 167 Rn. 14). Wird die AN innerhalb der vier Monate nach der Entbindung erneut schwanger, besteht der Kündigungsschutz ununterbrochen bis vier Monate nach der folgenden Entbindung. Die Bestimmung des Beginns der Schwangerschaft erfolgt grundsätzlich durch **Rückrechnung um 280 Tage** von dem ärztlich festgestellten voraussichtlichen Entbindungstermin.[13] Die Schwangere genügt deshalb in einem Kündigungsschutzprozess ihrer Darlegungslast für das Bestehen einer Schwangerschaft im Kündigungszeitpunkt zunächst durch Vorlage der ärztlichen Bescheinigung über den mutmaßlichen Tag der Entbindung, wenn der Zugang der Kündigung innerhalb des Zeitraums von 280 Tagen vor diesem Termin liegt. Dabei ist der voraussichtliche Tag der Entbindung nicht mitzuzählen. Der AG kann jedoch den Beweiswert der Bescheinigung erschüttern und Umstände darlegen und beweisen, aufgrund derer es der wissenschaftlich gesicherten Erkenntnis widersprechen würde, von einem Beginn der Schwangerschaft der AN vor Kündigungszugang auszugehen. Die AN hat sich dazu zu erklären (§ 138 II ZPO) und ggf. ihren Arzt von der Schweigepflicht zu entbinden.[14] Die Schwangerschaft muss zum Zeitpunkt des Zugangs der Kündigung objektiv bestehen.[15] § 17 MuSchG ist nicht anwendbar, wenn die AN erst nach Zugang der Kündigung während der Kündigungsfrist schwanger wird.[16] Die **irrtümliche Annahme** der Frau oder eines Arztes, sie sei schwanger, bewirkt keinen Kündigungsschutz.[17] Eine AN ist noch nicht schwanger, wenn sie sich mehrere Eizellen entnehmen lässt, um eine **In-vitro-Fertilisation** durchzuführen, und diese mit den Samenzellen verschmolzen werden, aber zum Zeitpunkt der Kündigung noch nicht in ihre Gebärmutter eingesetzt worden sind.[18] Bei einer Schwangerschaft aufgrund einer In-vitro-Fertilisation beginnt der besondere Kündigungsschutz mit dem Embryonentransfer. Es kann weder die 280-Tages-Regel zur Anwendung gelangen, noch entscheidet der Zeitpunkt der Nidation.[19]

4 **b) Ende des Kündigungsschutzes.** Der Kündigungsschutz endet gem. § 17 I 1 MuSchG mit dem Ende der Schutzfrist nach der Entbindung (§ 3 II MuSchG), frühestens jedoch vier

[10] BAG 21.10.1971 AP Nr. 1 zu § 611 BGB Gruppenarbeitsverhältnis; weiterführend APS/*Rolfs* MuSchG § 17 Rn. 31.

[11] APS/*Rolfs* MuSchG § 17 Rn. 26 ff.

[12] Dazu BAG 26.3.2015 AP Nr. 39 zu § 9 MuSchG 1968 = NZA 2015, 734; auch Bauchhöhlenschwangerschaft: Roos/Bieresborn/*Betz* MuSchG § 17 Rn. 20; APS/*Rolfs* MuSchG § 17 Rn. 36.

[13] BAG 26.3.2015 AP Nr. 39 zu § 9 MuSchG 1968 = NZA 2015, 734; 12.12.1985 AP Nr. 15 zu § 9 MuSchG 1968 = NZA 1986, 613; LAG Köln 30.9.1993 NZA 1995, 229.

[14] BAG 26.3.2015 AP Nr. 39 zu § 9 MuSchG 1968 = NZA 2015, 734; 7.5.1998 AP Nr. 24 zu § 9 MuSchG 1968 = NZA 1998, 1049.

[15] Brose/Weth/Volk/*Volk* MuSchG § 17 Rn. 17.

[16] ErfK/*Schlachter* MuSchG § 17 Rn. 3.

[17] APS/*Rolfs* MuSchG § 17 Rn. 37.

[18] EuGH 26.2.2008 AP Nr. 7 zu EWG-Richtlinie Nr. 92/85 = NZA 2008, 345; dazu *Reiner* EuZA 2009, 79; § 9 MuSchG greift ab der Einsetzung der befruchteten Eizelle, BAG 26.3.2015 AP Nr. 39 zu § 9 MuSchG 1968 mAnm *Wolmerath* = NZA 2015, 734.

[19] BAG 26.3.2015 AP Nr. 39 zu § 9 MuSchG 1968 = NZA 2015, 734; 26.10.2016 AP Nr. 33 zu § 3 EntgeltFG = NZA 2017, 240; dazu auch EuGH 26.2.2008 AP Nr. 7 zu EWG-Richtlinie Nr. 92/85 = NZA 2008, 345 – Mayr; Brose/Weth/Volk/*Volk* MuSchG § 17 Rn. 18.

Monate nach der Entbindung. Beträgt das Gewicht der Leibesfrucht weniger als 500 Gramm, liegt eine Fehlgeburt vor. Eine Fehlgeburt ist keine Entbindung iSd MuSchG (→ § 167 Rn. 14). Kommt es nach der zwölften Schwangerschaftswoche zu einer Fehlgeburt, besteht der Sonderkündigungsschutz nach § 17 I Nr. 2 MuSchG bis zum Ablauf von vier Monaten nach der Fehlgeburt.[20] Bei einem Schwangerschaftsabbruch endet der Kündigungsschutz sofort.[21] Eine Totgeburt oder der nachfolgende Tod des geborenen Kindes berührt den Kündigungsschutz nicht. Die unterschiedlichen Regelungen sind nicht verfassungswidrig.[22] Eine medizinisch indizierte vorzeitige Einleitung der Geburt steht der Annahme einer Entbindung iSv § 17 I 1 MuSchG nicht entgegen, wenn die Voraussetzungen nach § 29 II PStV gegeben sind (→ § 167 Rn. 14).[23]

2. Kenntnis der Schwangerschaft. Voraussetzung des Sonderkündigungsschutzes ist grundsätzlich, dass der AG zum Zeitpunkt der Kündigung von der Schwangerschaft oder der Entbindung Kenntnis hat oder ihm binnen zwei Wochen nach Zugang der Kündigung hiervon Mitteilung gemacht wird (§ 17 I 1 MuSchG). Erforderlich ist die **positive Kenntnis des AG.** Bloße Vermutungen oder Gerüchte genügen nicht.[24] Der AG ist nicht verpflichtet, sich näher zu erkundigen.[25] Maßgeblich ist bei juristischen Personen die Kenntnis des gesetzlichen Vertreters. Bei Gesamtvertretung genügt die Kenntnis eines Vertreters.[26] Der AG muss sich die Kenntnis eines kündigungsberechtigten Vertreters zurechnen lassen.[27] Die Kenntnis eines Dritten ist dem Kündigungsberechtigten nach Treu und Glauben dann zuzurechnen, wenn dessen Stellung im Betrieb nach den Umständen des Einzelfalles erwarten lässt, er werde den Kündigungsberechtigten von dem Kündigungssachverhalt unterrichten.[28] Der Kündigungsberechtigte darf sich dann nicht auf seine erst später erlangte Kenntnis berufen, wenn dies darauf beruht, dass die Organisation des Betriebs zu einer Verzögerung des Fristbeginns führt, obwohl eine andere Organisation sachgemäß und zumutbar wäre.[29] Ausreichend ist daher die Mitteilung an das Personalbüro sowie die Ehefrau des AG, wenn diese im Betrieb mitarbeitet und die Frau ihr unterstellt ist.[30] Nicht ausreichend ist dagegen eine Mitteilung an den Vorarbeiter,[31] auch wenn dieser kürzere Arbeitsbefreiungen erteilen darf, den BR sowie an den Betriebsarzt.[32] Für die Kenntnis des AG ist die **AN darlegungs- und beweispflichtig.**[33] Ist nach einem Betriebsübergang gem. § 613a BGB dem Erwerber anders als dem Veräußerer die Schwangerschaft nicht bekannt, muss er sich dessen Kenntnis zurechnen lassen.[34] 5

3. Nachträgliche Mitteilung der Schwangerschaft. a) Frist. Kannte der AG die Schwangerschaft nicht, etwa weil die AN eine Mitteilung nach § 15 MuSchG unterlassen hat, bleibt der Kündigungsschutz gem. § 17 I 1 MuSchG nur erhalten, wenn dem AG die Schwangerschaft innerhalb einer Ausschlussfrist von zwei Wochen nach Zugang der Kündigung mitgeteilt wird. Die nachträgliche Mitteilung ist eine geschäftsähnliche Handlung,[35] auf welche die Vorschriften über Willenserklärungen im Einzelfall entsprechend anzuwenden sind.[36] Eine besondere Form wird nicht verlangt.[37] Die Mitteilung der Schwangerschaft kann 6

[20] Brose/Weth/Volk/*Volk* MuSchG § 17 Rn. 29 ff.; APS/*Rolfs* MuSchG § 17 Rn. 40; zur alten abweichenden Rechtslage BAG 12.12.2013 AP Nr. 17 zu § 15 AGG = NZA 2014, 722.
[21] HWK/*C. W. Hergenröder* MuSchG § 17 Rn. 5; HK-MuSchG/*Schöllmann* § 17 Rn. 40.
[22] BAG 16.2.1973 AP Nr. 2 zu § 9 MuSchG 1968.
[23] BAG 15.12.2005 AP Nr. 37 zu § 9 MuSchG 1968 = NZA 2006, 994.
[24] KR/*Gallner* MuSchG § 17 Rn. 53 f.; APS/*Rolfs* MuSchG § 17 Rn. 46; ErfK/*Schlachter* MuSchG § 17 Rn. 7.
[25] Umstritten: so mit Recht LAG BW 30.11.1967 DB 1968, 624; Brose/Weth/Volk/*Volk* MuSchG § 17 Rn. 46; KR/*Gallner* MuSchG § 17 Rn. 54; TM/*Just* MuSchG § 17 Rn. 25; APS/*Rolfs* MuSchG § 17 Rn. 47; aA HWK/*C. W. Hergenröder* MuSchG § 17 Rn. 8; ErfK/*Schlachter* MuSchG § 17 Rn. 7.
[26] BAG 20.9.1984 AP Nr. 1 zu § 28 BGB; Brose/Weth/Volk/*Volk* MuSchG § 17 Rn. 52.
[27] BAG 18.2.1965 AP Nr. 26 zu § 9 MuSchG; LAG Köln 30.6.1994 NZA 1995, 995.
[28] Ähnlich Brose/Weth/Volk/*Volk* MuSchG § 17 Rn. 53; HK-MuSchG/*Schöllmann* § 17 Rn. 50.
[29] So BAG 5.5.1977 AP Nr. 11 zu § 626 BGB Ausschlussfrist zu der vergleichbaren Rechtslage bei § 626 II BGB.
[30] Vgl. HK-MuSchG/*Schöllmann* § 17 Rn. 50; ähnlich KR/*Gallner* MuSchG § 17 Rn. 56.
[31] BAG 18.2.1965 AP Nr. 26 zu § 9 MuSchG.
[32] Brose/Weth/Volk/*Volk* MuSchG § 17 Rn. 54; APS/*Rolfs* MuSchG § 17 Rn. 50; ErfK/*Schlachter* MuSchG § 17 Rn. 7.
[33] BAG 13.1.1982 AP Nr. 9 zu § 9 MuSchG 1968.
[34] KR/*Gallner* MuSchG § 17 Rn. 61; HWK/*C. W. Hergenröder* MuSchG § 17 Rn. 8; APS/*Rolfs* MuSchG § 17 Rn. 51.
[35] APS/*Rolfs* MuSchG § 17 Rn. 53.
[36] BAG 15.11.1990 AP Nr. 17 zu § 9 MuSchG 1968 = NZA 1991, 669.
[37] HWK/*C. W. Hergenröder* MuSchG § 17 Rn. 9; ErfK/*Schlachter* MuSchG § 17 Rn. 8.

durch die AN selbst oder durch bevollmächtigte Dritte (Ehemann, Mutter usw.) erfolgen.[38] Die Mitteilung erhält den besonderen Kündigungsschutz grundsätzlich nur dann aufrecht, wenn sie dem AG innerhalb einer Frist von zwei Wochen seit Zugang der Kündigung zugeht (§ 130 BGB); die Absendung der Mitteilung innerhalb dieser Frist genügt nicht.[39] Die Fristberechnung für die nachträgliche Mitteilung erfolgt nach §§ 187–193 BGB. Geht die Kündigung der AN zB am Dienstag, den 5.8. zu, endet die Frist mit Ablauf des Dienstags, den 19.8. Ist der letzte Tag der Frist ein Sonnabend, Sonntag oder gesetzlicher Feiertag, endet die Frist mit Ablauf des nächsten Werktags (§ 193 BGB). Ausreichend ist, wenn die AN in einem Kündigungsschutzprozess innerhalb der gesetzlichen Frist dem Prozessbevollmächtigten des AG das Bestehen einer Schwangerschaft zum Zeitpunkt der Kündigung mitteilt.[40] Ob die fristgerechte Klageerhebung gem. **§ 167 ZPO** genügt, erscheint auch unter Berücksichtigung der neueren Rechtsprechung des BGH[41] zu dieser Vorschrift zweifelhaft. Dagegen spricht, dass der Gesetzgeber für die Mitteilung der Schwangerschaft oder Entbindung in § 17 MuSchG eine kürzere Frist als für die Erhebung einer Kündigungsschutzklage nach § 4 KSchG vorgesehen hat. Dies macht deutlich, dass der Gesetzgeber dem Interesse des AG an der Kenntnis des ihm bislang unbekannten Unwirksamkeitsgrundes besonderes Gewicht beigemessen hat, das einer Rückwirkung der Klage gem. § 167 ZPO entgegensteht.[42]

7 **b) Inhalt der Mitteilung.** Die nachträgliche Mitteilung der Schwangerschaft nach § 17 I 1 MuSchG muss das Bestehen einer Schwangerschaft im Zeitpunkt des Zugangs der Kündigung oder die Vermutung einer solchen Schwangerschaft zum Inhalt haben. Hat die AN selbst noch keine sichere Kenntnis von der Schwangerschaft, genügt es, wenn sie dem AG mitteilt, sie sei zum Zeitpunkt der Kündigung wahrscheinlich schon schwanger gewesen.[43] Die AN verliert den Kündigungsschutz des § 17 MuSchG nicht, wenn sie dem AG auf Verlangen das Bestehen der Schwangerschaft nicht binnen einer vom AG gesetzten kürzeren Frist nachweist.[44] Maßgeblich ist die gesetzliche Frist. Die Mitteilung der Schwangerschaft ohne Rücksicht darauf, ob der AG ihr auch das Bestehen der Schwangerschaft zu diesem Zeitpunkt entnehmen kann, genügt grundsätzlich nicht. Bei Unklarheiten ist die Erklärung der Schwangeren nach §§ 133, 157 BGB auszulegen.[45]

8 **c) Fristversäumung.** Versäumt die Schwangere die Zweiwochenfrist, ist dies nach § 17 I 2 MuSchG unschädlich, wenn dies auf einem von der Frau nicht zu vertretenden Grund beruht und die Mitteilung unverzüglich nachgeholt wird. Hierbei handelt es sich um eine Obliegenheit der Frau.[46] Die Überschreitung der Frist ist von der Schwangeren zu vertreten, wenn sie auf einen gröblichen Verstoß gegen das von einem verständigen Menschen im eigenen Interesse billigerweise zu erwartende Verhalten zurückzuführen ist (Verschulden gegen sich selbst).[47] Einen solchen gröblichen Verstoß stellt es nicht dar, wenn die Schwangere die Bescheinigung über die Schwangerschaft mit normaler Post an den AG versendet und der Brief dann aus ungeklärter Ursache verloren geht.[48] Eine unverschuldete Versäumung der Zweiwochenfrist kann auch dann vorliegen, wenn die AN zwar ihre Schwangerschaft beim Zugang der Kündigung kennt oder während des Laufs der Zweiwochenfrist von ihr erfährt, aber durch sonstige Umstände unverschuldet an der rechtzeitigen Mitteilung gehindert ist. AN, die noch während des Laufs der gesetzlichen Mitteilungspflicht von ihrer Schwangerschaft Kenntnis erlangen, ist ein gewisser Überlegungszeitraum zuzubilligen, auch um einen qualifizierten juristischen Rat einzuholen. Nach der Rechtsprechung kann dabei regelmäßig ein Zeitraum von einer Woche noch als ausreichend für ein unverzügliches Nachholen der Mittei-

[38] LAG Hamm 11.2.1958 DB 1958, 988; Brose/Weth/Volk/*Volk* MuSchG § 17 Rn. 64.
[39] APS/*Rolfs* MuSchG § 17 Rn. 55; HK-MuSchG/*Schöllmann* § 17 Rn. 59.
[40] BAG 20.5.1988 AP Nr. 16 zu § 9 MuSchG 1968 = NZA 1988, 799.
[41] BGH 17.7.2008 NJW 2009, 765.
[42] Zutr. *Gehlhaar* NZA-RR 2011, 169 (174); aA *Nägele/Gertler* NZA 2010, 1377 (1378); wohl auch APS/*Rolfs* MuSchG § 17 Rn. 55.
[43] BAG 15.11.1990 AP Nr. 17 zu § 9 MuSchG 1968 = NZA 1991, 669.
[44] Vgl. BAG 6.6.1974 AP Nr. 3 zu § 9 MuSchG 1968.
[45] BAG 15.11.1990 AP Nr. 17 zu § 9 MuSchG 1968 = NZA 1991, 669; APS/*Rolfs* MuSchG § 17 Rn. 54.
[46] APS/*Rolfs* MuSchG § 17 Rn. 57.
[47] BAG 16.5.2002 AP Nr. 30 zu § 9 MuSchG 1968 = NZA 2003, 217; 13.6.1996 AP Nr. 22 zu § 9 MuSchG 1968 = NZA 1996, 1154; Brose/Weth/Volk/*Volk* MuSchG § 17 Rn. 77; KR/*Gallner* MuSchG § 17 Rn. 84; HK-MuSchG/*Schöllmann* § 17 Rn. 63.
[48] BAG 16.5.2002 AP Nr. 30 zu § 9 MuSchG 1968 = NZA 2003, 217.

lung angesehen werden.[49] Geht einer schwangeren AN während ihres Urlaubs eine Kündigung zu und teilt sie dem AG unverzüglich nach Rückkehr aus dem Urlaub ihre Schwangerschaft mit, ist die Überschreitung der Zweiwochenfrist des § 17 I 2 MuSchG nicht allein deshalb als verschuldet anzusehen, weil die AN es unterlassen hat, dem AG ihre Schwangerschaft vor Urlaubsantritt anzuzeigen.[50]

III. Wirkungen des Kündigungsverbots

1. Nichtigkeit. Eine innerhalb der Fristen des § 17 MuSchG der AN zugegangene Kündigung ist nichtig (§ 17 MuSchG, § 134 BGB). Sie kann auch nicht mit der Maßgabe erklärt werden, sie solle erst zum Ablauf der Schutzfrist wirken, vielmehr kann sie nur nach deren Ablauf erneut (zum nächstzulässigen Termin) erklärt werden.[51] Die Unwirksamkeit der Kündigung wegen eines Verstoßes gegen § 17 MuSchG muss gem. § 4 S. 1 KSchG innerhalb der Klagefrist von drei Wochen geltend gemacht werden (zu den Folgen fehlender Kenntnis des AG von der Schwangerschaft → § 138 Rn. 33).[52] Zur nachträglichen Zulassung enthält § 5 I 2 KSchG eine Sonderregelung (→ § 139 Rn. 12). Hat der AG verbotswidrig gekündigt, ist er zur Fortzahlung der Vergütung verpflichtet, wenn er sich in Annahmeverzug (→ § 95 Rn. 1 ff.) befindet. Dieser kann auch dann gegeben sein, wenn die AN nachträglich die Schwangerschaft anzeigt und dadurch der Kündigungsschutz eingreift.[53] 9

2. Kündigung. Von der Nichtigkeitsfolge erfasst ist jegliche Kündigung des AG. Unter das Kündigungsverbot fallen deshalb die ordentliche, außerordentliche und die Änderungskündigung, Kündigungen im Rahmen einer Massenentlassung oder Stilllegung. Das Kündigungsverbot gilt auch im Insolvenzfall.[54] Zulässig bleibt die kollektivrechtliche Einführung von Kurzarbeit[55] oder der Widerruf einzelner Arbeitsbedingungen sowie die Zuweisung einer anderen Tätigkeit durch Ausübung des Weisungsrechts nach § 106 GewO. Der Versetzung einer schwangeren AN in eine Vermittlungs- und Qualifizierungseinheit steht § 17 MuSchG nicht entgegen.[56] Keine Kündigung ist die Nichtverlängerungsmitteilung eines Arbeitsvertrags, die in den Tarifverträgen für Künstler vorgesehen ist,[57] die Anfechtung eines Arbeitsvertrags,[58] die Befristung oder auflösende Bedingung.[59] Auch eine dem AG im Zeitpunkt des Vertragsschlusses bekannte Schwangerschaft einer AN hindert nicht die Befristung des Arbeitsvertrags.[60] Soweit die **Nichtverlängerung eines befristeten Arbeitsvertrags** ihren Grund in der Schwangerschaft der AN hat, liegt allerdings eine unmittelbare Diskriminierung aufgrund des Geschlechts vor, die gegen Art. 2 der Gleichbehandlungsrichtlinie 76/207/EWG (nunmehr Richtlinie 2006/54/EG)[61] bzw. §§ 1, 7 AGG verstößt. Unter das Kündigungsverbot fallen weiterhin nicht Aufhebungsverträge und Eigenkündigungen der AN.[62] 10

3. Vorbereitungshandlungen. Das mutterschutzrechtliche Kündigungsverbot erfasst gem. § 17 I 3 MuSchG auch Vorbereitungsmaßnahmen des AG, die er im Hinblick auf eine Kündigung der Frau trifft. Damit knüpft das Gesetz an Rechtsprechung des EuGH an.[63] Hiernach 11

[49] BAG 26.9.2002 AP Nr. 31 zu § 9 MuSchG 1968; 27.10.1983 AP Nr. 13 zu § 9 MuSchG 1968; zust. KR/*Gallner* MuSchG § 17 Rn. 73; APS/*Rolfs* MuSchG § 17 Rn. 61.

[50] BAG 13.6.1996 AP Nr. 22 zu § 9 MuSchG 1968 = NZA 1996, 1154.

[51] Brose/Weth/Volk/*Volk* MuSchG § 17 Rn. 152; ErfK/*Schlachter* MuSchG § 17 Rn. 11.

[52] APS/*Rolfs* MuSchG § 17 Rn. 101.

[53] BAG 26.9.2002 AP Nr. 31 zu § 9 MuSchG 1968; LAG Hamm 14.3.1995 LAGE § 615 BGB Nr. 43.

[54] Ebenso ErfK/*Müller-Glöge* InsO § 113 Rn. 10; APS/*Rolfs* MuSchG § 17 Rn. 70; zur Zulässigkeit einer Kündigung nach § 17 II MuSchG bei einer Betriebsstilllegung im Rahmen der Insolvenz BVerwG 18.8.1977 AP Nr. 5 zu § 9 MuSchG 1968.

[55] BAG 7.4.1970 AP Nr. 3 zu § 615 BGB Kurzarbeit.

[56] LAG Nürnberg 16.2.2005 – 3 Sa 447/04.

[57] BAG 23.10.1991 AP Nr. 45 zu § 611 BGB Bühnenengagementsvertrag = NZA 1992, 925; APS/*Rolfs* MuSchG § 17 Rn. 86; HK-MuSchG/*Schöllmann* § 17 Rn. 73.

[58] BAG 6.10.1962 AP Nr. 24 zu § 9 MuSchG; Brose/Weth/Volk/*Volk* MuSchG § 17 Rn. 112; APS/*Rolfs* MuSchG § 17 Rn. 84.

[59] BAG 12.10.1960 AP Nr. 16 zu § 620 BGB Befristeter Arbeitsvertrag; APS/*Rolfs* MuSchG § 17 Rn. 89.

[60] BAG 6.11.1996 AP Nr. 188 zu § 620 BGB Befristeter Arbeitsvertrag = NZA 1997, 1222; APS/*Rolfs* MuSchG § 17 Rn. 88.

[61] EuGH 4.10.2001 AP Nr. 3 zu EWG-Richtlinie Nr. 92/85 = NZA 2001, 1243; Roos/Bieresborn/*Betz* MuSchG § 17 Rn. 79.

[62] BAG 8.12.1955 AP Nr. 4 zu § 9 MuSchG; APS/*Rolfs* MuSchG § 17 Rn. 91 f.; HK-MuSchG/*Schöllmann* § 17 Rn. 68.

[63] EuGH 11.10.2007 NZA 2007, 1271.

erfasst das Kündigungsverbot der Richtlinie 92/85/EWG Vorbereitungshandlungen, wie etwa die Suche und Planung eines endgültigen Einsatzes für die betroffene Frau aufgrund der Schwangerschaft und/oder der Geburt des Kindes.[64] Zu den Vorbereitungshandlungen gehören insbes. die **Anhörung des Betriebsrats** nach § 102 BetrVG, die **Zustimmung des Integrationsamtes** nach § 167 ff. SGB IX, die **Beteiligung der Schwerbehindertenvertretung** nach § 178 II SGB IX und die **Massenentlassungsanzeige** nach § 17 I KSchG. Derartige Vorbereitungshandlungen sind allerdings nur dann nach § 17 I 1 MuSchG iVm § 134 BGB nichtig, wenn sie auf eine Kündigung wegen der Schwangerschaft und/oder der Geburt eines Kindes zielen.[65] Da nach § 17 II MuSchG jedoch eine Kündigung in besonderen Fällen, die nicht mit dem Zustand der Frau in der Schwangerschaft, nach einer Fehlgeburt nach der zwölften Schwangerschaftswoche oder nach der Entbindung in Zusammenhang stehen, durch die für den Arbeitsschutz zuständige oberste Landesbehörde für zulässig erklärt werden kann, sind darauf gerichtete Vorbereitungshandlungen von § 17 I 3 MuSchG nicht erfasst.[66] Andernfalls käme der Zulässigkeitserklärung nach § 17 II MuSchG keine Bedeutung mehr zu.[67] Hierfür spricht auch, dass der EuGH erst jüngst entschieden hat, dass Art. 10 Nr. 1 RL 92/85/EWG einer nationalen Regelung nicht entgegensteht, nach der die Kündigung einer schwangeren AN aufgrund einer Massenentlassung zulässig ist.[68]

12 **4. Elternzeit.** Das Kündigungsverbot besteht über die Schutzfrist des § 17 MuSchG hinaus, wenn die AN Elternzeit in Anspruch nimmt (→ § 172 Rn. 1 ff.). Die Kündigungsverbote nach § 17 MuSchG und § 18 BEEG können nebeneinander bestehen.[69]

IV. Ausnahmen vom Kündigungsschutz

13 **1. Behördliche Zustimmung zur Kündigung.** Nach § 17 II MuSchG kann die zuständige oberste Landesbehörde oder die von ihr bestimmte Stelle in besonderen Fällen ausnahmsweise auf Antrag des AG die Kündigung für zulässig erklären. Die Regelung ist verfassungsrechtlich geboten, um eine Konkordanz zwischen dem Schutzanspruch der Mutter aus Art. 6 IV GG und der Berufsausübungsfreiheit des AG aus Art. 12 I GG zu gewährleisten.[70] Zweck des § 17 II MuSchG ist, im Falle der Unzumutbarkeit der Weiterbeschäftigung die Möglichkeit einer Kündigung zu eröffnen.[71] In der Begründung des Antrags sind die Gründe für die beabsichtigte Kündigung genau zu bezeichnen. Die Kündigung kann rechtswirksam erst nach Zulässigkeitserklärung ausgesprochen werden.[72] Die Zulässigkeitserklärung muss noch nicht bestandskräftig sein.[73] Allein die Einlegung des Widerspruchs bzw. die Erhebung einer Anfechtungsklage gegen die Zulässigkeitserklärung führt noch nicht zur Unwirksamkeit der Kündigung.[74] Maßgeblich ist die darauf ergehende Entscheidung. Kündigt der AG, bevor der Bescheid bestandskräftig wird, ist eine Aussetzung des Arbeitsrechtsstreits bis zum Abschluss des verwaltungsgerichtlichen Verfahrens grundsätzlich nicht geboten. Sollte dort der Bescheid endgültig aufgehoben werden, kann die AN dies in den Kündigungsschutzprozess einführen oder nach rechtskräftigem Abschluss die Wiederaufnahme des arbeitsgerichtlichen Verfahrens beantragen (§ 580 ZPO).[75] Ist die Kündigung vor der Zulässigkeitserklärung ausgesprochen worden, muss sie wiederholt werden, da rückwirkend eine Heilung nicht eintritt, selbst wenn die Behörde sie rückwirkend genehmigen sollte. In keinem Fall ersetzt ein sog. Negativattest die Zulässigkeitserklärung.[76] Soll eine außerordentliche Kündigung erfolgen, ist innerhalb von zwei Wochen die Zustimmung zu

[64] Dazu *Benecke* EuZA 2008, 385; *Evermann* NZA 2018, 550.
[65] So wohl EuGH 11.10.2007 NZA 2007, 1271.
[66] Zum Streitstand Brose/Weth/Volk/*Volk* MuSchG § 17 Rn. 141 ff.; *Evermann* NZA 2018, 550 (555); KR/*Gallner* MuSchG § 17 Rn. 102; APS/*Rolfs* MuSchG § 17 Rn. 73 ff.; Roos/Bieresborn/*Betz* MuSchG § 17 Rn. 64 ff.; ErfK/*Schlachter* MuSchG § 17 Rn. 10; HK-MuSchG/*Schöllmann* § 17 Rn. 23 f.; wohl auch *Bayreuther* NZA 2017 1145 (1146).
[67] Brose/Weth/Volk/*Volk* MuSchG § 17 Rn. 148.
[68] EuGH 22.2.2018 AP Nr. 15 zu EWG-Richtlinie Nr. 92/85 = NZA 2018, 432.
[69] BAG 31.3.1993 AP Nr. 20 zu § 9 MuSchG 1968 = NZA 1993, 946.
[70] APS/*Rolfs* MuSchG § 17 Rn. 19.
[71] Vgl. BVerwG 2.7.1981 AP Nr. 1 zu § 9a MuSchG 1968.
[72] BAG 29.7.1968 AP Nr. 28 zu § 9 MuSchG; völlig hM.
[73] BAG 17.6.2003 AP Nr. 33 zu § 9 MuSchG 1968 = NZA 2003, 1329; LAG SchlH 24.6.2009 – 6 Sa 54/09.
[74] BAG 25.3.2004 AP Nr. 36 zu § 9 MuSchG 1968.
[75] BAG 17.6.2003 AP Nr. 33 zu § 9 MuSchG 1968 = NZA 2003, 1329.
[76] BAG 28.1.1965 AP Nr. 25 zu § 9 MuSchG; diff. APS/*Rolfs* MuSchG § 17 Rn. 111.

beantragen (§ 626 II BGB) und nach Erteilung entsprechend § 174 SGB IX unverzüglich zu kündigen.[77]

2. Entscheidung. a) Ermessen. Die Verwaltungsbehörde kann nach pflichtgemäßem Ermessen die Kündigung zulassen, wenn ein besonderer Fall vorliegt. 14
Das Tatbestandsmerkmal besonderer Fall ist ein unbestimmter Rechtsbegriff, der in vollem Umfang verwaltungsgerichtlicher Kontrolle unterliegt.[78] In den Ländern bestehen einschlägige Verwaltungsvorschriften. Ein besonderer Fall ist nicht schon bei Vorliegen eines wichtigen Grundes (§ 626 BGB) gegeben. Er liegt nur ausnahmsweise dann vor, wenn außergewöhnliche Umstände es rechtfertigen, die vom Gesetz als vorrangig angesehenen Interessen der Schwangeren hinter die des AG zurücktreten zu lassen.[79] Dies kann zB der Fall sein bei schwerwiegenden vorsätzlichen Arbeitspflichtverletzungen der Schwangeren, Diebstählen, Unterschlagungen, tätlichen Bedrohungen des AG, beharrlichen (wiederholten) Verletzungen arbeitsvertraglicher Pflichten,[80] zerrüttetem Arbeitsverhältnis,[81] Stilllegung des Betriebs,[82] wirtschaftlicher Gefährdung des AG[83] oder Massenentlassung bei lange nach der Schutzfrist ablaufender Kündigungsfrist. Kein besonderer Fall ist gegeben, wenn die AN gegenüber der Ehefrau des Geschäftsführers ihres AG eine Indiskretion über dessen Privatleben vornimmt.[84]

b) Gerichtliche Überprüfung. Gegen die Entscheidung der Verwaltungsbehörde kann im 15
Falle der Zurückweisung durch den AG, im Falle der Zustimmung von der Schwangeren, binnen Monatsfrist **Widerspruch** eingelegt werden (§§ 68 ff. VwGO). Der Widerspruchsbescheid kann bei dem örtlich zuständigen Verwaltungsgericht mit der **Verpflichtungs- oder Anfechtungsklage** angegriffen werden.[85] Bis zur Rechtskraft ist die Kündigung im Falle der Zustimmung schwebend wirksam.[86] Widerspruch und Klage der Schwangeren können wegen Rechtsmissbrauch unzulässig sein. Das soll dann der Fall sein, wenn die Schwangere weiß, dass der Betrieb endgültig stillgelegt wird, eine weitere Beschäftigungsmöglichkeit nicht besteht und sie in Kenntnis des Kündigungsschutzes eine Abfindung in Höhe des im Sozialplan vorgesehenen Betrags annimmt und die Abfindung ausdrücklich mit „für den Verlust des Arbeitsplatzes" bezeichnet ist.[87]

3. Form der Kündigung. Die Kündigung bedarf wie jede Kündigung der Schriftform. 16
Darüber hinaus muss sie gem. § 9 III 2 MuSchG den zulässigen **Kündigungsgrund angeben.** Die Kündigungsgründe sind in dem Kündigungsschreiben so zu bezeichnen, dass die AN erkennen kann, um welche konkreten Umstände es sich handelt. Die bloße Bezeichnung der Kündigung als „betriebsbedingt" genügt nicht diesen Anforderungen (dazu → § 123 Rn. 53 f.).[88]

§ 170. Mutterschutzlohn

Übersicht

[77] LAG Köln 21.1.2000 NZA-RR 2001, 303; APS/*Rolfs* MuSchG § 17 Rn. 115.
[78] BVerwG 21.10.1970 AP Nr. 33 zu § 9 MuSchG.
[79] BVerwG 18.8.1977 AP Nr. 5 zu § 9 MuSchG 1968; OVG Lüneburg 5.12.1990 AP Nr. 18 zu § 9 MuSchG 1968; weiterführend APS/*Rolfs* MuSchG § 17 Rn. 118 ff.
[80] VG Ansbach 30.3.2005 – AN 14 K 04.03 125.
[81] BayVGH 29.3.2007 – 9 C 06.2456.
[82] BVerwG 18.8.1977 AP Nr. 5 zu § 9 MuSchG 1968; VG Ansbach 7.10.2010 – AN 14 K 10.00534.
[83] OVG Hamburg NJW 1983, 1748.
[84] VGH BW 7.12.1993 BB 1994, 940.
[85] BVerwG 10.2.1960 AP Nr. 21 zu § 9 MuSchG.
[86] BAG 17.6.2003 AP Nr. 33 zu § 9 MuSchG 1968 = NZA 2003, 1329; LAG RhPf 14.2.1996 LAGE § 9 MuSchG Nr. 21 = NZA 1996, 984; aA *Schäfer* NZA 2004, 833: schwebend unwirksam.
[87] OVG Münster 8.8.1997 NZA-RR 1998, 159.
[88] Vgl. BAG 10.2.1999 AP Nr. 3 zu § 54 BMT-G = NZA 1999, 603 zu einem tarifl. Begründungserfordernis; HK-MuSchG/*Schöllmann* § 17 Rn. 115.

I. Voraussetzungen für den Anspruch auf Mutterschutzlohn

1 **1. Grundgedanken und Regelungszweck.** Nach § 18 MuSchG besteht ein **Anspruch auf Mutterschutzlohn,** wenn die AN **(a)** unter den Geltungsbereich von § 1 MuSchG fällt, **(b)** wegen eines Verbotes nach §§ 16, 13 I Nr. 3 MuSchG ganz oder teilweise nicht arbeiten kann oder wegen dieser Verbote die Beschäftigung oder die Vergütungsart gewechselt hat und **(c)** infolge der unter (b) genannten Verbote eine Minderung ihres bisherigen Verdienstes erlitten hat. Die Vorschrift ist **verfassungsgemäß.**[1] § 18 MuSchG hat zur Folge, dass entgegen § 326 I BGB der Anspruch auf die Gegenleistung nicht entfällt. **Zweck** des § 18 MuSchG ist, die AN vor Verdiensteinbußen zu bewahren, die bei Einhaltung und Beachtung der Beschäftigungsverbote eintreten würden, weil die für das Arbeitsentgelt zu erbringende Arbeitsleistung ausbleibt. Mit § 18 MuSchG soll zugleich verhindert werden, dass die AN gesundheitsgefährdende Arbeiten übernimmt und ausführt, um keine Verdiensteinbuße zu erleiden.[2] Die Auswirkungen für die AG werden seit dem 1.1.2006 durch das neue Aufwendungsausgleichsgesetz – AAG weitgehend ausgeglichen (→ § 100 Rn. 1 ff.).

2 **2. Geltungsbereich.** Nach § 18 MuSchG haben grundsätzlich alle AN, die in § 1 II MuSchG aufgeführt sind, Anspruch auf Mutterschutzlohn. Eine Ausnahme gilt für die in § 1 II Nr. 7 MuSchG benannten arbeitnehmerähnlichen Personen, die nach dieser Bestimmung ausdrücklich vom Bezug von Mutterschutzlohn ausgenommen sind. Mit der weiteren Voraussetzung, dass die Frau wegen eines Beschäftigungsverbots außerhalb der Schutzfristen vor und nach der Entbindung teilweise oder gar nicht beschäftigt werden darf, grenzt das Gesetz den sachlichen Geltungsbereich des Anspruchs auf Mutterschutzlohn von dem auf Mutterschaftsgeld und Zuschuss zum Mutterschaftsgeld nach §§ 19, 20 MuSchG ab.

3 **3. Kausalzusammenhang. a) Grundsatz der Monokausalität.** Der Anspruch auf Mutterschutzlohn nach § 18 MuSchG besteht nur, wenn allein das mutterschutzrechtliche Beschäftigungsverbot außerhalb der Schutzfristen vor und nach der Entbindung (→ § 167 Rn. 7) dazu führt, dass die Schwangere mit der Arbeit aussetzt.[3] Das Beschäftigungsverbot muss die **nicht wegzudenkende Ursache für das Nichtleisten der Arbeit** und den damit verbundenen Verdienstausfall sein.[4] Ein Anspruch auf Mutterschutzlohn besteht daher nicht, wenn die Arbeit aus Gründen, die mit Schwangerschaft oder Entbindung in keinem Zusammenhang stehen, ganz oder teilweise ausfällt. In diesen Fällen kann die AN, wie die übrigen nicht geschützten AN, nach allgemeinen Grundsätzen Ansprüche geltend machen, zB wegen Annahmeverzugs.[5] Kein Anspruch auf Mutterschutzlohn besteht, wenn die AN nur deshalb nicht arbeiten kann, weil ihr der Arzt wegen ihrer Schwangerschaft die Fahrt von der Wohnung zur Arbeit und zurück verboten hat, obgleich sie ohne die Fahrt arbeiten könnte **(Wegerisiko).**[6] Der Anspruch entfällt in gleicher Weise, wenn ein **Arbeitskampf,** Streik, Aussperrung, zum Aussetzen der Arbeit führt oder geführt hätte, sofern nicht die AN aufgrund eines individuellen Beschäftigungsverbots schon vorher mit der Arbeit ausgesetzt hatte.[7] Dagegen entfällt der Anspruch nicht, wenn eine AN nach Ablauf der Schutzfrist im bisherigen Umfang weiter arbeiten möchte und es hierzu nur deshalb nicht kommt, weil der AG nicht in der Lage ist, die Arbeitsbedingungen so umzugestalten, dass er die AN als **stillende Mutter** beschäftigen kann (§ 13 I Nr. 2 MuSchG), und die

---

[1] BVerfG 3.2.1985 NJW 1986, 422; BSG 24.6.1992 NZA 1992, 1103; s. auch Brose/Weth/Volk/*Volk* MuSchG § 18 Rn. 5.

[2] BAG 11.10.2000 AP Nr. 13 zu § 611 BGB Sachbezüge = NZA 2001, 445; 8.8.1990 AP Nr. 13 zu § 11 MuSchG 1968 = NZA 1990, 974; ErfK/*Schlachter* MuSchG § 18 Rn. 2.

[3] Brose/Weth/Volk/*Volk* MuSchG § 18 Rn. 13.

[4] BAG 9.10.2002 AP Nr. 23 zu § 11 MuSchG 1968; 13.2.2002 AP Nr. 22 zu § 11 MuSchG 1968 = NZA 2002, 738; krit. hierzu *Gutzeit* NZA 2003, 81.

[5] BAG 9.9.1971 AP Nr. 5 zu § 11 MuSchG 1968; 7.4.1970 AP Nr. 3 zu § 615 BGB Kurzarbeit; *Buchner/Becker* MuSchG § 11 Rn. 34 ff.

[6] BAG 7.8.1970 AP Nr. 4 zu § 11 MuSchG 1968.

[7] *Buchner/Becker* MuSchG § 11 Rn. 38 ff.; ErfK/*Schlachter* MuSchG § 18 Rn. 5.

AN deshalb nach § 13 I Nr. 3 MuSchG einem Beschäftigungsverbot unterfällt. Ein solches Verhalten der AN ist auch nicht ohne weiteres deshalb rechtsmissbräuchlich, weil sie zu einem späteren Zeitpunkt Elternzeit in Anspruch nimmt. Maßgeblich sind insoweit die Umstände des Einzelfalls.[8]

b) Verhältnis zur Arbeitsunfähigkeit. Für die Zeit, in der die Schwangere arbeitsunfähig krank ist, besteht dieser **alleinige Ursachenzusammenhang** nicht. Das gilt auch dann, wenn der AG nach Ablauf des Sechswochenzeitraums nicht mehr zur Entgeltfortzahlung im Krankheitsfalle verpflichtet ist. Es kommt darauf an, ob ein krankhafter Zustand, sei es im Zusammenhang mit der Schwangerschaft, sei es unabhängig von dieser, besteht, der zur Arbeitsunfähigkeit der Schwangeren führt. Ist dies der Fall, so ist krankheitsbedingte Arbeitsunfähigkeit zu bescheinigen.[9] Ist die Schwangere arbeitsunfähig, führt ein gleichzeitig ausgesprochenes Beschäftigungsverbot (dazu → § 167 Rn. 7) allein dazu, dass der AG die AN nicht beschäftigen darf (§ 16 I MuSchG). Das Beschäftigungsverbot begründet in diesem Fall aber keine Vergütungspflicht nach § 18 MuSchG. Liegt Arbeitsunfähigkeit vor, hat die Schwangere einen – gesetzlich nach § 3 I EFZG auf sechs Wochen beschränkten – Anspruch auf Entgeltfortzahlung wegen krankheitsbedingter Arbeitsunfähigkeit gegen den AG und anschließend einen Anspruch auf Krankengeld gegen die Krankenkasse (§ 44 SGB V). Liegt dagegen keine Arbeitsunfähigkeit vor, hat sie gegen den AG einen – nicht auf sechs Wochen beschränkten – Anspruch auf Mutterschutzlohn nach § 18 MuSchG.[10] Diese **Risikoabgrenzung** beim Zusammentreffen von zwei Tatbeständen, die jeweils für sich einen Ausfall der Arbeit bewirken, ist dadurch gerechtfertigt, dass die wirtschaftlichen Folgen der krankheitsbedingten Arbeitsunfähigkeit, wie dargestellt, zwischen dem einzelnen AG und der Versichertengemeinschaft aufgeteilt sind. Es wäre nicht gerechtfertigt, die gesetzliche Aufteilung deswegen zulasten des AG zu verschieben, weil zu der krankheitsbedingten Arbeitsunfähigkeit die Gefährdung der Gesundheit der schwangeren AN hinzutritt. Die zeitlich abgegrenzte und materiell abgestufte Sicherung des AN durch Entgeltfortzahlung im Krankheitsfall und Krankengeld mit Leistungspflicht der Krankenkasse (§§ 44, 48, 49 SGB V) ist das vorrangige Prinzip.[11] Hieran hat das AAG (→ § 100 Rn. 1 ff.) nichts geändert. Insoweit ist zu berücksichtigen, dass die Umlage zur Finanzierung der Zahlungen von den AG allein gezahlt wird und die Höhe der Umlage wiederum vom Leistungsaufkommen abhängig ist. 4

c) Weitere Verschlechterung der Gesundheit. Führt bei einer bestehenden Krankheit die Fortführung der Beschäftigung zu einer weiteren Verschlechterung der Gesundheit und wird erst dadurch die Unfähigkeit zur Arbeitsleistung bewirkt, kann der Arzt krankheitsbedingte Arbeitsunfähigkeit bescheinigen, ohne dass der AN die Arbeit zuvor wieder aufnehmen müsste.[12] Auch in diesem Fall schließt die krankheitsbedingte Arbeitsunfähigkeit den Anspruch nach § 18 MuSchG grundsätzlich aus. Ein Anspruch auf Mutterschutzlohn besteht nicht, wenn Arbeitsunfähigkeit vorliegt, wie sie jede AN treffen kann. Ist die entscheidende Verschlechterung der Gesundheit bei Fortführung der Beschäftigung allerdings ausschließlich in der Schwangerschaft begründet, ist das sich verwirklichende Risiko der §§ 16 I, 18 MuSchG dem AG zuzuweisen. Die Arbeitsunfähigkeit ist dagegen subsidiär. Bei einer anderen Auslegung liefe § 18 MuSchG weitgehend leer.[13] 5

d) Darlegungs- und Beweislast. Die AN genügt ihrer Darlegungslast zur Suspendierung der Arbeitspflicht und zur Begründung eines Anspruchs aus § 18 MuSchG zunächst durch Vorlage der ärztlichen Bescheinigung. Der AG, der ein Beschäftigungsverbot nach § 16 I MuSchG anzweifelt, kann vom ausstellenden Arzt Auskünfte über die Gründe für das Attest verlangen, soweit diese nicht der ärztlichen Schweigepflicht unterliegen. Ist der Beweiswert des ärztlichen Zeugnisses erschüttert, steht nicht mehr mit der gebotenen Zuverlässigkeit fest, dass die AN iSv § 18 MuSchG „wegen eines Beschäftigungsverbots" mit der Arbeit ausgesetzt hat. Es ist dann ihre Sache, die Tatsachen darzulegen und gegebenenfalls zu beweisen, aufgrund derer ein Beschäftigungsverbot gleichwohl bestand. Zur Beweisführung kann die AN ihren behandelnden Arzt von seiner Schweigepflicht entbinden und ihn als sachverständigen Zeugen für die Verbots- 6

[8] LAG BW 15.1.2019 – 19 Sa 52/18.

[9] BAG 9.10.2002 AP Nr. 23 zu § 11 MuSchG 1968; 31.7.1996 AP Nr. 8 zu § 3 MuSchG 1968 = NZA 1997, 29; 5.7.1995 AP Nr. 7 zu § 3 MuSchG 1968 = NZA 1996, 137.

[10] BAG 13.2.2002 AP Nr. 22 zu § 11 MuSchG 1968 = NZA 2002, 738; 12.3.1997 AP Nr. 10 zu § 3 MuSchG 1968 = NZA 1997, 882; 1.10.1997 AP Nr. 11 zu § 3 MuSchG 1968 = NZA 1998, 194.

[11] BAG 9.10.2002 AP Nr. 23 zu § 11 MuSchG 1968; 13.2.2002 AP Nr. 22 zu § 11 MuSchG 1968 = NZA 2002, 738; krit. dazu ErfK/*Schlachter* MuSchG § 18 Rn. 5.

[12] Dazu BAG 7.8.1991 AP Nr. 94 zu § 1 LohnFG.

[13] BAG 9.10.2002 AP Nr. 23 zu § 11 MuSchG 1968; 13.2.2002 AP Nr. 22 zu § 11 MuSchG 1968 = NZA 2002, 738.

gründe benennen. Dann erst kommt der ärztlichen Begründung gegenüber dem Gericht ein ausreichender Beweiswert zu, wobei das Gericht den Arzt mit den festgestellten Tatsachen konfrontieren muss. Wegen der Komplexität und Schwierigkeit der Materie wird vielfach eine schriftliche Auskunft des Arztes (§ 377 III ZPO) nicht genügen, sondern dessen persönliche Befragung durch das Gericht erforderlich sein.[14] Befreit die AN den Arzt nicht von seiner Schweigepflicht, sind die tatsächlichen Behauptungen des AG der Entscheidungsfindung zugrunde zu legen (§ 138 III ZPO).[15]

II. Berechnung des Mutterschutzlohns

7 **1. Berechnungsmethode.** Gem. § 18 S. 2 MuSchG hat der AG mindestens den Durchschnittsverdienst der **letzten drei abgerechneten Monate vor Beginn des Monats, in dem die Schwangerschaft eingetreten ist,** weiter zu gewähren, wenn die AN wegen eines Beschäftigungsverbots außerhalb der Schutzfristen vor oder nach der Entbindung teilweise oder gar nicht beschäftigt werden darf (Referenz- oder Berechnungszeitraum). Entscheidend ist, was die AN in diesem Berechnungszeitraum **verdient hat,** nicht was ihr zugeflossen ist.[16] Das durchschnittliche **„Arbeitsentgelt"** bestimmt sich nach § 2 V MuSchG. Maßgeblich ist daher das Arbeitsentgelt iSv § 14 SGB IV iVm der SvEV. Das sind alle laufenden oder einmaligen Bruttoeinnahmen, welche die AN unmittelbar aus der Beschäftigung oder im Zusammenhang mit ihr erzielt bzw. beanspruchen kann (näher → Rn. 11).[17] Der Gesamtverdienst des Referenzzeitraums ist durch die Zahl der für die Lohnbemessung jeweils maßgebenden Zeiteinheiten zu dividieren.[18] Ob diese Zeiteinheiten aus Stunden, Tagen, Wochen oder Monaten bestehen, richtet sich danach, nach welchen Zeitabschnitten in dem jeweiligen Betrieb der Lohn bemessen wird.

8 Das **durchschnittliche Arbeitsentgelt** ist nach näherer Maßgabe von § 21 MuSchG zu ermitteln. Diese Regelung macht in Abs. 1 Vorgaben zur Bestimmung des Berechnungszeitraums, in Abs. 2 zur Ermittlung des tatsächlichen durchschnittlichen Arbeitsentgelts, in Abs. 3 zur fiktiven Arbeitsentgeltermittlung und in Abs. 4 zur Berücksichtigung von dauerhaften Änderungen der Arbeitsentgelthöhe. Hierdurch soll die Berechnung der Mutterschaftsleistungen vereinheitlicht und für den AG vereinfacht werden. Hiernach bleiben Zeiten unberücksichtigt, in denen die Frau infolge unverschuldeter Fehlzeiten keinen Arbeitsverdienst erzielt hat. Dies betrifft zB Zeiten lang andauernder Arbeitsunfähigkeit oder unbezahlten Urlaubs. War das Beschäftigungsverhältnis kürzer als drei Monate, ist der Berechnung der tatsächliche Zeitraum des Beschäftigungsverhältnisses zu Grunde zu legen. Für die Ermittlung des durchschnittlichen Arbeitsentgelts bleibt nach § 21 II Nr. 1 MuSchG **einmalig gezahltes Arbeitsentgelt** iSv § 23a SGB IV unberücksichtigt. Erfasst werden hingegen alle Zuwendungen, die vom AG nicht monatlich, sondern in größeren Zeitabständen gewährt werden, wie etwa das Weihnachts- und Urlaubsgelder, Tantiemen oder Gratifikationen. Nicht entscheidend sind die Bezeichnungen durch die Arbeitsvertragsparteien, der Zahlungsanlass oder die Art und Weise der Zahlung. Vielmehr kommt es darauf an, ob das gezahlte Entgelt einen konkreten Bezug zu der in einem bestimmten Entgeltabrechnungszeitraum geleisteten Arbeit hat oder ob eine solche Beziehung nicht besteht.[19] Laufend erarbeitetes, aber erst später fällig gewordenes und ausgezahltes Entgelt ist nachträglich auf die Zeit, in der es erarbeitet wurde, zu verteilen.[20] Daher ist bei Sonderzahlungen (→ § 78 Rn. 2) stets zu prüfen, ob sie auch Entgelt für geleistete Arbeit darstellen und damit Arbeitsperioden zugeordnet werden können (zum Zielbonus → Rn. 11). Ein 13. Monatsgehalt ist regelmäßig kein einmalig gezahltes Arbeitsentgelt, denn es wird laufend erarbeitet und ist nur zu einem späteren Zeitpunkt als das monatlich ausgezahlte Entgelt fällig.[21]

9 **Unberücksichtigt bleiben nach § 21 II MuSchG** auch Kürzungen des Arbeitsentgelts, die im Berechnungszeitraum der letzten drei abgerechneten Monate vor Eintritt der Schwangerschaft infolge von Kurzarbeit, Arbeitsausfällen oder unverschuldetem Arbeitsversäumnis eintreten. **Kurzarbeit** liegt vor, wenn die betriebsübliche, regelmäßige Arbeitszeit vorübergehend aus

---

[14] BAG 7.11.2007 AP Nr. 21 zu § 3 MuSchG 1968; 13.2.2002 AP Nr. 22 zu § 11 MuSchG 1968 = NZA 2002, 738.
[15] BAG 31.7.1996 AP Nr. 8 zu § 3 MuSchG 1968 = NZA 1997, 29.
[16] BAG 28.11.1984 AP Nr. 10 zu § 11 MuSchG 1968 = NZA 1985, 564.
[17] Brose/Weth/Volk/*Volk* MuSchG § 18 Rn. 71 f.
[18] Brose/Weth/Volk/*Volk* MuSchG § 18 Rn. 69; HWK/*C.W. Hergenröder* MuSchG § 18 Rn. 5.
[19] BSG 10.12.2019 NZS 2020, 941.
[20] KassKomm/*Zieglmeier*, Stand Dezember 2020, SGB IV § 23a Rn. 9.
[21] Unrichtig daher Kreikebohm SGB IV/*Kreikebohm* § 23a Rn. 2.

betrieblichen Gründen herabgesetzt wird (zB bei Absatzschwierigkeiten oder Rohstoffmangel). Ein **Arbeitsausfall** besteht, wenn die AN zur Arbeit bereit ist, aber aus betrieblichen oder sonstigen Gründen der AG zur Entgegennahme der Arbeit nicht in der Lage ist.[22] Schuldet er gleichwohl die Arbeitsvergütung, etwa aus § 615 BGB in den Fällen des Betriebsrisikos (→ § 101 Rn. 1 ff.), sind die entsprechenden Zeiten und das zugehörige Entgelt bei der Berechnung des Gesamtverdienstes zu berücksichtigen.[23] Die Arbeitsversäumnis ist verschuldet, wenn die AN gröblich gegen das von einem verständigen Menschen im eigenen Interesse zu erwartende Verhalten verstößt.[24] Befand sich die AN im Berechnungszeitraum in **Elternzeit,** bleibt im Falle der Beendigung der Elternzeit das Arbeitsentgelt aus einer Teilzeitbeschäftigung, das vor der Beendigung der Elternzeit während dieser erzielt wurde, unberücksichtigt, soweit das durchschnittliche Arbeitsentgelt ohne die Berücksichtigung der Zeiten, in denen dieses Arbeitsentgelt erzielt wurde, höher ist (§ 21 II Nr. 3 MuSchG). Hat die AN in der Elternzeit in Teilzeit gearbeitet, ist zu prüfen, ob die Berücksichtigung des daraus erzielten Teilzeitarbeitsentgelts zu höheren Leistungen führt. Dies kann beispielsweise der Fall sein, wenn sie vor der Elternzeit nur in einem geringen Umfang tätig war.[25] – Die maßgebliche **Berechnungsformel** lautet: Gesamtverdienst des Referenzzeitraums dividiert durch die bezahlten Zeiteinheiten zuzüglich der unentschuldigten Fehlzeiten = Mutterschutzlohn je Zeiteinheit.

2. Sonderfälle. Hat das **Arbeitsverhältnis erst nach Eintritt der Schwangerschaft begonnen,** ist der Durchschnittsverdienst aus dem Arbeitsentgelt der ersten 3 Monate der Beschäftigung zu entnehmen (§ 18 I 4 MuSchG). Das kann auch ein Akkordverdienst sein, den die AN in Unkenntnis ihrer Schwangerschaft erzielt hat.[26] Hat das Arbeitsverhältnis zwar vor Beginn der Schwangerschaft begonnen, ist aber der **Referenzzeitraum kürzer als 3 Monate,** ist Referenzzeitraum der kürzere Zeitraum bis zum Beginn des Monats, in dem die Schwangerschaft eingetreten ist.[27] Da zur Berechnung des Mutterschutzlohns jedoch ein möglichst repräsentativer Referenzzeitraum vorliegen muss, ist dann, wenn die Zeitspanne kürzer als einen Monat ist,[28] dieser Zeitraum bis zur Dauer von drei Monaten in die Zeit nach Beginn der Schwangerschaft zu erstrecken und hieraus der Mutterschutzlohn zu berechnen.[29] Ist dies nicht ergiebig, weil von Beginn der Schwangerschaft an ein Beschäftigungsverbot bestand, ist der kürzere Zeitraum maßgebend. Verdienste bei einem früheren AG können nicht berücksichtigt werden.[30] Hat die AN in dem maßgeblichen Referenzzeitraum ohne ihr Verschulden **kein Arbeitsentgelt bezogen,** ist von dem Durchschnittsverdienst auszugehen, den die AN während der letzten drei Monate hatte, der dem Zeitabschnitt ohne Arbeitsentgelt unmittelbar vorausging.[31] 10

3. Zu berücksichtigendes Arbeitsentgelt. a) Überblick. Für die Berechnung des **durchschnittlichen Arbeitsentgelts** ist der Entgeltbegriff des § 2 V MuSchG maßgeblich. Dieser bestimmt sich nach § 14 SGB IV iVm der SvEV. Erfasst werden alle laufenden oder einmaligen Bruttoeinnahmen, welche die AN unmittelbar aus der Beschäftigung oder im Zusammenhang mit ihr erzielt bzw. beanspruchen kann. Dies ist unionsrechtskonform, denn nach Art. 11 Nr. 1 RL 92/85/EWG muss sich der Mutterschutzlohn auf jeden Fall aus dem monatlichen Grundgehalt der AN sowie den Bestandteilen ihres Entgelts oder den Zulagen zusammensetzen, die von ihrer beruflichen Stellung – die durch das Beschäftigungsverbot in keiner Weise angetastet wird – abhängen, wie etwa die **Zulagen,** die an ihre leitende Position, an die Dauer ihrer Betriebszugehörigkeit und an ihre beruflichen Qualifikationen anknüpfen. Zu dem fortzuzahlenden Entgelt gehören jedoch nach Unionsrecht nicht notwendig Zulagen, die dafür gezahlt werden, dass die betreffende AN bestimmte Tätigkeiten unter besonderen Umständen ausübt, und mit denen im Wesentlichen die mit der Ausübung dieser Tätigkeiten verbundenen Nachteile ausgeglichen werden sollen.[32] Einmalige arbeitsleistungsbezogene Zahlungen, wie etwa **Zielbonuszahlungen,** die für die Tätigkeit während 11

[22] Brose/Weth/Volk/*Herrmann* MuSchG § 21 Rn. 25.
[23] HK-MuSchG/*Pepping* § 21 Rn. 12.
[24] Vgl. auch ErfK/*Schlachter* MuSchG § 21 Rn. 2: Maßgeblich sei, dass der Ausfall zumindest in Kauf genommen worden sei.
[25] BT-Drs. 18/8963, 93.
[26] BAG 20.12.1972 AP Nr. 7 zu § 11 MuSchG 1968.
[27] Brose/Weth/Volk/*Volk* MuSchG § 18 Rn. 93.
[28] BAG 15.1.1969 AP Nr. 1 zu § 11 MuSchG.
[29] *Meisel/Sowka* MuSchG § 11 Rn. 39.
[30] Brose/Weth/Volk/*Volk* MuSchG § 18 Rn. 92.
[31] BAG 15.1.1969 AP Nr. 1 zu § 11 MuSchG 1968.
[32] EuGH 14.7.2016 NZA 2016, 933 – Ornano; 1.7.2010 NZA 2010, 1113 – Gassmayr.

des ganzen Jahres geleistet werden, sind nicht vollständig in den Gesamtverdienst einzubeziehen. Ein Entgelt, das für längerfristige Perioden als einen Kalendermonat zugesagt worden ist, wird in den einzelnen Monaten des Bezugszeitraums anteilig verdient. Kennzeichnend für eine solche Regelung ist die Einbindung in das vertragliche Synallagma und die Zahlung eines anteiligen Betrags pro rata temporis im Falle des vorzeitigen Ausscheidens oder des unterjährigen Eintritts. Überschneiden sich Leistungszeitraum und der Berechnungszeitraum des § 18 S. 2 MuSchG, ist das Entgelt deshalb zeitanteilig in den Durchschnittsverdienst für die Ermittlung des Zuschusses einzustellen.[33]

12 **b) Einzelheiten.** Zum berücksichtigungsfähigen Arbeitsentgelt gehört grundsätzlich der von der AN in ihrer üblichen, regelmäßigen Arbeitszeit im Berechnungszeitraum erzielte **Arbeitsverdienst;** das ist bei Akkord oder Prämienlohn dieser. War dagegen ein **Mindestlohn** garantiert und hat die AN diesen Mindestlohn nicht erreicht, ist von der garantierten Mindestsumme auszugehen;[34] bei **Provisionsansprüchen** ist zu berücksichtigen, dass sich diese oftmals nicht einer bestimmten zeitlich festliegenden Arbeitsleistung zuordnen lassen, weil sie vom Zustandekommen der angebahnten Geschäfte abhängen. Nach der neueren Rechtsprechung des BAG kommt es deshalb nicht mehr darauf ab, ob Provisionsansprüche gemäß § 87a IV, § 87c I HGB während des Berechnungszeitraums fällig geworden sind,[35] entscheidend ist vielmehr, ob ein Provisionsanspruch im Berechnungszeitraum dadurch nach § 87 I 1 HGB aufschiebend bedingt entstanden ist, dass es aufgrund der Tätigkeit der AN zu einem Geschäftsabschluss gekommen ist;[36] **Bedienungsprozente** im Gaststättengewerbe, nicht dagegen die freiwillig vom Gast gewährten Trinkgelder;[37] die während des Bezugszeitraums gewährten **Zulagen,** gleichgültig, ob es sich um Sozialzulagen (zB Wohnungs- und Kindergeld, Familienzuschläge, Alters- und Dienstzeitzulagen), Erschwerniszulagen (zB Gefahren-, Hitze-, Lärm- und Schmutzzulagen) oder Leistungszulagen handelt;[38] Vergütungen für erlaubte und unerlaubte[39] **Mehr-, Nacht-, Sonn- und Feiertagsarbeit** einschließlich der sog. **Antrittsgebühr** und des auf diese Zeiten entfallenden Grundlohns. Entscheidend ist der Erwerb der Forderung, nicht seine Fälligkeit.[40] Dagegen ist die Vergütung für gelegentliche Mehrarbeitsleistungen außer Betracht zu lassen, weil lediglich der Normalverdienst der AN gesichert werden soll. Als regelmäßig sind Überstunden dann anzusehen, wenn sie laufend, wenn auch in unterschiedlicher Höhe, angefallen sind.[41] Soweit Zuschläge bei tatsächlicher Arbeitsleistung nach § 3b EStG steuerfrei sind (zB Nachtarbeitszuschlag), entfällt dieses Privileg bei der Bezahlung des Mutterschutzlohns, weil hier die AN nicht arbeitet,[42] die anfallenden Steuern hat die AN zu tragen;[43] Vergütungen, die als **Ersatz des Verdienstausfalls** vom AG gezahlt werden. Hierzu gehören: der Feiertagslohn (§ 2 I EFZG); **Entgeltfortzahlung** gem. § 3 EFZG und § 616 BGB; Lohnausfallerstattung für Betriebs- und Personalratsmitglieder (§ 37 BetrVG; § 46 BPersVG) usw.; **Urlaubsentgelt.**[44] Ist der AN die private Dienstwagennutzung aufgrund eines wirksamen vertraglichen Widerrufsrechts entzogen worden, hat der AG ihr den entsprechenden Geldwert zu leisten, der dann in die Berechnung einzubeziehen ist.[45]

13 **4. Nicht (uneingeschränkt) zu berücksichtigendes Entgelt.** Zum Gesamtverdienst gehören nicht uneingeschränkt: Alle **außergewöhnlichen Zuwendungen,** die nicht für den Bezugszeitraum als Durchschnittsverdienst charakteristisch sind, wie Weihnachtsgratifikation, zusätzliches Urlaubsgeld, Tantiemen, zusätzliches Monatsgehalt usw., die zufällig im Bezugszeitraum zur Auszahlung gelangen (→ Rn. 8).[46] Diese Zahlungen können bei der Berechnung des Mutterschutz-

---

[33] BAG 14.12.2011 AP Nr. 25 zu § 11 MuSchG 1968 = NJW 2012, 1900.
[34] *Meisel/Sowka* MuSchG § 11 Rn. 41 ff.
[35] So aber noch BAG 28.11.1984 AP Nr. 10 zu § 11 MuSchG 1968 = NZA 1985, 564.
[36] BAG 14.12.2011 AP Nr. 25 zu § 11 MuSchG 1968 = NJW 2012, 1900.
[37] Brose/Weth/Volk/*Volk* MuSchG § 18 Rn. 80; vgl. zu Trinkgeldern BAG 28.6.1995 AP Nr. 112 zu § 37 BetrVG 1972.
[38] *Meisel/Sowka* MuSchG § 11 Rn. 44.
[39] BSG 25.8.1960 AP Nr. 3 zu § 13 MuSchG.
[40] BAG 28.11.1984 AP Nr. 10 zu § 11 MuSchG 1968 = NZA 1985, 564; 8.9.1978 AP Nr. 8 zu § 11 MuSchG 1968.
[41] *Meisel/Sowka* MuSchG § 11 Rn. 44a; weitergehend Brose/Weth/Volk/*Volk* MuSchG § 18 Rn. 74, die alle Überstunden berücksichtigt.
[42] BFH 26.10.1984 BB 1985, 317.
[43] Vgl. BAG 29.7.1980 AP Nr. 37 zu § 37 BetrVG 1972.
[44] Brose/Weth/Volk/*Volk* MuSchG § 18 Rn. 77.
[45] HK-MuSchG/*Pepping* § 2 Rn. 33.
[46] HWK/*C. W. Hergenröder* MuSchG § 21 Rn. 4; *Meisel/Sowka* MuSchG § 11 Rn. 47.

gelds jedoch anteilig zu berücksichtigen sein, wenn sie – wie insbesondere das 13. Monatsgehalt – als Teil der im Austauschverhältnis zur Arbeitsleistung stehenden Vergütung geleistet werden (arbeitsleistungsbezogene Sondervergütung); der Anspruch hierauf entsteht auch für Zeiten, in denen aufgrund der Beschäftigungsverbote keine Arbeitsleistung erbracht wird.[47] Entsprechendes gilt grundsätzlich für **Bonuszahlungen,** die auf der Grundlage von Zielvereinbarungen geleistet werden. Zulagen, die einen **bestimmten Aufwand** ersetzen sollen, zB Reise-, Tage-, Übernachtungsgelder, Trennungsentschädigung, Auslösung usw. sind dagegen grundsätzlich nicht zu berücksichtigen, weil sie einen Aufwand abgelten und nicht Gegenleistung für erbrachte Arbeitsleistung sind.[48] Sie sind jedoch neben dem Mutterschutzlohn zu zahlen, wenn die speziellen Anspruchsvoraussetzungen gegeben sind.[49] Werden derartige Aufwendungen pauschal abgegolten oder enthalten sie einen „versteckten Verdienst", sind sie bei der Berechnung des Mutterschutzlohns zu berücksichtigen. Dies kommt in vielen Fällen bei der **Nahauslösung** vor.[50] **Deputate, Sachzuwendungen** oder Ähnliches sind grundsätzlich weiterzugewähren.[51] Gänzlich unberücksichtigt bleiben Zuwendungen, die der AG aus Anlass der tatsächlichen Arbeit aus sozialen Gründen macht, wie Kantinenzuschüsse, Essensmarken usw. Aus dem Vorstehenden folgt, dass die Schwangere während der Schutzfristen grundsätzlich auch Anspruch auf einen Dienstwagen hat, der ihr auch zur privaten Nutzung überlassen worden ist.[52]

5. Änderungen der Entgelthöhe. Dauerhafte Änderungen der Entgelthöhe sind gem. § 21 IV MuSchG bei der Ermittlung des durchschnittlichen Arbeitsentgelts zu Grunde zu legen. 14
Unter einer dauerhaften Änderung der Arbeitsentgelthöhe sind zunächst alle **Erhöhungen** des Arbeitsentgelts zu verstehen, gleich aus welchem Grund sie erfolgen. Die Änderung der Arbeitsentgelthöhe ist dabei für den gesamten Berechnungszeitraum maßgeblich, wenn die Änderung während des Berechnungszeitraums der letzten drei abgerechneten Kalendermonate vor dem Eintritt der Schwangerschaft wirksam wird. Wird die Änderung der Arbeitsentgelthöhe erst nach dem Berechnungszeitraum wirksam, ist das geänderte Arbeitsentgelt ab dem Wirksamwerden der Änderung heranzuziehen. Auch dauerhafte allgemeine **Verdienstkürzungen,** die während oder nach Ablauf des Berechnungszeitraums entstehen und nicht durch ein mutterschutzrechtliches Beschäftigungsverbot verursacht sind, sind bei der Berechnung des Mutterschutzlohns zu berücksichtigen. Damit wird sichergestellt, dass eine AN, die wegen eines Beschäftigungsverbots keine Arbeitsleistung erbringt, nicht besser steht als eine andere schwangere AN ohne Beschäftigungsverbote oder als eine nicht schwangere Kollegin.[53]

§ 171. Anspruch auf Mutterschaftsgeld und Zuschuss zum Mutterschaftsgeld[1]

Übersicht

I. Mutterschaftsgeld

AN, die Mitglied einer Krankenkasse sind, erhalten nach § 19 I MuSchG für die Zeit der Schutzfristen des § 3 I und II MuSchG sowie für den Entbindungstag Mutterschaftsgeld nach § 24i SGB V oder des Gesetzes über die Krankenversicherung der Landwirte. AN, die nicht 1

[47] BAG 25.11.1998 AP Nr. 212 zu § 611 BGB Gratifikation = NZA 1998, 766.
[48] Brose/Weth/Volk/*Volk* MuSchG § 18 Rn. 82; HK-MuSchG/*Pepping* § 2 Rn. 32.
[49] *Meisel/Sowka* MuSchG § 11 Rn. 49.
[50] Zur Entgeltfortzahlung bei Arbeitsunfähigkeit → § 98 Rn. 85.
[51] BAG 11.10.2000 AP Nr. 13 zu § 611 BGB Sachbezüge = NZA 2001, 445.
[52] BAG 11.10.2000 AP Nr. 13 zu § 611 BGB Sachbezüge = NZA 2001, 445.
[53] BAG 20.9.2000 AP Nr. 17 zu § 11 MuSchG 1968 = NZA 2001, 657.
[1] Vgl. das Besprechungsergebnis v. 11./12.11.1996 der Spitzenverbände der Krankenkassen BB 1997, 530.

Mitglied einer gesetzlichen Krankenversicherung sind, erhalten nach § 19 II MuSchG für die Zeiten der Schutzfristen Mutterschaftsgeld in entsprechender Anwendung des SGB V bzw. des § 14 KVLG, höchstens jedoch 210 EUR. Das Mutterschaftsgeld wird auf Antrag vom Bundesversicherungsamt gezahlt. Der Anspruch auf Mutterschaftsgeld ruht, wenn und soweit Arbeitsentgelt gezahlt wird (§ 24i IV 1 SGB V). Dies gilt insbesondere dann, wenn die Mutter erwerbstätig wird. Die AN muss den Anspruch auf Mutterschaftsgeld bei der zuständigen Stelle geltend machen. AN, die in der gesetzlichen Krankenversicherung versichert sind, müssen das Mutterschaftsgeld bei der Krankenversicherung beantragen, bei der sie versichert sind. Privat versicherte AN müssen die Zahlung beim Bundesversicherungsamt in Berlin beantragen.

II. Zuschuss zum Mutterschaftsgeld

2 **1. Allgemeines und Regelungszweck.** Beschäftigte, die Anspruch auf Mutterschaftsgeld nach § 24i SGB V, § 14 KVLG 1989 oder § 19 MuSchG haben, erhalten nach § 20 I MuSchG **für die Zeiten der allgemeinen Schutzfristen der § 3 I und II MuSchG** sowie den Entbindungstag von ihrem AG einen Zuschuss in Höhe des Unterschiedsbetrags zwischen 13 EUR und dem um die gesetzlichen Abzüge verminderten kalendertäglichen Arbeitsentgelt. Der Zuschuss des AG dient dazu, den Verdienstausfall auszugleichen, soweit er den Betrag von 13 EUR täglich übersteigt.[2] Die Beschäftigungsverbote sollen zu keiner Verdienstminderung führen, damit jeder finanzielle Anreiz für die AN entfällt, die Arbeit zu ihrem und des Kindes Nachteil fortzusetzen.[3] **Schuldner des Zuschusses ist der AG,** bei Arbeitgeberwechsel der neue AG. Der Anspruch ist seiner Rechtsnatur nach ein gesetzlich begründeter Anspruch auf teilweise Fortzahlung des Arbeitsentgelts. Die Vergütungspflicht des AG wird während der Zeiten der Beschäftigungsverbote nach § 3 I und II MuSchG trotz fehlender Arbeitsleistung nicht in vollem Umfang aufgehoben, sondern besteht nach Maßgabe des § 20 I MuSchG fort.[4] Der Anspruchszeitraum verlängert sich nach Frühgeburten gem. § 3 II 2 MuSchG.[5] Der Anspruch auf Zuschuss verjährt in drei Jahren.[6] Die Geltendmachung eines Anspruchs auf einen Zuschuss genügt nicht, um einen auf Falschauskunft des AG gestützten Schadensersatzanspruch wegen entgangenen Verdienstes in Höhe dieses Zuschusses vor dem Verfall aufgrund einer tariflichen Ausschlussfrist zu bewahren.[7]

3 **2. Anspruchsvoraussetzungen. a) Zeitraum.** Die Bezugsdauer des Zuschusses zum Mutterschaftsgeld ist in § 20 I 1 MuSchG ausdrücklich auf die **Zeit der Schutzfristen und den Entbindungstag** bestimmt.[8] Der Anspruch auf Mutterschaftsgeld entfällt dabei nicht für den gesamten Zeitraum der Schutzfristen, wenn das Arbeitsverhältnis bei Beginn der Schutzfrist des § 3 I MuSchG wegen eines vereinbarten Sonderurlaubs unter Wegfall der Hauptleistungspflichten geruht hat. Vielmehr ist der Anspruch auf Mutterschaftsgeld nur bis zur vereinbaren Beendigung des unbezahlten Sonderurlaubs ausgeschlossen.[9] Entsprechendes gilt bei der **Inanspruchnahme von Elternzeit.** Der Anspruch auf einen Zuschuss zum Mutterschaftsgeld entfällt nach § 22 MuSchG für die Zeit, in der die AN Elternzeit in Anspruch nimmt, soweit sie nicht eine zulässige Teilzeitarbeit leistet. Daraus folgt im Umkehrschluss, dass der Zuschuss zum Mutterschaftsgeld nicht – mehr – entfällt, wenn die Elternzeit beendet ist.[10] Der Ausschluss des Zuschusses zum Mutterschaftsgeld nach § 22 MuSchG dient der Klarstellung. Auch ohne diese Regelung bestünde kein Anspruch auf Zuschuss zum Mutterschaftsgeld während der Elternzeit, weil der AG in dieser Zeit – sofern keine Teilzeitarbeit geleistet wird – nicht zur Zahlung von Arbeitsentgelt verpflichtet ist.[11]

[2] BAG 22.10.1986 AP Nr. 4 zu § 14 MuSchG 1968 = NZA 1987, 494; BSG 20.3.1984 SozR 4100 AFG § 113 Nr. 3.
[3] BAG 14.12.2011 AP Nr. 25 zu § 11 MuSchG 1968 = NJW 2012, 1900.
[4] BAG 29.1.2003 AP Nr. 20 zu § 14 MuSchG 1968; 24.2.1999 AP Nr. 213 zu § 611 BGB Gratifikation = NZA 1999, 772.
[5] BAG 12.3.1997 AP Nr. 16 zu § 14 MuSchG 1968 = NZA 1997, 763.
[6] Brose/Weth/Volk/*Herrmann* MuSchG § 20 Rn. 46; LAG Bln 14.1.2000 NZA-RR 2000, 362.
[7] LAG Bln 17.3.2000 NZA-RR 2001, 361.
[8] BAG 22.8.2012 AP Nr. 26 zu § 14 MuSchG 1968 = NZA 2012, 1277.
[9] BAG 25.2.2004 AP Nr. 24 zu § 14 MuSchG 1968 = NZA 2004, 537; s. dazu auch BSG 17.2.2004 NZS 2005, 147.
[10] BAG 22.8.2012 AP Nr. 26 zu § 14 MuSchG 1968 = NZA 2012, 1277.
[11] BAG 29.1.2003 AP Nr. 20 zu § 14 MuSchG 1968.

b) Entgeltgrenze. Ein Anspruch besteht nur, wenn das durchschnittliche kalendertägliche Entgelt mehr als 13 EUR betragen hat. Bestehen Arbeitsverhältnisse zu mehreren AG, werden die Bezüge zusammengerechnet. Die AN hat alsdann einen anteiligen Anspruch gegen jeden AG.[12] AN, deren Arbeitsverhältnis während ihrer Schwangerschaft oder während der Schutzfrist des § 3 I und II MuSchG nach Maßgabe von § 17 II MuSchG wirksam gekündigt worden ist, erhalten gem. § 20 III 1 MuSchG bis zum Ende der Schutzfrist den Zuschuss zum Mutterschaftsgeld zulasten des Bundes von der für die Zahlung des Mutterschaftsgeldes zuständigen Stelle. Dies gilt nach § 20 III 2 MuSchG entsprechend, wenn der AG wegen eines Insolvenzereignisses iSd § 165 I 2 SGB III seinen Zuschuss zum Mutterschaftsgeld nicht zahlen kann. Da Zuschuss und Mutterschaftsgeld Lohnersatzfunktion haben, besteht ein Anspruch nur, wenn und soweit nicht gleichzeitig Arbeitsentgelt bezogen wird. Wird zugleich Arbeitsentgelt bezogen, kann die AN einen anteiligen Zuschuss beanspruchen, wenn sie ihre Arbeitszeit aus schwangerschaftsbedingten Gründen reduziert hat. 4

3. Verfassungsrecht. § 14 I MuSchG aF (= § 20 I MuSchG) ist vom BVerfG mit Beschluss vom 18.11.2003 für verfassungswidrig erklärt worden. Die Verpflichtung des AG aus § 14 I MuSchG aF zur Zahlung eines Zuschusses zum Mutterschaftsgeld sei mit Art. 12 GG unvereinbar. Die Regelung leiste im Widerspruch zu Art. 3 II GG einer Diskriminierung von Frauen im Arbeitsleben Vorschub und stelle deshalb keine verfassungsmäßige Beschränkung der Berufsfreiheit dar.[13] Das BVerfG hatte dem Gesetzgeber aufgegeben, bis zum 31.12.2005 eine verfassungskonforme Regelung zu treffen. Dies ist durch das Aufwendungsausgleichsgesetz – AAG (→ § 100 Rn. 1 ff.) erfolgt. Danach erhält der AG den Zuschuss nach § 20 MuSchG in vollem Umfang erstattet.[14] 5

III. Berechnung des Zuschusses zum Mutterschaftsgeld

1. Grundsatz. Der vom AG zu leistende Zuschuss zum Mutterschaftsgeld beläuft sich auf den Unterschiedsbetrag zwischen 13 EUR und dem um die gesetzlichen Abzüge verminderten durchschnittlichen kalendertäglichen Arbeitsentgelt. Bei der Berechnung des Zuschusses ist bei einer privat krankenversicherten AN, die von ihrem AG einen Zuschuss zur privaten Krankenversicherung erhält, das durchschnittliche kalendertägliche Arbeitsentgelt nicht um den von der versicherten AN zu tragenden Anteil am Krankenversicherungsbeitrag zu kürzen.[15] Verändert die AN rechtsmissbräuchlich die Steuermerkmale, sind diese nicht zu berücksichtigen.[16] Der Anspruch auf den Zuschuss ist im Streitfall vor den Gerichten für Arbeitssachen geltend zu machen. Bei der Berechnung des Zuschusses zum Mutterschaftsgeld bleiben einmalig gezahltes Arbeitsentgelt sowie Tage, an denen infolge von Kurzarbeit, Arbeitsausfällen oder unverschuldeter Arbeitsversäumnis kein oder ein vermindertes Arbeitsentgelt gezahlt wurde, außer Betracht. 6

2. Durchschnittliches kalendertägliches Arbeitsentgelt. Das durchschnittliche kalendertägliche Arbeitsentgelt (§ 21 MuSchG) ist gem. § 20 I 2 MuSchG aus den **letzten drei abgerechneten Kalendermonaten vor Beginn der Schutzfrist** nach § 3 I MuSchG zu berechnen. Es ist also nicht vom Tage des Beginns der Schutzfrist kalendermäßig um die drei Monate zurückzurechnen, sondern vom Zeitpunkt des letzten abgerechneten Kalendermonats um drei – volle – abgerechnete Kalendermonate.[17] Die letzten drei abgerechneten Kalendermonate müssen der Schutzfrist nicht unmittelbar vorangegangen sein. Dies kann von Bedeutung sein, wenn die AN während der Elternzeit für ihr erstes Kind erneut schwanger wird und die Elternzeit zur Inanspruchnahme der Schutzfristen gem. § 16 III 3 BEEG beendet.[18] Für die Berechnung des Zuschusses zum Mutterschaftsgeld ist dann die Steuerklasse maßgeblich, welche die AN zur Zeit der letzten drei abgerechneten Kalendermonate hatte.[19] Dauerhafte Änderungen der Arbeitsentgelthöhe sind nach Maßgabe von § 21 IV MuSchG zu berücksichtigen. 7

---

[12] BAG 3.6.1987 AP Nr. 6 zu § 14 MuSchG 1968 = NZA 1987, 851.
[13] BVerfG 18.11.2003 AP Nr. 23 zu § 14 MuSchG 1968 = NZA 2004, 33.
[14] BAG 25.2.2004 AP Nr. 24 zu § 14 MuSchG 1968 = NZA 2004, 537.
[15] LAG München 27.11.2009 – 3 Sa 652/09.
[16] Zur Veränderung der Steuerklasse: BAG 22.10.1986 AP Nr. 5 zu § 14 MuSchG 1968 = NZA 1987, 703; 18.9.1991 AP Nr. 10 zu § 14 MuSchG 1968 = NZA 1992, 411; LAG Frankfurt BB 1991, 1048; LAG Hamm LAGE § 14 MuSchG Nr. 2; LAG Köln LAGE § 14 MuSchG Nr. 3; zu gesetzlichen Abzügen: BAG 1.6.1988 AP Nr. 8 zu § 14 MuSchG 1968 = NZA 1988, 691; zum Weihnachtsfreibetrag: BAG 7.3.1990 AP Nr. 9 zu § 14 MuSchG 1968 = NZA 1990, 609; ausf. hierzu *Croissant* NZA 2013, 713.
[17] LAG Brem 9.12.2004 LAGE § 14 MuSchG Nr. 12.
[18] BAG 19.5.2021 – 5 AZR 378/20; 22.8.2012 AP Nr. 26 zu § 14 MuSchG 1968 = NZA 2012, 1277.
[19] BAG 19.5.2021 – 5 AZR 378/20.

8 **3. Mehrere Arbeitsverhältnisse.** Steht die Frau in mehreren Arbeitsverhältnissen, sind gem. § 20 II MuSchG für die Berechnung des Arbeitgeberzuschusses zum Mutterschaftsgeld die durchschnittlichen kalendertäglichen Arbeitsentgelte aus diesen Beschäftigungsverhältnissen zusammenzurechnen. Den sich daraus ergebende Betrag zahlen die AG anteilig im Verhältnis der von ihnen gezahlten durchschnittlichen kalendertäglichen Arbeitsentgelte. Das gilt auch, wenn die Frau neben der hauptberuflichen Tätigkeit noch einer nebenberuflichen Tätigkeit nachgeht. Auch hier ist der Zuschuss von den AG in dem Verhältnis zu zahlen, in dem die Nettobezüge zueinander stehen. Die Zuschusspflicht entfällt nicht deshalb, weil die Nebentätigkeit versicherungsfrei war.[20]

[20] BAG 3.6.1987 AP Nr. 6 zu § 14 MuSchG 1968 = NZA 1987, 851.

2. Abschnitt. Elternzeit

§ 172. Elternzeit

Übersicht

I. Allgemeines

1. Rechtsgrundlage. Der Erziehungsurlaub wurde durch Gesetz über die Gewährung von Erziehungsgeld und Erziehungsurlaub (Bundeserziehungsgeldgesetz – BErzGG) vom 6.12.1985 (BGBl. I 2154), zuletzt in der Fassung der Bekanntmachung vom 9.2.2004 (BGBl. I 206) eingeführt. Seit der Neubekanntmachung des BErzGG vom 1.12.2000 (BGBl. I 1645) hat sich die Terminologie geändert. An die Stelle des Erziehungsurlaubs ist die Elternzeit getreten. Damit sollte der Wunsch der Gesetzgebung verdeutlicht werden, beiden Elternteilen die Erziehung der Kinder durch zeitweise Freistellung von den Arbeitspflichten zu ermöglichen.[1] Das BErzGG ist mit Wirkung vom 1.1.2007 durch das Bundeselterngeld- und Elternzeitgesetz – BEEG vom 5.12.2006 (BGBl. I 2748) abgelöst worden. Das BEEG regelt den Anspruch auf Elterngeld neu. Die im BErzGG enthaltenen Bestimmungen zur Elternzeit sind im Wesentlichen redaktionell dem neuen Sprachgebrauch des BEEG angepasst worden.[2] Durch das „Gesetz zur Einführung des Elterngeld Plus mit Partnerschaftsbonus und einer flexibleren Elternzeit im Bundeselterngeld- und Elternzeitgesetz" sind mit Wirkung vom 1.1.2015 eine Reihe von Änderungen erfolgt. Arbeitsrechtlich relevant sind die Neufassungen der §§ 15, 16, 18 BEEG. Nach § 27 I 2 BEEG des neu bekanntgemachten Gesetzes sind für die vor dem 1.7.2015 geborenen oder mit dem Ziel der Adoption aufgenommenen Kinder die §§ 2–22 BEEG in der bis zum 31.12.2014 geltenden Fassung weiter anzuwenden. 1

[1] *Hönsch,* Elternzeit und Erziehungsgeld, 2001, Rn. 203.
[2] Krit. dazu *Düwell* FA 2007, 44 (46).

2 **2. Zweck.** Durch Elterngeld und Elternzeit soll die Betreuung und Erziehung des Kindes in den ersten Lebensjahren gefördert werden. Das Elterngeld soll es Vater und Mutter erleichtern, im Anschluss an die Mutterschutzfrist von acht bzw. zwölf Wochen (→ § 167 Rn. 13) nach der Geburt auf eine Erwerbstätigkeit zu verzichten. Dadurch soll es ihnen ermöglicht werden, sich in der Frühphase der Elternschaft selbst um das Kind kümmern zu können. Der betreuende Elternteil erhält als Einkommensersatzleistung einen nach seinem Verdienst bemessenen Ausgleich.[3] Das Elterngeld muss EU-Bürgern unter den gleichen Voraussetzungen wie Deutschen gewährt werden. Das Unionsrecht verbietet einem Mitgliedstaat, die Gewährung von Elterngeld an Angehörige anderer Mitgliedstaaten, denen der Aufenthalt in seinem Gebiet erlaubt ist, von der Vorlage einer von der inländischen Verwaltung ausgestellten förmlichen Aufenthaltserlaubnis abhängig zu machen, während Inländer lediglich einen Wohnsitz oder ihren gewöhnlichen Aufenthalt in diesem Mitgliedstaat haben müssen.[4] Dementsprechend hat nach § 1 I Nr. 1 BEEG Anspruch auf Elterngeld, wer seinen Wohnsitz oder seinen gewöhnlichen Aufenthaltsort in Deutschland hat.

II. Voraussetzungen des Anspruchs auf Elternzeit

3 **1. Allgemeines.** Nach § 15 II 1 BEEG besteht bis zur Vollendung des dritten Lebensjahres des Kindes ein Anspruch auf Elternzeit. Hierbei handelt es sich um einen privatrechtlichen Anspruch des AN gegen den AG auf unbezahlte Freistellung von der Arbeit aus Anlass der Betreuung des Kindes. Der Anspruch auf Elternzeit setzt nicht voraus, dass auch ein Anspruch auf Elterngeld besteht. Daher können auch gut verdienende leitende Angestellte, deren Arbeitseinkommen die Grenzen des § 1 VIII BEEG übersteigt, Elternzeit in Anspruch nehmen.[5] Vom Anspruch auf Erholungsurlaub unterscheidet sich der Anspruch auf Elternzeit dadurch, dass die Befreiung von den Arbeitspflichten nicht durch eine Freistellungserklärung des AG erfolgt. Die Inanspruchnahme des Rechts auf Elternzeit ist nicht von der Zustimmung des AG abhängig. Die Geltendmachung der Elternzeit führt aufgrund des dem AN eingeräumten Gestaltungsrechts unmittelbar zum Ruhen der sich aus dem Arbeitsvertrag ergebenen wechselseitigen Hauptpflichten; Arbeits- und Vergütungspflicht werden suspendiert. Für den Eintritt dieser Rechtsfolge wird nach § 16 BEEG lediglich vorausgesetzt, dass der AN die dort bestimmten Ankündigungsfristen eingehalten hat. Der AG soll die Elternzeit lediglich „bescheinigen" (§ 16 I 8 BEEG).[6]

4 **2. Unabdingbarkeit.** Die Vorschriften über die Elternzeit sind zwingendes Gesetzesrecht, von dem weder durch Einzelverträge noch durch Betriebsvereinbarung oder Tarifverträge abgewichen werden kann. § 15 II 6 BEEG verbietet nicht nur Vereinbarungen, die den Anspruch auf Elternzeit unmittelbar betreffen, sondern auch solche, die sich auf die arbeitsrechtliche Stellung des AN vor oder nach der Elternzeit nachteilig auswirken, etwa hinsichtlich der Berechnung von Leistungen oder Vergütungen.[7]

5 **3. Anspruchsberechtigte.** AN und die anderen Anspruchsberechtigten haben gem. § 15 I BEEG Anspruch auf Elternzeit, wenn sie **(1)** mit ihrem Kind oder **(2)** mit einem Kind, für das sie die Anspruchsvoraussetzungen des § 1 III oder IV BEEG erfüllen, oder **(3)** mit einem Kind, das sie in Vollzeitpflege (§ 33 SGB VIII) aufgenommen haben, in einem Haushalt leben und dieses Kind selbst betreuen und erziehen. Anspruchsberechtigt sind AN (§ 15 I BEEG), die zu ihrer Berufsausbildung Beschäftigten (§ 20 I BEEG), Heimarbeiter und die ihnen Gleichgestellten, soweit sie am Stück mitarbeiten (§ 20 II BEEG). Unerheblich ist der Wohnsitz des AN. Maßgeblich ist allein, dass das Arbeitsverhältnis deutschem Recht unterliegt.[8] Keinen Anspruch haben daher freie Mitarbeiter und arbeitnehmerähnliche Personen.[9] Unerheblich ist, ob das Arbeitsverhältnis auf Dauer, befristet oder als Teilzeitarbeitsverhältnis abgeschlossen ist. Während eines unbezahlten Sonderurlaubs besteht grundsätzlich kein Anspruch auf Elternzeit. Der AG

---

[3] Vgl. *Düwell* FA 2007, 44 (45).
[4] Vgl. EuGH 12.5.1998 AP Nr. 6 zu Art. 48 EG-Vertrag – Maria Martinez Sala; 10.10.1996 NZA 1996, 1195 – Ingrid Hoever u.a.
[5] Dazu *Verstege* RdA 2011, 99.
[6] BAG 19.4.2005 AP Nr. 44 zu § 15 BErzGG = NZA 2005, 1354; 22.6.1988 AP Nr. 1 zu § 15 BErzGG = NZA 1989, 13.
[7] Vgl. BAG 26.11.2003 AP Nr. 30 zu § 1 TVG Tarifverträge: Lufthansa.
[8] Roos/Bieresborn/*Graf* BEEG § 15 Rn. 21.
[9] Vgl. HK-MuSchG/*Rancke* BEEG § 15 Rn. 26.

kann allerdings nach § 242 BGB verpflichtet sein, der vorzeitigen Beendigung des Sonderurlaubs zuzustimmen, wenn der AN stattdessen Elternzeit beantragt.[10] Steht der **AN in zwei Arbeitsverhältnissen,** hat er die Wahl: Er kann in beiden oder nur in einem Arbeitsverhältnis Elternzeit beanspruchen.[11] Nimmt er nur in einem Arbeitsverhältnis Elternzeit in Anspruch, ist eine Zustimmung dieses AG nach § 15 IV 3 BEEG zur Fortsetzung der Arbeit in dem anderen Arbeitsverhältnis nicht erforderlich. Denn diese Bestimmung betrifft nur den Fall der Erwerbstätigkeit bei einem anderen AG, die während der Elternzeit neu aufgenommen wird. Einen Anspruch auf Elternzeit haben darüber hinaus gem. § 15 Ia BEEG AN als **Großeltern,** wenn sie mit ihrem Enkelkind in einem Haushalt leben und dieses Kind selbst betreuen und erziehen und ein Elternteil des Kindes minderjährig ist oder ein Elternteil des Kindes sich im letzten oder vorletzten Jahr einer Ausbildung befindet, die vor Vollendung des 18. Lebensjahres begonnen wurde und die Arbeitskraft des Elternteils im Allgemeinen voll in Anspruch nimmt. Erforderlich ist, dass die Großeltern in gerader Linie (§ 1589 BGB) mit dem Enkelkind verwandt sind.[12]

4. Dauer der Elternzeit. a) Vollendung des dritten Lebensjahres. Nach § 15 II 1 BEEG 6
besteht der Anspruch auf Elternzeit bis zur Vollendung des dritten Lebensjahres eines Kindes. Das ist das Ende des Tages, der dem Geburtstag des Kindes vorausgeht.[13] Die Zeit der Mutterschutzfrist nach § 3 II, III MuSchG wird angerechnet. In § 15 II 3 BEEG ist dabei klargestellt, dass die Anrechnung der Mutterschutzfrist nur für die Elternzeit der Mutter erfolgt. Bei mehreren Kindern besteht der Anspruch auf Elternzeit gem. § 15 II 4 BEEG für jedes Kind, auch wenn sich die Zeiträume überschneiden. Hierdurch und mit der Übertragungsmöglichkeit nach § 15 II 2 BEEG (→ Rn. 7) wird sichergestellt, dass der volle Anspruch auf Elternzeit für jedes Kind auch bei einer kurzen Geburtenfolge oder bei Mehrlingsgeburten realisiert werden kann.[14] Ansonsten würde sich die Gesamtelternzeit von drei Jahren für beide Kinder um die Zeit der Überschneidung verkürzen. Denn durch die Geburt eines zweiten Kindes wird die laufende Elternzeit nicht automatisch unterbrochen. Die Elternzeit für das zweite Kind kann deshalb erst mit Ende der Elternzeit für das erste Kind beginnen und über die Vollendung des dritten Lebensjahres des zweiten Kindes hinaus übertragen werden. Damit wird erreicht, dass von der Zeit, in der sich die ersten drei Lebensjahre der Kinder überschneiden, ein Anteil gem. § 15 II 2 BEEG übertragen wird.[15]

b) Übertragung bis zur Vollendung des achten Lebensjahres. Das Gesetz ermöglicht 7
den Eltern, einen Anteil von bis zu 24 Monaten zwischen dem dritten Geburtstag und dem vollendeten achten Lebensjahr des Kindes in Anspruch zu nehmen (§ 15 II 2 BEEG). Diese Möglichkeit besteht auch, wenn sich die Zeiträume der Elternzeit bei mehreren Kindern überschneiden. Abweichend von der alten Fassung des Gesetzes ist seit 1.1.2015 eine **Zustimmung des AG hierfür nicht erforderlich.**[16] Der AN muss auch nicht ankündigen, dass er nach dem dritten Lebensjahr des Kindes Elternzeit zu nehmen beabsichtigt.[17] Der AN muss die Elternzeit für diesen Zeitraum nach § 16 I Nr. 2 BEEG spätestens 13 Wochen vor Beginn der Elternzeit schriftlich vom AG verlangen. Der AG kann nach § 16 I 7 BEEG die Inanspruchnahme eines dritten Abschnitts der Elternzeit innerhalb von acht Wochen nach Zugang des Antrags aus dringenden betrieblichen Gründen ablehnen, wenn sich das Elternzeitverlangen auf einen Zeitraum zwischen dem dritten Geburtstag und dem vollendeten achten Lebensjahr bezieht.[18] Erforderlich ist, dass der gesamte dritte Abschnitt der Elternzeit in diesem Lebensabschnitt liegt.[19] Das hat zur Folge, dass eine Ablehnung nicht in Betracht kommt, wenn der dritte Abschnitt der Elternzeit vor dem dritten Geburtstag des Kindes beginnt und in das vierte Lebensjahr hineinreicht.[20] Dringende betriebliche Gründe für die Ablehnung des Antrags auf Inanspruchnahme eines dritten Abschnitts der Elternzeit nach dem dritten Lebensjahr des Kindes liegen nach der Gesetzesbegründung nur vor, wenn dies zu erheblichen Beeinträchtigungen betrieblicher Belange führen würde. Das Merkmal „dringend" kann danach mit den Worten „nahezu zwin-

[10] BAG 16.7.1997 AP Nr. 23 zu § 15 BErzGG = NZA 1998, 104.
[11] Brose/Weth/Volk/*Schneider* BEEG § 15 Rn. 9.
[12] ErfK/*Gallner* BEEG § 15 Rn. 5a.
[13] ErfK/*Gallner* BEEG § 15 Rn. 6.
[14] HWK/*Gaul* BEEG § 15 Rn. 3.
[15] BAG 21.4.2009 AP Nr. 9 zu § 16 BErzGG = NZA 2010, 155.
[16] AR/*Klose* BEEG § 15 Rn. 10.
[17] Brose/Weth/Volk/*Schneider* BEEG § 15 Rn. 22; *Forst* DB 2015, 68 (72).
[18] BT-Drs. 18/3086, 12.
[19] BT-Drs. 18/3086, 12; AR/*Klose* BEEG § 16 Rn. 4.
[20] *Forst* DB 2015, 68 (72).

gend" oder „unabweisbar" umschrieben werden. Eine Ablehnung kommt somit nur in Ausnahmefällen in Betracht.[21]

8 **c) Arbeitgeberwechsel.** Bei einem Arbeitgeberwechsel kann der AN den Rest der beim früheren AG noch nicht vollständig genommenen Elternzeit für die ersten drei Lebensjahre des Kindes beim neuen AG auch in der Probezeit zu Beginn des Arbeitsverhältnisses mit der Folge des Kündigungsverbots nach § 18 BEEG geltend machen.[22] Nach § 16 I 9 BEEG hat der AN im Falle eines Arbeitgeberwechsels bei der Anmeldung von Elternzeit auf Verlangen des neuen AG eine Bescheinigung des früheren AG über bereits genommene Elternzeit vorzulegen. Den früheren AG trifft insoweit eine nachvertragliche Pflicht zur Erteilung der Bescheinigung.[23]

9 **5. Inanspruchnahme der Elternzeit. a) Grundsätze.** Nach § 16 I 1 Nr. 1 BEEG muss die Elternzeit für den Zeitraum bis zum vollendeten dritten Lebensjahr des Kindes spätestens sieben Wochen vor Beginn schriftlich vom AG verlangt werden. Gleichzeitig hat der AN gem. § 16 I 2 BEEG in diesem Fall zu erklären, für welche Zeiten innerhalb von zwei Jahren Elternzeit in Anspruch genommen werden soll. Der AN kann auch von vornherein bis zur Vollendung des dritten Lebensjahres des Kindes Elternzeit verlangen.[24] Die Inanspruchnahme der Elternzeit bedarf nicht der Zustimmung des AG,[25] und zwar auch dann nicht, wenn der AN einen dritten Abschnitt der Elternzeit in die Zeit zwischen der Geburt des Kindes und dem dritten Geburtstag legt, sofern der AN die Freistellung für diese Zeit zusammen mit der ersten Geltendmachung verlangt hat.[26] Für eine spätere Verlängerung der Elternzeit ist diese hingegen erforderlich (dazu → Rn. 11). Die Elternzeit kann gem. § 16 I 6 BEEG auf drei Zeitabschnitte verteilt werden. Eine Verteilung auf weitere Zeitabschnitte bedarf der Zustimmung des AG. Die Eltern sind in der Festlegung des Zeitraums der Elternzeit grundsätzlich frei.[27] Ein Rechtsmissbrauch liegt nicht vor, wenn eine angestellte Lehrerin die Elternzeit zu Beginn der Schulferien enden lässt.[28]

10 **b) Form und Frist.** Das Frist- und Formerfordernis (sieben Wochen vor Beginn schriftlich) bezieht sich nicht nur auf das Verlangen selbst, sondern auch auf die Zeitabschnitte, in denen Elternzeit in Anspruch genommen werden soll. Ist die Erklärung dem AG zugegangen, ist sie unwiderruflich. Der AN muss deshalb die Elternzeit zu dem angegebenen Zeitpunkt auch dann antreten, wenn er zwischenzeitlich erkrankt ist.[29] Der AN kann mit dem Verlangen der Elternzeit gleichzeitig den Antrag auf Elternteilzeit stellen und die Inanspruchnahme der Elternzeit von der Bedingung abhängig machen, dass Elternteilzeit gewährt wird.[30] Die Frist von sieben Wochen gilt auch dann, wenn die Elternzeit unmittelbar nach Ablauf der Mutterschutzfrist des § 3 II MuSchG (acht Wochen nach der Entbindung bzw. zwölf Wochen bei Früh- und Mehrlingsgeburten) beginnen soll, denn die Frist soll es dem AG ermöglichen, sich auf das Fernbleiben der AN einzurichten und ggf. eine Ersatzkraft einzustellen. Hält der AN die Frist des § 16 I 1 BEEG nicht ein, erlischt der Anspruch auf Elternzeit nicht, es verschiebt sich nur der Zeitpunkt des gewünschten Beginns entsprechend.[31] Nimmt die Mutter die Elternzeit im Anschluss an die Mutterschutzfrist, wird gem. § 16 I 4 BEEG die Zeit der Mutterschutzfrist nach § 3 II und III MuSchG auf den Zweijahreszeitraum nach § 16 I 2 BEEG (→ Rn. 11) angerechnet. Entsprechendes gilt nach § 16 I 5 BEEG, wenn die Mutter die Elternzeit im Anschluss an einen auf die Mutterschutzfrist folgenden Erholungsurlaub nimmt. In diesem Fall werden die Zeiten der Mutterschutzfrist nach § 3 II und III MuSchG und des Erholungsurlaubs auf den Zweijahreszeitraum nach Satz 2 angerechnet. Kann die Elternzeitberechtigte aus von ihr nicht zu vertretenden Gründen die Siebenwochenfrist zur Abgabe des Elternzeitverlangens nicht einhalten, zB wegen schweren Komplikationen nach der Geburt und einem damit verbundenen Krankenhausaufenthalt, kann sie gem. § 16 II BEEG das Verlangen innerhalb einer Woche nach Wegfall des Grundes nachholen. Die Schriftform iSv § 126 I BGB ist gem. § 125 BGB Wirksamkeitsvoraussetzung für die Inanspruchnahme der Elternzeit. Die Textform iSv § 126b BGB ist

[21] Brose/Weth/Volk/*Schneider* BEEG § 16 Rn. 27.
[22] BAG 11.3.1999 AP Nr. 4 zu § 18 BErzGG = NZA 1999, 1047.
[23] *Forst* DB 2015, 68 (73).
[24] BAG 19.4.2005 AP Nr. 44 zu § 15 BErzGG = NZA 2005, 1354.
[25] BAG 12.5.2011 NZA 2012, 208; HWK/*Gaul* BEEG § 16 Rn. 6.
[26] HWK/*Gaul* BEEG § 16 Rn. 6.
[27] ErfK/*Gallner* BEEG § 16 Rn. 4.
[28] LAG Düsseldorf 11.10.2001 ZTR 2002, 39.
[29] BAG 22.6.1988 AP Nr. 1 zu § 15 BErzGG = NZA 1989, 13.
[30] BAG 12.5.2011 AP Nr. 1 zu § 18 BEEG = NZA 2012, 208.
[31] BAG 17.2.1994 AP Nr. 115 zu § 626 BGB = NZA 1994, 656; 17.10.1990 AP Nr. 4 zu § 15 BErzGG = NZA 1991, 320.

nicht ausreichend.[32] Eine Inanspruchnahme durch Telefax, E-Mail oder SMS genügt daher nicht den formalen Anforderungen. Im Einzelfall kann es allerdings rechtsmissbräuchlich sein, wenn sich der AG auf die fehlende Schriftform beruft.[33] Die Elternzeit muss sich nicht an die Schutzfrist des § 3 II MuSchG anschließen. Auch in diesem Fall beträgt die Antragsfrist sieben Wochen. Bei dringenden Gründen ist gem. § 16 I 3 BEEG ausnahmsweise auch eine angemessene kürzere Frist möglich. Dies betrifft insbesondere die Fälle der Adoptionspflege,[34] kommt aber auch bei einer schweren Erkrankung nach der Geburt in Betracht.

c) Bestimmung des Zeitraums der Elternzeit. Nach § 16 I 2 BEEG hat der AN mit seinem schriftlichen Verlangen zugleich zu erklären, für welche Zeiten er „innerhalb von zwei Jahren" Elternzeit nehmen wird.[35] Die Anforderung des § 16 I 2 BEEG ist dahin zu verstehen, dass der AN bei der ersten Inanspruchnahme „mindestens" den Zweijahreszeitraum abdecken muss. Das trägt dem Interesse des AG an Planungssicherheit Rechnung.[36] Der AN kann (muss aber nicht) auch – mit bindender Wirkung – die volle dreijährige Elternzeit in Anspruch nehmen.[37] Bleibt die mitgeteilte Elternzeit hinter diesem Zeitraum zurück, kann der AN eine Verlängerung der Elternzeit gem. § 16 III 1 BEEG nur mit Zustimmung des AG erreichen.[38] Der AG hat entsprechend § 315 I BGB nach billigem Ermessen zu entscheiden, ob er die zur Verlängerung der Elternzeit erforderliche Zustimmung erteilt.[39] Hierfür gilt ein objektiver Maßstab. Verweigert der AG die Zustimmung, hat der AN Klage auf Zustimmung zu erheben. Entspricht die Zustimmungsverweigerung nicht der Billigkeit, wird die Zustimmung durch Urteil erteilt (§ 315 III 2 BGB). Gegen den Willen des AG kann nach § 16 III 4 BEEG eine Verlängerung nur dann verlangt werden, wenn ein vorgesehener Wechsel in der Anspruchsberechtigung aus einem wichtigen Grund nicht erfolgen kann. Das kann beispielsweise bei Arbeitslosigkeit oder schwerer Krankheit des anderen Sorgeberechtigten angenommen werden.[40] 11

d) Anteilige Inanspruchnahme. Gem. § 15 III 1 BEEG kann die Elternzeit, auch anteilig, von jedem Elternteil allein oder von beiden Elternteilen gemeinsam genommen werden. Wollen die Eltern für ihr Kind nacheinander und abwechselnd Elternzeit in Anspruch nehmen, kann dies nur bis zur Vollendung des dritten Lebensjahres eines Kindes erfolgen. Es kann also nicht erst die Mutter drei Jahre und daran anschließend der Vater drei Jahre Elternzeit nehmen und so eine elterliche Kinderbetreuung bis zum vollendeten sechsten Lebensjahr des Kindes erstreckt werden.[41] Das Gesetz ermöglicht den Eltern auch, die Elternzeit zeitgleich – ggf. mit einer Teilzeitbeschäftigung nach § 15 IV BEEG – für die Dauer von drei Jahren Elternzeit in Anspruch zu nehmen.[42] Bei gleichzeitiger Inanspruchnahme von Elternzeit verkürzt sich der Anspruch nicht.[43] 12

6. Vorzeitige Beendigung der Elternzeit. Der AN kann die Elternzeit grundsätzlich nicht einseitig vorzeitig beenden.[44] Er bedarf hierzu vielmehr gem. § 16 III 1 BEEG der Zustimmung des AG. Im Falle der Geburt eines weiteren Kindes kann der AG die vorzeitige Beendigung der Elternzeit gem. § 16 III 2 BEEG nur innerhalb einer Frist von vier Wochen aus von ihm darzulegenden dringenden betrieblichen Gründen ablehnen, sofern nicht die Voraussetzungen des § 16 III 3 BEEG vorliegen. Das Beendigungsverlangen des AN ist in diesem Fall ein einseitiges Gestaltungsrecht, das nicht von der Zustimmung des AG abhängig ist. Das Recht auf eine vorzeitige Beendigung der Elternzeit „wegen der Geburt eines weiteren Kindes" setzt tatbestandlich voraus, dass das weitere Kind entbunden ist. Die Rechtsfolge des § 16 III 2 Alt. 1 BEEG kann nicht mit Wirkung zu einem Zeitpunkt herbeigeführt werden, der noch in der Schwangerschaft mit dem weiteren Kind liegt.[45] Lehnt der AG die vorzeitige Beendigung nicht 13

[32] BAG 10.5.2016 AP Nr. 2 zu § 16 BEEG = NZA 2016, 1137.
[33] BAG 26.6.2008 AP Nr. 11 zu § 18 BErzGG = NZA 2008, 1241; Brose/Weth/Volk/*Schneider* BEEG § 16 Rn. 4.
[34] *Sowka* NZA 2000, 1185 (1187).
[35] HWK/*Gaul* BEEG § 16 Rn. 6.
[36] ErfK/*Gallner* BEEG § 16 Rn. 4.
[37] BAG 19.4.2005 AP Nr. 44 zu § 15 BErzGG = NZA 2005, 1354.
[38] HWK/*Gaul* BEEG § 16 Rn. 9.
[39] BAG 18.10.2011 AP Nr. 1 zu § 16 BEEG = NZA 2012, 262.
[40] ErfK/*Gallner* BEEG § 16 Rn. 11.
[41] HK-MuSchG/*Rancke* BEEG § 15 Rn. 41; ErfK/*Gallner* BEEG § 15 Rn. 6.
[42] HK-MuSchG/*Rancke* BEEG § 15 Rn. 41.
[43] *Winterfeld* DB 2004, 930 (932).
[44] ErfK/*Gallner* BEEG § 16 Rn. 6.
[45] BAG 8.5.2018 AP Nr. 3 zu § 16 BEEG = NZA 2018, 1195.

form- oder fristgerecht oder nicht aus dringenden betrieblichen Gründen ab, wird die Elternzeit aufgrund der Gestaltungserklärung der AN nach Ablauf von vier Wochen gerechnet ab dem Zugang der Erklärung beendet. Eine den Anforderungen des § 16 III 2 BEEG nicht entsprechende Ablehnung des AG ist unbeachtlich. Der nicht verbrauchte Anteil (Restelternzeit) geht mit der vorzeitigen Beendigung der Elternzeit nicht unter. Er steht wieder für die Inanspruchnahme zur Verfügung. Die vorzeitige Beendigung hebt lediglich die Bindungswirkung des ursprünglich festgelegten Zeitrahmens auf. Der AN muss grundsätzlich an seinen Arbeitsplatz zurückkehren. Die Restelternzeit kann er gem. § 15 II 2 BEEG mit einem Anteil von bis zu 24 Monaten auf die Zeit bis zur Vollendung des achten Lebensjahres des Kindes übertragen.[46] Hierdurch wird sichergestellt, dass die Übertragungsmöglichkeit auch bei einer kurzen Geburtenfolge oder bei Mehrlingsgeburten gegeben ist, damit der volle Anspruch auf Elternzeit für jedes Kind besteht. Ansonsten würde sich die Gesamtelternzeit von drei Jahren für jedes Kind um den Zeitraum der Überschneidung verkürzen. Denn durch die Geburt eines weiteren Kindes wird die laufende Elternzeit nicht automatisch unterbrochen.[47] Die AN kann gem. § 16 III 3 BEEG ihre Elternzeit auch ohne Zustimmung des AG vorzeitig beenden, um die Schutzfristen des § 3 I und II MuSchG in Anspruch zu nehmen. Dies verlangt das Unionsrecht.[48] Die Elternzeit endet nach § 16 IV BEEG vorzeitig, wenn das Kind während der Elternzeit stirbt.

III. Auswirkungen der Elternzeit auf das Arbeitsverhältnis

14 **1. Suspendierung der Hauptpflichten.** Während der Elternzeit sind die Hauptpflichten aus dem Arbeitsverhältnis suspendiert.[49] Das Arbeitsverhältnis ruht in dieser Zeit.[50] Der AN schuldet keine Arbeitsleistung und der AG keine Vergütung. Die Nebenpflichten (zB Wettbewerbsverbot, Verschwiegenheitspflicht) bestehen fort.[51] Am Tag des dritten Geburtstags des Kindes leben die Hauptpflichten wieder auf. Der AN hat also unaufgefordert zur Arbeit zu erscheinen. Eine „Arbeitsplatzgarantie" in dem Sinne, dass der AN nach Rückkehr einen Anspruch auf Beschäftigung an seinem alten, vor der Elternzeit eingenommenen Arbeitsplatz hat, gibt es allerdings nicht. Der AG kann den AN auf einem neuen Arbeitsplatz einsetzen, soweit dies durch sein Direktionsrecht gedeckt ist (dazu → § 45 Rn. 13 ff.). Bei Versetzungen und Änderungskündigungen sind die Rechte des BR nach §§ 99, 102 BetrVG zu beachten.

15 **2. Betriebsratsmitglieder.** Die Elternzeit führt weder zum Erlöschen der Mitgliedschaft im BR nach § 24 Nr. 3 BetrVG noch zu einer zeitweiligen Verhinderung nach § 25 I 2 BetrVG. Das Betriebsratsmitglied verliert während der Elternzeit auch nicht seine Wählbarkeit nach § 8 I BetrVG. Ein Betriebsratsmitglied hat auch während der ohne Erwerbstätigkeit in Anspruch genommenen Elternzeit gegen den AG gem. § 40 I BetrVG einen Anspruch auf Erstattung der erforderlichen Fahrtkosten, die ihm wegen der Teilnahme an den Betriebsratssitzungen entstanden sind.[52] Dasselbe gilt auch für das Recht auf Teilnahme an einer Betriebsversammlung, da § 44 BetrVG eine eigene Anspruchsgrundlage enthält (→ § 223 Rn. 1 ff.).[53]

16 **3. Arbeitsentgelt und Jahressonderzahlungen.** Während der Elternzeit besteht kein Anspruch auf laufendes Arbeitsentgelt. Dies ist mit Unionsrecht vereinbar.[54] Ob der AG bei Inanspruchnahme von Elternzeit Jahressonderzahlungen zu leisten hat, hängt vom Inhalt der maßgeblichen Zuwendungsvereinbarung ab. Ist nur die rechtliche Beendigung des Arbeitsverhältnisses bis zu einem bestimmten Datum für die Sonderzahlung schädlich, steht dem ein Ruhen wegen Elternzeit nicht gleich.[55] Sieht die Zuwendungsvereinbarung vor, dass die Sonderzahlung nur für Zeiten tatsächlich geleisteter Arbeit bezahlt wird, wirkt die Elternzeit

[46] BAG 21.4.2009 AP Nr. 9 zu § 16 BErzGG = NZA 2010, 155.
[47] BAG 8.5.2018 AP Nr. 3 zu § 16 BEEG = NZA 2018, 1195.
[48] Dazu EuGH 20.9.2007 AP Nr. 8 zu EWG-Richtlinie Nr. 92/85 = NZA 2007, 1274 – Kiiski; 13.2.2013 NZA 2014, 316 – Terveys; ErfK/*Gallner* BEEG § 16 Rn. 9a.
[49] BAG 19.3.2019 AP Nr. 5 zu § 17 BEEG = NZA 2019, 1136.
[50] BAG 15.4.2008 AP Nr. 50 zu § 15 BErzGG = NZA 2008, 998; 24.5.1995 AP Nr. 175 zu § 611 BGB Gratifikation = NZA 1996, 31.
[51] BAG 10.2.1993 AP Nr. 7 zu § 15 BErzGG = NZA 1993, 801; 10.5.1989 AP Nr. 2 zu § 15 BErzGG = NZA 1989, 759.
[52] BAG 25.5.2005 AP Nr. 13 zu § 24 BetrVG 1972 = NZA 2005, 1002.
[53] BAG 31.5.1989 AP Nr. 9 zu § 44 BetrVG 1972 = NZA 1990, 449.
[54] Vgl. EuGH 21.10.1999 AP Nr. 14 zu Art. 119 EG-Vertrag = NZA 1999, 1325; 13.2.1996 AP Nr. 74 zu Art. 119 EWG-Vertrag; zum Zuschuss zum Mutterschutz EuGH 14.7.2016 NZA 2016, 933 – Ornano.
[55] BAG 10.12.2008 AP Nr. 281 zu § 611 BGB Gratifikation = NZA 2009, 258.

anspruchsmindernd bzw. -ausschließend.[56] Weder der arbeitsrechtliche Gleichbehandlungsgrundsatz noch das unionsrechtliche Lohngleichheitsgebot für Männer und Frauen haben nach bisherigem Verständnis verboten, von der Gewährung einer Weihnachtsgratifikation AN auszunehmen, deren Arbeitsverhältnisse wegen Elternzeit ruhen (dazu nunmehr → § 78 Rn. 29).[57] Auch § 15 II 6 BEEG verbietet keine tarifvertragliche Regelung, nach der die Zeiten des ruhenden Arbeitsverhältnisses für eine zusätzliche tarifliche Leistung nicht anspruchssteigernd berücksichtigt werden. Angestellten, die während der Elternzeit eine Teilzeittätigkeit ausüben, steht kein geringerer Zuwendungsanspruch zu, als wenn sie während der Elternzeit nicht gearbeitet hätten.[58] Ergibt die Auslegung einer arbeitsvertraglichen Vereinbarung über die Zahlung eines „13. Monatsgehalts", dass es sich um einen Teil der im Austauschverhältnis zur Arbeitsleistung stehenden Vergütung handelt, entsteht kein anteiliger Anspruch auf das „13. Monatsgehalt" für Zeiten, in denen das Arbeitsverhältnis wegen Elternzeit ruht.[59]

4. Sachbezüge. Der Anspruch auf Sachbezüge, die von geleisteter Arbeit abhängen (freie Kost, Deputate, Naturalleistungen, private Dienstwagennutzung), ruht während der Elternzeit. Der Anspruch auf Wohnraumüberlassung besteht dagegen regelmäßig fort, weil dieser an den Bestand des Arbeitsverhältnisses anknüpft. Hat der AG zinsgünstige Arbeitnehmerdarlehen gewährt, bestehen nach Auffassung des BAG Bedenken gegen die Wirksamkeit einer Vereinbarung, wonach die während der Dauer der Elternzeit weitergewährten Zinsvergünstigungen für Arbeitgeberdarlehen rückwirkend entfallen, wenn das Arbeitsverhältnis nach § 19 BEEG zum Ende der Elternzeit gekündigt wird.[60] 17

5. Vermögenswirksame Leistungen. Ob der AG während der Elternzeit vermögenswirksame Leistungen fortzuzahlen hat, richtet sich nach der Zuwendungsvereinbarung. Im Wege der Auslegung des Tarifvertrags, der Betriebsvereinbarung oder des Arbeitsvertrags ist zu ermitteln, ob die Zahlung auch ohne Arbeitsleistung erfolgen muss. 18

6. Bewährungsaufstieg. Eine Tarifregelung wie § 23a S. 2 Nr. 4 S. 2 lit. d BAT verletzt das Benachteiligungsverbot des § 15 II 6 BEEG, soweit danach die Inanspruchnahme von Elternzeit nur bis zu einer Gesamtdauer von fünf Jahren für den Bewährungsaufstieg als unschädlich angesehen werden kann und längere Unterbrechungszeiträume zum Verlust der gesamten bis dahin zurückgelegten Bewährungszeit führen.[61] 19

7. Entgeltfortzahlung im Krankheitsfall. Verrichtet der AN während der Elternzeit Teilzeitarbeit, steht ihm bei Arbeitsunfähigkeit im Umfang der Teilzeitarbeit Entgeltfortzahlung nach §§ 3, 4 EFZG zu. Verrichtet er dagegen keine Teilzeitarbeit, besteht kein Anspruch auf Entgeltfortzahlung im Krankheitsfall.[62] Erkrankt der AN vor Beginn der Elternzeit, endet der Entgeltfortzahlungsanspruch mit deren Beginn. Ab diesem Zeitpunkt ist die Krankheit nicht mehr ursächlich für den Arbeitsausfall. Durch die Krankheit wird die Elternzeit nicht verlängert.[63] Erkrankt der AN während der Elternzeit, wird die Zeit des Ruhens nicht auf den Sechswochenzeitraum des § 3 I EFZG angerechnet. Dieser Zeitraum beginnt nicht mit der Erkrankung, sondern erst mit der tatsächlichen Verhinderung an der Arbeitsleistung infolge der Krankheit. Das ist der Zeitpunkt der Aktualisierung des Arbeitsverhältnisses.[64] 20

8. Urlaub. a) Kürzungsmöglichkeit. Während der Elternzeit entstehen Urlaubsansprüche, da in dieser Zeit das Arbeitsverhältnis fortbesteht und die Urlaubsansprüche unabhängig von einer Arbeitsleistung entstehen (→ § 104 Rn. 30). Nach § 17 I 1 BEEG kann der AG jedoch den Erholungsurlaub, der dem AN für das Urlaubsjahr aus dem Arbeitsverhältnis zusteht, **für jeden vollen Kalendermonat, für den der AN Elternzeit nimmt, um 1/12 kürzen.**[65] Die Kürzungsmöglichkeit betrifft jeglichen Erholungsurlaub, ganz gleich, auf wel- 21

[56] BAG 28.9.1994 AP Nr. 165 zu § 611 BGB Gratifikation = NZA 1995, 176; 10.2.1993 AP Nr. 7 zu § 15 BErzGG = NZA 1993, 801.
[57] BAG 12.1.2000 AP Nr. 223 zu § 611 BGB Gratifikation = NZA 2000, 944; 24.5.1995 AP Nr. 175 zu § 611 BGB Gratifikation = NZA 1996, 31; vgl. dazu auch EuGH 21.10.1999 AP Nr. 14 zu Art. 119 EG-Vertrag.
[58] BAG 12.2.2003 AP Nr. 37 zu § 15 BErzGG.
[59] BAG 19.4.1995 AP Nr. 173 zu § 611 BGB Gratifikation = NZA 1995, 1098.
[60] BAG 16.10.1991 AP Nr. 1 zu § 19 BErzGG = NZA 1992, 793.
[61] BAG 12.4.2016 AP Nr. 49 zu § 23a BAT = NZA 2016, 833.
[62] Vgl. BAG 22.6.1988 AP Nr. 1 zu § 15 BErzGG = NZA 1989, 13.
[63] ErfK/*Gallner* BEEG § 15 Rn. 26.
[64] BAG 29.9.2004 AP Nr. 24 zu § 3 EntgeltFG = NZA 2005, 225.
[65] BAG 28.7.1992 AP Nr. 3 zu § 17 BErzGG = NZA 1994, 27.

cher Rechtsgrundlage er beruht.[66] Der AG kann auf die Kürzung verzichten. Er ist nicht verpflichtet, dem AN vor Antritt der Elternzeit mitzuteilen, dass er den Erholungsurlaub anteilig kürzen will. Der AG kann im bestehenden Arbeitsverhältnis sein Kürzungsrecht **vor, während und nach dem Ende der Elternzeit** ausüben, nicht jedoch vor der Erklärung des AN, Elternzeit in Anspruch zu nehmen. Die Kürzungsbefugnis setzt stets ein Elternzeitverlangen nach § 16 I 1 BEEG voraus, durch das Umfang und zeitliche Lage der Elternzeit festgelegt werden.[67] Damit ist es ausgeschlossen, bereits im **Arbeitsvertrag** wirksam zu vereinbaren, im Falle der Elternzeit werde der Urlaub nach Maßgabe von § 17 BEEG gekürzt. Die Kürzung hat durch eine empfangsbedürftige **rechtsgeschäftliche Erklärung des AG** zu erfolgen.[68] Diese kann auch **konkludent** geschehen. Ausreichend ist, dass dem AN nur der gekürzte Urlaub gewährt wird oder ihm erkennbar ist, dass der AG von der Kürzungsmöglichkeit Gebrauch machen will.[69] In dem Ausweisen einer bestimmten Anzahl von Urlaubstagen in **Entgeltabrechnungen** liegt ohne Vorliegen weiterer Anhaltspunkte regelmäßig keine Kürzungserklärung iSv § 17 I 1 BEEG. Hiergegen spricht, dass Angaben in einer Entgeltabrechnung grundsätzlich keine rechtsgeschäftlichen Erklärungen, sondern lediglich Wissenserklärungen darstellen.[70] Die Kürzung setzt allerdings voraus, dass der Anspruch auf Erholungsurlaub noch besteht. Daran fehlt es, wenn das Arbeitsverhältnis beendet ist und der AN Anspruch auf Urlaubsabgeltung hat.[71] Wird das Arbeitsverhältnis im Anschluss an die Elternzeit nicht fortgesetzt, kann der AG aber noch während der einzuhaltenden Kündigungsfristen (vgl. § 19 BEEG) oder vor dem Abschluss eines Aufhebungsvertrags von seiner Kürzungsbefugnis Gebrauch machen.[72] Die Kürzung des Urlaubs nach § 17 I BEEG ist mit Unionsrecht vereinbar.[73] Dieses verlangt nicht, AN, die wegen Elternzeit im Bezugszeitraum nicht zur Arbeitsleistung verpflichtet waren, AN gleichzustellen, die in diesem Zeitraum tatsächlich gearbeitet haben.[74]

22 **b) Volle Kalendermonate der Elternzeit.** Bei der Kürzung ist nach dem Wortlaut des Gesetzes auf volle Kalendermonate abzustellen.[75] Dauert zB die Elternzeit vom 2.6. bis zum 30.7., kommt keine Kürzung in Betracht. Es werden also nicht Zeiten am Anfang oder bei Beendigung der Elternzeit zusammengerechnet. Die Berechnung des Urlaubsanspruchs erfolgt zweckmäßig in der Weise, dass zunächst ermittelt wird, welchen Urlaub der AN ohne Elternzeit beanspruchen könnte. Alsdann wird dieser für jeden vollen Kalendermonat der Elternzeit um $\frac{1}{12}$ des zustehenden Urlaubsanspruchs gekürzt. Entstehen bei der Kürzung Bruchteile von Urlaubsansprüchen, kommt weder eine Aufrundung noch eine Abrundung in Betracht; § 5 II BUrlG ist nicht anwendbar.[76]

23 **c) Gewährung des gekürzten Urlaubs.** Hat der AN den ihm zustehenden Urlaub vor dem Beginn der Elternzeit nicht oder nicht vollständig erhalten, hat der AG den gekürzten Resturlaub nach der Elternzeit im laufenden oder im nächsten Urlaubsjahr zu gewähren (§ 17 II BEEG).[77] Das Fristenregime des § 7 III BUrlG findet insoweit keine Anwendung. § 17 II BEEG trifft bezüglich der Erfüllung und des Verfalls des Urlaubs eine eigenständige, von § 7 III BUrlG abweichende Regelung des Urlaubsjahres. Der Gesetzgeber hat im BEEG für den Fall des Zusammentreffens von Elternzeit und Urlaub ein nach Zeitabschnitten differenzierendes Regelungssystem geschaffen. § 17 II BEEG bezieht sich auf den vor Beginn der Elternzeit noch nicht

[66] ErfK/*Gallner* BEEG § 17 Rn. 2.
[67] BAG 19.3.2019 AP Nr. 5 zu § 17 BEEG = NZA 2019, 1136; AP Nr. 6 zu § 17 BEEG mAnm *Osnabrügge* = NZA 2019, 1141.
[68] BAG 19.5.2015 AP Nr. 2 zu § 17 BEEG = NZA 2015, 989.
[69] BAG 19.3.2019 AP Nr. 6 zu § 17 BEEG mAnm *Osnabrügge* = NZA 2019, 1141; 28.7.1992 AP Nr. 3 zu § 17 BErzGG = NZA 1994, 27.
[70] BAG 19.3.2019 AP Nr. 5 zu § 17 BEEG = NZA 2019, 1136.
[71] BAG 19.3.2019 AP Nr. 6 zu § 17 BEEG mAnm *Osnabrügge* = NZA 2019, 1141; 19.5.2015 AP Nr. 2 zu § 17 BEEG = NZA 2015, 989.
[72] BAG 19.5.2015 AP Nr. 2 zu § 17 BEEG = NZA 2015, 989 unter Aufgabe von BAG 23.4.1996 AP Nr. 6 zu § 17 BErzGG = NZA 1997, 44.
[73] BAG 19.3.2019 AP Nr. 5 zu § 17 BEEG = NZA 2019, 1136; AP Nr. 6 zu § 17 BEEG mAnm *Osnabrügge* = NZA 2019, 1141.
[74] EuGH 4.10.2018 AP Nr. 24 zu Richtlinie 2003/88/EG = NZA 2018, 1323 – Dicu.
[75] ErfK/*Gallner* BEEG § 17 Rn. 3.
[76] Brose/Weth/Volk/*Schneider* BEEG § 17 Rn. 22; ErfK/*Gallner* BEEG § 17 Rn. 5.
[77] BAG 1.10.1991 AP Nr. 2 zu § 17 BErzGG = NZA 1992, 419; 28.7.1992 AP Nr. 3 zu § 17 BErzGG = NZA 1994, 27; 23.4.1996 AP Nr. 6 zu § 17 BErzGG = NZA 1997, 44.

oder nicht vollständig erhaltenen Urlaub. Das Kürzungsrecht des AG berücksichtigt, dass die Arbeitspflicht während der Elternzeit ruht und der in der Elternzeit befindliche AN seinen Urlaub nicht in Anspruch nehmen kann. Die Kürzungsbefugnis vermeidet damit ein Ansammeln von Urlaub gegen den Willen des AG.[78] Nach § 17 II BEEG wird auf die Zeit nach der Elternzeit nur der Urlaub übertragen, den der AN wegen der Elternzeit nicht genommen hat. Von dieser Regelung wird auch der Urlaub erfasst, den die AN wegen mutterschutzrechtlicher Beschäftigungsverbote nicht nehmen konnte. Wird von einer AN unmittelbar im Anschluss an das Beschäftigungsverbot nach § 3 II MuSchG Elternzeit nach § 15 BEEG in Anspruch genommen, richtet sich deshalb mit Beginn der Elternzeit das Fristenregime für den nicht genommenen Erholungsurlaub allein nach § 17 II BEEG, auch wenn er bereits nach § 24 S. 2 MuSchG „übertragen" worden ist. § 17 II BEEG verlängert dabei nicht den Übertragungszeitraum des § 7 III 3 BUrlG bis zum Ablauf des nächsten auf die Beendigung der Beschäftigungsverbote/der Elternzeit folgenden Jahres, er dehnt vielmehr die Befristung des Urlaubsanspruchs nach § 7 III 1 BUrlG von dem Urlaubsjahr, in dem der Urlaubsanspruch entstanden ist, auf das nächste Kalenderjahr (Folgejahr) aus. Dieses ist dann das für das Fristenregime des § 7 III BUrlG maßgebliche Urlaubsjahr.[79]

> Wird also **beispielsweise** eine AN, die im Jahr 2014 ein Kind geboren und unmittelbar nach Ablauf der Schutzfrist des § 3 II MuSchG Elternzeit in Anspruch genommen hat, nach dem Ende der Elternzeit (zB 30.9.2016) mindestens bis zum Ende des Kalenderjahres (31.12.2016) arbeitsunfähig krank, wird auch ihr Urlaubsanspruch aus der Zeit vor Beginn der mutterschutzrechtlichen Beschäftigungsverbote aus dem Jahre 2014 wegen in ihrer Person liegender Gründe iSv § 7 III 2 BUrlG jedenfalls bis zum 31.3.2017 übertragen. Das Jahr 2016 ist auch für den zurückliegenden Urlaub das maßgebliche Urlaubsjahr.[80]

Der **nach dem Ende der Elternzeit neu entstehende Urlaub** bleibt gem. § 7 III BUrlG **24** auf das Kalenderjahr befristet. Die Höhe des übertragenen Urlaubsanspruchs richtet sich danach, inwieweit der noch nicht genommene Urlaub zu Beginn der Elternzeit hätte beansprucht werden können. Der übertragene Urlaub erlischt gem. § 17 II BEEG ersatzlos, wenn er bis zum Ende des nächsten Urlaubsjahres nach dem Ende der Elternzeit nicht vollständig gewährt wurde. Macht beispielsweise ein AN, der am 28.3.2016 die Elternzeit angetreten hatte, nach Beendigung der Elternzeit am 27.3.2017 den Erholungsurlaubsanspruch für das Jahr 2015 geltend, hat er – wenn die Voraussetzungen für eine Übertragung des Resturlaubs von 2015 in den Übertragungszeitraum des Jahres 2016 nach § 7 III BUrlG vorlagen – lediglich einen Anspruch auf vier Urlaubstage. Denn nur in diesem Umfang war der Urlaubsanspruch in der Zeit vom Montag, den 28.3. bis Donnerstag, den 31.3.2016 erfüllbar. Mögliche weitere Urlaubsansprüche wären auch ohne Elternzeit am 31.3.2016 verfallen, weil der übertragene Urlaub im Übertragungszeitraum bis zum 31.3. des Folgejahres genommen werden muss (dazu → § 104 Rn. 83).[81] Nimmt der AN eine weitere Elternzeit in Anspruch, wird der vor einer ersten Elternzeit entstandene Anspruch auf Erholungsurlaub nach § 17 II BEEG auf die Zeit nach einer weiteren Elternzeit übertragen, die sich unmittelbar an die frühere Elternzeit anschließt. Endet das Arbeitsverhältnis während der späteren Elternzeit oder wird es im Anschluss an sie nicht fortgesetzt, wandelt sich der nach § 17 II BEEG übertragene Urlaubsanspruch gem. § 17 III BEEG in einen Abgeltungsanspruch um.[82]

d) Nachträgliche Kürzung. Hat der AN vor Beginn der Elternzeit mehr Urlaub erhalten, **25** als ihm nach § 17 I BEEG zusteht, kann der AG den Urlaub, der dem AN nach dem Ende der Elternzeit zusteht, gem. § 17 IV BEEG um die zu viel gewährten Urlaubstage kürzen. Die Kürzung kann dabei entsprechend § 17 II BEEG nach dem Ende der Elternzeit im laufenden oder folgenden Urlaubsjahr vorgenommen werden.[83] Beendet der AN das Arbeitsverhältnis während der Elternzeit, ist für eine Kürzung kein Raum.

---

[78] BAG 19.3.2019 AP Nr. 5 zu § 17 BEEG = NZA 2019, 1136.
[79] BAG 23.1.2018 AP Nr. 4 zu § 17 BEEG = NZA 2018, 653; 15.12.2015 AP Nr. 3 zu § 17 BEEG = NZA 2016, 433.
[80] BAG 15.12.2015 AP Nr. 3 zu § 17 BEEG = NZA 2016, 433.
[81] BAG 1.10.1991 AP Nr. 2 zu § 17 BErzGG = NZA 1992, 419.
[82] BAG 20.5.2008 AP Nr. 12 zu § 17 BErzGG = NZA 2008, 1237 unter Aufgabe von BAG 21.10.1997 AP Nr. 75 zu § 7 BUrlG Abgeltung = NZA 1998, 648.
[83] ErfK/*Gallner* BEEG § 17 Rn. 6; HWK/*Gaul* BEEG § 17 Rn. 11.

26 **e) Abgeltung.** Endet das Arbeitsverhältnis während der Elternzeit oder wird es nach der Elternzeit nicht fortgesetzt, hat der AG den noch ausstehenden Urlaub abzugelten (hierzu allgemein → § 104 Rn. 122 ff.). § 17 III BEEG enthält eine Spezialregelung zu § 7 IV BUrlG. Auf den Grund der Beendigung des Arbeitsverhältnisses kommt es nicht an. Eine Kürzung des Abgeltungsanspruchs ist nach Beendigung des Arbeitsverhältnisses nicht mehr möglich.[84] Hat der AN das Arbeitsverhältnis während oder zum Ende der Elternzeit gekündigt und vor Beginn der Elternzeit mehr Urlaub erhalten, als ihm unter Berücksichtigung von § 17 I BEEG zustand, besteht kein Bereicherungsanspruch des AG, denn zum Zeitpunkt der Urlaubserteilung bestand ein Rechtsgrund für die Urlaubsgewährung.[85]

27 **f) Urlaubsgeld.** Wird für einen zusätzlichen Urlaubsgeldanspruch die Wiederaufnahme der Tätigkeit vorausgesetzt, besteht dieser Anspruch nicht, wenn der AN im Anschluss an die Elternzeit die Arbeit bei einem anderen AG antritt.[86] Sieht ein Tarifvertrag eine anteilige Minderung des Anspruchs auf Urlaubsgeld für die Dauer der Elternzeit vor, gilt dies auch für die Zeiten der Beschäftigungsverbote wegen der Geburt eines weiteren Kindes nach § 3 I und II MuSchG, soweit die Elternzeit nicht unterbrochen wird. Hierin liegt kein Verstoß gegen Art. 157 AEUV, Art. 11 Nr. 2 RL 92/85/EWG oder § 2 VI des Anhangs der RL 96/34/EG zu der von der UNICE, CEEP und EGB geschlossenen Rahmenvereinbarung über Elternurlaub. Das Unionsrecht verbietet es dem AG nach bisherigem Verständnis nicht, bei der Bemessung von Sonderzuwendungen Zeiten der Elternzeit anteilig leistungsmindernd zu berücksichtigen (aber → § 78 Rn. 29).[87]

28 **g) Teilzeitarbeit während der Elternzeit.** Hat der AN bei seinem AG Teilzeitarbeit geleistet, bleibt der Urlaubsanspruch unberührt (§ 17 I 2 BEEG). Die Teilzeitarbeit kann allerdings zu einer Umrechnung des Urlaubsanspruchs führen (dazu → § 104 Rn. 46 f.).

29 **9. Betriebliche Altersversorgung.** Während der Elternzeit bleibt das Arbeitsverhältnis bestehen. Hieraus folgt, dass die Elternzeit als Betriebszugehörigkeit im Rahmen der Unverfallbarkeitsfristen (§ 1 BetrAVG), der Wartezeiten sowie der den Anspruch steigernden Ruhegeldzeiten zu berücksichtigen ist.[88] Eine Ausnahme gilt für Wartezeiten und Ruhegeld steigernde Zeiten dann, wenn der AG nur mit Entgelt belegte Zeiten bei einer Pensionskasse oder Lebensversicherung versichert.

30 **10. Berufsbildung.** Die Elternzeit wird auf Berufsbildungszeiten nicht angerechnet (§ 20 I 2 BEEG). Dies gilt unabhängig davon, ob der Berechtigte ganz mit der Arbeit aussetzt oder Teilzeitarbeit leistet. Die Berufsbildungszeit wird automatisch um die Elternzeit verlängert. Berufsbildungszeiten sind die Zeiten der Ausbildung, Fortbildung und Umschulung (§ 1 BBiG).

31 **11. Tarifvertragliche Regelungen.** In Tarifverträgen kann vorgesehen sein, dass ein AN auch nach Beendigung der Elternzeit noch der Arbeit fernbleiben kann und einen befristeten Rückkehranspruch behält. Im Wege der Auslegung ist zu ermitteln, ob der Anspruch erlischt, wenn er nicht fristgerecht geltend gemacht wird.[89]

32 **12. Sozialplan.** Haben die Betriebsparteien in einem Sozialplan für die Höhe der Abfindung auch auf die Dauer der Beschäftigung abgestellt, verstößt es gegen die Grundsätze von Recht und Billigkeit, wenn sie davon die Elternzeit ausnehmen. Die Herausnahme dieser Zeiten widerspricht den in Art. 6 GG enthaltenen Wertungen, die nach § 75 I BetrVG auch von den Betriebsparteien zu beachten sind.[90] Werden bei der Durchschnittsberechnung eines für eine Sozialplanabfindung maßgebenden Bruttomonatsentgelts für einen festgelegten Referenzzeitraum Zeiten eines ruhenden Arbeitsverhältnisses nicht mitgerechnet, erfasst diese Regelung nicht nur Beschäftigte, die während einer Elternzeit nach den Bestimmungen des BEEG beim AG nicht oder bei einem anderen AG tätig waren, sondern auch diejenigen, die bei dem betreffenden AG eine Teilzeittätigkeit nach § 15 V–VII BEEG ausgeübt haben.[91] Stellt der Sozialplan

[84] BAG 19.3.2019 AP Nr. 6 zu § 17 BEEG mAnm *Osnabrügge* = NZA 2019, 1141; 19.5.2015 AP Nr. 2 zu § 17 BEEG = NZA 2015, 989.
[85] ErfK/*Gallner* BEEG § 17 Rn. 7; HWK/*Gaul* BEEG § 17 Rn. 12.
[86] BAG 25.8.1992 AP Nr. 1 zu §§ 22, 23 BAT = NZA 1993, 322.
[87] BAG 15.4.2003 AP Nr. 4 zu § 1 TVG Tarifverträge: Bäcker.
[88] BAG 15.2.1994 AP Nr. 12 zu § 1 BetrAVG Gleichberechtigung = NZA 1994, 794.
[89] Vgl. LAG Hamm 18.3.1998 NZA-RR 1998, 548.
[90] BAG 21.10.2003 AP Nr. 163 zu § 112 BetrVG 1972 = NZA 2004, 559; 12.11.2002 AP Nr. 159 zu § 112 BetrVG 1972; vgl. auch BAG 22.9.2009 AP Nr. 204 zu § 112 BetrVG 1972; 5.5.2015 AP Nr. 229 zu § 112 BetrVG 1972.
[91] BAG 26.9.2017 AP Nr. 237 zu § 112 BetrVG 1972 = NZA 2018, 803.

für die Berechnung einer Sozialplanabfindung allein auf das Bruttomonatsgrundgehalt eines einzelnen Referenzmonats ab, ist bei AN, die sich in diesem Monat in einer Elternteilzeit befinden, dasjenige Bruttomonatsgrundgehalt maßgebend, welches ihnen nach den bestehenden vertraglichen Vereinbarungen für die Beschäftigung ohne Elternzeit zustehen würde, wenn für AN in Elternzeit, die nicht oder bei einem anderen AG tätig waren, dieses der Berechnung zugrunde zu legen ist.[92]

13. Wettbewerbsverbot. Die Höhe der Karenzentschädigung richtet sich gem. § 74 II HGB auch dann, wenn der AN Elternteilzeit gem. § 15 VI BEEG in Anspruch genommen hat und sein Arbeitsverhältnis während der Elternzeit endet, nach der letzten vor Beendigung des Arbeitsverhältnisses bezogenen vertragsgemäßen Vergütung. Es ist dann weder auf die letzte vertragsgemäße Vergütung vor Beginn der Elternzeit abzustellen noch auf den dreijährigen Bezugszeitraum gem. § 74b II 1 HGB.[93] 33

IV. Erwerbstätigkeit während der Elternzeit

1. Allgemeines. Während der Elternzeit ist gem. § 15 IV BEEG Erwerbstätigkeit zulässig, wenn die vereinbarte wöchentliche Arbeitszeit nicht 30 (ab 1.9.2021: 32) Stunden übersteigt. Erwerbstätigkeit ist jede selbständige oder unselbständige Beschäftigung, die gegen Entgelt verrichtet wird. Unerheblich ist die Höhe der Vergütung oder des Entgelts. Eine iSd § 23 SGB VIII geeignete Tagespflegeperson kann gem. § 15 IV 2 BEEG bis zu fünf Kinder in Tagespflege betreuen, auch wenn die wöchentliche Betreuungszeit 30 (ab 1.9.2021: 32) Stunden übersteigt. 34

2. Bei einem anderen Arbeitgeber. a) Zustimmung. Teilzeitarbeit bei einem anderen AG oder als Selbständiger bedarf nach § 15 IV 3 BEEG der Zustimmung des AG. Diese Bestimmung enthält ein befristetes Verbot mit Erlaubnisvorbehalt. Der AG darf die Frist zur Zustimmungserteilung grundsätzlich voll ausschöpfen. Die Ablehnung hat innerhalb einer Frist von vier Wochen schriftlich unter Angabe der Gründe zu erfolgen (§ 15 IV 4 BEEG).[94] Der AG kann eine Ablehnung der Zustimmung nur auf entgegenstehende dringende betriebliche Gründe stützen. Erklärt sich der AG nicht frist- oder formgerecht, entfällt das Zustimmungserfordernis.[95] Der AN kann dann die Tätigkeit aufnehmen. Zu den entgegenstehenden dringenden betrieblichen Gründen gehört der Vorrang der Teilzeittätigkeit im eigenen Unternehmen des AG oder die Gefahr der Bekanntgabe von Betriebs- und Geschäftsgeheimnissen an einen Konkurrenten des AG.[96] Die Vierwochenfrist des § 15 IV 4 BEEG für die schriftlich begründete Ablehnung der Zustimmung (Schriftform erfordert die Unterschrift, § 126 BGB) beginnt mit dem Zugang des Antrags des AN auf Erteilung der Zustimmung zur Teilerwerbstätigkeit bei einem anderen AG und berechnet sich nach den §§ 187, 188, 193 BGB. Der Beginn der vierwöchigen Ausschlussfrist hängt nicht davon ab, dass der AN dem AG ergänzende Mitteilungen über Art, Umstände oder Örtlichkeit der beabsichtigten Erwerbstätigkeit macht, die dem AG bereits anderweitig bekannt sind.[97] 35

b) Ablehnung. Wird die Ablehnung form- und fristgerecht begründet, darf der AN auch dann nicht bei dem anderen AG arbeiten, wenn er die Ablehnungsbegründung für nicht stichhaltig hält. Er muss vielmehr gegen den AG klagen und beantragen, die Zustimmung zur Teilzeitarbeit bei dem anderen AG zu erteilen.[98] Die Urteilsvollstreckung bestimmt sich nach § 894 ZPO. Weil die Zustimmungserklärung demnach erst mit der Rechtskraft des Urteils als abgegeben gilt, wird der AN hiervon nur selten etwas haben. Die Vorschrift ist wegen der Nichtberücksichtigung vollstreckungsrechtlicher Zusammenhänge daher kaum handhabbar. Übt der AN die Erwerbstätigkeit ohne Zustimmung des AG aus, kann dieser vor dem Arbeitsgericht Unterlassungsklage gegen den AN erheben, das Arbeitsverhältnis unter Beachtung von § 18 BEEG kündigen oder bei Bestehen eines Schadens auch Schadensersatz verlangen.[99] 36

[92] BAG 15.5.2018 AP Nr. 239 zu § 112 BetrVG 1972 = NZA 2018, 1198.
[93] BAG 22.10.2008 AP Nr. 83 zu § 74 HGB = NZA 2009, 962.
[94] ErfK/*Gallner* BEEG § 15 Rn. 20; HWK/*Gaul* BEEG § 15 Rn. 21.
[95] BAG 26.6.1997 AP Nr. 22 zu § 15 BErzGG = NZA 1997, 1156.
[96] LAG Düsseldorf 8.10.2003 AnwBl. 2004, 187; Brose/Weth/Volk/*Schneider* BEEG § 15 Rn. 44.
[97] OVG Lüneburg 4.3.2015 NZA-RR 2015, 316.
[98] Zutr. Brose/Weth/Volk/*Schneider* BEEG § 15 Rn. 46; HWK/*Gaul* BEEG § 15 Rn. 21; *Sowka* NZA 1994, 102; aA ErfK/*Gallner* BEEG § 15 Rn. 23.
[99] Brose/Weth/Volk/*Schneider* BEEG § 15 Rn. 46.

37 **3. Teilzeitbeschäftigung beim Vertragsarbeitgeber. a) Überblick.** Nach § 15 IV BEEG ist während der Elternzeit auch beim eigenen AG eine Teilzeitbeschäftigung zulässig, wenn die wöchentliche Arbeitszeit 30 Stunden in der Woche nicht übersteigt. Der AN kann frühestens mit der Inanspruchnahme von Elternzeit (§ 16 I 1 BEEG) eine Verringerung der regelmäßigen Arbeitszeit während der Elternzeit (Elternteilzeit) beantragen.[100] Über den Antrag auf Verringerung der Arbeitszeit sollen sich AN und AG gem. § 15 V 1 BEEG innerhalb von vier Wochen einigen. Der Gesetzgeber geht daher wie in § 8 III TzBfG von einer Verhandlungslösung aus. In diesem **„Konsensverfahren"** muss der AN noch kein annahmefähiges Angebot iSv § 145 BGB auf Verringerung der Arbeitszeit abgeben. Es reicht aus, dass der AG um eine Verhandlung über eine Verringerung der Arbeitszeit und ggf. die Verteilung der verringerten Arbeitszeit gebeten wird.[101] Im Gegensatz dazu regelt § 15 VI und VII BEEG das Verfahren der Inanspruchnahme **(„Anspruchsverfahren"),** wenn eine Einigung im Konsensverfahren nicht möglich ist. Dieses Verfahren leitet der AN ein, indem er dem AG ein annahmefähiges Angebot auf Verringerung und ggf. zusätzlich auf Verteilung der verringerten Arbeitszeit unterbreitet und deutlich macht, damit die Verringerung im Sinne dieser Vorschriften zu beanspruchen (zu Abgrenzungsfragen → Rn. 39).[102] Hat der AG das Angebot auf Verringerung und Verteilung der Arbeitszeit abgelehnt (§ 15 VII 4 BEEG), ist das vorgerichtliche Anspruchsverfahren abgeschlossen. Der AN kann seinen Verteilungswunsch ab diesem Zeitpunkt nicht mehr ändern. Das ergibt sich mittelbar aus § 15 VI BEEG, wonach der AN während der Gesamtdauer der Elternzeit nur zweimal unter den in § 15 VII BEEG genannten Voraussetzungen eine Verringerung seiner Arbeitszeit verlangen kann, soweit die Arbeitsvertragsparteien eine Einigung nach § 15 V BEEG nicht erzielen können.[103] Der AN hat des Weiteren die Möglichkeit, zur Fristwahrung den Antrag auf Teilzeitbeschäftigung zugleich mit der Mitteilung nach § 15 VII Nr. 5 BEEG zu verbinden.[104]

38 **b) Fortsetzung einer Teilzeitbeschäftigung.** War der AN vor Beginn der Elternzeit bereits teilzeitbeschäftigt, kann er gem. § 15 V 4 BEEG auch während der Elternzeit durch einseitige Erklärung sein Teilzeitarbeitsverhältnis von bis zu 30 Stunden wöchentlich „fortsetzen". Will er die vor der Elternzeit bestehende Teilzeitarbeit gem. § 15 V 4 BEEG mit Beginn der Elternzeit unverändert fortsetzen, ist das bereits im Rahmen eines Verlangens nach Inanspruchnahme der Elternzeit nach § 16 I 1 BEEG schriftlich zu erklären. Die Regelung dient der Planungssicherheit des AG. Mit diesem Zweck wäre es nicht vereinbar, an die Mitteilung der für die Personaldisposition wichtigen Entscheidung, ob der AN während der Elternzeit die Teilzeittätigkeit fortsetzen möchte oder nicht, geringere Anforderungen zu stellen als an die Inanspruchnahme der völligen Freistellung von der Arbeitspflicht während der Elternzeit.[105] Verlangt ein Teilzeitbeschäftigter erst nach Beginn der Elternzeit die Fortsetzung des Arbeitsverhältnisses zu den alten Bedingungen, müssen allerdings die Voraussetzungen für den gesetzlichen Anspruch auf Verringerung der Arbeitszeit nach § 15 V–VII BEEG vorliegen (→ Rn. 41).

39 **c) Anspruch auf zweimalige Verringerung der Arbeitszeit.** Kommt eine Einigung über die Verringerung der Arbeitszeit nach § 15 V BEEG im Konsensverfahren nicht zustande, kann der AN gem. § 15 VI BEEG vom AG während der Gesamtdauer der Elternzeit zweimal eine Verringerung seiner Arbeitszeit beanspruchen, sofern die Voraussetzungen des § 15 VII BEEG vorliegen. Die auf der Grundlage des § 15 V BEEG getroffenen einvernehmlichen Elternteilzeitregelungen im Konsensverfahren (→ Rn. 37) sind nach der Rechtsprechung des BAG nicht auf den Anspruch aus § 15 VI und VII BEEG auf zweimalige Verringerung der Arbeitszeit anzurechnen. Einigen sich der AG und der AN demgegenüber im Anspruchsverfahren auf eine Verringerung der Arbeitszeit, erfolgt eine Anrechnung.[106] Das wirft für die Praxis nicht immer einfach zu beantwortende **Abgrenzungsfragen** auf.[107] So dürfte keineswegs immer eindeutig

[100] BAG 15.12.2009 AP Nr. 2 zu § 15 BEEG = NZA 2010, 447; 5.6.2007 AP Nr. 49 zu § 15 BErzGG = NZA 2007, 1352.
[101] BAG 24.9.2019 AP Nr. 7 zu § 15 BEEG = NZA 2020, 340.
[102] BAG 24.9.2019 AP Nr. 7 zu § 15 BEEG = NZA 2020, 340; 19.2.2013 AP Nr. 4 zu § 15 BEEG = NZA 2013, 907.
[103] BAG 24.9.2019 AP Nr. 7 zu § 15 BEEG = NZA 2020, 340.
[104] AR/*Klose* BEEG § 15 Rn. 24.
[105] BAG 27.4.2004 AP Nr. 39 zu § 15 BErzGG = NZA 2004, 1039.
[106] BAG 19.2.2013 AP Nr. 4 zu § 15 BEEG = NZA 2013, 907; krit. hierzu HWK/*Gaul* BEEG § 15 Rn. 13; *Leuchten* Anm. zu BAG AP Nr. 4 zu § 15 BEEG.
[107] Ebenso ErfK/*Gallner* BEEG § 15 Rn. 14.

zu beantworten sein, ob mit einem präzise formulierten Antrag stets das Verfahren der Inanspruchnahme eingeleitet wird oder ob dies auch zur Einleitung eines Konsensverfahrens möglich ist. Gleiches gilt, wenn beide Verfahren miteinander verbunden werden.[108] Das Verlangen des AN im Anspruchsverfahren muss den **Bestimmtheitsanforderungen** entsprechen, wie sie allgemein an Vertragsanträge iSd § 145 BGB gestellt werden. Es muss deshalb so formuliert und so konkret gefasst sein, dass der AG es mit einem schlichten „Ja" annehmen kann.[109] Der AN kann nach § 15 VII 3 BEEG sein Verringerungsverlangen mit einem konkreten Verteilungswunsch verbinden und sein **Änderungsangebot damit von der gewünschten Arbeitszeitverteilung abhängig machen.**[110] Dieses Änderungsangebot kann der AG wegen § 150 II 2 BGB nur einheitlich annehmen oder ablehnen. Will der AN verhindern, dass der AG das Angebot wegen dringender betrieblicher Gründe, die der beantragten Verteilung der verringerten Arbeitszeit entgegenstehen, insgesamt ablehnt, hat er die Verringerung und bestimmte Verteilung der verringerten Arbeitszeit so anzubieten, dass der AG zweifelsfrei erkennen kann, dass der AN beide Ziele getrennt voneinander verfolgt.[111]

Nach § 15 VII Nr. 5 BEEG ist der Anspruch auf Teilzeit beim AG für den Zeitraum bis zum vollendeten dritten Lebensjahr des Kindes mit einer **Frist** von sieben Wochen und für den Zeitraum zwischen dem dritten Geburtstag und dem vollendeten achten Lebensjahr des Kindes 13 Wochen vor Beginn der Teilzeittätigkeit schriftlich geltend zu machen ist. Damit bestehen im Zeitraum zwischen dem dritten Geburtstag und dem vollendeten achten Lebensjahr des Kindes einheitliche Fristen bei der Inanspruchnahme der Elternzeit nach § 16 I 1 Nr. 2 BEEG und dem Anspruch auf Verringerung der Arbeitszeit. Der AG kann den Antrag des AN gem. § 15 VII 4 BEEG nur innerhalb von vier Wochen mit schriftlicher Begründung ablehnen (→ Rn. 43). § 15 VII 5 und 6 BEEG enthält zwei **Zustimmungsfiktionen** für den Fall, dass der AG den Antrag des AN auf Verringerung der Arbeitszeit nicht spätestens nach vier bzw. acht Wochen nach Zugang des Antrags nach § 15 VII 1 Nr. 5 lit. a oder b BEEG ablehnt. Soweit § 15 VII 5 BEEG lediglich eine „schriftliche" Ablehnung verlangt, dürfte dies im Hinblick auf das in § 15 VII 4 BEEG enthaltene Begründungserfordernis eine redaktionelle Unschärfe des Gesetzgebers darstellen, da sich aus der Gesetzesbegründung keine Anhaltspunkte dafür ergeben, dass das schon in der alten Gesetzesfassung enthaltene Erfordernis einer Begründung der schriftlichen Ablehnung in Bezug auf die neu eingeführte Fiktionswirkung nicht gelten soll. Entsprechendes gilt für die Fiktionswirkung des § 15 VII 6 BEEG. Beide Wirkungen treten damit auch dann ein, wenn die Ablehnung des AG zwar schriftlich, jedoch ohne Begründung erfolgt ist.[112] Die Fiktion der Zustimmung ist unwiderleglich. Der AG kann lediglich die Tatbestandsvoraussetzungen für das Eintreten der Fiktion bestreiten.[113] Äußert sich der AG zu dem Teilzeitverlangen des AN nicht, ist der AN nach neuer Rechtslage nicht mehr gehalten, auf Zustimmung zu seinem Antrag auf Verringerung der Arbeitszeit zu klagen. 40

d) Voraussetzungen des Teilzeitanspruchs. Der Anspruch auf Verringerung der Arbeitszeit besteht nach § 15 VII BEEG unter fünf Voraussetzungen, nämlich wenn 41

(1) der AG, unabhängig von der Anzahl der Personen in Berufsbildung, in der Regel **mehr als 15 AN beschäftigt.** Maßgeblich ist damit nicht die Betriebsgröße, sondern die Zahl der im Unternehmen beschäftigten AN. Teilzeitbeschäftigte zählen voll;

(2) das Arbeitsverhältnis des AN in demselben Betrieb oder Unternehmen ohne Unterbrechung **länger als sechs Monate** besteht. Maßgeblich ist der Zeitpunkt der Antragstellung;[114]

(3) die vertraglich vereinbarte regelmäßige Arbeitszeit für mindestens zwei Monate auf einen **Umfang zwischen 15 und maximal 30 (ab 1.9.2021: 32) Wochenstunden** verringert werden soll. Die Obergrenze folgt aus § 15 IV BEEG, die Untergrenze orientiert sich an § 8 SGB IV aF. Hierdurch sollten geringfügige Beschäftigungsverhältnisse ausgeschlossen werden. Der Verringerungsantrag muss so formuliert sein, dass er durch ein schlichtes „Ja" angenommen werden kann;[115]

(4) dem Anspruch **keine dringenden betrieblichen Gründe entgegenstehen.** Das gilt auch für die vom AN verlangte Verteilung der Arbeitszeit.[116] Die Gesetzesbegründung verweist

---

[108] Dazu *Leuchten* Anm. zu BAG AP Nr. 4 zu § 15 BEEG.
[109] BAG 16.4.2013 AP Nr. 5 zu § 15 BEEG.
[110] BAG 19.2.2013 AP Nr. 4 zu § 15 BEEG = NZA 2013, 907; zust. insoweit *Leuchten* Anm. zu BAG AP Nr. 4 zu § 15 BEEG; *Greif* SAE 2014, 23.
[111] BAG 24.9.2019 AP Nr. 7 zu § 15 BEEG = NZA 2020, 340.
[112] AA AR/*Klose* BEEG § 15 Rn. 26.
[113] Zutr. *Forst* DB 2015, 68 (73).
[114] Ebenso *Lindemann/Simon* NJW 2001, 258 (261).
[115] BAG 15.12.2009 AP Nr. 2 zu § 15 BEEG = NZA 2010, 447.
[116] BAG 9.5.2006 AP Nr. 47 zu § 15 BErzGG = NZA 2006, 1413.

insoweit auf § 7 II 1 BUrlG, was wenig geglückt ist.[117] Die zusammenhängende Urlaubsgewährung steht in keinem Zusammenhang mit dem Anspruch auf Verringerung der Arbeitszeit. Die Anforderungen an die betrieblichen Gründe in § 15 VII Nr. 4 BEEG sind höher als in § 8 IV 1 TzBfG, weil das BEEG „dringende" Gründe fordert.[118] Die entgegenstehenden betrieblichen Interessen müssen mithin von erheblichem Gewicht sein. Sie müssen sich gleichsam als zwingende Hindernisse für die beantragte Verkürzung der Arbeitszeit darstellen. Maßgeblich ist nach Auffassung des BAG der Zeitpunkt, zu dem dem AN die Ablehnungserklärung des AG zugegangen ist.[119] Das ist anzunehmen, wenn für eine Beschäftigung des AN während der Elternzeit kein Bedarf besteht, weil zB eine Dienststelle/ein Betrieb mit Personal „überbesetzt" ist. Dem AG wird gesetzlich nicht zugemutet, den AN trotz **fehlenden Beschäftigungsbedarfs** während der Elternzeit als Teilzeitkraft zu beschäftigen. Bei der Prüfung einer Beschäftigungsmöglichkeit sind nur freie Arbeitsplätze zu berücksichtigen. Arbeitsplätze, die mit AN besetzt werden sollen, um deren Beschäftigungsanspruch zu erfüllen, sind nicht einzubeziehen. Eine Sozialauswahl zwischen dem, der Elternzeit in Anspruch genommen hat, und den anderen ist nicht vorzunehmen. Während der Elternzeit besteht keine Beschäftigungspflicht.[120] Dringende betriebliche Gründe liegen des Weiteren vor, wenn es dem AG nicht möglich ist, für das Arbeitszeitvolumen, um das sich die Arbeitszeit des in Elternzeit befindlichen AN verringern soll, eine **geeignete Ersatzkraft** zu finden. Der AG hat hier zu prüfen, inwieweit innerhalb der bestehenden Betriebsorganisation Umsetzungen und andere Aufgabenverteilungen möglich sind. Zu berücksichtigen ist weiter, dass es regelmäßig schwer sein wird, für ein relativ geringes zeitliches Volumen eine qualifizierte Fachkraft zu finden.[121] Macht der AG geltend, es sei ihm nicht möglich, die infolge der Teilzeit ausfallende Arbeitszeit durch die Einstellung einer Ersatzkraft auszugleichen, hat er im Einzelnen darzulegen, welche Anstrengungen er unternommen hat, eine Ersatzkraft zu finden und zu begründen, dass eine dem Berufsbild des AN, der seine Arbeitszeit reduzieren möchte, entsprechende zusätzliche Teilzeitersatzkraft auf dem für ihn maßgeblichen Arbeitsmarkt nicht zur Verfügung steht.[122] Der AG ist regelmäßig nicht verpflichtet, alle vergleichbaren AN nach ihrer Bereitschaft zu befragen, ihre Arbeitsverträge so zu ändern, dass die Beschäftigung des AN mit der gewünschten Elternteilzeit möglich wird. Eine solche Pflicht zur Nachfrage kann im Einzelfall nur dann bestehen, wenn der AG Anhaltspunkte für eine entsprechende Bereitschaft bei einem AN oder bei einer Gruppe von AN hat.[123] Einem während der Gesamtdauer der Elternzeit geltend gemachten Anspruch auf Elternteilzeit stehen regelmäßig dringende betriebliche Gründe entgegen, wenn der AG befristet einen **Elternzeitvertreter eingestellt** hat und sowohl dieser als auch mit dem AN in Elternzeit vergleichbare AN eine vorübergehende Verringerung ihrer vertraglichen Arbeitszeit abgelehnt haben. Der AG ist dann nicht verpflichtet, den Antragsteller trotz fehlender Arbeitskapazität in Elternteilzeit zu beschäftigen oder anderen AN Kündigungen bzw. Änderungskündigungen auszusprechen, um Arbeitskapazität für den AN in Elternzeit „freizumachen".[124] Macht der AG geltend, der Arbeitsplatz sei unteilbar oder die gewünschte Teilzeitarbeit sei unvereinbar mit den betrieblichen Arbeitszeitmodellen, sind die dringenden betrieblichen Gegengründe nach der Rechtsprechung des BAG anhand des Dreistufenschemas zu überprüfen, das es für die betrieblichen Ablehnungsgründe iSd § 8 TzBfG entwickelt hat (dazu → § 43 Rn. 74 ff.);[125]

(5) der Anspruch dem AG **sieben bzw. 13 Wochen vorher schriftlich mitgeteilt** wurde. Der AN kann gleichzeitig mit der Inanspruchnahme von Elternzeit eine Verringerung der regelmäßigen Arbeitszeit während der Elternzeit (Elternteilzeit) beantragen.[126] Die gewünschte Vertei-

---

[117] Krit. auch Annuß/Thüsing/*Lambrich* TzBfG § 23 Rn. 27; *Leßmann* DB 2001, 94 (97); *Lindemann/Simon* NJW 2001, 258 (261).

[118] Annuß/Thüsing/*Lambrich* TzBfG § 23 Rn. 27; *Meinel/Heyn/Herms* TzBfG § 23 Rn. 10.

[119] BAG 24.9.2019 AP Nr. 7 zu § 15 BEEG = NZA 2020, 340; 15.12.2009 AP Nr. 2 zu § 15 BEEG = NZA 2010, 447; 5.6.2007 AP Nr. 49 zu § 15 BErzGG = NZA 2007, 1352.

[120] BAG 15.4.2008 AP Nr. 50 zu § 15 BErzGG = NZA 2008, 998.

[121] Vgl. hierzu *Leßmann* DB 2001, 94 (97 f.); *Lindemann/Simon* NJW 2001, 258 (262); *Sowka* NZA 2000, 1185 (1189); *Worzalla* u.a., Teilzeitarbeit und befristete Arbeitsverhältnisse, 2001, 348.

[122] BAG 24.9.2019 AP Nr. 7 zu § 15 BEEG = NZA 2020, 340.

[123] BAG 15.4.2008 AP Nr. 50 zu § 15 BErzGG = NZA 2008, 998.

[124] BAG 19.4.2005 AP Nr. 44 zu § 15 BErzGG = NZA 2005, 1354.

[125] BAG 24.9.2019 AP Nr. 7 zu § 15 BEEG = NZA 2020, 340; 15.12.2009 AP Nr. 2 zu § 15 BEEG = NZA 2010, 447.

[126] BAG 15.4.2008 AP Nr. 50 zu § 15 BErzGG = NZA 2008, 998.

lung der Arbeitszeit soll im Antrag angegeben werden. Wird der Antrag mit zu kurzer Frist gestellt, braucht sich der AG erst zum Ablauf der Frist mit einer Verringerung der Arbeitszeit einverstanden zu erklären.[127] Lässt er sich jedoch auf das Verlangen ein, kann hierin nach der Rechtsprechung des BAG ein Verzicht auf die Einhaltung der Frist gesehen werden.[128]

e) Darlegungs- und Beweislast. Der AG trägt die Darlegungs- und Beweislast für die entgegenstehenden Gründe.[129] Dabei sind die zugrunde liegenden Tatsachen im Einzelnen zu bezeichnen. Die bloße Behauptung, es bestehe keine Beschäftigungsmöglichkeit, genügt regelmäßig nicht zur schlüssigen Darlegung der Zustimmungsverweigerung. Nach Auffassung des BAG sind in die erforderliche Darlegung alle Aufgaben einzubeziehen, die der AG dem AN aufgrund seines Weisungsrechts (§ 106 GewO) übertragen kann. Der AG habe seinen bestehenden Gesamtbedarf an Arbeitszeitkapazität vorzutragen und dem die tatsächliche Besetzungssituation gegenüberzustellen. Insbesondere bei größeren Betrieben könne hierauf wegen der dynamischen Entwicklung im Personalbereich durch Fluktuation oder Inanspruchnahme von Elternzeit nicht verzichtet werden.[130] 42

f) Form und Frist der Ablehnung. Falls der AG die beanspruchte Verringerung der Arbeitszeit ablehnen will, muss er dies innerhalb von vier Wochen mit schriftlicher Begründung tun (→ Rn. 40). Die Ablehnung des Elternteilzeitantrags muss unter Einhaltung der Schriftform des § 126 I BGB (Unterzeichnung durch **eigenhändige Namensunterschrift** oder mittels notariell beglaubigten Handzeichens) erfolgen. Das Ablehnungsschreiben hat den wesentlichen Kern der betrieblichen Hinderungsgründe zu benennen. Der AG muss die Tatsachen mitteilen, die für die Ablehnung maßgeblich sind. Es bedarf dazu aber weder einer „schlüssigen" noch einer „substantiierten" Darlegung.[131] Beantragt der AN die Verringerung mit einer längeren Frist als in § 15 VII Nr. 5 BEEG vorgesehen, hat der AG die Möglichkeit, den Antrag erst innerhalb der gesetzlichen Frist des § 15 VII 4 BEEG abzulehnen, dh innerhalb von vier Wochen, gerechnet ab dem rechnerischen Beginn der Antragsfrist nach § 15 VII Nr. 5 BEEG, die sieben bzw. 13 Wochen beträgt. Damit wird gewährleistet, dass der AG sachgerecht über entgegenstehende dringende betriebliche Gründe entscheiden kann, was bei einer uU um ein Jahr vorgezogenen Antragstellung ausgeschlossen wäre. Das wird von der hM nicht genügend berücksichtigt, wonach die Vierwochenfrist stets mit Zugang des Antrags zu laufen beginnt.[132] Das BEEG sieht für die Fälle des Unterbleibens einer Ablehnung sowie einer nicht form- oder fristgerechten Ablehnung anders als § 8 V 3 TzBfG keine Zustimmungsfiktion vor. 43

g) Klage auf Zustimmung. Hat der AG den Antrag des AN auf eine Teilzeitbeschäftigung rechtzeitig abgelehnt, kann der AN den Anspruch auf Verringerung der Arbeitszeit im Klagewege durchsetzen (§ 15 VII 7 BEEG). Die Klage ist auf die Zustimmung zur Verringerung der Arbeitszeit zu richten. Eine solche **Erklärung gilt nach § 894 ZPO erst mit Rechtskraft des Urteils als abgegeben.** Dabei kommt nach der Rechtsprechung des BAG auch die Verurteilung zur Abgabe einer Willenserklärung in Betracht, mit der ein Vertragsangebot angenommen werden soll, das rückwirkend auf eine Vertragsänderung zu einem in der Vergangenheit liegenden Zeitpunkt gerichtet ist. Die erstrebte Fiktion der Abgabe der Annahmeerklärung nach § 894 S. 1 ZPO führt zum Abschluss eines Vertrags, der rückwirkend Rechte und Pflichten begründet.[133] Nach Auffassung des BAG ist der AG im gerichtlichen Verfahren **mit Gründen präkludiert, die er nicht zuvor schriftlich mitgeteilt hat.**[134] Einer auf Zustimmung zur Elternteilzeit gerichteten Klage fehlt nicht bereits deshalb das Rechtsschutzbedürfnis, weil die Elternzeit inzwischen beendet ist. Denn dem AN kann bei zu Unrecht verweigerter Elternteilzeit ein **Vergütungsanspruch aus § 611a II, § 326 II 1 Alt. 1 iVm § 275 I BGB** zustehen. Die unberechtigte Ablehnung des Elternteilzeitantrags durch den AG führt zur Unmöglichkeit der Arbeitsleistung und damit nach § 275 I BGB zum Ausschluss des Leistungsanspruchs. Durch die fingierte Willenserklärung des AG und die dadurch eintretende rückwirkende Vertragsände- 44

[127] Vgl. BAG 27.4.2004 AP Nr. 39 zu § 15 BErzGG = NZA 2004, 1039.
[128] BAG 15.12.2009 AP Nr. 2 zu § 15 BEEG = NZA 2010, 447.
[129] BAG 24.9.2019 AP Nr. 7 zu § 15 BEEG = NZA 2020, 340.
[130] BAG 5.6.2007 AP Nr. 49 zu § 15 BErzGG = NZA 2007, 1352.
[131] BAG 11.12.2018 AP Nr. 6 zu § 15 BEEG = NZA 2019, 616.
[132] Vgl. ErfK/*Gallner* BEEG § 15 Rn. 18.
[133] BAG 24.9.2019 AP Nr. 7 zu § 15 BEEG = NZA 2020, 340; 11.12.2018 AP Nr. 6 zu § 15 BEEG = NZA 2019, 616.
[134] BAG 24.9.2019 AP Nr. 7 zu § 15 BEEG = NZA 2020, 340; 11.12.2018 AP Nr. 6 zu § 15 BEEG = NZA 2019, 616; abl. *Fuhlrott* NZA-RR 2019, 344.

rung wird eine Voraussetzung für einen Schadensersatzanspruch erfüllt.[135] Eine **einstweilige Verfügung** scheidet grundsätzlich aus. Von der Rechtsprechung der Landesarbeitsgerichte wird sie zur Gewährung effektiven Rechtsschutzes nur ausnahmsweise für zulässig gehalten, wenn ein Obsiegen des Verfügungsklägers in der Hauptsache überwiegend wahrscheinlich, die angestrebte einstweilige Regelung dringend geboten ist und sich bei Abwägung der beiderseitigen Interessen ergibt, dass dem AG eher als dem AN das Risiko zuzumuten ist, dass die weitere Aufklärung des Sachverhalts im Hauptsacheverfahren dort zu einer abweichenden Beurteilung der Rechtslage führt (Regelungsverfügung – § 940 ZPO).[136] Der Verfügungsgrund setzt voraus, dass der Erlass der einstweiligen Verfügung zur Abwehr wesentlicher Nachteile erforderlich erscheint. Dies kann der Fall sein, wenn der AN ohne die beantragte Arbeitszeitverkürzung nicht in der Lage ist, die Betreuung seiner Kinder zuverlässig zu gewährleisten. Er hat insoweit darzulegen und glaubhaft zu machen, dass er alle ihm zumutbaren Anstrengungen unternommen hat, die Betreuung der Kinder sicherzustellen.[137]

45 **h) Rechtsfolgen einer Verringerung der Arbeitszeit.** Übt ein AN während der Elternzeit beim eigenen AG eine Teilzeitbeschäftigung nach § 15 IV BEEG aus, wird dadurch das ursprüngliche Arbeitsverhältnis für die Dauer der Elternzeit modifiziert. Es wird jedoch kein weiteres Arbeitsverhältnis begründet.[138] Der AG kann dieses Teilzeitarbeitsverhältnis wegen des besonderen Kündigungsschutzes aus § 18 I 1 BEEG grundsätzlich nicht kündigen (→ Rn. 48 ff.).[139] Während der Teilzeitbeschäftigung beim eigenen AG unterliegt der AN dem Schutz des § 4 I TzBfG. Der AN darf daher nicht wegen der Teilzeitarbeit benachteiligt werden. Aus diesem Grunde sind Tarifregelungen unwirksam, die vorsehen, dass AN für die Monate keine Zuwendungen erhalten, in denen sie nur einer erziehungsgeldunschädlichen Teilzeitbeschäftigung bei ihrem AG nachgehen.[140]

46 **i) Verhältnis zu anderen Vorschriften.** Umstritten ist das Verhältnis des Anspruchs auf Verringerung der Arbeitszeit nach § 15 IV–VII BEEG zum Anspruch nach § 8 TzBfG.[141] Nach Auffassung des BAG wird die Anwendung des § 8 TzBfG nicht durch die Möglichkeit verdrängt, den Verringerungsanspruch nach § 15 VI BEEG „während der Gesamtdauer der Elternzeit" in Anspruch nehmen zu können.[142] Dagegen spricht jedoch, dass im Hinblick auf die besonderen Voraussetzungen, die § 15 VII BEEG aufstellt, § 15 BEEG im Verhältnis zu § 8 TzBfG lex specialis ist, soweit die tatbestandlichen Voraussetzungen des § 15 BEEG vorliegen. Während der Elternzeit kommt daher eine Verringerung der Arbeitszeit nur nach Maßgabe der im BEEG genannten Voraussetzungen in Betracht.[143] – Zum Verhältnis zur „Brückenteilzeit" → § 43 Rn. 105.

47 **j) Dauer der Arbeitszeitverringerung.** Die nach § 15 BEEG erfolgte Arbeitszeitverkürzung endet mit Ablauf der Elternzeit. Der AN hat danach wieder zu den zunächst vereinbarten vertraglichen Arbeitszeiten zu arbeiten. Er kann jedoch noch während der Elternzeit für die Zeit nach deren Ende gem. § 8 TzBfG eine Verringerung der Arbeitszeit vom AG verlangen.[144] Die Sperrzeit des § 8 VI TzBfG steht dem nicht entgegen, weil diese nur Teilzeitansprüche nach dem TzBfG betrifft.

V. Sonderkündigungsschutz während der Elternzeit

48 **1. Grundsatz.** Nach § 18 I 1 BEEG darf der AG das Arbeitsverhältnis ab dem Zeitpunkt, von dem an Elternzeit verlangt worden ist, höchstens jedoch acht Wochen vor Beginn der Elternzeit, und während der Elternzeit nicht kündigen. Die zum 1.1.2015 in Kraft getretene Neufassung berücksichtigt in § 18 I 2 BEEG die unterschiedlichen Inanspruchnahmefristen für die Elternzeit bis zum vollendeten dritten Lebensjahr des Kindes und nach dessen dritten

[135] BAG 11.12.2018 AP Nr. 6 zu § 15 BEEG = NZA 2019, 616.
[136] LAG Hamm 6.5.2002 NZA-RR 2003, 178.
[137] LAG RhPf 12.4.2002 NZA 2002, 85.
[138] BAG 15.5.2018 AP Nr. 239 zu § 112 BetrVG 1972 = NZA 2018, 1198; 19.3.2002 AP Nr. 2 zu §§ 22, 23 BAT Urlaubsgeld.
[139] ErfK/*Gallner* BEEG § 18 Rn. 6; APS/*Rolfs* BEEG § 18 Rn. 6.
[140] Vgl. BAG 28.6.1995 AP Nr. 1 zu § 3h MTAng-LV = NZA 1996, 151.
[141] Dazu *Feldhoff* ZTR 2006, 58.
[142] BAG 8.5.2007 AP Nr. 21 zu § 8 TzBfG, zu dem insoweit gleichlautenden § 15 BErzGG; wie das BAG ErfK/*Gallner* BEEG § 15 Rn. 19; *Meinel/Heyn/Herms* TzBfG § 23 Rn. 7; ErfK/*Preis* TzBfG § 8 Rn. 56 f.
[143] Ebenso Annuß/Thüsing/*Lambrich* TzBfG § 23 Rn. 37; *Boewer* TzBfG § 23 Rn. 11 f.
[144] *Boewer* TzBfG § 8 Rn. 13.

Geburtstag und sieht vor, dass der Kündigungsschutz frühestens acht bzw. 14 Wochen vor Beginn der Elternzeit beginnt. Der Sonderkündigungsschutz besteht nur, wenn zum Zeitpunkt des Zugangs der Kündigung sämtliche Anspruchsvoraussetzungen für die Elternzeit vorliegen.[145] Der AN muss deshalb die Elternzeit in der gesetzlich vorgeschriebenen Form beantragt haben (→ Rn. 10).[146] Im Einzelfall kann allerdings ein Berufen des AG auf die fehlende Schriftform des § 16 I BEEG rechtsmissbräuchlich iSv § 242 BGB sein.[147] § 18 I 1 BEEG enthält ein gesetzliches Verbot, das sich gegen die Kündigungserklärung selbst richtet. Eine Kündigung, die trotzdem erfolgt, ist nach § 134 BGB nichtig.[148] Sie kann nicht in eine Kündigung nach Ablauf der Elternzeit umgedeutet werden.[149] Die für den Arbeitsschutz zuständige oberste Landesbehörde oder die von ihr bestimmte Stelle kann in besonderen Fällen ausnahmsweise die Kündigung für zulässig erklären (§ 18 I 4, 5 BEEG). Kündigt der Insolvenzverwalter einem in Elternzeit befindlichen AN, kann dieser das Fehlen der nach § 18 I 4 BEEG erforderlichen Zulässigkeitserklärung bis zur Grenze der Verwirkung jederzeit geltend machen, wenn ihm die entsprechende Entscheidung der zuständigen Behörde nicht bekanntgegeben worden ist (§ 4 S. 4 KSchG; → § 138 Rn. 31 ff.).[150] **§ 18 I BEEG ist keine Eingriffsnorm** iSv Art. 9 Rom I-VO.[151]

2. Persönlicher Geltungsbereich. a) Grundsatz. Nach seinem persönlichen Geltungsbereich gilt der Sonderkündigungsschutz für alle voll- und teilzeitbeschäftigten AN, für die in Heimarbeit und die zur Berufsausbildung Beschäftigten (§ 20 BEEG). Der Sonderkündigungsschutz gilt gem. § 18 II Nr. 1 BEEG auch dann, wenn der AN während der Elternzeit in zulässigem Umfang (§ 15 IV BEEG) Teilzeitarbeit bei seinem AG leistet. Übersteigt der Umfang der Arbeitszeit 30 (ab 1.9.2021: 32) Stunden, greift das Kündigungsverbot des § 18 I BEEG nicht ein.[152] Leistet der AN Voll- oder Teilzeitarbeit bei einem anderen AG, besteht der Sonderkündigungsschutz nach § 18 I BEEG beim Hauptarbeitgeber, nicht aber bei dem anderen AG.[153] Das Kündigungsverbot des § 18 BEEG gilt unabhängig davon, ob das Arbeitsverhältnis dem gesetzlichen Kündigungsschutz nach dem Kündigungsschutzgesetz unterliegt. 49

b) Schwangerschaft während der Elternzeit. Beabsichtigt der AG, einer schwangeren AN, die sich in Elternzeit befindet, zu kündigen, bedarf er der Zulässigkeitserklärung der Arbeitsschutzbehörde für die Kündigung nach § 17 II MuSchG und § 18 I BEEG. Die Kündigungsverbote bestehen nebeneinander. Beide Zulässigkeitserklärungen der Behörde müssen jeweils vor der beabsichtigten Kündigung vorliegen.[154] 50

c) Fortgesetzte Teilzeitbeschäftigung. Nach § 18 II Nr. 2 BEEG werden Teilzeitbeschäftigte in den Kündigungsschutz einbezogen, die ohne Elternzeit und ohne Änderung ihrer Arbeitszeit bei ihrem AG weiterarbeiten, weil ihre Arbeitszeit ohnehin nicht mehr als 30 (ab 1.9.2021: 32) Wochenstunden beträgt. Voraussetzung ist, dass der AN Anspruch auf Elterngeld nach § 1 BEEG während des Bezugszeitraums nach § 4 I BEEG hat. Er gilt in diesen Fällen deshalb nicht für Großeltern, die nach § 15 Ia BEEG Anspruch auf Elternzeit haben.[155] Der Kündigungsschutz gilt auch für Arbeitsverhältnisse, die nach der Geburt des Kindes begründet worden sind, wenn bei Vertragsschluss ein zuvor bestehendes anderes Arbeitsverhältnis bereits beendet war.[156] Das BEEG enthält keine Regelung, wie zu verfahren ist, wenn der AG den Teilzeitbeschäftigten in Unkenntnis des Kündigungsschutzes kündigt. Der Kündigungsschutz wird davon abhängen, dass der AN dem AG den Bestand des Sonderkündigungsschutzes mitteilt. Insoweit ist denkbar, dass die Rechtsprechung im Wege ergänzender Auslegung des Gesetzes die zu §§ 168 ff. SGB IX entwickelten Rechtsgrundsätze (→ § 179 Rn. 10 ff.) oder die Zweiwo- 51

[145] BAG 12.5.2011 AP Nr. 1 zu § 18 BEEG = NZA 2012, 208.
[146] BAG 10.5.2016 NZA 2016, 1137.
[147] BAG 26.6.2008 AP Nr. 11 zu § 18 BErzGG = NZA 2008, 1241.
[148] BAG 12.5.2011 AP Nr. 1 zu § 18 BEEG = NZA 2012, 208; 11.3.1999 AP Nr. 4 zu § 18 BErzGG = NZA 1999, 1047.
[149] ErfK/*Gallner* BEEG § 18 Rn. 9.
[150] BAG 3.7.2003 AP Nr. 7 zu § 18 BErzGG = NZA 2003, 1335.
[151] Vgl. BAG 7.5.2020 AP Nr. 11 zu Art. 30 EGBGB nF = NZA 2021, 225, jedenfalls für den Fall, dass der die Elternzeit beanspruchende AN seinen gewöhnlichen Arbeitsort nicht im Inland hat; zust. *Mankowski* RIW 2020, 709.
[152] ErfK/*Gallner* BEEG § 18 Rn. 6; APS/*Rolfs* BEEG § 18 Rn. 6.
[153] BAG 2.2.2006 AP Nr. 10 zu § 18 BEEG = NZA 2006, 678.
[154] BAG 31.3.1993 AP Nr. 20 zu § 9 MuSchG 1968 = NZA 1993, 646.
[155] ErfK/*Gallner* BEEG § 18 Rn. 3.
[156] BAG 27.3.2003 AP Nr. 6 zu § 18 BEEG.

chenfrist des § 17 I MuSchG entspr. anwendet. Nach der Interessenlage ist die letzte Lösung vorzuziehen, so dass bis zur Klärung der zu erwartenden Streitfragen der AN die Zweiwochenfrist einhalten sollte.[157]

52 **d) Arbeitsverhältnis zum Vertragsarbeitgeber.** Der Sonderkündigungsschutz des § 18 BEEG bezieht sich auf die Kündigung des Arbeitsverhältnisses, das im Zeitpunkt des Antritts der Elternzeit bestanden hat, wie auch in der Gestalt, welche die Arbeitsvertragsparteien durch Vereinbarung von Teilzeitarbeit vorgenommen haben.[158] Hierdurch wird das ursprüngliche Arbeitsverhältnis nur modifiziert (→ Rn. 45). Der Sonderkündigungsschutz besteht nur, wenn der AN die Elternzeit angetreten hat. Das Kündigungsverbot des § 18 BEEG gilt jedoch nicht für Arbeitsverhältnisse mit dem „anderen" AG iSd § 15 IV 3 BEEG.[159] Unberührt vom Kündigungsschutz nach § 18 BEEG ist die Beendigung des Arbeitsverhältnisses aus anderen Rechtsgründen (zu § 17 II MuSchG → § 169 Rn. 1 ff.).

53 **3. Zeitlicher Geltungsbereich.** Der Kündigungsschutz beginnt mit dem Zeitpunkt, von dem an Elternzeit verlangt worden ist, längstens jedoch acht bzw. 14 Wochen vor Beginn der Elternzeit. Erfolgt das Verlangen früher, ist der Kündigungsschutz nach § 18 I 1 BEEG nicht bereits mit dem Verlangen gegeben, sondern setzt erst acht bzw. 14 Wochen vor Beginn der Elternzeit ein. Die Berechnung der Frist hat von dem prognostizierten Tag der Geburt auszugehen, wenn dieser vor dem Tag der tatsächlichen Geburt liegt.[160] Bei Kündigungsschutz ohne Elternzeit (§ 18 II Nr. 2 BEEG) beginnt er mit dem Zeitpunkt, zu dem die Elternzeit hätte verlangt werden können, weil der AN keine Elternzeit hat. Für diese Personengruppe besteht der Kündigungsschutz nach der klaren gesetzlichen Regelung nur für die in § 18 II Nr. 2 BEEG aufgeführte Dauer des Anspruchs auf Elterngeld.[161] Maßgeblich ist der Zeitpunkt des Zugangs der Kündigung. Der Kündigungsschutz endet – abgesehen von § 18 II Nr. 2 BEEG – mit dem Ende der Elternzeit. Unerheblich ist, ob die Elternzeit regulär oder vorzeitig (§ 16 III BEEG) endet. Der AG kann deshalb – vorbehaltlich einer Zustimmung der zuständigen Behörde (dazu → Rn. 55 f.) – nur vor oder nach Beendigung der Elternzeit kündigen. Haben die Elternzeitberechtigten die Elternzeit gewechselt, endet der Kündigungsschutz mit jedem Abschnitt. Nachwirkender Kündigungsschutz besteht nicht. Der besondere Kündigungsschutz des § 18 BEEG besteht auch dann, wenn der Elternzeitberechtigte in einem zweiten Arbeitsverhältnis den Rest der beim früheren AG noch nicht vollständig genommenen Elternzeit gem. §§ 15, 16 BEEG geltend gemacht hat.[162] Muss der AG aus dringenden betrieblichen Gründen kündigen, darf er bei der sozialen Auswahl nicht zum Nachteil eines AN berücksichtigen, dass er Elternzeit in Anspruch genommen hat.

54 **4. Zulassung der Kündigung. a) Vorherige Zustimmung.** Nach § 18 I 4 und 5 BEEG kann die für den Arbeitsschutz zuständige oberste Arbeitsbehörde oder die von ihr bestimmte Stelle in besonderen Fällen ausnahmsweise die Kündigung für zulässig erklären. Hierbei handelt es sich um einen Verwaltungsakt. Ist dieser bestandskräftig, sind die Arbeitsgerichte hieran gebunden, sofern keine Anhaltspunkte für dessen Nichtigkeit vorliegen.[163] Die Zustimmung muss vor Ausspruch der Kündigung vorliegen. Eine zuvor ausgesprochene Kündigung ist nichtig. Die Zustimmung muss nicht rechtskräftig sein. Wird im Rechtsmittelverfahren der Verwaltungsakt aufgehoben, wird die zunächst schwebend wirksame Kündigung allerdings unwirksam (vgl. insoweit die Rechtslage bei § 17 MuSchG und § 168 SGB IX). Ist die Kündigung von der obersten Landesbehörde zugelassen worden, muss sie – anders als die Kündigung schwerbehinderter Menschen § 171 III SGB IX) – nicht innerhalb einer bestimmten Frist ab Zustellung der Zulässigkeitserklärung erklärt werden (zum Zusammentreffen mit weiteren Zustimmungsvorbehalten → Rn. 57).[164] Im Allgemeinen sind die auch für § 17 II MuSchG zuständigen Behörden zuständig, dh die Gewerbeaufsichtsämter, bzw. die Ämter für Arbeitsschutz, in Hessen und Nordrhein-Westfalen die Regierungspräsidien.

---

157 Ebenso APS/*Rolfs* BEEG § 18 Rn. 9.
158 ErfK/*Gallner* BEEG § 18 Rn. 7; Brose/Weth/Volk/*Schneider* BEEG § 18 Rn. 41.
159 BAG 2.2.2006 AP Nr. 10 zu § 18 BErzGG = NZA 2006, 678.
160 BAG 12.5.2011 AP Nr. 1 zu § 18 BEEG = NZA 2012, 208.
161 Brose/Weth/Volk/*Schneider* BEEG § 18 Rn. 44; KR/*Bader* BEEG § 18 Rn. 43; HK-MuSchG/*Rancke* BEEG § 18 Rn. 11; aA APS/*Rolfs* BEEG § 18 Rn. 14.
162 BAG 11.3.1999 AP Nr. 4 zu § 18 BErzGG = NZA 1999, 1047.
163 BAG 18.10.2012 AP Nr. 196 zu § 1 KSchG 1969 Betriebsbedingte Kündigung = NZA 2013, 1007.
164 BAG 22.6.2011 AP Nr. 408 zu § 613a BGB = NZA-RR 2012, 119.

b) Zustimmung zur Kündigung. Die Zustimmung kann nach § 18 I 4 BEEG in besonderen Fällen ausnahmsweise erfolgen.[165] Der Begriff des besonderen Falles ist ein unbestimmter Rechtsbegriff, der in vollem Umfang von den Verwaltungsgerichten überprüft werden kann. Nach § 18 I 6 BEEG kann die Bundesregierung mit Zustimmung des Bundesrates zur Durchführung von § 18 I 4 BEEG besondere Verwaltungsvorschriften erlassen. Hiervon hat das zuständige BMFSFJ Gebrauch gemacht (Allgemeine Verwaltungsvorschriften zum Kündigungsschutz bei Elternzeit vom 3.1.2007, BAnz. Nr. 5 vom 9.1.2007, S. 247). Die Verwaltungsvorschriften binden nur die Behörden[166] und haben keine Außenwirkungen. Sie erweitern nicht den Kündigungsschutz der betreffenden AN und begründen deshalb nicht die Pflicht des AG, bei Ausspruch der Kündigung wegen Betriebsstilllegung eine soziale Auslauffrist bis zum Ende des der Elternzeit einzuräumen.[167] Der besondere Fall ist nicht mit dem wichtigen Grund iSv § 626 I BGB gleichzusetzen. Er liegt danach vor, wenn der Betrieb, in dem der AN beschäftigt wurde, stillgelegt wird und der AN nicht in einem anderen Betrieb des Unternehmens weiterbeschäftigt werden kann.[168] Dasselbe gilt, wenn eine Betriebsabteilung stillgelegt wird und eine Weiterbeschäftigung weder in einer anderen Betriebsabteilung noch in einem anderen Betrieb des Unternehmens erfolgen kann. Eine entsprechende Regelung besteht auch für den Fall der Betriebsverlagerung. Ein besonderer Fall iSd § 18 I 4 BEEG liegt nach den Verwaltungsvorschriften auch dann vor, wenn der AN in den Fallgestaltungen eine ihm angebotene zumutbare Weiterbeschäftigung auf einem anderen Arbeitsplatz ablehnt (Nr. 2.1.1 bis 2.1.4). Nr. 2.1.5 berücksichtigt die Situation, dass durch Aufrechterhaltung des Arbeitsverhältnisses nach Beendigung der Elternzeit die Existenz des Betriebs oder die wirtschaftliche Existenz des AG gefährdet wird, während Nr. 2.1.6 auf besonders schwere Vertragsverletzungen durch den AN abstellt, die insbesondere in vorsätzlichen Straftaten bestehen können. Nr. 2.2.1 der Verwaltungsvorschriften berücksichtigt u.a. die schwierige Situation, die für Kleinbetriebe bei der Beschaffung von Ersatzkräften besteht, und die Gefahr, dass das Fehlen einer geeigneten Ersatzkraft zum Wegfall mehrerer Arbeitsplätze führt. 55

c) Ermessensentscheidung. Ob die Behörde die Zustimmung erteilt, steht in ihrem pflichtgemäßen Ermessen. Insoweit ist verwaltungsgerichtlich überprüfbar, ob die gesetzlichen Grenzen überschritten sind oder die Behörde von dem Ermessen in einer dem Zweck der Ermächtigung nicht entsprechenden Weise Gebrauch gemacht hat (vgl. dazu § 40 VwVfG, § 114 VwGO). Im Falle einer Betriebsstilllegung stellt die Erhaltung der beitragsfreien Mitgliedschaft des AN in der gesetzlichen Krankenversicherung keinen beachtlichen Ermessensgesichtspunkt dar.[169] Die Wirksamkeit der Zulässigkeitserklärung durch die zuständige Behörde nach § 18 BEEG kann, wenn eine Nichtigkeit des Bescheids nicht in Betracht kommt, nur im Widerspruchsverfahren und gegebenenfalls im Verfahren vor den Verwaltungsgerichten nachgeprüft werden. An den bestandskräftigen Verwaltungsakt sind die Arbeitsgerichte gebunden.[170] Das Recht, sich auf das Fehlen der nach § 18 I 4 BEEG erforderlichen Zulässigkeitserklärung zu berufen, unterliegt der Verwirkung.[171] 56

5. Zusammentreffen mit weiterem Sonderkündigungsschutz. Der AN kann sich neben dem Kündigungsschutz aus § 18 BEEG auf alle Vorschriften des allgemeinen und besonderen Kündigungsschutzes berufen, deren Voraussetzungen vorliegen. Wird eine AN während der Elternzeit schwanger, benötigt der AG sowohl die Zustimmung nach § 17 II MuSchG als auch nach § 18 BEEG.[172] Befindet sich ein schwerbehinderter AN in Elternzeit, kann der AG erst kündigen, wenn die Zustimmung des Integrationsamts zur Kündigung nach § 168 SGB IX vorliegt und die zuständige Behörde die Kündigung nach § 18 I BEEG für zulässig erklärt hat.[173] 57

VI. Sonderkündigungsrecht des Elternzeitberechtigten

Nach § 19 BEEG kann der AN das Arbeitsverhältnis unter Einhaltung einer Kündigungsfrist von drei Monaten zum Ende der Elternzeit kündigen. Die Kündigung bedarf der Schriftform 58

---

[165] Weiterführend *Wiebauer* ZfA 2012, 507.
[166] Übersicht bei Brose/Weth/Volk/*Schneider* BEEG § 18 Rn. 35.
[167] BAG 20.1.2005 AP Nr. 8 zu § 18 BErzGG = NZA 2005, 687.
[168] Dazu BVerwG 30.9.2009 NJW 2010, 2074.
[169] BVerwG 30.9.2009 NJW 2010, 2074.
[170] BAG 20.1.2005 AP Nr. 8 zu § 18 BErzGG = NZA 2005, 687.
[171] BAG 25.3.2004 AP Nr. 36 zu § 9 MuSchG 1968.
[172] BAG 31.3.1993 AP Nr. 20 zu § 9 MuSchG = NZA 1993, 646.
[173] BAG 24.11.2011 AP Nr. 10 zu § 85 SGB IX = NZA 2012, 610.

(§ 623 BGB). Das Kündigungsrecht steht nur AN zu, die sämtliche Voraussetzungen des Anspruchs auf Elternzeit erfüllen. Es besteht daher nicht in den Fällen des § 18 II Nr. 2 BEEG.[174] Sind die gesetzlichen oder vertraglich vereinbarten Kündigungsfristen kürzer als die Sonderkündigungsfrist, kann der AN von dem ihm zustehenden Kündigungsrecht Gebrauch machen. § 19 BEEG betrifft nur den Fall der Kündigung zum Ende der Elternzeit. Kann und will der AN aufgrund der geltenden Kündigungsfrist zu einem anderen Zeitpunkt vor oder nach dem Ende der Elternzeit kündigen, steht ihm dies frei.[175]

VII. Befristetes Arbeitsverhältnis einer Ersatzkraft

59 **1. Sachlicher Grund.** § 21 I BEEG normiert u.a. für den Fall der Elternzeit den bereits nach den allgemeinen Grundsätzen der Befristungskontrolle anerkannten Sachgrund der Vertretung (dazu im Einzelnen → § 40 Rn. 19 ff.)[176] und hat insoweit bestätigende, klarstellende Bedeutung. Der Sachgrund der Vertretung kommt sowohl in Fällen unmittelbarer als auch in Fällen mittelbarer Vertretung in Betracht. Nach § 21 I, II BEEG liegt ein sachlicher Grund zur **Befristung des Vertretungsarbeitsverhältnisses** vor **(1)** für die Dauer der Beschäftigungsverbote des MuSchG nach § 3 I, II MuSchG, **(2)** für die Dauer einer zu Recht verlangten Elternzeit, **(3)** für Zeiten einer auf Tarifvertrag, Betriebsvereinbarung oder einzelvertraglichen Vereinbarung beruhenden Freistellung zur Betreuung eines Kindes, **(4)** für alle Zeiten zusammen, **(5)** für Teile davon, **(6)** für die notwendigen Zeiten einer Einarbeitung. Diese wird sich nach den zu stellenden Arbeitsanforderungen richten. Die Befristung nach § 21 I BEEG setzt nicht voraus, dass die Stammkraft zum Zeitpunkt des Vertragsschlusses mit der Vertretungskraft bereits ein den Anforderungen des § 16 I 1 BEEG genügendes Elternzeitverlangen geäußert hat.[177] Neben der Befristung nach § 21 BEEG kann die nach § 14 I TzBfG in Betracht kommen, ohne dass die besonderen Voraussetzungen von § 21 BEEG vorliegen. Die **Dauer der Befristung** muss kalendermäßig bestimmt oder bestimmbar sein oder dem Vertretungszweck zu entnehmen sein (§ 21 III BEEG). Die bei der Befristung zur Vertretung eines Mitarbeiters erforderliche Prognose des AG muss sich nur auf den Wegfall des Vertretungsbedarfs durch die zu erwartende Rückkehr des zu vertretenden Mitarbeiters, nicht aber auch auf den Zeitpunkt dieser Rückkehr und damit nicht auf die Dauer des Vertretungsbedarfs erstrecken. Die Prognose muss sich deshalb auch nicht darauf beziehen, ob der in Elternzeit befindliche AN seine Arbeit in vollem Umfang wieder aufnehmen wird.[178] Die Befristungsdauer kann kürzer als die erwartete Ausfallzeit sein.[179]

60 **2. Kündigung des befristeten Arbeitsverhältnisses.** Ein befristetes Arbeitsverhältnis kann aus wichtigem Grund außerordentlich und, soweit sie vorbehalten ist, ordentlich gekündigt werden. Für diese Kündigungen gilt der allgemeine und besondere Kündigungsschutz. In § 21 IV BEEG ist daneben ein besonderes Kündigungsrecht geschaffen. Hiernach kann der befristete Arbeitsvertrag unter Einhaltung einer Frist von mindestens drei Wochen gekündigt werden, wenn die Elternzeit ohne Zustimmung des AG vorzeitig endet und der AN dem AG die vorzeitige Beendigung seiner Elternzeit mitgeteilt hat. Die Kündigung ist frühestens zu dem Zeitpunkt der Beendigung der Elternzeit zulässig. Auf diese Kündigung ist gem. § 21 V BEEG das KSchG nicht anwendbar. Jedoch kann vertraglich die Anwendung des allgemeinen Kündigungsschutzes vereinbart werden (§ 21 VI BEEG). Unberührt bleibt dagegen § 102 BetrVG sowie der besondere Kündigungsschutz zB nach § 17 MuSchG oder § 168 SGB IX. Das Arbeitsverhältnis endet alsdann nach Ablauf der Befristung.

61 **3. Beschäftigtenzahl.** Hat der AG während der Elternzeit einen anderen AN eingestellt, ändert sich die Zahl der Beschäftigten. In § 21 VII BEEG wird sichergestellt, dass keine Doppelzählungen vorgenommen werden, wenn die Anwendung arbeitsrechtlicher Vorschriften von der Zahl der AN abhängt. Die durch befristet beschäftigte AN vertretenen Mitarbeiter werden nicht mitgezählt.

---

174 ErfK/*Gallner* BEEG § 19 Rn. 2.
175 ErfK/*Gallner* BEEG § 19 Rn. 2; APS/*Rolfs* BEEG § 19 Rn. 3.
176 BAG 17.5.2017 AP Nr. 158 zu § 14 TzBfG = NZA 2017, 1340.
177 BAG 9.9.2015 AP Nr. 1 zu § 21 BEEG = NZA 2016, 169.
178 BAG 6.12.2000 AP Nr. 22 zu § 2 BAT SR 2 y = NZA 2001, 721; 9.11.1994 AP Nr. 1 zu § 21 BErzGG = NZA 1995, 575.
179 ErfK/*Müller-Glöge* BEEG § 21 Rn. 8.

3. Abschnitt. Berufsbildung

§ 173. Recht der Berufsbildung

Internetadresse: https://www.bibb.de.

Übersicht

I. Allgemeines

1. Duale Bildung. Die **schulische Ausbildung** gehört verfassungsrechtlich in den Bereich der Kulturhoheit der Länder. Das BBiG vom 14.8.1969 (BGBl. I 1112) m. spät. Änd. konnte sich daher nur mit der Aus- und Fortbildung in den Betrieben beschäftigen (§ 2 I BBiG).[1] Das Berufsbildungsgesetz vom 23.3.2005 (BGBl. I 931) m. spät. Änd. hat das duale Ausbildungssystem beibehalten. Beide Gesetze verzahnen jedoch die betriebliche Aus- und Fortbildung mit der ländergesetzlich geregelten schulischen Ausbildung und sehen einen geordneten Rahmen für die staatliche Ausbildungsförderung vor (→ § 22 Rn. 1 ff.). 1

Das BBiG enthält sowohl arbeitsrechtliche Bestimmungen als auch öffentlich-rechtliche Regelungen zB über das Prüfungswesen, die Organisation und Überwachung der Berufsbildung. 2

2. Betriebliche Bildung. Das BBiG fasst unter dem Oberbegriff der Berufsbildung die **Berufsausbildungsvorbereitung,** die **Berufsausbildung,** die **berufliche Fortbildung** und die **berufliche Umschulung** zusammen (§ 1 I BBiG). Berufsausbildung ist die berufliche Grundausbildung, die dem AN im Interesse seiner Mobilität eine breit angelegte berufliche Grundbildung und die für die Ausübung einer qualifizierten beruflichen Tätigkeit notwendigen fachlichen Fertigkeiten, Kenntnisse und Fähigkeiten in einem geordneten Ausbildungsgang vermitteln soll (berufliche Handlungsfähigkeit; § 1 III BBiG). Die berufliche Fortbildung soll ihm ermöglichen, die berufliche Handlungsfähigkeit durch eine Anpassungsfortbildung zu erhalten und anzupassen, also Kenntnisse und Fertigkeiten zu erhalten, oder durch eine Fortbildung der höherqualifizierenden Berufsbildung zu erweitern und beruflich aufzusteigen (§ 1 IV BBiG). Die berufliche Umschulung soll zu einer anderen beruflichen Tätigkeit befähigen (§ 1 V BBiG). Auf Umschulungsverhältnisse iSv §§ 1 V, 58–63 BBiG sind §§ 10 ff. BBiG nicht anzuwenden.[2] Die Berufsausbildungsvorbereitung (§§ 1 II, 68 BBiG) richtet sich an lernbeeinträchtigte oder sozial benachteiligte Personen, deren Entwicklungsstand eine erfolgreiche Ausbildung in einem anerkannten Ausbildungsberuf oder eine gleichwertige Berufsausbildung noch nicht erwarten lässt (hierzu → § 15 Rn. 3). Zur Einstiegsqualifizierung nach § 54a SGB III → § 175 Rn. 4. 3

3. Berufsbildungsförderungsgesetz. Das Gesetz ist durch das Berufsbildungsreformgesetz aufgehoben worden. Seine Bestimmungen sind weitgehend in das BBiG (§§ 84 ff. BBiG) übernommen worden. 4

---

[1] BAG 24.2.1999 AP Nr. 45 zu § 5 ArbGG 1979 = NZA 1999, 557; 19.6.1974 AP Nr. 3 zu § 3 BAT.

[2] Vgl. BAG 19.1.2006 AP Nr. 7 zu § 623 BGB = NZA 2007, 97; 15.3.1991 AP Nr. 2 zu § 47 BBiG = NZA 1992, 452; auch → § 15 Rn. 16.

5 **4. Berufsbildungsforschung, Planung und Statistik.** Die Berufsbildungsforschung soll Grundlagen der Berufsbildung klären sowie nationale und internationale Entwicklungen beobachten. Weitere Einzelheiten in § 84 BBiG. Durch die Berufsbildungsplanung sollen die Grundlagen für eine abgestimmte und den technischen, wirtschaftlichen und gesellschaftlichen Anforderungen entsprechende Entwicklung der Berufsausbildung geschaffen und ein besonderer Beitrag zu einer an Angebot und Nachfrage möglichst ausgeglichenen Ausbildungsplatzlage geleistet werden (§ 85 BBiG). Als Planungsinstrument sieht § 86 BBiG einen jährlich vom Bundesministerium für Bildung und Forschung zu erstellenden Berufsbildungsbericht vor. Der Bericht soll die in § 86 II BBiG aufgezählten Angaben enthalten. Als Hilfe für die Berufsbildungsplanung dient eine amtliche Berufsbildungsstatistik, die vom statistischen Bundesamt mit Unterstützung der Bundesagentur für Arbeit und des Bundesinstituts für Berufsbildung geführt wird (§ 87 BBiG). Die statistischen Erhebungen betreffen die Auszubildenden, die Ausbilder, die Prüfungsteilnehmer und die Ordnung und Überwachung der Berufsausbildung durch die nach dem BBiG zuständigen Stellen (§ 88 BBiG).

6 **5. Aufstiegsfortbildungsförderungsgesetz.** Das Gesetz zur Förderung der beruflichen Aufstiegsfortbildung (Aufstiegsfortbildungsförderungsgesetz – AFBG) idF vom 15.6.2016 (BGBl. I 1450), neugefasst zum 12.8.2020 (BGBl. I 1936) m. spät. Änd., ist das Pendant zum früheren Bundesausbildungsförderungsgesetz. Es verfolgt das Ziel, die berufliche Aufstiegsfortbildung durch Beiträge zu den Kosten der Maßnahme und zum Lebensunterhalt finanziell zu unterstützen und Existenzgründungen zu erleichtern. Förderungsfähig ist gem. § 2 I AFBG die Teilnahme an Fortbildungsmaßnahmen, die einen Abschluss in einem nach § 4 BBiG oder § 25 HwO anerkannten Ausbildungsberuf, einen vergleichbaren bundes- oder landesgesetzlich geregelten Berufsabschluss oder einen sonstigen Nachweis über eine berufliche Qualifikation voraussetzen. Außerdem muss die Maßnahme auf eine Prüfung auf der Grundlage der §§ 53–53d und 54 BBiG, §§ 42–42d, 45, 51a und 122 II–IV HwO oder auf gleichwertige Abschlüsse vorbereiten. Die Förderung erfolgt in Form eines Beitrags, der teilweise als Zuschuss und teilweise als Darlehen geleistet wird (Einzelheiten §§ 10 ff. AFBG).

II. Geltungsbereich des Berufsbildungsgesetzes

7 **1. Persönlicher Geltungsbereich.** Das **BBiG** erfasst nach seinem persönlichen Geltungsbereich **sämtliche Personen,** die sich in einer anerkannten beruflichen Aus- und Fortbildung oder in einem Umschulungsverhältnis befinden. Durch seinen weitreichenden Geltungsbereich trägt es den veränderten Verhältnissen Rechnung, nach denen sich der AN infolge des ständig wachsenden Wissens- und Lernstoffes in einem lebenslangen Lernprozess befindet und in vielen Fällen gezwungen ist, im Laufe seines Lebens umzuschulen, weil für den erlernten Beruf infolge Absterbens alter Wirtschafts- und Berufszweige kein oder kein hinreichender Bedarf mehr besteht. Auch eine zweite Berufsausbildung im Anschluss an eine erste unterliegt uneingeschränkt den Vorschriften für die Berufsausbildung.[3]

8 In Berufsausbildungsverhältnissen heißt die Person, die ausgebildet wird, **Auszubildender,** derjenige der die Ausbildung verantwortlich durchführt, **Ausbilder** und der, der dem Auszubildenden als Vertragspartner gegenübersteht, **Ausbildender.** Derjenige, der im Bereich des Betriebes die einzelnen Unterweisungshandlungen durchführt, wird zumeist **Ausbildungsgehilfe** genannt. Das Gesetz hat damit die alte Bezeichnung des Lehrlings und Lehrherrn grundsätzlich beseitigt. Diese findet sich nur noch im Bereich des Handwerks. Die HwO setzt aber jeweils in Klammer die Begriffe Auszubildender und Ausbildender hinzu und macht damit kenntlich, dass sie den Begriff des Lehrlings im Bedeutungsumfang des Auszubildenden versteht (auch → § 15 Rn. 4).

9 **2. Lernorte der Berufsbildung. Berufsbildung wird durchgeführt** in Betrieben der Wirtschaft sowie vergleichbaren Einrichtungen außerhalb der Wirtschaft, insbesondere des öffentlichen Dienstes, der Angehörigen freier Berufe und der Haushalte (betriebliche Berufsbildung), in berufsbildenden Schulen (schulische Berufsbildung) und in sonstigen Berufsbildungseinrichtungen (außerbetriebliche Berufsbildung, § 2 I BBiG). Die Lernorte wirken bei der Durchführung der Berufsbildung zusammen (Lernortkooperation, § 2 II BBiG).

10 Teile der Berufsausbildung können im **Ausland** durchgeführt werden (§ 2 III BBiG), wenn dies dem Ausbildungsziel dient. Hiervon ist auszugehen, wenn die im Ausland vermittelten Ausbildungsinhalte im Wesentlichen dem Gegenstand der heimischen Ausbildung entsprechen

[3] BAG 12.2.2013 AP Nr. 6 zu § 16 BBiG = NZA 2014, 31; 19.1.2006 AP Nr. 7 zu § 623 BGB = NZA 2007, 97.

und Sprachkenntnisse vermitteln oder sonstige zusätzliche Kompetenzen erworben werden.[4] Die Gesamtdauer der im Ausland durchgeführten Teile der Ausbildung, die in mehreren Abschnitten absolviert werden können, soll gem. § 2 III 2 BBiG ein Viertel der in der Ausbildungsordnung festgelegten Ausbildungsdauer nicht überschreiten. Die Durchführung wird von der zuständigen Stelle (§§ 71 ff. BBiG; → Rn. 16) gem. § 76 III 1 BBiG überwacht und gefördert. Bei einem mehr als achtwöchigen Ausbildungsabschnitt im Ausland ist ein hierfür mit der zuständigen Stelle abgestimmter Plan erforderlich (§ 76 III 2 BBiG). Da der Auslandsabschnitt das Ausbildungsverhältnis nicht unterbricht, erübrigen sich zusätzliche Regelungen etwa zur Vergütungspflicht, zur Anerkennung der im Ausland erworbenen Fertigkeiten, Kenntnisse und Fähigkeiten oder zum Status als Auszubildender im Sozialversicherungs- und Steuerrecht. Der Auslandsaufenthalt kann nur mit dem Willen des Auszubildenden erfolgen[5] und bedarf der Vereinbarung der Vertragspartner im Ausbildungsvertrag (bzw. bei einer späteren Regelung in einem Änderungsvertrag) und muss gem. § 11 I Nr. 3 BBiG in die Vertragsniederschrift aufgenommen werden. Zu den Kosten bei Durchführung eines Teils der Ausbildung im Ausland → § 174 Rn. 48. Alternativ besteht auch die Möglichkeit, den Auszubildenden für eine Auslandsausbildung freizustellen und nachfolgend eine Entscheidung der zuständigen Stelle über eine Anrechnung dieses Zeitraums zu erwirken. Bei dieser Variante besteht nunmehr aufgrund der Regelungen in §§ 15 II Nr. 4, 19 I Nr. 1 BBiG ein Anspruch auf Ausbildungsvergütung.[6]

3. Ausnahmen vom Geltungsbereich des BBiG. a) Überblick. Das BBiG gilt für die Berufsbildung, soweit sie nicht in berufsbildenden Schulen durchgeführt wird, die den Schulgesetzen der Länder unterstehen. Es gilt demnach in allen Berufs- und Wirtschaftszweigen.[7] Von seinem Geltungsbereich **ausgenommen** sind lediglich die Berufsbildung **(a)** in berufsqualifizierenden oder vergleichbaren Studiengängen an Hochschulen auf der Grundlage des Hochschulrahmengesetzes und der Hochschulgesetze der Länder (§ 3 II Nr. 1 BBiG), **(b)** in einem öffentlich-rechtlichen Dienstverhältnis (§ 3 II Nr. 2 BBiG), **(c)** auf den die deutsche Bundesflagge führenden Kauffahrteischiffen (§ 3 II Nr. 3 BBiG) und **(d)** in Heil- und Heilhilfsberufen, sofern entsprechende bundes- oder landesgesetzliche Regelungen bestehen. Insoweit sind die Vorschriften des Krankenpflegegesetzes anzuwenden. Für die Berufsbildung in **Berufen der Handwerksordnung** gelten die §§ 4–9, 27–49, 53–70, 76–80 sowie 101 I Nr. 1–4 u. 6–10 BBiG nicht. Einschlägig sind vielmehr die Vorschriften der Handwerksordnung (§ 3 III BBiG). 11

b) Gesundheitswesen. Im Gesundheitswesen bestehen besondere bundesgesetzliche Regelungen. Wegen der Einzelheiten wird auf die Bekanntmachung des Verzeichnisses der anerkannten Ausbildungsberufe und des Verzeichnisses der zuständigen Stellen vom 1.4.2021 (https://www.bibb.de) verwiesen. 12

Seit dem In-Kraft-Treten des Gesetzes über die **Berufe in der Krankenpflege** (Krankenpflegegesetz – KrPflG) v. 16.7.2003 (BGBl. I 1442) hat die Berufsausbildung für Krankenschwestern und Pfleger, Kinderkrankenschwestern und Pfleger sowie Krankenpflegehelferinnen und Helfer eine Vereinheitlichung erfahren.[8] Ferner sind die europarechtlichen Vorgaben berücksichtigt worden. Das KrPflG wurde zum 1.1.2020 durch das Gesetz über die Pflegeberufe vom 17.7.2017 (PflBG, BGBl. I 2581) abgelöst. Das Gesetz enthält über Abschluss, Inhalt und Dauer des Ausbildungsverhältnisses detaillierte Regelungen, durch die weitgehend die früheren Streitfragen zur Beendigung des Ausbildungsverhältnisses mit der Maßgabe beendet worden sind, dass das Ausbildungsverhältnis nicht mit der Prüfung, sondern erst mit Ablauf der Ausbildungszeit beendet wird (§ 21 I PflBG, vormals § 14 KrPflG). Zweck der Regelung ist, den Krankenhäusern bis zum Ende der Ausbildungszeit die Arbeitskraft zu erhalten. Für die dem PflBG unterfallenden Berufe findet das **BBiG keine Anwendung** (§ 63 PflBG). 13

c) Öffentlich-rechtliches Dienstverhältnis. Eine Berufsausbildung in einem öffentlich-rechtlichen Dienstverhältnis (§ 3 II Nr. 2 BBiG) liegt nur insoweit vor, wie die Aus- und Fortbildung in einem kraft **Verwaltungsakt** begründeten Dienstverhältnis, also zB im Beamten- oder Soldatenverhältnis erfolgt. Vom BBiG erfasst wird dagegen die im Rahmen eines privatrechtlichen Vertrags durchgeführte Berufsausbildung im öffentlichen Dienst für den Beruf eines Angestellten oder Arbeiters. 14

---

[4] Vgl. BT-Drs. 15/3980, 107.

[5] *Stück* NZA 2005, 1393 (1394).

[6] *Hartwich* NZA 2011, 1267 (1268); ErfK/*Schlachter* BBiG§ 2 Rn. 2; anders noch zum alten Recht *Stück* NZA 2005, 1393 (1394).

[7] Bekanntmachung des Verzeichnisses der anerkannten Ausbildungsberufe und des Verzeichnisses der zuständigen Stellen v. 1.4.2021 (https://www.bibb.de).

[8] *Opolony* NZA 2004, 18; *Zetl* ZMV 2003, 220.

15 **d) Berufsbildung auf Kauffahrteischiffen.** Nicht anwendbar ist das BBiG für die Berufsbildung auf Kauffahrteischiffen, die nach dem Flaggenrechtsgesetz die Bundesflagge führen (§ 3 II Nr. 3 BBiG).[9] Der Begriff des Kauffahrteischiffs entspricht dem des Handelsschiffes.[10] Nicht von der Bereichsausnahme erfasst werden damit Besatzungen auf Yachten oder Segelbooten[11] sowie Beschäftigte im Bereich der Flößerei und auf Binnenschiffen, weil Flößen und Binnenschiffen[12] kein Flaggenrecht zukommt. Ferner gilt das BBiG für Auszubildende auf Schiffen der kleinen Hochseefischerei oder der Küstenfischerei.[13] Im Bereich der Seeschifffahrt haben sich dagegen eigenständige Bildungssysteme herausgebildet, die aus praktischen Gründen nicht in das BBiG eingebaut wurden. Hier gilt die See-Berufsausbildungsverordnung vom 10.9.2013 (BGBl. I 3565).

III. Zuständige Stellen

16 **1. Übersicht der zuständigen Stellen.** Die für die Berufsausbildung zuständigen Stellen sind die jeweiligen Berufsorganisationen der Ausbildenden. Das sind für **(a)** Industrie, Handel und Gewerbe die Industrie- und Handelskammern (§ 71 II BBiG); **(b)** das Handwerk die Handwerkskammern (§ 71 I BBiG, § 91 HwO) – der Aufgabenbereich der Innungen ergibt sich aus § 54 HwO; **(c)** freie Berufe deren Kammern (zB Rechtsanwalts-, Notar-, Apotheker- und Ärztekammern, §§ 71 IV–VI BBiG); **(d)** die Landwirtschaft die Landwirtschaftskammern (§ 71 III BBiG). Das Verzeichnis der zuständigen Stellen vom 19.6.2018 ist im BAnz. AT v. 9.8.2018 B8 abgedruckt. Im **öffentlichen Dienst** bestimmt für den Bund die oberste Bundesbehörde für ihren Geschäftsbereich die zuständige Stelle (§§ 3 II Nr. 2, 73 BBiG iVm VOen, die im Fundstellenverzeichnis A zu BGBl. III 800–21–2–1 ff. aufgeführt sind). Für den Bereich der Ausbildung auf Kauffahrteischiffen und in Heil- und Heilhilfsberufen haben sich eigenständige Bildungssysteme herausgebildet, die aus praktischen Gründen nicht in das BBiG eingebaut wurden.

17 **2. Bundesinstitut für Berufsbildung.**[14] Es ist als juristische Person des öffentlichen Rechts errichtet (§ 89 BBiG) und hat seinen Sitz in Bonn. Es wird über Zuschüsse aus dem Haushalt des BM für Bildung und Forschung vom Bund finanziert (§ 96 BBiG). Es unterliegt einer weitgehenden Rechts- und Fachaufsicht (vgl. § 90 BBiG). Organe des Bundesinstituts (BI) sind der Hauptausschuss und der Präsident oder die Präsidentin (§ 91 BBiG). Der Präsident oder die Präsidentin vertritt das Bundesinstitut gerichtlich und außergerichtlich und verwaltet es nach den Weisungen des zuständigen Bundesministers und des Hauptausschusses (§ 93 I 2 BBiG). Der Hauptausschuss beschließt über die Angelegenheiten des BI (§ 92 BBiG). Dem Hauptausschuss gehören je 8 Beauftragte der AG, der AN und der Länder sowie fünf Beauftragte des Bundes an, die jedoch 8 einheitlich abzugebende Stimmen haben. Zur Beratung des BI im Bereich der Behinderten ist ein Ausschuss zu errichten (§ 95 BBiG). Die weiteren Einzelheiten der Organisation werden durch eine Satzung geregelt (§ 98 BBiG).

18 Die **Aufgabenstellung** des BI ist in § 90 BBiG geregelt. Dem BI ist im Wesentlichen übertragen, **(1)** nach Weisung des BM für Bildung und Forschung an der Vorbereitung von Ausbildungsordnungen, dem Berufsbildungsbericht und der Berufsbildungsstatistik mitzuwirken, Modellversuche einschließlich wissenschaftlicher Begleituntersuchungen zu fördern, an der internationalen Zusammenarbeit in der beruflichen Bildung mitzuwirken und weitere Verwaltungsaufgaben des Bundes zur Förderung der Berufsbildung zu übernehmen; **(2)** nach allgemeinen Verwaltungsvorschriften des zuständigen Ministers die Planung, Errichtung und Weiterentwicklung überbetrieblicher Berufsbildungsstätten zu unterstützen, **(3)** das Verzeichnis der anerkannten Ausbildungsberufe zu führen (§ 90 BBiG), Berufsbildungsforschung zu betreiben (§ 90 II BBiG).

19 **3. EU.** Im Bereich der EU ist ein Europäisches Zentrum für die Förderung der Berufsbildung (Cedefop) mit Sitz in Thessaloniki geschaffen (VO (EWG) Nr. 337/75 des Rates vom 10.2.1975

---

[9] Näher hierzu *Lindemann* SeeArbG § 1 Rn. 11 ff.

[10] *Lindemann* SeeArbG § 1 Rn. 4.

[11] *Lindemann* SeeArbG § 1 Rn. 10.

[12] Zum Begriff: *Lindemann* SeeArbG Einf. Rn. 31.

[13] Diese Begriffe finden sich in den Qualifikationsnachweisen für Kapitäne. Als Küstenfischerei bezeichnet man den Fischfang in küstennahen Gewässern mit Schiffen bis zu einer Länge von 16 m. Die kleine Hochseefischerei („Kapitän BK") wird in Europa in der Ost- und Nordsee, im englischen Kanal und im Seegebiet um Irland betrieben. Große Hochseeschifffahrt ist dagegen die Fischerei mit großen Schiffen in entfernten Fanggebieten („Kapitän BG").

[14] Internetadresse: https://www.bibb.de.

über die Errichtung eines europäischen Zentrums für die Förderung der Berufsbildung (ABl. EG L 39, 1 vom 13.2.1975 – RdA 1975, 251)). Es soll einen wissenschaftlichen und fachtechnischen Beitrag zur Förderung der Berufsbildung und Weiterbildung auf Gemeinschaftsebene leisten.

§ 174. Berufsausbildungsverhältnis

Internetadresse: https://www.bibb.de.

Übersicht

I. Allgemeines

1 Das BBiG vom 23.3.2005 (BGBl. I 2005), neu gefasst am 4.5.2020 (BGBl. I 920), enthält im zweiten Teil die vertragsrechtlichen Bestimmungen der Berufsausbildung. Sie können weder durch Einzel- noch durch Kollektivvertrag zum Nachteil des Auszubildenden **abbedungen** werden (§ 25 BBiG).[1] Das BBiG unterscheidet sich insoweit von neueren arbeitsrechtlichen Gesetzen, die meist Abweichungen von arbeitsvertraglichen Schutzvorschriften auch zu Ungunsten der AN durch Tarifvertrag erlauben. Bei einem Günstigkeitsvergleich zwischen einer arbeits- und kollektivvertraglichen Regelung und dem Gesetz hat ein Einzelvergleich stattzufinden. Es ist jeweils im Einzelfall zu entscheiden, ob der gesamte Ausbildungsvertrag oder nur eine einzelne Abrede nichtig ist. Unzulässige Vereinbarungen machen nicht den Vertrag unwirksam. An ihre Stelle treten vielmehr die entsprechenden gesetzlichen Bestimmungen.[2]

2 Berufsausbildung iSv §§ 1 III, 10–52 BBiG ist die Vermittlung der für die Ausübung einer qualifizierten beruflichen Tätigkeit notwendigen Fertigkeiten, Kenntnisse und Fähigkeiten in einem geordneten Ausbildungsgang. Hierunter fällt auch ein Vertragsverhältnis, bei dem das Ziel der Ausbildung mit dem Bestehen der Ausbildungsprüfung noch nicht beendet ist, sondern anschließend noch eine weitere Qualifikation erworben werden soll, für die § 1 III BBiG nicht einschlägig ist. Hier gelten dann die Regelungen über das Berufsausbildungsverhältnis für den Zeitraum der Berufsausbildung bis zum Bestehen der Abschlussprüfung.[3] Nicht erforderlich ist eine Erstausbildung. Berufsausbildung liegt auch dann vor, wenn im Anschluss eine abgeschlossene Berufsausbildung eine **Zweitausbildung** durchgeführt wird, ohne dass eine erhebliche zwischenzeitliche Beschäftigung im zuerst erlernten Beruf erfolgt ist.[4] Das gleiche gilt, falls ein Auszubildender eine erste Ausbildung abbricht und eine **neue Ausbildung** in einem anerkannten Ausbildungsberuf aufnimmt.[5]

3 Dagegen liegt eine **Umschulung** (§ 1 V BBiG; → § 15 Rn. 16) vor, wenn nach Ausübung einer bisherigen beruflichen Tätigkeit die Befähigung zu einem anderen Beruf erworben werden soll. Der Umschüler muss also schon beruflich tätig geworden sein, und zwar entweder ohne einen Beruf erlernt zu haben oder nach einer abgeschlossenen Berufsausbildung.[6] Für den Umschulungsvertrag sind die Bestimmungen der §§§ 10–52 BBiG nicht anwendbar,[7] vielmehr gelten die Sonderregelungen in §§ 58–63 BBiG. Die Umschulung kann sowohl im Rahmen eines gesonderten Berufsbildungsvertrags als auch im Rahmen eines bestehenden oder neu begründeten Arbeitsverhältnisses durchgeführt werden. Näher zur Umschulung und zur beruflichen Fortbildung → § 176 Rn. 1 ff.

II. Begründung des Berufsausbildungsvertrags

4 **1. Vertragsabschluss.** Das Berufsausbildungsverhältnis wird durch einen vom Auszubildenden und Ausbildenden abzuschließenden Berufsausbildungsvertrag begründet, der zum Inhalt hat **(a)** die **berufliche Grundausbildung** des Auszubildenden und **(b)** die **Vermittlung fachlicher Fertigkeiten und Kenntnisse** und Fähigkeiten (berufliche Handlungsfähigkeit) für eine qualifizierte berufliche Tätigkeit.

5 Das Ausbildungsverhältnis ist **kein Arbeitsverhältnis.**[8] Auf den Berufsausbildungsvertrag sind jedoch gem. § 10 II BBiG, soweit sich aus seinem Wesen und Zweck und aus dem BBiG nichts anderes ergibt, **die für den Arbeitsvertrag geltenden Rechtsvorschriften** und **Rechtsgrundsätze** anzuwenden. Das gilt zB für den **Betriebsübergang** gem. § 613a BGB.[9] Häufig bestehen eigene tarifliche Regelungen für Auszubildende. Tarifverträge, die

[1] BAG 1.12.2020 – 9 AZR 104/20.
[2] Vgl. BAG 13.3.1975 AP Nr. 2 zu § 5 BBiG.
[3] BAG 25.7.2002 AP Nr. 9 zu § 5 BBiG = DB 2003, 510.
[4] BAG 3.6.1987 AP Nr. 85 zu § 1 TVG Tarifverträge: Bau = NZA 1988, 66.
[5] *Leinemann/Taubert* BBiG § 1 Rn. 64.
[6] Vgl. BAG 15.3.1991 AP Nr. 2 zu § 47 BBiG = NZA 1992, 452.
[7] Vgl. BAG 15.3.1991 AP Nr. 2 zu § 47 BBiG = NZA 1992, 452; 19.1.2006 AP Nr. 7 zu § 623 BGB = NZA 2007, 97; 12.2.2013 AP 6 zu § 16 BBiG = NZA 2014, 31.
[8] BAG 21.9.2011 AP Nr. 86 zu § 14 TzBfG = NZA 2012, 255 (zum Vorbeschäftigungsverbot nach § 14 II 2 TzBfG); 20.8.2003 AP Nr. 20 zu § 3 EntgeltFG = NZA 2004, 205; 10.7.2003 AP Nr. 1 zu § 1 MTA-O = NZA 2004, 269.
[9] BAG 13.7.2006 AP Nr. 1 zu § 613a BGB Widerspruch = NZA 2006, 1406.

nach ihrem Wortlaut für „Arbeitnehmer" gelten, erfassen Auszubildende dagegen im Zweifel nicht.[10]

Für den Abschluss des Ausbildungsvertrags sind daher grundsätzlich die arbeitsrechtlichen Rechtsvorschriften und Rechtsgrundsätze (→ § 32 Rn. 1 ff.) anwendbar. Erforderlich sind also Vertragsangebot und -Annahme nach Maßgabe der §§ 145 ff. BGB. Ist der Auszubildende bei Abschluss des Vertrags noch minderjährig, so wird er durch den **gesetzlichen Vertreter** vertreten (→ § 32 Rn. 34).[11] Bei einer Ausbildung im Betrieb der Eltern sind diese nach § 10 III BBiG von dem Verbot des Insichgeschäftes **(§ 181 BGB)** befreit. Die Befreiung gilt nicht für den Vormund. Der Vormund braucht zum Abschluss eines Berufsausbildungsvertrags die **Genehmigung durch das Vormundschaftsgericht,** das vor seiner Entscheidung das Mündel hören soll (§ 1822 Nr. 6 BGB). Eine Ermächtigung des Minderjährigen nach § 113 BGB zum Abschluss eines Ausbildungsvertrags (→ § 32 Rn. 30) kommt nicht in Betracht, weil beim Berufsausbildungsverhältnis der Ausbildungszweck und nicht das Erbringen einer Arbeitsleistung im Vordergrund steht.[12] 6

2. Teilzeitausbildung. Mit dem zum 1.1.2020 eingefügten **§ 7a BBiG** wurde die Teilzeitausbildung neu geregelt. Gleichzeitig ist die bisherige Bestimmung in § 8 I 3 BBiG aufgehoben worden, nach der die zuständige Stelle die tägliche oder wöchentliche Arbeitszeit bei einem berechtigten Interesse auf gemeinsamen Antrag von Auszubildendem und Ausbildenden kürzen konnte (vgl. hierzu die 18. Aufl. § 174 Rn. 105). Gem. § 7a I 1 kann die Berufsausbildung in Teilzeit durchgeführt werden. Ein Antrag an die zuständige Stelle oder ein berechtigtes Interesse ist nicht mehr erforderlich. Die Teilzeitausbildung ist im **Berufsausbildungsvertrag** zu vereinbaren, und zwar entweder für die gesamte Ausbildungszeit oder für einen bestimmten Zeitraum der Berufsausbildung (§ 7a I 2 BBIG). Ebenfalls denkbar ist eine entsprechende Teilzeitvereinbarung durch eine spätere **Vertragsänderung.**[13] Einseitig können dagegen weder der Auszubildende noch der Ausbildende eine Teilzeitausbildung durchsetzen.[14] Neben der Vereinbarung einer Teilzeitberufsausbildung § 7a BBiG bestehen insbes. nicht die Möglichkeiten zur Arbeitszeitverkürzung nach § 8 und § 9a TzBfG; da diese Bestimmungen nur für AN gelten.[15] Auch eine Anwendung über § 10 II BBiG kommt nicht in Betracht, weil § 7a BBiG insoweit eine Spezialregelung darstellt, mit der den Besonderheiten des Berufsausbildungsverhältnisses Rechnung getragen wird. Nach § 7a I 3 BBiG darf die Kürzung der täglichen oder wöchentlichen Arbeitszeit **nicht mehr als 50%** betragen. Die Kürzung bezieht sich allein auf die **betriebliche Ausbildungszeit,** nicht dagegen auf die Berufsschulzeiten.[16] Zur Höhe des Entgelts → Rn. 71. Bei einer Teilzeitberufsausbildung **verlängert sich die Dauer der Ausbildung** gem. § 7a II 1 BBiG entsprechend der Teilzeitquote, höchstens jedoch bis zum Eineinhalbfachen der Dauer, die in der Ausbildungsordnung für die betreffende Berufsausbildung in Vollzeit festgelegt ist. Dabei ist die Dauer der Teilberufsausbildung im Interesse der praktischen Handhabung für den Ausbildungsbetrieb auf ganze Monate abzurunden (§ 7a II 2 BBiG). Durch die Regelung in § 7a II BBiG soll eine qualitativ mit der Vollzeitausbildung vergleichbare Ausbildung gewährleistet werden und die Auszubildenden sollen wirklichkeitsnah mit den wesentlichen Betriebsabläufen vertraut gemacht werden und in dem für die Ausbildung erforderlichen Maß in die betriebliche Praxis eingebunden werden können; ferner soll einem denkbaren Missbrauch vorgebeugt werden. Die Begrenzung der Ausbildungsdauer dient dazu, den Ausbildungszeitraum überschaubar zu halten und einen zeitnahen Anschluss auf dem Arbeitsmarkt zu ermöglichen.[17] Die Verlängerungsmöglichkeit nach § 8 II BBiG (hierzu → Rn. 114 ff.) bleibt unberührt (§ 7a II 3 BBiG). Nach § 7a III BBiG kann der Auszubildende eine Verlängerung bis zur nächsten möglichen Abschlussprüfung erreichen. Hierfür bedarf es weder einer bestimmten Form oder Einhaltung einer Frist: die Verlängerung erfolgt dann automatisch.[18] Das ist deshalb erforderlich, weil 7

[10] BAG 18.5.2011 NZA 2011, 943 (LS); → § 15 Rn. 5.
[11] Vgl. BAG 29.5.1969 AP Nr. 1 zu § 181 BGB. Dieser darf ihn auch dann vertreten, wenn dieser zugleich gesetzlicher Vertreter des AG ist.
[12] *Lakies/Malottke* BBiG § 10 Rn. 21; *Leinemann/Taubert* BBiG § 10 Rn. 23; ErfK/*Schlachter* BBiG § 10 Rn. 4; offengelassen von BAG 2.12.2011 AP Nr. 22 zu § 174 BGB = NZA 2012, 495; unklar BAG 22.1.2008 AP Nr. 7 zu § 17 BBiG = NZA-RR 2008, 565.
[13] BT-Drs. 19/10815, 56.
[14] *Kleinebrink* DB 2020, 727 (731).
[15] Vgl. zur Rechtlage vor dem 1.1.2020 *Löwisch* BB 2018, 3061 (3061).
[16] ErfK/*Schlachter* BBiG § 15 Rn. 2; *Kleinebrink* DB 2020, 727 (731).
[17] BT-Drs. 19/10815, 55 f.
[18] *Malottke* PersR 2020, 31 (32).

aufgrund der individuellen Teilzeitmöglichkeiten mit entsprechender Verlängerung der Ausbildungszeit nicht immer ein Prüfungstermin erreicht wird.[19] Daneben besteht aber auch die Möglichkeit, umgekehrt mit einem gemeinsamen Antrag beider Vertragsparteien eine Kürzung der Ausbildungsdauer nach § 8 I BBiG zu bewirken (→ Rn. 113), um auf diese Weise einen früheren Prüfungstermin zu erreichen. Gem. § 7a IV BBiG kann der Antrag auf Eintragung des Ausbildungsvertrages nach § 36 I BBiG in das Verzeichnis der Berufsausbildung für eine Teilzeitausbildung mit einem Antrag auf Verkürzung der Ausbildungsdauer nach § 8 I BBiG verbunden werden. Eine § 7a BBiG entsprechende Regelung findet sich für das Handwerk in § 27b HwO.

8 **3. Informations- und Aufklärungspflichten.** Schon mit Aufnahme von Vertragsverhandlungen zum Abschluss eines Berufsausbildungsvertrags erwachsen wechselseitige Informations- und Aufklärungspflichten (§ 311 II BGB; → § 26 Rn. 1 ff.). Der AG muss auf evtl. Umstände hinweisen, die die Durchführung der Berufsausbildung in Frage stellen können, wie zB bestehende finanzielle Schwierigkeiten.[20] Stellt die zuständige Stelle Anforderungen für die künftige Eintragung von Berufsausbildungsverträgen nach §§ 34 ff. BBiG, begründet das eine Aufklärungspflicht für den Ausbildenden bei Vertragsabschluss nur, wenn sich aus den Anforderungen ein Risiko für die Vertragsdurchführung ergibt; in diesem Fall ist der Vertrauensschaden zu ersetzen, dh der Vertragspartner ist gem. § 249 I BGB so zu stellen, wie er stünde, wenn er sich auf den Ausbildungsvertrag nicht eingelassen hätte (→ § 26 Rn. 7).[21] Wird die Anstellung zugesagt, bevor eine Einigung über wesentliche Vertragsbedingungen des Ausbildungsvertrags erzielt ist, kann uU ein Vorvertrag (hierzu → § 32 Rn. 17) vorliegen, aus dem auf Abschluss des Vertrags geklagt werden kann.

9 **4. Verbundausbildung.** Die Ausbildung kann als Verbundausbildung erfolgen **(§ 10 V BBiG).** Zur Erfüllung der vertraglichen Verpflichtungen der Ausbildenden können mehrere natürliche oder juristische Personen in einem Ausbildungsverbund zusammenwirken, soweit die Verantwortlichkeit für die einzelnen Ausbildungsabschnitte sowie für die Ausbildungszeit insgesamt sichergestellt ist. Kleinen und mittelständischen Unternehmen soll so ermöglicht werden, ihre Ausbildungspotentiale zu bündeln und zugleich eine breit angelegte Ausbildung zu sichern (BT-Drs. 15/4752 zu § 10). Streitig ist, ob dabei auch jeweils gesonderte Ausbildungsverträge mit den einzelnen Ausbildern geschlossen werden können.[22] Dies ist zu verneinen. Zweck des BBiG ist es nämlich, eine einheitliche Berufsausbildung zu gewährleisten,[23] bei der für den Auszubildenden ein Vertragspartner feststeht, der für die Erfüllung aller sich aus dem Vertrag ergebenden Verpflichtungen haftet. Der Ausbildungsverbund, bei dem es sich zumeist um eine BGB-Gesellschaft handeln wird, ist dem Auszubildenden für die Einhaltung sämtlicher Verpflichtungen verantwortlich, nur ihm steht ein (einheitliches) Kündigungsrecht zu. Bei getrennten Vertragsbeziehungen wäre demgegenüber unklar, ob ein AG das Vertragsverhältnis auch mit Wirkung für die anderen Verbundarbeitgeber beenden könnte, bei wem die Ausbildung im Falle des § 21 III BBiG fortzusetzen ist und wem etwaige Schadensersatzansprüche nach § 23 BBiG zustehen. Zulässig dürfte es aber sein, wenn einer der Verbundpartner Vertragspartner des Auszubildenden wird und die übrigen ihm gegenüber für die Erfüllung einzelner Ausbildungsabschnitte verantwortlich sind. Auf jeden Fall gilt die Probezeit nach § 20 BBiG nur einmal.

10 **5. Form.** Der Berufsausbildungsvertrag kann **mündlich** oder **schriftlich** abgeschlossen werden.[24] Das Fehlen einer Niederschrift gem. § 11 BBiG stellt zwar eine Ordnungswidrigkeit nach § 101 I Nr. 1 BBiG dar, macht aber den Vertrag nicht unwirksam. Die **Schriftform** hat nur deklaratorische Bedeutung und soll den Vertragsparteien jederzeit eine Orientierung über die wechselseitigen Rechte und Pflichten erlauben. Hieran hat die Nachweisrichtlinie (RL 91/533/EWG) nichts geändert.[25] Ein konkludenter Abschluss des Berufsausbildungsvertrags ist theoretisch nicht ausgeschlossen. Er ist jedoch kaum denkbar, weil er eine Einigung über den wesentlichen Inhalt des Ausbildungsverhältnisses nach Art, Zeit und Gliederung enthalten muss. Ein nur münd-

---

[19] BT-Drs. 19/10815, 56.

[20] BAG 8.3.1977 EzB BBiG § 15 Abs. 1 Nr. 5 = DB 1977, 1322.

[21] BAG 17.7.1997 AP Nr. 2 zu § 16 BBiG = NZA 1997, 1224.

[22] Bejahend: *Opolony* BB 2005, 1050 (1051); *Hänlein* NZA 2006, 348 (351); ErfK/*Schlachter* BBiG § 10 Rn. 11; aA *Wohlgemuth* AuR 2005, 241 (243); *Leinemann/Taubert* BBiG § 10 Rn. 89; *Benecke/Hergenröder* BBiG§ 10 Rn. 37; uneinheitlich: *Stück/Mühlhausen* NZA-RR 2006, 169 (170) sowie *Mühlhausen/Stück* AuA 2005, 272 (273).

[23] *Leinemann/Taubert* BBiG § 10 Rn. 89.

[24] BT-Drs. V/4260 zu § 4; BAG 21.8.1997 AP Nr. 1 zu § 4 BBiG = NZA 1998, 37; 22.2.1972 AP Nr. 1 zu § 15 BBiG.

[25] BAG 21.8.1997 AP Nr. 1 zu § 4 BBiG = NZA 1998, 37.

lich abgeschlossener Vertrag ist spätestens **vor Beginn der betrieblichen Berufsausbildung** schriftlich niederzulegen (§ 11 I BBiG). Hierzu werden zweckmäßig die von den zuständigen Stellen verfassten Formblätter verwandt.[26] Die elektronische Form ist ausgeschlossen. Die Vertragsurkunde ist von dem Ausbildenden, dem Auszubildenden und – soweit seine Mitwirkung zum Vertragsabschluss notwendig ist – dem gesetzlichen Vertreter des Auszubildenden zu unterschreiben (§ 11 II BBiG). Der Ausbildende hat sämtlichen Unterzeichnern des Ausbildungsvertrags, auch den gesetzlichen Vertretern eines Minderjährigen, eine Ausfertigung auszuhändigen (§ 11 III BBiG). Auch diese Vorschrift dient der Klarstellung und Beweiserleichterung. **Unterbleibt** die schriftliche Vertragsniederlegung und Aushändigung, so können sich als Rechtsfolgen ergeben: **(a)** die Belegung des Ausbildenden mit einer **Geldbuße** bis zu 5 000 EUR (§ 101 BBiG), **(b) Schadensersatzverpflichtungen** des Ausbildenden, **(c) berufsrechtliche Mängel,** die zu Schwierigkeiten bei der Prüfungsablegung führen können, und **(d)** das Recht zur **außerordentlichen Kündigung** nach vorheriger Abmahnung.

6. Inhalt der Vertragsniederschrift. Die Vertragsniederschrift soll den wesentlichen Inhalt 11
des Berufsausbildungsverhältnisses enthalten. Dies sind die in § 11 I 3 Nr. 1–9 BBiG aufgeführten **Mindestangaben.** Fehlt eine dieser Mindestangaben, ist der Vertrag gleichwohl nicht nichtig. Mindestangaben sind: **(1)** Die **Art,**[27] die **sachliche**[28] **und zeitliche**[29] **Gliederung** sowie das **Ziel der Berufsausbildung,** insbesondere die berufliche Tätigkeit, für die ausgebildet wird.[30] Hiermit soll eine Ausbildung je nach Arbeitsanfall verhindert und eine logisch gegliederte Ausbildung gewährleistet werden. **(2) Beginn und Dauer der Berufsausbildung.**[31] Die Ausbildungsdauer soll nicht mehr als drei und nicht weniger als zwei Jahre betragen (§ 5 BBiG). Die Ausbildungszeit ergibt sich aus der Ausbildungsordnung. Auf die Ausbildungszeit können durch die Landesregierung nach Anhörung des Landesausschusses für Berufsbildung durch RechtsVO Schul- und Fachschulzeiten angerechnet werden (§ 7 BBiG). Die Anrechnung bedarf nach § 7 II BBiG des gemeinsamen Antrags des Auszubildenden und Ausbildenden. **(3)** Die **Ausbildungsmaßnahmen außerhalb der Ausbildungsstätte.**[32] **(4)** Die **Dauer der regelmäßigen täglichen Ausbildungszeit.** Insoweit ist das tarifliche und gesetzliche Arbeitsschutzrecht zu beachten. **(5)** Die **Dauer der Probezeit** (→ Rn. 94). **(6)** Die **Zahlung**[33] und die **Höhe der Vergütung. (7)** Die **Dauer des Urlaubs;** insoweit sind neben tariflichen Regelungen insbesondere § 19 JArbSchG, das BUrlG, § 4 ArbPlSchG und § 208 SGB IX zu beachten. **(8)** Die Voraussetzungen, unter denen der Berufsausbildungsvertrag **gekündigt** werden kann.[34] **(9)** Ein in allgemeiner Form gehaltener Hinweis auf die **Tarifverträge, Betriebs- oder Dienstvereinbarungen,** die auf das Berufsausbildungsverhältnis anzuwenden sind.

Erfüllt der Ausbilder seine **Hinweispflicht** nach § 11 I Nr. 9 BBiG nicht, so haftet er dem 12
Auszubildenden gem. §§ 280, 249 BGB auf Schadensersatz. Dies gilt auch für Tarifverträge, die nach anschließender Begründung des Arbeitsverhältnisses infolge Allgemeinverbindlichkeit auf das Arbeitsverhältnis Anwendung finden.[35] Dem AG ist es dann zB zwar nicht verwehrt, sich auf tarifliche Ausschlussfristen zu berufen. Er muss den Auszubildenden aber im Wege der Naturalrestitution so stellen, als hätte er den Hinweispflichten genügt. Die Fristen greifen in diesem Fall dann nicht, wenn der Auszubildende seine Ansprüche bei Kenntnis der Ausschlussfrist rechtzeitig geltend gemacht hätte, wovon im Zweifel auszugehen ist.[36]

[26] Die Eintragung in das Ausbildungsverzeichnis kann aber nicht von der Verwendung der Musterverträge abhängig gemacht werden: OVG RhPf 10.4.1974 BB 1974, 788 = EzA Nr. 1 zu § 32 BBiG (LS).

[27] Es muss angegeben werden, wo und wie betrieblich die Ausbildung durchgeführt wird, zB in der Ausbildungswerkstatt, im betrieblichen Durchlauf usw.

[28] Die sachliche Gliederung ergibt sich aus dem Ausbildungs-Berufsbild oder -Rahmenplan.

[29] Es ist festzulegen, in welcher Reihenfolge die betriebliche Ausbildung erfolgt. Einerseits muss die Bestimmung hinreichend genau sein, damit das System der Ausbildung ersichtlich ist. Andererseits ist aber auch ein gewisser zeitlicher Spielraum zu lassen, damit etwaigen betrieblichen oder persönlichen Störungen in der Ausbildung Rechnung getragen werden kann.

[30] Hierzu ist etwa anzugeben: Ablegung der Prüfung als Mechatroniker usw.

[31] Im Einzelfall kann die Dauer unter- oder überschritten werden (vgl. § 8 BBiG; § 6 III ArbPlSchG). Hier ist nur an die abstrakte Ausbildungsdauer im ergriffenen Beruf gedacht.

[32] Hierzu gehören zB Angaben über etwaige Ausbildungsmaßnahmen in überbetrieblichen Werkstätten, Labors, im Ausland (→ § 173 Rn. 10).

[33] Gemeint ist hier wohl die Zahlungsart (vgl. § 87 I Nr. 4 BetrVG) und der Zahlungstermin, soweit er abweichend vom Gesetz geregelt wird (§ 11 II BBiG).

[34] Im Wesentl. wird hier die gesetzl. Regelung wiederholt werden müssen.

[35] BAG 24.10.2002 AP Nr. 2 zu § 4 BBiG = NZA 2004, 105.

[36] BAG 24.10.2002 AP Nr. 2 zu § 4 BBiG = NZA 2004, 105.

13 Den Parteien ist es unbenommen, **weitere Vereinbarungen** zu treffen. Zu denken ist insoweit vor allem an Vereinbarungen über freiwillige Sozialleistungen, Regelung der Überzahlung, des Eigentums an Prüfungsstücken, Anzeigepflichten bei Erkrankung oder sonstiger Dienstverhinderung, Abtretung von Schadensersatzansprüchen bei Verkehrsunfällen.

14 **7. Vertragsänderung.** Wird der Ausbildungsvertrag geändert, so ist auch hierüber eine **Niederschrift** aufzunehmen. Hierfür gelten § 11 I–III BBiG entsprechend (§ 11 IV BBiG). Denkbar ist eine Aktualisierung der vorhandenen Niederschrift, die Fertigung einer neuen Niederschrift oder einer Nachtragsurkunde, die lediglich die Änderungen wiedergibt. In allen Fällen sind aber die Vorschriften über die Unterzeichnung (§ 11 II BBiG) und Aushändigung (§ 11 III BBiG) zu wahren. Eine Änderung ist nach § 35 BBiG in das Verzeichnis der Berufsausbildungsverhältnisse einzutragen. Keine Niederschrift ist bei sich auf den Vertrag auswirkenden gesetzlichen oder tariflichen Änderungen erforderlich.

15 **8. Berufsrechtliche Voraussetzungen.**[37] **a) Einstellung.** Auszubildende darf nur **einstellen,** wer **(1)** persönlich geeignet ist (§ 28 I 1 BBiG) und **(2)** eine geeignete Ausbildungsstätte besitzt (§ 27 BBiG). Die Eignungsvoraussetzungen sind im BBiG abschließend geregelt. Entsprechende Regelungen für den Bereich des Handwerks finden sich in den §§ 21–22c HwO. Einstellen heißt, dass ein Ausbildender mit einem Auszubildenden einen Ausbildungsvertrag abschließt. Vom Ausbildenden zu unterscheiden ist der Ausbilder (→ § 173 Rn. 8). Ein **Mangel in der Berechtigung,** Auszubildende einzustellen, berührt die zivilrechtliche Wirksamkeit des Ausbildungsvertrags nicht. Der Auszubildende kann jedoch uU außerordentlich kündigen (§ 22 BBiG). Der Ausbildende kann schadensersatzpflichtig und bußgeldpflichtig werden (§ 101 BBiG).

16 **b) Ausbildung. Ausbilden** darf nur, wer **(1)** persönlich und **(2)** fachlich geeignet ist. In Kleinbetrieben werden Ausbildender und Ausbilder häufig zusammenfallen. In Mittel- und Großbetrieben werden dagegen zumeist besondere Personen zum Ausbilder bestellt (§ 28 BBiG, s. auch § 22 II HwO). Die Bestellung muss ausdrücklich erfolgen. Der Ausbilder muss die Ausbildungsinhalte in der Ausbildungsstätte unmittelbar, verantwortlich und in wesentlichem Umfang vermitteln (§ 28 II BBiG). Die Bestellung von Ausbildern ist nach § 36 II iVm § 34 II Nr. 10 BBiG auf Verlangen der zuständigen Stelle anzuzeigen.

17 Vom Ausbildenden und Ausbilder sind sog. **Ausbildungsgehilfen** zu unterscheiden (§ 28 III BBiG, s. auch § 22 III HwO). Das sind solche Personen, die die Ausbildung rein faktisch im Betrieb durchführen, ohne dass sie die Verantwortung für die Ausbildung tragen. Sie müssen die für die Vermittlung von Ausbildungsinhalten erforderlichen beruflichen Fertigkeiten, Kenntnisse und Fähigkeiten besitzen und (gem. § 29 BBiG) persönlich geeignet sein.

18 **c) Persönliche Eignung.** Die persönliche Eignung von Ausbildenden, Ausbildern sowie Ausbildungsgehilfen ist in **§ 29 BBiG** geregelt (für den Bereich des Handwerks: § 22 HwO). Die Bestimmung nennt zwei Fallgruppen einer fehlenden Eignung. Diese Aufzählung ist aber nicht abschließend, wie die Formulierung „insbesondere" deutlich macht. Bei Vorliegen der Voraussetzungen des § 29 BBiG hat die zuständige Behörde gem. § 33 II BBiG das Einstellen und das Ausbilden zu untersagen.

19 Gem. **§ 29 Nr. 1 BBiG** ist persönlich nicht geeignet, wer aufgrund gesetzlicher oder richterlicher Verbote Kinder und Jugendliche nicht beschäftigen darf. Das Gesetz verweist damit auf die Regelung in **§ 25 JArbSchG** (hierzu → § 161 Rn. 45) und stellt klar, dass Personen, die keine Jugendliche beschäftigen dürfen, generell nicht Ausbildende, Ausbilder sowie Ausbildungsgehilfen im Rahmen eines Ausbildungsvertrags, und zwar auch nicht mit Volljährigen sein können.

20 Ferner ist gem. **§ 29 Nr. 2 BBiG** persönlich nicht geeignet, wer **wiederholt** oder **schwer** gegen das BBiG oder die aufgrund dieses Gesetzes erlassenen Vorschriften und Bestimmungen verstoßen hat. Verstöße sind nicht nur Ordnungswidrigkeiten nach § 101 BBiG, sondern auch sonstige (zB gegen §§ 11 II, 14 I, 15, 17, 36 BBiG). Ein schwerer Verstoß liegt vor, wenn durch das Verhalten die persönliche Integrität so in Frage gestellt wird, dass es nicht zu verantworten ist, Auszubildende weiterhin der Obhut der betreffenden Person anzuvertrauen.[38] Wiederholte Verstöße erfordern zumindest zwei Verstöße. Bei leichteren Verstößen bedarf es einer Wertung, ob diese in ihrer Gesamtheit die persönliche Integrität in der beschriebenen Weise in Frage zu stellen vermögen. Auf keinen Fall geeignet ist ein wiederholt rechtskräftig Verurteilter.[39]

21 Da § 29 Nr. 1 u. 2 BBiG die Gründe fehlender persönlicher Eignung nur beispielhaft nennt (→ Rn. 18), können auch andere Ursachen eine persönliche Eignung ausschließen. Diese müs-

[37] Vgl. Ausbilder-EignungsVO (AusbEignV) idF v. 21.1.2009 (BGBl. I 88), hierzu → Rn. 23.
[38] *Leinemann/Taubert* BBiG § 29 Rn. 18 *Benecke/Hergenröder* BBiG § 29 Rn. 6.
[39] VGH BW 20.6.1989 DVBl. 1989, 1265; OVG Münster 3.8.1984 GewArch. 1985, 21.

sen aber in ihrer Tragweite denen in § 29 Nr. 1 u. 2 BBiG entsprechen. Hierunter kann zB das wiederholte Ohrfeigen von Auszubildenden fallen sowie die Begehung einer Straftat nach § 25 JArbSchG, wegen derer aber noch keine rechtskräftige Verurteilung vorliegt. Persönlich ungeeignet kann auch sein, wer seine Stellung ausnutzt, um die Auszubildenden im Sinne der Lehren von Scientology zu beeinflussen.[40]

d) Fachliche Eignung. Die fachliche Eignung setzt gem. **§ 30 BBiG** (für den Bereich des Handwerks s. § 22b HwO) die beruflichen sowie die berufs- und arbeitspädagogischen Fertigkeiten, Kenntnisse und Fähigkeiten voraus. Die beruflichen Fertigkeiten, Kenntnisse und Fähigkeiten besitzt, wer **(1)** die Abschlussprüfung in einer dem Ausbildungsberuf entsprechenden Fachrichtung oder **(2)** eine Prüfung an einer Ausbildungsstätte oder die Abschlussprüfung an einer staatlich oder staatlich anerkannten Schule oder **(3)** die Abschlussprüfung an einer deutschen Hochschule bestanden hat und eine angemessene Zeit in seinem Beruf praktisch tätig gewesen ist (§ 30 II BBiG). Das zuständige Bundesministerium kann im Einvernehmen mit dem Bundesministerium für Bildung und Forschung nach Anhörung des Hauptausschusses des Bundesinstituts für Berufsbildung weitere Einzelheiten regeln. Unter bestimmten Voraussetzungen können auch in den neuen Bundesländern (§ 102 BBiG) und im Ausland abgelegte Prüfungen anerkannt werden, die die erforderlichen berufs- und arbeitspädagogischen Kenntnisse belegen. Die nach Landesrecht zuständige Behörde kann eine einfache fachliche Eignung nach § 30 VI BBiG widerruflich zuerkennen. 22

Die Qualifikation zur Berufsausbildung ist in der **Ausbilder-Eignungsverordnung** (AusbEignV) vom 21.1.2009 (BGBl. I 88) geregelt. Nach § 1 gilt sie für die Ausbildung in anerkannten Ausbildungsberufen nach dem BBiG, nicht anwendbar ist sie im Bereich der freien Berufe. Aufgrund der Ausbilder-Eignungsverordnung (AusbEignV) ist im Rahmen der fachlichen Eignung der Nachweis einschlägiger berufs- und arbeitspädagogischer Kenntnisse in einer Prüfung nachzuweisen (§ 4 AusbEignV). Die Ausbilder müssen die Kompetenz zum selbständigen Planen, Durchführen und Kontrollieren der Berufsausbildung erwerben, und zwar in den Handlungsfeldern **(1)** Prüfen und Planen der Ausbildungsvoraussetzungen, **(2)** Vorbereitung der Ausbildung und Mitwirkung bei der Einstellung der Auszubildenden, **(3)** Durchführung der Ausbildung und **(4)** Abschluss der Ausbildung (vgl. §§ 2, 3 AusbEignV). Zu Prüfungsbefreiungen für langjährige Ausbilder vgl. §§ 6, 7 AusbEignV. Bei Fehlen der fachlichen Eignung hat die zuständige Behörde gem. § 33 II BBiG das Einstellen und das Ausbilden zu untersagen. 23

e) Betriebliche Eignung. Die betriebliche Eignung setzt eine geeignete Ausbildungsstätte sowie ein angemessenes Verhältnis zwischen der Zahl der Auszubildenden und der Ausbildungsplätze oder der beschäftigten Fachkräfte (**§ 27 BBiG,** s. auch § 21 HwO) voraus. Für die Angemessenheit kann auf die Empfehlung des Bundesausschusses für Berufsbildung über die Eignung von Ausbildungsstätten (BAnz AT 25.1.2016 S2) zurückgegriffen werden. Danach können auf 1–2 Fachkräfte 1 Auszubildender, auf 3–5 Fachkräfte 2 Auszubildende, auf 6–8 Fachkräfte 3 Auszubildende und auf je 3 weitere 1 weiterer Auszubildender entfallen. Überschreitet die Zahl der Auszubildenden das angemessene Verhältnis, kann der Ausbildende schadensersatzpflichtig werden.[41] Unter Ausbildungsstätte sind die Einrichtungen zu verstehen, in denen betriebliche Berufsausbildung stattfindet. Der Begriff umfasst zB Arbeitsräume in Gebäuden, auf dem Betriebsgelände, im Freien, auf Baustellen (vgl. § 2 ArbStättV). Die betriebliche Eignung wird durch die zuständigen Stellen überwacht (§§ 32, 76 BBiG). Gegebenenfalls kann die Einstellung und Ausbildung von Auszubildenden untersagt werden (§§ 32 II, 33 BBiG). 24

9. Anerkennung von Ausbildungsberufen. Nach § 4 BBiG bzw. § 25 HwO können der BMAS oder die sonst zuständigen Fachminister im Einvernehmen mit dem BM für Bildung und Forschung durch RechtsVO, die nicht der Zustimmung des Bundesrats bedarf, Ausbildungsberufe staatlich anerkennen, die Anerkennung aufheben und für die Ausbildungsberufe Ausbildungsordnungen erlassen. Die Befugnis dient dazu, eine geordnete und einheitliche Berufsausbildung zu gewährleisten sowie zu ihrer Anpassung an die technischen, wirtschaftlichen und gesellschaftlichen Erfordernisse beizutragen. Die Ausbildungsverordnungen werden im Allgemeinen nach einem Schema erlassen, das auf einer Empfehlung des früheren Bundesausschusses für Berufsbildung beruht. Wegen weiterer Einzelheiten s. §§ 4, 5 BBiG, § 25 HwO. Das Bundesinstitut für Berufsbildung (→ § 173 Rn. 17 f.) führt ein **Verzeichnis der anerkannten Ausbildungsberufe,** das jährlich zu veröffentlichen ist (§ 90 III Nr. 3 BBiG). 25

[40] OVG NRW 10.10.1994 EzB BBiG §§ 23, 24 Nr. 11.
[41] LAG Bln 26.10.1978 ArbuR 1979, 284.

26 Wegen der alphabetischen Zusammenstellung der VO über die Ausbildungsberufe, soweit sie nach Inkrafttreten des BBiG erlassen sind, vgl. das Verzeichnis der anerkannten Ausbildungsberufe vom 1.4.2021 (https://www.bbib.de).

27 Nach § 4 II BBiG, § 25 II HwO darf nur nach der Ausbildungsordnung ausgebildet werden. Zweck dieser Regelung ist, unter bildungspolitischen, wirtschaftspolitischen und sozialen Gesichtspunkten zu gewährleisten, dass die Berufsausbildung der erforderlichen Anpassungsfähigkeit genügt.[42] Eine **Ausnahme** besteht für körperlich, geistig oder seelisch Behinderte (§ 64 BBiG). Damit verbietet es das Gesetz, für die Ausbildung in einem anerkannten Ausbildungsberuf ein anderes Vertragsverhältnis gem. § 26 BBiG (hierzu → § 175 Rn. 4) zu vereinbaren.[43]

28 Nach § 4 III BBiG, § 25 III HwO dürfen **Jugendliche unter 18 Jahren in anderen als anerkannten Ausbildungsberufen** nicht ausgebildet werden, es sei denn, dass die Berufsausbildung auf den Besuch weiterführender Bildungsgänge vorbereitet; untersagt wäre also zB eine Ausbildung als Tanzlehrer. Ein Verstoß macht den Ausbildungsvertrag gem. § 134 BGB nichtig[44] (zum Entgeltanspruch → Rn. 32). Personen über 18 Jahre erschienen dem Gesetzgeber weniger schutzbedürftig.[45] Zulässig ist die Ausbildung von Jugendlichen ausgerichtet auf den Besuch weiterbildender Schulen (Praktika vor dem Besuch von Hoch- und Fachschulen).[46] Auch bei Hilfsarbeitern kann wegen der Differenziertheit der Arbeitsvorgänge eine längere Unterweisung notwendig sein. Diese sollte durch § 4 III BBiG nicht unterbunden werden.

29 **Ausnahmen vom Verbot des Ausschließlichkeitsgrundsatzes** können sich aus einer RechtsVO gem. § 6 BBiG[47] sowie für geistig, körperlich und seelisch Behinderte ergeben (§§ 64 ff. BBiG). Für letztere gilt dies jedoch nur, soweit die Art und Schwere der körperlichen, geistigen und seelischen Behinderung dies erfordert. Ferner bleibt § 26 BBiG unberührt.

30 Bei **Verstößen gegen § 4 BBiG, § 25 HwO** kann die zuständige Stelle nach § 9 BBiG Regelungen treffen. Außerdem hat sie gem. § 76 BBiG die Ausbildung zu überwachen.

31 **10. Berufsausbildungsverzeichnis.** Der Ausbildungsvertrag und seine etwaigen Änderungen sind nach der schriftlichen Ausfertigung unverzüglich durch den Ausbildenden zur Eintragung in das von der zuständigen Stelle geführte Berufsausbildungsverzeichnis anzumelden. Die Eintragung ist für den Auszubildenden gebührenfrei (vgl. §§ 34–36 BBiG). Die Ausbildungsverträge sind unabhängig von der Eintragung rechtswirksam. Umgekehrt hat eine Löschung des Ausbildungsvertrages keinen Einfluss auf den Zeitpunkt der Beendigung des Ausbildungsverhältnisses.[48] Allerdings erfolgt die Zulassung zur Abschlussprüfung nur nach Eintragung bzw. dann, wenn dies ohne Verschulden des Auszubildenden und seines gesetzlichen Vertreters unterblieben ist. Die Industrie- und Handelskammern als zuständige Stellen sind nicht befugt, durch Satzungsrecht für die Eintragung die Benutzung des von ihnen herausgegebenen Vertragsformulars vorzuschreiben.[49] Es besteht keine Rechtsgrundlage für eine berufsständische Kammer (zB Rechtsanwaltskammer), Mindestsätze für die Ausbildungsvergütung festzusetzen und die Eintragung des Berufsausbildungsvertrags von der Vereinbarung der Mindestsätze abhängig zu machen. Die zuständige Stelle kann die Eintragung gem. § 35 I Nr. 1 BBiG vielmehr nur ablehnen, wenn die Vereinbarung die unterste Grenze für eine Angemessenheit der Vergütung (→ Rn. 62 ff.) nicht einhält.[50] Die Eintragung kann mit der Verpflichtungsklage verfolgt werden.[51]

III. Unzulässige Berufsausbildungsverträge und Vereinbarungen

32 **1. Unzulässige Berufsausbildungsverträge.** Unwirksam ist der Berufsausbildungsvertrag, wenn der Vertragsabschluss mit Rechtsmängeln behaftet ist oder nach dem Vertragsinhalt Jugendliche in anderen als anerkannten Ausbildungsberufen (→ Rn. 25 ff.) ausgebildet werden sollen, es sei denn, dass auf einen weiterführenden Bildungsgang vorbereitet wird (§ 4 III BBiG). Für die Vergangenheit ist er nach den Grundsätzen des fehlerhaften Vertragsverhältnisses

[42] BT-Drs. V/4260 zu § 28 BBiG.
[43] BAG 27.7.2010 AP Nr. 3 zu § 4 BBiG = DB 2011, 943.
[44] LAG SchlH 26.3.1981 EzB BBiG § 28 Nr. 10.
[45] S. LAG Düsseldorf 21.4.1988 EzA Nr. 10 zu § 28 BBiG.
[46] BT-Drs. V/4260 zu § 28 BBiG.
[47] Die Bestimmung knüpft an die sog. „Experimentierklausel" in § 28 III BBiG aF an. Es hat VOen für Gießereitechniker, Lebensmitteltechniker und Verfahrenstechniker in der Hütten- und Halbzeugindustrie gegeben, die wieder außer Kraft getreten sind.
[48] BAG 22.2.2018 AP Nr. 2 zu § 22 BBiG = NZA 2018, 575.
[49] OVG RhPf 10.4.1974 BB 1974, 788 = EzA Nr. 1 zu § 32 BBiG (LS).
[50] BVerwG 26.3.1981 BVerwGE 62, 117 = NJW 1981, 2209.
[51] OVG Münster 25.1.1980 AP Nr. 1 zu § 32 BBiG; VG Kassel 30.1.1980 GewArch. 1980, 167.

(→ § 34 Rn. 51)[52] abzuwickeln. Der Auszubildende kann gem. § 612 BGB grundsätzlich nur die **Ausbildungsvergütung** verlangen. Etwas anderes kann dann gelten, wenn der Auszubildende wie ein AN beschäftigt wurde.[53] Der Berufsbildungsvertrag ist ein gem. § 117 I BGB nichtiges Scheingeschäft, wenn er nur abgeschlossen wurde, um Zugang zu einem von einem Dritten getragenen Ausbildungsverbund zu erhalten.[54]

2. Nichtigkeit einzelner Abreden. a) Überblick. Das BBiG bestimmt, dass im Berufsaus- 33
bildungsvertrag bestimmte Abreden nicht getroffen werden können (s. § 12 BBiG). Diese sind rechtsunwirksam. Der Ausbildende kann sich nicht darauf berufen, die nichtige Klausel werde durch andere, für den Auszubildenden günstige Regelungen kompensiert.[55] Die Nichtigkeit einzelner Abreden macht aber nicht den Vertrag insgesamt unwirksam (auch → § 34 Rn. 20). Insoweit gilt eine **Ausnahme von § 139 BGB.**

b) Berufsbeschränkungen. Grundsätzlich sind Vereinbarungen nichtig, durch die der Aus- 34
zubildende für die Zeit nach Beendigung des Berufsausbildungsverhältnisses in der Ausübung seiner beruflichen Tätigkeit beschränkt wird (§ 12 I 1 BBiG). Das Gesetz will verhindern, dass der Auszubildende seine – naturgemäß – noch unvollkommenen beruflichen Grundkenntnisse nicht vertiefen kann oder brachliegen lassen muss. Demnach sind alle Abreden unwirksam, durch die der Auszubildende rechtlich oder faktisch an seinen bisherigen Betrieb gebunden **(Bleibeverpflichtung)** oder in seiner beruflichen Tätigkeit beschränkt wird. Eine Beschränkung kann von Gratifikationsrückzahlungsklauseln,[56] von Klauseln auf Rückzahlung außerbetrieblicher Lehrgänge[57] und vor allem von nachvertraglichen **Wettbewerbsverboten**[58] (→ § 55 Rn. 8, 106) sowie von **Anschlussbeschäftigungsklauseln** (→ Rn. 134) ausgehen. Finanziert der Ausbilder dagegen die Kosten eines Fernstudiums, das der Auszubildende neben der Ausbildung durchführt, verstößt eine Rückzahlungsverpflichtung wegen dieser Kosten, die an den nicht erfolgten Abschluss eines Arbeitsverhältnisses anknüpft, nicht gegen § 12 BBiG.[59] Die Rückzahlungsvereinbarung ist vielmehr an den allgemeinen Grundsätzen (→ § 176 Rn. 18 ff.) zu messen. Zum Verbot von Wettbewerb im bestehenden Ausbildungsverhältnis → § 54 Rn. 4.

Eine **Ausnahme** von dem Verbot solcher Klauseln besteht nach **§ 12 I 2 BBiG,** wenn sich 35
der Auszubildende innerhalb der letzten sechs Monate des Berufsausbildungsverhältnisses dazu verpflichtet, mit dem Ausbildenden ein Arbeitsverhältnis einzugehen. Da sich das Verbot der Vereinbarung einer Vertragsstrafe nach § 12 II Nr. 2 BBiG nur auf das Berufsausbildungsverhältnis bezieht, kann innerhalb der Frist auch eine Vertragsstrafe (zur AGB-Kontrolle → § 57 Rn. 7 ff.) für den Fall des Nichtantreten des Arbeitsverhältnisses vereinbart werden.[60] Für ein anschließendes Arbeitsverhältnis kann dann auch ein nachvertragliches Wettbewerbsverbot vereinbart werden, es sei denn das Dauerarbeitsverhältnis wird nur abgeschlossen, um den Ausschluss des Wettbewerbsverbotes für das Berufsausbildungsverhältnis zu umgehen. Zur Vereinbarung einer Vertragsstrafe zur Sicherung des Wettbewerbsverbots → § 55 Rn. 106. Die Frist des § 12 I 2 BBiG rechnet von der im Vertrag vorausgesetzten Beendigung. Wird die Ausbildungszeit verkürzt oder verlängert (§ 8 BBiG, § 27c HwO), kommt es auf den entsprechenden früheren oder späteren vorausgesetzten Beendigungszeitpunkt an.

Eine Ausnahme von dem Verbot der Berufsbeschränkung bestand nach § 85 BBiG in der bis 36
zum 31.3.2005 geltenden Fassung dann, wenn der Auszubildende sich für die Zeit nach Abschluss der Berufsausbildung bis zur Dauer von 4 Jahren als Soldat auf Zeit verpflichtete. Diese Regelung ist in die Neufassung des BBiG nicht übernommen worden.

c) Lehrgeld.[61] Nichtig ist die Vereinbarung über die Verpflichtung des Auszubildenden oder 37
seiner gesetzlichen Vertreter,[62] für die Berufsausbildung eine Entschädigung zu zahlen (§ 12 II Nr. 1 BBiG). Damit sind auch Vereinbarungen nichtig, die eine Rückzahlung von ausnahmsweise vom Ausbildenden zu tragenden **Unterkunfts- und Verpflegungskosten** vorsehen.[63]

[52] Häufig auch als „faktisches Arbeitsverhältnis" bezeichnet.
[53] LAG Hamm 3.8.1965 DB 1965, 1599; s. auch LAG SchlH 26.3.1981 EzB BBiG § 28 Nr. 10.
[54] LAG Hamm 24.10.2006 NZA-RR 2007, 64.
[55] *Leinemann/Taubert* BBiG § 12 Rn. 34.
[56] BAG 25.4.2001 AP Nr. 8 zu § 5 BBiG = NZA 2002, 1396.
[57] BAG 25.4.1984 EzB BBiG § 5 Nr. 16; LAG Köln 7.3.1988 LAGE § 5 BBiG Nr. 1.
[58] Vgl. BAG 20.9.2006 AP Nr. 13 zu § 60 HGB = NZA 2007, 977.
[59] LAG MV 14.12.2011 ArbRAktuell 2012, 204 (LS) unter Hinweis auf BAG 18.11.2008 NZA 2009, 435.
[60] BAG 23.6.1982 AP Nr. 4 zu § 5 BBiG.
[61] Hierzu *Salje* ArbuR 1989, 37.
[62] BAG 28.7.1982 AP Nr. 3 zu § 5 BBiG = NJW 1983, 783.
[63] BAG 21.9.1995 AP Nr. 6 zu § 5 BBiG = NZA 1996, 205.

Ansonsten steht es den Vertragsparteien frei, eine Entschädigung für die Gewährung von Unterkunft und Verpflegung zu vereinbaren, sofern der Auszubildende in den gemeinsamen Haushalt aufgenommen wird oder im Rahmen des Betriebes Unterkunft und Verpflegung erhält. Das Verbot des § 12 II Nr. 1 BBiG gilt auch dann, wenn das Ausbildungsverhältnis vorzeitig endet.[64] Bei der Ausbildung zum Berufskraftfahrer gehört der Erwerb der erforderlichen Fahrerlaubnis zur fachlichen Ausbildung; mit diesen Kosten darf der Auszubildende daher nicht belastet werden.[65] Eine unzulässige Entschädigungsverpflichtung kann auch dann gegeben sein, wenn sich der Auszubildende verpflichten muss, als Gegenleistung für die Ausbildungsstelle Waren (Autobus, Büroausrüstung) zu erwerben oder Eignungstests zu bezahlen.[66] In diesen Fällen liegt eine Umgehung des § 12 II Nr. 1 BBiG vor. Besucht ein Auszubildender auf Veranlassung des AG an Stelle der staatlichen Berufsschule eine andere Bildungseinrichtung, sind die hierdurch entstehenden Mehrkosten vom AG zu tragen, eine entgegenstehende Vereinbarung verstößt gegen § 12 II Nr. 1 BBiG.[67] Das Gesetz will sicherstellen, dass die betriebliche Berufsausbildung als solche nicht zu bezahlen ist. Bei einer von der betrieblichen Ausbildung nach dem BBiG gelösten, verschulten Ausbildung ist es dagegen zulässig, den Auszubildenden an den Kosten zu beteiligen. Deshalb kann zB ein Flugschüler an den Ausbildungskosten beteiligt werden.[68]

38 **d) Vertragsstrafe, Schadensersatz.** Vereinbarungen über **Vertragsstrafen** sind nach § 12 II Nr. 2 BBiG nichtig. Das gilt auch bei einer Vertragsstrafenvereinbarung zulasten der Eltern des Auszubildenden. Insoweit gilt dasselbe wie bei einer Verpflichtung zur Zahlung von Ausbildungskosten.[69] Das Verbot erfasst nur solche Vertragsstrafen, die sich auf das Berufsausbildungsverhältnis beziehen (→ Rn. 35).[70] Gem. § 12 II Nr. 3, 4 BBiG sind darüber hinaus Vereinbarungen über den **Ausschluss** oder die **Beschränkung von Schadensersatzansprüchen** sowie über die Festsetzung der Höhe eines Schadensersatzes in **Pauschbeträgen** (§ 12 II Nr. 2–4 BBiG) nichtig. Das gilt auch wegen der Haftung des Ausbildenden für seine Erfüllungsgehilfen (§ 278 BGB) und Verrichtungsgehilfen (§ 831 BGB).

39 Während § 12 II Nr. 1 BBiG ausdrücklich nur Vereinbarungen zuungunsten des Auszubildenden anspricht, sind nach dem Gesetzeswortlaut die in § 12 II Nr. 2–4 BBiG genannten Vereinbarungen auch **zum Nachteil des AG** unwirksam. Nach dem Normzweck ist jedoch § 25 BBiG entsprechend anzuwenden, so dass derartige Vereinbarungen nur zu Ungunsten des Auszubildenden unwirksam sind.[71] Daraus folgt, dass die Erfüllung der Vertragspflichten des AG durch Vertragsstrafen gesichert und Schadensersatzansprüche gegen den Auszubildenden ausgeschlossen werden können.

IV. Pflichten des Ausbildenden

40 **1. Ausbildung.** Die Hauptpflicht des Ausbildenden besteht in der **sachlichen und persönlichen Ausbildung** des Auszubildenden.

41 **2. Sachliche Ausbildung. a) Inhalt.** Zur sachlichen Ausbildung gehört die Vermittlung der für das vereinbarte Berufsziel notwendigen beruflichen Handlungsfähigkeit. Hierzu gehört die Vermittlung von Fertigkeiten und Kenntnissen in planmäßiger, zeitlich und sachlich gegliederter Form, damit das Ausbildungsziel in der Ausbildungszeit erreicht werden kann (§ 14 I Nr. 1 BBiG). Es ist also ausgeschlossen, dass die Ausbildung nach dem gerade vorhandenen betrieblichen Arbeitsanfall erfolgt (vgl. § 5 I Nr. 4 BBiG). Zur Erreichung des Ausbildungszieles sind dem Auszubildenden alle im Rahmen des Berufsbildes **üblichen Arbeiten** zu übertragen, auch wenn sie in der Ausbildungsstätte nicht verrichtet werden. Es sind also „Lehraufträge" zu beschaffen und zu erteilen. Die Verbundausbildung nach § 10 V BBiG (→ Rn. 9) kann die Ausbildung insoweit erleichtern.

---

64 BAG 25.7.2002 AP Nr. 9 zu § 5 BBiG = DB 2003, 510.
65 BAG 25.4.1984 AP Nr. 5 zu § 5 BBiG = NZA 1985, 184.
66 Vgl. OLG Hamm 16.12.1982 NJW 1983, 2708.
67 BAG 25.7.2002 AP Nr. 9 zu § 5 BBiG = DB 2003, 510.
68 S. BAG 19.2.2004 AP Nr. 33 zu § 611 BGB Ausbildungsbeihilfe.
69 S. hierzu BAG 28.7.1982 AP Nr. 3 zu § 5 BBiG = NJW 1983, 783.
70 BAG 23.6.1982 AP Nr. 4 zu § 5 BBiG = NJW 1983, 1575.
71 Ebenso *Leinemann/Taubert* BBiG § 5 Rn. 27, 30; *Lakies/Malottke* BBiG § 12 Rn. 38, 41; ErfK/*Schlachter* BBiG § 12 Rn. 5; *Benecke/Hergenröder* BBiG § 10 Rn. 17 ff.

b) Beschäftigungsanspruch. Für den Auszubildenden besteht ein Beschäftigungsanspruch.[72] Weil Auszubildende zum Zweck der Ausbildung beschäftigt werden und keine Arbeit aufgrund eines Arbeitsverhältnisses leisten, kann für sie **keine Kurzarbeit** angeordnet werden.[73] Ebenso wie Auszubildende an einem **Streik** teilnehmen können (→ Rn. 87), können sie im Rahmen des Arbeitskampfes auch (suspendierend) **ausgesperrt** werden,[74] eine lösende Aussperrung ist aber schon wegen des Ausbildungszwecks und aufgrund des § 22 BBiG ausgeschlossen. Die vom Großen Senat des BAG entwickelten Grundsätze über den Beschäftigungsanspruch eines AN nach Ausspruch einer unwirksamen Kündigung[75] müssen auch für Auszubildende gelten. Jedenfalls können für sie keine strengeren Voraussetzungen zugrunde gelegt werden.[76] Ein Beschäftigungsanspruch gem. **§ 102 V BetrVG** kommt dagegen nicht in Betracht, da diese Regelung nur für die im Ausbildungsverhältnis ausgeschlossene ordentliche Kündigung gilt und die Widerspruchsgründe gem. § 102 III BetrVG ohnehin an den sozialen Rechtfertigungsgründen des § 1 II KSchG orientiert sind.[77] Bei einer zu Unrecht ausgesprochenen außerordentlichen Kündigung kann der Beschäftigungsanspruch auch im Verfahren auf Erlass einer **einstweiligen Verfügung** durchgesetzt werden. Das gilt auch während des Verfahrens vor dem Ausschuss nach § 111 ArbGG.[78] Der erforderliche Verfügungsgrund liegt hier neben der drohenden Anspruchsvereitelung in der Gefährdung des Ausbildungsziels. Wegen des Verfügungsanspruchs ist es ausreichend, wenn bei einer summarischen Prüfung eine überwiegend wahrscheinliche Unwirksamkeit der Kündigung angenommen werden kann.[79] Bei einem Arbeitsverhältnis bedarf es hierfür allerdings einer offensichtlich unwirksamen Kündigung (→ § 125 Rn. 18) Weil die tatsächliche Beschäftigung im Interesse des Ausbildungszwecks jedoch eine weitergehende Bedeutung hat als eine Beschäftigung aufgrund eines Arbeitsverhältnisses, ist hier das Zugrundelegen eines weniger strengen Maßstabs geboten. Die Verpflichtung zur Ausbildung wird nach § 888 ZPO vollstreckt.[80] 42

c) Schadensersatz. Erfüllt der Ausbildende seine Ausbildungspflicht nicht, ist er gem. § 280 I BGB zum Schadensersatz verpflichtet, wenn der Ausbildende die Ausbildungsprüfung deshalb nicht besteht.[81] Ein Schadensersatzanspruch setzt im Allgemeinen voraus, dass ein gescheiterter Prüfungsversuch vorausgeht. Anderenfalls muss der Auszubildende substantiiert darlegen, warum eine Prüfungsteilnahme aussichtslos gewesen wäre.[82] Die Höhe des Schadens bemisst sich nach der Differenz der gezahlten Vergütung zu dem Einkommen, das der Auszubildende nach bestandener Prüfung hätte verdienen können.[83] Ggf. kann nach § 254 BGB ein Mitverschulden des Auszubildenden zu berücksichtigen sein.[84] Für die Darlegung des Mitverschuldens genügt aber nicht der pauschale Vorwurf der Faulheit oder Interesselosigkeit.[85] Dagegen besteht bei Nichterfüllung der Ausbildungsverpflichtung kein Anspruch des Auszubildenden auf Zahlung eines Arbeitsentgelts wie ein AN.[86] 43

d) Direktionsrecht. Dem Auszubildenden dürfen kraft Direktionsrecht nur solche Verrichtungen übertragen werden, die dem Ausbildungszweck dienen und denen er körperlich gewachsen ist (§ 14 III BBiG). Das Gesetz will die körperliche Überanstrengung des Auszubildenden 44

[72] BAG 11.12.1964 AP Nr. 22 zu § 611 BGB Lehrverhältnis; LAG Düsseldorf 24.1.1968 DB 1968, 401.
[73] *Leinemann/Taubert* BBiG § 10 Rn. 54; *Lakies/Malottke* BBiG § 10 Rn. 5; teilw. abw. *Benecke/Hergenröder* BBiG § 10 Rn. 31, die Kurzarbeit zulassen wollen, wenn alle Ausbildungsmöglichkeiten im Betrieb erschöpft sind.
[74] *Leinemann/Taubert* BBiG § 10 Rn. 52.
[75] BAG 27.2.1985 AP Nr. 14 zu § 611 BGB Beschäftigungspflicht = NZA 1985, 702; → § 125 Rn. 16.
[76] BAG 11.8.1987 AP Nr. 1 zu § 16 BBiG = NZA 1988, 93.
[77] *Leinemann/Taubert* BBiG § 22 Rn. 176.
[78] LAG Brem 26.10.1983 AP Nr. 26 zu § 102 BetrVG 1972.
[79] LAG RhPf 29.5.1978 BB 1978, 1414; ArbG Kiel 30.12.2009 ArbuR 2010, 271 (LS); eine offensichtliche Unwirksamkeit verlangen dagegen: LAG RhPf 29.4.2005 – 8 Sa 227/05; KR/*Weigand* BBiG §§ 21–23 Rn. 125; *Benecke/Hergenröder* BBiG § 22 Rn. 109 (unter Hinweis auf die erhöhten Anforderungen für den Kündigungsgrund); *Leinemann/Taubert* BBiG § 22 Rn. 175; wohl auch *Wohlgemuth* BBiG § 22 Rn. 98.
[80] LAG Bln 19.1.1978 AP Nr. 9 zu § 888 ZPO; → § 109 Rn. 22 f.
[81] BAG 10.6.1976 AP Nr. 2 zu § 6 BBiG; zur Darlegungslast LAG RhPf 6.7.2005 EzA-VjA BGB 2002 § 280 Nr. 2.
[82] LAG Köln 30.10.1998 NZA 1999, 317 = LAGE § 16 BBiG Nr. 2.
[83] BAG 10.6.1976 AP Nr. 2 zu § 6 BBiG.
[84] BAG 10.6.1976 AP Nr. 2 zu § 6 BBiG.
[85] BAG 10.6.1976 AP Nr. 2 zu § 6 BBiG.
[86] LAG RhPf 11.1.2008 EzB BBiG § 17 I Nr. 62d; LAG Köln 25.1.1989 AR-Blattei Berufsausbildung Entsch. 64.

verhindern und gewährleisten, dass er nur mit solchen Arbeiten beschäftigt wird, die unmittelbar der Ausbildung förderlich sind. Die Einhaltung dieser Verpflichtung ist durch Bußgeldandrohung gesichert (§ 102 I Nr. 3 BBiG).

45 Welche Arbeiten dem Auszubildenden im Einzelfall übertragen werden dürfen, kann nur nach dem **vereinbarten Berufsziel und der berufspädagogischen Zielsetzung** entschieden werden. Im Allgemeinen gehören dazu nicht Besorgungen, es sei denn, dass es sich um Materialbeschaffung handelt, Hilfsarbeiten oder sonstige berufsfremde Tätigkeiten. Es ist dagegen nicht zu beanstanden, wenn der Auszubildende angehalten wird, seinen Arbeitsplatz zu reinigen und aufzuräumen, Warenpflegarbeiten vorzunehmen oder Warenkenntnisse zu erwerben. Da der Auszubildende sich in betriebliche Ordnungen einzufügen hat (§ 13 I Nr. 4 BBiG), darf der Ausbildende ihn auch mit Hilfs- und Nebentätigkeiten betrauen (zB Reinigung der Werkstatt), sofern auch die anderen Belegschaftsmitglieder des entsprechenden Bereichs hierzu herangezogen werden. Bei Direktionsrechtsüberschreitung steht dem Auszubildenden nicht nur ein **Beschwerderecht** bei der Berufsorganisation und dem BR (§ 84 BetrVG), sondern auch ein Zurückbehaltungsrecht (→ § 50 Rn. 1 ff.) zu. In schwerwiegenden Fällen kann nach vorheriger Abmahnung eine außerordentliche Kündigung durch den Auszubildenden gerechtfertigt sein.

46 **3. Persönliche Ausbildung.** Zur persönlichen Ausbildung gehört die charakterliche Förderung des Auszubildenden und die Bewahrung vor sittlichen und körperlichen Gefährdungen (§ 14 I Nr. 5 BBiG). Die Vorschrift hat vor allem Bedeutung in Ausbildungsverhältnissen Jugendlicher. Eine körperliche Züchtigung ist schon gem. §§ 223 ff. StGB ausgeschlossen. Für Jugendliche gilt darüber hinaus § 31 JArbSchG (→ § 161 Rn. 47). Unzulässig ist auch die religiöse Beeinflussung.[87] Die dem AG in §§ 22–31 JArbSchG auferlegten öffentlich-rechtlichen Schutzpflichten zugunsten Jugendlicher sind zugleich auch privatrechtlich geschuldete Fürsorgepflichten.

47 **4. Ausbildungsmittel. a) Stellung durch den Ausbildenden.** Der Ausbildende hat dem Auszubildenden **kostenlos** (leihweise) die zur Ausbildung und zur Ablegung der Zwischen- und Abschlussprüfung notwendigen[88] Arbeitsmittel, insbes. Werkzeuge, Werkstoffe und Fachliteratur zur Verfügung zu stellen, selbst wenn die Prüfungen erst nach Beendigung des Ausbildungsverhältnisses erfolgen (§ 14 I Nr. 3 BBiG).[89] Zu den zur Verfügung zu stellenden Mittel kann auch das E-Learning gehören, also Mittel zum computerunterstützten Lernen. Die für die betriebliche Ausbildung notwendige Ausbildungsliteratur wird dem Auszubildenden auch zu häuslichen Studien überlassen werden müssen. Da sich die Berufsausbildung in einem dualen System vollzieht, ist der AG ohne gesonderte Vereinbarung nicht verpflichtet, dem Auszubildenden auch die für den Berufsschulunterricht notwendigen Bücher zu überlassen. Etwas anderes gilt für Fachliteratur, die für die betriebliche Ausbildung erforderlich ist.[90] Kommt der AG seiner Verpflichtung zur Beschaffung dieser Ausbildungsmittel nicht nach, so kann der Auszubildende die Fachliteratur selbst kaufen und Zug um Zug gegen Übereignung der Bücher an den Ausbildenden Ersatz der notwendigen Kosten verlangen.[91] Nicht zu den Ausbildungsmitteln iSv § 14 I Nr. 3 BBiG zählt die Arbeitskleidung. Diese muss der Auszubildende (sofern nicht durch Tarifvertrag, Betriebsvereinbarung oder Ausbildungsvertrag abweichend geregelt) auf eigene Kosten anschaffen. Allerdings kann sich auch für Auszubildende gem. § 618 BGB (→ § 82 Rn. 14) sowie aus Unfallverhütungsvorschriften ein Anspruch auf Anschaffung einer Schutzausrüstung ergeben. Der AG hat die zur Ablegung der Prüfungen notwendigen Ausbildungsmittel zur Verfügung zu stellen (§ 14 I Nr. 3 BBiG). Es verstößt gegen § 14 I Nr. 3 BBiG, wenn der Auszubildende dem Ausbildenden die Kosten für das für das Prüfungsstück benötigte Material ersetzen muss.[92]

48 Die durch einen **Auslandsaufenthalt** des Auszubildenden entstehenden Kosten einschließlich der Verpflegungs- und Übernachtungskosten sind jedenfalls dann vom AG zu tragen, wenn erst durch die Teilnahme an der Maßnahme die volle Erfüllung der Ausbildungspflicht gewährleistet ist.[93] Teilweise wird eine Kostentragungspflicht gem. § 670 BGB angenommen, wenn der Ausbildende ein eigenes Interesse an dem Auslandsaufenthalt des Auszubildenden hat.[94]

---

[87] BVerwG 9.11.1962 BVerwGE 15, 134 = AP Nr. 1 zu Art. 4 GG.

[88] Freiwillige Aufwendungen des Auszubildenden brauchen nicht ersetzt zu werden.

[89] Vgl. BAG AP Nr. 2 zu § 23 HandwO.

[90] BAG 16.12.1976 AP Nr. 3 zu § 611 BGB Ausbildungsverhältnis mkritAnm *Schwerdtner.*

[91] BAG 16.12.1976 AP Nr. 3 zu § 611 BGB Ausbildungsverhältnis.

[92] LAG SchlH 14.2.2006 NZA-RR 2006, 461.

[93] *Hartwich* NZA 2011, 1267 (1268); *Leinemann/Taubert* BBiG § 2 Rn. 37, die als Anspruchsgrundlage § 14 I Nr. 3 BBiG ansehen; vgl. BAG 29.6.1988 EzB BBiG § 5 Nr. 25; 21.9.1995 AP Nr. 6 zu § 5 BBiG = NZA 1996, 205.

[94] *Stück* NZA 2005, 1393 (1394 f.).

Aufwendungen der Eltern für die Berufsausbildung ihrer Kinder gehören grundsätzlich zu den Lebenshaltungskosten. Sie sind nicht allein deshalb Betriebsausgaben, weil sie eine spätere Unternehmensnachfolge vorbereiten sollen.[95] 49

b) Eigentum an Ausbildungs- und Prüfungsstücken. Die im Rahmen des Ausbildungsverhältnisses hergestellten **Ausbildungsstücke** gelangen in das Eigentum des Ausbildenden. Insoweit bestehen keine Besonderheiten gegenüber einem normalen Arbeitsverhältnis. Bei **Prüfungsstücken** erwirbt der Auszubildende gem. § 950 BGB Eigentum hieran.[96] Etwas anderes gilt, wenn der Wert des Materials (etwa bei Schmuck) den Wert der Verarbeitung erheblich[97] übersteigt[98] oder wenn das Prüfungsstück (zB bei Arbeiten an einem Gebäude oder einem Kraftfahrzeug) fest mit dem Eigentum eines Dritten verbunden ist.[99] Ferner tritt der Eigentumserwerb nicht ein, wenn bei einem nicht fertiggestellten Prüfungsstück nach der Verkehrsanschauung noch keine neue Sache iSv § 950 BGB entstanden ist.[100] Abweichende vertragliche Vereinbarungen oder tarifliche Vorschriften über den Eigentumsübergang sind aber wir;[101] § 25 BBiG steht dem nicht entgegen, weil diese Frage nicht in Teil 2 des BBiG geregelt ist. Erlangt der Auszubildende Eigentum an den Prüfungsstücken, so besteht nach überwiegender Auffassung kein Wertersatzanspruch nach § 951 BGB.[102] Dem ist nicht zuzustimmen, weil § 14 I Nr. 3 BBiG keinen Rechtsgrund für einen Eigentumsübergang beinhaltet. 50

5. Schulbesuch, Prüfungen.[103] Der Ausbildende hat den Auszubildenden zum Besuch der Berufsschule anzuhalten[104] und die Berichtshefte[105] (§ 14 I Nr. 4 BBiG) durchzusehen, soweit diese im Rahmen der Berufsausbildung verlangt werden. Welche Maßnahmen zum „Anhalten" erforderlich sind, muss im Einzelfall entschieden werden (Ermahnung, Anmahnung, Benachrichtigung der gesetzlichen Vertreter usw.). Wenn der AG verpflichtet ist, zum Berufsschulbesuch anzuhalten, ist er auch zur Kontrolle des Besuches berechtigt. Dies gilt auch beim Blockunterricht. Der Auszubildende hat den Ausbildenden bei Versäumnis von Ausbildungsmaßnahmen (Berufsschule, Blockunterricht usw.) unter Angabe von Gründen zu benachrichtigen. Die Frage der Auskunftserteilung der Schule gegenüber dem Ausbildenden ist in den jeweiligen Schulgesetzen der Länder geregelt. Für den Schulbesuch und für außerhalb der Betriebsstätte erfolgende Ausbildungsmaßnahmen hat der Ausbildende den Auszubildenden unter Fortzahlung der Vergütung (§ 19 I Nr. 1 BBiG) von der Arbeit **freizustellen** (§ 15 BBiG, für Jugendliche gilt außerdem § 9 JArbSchG; → § 161 Rn. 24 ff.). Weil die Anrechnungsvorschriften des § 9 II JArbSchG für volljährige Auszubildende (nach Außerkrafttreten von § 9 IV JArbSchG) nicht mehr gelten, kann für diese Auszubildenden die Summe der Berufsschulzeiten und der betrieblichen Ausbildungszeiten größer sein als die kalenderwöchentliche tarifliche Arbeitszeit.[106] Das Verbot der Beschäftigung vor einem vor 9.00 Uhr beginnenden Unterricht gem. § 9 I Nr. 1 JArbSchG gilt aber gem. § 15 I BBiG auch für volljährige Auszubildende. Bei der Kollision der betrieblichen mit der schulischen Ausbildung hat die schulische den Vorrang. Der Freistellungsanspruch umfasst auch die Zeiträume, in denen der Auszubildende zwar nicht am Unterricht teilnimmt, aber wegen des Schulbesuchs aus tatsächlichen Gründen gehindert ist, an der betrieblichen Ausbildung teilzunehmen, etwa während der Wegezeiten, der Schulpausen oder der Freistunden zwischen zwei Unterrichtstunden.[107] Ein Freistellungsanspruch besteht gem. § 15 S. 2 Nr. 4 BBiG ferner für die **Teilnahme an Prüfungen.** Hierzu zählen alle nach der Ausbildungsordnung vorgesehenen mündlichen oder schriftlichen Zwischen- und Abschlussprüfungen sowie etwaige Wiederholungsprüfungen. Wie bei der Freistellung für den Berufsschulunterricht ist 51

[95] BFH 29.10.1997 BB 1998, 1827.

[96] LAG Köln 20.12.2001 EzB-VjA BGB § 950 Nr. 1; LAG München 8.8.2002 NZA-RR 2003, 187; *Monjau* DB 1969, 1841 (1845); *Leinemann/Taubert* BBiG § 14 Rn. 30; *Lakies/Malottke* BBiG § 14 Rn. 12; aA *Natzel* DB 1970, 1319 (1323).

[97] Das ist jedenfalls bei einem Verhältnis von 60 : 100 anzunehmen; vgl. BGH 22.5.1995 NJW 1995, 2633.

[98] *Leinemann/Taubert* BBiG § 14 Rn. 30; ErfK/*Schlachter* BBiG § 14 Rn. 4.

[99] *Lakies/Malottke* BBiG § 14 Rn. 12.

[100] LAG SchlH 14.2.2006 NZA-RR 2006, 461.

[101] LAG München 8.8.2002 NZA-RR 2003, 187; vgl. auch BAG 3.3.1960 AP Nr. 2 zu § 23 HandwO.

[102] BAG 3.3.1960 AP Nr. 2 zu § 23 HandwO mzustAnm *Schnorr von Carolsfeld;* LAG Köln 20.12.2001 EzB-VjA BGB § 950 Nr. 1; *Benecke/Hergenröder* BBiG § 14 Rn. 36; aA *Leinemann/Taubert* BBiG § 14 Rn. 30.

[103] Hierzu *Berger-Delhey/Platz* DB 1988, 1898; *B. u. J. Natzel* DB 1987, 1734.

[104] Eine derartige Verpflichtung ergibt sich vielfach auch aus den Schulgesetzen der Länder.

[105] Nach den Vorschriften des BBiG besteht kein Anspruch darauf, dass sie während der Arbeitszeit geführt werden; s. BAG 11.1.1973 AP Nr. 1 zu § 6 BBiG.

[106] BAG 13.2.2003 AP Nr. 2 zu § 7 BBiG = NZA 2003, 984.

[107] BAG 26.3.2001 AP Nr. 1 zu § 7 BBiG = NZA 2001, 892.

auch für evtl. Wege-, Warte-, Wasch-, Umkleidezeiten freizustellen. Der erweiterte Freistellungsanspruch des § 10 I Nr. 2 JArbSchG für den Arbeitstag, der der schriftlichen Abschlussprüfung vorangeht, gilt seit dem 1.1.2020 nach § 15 I S. 2 Nr. 5 BBiG für alle Auszubildende und nicht mehr lediglich für Jugendliche. Nach dem unmissverständlichen Wortlaut der Norm besteht kein Freistellungsanspruch für den Tag vor einer mündlichen Abschlussprüfung sowie vor der praktischen Prüfung. Ist der Tag vor der Prüfung ohnehin arbeitsfrei, besteht hierfür keine Freistellungsverpflichtung. Problematisch ist, ob ein Freistellungsanspruch für den vorletzten Tag vor der der schriftlichen Prüfung besteht, wenn der letzte Tag vor der Prüfung ein Berufsschultag ist. Angesichts des unmissverständlichen Wortlauts der Norm („unmittelbar vorangeht") ist das zu verneinen. Insoweit muss dasselbe gelten wie für die inhaltsgleiche Regelung in § 10 I Nr. 2 JArbSchG (hierzu → § 161 Rn. 27). Ferner besteht eine Freistellungspflicht für einen Berufsschultag pro Woche mit mehr als fünf Unterrichtsstunden von mindestens je 45 Minuten (§ 15 I S. 2 Nr. 2 BBiG) sowie Berufsschulwochen mit einem planmäßigen Blockunterricht von mindestens 25 Stunden an mindestens fünf Tagen (§ 15 I S. 2 Nr. 3 BBiG). Die Anrechnung von Berufsschulzeiten auf die Ausbildungszeit ist in § 15 II BBiG geregelt.

52 Der Ausbildende hat die **Kosten einer erforderlichen außerbetrieblichen Ausbildung** zu tragen.[108] Hierzu gehören auch die Kosten für Unterkunft und Verpflegung bei auswärtiger Unterbringung.[109] Dagegen besteht kein Anspruch auf Erstattung der **Fahrtkosten zur Berufsschule**[110] oder auf Freizeitausgleich wegen der Wegezeit.[111] Dasselbe gilt für die Ablegung von Prüfungen.[112]

53 **6. Hilfspersonen des Ausbildenden. a) Beauftragung.** Der Ausbildende kann die Ausbildung selbst vornehmen oder damit einen Ausbilder, der die persönlichen und fachlichen Voraussetzungen des § 28 BBiG haben muss, beauftragen (→ Rn. 15 ff.). Die Beauftragung muss **ausdrücklich** erfolgen, damit der berufsrechtlich verantwortliche Ausbildungsleiter ersichtlich ist (§§ 34 II Nr. 11, 36 I 1 BBiG, § 30 II Nr. 2 HwO). Die Bestellung des Ausbilders ist mitbestimmungspflichtig (→ § 239 Rn. 14). Die Bestellung eines persönlich oder fachlich ungeeigneten Ausbilders kann mit Geldbußen belegt werden; auch der ungeeignete Ausbilder ist bußgeldpflichtig (§ 101 I Nr. 6 BBiG).

54 **b) Schadensersatz.** Der Ausbilder ist im Rahmen des Ausbildungsverhältnisses **Erfüllungsgehilfe** des Ausbildenden (§ 278 BGB).[113] Bei Verletzungen der Ausbildungspflicht durch den Ausbilder haftet daher der Ausbildende gem. § 280 BGB gegenüber dem Ausbildenden auf Schadensersatz.[114] Dagegen hat der Ausbildende keine Schadensersatzansprüche aus §§ 831, 832 BGB gegen den Ausbilder, wenn der Auszubildende bei der Arbeit dem Ausbildenden einen Schaden zufügt, denn „Geschäftsherr" ist der Ausbildende. Mangels vertraglicher Beziehungen kommen im Verhältnis zwischen Ausbilder und Auszubildendem nur **Ansprüche aus unerlaubter Handlung** in Betracht. Der Ausbilder kann bei Inanspruchnahme durch den Auszubildenden einen Freistellungsanspruch gegen den Ausbildenden haben (→ § 59 Rn. 49). Gegenüber Ansprüchen Dritter gelten keine Besonderheiten. Jedoch haftet auch insoweit der Ausbilder nicht nach § 831 BGB. Im Rahmen von §§ 823 ff. BGB kann eine Pflichtverletzung in der mangelhaften Beaufsichtigung des Auszubildenden bestehen.

55 **7. Verletzung der Ausbildungspflicht.** Sie kann für den Ausbildenden zu **(1)** einer Belegung mit **Geldbußen** (§ 101 BBiG), **(2) Entziehung der Befugnis** zur Einstellung und Ausbildung (§ 33 BBiG), **(3) Schadensersatzpflicht** gegenüber dem Auszubildenden (→ Rn. 43) oder **(4)** einem Recht des Auszubildenden zur fristlosen **Kündigung** (→ Rn. 108) idR nach vorheriger Abmahnung führen; **(5)** der Auszubildende kann auch **auf Erfüllung** der Ausbildungspflicht **klagen** (→ Rn. 42).

56 **8. Zeugnis. a) Anspruch des Auszubildenden.** Bei Beendigung des Ausbildungsverhältnisses hat der Ausbildende dem Auszubildenden ein Zeugnis (allgemein zum Zeugnisanspruch → § 147 Rn. 1 ff.) auszustellen (§ 16 I BBiG). Auf seine Erteilung und Berichtigung kann

---

108 BAG 25.4.1984 AP Nr. 5 zu § 5 BBiG = NZA 1985, 184; 29.6.1988 EzB BBiG § 5 Nr. 25.

109 BAG 21.9.1995 AP Nr. 6 zu § 5 BBiG = NZA 1996, 205.

110 BAG 14.12.1983 AP Nr. 1 zu § 34 BBiG; 11.1.1973 AP Nr. 1 zu § 6 BBiG; LAG Köln 4.5.2006 NZA-RR 2006, 635; vgl. auch BAG 22.12.2009 AP Nr. 13 zu § 5 BBiG = NZA 2010, 1440; 26.9.2002 AP Nr. 12 zu § 5 BBiG = NZA 2003, 1403; 25.7.2002 AP Nr. 9 zu § 5 BBiG = DB 2003, 510.

111 LAG Frankfurt 9.12.1987 BB 1988, 631.

112 BAG 14.12.1983 AP Nr. 1 zu § 34 BBiG.

113 Vgl. BAG 11.12.1964 AP Nr. 22 zu § 611 BGB Lehrverhältnis.

114 *Barfuss* BB 1976, 935.

geklagt werden. Der Auszubildende kann bereits vor Beendigung ein **Zwischenzeugnis** verlangen, wenn feststeht, dass das Ausbildungsverhältnis nicht in ein Arbeitsverhältnis übergeleitet wird, und wenn er es zur Stellensuche benötigt (auch → § 147 Rn. 9). Das Zwischenzeugnis ist Zug um Zug gegen Herausgabe des Abschlusszeugnisses zurückzugeben (→ § 147 Rn. 37). Für die **Form des Zeugnisses** gelten die Ausführungen unter → § 147 Rn. 16 entsprechend. Wenn der Ausbildende die Ausbildung nicht selbst durchgeführt hat, soll das Berufsausbildungszeugnis nach § 16 I 3 BBiG auch vom Ausbilder (bei mehreren Ausbildern: vom Ausbildungsleiter) unterzeichnet werden. Unterbleibt eine Unterzeichnung, so kann der Auszubildende hierauf klagen.[115] Da § 16 I 3 BBiG eine Sollvorschrift enthält, kann die Mitunterzeichnung nicht verlangt werden, wenn der Ausbilder den Inhalt des Zeugnisses nicht mitverantworten kann.[116] Zur Insolvenz sowie zum Betriebsübergang → § 147 Rn. 5, 6. Im Fall des Todes des Ausbildenden richtet sich der Anspruch gegen die Erben.[117] Nach dem Tod des Auszubildenden geht der Anspruch unter.[118] Vor Beendigung des Ausbildungsverhältnisses ist ein Verzicht auf das Zeugnis unwirksam (§ 25 BBiG). Nach der Beendigung ist ein Erlass möglich. Allgemeine Ausgleichsklauseln in gerichtlichen Vergleichen stellen aber regelmäßig noch keinen Verzicht auf den Zeugnisanspruch dar.[119]

b) Inhalt. Seinem Inhalt nach muss das Zeugnis Angaben enthalten über Art, Dauer und Ziel der Berufsausbildung sowie über die erworbenen Fertigkeiten, Kenntnisse und Fähigkeiten des Auszubildenden (§ 16 II 1 BBiG). IdR wird auch ein erfolgloser Ausbildungsabschluss angegeben werden dürfen.[120] Auf Verlangen des Auszubildenden ist nach § 16 II 2 BBiG ein erweitertes Zeugnis zu erteilen, in dieses sind Angaben über Verhalten und Leistung aufzunehmen. 57

Zweckmäßig wird das Zeugnis in 4 Abschnitte gegliedert. Im ersten wird das Ausbildungsverhältnis nach Art, Dauer und berufsrechtlichem Ziel charakterisiert, im zweiten werden die übertragenen Arbeiten beschrieben, im dritten die erworbenen Fertigkeiten, Kenntnisse und Fähigkeiten beurteilt und im vierten schließlich auf Verlangen die qualifizierten Angaben nach § 16 II 2 BBiG mitgeteilt. 58

Das Berufsausbildungszeugnis wird in besonderem Maße von den **Grundsätzen der Wahrheit und der wohlwollenden Beurteilung** beherrscht, da es für den Lebensweg des Berufsanfängers vielfach von entscheidender Bedeutung ist. Wegen der weiteren Einzelheiten kann insoweit auf → § 147 Rn. 19 ff. verwiesen werden. 59

V. Ausbildungsvergütung

1. Allgemeines. Zwingender Bestandteil eines jeden Ausbildungsvertrags ist eine Vereinbarung über die vom Ausbildenden zu zahlende Vergütung (§§ 11 I 2 Nr. 6, 17 BBiG).[121] Sie soll den Eltern des Auszubildenden eine finanzielle Hilfe sichern, der Heranbildung eines qualifizierten Nachwuchses dienen und die Arbeitsleistung abgelten.[122] Im Hinblick auf die Gewährung des Lebensunterhalts hat die Ausbildungsvergütung lediglich eine Unterstützungsfunktion und soll den Bedarf nicht vollständig decken.[123] In der **Ausbildungsvergütung** mischen sich ausbildungs-, sozialversicherungs- und arbeitsrechtliche Elemente. Hieraus folgt: Sie kann nicht gepfändet (§ 850a Nr. 6 ZPO),[124] nicht abgetreten (§ 400 BGB) und gegen sie kann nicht aufgerechnet werden (§ 394 BGB). In der Insolvenz ist die rückständige Ausbildungsvergütung Insolvenzforderung nach § 38 InsO (→ § 92 Rn. 1 ff.). Sie verjährt in drei Jahren (§ 195 BGB). Bei Ausfall der Vergütung in der Insolvenz besteht Anspruch auf 60

[115] *Lakies/Malottke* BBiG § 16 Rn. 10; ErfK/*Schlachter* BBiG § 16 Rn. 1; aA *Leinemann/Taubert* BBiG § 16 Rn. 6.
[116] *Lakies/Malottke* BBiG § 16 Rn. 10.
[117] ArbG Münster 10.4.1990 BB 1990, 2266 (LS); auch → § 147 Rn. 5.
[118] *Leinemann/Taubert* BBiG § 16 Rn. 5.
[119] BAG 16.9.1974 AP Nr. 9 zu § 630 BGB mAnm *G. Küchenhoff*.
[120] Vgl. ArbG Darmstadt 6.4.1967 DB 1967, 734.
[121] Mit der jetzigen Formulierung des BBiG ist der Jahrzehnte alte Streit, ob das Entgelt Vergütung oder Ausbildungsbeihilfe ist, zugunsten der Vergütung entschieden.
[122] Vgl. BT-Drs. V/4260, 9 zu § 10; BAG 29.4.2015 AP Nr. 13 zu § 17 BBiG = NZA 2015, 1384; 19.2.2008 AP Nr. 8 zu § 17 BBiG = NZA 2008, 828; 22.1.2008 AP Nr. 7 zu § 17 BBiG = NJW 2008, 1833; 15.12.2005 AP Nr. 15 zu § 10 BBiG = NZA 2007, 1392 (LS); 25.7.2002 AP Nr. 11 zu § 10 BBiG; 12.3.1962 AP Nr. 1 zu § 84 HandwO.
[123] Zu § 17 I BBiG aF BAG 1.12.2020 – 9 AZR 104/20.
[124] *Leinemann/Taubert* BBiG § 17 Rn. 7; *Lakies/Malottke* BBiG § 17 Rn. 10; ErfK/*Schlachter* BBiG § 17 Rn. 2; MüKoZPO/*Smid* § 850a Rn. 18; aA Zöller/*Herget* ZPO § 850a Rn. 13.

Insolvenzgeld (→ § 94 Rn. 1 ff.). Zur Vergütungspflicht bei einem Auslandsaufenthalt → § 173 Rn. 10.

61 **2. Bemessung der Vergütung. a) Vereinbarung der tariflichen Mindestsätze.** Regelmäßig werden in der betrieblichen Praxis die für den Betrieb geltenden tariflichen Mindestsätze vereinbart. Richtet sich vertraglich die Vergütung nach einem vom Landesinnungsverband empfohlenen Tarif und wird die Erhöhung vom Landesinnungsverband empfohlen, so hat der Auszubildende nach den Regeln der Auslegung Anspruch auf die Erhöhung. Dagegen besteht keine Rechtsgrundlage für eine berufsständische Kammer (zB Rechtsanwaltskammer), die Eintragung des Berufsausbildungsvertrags davon abhängig zu machen, dass die von ihr festgesetzten Mindestsätze für die Ausbildungsvergütung eingehalten sind (→ Rn. 31).

62 **b) Gesetzliche Regelung.** Die Höhe der Ausbildungsvergütung ist zum 1.1.2020 neu geregelt worden. Ausgangspunkt ist zwar unverändert der Begriff der Angemessenheit. § 17 II BBiG legt jetzt aber Mindestbeträge fest, bei deren Unterschreitung eine Angemessenheit ausgeschlossen ist. Diese können nach § 17 III BBiG nur bei Geltung eines TV unterschritten werden. Umgekehrt ist die Angemessenheit der vereinbarten Vergütung – auch wenn die Sätze nach § 17 II BBiG nicht unterschritten werden – in der Regel ausgeschlossen, wenn sie die tarifliche Vergütung um mehr als 20% unterschreitet.

63 **aa) Angemessene Vergütung.** Grundsätzlich ist es nach wie vor Sache der Vertragsparteien, die Höhe der Vergütung zu bestimmen, sofern nicht bei bestehender Tarifbindung ohnehin die tarifliche Vergütung als Mindestvergütung maßgeblich ist. Dabei haben die Vertragspartner einen Spielraum,[125] der aber durch **§ 17 BBiG** begrenzt wird. Die Ausbildungsvergütung muss nach § 17 I 1 BBiG eine angemessene Höhe haben. Sie steigt mit fortschreitender Berufsausbildung, mindestens jährlich, an (§ 17 I 2 BBiG). Der unbestimmte Rechtsbegriff der **Angemessenheit** ist nach dem Zweck der Vergütung (→ Rn. 60) zu bestimmen. Die zu § 17 I BBiG entwickelten Grundsätze gelten nach Wortlaut und Zweck des § 19 I PflBG auch für die Ausbildungsberufe in der Krankenpflege (→ § 173 Rn. 12 f.).[126] Die Ausbildungsvergütung ist angemessen, wenn sie hilft, die Lebenshaltungskosten zu bestreiten, und zugleich eine Mindestentlohnung für die Leistungen des Auszubildenden darstellt.[127] Daher kann nicht auf den Mindestlohn nach dem MiLoG abgestellt werden.[128] Die Angemessenheit wird unter Abwägung der Interessen beider Vertragspartner und unter Berücksichtigung der Umstände des Einzelfalles bestimmt.[129] Die Gesetzesmaterialien zur Neufassung von § 17 BBiG verweisen insoweit auf den nach der bisherigen Rechtsprechung[130] bestehenden Mechanismus zur Bestimmung der angemessenen Vergütung.[131] Diese gelten damit für Vergütungen oberhalb der Mindestvergütung nach § 17 II BBiG.

64 **bb) § 17 IV BBiG.** Die Untergrenzen in § 17 II BBiG werden zusätzlich durch die Regelung in **§ 17 IV BBiG** flankiert. Danach ist die Angemessenheit der vereinbarten Vergütung – selbst wenn sie die Sätze nach § 17 II BBiG nicht unterschreitet – auch dann in der Regel ausgeschlossen, wenn sie die Höhe der in einem TV geregelten Vergütung, in dessen Geltungsbereich das Ausbildungsverhältnis fällt, an den der Ausbildende aber nicht gebunden ist, **um mehr als 20% unterschreitet.** Diese Bestimmung soll den nach der bisherigen Rechtsprechung[132] bestehenden Mechanismus zur Bestimmung der angemessenen Vergütung (für Vergütungen oberhalb der Mindestvergütung nach § 17 II BBiG) absichern.[133] Maßgeblich für die Ermittlung der

[125] BAG 16.5.2017 AP Nr. 15 zu § 17 BBiG = NZA 2017, 1129; 29.4.2015 AP Nr. 13 zu § 17 BBiG = NZA 2015, 1384; 22.1.2008 AP Nr. 7 zu § 17 BBiG = NJW 2008, 1833; 19.2.2008 AP Nr. 8 zu § 17 BBiG = NZA 2008, 828.

[126] Vgl. BAG 19.2.2008 AP Nr. 8 zu § 17 BBiG = NZA 2008, 828.

[127] BAG 15.12.2005 AP Nr. 15 zu § 10 BBiG = NZA 2007, 1392 (LS); 11.10.1995 AP Nr. 6 zu § 10 BBiG = NZA 1996, 698; 10.4.1991 AP Nr. 3 zu § 10 BBiG = NZA 1991, 773; 8.12.1982 AP Nr. 1 zu § 29 BBiG.

[128] *Hilgenstock*, Mindestlohngesetz, Rn. 48.

[129] BAG 15.12.2005 AP Nr. 15 zu § 10 BBiG = NZA 2007, 1392 (LS).

[130] BAG 16.5.2017 AP Nr. 15 zu § 17 BBiG = NZA 2017, 1129; 12.4.2016 AP Nr. 14 zu § 17 BBiG; 29.4.2015 AP Nr. 13 zu § 17 BBiG = NZA 2015, 1384; 23.8.2011 NZA 2012. 211; 8.5.2003 AP Nr. 14 zu § 10 BBiG = NZA 2003, 1343.

[131] BT-Drs. 19/10815, 58.

[132] BAG 16.5.2017 AP Nr. 15 zu § 17 BBiG = NZA 2017, 1129; 12.4.2016 AP Nr. 14 zu § 17 BBiG; 29.4.2015 AP Nr. 13 zu § 17 BBiG = NZA 2015, 1384; 23.8.2011 NZA 2012. 211; 8.5.2003 AP Nr. 14 zu § 10 BBiG = NZA 2003, 1343.

[133] BT-Drs. 19/10815, 58.

angemessenen Vergütung ist dabei nicht der jeweilige Ausbildungsberuf, sondern die fachliche Zuordnung des Ausbildungsbetriebes.[134] Auf die Tarifverträge ist auch dann abzustellen, wenn in dem betreffenden Wirtschaftszweig üblicherweise nur 80 bis 100% der tariflichen Ausbildungsvergütung gezahlt werden.[135]

Soweit keine TV bestehen, konnte und kann auch nach der Neufassung von § 17 BBiG zum 1.1.2020 im Hinblick auf die Angemessenheit iSv § 17 I, IV BBiG auf die **branchenüblichen Sätze** oder auf eine der Verkehrsauffassung des entsprechenden Industriezweiges entsprechende Vergütung abgestellt werden. Dabei kann ein Rückgriff auf die **Empfehlungen der Kammern oder Handwerksinnungen** erfolgen.[136] In diesem Zusammenhang können auch Tarifverträge, die räumlich oder zeitlich nicht einschlägig sind, ein Anhaltspunkt oder eine Orientierungshilfe sein.[137] Im Bereich der Kirchen sind anstelle tarifvertraglicher Regelungen die im kirchlichen Rechtssetzungsverfahren auf dem sog. Dritten Weg zustande gekommenen Vergütungsregelungen zugrunde zu legen.[138] Bei der Prüfung der Angemessenheit der Ausbildungsvergütung ist der Zeitpunkt der Fälligkeit und nicht der Zeitpunkt des Vertragsabschlusses maßgeblich.[139] Bei einer **Verbundausbildung** nach § 10 V BBiG (→ Rn. 9) ist für die Angemessenheit auf die Bedingungen im Betrieb des Vertragspartners abzustellen.[140] Darlegungs- und beweispflichtig für die Unangemessenheit der Ausbildungsvergütung ist zwar der Auszubildende, aus der Formulierung „in der Regel" in § 17 IV BBiG folgt aber, dass er seiner Darlegungslast genügt, wenn er sich auf die einschlägige tarifliche Regelung stützt und vorträgt, dass seine Ausbildungsvergütung diese um 20% unterschreitet. 65

Wird die Ausbildung teilweise oder vollständig **durch öffentliche Gelder** zur Schaffung zusätzlicher Ausbildungsplätze **finanziert** und ist sie für den Ausbilder mit keinerlei finanziellen Vorteilen verbunden, können – nach der Rspr. zu § 17 BBiG aF – auch Vergütungen, die erheblich unter den tariflichen Ausbildungsvergütungen liegen, noch angemessen sein.[141] Allein die Tatsache, dass es sich bei dem Ausbildungsbetrieb um eine gemeinnützige Einrichtung handelt, rechtfertigt es aber nicht, die Angemessenheit der Ausbildungsvergütung in besonderer Weise zu bestimmen.[142] Bei lernbeeinträchtigten und sozial benachteiligten Auszubildenden können die der Ausbildungsvergütung auch zukommenden Funktionen des Unterhaltsbeitrags und der „Entlohnung" der erbrachten Leistungen zurücktreten.[143] Entscheidend ist, dass der Ausbildende den Zweck verfolgt, die Jugendarbeitslosigkeit zu bekämpfen und auch Jugendlichen eine qualifizierte Ausbildung zu ermöglichen, die sie ohne Förderung nicht erklangen könnten.[144] Generell unanwendbar soll die Regelung über die Angemessenheit der Ausbildungsvergütung für ausschließlich von der Bundesanstalt für Arbeit[145] finanzierte Ausbildungsverhältnisse mit einem gemeinnützigen Bildungsträger sein. In diesen Fällen bedient sich die Bundesanstalt eines privaten Trägers, um die Rehabilitanden gewährte berufsfördernde Leistung in Form einer Berufsausbildung praktisch durchzuführen.[146] Die Organisationsform der Gemeinnützigkeit eines Bildungsträgers rechtfertigt für sich genommen aber noch nicht ein Unterschreiten der tariflichen Ausbildungsvergütung,[147] ebenso wenig wie der Umstand, dass der Ausbildende 66

[134] BAG 26.3.2013 ArbRAktuell 2013, 328 (LS); 15.12.2005 AP Nr. 15 zu § 10 BBiG.

[135] So auch zur früheren Rechtslage nach § 17 I BBiG aF BAG 29.4.2015 AP Nr. 13 zu § 17 BBiG = NZA 2015, 1384.

[136] BAG 15.12.2005 AP Nr. 15 zu § 10 BBiG = NZA 2007, 1392 (LS); 25.7.2002 AP Nr. 11 zu § 10 BBiG; 30.9.1998 AP Nr. 8 zu § 10 BBiG = NZA 1999, 265; 25.4.1985 EzB BBiG § 10 Abs. 1 Nr. 45; vgl. auch BAG 23.8.2011 NZA 2012, 211 (zur inhaltsgleichen Regelung in § 17 AltPflG).

[137] BAG 12.4.2016 AP Nr. 14 zu § 17 BBiG.

[138] BAG 23.8.2011 NZA 2012, 211 (zur inhaltsgleichen Regelung in § 17 AltPflG).

[139] BAG 30.9.1998 AP Nr. 8 zu § 10 BBiG = NZA 1999, 265.

[140] Abw. *Leinemann/Taubert* BBiG § 17 Rn. 18.

[141] BAG 29.4.2015 AP Nr. 13 zu § 17 BBiG = NZA 2015, 1384; 17.3.2015 AP Nr. 11 zu § 17 BBiG = ArbRAktuell 2015, 352 (jew. nur LS); 22.1.2008 AP Nr. 7 zu § 17 BBiG = NJW 2008, 1833; 8.5.2003 AP Nr. 14 zu § 10 BBiG = NZA 2003, 1343; 24.10.2002 AP Nr. 12 zu § 10 BBiG = NZA 2003, 1203; 11.10.1995 AP Nr. 6 zu § 10 BBiG = NZA 1996, 698.

[142] BAG 16.5.2017 AP Nr. 15 zu § 17 BBiG = NZA 2017, 1129; 23.8.2011 NZA 2012, 211 (zur inhaltsgleichen Regelung in § 17 AltPflG).

[143] BAG 22.1.2008 AP Nr. 7 zu § 17 BBiG = NJW 2008, 1833.

[144] BAG 16.5.2017 AP Nr. 15 zu § 17 BBiG = NZA 2017, 1129.

[145] Jetzt: Bundesagentur.

[146] BAG 16.1.2003 AP Nr. 13 zu § 10 BBiG = NZA-RR 2003, 607; 15.11.2000 AP Nr. 9 zu § 10 BBiG = NZA 2001, 1248; vgl. auch BAG 22.1.2008 AP Nr. 7 zu § 17 BBiG = NJW 2008, 1833.

[147] BAG 19.2.2008 AP Nr. 8 zu § 17 BBiG = NZA 2008, 828; 22.1.2008 AP Nr. 7 zu § 17 BBiG = NJW 2008, 1833; 8.5.2003 AP Nr. 14 zu § 10 BBiG = NZA 2003, 1343.

nur über beschränkte finanzielle Mittel verfügt.[148] Die zuständige Stelle kann eine Eintragung wegen Unangemessenheit der Vergütung nur ablehnen, wenn es sonst zu unerträglichen Nachteilen käme.[149] Diese zu § 17 BBiG in der bis zum 31.12.2019 geltenden Fassung entwickelten Grundsätze dürften zwar weiterhin gelten, zumal die Gesetzesbegründung ausdrücklich auf die bisherige Rspr. des BAG zur Angemessenheit verweist.[150] Sie haben aber wegen der nunmehr in § 17 II BBiG geregelten Untergrenzen kaum noch praktische Bedeutung. Denn eine Ausnahme von dieser untersten Grenze der Angemessenheit für die Ausbildungsvergütung enthält das Gesetz – auch für geförderte Ausbildungen – nicht. Vielmehr ist die Angemessenheit bei Unterschreiten dieser Beträge generell ausgeschlossen. Das Gesetz enthält in § 17 II BBiG keine einschränkende Formulierung wie etwa in § 17 IV BBiG („in der Regel").

67 Eine Ausbildungsvergütung, die so hoch ist, dass sie nicht gegen die guten Sitten verstößt (§ 138 BGB), ist allein deshalb noch nicht angemessen iSv § 17 I BBiG.[151] Ist die vereinbarte Ausbildungsvergütung unangemessen, so ist die Vergütungsvereinbarung gem. **§ 134 BGB** nichtig. An die Stelle der vereinbarten tritt dann die angemessene Vergütung.[152] Nicht zulässig ist eine geltungserhaltende Reduktion der vertraglichen Regelung bis zur Grenze dessen, was noch als angemessen anzusehen wäre.[153] **Darlegungs- und beweispflichtig** für die Unangemessenheit der Ausbildungsvergütung ist der Auszubildende. Liegt eine Unterschreitung der angemessenen Vergütung um mehr als 20% vor, muss der Ausbildende darlegen, warum eine solche Unterschreitung ausnahmsweise zulässig ist.[154]

68 **cc) Untergrenze nach § 17 II BBiG.** Nach § 17 II BBiG ist die Angemessenheit der Vergütung ausgeschlossen, wenn sie folgende monatliche Mindestvergütungen unterschreitet:

im ersten Jahr einer Berufsausbildung

515 EUR, wenn die Berufsausbildung im Zeitraum vom 1. Januar 2020 bis zum 31. Dezember 2020 begonnen wird,

550 EUR, wenn die Berufsausbildung im Zeitraum vom 1. Januar 2021 bis zum 31. Dezember 2021 begonnen wird,

585 EUR, wenn die Berufsausbildung im Zeitraum vom 1. Januar 2022 bis zum 31. Dezember 2022 begonnen wird, und

620 EUR, wenn die Berufsausbildung im Zeitraum vom 1. Januar 2023 bis zum 31. Dezember 2023 begonnen wird (§ 17 II 1 Nr. 1 BBiG),

im zweiten Jahr zuzüglich 18%, **im dritten Jahr** zuzüglich 35% und **im vierten Jahr** zuzüglich 40% auf den o.g. Betrag. Basis der Wertschöpfungsaufschläge ist jeweils das Kalenderjahr, in dem die Ausbildung begonnen wurde (§ 17 II 1 Nr. 2–4 BBiG; näher → Rn. 69). Die Höhe der Mindestvergütung nach § 17 I 1 Nr. 1 BBiG wird gem. § 17 II 2 BBiG zum 1. Januar eines jeden Jahres, erstmals zum 1. Januar 2024, **fortgeschrieben.** Die Fortschreibung entspricht nach § 17 II 3 BBiG dem rechnerischen Mittel der nach § 88 I 1 Nr. 1 lit. g BBiG in der durch das Statistische Bundesamt in der jährlichen Bundesstatistik erhobenen Ausbildungsvergütungen im Vergleich der beiden dem Jahr der Bekanntgabe vorausgegangenen Kalenderjahre, wobei der der sich ergebende Betrag bis unter 0,50 EUR abzurunden sowie von 0,50 EUR an aufzurunden ist (§ 17 II 4 BBiG). Das BMBF gibt jeweils spätestens bis zum 1. November eines jeden Kalenderjahres die Höhe der Mindestvergütung nach § 17 I 1 (Nr. 1–4) BBiG die für das folgende Kalenderjahr maßgebend ist, im Bundesgesetzblatt bekannt. Die nach § 17 II 2–5 BBiG fortgeschriebene Höhe der Mindestvergütung für das erste Jahr einer Berufsausbildung gilt für Berufsausbildungen, die im Jahr der Fortschreibung begonnen werden (§ 17 II 6 BBIG). Die Aufschläge nach Satz 1 Nummer 2 bis 4 für das zweite bis vierte Jahr einer Berufsausbildung sind auf der Grundlage dieses Betrages zu berechnen (§ 17 II 7 BBIG). Da die gesetzliche Regelung bestimmte Mindestsätze lediglich für Auszubildende vorsieht, deren Ausbildung 2020 oder später begonnen hat, gelten diese Beträge für davor begonnene Ausbildungsverhältnisse nicht, auch wenn sie erst im Jahr 2020 oder später enden.[155]

[148] BAG 19.2.2008 AP Nr. 8 zu § 17 BBiG = NZA 2008, 828.
[149] VG Würzburg 2.7.1974 BB 1974, 1073.
[150] BT-Drs. 19/10815, 58.
[151] BAG 12.4.2016 AP Nr. 14 zu § 17 BBiG; 29.4.2015 AP Nr. 13 zu § 17 BBiG = NZA 2015, 1384.
[152] BAG 10.4.1991 AP Nr. 3 zu § 10 BBiG = NZA 1991, 773.
[153] BAG 16.7.2013 AP Nr. 10 zu § 17 BBiG = NZA 2013, 1202; zu § 17 AltPflG: BAG 23.8.2011 NZA 2012. 211; zu § 12 I KrPflG BAG 19.2.2008 AP Nr. 8 zu § 17 BBiG = NZA 2008, 828; s. auch BAG 25.7.2002 AP Nr. 11 zu § 10 BBiG = DB 2003, 1744.
[154] BAG 16.5.2017 AP Nr. 15 zu § 17 BBiG = NZA 2017, 1129.
[155] *Kleinebrink* DB 2020, 727 (728).

dd) Jährlicher Anstieg. Sowohl § 17 I 2 als auch II BBiG regeln einen jährlichen Anstieg der Vergütung. Der Regelung, wonach die Vergütung mit **fortschreitender Berufsausbildung** zumindest **jährlich ansteigen** muss, liegt die Erwägung zugrunde, dass mit ansteigendem Lebensalter und fortschreitender Berufsausbildung die Arbeitskraft des Auszubildenden auch betrieblich von zunehmendem Interesse wird. Das Gesetz will dem wachsenden Beitrag des Auszubildenden zur betrieblichen Wertschöpfung angemessen Rechnung tragen.[156] Eine Staffelung der Mindestausbildungsvergütung nach dem Lebensalter enthält das Gesetz in § 17 II BBiG nicht. Überhaupt sieht das Gesetz jetzt – anders als die frühere Regelung in § 17 I 2 BBiG in der bis zum 31.12.2019 geltenden Fassung – **keine Berücksichtigung des Lebensalters** mehr vor.[157] Eine solche Bestimmung wäre auch mit Blick auf die RL 2000/78/EG problematisch. Die **Aufschläge nach § 17 II 1 Nr. 2–4 BBiG** für das zweite bis vierte Jahr einer Berufsausbildung sind auf der Grundlage des Kalenderjahrs zu berechnen, in dem die Ausbildung begonnen wurde (§ 17 II 7 BBIG). Da die gesetzliche Regelung bestimmte Mindestsätze lediglich für Auszubildende vorsieht, deren Ausbildung 2020 oder später begonnen hat, gelten diese Beträge für davor begonnene Ausbildungsverhältnisse nicht, auch wenn sie erst im Jahr 2020 oder später enden.[158] Besteht der Auszubildende vorzeitig eine Zwischenprüfung, so hat er auch schon Anspruch auf die für den folgenden Ausbildungsabschnitt vorgesehene Vergütung.[159] Anspruch auf die Vergütung des späteren Ausbildungsabschnittes besteht auch dann, wenn dem Auszubildenden Ausbildungszeit angerechnet wird.[160] Besteht er dagegen die Abschlussprüfung nicht, so hat er während der Verlängerungszeit keinen Anspruch auf die erhöhte Vergütung.[161] Insoweit gilt nichts Abweichendes als zu § 17 I 2 BBiG in der bis zum 31.12.2019 geltenden Fassung, weil das Gesetz unverändert die Formulierung „mit fortschreitender Berufsausbildung" verwendet. Wird die Ausbildungszeit nach § 8 BBiG verkürzt, wird dadurch der Beginn der Ausbildung rechnerisch nicht vorverlegt, so dass der Mindestanspruch nach § 17 II BBiG nicht zu einem früheren Zeitpunkt entsteht. 69

ee) Unterschreiten bei tariflicher Vergütung (§ 17 III BBiG). Nach **§ 17 III 1 BBiG** ist auch eine für den Ausbildenden nach § 3 I TVG geltende tarifvertragliche Vergütungsregelung, durch die die in § 17 II BBiG angeführte jeweilige Mindestvergütung unterschritten wird, angemessen. Nach Ablauf eines solchen TV gilt dessen Vergütungsregelung für bereits begründete Ausbildungsverhältnisse weiterhin als angemessen, bis sie durch einen neuen oder ablösenden TV ersetzt wird (§ 17 III 2 BBiG). Damit bleiben TV in der Nachwirkung gem. § 4 V TVG für die Ermittlung der Angemessenheit weiter maßgeblich. Eine vertragliche Bezugnahmeklausel führt dagegen nicht zur Geltung der tarifvertraglichen Vergütung als Mindestvergütung.[162] 70

ff) Teilzeitausbildung. Bei einer Teilzeitausbildung (→ Rn. 7) kann eine nach § 17 II–IV BBiG zu gewährende Vergütung unterschritten werden (§ 17 V 1 BBiG). Da die Verkürzung der täglichen oder wöchentlichen Ausbildungszeit auf 50% begrenzt ist, ist eine maximale Kürzung der Vergütung auf 50% möglich. Eine solche anteilige Verkürzung der Ausbildungsvergütung verstößt nicht gegen den Gleichheitssatz nach Art. 3 I GG.[163] Die Angemessenheit der Vergütung ist aber nach § 17 V 2 BBiG ausgeschlossen, wenn die prozentuale Kürzung der Vergütung höher ist als die prozentuale Kürzung der täglichen oder der wöchentlichen Arbeitszeit. Ebenso wie bei § 17 I BBiG aF muss umgekehrt mit Rücksicht auf die – zeitlich ungekürzte – Verpflichtung zum Besuch einer Berufsschule auch keine Vergütung gezahlt werden, die höher ist, als es der prozentualen Kürzung der täglichen oder wöchentlichen betrieblichen Ausbildungszeit entspricht. Die sich aus der Pflicht zum Besuch der Berufsschule ergebende zeitliche Beanspruchung beruht im dualen System nicht auf dem Vertragsverhältnis zwischen den Parteien des Ausbildungsvertrages und ist deshalb für die Bemessung der Ausbildungsvergütung nicht bedeutsam.[164] 71

156 BT-Drs. 19/10815, 57.

157 BT-Drs. 19/10815, 57.

158 *Kleinebrink* DB 2020, 727 (728).

159 ArbG Bochum 17.10.1978 DB 1979, 172.

160 BAG 22.9.1982 AP Nr. 5 zu § 611 BGB Ausbildungsverhältnis; zur Verkürzung BAG 8.12.1982 AP Nr. 1 zu § 29 BBiG = NJW 1983, 1629; vgl. LAG SchlH 11.8.1970 ArbuR 1971, 94 (LS); LAG Hamm 24.7.1980 DB 1980, 2088.

161 BAG 8.2.1978 AP Nr. 1 zu § 10 BBiG; LAG Hamm 14.7.1976 DB 1977, 126; nach Tarifvertrag, diff. LAG Bln 20.12.1982 DB 1983, 2095 = LAGE § 14 BBiG Nr. 1.

162 *Kleinebrink* DB 2020, 727 (729).

163 Vgl. BAG 1.12.2020 – 9 AZR 104/20; 1.12.2020 – 9 AZR 174/20 – jew. zu § 17 I BBiG aF.

164 BAG 1.12.2020 – 9 AZR 104/20 – zu § 17 I BBiG aF.

72 **gg) Anrechenbare Zahlungen.** Nicht im Einzelnen geregelt ist, welche Zahlungen auf die Mindestvergütung **angerechnet** werden können. Nach den Gesetzesmaterialien sollen Jahressonderleistungen anrechenbar sein, wenn sie vertraglich vereinbarte Gegenleistung für die Arbeit sind. Bei vertraglich oder tarifvertraglich vereinbarten Zulagen oder Zuschlägen soll eine Anrechnung nur dann erfolgen, wenn sie von vornherein fester Bestandteil der Vergütung sind und ohne Bedingung vereinbart und monatlich gezahlt werden. Demgegenüber sind gesetzliche Zuschläge für Nachtarbeit danach nicht anrechenbar.[165] In diesem Zusammenhang erscheint es naheliegend, die Rspr. zum MiLoG (→ § 66 Rn. 28 ff.) heranzuziehen.[166]

73 **hh) Sachleistungen.** Sachleistungen, insbesondere die Gewährung von Unterkunft und Verpflegung, können auf die vereinbarte Vergütung angerechnet werden. Für die Anrechnung bedarf es einer vertraglichen Vereinbarung oder einer entsprechenden tariflichen Regelung.[167] Unterkunft sind alle geldwerten Leistungen, die zu Wohnzwecken gewährt werden. Hierzu gehören auch die Nebenkosten (zB Heizkosten, Strom). Für die Sachleistung darf gem. § 17 VI BBiG kein höherer als der in § 17 I Nr. 4 SGB IV iVm der jeweiligen SvEV geregelte Sachbezugswert in Ansatz gebracht werden; der Anrechnungsbetrag darf ferner 75% der Bruttovergütung nicht übersteigen, damit dem Auszubildenden ein bestimmter Teil seiner Vergütung verbleibt. Teilweise wurde wegen der gleichlautenden Vorgängerregelung in § 17 II BBiG (in der bis zum 31.12.2019 geltenden Fassung) angenommen, dass bei einer diesen Prozentsatz übersteigenden Anrechnung die gesamte Anrechnungsklausel unwirksam sein soll.[168]

74 Kann der Auszubildende aus berechtigtem Grund die Sachleistungen nicht in Empfang nehmen (zB Urlaub, Krankheit usw.), so sind sie gem. § 19 II BBiG mit dem in § 17 I Nr. 4 SGB IV iVm der jeweiligen SvEV (vormals: SachBezV) bestimmten Wert abzugelten.[169]

75 **3. Mehrarbeit.** Eine über die vereinbarte regelmäßige tägliche Ausbildungszeit (§ 11 I Nr. 4 BBiG) hinausgehende Beschäftigung ist gem. **§ 17 VII BBiG** besonders zu vergüten oder durch Freizeit auszugleichen. Diese Bestimmung entspricht fast wortgleich der früheren Regelung in § 17 III BBiG (in der bis zum 31.12.2019 geltenden Fassung). Von welcher Möglichkeit Gebrauch gemacht werden soll, unterliegt der Regelungsfreiheit der Vertragsparteien. Enthält der Ausbildungsvertrag hierzu keine Regelung und können sich die Parteien insoweit auch nicht aus Anlass der Arbeitszeitüberschreitung einigen, besteht gem. § 262 BGB im Zweifel ein Wahlrecht des Schuldners, also des Ausbildenden. Man mag die Verkürzung der Ausbildungszeit infolge des Freistellungsanspruchs unter dem Gesichtspunkt des Ausbildungszwecks für nicht zweckmäßig halten,[170] dies ändert aber nichts an der durch das Gesetz eingeräumten Wahlmöglichkeit. Der Anspruch gem. § 17 VII BBiG besteht auch dann, wenn es sich um eine nach dem ArbZG oder für Jugendliche nach §§ 8 ff. JArbSchG **unzulässige Mehrarbeit** handelt.[171]

76 Bei einem **Ausgleich in Form von Freizeit** ist grundsätzlich eine dem Umfang der zusätzlichen Arbeitszeit entsprechende und nicht etwa eine ausgehend von einem Überstundenzuschlag proportional höhere Freistellung vorzunehmen, wie sich schon aus der Formulierung „entsprechende Freizeit" in § 17 VII BBiG ergibt.[172] Etwas anderes kann aufgrund eines anwendbaren Tarifvertrags oder einer vertraglichen Vereinbarung gelten. Eine Frist für den Freizeitausgleich sieht das Gesetz nicht vor; insoweit ist auch § 18 II BBiG wegen seines anderen Regelungsgegenstandes nicht entsprechend anzuwenden.[173]

77 Einen gesetzlichen Anspruch auf **Mehrarbeitszuschläge**[174] gibt es weder nach dem ArbZG noch nach dem JArbSchG. Bei einem Ausgleich durch besondere Vergütung kann sich aus einem Tarifvertrag oder auch dem Ausbildungsvertrag ein Anspruch auf **Überstundenvergütung** (bei Überschreiten der regelmäßigen täglichen Ausbildungszeit) ergeben. Auch für die Bemessung der Mehrarbeitsvergütung gilt das Merkmal der Angemessenheit in § 17 BBiG.[175] Gelegentlich wird angenommen, dass dann, wenn die Überstunden nicht im Zusammenhang mit der Ausbil-

---

165 BT-Drs. 19/10815, 58.

166 *Kleinebrink* DB 2020, 727 (730); vgl. auch ErfK/*Schlachter* BBiG § 17 Rn. 4.

167 LAG RhPf 12.4.2007 EzB BBiG § 17 Abs. 2 Nr. 4; LAG Nds 31.10.1973 EzB BBiG § 10 Abs. 2 Nr. 1; *Litterscheid* NZA 2006, 639.

168 *Leinemann/Taubert* BBiG § 17 Rn. 37; *Wohlgemuth* BBiG § 17 Rn. 35.

169 Zu den Besonderheiten bei einem stationären Krankenhausaufenthalt vgl. BAG 22.9.1960 AP Nr. 27 zu § 616 BGB; *Vogelsang,* Entgeltfortzahlung, Rn. 506.

170 So *Litterscheid* NZA 2006, 629 (640); ErfK/*Schlachter* BBiG § 17 Rn. 9.

171 *Benecke/Hergenröder* BBiG § 17 Rn. 32.

172 *Herkert/Töltl* BBiG § 17 Rn. 35; *Lakies/Malottke* BBiG § 17 Rn. 98; aA *Litterscheid* NZA 2006, 629 (640).

173 *Leinemann/Taubert* BBiG § 17 Rn. 49; aA *Litterscheid* NZA 2006, 629 (640).

174 Zur Unterscheidung der Begriffe Mehrarbeit und Überstunden → § 69 Rn. 2.

175 *Leinemann/Taubert* BBiG § 17 Rn. 45; vgl. auch BAG 25.4.1984 – 5 AZR 528/82.

dung stehen (Wochenendfütterung in der Landwirtschaft) der Lohn für gewerbliche AN zu zahlen ist.[176] Wird die Ausbildungszeit dagegen regelmäßig erheblich unterschritten, so kann uU bei Nichtbestehen der Prüfung ein Schadensersatzanspruch erwachsen (hierzu → Rn. 43).

4. Bemessung, Fälligkeit, Zahlungsort, Ausschlussfristen. Die Ausbildungsvergütung ist **monatlich** zu bemessen (§ 18 I 1 BBiG). Bei der Berechnung der Vergütung für einzelne Tage wird der Monat (unabhängig von seiner kalendarischen Dauer) zu 30 Tagen gerechnet (§ 18 I 2 BBiG). Die Ausbildungsvergütung wird spätestens am letzten Arbeitstag des Monats fällig (§ 18 II BBiG). Nach § 18 III 1 BBiG müssen Ausbildende, die nicht gem. § 3 I TVG an eine tarifliche Vergütungsregelung gebunden sind, jedenfalls die Mindestvergütung nach § 17 II 1 BBiG zum letzten Arbeitstag des Monats zahlen. Bei einer Teilzeitausbildung gilt insoweit eine Vergütungshöhe, die mindestens dem prozentualen Anteil der Arbeitszeit entsprechen muss (§ 18 III 2 BBiG). Mit § 18 III BBIG hat der Gesetzgeber ausdrücklich eine Handlungspflicht des AG statuiert, die damit nach § 102 I Nr. 5 BBiG bußgeldbewehrt ist.[177] Da § 113 BGB auf das Ausbildungsverhältnis nicht anwendbar ist (→ § 32 Rn. 30), muss bei minderjährigen Auszubildenden grundsätzlich an die Eltern gezahlt werden. Diese können jedoch dem Minderjährigen einen Generalkonsens zur Empfangnahme erteilen. Die Tagesvergütung wird ermittelt, indem die Monatsvergütung durch 30 geteilt wird (§ 18 I 2 BBiG). Vereinbarungen, wonach im Laufe des Monats nur Abschläge gezahlt werden und die Restzahlung mit der Abrechnung im folgenden Monat erfolgt, sind unwirksam (§ 25 BBiG). Wegen des Zahlungsortes bestehen keine Besonderheiten (hierzu → § 70 Rn. 5 ff.). Eine § 3 S. 1 MiLoG entsprechende Bestimmung enthält das BBiG nicht. Damit können Entgeltansprüche grundsätzlich von einer Ausschlussfrist im Ausbildungsvertrag oder in einem TV erfasst werden.[178] 78

5. Vergütungsfortzahlung. a) Überblick. Kommt der Auszubildende seinen Verpflichtungen aus dem gegenseitigen Ausbildungsvertrag (§§ 320 ff. BGB) nicht nach, so besteht grundsätzlich kein Vergütungsanspruch. § 19 I BBiG macht hiervon drei Ausnahmen für die Fälle der **Arbeitsfreistellung,** des **Betriebsrisikos** und der **Dienstverhinderung** (→ Rn. 80–82). In diesen Fällen hat der Auszubildende Anspruch auf diejenige Vergütung, die er erzielt hätte, wenn er seinen Verpflichtungen genügt hätte **(Entgeltausfallprinzip).** § 19 BBiG kann gem. § 25 BBiG nicht zum Nachteil des Auszubildenden abbedungen werden. § 19 BBiG ist lex specialis zu den gesetzlichen Vorschriften, die den gleichen Tatbestand regeln. Die Regelung ist aber nicht abschließend. Daneben gelten gem. § 10 II BBiG die allgemeinen Vorschriften des Arbeitsrechts. Unterbleibt die Ausbildung aus vom Ausbildenden zu vertretenden Gründen (§ 326 II BGB), also insbesondere beim Annahmeverzug, so besteht die Fortzahlungsverpflichtung ohne zeitliche Begrenzung. Insoweit gelten die Regeln des allgemeinen Schuldrechts, das EFZG erfasst diese Fälle ebenfalls nicht. Besucht der Auszubildende lediglich die Berufsschule, um so die Voraussetzungen für die Prüfungszulassung zu schaffen, verweigert aber die Teilnahme an der betrieblichen Ausbildung, besteht kein Anspruch auf Zahlung der Ausbildungsvergütung.[179] Auch ein anteiliger Anspruch (für die Zeiten des Berufsschulbesuchs) scheidet aus, weil der AG an einer solchen Teilleistung kein Interesse hat (Rechtsgedanke des § 323 V 1 BGB).[180] 79

b) Arbeitsfreistellung. Zum Freistellungsanspruch → Rn. 51. Für die Teilnahme am Berufsschulunterricht und an Prüfungen ist die Ausbildungsvergütung für unbegrenzte Zeit fortzuzahlen (§ 19 I Nr. 1 BBiG). Dasselbe gilt bei Freistellung für Ausbildungsmaßnahmen außerhalb des Betriebes. Ein Anspruch auf Erstattung von Fahrkosten im Zusammenhang mit der Freistellung folgt aus § 19 I Nr. 1 BBiG nicht (auch → Rn. 52). 80

c) Betriebsrisiko. Die Vergütung ist für die Dauer von 6 Wochen fortzahlen, wenn sich der Auszubildende zur Berufsausbildung bereithält,[181] arbeitsfähig und arbeitswillig ist (§ 294 BGB), diese aber aus von keiner Partei zu vertretenden Gründen ausfällt (§ 19 I Nr. 2a BBiG). Gedacht ist an solche Fälle wie **Krankheit des Ausbildenden** sowie **Betriebsstörungen,** die in den Risikobereich des Ausbildenden fallen. Die Bestimmung erfasst auch Streiks, an denen sich der Auszubildende nicht beteiligt, das Arbeitskampfrisiko trägt insoweit abweichend von § 615 S. 3 BGB allein der AG.[182] Kein Anspruch besteht, wenn dem Auszubildenden die Erfüllung seiner 81

[176] ArbG Rheine 13.11.1991 NZA 1992, 413.
[177] BT-Drs. 19/10815, 59.
[178] *Kleinebrink* DB 2020, 727 (730).
[179] LAG Köln 4.5.2006 NZA-RR 2006, 635.
[180] LAG Nds 2.2.2014 – 15 Sa 966/13.
[181] Vgl. BT-Drs. V/4260, 10.
[182] *Leinemann/Taubert* BBiG § 19 Rn. 18.

Pflichten infolge eines objektiven Hinderungsgrundes unmöglich wird, also zB bei Verkehrsstörungen oder Naturkatastrophen (→ § 97 Rn. 15 f.). Unterbleibt die Ausbildung aus in der Person des Auszubildenden (→ § 97 Rn. 1 ff.) liegenden Gründen, kann nur ein Anspruch nach § 19 I Nr. 2b BBiG bestehen.

82 **d) Dienstverhinderung.** Nach § 19 I Nr. 2b BBiG ist die Vergütung für die Dauer von 6 Wochen fortzuzahlen, wenn der Auszubildende aus einem in seiner Person liegenden Grund unverschuldet verhindert ist, seinen Pflichten aus dem Berufsausbildungsverhältnis zu genügen. Die Vorschrift entspricht § 616 BGB; es kann daher auf die Ausführungen unter → § 97 Rn. 1 ff. verwiesen werden. § 19 I Nr. 2b BBiG geht aber wegen des Anspruchszeitraums über § 616 S. 1 BGB deutlich hinaus. Außerdem ist der Anspruch nach § 19 I Nr. 2b BBiG anders als der Anspruch nach § 616 S. 1 BGB (→ § 97 Rn. 22 f.) nicht abdingbar. Der Begriff „unverschuldet" in § 19 I Nr. 2b BBiG entspricht wie bei § 616 S. 1 BGB dem Verschuldensbegriff des § 3 I 1 EFZG[183] (hierzu → § 98 Rn. 30 ff.).

83 **6. Krankheit.** Die **Entgeltfortzahlung** bei Krankheit richtet sich nach den Regeln des EFZG. § 10 II BBiG enthält hierzu ebenso wie die frühere Bestimmung des § 12 BBiG keine eigenständige Regelung, sondern verweist lediglich auf das Entgeltfortzahlungsrecht. Besonderheiten können sich nur insoweit ergeben, als bei der Frage des Verschuldens iSv § 3 I 1 EFZG das jugendliche Alter des Betroffenen zu berücksichtigen sein kann.

84 **7. Sonstige Entgeltansprüche.** Für die sonstigen Ansprüche des Auszubildenden gelten gem. § 10 II BBiG die allgemeinen arbeitsrechtlichen Rechtsvorschriften und Rechtsgrundsätze. Das gilt insbesondere für die Entgeltfortzahlung und den **Urlaub.** Schließt ein Arbeitsverhältnis an ein Berufsausbildungsverhältnis an, ist die Abgeltung von noch nicht erfüllten Urlaubsansprüchen aus dem Berufsausbildungsverhältnis ausgeschlossen. Diese Urlaubsansprüche sind nach den für das Arbeitsverhältnis maßgebenden Vorschriften zu erfüllen.[184]

85 **8. Steuern und Sozialversicherung.** Der Auszubildende ist lohnsteuer- und sozialversicherungspflichtig.[185] Bei **Arbeitsunfällen** im Betrieb ist der Auszubildende durch die betriebliche Berufsgenossenschaft, bei Berufsschulwegen durch den Gemeindeunfallversicherungsverband versichert.

VI. Pflichten des Auszubildenden

86 **1. Allgemeines.** Das Gesetz vermeidet Formulierungen wie Lern-, Gehorsams- und Treuepflichten des Auszubildenden. Hierin kommt die Tendenz zum Ausdruck, auch den Ausbildungsvertrag als schuldrechtlichen Austauschvertrag zu begreifen, in dem der Auszubildende Arbeit gegen Vergütung und Ausbildung leistet.

87 **2. Arbeitspflicht.** Der Auszubildende ist zur Leistung von Arbeit verpflichtet. Art und Umfang der zu leistenden Arbeit richten sich unter Berücksichtigung berufs- und kollektivrechtlicher Regelung nach dem Berufsausbildungsvertrag. In dessen Rahmen steht dem Ausbildenden das **Direktionsrecht** zu (→ § 45 Rn. 13 ff.). Bei der Ausübung des Direktionsrechts ist auf den besonderen **Ausbildungszweck** Rücksicht zu nehmen. Dem Auszubildenden dürfen nur solche Arbeiten übertragen werden, die der Ausbildung dienen (→ Rn. 44 f.). Der Auszubildende hat die ihm übertragenen Aufgaben sorgfältig auszuführen (§ 13 S. 2 Nr. 1 BBiG). Auch für Auszubildende besteht ein **Streikrecht,** soweit es um die (auch) für sie geltenden tariflichen Regelungen geht. Art. 9 III GG enthält keine ausdrückliche Beschränkung auf Arbeitsverhältnisse, und die Vergütung von Auszubildenden, die auch Entgelt für eine Arbeitsleistung darstellt (→ Rn. 60), ist typischerweise Gegenstand von tariflichen Regelungen. Außerdem verweist § 10 II BBiG nunmehr explizit auf die für Arbeitsverhältnisse geltenden Rechtsvorschriften und Rechtsgrundsätze, zu denen auch das Arbeitskampfrecht zählt. Nach Ansicht des BAG ist das Streikrecht zumindest dann gegeben, wenn über die Ausbildungsvergütung verhandelt wird.[186] Zur Aussperrung → Rn. 42.

[183] *Leinemann/Taubert* BBiG § 19 Rn. 23; ErfK/*Schlachter* BBiG § 19 Rn. 6.
[184] BAG 29.11.1984 AP Nr. 22 zu § 7 BUrlG Abgeltung = NZA 1985, 598.
[185] *Marburger* BB 1986, 316.
[186] Jew. für Warnstreiks in Form der „Neuen Beweglichkeit": BAG 12.9.1984 AP Nr. 81 zu Art. 9 GG Arbeitskampf = NZA 1984, 393; 29.1.1985 AP Nr. 83 zu Art. 9 GG Arbeitskampf; vgl. auch BAG 30.8.1994 AP Nr. 131 zu Art. 9 GG Arbeitskampf = NZA 1995, 32; abl. zB *Hromadka* DB 1972, 870 ff.; zu Einzelfragen s. *Leinemann/Taubert* BBiG § 10 Rn. 42 ff.; *Benecke/Hergenröder* BBiG § 10 Rn. 33; *Lakies/Malottke* BBiG § 10 Rn. 6.

3. Teilnahme an der Ausbildung. Der Auszubildende hat sich zu bemühen, die für das Ausbildungsziel erforderlichen Kenntnisse und Fähigkeiten zu erlernen. Er hat an den Ausbildungsmaßnahmen teilzunehmen, für die er von der Arbeit freigestellt ist (§ 13 S. 2 Nr. 2 BBiG). Das Gleiche gilt für die Teilnahme am Berufsschulunterricht,[187] an Prüfungen, für die er freigestellt wurde, und an außerbetrieblichen Ausbildungsmaßnahmen.[188] Bei schwerwiegenden Pflichtverletzungen kann nach vorheriger Abmahnung eine außerordentliche Kündigung gerechtfertigt sein (§ 22 BBiG); dies insbesondere dann, wenn das Ausbildungsziel nicht mehr erreicht werden kann. 88

4. Befolgung der Weisungen des Arbeitgebers. Aus der Eigenart des Berufsausbildungsverhältnisses folgt, dass der Auszubildende in weiterem Umfang als ein anderer AN dem **Direktionsrecht** des AG unterliegt (§ 13 S. 2 Nr. 3 BBiG). Das Weisungsrecht erfährt nach zwei Richtungen eine besondere Ausgestaltung. Der Auszubildende hat den Weisungen zu folgen, die ihm im Rahmen der Berufsausbildung (→ Rn. 44 f., 87) vom Ausbildenden, dem Ausbilder oder von einer anderen weisungsberechtigten Person erteilt werden. Er hat sich zum anderen in den Betriebsablauf einzupassen und die für die Ausbildungsstätte geltende Ordnung zu beachten (§ 13 S. 2 Nr. 4 BBiG). Ein **Züchtigungsrecht** steht dem Ausbildenden und seinen Hilfspersonen auf keinen Fall zu (für Jugendliche s. auch § 31 JArbSchG; → § 161 Rn. 47). Der Auszubildende hat einen schriftlichen oder elektronischen **Ausbildungsnachweis** zu führen (§ 13 S. 2 Nr. 7 BBiG); ihm ist nach § 14 II 2 BBiG Gelegenheit zu geben, diesen am Arbeitsplatz zu führen. 89

5. Obhutspflichten. Der Auszubildende hat die ihm überlassenen oder von ihm benutzten Werkzeuge, Maschinen und sonstigen Einrichtungen pfleglich zu behandeln (§ 13 S. 2 Nr. 5 BBiG). Verletzt er diese Pflicht schuldhaft, kann er sich **schadensersatzpflichtig** machen (→ Rn. 92), uU auch außerordentlich gekündigt werden. Der Pflichtenumfang ist sorgfältig zu ermitteln. Geldbotengänge mit höheren Beträgen gehören im ersten Ausbildungsjahr jedenfalls nicht zu vertraglichen Tätigkeiten.[189] 90

6. Treuepflicht. Die Rücksichtnahmepflicht (→ § 53 Rn. 1 ff.) trifft den Auszubildenden wie einen AN. Nach § 13 S. 2 Nr. 6 BBiG hat er über **Betriebs- und Geschäftsgeheimnisse** (→ § 53 Rn. 46 ff.) Stillschweigen zu bewahren. Während des Bestandes des Ausbildungsverhältnisses hat er ferner Wettbewerb zu Lasten seines Ausbildenden zu unterlassen.[190] Wenngleich insoweit eine besondere gesetzliche Bestimmung nicht gegeben ist, folgt dies aus der allgemeinen Treuepflicht. Das BAG begreift die §§ 60, 61 HGB lediglich als Ausfluss des Treuegedankens. Dagegen ist eine Wettbewerbsbeschränkung für die Zeit nach Beendigung des Ausbildungsverhältnisses nur bei vertraglicher Vereinbarung und dies nur in Ausnahmefällen zulässig (→ Rn. 34 f.). 91

7. Haftung. Verursacht der Auszubildende im Rahmen seiner Tätigkeit einen **Schaden,** kommt gegenüber dem Ausbildenden und Dritten eine Haftung nach § 280 BGB sowie § 823 BGB in Betracht. Insoweit gelten die allgemeinen Grundsätze des Arbeitsrechts (§ 10 II BBiG).[191] Die Haftung ist daher nach den allgemeinen arbeitsrechtlichen Grundsätzen der Arbeitnehmerhaftung (→ § 59 Rn. 24 ff.) eingeschränkt. Bei **Schädigung Dritter** kommt ein Freistellungsanspruch gegenüber dem Ausbildenden in Betracht. Das Ausbildungsverhältnis als solches führt allerdings für sich genommen nicht zu einer noch weiterreichenden Haftungseinschränkung.[192] Bei dem Sorgfaltsmaßstab sind aber das jugendliche Alter (bei Jugendlichen schon gem. §§ 828 III, 276 I 2 BGB) und die aufgrund des Standes der Ausbildung uU fehlende Erfahrung des Auszubildenden zu berücksichtigen. Die Haftung ist ferner bei mitwirkendem Verschulden des Auszubildenden oder Ausbilders (§ 254 BGB) gemindert, insbesondere, wenn dem Auszubildenden Arbeiten übertragen werden, die seinen Ausbildungsstand übersteigen,[193] oder wenn der Ausbildende oder seine Erfüllungsgehilfen den Überwachungspflichten nicht nachkommen. Die Haftungsbeschränkungen gelten erst recht bei einer **Schlechtleistung im** 92

---

[187] BAG 5.12.1985 AP Nr. 10 zu § 620 BGB Bedingung = NZA 1987, 20.
[188] *Leinemann/Taubert* BBiG § 13 Rn. 10.
[189] LAG Düsseldorf 23.2.1973 DB 1973, 974.
[190] BAG 20.9.2006 AP Nr. 13 zu § 60 HGB = NZA 2007, 977.
[191] BAG 20.9.2006 AP Nr. 13 zu § 60 HGB = NZA 2007, 977; 7.7.1970 AP Nr. 59 zu § 611 BGB Haftung des Arbeitnehmers; LAG RhPf 13.12.1989 LAGE § 611 BGB Gefahrgeneigte Arbeit Nr. 8.
[192] BAG 19.3.2015 AP Nr. 5 zu § 105 SGB VII = NZA 2015, 1057; 18.4.2002 AP Nr. 122 zu § 611 BGB Haftung des Arbeitnehmers = NZA 2003, 37.
[193] Vgl. BAG 20.9.2006 AP Nr. 13 zu § 60 HGB = NZA 2007, 977; 7.7.1970 AP Nr. 59 zu § 611 BGB Haftung des Arbeitnehmers; aA *Natzel* DB 1970, 1975 ff.

Rahmen unzulässig übertragener Aufgaben.[194] Dies rechtfertigt sich daraus, dass der Auszubildende dabei eine überobligationsmäßige Leistung erbringt. Schadensersatzpflichtig wird der Auszubildende zB, wenn er entgegen ausdrücklichem Verbot ohne Fahrerlaubnis auf dem Betriebsgelände fährt. Im Verhältnis zu **Arbeitskollegen** ist die Haftungsbeschränkung nach § 105 SGB VII anzuwenden (→ § 59 Rn. 58 ff.). Insoweit gelten keine Besonderheiten.[195]

VII. Beendigung des Berufsausbildungsverhältnisses

93 **1. Überblick.** Das Ausbildungsverhältnis kann enden durch
(1) Kündigung in der Probezeit (→ Rn. 94 ff.),
(2) Kündigung nach Ablauf der Probezeit (→ Rn. 97 ff.),
(3) Aufhebungsvertrag (→ Rn. 111),
(4) Ablauf der Ausbildungszeit (→ Rn. 112 ff.) und
(5) (vorzeitiges) Bestehen der Abschlussprüfung (→ Rn. 116 ff.).

94 **2. Probezeit. a) Dauer.** Das Berufsausbildungsverhältnis beginnt mit einer Probezeit, die mindestens einen Monat betragen muss und **höchstens vier Monate** betragen darf (§ 20 BBiG). Auch während der Probezeit gelten uneingeschränkt die beiderseitigen Verpflichtungen aus dem Ausbildungsverhältnis. Besonderheiten bestehen nur wegen der Beendigungsmöglichkeiten durch beide Vertragsparteien. Innerhalb der Probezeit soll beiden Parteien Gelegenheit gegeben werden zu prüfen, ob der Auszubildende für den gewählten Beruf geeignet ist. Die Vereinbarung einer kürzeren oder längeren Probezeit ist nach § 25 BBiG unwirksam. Daneben ist für eine Angemessenheitskontrolle nach §§ 307 ff. BGB kein Raum.[196] Da die Probezeit auch im Interesse des Auszubildenden an einer evtl. kurzfristigen Lösungsmöglichkeit vom Vertrag besteht, sind Vereinbarungen[197] unzulässig, die eine zu kurze oder keine Probezeit vorsehen. Allerdings kann sich der AG bei einer Kündigung nicht etwa mit Erfolg darauf berufen, es habe eine (längere) Probezeit vereinbart werden müssen, so dass eine Probezeitkündigung gem. § 22 I BBiG möglich sei. Denn § 25 BBiG bezweckt allein den Schutz des Auszubildenden. Die Probezeit beginnt mit dem gem. § 11 I 2 Nr. 2 BBiG vereinbarten Beginn der Berufsausbildung und nicht mit der tatsächlichen Aufnahme der Ausbildung.[198] Eine etwaige vorherige Tätigkeit als Praktikant im Rahmen eines sonstigen Vertragsverhältnisses iSd § 26 BGB oder als AN ist auf die Probezeit grundsätzlich nicht anzurechnen,[199] weil § 20 BBiG dies nicht vorsieht; etwas Anderes gilt – zugunsten des Auszubildenden – nur, wenn die Parteien dies vereinbaren.[200] Eine Praktikantentätigkeit unterscheidet sich grundlegend von einem Ausbildungsverhältnis, so dass beiden Parteien grundsätzlich die Möglichkeit der Prüfung der Eignung für den Beruf vorbehalten sein muss. Etwas Anderes muss aber dann gelten, wenn im Rahmen des Praktikums oder einer Einstiegsqualifizierung (→ § 175 Rn. 4) eine Einbindung in den Betrieb erfolgt, wie sie der im Rahmen eines Ausbildungsverhältnisses entspricht.[201] Das muss entgegen der Ansicht des BAG[202] erst recht bei einer Teilnahme am Berufsschulunterricht während dieses Zeitraums gelten. In diesem Fall konnten beide Parteien die Eignung prüfen, so dass kein Bedürfnis für eine Probezeit besteht. Jedenfalls läge in einer Nichtanrechnung eine unangemessene Benachteiligung iSv § 307 II BGB. Schließen die Parteien im Rahmen einer **Stufenausbildung** über jede Stufe einen neuen Ausbildungsvertrag, so ist wegen des Beginns des Berufsausbildungsverhältnisses auf die erste Stufe abzustellen, es sei denn die Folgestufe wird bei einem anderen Ausbildenden absolviert.[203] Dagegen ist bei Vereinbarung eines weiteren Ausbildungsverhältnisses im Anschluss an ein vorzeitig beendetes anderes Berufsausbildungsverhältnis eine neue Probezeit zu vereinba-

[194] Vgl. ArbG Kiel 24.4.1963 AP Nr. 21 zu § 611 BGB Lehrverhältnis; LAG Düsseldorf 23.2.1973 DB 1973, 974; *Natzel* DB 1970, 1975 ff.
[195] BAG 19.3.2015 AP Nr. 5 zu § 105 SGB VII = NZA 2015, 1057.
[196] BAG 12.2.2015 AP Nr. 1 zu § 20 BBiG = NZA 2016, 737.
[197] ZB bei Aufnahme einer neuen Ausbildung im Anschluss an den Abbruch der früheren.
[198] *Leinemann/Taubert* BBiG § 20 Rn. 7; aA LAG Bln 12.10.1998 LAGE § 13 BBiG Nr. 2.
[199] BAG 19.11.2015 AP Nr. 2 zu § 20 BBiG = NZA 2016, 228; aA ErfK/*Schlachter* BBiG § 20 Rn. 2; ArbG Wetzlar 24.10.1989 ARSt 1990, 84 = DB 1990, 1194 (LS).
[200] LAG Bln 12.10.1998 LAGE § 13 BBiG Nr. 2.
[201] Vgl. ArbG Iserlohn 4.12.2008 AE 2009, 251, das allerdings einen Verstoß gegen § 242 BGB annimmt; in der Literatur wird teilweise danach differenziert, ob ein innerer Zusammenhang zwischen beiden Rechtsverhältnissen besteht: *Benecke/Hergenröder* BBiG § 20 Rn. 7; *Lakies/Malottke* BBiG § 20 Rn. 15.
[202] BAG 19.11.2015 AP Nr. 12 zu § 20 BBiG = NZA 2016, 228.
[203] BAG 27.11.1991 AP Nr. 2 zu § 13 BBiG = NZA 1992, 506.

ren,[204] und zwar auch dann, wenn ein vorausgegangenes Ausbildungsjahr anerkannt wird.[205] Dasselbe muss auch bei Aufnahme der neuen Ausbildung in demselben Betrieb gelten, weil die Eignung des Auszubildenden für den jetzigen Ausbildungsberuf erneut zu prüfen ist. Etwas anderes gilt nur dann, wenn ein derart enger Zusammenhang zu dem früheren Ausbildungsverhältnis besteht, dass es sich sachlich um *ein* Berufsausbildungsverhältnis handelt.[206] Konsequenterweise kann dann allerdings eine Verlängerung der Probezeit bis zur Grenze einer Gesamtdauer von vier Monaten vereinbart werden, wenn diese Obergrenze im ersten Ausbildungsverhältnis noch nicht ausgeschöpft und die ursprünglich vereinbarte Probezeit noch nicht abgelaufen ist.[207] Die Vereinbarung einer Probezeit von drei Monaten im Berufsausbildungsvertrag war nach der Rspr. des BAG auch dann nach § 13 S. 2 BBiG aF zulässig, wenn sich das Ausbildungsverhältnis an ein Arbeitsverhältnis anschließt.[208] Wird die Ausbildung während der Probezeit für eine nicht unverhältnismäßige Zeit, zB durch Erkrankung des Auszubildenden, **unterbrochen,** so verlängert diese sich nicht automatisch um die Dauer der Unterbrechung. Jedoch konnten die Parteien des Ausbildungsverhältnisses nach Ansicht des BAG in solchen Fällen die Probezeit (jedenfalls um ein Drittel der vereinbarten Probezeit) verlängern, auch wenn dadurch die Grenzen des § 13 BBiG aF überschritten wurden.[209] Diese Rspr. kann auf die wortgleiche Bestimmung des § 20 BBiG nF übertragen werden. Es kann daher auch von vornherein vereinbart werden, dass die Probezeit bei einer Unterbrechung von einer nicht nur geringfügigen Dauer um diese Zeit verlängert wird. Hierin liegt bei AGB auch keine unangemessene Benachteiligung iSv § 307 I 1 AGBG.[210] Der Auszubildende kann sich hierauf jedoch nicht berufen, wenn er die Unterbrechung selbst vertragswidrig herbeigeführt hat.[211] Findet bereits während der Probezeit Blockunterricht statt, so ist dies jedoch keine Unterbrechung, da auch hierbei die Eignung des Auszubildenden überprüft werden kann.[212] Wechselt ein Auszubildender während der Ausbildungszeit den Ausbildenden, so kann eine neue Probezeit vereinbart werden.[213]

b) Keine Befristungsvereinbarung. Eine **Befristung der Probezeit** mit der Folge, dass mangels Verlängerung der Ausbildungsvertrag endet, ist unwirksam. Dies folgt schon daraus, dass das Gesetz in § 20 S. 1 BBiG keine Befristung des Ausbildungsverhältnisses, sondern nur den Beginn des Ausbildungsverhältnisses mit der Probezeit normiert. Die Probezeit ist in die Vertragsniederschrift aufzunehmen (§ 11 I Nr. 5 BBiG). Wird eine unzulässige Probezeit vereinbart, so gilt die im Wege der ergänzenden Vertragsauslegung zu ermittelnde im Rahmen des Gesetzes. 95

c) Kündigung. Während der Probezeit kann das Berufsausbildungsverhältnis jederzeit ohne Einhaltung einer Kündigungsfrist **schriftlich** gekündigt werden (§ 22 I BBiG). Einer Angabe der **Kündigungsgründe** nach § 22 III BBiG bedarf es nicht. Die Kündigung muss bei **Minderjährigen** dem gesetzlichen Vertreter zugehen,[214] die Erklärung gegenüber einem Elternteil ist ausreichend.[215] Voraussetzung ist dabei nach Ansicht des BAG, dass die Erklärung an die gesetzlichen Vertreter (und nicht an den minderjährigen Auszubildenden) gerichtet ist.[216] Ein vorhergehendes klärendes Gespräch mit den Erziehungsberechtigten verlangt das BBiG nicht.[217] Die Kündigung kann auch schon nach Abschluss des Ausbildungsvertrags, aber vor Aufnahme der Tätigkeit erfolgen, wenn sich aus den Vereinbarungen der Parteien nichts Abweichendes ergibt.[218] Die Kündigung kann auch aus Gründen erfolgen, die nicht mit der Ausbildung zusammenhängen. Allerdings sind die allgemein geltenden Grenzen (§§ 138, 242 BGB) zu wahren 96

---

204 LAG LSA 25.2.1997 EzB BBiG § 13 Nr. 26; LAG Bln 30.4.2004 EzB-VjA BBiG § 15 Abs. 1 Nr. 27; *Leinemann/Taubert* BBiG § 20 Rn. 22.

205 LAG RhPf 19.4.2001 – 9 Sa 1507/00.

206 BAG 19.11.2015 AP Nr. 2 zu § 20 BBiG = NZA 2016, 228; 12.2.2015 AP Nr. 1 zu § 20 BBiG = NZA 2015, 737.

207 *Reinartz* DB 2015, 1347 (1348).

208 BAG 16.12.2004 AP Nr. 13 zu 15 BBiG = NZA 2005, 578.

209 BAG 15.1.1981 AP Nr. 1 zu § 13 BBiG = NJW 1982, 2628.

210 BAG 9.6.2016 AP Nr. 3 zu § 20 BBiG = NZA 2016, 1406.

211 BAG 9.6.2016 AP Nr. 3 zu § 20 BBiG = NZA 2016, 1406; 15.1.1981 AP Nr. 1 zu § 13 BBiG = NJW 1982, 2628.

212 ArbG Mainz 10.4.1980 BB 1980, 781.

213 LAG RhPf 19.4.2001 EzB-VjA BBiG § 13 Nr. 29.

214 BAG 25.11.1976 AP Nr. 4 zu § 15 BBiG.

215 HessLAG 15.12.1975 EzB BBiG § 15 Abs. 3 Nr. 13.

216 BAG 8.12.2011 AP Nr. 22 zu § 174 BGB = NZA 2012, 495; aA *Deckenbrock* RdA 2013, 378 (379 f.).

217 BAG 8.12.2011 AP Nr. 22 zu § 174 BGB = NZA 2012, 495.

218 BAG 17.9.1987 AP Nr. 7 zu § 15 BBiG = NZA 1988, 735; LAG Düsseldorf 16.9.2011 NZA-RR 2011, 127; *Fuhlrott/Gömöry* FA 2012, 133; aA LAG Bln 4.11.1986 NZA 1987, 421.

(→ § 129 Rn. 4 ff.).[219] Bei der Kündigung kann eine Auslauffrist eingehalten werden. Die Auslauffrist muss so bemessen sein, dass sie nicht zu einer unangemessenen langen Fortsetzung des Ausbildungsverhältnisses führt.[220] Auf die Kündigung sind die allgemeinen **Kündigungsschutzbestimmungen,** insbesondere § 17 MuSchG, §§ 5 I, 7 I Nr. 2 PflegeZG und § 18 BEEG, anzuwenden. Außerdem gelten auch die insoweit bestehenden Anforderungen an die inhaltliche Bestimmtheit (→ § 123 Rn. 2 f.).[221]

97 **3. Kündigung nach Ende der Probezeit. a) Überblick.** Das Berufsausbildungsverhältnis ist während seines Bestandes nach Ende der Probezeit grundsätzlich **unkündbar.** Bei einer gleichwohl zulässigen Kündigung muss diese bei Minderjährigen durch und an die gesetzlichen Vertreter erfolgen. § 113 BGB ist nicht anwendbar (→ Rn. 6). Vom Kündigungsausschluss macht das Gesetz zwei Ausnahmen. Zulässig ist eine Berufsaufgabekündigung durch den Auszubildenden (§ 22 II Nr. 2 BBiG; → Rn. 98) sowie eine Kündigung aus wichtigem Grund durch den Ausbildenden oder den Auszubildenden (§ 22 II Nr. 1 BBiG; → Rn. 99 ff.). Im Bereich der Pflegeberufe ist demgegenüber generell eine ordentliche Kündigung mit einer Frist von vier Wochen durch den Auszubildenden möglich (§ 22 II Nr. 2 PflBG, § 18 II Nr. 2 NotSanG, § 38 II Nr. 2 HebG – 4 Wochen zum Monatsende).[222]

98 **b) Berufsaufgabekündigung.** Der Auszubildende kann mit einer Kündigungsfrist von vier Wochen kündigen, wenn er die **Berufsausbildung aufgeben** oder sich für eine **andere Berufstätigkeit** ausbilden lassen will (§ 22 II Nr. 2 BBiG). Dasselbe gilt bei Aufnahme einer Fachschulausbildung, auch wenn diese sich im gleichen Berufsbild hält.[223] Der Auszubildende soll nicht gezwungen werden, einen Vertrag durchzuführen, wenn er das Interesse am Ausbildungsberuf verloren hat, sei es, weil er seine fehlende Eignung entdeckt hat oder weil er heiraten will oder eine höher bezahlte Stelle anstrebt. Es genügt, wenn der Auszubildende den **ernsthaften Willen** zum Berufswechsel oder zur Berufsaufgabe zum Ausdruck bringt. Nicht erforderlich ist, dass der Wille auch tatsächlich vorhanden ist, glaubhaft gemacht oder später realisiert wird.[224] Etwaige Missbrauchsmöglichkeiten sind vom Gesetzgeber bewusst in Kauf genommen worden. Der Auszubildende muss die Kündigung gem. § 22 III begründen, ansonsten ist sie nichtig (auch → Rn. 110). Insoweit bedarf es aber nur der Angabe, dass er die Berufsausbildung aufgeben oder dass er sich für eine andere Berufstätigkeit ausbilden lassen will.[225] § 22 II Nr. 2 BBiG normiert eine **Mindestkündigungsfrist.** Der Auszubildende muss die Frist daher nicht „punktgenau" einhalten, sondern kann auch unter Einhaltung einer längeren Kündigungsfrist – vorzeitig – kündigen.[226] Wird die Kündigung ohne Einhaltung der Frist ausgesprochen, so wird sie im Allgemeinen nach § 139 BGB in eine fristgemäße umzudeuten sein.

99 **c) Außerordentliche Kündigung. aa) Wichtiger Grund.** Das Berufsausbildungsverhältnis kann ferner gem. § 22 II Nr. 1 BBiG von beiden Parteien gekündigt werden, wenn hierfür ein wichtiger Grund besteht. Für den Begriff des wichtigen Grundes gelten die Ausführungen zu § 626 BGB entsprechend (→ § 127 Rn. 40 ff.). Eine vertragliche Bestimmung darüber, welche Gründe zu einer außerordentlichen Kündigung berechtigen sollen, ist wegen des zwingenden Charakters der § 22 BBiG, § 626 BGB (auch → § 127 Rn. 10 ff.) weder für die Kündigung des Ausbildenden noch des Auszubildenden möglich.

100 **bb) Kündigung gegenüber dem Auszubildenden.** Für die **Kündigung gegenüber dem Auszubildenden** sind im Rahmen der erforderlichen **Interessenabwägung** aber die besondere Rechtsnatur des Berufsausbildungsverhältnisses und die zurückgelegte Ausbildungszeit zu beachten.[227] Gründe, die für die außerordentliche Kündigung eines Arbeitsverhältnisses nicht ausreichen würden, können die Kündigung eines Ausbildungsverhältnisses erst recht nicht rechtfertigen. Je näher das Ausbildungsziel, desto strenger sind die Anforderungen an den wichtigen

[219] BAG 8.3.1977 EzB BBiG § 15 Abs. 1 Nr. 5; LAG Düsseldorf 16.9.2011 NZA-RR 2011, 127; LAG Bln-Bbg 12.5.2010 BB 2010, 1340 (LS).
[220] BAG 10.11.1988 AP Nr. 8 zu § 15 BBiG = NZA 1989, 268.
[221] *Reinartz* DB 2015, 1347 (1348).
[222] Zur Verfassungsgemäßheit dieser Besserstellung im Verhältnis zu anderen Ausbildungsberufen *Reinartz* DB 2015, 1347 (1349).
[223] LAG Düsseldorf 2.2.1972 DB 1972, 688.
[224] *Leinemann/Taubert* BBiG § 22 Rn. 117.
[225] Vgl. BAG 22.2.2018 AP Nr. 2 zu § 22 BBiG = NZA 2018, 575.
[226] BAG 22.2.2018 AP Nr. 2 zu § 22 BBiG = NZA 2018, 575.
[227] Vgl. BAG 10.5.1973 AP Nr. 3 zu § 15 BBiG mAnm *Söllner;* LAG Düsseldorf 24.2.1966 BB 1966, 822; LAG Köln 25.6.1987 LAGE § 15 BBiG Nr. 4.

Grund.[228] Kurz vor Abschluss der Ausbildung ist eine außerordentliche Kündigung daher nur noch in Ausnahmefällen möglich.[229] Aus dem **Erziehungs- und Ausbildungszweck** des Auszugbildungsverhältnisses folgt, dass im Allgemeinen solche Gründe nicht zur außerordentlichen Kündigung berechtigen, die von einem verständigen Ausbildenden hingenommen werden.

Das gilt insbesondere für eine **verhaltensbedingte Kündigung.** Bei der außerordentlichen Kündigung ist der Grad der geistigen, charakterlichen und körperlichen Reife mit zu berücksichtigen. Vor der Kündigung sind im Allgemeinen angemessene Erziehungsmaßnahmen einzuleiten.[230] **Pflichtverletzungen,** insbesondere mangelnde Eingliederung in die betriebliche Ordnung,[231] **Straftaten** (zB Diebstahl oder Unterschlagung,[232] Drogendelikte,[233] Gewaltanwendung oder ernstgemeinte Gewaltandrohung gegenüber dem Ausbildenden oder Betriebsangehörigen[234]) berechtigen nur dann zur Kündigung, wenn nach Treu und Glauben die Fortsetzung des Ausbildungsverhältnisses billigerweise nicht erwartet werden kann. Außerhalb des Ausbildungsverhältnisses begangene Straftaten können eine Kündigung lediglich dann rechtfertigen, wenn sie konkrete Auswirkungen auf das Ausbildungsverhältnis haben.[235] Teilweise wird verlangt, dass bei einer Ausbildung bei einem öffentlich-rechtlichen AG auch dem Gedanken der Resozialisierung Rechnung getragen werden muss.[236] Beharrliche unterlassene oder verspätete Vorlage von **Berichtsheften**[237] sowie das wiederholte schuldhafte **Versäumen des Berufsschulunterrichts**[238] können nach vorheriger Abmahnung ein wichtiger Grund sein. Dies gilt insbesondere, wenn das Ausbildungsziel nicht mehr zu erreichen ist.[239] Bloße **Leistungsmängel** reichen dagegen nicht aus. Allein die aus einer schlechten Zwischenprüfung abgeleitete Annahme, der Auszubildende werde wahrscheinlich in der Abschlussprüfung versagen, rechtfertigt keine Kündigung.[240] Politische **Meinungsäußerungen** berechtigen nur dann zur Kündigung, wenn das Ausbildungsverhältnis konkret beeinträchtigt wird.[241] Rassistische und ausländerfeindliche Äußerungen können eine fristlose Kündigung rechtfertigen. Dies gilt zB bei dem Stanzen eines Blechschildes „Arbeit macht frei – Türkei schönes Land" und dessen Anbringung an der Werkbank eines türkischen Auszubildenden.[242] Herablassende und beleidigende Äußerungen über den Ausbildenden (zB auf einer Facebook-Seite) können eine Kündigung nur in Ausnahmefällen rechtfertigen. Im Zweifel dürfte eine vorherige Abmahnung erforderlich sein.[243] **Verhaltensweisen des gesetzlichen Vertreters** des Auszubildenden stellen grundsätzlich keinen wichtigen Grund zur Kündigung dar. Denn der Auszubildende bedient sich des gesetzlichen Vertreters nicht zur Erfüllung seiner Verbindlichkeit (§ 278 BGB). Ausnahmsweise kann das Verhalten des gesetzlichen Vertreters ein Kündigungsgrund sein, wenn es auf ein Fehlverhalten des Auszubildenden zurückzuführen ist (zB diskriminierende Informationen) oder wenn die Aufrechterhaltung des Ausbildungsverhältnisses als Erziehungsverhältnis wegen des Verhaltens des gesetzlichen Vertreters schlechthin nicht mehr zumutbar ist. **101**

In schwerwiegenden Fällen kann ausnahmsweise eine vorherige **Abmahnung** des Auszubildenden **entbehrlich** sein. Dies setzt voraus, dass die Rechtswidrigkeit des Verhaltens für den **102**

---

[228] BAG 10.5.1973 AP Nr. 3 zu § 15 BBiG; LAG Köln 25.6.1987 LAGE § 15 BBiG Nr. 4.

[229] LAG Düsseldorf 15.4.1993 EzB BBiG § 15 II Nr. 1, Nr. 76; LAG Köln 25.6.1987 LAGE § 15 BBiG Nr. 4.

[230] LAG BW 31.10.1996 NZA-RR 1997, 288.

[231] LAG Hamm 7.11.1978 DB 1979, 606.

[232] Sehr weitgehend bei einem Diebstahl (von 1,– DM) LAG Düsseldorf 6.11.1973 DB 1974, 928; abweichend ArbG Gelsenkirchen 20.3.1980 EzB BBiG § 15 Abs. 2 Nr. 1, Nr. 21 = BB 1980, 679 (LS) (Unterschlagung von Waren im Wert von 20,– DM).

[233] Zum Drogenkonsum vgl. ArbG Wilhelmshaven 16.4.1982 EzB BBiG § 15 Abs. 2 Nr. 1, Nr. 47.

[234] LAG Düsseldorf 13.2.1990 EzB BBiG § 15 Abs. 2 Nr. 73.

[235] *Leinemann/Taubert* BBiG § 22 Rn. 60.

[236] So ArbG Reutlingen 20.5.1977 AP Nr. 5 zu § 15 BBiG.

[237] HessLAG 3.11.1997 LAGE § 15 BBiG Nr. 12 = BB 1998, 2268 (LS); LAG SchlH 20.3.2002 EzB-VjA BBiG § 15 Abs. 2 Nr. 1, Nr. 87a.

[238] LAG Düsseldorf 15.4.1993 EzB BBiG § 15 Abs. 2 Nr. 1, Nr. 76; LAG München 14.3.1978 EzB BBiG § 15 Abs. 2 Nr. 1, Nr. 34.

[239] LAG Düsseldorf 24.1.1968 DB 1968, 401.

[240] LAG RhPf 25.4.2013 LAGE § 22 BBiG 2005 Nr. 5 = NZA-RR 2013, 406.

[241] LAG RhPf 29.5.1978 BB 1978, 1414; vgl. BVerfG 19.5.1992 BVerfGE 86, 122 = AP Nr. 12 zu Art. 5 Abs. 1 GG Meinungsfreiheit = NJW 1992, 2409.

[242] BAG 1.7.1999 AP Nr. 11 zu § 15 BBiG = NZA 1999, 1270; LAG Bln 22.10.1997 NZA-RR 1998, 442.

[243] LAG RhPf 25.4.2013 LAGE § 22 BBiG 2005 Nr. 5 = NZA-RR 2013, 406; sehr weitgehend dagegen LAG Hamm 10.10.2012 BB 2012, 2688.

Auszubildenden ohne weiteres erkennbar ist und eine Hinnahme des Verhaltens durch den Ausbildenden offensichtlich ausgeschlossen ist.[244]

103 Eine **Verdachtskündigung** (→ § 127 Rn. 136 ff.) gegenüber einem Auszubildenden ist nicht von vornherein ausgeschlossen. Der besondere Bestandsschutz ist bereits aufgrund der erhöhten Anforderungen an den wichtigen Grund gewährleistet. Eine Verdachtskündigung setzt aber voraus, dass aufgrund des Verdachts eines schwerwiegenden Vertragsverstoßes ein für die betreffende Ausbildung erforderliches Vertrauensverhältnis nicht mehr hergestellt werden kann.[245]

104 **Gründe in der Person des Auszubildenden** können eine außerordentliche Kündigung nur in Ausnahmefällen begründen. Die **fehlende Eignung für den Beruf** kann nach Ablauf der Probezeit grundsätzlich keine Kündigung rechtfertigen, weil die Probezeit ja gerade u.a. dazu dient, die Eignung des Auszubildenden für den zu erlernenden Beruf zu erproben. Etwas anderes dürfte aber dann gelten, wenn die Umstände, die eine Nichteignung begründen (zB bestimmte körperliche Beeinträchtigungen), erst im Nachhinein eintreten oder wenn sie erst nach Ende der Probezeit erkannt werden konnten.[246] Aus dem Erziehungszweck des Ausbildungsverhältnisses folgt, dass charakterliche **Defizite** (zB mangelndes Verantwortungsbewusstsein, Unzuverlässigkeit) eine Kündigung nur zu rechtfertigen vermögen, wenn sie im Rahmen der Ausbildung nicht behoben werden können. Eine pauschale Übertragung der für die Beendigung von Arbeitsverhältnissen aus **krankheitsbedingten Gründen** geltenden Grundsätze (→ § 131 Rn. 31 ff.) auf das Ausbildungsverhältnis scheidet schon wegen der unterschiedlichen Zwecke von Arbeits- und Ausbildungsverhältnis aus.[247] Eine **lang anhaltende Krankheit** kann eine außerordentliche Kündigung dann rechtfertigen, wenn innerhalb der Ausbildungszeit nicht mit einer Wiedergenesung gerechnet werden kann oder wenn die Krankheit die mangelnde Eignung für den Ausbildungsberuf bedingt. Eine außerordentliche Kündigung des Ausbildungsverhältnisses wegen **häufiger Kurzerkrankungen** kommt nur in Betracht, wenn hierdurch der Ausbildungszweck nicht mehr erreicht werden kann. Bei einer **Alkohol- oder sonstigen Drogenabhängigkeit** sind die für AN entwickelten Grundsätze (→ § 131 Rn. 17) auf das Ausbildungsverhältnis übertragbar.[248]

105 **Betriebliche Gründe** können die außerordentliche Kündigung nur ganz ausnahmsweise rechtfertigen. Dies kann der Fall sein, wenn wegen einer Betriebsschließung eine Ausbildung nicht mehr möglich ist.[249] Ein bloßer Arbeitsmangel reicht aber nicht aus, solange verbleibende Arbeiten noch eine Ausbildung als durchführbar erscheinen lassen.[250] Die Eröffnung des **Insolvenzverfahrens** über das Vermögen des Ausbildungsbetriebes rechtfertigt für sich genommen keine Kündigung. Entscheidet sich der Insolvenzverwalter, den Betrieb stillzulegen, kann er das Ausbildungsverhältnis kündigen. Es ist aber keine außerordentliche sondern nur eine ordentliche Kündigung mit der dreimonatigen Kündigungsfrist des § 113 S. 2 InsO möglich.[251] Ein **Mangel an Ausbildungspersonal** rechtfertigt keine außerordentliche Kündigung. In diesem Fall hat der Ausbildende vielmehr die Pflicht, geeignete Ausbilder einzustellen.[252] Im Fall eines **Betriebsübergangs** geht das Ausbildungsverhältnis gem. § 613a BGB auf den Betriebserwerber über; eine Kündigung wegen des Betriebsübergangs ist gem. § 613a IV BGB ausgeschlossen.

106 Bei einer Kündigung durch den AG ist der **BR** nach §§ 102, 103 BetrVG zu beteiligen (→ § 124 Rn. 1 ff.).

107 Für die **gerichtliche Geltendmachung** der Unwirksamkeit der Kündigung durch den Auszubildenden ist nach der Rspr. des BAG zu unterscheiden, ob zur Beilegung von Streitigkeiten zwischen Ausbildenden und Auszubildenden ein **Ausschuss nach § 111 II ArbGG** eingerichtet ist. Besteht kein Ausschuss oder lehnt ein bestehender Ausschuss die Durchführung des Verfahrens ab,[253] kann der Auszubildende unmittelbar Klage vor dem Arbeitsgericht erheben. Besteht ein solcher Ausschuss, ist dieser zunächst anzurufen. Der Prozessvoraussetzung des § 111 II 5 ArbGG ist dabei auch schon dann Genüge getan, wenn der Ausschuss entgegen § 111 II 3

---

244 BAG 1.7.1999 AP Nr. 11 zu § 15 BBiG = NZA 1999, 1270.

245 BAG 12.2.2015 AP Nr. 1 zu § 22 BBiG mzustAnm *Lunk* = NZA 2015, 741; vgl. hierzu auch LAG Köln 19.9.2006 LAGE § 22 BBiG 2005 Nr. 1; LAG RhPf 31.8.2007 – 9 Sa 40/07; *Reinartz* DB 2015, 1347 (1348); *Lakies/Malottke* BBiG § 22 Rn. 48; LAG RhPf 31.8.2007 – 9 Sa 40/07.

246 *Herkert/Töltl* BBiG § 22 Rn. 110.

247 *Lakies/Malottke* BBiG § 22 Rn. 54.

248 *Leinemann/Taubert* BBiG § 22 Rn. 73.

249 LAG München 21.11.1958 WA 1961, 149; *Leinemann/Taubert* BBiG § 22 Rn. 80.

250 LAG Nürnberg 25.11.1975 EzB BBiG § 15 Abs. 2 Nr. 1, Nr. 38.

251 BAG 27.5.1993 AP Nr. 9 zu § 22 KO = NZA 1993, 845 (zum alten Recht); *Leinemann/Taubert* BBiG § 22 Rn. 82 f.

252 *Leinemann/Taubert* BBiG § 22 Rn. 84.

253 BAG 17.9.1987 AP Nr. 7 zu § 15 BBiG = NZA 1988, 735.

ArbGG keinen Spruch fällt, aber auf andere Weise zum Ausdruck bringt, dass das Schlichtungsverfahren abgeschlossen ist.[254] Ist die Anrufung des Ausschusses unterblieben, so wird der Verfahrensmangel geheilt, wenn die Anrufung bis zur Entscheidung nachgeholt wird.[255] Für die Anrufung gilt keine Frist. Vielmehr gelten lediglich die Grundsätze über die Verwirkung.[256] Die Frist des § 4 KSchG (iVm § 13 I 2 KSchG) läuft während dieses Verfahrens nicht. Teilweise wird angenommen, eine Verwirkung sei im Zweifel nach Ablauf von drei Wochen anzunehmen.[257] Dem kann nicht gefolgt werden, weil für eine Verwirkung auch ein Umstandsmoment erforderlich ist (→ § 72 Rn. 23 ff.), das sich nicht allein aus dem Zeitablauf ergibt. Allerdings dürfen an das Zeit- und Umstandsmoment mit Blick auf den Zweck des Ausbildungsverhältnisses keine strengen Anforderungen gestellt werden. Die Klage vor dem Arbeitsgericht kann nach dem Spruch des Ausschusses nur innerhalb der Zwei-Wochen-Frist des § 111 II 3 ArbGG erhoben werden (sofern der Spruch eine entsprechende Belehrung enthält, s. § 9 V ArbGG). Hierbei handelt es sich um eine prozessuale Ausschlussfrist.[258] Die Frist des § 4 KSchG greift jedoch nicht.[259] Besteht ein solcher Ausschuss nicht, so muss der Auszubildende dagegen die Klagefrist nach §§ 13, 4 KSchG einhalten, um eine fiktive Wirksamkeit der Kündigung zu vermeiden.[260] Das gilt auch für Kleinbetriebe, weil § 23 I 2 und 3 KSchG die Regelung des §§ 4–7 KSchG gerade nicht für unanwendbar erklären. Gem. § 4 KSchG nF gilt die Klagefrist nunmehr für alle Kündigungsmängel. Zum **Weiterbeschäftigungsanspruch** → Rn. 42. Die Vorschrift des § 13 I 3 KSchG über die **Auflösung** des Arbeitsverhältnisses auf Antrag des AN nach unwirksamer fristloser Arbeitgeberkündigung ist auf das Berufsausbildungsverhältnis nicht anwendbar.[261]

cc) Kündigung durch den Auszubildenden. Für die Kündigung durch den Auszubilden- 108
den gelten dieselben Grundsätze wie bei einer Kündigung des Ausbildenden. Auch hier sind strenge Maßstäbe anzulegen. Der Dauer der zurückgelegten Ausbildung kommt hier bei der Interessenabwägung ebenfalls maßgebliche Bedeutung zu. Vor Ausspruch einer verhaltensbedingten außerordentlichen Kündigung bedarf es grundsätzlich einer **Abmahnung** des Ausbildenden.[262] Eine außerordentliche Kündigung kann bei erheblichen Mängeln der Ausbildung (zB ständige Übertragung ausbildungsfremder Arbeiten) gerechtfertigt sein, erst recht dann wenn Ausbildung nach § 33 BBiG behördlich untersagt wird[263] oder wenn kein geeigneter Ausbilder zur Verfügung steht.[264] Gründe für eine außerordentliche Kündigung können sich ferner aus Körperverletzungsdelikten, Beleidigungen, der Anstiftung zu Straftaten, sexuellen Übergriffen, Verstößen gegen die Arbeitsschutzvorschriften (insbes. des JArbSchG), der Verweigerung der weiteren Ausbildung[265] oder dem Verzug bei der Zahlung der Ausbildungsvergütung ergeben. Kündigungsgründe können auch in der Person des Auszubildenden begründet sein, zB bei im Zusammenhang mit der Tätigkeit auftretenden Allergien. Nicht ausreichend ist aber ein Wohnsitzwechsel des Erziehungsberechtigten.[266] Für den Fall der Aufgabe der Berufsausbildung sowie des Berufswechsels greift die Sonderregelung des § 22 II Nr. 2 BBiG (→ Rn. 98).

dd) Ausschlussfrist. Nach § 22 IV 1 BBiG ist eine außerordentliche Kündigung unwirksam, 109
wenn die **Kündigungsgründe** dem Kündigenden länger als **zwei Wochen** bekannt sind. Die Frist beginnt mit der **Kenntnis** von den die Kündigung rechtfertigenden **Tatsachen.** Für die Berechnung der Frist des § 22 IV 1 BBiG gelten die zu § 626 II BGB für die außerordentliche Kündigung eines Arbeitsverhältnisses entwickelten Grundsätze.[267] Insoweit wird auf das zu § 626 II BGB Ausgeführte (→ § 127 Rn. 20 ff.) verwiesen. Der Ablauf der Frist ist gem. § 22

---

[254] BAG 12.2.2015 AP Nr. 1 zu § 22 BBiG = NZA 2015, 741.

[255] BAG 12.2.2015 AP Nr. 1 zu § 22 BBiG = NZA 2015, 741; 13.3.2007 AP Nr. 13 zu § 14 BBiG = NZA 2007, 1391; 25.11.1976 AP Nr. 4 zu § 15 BBiG.

[256] BAG 13.4.1989 AP Nr. 21 zu § 4 KSchG 1969 = NZA 1990, 395; str., für eine analoge Anwendung des § 4 KSchG: KR/*Weigand* BBiG §§ 21–23 Rn. 116 mwN.

[257] *Kreutzfeld* DB 1995, 975 (976); APS/*Biebl* ArbGG § 111 Rn. 9; aA LAG Köln 21.5.2014 ArbRAktuell 2014, 494.

[258] BAG 13.4.1989 AP Nr. 21 zu § 4 KSchG 1969 = NZA 1990, 395.

[259] LAG MV 30.8.2011 – 5 Sa 3/11.

[260] BAG 26.1.1999 AP Nr. 43 zu § 4 KSchG 1969 = NZA 1999, 934; 5.7.1990 AP Nr. 23 zu § 4 KSchG 1969 = NZA 1991, 671; str., abw. zB *Leinemann/Taubert* BBiG § 22 Rn. 155 ff. mwN.

[261] BAG 29.11.1984 AP Nr. 6 zu § 13 KSchG 1969 = NZA 1986, 230.

[262] LAG Nds 14.8.2006 NZA-RR 2007, 348.

[263] Vgl. ArbG Celle 15.12.1971 EzB BBiG § 15 Abs. 2 Nr. 1, Nr. 39 = ARSt. 1972, 56.

[264] HessLAG 6.2.1981 EzB § 15 Abs. 2 Nr. 1, Nr. 45.

[265] BAG 11.8.1987 AP Nr. 1 zu § 16 BBiG = NZA 1988, 93.

[266] ArbG Verden 17.2.1964 WA 1964, 151.

[267] LAG Köln 25.6.1987 LAGE § 15 BBiG Nr. 4; ErfK/*Schlachter* BBiG § 22 Rn. 8.

IV 2 BBiG gehemmt, solange zwischen den Parteien ein **Güteverfahren** vor einer dafür vorgesehenen außergerichtlichen Stelle schwebt. Ein solches Güteverfahren kann im Ausbildungsvertrag oder einer kollektivrechtlichen Regelung vorgesehen sein. Das BBiG legt keine Voraussetzungen über die Besetzung und das Verfahren der außergerichtlichen Stelle fest. Das Güteverfahren ist nicht identisch mit dem Verfahren nach § 111 II ArbGG. Im Streitfall hat der Kündigende die Einhaltung der Frist darzulegen und zu beweisen (→ § 127 Rn. 39).

110 **d) Formvorschriften.** Während des Berufsausbildungsverhältnisses muss jede Kündigung **schriftlich** (§ 126 BGB; hierzu → § 123 Rn. 49 ff. sowie → Rn. 96) erfolgen. Das gilt für beide Vertragsparteien. Erfolgt die Kündigung aus wichtigem Grund oder durch den Auszubildenden wegen Wechsels oder Aufgabe der Berufsausbildung, so ist sie unter **Angabe der Kündigungsgründe** auszusprechen (§ 22 III BBiG). Eine ohne Angabe der Gründe ausgesprochene Kündigung ist gem. § 125 BGB nichtig.[268] Eine Heilung tritt auch nicht durch Nachschieben der Gründe ein. Dies gilt selbst dann, wenn dem AG die Kündigungsgründe im Zeitpunkt der Kündigung noch unbekannt waren.[269] Der Umfang der anzugebenden Gründe ist nach dem Gesetzeszweck zu beurteilen. Erforderlich ist die Benennung eines konkreten kündigungsrelevanten Sachverhaltes. Der Kündigungsgegner soll sich ein Bild davon machen können, aufgrund welchen Sachverhaltes das Ausbildungsverhältnis beendet wird.[270] Es sind daher die wesentlichen Tatsachen anzugeben. Unzureichend ist Kündigung aus „den bekannten Gründen", die Bezugnahme auf mündlich mitgeteilte Gründe,[271] die Bezugnahme auf gegenüber Dritten (zB der Polizei) abgegebene Erklärungen,[272] die bloße Nennung der verletzten Vertragspflichten[273] oder die Angabe von Werturteilen.[274] In einem Rechtsstreit über die Rechtswirksamkeit der Kündigung kann sich der Kündigende **nur auf die genannten Gründe stützen,**[275] andere als die angegebenen Gründe können nur zur Unterstützung, aber nicht zur selbständigen Begründung der außerordentlichen Kündigung herangezogen werden.[276] Ist der Auszubildende minderjährig, so hat die Begründung gegenüber dem gesetzlichen Vertreter zu erfolgen.[277] Die bloße Mitteilung an den Minderjährigen ist unzureichend.[278]

111 **4. Aufhebungsvertrag.** Grundsätzlich zulässig ist eine **einvernehmliche Beendigung** des Ausbildungsverhältnisses. Hierfür gilt gem. § 10 II BBiG die Formvorschrift des § 623 BGB (→ § 122 Rn. 3). Vereinbarungen, wonach das Arbeitsverhältnis endet, wenn der Auszubildende bestimmte **Berufsschulnoten** nicht erreicht, sind aber wegen Umgehung des Kündigungsschutzes unwirksam.[279]

112 **5. Ablauf der Ausbildungszeit. a) Automatische Beendigung des Berufsausbildungsverhältnisses.** Das Berufsausbildungsverhältnis endet grundsätzlich mit Ablauf der Ausbildungsdauer (§ 21 I 1 BBiG). Die Ausbildungsdauer richtet sich nach der jew. Ausbildungsordnung (§ 5 I Nr. 2 BBiG). Im Falle der **Stufenausbildung** endet das Berufsausbildungsverhältnis mit Ablauf der letzten Stufe (§ 21 I 2 BBiG). Daher besteht nicht mehr die Möglichkeit der Vereinbarung eines Ausbildungsvertrags als Kurzvertrag.[280] In anerkannten Ausbildungsberufen kann nur die in den AusbildungsVOen vorgesehene Ausbildungszeit vereinbart werden. Eine Verlängerung des Berufsausbildungsverhältnisses kann sich aus den Bestimmungen der § 8 BBiG (→ Rn. 114), § 6 III ArbPlSchG (→ § 177 Rn. 5), § 20 I 2 BEEG (→ § 172 Rn. 30), § 4 I 4 PflegeZG (→ § 107 Rn. 5) ergeben. Das Ausbildungsverhältnis verlängert sich nicht **automatisch,** wenn die **Prüfung erst nach Ablauf der Ausbildungszeit** abgelegt wird. Das Gesetz

[268] BAG 17.6.1998 EzB BBiG § 15 Abs. 2 Nr. 1, Nr. 84 (LS); 25.11.1976 AP Nr. 4 zu § 15 BBiG; 22.2.1972 AP Nr. 1 zu § 15 BBiG.
[269] LAG Köln 21.8.1987 EzA Nr. 11 zu § 15 BBiG (LS).
[270] BAG 17.6.1998 EzB BBiG § 15 Abs. 2 Nr. 1, Nr. 84 (LS).
[271] LAG Köln 26.1.1982 LAGE § 15 BBiG Nr. 1.
[272] LAG Nürnberg 21.6.1994 LAGE § 15 BBiG Nr. 8.
[273] LAG Köln 18.2.2004 ZTR 2004, 606 (LS); LAG Hmb 30.9.1994 LAGE § 15 BBiG Nr. 9 (Angabe „unentschuldigtes Fehlen" bei verspäteter Vorlage von Arbeitsunfähigkeitsbescheinigungen).
[274] BAG 25.11.1976 AP Nr. 4 zu § 15 BBiG; LAG Köln 26.1.1982 LAGE § 15 BBiG Nr. 1.
[275] BAG 22.2.1972 AP Nr. 1 zu § 15 BBiG; LAG Hmb 29.8.1997 LAGE § 15 BBiG Nr. 11.
[276] LAG Köln 21.8.1987 EzA Nr. 11 zu § 15 BBiG (LS).
[277] BAG 25.11.1976 AP Nr. 4 zu § 15 BBiG; LAG Nürnberg 21.6.1994 LAGE § 15 BBiG Nr. 8; LAG Düsseldorf 6.11.1973 DB 1974, 928.
[278] BAG 25.11.1976 AP Nr. 4 zu § 15 BBiG.
[279] BAG 5.12.1985 AP Nr. 10 zu § 620 BGB Bedingung = NZA 1987, 20.
[280] *Taubert* NZA 2005, 503 (506); *Hänlein* NZA 2006, 348 (350, 351); *Leinemann/Taubert* BBiG § 5 Rn. 38; ErfK/*Schlachter* BBiG § 5 Rn. 3; offengelassen von BAG 23.1.2018 AP Nr. 363 zu § 1 TVG Tarifverträge: Bau = NZA 2018, 735.

enthält für diesen Fall anders als bei der vorzeitigen Prüfung gerade keine Regelung. Etwas Abweichendes folgt weder aus einer ergänzenden Auslegung von § 21 III BBiG[281] noch einer konkludenten Änderung oder ergänzenden Auslegung des Ausbildungsvertrags. Offengelassen hat das BAG aber die Frage, ob eine erweiternde oder analoge Anwendung von § 21 II BBiG dann in Betracht kommt, wenn der Auszubildende die Verlängerung des Ausbildungsverhältnisses bis zur Bekanntgabe des Prüfungsergebnisses **verlangt.** Das BAG bezeichnet dies als naheliegend, weil nicht feststehe, ob die Prüfung wiederholt werden müsse und so eine lückenlose Fortsetzung des Ausbildungsverhältnisses bis zur Wiederholungsprüfung ermöglicht werde.[282] Eine Verlängerung der Ausbildung gem. dem Rechtsgedanken des § 24 BBiG (hierzu → Rn. 135 ff.) und § 15 V TzBfG kommt nach Ansicht des BAG nur in Betracht, wenn die Parteien das Berufsausbildungsverhältnis fortgesetzt haben, was eine Tätigkeit des Auszubildenden an der betrieblichen Ausbildungsstätte voraussetzt; die bloße Teilnahme am Berufsschulunterricht ist hierfür nicht ausreichend.[283] Da es zur Beendigung wegen der Befristung keiner Kündigung bedarf, sind auch die in → § 129 Rn. 1 ff. aufgeführten Kündigungsbeschränkungen nicht anwendbar. Zu den Folgen einer Weiterbeschäftigung nach Ende des Berufsbildungsverhältnisses → Rn. 135.

b) Abkürzung der Ausbildungszeit. Gem. § 8 I BBiG ist die Ausbildungszeit auf gemeinsamen Antrag von Auszubildendem und Ausbildenden durch die zuständige Stelle (§ 71 BBiG; → § 173 Rn. 16) zu **kürzen,** wenn zu erwarten ist, dass das Ausbildungsziel in der gekürzten Zeit erreicht wird.[284] Maßgebend sind allein leistungsbezogene Merkmale, nicht dagegen persönliche Umstände wie zB eine wirtschaftliche Notlage. Die Verkürzung der Ausbildungszeit führt nicht zu einer (fiktiven) Vorverlegung des Ausbildungsbeginns, so dass die für spätere Abschnitte vorgesehene höhere Ausbildungsvergütung in diesen Fällen nicht bereits zu einem früheren Zeitpunkt zu gewähren ist.[285] Will der AG generell eine nach § 8 I BBiG verkürzte Ausbildung vorsehen, besteht ein Mitbestimmungsrecht des BR nach § 98 BetrVG.[286] Die bisher in § 8 I 2 BBiG geregelte Möglichkeit einer Teilzeitausbildung ist ab dem 1.1.2020 in § 7a BBiG geregelt (hierzu → Rn. 7). 113

c) Verlängerung der Ausbildungszeit. Nach § 8 II BBiG kann die zuständige Stelle die Ausbildungszeit in Ausnahmefällen auf Antrag des Auszubildenden **verlängern,** wenn dies erforderlich ist, um das Ausbildungsziel zu erreichen. Vor der Entscheidung ist der Ausbildende zu hören, weil hierdurch der Ausbildungsvertrag umgestaltet wird. Die Verlängerung kann insbesondere nach einer längeren Krankheit des Auszubildenden oder bei sonstigen Ausfällen der Ausbildung erforderlich sein. Ein solcher Fall kann auch bei einer unwirksamen Kündigung des Ausbildenden und einer dadurch eingetretenen tatsächlichen Unterbrechung der Ausbildung gegeben sein.[287] Die Verlängerung liegt im **pflichtgemäßen Ermessen** der zuständigen Stelle. War der Auszubildende während der Ausbildungszeit fast durchgehend erkrankt, so dass nahezu die gesamte Ausbildung nachgeholt werden müsste, ist eine darauf gestützte Ablehnung der Verlängerung nicht ermessensfehlerhaft.[288] Da das Gesetz keinen Termin für die Antragstellung bestimmt, können Anträge nach § 8 I oder II BBiG auch noch nach Beginn der Ausbildung gestellt werden. Nach § 8 III BBiG kann der Hauptausschuss des Bundesinstituts für Berufsbildung Empfehlungen beschließen, die für die zur Entscheidung zuständigen Stellen bindend sind. 114

d) Auswirkung der Abkürzung und Verlängerung auf den Ausbildungsvertrag. Wird die Ausbildungszeit für einen bestimmten Beruf nachträglich gem. § 8 BBiG durch die zuständige Stelle verkürzt oder verlängert, so verkürzt oder verlängert sich durch diesen **privatrechtsgestaltenden Verwaltungsakt** auch der Berufsausbildungsvertrag, ohne dass es hierzu einer vertraglichen Vereinbarung bedarf.[289] 115

---

[281] BAG 14.1.2009 AP Nr. 1 zu § 24 BBiG = NZA 2009, 738.

[282] BAG 14.1.2009 AP Nr. 1 zu § 24 BBiG = NZA 2009, 738.

[283] BAG 13.3.2007 AP Nr. 13 zu § 14 BBiG = NZA 2007, 1391 (LS), zu § 14 BBiG aF; die Regelungen sind insoweit in der Neufassung des BBiG (§ 21 BBiG) unverändert übernommen worden; BAG 14.1.2009 AP Nr. 1 zu § 24 BBiG = NZA 2009, 738.

[284] Hierzu hat der Bundesausschuss für Berufsbildung am 25.10.1974 entsprechende Kriterien beschlossen (BWP 5/1974).

[285] BAG 8.12.1982 AP Nr. 1 zu § 29 BBiG.

[286] BAG 24.8.2004 AP Nr. 12 zu § 98 BetrVG 1972 = NZA 2005, 371.

[287] Vgl. *Reinartz* DB 2015, 1347 (1351), der insoweit einen Schadensersatzanspruch des Auszubildenden auf Verlängerung der Ausbildung in Betracht zieht, für den dann die Frist des § 23 II BBiG gilt.

[288] VG Gießen 27.5.2009 DB 2009, 1714.

[289] *Leinemann/Taubert* BBiG § 8 Rn. 33; *Lakies/Malottke* BBiG § 8 Rn. 8; vgl. LAG RhPf 20.6.1997 LAGE § 29 BBiG Nr. 1 (zur Vorgängerregelung des § 29 BBiG aF); aA *Natzel* DB 1981, 1407 (1409).

116 **6. Bestehen der Abschlussprüfung. a) Erfolgreiche Prüfung vor Ende der Ausbildungszeit.** Besteht der Auszubildende bereits **vor dem Ende der Ausbildungsdauer** die Abschlussprüfung, so endet das Ausbildungsverhältnis gem. § 21 II BBiG mit **Bekanntgabe des Ergebnisses** durch den Prüfungsausschuss; allein das Ablegen der Prüfungsleistungen ist nicht ausreichend.[290] Auf welche Weise die Mitteilung ergeht, ergibt sich aus der jeweils einschlägigen Prüfungsordnung. Von diesem Zeitpunkt an hat der beschäftigende Betrieb bei einer Weiterbeschäftigung den Facharbeiter- oder Gehilfenlohn zu bezahlen.[291] Umgekehrt verlängert sich das Ausbildungsverhältnis nicht etwa dadurch, dass die **Prüfung** erst **nach dem Ende der Ausbildungsdauer** stattfindet (→ Rn. 112). Die Abschlussprüfung findet bei einer **Stufenausbildung** erst nach der letzten Stufe statt (s. §§ 5 II Nr. 1, 21 I 2 BBiG).

117 **b) Nichtbestehen der Prüfung.** Besteht der Auszubildende die Abschlussprüfung nicht, so endet das Ausbildungsverhältnis an sich mit dem **Ablauf der Ausbildungszeit.** Auf Verlangen des Auszubildenden verlängert es sich jedoch gem. § 21 III BBiG bis zur nächstmöglichen Wiederholungsprüfung, höchstens um ein Jahr. Der Anspruch entsteht mit Kenntnis vom Nichtbestehen der Prüfung. Ein vertraglicher Verzicht auf diesen Anspruch ist nicht möglich. Das **Verlängerungsverlangen** ist eine – formlos mögliche – empfangsbedürftige einseitige Willenserklärung, die automatisch zur Verlängerung des Ausbildungsverhältnisses führt. Eine Frist enthält das BBiG hierfür nicht. Das BAG sieht eine bis zum Ablauf der Ausbildungszeit erfolgte Geltendmachung als wirksam an, ein Verlangen nach diesem Zeitpunkt muss aber aufgrund der Mitwirkungspflicht des Auszubildenden (→ Rn. 88) und wegen des mit der Verlängerung verbundenen Eingriffs in die Berufsfreiheit des Ausbildenden (Art. 12 GG) **unverzüglich** erklärt werden.[292] Ob das Verlängerungsverlangen unverzüglich erklärt wurde, ist nach den Umständen des Einzelfalles zu beurteilen. Dem Auszubildenden muss eine angemessene Zeit bleiben, um zu entscheiden, ob er die Ausbildung fortführen will. Darlegungs- und beweispflichtig für die Rechtzeitigkeit des Verlangens ist der Auszubildende.[293] Die Verlängerung erfolgt bis zur nächsten nach Treu und Glauben[294] tatsächlich und rechtlich möglichen Wiederholungsprüfung, längstens für die Dauer eines Jahres. Die Jahresfrist rechnet bei einem Verlängerungsverlangen vor Ablauf der Ausbildungszeit ab dem Ausbildungszeitende gem. § 21 I 1 BBiG, und zwar auch dann, wenn die Prüfung vor diesem Zeitpunkt stattgefunden hat. Bei einem (unverzüglichen) späteren Verlängerungsverlangen rechnet die Frist ab dem Zugang der Erklärung. In diesem Fall war das Ausbildungsverhältnis rechtlich unterbrochen; die Zeitspanne vom Ausbildungszeitende bis zum Zugang des Verlängerungsverlangens zählt dann weder bei der Betriebszugehörigkeit noch bei der Urlaubsberechnung.[295] Etwas anderes kann sich allerdings aus § 24 BBiG oder einer abweichenden Vereinbarung der Parteien ergeben. Während der Verlängerung befindet sich der Auszubildende nicht im Rechtssinne im 4. Ausbildungsjahr, so dass er nicht etwa eine tariflich vorgesehene erhöhte Ausbildungsvergütung verlangen kann.[296] Das Verlängerungsverlangen kann in entsprechender Anwendung des § 21 III BBiG auch dann gestellt werden, wenn der Auszubildende die **Prüfung entschuldigt,** zB wegen krankheitsbedingter Arbeitsunfähigkeit **versäumt.**[297] Sofern die Abschlussprüfung in zwei zeitlich auseinanderfallenden Teilen durchgeführt wird, ist der erste Teil der Abschlussprüfung nicht eigenständig wiederholbar (§ 37 I 3 BBiG).

118 **c) Wiederholungsprüfung.** Besteht der Auszubildende die Wiederholungsprüfung, endet das Ausbildungsverhältnis damit. Fällt er nochmals durch, kann er die **Prüfung** gem. § 37 I 2 BBiG **ein zweites Mal wiederholen.** In diesem Fall (und im Fall eines entschuldigten Versäumens der Prüfung → Rn. 117) verlängert sich das Ausbildungsverhältnis bei einem Verlängerungsverlangen nochmals bis zur zweiten Wiederholungsprüfung. Eine Verlängerung kann aber

---

290 BAG 20.3.2018 AP Nr. 2 zu § 24 BBiG = NZA 2018, 943.

291 BAG 16.2.1994 AP Nr. 7 zu § 14 BBiG = NZA 1994, 877; 16.2.1994 AP Nr. 6 zu § 14 BBiG = NZA 1994, 855; 16.2.1994 AP Nr. 8 zu § 14 BBiG = NZA 1994, 1006.

292 BAG 23.9.2004 AP Nr. 11 zu § 14 BBiG = NZA 2005, 413; vgl. hierzu auch *Brill* BB 1978, 208.

293 BAG 23.9.2004 AP Nr. 11 zu § 14 BBiG = NZA 2005, 413.

294 Dem Auszubildenden muss eine Ausbildungszeit zugebilligt werden; entscheidend also nicht die zeitlich nächste, sondern die billigerweise zu erwartende Prüfung.

295 *Leinemann/Taubert* BBiG § 21 Rn. 35.

296 BAG 8.2.1978 AP Nr. 1 zu § 10 BBiG; LAG Hamm 14.7.1976 DB 1977, 126; diff. LAG Bln 20.12.1982 LAGE § 14 BBiG Nr. 1.

297 BAG 30.9.1998 AP Nr. 9 zu § 14 BBiG = NZA 1999, 434; LAG RhPf 5.3.1985 EzB BBiG § 14 Abs. 3 Nr. 10.

insgesamt nur für ein Jahr erfolgen.[298] Nach der zweiten Ausbildungsprüfung endet das Ausbildungsverhältnis in jedem Fall, also auch dann, wenn der Auszubildende sie nicht besteht.[299]

d) Prüfungszeugnis. Dem Prüfling ist gem. § 37 II 1 BBiG ein Zeugnis auszustellen. Ausbildenden werden auf deren Verlangen die Ergebnisse der Abschlussprüfung der Auszubildenden übermittelt (§ 37 II 2 BBiG). Sofern die Abschlussprüfung in zwei zeitlich aufeinander folgenden Teilen durchgeführt wird, ist das Ergebnis im ersten Teil der Abschlussprüfung dem Prüfling schriftlich mitzuteilen (§ 37 II 3 BBiG). **119**

Dem Zeugnis ist auf Antrag des Auszubildenden eine englischsprachige und eine französischsprachige Übersetzung beizufügen (§ 37 III 1 BBiG). Diese Regelung dient der Förderung der grenzüberschreitenden Mobilität und der Transparenz der Befähigungsnachweise. Auf Antrag des Auszubildenden ist das Ergebnis berufsschulischer Leistungsfeststellungen im Zeugnis ausgewiesen werden (§ 37 III 2 BBiG). Da für die Berufsschulen keine Pflicht besteht, den für die Erstellung des Abschlusszeugnisses zuständigen Stellen eine Mitteilung über die Benotung zu übermitteln, ist dem Antrag der Nachweis der berufsschulischen Leistungsfeststellungen beizufügen (§ 37 III 3 BBiG). **120**

VIII. Schadensersatz bei vorzeitiger Beendigung

1. Anspruch nach § 23 BBiG. § 23 BBiG regelt die **Rechtsfolgen** wegen vorzeitiger Beendigung des Berufsausbildungsverhältnisses **nach Ablauf der Probezeit.** Die Bestimmung enthält nach dem Wortlaut eine Erweiterung gegenüber den Rechten aus dem allgemeinen Vertragsrecht, da ein Schadensersatzanspruch auch dann gegeben sein kann, wenn die Beendigung wegen einverständlicher Aufhebung des Ausbildungsverhältnisses erfolgt, die Gründe hierzu aber von der Gegenseite zu vertreten sind. § 23 BBiG ist eine Sonderregelung gegenüber § 628 II BGB.[300] Andererseits sind § 628 I und §§ 323 ff. BGB neben § 23 BBiG anwendbar, soweit dort andere Rechtsfolgen als ein Schadensersatzanspruch geregelt sind. Der Schadensersatzanspruch umfasst den gesamten Mehraufwand, der durch die vorzeitige Beendigung des Ausbildungsverhältnisses ausgelöst wird.[301] Er betrifft aber nur das Auflösungsverschulden; neben ihm können Ansprüche aus Verschulden bei Vertragsabschluss[302] (§ 311 II iVm § 280 I BGB) oder der schuldhaften Verletzung vertraglicher Pflichten (§ 280 I BGB) bestehen. **121**

2. Anspruchsvoraussetzungen. Im Einzelnen gilt zu den Anspruchsvoraussetzungen Folgendes: Das Berufsausbildungsverhältnis muss nach Ablauf der Probezeit tatsächlich oder rechtlich **vorzeitig geendet** haben. Es kommt nicht darauf an, ob die den Schadensersatz begehrende Vertragspartei das Ausbildungsverhältnis gelöst hat.[303] Auch die Art des Lösungstatbestandes ist unerheblich. Die **tatsächliche Beendigung** ist ausreichend. Auf eine rechtliche Beendigung kommt es dagegen nicht an, so dass eine wirksame Kündigung nicht verlangt werden kann. Entscheidend ist, dass sich mindestens ein Vertragsteil von dem Ausbildungsverhältnis löst.[304] Ein Schadensersatzanspruch erwächst dann nicht, wenn für die vorzeitige Beendigung ein besonderer Rechtsgrund besteht, wenn sie zB auf einer vorzeitigen Ablegung der Ausbildungsprüfung oder der Kündigung des Auszubildenden wegen Ausbildungswechsels oder Aufgabe der Berufsausbildung beruht (§ 23 I 2 BBiG). Der Anspruchsgegner muss die Gründe zur Auflösung des Ausbildungsverhältnisses zu **vertreten haben.** Zu vertreten hat er eigenen Vorsatz und Fahrlässigkeit und die seiner Erfüllungsgehilfen (§§ 276, 278 BGB). Zu vertreten hat zB der Ausbildende, wenn das Ausbildungsverhältnis infolge einer verschuldeten Insolvenz aufgelöst werden musste. **122**

3. Erstattungsfähiger Schaden. Zu ersetzen ist der Schaden, der infolge vorzeitiger Beendigung des Ausbildungsverhältnisses erwächst. Bei der Schadensermittlung ist das nicht ordnungsgemäß erfüllte Berufsausbildungsverhältnis nach Maßgabe der §§ 249 ff. BGB mit einem ordnungsgemäßen zu vergleichen.[305] Der Schadensersatzpflichtige hat den Zustand herzustellen, **123**

[298] BAG 26.9.2001 NZA 2002, 232 (LS); 15.3.2000 AP Nr. 10 zu § 14 BBiG = NZA 2001, 214; *Leinemann/Taubert* BBiG § 21 Rn. 43; aA LAG Düsseldorf 9.6.1998 LAGE § 14 BBiG Nr. 3.

[299] BAG 15.3.2000 AP Nr. 10 zu § 14 BBiG = NZA 2001, 214.

[300] BAG 8.5.2007 AP Nr. 5 zu § 16 BBiG = NJW 2007, 3594; 17.7.1997 AP Nr. 2 zu § 16 BBiG = NZA 1997, 1224.

[301] BAG 11.8.1987 AP Nr. 1 zu § 16 BBiG = NZA 1988, 93; LAG Nds 14.8.2006 NZA-RR 2007, 348.

[302] BAG 17.7.1997 AP Nr. 2 zu § 16 BBiG = NZA 1997, 1224.

[303] BAG 17.8.2000 AP Nr. 7 zu § 3 BBiG = NZA 2001, 150.

[304] BAG 17.7.2007 AP Nr. 14 zu § 14 BBiG = DB 2008, 709; 17.8.2000 AP Nr. 7 zu § 3 BBiG = NZA 2001, 150.

[305] BAG 17.7.2007 AP Nr. 14 zu § 14 BBiG = DB 2008, 709; 17.7.1997 AP Nr. 2 zu § 16 BBiG = NZA 1997, 1224.

der bestünde, wenn der zum Ersatz verpflichtende Umstand nicht eingetreten wäre. Der Anspruch umfasst gem. § 249 I BGB die Aufwendungen des Geschädigten, soweit er sie nach den Umständen des Falles für erforderlich halten durfte. Dabei ist auf den Zeitpunkt abzustellen, in dem die Maßnahme zu treffen war. Denkbar ist auch ein Anspruch auf Verlängerung der Ausbildungszeit nach einer unwirksamen Kündigung durch den Ausbilder und einer daraus resultierenden tatsächlichen Unterbrechung der Ausbildung (zur Möglichkeit der Verlängerung nach § 8 II BBiG → Rn. 114).[306]

124 Der **Anspruch des ehemaligen Auszubildenden** nach § 23 BBiG umfasst auch Aufwendungen, die erforderlich waren, um die Ausbildung in einem anderen Betrieb fortzusetzen.[307] Hierzu können auch zusätzliche Fahrtkosten zur neuen Ausbildungsstelle gehören. Erstattungsfähig ist ferner ein Verdienstausfall, der sich aus dem Wegfall der Ausbildungsvergütung ergibt.[308] Auf den Betrag ist im Rahmen eines Vermögensvergleichs aber dasjenige anzurechnen, was der frühere Auszubildende aufgrund des schädigenden Ereignisses als vermögenswerten Vorteil durch einen Verdienst aufgrund einer anderweitigen Tätigkeit erworben hat. Hierbei ist eine Gesamtsaldierung für diesen Zeitraum vorzunehmen und nicht etwa ein monatsweiser Vergleich.[309] Ein erstattungsfähiger Schaden kann auch darin bestehen, dass der ehemalige Auszubildende aufgrund eines verzögerten Abschlusses der Ausbildung erst zu einem späteren Zeitpunkt ein seiner Ausbildung entsprechendes Arbeitsverhältnis eingehen kann. Dieser sog. „Verfrühungsschaden" ist dabei aber durch die Dauer der zeitlichen Verschiebung begrenzt.[310] Dagegen wird er nicht durch den Lauf einer fiktiven Kündigungsfrist limitiert. Weil die Bestimmungen des KSchG nicht anwendbar sind und im Ausbildungsverhältnis dem Bestandsschutz – anders als im Arbeitsverhältnis – kein wirtschaftlicher Wert zukommt, umfasst der Anspruch nach § 23 I 1 BBiG keine Abfindung entsprechend den §§ 9, 10 KSchG.[311] Insoweit gilt etwas anderes als bei § 628 II BGB (→ § 127 Rn. 57). Es kann ein nach § 254 BGB anzurechnendes **Mitverschulden** vorliegen, wenn der Geschädigte nicht das nach den Umständen Zumutbare unternimmt, um einen anderen Ausbildungsplatz zu finden. Der Schadensersatzanspruch des Auszubildenden ist ein sog. Bruttoanspruch. Er unterliegt wie der nach § 628 II BGB der Einkommensteuer.[312]

125 Für den **ehemaligen Ausbildenden** können zB Inseratskosten ersatzfähig sein, soweit sie tatsächlich erforderlich waren, um eine erneute Besetzung der Ausbildungsstelle zu ermöglichen.[313] Er kann als Schadensersatz gem. § 23 BBiG dagegen nicht die Kosten für die Übernahme der Tätigkeiten des ehemaligen Auszubildenden durch einen AN verlangen.[314] Dies ergibt sich schon aus dem unterschiedlichen Vertragszweck von Ausbildungsverhältnis und Arbeitsverhältnis.

126 **4. Erlöschen des Anspruchs.** Gem. § 23 II BBiG **erlischt** der Schadensersatzanspruch, wenn er nicht innerhalb von drei Monaten seit Beendigung des Ausbildungsverhältnisses gegenüber dem Anspruchsgegner geltend gemacht wird. Dabei ist auf das **vertragsgemäße rechtliche Ende** des Berufsausbildungsverhältnisses nach § 21 BBiG (vormals § 14 BBiG aF) und nicht auf das tatsächliche Ende der Ausbildung abzustellen.[315] Eine schriftliche Geltendmachung verlangt das Gesetz nicht. Sie kann sich aber aus Beweissicherheitsgründen empfehlen. Ein Güteverfahren nach § 111 ArbGG kommt für die Verfolgung der Schadensersatzansprüche nicht in Betracht, wenn die Beendigung des Ausbildungsverhältnisses feststeht.

IX. Betriebsverfassung

127 **1. Arbeitnehmer.** Auszubildende sind **AN im Sinne des BetrVG** (§ 5 BetrVG). Sie besitzen das **aktive Wahlrecht,** wenn sie am letzten Tage der Stimmabgabe das 18. Lebensjahr vollendet haben (§ 7 BetrVG). **Passiv wahlfähig** sind sie unter den Voraussetzungen von § 8 BetrVG. Voraussetzung ist eine Eingliederung in den Betrieb. Die berufspraktische Ausbildung muss sich im Rahmen des arbeitstechnischen Betriebszweckes vollziehen, zu dessen Erreichung

[306] *Reinartz* DB 2015, 1347 (1351).
[307] BAG 17.7.2007 AP Nr. 14 zu § 14 BBiG = DB 2008, 709; 11.8.1987 AP Nr. 1 zu § 16 BBiG = NZA 1988, 93.
[308] LAG Nds 14.8.2006 NZA-RR 2007, 348.
[309] BAG 8.5.2007 AP Nr. 5 zu § 16 BBiG = NJW 2007, 3594.
[310] HessLAG 2.3.2011 EzB BBiG § 23 Nr. 17; LAG Nds 14.8.2006 NZA-RR 2007, 348.
[311] BAG 16.7.2013 AP Nr. 10 zu § 17 BBiG = NZA 2013, 1202.
[312] LAG Nürnberg 27.10.1987 LAGE § 16 BBiG Nr. 1.
[313] Für den Anspruch gegen einen AN vgl. BAG 26.3.1981 AP Nr. 7 zu § 276 BGB Vertragsbruch.
[314] BAG 17.8.2000 AP Nr. 7 zu § 3 BBiG = NZA 2001, 150.
[315] BAG 17.7.2007 AP Nr. 14 zu § 14 BBiG = DB 2008, 709 (zum inhaltsgleichen § 16 BBiG aF).

die AN des Betriebes zusammenwirken; eine rein schulische Ausbildung stellt keine solche Eingliederung dar.[316] Erfolgt die Berufsausbildung in mehreren Betrieben, so sind die Auszubildenden in dem Betrieb wahlberechtigt, von dem die Ausbildung geleitet wird.[317] Wird die Ausbildung durch einen reinen Ausbildungsbetrieb durchgeführt und findet die praktische Ausbildung in dem Betrieb eines anderen Konzernunternehmens statt, sind die Auszubildenden in analoger Anwendung des § 14 II 2 AÜG berechtigt, an Betriebsversammlungen in dem Einsatzbetrieb teilzunehmen.[318] Zur Wahl von Jugend- und Auszubildendenvertretungen → §§ 227–229 Rn. 1 ff.

2. Personalplanung. AG und BR haben im Rahmen der betrieblichen Personalplanung und in Zusammenarbeit mit den für die Berufsausbildung und den für die Förderung der Berufsbildung zuständigen Stellen zusammenzuarbeiten. Das Mitbestimmungsrecht des PR an der Durchführung der Berufsausbildung iSv § 75 BPersVG betrifft nur die unmittelbar damit zusammenhängenden Maßnahmen.[319] Einzelheiten unter → § 239 Rn. 1 ff. 128

3. Bildungsbeauftragter. Nach § 98 II BetrVG kann der BR der Bestellung einer mit der Durchführung der betrieblichen Berufsbildung beauftragten Person widersprechen oder ihre Abberufung verlangen, wenn diese die persönliche oder fachliche Eignung im Sinne des BBiG nicht besitzt oder ihre Aufgaben vernachlässigt (näher hierzu → § 239 Rn. 7). 129

4. Interessenvertretung. Auszubildende, deren praktische Berufsbildung in einer sonstigen Berufsbildungseinrichtung außerhalb der schulischen und betrieblichen Berufsbildung (§ 2 I Nr. 3 BBiG) mit in der Regel mindestens fünf Auszubildenden[320] stattfindet und die nicht zum BR (§ 7 BetrVG), der Jugend- und Auszubildendenvertretung (§ 60 BetrVG) oder zur Mitwirkungsvertretung (§ 52 SGB IX) wahlberechtigt sind, wählen eine besondere Interessenvertretung (§ 51 I BBiG). Die Regelung gilt gem. § 51 II BBiG mit Rücksicht auf das nach Art. 104 GG iVm Art. 137 WRV verfassungsrechtlich gewährleistete kirchliche Selbstbestimmungsrecht nicht für Berufsbildungseinrichtungen von Religionsgemeinschaften. Ferner gilt es nicht für andere Berufsbildungseinrichtungen, soweit sie vergleichbare Regelungen getroffen haben. Im Wege der RechtsVO können weitere Einzelheiten geregelt werden (§ 52 BBiG). 130

X. Übergang in ein Arbeitsverhältnis

1. Gesetzliche Übernahmeverpflichtung. Hat das Berufsausbildungsverhältnis durch Ablauf der Frist oder durch Bestehen der Prüfung sein Ende gefunden, so sind die Parteien grundsätzlich **nicht verpflichtet,** ein Arbeitsverhältnis zu begründen.[321] Da das Berufsausbildungsverhältnis infolge der Befristung bzw. Eintritts der Bedingung endet, besteht für den Auszubildenden kein Kündigungsschutz. Etwas anderes gilt für Mitglieder der Betriebsverfassungsorgane nach § 78a BetrVG oder nach dem PersVG des Bundes und der Länder (→ § 227 Rn. 14 ff.).[322] Ferner kann ein Einstellungsanspruch bestehen, wenn die Nichtübernahme in ein Arbeitsverhältnis allein aufgrund einer Meinungsäußerung des Auszubildenden erfolgt. In diesem Fall liegt eine Verletzung der Grundrechte des Auszubildenden (hier Art. 5 I GG) vor.[323] Ferner ist nunmehr zudem die Bestimmung sowie des § 612a BGB anwendbar (hierzu → § 108 Rn. 1 ff.). Eine Ablehnung der Übernahme ausschließlich wegen einer bestehenden Schwangerschaft kann als Diskriminierung wegen des Geschlechts gegen § 1 AGG verstoßen.[324] 131

2. Tarifliche oder vertragliche Übernahmeverpflichtung. Die **Verpflichtung zur Begründung eines Arbeitsverhältnisses** kann sich aufgrund Kollektiv- oder Einzelvertrags ergeben.[325] 132

[316] BAG 6.11.2013 AP Nr. 82 zu § 5 BetrVG 1972 = NZA 2014, 678.
[317] BAG 13.3.1991 AP Nr. 2 zu § 60 BetrVG 1972 = NZA 1992, 223.
[318] BAG 24.8.2011 AP Nr. 13 zu § 5 BetrVG 1972 Ausbildung = NZA 2012, 223.
[319] BVerwG 10.11.1999 AP Nr. 4 zu § 78 BPersVG = NZA-RR 2000, 615.
[320] Bei der Ermittlung der Beschäftigtenzahl ist wie bei § 1 BetrVG nicht auf einen bestimmten Beurteilungszeitpunkt abzustellen (→ § 211 Rn. 10). Maßgeblich ist vielmehr die Zahl der bei Rückblick und prognostischer Betrachtung im Allgemeinen beschäftigten Auszubildenden.
[321] BAG 5.4.1984 AP Nr. 2 zu § 17 BBiG = NZA 1985, 329.
[322] Vgl. BAG 23.8.1984 AP Nr. 1 zu § 9 BPersVG.
[323] BVerfG 19.5.1992 BVerfGE 86, 122 = AP Nr. 12 zu Art. 5 Abs. 1 GG Meinungsfreiheit = NJW 1992, 2409.
[324] *Leinemann/Taubert* BBiG § 24 Rn. 6.
[325] Vgl. BAG 17.6.1998 AP Nr. 158 zu § 1 TVG Tarifverträge: Metallindustrie = NZA 1998, 1178; 28.1.1987 AP Nr. 16 zu § 4 TVG Nachwirkung; 13.3.1975 AP Nr. 2 zu § 5 BBiG.

133 In Tarifverträgen zur Beschäftigungssicherung in der Metallindustrie sind vielfach Ansprüche auf Übernahme in ein (befristetes) Arbeitsverhältnis geregelt.[326] Meist enthalten die Verpflichtungsnormen Vorbehalte bei Vorliegen bestimmter personen- oder betriebsbedingter Gründe, die gegen eine Übernahme sprechen. Verstößt der AG gegen die Übernahmeverpflichtung, macht er sich schadensersatzpflichtig, wobei der Schadensersatz regelmäßig auf Geldersatz gerichtet ist.[327] Ein Anspruch auf spätere Begründung eines Arbeitsverhältnisses (anstelle der unmittelbaren Übernahme) besteht nach dem Zweck solcher Tarifregelungen nicht.[328]

134 Die von den zuständigen Stellen herausgegebenen Formblätter für Berufsausbildungsverträge enthielten teilweise noch **Weiterarbeitsklauseln,** wonach ein Arbeitsverhältnis beginnt, wenn nicht drei Monate vor dem Ende des Berufsausbildungsverhältnisses Mitteilung erfolgt, dass die Begründung eines Arbeitsverhältnisses nicht beabsichtigt sei. Die **Nichtverlängerungsmitteilung** ist keine Kündigung, so dass keine Anhörung des BR (§ 102 BetrVG) erfolgen muss. Unterbleibt die Mitteilung, so haben die Parteien ein Arbeitsverhältnis zu vereinbaren, was nach dem Inhalt der Klausel auch dann gelten kann, wenn der Auszubildende die Prüfung nicht besteht.[329] Derartige Weiterarbeitsklauseln sind nach § 12 I BBiG (hierzu → Rn. 34 ff.) insoweit unwirksam, als der Auszubildende zur Meidung des Abschlusses eines Arbeitsvertrags zur Abgabe einer Nichtverlängerungsanzeige gehalten ist.[330] Gegenüber dem AG sind sie jedoch entspr. dem Rechtsgedanken aus § 24 BBiG wirksam.[331] Kommt es über den Inhalt des Arbeitsvertrags nicht zu einer Absprache, so sind branchenübliche Bedingungen als vereinbart anzusehen. Dies folgt daraus, dass mit Abschluss der Weiterarbeitsklausel der Wille zum Ausdruck kommt, nach dem Ende der Berufsausbildung ein Arbeitsverhältnis zu verkehrsüblichen Bedingungen zu begründen. Eine Anwendung von § 15 V TzBfG, § 625 BGB scheidet dagegen aus, weil es an einer Identität von Berufsausbildungs- und Arbeitsverhältnis fehlt. Gelegentlich finden sich Tarifverträge, in denen eine Mitteilungspflicht des AG begründet wird, ob er den Auszubildenden übernehmen will. Aus einer Verletzung der Mitteilungspflicht ergibt sich aber (sofern der Tarifvertrag nichts Abweichendes regelt) noch kein Anspruch auf Übernahme in ein Arbeitsverhältnis[332] Für die Auswahl der weiter zu beschäftigenden Auszubildenden können Auswahlrichtlinien (→ § 238 Rn. 28) bestehen.[333] Die Mitteilung, ein Arbeitsverhältnis nicht begründen zu wollen, ist eine Willenserklärung und nicht eine bloße, auf Zerstörung des Rechtsscheins angelegte Anzeige, keinen Willen zum Abschluss des Arbeitsvertrags zu haben. Sie ist die Ausübung des in der Weiterarbeitsklausel enthaltenen Vorbehaltsrechts. Hieraus folgt, dass sie grundsätzlich an den gesetzlichen Vertreter des Minderjährigen zu richten ist.[334] Dagegen sind auf die Nichtverlängerungsanzeige die Kündigungsbeschränkungen nicht anzuwenden.

135 **3. Weiterarbeit (§ 24 BBiG).** Arbeitet der Auszubildende nach Beendigung des Ausbildungsverhältnisses weiter, ohne dass hierüber ausdrücklich etwas vereinbart wurde, so gilt ein **Arbeitsverhältnis** auf unbestimmte Zeit als **begründet** (§ 24 BBiG).[335] Es handelt sich also um eine gesetzliche **Fiktion.** Diese gilt auch dann, wenn der Auszubildende die Abschlussprüfung nicht bestanden hat.[336] Weitergehend als im Fall § 625 BGB und § 15 V TzBfG wird nicht lediglich das Fortbestehen eines einmal begründeten Vertragsverhältnisses fingiert, sondern darüber hinaus eine Änderung des Vertragsinhalts.

---

326 NRW: BAG 17.1.1998 AP Nr. 158 zu § 1 TVG Tarifverträge: Metallindustrie = NZA 1998, 1178; 12.11.1997 AP Nr. 3 zu § 611 BGB Übernahme ins Arbeitsverhältnis = NZA 1998, 1013; Nordwürttemberg/Nordbaden: BAG 14.10.1997 AP Nr. 154 zu § 1 TVG Tarifverträge: Metallindustrie = NZA 1998, 775; 14.10.1997 AP Nr. 155 zu § 1 TVG Tarifverträge: Metallindustrie = NZA 1998, 778; Rheinland-Pfalz: BAG 14.5.1997 AP Nr. 2 zu § 611 BGB Übernahme ins Arbeitsverhältnis = NZA 1998, 50; Rheinland-Rheinhessen: BAG 29.9.2005 AP Nr. 35 zu§ 611 BGB Haftung des Arbeitgebers; s. hierzu auch *Schulze* NZA 2007, 1329 ff.

327 BAG 14.5.1997 AP Nr. 2 zu § 611 BGB Übernahme ins Arbeitsverhältnis = NZA 1998, 50; 14.10.1997 AP Nr. 155 zu § 1 TVG Tarifverträge: Metallindustrie = NZA 1998, 778.

328 BAG 14.10.1997 AP Nr. 155 zu § 1 TVG Tarifverträge: Metallindustrie = NZA 1998, 778.

329 Vgl. LAG SchlH 7.3.1967 AP Nr. 25 zu § 611 BGB Lehrverhältnisse = DB 1967, 1902.

330 BAG 31.1.1974 AP Nr. 1 zu § 5 BBiG mAnm *Natzel.*

331 BAG 13.3.1975 AP Nr. 2 zu § 5 BBiG.

332 BAG 5.4.1984 AP Nr. 2 zu § 17 BBiG = NZA 1985, 329; 30.11.1984 AP Nr. 1 zu § 22 MTV Ausbildung.

333 LAG Köln 12.4.1983 LAGE § 98 BetrVG 1972 Nr. 1 = EzA Nr. 1 zu § 98 BetrVG 1972.

334 ArbG Rheine 31.5.1968 DB 1968, 1363.

335 Hierzu *Felder* FA 2000, 339; *Benecke* NZA 2009, 820.

336 Vgl. LAG Hamm 14.7.1976 DB 1977, 126; *Benecke* NZA 2009, 820 (821).

Erforderlich ist eine **tatsächliche Tätigkeit,** nicht ausreichend ist dagegen eine Urlaubsgewährung oder bloße Entgeltfortzahlung.[337] Ist der Auszubildende nach Ende des Ausbildungsverhältnisses zunächst arbeitsunfähig oder aus anderen Gründen an der Arbeitsleistung verhindert, kann ein Arbeitsverhältnis auch dann noch begründet werden, wenn der ehemalige Auszubildende unmittelbar nach Wegfall des Hindernisses die Arbeit aufnimmt.[338] **136**

Voraussetzung ist zunächst, dass der ehemalige Auszubildende mit Wissen und Wollen des AG weiterbeschäftigt wird. Ein Arbeitsverhältnis nach § 24 BBiG wird regelmäßig nur dann begründet, wenn der Ausbilder den Auszubildenden außerdem in Kenntnis der Beendigung des Ausbildungsverhältnisses beschäftigt.[339] § 24 BBiG verlangt nämlich nicht lediglich eine Arbeitsleistung des ehemaligen Auszubildenden, sondern eine Handlung („beschäftigt") des Ausbildenden und fingiert dessen auf Abschluss eines Arbeitsvertrags gerichtete Willenserklärung. Diese ist nicht bloß auf Fortsetzung eines bereits begründeten Vertragsverhältnisses gerichtet (wie bei § 625 BGB und § 15 V TzBfG), sondern auf die Begründung eines andersartigen Rechtsverhältnisses mit anderen Rechten und Pflichten, nämlich eines Arbeitsverhältnisses an Stelle des bisherigen Berufsausbildungsvertrags. Eine solche Willenserklärung erfordert aber ein voluntatives Element, das nur bei Kenntnis der Umstände vorliegen kann. Das setzt allerdings keine positive Kenntnis des Ausbilders von der Eröffnung des Ergebnisses der Abschlussprüfung voraus; es genügt, wenn der Ausbilder weiß, dass die erzielten Prüfungsergebnisse zum Bestehen der Abschlussprüfung ausreichen.[340] Die Kenntnis muss in der Person des Ausbildenden bzw. von Mitarbeitern vorliegen, die zum Abschluss von Arbeitsverträgen berechtigt sind. Die Kenntnis sonstiger Mitarbeiter mit Vorgesetzten- oder Aufsichtsfunktion ist dann ausreichend, wenn der Ausbildende sich deren Kenntnis ausnahmsweise nach Treu und Glauben zurechnen lassen muss. Insofern ist auf die zu § 626 BGB entwickelten Grundsätze (→ § 127 Rn. 33) abzustellen.[341] Darlegungs- und beweispflichtig für das Vorliegen der Voraussetzungen von § 24 BBiG ist der Auszubildende. Im Hinblick auf die Kenntnis des Ausbildenden vom Bestehen der Abschlussprüfung reicht es aber aus, wenn der Auszubildende einen Sachverhalt vorträgt und ggf. beweist, der eine entsprechende Kenntnis indiziert. Dem Ausbildenden obliegt es sodann, die Indizien zu erschüttern.[342] **137**

Ungeklärt ist, ob die Weiterbeschäftigung **unmittelbar** nach dem rechtlichen Ende des Ausbildungsverhältnisses erfolgen muss, also an dem nächsten hierauf folgenden Arbeitstag. Hierfür spricht die Formulierung „im Anschluss an das Berufsausbildungsverhältnis." Jedenfalls eine zehntägige Unterbrechung steht der Annahme einer Fortsetzung entgegen.[343] **138**

Die Fiktion des § 24 BBiG greift nicht ein, wenn eine **ausdrückliche** abweichende Vereinbarung getroffen wurde. Beweispflichtig hierfür ist der ehemalige Ausbildende, der sich auf die Vereinbarung beruft.[344] Nach Ansicht des BAG kann sich eine ausdrückliche Erklärung auch aus den Umständen ergeben.[345] Ein bloßer einseitiger Vorbehalt, man wolle den Auszubildenden aus sozialen Gründen für zwei Monate weiterbeschäftigen, reicht hierfür aber nicht aus.[346] Darüber hinaus darf die Vereinbarung nicht nach § 12 BBiG nichtig sein (hierzu → Rn. 34 ff.). Soll eine befristete Beschäftigung vereinbart werden, bedarf dies gem. § 14 IV TzBfG der Schriftform. Grundsätzlich ist auch die Vereinbarung einer Probezeit möglich (→ § 182 Rn. 1), und zwar auch bei einer Beschäftigung im erlernten Beruf, weil die Ausbildung und die Tätigkeit als AN einen unterschiedlichen Zweck haben.[347] **139**

Liegen die Voraussetzungen des § 24 BBiG vor, erlangt der ehemalige Auszubildende einen notfalls nach § 612 BGB zu bemessenden Vergütungsanspruch. Dieser entfällt jedoch mit Abschluss eines Verlängerungsvertrags aufgrund § 21 III BBiG. Es ist ihm die Vergütung, die seiner Beschäftigung entspricht, zu zahlen.[348] Ist die Prüfung bestanden, ist dies die Vergütung **140**

---

337 *Benecke* NZA 2009, 820 (821).

338 *Leinemann/Taubert* BBiG § 24 Rn. 11; *Benecke* NZA 2009, 820 (821); aA *Lakies/Malottke* BBiG § 24 Rn. 16.

339 BAG 20.3.2018 AP Nr. 2 zu § 24 BBiG = NZA 2018, 943; *Leinemann/Taubert* BBiG § 24 Rn. 13; *Lakies/Malottke* BBiG § 24 Rn. 18; aA im Hinblick auf die Kenntnis vom Bestehen der Prüfung ErfK/*Schlachter* BBiG § 24 Rn. 3; sowie *Benecke* NZA 2009, 820 (822 f.), die als Korrektiv ein einseitiges Widerspruchsrecht des AG annimmt.

340 BAG 20.3.2018 AP Nr. 2 zu § 24 BBiG = NZA 2018, 943.

341 BAG 20.3.2018 AP Nr. 2 zu § 24 BBiG = NZA 2018, 943.

342 BAG 20.3.2018 AP Nr. 2 zu § 24 BBiG = NZA 2018, 943.

343 BAG 2.12.1998 AP Nr. 8 zu § 625 BGB = NZA 1999, 482.

344 Vgl. BAG 30.11.1984 AP Nr. 1 zu § 22 MTV Ausbildung.

345 BAG 30.11.1984 AP Nr. 1 zu § 22 MTV Ausbildung.

346 LAG Düsseldorf 22.10.1985 DB 1986, 176 = EzB BBiG § 17 Nr. 15.

347 Einschränkend *Leinemann/Taubert* BBiG § 24 Rn. 23.

348 ArbG Kiel 7.10.1970 AP Nr. 1 zu § 17 BBiG.

für den erlernten Beruf. Wurde die Prüfung nicht bestanden, kann nur auf die Tätigkeit abgestellt werden, mit der der ehemalige Auszubildende weiterbeschäftigt wird.[349]

141 **4. Mitwirkung des Betriebsrats.** Weil für das Vorliegen einer Einstellung iSv § 99 I BetrVG auf die tatsächliche Eingliederung in den Betrieb abzustellen ist (→ § 240 Rn. 11), hat der BR nach §§ 99 ff. BetrVG ein **Mitwirkungsrecht,** wenn das Ausbildungsverhältnis in ein Arbeitsverhältnis überführt wird, es sei denn es liegt ein Fall des § 78a BetrVG vor (→ § 240 Rn. 12).

142 **5. Anrechnung der Ausbildungszeit.** Wird der Auszubildende in ein Arbeitsverhältnis übernommen oder wird die Begründung eines Arbeitsverhältnisses gem. § 24 BBiG fingiert, ist die Ausbildungszeit auf die **Wartefrist des § 1 KSchG** anzurechnen (→ § 130 Rn. 25). Das Gleiche gilt aufgrund der Regelung in § 1 II EFZG für die **Wartezeit des § 3 III EFZG.**[350] Dagegen ist das Berufsausbildungsverhältnis kein Arbeitsverhältnis iSd Vorbeschäftigungsverbotes für eine sachgrundlose Befristung nach **§ 14 II 2 TzBfG.**[351] **Tarifverträge,** die während der Ausbildung in Kraft waren, sich zur Zeit der Begründung des unmittelbar anschließenden Arbeitsverhältnisses im Nachwirkungszeitraum nach § 4 V TVG befanden, gelten auch für den ehemaligen Auszubildenden kraft **Nachwirkung.**[352]

§ 175. Sonstige Berufsausbildung

Übersicht

I. Abgrenzung

1 Eine Berufsausbildung im Sinne des BBiG liegt nur dann vor, wenn der AN für einen **anerkannten Ausbildungsberuf** ausgebildet wird (→ § 173 Rn. 7; → § 174 Rn. 25 ff.), auch wenn diese wiederholt zu verschiedenen Berufen erfolgt. Zur **Umschulung** → § 15 Rn. 16 f. Im Berufsleben kommt es vor, dass jemand eingestellt wird, um ihm die Möglichkeit zu geben, berufliche Kenntnisse, Fertigkeiten und Erfahrungen zu sammeln, ohne dass dies im Rahmen einer Ausbildung in einem staatlich anerkannten Ausbildungsberuf erfolgen soll. Das gilt insbesondere für Anlernlinge, Volontäre und Praktikanten (→ § 15 Rn. 1 ff.). Ferner ergibt sich in der betrieblichen Praxis häufig die Notwendigkeit, einen AN kurzfristig für bestimmte Zwecke auszubilden.

2 Denkbar sind zwei Formen vertraglicher Gestaltungsmöglichkeiten, nämlich ein normaler **Arbeitsvertrag** (→ Rn. 3) sowie ein besonderer **Ausbildungsvertrag** (§ 26 BBiG; → Rn. 4).

II. Arbeitsvertrag

3 Wird ein AN eingestellt, um berufliche Kenntnisse, Fertigkeiten oder Erfahrungen zu erwerben, so kann mit ihm ein Arbeitsvertrag vereinbart werden. Ein Arbeitsverhältnis liegt aber nur vor, sofern die **Leistung von Arbeit** (und nicht die Fortbildung) **im Vordergrund** steht.[1] Die Bestimmungen des BBiG finden auf ein solches Arbeitsverhältnis keine Anwendung, weil es von dem Verweis in § 26 BBiG nicht erfasst wird. Aus einem solchen Arbeitsvertrag ergeben sich die normalen Rechte und Pflichten eines Arbeitsverhältnisses. Insbesondere hat der AN Anspruch auf Vergütung. Sind die Parteien tarifgebunden oder ist der Tarifvertrag allgemeinverbindlich, so hat der AN regelmäßig Anspruch auf die volle Vergütung, die für die Arbeit in der entsprechenden Tarifgruppe zu zahlen ist. Es kann nur dann etwas anderes gelten, wenn der Tarifvertrag ein geringeres Entgelt für noch nicht voll eingearbeitete AN vorsieht. Ist mit dem

[349] *Benecke* NZA 2009, 820 (825).
[350] BAG 20.8.2003 AP Nr. 20 zu § 3 EntgeltFG = NZA 2004, 205.
[351] BAG 21.9.2011 AP Nr. 86 zu § 14 TzBfG = NZA 2012, 255.
[352] BAG 7.5.2008 AP Nr. 30 zu § 4 TVG = NZA 2008, 886.
[1] BAG 5.12.2002 AP Nr. 2 zu § 19 BBiG = DB 2004, 141.

Arbeitsvertrag eine schulische Ausbildung eng verzahnt, zB bei den Beratungsanwärtern der Bundesagentur für Arbeit, so kann auch in diesen Fällen die Vergütung tariflich geregelt werden.[2] Ist die Ausbildung mit erheblichen Kosten für beide Parteien verbunden, etwa bei Piloten, so kann sich auch dann, wenn das Recht zur ordentlichen Kündigung nicht ausgeschlossen ist, aus dem Vertragszweck ergeben, dass nur wegen fehlender Eignung gekündigt werden kann.[3]

III. Besonderer Ausbildungsvertrag

1. Rechtsnatur. Die Parteien können einen besonderen Ausbildungsvertrag vereinbaren, wenn jemand eingestellt wird, um ihm berufliche Kenntnisse, Fähigkeiten und Erfahrungen zu vermitteln, ohne dass es sich um eine Berufsausbildung iSd BBiG handelt. Nicht zulässig ist es deshalb, für die Ausbildung in einem anerkannten Ausbildungsberuf ein anderes Vertragsverhältnis gem. § 26 BBiG zu vereinbaren (auch → § 174 Rn. 27). Ein solcher Vertrag ist nach § 134 BGB nichtig, mit der Folge, dass ein fehlerhaftes Arbeitsverhältnis (→ § 34 Rn. 51, auch als faktisches Arbeitsverhältnis bezeichnet) mit einer entsprechenden Vergütungspflicht (§ 612 II BGB) anzunehmen ist.[4] Von einem Arbeitsverhältnis unterscheidet sich ein Vertrag gem. § 26 BBiG dadurch, dass bei ihm der **Ausbildungszweck im Vordergrund** steht.[5] Aus diesem Grunde sind hierauf nach § 26 BBiG einzelne für den Berufsausbildungsvertrag geltenden Bestimmungen anwendbar. Der im besonderen Ausbildungsverhältnis Beschäftigte hat daher in jedem Fall einen unabdingbaren Anspruch auf **angemessene Vergütung** (§ 17 BBiG). Damit kann grundsätzlich ein Praktikant oder Volontär nicht ohne Vergütung beschäftigt werden (Einzelheiten → § 15 Rn. 1 ff.).[6] Voraussetzung für die Anwendbarkeit der Schutznorm des § 26 BBiG ist aber eine Eingliederung in den Betrieb. Der Vertragspartner muss durch ein Mindestmaß an Pflichtenbindung am arbeitstechnischen Zweck des Betriebes mitwirken. Daran fehlt es zB, wenn keinerlei Anwesenheits- und Mitwirkungspflichten des Fortzubildenden bestehen.[7] Nicht unter den Anwendungsbereich des § 26 BBiG fällt die Berufsausbildungsvorbereitung iSv § 1 II BBiG (str., → § 15 Rn. 3). Bei einer **Einstiegsqualifizierung** nach § 54a SGB III dürfte § 26 BBiG allerdings dann anwendbar sein, wenn hierbei (unter Eingliederung in den Betrieb) bereits berufliche Fertigkeiten, Kenntnisse, Fähigkeiten oder berufliche Erfahrungen vermittelt werden und nicht lediglich Fertigkeiten im Vorfeld des beruflichen Bereichs. Nicht unter § 26 BBiG fallen **Umschulungsverhältnisse** (hierzu → § 15 Rn. 16), weil die Bestimmung nur solche Rechtsverhältnisse erfasst, in denen erstmals Kenntnisse oder Fertigkeiten vermittelt werden.[8] 4

2. Anwendbare Vorschriften des BBiG. Nach § 26 BBiG finden für das besondere Ausbildungsverhältnis die §§ 10–16, § 17 I, 6 und 7, §§ 18–23 und § 25 BBiG mit drei Ausnahmen Anwendung. **(1)** Die **Probezeit** kann auf weniger als einen Monat abgekürzt werden, wobei das Gesetz keine Untergrenze vorschreibt. **(2)** Es kann auf die **schriftliche Niederlegung der Vertragsbestimmungen** verzichtet werden. Damit ist aber nicht entbehrlich eine Vereinbarung über Art und Dauer der Ausbildung, den Ausbildungsplan, Ausbildungsmaßnahmen und die sonstigen aufgezählten Vertragsbedingungen. Unberührt bleibt die schriftliche Niederlegung nach dem NachwG. **(3)** Schließlich ist ein **Schadensersatzanspruch** nach § 23 I 1 BBiG ausgeschlossen, wenn der Vertrag nach Ablauf der Probezeit vorzeitig beendet wird. Da § 26 BBiG lex specialis ist im Verhältnis zu § 628 BGB (iVm § 10 II BBiG), kann auch aus dieser Bestimmung kein Schadenersatzanspruch hergeleitet werden,[9] sofern ein Rechtsverhältnis nach § 26 BBiG und kein Arbeitsverhältnis (→ Rn. 3) vorliegt. 5

Es besteht ein Anspruch auf Zahlung einer **angemessenen Vergütung nach § 17 I BBiG.** 6
Nicht anwendbar sind aber die Regelungen in § 17 II–V BBiG, insbes. die Regelung in § 17 II

[2] BAG 30.4.1987 AP Nr. 2 zu § 1 TVG Ausbildungsverhältnis = NZA 1987, 818; 20.1.1977 AP Nr. 1 zu § 1 TVG Ausbildungsverhältnis.
[3] BAG 22.6.1972 AP Nr. 1 zu § 611 BGB Ausbildungsverhältnis; vgl. BAG 20.1.1977 AP Nr. 1 zu § 1 TVG Ausbildungsverhältnis; zum Schadensersatz bei fehlgeschlagener Ausbildung: BAG 24.6.1999 AP Nr. 36 zu § 611 BGB Ausbildungsverhältnis = NZA 1999, 1275.
[4] BAG 27.7.2010 AP Nr. 3 zu § 4 BBiG = DB 2011, 943.
[5] BAG 5.12.2002 AP Nr. 2 zu § 19 BBiG = DB 2004, 141; 15.12.1993 AP Nr. 17 zu § 611 BGB Ausbildungsbeihilfe = NZA 1994, 835.
[6] ArbG Berlin 7.2.1992 NZA 1992, 842.
[7] BAG 17.7.2007 AP Nr. 3 zu § 19 BBiG = NZA 2008, 416.
[8] BAG 12.2.2013 AP Nr. 6 zu § 16 BBiG = NZA 2014, 31; ErfK/*Schlachter* BBiG § 26 Rn. 1.
[9] *Leinemann/Taubert* BBiG § 26 Rn. 37.

BBiG über den Ausschluss der Angemessenheit bei Unterschreiten der dort geregelten Mindestvergütungssätze.

7 Nicht anwendbar ist die Regelung in § 24 BBiG über die Folgen einer Weiterarbeit nach Ende des Vertragsverhältnisses. Soweit die Vorschriften des BBiG gelten, sind diese nach § 25 BBiG **unabdingbar.**

§ 176. Fortbildungsvertrag

Muster: Schaub ArbRFV-HdB/*Klagges* A. Rn. 202 ff.

Übersicht

I. Allgemeines

1 **1. Zweck.** Der Berufsfortbildungsvertrag soll es dem AN ermöglichen, die berufliche Handlungsfähigkeit durch eine Anpassungsfortbildung zu erhalten und anzupassen oder die berufliche Handlungsfähigkeit durch eine Fortbildung der höherqualifizierenden Berufsbildung zu erweitern und beruflich aufzusteigen **(§ 1 IV BBiG).** Die Fortbildung kann also entweder darauf abzielen, die berufliche Handlungsfähigkeit zu erhalten oder anzupassen **(Anpassungsfortbildung)** oder darauf, einen beruflichen Aufstieg zu ermöglichen **(Aufstiegsfortbildung).** Eine gesonderte **gesetzliche Regelung** des Berufsfortbildungsvertrags fehlt. Das BBiG enthält hierfür Bestimmungen in §§ 53–57 BBiG. Für den Bereich des Handwerks gelten die §§ 42 ff. HwO. Auf Berufsfortbildungsverträge ist nach seiner systematischen Stellung § 23 BBiG (Schadensersatz; → § 174 Rn. 121 ff.) nicht, auch nicht entsprechend anzuwenden.

2 **2. Fortbildungsvertrag.** Die Fortbildung kann sowohl im Rahmen eines schon bestehenden Arbeitsverhältnisses auf der Grundlage einer entsprechenden ergänzenden Vertragsabrede als auch aufgrund eines eigenständigen Fortbildungsvertrags erfolgen. Die Ausbildung kann dabei innerbetrieblich oder außerhalb des Betriebes durchgeführt werden.

3 **3. Öffentliche Förderung.** Die Bundesagentur für Arbeit fördert die **berufliche Weiterbildung** (→ § 22 Rn. 13 ff.). Die Förderung erfolgt, um die Arbeitslosigkeit zu vermeiden und AN mit fehlendem Berufsabschluss zu qualifizieren (Einzelheiten §§ 77 ff. SGB III). Zur betrieblichen Einstiegsqualifizierung → § 175 Rn. 4.

4 Ziel des Gesetzes zur Förderung der beruflichen **Aufstiegsfortbildung** (Aufstiegsfortbildungsförderungsgesetz – AFBG) idF vom 15.6.2016 (BGBl. I 1450), neugefasst am 12.8.2020 (BGBl. I 1936) ist es, Teilnehmerinnen und Teilnehmern an Maßnahmen der beruflichen Aufstiegsfortbildung durch Beiträge zu den Kosten der Maßnahme und zum Lebensunterhalt finanziell zu unterstützen (auch → § 173 Rn. 6).

5 Aufwendungen von AN zur beruflichen Fortbildung können uU **steuerlich** absetzbare Werbungskosten gem. § 9 I 1 EStG sein (Berufsausbildungskosten sind nach Maßgabe des § 10 I Nr. 7 EStG als Sonderausgaben absetzbar).

6 **4. Zuständige Stellen.** Die **zuständigen Stellen** für die berufliche Fortbildung und Umschulung ergeben sich aus der Bekanntmachung des Verzeichnisses der anerkannten Ausbil-

dungsberufe und des Verzeichnisses der zuständigen Stellen vom 25.8.2020 (https://www.bbib.de; → § 173 Rn. 16).

In Teil B sind die **Regelungen des Bundes** für die berufliche Fortbildung und Umschulung sowie Empfehlungen des Bundes für die Durchführung von Fortbildungslehrgängen zusammengefasst. Insbesondere ergeben sich hieraus die Regelungen für die Meisterprüfung nach § 45 HwO, die fortbestehenden Regelungen und die RechtsVO über die Anforderungen in Meisterprüfungen. 7

II. Pflichten des Arbeitgebers aus dem Fortbildungsvertrag

1. Schulungspflicht. Hauptpflicht des AG ist, den AN auf dem vereinbarten Gebiet zu schulen oder schulen zu lassen. Die dem AN vermittelten Kenntnisse müssen für diesen **zusätzliche Vorteile** bewirken, andernfalls kann eine bloße **Einweisung** oder **Einarbeitung** in den Arbeitsplatz vorliegen. Zur Erreichung des Fortbildungszieles wird der AG dem AN regelmäßig die betrieblichen Lehr- und Lernmittel zur Verfügung zu stellen. 8

2. Arbeitsentgelt. Umstritten ist, ob der AG zur Zahlung einer Vergütung **verpflichtet** ist. Das BAG hat einen Anspruch in einer vor Erlass des BBiG ergangenen Entscheidung verneint,[1] während in der Literatur teilweise eine Vergütungsverpflichtung angenommen wurde.[2] Zutreffenderweise dürfte auf die getroffenen Vereinbarungen abzustellen sein[3] und darauf, inwieweit der AN in dem betreffenden Zeitraum (auch) eine Arbeitsleistung für den Betrieb erbringt, die gem. § 611 I BGB zu vergüten ist. Jedenfalls lässt sich ein Entgeltanspruch nicht aus § 17 BBiG ableiten, weil diese Bestimmung nur für das Berufsausbildungsverhältnis sowie die in § 26 BBiG geregelten Vertragsbeziehungen gilt. 9

Wird Vergütung gezahlt, so ist diese beitragspflichtiges Einkommen im Sinne der **Sozialversicherung** und Arbeitseinkommen im Sinne des **Steuerrechts.** Steuerpflichtig sind auch Zuwendungen an AN, um ihre Bemühungen zur beruflichen Fortbildung anzuerkennen. Steuerfrei sind Beihilfen nach § 3 Nr. 11 EStG. 10

3. Kosten. Regelmäßig wird der AG die Kosten der Fortbildung übernehmen; hierzu gehören regelmäßig Reise-, Übernachtungs-, Verpflegungskosten und die Kosten der Schulung und Unterweisung. Insoweit ist auch eine Pauschalierungsvereinbarung denkbar. 11

4. Nebenpflichten. Im Übrigen obliegen dem AG **dieselben Pflichten** wie in sonstigen Arbeitsverträgen. Er hat also dem AN **Urlaub** und, soweit die Fortbildung im Betrieb erfolgte, ein **Zeugnis** zu erteilen. Die Erteilung des Urlaubes kann nicht zur Unzeit erfolgen, dh zu einem Zeitpunkt, in dem die Fortbildungsmaßnahmen erheblich gestört würden. 12

III. Pflichten des Fortzubildenden

Hauptpflicht des Fortzubildenden ist, während des Fortbildungsvertrags alles daran zu setzen, das Ziel der vereinbarten Fortbildung zu erreichen. Er hat also die vereinbarten Kurse zu besuchen, den Lehr- und Lernstoff zu erarbeiten und durchzuarbeiten, die betrieblichen Fortbildungsarbeiten zu verrichten usw. Erfolgt die Fortbildung im Rahmen eines bestehenden Arbeitsverhältnisses, gelten unverändert die hieraus folgenden Nebenpflichten (→ § 53 Rn. 1 ff.). Aber auch bei einem gesonderten Fortbildungsvertrag werden entsprechende Verpflichtungen begründet, so dass auch hier zB Obhutspflichten und Treuepflichten – wie auch bei einem Auszubildenden (→ § 174 Rn. 90 f.) – bestehen. 13

IV. Beendigung des Fortbildungsvertrags

1. Zweckerreichung. Ein gesonderter Fortbildungsvertrag endet, wenn das mit ihm bezweckte **Ziel** erreicht ist (Ablegung der berufsrechtlich vorgeschriebenen Prüfungen) oder wenn die **Zeit,** für die er eingegangen ist, abgelaufen ist. Dies wird auch dann der Fall sein, wenn der Fortzubildende in diesem Zeitpunkt die berufsrechtlich notwendigen Prüfungen noch nicht abgelegt hat. Allerdings hat der Fortzubildende das Recht, etwaige Wiederholungsprüfungen auf eigene Kosten durchzuführen. Insoweit ist der AG verpflichtet, den AN von der Arbeit freizustellen. Die Schriftform des § 14 IV TzBfG für die Befristung ist nur dann einzuhalten, wenn ein Arbeitsvertrag vereinbart wurde. 14

---

[1] BAG 29.6.1962 AP Nr. 25 zu Art. 12 GG.
[2] *Hohn* BB-Beil. 3/1964 zu Heft 15, 1 ff.; *Fauth* DB 1965, 1478 (1482).
[3] So *Leinemann/Taubert* BBiG § 1 Rn. 41.

15 **2. Kündigung.** Im Wege der Auslegung des Fortbildungsvertrags ergibt sich zumeist, dass das Recht zur ordentlichen Kündigung ausgeschlossen ist.[4] **Außerordentlich** kann es gem. § 626 BGB aus wichtigem Grund gekündigt werden. Wichtiger Grund kann auch sein, dass der Fortzubildende nach den bisherigen Leistungen und nach objektiver Anschauung nicht mehr in der Lage ist, das vereinbarte Fortbildungsziel zu erreichen.

16 Schließlich hat der **Fortzubildende** das Recht zur außerordentlichen Kündigung, wenn er die vereinbarte Fortbildung nicht mehr fortsetzen will. Jedoch kann er, sofern eine Rückzahlungsverpflichtung auch für den Fall des Abbruchs vorgesehen ist (→ Rn. 22), verpflichtet sein, die dem AG erwachsenen Auslagen zu ersetzen. Voraussetzung ist aber, dass dem Fortzubildenden eine angemessene Überlegungszeit gewährt worden ist, in der er ohne Kostenrisiko entscheiden kann, ob er die Ausbildung aufgeben oder fortsetzen will.[5] Wurde eine Fortbildungsvergütung bezahlt, so ist nach § 287 I ZPO zu schätzen, inwieweit diese eine etwaige Arbeitsleistung abgelten sollte und inwieweit sie der Ermöglichung der Fortbildung diente. Hat der AG zu Unrecht gekündigt und ist er mit der Fortbildung in Schuldnerverzug gekommen, so braucht sich der Fortzubildende nicht als Schadensmitverursachung anrechnen zu lassen, wenn er unterdessen ein Studium aufgenommen hat.[6]

17 **3. Arbeitsvertrag.** Bei einer Fortbildung im Rahmen eines bestehenden Arbeitsverhältnisses treten mit Beendigung der Fortbildungsvereinbarung die ursprünglichen Rechte und Pflichten aus dem Arbeitsverhältnis wieder in Kraft. War das Arbeitsverhältnis, etwa bei Umschulung und Fortbildung durch die Agentur für Arbeit, zuvor beendet, so entsteht nach Ablauf der Fortbildung nicht ohne Weiteres ein Wiedereinstellungsanspruch des AN.[7]

V. Rückzahlungsklausel

Muster: Schaub ArbRFV-HdB/*Klagges* A. Rn. 207; *Fuhlrott/Hoppe* AuA 2012, 427; *Dorth* RdA 2014, 287.

18 **1. Grundsatz.** Wenn AG die Fortbildungskosten ihrer AN übernehmen oder sich hieran beteiligen, tun sie das regelmäßig, um sich einen qualifizierten Nachwuchs zu verschaffen und damit in der Erwartung, dass der AN nach Beendigung der Fortbildung einen gewissen Zeitraum in ihren Diensten bleibt. Zumeist werden daher für den Fall Rückzahlungsklauseln vereinbart, dass der AN nach Beendigung der Fortbildung seine Stelle nicht antritt oder das Arbeitsverhältnis vor Ablauf bestimmter Fristen beendet. Grundsätzlich steht es dem AG zwar frei, die Kosten einer von ihm finanzierten beruflichen Aus- oder Fortbildung, die die Arbeitsmarktchancen eines AN erhöht, auf den AN abzuwälzen. Das gilt aber nur dann, wenn es sich nicht um eine Investition im Interesse des AG handelt. In einem solchen Fall gelten die für die Zulässigkeit von Rückzahlungsklauseln entwickelten Grundsätze. Dem AN muss die Möglichkeit eingeräumt werden, der Rückzahlungspflicht durch Betriebstreue zu entgehen, und zwar entweder durch die Aufnahme eines Arbeitsverhältnisses oder das Aufrechterhalten eines bestehenden Arbeitsverhältnisses.[8] Ohne eine Rückzahlungsvereinbarung ist der AN zur Erstattung von Fortbildungskosten nicht verpflichtet. Weil hierfür keine Formvorschriften gelten, kann die Vereinbarung auch mündlich getroffen werden.[9]

19 Von den Rückzahlungsklauseln sind solche Verträge zu unterscheiden, nach denen sich der AN verpflichtet, zu den Ausbildungskosten beizutragen, die Beträge aber zunächst **gestundet** werden.[10] Die vom BAG entwickelten Grundsätze zur Zulässigkeit von Rückzahlungsvereinbarungen gelten demgegenüber uneingeschränkt, wenn die Parteien vereinbaren, dass der Rückzahlungsbetrag als **Darlehen** geschuldet werden soll.[11] Im Übrigen reicht es für die Einordnung als Darlehensvertrag gem. § 488 BGB ohnehin nicht aus, wenn der Sache nach eine Vereinbarung über die Rückzahlung von Ausbildungskosten vorliegt, die von den Parteien lediglich fälschlicherweise als „Darlehen" bezeichnet wird.[12] Ein echtes Darlehen kann allenfalls dann

[4] Vgl. BAG 22.6.1972 AP Nr. 1 zu § 611 BGB Ausbildungsverhältnis.
[5] BAG 20.2.1975 AP Nr. 2 zu § 611 BGB Ausbildungsbeihilfe; → Rn. 21.
[6] BAG 30.5.1975 AP Nr. 2 zu § 284 BGB.
[7] BAG 10.11.1977 AP Nr. 1 zu § 611 BGB Einstellungsanspruch.
[8] BAG 18.11.2008 NZA 2009, 435; vgl. auch LAG Köln 27.5.2010 NZA-RR 2011, 11.
[9] LAG Nürnberg 20.8.2014 NZA-RR 2015, 123.
[10] BAG 16.10.1974 AP Nr. 1 zu § 1 BBiG.
[11] BAG 26.10.1994 AP Nr. 19 zu § 611 Ausbildungsbeihilfe = NZA 1995, 305.
[12] Vgl. BAG 18.3.2008 AP Nr. 12 zu § 310 BGB = NZA 2008, 1004.

vorliegen, wenn der AN die Kosten in jedem Fall, also unabhängig von der Betriebstreue, zurückzahlen muss[13] und wenn die Fortbildung nicht ausschließlich im Interesse des AG erfolgt.

20 **2. Arbeitsvertragliche Regelungen. a) Vertragsfreiheit.** Für Rückzahlungsklauseln in Arbeitsverträgen gilt grundsätzlich das Prinzip der Vertragsfreiheit. Die Vertragsfreiheit findet ihre Grenze, wo sie durch Gesetz, Tarifverträge oder Betriebsvereinbarung eingeschränkt ist. Arbeitsvertraglich vereinbarte Rückzahlungsverpflichtungen sind zudem eingeschränkt durch **§§ 305 ff. BGB.** Zu den Voraussetzungen für die Geltung des AGB-Rechts → § 35 Rn. 2 ff. Bei den **Richtlinien** für Arbeitsverträge in den Einrichtungen des **Deutschen Caritasverbandes** handelt es sich um Allgemeine Geschäftsbedingungen, auf die nach § 310 IV BGB die §§ 305 ff. BGB anzuwenden sind.[14] Im **kirchlichen Bereich** sind allerdings nach der Rechtsprechung des BAG gerade bei Rückzahlungsklauseln von den allgemeinen Grundsätzen abweichende Gestaltungen zulässig.[15] Es sind hier die für die Überprüfung tarifvertraglicher Regelungen geltenden Grundsätze (→ Rn. 36) entsprechend heranzuziehen. Nach der früheren Rechtsprechung des BAG galt das allerdings nur, soweit die Richtlinien einschlägige tarifvertragliche Bestimmungen ganz oder ihrem wesentlichen Inhalt nach übernehmen.[16] Nunmehr hält das BAG an dieser Voraussetzung nicht mehr fest, macht die eingeschränkte Überprüfbarkeit aber ausdrücklich davon abhängig, dass die Arbeitsvertragsregelung auf dem sog. Dritten Weg gemäß den einschlägigen Organisations- und Verfahrensvorschriften entstanden ist, von einer paritätisch mit weisungsunabhängigen Mitgliedern besetzten Arbeitsrechtlichen Kommission beschlossen wurde und damit nicht der Dienstgeberseite zugeordnet werden kann.[17] Insoweit handelt es sich um Besonderheiten des Arbeitsrechts iSv § 310 IV 2 BGB.[18] Für den Bereich der dualen Studiengänge folgt eine Einschränkung aus § 12 I BBiG, wonach Vereinbarungen nichtig sind, die Auszubildende nach der Beendigung des Berufsausbildungsverhältnisses in der Ausübung ihrer beruflichen Tätigkeit beschränken.[19]

21 **b) Inhaltskontrolle.** Rückzahlungsklauseln sind nach der ständigen Rechtsprechung des BAG grundsätzlich zulässig. Sie sind aber einer Inhaltskontrolle nach **§ 242 BGB** zu unterziehen. Über diese Generalklausel wird das in **Art. 12 I GG** geschützte Grundrecht des AN auf freie Wahl des Arbeitsplatzes gewährleistet. Hierdurch wird der Einzelne in seinem Entschluss geschützt, eine bestimmte Beschäftigungsmöglichkeit zu ergreifen, beizubehalten oder aufzugeben.[20] Zumeist handelt es sich bei Rückzahlungsvereinbarungen um **Allgemeine Geschäftsbedingungen,** jedenfalls aber um Verbraucherverträge iSv § 310 III Nr. 2 BGB. Dann sind sie gem. § 307 I 1 BGB daran zu messen, ob sie den AN unangemessen benachteiligen. Insoweit gelten dieselben Grundsätze wie zu § 242 BGB,[21] dh Rückzahlungsklauseln beeinträchtigen den AN nicht generell unangemessen und sind nach wie vor grundsätzlich zulässig. Die Rückzahlungspflicht muss aber vom Standpunkt eines verständigen Betrachters einem begründeten und zu billigenden Interesse des AG entsprechen. Bei der Inhaltskontrolle von Rückzahlungsklauseln ist eine **Interessenabwägung** vorzunehmen. Diese hat sich vor allem daran zu orientieren, ob und in welchem Maße der AN mit der Aus- und Weiterbildung einen geldwerten Vorteil erlangt. Eine Kostenbeteiligung ist ihm umso eher zuzumuten, je größer der **mit der Ausbildung verbundene Vorteil** für ihn ist. Dieser Vorteil kann darin liegen, dass ihm die Ausbildung entweder bei dem bisherigen AG oder auf dem allgemeinen Arbeitsmarkt berufliche Möglichkeiten eröffnet, die für ihn bisher nicht bestanden. Für die Dauer der zulässigen Bindung kommt es auf den Umfang der Fortbildungsmaßnahme, die Höhe des Rückzahlungsbetrages und dessen Abwicklung an.[22]

---

[13] *Straube* NZA-RR 2012, 505 (507).
[14] BAG 17.11.2005 AP Nr. 45 zu § 611 BGB Kirchendienst = NZA 2006, 872; auch → § 35 Rn. 74 f.
[15] BAG 17.11.2005 AP Nr. 45 zu § 611 BGB Kirchendienst = NZA 2006, 872.
[16] BAG 6.11.1996 AP Nr. 1 zu § 10a AVR Caritasverband = NZA 1997, 778; 28.1.1998 AP Nr. 11 zu § 12 AVR Caritasverband = NZA-RR 1998, 424; 17.11.2005 AP Nr. 45 zu § 611 BGB Kirchendienst = NZA 2006, 872; 19.11.2009 AP Nr. 53 zu § 611 BGB Kirchendienst = NZA 2010, 583.
[17] BAG 22.7.2010 AP Nr. 55 zu § 611 BGB Kirchendienst = NZA 2011, 634.
[18] BAG 17.11.2005 AP Nr. 45 zu § 611 BGB Kirchendienst = NZA 2006, 872.
[19] Hierzu *Verma/Takacs* BB 2021, 308 (311).
[20] BVerfG 24.4.1991 BVerfGE 84, 133 = AP Nr. 70 zu Art. 12 GG = NJW 1991, 1667.
[21] BAG 14.1.2009 AP Nr. 41 zu § 611 BGB Ausbildungsbeihilfe = NZA 2009, 666; der Rspr. des BAG hat sich der BGH ausdrücklich angeschlossen: BGH 17.9.2009 NZA 2010, 37.
[22] BAG 5.12.2002 AP Nr. 32 zu § 611 BGB Ausbildungsbeihilfe = NZA 2003, 559; 16.3.1994 AP Nr. 18 zu § 611 BGB Ausbildungsbeihilfe = NZA 1994, 937; 24.7.1991 AP Nr. 16 zu § 611 BGB Ausbildungsbeihilfe = NZA 1992, 405; 23.2.1983 AP Nr. 6 zu § 611 BGB Ausbildungsbeihilfe; 29.6.1962 AP Nr. 25 zu Art. 12 GG; 24.1.1963 AP Nr. 29 zu Art. 12 GG.

22 Diese Grundsätze gelten entsprechend auch bei vorzeitigem **Abbruch der Ausbildung,** sofern hierdurch nach der Vereinbarung[23] eine Beteiligung des AN an Ausbildungskosten ausgelöst wird.[24] Bei Allgemeinen Geschäftsbedingungen gilt insoweit allerdings die Unklarheitenregel des § 305c II BGB. Außerdem muss danach differenziert werden, aus wessen Risikosphäre der Grund für den Abbruch oder das Scheitern der Fortbildung herrührt.[25] Im Rahmen der Interessenabwägung ist aber zudem jedenfalls bei länger dauernden Ausbildungsmaßnahmen zu prüfen, ob der AN eine hinreichende Einarbeitungszeit hatte, in der er die Ausbildung noch ohne Rückzahlungsverpflichtung abbrechen konnte.[26] Klauseln, die auch einen Abbruch der Ausbildung erfassen, binden den AN aber nicht nur wegen der Zeit nach Beendigung der Ausbildung, sondern – zusätzlich – während des Ausbildungszeitraums selbst. Das ist grundsätzlich zulässig. Die Grundsätze wegen der angemessenen Bindungsdauer nach Beendigung der Ausbildung (→ Rn. 30) lassen sich insoweit nicht übertragen.

23 Steht am Ende der Ausbildung eine **Prüfung** und **besteht der AN** diese **nicht,** kann eine Rückzahlungspflicht nur in Betracht kommen, wenn die Vereinbarung dies hinreichend deutlich vorsieht und das Nichtbestehen der Prüfung auf Gründen in der Sphäre des AN beruht.[27] Eine Rückzahlungsverpflichtung dürfte in diesen Fällen aber auch dann ausscheiden, wenn eine für den AG von vornherein erkennbare intellektuelle Überforderung des AN vorlag.[28]

24 Bei einer Ausbildung, die in mehreren zeitlich voneinander getrennten Blöcken erfolgt, muss die zeitliche Lage der einzelnen Ausbildungsabschnitte jedoch den Vorgaben der Aus- oder Fortbildungseinrichtung entsprechen. Die Vertragsgestaltung darf dem AG dagegen nicht die Möglichkeit eröffnen, allein nach seinem Interesse festzulegen, wann die einzelnen Abschnitte absolviert werden.[29] Ansonsten läge eine unangemessene Benachteiligung des AN vor, weil es der AG in der Hand hätte, die Bindungsdauer nachträglich einseitig zu verlängern. Zumindest muss in der Vereinbarung ein Zeitrahmen enthalten sein, innerhalb dessen der AG die Fortbildung zu ermöglichen hat. Anderenfalls wäre die Bindungsdauer für den AN nicht absehbar, weil der Zeitraum der Vertragsbindung im Allgemeinen erst mit dem Abschluss der Fortbildung zu laufen beginnt. Verzögert sich dagegen die Ausbildungsdauer aus Gründen, die in der Sphäre des AN liegen, wird hierdurch die Rückzahlungsvereinbarung nicht im Nachhinein unwirksam.

25 Die Regelung darf wegen des den Rückzahlungsanspruchs auslösenden Tatbestandes nicht zu weit gefasst sein. Insbesondere ist es nicht zulässig, die Zahlungspflicht generell an jedes Ausscheiden des AN zu knüpfen. Vielmehr muss nach dem **Grund des Ausscheidens** differenziert werden. Zulässig sind nur solche Bestimmungen, nach denen es der AN in der Hand hat, der Rückzahlungspflicht durch eigene **Betriebstreue** zu entgehen. Handelt es sich bei der Rückzahlungsvereinbarung um eine **Allgemeine Geschäftsbedingung,** folgt dies aus § 307 I BGB, weil ansonsten eine unangemessene Benachteiligung des AN vorliegt.[30] Erfolgt die Vertragsbeendigung aus Gründen, die in der Sphäre des AG liegen, kann hierdurch ein Rückzahlungsanspruch nicht ausgelöst werden.[31] Dabei kommt es nicht darauf an, welche Vertragspartei das Arbeitsverhältnis beendet hat. Auch bei einer Eigenkündigung des AN muss also danach differenziert werden, ob sie vom AG (mit) veranlasst wurde.[32] Eine Rückzahlungsverpflichtung kann auch dann nicht an eine berechtigte personenbedingte Eigenkündigung des AN (wegen dauerhafter Unmöglichkeit der Arbeitsleistung aus gesundheitlichen Gründen) geknüpft werden, wenn die Erstattungspflicht aus anderen Gründen

---

[23] Vgl. die sehr weit gehende Auslegung bei BAG 12.12.1979 AP Nr. 4 zu § 611 BGB Ausbildungsbeihilfe; s. auch LAG Nds 29.10.2014 ArbRAktuell 2015, 357 (LS).

[24] BAG 19.1.2011 AP Nr. 44 zu § 611 BGB Ausbildungsbeihilfe = NZA 2012, 85.

[25] LAG Nds 29.10.2014 ArbRAktuell 2015, 357 (LS).

[26] BAG 20.2.1975 AP Nr. 2 zu § 611 BGB Ausbildungsbeihilfe; die Reichweite dieser Ausnahme hat das BAG in einer neueren Entscheidung ausdrücklich offengelassen, BAG 19.1.2011 AP Nr. 44 zu § 611 BGB Ausbildungsbeihilfe = NZA 2012, 85; krit. *Dorth* RdA 2014, 287 (299).

[27] *Straube* NZA-RR 2012, 505 (507); *Dorth* RdA 2014, 287 (299).

[28] Vgl. *Meier/Schulz* NZA 1996, 742 (747); ErfK/*Preis* BGB § 611a Rn. 440.

[29] BAG 19.1.2011 AP Nr. 44 zu § 611 BGB Ausbildungsbeihilfe = NZA 2012, 85.

[30] BAG 13.12.2011 AP Nr. 45 zu § 611 BGB Ausbildungsbeihilfe = NZA 2012, 738; 23.1.2007 AP Nr. 38 zu § 611 BGB Ausbildungsbeihilfe = NZA 2007, 748; 11.4.2006 AP Nr. 16 zu§ 307 BGB = NZA 2006, 1042; BGH 17.9.2009 NZA 2010, 37; *Straube* NZA-RR 2012, 505 (506).

[31] BAG 18.3.2014 AP Nr. 49 zu § 611 BGB Ausbildungsbeihilfe = NZA 2014, 957; 28.5.2013 AP Nr. 47 zu § 611 BGB Ausbildungsbeihilfe = NZA 2013, 1419; 23.1.2007 AP Nr. 38 zu § 611 BGB Ausbildungsbeihilfe = NZA 2007, 748; 11.4.2006 AP Nr. 16 zu § 307 BGB = NZA 2006, 1042; 24.6.2004 EzA Nr. 7 zu § 611 BGB 2002 Ausbildungsbeihilfe = NZA 2004, 1295 (LS); 24.6.2004 AP Nr. 34 zu § 611 BGB Ausbildungsbeihilfe = NZA 2004, 1035; 6.5.1998 AP Nr. 28 zu § 611 BGB Ausbildungsbeihilfe = NZA 1999, 79.

[32] BAG 11.12.2018 AP Nr. 50 zu § 611 BGB Ausbildungsbeihilfe = NZA 2019, 781.

nach Treu und Glauben unzumutbar ist.[33] Insoweit wird man danach differenzieren müssen, ob dem AN die Unmöglichkeit der Arbeitsleistung zugerechnet werden kann.[34] Fehlt es an einer entsprechenden Differenzierung, kann die Klausel auch nicht teilweise aufrechterhalten werden, weil sie nicht lediglich äußerlich zusammengefasste unterschiedliche Regelungen enthält.[35] Kann der AG dem AN im Anschluss an die Fortbildung keine seiner Ausbildung entsprechende Tätigkeit zuweisen, ist dem AN ein Festhalten am Arbeitsverhältnis zur Vermeidung einer Rückzahlungsverpflichtung jedenfalls dann nicht zumutbar, wenn der AG einem berechtigten Verlangen auf Zuweisung einer entsprechenden Tätigkeit nicht entspricht.[36]

Beendet der AG das Arbeitsverhältnis aufgrund eines vertragswidrigen Verhaltens des AN, kann 26
das bei einer entsprechenden Vereinbarung eine Rückzahlungsverpflichtung begründen,[37] nicht dagegen für den Fall einer betriebsbedingten Kündigung. Voraussetzung ist bei Geltung des KSchG, dass eine **verhaltensbedingte Kündigung** gem. § 1 II 1 KSchG sozial gerechtfertigt ist. Findet das KSchG keine Anwendung, ist zu prüfen, ob ein verständiger AG das Verhalten des AN zum Anlass genommen hätte, das Vertragsverhältnis zu beenden.[38] Diese Differenzierung ist zwar nicht wegen des Schutzes der Berufsfreiheit geboten, sie folgt aber aus § 307 I BGB sowie dem Rechtsgedanken des § 162 BGB, der ein Ausfluss des Grundsatzes von Treu und Glauben (§ 242 BGB) ist. Entsprechendes muss grundsätzlich auch für eine Kündigung aus **Gründen in der Person des AN** gelten, soweit die Ursache für die fehlende Betriebstreue dem AN zuzurechnen ist.[39] Eine Klausel, die generell für den Fall einer Kündigung durch den AG eine Rückzahlungspflicht vorsieht, ist aber unwirksam. Sie kann auch nicht mit einem eingeschränkten Inhalt aufrechterhalten werden, weil sie bezogen auf den Beendigungsgrund nicht teilbar ist. Im Hinblick auf eine Kündigung des AN kann die Klausel aber theoretisch (sofern sie hierbei nach dem Grund des Ausscheidens differenziert) wirksam sein, weil sie insoweit teilbar ist.[40] Bei einem **Aufhebungsvertrag** kommt es darauf an, aus wessen Sphäre die Gründe für die einvernehmliche Vertragsbeendigung herrühren.[41] Unwirksam ist eine Rückzahlungsklausel in den Fällen, in denen der AN keinen Anspruch auf Fortsetzung des Arbeitsverhältnisses nach Beendigung der Ausbildung hat.[42] Enthalten Rückzahlungsklauseln in den **Allgemeinen Geschäftsbedingungen** keine Differenzierung danach, aus wessen Sphäre der Beendigungsgrund herrührt, sind sie insgesamt unwirksam und können auch nicht mit einem eingeschränkten, zulässigen Inhalt aufrechterhalten werden, weil § 306 BGB dies gerade nicht vorsieht.[43] Insoweit ist auch keine ergänzende Vertragsauslegung möglich.[44] Ebenso wenig kann diese Rechtsfolge durch eine salvatorische Klausel (→ § 35 Rn. 63) im Vertrag vermieden werden.[45]

Bei der Beurteilung der Rückzahlungsvereinbarung ist auf den **Zeitpunkt ihres Abschlusses** 27
abzustellen.[46] **Darlegungs- und beweispflichtig** für die Tatsachen, aus denen sich ergibt, dass der AN durch die Ausbildung einen beruflichen Vorteil erlangt hat, ist der AG.[47]

---

[33] BAG 11.12.2018 AP Nr. 50 zu § 611 BGB Ausbildungsbeihilfe = NZA 2019, 781.
[34] *Schönhöft* NZA-RR 2018, 409.
[35] BAG 13.12.2011 AP Nr. 45 zu § 611 BGB Ausbildungsbeihilfe = NZA 2012, 738.
[36] BAG 5.12.2002 AP Nr. 11 zu § 5 BBiG; LAG Hamm 14.1.2011 – 7 Sa 1615/10; *Straube* NZA-RR 2012, 505 (506).
[37] *Düwell/Ebeling* DB 2008, 406 (408).
[38] BAG 24.6.2004 AP Nr. 34 zu § 611 BGB Ausbildungsbeihilfe = NZA 2004, 1035.
[39] *Schmidt* NZA 2004, 1002 (1005); *Sasse/Häcker* DB 2014, 600 (601); *Dimsic* RdA 2016, 106 (107); weitergehend LAG Nds 31.10.2008 – 10 Sa 346/08; gegen eine Rückzahlung bei einer personenbedingten Kündigung *Düwell/Ebeling* DB 2008, 406 (408); *Dorth* RdA 2013, 287 (298.).
[40] Vgl. BAG 13.12.2011 AP Nr. 45 zu § 611 BGB Ausbildungsbeihilfe = NZA 2012, 738.
[41] *Düwell/Ebeling* DB 2008, 406 (409); vgl. auch BAG 5.7.2000 AP Nr. 29 zu § 611 BGB Ausbildungsbeihilfe = NZA 2001, 394.
[42] Vgl. BAG 18.11.2008 NZA 2009, 435; 18.3.2008 AP Nr. 12 zu § 310 BGB = NZA 2008, 1004 (zu einem „Volontariatsvertrag").
[43] BAG 13.12.2011 AP Nr. 45 zu § 611 BGB Ausbildungsbeihilfe = NZA 2012, 738; 23.1.2007 AP Nr. 38 zu § 611 BGB Ausbildungsbeihilfe = NZA 2007, 748; 11.4.2006 AP Nr. 16 zu § 307 BGB = NZA 2006, 1042.
[44] BAG 28.5.2013 AP Nr. 47 zu § 611 BGB Ausbildungsbeihilfe = NZA 2013, 1419; 13.12.2011 AP Nr. 45 zu § 611 BGB Ausbildungsbeihilfe = NZA 2012, 738.
[45] BAG 28.5.2013 AP Nr. 47 zu § 611 BGB Ausbildungsbeihilfe = NZA 2013, 1419; 13.12.2011 AP Nr. 45 zu § 611 BGB Ausbildungsbeihilfe = NZA 2012, 738.
[46] BAG 18.3.2008 AP Nr. 12 zu § 310 BGB = NZA 2008, 1004; 24.7.1991 AP Nr. 15 zu § 611 BGB Ausbildungsbeihilfe = NZA 1992, 211.
[47] BAG 16.3.1994 AP Nr. 18 zu § 611 BGB Ausbildungsbeihilfe = NZA 1994, 937; 24.7.1991 AP Nr. 16 zu § 611 BGB Ausbildungsbeihilfe = NZA 1992, 405;18.6.1976 AP Nr. 3 zu § 611 BGB Ausbildungsbeihilfe.

28 **c) Einzelgrundsätze.** Nach der älteren Rspr. des BAG darf eine Vereinbarung, die den AN zur Rückzahlung von Ausbildungskosten verpflichtet, nicht unter Druck während der Dauer der Ausbildung erzwungen werden.[48] Daraus kann aber nicht geschlossen werden, es gelte insoweit etwas Anderes als generell für die Anfechtung von Willenserklärungen, die entgegen § 123 BGB durch Täuschung oder Drohung zustande gekommen sind. Aus Art. 12 I GG sowie dem Transparenzgebot des § 307 I 2 BGB folgt aber jedenfalls, dass der AN auf alle Folgen, die sich für ihn aus dem Abschluss einer solchen Vereinbarung ergeben, **zu Beginn der vereinbarten Ausbildung** klar und unmissverständlich hingewiesen werden muss.[49] Ungeklärt ist allerdings, ob das einer späteren Ersetzung einer Rückzahlungsvereinbarung durch eine neue Regelung generell entgegensteht. Zumindest eine Vereinbarung, mit der Rechtsmängel der früheren Regelung (zB eine zu lange Bindungsdauer) behoben werden, dürfte zulässig sein, zumal der AN dann nicht mehr unter dem Druck steht, dass die Teilnahme an der Fortbildung vom Abschluss einer Fortbildungsvereinbarung abhängt. Es lässt sich ohnehin nicht generalisierend beurteilen, ob der Druck, unter dem der AN bei seiner Entscheidung steht, jeweils vor oder während des Laufs der Fortbildung am größten ist.[50] Eine Fortbildungsvereinbarung nach Beendigung der Fortbildung ist nicht generell ausgeschlossen. Im Zweifel ist ihre Wirksamkeit aber nach denselben Grundsätzen wie bei einer vor Beginn der Fortbildung geschlossenen Vereinbarung zu beurteilen.[51] Denn auch eine nachträgliche Vereinbarung stellt einen Eingriff in die durch Art. 12 I GG geschützte Berufsfreiheit des AN dar. Für Rückzahlungsklauseln in Allgemeinen Geschäftsbedingungen folgt das **Transparenzgebot** nunmehr aus § 307 I 2 BGB.[52] Regelt ein Fortbildungsvertrag, dass ein Rückzahlungsanspruch bestehen soll, wenn der Fortzubildende den im Anschluss an die vom Vertragspartner finanzierte Ausbildung angebotenen Arbeitsvertrag nicht annimmt, müssen die Art der Arbeitstätigkeit und das Entgelt festgelegt sein. Dabei kann es aber ausreichen, wenn sich die Vergütungshöhe aufgrund der ansonsten definierten Beschäftigungsbedingungen nach § 612 II BGB objektiv ermitteln lässt.[53] Unwirksam ist dagegen eine Regelung, die im Hinblick auf die Vergütung keine Festlegung ermöglicht, so dass der AG sie einseitig festlegen könnte.[54] Die **Ausbildungskosten** müssen dem Grund nach angegebenen werden und im Rahmen des Möglichen und Zumutbaren auch der Höhe nach, ansonsten ist die Vereinbarung intransparent.[55] Der AN muss in der Lage sein, sein Rückzahlungsrisiko abzuschätzen. Jedenfalls Art und Berechnungsgrundlagen der Kosten müssen angegeben werden. Dem widersprechen Klauseln, die dem AG einen Beurteilungs- oder Gestaltungsspielraum einräumen.[56] Die Rückzahlungsvereinbarung definiert damit die höchstmöglichen zu erstattenden Kosten.

29 Eine Rückzahlungsklausel ist unwirksam, wenn die **Fortbildung allein im Interesse des AG** liegt, weil es zur Einarbeitung auf dem konkreten Arbeitsplatz einer besonderen Einweisung oder Einarbeitung (zB bezogen auf die speziellen Produktionsprozesse des AG oder dessen Produktpalette) bedarf,[57] ohne dass sich hierdurch die Chancen des AN auf dem Arbeitsmarkt verbessern (→ Rn. 21). Daher scheidet eine Kostenbeteiligung auch dann aus, wenn die Fortbildung allein der Anpassung von Kenntnissen an vom AG veranlasste neue betriebliche Gegebenheiten dient.[58] Soweit es um die bloße Auffrischung vorhandener Kenntnisse geht, wird hiermit zumeist keine Verbesserung der beruflichen Möglichkeiten des AN verbunden sein; von vornherein ausgeschlossen ist dies aber nicht.[59] Erfolgt die Fortbildung **allein im Interesse des AN,**

[48] BAG 19.3.1980 AP Nr. 5 zu § 611 BGB Ausbildungsbeihilfe.
[49] BAG 21.11.2002 EzA Nr. 2 zu § 611 BGB 2002 Ausbildungsbeihilfe = NZA 2003, 991 (LS); 9.12.1992 EzB BGB § 611 Aus- und Weiterbildungskosten Nr. 43; 19.3.1980 AP Nr. 5 zu § 611 BGB Ausbildungsbeihilfe; *Schmidt/Radermacher* MDR 2014, 316 (317).
[50] *Schmidt/Radermacher* MDR 2014, 316 (317).
[51] Offengelassen von BAG 15.9.2009 AP Nr. 42 zu § 611 BGB Ausbildungsbeihilfe = NZA 2010, 342.
[52] BAG 18.3.2008 AP Nr. 12 zu § 310 BGB = NZA 2008, 1004.
[53] LAG MV 14.12.2011 ArbRAktuell 2012, 204 (LS).
[54] Vgl. LAG Köln 27.5.2010 NZA-RR 2011, 11.
[55] BAG 21.8.2012 AP Nr. 46 zu § 611 BGB Ausbildungsbeihilfe = NZA 2012, 1428; *Straube* NZA-RR 2012, 505 (506); *Lakies* ArbRAktuell 2012, 216.
[56] BAG 6.8.2013 AP Nr. 48 zu § 611 BGB Ausbildungsbeihilfe = NZA 2013, 1361.
[57] Vgl. BAG 18.11.2008 NZA 2009, 435; 14.6.1995 AP Nr. 21 zu § 611 BGB Ausbildungsbeihilfe = NZA 1995, 1108 (zu SR 2 a Nr. 7 BAT); 29.6.1962 AP Nr. 26 zu Art. 12 GG; LAG RhPf 23.10.1981 LAGE Art. 12 GG Nr. 3 = EzA Nr. 18 zu Art. 12 GG; LAG SchlH 10.5.1966 DB 1966, 1482; *Dorth* RdA 2013, 287 (293).
[58] BAG 16.3.1994 AP Nr. 18 zu § 611 BGB Ausbildungsbeihilfe = NZA 1994, 937; *Schmidt/Radermacher* MDR 2014, 316 (319).
[59] Hierzu *Schmidt/Radermacher* MDR 2014, 316 (318); *Sasse/Häcker* DB 2014, 600 jew. mwN.

scheidet eine Rückzahlungsvereinbarung deshalb aus, weil kein berechtigtes Interesse des AG vorliegt, die vom AN erworbene Qualifikation möglichst langfristig für seinen Betrieb nutzen zu können.[60]

Die Dauer der Bindung ist anhand der **Fortbildungsdauer** und der **Qualität der erworbenen Qualifikation** des AN zu beurteilen. Die Vorteile der Ausbildung und die Dauer der Bindung müssen in einem angemessenen Verhältnis zueinander stehen.[61] Das Bundesarbeitsgericht hat für die Ermittlung der zulässigen Bindungsdauer folgende **Richtwerte** entwickelt: 30

Bei einer Ausbildungsdauer mit Fortzahlung des Entgelts von nicht mehr als einem Monat ist in der Regel nur eine Bindung bis zu 6 Monaten zulässig.[62]

Eine Ausbildungsdauer von bis zu 4 Monaten rechtfertigt grundsätzlich eine Bindungsdauer von bis zu 24 Monaten.[63]

Bei einer Ausbildungsdauer von 6 bis 12 Monaten kann grundsätzlich eine Bindungsdauer von 36 Monaten vereinbart werden.[64]

Bei einer mehr als zweijährigen Dauer der Fortbildungsmaßnahme ohne Arbeitsleistung kommt eine Bindungsdauer von 5 Jahren in Betracht.[65]

Besteht die Bildungsmaßnahme aus **mehreren unterschiedlichen Abschnitten,** sind die dazwischen liegenden Zeiten bei der Berechnung der Ausbildungsdauer nicht mitzurechnen.[66] Die Dauer der Ausbildung ist aber nur ein **Indiz** für die Qualität der erworbenen Ausbildung. Daher kann auch bei kürzerer Ausbildung eine verhältnismäßig lange Bindung gerechtfertigt sein, wenn der AG ganz erhebliche Mittel aufwendet oder die Teilnahme an der Ausbildung dem AN überdurchschnittlich große Vorteile bringt.[67] Überhaupt handelt es sich bei den genannten Höchstzeiten für die Bindungsdauer lediglich um richterrechtlich entwickelte **Richtwerte,** bei denen einzelfallbezogene Abweichungen möglich sind.[68] Dabei können ggf. auch Fortbildungszeiträume berücksichtigungsfähig sein, die in der Freizeit des AN absolviert werden.[69] Gem. § 310 III Nr. 3 BGB sind bei Verbraucherverträgen (zur Eigenschaft des AN als Verbraucher → § 8 Rn. 8, → § 35 Rn. 5) auch die den Vertragsschluss begleitenden Umstände zu berücksichtigen. Hierzu gehören insbesondere persönliche Eigenschaften des individuellen Vertragspartners, die sich auf seine Verhandlungsstärke auswirken, Besonderheiten der konkreten Verhandlungssituation und untypische Sonderinteressen der Vertragspartner.[70] Auch die Höhe des Entgelts kann zu berücksichtigen sein, weil sie den Zeitraum definiert, in dem sich – für beide Vertragsparteien – die Investition in die Fortbildung amortisiert.[71] Eine Geringfügigkeitsschwelle für die Fortbildungskosten gibt es nicht.[72] Unwirksam sind Klauseln, die eine Verlängerung der Bindungsdauer für gesetzlich vorgesehene Abwesenheitszeiten (zB nach dem BEEG, PflegezeitG) vorsehen, weil sie den AN unangemessen benachteiligen.[73] Entsprechendes gilt für Zeiträume einer Arbeitsunfähigkeit. Die Regelung des § 4a EFZG lässt sich nicht übertragen.[74] 31

[60] BAG 18.3.2014 AP Nr. 49 zu § 611 BGB Ausbildungsbeihilfe = NZA 2014, 957.
[61] BAG 18.3.2014 AP Nr. 49 zu § 611 BGB Ausbildungsbeihilfe = NZA 2014, 957; 14.1.2009 AP Nr. 41 zu § 611 BGB Ausbildungsbeihilfe = NZA 2009, 666.
[62] BAG 15.9.2009 AP Nr. 42 zu § 611 BGB Ausbildungsbeihilfe = NZA 2010, 342; 5.12.2002 AP Nr. 32 zu § 611 BGB Ausbildungsbeihilfe = NZA 2003, 559.
[63] BAG 21.7.2005 AP Nr. 37 zu § 611 BGB Ausbildungsbeihilfe = NZA 2006, 542; 6.9.1995 AP Nr. 23 zu § 611 BGB Ausbildungsbeihilfe = NZA 1996, 314.
[64] Vgl. BAG 21.7.2005 AP Nr. 37 zu § 611 BGB Ausbildungsbeihilfe = NZA 2006, 54; 15.12.1993 AP Nr. 17 zu § 611 BGB Ausbildungsbeihilfe = NZA 1994, 8352.
[65] BAG 12.12.1979 AP Nr. 4 zu § 611 BGB Ausbildungsbeihilfe; 19.6.1974 AP Nr. 1 zu § 611 BGB Ausbildungsbeihilfe.
[66] BAG 6.9.1995 AP Nr. 23 zu § 611 BGB Ausbildungsbeihilfe = NZA 1996, 314.
[67] BAG 21.7.2005 AP Nr. 37 zu § 611 BGB Ausbildungsbeihilfe = NZA 2006, 542; vgl. auch BAG 5.12.2002 AP Nr. 32 zu § 611 BGB Ausbildungsbeihilfe = NZA 2003, 559; 15.12.1993 AP Nr. 17 zu § 611 BGB Ausbildungsbeihilfe = NZA 1994, 835; *Hoffmann* NZA-RR 2015, 337 (339).
[68] BAG 15.9.2009 AP Nr. 42 zu § 611 BGB Ausbildungsbeihilfe = NZA 2010, 342; 14.1.2009 AP Nr. 41 zu § 611 BGB Ausbildungsbeihilfe = NZA 2009, 666.
[69] *Hoffmann* NZA-RR 2015, 337 (339).
[70] BAG 15.9.2009 AP Nr. 42 zu § 611 BGB Ausbildungsbeihilfe = NZA 2010, 342.
[71] *Jesgarzeswski* BB 2012, 1594 (1597); aA *Dorth* RdA 2013, 287 (294).
[72] *Dorth* RdA 2013, 287 (293).
[73] *Dorth* RdA 2013, 287 (295f.); *Dimsic* RdA 2016, 106 (109).
[74] AA *Schönhöft* NZA-RR 2009, 625 (630); *Dorth* RdA 2013, 287 (296).

Selbst wenn man Fortbildungskosten als Sondervergütung ansähe, passt § 4a EFZG deshalb nicht, weil es bei einer Rückzahlungsvereinbarung nicht um die Kürzung einer zu erbringenden Leistung sondern um die Rückgewähr einer bereits erbrachten Leistung geht. Von der Verpflichtung, einen bestimmten Geldbetrag zurückzahlen zu müssen, geht ein erheblich stärkerer Druck aus, ein Arbeitsverhältnis aufrecht zu erhalten, als von der Aussicht, bei einer Vertragsbeendigung bestimmte Leistungen nicht mehr in vollem Umfang zu erhalten. Überschreitet die in Allgemeinen Geschäftsbedingungen vereinbarte Rückzahlungsklausel die angemessene Bindungsdauer, ist die Klausel damit insgesamt unwirksam.

32 Eine **geltungserhaltende Reduktion** wie nach der bisherigen Rechtsprechung des BAG[75] ist nach § 306 BGB für Allgemeine Geschäftsbedingungen (nicht aber für Individualvereinbarungen) ausgeschlossen.[76] Auch § 310 IV 2 BGB gebietet keine Abweichung.[77] Insoweit sind dieselben Grundsätze anzuwenden wie bei einer Regelung, die den einen Rückzahlungsanspruch auslösenden Tatbestand zu weit fasst.[78] Etwas anderes kann nur dann gelten, wenn die Besonderheiten des Arbeitsrechts und -lebens eine ergänzende Vertragsauslegung fordern. Voraussetzung hierfür ist nach Ansicht des BAG, dass der Wegfall der Klausel ohne Ersatz für den AG eine unzumutbare Härte darstellen würde, weil es für ihn objektiv schwierig war, die zulässige Bindungsdauer zu bestimmen und sich dieses Prognoserisiko für den AG verwirklicht.[79] In diesem Fall ist ein beiden Seiten gerecht werdender Ausgleich bei Fehlen anderweitiger Anhaltspunkte in der Weise vorzunehmen, dass die nach der Rechtsprechung noch zulässige Bindungsdauer angenommen wird.[80]

33 In der Praxis ist eine monatliche Minderung der Rückzahlungsverpflichtung (zB um 1/36 bei dreijähriger Bindung) üblich. Eine mit einem AN vereinbarte Rückzahlung von Ausbildungskosten ist aber nach Ansicht des BAG nicht schon deshalb unwirksam, weil sich die Rückzahlungspflicht beispielsweise nur um jeweils ein Drittel für jedes Jahr der Betriebszugehörigkeit nach Abschluss der Ausbildung mindert und nicht für jeden Monat.[81] Angemessener erscheint allerdings eine monatliche **ratierliche Kürzung** des Erstattungsbetrages. Zwingend geboten ist das allerdings nicht, auch wenn der Monatszeitraum eine im Arbeitsleben bekannte Größenordnung ist.[82] Das ließe sich für einen 6-Wochen-Zeitraum (vgl. § 3 I EFZG) oder Dreimonatszeitraum (§ 622 II BGB, § 8 II TzBfG, § 11 I BUrlG, § 18 I 2 MuSchG, § 113 I InsO; § 7 BetrVG) gleichermaßen sagen. Jedenfalls eine quartalsweise gestaffelte Rückzahlungshöhe stellt keine unangemessene Benachteiligung dar, weil sie noch eine hinreichende Berücksichtigung der zeitanteiligen Betriebstreue gewährleistet.[83] Eine nicht angemessene ratierliche Staffelung macht die Rückzahlungsvereinbarung in AGB insgesamt unwirksam. Eine geltungserhaltende Reduktion auf eine zulässige Staffelung in Monats- oder Dreimonatsabschnitten scheidet aus denselben Gründen wie bei einer unzulässigen Bindungsdauer[84] bei AGB aus.[85]

34 Die Höhe des Rückzahlungsanspruchs ist in zweifacher Hinsicht begrenzt: zum einen durch den sich aus dem Inhalt der Vereinbarung ergebenden Betrag und zum andern durch die tatsächlich für den AN aufgewandten Kosten.[86] Hierzu können Lehrgangs-, Ausbildungsgebühren,

---

[75] Vgl. BAG 6.9.1995 AP Nr. 23 zu § 611 BGB Ausbildungsbeihilfe = NZA 1996, 314; 5.12.2002 AP Nr. 32 zu § 611 BGB Ausbildungsbeihilfe = NZA 2003, 559.

[76] *Annuß* BB 2002, 458 (462); *Birnbaum* NZA 2003, 944 (988); aA *Thüsing* NZA 2002, 591 (594); *Schmitt* NZA 2004, 1002 (1010).

[77] *Lakies* BB 2004, 1903 (1909).

[78] S. hierzu BAG 23.1.2007 AP Nr. 38 zu § 611 BGB Ausbildungsbeihilfe = NZA 2007, 748; 11.4.2006 AP Nr. 16 zu § 307 BGB = NZA 2006, 1042.

[79] BAG 14.1.2009 AP Nr. 41 zu § 611 BGB Ausbildungsbeihilfe = NZA 2009, 666; 15.9.2009 AP Nr. 42 zu § 611 BGB Ausbildungsbeihilfe = NZA 2010, 342; krit. *Hoffmann* NZA-RR 2015, 337 (339 f.).

[80] BAG 14.1.2009 AP Nr. 41 zu § 611 BGB Ausbildungsbeihilfe = NZA 2009, 666; HessLAG 29.10.2010 – 19 Sa 329/10.

[81] BAG 23.4.1986 AP Nr. 10 zu § 611 BGB Ausbildungsbeihilfe = NZA 1986, 741; vgl. auch BGH 5.6.1984 AP Nr. 11 zu § 611 BGB Ausbildungsbeihilfe = NZA 1984, 290; zu einer tariflichen Regelung: BAG 6.9.1995 DB 1995, 1866; 6.9.1995 AP Nr. 22 zu § 611 BGB Ausbildungsbeihilfe = NZA 1996, 437; aA LAG Hamm 9.3.2012 LAGE § 611 BGB 2002 Ausbildungsbeihilfe Nr. 5; strenger auch die Rspr. des BAG zu § 1 I BetrAVG, vgl. BAG 20.11.2001 AP Nr. 12 zu § 3 BetrAVG = DB 2002, 2333.

[82] Hierauf stellt das LAG Hamm ab: LAG Hamm 9.3.2012 LAGE § 611 BGB 2002 Ausbildungsbeihilfe Nr. 5; LAG RhPf 3.3.2015 ArbuR 2016, 123; so wohl auch *Dorth* RdA 2014, 287 (297).

[83] *Düwell/Ebeling* DB 2008, 406 (410).

[84] Hierzu BAG 14.1.2009 AP Nr. 41 zu § 611 BGB Ausbildungsbeihilfe = NZA 2009, 666; → Rn. 30.

[85] Vgl. LAG Hamm 9.3.2012 LAGE § 611 BGB 2002 Ausbildungsbeihilfe Nr. 5; *Lakies* ArbRAktuell 2012, 216 (218); aA *Düwell/Ebeling* DB 2008, 406 (410).

[86] BAG 21.7.2005 AP Nr. 37 zu § 611 BGB Ausbildungsbeihilfe = NZA 2006, 542; ErfK/*Preis* BGB § 611a Rn. 446; *Hanau* Anm. zu BAG AP Nr. 46 zu § 611 BGB Ausbildungsbeihilfe.

Reise-, Verpflegungs- und Unterbringungskosten sowie während der Fortbildung ohne entsprechende Arbeitsleistung weitergezahlte Entgeltbeträge gehören. Das Entgelt für Zeiträume eines im Betrieb geleisteten praktischen Teils der Ausbildung kann allerdings nur zurückgefordert werden, wenn der AN in dieser Phase tatsächlich Kenntnisse erwirbt und nicht ausschließlich produktive Arbeit leistet.[87] Dabei kann der AG die auf die während der Fortbildung gezahlte Vergütung geleisteten Arbeitgeberanteile zur Sozialversicherung aufgrund der Regelung in § 32 SGB I nicht zurückfordern.[88] Eine Vereinbarung, die als Ausgleich neben der (anteiligen) Erstattung der Ausbildungskosten außerdem eine Gehaltsabsenkung für einen bestimmten Zeitraum nach Abschluss der Ausbildung vorsieht, ist wegen der daraus folgenden unangemessenen Benachteiligung gem. § 307 I 1 BGB unwirksam.[89]

Ist eine Rückzahlungsklausel unwirksam, kann der AG ein Zahlungsverlangen auch nicht auf **bereicherungsrechtliche Vorschriften** (§§ 812 I 1, 818 II BGB) stützen.[90] Die Fortbildungsvereinbarung ist, sofern nicht ausnahmsweise § 306 III BGB eingreift, nicht insgesamt nichtig und stellt damit einen Rechtsgrund für die Übernahme der Fortbildungskosten durch den AG dar.[91] Ein Bereicherungsanspruch wegen Zweckverfehlung scheidet aus, weil es keinen über die Vertragserfüllung hinausgehenden weiteren Leistungszweck gibt; vielmehr gilt der Vorrang des Vertragsregimes.[92] Durch Annahme eines bereicherungsrechtlichen Anspruchs würde zudem das Rechtsfolgensystem des AGB-Rechts unterlaufen.[93] Das dürfte auch für denkbare Ansprüche nach § 284 BGB gelten.[94] 35

3. Tarifverträge. Für Tarifverträge gilt eine eingeschränkte Rechtmäßigkeitskontrolle (→ § 201 Rn. 21 ff.). Sie werden nur daraufhin überprüft, ob sie gegen die Verfassung, gegen anderes höherrangiges zwingendes Recht oder die guten Sitten verstoßen. Entsprechendes gilt bei einem arbeitsvertraglichen Verweis auf einen Tarifvertrag, uU aber nicht bei einem bloßen Verweis auf einzelne Tarifbestimmungen (näher → § 206 Rn. 14 f.). Tarifvertragliche Regelungen bestehen insbesondere im Krankenpflegebereich. Sie sehen vor, dass im ersten Jahr die vollen Fortbildungsaufwendungen, im zweiten Jahr ⅔ und im dritten Jahr ⅓ zurückzuzahlen sind. Das BAG hat diese Regelung als wirksam angesehen. Es hat dabei den Tarifvertragsparteien einen großen Spielraum eingeräumt.[95] Zu den Arbeitsvertragsrichtlinien im kirchlichen Bereich → Rn. 20. 36

4. Betriebsvereinbarungen. In Betriebsvereinbarungen kommen Rückzahlungsklauseln vor allem in Sozialplänen und Rationalisierungsschutzabkommen vor. Zur Inhaltskontrolle → § 231 Rn. 36.[96] 37

5. Fälligkeit, Ausschlussfristen. Sieht eine Rückzahlungsregelung vor, dass die Ausbildungskosten zu erstatten sind, wenn das Arbeitsverhältnis endet, entsteht der Erstattungsanspruch nicht bereits mit der auf Beendigung des Arbeitsverhältnisses gerichteten Willenserklärung, sondern mit der Beendigung des Arbeitsverhältnisses. Erst ab diesem Zeitpunkt beginnen etwaige Ausschlussfristen zu laufen.[97] 38

---

[87] *Dimsic* RdA 2016, 106 (108), vgl. auch LAG Düsseldorf 27.5.2013 – 9 Sa 108/13.

[88] Str., s. hierzu *Dorth* RdA 2013, 287 (289 f.) mwN.

[89] BAG 10.5.2016 ArbRAktuell 2016, 530 (LS).

[90] BAG 28.5.2013 AP Nr. 47 zu § 611 BGB Ausbildungsbeihilfe = NZA 2013, 1419; 21.8.2012 AP Nr. 46 zu § 611 BGB Ausbildungsbeihilfe = NZA 2012, 1428. → § 74 Rn. 10.

[91] BAG 10.5.2016 ArbRAktuell 2016, 530 (LS).

[92] Vgl. hierzu Palandt/*Sprau* BGB § 812 Rn. 34 mwN.

[93] BAG 10.5.2016 ArbRAktuell 2016, 530 (LS); 21.8.2012 AP Nr. 47 zu § 611 BGB Ausbildungsbeihilfe = NZA 2012, 1428.

[94] AA *Hanau* Anm. zu BAG AP Nr. 46 zu § 611 BGB Ausbildungsbeihilfe.

[95] BAG 6.9.1995 DB 1995, 1866; 6.9.1995 AP Nr. 22 zu § 611 BGB Ausbildungsbeihilfe = NZA 1996, 437; s. auch *Schmidt* NZA 2004, 1002 (1009); ErfK/*Preis* BGB § 611a Rn. 442.

[96] Vgl. hierzu auch LAG Nds 29.10.2014 ArbRAktuell 2015, 357 (LS), das die Schranken des AGB-Rechts anwendet.

[97] BAG 18.11.2004 AP Nr. 36 zu § 611 BGB Ausbildungsbeihilfe = NZA 2005, 516.

4. Abschnitt. Bundesfreiwilligendienst und Wehrdienst

§ 177. Auswirkungen des Wehrdienstes und Bundesfreiwilligendienstes auf das Arbeitsverhältnis

Übersicht

I. Räumlicher und persönlicher Geltungsbereich des Arbeitsplatzschutzgesetzes

1 Das ArbeitsplatzschutzG idF vom 16.7.2009 (BGBl. I 2055, zul. geänd. 30.3.2021, BGBl. I 402) gilt im Bereich der BRD gem. §§ 1 I, 15 I ArbPlSchG für alle AN (→ § 8 Rn. 1 ff.) und die zu ihrer Berufsausbildung Beschäftigten (→ §§ 173 ff. Rn. 1 ff.). Das Gesetz soll die AN vor beruflichen Nachteilen schützen, die sich infolge der Einberufung zum Wehrdienst und Zivildienst ergeben können. Es korrespondiert insoweit mit § 31 Soldatengesetz (SG) sowie § 35 I des Gesetzes über den Zivildienst der Kriegsdienstverweigerer (ZDG)[1] Sachlich gilt das ArbPlSchG, wenn ein AN zum Grundwehrdienst oder zu einer Wehrübung einberufen wird (§ 1 I ArbPlSchG). Es gilt mit gewissen Modifikationen im Falle des Wehrdienstes in der Verfügungsbereitschaft und des unbefristeten Wehrdienstes im Verteidigungsfall sowie des freiwilligen Wehrdienstes in der Auslandsverwendung und für Arbeits- und Dienstverhältnisse von Personen, die zu Dienstleistungen nach §§ 51 II, 51a, 54 V oder 58a Soldatengesetz herangezogen werden (§ 16 I–IV ArbPlSchG); ferner gilt es bei Soldaten auf Zeit für die zunächst auf sechs Monate festgesetzte Dienstzeit oder für die endgültig auf insgesamt nicht mehr als zwei Jahre festgesetzte Dienstzeit (§ 16a ArbPlSchG). Für **anerkannte Kriegsdienstverweigerer** gilt das ArbPlSchG entsprechend (§ 78 ZDG). Das ArbPlSchG gilt nicht für ausländische AN,[2] es sei denn, dass sie aus einem der Mitgliedstaaten der EU stammen.[3] Es gilt als Nebengesetz zum Wehrpflichtgesetz und zum SOG nicht für den in der DDR abgeleisteten Wehrdienst.[4] Nach § 16 VI ArbPlSchG gelten die §§ 1 I, III u. IV, 2–8 ArbPlSchG auch für in Deutschland beschäftigte Ausländer, die in ihrem Heimatstaat zur Erfüllung ihrer dort bestehenden Wehrpflicht zum Wehrdienst herangezogen werden, sofern sie Staatsangehörige der Vertragsparteien der Europäischen Sozialcharta vom 18.10.1961[5] sind und ihren rechtmäßigen Aufenthalt in Deutschland haben. Damit werden u.a. auch türkische AN erfasst. Nach der früheren Rspr. des BAG hatten diese während des verkürzten Wehrdienstes in der Türkei ein Zurückbehaltungsrecht an ihrer Arbeitsleistung.[6] Kein Zurückbehaltungsrecht bestand bei Wehrdienst von mehr als zwei Monaten. Sofern es hierdurch zu betrieblichen Schwierigkeiten kam, konnte eine Kündigung gerechtfertigt sein.[7] Diese Grundsätze gelten nach wie vor für solche AN, die nicht unter das ArbPlSchG fallen.

2 Die praktische Bedeutung der Regelungen ist nach der **Aussetzung der Wehrpflicht** sowie der Pflicht zur Ableistung eines Zivildienstes zum 1.7.2011 durch das Gesetz zur Änderung

---

1 IdF vom 17.5.2005 (BGBl. I 1346, ber. 2301) zul. geänd. 29.6.2015 (BGBl. I 1061).

2 BAG 30.7.1986 AP Nr. 22 zu § 13 BUrlG = NZA 1987, 13; 22.12.1982 AP Nr. 23 zu § 123 BGB = NJW 1983, 2782.

3 EuGH 14.3.1996 NZA 1996, 523 – Peter de Vos/Stadt Bielefeld; 15.10.1969 AP Nr. 2 zu Art. 177 EWG-Vertrag; BAG 22.12.1982 AP Nr. 23 zu § 123 BGB = NJW 1983, 2782; 5.12.1969 AP Nr. 3 zu Art. 177 EWG-Vertrag.

4 BAG 27.1.2000 AP Nr. 40 zu § 1 TVG Tarifverträge: DDR = NZA 2000, 1238.

5 Ursprungsfassung (BGBl. 1964 II 1262), nicht der revidierten Fassung vom 3.5.1996.

6 BAG 7.9.1983 AP Nr. 7 zu § 1 KSchG 1969 Verhaltensbedingte Kündigung = NJW 1984, 575; 22.12.1982 AP Nr. 23 zu § 123 BGB = NJW 1983, 2782.

7 BAG 20.5.1988 AP Nr. 9 zu § 1 KSchG Personenbedingte Kündigung = NZA 1989, 464.

wehrrechtlicher Vorschriften 2011 (WehrRÄndG 2011 vom 28.4.2011, BGBl. I 678) erheblich zurückgegangen. Die Wehrpflicht bzw. Pflicht zur Ableistung eines Zivildienstes besteht danach nur noch im Spannungs- oder Verteidigungsfall (§ 2 WPflG).

Gleichzeitig wurde allerdings ein sowohl Frauen als Männern offenstehender **freiwilliger Wehrdienst** eingeführt (§ 6b WPflG). Dieser besteht aus einem sechsmonatigen freiwilligen Grundwehrdienst (Probezeit) und einem bis zu 17 Monate dauernden anschließenden freiwilligem Wehrdienst. Gem. § 16 II ArbPlSchG sind die Bestimmungen des ArbPlSchG auch auf den freiwilligen Wehrdienst nach den § 6b WPflG anzuwenden. Daneben gibt es den zum 1.4.2021 eingeführten einjährigen Freiwilligendienst im Heimatschutz. Keine Anwendung findet das ArbPlSchG dagegen auf den **Bundesfreiwilligendienst** (→ Rn. 22). 3

II. Musterung

Der AN ist verpflichtet, eine Ladung der Erfassungsbehörde oder der Wehrersatzbehörde oder einen Einberufungsbescheid unverzüglich seinem AG vorzulegen (§§ 1 III, 7 I, 10, 14 II ArbPlSchG). Bei Verletzung dieser Pflicht ist keine Kündigung gerechtfertigt; der AN kann aber schadensersatzpflichtig werden. Der AG hat den AN unter dem Gesichtspunkt seiner vorrangigen öffentlich-rechtlichen Verpflichtung von der Arbeit freizustellen. Jedoch kann der AN gem. § 12 WPflG, § 11 ZDG **zurückgestellt** und gem. § 13 WPflG, § 16 ZDG **unabkömmlich gestellt** werden.[8] Eine Zurückstellung kommt insbesondere bei Unterbrechung eines weitgehend geförderten Ausbildungsabschnitts in Betracht.[9] Nach § 14 I ArbPlSchG hat der AG für die Dauer der Arbeitsverhinderung die **Arbeitsvergütung** fortzuzahlen, wenn der AN sich aufgrund der Wehrpflicht bei den Erfassungsbehörden oder den Wehrersatzbehörden persönlich melden muss. 4

III. Rechte und Pflichten aus dem Arbeitsverhältnis

1. Ruhen des Arbeitsverhältnisses. Wird der AN zum Grundwehrdienst bzw. zum Zivildienst oder zu einer Wehrübung von mehr als drei Tagen Dauer einberufen oder leistet er einen freiwilligen Wehrdienst nach §§ 6b WPflG ab, so erlischt das Arbeitsverhältnis nicht, sondern es ruht (§ 1 I ArbPlSchG).[10] Befristete Arbeitsverträge erlöschen mit Zeitablauf oder wenn das Arbeitsverhältnis aus anderen Gründen während des Wehrdienstes geendet hätte (§ 1 IV ArbPlSchG). Dies gilt aber nicht bei den zur Berufsausbildung Beschäftigten (§ 6 III ArbPlSchG).[11] 5

Während des Ruhens entfallen die Hauptpflichten aus dem Arbeitsvertrag (Arbeitsleistung, Vergütung). Ausnahmen bestehen im öffentlichen Dienst (§ 1 II ArbPlSchG).[12] Rundfunkmoderatoren, die als freie Mitarbeiter von einer öffentlichen Rundfunkanstalt beschäftigt werden, sind, auch wenn sie als arbeitnehmerähnliche Personen behandelt werden, keine AN im Sinne des ArbPlSchG. Sie haben daher während einer Wehrübung keinen Anspruch nach § 1 II ArbPlSchG auf Entgeltfortzahlung, sondern nur auf Unterhaltssicherung gegen den Bund.[13] 6

2. Nebenpflichten. Dem AN obliegt während des Ruhens des Arbeitsverhältnisses weiter die Schweigepflicht über Betriebsgeheimnisse usw. Der AG hat auf Verlangen Sachbezüge, Deputate (zB Kohlen), allerdings gegen angemessene Vergütung, weiterzugewähren (§ 3 III, IV ArbPlSchG). In gleicher Weise bleibt die Verpflichtung zur Überlassung einer Wohnung unberührt (§ 3 I ArbPlSchG). Bei Kündigung einer Werkswohnung darf die durch die Wehrpflicht bedingte Abwesenheit nicht zum Nachteil des AN berücksichtigt werden. Das gilt bei alleinste- 7

[8] VO über die Zuständigkeit und das Verfahren bei der Unabkömmlichstellung v. 24.8.2005 (BGBl. I 2538) m. spät. Änd.; vgl. auch BVerwG 22.5.1987 NVwZ-RR 1989, 26; 3.11.2006 – 6 B 21/06 (bei einem Mitglied der Jugend- und Ausbildungsvertretung); 13.11.2006 NVwZ-RR 2007, 330 (bei einem befr. Arbeitsverhältnis).

[9] BVerwG 14.11.1980 BVerwGE 61, 152 = NJW 1981, 1460; 10.12.1969 BVerwGE 34, 278 = NJW 1970, 675; 27.2.1969 BVerwGE 31, 318 = NJW 1969, 1789; vgl. *Creutzig* NJW 1971, 1395 sowie *Kreutzer* AR-Blattei, D – Wehrdienst V, Unabkömmlichstellung und Zurückstellung.

[10] Zu Auswirkung auf Vergütung: BAG 27.1.1994 AP Nr. 5 zu § 6 ArbPlatzSchutzG = NZA 1994, 1007.

[11] BAG 27.6.2006 AP Nr. 8 zu § 6 ArbPlatzSchutzG = NZA 2007, 512; *Bährle* BuW 1999, 676.

[12] BAG 2.3.1971 AP Nr. 1 zu § 1 ArbPlatzSchutzG; 18.1.1984 AP Nr. 1 zu § 78 ZDG = NZA 1984, 92; vgl. BVerwG 27.6.1968 RiA 1969, 32.

[13] BVerwG 22.4.1998 NZA-RR 1999, 63.

henden AN jedoch nur dann, wenn sie den Wohnraum während ihrer Abwesenheit aus besonderen Gründen benötigen, etwa um Möbel unterzustellen (§ 3 II ArbPlSchG). Jedoch muss der AN für die Überlassung der Wohnung Vergütung zahlen (§ 3 III ArbPlSchG).

8 Ferner hat der AG gem. § 14a II ArbPlSchG im Falle einer **zusätzlichen Alters- und Hinterbliebenenversorgung** für AN des **öffentlichen Dienstes** die Arbeitgeber- und Arbeitnehmerbeiträge weiterzuzahlen,[14] er kann aber Erstattung verlangen.[15] Ein **EU-Ausländer,** der Staatsangehöriger eines Mitgliedstaates ist und im Hoheitsgebiet eines anderen Mitgliedstaates beschäftigt ist, hat keinen Anspruch auf Weiterentrichtung der Beiträge (Arbeitgeber- und Arbeitnehmeranteil) zur zusätzlichen Alters- und Hinterbliebenenversorgung für AN im öffentlichen Dienst, wenn das Arbeitsverhältnis aus Anlass der Einberufung zum Wehrdienst nicht ruhen würde, selbst wenn den im öffentlichen Dienst beschäftigten Staatsangehörigen dieses Staates ein solcher Anspruch gesetzlich bei Ableistung des Wehrdienstes dieses Staates zusteht.[16] Nach § 14a IV ArbPlSchG sind einem AN die aus seinem Arbeitseinkommen freiwillig zur gesetzlichen Rentenversicherung oder einer sonstigen Alters- und Hinterbliebenenversorgung geleisteten Beiträge zu erstatten, wenn die zu Grunde liegende Versicherung bei Beginn des Wehrdienstes mindestens 12 Monate bestanden hat und der AG nicht zur Weiterentrichtung verpflichtet ist. Für Beiträge zu einer Kapitallebensversicherung gilt das aber nur, wenn die Versicherung frühestens mit Vollendung des 60. Lebensjahres fällig wird.[17]

9 Der AG kann den **Urlaub** für jeden vollen Monat, den der AN **Wehrdienst** (Grundwehrdienst oder (Pflicht-)Wehrübung, vgl. § 1 I ArbPlSchG) bzw. freiwilligen Wehrdienst leistet, um 1/12 kürzen (§ 4 I 1 ArbPlSchG). Der zustehende Erholungsurlaub ist auf Verlangen des AN vor Beginn des Grundwehrdienstes zu gewähren (§ 4 I 2 ArbPlSchG). Wird der Urlaub nicht oder nicht vollständig gewährt, so hat der AG ihn nach dem Grundwehrdienst im laufenden oder im nächsten Urlaubsjahr zu erteilen (§ 4 II ArbPlSchG). Endet das Arbeitsverhältnis während des Grundwehrdienstes oder freiwilligen Wehrdienstes oder wird es danach nicht fortgesetzt, so hat der AG den noch nicht gewährten Urlaub abzugelten (§ 4 III ArbPlSchG). Hat der AN vor dem Grundwehrdienst oder freiwilligen Wehrdienst mehr Urlaub erhalten, als ihm zustand, kann der AG den Urlaub nach dem Grundwehrdienst bzw. freiwilligen Wehrdienst um die zu viel gewährten Tage kürzen (§ 4 IV ArbPlSchG). Im Übrigen bleiben die Bestimmungen des BUrlG unberührt. Auch dem zurückgekehrten Angestellten, auf dessen Arbeitsverhältnis der TVöD Anwendung findet, steht die Zulage zum Urlaubsentgelt gem. § 27 TVöD-AT nur unter den dort genannten Voraussetzungen zu; sie ist also von der tatsächlichen Zahlung der Zulage im Berechnungszeitraum abhängig.[18] Wird der AN zu einer **Wehrübung aufgrund freiwilliger Verpflichtung** einberufen, so entsteht Urlaub auch für die Zeit der Übung; auf Verlangen ist Urlaub vor der Wehrübung zu gewähren (§ 10 iVm § 4 I 2 ArbPlSchG).[19] Zur Erkrankung während des Wehrdienstes → Rn. 19.

IV. Kündigungsschutz

10 Der Kündigungsschutz ist in → § 144 Rn. 1 ff. im Zusammenhang mit den Kündigungsbeschränkungen des AG dargestellt.

V. Übernahme von Auszubildenden und befristet Beschäftigten

11 Nach § 2 V 1 ArbPlSchG darf der **Ausbildende** die Übernahme des Auszubildenden in ein Arbeitsverhältnis auf unbestimmte Zeit nicht aus Anlass des Wehrdienstes (bzw. des freiwilligen Wehrdienstes) ablehnen. Voraussetzung ist das Bestehen eines Ausbildungsverhältnisses iSv § 3 BBiG und nicht lediglich eines anderen Vertragsverhältnisses gem. § 26 BBiG.[20] Außerdem darf das Ausbildungsverhältnis bei Antritt des Wehrdienstes nicht schon beendet sein.[21] Gem. § 2 V 2 ArbPlSchG gilt insoweit zu Lasten des AG die Beweislastregel des § 2 II 3 ArbPlSchG.

[14] Die weitergezahlten Beiträge werden aufgrund gesetzlicher Verpflichtung gezahlt und sind kein lohnsteuerpflichtiger Arbeitslohn. BVerwG 9.12.1971 BVerwGE 39, 143 = AP Nr. 1 zu § 5 ArbPlatzSchutzG; 9.12.1971 AP Nr. 2 zu § 5 ArbPlatzSchutzG.
[15] DVO v. 20.10.1980 (BGBl. I 2006); BVerwG 30.5.1997 DB 1997, 2031; 20.8.1993 BWV 1994, 15.
[16] EuGH 14.3.1996 NZA 1996, 523 – Peter de Vos/Stadt Bielefeld.
[17] BVerwG 30.5.1997 NVwZ-RR 1998, 46.
[18] BAG 27.1.1981 AP Nr. 2 zu § 47 BAT.
[19] *Sahmer/Busemann* ArbPlSchG § 10 Anm. 13.
[20] KR/*Weigand* ArbPlSchG § 2 Rn. 39.
[21] ErfK/*Gallner,* 12. Aufl., ArbPlSchG § 2 Rn. 12.

Nach § 2 V 3 ArbPlSchG darf der AG die Verlängerung eines **befristeten Arbeitsvertrags** oder die Übernahme in ein unbefristetes Arbeitsverhältnis nicht aus Anlass des Wehrdienstes (bzw. freiwilligen Wehrdienstes) ablehnen. Insoweit greift die Beweislastregel des § 2 V 3 ArbPlSchG nach der systematischen Stellung des § 2 V 2 ArbPlSchG nicht.[22] 12

Die **Rechtsfolge** eines Verstoßes gegen § 2 V 1 und § 2 V 3 ArbPlSchG ist im Gesetz nicht klar geregelt. Insbesondere fingiert es nicht explizit das Zustandekommen eines Arbeitsverhältnisses. Gleichzeitig haben die Bestimmungen aber auch nicht lediglich den Charakter eines Appells an den AG. Daher besteht für den AN im Falle eines Verstoßes ein Schadensersatzanspruch.[23] Dieser kann gem. § 249 BGB im Wege der Naturalrestitution auf Begründung eines Arbeitsverhältnisses gerichtet sein.[24] Allgemein wird in der Literatur angenommen, dass ein Anspruch nicht bestehen soll, wenn der AG die Einstellung, Vertragsverlängerung oder Übernahme in ein unbefristetes Arbeitsverhältnis wegen einer drohenden wirtschaftlichen Gefährdung,[25] oder aufgrund betriebsbedingter, in der Person oder im Verhalten des AN liegender Gründe verweigert.[26] In diesen Fällen erfolgt die Nichtübernahme aber ohnehin nicht aus Anlass des Wehrdienstes sondern beruht auf anderen Gründen. 13

VI. Schutzvorschriften nach Entlassung aus dem Wehrdienst

Nimmt der AN im Anschluss an den Wehrdienst bzw. freiwilligen Wehrdienst die Arbeit in seinem bisherigen Betrieb wieder auf, so darf ihm gem. § 6 I ArbPlSchG aus Anlass der Wehrdienstabwesenheit in beruflicher und betrieblicher Hinsicht **kein Nachteil** erwachsen. Der Wehrdienst wird vielmehr auf die Berufs- und Betriebszugehörigkeit auch bei AN aus den EU-Mitgliedstaaten (Art. 7 VO 492/2011/EU), die den Wehrdienst in ihrem Heimatland verrichten,[27] angerechnet. Für die Teilnahme an freiwilligen Wehrübungen gilt gem. § 10 ArbPlSchG Entsprechendes, soweit sie allein oder zusammen mit anderen freiwilligen Wehrübungen nicht länger als 6 Wochen im Kalenderjahr dauern. § 6 I ArbPlSchG erfasst nur AN, die im Anschluss an den Wehrdienst in ihren bisherigen Betrieb zurückkehren. Bei einem zwischenzeitlichen Betriebsübergang gelten die Rechte gegenüber dem Betriebsübernehmer. Bei den zur Berufsausbildung Beschäftigten wird die Wehrdienstzeit jedoch erst auf die Zeit nach der Ausbildung angerechnet. Es erfolgt also auch keine Verkürzung von Probe- und Ausbildungszeit (§ 6 II ArbPlSchG). 14

Unter den Begriff des Nachteils fällt **jede Art von schlechterer Behandlung** in tatsächlicher und rechtlicher Beziehung, die ohne die Einberufung zum Wehrdienst nicht eingetreten wäre.[28] Vor Nachteilen, die sich zwischenzeitlich für die übrige Belegschaft ergeben haben, besteht kein Schutz. Umgekehrt muss der AN an Vorteilen teilhaben, die während seines Wehrdienstes allgemein eingetreten sind. 15

Richtet sich eine Tariflohnerhöhung gemäß den vorgesehenen **Steigerungsstufen** nach jedem Beschäftigungsjahr in der entspr. Gehaltsgruppe, so sind Wehrdienstzeiten (bzw. freiwilligen Wehrdienstes) auf die Steigerung der Gehaltsstufen nicht anzurechnen. Etwas anderes kann gelten, wenn sich die Steigerung nach Dienstjahren richtet.[29] Auf **Bewährungszeiten,** die für eine Einstufung in eine höhere Lohn- oder Vergütungsgruppe vereinbart sind, wird die Zeit des Grundwehrdienstes sowie eines freiwilligen Wehrdienstes nicht angerechnet (§ 6 IV 1 ArbPlSchG). Während der Zeit, um die sich die Einstufung in eine höhere Lohn- oder Vergütungsgruppe hierdurch verzögert, erhält der AN von seinem AG zum Arbeitsentgelt eine Zulage in Höhe des Unterschiedsbetrages zwischen seinem Arbeitsentgelt und dem Arbeitsentgelt, das ihm bei der Einstufung in die höhere Lohn- und Vergütungsgruppe zustehen würde (§ 6 IV 2 ArbPlSchG). Das gilt entsprechend für tarifliche Entgeltregelungen, die einen Zeitaufstieg vorsehen.[30] Für die Dauer des Wehrdienstes können dem AN dagegen **Erfolgsvergütungen** verwei- 16

[22] So auch die Gesetzesmaterialien: BT-Drs. 16/10995, 16.
[23] So ErfK/*Gallner,* 12. Aufl., ArbPlSchG § 2 Rn. 13; APS/*Dörner/Linck* ArbPlSchG § 2 Rn. 18.
[24] KR/*Weigand* ArbPlSchG § 2 Rn. 39; ausführlich *Sahmer/Busemann* ArbPlSchG § 2 Anm. 26.
[25] ErfK/*Gallner,* 12. Aufl., ArbPlSchG § 2 Rn. 13.
[26] KR/*Weigand* ArbPlSchG § 2 Rn. 39.
[27] EuGH 15.10.1969 AP Nr. 2 zu Art. 177 EWG-Vertrag; BAG 5.12.1969 AP Nr. 3 zu Art. 177 EWG-Vertrag; anders bei sonstigen ausländ. AN: HessLAG 2.3.1973 NJW 1974, 2198.
[28] BAG 4.11.1970 AP Nr. 119 zu § 1 TVG Auslegung.
[29] BAG 10.9.1980 AP Nr. 125 zu § 1 TVG Auslegung; für anrechenbare Gesellenjahre bei Zeitsoldaten: BAG 23.5.1984 AP Nr. 1 zu § 16a ArbPlatzSchutzG; zum Senioritätsprinzip bei Flugzeugführern: BAG 28.9.1983 AP Nr. 1 zu § 1 TVG Tarifverträge: Seniorität; Vergütung und Beschäftigungszeit: BAG 1.6.1988 AP Nr. 7 zu § 1 TVG Tarifverträge: Seniorität.
[30] BAG 28.6.1994 AP Nr. 6 zu § 6 ArbPlatzSchutzG = NZA 1995, 433.

gert werden.[31] Tarifliche **Sonderzuwendungen** können um 1/12 für jeden Kalendermonat gekürzt werden, für den der Angestellte infolge der wehrdienstbedingten Abwesenheit keine Bezüge aus dem Arbeitsverhältnis erhalten hat.[32]

17 Die Regelungen in § 6 II–IV ArbPlSchG **gelten nach Vollendung einer sechsmonatigen Betriebszugehörigkeit** gem. § 12 ArbPlSchG auch für AN, die im Anschluss an den Grundwehrdienst (bzw. freiwilligen Wehrdienst) oder an eine Wehrübung als AN eingestellt werden, bzw. (unter den weiteren Voraussetzungen des § 12 I 2 ArbPlSchG) nach einer zwischenzeitlichen Ausbildung eingestellt werden. Regelzeit iSv § 12 I 2 ArbPlSchG ist dabei nicht die durchschnittliche Studienzeit, sondern die jeweilige im Hochschulrecht festgelegte Regelstudienzeit.[33] Ein zeitlicher Abstand von einem Monat hindert nicht die Annahme, dass die Einstellung oder die vorherige Ausbildung „im Anschluss" an den Wehrdienst erfolgt ist.[34] § 12 ArbPlSchG iVm § 6 II–IV ArbPlSchG regelt aber nur die Gewährleistung von Rechten, die dem Grunde oder der Höhe nach von der Dauer der Betriebszugehörigkeit abhängen. Die Bestimmung begründet dagegen keinen Anspruch auf Leistungen aus einer vor Eintritt in den neuen Beschäftigungsbetrieb außer Kraft gesetzten Regelung (zB auf bestimmte Altersversorgungsleistungen), die für vor einem bestimmten Stichtag eingetretene AN nur aus Gründen der Besitzstandswahrung weiter gewährt werden.[35] § 12 I 3 ArbPlSchG stellt in Anlehnung an die für Zeitsoldaten geltende Bestimmung des § 8 III 2 SVG klar, dass sich die Anrechenbarkeit in einer betrieblichen oder überbetrieblichen Altersversorgung auf die Berücksichtigung bei den Unverfallbarkeitsfristen nach dem BetrAVG beschränkt. Der Wehrdienst (bzw. der freiwillige Wehrdienst) wird gleichfalls auf die Zeit einer mehrjährigen Tätigkeit angerechnet, die bei der Zulassung zu weiterführenden Prüfungen im Beruf nachzuweisen ist (§ 13 ArbPlSchG).

18 Für die **ehemaligen Zeitsoldaten,** die nicht durch § 16a ArbPlSchG erfasst werden, gilt die Regelung des § 8 SVG.

19 Ist der AN während des Wehrdienstes (bzw. freiwilligen Wehrdienstes) erkrankt, so hat er nach Entlassung aus der Bundeswehr und Rückkehr in das alte Arbeitsverhältnis Anspruch auf **Entgeltfortzahlung im Krankheitsfall,** wobei der 6-Wochen-Zeitraum des § 3 I 1 EFZG mit der Wiederaufnahme des Arbeitsverhältnisses beginnt.[36]

20 Wird der Grundwehrdienst, der freiwillige Wehrdienst oder eine Wehrübung vorzeitig beendet und muss der AG deswegen für zwei Personen Arbeitsvergütung zahlen, so werden ihm die hierdurch ohne sein Verschulden entstandenen **Mehraufwendungen** erstattet (§ 1 V ArbPlSchG).[37] Im öffentlichen Dienst haben entlassene Soldaten einen Einstellungsvorrang (§ 11a ArbPlSchG).

VII. Eignungsübung

21 Wird ein AN aufgrund freiwilliger Verpflichtung zu einer Übung zur Auswahl von freiwilligen Soldaten einberufen, so ruht das Arbeitsverhältnis während der Eignungsübung bis zur Dauer von 4 Monaten (§ 1 I Eignungsübungsgesetz, EignÜbG) idF vom 20.1.1956 (BGBl. I 13) m. spät. Änd. Während, vor und nach der Eignungsübung besteht ein ähnlich gearteter Kündigungsschutz wie nach dem ArbPlSchG (§ 2 EignÜbG). Bleibt der AN im Anschluss an die Eignungsübung als freiwilliger Soldat in den Streitkräften, so endet das Arbeitsverhältnis mit Ablauf der Übung (§ 3 EignÜbG).

VIII. Bundesfreiwilligendienst

22 Der Bundesfreiwilligendienst wurde durch das am 3.5.2011 in Kraft getretene Gesetz über den Bundesfreiwilligendienst vom 28.4.2011 (BFDG, BGBl. I 687) eingeführt. Hierbei handelt es sich um ein 6- bis 18- bzw. maximal 24-monatiges (§ 3 II 3 BFDG) freiwilliges Engagement bei einer anerkannten Einsatzstelle (§ 6 BFDG) für das Allgemeinwohl. Ein Freiwilligendienst nach Maßgabe der Richtlinie zur Umsetzung des entwicklungspolitischen Freiwilligendienstes

[31] BAG 8.11.1962 AP Nr. 1 zu § 6 ArbPlatzSchutzG.
[32] BAG 13.5.1970 AP Nr. 2 zu § 6 ArbPlatzSchutzG; auch → § 78 Rn. 47.
[33] BAG 19.8.2008 NZA 2009, 261.
[34] BAG 25.7.2006 AP Nr. 8 zu § 6 ArbPlatzSchutzG = NZA 2007, 512; vgl. auch HessLAG 2.6.2005 – 11 Sa 570/04, das auf die Rspr. des BAG zu § 8 III SVG zurückgreift.
[35] BAG 25.7.2006 AP Nr. 8 zu § 6 ArbPlatzSchutzG = NZA 2007, 512.
[36] BAG 30.10.1969 AP Nr. 46 zu § 1 ArbKrankhG; vgl. auch BAG 3.3.1961 AP Nr. 27 zu § 63 HGB; 2.3.1971 AP Nr. 1 zu § 1 ArbPlatzSchutzG.
[37] Vgl. OVG Münster 1.9.1993 NZA 1994, 219.

„weltwärts" des BMZ wird vom BFDG (und JFDG, → Rn. 26) nicht erfasst; insoweit handelt es sich um ein privates Rechtverhältnis eigener Art. Die im Rahmen dieses Programmes Tätigen sind weder AN noch arbeitnehmerähnliche Personen.[38] Der Bundesfreiwilligendienst dient der Förderung des bürgerschaftlichen Engagements sowie der Stärkung zivilgesellschaftlicher Strukturen. Er ist arbeitsmarktneutral auszugestalten (§ 3 I 2 BFDG); er darf also nicht dazu dienen, hauptamtliche Arbeitskräfte zu ersetzen.[39] Nach § 4 BFDG hat eine pädagogische Begleitung zu erfolgen. Im Zusammenhang mit dem Zustrom von Flüchtlingen im Herbst 2015 wurde das BFDG mit § 18 um eine Bestimmung über den Bundesfreiwilligendienst mit Flüchtlingsbezug erweitert. Diese bis zum 31.12.2018 befristete Regelung betraf sowohl den Einsatz von Freiwilligen (auch Flüchtlingen) für Flüchtlinge als auch den Einsatz von Flüchtlingen im allgemeinen Bundesfreiwilligendienst.[40]

Gem. § 8 BFDG ist mit dem Bund eine Vereinbarung zu schließen. Hierbei handelt es sich um einen gegenseitigen zivilrechtlichen Vertrag,[41] auf den zB die Regeln über Allgemeine Geschäftsbedingungen (§§ 305 ff. BGB) Anwendung finden.[42] Die Vereinbarung ist aber **kein Arbeitsvertrag.** Es finden aber gem. § 13 I BFDG die Arbeitsschutzbestimmungen, das JArbSchG sowie das BUrlG entsprechende Anwendung. Wegen der Haftung verweist § 9 II BFDG auf die für AN geltenden Beschränkungen (→ § 59 Rn. 24 ff.). Die Bestimmungen des ArbPlSchG finden keine Anwendung. Unionsrechtlich gilt Folgendes: Richtlinien, die den europäischen Arbeitnehmerbegriff (→ § 8 Rn. 7) zugrunde legen, dürften auch für den Bundesfreiwilligendienst gelten, sofern man das Taschengeld als Vergütung bewertet. Arbeitsrechtliche EU-Richtlinien, die für den Arbeitnehmerbegriff auf das nationale Recht verweisen, sind auf den Bundesfreiwilligendienst nicht anzuwenden.[43] 23

Nach § 2 Nr. 1 BFDG müssen die Freiwilligen die Vollzeitschulpflicht (zum Begriff → § 161 Rn. 4) erfüllt haben. Volljährig müssen sie nicht sein. Sie dürfen für den Dienst nur unentgeltliche Unterkunft, Verpflegung und Arbeitskleidung sowie ein angemessenes Taschengeld oder anstelle von Unterkunft, Verpflegung und Arbeitskleidung entsprechende Geldleistungen erhalten (§ 2 Nr. 4 BFDG). Das **Taschengeld** ist dann angemessen, wenn es 6% der in der allgemeinen Rentenversicherung geltenden Beitragsbemessungsgrenze (2021: 7 100 EUR/Monat, neue Bundesländer 6 700 EUR/Monat) nicht übersteigt. Außerdem muss es dem Taschengeld anderer Personen entsprechen, die in derselben Einsatzstelle einen Jugendfreiwilligendienst ableisten. Bei einem Dienst im Rahmen eines Teilzeiteinsatzes muss das Taschengeld anteilig gekürzt sein. Zu den gem. § 13 I BFDG anwendbaren Arbeitsschutzbestimmungen gehört auch das **EFZG,** so dass ein nach § 17 II 1 BFDG vereinbartes Taschengeld auch für den Entgeltfortzahlungszeitraum fort zu entrichten ist.[44] 24

Gem. § 8 I 2 Nr. 3 BFDG muss die Vereinbarung eine Regelung zur vorzeitigen Beendigung des Dienstverhältnisses enthalten. Der Freiwillige hat gem. § 11 I BFDG einen Anspruch auf eine Bescheinigung über den geleisteten Dienst und gem. § 11 II BFDG auf ein qualifiziertes Zeugnis. 25

Für Personen, die das 27. Lebensjahr noch nicht vollendet haben, gilt ferner das Jugendfreiwilligendienstegesetz (JFDG), das ein freiwilliges soziales Jahr oder ein freiwilliges ökologisches Jahr vorsieht. 26

Sowohl im Rahmen des Bundesfreiwilligendienstes als auch des Jugendfreiwilligendienstes besteht seit dem Inkrafttreten des Gesetzes über die Einführung einer Teilzeitmöglichkeit in den Jugendfreiwilligendiensten sowie im Bundesfreiwilligendienst für Personen vor Vollendung des 27. Lebensjahres vom 6.5.2019 (BGBl. I 644) am 8.5.2019 auch für Personen unter 27 Jahren die Möglichkeit einer **Teilzeitbeschäftigung** (§ 2 Nr. 2 lit. b bb BFDG, § 2 I Nr. 2 lit. b JFDG).[45] Dabei ist allerdings eine Arbeitszeit von mehr als 20 Stunden wöchentlich zu leisten. Ferner bedarf es eines berechtigten Interesses der Freiwilligen an einer Teilzeitbeschäftigung. Der Begriff des berechtigten Interesses soll sich an der Auslegung von § 8 I 2 BBiG (in der bis zum 31.12.2019 geltenden Fassung) sowie an den Richtlinien gem. § 8 III BBiG orientieren.[46] Es kann insbes. vorliegen, wenn ein Kind oder nahe Angehörige zu betreuen sind. 27

[38] BAG 9.4.2019 AP Nr. 107 zu § 2 ArbGG 1979 = NZA 2020, 67.
[39] Näher *Leube* ZTR 2014, 141 (142 f.).
[40] Ausf. hierzu *Leube* ZTR 2016, 74.
[41] *Leube* AuR 2014, 7 (8).
[42] *Leube* ZTR 2014, 141 (144).
[43] *Leube* ZTR 2017, 391.
[44] *Tiedemann* NZA 2012, 602.
[45] Vgl. hierzu *Leube* ZTR 2019, 542.
[46] BT-Drs. 19/7839, 8.

5. Abschnitt. Schwerbehinderte Menschen

§ 178. Das Arbeitsverhältnis der behinderten und von Behinderung bedrohten Menschen

Internetadresse: http://www.bmas.de (unter: Teilhabe behinderter Menschen und Rehabilitation).

Übersicht

I. Allgemeines

1 **1. Unions- und Völkerrecht. a) Unionsrecht.** Das Verbot der Diskriminierung von behinderten AN ist in der Richtlinie 2000/78/EG des Rates vom 27.11.2000 (ABl. EG L 303, 21 v. 2.12.2000) zur Festlegung eines allgemeinen Rahmens für die Verwirklichung der Gleichbehandlung in Beschäftigung und Beruf enthalten. Die Richtlinie verfolgt den Zweck, einen allgemeinen Rahmen zur Bekämpfung der in Art. 1 RL 2000/78/EG genannten Merkmale im Hinblick auf die Verwirklichung des Grundsatzes der Gleichbehandlung in den Mitgliedstaaten zu schaffen. Die Vorgaben der Richtlinie erfordern eine Gleichbehandlung zwischen behinderten und nicht behinderten AN. Nach Art. 4 I RL 2000/78/EG ist eine unterschiedliche Behandlung nur zulässig, wenn eine bestimmte körperliche Funktion wesentliche und entscheidende berufliche Anforderung für eine Tätigkeit ist. Der AG muss nach Art. 5 RL 2000/78/EG die geeigneten und im konkreten Fall erforderlichen Maßnahmen ergreifen, um den Menschen mit Behinderung den Zugang zur Beschäftigung, die Ausübung eines Berufs, den beruflichen Aufstieg und die Teilnahme an Aus- und Weiterbildungsmaßnahmen ermöglichen, es sei denn, diese Maßnahmen würden den AG unverhältnismäßig belasten. Die Belastung ist nicht unverhältnismäßig, wenn sie durch geltende Maßnahmen im Rahmen der Behindertenpolitik kompensiert werden. Der deutsche Gesetzgeber hatte die RL 2000/78/EG hinsichtlich des Merkmals der Behinderung u.a. durch die Änderung des § 164 II SGB IX umgesetzt, der eine Benachteiligung von schwerbehinderten Beschäftigten untersagte und dem schwerbehinderten AN bei einem Verstoß einen Entschädigungsanspruch gewährte.[1] Das Diskriminierungsverbot

[1] BAG 15.2.2005 AP Nr. 7 zu § 81 SGB IX = NZA 2005, 870.

ist nunmehr in das AGG übernommen, das, weitergehender als § 81 II SGB IX aF, eine nicht gerechtfertigte Benachteiligung wegen einer Behinderung untersagt (→ § 36 Rn. 11). Allerdings hat der deutsche Gesetzgeber für die nicht vom SGB IX erfassten behinderten Menschen insbesondere Art. 5 RL 2000/78/EG, demzufolge der AG angemessene Vorkehrungen zu ergreifen hat, um behinderten Menschen u.a. die Ausübung eines Berufs zu ermöglichen, sofern diese Maßnahmen ihn nicht unverhältnismäßig belasten, nicht in nationales Recht umgesetzt. Dies kann zu einer unionsrechtskonformen Auslegung insbesondere von § 241 II BGB bei der Ausgestaltung der Rücksichtnahmepflichten führen (→ Rn. 2).[2]

b) UN-Behindertenrechtskonvention. Das von der Generalversammlung der Vereinten Nationen am 13.12.2006 angenommene und von der Bundesrepublik am 30.3.2007 unterzeichnete Übereinkommen der Vereinten Nationen über die Rechte von Menschen mit Behinderungen (UN-BRK) sowie das dazu ergangene Fakultativprotokoll ist durch G vom 21.12.2008 (BGBl. II 1419) in innerstaatliches Recht transformiert worden. Das Abkommen konkretisiert bestehende Menschenrechte für die Lebenssituation von Menschen mit Behinderungen mit dem Ziel, ihre Chancengleichheit in der Gesellschaft zu fördern.[3] Die Bestimmungen der UN-BRK sind nach dem Beschluss 2010/48/EG des Rates vom 26. November 2009 (ABl. 2010, L 23, S. 35) integrierender Bestandteil des Unionsrechts[4] und damit zugleich des nationalen Rechts.[5] Art. 27 I 2 lit. i UN-BRK sieht wie Art. 5 RL 2000/78/EG eine Verpflichtung der Vertragsstaaten vor, dass am Arbeitsplatz angemessene Vorkehrungen für Menschen mit Behinderungen getroffen werden. Was hierunter zu verstehen ist, ist in Art. 2 IV UN-BRK festgelegt. Nach der Rspr. des BVerfG besitzt sie verfassungsrechtliche Bedeutung als Auslegungshilfe für die Bestimmung des Inhalts und der Reichweite der Grundrechte und rechtsstaatlichen Grundsätze des Grundgesetzes. Deutsche Rechtsvorschriften sind nach Möglichkeit so auszulegen, dass ein Konflikt mit völkerrechtlichen Verpflichtungen der Bundesrepublik Deutschland nicht entsteht.[6] Die Verpflichtung zu angemessenen Vorkehrungen ergibt sich daher bei unionsrechtskonformer Auslegung des § 241 II BGB aus der UN-BRK.[7] Diese begründet aber nur Rechte zugunsten von behinderten Menschen. Ein karitatives Unternehmen kann sich deshalb zur Begründung seines Tendenzschutzes nach § 118 I BetrVG nicht auf die ihnen dort eingeräumten Rechte berufen,[8] zu **drittbezogenen Diskriminierungen** wegen einer Behinderung → § 36 Rn. 38. 2

2. Grundgesetz. Nach Art. 3 III 2 GG darf niemand wegen seiner Behinderung benachteiligt werden. Untersagt sind auf die Behinderung bezogene Ungleichbehandlungen, die für den behinderten Menschen zu einem Nachteil führen. Das Benachteiligungsverbot des Art. 3 III 2 GG erschöpft sich nicht in der Anordnung, Menschen mit und ohne Behinderung rechtlich gleich zu behandeln, oder im Verbot von Maßnahmen, die die Situation von Behinderten wegen der Behinderung verschlechtern. Eine Benachteiligung kann auch bei einem Ausschluss von Entfaltungs- und Betätigungsmöglichkeiten gegeben sein, wenn dieser Ausschluss nicht durch eine auf die Behinderung bezogene Förderungsmaßnahme hinlänglich kompensiert wird.[9] Der verfassungsrechtliche Begriff der Behinderung lehnt sich an den des § 2 I SGB IX an. Danach ist Behinderung die Auswirkung einer nicht nur vorübergehenden Funktionsbeeinträchtigung, die auf einem regelwidrigen körperlichen, geistigen oder seelischen Zustand beruht. Art. 3 III 2 GG verbietet nicht nur, dass die Behinderung unmittelbar oder mittelbar den Anknüpfungspunkt für eine benachteiligende Ungleichbehandlung darstellt, sondern enthält darüber hinaus ein an staatliche Stellen gerichtetes besonderes Förderungsgebot zugunsten von behinderten Menschen. Die Norm vermittelt einen Anspruch auf die Ermöglichung gleichberechtigter Teilhabe nach Maßgabe der verfügbaren finanziellen, personellen, sachlichen und organisatorischen Möglichkeiten.[10] Die Norm steht daher einer Bevorzugung von behinderten Menschen durch staatliche Regelungen und Maßnahmen nicht entgegen. Das BVerfG hat bisher ausdrücklich offengelassen, ob sich aus Art. 3 III 2 GG originäre Leistungsansprüche ableiten lassen, jedoch 3

---

[2] BAG 3.4.2007 AP Nr. 14 zu § 81 SGB IX = NZA 2007, 1098.
[3] Dazu *Evers-Meyer* BtPrax 2009, 97; *Petri/Stähler* ZESAR 2008, 167; *Düwell* FA 2008, 362.
[4] EuGH 11.9.2019 AP Nr. 50 zu Richtlinie 2000/78/EG = NZA 2019, 1634 – Nobel Plastiques Ibérica; 18.12.2014 AP Nr. 30 zu Richtlinie 2000/78/EG = NZA 2015, 33 – FOA; 11.4.2013 AP Nr. 28 zu Richtlinie 2000/78/EG = NZA 2013, 553 – Ring.
[5] BSG 16.3.2016 SozR 4–3250 § 69 Nr. 22; 30.9.2015 SozR 4–2500 § 33 Nr. 48.
[6] BVerfG 30.1.2020 NJW 2020, 1282.
[7] BAG 26.6.2014 AP Nr. 10 zu § 22 AGG; 19.12.2013 AP Nr. 3 zu § 2 AGG = NZA 2014, 372.
[8] BAG 14.5.2013 AP Nr. 86 zu § 118 BetrVG 1972.
[9] BVerfG 30.1.2020 NJW 2020, 1282.
[10] BVerfG 30.1.2020 NJW 2020, 1282.

ist der Inhalt des Grundrechts über die zivilrechtlichen Generalklauseln bei der Auslegung und Anwendung auch im Arbeitsrecht[11] und bei der Auslegung des Verfahrensrechts zu beachten.

4 **3. SGB IX.** Die im Teil 2 des SGB IX enthaltenen arbeitsrechtlich bedeutsamen Normen verfolgen drei Hauptziele, **(a)** die Eingliederung von schwerbehinderten Menschen in das Arbeitsleben (→ Rn. 32); **(b)** ihr Schutz gegen ungerechtfertigten Verlust des Arbeitsplatzes (→ § 179 Rn. 1) sowie **(c)** die besondere Ausgestaltung der Arbeitgeberpflichten gegenüber schwerbehinderten Menschen und ihnen Gleichgestellten in einem bestehenden Arbeitsverhältnis (→ Rn. 42). Die sich aus einer ungerechtfertigten Benachteiligung wegen einer Behinderung ergebenden Ansprüche von schwerbehinderten Menschen sind nunmehr im AGG (→ § 36 Rn. 11) normiert. Das SGB IX ist mit Wirkung vom 1.1.2018 umfassend novelliert und in Hinblick auf die Vorgaben der UN-Behindertenkonvention diesen inhaltlich angepasst worden. Im neuen Teil 2 ist das bisher im SGB XII geregelte Recht der Eingliederungshilfe aufgenommen worden.

5 **4. Behindertengleichstellungsgesetz.** Mit dem Gesetz zur Gleichstellung behinderter Menschen und zur Änderung anderer Gesetze (Behindertengleichstellungsgesetz – BGG) vom 27.4.2002[12] (BGBl. I 1467) soll die Benachteiligung von Menschen mit Behinderungen (vgl. § 3 BGG) beseitigt und verhindert sowie ihre gleichberechtigte Teilhabe am Leben in der Gesellschaft gewährleistet und ihnen eine selbstbestimmte Lebensführung ermöglicht werden (§ 1 I BGG). Kernstück des Gesetzes ist die Herstellung einer umfassenden Barrierefreiheit (§ 4 BGG). Gemeint ist damit nicht nur die Beseitigung räumlicher Barrieren für Rollstuhlfahrer und Gehbehinderte, sondern auch die Kommunikation Blinder und Sehbehinderter in den elektronischen Medien und ihre Teilnahme an Wahlen. Behinderten Menschen soll ermöglicht werden, alle Lebensbereiche wie bauliche Anlagen, Verkehrsmittel, technische Gebrauchsgegenstände und Kommunikationseinrichtungen in der allgemein üblichen Weise, ohne besondere Erschwernis und ohne fremde Hilfe zu nutzen. Dazu dient das Instrument der Zielvereinbarungen zur Herstellung von Barrierefreiheit. Bei diesen handelt es sich um zivilrechtliche Verträge, deren Inhalt von den Vertragspartnern frei vereinbart und ausgestaltet wird. Anerkannte Verbände und Unternehmen oder Unternehmensverbände sollen selbständig und in eigener Verantwortung vereinbaren, wie und in welchem Zeitraum Barrierefreiheit vor Ort konkret verwirklicht wird (§ 5 BGG). Vertragspartner sind auf der einen Seite Unternehmen oder Unternehmensverbände, auf der anderen Seite anerkannte Verbände. Diese können als Interessenvertreter behinderter Menschen u.a. die Aufnahme von Verhandlungen über Zielvereinbarungen verlangen, haben nach § 14 BGG eine Vertretungsbefugnis für behinderte Menschen und nach § 15 BGG ein Verbandsklagerecht. Zum BGG ist eine Reihe von RechtsVO ergangen.[13]

II. Geschützter Personenkreis

6 **1. Schwerbehinderte Menschen. a) Begriff.** Nach § 2 II SGB IX sind Menschen schwerbehindert, wenn bei ihnen ein Grad der Behinderung (GdB) von wenigstens 50 vorliegt (→ Rn. 8) und sie ihren Wohnsitz, ihren gewöhnlichen Aufenthalt oder ihre Beschäftigung auf einem Arbeitsplatz rechtmäßig im Inland haben (→ Rn. 9).

7 **b) Behinderung.** Der Gesetzgeber hat den Begriff der Menschen mit Behinderungen mit dem Bundesteilhabegesetz mWv 1.1.2018 neu gefasst. Die Begrifflichkeiten orientieren sich nun an der Internationalen Klassifikation der Funktionsfähigkeit, Behinderung und Gesundheit (ICF) der Weltgesundheitsorganisation (WHO). Bei diesem wird Behinderung nicht durch die individuelle Funktionsstörung, sondern durch die Beeinträchtigung an der

[11] BVerfG 25.3.2015 AP Nr. 226 zu § 112 BetrVG 1972 = NZA 2015, 1248 (zu § 75 BetrVG); 8.10.1997 NJW 1998, 131.

[12] Vgl. http://www.bmas.de (Stichwort: Behindertengleichstellungsgesetz); http://www.bag-selbsthilfe.de (Bundesarbeitsgemeinschaft Hilfe für Behinderte e. V., Kirchfeldstr. 149, 40215 Düsseldorf).

[13] VO zur Verwendung von Gebärdensprache und anderen Kommunikationshilfen im Verwaltungsverfahren nach dem Behindertengleichstellungsgesetz (Kommunikationshilfenverordnung – KHV) v. 17.7.2002 (BGBl. I 2650); VO zur Zugänglichmachung von Dokumenten für blinde und sehbehinderte Menschen im Verwaltungsverfahren nach dem Behindertengleichstellungsgesetz (VO über barrierefreie Dokumente in der Bundesverwaltung – VBD) v. 17.2.2002 (BGBl. I 2652); VO zur Schaffung barrierefreier Informationstechnik nach dem Behindertengleichstellungsgesetz (Barrierefreie-Informationstechnik-Verordnung – BITV 2.0) v. 12.9.2011 (BGBl. I 1843); VO über die Schlichtungsstelle nach § 16 des BGG und ihr Verfahren (Behindertengleichstellungsschlichtungsverordnung – BGleiSV) v. 25.11.2016 (BGBl. I 2659).

gesellschaftlichen Teilhabe definiert. Nach der gesetzgeberischen Vorstellung entspricht die gegenüber dem SGB IX 2001 geänderte Fassung dem Verständnis der UN-BRK (→ Rn. 2). Menschen mit Behinderungen haben langfristige körperliche, seelische, geistige oder Sinnesbeeinträchtigungen, die sie in Wechselwirkung mit verschiedenen Barrieren an der vollen, wirksamen und gleichberechtigten Teilhabe an der Gesellschaft hindern können. Nach dem Wechselwirkungsansatz manifestiert sich die Behinderung erst durch gestörte oder nicht entwickelte Interaktion zwischen dem Individuum und seiner materiellen und sozialen Umwelt. Zu den einstellungsbedingten Barrieren können auch Vorurteile oder Ängste gehören, die Menschen mit Behinderungen beeinträchtigen. Eine Gesundheitsstörung kann auch darin liegen, dass die (gesellschaftliche) Teilhabe durch das Verhalten anderer beeinträchtigt wird. Zu den umweltbedingten Barrieren gehören vor allem bauliche Barrieren wie ein barrierefreier Zugang zum ÖPNV und zu öffentlichen und privaten Gebäuden. Der Hinweis auf die Sinnesbeeinträchtigung dient der Klarstellung und soll nicht zu einer Ausweitung des Behinderungsbegriffs führen. Aus Satz 2 folgt, dass eine Beeinträchtigung nur vorliegt, wenn der Körper- und Gesundheitszustand von dem für das Lebensalter typischen Zustand abweicht. Damit soll ausgeschlossen werden, dass etwa altersbedingte Erkrankungen idR als Behinderung anerkannt werden (BT-Drs. 18/9522, 227). Die unionsrechtliche Konzeption (→ § 36 Rn. 11) und die des nationalen Rechts sind nicht vollständig identisch. Nach dem EuGH ist der Begriff der Behinderung auf Beeinträchtigungen der wirksamen Teilhabe am Berufsleben beschränkt. Er erfasst – unabhängig von der Ursache der Behinderung – eine Einschränkung von Fähigkeiten, die u.a. auf langfristige physische, geistige oder psychische Beeinträchtigungen zurückzuführen ist, die den Betreffenden in Wechselwirkung mit verschiedenen Barrieren an der vollen und wirksamen Teilhabe am Berufsleben unter Gleichstellung mit den übrigen AN hindern können.[14] Eine Behinderung liegt vor, wenn der AN bei der Ausübung seiner beruflichen Tätigkeit beeinträchtigt ist, nicht aber, wenn ihm deren Ausübung unmöglich ist. Hingegen stellen die Behindertenbegriffe des SGB IX bzw. der UN-BRK (→ Rn. 2) auch auf die gesellschaftliche Teilhabe ab. Offensichtlich vorübergehende Störungen führen nach § 2 I 2 SGB IX zu keiner Behinderung, während nach dem Verständnis des Unionsrechts die nationalen Gerichte im Einzelfall entscheiden müssen, wann eine Einschränkung „langfristig" ist. Zur Beurteilung, ob eine Einschränkung von Fähigkeiten „langfristig" ist, gehören u.a. der Umstand, dass zum Zeitpunkt des angeblich diskriminierenden Geschehnisses ein kurzfristiges Ende der Arbeitsunfähigkeit des Betroffenen nicht genau absehbar ist, oder der Umstand, dass sich die Arbeitsunfähigkeit bis zur Genesung des Betroffenen noch erheblich hinziehen kann.[15] Danach ist der nationale Behindertenbegriff zulasten der behinderten Menschen enger als das supranationale Begriffsverständnis, soweit er eine Abweichung von dem für das Lebensalter typischen Zustand verlangt, alterstypische Einschränkungen also stets nicht als Behinderung ansieht. Nach § 2 I 3 SGB IX ist es ausreichend, dass eine solche Beeinträchtigung eintreten kann.[16]

c) Umfang. Der GdB muss für die Anerkennung als schwerbehinderter Mensch zumindest 50 betragen. Er ist unabhängig von einem ausgeübten oder angestrebten Beruf. Aus dem GdB ist nicht ohne Weiteres auf die Einschränkung der Leistungsfähigkeit des behinderten Menschen zu schließen. Der GdB wird nach Zehnergraden abgestuft von 20–100 festgelegt. Genaue gesetzliche Vorgaben für die Bewertung einer Behinderung bestehen nicht. In der Vergangenheit haben sich die Versorgungsämter und Gerichte bei der Festsetzung des GdB an den vom BMAS herausgegebenen „Anhaltspunkten für die ärztliche Gutachtertätigkeit" (AHP) orientiert,[17] die Erfahrungswerte der Versorgungsverwaltung und den Stand der medizinischen Wissenschaft wiedergeben und als antizipierte Sachverständigengutachten wie untergesetzliche Normen gewertet wurden, die im Verwaltungs- und Gerichtsverfahren zu beachten sind.[18] Eine stärkere Verrechtlichung der in den „Anhaltspunkten" enthaltenen Bewertungen ist vom BVerfG angemahnt und von der Bundesregierung durch die zum 1.1.2009 in Kraft getretene Versorgungsmedizin-Verordnung – VersMedV v. 10.12.2008 (BGBl. I 2412) umgesetzt worden. Die VersMedV knüpft an die bisher 8

[14] EuGH 11.9.2019 AP Nr. 50 zu Richtlinie 2000/78/EG = NZA 2019, 1634 – Nobel Plastiques Ibérica; 18.1.2018 AP Nr. 40 zu Richtlinie 2000/78/EG = NZA 2018, 159 – Ruiz Conejero.

[15] EuGH 11.9.2019 AP Nr. 50 zu Richtlinie 2000/78/EG = NZA 2019, 1634 – Nobel Plastiques Ibérica; 1.12.2016 – C 395/15 – Daouidi.

[16] So schon BAG 19.12.2013 AP Nr. 3 zu § 2 AGG = NZA 2014, 372.

[17] http://www.bmg.bund.de und http://www.bmas.de (Stichwort: Versorgungsmedizin).

[18] BSG 18.9.2003 SozR 4–3250 § 69 Nr. 2; gebilligt von BVerfG 6.3.1995 SozR 3–3870 § 3 Nr. 6.

geltenden Bewertungsgrundsätze und Verfahrensabläufe an, ohne die bisher in den AHP niedergelegten Grundsätze und Kriterien inhaltlich zu ändern. Sie gilt auch für die Feststellung weiterer gesundheitlicher Merkmale, die Voraussetzung für die Inanspruchnahme von Rechten und Nachteilsausgleichen sind. Zweifel am Inhalt der AHP oder der Anl. VersMedV, die durch besondere, vor allem medizinische Sachkunde bestimmt ist, sind vorzugsweise durch Nachfrage bei dem verantwortlichen Urheber, hier also beim Ärztlichen Sachverständigenbeirat Versorgungsmedizin bzw. bei dem für diesen geschäftsführend tätigen BMAS (§ 3 VersMedV) zu klären.[19] Die Versorgungsmedizinischen Grundsätze bestimmen aber lediglich abstrakt die Merkmale *Beeinträchtigung* und *Teilhabestörung* iSd § 2 I 1 SGB IX. Auf die dort enthaltenen Merkmale *Barrieren* und *Wechselwirkungen* gehen sie nicht ein, diese müssen ggf. von den Gerichten gesondert gewürdigt werden.

9 **d) Auslandssachverhalte.** Nach § 30 I SGB I gilt u.a. das SGB IX für alle Personen, die ihren Wohnsitz oder gewöhnlichen Aufenthalt in seinem Geltungsbereich haben (Territorialitätsprinzip). Dieses gilt insbesondere für die Statusfeststellung nach § 152 SGB IX.[20] Nach der Rspr. des BSG reicht es für einen Anspruch auf Feststellung einer Behinderung und des GdB aus, dass dem behinderten Menschen aus der Feststellung des GdB in Deutschland konkrete Vergünstigungen erwachsen können, die keinen Inlandswohnsitz voraussetzen. Dem steht § 2 II SGB IX nicht entgegen, weil er sich nur auf die Eigenschaft als schwerbehinderter Mensch bezieht. Für den Anspruch auf Feststellung eines GdB genügt danach ein sog. Inlandsbezug in dem Sinne, dass der behinderte Mensch wegen seines GdB Nachteilsausgleiche in Anspruch nehmen kann. Für eine Tätigkeit im Ausland findet das SGB IX Anwendung, wenn sich diese nur als eine **Ausstrahlung** der Inlandstätigkeit darstellt, zB bei einem Kraftfahrer. Voraussetzung ist aber stets, dass der behinderte Mensch rechtmäßig im Inland wohnt, sich dort längere Zeit berechtigt aufhält[21] oder als Grenzgänger auf einem Arbeitsplatz iSv § 156 SGB IX beschäftigt wird; zur Geltung der §§ 168 ff. SGB IX bei Auslandssachverhalten → § 179 Rn. 1.

10 **e) Schwerbehinderteneigenschaft.** Diese folgt unmittelbar aus dem Gesetz. Bescheide, Entscheidungen und Ausweise haben keine konstitutive, sondern nur deklaratorische Bedeutung und dienen allein dem Nachweis der Schwerbehinderung. Ebenso wenig kommt es für die Schwerbehinderteneigenschaft auf die Kenntnis des AG an. Eine andere Frage ist, in welchem Umfang der Schwerbehinderte Schutzrechte geltend machen kann.

11 **2. Verfahren. a) Zuständigkeit.** Das Verfahren zur Feststellung von Art und GdB ist im Interesse einer einheitlichen Handhabung den Behörden der Versorgungsverwaltung (Versorgungsämter, Landesversorgungsämter, versorgungsärztliche Untersuchungsstellen) übertragen worden (§ 152 I 1 SGB IX). Das Landesrecht kann eine abweichende Zuordnung treffen (§ 152 I 7 SGB IX).

12 **b) Antragstellung und örtliche Zuständigkeit.** Die Feststellung des GdB wird nur auf Antrag getroffen (§ 152 I 4 SGB IX); eine besondere Form schreiben die in Bezug genommenen Vorschriften nicht vor. Feststellungsanträge können daher auch mündlich, fernmündlich oder per E-Mail gestellt werden; vorgehaltene Antragsformulare sind lediglich Hilfsmittel für die gebotene Sachverhaltsaufklärung.[22] Zuständig ist das Versorgungsamt, in dessen Bezirk der Behinderte im Zeitpunkt der Antragstellung seinen Wohnsitz oder gewöhnlichen Aufenthalt hat. Antragsberechtigt ist der behinderte Mensch. Eine Vertretung ist zulässig. Die Vollmacht ist auf Verlangen der Behörde schriftlich nachzuweisen (§ 13 I 3 SGB X).

13 **c) Festsetzung. aa) Verfahren.** Zur Feststellung des GdB werden in einem **ersten Schritt** die einzelnen nicht nur vorübergehenden Gesundheitsstörungen im Sinne von regelwidrigen (von der Norm abweichenden) Zuständen und die sich daraus ableitenden Teilhabebeeinträchtigungen festgestellt. In einem **zweiten Schritt** sind diese den in der Anlage der VersMedV (→ Rn. 8) genannten Funktionssystemen zuzuordnen und mit einem Einzel-GdB zu bewerten. In einem **dritten Schritt** ist dann in einer Gesamtschau unter Berücksichtigung der wechselseitigen Beziehungen der einzelnen Beeinträchtigungen der Gesamt-GdB zu bilden. Dabei können die Auswirkungen der einzelnen Beeinträchtigungen ineinander aufgehen (sich decken), sich überschneiden, sich verstärken oder beziehungslos nebeneinan-

[19] BSG 2.12.2010 – B 9 SB 4/10 R; *Düwell* jurisPR-ArbR 12/2019 Anm. 1.
[20] BSG 5.7.2007 BSGE 99, 9 = SozR 4–3250 § 69 Nr. 6.
[21] BSG 29.4.2010 BSGE 106, 101 = SozR 4–3250 § 2 Nr. 2.
[22] *Düwell* NZA 2017, 1237 (1239).

derstehen. Außerdem sind bei der Gesamtwürdigung die Auswirkungen mit denjenigen zu vergleichen, für die in der in der Anlage der VersMedV feste Grade angegeben sind.[23] Die Feststellung des (Gesamt)-GdB richtet sich nach dem Finalitätsprinzip (§ 152 III SGB IX). Danach sind alle dauerhaften Gesundheitsstörungen unabhängig von ihrem Entstehungsgrund zu erfassen und ihre Auswirkungen auf die Teilhabe am Leben in der Gesellschaft zu berücksichtigen.[24] Eine Feststellung ist nur zu treffen, wenn ein GdB von wenigstens 20 vorliegt (§ 152 I 6 SGB IX). Nicht erforderlich ist, dass sich die rechtliche und/oder wirtschaftliche Situation des Antragstellers durch die Festsetzung unmittelbar verbessert.[25] Sind neben einer Behinderung weitere gesundheitliche Merkmale Voraussetzung für die Inanspruchnahme einer Vergünstigung, werden die Feststellungen in derselben Weise getroffen (§ 152 IV SGB IX). Eine Überprüfung des festgesetzten GdB auf eine Besserung des Gesundheitszustands ist möglich. Das Versorgungsamt hat nach pflichtgemäßem Ermessen zu entscheiden, ob eine solche Überprüfung angebracht ist. Gegebenenfalls kann dann eine Neufeststellung der Behinderung erfolgen. Im SGB IX sind keine Fristen mehr vorgesehen, innerhalb deren eine Neufestsetzung nicht erfolgen darf. Der Anspruch auf Feststellung einer Behinderung, des Grads der Behinderung und sonstiger gesundheitlicher Merkmale für die Inanspruchnahme von Nachteilsausgleichen erlischt mit dem Tode des Berechtigten.[26]

bb) Entbehrlichkeit. Feststellungen durch die Versorgungsverwaltung werden nicht getroffen, wenn das Vorliegen der Behinderung und der GdB schon in einem **Rentenbescheid** oder einer entsprechenden **Verwaltungs- oder Gerichtsentscheidung** oder einer vorläufigen Bescheinigung der für diese Entscheidungen zuständigen Dienststellen enthalten ist (§ 152 II SGB IX). Die Übernahme einer bereits vorgenommenen Bewertung des GdB dient der Verwaltungsvereinfachung. Dem behinderten Menschen sollen eine wiederholte Untersuchung und einander widersprechende Feststellungen erspart werden. Die ersten beiden Absätze von § 152 SGB IX stehen in einem Ausschließlichkeitsverhältnis. Eine anderweitige MdE-Feststellung iSv § 152 II SGB IX ist nur dann maßgebend, wenn sie eine Feststellung nach § 152 I SGB IX gänzlich erübrigt und damit an deren Stelle treten kann.[27] In den genannten Fällen werden die Versorgungsämter nur auf Antrag des behinderten Menschen tätig, wenn ein besonderes Interesse an der Feststellung glaubhaft gemacht ist. Diese kann auch darin bestehen, dass zB die Beurteilungsmaßstäbe in den beiden Verfahren unterschiedlich sind oder eine Erhöhung des GdB erreicht werden soll. Das Versorgungsamt hat zu prüfen, ob eine rechtskräftige Feststellung der Behinderung vorliegt oder ob diese anderweitig festgestellt ist. 14

d) Frist. Die Feststellung einer Behinderung durch die Versorgungsämter unterliegt Fristen. § 152 I 2 SGB IX verweist insoweit auf die Fristen des §§ 14 II, 17 SGB IX, sodass die Feststellung grundsätzlich nach drei Wochen zu treffen ist, wenn für die Beurteilung ein Gutachten nicht erforderlich ist (§ 14 II 2 SGB IX). Ist für die Feststellung des GdB ein Gutachten erforderlich, beauftragt das Versorgungsamt unverzüglich einen Sachverständigen (§ 17 I 1 SGB IX). Dieser hat das Gutachten innerhalb von zwei Wochen nach Auftragserteilung zu erstellen (§ 17 II 1 SGB IX). Das Versorgungsamt muss dann seine Entscheidung innerhalb von zwei weiteren Wochen nach Vorliegen des Gutachtens treffen (§ 14 II 3 SGB IX); daher muss bei Erforderlichkeit eines Gutachtens die Entscheidung innerhalb von 7 (3 + 2 + 2) Wochen nach der Antragstellung getroffen werden.[28] 15

e) Bescheid. Das Feststellungsverfahren ist durch einen schriftlich abzufassenden und zu begründenden Bescheid abzuschließen, der das Vorliegen und den GdB feststellt. Auf Antrag kann festgestellt werden, dass ein GdB oder gesundheitliche Merkmale bereits zu einem früheren Zeitpunkt vorgelegen haben, wenn dafür ein besonderes Interesse glaubhaft gemacht wird (§ 152 I 2 SGB IX). Der Bescheid muss eine Belehrung über den zulässigen Rechtsbehelf enthalten und ist dem Antragsteller bekannt zu geben (vgl. §§ 33, 35–37 SGB X). Soweit Dritte am Verfahren beteiligt waren, sind sie vom Ausgang in Kenntnis zu setzen. Wird der Antrag abgelehnt, kann der Antragsteller binnen eines Monats seit Bekanntgabe schriftlich oder in elektronischer Form (§ 126a BGB) Widerspruch erheben (§§ 77 ff. SGG; § 201 SGB IX). Gegen den Widerspruchsbescheid ist binnen eines Monats Klage zu den Sozialgerichten zulässig. Im 16

[23] BSG 24.2.2015 – B 9 SB 101/14 B.
[24] BSG 30.9.2009 SozR 4–3250 § 69 Nr. 10.
[25] BSG 24.4.2008 SozR 4–3250 § 69 Nr. 8.
[26] BSG 6.12.1989 SozR 3870 § 4 Nr. 4 = BSGE 66, 120 (kein Übergang auf die Erben).
[27] BSG 5.7.2007 SozR 4–3250 § 69 Nr. 4.
[28] *Düwell* JbArbR 43 (2006), 91 (100).

Bescheid wird nur über den GdB und nicht über die Eigenschaft als schwerbehinderter Mensch entschieden, als Nachweis darüber dient der Schwerbehindertenausweis (→ Rn. 17).

17 **f) Schwerbehindertenausweis.** Das Versorgungsamt stellt über die Schwerbehinderteneigenschaft und den GdB sowie die sonstigen gesundheitlichen Merkmale auf Antrag einen Ausweis aus (§ 152 V SGB IX).[29] Antragsberechtigt ist der schwerbehinderte Mensch. Für behinderte Menschen mit einem GdB von weniger als 50, die ihre Gleichstellung betreiben wollen, gilt § 152 V SGB IX nicht, da für das Gleichstellungsverfahren die Nachweise nach § 152 I, II SGB IX genügen. Da im Ausweis auch die Schwerbehinderteneigenschaft bescheinigt wird, sind sämtliche Voraussetzungen des § 2 SGB IX zu prüfen. Der Ausweis dient dem Nachweis der Schwerbehinderteneigenschaft, des GdB und gegebenenfalls weiterer gesundheitlicher Merkmale (§ 152 V 2 SGB IX). Bei entsprechender Kennzeichnung dient er auch als Ausweis für die unentgeltliche Beförderung. Der Ausweis soll befristet werden. Er ist zu berichtigen oder einzuziehen, wenn eine Neufeststellung unanfechtbar geworden ist (§ 152 V SGB IX). Der Ausweis ist eine Urkunde iSv § 418 ZPO und entfaltet im Hinblick auf die gesundheitliche Voraussetzung Drittbindungswirkung im arbeitsgerichtlichen Verfahren.

18 **g) Rechtsweg.** Für Streitigkeiten über das Vorliegen des GdB ist der Rechtsweg zu den Sozialgerichten gegeben (§ 201 SGB IX).

19 **3. Gleichgestellte. a) Personenkreis. aa) Grundsatz.** Behinderte Menschen mit einem GdB (→ Rn. 8) von weniger als 50, aber wenigstens 30,[30] bei denen im Übrigen die Voraussetzungen des § 2 II SGB IX (→ Rn. 6) vorliegen, sollen aufgrund einer Feststellung nach § 152 SGB IX auf ihren Antrag hin von der Arbeitsverwaltung schwerbehinderten Menschen gleichgestellt werden, wenn sie infolge der Behinderung ohne die Gleichstellung einen geeigneten Arbeitsplatz (→ Rn. 22) nicht erlangen oder nicht behalten können (gleichgestellte behinderte Menschen, § 2 III SGB IX). Zweck der Gleichstellung ist es, die ungünstige Konkurrenzsituation der behinderten Menschen am Arbeitsplatz und auf dem Arbeitsmarkt zu verbessern und somit den Arbeitsplatz sicherer zu machen oder die Vermittlungschancen zu erhöhen. Diese sollen durch die Gleichstellung nicht allgemein gefördert werden, sondern nur davor bewahrt werden, dass sie wegen ihrer Behinderung im Wettbewerb mit nicht behinderten AN berufliche Nachteile erleiden. Das Gesetz unterscheidet zwischen der Gleichstellung zum Erhalt des Arbeitsplatzes **(Alt. 2)** sowie der Gleichstellung zur Erlangung eines geeigneten Arbeitsplatzes **(Alt. 1),** die kumulativ (zB bei einer Arbeitsplatzgefährdung), aber auch nur alternativ vorliegen können. Die Gleichstellung kann auch für ausländische Staatsangehörige ausgesprochen werden.

20 **bb) Berufsausbildung.** Nach § 151 IV SGB IX sind schwerbehinderten Menschen gleichgestellt auch behinderte Jugendliche und junge Erwachsene (§ 2 I SGB IX) während der Zeit einer Berufsausbildung in Betrieben und Dienststellen, auch wenn der GdB weniger als 30 beträgt oder ein GdB nicht festgestellt ist. Bei diesem Personenkreis wird der Nachweis der Behinderung durch eine Stellungnahme der AA oder durch einen Bescheid über Leistungen zur Teilhabe am Arbeitsleben erbracht. Der Sonderkündigungsschutz für schwerbehinderte Menschen (§§ 168 ff. SGB IX) findet auf diesen Personenkreis keine Anwendung (§ 151 IV 3 SGB IX).

21 **b) Antrag.** Die Gleichstellung ist ein mitwirkungsbedürftiger Verwaltungsakt, der nur auf Antrag des behinderten Menschen ergeht. Andere Personen, der BR, Verbände oder die Berufsgenossenschaft sind nicht antragsberechtigt.[31] Der Antrag ist an keine Frist oder Form gebunden; er kann jederzeit zur Niederschrift der Behörde gestellt werden; eine Vertretung bei einer Antragstellung ist zulässig. Die Vollmacht ist auf Verlangen der Behörde schriftlich nachzuweisen (§ 13 I 3 SGB X). Für die Durchführung der Gleichstellung ist die Agentur für Arbeit örtlich zuständig, in deren Bezirk der behinderte Mensch seinen Wohnsitz oder Aufenthalt hat oder bei Grenzgängern die Beschäftigungsstelle liegt.

22 **c) Voraussetzungen. aa) Erlangen eines geeigneten Arbeitsplatzes.** Die Gleichstellung nach § 2 III Alt. 1 SGB IX setzt voraus, dass sich der behinderte Mensch beruflich verändern will und einen konkreten Arbeitsplatz anstrebt. Dessen Geeignetheit bestimmt sich individuell-

[29] Schwerbehindertenausweisverordnung (SchwbAwV) idF v. 25.7.1991 (BGBl. I 1739).
[30] Dieser Mindestgrad ist verfassungsgemäß: BSG 15.7.2010 – B 11 AL 150/09 B.
[31] BVerwG 21.10.1987 NZA 1988, 431 (Arbeitgeber).

konkret nach seinem Eignungs- und Leistungspotenzial.[32] Maßgeblich ist, welche Arbeitsplätze für den behinderten Menschen nach seinen beruflichen Kenntnissen und Fertigkeiten und seinen gesundheitlichen Voraussetzungen zumutbar in Betracht kommen, ob und inwieweit hierfür (geeignete) Arbeitsplätze vorhanden sind und inwieweit der behinderte Mensch im Hinblick auf diese Arbeitsplätze gegenüber konkurrierenden AN mit einem GdB von weniger als 30% bei der bestehenden Arbeitsmarktlage konkurrenzfähig ist. Ohne Bedeutung ist, ob der AN gegenwärtig noch einen ungefährdeten geeigneten Arbeitsplatz hat.[33] Die Gleichstellung erfordert kein konkretes Arbeitsplatzangebot.[34] Auch beschäftigungslose AN oder Arbeitslose können daher zur Verbesserung ihrer Vermittlungschancen gleichgestellt werden.[35]

bb) Arbeitsplatzverlust. Bei einem behinderten AN kommt eine Gleichstellung nach § 2 III Alt. 2 SGB IX in Betracht, wenn zu befürchten ist, dass er seinen Arbeitsplatz infolge der Behinderung nicht behalten kann. Eine mögliche Gleichstellung wird durch das Bestehen von allgemeinem oder besonderem (gesetz- oder tariflichen) Kündigungsschutz nicht ausgeschlossen. Selbst gegenüber Beamten kann eine Gleichstellung ausgesprochen werden. Maßgeblich ist, ob der konkrete Arbeitsplatz des AN gefährdet oder bereits weggefallen ist. Bei Personen mit besonderem Kündigungsschutz können die allgemeinen Voraussetzungen der Gleichstellung der Alt. 2 zwar vorliegen, es bedarf aber einer besonderen Begründung, warum der Arbeitsplatz nachvollziehbar unsicherer ist als bei einem nicht behinderten AN. Hieran kann es etwa bei einer vollständigen Betriebseinstellung fehlen.[36] Unzureichend ist die nur abstrakte Gefährdung des Arbeitsplatzes; ausreichend ist es aber, wenn der AN ernstlich mit dem Verlust seines Arbeitsplatzes rechnen muss und er sich sonst nicht gegen nicht behinderte Menschen im Wettbewerb um einen anderen Arbeitsplatz behaupten kann.[37] Zwischen der Behinderung und der Gefährdung der Beschäftigung muss daher ein kausaler Zusammenhang bestehen. 23

d) Verfahren. Die Gleichstellung ist eine Ermessensentscheidung. Sie erfolgt allgemein und ist nicht auf bestimmte Betriebe oder Berufe beschränkt. Die Gleichstellung soll ausgesprochen werden, wenn nicht besondere Umstände entgegenstehen (arg. § 2 III SGB IX). Die Sollvorschrift beschränkt die Ermessensentscheidung auf atypische Fälle.[38] Liegt ein solcher nicht vor, ist die Gleichstellung auszusprechen. Diese kann befristet werden (§ 151 II 3 SGB IX), was aber wohl nur im Ausnahmefall in Betracht kommt. 24

e) Wirkung. Die Gleichstellung, die nach § 2 III SGB IX einen GdB von mindestens 30 voraussetzt, erfolgt auf Antrag des Behinderten nach § 151 II 1 SGB IX durch rechtsbegründenden Verwaltungsakt der BA und wirkt konstitutiv. Im Unterschied zu den kraft Gesetzes geschützten schwerbehinderten Personen, bei denen durch die Anerkennung als schwerbehinderter Mensch ein bestehender Rechtsschutz nur festgestellt wird, wird der Schutz des einfach Behinderten durch die Gleichstellung erst begründet.[39] Durch die Gleichstellung erlangt der AN die Rechte aus dem SGB IX mit einer auf den Tag der Antragstellung beschränkten Rückwirkung (§ 2 III, § 151 II SGB IX).[40] Die Rechtskraft der Verwaltungsentscheidungen ist nicht erforderlich. Die Vorschriften über den Zusatzurlaub (§ 208 SGB IX) und die unentgeltliche Beförderung von schwerbehinderten Menschen im öffentlichen Personenverkehr (§§ 228 ff. SGB IX) sind auf Gleichgestellte nicht anzuwenden (§ 151 III SGB IX). Ob andere Vorschriften für schwerbehinderte Menschen auf Gleichgestellte anzuwenden sind, ist durch deren Auslegung zu ermitteln. In Tarifverträgen und Betriebsvereinbarungen wird dies einer besonderen Hervorhebung bedürfen. Die Gleichstellung bleibt auch nach einem Arbeitsplatzwechsel erhalten. 25

f) Rechtsweg. Gegen die Ablehnung der Gleichstellung kann der behinderte Mensch Widerspruch (§ 201 SGB IX) einlegen und ggf. Klage beim Sozialgericht erheben. Wird seinem Antrag stattgegeben, hat der AG wie bei der Feststellung der Versorgungsämter kein Widerspruchs- und Klagerecht.[41] 26

---

32 BSG 6.8.2014 SozR 4–3250 § 2 Nr. 6.
33 BSG 6.8.2014 SozR 4–3250 § 2 Nr. 5.
34 BSG 2.3.2000 SozR 3–3870 § 2 Nr. 1.
35 ErfK/*Rolfs* SGB IX § 69 Rn. 12.
36 BSG 1.3.2011 BSGE 108, 4 = SozR 4–3250 § 2 Nr. 4.
37 BSG 2.3.2000 SozR 3–3870 § 2 Nr. 1.
38 BSG 1.3.2011 BSGE 108, 4 = SozR 4–3250 § 2 Nr. 4.
39 BAG 22.1.2020 AP Nr. 4 zu § 178 SGB IX 2018 = NZA 2020, 783.
40 BAG 10.4.2014 AP Nr. 69 zu § 622 BGB = NZA 2015, 162.
41 BSG 19.12.2001 AP Nr. 1 zu § 2 SchwbG = NZA 2002, 664; BVerwG 21.10.1987 NZA 1988, 431.

III. Beginn und Ende des Schwerbehindertenschutzes und der Gleichstellung

27 **1. Schwerbehinderung. a) Beginn.** Die Eigenschaft als schwerbehinderter Mensch besteht, ohne dass es einer förmlichen Anerkennung nach § 152 SGB IX bedarf, sobald die Voraussetzungen von § 2 II SGB IX objektiv erfüllt sind.[42] Die Kenntnis des AN oder des AG von der Schwerbehinderteneigenschaft ist ohne Bedeutung. Die sich aus ihr ergebenden Rechte können jedoch nur beansprucht werden, wenn die Schwerbehinderteneigenschaft mitgeteilt wird oder sonst offenkundig ist. Der schwerbehinderte Mensch ist für die Eigenschaft als Schwerbehinderter darlegungs- und beweispflichtig. Er kann den Nachweis durch einen Ausweis nach § 152 V SGB IX (→ Rn. 17) oder durch den Feststellungsbescheid nach § 152 I SGB IX erbringen. Wird nur letzterer vorgelegt, muss wegen seiner eingeschränkten Aussagekraft (→ Rn. 16) zusätzlich geprüft werden, ob die übrigen Voraussetzungen des § 2 SGB IX (Wohnsitz oder Aufenthaltsort) vorliegen. Bevor der Nachweis erbracht wird, ist die Eigenschaft als schwerbehinderter Mensch nicht nachgewiesen (Ausnahme: Offenkundigkeit). Der behinderte AN ist bis dahin nicht wahlberechtigt zur SBV und der AG kann die zu seinen Gunsten eintretenden Rechtsfolgen bei der Berechnung der Pflichtplatzerfüllung noch nicht geltend machen. Zur Anfechtung des Arbeitsvertrags → § 179 Rn. 49 und zum Kündigungsschutz → § 179 Rn. 2.

28 **b) Beendigung.** Die schwerbehinderten Menschen verlieren alle Rechte aus dem SGB IX, wenn die Voraussetzungen des § 2 II SGB IX entfallen, insbesondere der GdB auf weniger als 50 absinkt. Anders als bei seinem Beginn endet der Schutz erst am Ende des dritten Kalendermonats nach Eintritt der Unanfechtbarkeit des die Verringerung feststellenden Bescheids (§ 199 I SGB IX). Solange sich der schwerbehinderte Mensch auf den Schutz des Gesetzes berufen kann, wird seine Beschäftigung auf die Zahl der Pflichtplätze angerechnet (§§ 158, 199 III SGB IX). Darüber hinaus können einem schwerbehinderten oder gleichgestellten Menschen, der einen zumutbaren Arbeitsplatz ohne berechtigten Grund zurückweist oder aufgibt oder sich ohne berechtigten Grund weigert, an einer Maßnahme zur Teilhabe am Arbeitsleben teilzunehmen, oder sonst durch sein Verhalten seine Teilhabe am Arbeitsleben schuldhaft vereitelt, die besonderen Hilfen für schwerbehinderte Menschen zeitweilig entzogen werden (§ 200 SGB IX). Auch während der Dauer der Entziehung ist der Beschäftigte weiter auf die Pflichtplatzzahl anzurechnen.

29 Gegen die **Neufestsetzung der Erwerbsminderung** kann der schwerbehinderte Mensch nach Erhebung eines Widerspruchs den Rechtsweg zu den Sozialgerichten und gegen die Entziehung den zu den Verwaltungsgerichten beschreiten. Die bestandskräftige Feststellung eines **überhöhten GdB** kann nur nach §§ 44 ff. SGB X korrigiert werden. Kann die unzutreffende Feststellung nicht mehr zurückgenommen werden, kommt seine Abschmelzung entsprechend § 48 III SGB X in Betracht.[43]

30 **2. Gleichstellung. a) Beginn.** Bei Gleichgestellten beginnt der Schutz im Fall der Gleichstellung mit dem Tage des Eingangs des Antrags (§ 151 II 2 SGB IX). Dagegen ist die Zustellung an den AG ohne Belang. Wird im Rechtsmittelverfahren die Gleichstellung aufgehoben, entfallen (rückwirkend) die Gleichstellung und damit auch der Schutz des Gesetzes. Daraus folgt, dass der AG im Fall der Gleichstellung in der Zeit nach der Antragstellung nicht mehr ohne Zustimmung des Integrationsamts kündigen kann (→ § 179 Rn. 2).

31 **b) Widerruf und Rücknahme.** Die Gleichstellung kann von der Arbeitsverwaltung widerrufen oder zurückgenommen werden (§ 199 II SGB IX). Die Rechtsinstitute des Widerrufs bzw. der Rücknahme sind dem allgemeinen Verwaltungsrecht nachgebildet. Der **Widerruf** ist zulässig, wenn die Voraussetzungen der Gleichstellung (→ Rn. 22) weggefallen sind. Er wird wirksam am Ende des 3. Kalendermonats nach Eintritt seiner Unanfechtbarkeit. Die **Rücknahme** der Gleichstellung kommt in Betracht, wenn die Aufrechterhaltung der Gleichstellung gegen Treu und Glauben verstoßen würde, zB wenn die Gleichstellung erschlichen oder der Gleichgestellte sonst durch schuldhaftes Verhalten die Durchführung des Gesetzes erschwert oder vereitelt. Die im Gesetz nicht ausdrücklich geregelten Voraussetzungen der Rücknahme ergeben sich aus den Grundsätzen zum begünstigenden Verwaltungsakt bzw. aus der Verwendung des

[42] BAG 13.2.2008 AP Nr. 5 zu § 85 SGB IX = NZA 2008, 1055; BVerwG 12.7.2012 NJW 2013, 99.
[43] BSG 17.4.2013 SozR 4–1300 § 48 Nr. 26.

Grundgedankens von § 200 SGB IX; zur Rücknahme bei der Verweigerung von Rehabilitationsmaßnahmen → Rn. 28.

IV. Beschäftigungspflicht und Ausgleichsabgabe

1. Beschäftigungspflichtige Arbeitgeber. a) Beschäftigungspflicht. Alle privaten und öffentlichen AG, die jahresdurchschnittlich über mindestens 20 Arbeitsplätze iSv § 156 SGB IX verfügen, haben auf zumindest 5% der Arbeitsplätze schwerbehinderte Menschen zu beschäftigen (§ 154 SGB IX). Dabei sind schwerbehinderte Frauen besonders zu berücksichtigen. Die Beschäftigungspflicht richtet sich nach der Zahl der Arbeitsplätze, die sich im Jahresdurchschnitt im Monat ergeben. Die Zahl der monatlichen Arbeitsplätze wird zu einer Jahressumme addiert und dann durch zwölf geteilt. Für Kleinunternehmen besteht eine Sonderregelung in § 154 SGB IX. AG mit jahresdurchschnittlich monatlich weniger als 40 Arbeitsplätzen haben jahresdurchschnittlich je Monat einen schwerbehinderten Menschen, AG mit jahresdurchschnittlich monatlich weniger als 60 Arbeitsplätzen haben jahresdurchschnittlich je Monat zwei schwerbehinderte Menschen zu beschäftigen. Genügen die AG ihrer Beschäftigungspflicht nicht, haben sie unabhängig davon, ob sie zur Einstellung schwerbehinderter Menschen in der Lage oder bereit sind, eine Ausgleichsabgabe zu zahlen (→ Rn. 37). 32

b) Arbeitgeber. Dies ist jede natürliche oder juristische Person[44] auf dem Gebiet der BRD, also auch ein ausländisches Unternehmen, nicht dagegen ein deutsches Unternehmen im Ausland (Territorialitätsprinzip), die arbeitsvertragliche oder sonstige Beschäftigungsverhältnisse im Geltungsbereich des SGB IX begründet, selbst wenn die AN ausschließlich im Ausland tätig werden. Zu den AG zählen auch Beschäftigungs- und Qualifizierungsgesellschaften.[45] Bei der Arbeitnehmerüberlassung trifft den Verleiher als Vertragsarbeitgeber der Leiharbeitnehmer die Verpflichtung zur Zahlung der Ausgleichsabgabe. Der Begriff des öffentlichen AG ergibt sich aus § 154 III SGB IX. Zur Anpassung an veränderte wirtschaftliche Verhältnisse kann die Pflichtquote nach § 162 Nr. 1 SGB IX durch RechtsVO geändert werden. 33

2. Beschäftigung besonderer Gruppen. Unter den vom AG zu beschäftigenden schwerbehinderten Menschen müssen sich in angemessenem Umfang besondere Gruppen von schwerbehinderten Menschen befinden (§ 155 SGB IX). Das sind schwerbehinderte Menschen, die nach Art oder Schwere ihrer Behinderung im Arbeitsleben besonders betroffen sind. Die Einhaltung der Vorgaben über die Anzahl der zu beschäftigenden schwerbehinderten Menschen ist eine öffentlichrechtliche Pflicht des AG; der schwerbehinderte Mensch hat demgegenüber keinen Anspruch auf Beschäftigung gegen einen bestimmten AG oder auf Schaffung von Arbeitsplätzen gegenüber der öffentlichen Hand. Die Beschäftigungspflicht aus § 155 SGB IX kann auch nicht durch öffentlichrechtl. Zwangsmaßnahmen durchgesetzt werden. Wegen der verschiedenartigen wirtschaftlichen Verhältnisse und Arbeitsbedingungen hat das Gesetz davon abgesehen, bestimmte Pflichtzahlen aufzustellen. Es sucht die Beschäftigung der besonderen Gruppen von schwerbehinderten Menschen dadurch zu erreichen, dass die Arbeitsverwaltung die Anrechnung einer dieser Personen auf mehr als einen Pflichtplatz gestatten kann (§ 159 SGB IX). Die Anrechnung kann auf höchstens drei Pflichtplätzen erfolgen; soweit nach früherem Recht eine Anrechnung auf mehrere Pflichtplätze erfolgt ist, gelten entspr. Verwaltungsakte fort (§ 159 I, III SGB IX). Namentlich schwerbehinderte Menschen in Ausbildungsstellen können mehrfach angerechnet werden (§ 159 II SGB IX). Nach § 166 I 2 SGB IX hebt eine Zahlung der Ausgleichsabgabe die Pflicht zur Beschäftigung schwerbehinderter Menschen nicht auf. Daneben stellt die vorsätzliche oder fahrlässige Nichtbeschäftigung eines schwerbehinderten Menschen auf einem Pflichtplatz eine Ordnungswidrigkeit dar (§ 238 I Nr. 1 SGB IX). 34

3. Pflichtarbeitsplatzzahl. a) Arbeitsplätze. Der Umfang der Beschäftigungspflicht richtet sich nach der Zahl der vorhandenen Arbeitsplätze. Bei der Errechnung der einem AG zur Verfügung stehenden Arbeitsplätze sind alle Stellen mitzuzählen, auf denen AN, mittelbar Beschäftigte (→ § 181 Rn. 28), Beamte oder Richter und zu ihrer beruflichen Bildung Eingestellte beschäftigt werden (§§ 156 I SGB IX), auch wenn die zur Dienstleistung Verpflichteten beurlaubt, krank oder aus sonstigen Gründen fehlen. Bei Schichtarbeit zählen die Arbeitsplätze entspr. zwei- oder dreifach. Nicht mitgezählt werden Arbeitsplätze von Leiharbeitnehmern und die 35

---

[44] Anders *Schönhöft/Brahmstaedt* BB 2009, 1585 für die Arbeitgeberstellung im Gemeinschaftsbetrieb.
[45] BVerwG 16.5.2013 NZA-RR 2013, 534.

Arbeitsplätze der in § 156 II SGB IX genannten Personen, das sind zB Stellen, auf denen Behinderte zur beruflichen Anpassung und Weiterbildung beschäftigt werden;[46] der Personen, deren Beschäftigung nicht in erster Linie ihrem Erwerb dient, sondern die aus karitativen Gründen (Ordensschwestern, Missionare usw.) beschäftigt werden (§ 156 II Nr. 2 SGB IX)[47] oder zu ihrer eigenen Heilung tätig werden (§ 156 II Nr. 3 SGB IX), Teilnehmer an Maßnahmen zur Arbeitsbeschaffung (§§ 260 ff. SGB III, § 156 II Nr. 4 SGB IX), Personen, die in ihre Stellung gewählt werden (§ 156 II Nr. 5 SGB IX), und Personen, deren Arbeits-, Dienst- oder sonstiges Beschäftigungsverhältnis wegen Wehr- oder Zivildienst, unbezahltem Urlaub, Bezugs einer Rente auf Zeit oder bei Altersteilzeitarbeit während der Freistellungsphase (Verblockungsmodell) ruht, solange für sie eine Vertretung eingestellt ist (§ 156 II Nr. 6 SGB IX). Als Arbeitsplätze gelten ferner nicht Stellen, die nach der Natur der Arbeit oder nach den zwischen den Parteien getroffenen Vereinbarungen nur auf die Dauer von höchstens acht Wochen besetzt sind, sowie Stellen, auf denen AN weniger als 18 Stunden wöchentlich arbeiten (§ 156 III SGB IX).

36 **b) Berechnung.** Bei Errechnung der Pflichtzahl werden Bruchteile von mehr als 0,5% nach oben aufgerundet, bei AG mit jahresdurchschnittlich weniger als 60 Arbeitsplätzen abgerundet (§ 157 II SGB IX). Zur Ermittlung des Umfangs der Beschäftigungspflicht werden von der Gesamtzahl der betrieblichen Arbeitsplätze zunächst die in § 156 II SGB IX Genannten abgezogen.[48] Ferner werden Stellen, auf denen Auszubildende beschäftigt werden, nicht mitgezählt. Dasselbe gilt für Arbeitsplätze von Rechts- und Studienreferendaren, die einen Anspruch auf einen Pflichtplatz haben. Die Berechnungsformel lautet: anrechnungspflichtige Arbeitsplätze nach § 156 SGB IX (A) multipliziert mit Pflichtsatz nach § 154 SGB IX (P) dividiert durch 100: (A x P) : 100. Damit steht die auf- oder abzurundende Zahl der zu Beschäftigenden fest. Teilzeitbeschäftigte mit mindestens 18 Stunden wöchentlich werden auf einen Pflichtplatz angerechnet; bei geringerer Beschäftigung kann eine Anrechnungsbestimmung ergehen (§ 158 II SGB IX). Auch ein schwerbehinderter AG wird auf einen Pflichtplatz angerechnet; dies sind aber nur natürliche Personen, nicht Mitglieder von Organen juristischer Personen oder gesetzliche Vertreter von Personengesellschaften (§ 158 III SGB IX).[49] Inhaber von Bergmannsversorgungsscheinen (→ Rn. 67) werden auf die Pflichtzahl angerechnet, auch wenn sie nicht Schwerbehinderte sind (§ 158 II SGB IX). Bei **mehreren Betrieben desselben AG** ist die Zahl der Pflichtplätze für alle Betriebe zusammen zu errechnen.[50] Da das SGB IX keine Altersgrenze enthält, werden auch schwerbehinderte AN angerechnet, die das gesetzliche Rentenalter bereits vollendet haben.[51]

37 **4. Ausgleichsabgabe. a) Voraussetzungen.** Solange öffentliche oder private AG die vorgeschriebene Zahl von schwerbehinderten Menschen nicht beschäftigen, haben sie für jeden unbesetzten Pflichtplatz monatlich eine (jährlich dynamisierte) Ausgleichsabgabe zu entrichten (2021: 145/240/360 EUR). Die Einzelheiten ergeben sich aus § 160 II, III SGB IX sowie der Schwerbehinderten-AusgleichsabgabeVO v. 28.3.1988 (BGBl. I 2001). Die Beschäftigungspflicht und die Zahlung einer Ausgleichsabgabe sind auch für private AG mit dem GG und dem Unionsrecht vereinbar.[52] Die Abgabe ist eine verfassungsrechtlich zulässige Sonderabgabe, bei der nicht die Finanzierungsfunktion im Vordergrund steht, sondern ihre Antriebs- und Ausgleichsfunktion.[53] Die Zahlungspflicht entsteht unabhängig von der Bereitschaft oder der Möglichkeit des AG, schwerbehinderte Menschen einzustellen. Sie besteht auch dann, wenn im Betrieb keine Beschäftigung ausgeübt wird, zB im Falle der Kurzarbeit. Sie soll die Vorteile, die der AG gegenüber schwerbehinderten Menschen beschäftigenden Unternehmen erlangt, abschöpfen, da seine Personalkosten zB wegen des erhöhten Urlaubsanspruchs des schwerbehinderten Menschen geringer sind. Eine Befreiung von der Entrichtung der Ausgleichsabgabe ist im Gesetz nicht mehr vorgesehen. Indes kann

[46] Vgl. BT-Drs. 10/3138, 30; NPM/*Neumann* SGB IX § 73 Rn. 49.
[47] § 73 II Nr. 2 SGB IX entspr. § 5 II Nr. 4 BetrVG, → § 212 Rn. 16; aA BSG 26.3.1992 NZA 1993, 335; BVerwG 30.6.2016 NZA-RR 2016, 542.
[48] Zur Berechnung: OVG NRW 31.10.2002 DB 2003, 2449.
[49] BSG 30.9.1992 NZA 1993, 432; BVerwG 24.2.1994 NZA 1995, 428, ebenso für geschäftsführende Mitgesellschafter: dazu BVerwG 25.7.1997 NZA 1997, 1166; zu Fremdgeschäftsführern: BVerwG 8.3.1999 NZA 1999, 826; 26.9.2002 NZA 2003, 1094; aA VG Magdeburg 8.1.2008 NZA-RR 2008, 495 für Leistungen des Integrationsamts nach § 102 SGB IX.
[50] BVerwG 6.7.1989 NZA 1990, 192.
[51] BVerwG 13.10.1990 NJW 1991, 1127.
[52] BVerfG 1.10.2004 AP Nr. 1 zu § 72 SGB IX = NZA 2005, 102; 26.5.1981 AP Nr. 1 zu § 4 SchwbG.
[53] BVerwG 28.9.2017 Buchholz 436.511 § 74 SGB VIII Nr. 8.

die BReg. durch RechtsVO für AG, die über weniger als 30 Arbeitsplätze verfügen, Ausgleichsabgaben für einen bestimmten Zeitraum allgemein oder für einzelne Bundesländer herabsetzen oder erlassen, wenn die Zahl der unbesetzten Pflichtplätze die Zahl der unterzubringenden schwerbehinderten Menschen so erheblich übersteigt, dass die Pflichtplätze dieser AG nicht in Anspruch genommen zu werden brauchen (§ 162 Nr. 4 SGB IX).

b) Verfahren. Der AG hat die von ihm zu zahlende Ausgleichsabgabe selbst zu errechnen 38
und einmal jährlich zugleich mit der Erstattung der Anzeige (§ 163 II SGB IX) an das für seinen Sitz zuständige Integrationsamt abzuführen (§ 160 IV SGB IX).[54] Für die Berechnung der Ausgleichsabgabe muss für jeden Monat festgestellt werden, wie viele Arbeitsplätze vorliegen und wie viele davon mit schwerbehinderten Menschen besetzt sind. Daraus ist dann der Jahresdurchschnitt zu ermitteln, in welcher Höhe die Beschäftigungsquote erfüllt wurde. Danach bestimmt sich die Höhe der Ausgleichsabgabe im abgelaufenen Kalenderjahr. Für die Monate, in denen die Quote nicht erfüllt wurde, ist dann nach der Zahl der unbesetzten Pflichtplätze die Ausgleichsabgabe zu berechnen. Auf den Gesamtbetrag der Ausgleichsabgabe kann der AG 50% des Rechnungsbetrags aus Lieferungen von Werkstätten für behinderte Menschen absetzen (§ 223 SGB IX).[55] Spätestens zum 31.3. des Folgejahres ist die Anzeige abzugeben und die Ausgleichsabgabe zu bezahlen. Nur dann, wenn der AG länger als 3 Monate in Rückstand kommt, erlässt das Integrationsamt einen Feststellungsbescheid über die rückständigen Beiträge, aufgrund dessen sie gegenüber privaten AG nach den landesrechtlichen Vorschriften über das Verwaltungszwangsverfahren beigetrieben werden.[56] Die Richtigkeit der Anzeige wird vom Integrationsamt überprüft. Bei öffentlichen AG hat sich das Integrationsamt an die Aufsichtsbehörde zu wenden. Für rückständige Beiträge kann das Integrationsamt nach dem 31.3. Säumniszuschläge festsetzen (§ 160 IV SGB IX). Eine Kopie der Anzeige ist den in § 163 II 3 SGB IX genannten Vertretungen zu übermitteln.

5. Ausgleichsfonds. Die Ausgleichsabgabe darf nur für die Zwecke der Teilhabe schwerbe- 39
hinderter Menschen am Arbeitsleben einschließlich begleitender Hilfen im Arbeitsleben verwandt werden (§ 160 V SGB IX). Die Integrationsämter leiten den in der VO nach § 162 SGB IX bestimmten Prozentsatz des Aufkommens an der Ausgleichsabgabe an den Ausgleichsfonds weiter. Der Ausgleichsfonds ist beim BMAS errichtet und wird von diesem als besondere Vermögensmasse verwaltet. Er ist zur Förderung des Ausgleichs bei der Unterbringung schwerbehinderter Menschen und zur Förderung von Einrichtungen und Maßnahmen bestimmt, die dem Interesse mehrerer Länder auf dem Gebiet der Arbeit und Berufsförderung schwerbehinderter Menschen (§ 161 SGB IX) dienen. Die Verwendung der Ausgleichsabgabe ist in der Schwerbehinderten-AusgleichsabgabeVO geregelt.

6. Berechnungsbeispiel. Pflichtsatz nach § 154 SGB IX, 5% Arbeitsplätze nach § 156 40
SGB IX: Betrieb A 360, Betrieb B 90, Haushalt 1 = 451. Davon ab Personen nach § 156 II SGB IX (zB Teilnehmer an Arbeitsbeschaffung, Aushilfen, geringfügig Beschäftigte) 20. Bereinigte Zahl 431. Berechnung der Pflichtzahl: 431 × 5100 = 21,55, abgerundet 22 (§ 157 SGB IX). Davon ab Erfüllung Schwerbehinderte (§ 1 SGB IX), Gleichgestellte (§ 2 SGB IX), Heimarbeiter (§ 210 I SGB IX), AG nach § 158 III SGB IX und Anrechnung = Abgabepflichtige Arbeitsplätze × 200 = Geschuldeter Betrag.

7. Förderung. Die Beschäftigung von schwerbehinderten Menschen wird gefördert durch 41
(a) Leistungen nach dem **SGB III.** Gewährt werden **(aa)** Leistungen zur beruflichen Eingliederung (§ 112 SGB III), **(bb)** Leistungen nach § 115 SGB III. Hierzu gehören Unterstützung der Beratung und Vermittlung, Verbesserung der Eingliederungsaussichten, Förderung der Aufnahme einer Beschäftigung, Förderung der Aufnahme einer selbständigen Tätigkeit, Förderung der Berufsausbildung und Förderung der beruflichen Weiterbildung, **(cc)** Gewährung besonderer Leistungen (§§ 117 f. SGB III), **(dd)** Ausbildungsgeld (§ 122 SGB III), **(ee)** Teilnahmekosten für Schulungsveranstaltungen (§ 127 SGB III). **(b)** Leistungen nach dem **SGB IX.** Leistungen werden gewährt **(aa)** nach § 187 SGB IX mit dazu ergangenen Durchführungsbestimmungen, **(bb)** im Rahmen der begleitenden Hilfe im Arbeits- und Berufsleben.

[54] BAG 20.3.2018 AP Nr. 82 zu § 80 BetrVG 1972 = NZA 2018, 1420 (kein Überwachungsrecht des BR).
[55] *Cramer/Schall* NZA 1997, 638.
[56] Zur Bindungswirkung: OVG NRW 12.12.2001 NZA-RR 2002, 632; zur Erstattungspflicht nach rückwirkender Anerkennung eines AN: OVG NRW 7.8.2012 Behindertenrecht 2012, 242.

V. Sonstige Pflichten des Arbeitgebers nach dem SGB IX

42 **1. Anzeigepflichten und Diskriminierungsverbot.** Im Interesse der Durchführung des SGB IX sind den AG, die zur Beschäftigung von schwerbehinderten Menschen verpflichtet sind, eine Reihe von öffentlich-rechtlichen Anzeige- und Auskunftspflichten auferlegt. Sie haben der Arbeitsverwaltung unter Beifügung einer Durchschrift für das Integrationsamt einmal jährlich bis spätestens 31.3. für das vorangegangene Kalenderjahr die Daten anzuzeigen, die zur Berechnung des Umfangs der Beschäftigungspflicht, zur Überwachung ihrer Erfüllung und der Ausgleichsabgabe notwendig sind. Der Anzeige ist eine Abschrift des laufend zu führenden Verzeichnisses über die beschäftigten schwerbehinderten Menschen, Gleichgestellten und sonstigen anrechnungsfähigen Personen beizufügen. Je eine Abschrift des Verzeichnisses und der Anzeige ist der Betriebsvertretung, der SBV und dem Inklusionsbeauftragten des AG auszuhändigen (§ 163 II SGB IX). Für die Anzeige sind Vordrucke zu verwenden (§ 163 VI SGB IX). Die beschäftigungspflichtigen AG haben ferner der AA und dem Integrationsamt die für die Durchführung des Gesetzes notwendigen Auskünfte zu erteilen (§ 163 V SGB IX), in ihre Betriebe Einblick zu gewähren, soweit das im Interesse der schwerbehinderten Menschen notwendig ist und Betriebsgeheimnisse nicht gefährdet werden (§ 163 VII SGB IX). Unmittelbar nach ihrer Wahl oder Bestellung hat der AG die Vertrauensperson der schwerbehinderten Menschen und seinen Beauftragten der zuständigen AA zu benennen (§ 163 VIII SGB IX). Der AG hat einen oder mehrere **Inklusionsbeauftragte** zu bestellen (§ 181 SGB IX).[57] AG dürfen schwerbehinderte Beschäftigte nicht wegen ihrer Behinderung benachteiligen (§ 164 II 1 SGB IX; → § 36 Rn. 11).

43 **2. Besetzung freier Arbeitsplätze. a) Grundsatz.** Nach § 164 SGB IX haben AG bei der Einstellung – unabhängig von der Beschäftigungspflicht und deren Erfüllung[58] – verschiedene Prüfpflichten. **(1)** Der AG muss prüfen, ob freie Arbeitsplätze mit schwerbehinderten Menschen besetzt werden können. Hierzu müssen die errichteten Arbeitnehmervertretungen (SBV/BR/PR) angehört werden (Satz 1, 6). **(2)** Kann die Besetzung mit einem schwerbehinderten Menschen erfolgen, ist der AG zur Prüfung verpflichtet, ob der Arbeitsplatz mit bei der Arbeitsverwaltung arbeitslos oder arbeitsuchend gemeldeten schwerbehinderten Menschen besetzt werden kann. Das setzt eine Information der AA über den freien Arbeitsplatz voraus (Satz 2, 3). **(3)** Satz 4 verpflichtet den AG zur Unterrichtung der Arbeitnehmervertretungen über **Bewerbungen** von schwerbehinderten Menschen unmittelbar nach deren Eingang, dies gilt gleichermaßen für Vermittlungsvorschläge. Dies setzt allerdings voraus, dass die Art und Weise der Mitteilung über das Vorliegen einer Schwerbehinderung in den Empfangsbereich des AG gelangt ist, die es diesem ermöglicht, die Schwerbehinderung des Bewerbers zur Kenntnis zu nehmen.[59] Ausreichend ist eine Mitteilung über die „Schwerbehinderung" oder den GdB im Bewerbungsschreiben oder an sonst herausgehobener Stelle.[60] Eine Angabe des GdB[61] ist zwar ausreichend, aber ebenso nicht erforderlich wie die Vorlage des Schwerbehindertenausweises.[62] Macht ein schwerbehinderter Bewerber im Bewerbungsschreiben nur unklare Angaben über den Grad und die Art seiner Behinderung, trifft den AG keine Pflicht, sich im Hinblick auf § 1 AGG hierüber zu erkundigen.[63] Bei Nichterfüllung der Pflichtarbeitsplatzzahl (→ Rn. 35) und (kumulativ) bei fehlendem Einverständnis einer der Arbeitnehmervertretungen mit der beabsichtigten Besetzungsentscheidung treffen den AG weitere Pflichten:[64] **(4)** er muss seine Entscheidung mit den Arbeitnehmervertretungen unter Darlegung der Gründe erörtern (Satz 7) und den betroffenen schwerbehinderten Menschen anhören (Satz 8) und **(5)** alle Beteiligten über die getroffene Auswahlentscheidung unter Darlegung seiner Gründe unverzüglich unterrichten (Satz 9); eine schriftliche Unterrichtung ist nicht erforderlich.[65] Die Nichtbeachtung dieser Pflichten stellen Indiztatsachen (§ 22 AGG) dar, die für das Vorliegen einer Benachteiligung wegen der Behinderung spre-

[57] *Bünnemann* BB 2018, 1716.
[58] BAG 17.8.2010 AP Nr. 4 zu § 15 AGG = NZA 2011, 153; aA noch BAG 15.2.2005 NZA 2005, 870.
[59] BAG 26.11.2020 AP Nr. 6 zu § 81 SGB IX.
[60] BAG 22.10.2015 AP Nr. 11 zu § 22 AGG = NZA 2016, 625; 26.9.2013 AP Nr. 14 zu § 15 AGG = NZA 2014, 258; 16.9.2008 AP Nr. 15 zu § 81 SGB IX = NZA 2009, 79.
[61] BAG 22.10.2015 AP Nr. 11 zu § 22 AGG = NZA 2016, 625; 18.9.2014 AP Nr. 20 zu § 15 AGG.
[62] BAG 26.11.2020 AP Nr. 6 zu § 81 SGB IX (keine Ausweiskopie).
[63] BAG 13.10.2011 AP Nr. 9 zu § 15 AGG; ArbG Ulm 17.12.2009 LAGE § 82 SGB IX Nr. 4.
[64] BAG 28.9.2017 AP Nr. 22 zu § 81 SGB IX = NZA 2018, 519.
[65] BAG 18.11.2008 AP Nr. 16 zu § 81 SGB IX = NZA 2009, 728.

chen[66] (→ § 36 Rn. 79, 88). Dies gilt auch, wenn die Leistungsminderung auf der Behinderung beruht und die Voraussetzungen des § 8 I AGG (→ § 36 Rn. 50) erfüllt sind.

43a Die Informationspflicht gegenüber der Arbeitsverwaltung (→ Rn. 43) setzt bereits ein, wenn Arbeitsplätze frei werden, und nicht erst, wenn Bewerbungen eingehen. Die Prüfpflicht besteht auch bei der Besetzung des Arbeitsplatzes mit einem Leiharbeitnehmer.[67] Die SBV ist zu **Vorstellungsgesprächen** von schwerbehinderten Bewerbern hinzuzuziehen (§ 178 II 3 SGB IX). Von ihrer Einschaltung kann nur abgesehen werden, wenn der schwerbehinderte Mensch – nicht aber die SBV[68] – deren Beteiligung ausdrücklich ablehnt (§ 164 I 10 SGB IX). Hiervon bleiben aber ihre Rechte nach § 164 I 7, § 178 SGB IX (→ § 180 Rn. 12) unberührt.[69] Bewerbungen von schwerbehinderten Menschen sind mit der Stellungnahme der SBV dem BR nach § 99 I BetrVG (→ § 241 Rn. 45) zuzuleiten.[70] Eine **Verletzung der Verpflichtungen** aus § 164 I 2 SGB IX begründet ein Zustimmungsverweigerungsrecht des BR bei der Einstellung eines nicht schwerbehinderten Menschen. Nach der Rspr. soll hingegen kein Zustimmungsverweigerungsrecht des BR bestehen bei einer Versetzung iSd § 95 III BetrVG, wenn der AG die Möglichkeit der Stellenbesetzung mit einem schwerbehinderten arbeitslosen oder arbeitsuchenden Menschen nicht geprüft und sich nicht mit der Arbeitsverwaltung in Verbindung gesetzt hat.[71]

44 **b) Öffentlicher Dienst.** Besonderheiten bei der Einstellung gelten nach § 165 SGB IX für öffentliche AG iSd § 154 II SGB IX.[72] Satz 1 verpflichtet diese, nach einer erfolglosen Prüfung zur internen Besetzung des Arbeitsplatzes frühzeitig alle frei werdenden und neu zu besetzenden sowie neuen Arbeitsplätze der BA zu melden; diese Pflicht besteht auch bei einer nur internen Stellenbesetzung.[73] Haben sich bei einem öffentlichen AG für diesen aus den Bewerbungsunterlagen hinreichend deutlich erkennbar (→ Rn. 43) schwerbehinderte Menschen auf den ausgeschriebenen Arbeitsplatz beworben oder sind sie von der BA bzw. einem von dieser beauftragten Integrationsfachdienst vorgeschlagen worden, müssen sie nach Satz 2 zur Erhöhung ihrer Chancen im Auswahlverfahren zu einem **Vorstellungsgespräch** eingeladen werden. Bewerber ist, wer eine Bewerbung beim AG eingereicht hat. Eingereicht ist eine Bewerbung dann, wenn sie dem AG zugegangen ist, eine tatsächliche Kenntnisnahme von der Bewerbung ist nicht erforderlich.[74] Der schwerbehinderte Bewerber soll den öffentlichen AG im Vorstellungsgespräch von seiner Eignung überzeugen können.[75] Wird ihm diese Möglichkeit genommen, liegt darin eine weniger günstige Behandlung, als sie das Gesetz zur Herstellung gleicher Bewerbungschancen gegenüber anderen Bewerbern für erforderlich hält, die den schwerbehinderten Menschen unmittelbar iSv § 3 I 1 AGG benachteiligt.[76] Als Vorstellungsgespräch ist jeder Abschnitt eines Auswahlverfahrens anzusehen, der nach der Konzeption des AG dazu dient, sich ein umfassendes Bild von der fachlichen und persönlichen Eignung des Bewerbers zu machen.[77] Nach § 165 S. 3 SGB IX entfällt die Einladungspflicht ausnahmsweise, wenn dem schwerbehinderten Bewerber offensichtlich die fachliche Eignung fehlt, was anhand des mit der Stellenausschreibung bekannt gemachten Anforderungsprofils zu beurteilen ist. Diese Prüfung muss der Bewerber dem öffentlichen AG durch entsprechende Angaben in den Bewerbungsunterlagen ermöglichen. Fehlen diese, entfällt auch die Einladungspflicht.[78] Diese besteht auch nicht, wenn dem Bewerber offensichtlich die persönliche Eignung[79] fehlt oder die Schwerbehinderung erst offenbart wird, wenn das Bewerbungsverfahren schon weit fortgeschritten oder die Auswahlentscheidung (intern)

[66] Zuletzt BAG 28.9.2017 AP Nr. 22 zu § 81 SGB IX = NZA 2018, 519.
[67] BAG 23.6.2010 AP Nr. 17 zu § 81 SGB IX = NZA 2010, 1361; 17.6.2008 AP Nr. 46 zu § 99 BetrVG 1972 Versetzung = NZA 2008, 1139.
[68] BAG 20.1.2016 AP Nr. 12 zu § 22 AGG = NZA 2016, 681.
[69] BT-Drs. VII/1515, 11.
[70] BAG 10.11.1992 AP Nr. 100 zu § 99 BetrVG 1972; 14.11.1989 AP Nr. 77 zu § 99 BetrVG 1972.
[71] BAG 17.6.2008 AP Nr. 46 zu § 99 BetrVG 1972 Versetzung = NZA 2008, 1139.
[72] BAG 16.5.2019 AP Nr. 27 zu § 15 AGG = NZA 2019, 1419.
[73] BAG 25.6.2020 AP Nr. 4 zu § 82 SGB IX = NZA 2020, 1626; aA BVerwG 15.12.2011 NVwZ-RR 2012, 320.
[74] BAG 23.1.2020 AP Nr. 3 zu § 82 SGB IX = NZA 2020, 851.
[75] BAG 27.8.2020 AP Nr. 5 zu § 82 SGB IX = NZA 2021, 200; 23.1.2020 AP Nr. 3 zu § 82 SGB IX = NZA 2020, 851.
[76] BAG 21.7.2009 AP Nr. 1 zu § 82 SGB IX = NZA 2009, 1087; *Gallon* NZA 2019, 90.
[77] BAG 27.8.2020 AP Nr. 5 zu § 82 SGB IX = NZA 2021, 200.
[78] BAG 26.11.2020 AP Nr. 6 zu § 81 SGB IX; 11.8.2016 AP Nr. 2 zu § 82 SGB IX = NZA 2017, 43.
[79] BAG 27.8.2020 AP Nr. 5 zu § 82 SGB IX = NZA 2021, 200 (der 8. Senat fasst hierunter die gesundheitliche und charakterliche Eignung sowie sozialverträgliche Eigenschaften).

getroffen ist.[80] Ein Verstoß gegen die sich aus § 165 SGB IX ergebende Pflicht kann zu einem Entschädigungsanspruch nach dem AGG führen (→ § 36 Rn. 114). Zur Widerlegung der auf einen Verstoß gegen § 165 S. 2 SGB IX gestützten Kausalitätsvermutung reicht es nicht aus, wenn der öffentliche AG Tatsachen vorträgt und beweist, aus denen sich ergibt, dass ausschließlich andere Gründe als die Behinderung für die Benachteiligung des Bewerbers ausschlaggebend waren; es muss auch hinzukommen, dass diese Gründe nicht die fachliche Eignung des Bewerbers betreffen.[81] Die Zuwiderhandlung wird nicht geheilt, wenn der Stellenbewerber erst auf dessen Beanstandung hin (nachträglich) zu einem Vorstellungstermin eingeladen wird[82] oder er auf die Gelegenheit zu einem Vorstellungsgespräch verzichtet hat.[83] Ein Entschädigungsanspruch kann auch bei einer diskriminierenden Gestaltung des Bewerbungsverfahrens bestehen.[84]

45 **3. Besondere Individualansprüche von schwerbehinderten Arbeitnehmern. a) Beschäftigungsanspruch. aa) Grundsatz.** Nach § 164 IV 1 Nr. 1 SGB IX haben schwerbehinderte Menschen gegenüber ihrem AG (Rechtsträger) einen durchsetzbaren Anspruch auf Beschäftigung (→ Rn. 51), bei der sie ihre Fähigkeiten und Kenntnisse möglichst voll verwerten und weiterentwickeln können. Der AG erfüllt diesen Anspruch regelmäßig dadurch, dass er dem AN die im Arbeitsvertrag vereinbarte Arbeit zuweist. Kann der schwerbehinderte AN diese Tätigkeiten wegen seiner Behinderung nicht mehr wahrnehmen, führt dieser Verlust nicht ohne Weiteres zum Wegfall seines Beschäftigungsanspruchs. Der AN kann Anspruch auf Zuweisung einer anderweitigen Beschäftigung haben und, soweit der bisherige Arbeitsvertrag diese Beschäftigungsmöglichkeit nicht abdeckt, auf eine entsprechende Vertragsänderung (→ Rn. 46).[85] Um eine behinderungsgerechte Beschäftigung zu ermöglichen, kann der AG nach § 164 IV 1 Nr. 4 SGB IX auch zu einer Umgestaltung der Arbeitsorganisation verpflichtet sein. So kann der schwerbehinderte AN verlangen, dass er nur mit leichteren Arbeiten beschäftigt wird, sofern im Betrieb die Möglichkeit zu einer solchen Aufgabenumverteilung besteht. Nach § 164 IV 1 Nr. 5 SGB IX haben schwerbehinderte Menschen zudem Anspruch auf Ausstattung ihres Arbeitsplatzes mit den erforderlichen technischen Arbeitshilfen. Die schuldhafte Verletzung der Beschäftigungspflicht kann auf Ersatz der entgangenen Vergütung gerichtete Schadensersatzansprüche des AN aus § 280 I BGB sowie aus § 823 II BGB iVm § 164 IV 1 SGB IX begründen.[86] Der sich aus der Vorschrift ergebende Beschäftigungsanspruch kann durch Tarifvertrag nicht unterschritten werden.[87]

46 **bb) Keine Beschäftigungsmöglichkeit zu den bisherigen Vertragsbedingungen.** Kann der schwerbehinderte AN die bisher arbeitsvertraglich vereinbarten Tätigkeiten wegen seiner Behinderung nicht mehr ausüben, hat er einen Anspruch auf eine anderweitige Zuweisung einer von ihm zu bewältigenden Tätigkeit, wenn dies dem AG zumutbar ist. Diesen Anspruch muss der behinderte AN gegenüber dem AG unter Angabe seines (Rest-)Leistungsvermögens geltend machen. Ist die Zuweisung von leichteren Tätigkeiten im Wege des Direktionsrechts nicht möglich oder für den AG unzumutbar, hat er als Nächstes zu prüfen, ob der schwerbehinderte AN mit anderen, möglichst gleichwertigen Tätigkeiten, deren Zuweisung dem AG zumutbar ist, betraut werden kann. Ist dies der Fall, besteht ein Anspruch des schwerbehinderten AN auf die entsprechende Vertragsänderung zu betriebsüblichen Arbeitsbedingungen.[88] Allerdings folgt aus § 164 IV 1 Nr. 1 SGB IX kein Anspruch auf einen selbst bestimmten (Wunsch-)Arbeitsplatz, was insbesondere bei der Abfassung des Klageantrags zu berücksichtigen ist.[89] Ist ein schwerbehinderter AN aufgrund seiner Behinderung außerstande, seine (ursprünglich) arbeitsvertraglich geschuldete Leistung zu erbringen, gerät der AG nicht in Annahmeverzug.[90] Besteht ein Anspruch des schwerbe-

[80] BAG 18.11.2008 AP Nr. 16 zu § 81 SGB IX = NZA 2009, 728; BVerwG 30.1.2014 – 5 B 44/13.
[81] BAG 20.1.2016 AP Nr. 12 zu § 22 AGG = NZA 2016, 681.
[82] BAG 22.8.2013 AP Nr. 9 zu § 22 AGG = NZA 2014, 82.
[83] BAG 26.11.2020 AP Nr. 6 zu § 81 SGB IX (kein Individualanspruch).
[84] BAG 17.8.2010 AP Nr. 4 zu § 15 AGG = NZA 2011, 153.
[85] BAG 3.12.2019 AP Nr. 2 zu § 164 SGB IX 2018 = NZA 2020, 578.
[86] BAG 4.10.2005 AP Nr. 9 zu § 81 SGB IX = NZA 2006, 442.
[87] BAG 17.3.2016 AP Nr. 3 zu § 33 TVöD = NZA 2016, 1220.
[88] BAG 28.4.1998 AP Nr. 2 zu § 14 SchwbG 1986 = NZA 1999, 152.
[89] BAG 14.10.2020 AP Nr. 160 zu § 615 BGB = NZA 2021, 406; 10.5.2005 AP Nr. 8 zu § 81 SGB IX = NZA 2006, 155.
[90] BAG 14.10.2020 AP Nr. 160 zu § 615 BGB = NZA 2021, 406; 23.1.2001 AP Nr. 1 zu § 81 SGB IX = NZA 2001, 1020.

hinderten AN auf die Zuweisung von anderen als den bisher ausgeübten Tätigkeiten und wird dieser vom AG nicht erfüllt, kommt eine verschuldensabhängige Haftung des AG wegen der Verletzung seiner sich aus § 164 IV SGB IX ergebenden Pflichten aus § 280 I BGB oder § 823 II BGB in Betracht;[91] dies setzt die vorherige ordnungsgemäße Geltendmachung seines Beschäftigungsanspruchs voraus. Ein schwerbehinderter AN kann bei Fehlen von entgegenstehenden betrieblichen Belangen eine Beschäftigung zur stufenweisen **Wiedereingliederung** entsprechend den Festlegungen in einem Wiedereingliederungsplan verlangen.[92]

cc) Veränderungen nur bei Zumutbarkeit. (1) Individualrecht. Kommt eine anderweitige Beschäftigung in Betracht, ist der AG gleichwohl dann nicht zur Beschäftigung des schwerbehinderten Menschen verpflichtet, wenn ihm die Beschäftigung unzumutbar oder mit unverhältnismäßig hohen Aufwendungen verbunden ist (§ 164 IV 3 SGB IX). Der Beschäftigungsanspruch hat keinen Vorrang im Stellenbesetzungsverfahren nach Art. 33 II GG; der öffentliche AG ist nicht verpflichtet, freie oder freiwerdende Arbeitsplätze mit schwerbehinderten oder ihnen gleichgestellten Bewerbern zu besetzen.[93] Öffentliche und private AG sind auch nicht gehalten, für den schwerbehinderten Menschen einen zusätzlichen Arbeitsplatz einzurichten[94] oder anderen AN eine Beendigungs- bzw. Änderungskündigung auszusprechen.[95] Diese Frage scheint auch das BAG nunmehr zu verneinen.[96] Der AG kann auch eine unternehmerische Entscheidung treffen, aufgrund derer der bisherige Arbeitsplatz des schwerbehinderten AN entfällt. Dessen Beschäftigungsanspruch ist dann nur bei der Prüfung etwaiger Weiterbeschäftigungsmöglichkeiten auf einem anderen freien Arbeitsplatz zu berücksichtigen.[97] Bei der Prüfung von alternativen Beschäftigungsmöglichkeiten sowie bei der anschließenden Ausübung des Direktionsrechts ist der AG grundsätzlich nach § 241 II BGB, Art. 5 II RL 2000/78/EG zur Rücksichtnahme auf die Belange des schwerbehinderten AN sowie zur Vornahme von angemessenen Vorkehrungen verpflichtet, um dem AN die weitere Berufsausübung zu ermöglichen.[98] Beruft sich der AG auf eine wirtschaftliche Unzumutbarkeit, muss er seine Aufwendungen für die Umgestaltung der Arbeitsorganisation unter Berücksichtigung der möglichen Fördermöglichkeiten (→ Rn. 41) substantiiert darlegen.[99] Die Entscheidung, alle an einem Arbeitsplatz anfallenden Tätigkeiten müssten von einem AN erbracht werden, ist keine schützenswerte Organisationsentscheidung.[100] Ebenso kann ein Vorrang des durch § 164 IV 1 Nr. 1 SGB IX geschützten AN bei der Besetzung des einem Leiharbeitnehmer zugedachten Arbeitsplatzes bestehen.[101] Bei einem behinderungsbedingtem Wegfall der bisherigen Beschäftigungsmöglichkeiten kann der AG auf Verlangen des schwerbehinderten Menschen auch verpflichtet sein, diesem höherwertige Aufgaben zu übertragen, sofern der schwerbehinderte AN hierzu geeignet und die Übertragung dem AG möglich und zumutbar ist.[102] 47

(2) Betriebsratsbeteiligung. Ist zur Erfüllung des Beschäftigungsanspruchs eine Versetzung (§ 95 III 1 BetrVG) erforderlich, kann der schwerbehinderte AN beanspruchen, dass der AG die Zustimmung nach § 99 BetrVG beim BR einholt. Wird diese verweigert und bestehen für den AG Anhaltspunkte für eine willkürliche, dh nicht auf den Katalog des § 99 II BetrVG gestützte Zustimmungsverweigerung des BR, soll der AG zur Vermeidung von Schadensersatzansprüchen gegenüber dem schwerbehinderten AN zur ordnungsgemäßen Durchführung eines Zustimmungsersetzungsverfahrens (§ 99 IV BetrVG; dazu → § 240 Rn. 57) verpflichtet sein.[103] Mit dieser sehr weitgehenden Vorgabe will das BAG letztlich ein kollusives Zusammenwirken von AG und BR zur Vereitelung des Beschäftigungsanspruchs von schwerbehinderten AN verhin- 48

---

[91] BAG 14.10.2020 AP Nr. 160 zu § 615 BGB = NZA 2021, 406; 4.10.2005 AP Nr. 9 zu § 81 SGB IX = NZA 2006, 442.

[92] BAG 16.5.2019 AP Nr. 23 zu § 81 SGB IX = NZA 2019, 1348; 13.6.2006 AP Nr. 12 zu § 81 SGB IX = NZA 2007, 91.

[93] BAG 3.12.2019 AP Nr. 2 zu § 164 SGB IX 2018 = NZA 2020, 578.

[94] BAG 3.12.2019 AP Nr. 2 zu § 164 SGB IX 2018 = NZA 2020, 578; 16.5.2019 AP Nr. 1 zu § 164 SGB IX 2018 = NZA 2019, 1198; 4.10.2005 AP Nr. 9 zu § 81 SGB IX = NZA 2006, 442.

[95] Vgl. BVerwG 28.2.1968 AP Nr. 29 zu § 14 SchwBeschG.

[96] BAG 20.11.2014 AP Nr. 53 zu § 1 KSchG 1969 Krankheit = NZA 2015, 931; anders demgegenüber BAG 10.7.1991 AP Nr. 1 zu § 14 SchwbG = NZA 1992, 27.

[97] BAG 16.5.2019 AP Nr. 1 zu § 164 SGB IX 2018 = NZA 2019, 1198.

[98] BAG 3.12.2019 AP Nr. 2 zu § 164 SGB IX 2018 = NZA 2020, 578; 17.3.2016 AP Nr. 3 zu § 33 TVöD = NZA 2016, 1220.

[99] BAG 14.3.2006 AP Nr. 11 zu § 81 SGB IX = NZA 2006, 1214.

[100] LAG SchlH 19.6.2012 LAGE § 81 SGB IX Nr. 11.

[101] BAG 15.10.2013 AP Nr. 10 zu § 93 BetrVG 1972 = NZA 2014, 214.

[102] BAG 8.2.1966 AP Nr. 4 zu § 12 SchwBeschG; 7.8.1964 AP Nr. 3 zu § 12 SchwBeschG.

[103] BAG 3.12.2002 AP Nr. 2 zu § 81 SGB IX = NZA 2003, 1215.

dern. Diese Grundsätze gelten nicht für die Prüfung, ob eine Beendigungskündigung eines schwerbehinderten AN durch eine mit einer Änderungskündigung verbundene Versetzung auf einen anderen Arbeitsplatz vermieden werden kann.[104]

49 **dd) Darlegungs- und Beweislast.** Macht der schwerbehinderte AN Ansprüche nach § 164 IV 1 Nr. 1 SGB IX auf behinderungsgerechte Beschäftigung geltend, trägt er nach den allgemeinen Regeln grundsätzlich die Darlegungs- und Beweislast für die anspruchsbegründenden Tatsachen. Für seinen Anspruch muss er deshalb grundsätzlich Beschäftigungsmöglichkeiten aufzeigen, die seinem infolge der Behinderung eingeschränkten Leistungsvermögen und seinen Fähigkeiten und Kenntnissen entsprechen. Hierauf hat sich der AG nach § 138 II ZPO durch substantiierten Tatsachenvortrag einzulassen und ggf. aufzuzeigen, aus welchen Gründen die aufgezeigten Beschäftigungsmöglichkeiten nicht bestehen oder deren Zuweisung ihm unzumutbar ist. Zu dieser sekundären Behauptungslast gehört auch ggf. die Darlegung, dass kein entsprechender freier Arbeitsplatz vorhanden ist und auch nicht durch Versetzung freigemacht werden kann. Es obliegt dann dem AN der Nachweis, dass entgegen der Behauptung des AG ein geeigneter Arbeitsplatz zur Verfügung steht.[105] Steht fest, dass der AN seine Arbeitspflicht nur nach einer Umgestaltung oder besonderer Ausstattung seines Arbeitsplatzes erfüllen kann, hat er zumindest nachvollziehbar darzulegen, welche Maßnahmen hierzu notwendig sind. Ansonsten zeigt er nicht schlüssig eine anderweitige Beschäftigungsmöglichkeit auf;[106] zur Darlegungslast bei fehlender Durchführung des Präventionsverfahrens → Rn. 50.

50 **ee) Präventionsverfahren.** Gem. § 167 I SGB IX ist der AG bei Eintreten von personen-, verhaltens- oder betriebsbedingten Schwierigkeiten im Arbeits- oder Beschäftigungsverhältnis, die zur Gefährdung dieses Verhältnisses führen können, verpflichtet, das Integrationsamt und die SBV einzuschalten. Ziel dieser gesetzlichen Prävention ist die frühzeitige Klärung, ob und welche Maßnahmen zu ergreifen sind, um eine möglichst dauerhafte Fortsetzung des Beschäftigungsverhältnisses zu erreichen. Die Beteiligung einer sachkundigen Stelle soll gewährleisten, dass alle Möglichkeiten zur Fortsetzung des Arbeitsverhältnisses fachkundig untersucht und deren technische sowie wirtschaftliche Realisierbarkeit geprüft werden. Schwierigkeiten bei der Beschäftigung schwerbehinderter Menschen sollen möglichst vermieden, zumindest aber möglichst frühzeitig behoben werden. Führt der AG das Präventionsverfahren nicht durch, hat dies Auswirkungen auf die Darlegungs- und Beweislast gegenüber einem von dem schwerbehinderten Menschen erhobenen Beschäftigungs- bzw. Schadenersatzanspruch. Ein unterbliebenes Präventionsverfahren begründet keine ansonsten nicht bestehenden materiell-rechtlichen Pflichten des AG.[107] Ihn trifft jedoch die erweiterte Darlegungslast dafür, dass ihm auch bei Durchführung des Präventionsverfahrens eine zumutbare Beschäftigung des schwerbehinderten AN nicht möglich gewesen wäre.[108] Die Durchführung eines Präventionsverfahrens ist auch keine Rechtmäßigkeitsvoraussetzung für die Zustimmungsentscheidung des Integrationsamts nach §§ 168 ff. SGB IX, kann aber bei dessen Ermessensentscheidung zu berücksichtigen sein.[109] Ebenso führt die unterlassene Durchführung des Präventionsverfahrens nicht zur Unwirksamkeit einer Beendigungskündigung, dieser Umstand kann aber bei der Bewertung der Kündigungsgründe von Bedeutung sein[110] (→ § 131 Rn. 5); zum betrieblichen Eingliederungsmanagement (§§ 167 II SGB IX) → § 131 Rn. 6.

51 **ff) Prozessuales.** Der besondere Beschäftigungsanspruch aus § 164 IV 1 Nr. 1 SGB IX entsteht unmittelbar kraft Gesetzes und kann durch Leistungsklage geltend gemacht werden. Dies soll auch gelten, wenn zu seiner Verwirklichung eine Vertragsänderung erforderlich ist.[111] Dies

[104] BAG 22.9.2005 AP Nr. 10 zu § 81 SGB IX = NZA 2006, 486.

[105] BAG 14.10.2020 AP Nr. 160 zu § 615 BGB = NZA 2021, 406; 10.5.2005 AP Nr. 8 zu § 81 SGB IX = NZA 2006, 155.

[106] BAG 4.10.2005 AP Nr. 9 zu § 81 SGB IX = NZA 2006, 442.

[107] LAG Düsseldorf 25.1.2008 LAGE § 81 SGB IX Nr. 7.

[108] BAG 14.10.2020 AP Nr. 160 zu § 615 BGB = NZA 2021, 406; 4.10.2005 AP Nr. 9 zu § 81 SGB IX = NZA 2006, 442; offen gelassen von BAG 3.12.2019 AP Nr. 2 zu § 164 SGB IX 2018 = NZA 2020, 578.

[109] BVerwG 19.8.2013 – 5 B 47/13; 29.8.2007 NJW 2008, 166.

[110] BAG 25.1.2018 AP Nr. 268 zu § 626 BGB = NZA 2018, 845; 7.12.2006 AP Nr. 56 zu § 1 KSchG 1969 Verhaltensbedingte Kündigung = NZA 2007, 617.

[111] BAG 16.5.2019 AP Nr. 1 zu § 164 SGB IX 2018 = NZA 2019, 1198; 10.5.2005 AP Nr. 8 zu § 81 SGB IX = NZA 2006, 155; 14.10.2003 AP Nr. 3 zu § 81 SGB IX = NZA 2004, 614 (Teilzeitanspruch).

ist kaum richtig, vielmehr ist der AN auf die Erhebung einer auf Zustimmung zur Vertragsänderung gerichteten Klage (§ 894 ZPO) verwiesen, kann allerdings bei pflichtwidrigem Handeln des AG den entgangenen Verdienst als Schadenersatz beanspruchen (→ Rn. 55). Der Klageantrag muss so gefasst werden, dass die Art der begehrten Beschäftigung durch Auslegung und unter Heranziehung der Klageschrift sowie des sonstigen Vorbringens feststellbar ist. Erforderlich und ausreichend ist die Bezeichnung des Berufsbilds, mit dem der AN beschäftigt werden soll, wenn sich damit hinreichend bestimmt feststellen lässt, worin die ihm zuzuweisende Tätigkeit bestehen soll. Einzelheiten hinsichtlich der Art der Beschäftigung oder sonstigen Arbeitsbedingungen muss der Antrag nicht enthalten.[112] Ist zu der von einem schwerbehinderten Menschen beantragten Beschäftigung die Zustimmung des BR (§ 99 I BetrVG; → Rn. 48) erforderlich, kann der AG unter den Voraussetzungen des § 259 ZPO zu dieser Beschäftigung unter dem Vorbehalt der Zustimmung des BR verurteilt werden.[113]

b) Bildungsmaßnahmen. Bei betrieblichen Bildungsmaßnahmen (vgl. § 96 BetrVG; → § 239 Rn. 1) sind schwerbehinderte Menschen bevorzugt zu berücksichtigen (§ 164 IV 1 Nr. 2 SGB IX). Die Teilnahme an außerbetrieblichen Bildungsmaßnahmen ist zu erleichtern (§ 164 IV 1 Nr. 3 SGB IX). Der schwerbehinderte Mensch hat daher uU einen besonderen Freistellungsanspruch von der Arbeit. Während derartiger außerbetrieblicher Bildungsmaßnahmen besteht jedoch grundsätzlich kein Anspruch auf Vergütungsfortzahlung. 52

c) Ausstattung der Arbeitsumgebung, Arbeitszeit. Schwerbehinderte Menschen haben einen einklagbaren Anspruch auf behinderungsgerechte Einrichtung und Unterhaltung der Arbeitsstätten einschließlich der Betriebsanlagen, Maschinen und Geräte sowie der Gestaltung der Arbeitsplätze, des Arbeitsumfeldes, der Arbeitsorganisation und der Arbeitszeit, unter besonderer Berücksichtigung der Unfallgefahr (§ 164 IV 1 Nr. 4 SGB IX). Für von schwerbehinderten Menschen benötigten Kraftwagen hat der AG im Rahmen seiner Zumutbarkeit bevorzugte Parkplätze einzurichten.[114] § 164 IV 1 Nr. 4 SGB IX schließt eine Verpflichtung des AG zur behinderungsgerechten Gestaltung der Arbeitszeit ein, woraus sich für den schwerbehinderten AN ein Anspruch auf die Unterlassung der Zuweisung von Nachtarbeit und auf eine besondere Verteilung der Arbeitszeit auf die Wochentage ergeben kann.[115] Daneben besteht ein Anspruch auf Ausstattung des Arbeitsplatzes mit den erforderlichen technischen Arbeitshilfen (§ 164 IV 1 Nr. 5 SGB IX). Schwerbehinderte AN und ihnen Gleichgestellte sind auf ihr Verlangen hin von **Mehrarbeit** freizustellen (§ 207 SGB IX). Mehrarbeit iSd Vorschrift betrifft nicht die individuelle oder tarifliche Arbeitszeit, sondern ist jede über acht Stunden werktäglich (§ 3 S. 1 ArbZG) hinaus geleistete Arbeit;[116] hierzu zählen auch Bereitschaftsdienste.[117] 53

d) Teilzeit. Der AG hat die Einrichtung von Teilzeitarbeitsplätzen zu fördern (§ 164 V SGB IX). Schwerbehinderte Menschen haben neben dem allgemeinen Anspruch auf Einräumung von Teilzeitarbeit einen besonderen Anspruch nach § 164 V SGB IX, wenn die kürzere Arbeitszeit wegen Art und Schwere der Behinderung notwendig ist. Das Verlangen des schwerbehinderten Menschen nach § 164 V 3 SGB IX soll unmittelbar eine Verringerung der geschuldeten Arbeitszeit bewirken, ohne dass es einer Zustimmung des AG zur Änderung der vertraglichen Pflichten bedarf.[118] Ein Anspruch auf Abschluss eines Altersteilzeitvertrags folgt aus § 164 V SGB IX nicht;[119] die Zumutbarkeitsgrenze des § 164 IV 3 SGB IX findet bei § 164 V SGB IX entspr. Anwendung. 54

e) Zumutbarkeit, Rechtsfolgen. Die besonderen Ansprüche wegen der Schwerbehinderung stehen unter dem Vorbehalt der Zumutbarkeit. Ihre Durchsetzung ist daher ausgeschlossen, soweit die Erfüllung eines Verlangens nach § 164 IV 1 Nr. 1–4 SGB IX für den AG nicht zumutbar oder mit unverhältnismäßigen Aufwendungen verbunden wäre oder diesem die staatlichen oder berufsgenossenschaftlichen Arbeitsschutzvorschriften oder beamtenrechtliche Vorschriften entgegenstehen (§ 164 IV 3 SGB IX). Allerdings richtet sich die Bestimmung der Zumutbarkeit nicht allein nach nationalem Recht, sondern auch nach Unionsrecht (→ Rn. 2). Nach Art. 5 55

[112] BAG 3.12.2019 AP Nr. 2 zu § 164 SGB IX 2018 = NZA 2020, 578; dafür wohl noch BAG 4.10.2005 AP Nr. 9 zu § 81 SGB IX = NZA 2006, 442.
[113] BAG 3.12.2002 AP Nr. 2 zu § 81 SGB IX = NZA 2003, 1215.
[114] BAG 4.12.1960 AP Nr. 7 zu § 618 BGB; 4.2.1960 AP Nr. 4 zu § 611 BGB Parkplatz.
[115] BAG 3.12.2002 AP Nr. 1 zu § 124 SGB IX = NZA 2004, 1219.
[116] BAG 3.12.2002 AP Nr. 1 zu § 124 SGB IX; 8.11.1989 AP Nr. 1 zu § 46 SchwbG = NZA 1990, 309.
[117] BAG 21.11.2006 AP Nr. 2 zu § 124 SGB IX = NZA 2007, 446.
[118] BAG 14.10.2003 AP Nr. 3 zu § 81 SGB IX = NZA 2004, 614 (zweifelhaft).
[119] BAG 26.6.2001 AP Nr. 2 zu § 3 ATG = NZA 2002, 44.

S. 1 RL 2000/78/EG sind angemessene Vorkehrungen zu treffen, um die Anwendung des Gleichbehandlungsgrundsatzes auf Menschen mit Behinderung zu gewährleisten. Diese Verpflichtung ist auf die Beseitigung der verschiedenen Barrieren gerichtet, die eine volle und wirksame Teilhabe der Menschen mit Behinderung am Berufsleben, gleichberechtigt mit den anderen AN, behindern. Sie wird dadurch begrenzt, dass keine unverhältnismäßigen oder unbilligen Belastungen des (potenziellen) AG verlangt werden. Beurteilungsgrundlage für die Rechtfertigungsprüfung ist dabei nicht der ursprüngliche Arbeitsplatz, sondern der mit verhältnismäßigem Aufwand geänderte Arbeitsplatz. Eine Belastung ist nicht unverhältnismäßig, wenn sie durch geltende Maßnahmen im Rahmen der Behindertenpolitik des Mitgliedstaats ausreichend kompensiert wird (Art. 5 S. 3 RL 2000/78/EG).[120] Im Rahmen der abgestuften Darlegungslast hat zunächst der behinderte AN darzustellen, auf welche Weise er nach den von ihm zu benennenden Maßnahmen vom AG beschäftigt werden kann. Anschließend hat dieser AG auszuführen, dass und ggf. aus welchen Gründen ihm diese Beschäftigung – auch nach Hilfen durch das Integrationsamt (→ Rn. 32) und die Arbeitsverwaltung – unzumutbar ist. Die fehlende Erweislichkeit der zumutbaren Ausgestaltung eines Arbeitsplatzes geht letztlich zulasten des AG. Verstößt dieser gegen seine sich aus § 164 IV SGB IX ergebenden Verpflichtungen, haftet er verschuldensabhängig auf Schadensersatz nach § 280 I BGB und § 823 II BGB iVm § 164 IV SGB IX.

56 **4. Arbeitsentgelt. a) Rentenbezug.** Bei der Bemessung des Arbeitsentgelts und der Dienstbezüge aus einem bestehenden Beschäftigungsverhältnis dürfen Renten und vergleichbare Leistungen, die wegen der Behinderung bezogen werden, nicht berücksichtigt werden (§ 206 SGB IX). Die Vorschrift will verhindern, dass die dem schwerbehinderten Menschen wegen der von ihm erbrachten Sonderopfer und erlittenen Gesundheitsbeschädigungen gewährten Sozialleistungen mit der Arbeitsvergütung verrechnet werden. Auch eine Teilanrechnung auf das Arbeitsentgelt oder die Dienstbezüge ist unzulässig. Das Anrechnungsverbot ist unabdingbar und kann weder durch Tarifvertrag geändert werden, noch kann der schwerbehinderte Mensch durch Einzelvertrag darauf verzichten.[121] Zu den nicht anrechenbaren Rentenleistungen gehören Leistungen der sozialen Entschädigung, der gesetzlichen Unfall- und Rentenversicherung sowie Leistungen aus betrieblichen/tariflichen Zusatzversorgungssystemen. Nicht anrechenbar ist insbesondere das vorgezogene Altersruhegeld für schwerbehinderte Menschen (§ 236a SGB VI).[122]

57 **b) Rentenbezugsmöglichkeit.** Tarifliche Regelungen, nach der ein schwerbehinderter Mensch, bei dem die Voraussetzungen zum Bezug eines vorgezogenen Altersruhegelds vorliegen, keinen Anspruch auf Überbrückungsgeld hat, sind nach Auffassung des BAG wirksam.[123] Es soll auch keine unzulässige mittelbare Benachteiligung schwerbehinderter Beschäftigter darstellen, wenn ein Tarifvertrag nur den Anspruch eines Altersteilzeitarbeitsvertrag bis zur Inanspruchnahmemöglichkeit einer Altersrente ohne Abschläge vorsieht, wie das nach § 236a SGB VI möglich ist.[124] Diese Rspr. erscheint nach Inkrafttreten des AGG zumindest überdenkenswert. Der EuGH hat in seiner Entscheidung in der Rs. Odar bei Entschädigungsregelungen in einem Sozialplan (→ § 244 Rn. 72) die Anbindung an die vorgezogene Altersgrenze nach § 236a SGB VI nicht akzeptiert.[125] Dies wird gleichermaßen für solche Leistungen gelten, die an die Stelle einer entfallenden Arbeitsvergütung treten.[126]

58 **c) Einmalzahlungen.** Zulässig ist es, zusätzliche in Gratifikationsform ausgestaltete Urlaubsgelder in gleicher Weise für schwerbehinderte Menschen und andere AN auszugestalten.[127] Es liegt auch kein Verstoß gegen den Gleichheitssatz vor, wenn die Einigungsstelle bei der Aufstellung eines Sozialplans wegen einer Betriebsstilllegung Sozialabfindungen nur für solche schwer-

[120] EuGH 11.9.2019 AP Nr. 50 zu Richtlinie 2000/78/EG = NZA 2019, 1634 – Nobel Plastiques Ibérica.
[121] BAG 21.8.1984 AP Nr. 13 zu § 42 SchwbG = NZA 1985, 739; davon abw. BAG 27.11.1986 AP Nr. 11 zu § 62 BAT; nach BAG 8.12.1982 AP Nr. 7 zu § 42 SchwbG kann die Verdienstsicherung auf den Ausgleich des Nachteils beschränkt werden, der nicht anderweitig ausgeglichen wird.
[122] BAG 9.12.1981 AP Nr. 2 zu § 42 SchwbG; 13.7.1982 AP Nr. 3 zu § 42 SchwbG.
[123] BAG 6.10.2011 NZA 2011, 1431; 18.5.2006 AP Nr. 1 zu § 8 TV SozSich = NZA 2007, 103 30.3.2000 AP Nr. 33 zu § 4 TVG Rationalisierungsschutz = NZA-RR 2001, 203.
[124] BAG 18.11.2003 AP Nr. 4 zu § 81 SGB IX = NZA 2004, 545.
[125] EuGH 6.12.2012 AP Nr. 27 zu Richtlinie 2000/78/EG = NZA 2012, 1435.
[126] Ebenso BAG 5.9.2019 AP Nr. 6 zu § 11 TVUmBw = NZA 2020, 886.
[127] BAG 9.1.1979 AP Nr. 1 zu § 44 SchwbG.

behinderten AN vorsieht, deren Schwerbehinderteneigenschaft zu dieser Zeit feststeht[128] oder offenkundig ist (→ § 244 Rn. 54, 60).

d) Leistungsfähigkeit. Ist der schwerbehinderte Mensch gegenüber einem nicht behinderten AN nicht gleichermaßen leistungsfähig, kann wegen der geminderten Leistungsfähigkeit eine geringere Entlohnung vereinbart werden. Dasselbe gilt, wenn die Leistungsfähigkeit absinkt[129] oder nach der Zuweisung einer geänderten Tätigkeit. Eine Ausnahme besteht, wenn Tarifverträge eine Minderleistungsklausel nicht vorsehen und die Vertragsparteien tarifgebunden sind (→ § 204 Rn. 1). Für alle AN geltende Leistungsvorgaben müssen auch schwerbehinderte Menschen gegen sich gelten lassen. Eine darauf bezogene Benachteiligung liegt nicht vor, da nicht an die Behinderung, sondern an das Leistungsvermögen angeknüpft wird. Ist im Betrieb zB Akkordlohn üblich, besteht regelmäßig kein Anspruch auf Beschäftigung im Zeitlohn; ggf. kann der von einer Leistungseinbuße betroffene schwerbehinderte AN nach § 164 IV 1 Nr. 1 SGB IX seine Umsetzung auf einen Arbeitsplatz verlangen, an dem seine Vergütung das bisherige Niveau erreicht (→ Rn. 45). 59

5. Zusatzurlaub. a) Voraussetzungen. Schwerbehinderte Menschen haben nach § 208 SGB IX Anspruch auf Zusatzurlaub. Der Anspruch setzt keine Arbeitsleistung des AN im Urlaubsjahr voraus.[130] Die Vorschrift findet auf gleichgestellte AN keine Anwendung (§ 151 III SGB IX). Sie beruht auf dem Gedanken, dass schwerbehinderte Menschen stärker belastet sind und daher eine längere Erholungszeit benötigen. Die Dauer des Zusatzurlaubs beträgt fünf Arbeitstage im Urlaubsjahr. Verteilt sich die regelmäßige Arbeitszeit des schwerbehinderten Menschen auf weniger oder mehr Arbeitstage in der Kalenderwoche, erhöht oder vermindert sich der Urlaub entsprechend[131] (§ 208 I 1 SGB IX; → Rn. 64). Wird die Schwerbehinderteneigenschaft nach § 152 I, II SGB IX rückwirkend festgestellt, finden auch für die Übertragbarkeit des Zusatzurlaubs in das nächste Kalenderjahr die für das Arbeitsverhältnis zugrunde liegenden urlaubsrechtlichen Regelungen Anwendung (→ § 104 Rn. 89). Soweit tarifliche, betriebliche oder sonstige Urlaubsregelungen für schwerbehinderte Menschen einen längeren Zusatzurlaub vorsehen, bleiben sie unberührt (§ 208 I 2 SGB IX). Wird aufgrund eines Tarifvertrags ein zusätzliches **Urlaubsgeld** (→ § 104 Rn. 117) gewährt, ist im Wege der Auslegung zu entscheiden, ob auch für den Zusatzurlaub ein zusätzliches Urlaubsgeld zu zahlen ist.[132] Dies ist der Fall, wenn sich das Urlaubsentgelt nach dem durchschnittlichen Arbeitsverdienst der letzten drei Monate nach einem Zuschlag von 50% bemisst.[133] 60

b) Urlaubsgrundsätze. Der Zusatzurlaub für schwerbehinderte Menschen bestimmt sich nach den Regeln des Mindesturlaubs der §§ 1, 3 I BUrlG, daher sind auch die Vorschriften über die Entstehung und Kürzung des gesetzlichen Mindesturlaubs anzuwenden.[134] Nach der Rspr. des BAG gilt der Grundsatz, dass der gesetzliche Anspruch auf Mindesturlaub und der Anspruch auf Zusatzurlaub (§ 208 I 1 SGB IX) im Regelfall gleich zu behandeln sind (sog. urlaubsrechtliche Akzessorietät).[135] Dies gilt auch für die Urlaubserteilung (→ § 104 Rn. 71), Übertragung (→ § 104 Rn. 83) und Abgeltung (→ § 104 Rn. 122), obwohl der Zusatzurlaub nicht vom Abgeltungsanspruch nach Art. 7 II RL 2003/88/EG erfasst wird.[136] Er ist wie der Erholungsurlaub auf das Kalenderjahr bezogen; nach dessen Ablauf er erlischt, sofern nicht die Übertragungsvoraussetzungen vorliegen. Die Ungewissheit über den Ausgang des Feststellungsverfahrens nach § 152 SGB IX rechtfertigt die Übertragung nicht;[137] diese richtet sich wegen § 188 III SGB IX nach § 7 III BUrlG oder den bestehenden tariflichen Regelungen (§ 13 I BUrlG). Der Anspruch auf Zusatzurlaub muss wie der Erholungsurlaub geltend gemacht werden (→ § 104 Rn. 71);[138] die Mitteilung von einer Antragstellung nach § 2 SGB IX reicht allein nicht aus.[139] Ist ein AN 61

[128] BAG 19.4.1983 AP Nr. 124 zu Art. 9 GG.
[129] BAG 10.7.1991 AP Nr. 1 zu § 14 SchwbG = NZA 1992, 27.
[130] BAG 7.8.2012 AP Nr. 61 zu § 7 BUrlG = NZA 2012, 1216 (Bezug einer Erwerbsminderungsrente).
[131] BAG 19.1.2010 AP Nr. 43 zu § 7 BUrlG = NZA-RR 2010, 473.
[132] BAG 10.3.2020 AP Nr. 2 zu § 1 TVG Tarifverträge: Getränkeindustrie = NZA 2020, 1255.
[133] BAG 23.1.1996 AP Nr. 9 zu § 47 SchwbG = NZA 1996, 831.
[134] StRspr, zB BAG 23.3.2010 AP Nr. 3 zu § 125 SGB IX = NZA 2010, 810.
[135] BAG 10.3.2020 AP Nr. 2 zu § 1 TVG Tarifverträge: Getränkeindustrie = NZA 2020, 1255; 23.3.2010 AP Nr. 3 zu § 125 SGB IX = NZA 2010, 810.
[136] BVerfG 15.5.2014 NZA 2014, 838; BVerwG 31.1.2013 NVwZ 2013, 1295.
[137] BAG 21.2.1995 AP Nr. 8 zu § 47 SchwbG 1986 = NZA 1995, 1008.
[138] BAG 26.6.1986 AP Nr. 6 zu § 44 SchwbG = NZA 1986, 833.
[139] BAG 28.1.1982 AP Nr. 3 zu § 44 SchwbG.

aus gesundheitlichen Gründen an seiner Arbeitsleistung gehindert, verfallen seine gesetzlichen Urlaubsansprüche aufgrund unionsrechtskonformer Auslegung des § 7 III 3 BUrlG erst 15 Monate nach Ablauf des Urlaubsjahres, dies gilt auch für den Zusatzurlaub. Wird der Zusatzurlaub trotz rechtzeitiger Geltendmachung nicht erfüllt, entsteht ein Schadensersatzanspruch;[140] dies gilt auch, soweit die Eigenschaft als schwerbehinderter Mensch rückwirkend festgestellt wird (§ 152 III SGB IX).[141] Der Zusatzurlaub kann Lehrern während der Schulferien (unterrichtsfreien Zeit) erteilt werden.[142]

62 **c) Anteilige Gewährung.** Der Zusatzurlaub ist zusätzlich zu dem vertraglich vereinbarten Urlaub zu gewähren.[143] Er ist nicht für die Zeit des Ruhens des Arbeitsverhältnisses zu kürzen.[144] Ist die Schwerbehinderteneigenschaft nicht während des gesamten Kalenderjahres gegeben, besteht nur ein Anspruch auf ein Zwölftel des Zusatzurlaubs nach § 208 I 1 SGB IX. Bruchteile von Urlaubstagen, die mindestens einen halben Tag ergeben, sind auf volle Urlaubstage aufzurunden (§ 208 II 1, 2 SGB IX). Eine Abrundung findet nicht statt.[145] Der so ermittelte Zusatzurlaub ist dem Erholungsurlaub hinzurechnen und kann bei einem nicht im ganzen Kalenderjahr bestehenden Beschäftigungsverhältnis nicht erneut gemindert werden. Die gesetzlichen Vorschriften über die Wartezeit und Zwölftelung des Mindesturlaubs nach §§ 4, 5 BUrlG sind auf den Zusatzurlaub danach nur im Jahr des Ausscheidens aus dem Arbeitsverhältnis anwendbar.[146] Scheidet der schwerbehinderte AN in der zweiten Jahreshälfte aus, ist der Zusatzurlaub stets in voller Höhe zu gewähren; er wird von tarifvertraglichen Zwölftelungsvorschriften nicht erfasst.[147]

VI. Werkstattverhältnis

63 **1. Allgemeines.** Die Regelungen über die Werkstatt für behinderte Menschen sind in die §§ 219 ff. SGB IX sowie die Werkstättenverordnung vom 13.8.1980 (WVO, BGBl. I 1365) aufgenommen worden. Das in § 3 WVO vorgesehene Eingangsverfahren ist nicht nur in Zweifelsfällen durchzuführen, sondern obligatorisch, um feststellen zu können, ob die Werkstatt die richtige Einrichtung ist. Nach § 13 I WVO haben die Werkstätten mit den im Arbeitsbereich beschäftigten behinderten Menschen, soweit auf sie die für einen Arbeitsvertrag geltenden Rechtsvorschriften oder Rechtsgrundsätze nicht anwendbar sind, Werkstattverträge in schriftlicher Form abzuschließen, in denen das arbeitnehmerähnliche Rechtsverhältnis zwischen der Werkstatt und dem Behinderten näher geregelt wird. Über die Vereinbarungen sind die zuständigen Rehabilitationsträger zu unterrichten. In den angebotenen Verträgen ist die dem behinderten Menschen zustehende Vergütung zu regeln (§ 13 II WVO).

64 **2. Werkstattvertrag. a) Rechtsnatur.** Nach § 221 SGB IX kann der behinderte Mensch in einem Arbeitsverhältnis oder in einem arbeitnehmerähnlichen Rechtsverhältnis stehen, soweit sich aus dem zugrunde liegenden Sozialrechtsverhältnis nichts anderes ergibt. Maßgeblich ist die tatsächliche Vertragsdurchführung. Es kann ein sonstiger Ausbildungsvertrag iSv § 26 BBiG vorliegen, aber auch ein Rechtsverhältnis eigener Art nach § 221 SGB IX.[148] Der Abschluss des Werkstattverhältnisses nach § 13 I WVO vollzieht sich nach den Vorschriften des BGB (§§ 104 ff., 145 BGB). Der behinderte Mensch muss durch seinen gesetzlichen Vertreter vertreten werden, sofern er selbst geschäftsunfähig oder in der Geschäftsfähigkeit beschränkt ist. Wird der Geschäftsunfähige nicht vertreten, fehlt es an einer zivilrechtlichen Grundlage.

65 **b) Arbeitsbedingungen.** Nach § 221 III SGB IX wird der Inhalt eines arbeitnehmerähnlichen Rechtsverhältnisses unter Berücksichtigung des zwischen den behinderten Menschen und dem Rehabilitationsträger bestehenden Sozialleistungsverhältnisses durch Werkstattverträge zwischen den behinderten Menschen und dem Träger der Werkstatt näher geregelt. Die Werkstätten zahlen aus ihrem Arbeitsergebnis an die im Arbeitsbereich beschäftigten behinderten Menschen ein Arbeitsentgelt, das sich aus einem Grundbetrag in Höhe des Ausbildungsgeldes, das die BA

[140] BAG 26.6.1986 AP Nr. 5 zu § 44 SchwbG = NZA 1987, 98.
[141] *Düwell* NZA 2017, 1237 (1241).
[142] BAG 13.2.1996 AP Nr. 12 zu § 47 SchwbG = NZA 1996, 1103.
[143] BAG 24.10.2006 AP Nr. 1 zu § 125 SGB IX = NZA 2007, 330.
[144] BAG 18.9.2012 AP Nr. 62 zu § 7 BUrlG.
[145] BAG 22.10.1991 AP Nr. 1 zu § 47 SchwbG = NZA 1992, 797.
[146] BAG 21.2.1995 AP Nr. 7 zu § 47 SchwbG = NZA 1995, 839.
[147] BAG 8.3.1994 AP Nr. 5 zu § 47 SchwbG 1987 = NZA 1994, 1095.
[148] NPWJ/*Pahlen* WVO § 13 Rn. 4; *Cramer* WVO § 13 Rn. 9 ff.

nach den für sie geltenden Vorschriften behinderten Menschen im Berufsbildungsbereich leistet, und einem leistungsangemessenen Steigerungsbetrag zusammensetzt (§ 221 II SGB IX); ein Anspruch nach dem MiLoG besteht nicht.[149] Der Steigerungsbetrag bemisst sich nach der individuellen Arbeitsleistung der behinderten Menschen, insbesondere unter Berücksichtigung von Arbeitsmenge und Arbeitsgüte. Arbeitsergebnis in diesem Sinne ist nach § 12 IV WVO die Differenz aus den Erträgen und den notwendigen Kosten des laufenden Betriebs im Arbeitsbereich der Werkstatt. Die Erträge setzen sich zusammen aus den Umsatzerlösen, Zins- und sonstigen Erträgen aus der wirtschaftlichen Tätigkeit und den von den Rehabilitationsträgern erbrachten Kostensätzen. Die Werkstätten sind nicht berechtigt, bereits den Grundbetrag nach dem Leistungsvermögen zu berechnen.[150] Auch soweit ein arbeitnehmerähnliches Rechtsverhältnis besteht, kann der behinderte Mensch die arbeitsrechtlichen Nebenleistungen wie **Urlaub** und **Feiertagsvergütung** verlangen. Dasselbe gilt für die Leistungen bei Arbeitsverhinderung und Erkrankung.[151] Nach § 221 VI SGB IX ist nicht nur die Lösung, sondern auch die Kündigung eines mit einem behinderten Menschen geschlossenen Werkstattvertrags zwingend schriftlich zu erklären und im Kündigungsschreiben anzugeben.[152] Die Kündigung eines Werkstattvertrags kann nur auf den Wegfall der Werkstattfähigkeit oder die Aufhebung des Leistungsbescheids durch den Sozialleistungsträger oder beides zusammen gestützt werden (§ 220 II SGB IX). Im Werkstattvertrag können keine Kündigungsgründe vereinbart werden.[153]

c) Kollektivrecht. Soweit keine Arbeitsverhältnisse bestehen, ist der Abschluss von Tarifverträgen ausgeschlossen (§ 1 TVG); jedenfalls ist die gesetzliche Vorgabe für die Bemessung der Vergütung (§ 13 II WVO) nicht tarifdispositiv. Umstr. ist, inwieweit das BetrVG anzuwenden ist. Nach Auffassung des BAG dient eine Werkstatt für Behinderte karitativen Bestimmungen iSv § 118 I 1 Nr. 1 BetrVG und ist daher ein Tendenzbetrieb. Darauf, ob die behinderten Menschen in einer solchen Werkstatt in einem Arbeitsverhältnis oder in einem Rechtsverhältnis besonderer Art beschäftigt werden, kommt es nicht an.[154] Nach § 222 I SGB IX hat die Werkstatt den behinderten Menschen jedoch eine angemessene Mitwirkung in den ihre Interessen berührenden Angelegenheiten durch die Bildung und Beteiligung eines **Werkstattrats** zu ermöglichen. 66

VII. Bergmannsversorgungsschein

Wegen der besonderen Gefahren, die der bergmännische Beruf mit sich bringt, besteht neben der knappschaftlichen Sozialversicherung für Bergleute, die nach längerer bergmännischer Tätigkeit nicht mehr oder nur mit Gefahr völliger vorzeitiger Invalidität Untertagearbeit ausüben können,[155] in Nordrhein-Westfalen und im Saarland ein besonderer Arbeitsschutz, der in den Gesetzen über einen Bergmannsversorgungsschein (BVS) enthalten ist.[156] Die Voraussetzungen für die Erteilung eines BVS, die Unterbringungs- und Beschäftigungspflicht sowie die Sonderrechte der BVS-Inhaber sind ausführlich in der 11. Auflage unter § 180 dargestellt worden; auf diese Ausführungen wird verwiesen. 67

VIII. Behörden

1. Allgemeines. Die aus dem SGB IX folgenden öffentlich-rechtlichen Verpflichtungen werden von den Integrationsämtern und der BA wahrgenommen (§ 184 SGB IX). Die Aufgaben mit mehr fürsorgerischem Einschlag obliegen dabei dem Integrationsamt, die mit der Arbeitsvermittlung und Berufsberatung zusammenhängenden Aufgaben der BA. Durch Verordnung der Landesregierung können Aufgaben der Integrationsämter auf örtliche Fürsorgestellen („Fachstelle für behinderte Menschen im Arbeitsleben") übertragen werden (§ 190 II SGB IX).[157] BR und PR haben die Eingliede- 68

---

[149] LAG SH 11.1.2016 NZA-RR 2016, 291.

[150] BAG 3.3.1999 AP Nr. 1 zu § 54b SchwbG 1986 = NZA 1999, 825.

[151] NPWJ/*Pahlen* SGB IX § 221 Rn. 29 aE.

[152] BAG 17.3.2015 AP Nr. 1 zu § 138 SGB IX = NZA 2015, 1071.

[153] LAG RhPf 16.1.2008 – 8 Sa 506/07.

[154] BAG 7.4.1981 AP Nr. 16 zu § 118 BetrVG 1972 = NJW 1982, 254.

[155] Präambel zum BergmVersSchG NRW.

[156] NRW: G über einen Bergmannsversorgungsschein im Land Nordrhein-Westfalen idF v. 20.12.1983 (GV. NRW 635), Ansprechpartner ist das LWL-Integrationsamt Westfalen, Zentralstelle für den Bergmannsversorgungsschein NRW, Vattmannstraße 2–8, 45 879 Gelsenkirchen; **Internetadresse:** http://www.lwl.org/LWL/Soziales/integrationsamt/bergleute; SL: G Nr. 768 über einen Bergmannsversorgungsschein im Saarland idF v. 16.10.1981 (ABl. 825).

[157] BW: § 3 III JSVG v. 1.7.2004 (GVBl. 469) – Kommunalverband; NRW: LVerbO v. vom 14.7.1994 (GV NRW 657) – Landschaftsverbände; SL: § 2 G Nr. 1318 v. 9.7.1993 (Amtsbl. 758) – Landesamt für Soziales; SH: ZustVO SGB IX v. 29.1.2003 (GVOBl. 28) – Landesamt für Soziale Dienste.

rung von schwerbehinderten Menschen zu fördern und für eine ihren Fähigkeiten und Kenntnissen entsprechende Beschäftigung zu sorgen (§ 176 SGB IX; § 80 I Nr. 4 BetrVG, § 68 I Nr. 4 BPersVG);[158] zur Informations- und Konsultationspflicht des AG bei der Stellenbesetzung → Rn. 42.

69 **2. Integrationsamt.** Die Integrationsämter sind zuständig für: **(a)** die Erhebung und Verwendung der Ausgleichsabgabe, **(b)** den Kündigungsschutz, **(c)** die begleitende Hilfe im Arbeitsleben und **(d)** die zeitweilige Entziehung des Schwerbehindertenschutzes (§ 200 SGB IX). Die begleitende Hilfe soll vor allem bewirken, dass die schwerbehinderten Menschen in ihrer sozialen Stellung nicht absinken, sondern auf Arbeitsplätzen beschäftigt werden, auf denen sie ihre Fähigkeiten und Kenntnisse voll verwerten und weiterentwickeln können (§ 185 II SGB IX). Zu diesem Zweck kann das Integrationsamt sowohl schwerbehinderten Menschen als auch AG Geldleistungen gewähren (§ 185 III SGB IX). Während das Integrationsamt für die begleitende Hilfe, also alle Maßnahmen und Leistungen, die geeignet sind, dem schwerbehinderten Menschen den Arbeitsplatz zu sichern, zuständig ist, ist die Bundesagentur für berufsfördernde Leistungen zur Rehabilitation zuständig (§§ 3, 97 SGB III).

70 **3. Bundesagentur für Arbeit.** Sie ist zuständig für die in § 187 SGB IX aufgezählten Aufgaben und hat für die Beratung und Vermittlung Behinderter besondere Stellen einzurichten (§ 187 IV SGB IX). Der Widerspruch gegen Verwaltungsakte der BA wird von einem bei der AA aus sieben Personen (zwei schwerbehinderten Menschen, zwei AG, einem Vertreter des Integrationsamts, einem Vertreter der Arbeitsverwaltung und einer Vertrauensperson gebildeten Widerspruchsausschuss beschieden (§§ 201 II, 203 SGB IX). Der weitere Rechtsschutz erfolgt durch die Sozialgerichte. Das Verfahren richtet sich nach dem SGG.

71 **4. Integrationsfachdienste.** Integrationsfachdienste sind Dienste Dritter, die im Auftrag der BA, der Rehabilitationsträger und der Integrationsämter bei der Durchführung der Maßnahmen zur Teilhabe schwerbehinderter Menschen am Arbeitsleben beteiligt werden (§ 192 SGB IX). Die Integrationsfachdienste können zur Teilhabe schwerbehinderter Menschen am Arbeitsleben (Aufnahme, Ausübung und Sicherung einer möglichst dauerhaften Beschäftigung) beteiligt werden, indem sie die schwerbehinderten Menschen beraten, unterstützen und auf geeignete Arbeitsplätze vermitteln sowie die AG informieren, beraten und ihnen Hilfe leisten. In § 193 II SGB IX ist ein Arbeitsprogramm für die Fachdienste aufgelistet. Die **Inanspruchnahme** von Integrationsfachdiensten wird vom Auftraggeber, also zumeist der BA oder dem Integrationsamt, vergütet (§ 196 SGB IX).

§ 179. Der Bestandsschutz der Arbeitsverhältnisse von schwerbehinderten Menschen

Übersicht

[158] Dazu BAG 20.3.2018 AP Nr. 82 zu § 80 BetrVG 1972 = NZA 2018, 1420.

I. Persönliche Voraussetzungen des Bestandsschutzes nach dem SGB IX

1 **1. Arbeitnehmer.** Der besondere Bestandsschutz erstreckt sich auf die „Arbeitsverhältnisse" schwerbehinderter Menschen (§ 168 SGB IX) und der ihnen Gleichgestellten (§ 151 SGB IX). Eine Ausnahme gilt für schwerbehinderte Menschen, denen der Schwerbehindertenschutz entzogen ist (§ 200 SGB IX). Die behördlichen Feststellungen der Schwerbehinderung und der Gleichstellung (→ § 178 Rn. 11) sind für den Kündigungsschutz konstitutiv.[1] Maßgeblich ist der unionsrechtliche Arbeitnehmerbegriff (→ § 8 Rn. 7).[2] Die Ausgestaltung des besonderen Bestandsschutzes fällt in den Anwendungsbereich des Unionsrechts. Es handelt es um spezifische Maßnahmen iSd Art. 7 II RL 2000/78/EG, die der Eingliederung von Menschen mit Behinderung in die Arbeitswelt dienen und diese Eingliederung fördern. Erfasst vom besonderen Bestandsschutz werden AN, Auszubildende,[3] arbeitnehmerähnliche Personen, sofern sie aufgrund eines Arbeitsvertrags beschäftigt werden, und Heimarbeiter. Da Beschäftigte in Arbeitsgelegenheiten (§ 16d SGB II) ebenso wie Teilnehmer am Bundesfreiwilligendienst[4] nicht aufgrund eines Arbeitsvertrags tätig sind, gelten die §§ 168 ff. SGB IX für die Beendigung ihres Einsatzes nicht. Bei einer Auslandstätigkeit behalten AN den Sonderkündigungsschutz, wenn sie nur vorübergehend entsandt werden und einem inländischen Betrieb zugeordnet bleiben (§ 151 II SGB IX) und das Arbeitsverhältnis deutschem Vertragsstatut unterfällt.[5]

1a **2. Organvertreter.** Noch nicht abschließend geklärt ist die Rechtslage bei Organvertretern (zB Vorstandsmitglieder und GmbH-Geschäftsführer, → § 14 Rn. 1). Werden sie aufgrund eines **Arbeitsvertrags** beschäftigt, bedarf auch die Kündigung dieses Arbeitsverhältnisses der vorherigen Zustimmung des Integrationsamts;[6] wegen der Fiktion in § 5 I 3 ArbGG muss der besondere Kündigungsschutz aber grundsätzlich in einem Verfahren vor den ordentlichen Gerichten geltend gemacht werden. Die Fiktionswirkung entfällt aber, wenn der Organvertreter sein Amt vor der Klageerhebung spätestens aber bis zu einer rechtskräftigen Entscheidung über den Rechtsweg (§ 17 GVG) niederlegt oder er aus dem Amt abberufen wird.[7] Dann ist der Rechtsweg zu den Arbeitsgerichten gegeben. Ist hingegen der Anstellungsvertrag als **Dienstvertrag** anzusehen, soll der Kündigungsausspruch zustimmungsfrei erfolgen können.[8] Dies ist unzutreffend. Da wegen des Merkmals der Behinderung der Anwendungsbereich des Unionsrechts eröffnet ist, werden auch Fremdgeschäftsführer vom Anwendungsbereich der §§ 168 ff. SGB IX erfasst, weil sie nach dem unionsrechtlichen Arbeitnehmerbegriff (→ § 8 Rn. 7) als AN gelten;[9] eine klärende höchstrichterliche Entscheidung fehlt jedoch. Unzweifelhaft werden sie vom Bestandsschutz erfasst, wenn für den Kündigungssachverhalt eine bestehende Behinderung von Bedeutung ist. Allerdings gelten für sie die Anforderungen über den Nachweis der Schwerbehinderteneigenschaft (→ Rn. 5) und die rechtzeitige Antragstellung beim Versorgungsamt (→ Rn. 6 ff.) entsprechend.

II. Besonderer Kündigungsschutz

2 **1. Grundsatz.** Nach § 168 SGB IX bedarf jede Kündigung (ordentliche, außerordentliche, vorsorgliche Kündigung sowie Änderungskündigung, Massenentlassung, zu anderen Beendigungstatbeständen → Rn. 47) eines schwerbehinderten Menschen und eines ihnen gleichgestellten behinderten Menschen (§ 151 III SGB IX) durch den AG der vorherigen Zustimmung des Integrationsamts. Der Kündigungsschutz nach dem SGB IX ist als Kündi-

[1] BAG 31.7.2014 AP Nr. 73 zu § 1 KSchG 1969 Verhaltensbedingte Kündigung = NZA 2015, 358.
[2] AA BAG 22.10.2015 AP Nr. 13 zu § 85 SGB IX = NZA 2016, 473.
[3] BAG 22.10.2015 AP Nr. 13 zu § 85 SGB IX = NZA 2016, 473.
[4] ArbG Köln 31.7.2013 – 9 Ca 245/13.
[5] BAG 30.4.1987 AP Nr. 15 zu § 12 SchwbG = NZA 1988, 135.
[6] OLG München 16.5.2007 NZA-RR 2007, 579.
[7] BAG 3.12.2014 AP Nr. 73 zu § 5 ArbGG 1979 = NZA 2015, 180.
[8] BGH 9.2.1978 AP Nr. 1 zu § 38 GmbHG; OLG Düsseldorf 18.10.2012 GmbHR 2012, 1347.
[9] EuGH 9.7.2015 AP Nr. 6 zu Richtlinie 98/59/EG = NZA 2015, 861 – Balkaya; 11.11.2010 NZA 2011, 143 – Danosa; ebenso für eine auf dem Merkmal des Alters beruhende Benachteiligung: BGH 26.3.2019 NZA 2019, 706.

gungsverbot mit behördlichem Erlaubnisvorbehalt ausgestaltet. Voraussetzung für das Eingreifen des besonderen Kündigungsschutzes nach dem SGB IX ist grundsätzlich (zu Ausnahmen → Rn. 36) **(a)** das Vorliegen der Voraussetzungen des § 2 II, III SGB IX, **(b)** der Nachweis der Schwerbehinderung bzw. der Gleichstellung oder die rechtzeitige Antragstellung (→ Rn. 6) und **(c)** die Kenntnis des AG von der Schwerbehinderteneigenschaft bzw. Gleichstellung oder die rechtzeitige Mitteilung nach dem Kündigungsausspruch durch den AN (→ Rn. 10). Schließlich muss der AN **(d)** rechtzeitig Kündigungsschutzklage erheben; dabei können bei der Fristberechnung für die Klageerhebung Besonderheiten gelten (→ § 138 Rn. 31). Wird die Zustimmung vom Integrationsamt nicht erteilt und liegt auch kein sog. Negativattest (→ Rn. 24) vor, ist die Kündigung nach § 134 BGB nichtig.

3 **2. Schwerbehinderteneigenschaft. a) Grundsatz.** Grundsätzlich bedarf die Kündigung eines schwerbehinderten oder eines ihm gleichgestellten AN der vorherigen Zustimmung des Integrationsamts (§ 168 SGB IX; zu Ausnahmen → Rn. 36). Der besondere Kündigungsschutz wird allerdings durch den nur schwer verständlichen § 173 III SGB IX eingeschränkt. Er entfällt, wenn zum Zeitpunkt der Kündigung **(1)** die Schwerbehinderteneigenschaft nicht nachgewiesen ist oder **(2)** das Versorgungsamt nach Ablauf der Frist des § 152 I 2 SGB IX eine Feststellung wegen fehlender Mitwirkung des AN nicht treffen konnte (→ Rn. 4). Die Vorschrift soll verhindern, dass Anerkennungs- bzw. Gleichstellungsanträge „in letzter Minute" gestellt werden und damit zur zeitnahen Klärung beitragen, ob die Zustimmung des Integrationsamts für den Kündigungsausspruch erforderlich ist. AN, die Kenntnis von einer bevorstehenden Kündigung erhalten, sollen davon abgehalten werden, von vornherein sinnlose Anerkennungsverfahren anzustrengen (BT-Drs. 15/2357, 24).

4 **b) Vorliegen der Voraussetzungen der §§ 2 II, 151 II SGB IX.** Schwerbehinderte AN haben den besonderen Kündigungsschutz nach dem SGB IX, wenn zum Zeitpunkt des Kündigungszugangs **(1)** der für die Schwerbehinderteneigenschaft erforderliche GdB durch einen Bescheid des Versorgungsamts festgestellt oder offensichtlich ist (→ Rn. 5) oder **(2)** sie innerhalb der Vorfrist von drei Wochen vor dem Kündigungszugang (→ Rn. 6) einen Feststellungsantrag beim Versorgungsamt gestellt haben **(2.1)**, das Versorgungsamt eine Entscheidung nicht getroffen hat **(2.2)** und die fehlende Feststellung **nicht** auf einer fehlenden Mitwirkung des Antragstellers (→ Rn. 8) beruht **(2.3)**.

5 **c) Nachweis der Schwerbehinderung (§ 173 III Alt. 1 SGB IX).** Der AN kann den besonderen Kündigungsschutz nach den §§ 168 ff. SGB IX beanspruchen, wenn seine Schwerbehinderteneigenschaft beim Zugang der Kündigung nachgewiesen ist. Dies ist der Fall, wenn sie für den AG offensichtlich ist oder das Versorgungsamt durch Bescheid den erforderlichen GdB festgestellt hat. Durch welche Dokumente der Nachweis geführt werden kann, hat das BAG noch nicht entschieden. Als ausreichend sind jedoch ein Feststellungsbescheid des Versorgungsamts sowie der Schwerbehindertenausweis anzusehen. Der fehlende Zugang des Feststellungsbescheids bis zum Kündigungszugang ist dann unschädlich. Nicht erforderlich ist, dass der Nachweis gegenüber dem AG geführt worden ist; dessen Nichtkenntnis von der Schwerbehinderung oder der Gleichstellung ist lediglich im Rahmen des Verwirkungstatbestands berücksichtigungsfähig[10] (→ Rn. 10). Liegt vor dem Kündigungszugang ein Nachweis über die Schwerbehinderteneigenschaft vor, ist der Zeitpunkt des Eingangs des Antrags des AN beim Versorgungsamt ohne Bedeutung. Ist das Verfahren vor dem Versorgungsamt zum Zeitpunkt des Kündigungszugangs noch nicht abgeschlossen, ist die Schwerbehinderteneigenschaft nicht nachgewiesen. Dies gilt selbst dann, wenn die Feststellung der Eigenschaft als schwerbehinderter Mensch später mit Rückwirkung erfolgt.[11] Der AN erhält den besonderen Kündigungsschutz dann nur, wenn er den Antrag rechtzeitig gestellt hat. Das Vorliegen einer offensichtlichen Schwerbehinderteneigenschaft hat das BAG angenommen bei schwerwiegenden und ohne Weiteres erkennbaren körperlichen Behinderungen wie zB Taubheit, Blindheit oder Stummheit (→ Rn. 12). Offensichtlich muss aber nicht nur das Bestehen einer Behinderung sein, sondern auch, dass durch diese der erforderliche GdB erreicht oder überschritten wird.

6 **d) Rechtzeitige Antragstellung (§ 173 III Alt. 2 SGB IX). aa) Einheitliche Vorfrist von 3 Wochen.** Auf den besonderen Kündigungsschutz nach §§ 168 ff. SGB IX kann sich auch

[10] BAG 9.6.2011 AP Nr. 11 zu § 85 SGB IX = NZA-RR 2011, 516.
[11] BAG 29.11.2007 AP Nr. 5 zu § 90 SGB IX = NZA 2008, 361.

der AN berufen, der beim Versorgungsamt rechtzeitig einen Feststellungsantrag gestellt hat, wenn der Antrag bis zum Kündigungszeitpunkt noch nicht beschieden worden ist. Die 2. Alt. des § 173 III SGB IX beruht auf dem Gedanken, dass es nicht zu Lasten des AN gehen soll, wenn das Versorgungsamt eine Entscheidung über die Schwerbehinderteneigenschaft nicht innerhalb der dafür gesetzlich vorgesehenen Frist trifft. Hiervon macht das Gesetz nur eine Ausnahme. Der Sonderkündigungsschutz besteht nicht, wenn die unterbliebene Entscheidung der Behörde auf einer fehlenden Mitwirkung des AN beruht. Der Feststellungsantrag des AN ist rechtzeitig gestellt, wenn der Antrag beim Versorgungsamt bis zum Kündigungszugang innerhalb der für seine Bearbeitung vorgesehenen gesetzlichen Fristen (§ 152 I 2 SGB IX) beschieden werden konnte (→ § 178 Rn. 15); die Zustellung des Bescheids innerhalb der Frist ist nicht erforderlich. Sonderkündigungsschutz nach den §§ 168 ff. SGB IX besteht daher nach § 173 III SGB IX nicht, wenn die maßgebliche Frist des § 152 I 2 SGB IX bei Zugang der Kündigung noch nicht abgelaufen ist, selbst wenn das Versorgungsamt später den erforderlichen GdB feststellt. Über die Verweisung in § 152 I 2 SGB IX gelten eigentlich folgende Fristen: beträgt die Zeit zwischen Antragseingang beim Versorgungsamt und dem Kündigungszugang maximal drei Wochen, ist die Antragstellung nicht rechtzeitig erfolgt und es besteht kein Kündigungsschutz nach § 168 SGB IX. Erfordert die Feststellung ein medizinisches Gutachten, muss der Antrag beim Versorgungsamt mindestens sieben Wochen vor dem Kündigungszugang gestellt worden sein. Ob für die Feststellung ein Gutachten erforderlich ist, kann vielfach vorher nicht eingeschätzt werden. Daher hat das BAG entschieden, dass es für die Fristberechnung nicht darauf ankommt, ob die Feststellung des GdB ein medizinisches Gutachten erfordert oder nicht. Das Gericht geht von einer einheitlichen Vorfrist von 3 Wochen vor dem Kündigungszugang aus, binnen derer der Antrag gestellt sein muss. Ist die Vorfrist gewahrt und beruht das Fehlen des Nachweises nicht auf fehlender Mitwirkung des AN, bleibt diesem der Sonderkündigungsschutz erhalten.[12]

bb) Korrektur im Widerspruchs- bzw. gerichtlichen Verfahren. Ist der Antrag innerhalb der Vorfrist gestellt (→ Rn. 6) und vom Versorgungsamt vor dem Kündigungszeitpunkt beschieden worden, erreicht der festgestellte GdB aber nicht die in § 2 II SGB IX genannte Grenze, besteht auch dann Kündigungsschutz nach § 168 SGB IX, wenn erst im Widerspruchs- oder Klageverfahren auf einen GdB erkannt wird, der für die Schwerbehinderteneigenschaft ausreichend ist.[13] Die nachträgliche Anerkennung als schwerbehinderter Mensch erst durch die Widerspruchsbehörde oder im Zuge eines sozialgerichtlichen Verfahrens steht im Rahmen der 2. Alt. des § 173 III SGB IX einer Anerkennung durch das Versorgungsamt gleich.[14] 7

cc) Verstoß gegen Mitwirkungspflichten. Die rechtzeitige Antragstellung ist nicht ausreichend, wenn das Versorgungsamt die notwendigen Feststellungen nicht treffen konnte, weil der AN seine sich aus § 60 SGB I ergebende Mitwirkungspflicht nicht erfüllt hat, weil er zB Untersuchungstermine nicht wahrnimmt, Befundberichte nicht einreicht oder seine behandelnden Ärzte nicht von der Schweigepflicht entbindet. Der AN ist verpflichtet, auf Verlangen des Integrationsamts zur mündlichen Erörterung seines Antrags persönlich zu erscheinen bzw. sich auf Verlangen ärztlicher und psychologischer Untersuchungsmaßnahmen zu unterziehen.[15] Nach dem Gesetzeswortlaut reicht die objektive Verletzung der Mitwirkungspflichten, während die Gesetzesbegründung auf einen schuldhaften Verstoß abstellt (BT-Drs. 15/2357, 24). Hierdurch sollen die Fälle erfasst werden, in denen ein GdB von zumindest 50 nicht vom Versorgungsamt, sondern erst im Widerspruchs- bzw. Klageverfahren festgestellt wird, die Entscheidung aber bereits vom Versorgungsamt bei ordnungsgemäßer Mitwirkung des AN hätte getroffen werden können. Noch ungeklärt ist die Verteilung der Darlegungs- und Beweislast im Kündigungsschutzprozess, wenn das Verfahren vor dem Versorgungsamt länger als gesetzlich vorgesehen gedauert hat. Regelmäßig wird der AN dessen Ablauf im Prozess darzulegen haben, da nur er über die entsprechende Kenntnis verfügt. Der AG wird sich bei einem schlüssigen Vorbringen des AN, das ihn an der Verzögerung kein Mitwirkungsverschulden trifft, regelmäßig auf ein Bestreiten mit Nichtwissen beschränken können; die Beweislast bei einem non-liquet trägt der AN.[16] 8

3. Gleichstellung. Die Vorfrist des § 173 III SGB IX (→ Rn. 6) gilt nicht nur für schwerbehinderte Menschen, sondern auch für die ihnen nach § 151 II SGB IX gleichgestellten behinderten Menschen. Bei diesen muss der Bescheid über die Gleichstellung zum Zeitpunkt der Kündi- 9

[12] BAG 1.3.2007 AP Nr. 2 zu § 90 SGB IX = NZA 2008, 302; aA *Düwell* NZA 2017, 1237 (1240 f.).
[13] *Düwell* JbArbR 43 (2006), 91 (101); aA *Schlewing* NZA 2005, 1218 (1221 f.).
[14] BAG 6.9.2007 AP Nr. 4 zu § 90 SGB IX = NZA 2008, 407.
[15] LAG SchlH 11.12.2007 NZA-RR 2008, 408.
[16] Großzügiger LAG BW 6.3.2009 – 5 Sa 41/08.

gung dem AN bereits vorliegen oder der Gleichstellungsantrag mindestens drei Wochen vor Zugang der Kündigung gestellt sein. Für den Begriff der Antragstellung gilt die allgemeine Regelung in § 16 SGB I, Nachweise müssen dem Antrag zunächst nicht beigefügt werden.[17] Von diesen Voraussetzungen kann nicht abgesehen werden, wenn bereits die der Gleichstellung zugrunde liegende Behinderung offensichtlich ist. Die erst innerhalb der Vorfrist oder nach dem Kündigungsausspruch beantragte Gleichstellung hat daher für die Wirksamkeit der Kündigung keine Bedeutung. Im Unterschied zu den kraft Gesetzes geschützten Personen, bei denen durch die Anerkennung als schwerbehinderter Mensch ein bestehender Rechtsschutz nur festgestellt wird, wird der Schutz des Behinderten durch die Gleichstellung erst mit dem Tag des Eingangs des Antrags bei der Arbeitsverwaltung wirksam (§ 151 II 2 SGB IX). Die kündigungsrechtlich unterschiedliche Behandlung von AN mit einem GdB von weniger als 50 und schwerbehinderten AN stellt keine Diskriminierung der weniger stark behinderten AN dar.[18]

10 **4. Kenntnis des Arbeitgebers. a) Nachträgliche Mitteilung. aa) Grundsatz.** Der AN kann sich auf den Sonderkündigungsschutz nur berufen, wenn der AG positive Kenntnis (Kennenmüssen ist nicht ausreichend) von dem Umfang des maßgeblichen GdB hatte (zB durch eine Mitteilung des AN bzw. eines Dritten sowie bei Offensichtlichkeit, (→ Rn. 5) oder der AN dem AG die festgestellte Schwerbehinderteneigenschaft bzw. die rechtzeitige Antragstellung beim Versorgungsamt nach dem Kündigungszugang innerhalb einer angemessenen Frist (→ Rn. 11) mitteilt. Die Mitteilung ist erforderlich, da der AG am Anerkennungsverfahren beim Versorgungsamt – anders als am Gleichstellungsverfahren – nicht beteiligt ist und nach Begründung des Arbeitsverhältnisses keine Verpflichtung des AN besteht, ihm ungefragt das Vorliegen der Schwerbehinderteneigenschaft mitzuteilen. Der AG muss die Kenntnis über die Schwerbehinderteneigenschaft oder die Gleichstellung aber nicht vom AN selbst erlangt haben. Es reicht aus, wenn er selbst oder ein kündigungsberechtigter oder ein vergleichbarer Vertreter aus einer Stellungnahme des BR im Beteiligungsverfahren nach §§ 102, 103 BetrVG oder in anderer Weise vor dem Kündigungsausspruch von der Schwerbehinderung bzw. der rechtzeitigen Antragstellung positive Kenntnis erhalten.[19] Der AN muss sich in diesem Fall nicht noch selbst auf die Schwerbehinderteneigenschaft berufen; ansonsten wäre die Entbehrlichkeit des Nachweises bei offenkundiger Schwerbehinderung nicht zu rechtfertigen.

11 **bb) Innerhalb einer angemessenen Frist.** Bei fehlender Kenntnis des AG von der Schwerbehinderteneigenschaft war der AN nach der früheren Rspr. des BAG verpflichtet, dem AG innerhalb einer Regelfrist von einem Monat nach Zugang der Kündigung Mitteilung von der Anerkennung als schwerbehinderter Mensch oder einer vor dem Kündigungszugang erfolgten Antragstellung beim Versorgungsamt zu machen. Wurde die Monatsfrist versäumt, war der Sonderkündigungsschutz verwirkt.[20] Die Ankündigung der Antragstellung war nicht ausreichend. Nach der Änderung der §§ 4, 13 KSchG ab dem 1.1.2004 geht das BAG gegenwärtig von der dreiwöchigen Klagefrist aus, binnen derer sich der AN entscheiden muss, ob er gegen die Kündigung vorgehen will.[21] Dieser Zeitraum steht ihm auch für die Entscheidung zur Verfügung, ob er sich auf eine dem AG noch nicht bekannte Schwerbehinderteneigenschaft berufen möchte. Hinzuzurechnen ist die Zeitspanne, innerhalb derer der AN den Zugang der Mitteilung über den bestehenden Sonderkündigungsschutz beim AG zu bewirken hat.[22] Für die Übermittlung wird regelmäßig eine Wochenfrist ausreichend bemessen sein. Ein Berufen auf den Sonderkündigungsschutz innerhalb dieses Zeitraums ist regelmäßig nicht als illoyal verspätet anzusehen.[23] Der AN kann zwar eine schriftliche Information wählen, muss jedoch für ihren rechtzeitigen Zugang selbst Sorge tragen. Auf Mitteilungen in der bei Gericht eingereichten Klageschrift findet § 167 ZPO weder unmittelbar noch nach seinem Rechtsgedanken Anwendung.[24] Adres-

[17] Strenger BAG 1.3.2007 AP Nr. 2 zu § 90 SGB IX = NZA 2008, 302 („alle erforderlichen Angaben").
[18] BAG 10.4.2014 AP Nr. 69 zu § 622 BGB = NZA 2015, 162.
[19] So BAG 20.1.2005 AP Nr. 1 zu § 85 SGB IX = NZA 2005, 689; enger BAG 1.3.2007 AP Nr. 164 zu § 1 KSchG 1969 Betriebsbedingte Kündigung (Kenntnis durch die AA reicht nicht).
[20] BAG 11.12.2008 AP Nr. 362 zu § 613a BGB = NZA 2009, 556 (die Kenntnis des Rechtsvorgängers bzw. des Betriebsveräußerers von dem erforderlichen GdB ist ausreichend).
[21] BAG 9.6.2011 AP Nr. 11 zu § 85 SGB IX = NZA-RR 2011, 516.
[22] AA *Gehlhaar* NZA 2011, 673 (675 f.).
[23] BAG 22.9.2016 AP Nr. 14 zu § 85 SGB IX = NZA 2017, 304.
[24] BAG 22.9.2016 AP Nr. 14 zu § 85 SGB IX = NZA 2017, 304; aA noch BAG 24.9.2015 AP Nr. 83 zu § 4 KSchG 1969 = NZA 2016, 351; *Nägele* NZA 2010, 1377 (1379).

sat der Mitteilung kann ein kündigungsberechtigter oder vergleichbarer Vertreter des AG sein, nicht dagegen ein untergeordneter Vorgesetzter mit rein arbeitstechnischen Befugnissen.[25]

b) Offenkundigkeit. Die nachträgliche Mitteilung der Schwerbehinderteneigenschaft oder der Antragstellung ist entbehrlich, wenn **(1)** die die Schwerbehinderung begründende Behinderung offensichtlich ist, dh der AG aus den ihm bekannten Tatsachen vom Vorliegen eines GdB von zumindest 50 sicher ausgehen muss[26] (zB bei Blindheit, Taubheit). Die Ausnahme bei offenkundiger Schwerbehinderung rechtfertigt sich daraus, dass diese dem AG in jedem Fall bekannt ist und es auf die Ursachen der Behinderung nicht ankommt, **(2)** der AG bis zum Ablauf der Monatsfrist auf sonstige Weise von der Schwerbehinderteneigenschaft oder der Antragstellung Kenntnis erhält[27] oder **(3)** der schwerbehinderte AN den AG vor dem Kündigungsausspruch über seine körperlichen Beeinträchtigungen informiert und über die beabsichtigte Antragstellung in Kenntnis gesetzt hatte.[28] 12

c) Unwirksamkeit der Kündigung. Erhält der AG erst nach dem Kündigungszugang, aber rechtzeitig (→ Rn. 11) von der Schwerbehinderteneigenschaft Kenntnis und hat er zu der ausgesprochenen Kündigung die Zustimmung des Integrationsamts nicht eingeholt, ist die Kündigung nach § 134 BGB iVm § 168 SGB IX unwirksam. Der AG muss dann die Zustimmung des Integrationsamts beantragen und nach deren Erteilung eine neue Kündigung aussprechen. Teilt der AN dem AG entweder vor dem Kündigungsausspruch oder innerhalb der Frist für die nachträgliche Mitteilung (→ Rn. 11) mit, dass er rechtzeitig (→ Rn. 6) einen **Antrag beim Versorgungsamt** gestellt hat, ist die Kündigung zunächst nicht wegen eines Verstoßes gegen § 168 SGB IX nichtig.[29] Die Unwirksamkeit tritt nur ein, wenn im anschließenden Verwaltungsverfahren aufgrund des rechtzeitigen Antrags bestands- bzw. rechtskräftig den für die Schwerbehinderteneigenschaft erforderlichen GdB von 50 festgestellt wird und den AN an der verspäteten Feststellung kein Verschulden trifft (→ Rn. 8). Wird ein GdB von unter 50 festgestellt, verstößt die zuvor ausgesprochene Kündigung nicht gegen § 168 SGB IX. Der AG kann – um das Risiko der Unwirksamkeit zu vermeiden – ein **vorsorgliches Zustimmungsverfahren** beim Integrationsamt einleiten für den Fall, dass zugunsten des AN der für die Schwerbehinderteneigenschaft erforderliche GdB festgestellt wird. Erteilt das Integrationsamt die Zustimmung (→ Rn. 26), kann der AG (vorsorglich) eine zweite Kündigung für den Fall aussprechen, dass die erste Kündigung nach § 134 BGB iVm § 168 SGB IX unwirksam war.[30] 13

III. Zustimmungsverfahren bei der ordentlichen Kündigung

Schaub ArbRFV-HdB/*Siebert* A. Rn. 579.

1. Ordentliche Kündigung. Jede ordentliche Kündigung oder Änderungskündigung des AG bedarf der vorherigen Zustimmung des Integrationsamts. Eine ohne Zustimmung ausgesprochene Kündigung ist nach § 134 BGB iVm § 168 SGB IX nichtig (→ Rn. 13). Die Kündigungsfrist beträgt mindestens vier Wochen (§ 169 SGB IX). Sie beginnt mit Zugang der Kündigung beim schwerbehinderten Menschen. Längere gesetzliche, tarifliche oder einzelvertragliche Kündigungsfristen sind einzuhalten. Für die Fristberechnung gelten die §§ 186 ff. BGB. 14

2. Antrag auf Zustimmung. Die Zustimmung zur Kündigung hat der AG oder ein Bevollmächtigter bei dem für den Sitz seines Betriebs (§§ 1, 4 I BetrVG) oder seiner Dienststelle (§ 6 BPersVG) zuständigen Integrationsamt schriftlich oder elektronisch zu beantragen (§ 170 I 1 SGB IX). Die Begriffe des Betriebs bzw. der Dienststelle bestimmen sich nach dem BetrVG bzw. den PersVG.[31] Der Antrag ist unter Darlegung der Kündigungsgründe und Beweismittel zu begründen. Das Integrationsamt holt eine Stellungnahme der zuständigen Arbeitnehmervertretungen[32] (Betriebs-/Personalrat) sowie der SBV (→ § 180 Rn. 14) ein und hat den schwerbehinderten Menschen zu hören (§ 171 SGB IX). Die Anhörung kann ggf. auch schriftlich erfol- 15

[25] BAG 16.8.1991 AP Nr. 2 zu § 15 SchwbG = NZA 1992, 23.
[26] BAG 7.3.2002 AP Nr. 11 zu § 15 SchwbG 1986 = NZA 2002, 1145; 18.10.2000 AP Nr. 59 zu § 123 BGB; BVerfG 9.4.1987 NZA 1987, 563.
[27] BAG 9.6.2011 AP Nr. 11 zu § 85 SGB IX = NZA-RR 2011, 516; 20.1.2005 AP Nr. 1 zu § 85 SGB IX = NZA 2005, 689.
[28] BAG 7.3.2002 AP Nr. 11 zu § 15 SchwbG 1986 = NZA 2002, 1145.
[29] BAG 16.1.1985 AP Nr. 14 zu § 12 SchwbG = NZA 1985, 428.
[30] BAG 16.8.1991 AP Nr. 2 zu § 15 SchwbG 1986 = NZA 1992, 23.
[31] BAG 24.5.2006 AP Nr. 1 zu § 97 SGB IX; 11.11.2004 AP Nr. 4 zu § 3 BetrVG 1972.
[32] BVerwG 10.2.1997 – 5 B 108/96 (deren Stellungnahme ist nachholbar).

gen. Die Arbeitnehmervertretungen können gegenüber dem Integrationsamt jegliche Bedenken gegen die beabsichtigte Kündigung erheben. Das Integrationsamt hat in jeder Lage des Verfahrens auf eine gütliche Einigung zwischen dem schwerbehinderten Menschen und dem AG hinzuwirken (§ 170 III SGB IX); dies schließt den Abschluss eines Aufhebungsvertrags mit und ohne Zahlung einer Abfindung ein.[33]

16 **3. Entscheidung des Integrationsamts. a) Entscheidungsgrundlagen. aa) Amtsermittlung.** Das Integrationsamt entscheidet über den Antrag des AG nach pflichtgemäßem Ermessen. Die Aufklärung des Sachverhalts erfolgt von Amts wegen (§ 20 SGB X). Das Integrationsamt hat die erforderlichen Tatsachen zu ermitteln, um die gegensätzlichen Interessen des AG und des schwerbehinderten AN abwägen zu können; es darf sich nicht beschränken, das Vorbringen des AG nur auf seine Schlüssigkeit hin zu überprüfen[34] oder die Sachverhaltsaufklärung den ArbG überlassen.[35] Es muss alle Tatsachen ermitteln, die unter Berücksichtigung des Antrags auf Zustimmung zur ordentlichen Kündigung erforderlich sind. Dies betrifft solche, aus denen der Kündigungssachverhalt hergeleitet wird sowie die für eine ggf. vorzunehmende Interessenabwägung erforderlichen Tatsachen. Über diese muss sich das Integrationsamt eine eigene Überzeugung bilden.[36] Ein streitiger Kündigungssachverhalt ist daher aufzuklären. Dabei braucht die Behörde allerdings keine Ermittlungen zu einem Tatumstand durchführen, der von niemandem bestritten ist und demgegenüber sich keine Bedenken aufdrängen. Ebenfalls darf der im Antrag angeführte Kündigungsgrund nicht vom Integrationsamt oder vom Widerspruchsausschuss abgeändert, ausgewechselt, erweitert oder eingeschränkt werden. Die Amtsermittlungspflicht findet ihre Grenze in der Mitwirkungspflicht des AN (§ 21 II SGB X); von ihm nicht geltend gemachte Umstände aus seinem persönlichen Bereich sind für die Verwaltungsentscheidung unbeachtlich. Nicht berücksichtigungsfähig sind auch nach dem Kündigungszugang eintretende Tatsachen und Umstände.[37] Das Integrationsamt kann u.a. Sachverständige vernehmen oder deren schriftliche Äußerung einholen, wenn ihm die eigene Sachkunde für die erforderliche Beurteilung fehlt.[38]

17 **bb) Ermessensausübung.** Zweck des Sonderkündigungsschutzes für schwerbehinderte Menschen ist es, diese vor den besonderen Gefahren, denen sie wegen ihrer Behinderung ausgesetzt sind, zu bewahren und sicherzustellen, dass sie gegenüber den gesunden AN **nicht benachteiligt** werden.[39] Zweck des Zustimmungserfordernisses ist es daher nicht, eine zusätzliche Kontrolle der arbeitsrechtlichen Zulässigkeit der Kündigung zu schaffen. Das Integrationsamt hat aufgrund der von ihm getroffenen Feststellungen die wechselseitigen Interessen der Beteiligten gegeneinander abzuwägen.[40] Berücksichtigungsfähig sind nur solche Umstände, die sich speziell aus der Behinderung und der damit verbundenen Benachteiligung herleiten. Rechtfertigen diese eine Versagung der Zustimmung nicht, hat die behördliche Zustimmung dem kündigenden AG diejenige Rechtsstellung zurückzugeben, die er hätte, wenn es keinen besonderen Kündigungsschutz für schwerbehinderte Menschen gäbe.[41] Der AG muss das Arbeitsverhältnis nicht aufrechterhalten, wenn die bisherige Beschäftigungsmöglichkeit für den schwerbehinderten AN entfallen ist und keine anderweitige adäquate Einsatzmöglichkeit besteht. Bei dieser Beurteilung sind die Interessen des AG an der wirtschaftlichen Nutzung der vorhandenen Arbeitsplätze gegen das Interesse des schwerbehinderten Menschen an der Erhaltung seines Arbeitsplatzes abzuwägen;[42] dies gilt insbesondere, wenn die Kündigung im Zusammenhang mit der Behinderung steht.[43] Allerdings ist die Zustimmung bei behinderungsbedingten Gründen stets zu erteilen, wenn eine sinnvolle Weiterbeschäftigung des schwerbehinderten AN nicht möglich ist, insbesondere dem AG einseitig die Lohnzahlungspflicht auferlegen würde. Dieser muss sich auch nicht mit „Hilfsarbeit" zufriedengeben und auch keinen neuen Arbeitsplatz schaffen oder einen anderen AN entlassen. Zuzumuten ist ihm aber, den schwerbehinderten AN nach Möglichkeit umzu-

[33] BGH 2.6.2010 VersR 2010, 1211 (zur Rechtsschutzversicherung).
[34] BVerwG 19.10.1995 NZA-RR 1996, 288.
[35] OVG Münster 12.2.2009 Behindertenrecht 2009, 150 (verhaltensbedingte Kündigung).
[36] BVerwG 24.11.2009 – 5 B 35/09.
[37] BVerwG 7.3.1991 NZA 1991, 511.
[38] BVerwG 18.5.1988 Buchholz 436.61 § 15 SchwbG 1986 Nr. 1.
[39] BVerwG 31.7.2007 – 5 B 81/06.
[40] BVerwG 19.10.1995 NZA-RR 1996, 288.
[41] BVerwG 2.7.1992 BVerwGE 90, 287 = Buchholz 436.61 § 15 SchwbG 1986 Nr. 6.
[42] BVerwG 18.9.1996 Buchholz 436.61 § 21 SchwbG Nr. 8.
[43] BVerwG 22.5.2013 – 5 B 24/13.

setzen, dh ihm im Rahmen vorhandener Arbeitsplätze einen geeigneten Arbeitsplatz zuzuweisen (→ § 178 Rn. 45).[44]

Bei der Interessenabwägung ist zu berücksichtigen, dass es Zielsetzung des SGB IX ist, die Nachteile des AN auf dem allgemeinen Arbeitsmarkt auszugleichen und seiner Rehabilitation zu dienen. Sinn und Zweck des Zustimmungsverfahrens ist es nicht, eine der arbeitsgerichtlichen Kontrolle vorgelagerte Rechtsmäßigkeitsprüfung für die Kündigung zu schaffen. Das Integrationsamt kann daher die Zustimmung zur Kündigung nicht mit der Begründung verweigern, die arbeitsrechtlichen Voraussetzungen für die Kündigung lägen nicht vor.[45] Es hat nicht zu prüfen, ob die beabsichtigte Kündigung des Arbeitsverhältnisses sozial ungerechtfertigt (§ 1 II KSchG) ist. Hiervon besteht nur eine Ausnahme, wenn die beabsichtigte Kündigung offensichtlich unwirksam wäre. Einem darauf gerichteten Antrag darf das Integrationsamt nicht entsprechen. Die SBV und/oder der BR müssen vor der Antragstellung des AG beim Integrationsamt nicht beteiligt werden.[46] Beide Vertretungen können die aus ihrer Sicht zu berücksichtigenden Belange des betroffenen behinderten AN unmittelbar gegenüber dem Integrationsamt vorbringen. Die Durchführung eines **Präventionsverfahrens** (→ § 178 Rn. 50) ist keine Rechtmäßigkeitsvoraussetzung für die Zustimmungsentscheidung des Integrationsamts nach den §§ 168 ff. SGB IX. Hätte die Kündigung bei Durchführung eines Präventionsverfahrens vermieden werden können, ist dieser Umstand im Rahmen der Ermessensentscheidung ggf. zu Lasten des AG berücksichtigen.[47] Bei der Interessenabwägung hat das Integrationsamt – in gleichem Umfang wie die Arbeitsgerichte – die Entscheidungen der Kirchen über die Loyalitätspflichten aufgrund der Verfassungsgarantie des kirchlichen Selbstbestimmungsrechts bei der Beurteilung einer Kündigung zu respektieren.[48] 18

cc) Einschränkung des Ermessensspielraums. (1) Betriebsstilllegung bzw. -einschränkung. Der Gesetzgeber hat den Ermessensspielraum des Integrationsamts in § 172 I–III SGB IX teilweise eingeschränkt. **(a)** Das Integrationsamt **muss** die Zustimmung zur Kündigung erteilen, wenn Betriebe oder Dienststellen nicht nur vorübergehend eingestellt oder aufgelöst werden, sofern zwischen dem Tag der Kündigung und dem Tag, bis zu dem die Arbeitsvergütung – auch wenn das Arbeitsverhältnis vorab endet – fortgezahlt wird, mindestens 3 Monate liegen (§ 172 I 1 SGB IX).[49] Der Begriff der Stilllegung entspricht dem allg. arbeitsrechtlichen Begriff (→ § 134 Rn. 43). **(b)** Das Integrationsamt **soll** die Zustimmung erteilen, wenn Betriebe und Dienststellen nicht nur vorübergehend wesentlich eingeschränkt werden, sofern die Gesamtzahl der verbleibenden Schwerbehinderten zur Erfüllung der Pflichtzahl ausreicht (§ 172 I 2 SGB IX). Die vorstehend bei (a) bzw. (b) beschriebene Ermessensbeschränkung besteht nicht, wenn eine Weiterbeschäftigung auf einem anderen Arbeitsplatz desselben Betriebs oder derselben Dienststelle oder auf einem freien Arbeitsplatz in einem anderen Betrieb oder einer anderen Dienststelle desselben AG mit Einverständnis des schwerbehinderten AN möglich und für den AG zumutbar ist (§ 172 I 3 SGB IX), in diesem Fall ist der Antrag abzulehnen. 19

(2) Weiterbeschäftigungsmöglichkeit. Das Integrationsamt **soll** die Zustimmung erteilen, wenn dem schwerbehinderten Menschen ein anderer angemessener und zumutbarer Arbeitsplatz bei einem anderen AG gesichert ist (§ 172 II SGB IX). Die Frage der Angemessenheit lässt sich nicht allein nach den Wünschen des schwerbehinderten AN beantworten. Angemessen und zumutbar ist ein vom schwerbehinderten AN ohne Schwierigkeiten zu erreichender Arbeitsplatz, auf dem eine Minderung des sozialen Besitzstands nicht eintritt und auf dem er seine erworbenen Fähigkeiten voll verwenden kann.[50] Bei einer beabsichtigten Änderungskündigung zählt zur Angemessenheit des angebotenen neuen Arbeitsplatzes auch das dort gezahlte Arbeitsentgelt.[51] Allerdings ist die bloße Feststellung des Vomhundertsatzes der Einkommenseinbuße kein geeigneter Maßstab zur Beurteilung der Angemessenheit. Maßgeblich ist vielmehr, ob die 20

[44] BVerwG 5.6.1975 BVerwGE 48, 264 = Buchholz 436.0 § 14 SchwBG Nr. 8.
[45] BVerwG 19.10.1995 NZA-RR 1996, 288.
[46] BAG 13.12.2018 AP Nr. 2 zu § 178 SGB IX 2018 = NZA 2019, 305; aA *Bayreuther* NZA 2017, 87 (90 f.) (SBV vor dem Antrag).
[47] BVerwG 19.8.2013 – 5 B 47/13; 29.8.2007 NJW 2008, 166.
[48] VGH Mannheim 26.5.2003 NZA-RR 2003, 629.
[49] Zu Auflagen: BAG 12.7.1990 AP Nr. 2 zu § 19 SchwbG 1986 = NZA 1991, 348.
[50] BVerwG 6.3.1995 Buchholz 436.61 § 19 SchwbG Nr. 1.
[51] Zu pauschal OVG NRW 3.2.2009 Behindertenrecht 2009, 175 (Absenkung um mehr als 1/3 ist unangemessen).

zukünftigen Tätigkeiten unter Berücksichtigung der dem AG zur Verfügung stehenden Beschäftigungsmöglichkeiten den Fähigkeiten und der Vorbildung des schwerbehinderten Menschen entsprechen. Ist dies der Fall, richtet sich die Angemessenheit der in Aussicht genommenen Arbeitsvergütung nach der im Betrieb des AG geltenden Vergütungsordnung. Bleibt das Entgelt dahinter zurück, wird es – vorbehaltlich der Einzelumstände – regelmäßig nicht mehr als angemessen anzusehen sein. Ebenso wird die Vornahme einer Minderung wegen eines möglichen Zurückbleibens hinter der „Normalleistung" nicht mehr in Betracht kommen.

21 **(3) Insolvenzverfahren.** Schließlich **soll** das Integrationsamt die Zustimmung erteilen, wenn das Insolvenzverfahren über das Vermögen des AG eröffnet wird und die in § 172 III SGB IX genannten Voraussetzungen vorliegen (Interessenausgleich mit Namensliste → § 136 Rn. 8, namentliche Benennung des schwerbehinderten AN und eingehaltene Pflichtplatzzahl → § 178 Rn. 35, Beteiligung der SBV → § 180 Rn. 14). Die Voraussetzungen nach § 172 I und III SGB IX sind nicht gleich. Da die Kündigung im Insolvenzverfahren durch § 172 III SGB IX erleichtert werden soll, sind beide Vorschriften nebeneinander anzuwenden. Die einem Insolvenzverwalter erteilte Zustimmung zur Kündigung wirkt nicht zugunsten eines Betriebserwerbers.[52]

22 **b) Form.** Die Entscheidung des Integrationsamts ergeht durch Verwaltungsakt. Die Zustimmung kann unter Auflagen oder Bedingungen erteilt werden, die sich im Rahmen des mit dem SGB IX verfolgten Zwecks der Arbeitsplatzsicherung halten müssen und nicht zu Unklarheiten über die Zulässigkeit und den Inhalt des beantragten Kündigungsausspruchs führen dürfen. Das Integrationsamt kann zwar die Zustimmung unter Verlängerung der Kündigungsfrist oder der Fortzahlung der Vergütung für eine bestimmte Zeit[53] erteilen. Unzulässig ist es jedoch, dem AG bestimmte bindende Verpflichtungen aufzuerlegen, ohne dass dieser die Möglichkeit hat, sich zu entscheiden, ob er die Weiterbeschäftigung des AN vorzieht oder die Beendigung des Arbeitsverhältnisses gegen Erfüllung der Zustimmungsvoraussetzungen erreichen will. Hat das Integrationsamt der Kündigung zugestimmt, ist eine **Rücknahme** der Zustimmung wegen der Wirkung für die privatrechtliche Kündigungserklärung unzulässig. Aus denselben Gründen verbietet sich auch eine vorläufige Zustimmung.

23 **c) Frist.** Die Entscheidung des Integrationsamts soll binnen Monatsfrist erfolgen (§ 171 I SGB IX). Bei Betriebsstilllegungen (§ 172 I 1 SGB IX, → Rn. 19) sowie in Fällen der Insolvenz (§ 172 III SGB IX, → Rn. 21) wird nach § 171 V SGB IX beim Fehlen einer Entscheidung binnen Monatsfrist die Zustimmung fingiert. Eine Überschreitung der Frist hat in den anderen Fällen keine kündigungsrechtlichen Auswirkungen und begründet für sich allein nicht die Anfechtbarkeit der Entscheidung, sondern könnte allenfalls zu Schadensersatzansprüchen gegen das Integrationsamt führen. Die Zustimmung ist bereits dann wirksam erteilt, wenn nur dem AG, nicht aber dem schwerbehinderten Menschen der Zustimmungsbescheid des Integrationsamts zugestellt worden ist.[54] Der Zeitpunkt der Zustellung ist auch maßgebend für den Beginn der einmonatigen Frist zur Kündigung (§ 171 III SGB IX).[55] Sie wird durch eine Eröffnung des Insolvenzverfahrens nicht unterbrochen.[56] Das Integrationsamt kann die Zustimmung erteilen, ablehnen oder zu dem Ergebnis kommen, die Kündigung bedürfe keiner Zustimmung. Im letzten Falle erteilt es ein sog. Negativattest (→ Rn. 24).

24 **d) Negativattest.** Das Integrationsamt ist berechtigt, bei nur beantragter, aber noch nicht festgestellter Schwerbehinderteneigenschaft des AN über Anträge des AG auf Zustimmung zu einer Kündigung zu entscheiden.[57] Erklärt das Integrationsamt auf einen form- und fristgerecht eingereichten Antrag des AG, dass eine Zustimmung zur Kündigung nicht erforderlich ist (sog. Negativattest), und wird diese Entscheidung bestandskräftig, beseitigt sie ebenso wie die Zustimmung des Integrationsamts die zunächst bestehende Kündigungssperre.[58] Da das Negativattest aber nur an die Stelle der an sich erforderlichen Zustimmung treten kann, muss es vor dem Ausspruch der Kündigung vorliegen.[59] Ein Negativattest entfaltet für die Arbeitsgerichte Bindungswirkung.[60]

[52] BAG 15.11.2012 AP Nr. 12 zu § 85 SGB IX = NZA 2013, 504.
[53] BAG 12.7.1990 AP Nr. 2 zu § 19 SchwbG 1986 = NZA 1991, 348.
[54] BAG 16.10.1991 AP Nr. 1 zu § 18 SchwbG = NZA 1992, 503.
[55] BAG 17.2.1982 AP Nr. 1 zu § 15 SchwbG.
[56] LAG Düsseldorf 3.3.1982 ZIP 1982, 737.
[57] BVerwG 15.12.1988 NZA 1989, 554.
[58] BAG 20.1.2005 AP Nr. 1 zu § 85 SGB IX = NZA 2005, 689; 27.5.1983 AP Nr. 12 zu § 12 SchwbG.
[59] BAG 6.9.2007 AP Nr. 4 zu § 90 SGB IX = NZA 2008, 407.
[60] LAG BW 23.3.2003 Behindertenrecht 2003, 154.

e) Bekanntgabe. Das Integrationsamt hat seinen Bescheid dem AG und dem schwerbehinderten Menschen zuzustellen und der Bundesagentur abschriftlich mitzuteilen (§ 171 II SGB IX). Für die Kündigungsmöglichkeit entscheidend ist die Zustellung an den AG.[61] Die Zustellung richtet sich nach den Vorschriften des Verwaltungszustellungsgesetzes idF vom 12.8.2005 (BGBl. I 2354), soweit dieses landesrechtlich eingeführt ist, sonst nach Landesrecht. 25

4. Kündigungszugang. Hat das Integrationsamt die Zustimmung erteilt, muss der AG binnen eines Monats nach Zustellung der Entscheidung die ordentliche Kündigung aussprechen (§ 171 III SGB IX). Das Kündigungsschreiben darf erst nach der Zustellung des Zustimmungsbescheids des Integrationsamts an den AG dessen Machtbereich verlassen;[62] zu Rechtsbehelfen → Rn. 43. Das Schriftstück muss dem schwerbehinderten Menschen innerhalb der Monatsfrist zugehen.[63] Die Kündigung kann im Kündigungsschutzprozess auch auf solche Gründe gestützt werden, die nicht Gegenstand des Zustimmungsverfahrens waren.[64] Dies gilt jedenfalls dann, wenn sie erkennbar nicht in Zusammenhang mit der festgestellten oder offensichtlichen Behinderung stehen.[65] Der AG kann innerhalb der Monatsfrist des § 171 III SGB IX von der Zustimmung des Integrationsamts mehrmals Gebrauch machen; der Durchführung eines erneuten Zustimmungsverfahrens bedarf es bei einem gleichbleibenden Kündigungssachverhalt nicht.[66] Vor Ausspruch der Kündigung hat der AG ggf. den BR/PR und die **Schwerbehindertenvertretung** (§ 178 II SGB IX; → § 180 Rn. 14) zu beteiligen. Deren Anhörung durch das Integrationsamt macht das vom AG einzuleitende Anhörungsverfahren nicht entbehrlich. Die Beteiligungsverfahren gegenüber den genannten Arbeitnehmervertretungen können vor dem Antrag auf Zustimmung des Integrationsamts, während des Zustimmungsverfahrens oder nach dessen Ende eingeleitet werden;[67] zu den inhaltlichen Anforderungen → § 124 Rn. 21. Bedarf die ordentliche Kündigung außer der Zustimmung des Integrationsamts einer Zulässigkeitserklärung nach § 18 I 2 BEEG, kann die Kündigung noch nach der Monatsfrist des § 171 III SGB IX wirksam ausgesprochen werden, wenn der AG die Kündigung unverzüglich erklärt, nachdem die Zulässigkeitserklärung nach § 18 BEEG vorliegt.[68] Dies gilt gleichermaßen für den Abschluss eines im öffentlichen Dienst notwendigen Mitbestimmungsverfahrens.[69] 26

IV. Zustimmungsverfahren bei der außerordentlichen Kündigung

1. Außerordentliche Kündigung. Für außerordentliche Kündigungen (auch für solche mit notwendiger Auslauffrist) gelten mit Ausnahme von § 169 SGB IX (Dauer der Kündigungsfrist) die vorstehenden Ausführungen zur ordentlichen Kündigung entsprechend. Es bestehen jedoch die nachfolgend dargestellten Besonderheiten. 27

2. Antragsfrist. Die Zustimmung zur außerordentlichen Kündigung kann nur innerhalb einer Frist von zwei Wochen seit Kenntnis des die Kündigung rechtfertigenden Sachverhalts beantragt werden. Entscheidend ist der Eingang des Zustimmungsantrags beim Integrationsamt (§ 174 II SGB IX). Für den Fristbeginn gelten die Ausführungen zu § 626 II BGB sinngemäß (→ § 127 Rn. 22). Die Regelung in § 174 II SGB IX setzt voraus, dass der Gegenstand der öffentlich-rechtlichen Prüfung demjenigen der arbeitsrechtlichen Prüfung entspricht.[70] Die Einhaltung der Frist ist Rechtmäßigkeitsvoraussetzung für die Erteilung der Zustimmung.[71] Sie ist **allein vom Integrationsamt** bzw. im Falle der Anfechtung der Entscheidung von den Verwaltungsgerichten zu prüfen.[72] Liegt eine Zustimmung zur Kündigung vor, haben die Arbeitsgerichte dies ihren Entscheidungen zugrunde zu legen. Das gilt sowohl für ausdrückliche Entscheidungen des Integrationsamts (§ 174 III 1 SGB IX) als auch für die Zustimmungsfiktion des § 174 III 2 SGB IX. Die Tatbestandswirkung von Verwal- 28

[61] BAG 17.2.1982 AP Nr. 1 zu § 15 SchwbG.
[62] BAG 16.10.1991 AP Nr. 18 zu § 18 SchwbG 1986 = NZA 1992, 583.
[63] LAG Köln 27.2.1997 NZA-RR 1997, 337.
[64] LAG LSA 24.11.1999 BB 2000, 2051; aA LAG Köln 15.7.2020 – 3 Sa 736/19.
[65] BAG 19.12.1991 – 2 AZR 367/91; 20.1.1984 – 7 AZR 143/82.
[66] BAG 8.11.2007 AP Nr. 30 zu § 1 KSchG 1969 Personenbedingte Kündigung = NZA 2008, 471.
[67] BAG 13.12.2018 AP Nr. 2 zu § 178 SGB IX 2018 = NZA 2019, 305 (SBV); 3.7.1980 AP Nr. 2 zu § 18 SchwbG.
[68] BAG 24.11.2011 AP Nr. 10 zu § 85 SGB IX = NZA 2012, 610.
[69] LAG Köln 5.9.2019 NZA-RR 2019, 637.
[70] BVerwG 12.7.2012 NZA 2013, 97.
[71] BVerwG 2.5.1996 Buchholz 436.61 § 21 SchwbG Nr. 7.
[72] BVerwG 2.5.1996 Buchholz 436.61 § 21 SchwbG Nr. 7.

tungsakten hat zur Folge, dass die Gerichte aller Rechtszweige an ihr Bestehen und ihren Inhalt gebunden sind, selbst wenn sie rechtswidrig sind, soweit dem Gericht nicht die Kontrollkompetenz eingeräumt ist.[73] Eine nicht nichtige Zustimmung des Integrationsamtes entfaltet so lange Wirksamkeit, wie sie nicht rechtskräftig aufgehoben ist.[74] Die Frist des § 174 II SGB IX beginnt nicht bevor der AG von einer bereits festgestellten oder beantragten Schwerbehinderteneigenschaft des AN Kenntnis hat.[75] Hat der AG bereits zu lange gewartet, bevor er einen Antrag auf Zustimmung zur außerordentlichen Kündigung beim Integrationsamt stellt, ist die Frist des § 174 II SGB IX nicht (mehr) gewahrt.[76]

29 **3. Entscheidungsgrundlagen.** Das Ermessen des Integrationsamts ist bei außerordentlichen Kündigungen stärker eingeschränkt als bei ordentlichen Kündigungen. Die Zustimmung **soll** erteilt werden, wenn ein wichtiger Grund besteht, der nicht im Zusammenhang mit der Behinderung steht (§ 174 IV SGB IX). Maßgeblich ist grundsätzlich die Beeinträchtigung, die konkret der Feststellung über das Vorliegen einer Behinderung (§ 152 I 1 SGB IX) zugrunde liegt. Ein Zusammenhang ist nur gegeben, wenn sich das zur Begründung der Kündigung herangezogene Verhalten zwanglos aus der Behinderung zugrunde liegenden Beeinträchtigung ergibt und der Zusammenhang nicht nur ein entfernter ist.[77] Eine Ermessensentscheidung ist nicht bereits dann zu treffen, wenn ein Zusammenhang zwischen der Behinderung und dem von dem AG angeführten Kündigungsgrund besteht.[78] Schwerbehinderte AN sollen regelmäßig nicht stärker gegen außerordentliche Kündigungen geschützt werden als nicht behinderte AN. Prüfungsgrundlage für das Integrationsamt ist insoweit der vom AG angegebene Kündigungssachverhalt.[79] Jedoch darf es die Wirksamkeit der beabsichtigten außerordentlichen Kündigung nicht prüfen, sondern hat grundsätzlich den vom AG genannten Kündigungsgrund zu unterstellen, sofern dieser nicht offensichtlich vorgeschoben erscheint.[80]

30 **4. Entscheidungsfrist, Zustimmungsfiktion.** Das Integrationsamt hat nach Einleitung des Anhörungsverfahrens (→ Rn. 15) innerhalb einer Frist von zwei Wochen vom Tag des Eingangs des Antrags seine Entscheidung zu treffen (§ 174 III 1 SGB IX). Ein Zwischenbescheid oder eine Verlängerung der Frist ist unzulässig. Wird innerhalb dieser Frist eine Entscheidung durch das Integrationsamt nicht getroffen, gilt die Zustimmung als erteilt (§ 174 III 2 SGB IX). Die Zustimmungsfiktion gilt auch für eine außerordentliche Kündigung mit Auslauffrist.[81] Eine Entscheidung ist „getroffen", wenn der Bescheid im Original unterzeichnet ist, seine förmliche Bekanntgabe innerhalb der Frist des § 174 III 1 SGB IX ist nicht erforderlich. Hingegen ist ohne Bedeutung, wann der behördeninterne Entscheidungsvorgang abgeschlossen ist. Die Entscheidung ist daher auch „getroffen", wenn ihr Ergebnis entweder mündlich bekannt gegeben[82] oder der Bescheid zum Versand gebracht worden ist.[83] Die Bekanntgabe der Entscheidung hat durch Zustellung zu erfolgen (§ 171 II, § 174 I SGB IX). Teilt das Integrationsamt lediglich mit, es habe innerhalb der Frist eine Entscheidung getroffen, nicht aber, wie es entschieden hat, darf der AG die Zustellung des entsprechenden Bescheids regelmäßig abwarten.[84] Er muss nicht darauf dringen, dass ihm das Ergebnis einer positiv getroffenen Entscheidung mitgeteilt wird. Zu einer solchen Auskunft ist das Integrationsamt auch gesetzlich nicht verpflichtet; es hat vielmehr auf den Zugang des Bescheids zu verweisen. Durch die Ankündigung des Integrations-

---

[73] BAG 11.6.2020 AP Nr. 2 zu § 174 SGB IX 2018 = NZA 2020, 1326; 27.2.2020 AP Nr. 1 zu § 174 SGB IX 2018 = NZA 2020, 717; aA noch BAG 2.3.2006 AP Nr. 6 zu § 91 SGB IX = NZA 2006, 1211.

[74] BAG 11.6.2020 AP Nr. 2 zu § 174 SGB IX 2018 = NZA 2020, 1326.

[75] BVerwG 5.10.1995 Buchholz 436.61 § 21 SchwbG Nr. 6; BAG 27.2.2020 AP Nr. 1 zu § 174 SGB IX 2018 = NZA 2020, 717.

[76] BAG 11.6.2020 AP Nr. 2 zu § 174 SGB IX 2018 = NZA 2020, 1326; 27.2.2020 AP Nr. 1 zu § 174 SGB IX 2018 = NZA 2020, 717.

[77] BVerwG 12.7.2012 NZA 2013, 97; weiter BVerwG 10.9.1992 NZA 1993, 76; 2.7.1992 NZA 1993, 123.

[78] OVG NRW 15.7.2015 – 12 A 1314/13; aA noch OVG NRW NZA-RR 2000, 587.

[79] BVerwG 18.9.1996 Buchholz 436.61 § 21 SchwbG Nr. 8; 2.7.1992 Buchholz 436.61 § 21 SchwbG 1986 Nr. 3; OVG NRW 25.5.2009 – 12 A 472/09.

[80] Dazu BVerwG 18.9.1996 Buchholz 436.61 § 21 SchwbG Nr. 8.

[81] BAG 22.10.2015 AP Nr. 12 zu § 626 BGB Unkündbarkeit = NZA 2016, 482.

[82] BAG 12.8.1999 AP Nr. 7 zu § 21 SchwbG 1986 = NZA 1999, 1267; 9.2.1994 AP Nr. 3 zu § 21 SchwbG 1986 = NZA 1994, 1030; 15.11.1990 AP Nr. 6 zu § 21 SchwbG = NZA 1991, 553.

[83] BAG 16.3.1983 AP Nr. 6 zu § 18 SchwbG; 13.5.1981 AP Nr. 3 zu § 18 SchwbG.

[84] BAG 19.4.2012 AP Nr. 9 zu § 91 SGB IX = NZA 2013, 507.

amts, es sei beabsichtigt, die Frist des § 174 III 1 SGB IX verstreichen zu lassen, erklärt dieses lediglich, dass beabsichtigt ist, innerhalb der Frist des § 174 III 1 SGB IX keine Entscheidung über den Zustimmungsantrag zu treffen. Der AG muss in diesem Fall mit dem Kündigungsausspruch bis zum Ablauf der Frist des § 174 III 1 SGB IX warten; eine vor 24 Uhr des letzten Tags der Frist dem AN zugegangene Kündigung ist rechtsunwirksam.[85] Die nach § 174 III 2 SGB IX fingierte Zustimmung hat dieselbe Wirkung wie eine tatsächlich erteilte Zustimmung.[86]

5. Kündigungsausspruch. a) Kündigungserklärungsfrist. Hat das Integrationsamt die Zustimmung erteilt oder wurde diese fingiert, kann der AG die außerordentliche Kündigung gegenüber dem AN erklären. Liegt die Zustimmung vor Ablauf der Frist des § 626 II 1 BGB vor, muss der AG die Kündigung nicht unverzüglich erklären, er kann vielmehr die Zwei-Wochen-Frist voll ausschöpfen.[87] Die Frist des § 626 II 1 BGB läuft nicht ab, wenn es sich bei dem Kündigungssachverhalt um einen Dauertatbestand (zB fortlaufendes unentschuldigtes Fehlen) handelt.[88] Wird die Zustimmung des Integrationsamts erst nach Ablauf der Frist des § 626 II 1 BGB erteilt, ermöglicht § 174 V SGB IX dem AG den Kündigungsausspruch auch außerhalb der Zwei-Wochen-Frist. Die Vorschrift will dem Umstand Rechnung tragen, dass es dem AG regelmäßig nicht möglich ist, bis zum Ablauf der zweiwöchigen Ausschlussfrist des § 626 II 1 BGB die Zustimmung des Integrationsamts einzuholen. § 174 V SGB IX ergänzt § 626 II BGB und dient insoweit dem Schutz des AG. Der Kündigungsausspruch muss unverzüglich erfolgen (§ 174 V SGB IX). Die Vorschrift dehnt die (bereits abgelaufene) Kündigungserklärungsfrist des § 626 II BGB nicht über zwei Wochen hinaus aus oder schiebt ihr Ende hinaus. Vielmehr ist der Ablauf der Frist des § 626 II1 BGB Anwendungsvoraussetzung von § 174 V SGB IX. Der Gesetzgeber hat die Fristenregelungen in § 174 II und V SGB IX als Ersatz für die Einhaltung der Kündigungserklärungsfrist des § 626 II BGB konzipiert.[89] Die Zustimmung ist „erteilt" iSv § 174 V SGB IX, sobald eine solche Entscheidung innerhalb der Frist des § 174 III 1 SGB IX getroffen und der antragstellende AG hierüber in Kenntnis gesetzt oder wenn eine Entscheidung innerhalb der vorgenannten Frist nicht getroffen worden ist; in diesem Fall gilt die Zustimmung mit Ablauf der Frist in § 174 III 2 SGB IX als erteilt.[90] Allerdings müssen vor dem Kündigungsausspruch die Verfahren nach § 102 I BetrVG sowie nach § 178 II 1 SGB IX (→ § 180 Rn. 14) abgeschlossen sein. Der AG kann die zuständigen Arbeitnehmervertretungen vor Einleitung des Verfahrens beim Integrationsamt, während dieses Verfahrens oder erst nach dessen Abschluss beteiligen.[91] § 174 V SGB IX gilt entsprechend, wenn von dem Integrationsamt ein Negativattest (→ Rn. 27) erteilt worden ist.[92] 31

b) Unverzüglicher Kündigungsausspruch. Die Kündigung kann nach § 174 V SGB IX auch nach Ablauf der Kündigungserklärungsfrist erfolgen, wenn sie nur unverzüglich nach Erteilung der Zustimmung bzw. Eintritt der Zustimmungsfiktion (→ Rn. 30 f.) erklärt wird. Es besteht eine Obliegenheit des AG, sich beim Integrationsamt zu erkundigen, ob es innerhalb der Frist des § 174 III 1 SGB IX eine Entscheidung getroffen hat, weil anderenfalls die Zustimmung fingiert wird. Dieses wird der AG zweckmäßigerweise am Tag nach Ablauf der Frist des § 174 II SGB IX durch Nachfrage beim Integrationsamt in Erfahrung bringen. Teilt ihm die Behörde mit, dass sie innerhalb der Frist eine Entscheidung getroffen habe, darf der AG die Zustellung des entsprechenden Bescheids eine – nicht gänzlich ungewöhnliche – Zeit lang abwarten.[93] Die Frist des § 174 II SGB IX beginnt dann am Tag nach dem Zugang des Bescheids, sofern nicht der AG zu einem früheren Zeitpunkt von der positiven Entscheidung sichere Kenntnis erlangt hat. Bei Eintritt einer Zustimmungsfiktion (§ 174 III 2 SGB IX, → Rn. 30) beginnt die Frist am Tag nach deren Ablauf. Der AG darf daher nicht die Mitteilung des Integrationsamts abwarten, ob es innerhalb der 2-Wochen-Frist eine Entscheidung über den Antrag getroffen hat. Maßgeblich für die Wahrung der Frist aus § 174 V SGB IX ist der Zugang des Kündigungsschreibens. Schuldhaft ist ein Zögern dann, wenn das Zuwarten durch die Umstände des Einzelfalls nicht geboten ist. Da „unverzüglich" weder „sofort" bedeutet noch damit eine starre Zeitvorgabe verbunden ist, kommt es auf eine verständige Abwägung der beiderseitigen Interessen an. 32

[85] BAG 19.6.2007 AP Nr. 8 zu § 91 SGB IX = NZA 2007, 1153.
[86] BVerwG 10.9.1992 NZA 1993, 76.
[87] BAG 15.11.2001 AP Nr. 45 zu § 626 BGB Ausschlussfrist = NZA 2002, 970.
[88] BAG 7.11.2002 AP Nr. 19 zu § 620 BGB Kündigungserklärung = NZA 2003, 719.
[89] BAG 11.6.2020 AP Nr. 2 zu § 174 SGB IX 2018 = NZA 2020, 1326.
[90] BAG 27.2.2020 AP Nr. 1 zu § 174 SGB IX 2018 = NZA 2020, 717.
[91] BAG 11.6.2020 AP Nr. 2 zu § 174 SGB IX 2018 = NZA 2020, 1326.
[92] BAG 27.5.1983 AP Nr. 12 zu § 12 SchwbG.
[93] BAG 19.4.2012 AP Nr. 9 zu § 91 SGB IX = NZA 2013, 507.

Dabei ist nicht allein die objektive Lage maßgebend. Solange der AG nicht weiß, dass er die betreffende Rechtshandlung vornehmen muss, oder es mit vertretbaren Gründen annehmen kann, er müsse sie noch nicht vornehmen, liegt kein „schuldhaftes" Zögern vor.[94] Einen festen Zeitrahmen für den Kündigungsausspruch nach der erteilten Zustimmung oder dem Eintritt der Zustimmungsfiktion (→ Rn. 30) gibt das Gesetz nicht vor, jedoch wird die Überschreitung eines Zeitraums von 3 Tagen schon als zu lang anzusehen sein. Hat das Integrationsamt lediglich die Zustimmung zu einer außerordentlichen Kündigung erteilt, ist darin weder eine Zustimmung zu einer auch ordentlichen Kündigung enthalten, noch kann die Zustimmung zur außerordentlichen Kündigung in eine solche zur ordentlichen Kündigung **umgedeutet** werden.[95]

33 **c) Rechtsbehelfs- und Klageverfahren.** Die Frist des § 174 V SGB IX ist auch anwendbar, wenn die Zustimmung zu der Kündigung erst im Rechtsbehelfs- oder verwaltungsgerichtlichen Klageverfahren erteilt wird, sofern nur die Antragstellung beim Integrationsamt rechtzeitig erfolgt ist. Dies gilt gleichermaßen, wenn vor dem Kündigungsausspruch noch ein personalvertretungsrechtliches Einigungsstellenverfahren durchgeführt werden musste, weil der PR seine Zustimmung zur Kündigung nicht erteilt hat. In diesen Fällen beginnt der Fristlauf, wenn der AG Kenntnis von der Erteilung der Zustimmung durch den PR,[96] Widerspruchsausschuss[97] oder das Verwaltungsgericht tatsächlich erhält. Wie beim Integrationsamt muss die jeweilige Entscheidung nur „getroffen" sein. Daher kann (und muss) der AG unverzüglich kündigen, wenn er bei der Entscheidungsverkündung anwesend ist oder von dem dort verlautbarten Ergebnis erfährt.

34 **d) Erneute Kündigung.** Hat der AG in Unkenntnis der Schwerbehinderung/Gleichstellung eine außerordentliche Kündigung ausgesprochen hat und erst nach deren Zugang und Ablauf der Frist des § 626 II BGB Kenntnis von dem Vorliegen des erforderlichen GdB erhalten, ist die außerordentliche Kündigung nach § 134 BGB iVm § 168 SGB IX nichtig, wenn der Nachweis der Schwerbehinderung/Gleichstellung bzw. der Antragstellung rechtzeitig (→ Rn. 6) erfolgt ist. Der AG muss innerhalb der Frist des § 174 II SGB IX beim Integrationsamt die Zustimmung zum Ausspruch einer (erneuten) außerordentlichen Kündigung beantragen. Die Frist beginnt nicht zu laufen, bevor der AG von einer bereits festgestellten oder beantragten Schwerbehinderteneigenschaft des AN Kenntnis hat. Sie ist nicht mehr gewahrt, wenn bei dem Ausspruch der (ersten) außerordentlichen Kündigung die Kündigungserklärungsfrist des § 626 II BGB nicht eingehalten hat.[98] Die Rechtzeitigkeit des erneuten Zustimmungsantrags und die Wahrung der Frist in § 174 II SGB IX hat das Integrationsamt zu beurteilen, an dessen Entscheidung oder an die ersetzenden Entscheidungen des Widerspruchausschusses bzw. der Verwaltungsgerichte die Arbeitsgerichte gebunden sind.[99]

35 **6. Mitglieder von Arbeitnehmervertretungen.** Der AG bedarf für die Kündigung eines durch § 103 I BetrVG geschützten Amtsträgers der Zustimmung der jeweiligen Arbeitnehmervertretung bzw. deren Ersetzung durch das Arbeitsgericht nach § 103 II BetrVG. Der Zustimmungsantrag muss stets so rechtzeitig gestellt werden, dass bei nicht erteilter Zustimmung innerhalb der Frist des § 626 II BGB ein Antrag nach § 103 II BetrVG beim Arbeitsgericht gestellt werden kann (→ § 143 Rn. 29); dieser tritt dann zunächst an die Stelle einer beabsichtigten außerordentlichen Kündigung. Dies gilt auch bei den durch § 174 SGB IX geschützten Amtsträgern. Aus diesem Grund müssen die Anträge des AG beim Integrationsamt wie auch beim Arbeitsgericht jeweils innerhalb der Frist des § 626 II BGB/§ 174 V SGB IX (→ Rn. 31, 32) eingehen. Erteilt der BR seine Zustimmung innerhalb der dreitägigen Äußerungsfrist, muss die außerordentliche Kündigung in entspr. Anwendung von § 174 V SGB IX unverzüglich ausgesprochen werden, wenn zwischenzeitlich die Zustimmung des Integrationsamts erteilt oder die Zustimmungsfiktion eingetreten ist. Die außerordentliche Kündigung muss gleichfalls unverzüglich ausgesprochen werden, wenn der BR zwar seine Zustimmung zunächst nicht erteilt hat, aber **(a)** während des vom AG eingeleiteten Verfahrens nach § 103 II BetrVG der Sonderkündigungsschutz nach dem BetrVG entfällt, weil zB der schwerbehinderte AN aus dem BR ausscheidet oder **(b)** nach rechtskräftiger Ersetzung

[94] BAG 11.6.2020 AP Nr. 2 zu § 174 SGB IX 2018 = NZA 2020, 1326.
[95] BAG 23.1.2014 AP Nr. 6 zu § 626 BGB Unkündbarkeit = NZA 2014, 895.
[96] BAG 2.2.2006 AP Nr. 204 zu § 626 BGB = NZA-RR 2006, 440.
[97] BAG 21.4.2005 AP Nr. 4 zu § 91 SGB IX = NZA 2005, 991.
[98] BAG 27.2.2020 AP Nr. 1 zu § 174 SGB IX 2018 = NZA 2020, 717; BVerwG 2.5.1996 Buchholz 436.61 § 21 SchwbG Nr. 7; *Eylert/Sänger* RdA 2010, 24 (37) unter Hinweis auf BAG 13.3.2008 AP Nr. 43 zu § 626 BGB Verdacht strafbarer Handlung = NZA 2008, 809.
[99] BAG 11.6.2020 AP Nr. 2 zu § 174 SGB IX 2018 = NZA 2020, 1326; 27.2.2020 AP Nr. 1 zu § 174 SGB IX 2018 = NZA 2020, 717.

der Zustimmung des BR durch das Arbeitsgericht. Liegt zu diesem Zeitpunkt die Zustimmung des Integrationsamts (noch) nicht vor, ist nach deren Erteilung oder gerichtlicher Ersetzung § 174 V SGB IX unmittelbar anwendbar. Die außerordentliche Kündigung des Amtsträgers ist dann unverzüglich auszusprechen (→ § 143 Rn. 33).

7. Ausnahmen vom besonderen Kündigungsschutz. a) Wartezeit, Probebeschäftigung. Der besondere Kündigungsschutz gilt nicht für schwerbehinderte Menschen, deren Arbeitsverhältnis im Zeitpunkt des Zugangs der Kündigungserklärung ohne Unterbrechung noch nicht länger als sechs Monate besteht (§ 173 I Nr. 1 SGB IX). Es besteht daher für den besonderen Kündigungsschutz dieselbe Wartezeit wie nach § 1 I KSchG (→ § 130 Rn. 24). Auf die Wartezeit sind Zeiten eines früheren Arbeitsverhältnisses mit demselben AG anzurechnen, wenn das neue Arbeitsverhältnis in einem engen sachlichen Zusammenhang mit dem früheren Arbeitsverhältnis steht.[100] Die innerhalb der Wartefrist erklärte Kündigung eines schwerbehinderten Menschen ist auch nicht unwirksam, wenn er das in § 167 I, II SGB IX geregelte Präventionsverfahren bzw. das betriebliche Eingliederungsmanagement nicht durchgeführt hat.[101] Stellt ein AG einen schwerbehinderten Menschen zur Probe ein, hat er dies innerhalb von vier Tagen unbeschadet anderer Anzeigepflichten dem Integrationsamt mündlich oder schriftlich anzuzeigen (§ 173 IV SGB IX). Dasselbe gilt im Fall der Beendigung des Arbeitsverhältnisses bei fehlendem Kündigungsschutz vor Ablauf der Sechs-Monats-Frist des § 1 I KSchG. Die Verletzung der Anzeigepflicht lässt die Kündigungsmöglichkeit unberührt.[102] Allerdings kann der AG dem schwerbehinderten Menschen gegenüber wegen Verletzung der Anzeigepflicht zum Schadensersatz (§ 280 I BGB) verpflichtet sein. 36

b) Ältere Arbeitnehmer, besondere Arbeitsplätze. Der besondere Kündigungsschutz gilt nicht für AN, deren Arbeitsverhältnis durch Kündigung beendet wird, sofern sie **(1)** das 58. Lebensjahr vollendet und Anspruch auf eine Abfindung, Entschädigung oder ähnliche Leistungen aufgrund eines Sozialplans haben oder **(2)** Anspruch auf Knappschaftsausgleichsleistung nach dem SGB VI oder Anpassungsgeld für AN des Bergbaus haben, der AG ihnen die Kündigungsabsicht rechtzeitig mitgeteilt hat und sie der beabsichtigten Kündigung bis zu deren Ausspruch nicht widersprechen (§ 173 I Nr. 3 SGB IX). Der schwerbehinderte Mensch muss aus dem Sozialplan anspruchsberechtigt sein.[103] Dagegen kommt es nach dem Wortlaut des Gesetzes auf die Höhe der Sozialplanleistung nicht an. Rechtzeitig ist die Mitteilung dann, wenn dem schwerbehinderten Menschen eine ausreichende Überlegungs- und Prüfungsmöglichkeit zwischen dem Abschluss des Sozialplans und dem Ausspruch der Kündigung verbleibt. Dies wird im Allgemeinen eine Frist von drei Wochen sein. Da das Gesetz den einfachen Widerspruch des schwerbehinderten Menschen ausreichen lässt, kommt es auf dessen Begründung und die tatsächlichen Gründe des Widerspruchs nicht an. Der besondere Kündigungsschutz findet keine Anwendung auf schwerbehinderte Menschen, die auf Arbeitsplätzen iSv § 156 II Nr. 2–5 SGB IX beschäftigt werden (§ 173 I Nr. 2 SGB IX, → § 178 Rn. 35). 37

c) Entlassung aus Witterungsgründen. Der Entlassungsschutz der schwerbehinderten Menschen findet keine Anwendung, wenn die Kündigung aus witterungsbedingten Gründen erfolgt und die Wiedereinstellung bei Wiederaufnahme der Arbeit gewährleistet ist (§ 173 II SGB IX). Da in den Fällen von § 173 I, II SGB IX der besondere Kündigungsschutz schwerbehinderter Menschen nicht gilt, kann die Kündigungsfrist bei witterungsbedingten Entlassungen weniger als vier Wochen betragen. 38

d) Streik und Aussperrung. Der besondere Kündigungsschutz greift auch nicht ein, wenn dem schwerbehinderten Menschen allein aus Anlass eines Streiks oder einer Aussperrung außerordentlich gekündigt worden ist (§ 174 VI SGB IX). Er hat jedoch nach Beendigung des Arbeitskampfs einen individualrechtlich, klageweise zu verfolgenden Wiedereinstellungsanspruch. Dies gilt nicht, wenn er über die bloße Teilnahme am Arbeitskampf hinausgegangen ist. Unter den Begriff der Teilnahme fallen außer der eigentlichen Arbeitsniederlegung alle Handlungen, die sich im Rahmen der Gesetze halten und mit ihm eng verbunden sind (zB Tätigkeit als Streikposten).[104] 39

V. Rechtsschutzsystem

1. Rechtsweg. Die vom AG gegenüber einem schwerbehinderten Menschen ausgesprochene Kündigung ist nur wirksam, wenn sie **(a)** den arbeitsrechtlichen Anforderungen genügt und 40

[100] BAG 19.6.2007 AP Nr. 24 zu § 1 KSchG 1969 Wartezeit = NZA 2007, 1103.
[101] BAG 28.6.2007 AP Nr. 27 zu § 307 BGB = NZA 2007, 1049.
[102] BAG 21.3.1980 AP Nr. 1 zu § 17 SchwbG; LAG Bln-Bbg 27.8.2010 LAGE § 90 SGB IX Nr. 6.
[103] LAG Köln 4.4.1997 NZA-RR 1997, 430.
[104] BAG 17.12.1976 AP Nr. 5 zu Art. 9 GG Arbeitskampf.

(b) die Zustimmung durch das Integrationsamt wirksam erteilt worden ist bzw. die Ersetzung der Zustimmung rechtmäßig war. Für Streitigkeiten über die Wirksamkeit der Zustimmung ist der Rechtsweg zu den Verwaltungsgerichten gegeben. Die Doppelgleisigkeit des Rechtswegs wird insbesondere wegen der gegenüber dem Verfahren vor den Arbeitsgerichten unverhältnismäßig langen Verfahrensdauer in der Verwaltungsgerichtsbarkeit zunehmend kritisiert.[105]

41 **2. Entscheidung des Integrationsamts. a) Verweigerung der Zustimmung. aa) Widerspruch des Arbeitgebers.** Hat das Integrationsamt die Zustimmung zur Kündigung verweigert, kann der AG nach erfolglosem Widerspruchsverfahren (§§ 68 ff. VwGO) eine Verpflichtungsklage vor den Verwaltungsgerichten erheben. Der Widerspruchsbescheid (§ 73 VwGO) wird vom Widerspruchsausschuss des Integrationsamts erlassen (§§ 201, 202 I SGB IX). Wird die Zustimmung erst auf Widerspruch des AG durch den Widerspruchsausschuss oder im Klageverfahren erteilt, kann der AG erst ab diesem Zeitpunkt kündigen. Dies folgt aus § 168 SGB IX, wonach eine Kündigung vor Erteilung einer Zustimmung unwirksam ist. Die ordentliche Kündigung ist innerhalb der Monatsfrist auszusprechen, während eine außerordentliche Kündigung unverzüglich nach der Bekanntgabe einer die verweigerte Zustimmung des Integrationsamts ersetzenden Entscheidung auszusprechen ist (§ 174 V SGB IX; → Rn. 32). Kommt es im Instanzenzug zu widersprechenden Entscheidungen, ist für die Wirksamkeit der Kündigung die verfahrensbeendende Entscheidung maßgeblich. Eine zwischenzeitliche Aufhebung der erteilten Zustimmung, die nicht rechtskräftig und wieder abgeändert wird, ist daher ohne Bedeutung.

42 **bb) Aufschiebende Wirkung.** Die Kündigung kann trotz einer erteilten oder ersetzten Zustimmung nicht ausgesprochen werden, wenn die Verwaltungsgerichte vor dem Kündigungsausspruch die aufschiebende Wirkung des Widerspruchs wieder hergestellt haben (§ 80 V VwGO). Die Wiederherstellung der aufschiebenden Wirkung des Widerspruchs kommt in Betracht, wenn die Rechtmäßigkeit der vom Integrationsamt oder vom Widerspruchsausschuss erteilten Zustimmung ernstlichen Zweifeln unterliegt; diese können sich sowohl aus der unterlassenen Sachverhaltsaufklärung wie auch aus offensichtlichen Abwägungsdefiziten bei der Ermessensausübung ergeben.[106] Allerdings unterliegt die Ermessensausübung nach allgemeinen verwaltungsrechtlichen Grundsätzen nur der eingeschränkten gerichtlichen Kontrolle; das Verwaltungsgericht darf insbesondere sein Ermessen nicht an die Stelle der Behörde setzen.[107] Ist die aufschiebende Wirkung des Widerspruchs wieder hergestellt, kann eine Kündigung nicht mehr ausgesprochen werden. Gegenüber einer bereits ausgesprochenen Kündigung geht ein Antrag nach § 80 V VwGO jedoch ins Leere, da es an einem Rechtsschutzbedürfnis für den Antrag fehlt,[108] in jedem Fall führt die nachträgliche Wiederherstellung der aufschiebenden Wirkung nicht zur Unwirksamkeit der Kündigung nach § 168 SGB IX.

43 **b) Widerspruch des Arbeitnehmers.** Hat dagegen das Integrationsamt die Zustimmung zur Kündigung erteilt, kann der AG die Kündigung aussprechen; Widerspruch und Anfechtungsklage des AN gegen die Zustimmungsentscheidung des Integrationsamts haben keine aufschiebende Wirkung (§ 171 IV SGB IX). Der zustimmende Verwaltungsakt entfaltet auch für die Arbeitsgerichte Bindungswirkung, sofern nicht lediglich ein nichtiger Verwaltungsakt vorliegt. Der schwerbehinderte AN kann binnen Monatsfrist Widerspruch beim Widerspruchsausschuss einlegen und alsdann Anfechtungsklage (§ 42 VwGO) erheben. Dasselbe Recht steht ihm auch zu, wenn bei einer außerordentlichen Kündigung die Zustimmung des Integrationsamts fingiert wird (§ 174 III SGB IX).[109] Allerdings läuft in diesen Fällen nicht die Monatsfrist zur Einlegung des Widerspruchs, weil ihm ein zustimmender Verwaltungsakt nicht zugestellt worden ist. Er hat jedoch die Ausschlussfrist von einem Jahr zu beachten (§ 76 VwGO). Infolge der Anhörung durch das Integrationsamt ist er über das Zustimmungsverfahren unterrichtet; durch die Erklärung der Kündigung erfährt er, ob die Zustimmung erteilt ist oder nicht. Eines Widerspruchverfahrens bedarf es nicht, wenn dies landesrechtlich ausgeschlossen oder ein Wahlrecht zu Gunsten einer unmittelbaren Klageerhebung normiert ist.[110] Für die Klage auf Aufhebung der Zustimmung fehlt das Rechtsschutzinteresse, wenn die Parteien das Arbeitsverhältnis einvernehmlich beenden.[111]

---

105 Vorschläge zur Reform des Rechtsschutzes bei *Düwell* JbArbR 43 (2006), 91 (104 ff.).
106 OVG Bautzen 25.8.2003 NZA-RR 2004, 408.
107 BVerwG 28.2.1968 AP Nr. 29 zu § 14 SchwBeschG; OVG NRW BB 1990, 1909 = DB 1991, 103.
108 HmbOVG 19.5.2015 NZA-RR 2015, 467.
109 BVerwG 10.9.1992 NZA 1993, 76.
110 *Düwell* NZA 2017, 1237 (1240).
111 OVG NRW 23.9.1996 BB 1997, 1056.

44 **3. Verfahren vor dem Arbeitsgericht. a) Prüfungsumfang.** Die Gerichte für Arbeitssachen überprüfen die ausgesprochene Kündigung nur auf die Einhaltung der arbeitsrechtlichen Voraussetzungen (zB § 1 KSchG, § 626 BGB, § 102 BetrVG). Die Kündigung ist nach § 134 BGB iVm § 168 SGB IX unwirksam, wenn keine Zustimmung des Integrationsamts vor dem Kündigungsausspruch vorgelegen hat, zB weil der AG keine Kenntnis von der Schwerbehinderteneigenschaft des AN hatte und der AN die Mitteilung seiner Schwerbehinderung rechtzeitig nachgeholt hat. Versäumt er die nachträgliche Mitteilung, kann er sich auf den Kündigungsschutz nach den §§ 168 ff. SGB IX nicht berufen, das Fehlen oder die Unwirksamkeit der Zustimmung des Integrationsamts ist dann ohne Bedeutung. Gleiches gilt auch, wenn der AN nicht innerhalb der Frist der §§ 4, 13 KSchG Kündigungsschutzklage erhebt.

45 **b) Keine Aussetzung des Kündigungsschutzverfahrens.** Wird die Zustimmung im Instanzenzug rechtskräftig aufgehoben, ist die Kündigung unwirksam. Die Wirksamkeit der Zustimmung des Integrationsamts ist daher nach § 148 ZPO für die Entscheidung des Kündigungsschutzverfahrens nur vorgreiflich, wenn keine arbeitsrechtlichen Unwirksamkeitsgründe bestehen; in diesem Fall müsste die Klage bei Wirksamkeit der Zustimmung nach § 168 SGB IX abgewiesen werden. Die verwaltungsgerichtliche Entscheidung über die Zustimmung ist nicht vorgreiflich, wenn die Kündigung bereits aus arbeitsrechtlichen Gründen unwirksam ist; hier ist der Klage auch ohne Zuwarten auf die verwaltungsgerichtliche Entscheidung stattzugeben.[112] Jedoch kommt eine Aussetzung des Kündigungsrechtsstreits auch bei Vorgreiflichkeit wegen des in § 61a I ArbGG enthaltenen Beschleunigungsgebots nicht in Betracht. Zwar steht es grundsätzlich im pflichtgemäßen Ermessen der Arbeitsgerichte, ob das Kündigungsverfahren nach § 148 ZPO bis zum Abschluss des Verwaltungsrechtsstreits ausgesetzt wird.[113] Jedoch spricht selbst bei arbeitsrechtlicher Wirksamkeit der Kündigung vor allem die gesetzgeberische Wertung des § 171 SGB IX, wonach Widerspruch und Anfechtungsklage gegen die Entscheidung des Integrationsamts eben keine aufschiebende Wirkung haben, gegen eine Aussetzung. Durch die Fortführung entsteht dem AN kein Nachteil, da er bei Obsiegen im Rechtsstreit über die Zustimmung eine für ihn nachteilige rechtskräftige Entscheidung der Arbeitsgerichte durch eine Restitutionsklage (§ 580 Nr. 6 ZPO) beseitigen kann.[114] Der schwerbehinderte AN hat unter den allgemeinen Voraussetzungen (Leistungsfähigkeit, Leistungsbereitschaft) einen Anspruch aus Annahmeverzug (§ 615 BGB) und zwar auch für die Zeit, in der die Zustimmung vorübergehend erteilt war. Der AG trägt in diesem Fall das Risiko der Nichtbeschäftigung.

46 **c) Arbeitsgerichtliches Verfahren.** Die Klagefrist für die Klage gegenüber einer einem schwerbehinderten AN ausgesprochenen Kündigung beginnt mit dem Kündigungszugang. Allerdings enthält § 4 S. 4 KSchG nach Ansicht des BAG eine Sonderregelung, wonach der Lauf der Klagefrist frühestens seit Zustellung der Zustimmung zur Kündigung beginnt, selbst wenn der AN Widerspruch eingelegt hat.[115] Insoweit entspricht die Rechtslage derjenigen bei der Kündigung von schwangeren Arbeitnehmerinnen (§ 17 MuSchG) oder bei Elternzeit (§ 18 BEEG; → § 138 Rn. 32). § 4 S. 4 KSchG findet bei einer außerordentlichen Kündigung keine Anwendung, da § 13 I 2 KSchG nur auf § 4 S. 1 KSchG verweist und es bei der Zustimmungsfiktion an einer bekanntzugebenden Entscheidung fehlt. Ein **Auflösungsantrag** des AG (§ 9 I 2 KSchG; → § 141 Rn. 1) unterliegt nicht dem Zustimmungserfordernis des § 168 SGB IX.[116] War für die Kündigung die Zustimmung einer Arbeitnehmervertretung (zB § 103 BetrVG) notwendig, deren Zustimmung ersetzt wurde, so kann sich der AN bei rückwirkender Anerkennung seiner Schwerbehinderteneigenschaft im Kündigungsschutzverfahren auf die fehlende Zustimmung des Integrationsamts berufen.[117]

VI. Sonstige Beendigungstatbestände

47 **1. Auflösende Bedingung.** Die Zustimmung des Integrationsamts zur Beendigung des Arbeitsverhältnisses ist auch dann notwendig, wenn das Arbeitsverhältnis durch die Bewilligung einer Rente wegen Eintritts einer teilweisen Erwerbsminderung, der Erwerbsminderung auf

[112] LAG RhPf 9.10.1997 MDR 1998, 724; LAG Köln 19.12.1995 NZA-RR 1996, 250.
[113] BAG 20.1.2000 AP Nr. 38 zu § 1 KSchG 1969 Krankheit = NZA 2000, 768; 13.9.1995 AP Nr. 25 zu § 626 BGB Verdacht strafbarer Handlung = NZA 1996, 81.
[114] BAG 24.11.2005 AP Nr. 43 zu § 1 KSchG 1969 Krankheit = NZA 2006, 665; vgl. auch zu § 9 MuSchG aF: BAG 17.6.2003 AP Nr. 33 zu § 9 MuSchG 1968 = NZA 2003, 1329.
[115] Zu § 18 BErzGG aF: BAG 3.7.2003 AP Nr. 7 zu § 18 BErzGG = NZA 2003, 1335.
[116] BVerwG 11.5.2006 Behindertenrecht 2007, 107.
[117] BAG 11.5.2000 AP Nr. 42 zu § 103 BetrVG 1972.

Zeit, der Berufsunfähigkeit oder der Erwerbsunfähigkeit des AN **auflösend bedingt** ist (§ 175 SGB IX). Kein Mitwirkungserfordernis des Integrationsamts besteht daher bei einer vollständigen und dauerhaften Erwerbsminderung des AN.[118] Für eine darauf bezogene Beendigung des Arbeitsverhältnisses dürfte allerdings dann kein Sachgrund iSd § 21 TzBfG bestehen, wenn der AN mit einer bis zu drei Stunden täglich umfassenden Tätigkeit weiterbeschäftigt werden kann (→ § 40 Rn. 56).[119] Ebenfalls besteht kein Mitwirkungserfordernis des Integrationsamt, wenn die auflösende Bedingung an andere Beendigungstatbestände anknüpft.[120] Das Eingreifen des Schutzes des § 175 SGB IX setzt grundsätzlich voraus, dass bei Zugang der schriftlichen Unterrichtung des AN durch den AG über den Eintritt der auflösenden Bedingung nach §§ 21, 15 II TzBfG die Anerkennung der Schwerbehinderung oder die Gleichstellung mit einem schwerbehinderten Menschen erfolgt ist oder die entsprechende Antragstellung mindestens drei Wochen zurückliegt.[121] Die Klagefrist für die Bedingungskontrollklage nach §§ 21, 17 S. 1 TzBfG beginnt nicht, wenn der AG Kenntnis von der Schwerbehinderung des AN hat und das Integrationsamt der beabsichtigten Beendigung durch die auflösende Bedingung nicht zugestimmt hat;[122] insoweit ist die Rechtslage mit § 4 S. 4 KSchG vergleichbar. § 175 SGB IX ist nicht entspr. anwendbar, wenn ein Dienstordnungsangestellter bei Eintritt der Dienstunfähigkeit in den Ruhestand versetzt wird.[123] Keine Zustimmung ist notwendig, wenn der schwerbehinderte Mensch oder Gleichgestellte von sich aus das Arbeitsverhältnis beendet.

48 **2. Anfechtung, Fragerecht. a) Irrtum.** Die Schwerbehinderteneigenschaft allein stellt keine verkehrswesentliche Eigenschaft (§ 119 II BGB) dar. Nur die Fähigkeit des AN, seine vertragliche Tätigkeit auszuüben, ist eine wesentliche Eigenschaft seiner Person. Die Tatsache seiner erschwerten Kündbarkeit ist eine Rechtsfolge. Eine Anfechtung des Arbeitsvertrags nach § 119 II BGB kann lediglich dann gerechtfertigt sein, wenn der AN nicht in der Lage ist, die vertraglich vereinbarte Tätigkeit auszuüben.[124] Eine Anfechtungsmöglichkeit scheidet aber aus, wenn dem schwerbehinderten Menschen nach längerer Beschäftigungszeit gekündigt und erst im Prozess die Anfechtung erklärt wird.[125]

49 **b) Täuschung. aa) Tätigkeitsneutrale Frage.** Die tätigkeitsneutrale Frage nach der „Schwerbehinderteneigenschaft" bzw. ihrer behördlichen Anerkennung ist vor der Begründung des Arbeitsverhältnisses regelmäßig unzulässig; eine allein darauf gestützte Anfechtung ist unbegründet. Der Bewerber braucht eine solche Frage nicht (richtig) zu beantworten, sie indiziert zudem eine nach § 15 AGG sanktionierte Benachteiligung.[126] Eine Ausnahme mag dann in Betracht kommen, wenn der AG nur schwerbehinderte AN erkennbar nur deshalb einstellen will, um die Belastungen aus der Ausgleichsabgabe zu vermeiden.[127] In jedem Fall kann der AG in der Stellenausschreibung auf die vorrangige Einstellung von schwerbehinderten Menschen hinweisen und es den Bewerbern überlassen, ob diese ihre Schwerbehinderteneigenschaft offenlegen.[128]

50 **bb) Tätigkeitsbezogene Frage.** Die damit nicht zu verwechselnde Frage nach einer „Behinderung" kann allerdings gerechtfertigt sein, wenn die darauf beruhende Leistungseinschränkung die vertragsgemäße Arbeitsleistung dauerhaft unmöglich macht und das Nichtvorliegen der Behinderung daher eine „wesentliche und entscheidende berufliche Anforderung" iSd § 8 I AGG darstellt. Nicht ausreichend ist dafür, dass die Behinderung erfahrungsgemäß die Eignung des Stellenbewerbers für die vorgesehene Tätigkeit beeinträchtigt.[129] Der Gesundheitszustand des AN muss eine wesentliche und entscheidende Voraussetzung für die angestrebte Tätigkeit darstellen; dies ist der Fall, wenn er aufgrund seiner Erkrankung signifikant hohe Fehlzeiten aufweisen wird, die voraussichtlich zu einer massiven Beeinträchtigung der betriebli-

---

[118] BAG 20.6.2018 AP Nr. 4 zu § 33 TVöD.
[119] BAG 15.3.2006 AP Nr. 14 zu § 59 BAT.
[120] BAG 15.5.2019 AP Nr. 21 zu § 1 TVG Tarifverträge: Telekom.
[121] BAG 16.1.2018 AP Nr. 11 zu § 21 TzBfG = NZA 2018, 925.
[122] BAG 9.2.2011 AP Nr. 10 zu § 17 TzBfG = NZA 2011, 854.
[123] BAG 24.5.2012 AP Nr. 1 zu § 92 SGB IX = NZA 2012, 1158.
[124] BAG 28.3.1974 AP Nr. 3 zu § 119 BGB.
[125] BAG 12.2.1970 AP Nr. 17 zu § 123 BGB.
[126] So wohl BAG 17.12.2009 AP Nr. 2 zu § 7 AGG = NZA 2010, 383.
[127] Nach MüKoBGB/*Thüsing* AGG § 11 Rn. 21 muss der Bewerber auch bei einer entsprechenden Offenlegung des AG nicht wahrheitsgemäß antworten.
[128] *Bayreuther* NZA 2010, 679 (680).
[129] MüKoBGB/*Thüsing* AGG § 11 Rn. 21, der die Frage „Haben Sie eine Behinderung, die es Ihnen unmöglich machen wird, die erwarteten Aufgaben zu erfüllen" für zulässig hält.

chen oder wirtschaftlichen Interessen des AG führen können.[130] Insoweit gelten die Ausführungen zur Zulässigkeit der Frage nach Vorerkrankungen (→ § 26 Rn. 30). Bereits nach der vor dem 1.5.2004 bestehenden Rechtslage berechtigte die Falschbeantwortung der Frage nach einer Schwerbehinderung den AG nicht zur Anfechtung, wenn die Schwerbehinderung für den AG offensichtlich (→ Rn. 12) war.[131]

51 **cc) Nach Begründung des Arbeitsverhältnisses.** Nach der Begründung des Arbeitsverhältnisses ist der AG allerdings berechtigt, den AN nach dem Vorliegen einer Feststellung des Versorgungsamts über den GdB oder einer Gleichstellung zu fragen. Dies folgt aus der besonderen Pflichtenstellung des AG gegenüber einem AN mit einer Behinderung (→ § 178 Rn. 42) und dem Interesse des AG, eine Ausgleichsabgabe (§ 160 SGB IX; → § 178 Rn. 37) nur bei der Nichterfüllung der besonderen Beschäftigungspflicht der §§ 154 ff. SGB IX zu zahlen. Dem stehen schutzwürdige Interessen der AN nicht entgegen. Nach Auffassung des BAG kann im Arbeitsvertrag eine Offenbarungspflicht während des laufenden Arbeitsverhältnisses vereinbart werden.[132] Es ist allenfalls erwägenswert, die Frage erst nach Ablauf der Wartezeit des § 1 I KSchG, § 173 I Nr. 1 SGB IX zuzulassen. Allerdings wird bei einer in den ersten sechs Monaten ausgesprochenen Kündigung eine vom AG zu entkräftende Vermutung bestehen, dass die Beendigung auch wegen der nach Vertragsschluss offenbarten Behinderung erfolgt ist. Ein Interesse des AN, die Behinderung zunächst nicht zu offenbaren, weil die Beendigung des Arbeitsverhältnisses durch eine erst nach dem Kündigungsausspruch nachgeholte Mitteilung zu einem Hinausschieben des Beendigungstermins führt, ist nicht anerkennenswert. Der Gesetzgeber ist bei der Änderung des § 1 III 1 KSchG ersichtlich von einem Fragerecht des AG u.a. nach einer anerkannten Schwerbehinderung oder einer Gleichstellung ausgegangen. Die nach dem Vertragsschluss gestellte Frage nach einer Schwerbehinderung oder einer Gleichstellung ist daher wahrheitsgemäß zu beantworten; ihre Falschbeantwortung kann nach § 280 I BGB zu Schadensersatzansprüchen des AG und ggf. zu Nachteilen bei der Sozialauswahl (§ 1 III KSchG; → § 135 Rn. 29) führen.

52 **3. Andere Beendigungstatbestände.** Endet das Arbeitsverhältnis aus anderen Gründen als durch Kündigung des AG, zB infolge Aufhebungsvertrags, Befristung, Eintritts einer nicht von § 175 SGB IX erfassten auflösenden Bedingung (→ Rn. 47), Anfechtung, Ablehnung weiterer Arbeitsleistung bei nichtigem Arbeitsvertrag, Auflösungsantrag nach § 9 KSchG,[133] ist hierzu die Zustimmung des Integrationsamts nicht erforderlich. Nach Ausspruch der Kündigung kann der schwerbehinderte Mensch auch in einer Ausgleichsquittung auf den Kündigungsschutz oder die Erhebung einer Klage nach § 4 KSchG verzichten (→ § 138 Rn. 6). Auch die Ausübung des Direktionsrechts oder die Einführung von Kurzarbeit sind nicht von der Zustimmung des Integrationsamts abhängig.

§ 180. Die Schwerbehindertenvertretung

Übersicht

I. Organisatorische Vorschriften

1 **1. Amtsbezeichnung.** Die im SGB IX verwendete Bezeichnung Schwerbehindertenvertretung (SBV) ersetzt die des Vertrauensmanns der Schwerbehinderten. Die Amtsinhaber werden

[130] *Bayreuther* NZA 2010, 679 (683).
[131] BAG 18.10.2000 AP Nr. 59 zu § 123 BGB = NZA 2001, 315.
[132] BAG 16.2.2012 AP Nr. 9 zu § 85 SGB IX = NZA 2012, 555 (Vorbereitung der Kündigungsentscheidung).
[133] BVerwG 11.5.2006 Behindertenrecht 2007, 107.

als Vertrauensperson der schwerbehinderten Menschen bezeichnet. Die Vorschriften des SGB IX über die SBV sind auf die Dienststellen der alliierten Streitkräfte nicht anzuwenden.[1]

2 **2. Wahl. a) Wahlberechtigung und Wählbarkeit.** In Betrieben und Dienststellen, in denen nicht nur vorübergehend fünf schwerbehinderte Menschen beschäftigt werden, sind eine Vertrauensperson und die nach § 178 I 4–6 SGB IX vorgesehene Anzahl von Stellvertretern zu wählen.[2] Hat der AG mehrere Bezirke oder Dienststellen, die ganz oder teilweise als einzelne die Voraussetzungen nicht erfüllen, kann er im Benehmen mit dem zuständigen Integrationsamt diese zusammenfassen (§ 177 I SGB IX). Für das fliegende Personal von Luftfahrtunternehmen (§ 117 II BetrVG, → § 211 Rn. 24) ist die SBV bei Bestehen einer tariflichen Regelung nach dieser zu wählen, ansonsten richtet sich der Betriebsbegriff nach allgemeinen Grundsätzen (→ § 211 Rn. 2 ff.). **Wahlberechtigt** sind alle im Betrieb beschäftigten schwerbehinderten Menschen (§ 177 II SGB IX). Dies gilt auch für schwerbehinderte Menschen, die an Maßnahmen zur Rehabilitation in einem privatwirtschaftlichen Berufsbildungswerk teilnehmen.[3] **Wählbar** sind alle in dem Betrieb oder der Dienststelle nicht nur vorübergehend beschäftigten AN (auch Betriebsratsmitglieder), die am Wahltag das 18. Lebensjahr vollendet haben und dem Betrieb seit sechs Monaten angehören. AN des öffentlichen Dienstes, die in Betrieben privatrechtlich organisierter Unternehmen nicht nur vorübergehend tätig sind, sind bei der Wahl der SBV in diesen Betrieben wählbar.[4] Nicht wählbar ist, wer kraft Gesetzes nicht zum BR oder PR wählen kann. Hierzu gehören die in § 5 III BetrVG aufgezählten Personen, also auch die leitenden Angestellten. Bei einem Gericht können die jeweils eigenständigen SBV der Richter und der übrigen Bediensteten nur getrennt gewählt werden; die Bildung einer gemeinsamen SBV ist unzulässig.[5]

3 **b) Zeitpunkt und Amtszeit.** Die regelmäßigen Wahlen finden alle vier Jahre in der Zeit vom 1.10.–30.11. statt.[6] Außerhalb dieser Zeit kann gewählt werden, wenn das Amt der SBV vorzeitig erlischt und keine Stellvertreter nachrücken, die Wahl mit Erfolg angefochten worden ist oder eine SBV noch nicht gewählt ist (§ 177 V SGB IX). Die Einleitung der Wahl hat durch die SBV zu erfolgen. Ist im Betrieb bislang keine Vertrauensperson gewählt, kann das für den Betrieb oder die Dienststelle zuständige Integrationsamt zu einer Versammlung der schwerbehinderten Menschen zum Zwecke der Wahl einladen (§ 177 VI SGB IX). Die **Amtszeit** der SBV beträgt 4 Jahre. Die Erlöschenstatbestände sind denen des Betriebsverfassungs- bzw. Personalvertretungsrechts nachgebildet (§ 177 VII SGB IX; → § 219 Rn. 9); nach § 177 VIII SGB IX besteht in Betrieben der Privatwirtschaft (nicht im Bereich des BPersVG) unter den Voraussetzungen des § 21a BetrVG ein Übergangs- aber kein Restmandat (→ § 219 Rn. 16) der SBV. Behält der Betrieb seine Identität, nimmt die SBV in der gleichen personellen Zusammensetzung das Übergangsmandat wahr. Hingegen scheiden nach einer Abspaltung betriebsfremde Mitarbeiter (zB bei einem Widerspruch nach § 613a VI BGB) aus dem Gremium aus.[7]

4 **c) Wahlgrundsätze.** Die Vertrauensperson und das stellvertretende Mitglied werden nach den Grundsätzen der Mehrheitswahl gewählt. Mehrheitswahl ist Persönlichkeitswahl. Der Wähler wählt Personen, nicht Listen. Gewählt ist der Kandidat, der die meisten Stimmen auf sich vereint. Die Wahl ist geheim und unmittelbar (§ 177 VI SGB IX). Im Übrigen sind die Vorschriften über das Wahlverfahren, den Wahlschutz und die Wahlkosten bei der Wahl des Betriebs-, Personal-, Richter- oder Staatsanwaltsrats sinngemäß anzuwenden (→ § 218 Rn. 1). In der Privatwirtschaft sind daher für die Bestimmung der Organisationseinheit grundsätzlich die Vorschriften der §§ 1, 3 und 4 BetrVG maßgebend (→ § 211 Rn. 1),[8] im öffentlichen Dienst ist dies der Dienststellenbegriff des § 6 BPersVG.[9] In Betrieben und Dienststellen mit weniger als 50 wahlberechtigten schwerbehinderten Menschen sind die Vertrauensperson und ihre Vertreter im vereinfachten Wahlverfahren zu wählen (→ § 217 Rn. 39).[10] Maßgeblich ist

[1] BAG 11.9.2013 AP Nr. 28 zu Art. 56 ZA-Nato-Truppenstatut = NZA 2014, 323; offen gelassen von BVerfG 10.3.2017 NZA 2017, 790.
[2] BAG 7.4.2004 AP Nr. 2 zu § 95 SGB IX = NZA 2004, 1103 (Heranziehung des Stellvertreters).
[3] BAG 27.6.2001 AP Nr. 2 zu § 24 SchwbG 1986.
[4] BAG 25.10.2017 AP Nr. 10 zu § 94 SGB IX = NZA 2018, 252.
[5] BVerwG 8.12.1999 NZA-RR 2000, 333.
[6] Zum Wahlverfahren *Düwell/Sachadae* NZA 2014, 1241.
[7] LAG Düsseldorf 18.10.2017 BB 2017, 2804; *Götte* DB 2018, 130.
[8] BAG 10.11.2004 AP Nr. 4 zu § 3 BetrVG 1972.
[9] BAG 18.5.2006 AP Nr. 1 zu § 97 SGB IX = PersV 2007, 75.
[10] BAG 7.4.2004 AP Nr. 3 zu § 94 SGB IX = NZA 2004, 745.

die Anzahl der wahlberechtigten schwerbehinderten Menschen im Zeitpunkt der Einleitung der Wahl. Dies ist bei der Wahl im förmlichen Wahlverfahren der Erlass des Wahlausschreibens, bei der Wahl im vereinfachten Wahlverfahren die Einladung zu der Wahlversammlung.[11] Die BReg. hat durch die WahlO zur Durchführung des SchwbG (SchwbVWO) idF vom 23.4.1990 (BGBl. I 811) das Wahlverfahren geregelt. Wahlvorschläge für die Wahl der SBV müssen innerhalb der Einreichungsfrist mit der erforderlichen Anzahl von Stützunterschriften im Original beim Wahlvorstand eingehen. Die Einreichung von Telekopien genügt nicht. Das Wahlausschreiben muss in Dienststellen der Bundeswehr den Hinweis enthalten, dass auch Soldaten und Soldatinnen wählbar sind.[12] Die Verwendung eines Kennworts für einen Wahlvorschlag ist anders als bei der Wahl des BR nicht zulässig.[13] Die SchwbVWO enthält im Unterschied zu anderen Wahlordnungen keine Pflicht des Wahlvorstands, Wahlvorschläge nach ihrem Eingang unverzüglich umfassend auf etwaige Mängel zu prüfen und ggf. den einreichenden Listenvertreter unverzüglich zu unterrichten. Eine solche Pflicht gehört auch nicht zu den elementaren Grundsätzen einer demokratischen Wahl.[14] Für die Wahlanfechtung gilt die Zwei-Wochen-Frist des § 19 II BetrVG, zuständig sind die Arbeitsgerichte.[15] Die Wahlen der Vertrauensperson und ihres Stellvertreters können getrennt angefochten werden.[16] Die in der Dienststelle vertretenen Gewerkschaften sind anders als nach § 19 BetrVG nicht zur Wahlanfechtung berechtigt;[17] das Verfahren ist nach Beendigung der Amtszeit der SBV einzustellen.[18]

3. Persönliche Rechtsstellung der Vertrauensperson. a) Allgemeines. Sie ist derjenigen 5
von Betriebsratsmitgliedern angenähert worden.[19] § 179 SGB IX ist in Anlehnung an § 37 BetrVG aufgebaut (→ § 221 Rn. 1). Die Vertrauensperson darf in Ausübung ihres Amts nicht behindert oder wegen ihres Amts benachteiligt oder begünstigt werden. Dies gilt auch für ihre berufliche Entwicklung.[20] Sie genießt den gleichen Kündigungs-, Versetzungs- und Abordnungsschutz wie ein Mitglied der Betriebsvertretung (§ 179 I–III SGB IX). Eine außerordentliche Kündigung des AG bedarf daher der Zustimmung des BR oder PR (§§ 15, 16 KSchG, § 103 BetrVG, §§ 47, 108 BPersVG; → § 143 Rn. 1), nicht aber der SBV.[21] Die Stellvertreter der Vertrauensperson besitzen diesen Schutz während der Dauer der Vertretung und der Heranziehung nach § 178 I 4–6 SGB IX (§ 179 III 1, 2 SGB IX). Die sächlichen Kosten der Vertrauensperson trägt der AG, soweit sie zur ordnungsgemäßen Aufgabenerledigung erforderlich sind (§ 179 VIII, IX SGB IX; → § 222 Rn. 1);[22] für öffentliche AG gelten die Kostenregelungen für den PR entsprechend. Die SBV hat stets Anspruch auf eine Bürokraft im erforderlichen Umfang (§ 179 VIII 3 SGB IX); dies gilt wegen der Trennung der Ämter von BR und SBV regelmäßig auch für die Überlassung eines eigenen Raums.

b) Arbeitsbefreiung. Die Vertrauensperson ist von der beruflichen Tätigkeit ohne Minde- 6
rung des Arbeitsentgelts oder der Dienstbezüge zu befreien, **wenn und soweit es zur Durchführung der Aufgaben erforderlich ist.**[23] In Betrieben und Dienststellen mit idR wenigstens 100 beschäftigten schwerbehinderten Menschen wird die Vertrauensperson auf ihren Wunsch freigestellt; weiter gehende Vereinbarungen sind zulässig (§ 179 IV 1, 2 SGB IX). Für die Teilnahme an Schulungs- und Bildungsveranstaltungen sind die Vertrauensperson sowie das mit der höchsten Stimmenzahl gewählte stellvertretende Mitglied freizustellen, soweit die Veranstaltungen konkrete, betriebsbezogene Kenntnisse vermitteln, die für die Arbeit der Vertrauensperson erforderlich sind. In größeren Betrieben (§ 178 I 5 SGB IX) ist auch das jeweils mit der nächsthöheren Stimmenzahl gewählte weitere stellvertretende Mitglied freizustellen (§ 179 IV SGB IX, § 37 VI BetrVG). Von ihrer beruflichen Tätigkeit freigestellte Vertrauenspersonen haben ebenso wie ein freigestelltes Personalratsmitglied Anspruch auf eine monatliche **Aufwandsentschädi-**

---

[11] BAG 16.11.2005 AP Nr. 4 zu § 94 SGB IX = NZA 2006, 340.
[12] BAG 20.1.2010 AP Nr. 2 zu § 97 SGB IX = NZA 2010, 1435.
[13] BAG 25.10.2017 AP Nr. 10 zu § 94 SGB IX = NZA 2018, 252.
[14] BAG 20.1.2010 AP Nr. 2 zu § 97 SGB IX = NZA 2010, 1435.
[15] BAG 23.7.2014 AP Nr. 7 zu § 94 SGB IX = NZA 2014, 1288; 22.3.2012 NZA 2012, 690.
[16] BAG 29.7.2009 AP Nr. 5 zu § 94 SGB IX = NZA-RR 2010, 76.
[17] BAG 29.7.2009 NZA 2009, 1221.
[18] BAG 18.3.2015 AP Nr. 9 zu § 94 SGB IX.
[19] BAG 14.8.1986 AP Nr. 2 zu § 23 SchwbG = NZA 1987, 277.
[20] LAG Bln 15.2.2002 DB 2002, 1840.
[21] BAG 19.7.2012 AP Nr. 3 zu § 96 SGB IX = NZA 2013, 143.
[22] BAG 8.6.2016 AP Nr. 4 zu § 96 SGB IX (Schulung); 2.6.2010 AP Nr. 1 zu § 96 SGB IX = NZA 2011, 120.
[23] BAG 30.4.1987 AP Nr. 3 zu § 23 SchwbG = NZA 1988, 172.

gung.[24] Wie ein Betriebsratsmitglied hat eine Vertrauensperson Anspruch auf entsprechende Arbeits- und Dienstbefreiung unter Fortzahlung der Vergütung, wenn sie Aufgaben außerhalb ihrer Arbeitszeit durchführt (§ 179 VI SGB IX). Anders als § 37 III 3 BetrVG sieht § 179 VI SGB IX aber keinen finanziellen Abgeltungsanspruch für eine außerhalb der Arbeitszeit erbrachte Amtstätigkeit vor.[25] Die Vergütungsansprüche der Vertrauensperson und etwaiger stellvertretender Mitglieder der SBV sind wie diejenigen der Betriebsratsmitglieder im Urteilsverfahren zu verfolgen.

7 **4. Stufenvertretung.** Ist für mehrere Betriebe des AG ein Gesamtbetriebs- oder für mehrere Dienststellen ein Gesamtpersonalrat gebildet, ist eine Gesamtschwerbehindertenvertretung zu wählen (§ 180 I SGB IX). Ist ein GBR/Gesamtpersonalrat nicht gebildet, kann auch eine Gesamtschwerbehindertenvertretung nicht errichtet werden. Aufgaben und Befugnisse entsprechen im Wesentlichen denjenigen des GBR (→ § 224 Rn. 1). Die Gesamtschwerbehindertenvertretung vertritt die Interessen der schwerbehinderten Menschen in Angelegenheiten, die das Gesamtunternehmen oder mehrere Betriebe oder Dienststellen des AG betreffen und von den SBV der einzelnen Betriebe oder Dienststellen nicht geregelt werden können (§ 180 VI SGB IX). Hieraus folgt eine „Ersatzzuständigkeit" bei Fehlen einer örtlichen SBV, die Gesamtschwerbehindertenvertretung hat in vertretungslosen Betrieben eines Unternehmens die Rechtsstellung einer (örtlichen) SBV und nimmt die Interessen aller schwerbehinderten Menschen des Unternehmens auf Betriebs- und Unternehmensebene wahr; dies gilt auch beim Kündigungsausspruch[26] (§ 178 II SGB IX). Nach § 180 II SGB IX ist die Errichtung einer Konzernschwerbehindertenvertretung obligatorisch, wenn in einem Konzern mehrere SBV bestehen. Ist im Konzern nur eine SBV gebildet, nimmt diese hingegen nicht die Aufgaben der Konzernschwerbehindertenvertretung wahr.[27] In mehrstufigen Verwaltungen werden Haupt-[28] und Bezirksschwerbehindertenvertretung errichtet (§ 180 III SGB IX).

II. Beteiligungsrechte

8 **1. Überblick.** Die SBV hat die Interessen der im Betrieb oder der Dienststelle beschäftigten schwerbehinderten Menschen zu fördern. In Einrichtungen der beruflichen Rehabilitation repräsentiert die SBV auch die in Ausbildung befindlichen schwerbehinderten Rehabilitanden.[29] Für den kirchlichen Bereich sind die Beteiligungsrechte durch die MVG-EKD bzw. die MAVO-RahmenO näher ausgestaltet.[30] **Rechtsstreitigkeiten** über Rechte und Pflichten der SBV sind im Beschlussverfahren vor den ArbG (§ 2a I Nr. 3a ArbGG) zu entscheiden, selbst für Dienststellen, in denen Personalvertretungsrecht gilt.[31] Über die Verletzung arbeitsvertraglicher Verpflichtungen der Vertrauensperson(en) ist hingegen im Urteilsverfahren zu entscheiden.[32] Die Rechtswegzuweisung zu den ArbG gilt nicht, wenn die Beteiligten über Rechte und Pflichten einer nach kirchlichem Recht gebildeten SBV streiten; eine Rückausnahme besteht aber, soweit ihre Ansprüche auf staatliches Recht gestützt werden.[33] Die Zuständigkeit der SBV besteht nur für Personen, bei denen ein GdB von 50 vorliegt oder für gleichgestellte AN, wenn deren Gleichstellung durch Bescheid der BA festgestellt worden ist. Eine vorsorgliche Beteiligungspflicht für Personen, deren Antragsverfahren noch nicht abgeschlossen ist, besteht auch nach § 178 II 1 SGB IX nicht.[34]

9 **2. Allgemeine Aufgaben.** § 178 I, II SGB IX ist in Anlehnung an § 80 BetrVG (→ § 233 Rn. 1) formuliert. **(a)** Die SBV hat die Eingliederung von schwerbehinderten Menschen (§ 178 SGB IX) in den Betrieb oder die Dienststelle zu fördern, **(b)** darüber zu wachen, dass die zugunsten der schwerbehinderten Menschen geltenden Schutznormen eingehalten werden, **(c)** Maßnahmen, die ihnen dienen, bei der zuständigen Stelle zu beantragen, **(d)** Anregungen und Beschwerden von schwerbehinderten Menschen entgegenzunehmen. Die SBV hat das

[24] BAG 14.8.1986 AP Nr. 2 zu § 23 SchwbG = NZA 1987, 277.
[25] BAG 28.5.2014 AP Nr. 156 zu § 37 BetrVG 1972 = NZA 2015, 564.
[26] AA *Prieschl/Meißner* DB 2017, 1592.
[27] BAG 4.11.2015 AP Nr. 3 zu § 97 SGB IX = NZA-RR 2016, 191.
[28] BAG 23.7.2014 AP Nr. 8 zu § 94 SGB IX = NZA-RR 2015, 51; 24.5.2006 AP Nr. 1 zu § 97 SGB IX.
[29] BAG 16.4.2003 AP Nr. 1 zu § 95 SGB IX = NZA 2003, 1105.
[30] Dazu *Oxenknecht-Witzsch* ZMV 2007, 7 zur Einstellung und Versetzung *Joussen* ZMV 2009, 6.
[31] BAG 15.7.2017 AP Nr. 60 zu § 17a GVG = NZA 2017, 1140; 22.3.2012 NZA 2012, 690.
[32] BAG 3.12.2020 AP Nr. 65 zu § 17a GVG = NZA 2021, 411 (Entfernung einer Abmahnung aus der Personalakte).
[33] BAG 30.4.2014 AP Nr. 54 zu Art. 140 GG = NZA 2014, 1223.
[34] BAG 22.1.2020 AP Nr. 4 zu § 178 SGB IX 2018 = NZA 2020, 783.

Recht, an allen Sitzungen des BR, PR, Richter-, Staatsanwalts- oder Präsidialrats und deren Ausschüssen beratend teilzunehmen (§ 178 IV SGB IX). Ziel der gesetzlichen Regelungen in § 182 I, § 178 II 1 SGB IX ist der Ausgleich der behinderungsbedingten Nachteile und die Wahrung gleicher Teilhabechancen. Die SBV soll als Sondervertretung an der Willensbildung des AG mitwirken und diesen auf mögliche, ggf. nicht bedachte Auswirkungen seiner Entscheidung hinweisen können.[35]

3. Einwirkung auf andere Arbeitnehmervertretungen. Das Recht der SBV zur beratenden Teilnahme an Sitzungen des BR und dessen Ausschüssen nach § 178 IV 1 SGB IX umfasst auch die beratende Teilnahme an Sitzungen gemeinsamer Ausschüsse des BR und des AG iSd § 28 III BetrVG[36] und besteht unabhängig davon, ob Fragen schwerbehinderter Menschen anstehen.[37] Die SBV kann erzwingen, einzelne Beratungsgegenstände auf die Tagesordnung zu setzen.[38] Sie hat das Recht, an den Monatsbesprechungen (§ 74 BetrVG) mit dem BR teilzunehmen (§ 178 V SGB IX) und mindestens einmal im Jahr die schwerbehinderten Menschen zu einer Versammlung einzuberufen (§ 178 VI SGB IX). Nach § 178 VIII SGB IX kann sie an **Betriebsversammlungen** mit Rederecht teilnehmen. Wegen der fehlenden Verweisung in § 178 VII SGB IX besteht aber kein Teilnahmerecht der Stufenvertretungen an Personalversammlungen, selbst wenn in den jeweiligen Dienststellen keine örtliche SBV gebildet ist.[39] 10

4. Einsichtsrecht. Nach § 178 II 4 SGB IX hat die SBV bei Bewerbungen schwerbehinderter Menschen u.a. das Recht auf Einsicht in die entscheidungsrelevanten Teile der **Bewerbungsunterlagen.** Dieses Recht erstreckt sich auch auf die entscheidungsrelevanten Teile der Bewerbungsunterlagen der nicht behinderten Bewerber, da nur so eine Vergleichsmöglichkeit für die SBV besteht. Diese soll dadurch die Möglichkeit haben, die benachteiligungsfreie Stellenbesetzungsentscheidung zu überprüfen.[40] Nach dem SGB IX besteht für die SBV kein eigenständiges Einsichtsrecht in die **Bruttolohn- und Gehaltslisten.** Dieses kommt daher nur zur Erfüllung der allgemeinen Aufgaben in Betracht, zB um die Überwachung zu ermöglichen, ob die zugunsten der schwerbehinderten Menschen geltenden Vorschriften eingehalten werden. Auch ein Einsichtsrecht in die Personalakten besteht nicht. Der schwerbehinderte Mensch kann jedoch zur Einsicht in seine Personalakte ein Mitglied der SBV hinzuziehen. § 178 III SGB IX ist § 83 BetrVG nachgebildet (→ § 234 Rn. 15). 11

5. Unterrichtungs- und Anhörungsrechte. a) Umfang. aa) Vorbemerkung. Die SBV ist vom AG in allen Angelegenheiten, die einen einzelnen schwerbehinderten Menschen oder die Schwerbehinderten als Gruppe berühren, **(1)** rechtzeitig und umfassend zu unterrichten und **(2)** vor einer Entscheidung zu hören; die getroffene Entscheidung ist unverzüglich mitzuteilen (§ 178 II SGB IX). Die Vorschrift sieht eine Anhörung des betroffenen schwerbehinderten AN durch die SBV nicht vor.[41] Das Beteiligungsrecht setzt die Existenz einer zuständigen SBV (→ Rn. 7) sowie die Kenntnis des AG von der Schwerbehinderteneigenschaft oder der Gleichstellung des betroffenen AN voraus.[42] Anders als in § 164 I SGB IX ist seine Wahrnehmung nicht vom Einverständnis des behinderten AN abhängig. Die Fristbestimmung „rechtzeitig" wird zT in anderen Vorschriften relativiert (zB § 167 I SGB IX), ihre Verletzung ist aber bußgeldbewehrt (§ 238 I Nr. 8 SGB IX). Ebenso fehlt eine sinnvolle Eingrenzung der Kompetenzen der SBV. Nach ihrem Wortlaut bestünde letztlich eine Allzuständigkeit für (fast) alle Handlungen des AG gegenüber behinderten Menschen.[43] 12

bb) Anhörung. Eine Unterrichtung muss über alle **Angelegenheiten** erfolgen, die einen einzelnen oder die schwerbehinderten Menschen als Gruppe (spezifisch) **berühren.** Die Pflicht besteht nicht bei Angelegenheiten, bei denen die Belange schwerbehinderter oder ihnen gleichgestellter behinderter Menschen in keiner anderen Weise betroffen werden als die von nicht schwerbehinderten Beschäftigten. Sie entsteht, sobald der AG von der das Beteiligungsrecht auslösenden Maßnahme Kenntnis erlangt und ihm die Unterrichtung ohne schuldhaftes Zögern 13

[35] BAG 17.8.2010 AP Nr. 3 zu § 95 SGB IX = NZA 2010, 1431.
[36] BAG 21.4.1993 AP Nr. 4 zu § 25 SchwbG = NZA 1994, 43.
[37] HessLAG 4.12.2001 NZA-RR 2002, 587.
[38] BAG 21.4.1993 AP Nr. 4 zu § 25 SchwbG = NZA 1994, 43.
[39] Offen gelassen BAG 11.9.2013 AP Nr. 28 zu Art. 56 ZA-Nato-Truppenstatut = NZA 2014, 323.
[40] BAG 16.9.2020 AP Nr. 5 zu § 178 SGB IX 2018 (keine Einsicht in die Beurteilungen).
[41] BGH 20.7.2018 NVwZ-RR 2018, 808.
[42] BAG 22.1.2020 AP Nr. 4 zu § 178 SGB IX 2018 = NZA 2020, 783; BVerwG 17.4.2020 – 2 B 7/20 – Disziplinarklage; 7.4.2011 – 2 B 79/10.
[43] Umfassend zur Kritik am offenen Regelungssystem *Edenfeld* PersV 2016, 364 (369 f.).

möglich ist. Dieser Zeitpunkt kann je nach den Umständen vor oder nach dem Abschluss der Angelegenheit liegen. Die Pflicht zur Anhörung der SBV ist demgegenüber auf **Entscheidungen** beschränkt. Dies sind im Wesentlichen einseitige Willensakte des AG, insbesondere wenn diesen rechtsgestaltende Wirkung zukommt. Beteiligungspflichtig sind regelmäßig eine Einstellung einschließlich des Auswahlverfahrens,[44] Versetzung, Ein- bzw. Umgruppierung und Kündigung (→ Rn. 14) sowie alle rechtsgeschäftlichen und tatsächlichen Maßnahmen, durch die aufgrund eines willentlich getragenen Entschlusses des AG ein schwerbehinderter Mensch betroffen wird, zB eine Abmahnung.[45] Keine Entscheidung soll der Abschluss eines Aufhebungsvertrags sein.[46] Wird eine Stelle mit Personalführungsfunktion besetzt, muss stets die SBV beteiligt werden, wenn die Aufgabe besondere schwerbehinderungsspezifische Führungsanforderungen stellt.[47] Die Beurteilung eines schwerbehinderten Menschen unterliegt hingegen nicht der Beteiligung nach § 178 II SGB IX, weil es insoweit an einer Regelung mit unmittelbaren Rechtswirkungen fehlt.[48]

14 **b) Insbesondere: Kündigungsausspruch.** Die Anhörungspflicht des AG nach § 178 II 1 SGB IX[49] erfasst gegenständlich alle Beendigungs- und Änderungskündigungen (→ § 124 Rn. 7); sie ist vom Eingreifen des allgemeinen Kündigungsschutzes unabhängig und gilt auch für die Kündigung innerhalb der ersten sechs Monate eines Arbeitsverhältnisses. Sie besteht nur, wenn der AG von der Schwerbehinderung oder der Gleichstellung vor dem Kündigungsausspruch Kenntnis hat. Der Umfang der Mitteilungspflichten entspricht dem in § 102 I BetrVG (→ § 124 Rn. 17), wobei zu berücksichtigen ist, dass die SBV – anders als der BR, der die gesamte Belegschaft vertritt – nur die Interessen des betroffenen AN wahrnehmen soll und mit einem etwaigen Widerspruch keinen Weiterbeschäftigungsanspruch (§ 102 V BetrVG) begründen kann. Vergessen hat der Gesetzgeber die Festlegung einer Frist für die Anhörung, insoweit gilt nicht § 178 II 2 SGB IX, sondern die Wochenfrist des § 102 II BetrVG (höchstens drei/sieben Tage) entsprechend,[50] für die Fristbeginn und das Fristende gelten die gleichen Grundsätze wie bei § 102 BetrVG (→ § 124 Rn. 34). Die nachträgliche Beteiligung der SBV nach dem Kündigungsausspruch ist unzulässig, eine ohne deren Beteiligung ausgesprochene Kündigung ist unwirksam (§ 178 II 3 SGB IX), gleiches gilt – wie bei § 102 BetrVG – für eine inhaltlich unzureichende Beteiligung. Eine Aussetzung der Kündigungserklärung nach § 178 II 2 SGB IX kann die SBV nicht verlangen; insoweit gilt allein Satz 3.[51] Wie das Verfahren nach § 102 BetrVG kann die Einbeziehung der SBV vor der Antragstellung beim Integrationsamt (→ § 179 Rn. 15, 28), parallel oder nach Erteilung von dessen Zustimmung erfolgen. Der Verstoß gegen die unverzügliche Unterrichtung nach Satz 1 führt nicht zur Unwirksamkeit nach Satz 3.[52]

15 **c) Zuwiderhandlungen.** Im Gesetzgebungsverfahren zum SGB IX ist (erfolglos) gefordert worden, dass eine ohne Anhörung durchgeführte Maßnahme rechtswidrig und damit nichtig sei.[53] Stattdessen sieht § 178 II 2 SGB IX vor, dass die Durchführung oder Vollziehung einer ohne Beteiligung der SBV getroffenen Entscheidung auszusetzen ist. Eine individualrechtliche Nichtigkeit hat die unterbliebene Beteiligung der SBV nur bei dem Kündigungsausspruch zur Folge (178 II 3 SGB IX; → Rn. 14). Die Anhörung ist innerhalb von sieben Tagen nachzuholen und alsdann endgültig zu entscheiden. In aller Regel wird ein schwerbehinderter AN um Hilfe bei der SBV nachsuchen, die ihrerseits die Aussetzung der Maßnahme verlangt. Sind Maßnahmen des AG fristgebunden, kann das Aussetzungsverlangen zur zeitweisen Undurchführbarkeit der Maßnahme führen.[54] Bei Beamten führt die Verletzung von § 178 II SGB IX nur bei Ermessensentscheidungen zur Rechtswidrigkeit, während diese Rechtsfolge bei gebundenen Entscheidungen nicht eintritt.[55]

---

[44] BAG 19.12.2018 AP Nr. 3 zu § 178 SGB IX 2018 = NZA 2019, 854; 15.10.2014 AP Nr. 5 zu § 95 SGB IX = NZA 2015, 176.
[45] *Kleinebrink* DB 2017, 126 (131).
[46] BAG 14.3.2012 AP Nr. 4 zu § 95 SGB IX.
[47] BAG 17.8.2010 AP Nr. 3 zu § 95 SGB IX = NZA 2010, 1431.
[48] BVerwG 14.12.1990 NJW 1991, 2097; OVG NRW 4.1.2010 Behindertenrecht 2011, 19.
[49] Dazu *Mühlmann* NZA 2017, 884; *Klein* NJW 2017, 852; *Lingemann/Steinhauser* NJW 2017, 1369.
[50] BAG 13.12.2018 AP Nr. 2 zu § 178 SGB IX 2018 = NZA 2019, 305; *Bayreuther* NZA 2017, 87 (90); *Lingemann/Chakrabarti* Anm. AP Nr. 2 zu § 178 SGB IX 2018.
[51] AA *Kleinebrink* DB 2017, 126 (130 f.).
[52] BAG 13.12.2018 AP Nr. 2 zu § 178 SGB IX 2018 = NZA 2019, 305; aA *Bayreuther* NZA 2017, 87 (90 f.).
[53] Vgl. BT-Drs. 10/5701 zu II f., S. 7, und Nr. 21 b cc, S. 11; LAG RhPf 18.8.1993 NZA 1993, 1133.
[54] LAG RhPf 5.10.2011 Behindertenrecht 2012, 203.
[55] BVerwG 13.11.2019 Buchholz 316 § 46 VwVfG Nr. 28 – vorzeitige Versetzung in den Ruhestand wegen dauernder Dienstunfähigkeit; 20.10.2010 – 2 B 39/10; 21.6.2007 – 2 A 6/06.

6. Inklusionsvereinbarungen. § 166 I SGB IX normiert eine Pflicht zum Abschluss von Inklusionsvereinbarungen zwischen AG und – je nach Zuständigkeit – der Vertrauensperson der schwerbehinderten Menschen oder der Gesamtschwerbehindertenvertretung. Diese können formfrei geschlossen werden und sind nicht erzwingbar, da es im SGB IX an einer § 87 II BetrVG entsprechenden Regelung fehlt. Sie entfalten – anders als Betriebsvereinbarungen – keine normative Wirkung zugunsten der erfassten schwerbehinderten Menschen. Gegenstand von Inklusionsvereinbarungen können nach § 166 II, III SGB IX konkrete Maßnahmen oder Verfahren sein, in denen die Beschäftigungsbedingungen von schwerbehinderten Menschen innerhalb des dispositiven Rechts[56] ausgestaltet werden. Insoweit besteht bei diesen Regelungsgegenständen eine Doppelzuständigkeit von Vertrauensperson und BR. Weitere Bestimmungen über das Verfahren sind in § 166 I 4, 5 SGB IX. Das Gesetz enthält keine Vorgaben über die einseitige Beendigung von Inklusionsvereinbarungen, diese sind daher bei ihrem Abschluss zu vereinbaren. 16

[56] BAG 16.2.2012 AP Nr. 4 zu § 22 AGG = NZA 2012, 667.

6. Abschnitt. Gruppenarbeitsverhältnis, mittelbares sowie Probe- und Aushilfsarbeitsverhältnis

§ 181. Gruppenarbeitsverhältnis und mittelbares Arbeitsverhältnis

Übersicht

I. Gruppenarbeitsverhältnis

1 **1. Formen von Gruppenarbeitsverhältnissen. a) Arbeitnehmerseite.** Gruppenarbeitsverhältnisse sind die Betriebsgruppe (→ Rn. 2) und die Eigengruppe (→ Rn. 13), in denen die AN gleichberechtigt nebeneinanderstehen, sowie das Gehilfenverhältnis (→ Rn. 27), bei dem ein Subordinationsverhältnis der AN untereinander besteht. Neben diesen Grundtypen finden sich zahlreiche Mischformen, zB kann auch bei einer Betriebsgruppe den Gruppenmitgliedern ein Mitwirkungsrecht bei der Zusammensetzung eingeräumt werden. Eine besondere Form des Gruppenarbeitsverhältnisses ist das Jobsharing-Verhältnis (→ § 43 Rn. 17).

1a **b) Arbeitgeberseite.** Mehrere natürliche oder juristische Personen können in arbeitsrechtlichen Beziehungen zu demselben AN stehen. Dabei können mehrere getrennte Arbeitsverhältnisse oder ein einheitliches Arbeitsverhältnis gegeben sein,[1] zB bei einem mittelbaren Arbeitsverhältnis (→ Rn. 28). Erforderlich für die Annahme eines einheitlichen Arbeitsverhältnisses ist ein rechtlicher Zusammenhang der arbeitsvertraglichen Beziehungen des AN zu den einzelnen AG, der es verbietet, diese Beziehungen rechtlich getrennt zu behandeln.[2] Der rechtliche Zusammenhang kann sich aus einer Auslegung des Vertragswerks der Parteien, aber auch aus zwingenden rechtlichen Wertungen ergeben.[3] Dafür ist nach dem Empfängerhorizont zu prüfen, ob nach den Vorstellungen der Vertragschließenden die einzelnen Vereinbarungen nur gemeinsam gelten und zusammen durchgeführt werden sollen, dh Teile eines einzigen Gesamtgeschäfts sein sollen. Ist dies zu bejahen, kann ein solches einheitliches Arbeitsverhältnis im Regelfall nur von und gegenüber allen auf einer Vertragsseite Beteiligten gekündigt werden.[4] Nur ausnahmsweise kann der Ausspruch einer gesonderten Kündigung eines der AG zulässig sein.

2 **2. Betriebsgruppe. a) Begriff.** In einer Betriebsgruppe wird eine Mehrheit von AN, die jeweils einzeln und voneinander unabhängig ihren Arbeitsvertrag mit dem AG abgeschlossen haben, von diesem aus arbeitsorganisatorischen Gründen zur Erreichung eines bestimmten Arbeitserfolgs (tatsächlich) zusammengefasst. Dagegen liegt eine bloße Zufallsgemeinschaft (zB Bürogemeinschaft von Angestellten) vor, wenn es an einer besonderen Zwecksetzung fehlt.

3 **b) Bildung und Auflösung.** Der AG kann aufgrund des Weisungsrechts mehrere AN aus organisatorischen Gründen zu einer Betriebsgruppe zusammenfassen.[5] Ein Widerspruchsrecht gegen die Bildung und Zusammensetzung der Betriebsgruppe haben die zugewiesenen AN nicht. Auch die spätere Änderung ihrer personellen Zusammensetzung und ihre Auflösung sind vom Direktionsrecht des AG umfasst. Dieser ist daher berechtigt, das Arbeitsverhältnis einzelner Gruppenmitglieder zu kündigen oder sie auf andere Arbeitsplätze umzusetzen. Für eine Kündigung müssen in der Person oder im Verhalten des Gekündigten relevante Gründe vorliegen. Eine Vereinbarung, dass bei Vorliegen eines Kündigungsgrunds in der Person eines Gruppenmitglieds auch die anderen Mitglieder der Betriebsgruppe gekündigt werden können, ist bei einer

[1] BAG 27.3.1981 AP Nr. 2 zu § 611 BGB Hausmeister.
[2] BAG 15.12.2011 AP Nr. 424 zu § 613a BGB = NZA-RR 2012, 570.
[3] BAG 27.1.1981 AP Nr. 1 zu § 611 BGB Arbeitgebergruppe.
[4] BAG 19.4.2012 AP Nr. 13 zu § 14 KSchG 1969 = NZA 2013, 27.
[5] Diff. ErfK/*Preis* BGB § 611 Rn. 165, 169; aA Staudinger/*Richardi* BGB Vorbem. zu § 611 Rn. 517 ff.

Betriebsgruppe wegen Verstoß gegen zwingendes Kündigungsrecht unwirksam; zu den Besonderheiten des Jobsharing-Arbeitsverhältnisses → § 43 Rn. 17.

c) Rechtsverhältnisse der Gruppenmitglieder untereinander. aa) Abgrenzung. Ist die Gruppe allein durch den AG gebildet worden, entsteht zwischen den Gruppenmitgliedern nur eine tatsächliche Gemeinschaft; der AG kann aufgrund des Direktionsrechts Rechtsbeziehungen zwischen den Gruppenmitgliedern nicht herstellen. Etwaige Mitwirkungsbefugnisse der beteiligten AN bei der Gruppenbildung und Zusammensetzung können für die Auslegung maßgebend sein, ob es sich bei der Betriebsgruppe um eine tatsächliche Gemeinschaft, eine Interessengemeinschaft oder eine atypische Innengesellschaft handelt. Der Unterschied zwischen Interessengemeinschaft und Gesellschaft besteht darin, dass bei der Interessengemeinschaft die Interessen der Teilhaber bis zu einem gewissen Grad übereinstimmen, ihre Zwecke aber verschieden sind, während bei der Gesellschaft gemeinsame Zwecke vorhanden sein müssen. Da die Bildung und Zusammensetzung der Betriebsgruppe vom Direktionsrecht des AG umfasst ist, kann diese ein Gruppenmitglied nicht ausschließen, sondern nur eine entsprechende Maßnahme beim AG beantragen. 4

bb) Gruppenleiter und Gruppensprecher. Der AG kann aufgrund seines Direktionsrechts für die Betriebsgruppe einen Gruppenleiter bestimmen. Diesem wird regelmäßig ein Teil des Direktionsrechts des AG übertragen; er überwacht zB die Einhaltung der Arbeitsausführung und der Arbeitszeit. Daneben kann er auch ohne besondere Bevollmächtigung wie ein Vorarbeiter oder sonstiger Vorgesetzter als Empfänger und Adressat von Willenserklärungen anzusehen sein, die für den oder gegenüber dem AG abzugeben sind (zB Entgegennahme von Arbeitsunfähigkeitsmitteilungen, Erteilung von Urlaub). Für den Umfang der Vollmacht gelten die Grundsätze über die Anscheins- oder Duldungsmacht. Die Gruppenmitglieder können daneben einen Gruppensprecher wählen, der ihre Interessen gegenüber dem Gruppenleiter oder dem AG vertritt; dieser ist gegen disziplinarische Maßnahmen des AG nicht besonders geschützt, insbesondere besteht kein (Sonder)Kündigungsschutz. 5

d) Rechtsverhältnis der Gruppe zum Arbeitgeber. Zwischen dem AG und den Mitgliedern der Betriebsgruppe besteht ein unmittelbares Arbeitsverhältnis.[6] Die einzelnen Arbeitsvertragsbedingungen (zB Arbeitsvergütung, -zeit, Urlaub) der Gruppenmitglieder können voneinander abweichen, soweit sie nicht notwendigerweise übereinstimmen müssen, zB für die Gruppenakkordberechnung. Ein Verstoß gegen den arbeitsrechtlichen Gleichbehandlungsgrundsatz begründen die unterschiedlichen Arbeitsbedingungen innerhalb einer Betriebsgruppe nicht. Ebenso kann – je nach Verbandsmitgliedschaft – für einzelne Arbeitsverhältnisse Tarifbindung bestehen oder nicht. 6

e) Vergütung. aa) Vereinbarung. Die Mitglieder der Betriebsgruppe haben einen unmittelbaren Vergütungsanspruch gegen den AG. Das Direktionsrecht hinsichtlich der Zusammensetzung der Betriebsgruppe (→ Rn. 3) berechtigt den AG nicht zur einseitigen Einführung einer von den bestehenden vertraglichen Vereinbarungen abweichenden Gruppenentlohnung (Gruppenakkord, Gruppenprämie); hierzu bedarf es einer einvernehmlichen Vertragsänderung oder des Ausspruchs einer Änderungskündigung. Die Zustimmung zu einer Vertragsänderung kann nach den allgemeinen Grundsätzen bei einer widerspruchslosen Hinnahme der Gruppenvergütung über einen längeren Zeitraum als erteilt gelten, zB bei wiederholter widerspruchsloser Entgegennahme der Abrechnung und der Vergütung. Ohne wirksame vertragliche Vereinbarung einer Gruppenentlohnung behalten die zugewiesenen AN ihren bisherigen Vergütungsanspruch. Bei der Einstellung kann sich der AG die Möglichkeit zur Einführung einer besonderen Gruppenvergütung vorbehalten, diese darf aber weder den gesetzlichen bzw. tariflichen Mindestlohn noch die bisherige vertragliche Vergütungsvereinbarung unterschreiten. Ist mit den Gruppenmitgliedern eine solche Vergütung vereinbart worden, kann der AG nach § 280 I BGB für die von ihm zu vertretenden Mängel bei der Veränderung der personellen Zusammensetzung der Gruppe haften, sofern die regelmäßig zu erzielende erfolgsabhängige Vergütung wegen der geänderten personellen Zusammensetzung der Gruppe nicht mehr erzielt werden kann. 7

bb) Höhe. Bei einer Vergütung nach geleisteten Zeitabschnitten erfolgt die Entgeltberechnung rein zeitbestimmt; bei Zeitakkord beruht sie auf Akkordvorgabe, festgestellter Arbeitsmenge und Geldfaktor; dem Stückakkord liegt idR nur die Zahl der gefertigten Arbeitsstücke zugrunde. Die Pflichten des AG bei der Vergütungsabrechnung und -zahlung bleiben grundsätzlich von der Vereinbarung einer Gruppenvergütung unberührt; jedoch können sich je nach den 8

[6] BAG 23.2.1961 AP Nr. 2 zu § 611 BGB Akkordkolonne.

getroffenen Vereinbarungen Mitteilungspflichten der Gruppenmitglieder ergeben. Der AG kann die Vergütung nur mit befreiender Wirkung an den Gruppensprecher auszahlen, wenn dieser entsprechend bevollmächtigt ist.[7]

9 **cc) Minderleistung.** Besteht eine leistungsabhängige Gruppenvergütung, vermindert sich bei geringerer Arbeitsleistung der Betriebsgruppe der Vergütungsanspruch der einzelnen Gruppenmitglieder automatisch. Das gilt nur dann nicht, wenn zur Arbeitsleistung eine Mitwirkungshandlung (§ 295 BGB) des AG erforderlich war und er mit dieser in Verzug geraten ist. In diesen Fällen bleibt der Anspruch auf die vereinbarte Vergütung nach § 615 BGB erhalten.

10 **dd) Schlechtleistung.** Erbringt die Betriebsgruppe nur eine mit Mängeln behaftete Arbeitsleistung, hängt es von der Ausgestaltung der einzelnen Arbeitsverträge ab, ob sich der Vergütungsanspruch automatisch mindert oder in voller Höhe entsteht und dem AG nur anteilig, dh nach Kopfzahlen bemessene Schadensersatzansprüche zustehen. Eine Vereinbarung, wonach ein Vergütungsanspruch nur bei mangelfreier Arbeit besteht, ist unwirksam; auch die Vereinbarung eines bestimmten Vergütungsabschlags bei mängelbehafteter Leistung ist unwirksam. Die Abhängigkeit von der Mangelfreiheit kann nur durch eine zusätzlich vereinbarte erfolgsabhängige Vergütung bewirkt werden. Daher behalten die Mitglieder einer Betriebsgruppe ihren Vergütungsanspruch auch bei Minderleistungen; gegenüber etwaigen Arbeitsmängeln hat der AG nur Schadensersatzansprüche.

11 **f) Haftung der Betriebsgruppe.** Die Haftung einer Betriebsgruppe ist wegen der Mehrzahl der auf Arbeitnehmerseite Beteiligten gegenüber den allgemeinen Haftungsregeln komplizierter. Nach einer älteren Entscheidung des BAG musste zunächst der geschädigte AG nachweisen, dass sein Schaden durch vertragswidrige Schlechtleistung der Gruppe verursacht worden ist. Danach war es Sache der einzelnen Gruppenmitglieder sich zu entlasten, indem sie darlegten und bewiesen, dass sie selbst einwandfreie Arbeit geleistet und auch nicht durch Verletzung vertraglicher Nebenpflichten den Schaden mitverursacht hatten. Auch wegen des Verschuldens musste sich das Gruppenmitglied entlasten, wenn die vertragswidrige Schlechtleistung der Gruppe feststand.[8] Diese Grundsätze sind mit § 619a BGB unvereinbar, allerdings bestehen gegenüber dem AG besondere Mitwirkungspflichten der Gruppenmitglieder bei der Aufklärung des maßgeblichen Sachverhalts, deren Verletzung ihrerseits zu Schadensersatzansprüchen des AG führen kann. Liegt eine Schadensersatzpflicht vor, kommt regelmäßig nur eine anteilige Haftung der Gruppenmitglieder in Betracht. Eine gesamtschuldnerische Haftung ist zu erwägen, wenn die Gruppenmitglieder auch aus gemeinschaftlich begangener unerlaubter Handlung haften.

12 **g) Betriebsverfassungsrecht.** Die Gruppenarbeit kann eine Vielzahl von Mitwirkungsrechten des BR auslösen. Die Einführung der Gruppenarbeit kann eine Betriebsänderung (→ § 244 Rn. 1) iSv §§ 111, 112 BetrVG darstellen.[9] Daneben kann der BR bei der Zusammensetzung nach §§ 90, 91 sowie §§ 99 ff. BetrVG zu beteiligen sein[10] (→ § 239 Rn. 1, → § 241 Rn. 1). Im Rahmen der sozialen Mitbestimmung (→ § 235 Rn. 1) können Tatbestände nach § 87 I Nrn. 1, 3, 6, 7, 10, 11, 13 BetrVG betroffen sein. Insbesondere besteht ein Mitbestimmungsrecht bei der Gruppenentlohnung (Nrn. 10, 11) sowie bei der Durchführung der Gruppenarbeit (Nr. 13). Schließlich können sich im Rahmen der wirtschaftlichen Mitbestimmung Mitwirkungsrechte ergeben (§§ 106 ff. BetrVG).

13 **3. Eigengruppe. a) Begriff.** Unter Eigengruppe wird eine Mehrheit von AN verstanden (zB eine Musikband oder Artistengruppe), die sich zu einer gemeinsamer Leistung von Diensten aus eigener Initiative zusammengeschlossen hat und als Gruppe ihre Dienstleistung dem AG anbietet.[11] Bei der mit diesem abgeschlossenen Vereinbarung kann es sich je nach vertraglicher Ausgestaltung um ein unmittelbares oder mittelbares Arbeitsverhältnis handeln oder um einen Dienst- oder Werkvertrag.[12]

[7] BAG 19.4.2012 AP Nr. 13 zu § 14 KSchG 1969 = NZA 2013, 27.
[8] BAG 24.4.1974 AP Nr. 4 zu § 611 BGB Akkordkolonne.
[9] LAG Nürnberg 1.8.2000 AiB 2004, 438.
[10] LAG Köln 26.7.1996 LAGE § 99 BetrVG 1972 Versetzung Nr. 1 = NZA 1997, 280.
[11] BAG 23.2.1961 AP Nr. 2 zu § 611 BGB Akkordkolonne.
[12] BAG 11.8.2015 AP Nr. 128 zu § 611 BGB Abhängigkeit = NZA-RR 2016, 288.

14 **b) Bildung und Auflösung.** Da sich die Eigengruppe auf einem selbst gefassten Willensentschluss zusammen geschlossen hat, kann der AG ohne gesonderte Vereinbarung nicht auf die Bildung und Zusammensetzung der Gruppe Einfluss zu nehmen. Er darf also die Gruppe nicht durch Versetzungen, Umsetzungen oder Kündigungen in ihrer personellen Zusammensetzung ändern. Jedoch können die Arbeitsverträge zu den einzelnen Gruppenmitgliedern differieren, soweit sie nicht notwendigerweise übereinstimmen müssen. Wie die Bildung der Eigengruppe ist auch ihre Auflösung letztlich ein interner Vorgang, der sich durch Willensübereinstimmung der Gruppenmitglieder vollzieht. Die Veränderung der personellen Zusammensetzung kann den AG zur Kündigung des Arbeitsvertrags mit der Gruppe berechtigen, wenn diese eine Gruppenleistung erbringt, die nicht mehr den zuvor mit dem AG getroffenen Abreden entspricht.

15 **c) Rechtsformen der Eigengruppe.** Die Rechtsform der Eigengruppe richtet sich nach den von den Gruppenmitgliedern getroffenen Vereinbarungen. Im Rechtsverkehr finden sich Gruppen in der Form der BGB-Gesellschaft als Innen- und Außengesellschaft, des rechtsfähigen und nichtrechtsfähigen Vereins, einer Gesellschaft mit beschränkter Haftung und der Genossenschaft. Eine körperschaftliche Verfassung kommt vielfach auch in sog. alternativen Arbeitsverhältnissen vor, in denen sich mehrere Personen in einer Gesellschaft zusammenschließen, um gemeinsame Bauleistungen (zB im Gerüstbau) zu erbringen.[13] Fehlt es an einer körperschaftlichen Verfassung ist regelmäßig vom Bestehen einer GbR auszugehen, da die gemeinsame, auf persönlichem Kontakt aufgebaute Arbeitsleistung im Vordergrund der Eigengruppe steht. Verwendet die Eigengruppe die Organisationsform der BGB-Gesellschaft, sind zwei Gestaltungsmöglichkeiten zu unterscheiden; werden die Mitglieder der Eigengruppe jeweils für sich allein Vertragspartner des AG, handelt es sich um eine BGB-Innengesellschaft. Tritt die Eigengruppe gegenüber dem Auftraggeber als Vertragspartner auf, besteht eine BGB-Außengesellschaft. Schließen alle Gruppenmitglieder mit dem AG einen Arbeitsvertrag ab, werden dadurch unmittelbare arbeitsrechtliche Beziehungen zwischen den Gruppenmitgliedern und dem AG/Auftraggeber begründet.[14]

16 **d) Vertretung.** Je nach der von der Eigengruppe gewählten Rechtsform ist sie kraft Gesetzes zur Bestellung eines im Außenverhältnis Vertretungsberechtigten (Geschäftsführers/Vorstands) verpflichtet. Aber auch im Falle einer Gesellschaft bürgerlichen Rechts bestellt die Gruppe idR einen Gruppensprecher, der die Aufgaben eines Vertreters erfüllt, da die gemeinsame Vertretung (§§ 709, 714 BGB) im Rechtsverkehr nicht praktikabel ist. Die das Gruppenverhältnis betreffende Geschäftsführungsbefugnis (§§ 709 ff. BGB) richtet sich nach den Vereinbarungen der Gruppenmitglieder. Die das Außenverhältnis betreffende Vertretungsmacht (§ 714 BGB) ergibt sich nach Inhalt und Umfang bei juristischen Personen aus dem Gesetz, im Übrigen aus der erteilten Vollmacht (§ 164 BGB). IdR spricht der Rechtsschein dafür, dass der Gruppenführer bevollmächtigt ist, alle tatsächlichen und rechtlichen Handlungen, die zur Erreichung der von der Eigengruppe verfolgten Zwecke notwendig sind, mit Wirkung für und gegen die Eigengruppe vorzunehmen.

17 **e) Rechtsverhältnisse der Gruppe und ihrer Mitglieder zum Arbeitgeber. aa) Überblick.** Möglich ist, dass **(1)** nur die Eigengruppe in Rechtsbeziehung zum AG tritt oder **(2)** sowohl die Eigengruppe als auch die einzelnen Gruppenmitglieder und **(3)** schließlich, dass nur die Gruppenmitglieder vertragliche Beziehungen zum AG eingehen. Als Normaltatbestand wird der letzte Fall anzusehen sein, zB bei der Erbringung von Bauleistungen. Die Rechtsbeziehungen können entweder als Arbeitsvertrag oder als Werkvertrag (→ § 9 Rn. 5), Dienstvertrag (→ § 9 Rn. 1) bzw. Dienstverschaffungsvertrag (→ § 9 Rn. 19) ausgestattet sein. Maßgeblich sind die getroffenen Vereinbarungen, bei abweichender Vertragsgestaltung ist diese maßgebend. Unmittelbare Rechtsbeziehungen zwischen dem AG und den einzelnen Gruppenmitgliedern können sich bei Fehlen anderweitiger Vereinbarungen nur bei der Begründung von Arbeitsverhältnissen mit den Gruppenmitgliedern ergeben.

18 **bb) Ausschließliche Rechtsbeziehungen der Gruppe zum Arbeitgeber.** Erschöpfen sich die Rechtsbeziehungen in der Verpflichtung der Eigengruppe, eine bestimmte Leistung zu erbringen, bestehen zwischen dem AG und den Gruppenmitgliedern keine unmittelbaren Rechtsbeziehungen, aufgrund derer er von den einzelnen Eigengruppenmitgliedern eine bestimmte, von ihm zu bestimmende Leistung verlangen kann. Die Leistungspflicht der Grup-

[13] BAG 10.4.1991 AP Nr. 54 zu § 611 BGB Abhängigkeit = NZA 1991, 856.
[14] LAG LSA 8.3.2000 NZA-RR 2000, 528.

penmitglieder beruht auf dem Rechtsverhältnis der Gruppe, auf das Arbeitsrecht keine Anwendung findet. Diese müssen sich den allgemeinen Ordnungsvorschriften des Betriebs anpassen, zB Rauchverbote einhalten. Andererseits hat nur die Gruppe einen Entgeltanspruch; das Entgelt wird mit Zahlung an die Gruppe Gesamthandseigentum, das Gruppenmitglied hat lediglich einen gesellschaftlichen Verteilungsanspruch. Bei Leistungsstörungen richten sich die Ansprüche gegen die Gruppe nach Gesellschaftsrecht.

19 **cc) Kumulative Rechtsbeziehungen zwischen Gruppe und Gruppenmitgliedern einerseits und dem Arbeitgeber andererseits. (1) Arbeitsvertrag.** In diesem Fall tritt neben den mit der Gruppe bestehenden Dienstverschaffungsvertrag ein dem Arbeitsrecht unterliegender Arbeitsvertrag zwischen den Gruppenmitgliedern und dem AG. Dieser kann dadurch zustande gekommen sein, dass der Gruppensprecher die einzelnen Gruppenmitglieder bei Vertragsbegründung vertreten hat; er kann aber auch erst konkludent mit der Arbeitsaufnahme entstehen.

20 **(2) Gegenseitige Leistungsansprüche.** Der AG erlangt neben dem gegen die Gruppe gerichteten Dienstverschaffungsanspruch einen unmittelbaren Leistungsanspruch gegen die Gruppenmitglieder. Ihm steht das Direktionsrecht zu, das allerdings durch den Inhalt der mit der Gruppe getroffenen Vereinbarungen beschränkt sein kann.[15] Der AG hat daher als Nebenpflicht alles zu unterlassen, was die Zusammensetzung und den Fortbestand der Gruppe berührt. Die Gruppenmitglieder haben einen unmittelbaren Vergütungsanspruch gegen den AG, der je nach abgeschlossener Vereinbarung zeit- oder erfolgsbezogen sein kann; stets muss er zumindest den Mindestlohn erreichen. Die Aufteilung der Vergütung richtet sich bei Fehlen anderweitiger Vereinbarungen mit dem AG nach Kopfteilen; im Gruppeninnenverhältnis können dann Ausgleichsansprüche bestehen.

21 **f) Leistungsstörungen. aa) Verzug.** Nimmt ein Gruppenmitglied die Arbeit nicht rechtzeitig auf oder begründet es nicht rechtzeitig einen Arbeitsvertrag, so kommt die Eigengruppe bei Erfüllung der übrigen Voraussetzungen in Verzug. Daneben haftet das säumige Gruppenmitglied wegen Verzugs oder Verschuldens bei Vertragsabschluss (§ 311 BGB). Nach der Rechtsprechung des BAG haften die anderen Mitglieder der Eigengruppe bei Vertragsbruch eines Mitglieds nur dann als Gesamtschuldner, wenn die Gruppenmitglieder die Verpflichtung übernommen haben, für die Erfüllung des Arbeitsverhältnisses einzustehen oder wenn die Vertragsverletzung auf einem gemeinsamen Entschluss beruht.[16]

22 **bb) Unmöglichkeit.** Wird der Gruppe die Dienstverschaffung schuldhaft unmöglich, haftet sie auf Schadensersatz. Bei nur teilweiser Unmöglichkeit, zB weil ein Gruppenmitglied die Arbeit nicht erbringen kann oder will, kann der AG die Leistung der übrigen Gruppenmitglieder zurückweisen, also (je nach Sachlage nach erfolgloser Abmahnung) außerordentlich oder ordentlich kündigen und Schadensersatz wegen Nichterfüllung verlangen, wenn er an einer Teilleistung kein Interesse hat.[17] In diesem Fall kann die Gruppe die versprochene Arbeitsleistung nicht vertragsgerecht anbieten.

23 **cc) Schlechtleistung.** Hier bestehen für den AG Schadensersatzansprüche nach den allgemeinen Grundsätzen der Arbeitnehmerhaftung (→ § 59 Rn. 24) gegen die Gruppe und das mangelhaft leistende Gruppenmitglied. Anders als bei der Betriebsgruppe haften die übrigen Gruppenmitglieder als Gesamtschuldner, da sie sich zur gemeinschaftlichen Arbeitsleistung verpflichtet haben. Eine Ausnahme hiervon besteht nur, wenn nach der getroffenen Vereinbarung das gemeinsame Zusammenwirkens so gering ausgeprägt ist, dass die Annahme einer gesamtschuldnerischen Haftung nicht mehr gerechtfertigt wäre; das Verschulden eines Gruppenmitglieds ist dem AG nicht über § 278 BGB zuzurechnen.

24 **g) Kündigung. aa) Erklärung.** Die Kündigungserklärung kann nur gegenüber der gesamten Gruppe erfolgen.[18] Dabei ist zunächst anhand der vertraglichen Vereinbarungen zu ermitteln, ob die Kündigung von und gegenüber allen Gruppenmitgliedern bzw. von und allein gegenüber dem Gruppensprecher erklärt werden kann. In jedem Fall muss die Kündigung schriftlich erfolgen (§ 623 BGB).

---

[15] BAG 9.2.1960 AP Nr. 39 zu § 626 BGB.
[16] BAG 30.5.1972 AP Nr. 50 zu § 4 TVG Ausschlussfristen.
[17] LAG Hamm 10.4.1964 DB 1964, 923.
[18] LAG LSA 8.3.2000 NZA-RR 2000, 528; vgl. auch BAG 21.10.1971 AP Nr. 1 zu § 611 BGB Gruppenarbeitsverhältnis.

bb) Alleinige Rechtsbeziehungen zwischen Eigengruppe und Arbeitgeber. Der AG kann ein einzelnes Gruppenmitglied nur an der weiteren Arbeitsleistung hindern, wenn die Gruppe damit einverstanden ist. Besteht in der Person oder im Verhalten eines der Gruppenmitglieder ein Kündigungsgrund, kann der AG dennoch nur der gesamten Gruppe kündigen. Der gegenüber einem Gruppenmitglied bestehende Kündigungsgrund wirkt dann auch zu Lasten der anderen Gruppenmitglieder. Im umgekehrten Fall kann auch das einzelne Gruppenmitglied selbst dann nicht allein das Rechtsverhältnis beenden, wenn es gegenüber dem AG einen Grund zur außerordentlichen Kündigung hat, die Gruppe aber das Rechtsverhältnis aufrechterhalten will. 25

cc) Kumulative Rechtsbeziehungen. Bei kumulativen Rechtsbeziehungen zwischen Gruppe und Gruppenmitgliedern einerseits und AG andererseits ist im Zweifel anzunehmen, dass die Arbeitsverträge voneinander abhängig sein sollen. Demgemäß kann die Minderleistung eines AN zur Kündigung der Gruppe führen.[19] Wird zB einer Musikgruppe durch den Ausfall eines ihrer Mitglieder die Arbeitsleistung unmöglich, ist dem AG die Fortsetzung des Arbeitsverhältnisses unzumutbar.[20] Werden Ehegatten für eine nur gemeinsam zu erbringende Dienstleistung (zB in einem Internat) eingestellt, können die mit ihnen begründeten Arbeitsverhältnisse vom AG in der Regel nur gemeinsam gekündigt werden. Der AG ist in diesem Fall bei Ausschluss der Einzelkündigung berechtigt, beiden Ehegatten fristgemäß zu kündigen, sofern in der Person oder dem Verhalten nur eines Ehegatten Kündigungsgründe vorliegen. Genießt ein Gruppenmitglied einen besonderen Kündigungsschutz (zB die Ehefrau wegen Schwangerschaft bei einem Hausmeisterehepaar), kann sich dieser auch für den Mann auswirken.[21] Besonderheiten können sich im Jobsharing-Arbeitsverhältnis ergeben (→ § 43 Rn. 17). Hat eine Eigengruppe sich nicht zur Fertigstellung der gesamten Arbeit verpflichtet, kann sie jederzeit das Arbeitsverhältnis durch eine fristgemäße Kündigung beenden.[22] 26

4. Gehilfenverhältnis. Ein Gehilfenverhältnis liegt vor, wenn **(a)** ein AN sich zur Erfüllung seiner Arbeitsleistung eines Gehilfen bedient und dieser vom AN eingestellt wird.[23] Dies kann zB der Fall sein, wenn ein Provisionsvertreter bei Verlust der Fahrerlaubnis vorübergehend einen Fahrer beschäftigt. Da nach § 613 S. 1 BGB die Arbeitsleistung im Zweifel in Person zu leisten ist (→ § 45 Rn. 1), bedarf der AN im Allgemeinen der Zustimmung des AG zur Hinzuziehung eines Gehilfen. Der starke wirtschaftliche und künstlerische Einfluss eines Rundfunksenders auf einen Mittelsmann bewirkt regelmäßig nicht, dass dessen AN auch solche seines AG werden.[24] Nur ein **unechtes Gehilfenverhältnis** wird begründet, wenn **(b)** der AN den Gehilfen im Namen des AG einstellt. In diesem Fall bestehen unmittelbare arbeitsvertragliche Beziehungen zwischen AG und Gehilfen. Kein Gehilfenverhältnis ist mehr gegeben, wenn **(c)** der Mittelsmann selbst Unternehmer ist und Gehilfen zur Erfüllung der versprochenen Leistung hinzuzieht. In diesen Fällen kann ein Leiharbeitsverhältnis vorliegen (→ § 120 Rn. 4), für dessen Durchführung eine Überlassungserlaubnis erforderlich sein kann. Die Frage, ob der Mittelsmann AN oder Unternehmer ist, ist nach den unter → § 8 Rn. 21 aufgezeigten Kriterien zu beurteilen. Welche der Vertragsgestaltungen vorliegt, ist durch Auslegung der vertragsrechtlichen Beziehungen zu ermitteln. Im Zweifelsfall wird anzunehmen sein, dass der Mittelsmann den Gehilfen für den AG eingestellt hat.[25] Hat ein AN zur Erbringung der Arbeitsleistung einen weiteren AN im Namen seines AG eingestellt (unechtes Gehilfenverhältnis, [b]), entstehen arbeitsvertragliche Rechtsbeziehungen zwischen dem Gehilfen und dem AG. Den AG treffen die arbeits-, sozialversicherungs- sowie steuerrechtlichen Pflichten. Das Direktionsrecht kann allerdings zwischen dem Mittelsmann und dem AG geteilt sein. Dies muss im Wege der Auslegung der Rechtsbeziehungen ermittelt werden. Im Falle der Schlechtleistung des Gehilfen trifft den Mittelsmann nur dann eine Haftung, wenn er bei der Auswahl, Anweisung und Beaufsichtigung des Gehilfen schuldhaft gehandelt hat. Hat der AN den Gehilfen in eigenem Namen eingestellt (c), entstehen keine unmittelbaren arbeitsvertraglichen Beziehungen zwischen dem Gehilfen und dem AG,[26] entsteht aber in aller Regel ein mittelbares Arbeitsverhältnis. 27

---

[19] BAG 9.2.1960 AP Nr. 39 zu § 626 BGB.
[20] BAG 6.9.1956 AP Nr. 12 zu § 626 BGB.
[21] BAG 21.10.1971 AP Nr. 1 zu § 611 BGB Gruppenarbeitsverhältnis.
[22] BAG 9.9.1965 AP Nr. 3 zu § 611 BGB Akkordkolonne.
[23] Staudinger/*Richardi* BGB Vorbem. zu § 611 Rn. 528.
[24] BAG 26.11.1975 AP Nr. 19 zu § 611 BGB Abhängigkeit.
[25] Vgl. BAG 27.8.1964 AP Nr. 9 zu Internat. Privatrecht, Arbeitsrecht.
[26] BAG 8.8.1958 AP Nr. 3 zu § 611 BGB Mittelbares Arbeitsverhältnis.

II. Mittelbares Arbeitsverhältnis und drittmittelfinanzierte Arbeitsverträge

28 **1. Mittelbares Arbeitsverhältnis.** Ein mittelbares Arbeitsverhältnis liegt vor, wenn ein Mittelsmann, der selbst AN eines Dritten ist, im eigenen Namen Hilfskräfte einstellt, die mit Wissen des Dritten unmittelbar für diesen Arbeitsleistungen erbringen.[27] Es kann ein Missbrauch der Rechtsform eines mittelbaren Arbeitsverhältnisses vorliegen, wenn der AG die Arbeitskräfte nicht selbst einstellt, aber den Mittelsmann anweist, zB **Reinigungskräfte** nach bestimmten Richtlinien im eigenen Namen und für eigene Rechnung einzustellen, ohne dass der Mittelsmann unternehmerische Entscheidungen treffen kann.[28] Besteht ein mittelbares Arbeitsverhältnis, bestehen die allgemeinen Schutzpflichten des AG auch gegenüber dem mittelbaren AN; der AG muss die notwendigen Maßnahmen zum Schutz von Leben und Gesundheit der mittelbaren AN treffen (§ 618 BGB), hat darauf hinzuwirken, dass der Gehilfe seine Vergütung erhält[29] und muss die sich aus dem öffentlichen Arbeitsschutzrecht ergebenden Pflichten erfüllen. Die Pflichten aus dem Sozialversicherungsrecht treffen den mittelbaren AG, da sich diese aus dem Beschäftigungsverhältnis (→ § 20 Rn. 1) ergeben. Wird das mittelbare Arbeitsverhältnis vom Mittelsmann gekündigt, ist gegen diesen die **Kündigungsschutzklage** zu richten.[30] Das mittelbare Arbeitsverhältnis stellt keine gewerbsmäßige Arbeitnehmerüberlassung dar, wenn der Mittelsmann nicht Unternehmer, sondern AN ist und der vermittelte AN nicht im Rahmen einer wirtschaftlichen Tätigkeit (→ § 120 Rn. 7) überlassen wird.

29 **2. Drittmittelfinanzierte Arbeitsverträge.** Von drittmittelfinanzierten Arbeitsverträgen wird dann gesprochen, wenn ein Kostenträger anderen Personen die Eingehung von Arbeitsverträgen ermöglicht. Diese Rechtsgestaltung findet sich vor allem im **Hochschulbereich,** wenn zB die Deutsche Forschungsgemeinschaft einem Lehrstuhlinhaber Geldmittel bewilligt, aus denen Mitarbeiter zu Forschungszwecken eingestellt werden dürfen. Die Beurteilung der Rechtsbeziehungen im drittmittelfinanzierten Arbeitsverhältnis hängt von der vertraglichen Ausgestaltung und der Vertragsdurchführung ab. Im Allgemeinen bestehen zwischen dem AN und dem Kostenträger keine unmittelbaren oder auch nur mittelbaren[31] arbeitsvertraglichen Rechtsbeziehungen. Diese bestehen nur zwischen dem AN und dem Drittmittelempfänger, also regelmäßig dem Lehrstuhlinhaber. Diesem steht das Direktionsrecht gegenüber dem AN zu; er haftet aber auch für die Erfüllung seiner Ansprüche. Nach Ansicht des BAG kann eine Vertrauenshaftung der Universität entstehen, wenn der AN zuvor bei der Universität angestellt war.[32] Ein arbeitsvertraglicher Ausschluss von vertraglichen Beziehungen zum Kostenträger ist bedeutungslos, wenn es während der Laufzeit des Vertrags zu einer unmittelbaren Einflussnahme des Drittmittelgebers auf die Tätigkeit des AN kommt. Personen in drittmittelfinanzierten Arbeitsverhältnissen sind nicht wahlberechtigt.[33] Wird in dem drittmittelfinanzierten Arbeitsvertrag auf den BAT (jetzt: TVöD) verwiesen, soll im Zweifel dessen Unkündbarkeitsregelung nicht vereinbart sein.[34]

§ 182. Probe- und Aushilfsarbeitsverhältnis

Übersicht

[27] BAG 20.1.2010 AP Nr. 119 zu § 611 BGB Abhängigkeit; 12.12.2001 AP Nr. 111 zu § 611 BGB Abhängigkeit = NZA 2002, 787.
[28] BAG 20.7.1982 AP Nr. 5 zu § 611 BGB Mittelbares Arbeitsverhältnis.
[29] BAG 8.8.1958 AP Nr. 3 zu § 611 BGB Mittelbares Arbeitsverhältnis.
[30] BAG 9.4.1957 AP Nr. 2 zu § 611 BGB Mittelbares Arbeitsverhältnis.
[31] BAG 29.6.1988 AP Nr. 1 zu § 25 HRG = NZA 1989, 342.
[32] BAG 29.11.1979 AP Nr. 10 zu § 242 BGB Ruhegehalt – VBL.
[33] BVerwG 15.11.1995 ZTR 1996, 378.
[34] LAG Bln 21.4.1997 ZTR 1997, 523.

I. Probearbeitsverhältnis

1. Bedeutung. Das Probearbeitsverhältnis soll sowohl dem AG wie dem AN die Möglichkeit geben, sich, den Vertragspartner und die Arbeitsstelle im Hinblick auf eine längerfristige Zusammenarbeit zu prüfen. Zu den Kosten einer Probebeschäftigung von behinderten Menschen können von der Arbeitsverwaltung Zuschüsse gezahlt werden (§ 46 I SGB III). Praktische Bedeutung haben die Vereinbarungen des Probearbeitsverhältnisses bzw. einer Probezeit nur bei der Länge der Kündigungsfristen (→ § 126 Rn. 29). Das Probearbeitsverhältnis kann als befristetes Arbeitsverhältnis, das nach Ablauf der Probezeit endet, oder als unbefristetes Arbeitsverhältnis vereinbart werden, das nach Ablauf der Probezeit in ein normales Arbeitsverhältnis übergeht, wenn es nicht zuvor gekündigt wird. Ist eine Befristung gewollt, bedarf diese zunächst der Schriftform (→ § 38 Rn. 50). Die Vereinbarung eines befristeten Probearbeitsverhältnisses kann eine überraschende Vertragsklausel sein, wenn sie an einer unerwarteten Stelle im Vertragstext enthalten ist.[1] Für den Abschluss eines Probearbeitsverhältnisses spricht nicht bereits der Anscheinsbeweis.[2] Wird ein befristetes Arbeitsverhältnis nach Ablauf der Probezeit fortgesetzt, kann nach § 15 V TzBfG ein unbefristetes Arbeitsverhältnis zustande kommen (→ § 38 Rn. 44). Die Einstellung zur Probe unterliegt der Mitbestimmung des BR nach §§ 99 ff. BetrVG. Der BR kann einer befristeten statt einer unbefristeten Einstellung nicht mit dem Hinweis auf § 99 II Nr. 4 BetrVG widersprechen (→ § 240 Rn. 49). Während der Probezeit ist der AN betriebsverfassungsrechtlich Mitglied der Belegschaft und zur Betriebsratswahl wahlberechtigt (→ § 217 Rn. 11). 1

2. Abgrenzung. Das Probearbeitsverhältnis ist zu unterscheiden vom **Einfühlungsverhältnis.** Auch bei diesem wollen die Parteien die Voraussetzungen für eine mögliche weitere Zusammenarbeit klären. Beim Einfühlungsverhältnis wird der AN nur in den Betrieb aufgenommen, ohne die arbeitsvertraglichen Hauptpflichten zu übernehmen. Er untersteht während dieser Zeit lediglich dem Hausrecht des AG, nicht aber seinem Direktionsrecht. Ob der AG zur Vergütungszahlung verpflichtet ist, richtet sich nach dem Inhalt des abgeschlossenen Vertrags[3] und danach, ob eine wirtschaftlich erhebliche Leistung erbracht worden ist. Ist dies der Fall, besteht eine Vergütungspflicht, die sich bei Fehlen einer wirksamen Vergütungsvereinbarung nach § 612 BGB richtet. Das Probearbeitsverhältnis unterscheidet sich vom Aushilfsarbeitsverhältnis (§ 622 V BGB) und dem sog. Anlernarbeitsverhältnis durch seine Zweckbestimmung. Der Zweck des **Aushilfsarbeitsverhältnisses** besteht darin, einen nur vorübergehenden Arbeitskräftebedarf zu decken, der nicht durch den normalen Betriebsablauf, sondern durch den Ausfall von Stammkräften oder durch einen zeitlich begrenzten zusätzlichen Arbeitsanfall begründet ist.[4] Durch ein **Anlernarbeitsverhältnis** (Ausbildungs-, Umschulungs-, Praktikanten-, Volontärverhältnis) sollen dem AN erst die Fähigkeiten vermittelt werden, die er für seine künftige Arbeit benötigt. Deren vorherigen Erwerb setzt die Einstellung zur Erprobung voraus, da im Probearbeitsverhältnis gerade ermittelt werden soll, ob das erworbene fachliche Wissen praktisch angewendet werden kann. 2

3. Probezeit. Gesetzlich ist eine Probezeit nur für Berufsausbildungsverhältnisse vorgesehen. Während der Probezeit kann das Ausbildungsverhältnis jederzeit ohne Einhaltung einer Kündigungsfrist gekündigt werden (§ 22 I BBiG; → § 174 Rn. 93). Im Übrigen kann die Probeanstellung in einem Tarifvertrag, einer freiwilligen Betriebsvereinbarung (§ 88 BetrVG) oder im Arbeitsvertrag vorgesehen sein. Der Abschluss eines unbefristeten Arbeitsverhältnisses mit vorgeschalteter Probezeit kann als Erprobungszeit, die dem Arbeitsverhältnis vorgeschaltet ist, auszulegen sein, oder als Vereinbarung über eine Mindestvertragszeit. In diesem Fall ist eine ordentliche Kündigung frühestens zum Ende der Probezeit zulässig. Erfolgt keine Kündigung während der Probezeit, besteht das Arbeitsverhältnis auf unbestimmte Zeit weiter. 3

4. Beendigung des Probearbeitsverhältnisses. Aus der Vereinbarung einer Probezeit folgt allein keine Kündigungsbeschränkung.[5] Der AG ist vor Ablauf der Wartezeit des § 1 I KSchG zur Kündigung des Probearbeitsverhältnisses berechtigt, selbst wenn sich der AN in der Probezeit bewährt hat. Nach seinem sechsmonatigen Bestand ist eine ordentliche Kündigung durch den 4

[1] Zu eng aber LAG Bln-Bbg 15.1.2013 NZA-RR 2013, 459; krit. *Hunold* NZA-RR 2013, 463.
[2] BAG 30.9.1981 AP Nr. 61 zu § 620 BGB Befristeter Arbeitsvertrag.
[3] LAG Hamm 24.5.1989 BB 1989, 1759 = DB 1989, 1974; *Bertzbach* FA 2002, 340.
[4] BAG 22.5.1986 AP Nr. 23 zu § 622 BGB.
[5] *Löwisch* DB 2014, 1079; *Wenckebach* ArbuR 2010, 499 (zu Schadenersatzfragen).

AG unter den allgemeinen Voraussetzungen möglich. Die außerordentliche Kündigung eines (unbefristeten oder befristeten) Probearbeitsverhältnisses ist jederzeit möglich. Sie kann jedoch nur in krassen Fällen auf mangelhafte Eignung gestützt werden, zB wenn die Gefahr weiterer Schäden droht.[6] Während der Dauer eines **befristeten Probearbeitsverhältnisses** ist eine ordentliche Kündigung nur möglich, wenn diese einzelvertraglich oder im anwendbaren Tarifvertrag vereinbart ist (§ 15 III TzBfG). Bei Massenentlassungen sind Kündigungen von Probearbeitsverhältnissen mitzurechnen. Ist zur Wirksamkeit einer Kündigung die Zustimmung der **Verwaltungsbehörde** erforderlich, muss diese grundsätzlich auch zu Kündigungen während der Probezeit eingeholt werden, zB zur Kündigung einer schwangeren AN (§ 17 MuSchG). Kein besonderer Kündigungsschutz besteht für schwerbehinderte Menschen, wenn das Arbeitsverhältnis zum Zeitpunkt des Zugangs der Kündigung ohne Unterbrechungen noch nicht sechs Monate bestanden hat (§ 173 I 1 SGB IX). Jedoch hat der AG die Kündigung nach § 173 III SGB IX dem Integrationsamt binnen vier Tagen nach dem Kündigungsausspruch anzuzeigen; ein Verstoß gegen die Anzeigepflicht führt jedoch nicht zur Unwirksamkeit der Kündigung. Eine auf Krankheitsgründe gestützte Kündigung während der Probezeit stellt keine verbotene Maßregelung dar;[7] zur Kündigungsfrist → § 126 Rn. 29.

II. Aushilfsarbeitsverhältnis

5 **1. Voraussetzungen.** Das Aushilfsarbeitsverhältnis wird regelmäßig als befristetes Arbeitsverhältnis abgeschlossen (§ 14 I 2 Nr. 1 TzBfG; → § 40 Rn. 9). Durch die Einstellung zur Aushilfe soll ein vorübergehend auftretender Bedarf an Arbeitskräften (Ersatz- und Zusatzkräften) abgedeckt werden.[8] Aufgrund des Vertragszwecks unterscheidet sich das Aushilfsarbeitsverhältnis vom Probearbeitsverhältnis. Jedoch kann ein zeitlich befristeter Arbeitsvertrag sowohl zur Aushilfe als auch zur Erprobung abgeschlossen werden.[9] Unzulässig ist es, nach einem Aushilfsarbeitsverhältnis ein Probearbeitsverhältnis abzuschließen, wenn die Erprobung bereits zuvor hinreichend erfolgen konnte, oder an Stelle eines Probearbeitsverhältnisses ein Aushilfsverhältnis zu begründen, um damit abgekürzte Kündigungsfristen zu erreichen (§ 622 V BGB). Im Einzelfall kann die Vereinbarung eines Aushilfsarbeitsverhältnisses unwirksam sein, wenn der AG keinen Aushilfsbedarf hat und nach der Entlassung sofort neue Arbeitskräfte sucht.[10] Der Abschluss des Arbeitsverhältnisses richtet sich nach den allgemeinen Vorschriften. Besonderheiten bestehen bei der Nachweispflicht (→ § 32 Rn. 36). Für die steuerliche und sozialversicherungsrechtliche Behandlung gelten Besonderheiten bei geringfügig Beschäftigten (→ § 44 Rn. 36 ff., 50 ff.).

6 **2. Befristetes Aushilfsarbeitsverhältnis.** Zulässig ist unter den Voraussetzungen des § 14 II TzBfG zunächst eine sachgrundlose Befristung, sofern zwischen den Parteien bisher noch kein Arbeitsverhältnis bestanden hat (→ § 39 Rn. 2). Bedarf die Befristung eines **Sachgrunds,** kann sich dieser aus dem vorübergehenden Arbeitskräftebedarf des AG ergeben (→ § 40 Rn. 9). Die Vereinbarung einer Befristung muss hinreichend bestimmt sein. Fehlt es hieran, ist das Arbeitsverhältnis als unbefristet abgeschlossen. Unzureichend ist daher zB die Einstellung „für einige Tage", „für die Dauer eines zusätzlichen Bedarfs an Arbeitskräften". Beschäftigt ein AG eine Aushilfe zunächst in einem auf zwei Wochen befristeten Arbeitsvertrag und setzt er diesen dadurch fort, dass er die Aushilfe jeweils an einzelnen Tagen weiter einsetzt, kann nach § 15 V TzBfG ein unbefristetes Arbeitsverhältnis entstehen und nicht jeweils befristete Eintagsarbeitsverhältnisse.[11] Ein befristetes Aushilfsarbeitsverhältnis bedarf der Schriftform (§ 14 IV TzBfG; → § 38 Rn. 50). Es endet ohne Rücksicht auf **Kündigungsschutzbestimmungen** mit Ablauf der vereinbarten Frist. Eine ordentliche Kündigungsmöglichkeit muss vereinbart werden (§ 15 III TzBfG). Das befristete Aushilfsarbeitsverhältnis kann aber auch in der Weise abgeschlossen sein, dass die durch den Aushilfszweck gekennzeichnete Dauer die Höchstdauer sein soll. Dann ist eine vorherige ordentliche Kündigung zulässig; zur Kündigungsfrist → § 126 Rn. 26.

7 **3. Unbefristetes Aushilfsarbeitsverhältnis.** Die Begründung des Aushilfsarbeitsverhältnisses kann auch im Rahmen eines unbefristeten Arbeitsverhältnisses erfolgen, zB mit einem AN,

[6] LAG München 15.7.1975 DB 1975, 1756; HessLAG 5.2.1987 DB 1987, 1742 = BB 1987, 1672.
[7] LAG LSA 27.7.1999 BB 2001, 205.
[8] BAG 22.5.1986 AP Nr. 23 zu § 622 BGB; LAG Düsseldorf 21.11.1980 DB 1981, 589 (Missbrauch).
[9] BAG 8.3.1962 AP Nr. 22 zu § 620 BGB Befristeter Arbeitsvertrag.
[10] LAG Düsseldorf 12.11.1974 EzA Nr. 11 zu § 622 BGB nF.
[11] LAG Bln 6.10.1995 LAGE § 620 BGB Nr. 42; LAG RhPf 18.11.1996 LAGE § 620 BGB Nr. 47.

der ständig freitags und sonnabends arbeitet; zum Urlaubsanspruch nach § 5 I BUrlG → § 104 Rn. 64. Dessen Monatsfrist gilt auch dann, wenn in zulässiger Weise mehrere Tagesarbeitsverhältnisse hintereinander abgeschlossen werden und die Gesamtdauer des Arbeitsverhältnisses mehr als einen Monat beträgt.[12] Ein Anspruch auf Feiertagsbezahlung besteht, wenn der Feiertag in die Vertragsdauer fällt.[13] Er entfällt dagegen, wenn der Arbeitsvertrag vor dem Feiertag endet und nach dem Feiertag neu begründet wird (§ 2 EFZG). Für die **Entgeltfortzahlung** im Krankheitsfall gelten gegenüber Dauerarbeitsverhältnissen keine Besonderheiten mehr (→ § 98 Rn. 1). Jedoch kann die einmonatige Wartezeit (§ 3 III EFZG) dazu führen, dass zunächst keine Ansprüche auf Entgeltfortzahlung entstehen. Für **Kündigungen** eines Aushilfsarbeitsverhältnisses gelten vergleichbare Besonderheiten wie bei einem befristeten Probearbeitsverhältnis (→ Rn. 4); zur Kündigungsfrist → § 126 Rn. 66.

[12] BAG 7.12.1962 AP Nr. 6 zu § 3 UrlG Niedersachsen; Einzelheiten → § 104 Rn. 16.
[13] BAG 8.5.1985 AP Nr. 97 zu § 620 BGB Befristeter Arbeitsvertrag.

7. Abschnitt. Tariflich oder gesetzlich besonders gestaltete Arbeitsverhältnisse

§ 183. Grundsatz der Bestenauslese

Übersicht

I. Einführung

1 Nach Art. 33 II GG hat jeder Deutsche nach seiner Eignung, Befähigung und fachlichen Leistung Zugang zu jedem öffentlichen Amt. Der unbeschränkt und vorbehaltlos gewährte Grundsatz der Bestenauslese dient zum einen dem öffentlichen Interesse an der bestmöglichen Besetzung der Stellen des öffentlichen Dienstes. Zum anderen trägt die Norm dem Interesse des einzelnen Bewerbers an einem angemessenen beruflichen Fortkommen Rechnung, indem sie ihm ein **subjektives grundrechtsgleiches Recht** auf ermessens- und beurteilungsfehlerfreie **Einbeziehung in die Bewerberauswahl** und damit auf chancengleiche Teilnahme am Bewerbungsverfahren gewährt.[1] Der Anspruch richtet sich gegen den zukünftigen AG.[2] Art. 33 II GG ist nicht dispositiv, auch durch eine Dienstvereinbarung kann das sich hieraus ergebende Recht nicht eingeschränkt werden.[3] Einen Besetzungsanspruch kann die Verfassungsnorm grundsätzlich nur für den für die ausgeschriebene Stelle am besten geeigneten Bewerber begründen.[4] Die Entscheidung, ob, in welcher Gestalt und zu welchem Zeitpunkt eine Stelle geschaffen oder besetzt werden soll, obliegt dem öffentlichen AG; subjektive Rechte etwaiger Bewerber auf Erlass solcher Entscheidungen bestehen nicht.[5]

II. Anwendungsbereich

2 Der Begriff des öffentlichen Amtes in Art. 33 II GG ist weit auszulegen; er umfasst nicht nur Beamtenstellen, sondern grundsätzlich sämtliche vom Staat, dh dem Bund, den Ländern, den Gemeinden sowie der mittelbaren Staatsverwaltung bereitgestellte Stellen. Der Grundsatz der Bestenauslese gilt daher auch für Positionen im öffentlichen Dienst, die mit einem AN zu besetzen sind.[6] Das betrifft sowohl **Einstellungen** als auch **Beförderungen** innerhalb des öffentlichen Dienstes. Art. 33 II GG findet auch auf eine Gesellschaft bürgerlichen Rechts Anwendung, deren Gesellschafter ausschließlich staatliche Stellen sind und deren Zweck sich in der Wahrnehmung öffentlicher Aufgaben erschöpft; entscheidend ist in diesem Fall, dass die zu besetzende Stelle der Erfüllung öffentlicher Aufgaben dient.[7] Art. 33 II GG verpflichtet den öffentlichen AG allerdings nicht, stets alle Stellen auszuschreiben und damit nach den Kriterien der Bestenauslese zu besetzen. Aufgrund seiner ihm zustehenden **Organisationsfreiheit** hat er

[1] Vgl. etwa BAG 19.5.2015 AP Nr. 77 zu Art. 33 Abs. 2 GG = NZA 2015, 1074; 17.10.2017 AP Nr. 9 zu § 9 TzBfG = NZA 2018, 174.
[2] BAG 11.6.2013 NZA-RR 2014, 52.
[3] BAG 23.1.2007 AP Nr. 83 zu § 233 ZPO 1977 = NZA 2007, 1450.
[4] BAG 17.10.2017 AP Nr. 9 zu § 9 TzBfG = NZA 2018, 174; 24.3.2009 AP Nr. 70 zu Art. 33 Abs. 2 GG = NZA 2009, 901; 21.1.2003 AP Nr. 59 zu Art. 33 Abs. 2 GG.
[5] BAG 12.12.2017 AP Nr. 79 zu Art. 33 Abs. 2 GG = NZA 2018, 515.
[6] BAG 17.10.2017 AP Nr. 9 zu § 9 TzBfG = NZA 2018, 174; 12.4.2016 AP Nr. 78 zu Art. 33 Abs. 2 GG = NZA 2016, 1279; 12.10.2010 AP Nr. 73 zu Art. 33 Abs. 2 GG = NZA-RR 2011, 216.
[7] BAG 12.4.2016 AP Nr. 78 zu Art. 33 Abs. 2 GG = NZA 2016, 1279; demgegenüber offengelassen für eine staatlich anerkannte Hochschule in kirchlicher Trägerschaft BAG 12.10.2010 AP Nr. 73 zu Art. 33 Abs. 2 GG = NZA-RR 2011, 216.

vielmehr grundsätzlich das Recht, zwischen verschiedenen Möglichkeiten, eine Stelle zu besetzen, zu wählen. „Status- bzw. ämterneutrale" Modifikation der Beschäftigungsbedingungen fallen nicht unter Art. 33 II GG. Vergibt der öffentliche AG die Stelle im Wege einer **Um- oder Versetzung** an bereits bei ihm beschäftigte und mit gleichwertigen Tätigkeiten befasste AN, ist die Norm daher ebenso wenig anwendbar[8] wie bei einer befristeten Erhöhung der Arbeitszeit im Wege der Vertragsänderung[9] oder einer tariflich vorgesehenen Stufenzuordnung nach einer Höhergruppierung.[10] Wie der öffentliche AG seine Organisationsfreiheit nutzt, steht in seinem pflichtgemäßen Ermessen.[11] Sind nach der Ausschreibung ausdrücklich auch Bewerber aus niedrigeren Besoldungs- bzw. Vergütungsgruppen zugelassen (sog. **Beförderungsbewerber**), muss die Auswahl allerdings nach den Maßstäben des Art. 33 II GG erfolgen.[12] Gleiches gilt, wenn der öffentliche AG die zu besetzende Stelle ermessensfehlerfrei unbeschränkt ausgeschrieben hat.[13]

III. Beurteilungsspielraum

Bei der Bewertung des einzelnen Bewerbers im Hinblick auf die in Art. 33 II GG genannten 3
Qualifikationskriterien steht dem öffentlichen AG ein von der Verfassung gewährleisteter Beurteilungsspielraum zu, der nur einer **eingeschränkten gerichtlichen Kontrolle** unterliegt.[14] Es ist grundsätzlich nicht Aufgabe des Gerichts, den besser geeigneten Bewerber zu bestimmen.[15] Sind Feststellungen zur Eignung, Befähigung und Leistung der Bewerber im Rahmen von dienstlichen Beurteilungen getroffenen worden, beschränkt sich deren gerichtliche Überprüfung darauf, ob der AG bei seiner wertenden Entscheidung alle wesentlichen Umstände berücksichtigt, allgemeingültige Bewertungsmaßstäbe beachtet und ein fehlerfreies Verfahren eingehalten hat. Die Gewichtung der einzelnen Qualifikationsmerkmale ist wesentlicher Bestandteil des Beurteilungsspielraums des AG.[16] Sind mehrere Bewerber gleich qualifiziert, besteht für den AG ein noch weitergehendes Auswahlermessen, da das Kriterium der Bestenauslese nach Art. 33 II GG bei den gleich qualifizierten Bewerbern gewahrt ist.[17] In diesem Fall kann der Eindruck aus dem Vorstellungsgespräch den Ausschlag geben.[18] Der AG kann dann zu seiner weiteren Entscheidungsfindung Hilfskriterien heranziehen, die ihrerseits aber nicht sachwidrig sein dürfen.[19] Der für diesen Fall in den Landesgleichstellungsgesetzen geregelte Vorzug des Bewerbers eines unterrepräsentierten Geschlechts verstößt bei einer Auswahl unter gleich qualifizierten Bewerbern weder gegen Art. 3 III oder 33 II GG noch gegen Art. 2 I, 3 RL 76/207/EWG, wenn diese nicht schematisch, sondern erst nach einer Einzelfallentscheidung erfolgt.[20]

IV. Auswahlverfahren

1. Anforderungsprofil. Grundsätzlich steht es dem öffentlichen AG im Rahmen seiner 4
Organisationsgewalt frei, für die zu besetzende Stelle ein Anforderungsprofil aufzustellen, in dem er die Leistungskriterien für die nachfolgende Auswahlentscheidung festlegt und konkretisiert.[21] Stellt er ein Anforderungsprofil auf, muss er später anhand der dortigen – für das Auswahlverfah-

---

[8] Vgl. nur BAG 17.10.2017 AP Nr. 9 zu § 9 TzBfG = NZA 2018, 174.
[9] BAG 12.12.2017 AP Nr. 79 zu Art. 33 Abs. 2 GG = NZA 2018, 515; 17.10.2017 AP Nr. 9 zu § 9 TzBfG = NZA 2018, 174.
[10] BAG 19.12.2019 AP Nr. 5 zu § 17 TVöD = NZA 2020, 732.
[11] BVerfG 28.2.2007 NJW 2007, 3631 (Ausschluss von Versetzungsbewerbern).
[12] BAG 3.12.2019 AP Nr. 2 zu § 164 SGB IX 2018 = NZA 2020, 578; 23.1.2007 AP Nr. 83 zu § 233 ZPO 1977 = NZA 2007, 1450; BVerwG 16.8.2001 BVerwGE 115, 58.
[13] BAG 3.12.2019 AP Nr. 2 zu § 164 SGB IX 2018 = NZA 2020, 578; 12.4.2016 AP Nr. 78 zu Art. 33 Abs. 2 GG = NZA 2016, 1279.
[14] BVerfG 17.4.1991 AP Nr. 68 zu Art. 12 GG = NJW 1991, 2005.
[15] BAG 24.1.2007 AP Nr. 20 zu § 2 BAT SR 2 I = NZA-RR 2007, 608; 7.9.2004 AP Nr. 61 zu Art. 33 Abs. 2 GG = NZA 2005, 879.
[16] BAG 7.9.2004 AP Nr. 61 zu Art. 33 Abs. 2 GG = NZA 2005, 879; 5.3.1996 AP Nr. 226 zu Art. 3 GG = NZA 1996, 751.
[17] BAG 21.1.2003 AP Nr. 60 zu Art. 33 Abs. 2 GG = NZA 2003, 1036.
[18] BAG 19.8.2008 AP Nr. 69 zu Art. 33 Abs. 2 GG = NZA 2008, 1016.
[19] LAG Bln 25.8.2006 LAGE Art. 33 GG Nr. 16 (sachgrundlose Befristung ist kein Auswahlkriterium).
[20] BAG 21.1.2003 AP Nr. 60 zu Art. 33 Abs. 2 GG = NZA 2003, 1036; 2.12.1997 AP Nr. 41 zu Art. 33 Abs. 2 GG = NZA 1998, 882.
[21] BAG 28.1.2020 AP Nr. 81 zu Art. 33 Abs. 2 GG = NZA 2020, 582; 10.2.2015 AP Nr. 76 zu Art. 33 Abs. 2 GG.

ren bindenden – Vorgaben ermitteln, welcher Bewerber der Beste ist.[22] Legt der AG bei seiner Auswahlentscheidung nicht die im Anforderungsprofil genannten Anforderungen, sondern abweichende Kriterien zugrunde, verstößt er gegen Art. 33 II GG.[23] Ob er seine Auswahl entsprechend dem Profil ausgerichtet hat, ist gerichtlich in vollem Umfang überprüfbar.[24]

4a Die Entscheidung darüber, welche Fachkenntnisse zur Erfüllung der auf der Stelle zu erledigenden Aufgaben erforderlich sind, unterfällt – wie der Zuschnitt der Stelle und die ihr zugewiesenen Zuständigkeiten – dem Organisationsermessen des AG. Weil das Anforderungsprofil die Zusammensetzung des Bewerberfelds steuert und einengt, müssen die dort verlangten leistungsbezogenen Anforderungen aber in einem **engen inhaltlichen Zusammenhang** mit der zu besetzenden Stelle stehen[25] und in Bezug auf die zu erledigenden Aufgaben sachlich nachvollziehbar sowie frei von sachfremden Erwägungen sein. Unzulässig ist es, im Anforderungsprofil Voraussetzungen aufzustellen, durch die für die Besetzung des Dienstpostens geeignete und befähigte Bewerber ausgeschlossen werden. Da nach Art. 33 II GG alle Beschäftigtengruppen Anspruch auf Zugang zu einem öffentlichen Amt haben – sofern nicht ein ausdrücklicher Funktionsvorbehalt zur Wahrnehmung hoheitlicher Aufgaben besteht (Art. 33 IV GG) –, dürfen ohne sachlichen Grund auch keine Anforderungen gestellt werden, die nur von Beamten, nicht aber von Angestellten erfüllt werden können.[26]

5 **Fehler im Anforderungsprofil** führen grundsätzlich zur Fehlerhaftigkeit des Auswahlverfahrens, weil die Auswahlerwägungen dann auf sachfremden, nicht am Leistungsgrundsatz orientierten Gesichtspunkten beruhen.[27] Insoweit unterliegt das Anforderungsprofil trotz des dem AG von Verfassungs wegen gewährten Beurteilungsspielraums einer gerichtlichen Kontrolle. Bei einem entsprechenden Verstoß kann der übergangene Bewerber seinen Anspruch auf chancengleiche Teilnahme am Auswahlverfahren gerichtlich durchsetzen[28] (→ Rn. 9 f.). Das Anforderungsprofil muss zur Gewährleistung eines nachfolgenden effektiven Rechtsschutzes so dokumentiert sein, dass die Auswahlentscheidung nach den Kriterien des Art. 33 II GG überprüft werden kann. Ein bloßer Hinweis auf die vorgesehene Entgelt- oder Vergütungsgruppe ist unzureichend, wenn sich die konkreten Anforderungen der zu besetzenden Stelle damit nicht feststellen lassen.[29] Das BAG lässt auch die nachträgliche Erstellung eines Anforderungsprofils zu;[30] dies ist jedoch bedenklich, da damit dem AG Manipulationsmöglichkeiten in Hinblick auf die bereits zuvor getroffene Auswahlentscheidung eröffnet werden.

6 **2. Auswahlentscheidung.** In verfahrensrechtlicher Hinsicht setzt die Auswahlentscheidung eine vorherige Bewertung der Bewerber im Hinblick auf ihre Eignung für die zu besetzende Stelle voraus. Diese ist anhand von dienstlichen Beurteilungen,[31] Zeugnissen oder aktuellen Leistungsberichten vorzunehmen. Der AG ist verpflichtet, die Leistungsbewertungen und die wesentlichen Auswahlerwägungen schriftlich zu dokumentieren.[32] Denn nur dann haben die unterlegenen Mitbewerber (ggf. nach Akteneinsicht) die Möglichkeit, sachgerecht darüber zu befinden, ob sie die Entscheidung hinnehmen sollen oder ob Anhaltspunkte für einen Verstoß gegen Art. 33 II GG bestehen. Das **Dokumentationsgebot** ist für die Transparenz der Auswahlentscheidung unverzichtbar; wurde hiergegen verstoßen, stellt dies einen nicht heilbaren erheblichen Verfahrensmangel dar.[33] Im Rahmen einer nachfolgenden Konkurrentenklage (→ Rn. 9) kann der AN verlangen, dass ihm der AG die Auswahlkriterien darlegt.[34]

7 Die Auswahlentscheidung muss **zeitnah** nach Erstellung der Beurteilungen getroffen werden.[35] Auch im Rahmen einer späteren gerichtlichen Kontrolle ist auf den Zeitpunkt der Aus-

---

[22] BAG 15.3.2005 AP Nr. 62 zu Art. 33 Abs. 2 GG = NZA 2005, 1185; 21.2.2013 AP Nr. 20 zu § 81 SGB IX = NZA 2013, 840.
[23] BAG 28.1.2020 AP Nr. 81 zu Art. 33 Abs. 2 GG = NZA 2020, 582.
[24] BAG 28.1.2020 AP Nr. 81 zu Art. 33 Abs. 2 GG = NZA 2020, 582.
[25] BAG 6.5.2014 AP Nr. 75 zu Art. 33 Abs. 2 GG = NZA 2015, 446; 12.9.2006 AP Nr. 13 zu § 81 SGB IX = NZA 2007, 507.
[26] BAG 18.9.2001 AP Nr. 52 zu Art. 33 Abs. 2 GG = NZA 2002, 271.
[27] BAG 6.5.2014 AP Nr. 75 zu Art. 33 Abs. 2 GG = NZA 2015, 446.
[28] BAG 6.5.2014 AP Nr. 75 zu Art. 33 Abs. 2 GG = NZA 2015, 446; 18.9.2001 AP Nr. 52 zu Art. 33 Abs. 2 GG = NZA 2002, 271.
[29] BAG 18.9.2007 AP Nr. 64 zu Art. 33 Abs. 2 GG.
[30] BAG 21.1.2003 AP Nr. 59 zu Art. 33 Abs. 2 GG = MDR 2003, 1056.
[31] Zur gerichtlichen Korrektur BAG 24.1.2007 AP Nr. 20 zu § 2 BAT SR 2 l = NZA-RR 2007, 608.
[32] BAG 18.9.2007 AP Nr. 64 zu Art. 33 Abs. 2 GG; BVerfG 25.11.2015 NJW 2016, 309.
[33] BAG 17.8.2010 AP Nr. 71 zu Art. 33 Abs. 2 GG = NJW 2010, 3595.
[34] ThürLAG 13.1.1997 AP Nr. 10 zu § 62 ArbGG 1979 = NZA-RR 1997, 234.
[35] BAG 21.1.2003 AP Nr. 59 zu Art. 33 Abs. 2 GG = MDR 2003, 1056.

wahlentscheidung abzustellen; maßgeblich sind daher die zu diesem Zeitpunkt vorliegenden Umstände.[36] Mit Art. 33 II GG unvereinbar ist es, eine festgelegte Zahl von Beförderungsstellen aus haushaltsrechtlichen Erwägungen **nur mit Beamten** zu besetzen.[37] Dagegen ist es dem öffentlichen AG nicht verwehrt, für die Zulassung zur Bewerbung auf eine Beförderungsstelle eine **Mindestbeschäftigungsdauer** zu fordern. Dabei müssen allerdings auch Beschäftigungszeiten aus befristeten Arbeitsverträgen berücksichtigt werden.[38]

3. Abbruch des Verfahrens. Der Bewerbungsverfahrensanspruch nach Art. 33 II GG kann erlöschen, wenn das Stellenbesetzungsverfahren ergebnislos, dh ohne Besetzung der Stelle abgebrochen wird. Dies erfordert jedoch, dass der Abbruch sowohl formell als auch materiell zu Recht erfolgt ist.[39] Ein Abbruch ist aufgrund der Art. 33 II GG vorgelagerten Organisationsgewalt des öffentlichen AG gerechtfertigt, wenn dieser sich entschließt, die Stelle nicht mehr zu besetzen oder sie neu zuzuschneiden.[40] Im Übrigen bedarf der Abbruch eines Auswahlverfahrens eines **sachlichen Grundes,** der den Vorgaben aus Art. 33 II GG genügen muss.[41] So kann das Auswahlverfahren zB abgebrochen werden, wenn es fehlerhaft ist und nicht mehr zu einer ordnungsgemäßen Auswahlentscheidung führen kann[42] oder wenn dem AG im Wege einer einstweiligen Verfügung untersagt wurde, den von ihm ausgewählten Bewerber zu ernennen.[43] Der Grund für den Abbruch muss jedenfalls dann, wenn er sich nicht evident aus dem Vorgang selbst ergibt, schriftlich dokumentiert werden.[44] Außerdem müssen die Bewerber von dem Abbruch rechtzeitig und in geeigneter Form Kenntnis erlangen; der öffentliche AG muss unmissverständlich zum Ausdruck bringen, dass er das Stellenbesetzungsverfahren ohne Stellenbesetzung endgültig beenden will.[45] Ein Abbruch liegt auch vor, wenn durch Neuausschreibung ein neues Auswahlverfahren eingeleitet wird.[46] Genügt die Entscheidung über den Abbruch den formellen und materiellen Vorgaben nicht, ist sie unwirksam und das in Gang gesetzte Auswahlverfahren nach dessen Maßgaben fortzuführen. Eine Neuausschreibung darf dann nicht erfolgen.[47] Die unterlegenen Bewerber können gegen den Abbruch im Wege eines einstweiligen Verfügungsverfahrens vorgehen, in dem sie die zeitnahe Fortführung des begonnenen Auswahlverfahrens mit dem bestehenden Bewerberkreis verlangen.[48] 8

V. Konkurrentenklage

1. Klageverfahren. Macht ein Bewerber um eine auch für Beschäftigte ausgeschriebene Stelle des öffentlichen Dienstes geltend, er sei unter Verletzung der in Art. 33 II GG festgelegten Kriterien abgewiesen worden, kann er zur **Durchsetzung seines Bewerberverfahrensanspruchs** arbeitsgerichtlichen Rechtsschutz in Anspruch nehmen.[49] Der Verfahrensanspruch besteht allerdings grundsätzlich nur solange, wie die zu besetzende Stelle nicht bereits **rechtswirksam auf Dauer übertragen worden** ist. Mit einer dauerhaften Besetzung der Stelle wird der subjektive Anspruch des Bewerbers aus Art. 33 II GG unmöglich, da die Stelle damit nicht mehr verfügbar und eine Wiederholung des Besetzungsverfahrens ausgeschlossen ist.[50] Der unterlegene Bewerber hat regelmäßig keinen Anspruch auf „Wiederfreimachung" oder Doppel- 9

[36] BAG 17.1.2006 AP Nr. 6 zu § 24 BAT-O.
[37] BAG 5.11.2002 AP Nr. 57 zu Art. 33 Abs. 2 GG = NZA 2003, 798.
[38] BAG 12.10.2010 AP Nr. 72 zu Art. 33 Abs. 2 GG = NZA 2010, 306.
[39] BAG 12.12.2017 AP Nr. 79 zu Art. 33 Abs. 2 GG = NZA 2018, 515; BVerfG 28.11.2011 NVwZ 2012, 366; BVerwG 29.11.2012 NVwZ 2013, 955.
[40] BAG 12.12.2017 AP Nr. 79 zu Art. 33 Abs. 2 GG = NZA 2018, 515; BVerwG 29.11.2012 NVwZ 2013, 955.
[41] BAG 12.12.2017 AP Nr. 79 zu Art. 33 Abs. 2 GG = NZA 2018, 515; BVerfG 24.9.2015 NVwZ 2016, 237.
[42] BAG 12.12.2017 AP Nr. 79 zu Art. 33 Abs. 2 GG = NZA 2018, 515.
[43] BAG 17.8.2010 AP Nr. 71 zu Art. 33 Abs. 2 GG = NJW 2010, 3595; BVerfG 24.9.2015 NVwZ 2016, 237; BVerwG 29.11.2012 NVwZ 2013, 955.
[44] BAG 20.3.2018 AP Nr. 80 zu Art. 33 Abs. 2 GG; BVerfG 24.9.2015 NVwZ 2016, 237.
[45] BAG 12.12.2017 AP Nr. 79 zu Art. 33 Abs. 2 GG = NZA 2018, 515.
[46] BAG 24.3.2009 AP Nr. 70 zu Art. 33 Abs. 2 GG = NZA 2009, 901.
[47] BAG 12.12.2017 AP Nr. 79 zu Art. 33 Abs. 2 GG = NZA 2018, 515; 17.8.2010 AP Nr. 71 zu Art. 33 Abs. 2 GG = NJW 2010, 359; BVerfG 24.9.2015 NVwZ 2016, 237.
[48] BAG 12.12.2017 AP Nr. 79 zu Art. 33 Abs. 2 GG = NZA 2018, 515.
[49] BAG 18.9.2001 AP Nr. 52 zu Art. 33 Abs. 2 GG = NZA 2002, 271; 2.12.1997 AP Nr. 40 zu Art. 33 Abs. 2 GG = NZA 1998, 884.
[50] BAG 12.4.2016 AP Nr. 78 zu Art. 33 Abs. 2 GG = NZA 2016, 1279; 12.10.2010 AP Nr. 73 zu Art. 33 Abs. 2 GG = NZA-RR 2011, 216.

besetzung der Stelle.[51] Aus diesem Grund erledigt sich eine bereits rechtshängige Konkurrentenklage grundsätzlich mit der endgültigen Übertragung der Stelle auf den Mitbewerber. Etwas anderes gilt nur dann, wenn der öffentliche AG den effektiven Rechtsschutz des Bewerbers vereitelt hat (zu den Anforderungen → Rn. 10). In diesem Fall ist es ihm entspr. den Rechtsgedanken aus § 162 II BGB sowie aus §§ 135, 136 BGB verwehrt, dem übergangenen Bewerber die anderweitige Stellenbesetzung entgegenzuhalten.[52] Etwaige Ansprüche der unterlegenen Bewerber gehen zudem unter, wenn das Auswahlverfahren vom öffentlichen AG in formell und materiell nicht zu beanstandender Weise abgebrochen wurde[53] (→ Rn. 8). Für die Verfahrensrechte aus Art. 33 II GG unerheblich ist hingegen, wenn lediglich das personalvertretungsrechtliche Beteiligungsverfahren für die endgültige Stellenbesetzung eingeleitet wurde.[54]

10 **2. Einstweiliger Rechtsschutz.** Da der Dienstherr durch den Abschluss des Auswahlverfahrens keine vollendeten Tatsachen schaffen darf, genügt der öffentliche AG seiner Justizgewährleistungspflicht nur, wenn er dem abgelehnten Bewerber rechtzeitig mitteilt, er sei abgelehnt worden und diesem vor der Besetzung der Stelle die Möglichkeit gewährt, vorläufigen Rechtsschutz in Anspruch zu nehmen.[55] Regelmäßig darf der Vollzug der Auswahlentscheidung erst 14 Tage nach Zugang der Mitteilung erfolgen.[56] In diesem Zeitraum kann der unterlegene Bewerber **einstweiligen Rechtsschutz gegen die bevorstehende Besetzung zur Sicherung seines Bewerberverfahrensanspruchs** beantragen. Erfolgt die Einleitung rechtzeitig, ist der öffentliche AG verpflichtet, die Besetzung der öffentlichen Stelle bis zum rechtskräftigen Abschluss des einstweiligen Verfügungsverfahrens zu unterlassen.[57] Nach der Rspr. des BVerwG muss der Dienstherr nach Obsiegen im einstweiligen Anordnungsverfahren vor dem OVG nochmals eine angemessene Zeit mit der Ernennung des von ihm ausgewählten Bewerbers zuwarten, um dem unterlegenen Bewerber die Anrufung des BVerfG zu ermöglichen.[58] Hält der öffentliche AG keine Frist von 2 Wochen ein oder besetzt er die umstrittene Stelle bereits während des Konkurrentenklageverfahrens, wird hierdurch der Bewerberanspruch nicht hinfällig.[59] Da der öffentliche AG durch sein Verhalten den effektiven Rechtsschutz des Bewerbers vereitelt hat, kann er dem Anspruch des unterlegenen Mitbewerbers auf Besetzung der Stelle in diesem Fall nicht entgegenhalten, er habe die Stelle endgültig einem Konkurrenten übertragen.[60] Staats- und haushaltsrechtliche Gründe stehen dem nicht entgegen.[61]

11 Ist dem übergangenen Bewerber ausreichend Gelegenheit für die Inanspruchnahme vorläufigen Rechtsschutzes gewährt worden, besteht kein Anspruch aus Art. 33 II GG auf **Wiederholung des Auswahlverfahrens** mehr, wenn nach Besetzung der freien Stelle verfahrensrechtliche Fehler festgestellt werden, die das Ergebnis des Auswahlverfahrens beeinflusst haben könnten.[62] Will ein Beschäftigter des öffentlichen Dienstes die Beförderung eines Beamten unterbinden und seine eigene Höhergruppierung durchsetzen, ist der Rechtsweg zu den Gerichten für Arbeitssachen gegeben.[63]

12 **3. Antrag.** Das **einstweilige Rechtsschutzverfahren** zielt regelmäßig darauf ab, dem öffentlichen AG zur Sicherung des im Hauptsacheverfahren verfolgten Bewerberverfahrensanspruchs die bevorstehende Besetzung der ausgeschriebenen Stelle zu untersagen. Teilt der öffent-

[51] BAG 3.12.2019 AP Nr. 2 zu § 164 SGB IX 2018 = NZA 2020, 578.
[52] BAG 3.12.2019 AP Nr. 2 zu § 164 SGB IX 2018 = NZA 2020, 578; 12.12.2017 AP Nr. 79 zu Art. 33 Abs. 2 GG = NZA 2018, 515; 12.4.2016 AP Nr. 78 zu Art. 33 Abs. 2 GG = NZA 2016, 1279.
[53] Vgl. BAG 20.3.2018 AP Nr. 80 zu Art. 33 Abs. 2 GG; 12.4.2016 AP Nr. 78 zu Art. 33 Abs. 2 GG = NZA 2016, 1279; 17.8.2010 AP Nr. 71 zu Art. 33 Abs. 2 GG = NJW 2010, 3595.
[54] BAG 22.6.1999 AP Nr. 49 zu Art. 33 Abs. 2 GG = NZA 2000, 606.
[55] BVerfG 9.7.2009 NVwZ 2009, 1430; BAG 12.10.2010 AP Nr. 73 zu Art. 33 Abs. 2 GG = NZA-RR 2011, 216.
[56] BVerfG 15.9.1989 NJW 1990, 501.
[57] BAG 24.3.2009 AP Nr. 70 zu Art. 33 Abs. 2 GG = NZA 2009, 901; 28.2.2002 AP Nr. 56 zu Art. 33 Abs. 2 GG = NZA 2003, 324.
[58] BVerwG 4.11.2010 NJW 2011, 695.
[59] So früher noch BVerfG 15.9.1989 NJW 1990, 501; BAG 2.12.1997 AP Nr. 40 zu Art. 33 Abs. 2 GG = NZA 1998, 884.
[60] BAG 24.3.2009 AP Nr. 70 zu Art. 33 Abs. 2 GG = NZA 2009, 901; BVerwG 4.11.2010 NJW 2011, 695.
[61] BAG 18.9.2007 AP Nr. 64 zu Art. 33 Abs. 2 GG.
[62] BAG 28.2.2002 AP Nr. 56 zu Art. 33 Abs. 2 GG = NZA 2003, 324.
[63] OVG RhPf 10.12.1997 NZA-RR 1998, 274.

lich AG verbindlich mit, die Stelle bis zum rechtskräftigen Abschluss des Hauptsacheverfahrens nicht zu besetzen, erledigt sich der Antrag auf Erlass einer einstweiligen Verfügung, da es an einem Verfügungsgrund für die begehrte Sicherung fehlt.

Das Hauptsacheverfahren richtet sich üblicherweise auf die **erneute Durchführung des Auswahlverfahrens** unter Einbeziehung der klagenden Partei. Anders als vor den Verwaltungsgerichten muss nicht die Neubescheidung, sondern die Wiederholung der Auswahlentscheidung unter Beachtung der Kriterien des Art. 33 II GG beantragt werden. Einen Anspruch auf Stellenübertragung **(Besetzungsanspruch)** kann die klagende Partei nur geltend machen, wenn sich der Bewerberverfahrensanspruch auf einen solchen „verdichtet" hat. Dies erfordert, dass das Auswahlverfahren ordnungsgemäß abgeschlossen wurde und die Auswahl nach den Kriterien des Art. 33 II GG zugunsten des klagenden Bewerbers ausgefallen ist oder hätte ausfallen müssen.[64] Um das dem AG zustehende Auswahlermessens „auf null" zu reduzieren, muss der unterlegende Bewerber nach den in Art. 33 II GG genannten Kriterien der Bestqualifizierte sein.[65] In diesem Fall kann auf Übertragung der ausgeschriebenen Stelle oder – sofern die Übertragung eine Vertragsänderung erfordern sollte – auf Abgabe einer Annahmeerklärung des vom AN unterbreiteten Angebots auf Abschluss eines Vertrags zu geänderten Bedingungen geklagt werden. Sind noch weitere Bewerber ermessensfehlerhaft übergangen worden, wird regelmäßig nur ein Antrag auf Durchführung eines neuen Auswahlverfahrens in Betracht kommen.[66] 13

Richtet sich der **Klageantrag** im Rahmen einer Konkurrentenklage darauf, die Beklagte zu verurteilen, die klagende Partei in dem Auswahl- bzw. Stellenbesetzungsverfahren für eine bestimmte Stelle ohne bestimmte Einstellungs- oder Beförderungshindernisse „einzubeziehen" oder „zu berücksichtigen", ist der Antrag ausreichend bestimmt iSd § 253 II ZPO.[67] Auch der Antrag, über die Bewerbung der klagenden Partei „unter Beachtung der Rechtsauffassung des Gerichts neu zu entscheiden", ist zulässig.[68] 14

VI. Schadensersatz

Nach Abschluss des Auswahlverfahrens und einer **verbindlichen Stellenbesetzung** können dem unterlegenen Bewerber Schadensersatzansprüche nach § 280 I BGB und § 823 II BGB iVm Art. 33 II GG (Schutzgesetz) zustehen, wenn der öffentliche AG seinen Bewerberverfahrensanspruch schuldhaft verletzt.[69] Der öffentliche AG ist aber nur dann verpflichtet, den übergangenen Bewerber finanziell so zu stellen, als wäre ihm die ausgeschriebene Stelle übertragen worden, wenn sein Verhalten kausal für den vom AN geltend gemachten Schaden gewesen ist. Dazu muss feststehen, dass dem AN anstelle des Konkurrenten das Amt hätte übertragen werden müssen, weil sich jede andere Besetzungsentscheidung als rechtsfehlerhaft erwiesen hätte.[70] Die hierfür erforderliche Reduzierung des Auswahlermessens „auf null" erfordert, dass der zurückgewiesene Bewerber nach den in Art. 33 II GG genannten Kriterien der Bestqualifizierte ist. Darlegungs- und beweispflichtig hierfür ist der übergangene Bewerber als Anspruchsteller. Erst wenn er seiner Darlegungslast genügt, obliegt es dem AG, diesem Vortrag substantiiert entgegenzutreten.[71] Benennt der AG neben dem erfolgreichen Bewerber noch weitere Bewerber, muss die klagende Partei darlegen und ggf. beweisen, dass sie im Vergleich zu allen anderen die Bestgeeignete war.[72] 15

Ein Anspruch auf Schadensersatz des nicht ausgewählten Bewerbers nach § 280 I BGB und § 823 II BGB iVm Art. 33 II GG kann zudem bestehen, wenn dieser zuletzt noch der einzige Bewerber war und das Auswahlverfahren in fehlerhafter Weise vom AG abgebrochen wurde (→ Rn. 8). Wurde der Bewerber allerdings über den **Abbruch** unterrichtet und macht er von der Möglichkeit, hiergegen im Wege des einstweiligen Rechtsschutzes vorzugehen (→ Rn. 8), keinen Gebrauch, kann er entspr. § 839 III BGB keinen Schadensersatz geltend machen. Ob 16

64 BAG 3.12.2019 AP Nr. 2 zu § 164 SGB IX 2018 = NZA 2020, 578; 20.3.2018 AP Nr. 80 zu Art. 33 Abs. 2 GG; 17.8.2010 AP Nr. 71 zu Art. 33 Abs. 2 GG = NJW 2010, 3595.

65 BAG 12.10.2010 AP Nr. 73 zu Art. 33 Abs. 2 GG = NZA-RR 2011, 216.

66 BAG 2.12.1997 AP Nr. 40 zu Art. 33 Abs. 2 GG = NZA 1998, 884.

67 BAG 12.10.2010 AP Nr. 73 zu Art. 33 Abs. 2 GG = NZA-RR 2011, 216.

68 BAG 18.9.2007 AP Nr. 64 zu Art. 33 Abs. 2 GG.

69 BAG 12.4.2016 AP Nr. 78 zu Art. 33 Abs. 2 GG = NZA 2016, 1279; 18.9.2007 AP Nr. 64 zu Art. 33 Abs. 2 GG; 2.12.1997 AP Nr. 40 zu Art. 33 Abs. 2 GG = NZA 1998, 884; BVerwG 25.2.2010 NJW 2010, 3592.

70 BAG 2.12.1997 AP Nr. 40 zu Art. 33 Abs. 2 GG = NZA 1998, 884.

71 BAG 12.12.2017 AP Nr. 79 zu Art. 33 Abs. 2 GG = NZA 2018, 515; 12.10.2010 AP Nr. 73 zu Art. 33 Abs. 2 GG = NZA-RR 2011, 216.

72 BAG 28.1.2020 AP Nr. 81 zu Art. 33 Abs. 2 GG = NZA 2020, 582.

darüber hinaus ein Anspruch auf Schadensersatz auch im Bereich des Arbeitsrechts dann ausgeschlossen ist, wenn – wie vom BVerwG für Beamte verlangt – der Bewerber nicht binnen eines Monats nach Zugang der Abbruchmitteilung einen Antrag auf Erlass einer einstweiligen Verfügung eingereicht hat, hat das BAG bislang offengelassen.[73]

§ 184. Arbeitsverhältnis der Kirchenbediensteten

Übersicht

I. Allgemeines

1 **1. Kirchliches Selbstbestimmungsrecht.** Nach Art. 140 GG iVm Art. 137 WRV ordnet jede Religionsgesellschaft ihre Angelegenheit selbst im Rahmen der für alle geltenden Gesetze. Nach der Rechtsprechung des BVerfG gehören hierzu alle Maßnahmen, die in Verfolgung der vom kirchlichen Grundauftrag her bestimmten Aufgaben zu treffen sind, wie zB Vorgaben struktureller Art, aber auch die Personalauswahl und die mit diesen Entscheidungen untrennbar verbundene Vorsorge zur Sicherstellung der „religiösen Dimension" des Wirkens im Sinne kirchlichen Selbstverständnisses.[1] Dies schließt den Abschluss privatrechtlicher Arbeitsverträge ein. Bedienen sich die Kirchen wie jedermann der Privatautonomie zur Begründung von Arbeitsverhältnissen, findet auf diese allerdings das staatliche Arbeitsrecht Anwendung. Das ist „die schlichte Folge einer Rechtswahl".[2] Die Verfassungsgarantie des Selbstbestimmungsrechts bleibt gleichwohl für die Gestaltung der Arbeitsverhältnisse im kirchlichen Bereich wesentlich. Die Einbeziehung der kirchlichen Arbeitsverhältnisse in das staatliche Arbeitsrecht hebt deren Zugehörigkeit zu den „eigenen Angelegenheiten" der Kirche nicht auf. Sie darf deshalb die verfassungsrechtlich geschützte Eigenart des kirchlichen Dienstes, das kirchliche Proprium, nicht in Frage stellen.

2 Die **Formulierung des kirchlichen Propriums** obliegt verfassungsrechtlich allein den Kirchen und ist als elementarer Bestandteil der korporativen Religionsfreiheit durch Art. 4 I und II GG verfassungsrechtlich geschützt.[3] Für die Frage, welche kirchlichen Grundverpflichtungen als Gegenstand des Arbeitsverhältnisses bedeutsam sein können, sind deshalb allein die von der verfassten Kirche anerkannten Maßstäbe von Belang. Auf die Auffassung der einzelnen betroffenen kirchlichen Einrichtungen kommt es ebenso wenig an wie auf diejenige breiter Kreise unter den Kirchengliedern oder etwa gar einzelner, bestimmten Tendenzen verbundener Mitarbeiter. Im Rahmen ihres Selbstbestimmungsrechts können die verfassten Kirchen festlegen, was „die Glaubwürdigkeit der Kirche und ihrer Verkündigung erfordert", was „spezifisch kirchliche Aufgaben" sind, was „Nähe" zu ihnen bedeutet, welches die „wesentlichen Grundsätze der Glau-

[73] Vgl. BAG 12.12.2017 AP Nr. 79 zu Art. 33 Abs. 2 GG = NZA 2018, 515; siehe BVerwG 3.12.2014 NVwZ 2015, 1066.

[1] BVerfG 22.10.2014 NZA 2014, 1387; 4.6.1985 AP Nr. 24 zu Art. 140 GG = NZA-Beil. 1/1986, 28.

[2] BVerfG 4.6.1985 AP Nr. 24 zu Art. 140 GG = NZA-Beil. 1/1986, 28.

[3] Dazu und zum Folgenden BVerfG 22.10.2014 NZA 2014, 1387.

bens- und Sittenlehre“ sind, was als Verstoß gegen diese anzusehen ist und welches Gewicht diesem Verstoß aus kirchlicher Sicht zukommt. Auch die Entscheidung darüber, ob und wie innerhalb der im kirchlichen Dienst tätigen Mitarbeiter eine „Abstufung“ der Loyalitätsobliegenheiten eingreifen soll, ist eine dem kirchlichen Selbstbestimmungsrecht unterliegende Angelegenheit. Über die entsprechenden Vorgaben der verfassten Kirche dürfen sich die staatlichen Gerichte nach der Rechtsprechung des BVerfG nicht hinwegsetzen. Im Rahmen der allgemeinen Justizgewährungspflicht sind sie lediglich berechtigt, die Darlegungen des kirchlichen AG auf ihre Plausibilität hin zu überprüfen. In Zweifelsfällen haben sie die einschlägigen Maßstäbe der verfassten Kirche durch Rückfragen bei den zuständigen Kirchenbehörden oder, falls dies ergebnislos bleibt, durch ein kirchenrechtliches oder theologisches Sachverständigengutachten aufzuklären. Diese Besonderheiten des kirchlichen Dienstes sind bei der Auslegung und Anwendung der allgemeinen Gesetze zu beachten.[4] Die Kirchen bestimmen selbst, frei und autonom darüber, welche Dienste sie in welchen Rechtsformen ausüben wollen und sind nicht auf spezifisch kanonische oder kirchenrechtliche Gestaltungsformen beschränkt. Religiöse Orden oder das Kirchenbeamtentum, die spezifischem Kirchenrecht unterliegen, stellen insofern zwar originäre, aber auch nur mögliche Varianten und Formen kirchlicher Dienste dar.[5] Zu den eigenen Angelegenheiten des kirchlichen Selbstbestimmungsrechts gehört auch das Ämterrecht.[6] Keine AN sind danach solche Personen, die „in ein so enges Verhältnis zur Kirche treten, dass sie in der von ihnen selbst gewählten Lebensform einen Stand der Kirche bilden, wenn also der Dienst in der Nachfolge Christi die Grundlage des Beschäftigungsverhältnisses darstellt“.[7] Dies gilt insbesondere für Mitglieder der Orden und Diakonissen.

Die staatlichen Gerichte haben im Rahmen einer **Plausibilitätskontrolle** auf der Grundlage des glaubensdefinierten Selbstverständnisses der verfassten Kirche zu überprüfen, ob eine Organisation oder Einrichtung an der Verwirklichung des kirchlichen Grundauftrags teilhat, ob eine bestimmte Loyalitätsobliegenheit Ausdruck eines kirchlichen Glaubenssatzes ist und welches Gewicht dieser Loyalitätsobliegenheit und einem Verstoß hiergegen nach dem kirchlichen Selbstverständnis zukommt. Sie haben sodann unter dem Gesichtspunkt der Schranken des „für alle geltenden Gesetzes“ (Art. 140 GG iVm Art. 137 III WRV) eine Gesamtabwägung vorzunehmen, in der die – im Lichte des Selbstbestimmungsrechts der Kirche verstandenen – kirchlichen Belange und die korporative Religionsfreiheit mit den Grundrechten der betroffenen AN und deren in den allgemeinen arbeitsrechtlichen Schutzbestimmungen enthaltenen Interessen auszugleichen sind. Die widerstreitenden Rechtspositionen sind dabei jeweils in möglichst hohem Maße zu verwirklichen (zum Kündigungsrecht → § 127 Rn. 100, → § 133 Rn. 27).[8] 3

Dieses vom BVerfG geprägte Verständnis des kirchlichen Selbstbestimmungsrechts steht in einem verfassungsrechtlich noch nicht geklärten Spannungsverhältnis zu dem **Verständnis des EuGH** von den durch Art. 4 RL 2000/78/EG vorgegebenen Anforderungen, die eine Kirche an die Ausübung einer Tätigkeit bei ihr stellen darf.[9] Macht eine Kirche geltend, die Religion sei angesichts des Ethos der Kirche nach der betreffenden Tätigkeit oder den vorgesehenen Umständen ihrer Ausübung eine wesentliche, rechtmäßige und gerechtfertigte berufliche Anforderung, unterliegt dies der gerichtlichen Kontrolle. Dabei haben die Gerichte darüber zu wachen, dass das Recht der AN, wegen der Religion keine Diskriminierung zu erfahren, nicht verletzt wird. Die Rechtmäßigkeit einer Ungleichbehandlung wegen der Religion hängt danach vom objektiv nachprüfbaren Vorliegen eines direkten Zusammenhangs zwischen der vom AG aufgestellten beruflichen Anforderung und der fraglichen Tätigkeit ab. Zudem muss die berufliche Anforderung wesentlich, rechtmäßig und gerechtfertigt sein. Dies steht in einem Widerspruch zu dem nur einer Plausibilitätskontrolle unterliegenden kirchlichen Selbstbestimmungsrecht. Der 8. Senat des BAG hat hieraus die Konsequenz gezogen, dass § 9 I Alt. 1 AGG, wonach ungeachtet des § 8 AGG eine unterschiedliche Behandlung wegen der Religion oder der Weltanschauung bei der Beschäftigung durch Religionsgemeinschaften, diesen zugeordneten Einrichtungen ohne Rücksicht auf ihre Rechtsform oder durch Vereinigungen, die sich die gemeinschaftliche Pflege einer Religion oder Weltanschauung zur Aufgabe machen, zulässig ist, wenn eine bestimmte Religion oder Weltanschauung unter Beachtung des Selbstverständnisses der 3a

[4] BVerfG 22.10.2014 NZA 2014, 1387; BAG 25.3.2009 AP Nr. 59 zu § 14 TzBfG = NZA 2009, 1417.
[5] BVerfG 22.10.2014 NZA 2014, 1387.
[6] Dazu *v. Campenhausen/de Wall,* Staatskirchenrecht, 177 ff.; *Richardi* KirchenArbR § 1 Rn. 13; *Unruh,* Religionsverfassungsrecht, 2012, Rn. 156.
[7] *Richardi* KirchenArbR § 5 Rn. 6.
[8] BVerfG 22.10.2014 NZA 2014, 1387.
[9] Hierzu und zum Folgenden EuGH 17.4.2018 AP Nr. 42 zu Richtlinie 2000/78/EG mAnm *Klumpp* = NZA 2018, 569; 11.9.2018 AP Nr. 43 zu Richtlinie 2000/78/EG = NZA 2018, 1187.

jeweiligen Religionsgemeinschaft oder Vereinigung im Hinblick auf ihr Selbstbestimmungsrecht eine gerechtfertigte berufliche Anforderung darstellt, mit den unionsrechtlichen Vorgaben der Richtlinie 2000/78/EG nicht vereinbar ist und deshalb unangewendet bleiben muss.[10] Der 2. Senat des BAG hat aus der Rechtsprechung des EuGH den Schluss gezogen, dass die Loyalitätspflicht, keine nach dem Glaubensverständnis und der Rechtsordnung der katholischen Kirche ungültige Ehe zu schließen, im Hinblick auf die Art der Tätigkeiten als Chefarzt eines Krankenhauses und die Umstände ihrer Ausübung nicht ohne Weiteres eine wesentliche, rechtmäßige und gerechtfertigte berufliche Anforderung darstellt.[11]

4 **2. Karitative und erzieherische Einrichtungen.** Die durch Art. 140 GG iVm Art. 137 III WRV gewährleistete freie Ordnung und Verwaltung der eigenen Angelegenheiten innerhalb der Schranken des für alle geltenden Gesetzes kommen nicht nur den Religionsgesellschaften und deren rechtlich selbständigen Teilen zugute, sondern allen der verfassten Kirche in bestimmter Weise zugeordneten Einrichtungen ohne Rücksicht auf ihre Rechtsform, wenn sie nach kirchlichem Selbstverständnis ihrem Zweck oder ihrer Aufgabe entsprechend berufen sind, ein Stück des Auftrags der Kirche wahrzunehmen und zu erfüllen.[12] Maßstab für das Vorliegen dieser Voraussetzungen ist das Ausmaß der institutionellen Verbindung mit einer Religionsgesellschaft oder die Art der mit der Vereinigung verfolgten Ziele.[13] Für die Zuordnung einer rechtlich selbständigen Einrichtung zur Kirche ist nicht ausreichend, dass die Einrichtung ihrem Zweck nach auf die Verwirklichung eines kirchlichen Auftrags gerichtet ist. Erforderlich ist vielmehr eine institutionelle Verbindung zwischen der Kirche und der Einrichtung, aufgrund derer die Kirche über ein Mindestmaß an Einflussmöglichkeiten verfügt, um auf Dauer eine Übereinstimmung der religiösen Betätigung der Einrichtung mit kirchlichen Vorstellungen gewährleisten zu können.[14] Der ordnende Einfluss der Kirche bedarf allerdings keiner satzungsmäßigen Absicherung. Ohne Bedeutung ist, ob sich der Betrieb einer diakonischen Einrichtung substanziell von dem nichtkirchlicher Träger unterscheidet, denn die Religionsgesellschaft hat grundsätzlich die Kompetenz zur Qualifizierung einer Angelegenheit als eigene. Sie entscheidet darüber, wie sie ihr Glaubensbekenntnis lebt. Dies gilt auch dann, wenn die Religionsgesellschaft beim Betrieb diakonischer Einrichtungen im Wettbewerb mit nichtkirchlichen Trägern steht,[15] was beispielsweise bei karitativen Einrichtungen der Kranken- und Altenpflege, kirchlichen Krankenhäusern[16] sowie Schulen und Kindergärten der Fall ist, und zwar auch dann, wenn der Träger ein bürgerlich-rechtlicher Verein ist.[17] Das durch Art. 140 GG iVm Art. 137 III WRV gewährleistete Selbstbestimmungsrecht kommt jedoch diakonischen Einrichtungen nicht zugute, zu deren satzungsmäßigen Aufgaben nicht ein karitatives Wirken im Sinne tätiger Nächstenliebe gehört, sondern die Beratung anderer Einrichtungen der Diakonie in fachlicher, rechtlicher und wirtschaftlicher Hinsicht. Es handelt sich hierbei um eine Art „Unternehmensberatung", die nicht in den Schutzbereich von Art. 140 GG iVm Art. 137 III WRV fällt.[18] Gleiches gilt für ganz überwiegend der Gewinnerzielung dienende Organisationen und Einrichtungen.[19]

5 **3. Arbeitskampf.** Der Arbeitskampf in kirchlichen und diakonischen Einrichtungen ist unzulässig, wenn eine Religionsgesellschaft über ein am Leitbild der Dienstgemeinschaft ausgerichtetes Arbeitsrechtsregelungsverfahren verfügt, bei dem die Dienstnehmerseite und die Dienstgeberseite in einer paritätisch besetzten Kommission die Arbeitsbedingungen der Beschäftigten gemeinsam aushandeln und einen Konflikt durch den neutralen Vorsitzenden einer Schlichtungskommission lösen (sog. Dritter Weg, dazu → Rn. 8). Das gilt jedoch nur, soweit Gewerkschaften in dieses Verfahren organisatorisch eingebunden sind und das Verhandlungsergebnis für die Dienstgeberseite als Mindestarbeitsbedingung verbindlich ist.[20] Entscheidet sich die Kirche dafür, bei einem Scheitern von Tarifverhandlungen mittels eines obligatorischen

[10] BAG 25.10.2018 AP Nr. 25 zu § 15 AGG mAnm *Thüsing/Mathy* = NZA 2019, 455; weiterführend *Hammer/Oberlinger* ZTR 2019, 127; *C. Schubert* KuR 2020, 40.
[11] BAG 20.2.2019 AP Nr. 94 zu § 1 KSchG 1969 = NZA 2019, 901; weiterführend *Greiner* ZAT 2020, 1; *Malorny* EuZA 2019, 441.
[12] BVerfG 22.10.2014 NZA 2014, 1387; 25.3.1980 AP Nr. 6 zu Art. 140 GG.
[13] BVerfG 11.10.1977 AP Nr. 1 zu Art. 140 GG.
[14] BAG 24.9.2014 NZA 2014, 1407.
[15] BAG 20.11.2012 AP Nr. 179 zu Art. 9 GG Arbeitskampf = NZA 2013, 448.
[16] Dazu eingehend BAG 20.11.2012 AP Nr. 179 zu Art. 9 GG Arbeitskampf = NZA 2013, 448; s. auch BAG 9.12.1982 AP Nr. 24 zu § 118 BetrVG 1972; 5.12.2007 AP Nr. 82 zu § 118 BetrVG 1972.
[17] BAG 31.10.1984 AP Nr. 20 zu Art. 140 GG = NZA 1985, 215.
[18] BAG 20.11.2012 AP Nr. 179 zu Art. 9 GG Arbeitskampf = NZA 2013, 448.
[19] BVerfG 22.10.2014 NZA 2014, 1387.
[20] Eingehend dazu BAG 20.11.2012 AP Nr. 179 zu Art. 9 GG Arbeitskampf = NZA 2013, 448.

Schlichtungsverfahrens den Interessenkonflikt zu lösen, schließt das den Arbeitskampf zur Durchsetzung der wechselseitigen Tarifforderungen der Dienstgeberseite und der Gewerkschaften aus. Dies setzt aber ein Verfahren zum Ausgleich der strukturellen Verhandlungsschwäche der Arbeitnehmerseite voraus. Dieses muss geeignet sein, Verhandlungsblockaden zu lösen und die Einigungsbereitschaft der Dienstgeberseite zu fördern.[21]

4. Koalitionsfreiheit. Den Mitarbeitern in kirchlichen Einrichtungen steht die Koalitionsfreiheit zu (Art. 9 III GG).[22] Sie können sich in Gewerkschaften ihrer Wahl engagieren. In kirchlichen Einrichtungen besteht neben ver.di und dem Marburger Bund im Bereich der ev. Kirche der Hauptverband von Verbänden kirchlicher Mitarbeiter im Bereich der ev. Kirche in Deutschland, Hannover. Auch das am Leitbild der Dienstgemeinschaft ausgerichtetes kollektives Regelungsverfahren des Dritten Weges steht einer gewerkschaftlichen Unterstützung der Dienstnehmerseite nicht entgegen.[23] 6

5. Rechtsschutz. Die Pflicht des Staates zur Justizgewährung hat sowohl gegen als auch zugunsten der Kirchen und Glaubensgemeinschaften in gleicher Weise wie für und gegen alle Rechtssubjekte auf dem Staatsgebiet zu gelten, und zwar selbst dann, wenn bei der Anwendung staatlicher Rechtssätze glaubensgemeinschaftliche Vorfragen zu klären sind.[24] Das durch Art. 140 GG iVm Art. 137 III WRV verfassungsrechtlich garantierte kirchliche Bestimmungsrecht bedingt keine Freistellung von staatlicher Justizhoheit. Ob eine zum Kernbereich des kirchlichen Selbstbestimmungsrechts gehörende Maßnahme oder Entscheidung mit den Grundprinzipien der Rechtsordnung vereinbar ist, beurteilt sich nach staatlichem Recht, für das nur die staatlichen Gerichte zur Entscheidung berufen sind. Das Rechtsschutzbedürfnis zur Anrufung staatlicher Gerichte kann allerdings fehlen, wenn es in innerkirchlichen Angelegenheiten ausschließlich um die Anwendung kirchlichen Rechts geht, für entsprechende Streitigkeiten durch die Anrufung kircheneigener Gerichte oder Schlichtungsgremien ein Rechtsweg geschaffen und von ihm ein effektiver Rechtsschutz zu erwarten ist. Das betrifft zB die Anwendung kirchlichen Mitarbeitervertretungsrechts (→ Rn. 13, → Rn. 29). Darüber haben die staatlichen Gerichte nicht zu entscheiden. 7

II. Dritter Weg

1. Überblick. Die Arbeitsbedingungen der rd. 1,3 Mio. Mitarbeiter der ev. und kath. Kirche können theoretisch in drei verschiedenen Formen geregelt werden. Der **„Erste Weg"** ist die einseitige Gestaltung aufgrund der Organisationsgewalt der Kirchen, dh durch kirchlichen Gesetzgebungsakt oder eine Regelung durch ein von der Synode dazu ermächtigtes Organ. Diese Handlungsmöglichkeit wird auch in der katholischen Kirche nicht mehr vertreten.[25] Der **„Zweite Weg"**, die Regelung durch Tarifverträge, wird von der katholischen Kirche abgelehnt. In der ev. Kirche wird er von einigen Landeskirchen beschritten.[26] Die Diakonie Niedersachsen ist auf der Grundlage des Gesetzes zur Regelung der Arbeitsbedingungen in Einrichtungen der Diakonie (ARRG-D) vom 8.3.2014 diesen Weg gegangen.[27] Die Nordelbische Kirche (NEK) hat sich durch das Kirchengesetz über die Regelung der Rechtsverhältnisse der in einem privatrechtlichen Arbeitsverhältnis beschäftigten Mitarbeiter in der Nordelbischen evangelisch-lutherischen Kirche (Arbeitsrechtsregelungsgesetz – ARRG) vom 9.6.1979 (GVBl. 79, 193) entschieden, die Rechtsverhältnisse ihrer AN durch Tarifverträge zu regeln. Die NEK ist allerdings nur dann zu Tarifabschlüssen bereit, wenn die Gewerkschaft zuvor dem am 5.11.1979 mit den Gewerkschaften ÖTV, DAG, dem Verband kirchlicher Mitarbeiter Nordelbien sowie der Gewerkschaft Gartenbau, Land- und Fortwirtschaft vereinbarten „Tarifvertrag zur Regelung der Grundlagen einer kirchengemäßen Tarifpartnerschaft" (Grundlagentarifvertrag) beitritt. Eine solche Zwangsschlichtung im kirchlichen Bereich ist mit Art. 9 III GG vereinbar, wenn die Dienstgeberseite die Aufnahme von Verhandlungen nur von der Einwilligung der Gewerkschaft in eine obligatorische Schlichtung abhängig macht und für diesen Fall das Führen von Tarifver- 8

[21] BAG 20.11.2012 AP Nr. 180 zu Art. 9 GG Arbeitskampf = NZA 2013, 437.
[22] Dazu *Richardi* KirchenArbR § 11 Rn. 1 ff.
[23] BAG 20.11.2012 AP Nr. 179 zu Art. 9 GG Arbeitskampf = NZA 2013, 448.
[24] Hierzu und zum Folgenden BAG 30.4.2014 AP Nr. 54 zu Art. 140 GG = NZA 2014, 1223; 29.6.2017 AP Nr. 84 zu § 611 BGB Kirchendienst = NZA 2017, 1212; krit. dazu *Reichold* Anm. AP Nr. 54 zu Art. 140 GG.
[25] Vgl. *Neuner,* Die Kirche – Monarchie, Demokratie, Gemeinschaft in: Stimmen der Zeit, Heft 10/1990.
[26] Näher dazu *Schubert* RdA 2011, 270; *Richardi* KirchenArbR § 13 Rn. 10 ff.
[27] Dazu *Krollmann* ZAT 2014, 151.

handlungen nicht verweigert. Darüber hinaus muss die Anrufung der Schlichtungskommission und die Überleitung des Verfahrens in dieses Gremium der Gewerkschaft uneingeschränkt offen stehen und im Falle einer Nichteinigung beider Seiten die Unabhängigkeit und Neutralität des Vorsitzenden auch durch das Bestellungsverfahren gewahrt sein.[28] Nach dem sog. **„Dritten Weg"** entspricht die einseitige Einwirkungsmöglichkeit des AG auf die Arbeitsbedingungen der Mitarbeiter nicht mehr den heutigen Verhältnissen. Vielmehr sind die Mitarbeiter bei der Festsetzung der Arbeitsbedingungen zu beteiligen (→ Rn. 9).[29]

9 **2. Das Prinzip des Dritten Wegs.** Mit der Entscheidung für den „Dritten Weg" haben die Religionsgemeinschaften in zulässiger Weise das Verfahren zur kollektiven Arbeitsrechtssetzung am Leitbild der Dienstgemeinschaft ausgerichtet. Diese wurzelt nach dem Selbstverständnis der Kirche einerseits im Priestertum aller Gläubigen, in dem mit der Taufe einhergehenden Auftrag, Gott in geistiger Einkehr und Zuwendung an die Welt zu dienen, andererseits knüpft sie funktional an den Missionsauftrag der Kirche an. Sie verbindet alle am kirchlichen Auftrag Teilnehmenden unabhängig davon, auf welcher vertraglichen Grundlage und in welcher Einrichtung sie tätig sind.[30] Ausfluss dessen ist eine gemeinsame Verantwortung der jeweiligen Dienstgeber und der Dienstnehmer für das gedeihliche Wirken der Kirche und ihrer Diakonie.[31] Nach der Verfahrenskonzeption des „Dritten Wegs" obliegt es in der evangelischen Kirche Arbeitsrechtlichen Kommissionen, Regelungen (Arbeitsvertragsrichtlinien – AVR) zu schaffen, die den Abschluss, den Inhalt und die Beendigung von Arbeitsverhältnissen betreffen. Arbeitsrechtliche Kommissionen sind paritätisch mit Vertretern der Dienstnehmer- und der Dienstgeberseite besetzt und können von beiden Seiten angerufen werden. Kommt es zu keiner Einigung, kann jede Seite eine ebenfalls paritätisch besetzte Schiedsstelle (Schlichtungskommission) mit der streitigen Angelegenheit befassen. Dieser sitzt ein neutraler Dritter vor. Die in den Arbeitsrechtlichen Kommissionen und Schlichtungskommissionen gefundenen Regelungen wirken zwar nicht normativ, doch hat der Dienstgeber sie kraft kirchenrechtlicher oder satzungsrechtlicher Verpflichtung anzuwenden, indem er sie durch vertragliche Inbezugnahme zur Geltung bringt.[32] Das Ziel des Dritten Wegs, das auch im kirchlichen und diakonischen Bereich vorhandene Kräfteungleichgewicht zwischen Dienstnehmern und Dienstgebern unter Beachtung der bekenntnismäßigen Besonderheiten des kirchlichen oder diakonischen Dienstes auszugleichen, kann nur erreicht werden, wenn das Ergebnis dieser Verhandlungen einschließlich einer darauf gerichteten Schlichtung für die Arbeitsvertragsparteien verbindlich und einer einseitigen Abänderung durch den Dienstgeber entzogen ist. Es wird dagegen verfehlt, wenn der Dienstgeberseite rechtlich oder faktisch die Möglichkeit eröffnet ist, zwischen mehreren auf einem Dritten Weg zustande gekommenen Regelungen wählen zu können oder sie einseitig abzuändern oder nur teilweise anzuwenden. Solch einseitige Bestimmungsrechte sind mit der Konzeption des Dritten Wegs unvereinbar und bedürfen zugunsten religiöser Betätigungsfreiheit keines Schutzes. Für ein Zurückweichen des Rechts einer Gewerkschaft, sich koalitionsmäßig zu betätigen und ihren Forderungen mit Streikmaßnahmen Nachdruck zu verleihen, fehlt es in einem solchen Fall an einem schützenswerten Bedürfnis der Kirche.[33] In der katholischen Kirche erfolgt die Gestaltung des Arbeitsvertragsrechts auf der Grundlage der KODA-Ordnungen (→ Rn. 26).

10 **3. Arbeitsvertragsrichtlinien (AVR).** Arbeitsvertragsrichtlinien (AVR) sind Regelwerke, in denen die Arbeitsbedingungen der in kirchlichen und karitativen Einrichtungen beschäftigten AN geregelt sind.[34] Hierbei handelt es sich um Kollektivvereinbarungen besonderer Art. Diese sind **keine Tarifverträge** und entfalten deshalb auch keine normative Wirkung, sondern können als vom jeweiligen AG gestellte Allgemeine Geschäftsbedingungen lediglich kraft einzelvertraglicher Einbeziehung auf ein Arbeitsverhältnis anzuwenden sein (zur Inhaltskontrolle → § 35 Rn. 74).[35] Eine normative Wirkung kirchlicher AVR auf die Arbeitsverhältnisse kirchlicher Beschäftigter kann kirchengesetzlich nicht angeordnet werden. Erforderlich ist eine **vertragliche**

[28] BAG 20.11.2012 NZA 2013, 437.
[29] Hierzu *Thüsing* ZTR 1999, 298; *ders.* RdA 1997, 163.
[30] *Joussen* RdA 2007, 328 (333).
[31] BAG 20.11.2012 AP Nr. 179 zu Art. 9 GG Arbeitskampf = NZA 2013, 448.
[32] BAG 20.11.2012 AP Nr. 179 zu Art. 9 GG Arbeitskampf = NZA 2013, 448.
[33] BAG 20.11.2012 AP Nr. 179 zu Art. 9 GG Arbeitskampf = NZA 2013, 448.
[34] *Fey*/Joussen/Steuernagel, Das Arbeits- und Tarifrecht der Evangelischen Kirche, 2013, „Arbeitsvertragsrichtlinien".
[35] StRspr, vgl. BAG 19.4.2012 AP Nr. 69 zu § 611 BGB Kirchendienst mwN.

Inbezugnahme. Als Rechtsfolge der Entscheidung zu einer privatrechtlichen Ausgestaltung ihrer Rechtsverhältnisse haben die Kirchen nur die Möglichkeiten des privaten Rechts, um die ihnen weitgehend in der Ausgestaltung freigestellten kirchenarbeitsrechtlichen Bestimmungen im einzelnen Arbeitsverhältnis zur Geltung zu bringen.[36] Sehen kirchliche AVR für die Geltendmachung von Ansprüchen eine Ausschlussfrist vor, ist dies als wesentliche Vertragsbedingung gem. § 2 I 1 NachwG schriftlich niederzulegen. Der pauschale Verweis auf die Geltung der kirchlichen Arbeitsrechtsregelungen reicht hierfür nicht aus.[37] Die mit einem kirchlichen AG vereinbarte dynamische Inbezugnahme kirchlicher AVR behält im Fall eines **Betriebsübergangs** als vertragliche Regelung gem. § 613a I 1 BGB gegenüber dem Betriebserwerber ihre Wirkung. Dies gilt auch dann, wenn der Betriebserwerber nicht mehr der Kirche zuzuordnen ist.[38] Die AVR sind auch nach einem Betriebsübergang auf einen weltlichen Erwerber weiter dynamisch anzuwenden.[39] Ein kirchlicher AG kann aber auch wirksam Arbeitsverträge abschließen, die **keine oder nur eine eingeschränkte Bezugnahme** auf kirchliche AVR vorsehen. Dem steht eine Verletzung kirchengesetzlicher Vorgaben, welche die Schaffung einer vertraglichen Grundlage für die vollumfängliche Geltung des kirchlichen Arbeitsrechts anordnen, nicht entgegen. Sie binden den kirchlichen AG nur im kirchlichen Rechtskreis. Er muss daher bei einer Nichtbeachtung kirchenrechtliche Konsequenzen befürchten und unter Umständen mit einer Zustimmungsverweigerung der Mitarbeitervertretung zur Eingruppierung rechnen.[40]

III. Kündigungsschutz

11 Die Rspr. des BVerfG hat zu einer erheblichen Einschränkung des Kündigungsschutzes der Arbeitsverhältnisse im kirchlichen Dienst geführt. Dies ist in → § 133 Rn. 27 und → § 127 Rn. 100 ff. im Einzelnen erörtert.

IV. Arbeitsrecht in der evangelischen Kirche

12 **1. Verfassung der evangelischen Kirche.** Die evangelische Kirche in Deutschland ist der Bund der 20 lutherischen, reformierten und unierten Landeskirchen. Die Aufgaben der EKD ergeben sich aus Art. 6 ff. EKDGO. Organe der EKD sind die Synode, die Kirchenkonferenz und der Rat der EKD (Art. 22 EKDGO). Die Synode hat die Aufgabe, der Erhaltung und dem inneren Wachstum der EKD zu dienen. Sie beschließt Kirchengesetze, erörtert Fragen des kirchlichen Lebens, gibt dem Rat Richtlinien und wählt in Gemeinschaft mit der Kirchenkonferenz den Rat der EKD. Die Synode besteht aus 100 Mitgliedern, die von den synodalen Organen der Gliedkirchen gewählt werden, und 20 Mitgliedern, die vom Rat berufen werden (Art. 24 EKDGO). Die Synode wählt für ihre Amtsdauer aus ihrer Mitte ein Präsidium, bestehend aus dem oder der Präses, zwei Vizepräsides und den Beisitzern oder Beisitzerinnen. Der Rat hat die Aufgabe, die EKD zu leiten und zu verwalten. Der Rat vertritt die EKD nach außen (Art. 29 I 3 EKDGO).

13 **2. Mitarbeitervertretungsgesetz. a) Geltungsbereich.** Das Mitarbeitervertretungsrecht der Evangelischen Kirche ist **zersplittert.** Von der Synode der EKD wurde zuletzt am 12.11.2013 ein Mitarbeitervertretungsgesetz (MVG-EKD) beschlossen, das am 16.12.2013 für die EKD in Kraft trat. Das MVG-EKD wurde von den meisten Landeskirchen durch landeskirchliche Gesetze mit einzelnen Änderungen übernommen.[41]

14 **b) Überblick.** Das MVG-EKD ist in zwölf Abschnitte gegliedert, nämlich I. Allgemeine Bedingungen, II. Bildung und Zusammensetzung der Mitarbeitervertretung, III. Wahl der Mitarbeitervertretung, IV. Amtszeit, V. Rechtsstellung der Mitarbeitervertretung, VI. Geschäftsführung, VII. Mitarbeiterversammlung, VIII. Aufgaben und Befugnisse der Mitarbeitervertretung, IX. Interessenvertretung besonderer Mitarbeitergruppen, X. Gesamtausschuss der Mitarbeitervertretungen, XI. Kirchengerichtlicher Rechtsschutz, XII. Inkrafttreten, Schlussbestimmungen.

---

36 BAG 16.2.2012 AP Nr. 66 zu § 611 BGB Kirchendienst = NZA 2012, 1054; 24.2.2011 AP Nr. 57 zu § 611 BGB Kirchendienst.

37 BAG 30.10.2019 AP Nr. 98 zu § 611 BGB Kirchendienst = NZA 2020, 379.

38 BAG 11.7.2019 AP Nr 95 zu § 611 BGB Kirchendienst = NZA-RR 2019, 590; 23.11.2017 AP Nr. 86 zu § 611 BGB Kirchendienst = NZA 2018, 301 und AP Nr. 87 zu § 611 BGB Kirchendienst = NZA 2018, 311; weiterführend *Reichold* RdA 2020, 126.

39 BAG 21.6.2018 AP Nr. 92 zu § 611 BGB Kirchendienst = NZA 2018, 1413.

40 BAG 24.5.2018 AP Nr. 91 zu § 611 BGB Kirchendienst = NZA 2019, 166.

41 Eine Übersicht der Übernahmegesetze findet sich bei *Baumann-Czichon/Gathmann/Germer* MVG, 4. Aufl. 2013, 665 ff.

Für die Mitarbeiter und Mitarbeiterinnen der Dienststellen kirchlicher Körperschaften, Anstalten und Stiftungen der EKD, der Gliedkirchen sowie ihrer Zusammenschlüsse und der Einrichtungen der Diakonie sind nach Maßgabe des MVG-EKD **Mitarbeitervertretungen** zu bilden. Einrichtungen der Diakonie sind das Diakonische Werk der EKD sowie die gliedkirchlichen diakonischen Werke und die ihnen angeschlossenen Werke, Einrichtungen und Geschäftsstellen. Andere kirchliche Einrichtungen und freikirchliche Einrichtungen können das MVG-EKD aufgrund der Beschlüsse ihrer Organe anwenden. **Mitarbeiter und Mitarbeiterinnen** iSd MVG-EKD sind die Personen, die hauptberuflich, nebenberuflich oder zu ihrer Berufsausbildung in einer Dienststelle beschäftigt sind, soweit die Beschäftigung oder Ausbildung nicht überwiegend ihrer Heilung oder Wiedereingewöhnung der beruflichen oder sozialen Rehabilitation oder ihrer Erziehung dient (§ 2 MVG-EKD). Besonderheiten bestehen für Mitarbeiter in Gestellungsverträgen. Sie gelten als Mitarbeiter; ihre rechtlichen Beziehungen zur entsendenden Stelle bleiben unberührt.[42] Der Begriff der Dienststelle folgt aus § 3 MVG-EKD.

15 **c) Mitarbeitervertretung.** Die Mitglieder der Mitarbeitervertretung üben ihr Amt unentgeltlich als Ehrenamt aus (§ 19 MVG-EKD). Sie können von der Arbeit freigestellt werden (§ 20 MVG-EKD). Sie haben einen Anspruch auf Aufwendungsersatz. Über ihn entscheiden die kirchlichen Gerichte.[43] Aus § 611a BGB iVm § 19 III 1 MVG-EKD folgt jedoch kein Anspruch des teilzeitbeschäftigten Mitglieds der Mitarbeitervertretung auf Freizeitausgleich für Lehrgangszeiten, die über den Umfang seiner regelmäßigen Arbeitszeit hinausgehen.[44] Die Mitglieder der Mitarbeitervertretung genießen einen besonderen Abordnungs- und Versetzungsschutz[45] sowie Kündigungsschutz (§ 21 MVG-EKD). Einem Mitglied der Mitarbeitervertretung darf nur gekündigt werden, wenn Tatsachen vorliegen, die den Dienstgeber zur außerordentlichen Kündigung berechtigen. Die außerordentliche Kündigung bedarf der Zustimmung der Mitarbeitervertretung oder der Zustimmung des Ersatzmitglieds, falls die Mitarbeitervertretung nur aus einer Person besteht.[46] Die Kirchengerichte haben bei der Prüfung der Frage, ob Tatsachen vorliegen, die eine außerordentliche Kündigung rechtfertigen, wie ein staatliches Gericht vorzugehen.[47]

16 Im VIII. Abschnitt sind die **Aufgaben und Befugnisse der Mitarbeitervertretung** zusammengestellt. Nach § 33 MVG-EKD sind Mitarbeitervertretung und Dienststellenleitung verpflichtet, sich gegenseitig bei der Erfüllung ihrer Aufgaben zu unterstützen; sie arbeiten vertrauensvoll und partnerschaftlich zusammen. Sie achten darauf, dass alle Mitarbeiter und Mitarbeiterinnen nach Recht und Billigkeit behandelt werden und die Vereinigungsfreiheit nicht beeinträchtigt wird. Nach § 34 MVG-EKD hat die Mitarbeitervertretung zahlreiche Informationsrechte; ihre allgemeinen Aufgaben ergeben sich aus § 35 MVG-EKD.

16a **Dienstvereinbarungen** sind in § 36 MVG-EKD geregelt. Sie gelten anders als Betriebsvereinbarungen nicht unmittelbar für die von ihr erfassten Arbeitsverhältnisse. Es fehlt insoweit an einer im säkularen Recht – so § 77 IV BetrVG für Betriebsvereinbarungen – enthaltenen Anordnung ihrer normativen Wirkung.[48] Durch eine Dienstvereinbarung kann deshalb auch nicht zum Nachteil der AN in bestehende arbeitsvertragliche Rechtspositionen eingegriffen werden.[49] Derartige Dienstvereinbarungen gelten gleichwohl regelmäßig im Arbeitsverhältnis, weil die arbeitsvertragliche Verweisung auf kirchliche Arbeitsvertragsregelungen oder einen kirchlichen Tarifvertrag in der Regel die Vereinbarung der Geltung des kirchlichen Mitarbeitervertretungsrechts und der auf dessen Grundlage abgeschlossenen Dienstvereinbarungen beinhaltet, wenn das in Bezug genommene Regelwerk von der Anwendbarkeit des kollektiven kirchlichen Arbeitsrechts ausgeht. Die so einbezogenen Dienstvereinbarungen sind ebenso wie kirchliche AVR nur auf ihre Vereinbarkeit mit der Verfassung, anderem höherrangigen zwingendem Recht oder den guten Sitten zu überprüfen (→ § 35 Rn. 74).[50] Nach § 37 MVG-EKD wird unterschieden zwischen den Verfahren der Mitbestimmung (§ 38 MVG-EKD), der eingeschränkten Mitbestimmung (§ 41 MVG-EKD) und der Mitberatung (§ 45 MVG-EKD). Schließlich bestehen die in § 47 MVG-EKD aufgezählten Initiativrechte.

[42] VerwG.EKD 25.4.1996 NZA-RR 1998, 479.
[43] VerwG.EKD 30.1.1997 NZA 1998, 1135.
[44] BAG 1.6.2017 AP Nr. 82 zu § 611 BGB Kirchendienst = NZA 2017, 1212.
[45] VerwG.EKD 19.2.1998 ABl. EKD 2000, 36.
[46] Dazu APS/*Linck* Mitarbeitervertretung Rn. 57.
[47] VerwG.EKD 27.11.1997 NZA 1998, 1357; zur Überprüfung eines Schiedsspruchs durch staatliche Gerichte BAG 21.5.1992 – 2 AZR 49/92.
[48] BAG 24.6.2014 AP Nr. 74 zu § 611 BGB Kirchendienst.
[49] BAG 29.9.2011 AP Nr. 152 zu § 2 KSchG 1969 = NZA 2012, 628.
[50] BAG 22.3.2018 AP Nr. 90 zu § 611 BGB Kirchendienst mAnm *Thüsing/Mathy* = NZA 2018, 1350.

d) Mitbestimmung und Mitberatung. Soweit eine Maßnahme der **Mitbestimmung** der Mitarbeitervertretung unterliegt, darf sie erst vollzogen werden, wenn die Zustimmung der Mitarbeitervertretung vorliegt oder durch den Gleichstellungsausschuss ersetzt worden ist. Eine der Mitbestimmung unterliegende Maßnahme ist unwirksam, wenn die Mitarbeitervertretung nicht beteiligt worden ist (§ 38 I 2 MVG-EKD).[51] Der Mitbestimmung unterliegen Fälle der allgemeinen personellen Angelegenheiten (Personalfragebogen, Beurteilungsgrundsätze, Grundsatz der Aus-, Fort- und Weiterbildung sowie der Teilnehmerauswahl, Auswahl der Teilnehmer an Fortbildungsveranstaltungen). Ferner besteht ein Mitbestimmungsrecht in organisatorischen und sozialen Angelegenheiten (§ 40 MVG-EKD). Bei der **eingeschränkten Mitbestimmung** ist die Mitarbeitervertretung in ihren Argumentationsmöglichkeiten beschränkt, indem ihr die Ablehnung der Maßnahme des AG nur aus bestimmten Gründen gestattet ist (§ 41 MVG-EKD). Eingeschränkte Mitbestimmungsrechte bestehen in konkreten Personalangelegenheiten der privatrechtlich angestellten Mitarbeiter und Mitarbeiterinnen sowie der Mitarbeiter und Mitarbeiterinnen in öffentlich-rechtlichen Dienstverhältnissen. Eingeschränkte Mitbestimmungsrechte bestehen zB bei Einstellung, ordentlicher Kündigung,[52] Ein- und Umgruppierung, Umsetzung und Versetzung. In den Fällen der **Mitberatung** ist der Mitarbeitervertretung eine beabsichtigte Maßnahme rechtzeitig vor der Durchführung bekanntzugeben und auf Verlangen mit ihr zu erörtern. Die Mitarbeitervertretung kann die Erörterung binnen zwei Wochen verlangen. In bestimmten Fällen kann das Antragsrecht durch die Dienststelle abgekürzt werden. Äußert sich die Mitarbeitervertretung nicht, gilt die Maßnahme als gebilligt. 17

e) Mitbestimmung bei Kündigungen. Nach § 42 lit. b) MVG-EKD unterliegt eine ordentliche Kündigung nach Ablauf der Probezeit der eingeschränkten Mitbestimmung der Mitarbeitervertretung.[53] Die Einleitung des Mitbestimmungsverfahrens nach § 38 II 1 MVG-EKD verlangt dabei keine bestimmte Form.[54] Die Kündigung ist gem. § 38 I 2 iVm § 41 III MVG-EKD unwirksam, wenn die Mitarbeitervertretung nicht beteiligt worden ist. Diese darf die Zustimmung nach § 41 II MVG-EKD allerdings nur verweigern, wenn die Kündigung gegen eine Rechtsvorschrift, eine arbeitsrechtliche Regelung, eine andere bindende Bestimmung oder eine rechtskräftige gerichtliche Entscheidung verstößt. Eine Verweigerung der Zustimmung ist nach § 38 III 5 MVG-EKD schriftlich zu begründen. Die Kündigung gilt gem. § 38 III 1 iVm § 41 III MVG-EKD als gebilligt, wenn die Mitarbeitervertretung nicht innerhalb von zwei Wochen die Zustimmung schriftlich verweigert oder eine mündliche Erörterung beantragt.[55] Eine auf keinen der Gründe des § 41 II MVG-EKD Bezug nehmende Zustimmungsverweigerung ist unbeachtlich. Die Zustimmung gilt in diesem Fall mit Ablauf von zwei Wochen nach Unterrichtung der Mitarbeitervertretung als erteilt.[56] Das MVG-EKD lässt aufgrund des dort normierten positiven Konsensprinzips eine Abkürzung der Äußerungsfrist und einen darauf beruhenden vorzeitigen Eintritt der Zustimmungsfiktion nicht zu. Der Dienstgeber darf deshalb selbst dann nicht vor Ablauf der Zweiwochenfrist des § 38 III 1 MVG-EKD kündigen, wenn die Mitarbeitervertretung zwar eine abschließende, aber keine zustimmende Erklärung abgegeben hat.[57] Kommt zwischen der Dienststellenleitung und der Mitarbeitervertretung keine Einigung zustande, kann die Dienststellenleitung gem. § 38 IV MVG-EKD innerhalb von zwei Wochen nach Eingang der schriftlichen Weigerung das Kirchengericht anrufen. Dieses hat nach § 60 V 1 MVG-EKD festzustellen, ob ein Grund zur Verweigerung der Zustimmung vorliegt. Stellt es fest, dass kein solcher Grund vorliegt, gilt die Zustimmung der Mitarbeitervertretung als ersetzt. 18

f) Kirchengerichte. Die Kirchengerichte entscheiden in erster Instanz gem. § 60 MVG-EKD über alle Streitigkeiten, die sich aus der Anwendung des MVG-EKD ergeben. Ihre Zuständigkeit ist unterschiedlich geregelt, teilweise sind sie nur für Streitigkeiten aus dem Bereich einer Gliedkirche oder ihres gliedkirchlichen Diakonischen Werkes zuständig, teilweise aber auch für diese gemeinsam oder für mehrere Gliedkirchen oder gliedkirchliche Diakonische Werke. Gegen die Beschlüsse der Kirchengerichte erster Instanz findet gem. § 63 MVG-EKD die Beschwerde an den „Kirchengerichtshof der Evangelischen Kirche in Deutschland (KGH EKD)" statt. Die Beschwerde bedarf der Annahme. Die Gründe für die Annahme sind in § 63 II 2 MVG-EKD 19

---

[51] Krit. hierzu *Richardi* KirchenArbR § 19 Rn. 29.
[52] LAG Köln 18.1.1995 NZA 1995, 1200; APS/*Linck* Kirche Rn. 46 ff.
[53] Einzelheiten APS/*Linck* Kirche Rn. 46 ff.
[54] KGH.EKD 7.4.2008 – I-0124/N80-07.
[55] BAG 22.10.2015 AP Nr. 166 zu § 2 KSchG 1969 = NZA 2016, 225.
[56] BAG 25.4.2013 AP Nr. 200 zu § 1 KSchG 1969 Betriebsbedingte Kündigung = NZA 2014, 105.
[57] BAG 22.10.2015 AP Nr. 166 zu § 2 KSchG 1969 = NZA 2016, 225.

geregelt. Näheres über seine Errichtung und Organisation findet sich im Kirchengerichtsgesetz der Evangelischen Kirche in Deutschland (KiGG.EKD). Die staatliche Gerichtsbarkeit ist bei Streitigkeiten aus dem MVG-EKD nicht zuständig.[58] Verfahrensbevollmächtigte müssen gem. § 21 KiGG.EKD Mitglied einer Kirche sein, die der Arbeitsgemeinschaft Christlicher Kirchen angehört. Soweit sie nicht zur Rechtsanwaltschaft zugelassen sind, kann ihnen der weitere Vortrag durch Beschluss untersagt werden, wenn es ihnen an Fähigkeit zum sachgemäßen Vortrag mangelt. Der Beschluss ist unanfechtbar.

V. Arbeitsrecht in der katholischen Kirche

20 **1. Grundordnung. a) Allgemeines.** In der kath. Kirche ist aufgrund des Selbstbestimmungsrechts der Kirchen das kirchliche Arbeitsrecht umfassend geregelt. Die Deutsche Bischofskonferenz hat am 20.6.2011 die derzeit gültige Fassung der Grundordnung des kirchlichen Dienstes im Rahmen kirchlicher Arbeitsverhältnisse (GO) beschlossen. Auf der Grundlage von Art. 7 I GO hat sie die Ordnung für die Zentrale Kommission zur Ordnung des Arbeitsvertragsrechts im kirchlichen Dienst (Zentral-KODA-Ordnung idF v. 27.4.2015) und die Rahmenordnung für die Kommission zur Ordnung des diözesanen Arbeitsvertragsrechts (Rahmen-KODA-Ordnung idF v. 24.11.2014) erlassen. Die vier Buchstaben „KODA" stehen als Abkürzung für die Bezeichnung „**K**ommission zur **O**rdnung des **d**iözesanen **A**rbeitsvertragsrechts".

21 **b) Geltungsbereich.** Der Geltungsbereich der GO ergibt sich aus deren Art. 2 in der Fassung des Beschlusses der Vollversammlung des Verbandes der Diözesen Deutschlands vom 27.4.2015. Kirchliche Rechtsträger, die nicht der bischöflichen Gesetzgebungsgewalt unterliegen, sind verpflichtet, die GO durch Übernahme in ihr Statut verbindlich zu übernehmen. Sofern ein kirchlicher Rechtsträger in der Rechtsform einer Körperschaft des öffentlichen Rechts über kein Statut verfügt, ist eine notarielle Erklärung der Grundordnungsübernahme und anschließende Veröffentlichung dieser Erklärung ausreichend. Soweit sie dieser Verpflichtung nicht nachkommen, haben sie im Hinblick auf die arbeitsrechtlichen Beziehungen nicht am Selbstbestimmungsrecht der Kirche gem. Art. 140 GG iVm Art. 137 III WRV teil. In einem solchen Fall gelten die in → Rn. 1 ff. genannten Besonderheiten kirchlicher Arbeitsverhältnisse nicht. Für diese Einrichtungen gilt dann vielmehr einschränkungslos das weltliche Arbeitsrecht, insbesondere auch das Streikrecht. Ausgenommen von der GO sind Mitarbeiter, die aufgrund eines klerikalen Dienstverhältnisses oder ihrer Ordenszugehörigkeit tätig sind.

22 **c) Grundprinzipien.** In Art. 1 GO sind die Grundprinzipien des kirchlichen Dienstes zusammengefasst. „Alle in einer Einrichtung der kath. Kirche Tätigen tragen durch ihre Arbeit ohne Rücksicht auf die arbeitsrechtliche Stellung gemeinsam dazu bei, dass die Einrichtung ihren Teil am Sendungsauftrag der Kirche erfüllen kann (Dienstgemeinschaft). Alle Beteiligten, Dienstgeber sowie leitende und ausführende Mitarbeiter und Mitarbeiterinnen, müssen anerkennen und ihrem Handeln zugrunde legen, dass Zielsetzung und Tätigkeit, Organisationsstruktur und Leitung der Einrichtung, für die sie tätig sind, sich an der Glaubens- und Sittenlehre und an der Rechtsordnung der kath. Kirche auszurichten haben." Im Übrigen enthält die GO einen individualrechtlichen und einen kollektivrechtlichen Teil.

23 **2. Individualrechtlicher Inhalt der GO.** Nach Art. 3 GO hat der Dienstgeber bei der Einstellung darauf zu achten, dass der Mitarbeiter die Eigenart des kirchlichen Dienstes bejaht. Der Dienstgeber muss prüfen, ob der Bewerber geeignet und befähigt sind, die vorgesehene Aufgabe so zu erfüllen, dass er der Stellung der Einrichtung in der Kirche und der übertragenen Funktion gerecht wird. Für den Dienst in der Kirche nicht geeignet ist nach Art. 3 IV GO, wer sich kirchenfeindlich betätigt oder aus der kath. Kirche ausgetreten ist. In Art. 4 GO sind die **Loyalitätspflichten** zusammengefasst. Von kath. Mitarbeitern wird erwartet, dass sie die Grundsätze der kath. Glaubens- und Sittenlehre anerkennen und beachten (→ § 127 Rn. 100).[59] Im pastoralen und katechetischen Dienst sowie bei Mitarbeitern, die aufgrund einer Missio canonica oder einer sonstigen schriftlich erteilten bischöflichen Beauftragung tätig sind, ist das persönliche Lebenszeugnis im Sinne der Grundsätze der Glaubens- und Sittenlehre erforderlich; dies gilt in der Regel auch für leitende Mitarbeiter sowie für Mitarbeiter im erzieherischen Dienst. Von nichtkatholischen christlichen Mitarbeitern wird erwartet, dass sie die Wahrheiten und Werte des Evangeliums achten und dazu beitragen, sie in der Einrichtung zur Geltung zu bringen. Nichtchristliche Mitarbeiter müssen bereit sein, die ihnen in einer kirchlichen Einrichtung zu

[58] BAG 30.4.2014 NZA 2014, 1223; 9.9.1992 AP Nr. 40 zu Art. 140 GG = NZA 1993, 597.
[59] Dazu BAG 16.9.1999 AP Nr. 1 zu Art. 4 GrO kath. Kirche = NZA 2000, 208.

übertragenden Aufgaben im Sinne der Kirche zu erfüllen. Alle Mitarbeiter dürfen in ihrer persönlichen Lebensführung und in ihrem dienstlichen Verhalten die Glaubwürdigkeit der Kirche und der Einrichtung, in der sie beschäftigt sind, nicht gefährden.

Bei **Verstößen gegen Loyalitätsobliegenheiten** greift nach Art. 5 GO ein abgestuftes System ein. Es ist zu beraten,[60] es kann abgemahnt, ein formeller Verweis oder eine andere Maßnahme (zB Versetzung, Änderungskündigung) erfolgen. Als letzte Maßnahme kommt eine Kündigung in Betracht. In Art. 5 II GG sind die für eine Kündigung kirchenspezifischen Gründe zusammengefasst. Hiernach sieht die kath. Kirche als schwerwiegend an Verstöße gegen die von den Mitarbeitern nach Art. 3 und 4 zu erfüllenden Obliegenheiten, den Kirchenaustritt, das öffentliche Eintreten gegen tragende Grundsätze der kath. Kirche (zB hinsichtlich der Abtreibung) und schwerwiegende persönliche sittliche Verfehlungen, den Abschluss einer nach kirchlichem Verständnis ungültigen Ehe, wenn dies nach den konkreten Umständen objektiv geeignet ist, ein erhebliches Ärgernis in der Dienstgemeinschaft oder im beruflichen Wirkungskreis zu erregen und die Glaubwürdigkeit der Kirche zu beeinträchtigen. Aus Art. 5 III–V GO ergeben sich für bestimmte Mitarbeiter unabweisbare Kündigungsgründe. Setzt ein pastoral, katechetisch oder leitend tätiger Mitarbeiter kirchenspezifische Kündigungsgründe, kann er nicht weiterbeschäftigt werden. Leitend wird ein Mitarbeiter schon dann tätig, wenn er zB einen Kindergarten leitet. Der Begriff ist also nicht identisch mit dem des leitenden Angestellten. Maßgeblich ist der Bezug zur Wahrnehmung einer kirchlichen Grundfunktion.[61] Nach Art. 5 III 5 GO kann von einer Kündigung ausnahmsweise abgesehen werden, wenn schwerwiegende Gründe des Einzelfalls diese als unangemessen erscheinen lassen. 24

Die Mitarbeiter werden an der Gestaltung ihrer Arbeitsbedingungen beteiligt (Art. 7 GO). 25
Der Abschluss von Tarifverträgen wird ausdrücklich abgelehnt. **Rechtsnormen für den Inhalt der Arbeitsverhältnisse** kommen zustande durch Beschlüsse von Kommissionen, die mit Vertretern der Dienstgeber und Vertretern der Mitarbeiter paritätisch besetzt sind. Die Beschlüsse dieser Kommissionen bedürfen der bischöflichen Inkraftsetzung für das jeweilige Bistum. Das Nähere, insbesondere die jeweiligen Zuständigkeiten regeln die KODA-Ordnungen. Die Kommissionen sind an diese Grundordnung gebunden.

3. Arbeitsvertragsrecht im kirchlichen Dienst. Kernstück des „Dritten Wegs" der katho- 26
lischen Kirche ist die Beschlusszuständigkeit der Zentral-KODA (→ Rn. 27). Diese regelt das Zustandekommen von Rechtsnormen über Inhalt, Abschluss und Beendigung von Arbeitsverhältnissen mit Rechtsträgern im Geltungsbereich der Grundordnung. Der Zentral-KODA gehört eine gleiche Zahl von Vertretern der Dienstgeber und der Mitarbeiter an, und zwar auf jeder Seite 21 Vertreter. Die Bistümer entsenden insgesamt 14 Vertreter der Dienstgeber und 14 Vertreter der Mitarbeiterseite nach Maßgabe eines in § 5 der KODA-Ordnung aufgeführten Schlüssels. Von Seite des Deutschen Caritasverbandes werden jeweils weitere sieben Vertreter von Dienstgeberseite und Mitarbeiterseite entsandt. Die Vertreter der Mitarbeiterseite werden von Vertretern der Mitarbeiterseiten in den in der Region bestehenden Kommissionen aus ihrer Mitte gewählt. Der Vorsitzende und der stellvertretende Vorsitzende werden von der Gesamtheit der Kommissionsmitglieder geheim gewählt, und zwar in zweijährigem Wechsel, einmal aus der Dienstgeberseite und das andere Mal aus der Mitarbeiterseite, der stellvertretende Vorsitzende aus der jeweils anderen Seite. Ein Beschluss der Zentral-KODA, der den Erlass von Rechtsnormen zum Gegenstand hat, wird den für den Erlass der arbeitsrechtlichen Regelungen zuständigen Diözesanbischöfen zugeleitet.[62] Sieht sich ein Diözesanbischof nicht in der Lage, einen Beschluss in Kraft zu setzen, weil er offensichtlich gegen kirchenrechtliche Normen oder gegen Vorgaben der katholischen Glaubens- und Sittenlehre verstößt, legt er innerhalb von sechs Wochen nach Zugang des Beschlusses beim Bischöflichen Ordinariat unter Angabe von Gründen Einspruch bei der Zentralen Kommission ein. Wenn bis zum Ablauf der sechswöchigen Frist kein Einspruch erhoben worden ist, ist der Beschluss in allen Diözesen in Kraft zu setzen und in den Amtsblättern zu veröffentlichen. Im Falle des Einspruchs berät die Zentral-KODA die Angelegenheit nochmals. Fasst sie einen neuen Beschluss oder bestätigt sie ihren bisherigen Beschluss, leitet sie diesen allen Diözesanbischöfen zur Inkraftsetzung zu. Kommt ein solcher Beschluss nicht zustande, ist das Verfahren beendet. Gleiches gilt, wenn auch der neue Beschluss nicht von allen Diözesanbischöfen angenommen werden kann.

[60] Zu dieser Verpflichtung als Voraussetzung einer Kündigung vgl. BAG 16.9.1999 AP Nr. 1 zu Art. 4 GrO kath. Kirche = NZA 2000, 208.
[61] *Richardi* KirchenArbR § 6 Rn. 7.
[62] Hierzu *Dütz* FS Richardi, 869.

27 **Gegenstand der Beschlusskompetenz** der Zentral-KODA sind die in § 3 I genannten Regelungen. Hierzu gehören die **(1)** Ausfüllung von Öffnungsklauseln in staatlichen Gesetzen; **(2)** die Fassung von Einbeziehungsabreden für Arbeitsverträge hinsichtlich der Loyalitätsobliegenheiten und Nebenpflichten gemäß der Grundordnung. Insoweit wird dem Nachweisgesetz Rechnung getragen; **(3)** kirchenspezifische Regelungen für die Befristung von Arbeitsverhältnissen, das kirchliche Arbeitszeitrecht, Mehrfacharbeitsverhältnisse für mehrere Dienstgeber sowie die Rechtsfolgen bei Wechsel des Dienstgebers. Die Zentral-KODA hat keine ausschließliche Beschlusskompetenz. Vielmehr bestehen daneben **Bistums- oder Regional-KODA-Ordnungen.**

28 **4. Arbeitsvertragsrichtlinien (AVR).** Für den kirchlichen Dienst sind Arbeitsvertragsrichtlinien ergangen. Vielfach wird aber auch in der katholischen Kirche auf die Tarifverträge des öffentlichen Dienstes Bezug genommen. Für den Bereich des Deutschen Caritasverbandes gelten die Richtlinien für Arbeitsverträge in den Einrichtungen des Deutschen Caritasverbandes. Zur Rechtswirkung und Inhaltskontrolle → Rn. 10, → § 35 Rn. 74 ff.

29 **5. Mitarbeitervertretungsordnung (MAVO).** Das Mitarbeitervertretungsrecht der katholischen Kirche beruht auf der Rahmenordnung für eine Mitarbeitervertretungsordnung (MAVO) in der Fassung vom 19.6.2017. Die Rahmenordnung gilt nicht unmittelbar in den Diözesen Deutschlands. Dort ist vielmehr die Fassung maßgebend, die der Ortsbischof gem. can. 391 § 2 CIC gegeben hat. Die Rechtsetzungsbefugnis des Ortsbischofs erfasst nicht nur den Bereich der als öffentlich-rechtliche Körperschaft organisierten Kirche (auch Amtskirche, korporierte oder verfasste Kirche genannt), sondern ebenso die weiteren in § 1 MAVO aufgeführten Einrichtungen.[63] Im Allgemeinen sind die Beteiligungsrechte in der MAVO schwächer ausgebildet als in der ev. Kirche. Nach § 30 V MAVO ist eine ordentliche Kündigung ohne Beteiligung der Mitarbeitervertretung unwirksam.[64] Hierauf kann sich der AN im Kündigungsrechtsstreit berufen.[65]

§ 185. Baugewerbe

Übersicht

I. Tarifstruktur

1 Für die Arbeiter des Baugewerbes gilt der allgemeinverbindliche Bundesrahmentarifvertrag (BRTV). Er regelt die Arbeitsbedingungen, wie Arbeitszeit, Eingruppierung, Urlaub, Fahrtkostenersatz usw. der in Betrieben des Baugewerbes iSv § 1 BRTV beschäftigten AN. Besondere Bedeutung kommt im Baugewerbe dem ebenfalls für allgemeinverbindlich erklärten[1] TV-Mindestlohn und dem Tarifvertrag über das Sozialkassenverfahren (VTV) zu. Damit soll den Besonderheiten des Baugewerbes mit häufiger wechselnden Arbeitsplätzen und kurzzeitigen Beschäftigungsverhältnissen Rechnung getragen werden. Sozialkassen sind nach § 3 VTV die Urlaubs- und Lohnausgleichskasse der Bauwirtschaft (ULAK), die Leistungen im Urlaubs- und Berufsbildungsverfahren erbringt, sowie die Zusatzversorgungskasse des Baugewerbes

[63] BAG 10.12.1992 AP Nr. 41 zu Art. 140 GG = NZA 1993, 593.
[64] BAG 10.4.2014 AP Nr. 159 zu § 2 KSchG 1969 = NZA 2014, 653.
[65] BAG 10.12.1992 AP Nr. 41 zu Art. 140 GG = NZA 1993, 593; zu den Einwendungen der Mitarbeitervertretung nach § 30 III MAVO vgl. BAG 25.3.2004 AP Nr. 40 zu § 611 BGB Kirchendienst.
[1] Hierzu BAG 12.5.2010 AP Nr. 320 zu § 1 TVG Tarifverträge: Bau = NZA 2010, 953.

(ZVK-Bau), die zusätzliche Leistungen zu den gesetzlichen Renten erbringt. Nach § 3 III VTV zieht die ULAK ihre eigenen Beiträge und die der ZVK-Bau ein. Die vom VTV erfassten Betriebe haben sich bei den Sozialkassen anzumelden (§ 5 VTV) und genaue Angaben zu den bei ihnen beschäftigen AN und Auszubildenden zu machen (§§ 6–11 VTV). Nach § 15 I–III VTV haben die AG regional unterschiedlich hohe Beiträge zur Aufbringung der Mittel für die tarifvertraglich festgelegten Leistungen im Urlaubs- und Berufsausbildungsverfahren zu erbringen. Die Beiträge orientieren sich an dem in § 15 IV VTV definierten Bruttolohn. Für Betriebe mit Sitz in West-Berlin enthält § 15 III VTV eine Sonderregelung. Nach § 23 VTV ist grundsätzlich Wiesbaden Erfüllungsort und Gerichtsstand, Berlin ist dies für Betriebe mit Sitz in den neuen Bundesländern (§ 23 II VTV). Aus den Beiträgen erstattet die ULAK gem. §§ 12–14 VTV den AG die sich aus § 8 BRTV ergebenden Ansprüche der AN auf Urlaubsvergütung, Urlaubsabgeltung sowie auf die nach § 8 VIII BRTV fällige Entschädigung. Der VTV ist in seinen verschiedenen Fassungen jeweils für **allgemeinverbindlich erklärt** worden. Das BAG hat die Allgemeinverbindlicherklärungen des VTV aus den Jahren 2008 bis 2014 wegen nicht Erreichens der nach § 5 I 1 Nr. 1 TVG aF erforderlichen 50%-Quote und mangelnder Ministerbefassung bei Erlass der Allgemeinverbindlicherklärung nach § 98 ArbGG für unwirksam erklärt.[2] Das BVerfG hat die hiergegen gerichteten Verfassungsbeschwerden zurückgewiesen.[3] Der Gesetzgeber hat darauf in einem Eilverfahren mit dem Erlass des Sozialkassensicherungsgesetzes (SokaSiG) reagiert, durch das u.a. die Fassungen des VTV, die Gegenstand der für unwirksam erklärten Allgemeinverbindlicherklärungen waren, nunmehr rückwirkend als Gesetz in Kraft gesetzt wurden. Die hiergegen gerichteten Verfassungsbeschwerden wurden zurückgewiesen.[4]

II. Geltungsbereich der Bau-Tarifverträge

1. Überblick. Der betriebliche Geltungsbereich des VTV hängt davon ab, ob in dem Betrieb 2
arbeitszeitlich überwiegend Tätigkeiten ausgeführt werden, die unter die Abschnitte I bis V des § 1 II VTV fallen. Werden baugewerbliche Tätigkeiten in diesem Sinne erbracht, sind ihnen diejenigen Nebenarbeiten ebenfalls zuzuordnen, die zu einer sachgerechten Ausführung der baulichen Leistungen notwendig sind und deshalb mit ihnen im Zusammenhang stehen.[5] Nebenarbeiten, wie zB der Transport von Baumaterialien oder die Entsorgung von Bauschutt, sind dazu bestimmt, eine sachgerechte Durchführung und Beendigung von Bauarbeiten zu gewährleisten. Sie können deshalb dann als bauliche Leistungen im Sinne des VTV gelten, wenn dem AG, der die Nebenarbeiten ausführt, die baulichen Hauptleistungen zugerechnet werden müssen. Werden Neben- und Bauleistungen tatsächlich in einem engen organisatorischen Zusammenhang einheitlich geleitet, kann durch eine „nur auf dem Papier stehende", für die Arbeitspraxis aber folgenlose Trennung der Nebenarbeiten von den Hauptarbeiten die Anwendung des VTV nicht vermieden werden.[6] Für die Beantwortung der Frage, ob in dem Betrieb arbeitszeitlich überwiegend Tätigkeiten ausgeführt werden, die unter die Abschnitte I bis V des § 1 II VTV fallen, kommt es auf wirtschaftliche Gesichtspunkte, wie Umsatz und Verdienst, und auf handels- oder gewerberechtliche Kriterien nicht an. Ebenfalls unerheblich ist, ob im Hinblick auf den Betrieb die gesetzlichen Vorschriften zur Teilnahme an der Winterbeschäftigungsumlage zur Anwendung kommen. Etwaige von der BA in diesem Zusammenhang vorgenommene Einschätzungen sind für die Anwendbarkeit des VTV grundsätzlich nicht maßgeblich. Für den Anwendungsbereich des VTV reicht es aus, wenn in dem Betrieb überwiegend eine oder mehrere der in den Beispielen des § 1 II Abschn. V VTV genannten Tätigkeiten ausgeübt werden. Der Betrieb wird dann stets von dem betrieblichen Geltungsbereich des VTV erfasst, ohne dass die allgemeinen Merkmale der Abschnitte I bis III zusätzlich geprüft werden müssen. Nur wenn in dem Betrieb arbeitszeitlich überwiegend nicht die in den Abschnitten IV und V

[2] BAG 21.9.2016 AP Nr. 35 zu § 5 TVG = NZA-Beil. 1/2017, 12; 21.9.2016 AP Nr. 36 zu § 5 TVG; 25.1.2017 AP Nr. 37 zu § 5 TVG; 25.1.2017 AP Nr. 38 zu § 5 TVG = NZA 2017, 731; dazu *Greiner* NZA 2017, 98.

[3] BVerfG 10.1.2020 AP Nr. 42 zu § 5 TVG = NZA 2020, 253.

[4] BVerfG 11.8.2020 AP Nr. 394 zu § 1 TVG Tarifverträge: Bau = NZA 2020, 1338.

[5] BAG 10.9.2014 AP Nr. 17 zu § 98 ArbGG 1979 = NZA 2014, 1282; 15.1.2014 AP Nr. 349 zu § 1 TVG Tarifverträge: Bau = NZA 2014, 791.

[6] BAG 14.3.2012 AP Nr. 342 zu § 1 TVG Tarifverträge: Bau; dazu auch BAG 27.1.2021 AP Nr. 399 zu § 1 TVG Tarifverträge: Bau.

genannten Beispielstätigkeiten ausgeführt werden, muss darüber hinaus festgestellt werden, ob die ausgeführten Tätigkeiten die allgemeinen Merkmale der Abschnitte I bis III erfüllen.[7]

3 Betriebe fallen nach § 1 II Abschn. VI UAbs. 1 S. 1 VTV **grundsätzlich insgesamt** unter den VTV, wenn in ihnen die in § 1 II Abschn. I bis V VTV genannten Leistungen überwiegend erbracht werden. Eine Ausnahme besteht nach § 1 II Abschn. VI UAbs. 2 VTV für selbständige Abteilungen eines Betriebs des Baugewerbes, wenn in ihnen andere Arbeiten ausgeführt und sie von einem spezielleren Tarifvertrag erfasst werden. Dies setzt voraus, dass in der Abteilung „andere", also baufremde Leistungen erbracht werden.[8] § 1 II Abschn. VI UAbs. 1 S. 2 VTV findet keine Anwendung auf die Ausnahmen vom Geltungsbereich nach § 1 II Abschn. VII VTV. Ein Betrieb wird nach § 1 II Abschn. VII VTV nur dann nicht vom Geltungsbereich des VTV erfasst, wenn in ihm arbeitszeitlich zu mehr als 50 % Tätigkeiten verrichtet werden, die als solche dem dort aufgeführten Handwerks- oder Gewerbezweig zuzuordnen sind. Die unter verschiedene Ausnahmetatbestände des § 1 II Abschn. VII VTV fallenden Tätigkeiten können auch im Mischbetrieb nicht zusammengerechnet werden.[9]

4 Der betriebliche Geltungsbereich wird durch § 1 II Abschn. VI UAbs. 1 S. 2 und 3 VTV für den Fall erweitert, dass in einem **Mischbetrieb** überwiegend zwar baufremde, in einer selbständigen Betriebsabteilung aber bauliche Leistungen der Abschn. I bis V erbracht werden.[10] Nach § 1 II Abschn. VI UAbs. 1 S. 3 VTV gilt als selbständige Betriebsabteilung auch eine Gesamtheit von AN, die außerhalb der stationären Betriebsstätte eines nicht von den Abschnitten I bis IV erfassten Betriebs baugewerbliche Arbeiten ausführt. Eine Gesamtheit in diesem Sinne ist eine Gruppe von AN, die koordiniert, dh geführt und geleitet, arbeitszeitlich überwiegend außerhalb der stationären Betriebsstätte baugewerbliche Arbeiten ausführt. Nicht erforderlich ist eine ständige Zusammenarbeit aller der Gesamtheit angehörenden AN. Die Gesamtheit kann sowohl vor Ort als auch aus einer Betriebsstätte heraus koordiniert werden. Sie muss baugewerbliche Arbeiten außerhalb der stationären Betriebsstätte ausführen. Werden auch Arbeiten innerhalb der stationären Betriebsstätte ausgeführt, dürfen diese sowohl quantitativ als auch qualitativ allenfalls von untergeordneter Bedeutung sein, selbst wenn es sich um Arbeiten im Zusammenhang mit den baugewerblichen Arbeiten außerhalb der stationären Betriebsstätte handelt.[11]

5 Wird über das Vermögen eines Einzelunternehmers, der einen Betrieb des Bauhauptgewerbes geführt hat, das **Insolvenzverfahren** eröffnet, ändert dies für sich allein nichts an der weiteren Anwendbarkeit des VTV. Dies gilt auch dann, wenn der Insolvenzverwalter den Geschäftsbetrieb einstellt und allen AN kündigt. Die Beitragsansprüche der Sozialkassen sind bis zur rechtlichen Beendigung der einzelnen Arbeitsverhältnisse Masseverbindlichkeiten.[12]

6 **2. Darlegungs- und Beweislast.** Die Darlegungs- und Beweislast dafür, dass in einem Betrieb arbeitszeitlich überwiegend baugewerbliche Tätigkeiten verrichtet werden, obliegt der Sozialkasse.[13] Ihr Sachvortrag ist schlüssig, wenn sie Tatsachen vorträgt, die den Schluss zulassen, der Betrieb des AG werde vom betrieblichen Geltungsbereich des VTV erfasst. Dazu gehört neben der Darlegung von Arbeiten, die sich § 1 II VTV zuordnen lassen, auch die Darlegung, dass diese Tätigkeiten insgesamt arbeitszeitlich überwiegen. Nicht erforderlich ist, dass die Sozialkasse jede Einzelheit der behaupteten Tätigkeiten vorträgt. Dies kann sie in der Regel nicht. Da sie in ihrer Funktion als gemeinsame Einrichtung der Tarifvertragsparteien zumeist keine näheren Einblicke in die dem Gegner bekannten Arbeitsabläufe hat und ihr die Darlegung deshalb erschwert ist, kann sie, wenn Anhaltspunkte für einen Baubetrieb vorliegen, auch von ihr nur vermutete Tatsachen behaupten und unter Beweis stellen. Unzulässig ist dieses prozessuale Vorgehen erst dann, wenn sie ohne greifbare Anhaltspunkte für das Vorliegen eines bestimmten Sachverhalts willkürlich Behauptungen „ins Blaue hinein" aufstellt. Dies kann in der Regel nur bei Fehlen jeglicher tatsächlicher Anhaltspunkte angenommen werden oder wenn sie selbst nicht an die Richtigkeit ihrer Behauptungen glaubt. Liegt entsprechender Tatsachenvortrag vor, hat sich der AG hierzu nach § 138 II ZPO zu erklären. Er kennt im Gegensatz zu der Sozialkasse alle für die Beitragspflicht wesentlichen Tatsachen. Sein einfaches Bestreiten genügt deshalb nach

[7] BAG 10.9.2014 AP Nr. 17 zu § 98 ArbGG 1979 = NZA 2014, 1282; 19.2.2014 AP Nr. 351 zu § 1 TVG Tarifverträge: Bau.
[8] BAG 25.11.2009 AP Nr. 317 zu § 1 TVG Tarifverträge: Bau = NZA 2010, 518.
[9] BAG 10.9.2014 AP Nr. 17 zu § 98 ArbGG 1979 = NZA 2014, 1282.
[10] BAG 17.10.2012 AP Nr. 345 zu § 1 TVG Tarifverträge: Bau = NZA-RR 2013, 365.
[11] BAG 22.6.2016 NZA-RR 2016, 652; 19.11.2014 AP Nr. 352 zu § 1 TVG Tarifverträge: Bau = NZA-RR 2015, 202.
[12] BAG 5.2.2009 AP Nr. 308 zu § 1 TVG Tarifverträge: Bau = NZA 2009, 1215.
[13] BAG 16.9.2020 AP Nr. 397 zu § 1 TVG Tarifverträge: Bau = NZA 2021, 361.

den Grundsätzen der sekundären Darlegungslast nicht, sofern ihm nähere Angaben zuzumuten sind. In diesem Fall kann von ihm das substanziierte Bestreiten der behaupteten Tatsachen unter Darlegung der für das Gegenteil sprechenden Tatsachen und Umstände verlangt werden.[14] Das substanziierte Bestreiten kann sich auf die Art und/oder den Umfang der verrichteten Arbeiten beziehen. Um feststellen zu können, welche Tätigkeiten in welchem Umfang ausgeübt wurden, muss der AG im Rahmen des substanziierten Bestreitens entsprechende Tatsachen vortragen. Dazu gehört die Darlegung der zeitlichen Anteile der verschiedenen Tätigkeiten.[15]

3. Auskunftsklage. Wird die im Wege einer Auskunftsklage erstrittene Auskunft nicht binnen einer bestimmten Frist vorgenommen, ist das beklagte Unternehmen auf Antrag der Sozialkasse nach § 61 II ArbGG zur Zahlung einer vom Gericht nach freiem Ermessen festzusetzenden Entschädigung zu verurteilen. Die Höhe der Entschädigung ist bei einer Auskunftsklage der ZVK in der Regel mit 80% der erwarteten Beitragssumme zu berechnen.[16] Wird eine Klage auf Erteilung von Auskünften verbunden mit einem Antrag nach § 61 II ArbGG auf Entschädigung für den Fall der nicht fristgemäßen Erteilung der Auskunft, ist ein gleichzeitig für den Fall der fristgemäß erteilten Auskunft gestellter unbestimmter Antrag auf die Leistung, die sich aus der Auskunft ergibt, unzulässig.[17] 7

III. Bau-Arbeitsgemeinschaften

Mit seinem Einverständnis kann der AN für eine Arbeitsgemeinschaft freigestellt werden, an der der AG beteiligt ist (§ 9 BRTV).[18] Die Arbeitsgemeinschaft ist eine Gesellschaft bürgerlichen Rechts[19] oder eine OHG.[20] Während der Dauer der Freistellung ruht das Arbeitsverhältnis des AN zum Stammbetrieb. Mit der Arbeitsaufnahme tritt der AN in ein Arbeitsverhältnis zur Arbeitsgemeinschaft. Bei Beendigung des Arbeitsverhältnisses zur Arbeitsgemeinschaft lebt das alte Arbeitsverhältnis wieder auf (Ausnahme berechtigte fristlose Entlassung durch die ARGE). Die Zeit der Freistellung zur ARGE ist dem AN gem. § 9 Nr. 2.2 S. 2 BRTV auf die Betriebszugehörigkeit anzurechnen. 8

IV. Kündigung

Für Kündigungen enthält der BRTV eine Reihe von Sonderregelungen. Das Arbeitsverhältnis kann befristet unter Einhaltung einer Frist von sechs Werktagen, nach sechsmonatiger Dauer von 12 Werktagen gekündigt werden (§ 11 I BRTV). Die tarifliche Verkürzung der Kündigungsfristen ist gem. § 622 IV BGB zulässig (→ § 126 Rn. 31). Sie wird durch die Rspr. des BVerfG nicht berührt.[21] Für längere Zeit beschäftigte AN ist eine besondere Staffel für die Verlängerung der Kündigungsfrist geschaffen (§ 11 Nr. 1.2 BRTV). Schwarzarbeit kann ein Grund zur außerordentlichen Kündigung sein (§ 11 Nr. 3 BRTV). In der Zeit vom 1.12. bis zum 31.3. (Schlechtwetterzeit) kann das Arbeitsverhältnis nach § 11 Nr. 2 BRTV nicht aus Witterungsgründen gekündigt werden. Bei Beendigung des Arbeitsverhältnisses hat der AG spätestens am 15. des Folgemonats die Arbeitspapiere auszuhändigen und den Restlohn auszuzahlen (§ 11 Nr. 4 iVm § 5 Nr. 7.2 BRTV). 9

V. Arbeitsausfall und Aufwendungsersatz

Der BRTV enthält Sondervorschriften für den Arbeitsausfall (§ 4 BRTV).[22] Im Falle der Auswärtsbeschäftigung[23] sind Fahrtkostenerstattung,[24] Auslösungen,[25] Verpflegungszuschuss,[26] 10

---

[14] BAG 16.9.2020 AP Nr. 397 zu § 1 TVG Tarifverträge: Bau = NZA 2021, 361.
[15] StRspr, vgl. BAG 10.9.2014 AP Nr. 17 zu § 98 ArbGG 1979 = NZA 2014, 1282.
[16] BAG 28.7.2004 AP Nr. 268 zu § 1 TVG Tarifverträge: Bau = NZA 2005, 1188.
[17] BAG 24.11.2004 AP Nr. 12 zu § 61 ArbGG 1979 = NZA 2005, 362.
[18] Ausf. hierzu *Schwab* AR-Blattei SD 370.6 (2005).
[19] BAG 26.2.1987 AP Nr. 15 zu § 1 KSchG 1969 Soziale Auswahl = NZA 1987, 775.
[20] OLG Dresden 20.11.2001 DB 2003, 713; *K. Schmidt* DB 2003, 703.
[21] BAG 2.4.1992 AP Nr. 38 zu § 622 BGB = NZA 1992, 886.
[22] Zu arbeitsmedizinischen Untersuchungen: BAG 22.1.1986 AP Nr. 69 zu § 1 TVG Tarifverträge: Bau.
[23] BAG 4.12.1974 AP Nr. 20 zu § 1 TVG Tarifverträge: Bau.
[24] BAG 7.2.1995 AP Nr. 190 zu § 1 TVG Tarifverträge: Bau = NZA 1995, 843; 11.11.1997 AP Nr. 1 zu § 1 TVG Tarifverträge: Isoliergewerbe = NZA 1998, 893 (teilweise unter Aufgabe früherer Rspr.); zum ICE-Zuschlag: BAG 15.12.1998 AP Nr. 217 zu § 1 TVG Tarifverträge: Bau = NZA 1999, 599.
[25] BAG 27.2.1996 AP Nr. 28 zu § 1 TVG Auslösung; 26.5.1998 AP Nr. 206 zu § 1 TVG Tarifverträge: Bau.
[26] BAG 10.11.1982 AP Nr. 44 zu § 1 TVG Tarifverträge: Bau; 2.10.1990 AP Nr. 136 zu § 1 TVG Tarifverträge: Bau = NZA 1991, 355; 10.3.1993 AP Nr. 165 zu § 1 TVG Tarifverträge: Bau.

Wegegelder,[27] zu zahlen und Übernachtungen zur Verfügung zu stellen,[28] die nicht durch höhere Löhne ausgeglichen werden können (§ 7 BRTV). Die Auslösung (ist nach Kalendertagen, und zwar auch für angebrochene, zu entrichten. Das Entgelt für die Beförderung von Arbeitskollegen kann nach § 5 Nr. 4.4 BRTV einzelvertraglich geregelt werden.[29] Erbringt ein AN aufgrund einer solchen Vereinbarung regelmäßig zusätzlich vergütete Fahrleistungen, hat der AG nach § 2 EFZG das hierfür vereinbarte Arbeitsentgelt zu bezahlen, wenn die Arbeit infolge eines Feiertags ausfällt. Gleiches gilt nach §§ 3 I, 4 I EFZG, wenn der AN durch Arbeitsunfähigkeit infolge Krankheit an der Arbeitsleistung verhindert ist.[30] Die Abtretung und Verpfändung der Löhne ist nur mit Zustimmung des AG zulässig (§ 5 Nr. 7.4 BRTV), was für die Kreditwirtschaft von erheblicher Bedeutung ist.

VI. Ausschlussfrist

11 **1. Überblick.** Nach § 14 BRTV gilt eine zweistufige Ausschlussfrist. Alle beiderseitigen Ansprüche aus dem Arbeitsverhältnis und solche, die mit diesem in Verbindung stehen, verfallen, wenn sie nicht innerhalb von zwei Monaten nach der Fälligkeit gegenüber der anderen Vertragspartei schriftlich erhoben werden. Lehnt die Gegenpartei den Anspruch ab oder erklärt sie sich nicht innerhalb von zwei Wochen nach der Geltendmachung des Anspruches, verfällt dieser nach § 14 II 1 BRTV, wenn er nicht innerhalb von zwei Monaten nach der Ablehnung oder dem Fristablauf gerichtlich geltend gemacht wird. Dies erfordert die Erhebung einer Klage, deren Streitgegenstand der Zahlungsanspruch ist. § 14 II 2 BRTV-Bau regelt nur für den Fall eines Kündigungsschutzprozesses eine Ausnahme von der Obliegenheit der gerichtlichen Geltendmachung der Ansprüche, die vom Ausgang des über die Wirksamkeit der Kündigung geführten Rechtsstreits abhängen.[31] Die Ausschlussfrist des § 14 BRTV findet auch Anwendung, wenn der AG seine Pflichten gem. § 2 NachwG verletzt, insbesondere nicht auf die Geltung des BRTV hingewiesen hat (§ 2 I 2 Nr. 10 NachwG). Allein der Verstoß gegen die aus § 2 I NachwG folgende Verpflichtung begründet nicht den Einwand rechtsmissbräuchlichen Verhaltens des AG; der Verstoß kann jedoch Schadensersatzansprüche auslösen.[32] Macht ein AN einen Anspruch vor Fälligkeit schriftlich geltend, beginnt die Frist für die gerichtliche Geltendmachung (§ 14 II BRTV) nicht vor Fälligkeit des Anspruchs.[33] Die so ermittelte Frist gilt auch im Falle des Betriebsübergangs.[34] Die in einer schriftlichen Lohnabrechnung des AG ausgewiesene Lohnforderung ist streitlos gestellt und muss zur Wahrung einer Ausschlussfrist nicht noch einmal schriftlich geltend gemacht werden. Gleiches gilt für die Ausweisung eines Guthabens auf einem Arbeitszeitkonto.[35] Der Beginn der Ausschlussfrist richtet sich nur dann nach der Erteilung einer Lohnabrechnung, wenn der Anspruchsberechtigte die Höhe seiner Ansprüche nicht ohne die Abrechnung der Gegenseite erkennen kann.[36]

12 **2. Annahmeverzugsansprüche nach Kündigung.** Besonderheiten bestehen für Zahlungsansprüche des AN, die während eines Kündigungsschutzverfahrens fällig werden und von dessen Ausgang abhängen. Hier beginnt die Verfallfrist von zwei Monaten nach rechtskräftiger Beendigung des Prozesses (§ 14 II 2 BRTV). Diese Regelung gilt nicht, wenn ein AN wegen einer vom AG behaupteten Eigenkündigung des AN gegen den AG einen Rechtsstreit über das Fortbestehen des Arbeitsverhältnisses führt.[37] Eine Kündigungsschutzklage steht einer schriftlichen Geltendmachung nach § 14 I BRTV (1. Stufe) gleich und ist deshalb geeignet, den Verfall der Entgeltansprüche zu verhindern, die von dem Ausgang des Kündigungsschutzrechtsstreits abhän-

[27] BAG 14.11.1973 AP Nr. 16 zu § 1 TVG Tarifverträge: Bau; 15.3.1989 AP Nr. 9 zu § 611 BGB Wegezeit = NZA 1990, 117.
[28] BAG 14.2.1996 AP Nr. 5 zu § 611 BGB Aufwandsentschädigung = NZA 1996, 883.
[29] BAG 1.12.1992 AP Nr. 3 zu § 77 BetrVG 1972 Tarifvorbehalt = NZA 1993, 613.
[30] BAG 16.1.2002 AP Nr. 7 zu § 2 EFZG = NZA 2002, 1163.
[31] BAG 19.11.2014 AP Nr. 207 zu § 4 TVG Ausschlussfristen = NZA-RR 2015, 255.
[32] BAG 5.11.2003 AP Nr. 7 zu § 2 NachwG; 29.5.2002 EzA Nr. 4 zu § 2 NachwG = NZA 2002, 1360.
[33] BAG 26.9.2001 AP Nr. 160 zu § 4 TVG Ausschlussfristen = NZA 2002, 1218.
[34] BAG 13.2.2003 AP Nr. 244 zu § 613a BGB = NZA 2003, 1295.
[35] BAG 28.7.2010 AP Nr. 195 zu § 4 TVG Ausschlussfristen = NZA 2010, 1241.
[36] BAG 19.11.2014 AP Nr. 207 zu § 4 TVG Ausschlussfristen = NZA-RR 2015, 255.
[37] BAG 8.8.2000 AP Nr. 151 zu § 4 TVG Ausschlussfristen = NZA 2000, 1236.

gen.[38] Näher zu Ausschlussfristen → § 209 Rn. 7 ff.; zu vertraglichen Ausschlussfristen → § 35 Rn. 61.

13 **3. Sonstige gesetzliche Ansprüche.** Die Verfallfrist umfasst auch gesetzliche Ansprüche.[39] Ansprüche eines Bauarbeitgebers auf Rückzahlung von Darlehen, die mit Rücksicht auf das Arbeitsverhältnis niedriger als marktüblich zu verzinsen und an den Bestand des Arbeitsverhältnisses geknüpft sind, sind „solche Ansprüche, die mit dem Arbeitsverhältnis in Verbindung stehen" iSv § 14 I BRTV.

VII. Urlaub

14 Da die Fluktuation im Baugewerbe recht hoch ist, haben die Tarifvertragsparteien im Interesse einer zusammenhängenden Urlaubsgewährung besondere Urlaubsregelungen getroffen, die gem. § 13 II BUrlG zulässig sind. Die Rechtsgrundlagen hierfür finden sich in § 8 BRTV iVm dem VTV (→ Rn. 1). Unterfällt ein Betrieb dem betrieblichen Geltungsbereich des für allgemeinverbindlich erklärten VTV, ist auch ein AG mit Sitz im Ausland nach § 3 iVm § 5 Nr. 3 AEntG und somit gesetzlich zur Abführung von Beiträgen zur Urlaubskasse verpflichtet.[40] Die durch das AEntG bewirkte Erstreckung der tariflichen Bestimmungen des Urlaubskassenverfahrens in der Bauwirtschaft auf AG mit Sitz im Ausland, die in Deutschland eine selbständige Baubetriebsabteilung unterhalten, ist mit dem in Art. 56 und 57 AEUV (ex-Art. 49 und 50 EG) festgelegten Grundsatz des freien Dienstleistungsverkehrs vereinbar.[41]

15 Der AG hat einen bestimmten Prozentsatz des lohnsteuerpflichtigen Bruttolohns an die Urlaubs- und Lohnausgleichskasse für die Bauwirtschaft (ULAK) in Wiesbaden zu zahlen (→ Rn. 1). Im Falle des Urlaubsantritts zahlt der AG dem AN die **Urlaubsvergütungen** und erhält diesen Betrag von der ULAK erstattet (§ 8 BRTV iVm § 13 VTV). Der VTV kann zulässig bestimmen, dass der AG nur über den Erstattungsanspruch verfügen kann, wenn das Betriebskonto ausgeglichen[42] und er auch vollständig seiner Meldepflicht nach § 15 VTV nachgekommen ist.[43]

VIII. Witterungsbedingter Arbeitsausfall

16 In § 4.6 BRTV ist das Entgeltrisiko bei witterungsbedingtem Arbeitsausfall abweichend von der gesetzlichen Regelung des § 615 S. 3 BGB geregelt. Wird die Arbeitsleistung entweder aus zwingenden Witterungsgründen oder in der in § 101 SGB III gesetzlich geregelten Schlechtwetterzeit vom 1.12. bis zum 31.3. aus wirtschaftlichen Gründen unmöglich, entfällt der Lohnanspruch. In dieser Zeit ist der AG verpflichtet, den Lohnausgleich nach § 4 Nr. 6.1 BRTV durchzuführen. Dies gilt auch für arbeitsunfähige AN. Diese haben in diesem Zeitraum keinen Anspruch auf Entgeltfortzahlung.[44] Bei einer rechtmäßig und wirksam eingeführten Kurzarbeit entfällt die Arbeitspflicht des AN ganz oder teilweise und Annahmeverzug tritt insoweit nicht ein. Zwingende Witterungsgründe liegen dabei nach § 4.6.2 BRTV vor, wenn atmosphärische Einwirkungen (insbesondere Regen, Schnee, Frost) oder deren Folgewirkungen so stark oder so nachhaltig sind, dass trotz einfacher Schutzvorkehrungen (insbesondere Tragen von Schutzkleidung, Abdichten der Fenster- und Türöffnungen, Abdecken von Baumaterialien und Baugeräten) die Fortführung der Bauarbeiten technisch unmöglich oder wirtschaftlich unvertretbar ist oder den AN nicht zugemutet werden kann. Der Arbeitsausfall ist nicht ausschließlich durch zwingende Witterungsgründe verursacht, wenn er durch Beachtung der besonderen arbeitsschutzrechtlichen Anforderungen an witterungsabhängige Arbeitsplätze auf Baustellen vermieden werden kann. Gem. § 4.6.4 BRTV entscheidet der AG in der Schlechtwetterzeit über die Fortsetzung, Einstellung oder Wiederaufnahme der Arbeit nach pflichtgemäßem Ermessen nach Beratung mit dem BR, wenn die Arbeit aus zwingenden Witterungs- oder aus wirtschaftlichen Gründen ausfällt; außerhalb der Schlechtwetterzeit gilt dies nur bei Arbeitsausfall aus zwingenden Witterungsgründen. Wegen der Höhe der Leistungen verweist § 101 VIII SGB III auf die

[38] Vgl. BAG 13.2.2003 AP Nr. 244 zu § 613a BGB = NZA 2003, 1295.
[39] Nachteilsausgleichsansprüche: BAG 22.9.1982 AP Nr. 42 zu § 1 TVG Tarifverträge: Bau; ausgenommen Nachteilsausgleichsansprüche in der Insolvenz: BAG 18.12.1984 AP Nr. 88 zu § 4 TVG Ausschlussfristen.
[40] BAG 14.8.2007 NZA 2008, 236.
[41] BAG 21.11.2007 AP Nr. 297 zu § 1 TVG Tarifverträge: Bau = NZA-RR 2008, 254; 21.9.2016 AP Nr. 35 zu § 5 TVG = NZA-Beil. 1/2017, 12.
[42] BAG 14.12.1977 AP Nr. 1 zu § 4 TVG Gemeinsame Einrichtungen.
[43] BAG 5.11.2002 AP Nr. 256 zu § 1 TVG Tarifverträge: Bau = NZA 2003, 982.
[44] BAG 23.2.2021 – 5 AZR 304/20.

Regelungen über das Kurzarbeitergeld (dazu → § 48 Rn. 1 ff.). Ergänzende Leistungen sind in § 102 SGB III vorgesehen.

§ 186. Arbeitsverhältnisse der Bühnenkünstler und Musiker

Übersicht

I. Bühnenkünstler

1 **1. Allgemeines.** Das Arbeitsrecht der Bühnenkünstler und Musiker ist durch tarifvertragliche Regelungen bestimmt. Die bis Ende 2002 geltenden Normalverträge für Solisten (NV Solo), Opernchor- und Tanzgruppenmitglieder (NV Chor/Tanz) sind zum 1.1.2003 durch den NV Bühne abgelöst worden. Dieser Tarifvertrag, inzwischen idF vom 28.3.2017 sowie idF des 8. Tarifvertrags vom 9.5.2018 zur Durchführung des § 12a NV Bühne, enthält einen Allgemeinen Teil, in dem Bestimmungen für alle Bühnenmitglieder enthalten sind. Dazu gehören u.a. Regelungen über die Begründung des Arbeitsverhältnisses, der Arbeitszeit, allgemeine Regelungen der Vergütungszahlung, des Urlaubs sowie der Beendigung des Arbeitsverhältnisses. Der Besondere Teil enthält Sonderregelungen für Solisten, Bühnentechniker, Chor und Tanzgruppenmitglieder. In der Anlage zum NV Bühne befinden sich Musterarbeitsverträge für die einzelnen Berufsgruppen.

2 **2. Geltungsbereich des NV Bühne.** Der NV Bühne gilt für Solomitglieder und Bühnentechniker sowie Opernchor- und Tanzgruppenmitglieder an Bühnen innerhalb der Bundesrepublik Deutschland, die von einem Lande oder von einer Gemeinde oder von mehreren Gemeinden oder von einem Gemeindeverband oder mehreren Gemeindeverbänden ganz oder überwiegend rechtlich oder wirtschaftlich getragen werden. Der Geltungsbereich des NV Bühne wird nach dessen § 1 I und III UAbs. 2 für Bühnentechniker konstitutiv durch die vertragliche Übereinkunft eröffnet. Ein möglicher Widerspruch zwischen dem, was der Beschäftigte tatsächlich an Arbeitsleistung erbringt, und der Charakterisierung dieser Tätigkeit als überwiegend künstlerisch ist keine Frage des personellen Anwendungsbereichs des NV Bühne, sondern ein Problem der vertragsgemäßen Beschäftigung.[1] Für Solomitglieder, mit denen **Gastspielverträge** abgeschlossen werden, gilt der NV Bühne mit Ausnahme der §§ 53, 60 und 98 nicht. Gleiches gilt für Mitglieder, die von Fall von Fall (Aushilfen) oder auf Stückdauer für einzelne Inszenierungen beschäftigt werden. Gastspielverträge sind gem. § 1 V NV Bühne Verträge, die der AG zur Ergänzung seines ständigen Personals und zur Ausgestaltung seines Spielplans mit Solomitgliedern in der Weise abschließt, dass sie nicht als ständige Solomitglieder angestellt, sondern nur zur Mitwirkung für eine bestimmte Anzahl von Aufführungen, aber nicht für mehr als 72 während der Spielzeit, verpflichtet werden.[2] Bei Serientheatern liegt ein Gastspielvertrag nur vor, wenn das dem Gast bewilligte Entgelt die festen Bezüge der meisten von dem AG fest angestellten Mitglieder weit übersteigt; in diesem Fall fällt die ziffernmäßige Beschränkung der Aufführungen fort.

3 **3. Befristung.** Gem. § 2 II NV Bühne ist der Arbeitsvertrag mit Rücksicht auf die künstlerischen Belange der Bühne ein Zeitvertrag (zur Zulässigkeit der Befristung → § 40 Rn. 30).[3] Auch die jahrelange Beschäftigung einer Opernsängerin auf der Grundlage mehrerer Gastspiel-

[1] BAG 27.10.2010 AP Nr. 56 zu § 99 BetrVG 1972 Eingruppierung; 28.1.2009 AP Nr. 61 zu § 611 BGB Bühnenengagementsvertrag = NZA-RR 2009, 465.

[2] Vgl. BAG 24.9.1986 AP Nr. 28 zu § 611 BGB Bühnenengagementsvertrag; 27.9.2001 ZTR 2002, 389.

[3] NV-Tanz: BAG 18.4.1986 AP Nr. 27 zu § 611 BGB Bühnenengagementsvertrag; LAG Köln 11.1.1995 NZA 1995, 958.

verträge ist wirksam.[4] Die Vereinbarung überwiegend künstlerischer Tätigkeit im Arbeitsvertrag einer Maskenbildnerin iSv § 1 III 2 NV Bühne ist geeignet, die Befristung des Arbeitsvertrags wegen der Eigenart der Arbeitsleistung nach § 14 I 2 Nr. 4 TzBfG zu rechtfertigen.[5]

4. Nichtverlängerungsmitteilung. Eine Besonderheit des Bühnenarbeitsrechts ist, dass sich ein mindestens für eine Spielzeit abgeschlossener Arbeitsvertrag zu den gleichen Bedingungen um eine weitere Spielzeit verlängert, wenn nicht eine Vertragspartei der anderen vorher **schriftlich mitteilt, sie beabsichtige nicht, den Arbeitsvertrag zu verlängern** (Nichtverlängerungsmitteilung). Die Zeitpunkte für die Abgabe sind in den einzelnen Sonderregelungen näher bestimmt (§ 61 SR Solo, § 69 SR Bühnentechniker, § 83 SR Chor, § 96 SR Tanz). Die Frist verlängert sich mit zunehmender Dauer des Arbeitsverhältnisses. Nach 15 Jahren (Spielzeiten) ist der Ausspruch einer Nichtverlängerungsmitteilung durch den AG nur noch eingeschränkt möglich. Er hat zu prüfen, ob das Bühnenmitglied anderweitig beschäftigt werden kann, wobei die einzelnen Sonderregelungen insoweit differenzierte Anforderungen stellen. Nach § 61 III UAbs. 1 NV Bühne SR Solo ist der AG nur noch berechtigt, durch Nichtverlängerungsmitteilung die bisher für das Vertragsverhältnis geltenden Arbeitsbedingungen zu ändern. Maßgeblich ist insoweit das Ende der Spielzeit, in der das (verlängerte) Arbeitsverhältnis (noch) besteht und nicht das Ende der Spielzeit, in der die Nichtverlängerungsmitteilung zugegangen sein muss.[6] Bevor der AG eine Nichtverlängerungsmitteilung ausspricht, hat er das Bühnenmitglied anzuhören. Unterbleibt dies, ist die Nichtverlängerungsmitteilung unwirksam. Diese Rechtsfolge tritt auch dann ein, wenn der AG die Anhörung nicht ordnungsgemäß durchführt.[7] Wird die Nichtverlängerungsanzeige versäumt, kommt es zur Vertragsverlängerung.[8] Klagen gegen Nichtverlängerungsmitteilungen sind innerhalb einer Ausschlussfrist von vier Monaten nach den in einzelnen Sonderregelungen aufgeführten Terminen zur Nichtverlängerungsmitteilung zu erheben. Sieht das im Rahmen einer **Änderungsnichtverlängerungsmitteilung** unterbreitete Änderungsangebot eine Befristung des Arbeitsvertrags vor, kann der AN im Rahmen einer Klage auf Feststellung der Unwirksamkeit der Änderungsnichtverlängerungsmitteilung geltend machen, die Befristung sei nicht durch einen sachlichen Grund iSv § 14 I TzBfG gerechtfertigt. Liegt ein sachlicher Grund für die Befristung nicht vor, ist die Änderungsnichtverlängerungsmitteilung unwirksam mit der Folge, dass die bisherigen Arbeitsvertragsbedingungen fortbestehen. Nimmt der AN das Änderungsangebot vorbehaltlos an, kann er die Unwirksamkeit der Befristung mit einer Befristungskontrollklage nach § 17 S. 1 TzBfG geltend machen. Ist die Befristung nicht sachlich gerechtfertigt, gilt der geänderte Arbeitsvertrag als auf unbestimmte Zeit geschlossen.[9] Erklärt der AG aus Anlass eines Intendantenwechsels Nichtverlängerungsmitteilungen nach § 96 II NV Bühne lediglich gegenüber den drei lebensältesten Gruppentänzern, kann dies iSv § 22 AGG die Annahme rechtfertigen, dass mit überwiegender Wahrscheinlichkeit das Alter der Gruppentänzer jedenfalls mitursächlich für den Ausspruch der Nichtverlängerungsmitteilungen war. Die vermutete Benachteiligung wegen des Alters wird nicht allein durch den Hinweis auf den bevorstehenden Intendantenwechsel widerlegt. Wird der Bühnenkünstler durch den Ausspruch einer Nichtverlängerungsmitteilung in unzulässiger Weise unmittelbar wegen des Alters benachteiligt, ist die Nichtverlängerungsmitteilung unwirksam.[10] 4

Der Ausspruch der Nichtverlängerungsmitteilung ist **keine Kündigung.** Deshalb ist die Anhörung des BR entbehrlich.[11] Das Kündigungsverbot des § 17 I MuSchG ist auf die Nichtverlängerungsmitteilung weder unmittelbar noch entsprechend anzuwenden.[12] Die Nichtverlängerungsmitteilung bedarf keines rechtfertigenden Grundes und kann auch aus betrieblichen Gründen erfolgen.[13] Soll der befristete Arbeitsvertrag eines Bühnenmitglieds aus Anlass eines Intendantenwechsels nicht verlängert werden, genügt deshalb bei der Anhörung des Bühnenmitglieds vor der Nichtverlängerungsmitteilung der Hinweis auf den Intendantenwechsel.[14] Die 5

[4] Vgl. BAG 2.7.2003 AP Nr. 39 zu § 611 BGB Musiker.
[5] BAG 13.12.2017 AP Nr. 66 zu § 611 BGB Bühnenengagementsvertrag = NZA 2018, 656.
[6] BAG 15.2.2012 NZA-RR 2013, 154.
[7] Dazu im Einzelnen BAG 15.5.2013 AP Nr. 63 zu § 611 BGB Bühnenengagementsvertrag.
[8] BAG 29.5.1991 AP Nr. 49 zu § 611 BGB Bühnenengagementsvertrag = NZA 1991, 942; zu Abfindungsansprüchen: BAG 7.11.1995 AP Nr. 48 zu § 611 BGB Bühnenengagementsvertrag = NZA 1996, 487.
[9] BAG 2.8.2017 AP Nr. 65 zu § 611 BGB Bühnenengagementsvertrag.
[10] BAG 20.3.2019 AP Nr. 69 zu § 611 BGB Bühnenengagementsvertrag = NZA 2019, 1492.
[11] BAG 28.10.1986 AP Nr. 32 zu § 118 BetrVG 1972 = NZA 1987, 531.
[12] BAG 23.10.1991 AP Nr. 45 zu § 611 BGB Bühnenengagementsvertrag = NZA 1992, 925.
[13] Vgl. BAG 26.8.1998 AP Nr. 53 zu § 611 BGB Bühnenengagementsvertrag = NZA 1999, 442.
[14] BAG 15.3.1989 AP Nr. 35 zu § 611 BGB Bühnenengagementsvertrag.

Nichtverlängerungsmitteilung zur Fortsetzung des Arbeitsverhältnisses eines langjährig beschäftigten künstlerischen Bühnenmitglieds zu geänderten Arbeitsbedingungen muss billigem Ermessen (§ 315 BGB) entsprechen.[15] Wird die Nichtverlängerungsmitteilung nur zum Zwecke der Änderung der Arbeitsbedingungen ausgesprochen, bedarf diese keiner inhaltlichen Rechtfertigung.[16] Der Intendant muss aber seine subjektive Motivation angeben.[17]

6 **5. Kündigung.** Das Recht der ordentlichen Kündigung kann nach § 43 I NV Bühne im Arbeitsvertrag nur so vereinbart werden, dass zum Schluss eines Vertragsjahres oder einer Spielzeit mit einer Frist von sechs Wochen gekündigt werden darf. Das Arbeitsverhältnis endet deshalb mit dem im Arbeitsvertrag vereinbarten Zeitpunkt. Das Recht zur außerordentlichen Kündigung besteht ohne weitere Einschränkung.[18]

7 **6. Abfindung.** Nach den Sonderregelungen für die einzelnen Bühnenmitglieder besteht ein von der Dauer des Arbeitsverhältnisses abhängiger Abfindungsanspruch, wenn das Bühnenmitglied aus Anlass eines Intendantenwechsels infolge einer durch den AG ausgesprochenen Nichtverlängerungsmitteilung in der ersten Spielzeit nach dem Intendantenwechsel nicht mehr im Arbeitsverhältnis steht und das Bühnenmitglied innerhalb von drei Monaten nach Beendigung des Arbeitsverhältnisses kein unter den NV Bühne fallendes Arbeitsverhältnis oder kein anderes volles Arbeitsverhältnis begründen konnte. Erfolgt der Intendantenwechsel zu Beginn einer neuen Spielzeit, ist diese Spielzeit die „erste Spielzeit nach dem Intendantenwechsel" im Sinne der tariflichen Regelung. Endet das Arbeitsverhältnis infolge der Nichtverlängerungsmitteilung erst mit Ablauf dieser Spielzeit, besteht kein Anspruch auf Abfindung.[19] Begründet ein neuer Intendant bei Ausspruch einer Nichtverlängerungsmitteilung dem betroffenen Bühnenmitglied gegenüber die Trennungsabsicht allein mit künstlerischen Erwägungen, ist die Nichtverlängerungsmitteilung aus Anlass des Intendantenwechsels erfolgt.[20]

8 **7. Schiedsgerichte.** Gem. § 53 NV Bühne sind für alle bürgerlichen Rechtsstreitigkeiten iSv § 2 ArbGG zwischen den Arbeitsvertragsparteien unter Ausschuss der Arbeitsgerichtsbarkeit ausschließlich die nach Maßgabe der vereinbarten Bühnenschiedsgerichtsordnungen eingesetzten Schiedsgerichte zuständig.[21] Nach § 110 I Nr. 1 und 2 ArbGG kann auf Aufhebung eines Schiedsspruchs geklagt werden, wenn das schiedsgerichtliche Verfahren unzulässig war oder wenn der Schiedsspruch auf der Verletzung einer Rechtsnorm beruht. Hierunter fallen Verstöße gegen tarifvertragliche Vorschriften über das schiedsgerichtliche Verfahren nicht. Zwar können Verfahrensfehler des Schiedsgerichts einen Aufhebungsgrund iSv § 110 I Nr. 1 ArbGG darstellen. Auch sind materiell-rechtliche tarifliche Bestimmungen Rechtsnormen iSv § 110 I Nr. 2 ArbGG. § 53 NV Bühne enthält eine den Anforderungen des § 101 II 1 ArbGG genügende, die Arbeitsgerichtsbarkeit ausschließende Schiedsvereinbarung.[22] Die Verletzung tarifvertraglicher Vorschriften über das schiedsgerichtliche Verfahren kann aber nach keiner dieser beiden Bestimmungen mit einer Aufhebungsklage erfolgreich gerügt werden.[23] Wird ein Spruch des Bühnenoberschiedsgerichts nicht innerhalb von fünf Monaten nach seiner Verkündung mit Tatbestand und Entscheidungsgründen versehen und von den Mitgliedern des Bühnenoberschiedsgerichts unterschrieben der Geschäftsstelle des Bühnenoberschiedsgerichts übergeben, gilt dieser als nicht mit Gründen versehen. Die fehlende Begründung stellt einen Verfahrensfehler iSv § 110 I Nr. 1 ArbGG dar, der bei einer entsprechenden Verfahrensrüge zur Folge hat, dass der Schiedsspruch der Aufhebung unterliegt. Die Arbeitsgerichte haben dann unmittelbar und ohne die durch die Revisionsähnlichkeit des Aufhebungsverfahrens bedingten Beschränkungen über das Sachbegehren zu entscheiden.[24] Haben die Bühnenschiedsgerichte unbestimmte Rechtsbegriffe auszulegen und anzuwenden, beschränkt sich die Überprüfung dieser Rechtsanwendung im Aufhebungsverfahren nach § 110 ArbGG im Hinblick auf die durch Art. 5 III GG gewährleistete Kunstfreiheit grundsätzlich darauf, ob die Bühnenschiedsgerichte den Rechtsbegriff selbst verkannt haben und ob sie bei der Subsumtion Denkgesetze oder allgemeine Erfahrungssätze verletzt haben oder

[15] BAG 3.11.1999 AP Nr. 54 zu § 611 BGB Bühnenengagementsvertrag = NZA 2000, 491.
[16] Bezirksbühnenschiedsgericht Berlin 26.11.1992 NZA 1994, 183.
[17] BAG 15.3.1989 AP Nr. 35 zu § 611 BGB Bühnenengagementsvertrag; 26.8.1998 AP Nr. 53 zu § 611 BGB Bühnenengagementsvertrag = NZA 1999, 442.
[18] BAG 13.4.2000 AP Nr. 162 zu § 626 BGB = NZA 2001, 277.
[19] BAG 30.3.2000 AP Nr. 55 zu § 611 BGB Bühnenengagementsvertrag = NZA 2000, 1242.
[20] BAG 28.5.1998 AP Nr. 52 zu § 611 BGB Bühnenengagementsvertrag = NZA 1998, 1015.
[21] Dazu *Vogel* NZA 1999, 26.
[22] BAG 20.9.2017 AP Nr. 64 zu § 611 BGB Bühnenengagementsvertrag = NZA 2018, 1643.
[23] BAG 15.2.2012 NZA-RR 2013, 154.
[24] BAG 28.9.2016 AP Nr. 9 zu § 110 ArbGG 1979.

ob die Beurteilung der Bühnenschiedsgerichte wegen Außerachtlassung wesentlicher Umstände oder wegen Widersprüchlichkeit offensichtlich fehlerhaft ist. Werden die tatsächlichen Feststellungen des Bühnenoberschiedsgerichts nicht rechtzeitig mit durchgreifenden Verfahrensrügen angegriffen, sind die Gerichte für Arbeitssachen in entsprechender Anwendung des § 559 II ZPO hieran gebunden.[25] Damit ist auch dem durch Art. 2 I GG iVm dem Rechtsstaatsprinzip garantierten Justizgewährungsanspruch genügt.[26]

II. Musiker

1. Allgemeines. Die Arbeitsverhältnisse der Musiker unterscheiden sich nach ihrer künstlerischen Zielsetzung. Unterschieden werden im Allgemeinen Musiker in **(1)** Gaststätten, Varietés, Kabaretts und Zirkussen, **(2)** Kurkapellen, **(3)** Kulturorchestern. Das Arbeitsrecht der Musiker in Kurkapellen richtet sich nach dem Tarifvertrag für Mitglieder von Kurkapellen (TV Kurkapellen) vom 14.2.2008. Dieser Tarifvertrag findet Anwendung auf die von einem Mitglied des Deutschen Heilbäderverbandes e.V. unmittelbar eingestellten Kapellmeister und die ebenfalls unmittelbar oder im Auftrag des Kurbetriebes von einem Kapellmeister oder einem sonstigen Beauftragten eingestellten Mitglieder der Kurkapellen. Er gilt auch für Arbeitsverhältnisse, die aufgrund eines mit dem Kurbetrieb abgeschlossenen Dienstverschaffungsvertrages eingegangen sind. Als Dienstverschaffungsvertrag gilt dabei auch ein Vertrag, der mit einem Teilungsorchester (Gesellschaft des bürgerlichen Rechts) oder mit dem Vorstand eines solchen oder einer ähnlichen Orchestervereinigung oder Vereinigung von Musikern abgeschlossen ist. In jedem Falle ist die durch den Kurbetrieb vertretene Rechtspersönlichkeit aus dem Anstellungsvertrag der Musiker berechtigt und verpflichtet. Für Musiker der Kulturorchester[27] gilt der Tarifvertrag für Musiker in Kulturorchestern vom 31.10.2009, in Kraft seit dem 1.1.2010 (TVK).[28] Auch insoweit ist eine umfangreiche Rspr. zu den wechselseitigen Verpflichtungen ergangen.[29] Der Organisator und Dirigent eines Kurorchesters, der gegenüber einem Auftraggeber als Inhaber einer Musikagentur auftritt und zur Durchführung der musikalischen Unterhaltung selbst Arbeitsverträge mit Musikern abschließt, ist regelmäßig kein AN.[30] 9

2. Einzelheiten. a) Instrument. Nach § 27 II 3 TVK trägt der AG, soweit der Musiker (AN) ein eigenes Instrument benutzt, die Instandsetzungskosten. Für die Höhe der erforderlichen Instandsetzungskosten sind das Interesse des Musikers als Eigentümer des Instruments und das Interesse des AG an der Einsparung von Betriebskosten gegeneinander abzuwägen. Es kann nicht gefordert werden, dass der Musiker stets von dem niedrigsten Instandsetzungsangebot Gebrauch macht.[31] Die Höhe des Instrumentengeldes ist in dem Tarifvertrag über Instrumentengeld und Rohr-, Blatt- und Saitengeld vom 31.10.2009 geregelt. Dem Verschulden des Musikers 10

---

[25] BAG 16.12.2010 AP Nr. 7 zu § 110 ArbGG 1979 = NZA 2011, 1441.

[26] BAG 16.12.2010 AP Nr. 7 zu § 110 ArbGG 1979 = NZA 2011, 1441.

[27] Zum Begriff: BAG 18.4.1984 AP Nr. 9 zu § 611 BGB Musiker = NJW 1985, 2154.

[28] Zu Tätigkeitszulagen: BAG 18.4.1984 AP Nr. 7 zu § 611 BGB Musiker; zum Begriff des Schlagzeugers: BAG 28.5.1986 AP Nr. 12 zu § 611 BGB Musiker.

[29] Operettenmusik keine ernst zu nehmende Musik iSd TV: BAG 18.4.1984 AP Nr. 9 zu § 611 BGB Musiker = NJW 1985, 2154; Wechselhornist: BAG AP Nr. 16 zu § 611 BGB Musiker = NZA 1990, 163; Kannzulage für Solobratschen: BAG 18.7.1990 – 4 AZR 281/89; Begriff der Probe: BAG 21.5.1992 AP Nr. 20 zu § 611 BGB Musiker = NZA 1993, 83; Spielen eines ungewöhnlichen Instrumentes: BAG 23.6.1993 AP Nr. 17 zu § 611 BGB Musiker = NZA 1993, 1140; Arbeitspflicht am Fagott: BAG 8.9.1994 AP Nr. 6 zu § 1 TVG Tarifverträge: Musiker; Trompeter – Pflicht zum Spielen der Jazztrompete: BAG 21.3.2002 AP Nr. 17 zu § 1 TVG Tarifverträge: Musiker; Schlagzeuger – Pflicht zur Bedienung eines Regenmachers: BAG 27.9.2001 AP Nr. 16 zu § 1 TVG Tarifverträge: Musiker = NZA 2002, 565; zur Berücksichtigung eines ungewöhnlichen Instrumentes bei der Eingruppierung: BAG 7.12.1994 AP Nr. 5 zu § 1 TVG Tarifverträge: Musiker; gleichzeitiger Einsatz mehrerer erster Konzertmeister: LAG München NJW 1988, 375; zur Anpassungsverpflichtung der Gehälter an Gehaltssteigerungen: BAG 25.9.1997 AP Nr. 9 zu § 1 TVG Tarifverträge: Musiker = NZA 1998, 381; zur Tätigkeitszulage einer Solo-Harfenistin BAG 3.12.2003 AP Nr. 2 zu § 554 ZPO 2002; zur befristeten Übertragung einer höherwertigen Tätigkeit BAG 7.10.2015 AP Nr. 44 zu § 611 BGB Musiker = NZA 2016, 441; zur Mitbestimmung des BR bei der Anordnung der Teilnahme von Orchestermusikern an Gesprächen über die Sitzordnung im Orchester BAG 30.6.2015 – 1 ABR 71/13.

[30] BAG 20.1.2010 AP Nr. 119 zu § 611 BGB Abhängigkeit.

[31] BAG 13.2.1992 AP Nr. 19 zu § 611 BGB Musiker; zum Verschulden nach § 12 III TVK vgl. BAG 27.1.2000 AP Nr. 31 zu § 611 BGB Musiker = NZA 2000, 727.

nach § 27 III TVK bei der Beschädigung eines Instruments kann § 254 BGB entgegengehalten werden. Die Tarifnorm enthält keine abschließende Regelung in dem Sinne, dass Mitverschulden und Mitverantwortung aufgrund einer zu vertretenden Sach- oder Betriebsgefahr unberücksichtigt bleiben.[32]

11 **b) Arbeitszeit.** Die Arbeitszeit der Musiker in Kulturorchestern wird durch die Zahl der zu leistenden Dienste bestimmt. Gem. § 12 II TVK richtet sich die Zahl der Dienste nach der Größe und den Aufgaben des Kulturorchesters. Zur regelmäßigen Arbeitszeit der Musiker in einem großen Kulturorchester zählen auch die Dienste, die sie infolge mutterschutzbedingten Ausfalls von Musikerinnen zu leisten haben.[33] Unabhängig von dem gespielten Instrument sind Musiker verpflichtet, in einem Ausgleichszeitraum von 24 Wochen höchstens 183 Dienste zu leisten. Dienst ist dabei die Mitwirkung bei Aufführungen und Proben. Die Ausgleichszeiträume sind unmittelbar aufeinanderfolgende Zeiträume. Der erste beginnt mit dem ersten Montag nach dem Ende der Theater- bzw. Konzertferien, der zweite mit dem ersten Montag nach dem Ende des ersten Ausgleichszeitraums (§ 12 II UAbs. 2 TVK). Davon abweichend können die Arbeitsvertragsparteien einzelvertraglich eine „Diensterleichterung" vereinbaren, so dass der betreffende Musiker weniger Dienste zu leisten hat.[34] Für auswärtige Gastspiele des Orchesters ist in der Protokollnotiz 4 zu § 12 TVK die Arbeitszeit unter Berücksichtigung der Reisezeit im Einzelnen geregelt.[35] Weist der AG den Musiker an, am selben Tag an zwei Aufführungen an verschiedenen Aufführungsstätten am Sitz des Orchesters mitzuwirken, hat der Musiker nach § 13 II 1 TVK keinen Anspruch auf eine fünfstündige Ruhezeit vor jeder Aufführung.[36] Dem Teilzeitwunsch eines AN nach § 8 I TzBfG können auch subjektive künstlerische Belange entgegenstehen (Art. 5 III 1 GG). Dabei dürfen an die Darlegung der Beeinträchtigung der Kunstfreiheit durch die verlangte Verringerung der Arbeitszeit keine überzogenen Anforderungen gestellt werden. Die Gründe müssen jedoch nachvollziehbar sein.[37] Die Heranziehung eines teilzeitbeschäftigten Orchestermusikers zu einer bestimmten Zahl von Diensten ist an § 4 I 1 TzBfG zu messen.[38] Nach § 14 I TVK gilt für Musiker die **Sechstagewoche.** Da die Diensteinteilung unabhängig von einer Unterscheidung zwischen Werktagen einerseits und Sonn- und Feiertagen andererseits erfolgt, steht gem. § 14 I TVK allen Musikern einheitlich ein dienstfreier Tag je Kalenderwoche zu und nicht denjenigen, die – zufällig – an einem Wochenfeiertag Dienst geleistet haben, ein weiterer. An den nach § 14 VI TVK beschäftigungsfreien Sonntagen einer Spielzeit hat der Musiker auch nicht erreichbar iSv § 10 TVK zu sein. Der zur Erreichbarkeit nach § 10 TVK verpflichtete Musiker kann den betreffenden Tag zwar weitgehend unbeeinträchtigt verbringen, muss sich aber „spielfähig" halten. Demnach kann der Musiker, der eventuell für die Abendvorstellung erreichbar sein muss, den Nachmittag und Abend für seine Freizeitgestaltung nicht ungehindert verplanen.[39]

12 **c) Beendigung.** Die in § 53 TVK für den Anspruch auf eine Abfindung vorausgesetzten 15 Beschäftigungsjahre als Musiker bei Kulturorchestern erfordern, dass diese in Kulturorchestern in der Bundesrepublik Deutschland, deren Träger ein Unternehmermitglied des Deutschen Bühnenvereins ist, zurückgelegt sein müssen.[40] Nach § 15 I und II TVK sind als Dienstzeit eines Musikers in Kulturorchestern nur Zeiten anzurechnen, die im Rahmen von Arbeitsverhältnissen zurückgelegt wurden. Zeiten freier Mitarbeit auf der Grundlage von Honorarverträgen gehören dazu nicht.[41]

13 **d) Orchesteraushilfen.** Bei Orchesteraushilfen kommt es oftmals zum Streit, ob ein Arbeitsverhältnis vorliegt. Für den Arbeitnehmerstatus eines zur Aushilfe engagierten Orchestermusikers ist entscheidend, ob der Mitarbeiter auch im Rahmen des übernommenen Engagements seine Arbeitszeit noch im Wesentlichen frei gestalten kann oder insoweit einem umfassenden Weisungsrecht der Orchesterleitung unterliegt.[42] § 2 Ib TVK stellt keine Kriterien für die Abgren-

[32] BAG 27.1.2000 AP Nr. 31 zu § 611 BGB Musiker = NZA 2000, 727.
[33] BAG 10.1.1996 AP Nr. 23 zu § 611 BGB Musiker = NZA 1996, 825.
[34] BAG 13.3.2003 – 6 AZR 698/01; 3.4.2003 – 6 AZR 163/02.
[35] Vgl. BAG 27.6.2002 AP Nr. 18 zu § 1 TVG Tarifverträge: Musiker zur alten Fassung dieser Protokollnotiz.
[36] BAG 23.6.2015 AP Nr. 27 zu § 1 TVG Tarifverträge: Musiker.
[37] BAG 27.4.2004 AP Nr. 12 zu § 8 TzBfG = NZA 2004, 1225.
[38] BAG 3.12.2008 AP Nr. 18 zu § 4 TzBfG.
[39] BAG 22.9.2005 AP Nr. 21 zu § 1 TVG Tarifverträge: Musiker = NZA 2006, 329.
[40] BAG 18.5.2006 ZTR 2007, 42.
[41] BAG 18.5.2000 AP Nr. 15 zu § 1 TVG Tarifverträge: Musiker = NZA 2000, 1343.
[42] BAG 22.8.2001 AP Nr. 109 zu § 611 BGB Abhängigkeit = NZA 2003, 662.

zung von AN und freien Mitarbeitern in Kulturorchestern auf, vielmehr schließt diese Vorschrift lediglich bestimmte Personengruppen – auch wenn sie AN sind – vom Geltungsbereich des TVK aus. Deshalb kann der über mehrere Jahre turnusmäßig erfolgende Einsatz eines Orchestermusikers auf einer Position, die nach der künstlerischen Ausrichtung des Orchesters regelmäßig bei bestimmten Stücken zu besetzen ist, zu einer persönlichen Abhängigkeit und damit zum Entstehen eines Arbeitsverhältnisses führen.[43]

§ 187. Matrix-Strukturen

Übersicht

I. Allgemeines

1. Begriff. Für das Phänomen von „Matrix-Strukturen" besteht weder eine Legaldefinition noch eine allgemein gültige Begriffsbestimmung. Arbeitsrechtlich werden so typischerweise tatsächliche Organisationsformen von rechtlich verbundenen Unternehmen bezeichnet. „Matrix-Strukturen" bestehen überwiegend in Konzernen mit nationaler wie auch ausländischer Konzernspitze, wenngleich eine „Matrix-Organisation" auch nur innerhalb eines Rechtsträgers mit mehreren Betrieben denkbar ist. Ziel einer betriebs- bzw. unternehmensübergreifenden Organisation ist es, aus betriebswirtschaftlichen Gründen die fachlichen Führungsstrukturen der jeweiligen (Konzern-)Unternehmen bzw. Betriebsstätten zu vereinheitlichen sowie die jeweils zusammen gefassten organisatorischen „Produktlinien" iSe Mehrlinigkeit der Leitungsstrukturen zu bündeln. Eine betriebs- bzw. unternehmensübergreifende Gliederung kann sich entweder an **(a)** Funktionen (zB Entwicklung, Produktion und Vertrieb), **(b)** Sparten (Geschäftsbereiche/Divisionen) oder **(c)** Regionen oder Absatzmärkten (Verbraucher/gewerbliche Kunden) orientieren.[1] Die rechtliche Strukturen (Rechtsträgereigenschaft) einerseits und funktionale bzw. organisatorische Struktur der betroffenen Einheiten fallen dann in gesellschafts- und arbeitsrechtlicher Hinsicht auseinander. Dies birgt nicht nur rechtliche Gefahren, sondern kann auch zu Unsicherheiten bei der Zuordnung und Befugnissen der erfassten AN führen und den Kommunikationsaufwand bei den Beteiligten beträchtlich erhöhen. 1

2. Gespaltenes Arbeitsverhältnis. Für unternehmensübergreifende Matrix-Strukturen ist kennzeichnend, dass die Struktur des Arbeitsverhältnisses – wie bei einem Fremdpersonaleinsatz – aufgespalten ist. Regelmäßig werden die fachliche und die disziplinarische Führung gegenüber dem in einer Matrix-Struktur beschäftigten AN von unterschiedlichen Personen ausgeübt, die ihrerseits in einem Rechtsverhältnis zu verschiedenen Rechtsträgern stehen. Zur disziplinarischen Verantwortung für den AN gehören zB der Ausspruch einer Abmahnung oder Kündigung sowie die Ausübung von sonstigen Rechten, die sich aus der Gläubigerstellung eines AG ergeben. Diese Befugnisse verbleiben regelmäßig bei Mitarbeitern des (Vertrags-)AG. Dieser bleibt daher insbesondere zuständig für die Erteilung von Erholungsurlaub, Maßnahmen zur Personalentwicklung und für Entgeltfragen,[2] etwas anderes kann aber bei einer entsprechenden (dreiseiti- 2

[43] BAG 9.10.2002 AP Nr. 114 zu § 611 BGB Abhängigkeit.
[1] *Witschen* RdA 2016, 38 (38); *Wisskirchen/Block* NZA-Beil. 2017, 90 (90); *Kort* BB 2021, 1204.
[2] *Fritz* NZA-Beil. 2018, 98 (100); *Maschmann* NZA 2017, 1557 (1558); aA für Urlaubs- und Entgeltfragen *Wisskirchen/Block* NZA-Beil. 2017, 90 (90).

gen) Abrede zwischen den Beteiligten gelten. Ein in eine Matrix-Struktur eingebundener AN erhält typischerweise fachliche Weisungen von einem Angehörigen eines anderen Betriebs oder Rechtsträgers (sog. **Matrix-Manager,** → Rn. 4). Dieser ist bereichs- und unternehmensübergreifender Fachvorgesetzter des AN. Die vom Matrix-Manager geführten AN sind oftmals nicht an einem Ort zusammengefasst, sondern werden mit Hilfe von IT-Technik virtuell eingesetzt. Aus der gespaltenen Arbeitgeberstellung ergibt sich eine Reihe von individualrechtlichen und betriebsverfassungsrechtlichen Besonderheiten.

II. Individualarbeitsrecht

3 **1. Höchstpersönlichkeit der Arbeitsleistung.** Nach § 613 S. 2 BGB ist der Anspruch auf die Arbeitsleistung des AN im Zweifel nicht übertragbar (→ § 45 Rn. 6). Der AN ist regelmäßig nur zur höchstpersönlichen Leistung gegenüber seinem Vertragsarbeitgeber verpflichtet (§ 613 S. 1 BGB). Die Vorschrift enthält aber eine abdingbare Auslegungsregel,[3] die normative oder vertragliche Vereinbarungen zwischen den Arbeitsvertragsparteien über einen Einsatz des AN durch einen anderen AG nicht ausschließt. Die Aufspaltung oder Teilung der Arbeitgeberstellung setzt eine dreiseitige Vereinbarung zwischen dem (Vertrags-)AG und dem AN sowie dem Dritten über den Umfang und ihre Reichweite voraus (→ Rn. 5). Wird der AN ohne eine solche Abrede eingesetzt, wird hierdurch ohne Hinzutreten von besonderen Umständen weder ein Mehrfacharbeitsverhältnis[4] mit den beteiligten AG noch ein weiteres Vertragsverhältnis mit dem Dritten begründet, dessen faktische Wahrnehmung von Arbeitgeberfunktionen reicht dafür nicht aus.[5] Die Aufspaltung der Arbeitgeberstellung kann – wie bei der Personalgestellung (→ § 120 Rn. 27 f.) – schließlich Gegenstand von tariflichen Inhaltsnormen sein.

4 **2. Voraussetzungen für den Einsatz des Arbeitnehmers in einer Matrix-Struktur. a) Bevollmächtigung des Matrix-Managers.** Der in einer unternehmensübergreifenden Matrix-Struktur eingesetzte AN unterliegt dem Weisungsrecht (§ 106 GewO; → § 45 Rn. 13) sowohl von Angehörigen seines (Vertrags-)AG wie auch demjenigen des (unternehmensfremden) Matrix-Managers und den von diesem mit der Ausübung des Weisungsrechts beauftragten Personen (Fachvorgesetzte/r). Insoweit ist der AN „Diener zweier Herren". Das fachliche Weisungsrecht umfasst die tätigkeitsbezogenen Anweisungen, mittels deren der Matrix-Manager die übergreifende Organisation der Arbeitsabläufe steuert. Der Matrix-Manager muss stets (auch) aufgrund eines Arbeitsvertrags für den Vertragsarbeitgeber des in einer Matrix-Struktur eingesetzten AN tätig werden. Eine nur aufgrund eines Dienst- oder Werkvertrags tätige Person kann einem AN keine Weisungen erteilen, selbst wenn ihr durch den Dienst- oder Werkvertrag eine entsprechende Befugnis erteilt worden ist. Deren Ausübung ist gegenüber dem AN unwirksam (§ 106 GewO), da weisungsbefugt stets nur unternehmensangehörige Personen sein können; zur Arbeitsleistung für einen anderen Rechtsträger → Rn. 5a. Für die Ausübung des sich aus § 106 GewO ergebenden Weisungsrechts gegenüber einem AN eines anderen Vertragsarbeitgebers bedarf der Matrix-Manager regelmäßig einer entsprechenden Bevollmächtigung durch den (Vertrags-)AG des AN. Allein das Bestehen eines Beherrschungsvertrags oder die gesellschaftsrechtliche Verbundenheit der Unternehmen berechtigt den Matrix-Manager nicht zur Ausübung des Direktionsrechts. Allerdings kann die Leitung des (Vertrags-)AG insbesondere in Konzernen gesellschaftsrechtlich angehalten werden, das ihr zustehende fachliche Weisungsrecht auf den Matrix-Manager zu übertragen.

5 **b) Vertragliche Abreden. aa) Arbeitsleistung für den Vertragsarbeitgeber.** Wegen der Höchstpersönlichkeit der Dienstleistung des AN (→ Rn. 3) darf diesem gegen seinen Willen kein anderer Dienstberechtigter aufgezwungen werden. Dies entspricht den Grundsätzen zum Fremdpersonaleinsatz; eine weisungsgebundene Tätigkeit für einen anderen Rechtsträger als den (Vertrags)AG muss – wie bei der Arbeitnehmerüberlassung – besonders vereinbart werden. Danach ist wie folgt zu unterscheiden: die Höchstpersönlichkeit der Arbeitsleistung steht Weisungen eines nicht unternehmensangehörigen Matrix-Managers nicht entgegen, wenn die Erbringung der Arbeitsleistung auf Weisung eines Dritten Gegenstand des Betriebszwecks des (Vertrags-)AG ist und innerhalb von dessen Arbeitsorganisation erfolgt. Mit dieser Tätigkeit

3 BAG 14.7.2010 AP Nr. 143 zu Art. 12 GG (Landesgesetz); 26.4.2007 AP Nr. 4 zu § 125 InsO; 20.7.2004 AP Nr. 65 zu § 611 BGB Ärzte-Gehaltsansprüche.
4 Weiterführend dazu *C. Meyer* NZA 2013, 1326 (1328 f.).
5 BAG 28.3.1983 – 7 AZR 485/81; iE auch BAG 11.12.1990 – 7 AZR 534/89.

erfüllt der AN selbst bei einer Weisung durch einen Dritten seine arbeitsvertraglich geschuldeten Dienste gegenüber „seinem" AG. Dass etwaige Arbeitsergebnisse von Dritten genutzt werden, hat das BAG dann für unschädlich angesehen.[6] Für diesen Fall bedarf es keiner besonderen Abrede mit dem AN, die gegenüber dem Matrix-Manager erklärte Ermächtigung des (Vertrags-)AG ist deshalb für den Einsatz des AN ausreichend; der Matrix-Manager ist vielmehr Angehöriger der Arbeitsorganisation des (Vertrags)AG.

bb) Arbeitsleistung für einen anderen Rechtsträger. Wird der AN hingegen außerhalb 5a
des Betriebszwecks seines (Vertrags-)AG tätig und/oder in eine Arbeitsorganisation eines anderen Rechtsträgers eingegliedert, ist die Höchstpersönlichkeit der Arbeitsleistung betroffen. Die alleinige Ermächtigung des (Vertrags-)AG gegenüber dem anderen Rechtsträger oder dessen Matrix-Manager ist dann für einen Einsatz des AN nicht mehr ausreichend. Eine umfassende „Ausübungsermächtigung" für das fachliche Weisungsrecht steht nicht in Einklang mit den Vorgaben aus § 613 S. 2 BGB. Der AN kann daher in einer Matrix-Organisation nur eingesetzt werden, wenn **(1)** er sich hierzu bereit erklärt hat, **(2)** im Arbeitsvertrag eine entsprechende Vereinbarung getroffen worden ist (sog. Matrix-Klausel)[7] oder **(3)** der Matrix-Manager die Weisungen zugleich für den (Vertrags-)AG erteilt; bei einer solchen unternehmerischen Zusammenarbeit bedarf es keiner besonderen Abrede mit dem AN. Hingegen ist eine vertraglich vereinbarte **Konzernversetzungsklausel** für den Einsatz in Matrix-Strukturen nicht ausreichend;[8] diese erstreckt sich nach ihrem Inhalt regelmäßig nur auf den Einsatz für jeweils ein Konzernunternehmen. Besonderheiten gelten, wenn der AN nicht nur zu einem, sondern zu mehreren AG gleichzeitig in einem (einheitlichen) Arbeitsverhältnis steht.[9] Wird auch der Matrix-Manager gleichermaßen für die verbundenen AG tätig, bedarf es keiner besonderen Bevollmächtigung.

c) Umfang und Reichweite. Dem AN ist zur Vermeidung von Konflikten bei der Zuwei- 6
sung zu einer Matrix-Struktur zu eröffnen, in welchem Umfang das Weisungsrecht oder andere Befugnisse auf den Matrix-Manager übertragen sind bzw. ob und ggf. welche Doppelzuständigkeiten der beteiligten AG bestehen. Eine tatsächliche Vermutung dafür, dass dem Matrix-Manager die jeweiligen Befugnisse von dem (Vertrags-)AG übertragen worden sind, besteht nicht.[10] Für die (inhaltliche) Ausübung des Weisungsrechts des Matrix-Managers bestehen ansonsten keine Besonderheiten. Es ist Sache der AG, dem AN vor seinem Einsatz in der Matrix-Struktur die Aufteilung der jeweiligen Befugnisse mitzuteilen. Widersprechen sich die Weisungen des (Vertrags-)AG und die des unternehmensfremden Matrix-Managers, ist der AN berechtigt – und ggf. zur Vermeidung von disziplinarischen Maßnahmen auch verpflichtet –, ggü. seinem (Vertrags-)AG eine verbindliche Klärung herbeizuführen. Eine Pflicht des AN, eine kompetenzwidrige Weisung zu befolgen, besteht nicht.

d) Abgrenzung zur Arbeitnehmerüberlassung. Nach § 1 I 1 AÜG liegt Arbeitnehmer- 7
überlassung vor, wenn AG als Verleiher Dritten (Entleihern) AN (Leiharbeitnehmer) im Rahmen ihrer wirtschaftlichen Tätigkeit zur Arbeitsleistung überlassen. AN werden zur Arbeitsleistung überlassen, wenn sie **(1)** in die (fremde) Arbeitsorganisation des Entleihers eingegliedert sind und **(2)** seinen Weisungen unterliegen (§ 1 I 2 AÜG). Danach liegt keine Arbeitnehmerüberlassung vor, wenn der AN in die Arbeitsorganisation seines (Vertrags-)AG eingebunden bleibt und der Matrix-Manager Weisungen für den (Vertrags-)AG erteilt (→ Rn. 5). Ist dies nicht der Fall, ist das AÜG auch nicht einschlägig, wenn der AN mit seiner Arbeitsleistung nicht nur in völlig untergeordnetem Umfang auch Betriebszwecke seines (Vertrags-)AG erfüllt. Wird er hingegen im Rahmen des Betriebszwecks eines Dritten eingesetzt, liegt eine Überlassung zur Arbeitsleistung iSv § 1 I 1 AÜG vor. Dafür ist es ohne Bedeutung, ob sich der Arbeitsplatz noch in den Betriebsräumen des (Vertrags-)AG befindet, wenn der räumlichen Zuordnung wegen einer Vernetzung mit anderen Arbeitsplätzen außerhalb des Betriebs keine Bedeutung zukommt. Maßgeblich ist allein, dass das Weisungsrecht von Angehörigen eines anderen Rechtsträgers ausgeübt wird. Ob die Regelung in § 1 III Nr. 2 AÜG (sog. **Konzernprivileg**) bei konzernverbundenen Unternehmen die Annahme von Arbeitnehmerüberlassung ausschließt, ist fraglich. Dies setzt nach ihrem Wortlaut voraus, dass die Überlassung zwischen Konzernunternehmen

[6] BAG 10.3.1988 AP Nr. 5 zu § 84 ArbGG 1979 = NZA 1998, 1242; weiter *Kort* NZA 2013, 1318 (1320); Maschmann/Fritz/*Maschmann* Kap. 3 Rn. 39.
[7] *C. Meyer* NZA 2013, 1326 (1329); aA *Bauer/Herzberg* NZA 2011, 713 (714 f.).
[8] *Kort* NZA 2013, 1318 (1320).
[9] Dazu *Kort* NZA 2013, 1318 (1320); *Lambrich/Schwab* NZA-RR 2013, 169 (170).
[10] AA *Fritz* NZA-Beil. 2018, 98 (101), dort auch zu den Grenzen des Weisungsrechts.

erfolgt und der AN nicht zum Zweck der Überlassung eingestellt und beschäftigt wird. Darüber hinaus wird bezweifelt, ob § 1 III Nr. 2 AÜG in Einklang mit dem Unionsrecht steht (→ § 120 Rn. 25).

8 **3. Kündigung.** Kündigungsberechtigter ist und bleibt stets der (Vertrags-)AG. Ein Matrix-Manager kann eine Kündigung nur als Bevollmächtigter für diesen erklären, die der AN aber bei nicht ordnungsgemäß nachgewiesener Vertretungsmacht nach § 174 S. 1 BGB zurückweisen kann. Ist ausnahmsweise ein einheitliches oder Doppelarbeitsverhältnis mit mehreren AG begründet worden, müssen diese insgesamt die Kündigung aussprechen. Bei einer **verhaltensbedingten Kündigung** ist zu beachten, dass die dem AN nach § 241 II BGB obliegenden Rücksichtnahmepflichten auf die Interessen sämtlicher an der Matrix-Organisation beteiligten Unternehmen erweitert sein können. Für den Beginn der Kündigungserklärungsfrist des § 626 II BGB ist auf die Kenntnis eines Kündigungsberechtigten des (Vertrags-)AG abzustellen, dies kann – bei entsprechender Bevollmächtigung – auch der Matrix-Manager oder eine sonstige in der Matrix-Struktur beschäftigte Person sein. Bei einer auf Krankheit gestützten **personenbedingten Kündigung** ist ein ggf. erforderliches bEM vom (Vertrags-)AG durchzuführen, während bei den betrieblichen Beeinträchtigungen die Störungen in der Matrix-Organisation maßgeblich sein können, hingegen ist bei der Belastung durch Entgeltfortzahlungskosten wieder auf den (Vertrags-)AG abzustellen. Ist der Arbeitsplatz in der Matrix-Organisation aufgrund einer bindenden Unternehmerentscheidung weggefallen, kann dem AN nur **betriebsbedingt** gekündigt werden, wenn nicht nur in dieser, sondern auch beim (Vertrags-)AG keine Beschäftigungsmöglichkeit bestehen; eine Sozialauswahl mit anderen von diesem beschäftigten AN scheidet bei seiner ausschließlichen Eingliederung in die Matrix-Struktur wegen des Betriebsbezugs von § 1 III KSchG regelmäßig aus.[11] Auf eine zum Kündigungszeitpunkt bestehende Weiterbeschäftigungsmöglichkeit bei einem anderen Konzernunternehmen kommt es nur an, wenn die Voraussetzungen des konzerndimensionalen Kündigungsschutzes (→ § 134 Rn. 17) vorliegen, was ohne die notwendigen Absprachen kaum jemals der Fall sein dürfte.

III. Betriebsverfassungsrecht

9 **1. Betrieb. a) Betriebsbegriff und Betriebsteil.** Ein Betrieb liegt vor, wenn die in einer Betriebsstätte vorhandenen materiellen und immateriellen Betriebsmittel und die menschliche Arbeitskraft für den oder die verfolgten arbeitstechnischen Zwecke zusammengefasst, geordnet, gezielt eingesetzt und von einem einheitlichen Leitungsapparat gesteuert werden (→ § 211 Rn. 2). Ein eigenständiger Betrieb iSd § 1 I 1 BetrVG wird in reinen Matrix-Strukturen kaum gegeben sein. Soweit auf den Matrix-Manager nur das fachliche Weisungsrecht für die aus den verschiedenen Betriebsstätten zugefassten AN übertragen worden ist, fehlt es an einer organisatorischen Einheit, in der die wesentlichen Arbeitgeberfunktionen ausgeübt werden. Die AN in der Matrix-Organisation bleiben Betriebsangehörige ihres bisherigen Betriebs, die Unterstellung unter das fachliche Weisungsrecht eines Matrix-Managers führt nicht zu einer Ausgliederung aus ihrem bisherigen Beschäftigungsbetrieb.[12] Etwas anderes gilt, wenn der Matrix-Manager über weitergehende Befugnisse verfügt, die bei der Ausübung von Beteiligungsrechten relevant sein können. Dann kann die Zusammenfassung der AN in einer Matrix-Struktur durchaus einen eigenen Betrieb oder -steil iSd § 4 BetrVG darstellen, für den jeweils BR errichtet werden können. In diesem Fall wären die AN dann wie Fremdpersonal ihres (Vertrags-)AG auch Betriebsangehörige des „Matrix-Betriebs". Auf diese Einheiten sind – wegen der doppelten Betriebszugehörigkeit der AN – dann die Regelungen in § 14 I, II AÜG (→ § 120 Rn. 95 ff.) entsprechend anzuwenden. Die weiteren Betriebsstätten des „Matrix-Betriebs" können dann dessen Betriebsteile iSd § 4 I 2 BetrVG (→ § 211 Rn. 14) darstellen oder ihm nach § 4 II BetrVG (→ § 211 Rn. 4) zuzuordnen sein. Werden im Inland befindliche betriebliche Einheiten aus dem **Ausland** in betriebsverfassungsrechtlich relevanter Weise gesteuert, liegt ein inländischer Betrieb vor, selbst wenn sich dessen Leitung im Ausland aufhält.[13]

10 **b) Gemeinschaftsbetrieb und tariflich gebildete Betriebsratsstrukturen.** Die Annahme eines Gemeinschaftsbetriebs (→ § 211 Rn. 6) mit dem oder den jeweiligen (Vertrags-)AG scheidet regelmäßig aus, wenn diese dem Matrix-Manager nur das fachliche Weisungsrecht übertragen haben; es fehlt dann an der Ausübung einer ganzheitlichen Leitungsmacht der verbundenen

[11] Dazu *Bauer/Herzberg* NZA 2011, 713 (716 f.).

[12] Weitergehender *Kort* NZA 2013, 1318 (1324), der das fachliche Weisungsrecht ausreichen lässt.

[13] ArbG Frankfurt 21.7.2009 – 12 BV 184/09; *Witschen* RdA 2016, 38 (43 f.); *Kort* NZA 2013, 1318 (1321).

Rechtsträger und dem wechselseitigen Austausch von Betriebsmitteln.[14] Gehen die Befugnisse des Matrix-Managers darüber hinaus, liegt ein Gemeinschaftsbetrieb der durch die Matrix-Strukturen verbundenen Unternehmen nur vor, wenn diese einen gemeinsamen arbeitstechnischen Zweck verfolgen und ein Betriebsmittelaustausch stattfindet. Denkbar und durchaus sinnvoll kann die Regelung der Betriebsstrukturen durch **Tarifvertrag** sein. Unter den in § 3 I Nr. 1–3 BetrVG (→ § 216 Rn. 2) genannten Voraussetzungen können die betrieblichen Einheiten abweichend vom Gesetz zugeordnet werden. Dies setzt aber regelmäßig voraus, dass in den von einem Tarifvertrag erfassten Einheiten nicht nur fachliche Weisungsrechte ausgeübt werden, sondern auch mitbestimmungsrechtlich relevante Entscheidungen getroffen werden. Je nach ihrer Organisation im Konzern oder der verbundenen Unternehmen können unter dieser Voraussetzung insbesondere „Matrix-Betriebe" als eigenständige Einheiten einer Sparte bestimmt werden, für die dann ein Spartenbetriebsrat gebildet werden kann (§ 3 I Nr. 2 BetrVG; → § 216 Rn. 4).[15] Denkbar ist bei der Zusammenarbeit mehrerer Rechtsträger aber auch die Bildung einer vollständig von den Organisationsvorschriften des BetrVG abweichenden Betriebsratsstruktur der verbundenen Unternehmen nach § 3 I Nr. 3 BetrVG (→ § 216 Rn. 5).[16]

2. Wahlrecht und Schwellenwerte. Das Wahlrecht von in Matrix-Strukturen beschäftigten AN richtet sich nach ihrer Betriebszugehörigkeit. Sie sind aktiv und passiv wahlberechtigt bei ihrem (Vertrags-)AG, wenn sie nur in dessen Betrieb eingegliedert sind (→ § 212 Rn. 6). Dies gilt spiegelbildlich, wenn sie allein einem „Matrix-Betrieb" zugeordnet sind, dann sind sie nur dort wahlberechtigt. Werden sie von ihrem (Vertrags-)AG – wie Fremdpersonal – zur Arbeitsleistung einem Matrix-Betrieb überlassen, haben sie in diesem das aktive Wahlrecht, können aber nicht Mitglied eines dort möglicherweise gebildeten BR sein (→ § 120 Rn. 95 ff.); bei ihrem (Vertrags-)AG bestehen hingegen keine Beschränkungen im Wahlrecht. Diese Grundsätze gelten sinngemäß für die Berechnung der Schwellenwerte nach §§ 9, 38, 99, 111 BetrVG (→ § 120 Rn. 96). 11

3. Beteiligungsrechte. a) Zuordnung zu einer Matrix-Organisation. aa) Arbeitnehmer. Wird der AN von seinem (Vertrags-)AG einer Matrix-Organisation zugewiesen, kann dies unter den Voraussetzungen von § 95 III 1 BetrVG eine Versetzung iSd § 99 I 1 BetrVG (→ § 240 Rn. 20) darstellen, für deren Vollzug jedenfalls eine Zustimmung des BR des im Betrieb des (Vertrags-)AG errichteten BR erforderlich sein kann. Keine betriebsverfassungsrechtliche Versetzung dürfte vorliegen, wenn der Matrix-Manager ausschließlich ein fachliches Weisungsrecht ausüben soll (und ausübt) und der Arbeitsbereich des AN ansonsten unverändert bleibt (reiner Vorgesetztenwechsel). Ein Einsatz in einem geänderten Arbeitsbereich, insbesondere mit anderen Arbeitsaufgaben und/oder außerhalb der Betriebsstätte, wird regelmäßig eine beteiligungspflichtige Versetzung darstellen, sofern nicht der Ausnahmetatbestand des § 95 III 2 BetrVG (→ § 240 Rn. 23) gegeben ist. Wird der AN in einen Matrix-Betrieb eingegliedert (→ § 212 Rn. 6) und besteht dort ein BR, ist dieser unter dem Gesichtspunkt der Einstellung (→ § 240 Rn. 11) zu beteiligen. 12

bb) Matrix-Manager. Die Aufnahme der Tätigkeit eines Matrix-Managers durch die Unterstellung von betriebsangehörigen AN kann für sich genommen eine beteiligungspflichtige Einstellung in dem Betrieb des weisungsgebundenen AN darstellen,[17] werden dem Matrix-Manager AN aus mehreren Betrieben unterstellt, kann dies dazu führen, dass er in mehrere Betriebe gleichzeitig eingegliedert ist. Dass er seine Tätigkeit an einem anderen Ort ausübt, ist – wie auch bei einer Zuordnung eines AN zu einem Matrix-Betrieb – unerheblich. Der Aufenthalt in den Betriebsräumen ist für die Eingliederung iSd § 5 I BetrVG nicht erforderlich (→ § 212 Rn. 6).[18] Dies gilt allerdings nur dann, wenn der (Vertrags)AG ggü. dem Matrix-Manager **Weisungen** erteilen darf. Wird dieser aufgrund eines Dienst- oder Werkvertrags tätig, liegt keine Einstellung iSd § 99 I 1 BetrVG vor, weil diese den AN-Status und damit eine Weisungsgebundenheit der einzustellenden Person voraussetzen.[19] Für die personellen Maßnahmen besteht in keinem Fall eine Zuständigkeit von GBR oder KBR. 12a

[14] *Kort* BB 2021, 1204 (1207); *Bachner* NZA 2019, 134 (139); *Wisskirchen/Block* NZA-Beil. 2017, 90 (92); *Bauer/Herzberg* NZA 2011, 713 (717).

[15] *Bauer/Herzberg* NZA 2011, 713 (718); *Witschen* RdA 2016, 38 (44 f.).

[16] *Bauer/Herzberg* NZA 2011, 713 (719).

[17] BAG 22.10.2019 AP Nr. 165 zu § 99 BetrVG 1972 = NZA 2020, 61 (Übertragung der Personalverantwortung gegenüber betriebsangehörigen AN reicht aus).

[18] *Witschen* RdA 2016, 38 (47).

[19] BAG 22.10.2019 AP Nr. 165 zu § 99 BetrVG 1972 = NZA 2020, 61; 12.6.2019 AP Nr. 161 zu § 99 BetrVG 1972 = NZA 2019, 1288; dazu *Engels* ArbuR 2021, 63; *Lingemann/Steinhauser* NZA 2020, 87; ähnlich *Bachner* NZA 2019, 134 (136).

13 **b) Beteiligungsrechte.** Die Einführung bzw. Auflösung einer Matrix-Struktur unterliegt der freien Entscheidung der beteiligten Unternehmen. Für die AN der betroffenen Betriebe kann sie je nach ihrem Umfang und ihren Auswirkungen eine nach §§ 111, 112 BetrVG sozialplanpflichtige Betriebsänderung darstellen. Bei der Ausübung der Beteiligungsrechte in sozialen Angelegenheiten gilt: Werden die AN in den Matrix-Betrieb eingegliedert, beurteilt sich die Zuständigkeit für die Wahrnehmung des Mitbestimmungsrechts aus § 87 I BetrVG nach den Grundsätzen für den Fremdpersonaleinsatz (→ § 120 Rn. 99). Der BR des (Vertrags-)AG bleibt zuständig für die Wahrnehmung der vertragsbezogenen Rechte, während für die einsatz-/tätigkeitsbezogenen Rechte ein ggf. im Matrix-Betrieb gebildeter BR zuständig ist. Bleibt der AN im Betrieb seiner (Vertrags-)AG eingegliedert, bleibt die Zuständigkeit der für diesen errichteten Arbeitnehmervertretungen (BR/GBR/KBR) erhalten.

XVIII. Buch. Das Recht der Koalitionen

§ 188. Grundlagen des Koalitionsrechts

Übersicht

I. Die Entwicklung zum Grundrecht der Koalitionsfreiheit

Das Grundrecht des Art. 9 III GG gewährleistet jedermann und für alle Berufe das individuelle Recht, sich zur Wahrung und Förderung der Arbeits- und Wirtschaftsbedingungen zusammenzuschließen. In den Worten des BVerfG handelt es sich „nicht um ein klassisches Grundrecht. Die Koalitionsfreiheit ist erst unter den Bedingungen moderner Industriearbeit entstanden, die sich im 19. Jahrhundert entwickelt haben".[1] Diese Bemerkung, die zugleich auf die spezielle Schutzgewährleistung des Koalitionsgrundrechts hinweist, ist vor dem **Hintergrund der Entwicklung der Verfassungs- und Sozialgeschichte,**[2] der Industrialisierung und des aufkommenden Massenelends sowie den damit verbundenen Koalitionsgründungen zu sehen. Die historische Entwicklung des Grundrechts ist, wie es auch das BVerfG stets betont hat, bei der Auslegung und der Konkretisierung der Tragweite des Koalitionsgrundrechts zu berücksichtigen.[3] 1

Koalitionen waren im 18. und bis weit in das 19. Jahrhundert durch die Reichszunftordnung von 1731 und später etwa durch die §§ 181–184 der preußischen Gewerbeordnung von 1845[4] verboten. Die Gesindeordnung von 1854 verschärfte das Verbot für Landarbeiter. Erstmals wurden die **Koalitionsverbote aufgehoben** 1861 in Sachsen und 1869 im Norddeutschen Bund durch § 152 I GewO, der infolge der Reichsgründung auch in den anderen deutschen Einzelstaaten ab 1872 geltendes Recht wurde.[5] Diese Freiheiten wurden aber durch das „Sozialistengesetz" von 1878[6] faktisch wieder in erheblichem Umfang eingeschränkt.[7] 2

Verfassungsrechtlich verankert wurde die Koalitionsfreiheit[8] erstmals in der **Weimarer Verfassung** von 1919.[9] Sie wurde durch Art. 159 WRV gewährleistet und die Tarifautonomie fand in Art. 165 I 3 WRV ihre verfassungsrechtliche Grundlage, der zugleich die „beiderseitigen Organisationen" von AN und AG anerkannte.[10] Diese verfassungsrechtlichen Gewährleistungen blieben zwar in der Zeit des Nationalsozialismus „de jure" bestehen. Durch die bereits am 2.5.1933 erfolgte Zerschlagung der Gewerkschaften sowie die Erklärung ihrer Auflösung – ebenso wie die der Arbeitgeberverbände – wurde das Grundrecht indes funktionslos.[11] Der „Führererlass" vom 24.10.1934 setzte die „Deutsche Arbeitsfront" an die Stelle der aufgelösten Organisationen. 3

---

1 BVerfG 1.3.1979 AP Nr. 1 zu § 1 MitbestG mAnm *Wiedemann* = NJW 1979, 699.

2 Zur Geschichte s. *Däubler/Hege,* Koalitionsfreiheit, 1976, Rn. 1 ff.; *Gamillscheg,* Kollektives Arbeitsrecht, 79 ff.; *Rückert* ZfA 2019, 515 ff.; s. auch *Ritschler,* Koalitionen und Koalitionsrecht in Deutschland bis zur Reichsgewerbeordnung, 1917.

3 Grdl. BVerfG 18.11.1954 AP Nr. 1 zu Art. 9 GG = NJW 1954, 1881; weiterhin BVerfG 2.3.1993 AP Nr. 126 zu Art. 9 GG Arbeitskampf = NJW 1993, 1379; 1.3.1979 AP Nr. 1 zu § 1 MitbestG = NJW 1979, 699.

4 Ausf. *Kittner,* Arbeitskampf, 112 ff., 189 f.

5 Zur Gründung von Arbeitgeberverbänden nach 1870: *Erdmann,* Die deutschen Arbeitgeberverbände, 1996, 53 ff.

6 Gesetz gegen die gemeinwohlschädlichen Bestrebungen der Sozialdemokratie v. 21.10.1878 RGBl. 1878, Nr. 34, S. 351 ff.

7 Zu weiteren Einschränkungen durch das Vereinsrecht: MHdB ArbR/*Rieble* § 217 Rn. 2.

8 Nach Anerkennung der Gewerkschaften durch das Gesetz über den vaterländischen Hilfsdienst v. 5.12.1916 RGBl. 1333 ff.

9 V. 11.8.1919 RGBl. I 1383.

10 Dazu *Kissel,* Arbeitskampfrecht, 395 ff.; *Gusy,* Die Weimarer Reichsverfassung, 1997, 342 ff.

11 Dazu etwa Däubler ArbeitskampfR/*Däubler* § 5 Rn. 1 ff.; *Kittner,* Arbeitskampf, 505 ff.

4 Nach dem Ende des Zweiten Weltkriegs wurde in vielen der von 1946 bis 1949 verabschiedeten Landesverfassungen (auch → Rn. 6) das Koalitionsgrundrecht garantiert. Für die Bundesrepublik Deutschland wurde durch das **Grundgesetz,** nachdem bereits zuvor am 9.4.1949 das TVG im „Vereinten Wirtschaftsgebiet" in Kraft getreten war (→ § 196 Rn. 2), in Art. 9 III GG verfassungsrechtlich verankert. In der Deutschen Demokratischen Republik geschah dies in der Verfassung vom 7.10.1949 in Art. 14 I.[12] Anders verhält es sich in der nachfolgenden Verfassung von 1968 und in ihrer Fassung aus dem Jahre 1974.[13]

II. Rechtsgrundlagen der Koalitionsfreiheit

5 Das **Grundrecht der Koalitionsfreiheit** ist verfassungsrechtlich durch Art. 9 III GG gewährleistet. Nach Satz 1 ist für „jedermann und für alle Berufe" das Recht gewährleistet „zur Wahrung und Förderung der Arbeits- und Wirtschaftsbedingungen Vereinigungen zu bilden". Satz 2 sieht vor, dass „Abreden, die dieses Recht einschränken oder zu behindern suchen, nichtig, hierauf gerichtete Maßnahmen rechtswidrig sind". Das entspricht fast wörtlich Art. 165 I WRV. Durch die sog. **Notstandsgesetzgebung** wurde 1968 Satz 3 eingefügt. Danach dürfen sich Notstandmaßnahmen nach Artt. 12a, 35 II und III, 87a IV und 91 GG „nicht gegen Arbeitskämpfe richten", „die zur Wahrung und Förderung der Arbeits- und Wirtschaftsbedingungen von Vereinigungen im Sinne des Satzes 1 geführt werde". Die Vorschrift nimmt selbst aber nicht zu einzelnen Gewährleistungen Stellung.

6 Aussagen zur Koalitionsfreiheit finden sich in Art. 17 des **Staatsvertrags über die Schaffung einer Währungs-, Wirtschafts- und Sozialunion** zwischen der Bundesrepublik Deutschland und der Deutschen Demokratischen Republik[14] sowie in dem Gemeinsamen Protokoll über Leitsätze, A III Nr. 2. Darin heißt es zur Tariffähigkeit der Verbände (→ § 197 Rn. 4 ff.):

„Tariffähige Gewerkschaften und Arbeitgeberverbände müssen frei gebildet, gegnerfrei, auf überbetrieblicher Grundlage organisiert und unabhängig sein sowie das geltende Tarifrecht als für sich verbindlich anerkennen; ferner müssen sie in der Lage sein, durch Ausüben von Druck auf den Tarifpartner zu einem Tarifabschluss zu kommen."

Nach der Rechtsprechung des BAG hat der Gesetzgeber durch das Zustimmungsgesetz zum Staatsvertrag die „Durchsetzungsfähigkeit" (dazu → § 197 Rn. 2, 4 ff.) von Koalitionen in seinen Willen aufgenommen, die als verbindliche Auslegungsmaxime zu beachten ist.[15] Die Koalitionsfreiheit ist weiterhin in den **Landesverfassungen** von Bayern (Art. 170), Brandenburg (Art. 51 I), Bremen (Art. 48), Hessen (Art. 36), Rheinland-Pfalz (Art. 66 I), des Saarlandes (Art. 56 S. 1), Sachsen (Art. 25), Sachsen-Anhalt (Art. 13 III) und von Thüringen (Art. 37 I) gewährleistet.[16]

7 Im Recht der **Europäischen Union** gewährleistet die primärrechtlich geltende Grundrechtecharta (→ § 4 Rn. 7) in Art. 12 GRCh die Vereinigungsfreiheit und in Art. 28 GRCh das „Recht auf Kollektivverhandlungen und Kollektivmaßnahmen" „nach dem Unionsrecht und den einzelstattlichen Rechtsvorschriften und Gepflogenheiten". Der Abschluss von Tarifverträgen und die Durchführung von Arbeitskämpfen sind gewährleistet.[17] Beschränkungen können sich aus Art. 52 GRCh ergeben. Die Charta, an die vor allem die Organe der EU gebunden sind, gilt nach Art. 51 I GRCh u.a. für die Mitgliedstaaten, jedoch „ausschließlich bei der Durchführung des Rechts der Union"[18] und ist nach Art. 6 I Hs. 2 EUV den Verträgen rechtlich gleichrangig. Die EU selbst hat nach Art. 153 V AEUV indes keine Kompetenzen für die Koalitionsfreiheit sowie für das Streik- und Tarifrecht. Die Koalitionsfreiheit gehörte allerdings schon zuvor zum ungeschriebenen Gemeinschaftsrecht.[19] Art. 8 der Verordnung über die Freizügigkeit der AN innerhalb der Gemeinschaft fordert die Gleichstellung hinsichtlich der Zugehörigkeit zu Gewerkschaften und der Ausübung gewerkschaftlicher Rechte. Weiterhin ist im **Europä-**

---

[12] GBl. 5.

[13] GBl. 1973, 432.

[14] V. 18.5.1980, Zustimmungsgesetz vom 25.6.1990 BGBl. II 518.

[15] BAG 5.10.2010 AP Nr. 7 zu § 2 TVG mAnm *B. Schmidt* = NZA 2011, 300; 6.6.2000 AP Nr. 9 zu § 97 ArbGG 1979 = NZA 2001, 156 mwN zu den unterschiedlichen Auffassungen hierzu; aA MHdB ArbR/*Rieble* § 217 Rn. 20.

[16] Zu weiteren Inhalten der Landesverfassungen MHdB ArbR/*Rieble* § 217 Rn. 11 ff.

[17] S. nur EuArbRK/*Schubert* GRC Art. 12 Rn. 17 ff., Art. 28 Rn. 1 f., 35 ff.

[18] S. etwa EuGH 10.7.2014 NZA 2014, 1325 – Hernández, dazu *Pötters* EuZW 2014, 795 ff.; ausf. zum Thema etwa *Thym* DöV 2014, 941; *Waltermann* EuZA 2015, 15 ff.; s. auch EuGH 26.2.2013 NJW 2013, 1415 – Åckerberg Fransson, dazu *Winter* NZA 2013, 473 ff.

[19] S. auch EuGH 18.1.1990 NZA 1991, 189 (Vereinigungsfreiheit für Beamte der Gemeinschaft).

ischen Recht die Koalitionsfreiheit in Art. 5 ESC (→ § 6 Rn. 4)[20] und in **Art. 11 EMRK**[21] (→ § 6 Rn. 2 f.) geregelt.[22]

8 An völkerrechtlichen Garantien sind zu nennen im Recht der **Vereinten Nationen** Art. 23 IV der Allgemeinen Erklärung der Menschenrechte durch die Vereinten Nationen, Art. 8 des Internationalen Pakts über wirtschaftliche, soziale und kulturelle Rechte (→ § 6 Rn. 4), Art. 22 des Internationalen Pakts über bürgerliche Rechte (→ § 5 Rn. 5) sowie von den **ILO-Übereinkommen**[23] (→ § 5 Rn. 3) vor allem[24] das Übereinkommen Nr. 87 über die Vereinigungsfreiheit und den Schutz des Vereinigungsrechts,[25] das Übereinkommen Nr. 98 über die Anwendung der Grundsätze des Vereinigungsrechts und des Rechts zu Kollektivverhandlungen[26] und das Übereinkommen Nr. 135 über Schutz und Erleichterungen der Arbeitnehmervertreter im Betrieb.[27]

III. Begriff der Koalition

9 **1. Grundsatz.** Art. 9 III GG selbst nennt lediglich die Vereinigungsfreiheit und die besondere Zweckrichtung der Vereinigung, die das Grundrecht von der Vereinigungsfreiheit in Art. 9 I GG unterscheiden.[28] Aus der besonderen Zweckrichtung, die Wahrung und Förderung der Arbeits- und Wirtschaftsbeziehungen im Rahmen eines **kollektiven Interessenwahrungs- und Ausgleichsverfahrens,** die zugleich die Tarifautonomie (→ § 195 Rn. 6 ff.) und den damit verbundenen Arbeitskampf (→ § 191 Rn. 2) als Grundrechtgewährleitung umfasst, folgen weitere Merkmale für die „Vereinigung" iSd Art. 9 III GG. Diese wird verfassungsrechtlich, obwohl nicht im Wortlaut erwähnt, mit dem Begriff der Koalition erfasst wird, knüpft doch das Grundrecht an die historische Entwicklung der Koalitionsfreiheit an (→ Rn. 1). Der Koalitionsbegriff ist von den jeweils engeren Begriffen Gewerkschaft (zur Tariffähigkeit → § 196 Rn. 4 ff.) und des Arbeitgeberverbandes zu differenzieren.[29]

10 Nach den von Rechtsprechung anhand des besonderen Vereinigungszwecks entwickelten Kriterien ist für die **Anerkennung als Koalition** erforderlich:[30]

(1) Eine privatrechtliche Vereinigung,
(2) die sich freiwillig zusammengeschlossen hat (→ Rn. 12 ff.),
(3) demokratisch organisiert (→ Rn. 14) und
(4) vom Gegner ebenso unabhängig ist (→ Rn. 15 ff.)
(5) wie von Staat, Kirche und Parteien (→ Rn. 19) sowie
(6) den besonderer Vereinigungszweck iSd Art. 9 III GG verfolgt (→ Rn. 20 ff.).

11 Die vorgenannten **Merkmale sind abschließend.** Namentlich gehört weder ein bestimmtes Organisationsprinzip, etwa die Gliederung nach dem Industrieverbandsprinzip,[31] zu den Voraussetzungen einer Koalition noch ist die Tariffähigkeit erforderlich.[32]

---

[20] Dazu *Pfiffl-Pavelec/Florus* DRdA 2011, 584 ff; *Schlachter* SR 2013, 77 ff.; sowie EuArbRK/*Schubert* ESC Art. 5 Rn. 4 ff.

[21] Dazu ausf. SHU ArbeitsvölkerR/*Ulber* § 6 Rn. 408 ff.; s. insb. EGMR 21.4.2009 AuR 2009, 274 – Enerji Yapi-Yok Sem; 12.11.2008 NZA 2010, 1425 – Demir und Baykara; 11.1.2006 RIW 2006, 378, sowie *Schmidt-Westphal/Urban* RIW 2006, 381.

[22] Dazu *Seifert* EuZA 2013, 205 ff. Zur Rspr. des EGMR und des EuGH *Fütterer* EuZA 2011, 505 (511 ff.); *Mair* ZIAS 2006, 158 ff.; *Däubler* in: BMAS (Hrsg.), Die Auswirkungen der Rechtsprechung des Europäischen Gerichtshofs auf das Arbeitsrecht der Mitgliedsstaaten, 2009, 101 ff.; *Lörcher* AuR 2009, 229 ff.

[23] Abrufbar unter http://www.ilo.org/dyn/normlex/en/. Dazu SHU ArbeitsvölkerR/*Zimmer* § 5 Rn. 68 ff. mwN.

[24] Weitere Übereinkommen bei MHdB ArbR/*Rieble* § 217 Rn. 24 ff.; SHU ArbeitsvölkerR/*Zimmer* § 5 Rn. 52 ff. mwN. Ausf. *Gitzel* Der Schutz der Vereinigungsfreiheit durch die Internationale Arbeitsorganisation, 2014.

[25] V. 9.7.1948 BGBl. 1956 II, 2072.

[26] V. 1.7.1949 BGBl. 1555 II, 1122.

[27] V. 23.6.1971 BGBl. 1973 II, 953, in Kraft seit dem 26.9.1974 BGBl. 1972 II, 1595.

[28] BVerfG 26.1.1991 AP Nr. 117 zu Art. 9 GG Arbeitskampf = NZA 1991, 809.

[29] BAG 22.5.2012 AP Nr. 149 zu Art. 9 GG mAnm *Worzalla* = NZA 2012, 1176; ErfK/*Linsenmaier* GG Art. 9 Rn. 21.

[30] StRspr, BAG 5.10.2010 AP Nr. 7 zu § 2 TVG mAnm *B. Schmidt* = NZA 2011, 300; 19.9.2006 AP Nr. 5 zu § 2 BetrVG 1972 mAnm *B. Schmidt* = NZA 2007, 518; 14.3.1978 AP Nr. 30 zu § 2 TVG. Vgl. auch BVerfG 26.6.1991 AP Nr. 117 zu Art. 9 GG Arbeitskampf = NZA 1991, 809; 19.10.1966 AP Nr. 24 zu § 2 TVG = NJW 1966, 2305.

[31] BAG 27.11.1964 AP Nr. 1 zu § 2 TVG Tarifzuständigkeit.

[32] Ausdrücklich BAG 17.2.1998 AP Nr. 87 zu Art. 9 GG mAnm *Oetker* = NZA 1998, 754 (Verband der Gewerkschaftsbeschäftigten).

12 **2. Einzelne Voraussetzungen. a) Freiwillige, privatrechtliche Vereinigung.** Eine Koalition muss zunächst die Voraussetzungen einer Vereinigung iSd Art. 9 I GG erfüllen. Das erfordert einen **freiwilligen Zusammenschluss** mehrerer Personen, der von einer **gewissen Dauer** ist.[33] Hier kann im Grundsatz an die Legaldefinition des § 2 VereinsG angeknüpft werden, was allerdings Modifikationen aus verfassungsrechtlichen Gründen nicht ausschließt. Koalitionen können nur freiwillige Zusammenschlüsse sein.[34] Durch das Merkmal der „Freiwilligkeit" scheiden Vereinigungen, die, wie etwa die Kreishandwerkerschaften, zwangsweise zusammengeschlossen wurden,[35] aus. Das gilt unabhängig davon, ob die Vereinigung privat- oder öffentlich-rechtlich organisiert ist. Deshalb können Kammern keine Koalitionen nach Art. 9 III GG sein. Gleiches gilt für **öffentlich-rechtliche Verbände,** weil sie zu ihrer Anerkennung eines Staatsaktes bedürfen und selbst der amtlichen Aufsicht unterliegen. Das trifft etwa auch für wie Innungen[36] und Landesinnungsverbände[37] zu, auch wenn sie freiwillige Zusammenschlüsse sind (§§ 52 I, 53 HwO).[38] Gleichwohl kann Innungen und Landesinnungsverbänden die Tariffähigkeit durch Gesetz zu übertragen werden (§ 54 III Nr. 1 HwO),[39] denen insoweit der einfach-gesetzliche Schutz des Tarifvertragsrechts zukommt.

13 Die Vereinigungen müssen auf eine **gewisse Dauer** angelegt sein. Deshalb können einmalige Zusammenkünfte nicht als Koalition bezeichnet werden. Allerdings können auch sog. **ad-hoc-Koalitionen** vom Schutzbereich des Art. 9 III GG erfasst sein, wenn sich die Vereinigung zur Erreichung eines bestimmten Zieles zusammenfindet. So kann sich nach der Rechtsprechung des BVerfG ein sog. Außenseiterarbeitgeber zweckgebunden einer Verbandsmaßnahme anschließen und dieses Bündnis eine Koalition bilden.[40] Erforderlich ist dabei die Möglichkeit einer **organisierten Willensbildung.**

14 Weiterhin muss die Koalition **demokratisch organisiert** sein. Dies muss allerdings nicht nach dem Vorbild des Parteienrechts gem. Art. 21 I GG erfolgen.[41] Die Koalitionen können im Rahmen ihrer Satzungsautonomie (→ § 190 Rn. 31) die Organisationsstrukturen selbst bestimmen. Die innerverbandliche Willensbildung ist so auszugestalten, dass die Mitglieder an ihr teilnehmen und durch die Verbandsorgane wie eine Mitgliederversammlung oder Delegiertenwahlen auf sie Einfluss nehmen können.[42] Das gilt etwa auch für Betriebsrentner, sofern die Tarifverträge auch ihre Rechtsposition betreffen.[43]

15 **b) Unabhängige und gegnerfreie Vereinigung.** Koalitionen müssen **gegnerunabhängig** sein.[44] Nur so ist gewährleistet, dass sie die Interessen ihrer Mitglieder im Rahmen der kollektiven Interessenauseinandersetzung gegenüber dem sozialen Gegenspieler wahren können. Deshalb müssen sie von diesem strukturell wie auch finanziell[45] unabhängig sein.[46] Zusammenschlüsse, die sowohl AG wie AN umfassen, sind keine Koalitionen, auch wenn sie die Förderung der Arbeits- und Wirtschaftsbedingungen verfolgen.

16 Das Prinzip der Gegnerfreiheit ist nicht im formalen, sondern im **materiellen Sinn zu verstehen.**[47] Die Koalition muss in der Lage sein, über ihre eigene Organisation und Willensbildung frei zu entscheiden.[48] Deshalb schließt nicht jede Beeinträchtigung der Gegnerunabhängig-

---

[33] S. nur MHdB ArbR/*Rieble* § 218 Rn. 57; ErfK/*Linsenmaier* GG Art. 9 Rn. 22.
[34] BVerfG 18.12.1974 AP Nr. 23 zu Art. 9 GG = NJW 1975, 1263; 18.11.1954 AP Nr. 1 zu Art. 9 GG.
[35] BVerfG 10.3.1992 AP Nr. 1 zu Art. 38 Einigungsvertrag = NJW 1992, 1373 (PR ist keine Vereinigung nach Art. 9 I GG); LAG SchlH 28.10.1969 AP Nr. 27 zu § 2 TVG (keine Tariffähigkeit der Bundeslotsenkammer).
[36] Vgl. BAG 22.2.1957 AP Nr. 2 zu § 2 TVG.
[37] Vgl. BAG 6.12.1956 AP Nr. 8 zu § 616 BGB.
[38] Maunz/Dürig/*Scholz* GG Art. 9 Rn. 190.
[39] BVerfG 19.10.1966 AP Nr. 24 zu § 2 TVG = NJW 1966, 2305.
[40] BVerfG 26.6.1991 AP Nr. 117 zu Art. 9 GG Arbeitskampf = NZA 1991, 809; dazu krit. etwa *Gamillscheg,* Kollektives Arbeitsrecht, 396 f.; *Konzen* SAE 1991, 339 (341 f.); s. auch BAG 28.4.1966 AP Nr. 37 zu Art. 9 GG Arbeitskampf mAnm *Mayer-Maly.*
[41] KeZa/*Kempen* Grundl. Rn. 82 ff., 76 f.; MHdB ArbR/*Rieble* § 218 Rn. 68.
[42] *Gamillscheg,* Kollektives Arbeitsrecht, 400 f. mwN in Fn. 56; aA MHdB ArbR/*Rieble* § 218 Rn. 70, die die demokratische Organisation erst für die Tariffähigkeit verlangen.
[43] BAG 17.6.2008 AP Nr. 136 zu Art. 9 GG = NZA 2008, 1244.
[44] BVerfG 10.3.2014 – 1 BvR 377/13; 6.5.1964 AP Nr. 15 zu § 2 TVG; BAG 25.11.1986 AP Nr. 36 zu § 2 TVG = NZA 1987, 492; 15.3.1977 AP Nr. 24 zu § 2 TVG.
[45] Zur GKH: BAG 5.10.2010 AP Nr. 7 zu § 2 TVG mAnm *B. Schmidt* = NZA 2011, 300.
[46] Zur AUB (Siemens) und zur „Gewerkschaft der Neuen Brief- und Zustelldienste": *Kittner* GS Zachert, 2010, 595 (595 ff.).
[47] BAG 26.6.2018 AP Nr. 10 zu § 2 TVG Tariffähigkeit = NZA 2019, 188; 5.10.2010 AP Nr. 7 zu § 2 TVG mAnm *B. Schmidt* = NZA 2011, 300; 17.2.1998 AP Nr. 87 zu Art. 9 GG mAnm *Oetker* = NZA 1998, 754.
[48] BVerfG 20.10.1981 AP Nr. 31 zu § 2 TVG = NJW 1982, 815.

keit die Koalitionseigenschaft aus. An der erforderlichen Unabhängigkeit fehlt es erst dann, wenn die Abhängigkeit vom sozialen Gegenspieler in der Struktur der Arbeitnehmervereinigung angelegt und verstetigt[49] sowie die eigenständige Interessenwahrnehmung der Tarifvertragspartei durch personelle oder organisatorische Verflechtungen[50] oder durch wesentliche finanzielle Zuwendungen[51] ernsthaft gefährdet ist. Vertraglich vereinbarte Zahlungen eines AG an einen gewerkschaftsnahen Verein, damit dieser ausschließlich an die beim betreffenden AG beschäftigten Gewerkschaftsmitglieder Erholungsbeihilfen zahlt, stellen keine unzulässige Gegnerfinanzierung dar.[52] Bei der Beurteilung verbietet sich eine schematische Betrachtung. Maßgebend sind die Umstände des Einzelfalls.[53]

Zulässig ist etwa die Ehrenmitgliedschaft bei einem sozialen Gegenspieler,[54] solange dies nicht zu einem Einfluss auf die Willensbildung führt.[55] Dies könnte bei einer „Fördermitgliedschaft" der Fall sein.[56] Auch stellt der in früheren Jahren noch erfolgte Einzug der Gewerkschaftsbeiträge durch den AG die Unabhängigkeit der betreffenden Gewerkschaft regelmäßig nicht in Frage. Es besteht auch kein Verbot jeglicher Verpflichtung, zur Finanzierung koalitionsspezifischer Betätigungen des sozialen Gegenspielers beitragen zu müssen.[57] Mit dem Koalitionszweck unvereinbar ist allerdings, wenn eine Person **bei beiden Vereinigungen Entscheidungsbefugnisse** hat; etwa wenn ein Vorstandsmitglied einer Kapitalgesellschaft zugleich Mitglied der Tarifkommission einer Gewerkschaft ist. Aber auch andere personelle Verflechtungen können der Gegnerunabhängigkeit entgegenstehen.[58] Allein die Tätigkeit als leitender Angestellter ist dann nicht ausreichend, wenn dort keine Funktionen wahrgenommen werden.[59] Die Mitgliedschaft des nach dem MitbestG bestellten Arbeitsdirektors in einer Gewerkschaft[60] stellt deren Gegnerfreiheit jedoch ebenso wenig in Frage wie die Beteiligung von Vertretern der Gewerkschaften in den Aufsichtsorganen der Selbstverwaltungskörperschaften der Sozialen Sicherungssysteme. In der Folge ist es einem **Verband von Gewerkschaftsbeschäftigten** nicht verwehrt, eine Koalition zu bilden.[61] Auch kann nicht davon ausgegangen werden, die von ver.di geschlossenen Tarifverträge mit rechtlich selbständigen Unternehmen der einzelnen Gewerkschaften des DGB (→ § 190 Rn. 2 f.) seien per se mangels erforderlicher Gegnerunabhängigkeit unwirksam.[62] 17

Das Merkmal der **Überbetrieblichkeit** stellt kein eigenständiges Kriterium dar, sondern ist ein Teilaspekt der Gegnerunabhängigkeit.[63] Es wird herangezogen, weil Koalitionen, die auf einen Betrieb oder ein Unternehmen beschränkt sind, leicht unter den Einfluss des AG geraten können, weil etwa ihr Mitgliederbestand von dessen Maßnahmen abhängig sein könnte. Die sog. **Werkvereine** oder **„gelben Gewerkschaften"**[64] wurden und werden daher zu Recht nicht als Koalitionen angesehen. Allerdings wurde bereits von dem Erfordernis der überbetriebli- 18

---

49 Zuletzt LAG Hamm 27.9.2019 – 9 Sa 1154/17.

50 Zur kirchlichen Unabhängigkeit *Oetker* FS Richardi, 2007, 929 (938 ff.).

51 BAG 5.10.2010 AP Nr. 7 zu § 2 TVG mAnm *B. Schmidt* = NZA 2011, 300; 17.2.1998 AP Nr. 87 zu Art. 9 GG mAnm *Oetker* = NZA 1998, 754; s. auch LAG Köln 20.5.2009 AuR 2009, 316 („Gewerkschaft der Neuen Brief- und Zustelldienste").

52 HessLAG 19.11.2012 – 17 Sa 285/12 u.a.; zu Recht nicht thematisiert in BAG 21.5.2013 NZA 2015, 115.

53 BAG 14.12.2004 AP Nr. 1 zu § 2 TVG Tariffähigkeit mAnm *Buchner* = NZA 2005, 697; s. auch *Oetker* FS Richardi, 2007, 929 (938 ff.); *Rieble* FS Kreutz, 2010, 805 (815 ff.).

54 Vgl. BAG 19.1.1962 AP Nr. 13 zu § 2 TVG.

55 Anders bei der „Gewerkschaft Neue Brief- und Zustelldienste" LAG Köln 20.5.2009 AuR 2009, 316.

56 Daher das Verfahren nach § 97 V 1 ArbGG ausgesetzt: BAG 31.1.2018 AP Nr. 26 zu § 2 TVG Tariffähigkeit = NZA 2018, 876; s. dazu *von Steinau-Seinrück/Jöris* DB 2020, 2353 (2356); *Wutte* RdA 2019, 180 ff.

57 BVerfG 10.12.1985 NJW 1996, 1923 (Kostentragung des Abonnements der Zeitschrift AiB für den BR); BAG 28.6.1995 AP Nr. 48 zu § 40 BetrVG 1972 = NZA 1995, 1216 (Schulung durch gewerkschaftsnahen Bildungsträger).

58 Vgl. nur LAG Köln 20.5.2009 AuR 2009, 316.

59 BAG 11.12.1982 AP Nr. 32 zu § 2 TVG mAnm *Rüthers.*

60 Vgl. BVerfG 1.3.1979 AP Nr. 1 zu § 1 MitBestG mAnm *Wiedemann* = NJW 1979, 583.

61 BAG 17.2.1998 AP Nr. 87 zu Art. 9 GG mAnm *Oetker* = NZA 1998, 754 (Verband der Gewerkschaftsbeschäftigten).

62 So aber *Lessner-Sturm,* Gewerkschaften als Arbeitgeber, Rn. 762 ff.; *Rieble* FS Kreutz, 2010, 805 (809).

63 Ausf. *Stelling* NZA 1998, 920 ff.; weiterhin NK-TVG/*Däubler* Einl. Rn. 90; ErfK/*Linsenmaier* GG Art. 9 Rn. 25; eigenständig dennoch erwähnt in BVerfG 10.3.2014 – 1 BvR 377/13 („grundsätzlich"); 20.10.1981 AP Nr. 31 zu § 2 TVG = NJW 1982, 815; BAG 15.3.1977 AP Nr. 24 zu § 2 TVG mAnm *Wiedemann.*

64 Dazu *Unterhinninghofen* GS Zachert, 2010, 676 ff. mwN; sowie *Gamillscheg,* Kollektives Arbeitsrecht, 406 ff.; *Zachert* AuR 1986, 321 ff.; zu gewerkschaftlichen Abwehrmöglichkeiten *Däubler* in: Zimmer, Rechtsprobleme der tariflichen Unterbietungskonkurrenz, 2011, 45 ff.

chen Organisation für große Unternehmen, die ganze Wirtschaftszweige umfassen, wie etwa die Bahn- und Postnachfolgeunternehmen, eine Ausnahme gemacht. Richtigerweise ist die Überbetrieblichkeit ein Aspekt, der für die Tariffähigkeit von Bedeutung sein kann,[65] nicht aber für die Eigenschaft als Koalition.[66]

19 Die Koalition muss weiterhin von **staatlichen,**[67] **parteipolitischen oder kirchlichen Weisungen unabhängig** sein. Denn auch in diesem Fall wäre wie bei der fehlenden Gegnerunabhängigkeit eine autonome Interessenwahrnehmung nicht (mehr) gewährleistet.[68] Aus diesem Umstand folgt jedoch nicht, dass die Koalition auch parteipolitisch oder religiös neutral sein muss. Deshalb sind sog. **Richtungsgewerkschaften,** also Koalitionen, die sich an bestimmten parteipolitischen, weltanschaulichen oder konfessionellen[69] Prinzipien ausrichten, ohne weiteres möglich. In die Satzung aufgenommene (allgemein-)politische Ziele stehen der Koalitionseigenschaft nicht entgegen.[70]

20 **c) Förderung der Arbeits- und Wirtschaftsbedingungen.** Koalitionen sind nur solche Vereinigungen, die sich die Förderung der Arbeits- und Wirtschaftsbedingungen ihrer Mitglieder in ihrer Eigenschaft als AN (→ Rn. 22) oder AG zum Ziel gesetzt haben. Beide Zwecke sind als funktionale Einheit zu verstehen, die kumulativ verfolgt werden. Ohne Bedeutung ist es, wenn weitere Ziele hinzutreten.[71] Hier ist allenfalls zu prüfen, ob je nach Betätigung Art. 9 III GG oder Art. 9 I GG im Einzelfall einschlägig ist.[72] Davon zu unterscheiden sind die **Wirtschaftsvereine,** die die wirtschaftlichen Interessen ihrer Mitglieder verfolgen, also etwa Konsumvereine, Unternehmenszusammenschlüsse oder Unternehmensverbände.

21 Die Koalitionsfreiheit bezieht sich auf die Regelung der Arbeits- und Wirtschaftsbedingungen. Das ist die Gesamtheit der Bedingungen, unter denen der AN arbeitet und der AG beschäftigt. Die **Regelungsmaterien** beinhalten sowohl die **Arbeits- als auch die Wirtschaftsbedingungen.**[73] Der Begriff der Arbeits- und Wirtschaftsbedingungen bezeichnet alle „arbeitsrechtlichen und sozialpolitischen Interessen" der Mitglieder der Koalitionen, sofern sie mit der Arbeitstätigkeit in Zusammenhang stehen. Zu den Arbeits- und Wirtschaftsbedingungen gehören auch alle Fragestellungen aus der Entwicklung des Arbeitslebens, also etwa der Schutz vor Rationalisierungen und modernen Technologien[74] sowie die Betriebsverfassung.[75] Klare Grenzziehungen sind angesichts der bestehenden Entwicklungsoffenheit kaum möglich. Zur Förderung der Arbeits- und Wirtschaftsbedingungen zählen auch arbeits- und sozialpolitische Forderungen gegenüber der Regierung oder dem Gesetzgeber.[76]

IV. Grundrechtsträger

22 Während die Vereinigungsfreiheit des Art. 9 I GG nur „Deutschen" zusteht, ist die Koalitionsfreiheit als Menschenrecht ausgestaltet, das **„jedermann"** zusteht. Es ergeben sich keine Beschränkungen aus der Staatsangehörigkeit oder dem Berufsstand, wie schon der Hinweis auf „alle Berufe" zeigt. Das Grundrecht steht daher sowohl Deutschen und Angehörigen anderer Staaten wie auch staatenlosen Personen zu. Das Koalitionsgrundrecht erfasst u.a. **AN und AG.**[77] Es ist aber nicht auf den „klassischen" AN begrenzt. Es gilt ebenso für Beamte, wie es das BVerfG der „Beamtenstreikentscheidung" (→ § 192 Rn. 40) ausdrücklich betont hat.[78] Das ergibt sich aus dem Schutz-

---

[65] Vgl. BAG 14.12.2004 AP Nr. 1 zu § 2 TVG Tariffähigkeit = NZA 2005, 697 (UFO; auch → § 191 Rn. 16); LAG RhPf 22.6.2004 AP Nr. 169 zu Art. 9 GG Arbeitskampf.

[66] So auch BVerfG 20.10.1981 AP Nr. 31 zu § 2 TVG; 1.3.1979 AP Nr. 1 zu § 1 MitBestG = NJW 1979, 699.

[67] BVerfG 1.3.1979 AP Nr. 1 zu § 1 MitbestG mAnm *Wiedemann* = NJW 1979, 699.

[68] Zur staatlichen Einflussnahme BVerfG 1.3.1979 AP Nr. 1 zu § 1 MitBestG = NJW 1979, 699.

[69] Ausf. *Oetker* FS Richardi, 2007, 929 (935 f.) mwN in Fn. 40; zum CGD bereits LAG Düsseldorf 14.12.1957 AP Nr. 2 zu Art. 9 GG = NJW 1958, 1319.

[70] BAG 17.2.1998 AP Nr. 87 zu Art. 9 GG mAnm *Oetker* = NZA 1998, 754 (Verband der Gewerkschaftsbeschäftigten); s. auch BVerfG 10.3.2014 – 1 BvR 377/13.

[71] ErfK/*Linsenmaier* GG Art. 9 Rn. 24; MHdB ArbR/*Rieble* § 218 Rn. 22.

[72] S. etwa *Höfling/Burkiczak* Anm. zu AP Nr. 123 zu Art. 9 GG.

[73] ErfK/*Linsenmaier* GG Art. 9 Rn. 23; *Gamillscheg,* Kollektives Arbeitsrecht, 219 ff.; enger *Zöllner/Loritz/Hergenröder,* Arbeitsrecht, 95.

[74] BAG 3.4.1990 AP Nr. 56 zu Art. 9 GG.

[75] BVerfG 1.3.1979 AP Nr. 1 zu § 1 MitbestG mAnm *Wiedemann* = NJW 1979, 699.

[76] BAG 25.1.2005 AP Nr. 123 zu Art. 9 GG mAnm *Höfling/Burkiczak* = NZA 2005, 592.

[77] BVerfG 14.11.1995 AP Nr. 80 zu Art. 9 GG; 26.6.1991 AP Nr. 117 zu Art. 9 GG Arbeitskampf = NZA 1991, 809.

[78] BVerfG 12.6.2018 AP Nr. 187 zu Art. 9 GG Arbeitskampf = NJW 2018, 2695, mAnm *Stuttmann* NVwZ 2018, 1136 ff.; so schon BVerfG 30.11.1965 AP Nr. 7 zu Art. 9 GG = NJW 1966, 491.

zweck der Koalitionsfreiheit. Sie dient dazu, abhängig beschäftigten Berufsangehörigen die Wahrung und Förderung ihrer Arbeits- und Wirtschaftsbedingungen zu ermöglichen. Zu den Grundrechtsträgern gehören weiterhin auch Richter, Soldaten,[79] Auszubildende,[80] und Heimarbeiter.[81] Schließlich steht der Schutz der Koalitionsfreiheit auch Rentnern[82] und Arbeitslosen[83] zu. Ausgehend vom Schutzzweck sind auch diejenigen Personen erfasst, die wegen der Erbringung ihrer Arbeitsleistung in wirtschaftlicher Abhängigkeit auf die kollektive Interessenwahrnehmung angewiesen sind. Das ist etwa bei den **arbeitnehmerähnlichen Personen** (vgl. § 12a TVG, § 5 ArbGG) der Fall,[84] letztlich gilt dies aber auch für „Ein-Mann-Handelsvertreter" und andere Selbständige, auf die die genannten Voraussetzungen zutreffen.[85]

AG sind trotz der historischen Entwicklung der Koalitionsfreiheit als Arbeitnehmerschutzrecht gleichermaßen Grundrechtsträger.[86] Für **juristische Personen des Privatrechts** gilt dies aber nur vermittelt über Art. 19 III GG. Demgegenüber sind öffentlich-rechtliche juristische Personen nicht grundrechtsfähig. Eine Ausnahme besteht zwar für solche **juristische Personen des öffentlichen Rechts,** die von den ihnen durch die Rechtsordnung übertragenen Aufgaben her unmittelbar einem durch bestimmte Grundrechte geschützten Lebensbereich zugewiesen sind oder Kraft ihrer Eigenart von vorneherein angehören.[87] Das betrifft dann aber nur das jeweilige Grundrecht und nicht automatisch weitere Grundrechtsbereiche wie den der Koalitionsfreiheit.[88] Tarifgemeinschaften der öffentlichen AG sind, da sie von der öffentlichen Hand beherrscht werden, daher keine durch Art. 9 III GG geschützten Koalitionen.[89] 23

§ 189. Schutzbereich der Koalitionsfreiheit

Übersicht

I. Grundsatz

Die Koalitionsfreiheit schützt als **Individualgrundrecht** für jedermann das Recht, zur Wahrung und Förderung der Arbeits- und Wirtschaftsbedingungen Vereinigungen zu bilden, ihnen beizutreten, in ihnen zu verbleiben sowie sich in ihnen als auch sonst koalitionsspezifisch zu betätigen – positive Koalitionsfreiheit (→ Rn. 3 ff.).[1] Der Schutz der Koalitionsfreiheit beinhaltet nach weit überwiegender Auffassung auch das Recht, einer Koalition fernzubleiben oder aus ihr auszutreten – sog. negative Koalitionsfreiheit (→ Rn. 9 ff.). Über die individuelle Gewähr- 1

[79] Implizit BVerfG 7.4.1981 AP Nr. 34 zu Art. 9 GG = NJW 1981, 2112.
[80] MHdB ArbR/*Rieble* § 218 Rn. 32.
[81] BVerfG 27.2.1973 AP Nr. 7 zu § 19 HAG = NJW 1973, 1320.
[82] BAG 27.2.2007 AP Nr. 44 zu § 1 BetrAVG = NZA 2007, 1371; 17.6.2008 AP Nr. 136 zu Art. 9 GG = NZA 2008, 1244.
[83] ErfK/*Linsenmaier* GG Art. 9 Rn. 27; MHdB ArbR/*Rieble* § 218 Rn. 34.
[84] ErfK/*Linsenmaier* GG Art. 9 Rn. 28; MHdB ArbR/*Rieble* § 218 Rn. 29.
[85] Ausf. *Kretzschmar,* Die Rolle der Koalitionsfreiheit für Beschäftigungsverhältnisse jenseits des Arbeitnehmerbegriffs, 2003, insb. 215 ff., sowie *Schlachter* GS Zachert, 2010, 634 (635 ff.) („Streik" der Milchbauern); zur Organisation von Soloselbstständigen etwa *Bayreuther,* Sicherung der Leistungsbedingungen von (Solo-)Selbstständigen, Crowdworkern und anderen Plattformbeschäftigten, 2018, S. 67 f., 111; *Degner/Kocher* KJ 2018, 248 ff.; *Klapperich* NZKart 2020, 125 ff.
[86] BVerfG 26.6.1991 AP Nr. 117 zu Art. 9 GG Arbeitskampf = NZA 1991, 809; 14.11.1995 AP Nr. 80 zu Art. 9 GG.
[87] BVerfG 31.10.1984 NJW 1985, 1385 (Grundrechtsfähigkeit von Handwerkerinnungen); 13.1.1982 AP Nr. 48 zu § 611 BGB Abhängigkeit = NJW 1982, 1447.
[88] BVerfG 13.1.1982 AP Nr. 48 zu § 611 BGB Abhängigkeit = NJW 1982, 1447 (Rundfunkanstalten können sich zwar auf Art. 5 GG berufen, nicht aber auf Art. 9 III GG).
[89] BVerwG 12.12.2019 AP Nr. 154 zu Art. 9 GG = NZA 2020, 677; *Berlit* ZTR 1994, 143; ErfK/*Linsenmaier* GG Art. 9 Rn. 29; aA *Depenheuer* ZTR 1993, 364.
[1] BVerfG 26.6.1991 AP Nr. 117 zu Art. 9 GG Arbeitskampf = NZA 1991, 809; 26.5.1970 AP Nr. 16 zu Art. 9 GG.

leistung hinaus schließt das Grundrecht der Koalitionsfreiheit[2] als **Doppelgrundrecht** auch den Schutz der Koalitionen selbst mit ein (→ Rn. 15 ff.).

2 **Art. 9 III 2 GG verbietet** als einzige Grundrechtsnorm mit unmittelbarer Drittwirkung[3] **koalitionsfreiheitsbeschränkende Abreden** zu Lasten des Einzelnen wie auch der Koalitionen.[4] Danach sind sowohl Abreden als auch tatsächliche Maßnahmen, welche das nach Art. 9 III 1 GG geschützte Recht einschränken oder zu verhindern suchen, nichtig und darüber hinaus auch darauf gerichtete Maßnahmen rechtswidrig (Beispiele → Rn. 7).[5] Es handelt sich um ein gesetzliches Verbot iSd § 134 BGB.[6] Enthält ein Vertrag eine danach nichtige Vereinbarung, so bleibt abweichend von § 139 BGB der übrige Vertrag wirksam.

II. Individuelle Koalitionsfreiheit

3 **1. Positive Koalitionsfreiheit. a) Grundsatz.** Die individuelle Koalitionsfreiheit umfasst das Recht jedes Einzelnen,[7] gemeinsam mit anderen eine **Koalition zu gründen, ihr beizutreten und in ihr zu verbleiben.** Weiterhin kann sich der Einzelne an den spezifischen Tätigkeiten der Koalition beteiligen.[8] Der Schutzbereich der Koalitionsfreiheit betrifft in der Funktion als staatsgerichtetes Abwehrrecht Beeinträchtigungen und Erschwerungen durch die öffentliche Gewalt und darüber hinaus auf Grund der unmittelbaren Wirkung in den Rechtsverhältnissen Privater[9] auch Behinderungen durch private Dritte.

4 Art. 9 III GG erfasst nicht nur die diejenigen Tätigkeiten, die für den Erhalt oder den Bestand einer Koalition unerlässlich sind (sog. Kernbereichslehre), sondern **alle koalitionsspezifischen Verhaltensweisen.**[10] In früheren Entscheidungen war das BVerfG, namentlich zum Zutrittsrecht betriebsfremder Gewerkschaftsvertreter (→ Rn. 26) davon ausgegangen, Art. 9 III GG schütze „verfassungskräftig die gewerkschaftliche Betätigung jedenfalls nur insoweit, als diese für die Erhaltung und Sicherung der Existenz als unerlässlich betrachtet werden muss".[11] Diese als Kernbereichslehre verstandene Judikatur hatte in der Rechtsprechung des BAG ihre Wiederspiegelung gefunden.[12] Damit sollte aber, wie das BVerfG später zur „Klarstellung"[13] verdeutlichte, nicht zum Ausdruck gebracht werden, dass der Schutzbereich des Art. 9 III GG von vornherein nur einen Kernbereich koalitionsspezifischer Betätigung umfasst, der sich nach einem **Unerlässlichkeitskriterium** bestimme.[14] Soweit die Verfolgung der Koalitionsbetätigung von dem Einsatz bestimmter Mittel abhängt, werden auch diese vom Schutz des Art. 9 III GG umfasst. Die Wahl der Tätigkeiten und der Mittel, mit denen die Koalitionen diesen Zweck erreichen wollen, überlässt Art. 9 III GG grundsätzlich ihnen.[15]

---

[2] Grdl. zum Grundrecht der Koalitionsfreiheit *Otto,* Verfassungsrechtliche Gewährleistung der koalitionsspezifischen Betätigung, 1982; *Richardi,* Kollektivgewalt und Individualwille bei der Gestaltung des Arbeitsverhältnisses, 1967; *Säcker,* Grundprobleme der kollektiven Koalitionsfreiheit, 1969; *Scholz,* Koalitionsfreiheit als Verfassungsproblem, 1971.

[3] Ausf. *Klocke* SR 2020, 17 ff.

[4] BVerfG 17.2.1981 AP Nr. 9 zu Art. 140 GG = NJW 1981, 1829; BAG 19.9.2006 AP Nr. 22 zu § 3 TVG Verbandszugehörigkeit = NZA 2007, 277; krit. *A. Stein* GS Zachert, 2010, 645 (646 ff.).

[5] BAG 17.5.2011 AP Nr. 148 zu Art. 9 GG = NZA 2011, 1169; 28.2.2006 AP Nr. 127 zu Art. 9 GG mAnm *Richardi* = NZA 2006, 798; 31.5.2005 AP Nr. 124 zu Art. 9 GG = NZA 2005, 1182; 20.4.1999 AP Nr. 89 zu Art. 9 GG mAnm *Richardi* = NZA 1999, 887.

[6] BAG 4.6.2008 AP Nr. 38 zu § 3 TVG = NZA 2008, 1366; 19.9.2006 AP Nr. 22 zu § 3 TVG Verbandszugehörigkeit = NZA 2007, 277.

[7] Zum personellen Schutzbereich → § 188 Rn. 22 f.; s. auch BVerfG 29.10.015 – 1 BvR 2572/15 (Vereinigung von Strafgefangenen); sowie OLG Hamm 2.6.2015 Der Vollzugsdienst 2016, Nr. 1, S. 82.

[8] BAG 28.7.2020 AP Nr. 50 zu § 87 BetrVG 1972 Ordnung des Betriebes = NZA 2020, 1413; BVerfG 30.11.1965 AP Nr. 7 zu Art. 9 GG = NJW 1966, 491.

[9] BAG 28.2.2006 AP Nr. 127 zu Art. 9 GG mAnm *Richardi* = NZA 2006, 798; 20.4.1999 AP Nr. 89 zu Art. 9 GG mAnm *Richardi* = NZA 1999, 887.

[10] BVerfG 9.7.2020 AP Nr. 191 zu Art. 9 GG Arbeitskampf = NZA 2020, 1118; 12.6.2018 AP Nr. 187 zu Art. 9 GG Arbeitskampf = NJW 2018, 2695; 11.7.2017 AP Nr. 151 zu Art. 9 GG = NZA 2017, 915; 24.2.1999 AP Nr. 18 zu § 20 BetrVG 1972 = NZA 1999, 713; 14.11.1995 AP Nr. 80 zu Art. 9 GG = NZA 1996, 381; BAG 18.11.2014 NZA 2015, 306; 20.1.2009 AP Nr. 137 zu Art. 9 GG = NZA 2009, 615; seither stRspr.

[11] S. nur BVerfG 17.2.1981 AP Nr. 9 zu Art. 140 GG = NJW 1981, 1829.

[12] Etwa BAG 23.9.1986 AP Nr. 45 zu Art. 9 GG = NZA 1987, 164; 30.8.1983 AP Nr. 38 zu Art. 9 GG.

[13] Vgl. dazu BAG 28.2.2006 AP Nr. 127 zu Art. 9 GG mAnm *Richardi* = NZA 2006, 798.

[14] BVerfG 14.11.1995 AP Nr. 80 zu Art. 9 GG = NZA 1996, 381.

[15] BVerfG 10.9.2004 AP Nr. 167 zu Art. 9 GG Arbeitskampf = NZA 2004, 1338.

Obwohl die **Koalitionsfreiheit** ohne Gesetzesvorbehalt gewährleistet ist, ist sie dennoch **nicht schrankenlos** oder „unbegrenzt und unbegrenzbar".[16] Dem Gesetzgeber sind Regelungen im Schutzbereich des Grundrechts nicht verwehrt. Soweit das Verhältnis von Koalitionen zueinander berührt ist, bedarf die Koalitionsfreiheit der gesetzlichen Ausgestaltung.[17] Dem Gesetzgeber steht dabei sowohl eine Einschätzungsprärogative als auch ein weiter Gestaltungsspielraum zu. Die gesetzliche Regelung kann auch zum Schutz von anderen verfassungsrechtlich geschützten Rechten Dritter oder von Gemeinwohlbelangen, denen gleichermaßen ein verfassungsrechtlicher Rang gebührt, eingeschränkt werden, wobei in Bezug auf die im konkreten Einzelfall getroffenen Regelungen der Grundsatz der Verhältnismäßigkeit beachtet werden muss.[18] Dabei hat das BVerfG allerdings auch – unter Berufung auf das Sozialstaatsprinzip – das relativ allgemein gehaltene Ziel der Bekämpfung von Arbeitslosigkeit als Sozialstaatsbelang ausreichen lassen.[19] Auch im Urteil zum Tarifeinheitsgesetz[20] werden die Einschätzungsprärogative und der weite Handlungsspielraum des Gesetzgebers betont, der seine Grenze am objektiven Gehalt des Art. 9 III GG findet. Für den Gesetzgeber besteht – abgesehen von besonderen, hier bisher nicht einschlägigen Fallgestaltungen – keine Sachaufklärungspflicht.[21] 5

Die **verfassungsimmanenten Schranken** sind von der Rechtsprechung gleichermaßen zu beachten. Soweit die koalitionsspezifische Betätigung mit Rechtsgütern Dritter kollidiert, denen gleichfalls ein verfassungsrechtlicher Rang zukommt, sind diese im Wege der praktischen Konkordanz zum Ausgleich zu bringen.[22] Das ist vor allem im Bereich des Arbeitskampfrechts (→ § 191 Rn. 19 ff., 33) und der Tarifautonomie (→ § 195 Rn. 7), aber auch bei der gewerkschaftlichen Werbung im Betrieb (→ Rn. 23 ff.) der Fall. 6

b) Einzelne Betätigungen. Geschützt ist zunächst der **Beitritt** (zum Aufnahmeanspruch → § 190 Rn. 36) und der Verbleib in einer Gewerkschaft. Ein vom AG ausgehendes Ansinnen, einer anderen Gewerkschaft beizutreten oder den Tarifvertrag einer anderen Gewerkschaft anzuerkennen, verstößt gegen das Koalitionsgrundrecht.[23] Gleiches gilt, wenn die Einstellung oder eine Beförderung von dem Nichteintritt oder Austritt aus einer Gewerkschaft abhängig gemacht wird[24] oder eine „Prämie" dafür versprochen wird.[25] Nach Art. 9 III 2 GG unwirksam sind Verträge, durch die der AN verpflichtet wird, keiner Gewerkschaft[26] oder nur einer im Betrieb vertretenen Gewerkschaft beizutreten. Ein Antrag oder ein angetragener „Verzicht" auf eine vertragliche Bezugnahmeklausel berührt hingegen nicht die positive Koalitionsfreiheit, weil hier nicht die unmittelbare und zwingende Wirkung von Tarifnormen aufgrund Tarifgebundenheit in Frage steht.[27] Unzulässig ist eine Verpflichtung des AG, keinen gewerkschaftlich organisierten AN einzustellen.[28] Geschützt wird zudem die Möglichkeit einer **Doppelmitgliedschaft.** Weder kann in einem Beitritt zu einer Gewerkschaft ein Verzicht auf weitere Mitgliedschaften oder ein dahingehender „Verbrauch" der Koalitionsfreiheit gesehen werden, noch kann ein solcher vertraglich untersagt werden.[29] Deshalb können auch die **Beschäftigten von Gewerkschaften** eine Koalition gründen.[30] Das verbietet aber nicht Satzungsbestimmungen, die eine Doppelmitgliedschaft unter diesen Bedingungen ausschließen.[31] 7

---

[16] BVerfG 20.10.1981 AP Nr. 31 zu § 2 TVG = NJW 1982, 815.

[17] BVerfG 11.7.2017 AP Nr. 151 zu Art. 9 GG = NZA 2017, 915; 24.4.1996 AP Nr. 2 zu § 57 HRG = NZA 1996, 1157; 4.7.1995 AP Nr. 4 zu § 116 AFG = NJW 1996, 185.

[18] BVerfG 26.6.1991 AP Nr. 117 zu Art. 9 GG Arbeitskampf = NZA 1991, 809; im Grundsatz ebenso BVerfG 3.4.2001 AP Nr. 2 zu § 10 BUrlG = NZA 2001, 777.

[19] BVerfG 3.4.2001 AP Nr. 2 zu § 10 BUrlG = NZA 2001, 777; 27.4.1999 NZA 1999, 992; zu Recht krit. ErfK/*Linsenmaier* GG Art. 9 Rn. 49.

[20] BVerfG 11.7.2017 AP Nr. 151 zu Art. 9 GG = NZA 2017, 915, mit abw. Meinung von *Baer* und *Paulus*.

[21] Ebenso BVerfG 19.6.2020 AP Nr. 192 zu Art. 9 GG Arbeitskampf = NZA 2020, 1186. Hier werden die Stellungnahmen im Gesetzgebungsverfahren zur Entscheidungsbegründung herangezogen.

[22] BAG 7.7.2010 AP Nr. 140 zu Art. 9 GG mAnm *B. Schmidt* = NZA 2010, 1068; 28.2.2006 AP Nr. 127 zu Art. 9 GG mAnm *Richardi* = NZA 2006, 798; 31.5.2005 AP Nr. 124 zu Art. 9 GG = NZA 2005, 1182.

[23] Vgl. BAG 15.2.1957 AP Nr. 33 zu § 1 KSchG mkritAnm *Tophoven*.

[24] BAG 2.6.1987 AP Nr. 49 zu Art. 9 GG.

[25] ArbG Gelsenkirchen 9.3.2016 – 3 Ga 3/16; dazu *Zimmermann/Kallhof* jurisPR-ArbR 17/2016 Anm. 4.

[26] BAG 28.3.2000 AP Nr. 27 zu § 99 BetrVG 1972 Einstellung = NZA 2000, 1294.

[27] BAG 14.12.2011 AP Nr. 217 zu § 242 BGB Gleichbehandlung = NZA 2012, 618; 21.9.2011 AP Nr. 215 zu § 242 BGB Gleichbehandlung = NZA 2012, 31.

[28] EGMR 13.8.1981 NJW 1982, 2717.

[29] BAG 17.2.1998 AP Nr. 87 zu Art. 9 GG mAnm *Oetker* = NZA 1998, 754 (Verband der Gewerkschaftsbeschäftigten).

[30] BAG 17.2.1998 AP Nr. 87 zu Art. 9 GG = NZA 1998, 754.

[31] BGH 25.3.1991 AP Nr. 3 zu § 25 BGB; auch → § 190 Rn. 49.

8 Im Rahmen der koalitionsspezifischen Betätigung ist die **Mitgliederwerbung** des einzelnen AN im Betrieb geschützt.[32] Das durfte die Nutzung der betrieblichen E-Mail-Adressen zur Werbung und Information im Grundsatz[33] mit einschließen (→ Rn. 28, → § 190 Rn. 47).[34] Ferner darf er sich werbend, etwa vor Betriebs- und Personalratswahlen, für seinen Verband einsetzen.[35] Eine Duldungspflicht des AG, die Betriebsmittel für einen Streikaufruf zu nutzen – Verwendung der zu dienstlichen Zwecken eingerichteten E-Mail-Accounts – kann nicht auf die individuelle Koalitionsfreiheit gestützt werden.[36] Erfasst wird auch die **Mitwirkung in gewerkschaftlichen Organen** und ihrer Willensbildung. Die vertragliche Arbeitszeit, die einer Teilnahme entgegensteht, ist für sich allerdings keine Abrede iSd Art. 9 III 2 GG (→ Rn. 2) und es besteht kein genereller Anspruch auf eine unbezahlte Freistellung von der Arbeitspflicht zur Teilnahme an Ortsvorstandssitzungen der Gewerkschaft. Bei der Schichteinteilung ist in Ausübung billigen Ermessens allerdings der Teilnahmewunsch zu berücksichtigen.[37] Ebenso wenig kann ein Beamter unter Hinweis auf Art. 9 III GG einen Anspruch auf bezahlte Freistellung vom Dienst zur Teilnahme an einer gewerkschaftlich organisierten Demonstration ableiten.[38] Die individuelle Koalitionsfreiheit umfasst nicht nur das Recht, sich zu Koalitionen zusammenzuschließen und sich für sie zu betätigen, sondern – als Hauptzweck der Mitgliedschaft – den **Schutz der** von der ausgewählten Koalition geschlossenen **Tarifverträge** in Anspruch nehmen zu können.[39]

9 **2. Negative Koalitionsfreiheit. a) Grundsatz.** Element der grundgesetzlichen Gewährleistung der Koalitionsfreiheit ist neben der Gründungs- und Beitrittsfreiheit die **Freiheit des Austritts** aus und vor allem nach der Rechtsprechung des BVerfG des **Fernbleibens von einer Koalition** – sog. negative Koalitionsfreiheit.[40] Allerdings wird auch angenommen, als „negative“ Gewährleistung sei sie nur durch die allgemeine Handlungsfreiheit des Art. 2 I GG geschützt. Denn verfassungsrechtlich hat immer nur ein Bedürfnis bestanden, die Koalitionsfreiheit zu gewährleisten und ihre Ausübung zu schützen.[41] Der Vierte Senat des BAG hat ausdrücklich offengelassen, ob Art. 9 III GG oder Art. 2 I GG die maßgebende Grundlage für die negative Koalitionsfreiheit bildet.[42]

10 Der Schutzbereich der negativen Koalitionsfreiheit bezieht sich auf den **Status als Mitglied.** Das Grundrecht schützt davor, dass Zwang oder sog. Druck auf nicht- oder andersorganisierte AN ausgeübt wird, einer bestimmten Organisation beizutreten. Ein von einer Regelung oder Maßnahme ausgehender bloßer Anreiz zum Beitritt erfüllt diese Voraussetzung nicht.[43] Die negative Koalitionsfreiheit schützt allerdings nicht generell vor der Regelungsbefugnis der Tarifvertragsparteien,[44] die sich im Grundsatz (§ 3 I TVG) sowieso auf ihre Mitglieder beschränkt.

[32] BVerfG 14.11.1995 AP Nr. 80 zu Art. 9 GG = NZA 1996, 381; BAG 28.7.2020 AP Nr. 50 zu § 87 BetrVG 1972 Ordnung des Betriebes = NZA 2020, 1413.

[33] Zur näheren Ausgestaltung etwa *Schwarze* RdA 2010, 115 (117).

[34] Zu den sich aus der „Digitalisierung“ ergebenden Anforderungen *Wedde* ZBVR online 2020, Nr. 6, S. 32 ff.

[35] BVerfG 30.11.1965 AP Nr. 7 zu Art. 9 GG; BAG 14.2.1967 AP Nr. 10 zu Art. 9 GG.

[36] BAG 15.10.2013 AP Nr. 181 zu Art. 9 GG Arbeitskampf mAnm *Bauer/von Medem* = NZA 2014 319; dazu auch *Belling* JZ 2014, 905 ff.; *Schwarze* JA 2014, 787 ff.

[37] BAG 13.8.2010 AP Nr. 141 zu Art. 9 GG = NZA-RR 2010, 640; aA *Laskowski* AuR 2010, 196; *Paschke* AuR 2010, 199.

[38] BVerwG 30.6.2016 NVwZ 2016, 1653.

[39] BAG 7.7.2010 AP Nr. 140 zu Art. 9 GG mAnm *B. Schmidt* = NZA 2010, 1068, mwN; aA *Scholz* ZfA 2010, 681 (695 f.).

[40] BVerfG 1.3.1979 AP Nr. 1 zu § 1 MitbestG = NJW 1979, 699; 14.6.1983 AP Nr. 21 zu § 9 BergmVersSchG NRW; 21.1.1987 AP Nr. 47 zu Art. 9 GG; BAG 10.12.2002 AP Nr. 162 zu Art. 9 GG Arbeitskampf = NZA 2003, 734; 19.9.2006 AP Nr. 22 zu § 3 TVG Verbandszugehörigkeit = NZA 2007, 277; s. dazu ausf. *Deinert* RdA 2014, 129 ff.; *A. Stein* GS Zachert, 2010, 645 (646 ff.) mwN insb. in Fn. 2. Sehr weitgehend *Hartmann,* Negative Tarifvertragsfreiheit, 2014, 48 ff. und passim; dazu zu Recht krit. *Hanau* RdA 2015, 63 (64). S. auch *Steffens,* Die negative Koalitionsfreiheit im europäischen und internationalen Recht, 2009.

[41] *Gamillscheg,* Kollektives Arbeitsrecht, 382 ff.; weiterhin *Biedenkopf,* Grenzen des Tarifautonomie, 1964, 93 ff.; *Säcker,* Grundprobleme der kollektiven Koalitionsfreiheit, 1969, 22 ff. S. auch *Heuschmid* KJ 2014, 384 ff.

[42] BAG 15.4.2015 AP Nr. 57 zu § 3 TVG mAnm *C. Meyer* = NZA 2015, 1388; 18.3.2009 AP Nr. 41 zu § 3 TVG mAnm *Kamanabrou* = NZA 2009, 1028 mwN zum Streitstand; s. auch *Schubert* RdA 2001, 199 ff.

[43] Zuletzt BAG 29.7.2009 AP Nr. 7 zu § 3 BetrVG 1972 = NZA 2009, 1424; 1.7.2009 AP Nr. 14 zu § 3 TVG Verbandsaustritt = NZA 2010, 53.

[44] Ausf. *C. Schubert* RdA 2001, 199 (201 ff.).

Deshalb wird sie durch eine „Binnendifferenzierung" zwischen verschiedenen Gruppen von Gewerkschaftsmitgliedern nicht tangiert (→ § 200 Rn. 24 ff.).[45] Aus ihr folgt kein Recht, sich gegen eine Koalition zu betätigen.[46] Ebenso ist die negative Koalitionsfreiheit weder durch eine Allgemeinverbindlicherklärung von Tarifverträgen (→ § 205 Rn. 8) noch durch die Erstreckung von Tarifregelungen durch Rechtsverordnungen verletzt.[47] Gleiches gilt für die equal-pay-Regelung des AÜG (→ § 120 Rn. 41 ff.).[48] Sie steht auch nicht Vergabegesetzen entgegen, die eine Tariftreueerklärung fordern (auch → Rn. 22).[49] Einer ministeriellen Erlaubnis nach § 42 I GWB kann jedenfalls nicht der Schutz von kollektiven Arbeitnehmerrechten als Gemeinwohlbelang unter Hinweis auf die negative Koalitionsfreiheit versagt werden.[50] Allein dadurch, dass jemand der Vereinbarung fremder Tarifvertragsparteien durch staatliche Rechtssetzungsakte (namentlich bei Allgemeinverbindlicherklärungen [→ § 205 Rn. 4 ff., 8 ff.] oder durch Rechtsverordnungen [→ § 162 Rn. 15 ff.]) unterworfen wird, wird kein koalitionsspezifischer Aspekt betroffen.[51] Das gilt auch für das Sozialkassenverfahrenssicherungsgesetz.[52] Hierzu zählen auch aufgrund staatlicher Delegation Tarifverträge iSd § 3 BetrVG.[53] AN und AG sind auch nicht unmittelbar durch die Nachbindung nach § 3 III TVG und die Nachwirkung nach § 4 V TVG von Tarifverträgen in ihrer negativen Koalitionsfreiheit betroffen (→ § 204 Rn. 31, → § 208 Rn. 17).

Die negative Koalitionsfreiheit führt auch **nicht** dazu, dass jede Auswirkung der „Lebensäuße- 11
rung der Koalitionen" oder **jeder tatsächliche Druck,** einer Koalition beizutreten oder in ihr zu verbleiben, bereits einen unzulässigen Eingriff in die negative Koalitionsfreiheit darstellt.[54] § 3 I TVG setzt eine Unterscheidung von tarifgebundenen und anderen AN gerade voraus. Im Falle der Kollision von positiver und negativer Koalitionsfreiheit ist im Rahmen der Abwägung die Funktionsfähigkeit des (kollektiven) Interessenwahrungs- und Ausgleichsverfahrens, dem Art. 9 III GG dient (→ § 191 Rn. 2), vorrangig zu berücksichtigen.[55] Die negative Koalitionsfreiheit soll dann unverhältnismäßig beschränkt werden, wenn der Schutz vor einseitigen Maßnahmen des AG im Bereich des zwingenden Mitbestimmungsrechts nach § 87 I BetrVG aufgrund des dortigen Tarifvorrangs von einem Beitritt in die Gewerkschaft abhängig gemacht würde, weshalb ein tarifliches Lohnsystem auch gegenüber nicht tarifgebundenen AN anzuwenden ist.[56]

b) Einzelne Fallgestaltungen. Das Recht, einer **Koalition fernzubleiben,** darf vertraglich 12
oder satzungsrechtlich nicht übermäßig eingeschränkt werden (zum „Blitzaustritt" → § 204 Rn. 25 ff.). Gleichwohl sind Kündigungsfristen, die den Austritt aus einer Koalition beschränken, grundsätzlich mit der negativen Koalitionsfreiheit vereinbar (Einzelheiten → § 190 Rn. 40). Deren Verletzung liegt ebenfalls nicht vor, wenn ein Gewerkschaftsmitglied im laufenden Rechtsstreit auf Grund eines ohne nachvollziehbare Gründe erklärten Gewerkschaftsaustritts seine bisherige Prozessvertretung verliert und ihm danach Prozesskostenhilfe nicht gewährt wird.[57] Eine vertragliche Abrede, die ein dauerhaftes Verbleiben in einer Koalition verspricht, verstößt gegen die negative Koalitionsfreiheit.[58] Ebenfalls kann nicht durch einen Streik der

---

45 BAG 15.4.2015 AP Nr. 57 zu § 3 TVG mAnm *C. Meyer* = NZA 2015, 1388.

46 MHdB ArbR/*Rieble* § 219 Rn. 23.

47 LSG Bln-Bbg 29.1.2016 – L 1 KR 26714; krit. *Sagan/Morgenbrodt* EuZA 2017, 77 ff.

48 BVerfG 29.12.2004 AP Nr. 2 zu § 3 AEntG = NZA 2005, 153.

49 *Barczak/Pieroth* RdA 2016, 209 ff.; aA VG Düsseldorf 27.8.2015 NZBau 2015, 643; *Greiner/Kleinert* RdA 2016, 229 ff.; weiterhin *Herbert/Schrag* ZTR 2015, 691 ff.

50 Anders OLG Düsseldorf 12.7.2016 NZKart 2016, 380.

51 BVerfG 11.7.2006 AP Nr. 129 zu Art. 9 GG; BAG 29.7.2009 AP Nr. 7 zu § 3 BetrVG 1972 = NZA 2008, 1424; 27.11.1991 AP Nr. 29 zu § 9 BergmVersSchG NRW = NZA 1992, 607.

52 BVerfG 11.8.2020 AP Nr. 394 zu § 1 TVG Tarifverträge: Bau = NZA 2020, 1338; BAG 27.3.2019 AP Nr. 366 zu § 1 TVG Tarifverträge: Bau = NZA 2019, 1518; 15.7.2020 AP Nr. 6 zu § 1 TVG Tarifverträge: Bäcker = NZA 2020; 17.6.2020 AP Nr. 391 zu § 1 TVG Tarifverträge: Bau = NZA 2020, 1571.

53 BAG 13.3.2013 AP Nr. 10 zu § 3 BetrVG 1972 mAnm *Kort* = NZA 2013, 738.

54 BAG 15.4.2015 AP Nr. 57 zu § 3 TVG mAnm *C. Meyer* = NZA 2015, 1388; 19.9.2006 AP Nr. 22 zu § 3 TVG Verbandszugehörigkeit = NZA 2007, 277. Zur indiziellen Heranziehung tariflicher Entgeltregelungen BGH 20.2.2020 MDR 2020, 1199.

55 ErfK/*Linsenmaier* GG Art. 9 Rn. 33.

56 BAG 18.10.2011 AP Nr. 141 zu § 87 BetrVG 1972 Lohngestaltung = NZA 2012, 392; ebenso für die Eingruppierung nach § 99 BetrVG BAG 4.5.2011 AP Nr. 55 zu § 99 BetrVG 1972 Eingruppierung = NZA 2011, 1239; dazu etwa *Salomon* NZA 2012, 899 ff.

57 BVerfG 11.2.2004 NVwZ-RR 2005, 441; BAG 18.11.2013 NZA 2014, 107.

58 BAG 18.3.2009 AP Nr. 41 zu § 3 TVG mAnm *Kamanabrou* = NZA 2009, 1028; 19.9.2006 AP Nr. 22 zu § 3 TVG Verbandszugehörigkeit = NZA 2007, 277; dazu krit. und diff. *A. Stein* GS Zachert, 2010, 645 (651 ff.).

Verbleib im Arbeitgeberverband durchgesetzt werden, weshalb dies kein zulässiges Arbeitskampfziel darstellt.[59] In einem (Sanierungs-)Haustarifvertrag kann ohne Verstoß gegen die negative Koalitionsfreiheit vereinbart werden, im Falle des Austritts aus dem Arbeitgeberverband ende der Tarifvertrag fristlos und ohne Nachwirkung.[60] Allerdings kann der Gesetzgeber die Mitgliedschaft in einer tariffähigen Innung vorsehen.[61] Unzulässig sind **allgemeine Organisationsklauseln,** nach denen nur gewerkschaftlich organisierte AN im Betrieb beschäftigt werden dürfen *(„closed shop“)*.[62] Hierdurch wird auch die Freiheit der Berufswahl der AN nach Art. 12 I GG beeinträchtigt.

13 Der AG ist nicht verpflichtet, an Nicht- oder Andersorganisierte tarifliche Leistungen zu erbringen.[63] Die **Differenzierung zwischen organisierten und nichtorganisierten AN** gehört zu den gesetzlich anerkannten Gruppenbildungen (zu Differenzierungsklauseln → § 200 Rn. 22 ff.).[64] Das zeigen schon §§ 3 I, 4 I TVG, die die unmittelbare und zwingende Wirkung von Tarifverträgen nur für Tarifgebundene anordnen, weshalb eine Gleichbehandlung durch den AG ohne weitere Rechtsgrundlage grundsätzlich[65] nicht verlangt werden kann.[66] Auch kann bei der Bestimmung eines objektiven Missverhältnisses nach § 138 I BGB an tarifliche Regelungen angeknüpft werden.[67]

14 Die negative Koalitionsfreiheit wird nicht durch die nach **§ 613a I 2 BGB gesetzlich angeordnete Transformation** unmittelbar geltender Tarifregelungen für das übergegangene Arbeitsverhältnis verletzt, weil die Vorschrift den Erwerber nicht an nachfolgende Tarifverträge bindet und die statische Geltung Rechtsfolge seiner eigenen privatautonomen Entscheidung zum Betriebserwerb ist.[68] Gleiches gilt für die vertraglich vereinbarte dynamische Bezugnahme eines Tarifvertrags (→ § 206 Rn. 10),[69] und dies auch im Falle eines Betriebsübergangs[70] (ausf. → § 119 Rn. 17a). Ein Eingriff in die negative Koalitionsfreiheit liegt nicht vor, wenn aufgrund des Regelungssystems der §§ 77 III 1, 87 I Eingangshs. BetrVG Bestimmungen einer Betriebsvereinbarung verdrängt werden[71] oder eine betriebliche Vergütungsordnung nach einem Betriebsübergang weiterhin anwendbar bleibt.[72] Gleiches gilt für einen von einem Partizipationsstreik in einen Verbandsarbeitskampf einbezogenen AG, der nicht Mitglied des kampfbetroffenen Verbandes ist[73] und vom Arbeitskampf betroffene Außenseiter (→ § 194 Rn. 19 ff.). Bei **tariflichen Unkündbarkeitsregelungen** hat das BAG erwogen, diese mit Blick auf die negative Koalitionsfreiheit der nicht tarifgebundenen AN in besonderen Fallgestaltungen, wenn die Wertung des § 1 III KSchG „auf den Kopf gestellt werde“, einzuschränken.[74] Das überzeugt nicht, weil die konkrete einzelvertragliche Durchführung eines nicht normativ an einen Tarifvertrag gebundenen Arbeitsverhältnisses nicht darüber entscheiden kann, ob eine Tarifnorm verfassungswidrig ist oder nicht.[75] Allenfalls die tarifliche Norm selbst könnte auf ihre Verfassungsgemäßheit oder ihre Vereinbarkeit mit dem Recht der EU überprüft werden.

---

59 BAG 10.12.2002 AP Nr. 162 zu Art. 9 GG Arbeitskampf = NZA 2003, 734.

60 ArbG Hamburg 11.9.2013 – 27 Ca 153/13.

61 BVerfG 19.10.1966 AP Nr. 24 zu § 2 TVG = NJW 1966, 2305; zur Einführung einer OT-Mitgliedschaft in einer Innung BVerwG 23.3.2016 NZA 2016, 1095.

62 EGMR 11.1.2006 RIW 2006, 378; 13.8.1981 NJW 1982, 2717; s. auch BAG 18.3.2009 AP Nr. 41 zu § 3 TVG mAnm *Kamanabrou* = NZA 2009, 1028.

63 BAG 15.4.2015 AP Nr. 57 zu § 3 TVG mAnm *C. Meyer* = NZA 2015, 1388; 21.1.1987 AP Nr. 47 zu Art. 9 GG = NZA 1998, 233; 19.10.1966 AP Nr. 24 zu § 2 TVG.

64 BVerfG 14.11.2018 AP Nr. 153 zu Art. 9 GG = NZA 2019, 112; 20.7.1971 AP Nr. 34 zu § 11 ArbGG.

65 BAG 21.5.2014 NZA 2015, 115; anders noch 21.1.1987 AP Nr. 47 zu Art. 9 GG = NZA 1998, 233 (Tarifliche Überlastquote beim Vorruhestand).

66 BAG 20.7.1960 AP Nr. 7 zu § 4 TVG.

67 BAG 22.4.2009 AP Nr. 64 zu § 138 BGB mAnm *Bayreuther* = NZA 2009, 837.

68 BAG 6.7.2011 AP Nr. 91 zu § 1 TVG Bezugnahme auf Tarifvertrag; 19.9.2007 AP Nr. 328 zu § 613a BGB = NZA 2008, 241 mwN zur Diskussion; bestätigt in BAG 21.4.2010 AP Nr. 387 zu § 613a BGB.

69 BAG 24.2.2010 AP Nr. 75 zu § 1 TVG Bezugnahme auf Tarifvertrag = NZA-RR 2010, 530; *Willemsen* RdA 2012, 291 (303), anders – „europäisches Grundrecht auf negative Koalitionsfreiheit“ – *Sutschet* RdA 2013, 28 (35).

70 BAG 30.8.2017 AP Nr. 139 zu § 1 TVG Bezugnahme auf Tarifvertrag = NZA 2018, 255.

71 BAG 13.3.2012 AP Nr. 27 zu § 77 BetrVG 1972 Tarifvorbehalt = NZA 2012, 990.

72 BAG 14.8.2013 AP Nr. 62 zu § 99 BetrVG 1972 Eingruppierung.

73 BAG 19.6.2012 AP Nr. 177 zu Art. 9 GG Arbeitskampf = NZA 2012, 1372; dazu *Willemsen/Mehrens* NZA 2013, 79.

74 BAG 5.6.2008 AP Nr. 179 zu § 1 KSchG 1969 Betriebsbedingte Kündigung = NZA 2008, 1120.

75 BAG 15.4.2015 AP Nr. 57 zu § 3 TVG mAnm *C. Meyer* = NZA 2015, 1388; 18.3.2009 AP Nr. 41 zu § 3 TVG = NZA 2009, 1028.

III. Kollektive Koalitionsfreiheit

15 **1. Grundsatz.** Durch das Grundrecht der Koalitionsfreiheit nach Art. 9 III GG wird nicht nur der Einzelne, sondern auch die **Koalition selbst** in ihrem Bestand, ihrer organisatorischen Ausgestaltung und in ihren koalitionsspezifischen Betätigungen geschützt.[76] Art. 9 III GG verbürgt als **Doppelgrundrecht** neben der individuellen auch die kollektive Koalitionsfreiheit.[77] Dabei beschränkt sich der Schutz des Koalitionsgrundrechts nicht auf diejenigen koalitionsspezifischen Betätigungen, die für die Erhaltung und die Sicherung des Bestandes der Koalition unerlässlich sind (sog. Kernbereichslehre), sondern erfasst alle koalitionsspezifischen Verhaltensweisen (→ Rn. 4).

16 Die den Verbänden *als eigenes Grundrecht zustehende* **kollektive Koalitionsfreiheit** verstärkt die individuelle und steht selbständig und nicht nur nachrangig neben dieser.[78] In Fällen einer Grundrechtskonkurrenz zwischen kollektiver Betätigung und Individualgrundrecht muss diese nach den Maßstäben der praktischen Konkordanz aufgelöst werden.[79] Dabei ist im Hinblick auf die individuelle Koalitionsfreiheit die dem Demokratieprinzip entsprechende Teilhabe an der innerverbandlichen Willensbildung zu beachten,[80] die Art. 9 III GG gewährleistet (→ § 190 Rn. 47 ff.).

17 Der verfassungsrechtlich geschützte Handlungsbereich der Koalitionen bedarf der Realisierung. Hierbei sind die Koalitionen funktional auf **Organisations- und Verfahrensregelungen** angewiesen. Die kollektive Koalitionsfreiheit bedarf, wie das BVerfG stets betont hat, der **gesetzlichen Ausgestaltung.**[81] Diese besteht in der „Schaffung der Rechtsinstitute und Normenkomplexe, die erforderlich sind, um die grundrechtlich garantierten Freiheiten ausüben zu können".[82] Die Aussagen des BVerfG zur Bereitstellung eines Tarifvertragssystems als verfassungsrechtlich geschütztem Kernbereich des Art. 9 III GG und Verfassungsauftrag an den Gesetzgeber verdeutlichen diesen Aspekt.[83]

18 Die kollektive Koalitionsfreiheit ist nicht schrankenlos gewährleistet. Grundsätzlich können ihr daher nur zur Wahrung verfassungsrechtlich geschützter Güter Schranken gezogen werden (→ Rn. 5). Dadurch wird aber eine **Ausgestaltungsbefugnis des Gesetzgebers** dann nicht ausgeschlossen, wenn er Regelungen trifft, die erst die Voraussetzungen für die Wahrnahme des Koalitionsrechts bilden (→ Rn. 17, im Bereich der Tarifautonomie → § 195 Rn. 6 f.), und zwar insbesondere dann, wenn es um solche zwischen Trägern widerstreitender Interessen – wie Gewerkschaften und Arbeitgeberverbänden oder AG und AN – geht.[84] Dabei steht dem Gesetzgeber eine Einschätzungsprärogative zu. Gleichwohl muss sich die Ausgestaltung am Normziel von Art. 9 III GG orientieren.[85] Anders verhält es sich bei **Einschränkungen** oder Eingriffen in das Grundrecht der Koalitionsfreiheit durch den Gesetzgeber. Allerdings sind die Maßstäbe für die Abgrenzung der beiden Kategorien noch nicht abschließend geklärt. In seiner Entscheidung zum Tarifeinheitsgesetz (→ § 203 Rn. 15 ff.) hat das BVerfG eine Festlegung vermieden, ob durch das Gesetz eine Ausgestaltung oder ein Eingriff vorliegt. Es handele sich um eine „Beeinträchtigung mit der Wirkung eines Eingriffs".[86] Bei einem Eingriff sind je nach Intensität gesetzgeberischer Einschränkungen an die Rechtfertigung der gesetzgeberischen Maßnahme besondere Anforderungen zu stellen.[87] Der Schutz der Koalitionen durch Art. 9 III GG nimmt in dem Maße zu, in dem eine Materie aus Sachgründen am besten von ihnen geregelt

---

76 BVerfG 10.9.2004 AP Nr. 167 zu Art. 9 GG Arbeitskampf = NZA 2004, 1338; 24.4.1996 AP Nr. 2 zu § 57a HRG = NZA 1996, 1157; 2.3.1993 AP Nr. 126 zu Art. 9 GG Arbeitskampf = NJW 1993, 1379; BAG 7.7.2010 AP Nr. 140 mAnm *B. Schmidt* = NZA 2010, 1068.

77 Zur Ableitung der kollektiven Koalitionsfreiheit aus Art. 19 III GG Maunz/Dürig/*Scholz* GG Art. 9 Rn. 239 ff.

78 ErfK/*Linsenmaier* GG Art. 9 Rn. 39; aA *Belling* ZfA 1999, 549 (607 f.); *Hromadka* BB 2003, 42 (43 f.).

79 Für den Fall einer Konkurrenz im Rahmen des Art. 4 I GG BVerfG 17.12.1975 NJW 1976, 947.

80 BVerfG 24.2.1999 AP Nr. 18 zu § 20 BetrVG 1972 = NZA 1999, 713.

81 BVerfG 2.3.1993 AP Nr. 126 zu Art. 9 GG Arbeitskampf = NJW 1993, 1379; 26.6.1991 AP Nr. 117 zu Art. 9 GG Arbeitskampf = NZA 1991, 809; 1.3.1979 AP Nr. 1 zu § 1 MitbestG = NJW 1979, 699.

82 BVerfG 1.3.1979 AP Nr. 1 zu § 1 MitbestG = NJW 1979, 699.

83 So schon BVerfG 18.11.1954 AP Nr. 1 zu Art. 9 GG = NJW 1954, 1881.

84 BVerfG 10.1.1995 AP Nr. 76 zu Art. 9 GG mAnm *Wank* = NZA 1995, 272 (Zweites Schiffsregister); 2.3.1993 AP Nr. 126 zu Art. 9 GG = NJW 1993, 1379 (Beamteneinsatz beim Streik); 26.6.1991 AP Nr. 117 zu Art. 9 GG Arbeitskampf = NZA 1991, 809 (Aussperrung).

85 BVerfG 26.6.1991 AP Nr. 117 zu Art. 9 GG Arbeitskampf = NZA 1991, 809; 10.1.1995 AP Nr. 76 zu Art. 9 GG mAnm *Wank* = NZA 1995, 272.

86 BVerfG 11.7.2017 AP Nr. 151 zu Art. 9 GG = NZA 2017, 915.

87 Etwa BVerfG 24.4.1996 AP Nr. 2 zu § 57a HRG = NZA 1996, 1157.

werden kann, weil sie nach der dem Art. 9 III GG zugrunde liegenden Vorstellung des Verfassungsgebers die gegenseitigen Interessen angemessener zum Ausgleich bringen können als der Staat.[88] Vor allem bei einer Beeinträchtigung der seit jeher anerkannten geschützten Mindestanforderungen des Koalitionsgrundrechts, die nicht mehr als Ausgestaltung, sondern als Eingriff zu bewerten sind (→ § 195 Rn. 7), ist eine strenge Verhältnismäßigkeitsprüfung vorzunehmen.[89]

19 Soweit der Gesetzgeber dieser Verpflichtung nicht nachgekommen ist oder nachkommt, sind die (einzelnen) Gewährleistungen dem Grundrecht des Art. 9 III GG durch die Rechtsprechung im Wege der richterrechtlichen Ausgestaltung des Grundrechts,[90] gleichwohl aber auf der Ebene des einfachen Rechts,[91] selbst zu entnehmen und der **Ausgleich der Interessen gleichgeordneter Grundrechtsträger** herbeizuführen – wie es im Arbeitskampfrecht seit jeher geschehen ist (→ § 191 Rn. 33).[92] Nur so können die Gerichte die ihnen vom Grundgesetz auferlegte Pflicht erfüllen, jeden vor sie gebrachten Rechtsstreit sachgerecht zu entscheiden.[93] Anders verhält es sich im Verhältnis von Staat und Privatrechtssubjekten, bei denen eine gesetzliche Regelung unentbehrlich ist. Wird deshalb der Staat beim Arbeitskampf im öffentlichen Dienst in einer Doppelrolle sowohl als tariffähiger AG als auch als Träger öffentlicher Verwaltung tätig, bedarf es einer gesetzlichen Grundlage, etwa soweit er in letzterer Funktion den Beamteneinsatz auf bestreikten Arbeitsplätzen anordnet (→ § 191 Rn. 36).[94]

20 **2. Koalitionsbestandsgarantie.** Das Grundrecht der Koalitionsfreiheit schützt den Bestand der Koalitionen, ihre freie Zweckbestimmung sowie die **autonome Regelung ihrer Verbandsstrukturen.** Geschützt wird die Selbstbestimmung der Koalition über ihre eigene Organisation, die Verfahren ihrer Willensbildung und die Führung ihrer Geschäfte.[95] Das Selbstbestimmungsrecht erfasst vor allem die Festlegung der eigenen **Tarifzuständigkeit** in räumlicher, fachlicher, betrieblicher und personeller Hinsicht,[96] wie auch eine spätere Änderung.[97] Die Koalitionen können auch festlegen, ob sie eine Mitgliedschaft ohne Tarifgebundenheit eröffnen (OT-Mitgliedschaft, → § 204 Rn. 14 ff.).

21 Der Bestand der Koalitionen ist **gegenüber Dritten geschützt.** Abreden und Maßnahmen Dritter, durch die in den Bestand der Koalition eingegriffen wird, sind rechtswidrig. Der Bestandsschutz der Koalitionen besteht gegenüber ihren Mitgliedern. Die Koalitionen sind berechtigt, deren Austritt im Rahmen der Kündigungsvorschriften des BGB zu beschränken (→ § 190 Rn. 40). Sie sind auch berechtigt zur Wahrung der „Verbandsdisziplin", namentlich gegen organisationsschädliches Verhalten, Regelungen zu erlassen (→ § 190 Rn. 42 f.).[98]

22 **3. Koalitionsspezifische Betätigung. a) Grundsatz.** Der Schutz der kollektiven Koalitionsfreiheit bezieht sich weiterhin (und vor allem) auf die **„spezifisch koalitionsmäßige Betätigung".**[99] Art. 9 III GG überlässt den Koalitionen die Wahl ihrer Tätigkeiten und Mittel, mit denen sie die Förderung der Arbeits- und Wirtschaftsbedingungen verfolgen.[100] Dabei sind sie nicht auf die für den Bestand der Koalition und seine Sicherung unerlässlichen Mittel beschränkt (→ Rn. 5). Der Schutz der koalitionsspezifischen Betätigung ist nicht auf die Förderung der Arbeits- und Wirtschaftsbedingungen durch Abschluss von Tarifverträgen begrenzt, sondern erfasst jede Tätigkeit zur Erfüllung der in Art. 9 III GG gestellten Aufgaben.[101] Deshalb kann den Gewerkschaften für einen Normenkontrollantrag gegen eine Rechtsverordnung, die in ihrem

---

[88] BVerfG 24.4.1996 AP Nr. 2 zu § 57a HRG = NZA 1996, 1157.

[89] *Konzen* JZ 2010, 1036 (1042); s. auch ErfK/*Linsenmaier* GG Art. 9 Rn. 88 f.

[90] BAG 22.6.2010 AP Nr. 142 zu Art. 9 GG mAnm *Höfling/Burkiczak* = NZA 2010, 1365.

[91] *Poscher* RdA 2017, 235 (237); ebenso BAG 20.11.2018 AP Nr. 188 zu Art. 9 GG Arbeitskampf = NZA 2019, 403.

[92] BVerfG 2.3.1993 AP Nr. 126 zu Art. 9 GG Arbeitskampf = NJW 1993, 1379; BAG 22.6.2010 AP Nr. 142 zu Art. 9 GG mAnm *Höfling/Burkiczak* = NZA 2010, 1365.

[93] BVerfG 26.6.1991 AP Nr. 117 zu Art. 9 GG Arbeitskampf = NZA 1991, 809.

[94] BVerfG 2.3.1993 AP Nr. 126 zu Art. 9 GG Arbeitskampf = NJW 1993, 1379.

[95] BVerfG 4.7.1995 AP Nr. 4 zu § 116 AFG = NZA 1995, 754; 1.3.1979 AP Nr. 1 zu § 1 MitBestG = NJW 1979, 699.

[96] BAG 10.2.2009 AP Nr. 138 zu Art. 9 GG = NZA 2009, 908; 25.9.1996 AP Nr. 10 zu § 2 TVG Tarifzuständigkeit = NZA 1997, 613.

[97] BAG 12.12.1995 AP Nr. 8 zu § 2 TVG Tarifzuständigkeit = NZA 1996, 1042.

[98] BAG 2.12.1960 AP Nr. 2 zu § 19 BetrVG.

[99] BVerfG 26.5.1970 AP Nr. 16 zu Art. 9 GG = NJW 1970, 1635.

[100] BVerfG 14.11.1995 AP Nr. 80 zu Art. 9 GG = NZA 1996, 381; 10.9.2004 AP Nr. 167 zu Art. 9 GG Arbeitskampf = NZA 2004, 1338; BAG 22.6.2010 AP Nr. 142 zu Art. 9 GG mAnm *Höfling/Burkiczak* = NZA 2010, 1365.

[101] BVerfG 14.11.1995 AP Nr. 80 zu Art. 9 GG = NZA 1996, 381.

Tätigkeitsbereich die Beschäftigung von AN an Sonn- und Feiertagen zulässt, die Antragbefugnis nach § 47 II 1 VwGO zustehen.[102] Wird in die Betätigungsgarantie des Verbandes eingegriffen, steht der Koalition ein **Unterlassungsanspruch** nach § 1004 I 2, § 823 I BGB iVm Art. 9 III GG zu (ausf. → § 207 Rn. 35 ff.).[103] Ein solche Maßnahme kann in der während laufender Tarifverhandlungen ergehenden Aufforderung des AG an die bei ihm beschäftigten AN liegen, über die Mitgliedschaft in einer bestimmten Gewerkschaft Auskunft zu erteilen,[104] weil der AG anhand dieser Daten über den gewerkschaftlichen Binnenbereich deren Verhandlungsstärke in einer konkreten Tarifverhandlungssituation einschätzen kann.[105] Der Anspruch ist im Wege des Urteilsverfahren zu verfolgen. Richtet er sich gegen den Abschluss tarifwidriger Betriebsvereinbarungen, ist das Beschlussverfahren einschlägig (→ § 207 Rn. 39).[106] Maßnahmen gegen den Bestand der Koalition liegen bereits dann vor, wenn die Mitgliederzahl der Koalitionen in irgendeiner Weise beeinträchtigt wird oder die Einstellung vom Austritt aus der Gewerkschaft abhängig gemacht wird.[107] Allein aus der Anwendung eines anderen Tarifvertrags auf nichtorganisierte AN folgt kein Unterlassungsanspruch einer konkurrierenden Gewerkschaft.[108] Durch Tariftreueregelungen, die einen bestimmten Tarifvertrag für repräsentativ und damit für eine Vergabe für maßgebend erklären, kann ein Eingriff in die kollektive Koalitionsfreiheit konkurrierender Gewerkschaften liegen, der der Rechtfertigung bedarf (→ Rn. 18).[109]

b) Einzelne Koalitionsbetätigungen. Zur spezifisch koalitionsmäßigen Betätigung der Koalitionen zählt vor allem die **Tarifautonomie** (→ § 195 Rn. 6 ff.) und damit verbunden das **Recht zum Arbeitskampf** (→ § 191 Rn. 2, → § 192 Rn. 2 ff.), Einfluss auf die Wahl von Betriebsräten zu nehmen[110] sowie die **Information und Werbung von Mitgliedern** in den Betrieben, sei es durch betriebsangehörige AN oder durch betriebsfremde Gewerkschaftsangehörige (zur Wahl gewerkschaftlicher Vertrauensleute → § 190 Rn. 47).[111] Durch diese schaffen die Koalitionen die Basis für die Erfüllung ihrer Aufgaben und sichern ihren Fortbestand. Von der Mitgliederzahl hängt auch ihre Verhandlungsstärke und Durchsetzungsfähigkeit ab. Die gewerkschaftliche Mitgliederwerbung ist auch im Verhältnis zu konkurrierenden Gewerkschaften geschützt.[112] Das durch Art. 9 III GG geschützte Recht ist auch dann gegenüber dem AG geltend zu machen, wenn der Zutritt zu den Vorräumen einer Betriebsversammlung zum Zwecke der Mitgliederwerbung begehrt wird.[113] 23

Schon früh gebilligt wurde in der Rechtsprechung die **Verteilung von Werbe- und Informationsmaterial** mit spezifisch koalitionsmäßigem Inhalt im Betrieb durch der Gewerkschaft angehörende Belegschaftsmitglieder außerhalb der Arbeitszeit und während der Pausen[114] sowie die Nutzung bestehender Anschlagbretter[115] oder das Recht, Plakate im Betrieb auszuhängen.[116] Die Verteilung von Informationsmaterial mit parteipolitischem Inhalt kann der AG dagegen untersagen.[117] Ein Unterlassungsverlangen des AG unterliegt nicht dem Mitbestimmungsrecht des BR 24

[102] BVerwG 17.5.2017 NVwZ 2017, 1713 mAnm *Schunder*; 11.11.2015 NVwZ 2016, 689; 26.11.2014 NVwZ 2015, 590, dazu *Wiebauer* NVwZ 2015, 543; unter Hinweis auf BVerfG 1.12.2009 NVwZ 2010, 570; OVG NW 18.12.2015 PersV 2916, 135; 24.11.2020 – 13 B 1712/20.NE (Ladenöffnung an Adventssonntagen durch eine Coronaschutzverordnung).

[103] BAG 7.6.2017 AP Nr. 152 zu Art. 9 GG = NZA 2017, 1410; 18.11.2014 NZA 2015, 306; 20.4.1999 AP Nr. 89 zu Art. 9 GG = NZA 1999, 887.

[104] Zum Fragerecht im tarifpluralen Betrieb abl. *Wendeling-Schröder* FS Kempen, 2013, 145 ff.; s. weiterhin *Ebertz* RiA 2015, 152 ff.

[105] BAG 18.11.2014 NZA 2015, 306; dazu *Arnold* BB 2015, 867; *Sprenger* NZA 2015, 719 ff.

[106] BAG 7.6.2017 AP Nr. 152 zu Art. 9 GG = NZA 2017, 1410; 17.5.2011 AP Nr. 148 zu Art. 9 GG = NZA 2011, 1169; 20.4.1999 AP Nr. 89 zu Art. 9 GG = NZA 1999, 887.

[107] BAG 2.6.1987 AP Nr. 49 zu Art. 9 GG = NZA 1988, 64.

[108] ArbG Berlin 16.12.2015 – 21 Ca 11278/15 (zur Anwendung des TV EntgO-L → § 64 Rn. 79).

[109] Verneint für § 4 II, § 21 I Nr. 1 Tariftreue- und Vergabegesetz NRW: VG Düsseldorf 27.8.2015 NZBau 2015, 643 (Vorlagebeschluss); aA *Barczak/Pieroth* RdA 2016, 209 ff., zust. indes *Greiner/Kleinert* RdA 2016, 229; s. auch *Herbert/Schrag* ZTR 2015, 691 ff.

[110] BAG 22.11.2107 AP Nr. 68 zu § 19 BetrVG 1972 = NZA 2018, 604.

[111] BVerfG 26.5.1970 AP Nr. 16 zu Art. 9 GG = NJW 1970, 1635; 30.11.1965 AP Nr. 7 zu Art. 9 GG; ebenso BAG 6.12.2000 AP Nr. 48 zu § 19 BetrVG 1972; BGH 31.5.2005 AP Nr. 124 zu Art. 9 GG = NZA 2005, 1182; sowie *Däubler*, Gewerkschaftsrechte, Rn. 283 ff., 354 ff., 374 ff., 384 ff.

[112] BAG 31.5.2005 AP Nr. 124 zu Art. 9 GG = NZA 2005, 1182.

[113] BAG 22.5.2012 AP Nr. 149 zu Art. 9 GG mAnm *Worzalla* = NZA 2012, 1176.

[114] BAG 28.2.2006 AP Nr. 127 zu Art. 9 GG = NZA 2006, 798; 14.2.1967 AP Nr. 10 zu Art. 9 GG.

[115] BAG 14.2.1978 AP Nr. 26 zu Art. 9 GG = NJW 1979, 1844.

[116] BAG 30.8.1983 AP Nr. 38 zu Art. 9 GG.

[117] BVerfG 28.4.1976 AP Nr. 2 zu § 74 BetrVG 1972 = NJW 1976, 1627.

nach § 87 I Nr. 1 BetrVG, weil der Umfang der gewerkschaftlichen Werbung im Betrieb schon nicht der Regelungsmacht des AG unterliegt.[118] Bei der Werbung sind die berechtigten Belange anderer Koalitionen zu wahren, da sonst ein Eingriff in das durch Art. 9 III GG geschützte Grundrecht auf koalitionsspezifische Betätigung vorliegt, etwa wenn der Eindruck erweckt wird, Tariferfolge der anderen Koalitionen seien die eigenen.[119] Verfassungsrechtlich abgesichert ist auch das Recht zur Werbung in der Dienststelle vor Personalratswahlen,[120] es soll aber nach einer älteren Rechtsprechung des BVerfG (→ Rn. 22) während der Dienstzeit untersagt werden können.[121]

25 Die Werbung kann zum **Schutz von Rechtsgütern und Gemeinwohlbelangen** von verfassungsrechtlichem Rang (→ Rn. 5) eingeschränkt werden. Eine Kollision mit verfassungsrechtlich geschützten Rechte Dritter, namentlich des AG, ist im Wege praktischer Konkordanz zum Ausgleich zu bringen.[122] Als solche sind die Störung des Arbeitsablaufs und des Betriebsfriedens oder die Wahrung des Vertrauens in die staatliche Neutralität angesehen worden. Aus dem letztgenannten Grund kann eine Gewerkschaft in einer Polizeidienststelle keine Unterschriftenlisten mit der Forderung nach der Schaffung zusätzlicher Planstellen auslegen.[123] Ebenso kann aus Gründen der Funktionsfähigkeit der Bundeswehr eine institutionelle Zusammenarbeit mit einer Koalition untersagt werden.[124]

26 Von der kollektiven Koalitionsfreiheit wurden **in der Vergangenheit als nicht gewährleistet** angesehen die Verteilung von Werbe- und Informationsmaterial während der Arbeitszeit,[125] die Werbung durch betriebsfremde Beauftragte in kirchlichen Einrichtungen, wenn dort Beschäftigte der Gewerkschaft angehören,[126] das Aufbringen von Gewerkschaftsplaketten auf dem AG gehörenden Schutzhelmen[127] oder die Benutzung des hausinternen Postverteilungssystems.[128] Dabei ist allerdings insbesondere bei den beiden letztgenannten Entscheidungen zu berücksichtigen, dass sie sich maßgebend auf die sog. **Kernbereichslehre** stützten, die nur die unerlässliche Koalitionsbetätigung als geschützt ansah (→ Rn. 4). Der erforderliche Ausgleich der Interessen der Grundrechtsträger (→ Rn. 19)[129] erfolgte dann nicht, sondern die Gewerkschaft wurde auf andere Maßnahmen verwiesen.[130]

27 Das BAG hat entsprechend dem Schutzbereich der kollektiven Koalitionsfreiheit (→ Rn. 15 ff.) ein **Zutrittsrecht betriebsfremder Gewerkschaftsbeauftragter** dem Grunde nach als gegeben angesehen (zum Zugangsrecht im Betrieb vertretener Gewerkschaften nach § 2 BetrVG → § 215 Rn. 3 ff.). Die Koalitionen können dabei selbst bestimmen, welche Personen sie mit der Werbung betrauen und die Möglichkeit nutzen, dort um Mitglieder zu werben, wo AN zusammenkommen und als solche angesprochen werden können. Die Betätigungsfreiheit kann einen Anspruch darauf gewähren, in nichtkirchlichen Betrieben auch mit betriebsfremden Beauftragten Mitgliederwerbung zu betreiben, soweit überwiegende schützenswerte Interessen des AG und Betriebsinhabers nicht entgegenstehen.[131] Zu den verfassungsrechtlich geschützten Belangen des AG gehören sein Interesse an einem störungsfreien Arbeitsablauf und die Wahrung des Betriebsfriedens. Entscheidend sind die Umstände des Einzelfalls.[132] Das kann dazu führen, dass aus Gründen in der Person des Beauftragten der Zutritt verweigert werden kann.[133] Demgegenüber bedarf nach der Rechtsprechung ein Zutritt pro Kalenderhalbjahr grundsätzlich keiner näheren Begründung.[134] Ob das Zutrittsrecht auch betriebsfremder

[118] BAG 28.7.2020 AP Nr. 50 zu § 87 BetrVG 1972 Ordnung des Betriebes = NZA 2020, 1413.
[119] BAG 11.11.1968 AP Nr. 14 zu Art. 9 GG = NJW 1969, 861.
[120] BVerfG 30.11.1965 AP Nr. 7 zu Art. 9 GG = NJW 1966, 491.
[121] BVerfG 26.5.1970 AP Nr. 16 zu Art. 9 GG = NJW 1970, 1635. S. dazu *Knorz* PersV 2013, 96 ff.
[122] BAG 28.7.2020 AP Nr. 50 zu § 87 BetrVG 1972 Ordnung des Betriebes = NZA 2020, 1413.
[123] BAG 25.1.2005 AP Nr. 123 zu Art. 9 GG = NZA 2005, 592; bestätigt durch BVerfG 6.2.2007 NZA 2007, 394.
[124] BVerfG 10.3.2014 – 1 BvR 377/13.
[125] BAG 26.1.1982 AP Nr. 35 zu Art. 9 GG = NJW 1982, 2890.
[126] BAG 19.1.1982 AP Nr. 10 zu Art. 140 GG = NJW 1982, 2279.
[127] BAG 23.2.1979 AP Nr. 30 zu Art. 9 GG = NJW 1979, 1847.
[128] BAG 23.9.1986 AP Nr. 45 zu Art. 9 GG = NZA 1987, 164; EuGH 18.1.1990 NZA 1991, 189.
[129] S. insb. BAG 26.1.1982 AP Nr. 35 zu Art. 9 GG = NJW 1982, 2890.
[130] BAG 23.2.1979 AP Nr. 30 zu Art. 9 GG = NJW 1979, 1847.
[131] BAG 28.2.2006 AP Nr. 127 zu Art. 9 GG mAnm *Richardi* = NZA 2006, 798; sowie LAG Nds 4.11.2019 LAGE § 10 ArbGG 1979 Nr. 2. Ausf. zur Rspr.-Entwicklung *Däubler,* Gewerkschaftsrechte, Rn. 407 ff.
[132] BAG 28.2.2006 AP Nr. 127 zu Art. 9 GG mAnm *Richardi* = NZA 2006, 798; dazu *Dieterich* RdA 2007, 110 ff.; *Edenfeld* SAE 2007, 97 ff.; bestätigt in BAG 22.6.2010 AP Nr. 142 zu Art. 9 GG = NZA 2010, 1365; krit. *Däubler* AuR 2011, 361 ff.
[133] HessLAG 3.2.2011 – 9 TaBV 137/10, dazu zust. *Matthes* jurisPR-ArbR 38/2011 Anm. 6.
[134] BAG 22.6.2010 AP Nr. 142 zu Art. 9 GG mkritAnm *Höfling/Burkiczak* = NZA 2010, 1365; bestätigt in BAG 22.5.2012 AP Nr. 149 zu Art. 9 GG mAnm *Worzalla* = NZA 2012, 1176; krit. *Däubler* AuR 2011, 362 ff.

Gewerkschaftsbeauftragter bei **kirchlichen Einrichtungen** besteht, blieb aufgrund eines Anerkenntnisses des beklagten kirchlichen AG höchstrichterlich ungeklärt.[135] Bei einem Aufeinandertreffen des kirchlichen Selbstbestimmungsrechts nach Art. 140 GG iVm Art. 137 III WRV und dem Koalitionsgrundrecht des Art. 9 III GG wird man auch hier nicht mehr von einem regelmäßig überwiegenden Interesse des kirchlichen Trägers ausgehen können, es sei denn, der Schutz der religiösen Betätigungsfreiheit gebietet ein Anderes.[136]

Die tarifzuständige Gewerkschaft ist nach der Rechtsprechung des BAG grundsätzlich berechtigt, auch unaufgefordert **Gewerkschaftswerbung an die dienstlichen E-Mail-Adressen** der AN zu versenden, ohne dass dies zuvor vom AG gestattet sein.[137] Das gilt jedenfalls dann, wenn mögliche Folgekosten durch Ausdrucke nicht ersichtlich sind, zumal der AG dem auf individualrechtlicher Ebene begegnen kann. Der Einwand aufgewendeter Arbeitszeit zum Lesen der zugesandten Materialien besteht auch gegenüber „traditionellen" Informationsmedien und ist jedenfalls als lediglich pauschaler und nicht näher nachgewiesener Einwand nicht tragfähig. 28

§ 190. Koalitionen und Koalitionsverbandsrecht

Übersicht

I. Aufbau der Gewerkschaften

1. Allgemeines. Nach dem Zweiten Weltkrieg[1] wurden die Gewerkschaften neu gegründet. In der amerikanischen Besatzungszone entstanden sie nach dem **Industrieverbandssystem.** In der britischen Besatzungszone wurde neben den nach dem Industrieverbandssystem gegründeten Gewerkschaften eine nach dem Berufsverbandssystem organisierte Angestelltengewerkschaft gebildet, die Angestellte aus allen Industriezweigen aufnahm. Erst seit dem Jahre 1959 ist zu den **Einheitsgewerkschaften des DGB** der Christliche Gewerkschaftsbund Deutschlands hinzugetreten.[2] Weiterhin ist in den vergangenen Jahren ein verstärktes eigenständiges tarifliches Handeln von **Berufsgruppengewerkschaften** zu verzeichnen.[3] Der bereits in der sowjetischen 1

[135] Abl. die Vorinstanz LAG BW 8.9.2010 ZTR 2011, 121, unter Hinweis auf die Bindungswirkung der Entscheidung BVerfG 17.2.1981 17.2.1981 AP Nr. 9 zu Art. 140 GG = NJW 1981, 1829 nach § 31 BVerfGG.

[136] *Joussen* ZAT 2013, 45 (47 f.); ebenso ErfK/*Schmidt* GG Art. 4 Rn. 56.

[137] BAG 20.1.2009 AP Nr. 137 zu Art. 9 GG mablAnm *Ulrici* = NZA 2009, 615 mwN zum Streitstand; aA *Arnold/Wiese* NZA 2009, 716; *Mehrens* BB 2009, 2086; s. auch *Schwarze* RdA 2010, 115 ff.; zu den Fragestellungen *Dumke* RdA 2009, 77 ff.; *Mehrens* DB 2009, 2086 ff.; *Süllwold* ZfPR 2004, 276 ff.

[1] Zur Entwicklung bis zur Zerschlagung und Auflösung der Gewerkschaften im Jahre 1933 s. 14. Aufl. § 189 Rn. 1 f.; sowie MHdB ArbR/*Rieble* § 217 Rn. 1 ff., eins. der dortigen Literaturnachweise; weiterhin *Gamillscheg,* Kollektives Arbeitsrecht, 97 ff.; *Kittner,* Arbeitskampf, 239 ff. und passim.

[2] Überblick sowie Entwicklungen etwa bei *Schroeder* (Hrsg.), Handbuch der Gewerkschaften in Deutschland, 2013. S. auch *Schmalz/Dörre* (Hrsg.), Comeback der Gewerkschaften, 2013. S. auch *Hassel/Schroeder,* Gewerkschaften 2030: Rekrutierungsdefizite, Repräsentationslücken und neue Strategien der Mitgliederpolitik, WSI Report Nr. 44 (2018).

[3] Dazu etwa *Schroeder/Kalass/Greef,* Berufsgewerkschaften in der Offensive, 2011, s. dort die Zeittafel S. 297 ff.

Besatzungszone als Einheitsgewerkschaft gegründete Freie Deutsche Gewerkschaftsbund (FDGB) löste sich mit Ende des Monats September 1990 auf.[4]

2 **2. Deutscher Gewerkschaftsbund. a) Mitgliedsgewerkschaften und Mitglieder.** Der im Oktober 1949 als Spitzenorganisation von sechzehn Einzelgewerkschaften gegründete **Deutsche Gewerkschaftsbund** (DGB) ist die größte Dachorganisation von Gewerkschaften in der Bundesrepublik. Ihm gehörten ursprünglich sechzehn Einzelgewerkschaften an, zu denen im Jahre 1978 die Gewerkschaft der Polizei (GdP) hinzukam. Durch den Zusammenschluss von Gewerkschaften – der im Jahre 1990 durch Gründung der IG Medien[5] eingeleitet wurde – oder den Beitritt von Einzelgewerkschaften des DGB zu einer anderen[6] – beträgt die Zahl der Mitgliedsgewerkschaften derzeit acht.

(1) Eisenbahn- und Verkehrsgesellschaft (EVG) in Frankfurt am Main,[7]
(2) Gewerkschaft Nahrung, Genuss, Gaststätten (NGG) in Hamburg,
(3) Gewerkschaft der Polizei (GdP) in Berlin,
(4) Gewerkschaft Erziehung und Wissenschaft (GEW) in Frankfurt am Main,
(5) IG Bauen-Agrar-Umwelt (IG BAU) in Frankfurt am Main,[8]
(6) IG Bergbau, Chemie und Energie (IG BCE) in Hannover,[9]
(7) IG Metall (IGM) in Frankfurt am Main,[10]
(8) Vereinte Dienstleistungsgewerkschaft (ver.di) in Berlin.[11]

3 Die aktuellen **Mitgliederzahlen** des DGB und der ihm angehörenden Einzelgewerkschaften zum 31.12.2018[12] ergeben sich aus folgender Übersicht:

Mitgliedsgewerkschaft	Männlich	Weiblich	Insgesamt
	Gesamt	Gesamt	
IG BAU	174 166	65 980	240 146
IG BCE	483 027	135 294	618 321
GEW	78 925	201 418	280 343
IG Metall	1 850 936	411 635	2 262 571
NGG	115 975	81 816	197 791
GdP	144 115	50 811	194 926
EVG	145 322	40 471	185 793
ver.di	930 637	1 024 443	1 955 080
DGB (insg.)	**3 923 103**	**2 011 868**	**5 934 971**

4 **b) Struktur.** Der DGB ist die **Spitzenorganisation** der in ihm zusammengeschlossenen Einzelgewerkschaften mit Sitz in Berlin. Seine Satzung wurde auf dem 19. Bundeskongress

[4] Zu den Beziehungen von DGB und FDGB s. aus jüngerer Zeit etwa *Hildebrandt,* Gewerkschaften im geteilten Deutschland, 2010.
[5] Zusammenschluss der Gewerkschaften IG Druck und Papier und der Gewerkschaft Kunst im Jahre 1990.
[6] So bei der IG Metall → Fn. 10.
[7] Entstanden durch die am 30.11.2010 erfolgte Fusion der TRANSNET – Gewerkschaft der Eisenbahner Deutschlands und der Verkehrsgewerkschaft gdba, die bis dahin Mitglied im Deutschen Beamtenbund (dbb – Beamtenbund und Tarifunion) (→ Rn. 7) war.
[8] Am 1.1.1996 hervorgegangen aus der IG Bau-Steine-Erden und der Gewerkschaft Gartenbau, Land- und Forstwirtschaft.
[9] Im Jahre 1997 durch den Zusammenschluss der Gewerkschaft Leder, der IG Bergbau und Energie und der IG Chemie, Papier, Keramik entstanden.
[10] In der IGM sind die Gewerkschaft Textil-Bekleidung (1998) und die Gewerkschaft Holz und Kunststoff (2000) aufgegangen.
[11] Im Jahre 2001 durch Verschmelzung der Gewerkschaft Handel, Banken und Versicherung, der IG Medien, der Gewerkschaft Öffentliche Dienste, Transport und Verkehr, der Deutschen Postgewerkschaft und der bisher nicht dem DGB angehörenden Deutschen Angestellten Gewerkschaft (DAG), zu dieser s. *H.-P. Müller,* Die Deutsche Angestellten-Gewerkschaft im Wettbewerb mit dem DGB, 2011; s. auch http://geschichte.verdi.de/vorlaeufer. Zur Gesamtrechtsnachfolge bei den bereits geschlossenen Tarifverträgen BAG 11.5.2005 AP Nr. 30 zu § 4 TVG Tarifkonkurrenz = NZA 2005, 1362; 14.11.2007 NZA-RR 2008, 362.
[12] Vorjahre abrufbar unter http://www.dgb.de/uber-uns/dgb-heute/mitgliederzahlen. S. die Vorauflagen zu den vorangegangenen Jahren.

(2010) in einer Neufassung beschlossen und zuletzt auf dem 21. Bundeskongress (2018) geändert. Mitglieder können nur Gewerkschaften sein. Der DGB finanziert sich über Beiträge seiner Mitgliedsgewerkschaften, die 12% ihres Beitragseinkommens an diesen abführen. Die im DGB organisierten Gewerkschaften sind nach dem sog. **Industrieverbandsprinzip** organisiert. Eine Ausnahme bildet lediglich die GEW, die nach § 6 Nr. 1 ihrer Satzung die Beschäftigten „in pädagogischen und sozialpädagogischen Berufen“ zu ihrem Organisationsbereich zählt. Der Absicherung des Industrieverbandsprinzips und der gewerkschaftspolitischen Maxime, wonach für jeden Betrieb nur eine (DGB-)Gewerkschaft zuständig sein soll, sollen die in der Satzung des DGB verankerten Regelungen über die „Abgrenzung der Organisationsbereiche“ und das damit verbundene Schiedsgerichtsverfahren (§§ 15, 16 Satzung, → § 197 Rn. 18) dienen.

Die **Organe des DGB** sind neben dem Bundeskongress der Bundesausschuss, der Bundesvorstand, der geschäftsführende Bundesvorstand und die Revisionskommission. Der **Bundeskongress** als höchstes Organ ist eine Versammlung von 400 Delegierten, die von den Mitgliedern der Einzelgewerkschaften anteilig gewählt werden. Zu den Aufgaben des Bundeskongresses, der alle vier Jahre stattfindet, gehören neben der Aufnahme neuer Mitglieder Satzungsänderungen, Festlegung der Grundzüge der Gewerkschaftspolitik sowie die Wahl der Mitglieder des geschäftsführenden Bundesvorstandes (§ 7 der Satzung). Zwischen den Bundeskongressen ist der **Bundesausschuss** das höchste Organ. Er besteht aus 70 von den Gewerkschaften zu entsendenden Mitgliedern, dem Bundesvorstand und den Bezirksvorsitzenden (§ 8 der Satzung). Der **Revisionskommission** obliegt die Überwachung der Kassenführung (§ 10 der Satzung). Der **Bundesvorstand** besteht aus der bzw. dem Vorsitzenden, der bzw. dem stellvertretenden Vorsitzenden, zwei (bis 2014 drei) weiteren hauptamtlichen Vorstandsmitgliedern und aus den Vorsitzenden der im Bund vereinigten Gewerkschaften. Er vertritt den Bund nach innen und außen. Der **geschäftsführende Bundesvorstand** führt die laufenden Geschäfte der Verwaltung. Bei ihm sind dreizehn Fachabteilungen eingerichtet (§ 9 der Satzung). Der DGB besitzt eine eigene Untergliederung in neun Bezirke, die ihrerseits wieder in Regionen, Kreisverbände und Ortsverbände untergliedert sind (§§ 11, 12 der Satzung). 5

c) Europäischer Gewerkschaftsbund/Internationaler Gewerkschaftsbund. Der DGB ist als einzige deutsche Gewerkschaft Mitglied im **Europäischen Gewerkschaftsbund** – European Trade Union Confederation (ETUC).[13] Dem 1973 gegründeten Dachverband ETUC gehören 89 nationale Gewerkschaftszusammenschlüsse aus 38 Ländern an. Darüber hinaus sind 10 europäische Branchenverbände Mitglied. Er repräsentiert deren rund 45 Mio. Mitglieder. Der EGB wird von der Kommission im Rahmen des Verfahrens des sozialen Dialogs angehört (Art. 154 AEUV → Rn. 26).[14] Darüber hinaus ist der DGB Mitglied im **Internationalen Gewerkschaftsbund** (IGB) – International Trade Union Confederation (ITUC-CSI).[15] Der IGB wurde im November 2006 auf einem Kongress in Wien gegründet. Er setzt sich zusammen aus den früheren Mitgliedsorganisationen des Internationalen Bundes Freier Gewerkschaften (IBFG) und des Weltverbandes der AN (WVA), die sich beide unmittelbar zuvor aufgelöst hatten. Der IGB hat 340 Mitgliedsorganisationen in 163 Ländern und Hoheitsgebieten. Er gliedert sich in drei Regionalorganisationen und vertritt 181 Mio. AN. Die Satzung wurde zuletzt auf dem 4. Weltkongress im Jahre 2018 neu verabschiedet. 6

3. Weitere Spitzenverbände und Gewerkschaften. a) dbb Beamtenbund und Tarifunion. Nach dem DGB[16] ist der **dbb Beamtenbund und Tarifunion**[17] die zweitgrößte gewerkschaftliche Dachorganisation. Sie hat vermittelt über ihre Mitgliedsorganisationen – zu denen 40 Mitgliedsgewerkschaften zählen (unterteilt in Gewerkschaften der im Bundesdienst oder im privaten Dienstleistungssektor Beschäftigten einerseits und Fachgewerkschaften, in denen Beamte und Tarifbeschäftigte im öffentlichen Dienst und auf kommunaler und Länderebene in Bundesorganisationen organisiert sind, andererseits) – nach eigenen Angaben zum Jahresende 2018 über 1,31 Mio. Mitglieder, davon 924 070 Beamte sowie 393 659 Tarifbeschäftigte. Der dbb Beamtenbund und Tarifunion mit Sitz in Berlin ist eine Spitzenorganisation von Gewerkschaften des öffentlichen Dienstes und des privatisierten Dienstleistungssektors.[18] Er organisiert keine Einzelmitglieder. Gegründet wurde der Deutsche Beamtenbund 1949 und 7

[13] http://www.etuc.org.
[14] Dazu *Lörcher* NZA 2003, 184 ff.; zur ESC *Gabaglio/Fonteneau/Lörcher* AuR 1997, 345 ff.
[15] http://www.ituc-csi.org.
[16] Zur Union der Leitenden Angestellten s. 14. Aufl. § 189 Rn. 6 f.
[17] http://www.dbb.de.
[18] Vgl. § 1 I der Satzung vom 20.11.2017 (https://www.dbb.de/fileadmin/pdfs/organisation/dbb_satzung2017.pdf).

heißt seit einer Satzungsänderung dbb Beamtenbund und Tarifunion. Es bestehen 16 Landesbünde.

8 Vom dbb Beamtenbund und Tarifunion war bis zum Ende des Jahres 2012 deren Tariforganisation, die **dbb Tarifunion**[19] zu unterscheiden. Diese wurde 1969 als „Gemeinschaft von Gewerkschaften und Verbänden des öffentlichen Dienstes" (GGVöD) gegründet und 1999 umbenannt. Die dbb Tarifunion bildete nach § 1 der Satzung eine gewerkschaftliche Spitzenorganisation iSd TVG ohne Untergliederungen und ist „der Zusammenschluss tariffähiger Gewerkschaften des dbb Beamtenbund und Tarifunion" (§ 3 I Satzung). Am 12. November 2012 haben die Gewerkschaftstage von dbb Beamtenbund und Tarifunion einerseits und dbb tarifunion andererseits ihre Verschmelzung beschlossen.[20]

9 **b) Christlicher Gewerkschaftsbund Deutschland (CGB).** Der Christliche Gewerkschaftsbund (CGB) ist die **Dachorganisation** von dreizehn Koalitionen mit Sitz in Berlin, der nach eigenen Angaben zusammen über 280 000 Mitglieder hat.[21] Bereits 1955 hatte sich die Christliche Gewerkschaftsbewegung Deutschlands gegründet und im Jahre 1959 schlossen sich die christlichen Koalitionen zum CGB zusammen. Er bekennt sich zu den Grundsätzen des Christentums und arbeitet auf Basis der christlichen Soziallehre. **Organe** des CGB sind der Bundeskongress, der Hauptausschuss und der Bundesvorstand.

10 Die **Mitgliedsorganisationen** sind teils nach dem Industrieverbandsprinzip und teils nach dem Berufsverbandsprinzip organisiert. Hierzu gehören u.a. die Christliche Gewerkschaft Metall (CGM),[22] der DHV – Die Berufsgewerkschaft e.V. im CGB,[23] sowie die Gewerkschaft Öffentlicher Dienst und Dienstleistungen (GÖD).[24] Die Tariffähigkeit einzelner (früherer) Mitglieder ist umstritten. Für die Christliche Gewerkschaft Bergbau-Chemie-Energie (CGBCE)[25] und für das frühere Mitglied Christliche Gewerkschaft Holz und Bau (CGHB) hat das BAG festgestellt, dass diese nicht tariffähig sind,[26] anders für die CGM[27] (zur Tariffähigkeit → § 196 Rn. 7 ff., 15). Für die Gewerkschaft für Kunststoffgewerbe- und Holzerarbeitung in CGB (GHK)[28] hat das LAG Hamm deren fehlende Tariffähigkeit festgestellt.[29] Die Koalition medsonet – Die Gesundheitsgewerkschaft (früheres Mitglied) ist ebenfalls nicht tariffähig.[30] Gleiches gilt für die DHV – Die Berufsgewerkschaft e.V. (zu den Anforderungen an die Tariffähigkeit näher → § 197 Rn. 15).[31] Unter dem Dach des CGB war auch die Tarifgemeinschaft Christlicher Gewerkschaften für Zeitarbeit und Personalserviceagenturen (CGZP) gegründet worden. Das BAG hat festgestellt, dass es sich bei der CGZP nicht um eine tariffähige Spitzenorganisation iSd § 2 III TVG handelt (→ § 196 Rn. 20 f.), die im eigenen Namen Tarifverträge abschließen kann.[32]

11 **c) Marburger Bund.** Der Marburger Bund – Verband der angestellten und beamteten Ärztinnen und Ärzte in Deutschland e. V.,[33] dessen Gründung auf das Jahr 1947 zurückgeht, hat seinen Sitz in Berlin. Der MB versteht sich als die gewerkschaftliche,[34] gesundheits- und berufspolitische Interessenvertretung und hat im Jahr 2021 „mittlerweile über 127 000 Mitglieder". Er ist in vierzehn Landesverbände gegliedert. Im Jahre 2005 beendete der Marburger Bund die

---

[19] http://www.tarifunion.dbb.de.

[20] S. auch § 14a der Satzung dbb Beamtenbund und Tarifunion über den „Integrationsgewerkschaftstag 2012".

[21] http://www.cgb.info.

[22] http://www.cgm.de.

[23] http://www.dhv-cgb.de. Dazu *Schlatterer,* DHV – Deutscher Handels- und Industrieangestellten-Verband, AR-Blattei SD 420.2.2.

[24] http://www.goed-online.de.

[25] BAG 16.1.1990 AP Nr. 39 zu § 2 TVG = NZA 1990, 623.

[26] BAG 16.1.1990 AP Nr. 38 zu § 2 TVG = NZA 1990, 626; zur mangelnden Tariffähigkeit des Arbeitnehmerverbandes land- und ernährungswirtschaftlicher Berufe (ALEB) im CGB: BAG 10.9.1985 AP Nr. 34 zu § 2 TVG = NZA 1986, 332.

[27] BAG 28.3.2006 AP Nr. 4 zu § 2 TVG Tarifzuständigkeit = NZA 2006, 1112.

[28] http://www.gewerkschaftgkh.de.

[29] LAG Hamm 23.9.2011 NZA-RR 2012, 25; s. auch BAG 5.10.2010 AP Nr. 7 zu § 2 TVG Tariffähigkeit = NZA 2011, 300.

[30] BAG 11.6.2013 AP Nr. 8 zu § 2 TVG Tariffähigkeit = NZA-RR 2013, 641.

[31] BAG 22.6.2021 – 1 ABR 22/20; zuvor bereits BAG 26.6.2018 AP Nr. 10 zu § 2 TVG Tariffähigkeit = NZA 2019, 188.

[32] BAG 14.12.2010 AP Nr. 6 zu § 2 TVG Tariffähigkeit = NZA 2011, 289.

[33] http://www.marburger-bund.de.

[34] Zur heute unbestrittenen Gewerkschaftseigenschaft BAG 21.11.1975 AP Nr. 6 zu § 118 BetrVG 1972 = NJW 1976, 1165.

ursprünglich mit der DAG und später mit ver.di bestehende Tarifgemeinschaft und schloss für die ihm angehörigen Ärztinnen und Ärzte eigenständige Tarifverträge ab (→ § 64 Rn. 26).

d) Vereinigung Cockpit. Die Vereinigung Cockpit e. V. (VC)[35] ist die Berufsorganisation des Cockpitpersonals in Deutschland mit Sitz in Frankfurt. Die 1968 gegründete VC bildete bis zum Jahre 2000 eine Tarifgemeinschaft mit der DAG, führte diese aber mit ver.di nicht mehr fort. Die Vereinigung hat nach eigenen Angaben etwa 9 600 Mitglieder. 12

e) Unabhängige Flugbegleiter Organisation. Die Unabhängige Flugbegleiter Organisation e. V. **(UFO)**[36] entstand im Jahre 1992 infolge einer „Abspaltung" von der Gewerkschaft ötv als einer der Vorgängerorganisationen von ver.di. UFO vertritt als „Gewerkschaft des Kabinenpersonals" ausschließlich diese Beschäftigtengruppe und hat nach eigenen Angaben mehr als 10 000 Mitglieder. Sie ist tariffähig[37] und schließt seit dem Jahre 2000 Tarifverträge mit Luftverkehrsgesellschaften, darunter der Lufthansa AG, ab. Die Gewerkschaft ist Mitglied in der European Cabin Crew Association (EASA).[38] 13

f) Gewerkschaft der Flugsicherung. Die 2004 gegründete Gewerkschaft der Flugsicherung e. V. **(GdF)**[39] hat ihren Sitz in Frankfurt am Main. Ihr Organisationsbereich umfasst vor allem Unternehmen, Betriebe und Einrichtungen, „in welchem die Überwachung und Lenkung von Luftfahrzeugen in der Luft oder auf dem Boden … erfolgt".[40] Aufgeteilt ist die Gewerkschaft in drei Fachbereiche: Flugsicherungsbetriebsdienste (FSBD) und Flugsicherungstechnische Dienste (FSTD) sowie zuletzt hinzukommend der Fachbereich Flugsicherung Allgemeine Dienste (FSAD). Zur Gewerkschaftsgründung kam es, nachdem der Verband Deutscher Flugleiter (VDF) und der Verband Deutscher Flugsicherungs-Techniker und -Ingenieure (FTI) einen ursprünglich mit der DAG geschlossenen Kooperationsvertrag zum Ende des Jahres 2003 kündigten. 14

II. Aufbau der Arbeitgeberverbände

1. Allgemeines. Die Arbeitgeberverbände sind idR als **rechtsfähige Vereine mit nicht wirtschaftlichen Zwecken** (§ 21 BGB) organisiert. Sie sind fachlich organisiert, sodass die AG des gleichen Faches für einen bestimmten Ort, Bezirk oder Wirtschaftsbereich einen Verband bilden. Fachverbände sind auf Landesebene zusammengeschlossen und die Landesverbände auf Bundesebene. Neben den Fachverbänden bestehen gemischt gewerblich oder überfachlich zusammengesetzte Arbeitgeberverbände, die auch in Landesverbänden zusammengeschlossen sind. Die dadurch bestehenden Überschneidungen in den Organisationsbereichen können zur Folge haben, dass der einzelne AG in mehr als einem Verband Mitglied ist. Darüber hinaus besteht bei Arbeitgeberverbänden, die den Abschluss von Tarifverträgen zu ihren Aufgaben zählen, die Möglichkeit von sog. Gastmitgliedschaften (→ § 204 Rn. 7) und Mitgliedschaften ohne Tarifgebundenheit („OT-Mitgliedschaft", → § 204 Rn. 11 ff.). 15

2. Bundesvereinigung der Arbeitgeberverbände. Die Spitzenverbände der überfachlichen Landesvereinigungen und der Fachspitzenverbände sind in der Bundesvereinigung der Deutschen Arbeitgeberverbände e. V. (BDA)[41] mit Sitz (im Haus der Deutschen Wirtschaft) in Berlin organisiert. Die BDA ist Spitzenorganisation sowohl von 51 Bundesfachverbänden als auch von vierzehn (Schleswig-Holstein/Hamburg sowie Berlin/Brandenburg bilden je einen Landesverband) überfachlichen Landesverbänden. **Organe** der BDA sind die Mitgliederversammlung, der Vorstand, das Präsidium und die Geschäftsführung (§ 10 der Satzung). Daneben bestehen vierzehn Ausschüsse, von denen vier gemeinsame mit dem BDI sind. Die BDA ist Mitglied der Internationalen Arbeitgeberorganisation (IOE).[42] Die BDA arbeitet mit dem 1949 gegründeten und an gleicher Adresse in Berlin ansässigen **Bundesverband der Deutschen Industrie** e.V. (BDI)[43] zusammen, dessen Aufgaben auf wirtschaftlichem Gebiet liegen. Er ist eine Spitzenorganisation der deutschen Industrie und industrienahen Dienstleister. In ihm sind 16

[35] http://www.vcockpit.de.
[36] http://www.ufo-online.aero. Zur Gründung der AGiL – Arbeitnehmergewerkschaft im Luftverkehr e.V. im November 2012 s. https://www.agil.aero.
[37] BAG 14.12.2004 AP Nr. 1 zu § 2 TVG Tariffähigkeit mAnm *Bucher* = NZA 2005, 697.
[38] http://www.eurecca.aero (neun Organisationen mit 25.000 Mitgliedern).
[39] http://www.gdf.de.
[40] S. § 4 I der Satzung idF vom 23.11.2019, dort auch zu den weiteren erfassten Unternehmen.
[41] http://www.arbeitgeber.de.
[42] http://www.ioe-emp.org.
[43] http://www.bdi.eu.

36 Branchenverbände organisiert[44] und es bestehen fünfzehn Landesvertretungen. Organe sind die Mitgliederversammlung, der Vorstand, der Vorstand iSd § 26 BGB, das Präsidium, die Ausschüsse und die Geschäftsführung.

17 **3. Arbeitgebervereinigungen im öffentlichen Dienst.** Nicht der BDA zugehörig sind die Dachverbände der AG für den öffentlichen Dienst. Es handelt sich zunächst um die **Vereinigung der kommunalen Arbeitgeberverbände** (VKA)[45] mit Sitz in Berlin. Sie regelt die Arbeitsbedingungen der tarifgebundenen Beschäftigten im öffentlichen Dienst der Kommunen. Mitglieder sind die sechzehn **Kommunalen Arbeitgeberverbände** (KAV) in den Bundesländern, denen wiederum Städte, Gemeinden, Landkreise, Krankenhäuser und Pflegeeinrichtungen, Sparkassen, Versorgungs- und Entsorgungsbetriebe, Nahverkehrsbetriebe und Flughäfen angeschlossen sind. Gremien der VKA sind die Mitgliederversammlung, das Präsidium, die Geschäftsführerkonferenz und die Gruppenausschüsse.

18 Die deutschen Länder haben sich – mit Ausnahme des zum 31.3.2004 ausgetretenen Landes Hessen – in der **Tarifgemeinschaft der Länder** (TdL)[46] zu einer Arbeitgebervereinigung zusammengeschlossen. Seit Beginn des Jahres 2013 ist das Land Berlin wieder Mitglied der TdL (zur tariflichen Lage → § 64 Rn. 26). Anstelle eines Landes kann ein Arbeitgeberverband, in dem das jeweilige Land einen beherrschenden Einfluss hat, Mitglied sein. Das ist derzeit in Baden-Württemberg und in Nordrhein-Westfalen der Fall. Die Organe der TdL sind die Mitgliederversammlung, der Vorstand und der Vorsitzende des Vorstands. Die Geschäftsstelle der TdL hat ihren Sitz in Berlin.

III. Aufgaben der Koalitionen

19 **1. Grundsatz.** Die Betätigung der Koalitionen zur Wahrung und Förderung der Arbeits- und Wirtschaftsbedingungen geht über die von ihnen selbständig und außerhalb der staatlichen Verwaltung wahrgenommenen Aufgaben hinaus. Sie haben Anhörungs- und Antragsrechte im Rahmen der Gesetzgebung, der Verwaltung und der Rechtsprechung sowie Benennungs- und Entsendungsrechte in der Gerichtsbarkeit und in der (Selbst-)Verwaltung der sozialen Sicherungssysteme. Den Gewerkschaften stehen zudem weitere Rechte im Rahmen der Betriebs- und Unternehmensverfassung zu.

20 **2. Originäre Aufgaben.** Zu den Bereichen, die die Koalitionen selbständig wahrnehmen, gehören vor allem die „klassischen" Aufgaben der Wahrung und Förderung der Arbeits- und Wirtschaftsbedingungen, allen voran der Abschluss von Tarifverträgen (→ § 195 Rn. 6 ff.). Weiterhin stehen ihnen die originären Koalitionsbetätigungsrechte (→ § 189 Rn. 22 ff.), darunter die in Betrieben und Dienststellen (→ § 189 Rn. 24 ff., → § 215 Rn. 3 ff.), zu.

21 **3. Anhörungs-, Mitwirkungs-, Antrags- und Vorschlagsrechte. a) Grundsatz.** Den Koalitionen kommen darüber hinaus auf dem Gebiet der Wahrung und Förderung der Arbeits- und Wirtschaftsbedingungen durch Gesetz **zahlreiche Befugnisse und Berechtigungen,** darunter Anhörungs-, Mitwirkungs- und Antragsrechte (→ Rn. 22 ff.), Vorschlags-, Benennungs- und Entsendungsrechte (→ Rn. 27 ff.) sowie weitere eigenständige Befugnisse zu. Zu den Letztgenannten gehören etwa die Prozessvertretung vor den Gerichten für Arbeitssachen in allen Instanzen nach § 11 ArbGG sowie vor den Sozial- und Landessozialgerichten nach § 72 II Nr. 7 SGG und den Verwaltungsrechten nach § 67 II Nr. 5 VwGO. In § 17 I AGG werden die Tarifvertragsparteien aufgefordert, im Rahmen ihrer Handlungsmöglichkeiten an der Verwirklichung der Ziele nach § 1 AGG mitzuwirken. Die Koalitionen sind bei einer „konzertierten Aktion" nach § 3 StabG beteiligt.

22 **b) Anhörungs-, Mitwirkungs- und Antragsrechte.** Ein umfangreicher Bereich der Betätigung der Koalitionen besteht in der Wahrnehmung von Anhörungs- und Antragsrechten. Ein allgemeiner gesetzlicher Rahmen für diese Rechte besteht nicht, vielmehr finden sich in der Rechtsordnung nur **einzelne Ausgestaltungen.** Die Anhörungs- und Antragsrechte entsprechen der innerstaatlich unverbindlichen Empfehlung Nr. 113 der IAO über die Beratung und Zusammenarbeit zwischen Staatsorganen und den Arbeitgeber- und Arbeitnehmerverbänden in einzelnen Wirtschaftszweigen und im gesamtstaatlichen Rahmen.[47] So erfolgt eine Anhörung

---

[44] Nicht dazu gehört der Arbeitgeberverband Stahl e.V. (AGV Stahl), s. http://www.stahl-online.de.; weil in seinem Vorstand Arbeitsdirektoren vertreten sind, wurde er nicht aufgenommen.
[45] http://www.vka.de.
[46] http://www.tdl-online.de.
[47] Vom 20.6.1960 (BArbBl. 1962, 489).

der Koalitionen bei allen wichtigen sozialpolitischen Gesetzentwürfen.[48] Auf internationaler Ebene werden Mitglieder zu den Gremien der **IAO** und zum **Wirtschafts- und Sozialausschuss der EU**[49] entsandt.[50]

23 **Anhörungsrechte** bestehen bei dem Erlass von Verordnungen nach § 33 HAG, bei der Bestimmung des Vorsitzenden des Heimarbeitsausschusses (§ 3 HAGDV). Speziell den DGB nennt das Anhörungsrecht nach § 28b SGB IV für Meldungen und Übermittlung von Daten. **Anhörungs- und Mitwirkungsrechte** sind bei dem Erlass von DurchführungsVO und Verwaltungsvorschriften zu Gesetzen (§ 11 TVG, § 33 HAG, § 11 ArbNErfG) sowie Mitwirkungsrechte bei der Entscheidung über eine Gleichstellung nach dem HAG (§ 1 V HAG) vorgesehen. Beratungsrechte bestehen bei der Anerkennung von Schulungs- und Bildungsveranstaltungen nach § 37 VII BetrVG. Antragsrechte stehen den Koalitionen bei der Allgemeinverbindlicherklärung von Tarifverträgen nach § 5 I 1 TVG zu (→ § 205 Rn. 13 f.). Zu den anspruchsberechtigten Stellen für die Ansprüche nach §§ 1, 2 UKlaG und § 8 I UWG gehören neben Kammern und berufsständischen Körperschaften des öffentlichen Rechts auch die Gewerkschaften, soweit es die Erfüllung ihrer Aufgaben bei der Vertretung selbstständiger beruflicher Interessen betrifft (§ 3 I 1 Nr. 3 UKlaG; § 8 II Nr. 4 UWG).

24 **Mitwirkungsrechte und Antragsrechte der Gewerkschaften** sind im Rahmen der **Betriebs- und Unternehmensverfassung** geregelt (→ § 215 Rn. 9).[51] Nach § 35 I BetrVG kann die im Betrieb vertretene Gewerkschaft bei der Aussetzung von Beschlüssen des BR auf Antrag der Jugend- und Auszubildendenvertretung oder der Schwerbehindertenvertretung eine Vermittlungsfunktion übernehmen. Eine im Betrieb vertretene Gewerkschaft kann nach § 14 III BetrVG Wahlvorschläge für den BR machen, ein Mitglied in den Wahlvorstand entsenden (§ 16 I 4 BetrVG), zu einer Betriebsversammlung zur Wahl eines Wahlvorstandes einladen (§ 16 II BetrVG) beim Arbeitsgericht die Einsetzung eines Wahlvorstandes gem. § 16 II 1 oder § 17 IV BetrVG beantragen (s. weiterhin §§ 18, 116 II Nr. 6 BetrVG, zu den Wahlvorbereitungen → § 217 Rn. 1d), nach § 19 II 1 BetrVG die Betriebsratswahl anfechten (→ § 218 Rn. 20) und nach § 23 I BetrVG den Ausschluss eines Mitglieds (zum GBR s. § 48 BetrVG und zum KBR § 56 BetrVG) oder die Auflösung des BR beantragen (→ § 219 Rn. 19a). Von praktischer Bedeutung ist das den im Betrieb vertretenen Gewerkschaften zustehende Recht, dem **Arbeitgeber** bei groben Verstößen gegen seine Verpflichtungen aus dem BetrVG eine **Handlung, Duldung oder Unterlassen aufzugeben** (→ § 219 Rn. 31 ff.). Diese Berechtigung besteht ebenfalls nach § 17 II AGG bei groben Verstößen gegen die Bestimmungen des AGG (→ § 219 Rn. 46 ff.). Weitere Befugnisse in der Betriebsverfassung bestehen in dem Recht auf Teilnahme an einer Betriebsversammlung nach § 31 BetrVG (s. weiterhin § 34 II BetrVG über die Aushändigung der Sitzungsniederschrift, § 46 I BetrVG über die beratende Teilnahme eines Beauftragten) und eine solche zu beantragen (§ 43 IV BetrVG). Schließlich besteht ein Strafantragsrecht nach § 119 II BetrVG. Im Rahmen des **EBRG** (→ § 256 Rn. 1 ff.) bestehen Mitteilungsrechte über einen Antrag auf Bildung eines EBR (§ 9 III EBRG), die Mitglieder des besonderen Verhandlungsgremiums (§ 12 EBRG) und des EBR (§ 24 EBRG) sowie ein Strafantragsrecht (§ 44 EBRG).[52] Durch das BPersVG werden den Gewerkschaften Rechte in Zusammenhang mit der Personalratswahl eingeräumt. Sie können Einfluss nehmen auf die Bildung der Wahlvorstände (§§ 20, 23 I BPersVG), an den Sitzungen des Wahlvorstandes mit beratender Stimme teilnehmen (§ 20 I 4 BPersVG), ggf. eigene Wahlvorschläge einreichen (§ 19 IV BPersVG) und die Wahl anfechten (§ 25 BPersVG). Außerdem hat die Gewerkschaft ein Teilnahmerecht an Sitzungen des PR (§ 36 BPersVG) und Personalversammlungen (§ 52 BPersVG), deren Abhaltung sie unter bestimmten Bedingungen sogar erzwingen kann (§ 49 III BPersVG).

25 In der **Unternehmensmitbestimmung** sichern die Aufsichtsratspositionen von Vertretern der Gewerkschaft § 7 II MitbestG (→ § 260 Rn. 5, zum Wahlvorschlagsrecht § 26 I WOMitbestG) und § 6 I MontanMitbestErgG ab (→ § 259 Rn. 2, zum Wahlvorschlag § 10 MontanMitbestErgG). Zur Anfechtung der Wahl von Aufsichtsratsmitgliedern der AN sind die vorschlagsberechtigten Gewerkschaften nach § 16 II Nr. 6 MitbestG (zur Antragsbefugnis auf Abberufung s. § 23 I Nr. 3 MitbestG) und nach § 10l II Nr. 6 MontanMitbestErgG anfechtungsberechtigt (zur Abberufung § 10m I 2 Nr. 2 MontanMitbestErgG).[53] Im Rahmen des **Aktien-**

[48] Zum Anspruch auf Teilnahme an Gesprächen der Landesregierung mit Spitzenverbänden OVG Saarl 21.10.2014 NZA-RR 2015, 53.
[49] http://www.eesc.europa.eu.
[50] Dazu *Arnold* NZA 2002, 1261 ff.
[51] Zum Personalvertretungsrecht *Widmaier* PersV 2013, 4 ff.
[52] Im Rahmen des MgVG s. §§ 8 II, 10 I, 13 I, 25 III, 34 IV MgVG.
[53] Zum SE-Beteiligungsgesetz s. §§ 6 III, 8 I, 11 I 3, 36 III 3, 37 I Nr. 3, 45 IV SEBG.

rechts besteht für die vorschlagsberechtigte Gewerkschaft oder den Spitzenverband ein Antragsrecht auf gerichtliche Entscheidung über die Zusammensetzung des Aufsichtsrats nach § 98 II Nr. 9 und § 10 AktG (s. auch §§ 104 Nr. 6 und 7, 250 II Nr. 5, 251 II AktG). Ob das in einer Beteiligungsvereinbarung nach § 21 SEBG (→ § 261 Rn. 3 ff.) aufgrund von Abs. 6 der Vorschrift erforderliche Recht der Gewerkschaften auf ein ausschließliches – also durch einen getrennten Wahlvorgang abgesichertes – Vorschlagsrecht mit Art. 4 IV RL 2001/86/EG vom 8. Oktober 2001 zur Ergänzung des Statuts der Europäischen Gesellschaft hinsichtlich der Beteiligung der AN vereinbar ist, ist Gegenstand eines Vorabentscheidungsersuchens an den EuGH.[54]

26 Nach Art. 154 II AEUV hört die Kommission die Sozialpartner vor der Unterbreitung von Vorschlägen im Bereich der Sozialpolitik, der eine weitere Anhörung nach Art. 154 III 1 AEUV folgen kann. Darüber hinaus haben die Sozialpartner die Möglichkeit im Verfahren nach Art. 155 AEUV den **Sozialen Dialog in der EU** zu vertraglichen Beziehungen und zu Vereinbarungen weiter zu führen. Letztere können nach dem in Art. 155 II AEUV geregelten Transformationsverfahren durch Beschluss des Rates umgesetzt werden.[55] Nach Art. 153 IV AEUV kann ein Mitgliedstaat auf gemeinsamen Antrag der Sozialpartner ihnen die Durchführung von Richtlinien übertragen. Die erforderliche und rechtzeitige Umsetzung wird nach Art. 153 II UAbs. 2 AEUV durch den Mitgliedstaat kontrolliert.

27 **c) Vorschlags-, Benennungs- und Entsendungsrechte.** Die Koalitionen haben zu zahlreichen staatlichen Institutionen, die sich mit arbeits- und wirtschaftsrechtlichen Fragen beschäftigen, Vorschlags- Benennungs- oder Entsendungsrechte für ihre Mitglieder. Hierdurch sollen die besondere Sachkunde der Verbände und deren Mitglieder nutzbar gemacht sowie praxisnahe Entscheidungen gefördert und ermöglicht werden. Zu unterscheiden sind dabei vor allem die Benennungs- und Entsendungsrechte auf dem Gebiet des Arbeitsrechts, der Sozialversicherung und der internationalen Organisationen.

28 Auf dem **Gebiet des Arbeitsrechts** sind die wichtigsten Benennungs- und Entsendungsrechte die der Benennung von ehrenamtlichen Richtern für die Gerichte für Arbeitssachen aller Instanzen (§§ 20 II, 43 I ArbGG). Außerdem haben die Koalitionen ein **Beratungsrecht** bei der Errichtung und Organisation von Gerichten für Arbeitssachen nach § 14 V ArbGG und bei der Bestellung der Arbeitsgerichtsvorsitzenden (§§ 18 II, 20–29, 37, 43, 18, 36 ArbGG). Zur Nutzung der Sachkunde sollen im Ausschuss für Arbeitsstätten (§ 7 I ArbStättV) und im Ausschuss für Gefahrstoffe (§ 20 GefStoffV) fachkundige Vertreter der Koalitionen vertreten sein.

29 **Vorschlagsrechte** bestehen **für Gewerkschaften und Arbeitgeberverbände** für die Mindestlohnkommission nach § 4 MiLoG (§ 5 I MiLoG; → § 66 Rn. 54), die Kommission zur Erarbeitung von Arbeitsbedingungen in der Pflegebranche (§ 12 II Nr. 1 AEntG; → § 162 Rn. 52), dem Prüfungsausschuss nach dem BBiG (§ 40 III 1 BBiG) dem Landesausschuss für Berufsbildung (§ 82 II 1 BBiG) und dem Hauptausschuss des Bundesinstituts für Berufsbildung (§ 92 BBiG), der Schiedsstellen über Arbeitnehmererfindungen (§ 30 IV 2 ArbNErfG), für die Beisitzer der Heimarbeitsausschüsse nach § 5 I HAG (zur Übersendung von Listen § 6 HAG) und der Entgeltausschüsse nach § 22 HAG, die Benennung der Beisitzer in den Schieds- und Schlichtungsausschüssen (Art. VII KRG Nr. 35; → § 191 Rn. 39). Des Weiteren sind zu nennen § 24a ArbSchG (Ausschuss für Sicherheit und Gesundheit in der Arbeit), § 51a I, III BImSchG (Kommission für Anlagensicherheit), § 4 I 2 Nr. 2 GenTG (Kommission für biologische Sicherheit).

30 Im **Sozialrecht und in der Sozialgerichtsbarkeit** sind neben dem Vorschlagsrecht für die ehrenamtlichen Richter bei den Sozialgerichten (§ 14 I, III SGG) vor allem die Einreichung von Vorschlagslisten sowie Benennung und Entsendung von Mitgliedern zu den Verwaltungsräten, Ausschüssen und anderen Organen der Körperschaften der sozialen Selbstverwaltung zu nennen – etwa nach § 379 SGB III für die tarifschließenden Gewerkschaften und Arbeitgeberverbände, das Recht Vorschlagslisten einzureichen für die Vertreterversammlung im Bereich der

[54] BAG 18.8.2020 AP Nr. 1 zu § 21 SEBG; dazu *Freyler* RdA 2021, 118 ff.; *Teichmann* ZIP 2021, 105 ff.

[55] Bisher geschehen bei der Richtlinie des Rates zu der von UNICE, CEEP und EGB geschlossenen Rahmenvereinbarung über Teilzeitarbeit v. 20.1.1998, ABl. EG L 14, 9; die zugrunde liegende Rahmenvereinbarung ist abgedruckt in EuZW 1997, 420 ff.; s. dazu *Treber* ZTR 1998, 250 ff.; Richtlinie 1999/70/EG des Rates zu der EGBUNICE-CEEP-Rahmenvereinbarung über befristete Arbeitsverträge (v. 28.6.1999, ABl. EG L 175, 43); sowie die Richtlinie 2010/18/EU des Rates zur Durchführung der von BUSINESSEUROPE, UEAPME, CEEP und EGB geschlossenen überarbeiteten Rahmenvereinbarungen über den Elternurlaub (v. 8.3.2010, ABl. EG L 68, 13), die durch Art. 19 I 1 der Richtlinie (EU) 2019/1158 des Europäischen Parlaments und des Rates zur Vereinbarkeit von Beruf und Privatleben für Eltern und pflegende Angehörige und zur Aufhebung der Richtlinie 2010/18/EU (v. 20.6.2019, ABl. EG l 188, 79) zum 2.8.2022 aufgehoben wird.

Sozialversicherung nach § 48 I SGB IV, wobei hier das Vorschlagsrecht für „Arbeitnehmervereinigungen" an die Gewerkschaftseigenschaft gekoppelt ist (§ 48a I 1 SGB IV; s. weiterhin § 51 IV SGB IV zur Wählbarkeit von Verbandsvertretern). Weitere Vorschlagsrechte bestehen für die Mitglieder des beratenden Ausschusses beim Integrationsamt (§ 186 IV SGB IX). Vorschläge der Mitglieder der Widerspruchausschüsse der BA nach § 203 SGB IX sind von den zuständigen Organisationen behinderter Menschen im Benehmen mit den zuständigen Gewerkschaften zu machen (§ 203 SGB IX). Bei der Ausarbeitung der Pflegepersonaluntergrenzen nach § 137i SGB V sind Vertreter der für Personalfragen der Krankenhäuser maßgeblichen Gewerkschaften und Arbeitgeberverbände miteinzubeziehen.

IV. Das Organisationsrecht der Koalitionen

1. Rechtsform und Satzungsautonomie. Das Grundrecht der Koalitionsfreiheit gewährleistet den Koalitionen ihre freie Zweckbestimmung sowie die Autonomie, über ihre Rechtsform und ihre Organisationsstrukturen selbst zu bestimmen – **Satzungsautonomie**[56] (→ § 190 Rn. 31 ff.). Die Gewerkschaften des DGB haben sich historisch bedingt als nicht-rechtsfähige Vereine gebildet. Nach § 61 II BGB aF konnte die Verwaltung die Eintragung eines Vereins mit sozialpolitischen Zwecken verhindern. Die Gewerkschaften wollten sich einer behördlichen Kontrolle nicht unterwerfen und haben daher auf die zur Rechtsfähigkeit notwendige konstitutive Eintragung ins Vereinsregister verzichtet. Die Vermögenswerte der Gewerkschaften des DGB werden deshalb durch die Beteiligungsgesellschaft für Gewerkschaften AG (BGAG)[57] verwaltet, die 1990 aus der Beteiligungsgesellschaft für Gemeinwirtschaft hervorgegangen ist.[58] Anders verhält sich die Rechtsform bei ver.di, die einen e. V. bildet. Auch andere Gewerkschaften wie der Marburger Bund, die Vereinigung Cockpit, GdF und UFO sind eingetragene Vereine. Ob die **Untergliederungen** von Gewerkschaften selbst Vereine bilden können oder nur unselbständige Abteilungen, hängt von der satzungsrechtlichen Ausgestaltung ab. Eine Untergliederung soll dann ein selbständiger nicht-rechtsfähiger Verein sein können, wenn sie eine körperschaftliche Verfassung besitzt, einen Namen führt und neben ihrer unselbständigen Tätigkeit für den Hauptverein Aufgaben selbständig wahrnimmt.[59] Kein Erfordernis ist die Tariffähigkeit der Untergliederung.[60] Die Gewerkschaften können, wenn sie nicht-rechtsfähige Vereine sind, die Möglichkeiten der **Verschmelzung und der Aufspaltung nach dem UmwG** nutzen.[61] 31

Die **Arbeitgeberverbände** sind regelmäßig eingetragene Vereine und zwar Idealvereine iSd § 21 BGB.[62] Im Rahmen ihrer Satzungsautonomie können sie neben Mitgliedschaften, die eine Tarifgebundenheit zur Folge haben, sowohl sog. Gastmitgliedschaften[63] oder sog. OT-Mitgliedschaften vorsehen (→ § 204 Rn. 11 ff.). 32

2. Stellung im Rechtsverkehr. Soweit die Gewerkschaften nicht-rechtsfähige Vereine gebildet haben, sind nicht nur nach § 10 I 1 ArbGG, sondern auch nach § 50 ZPO **parteifähig.**[64] Ihnen steht, ebenso wie den als juristischen Personen gebildeten Koalitionen ein eigenes **Namensrecht** zu,[65] weshalb sie sich gegen den unbefugten Gebrauch ihres Namens oder einer Namensabkürzung, die Verkehrsgeltung erlangt hat, in Form eines **Unterlassungsanspruchs** zur Wehr setzen können. Dieser Anspruch steht ihnen gegen eine Konkurrenzorganisation oder vormalige Mitglieder zu, um die Unterlassung wahrheitswidriger Behauptungen durchsetzen zu 33

---

56 Dazu ausf. *Schmiegel,* Die Inhaltskontrolle von Koalitionssatzungen, 1995.

57 http://www.bgag.de.

58 Zuvor hatten die Gewerkschaften den Rückzug aus der unternehmerischen Wohnungswirtschaft und den vollständigen Ausstieg aus der Gemeinwirtschaft beschlossen. Die Umsetzung dieser Beschlüsse hat die BGAG in den Jahren zwischen 1990 und 2007 im Wesentlichen abgeschlossen.

59 BGH 2.7.2007 NJW 2008, 69; 19.3.1984 NJW 1984, 2223; 21.3.1972 MDR 1972, 859 (verneint für Bezirksverwaltung der DPG); s. auch BAG 29.11.1989 AP Nr. 3 zu § 10 ArbGG 1979 mAnm *Reuter* = NZA 1990, 615; 26.2.1964 AP Nr. 5 zu § 36 ZPO; ausf. *Schaible,* Der Gesamtverein und seine vereinsmäßig organisierten Untergliederungen, 1992.

60 BGH 21.3.1972 MDR 1972, 859.

61 Ausf. *Kempen/Lörcher/Platow/Tiefenbacher/Trümner* JbArbR 39 (2002), 65 (66 ff.); wie hier MHdB ArbR/*Rieble* § 223 Rn. 13; aA *Oetker* RdA 1999, 105 ff.; *Hanau/Kania* AuR 1994, 205; *Richardi* FS Kraft, 1998, 509 (514).

62 MHdB ArbR/*Rieble* § 223 Rn. 3.

63 Zum Status etwa BAG 23.9.2009 AP Nr. 29 zu § 3 TVG Verbandszugehörigkeit.

64 BGH 6.10.1964 AP Nr. 6 zu § 54 BGB = NJW 1965, 156; 11.7.1968 BGHZ 50, 325; sowie LAG Nds 4.11.2019 LAGE § 10 ArbGG 1979 Nr. 2.

65 BGH 24.2.1965 AP Nr. 1 zu § 12 BGB = NJW 1965, 859.

können.[66] Aus der Betätigungsgarantie des Art. 9 III GG folgt ebenfalls ein Unterlassungsanspruch gegenüber einem AG, der die Einstellung vom Gewerkschaftsaustritt abhängig macht.[67]

34 **3. Mitgliedschaft in einer Koalition. a) Erwerb der Mitgliedschaft.** Die Mitgliedschaft in einer Koalition wird durch Beitritt erworben. Das erfolgt durch Stellung eines **Aufnahmeantrags** und durch – ggf. konkludente – Annahme des Antrags durch das zuständige Verbandsorgan. Ist der Beitrittswillige in der Geschäftsfähigkeit beschränkt, so bedarf er grundsätzlich der Zustimmung seines gesetzlichen Vertreters. Eine Ausnahme besteht für **Minderjährige,**[68] wenn sie ermächtigt sind, ein Erwerbsgeschäft zu führen (§ 112 BGB) oder in Dienst oder Arbeit zu treten (§ 113 BGB).[69] Bei dem Beitritt handelt es sich um ein „Annexgeschäft", welches mit der Durchführung des Arbeitsverhältnisses verbunden ist. Dem Jugendlichen ist es nur so möglich, die unmittelbare und zwingende Wirkung der tariflichen Arbeitsbedingungen zu erlangen. Zudem gehört zur partiellen Geschäftsfähigkeit iSd Eingehung und Durchführung eines Arbeitsverhältnisses auch die selbständige Ausübung der individuellen Koalitionsfreiheit.[70]

35 Durch die **Satzung** kann bestimmt werden, dass nur solche Personen aufgenommen werden, die im örtlichen, industriellen und fachlichen Tätigkeitsbereich des Verbandes arbeiten. Bei den Arbeitgeberverbänden werden nicht die Betriebe, sondern deren Inhaber, also die natürlichen oder juristischen Personen, Mitglieder des jeweiligen Verbandes. Sieht eine Satzung **verschiedene Mitgliedsformen,** namentlich die mit und ohne Tarifgebundenheit vor, muss sich aus dem Aufnahmeantrag hinreichend ergeben, welche Form der Mitgliedschaft beantragt wird. Ist die Satzungsänderung hinsichtlich einer nunmehr möglichen OT-Mitgliedschaft noch nicht in das Vereinsregister eingetragen, kann eine solche nicht wirksam erworben werden.[71]

36 Aufgrund seiner ihm zustehenden Autonomie ist ein Verein oder Verband selbst bei Erfüllung der satzungsmäßigen Voraussetzungen in seiner Entscheidung frei, ob er einen Mitgliedschaftsbewerber aufnehmen will. Nach der Rechtsprechung des BGH ergibt sich allerdings bei Gewerkschaften dann ein **Aufnahmeanspruch,** wenn ihr eine überragende Machtstellung zukommt und ein wesentliches Interesse an der Mitgliedschaft besteht.[72] Der Anspruch ergibt sich richtigerweise aus der individuellen Koalitionsfreiheit des Art. 9 III GG, weil diese sachgemäß nur in einer Koalition ausgeübt werden kann.[73] Die Koalition ist allerdings nicht gehalten, Personen aufzunehmen, die sich gegen sie und ihr Betätigung richten, insbesondere mit ihren Zielen nicht übereinstimmen.[74] Solche Aufnahmeverweigerungsgründe können in die Satzung aufgenommen werden. Gründe zur Ablehnung können noch im laufenden Rechtsstreit „nachgeschoben" werden (zum Ausschluss → Rn. 42 f.).[75]

37 **b) Rechte und Pflichten der Mitglieder.** Die Mitglieder sind berechtigt, ihre **Mitwirkungsrechte** in dem in der Satzung vorgesehenen Umfang wahrzunehmen, was namentlich Wahlen und Abstimmungen betrifft. Das gebietet nicht nur die demokratische Struktur als eine Voraussetzung des Koalitionsbegriffs (→ § 188 Rn. 11 ff.). Bei der Ausübung des aktiven und passiven Wahlrechts kann eine angemessene Mitgliedschaftsdauer gefordert werden. Die Verbandsmitglieder sind verpflichtet, für den Bestand des Verbands und die Erreichung seiner Ziele zu sorgen. Sie machen sich daher je nach den Umständen des Einzelfalles schadensersatzpflichtig, wenn sie während ihrer Mitgliedschaft für einen von ihnen neu gegründeten Verband werben.[76] Für Streitigkeiten zwischen Verbänden und ihren Mitgliedern sind meist **Schiedsgerichte** geschaffen worden. Im Übrigen sind die ordentlichen Gerichte zuständig.

[66] BAG 4.7.1977 AP Nr. 25 zu Art. 9 GG mAnm *Grunsky;* BGH 6.10.1964 AP Nr. 6 zu § 54 BGB = NJW 1965, 156.

[67] BAG 2.6.1987 AP Nr. 49 zu Art. 9 GG = NZA 1988, 64.

[68] S. etwa die Fallgestaltung in BAG 6.5.2003 AP Nr. 21 zu § 3 TVG Verbandszugehörigkeit = NZA 2004, 562.

[69] LG Essen 18.3.1965 AP Nr. 3 zu § 113 BGB = NJW 1965, 2302; LG Düsseldorf 10.3.1966 DB 1966, 587; LG Frankenthal 14.3.1966 DB 1966, 587.

[70] Staudinger/*Knothe* BGB § 113 Rn. 19.

[71] BAG 26.8.2009 AP Nr. 28 zu § 3 TVG Verbandszugehörigkeit = NZA-RR 2010, 305.

[72] BGH 15.10.1990 NJW 1991, 485; 19.10.1987 NJW 1988, 552; 10.12.1984 NJW 1985, 1216; 1.10.1984 NJW 1985, 1214; dazu *Sachse* AuR 1985, 267 ff.

[73] Dazu jüngst *Annerfelt* AuR 2021, 14 ff.; *Sachse,* Das Aufnahme- und Verbleiberecht in den Gewerkschaften der Bundesrepublik, 1985, 164 f.

[74] BGH 1.10.1984 NJW 1985, 1214 (frühere Verunglimpfungen der Gewerkschaft, Sorge der Bildung von Konkurrenzlisten); 10.12.1984 NJW 1985, 1216 (frühere KPD-Mitgliedschaft); OLG Frankfurt 23.11.1983 ZIP 1984, 61 (Zugehörigkeit zu einer Gruppe mit gewerkschaftsfeindlichen Handlungen).

[75] BGH 1.10.1984 NJW 1985, 1214.

[76] BGH 4.7.1977 AP Nr. 25 zu Art. 9 GG mAnm *Grunsky.*

Eine der Hauptpflichten besteht in der **Zahlung der Verbandsbeiträge.** Diese sind bei den Gewerkschaften regelmäßig ein vH-Satz der Bruttovergütung bestimmt. Die Beiträge sind einklagbar. Zuständig sind die ordentlichen Gerichte am Sitz der Gewerkschaft (§ 22 ZPO).[77] Die Gewerkschaften können in ihrer Satzung vorsehen, dass von ihnen vorgeschlagene und unterstützte Mitglieder, die in einen Aufsichtsrat gewählt werden, verpflichtet sind, einen wesentlichen Teil der **Bezüge aus den Aufsichtsratsmandaten** abzuführen.[78] Damit ist keine Benachteiligung iSd § 26 II MitbestG oder § 9 S. 2 DrittelbG verbunden und es wird auch nicht gegen § 11 AktG verstoßen (angemessene Vergütung).[79] Die Satzungsbestimmungen sollen auch dann eingreifen, wenn das Gewerkschaftsmitglied nicht über einer Liste der Gewerkschaft oder ohne deren Unterstützung gewählt worden ist.[80] Die Beiträge zu den Arbeitgeberverbänden werden zumeist nach den zu den Berufsgenossenschaften gemeldeten Entgeltsummen berechnet. Die Spitzenorganisationen erhalten von den angeschlossenen Verbänden einen Prozentsatz des Beitragsaufkommens (zum DGB → Rn. 4). Satzungsbestimmungen, wonach Gewerkschaftsmitglieder Aufsichtsratsvergütungen teilweise an Dritte abzuführen haben, wurden als unwirksam angesehen, wenn sie sich damit nicht einverstanden erklärt haben.[81] 38

Die Mitglieder sind ferner berechtigt, die **Einrichtungen des Verbandes** in Anspruch zu nehmen. Hierzu zählen namentlich die Rechtsberatung und Rechtsschutzeinrichtungen. Der DGB gewährt Rechtsschutz über die DGB-Rechtsschutz-GmbH.[82] Deren Prozessführung muss den Anforderungen genügen, die an die Prozessführung durch Rechtsanwälte zu stellen sind.[83] Bei den Gewerkschaften sind zudem besondere Unterstützungseinrichtungen vorgesehen (namentlich beim Arbeitskampf und bei Maßregelungen anlässlich eines solchen). Ein Rechtsanspruch ist idR ausgeschlossen, sodass sie nicht der Versicherungsaufsicht unterliegen. Jedoch haben die Organisationen im Verhältnis zu ihren Mitgliedern den Gleichbehandlungsgrundsatz zu beachten. Darüber hinaus werden im Rahmen von Gruppenverträgen oder Gruppenversicherungen weitere Unterstützungsleistungen angeboten.[84] 39

c) Beendigung der Mitgliedschaft.[85] **aa) Austritt.** Die Mitgliedschaft in der Koalition kann neben einer einvernehmlichen Auflösungsvereinbarung für die Zukunft[86] durch Austritt beendet werden. Für die Kündigung der Mitgliedschaft können im Rahmen von § 39 BGB Fristen bestimmt werden.[87] Allerdings ist eine nach § 39 II Hs. 2 BGB **zulässige Frist** von zwei Jahren beim Gewerkschaftsaustritt mit dem Grundrecht der Koalitionsfreiheit nicht zu vereinbaren, weil „berechtigte Belange" einer Koalition nicht bestehen durften. Eine Austrittsfrist von mehr als einem halben Jahr durfte deshalb regelmäßig unangemessen sein.[88] Unerheblich ist dabei, ob das Gewerkschaftsmitglied einer anderen Koalition beitreten will. Diese Rechtsprechung lässt sich in Anbetracht der mit einem Austritt aus dem Arbeitgeberverband verbundenen Konsequenzen ungeachtet des § 3 III TVG auf diesen nicht unbesehen übertragen.[89] Die hier zu berücksichtigende Funktionsfähigkeit der Tarifautonomie kann zusätzliche 40

---

[77] BGH 26.10.1979 NJW 1980, 343.

[78] BAG 21.5.2015 AP Nr. 10 zu § 611 BGB Gewerkschaftsangestellte = NZA 2015, 1319; OLG Frankfurt/Main 7.12.2017 NZG 2018, 870; s. auch *Seifert* BB 2019, 1784 ff.; *Sagan* ZGR 2020. 889 ff.; *Schäfer/Bachmeier* ZIP 2018, 2141 ff.; ausf. *Hanau*, Die Verpflichtung zur Abführung von Aufsichtsratsvergütungen an die Hans-Böckler-Stiftung, 2012.

[79] *Sagan* ZGR 2020, 889 (895 ff.) mwN zum Streitstand.

[80] OLG Frankfurt 18.12.2018 NZG 2019, 945; mit (teilw. krit.) Besprechungen von *Sagan* ZGR 2020, 889 ff.; *Schäfer/Bachmeier* ZIP 2018, 2141 ff.; u.a., weil das OLG Frankfurt von einer nur „eingeschränkten Überprüfungsdichte" der Gewerkschaftssatzung ausging; weiterhin *Seifert* BB 2019, 1784 ff.

[81] LG München 17.3.2005 NJW 2005, 1724; anders *Fischer/Theuner* AuR 2011, 466 ff.

[82] http://www.dgbrechtsschutz.de. Zur Geschichte des gewerkschaftlichen Rechtsschutzes *Bauer* AuR 2011, 149 ff.

[83] BGH 26.2.1981 NJW 1981, 1553; 9.7.1984 NJW 1985, 44.

[84] S. etwa BGH 25.1.1990 AP Nr. 58 zu Art. 9 GG = NJW 1991, 287: Das Verschaffen eines Familien- und Wohnungsrechtsschutz durch einen Gruppenversicherungsvertrag ohne Zustimmung der Mitglieder stellt einen Verstoß gegen § 1 UWG aF dar.

[85] *Gaumann* NJW 2002, 2155; *Melot de Beauregard* DB 2005, 1283; *Reuter* RdA 2006, 117.

[86] Dazu BAG 18.5.2011 AP Nr. 15 zu § 3 TVG Verbandsaustritt = NZA 2011, 1378.

[87] BAG 9.11.1956 AP Nr. 1 zu § 3 TVG Verbandszugehörigkeit.

[88] BGH 22.9.1980 AP Nr. 33 zu Art. 9 GG; s. auch BAG 18.3.2009 AP Nr. 41 zu § 3 TVG, mAnm *Kamanabrou* = NZA 2009, 1028. Beim Austritt aus einer Innung ist Art. 9 III GG nicht einschlägig: VG Berlin 20.4.2012 GewArch 2012, 324.

[89] Offen gelassen in BAG 19.9.2006 AP Nr. 22 zu § 3 TVG Verbandszugehörigkeit = NZA 2007, 277; 1.12.2004 AP Nr. 12 zu § 3 TVG Verbandsaustritt = NZA 2005, 645.

Erschwerungen eines Verbandsaustritts oder -übertritts rechtfertigen.[90] Allerdings geht der BGH davon aus, eine Kündigungsfrist von mehr als sechs Monaten sei regelmäßig unzulässig.[91] Ein außerordentliches Austrittsrecht kommt nur in Betracht, wenn ein wichtiger Grund vorliegt.[92] Die Satzungen von Verbänden können vorsehen, dass die Austrittserklärung schriftlich erfolgen muss.[93]

41 Die Satzungen sehen teilweise vor, dass die Mitgliedschaft endet oder enden kann, wenn die **Mitgliederbeiträge nicht gezahlt** werden. Solche in der Sache auflösenden Bedingungen sind grundsätzlich zulässig.[94] Der Rechtsgedanke der § 543 II Nr. 3 lit. a BGB, § 498 I 1 Nr. 1 BGB spricht allerdings für einen mindestens zweimonatigen Beitragsverzug.[95] Die Möglichkeit einer nach Vereins- und Satzungsrecht wirksamen (zweiseitigen) **Vereinbarung über die Beendigung** der Mitgliedschaft in einem Arbeitgeberverband ohne Einhaltung der satzungsmäßig vorgesehenen Kündigungsfrist hat das BAG in seiner Wirksamkeit eingeschränkt, wenn durch die Vereinbarung die Funktionsfähigkeit der Tarifautonomie beeinträchtigt wird, was namentlich während laufender Tarifverhandlungen der Fall sein kann (→ § 204 Rn. 25).

42 **bb) Ausschluss.** Die Mitgliedschaft in einem Verband kann **durch Ausschluss beendet werden.**[96] Das ist etwa der Fall, wenn das Mitglied zugleich einer gewerkschaftsfeindlichen Partei angehört[97] oder wegen gewerkschaftsschädlichen Verhaltens.[98] Gewerkschaftsmitglieder können nach der Rechtsprechung des BVerfG grundsätzlich ausgeschlossen werden, wenn sie auf einer konkurrierenden Liste zur Betriebsratswahl kandidieren. Die Gewerkschaft würde auch unter Berücksichtigung des gesetzlichen Wahlschutzes nach § 20 BetrVG sonst gehindert, ihre innere Geschlossenheit durch vereinsinterne Sanktionen zu wahren.[99] Demgegenüber hatte der BGH angenommen, dass allein die Kandidatur auf einer anderen Liste als der der eigenen Gewerkschaft vor dem Hintergrund des Behinderungsverbots nach § 20 II BetrVG einen Ausschluss nicht rechtfertigt, wenn die andere Liste über den Stimmenwettbewerb hinaus keine gegnerische Tendenz hat.[100]

43 Im Rahmen der **gerichtlichen Kontrolle** des Beschlusses über die Ausschließung kann nur dessen formelle Gültigkeit nachgeprüft werden, dh, ob das satzungsgemäße Verfahren[101] bei der Ausschließung eingehalten worden ist, und ob die Sanktion grob unbillig, willkürlich, gesetzes- oder sittenwidrig ist.[102] Zudem unterliegt der Beschluss nur insoweit der gerichtlichen Überprüfung, wie er im Verbandsverfahren zustande gekommen ist. Eine nachträgliche Klärung des Sachverhalts im Zivilprozess liefe auf eine nachgeschobene Begründung des Ausschließungsbeschlusses hinaus.[103] Ausgeschlossen werden kann auch ein **Landesverband** aus dem Bundesverband einer Koalition.[104]

---

[90] S. nur ErfK/*Dieterich* GG Art. 9 Rn. 38 mwN; *Oetker* ZfA 1998, 41 (69 ff.); aA *Reuter* RdA 2006, 117 (118).

[91] BGH 29.7.2014 NZA 2014, 1352; dazu *Henssler/Dorando* EWiR 2014, 767; *Oetker* DZWiR 2015, 47 ff.; so schon für einen Berufsverband BGH 22.9.1980 ZIP 1980, 999.

[92] Dazu ArbG Berlin 8.5.2003 ZTR 2003, 447.

[93] BAG 9.11.1956 AP Nr. 1 zu § 3 TVG Verbandszugehörigkeit (für einen Arbeitgeberverband).

[94] S. nur *Gamillscheg*, Kollektives Arbeitsrecht, 449 mwN in Fn. 31; zu weiteren Beendigungstatbeständen in einer Satzung vgl. BAG 18.5.2011 AP Nr. 15 zu § 3 TVG Verbandsaustritt = NZA 2011, 1378.

[95] MHdB ArbR/*Rieble* § 224 Rn. 8; s. etwa § 8 II der Satzung der IG Metall: dreimonatiger Verzug und erfolglose Aufforderung.

[96] Jüngst *Annerfelt* AuR 2021, 14 ff.

[97] BGH 15.10.1990 NJW 1991, 485; BVerfG 21.12.1991 AP Nr. 61 zu Art. 9 GG = NZA 1993, 655.

[98] BGH 25.3.1991 AP Nr. 3 zu § 25 BGB = NJW-RR 1992, 246; s. auch *Wank* JR 1991, 356 ff.

[99] BVerfG 24.2.1999 AP Nr. 18 zu § 20 BetrVG 1972 = NZA 1999, 713; zust. *Ilbertz* ZBVR 2000, 5; *Sachse* AuR 1999, 387 ff.; abl. etwa *Gaumann* NJW 2002, 2155 ff.; bestätigt durch BVerfG 9.1.2007 NZA 2007, 514.

[100] BGH 30.5.1983 AP Nr. 9 zu § 20 BetrVG 1972 = NJW 1984, 918; 19.1.1981 AP Nr. 7 zu § 20 BetrVG 1972 mAnm *Herschel* = NJW 1981, 2178. Krit. dazu etwa *Wendeling-Schröder* ZGR 1990, 107 ff.; *Sachse* AuR 1995, 328 f.

[101] So hat die IG Metall in ihrer Satzung (Anlage 3, Abschnitt A) ein detailliertes Untersuchungsverfahren zur Feststellung eines gewerkschädlichen Verhaltens festgelegt.

[102] Vgl. BGH 19.10.1987 NJW 1988, 552; 28.9.1972 AP Nr. 21 zu Art. 9 GG; 27.2.1978 AP Nr. 27 zu Art. 9 GG = NJW 1978, 1370; 3.4.1990 AP Nr. 56 zu Art. 9 GG Arbeitskampf. Das setzt nach einer Entscheidung des OLG Frankfurt (12.9.2018 FA 2018, 399) allerdings eine nähere inhaltliche Beschreibung konkreter Ausschlussgründe in der Satzung voraus. Fehlt es daran, ist der Ausschlussgrund gerichtlich in vollem Umfang überprüfbar.

[103] BGH 19.10.1987 NJW 1988, 552; 19.1.1981 AP Nr. 7 zu § 20 BetrVG 1972 = NJW 1981, 2178.

[104] BVerfG 9.1.2007 NZA 2007, 514 (DJV).

V. Gewerkschaftliche Vertrauensleute

1. Grundsatz. Unabhängig von den Betriebsräten oder Personalräten gibt es in den Betrieben und Dienststellen gewerkschaftliche Vertrauensleute und deren Organisation in sog. Vertrauensleutekörpern.[105] Sie sind das Bindeglied zwischen den Gewerkschaftsmitgliedern im Betrieb und der Gewerkschaftsorganisation und zuständig für die **Wahrnehmung der Interessen der Gewerkschaftsmitglieder** im Betrieb, die Vermittlung von Tarifverträgen und Tarifpolitik für die AN sowie die Information der Gewerkschaft über Wünsche der AN, aber auch für die Werbung neuer Mitglieder. Bei der Tätigkeit der Vertrauensleute handelt sich um eine gewerkschaftliche Betätigung und nicht um die Wahrnahme betriebsverfassungsrechtlicher Aufgaben.[106] Das steht einer Betätigung in beiden Bereichen nicht entgegen.[107] Von den gewerkschaftlichen Vertrauensleuten sind die „betrieblichen Vertrauensleute"[108] zu unterscheiden, die teilweise bestehen.[109] 44

Die gewerkschaftliche Betätigung durch Vertrauensleute in den Betrieben ist als **Teil der Koalitionsbetätigung** durch Art. 9 III GG garantiert.[110] Diese grundsätzliche Garantie lässt aber in der Praxis dennoch Fragestellungen zur Rechtsstellung der Vertrauensleute und ihren Betätigungen im Einzelnen aufkommen. 45

2. Rechtsstellung. Die gewerkschaftlichen Vertrauensleute haben grundsätzlich dieselbe Rechtsstellung wie die anderen AN.[111] Weder nach § 612a BGB[112] noch nach § 75 BetrVG dürfen sie allein wegen ihrer gewerkschaftlichen Betätigung **benachteiligt, aber auch nicht bevorzugt werden.** Vor allem aus den siebziger und achtziger Jahren des vorigen Jahrhunderts datieren Entscheidungen, die von der Rechtsstellung gewerkschaftlicher Vertrauensleute handeln: Eine Verwarnung ist zulässig, wenn die Verletzung arbeitsvertraglicher Pflichten in der Wahrnehmung von Aufgaben als gewerkschaftliche Vertrauensperson fußt. Gewerkschaftliche Vertrauensleute sind nicht ohne weiteres berechtigt, während ihrer Arbeitszeit für ihre Organisation zu werben.[113] Der Bericht der gewerkschaftlichen Vertrauensperson auf einer Betriebsversammlung ist grundsätzlich ein zulässiges Thema.[114] 46

Das Hessische LAG hat es als zulässig angesehen, dass eine gewerkschaftliche Vertrauensperson ohne Einwilligung des AG **E-Mails** von ihrem Arbeitsplatz an betriebliche E-Mail-Adressen versandt hat, in denen für die Gewerkschaft geworben, über Streikmaßnahmen informiert und zur Streikteilnahme aufgerufen wird.[115] Einen Anspruch auf Durchführung der **Wahlen von gewerkschaftlichen Vertrauensleuten im Betrieb** ist bisher in der Rechtsprechung, allerdings unter Hinweis auf das mittlerweile überholte „Unerlässlichkeitskriterium" der Kernbereichslehre (→ § 189 Rn. 4),[116] abgelehnt worden. Da es sich um einen innergewerkschaftlichen Organisationsakt handele, könne unter Heranziehung des Koalitionsbetätigungsrechts aus Art. 9 III GG keine Inanspruchnahme der Räumlichkeiten des AG abgeleitet werden. Aus dem Übereinkommen Nr. 135 IAO (→ § 188 Rn. 8) folge nicht anderes, da es keine unmittelbaren Ansprüche begründe.[117] 47

---

[105] Zur Historie: *Däubler,* Gewerkschaftsrechte, Rn. 47 ff. Zum öffentlichen Dienst zuletzt etwa *Steiner* PersV 2020, 364 (364 f., 371 ff.).

[106] So ausdrücklich die Sozialpartner-Vereinbarung zwischen der IG BCE und der BACV idF vom 19.1.1998, abrufbar unter http://www.chemie-sozialpartner.de/vereinbarungen/vertrauensleute; s. auch *Peters-Ackermann* AiB 2011, 197 ff.

[107] So schon BVerfG 26.5.1970 AP Nr. 16 zu Art. 9 GG = NJW 1970, 1635.

[108] Zur Einsetzung von „Kommunikationsbeauftragten" durch den BR BAG 29.4.2015 AP Nr. 14 zu § 3 BetrVG 1972 = NZA 2015, 1397.

[109] Dazu *Däubler,* Gewerkschaftsrechte, Rn. 543.

[110] BVerfG 14.11.1995 AP Nr. 80 zu Art. 9 GG = NZA 1996, 381; BAG 8.12.1978 AP Nr. 29 zu Art. 9 GG mAnm *Konzen.* Ausf. zu den Vertrauensleuten *Däubler,* Gewerkschaftsrechte, Rn. 504 ff.

[111] Zur Verantwortlichkeit für eine von gewerkschaftlichen Vertrauensleuten herausgegebenen Betriebszeitung LAG Bln 13.10.1980 EzA Nr. 4 zu § 64 ArbGG 1979.

[112] BAG 21.9.2011 AP Nr. 20 zu § 612a BGB = NZA 2012, 317 (Weigerung, den Arbeitsvertrag zu entfristen).

[113] ArbG Kiel 28.9.1977 BB 1978, 152 mAnm *Bengelsdorf.*

[114] LAG Hamm 3.12.1986 DB 1987, 2659.

[115] HessLAG 20.8.2010 – 19 Sa 1835/09 (Entfernung einer Abmahnung); ArbG Brandenburg 1.12.2004 – 3 Ca 1231/04, dazu *Hummel* dbr 2005, Nr. 11, 38.

[116] Daher zu Recht aA DKKW/*Berg* BetrVG § 2 Rn. 51; *Däubler,* Gewerkschaftsrechte, Rn. 508a ff.; ErfK/*Koch* BetrVG § 2 Rn. 7; Richardi BetrVG/*Richardi* § 2 Rn. 174.

[117] BAG 8.12.1978 AP Nr. 28 zu Art. 9 GG mAnm *Konzen*; aA *Pfarr* AuR 1979, 242 ff.

48 Die Rechtsstellung von gewerkschaftlichen Vertrauensleuten **kann durch Tarifvertrag** und dabei richtigerweise durch Inhaltsnormen[118] besonders **ausgestaltet werden.**[119] Hierzu gehören etwa die Bildung von Vertrauenskörperschaften im Betrieb, bezahlte Freistellung[120] zum Besuch von Gewerkschaftsveranstaltungen[121] oder Anspruch auf unbezahlte Freistellung gegenüber dem AG zur Teilnahme an gewerkschaftlichen Schulungsveranstaltungen während der Arbeitszeit.[122]

49 Zulässig ist eine **tarifliche Regelung** über einen **besonderen Kündigungsschutz** für gewerkschaftliche Vertrauensleute.[123] Solche Schutzbestimmungen verstoßen weder gegen Art. 9 III GG, insbesondere die negative Koalitionsfreiheit (→ § 189 Rn. 9 ff.), noch verletzen sie das Prinzip der Gegnerunabhängigkeit oder mindern die Rechte des BR.[124] Die verfassungsrechtlich gewährleistete Tarifautonomie verbietet es nicht, dass mit den Kündigungsschutzbestimmungen zu Gunsten gewerkschaftlicher Vertrauensleute auch organisationspolitische Ziele verfolgt werden könnten. Ein Eingriff in die negative Koalitionsfreiheit ist schon deshalb nicht gegeben, weil der Kündigungsschutz nicht Gewerkschaftsmitgliedern als solchen zu Gute kommt. Art. 9 III GG schützt zudem lediglich vor einem Zwang oder Druck, einer Koalition beizutreten, nicht aber vor einem bloßen Anreiz (→ § 189 Rn. 11).[125] Die Gegnerunabhängigkeit wird nicht verletzt, weil die Unabhängigkeit der gewerkschaftlichen Vertrauensleute gerade gefördert werden soll. Eine Aushöhlung der Befugnisse des BR kann allenfalls dann angenommen werden, wenn den gewerkschaftlichen Vertrauensleuten ähnliche oder vor allem konkurrierende Beteiligungsrechte eingeräumt werden. Eine gleichwohl ausgesprochene Kündigung ist unwirksam.[126] Eine solche Tarifregelung entfaltet grundsätzlich Nachwirkung, die aber konkludent ausgeschlossen sein kann, was der Fall sein soll, wenn eine Nachverhandlungspflicht vereinbart worden ist.[127]

---

118 *Löwisch/Rieble* TVG § 1 Rn. 2209 f.

119 Implizit BAG 19.7.1983 AP Nr. 5 zu § 87 BetrVG 1972; offengelassen BAG 8.10.1997 AP Nr. 29 zu § 4 TVG Nachwirkung = NZA 1998, 492; s. auch *Däubler,* Gewerkschaftsrechte, Rn. 653 ff.; *Struck* Die rechtliche Zulässigkeit von Tarifverträgen zugunsten gewerkschaftlicher Vertrauensleute, 1981, passim.

120 Vor dem Hintergrund des Art. 9 III GG wenig nachvollziehbar *Löwisch/Rieble* TVG § 1 Rn. 2201 (Steuerhinterziehung); aA zu Recht *Passewaldt* BLJ 2011, 106 (110).

121 BAG 21.2.2001 AP Nr. 76 zu § 1 TVG Tarifverträge: Einzelhandel; 20.4.1999 AP Nr. 28 zu § 1 TVG Tarifverträge: Rundfunk.

122 Bejahend ArbG Kassel 5.8.1976 DB 1976, 1975.

123 LAG Düsseldorf 25.8.1995 AuR 1996, 238; *Löwisch/Rieble* TVG § 1 Rn. 2212; NK-TVG/*Heuschmid/Klein* § 1 Rn. 1052.

124 So etwa MHdB ArbR/*Boemke* § 289 Rn. 21; Richardi BetrVG/*Richardi* § 2 Rn. 176 jeweils mwN; aA zu Recht *Däubler,* Gewerkschaftsrechte, Rn. 521 ff., 658 ff.; *Fitting* BetrVG § 2 Rn. 90; *Hunnekuhl/Zäh* NZA 2006, 1022 (1023 f.); *Löwisch/Rieble* TVG § 1 Rn. 2212.

125 S. nur BAG 18.3.2009 AP Nr. 41 zu § 3 TVG mAnm *Kamanabrou* = NZA 2009, 1028 (zu tariflichen Differenzierungsklauseln).

126 LAG Düsseldorf 25.6.1995 EzBAT Nr. 16 zu § 53 BAT Schwerbehinderte; aA *Löwisch/Rieble* TVG § 1 Rn. 2212, bei betriebsbedingten Kündigungen.

127 BAG 8.10.1997 AP Nr. 29 zu § 4 TVG Nachwirkung = NZA 1998, 492.

XIX. Buch. Arbeitskampf- und Schlichtungsrecht

§ 191. Grundlagen des Arbeitskampfrechts

Übersicht

I. Grundlegung

1. Funktion und Bedeutung des Arbeitskampfs. Arbeitskämpfe sind in ihrer Funktion zur Entgeltfindung und Festlegung anderer Arbeitsbedingungen am Arbeitsmarkt anerkannt.[1] Sie sind erforderlich, um die Regelung der Arbeitsbedingungen ohne staatliche Mitwirkung (zu einer Zwangsschlichtung → Rn. 40 ff.) interessengerecht lösen zu können.[2] Wurden Arbeitskämpfe vor allem noch in den Anfangsjahren der Bundesrepublik, aber vereinzelt auch noch in heutiger Zeit als „im allgemeinen unerwünscht"[3] oder „volkswirtschaftlich schädigend" bewertet, gehören sie zumindest zu den **notwendigen Funktionselementen** des die Freiheit der Tarifautonomie einschließenden Grundrechts der Koalitionsfreiheit. 1

Die verfassungsrechtlich durch Art. 9 III GG geschützte Tarifautonomie (→ § 195 Rn. 6 ff.) verfolgt den Zweck, dem von der staatlichen Rechtssetzung ausgesparten Raum des Arbeitslebens im Einzelnen vorrangig durch Tarifverträge autonom zu regeln.[4] Sie ist als **kollektives Interessenwahrungs- und Ausgleichsverfahren** darauf angelegt, die strukturelle Unterlegenheit der einzelnen AN beim Abschluss von Arbeitsverträgen durch kollektives Handeln auszugleichen. Das Grundgesetz geht davon aus, dass damit ein annähernd gleichgewichtiges Aushandeln der Löhne und Arbeitsbedingungen ermöglicht wird.[5] Wird im Rahmen der Tarifvertragsverhandlungen – gegebenenfalls nach Durchführung eines freiwilligen Schlichtungsverfahrens (→ § Rn. 41 ff.) – kein Ergebnis erzielt, ergibt sich für die eine Vertragsänderung wünschende Partei[6] – das Bedürfnis nach Durchsetzung ihrer Forderungen. Dafür steht den tariffähigen Koalitionen (→ § 196 Rn. 4 ff., 9 ff.) die Möglichkeit des Arbeitskampfs zur Verfügung. Durch die Ausübung kollektiven Drucks soll das Verhandlungsziel durchgesetzt oder ihm zumindest nähergekommen und letztlich eine Einigung erzielen werden. Ohne eine solche Handlungsoption blieben Tarifvertragsverhandlungen, wie es das BAG im Jahr 1980 plastisch formuliert hat, für die Arbeitnehmerseite nur „kollektives Betteln".[7] 2

---

[1] BVerfG 26.6.1991 AP Nr. 117 zu Art. 9 GG Arbeitskampf = NZA 1991, 809.

[2] Grdl. BAG 28.1.1955 AP Nr. 1 zu Art. 9 GG Arbeitskampf.

[3] So noch die Grundsatzentscheidung BAG 28.1.1955 AP Nr. 1 zu Art. 9 GG Arbeitskampf.

[4] So schon BVerfG 18.11.1954 AP Nr. 1 zu Art. 9 GG; 11.7.2006 AP Nr. 129 zu Art. 9 GG = NZA 2007, 42.

[5] BVerfG 4.7.1995 AP Nr. 4 zu § 116 AFG = NZA 1995, 754; 26.6.1991 AP Nr. 117 zu Art. 9 GG Arbeitskampf = NZA 1991, 809; s. auch BAG 21.5.2014 AP Nr. 220 zu § 242 BGB Gleichbehandlung = NZA 2015, 115.

[6] Dies sind grundsätzlich die AN: BAG 12.9.1984 AP Nr. 81 zu Art. 9 GG Arbeitskampf mAnm *Herschel* = NZA 1984, 393.

[7] BAG 10.6.1980 AP Nr. 64 zu Art. 9 GG Arbeitskampf = NJW 1980, 1642; ebenso BVerfG 9.7.2020 AP Nr. 191 zu Art. 9 GG Arbeitskampf = NZA 2020, 1118.

3 Die wirtschaftliche und soziale Bedeutung – das zeigt ebenso die historische Entwicklung[8] – von Arbeitskämpfen ist daher nicht zu unterschätzen. Sie sind aber auch mit **wirtschaftlichen Nachteilen** für die handelnden Akteure und darüber hinaus für vom Arbeitskampf mittelbar Betroffene (→ § 194 Rn. 22 ff.) verbunden. Die AN verlieren zeitweilig ihre Beschäftigung und ihren Entgeltanspruch (→ § 194 Rn. 2 ff.), erhalten aber, soweit sie Gewerkschaftsmitglieder sind, möglicherweise eine Streikunterstützung (→ § 194 Rn. 18). Die kampfbetroffenen AG erleiden Produktions- und Umsatzausfälle. Bei der Berechnung von Arbeitskampfschäden wie der Berücksichtigung eines Beitragsausfalls zu den Sozialversicherungssystemen sind Einsparungen und „Nachholeffekte" sowohl betriebswirtschaftlich, namentlich bei langlebigen Konsumgütern,[9] als auch volkswirtschaftlich zu berücksichtigen.[10]

4 Im Vergleich mit dem Ausland verzeichnet die **Arbeitskampfstatistik** der Bundesrepublik Deutschland nach wie vor langfristig ein relativ geringes, allerdings im Jahr 2015 ansteigendes[11] Aufkommen von Streiks.[12] Auch aktuell sind die „Streiktage" rückläufig: In Deutschland fielen 2019 je 1 000 Beschäftigte durchschnittlich 3,9 Arbeitstage durch Streiks aus, während es im Vorjahr zu 14,0 Ausfalltagen je 1 000 Beschäftigte durch Streiks kam.[13] Die Zahl der ausgefallenen registrierten Arbeitstage auf Grund von Streiks und Aussperrungen wird durch die Bundesagentur für Arbeit statistisch erfasst.[14] Dabei ist allerdings zu berücksichtigen, dass kurze Warnstreiks mit einer Dauer von unter einem Tag nicht erfasst werden, da sie nach § 320 V SGB III vom AG nicht gemeldet werden müssen.[15] Infolge der lückenhaften statistischen Erfassung wird deshalb auch von höheren Schätzungen ausgegangen, die gleichwohl an dem Befund der relativen „Streikarmut" im Vergleich zu anderen Ländern nicht signifikant etwas ändern würde.[16] Ab dem Jahr 2011 ist ein Anstieg bei der Anzahl der Arbeitskämpfe zu verzeichnen. Dies auch deshalb, weil Tarifauseinandersetzungen um Haustarifverträge zugenommen haben.[17] So hat im Jahr 2019 im Vergleich zum Jahr 2018 die Konflikthäufigkeit trotz zurückgegangener „Streiktage" leicht zugenommen.[18]

5 **2. Arbeitskampfbegriff.** Eine **gesetzliche Begriffsbestimmung** des Arbeitskampfs **besteht nicht.** Das geltende Bundes- und Landesrecht erwähnt zwar den Arbeitskampf (ebenso wie der Streik in einigen Landesverfassungen → Rn. 22) an einigen Stellen (Art. 9 III 3 GG, § 2 I Nr. 2 ArbGG, § 74 II BetrVG, § 66 II BPersVG sowie in einigen Personalvertretungsgesetzen der Länder, § 11 V AÜG, § 25 KSchG, §§ 36 III, 160, 174 SGB III, § 174 VI SGB IX, § 32a ZDG), ohne ihn allerdings zu definieren. Die Normen beschäftigen sich mit Folgefragen von Arbeitskämpfen. Die Interpretation der einzelnen Bestimmungen hilft nicht weiter, weil sich nur der Begriff iSd jeweiligen Spezialnorm gewinnen ließe.[19]

6 Eine Begriffsbestimmung für das Arbeitskampfrecht muss das **soziale Phänomen kollektiver Arbeitskonflikte** möglichst erschöpfend und ohne juristische Präjudizierungen erfassen.[20] Zu kurz greift es auch, eine „Störung der Arbeitsbeziehungen" als notwendig anzusehen.[21] Das wird beim Streik meist der Fall sein, ist aber nicht zwingend, wie schon der Boykottaufruf an

---

8 Zur geschichtlichen Entwicklung und rechtlichen Anerkennung des Arbeitskampfs vor allem *Kittner,* Arbeitskampf, passim; weiterhin Däubler ArbeitskampfR-HdB/*Däubler* §§ 1–8; *Otto* ArbeitskampfR § 2 Rn. 1 ff.

9 Zum Streik in der Druckindustrie 1984: BAG 5.3.1985 AP Nr. 85 zu Art. 9 GG Arbeitskampf = NZA 1985, 504.

10 Däubler ArbeitskampfR-HdB/*Däubler* § 8 Rn. 28 ff.

11 WSI-Pressemitteilung vom 3.3.2016 (abrufbar unter http://www.boeckler.de), Schwerpunkte im Sozial- und Erziehungsdienst sowie bei der Post.

12 Eine Chronologie der wichtigsten Arbeitskämpfe findet sich bei BKS/*Berg* Teil 1 Rn. 18, 33; Däubler ArbeitskampfR-HdB/*Däubler* § 8 Rn. 36; s. auch *Schulten/WSI-Tarifarchiv* Statistisches Taschenbuch Tarifpolitik, 2019, Kap. 4 „Tarifbewegungen und Arbeitskämpfe" (abrufbar unter https://www.boeckler.de/pdf/p_ta_tariftaschenbuch_2019.pdf); zu Europa s. *Vandaele* WSI-Mitteilungen 2014, 345 ff.

13 Statistisches Bundesamt, abrufbar unter www.destatis.de.

14 Für die einzelnen Jahre ab dem Jahr 2005 abrufbar unter http://www.arbeitsagentur.de oder https://statistik.arbeitsagentur.de/. S. auch die Nachw. in → Fn. 12 sowie Däubler ArbeitskampfR-HdB/*Däubler* § 8 Rn. 28 (ab 1969).

15 Zu diesen „Lücken" der Statistik *Dribbusch* in: Bispinck/Schulten (Hrsg.), Zukunft der Tarifautonomie, 2010, 145 (147 f., 151 ff.).

16 *Dribbusch* in: Bispinck/Schulten (Hrsg.), Zukunft der Tarifautonomie, 2010, 145 (158 ff.).

17 Vgl. *WSI,* Pressemitteilung vom 4.3.2016: WSI-Arbeitskampfbilanz 2015 (http://www.boeckler.de).

18 *Frindert/Dribbusch/Schulten* WSI-Arbeitskampfbilanz-2019: von 216 auf 227.

19 Ebenso BAG 21.4.1971 AP Nr. 43 zu Art. 9 GG Arbeitskampf = NJW 1971, 1688; 10.6.1980 AP Nr. 64 zu Art. 9 GG Arbeitskampf = NJW 1980, 1642.

20 *Otto* ArbeitskampfR § 1 Rn. 1 ff.; *Treber,* Aktiv produktionsbehindernde Maßnahmen, 1996, 99 ff.

21 Vgl. *Brox/Rüthers* Rn. 17, 21; zu Recht krit. *Otto* ArbeitskampfR § 1 Rn. 3.

Dritte (→ Rn. 10) oder die Zahlung von Streikbruchprämien (→ Rn. 13) zeigt. Andererseits ist auch die Ausübung vertraglicher Rechte, vor allem der Massen(änderungs)kündigung oder der kollektiven Ausübung von Zurückbehaltungsrechten, nicht von vorneherein auszuklammern (→ Rn. 9, → § 192 Rn. 49).[22] Deshalb ist ein weiter Arbeitskampfbegriff zugrunde zu legen und vom Zweck des Arbeitskampfs auszugehen: der **Ausübung wirtschaftlichen Drucks,** präziser die Ausübung von kollektivem Druck, um eine Einigung herbeizuführen.[23] Zugleich ist zu berücksichtigen, dass beide Seiten versuchen werden, Nachteile abzuwehren. Schließlich sind individuelle Konfliktformen einzelner AN nicht zu erfassen.[24] An diesem soziologischen Erscheinungsbild hat sich der Arbeitskampfbegriff zu orientieren:

Arbeitskampf ist die zielgerichtete **Ausübung kollektiven Drucks** durch die Arbeitnehmer- oder Arbeitgeberseite mittels Zufügung von Nachteilen oder deren Abwehr.

II. Arten des Arbeitskampfs

1. Grundsatz. Hinsichtlich der Art des Arbeitskampfs kann zwischen den einzelnen **Arbeitskampfmitteln** der Arbeitnehmer- und Arbeitgeberseite sowie zusätzlich danach unterschieden werden, ob es sich um „Angriffsmaßnahmen" oder „Verteidigungsmittel" handelt. Ein numerus clausus von zulässigen Arbeitskampfmitteln – namentlich eine Begrenzung auf Streik und Aussperrung – besteht nicht (zur freien Kampfmittelwahl → § 192 Rn. 48 f.). Weitere Unterscheidungsmerkmale sind die **Arbeitskampfziele** und die **Träger eines Arbeitskampfs.** 7

2. Einzelne Arbeitskampfmittel. a) Arbeitnehmer. Das nach wie vor wichtigste Arbeitskampfmittel der AN ist traditionell der **Streik.** Darunter ist die von einer Mehrzahl von AN planmäßig und gemeinschaftlich durchgeführte Einstellung einer an sich nach individualrechtlichen Regeln zur erbringenden Arbeitsleistung, kurz gesagt die **kollektive Arbeitseinstellung** zu verstehen.[25] Durch die Arbeitsniederlegung soll Druck auf andere ausgeübt werden, um ein Ziel, beim Tarifarbeitskampf den Abschluss eines Tarifvertrags, zu erreichen.[26] Zum Streik wird regelmäßig die Absicht gehören, die Arbeit nach dem Ende der Maßnahmen wieder aufzunehmen. Die **Praxis des Streiks** war und ist in den letzten Jahrzehnten einem Wandel unterlegen, der sich in den Entscheidungen der Rechtsprechung widerspiegelt. Vom Flächenstreik im Tarifgebiet des umkämpften Verbandstarifvertrags hin zum Schwerpunktstreik, vom eng geführten Teilstreik hin zu flexiblen Streikformen wie Warnstreiks, auch in Form der „Neuen Beweglichkeit", punktuellen Kurzstreiks oder Wechselstreiks sowie den sog. Wellenstreiks (→ § 194 Rn. 25).[27] Zudem haben sich „Neue Arenen des Arbeitskampfes" für die Gewerkschaften durch eine Verlagerung in den Dienstleistungssektor und in Tarifauseinandersetzungen um Haustarifverträge ergeben.[28] 8

Neben dem Streik als „klassischer" Arbeitskampfform sind an weiteren Kampfmitteln der AN die Formen **partieller Arbeitsverweigerung** zu nennen, wie etwa die Verweigerung von Überstunden,[29] der sog. Bummelstreik oder „Dienst nach Vorschrift" (auch bezeichnet als „go slow"),[30] und weiterhin verabredete Krankmeldungen („go sick" oder „sick out") wie beim Fluglotsenstreik 1973/74[31] oder wie sie bei der Tarifauseinandersetzung im Jahr 2016 bei TUIfly angenommen wurden.[32] Zu Arbeitsniederlegungen kommt es auch durch die kollektive Inan- 9

[22] AA Däubler ArbeitskampfR-HdB/*Däubler* § 8 Rn. 6.

[23] BAG 14.8.2018 AP Nr. 186 zu Art. 9 GG Arbeitskampf = NZA 2019, 100; 20.3.2018 AP Nr. 185 zu Art. 9 GG Arbeitskampf = NZA 2018, 1081.

[24] Däubler ArbeitskampfR-HdB/*Däubler* § 8 Rn. 2; *Otto* ArbeitskampfR § 1 Rn. 5; *Kissel* ArbeitskampfR § 13 Rn. 2.

[25] BAG 28.1.1955 AP Nr. 1 zu Art. 9 GG Arbeitskampf; rechtsvergleichend *Gamillscheg,* Kollektives Arbeitsrecht, 985 f.

[26] Deutlicher „to strike work", sinngemäß zu übersetzen als „die Arbeit mit Nachdruck niederlegen", zur Herkunft *Wacke* RdA 1992, 34 f.

[27] Dazu etwa BKS/*Berg* Teil 1 Rn. 39 ff., 159 ff., 186 ff.; *Kittner* Arbeitskampf, 647 ff., 694 ff.; *ders.* JbArbR 43 (2006), 107 ff.; *Otto* ArbeitskampfR § 1 Rn. 11 ff.; s. weiterhin *Renneberg* Die Arbeitskämpfe von morgen, 2005.

[28] Dazu *Rehder/Deinert/Callsen,* Arbeitskampfmittelfreiheit und atypische Arbeitskampfformen, 2011, 11 ff. mwN; *dies.* AuR 2012, 103 ff.; ebenso BKS/*Berg* Teil 1 Rn. 37, 186 ff.; s. auch *Berg* RdA 2019, 110 ff.

[29] Dazu schon RG 30.3.1926 RGZ 113, 197 (200 f.).

[30] Ausf. Däubler ArbeitskampfR-HdB/*Däubler* § 29 Rn. 19 ff.

[31] BGH 31.1.1978 AP Nr. 61 zu Art. 9 GG Arbeitskampf mAnm *Hinz* = NJW 1978, 816; dazu BVerfG 2.7.1979 AP Nr. 61a zu Art. 9 GG Arbeitskampf = NJW 1980, 60; s. auch BGH 16.6.1977 AP Nr. 53 zu Art. 9 GG Arbeitskampf = NJW 1977, 1875.

[32] Dazu *Beckerle/Stolzenberg* NZA 2016, 1313 ff.

spruchnahme individualrechtlicher Gestaltungsrechte wie bei **Massenkündigungen** durch AN (→ § 192 Rn. 50),[33] die Ausübung bestehender Leistungsverweigerungsrechte (→ § 192 Rn. 50), aber auch die kollektive Ausübung des Widerspruchsrechts nach § 613a VI BGB (→ § 192 Rn. 51),[34] wobei diese in der Rechtsprechung regelmäßig nicht als Arbeitskampfmittel bewertet werden.[35] Über die Verweigerung der eigenen Arbeitsleistung hinaus gehen aktive Produktionsbehinderungen (→ § 192 Rn. 52) wie etwa **Betriebsblockaden** oder die **Betriebsbesetzungen,** die vor allem – und regelmäßig einhergehend mit einer Arbeitsniederlegung – eine Ersetzung der Belegschaft oder die Weiterführung der Produktion mit wenigen Arbeitswilligen, jedenfalls aber eine Auslieferung der Produkte verhindern wollen.[36] Denkbar sind aber auch Besetzungen und Blockaden mit lediglich demonstrativem Charakter.

10 An weiteren Kampfmitteln ist zunächst das klassische Arbeitskampfmittel **Boykott** zu nennen (→ § 192 Rn. 53).[37] Durch den organisierten Abbruch, die Einschränkung oder die Verweigerung der Aufnahme von Rechtsbeziehungen soll auf den Boykottierten Druck ausgeübt werden. Hierzu zählt auch der Kundenboykott, wenn er eine Auseinandersetzung zwischen AN und AG unterstützen soll und nicht nur ein reiner „Verbraucherboykott" mit anderer Zielrichtung ist.[38] Der Boykott kann auch dergestalt durchgeführt werden, dass die AN eines anderen AG aufgefordert werden, keine Arbeitsleistung gegenüber dem Boykottierten zu erbringen, wie es bei dem Boykottaufruf der ÖTV an Hafenarbeiter zur Unterstützung von zum Teil nicht streikenden Schiffsbesatzungen der Fall war.[39]

11 Ein weiteres Kampfmittel der Arbeitnehmerseite kann auch eine – bisher nur vereinzelt anzutreffende – sog. **Flash-Mob-Aktion** sein (ausf. → § 192 Rn. 54 ff.). Weiterhin wird vor dem Hintergrund der **Digitalisierung der Arbeitswelt**[40] versucht, die Möglichkeiten des Internet und der innerbetrieblichen elektronischen Kommunikation zu nutzen sowie „virtuelle Arbeitskämpfe" zu organisieren.[41]

12 **b) Arbeitgeber.** Klassisches Kampfmittel der AG – neben der Option, einen Streik durchzustehen[42] – ist die **Aussperrung.** Durch sie werden die AN planmäßig an der Aufnahme und der Erbringung ihrer Arbeitsleistung unter Verweigerung der Entgeltzahlung gehindert.[43] Es soll Druck auf die Arbeitnehmerseite zur Erreichung eines bestimmten (tariflichen) Ziels ausgeübt werden (→ § 193 Rn. 2 f.). Es können sog. Flächenaussperrungen oder die Aussperrung in einzelnen Bereichen durchgeführt werden. Denkbar sind auch Selektivaussperrungen gegenüber einzelnen Beschäftigtengruppen (→ § 193 Rn. 7). Abzugrenzen ist die Aussperrung von der Betriebseinstellung infolge von Arbeitskampfmaßnahmen der AN, namentlich in anderen Betrieben und Unternehmen und damit als mittelbare Arbeitskampfauswirkung (→ § 194 Rn. 22 ff.).

13 Neben der Aussperrung steht dem AG im Rahmen eines Streiks auch das **Recht auf eine vorübergehende Betriebsstilllegung** zu, die die beiderseitigen Hauptleistungspflichten aus dem Arbeitsverhältnis suspendiert (→ § 194 Rn. 27). Die Betriebsstilllegung wird von der Rechtsprechung allerdings nicht als Arbeitskampfmaßnahme bewertet.[44] Als weiteres Arbeitskampfmittel des AG ist an **Massenkündigungen** zu denken.[45] Ein AG kann zur Abwendung eines Streiks oder seiner Folgewirkungen Sonderzuwendungen an AN – **Streikbruchprämien** – zahlen, um diese von der Arbeitsniederlegung abzuhalten oder zur Arbeitsaufnahme zu bewegen (→ § 194 Rn. 17).

14 **3. Ziele.** Bei den Zielen von Arbeitskämpfen kann zunächst nach der **kampftaktischen Funktion** der Maßnahmen unterschieden werden. Neben gewerkschaftlichen Kundgebungen

---

[33] BAG 28.4.1966 AP Nr. 37 zu Art. 9 GG Arbeitskampf; 8.2.1957 AP Nr. 1 zu § 1 TVG Friedenspflicht.
[34] BAG 30.9.2004 AP Nr. 275 zu § 613a BGB = NZA 2005, 43.
[35] BAG 30.9.2004 AP Nr. 275 zu § 613a BGB = NZA 2005, 43; zu Recht aA *Otto* ArbeitskampfR § 1 Rn. 15, der auf den Zweck der Maßnahme abstellt. S. auch *Gamillscheg* Kollektives Arbeitsrecht, S. 988 ff.
[36] Ausf. *Treber* S. 108 ff., 220 ff.
[37] Ausf. *Binkert* Gewerkschaftliche Boykottmaßnahmen im System des Arbeitskampfrechts, 1981; *ders.* AuR 1979, 234 ff.; *Säcker* Zur Rechtmäßigkeit des Boykotts von Außenseiter-Reedereien zum Zwecke des Abschlusses von Anschluss-Tarifverträgen, 1976; *Seiter* Arbeitskampfparität und Übermaßverbot unter besonderer Berücksichtigung des „Boykotts" in der deutschen Schifffahrt, 1979.
[38] Däubler ArbeitskampfR-HdB/*Däubler* § 30 Rn. 28 ff.; MHdB ArbR/*Ricken* § 265 Rn. 11.
[39] Dazu BAG 19.10.1976 AP Nr. 6 zu § 1 TVG Form = NJW 1977, 318.
[40] Dazu etwa *Giesen/Kersting* NZA 2018, 1 ff.
[41] Dazu BKS/*Berg* Teil 4 Rn. 212 ff. Zum „Internetstreik" als Blockade des Internet- oder E-Mailverkehrs *Renneberg* Die Arbeitskämpfe von morgen, 2005, 232 ff.; sowie Däubler ArbeitskampfR-HdB/*Däubler* § 31 Rn. 16 ff.; *Otto* ArbeitskampfR § 1 Rn. 18.
[42] S. BVerfG 19.6.2020 AP Nr. 192 zu Art. 9 GG Arbeitskampf = NZA 2020, 1186: „auszusitzen".
[43] S. nur *Gamillscheg*, Kollektives Arbeitsrecht, 1029 f.
[44] AA mit Recht *Otto* ArbeitskampfR § 1 Rn. 22; *Gamillscheg* FS Blainpain, 1998, 735 ff.
[45] Dazu BAG 28.4.1966 AP Nr. 37 zu Art. 9 GG Arbeitskampf mAnm *Herschel* (Entgelterhöhung).

und Demonstrationen im Rahmen der Tarifverhandlungen[46] kann zwischen einem **Warnstreik,** der die Entschlossenheit und Kampfkraft der Gewerkschaft dokumentieren soll, und einem (unbefristeten) **Erzwingungsstreik** unterschieden werden. Diese Differenzierung hat aber in Anbetracht des Wandels der Arbeitskampfformen – etwa der verhandlungsbegleitenden Warnstreiks in Form der „neuen Beweglichkeit" – und der hierzu ergangenen Rechtsprechung jedenfalls an rechtlicher Bedeutung (→ § 192 Rn. 48) verloren.

Arbeitskampfmaßnahmen können auch zur Unterstützung der Forderungen in einer anderen Tarifauseinandersetzung ergriffen werden, wie es in der Arbeitskampfpraxis auf Arbeitnehmerseite anzutreffen ist. Durch einen solchen **Unterstützungsstreik,** der vor allem in früherer Zeit auch als Solidaritätsstreik oder Sympathiestreik[47] bezeichnet wurde, wollen die Streikenden die Durchsetzung nicht unmittelbar eigener, sondern die Ziele und den Arbeitskampf anderer AN fördern (→ § 192 Rn. 10 ff.). 15

Eine weitere Unterscheidung ist nach den inhaltlichen Zielen des Arbeitskampfs möglich. Im Vordergrund steht der Arbeitskampf um den **Abschluss eines Tarifvertrags** (→ § 192 Rn. 2 ff.). Möglich ist aber auch, bestehende **Arbeitsbedingungen ändern** zu wollen, wie es bei Massenkündigungen der Fall sein kann (→ § 192 Rn. 50),[48] einen Betriebsstandort auch ohne tarifliche Regelung zu sichern[49] oder um eine Kündigung eines AN[50] oder dessen Wiedereinstellung[51] durchzusetzen. Arbeitskampfmaßnahmen können schließlich zur Klärung und Durchsetzung von Rechtsansprüchen geführt werden, etwa durch kollektive Ausübung von Leistungsverweigerungsrechten (→ Rn. 9, → § 192 Rn. 50). Von **politischen Arbeitskämpfen** wird gesprochen, wenn Adressat der Kampfmaßnahmen der Gesetzgeber oder die Exekutive ist (→ § 192 Rn. 14).[52] 16

4. Träger des Arbeitskampfs. Schließlich wird danach unterschieden, wer Träger des Arbeitskampfs ist. Im Hinblick auf die Tarifbezogenheit des Arbeitskampfs wird häufig zwischen dem **gewerkschaftlich organisierten** und getragenem **Arbeitskampf** und dem nicht-gewerkschaftlichen Arbeitskampf („wilder Streik") unterschieden (→ § 192 Rn. 26). 17

III. Rechtsgrundlagen des Arbeitskampfs

1. Verfassungsrecht. Das Grundgesetz erwähnt den Arbeitskampf lediglich in Art. 9 III 3 GG, nimmt aber – anders als einige Landesverfassungen (→ Rn. 22) – weder zu seiner Gewährleistung ausdrücklich Stellung noch werden einzelne Kampfmittel erwähnt. In der Rechtsprechung des BAG findet sich in den ersten Jahrzehnten der Bundesrepublik keine klare Aussage zur verfassungsrechtlichen Verankerung des Arbeitskampfrechts. Erstmals in den Aussperrungsentscheidungen des BAG aus dem Jahr 1980 wird das Streikrecht als „notwendiger Bestandteil der freiheitlichen Kampf- und Ausgleichsordnung" anerkannt, die durch „Art. 9 III GG im Kern" (zur Kernbereichslehre → § 189 Rn. 4 f.) gewährleistet ist.[53] Die **verfassungsrechtliche Gewährleistung durch Art. 9 III GG** wurde durch das BVerfG ausdrücklich im Aussperrungsurteil des Jahres 1991[54] zum Ausdruck gebracht und in nachfolgenden Entscheidungen bestätigt.[55] Davon geht auch die gefestigte Rechtsprechung des BAG aus.[56] 18

---

[46] S. etwa BAG 17.12.1976 AP Nr. 51 zu Art. 9 GG Arbeitskampf mAnm *Rüthers* (gewerkschaftliche Kundgebung).

[47] *Gamillscheg,* Kollektives Arbeitsrecht, 1137; *Otto* ArbeitskampfR § 1 Rn. 33; MHdB ArbR/*Ricken* § 265 Rn. 5; so noch BAG 12.1.1988 AP Nr. 90 zu Art. 9 GG Arbeitskampf mAnm *Rüthers/Berghaus* = NZA 1988, 474; 5.3.1985 AP Nr. 85 zu Art. 9 GG Arbeitskampf = NZA 1985, 504.

[48] BAG 28.4.1966 AP Nr. 37 zu Art. 9 GG Arbeitskampf mAnm *Herschel* (Entgelterhöhung); krit. *Weller* AuR 1967, 76 ff.

[49] LAG Nds 2.6.2004 AP Nr. 164 zu Art. 9 GG Arbeitskampf = NZA-RR 2005, 200.

[50] BAG 20.12.1963 AP Nr. 32 zu Art. 9 GG Arbeitskampf mAnm *Mayer-Maly* = NJW 1964, 883 (Entlassung des Betriebsleiters).

[51] BAG 14.2.1978 AP Nr. 58 zu Art. 9 GG Arbeitskampf mAnm *Konzen* = NJW 1979, 236.

[52] Zu weiteren Differenzierungen in diesem Zusammenhang Däubler ArbeitskampfR-HdB/*Däubler* § 13 Rn. 52 ff.; *Otto* ArbeitskampfR § 1 Rn. 38. S. auch *Polzin* SR 2020, 216 (219 ff.).

[53] BAG 10.6.1980 AP Nr. 64 zu Art. 9 GG Arbeitskampf = NJW 1980, 1642; weiterhin 12.9.1984 AP Nr. 81 zu Art. 9 GG Arbeitskampf mAnm *Herschel* = NZA 1984, 393; zur Rechtsprechungsentwicklung ausf. Däubler ArbeitskampfR-HdB/*Däubler* § 7 Rn. 1 ff.; *Otto* ArbeitskampfR § 4 Rn. 8 f.; *Treber* FS I. Schmidt, 2021, 579 ff.

[54] BVerfG 26.6.1991 AP Nr. 117 zu Art. 9 GG Arbeitskampf = NZA 1991, 809.

[55] BVerfG 10.9.2004 AP Nr. 167 zu Art. 9 GG Arbeitskampf = NZA 2004, 1338; 4.7.1995 AP Nr. 4 zu § 116 AFG = NJW 1996, 185; 2.3.1993 AP Nr. 126 zu Art. 9 GG Arbeitskampf = NJW 1993, 1379.

[56] StRspr seit BAG 18.2.2003 AP Nr. 163 zu Art. 9 GG Arbeitskampf = NZA 2003, 866.

19 Jedenfalls soweit es um den Abschluss von Tarifverträgen geht, ist der Arbeitskampf durch das Grundrecht der Koalitionsfreiheit – insoweit unstreitig – gewährleistet. Damit sind allerdings weder Aussagen über die **Voraussetzungen des Arbeitskampfs und die Zulässigkeit einzelner Kampfmittel** getroffen noch solche zur – notwendigen – Ausgestaltung durch den Gesetzgeber oder die an seiner Stelle tätige Rechtsprechung (→ § 189 Rn. 17) geklärt. Einige Maßstäbe hierzu lassen sich der Entscheidung des BVerfG zur Verfassungsmäßigkeit des § 116 AFG aF entnehmen.[57]

20 Das Grundgesetz schreibt keine Optimierung der Kampfbedingungen vor. Es ist grundsätzlich den Koalitionen selbst überlassen, ihre Kampfmittel an sich verändernde Bedingungen anzupassen. **Grenze einer Ausgestaltung bildet der „objektive Gehalt des Art. 9 III GG".** Dazu gehört die Tarifautonomie, deren Funktionsfähigkeit nicht beeinträchtigt werden darf. Konkret bedeutet dies: „Das Tarifvertragssystem ist darauf angelegt, die strukturelle Unterlegenheit der einzelnen AN beim Abschluss von Arbeitsverträgen durch kollektives Handeln auszugleichen und damit ein annähernd gleichgewichtiges Aushandeln der Löhne und Arbeitsbedingungen zu ermöglichen. Funktionsfähig ist die Tarifautonomie folglich nur, solange zwischen den Tarifvertragsparteien ein ungefähres Kräftegleichgewicht – Parität – besteht. Unvereinbar mit Art. 9 III GG ist eine Regelung jedenfalls dann, wenn sie dazu führt, dass die Verhandlungsfähigkeit einer Tarifvertragspartei bei Tarifauseinandersetzungen einschließlich der Fähigkeit, einen wirksamen Arbeitskampf zu führen, nicht mehr gewahrt bleibt und ihre koalitionsmäßige Betätigung weiter gehend beschränkt wird, als es zum Ausgleich der beiderseitigen Grundrechtspositionen erforderlich ist."[58] Eine Begrenzung auf bestimmte Kampfmittel, namentlich auf „notwendige", ist einer solchen Schutzbereichsbestimmung auch nicht zu entnehmen.[59]

21 **2. Bundesrecht.** Ein durch einfaches Bundesrecht kodifiziertes Arbeitskampfrecht existiert nach wie vor nicht.[60] Es ist auch nicht Gegenstand des Tarifeinheitsgesetzes (→ § 203 Rn. 21 ff.). Vereinzelt wird in Bundesgesetzen zwar der Arbeitskampf erwähnt.[61] Diese Regelungen knüpfen aber überwiegend nur an den Arbeitskampf als Geschehen an und **regeln einzelne Folgeprobleme,** enthalten sich aber der rechtlichen Anerkennung von Arbeitskämpfen und einzelner Kampfmittel.[62] Die Normen sind allerdings nicht völlig „neutral",[63] sondern zeigen, dass der Gesetzgeber von der grundsätzlichen Rechtmäßigkeit von Arbeitskämpfen ausgegangen ist. Folgerungen für die Anerkennung einzelner Arbeitskampfmaßnahmen lassen sich aber nicht ziehen. Gleiches gilt für Art. 17 des Vertrags über die Schaffung einer Währungs-, Wirtschafts- und Sozialunion,[64] wonach ein Arbeitskampfrecht „entsprechend dem Recht" der Bundesrepublik auch in der DDR gelte. Eine **Ausnahme** bildet insoweit **§ 11 V AÜG,** der unmittelbare und mittelbare „Streikbrucharbeit" durch überlassene AN bei einem Arbeitskampf im Entleiherbetrieb untersagt (näher → 194 Rn. 20).

22 **3. Landesverfassungen.** Anders als das Grundgesetz enthalten einige Landesverfassungen[65] **ausdrückliche**[66] **Gewährleistungen** des Arbeitskampfrechts und eines – nicht einheitlich ausgestalteten – Streikrechts.[67] Ihnen kommt mangels einer bundesgesetzlichen Regelung zumin-

---

[57] BVerfG 4.7.1995 AP Nr. 4 zu § 116 AFG = NJW 1996, 185.

[58] BVerfG 26.6.1991 AP Nr. 117 zu Art. 9 GG Arbeitskampf = NZA 1991, 809; s. auch *Otto* ArbeitskampfR § 4 Rn. 7.

[59] ErfK/*Linsenmaier* GG Art. 9 Rn. 102; Sachs/*Höfling* GG Art. 9 Rn. 105 ff.; aA *Otto* ArbeitskampfR § 4 Rn. 23 ff.

[60] Zu einem Gesetzgebungsvorschlag s. *Birk/Konzen/Löwisch/Raiser/Seiter,* Gesetz zur Regelung kollektiver Arbeitskonflikte, 1988.

[61] ZB Art. 9 III 3 GG, § 2 I Nr. 1 ArbGG, § 11 V AÜG, § 160 SGB III, § 74 II BetrVG 1972, § 66 II 2, 3 BPersVG, § 25 II KSchG.

[62] BAG 10.6.1980 AP Nr. 64 zu Art. 9 GG Arbeitskampf = NJW 1980, 1642; anders wohl BAG 26.4.1988 AP Nr. 101 zu Art. 9 GG Arbeitskampf = NZA 1988, 775.

[63] BAG 10.6.1980 AP Nr. 65 zu Art. 9 GG Arbeitskampf = NJW 1980, 1653; 21.4.1971 AP Nr. 43 zu Art. 9 GG Arbeitskampf = NJW 1971, 1668.

[64] V. 18.5.1990 (BGBl. 1990 II, 537).

[65] Zu den landesverfassungsrechtlichen Kompetenzen und Gestaltungsspielräumen *Otto* ArbeitskampfR § 4 Rn. 68 ff.

[66] Art. 9 III GG nehmen die Verfassungen der Länder Baden-Württemberg, 11.11.1953 (GBl. 173) in Art. 2 I, Mecklenburg-Vorpommern, 23.5.1993 (GS S. 372) in Art. 5 III, Nordrhein-Westfalen, 28.6.1950 (GS NW, S. 3), in Art. 4 I, durch Inkorporierung der Grundrechte des Grundgesetzes auf. Gleiches gilt für die Verfassung des Landes Niedersachsen, 19.5.1993 (GVBl. 276). Eine dem Art. 9 III GG entsprechende Vorschrift enthalten Art. 170 der Verfassung des Freistaates Bayern, idF v. 15.12.1998 (GVBl. 991), Art. 25 der Verfassung des Freistaates Sachsen, 27.5.1992 (GVBl. 243), und Art. 13 III der Verfassung des Landes Sachsen-Anhalt, 16.7.1992 (GVBl. 600).

[67] Art. 29 IV HessVerf v. 1.12.1946 (GVBl. 229), Art. 66 II der Verfassung des Landes Rheinland-Pfalz v. 18.5.1947 (VOBl. 209), Art. 51 III der Verfassung der Freien Hansestadt Bremen v. 21.10.1947 (GVBl. 251), Art. 56 S. 2, 3 der Verfassung des Saarlandes v. 15.12.1947 (AmtsBl. 1077) gewährleisten das

dest eine theoretische Bedeutung zu.[68] Da das BAG das Arbeitskampfrecht bundesgesetzlichen Regelungen entnommen hat, hielt es das Aussperrungsverbot in Art. 29 V HessVerf für verfassungswidrig, soweit es die Abwehraussperrung betrifft.[69]

4. Recht der Europäischen Union. a) Gewährleistungen und Regelungszuständigkeit. Nach Art. 153 V AEUV besteht keine Rechtssetzungskompetenz der Europäischen Union für das Arbeitskampfrecht.[70] Die nationale Rechtssetzungsbefugnis der Mitgliedstaaten ist nicht eingeschränkt. Die **Grundrechtscharta** enthält neben der Garantie der Koalitionsfreiheit (→ § 188 Rn. 7) in **Art. 28 GRCh** das Recht zum Aushandeln von Tarifverträgen und das Recht, im Konfliktfall kollektive Interessen „einschließlich Streiks"[71] zu ergreifen. Damit ist seit dem Inkrafttreten des Vertrags von Lissabon am 1.12.2009 das Streikrecht im Unionsrecht anerkannt.[72] Der Europäischen Union fehlt allerdings nach Art. 153 V AEUV bereits die Rechtsetzungskompetenz. Unabhängig davon, welche inhaltliche Reichweite dem Art. 28 GRCh zukommt[73] und wie der in der Vorschrift aufgenommene Vorbehalt der „einzelstaatlichen Rechtsvorschriften und Gepflogenheiten" zu verstehen ist,[74] gilt die Charta nach Art. 51 I 1 GRCh nur bei der „Durchführung des Rechts der Union". Nur dann ist der Geltungsbereich des Unionsrechts eröffnet.[75] Zu beachten ist der in Art. 6 II 1 EUV festgelegte Beitritt der EU zur EMRK (zur Rspr. des EGMR → § 192 Rn. 40),[76] der allerdings noch der Umsetzung bedarf.[77] Dieser hat nach Art. 6 III EUV zur Folge, dass die Grundrechte, wie sie „in der Europäischen Konvention zum Schutz der Menschenrechte und Grundfreiheiten gewährleistet sind und wie sie sich aus den gemeinsamen Verfassungsüberlieferungen der Mitgliedstaaten ergeben", als allgemeine Grundsätze Teil des Unionsrechts werden.[78] Eine Regelung über die Rechtsfolgen von Arbeitskämpfen in den Mitgliedstaaten der Union ist in Art. 9 der VO 864/2007 des Europäischen Parlaments und des Rates **(Rom II)** enthalten.[79] Danach ist bei außervertraglichen Schuldverhältnissen für Schäden, die aus bevorstehenden oder durchgeführten Arbeitskampfmaßnahmen entstanden sind, das Recht des Staates anzuwenden, in dem die Arbeitskampfmaßnahme erfolgen soll oder erfolgt ist – **Handlungsortanknüpfung.**[80] 23

b) Arbeitskämpfe mit Unionsbezug. Der Europäische Gerichtshof hat trotz der fehlenden Rechtssetzungskompetenz der EU in den **Entscheidungen Viking und Laval** im Dezember 2007 klargestellt, dass Arbeitskämpfe zur Durchsetzung von Kollektivmaßnahmen dem Primärrecht der Gemeinschaft unterliegen, wenn sie in die Grundfreiheiten der betroffenen Unternehmen eingreifen.[81] Als betroffene Grundfreiheiten hat der Gerichtshof die Niederlassungs- und die Dienstleistungs- 24

gewerkschaftliche Streikrecht; Art. 37 II der Verfassung des Freistaates Thüringen v. 25.10.1993 (GVBl. 625), normiert „das Recht, Arbeitskämpfe zu führen, insbesondere das Streikrecht", Art. 27 der Verfassung von Berlin v. 23.11.1995 (GVBl. 298) garantiert das Streikrecht. Art. 51 der Verfassung des Landes Brandenburg v. 20.8.1992 (GVBl. 122), sieht neben dem Koalitions- auch das Streikrecht vor. Zusammenstellung bei MHdB ArbR/*Ricken* § 274 Rn. 4 ff.

68 Dazu etwa MHdB ArbR/*Ricken* § 274 Rn. 12 f.; s. auch *Otto* ArbeitskampfR § 4 Rn. 74 ff. Ausf. zu den Möglichkeiten landesgesetzlicher Regelungen *Kranz* Landesarbeitskampfgesetze?, 2015, insb. S. 51 ff., 83 f.

69 BAG 26.4.1988 AP Nr. 101 zu Art. 9 GG Arbeitskampf = NZA 1988, 775.

70 S. aber den – zurückgezogenen – Vorschlag für eine Verordnung des Rates über die Ausübung des Rechts auf Durchführung kollektiver Maßnahmen im Kontext der Niederlassungs- und Dienstleistungsfreiheit (v. 21.3.2012 – KOM [2012] 130 endg); dazu BR-Drs. 158/12; dazu *Franzen* EuZA 2013, 1 f.; *Walter* AuR 2013, 27 ff.

71 Zum Streikrecht für EU-Beamte EuG 29.1.2020 AuR 2021, 81 – Aquino, mAnm *Lörcher.*

72 Zu Art. 28 Grundrechtecharta *Brameshuber* EuZA 2016, 48 ff.; *Thüsing/Traut* RdA 2012, 65 ff; EuArbRK/*Schubert* GRC Art. 28 Rn. 1 ff., 26 ff., 35 ff.; *Zimmer* AuR 2012, 114 ff.

73 S. ErfK/*Linsenmaier* GG Art. 9 Rn. 109 mwN (etwa: erforderliche Tarifvertragsbezogenheit, politischer Streik).

74 Dazu EuArbRK/*Schubert* GRC Art. 28 Rn. 53 f. mwN.

75 EuGH 8.9.2011 AP Nr. 22 zu Richtlinie 2000/78/EG = NZA 2011, 1100 – Hennigs u. Mai; weitgehend EuGH 26.2.1013 NJW 2013, 1415 – Åkerberg Fransson; dazu BVerfG 24.4.2013 NJW 2013, 1499; s. auch *Winter* NZA 2013, 473 ff.

76 Dazu allgemein *Reufels/Blöchl* KSzW 2014, 235.

77 Zur Unvereinbarkeit des EU-Beitritts zur EMRK mit dem Unionsrecht *EuGH* 18.12.2014 Gutachten 2/13; s. AuR 2014, 73.

78 Zum Beitritt *Philipp* EuZW 2010, 485 ff. Zur Bedeutung der GRCh und der EMRK für das Koalitions- und Arbeitskampfrecht *Seifert* EuZA 2013, 205 ff.

79 V. 11.7.2007. Zur Entstehungsgeschichte *Knöpfel* EuZA 2008, 228 ff.; *Schmidt-Kessel* FS Löwisch, 2007, 325 ff.

80 Ausf. *Deinert* § 16 Rn. 2 ff.

81 EuGH 18.12.2007 AP Nr. 15 zu Art. 49 EG = NZA 2008, 159 – Laval; 11.12.2007 AP Nr. 3 zu Art. 43 EG = NZA 2008, 124 – Viking.

freiheit nach Art. 49, 56 AEUV angesehen, die für andere Regelwerke gelten, die die Erwerbsarbeit kollektiv regeln. Daneben dürfte noch die Warenverkehrsfreiheit des Art. 41 AEUV als eine mögliche Grundfreiheit anzusehen sein, auf die sich ein Unternehmen berufen kann. Zu beachten ist, dass die Grundfreiheit des Art. 56 AEUV nach Maßgabe des Art. 58 I AEUV auf dem Gebiet des Verkehrs den Bestimmungen des Titels über den Verkehr unterliegt und im Bereich der Luftfahrt die Vorschriften über die Dienstleistungsfreiheit derzeit nicht gelten.[82]

25 Der EuGH hat das **Recht auf Durchführung von Kollektivmaßnahmen** einschließlich des Streikrechts als allgemeinen Grundsatz des Unionrechts angesehen (nunmehr Art. 28 GRCh).[83] Das Recht auf Kollektivmaßnahmen könne als Grundrecht der betroffenen AN eine Beeinträchtigung der genannten Grundfreiheiten rechtfertigen. Kollidiere eine Grundfreiheit mit einem Grundrecht, sei ein verhältnismäßiger Ausgleich herzustellen. Allerdings müsse erwiesen sein, dass die Beschränkungen zu Gunsten der AN geeignet sind, die Erreichung des verfolgten legitimen Ziels zu gewährleisten und sie nicht über das hinausgehen, was zu dessen Erreichung erforderlich ist.

26 Die beiden Entscheidungen haben Fragen aufgeworfen und die Rechtsprechung des EuGH sieht sich der Kritik ausgesetzt.[84] Das betrifft vor allem das **Verhältnis der primärrechtlich verankerten Grundfreiheiten der EU zu den nationalen Grundrechten.** Kritisiert wird, der EuGH sei nur formal von einem Gleichordnungsverhältnis zwischen Grundfreiheiten und Grundrechten ausgegangen[85] und habe sich im Ergebnis für einen Vorrang der Grundfreiheiten ausgesprochen.[86] Der durch den Streik ausgelöste Eingriff in die Dienstleistungsfreiheit bedürfe der objektiven Rechtfertigung.[87] Fehlt aber der EU die Kompetenz für das Arbeitskampfrecht, können Anforderungen an das nationale Arbeitskampfrecht nicht über den „Umweg" der Grundfreiheiten formuliert werden. Problematisch ist dann die offenbar beabsichtigte Kontrolle der Arbeitskampfziele und -maßnahmen am Grundsatz der Verhältnismäßigkeit, für die der Gerichtshof seine Zuständigkeit beansprucht.[88] Spätestens seit Inkrafttreten der Sozialcharta für den Rechtsraum der EU (→ Rn. 27) und der Geltung von Art. 12 I GRCh (Vereinigungsfreiheit zum Schutz gewerkschaftlicher Interessenvertretung) und Art. 28 GRCh (Recht zur Aushandlung von Kollektivverträgen einschließlich des Rechts zur Ergreifung kollektiver Maßnahmen) kann von einem solchen Vorrang nicht mehr ausgegangen werden.[89] Darüber hinaus wird die vom EuGH angenommene horizontale Wirkung der Grundfreiheit des Art. 56 AEUV auf das Rechtsverhältnis zwischen Privaten und letztlich auf die Arbeitskampfmaßnahmen der Gewerkschaften kritisiert.[90] Indes ist die unmittelbare Bedeutung der beiden Entscheidungen des EuGH auf **grenzüberschreitende Arbeitskampfmaßnahmen** beschränkt.

27 **5. Internationales Recht. a) Europäische Sozialcharta.** Die ESC (→ § 6 Rn. 5) erkennt in ihrem Teil II Art. 6 Nr. 4 das Recht der AN und der AG auf **kollektive Maßnahmen einschließlich des Streikrechts** im Falle von Interessenskonflikten vorbehaltlich etwaiger Verpflichtungen aus geltenden Gesamtarbeitsverträgen an.[91] Der Ministerrat des Europarats hat im Jahr 1998 eine individuelle Empfehlung an die Bundesregierung gegeben, wonach „das Verbot aller Streiks in Deutschland, die nicht auf den Abschluss eines Tarifvertrags gerichtet sind, und die nicht von einer Gewerkschaft ausgerufen oder übernommen sind, mit den Erfordernissen von Art. 6 Nr. 4 ESC unvereinbar sei".[92] Die unmittelbare innerstaatliche Geltung der ESC ist umstritten.[93] Die ESC stellt jedenfalls eine von der Bundesrepublik Deutschland eingegangene völkerrechtliche Verpflichtung dar.

---

82 BAG 25.8.2015 AP Nr. 183 zu Art. 9 GG Arbeitskampf mAnm *Rudkowski* = NZA 2016, 179.

83 Zum maßgebenden Arbeitskampfstatut *Deinert* ZESAR 2012, 311 ff.; *ders.* § 16 Rn. 13 ff., 20 ff.

84 S. nur *Bayreuther* EuZA 2008, 395 ff.; *v. Dannwitz* EuZA 2010, 6 ff.; *Dieterich* FS Jäger, 2011, 95 ff.; *Engels* ZESAR 2008, 475 ff.; *Franzen* EuZA 2010, 453 ff.; *Joussen* ZESAR 2008, 323 ff.; *Junker* ZfA 2009, 617 ff.; *Kempen* GS Zachert, 2010, 15 ff.; *Konzen* FS Buchner, 2009, 461 ff.; *Raab* FS Schröder, 2012, 252 (255 ff.); *Schlachter* FS Birk, 2008, 809 ff.; *Schubert* RdA 2008, 289 ff.; *Skouris* RdA-Beil. 5/2009, 25; *Wißmann* AuR 2009, 149 ff.; *Wendeling-Schröder* GS Zachert, 2010, 147 ff.; *Zwanziger* RdA-Beil. 5/2009, 10 ff.

85 Krit. dazu *Rebhahn* ZESAR 2008, 109 ff.

86 Etwa *Däubler* AuR 2007, 409 (415); *Rebhan* ZESAR 2008, 109 (110 f.).

87 *Kocher* in: Fischer-Lescano u.a., Europäische Gesellschaftsverfassung, 2009, 161 (166 ff.); s. auch *Wißmann* AuR 2009, 149 (149 f.).

88 Krit. *Kocher* GS Zachert, 2010, 37 ff.; *dies.* AuR 2008, 13 ff.

89 *Fuchs/Marhold,* Europäisches Arbeitsrecht, 383 f.

90 *Joerges/Rödl* ELJ 2009, 1 (14); *Junker* SAE 2008, 209 (211 f.); ausf. und krit. *Patett* S. 155 ff., 179 ff., 218 ff.

91 Ausf. zur Entwicklung *Evju* AuR 2012, 276 ff.; weiterhin *Schlachter* SR 2013, 77 ff.; umfassend *Buchholtz* Streiken im europäischen Grundrechtsgefüge, 2014; *Peramato* Streikrecht und Arbeitsvölkerrecht, 2020.

92 Empfehlung des Ministerkomitees des Europarats, abgedruckt in AuR 1998, 156; näher dazu und den Konsequenzen *Bepler* FS Wißmann, 2005, 97 ff.; *Däubler* AuR 1998, 144 ff.; *Rieble* RdA 2005, 200 (202).

93 Bejahend Däubler ArbeitskampfR-HdB/*Lörcher* § 10 Rn. 22 ff.; aA *Otto* ArbeitskampfR § 4 Rn. 55 mwN; EuArbRK/*Schubert* ESC Vor Art. 1 Rn. 24 ff., insb. Rn. 26.

Die völkerrechtlichen Verpflichtungen der ESC und damit auch die Garantie des Teil II Art. 6 Nr. 4 ESC sind – ungeachtet der umstrittenen Frage der Geltung als Bundesrecht – sowohl vom Gesetzgeber als auch **von den Gerichten zu beachten,** wenn sie wie im Arbeitskampfrecht Gesetzeslücken anhand verfassungsrechtlicher Wertentscheidungen ausfüllen.[94] Das gebietet der Grundsatz der völkerrechtfreundlichen Auslegung.[95] Bei einer Begrenzung des in Teil II Art. 6 Nr. 4 ESC anerkannten Streikrechts dürfen nur Grundsätze aufgestellt werden, die nach Teil V Art. 31 I ESC zulässig sind.[96] Das sind solche, die gesetzlich vorgeschrieben und u.a. zum Schutz der Rechte und Freiheiten anderer, zum Schutz der öffentlichen Sicherheit und Ordnung oder zur Sicherheit des Staates notwendig werden. Als eine danach zulässige Beschränkung der Arbeitskampffreiheit hat das BAG die gesetzesvertretende Ausgestaltung des Arbeitskampfrechts durch den Grundsatz der Verhältnismäßigkeit und die Grundsätze über die Friedenspflicht angesehen. Zu den Verpflichtungen aus „Gesamtarbeitsverträgen" zählt die tarifliche Friedenspflicht.[97] Ob die generelle Tarifvertragsbezogenheit des Arbeitskampfrechts (→ § 192 Rn. 2 ff.) im Hinblick auf die ESC einer Überprüfung bedarf, hat das BAG in einer Entscheidung angedeutet.[98] 28

b) Europäische Menschenrechtskonvention. Unmittelbar geltendes Recht enthält hingegen die EMRK (→ § 6 Rn. 4). Nach **Art. 11 I EMRK** haben alle Menschen das Recht, sich friedlich zu versammeln und frei mit anderen zusammenzuschließen, sowie das Recht, zum Schutz ihrer Interessen Gewerkschaften zu bilden und diesen beizutreten.[99] Die EMRK ist bei der Anwendung und Auslegung des Grundrechts nach Art. 9 III GG ebenso zu beachten wie die Rechtsprechung des EGMR mit ihrer Orientierungs- und Leitfunktion (auch → § 192 Rn. 40).[100] Die Entscheidungen zu einzelnen Fallgestaltungen sind nach der Rechtsprechung des BVerfG hinsichtlich der Aussagen zu Grundwertungen vor dem Hintergrund des entschiedenen Sachverhalts und der Auswirkungen auf die nationale Rechtsordnung einzubeziehen.[101] Das hier eingeräumte Recht, das auch die Arbeitskampffreiheit umfasst, geht aber nach der bisherigen Rechtsprechung des BAG nicht über Art. 9 III GG hinaus.[102] 29

Der EGMR hat Art. 11 I EMRK zunächst dahingehend ausgelegt, dass den Gewerkschaften erlaubt sein muss, zum Schutz ihrer Mitglieder zu kämpfen.[103] Art. 11 I EMRK gewährleistet nach neueren Entscheidungen des EGMR aus den Jahren 2008 und 2009 das **Recht auf Kollektivverhandlungen und** in der Folge das Recht auf **Streik,**[104] und dies auch für „Beamte" (→ § 192 Rn. 40).[105] Bei einer Kollision mit anderen Gewährleistungen der EMRK hat eine Abwägung zu erfolgen.[106] Allerdings können sich gesetzliche Einschränkungen für „Mitglieder 30

---

94 BAG 10.12.2002 AP Nr. 162 zu Art. 9 GG Arbeitskampf = NZA 2003, 334; 12.9.1984 AP Nr. 81 zu Art. 9 GG Arbeitskampf = NZA 1984, 393; aA *Scholz* SAE 85, 33 (39 f.); dazu MHdB ArbR/*Ricken* § 269 Rn. 11.

95 BVerfG 14.10.2004 NJW 2004, 3407.

96 Abl. *Czycholl/Frieling* ZESAR 2011, 322 (326 ff.): Art. 6 IV ESC sei „unmittelbar geltendes Bundesrecht", welches den rechtsfortbildenden Richter binde.

97 BAG 19.6.2007 AP Nr. 173 zu Art. 9 GG Arbeitskampf = NZA 2007, 1055; 10.12.2002 AP Nr. 162 zu Art. 9 GG Arbeitskampf = NZA 2003, 334.

98 BAG 10.12.2002 AP Nr. 162 zu Art. 9 GG Arbeitskampf = NZA 2003, 334; dazu etwa *Bepler* FS Wißmann, 2005, 97 ff.; *Kohte/Doll* ZESAR 2003, 393 (394 ff.); EuArbRK/*Schubert* ESC Art. 61 Rn. 27 ff.

99 Jüngst EGMR 2.6.2016 NZA 2016, 1519 mwN.

100 Zu den Maßstäben und Grenzen ausf. BVerfG 12.6.2018 AP Nr. 187 zu Art. 9 GG Arbeitskampf = NJW 2018, 2695, mAnm *Stuttmann* NVwZ 2018, 1136 ff.; weiterhin BAG 14.8.2017 NZA 2019, 100; 26.7.2016 AP Nr. 184 zu Art. 9 GG Arbeitskampf = NZA 2016, 1543 mwN.

101 BVerfG 12.6.2018 AP Nr. 187 zu Art. 9 GG Arbeitskampf = NJW 2018, 2695; ErfK/*Schmidt* GG Einl. Rn. 89.

102 BAG 10.6.1980 AP Nr. 65 zu Art. 9 GG Arbeitskampf = NJW 1980, 1653.

103 EGMR 27.10.1975 EuGRZ 75, 262; 13.8.1981 EuGRZ 81, 559; s. auch EGMR 2.7.2002 ÖJZ 2003, 729.

104 Vgl. EGMR 20.11.2018 – 44873/09, NLMR 2018, 576 (generelles Streikverbot für Lokführer); krit. *Rudkowski* EuZA 2020, 256 ff., s. auch *Hofmann* AuR 2019, 331 ff.; 27.11.2014 – 36701/09, AuR 2015, 146 (unverhältnismäßige Beschränkung durch Streikverbot gegenüber einer Spartengewerkschaft); 2.10.2014 – 48408/12, BeckRS 2015, 15933 (gerichtliches Verbot eines Streiks von Flugbegleitern – kein hinreichend klares und vorhersehbares Gesetz), dazu *Lörcher* AuR 2015, 129; zum staatlichen Verbot von Unterstützungskampfmaßnahmen im Vereinigten Königreich EGMR 8.4.2014 – 31045/10. Zu den Entscheidungen des EGMR 21.5.2012 – 59253/11 u. 1278/11 (Zulässigkeit der Klagen) krit. *Lörcher* AuR 2013, 290.

105 EGMR 12.11.2008 AuR 2009, 269; 21.4.2009 NZA 2010, 1423; 15.9.2009 – 30946/04. Dazu *Lörcher* AuR 2009, 229 ff.; krit. *Seifert* KritV 2009, 357 ff.

106 EGMR 9.7.2013 – 2330/09 (kirchliches Selbstbestimmungsrecht und Koalitionsfreiheit); dazu *Klumpp* ZAT 2013, 39 ff.; *Reichold* EuZA 2014, 386 ff.

der Staatsverwaltung" nach Maßgabe des Art. 11 II EMRK ergeben. Durch das Sozialkassenverfahren im Baugewerbe wird nicht unverhältnismäßig in das durch Art. 11 EMRK bestehende negative Recht eingegriffen, nicht einer Vereinigung beizutreten.[107]

31 **c) Recht der Vereinten Nationen und Übereinkommen der ILO.** Der Art. 23 Nr. 4 der Allgemeinen Erklärung der Menschenrechte – **UN-Menschenrechtserklärung** – garantiert die Koalitionsfreiheit, ist aber völkerrechtlich nicht verbindlich. Nach Art. 22 des Internationalen Paktes über bürgerliche und politische Rechte – **UN-Zivilpakt**[108] – hat jedermann „das Recht, sich frei mit anderen zusammenzuschließen sowie zum Schutz seiner Interessen Gewerkschaften zu bilden und ihnen beizutreten". Der UN-Ausschuss für Menschenrechte hat jedoch mehrheitlich nicht das Streikrecht als garantiert angesehen.[109] Nach Teil III Art. 8 I lit. d) des Internationalen Paktes über wirtschaftliche, soziale und kulturelle Rechte – **UN-Sozialpakt**[110] – verpflichten sich die Vertragsstaaten, „folgende Rechte zu gewährleisten: [...] das Streikrecht, soweit es in Übereinstimmung mit der innerstaatlichen Rechtsordnung ausgeübt wird."[111] Ein weitergehender Inhalt als der von Art. 9 III GG gewährleistete ist damit nicht erkennbar.

32 Von den **ILO-Übereinkommen** ist das Übereinkommen Nr. 87 (→ § 188 Rn. 8) zu nennen. Es enthält allerdings keine unmittelbaren arbeitskampfrechtlichen Aussagen. Ein anderes ergibt sich jedoch aus der umfangreichen Spruchpraxis der zur Auslegung, Anwendung und Kontrolle der Übereinkommen eingesetzten Organe, der ILO, des ILO-Sachverständigenrats und des Ausschusses für Vereinigungsfreiheit[112] zu verschiedenen Arbeitskampfmaßnahmen,[113] die aber nicht verbindlich ist.[114]

33 **6. Ausgestaltung durch die Rechtsprechung.** Der Arbeitskampf ist zwar grundsätzlich garantiert und auch die weiteren angeführten Rechtsgrundlagen gehen von seiner Zulässigkeit aus; gleichwohl sind die einzelnen Maßstäbe zur Bestimmung von Voraussetzungen und Grenzen des Einsatzes von Arbeitskampfmitteln damit noch nicht bestimmt. Hierzu bedarf es „an sich" einer einfachgesetzlichen Ausgestaltung durch den Gesetzgeber, an der es bis heute fehlt (zu § 11 V AÜG → Rn. 20, → § 194 Rn. 20). Gleichwohl sind die Gerichte für Arbeitssachen aufgrund des Justizgewährungsanspruchs[115] verpflichtet, über arbeitsrechtliche Streitigkeiten ungeachtet der Unbestimmtheit oder der Lückenhaftigkeit der zur Verfügung stehenden Instrumentarien zu entscheiden. Die Ausgestaltung der Rechtsbeziehungen im Arbeitskampfrecht obliegt daher der Rechtsprechung;[116] sie trägt die „Last dieser Situation".[117] Die Gerichte müssen das materielle Recht mit den anerkannten Methoden der Rechtsfindung ableiten (→ § 189 Rn. 17 ff.). Das gilt auch dann, wenn auf Grund verfassungsrechtlicher Schutzpflichten eine gesetzliche Regelung „an sich" notwendig wäre. Die vom BVerfG entwickelte **Wesentlichkeitstheorie,** wonach der Gesetzgeber in grundlegenden normativen Bereichen alle wesentlichen Entscheidungen selbst treffen muss, steht dem nicht entgegen. Sie gilt nur im Verhältnis zwischen Staat und Bürgern, nicht aber, wenn dasjenige von gleichgeordneten Grundrechtsträgern betroffen ist.[118] Hier haben die Gerichte die Beziehungen privater Rechtssubjekte gesetzesvertretend – also auf der Ebene des einfachen Rechts – auszugestalten.[119] Diese auf Grundlage des Art. 9 III GG ausgestalteten Grundsätze gelten nicht nur im Verbandarbeitskampf, sondern auch bei Arbeitskämpfen, um einen Tarifvertragsab-

---

[107] EGMR 2.6.2016 NZA 2016, 1519; dazu *Buchholtz* AuR 2016, 512 ff.; *Walser* NZA 2016, 1510 ff.

[108] V. 19.12.1966, BGBl. 1973 II, 1534.

[109] UN-Menschenrechtsausschuss Entscheidung v. 18.7.1986, Mitteilung Nr. 118/1982 – Ziff. 6.4, s. NJW 1987, 3065; EuGRZ 1987, 47 ff., 51. S. aber demgegenüber „Concluding observations" des UN-Menschenrechtsausschusses (Deutschland) v. 8.11.1996 (CCPR/C/79/Add. 73), Rn. 18. Dazu Däubler ArbeitskampfR-HdB/*Lörcher* § 10 Rn. 63.

[110] V. 19.12.1966 (BGBl. 1973 II, 1570).

[111] Ausf. Däubler ArbeitskampfR-HdB/*Lörcher* § 10 Rn. 55 ff.

[112] Dazu *Bobke-von Camen* AiB 1988, 276 ff.; *Lörcher* AuR 1991, 97 ff.

[113] Vgl. ausf. Däubler ArbeitskampfR-HdB/*Lörcher* § 10 Rn. 65 ff.; sowie *Otto* ArbeitskampfR § 4 Rn. 57.

[114] ErfK/*Linsenmaier* GG Art. 9 Rn. 107; aA *Däubler* FS 100 Jahre Arbeitsgerichtsverband, 1994, 619 (629); Däubler ArbeitskampfR-HdB/*Lörcher* § 10 Rn. 53 (völkerrechtsfreundliche Handhabung).

[115] S. nur *Dieterich* RdA 1993, 67 (69 f.).

[116] BAG 20.11.2018 AP Nr. 188 zu Art. 9 GG Arbeitskampf = NZA 2019, 402.

[117] ErfK/*Linsenmaier* GG Art. 9 Rn. 111.

[118] BVerfG 26.6.1991 AP Nr. 117 zu Art. 9 GG Arbeitskampf = NZA 1991, 809; krit. *Otto* ArbeitskampfR § 4 Rn. 61 ff.

[119] *I. Schmidt* FS Richardi, 2007, 765 (769); jüngst krit. *U. Fischer* jM 2016, 280 (280 f.); s. auch *ders.* RdA 2009, 287 ff. Ausf. zur Arbeitskampfrechtsprechung *Engels,* Verfassung und Arbeitskampfrecht, 2008, 97 ff., 281 ff.

schluss mit einem Außenseiter-Arbeitgeber zu erreichen.[120] Bei der Ausgestaltung ist zu beachten, dass sich nicht „die" (einzig denkbare) Ausgestaltung unmittelbar aus der grundgesetzlichen Regelung des Art. 9 III GG ergibt oder aufgrund einer Grundrechtsrechtkollision stets vorgegeben ist. Es lassen sich „unterschiedliche verfassungsmäßige Ausgestaltungen der Koalitionsfreiheit denken."[121]

IV. Staatsneutralität im Arbeitskampf

34 Mit der grundgesetzlichen Gewährleistung des Arbeitskampfs geht auch das **Gebot staatlicher Neutralität** einher.[122] Die Wahrung der Neutralität im Arbeitskampf verbietet dem Staat, aktiv in das einzelne Tarifgeschehen und Arbeitskämpfe einzugreifen, namentlich indem er eine der Kampfparteien mit staatlichen Mitteln unterstützt.[123] Das Gebot der Staatsneutralität steht andererseits der gesetzlichen Ausgestaltung und damit der Bereitstellung eines funktionsfähigen Arbeitskampfsystems nicht entgegen. Dem „Staat", verstanden als jede öffentlich-rechtlich Einrichtung, die in der Lage ist, durch Anwendung der ihr zur Verfügung stehenden Kompetenzen einen Arbeitskampf unmittelbar oder mittelbar zu beeinflussen,[124] ist keine „indifferente" oder „passive" Neutralität auferlegt. Schon die Ausgestaltung einer Arbeitskampfordnung wäre damit nicht zu vereinbaren, nimmt sie doch Einfluss auf die jeweiligen Chancen.

35 Ein Bezugspunkt der staatlichen Neutralität im Arbeitskampf wird deshalb in der **„paritätsgestaltenden fördernden Neutralität"**[125] gesehen. Im Rahmen der Ausgestaltung einer Arbeitskampfordnung ist der Staat gehalten, das Verhandlungsgleichgewicht, die Parität (→ § 192 Rn. 30 f.), verstanden als die Fähigkeit, einen wirksamen Arbeitskampf zu führen,[126] zu wahren. Dem Gesetzgeber ist es demzufolge nicht verwehrt, „Regelungen zu treffen, durch die ausgeglichene Verhältnisse der Tarifpartner untereinander, das heißt Kampfparität, gewährleistet werden."[127]

36 Die Anordnung von **Streikarbeit** (→ § 194 Rn. 19 f.) **für Beamte** auf bestreikten Arbeitsplätzen im öffentlichen Dienst ist mangels gesetzlicher Grundlage unzulässig.[128] Der betreffende Beamte ist hierzu nicht verpflichtet. Die „Staatsneutralität im Arbeitskampf"[129] ist weiterhin zu prüfen bei gesetzlichen Regelungen, die einen Arbeitskampfbezug aufweisen, wie es insbesondere bei der Gewährung von **Arbeitslosen- und Kurzarbeitergeld** nach den §§ 146, 174 SGB II der Fall ist (→ § 194 Rn. 50 ff., allg. → § 23 Rn. 2 ff.). Solche Berührungspunkte weist auch § 36 III SGB III auf. Danach darf die Agentur für Arbeit in einem durch einen Arbeitskampf unmittelbar betroffenen Betrieb nur dann vermitteln, wenn der Arbeitsuchende und der AG dies trotz eines Hinweises auf den Arbeitskampf verlangen. Hierdurch soll die Neutralitätspflicht der Agenturen gesichert werden. Weitergehend ist die Neuregelung in § 11 V AÜG bei einem Arbeitskampf im Entleiherbetrieb (→ § 120 Rn. 58, → § 194 Rn. 19).

V. Schlichtung und Schlichtungsrecht

37 **1. Begriff.** Dem **Ziel eines Tarifvertragsabschlusses** im Falle von Verhandlungskonflikten und der Vermeidung von Arbeitskämpfen[130] dienen Schlichtungsverfahren. In ihnen sollen Regelungsfragen zwischen den Tarifvertragsparteien einer Klärung zugeführt werden. Die Schlichtung wird auch in Teil II Art. 6 Nr. 3 ESC erwähnt; die Vertragsparteien sollen „die Einrichtung und die Benutzung geeigneter Vermittlungs- und freiwilliger Schlichtungsverfahren zur Beilegung von Arbeitsstreitigkeiten … fördern". Danach verpflichten sich die Vertragsstaaten, „die Einrichtung und die Benutzung geeigneter Vermittlungs- und freiwilliger Schlichtungsverfahren zur Beilegung von Arbeitsstreitigkeiten zu fördern". Zu unterscheiden ist zwischen **der staatlichen und der vereinbarten Schlichtung.**[131]

---

[120] BAG 14.8.2018 AP Nr. 186 zu Art. 9 GG Arbeitskampf = NZA 2019, 100.

[121] *Poscher* RdA 2017, 235 (237); s. auch *Dieterich* FS Jaeger, 2011, 85 (101); aA etwa *Krois* NZA 2020, 1229 (1232): „Bereitstellung eines Schutzminimums".

[122] Dieser Zusammenhang wird bereits in BAG 28.1.1955 AP Nr. 1 zu Art. 9 GG Arbeitskampf deutlich.

[123] BSG 5.6.1991 AP Nr. 2 zu § 116 AFG = NZA 1991, 982; *Kissel* ArbeitskampfR § 34 Rn. 3 f.

[124] *Kissel* ArbeitskampfR § 34 Rn. 6 ff., 9.

[125] Ähnlich *Otto* ArbeitskampfR § 2 Rn. 57.

[126] BVerfG 26.6.1991 AP Nr. 117 zu Art. 9 GG Arbeitskampf = NZA 1991, 809.

[127] BSG 9.9.1975 AP Nr. 1 zu § 116 AFG.

[128] BVerfG 2.3.1993 AP Nr. 126 zu Art. 9 GG Arbeitskampf = NJW 1993, 1379.

[129] So die gleichnamige Schrift von *Seiter* von 1987; weiterhin *Säcker*, Gruppenparität und Staatsneutralität als verfassungsrechtliche Grundprinzipien des Arbeitskampfrechts, 1974.

[130] *Otto* ArbeitskampfR § 20 Rn. 5.

[131] Ausf. zur Entwicklung und den Formen der Schlichtung *Höpfner* ZfA 2018, 254 ff. Zur Schlichtung im staatlichen Arbeitsrecht und im System der KODA *Bepler* FS Grädler, 2012, 44 ff.

38 **2. Staatliche Schlichtung.** Ein **freiwilliges staatliches Schlichtungsverfahren** besteht auf der Grundlage des nach wie vor als „Besatzungsrecht" geltenden Kontrollratsgesetzes Nr. 35 über „Ausgleichs- und Schiedsverfahren in Arbeitsstreitigkeiten",[132] zu dem einzelne Bundesländer Verwaltungsvorschriften und Durchführungsverordnungen erlassen haben.[133] Weiterhin existiert in Baden-Württemberg im Landesteil **Baden** die **Landesschlichtungsordnung.**[134] Nach § 12 II LSchlichtO Baden kann ein Schlichtungsverfahren in Fällen, „in denen einer Streitigkeit wesentliche öffentliche Bedeutung zukommt", von Amts wegen eingeleitet und nach § 18 I LSchlichtO Baden, „wenn das öffentliche Interesse es erfordert", ein Schiedsspruch des Landesschlichtungsausschusses auf Antrag einer Partei für verbindlich erklärt werden. Eine solche staatliche Zwangsschlichtung[135] ist bisher nicht vorgekommen (zur Verfassungsmäßigkeit einer Zwangsschlichtung → Rn. 40 f.).

39 Die staatliche Schlichtung nach dem **Kontrollratsgesetz (KRG) Nr. 35**[136] ist gegenüber der vereinbarten Schlichtung subsidiär, findet also nur statt, wenn eine tarifautonom vereinbarte Schlichtungsstelle nicht vorgesehen ist und sich eine oder beide Parteien an die staatliche Stelle gewandt haben oder wenn das vereinbarte Schlichtungsverfahren ohne Erfolg geblieben ist und die Tarifpartner sich daraufhin an diese gewandt haben (Art. II Abs. 1 KRG Nr. 35). Das kann im Ergebnis zu einer mehrstufigen Schlichtung führen. In der Praxis hat das staatliche Schlichtungsverfahren keine Bedeutung erlangt.[137] Das KRG Nr. 35 kennt zum einen das **Ausgleichsverfahren** nach Art. III, welches nach Zustimmung der Tarifparteien der Beratung und Vermittlung dient. Das Verfahren kennt keine besonderen Verfahrensregelungen, ist mündlich und nicht öffentlich. Weiterhin besteht ein formalisiertes **Schlichtungsverfahren vor den Schlichtungsausschüssen** (Art. IV KRG Nr. 35),[138] dessen **Schiedsspruch** die Tarifparteien nicht bindet, es sei denn, sie haben sich ihm vorab unterworfen.

40 In der **Weimarer Republik** konnte nach § 14 TVVO (→ § 195 Rn. 1) ein nach den §§ 15 ff. TVVO – Schlichtung in Arbeitsstreitigkeiten – zustande gekommener, aber nicht angenommener Schiedsspruch für verbindlich erklärt werden.[139] Diese Möglichkeit **staatlicher Zwangsschlichtung** ist derzeit lediglich nach § 12 II LSchlichtO Baden möglich (→ Rn. 38). Eine **staatliche Zwangsschlichtung** ist mit dem Grundrecht der Koalitionsfreiheit unvereinbar und daher **verfassungswidrig.**[140] Soweit Ausnahmen für den Fall „sozialer Notstände", „extremer Notlagen" oder ähnlich umschriebener Ausnahmesituationen diskutiert werden,[141] wird zutreffend eingewandt, dass nach Art. 9 III 2 GG selbst im Notstandsfall Maßnahmen gegen Arbeitskämpfe unzulässig sind.[142] Allenfalls könnte ein Arbeitskampf wegen unangemessener Beeinträchtigung von Grundrechten Dritter (→ § 192 Rn. 42) unverhältnismäßig sein.[143] Eine weitere Fragestellung betrifft die Einführung eines **gesetzlichen Schlichtungszwangs,** der die Tarifparteien verpflichtet, vor dem Beginn von Arbeitskampfmaßnahmen ein Schlichtungsverfahren durchzuführen.[144] Eine solche gesetzliche Vor-

[132] V. 20.8.1946, Abl. des Alliierten Kontrollrates 1946, 174; abgedruckt bei *Kissel* ArbeitskampfR § 70 Rn. 6; dazu ausf. *Lembke* RdA 2000, 223 ff. Ausf. s. auch *Leinenweber,* Landesschlichtungsgesetze?, 2011, 69 ff., 89 ff., 102 ff.; sowie *Löwisch/Rieble* TVG Grundl. Rn. 98 ff.

[133] Zum Landesrecht ausf. *Kissel* ArbeitskampfR § 70 Rn. 10; Nachw. auch bei Däubler ArbeitskampfR-HdB/*Reinfelder* § 15 Rn. 30 Fn. 104.

[134] Landesgesetz über das Schlichtungswesen bei Arbeitsstreitigkeiten (Landesschlichtungsordnung) vom 19.10.1949 (GVBl. 1950, 60) idF des Änderungsgesetzes vom 4.7.1983 (GVBl. 265); das KRG Nr. 35 ist dort durch Gesetz v. 9.2.1950 der Alliierten Hohen Kommandantur außer Kraft getreten. Zur LSchlichtO *Arnold* RdA 1996, 356 ff.; s. auch *Leinenweber,* Landesschlichtungsgesetze?, 2011, 87.

[135] Dazu *Pollmeyer* AuA 2008, 464 ff.

[136] Zum ähnlichen Verfahren nach der LSchlichtO Baden vgl. *Otto* ArbeitskampfR § 22 Rn. 33 ff.

[137] Zahlenmaterial bei *Lembke* RdA 2000, 223 (233 f.); s. auch *Knevels* ZTR 1988, 408 (411 f.); *Rieble* ZAF 2005, 218 (224).

[138] Ausf. die 13. Aufl. § 196 Rn. 6 ff., sowie *Löwisch/Rumler* AR-Blattei SD 170.11 Rn. 57 ff.; *Kissel* ArbeitskampfR § 70 Rn. 10 ff.

[139] Ausf. *v. Brauchitsch,* Staatliche Zwangsschlichtung – Die Aushöhlung der Tarifautonomie in der Weimarer Republik, 1990; Däubler ArbeitskampfR-HdB/*Däubler* § 4 Rn. 21 ff.; *Kittner,* Arbeitskampf, 452 ff.; *Nörr* ZfA 1986, 417 ff.

[140] BVerfG 6.5.1964 AP Nr. 15 zu § 2 TVG; BAG 20.11.2012 AP Nr. 180 zu Art. 9 GG Arbeitskampf = NZA 2013, 437. BKS/*Schumann* Teil 4 Rn. 420; ErfK/*Linsenmaier* GG Art. 9 Rn. 286; *Otto* ArbeitskampfR § 22 Rn. 14 mwN in Fn. 15; Däubler ArbeitskampfR-HdB/*Reinfelder* § 15 Rn. 31; sowie *Lembke* RdA 2000, 223 (228); *Otto* ArbeitskampfR § 22 Rn. 18 zur LSchlichtO Baden.

[141] Zusammenstellung bei Däubler ArbeitskampfR-HdB/*Däubler* § 9 Rn. 55; *Kissel* ArbeitskampfR § 70 Rn. 29; *Otto* ArbeitskampfR § 22 Rn. 15 mwN.

[142] Däubler ArbeitskampfR-HdB/*Däubler* § 9 Rn. 56; Däubler ArbeitskampfR-HdB/*Reinfelder* § 15 Rn. 32; *Otto* ArbeitskampfR § 22 Rn. 15.

[143] Däubler ArbeitskampfR-HdB/*Däubler* § 9 Rn. 56.

[144] S. dazu etwa *Heinze* FS Däubler, 1999, 431 ff.; *Leisner* NJW 2006, 1488 ff.; für einzelne Branchen oder für Spartengewerkschaften *Hanau/Thüsing* in: Thüsing, Tarifautonomie im Wandel, 35, (64 f.) (Daseins-

gabe würde zu einer Beschränkung des tarifautonomen Verhandlungsprozesses führen, die je nach Ausgestaltung des Verfahrens einer verfassungsrechtlichen Rechtfertigung bedarf.[145] Zudem wird die Wirksamkeit solcher gesetzgeberischen Regelungen für die Tarifverhandlungs- und Arbeitskampfpraxis mit guten Gründen bezweifelt.[146]

3. Tarifliche Schlichtungsvereinbarungen und -verfahren. Dem **tarifautonom vereinbarten Schlichtungsverfahren** kommt gegenüber der staatlichen Schlichtung der **Vorrang** zu. Der DGB und die BDA haben sich erstmals im Jahre 1954 im sog. Margarethenhof-Abkommen auf eine **Muster-Schlichtungsvereinbarung** verständigt.[147] In der Folgezeit wurden in vielen Branchen, teilweise allerdings sehr unterschiedlich ausgestaltete, Schlichtungsvereinbarungen geschlossen (Baugewerbe, Chemie-, Druck- und Metallindustrie, Öffentlicher Dienst, Holzwirtschaft, Schuhindustrie).[148] Auch im kirchlichen Bereich bestehen tarifliche Schlichtungsvereinbarungen.[149] Die Zulässigkeit solcher Vereinbarungen ergibt sich aus der Koalitionsbetätigungsfreiheit nach Art. 9 III GG. Die Schlichtungsvereinbarungen regeln Rechte und Pflichten der Tarifvertragsparteien und gehören zum schuldrechtlichen Teil eines Tarifvertrags oder sind, wenn sie selbständig vereinbart werden, Tarifverträge mit rein **schuldrechtlichen Verpflichtungen** (→ § 199 Rn. 2). Eine Nachwirkung nach § 4 V TVG (→ § 208 Rn. 15 ff.) scheidet ebenso aus wie eine Allgemeinverbindlicherklärung (→ § 205 Rn. 11 ff.).[150] Eine Schlichtungsvereinbarung kann je nach ihrer Ausgestaltung zu einer **Fortdauer der Friedenspflicht** (→ § 192 Rn. 17 ff.) führen.[151] Eine Schlichtung kann allerdings auch noch während laufender Arbeitskampfmaßnahmen durchgeführt werden, wie es die sog. besondere Schlichtung in der Metallindustrie vorsieht.[152] Der Umfang der Friedenspflicht ist durch Auslegung der Schlichtungsabrede zu ermitteln. Sollen reine Vorbereitungshandlungen zu einem Arbeitskampf erfasst werden, bedarf dies einer besonderen Festlegung.[153] Die Durchführung eines Schlichtungsverfahrens ist, sofern nicht verbindlich vorgesehen, keine **Rechtmäßigkeitsvoraussetzung für einen Arbeitskampf.** Ebenso wenig besteht eine Verpflichtung, Schlichtungsvereinbarungen zu treffen (→ § 192 Rn. 35).[154] 41

Das **Verfahren** ist in den einzelnen Schlichtungsvereinbarungen unterschiedlich ausgestaltet.[155] Es kann auf Antrag einer oder beider Parteien, aber auch automatisch eingeleitet werden, wenn die Tarifverhandlungen gescheitert sind. Die Tarifparteien sind regelmäßig – anders in der Metallindustrie[156] – aufgrund der Schlichtungsvereinbarung verpflichtet, sich auf das Verfahren einzulassen **(Einlassungszwang).** Die Schlichtungsstellen bestehen zumeist aus einem unparteiischen Vorsitzenden und einer gleichen Anzahl von Mitgliedern der beiden Tarifparteien. Kommt eine Tarifeinigung in der Schlichtungsverhandlung nicht zustande, kann die Schlichtungsstelle einen Einigungsvorschlag machen, der auch als **Schlichtungsspruch** bezeichnet wird. Verbindlich wird der Vorschlag nur dann, wenn sich die Tarifparteien ihm im Voraus unterworfen haben[157] oder seine Annahme erklären. Der Vorschlag muss den formellen und materiellen Voraussetzungen eines Tarifvertrags genügen.[158] Wird er angenom- 42

---

vorsorge); *Konzen* FS 50 Jahre BAG, 2004, 515 (548); *Rüthers* NJW 2006, 970 ff. (öffentlicher Dienst); *v. Steinau-Steinrück/Glanz* NZA 2009, 113 (118) (Spartengewerkschaften); abl. etwa *Behning,* Die Schlichtung in der kollektiven Arbeitsverfassung der Bundesrepublik Deutschland, 1994, 240 ff.; s. auch BKS/*Berg* Teil 1. Rn. 218, 221, AKR Rn. 421; *Otto* ArbeitskampfR § 22 Rn. 27 ff.

145 ErfK/*Linsenmaier* GG Art. 9 Rn. 288; Däubler ArbeitskampfR-HdB/*Reinfelder* § 15 Rn. 32; weitergehend offenbar *Kissel* ArbeitskampfR § 70 Rn. 23 ff; *Otto* ArbeitskampfR § 22 Rn. 31 f., jew. mwN.

146 Däubler ArbeitskampfR-HdB/*Reinfelder* § 15 Rn. 32; anders wohl *Otto* ArbeitskampfR § 22 Rn. 32.

147 Abgedruckt in RdA 1954, 383 f.; und bei *Knevels* ZTR 1988, 408 (413).

148 Etwa Schlichtungsabkommen für das Baugewerbe v. 12.3.1979 idF v. 26.3.1993; Schlichtungsregelung der Chemischen Industrie v. 28.10.1981 idF v. 16.4.2008; Schieds- und Schlichtungsordnung für die Druckindustrie v. 2.11.1988 idF v. 26.6.1998; Schlichtungs- und Schiedsvereinbarung für die Metallindustrie v. 1.1.1980 RdA 1980, 165.

149 S. nur in BAG 20.11.2012 AP Nr. 180 zu Art. 9 GG Arbeitskampf = NZA 2013, 437.

150 *Otto* ArbeitskampfR § 20 Rn. 23; Däubler ArbeitskampfR-HdB/*Reinfelder* § 15 Rn. 33.

151 So in der Chemischen Industrie (§ 8), im Baugewerbe (§ 16), der Metallindustrie (§§ 3, 11 ff.) sowie im Öffentlichen Dienst (§ 9).

152 Vgl. §§ 11–13 der Schlichtungsvereinbarung für die Metallindustrie vom 1.1.1980 RdA 1980, 165.

153 Däubler ArbeitskampfR-HdB/*Reinfelder* § 15 Rn. 34.

154 BAG 21.6.1988 AP Nr. 108 zu Art. 9 GG Arbeitskampf.

155 Ausf. anhand der Schlichtungsordnungen *Otto* ArbeitskampfR § 21 Rn. 2 ff. Zur Mediation im Rahmen einer Schlichtung *Weh* in: Arbeitskampf, Verhandlung und Schlichtung, 2018, S. 91 ff.

156 *Otto* ArbeitskampfR § 21 Rn. 10.

157 Dazu *Löwisch/Rieble* TVG § 1 Rn. 58 f., die eine Kontrolle auf offenbare Unbilligkeit nach § 319 BGB zulassen wollen.

158 *Kissel* ArbeitskampfR § 69 Rn. 47. Zur gerichtlichen Kontrolle *Otto* ArbeitskampfR § 21 Rn. 35 ff.; *Kissel* ArbeitskampfR § 69 Rn. 58 ff.

men,[159] kommt ein Tarifvertrag zwischen den Parteien zustande. Im anderen Fall ist die Schlichtung gescheitert.

§ 192. Arbeitskampfmaßnahmen der Arbeitnehmer

Übersicht

I. Grundsatz

1 Die Rechtmäßigkeit eines Arbeitskampfs auf Arbeitnehmerseite setzt nach der Rechtsprechung[1] grundsätzlich voraus:

- Der Arbeitskampf muss auf eine **rechtmäßige tarifvertragliche Regelung** gerichtet sein (→ Rn. 2 ff.),
- er muss die **Friedenspflicht** beachten (→ Rn. 17 ff.),
- von einer **Gewerkschaften** getragen (→ Rn. 26) und von ihr beschlossen sein (→ Rn. 36) und
- die Arbeitskampfmaßnahmen müssen den **Grundsatz der Verhältnismäßigkeit** wahren (→ Rn. 33 ff.).

Weitere Arbeitskampfvoraussetzungen oder Arbeitskampfschranken bestehen in besonderen Arbeitsbereichen (→ Rn. 39 ff.) oder hinsichtlich des Einsatzes „atypischer" Arbeitskampfmittel (→ Rn. 48 ff.). Eine Begrenzung des Arbeitskampfs durch das Gemeinwohl erfolgt grundsätzlich nicht (→ Rn. 38). Bei Beginn, Durchführung und Beendigung eines Arbeitskampfs ergeben sich ggf. weitere Anforderungen für die Kampfbeteiligten (→ Rn. 36 f., → Rn. 58 ff.).

II. Tarifbezogenheit des Arbeitskampfs

2 **1. Tarifliche Regelung.** Eine nähere Bestimmung des Inhalts und der Grenzen der verfassungsrechtlichen Gewährleistung des Arbeitskampfs (→ § 191 Rn. 18) erfolgt durch dessen Zweck, der Gewährleistung eines funktionsfähigen Tarifvertragssystems. Jedenfalls soweit der Arbeitskampf auf den Abschluss von Tarifverträgen gerichtet und allgemein erforderlich ist, sind Arbeitskampfmaßnahmen durch Art. 9 III GG geschützt.[2] Aufgrund der Funktionsbezogenheit

[159] Zur Rechtsnatur des Schlichtungsspruchs in den einzelnen Fallgestaltungen *Otto* ArbeitskampfR § 21 Rn. 26 ff.

[1] Übersichten zur neueren Rspr. bei *Reif/Ginal* AuR 2020, 646 ff.; *Berg* AuR 2020, 450 ff.; *Greiner* JbArbR 56 (2019), 103 ff.; *Kolbe* ZfA 2019, 579 (591 ff.); *Melot de Beauregard* NZA-RR 2018, 625 ff.; *Becherle* NJW 2017, 439 ff.; *Melot de Beauregard/Baur* NZA-RR 2016, 617 ff.

[2] BVerfG 26.6.1991 AP Nr. 117 zu Art. 9 GG Arbeitskampf = NZA 1991, 809.

des Arbeitskampfs auf die Tarifautonomie geht das BAG davon aus, dass Arbeitskämpfe **um tariflich regelbare Ziele** geführt werden können.[3] In der Folge sind nach der Rechtsprechung Arbeitskämpfe rechtswidrig, die nicht auf den Abschluss eines Tarifvertrags gerichtet sind oder die ein Ziel verfolgen, für das den Tarifvertragsparteien keine Regelungskompetenz zusteht.[4] Das wird im Schrifttum auch so gesehen,[5] wenn auch nicht durchgehend geteilt.[6]

Das BAG hat in einer Entscheidung angedeutet, dass diese Grenzziehung, wonach Arbeitskämpfe stets nur zur Durchsetzung tarifvertraglicher regelbarer Ziele zulässig sind, „im Hinblick auf Teil II **Art. 6 Nr. 4 ESC** einer erneuten Überprüfung" bedarf[7] und dies später wiederholt (→ § 191 Rn. 28).[8] Vor allem in der Entscheidung aus dem Jahre 1991 war nur die verfassungsrechtliche Gewährleistung von Arbeitskampfmaßnahmen um tariflich regelbare Ziele zu klären. 3

Durch die „Tarifvertragsbezogenheit" des Arbeitskampfrechts ist nicht zugleich eine Fixierung auf Tarifverträge mit Rechtsnormen nach § 1 I TVG oder über gemeinsame Einrichtungen nach § 4 II TVG vorgegeben.[9] Durchsetzbar sind auch Vereinbarungen ohne Tarifvertragscharakter, namentlich also **schuldrechtliche Kollektivverträge** (zu den Inhalten → § 191 Rn. 28),[10] soweit sie Regelungen über Arbeits- und Wirtschaftsbedingungen zum Inhalt haben.[11] Dabei können sich Forderungen ggf. auch gegen einen Dritten richten, der etwa der alleinige oder der Hauptgesellschafter des bestreikten AG ist.[12] Allerdings kann nicht jede unzulässige Forderung nach einer normativen Tarifregelung zur erkämpfbaren und zulässigen schuldrechtlichen „gemacht" werden.[13] Daraus folgt aber nicht, weil nur eine schuldrechtliche Regelung, etwa in einem Sanierungstarifvertrag, möglich ist, fehle die Erstreikbarkeit.[14] Hier bedarf es einer Betrachtung der einzelnen Forderung (→ Rn. 7). Ebenso sind die **obligatorischen Bestimmungen** eines Tarifvertrags, die die Rechte und Pflichten zwischen den Tarifvertragsparteien regeln, wozu auch Maßregelungsklauseln (→ § 194 Rn. 15 ff.) gehören, mittels Arbeitskampf durchsetzbar.[15] 4

Erkämpfbar ist ebenfalls ein Tarifvertrag, der nach den Grundsätzen der Tarifkonkurrenz ggfls. durch einen anderen **Tarifvertrag verdrängt** wird. Teilweise wurden Arbeitskämpfe um Tarifverträge als unzulässig angesehen, wenn sie einen Tarifvertrag zum Ziel hatten, dessen Geltung nach dem – mittlerweile von der Rechtsprechung für die Abschluss-, Inhalts- und Beendigungsnormen aufgegebenen (→ § 203 Rn. 16 f.) – Grundsatz der Tarifeinheit „nachrangig" gewesen wäre.[16] Das war selbst auf Grundlage der früheren Rechtsprechung unzutreffend.[17] Der Grundsatz der Tarifeinheit setzte Tarifpluralität, also den Abschluss mehrerer Tarifverträge über denselben Regelungsgegenstand voraus, weshalb es den tariffähigen Koalitionen unbenommen war und ist, sich um den Abschluss eines Tarifvertrags zu bemühen.[18] Das **Tarifeinheitsgesetz** hat hieran **nichts** 5

---

[3] BAG 24.4.2007 AP Nr. 2 zu § 4 TVG Sozialplan = NZA 2007, 987; 10.6.1980 AP Nr. 64 zu Art. 9 GG Arbeitskampf = NJW 1980, 1642.

[4] BAG 10.2.1988 AP Nr. 53 zu § 99 BetrVG 1972 = NZA 1988, 699; 26.4.1990 AP Nr. 57 zu Art. 9 GG = NZA 1990, 850.

[5] HWK/*Hergenröder* GG Art. 9 Rn. 278; *Kissel* ArbeitskampfR § 24 Rn. 2; *Otto* ArbeitskampfR § 4 Rn. 21, § 5 Rn. 2.

[6] AA BKS/*Wankel* Teil 4 Rn. 21 ff.; Däubler ArbeitskampfR-HdB/*Däubler* § 13 Rn. 5 f.; s. auch ErfK/*Linsenmaier* GG Art. 9 Rn. 71, 114.; sowie ausf. *Gooren,* Der Tarifbezug des Arbeitskampfes unter Berücksichtigung des Einflusses von internationalem und vor allem europäischem Recht, 2014, insb. S. 154 ff., 238 ff., sowie S. 277 ff.; *Hauer.*

[7] BAG 10.12.2002 AP Nr. 162 zu Art. 9 GG Arbeitskampf = NZA 2003, 334.

[8] BAG 24.4.2007 AP Nr. 2 zu § 1 TVG Sozialplan = NZA 2007, 987.

[9] So aber *Greiner* NZA 2008, 1274 (1277) mwN.

[10] Ausf. dazu *Höpfner* RdA 2020, 129 ff.; *Hertenstein,* Die schuldrechtliche Regelungsbefugnis der Tarifvertragsparteien, 2018.

[11] BAG 19.10.1976 AP Nr. 6 zu § 1 TVG Form; LAG BaWü 20.2.2019 LAGE Art. 9 GG Arbeitskampf Nr. 114. BKS/*Wankel* Teil 4 Rn. 24; ErfK/*Linsenmaier* GG Art. 9 Rn. 114; *Otto* ArbeitskampfR § 5 Rn. 19 f.; aA *Höpfner* RdA 2020, 129 (139) mwN in Fn. 156 und in Fn. 161: nur soweit die Abreden Gegenstand von Tarifnormen sein könnten oder „diese flankieren"; abl. auch *Löwisch/Rieble* TVG § 1 Rn. 1313 ff., Grundlagen Rn. 509.

[12] LAG BW 20.2.2019 LAGE Art. 9 GG Arbeitskampf Nr. 114; ErfK/*Linsenmaier* GG Art. 9 Rn. 114.

[13] Insoweit deshalb diff. *Otto* ArbeitskampfR § 5 Rn. 21 f.

[14] ErfK/*Linsenmaier* GG Art. 9 Rn. 114; LAG BW 20.2.2019 LAGE Art. 9 GG Arbeitskampf Nr. 114.

[15] BAG 12.9.1984 AP Nr. 81 zu Art. 9 GG Arbeitskampf = NZA 1984, 393; anders *Greiner* NZA 2008, 1274 (1277); zu Recht abl. die überw. Auff., etwa Däubler ArbeitskampfR-HdB/*Däubler* § 13 Rn. 9 f. mwN in Fn. 23; *Jacobs* ZTR 2001, 249 (252); HWK/*Hergenröder* GG Art. 9 Rn. 280.

[16] LAG RhPf 22.6.2004 AP Nr. 169 zu Art. 9 GG Arbeitskampf mAnm *Däubler; Buchner* BB 2008, 106 (107); *Greiner* NZA 2007, 1023 (1026).

[17] S. nur Däubler ArbeitskampfR-HdB/*Däubler* § 13 Rn. 13 mwN zur Instanzrspr.; HWK/*Hergenröder* GG Art. 9 Rn. 283; JKOS TVR/*Jacobs* § 7 Rn. 235.

[18] BAG 14.12.2004 AP Nr. 1 zu § 2 TVG Tariffähigkeit mAnm *Bucher* = NZA 2005, 697.

geändert (→ § 203 Rn. 25).[19] Das gilt ebenso für konkurrierende Tarifverträge verschiedenerer Gewerkschaften, soweit eine Verdrängung wegen einer Tarifkonkurrenz in Betracht kommt, weil sie betriebliche oder betriebsverfassungsrechtliche Regelungen zum Inhalt haben (→ § 203 Rn. 7 f.).[20] Auch wenn zwei im DGB organisierte Gewerkschaften nach ihrer Satzung für ein Unternehmen zuständig sind, führt dies selbst dann nicht zu einem unzulässigen Arbeitskampf, wenn eine Anrufung des DGB-Schiedsgerichts (→ § 197 Rn. 17 f.) unterblieben ist.[21]

6 **2. Rechtmäßige Regelung.** Der Arbeitskampf muss darüber hinaus auf eine rechtmäßige tarifliche Regelung gerichtet sein. Ein Arbeitskampf mit rechtwidrigen Tarifzielen ist ausgeschlossen.[22] Maßgebend ist die von der Gewerkschaft **verlautbarte Streikforderung** (näher → Rn. 58).[23] Die Rechtsprechung des BAG hat es bisher offen gelassen, ob bei einem Arbeitskampf, der mehrere Tarifforderungen zum Inhalt hat, bereits die Rechtswidrigkeit einer untergeordneten **„Nebenforderung"** zur Unzulässigkeit des gesamten Streiks führt.[24] Allerdings kann durch das „Fallenlassen" einer unzulässigen Tarifforderung die drohende Rechtswidrigkeit eines bevorstehenden Arbeitskampfes vermieden werden.[25] Die **Höhe der Streikforderung** einer Gewerkschaft führt nicht zur Rechtswidrigkeit eines Streiks. Eine gerichtliche Übermaßkontrolle würde gegen die durch Art. 9 III GG gewährleistete Koalitionsbetätigungsfreiheit der Gewerkschaften verstoßen und die Funktionsfähigkeit der Tarifautonomie in Frage stellen. Etwas anderes wird allenfalls angenommen, wenn die Streikforderung auf die Existenzvernichtung des AG zielt;[26] allerdings kann dann schon das tariflich regelbare Streikziel in Frage gestellt werden. Welche Streikziele rechtmäßig sind, kann an dieser Stelle nur beispielhaft aufgeführt werden (→ Rn. 7 ff.). Im Vordergrund der Diskussion stehen Tarifforderungen, die zu einem Spannungsverhältnis zwischen der Regelung der Arbeits- und Wirtschaftsbedingungen nach Art. 9 III GG und den individuellen Grundrechtspositionen des AG (Art. 12 GG) und der einzelnen AN (Art. 12, Art. 2 I GG) führen,[27] dass nur im jeweiligen Einzelfall im Wege praktischer Konkordanz aufgelöst werden kann.

7 **3. Einzelne Arbeitskampfziele. a) Tarifsozialplan und Standortsicherungstarifvertrag.** Die Rechtmäßigkeit von gewerkschaftlichen Arbeitskämpfen um sog. **Tarifsozialpläne** oder auch als Tarifverträge mit sozialplanähnlichem Inhalt bezeichnete Abreden, sei es als unternehmensbezogener Verbands- oder als Haustarifvertrag,[28] hat das BAG grundsätzlich anerkannt.[29] Das gilt jedenfalls für Abfindungsregelungen und Bestimmungen über die Beendigung von Arbeitsverhältnissen. Durch die §§ 111 ff. BetrVG (→ § 244 Rn. 40, 53 ff.)[30] wird weder der Abschluss eines Tarifvertrags mit einem sozialplanähnlichen Inhalt im Falle von Betriebsänderungen gehindert[31] noch stehen die Bestimmungen einem Arbeitskampf mit diesem Ziel entgegen.[32] Das zeigen bereits die §§ 2 III, 112 I 4 BetrVG, die die Regelungsbefugnisse der Tarifparteien unberührt lassen und Tarifverträge diesen Inhalts voraussetzen.[33] Der Arbeitskampf verstößt weder gegen die kollektive Koalitionsfreiheit des Verbandes noch gegen die individuelle des betroffenen

[19] Ausdrücklich BVerfG 11.7.2017 AP Nr. 151 zu Art. 9 GG = NZA 2018, 915.

[20] *Boemke* ZfA 2009, 131 (148 ff.).

[21] LAG Hmb 21.5.2014 LAGE Art. 9 GG Arbeitskampf Nr. 98.

[22] BAG 10.12.2002 AP Nr. 162 zu Art. 9 GG Arbeitskampf = NZA 2003, 734 (Mitgliedschaft im Arbeitgeberverband, → § 189 Rn. 15); 21.3.1978 AP Nr. 62 zu Art. 9 GG Arbeitskampf = NJW 1972, 599 (Spannenklausel, → § 200 Rn. 25).

[23] BAG 26.7.2016 AP Nr. 184 zu Art. 9 GG Arbeitskampf = NZA 2016, 1543; 24.4.2007 AP Nr. 2 zu § 1 TVG Sozialplan = NZA 2007, 987.

[24] BAG 10.12.2002 AP Nr. 162 zu Art. 9 GG Arbeitskampf = NZA 2003, 734; 4.5.1995 AP Nr. 2 zu Art. 9 GG Arbeitskampf; dafür HWK/*Hergenröder* GG Art. 9 Rn. 279; aA BKS/*Wankel* Teil 4 Rn. 18.

[25] LAG Bln-Bbg 14.8.2012 – 22 SaGa 11131/12; HessLAG 9.8.2011 – 9 SaGa 1147/11; ausf. zum Thema *Fischer* NZA 2014, 1177 ff.; anders bei einem bereits begonnenen Streik *Rieble* BB 2014, 949 ff.

[26] BAG 24.4.2007 AP Nr. 2 zu § 1 TVG Sozialplan mAnm *Fischinger* = NZA 2007, 987 mwN zum Streitstand. S. auch *U. Fischer* NZA 2015, 1303 (1306).

[27] Dazu *Bayreuther,* Tarifautonomie, 235 ff.; *Dieterich* FS Wiedemann, 2002, 229 (241 ff.); weitere Beispiele bei *Otto* ArbeitskampfR § 5 Rn. 15, der zwischen Erkämpfbarkeit und freiwilliger Vereinbarung unterscheiden möchte; ebenso *Franzen* ZfA 2008, 289 (336 f.).

[28] Abl. etwa *Wank* RdA 2009, 1 (5).

[29] BAG 24.4.2007 AP Nr. 2 zu § 1 TVG Sozialplan mAnm *Fischinger* = NZA 2007, 987; nachfolgend etwa BAG 15.4.2015 AP Nr. 57 zu § 3 TVG = NZA 2015, 1388.

[30] Zu den Mitbestimmungsrechten des BR: *Fitting* BetrVG §§ 112, 112a Rn. 190; *Krause* FS Otto, 2008, 267 ff.; *Willemsen/Stahmer* NZA 2007, 413 (416 f.).

[31] BAG 6.12.2006 AP Nr. 1 zu § 1 TVG Sozialplan = NZA 2007, 821.

[32] BAG 24.4.2007 AP Nr. 2 zu § 1 TVG Sozialplan mAnm *Fischinger* = NZA 2007, 987.

[33] BKS/*Wankel* Teil 4 Rn. 31 ff.; *Bayreuther* NZA 2007, 1017 ff.; Däubler ArbeitskampfR-HdB/*Däubler* § 13 Rn. 27, 37 ff.; ErfK/*Linsenmaier* GG Art. 9 Rn. 116; *Fischinger,* Arbeitskämpfe bei Standortverlagerung

AG. Der Streik um einen Tarifsozialplan ist auch nicht unverhältnismäßig, selbst wenn die Forderungen eine geplante Verlagerung als wirtschaftlich wenig sinnvoll erscheinen lassen.[34]

8 Dem Arbeitskampf um einen Tarifsozialplan steht nicht die **Friedenspflicht** aus einem Verbands- oder Haustarifvertrag entgegen, wenn dieser keine Regelungen zu den Folgen einer Betriebsänderung enthält, die Gegenstand der gewerkschaftlichen Forderungen sind. Allein der Umstand, dass ein Tarifvertrag Bestimmungen zum Rationalisierungsschutz oder erweiterte Kündigungsschutzbestimmungen enthält, führt nicht ohne weiteres zu einer Friedenspflicht, die dem Arbeitskampf entgegensteht. Anders verhält es sich, wenn sich die Forderungen für einen Tarifsozialplan mit denen noch nicht beendeter Tarifverträge inhaltlich decken.[35]

9 Das BAG hat in der Entscheidung über der Erkämpfbarkeit eines Tarifsozialplans offengelassen, ob ein Arbeitskampf mit dem Ziel der **Unterlassung einer Standortverlagerung** geführt werden kann. Durch eine solche Streikforderung, die sich auf Art. 9 III GG stützen kann, wird in die durch Art. 12 GG geschützte unternehmerische Berufsfreiheit eingegriffen,[36] weshalb sie in der Instanzrechtsprechung teilweise als unzulässig,[37] bei einer Forderung nach befristeter Fortführung indes als rechtmäßig bewertet werden.[38] Auch im Schrifttum wird zum Teil davon ausgegangen, hierdurch werde in nicht mehr zulässiger Weise in die Berufsfreiheit des AG eingegriffen,[39] während nach anderer Auffassung ein Ausgleich der kollidierenden Grundrechte im Wege praktischer Konkordanz zu erfolgen hat,[40] wobei hinsichtlich der Beschränkung der Berufswahlfreiheit in der Bewertung auch zwischen natürlichen Personen und Kapitalgesellschaften differenziert wird.[41] Bei grenzüberschreitenden Standortverlagerungen ist zudem die **Niederlassungsfreiheit** nach Art. 49 AEUV zu berücksichtigen. Ob die Niederlassungsfreiheit allerdings in Fällen eines Tarifsozialplans, der nur die Folgen einer Standortverlagerung regeln will, nicht tangiert ist,[42] erscheint fraglich. Der EuGH hat in der Entscheidung *Viking* (→ § 191 Rn. 24 ff.) darauf abgestellt, ob die kollektive Maßnahme es „weniger attraktiv und sogar zwecklos" machen kann, von der „Niederlassungsfreiheit Gebrauch zu machen".[43] Das kann auch bei einem Tarifsozialplan der Fall sein.[44] Daraus ergeben sich aber noch kein automatischer Vorrang der Niederlassungsfreiheit und damit die Unzulässigkeit der Streikforderung,[45] sondern es bedarf einer Überprüfung im Einzelfall durch das nationale Gericht.[46]

10 **b) Partizipations- und Unterstützungsarbeitskampf.** Der **gewerkschaftliche Unterstützungsstreik** dient der Unterstützung eines in einem anderen räumlichen oder fachlichen Tarifgebiet geführten Hauptarbeitskampfs.[47] Er ist zu unterscheiden von einem sog. **Partizipationsarbeitskampf.** Ein solcher richtet sich zwar gegen einen nicht an den umkämpften Tarifvertrag unmittelbar gebundenen AG. Dieser ist aber dann kein am Arbeitskampf unbeteiligter Dritter, wenn er nicht lediglich faktisch am Ergebnis der Tarifauseinandersetzung teilhat, sondern die Übernahme der erzielten Tarifeinigung in seinem Unternehmen rechtlich gesichert ist. Das ist der Fall, wenn ein Haustarifvertrag den umkämpften Tarifvertrag aufgrund einer Verweisung

---

und -schließung, 2006, 109; *Franzen* FS Reuter, 2010, 481 (482 f.); *Gaul* RdA 2008, 13 (14); aA *Bauer/Krieger* NZA 2004, 1019 (1022); *Hohenstatt/Schramm* DB 2004, 2214 (2218); *C. Meyer* DB 2005, 830 (831 f.); *Nicolai* RdA 2006, 33 ff.; diff. *Henssler* FS Richardi, 2007, 553 (556 ff.).

34 *Franzen* FS Reuter, 2010, 479 (483 f.); s. auch *Wank* RdA 2009, 1 (7).

35 LAG Bln-Bbg 28.9.2007 DB 2008, 415; weiterhin *Bayreuther* NZA 2007, 1017 (1019 f.); *Greiner* NZA 2008, 1274 (1280).

36 Zur Abwägung s. etwa BAG 3.4.1990 AP Nr. 57 zu Art. 9 GG = NZA 1990, 886 (Personalbemessung).

37 LAG Hamm 31.5.2000 AP Nr. 158 zu Art. 9 GG Arbeitskampf = NZA-RR 2000, 535; weitere Fälle bei *Patett* S. 30 ff.

38 LAG BW 20.2.2019 LAGE Art. 9 GG Arbeitskampf Nr. 114.

39 *Franzen* FS Reuter, 2010, 479 (481) mwN in Fn. 14; *Höfling* ZfA 2008, 1 (28 ff.); *Wank* RdA 2009, 1 (6).

40 BKS/*Wankel/Schoof* Teil 4 Rn. 28 ff.; *Brecht-Heitzmann* NJW 2007, 3617 (3619); Däubler ArbeitskampfR-HdB/*Däubler* § 13 Rn. 43 ff.; *Münder* RdA 2020, 340 ff.

41 ErfK/*Linsenmaier* GG Art. 9 Rn. 116; *Fischinger*, Arbeitskämpfe bei Standortverlagerung und -schließung, 2006, 83 ff.; *Krause* Standortsicherung und Arbeitsrecht, 2007, 97 ff.; *Kühling/Bertelsmann* NZA 2005, 1017 ff.; *Patett* S. 108 ff., 151 f.

42 So BKS/*Wankel/Schoof* Teil 4 Rn. 29.

43 EuGH 11.12.2007 AP Nr. 3 zu Art. 43 EG = NZA 2008, 124 – Viking.

44 *Franzen* FS Reuter, 2010, 479 (492).

45 So *Franzen* FS Reuter, 2010, 479 (492) (Vorrang des Verfahrens nach §§ 111, 112 BetrVG); *Krieger/Wiese* BB 2010, 568 ff.; *Temming* ELR 2008, 190 (200 f.).

46 EuGH 11.12.2007 AP Nr. 3 zu Art. 43 EG = NZA 2008, 124 – Viking, Rn. 87.

47 BAG 19.6.2007 AP Nr. 173 zu Art. 9 GG Arbeitskampf mAnm *Wank* = NZA 2007, 1055.

in Bezug nimmt oder durch eine in den Arbeitsverträgen generell vereinbarte dynamische Bezugnahmeklausel (→ § 206 Rn. 31) zur Anwendung kommen wird.[48]

11 Das BAG hatte den **Unterstützungsarbeitskampf** in seiner früheren Rechtsprechung – damals noch als „Sympathiestreik" bezeichnet – als regelmäßig unzulässig bewertet, weil es gegenüber dem bestreikten AG an der erforderlichen Tarifvertragsbezogenheit fehle.[49] Es hat seine Rechtsprechung zum Unterstützungsarbeitskampf eingeleitet durch eine Entscheidung aus dem Jahre 2003[50] sowohl im Ergebnis als auch in der Begründung[51] geändert. Unterstützungsstreiks genießen wie andere Arbeitskampfmaßnahmen grundsätzlich den Schutz der durch Art. 9 III GG gewährleisteten kollektiven gewerkschaftlichen Betätigungsfreiheit.[52] Daraus folgt aber noch nicht die generelle Zulässigkeit. Diese bestimmt sich in Anwendung des **Grundsatzes der Verhältnismäßigkeit,** wonach die Geeignetheit, die Erforderlichkeit, und die Verhältnismäßigkeit im engeren Sinne (Proportionalität) gehören (→ Rn. 33). Der Unterstützungsstreik ist rechtswidrig, wenn er zur Unterstützung des Hauptarbeitskampfs offensichtlich ungeeignet, nicht erforderlich oder unangemessen ist, wobei der Gewerkschaft hierbei eine Einschätzungsprärogative zusteht. Unterstützungsarbeitskämpfe sind nicht allein deshalb unzulässig, weil der in den Arbeitskampf einbezogene AG die Forderungen nicht selbst erfüllen kann. Der Hauptarbeitskampf kann etwa durch die Solidarität, die der Unterstützungsstreik vermittelt, gefördert werden oder aufgrund personeller und wirtschaftlicher Verflechtungen ist der Unterstützungsarbeitskampf gegen den bisher unbeteiligten AG geeignet, Einfluss auf den Hauptarbeitskampf zu nehmen.[53] Ein rechtmäßiger Unterstützungsstreik kommt insbesondere in Betracht, wenn der AG selbst Unterstützungshandlungen im Hauptarbeitskampf geleistet hat[54] oder – wie im entschiedenen Fall – bei einer engen wirtschaftlichen Verbindung des AG mit den Adressaten des Hauptarbeitskampfs (zB bei einem Konzernverbund). Maßgebend sind auch die Dauer und der Umfang des Unterstützungsstreiks.[55]

12 Voraussetzung ist ein **rechtmäßiger** Hauptarbeitskampf. Der akzessorische Unterstützungsstreik ist zeitlich an den Hauptarbeitskampf angebunden. Durch einen Unterstützungsstreik verletzt eine Gewerkschaft regelmäßig nicht die Friedenspflicht gegenüber dem in den Arbeitskampf einbezogenen AG.[56] Der Arbeitskampfmaßnahme steht nicht entgegen, dass die Grenzen des Tarifgebiets überschritten werden.[57] Allerdings darf sich der Schwerpunkt des Hauptarbeitskampfs nicht signifikant auf den Unterstützungsstreik verlagern. Ein „Stellvertreterstreik" ist unzulässig.[58]

13 **c) Demonstrationsarbeitskampf.** Dem gewerkschaftlichen Tarifarbeitskampf kommt auch eine Demonstrationsfunktion zu.[59] Davon abzugrenzen ist der reine Demonstrationsstreik, mit dem eine Meinung kundgetan werden soll, der aber nicht auf den Abschluss eines Tarifvertrags ausgerichtet ist. Ein solcher Streik ist nicht durch Art. 9 III GG gerechtfertigt, da er nicht um tariflich regelbare Ziele geführt wird.[60]

14 **d) Politischer Arbeitskampf.** Richtet sich der Arbeitskampf nicht gegen die andere Tarifpartei und zielt er auch nicht auf den Abschluss einer tariflichen Regelung, sondern sollen Gesetzge-

---

48 BAG 19.6.2012 AP Nr. 177 zu Art. 9 GG Arbeitskampf = NZA 2012, 1372, dazu *Willemsen/Mehrens* NZA 2013, 79 ff; s. auch BVerfG 10.9.2004 AP Nr. 167 zu Art. 9 GG Arbeitskampf = NZA 2004, 1338.

49 BAG 12.1.1988 AP Nr. 90 zu Art. 9 GG Arbeitskampf = NZA 1988, 474; 5.3.1985 AP Nr. 85 zu Art. 9 GG Arbeitskampf = NZA 1985, 504.

50 BAG 18.2.2003 AP Nr. 163 zu Art. 9 GG Arbeitskampf mAnm *Thüsing* = NZA 2003, 866.

51 Dazu krit. *Otto* RdA 2010, 135 ff.; *Rieble* BB 2008, 1506 ff.; *v. Steinau-Steinrück* NZA-Beil. 3/2010, 127 ff.

52 BAG 19.6.2007 AP Nr. 173 zu Art. 9 GG Arbeitskampf mAnm *Wank* = NZA 2007, 1055; zust. BKS/*Berg* Teil 3 Rn. 184 ff.; ErfK/*Linsenmaier* GG Art. 9 Rn. 121; *Hayen/Ebert* AuR 2008, 19 ff.; *Sunnus* AuR 2008, 1 (4 ff.); abl. *Bertke,* Zur Zulässigkeit von Sympathiestreiks, 2014, 120 ff., 201 ff.; *Bieder* NZA 2010, 799 ff.; *Hohenstatt/Schramm* NZA 2007, 1034 ff.; *Junker* JZ 2008, 102 ff.; *Konzen* SAE 2008, 1 ff.; *Rüthers* NZA 2010, 6 (12 f.); *Wank* RdA 2009, 1 (3 f.). Ausf. *Fütterer,* Die Reichweite des Solidaritätsstreikrechts, 2103, 96 ff.

53 Weitere Fallgestaltungen bei BKS/*Kocher* Teil 4 Rn. 187.

54 BAG 5.3.1985 AP Nr. 85 zu Art. 9 GG Arbeitskampf = NZA 1985, 504.

55 Zur Unterstützungsstreiks im Bereich der Arbeitnehmerüberlassung *Föntopp,* Arbeitnehmerüberlassung und Unterstützungsstreiks, 2015.

56 BAG 21.12.1982 AP Nr. 76 zu Art. 9 GG Arbeitskampf = NJW 1983, 1750.

57 AA *Konzen* SAE 2008, 1 ff.

58 BAG 19.6.2007 AP Nr. 173 zu Art. 9 GG Arbeitskampf = NZA 2007, 1055.

59 Zum Verhältnis von Versammlungsfreiheit und Koalitionsgrundrecht *Barczak* DVBl. 2014, 758 ff.

60 BAG 7.6.1988 AP Nr. 106 zu Art. 9 GG Arbeitskampf = NZA 1988, 883; 23.10.1984 AP Nr. 82 zu Art. 9 GG Arbeitskampf = NZA 1985, 459; anders und ausf. Däubler ArbeitskampfR-HdB/*Wroblewski* § 17 Rn. 159 ff.; weiterhin BKS/*Kocher* Teil 4 Rn. 188 ff.

bung oder Verwaltung zu einem bestimmten Verhalten bewegt werden, handelt es sich um einen sog. politischen Arbeitskampf, der überwiegend als rechtswidrig beurteilt wird.[61] Eine Ausnahme besteht nur unter den engen Voraussetzungen des Widerstandsrechts (Art. 20 IV GG).

e) Rechtsansprüche. Die Durchsetzung bestehender Ansprüche oder die **Klärung von Rechtsfragen** kann nicht im Wege eines Arbeitskampfs durchgesetzt werden.[62] Hier sind die Gerichte für Arbeitssachen anzurufen. Deshalb kann ein Arbeitskampf nicht mit dem Ziel geführt werden, den AG zur Rücknahme eines Antrags auf Zustimmungsersetzung zur Kündigung eines AN zu bewegen[63] oder die Anwendbarkeit des maßgebenden Tarifvertrags zu klären.[64] Davon zu unterscheiden sind hingegen Arbeitskämpfe um tarifliche Regelungen wie Wiedereinstellungsklauseln anlässlich der Beendigung eines Arbeitskampfs (→ § 194 Rn. 15).[65] 15

f) Betriebsverfassungsrechtliche Konflikte. Arbeitskämpfe zur Regelung oder Durchsetzung betriebsverfassungsrechtlicher Streitfragen – anders bei Tarifverträgen mit betriebsverfassungsrechtlichem Inhalt – sind rechtswidrig. Derartige Meinungsverschiedenheiten sind vielmehr in dem gesetzlich vorgesehenen Verfahren, der Einigungsstelle oder im arbeitsgerichtlichen Beschlussverfahren, auszutragen. BR sowie PR einerseits und der AG andererseits dürfen keine Maßnahmen des Arbeitskampfs gegeneinander durchführen (§ 74 II BetrVG, § 66 II BPersVG). Das Arbeitskampfverbot reicht allerdings nicht so weit, wie es das BAG in einer früheren Entscheidung formuliert hat: „Arbeitskämpfe auf dem Gebiet der Betriebsverfassung sind … rechtswidrig".[66] Ein solches Verbot besteht insoweit nicht, als das BetrVG selbst tarifvertragliche Regelungen, insbesondere in § 3 BetrVG vorsieht (→ § 200 Rn. 34 ff.).[67] 16

III. Friedenspflicht

1. Grundsatz. Die durch die Tarifautonomie bezweckte autonome Ordnung des Arbeitslebens durch die Tarifvertragsparteien kann ihrer Befriedungsfunktion nur nachkommen, wenn die durch Tarifvertrag vereinbarten Regelungen nicht durch einen Arbeitskampf jederzeit in Frage gestellt werden können. Dem dient die **tarifvertragliche Friedenspflicht** (→ § 195 Rn. 5, → § 199 Rn. 14) als schuldrechtlicher und immanenter[68] Bestandteil des Tarifvertrags.[69] Sie führt zu einem Arbeitskampfverbot. 17

Zu unterscheiden ist zwischen der relativen und der absoluten Friedenspflicht. Die **absolute Friedenspflicht** untersagt jegliche Arbeitskampfmaßnahmen während der Laufzeit eines Tarifvertrags, und zwar auch dann, wenn die konkrete Forderung sich nicht auf geltende Tarifvertragsinhalte bezieht. Die absolute Friedenspflicht muss besonders vereinbart ist.[70] Dagegen beinhaltet die **relative Friedenspflicht** lediglich die Verpflichtung der Tarifvertragsparteien, Arbeitskämpfe über bereits tariflich geregelte Inhalte zu unterlassen. Die Friedenspflicht besteht nur, soweit sich Inhalt und Geltungsbereiche des laufenden und des angestrebten Tarifvertrags decken. Darüber hinaus steht es den Tarifvertragsparteien frei, abweichende Abreden über eine erweiterte Reichweite der Friedenspflicht zu vereinbaren.[71] 18

Die Friedenspflicht hat einen **positiven** und einen **negativen Inhalt.** Sie verbietet, Kampfmaßnahmen zu ergreifen, sie zu initiieren oder sie zu unterstützen. Sie gebietet mit allen ver- 19

---

[61] LAG Hamm 17.4.1985 BB 1985, 1396; LAG RhPf 5.3.1986 LAGE Art. 9 GG Nr. 26; ArbG Osnabrück 4.6.1996 NZA-RR 1996, 341; ErfK/*Linsenmaier* GG Art. 9 Rn. 119; *Odenthal* Die Zulässigkeit von Sonderformen des Arbeitskampfs, 2020, 104 ff.; *Otto* ArbeitskampfR § 5 Rn. 38 ff.; *Zielke* BB 2005, 1274 ff.; anders Däubler ArbeitskampfR-HdB/*Däubler* §§ 13 Rn. 52 ff.; BKS/*Kocher* Teil 4 Rn. 188 ff.; s. auch *Polzin* SR 2020, 216 (224 ff.); sowie *Hopfner/Heider* DB 2012, 1684 ff., im Hinblick auf ein staatliches Mindestlohnsystem.

[62] BAG 14.2.1978 AP Nr. 57 zu Art. 9 GG Arbeitskampf = NJW 1979, 236; 17.12.1976 AP Nr. 52 zu Art. 9 GG Arbeitskampf = NJW 1977, 918.

[63] BAG 7.6.1988 AP Nr. 106 zu Art. 9 GG Arbeitskampf = NZA 1988, 883.

[64] LAG Köln 12.12.2005 AP Nr. 171 zu Art. 9 GG Arbeitskampf = NZA 2006, 62.

[65] ErfK/*Linsenmaier* GG Art. 9 Rn. 118; weitergehender offenbar Däubler ArbeitskampfR-HdB/*Däubler* § 13 Rn. 24.

[66] BAG 17.12.1976 AP Nr. 52 zu Art. 9 GG Arbeitskampf = NJW 1977, 918.

[67] BAG 29.7.2009 AP Nr. 7 zu § 3 BetrVG 1972 = NZA 2009, 1424.

[68] BAG 19.6.2007 AP Nr. 173 zu Art. 9 GG Arbeitskampf = NZA 2007, 1055; 10.12.2002 AP Nr. 162 zu Art. 9 GG Arbeitskampf = NZA 2003, 734. Ausf. zum gegenwärtigen Verständnis der Friedenspflicht *Brauneisen* Die tarifvertragsbedingte Friedenspflicht, 2019, 5 ff.

[69] BAG 19.6.2007 AP Nr. 173 zu Art. 9 GG Arbeitskampf = NZA 2007, 1055.

[70] BAG 10.12.2002 AP Nr. 162 zu Art. 9 GG Arbeitskampf = NZA 2003, 734; 21.12.1982 AP Nr. 76 zu Art. 9 GG Arbeitskampf.

[71] BAG 26.7.2016 AP Nr. 184 zu Art. 9 GG Arbeitskampf = NZA 2016, 1543.

bandsrechtlich zulässigen Mitteln gegen die Verbandsmitglieder zur Einhaltung des Tarifvertrags vorzugehen (→ § 199 Rn. 8).[72] Der Streit über die dogmatische Einordnung der Friedenpflicht[73] soll sich bei der Frage auswirken, ob die Tarifvertragsparteien die relative **Friedenspflicht einschränken** können.[74] Allerdings ist vor dem Hintergrund, dass die Tarifvertragsparteien Kündigungs- und Sonderkündigungsrechte vereinbaren können, nicht ersichtlich, weshalb sie nicht über den Umfang der Friedenspflicht verfügen können sollen.[75]

20 **2. Reichweite. a) Beginn und Ende.** Die Friedenspflicht verbietet Arbeitskampfmaßnahmen **zeitlich** für Dauer des Tarifvertrags, beginnt also mit seinem Abschluss, der von dem Datum des Inkrafttretens zu unterscheiden ist, und endet mit seinem Ablauf (→ § 208 Rn. 2 ff.). Sind einzelne Teile eines Tarifvertrags kündbar (→ § 208 Rn. 6), endet mit deren Beendigung insoweit die Friedenspflicht.[76] Die Friedenpflicht wirkt weder nach noch ergibt sie sich aus einer Dauerrechtsbeziehung[77] oder folgt bereits aus der Aufnahme von Tarifverhandlungen über einen Regelungsgegenstand.[78] Andererseits führt eine tarifliche Verhandlungspflicht nicht per se zum Wegfall der Friedenspflicht (bei Schlichtungsverfahren → § 191 Rn. 41), kann sich aber aus den Voraussetzungen einer solchen Pflicht ergeben.[79] Wird etwa in einem Tarifvertrag bei Wegfall der Geschäftsgrundlage eine Verhandlungspflicht der Tarifvertragsparteien vereinbart, kann dies für eine konkludente Beendigung der Friedenspflicht sprechen.[80]

21 Wird ein Tarifvertrag **außerordentlich gekündigt** und steht deren Wirksamkeit im Streit, kann der Kündigende sich im Falle eines Arbeitskampfs nicht auf die Unwirksamkeit der eigenen Kündigungserklärung berufen.[81] Die Friedenspflicht endet mit Eintritt der Nachbindung nach § 3 III TVG, weil die schuldrechtlichen Regelungen von der Nachbindung nicht erfasst werden (→ § 204 Rn. 30),[82] und bei einem **Haustarifvertrag,** wenn dieser keine eigenständigen inhaltlichen Regelungen enthält, sondern lediglich auf die jeweils geltenden Verbandstarifverträge verweist und diese nur noch nachwirken.[83]

22 **b) Inhaltlich.** Inhaltliches Bezugsobjekt der relativen Friedenspflicht sind die **tarifvertraglichen Regelungen.** Das Arbeitskampfverbot bezieht sich aber nur auf die in dem betreffenden Tarifvertrag geregelten Gegenstände. Der konkrete Umfang ist durch Auslegung des Tarifvertrags zu ermitteln, wobei hier der tarifliche Gesamtzusammenhang im Vordergrund steht. Ergibt dieser, dass die Tarifvertragsparteien eine bestimmte Materie abschließend geregelt haben, sind Arbeitskämpfe über Forderungen ausgeschlossen, die damit in einem sachlich inneren Zusammenhang stehen.[84] Eine Verletzung der Friedenspflicht liegt nach der Rechtsprechung des BAG nicht vor, wenn der Tarifvertrag die Dauer der Arbeitszeit regelt, der Arbeitskampf aber das Arbeitszeitende zum Gegenstand hat. Anders verhält es sich, wenn ein Punkt bewusst nicht geregelt wurde, etwa um eine betriebliche Regelung zu ermöglichen. Auch ein Schweigen der Tarifvertragsparteien führt nicht zu einer Friedenspflicht, es sei denn, die „Nichtregelung" ist zum Vertragsinhalt geworden, wofür es aber besonderer Anhaltspunkte bedarf.[85] Wird der Arbeitskampf auch um eine Forderung geführt – maßgebend ist dabei der gewerkschaftliche Arbeitskampfaufruf –, die noch von der Friedenspflicht erfasst wird, führt die dadurch eintre-

---

[72] BAG 8.2.1957 AP Nr. 1 zu § 1 TVG Friedenpflicht.

[73] Zu den dogmatischen Herleitungen Däubler ArbeitskampfR-HdB/*Reinfelder* § 15 Rn. 4 f.; Wiedemann/*Thüsing* TVG § 1 Rn. 867; gänzlich anders *Löwisch* ZfA 2018, 374 (376): gesetzliche, durch gesetzesvertretendes Richterrecht geschaffene Pflicht. Zur Rspr. s. BAG 19.6.2007 AP Nr. 173 zu Art. 9 GG Arbeitskampf = NZA 2007, 1055; 10.12.2002 AP Nr. 162 zu Art. 9 GG Arbeitskampf = NZA 2003, 734.

[74] Abl. *Kissel* ArbeitskampfR § 26 Rn. 102; anders – begrenzt abdingbar – *Otto* ArbeitskampfR § 7 Rn. 4.

[75] ErfK/*Linsenmaier* GG Art. 9 Rn. 125; Däubler ArbeitskampfR-HdB/*Reinfelder* § 15 Rn. 5; NK-TVG/*Ahrendt* § 1 Rn. 1209.

[76] BAG 24.4.2007 AP Nr. 2 zu § 1 TVG Sozialplan = NZA 2007, 987.

[77] BAG 12.9.1984 AP Nr. 81 zu Art. 9 GG Arbeitskampf = NZA 1984, 393; 24.4.2007 AP Nr. 2 zu § 1 TVG Sozialplan = NZA 2007, 987.

[78] BAG 24.4.2007 AP Nr. 2 zu § 1 TVG Sozialplan mAnm *Fischinger* = NZA 2007, 987.

[79] LAG BW 3.8.16 LAGE Art. 9 GG Arbeitskampf Nr. 107; ArbG Pforzheim 5.4.2019 AuR 2018, 309, dazu krit. *Willemsen* NZA 2018, 1382 ff.

[80] LAG BW 20.2.2019 LAGE Art. 9 GG Arbeitskampf Nr. 114.

[81] JKOS TVR/*Krause* § 4 Rn. 151; *Otto* FS Kissel, 1994, 787 (807); Däubler ArbeitskampfR-HdB/*Reinfelder* § 15 Rn. 8.

[82] AA *Willemsen/Mehrens* NZA 2009, 169 ff.

[83] BAG 18.2.2003 AP Nr. 163 zu Art. 9 GG Arbeitskampf = NZA 2003, 866; bestätigt durch BVerfG 10.9.2004 AP Nr. 167 zu Art. 9 GG Arbeitskampf = NZA 2004, 1338.

[84] BAG 10.12.2002 AP Nr. 162 zu Art. 9 GG Arbeitskampf = NZA 2003, 734.

[85] BAG 27.6.1989 AP Nr. 113 zu Art. 9 GG Arbeitskampf = NZA 1989, 969.

tende Verletzung insgesamt zu dessen Rechtswidrigkeit, und zwar unabhängig davon, ob diese **Forderung dem Arbeitskampf sein Gepräge** gab oder ob er auch ohne sie geführt worden wäre.[86] Die graduelle Bewertung einer Tarifforderung im Verhältnis zu anderen (etwa einer „Nebenforderung") und deren Gewichtung zueinander sind der Rechtskontrolle nicht zugänglich. Ein anderes Ergebnis folgt auch nicht aus Art. 11 EMRK.[87] Der Einwand eines **rechtmäßigen Alternativverhaltens** kann nicht geltend gemacht werden. Ohne die betreffende Forderung hätte es sich um einen anderen Arbeitskampf gehandelt.

Diese Grundsätze sind auch für das **Verhältnis von Verbands- und Haustarifvertrag** maßgebend. Ist die Friedenspflicht eines Verbandstarifvertrags abgelaufen, kann ein Haustarifvertrag erkämpft werden.[88] Gleiches gilt für Forderungen gegenüber einem verbandsangehörigen AG, die nicht Inhalt eines für ihn geltenden Verbandstarifvertrags sind.[89] Durch einen **Unterstützungsarbeitskampf** wird nicht gegen die Friedenspflicht des Tarifvertrags verstoßen, der bei dem AG gilt, der in den Hauptarbeitskampf einbezogen wird.[90] Dieser Tarifvertrag wird nicht in Frage gestellt. 23

c) Personell. Schuldner und Gläubiger der Friedenpflicht sind die Tarifvertragsparteien. Die Mitglieder von Spitzenorganisationen werden über § 2 IV TVG erfasst. Der Tarifvertrag ist in seinem schuldrechtlichen Teil zugleich ein Vertrag zu Gunsten Dritter, der die eigenen Mitglieder davor schützt, mit Arbeitskampfmaßnahmen überzogen zu werden.[91] Die Friedenspflicht erstreckt sich unmittelbar mit seinem Verbandseintritt auf ihn – „Flucht in den Verband".[92] Nicht erfasst werden andere Gewerkschaften. Deshalb ist im sog. tarifpluralen Betrieb eine Erstreckung der Friedenspflicht *de lege lata* auf andere **konkurrierende Gewerkschaften** ausgeschlossen.[93] Ebenso werden andere Dritte – namentlich mittelbar kampfbetroffene Unternehmen – in die Schutzwirkungen der Friedenspflicht regelmäßig nicht miteinbezogen. Hierzu bedarf es besonderer Anhaltspunkte in den schuldrechtlichen Vereinbarungen.[94] 24

3. Folge. Als **Kampfmaßnahmen** hat das BAG in einer älteren Entscheidung sehr weitgehend alle Maßnahmen angesehen, die den Verhandlungspartner bewusst und gewollt unter den unmittelbaren Druck eingeleiteter Arbeitskämpfe setzen und damit seine Entschließungsfreiheit beeinträchtigen sollen.[95] Da es aber kein „druckfreies" Verhandeln gibt,[96] sind vorbereitende Maßnahmen bis zur Beschlussfassung und Urabstimmung eines Verbands über den Arbeitskampf nicht als Kampfmaßnahmen anzusehen. Wird die **Friedenspflicht verletzt,** kann eine Gewerkschaft nach §§ 823 I, 31 BGB dem jeweiligen AG, der von einer Kampfmaßnahme betroffen ist, zum Schadensersatz aufgrund eines rechtswidrigen Eingriffs in den eingerichteten und ausgeübten Gewerbebetrieb verpflichtet sein (→ § 194 Rn. 31). 25

IV. Arbeitskampfparteien und -beteiligte

Träger von Arbeitskampfmaßnahmen können nach der Rechtsprechung aufgrund der Tarifbezogenheit des Arbeitskampfrecht nur **tariffähige Koalitionen** sein (→ § 196 Rn. 4 ff.), also Gewerkschaften und Arbeitgebervereinigungen, sowie der einzelne AG. Erforderlich ist daher auf Arbeitnehmerseite ein von einer Gewerkschaft getragener und von ihr beschlossener (→ Rn. 36, zur Aussperrung → § 193 Rn. 7) Arbeitskampf, der im Rahmen ihrer Tarifzuständigkeit liegen muss. 26

[86] BAG 26.7.2016 AP Nr. 184 zu Art. 9 GG Arbeitskampf = NZA 2016, 1543, mwN zu den abw. Auff.

[87] BAG 26.7.2016 AP Nr. 184 zu Art. 9 GG Arbeitskampf = NZA 2016, 1543; aA offenbar *Lörcher* AuR 2015, 126 (129); *Jacobs/Schmidt* EuZA 2016, 82 (94 f.); unter fraglichem Hinweis auf EGMR 27.11.2014 – 36701/09, AuR 2015, 146; anders SHU ArbeitsvölkerR/*Treber* § 13 Rn. 57 mwN.

[88] LAG Hamm 8.8.1985 NZA 1985, 743; LAG Düsseldorf 31.7.1985 DB 1986, 807.

[89] BAG 24.4.2007 AP Nr. 2 zu § 1 TVG Sozialplan mAnm *Fischinger* = NZA 2007, 987; 10.12.2002 AP Nr. 162 zu Art. 9 GG Arbeitskampf = NZA 2003, 734. Ausf. *Paschke*, Der firmenbezogene Arbeitskampf gegen einen verbandsangehörigen Arbeitgeber, 2011, 49 ff., 79 ff.

[90] BAG 24.4.2007 AP Nr. 2 zu § 1 TVG Sozialplan mAnm *Fischinger* = NZA 2007, 987; krit. *Benecke* FS Buchner, 2009, 96 (102); *Otto* RdA 2010, 135 (143 f.).

[91] BAG 10.12.2002 AP Nr. 162 zu Art. 9 GG Arbeitskampf = NZA 2003, 734; 19.6.2007 AP Nr. 173 zu Art. 9 GG Arbeitskampf = NZA 2007, 1055.

[92] Zum Verbandswechsel *Bartz* ZTR 2004, 170 ff.

[93] *Deinert* RdA 2001, 12 (19); *Jacobs* NZA 2008, 325 (330); *Giesen* NZA 2009, 11 (14).

[94] BAG 26.7.2016 AP Nr. 184 zu Art. 9 GG Arbeitskampf = NZA 2016, 1543; 25.8.2015 AP Nr. 183 zu Art. 9 GG Arbeitskampf mAnm *Rudkowski* = NZA 2016, 179; ebenso *Bayreuther* RdA 2016, 181 (183); anders *Lambrich/Sander* NZA 2014, 337 (338 ff.), die im Bereich der Daseinsvorsorge die Friedenspflicht auf Dritte erstrecken wollen.

[95] BAG 31.10.1958 AP Nr. 2 zu § 1 TVG Friedenspflicht.

[96] BAG 12.9.1984 AP Nr. 81 zu Art. 9 GG Arbeitskampf = NZA 1984, 393.

Ausreichend ist ein entsprechender Streikaufruf,[97] aus dem die Existenz eines entsprechenden Beschlusses erkennbar wird.[98] Der sog. **wilde Streik,** der nicht durch eine Gewerkschaft getragen ist, ist nach der Rechtsprechung des BAG rechtswidrig.[99] Er kann auch von seinem Ziel her nicht auf den Abschluss eines Tarifvertrags gerichtet sein.[100] Die Gewerkschaft hat aber die Möglichkeit, einen solchen Streik – auch rückwirkend – „zu übernehmen".[101]

27 Bei einem Arbeitskampf um den Abschluss eines **Firmentarifvertrags** kann ein verbandsangehöriger AG bestreikt werden, soweit sich aus dem Verbandstarifvertrag keine Friedenspflicht ergibt.[102] Der Arbeitskampf kann im Rahmen eines Unterstützungsarbeitskampfs unter bestimmten Voraussetzungen auf nicht verbandsangehörige AN erstreckt werden (→ Rn. 12 ff.). Außenseiterarbeitgeber können sich nach Ansicht des BVerfG einer Aussperrung anschließen, wenn die Beteiligung den Abschluss des Tarifvertrags beeinflussen soll.[103]

28 Beteiligen können sich auf Arbeitnehmerseite im Rahmen des Streikaufrufs alle **organisierten**[104] **AN,** arbeitnehmerähnliche Personen, soweit ihre Vertragsverhältnisse tariflich regelbar sind (§ 12a TVG), aber auch die leitenden Angestellten (zur Teilnahmeerklärung → § 194 Rn. 3). Ein Streikrecht für Auszubildende wird teilweise mit Blick auf den Charakter des Berufsausbildungsverhältnisses verneint, während von anderen zutreffend darauf abgestellt wird, dass von ihnen kein unsolidarisches Verhalten verlangt werden kann.[105] Die Rechtsprechung hat eine Teilnahme bejaht, wenn der Arbeitskampf auch ihre Ausbildungsbedingungen betrifft.[106]

29 Auch ein **nichtorganisierter AN** kann sich einem von der Gewerkschaft geführten rechtmäßigen Arbeitskampf anschließen.[107] Die Rechtfertigung liegt in der zu erwartenden Partizipation am Tarifergebnis,[108] wie es durch eine arbeitsvertragliche Bezugnahmeklausel oder die faktische Anwendung im Betrieb, etwa im Wege der betrieblichen Übung (→ § 206 Rn. 16) erfolgen kann. Der Große Senat des BAG hat die Teilnahme auch auf andersorganisierte AN erstreckt.[109] Das ist unter Partizipationsgesichtspunkten schwer zu begründen. Das BAG hat deren Einbeziehung in den Arbeitskampf auch damit begründet, dass dies „der sozialen Wirklichkeit und der kollektiven Interessenlage entspricht",[110] und damit in der Sache einen arbeitskampfrechtlichen Ansatz gewählt (zum tarifpluralen Betrieb → Rn. 45 ff.).[111] Ähnlich verhält es sich, wenn der Grundsatz der „Einheit der Belegschaft" als Begründung herangezogen wird.[112]

V. Verhandlungsgleichgewicht

30 Die Ausgestaltung des tarifbezogenen Arbeitskampfrechts orientiert sich an der Funktionsfähigkeit der Tarifautonomie. Dieser Bezug stellt sowohl die Rechtfertigung als auch die Grenze der Ausgestaltung dar.[113] Im Rahmen der kollektiven Privatautonomie soll ein annähernd gleichwertiges Aushandeln der Löhne und Arbeitsbedingungen ermöglicht werden. „Das geltende, die Tarifautonomie konkretisierende Tarifrecht setzt voraus, dass die sozialen Gegenspieler das Verhandlungsgleichgewicht mit

[97] BAG 17.12.1978 AP Nr. 51 zu Art. 9 G Arbeitskampf mAnm *Rüthers*.
[98] BAG 31.10.1995 AP Nr. 140 zu Art. 9 GG Arbeitskampf = NZA 1996, 389.
[99] BAG 31.10.1995 AP Nr. 135 zu Art. 9 GG Arbeitskampf = NZA 1996, 389; 7.6.1988 AP Nr. 106 zu Art. 9 GG Arbeitskampf = NZA 1988, 883; krit. Däubler ArbeitskampfR-HdB/*Däubler* § 12 Rn. 16 ff.; ebenso *Reinbach* Das gewerkschaftliche Streikmonopol, 2018, insb. S. 223 ff.; s. auch jüngst *Odenthal* Die Zulässigkeit von Sonderformen des Streiks, S. 74 ff.
[100] Krit. zur Tarifvertragsbezogenheit auch *Münder* RdA 2020, 340 (343 ff.).
[101] BAG 20.12.1963 AP Nr. 32 zu Art. 9 GG Arbeitskampf; 5.9.1955 AP Nr. 3 zu Art. 9 GG Arbeitskampf; zur Übernahme einer Aussperrung: BAG 31.10.1995 AP Nr. 140 zu Art. 9 GG Arbeitskampf = NZA 1996, 389.
[102] BAG 10.12.2002 AP Nr. 162 zu Art. 9 GG Arbeitskampf = NZA 2003, 734.
[103] BVerfG 26.6.1991 AP Nr. 117 zu Art. 9 GG Arbeitskampf = NJW 1991, 2549.
[104] BAG 22.3.1994 AP Nr. 130 zu Art. 9 GG Arbeitskampf = NZA 1994, 1097.
[105] *Otto* ArbeitskampfR § 6 Rn. 17 mwN.
[106] BAG 12.11.1984 AP Nr. 81 zu Art. 9 GG Arbeitskampf = NZA 1984, 393; weitergehender 30.8.1994 AP Nr. 131 zu Art. 9 GG Arbeitskampf = NZA 1995, 32.
[107] BAG GS 29.11.1967 AP Nr. 13 zu Art. 9 GG.
[108] BAG 22.3.1994 AP Nr. 130 zu Art. 9 GG Arbeitskampf = NZA 1994, 1097; ausf. *Otto* ArbeitskampfR § 6 Rn. 11 ff.
[109] BAG GS 21.4.1971 AP Nr. 43 zu Art. 9 GG Arbeitskampf = NJW 1971, 1668.
[110] BAG 18.2.2003 AP Nr. 163 zu Art. 9 GG Arbeitskampf = NZA 2003, 866.
[111] Ähnlich *Otto* ArbeitskampfR § 6 Rn. 14; s. auch *Häuser* FS Kissel, 1994, 309 ff. (Gewohnheitsrecht); anders Däubler ArbeitskampfR-HdB/*Däubler* § 12 Rn. 35: ad-hoc-Koalition.
[112] S. auch Däubler ArbeitskampfR-HdB/*Öğut* § 17 Rn. 88.
[113] BAG 22.9.2009 AP Nr. 174 zu Art. 9 GG Arbeitskampf mablAnm *Willemsen/Mehrens* = NZA 2009, 1347.

Hilfe von Arbeitskämpfen herstellen und wahren können".[114] Dem dient der **Grundsatz der Verhandlungsparität,** der bei der Ausgestaltung des Arbeitskampfrechtssystems zu beachten ist. Unvereinbar mit Art. 9 III GG ist daher eine gesetzliche Ausgestaltung, die die Verhandlungsfähigkeit einer Tarifvertragspartei einschließlich der Fähigkeit zu einem wirksamen Arbeitskampf nicht mehr wahrt oder weiter beschränkt, als dies zum Ausgleich beiderseitiger Grundrechtspositionen erforderlich ist.[115]

Ausgehend von dieser Basis hat das BAG auf Grundlage einer materiell-abstrakten Parität und unter 31 Nichtberücksichtigung situativer Besonderheiten – also typisierend – die Zulässigkeit einer Abwehraussperrung im Rahmen eines Teil- oder Schwerpunktstreiks bestimmt (→ § 193 Rn. 4 ff.).[116] Es hat dabei ein System abgestufter Kampfmaßnahmen entwickelt,[117] die aber für die vielfältigen und kaum vorhersehbaren Problemlagen im Arbeitskampfrecht nur eingeschränkt geeignet erscheinen.[118] In der Sache geht es beim Grundsatz der Verhandlungs- und Arbeitskampfparität um den Ausgleich **offensichtlicher Ungleichgewichtslagen,** die bei der Ausgestaltung des Arbeitskampfrechtssystems zu beachten sind.[119] Dabei ist der Paritätsmaßstab eine Direktive zur Ausgestaltung des Koalitionsgrundrechts,[120] ohne dass er den Gesetzgeber dazu verpflichtet, nicht strukturell bedingte Disparitäten auszugleichen oder die Arbeitskampfbedingungen zu optimieren.[121]

Konkrete Maßstäbe, nach denen das Kräftegleichgewicht der Tarifvertragsparteien in der 32 jeweiligen Arbeitskampfsituation beurteilt werden könnte, lassen sich Art. 9 III GG nicht entnehmen. Das **Paritätsprinzip** ist wegen seiner Abstraktionshöhe auch als Maßstab zur Bewertung einzelner Kampfsituationen regelmäßig nicht ausreichend.[122] Die Kampfstärke von Koalitionen hängt von einer im Einzelnen kaum überschaubaren Fülle von Faktoren ab, die in ihren Wirkungen schwer abschätzbar sind.[123] Es bezeichnet daher nur eine **Grenze,** die bei der gerichtlichen Ausgestaltung nicht überschritten werden darf.[124]

VI. Verhältnismäßigkeitsgrundsatz

Zentraler Maßstab für die Beurteilung der unterschiedlichen Erscheinungsformen des Arbeits- 33 kampfs ist nach der Rechtsprechung des BAG der **Grundsatz der Verhältnismäßigkeit im weiten Sinn.** Bereits der Große Senat des BAG hatte 1971 Arbeitskampfmaßnahmen anhand des Gebots der Verhältnismäßigkeit beurteilt.[125] Zu prüfen ist, ob ein Kampfmittel zur Erreichung eines rechtmäßigen Kampfziels geeignet und erforderlich ist und bezogen auf das Kampfziel angemessen (proportional) eingesetzt wird.[126] Das BAG wendet dabei folgendes Prüfprogramm an:[127]

Geeignet ist ein Kampfmittel, wenn durch seinen Einsatz die Durchsetzung des Kampfziels gefördert werden kann. Dabei kommt den einen Arbeitskampf führenden Koalitionen eine

[114] BAG 10.6.1980 AP Nr. 64 zu Art. 9 GG Arbeitskampf = NJW 1980, 1642.
[115] BVerfG 19.6.2020 AP Nr. 192 zu Art. 9 GG Arbeitskampf = NZA 2020, 1186; 4.7.1995 AP Nr. 4 zu § 116 AFG = NJW 1996, 185; BAG 19.6.2007 AP Nr. 173 zu Art. 9 GG Arbeitskampf mAnm *Wank* = NZA 2007, 1055.
[116] BAG 10.6.1980 AP Nr. 64 zu Art. 9 GG Arbeitskampf = NJW 1980, 1642.
[117] BAG 11.5.1993 AP Nr. 63 zu § 1 FeiertagslohnzahlungsG = NZA 1993, 809; 12.3.1985 AP Nr. 84 zu Art. 9 GG Arbeitskampf = NZA 1985, 537.
[118] Bedenken gegen strikte Vorgaben bereits in BAG 7.6.1988 AP Nr. 107 zu Art. 9 GG Arbeitskampf = NJW 1989, 315; 12.3.1985 AP Nr. 84 zu Art. 9 GG Arbeitskampf = NZA 1985, 537.
[119] BVerfG 19.6.2020 AP Nr. 192 zu Art. 9 GG Arbeitskampf = NZA 2020, 1186; 11.7.2017 AP Nr. 151 zu Art. 9 GG = NZA 2017, 915.
[120] BVerfG 4.7.1995 AP Nr. 4 zu § 116 AFG = NJW 1996, 185; 26.6.1991 1991 AP Nr. 117 zu Art. 9 GG Arbeitskampf = NZA 1991, 809.
[121] BVerfG 19.6.2020 AP Nr. 192 zu Art. 9 GG Arbeitskampf = NZA 2020, 1186; 11.7.2017 AP Nr. 151 zu Art. 9 GG = NZA 2017, 915.
[122] BAG 22.9.2009 AP Nr. 174 zu Art. 9 GG Arbeitskampf mablAnm *Willemsen/Mehrens* = NZA 2009, 1347; 19.6.2007 AP Nr. 173 zu Art. 9 GG Arbeitskampf mAnm *Wank* = NZA 2007, 1055.
[123] BVerfG 4.7.1995 AP Nr. 4 zu § 116 AFG = NZA 1995, 754.
[124] BVerfG 19.6.2020 AP Nr. 192 zu Art. 9 GG Arbeitskampf = NZA 2020, 1186; 11.7.2017 AP Nr. 151 zu Art. 9 GG = NZA 2017, 915; BAG 19.6.2007 AP Nr. 173 zu Art. 9 GG Arbeitskampf = NZA 2007, 1055.
[125] BAG GS 21.4.1971 AP Nr. 43 zu Art. 9 GG Arbeitskampf = NJW 1971, 1668. Ausführlich zur Entwicklung *Greiner* Das arbeitskampfrechtliche Verhältnismäßigkeitsprinzip, 2018, S. 25 ff., 31.ff, 50 ff.
[126] Das betrifft auch die Arbeitskampfmittel der anderen (möglichen) Tarifvertragspartei: BAG 14.8.2018 AP Nr. 186 zu Art. 9 GG Arbeitskampf = NZA 2019, 100 (Streikbruchprämie).
[127] BAG 22.9.2009 AP Nr. 174 zu Art. 9 GG Arbeitskampf mablAnm *Willemsen/Mehrens* = NZA 2009, 1347; 19.6.2007 AP Nr. 173 zu Art. 9 GG Arbeitskampf = NZA 2007, 1055; ausf. zu den Entwicklungslinien *Greiner* Das arbeitskampfrechtliche Verhältnismäßigkeitsprinzip, 2018, S. 50 ff.

Einschätzungsprärogative zu. Sie haben einen Beurteilungsspielraum bei der Frage, ob eine Arbeitskampfmaßnahme geeignet ist, Druck auf den sozialen Gegenspieler auszuüben. Die Einschätzungsprärogative ist Teil der durch Art. 9 III GG geschützten Freiheit in der Wahl der Arbeitskampfmittel.

Erforderlich ist ein Kampfmittel, wenn mildere Mittel zur Erreichung des angestrebten Ziels nach der Beurteilung der den Arbeitskampf führenden Koalition nicht zur Verfügung stehen. Auch insoweit umfasst deren Betätigungsfreiheit die Einschätzungsprärogative. Die Grenze bildet auch hier der Rechtsmissbrauch. Ein solcher liegt vor, wenn es des ergriffenen Kampfmittels zur Erreichung des Ziels offensichtlich nicht bedarf.

Verhältnismäßig im engeren Sinn (proportional) ist ein Arbeitskampfmittel, das sich unter hinreichender Würdigung der grundrechtlich gewährleisteten Betätigungsfreiheit zur Erreichung des angestrebten Kampfziels unter Berücksichtigung der Rechtspositionen der von der Kampfmaßnahme unmittelbar oder mittelbar Betroffenen als angemessen darstellt. Insoweit besteht keine Einschätzungsprärogative zu, geht es doch um eine rechtliche Abwägung. Allerdings ist bei dieser stets zu beachten, dass es gerade Wesen einer Arbeitskampfmaßnahme ist, durch Zufügung wirtschaftlicher Nachteile Druck zur Erreichung eines legitimen Ziels auszuüben. Unverhältnismäßig ist ein Arbeitskampfmittel daher erst, wenn es sich auch unter Berücksichtigung dieses Zusammenhangs als unangemessene Beeinträchtigung gegenläufiger, ebenfalls verfassungsrechtlich geschützter Rechtspositionen darstellt.

34 Die Konsequenz und ein vermeintliches Problem des Prüfungsprogramms sind, dass es keine strikten Vorgaben gibt, an denen die Rechtmäßigkeit jeweils genau „abgelesen“ werden kann, sondern sie ist im Einzelfall zu prüfen. Das ist dem Umstand geschuldet, dass die erforderlichen Kampfmittel verfassungsrechtlich nicht unmittelbar determiniert sind (→ § 191 Rn. 33), sondern an sich verändernde Rahmenbedingungen angepasst werden können müssen.[128] Maßstäbe zur Ausgestaltung sind die Funktionsfähigkeit der Tarifautonomie und der Ausgleich widerstreitender Grundrechtspositionen (→ § 189 Rn. 5 f.). Als eine Grenze des Rechtsmissbrauchs im Sinne der Übermaßkontrolle hat das BAG die **Existenzvernichtung** der anderen Arbeitskampfpartei angesehen.[129]

35 Der Große Senat des BAG hatte ursprünglich aus dem Verhältnismäßigkeitsgrundsatz hergeleitet, dass eine Arbeitskampfmaßnahme nach dem **Ultima-Ratio-Prinzip** erst nach Ausschöpfung aller Verständigungsmöglichkeiten ergriffen werden darf.[130] Es ist der freien Entscheidung der jeweiligen Tarifvertragsparteien überlassen, wann sie die Tarifverhandlungen für gescheitert hält; auch eine förmliche Erklärung über das Scheitern der Verhandlungen ist keine Voraussetzung für den Arbeitskampf. In der Einleitung von Arbeitskampfmaßnahmen liegt die freie und nicht nachprüfbare Erklärung einer Kampfpartei, dass sie die Verständigungsmöglichkeiten ohne Ausübung von Druck als ausgeschöpft ansieht. Arbeitskampfmaßnahmen sind gleichwohl erst dann zulässig, wenn zuvor Forderungen für den Inhalt des abzuschließenden Tarifvertrags erhoben und zumindest zurückgewiesen wurden.[131]

VII. Weitere Voraussetzungen eines Arbeitskampfs

36 **1. Arbeitskampfbeschluss der Gewerkschaft.** Der Arbeitskampf muss auf eine Beschlussfassung des kampfführenden Verbands zurückgehen, die der anderen Seite zugehen muss (→ Rn. 26).[132] Dies gilt gleichermaßen für Streik und Aussperrung und folgt aus dem **Gebot der fairen Kampfführung.**[133] Der Beschluss ist bekanntzumachen, um Herkunft und Umfang des Arbeitskampfaufrufs bestimmen zu können.[134] Über die Durchführung des Arbeitskampfs entscheidet der Vorstand oder das nach der Satzung zuständige Verbandsorgan. Ob die satzungsmäßigen Vorgaben über die interne Willensbildung eingehalten worden sind, ist für die Rechtmäßigkeit der Kampfmaßnahmen aber ohne Bedeutung. Soll ein **Arbeitskampf beendet** werden, muss

---

[128] Zur sonst gegebenen Ritualisierungsgefahr bereits BAG 10.6.1980 AP Nr. 64 zu Art. 9 GG Arbeitskampf = NJW 1980, 1642.

[129] BAG 24.4.2007 AP Nr. 2 zu § 1 TVG Sozialplan = NZA 2007, 987; s. auch 30.3.1982 AP Nr. 74 zu Art. 9 GG Arbeitskampf = NJW 1982, 2835 („Fairnessgebot“).

[130] BAG GS 21.4.1971 AP Nr. 43 zu Art. 9 GG Arbeitskampf = NJW 1971, 1668.

[131] BAG 21.8.1988 AP Nr. 108 zu Art. 9 GG Arbeitskampf = NZA 1988, 846.

[132] BAG 23.10.1996 AP Nr. 146 zu Art. 9 GG Arbeitskampf = NZA 1997, 397; 1.10.1995 AP Nr. 140 zu Art. 9 GG Arbeitskampf = NZA 1996, 389; 21.6.1988 AP Nr. 108 zu Art. 9 GG Arbeitskampf = NZA 1988, 846.

[133] BAG 31.10.1995 AP Nr. 140 zu Art. 9 GG Arbeitskampf = NZA 1996, 389.

[134] BAG 23.10.1996 AP Nr. 146 zu Art. 9 GG Arbeitskampf = NZA 1997, 397; 31.10.1995 AP Nr. 140 zu Art. 9 GG Arbeitskampf = NZA 1996, 389.

dies dem Kampfgegner mitgeteilt werden. Bei einem Streik um einen Verbandstarifvertrag hat die Mitteilung an den Arbeitgeberverband erfolgen. Ferner muss klar zum Ausdruck kommen, dass der Beschluss von dem gegnerischen Verband herrührt.[135]

2. Urabstimmung. Einem Streik geht regelmäßig eine Urabstimmung der Gewerkschaftsmitglieder voraus, deren Durchführung für die Rechtmäßigkeit des Arbeitskampfs als Verbandsinternum keine Bedeutung hat.[136] 37

3. Gemeinwohlbindung. Nach der Entscheidung des Großen Senats des BAG aus dem Jahre 1971 darf durch Arbeitskämpfe das Gemeinwohl nicht offensichtlich verletzt werden.[137] In der konkreten Umsetzung bleibt die Gemeinwohlbindung allerdings unklar. Eine gerichtliche Kontrolle der **Angemessenheit einer Tarifforderung** scheidet jedenfalls aus (→ Rn. 6).[138] Zur Bestimmung und Konkretisierung des Allgemeininteresses ist letztlich allein der Gesetzgeber aufgerufen.[139] Für die Art und Weise der Kampfführung wird aus der Gemeinwohlbindung die Verpflichtung zu **Notstandsarbeiten** abgeleitet (→ Rn. 62 ff.). Das gilt auch für den in seiner Abgrenzung wenig klaren Bereich[140] der Daseinsvorsorge (→ Rn. 41 f.). Aus einer Gemeinwohlbindung kann jedenfalls nicht ein generelles Arbeitskampfverbot für einzelne Bereiche der Daseinsvorsorge abgeleitet werden.[141] 38

VIII. Arbeitskampf in besonderen Bereichen

1. Öffentlicher Dienst. AN des öffentlichen Dienstes können sich nach den allgemeinen Grundsätzen an Arbeitskämpfen beteiligen (zu den Bereichen der Daseinsvorsorge → Rn. 41 f.).[142] Dagegen wurden Arbeitskämpfe von Beamten schon mangels tariflicher Regelungszuständigkeit als unzulässig angesehen.[143] Zudem schließe als hergebrachter Grundsatz des Berufsbeamtentums die Treuepflicht des Beamten ein Streikrecht aus (zur Streikarbeit von Beamten → § 191 Rn. 36).[144] Der BGH hat auch die sog. Bummelstreiks der damals beamteten Fluglotsen als grundsätzlich rechtswidrig angesehen.[145] Da bereits der Beamtenstatus das Streikrecht ausschließe, wird auch für die nach der Privatisierung von Bundespost und Bundesbahn dort beschäftigten **Beamten ein „Streikverbot“ angenommen.** Ein anderes gilt bei beurlaubten Beamten, die im Rahmen eines befristeten Arbeitsverhältnisses beschäftigt werden.[146] 39

Der **EGMR** hat der Rechtssache **„Enerji Yapi-Yol Sen/Türkei“** das Streikrecht unter Rückgriff auf die Spruchpraxis der Kontrollorgane der ILO und die ESC als wesentlichen Bestandteil der durch Art. 11 EMRK geschützten Versammlungs- und Vereinigungsfreiheit angesehen, dessen Verbot sich an den Maßstäben des Art. 11 II EMRK[147] messen lassen muss. In konkreten Fall sah der EGMR das durch einen Runderlass „insgesamt für den öffentlichen Dienst“ ausgesprochene Streikverbot als unverhältnismäßig an. Es entspreche zudem nicht „einem dringenden sozialen Bedürfnis“.[148] Die Bedeutung der Entscheidung aus dem Jahr 2009 40

---

[135] BAG 23.10.1996 AP Nr. 146 zu Art. 9 GG Arbeitskampf = NZA 1997, 397.

[136] *Otto* ArbeitskampfR § 7 Rn. 31; Däubler ArbeitskampfR-HdB/*Reinfelder* § 15 Rn. 36; MHdB ArbR/*Ricken* § 272 Rn. 34; HessLAG 6.11.2019 – 16 Ga 1304/19.

[137] BAG GS 21.4.1971 AP Nr. 43 zu Art. 9 GG Arbeitskampf = NJW 1971, 1668.

[138] S. nur BVerfG 26.6.1991 1991 AP Nr. 117 zu Art. 9 GG Arbeitskampf = NZA 1991, 809.

[139] ErfK/*Linsenmaier* GG Art. 9 Rn. 127; Däubler ArbeitskampfR-HdB/*Hensche* § 18 Rn. 5; HWK/*Hergenröder* GG Art. 9 Rn. 142 f.

[140] S. nur die Zusammenstellung der verwendeten Begriffe bei Däubler ArbeitskampfR-HdB/*Hensche* § 18 Rn. 9, und die der Bereiche bei *Rudkowski,* Der Streik in der Daseinsvorsorge, 2010, 33 ff.

[141] ErfK/*Linsenmaier* GG Art. 9 Rn. 128; HWK/*Hergenröder* GG Art. 9 Rn. 275.

[142] BVerfG 2.3.1993 AP Nr. 126 zu Art. 9 GG Arbeitskampf = NJW 1993, 1379.

[143] BVerwG 10.5.1984 AP Nr. 87 zu Art. 9 GG Arbeitskampf = NJW 1984, 2713.

[144] BVerfG 11.6.1958 BVerfGE 8, 1; s. auch OVG Hamburg 7.3.1989 NJW 1989, 2705; ebenso *Otto* ArbeitskampfR § 9 Rn. 1 ff.; aA Däubler ArbeitskampfR-HdB/*Hensche* § 18a Rn. 15 ff.

[145] BGH 28.2.1980 NJW 1980, 2457; 31.1.1978 AP Nr. 61 zu Art. 9 GG Arbeitskampf = NJW 1978, 816, dazu BVerfG 2.7.1979 NJW 1980, 169; 16.6.1977 AP Nr. 53 zu Art. 9 GG Arbeitskampf = NJW 1977, 1875.

[146] Dazu *Schulz* ZTR 1995, 438 ff.

[147] Art. 11 II ERMK: Die Ausübung dieser Rechte darf nur Einschränkungen unterworfen werden, die gesetzlich vorgesehen und in einer demokratischen Gesellschaft notwendig sind für die nationale oder öffentliche Sicherheit, zur Aufrechterhaltung der Ordnung oder zur Verhütung von Straftaten, zum Schutz der Gesundheit oder der Moral oder zum Schutz der Rechte und Freiheiten anderer. Dieser Artikel steht rechtmäßigen Einschränkungen der Ausübung dieser Rechte für Angehörige der Streitkräfte, der Polizei oder der Staatsverwaltung nicht entgegen.

[148] EGMR 21.4.2009 NZA 2010, 1432 (deutsche, nichtamtliche Übersetzung) – Enerji Yapi-Yol Sen/Türkei; s. auch EGMR 12.11.2008 NZA 2010, 1425 (deutsche, nichtamtliche Übersetzung) – Demir und Baykara/Türkei.

für das bisher angenommene Arbeitskampfverbot für Beamte und namentlich, ob eine gebotene konventionskonforme und damit **völkerrechtsfreundliche Auslegung**[149] dessen Beschränkung nahelegt oder gar gebietet, wird seither kontrovers diskutiert.[150] Auch werden Folgen für das Tarifvertragssystem angenommen.[151] Dabei ist zunächst zu beachten, dass für den öffentlichen Dienst nicht „insgesamt" ein Streikverbot besteht (→ Rn. 39) und Art. 11 II EMRK Einschränkungen für die „Staatsverwaltung" gestattet.[152] In der Instanzrechtsprechung wurde die Entscheidung zunächst unterschiedlich rezipiert.[153] Das BVerwG hat nachfolgend eine Unvereinbarkeit des umfassenden Verbots von Kampfmaßnahmen nach Art. 33 V GG, welches statusbezogen ausgestaltet ist, und den nach Art. 11 EMRK zulässigen Einschränkungen der konventionsrechtlichen Koalitionsfreiheit angenommen. Die Auflösung dieses Konflikts zwischen beiden Regelungsebenen – so das BVerwG – könne jedoch weder durch eine konventionskonforme Auslegung (s. auch → § 191 Rn. 29) des Art. 33 V GG[154] noch durch eine richterliche Rechtsfortbildung erfolgen, sondern sei vielmehr Aufgabe des Bundesgesetzgebers. Der jeweilige Dienstherr könne die Kollisionslage, so eine Überlegung des BVerwG, für diejenigen Bereiche, in denen keine genuin hoheitliche Verwaltung ausgeübt werde, dadurch auflösen, dass sie zukünftig nur noch AN beschäftige.[155] In seiner grundlegenden **Beamtenstreikentscheidung**[156] hat das BVerfG an dem **Verbot eines Streikrechts für Beamte** festgehalten. Zwar werden auch Beamte vom persönlichen Schutzbereich des Art. 9 III GG erfasst. Deshalb haben die den Rechtsstreiten zugrundeliegenden Disziplinarverfügungen in den grundgesetzlich gewährleisteten Schutzbereich eingegriffen.[157] Diese Beeinträchtigung ist aber – so das BVerfG – durch gewichtige, verfassungsrechtliche geschützte Belange – das Streikverbot als einem eigenständigen hergebrachten Grundsatz des Berufsbeamtentums iSd Art. 33 V GG – gerechtfertigt. Dieser enthält die notwendigen Voraussetzungen der **Traditionalität und Substanzialität.** Deutlich heißt es:

„Das Streikverbot ist nach der gegenwärtigen verfassungsrechtlichen Konzeption des Berufsbeamtentums sowohl mit dem Alimentationsprinzip als auch mit der Treuepflicht untrennbar verbunden. Mit diesen beiden funktionswesentlichen Prinzipien lässt sich ein Streikrecht für Beamte nicht vereinbaren; das Streikverbot gewährleistet und rechtfertigt vielmehr erst die gegenwärtige Ausgestaltung der genannten Strukturprinzipien des Berufsbeamtentums. Vor diesem Hintergrund handelt es sich bei dem Streikverbot des Art. 33 Abs. 5 GG um ein eigenständiges, systemnotwendiges und damit fundamentales Strukturprinzip des Berufsbeamtentums …. Seine Preisgabe würde die in der Bundesrepublik Deutschland bestehende Ordnung des Berufsbeamtentums grundsätzlich in Frage stellen."

Anderen Überlegungen im Schrifttum, das Streikverbot auf bestimmte Gruppen von Beamten zu beschränken, vor allem auf diejenigen, die hoheitliche Befugnisse iSd Art. 33 IV GG aus-

[149] Dazu und zu den Grenzen BVerfG 12.6.2018 AP Nr. 187 zu Art. 9 GG Arbeitskampf = NJW 2018, 2695; 4.5.2011 BVerfGE 128, 326 = NJW 192011, 1931 (Sicherungsverwahrung").

[150] In diese Richtung *Gooren* ZBR 2011, 400 (403 ff.); *Werres* DöV 2011, 873 (838 f.); weitergehend Däubler ArbeitskampfR-HdB/*Lörcher* § 10 Rn. 42; s. auch *Dieterich* FS Jäger, 2011, 95 (105 ff.); *Kutzki* DöD 2011, 169 ff.; aA *Bitsch* ZTR 2012, 87 ff.; *di Fabio* Das beamtenrechtliche Streikverbot, 2012, 36 ff., 55 ff.; *Kawik* DÖV 2016, 212 ff.; *Nokiel* DöD 2012, 152 ff.; *Rothballer* NZA 2016, 1119 ff.; *Traulsen* JZ 2013, 65 ff.

[151] *Lörcher* AuR 2009, 229 (233 ff.).

[152] *Böhm* PersV 2012, 164 (166 ff.); s. auch *Lindner* DöV 2011, 305 (307 ff.); *Schlachter* RdA 2011, 341 (347 ff.); sowie *Pollin,* Das Streikverbot für verbeamtete Lehrer, 2015, insb. S. 171 ff. (Rechtfertigung eines Streikverbots nach Art. 11 II 2 EMRK).

[153] Gegen eine Arbeitskampfteilnahme OVG Lüneburg 12.6.2012 NdsVBl. 2012, 266; zur Vorinstanz: *H. Wißmann* ZJS 2011, 395 ff.; OVG Münster 7.3.2012 NVwZ 2012, 890, dazu *Sonntag/Hoffmann* RiA 2012, 137 ff.; aA VG Kassel 27.7.2011 ZBR 2011, 386; ähnlich *Sangi* KritV 2012, 103 (108 ff.); s. weiterhin *C. Schubert* AöR 137 (2012), 92 ff.

[154] Krit. *Kutscha* AuR 2014, 408 (410) mwN in Fn. 35; sowie *Fritz* ZG 2014, 580 ff; anders auch *Ickenroth,* Das deutsche Beamtenstreikverbot im Lichte der Europäischen Menschenrechtskonvention, 2016, insb. S. 164 ff., 188 ff.

[155] BVerwG 27.2.2014 NZA 2014 616; dazu krit. *Kutscha* AuR 2014, 408 (410 f.); *Buchholtz* DVBl. 2014 786 ff.; weiterhin *v. Steinau-Steinrück/Sura* NZA 2014, 580 ff. Nachfolgend BVerwG 26.2.2015 NZA 2015, 505.

[156] BVerfG 12.6.2018 AP Nr. 187 zu Art. 9 GG Arbeitskampf = NJW 2018, 2695, mAnm *Stuttmann* NVwZ 2018, 1136 ff.; dazu etwa *Hebeler* NVwZ 2018, 1368 ff.; *ders.* ZTR 368, 373 ff.; *Hering* ZaöRV 79 (201)9 241 ff.; *Hofmann* ZESAR 2018, 475 ff.; krit. *Jacobs/Payandeh* JZ 2019, 19 ff.; *von Roetteken* ZBR 2018, 292 ff.; zur Berücksichtigung des Völkerrechts durch die nationalen Gerichte nach der genannten Entscheidung des BVerfG insb. *Haug* NJW 2018, 2674 ff.

[157] Unklar in BVerwG 27.2.2014 NZA 2014, 616: Art. 33 V GG gehe vor; s. dazu *Hebeler* ZTR 2018, 368 (370).

üben,[158] wird eine Absage erteilt. Auch im Hinblick auf die Entscheidungen des EGMR und die Pflicht zur **völkerrechtsfreundlichen Auslegung**[159] folge kein anderes Ergebnis. Es fehle an einer Kollisionslage. Das Streikverbot – so das BVerfG – ist zum einen iSd Art. 11 II 1 EMRK gesetzlich vorgesehen und zum anderen seien die Lehrkräfte der Staatsverwaltung iSd Art. 11 II 2 EMRK zuzuordnen. Für deren Angehörige könne nach Art. 11 I EMRK die Ausübung der Gewährleistungen beschränkt werden.[160]

2. Daseinsvorsorge. Schranken für den Arbeitskampf werden seit jeher und seit einigen Jahren wieder vermehrt im Bereich der „Daseinsvorsorge" erwogen. Mit dem Begriff „Daseinsvorsorge" werden – bei aller Unschärfe und unterschiedlichen Beschreibung der Bereiche, die davon erfasst sein sollen[161] – diejenigen **Güter und Dienstleistungen** erfasst, auf die die **Menschen existenziell angewiesen** sind. Dazu gehören vor allem Bereiche des öffentlichen Dienstes, im Zuge der Privatisierung vormals öffentlicher Dienstleistungen aber auch solche außerhalb desselben. Dabei wird dieser Bereich unter Einbeziehung einzelner Dienstleistungsbereiche vereinzelt sehr weit gefasst, wie es etwa in dem „Entwurf eines Gesetzes zur Regelung kollektiver Arbeitskonflikt in der Daseinsvorsorge" geschieht, und der Arbeitskampf zahlreichen Beschränkungen unterworfen.[162] Dies bedurfte im Hinblick auf die verfassungsrechtliche Gewährleistung des Arbeitskampfrechts allerdings einer durchdachten Begründung[163] und des Nachweises, dass Begrenzungen in den genannten derzeit tatsächlich geboten sind.[164] 41

Auch in der Daseinsvorsorge kann ohne die erforderliche gesetzliche Konkretisierung (→ Rn. 38) nicht *per se* auf das „Gemeinwohl" als Streikrechtsgrenze zurückgegriffen werden.[165] Weiterhin bilden mögliche grundrechtsrelevante Beeinträchtigungen für sich noch keine allgemeine Arbeitskampfgrenze. Die Bereiche der Daseinsvorsorge sind keine arbeitskampffreien Regionen. Die **Absicherung der erforderlichen Mindestversorgung**[166] hat richtigerweise durch Notstandsarbeiten während des Arbeitskampfs zu erfolgen, die von den Arbeitskampfparteien vereinbart werden können (→ Rn. 64).[167] In der Sache handelt es sich um einen Konflikt der Koalitionsbetätigungsfreiheit mit den Grundrechten Dritter oder anderen mit Verfassungsrang ausgestatteten Rechten, der im Wege der praktischen Konkordanz aufzulösen ist.[168] Dabei kann es je nach dem betroffenen Bereich und den beeinträchtigten Grundrechten zu Notstandsarbeiten in unterschiedlichem Umfang kommen, die das Ausmaß der Arbeitskampfhandlungen oder deren konkrete Durchführung beschränken können.[169] 42

3. Kirchen. Ein Arbeitskampf zur Erzwingung einer tarifvertraglichen Regelung im Bereich der Kirchen und der ihnen angeschlossenen Einrichtungen wurde bislang überwiegend als unzulässig angesehen.[170] Grundlage für diese Argumentation ist das über Art. 140 GG iVm Art. 137 WRV verfassungsrechtlich abgesicherte **kirchliche Selbstbestimmungsrecht,** sodass der Arbeitskampf von den Kirchen als mit dem kirchlichen Selbstverständnis und der kirchlichen Dienstgemeinschaft als Leitbild unvereinbar angesehen wird (auch → § 184 Rn. 8). Demgegenüber wird vertreten, dass 43

---

[158] S. dazu nur (krit.) *Jacobs/Payandeh* JZ 2019, 19 (21 f.) mwN.

[159] BVerfG 14.10.2004 NJW 2004, 3407.

[160] Dazu krit. *Hebeler* ZTR 2018, 368, (371 f.); *Widmaier* DVBl. 2020, 229 ff.; *Lörcher* AuR 2019, 522 ff.

[161] Vgl. etwa Däubler ArbeitskampfR-HdB/*Hensche* § 18 Rn. 9; und andererseits *Rudkowski,* Der Streik in der Daseinsvorsorge, 2010, 33 ff., zu ihr s. ausf. und krit. *Schliemann* RdA 2012, 14 ff. Rechtsvergleichend *Schlachter* EuZA 2019, 81 ff.

[162] S. etwa den Entwurf eines „Gesetzes zur Regelung kollektiver Arbeitskonflikte in der Daseinsvorsorge" *Thüsing/Waldhoff/Franzen,* Arbeitskampf in der Daseinsvorsorge, 2012, 71 ff., dort § 2 Nr. 5 „Verkehr", Nr. 7: „Kommunikationsinfrastruktur", Nr. 8 „Versorgung mit Bargeld und Zahlungsverkehr". Ähnlich *Rudkowski,* Der Streik in der Daseinsvorsorge, 2010, 144 ff.; dazu *Bayreuther* NZA 2013, 704 ff.; weitere Vorschläge von *Stegmüller* NZA 2015, 723 ff.; *Green* Arbeitskämpfe zu Lasten der Allgemeinheit, 2017, insb. S. 283 ff., 298 ff.

[163] Zu Recht krit. zum Entwurf *Berg* FS Kempen, 2013, 78 ff.; *U. Fischer* FA 2012, 131; *Schliemann* RdA 2012, 14 (17); BKS/*Berg* Teil 1 Rn. 222a ff.; anders *Rudkowski* ZfA 2012, 467 ff.

[164] *Schliemann* RdA 2012, 14 (15): „derzeit noch nicht geboten"; BKS/*Kocher* Teil 4 Rn. 158; anders die Ansätze bei *Konzen/Schliemann* RdA 2015, 1 (15 f.).

[165] *Krause* JbArbR 45 (2008), 23 (39); zur Konkretisierung anhand gesetzlicher Bestimmungen *Rudkowski,* Der Streik in der Daseinsvorsorge, 2010, 48 ff.

[166] So *Birk/Konzen/Löwisch/Raiser/Seiter,* Gesetz zur Regelung kollektiver Arbeitskonflikte, 1988, 35.

[167] *J. Schubert* AuR 2014, 176 (181).

[168] Däubler ArbeitskampfR-HdB/*Hensche* § 18 Rn. 9 ff.; s. auch *Schlachter* AuR 2017, 10 ff. (aus völkerrechtlicher Sicht); aA *Scherer,* Streikrecht in den Arbeitsbereichen der Daseinsvorsorge, 2000, 115 ff.

[169] Ausf. Däubler ArbeitskampfR-HdB/*Hensche* § 18 Rn. 31 ff. mwN.

[170] *Richardi* KirchenArbR § 10 Rn. 11 ff.; s. auch *Otto* ArbeitskampfR § 9 Rn. 24 ff. zu den einzelnen Argumenten.

jedenfalls dann, soweit sich die kirchlichen Einrichtungen bei der Durchführung ihrer Aufgaben auf den Einsatz von AN stützen, ein Arbeitskampf möglich sein müsse.[171] Weiterhin wird danach unterschieden, ob das Verfahren des „Dritten Wegs"[172] innerhalb der Kirchen und ihren Einrichtungen ein Regelungsmodell mit realer Verhandlungsparität gewährleistet,[173] was bei einem Letztentscheidungsrecht des Bischofs oder der Synode nicht gegeben ist.[174]

44 Mit zwei **Grundsatzurteilen** hat das BAG sowohl für den sog. Zweiten Weg als auch für den sog. Dritten Weg (→ § 184 Rn. 8) die Entscheidungen der verfassten Kirchen, das Verfahren der kollektiven Arbeitsrechtsetzung am Leitbild der Dienstgemeinschaft ausrichten und nach den Grundsätzen der partnerschaftlichen Lösung von Interessengegensätzen auszugestalten, welches den **Arbeitskampf als Mittel der Interessenauseinandersetzung ausschließt,** grundsätzlich gebilligt.[175] Da ein solcher Ausschluss von Arbeitskampfmaßnahmen in kirchlichen und diakonischen Einrichtungen mit der durch Art. 9 III GG gewährleisteten Berechtigung der Gewerkschaften kollidiert, die Arbeitsbedingungen der Mitglieder im Wege von Tarifverträgen auszuhandeln und Arbeitskämpfe zu führen, ist eine Auflösung der Grundrechtskollision nach den Grundsätzen der praktischen Konkordanz[176] erforderlich, die zugleich **Verfahrensanforderungen** gebieten. Im Verfahren des **Zweiten Weges** ist eine Zwangsschlichtung zur Herstellung eines Verhandlungsgleichgewichts dem Grunde nach geeignet, wenn die Anrufung einer Schlichtungskommission beiden Seiten uneingeschränkt offen steht und die Bestellung eines unabhängigen und neutralen Vorsitzenden für den Fall der Nichteinigung gewährleistet ist. Erfolgen die Arbeitsrechtsregelungen im Verfahren des sog. **Dritten Weges** durch paritätisch besetzte Arbeitsrechts- und Schiedskommissionen, müssen die Gewerkschaften in dieses Arbeitsrechtsregelungsverfahren organisatorisch eingebunden sein.[177] Weiterhin ist es zwingend erforderlich, dass die Kommissionsentscheidungen verbindlich sind. Kann der Dienstgeber einseitig die Arbeitsbedingungen bestimmen oder ändern, entspricht dies nicht dem Leitbild der Dienstgemeinschaft und eine Zurückdrängung des Streikrechts der Gewerkschaften scheidet aus.

45 **4. Arbeitskampf im tarifpluralen Betrieb.** Nicht erst seit der Aufgabe des Grundsatzes der Tarifeinheit durch das BAG (→ § 203 Rn. 13 f.)[178] wird über mögliche tarifrechtliche und arbeitskampfrechtliche Folgen der **Verbandspluralität auf Arbeitnehmerseite** insbesondere durch Berufsgruppengewerkschaften (→ § 190 Rn. 8, 11 ff.) diskutiert[179] und Vorschläge unterbreitet.[180] Die meisten Anregungen beruhen auf der Befürchtung, dass die dem jeweiligen Tarif-

---

171 Ausf. Däubler ArbeitskampfR-HdB/*Hensche* § 18 Rn. 66 ff. m. umfangr. Nachw.; sowie *Kühling* AuR 2001, 241 ff.; s. auch *Krönke* ZfA 2013, 241 ff.

172 Dazu *Otto* ArbeitskampfR § 9 Rn. 26 ff.

173 *Otto* ArbeitskampfR § 9 Rn. 28 ff., der zusätzlich noch den Verkündungsauftrag berücksichtigt, der nicht gefährdet werden darf; ErfK/*Schmidt* GG Art. 4 Rn. 55; aA *Richardi/Thüsing* AuR 2002, 92 (94); *Waldhoff* GD Heinze, 2005, 995 ff.

174 ErfK/*Schmidt* GG Art. 4 Rn. 55; *C. Schubert* RdA 2011, 270 (272 ff.); diff. *Belling* ZevKR 2003, 407 ff.; s. auch *Bepler* KuR 2004, 191 (200).

175 BAG 20.11.2012 AP Nr. 180 zu Art. 9 GG Arbeitskampf = NZA 2013, 437 (Zweiter Weg) (die Verfassungsbeschwerde des obsiegenden Marburger Bundes war unzulässig: BVerfG 28.9.2015 – 2 BvR 2274/13); 20.11.2012 AP Nr. 179 zu Art. 9 GG Arbeitskampf mAnm *Joussen* = NZA 2013, 448 (Dritter Weg) (die Verfassungsbeschwerde der obsiegenden Gewerkschaft ver.di war unzulässig: BVerfG 15.7.2015 NZA 2015, 1117); jew. m. umfangr. Nachw. zum Streitstand; dazu *Cycholl* EzA Nr. 148 zu Art. 9 GG Arbeitskampf; *Grzeszick* NZA 2013, 1377; *Heinig* ZevKR 58 (2013) 177 ff., *Kocher/Krüger/Sudhof* NZA 2014, 880 ff.; *Krönke* ZfA 2013, 241 ff.; *Manterfeld* ZAT 2013, 155 ff.; *Reichold* NZA 2013, 585 ff.; *Richardi* RdA 2014, 42 ff.; *Schliemann* ZTR 2013, 414 ff.; *J. Schubert* AuR 2014, 176 ff.; *C. Schubert* JbArbR 50 (2013), 101 ff.; *Strake* AuR 2016, 227 ff. Zum „Wegfall des Streikrechts" nach einem Betriebsübergang auf einen kirchlichen AG *Joussen* ZAT 2018, 104 ff. Zur kirchlichen Befugnis, die Arbeitsverhältnisse ohne staatliche Eingriffe zu regeln, s. auch EGMR 20.12.2011 – 38254/04, 39775/05, 12986/04.

176 S. auch EGMR 9.7.2013 – 2330/09; dazu *Klumpp* ZAT 214, 39 ff.; *Reichold* EuZA 2015, 386 ff.

177 Dazu ausf. *Schliemann* ZAT 2014, 2 ff.; weiterhin *Eder* ZTR 2015, 122 ff.; *Hengsbach* ZMV 2015, 3; *Joussen* ZMV 2015, 4 ff.; *ders.*, ZAT 2014, 111; *Klumpp* ZAT 2015, 181 ff.; sowie *Hilje*, Streikrecht in kirchlichen Einrichtungen?, 2015, insb. S. 187 ff. (Dritter Weg), 290 ff. (Zweiter Weg); zum Arbeitsrechtsregelungsgrundsätzegesetz der EKD *Klumpp* ZMV 2014, 2 ff.; *Stockmann* ZMV 2014, Sonderheft 1, 8 ff.; zur Novelle der Rahmen-KODA-Ordnung *Fuhrmann* ZAT 2015, 1 ff.; zur Regionalliga-KODE NRW *Strake* NZA 2019, 960 ff.; *Gescher* ZMV 2015, 183 ff.; zur Beteiligung von Dienstgeberverbänden *Thüsing/Thieken* ZAT 2015, 45 ff.; zur Neuregelung der Arbeitsrechtlichen Kommission bei der Caritas *Negwer* ZAT 2015, 196 ff. Zur Bedeutung der Rspr. des EGMR im kirchlichen Bereich *Reichold* ZAT 2018, 65 ff.

178 BAG 7.7.2010 AP Nr. 140 zu Art. 9 GG mAnm *B. Schmidt* = NZA 2010, 1068.

179 Ausf. *Linsenmaier* RdA 2015, 369 ff.

180 Ausf. dargestellt bei *B. Schmidt*, S. 517 ff. mwN; s. auch *Deinert* NZA 2009, 1176 (1182); *Greiner* NJW 2010, 2979 ff.; *Henssler* RdA 2011, 65 (71 ff.); *Jacobs* NZA 2008, 325 (331); *Kamanabrou* ZfA 2008, 241 (274); *Seeling/Probst* BB 2014, 2421 ff.; *v. Steinau-Steinrück/Glanz* NZA 2009, 113 (115).

vertrag immanente **Friedenspflicht** (→ Rn. 24) ihre Funktion nicht mehr ausreichend erfülle und es zu fortwährenden Arbeitskämpfen komme.[181] Zu prüfen wäre allerdings zunächst, ob die bisherigen Arbeitskämpfe tatsächlich signifikant belegbare[182] Paritätsverschiebungen aufgezeigt haben (→ § 203 Rn. 14), die strukturell und nicht nur situativ bedingt sind.[183]

Eine Koordinierung der Tarifpolitik dahingehend, dass eine **„Zwangstarifgemeinschaft"**[184] verabredet werden müsse, um Tarifverträge über einen bestimmten Regelungsinhalt schließen zu können, hat das BAG abgelehnt.[185] Das schließt allerdings tarifautonome Absprachen wie den von AG MOVE und GDL geschlossenen Grundlagenvertrag nicht aus.[186] Eine Verpflichtung von Gewerkschaften auf Abstimmung der Tarifvertragslaufzeiten führt zu einer erheblichen Beschränkung der tarifautonomen Bestimmung der eigenen Forderungen.[187] 46

Zu überprüfen und zu konkretisieren ist die bisherige Annahme des Großen Senats des BAG aus dem Jahre 1971,[188] wonach sich an einem gewerkschaftlich getragenen Arbeitskampf auch die **nicht- und andersorganisierten AN** beteiligen können.[189] Der Vorbehalt, dass für die andersorganisierten AN die Friedenpflicht nicht entgegenstehe dürfe, hindert nach der Rechtsprechung des BAG zum Unterstützungsstreik nicht die Beteiligung an einem Arbeitskampf einer anderen Gewerkschaft (→ Rn. 12). Hinter der Beteiligungsoption steht auch die Annahme, dass der umkämpfte Tarifvertrag in der Praxis ebenfalls für die nicht- und andersorganisierten Auswirkungen haben kann, sei es über eine Bezugnahmeklausel[190] oder – unter der Ägide der früheren Rechtsprechung zum Grundsatz der Tarifeinheit – das bei den andersorganisierten AN der von „ihrer" Gewerkschaft geschlossene Tarifvertrag verdrängt wird (→ § 203 Rn. 13 f.). Der **Partizipationsgedanke**[191] lässt sich im tarifpluralen Betrieb aber nicht ohne weiteres für die andersorganisierten AN aufrechterhalten (zur Abwehraussperrung → § 193 Rn. 8). Eine Arbeitskampfbeteiligung ließe sich allerdings begründen, wenn man sie für die Funktionsfähigkeit des Arbeitskampfsystems erforderlich und verhältnismäßig hält (→ Rn. 29).[192] 47

IX. Atypische Arbeitskampfmittel

1. Grundsatz der freien Kampfmittelwahl. Das Grundrecht des Art. 9 III GG überlässt den Koalitionen die **Wahl der Mittel,** die sie zur Erreichung ihres Zwecks für geeignet halten.[193] Dem Schutz des Koalitionsgrundrechts unterfallen nicht nur historisch gewachsene Arbeitskampfmitteln. Vielmehr können die Koalitionen, ihre Kampfmittel an die sich wandelnden Umstände anzupassen, um dem Gegner gewachsen zu bleiben und ausgewogene Tarifabschlüsse zu erzielen.[194] Dem entsprach in der Sache bereits die Rechtsprechung des BAG, als sie Boykottmaßnahmen als Arbeits- 48

---

[181] *Hromadka* GD Heinze, 2005, 383 (388); ähnlich *Giesen* NZA 2009, 11 (15 ff.); *Meyer* DB 2006, 1271 (1272 f.); *Otto* FS Konzen, 2006, 663 ff.

[182] Krit. etwa *Konzen/Schliemann* RdA 2015, 1 (14); deshalb abl. *B. Keller* SF 2016, 259 ff.; *Deinert* RdA 2011, 12 (14 ff.).

[183] BAG 24.4.2007 AP Nr. 2 zu § 1 TVG Sozialplan = NZA 2007, 987.

[184] Gagel/*Bepler* SGB III vor § 160 Rn. 50.

[185] BAG 9.12.2009 AP Nr. 48 zu § 3 TVG; 29.7.2009 AP Nr. 7 zu § 3 BetrVG 1972 = NZA 2009, 1424 mN zum Streitstand.

[186] V. 9.3.2008; dazu *Bayreuther* FS Hromadka, 2008, 1 (5 f.); *Krebber* RdA 2011, 23 (30) m. Fn. 76 ff. (auszugsweise Wiedergabe des maßgebenden § 2); sowie *Meyer* FS Buchner 2009, 628 (643 ff.).

[187] Abl. *Schliemann* FS Bauer, 2010, 923 (941); s. weiterhin *Henssler* ZfA 2010, 397 (416); *Jacobs* NZA 2008, 325 (330).

[188] BAG GS 21.4.1971 AP Nr. 43 zu Art. 9 GG Arbeitskampf = NJW 1971, 1668; JKOS TVR/*Jacobs* § 7 Rn. 235; *Franzen* RdA 2008, 193 (201); aA *Otto* ArbeitskampfR § 6 Rn. 13: gegenstandbezogene Friedenspflicht.

[189] Krit. *Wietfeld,* Die rechtliche Stellung der Außenseiterarbeitnehmer im Spartenarbeitskampf, 2010, insb. S. 103 ff., 179; s. auch *Linsenmaier* RdA 2015, 369 (376 f.).

[190] Dazu *Boemke* ZfA 2009, 131 (142 ff.); *Deinert* RdA 2011, 12 (20 f.) mwN in Fn. 143, 152.

[191] S. auch BAG 18.2.2003 AP Nr. 163 zu Art. 9 GG Arbeitskampf = NZA 2003, 866; 10.6.1980 AP Nr. 66 zu Art. 9 GG Arbeitskampf = NJW 1980, 1653.

[192] So ausf. *B. Schmidt* S. 621 ff., 630 ff.

[193] BVerfG 6.5.1964 AP Nr. 15 zu § 2 TVG.

[194] BVerfG 12.6.2018 AP Nr. 187 zu Art. 9 GG Arbeitskampf = NJW 2018, 2695; 4.7.1995 AP Nr. 4 zu § 116 AFG = NJW 1996, 185; BAG 20.11.2018 AP Nr. 174 zu Art. 9 GG Arbeitskampf = NZA 2019, 402; 22.9.2009 AP Nr. 174 zu Art. 9 GG Arbeitskampf = NZA 2009, 1347; krit. allerdings *Schwarze* ZfA 2018, 149 ff. Zu einzelnen möglichen Kampfmitteln s. auch *Grimm/Vott* ArbRB 2020, 21 ff.; *Rehder/Deinert/Callsen,* Arbeitskampfmittelfreiheit und atypische Arbeitskampfformen, 2011, passim; s. in diesem Kontext auch *Blume,* Strafbefreiende Wirkung der „neuen" Arbeitskampfreiheit, 2019, insb. S. 131 ff.

kampfmittel nicht von vornherein ausgeschlossen hat[195] und es zumindest erwogen hat, Betriebsblockaden als zulässiges Arbeitskampfmittel in besonderen Fallgestaltungen als möglich anzusehen.[196]

49 Der Kanon zulässiger Arbeitskampfmittel kann nicht auf die Zurückhaltung der beiderseitigen Hauptpflichten – und damit auf Streik und Aussperrung – als Fortsetzung des privatautonomen Vertragsmodells beschränkt werden.[197] Der Regelungsmechanismus der Zurückbehaltung der eigenen Leistung beim Individualvertrag folgt den Gesetzen eines unter den Bedingungen von Konkurrenz und Wettbewerbs gebildeten Markts. Demgegenüber ist das **tarifvertragliche Einigungsmodell** in Form eines bilateralen Monopols organisiert.[198] Die AN sind zu einer dauerhaften Angebotsverknappung oder zu einem Ausweichen auf andere Vertragspartner nicht in der Lage. Deshalb verfolgt die Gewerkschaft die Preisstrategie der Schadensandrohung und -zufügung durch einen Arbeitskampf. Es geht nicht nur darum, ein Leistungsverweigerungsrecht „kollektiv" zu realisieren, die Mittel der kollektiven Privatautonomie sind qualitativ andere.[199]

50 **2. Einzelne Arbeitskampfmittel. a) Kollektive Ausübung von Individualrechten.** Neben der Arbeitsniederlegung nach einem Streikaufruf, der zur Suspendierung der Hauptleistungspflichten führt (→ § 194 Rn. 2 ff.), können die AN auch – gemeinsam und abgestimmt – individuelle Rechte ausüben. Dass kann eine sog. Massenänderungskündigung sein, um bessere Arbeitsbedingungen durchzusetzen, aber auch die gemeinsame Ausübung eines Zurückbehaltungsrechts sowie die koordinierte Ausübung des Widerspruchrechts nach § 613a VI BGB. Das BAG hat in einer älteren Entscheidung angenommen, gleichzeitige und **gleichartige Änderungskündigungen** zur Durchsetzung höherer Löhne, die zudem während laufender Tarifverhandlungen erfolgten, seien ein kollektiver Arbeitskampf.[200] Art. 9 III GG ist jedoch keine Verbotsnorm in dem Sinne, dass sie individualvertraglich gegebene Rechte beschränkt. Maßgebend ist allein die individualvertragliche Beurteilung.[201] Das gilt auch für die Ausübung eines bestehenden Zurückbehaltungsrechts.[202] Hierin liegt kein Verstoß gegen die Friedenspflicht durch den einzelnen AN vor, die nicht auf dessen Vertragsverhältnis erstreckt werden kann.[203] Organisiert indes die an die Friedenspflicht gebundene Gewerkschaft solche Maßnahmen, kann das eine Umgehung des für sie bestehenden Arbeitskampfverbots darstellen, wenn geltende tarifliche Regelungen abgeändert werden sollen.[204]

51 Ebenfalls um die Ausübung individueller Rechte handelt es sich beim **Widerspruchsrecht nach § 613a VI BGB.** Eine Grenze soll sich nach der Rechtsprechung des BAG ergeben, wenn es sich dabei um eine unzulässige Rechtsausübung handelt.[205] Ein solche könne u.a. gegeben sein, wenn die AN Vergünstigungen erzielen wollen, auf die sie keinen Rechtsanspruch haben. Das würde bedeuten, dass lediglich der durch § 613a I 2–4 BGB gesicherte Besitzstand maßgebend ist, das Widerspruchsrecht aber nicht ausgeübt werden kann, um eine vormals bestehende Tarifgebundenheit nunmehr durch eine vertragliche Bezugnahme abzusichern. Von der Zulässigkeit jedenfalls eines solchen Begehrens geht das BAG mittlerweile zu Recht aus.[206]

52 **b) Produktionsbehindernde Maßnahmen.** Besetzungen oder Blockaden eines Betriebs sind als Arbeitskampfmittel regelmäßig unzulässig.[207] Der Arbeitsvertrag gewährt regelmäßig kein Recht zur Anwesenheit im Betrieb, wenn keine Arbeitsleistung erbracht werden soll. Unzulässig ist grundsätzlich auch die **Behinderung von Arbeitswilligen** oder anderen Personen beim Betre-

---

[195] BAG 19.10.1976 AP Nr. 6 zu § 1 TVG Form = NJW 1977, 318.

[196] BAG 8.11.1988 AP Nr. 111 zu Art. 9 GG Arbeitskampf = NZA 1989, 1881.

[197] *Jacobs* ZfA 2011, 71 ff.; *Rieble* NZA 2008, 796 (797); *ders.* BB 2008, 1506 (1512).

[198] *Heenen,* Kampfparität und bilaterales Monopol, 1988, 60 ff.; *Treber,* Aktiv produktionsbehindernde Maßnahmen, 1996, 354 ff. mwN.

[199] *Treber,* Aktiv produktionsbehindernde Maßnahmen, 1996, 359 ff., 362, 497; ebenso *Rehder/Deinert/Callsen,* Arbeitskampfmittelfreiheit und atypische Arbeitskampfformen, 2011, 88.

[200] BAG 28.4.1966 AP Nr. 32 zu Art. 9 GG Arbeitskampf mkritAnm *Mayer-Maly.*

[201] S. nur ErfK/*Linsenmaier* GG Art. 9 Rn. 280 f.; Däubler ArbeitskampfR-HdB/*Däubler* § 28 Rn. 11; *Otto* ArbeitskampfR § 11 Rn. 36.

[202] BAG 20.12.1963 AP Nr. 32 zu Art. 9 GG Arbeitskampf mAnm *Mayer-Maly* = NJW 1964, 883.

[203] So aber *Zöllner/Loritz/Hergenröder,* Arbeitsrecht, § 42 V 2 a, S. 432; aA Däubler ArbeitskampfR-HdB/*Däubler* § 28 Rn. 13; ErfK/*Linsenmaier* GG Art. 9 Rn. 281.

[204] Däubler ArbeitskampfR-HdB/*Däubler* § 28 Rn. 17; s. auch *Otto* ArbeitskampfR § 11 Rn. 37.

[205] BAG 30.9.2004 AP Nr. 275 zu § 613a BGB = NZA 2005, 32; dazu krit. *Krause* RdA 2006, 232 ff.; *Rieble* NZA 2005, 1 ff.

[206] BAG 19.2.2009 AP Nr. 368 zu § 613a BGB = NZA 2009, 1095.

[207] BAG 8.11.1988 AP Nr. 111 zu Art. 9 GG Arbeitskampf mAnm *v. Bar* = NZA 1989, 475; 21.6.1988 AP Nr. 108 zu Art. 9 GG Arbeitskampf mAnm *Mayer-Maly* = NZA 1988, 846; s. auch LAG Bln-Bbg 15.6.2016 – 23 SaGa 968/16.

ten und Verlassen des Betriebsgeländes, wenn die Einflussnahme insbesondere auf arbeitswillige AN über ein sog. gütliches Zureden hinausgeht.[208] Ob das auch dann gilt, wenn aufgrund technologischer Entwicklungen das Arbeitskampfmittel des Streiks „leerläuft", hat das BAG offen gelassen. Hier könnten in Anwendung des Grundsatzes der Verhältnismäßigkeit in besonders gelagerten Fällen produktionsbehindernde Maßnahmen nicht generell verboten sein.[209]

c) Boykott. Boykottmaßnahmen, die zu den geschichtlich überkommenen Arbeitskampfmaßnahmen gehören,[210] zählen zu den rechtlich zulässigen Kampfmitteln.[211] Dem Boykott kann das Merkmal der „Selbstschädigung" fehlen, wenn er nicht mit einem Streik einhergeht. Nicht zu übersehen ist, dass bereits der Versuch im Rahmen eines Streiks, Arbeitswillige von der Arbeitsniederlegung zu überzeugen, Boykottcharakter hat.[212] Ein Boykottaufruf gegenüber Dritten, um damit Druck auf den AG auszuüben,[213] muss die Friedenspflicht und den Grundsatz der Verhältnismäßigkeit wahren.[214] 53

d) Streikbegleitende Maßnahmen. Unter der Bezeichnung „Flash-Mob" wurde in der Tarifauseinandersetzung des Jahres 2007 im Einzelhandel eine neuartige **streikbegleitende Arbeitskampfmaßnahme** praktiziert. Die Gewerkschaft hatte auch nicht im Betrieb beschäftigte Personen aufgerufen, durch den gleichzeitigen Einkauf von „Pfennig-Artikeln" längere Zeit den Kassenbereich zu blockieren und vollgepackte Einkaufswagen ohne Frischwaren in der Filiale stehen zu lassen, um Druck auf den AG auszuüben. Einen Unterlassungsantrag des Arbeitgeberverbands hat das BAG abgewiesen. Nicht jede streikbegleitende Aktion in Form eines sog. Flash-Mob ist unzulässig. Sie kann aus Gründen des Arbeitskampfrechts gerechtfertigt sein kann, wenn dem AG wirksame Verteidigungsmöglichkeiten zur Verfügung stehen (s. auch → Rn. 48 f.).[215] Der Umstand, dass sich Dritte als betriebsfremde Personen beteiligen, führt nicht zur generellen Unzulässigkeit. Es bedarf allerdings besonderer **Voraussetzungen,** dass eine Flash-Mob-Aktion noch dem Grundsatz der Verhältnismäßigkeit entsprechen kann: 54

- Dem AG muss erkennbar sein, dass es sich um eine von der Gewerkschaft getragene und von ihr verantwortete Arbeitskampfmaßnahme handelt.
- Die Gewerkschaft muss Umfang und Dauer der Aktion beherrschen können.
- Dem AG müssen wirkungsvolle Abwehrmöglichkeiten zur Verfügung stehen.

Dem AG steht sowohl das Hausrecht zu als auch die Möglichkeit einer Betriebsstilllegung (→ § 194 Rn. 27).

Die Entscheidung – gegen die nur der Arbeitgeberverband Verfassungsbeschwerde eingelegt hatte,[216] sodass allein dessen Grundrechtspositionen zu beurteilen waren[217] – ist zum Teil kritisiert worden.[218] Das betrifft u.a.[219] die Einbeziehung Dritter in den Arbeitskampf innerhalb des Betriebs und die Abwehrmöglichkeiten des AG, die als wenig geeignet eingestuft werden. Daneben wird eine Einschätzungsprärogative der Gewerkschaften hinsichtlich des ausgewählten und die Erweiterung der Kampfmittel über den Streik hinaus (→ Rn. 48 f.) problematisiert. Das BVerfG 55

[208] BAG 21.6.1988 AP Nr. 109 zu Art. 9 GG Arbeitskampf = NZA 1988, 884; 19.10.1976 AP Nr. 6 zu § 1 TVG Form = NJW 1977, 318.

[209] ErfK/*Linsenmaier* GG Art. 9 Rn. 277; *Treber* S. 461 ff., 499 f.; weitergehend Däubler ArbeitskampfR-HdB/*Unterhinninghofen* § 17 Rn. 186 ff., 203 ff.

[210] BAG 19.10.1976 AP Nr. 6 zu § 1 TVG Form.

[211] LAG SchlH 24.3.2005 AuR 2007, 280; ArbG Bremen 7.10.1999 NZA-RR 2000, 35; ausf. *Binkert,* Gewerkschaftliche Boykottmaßnahmen im System des Arbeitskampfrechts, 1981.

[212] *Otto* ArbeitskampfR § 11 Rn. 29; *Treber* S. 116 ff.

[213] Zum Aufruf von Kunden und Lieferanten vgl. Däubler ArbeitskampfR-HdB/*Däubler* § 30 Rn. 28 ff.

[214] BAG 19.10.1976 AP Nr. 6 zu § 1 TVG Form = NJW 1977, 318; ErfK/*Linsenmaier* GG Art. 9 Rn. 278; *Otto* ArbeitskampfR § 11 Rn. 28 ff.; aA *Kissel* ArbeitskampfR § 61 Rn. 127 f.

[215] BAG 22.9.2009 AP Nr. 174 zu Art. 9 GG Arbeitskampf mablAnm *Willemsen/Mehrens* = NZA 2009, 1347.

[216] *Fischer* RdA 2011, 50 (55 ff.); zur Begründung der Verfassungsbeschwerde s. den Aufsatz von *Thüsing/Waldhoff* ZfA 2011, 329 ff.

[217] *Rüthers/Höpfner* JZ 2010, 261 (264).

[218] *Brötzmann* NJW 2010, 638 f.; *Konzen* FS Reuter, 2010, 606 ff.; *Franzen* ZfA 2010, 723 (871 ff.); *Krieger/Günther* NZA 2010, 20 ff.; *Otto* RdA 2010, 135 ff.; *Richardi* FS Säcker, 2011, 285 (292 ff.); *Rüthers* NZA 2010, 6 (12 f.); *Rüthers/Höpfner* JZ 2010, 261 ff.; diff. *Greiner* Anm. EzA Nr. 143 zu Art. 9 GG Arbeitskampf (S. 27 ff.); zust. BKS/*Berg* Teil 4 Rn. 216 ff.; Däubler ArbeitskampfR-HdB/*Däubler* § 31 Rn. 6 ff.; ErfK/*Linsenmaier* GG Art. 9 Rn. 277b.

[219] S. auch *Schwarze* ZfA 2018, 149 ff.: „Überzeichnung der Koalitionsbetätigungsgarantie" nach „Aufgabe der Kernbereichslehre".

hat die Verfassungsbeschwerde nicht zur Entscheidung angenommen,[220] weil namentlich die vom BAG die Orientierung am Grundsatz der Verhältnismäßigkeit und die herangezogenen Kriterien zur Beurteilung der Arbeitskampfmaßnahmen verfassungsrechtlich nicht zu beanstanden waren.

56 Zu den geschützten sog. streikakzessorischen Maßnahmen zählt auch der Versuch der Gewerkschaft, arbeitswillige AN des bestreikten Betriebs zur Teilnahme am Streik zu bewegen. Die Beeinflussung darf nach der Rechtsprechung des BAG nicht über ein sog. **gütliches Zureden** und den Appell an die Solidarität hinausgehen.[221] Die Gewerkschaft kann aufgrund der örtlichen Verhältnisse berechtigt sein, als streikakzessorische Handlungen diese **Mobilisierungsmaßnahmen auf dem Firmenparkplatz** des AG durchzuführen, wenn ein Einwirken auf die AN realistisch nur im Bereich eines darauf befindlichen zentralen Personaleingangs möglich ist. Eine Besitzstörung durch verbotene Eigenmacht iSd § 862 I 2 BGB liegt dann nicht vor. Die Grundsätze des richterlichen Arbeitskampfrechts können eine gesetzliche Gestattung nach § 858 I BGB darstellen.[222] Eine gegen die Entscheidung eingelegte Verfassungsbeschwerde blieb erfolglos.[223]

X. Durchführung des Arbeitskampfs

57 **1. Arbeitskampfrichtlinien.** Die Durchführung des Arbeitskampfs[224] ist von den Verbänden in ihren Arbeitskampfrichtlinien geregelt.[225] Der DGB hat den angeschlossenen Gewerkschaften empfohlen, die Arbeitskampfrichtlinien zu beachten. In den Arbeitskampfrichtlinien der Verbände finden sich regelmäßig Bestimmungen über die Organisation der Notstands- und Erhaltungsarbeiten.[226]

58 **2. Streikaufruf.** Entschließt sich die Gewerkschaft zur Durchführung von Kampfmaßnahmen, ergeht ein Streikaufruf (→ Rn. 36). Er enthält Angaben über Zeit, Ort und Umfang der Arbeitsniederlegung sowie eine Aufforderung zur Kampfbeteiligung und ist dem Kampfgegner bekanntzugeben, wobei hierfür keine hohen Anforderungen bestehen.[227] Dabei ist auch klarzustellen, **mit welchem Ziel** – Durchsetzung eines Verbandstarifvertrages, eines Haustarifvertrags oder Durchführung eines Unterstützungsstreiks – zum Arbeitskampf aufgerufen wird.[228] Maßgebend ist dabei der Streikaufruf;[229] mit Blick auf die Tarifautonomie können unabhängig davon andere Verhandlungsgegenstände der Tarifverhandlungen grundsätzlich nicht als „eigentlichen Forderungen" – **„Streikziel hinter dem Streikziel"** – angesehen werden.[230] Der Willensbildungsprozess einer Koalition und damit deren Selbstbestimmungsrecht wird beeinträchtigt, wenn zur Ableitung des Streikziels auf äußere Umstände abgestellt wird, die zeitlich vor Abschluss der satzungsgemäßen Willensbildung liegen, die regelmäßig der Streikbeschluss markiert.[231] Der Streikaufruf suspendiert die Arbeitspflicht der

[220] BVerfG 26.3.2014 NZA 2014, 493; dazu *Bertke* NJW 2014, 1852; *Greiner* jM 2014, 414 ff.; krit. *Herbert* ZTR 2014, 639 ff.; *Lembke* NZA 2014, 471 ff.; *Rüthers* JZ 2014, 738 ff.

[221] BAG 20.11.2018 AP Nr. 188 zu Art. 9 GG Arbeitskampf mAnm *Kreuz* = NZA 2019, 402 mwN; 8.11.1988 AP Nr. 111 zu Art. 9 GG Arbeitskampf mAnm *v. Bar* = NZA 1989, 475; 21.6.1988 AP Nr. 108 zu Art. 9 GG Arbeitskampf mAnm *Mayer-Maly* = NZA 1988, 846.

[222] Ausf. BAG 20.11.2018 AP Nr. 188 zu Art. 9 GG Arbeitskampf mAnm *Kreuz* = NZA 2019, 402; s. auch *Klein* AuR 2018, 216 ff.; *Dierßen* AuR 2019, 383 ff.; abl. *Lobinger* ZfA 2019, 429 ff.; teilw. krit. *Rudkowski* RdA 2019, 308 ff.

[223] BVerfG 9.7.2020 AP Nr. 191 zu Art. 9 GG Arbeitskampf = NZA 2020, 1118; dazu zust. *Klein* NJW 2020, 3069 (3070 ff.); abl. *Krois* NZA 2020, 1229 (1232 f.).

[224] Ausf. beschrieben bei Däubler ArbeitskampfR-HdB/*Rödl* § 16 Rn. 3 ff.

[225] Etwa Arbeitskampfrichtlinien des DGB vom 5.7.1974, abgedruckt AuR 1974, 272; Hinweise für den Arbeitskampf idF vom 23.7.1976; Arbeitskampfrichtlinie der Gewerkschaft ver.di vom 30.9.2010; Arbeitskampfrichtlinien der VKA idF vom 11.2.2010.

[226] S. etwa § 8 Nr. 4 der Arbeitskampfrichtlinien des DGB vom 5.6.1974. Danach ist „bei Arbeitskämpfen in Bereichen der Versorgung der Bevölkerung mit lebensnotwendigen Gütern … dafür Sorge zu tragen, dass eine Notversorgung aufrecht erhalten bleibt".

[227] BAG 19.6.2012 AP Nr. 177 zu Art. 9 GG Arbeitskampf = NZA 2012, 1372, dazu *Willemsen/Mehrens* NZA 2013, 79 ff.; 31.10.1995 AP Nr. 140 zu Art. 9 GG Arbeitskampf = NZA 1996, 389.

[228] BAG 19.6.2012 AP Nr. 177 zu Art. 9 GG Arbeitskampf = NZA 2012, 1372.

[229] So schon BAG 19.6.1973 AP Nr. 47 zu Art. 9 GG Arbeitskampf = NJW 1973, 1994.

[230] *Bram* AuR 2017, 242 (243); *Bücker* AuR 2017, 328 (329 ff.); *U. Fischer* NZA 2015, 1303 (1304 ff.); *ders.* jM 2016, 280 (282); *Kleinmann/Fündling* BB 2020, 2036 (2039 ff.), mit Darstellung des Meinungsstands (S. 2037 f.) anders allerdings HessLAG 9.9.2015 NZA 2015, 1337 (zudem im einstweiligen Verfügungsverfahren); so allerdings auch *Tibor Lelly/Schlüter* EWiR 2016, 89 f.; *Willemsen/Mehrens* NZA 2018, 1382 (1385); weiterhin *Polzin* NZA 2019, 753 ff.

[231] So BVerfG 7.4.2020 AP Nr. 190 zu Art. 10 GG = NZA 2020, 667, in dem Nichtannahmebeschluss zur Verfassungsbeschwerde gegen die Entscheidung des HessLAG 9.9.2015 NZA 2015, 1337 (s. auch → § 194 Rn. 37).

von ihm erfassten AN nur, wenn sie ihm Folge leisten (→ § 194 Rn. 3). Der einzelne AN kann sich für die Nutzung dienstlicher E-Mail-Accounts zur Verbreitung eines Streikaufrufs nicht mit Erfolg auf die individuelle Koalitionsfreiheit stützen.[232]

3. Streikleitung und -posten. Zur Durchführung des Arbeitskampfs wird regelmäßig eine Streikleitung eingesetzt. Sie ist zuständig für die Durchführung des Arbeitskampfs, seine Organisation und Überwachung sowie die Information der Öffentlichkeit. Ihre Zusammensetzung richtet sich regelmäßig nach dem Kampfbereich. Wird in einem größeren Bezirk gestreikt, werden regelmäßig eine zentrale Streikleitung und örtliche Streikleitungen gebildet.[233] Daneben werden Streikposten eingesetzt, um etwaige Arbeitswillige zu veranlassen, den Streikaufruf zu befolgen (→ Rn. 56). Die Gewerkschaften sind verpflichtet, das Kampfverhalten zu beobachten und ggf. auf die Streikenden oder die Streikposten einzuwirken, die Grenzen des rechtmäßigen Arbeitskampfs einzuhalten.[234] 59

4. Not- und Erhaltungsarbeiten während des Arbeitskampfs. a) Grundsatz. Für die Rechtmäßigkeit eines Streiks ist auch die **Sicherstellung** der Erhaltungs- und Notstandsarbeiten erforderlich.[235] Aus dem Verbot des „ruinösen Arbeitskampfs" folgt, dass während des Arbeitskampfs solche Arbeiten zu leisten sind, die eine Fortführung des Betriebs nach Abschluss des Arbeitskampfs gewährleisten sollen. Die Notwendigkeit der Notstandsarbeiten folgt aus den sonst unverhältnismäßig beeinträchtigten Rechtsgütern Dritter (→ Rn. 36). Das BAG hat sie aus der Gemeinwohlbindung der Tarifparteien abgeleitet.[236] Beide Notdienste folgen in der Sache aus dem Grundsatz der Verhältnismäßigkeit. Art und Umfang kann regelmäßig nur nach den Gegebenheiten des einzelnen Arbeitskampfes beurteilt werden.[237] 60

b) Erhaltungsarbeiten. Erhaltungsarbeiten sollen die sächlichen Betriebsmittel in einem Zustand erhalten, der eine Weiterarbeit nach dem Arbeitskampfende ermöglicht.[238] Maßgebend sind die jeweiligen betrieblichen Gegebenheiten, aber auch Umfang und Dauer des Arbeitskampfs. Hierzu zählen Maßnahmen zur Erhaltung der Betriebsanlagen, notwendige Erhaltungsarbeiten zur Sicherung empfindlicher Rohstoffe und Fertigwaren, Arbeiten zur Abwehr unverhältnismäßiger Schäden sowie der Schutz der Betriebsanlagen vor dem Zugriff Unberechtigter. Arbeiten, die lediglich die Weiterbeschäftigung arbeitswilliger AN ermöglichen oder eine wirtschaftliche Schädigung vermeiden sollen, sind ebenso wenig Erhaltungsarbeiten[239] wie solche, die der teilweisen Aufrechterhaltung des Betriebs dienen.[240] 61

c) Notstandsarbeiten. Als Notstandsarbeiten werden solche die Arbeiten bezeichnet, die die Versorgung der Bevölkerung mit lebensnotwendigen Diensten und Gütern während eines Arbeitskampfs sicherstellen sollen (→ Rn. 42).[241] Tatsächlich umstritten ist etwa, ob und inwieweit im Personennahverkehr Notstandsarbeiten geboten[242] und in welchem Umfang sie im Bereich der medizinischen Versorgung erforderlich sind.[243] 62

d) Durchführung. Die Regelung der **Modalitäten** eines arbeitskampfbedingten Notdienstes ist grundsätzlich – wenn auch nicht unbestritten[244] – als gemeinsame Aufgabe des AG und der streikführenden Gewerkschaft anzusehen.[245] Sie können die Notdienste vertraglich 63

[232] BAG 15.10.2013 AP Nr. 181 zu Art. 9 GG Arbeitskampf mAnm *Bauer/von Medem* = NZA 2014, 319.
[233] Dazu Däubler ArbeitskampfR-HdB/*Rödl* § 16 Rn. 3 ff.
[234] BAG 21.6.1988 AP Nr. 108 zu Art. 9 GG Arbeitskampf = NZA 1988, 846.
[235] BAG 31.1.1995 AP Nr. 135 zu Art. 9 GG Arbeitskampf = NZA 1995, 959; 30.3.1982 AP Nr. 74 zu Art. 9 GG Arbeitskampf = NJW 1982, 2835; ausf. *Weßleder*, Erhaltungs- und Notstandsarbeiten im Arbeitskampf, 2013; Däubler ArbeitskampfR-HdB/*Reinfelder* § 15 Rn. 39 ff.
[236] BAG GS 21.4.1971 AP Nr. 43 zu Art. 9 GG Arbeitskampf = NJW 1971, 1668.
[237] LAG SchlH 13.11.2020 – 3 SaGa 7/20 mwN.
[238] BAG 31.1.1995 AP Nr. 135 zu Art. 9 GG Arbeitskampf = NZA 1995, 959.
[239] BAG 30.3.1982 AP Nr. 74 zu Art. 9 GG Arbeitskampf = NJW 1982, 2835.
[240] LAG Bln-Bbg 24.10.2007 LAGE Art. 9 GG Arbeitskampf Nr. 79 (Ersatzfahrplan).
[241] BAG 30.3.1982 AP Nr. 74 zu Art. 9 GG Arbeitskampf = NJW 1982, 2835.
[242] SächsLAG 2.11.2007 NZA 2008, 59 (68 f.); LAG Bln-Bbg 24.10.2007 LAGE Art. 9 GG Arbeitskampf Nr. 79; dazu *Bayreuther* NZA 2008, 12 (14).
[243] Zum Blutspendedienst: LAG Hamm 16.1.2007 NZA-RR 2007, 250.
[244] Zu den unterschiedlichen Auff.: BAG 30.3.1982 AP Nr. 74 zu Art. 9 GG Arbeitskampf = NJW 1982, 2835.
[245] LAG Nds 1.2.1980 AP Nr. 69 zu Art. 9 GG Arbeitskampf; LAG RhPf 14.6.2007 LAGE Art. 9 GG Arbeitskampf Nr. 78; s. auch BAG 31.1.1995 AP Nr. 135 zu Art. 9 GG Arbeitskampf = NZA 1995, 959: „zumindest zunächst" gemeinsame Aufgabe.

regeln.[246] Kommt eine solche Vereinbarung nicht zustande, kann der AG einen Notdienst im Wege der einstweiligen Verfügung durchsetzen;[247] bis zu einer Entscheidung wird man von einer Notkompetenz des AG für die unaufschiebbaren Arbeiten ausgehen können, die nach billigem Ermessen auszuüben ist.[248] Kommt eine Vereinbarung der Tarifparteien zustande, entfaltet diese keine unmittelbaren Rechtswirkungen für die Arbeitsverhältnisse, sondern bedarf der **Umsetzung** im Rahmen der arbeitsvertraglichen Gegebenheiten. Bei der Ausgestaltung der Not- und Erhaltungsarbeiten steht den Kampfparteien ein weiter Beurteilungsspielraum zu. Insbesondere obliegt ihnen die Auswahl der zum Notdienst eingeteilten AN, die aber nicht willkürlich erfolgen darf.[249] Ist der Streikaufruf der Gewerkschaft entsprechend eingeschränkt, können die davon betroffenen AN sich nicht am Streik beteiligen. Eine Zusicherung des AG, andere als die in der Vereinbarung benannte AN während des Streiks nicht zu beschäftigen, ist nach der Rechtsprechung des BAG zulässig, weil die AN während des Arbeitskampfs aufgrund des Rechts des AG zur Betriebsstilllegung (→ § 194 Rn. 27) grundsätzlichen keinen Anspruch auf Beschäftigung haben.[250]

§ 193. Arbeitskampfmaßnahmen der Arbeitgeber

Übersicht

I. Grundsatz

1 Der AG kann auf einen Arbeitskampf der Gewerkschaften mit unterschiedlichen Maßnahmen[1] reagieren.[2] Neben der Option des „Durchstehens" des gewerkschaftlichen Streiks kann er versuchen, den Betrieb mit arbeitswilligen AN (zur Streikarbeit → § 194 Rn. 19 f.) – „Taktik der offenen Tür" – aufrecht zu erhalten.[3] Aufgrund der Neuregelung des § 11 V AÜG sind durch den Gesetzgeber allerdings Schranken hinsichtlich des Einsatzes von Leiharbeitnehmer geregelt worden (näher → § 193 Rn. 13). In diesem Zusammenhang kann der AG versuchen, durch Zahlung von **Streikbruchprämien** (→ Rn. 12; s. auch unter dem Aspekt eines „Maßregelungsverbots" → § 194 Rn. 17) AN von der Streikteilnahme abzuhalten oder zur Wiederaufnahme der Arbeit zu bewegen. Daneben kann er durch Erklärung gegenüber den AN den **Betrieb vorübergehend stilllegen** (→ § 194 Rn. 27; zur Einstufung als Arbeitskampfmittel → § 191 Rn. 13). Darüber hinaus kann der AG zum Mittel der **Abwehraussperrung** greifen (→ Rn. 3 ff.), um den Kampfrahmen zu erweitern und hierdurch wirtschaftlichen Druck auf die streikführende Gewerkschaft auszuüben. Darüber hinaus besteht – jedenfalls theoretisch – die Möglichkeit, durch eine **Angriffsaussperrung** den Arbeitskampf selbst zu eröffnen (→ Rn. 11).

II. Aussperrung

2 **1. Grundlagen.** Die **Rechtsprechung des BAG** zur Berechtigung des AG, die bei ihm beschäftigten AN auszusperren, hat sich seit der grundlegenden Entscheidung des Großen Senats

[246] BAG 22.3.1994 AP Nr. 130 zu Art. 9 GG Arbeitskampf = NZA 1994, 1097.
[247] S. nur LAG SchlH 26.9.2018 – 6 SaGa 7/18.
[248] ErfK/*Linsenmaier* GG Art. 9 Rn. 188; Däubler ArbeitskampfR-HdB/*Reinfelder* § 15 Rn. 52; offen gelassen in BAG 30.3.1982 AP Nr. 74 zu Art. 9 GG Arbeitskampf = NJW 1982, 2835.
[249] BAG 31.1.1995 AP Nr. 135 zu Art. 9 GG Arbeitskampf = NZA 1995, 959.
[250] BAG 22.3.1994 AP Nr. 130 zu Art. 9 GG Arbeitskampf = NZA 1994, 1097.
[1] Zum Antrag auf Unterlassung der Videoüberwachung der Arbeitskampfaktivitäten ArbG Oldenburg 8.2.2011 AuR 2011, 261 mAnm *Garweg.*
[2] S. auch BKS/*Schumann* Teil 4 Rn. 292 ff. m. umfangr. Zusammenstellung Rn. 294 f.; ErfK/*Linsenmaier* GG Art. 9 Rn. 213 ff.; *Kissel* ArbeitskampfR Rn. 607 ff., 395 ff., 416 ff.; *Otto* ArbeitskampfR § 11 Rn. 12 ff., § 12 Rn. 23 ff.; Däubler ArbeitskampfR-HdB/*Rödl* § 21 Rn. 1 ff.
[3] Zur Sonntagsarbeit als Streikfolgenbeseitigung *Dommermuth-Alhäuser* NZA 2016, 552 ff. (Post/DHL).

des BAG zum Arbeitskampfrecht aus dem Jahre 1955 in mehreren Etappen entwickelt. Der Große Senat hatte zunächst angenommen, der AG könne sowohl mit lösender wie mit lediglich suspendierender Wirkung aussperren,[4] diese Auffassung allerdings in einer weiteren Entscheidung 1971 nicht mehr aufrechterhalten: Das Gebot der Verhältnismäßigkeit lasse nur in seltenen Ausnahmefällen eine lösende Aussperrung zu, unzulässig ist sie indes in jedem Fall bei sozial besonders geschützten Personen (Schwangeren, schwerbehinderten Menschen) und gegenüber Mitgliedern der Arbeitnehmervertretungen.[5] Die Zulässigkeit der Abwehraussperrung wurde im Jahre 1980 aufgrund des Verhältnismäßigkeitsgrundsatzes weiter begrenzt:[6] Das Grundrecht der Koalitionsfreiheit umfasst jedenfalls auch Aussperrungen mit suspendierender Wirkung, die zur Abwehr bei Schwerpunktstreiks der Herstellung der Kampfparität dienen. Der AG kann auch besonders geschützte Arbeitnehmergruppen aussperren.[7] Die Begrenzung der Aussperrung unter dem Blickwinkel der Sicherung des Verhandlungsgleichgewichts hat das BAG in späteren Entscheidungen bestätigt.[8] Das **BVerfG** hat die Aussperrung in dem Umfang der Entscheidungen des BAG (→ Rn. 4) als auch die damit verbundene Beschränkung verfassungsrechtlich anerkannt.[9] Die grundsätzliche Zulässigkeit der Aussperrung ist indes nach wie vor nicht unbestritten.[10] Ebenso werden Bedenken gegen die Beschränkung der Aussperrung durch die Rechtsprechung des BAG erhoben.[11]

2. Rechtmäßiger Streik und Abwehraussperrung. a) Verhandlungsgleichgewicht und Aussperrungsbefugnis. Die suspendierende Abwehraussperrung setzt einen bereits begonnenen Arbeitskampf der Gewerkschaft voraus. Das Kräfteverhältnis kann bei bestimmten Arbeitskampfformen, namentlich bei sog. Teil- oder Schwerpunktstreiks, das Kräfteverhältnis übermäßig zu Gunsten der Gewerkschaft verschieben, sodass die AG ihrerseits ein Abwehrkampfmittel benötigen. „Das ist der Grund für die Anerkennung der Befugnis zur Abwehraussperrung".[12] Die Sicherung und Wiederherstellung des Verhandlungsgleichgewichts ist zugleich Maßstab für den **Umfang der Abwehraussperrung.** Dabei sind nach der Rechtsprechung im Sinne einer abstrakt-materiellen Paritätsbetrachtung nur diejenigen Faktoren berücksichtigt, die einer typisierenden Betrachtungsweise zugänglich sind und zur Bestimmung eines Verhandlungsgleichgewichts herangezogen werden können. Situative Bedingungen werden auch aus Gründen der Rechtssicherheit nicht einbezogen. 3

In der Folge knüpft das BAG beim Verbandsarbeitskampf an die Zahl der am Arbeitskampf Teilnehmenden im Tarifgebiet an und gelangt zu folgenden **Quoten** für die Rechtmäßigkeit einer suspendierenden Abwehraussperrung im Verbandsarbeitskampf:[13] 4

- Bei einem gewerkschaftlichen Streikaufruf von weniger als 25% der AN im umkämpften Tarifgebiet kann durch den Aussperrungsbeschluss der Kampfrahmen um weitere 25% der AN erweitert werden.
- Werden mehr als 25% der betroffenen AN von der Gewerkschaft zum Streik aufgerufen, kann durch den Aussperrungsbeschluss der Kampfrahmen auf insgesamt bis zu 50% der AN des Tarifgebiets ausgeweitet werden.
- Maßgebend ist dabei der Aussperrungsbeschluss und nicht die Zahl der tatsächlich ausgesperrten AN.
- In der Folge spricht bei einem gewerkschaftlichen Arbeitskampfaufruf, der mehr als 50% der AN des Tarifgebiets umfasst, „manches dafür …, dass eine Störung der Kampfparität nicht mehr ist zu befürchten ist" und eine dennoch erfolgte suspendierende Abwehraussperrung unverhältnismäßig und unzulässig.

---

[4] BAG 28.1.1955 GS AP Nr. 1 zu Art. 9 GG Arbeitskampf.

[5] BAG GS 21.4.1971 AP Nr. 43 zu Art. 9 GG Arbeitskampf = NJW 1971, 1668; best. durch BVerfG 19.2.1975 AP Nr. 50 zu Art. 9 GG Arbeitskampf = NJW 1975, 968.

[6] BAG 10.6.1980 AP Nr. 64 zu Art. 9 GG Arbeitskampf mAnm *Mayer-Maly* = NJW 1980, 1642 (1653).

[7] BAG 7.6.1988 AP Nr. 107 zu Art. 9 GG Arbeitskampf = NJW 1989, 315.

[8] BAG 11.8.1992 AP Nr. 124 zu Art. 9 GG Arbeitskampf = NZA 1993, 39; 7.6.1988 AP Nr. 107 zu Art. 9 GG Arbeitskampf = NJW 1989, 314; 12.3.1985 AP Nr. 84 zu Art. 9 GG Arbeitskampf = NZA 1985, 537.

[9] BVerfG 26.6.1991 AP Nr. 117 zu Art. 9 GG Arbeitskampf = NZA 1991, 809.

[10] Krit. BKS/*Schumann* Teil 4 Rn. 331; Däubler ArbeitskampfR-HdB/*Rödl* § 21 Rn. 48 ff. m. umfangr. Nachw.; Übersichten zum Meinungsstand bei *Otto* ArbeitskampfR § 8 Rn. 63 ff. sowie in BAG 10.6.1980 AP Nr. 64 zu Art. 9 GG Arbeitskampf = NJW 1980, 1642.

[11] S. nur *Konzen* FS 50 Jahre BAG, 2004, 515 (535 f.).

[12] BAG 10.6.1980 AP Nr. 64 zu Art. 9 GG Arbeitskampf = NJW 1980, 1642.

[13] BAG 10.6.1980 AP Nr. 64 zu Art. 9 GG Arbeitskampf = NJW 1980, 1642.

5 Diese unter dem Schlagwort der Aussperrungsarithmetik kritisierte Rechtsprechung[14] hat das BAG nachfolgend dahingehend konkretisiert, dass den genannten **Zahlen nur eine Indizwirkung** zukommt. Dieser Umstand ist vor allem bei Arbeitskampf im tarifpluralen Betrieb zu berücksichtigen, auf den die Quotenregelungen nicht unbesehen übertragen werden können.[15] Störungen des Verhandlungsgleichgewichts können aber auch andere Ursachen haben. „Wo Abwehraussperrungen in einem Maße eingesetzt werden, durch das die Verhandlungsparität gefährdet oder wieder beseitigt wird, können sie nicht erforderlich und proportional sein. Die Herstellung der Verhandlungsparität gewinnt daher noch einmal im Rahmen der Prüfung, ob das Kampfmittel verhältnismäßig ist, entscheidende Bedeutung." Deshalb hat das BAG einen Aussperrungsbeschluss, der dazu führen würde, dass „an jedem weiteren Kampftag mehr als 2 ½ mal so viele Arbeitstage durch Aussperrung ausfallen, als bislang in 2 Wochen insgesamt durch die Streiks der Gewerkschaft an Arbeitstagen ausgefallen waren" als unverhältnismäßig angesehen.[16]

6 Ebenso kann die **Dauer der Abwehraussperrung** zu ihrer Rechtswidrigkeit führen. Zwar ist eine Aussperrung auch gegen sog. Kurzstreiks, etwa in Form eines Wellenstreiks (→ § 192 Rn. 33) möglich. Diese kann auch von einem nicht verbandsangehörigen AG im Arbeitskampf um einen Haustarifvertrag erklärt werden. Bei einer typisierenden Betrachtungsweise kann auch eine Gewerkschaft gegenüber einem mittelständischen AG ein Verhandlungsübergewicht haben, wenn sie im betreffenden Betrieb über einen erheblichen Organisationsgrad verfügt. Bei einem halbstündigen Streik ist aber nicht erkennbar, dass das Verhandlungsgleichgewicht so gestört sein könnte, dass dies eine zweitägige Abwehraussperrung rechtfertigt.[17]

7 **b) Durchführung.** Beim Verbandsarbeitskampf steht die **Entscheidungskompetenz** über die Durchführung einer Abwehraussperrung allein dem Arbeitgeberverband zu.[18] Das entspricht den Zuständigkeiten beim Streik, der eines entsprechenden Beschlusses der kampfführenden Gewerkschaft bedarf (→ § 192 Rn. 36). Im Arbeitskampf um einen Haustarifvertrag ist es der einzelne AG, der über die Durchführung zu entscheiden hat. Dabei muss klar erkennbar sein, ob er aussperren möchte oder von seinem Recht auf Betriebsstilllegung (→ § 194 Rn. 27) Gebrauch macht[19] Darüber hinaus soll sich der sog. Außenseiterarbeitgeber, der in seinem Unternehmen die umkämpften Tarifverträge anwendet, der Abwehraussperrung anschließen können.[20] Der AG ist nicht gehalten, bei der Durchführung zwischen den Gewerkschaftsmitgliedern und den sog. Außenseitern zu unterscheiden.[21] Bei einer Abwehraussperrung in Reaktion auf einen Kurzstreik kann er diese auf die streikenden AN begrenzen.[22] Eine Beschränkung der Abwehraussperrung auf die Gewerkschaftsmitglieder in Form einer sog. **Selektivaussperrung** verletzt deren Koalitionsgrundrecht aus Art. 9 III GG.[23]

8 Bei einem Arbeitskampf im sog. **tarifpluralen Betrieb** spricht vieles dafür, dass eine Abwehraussperrung der andersorganisierten AN im Grundsatz ausscheidet,[24] soweit dieser Tarifvertrag nicht zur Verhandlung ansteht. Die Mitglieder der anderen Gewerkschaft können für eine Verschiebung des Kräftegleichgewichts nach den Maßstäben der Entscheidungen aus dem Jahre 1980 nicht ursächlich sein (zum Arbeitskampfrisiko → § 194 Rn. 24).[25] Sie partizipieren auch nicht am Arbeitskampfergebnis.[26] Hier verfängt auch nicht der Hinweis auf die Entgeltzahlungspflicht,[27] da diese nur insoweit fortbesteht, als der AG den Betrieb fortführen kann. Soweit der AG die Gewerkschaftszugehörigkeit bei Umsetzung des Aussperrungsbeschlusses nicht kennt,[28]

[14] Dazu und zur Entwicklung s. nur ErfK/*Linsenmaier* GG Art. 9 Rn. 242.
[15] S. nur *Willemsen/Mehrens* NZA 2010, 1313 (1320).
[16] BAG 12.3.1985 AP Nr. 84 zu Art. 9 GG Arbeitskampf = NZA 1985, 537.
[17] BAG 11.8.1992 AP Nr. 124 zu Art. 9 GG Arbeitskampf = NZA 1993, 39.
[18] BAG 18.11.2014 NZA 2015, 306; 31.10.1995 AP Nr. 140 zu Art. 9 GG Arbeitskampf = NZA 1996, 389.
[19] BAG 11.8.1992 AP Nr. 124 zu Art. 9 GG Arbeitskampf = NZA 1993, 39.
[20] BVerfG 26.6.1991 AP Nr. 117 zu Art. 9 GG Arbeitskampf = NZA 1991, 809; krit. *Konzen* SAE 1991, 335 (341).
[21] BAG GS 15.11.1971 AP Nr. 46 zu Art. 9 GG Arbeitskampf = NJW 1972, 1001.
[22] BAG 11.8.1992 AP Nr. 124 zu Art. 9 GG Arbeitskampf = NZA 1993, 39.
[23] BAG 18.11.2014 NZA 2015, 306; 12.3.1985 AP Nr. 84 zu Art. 9 GG Arbeitskampf = NZA 1985, 537.
[24] *Franzen* RdA 2008, 193 (202); unklar bei *Bayreuther* NZA 2008, 12 (15 f.) und *Deinert* RdA 2011, 12 (18 ff.); ausf. *B. Schmidt* S. 634 ff. mwN.
[25] BKS/*Schumann* Teil 4 Rn. 346; *Deinert* NZA 2009, 1176 (1183); s. auch *Giesen* NZA 2009, 11 (14); wohl auch *Jacobs* NZA 2008, 325 (328); *ders.* FS Buchner, 2009, 342 (348).
[26] *Kamanabrou* ZfA 2008, 241 (275).
[27] *B. Schmidt* S. 640.
[28] Darauf weist u.a. *Franzen* RdA 2008, 193 (202).

ist diese geltend zu machen.[29] Ein anderes lässt sich allerdings begründen, wenn man den Grundsatz der „Einheit der Belegschaft"[30] im Arbeitskampf aufrecht erhält, der es nicht nur den nicht-, sondern auch den andersorganisierten AN gestattet, am Arbeitskampf der Konkurrenzgewerkschaft teilzunehmen. In der Praxis wird diese Konstellation allerdings kaum auftreten.[31]

c) Rechtsfolge. Die rechtmäßige Abwehraussperrung **suspendiert die Hauptpflichten** 9 aus dem Arbeitsverhältnis (im Einzelnen → § 194 Rn. 2 ff.). Nach der Entscheidung des Großen Senats aus dem Jahre 1971 soll dem AN ein **Abkehrrecht,** also die Beendigung des Arbeitsverhältnisses ohne Einhaltung einer Frist möglich sein.[32] Soweit im Zusammenhang mit Streiks von sog. Sparten- oder Spezialistengewerkschaften neuerdings eine „Wiederbelebung"[33] der **lösenden Aussperrung** befürwortet wird,[34] ist dies zu Recht zumindest auf Skepsis gestoßen.[35] Sie ist nach den obigen Ausführungen (→ Rn. 7) weder erforderlich noch verhältnismäßig.[36] Darüber hinaus würde nach Beendigung des Arbeitskampfs ein Wiedereinstellungsanspruch nach billigem Ermessen des AG bestehen.[37]

3. Rechtswidriger Streik und Abwehraussperrung. Das BAG hat in einer älteren Ent- 10 scheidung angenommen, dem AG stehe im Falle eines rechtswidrigen Streik neben den vertraglichen und deliktischen Ansprüchen gegenüber den einzelnen AN auch eine Aussperrungsbefugnis zu.[38] Ein Verhandlungsübergewicht der Gewerkschaft (→ Rn. 2, 5 f.) mit der Gefahr eines „Diktats" des Tarifergebnisses besteht grundsätzlich nicht und dem rechtswidrigen Streik kann mit Verweigerung der Entgeltzahlung und der Inanspruchnahme gerichtlichen Rechtsschutzes begegnet werden.[39] Deshalb ist Aussperrung in einer solchen Situation unzulässig.

4. Angriffsaussperrung. Eine Angriffsaussperrung liegt vor, wenn der Arbeitgeberverband 11 oder der einzelne AG den Arbeitskampf um ein eigenes kollektivvertragliches Regelungsziel eröffnet.[40] Das BAG ist in seiner Grundsatzentscheidung aus dem Jahre 1955 von einer „legitimen Aggressivaussperrung" *en passant* ausgegangen,[41] hat deren Zulässigkeit in den Aussperrungsurteilen aus dem Jahre 1980 aber offen gelassen.[42] Ihre Zulässigkeit wird in der Literatur uneinheitlich beantwortet.[43] Letztlich wird man sie nur bei einer so starken Wandlung der sozialen Verhältnisse annehmen können, die es für die AG auch unter Berücksichtigung anderer Änderungsmechanismen – etwa im Nachwirkungszeitraum eines Tarifvertrags nach § 4 V TVG – erforderlich macht, initiativ zu werden, weil anderenfalls das Verhandlungsgleichgewicht nicht mehr gewährleistet ist.[44]

III. Streikbruchprämie

Die Zahlung von sog. Streikbruchprämien an AN (→ § 108 Rn. 19), die sich nicht an einem 12 Streik beteiligen, ist grundsätzlich zulässig, wenn sie vor oder während des Arbeitskampfs zuge-

29 Vgl. BAG 7.7.2010 AP Nr. 140 zu Art. 9 GG mAnm *B. Schmidt* = NZA 2010, 1068 (zum Anspruch auf tarifliches Entgelt).

30 BAG GS 15.11.1971 AP Nr. 46 zu Art. 9 GG Arbeitskampf = NJW 1972, 1001.

31 So auch die Einschätzung bei *Bayreuther* in: Waldhoff/Thüsing, Verfassungsfragen des Arbeitskampfes, 2014, 58 (61).

32 BAG GS 21.4.1971 AP Nr. 43 zu Art. 9 GG Arbeitskampf = NJW 1971, 1668.

33 Treffend (und abl.) *B. Schmidt* S. 643, 634 ff. mwN in Fn. 629, 632, 635.

34 *Greiner* NZA 2007, 1023; *Reichold* NZA 2007, 1262 ff.; zu diesem *Buchner* NZA 2007, 1411 ff.; *v. Steinau-Steinrück/Glanz* NZA 2009, 113 (116) (nach längerem Arbeitskampf); *Rieble* BB 2008, 1506 (1509) (beim Arbeitskampf um einen Tarifsozialplan).

35 Krit. bis abl. *Bayreuther* NZA 2008, 12 (16); *Deinert* NZA 2009, 1176 (1182 f.); *Franzen* RdA 2008, 202 f. (Wirksamkeit beschränkt); *Jacobs* NZA 2008, 325 (331) (Streikbegrenzung und obligatorisches Schlichtungsverfahren); *Hanau* RdA 2008, 98 (103 f.); *Kamanabrou* ZfA 2008, 241 (264) (Eskalation des Arbeitskampfs); *Pflüger* RdA 2008, 185 (186 f.).

36 Däubler ArbeitskampfR-HdB/*Rödl* § 21 Rn. 67; ebenso *Otto* ArbeitskampfR § 8 Rn. 16.

37 BAG GS 21.4.1971 AP Nr. 43 zu Art. 9 GG Arbeitskampf = NJW 1971, 1668.

38 BAG 14.2.1978 AP Nr. 58 zu Art. 9 GG Arbeitskampf = NJW 1979, 236; 21.4.1971 AP Nr. 43 zu Art. 9 GG Arbeitskampf = NJW 1971, 1668.

39 ErfK/*Linsenmaier* GG Art. 9 Rn. 245 mwN; *Kissel* ArbeitskampfR § 53 Rn. 40 ff.; Däubler ArbeitskampfR-HdB/*Öğüt* § 22 Rn. 52.

40 BAG 10.6.1980 AP Nr. 64 zu Art. 9 GG Arbeitskampf = NJW 1980, 1642.

41 BAG GS 28.1.1955 AP Nr. 1 zu Art. 9 GG Arbeitskampf.

42 Vgl. BAG 10.6.1980 AP Nr. 64 zu Art. 9 GG Arbeitskampf = NJW 1980, 1642.

43 Nachw. zum Streitstand bei ErfK/*Linsenmaier* GG Art. 9 Rn. 248; *Kissel* ArbeitskampfR § 53 Rn. 52 ff.; Däubler ArbeitskampfR-HdB/*Rödl* § 21 Rn. 71 ff.

44 ErfK/*Linsenmaier* GG Art. 9 Rn. 249; Däubler ArbeitskampfR-HdB/*Wolter* § 21 Rn. 40.

sagt werden, die Fortführung des Betriebes sichern sollen und gleichermaßen für organisierte AN und Außenseiter gelten.[45] Eine Streikbruchprämie verletzt nicht generell den **Grundsatz der Verhältnismäßigkeit** (→ § 192 Rn. 33 ff.), zumal deren Höhe regelmäßig kein geeignetes Kriterium zur Angemessenheitsbeurteilung darstellt.[46] Auch der arbeitsrechtliche Gleichbehandlungsgrundsatz steht einer zweckgebundenen Streikbruchprämie nicht entgegen. Anders kann es sich bei Zusagen nach dem Ende des Arbeitskampfs verhalten.[47] Leistungen an Nichtstreikende können aber gegen ein vereinbartes Maßregelungsverbot verstoßen (→ § 194 Rn. 17). Zu beachten ist in jedem Fall das Maßregelungsverbot nach § 612a BGB (→ § 108 Rn. 19). So kann die Vorenthaltung von betriebsüblichen Leistungen nicht allein mit der Teilnahme an einem rechtmäßigen Streik gerechtfertigt werden.[48]

§ 194. Rechtsfolgen des Arbeitskampfs

Übersicht

I. Grundsatz

1 Die Beteiligung an einem rechtmäßigen Arbeitskampf hat Auswirkungen auf die Vertragsbeziehungen zwischen AN und AG, deren **Hauptleistungspflichten suspendiert** werden (→ Rn. 2 ff.). Der Arbeitskampf kann sich darüber hinaus auf die Beschäftigung nicht unmittelbar kampfbeteiligter AN (→ Rn. 19 ff.) und auf Rechtsverhältnisse mit weiteren **Dritten** auswirken (→ Rn. 28 f.). Anders gestalten sich die Folgen eines rechtswidrigen Arbeitskampfs auf die genannten Personenkreise und die kampfbeteiligten Verbände (→ Rn. 30 ff.). Hier kommt dem **einstweiligen Rechtsschutz** eine besondere Bedeutung zu (→ Rn. 35 ff.). Für die AN ergeben sich darüber hinaus sozialrechtliche Folgen aus einem Arbeitskampf (→ Rn. 43 ff.). Auch kann ein Arbeitskampf für die **Beteiligungsrechte des BR** von Bedeutung sein (→ Rn. 39 ff.).

II. Rechtmäßiger Arbeitskampf

2 **1. Unmittelbar kampfbeteiligte Arbeitnehmer. a) Suspendierung der Hauptleistungspflichten.** Die Teilnahme an einem rechtmäßigen Streik ist auf den Bestand des Arbeitsverhältnisses ohne Einfluss. Sie ist weder ein rechtswidriger Arbeitsvertragsbruch noch führt sie

[45] BAG 28.7.1992 AP Nr. 123 zu Art. 9 GG Arbeitskampf = NZA 1993, 267; LAG Bln-Bbg 29.7.2016 ZTR 2016, 706.

[46] BAG 14.8.2017 AP Nr. 187 zu Art. 9 GG Arbeitskampf = NZA 2019, 100; dazu krit. *U. Fischer* jurisPR-ArbR 6/2019 Anm. 1; abl. *Callsen* AuR 2020, 4 ff.; zust. *Greiner* EWiR 2019, 91 f.; *ders.* JbArbR 56 (2019), 103 (107 f.); ErfK/*Linsenmaier* GG Art. 9 Rn. 215; *Ring* RdA 2019, 239 ff.

[47] BAG 13.7.1993 AP Nr. 127 zu Art. 9 GG Arbeitskampf = NZA 1993, 1135; 4.8.1987 AP Nr. 88 zu Art. 9 GG Arbeitskampf = NZA 1988, 61.

[48] BAG 11.8.1992 AP Nr. 124 zu Art. 9 GG Arbeitskampf = NZA 1993, 39; 4.8.1987 AP Nr. 88 zu Art. 9 GG Arbeitskampf = NZA 1988, 61; best. durch BVerfG 11.4.1988 AP Nr. 88a zu Art. 9 GG Arbeitskampf = NZA 1988, 473; zur Verjährung BAG 17.9.1991 AP Nr. 120 zu Art. 9 GG Arbeitskampf = NZA 1992, 164.

zu einer Kündigungsberechtigung des AG, wie es noch bis zur grundlegenden Entscheidung des BAG aus dem Jahre 1955 angenommen wurde.[1] Die Arbeitskampfteilnahme führt zur **Suspendierung der Hauptpflichten:**

„Während der Teilnahme an einem rechtmäßigen Streik sind die beiderseitigen Rechte und Pflichten aus den Arbeitsverhältnissen suspendiert. Die AN sind nicht zur Erbringung der Arbeitsleistung verpflichtet, verlieren aber gleichzeitig den Lohnanspruch.“[2]

Aufgrund des gewerkschaftlichen Streikbeschlusses können sich an dem Streik nach der Rechtsprechung nicht nur die in der arbeitsführenden Gewerkschaft organisierten, sondern weiterhin die nicht- und andersorganisierten AN beteiligen.[3] Das wird man für aus dem Ausland entsandte AN jedenfalls dann annehmen können, wenn sie von dem umkämpften Tarifvertrag betroffen sind.[4] Diese Grundsätze gelten gleichermaßen für **Auszubildende.**[5]

Für den **Eintritt der Suspendierungswirkung**[6] ist eine ausdrückliche oder konkludente 3
Erklärung des AN gegenüber dem AG erforderlich, er werde sich am Arbeitskampf beteiligen, um damit seine Arbeitspflicht zu suspendieren. Dabei kann der AG regelmäßig davon ausgehen, dass der AN, der nach einem gewerkschaftlichen Streikaufruf nicht zur Arbeit erscheint, sich an dem Arbeitskampf beteiligt, es sei denn, der AN war schon zuvor aus anderen Gründen von der Arbeitsleistung befreit. Deshalb kommt es nicht zu einer Entgeltminderung, wenn sich ein AN im Rahmen einer betrieblichen **Gleitzeitregelung** aus der Zeiterfassung abmeldet und nach einer gewerkschaftlichen Kundgebung im Rahmen eines Arbeitskampfs wieder anmeldet.[7] Es gibt kein „elementares Prinzip“ des Arbeitskampfrechts, dass die Teilnahme mit einem Vergütungsopfer verbunden sein muss.[8] Ob der im Urlaub befindliche AN sich am Arbeitskampf beteiligen kann, erscheint angesichts der bereits erfolgten Freistellungserklärung des AG, die der AN nunmehr einseitig aufheben können müsste, mehr als zweifelhaft.[9] Ein gekündigter AN kann sich nach dem vermeintlichen Ende des Arbeitsverhältnisses an einem Streik beteiligen. In der Folge fehlt es – wenn die Unwirksamkeit der Kündigung später festgestellt wird – an seiner Leistungswilligkeit iSd § 297 BGB. Ein Anspruch auf Verzugslohn gemäß § 615 S. 1 BGB besteht dann nicht.[10] Einschränkungen zur Streikteilnahme ergeben sich aus der Verpflichtung zu Erhaltungs- und Notstandsarbeiten (→ § 192 Rn. 60 ff.).

Mit der **Beendigung des Arbeitskampfs** entfällt grundsätzlich die Suspendierung der 4
gegenseitigen Hauptpflichten. Hier ist eine Erklärung der Gewerkschaft gegenüber dem Arbeitgeberverband oder beim Arbeitskampf um einen Haustarifvertrag gegenüber dem AG ausreichend, die aber hinreichend klar sein muss.[11] Gleiches gilt, wenn der AN im laufenden Arbeitskampf zu erkennen gibt, sich nicht mehr an diesem zu beteiligen,[12] sei es, dass er die Arbeit wieder aufnimmt oder seine Arbeitskraft anbietet. Weigert sich der AG, die Arbeitsleistung entgegenzunehmen, gerät er grundsätzlich in Annahmeverzug. Einschränkungen können sich ergeben, wenn arbeitskampfbedingte Folgewirkungen einer Beschäftigung noch zeitweise entgegenstehen.[13] Das entspricht der Verteilung des Arbeitskampfrisikos beim Wellenstreik durch die Rechtsprechung des BAG (→ Rn. 25). Der AG hat allerdings unverzüglich alle dazu notwendigen und zumutbaren Maßnahmen zu ergreifen.[14]

---

[1] Vgl. die Nachw. in BAG GS 28.1.1955 AP Nr. 1 zu Art. 9 GG Arbeitskampf = NJW 1955, 882.
[2] BAG 22.3.1994 AP Nr. 130 zu Art. 9 GG Arbeitskampf = NZA 1994, 1097.
[3] BAG 18.2.2003 AP Nr. 163 zu Art. 9 GG Arbeitskampf = NZA 2003, 866; 22.3.1994 AP Nr. 130 zu Art. 9 GG Arbeitskampf = NZA 1994, 1097.
[4] Ausf. *Paukner,* Streikrecht entsandter ausländischer Arbeitnehmer im inländischen Betrieb, 2009, 49 ff., 139 ff.
[5] BAG 30.8.1994 AP Nr. 131 zu Art. 9 GG Arbeitskampf = NZA 1995, 32.
[6] Speziell zum Warnstreik *Kleinebrink* FA 2018, 394 ff.
[7] BAG 26.7.2005 AP Nr. 170 zu Art. 9 GG Arbeitskampf mAnm *Otto* = NZA 2005, 1402; bestätigt in BAG 17.7.2012 AP Nr. 178 zu Art. 9 GG Arbeitskampf = NZA 2012, 1432.
[8] So aber *Bengelsdorf* NZA 2006, 825 ff.; ähnlich *Plöhn* SAE 2006, 196 ff.; dagegen Gagel/*Bepler* SGB III vor § 160 Rn. 70.
[9] Abl. daher ErfK/*Linsenmaier* GG Art. 9 Rn. 207; aA *Gamillscheg,* Kollektives Arbeitsrecht, 1193; *Otto* ArbeitskampfR § 14 Rn. 13; offengelassen in BAG 26.7.2005 AP Nr. 170 zu Art. 9 GG Arbeitskampf mAnm *Otto* = NZA 2005, 1402. Eine ausdrückliche oder konkludente Erklärung fordert ArbG Hamburg 16.10.2013 LAGE Art. 9 GG Arbeitskampf Nr. 97.
[10] BAG 17.7.2012 AP Nr. 178 zu Art. 9 GG Arbeitskampf = NZA 2012, 1432.
[11] BAG 1.3.1995 AP Nr. 68 zu § 1 FeiertagslohnzahlungsG = NZA 1995, 996.
[12] Vgl. BAG 15.1.1991 AP Nr. 114 zu Art. 9 GG Arbeitskampf = NZA 1991, 604; 31.5.1988 AP Nr. 56 zu § 1 FeiertagslohnzahlungsG = NZA 1988, 886.
[13] BAG 21.4.1971 AP Nr. 43 zu Art. 9 GG Arbeitskampf = NJW 1971, 1668.
[14] BAG 21.4.1971 AP Nr. 43 zu Art. 9 GG Arbeitskampf = NJW 1971, 1668.

5 Im Falle einer **suspendierenden Aussperrung** (→ § 193 Rn. 9) treten dieselben Rechtsfolgen ein wie bei Arbeitskampfmaßnahmen der Gewerkschaft. Endet die suspendierende Aussperrung, muss der AG die AN im Rahmen des fortbestehenden Arbeitsvertrags wieder beschäftigen.

6 **b) Entgeltansprüche. aa) Grundsatz.** Für die Dauer der Arbeitskampfbeteiligung entfällt aufgrund der Suspendierung der Hauptleistungspflichten der **Anspruch auf Vergütung** und Beschäftigung,[15] soweit der Arbeitsausfall auf der Streikteilnahme beruht (im Einzelnen → Rn. 8 ff., zur Entgeltfortzahlung während einer Betriebsversammlung → § 223 Rn. 21). Wegen der Streikteilnahme ausgefallene Arbeitszeiten können nicht zur Ermittlung des geschuldeten Arbeitszeitvolumens herangezogen werden, etwa ob sog. Überstundenzuschläge wegen Mehrarbeit zu zahlen sind.[16] Es besteht weder eine Pflicht des AN zur Nacharbeit noch ist er zur Nachholung der arbeitskampfbedingt ausgefallenen Stunden berechtigt.[17] Wird aufgrund des Arbeitskampfs eine rückwirkende Entgelterhöhung vereinbart, die als Pauschale ausgezahlt wird, kann je nach Formulierung des Tarifvertrags die Pauschale um die Streiktage gekürzt werden.[18] Besteht eine Gleitzeitregelung (→ Rn. 3), werden das Arbeitsstundensoll und damit das Arbeitsentgelt durch die Zeiten des Arbeitskampfs entsprechend gemindert. Dagegen erfolgt keine Verrechnung mit dem Gleitzeitkonto.[19] Zulässig sind allerdings Betriebsvereinbarungen, nach denen Zeiten der Teilnahme an einem Arbeitskampf nicht zur Kürzung des Entgelts, sondern zur Belastung des Gleitzeitkontos führen.[20]

7 Für die Dauer der Arbeitskampfmaßnahme entfallen zeitanteilig zu gewährende **Sachbezüge.** Ein anderes gilt hinsichtlich einer Wohnraumüberlassung im Rahmen des Arbeitsverhältnisses, wobei für diese Zeit die Zahlung eines Mietzinses für möglich gehalten wird.[21] Für einen nicht zur Vergütung gehörenden Aufwendungsersatz durften während der Zeit der Arbeitskampfbeteiligung regelmäßig die Erstattungsvoraussetzungen fehlen.[22] Ob die Höhe einer **Sonderzuwendung** aufgrund einer Arbeitskampfteilnahme gemindert wird, hängt von den jeweiligen Anspruchsvoraussetzungen ab, die erfüllt sein müssen (→ § 78 Rn. 40). Knüpft die Zahlung der Sonderzuwendung allein an den rechtlichen Bestand des Arbeitsverhältnisses, ist eine Kürzung aufgrund der Streiktage unzulässig.[23] Wird die Sonderzuwendung um solche Tage gekürzt, in denen das Arbeitsverhältnis „kraft Gesetzes oder Vereinbarung oder aus sonstigen Gründen" ruht, erfasst dies Zeiten eines Arbeitskampfs.[24] Ist die Minderung hingegen von dem Vorliegen tatbestandsmäßig bestimmter Voraussetzungen abhängig, muss der Arbeitskampf ausdrücklich erwähnt sein; eine analoge Anwendung von anderen Ruhenstatbeständen ist nicht zulässig.[25] Auch bei Sonderzuwendungen, die als Anwesenheitsprämien ausgestaltet sind, führen Fehltage aufgrund eines Arbeitskampfs zu einer Entgeltminderung. Darin liegt keine unzulässige Maßregelung.[26]

8 **bb) Feiertag.** Der AN hat keinen Entgeltfortzahlungsanspruch für einen Feiertag, wenn dieser nicht die alleinige Ursache (→ § 103 Rn. 3) des Arbeitsausfalls ist.[27] Ein Anspruch kann bestehen, wenn die Gewerkschaft einen unbefristeten Streik ausgerufen hat und diesen **für den Feiertag aussetzt.**[28] Eine gezielte Herausnahme eines Feiertags aus dem Arbeitskampf wirkt

---

[15] BAG 30.10.2012 ZTR 2013, 333; 26.7.2005 AP Nr. 170 zu Art. 9 GG Arbeitskampf mAnm *Otto* = NZA 2005, 1402; 22.3.1994 AP Nr. 130 zu Art. 9 GG Arbeitskampf. Zur Auslegung einer tarifvertraglichen Kürzungsregelung BAG 12.11.2013 AP Nr. 56 zu § 1 TVG Tarifverträge: Lufthansa.

[16] BAG 14.5.2013 NZA-RR 2013, 554.

[17] BAG 26.7.2005 AP Nr. 170 zu Art. 9 GG Arbeitskampf mAnm *Otto* = NZA 2005, 1402.

[18] BAG 20.12.1995 AP Nr. 141 zu Art. 9 GG Arbeitskampf = NZA 1996, 491.

[19] BAG 30.8.1994 AP Nr. 131 zu Art. 9 GG Arbeitskampf = NZA 1995, 32; 30.8.1994 AP Nr. 132 zu Art. 9 GG Arbeitskampf = NZA 1995, 183.

[20] BAG 30.8.1994 AP Nr. 132 zu Art. 9 GG Arbeitskampf = NZA 1995, 183.

[21] *Gamillscheg,* Kollektives Arbeitsrecht, 1064; Däubler ArbeitskampfR-HdB/*Öğüt* § 19 Rn. 24.

[22] Däubler ArbeitskampfR-HdB/*Öğüt* § 19 Rn. 25.

[23] BAG 13.2.2007 AP Nr. 18 zu § 1 TVG Tarifverträge: Presse = NZA 2007, 573 („unbezahlte Arbeitsfreistellung"); 20.12.1995 AP Nr. 141 zu Art. 9 GG Arbeitskampf = NZA 1996, 491; 4.8.1987 AP Nr. 89 zu Art. 9 GG Arbeitskampf = NZA 1987, 817.

[24] BAG 3.8.1999 AP Nr. 156 zu Art. 9 GG Arbeitskampf = NZA 2000, 487.

[25] BAG 20.12.1995 AP Nr. 141 zu Art. 9 GG Arbeitskampf = NZA 1996, 491.

[26] BAG 3.8.1999 AP Nr. 156 zu Art. 9 GG Arbeitskampf = NZA 2000, 487; 31.10.1995 AP Nr. 140 zu Art. 9 GG Arbeitskampf = NZA 1996, 389.

[27] BAG 11.7.1995 AP Nr. 138 zu Art. 9 GG Arbeitskampf = NZA 1996, 214; 1.3.1995 AP Nr. 68 zu § 1 FeiertagslohnzahlungsG = NZA 1995, 996.

[28] BAG 11.5.1993 AP Nr. 63 zu § 1 FeiertagslohnzahlungsG = NZA 1993, 809; vgl. früher BAG 31.5.1988 AP Nr. 56 zu § 1 FeiertagslohnzahlungsG = NZA 1988, 886.

sich jedoch nicht arbeitskampfunterbrechend aus.[29] Soll ein Streik vor einem Feiertag beendet werden, muss dies dem AG oder dem beteiligten Verband von der streikführenden Gewerkschaft oder den streikbeteiligten AN mitgeteilt werden. Eine öffentliche Verlautbarung über die Medien ist nur ausreichend, wenn sie vor dem Feiertag zur Kenntnis des AG gelangt.[30] Hat der AG die AN ausgesperrt, besteht kein Anspruch auf Entgeltfortzahlung, wenn für den auf den Feiertag jeweils folgenden Werktag (sog. Brückentag) durch Betriebsvereinbarung Betriebsruhe unter Anrechnung auf den Tarifurlaub vereinbart worden ist. Die in einen bewilligten Urlaub fallenden gesetzlichen Feiertage sind während einer Aussperrung zu vergüten.[31]

cc) Urlaub. Der Arbeitskampf hat keinen Einfluss auf die Wartezeit für die Entstehung des Urlaubsanspruchs. Ausreichend ist der rechtlichen Bestand des Arbeitsverhältnisses (§ 4 BUrlG; → § 104 Rn. 20). Dasselbe gilt für die Urlaubsdauer.[32] Gleiches gilt für die Bindung des Urlaubs an das laufende Kalenderjahr, weshalb die Teilnahme am Arbeitskampf keinen Grund für eine Urlaubsübertragung darstellt.[33] Kommt es während eines bewilligten Urlaubs zu einem Arbeitskampf, wird jener nicht dadurch unterbrochen (→ § 104 Rn. 96).[34] Beteiligt sich der AN an dem Streik, kann er während des Arbeitskampfs keinen Urlaub fordern, da eine Arbeitspflicht nicht besteht, von der er urlaubsbedingt freigestellt werden könnte.[35] Etwas anderes gilt nur, wenn er vor Urlaubsbeginn ausdrücklich gegenüber dem AG erklärt hat, seine Streikteilnahme zumindest vorübergehend zu beenden.[36] Allerdings soll der AG berechtigt sein, die Urlaubsgewährung zu verweigern. Ein Rückruf aus dem Urlaub wegen des Arbeitskampfs steht dem AG nicht zu. Ebenso wenig kann ein im Urlaub befindlicher AN seinen Urlaub wegen eines Arbeitskampfs abbrechen und sich einem Streik anschließen (→ Rn. 6).[37] Ein tarifvertraglich vereinbarter Verfalltag für Urlaubsansprüche bleibt auch während des Streiks maßgebend. Eine auf Nachgewährung des Urlaubs gerichtete Schadensersatzpflicht des AG besteht nur, wenn dieser sich im Schuldnerverzug befunden hat.[38] 9

dd) Entgeltfortzahlung im Krankheitsfall. Erkrankt ein AN während des Streiks, hat er keinen Anspruch auf Entgeltfortzahlung im Krankheitsfall, wenn sein Arbeitsverhältnis zu Beginn der Erkrankung wegen des Arbeitskampfs suspendiert war. Die Krankheit muss die alleinige Ursache für den Arbeitsausfall sein (→ § 98 Rn. 25). War der AN bereits bei Beginn des Streiks erkrankt, hat er nach der Rechtsprechung des BAG Anspruch auf Entgeltfortzahlung ohne Rücksicht darauf, ob er sich am Arbeitskampf beteiligt hätte oder nicht. **Hypothetische Kausalverläufe werden nicht berücksichtigt.** Dies gilt selbst dann, wenn er sich nach der Wiedergenesung am Streik beteiligt hat.[39] Der Anspruch besteht nur dann nicht, wenn der AN seine Teilnahme am Streik erklärt oder sich tatsächlich am Streikgeschehen beteiligt.[40] Die Streikbeteiligung kann aber durch eine entsprechende Erklärung des AN gegenüber dem AG wieder beendet werden,[41] wobei allein die Übersendung einer Arbeitsunfähigkeitsbescheinigung nicht ausreicht. Das BAG begründet seine Ansicht mit der zu Beginn des Arbeitskampfs krankheitsbedingt nicht bestehenden Arbeitspflicht. Dementsprechend behält ein AN, der während eines vor Streikbeginn gewährten Urlaubs arbeitsunfähig erkrankt, seinen Entgeltanspruch, solange er sich nicht am Streik beteiligt. Allerdings sind die Grundsätze der sog. Arbeitskampfrisikolehre (→ Rn. 22 ff.) zu berücksichtigen, so dass der Anspruch entfällt, wenn der Betrieb stillgelegt ist. Der Zeitraum für die Entgeltfortzahlung wird nicht um die Streikdauer verlängert.[42] Diese Grundsätze geltende entsprechend bei einer krankheitsbedingten Arbeitsunfähigkeit während einer Aussperrung.[43] 10

[29] BAG 1.3.1995 AP Nr. 68 zu § 1 FeiertagslohnzahlungsG = NZA 1995, 996.
[30] BAG 23.10.1996 AP Nr. 146 zu Art. 9 GG Arbeitskampf = NZA 1997, 397.
[31] BAG 31.5.1988 AP Nr. 58 zu § 1 FeiertagslohnzahlungsG = NJW 1989, 124.
[32] BAG 28.1.1982 AP Nr. 11 zu § 3 BUrlG = NJW 1982, 1548; 15.6.1965 AP Nr. 35, 36 zu Art. 9 GG Arbeitskampf; dazu auch *Gooren* NJW-Spezial 2021, 114 ff.
[33] LAG Nürnberg 25.1.1995 NZA 1995, 854.
[34] BAG 9.2.1982 AP Nr. 16 zu § 11 BUrlG = NJW 1982, 2087.
[35] BAG 15.6.1964 AP Nr. 35, 36 zu Art. 9 GG Arbeitskampf.
[36] BAG 24.9.1996 AP Nr. 22 zu § 7 BUrlG = NZA 1997, 507.
[37] BAG 31.5.1988 AP Nr. 58 zu § 1 FeiertagslohnzahlungsG = NJW 1989, 124 (für die Aussperrung).
[38] BAG 24.9.1996 AP Nr. 22 zu § 7 BUrlG = NZA 1997, 507.
[39] BAG 24.2.1961 AP Nr. 31 zu § 1 ArbKrankhG.
[40] BAG 1.10.1991 AP Nr. 121 zu Art. 9 GG Arbeitskampf = NZA 1992, 163; 15.1.1991 AP Nr. 114 zu Art. 9 GG Arbeitskampf = NZA 1991, 604.
[41] BAG 31.5.1988 AP Nr. 56 zu § 1 FeiertagslohnzahlungsG = NZA 1988, 886.
[42] BAG 8.3.1973 AP Nr. 29 zu § 1 LohnFG.
[43] BAG 7.6.1988 AP Nr. 107 zu Art. 9 GG Arbeitskampf = NJW 1989, 315.

11 **ee) Mutterschaftsgeld.** Für die Dauer eines Arbeitskampfs besteht kein Anspruch auf Mutterschaftsgeld oder einen Zuschuss zum Mutterschaftsgeld, wenn das Beschäftigungsverbot nicht die ausschließliche Ursache des Arbeitsausfalls ist.[44] Deshalb führt eine Streikteilnahme zum Wegfall der Leistungen.[45]

12 **ff) Sonstige Arbeitsverhinderung.** Wird ein AN für einen Tag von der Arbeit freigestellt und ruft die Gewerkschaft für diesen Tag zum Streik auf, behält daher der AN, der sich nicht am Streik beteiligt, seinen Vergütungsanspruch.[46] Gleiches gilt, wenn ein BR an einer **Schulungsveranstaltung** teilnimmt, für die er zuvor seine Teilnahme mitgeteilt hat.[47]

13 **c) Weitere Auswirkungen.** Da nur die Hauptpflichten aus dem Arbeitsverhältnis suspendiert sind, bleiben die **Nebenpflichten,** insbesondere die wechselseitigen Schutzpflichten, bestehen. Der AG ist daher weiterhin verpflichtet, für eingebrachte Sachen des AN zu sorgen, während der AN beispielsweise zur Wettbewerbsenthaltung und zur Verschwiegenheit verpflichtet bleibt. Auch Anwartschaftsrechte bleiben während des Arbeitskampfs bestehen. Die Arbeitsunterbrechung kann sich allenfalls auf die Anspruchshöhe auswirken.

14 **d) Kündigung.** Nach **§ 25 KSchG** findet das KSchG auf Kündigungen, die als Arbeitskampfmaßnahmen ausgesprochen wurden, keine Anwendung. Die Vorschrift bezieht sich auf die zur Zeit des Inkrafttretens des KSchG im Jahre 1951 noch vertretene individualrechtliche Sichtweise des Arbeitskampfs und ist seit den Entscheidungen des Großen Senats des BAG aus den Jahren 1955 und 1971[48] **ohne praktische Bedeutung.** Der AG ist gehalten, im Arbeitskampf mit kollektivrechtlichen Maßnahmen zu reagieren. Die **allgemeinen Grundsätze** des Kündigungsschutzrechts gelten allerdings auch während eines Arbeitskampfs. Der AG kann das Arbeitsverhältnis in dessen Verlauf kündigen. Die Beteiligung an einem rechtmäßigen Arbeitskampf stellt, da sie keinen rechtswidrigen Arbeitsvertragsbruch darstellt (→ Rn. 2), für sich keinen Grund für eine außerordentliche oder ordentliche Kündigung dar. Anders verhält es sich bei Teilnahme an einem rechtswidrigen Streik, die eine ordentliche oder außerordentliche Kündigung rechtfertigen kann.[49] Eine **betriebsbedingte Kündigung** ist während des Arbeitskampfs zulässig, wenn nach dessen Beendigung keine Beschäftigungsmöglichkeit mehr besteht. Gleiches ist für personenbedingte Kündigungen anzunehmen. Bei solchen Kündigungen ist die Anhörung des BR nicht arbeitskampfbedingt eingeschränkt (→ Rn. 40).[50]

15 **e) Maßregelungsverbote. aa) Grundsatz.** Neben dem schon bestehenden gesetzlichen Maßregelungsverbot des § 612a BGB (→ § 108 Rn. 19) vereinbaren Gewerkschaften und Arbeitgeberverbände oder der bestreikte AG am Ende der Tarifauseinandersetzung sog. **Maßregelungsklauseln oder -verbote.** Dies kann zunächst ein allgemeines Maßregelungsverbot[51] sein – „Jede Maßregelung von Beschäftigten aus Anlass oder im Zusammenhang mit der Tarifbewegung unterbleibt oder wird, falls sie erfolgt ist, rückgängig gemacht“,[52] welches regelmäßig Schadensersatzansprüche nicht ausschließt.[53] Weitergehend kommen in Betracht Kündigungsverbote als Beendigungsnormen (→ § 200 Rn. 16 f.) und eine Wiedereinstellungspflicht als Abschlussnorm (→ § 200 Rn. 14, die allerdings auf Grund der lediglich suspendierenden Wirkung von Streik und Aussperrung an Bedeutung verloren hat),[54] die Anrechnung von Arbeitskampfzeiten für Leistungen und Rechte, die an die Dauer der Arbeitsleistung anknüpfen (→ Rn. 7), ein Haftungsausschluss, der Verzicht auf Strafanträge und zivilrechtliche Klagen oder – umstritten[55] – auf ein Amtsenthebungsverfahren gegenüber Betriebsräten.

---

[44] BAG 5.7.1995 AP Nr. 7 zu § 3 MuSchG 1968 = NZA 1996, 137; 22.10.1986 AP Nr. 4 zu § 14 MuSchG 1986 = NZA 1987, 493.
[45] ErfK/*Linsenmaier* GG Art. 9 Rn. 198.
[46] BAG 7.4.1992 AP Nr. 122 zu Art. 9 GG Arbeitskampf = NZA 1993, 37.
[47] BAG 26.7.2005 AP Nr. 170 zu Art. 9 GG Arbeitskampf mAnm *Otto* = NZA 2005, 1402; 15.1.1991 AP Nr. 114 zu Art. 9 GG Arbeitskampf = NZA 1991, 604.
[48] BAG 28.1.1955 AP Nr. 1 zu Art. 9 GG Arbeitskampf = NJW 1955, 882; 21.4.1971 AP Nr. 43 zu Art. 9 GG Arbeitskampf = NJW 1971, 1668.
[49] BAG 29.11.1983 AP Nr. 78 zu § 626 BGB; 14.2.1978 AP Nr. 59 zu Art. 59 GG Arbeitskampf = NJW 1979, 239.
[50] BAG 6.3.1979 AP Nr. 20 zu § 102 BetrVG 1972 = NJW 1979, 2635.
[51] BAG 24.9.1996 AP Nr. 22 zu § 7 BUrlG = NZA 1997, 507.
[52] Vgl. BAG 15 5. 1964 AP Nr. 25 zu § 611 BGB Gratifikation.
[53] BAG 8.11.1988 AP Nr. 111 zu Art. 9 GG Arbeitskampf = NZA 1989, 475.
[54] S. nur Däubler ArbeitskampfR-HdB/*Hensche* § 26 Rn. 42 ff. mwN.
[55] Abl. *Otto* ArbeitskampfR § 17 Rn. 40 (nur individueller Verzicht des jeweiligen AG möglich); aA Däubler ArbeitskampfR-HdB/*Hensche* § 26 Rn. 62.

Maßregelungsabreden sind grds. von der **tarifvertraglichen Regelungsmacht** gedeckt. Das BAG hat die Tarifparteien für befugt angesehen und sogar aufgefordert, autonome Arbeitskampfordnungen aufzustellen.[56] Allerdings sind einzelne Klauseln in der Literatur durchaus umstritten, soweit sie rechtswidrige Arbeitskampfhandlungen und den Verzicht auf eventuelle Schadensersatzansprüche zum Gegenstand haben.[57] Entsprechend wird ihre Erstreikbarkeit in diesem Umfang in Frage gestellt.[58] Maßregelungsverbote können zugunsten von sog. **Außenseitern** als Vertrag zu Gunsten Dritter iSd § 328 BGB vereinbart werde.[59] Die Voraussetzungen von Betriebsnormen (→ § 200 Rn. 28 ff.)[60] liegen hier nicht vor, weil die Klausel die Regelung einzelvertraglicher Rechte und Pflichten zum Gegenstand hat.[61] 16

bb) Folgen. Verbietet ein Tarifvertrag allgemein die Maßregelung von AN wegen ihrer Teilnahme am Arbeitskampf, wird hierdurch kein Anspruch auf Arbeitsentgelt für Streikzeiten begründet.[62] Die **Zahlung von sog. Streikbruchprämien** an AN ist grundsätzlich zulässig (→ § 193 Rn. 12, → § 108 Rn. 19) Anders kann es sich bei Zusagen nach dem Ende des Arbeitskampfs verhalten.[63] Leistungen an Nichtstreikende verstoßen regelmäßig gegen ein entsprechend vereinbartes Maßregelungsverbot. Dessen Umfang ist im Wege der Auslegung zu ermitteln. Dies gilt ebenfalls für Leistungen, die der AG nachträglich für Aussperrungstage erbringt und dabei zwischen Arbeits- und Streikwilligen unterscheidet[64] oder wenn er AN allein dafür, dass sie sich nicht am Streik beteiligt haben, eine Zulage gewährt. 17

f) Gewerkschaftliche Unterstützungsleistung. Gewerkschaftsmitglieder haben Anspruch auf gewerkschaftliche Unterstützungsleistungen. Es handelt sich nicht um ein Einkommen aus Erwerbstätigkeit.[65] Eine Klausel in der Satzung einer Gewerkschaft, wonach die Streikunterstützung zurückzuzahlen ist, wenn der AN austritt, ist wegen zurückliegender Zeiträume unwirksam.[66] Die Unterstützungsleistung unterliegt nicht der **Einkommensteuerpflicht** nach § 24 Nr. 1a EStG.[67] 18

2. Nicht unmittelbar kampfbeteiligte Arbeitnehmer. a) Streikarbeit. Der AN, der sich am Arbeitskampf nicht beteiligen will, darf nicht zu sog. **direkter Streikarbeit** angewiesen werde. Dabei handelt es sich Tätigkeiten, „die bisher von den Streikenden erledigt wurden und die lediglich wegen Streiks ihm, in dessen Arbeitskreis sie an sich nicht fallen, übertragen werden".[68] Der AN ist nicht verpflichtet, der Wirksamkeit eines Arbeitskampfs durch eigene Tätigkeit entgegen zu wirken. Diese Möglichkeit soll auch für AN eines Verleihers bestehen, wenn dieser vom bestreikten Entleiher dessen Produktion oder Dienstleistungen übernimmt.[69] Die Rechtsordnung greift diesen Gedanken in zwei Regelungen auf (→ § 191 Rn. 36). Nach § 36 III SGB III kann die Bundesagentur für Arbeit in einen unmittelbar durch einen Arbeitskampf betroffenen Betrieb nur dann vermitteln, wenn sie die zu vermittelnde Person auf diesen Umstand hinzuweisen. Der AG ist nach § 320 V SGB V verpflichtet, den Arbeitskampf gegenüber der Bundeagentur anzuzeigen; die Gewerkschaft kann dies tun. Zur Leistung sog. **indirekter Streikarbeit** bleibt ein AN, der sich nicht am Arbeitskampf beteiligt, verpflichtet. Von 19

---

56 BAG 31.1.1995 AP Nr. 135 zu Art. 9 GG = NZA 1995, 958; 21.4.1971 AP Nr. 43 zu Art. 9 GG Arbeitskampf = NJW 1971, 1668.

57 Abl. *Brox/Rüthers* Rn. 273 ff.; krit. *Otto* ArbeitskampfR § 17 Rn. 36 (bei „Streikexzessen"), 42 (Strafanträge); aA und ausf. Däubler ArbeitskampfR-HdB/*Hensche* § 26 Rn. 10 ff.

58 Abl. Wiedemann/*Thüsing* TVG § 1 Rn. 624; krit. auch *Konzen* ZfA 1980, 77 (92 ff.).

59 BAG GS 29.11.1967 AP Nr. 13 zu Art. 9 GG; s. auch 17.6.1997 AP Nr. 150 zu Art. 9 GG Arbeitskampf = NZA 1998, 47.

60 *Löwisch/Rieble* TVG § 1 Rn. 2321 (weil anderenfalls eine sachwidrige Diskriminierung der nicht- und andersorganisierten AN vorliege).

61 *Gamillscheg,* Kollektives Arbeitsrecht, 1239 ff.; Däubler ArbeitskampfR-HdB/*Hensche* § 26 Rn. 19; *Otto* ArbeitskampfR § 17 Rn. 20; Wiedemann/*Thüsing* TVG § 1 Rn. 625; s. auch BAG GS 29.11.1967 AP Nr. 13 zu Art. 9 GG.

62 BAG 14.8.2017 AP Nr. 187 zu Art. 9 GG Arbeitskampf = NZA 2019, 100; 17.6.1997 AP Nr. 150 zu Art. 9 GG Arbeitskampf = NZA 1998, 47.

63 BAG 13.7.1993 AP Nr. 127 zu Art. 9 GG Arbeitskampf = NZA 1993, 1135; 4.8.1987 AP Nr. 88 zu Art. 9 GG Arbeitskampf = NZA 1988, 61.

64 Vgl. BAG 10.6.1980 AP Nr. 66 zu Art. 9 GG Arbeitskampf = NJW 1980, 1653.

65 BSG 17.2.2011 SozR 4–7837 § 2 Nr. 7.

66 AG Ahrensburg 12.4.1996 NJW 1996, 2516.

67 BFH 24.10.1990 NJW 1991, 1007 = NZA 1991, 277, unter Aufgabe früherer Rspr.: BFH 30.10.1970 AP Nr. 42 zu Art. 9 GG Arbeitskampf.; BSG 17.2.2011 SozR 4–7837 § 2 Nr. 7.

68 BAG 25.7.1957 AP Nr. 3 zu § 615 BGB Betriebsrisiko.

69 LAG BW 31.7.2013 LAGE § 10 AÜG Nr. 10a.

indirekter Streikarbeit wird man dann auszugehen haben, wenn die zu verrichtende Arbeit den normalerweise vom AN zu erledigenden Tätigkeiten entspricht (zur Streikarbeit von Beamten → § 191 Rn. 36 sowie → § 45 Rn. 38).[70]

20 Nach § 11 V 1 und 2 AÜG dürfen **Leiharbeitnehmer** in einem arbeitskampfbetroffenen Betrieb nicht zur Verrichtung von Streikarbeit herangezogen werden und sind berechtigt, die Arbeitsleistung zu verweigern,[71] worauf sie nach § 11 V 4 AÜG vom Verleiher hinzuweisen sind (→ § 120 Rn. 58). Durch die Änderung des ÄUG zum 1.4.2017 wird durch § 11 V 1, 2, ÄUG dem Entleiher untersagt, Leiharbeitnehmer tätig werden zu lassen, wenn sein Betrieb durch einen Arbeitskampf betroffen wird, es sei denn, er stellt sicher, dass der überlassene AN keine Aufgaben übernimmt, die unmittelbar oder mittelbar von AN wahrgenommen wurden, die sich „im Arbeitskampf befinden" (s. auch → § 120 Rn. 58).[72] Die Verfassungsmäßigkeit wurde im Schrifttum unterschiedlich beurteilt.[73] Das BVerfG hat eine verfassungsgemäße Ausgestaltung der Koalitionsfreiheit – vermittelt über die „Ausgestaltung der Erwerbsarbeit" – zu Recht angenommen.[74] „Der Einsatz von Leiharbeitskräften hat ebenso wie das Verbot desselben im Arbeitskampf unvermeidbare Auswirkungen auf das Kräfteverhältnis der Tarifvertragsparteien. Mit dem Verbot ist es der Arbeitgeberseite erschwert, die Folgen des Streiks abzufangen; ohne das Verbot verliert der Streik an Durchsetzungskraft, da seine Folgen durch Fremdpersonaleinsatz nahezu folgenlos abgefangen werden können."

21 **b) Das sog. Arbeitskampfrisiko. aa) Grundsatz.** Die Durchführung eines Arbeitskampfs kann dazu führen, dass der AG im **unmittelbar kampfbetroffenen Betrieb** die arbeitswilligen AN nicht mehr weiter beschäftigen kann, sei es, dass dies tatsächlich nicht mehr möglich ist oder sich als wirtschaftlich sinnlos erweist. Gleiches kann sich in mittelbar vom Arbeitskampf betroffenen Unternehmen ergeben, also solchen, die nicht unmittelbar in das Arbeitskampfgeschehen durch Streik der Aussperrung einbezogen sind, die aber von den **Fernwirkungen** eines andernorts geführten Arbeitskampfs in der Aufrechterhaltung des Betriebsablaufs beeinflusst werden. Dies kann weiterhin bei Zulieferbetrieben und abnehmenden Unternehmen der Fall sein, aber auch bei in die Transportketten eingebundenen Dienstleistern. Grundsätzlich liegt das sog. **Betriebs- und Wirtschaftsrisiko** beim AG (→ § 101 Rn. 6 ff.). Für das Betriebsrisiko[75] zeigt dies schon der durch Schuldrechtsmodernisierungsgesetz neu eingefügte § 615 S. 3 BGB und für das Wirtschaftsrisiko[76] ergibt sich dies aus den allgemeinen Grundsätzen des Leistungsstörungsrechts. Inwieweit für arbeitskampfbedingte Störungen sich hiervon Abweichungen ergeben, ist Gegenstand einer umfangreichen Diskussion und längeren **Rechtsprechungsentwicklung,**[77] die mit der Entscheidung des Reichsgerichts zum Kieler Straßenbahnstreik aus dem Jahre 1923[78] zur sog. Arbeitskampfrisikolehre mittels einer „Sphärentheorie" begründet wurde. Weitere Etappen der Rechtsprechungsentwicklung sind Entscheidungen des BAG zur sog. Sphärentheorie aus dem Jahre 1957[79] und die im Jahre 1980, die das Arbeitskampfrisiko näher konkretisiert haben,[80] sowie schließlich für den unmittelbar kampfbetroffenen Betrieb die Entscheidung aus dem Jahre 1994 zum „Recht auf Betriebsstillegung", mit dem die Suspendierung der arbeitsvertraglichen Hauptleistungspflichten einhergeht.[81] Nach der Rechtsprechung des BAG gelten folgende Grundsätze:

---

[70] Ausf. Däubler ArbeitskampfR-HdB/*Öğüt* § 19 Rn. 65 ff.; s. auch *Rüthers* ZfA 1992, 403 ff.

[71] Dazu BAG 1.2.1973 AP Nr. 29 zu § 615 BGB Betriebsrisiko.

[72] Zu dieser – umstrittenen – Neufassung *Bauer/Haußmann* NZA 2016, 803 ff.; *Grimm/Göbel* ArbRB 2016, 119 ff.; *Klein/Leist* AuR 2017, 100 (101 ff.); *Lembke* NZA 2017, 1 (11 f.); sowie *Franke* in: Der erwachte Gesetzgeber, 2017, S. 143 ff. Anders soll dies bei einem die Friedenspflicht verletzenden Streik sein: *Löwisch* ZfA 2018, 374 (402 ff.).

[73] Bejahend etwa *Deinert* RdA 2017, 65 (78 f.); *Beckerle* Drittpersonaleinsatz im Arbeitskampf, 2019, S. 121 ff.; *Klein/Leist* AuR 2017, 100 (101 ff.); aA etwa *Bauer/Haußmann* NZA 2016, 803 (808); *Franzen* RdA 2015, 141 (150 f.); *Lembke* NZA 2017, 1 (11); ErfK/*Wank* AÜG § 11 Rn. 21 mwN.

[74] BVerfG 19.6.2020 AP Nr. 192 zu Art. 9 GG Arbeitskampf = NZA 2020, 1186; dazu *Berg* AuR 2020, 450 (454 f.); *Germakowski/Urban-Grell* RdA 2021, 123 ff.; *Klein* NJW 2020, 3069 (3069 f.); krit. *Krois* NZA 2020, 1299 (1230 ff.); s. auch *Blume* BB 2020, 2548 (2548 f.).

[75] BAG 30.1.1991 AP Nr. 33 zu § 615 BGB Betriebsrisiko = NZA 1991, 519.

[76] Dazu BAG 23.6.1994 AP Nr. 56 zu § 615 BGB = NZA 1995, 468.

[77] Ausf. Däubler ArbeitskampfR-HdB/*Öğüt* § 19 Rn. 76 ff.; s. auch *Otto* ArbeitskampfR § 16 Rn. 12 ff., zur Sonderstellung des Arbeitskampfrisikos.

[78] RG 6.2.1923 RGZ 106, 272 (275 ff.).

[79] BAG 25.7.1957 AP Nr. 2 und 3 zu § 615 BGB Betriebsrisiko.

[80] BAG 14.12.1993 AP Nr. 129 zu Art. 9 GG Arbeitskampf = NZA 1994, 331; 22.11.1980 AP Nr. 70, 71 zu Art. 9 GG Arbeitskampf.

[81] BAG 11.7.1995 AP Nr. 138 zu Art. 9 GG Arbeitskampf = NZA 1996, 209; 14.12.1993 AP Nr. 129 zu Art. 9 GG Arbeitskampf = NZA 1994, 331.

bb) Mittelbar kampfbetroffene Betriebe. Das Risiko eines arbeitskampfbedingten Arbeitsausfalls gehört nach den Entscheidungen des BAG aus dem Jahre 1980[82] nicht zum allgemeinen Betriebs- und Wirtschaftsrisiko des AG, sondern – unter „Verabschiedung" der Sphärentheorie – zum sog. **Arbeitskampfrisiko.** Ausgangspunkt ist der Grundsatz der Parität. Paritätsrelevant sind nicht nur Arbeitskampffolgen und damit Schäden im unmittelbar kampfbetroffenen Betrieb. Auch solche in drittbetroffenen Betrieben können Einfluss auf das Kräftegleichgewicht im Kampfgebiet haben und sind daher im Rahmen des Arbeitskampfrisikos zu berücksichtigen, insbesondere dann, wenn sie kampftaktisch bestimmt sind. Dies ist allerdings nicht bei jeglicher Kampfbetroffenheit anzunehmen, sondern wird aus Gründen der Rechtssicherheit typisiert bestimmt. 22

Paritätsrelevante Auswirkungen der mittelbaren Arbeitskampffolgen, die teilweise als „kalte Aussperrung" bezeichnet wird,[83] werden bei koalitionspolitischen Verbindungen der kampfbeteiligten Verbände oder wirtschaftlichen Verflechtungen, etwa innerhalb eines Konzerns, angenommen. Eventuelle Schadensersatzforderungen von Dritten gegenüber dem mittelbar kampfbetroffenen AG sind nach der Rechtsprechung für die Beurteilung ohne Bedeutung. Von einem vollständigen Katalog der paritätsrelevanten Merkmale hat das BAG abgesehen. Im konkreten Fall der Entscheidung des BAG waren die AN des drittbetroffenen Betriebs in der kampfführenden Gewerkschaft organisiert und der AG gehörte über seinen Verband demselben Dachverband an wie der Kampfbeteiligte.[84] Unter welchen weiteren Umständen solche Auswirkungen anzunehmen sind, ist Gegenstand einer umfangfangreichen, in den Einzelheiten umstrittenen Diskussion.[85] Das betrifft auch die **Vermeidbarkeit** des Arbeitsausfalls durch vorsorgende Maßnahmen. Hier wird man an den AG die Anforderungen zu stellen haben, wie sie bei den Regelungen über die Gewährung von Kurzarbeitergeld (§ 100 SGB III) vorgesehen sind (→ § 48 Rn. 6).[86] In der Folge tragen bei paritätsrelevanten Auswirkungen des Arbeitskampfs die AN in den mittelbar kampfbetroffenen Betrieben abweichend von den Grundsätzen des Bürgerlichen Rechts (→ Rn. 22) das sog. Arbeitskampfrisiko und **verlieren** ihren Beschäftigungs- und **Vergütungsanspruch.**[87] Die Darlegungs- und Beweislast für diese Verlagerung des Entgeltrisikos trägt der AG.[88] 23

Diese Rechtsfolgen gelten sowohl für die organisierten, aber auch für die nicht und anders organisierten AN. Dies gilt ebenfalls für das **Arbeitskampfrisiko im tarifpluralen Betrieb.** Für die AN einer anderen tarifschließenden Partei kommt es nicht zu einer Abänderung der genannten Grundsätze über das Arbeitskampfrisiko. Wenn die fortdauernde Belastung mit einer Entgeltzahlungspflicht das maßgebende Kriterium für die Beeinflussung des Kräftegleichgewichts ist, kann es auf eine fehlende oder andere Organisierung der AN nicht ankommen.[89] Die Rechtsprechung des BAG hat gerade nicht auf die mögliche Partizipation am Kampfergebnis abgestellt (→ Rn. 25). Diese ist erst bei der Entscheidung über die Gewährung von Kurzarbeitergeld von Bedeutung (→ Rn. 50).[90] Diese Grundsätze gelten gleichermaßen für Fernwirkungen infolge einer rechtmäßigen **Abwehraussperrung.**[91] 24

cc) Unmittelbar kampfbetroffene Betriebe. Im unmittelbaren kampfbetroffenen Betrieb bleibt die Beschäftigungs- und Vergütungspflicht grundsätzlich bestehen, soweit dies dem AG, der den Betriebsablauf aufrechterhalten will, möglich und zumutbar ist.[92] Ist die Beschäftigung infolge des Streiks im Betrieb oder einem anderen Betriebsteil nicht möglich oder zumutbar, entfällt der 25

---

[82] BAG 22.11.1980 AP Nr. 71 zu Art. 9 GG Arbeitskampf = NJW 1981, 937; 22.11.1980 AP Nr. 70 zu Art. 9 GG Arbeitskampf = NJW 1981, 937.

[83] S. etwa BKS/*Schumann* Teil 4 Rn. 350.

[84] BAG 22.10.1980 AP Nr. 70 zu Art. 9 GG Arbeitskampf = NJW 1981, 937.

[85] Vgl. zu den verschiedenen Fallgestaltungen *Kissel* ArbeitskampfR § 33 Rn. 122 ff.; *Otto* ArbeitskampfR § 16 Rn. 28 ff.; Däubler ArbeitskampfR-HdB/*Öğüt* § 19 Rn. 87 ff.

[86] BKS/*Schumann* Teil 4 Rn. 361 ff.; *Otto* ArbeitskampfR § 16 Rn. 46; ausf. auch Däubler ArbeitskampfR-HdB/*Öğüt* § 19 Rn. 100 ff.

[87] BAG 22.10.1980 AP Nr. 70 zu Art. 9 GG Arbeitskampf = NJW 1981, 937.

[88] BAG 14.12.1993 AP Nr. 129 zu Art. 9 GG Arbeitskampf = NZA 1994, 331.

[89] *Deinert* RdA 2011, 12 (21); *Henssler* RdA 2011, 65 (69); *Willemsen/Mehrens* NZA 2010, 1313 (1320); anders *Kalb* FS Etzel, 2011, 213 (217 f.); *v. Steinau-Steinrück/Brugger* NZA-Beil. 3/2010, 127 (132); s. auch *Spielberger* NJW 2011, 264 (267 ff.).

[90] *Deinert* RdA 2011, 12 (21); *Greiner*, Rechtsfragen der Koalitions-, Tarif- und Arbeitskampfpluralität, 2010, 433 f.

[91] BAG 22.10.1980 AP Nr. 70 zu Art. 9 GG Arbeitskampf = NJW 1981, 937.

[92] BAG 11.7.1995 AP Nr. 138 zu Art. 9 GG Arbeitskampf = NZA 1996, 209; 14.12.1993 AP Nr. 129 zu Art. 9 GG Arbeitskampf = NZA 1994, 331.

Entgeltanspruch. Vom Streikaufruf erfasste arbeitswillige AN werden „in die Risikogemeinschaft der AN im Streikgeschehen einbezogen".[93] Zu den Streikfolgen, die den AN zuzurechnen sind, gehören solche Arbeitsausfälle, die durch **Gegenmaßnahmen** verursacht werden, mit denen der AG die streikbedingten Betriebsstörungen möglichst gering halten will.[94] Dies gilt namentlich beim sog. Wellenstreik, bei dem es zu einer überraschenden Arbeitsniederlegung kommt und die Wiederaufnahme der Arbeit wiederum kurzfristig erfolgen kann. Entschließt sich hier AG zu Gegenmaßnahmen (Einsatz von Aushilfskräften oder Fremdvergabe von Aufträgen) oder zur Einschränkung der Produktion wie etwa im Zeitungsbereich zur Herausgabe einer Notzeitung und können AN deshalb für den Rest der Schicht nicht beschäftigt werden, verlieren sie insoweit nach den Grundsätzen des Arbeitskampfrisikos den Entgeltanspruch.[95]

26 Diese Grundsätze gelten auch für die AN, die an der Kampfmaßnahme zunächst selbst beteiligt waren, wenn ihnen nach Beendigung des kurzfristigen Streiks die **Wiederaufnahme der Arbeit** infolge der Maßnahmen des AG **nicht möglich** ist.[96] Ist dem AG die Beschäftigung wenigstens eines Teils der AN zum Druck der Notausgabe möglich und zumutbar, so hat er insoweit in Ausübung seines Direktionsrechts eine Auswahl zu treffen. Unterbleibt diese, gerät er gegenüber allen AN, die ihre Arbeit ordnungsgemäß anbieten, in Annahmeverzug.[97] Vergibt der AG in Erwartung künftiger Streikmaßnahmen vorsorglich Arbeiten an ein Fremdunternehmen, gerät er in Annahmeverzug, wenn die Streikmaßnahmen ausbleiben. Dies gilt nach der Rechtsprechung auch dann, wenn der AG bereits von überraschenden Kurzstreiks betroffen war. Die Entgeltzahlungspflicht entfällt weiterhin nicht, wenn der AG Fremdkräfte beschäftigt, um möglichen Arbeitsniederlegungen zu begegnen. Das wäre im Ergebnis nichts anderes als eine Aussperrung, die aber an besondere Voraussetzungen gebunden ist.[98]

27 Der AG ist allerdings nicht gehalten, den Betrieb, soweit es ihn möglich und zumutbar ist, aufrecht zu erhalten. Ihm steht es nach der in der Literatur kritisierten[99] Rechtsprechung des BAG vielmehr frei, den nur teilweise bestreikten Betrieb gänzlich oder bezogen auf eine organisatorisch abgegrenzte betriebliche Einheit[100] stillzulegen, mit der Folge, dass die Beschäftigungs- und Entgeltzahlungspflicht auch gegenüber den arbeitswilligen AN einschließlich der sog. Außenseiter suspendiert wird.[101] Bei dem **„Recht auf Betriebsstilllegung"** handelt es sich nach der Rechtsprechung des BAG „nicht um ein Arbeitskampfmittel".[102] Die Argumentation, der AG müsse kurzfristig reagieren können, spricht für einen arbeitskampfrechtlichen Begründungsansatz, zumal das Recht zur Vertragssuspendierung nicht den Voraussetzungen der Arbeitskampfrisikolehre unterworfen wird und daher einer anderen Begründung bedarf.[103] Nach der Rechtsprechung wird die Stilllegungsentscheidung durch den Streikrahmen begrenzt, den der gewerkschaftliche Arbeitskampfbeschluss festgelegt hat.[104] Eine Erweiterung des Kampfrahmens sei nur durch eine Abwehraussperrung möglich.[105] Infolge dessen erscheint es fraglich, ob das Recht auf Betriebsstilllegung dem AG bei einem Arbeitskampf im tarifpluralen Betrieb zur Verfügung steht, wenn eine Berufsgruppengewerkschaft zum Arbeitskampf aufruft und daneben noch ein Tarifvertrag einer nach dem Industrieverbandsprinzip organisierten Gewerkschaft im

---

[93] BAG 13.12.2011 AP Nr. 175 zu Art. 9 GG Arbeitskampf = NZA 2012, 995; 22.9.2009 AP Nr. 174 zu Art. 9 GG Arbeitskampf = NZA 2009, 1347.

[94] Vgl. hierzu BAG 12.11.1996 AP Nr. 147 zu Art. 9 GG Arbeitskampf = NZA 1997, 393.

[95] BAG 12.12.1996 AP Nr. 147 zu Art. 9 GG Arbeitskampf = NZA 1997, 393.

[96] BAG 15.12.1998 AP Nr. 154 zu Art. 9 GG Arbeitskampf = NZA 1999, 550; 15.12.1998 AP Nr. 155 zu Art. 9 GG Arbeitskampf = NZA 1999, 552; 12.12.1996 AP Nr. 147 zu Art. 9 GG Arbeitskampf = NZA 1997, 393.

[97] BAG 17.2.1998 AP Nr. 152 zu Art. 9 GG Arbeitskampf = NZA 1998, 896.

[98] BAG 15.12.1998 AP Nr. 154 zu Art. 9 GG Arbeitskampf = NZA 1999, 550; 15.12.1998 AP Nr. 155 zu Art. 9 GG Arbeitskampf = NZA 1999, 552.

[99] *Konzen* Anm. zu BAG AP Nr. 139 zu Art. 9 GG Arbeitskampf; *Otto* ArbeitskampfR § 11 Rn. 20 ff.; Däubler ArbeitskampfR-HdB/*Öğüt* § 19 Rn. 92 ff.; *Treber* ZfA 1996, 659 (763 ff.), alle mwN; zust. *Buschmann* AuR 1996, 39 f.; *Hanau* NZA 1996, 841 (846 f.); *Wißmann* JbArbR 35 (1997), 115 (120 ff.).

[100] BAG 13.12.2011 AP Nr. 175 zu Art. 9 GG Arbeitskampf mablAnm *Löwisch* = NZA 2012, 995; 22.3.1994 AP Nr. 130 zu Art. 9 GG Arbeitskampf mAnm *Oetker* = NZA 1994, 1097.

[101] BAG 13.12.2011 AP Nr. 175 zu Art. 9 GG Arbeitskampf = NZA 2012, 995; 11.7.1995 AP Nr. 139 zu Art. 9 GG Arbeitskampf mAnm *Konzen* = NZA 1996, 209; 22.3.1994 AP Nr. 130 zu Art. 9 GG Arbeitskampf mAnm *Oetker* = NZA 1994, 1097.

[102] BAG 11.7.1995 AP Nr. 138 zu Art. 9 GG Arbeitskampf mAnm *Konzen* = NZA 1996, 209.

[103] *Treber* ZfA 1996, 659 (763 ff.); *Holthusen* RdA 2019, 216 (217 ff.) mwN zum Meinungsstand hinsichtlich der dogmatischen Einordnung des Stilllegungsrechts.

[104] BAG 22.3.1994 AP Nr. 130 zu Art. 9 GG Arbeitskampf mAnm *Oetker* = NZA 1994, 1097.

[105] BAG 27.6.1995 AP Nr. 137 zu Art. 9 GG Arbeitskampf = NZA 1996, 212.

Betrieb besteht,[106] es sei denn, man bezieht sie in die „Risikogemeinschaft" (→ Rn. 22) mit ein. Erforderlich ist stets eine Stilllegungserklärung des AG,[107] die in einer im Betrieb üblichen Kommunikationsform erfolgt. Eine individuelle Unterrichtung ist nicht erforderlich.[108] Die Durchführung von Erhaltungsmaßnahmen und Notdienstarbeiten durch Dritte steht der Annahme einer Betriebsstillegung nicht entgegen.[109]

3. Weitere Dritte. Infolge von Arbeitskämpfen kann es zu Leistungsstörungen in Schuldver- 28
hältnissen zwischen dem AG und Dritten kommen. Der vertragliche **Erfüllungsanspruch** bleibt grundsätzlich erhalten. Etwas anderes kann gelten, wenn der AG eine zulässige **Freizeichnungsklausel,**[110] wie sie etwa die Arbeitskampfrichtlinien von Gesamtmetall in begrenztem Umfang vorschlagen,[111] für den Arbeitskampf vereinbart hat. Diese müssen allerdings einer AGB-Kontrolle nach den §§ 305 ff. BGB standhalten. Der Erfüllungsanspruch kann unter den Voraussetzungen des § 275 I BGB entfallen, wenn die Leistung für den kämpfenden AG unmöglich wird. Der Gläubiger kann in diesem Fall anstelle der Leistung Schadensersatz fordern, wenn der Schuldner die Nichtleistung zu vertreten hat (§§ 283, 281 I, 280 III BGB). Auf die Erfüllung einer Gattungs- oder Geldschuld hat der Arbeitskampf allerdings keinen Einfluss, der AG wird insoweit nicht von der Leistungspflicht befreit.

Kommt der Unternehmer mit seiner Leistung in Verzug (§§ 286 ff. BGB) oder wird ihm die Leis- 29
tung ganz oder teilweise unmöglich (§ 275 I BGB), kann er schadensersatzpflichtig werden. Die Schadensersatzpflicht entfällt nicht bereits dann, weil ein rechtmäßiger Arbeitskampf ursächlich war. Dabei muss er zunächst eigenes Verschulden vertreten; wobei ihn grundsätzlich kein „Abwendungsverschulden" trifft, wenn er den Forderungen nicht nachgibt oder keinen einstweiligen Rechtsschutz in Anspruch nimmt.[112] Dies wird bei einer rechtswidrigen Aussperrung regelmäßig der Fall sein. Bei einer rechtmäßigen Aussperrung im Rahmen eines Verbandsarbeitskampfs wird daran gedacht, dass sich der AG aufgrund einer Pflichtenkollision entlasten kann.[113] Eine Haftung kann aber in Betracht kommen, wenn die vertragliche Verpflichtung in Voraussicht des bevorstehenden Arbeitskampfs eingegangen ist, der AG das Arbeitskampfrisiko übernommen hat oder zumutbare Maßnahmen zur Abwendung der Leistungsstörung nicht ergriffen worden sind.[114] Ein **Arbeitsverhinderung aus persönlichen Gründen** iSd § 616 BGB kann vorliegen, wenn ein Kindergarten bestreikt wird und der AN deshalb seine Arbeit nicht aufnehmen kann (→ § 97 Rn. 11).

III. Rechtswidriger Arbeitskampf

1. Verhältnis Gewerkschaft und Arbeitgeberverband. Ist der Arbeitskampf oder seine 30
Durchführung rechtswidrig, kann die andere Tarifpartei einschließlich ihrer Mitglieder die andere und deren Mitglieder auf Unterlassung in Anspruch nehmen. Ein Arbeitgeberverband hat neben der tarifvertraglichen Friedenspflicht gegen die Gewerkschaft aus § 1004 I iVm § 823 I BGB, Art. 9 III GG einen eigenen **Anspruch auf Unterlassung** rechtswidriger Arbeitskampfmaßnahmen gegenüber seinen Mitglieder.[115]

2. Verhältnis Gewerkschaft und Arbeitgeber. Der von einem rechtwidrigen Arbeitskampf 31
betroffene AG kann die **Unterlassung** von Arbeitskampfmaßnahmen verlangen.[116] Dies soll sich nach nicht unbestrittener Auffassung aus der drittbegünstigenden Wirkung der verbandstarifvertraglichen Friedenspflicht ergeben,[117] folgt aber jedenfalls aus §§ 1004 I, 823 I BGB auf-

---

106 *Henssler* RdA 2011, 65 (69); s. auch *Deinert* RdA 2011, 12 (22).

107 BAG 22.3.1994 AP Nr. 130 zu Art. 9 GG Arbeitskampf mAnm *Oetker* = NZA 1994, 1097, unter Aufgabe von 14.12.1993 AP Nr. 129 zu Art. 9 GG Arbeitskampf = NZA 1994, 331.

108 BAG 13.12.2011 AP Nr. 175 zu Art. 9 GG Arbeitskampf = NZA 2012, 995.

109 BAG 13.12.2011 AP Nr. 175 zu Art. 9 GG Arbeitskampf = NZA 2012, 995.

110 Ausf. Däubler ArbeitskampfR-HdB/*Däubler* § 25 Rn. 23 ff.; *Otto* ArbeitskampfR § 16 Rn. 112 ff.

111 *Lehmann* BB 1990, 1849 ff.

112 *Bayreuther* RdA 2016, 181 (184 f.).

113 Dazu *Otto* ArbeitskampfR § 16 Rn. 95.

114 Zum Ganzen *Otto* ArbeitskampfR § 16 Rn. 93 ff.; sowie Däubler ArbeitskampfR-HdB/*Däubler* § 25 Rn. 13 ff., einschließlich eines „alternativen Konzepts" unter Vorrang arbeitskampfrechtlicher Grundsätze Rn. 16 ff.

115 BAG 22.9.2009 AP Nr. 174 zu Art. 9 GG Arbeitskampf = NZA 2009, 1347; 26.4.1988 AP Nr. 1001 zu Art. 9 GG Arbeitskampf = NZA 1988, 775, unter Aufgabe von 12.9.1984 AP Nr. 81 zu Art. 9 GG Arbeitskampf = NZA 1984, 393.

116 BAG 27.6.1989 AP Nr. 113 zu Art. 9 GG Arbeitskampf = NZA 1989, 969; 26.4.1988 AP Nr. 81 zu Art. 9 GG Arbeitskampf = NJW 1985, 85.

117 ErfK/*Linsenmaier* GG Art. 9 Rn. 225; *Löwisch* ZfA 2018, 374 (390 ff.); aA *Otto* ArbeitskampfR § 15 Rn. 4 mN in Fn. 6.

grund einer Verletzung des Rechts am eingerichteten und ausgeübten Gewerbebetrieb.[118] Darüber hinaus besteht ein **Schadensersatzanspruch**[119] nach dem Recht der unerlaubten Handlungen,[120] namentlich wegen Verletzung des Rechts am eingerichteten und ausgeübten Gewerbebetrieb.[121] Dabei haben die Tarifverbände schädigendes Verhalten ihrer satzungsgemäß zur körperschaftlichen Willensbildung berufenen **Organe** unmittelbar zu vertreten.[122] Für das Verhalten ihrer satzungsgemäßen Vertreter haften sie gem. § 31 BGB; das kann im Einzelfall die Streikleitung sein.[123] Darüber hinaus haben die Organe der Gewerkschaft die Pflicht auf rechtswidrig handelnde Gewerkschaftsmitglieder einzuwirken.[124] Handelt die Gewerkschaft hier nicht, besteht gegen sie ein Unterlassungsanspruch.[125] Eine Haftung kommt für Erfüllungsgehilfen nach §§ 278, 831 BGB in Betracht.[126] Einzelne Streikteilnehmer sind aber keine solchen Personen. Bei einem rechtswidrigen Arbeitskampf aufgrund einer Verletzung der Friedenspflicht kann sich die kampfführende Partei nicht auf den Einwand eines rechtmäßigen Alternativverhaltens (der Arbeitskampf wäre auch ohne eine rechtswidrige Forderung so durchgeführt worden) stützen.[127] Die Einstandspflicht kann indes wegen eines fehlenden **Verschuldens** entfallen, wenn die Auseinandersetzung um tariflich regelbare Ziele geführt wird, deren Zulässigkeit umstritten ist.[128] Für die Zulässigkeit des tariflichen Regelungsziels müssen beachtliche Gründe sprechen und eine endgültige Klärung der Rechtslage darf nicht anders zu erreichen sein.[129] Auch dann soll die Gewerkschaft von ihrem Arbeitskampfrecht nur „in maßvollem Rahmen" Gebrauch machen dürfen.[130] Den AG trifft kein Mitverschulden (§ 254 II 1 Fall 2 BGB), wenn er keinen Rechtsbehelf gegen einen von ihm als rechtwidrig bewerteten Arbeitskampf ergreift.[131]

32 **3. Verhältnis Arbeitgeber und Arbeitnehmer.** Beteiligt sich der AN an einem rechtswidrigen Arbeitskampf, verletzt er seine arbeitsvertraglichen Pflichten, weil diese nicht suspendiert werden, sondern uneingeschränkt fortbestehen. Bei einer **Kündigung** sind alle Umstände des jeweiligen Einzelfalls zu beachten, namentlich der Grad der Beteiligung und der des Verschuldens, also inwieweit die Rechtswidrigkeit des Streiks erkennbar gewesen ist.[132] Die Kündigung von beliebig ausgewählten AN ist unzulässig.[133]

33 Weiterhin können gegen den AN, der sich an einem rechtswidrigen Streik beteiligt, **vertragliche oder deliktische Schadensersatzansprüche** bestehen.[134] Dabei ist zu im Rahmen des Verschuldens – ebenso wie bei einer Kündigung (→ Rn. 32) – zu prüfen, ob für ihn die Teilnahme an einem rechtswidrigen Arbeitskamp erkennbar war. Zudem wird man weder im Bereich der vertraglichen noch in dem der deliktischen Haftung entgegen der älteren Rechtsprechung des BAG[135] ohne weiteres nicht von einer **gesamtschuldnerischen Haftung** der einzelnen AN ausgehen können, sei es, dass man aus der Vertragsverletzung keine deliktische Haftung

[118] BAG 4.5.1995 AP Nr. 2 zu Art. 9 GG Arbeitskampf; 12.9.1984 AP Nr. 81 zu Art. 9 GG Arbeitskampf = NJW 1985, 85; 9.4.1991 AP Nr. 161 zu Art. 9 GG Arbeitskampf = NZA 1991, 815.

[119] Zur Berechnung BAG 7.6.1988 AP Nr. 106 zu Art. 9 GG Arbeitskampf = NZA 1988, 883; 5.3.1985 AP Nr. 85 zu Art. 9 GG Arbeitskampf = NZA 1985, 504; sowie Däubler ArbeitskampfR-HdB/*Nitsche* § 22 Rn. 129 ff.

[120] Zu den weiteren deliktischen Anspruchsgrundlagen *Otto* ArbeitskampfR § 15 Rn. 5 ff.

[121] BAG 26.7.2016 AP Nr. 184 zu Art. 9 GG Arbeitskampf = NZA 2016, 1543; 25.8.2015 AP Nr. 182 zu Art. 9 GG Arbeitskampf = NZA 2016, 47; 8.11.1988 AP Nr. 111 zu Art. 9 GG Arbeitskampf = NZA 1989, 475.

[122] BAG 26.7.2016 AP Nr. 184 zu Art. 9 GG Arbeitskampf = NZA 2016, 1543; 10.12.2002 AP Nr. 162 zu Art. 9 GG Arbeitskampf = NZA 2003, 734.

[123] BAG 21.6.1988 AP Nr. 109 zu Art. 9 GG Arbeitskampf = NZA 1988, 884.

[124] BAG 8.11.1988 AP Nr. 111 zu Art. 9 GG Arbeitskampf = NZA 1989, 475.

[125] BAG 8.11.1988 AP Nr. 111 zu Art. 9 GG Arbeitskampf = NZA 1989, 475; 21.6.1988 AP Nr. 108 zu Art. 9 GG Arbeitskampf = NZA 1988, 846.

[126] BAG 21.6.1988 AP Nr. 108 zu Art. 9 GG Arbeitskampf = NZA 1988, 846.

[127] BAG 26.7.2016 AP Nr. 184 zu Art. 9 GG Arbeitskampf = NZA 2016, 1543.

[128] BAG 21.3.1978 AP Nr. 62 zu Art. 9 GG Arbeitskampf = NJW 1978, 2114 (Spannenklausel).

[129] BAG 10.12.2002 AP Nr. 162 zu Art. 9 GG Arbeitskampf = NZA 2003, 734; 21.3.1978 AP Nr. 62 zu Art. 9 GG Arbeitskampf = NJW 1978, 2114.

[130] BAG 19.6.2012 AP Nr. 177 zu Art. 9 GG Arbeitskampf = NZA 2012, 1372.

[131] BAG 26.7.2016 AP Nr. 184 zu Art. 9 GG Arbeitskampf = NZA 2016, 1543.

[132] BAG 19.6.2012 AP Nr. 177 zu Art. 9 GG Arbeitskampf = NZA 2012, 1372; 29.11.1983 AP Nr. 78 zu § 626 BGB.

[133] *Otto* ArbeitskampfR § 15 Rn. 51; aA BAG 21.10.1969 AP Nr. 41 zu Art. 9 GG Arbeitskampf mkritAnm *Rüthers*.

[134] Ausf. Däubler ArbeitskampfR-HdB/*Nitsche* § 22 Rn. 10 ff., 43 ff.

[135] BAG 17.12.1958 AP Nr. 3 zu § 1 TVG Friedenspflicht.

iSd §§ 823 I, 830 BGB mit der Folge der gesamtschuldnerischen Haftung nach § 840 I BGB ableiten kann[136] oder bereits *de lege lata* an eine Quotelung der Haftung denkt.[137]

4. Gegenüber mittelbar kampfbetroffenen Dritten. Als Anspruchsgrundlage kampfunbeteiligter Dritter kommen die **§§ 823, 826 BGB** in Betracht. Die Gewerkschaft haftet grundsätzlich nach den allgemeinen zivilrechtlichen Regelungen, wenn sie zu einem Streik zur Durchsetzung eines tariflich nicht regelbaren Zieles aufruft und sie ein Verschulden trifft.[138] Dabei ist für einen Eingriff in das Recht am eingerichteten und ausgeübten Gewerbetrieb iSd § 823 I BGB allerdings erforderlich, dass sich der Arbeitskampf gegen den Betrieb als solchen richten muss. Bei mittelbar Drittbetroffenen eines Arbeitskampfes, gegen den sich der Streikaufruf nicht richtet, fehlt es regelmäßig an einem betriebsbezogenen Eingriff,[139] wie es bei einem Streik der Fluglotsen im Verhältnis zu den betroffenen Fluggesellschaften als Dritte der Fall war.[140] Allein die Kenntnis der **„Streuwirkung" von Arbeitskampfmaßnahmen** führt noch nicht zu einem unmittelbaren Eingriff in die davon betroffenen Betriebe. Das ist bei Nutzungsbeschränkungen und -störungen von allgemein zustehenden Transport- und Versorgungswegen der Fall, aber auch bei reglementierten Nutzungen, wenn – wie etwa beim Arbeitskampf gegen die Deutsche Flugsicherung – ein notwendiger Leistungserbringer seine Tätigkeit nicht erbringen kann, und dies bei Dritten – den Fluggesellschaften[141] – Folgewirkungen zeitigt.[142] Um von einer **Eigentumsverletzung** iSd § 823 I BGB ausgehen zu können, bedarf es – wenn kein Eingriff in die Sachsubstanz vorliegt – des Entzugs der bestimmungsgemäßen Nutzung über einen längeren Zeitraum.[143] Auch lässt ein rechtswidriger Arbeitskampf nicht ohne besondere Umstände den Schluss auf eine vorsätzliche **sittenwidrige Schädigung** zu.[144] Bei einem Streik im öffentlichen Dienst kommt eine Einstandspflicht des Dienstherrn nach Art. 34 GG iVm § 839 BGB in Betracht.[145] 34

5. Einstweiliger Rechtschutz. Unterlassungs- und Schadenersatzansprüche können vor den Gerichten für Arbeitssachen durchgesetzt werden.[146] Von besonderer Bedeutung im Arbeitskampf sind (vorbeugende) **Unterlassungsklagen,** die im Wege des **einstweiligen Verfügungsverfahrens** die Durchführung eines (vermeintlich) rechtswidrigen Arbeitskampfs untersagen sollen.[147] Die Entscheidungen in den Verfahren des einstweiligen Rechtsschutzes kommen in der Sache, jedenfalls was die nachfolgende Durchführung oder den gänzlichen Verzicht auf von Arbeitskampfmaßnahmen betrifft, denen in einem Hauptsacheverfahren gleich. Der untersagte Arbeitskampf wird in der Regel nicht wieder aufgenommen; der durchgeführte Arbeitskampf prägt die Tarifverhandlungen unwiderruflich.[148] 35

Die Zulässigkeit einstweiliger Verfügungen,[149] die **Befriedigungswirkung** haben und mithin als interimistische Zustandsregelung nach § 940 ZPO ergehen,[150] ist im Grundsatz nicht bestrit- 36

---

[136] *Otto* ArbeitskampfR § 15 Rn. 41 f.; Däubler ArbeitskampfR-HdB/*Nitsche* § 22 Rn. 27.
[137] Gagel/*Bepler* SGB III vor § 160 Rn. 83; BKS/*Schumann* Teil 4 Rn. 288; *Konzen* AcP 177 (1977), 473 (491); *Otto* ArbeitskampfR § 15 Rn. 41 f.; Däubler ArbeitskampfR-HdB/*Nitsche* § 22 Rn. 29.
[138] BAG 21.3.1978 AP Nr. 62 zu Art. 9 GG Arbeitskampf = NJW 1978, 2114.
[139] BAG 25.8.2015 AP Nr. 183 zu Art. 9 GG Arbeitskampf mkritAnm *Rudkowski* = NZA 2016, 179.
[140] BAG 25.8.2015 AP Nr. 182 zu Art. 9 GG Arbeitskampf mablAnm *Löwisch* = NZA 2016, 47; 25.8.2015 AP Nr. 183 zu Art. 9 GG Arbeitskampf mkritAnm *Rudkowski* = NZA 2016, 179; dazu zust. *Bayreuther* RdA 2016, 181 ff.; *Melot de Beauregard* DB 2016, 535 f.; *Wendeling-Schröder* AuR 2017, 96 ff.; *Zimmer* AuR 2016, 207 f.; aA *Green* NZA 2016, 274 ff. Zu Ersatzansprüchen nach der Fluggastrechte-VO (VO (EG) 261/2004) der EU *Bayreuther* RdA 2016, 181 (185 f.); *Bosch/Lorz* NVZ 2013, 105 ff.
[141] Ausf. *Gröner* Streik und Drittschaden, 2016, insb. S. 155 ff., 197 ff.
[142] BAG 25.8.2015 AP Nr. 182 zu Art. 9 GG Arbeitskampf m. insoweit abl. Anm. *Löwisch* = NZA 2016, 47; aA *Scharff* BB 2015, 1845 (1848 f.); *Sprenger* BB 2013, 1146 (1147 f.).
[143] BAG 25.8.2015 AP Nr. 182 zu Art. 9 GG Arbeitskampf = NZA 2016, 47.
[144] BAG 25.8.2015 AP Nr. 182 zu Art. 9 GG Arbeitskampf = NZA 2016, 47.
[145] BGH 16.6.1977 AP Nr. 53 zu Art. 9 GG Arbeitskampf = NJW 1977, 1875 (Fluglotsenstreik).
[146] Zum Hauptsacheverfahren *Otto* ArbeitskampfR § 19 Rn. 17 ff.
[147] Dazu ausf. *Bünnemann* ZfA 2020, 44 ff.; Däubler ArbeitskampfR-HdB/*Bertzbach/Kloppenburg* § 24 Rn. 1 ff.; *Korinth* ArbRB 2014, 221 ff.; *Krause* JbArbR 45 (2008), 23 ff.; *Treber* SR 2013, 140 (143 ff.). Aus der Sicht des Verfahrensbevollmächtigten *U. Fischer* FA 2016, 8 ff. Ausf. *Korinth* Einstweiliger Rechtsschutz im Arbeitsgerichtsverfahren, 4. Aufl. 2019, 2. Teil, J. Einstweiliger Rechtsschutz im Arbeitskampfrecht.
[148] Däubler ArbeitskampfR-HdB/*Bertzbach/Kloppenburg* § 24 Rn. 1; ErfK/*Linsenmaier* GG Art. 9 Rn. 229; *Otto* ArbeitskampfR § 19 Rn. 27.
[149] Zur Abänderbarkeit *Löwisch* FS Leipold, 2009, 79 ff.
[150] LAG Köln 14.6.1996 NZA 1997, 327; SächsLAG 2.11.2007 NZA 2008, 59 ff.; LAG BW 31.3.2009 NZA 2009, 631.

ten.[151] Allerdings hat sich die Frage der einzelnen Voraussetzungen, unter denen eine solche Verfügung ergehen kann, zu einem „Tummelfeld“ unterschiedlichen Meinungen entwickelt.[152] Im Hinblick auf die verfassungsrechtliche Gewährleistung des Arbeitskampfs durch Art. 9 III GG und weil sich die Tarifinhalte einerseits sowie die Arbeitskampfbereiche und -formen andererseits an sich ändernde Rahmenbedingungen anzupassen haben,[153] sind die verfahrensrechtlichen Regelungen wie die Anforderungen an Verfügungsanspruch und Verfügungsgrund[154] mit besonderer Umsicht zu handhaben sind, um Gefährdungen der Koalitionsbetätigungsfreiheit soweit als möglich ausschließen zu können.[155] Das gilt insbesondere für die Feststellung einer fehlenden Tariffähigkeit im Verfahren des einstweiligen Rechtsschutzes.[156] Die mögliche einstweilige Verfügung darf nicht dazu führen, dass die Gewerkschaften davon absehen, tarif- und arbeitskampfrechtliches „Neuland“ zu betreten, weil es bisher an einer höchstrichterlichen Rechtsprechung hierzu fehlt.

37 Die beantragte Verfügung muss zum Schutz des Rechts am eingerichteten und ausgeübten Gewerbebetrieb (§ 823 I BGB) sowie zur Abwendung drohender wesentlicher Nachteile geboten und erforderlich sein. Eine Unterlassungsverfügung in Abweichung von einer höchstrichterlichen Rechtsprechung scheidet ebenso aus[157] wie diejenige, die sich auf eine Weiterentwicklung des Arbeitskampfrechts stützen müsste, weil höchstrichterlich noch nicht entschiedene Rechtsfragen zu klären wären.[158] Weiterhin ist im Hinblick auf den Verfügungsgrund die **verfassungsrechtliche Gewährleistung des Arbeitskampfs zu beachten.** Zur Prüfung, ob eine auf Unterlassung eines Arbeitskampfs gerichtete einstweilige Verfügung iSd § 940 ZPO zur Abwendung wesentlicher Nachteile nötig erscheint, hat eine Interessenabwägung stattzufinden, in die sämtliche in Betracht kommenden materiell-rechtlichen und vollstreckungsrechtlichen Erwägungen sowie die wirtschaftlichen Auswirkungen für beide Parteien einzubeziehen sind. Die Rechtsprechung hat sich im Rahmen einstweiliger Verfügungsverfahren mit dem Umfang der Friedenspflicht,[159] tarifrechtlichen Fragestellungen,[160] aber auch der Streikdurchführung,[161] etwa im tarifpluralen Unternehmen,[162]

---

[151] Übersicht zum Meinungsstand bei *Krause* JbArbR 48 (2008), 23 (29 ff.).

[152] *Krause* JbArbR 45 (2008), 23 (29 ff.) m. umfangr. Nachw.; *Treber* SR 2013, 140 (144).

[153] S. dazu *Rheder/Deinert/Callsen,* Arbeitskampffreiheit und atypische Arbeitskampfformen, 2011, 11 ff.; sowie *Krause* JbArbR 48 (2008), 23 (32 f.); jew. mwN.

[154] Abgelehnt etwa in HessLAG 22.11.2016 – 16 SaGa 1459/16; LAG BW 3.8.2016 – 4 SaGa 2/16.

[155] LAG SchlH 26.9.2018 – 6 SaGa 7/18; HessLAG 22.11.2016 – 16 SaGa 1459/16; LAG BW 31.3.2009 NZA-2009, 631 mwN; ArbG Berlin 19.6.2015 PflR 2015, 539 mAnm *Roßbruch;* weiterhin Däubler ArbeitskampfR-HdB/*Bertzbach/Kloppenburg* § 24 Rn. 6; ErfK/*Linsenmaier* GG Art. 9 Rn. 228; *Krause* JbArbR 45 (2008), 23 (33); *Reichold* FS Buchner, 2009, 721 ff.; *Treber* SR 2013, 140 (146).

[156] *Krause* JbArbR 45 (2008), 23 (37); *Treber* SR 2013, 140 (145); s. etwa HessLAG 22.7.2004 AP Nr. 168 zu Art. 9 GG = NZA-RR 2005, 262 (Tariffähigkeit); LAG Bln-Bbg 16.2.2010 AiB 2012, 690 mkritAnm *Däubler.*

[157] *Krause* JbArbR 45 (2008), 23 (35).

[158] ErfK/*Linsenmaier* GG Art. 9 Rn. 229; *U. Fischer* jM 2016, 280 (280 f.); *Bünnemann* ZfA 2020, 44 (53 f.); HessLAG 22.11.2016 – 16 SaGa 1459/16; anders HessLAG 9.9.2015 NZA 2015, 1337 (Pilotenstreik); s. nun HessLAG 6.11.2019 – 16 Ga 1304/19 (hier: Lehre vom fehlerhaften Organ im Vereinsrecht); ebenso LAG SchlH 13.11.2020 – 3 SaGa 7/20.

[159] LAG BW 3.8.2016 – 4 SaGa 2/16 (vereinbarte Verhandlungspflicht); LAG Nürnburg 30.9.2010 ZTR 2010, 576; ArbG Düsseldorf 19.11.2008 LAGE Nr. 83 zu Art. 9 GG; LAG Köln 19.3.2007 LAGE Nr. 77 zu Art. 9 GG Arbeitskampf; LAG RhPf 22.6.2004 AP Nr. 169 zu Art. 9 GG.

[160] ArbG Krefeld 31.1.2018 AuR 2018, 374; dazu *Schuld* AuR 2018, 375 ff. (Zulage für befristete Teilzeitbeschäftigung); LAG Bln-Bbg 24.6.2015 PflR 2016, 22 (Besetzungsregelungen – Überlastungsschutz); HessLAG 9.9.2015 NZA 2015, 1337 (verdeckte rechtswidrige Tarifforderung – „Streikziel hinter dem Streikziel“ [s. auch → § 192 Rn. 58]; die Verfassungsbeschwerde wurde mangels durchgeführtem Hauptsacheverfahren als unzulässig abgewiesen: BVerfG 7.4.2020 AP Nr. 190 zu Art. 10 GG = NZA 2020, 667); HessLAG 9.8.2011 – 9 SaGa 1147/11 (qualitative Besetzungsklausel); 17.9.2008 NZA-RR 2009, 26 (Wechsel in eine Mitgliedschaft mit Tarifbindung als Streikziel); LAG Köln 12.12.2005 AP Nr. 171 zu Art. 9 GG Arbeitskampf (Tarifzuständigkeit); HessLAG 11.1.2007 – 9 SaGa 2098/06 (Tarifzuständigkeit); ArbG Kiel 18.5.2009 LAGE Nr. 83a zu Art. 9 GG Arbeitskampf (Gesundheitsschutz und Gesundheitsförderung als Tarifforderung). Zur Frage, ob der Grundsatz der Tarifeinheit eine Unterlassungsverfügung begründen kann, → § 192 Rn. 6. Zum „Fallenlassen“ tarifwidriger Forderungen *Fischer* NZA 2014, 1177 ff.

[161] HessLAG 6.11.2019 – 16 Ga 1304/19 (Urabstimmung keine Streikvoraussetzung); LAG Hmb 6.2.2013 AiB 2013, 726 (Zugangsbehinderungen); LAG BW 17.9.2008 AuR 2009, 141 (Streikposten); s. auch *Steinbrück,* Streikposten und einstweiliger Rechtsschutz im Arbeitskampfrecht der Bundesrepublik Deutschland, 1991; LAG Düsseldorf 17.8.2012 – 8 SaGa 14/12, AuR 2012, 375 (Kurzwiedergabe) (Unterlassung von Äußerungen).

[162] LAG Bln-Bbg 15.6.2016 – 23 SaGa 968/16 (Blockade); LAG BW 24.2.2016 ZTR 2016, 527 (Streikmaßnahme auf dem Betriebsparkplatz); HessLAG 7.11.2014 NZA-RR 2015, 441; dazu *Fischer* jurisPR-ArbR 4/2015 Anm. 1; LAG Hmb 21.5.2014 – 5 SaGa 1/14.

zur Durchsetzung eines Tarifsozialplans[163] oder zur Sicherung eines Notdienstes,[164] eines Unterlassungsanspruchs von Drittbetroffenen,[165] der Zulässigkeit eines Unterstützungsstreiks[166] und der von Aussperrungen[167] befasst. Ein Schwerpunkt der (veröffentlichten) einstweiligen Rechtsschutzverfahren ist im Bereich der sog. Daseinsvorsorge (→ § 192 Rn. 41 f.) auszumachen.[168]

In verfahrensrechtlicher Hinsicht wird nur in ganz besonderen Ausnahmefällen eine **mündliche Verhandlung** nach § 62 II 2 ArbGG entbehrlich sein können.[169] Für die **örtliche Zuständigkeit** geltend über § 46 II 1 ArbGG die Regelungen der §§ 12 ff. ZPO, sodass der Gerichtsstand der unerlaubten Handlung nach § 32 ZPO in Betracht kommt. Damit kann eine Klage an jedem Gericht für Arbeitssachen erhoben werden, in dem der Arbeitskampf durchgeführt werden soll, wie es beim bundesweiten Arbeitskampf der GDL im Jahre 2007 der Fall war.[170] *De lege ferenda* spricht vieles dafür, dass allein der Sitz des Antragsgegners der maßgebende ist,[171] wenn sich der Arbeitskampf auf mehrere Bundesländer erstreckt. 38

IV. Arbeitskampf und Betriebsverfassung

Regelungen über den Arbeitskampf finden sich im BetrVG lediglich in § 74 I BetrVG (→ § 230 Rn. 12) und im Personalvertretungsrecht in § 66 BPersVG. Nach § 74 II BetrVG sind Arbeitskampfmaßnahmen zwischen AG und BR grundsätzlich unzulässig (→ § 230 Rn. 12 ff.), solche zwischen tariffähigen Parteien bleiben aber unberührt (zum betriebsverfassungsrechtlichen Zutrittsrecht der Gewerkschaften während des Arbeitskampfs → § 215 Rn. 7). Das **BetrVG gilt grundsätzlich** auch während eines Arbeitskampfs.[172] Ein Arbeitskampf bleibt ohne Auswirkungen auf die Amtsstellung der Betriebsrats- und Personalratsmitglieder; gleiches gilt für die Arbeitnehmervertreter im Aufsichtsrat.[173] Der BR ist während eines Arbeitskampfs im Betrieb nicht generell funktionsunfähig.[174] Er bleibt mit allen Rechten und Pflichten im Amt und hat dieses auch während eines Arbeitskampfs neutral wahrzunehmen.[175] 39

Das BAG hat aber in ständiger Rechtsprechung die **Mitwirkungsrechte des BR während eines Arbeitskampfs eingeschränkt,** soweit die mitwirkungspflichtige Maßnahme durch den Arbeitskampf bedingt ist und durch Beteiligung des BR die ernsthafte Gefahr besteht, das Arbeitskampfgeschehen könne beeinflusst werden.[176] Es hat das BetrVG „arbeitskampfkonform" ausgelegt.[177] Erforderlich ist dabei grundsätzlich, dass die Betriebe am Arbeitskampf unmittelbar 40

---

163 HessLAG 16.7.2018 – 16 SaGa 933/18; dazu *Jacobs* jurisPR-ArbR 3/2019 Anm. 3.

164 LAG SchlH 26.9.2018 – 6 SaGa 7/18 (zugesprochen unter Orientierung an den Vorgaben der Aufsichtsbehörde); s. auch ArbG Gießen 6.3.2020 NZA-RR 2020, 330 (Bereitstellung eines Notdienstes durch die streikführende Gewerkschaft – Darlegungslast des AG), dazu *Sura* NZA-RR 2020, 332 f.; *Klocke* jurisPR-ArbR 12.8.2020 Anm. 1.

165 ArbG Wesel 23.8.2013 LAGE Art. 9 GG Arbeitskampf Nr. 96.

166 ArbG Frankfurt 28.2.2012 NZA 2012, 579; dazu *C. Meyer* SAE 2012, 35 ff.

167 HessLAG 7.11.2014 NZA-RR 2015, 441; LAG Bln-Bbg 13.4.2011 – 7 TA 804/11 BB 2011, 1076 (Kurzwiedergabe).

168 LAG Hamm 13.7.2015 – 12 Sa 21/15 (Notdienstarbeiten in einer Reha-Klinik); HessLAG 7.11.2014 NZA-RR 2015, 441; LAG Bln-Bbg 14.8.2012 – 22 SaGa 1131/12 (Bewachungspersonal in Kernkraftwerk) AuR 2012, 375 (Kurzwiedergabe); LAG Hamm 19.10.2009 – 8 Sa 222/09 (Streik in Kindertagesstätte); LAG BW 31.3.2009 NZA 2009, 631 (Unterstützungsstreik im Flugsicherungsbereich); ArbG Berlin 29.4.2008 – 58 Ga 6015/08, BB 2008, 1057 (Ankündigungsfrist, Kurzwiedergabe); 18.2.2008 – 58 Ga 2920/08 (Notdienst Bewachungsgewerbe); LAG Bln-Bbg 24.10.2007 AuR 2008, 66 (Notdienstarbeiten); LAG Hamm 16.1.2007 NZA-RR 2007, 250 (streikbeschränkende Maßnahmen im Blutspendedienst).

169 Vgl. Däubler ArbeitskampfR-HdB/*Bertzbach/Kloppenburg* § 24 Rn. 18; BKS/*Berg* Teil 4 Rn. 441; *Otto* ArbeitskampfR § 19 Rn. 20; *Bünnemann* ZfA 2020, 44 (48 f.).

170 Zu den damit verbundenen Problemen *Bepler* FS Loschelder, 2010, 15 (25 f.); Däubler ArbeitskampfR-HdB/*Bertzbach/Kloppenburg* § 24 Rn. 15 f.; *Fischer* FA 2007, 237 ff.

171 *Bepler* FS Loschelder, 2010, 15 (29); Däubler ArbeitskampfR-HdB/*Bertzbach/Kloppenburg* § 24 Rn. 16 f.; krit. hingegen BKS/*Berg* Teil 4 Rn. 444.

172 BAG 5.5.1987 AP Nr. 4 zu § 44 BetrVG 1972 = NZA 1987, 853.

173 *Gaumann/Schafft* DB 2000, 1514 ff.

174 Ansätze in BAG 26.10.1971 AP Nr. 44 zu Art. 9 GG Arbeitskampf.

175 BAG 10.12.2002 AP Nr. 59 zu § 80 BetrVG 1972 = NZA 2004, 223.

176 BAG 20.3.2018 AP Nr. 185 zu Art. 9 GG Arbeitskampf = NZA 2018, 1081; 13.12.2011 AP Nr. 176 zu Art. 9 GG Arbeitskampf = NZA 2012, 571; 5.5.1987 AP Nr. 4 zu § 44 BetrVG 1972 = NZA 1987, 853; 22.12.1980 AP Nr. 71 zu Art. 9 GG Arbeitskampf = NJW 1981, 942.

177 BAG 10.12.2002 AP Nr. 59 zu § 80 BetrVG 1972 = NZA 2004, 223; 14.2.1978 AP Nr. 58 zu Art. 9 GG Arbeitskampf; krit. BKS/*Schumann* Teil 4 Rn. 371 mwN in Fn. 892; Däubler ArbeitskampfR-HdB/*Bertzbach/Kloppenburg* § 19 Rn. 135 ff. mwN in Fn. 372; *Klocke* AuR 2020, 445 ff.

beteiligt sind.[178] Eine nur mittelbare Betroffenheit reicht regelmäßig nicht aus.[179] Die Einschränkungen betreffen nach der Rechtsprechung des BAG zunächst die **personellen Einzelmaßnahmen** wie Einstellungen, Versetzungen[180] und Kündigungen.[181] Bei arbeitskampfbedingten Versetzungen betrifft die Einschränkung zudem die Mitbestimmungsrechte des BR im nicht kampfbetroffenen Betrieb.[182] Ein Unterrichtungsanspruch bleibt aber bestehen.[183] Anders verhält es sich bei Ein- und Umgruppierungen, weil es sich hier um ein Mitbeurteilungsrecht zum „Normenvollzug" durch den AG handelt. Will der AG rechtswidrigen Arbeitsniederlegungen[184] durch sog. Kampfkündigungen begegnen, entfällt das Anhörungsrecht des BR nach § 102 BetrVG,[185] kündigt der AG aus anderen als arbeitskampfbedingten Gründen, bleibt es bestehen.[186] Zur außerordentlichen Kündigung eines an einem rechtswidrigen Arbeitskampf teilnehmenden Betriebsratsmitglieds braucht der AG nicht die Zustimmung des BR einzuholen (§ 103 BetrVG), vielmehr ist er gehalten, sogleich das Zustimmungsersetzungsverfahren beim Arbeitsgericht einzuleiten.[187] Bei einer Versetzung aus einem nicht betroffenen in einen in den Arbeitskampf einbezogenen Betrieb eines juristisch selbständigen Tochterunternehmens bleibt das Mitbestimmungsrecht des BR abgebenden Betriebs erhalten.[188]

41 Die Mitbestimmung des BR ist im **Bereich der sozialen Angelegenheiten** nach § 87 I BetrVG eingeschränkt.[189] Will der AG während eines Streiks in seinem Betrieb für arbeitswillige AN aus streikbedingten Gründen vorübergehend die betriebsübliche Arbeitszeit verlängern, so bedarf er dazu nicht der Zustimmung des BR.[190] Anders ist dies zu beurteilen, wenn der AG nach Beendigung einer einzelnen Warnstreikaktion, aber bei Fortdauer des Streikaufrufs **Mehrarbeit iSd § 87 I Nr. 3 BetrVG** gegenüber allen dienstplanmäßig eingeteilten AN zur Aufarbeitung arbeitskampfbedingter Rückstände anordnet. Ordnet er die Mehrarbeit arbeitskampfbedingt an, muss er sicherstellen, dass streikbereite AN nicht in diese Abwehrmaßnahme einbezogen werden. Nur dann ist das Mitbestimmungsrecht des BR suspendiert.[191] Plant der AG infolge arbeitskampfbedingter Störungen den Betrieb teilweise oder ganz einstellen, hat der BR nur über die Modalitäten, nicht aber über „Ob" und Umfang der vorübergehenden Betriebseinstellung mitzubestimmen.[192] Bei der Einführung von Kurzarbeit in sog. drittbetroffenen Betrieben kann das Mitbestimmungsrecht des BR dann ausgeschlossen sein, wenn dessen Mitwirkung sich auf das Arbeitskampfgeschehen auswirken kann. Das Mitbestimmungsrecht nach § 87 I Nr. 1 BetrVG besteht nicht, wenn der AG Werksausweise erstellt, die den nicht ausgesperrten AN den Zutritt zum Werksgelände ermöglichen sollen.[193]

42 Die nach dem BetrVG bestehenden **Unterrichtungsrechte** des BR (§ 80 I BetrVG) bleiben während eines Arbeitskampfs bestehen, sofern durch die Unterrichtungsverpflichtung des AG die Kampfparität nicht beeinträchtigt wird.[194] Auch können während eines Arbeitskampfs Betriebsversammlungen durchgeführt werden.[195] Der AG kann im Rahmen einer Abwehraussperrung Betriebsratsmitglieder mit suspendierender Wirkung aussperren. In diesem Fall besteht

[178] BAG 10.2.1988 AP Nr. 5 zu § 98 BetrVG 1972 = NZA 1988, 549; 22.12.1980 AP Nr. 71 zu Art. 9 GG Arbeitskampf.
[179] LAG Hmb 25.4.2018 NZA-RR 2018, 551; dazu *Sura* NZA-RR 2018, 555; ebenso *Klocke* Das BetrVG und der Arbeitskampf im Betrieb, 2019, S. 86 ff.
[180] BAG 13.12.2011 AP Nr. 176 zu Art. 9 GG Arbeitskampf = NZA 2012, 571.
[181] Weitgehend, wenn auch nicht tragend BAG 10.12.2002 AP Nr. 59 zu § 80 BetrVG 1972 = NZA 2004, 223: „hinsichtlich dieser Maßnahmen … funktionsunfähig".
[182] BAG 13.12.2011 AP Nr. 176 zu Art. 9 GG Arbeitskampf = NZA 2012, 571.
[183] BAG 10.12.2002 AP Nr. 59 zu § 80 BetrVG 1972 = NZA 2004, 223.
[184] Anders *Klocke* (Fn. 208), S. 5395 f. mwN: Fortbestehen der Mitbestimmungsrechte.
[185] BAG 14.2.1978 AP Nr. 58 zu Art. 9 GG Arbeitskampf = NJW 1979, 236.
[186] BAG 6.3.1979 AP Nr. 20 zu § 102 BetrVG 1972 = NJW 1979, 2635.
[187] BAG 14.2.1978 AP Nr. 57 zu Art. 9 GG Arbeitskampf = NJW 1978, 2054.
[188] BAG 19.2.1991 AP Nr. 26 zu § 95 BetrVG 1972 = NZA 1991, 565.
[189] Enger *Klocke* (Fn. 208), S. 53 ff., 72: nachgelagerte Verhältnismäßigkeitskontrolle.
[190] BAG 30.8.1994 AP Nr. 131 zu Art. 9 GG Arbeitskampf = NZA 1995, 183; 16.12.1986 AP Nr. 13 zu § 87 BetrVG 1972 Ordnung des Betriebes = NJW 1987, 1358.
[191] BAG 20.3.2018 AP Nr. 185 zu Art. 9 GG Arbeitskampf = NZA 2018, 1081; dazu zust. *Kleinmann/Fündling* NZA 2018, 1386 ff.; *C. Meyer* RdA 2018, 380 ff.; *Boemke* jurisPR-ArbR 6/2019 Nr. 2.
[192] BAG 22.12.1980 AP Nr. 71 zu Art. 9 GG Arbeitskampf = NJW 1981, 942.
[193] BAG 16.12.1986 AP Nr. 13 zu § 87 BetrVG 1972 Ordnung des Betriebes = NZA 1987, 355.
[194] BAG 10.12.2002 AP Nr. 59 zu § 80 BetrVG 1972 = NZA 2004, 223; LAG RhPf 21.3.2013 NZA-RR 2013, 291.
[195] BAG 5.5.1987 AP Nr. 4 zu § 44 BetrVG 1972 = NZA 1987, 853; 5.5.1987 AP Nr. 6 zu § 44 BetrVG 1972 = NZA 1987, 714.

für Mitglieder des BR dann kein Entgeltanspruch für die aufgrund der Aussperrung ausgefallene Arbeitszeit, wenn sie während der Aussperrung Betriebsratsaufgaben wahrgenommen haben.[196]

V. Sozialrechtliche Folgen

1. Grundsatz. Die Versicherungspflicht in der Kranken-, Pflege-, Renten- und Arbeitslosenversicherung setzt voraus, dass eine Beschäftigung (§ 7 SGB IV) gegen Entgelt (vgl. § 2 II–IV SGB IV) tatsächlich ausgeübt wird (vgl. § 5 I Nr. 1 SGB V, § 1 S. 1 Nr. 1 SGB VI, § 2 I Nr. 1 SGB VII, § 20 I 1 Nr. 1 SGB XI, § 24 I 1 SGB II). Lediglich in der Unfallversicherung ist das Bestehen eines Arbeits- oder Ausbildungsverhältnisses ausreichend. Das **sozialversicherungsrechtliche Beschäftigungsverhältnis** wird durch einen rechtmäßigen Arbeitskampf nicht beendet,[197] führt aber zur Suspendierung der Hauptpflichten (→ Rn. 2) und vermittelt über das Arbeitskampfrisiko zum Wegfall der Vergütungspflicht in mittelbar betroffenen Betrieben (→ Rn. 22 ff.). Kommt es zum Wegfall der Vergütungsansprüche, entfällt damit allerdings zugleich die Pflicht des AG zur Beitragsentrichtung.[198] Aus diesem Grund können sich in den einzelnen Zweigen der Sozialversicherung Nachteile für die Teilnehmer an Arbeitskämpfen ergeben.[199] 43

2. Unmittelbar vom Arbeitskampf betroffene Arbeitnehmer. a) Arbeitsförderungsrecht. Im Vordergrund stehen die Leistungsgewährungen nach dem SGB III. Die unmittelbar am Arbeitskampf Beteiligten erhalten **weder Arbeitslosen- noch Kurzarbeitergeld** (§§ 160, 100 SGB III).[200] Die Neutralitätspflicht des Staates verbietet die Gewährung von Lohnersatzleistungen. Soweit § 160 I 2 SGB III an den fachlichen Geltungsbereich des umkämpften Tarifvertrags anknüpft, soll bei Unterstützungsstreiks eine andere Beurteilung erforderlich sein.[201] Ist nach Beendigung des Arbeitskampfs für den Anspruch auf Arbeitslosengeld das Bestehen einer Anwartschaft maßgeblich, wird innerhalb der Rahmenfrist (§§ 142, 143 I SGB III) das Fortbestehen des Beschäftigungsverhältnisses bis zu einer Dauer von einem Monat fingiert (§ 7 III 1 SGB IV). Eine „Beteiligung an einem Arbeitskampf" wird auch bei einer Aussperrung angenommen.[202] Bei einer rechtswidrigen Aussperrung besteht hingegen für den ausgesperrten AN ein Anspruch auf Arbeitslosengeld nach den Grundsätzen der Gleichwohlgewährung (§ 157 III SGB III). 44

b) Kranken- und Pflegeversicherung. Der Krankenversicherungsschutz bleibt bei einem rechtmäßigen Arbeitskampf unabhängig von seiner Dauer ohne Beitragsleistung bestehen, auch wenn die AN erst während des Arbeitskampfs erkranken (§ 192 I Nr. 1 SGB V). Gleiches gilt für die gesetzliche Pflegeversicherung (§ 49 II 1 SGB XI).[203] Streikende und ausgesperrte AN, die Pflichtmitglieder ihrer Krankenkasse sind, haben bei Eintritt eines Versicherungsfalles daher Anspruch auf die Leistungen der Krankenversicherung (§§ 11 ff. SGB V), insbesondere auf Zahlung von **Krankengeld.**[204] Bei einem rechtswidrigen Streik endet die Mitgliedschaft des AN unmittelbar mit Streikbeginn; für die Dauer eines Monats hat er aber noch Anspruch auf Leistungen (§ 19 II SGB V). Eine rechtswidrige Aussperrung berührt das Fortbestehen der Mitgliedschaft hingegen nicht. 45

c) Rentenversicherung. Nach § 1 I 1 Nr. 1 SGB VI besteht die Versicherungspflicht in der Rentenversicherung bei Personen, die gegen Arbeitsentgelt oder zu ihrer Berufsausbildung beschäftigt sind. Da streikende und rechtmäßig ausgesperrte AN für die Dauer des Arbeitskampfs keinen Anspruch auf Arbeitsvergütung haben, kann während des Arbeitskampfs die **Versicherungspflicht** in der gesetzlichen Rentenversicherung **entfallen.**[205] Da die Beitragspflicht aber an den Kalendermonat anknüpft, endet die Versicherungspflicht bei einem Arbeitskampf erst, 46

---

[196] BAG 25.10.1988 AP Nr. 110 zu Art. 9 GG Arbeitskampf = NZA 1989, 353.
[197] BSG 11.12.1973 AP Nr. 48 zu Art. 9 GG Arbeitskampf; 15.12.1971 AP Nr. 46 zu Art. 9 GG Arbeitskampf = NJW 1972, 1001.
[198] BSG GS 15.12.1971 BSGE 33, 254.
[199] Zur Reaktion der Rspr. und des Gesetzgebers ausf. Däubler ArbeitskampfR-HdB/*Deinert* § 20 Rn. 14 ff.
[200] BSG 5.6.1991 NZA 1991, 982; BVerfG 4.7.1995 DB 1995, 1464. Zur Gleichwohlgewährung nach § 100 SGB III bei möglicher Vermeidung des Arbeitsausfalls BKS/*Schumann* Teil 4 Rn. 405 ff.
[201] MHdB ArbR/*Ricken* § 280 Rn. 17.
[202] Gagel/*Gagel* SGB III § 160 Rn. 75; krit. Däubler ArbeitskampfR-HdB/*Deinert* § 20 Rn. 34.
[203] Gemeinsames Rundschreiben der Spitzenverbände der Sozialversicherung v. 1.10.1998, unter 2.7.1.
[204] BSG GS 15.11.1971 AP Nr. 46 zu Art. 9 GG Arbeitskampf = NJW 1972, 1001; zur Diskussion in der Literatur aufgrund der Entgeltersatzfunktion Däubler ArbeitskampfR-HdB/*Deinert* § 20 Rn. 40 ff.
[205] BSG GS 11.12.1973 AP Nr. 48 zu Art. 9 GG Arbeitskampf.

wenn sich dieser über den gesamten Kalendermonat erstreckt (vgl. § 122 I SGB VI). Die Unterscheidung zwischen Monat und Kalendermonat ist insbesondere für die Berechnung der allgemeinen **Wartezeit** (§§ 50 I, 51 I SGB VI) in der gesetzlichen Rentenversicherung von Bedeutung, für die die Zahl (und nicht die Höhe) der Monatsbeiträge maßgeblich ist. Entfällt die Beitragspflicht für den gesamten Kalendermonat, sind diese Zeiten als beitragsfreie Zeiten nicht berücksichtigungsfähig. Lediglich bei der Erfüllung der Wartezeit von 35 Jahren für die Altersrente für langjährig Versicherte und für schwerbehinderte Menschen zählen sie mit, wenn sie als Überbrückungszeit einen Anrechnungstatbestand (§ 58 SGB VI) enthalten (§§ 51 III, 54 IV SGB VI).[206] Ansprüche auf **laufende und beantragte Leistungen** aus der gesetzlichen Rentenversicherung werden durch den Arbeitskampf nicht berührt. Bei einem rechtswidrigen Streik wird die Erfüllung des Anrechnungstatbestandes in § 58 I 1 Nr. 1 SGB VI allerdings kaum in Betracht kommen.

47 **d) Unfallversicherung.** Der Schutz der gesetzlichen Unfallversicherung besteht nur für einen Unfall, den der AN bei der **versicherten Tätigkeit** erleidet (§ 7 I SGB VII). Da die am Arbeitskampf beteiligten AN keine versicherten Tätigkeiten (§ 8 I SGB VII) ausüben, besteht kein Versicherungsschutz, selbst wenn sie zum Betrieb gehen, um Streikposten[207] zu stehen, oder sich an sonstigen Kampfmaßnahmen beteiligen. Deshalb entfällt auch das Haftungsprivileg nach § 105 SGB VII. Eine **Ausnahme** kommt in Betracht, wenn der Unfall noch mit einer versicherten Tätigkeit in Zusammenhang steht (zB bei einem Warnstreik).[208] Zu den versicherten Tätigkeiten gehören die Erhaltungsarbeiten. Arbeiten Gewerkschaftsmitglieder als Streikhelfer, besteht Unfallversicherungsschutz, wenn sie Arbeiten ausführen, die ansonsten von AN der Gewerkschaft ausgeübt worden wären.[209]

48 **e) Sozialhilfe.** Während eines rechtmäßigen Arbeitskampfs besteht unter den allgemeinen Voraussetzungen ein Anspruch auf Sozialhilfe. Zwar ist dieser ausgeschlossen, wenn sich der Bedürftige weigert, zumutbare Arbeit zu leisten (§ 39 SGB XII). Die Beteiligung an einem rechtmäßigen Streik stellt keine Arbeitsverweigerung dar, ebenso ist Streikarbeit unzumutbar. Der Anspruch ist ausgeschlossen oder eingeschränkt, wenn dem AN Arbeitskampfunterstützung gezahlt wird oder er einen entsprechenden Anspruch hat. Sozialhilfeleistungen werden wegen der nur vorübergehenden Notlage regelmäßig als **Darlehen** gewährt werden (§ 38 SGB XII). Ob die Hilfe zum Lebensunterhalt bei einem rechtswidrigen Streik auf das zum Lebensunterhalt Unerlässliche beschränkt werden kann, ist umstritten und wohl nur bei eindeutiger und für den AN erkennbarer Rechtswidrigkeit anzunehmen. Entsprechendes gilt für Bezieher von Arbeitslosengeld II (§ 31 I Nr. 1 SGB II).

49 **f) Sonstige Sozialleistungen.** Der Anspruch auf **Mutterschaftsgeld** (§ 19 MuSchG) und **Elterngeld** (§§ 1 ff. BEEG) besteht auch während eines Arbeitskampfs. Anderes gilt im Fall der aktiven Streikteilnahme.[210] An die Stelle des Arbeitgeberzuschusses tritt bei einem rechtmäßigen Arbeitskampf oder rechtwidrigen Streik ein entsprechender Zuschuss des Bundes (§ 19 II MuSchG) oder die Zahlung von Mutterschaftsgeld in Höhe des Krankengeldes (§ 24i II 6 SGB V). Bei einer rechtswidrigen Aussperrung bleibt der AG weiterhin zur Zahlung des Zuschusses verpflichtet.[211]

50 **3. Mittelbar vom Arbeitskampf betroffene Arbeitnehmer. a) Arbeitslosenversicherung. aa) Arbeitnehmergruppen.** Der Gesetzgeber hat die Gewährung von Arbeitslosengeld und Kurzarbeitergeld für die nur mittelbar vom Arbeitskampf betroffenen AN in § 160 SGB III geregelt.[212] Die Vorschrift unterscheidet die Arbeitnehmergruppen nach ihrer **Betroffenheit durch den betreffenden Arbeitskampf.** Das BVerfG hat die inhaltsgleiche Vorgängerregelung in § 116 AFG als „noch" verfassungsgemäß angesehen,[213] dessen tatsächliche empirische Grundlagen auf Grund geänderter Verhältnisse ebenso wie die Verfassungsmäßigkeit des § 160 III SGB III in Frage gestellt werden.[214] § 160 SGB III differenziert dabei nach der möglichen

---

[206] Vgl. BSG GS 11.12.1973 AP Nr. 48 zu Art. 9 GG Arbeitskampf.
[207] LAG Hamm 17.2.1999 NZA-RR 1999, 656.
[208] Däubler ArbeitskampfR-HdB/*Deinert* § 20 Rn. 81 f.; *Otto* ArbeitskampfR § 18 Rn. 5.
[209] BSG 8.10.1991 SozR 2200 § 539 Nr. 83; Däubler ArbeitskampfR-HdB/*Deinert* § 20 Rn. 82.
[210] LAG Bln 28.7.1992 AuR 1993, 85.
[211] Ausf. Däubler ArbeitskampfR-HdB/*Deinert* § 20 Rn. 52 ff.
[212] Zur Ablehnung von Kurzarbeitergeld bei mittelbarer Betroffenheit eines Verleihers HessLAG 18.3.2011 NZS 2011, 678; s. auch LSG NW 30.8.2006 EzAÜG § 615 BGB Nr. 3.
[213] BVerfG 4.7.1995 AP Nr. 4 zu § 116 AFG = NZA 1995, 754.
[214] *Kocher/Kindler/Voskamp/Krüger,* Noch verfassungsgemäß? – Fernwirkungen bei Arbeitskämpfen in der Automobilindustrie und die Verfassungsmäßigkeit des § 160 III SGB III, 2016, ins. S. 33 ff., 70 ff.

Betroffenheit der AN von dem umkämpften Tarifvertrag. Nach § 100 I SGB III gilt die Vorschrift entsprechend für die Gewährung von Kurzarbeitergeld bei Arbeitskämpfen.[215]

bb) Potentiell begünstigte Personen. Für AN innerhalb des räumlichen und fachlichen **Geltungsbereichs** des **umkämpften Tarifvertrags** ruht der Anspruch auf die Leistungen, da sie die potentiell vom Arbeitskampf Begünstigten sind (§ 160 III 1 Nr. 1 SGB III). Diesen werden auch solche AN **außerhalb des Kampfgebietes** gleichgestellt, die dem fachlichen Geltungsbereich des umkämpften Tarifvertrags zuzuordnen sind, wenn zwei zusätzliche Voraussetzungen erfüllt sind: 51

(1) Es muss von der Gewerkschaft eine **Forderung erhoben** (nicht: formell beschlossen) sein, die der Hauptforderung im Kampfgebiet nach ihrem Gegenstand und ihrer Höhe vergleichbar ist.
(2) Weiterhin muss das **Arbeitskampfergebnis** aller Voraussicht nach in dem räumlichen Geltungsbereich des nicht umkämpften Tarifvertrags im Wesentlichen **übernommen** werden (§ 160 III 1 Nr. 2 SGB III). An die danach erforderliche Übernahmeprognose sind hohe Anforderungen zu stellen.[216]

Zuständig für die Entscheidung ist der sog. Neutralitätsausschuss der Bundesagentur für Arbeit (§ 160 V, VI, § 380 SGB III).

cc) Andere Personen. Eine **Leistungsgewährung** kommt hingegen in Betracht für die nicht vom persönlichen Geltungsbereich des Tarifvertrags erfassten AN (§ 160 III 3 SGB III) und für solche, bei denen der Tarifvertrag keine Anwendung finden würde, zB weil der AG nicht tarifgebunden ist und auch keine vertragliche Bezugnahmeklausel (→ § 206 Rn. 1 ff.) besteht. Diese werden von dem erstrebten Tarifvertragsanschluss nicht erfasst und sind daher nicht potentiell begünstigt. Auf AN außerhalb des fachlichen Geltungsbereichs des umkämpften Tarifvertrags wirkt sich der Arbeitskampf nicht aus, sie erhalten ggf. Leistungen von der Arbeitsverwaltung (§ 160 I 2 SGB III). 52

b) Kranken- und Pflegeversicherung. Für die Kranken- und Pflegeversicherung gilt dasselbe wie für die unmittelbar kämpfenden AN (→ Rn. 32). Bei Bezug von Arbeitslosengeld bleiben sie kranken- und rentenversichert (→ § 23 Rn. 89). Auch mittelbar betroffene AN, welche Kurzarbeitergeld erhalten, bleiben kranken- und rentenversichert; die Beiträge werden von der BA übernommen (§ 249 II Nr. 3 SGB V, § 168 I Nr. 1a SGB VI). Erkranken sie während des Bezugs von Kurzarbeitergeld, erhalten sie Krankengeld (§ 98 II Nr. 2 SGB III). 53

---

[215] BSG 5.6.1991 BB 1991, 2225 = NZA 1991, 982.
[216] BSG 4.10.1994 AP Nr. 3 zu § 116 AFG = NZA 1995, 320.

XX. Buch. Tarifrecht

1. Abschnitt. Grundlagen und Inhalt des Tarifvertrags

§ 195. Grundlagen des Tarifvertragsrechts

Übersicht

I. Entstehung des Tarifvertragsgesetzes

„Der Tarifgedanke in Deutschland"[1] ist auf die bereits skizzierte (→ § 188 Rn. 1 ff.) gesellschaftliche Situation der AN infolge ökonomischer und politischer Umgestaltung und der daraus folgenden sozialen und wirtschaftlichen Interessenkämpfe im 19. Jahrhundert zurückzuführen.[2] § 152 I GewO (→ § 188 Rn. 2) ermöglichte zwar den Zusammenschluss zu Koalitionen, nach § 152 II GewO blieben aber entsprechende Abreden ausdrücklich unverbindlich. Die **normative Absicherung** von Tarifvereinbarungen erfolgte unmittelbar nach dem Ersten Weltkrieg in der **TVVO.**[3] Vorausgegangen war die politische Anerkennung von Gewerkschaften und Arbeitgeberverbänden im sog. Zentralarbeitsgemeinschaftsabkommen.[4] Art. 165 WRV beinhaltete die Mitwirkung der Koalitionen „an der gesamten gesellschaftlichen Entwicklung der produktiven Kräfte". Die so institutionalisierte Tarifautonomie wurde bereits mit der Schlichtungsverordnung von 1923 in Frage gestellt, durch staatliche Eingriffe ausgehöhlt (→ § 194 Rn. 53) und im Nationalsozialismus durch das AOG und die von „Treuhändern der Arbeit" geschaffenen Tarifordnungen endgültig abgeschafft. 1

Das **Tarifvertragsgesetz** des Wirtschaftsrates des Vereinigten Wirtschaftsgebiets[5] trat, nachdem der Wirtschaftsrat durch Gesetz den Lohnstopp aufgehoben hatte,[6] am 22.4.1949 noch vor Gründung der Bundesrepublik in Kraft. Das später in Kraft getretene Grundgesetz erwähnt zwar die Tarifautonomie und das Tarifvertragswesen nicht ausdrücklich; dessen verfassungsrechtliche Gewährleistung unter Anerkennung der historisch-politischen Motive durch Art. 9 III GG war und ist verfassungsrechtlich unbestritten. Das TVG wurde zunächst wenig geändert. Im Jahre 1952 wurden die Voraussetzungen einer Allgemeinverbindlicherklärung erweitert (→ § 205 Rn. 1 ff.) und der Begriff der Spitzenorganisationen in § 2 II TVG modifiziert (→ § 196 Rn. 18 ff.). Erweitert wurde das TVG durch das Heimarbeitsänderungsgesetz, welches den § 12a über die arbeitnehmerähnlichen Personen einfügte (→ § 200 Rn. 9).[7] Seit dem Beitritt der neuen Bundesländer gilt das TVG auch in diesen, Art. 8 Anl. I Kap. VIII Sachgebiet A 2

---

[1] Grdl. *Sinzheimer,* Der Tarifgedanke in Deutschland, in: Kahn-Freund/Ramm (Hrsg.), Arbeitsrecht und Rechtssoziologie, Bd. 1, 150 ff.

[2] Zur geschichtlichen Entwicklung s. die Darstellungen bei NK-TVG/*Däubler* Einl. Rn. 1 ff.; *Höpfner* S. 33 ff., 62 ff., 109 ff.; Wiedemann/*Oetker* Geschichte Rn. 1 ff.; KeZa/*Kempen* Grundlagen Rn. 1 ff.; MHdB ArbR/*Klumpp* § 225 Rn. 8 ff.

[3] Verordnung über Tarifverträge, Arbeiter- und Angestellten-Ausschüsse und Schlichtung von Arbeitsstreitigkeiten v. 23.12.1918 (RGBl. I 1456). Ausf. *Höpfner* ZfA 2019, 108 ff.

[4] V. 15.11.1918 (RAnz. Nr. 273), sog. „Stinnes-Legien-Abkommen".

[5] Verkündet am 9.4.1949 für das Vereinte Wirtschaftsgebiet der „Bizone"; 1953 wurde das TVG als Bundesgesetz übernommen (BGBl. I 156). Materialien zur Entstehung des TVG in ZfA 1972, 129 ff.; dazu auch *Herschel* ZfA 1973, 183 ff.; sowie *Dreschers,* Die Entwicklung des Rechts des Tarifvertrags in Deutschland, 1994, 94 ff.

[6] V. 3.11.1948 (WiGBl. 1948, 117).

[7] V. 29.10.1974 (BGBl. I 2879).

Abschn. III Nr. 14 Einigungsvertrag (→ § 1 Rn. 2). Durch das Gesetz zur Tarifeinheit (Tarifeinheitsgesetz – TEG) wurde im Jahr 2015 der neue § 4a in das TVG eingefügt (ausf. → § 203 Rn. 14 ff.).

II. Funktionen der Tarifautonomie

3 Durch das Aushandeln von Tarifverträgen als Mittel der kollektiven Privatautonomie soll die strukturelle Unterlegenheit des einzelnen AG beim Abschluss von Arbeitsverträgen ausgeglichen und ein annähernd **gleichgewichtiges Aushandeln** der Entgelte und übrigen Arbeitsbedingungen ermöglicht werden.[8] Tarifverträge schaffen – als verfassungsrechtlich gewährleistete „unabdingbare Gesamtvereinbarungen"[9] – angemessene Mindestarbeitsbedingungen und erfüllen damit eine wichtige **Schutzfunktion.** Diese wird über die zwingende und unmittelbare Geltung von Tarifverträgen nach § 4 I TVG (→ § 207 Rn. 3 ff.) abgesichert. Die Tarifvertragsparteien können die unmittelbare und zwingende Wirkung der Tarifnormen nach § 4 I TVG nicht von weiteren rechtsgeschäftlichen Vereinbarungen der Arbeitsvertragsparteien abhängig machen. Eine solche Regelung würde als objektive Gesetzesumgehung nach § 134 BGB unwirksam sein.[10]

4 Darüber hinaus kommt Tarifverträgen eine **Verteilungsfunktion** zu. Durch sie soll einerseits die Teilhabe am erwirtschafteten Erfolg und andererseits eine Entgeltgerechtigkeit durch Festlegung der Entgeltrelationen im Geltungsbereich des jeweiligen Tarifvertrags geschaffen werden. Durch die Vereinheitlichung der Arbeitsbedingungen in ihrem Geltungsbereich für die Tarifgebundenen haben Tarifverträge eine **ordnende Funktion,** die auch als Kartellfunktion[11] bezeichnet wird. Damit ist aber kein rechtlicher Maßstab für das Koalitionshandeln oder gar einen Tarifvertragsinhalt vorgegeben.[12] Soweit das BVerfG in früheren Entscheidungen ausgeführt hat, die „Tarifautonomie verfolgt den im öffentlichen Interesse liegenden Zweck, in dem von der staatlichen Rechtsetzung frei gelassenen Raum das Arbeitsleben im Einzelnen durch Tarifverträge *sinnvoll* zu ordnen",[13] beinhaltet dies keine rechtlich vorgegebene Ordnung[14] oder eine Regelungspflicht.[15] Die Ordnungsfunktion eines Tarifvertrags ist, wie §§ 3 I, 4 I TVG zeigen, auf die Mitglieder der Tarifvertragsparteien begrenzt und nur insoweit kommt ihm – vorbehaltlich des § 4a TVG (→ § 203 Rn. 14 ff.) – rechtlich eine Ordnungsfunktion (zur daneben bestehenden Orientierungsfunktion → Rn. 5) zu.[16] Dem entspricht es, wenn das BVerfG in späteren Entscheidungen von einer „autonomen Regelung" des Arbeitslebens spricht.[17]

5 Der Aspekt der „autonomen Ordnung" weist zugleich auf die **sozialstaatliche**[18] **und staatsentlastende Funktion**[19] von Tarifverträgen hin.[20] Der öffentliche Zweck der Regelung der Arbeits- und Wirtschaftsbeziehungen dient als Verfassungserwartung auch dazu, „letztlich die Gemeinschaft sozial zu befrieden".[21] Gleichwohl ist Art. 9 III GGG ein Freiheitsgrundrecht. „Das Zurücktreten des Staates zugunsten der Tarifparteien gewinnt seinen Sinn ebenso sehr aus dem Gesichtspunkt, dass die unmittelbar Betroffenen besser wissen und besser aushandeln können, was ihren beiderseitigen Interessen und dem gemeinsamen Interesse entspricht, als der demokratische Gesetzgeber."[22] Darüber hinaus haben Tarifverträge eine **Orientierungsfunktion,** wie sich nicht nur an der Bezugnahme auf Tarifverträge auch bei nicht tarifgebundenen AG zeigt.[23] Auch die Rechtsprechung richtet sich bei der Bestimmung des üblichen Entgelts

[8] BVerfG 23.11.2006 AP Nr. 22 zu § 307 BGB = NZA 2007, 85; 26.6.1991 AP Nr. 117 zu Art. 9 GG Arbeitskampf = NZA 1991, 809; stRspr, BAG 13.5.2020 AP Nr. 37 zu § 4 TVG = NZA 2020, 1487; 21.5.2014 AP Nr. 220 zu § 242 BGB Gleichbehandlung = NZA 2015, 115.
[9] BVerfG 24.5.1977 AP Nr. 15 zu § 5 TVG = NJW 1977, 2255.
[10] BAG 13.5.2020 AP Nr. 37 zu § 4 TVG = NZA 2020, 1487.
[11] Zur globalen Kartellfunktion *Pauli* AuR 2018, 274 ff.
[12] Ausf. zum Ganzen *Holler* Die Ordnungsfunktion des Tarifvertrags, 2020.
[13] BVerfG 6.5.1964 AP Nr. 15 zu § 2 TVG = NJW 1964, 1267.
[14] *Wiedemann* FS Dieterich, 1999, 661 (664); gegen *Sodan* JZ 1998, 421 (423); s. auch *Höpfner* S. 227 ff.
[15] ErfK/*Linsenmaier* GG Art. 9 Rn. 53.
[16] BAG 7.7.2010 AP Nr. 140 zu Art. 9 GG mAnm *B. Schmidt* = NZA 2010, 1068.
[17] BVerfG 4.7.1995 AP Nr. 4 zu § 116 AFG = NJW 1996, 185; 26.6.1991 AP Nr. 117 zu Art. 9 GG Arbeitskampf = NZA 1991, 809.
[18] ErfK/*Linsenmaier* GG Art. 9 Rn. 20, 53; NK-TVG/*Däubler* Einl. Rn. 82.
[19] BKS/*Berg* Teil 1 Rn. 62.
[20] Zu dieser Funktion im Rahmen des Sozialen Dialogs in der EU (→ Rn. 12 f.) *Deinert* RdA 2004, 211 ff.
[21] BVerfG 6.5.1964 AP Nr. 15 zu § 2 TVG = NJW 1964, 1267.
[22] BVerfG 27.2.1973 AP Nr. 7 zu § 19 HAG = NJW 1973, 1320.
[23] Vgl. BAG 18.4.2007 AP Nr. 53 zu § 1 TVG Bezugnahme auf Tarifvertrag = NZA 2007, 965; MHdB ArbR/*Klumpp* § 225 Rn. 3. Zur Unterstützung dieser Funktion durch den Gesetzgeber BAG 22.11.2018 AP Nr. 364 zu § 1 TVG Tarifverträge: Bau = NZA 2019, 552.

nach § 612 BGB nach den einschlägigen Tarifverträgen (→ § 67 Rn. 3). Schließlich kommt Tarifverträgen für die Dauer ihrer Laufzeit aufgrund der geltenden Friedenspflicht (→ § 192 Rn. 17 ff.) eine sog. **Friedensfunktion** zu.

III. Verfassungsrechtliche Gewährleistung der Tarifautonomie

Im Grundgesetz ist anders als in Art. 165 I 2 WRV der Bestand eines Tarifvertrags nicht ausdrücklich gewährleistet. Gleichwohl ist die Tarifautonomie als wesentlicher Bestandteil der kollektiven Betätigungsfreiheit der Koalitionen und Inhalt des Koalitionsgrundrechts (→ § 189 Rn. 15 ff.) verfassungsrechtlich garantiert. Das BVerfG hat schon in seinen ersten Entscheidungen zu Art. 9 III GG die staatliche Verpflichtung zur **Bereitstellung eines funktionsfähigen Tarifvertragssystems**[24] betont.[25] Das freie Aushandeln von Tarifverträgen ist ein wesentlicher Zweck der Koalitionen.[26] Ein Tarifvertragssystem gehört zum verfassungsrechtlichen Mindeststandard des Art. 9 III GG, das der Gesetzgeber in Wahrnehmung seiner grundrechtlichen Schutzpflicht[27] bereitstellen muss. Eine solche Gewährleistung ist aber ausgestaltungsbedürftig und auch ausgestaltungsfähig, wobei dem Gesetzgeber vom BVerfG ein „erheblicher Gestaltungsspielraum" eingeräumt wird.[28] Die Verfassungsgarantie umfasst allerdings „nicht die besondere Ausprägung, die das Tarifvertragssystem in dem zur Zeit des Inkrafttretens des Grundgesetzes geltenden Tarifvertragsgesetz erhalten hat."[29] 6

Gesetzliche Regelungen zur **Ausgestaltung der Tarifautonomie**[30] müssen sich an der Schaffung eines funktionsfähigen Tarifvertragssystems orientieren (näher → § 189 Rn. 5, 7 ff., zur Ausgestaltung der Koalitionsfreiheit).[31] Dazu gehört zunächst das TVG.[32] Die Ausgestaltung kann auch mit Regelungen verbunden sein, die die Koalitionsfreiheit, aber auch andere Grundrechte, namentlich Art. 12 GG,[33] einschränken können.[34] Sie hat, wo der Gesetzgeber keine Regelungen geschaffen hat, durch die Rechtsprechung erfolgen.[35] Hierzu zählen etwa die materiellen Anforderungen an die Tariffähigkeit (→ § 196 Rn. 4 ff.),[36] wozu aber nicht die Arbeitskampfwilligkeit gehört (→ § 196 Rn. 7), das Verhältnis der Tarifvertragsparteien zueinander[37] oder die Satzungsanforderungen für eine OT-Mitgliedschaft (→ § 204 Rn. 15).[38] Zu beachten sind dabei stets die verfassungsrechtlichen Vorgaben. Dazu gehört vor allem die unmittelbare und zwingende Wirkung von Tarifverträgen, die grundsätzlich verfassungsrechtlich gewährleistet ist (→ § 207 Rn. 3, 14 ff.). Auch die Verdrängung eines Tarifvertrags einer konkurrierenden Gewerkschaft lässt sich unter dem Gesichtspunkt der Funktionsfähigkeit der Tarifautonomie (nur schwerlich) rechtfertigen (zum TEG → § 203 Rn. 24). Zur erforderlichen Ausgestaltung des Tarifvertragssystems gehört weiterhin die Bereitstellung eines Arbeitskampfrechtssystems (→ § 191 Rn. 19 f.). 7

---

[24] BVerfG 12.6.2018 AP Nr. 187 zu Art. 9 GG Arbeitskampf = NJW 2018, 2695; 11.7.2017 AP Nr. 151 zu Art. 9 GG = NZA 2017, 915. Zur Funktionsfähigkeit der Tarifautonomie und ihrer Stärkung s. das Gutachten von *Bepler,* 70. DJT, Band I: Gutachten/Teil B, 2014; *Waltermann* RdA 2014, 86 (90 ff.); *ders.* NZA 2014, 874 ff., sowie *Seiwerth* RdA 2014, 358 ff. Zur Stärkung der Tarifgebundenheit von Arbeitgebern *Deinert/Walser,* Tarifvertragliche Bindung der Arbeitgeber, 2015, insb. S. 73 ff., 221 ff.; *Fornasier* SR 2017, 239 ff.; weiterhin *Franzen* Stärkung der Tarifautonomie durch Anreize zum Verbandsbeitritt, 2018; *ders.* NZA-Beil. 2/2017, 66 (67 ff.); *Greiner* ZfA 2017, 309 (315 ff.): *de lege ferenda* durch Betriebsnormen; *Henssler* RdA 2021, 1 ff.; *Walser* SR 2017, 2 ff.

[25] BVerfG 1.3.1979 AP Nr. 1 zu § 1 MitbestG = NJW 1979, 699; jüngst BVerfG 19.6.2020 AP Nr. 192 zu Art. 9 GG Arbeitskampf = NZA 2020, 1186.

[26] BVerfG 3.4.2001 AP Nr. 2 zu § 10 BUrlG; 24.4.1996 AP Nr. 2 zu § 57a HRG = NZA 1996, 1157.

[27] ErfK/*Linsenmaier* GG Art. 9 Rn. 18, Art. 2 GG Rn. 27 ff.; *Pieroth* FS 50 Jahre BAG, Bd. II, 2001, 293 (304 f.).

[28] BVerfG 11.7.2017 AP Nr. 151 zu Art. 9 GG = NZA 2017, 915 mwN.

[29] BVerfG 19.10.1966 AP Nr. 24 zu § 2 TVG.

[30] Ausf. *Maschmann,* Tarifautonomie im Zugriff des Gesetzgebers, 2007, 65 ff.; *Cornils,* Die Ausgestaltung der Grundrechte, 2005, 396 ff.

[31] BVerfG 12.6.2018 AP Nr. 187 zu Art. 9 GG Arbeitskampf = NJW 2018, 2695; 11.7.2017 AP Nr. 151 zu Art. 9 GG = NZA 2017, 915.

[32] So schon BVerfG 18.11.1954 AP Nr. 1 zu Art. 9 GG; weiterhin ausf. BVerfG 11.7.2017 AP Nr. 151 zu Art. 9 GG = NZA 2017, 915.

[33] BVerfG 1.12.2010 AP Nr. 146 zu Art. 9 GG Arbeitskampf = NZA 2011, 60.

[34] BVerfG 19.6.2020 AP Nr. 192 zu Art. 9 GG Arbeitskampf = NZA 2020, 1186; 1.3.1979 AP Nr. 1 zu § 1 MitbestG = NJW 1979, 699.

[35] ErfK/*Linsenmaier* GG Art. 9 Rn. 85.

[36] BVerfG 20.10.1981 AP Nr. 31 zu § 2 TVG = NJW 1982, 815.

[37] BVerfG 11.7.2017 AP Nr. 151 zu Art. 9 GG = NZA 2017, 915.

[38] BVerfG 1.12.2010 AP Nr. 146 zu Art. 9 GG Arbeitskampf = NZA 2011, 60.

8 Ein weiterer Aspekt betrifft die **Einschränkung der Tarifautonomie** durch den Gesetzgeber. Eine solche ist, wenngleich die Abgrenzung zwischen Eingriff und Ausgestaltung sich im Einzelfall schwierig gestalten kann, bezogen auf die Tarifautonomie u.a. dann anzunehmen, wenn der Gesetzgeber Regelungen vorsieht, die zum Funktionsbereich der Tarifautonomie gehören,[39] aber nicht der Ausgestaltung des Grundrechts, namentlich dem Ausgleich widerstreitender Grundrechtspositionen dienen, sondern andere Ziele verfolgen.[40] Nach der Rechtsprechung kann zum Schutz von gleichermaßen verfassungsrechtlich gewährleisteten Rechtsgütern und Gemeinwohlbelangen die von Art. 9 III GG garantierte Koalitionsfreiheit, obwohl ohne Gesetzesvorbehalt verbürgt, eingeschränkt werden.[41] Es dürfen aber nur solche Schranken gezogen werden, die im konkreten Fall zum Schutz der betroffenen Rechtsgüter von der Sache her geboten und verhältnismäßig sind (→ § 189 Rn. 18 f.).

9 Das BVerfG hat in Anwendung dieser Grundsätze sowohl die **gesetzlichen Regelungen** zur Befristung im Hochschulbereich nach den §§ 57a ff. HRG aF,[42] zu den Lohnabstandsklauseln bei Strukturanpassungsmaßnahmen nach §§ 275 II, 261 I 1 SGB III aF,[43] Anrechnung von Kurtagen auf den Urlaubsanspruch nach § 10 I 1 BUrlG aF[44] als auch das Tarifeinheitsgesetz (mit Einschränkungen, ausf. → § 203 Rn. 14 ff.) als verhältnismäßig angesehen. Dabei hat es dem Gesetzgeber einen sehr großen Gestaltungsspielraum und unter dem Aspekt sozialstaatlich motivierter Maßnahmen eine noch weitergehende Einschätzungsprärogative eingeräumt.[45]

IV. Tarifautonomie und Tarifvertrag im Recht der Europäischen Union

10 **1. Gewährleistung von Kollektivverhandlungen.** Nach Art. 157 V AEUV (ex-Art. 141 V EG) hat die EU keine Kompetenz zur Regelung des Tarifrechts.[46] Die **Grundrechtecharta** (→ § 4 Rn. 3, → § 191 Rn. 7) gewährleistet in Art. 28 GRCh das „Recht auf Kollektivverhandlungen und Kollektivmaßnahmen" (auch → § 191 Rn. 23), welches auch der Abschluss von Tarifverträgen mit umfasst.[47] Der Vorschrift kann über Art. 101 AEUV[48] und die Grundfreiheiten eine unmittelbare Drittwirkung zukommen.[49] Die Tarifautonomie, verstanden als Befugnis zur autonomen Regelung der Arbeitsbedingungen wurde auch schon vor Inkrafttreten der Grundrechtecharta als allgemeiner Grundsatz des Gemeinschaftsrechts angesehen.[50] Eine Rechtsgrundlage für Europäische Kollektivverträge enthält das Recht der EU nicht. Gleichwohl bestehen Ansätze für autonome europäische Kollektivvereinbarungen.[51]

11 **2. Sozialer Dialog.** Nach Art. 153 V AEUV haben die europäischen Sozialpartner (UNICE, CEEP, EGB)[52] im Rahmen des **Sozialen Dialogs** die Möglichkeit, zwischen ihnen getroffene

---

[39] So durch das TEG: BVerfG 11.7.2017 AP Nr. 151 zu Art. 9 GG = NZA 2017, 915 (ausf. → § 203 Rn. 14 f.).

[40] Vgl. dazu *Dieterich* RdA 2002, 1 (12 f.); JKOS/*Krause* § 1 Rn. 36 ff., 40; krit. zur Unterscheidung etwa *Henssler* ZfA 1998, 1 (9).

[41] S. nur BVerfG 6.2.2007 NZA 2007, 394; 24.4.1996 AP Nr. 2 zu § 57 HRG = NZA 1996, 1157; 26.6.1991 AP Nr. 117 zu Art. 9 GG Arbeitskampf = NZA 1991, 809.

[42] BAG 24.4.1996 AP Nr. 2 zu § 57 HRG = NZA 1996, 1157.

[43] BAG 27.4.1999 NZA 1999, 992.

[44] BVerfG 3.4.2001 AP Nr. 2 zu § 10 BUrlG = NZA 2001, 777.

[45] Dazu mit Recht krit. *Bieback* AuR 2001, 201 ff.; BKS/*Kocher* Teil 1 Rn. 88 ff.; NK-TVG/*Däubler* Einl. Rn. 163 ff.; ErfK/*Linsenmaier* GG Art. 9 Rn. 89; *I. Schmidt* FS Richardi, 2007, 765 (768).

[46] Zum Tarif- und Arbeitskampfrecht in den Mitgliedstaaten Überblick bei *Deinert* § 15 Rn. 2 ff., § 16 Rn. 6 ff.; *Junker* RdA-Beil. 5/2009, 4 ff.; sowie die Beiträge in *Hekimler/Ring* (Hrsg.), Tarifrecht in Europa, 2012. Zur europäischen Wirtschaftsregulierung und dem Verhältnis zu einem europäischen Grundrecht der Tarifautonomie *Bryde* SR 2012, 1 ff.; *Waas* ZESAR 2014, 309 ff.

[47] MHdB ArbR/*Klumpp* § 227 Rn. 7, 11; zu den „Europäischen Vorschriften zum Tarifvertrag" ausf. *Junker* EuZA 2014, 1 ff.

[48] Zur Bereichsausnahme für Kollektivvereinbarungen von Art. 101 AEUV EuGH 4.12.2014 NZA 2015, 55 – FNV Kunsten Informatie en Media, unter Hinweis auf EuGH 13.1.2004 AP Nr. 7 zu Art. 141 EG = NZA 2004, 201 – Allonby. Ausf. auch *Höpfner* S. 559 ff. S. aber EFTA-Gerichtshofs 19.4.2016 – E-14/15 – Holship; dazu ausf. *Kainer* EuZA 2017, 91 ff.

[49] EuArbRK/*Schubert* GRC Art. 28 Rn. 3 ff.; weitergehend Däubler ArbeitskampfR/*Heuschmid* § 11 Rn. 33.

[50] *Bryde* SR 2012, 1 (7 ff.); *Däubler* FS Hanau, 1999, 489 (493 ff.); NK-TVG/*Schiek* Einl. Rn. 514 ff. S. auch *Weichselbaum* DRdA 2011, 103.

[51] Vgl. *Deinert* § 15 Rn. 79 ff.; ausf. NK-TVG/*Schiek* Einl. Rn. 797 ff.; zur historischen Entwicklung *Deinert* RdA 2004, 211 ff.; *Maaßen* AuR 2011, 423 f. (zu OPEL/GM); zu den Perspektiven im Rechtsraum der EU: *Zimmer* EuZA 2013, 247 ff. Zu transnationalen Unternehmensvereinbarungen *Mangold* AuR 2018, 460 ff.

[52] Zu Anhörung weiterer Verbände s. KOM (93) 600 endg.

Vereinbarungen in das Recht der EU zu transformieren (→ § 190 Rn. 26).[53] Dabei handelt es sich aber nicht um ein unionsrechtliches Tarifrecht.[54] Die Sozialpartner können im Rahmen des Anhörungs- und Beteiligungsverfahrens nach Art. 154 AEUV durch die Kommission von der Möglichkeit des Art. 154 IV AEUV Gebrauch machen. Sie können dann gem. Art. 155 I AEUV schuldrechtlich wirkende Vereinbarungen treffen. Diese auf Unionsebene geschlossenen Vereinbarungen sind nachfolgend entweder nach den jeweiligen Verfahren und Gepflogenheiten der Sozialpartner und der Mitgliedstaaten umzusetzen, Art. 155 II Fall 1 AEUV, oder auf gemeinsamen Antrag der Sozialpartner durch einen Beschluss des Rats auf Vorschlag der Kommission. Im ersten Fall bedarf es der Umsetzung in den einzelnen nationalen Tarifsystemen oder einer gesetzlichen durch die Mitgliedstaaten. In der zweiten Fallgestaltung, dem Beschluss des Rats, ist allerdings Voraussetzung, dass es sich um einen der Regelungsgegenstände nach § 153 I–III AEUV handelt. Dem Beschluss kommt die Wirkung einer Richtlinie oder einer Verordnung zu, wobei ein Wahlrecht besteht.[55] Auf Grundlage des Sozialen Dialogs sind bisher folgende branchenübergreifende[56] **Sozialpartnervereinbarungen** in Richtlinien umgesetzt worden: Die Richtlinie 97/81/EG des Rates zu der von UNICE, CEEP und EBG geschlossenen Rahmenvereinbarung über Teilzeitarbeit vom 15.12.1997 – „Teilzeitrichtlinie" –, die Richtlinie 99/70/EG des Rates vom 28.6.1999 zu der EGB-UNICE-CEEP-Rahmenvereinbarung über befristete Arbeitsverträge – „Befristungsrichtlinie" – sowie die Richtlinie 96/34/EG des Rates vom 3.6.1996 zu der von UNICE, CEEP und EGB geschlossenen Rahmenvereinbarung über Elternurlaub.[57]

V. Internationales Tarifvertragsrecht

1. Grundsatz. Für das TVG gilt das **Territorialitätsprinzip.** Das Gesetz gilt für die gesamte 12
Bundesrepublik Deutschland, wozu nach den Regeln des Völkerrechts auch Flugzeuge und Schiffe, nicht aber die Botschaften zählen. Das Gesetz enthält keine Regelungen, ob ein Tarifvertrag im Ausland Geltung beanspruchen kann oder ob er auf Sachverhalte mit Auslandsberührung Anwendung findet. Maßgebend sind hier die Art. 22 ff. EGBGB und die Art. 3, 8 f. Rom I-VO (→ § 7 Rn. 2 ff.). Bei der Anwendung des Internationalen Tarifvertragsrechts sind verschiedene Sachverhalte zu unterscheiden, die nicht mit dem Territorialitätsprinzip „vermischt" werden dürfen.[58] Zunächst ist zu klären, ob die Tarifvertragsparteien das Tarifvertragsstatut, also **welche Rechtsordnung** für den Tarifvertrag die maßgebende sein soll, bestimmen können (→ Rn. 13 ff.). Ein weiterer Bereich handelt von der vorübergehenden Entsendung in das Ausland und der Inlandstätigkeit eines AN, der mit einem Unternehmen einen Arbeitsvertrag nach ausländischem Recht geschlossen hat (→ Rn. 16). Umstritten, aber für die Praxis derzeit noch nicht von Bedeutung, ist schließlich, ob das Arbeitsvertragsstatut durch den Tarifvertrag, etwa durch eine Abschluss- oder Betriebsnorm, bestimmt werden kann.[59]

2. Tarifvertragsstatut. Das Tarifvertragsstatut entscheidet darüber, **welche Rechtsordnung** 13
für das Zustandekommen und die Wirkungen eines Tarifvertrags maßgebend ist.[60] Soll ein Tarifvertrag nach den Bestimmungen des TVG geschlossen werden, sind dessen Voraussetzungen auch für ausländische Verbände maßgebend.[61] Gleiches gilt dann auch für die möglichen Inhalte und die Rechtswirkungen des Tarifvertrags.[62]

Die Vereinbarung des TVG als Tarifvertragsstatut ist im deutschen Recht nur für einen **Son-** 14
derfall, § 21 IV FlaggenrechtsG, geregelt.[63] Allein der Umstand, dass ein Schiff unter deut-

[53] Ausf. *Arnold,* Der Soziale Dialog nach Art. 139 EG, 2007; weiterhin EuArbRK/*Franzen* AEUV Art. 155 Rn. 13 ff.
[54] MHdB ArbR/*Klumpp* § 227 Rn. 7, 11.
[55] Zum Ganzen NK-TVG/*Schiek* Einl. Rn. 851 ff.; sowie *Fuchs/Marhold,* Europäisches Arbeitsrecht, 265 ff.
[56] Zu sektoriellen Vereinbarungen, die in Richtlinien umgesetzt wurden, Nachw. bei EuArbRK/*Franzen* AEUV Art. 155 Rn. 11.
[57] Diese wird durch Art. 19 I 1 der Richtlinie (EU) 2019/1158 des Europäischen Parlaments und des Rates zur Vereinbarkeit von Beruf und Privatleben für Eltern und pflegende Angehörige und zur Aufhebung der Richtlinie 2010/18/EU (v. 20.6.2019, ABl. EG l 188, 79) zum 2.8.2022 aufgehoben.
[58] *Deinert* § 15 Rn. 18, 36.
[59] LAG RhPf 16.6.1981 AuR 1982, 352; NK-TVG/*Däubler* Einl. Rn. 713 ff.; Wiedemann/*Thüsing* TVG § 1 Rn. 95 ff.
[60] Ausf. *Hergenröder* AR-Blattei, SD 1550.15.
[61] BAG 16.2.2000 AP Nr. 54 zu § 2 TVG = NZA 2001, 331.
[62] ErfK/*Schlachter* Rom I-VO Art. 9 Rn. 30; MHdB ArbR/*Oetker* § 11 Rn. 118.
[63] V. 26.10.1994 (BGBl. I 3140), zul. geänd. 19.6.2020 (BGBl. I 1328); dazu etwa *Deinert* § 15 Rn. 40 f.

scher Flagge fährt, führt – ohne dass dies verfassungsrechtlich beanstandet wurde[64] – nicht zur Anwendung des deutschen Rechts.[65] Allerdings kann mit ausländischen Gewerkschaften das TVG für die Regelung von Arbeitsverhältnissen unter den im Gesetz näher genannten Voraussetzungen vereinbart werden.[66]

15 Ob die Tarifvertragsparteien im Übrigen für Tarifverträge mit Auslandsbezug das **anwendbare Recht** entsprechend Art. 3 Rom I-VO oder Art. 27 EGBGB **wählen** können, ist umstritten, wird aber im Hinblick auf den privatrechtlichen Charakter eines Tarifvertrags zunehmend und mit Recht befürwortet,[67] während andere dies unter Hinweis auf die Bedeutung und die Verankerung des Tarifrechts sowie seine Legitimation durch das deutsche Koalitionsverbandsrecht ablehnen.[68] Hier ist dann allein die objektive Anknüpfung entscheidend.[69] Haben die Tarifvertragsparteien **keine ausdrückliche Rechtswahl** vorgenommen, ist, wenn man eine solche für zulässig halt, eine konkludente Wahl nach Art. 3 I 2 Rom I-VO bzw. Art. 27 I 2 EGBGB zu prüfen (zu den allgemeinen Maßstäben → § 7 Rn. 9). Fehlt die Rechtswahl gänzlich, ist die maßgebende Rechtsordnung durch eine objektive Anknüpfung anhand der Kriterien des Art. 4 II, III Rom I-VO oder des Art. 28 EGBGB vorzunehmen.[70] Dabei wird aber zum Teil verlangt, dass sich Tarifvertragsstatut und Arbeitsvertragsstatut in der Regel entsprechen müssen, also der Tarifvertrag demjenigen Recht unterfällt, welches auch für das von ihm erfasste Arbeitsverhältnis maßgebend ist.[71] Dem entspricht die Rechtsprechung des BAG, die eine Geltung von nach dem TVG geschlossenen Tarifverträgen nur für Arbeitsverhältnisse annimmt, die dem deutschen Recht unterliegen.[72]

16 **3. Tarifverträge bei Auslandsberührung.** Bei einer **zeitlich vorübergehenden Entsendung** eines AN in das Ausland, für den das Arbeitsvertragsstatut die Anwendung deutschen Rechts vorsieht, gilt weiterhin das deutsche Tarifrecht.[73] Das gilt in solchen sog. **Ausstrahlungsfällen** auch ohne ausdrückliche Regelung[74] und auch umgekehrt für einen ausländischen Tarifvertrag bei einer vorübergehenden Entsendung in die Bundesrepublik Deutschland.[75] Die Geltung des Tarifvertrags kann auch ausdrücklich auf Auslandssachverhalte erstreckt werden, wenn ein „gewisser Inlandsbezug" gegeben ist. Das gilt etwa, wenn ein AN für eine Arbeitsleistung **im Ausland eingestellt** wird.[76] Allerdings ist nach Art. 8 I 2 Rom I-VO und Art. 30 II EGBGB das zwingende Recht des ausländischen Staates zu beachten.[77] Die Tätigkeit eines AN, der mit einem Unternehmen **nach ausländischem Recht** einen Arbeitsvertrag geschlossen hat, wird nach der Rechtsprechung des BAG von einem Tarifvertrag nach dem TVG nicht erfasst.[78] Eine Geltung der Tarifnormen kann sich nur über Art. 8 IV Rom I-VO oder Art. 30 II Hs. 2 EGBGB ergeben (→ § 7 Rn. 14 ff.) oder, wenn auch objektiv das ausländische Vertragsstatut gilt, Eingriffsnormen vorliegen (→ § 7 Rn. 16 ff., zur Allgemeinverbindlicherklärung → § 205 Rn. 10). Dies bedarf aber der Überführung in staatlich gesetzte Normen, sei es durch eine Allgemeinverbindlicherklärung oder eine Rechtsverordnung nach dem AEntG.[79]

---

[64] BVerfG 10.1.1995 AP Nr. 76 zu Art. 9 GG = NZA 1996, 272, anders für § 21 IV 3 FlaggenrechtsG.
[65] Vgl. auch BAG 16.2.2000 AP Nr. 54 zu § 2 TVG = NZA 2001, 331.
[66] Dazu ausf. *Hergenröder* AR-Blattei SD 1550.15 Rn. 46 ff.
[67] *Deinert* Rom I-VO § 15 Rn. 17, 19 ff.; *Franzen* AR-Blattei SD 920 Rn. 307; KeZa/*Kocher* TVG § 4 Rn. 43 ff.; ErfK/*Schlachter* Rom I-VO Art. 9 Rn. 30; iErg wohl auch BAG 11.9.1991 AP Nr. 29 Internat. Privatrecht, Arbeitsrecht mAnm *Arnold* und *Dütz/Rotter* = NZA 1992, 321.
[68] *Löwisch/Rieble* Grundl. Rn. 392 ff.; dagegen zutreffend *Deinert* § 15 Rn. 36.
[69] MHdB ArbR/*Klumpp* § 262 Rn. 4; Wiedemann/*Thüsing* TVG § 1 Rn. 100, jew. mwN.
[70] BAG 16.2.2000 AP Nr. 54 zu § 2 TVG = NZA 2001, 331; LAG Nds 4.4.2003 IPRspr 2004 Nr. 47a 110.
[71] *Deinert* § 15 Rn. 51 f.; KeZa/*Kocher* TVG § 4 Rn. 55 ff.; *Löwisch/Rieble* Grundlagen Rn. 406; aA NK-TVG/*Däubler* Einl. Rn. 729 ff.
[72] BAG 9.7.2003 AP Nr. 261 zu § 1 TVG Tarifverträge: Bau.
[73] BAG 11.9.1991 AP Nr. 29 zu Internat. Privatrecht, Arbeitsrecht mAnm *Arnold* und *Dütz/Rotter* = NZA 1992, 321.
[74] BAG 21.10.1980 AP Nr. 17 zu Internat. Privatrecht, Arbeitsrecht; 9.7.1980 AP Nr. 7 zu § 1 TVG Form; ErfK/*Schlachter* Rom I-VO Art. 9 Rn. 31, 28.
[75] NK-TVG/*Däubler* Einl. Rn. 651; Wiedemann/*Thüsing* TVG § 1 Rn. 89.
[76] Vgl. BAG 11.9.1991 AP Nr. 29 zu Internat. Privatrecht, Arbeitsrecht mAnm *Arnold* und *Dütz/Rotter* = NZA 1992, 321; 12.12.1990 AP Nr. 2 zu § 4 TVG Arbeitszeit = NZA 1991, 201.
[77] BAG 11.9.1991 AP Nr. 29 zu Internat. Privatrecht, Arbeitsrecht mAnm *Arnold* und *Dütz/Rotter* = NZA 1992, 321.
[78] BAG 9.7.2003 AP Nr. 261 zu § 1 TVG Tarifverträge: Bau; 4.5.1977 AP Nr. 30 zu § 1 TVG Tarifverträge: Bau; ebenso Wiedemann/*Thüsing* TVG § 1 Rn. 75 ff.; aA NK-TVG/*Däubler* Einl. Rn. 729 ff.; ErfK/*Schlachter* Rom I-VO Art. 9 Rn. 34 bei entsprechendem Inlandsbezug mwN.
[79] BAG 7.5.2020 AP Nr. 11 zu Art. 30 EGBGB = NZA 2021, 225 mwN.

§ 196. Tarifvertragsparteien

Übersicht

I. Grundsatz

Wer **Partei eines Tarifvertrags** sein kann, bestimmt § 2 TVG. Das sind auf Seiten der AN Gewerkschaften und auf Arbeitgeberseite Vereinigungen von AG (→ Rn. 4 ff.) sowie der einzelne AG (→ Rn. 24 ff.). Weiterhin bestimmen § 2 II und III TVG, dass Tarifverträge von Zusammenschlüssen von Gewerkschaften sowie von Vereinigungen von AG – Spitzenorganisationen – geschlossen werden können (→ Rn. 18 ff.), und zwar entweder in Vertretung für ihre Mitglieder (§ 2 II TVG) oder im eigenen Namen (§ 2 III TVG). Die Aufzählung in § 2 TVG ist insoweit nicht abschließend, als der Gesetzgeber **auch anderen Vereinigungen** gesetzlich die Fähigkeit zum Abschluss von Tarifverträgen einräumen kann (→ Rn. 28). 1

Die Befugnis zum Abschluss eines Tarifvertrags wird als **Tariffähigkeit** bezeichnet.[1] „Die Tariffähigkeit bedeutet die Fähigkeit, durch Vereinbarung mit dem sozialen Gegenspieler unter anderem die Arbeitsbedingungen des Einzelarbeitsvertrags mit der Wirkung zu regeln, dass sie für die tarifgebundenen Personen unmittelbar und unabdingbar wie Rechtsnormen gelten."[2] Tariffähig ist nach § 2 I TVG jedenfalls der einzelne AG. Demgegenüber sind weder der Begriff noch die Anforderungen, die an die Vereinigungen iSd § 2 I TVG zu stellen sind, gesetzlich geregelt. Ein anderes ergibt sich auch nicht aus dem Staatsvertrag über die Schaffung einer Währungs-, Wirtschafts- und Sozialunion, der keine gesetzliche Normierung darstellt (→ § 188 Rn. 6).[3] Die Tariffähigkeit setzt die Erfüllung weiterer Anforderungen voraus, die auf Arbeitnehmer- und Arbeitgeberseite unterschiedlich ausgestaltet sind (→ Rn. 9 ff., 17). Nicht erforderlich ist die Rechtsfähigkeit der Verbände (→ § 190 Rn. 33). 2

Neben der Tarifzuständigkeit (→ § 197 Rn. 13 ff.) ist die Tariffähigkeit **Wirksamkeitsvoraussetzung für einen Tarifvertrag.**[4] Anderenfalls ist er nichtig. Eine nachträgliche Heilung ist ausgeschlossen. Auch wird der gute Glaube an die Tariffähigkeit nicht geschützt. Ein anderes Ergebnis wird angenommen, wenn die Tariffähigkeit nach Abschluss des Tarifvertrags, etwa durch Auflösung eines Verbandes entfällt (→ § 204 Rn. 28). Bei einem mehrgliedrigen Tarifvertrag, der als Einheitstarifvertrag abgeschlossen wurde (→ § 197 Rn. 10 ff.), führt die mangelnde Tariffähigkeit nur einer tarifschließenden Partei zur Gesamtnichtigkeit, bei einem mehrgliedrigen Tarifvertrag im engeren Sinn bleiben die von den anderen tariffähigen Beteiligten geschlossenen Tarifverträge dagegen wirksam.[5] Die Nichtigkeit des Tarifvertrags tritt *ex tunc* ein. Für eine Unwirksamkeit *ex nunc* in Annahme eines sog. fehlerhaften Tarifvertrages, wie es im Anschluss 3

---

[1] BAG 28.3.2006 AP Nr. 4 zu § 2 TVG Tariffähigkeit = NZA 2006, 1112; BVerfG 19.10.1966 AP Nr. 24 zu § 2 TVG.

[2] BVerfG 19.10.1966 AP Nr. 24 zu § 2 TVG; bestätigt in BVerfG 11.7.2017 AP Nr. 151 zu Art. 9 GG = NZA 2017, 915; BAG 26.6.2018 AP Nr. 10 zu § 2 TVG Tariffähigkeit mAnm *Greiner/Pointeck* = NZA 2019, 188; 28.3.2006 AP Nr. 4 zu § 2 TVG Tariffähigkeit = NZA 2006, 1112.

[3] BAG 5.10.2010 AP Nr. 7 zu § 2 TVG Tariffähigkeit mAnm *B. Schmidt* = NZA 2011, 300; 6.6.2000 AP Nr. 9 zu § 97 ArbGG 1979 = NZA 2001, 156.

[4] StRspr BAG 27.11.1964 AP Nr. 1 zu § 2 TVG Tarifzuständigkeit; 15.11.2006 AP Nr. 34 zu § 4 TVG Tarifkonkurrenz = NZA 2007, 448.

[5] BAG 15.11.2006 AP Nr. 34 zu § 4 TVG Tarifkonkurrenz = NZA 2007, 448.

an die Entscheidungen des BAG zur Tariffähigkeit der CGZP (→ Rn. 21 f.) in Anlehnung an die Lehre vom faktischen Arbeitsverhältnis vertreten wurde,[6] ist die Rechtsprechung zu Recht nicht näher getreten. Weder sind die Fallgestaltungen vergleichbar noch fehlt es, wie § 10 IV 4 AÜG zeigt, an einer Gesetzeslücke.[7] Steht die Tariffähigkeit eines Verbandes in Frage, kann sie ebenso wie die Tarifzuständigkeit nur in einem arbeitsgerichtlichen **Beschlussverfahren** nach §§ 2a I Nr. 4, 97 ArbGG geklärt werden (→ Rn. 29 ff.). Die Entscheidung stellt die Tariffähigkeit oder ihr Fehlen mit Rechtskraftwirkung gegenüber jedermann fest (→ Rn. 32).

II. Voraussetzungen der Tariffähigkeit von Verbänden

4 **1. Koalitionseigenschaft.** Voraussetzung für die Tariffähigkeit der Verbände[8] ist zunächst, dass es sich bei ihnen um **Koalitionen iSd Art. 9 III GG** handelt und sie die hierfür geltenden Voraussetzungen erfüllen (→ § 188 Rn. 9 ff.).[9]

5 **2. Tarifwilligkeit.** Für die Tariffähigkeit ist weiterhin die Tarifwilligkeit erforderlich.[10] Die Vereinigung muss sich als satzungsgemäße Aufgabe die Wahrnehmung der Interessen ihrer Mitglieder in ihrer Eigenschaft als AN oder AG gesetzt haben und nach ihrer Satzung willens sein, Tarifverträge abzuschließen.[11] Die Tarifwilligkeit eines Verbandes ergibt sich aus dessen Satzung,[12] der im Rahmen der ihm zustehenden Satzungsautonomie darüber frei entscheiden kann (zur OT-Mitgliedschaft → § 204 Rn. 11 ff.).[13] Ausreichend, aber auch erforderlich[14] ist es, wenn sich die Tarifwilligkeit durch Auslegung der Satzung ergibt. Für die Mitglieder muss erkennbar sein, dass sie sich durch ihren Beitritt der Normsetzungsbefugnis des Verbandes unterwerfen. Hierdurch wird nicht in die Tarifautonomie eingegriffen.[15]

6 Die **Tarifwilligkeit** muss **ungeteilt** bestehen. In der Satzung können nicht einzelne Sachbereiche der Arbeits- und Wirtschaftsbedingungen von der Tarifwilligkeit ausgeklammert werden.[16] Davon zu unterscheiden ist die Festlegung der Tarifzuständigkeit, die auf einzelne Branchen und Wirtschaftszweige sowie Berufsgruppen regional beschränkt werden kann (→ § 197 Rn. 15 ff.).[17] Darüber hinaus muss der Verband das geltende **Tarifrecht als verbindlich anerkennen.**[18] Dabei handelt es sich in der Sache um eine „reine Selbstverständlichkeit", die schon allein aus dem Umstand folgt, dass sich die Verbände durch den Abschluss von Tarifverträgen am Tarifvertragssystem beteiligen.[19]

7 **3. Arbeitskampfbereitschaft.** Nicht abschließend geklärt ist, ob die **Arbeitskampfbereitschaft einer Arbeitnehmerkoalition** Voraussetzung ihrer Tariffähigkeit ist. Das BAG hatte dies zunächst angenommen,[20] es aber im Anschluss an eine Entscheidung des BVerfG, die für den

[6] *Henssler/Höpfner/Orlowski,* Der CGZP-Beschluss des Bundesarbeitsgerichts und seine tarifrechtlichen Folgen, 2012, 26 ff., 63 ff.; weiterhin *Friemel* NZS 2011, 852 (853); *Lembke* NZA 2011, 1062 (1067).

[7] S. nur – zu Recht abl. – BAG 13.3.2013 AP Nr. 31 zu § 10 AÜG = NZA 2013, 680; *Betz* NZA 2013, 350 (353) mwN; sowie *Rieble* BB 2012, 2945 (2948); *A. Stein* FS Kempen 2013, 88 ff.

[8] S. auch *Stoppelmann,* Tariffähigkeit und Tarifzuständigkeit von Arbeitgeberverbänden, 2015, S. 75 ff., 129 ff.

[9] S. auch BAG 5.10.2010 AP Nr. 7 zu § 2 TVG Tariffähigkeit mAnm *B. Schmidt* = NZA 2011, 300.

[10] BAG 21.3.2018 AP Nr. 40 zu § 5 TVG = NZA-Beil. 1/2018, 8 ff.; 5.10.2010 AP Nr. 7 zu § 2 TVG Tariffähigkeit mAnm *B. Schmidt* = NZA 2011, 300; BVerfG 20.10.1981 AP Nr. 31 zu § 2 TVG = NJW 1982, 815. Zu deren Aufgabe s. BAG 15.5.2018 AP Nr. 113 zu § 77 BetrVG 1972 = NZA 2018, 1150.

[11] BAG 21.9.2011 AP Nr. 58 zu § 1 TVG Tarifverträge: Arzt; 25.11.1986 AP Nr. 36 zu § 2 TVG = NZA 1987, 492.

[12] Vgl. BAG 6.9.2006 AP Nr. 20 zu § 11 ArbGG 1979 = NZA 2007, 526 (Arbeitsrechtliche Vereinigung Hamburg); 24.7.1990 AP Nr. 7 zu § 2 TVG = NZA 1991, 21.

[13] Vgl. BAG 22.4.2009 AP Nr. 26 zu § 4 TVG Verbandszugehörigkeit = NZA 2010, 105.

[14] Wiedemann/*Oetker* TVG § 2 Rn. 481 ff.; aA NK-TVG/*Peter* § 2 Rn. 45 ff.; KeZa/*Kempen* TVG § 2 Rn. 34.

[15] So aber KeZa/*Kempen* TVG § 2 Rn. 34; s. auch *Löwisch/Rieble* TVG § 2 Rn. 217: „notwendiger Satzungsbestandteil".

[16] ErfK/*Franzen* TVG § 2 Rn. 8; KeZa/*Kempen* TVG § 2 Rn. 34.

[17] Weitergehender und fraglich allerdings BAG 21.3.2018 AP Nr. 40 zu § 5 TVG = NZA-Beil. 1/2018, 8 ff.: Zuständigkeitsaufteilung für Rahmenregelungen und Lohnabreden zwischen Spitzenverband und Mitgliedsverbänden; aA ErfK/*Franzen* TVG § 2 Rn. 29.

[18] BAG 28.3.2006 AP Nr. 4 zu § 2 TVG Tariffähigkeit = NZA 2006, 1112; 15.11.1963 AP Nr. 14 zu § 2 TVG; so auch BVerfG 1.3.1979 AP Nr. 1 zu § 1 MitbestG mAnm *Wiedemann* = NJW 1979, 699. Krit. zu diesem weiteren Erfordernis KeZa/*Kempen* TVG § 2 Rn. 83; NK-TVG/*Peter* § 2 Rn. 50.

[19] NK-TVG/*Peter* § 2 Rn. 50.

[20] BAG 19.1.1962 AP Nr. 13 zu § 2 TVG.

„Berufsverband katholischer Hausgehilfinnen" ein sinnvolles Funktionieren der Tarifautonomie nicht deshalb in Frage gestellt hatte, weil dieser auf Arbeitskampfmaßnahmen verzichtete,[21] in späteren Entscheidungen in Bezug auf den Marburger Bund[22] und den Deutschen Arbeitnehmer-Verband[23] auf die Arbeitskampfbereitschaft als Voraussetzung aber wieder verzichtet. Das Gericht sieht es als ausreichend an, dass der Verband so viel Druck auf die Gegenseite ausüben kann, dass diese sich veranlasst sieht, auf Verhandlungen über tariflich regelbare Ziele einzulassen.[24] Demgegenüber wird zum Teil die ausdrückliche Bereitschaft zum Arbeitskampf unter Hinweis auf die Funktionsbedingungen der Tarifautonomie gefordert.[25]

Daran ist im Grundsatz zutreffend, dass über die Arbeitskampfbereitschaft die Ausübung von Druck plausibler erscheinen mag. Für die Beurteilung der Tariffähigkeit, die auf Seiten der Arbeitnehmervereinigungen eine „Soziale Mächtigkeit" (→ Rn. 9 ff.) erfordert, ist jedoch nicht die Bereitschaft zum Arbeitskampf maßgebend, sondern die **Fähigkeit zur Ausübung von Druck.** Dies wird in der Regel durch einen Arbeitskampf erfolgen, schließt aber andere Mechanismen der Druckausübung nicht per se aus.[26] 8

4. Durchsetzungsfähigkeit von Vereinigungen. a) Arbeitnehmervereinigungen. Nicht jede tarifwillige Arbeitnehmerkoalition ist eine **Gewerkschaft,** die Tarifvertragspartei nach § 2 I TVG sein kann. Weitere Voraussetzung ist nach der ständigen Rechtsprechung des BAG,[27] dass der Vereinigung eine Durchsetzungsfähigkeit, auch als **„Soziale Mächtigkeit"** bezeichnet, zukommt.[28] Dieses zusätzliche Erfordernis ist mit Art. 9 III GG vereinbar.[29] Das BAG formuliert diese Anforderungen wie folgt:[30] 9

„Tariffähigkeit setzt weiter voraus, dass die Arbeitnehmervereinigung ihre Aufgabe als Tarifpartner sinnvoll erfüllen kann. Dazu gehören einmal ***Durchsetzungskraft*** *gegenüber dem sozialen Gegenspieler, zum anderen aber auch Leistungsfähigkeit der Organisation. Durchsetzungskraft muss eine Arbeitnehmervereinigung besitzen, um sicherzustellen, dass der soziale Gegenspieler wenigstens Verhandlungsangebote nicht übersehen kann. Ein angemessener, sozial befriedigender Interessenausgleich kann nur zustande kommen, wenn die Arbeitnehmervereinigung zumindest so viel* ***Druck ausüben kann,*** *dass sich die Arbeitgeberseite veranlasst sieht, sich auf Verhandlungen über eine tarifliche Regelung von Arbeitsbedingungen einzulassen. Die Arbeitnehmervereinigung muss* ***von ihrem sozialen Gegenspieler ernst genommen werden,*** *so dass die Regelung der Arbeitsbedingungen nicht einem Diktat der Arbeitgeberseite entspringt, sondern tatsächlich ausgehandelt wird. Dabei kann der Inhalt des Tarifvertrags selbst unberücksichtigt bleiben."*

Diese Anforderungen an die Tariffähigkeit rechtfertigen sich aus dem Bedürfnis, die **Funktionsfähigkeit der Tarifautonomie** zu sichern. Tarifautonomie steht von Verfassung wegen nur solchen Koalitionen zu, die in der Lage sind, den von der staatlichen Rechtsordnung freigelassenen Raum des Arbeitslebens durch Tarifverträge sinnvoll zu gestalten. Das setzt Geschlossenheit der Organisation und Durchsetzungskraft gegenüber dem sozialen Gegenspieler voraus. Ohne diese Fähigkeit wäre die Arbeitnehmervereinigung vom guten Willen der Arbeitgeberseite und anderer Arbeitnehmerkoalitionen abhängig und könnte den Aufgaben der Tarifautonomie nicht gerecht werden.[31] Weder das Mindestlohngesetz noch das Tarifeinheitsgesetz haben an diesen Anforderungen etwas geändert.[32] Auch stehen Art. 28 GRCh, die ESC oder die EMRK diesen Kriterien nicht entgegen.[33] 10

---

[21] BVerfG 6.5.1964 AP Nr. 15 zu § 2 TVG; jüngst instruktiv *Kocher* FS Kempen, 2013, 166 ff.

[22] BAG 21.11.1975 AP Nr. 6 zu § 118 BetrVG 1972 = NJW 1976, 1165: „Das Fehlen der Kampfbereitschaft beruht auf dem Wesen des ärztlichen Berufes".

[23] BAG 14.3.1978 AP Nr. 30 zu § 2 TVG.

[24] So auch BAG 28.3.2006 AP Nr. 4 zu § 2 TVG Tariffähigkeit = NZA 2006, 1112; BVerfG 19.10.1966 AP Nr. 24 zu § 2 TVG.

[25] Ausf. *Kocher* FS Kempen, 2013, 166 ff., weiterhin KeZa/*Stein* TVG § 2 Rn. 61 ff.; BKS/*Kocher* § 2 Rn. 28 ff.; aA ErfK/*Franzen* TVG § 2 Rn. 10; Wiedemann/*Oetker* TVG § 2 Rn. 495 ff., alle mwN.

[26] Vgl. BKS/*Kocher* § 2 Rn. 30 f.; *Richardi* RdA 2007, 117 (120).

[27] BAG 26.6.2018 AP Nr. 10 zu § 2 TVG Tariffähigkeit mAnm *Greiner/Pointeck* = NZA 2019, 188; 28.3.2006 AP Nr. 4 zu § 2 TVG Tariffähigkeit = NZA 2006, 1112.

[28] AA Wiedemann/*Oetker* TVG § 2 Rn. 522 ff. mwN.

[29] BVerfG 13.9.2019 AP Nr. 11 zu § 2 TVG Tariffähigkeit = NZA 2019, 1649; 20.10.1981 AP Nr. 31 zu § 2 TVG = NJW 1982, 815; BAG 31.7.2007 AP Nr. 2 zu § 22 LPVG NW; 14.12.2004 AP Nr. 1 zu § 2 TVG Tariffähigkeit = NZA 2005, 697.

[30] BAG 28.3.2006 AP Nr. 4 zu § 2 TVG Tariffähigkeit = NZA 2006, 1112.

[31] BAG 22.6.2021 – 1 ABR 22/20; 26.6.2018 AP Nr. 10 zu § 2 TVG Tariffähigkeit = NZA 2019, 188; 5.10.2010 AP Nr. 7 zu § 2 TVG Tariffähigkeit mAnm *B. Schmidt* = NZA 2011, 300. S. auch BVerfG 11.7.2017 AP Nr. 151 zu Art. 9 GG = NZA 2017, 915.

[32] BAG 26.6.2018 AP Nr. 10 zu § 2 TVG Tariffähigkeit = NZA 2019, 188; s. auch BVerfG 13.9.2019 AP Nr. 11 zu § 2 TVG Tariffähigkeit = NZA 2019, 1649; ebenso *Deinert* AuR 2016, 444 ff.; anders *Jacobs* jurisPR-ArbR 31/2016 Anm. 1.

[33] BAG 26.6.2018 AP Nr. 10 zu § 2 TVG Tariffähigkeit = NZA 2019, 188.

11 Zur Beurteilung der Tariffähigkeit, die anhand von Indizien festzustellen ist, ist neben einer leistungsfähigen Organisation[34] eine **Gewichtung von Kriterien erforderlich,** und zwar entsprechend den Umständen des zu beurteilenden Einzelfalls:[35] Auszugehen ist zunächst von der der **Anzahl der Mitglieder,** die nicht unerheblich sein darf.[36] Die Zahl der organisierten AN bestimmt die finanzielle Ausstattung und entscheidet über die organisatorische Leistungsfähigkeit.[37] Sie gibt aber vor allem Auskunft, ob die Vereinigung in der Lage ist, hinreichenden Druck auf den sozialen Gegenspieler aufzubauen, um Verhandlungen über den Abschluss eines Tarifvertrags zu erzwingen. Diese Zahlen hat die Gewerkschaft, ggf. in Anwendung von § 58 III ArbGG (auch → § 203 Rn. 22), nachzuweisen.[38] Die Fähigkeit kann sich auch daraus ergeben, dass es sich bei den organisierten AN um Spezialisten in Schlüsselstellungen handelt, die von der Arbeitgeberseite im Fall eines Arbeitskampfes kurzfristig nur schwer ersetzt werden können.[39] Ohne Aussagekraft sind Betriebsrats- und Aufsichtsratsmandate.[40]

12 Verbleiben nach den vorstehenden Kriterien Zweifel, kann zur Feststellung der Durchsetzungskraft ausnahmsweise auch die langjährige **Teilnahme am Tarifgeschehen** einbezogen werden, wenn es sich um originär ausgehandelte und eigenständige Tarifverträge sowie nicht im Wesentlichen um Schein- oder Gefälligkeitstarifverträge handelt oder solche, die auf einem Diktat der Arbeitgeberseite beruhen.[41] Dieses Kriterium entfaltet aber dann keine Indizwirkung, wenn die Tarifabschlüsse nicht einen relevanten Teil des gegenwärtig beanspruchten Zuständigkeitsbereichs betreffen[42] oder die Tarifverträge von einer Tarifgemeinschaft geschlossen wurden.[43] Eine nennenswerte Anzahl bereits abgeschlossener Tarifverträge indiziert regelmäßig auch die organisatorische Fähigkeit zu deren Vorbereitung und Abschluss.[44] Das gilt nicht bei noch jungen Arbeitnehmerkoalitionen, denn Tariffähigkeit entsteht nicht mit dem Abschluss von Tarifverträgen, sondern ist hierfür Wirksamkeitsvoraussetzung. Hier kann ohne Angaben zur Zahl ihrer Mitglieder und organisatorischen Leistungsfähigkeit allein die Anzahl abgeschlossener Tarifverträge die Tariffähigkeit nicht belegen.[45]

13 Nicht verlangt werden kann eine **Organisation der Vereinigung,** die ausschließlich oder überwiegend von Mitarbeitern getragen wird, die in einem Arbeitsverhältnis zu ihr stehen. Die Vereinigung muss aber über loyale Mitarbeiter verfügen, die nicht dem bestimmenden Einfluss Dritter unterliegen. Bedient sie sich der Einrichtungen und des Personals einer anderen Arbeitnehmervereinigung, bedarf es besonderer Vorkehrungen, die sicherstellen, dass sie nicht zu deren „verlängertem Arm" wird.[46]

14 Die **Tariffähigkeit** einer Arbeitnehmervereinigung ist für den von ihr beanspruchten Zuständigkeitsbereich aus Gründen der Rechtssicherheit **einheitlich und unteilbar.** Es gibt keine partielle Tariffähigkeit[47] für bestimmte Branchen, Regionen oder Berufsgruppen.[48] Erforderlich, aber auch ausreichend ist es, wenn sich die Durchsetzungskraft und organisatorische Leistungsfähigkeit auf einen nicht unerheblichen Teil des Zuständigkeitsbereichs erstreckt. Eine Gewerk-

---

[34] BVerfG 24.2.1999 AP Nr. 18 zu § 20 BetrVG 1972 = NZA 1999, 713; BAG 26.7.2016 AP Nr. 184 zu Art. 9 GG Arbeitskampf = NZA 2016, 1543.
[35] BAG 5.10.2010 AP Nr. 7 zu § 2 TVG Tariffähigkeit mAnm *B. Schmidt* = NZA 2011, 300.
[36] BAG 6.6.2000 AP Nr. 55 zu § 2 TVG = NZA 2001, 160; 25.11.1986 AP Nr. 36 zu § 2 TVG = NZA 1987, 492. S. auch BVerfG 13.9.2019 AP Nr. 11 zu § 2 TVG Tariffähigkeit = NZA 2019, 1649.
[37] BAG 26.6.2018 AP Nr. 10 zu § 2 TVG Tariffähigkeit = NZA 2019, 188; 28.3.2006 AP Nr. 4 zu § 2 TVG Tariffähigkeit = NZA 2006, 1112.
[38] Im Einzelnen BAG 26.6.2018 AP Nr. 10 zu § 2 TVG Tariffähigkeit = NZA 2019, 188; 5.10.2010 AP Nr. 7 zu § 2 TVG Tariffähigkeit mAnm *B. Schmidt* = NZA 2011, 300.
[39] BAG 28.3.2006 AP Nr. 4 zu § 2 TVG Tariffähigkeit = NZA 2006, 1112; 14.12.2004 AP Nr. 1 zu § 2 TVG Tariffähigkeit = NZA 2005, 697.
[40] BAG 26.6.2018 AP Nr. 10 zu § 2 TVG Tariffähigkeit = NZA 2019, 188.
[41] BAG 28.3.2006 AP Nr. 4 zu § 2 TVG Tariffähigkeit = NZA 2006, 1112; 14.12.2004 AP Nr. 1 zu § 2 TVG Tariffähigkeit = NZA 2005, 697.
[42] BAG 22.6.2021 – 1 ABR 22/20; zuvor bereits 26.6.2018 AP Nr. 10 zu § 2 TVG Tariffähigkeit = NZA 2019, 188.
[43] BAG 5.10.2010 AP Nr. 7 zu § 2 TVG Tariffähigkeit mAnm *B. Schmidt* = NZA 2011, 300; s. auch *Greiner* NZA 2011, 825 ff.
[44] BAG 28.3.2006 AP Nr. 4 zu § 2 TVG Tariffähigkeit = NZA 2006, 1112; krit. im Hinblick auf die Würdigung von Anschlusstarifverträgen BKS/*Kocher* § 2 Rn. 34 f. mwN.
[45] BAG 5.10.2010 AP Nr. 7 zu § 2 TVG Tariffähigkeit mAnm *B. Schmidt* = NZA 2011, 300. So schon zuvor *Greiner* Anm. zu EzA Nr. 28 zu § 2 TVG; s. auch *ders.* NZA 2011, 825 ff.
[46] BAG 5.10.2010 AP Nr. 7 zu § 2 TVG Tariffähigkeit mAnm *B. Schmidt* = NZA 2011, 300.
[47] Dafür *Bayreuther* BB 2005, 2633 (2637); *Rieble* FS Wiedemann, 2002, 519 (526 ff.).
[48] BAG 28.3.2006 AP Nr. 4 zu § 2 TVG Tariffähigkeit = NZA 2006, 1112. Ebenso BKS/*Kocher* § 2 Rn. 32; ErfK/*Franzen* TVG § 2 Rn. 13.

schaft verliert ihre Tariffähigkeit nicht, wenn sie nur in einem Teilbereich keine Durchsetzungskraft hat.[49]

Die Gerichte für Arbeitssachen haben[50] die **Tariffähigkeit bzw. Gewerkschaftseigenschaft verneint** beim Arbeitnehmerverband land- und ernährungswirtschaftlicher Berufe – ALEB,[51] der Vereinigung der Bediensteten der Technischen Überwachung,[52] dem Berliner Akademiker Bund,[53] der Christlichen Gewerkschaft Bergbau-Chemie-Energie (CGBCE),[54] der Christlichen Gewerkschaft Deutschlands (CGD),[55] der Christlichen Gewerkschaft Holz und Bau (CGHB),[56] dem Deutschen Arbeitnehmer-Verband Marl,[57] der Gewerkschaft der Kraftfahrer Deutschlands (GKD),[58] der Gewerkschaft der Neuen Brief- und Zustelldienste (GNBZ),[59] dem Verband Deutscher Zahntechniker[60] sowie dem Verband der Gewerkschaftsbeschäftigten (VGB),[61] die von „medsonet – die Gesundheitsgewerkschaft",[62] der Neue Assekuranz Gewerkschaft (NAG)[63] sowie die des Beschäftigtenverbandes Industrie, Gewerbe, Dienstleistung e. V. (BIGD).[64] **Bejaht** wurde hingegen die Tariffähigkeit der Christlichen Gewerkschaft Metall (CGM),[65] der Gewerkschaft der Flugsicherung,[66] der Unabhängigen Flugbegleiter Organisation (UFO).[67] Die Tariffähigkeit der „DHV – die Berufsgewerkschaft e.V." hat das BAG jüngst verneint.[68] **Untergliederungen** von Gewerkschaften und Arbeitgeberverbänden sollen nach einer älteren Rechtsprechung gegebenenfalls eigenständig tariffähig sein, wenn sie über eine körperschaftliche Verfassung und eigenes Vermögen verfügen sowie zum selbständigen Abschluss von Tarifverträgen befugt sind.[69] In der Praxis ist der Abschluss von Tarifverträgen in Vollmacht der Gesamtorganisation vorherrschend.[70] 15

Der **Begriff der Gewerkschaft** nach den beschriebenen Kriterien gilt nach der Rechtsprechung des BAG für die **gesamte Rechtsordnung,** namentlich im Betriebsverfassungs- und Arbeitsgerichtsgesetz.[71] Demgegenüber wird im Schrifttum zum Teil angenommen, diese Anforderungen müssten nach Wortlaut und Zweck der jeweiligen gesetzlichen Regelung entschieden werden.[72] 16

---

[49] BAG 14.12.2004 AP Nr. 1 zu § 2 TVG Tariffähigkeit = NZA 2005, 697; 28.3.2006 AP Nr. 4 zu § 2 TVG Tariffähigkeit = NZA 2006, 1112.

[50] Zu den Vereinigungen im Bereich des Profisports s. *Stark* Potentielle Tarifvertragsparteien im Profisport, 2020.

[51] BAG 10.9.1985 AP Nr. 34 zu § 2 TVG = NZA 1986, 332; erneut ArbG Bonn 31.10.2012 – 4 BV 90/12 (rkr.). Die Beschwerde beim LAG Köln – 10 TaBV 92/12 – wurde zurückgenommen, vgl. AuR 2014, 509.

[52] BAG 6.6.2000 AP Nr. 9 zu § 97 ArbGG 1979 = NZA 2001, 156.

[53] BAG 9.7.1968 AP Nr. 25 zu § 2 TVG.

[54] BAG 16.1.1990 AP Nr. 39 zu § 2 TVG = NZA 1990, 623. Vgl. auch BAG 25.11.1986 AP Nr. 36 zu § 2 TVG.

[55] ArbG Gera 17.10.2002 AuR 2003, 198; 14.3.1978 AP Nr. 3 zu § 97 ArbGG 1953.

[56] BAG 16.1.1990 AP Nr. 38 zu § 2 TVG = NZA 1990, 626.

[57] BAG 14.3.1978 AP Nr. 30 zu § 2 TVG; dazu BVerfG 20.10.1981 AP Nr. 31 zu § 2 TVG = NJW 1982, 815.

[58] LAG Bln 21.6.1996 AP Nr. 48 zu § 2 TVG.

[59] LAG Köln 20.5.2009 AuR 2009, 316.

[60] BAG 1.2.1983 AP Nr. 14 zu § 322 ZPO.

[61] BAG 19.9.2006 AP Nr. 5 zu § 2 BetrVG 1972 = NZA 2007, 518.

[62] BAG 11.6.2011 NZA-RR 2013, 641; LAG Hmb 21.3.2012 – 3 TaBV 7/11.

[63] HessLAG 9.4.2015 NZA-RR 2015, 482, dazu krit. *Geffken* BB 2016, 313 ff. S. auch BAG 17.11.2015 – 1 ABN 39/15; s. auch LAG Düsseldorf 15.8.2018 – 12 TaBV 55/17 (Wahlvorschlag nach § 16 II MitbestG); krit. *U. Fischer* jurisPR-ArbR 1/2019, Anm. 8.

[64] ArbG Duisburg 22.8.2012 – 4 BV 29/12, AuR 2012, 375 (Kurzwiedergabe).

[65] BAG 28.3.2006 AP Nr. 4 zu § 2 TVG Tarifzuständigkeit = NZA 2006, 1112.

[66] ArbG Offenbach 2.6.2005 – 3 BV 11/04, vgl. LAG RhPf 14.6.2007 ZTR 2007, 488; unterschiedlich noch in einstweiligen Verfügungsverfahren: abl. LAG RhPf 22.6.2004 AP Nr. 169 zu Art. 9 GG Arbeitskampf = NZA-RR 2005, 262; aA HessLAG 22.7.2004 AP Nr. 169 zu Art. 9 GG Arbeitskampf.

[67] BAG 28.3.2006 AP Nr. 4 zu § 2 TVG Tariffähigkeit; 14.12.2004 AP Nr. 1 zu § 2 TVG Tariffähigkeit = NZA 2005, 697.

[68] BAG 22.6.2021 – 1 ABR 22/20; zuvor bereits 26.6.2018 AP Nr. 10 zu § 2 TVG Tariffähigkeit = NZA 2019, 188.

[69] Vgl. BAG 22.10.1960 AP Nr. 25 zu § 11 ArbGG 1953; ausf. *Oetker* ArbuR 2001, 82 ff.; NK-TVG/*Peter* § 2 Rn. 54.

[70] NK-TVG/*Peter* § 2 Rn. 54.

[71] BAG 19.9.2006 AP Nr. 5 zu § 2 BetrVG 1972 = NZA 2007, 518; 21.11.1975 AP Nr. 6 zu § 118 BetrVG 1972. Zust. KeZa/*Kempen* TVG § 2 Rn. 89.

[72] ErfK/*Franzen* TVG § 2 Rn. 16 mwN; *ders.* RdA 2001, 1 (7 ff.); *Gamillscheg,* Kollektives Arbeitsrecht, 435 f.; Wiedemann/*Oetker* TVG § 2 Rn. 278 ff.

17 **b) Arbeitgebervereinigungen.** Die Durchsetzungsfähigkeit oder **„Soziale Mächtigkeit"** ist nach der Rechtsprechung des BAG für Arbeitgebervereinigungen **nicht erforderlich,** da bereits der einzelne AG nach § 2 I TVG tariffähig ist.[73] Hiergegen wird eingewendet, dass die Gründe für die Tariffähigkeit des einzelnen AG auf der Funktionsfähigkeit des Tarifvertragssystems beruhen (→ Rn. 24). Auf Verbandsebene bestehe kein Grund, die an Arbeitnehmerkoalitionen gestellten Anforderungen nicht auch für Arbeitgebervereinigungen anzuwenden.[74]

III. Spitzenorganisationen

18 **1. Grundsatz.** Neben den Gewerkschaften und Arbeitgebervereinigungen können auch die von ihnen gebildeten Spitzenorganisationen **Tarifverträge abschließen.** Dabei sind drei verschiedene Fallgestaltungen zu unterscheiden:

- Die Spitzenorganisation schließt den Tarifvertrag im Namen und in Vollmacht ihrer Mitgliedsorganisationen (§ 2 II TVG; → Rn. 19).
- Der Abschluss von Tarifverträgen gehört zu den satzungsgemäßen Aufgaben der Spitzenorganisation und sie schließt den Tarifvertrag im eigenen Namen (§ 2 III TVG; → Rn. 20 ff.).
- Der Spitzenorganisation ist selbst originär tariffähig (§ 2 I TVG; → Rn. 23).

Spitzenorganisationen sind nach der **Definition in § 2 II TVG** Zusammenschlüsse von Gewerkschaften oder Arbeitgeberverbänden auf fachlicher, gemischt-gewerblicher oder territorialer (Bezirke, Bundesland, Bundesebene) Grundlage. Die Bestimmungen des § 2 II und III TVG finden auch auf Zusammenschlüsse von Spitzenorganisationen zu obersten Spitzenorganisationen Anwendung.[75] Sie verfügt weder nach § 2 II TVG noch nach § 2 III TVG über eine originäre Tariffähigkeit.[76]

19 **2. Abschluss im Namen der Mitgliedsverbände.** Nach § 2 II TVG kann eine Spitzenorganisation Tarifverträge im Namen der ihr angeschlossenen Vereinigungen schließen, wenn sie über die entsprechende Vollmacht verfügt. Es gelten die allgemeinen **Regeln über die Stellvertretung** nach den §§ 164 ff. BGB (→ § 197 Rn. 4 f.). Die besondere Hervorhebung in § 2 II TVG hat ihre Bedeutung im Fall der fehlenden Rechtsfähigkeit des Spitzenverbandes.[77] Schließt ein Spitzenverband im Namen seiner Mitglieder einen Tarifvertrag ab, so treffen die **schuldrechtlichen Wirkungen** die vertretenen Verbände (§ 164 I BGB). Die Spitzenorganisationen haften aber neben den ihnen angeschlossenen Verbänden für die Erfüllung der gegenseitigen Verpflichtungen (§ 2 IV TVG). Sie trifft insoweit auch eine Einwirkungspflicht (→ § 199 Rn. 8 f.) gegenüber den Mitgliedsverbänden.[78]

20 **3. Abschluss im eigenen Namen.** Die Spitzenorganisation kann selbst nach § 2 III TVG tariffähig sein. Das setzt voraus, dass ihr Mitglieder iSd § 2 I TVG angehören. Denn ihre Tariffähigkeit leitet sie ausschließlich von diesen ab.[79] Weiterhin muss es zu den **satzungsgemäßen Aufgaben** gehören, für die angeschlossenen Mitglieder Tarifverträge im eigenen Namen zu schließen und nicht nur in Vertretung nach § 2 II TVG.[80] Das kann sich durch Auslegung der Satzung ergeben,[81] zu der die Tarifpraxis herangezogen werden kann. Die Tariffähigkeit der Spitzenorganisation setzt voraus, dass **alle Mitgliedsverbände tariffähig** sind.[82] Andere Mitglieder können ihr nur angehören, soweit diese die tarifpolitischen Entscheidungen nicht beeinflussen können und eine solche Einwirkungsmöglichkeit auch satzungsrechtlich wirksam ausge-

[73] BAG 20.11.1990 AP Nr. 40 zu § 2 TVG = NZA 1991, 428.
[74] ErfK/*Linsenmaier* GG Art. 9 Rn. 67; ErfK/*Franzen* TVG § 2 Rn. 12; s. auch JKOS TVR/*Schubert* § 2 Rn. 102 ff.
[75] BAG 6.5.2003 AP Nr. 21 zu § 3 TVG Verbandszugehörigkeit = NZA 2004, 562.
[76] BAG 14.12.2010 NZA 2011, 289.
[77] BAG 12.2.1997 AP Nr. 46 zu § 2 TVG = NZA 1997, 1064.
[78] BAG 25.1.2006 AP Nr. 6 zu § 1 TVG Durchführungspflicht.
[79] BAG 14.12.2010 NZA 2011, 289.
[80] BAG 6.5.2003 AP Nr. 21 zu § 3 TVG Verbandszugehörigkeit = NZA 2004, 562; 22.3.2000 AP Nr. 49 zu § 2 TVG = NZA 2000, 893.
[81] Offen gelassen in BAG 16.2.2000 AP Nr. 54 zu § 2 TVG = NZA 2001, 331, zur Tariffähigkeit der Internationalen Transportarbeiter Föderation (ITF).
[82] BAG 14.12.2010 AP Nr. 6 zu § 2 TVG Tariffähigkeit mAnm *B. Schmidt* = NZA 2011, 289; ebenso BKS/*Kocher* § 2 Rn. 55; KeZa/*Kempen* TVG § 2 Rn. 90 f.; NK-TVG/*Peter* § 2 Rn. 71; *Ulber* NZA 2008, 438 ff.

schlossen ist (zur OT-Mitgliedschaft → § 204 Rn. 11 ff.).[83] Demgegenüber wird teilweise die Auffassung vertreten, dass die Mitgliedschaft von zwei tariffähigen Vereinigungen ausreicht, die Tarifverträge dann aber auch nur für diese gelten.[84] Weiterhin müssen die zu einer Spitzenorganisation zusammengeschlossenen Gewerkschaften dieser ihre Tariffähigkeit vollständig vermitteln. Daher müssen die Gewerkschaften, die sich zu einer Spitzenorganisation zusammengeschlossen haben, sich in Bezug auf ihre eigenen Organisationsbereiche nicht nur teilweise, sondern vollständig miteinander verbinden.[85]

Die Wirksamkeit einer Satzungsregelung über den Abschluss von Tarifverträgen im eigenen Namen[86] setzt voraus, dass sich der **Zuständigkeitsbereich mit dem der Mitgliedsvereinigungen deckt.** Die Anforderungen des § 2 III TVG sind nicht erfüllt, wenn die satzungsmäßige Zuständigkeit über die Organisationsbereiche der angeschlossenen Vereinigungen hinausgeht. Es fehlt an der erforderlichen Zuständigkeitsableitung von den Mitgliedsvereinigungen.[87] Deshalb ist die **CGZP** u.a. deswegen **keine tariffähige Spitzenorganisation,** weil die ihr angeschlossenen Gewerkschaften ihre eigene Tariffähigkeit nicht vollständig, sondern nur für den Bereich der Arbeitnehmerüberlassung vermittelt haben (→ Rn. 20) und ihr Organisationsbereich über den der Mitgliedsgewerkschaften hinausgeht.[88] Ein Vertrauensschutz für Verleiharbeitgeber gegenüber Ansprüchen auf Equal-pay besteht nicht.[89] 21

Schließen die Spitzenorganisationen den Tarifvertrag **im eigenen Namen ab,** so sind nur sie über ihn allein verfügungsberechtigt, können ihn später kündigen, aufheben oder ändern.[90] Die Mitgliedsverbände haften neben der Spitzenorganisation gesamtschuldnerisch für die Erfüllung der gegenseitigen Verpflichtungen aus dem Tarifvertrag (§ 2 IV TVG; → Rn. 19). Durch den Tarifvertragsabschluss einer Spitzenorganisation verlieren die angeschlossenen Vereinigungen nicht ihre Tariffähigkeit. Sie bleiben in der Lage, selbständig Tarifverträge abzuschließen. Für konkurrierende Tarifverträge gelten dann die Grundsätze der Tarifkonkurrenz (→ § 203 Rn. 4 ff.).[91] 22

4. Abschluss kraft originärer Tariffähigkeit. Eine Spitzenorganisation kann neben der Tariffähigkeit nach § 2 III TVG auch nach § 2 I TVG **originär tariffähig** sein. Das ist dann der Fall, wenn nach der Satzung sowohl die Mitgliedschaft von Vereinigungen iSd § 2 I TVG als auch die von Einzelmitgliedern, also AG oder AN, möglich ist. Dann kann die Gewerkschaft sowohl nach § 2 III als auch nach § 2 I TVG tariffähig sein.[92] Eine Vereinigung iSd § 2 I TVG liegt nicht vor, wenn die Satzung die Mitgliedschaft von AN oder AG nicht vorsieht.[93] Für die Tariffähigkeit nach § 2 I TVG muss die Spitzenorganisation die entsprechenden Voraussetzungen erfüllen (→ Rn. 4 f.).[94] Allerdings ist zu prüfen, ob die Satzung tatsächlich auch ein Handeln nach § 2 III TVG vorsieht. Werden danach die Aufgaben als Arbeitgeberverband durch eine in ihr gebildete tarifpolitische Arbeitsgemeinschaft ausgeübt, der nur Einzelmitglieder angehören können, gehört der Abschluss von Tarifverträgen nicht zu ihren satzungsgemäßen Aufgaben.[95] 23

IV. Tariffähigkeit einzelner Arbeitgeber

1. Grundsatz. Nach § 2 I TVG ist **jeder AG tariffähig.**[96] Auf seine Durchsetzungsfähigkeit oder „Soziale Mächtigkeit" (→ Rn. 9 ff.) kommt es nicht an. Das hat seinen Grund darin, dass 24

[83] BAG 14.12.2010 AP Nr. 6 zu § 2 TVG Tariffähigkeit = NZA 2011, 289.
[84] ErfK/*Franzen* TVG § 2 Rn. 29; Wiedemann/*Oetker* TVG § 2 Rn. 554 ff.; ausf. *Jacobs* ZfA 2010, 27 (42 ff., 45).
[85] BAG 14.12.2010 AP Nr. 6 zu § 2 TVG Tariffähigkeit = NZA 2011, 289.
[86] Zu den Versuchen, einen Abschluss als Stellvertreterin anzunehmen, *Neef* NZA 2011, 615 (617); *Lembke* NZA 2011, 1062 ff., mit Recht abl. *Schüren* NZA 2011, 1406 ff.
[87] BAG 14.12.2010 AP Nr. 6 zu § 2 TVG Tariffähigkeit = NZA 2011, 289; zust. *D. Ulber* RdA 2011, 353 ff.; aA etwa *Löwisch* SAE 2011, 61 (63).
[88] Zu den mehrgliedrigen Nachfolgetarifverträgen von AMP und CGZP in der Leiharbeitsbranche *Bayreuther* NZA 2012, 14 ff. S. auch LAG Bln-Bbg 9.1.2012 DB 2012, 693.
[89] Dazu BAG 13.3.2013 AP Nr. 31 zu § 10 AÜG = NZA 2013, 680; BSG 16.12.2015 SbG 2017, 110; *Betz* NZA 2013, 350 (352) mN zur Instanzrechtsprechung in Fn. 29; weiterhin *Schüren* AuR 2012, 4 ff.; anders etwa *Rieble* BB 2012, 2945 ff.
[90] BAG 26.4.2000 AP Nr. 4 zu § 1 TVG Kündigung = NZA 2000, 1010.
[91] Vgl. BAG 22.2.1957 AP Nr. 2 zu § 2 TVG.
[92] BAG 22.3.2000 AP Nr. 49 zu § 2 TVG = NZA 2000, 893; dazu *Oetker* RdA 2001, 171 f.
[93] BAG 14.12.2010 AP Nr. 6 zu § 2 TVG Tariffähigkeit = NZA 2011, 289.
[94] *Jacobs* ZfA 2010, 27 (47 ff.).
[95] BAG 22.3.2000 AP Nr. 49 zu § 2 TVG = NZA 2000, 893.
[96] BAG 18.9.2019 AP Nr. 251 zu § 1 TVG Tarifverträge: Metallindustrie = NZA 2020, 187; 20.11.1990 AP Nr. 40 zu § 2 TVG = NZA 1991, 428; 25.9.1996 AP Nr. 10 zu § 2 TVG Tarifzuständigkeit = NZA

die Gewerkschaften unabhängig von der Begründung einer Verbandsmitgliedschaft des einzelnen AG in jedem Fall eine Tarifvertragspartei finden können sollen.[97] Die Regelung dient der effektiven Verwirklichung der Tarifautonomie.[98] Die in § 2 I TVG geregelte Tariffähigkeit gilt auch für „kleine" AG.[99] Auf die Größe des Betriebs oder des Unternehmens kommt es nicht an.[100] Der **Begriff des AG** iSd § 2 I TVG bestimmt sich nach dem allgemeinen arbeitsrechtlichen Arbeitgeberbegriff (→ § 16 Rn. 1 ff.).[101] Jede natürliche oder juristische Person, die einen AN beschäftigt, kann Partei eines Haustarifvertrags sein.[102] Nichts anderes gilt für mitbestimmte Unternehmen.[103] Ein Haustarifvertrag kann auch für eine künftige Gesellschaft geschlossen werden.[104] Der AG ist bei Haustarifverträgen für alle seine Betriebe und die dort beschäftigten AN tarifzuständig. Zu beachten ist, dass in verschiedenen Organisationsgesetzen die **Tarifzuständigkeit des Bundes** ungeachtet seiner nicht bestehenden Arbeitgeberstellung festgelegt ist, so bei den Stationierungsstreitkräften nach Art. 56 V NTS-ZA.[105]

25 Bei der **Tariffähigkeit von Gewerkschaften** sind aufgrund ihrer Arbeitgeberstellung besondere Voraussetzungen zu beachten. Dieselbe Gewerkschaft kann nicht zugleich auf Arbeitnehmer- und Arbeitgeberseite als Tarifvertragspartei auftreten. Möglich ist es aber, dass einer Gewerkschaft in ihrer Funktion als AG eine andere, von ihr unabhängige Gewerkschaftsorganisation, in der die bei ihr beschäftigten AN organisiert sind, als Verhandlungs- und Vertragspartnerin gegenübertritt.[106] In der Praxis werden die Arbeitsbedingungen der Gewerkschaftsbeschäftigten durch Betriebsvereinbarungen geregelt.[107]

26 Der Zusammenschluss mehrerer Unternehmen unter der einheitlichen Leitung eines herrschenden Unternehmens (§ 18 AktG), ein **Konzern, ist nicht tariffähig.**[108] Die Konzernobergesellschaft kann aber für ihre eigenen AN[109] und in erkennbarer[110] Vertretung der abhängigen Unternehmen für diese Tarifverträge abschließen.[111] Dabei ist zu prüfen, ob ein Einheitstarifvertrag oder ein mehrgliedriger Tarifvertrag im weiteren Sinne (→ § 197 Rn. 10 ff.) vorliegt.[112]

27 **2. Verbandsangehöriger Arbeitgeber.** Die Tariffähigkeit des einzelnen AG ist auch dann gegeben, wenn er einem **Arbeitgeberverband beitritt** oder bereits Mitglied ist.[113] Anders als nach der HwO ist im Tarifvertragsgesetz eine Subsidiarität gesetzlich nicht vorgesehen.[114] Der Tarifabschluss gehört zur Koalitionsbetätigungsfreiheit des einzelnen AG.[115] Er kann sowohl selbst einen Haustarifvertrag abschließen als auch durch den Verband, dem er angehört, einen sog. unternehmensbezogenen Verbandstarifvertrag.[116] Der AG kann einen Haustarifvertrag auch dann abschließen, wenn er Mitglied eines Arbeitgeberverbandes und an dessen Verbandstarifver-

---

1997, 613. Zu einem Erfordernis der „Gegnerunabhängigkeit" des einzelnen AG *Thüsing/Hütte* RdA 2018, 129 (133 ff.).

97 BAG 20.11.1990 AP Nr. 40 zu § 2 TVG = NZA 1991, 428; BVerfG 20. 10 1981 AP Nr. 31 zu § 2 TVG = NJW 1982, 815.

98 BAG 10.12.2002 AP Nr. 162 zu Art. 9 GG Arbeitskampf = NZA 2003, 734 mwN.

99 Als Frage aufgeworfen, letztlich aber offen gelassen in BAG 21.4.1971 AP Nr. 43 zu Art. 9 GG Arbeitskampf = NJW 1971, 1668.

100 BAG 10.12.2002 AP Nr. 162 zu Art. 9 GG Arbeitskampf = NZA 2003, 734; 20.11.1990 AP Nr. 40 zu § 2 TVG = NZA 1991, 428; aA nur *Matthes* FS Schaub, 1998, 477 ff.; *Buchner* ZfA 1995, 95 (108): Unternehmen muss mehrere Betriebe führen.

101 BAG 2.12.1992 AP Nr. 14 zu § 3 TVG = NZA 1993, 655.

102 BKS/*Kocher* § 2 Rn. 71; NK-TVG/*Peter* § 2 Rn. 95; Wiedemann/*Oetker* TVG § 2 Rn. 179.

103 Wiedemann/*Oetker* TVG § 2 Rn. 215 ff. mwN zum Diskussionsstand.

104 BAG 24.1.2001 AP Nr. 1 zu § 3 BetrVG 1972 = NZA 2001, 1149.

105 BAG 27.11.1958 AP Nr. 26 zu Art. 44 Truppenvertrag; 20.12.1957 AP Nr. 11 zu Art. 44 Truppenvertrag.

106 BAG 17.2.1998 AP Nr. 87 zu Art. 9 GG Arbeitskampf = NZA 1998, 754.

107 Vgl. BAG 28.4.1992 AP Nr. 11 zu § 50 BetrVG 1972 = NZA 1993, 31.

108 BAG 18.11.2009 AP Nr. 13 zu § 2 TVG Firmentarifvertrag = NZA 2010, 702; 17.10.2007 AP Nr. 40 zu § 1 TVG = NZA 2008, 713krit. NK-TVG/*Peter* § 2 Rn. 114 ff. mwN.

109 BAG 17.10.2007 AP Nr. 40 zu § 1 TVG = NZA 2008, 713.

110 BAG 18.11.2009 AP Nr. 13 zu § 2 TVG Firmentarifvertrag = NZA 2010, 702.

111 BAG 17.10.2007 AP Nr. 40 zu § 1 TVG = NZA 2008, 713; 10.11.1993 AP Nr. 43 zu § 1 TVG Tarifverträge: Einzelhandel = NZA 1994, 892.

112 Vgl. BAG 8.11.2006 AP Nr. 33 zu § 5 TVG = NZA 2007, 576.

113 BAG 18.9.2019 AP Nr. 251 zu § 1 TVG Tarifverträge: Metallindustrie = NZA 2020, 187; 10.12.2002 AP Nr. 162 zu Art. 9 GG Arbeitskampf = NZA 2003, 734 mwN.

114 *Jacobs* ZTR 2001, 249 (250).

115 AA nur *Matthes* FS Schaub, 1998, 477 (484); *Natzel* SAE 2001, 43 (48 f.).

116 Überblick bei *Ahrendt* RdA 2012, 129 ff.

träge gebunden ist.[117] Schließt er einen Haustarifvertrag mit der Gewerkschaft, die den Verbandstarifvertrag geschlossen hat, entsteht eine Tarifkonkurrenz; schließt er ihn mit einer anderen Gewerkschaft entsteht Tarifpluralität (→ § 203 Rn. 9, 14 ff.). Die **Wirksamkeit eines Tarifvertrags** wird nicht von entgegenstehenden Verbandssatzungen oder -pflichten beeinträchtigt. Ein Haustarifvertrag kann auch gegen den verbandsangehörigen AG nach den allgemeinen Grundsätzen mittels Arbeitskampf durchgesetzt werden (→ § 192 Rn. 27).

V. Gesetzlich geregelte Tariffähigkeit

Tariffähig sind kraft ausdrücklicher gesetzlicher Regelung[118] die **Handwerksinnungen und Innungsverbände** (§§ 54 III 1, 82 Nr. 3, 85 II HwO).[119] Der Grundsatz der Tarifunfähigkeit von Zwangsverbänden steht dem nicht entgegen, da es sich bei den Innungen um freiwillige Zusammenschlüsse handelt.[120] Eine Mitgliedschaft ohne Tarifgebundenheit kann aufgrund der gesetzlichen Konzeption der Handwerksinnungen nicht durch die Satzung eingeführt werden.[121] Eine Handwerksinnung kann Mitglied in einem Arbeitgeberverband werden und diesem ihre Tarifsetzungsbefugnis übertragen, soweit und solange nicht ein Innungsverband Tarifverträge für ihren Bereich abgeschlossen hat.[122] Demgegenüber sind die **Handwerkskammern und Kreishandwerkerschaften** (vgl. §§ 86 ff. HwO) aufgrund der bei ihnen bestehenden Zwangsmitgliedschaft nicht tariffähig.[123] Aufgrund der kraft Gesetzes bestehenden Mitgliedschaft der Lotsenbrüderschaften in der Bundeslotsenkammer wird auch deren Tariffähigkeit zu Recht bezweifelt.[124] Nicht tariffähig sind schließlich die Arbeitnehmerkammern in Bremen und im Saarland (→ § 1 Rn. 25 ff.). 28

VI. Feststellung der Tariffähigkeit

Ebenso wie die Tarifzuständigkeit (→ § 197 Rn. 19 f.) kann die Tariffähigkeit nach §§ 2 I Nr. 4a, 97 ArbGG in einem **Beschlussverfahren** feststellend geklärt werden.[125] Das gilt sowohl für die Tariffähigkeit der in § 2 I TVG genannten Vereinigungen und AG als auch für die Spitzenorganisationen nach § 2 II, III TVG. Durch Art. 2 des Gesetzes zur Stärkung der Tarifautonomie[126] ist nach § 97 II ArbGG **erstinstanzlich das Landesarbeitsgericht** zuständig. Das Verfahren dient der **Sicherung der Tarifautonomie.** Die gerichtliche Entscheidung soll klären, ob die Vereinigung die rechtlichen Voraussetzungen für den Abschluss von Tarifverträgen erfüllt.[127] In einem Verfahren über die Tariffähigkeit einer Arbeitnehmerkoalition sind **nach § 97 I ArbGG antragsbefugt** neben der obersten Arbeitsbehörde des Bundes eine räumlich und sachlich zuständige Vereinigung von AN und die oberste Arbeitsbehörde eines Landes, auf dessen Gebiet sich die Tätigkeit der Vereinigung wenigstens teilweise[128] erstreckt. Damit ist der Zuständigkeitsbereich derjenigen Vereinigung maßgebend, deren Tariffähigkeit geklärt werden soll.[129] Die Antragsbefugnis einer obersten Arbeitsbehörde setzt, anders als ihre Beteiligung (→ Rn. 30),[130] nicht voraus, 29

---

[117] BAG 4.4.2001 AP Nr. 26 zu § 4 TVG Tarifkonkurrenz = NZA 2001, 1085.

[118] Zur Verfassungsmäßigkeit BVerfG 19.10.1966 AP Nr. 24 zu § 2 TVG; BAG 6.5.2003 AP Nr. 21 zu § 3 TVG Verbandszugehörigkeit = NZA 2004, 562.

[119] Zu einem Landesinnungsverband BGH 13.12.1967 AP Nr. 38 zu Art. 9 GG Arbeitskampf. Zur Entwicklung des Tarifvertragswesens im Handwerk *Dannenbrink* WiVerw 2012, 156 ff.

[120] BVerfG 19.10.1966 AP Nr. 24 zu § 2 TVG. Zum „Sondertarifrecht" des Handwerks *Rieble* GewArch 2014, 265 ff.

[121] BVerwG 23.3.2016 NZA 2016, 779; dazu abl. *Schliemann* NVwZ 2016, 1098 f.; s. auch *Wiemers* GewArch 2016, 307 f. Zur Vorinstanz *Schliemann* NZA 2016, 738 (740 ff.); *Walser/Boor* AuR 2016, 57 ff.

[122] BAG 6.5.2003 AP Nr. 21 zu § 3 TVG Verbandszugehörigkeit = NZA 2004, 562.

[123] BAG 27.1.1961 AP Nr. 26 zu § 11 ArbGG 1953; 10.12.1960 AP Nr. 12 zu § 11 ArbGG 1953.

[124] Offen gelassen in LAG SchlH 28.10.1969 AP Nr. 27 zu § 2 TVG.

[125] Zuletzt BAG 26.6.2018 AP Nr. 10 zu § 2 TVG Tariffähigkeit = NZA 2019, 188, dort auch zur Verfassungsmäßigkeit des Verfahrens.

[126] V. 11.8.2014 (BGBl. I 1348); in Kraft getreten am 16.8.2014.

[127] BAG 11.6.2013 NZA-RR 2013, 641, dazu *Lunk* RdA 2014, 188 ff.; *C. Meyer* DB 2014, 953; 14.12.2010 AP Nr. 6 zu § 2 TVG Tariffähigkeit = NZA 2011, 289; 28.1.2008 AP Nr. 17 zu § 97 ArbGG 1979.

[128] BAG 26.6.2018 AP Nr. 10 zu § 2 TVG Tariffähigkeit = NZA 2019, 188; 14.12.2010 AP Nr. 6 zu § 2 TVG Tariffähigkeit = NZA 2011, 289. Ausf. *D. Ulber* SR 2012, 141 ff.

[129] BAG 14.12.2010 AP Nr. 6 zu § 2 TVG Tariffähigkeit = NZA 2011, 289; 29.6.2004 AP Nr. 10 zu § 97 ArbGG 1979 = NZA 2004, 1236.

[130] BAG 10.2.2009 AP Nr. 138 zu Art. 9 GG = NZA 2009, 908.

dass sich die Tätigkeit der Vereinigung auf das Gebiet des betreffenden Bundeslandes beschränkt.[131] Die konkurrierende Vereinigung muss kein weitergehendes eigenes Recht geltend machen.[132] Auch ist kein besonderes Feststellungsinteresse oder eine Gefährdung der Tarifautonomie für die Einleitung des Verfahrens darzulegen.[133] Die **Rechtskraft einer früheren Entscheidung** steht der Einleitung eines neuen Verfahrens als negativer Verfahrensvoraussetzung dann nicht entgegen, wenn sich die maßgebenden tatsächlichen oder rechtlichen Umstände wesentlich geändert haben. Das ist bei einer wesentlichen Änderung der satzungsmäßigen Zuständigkeit der Fall.[134] Die Antragsbefugnis eines Beteiligten, die sich aus § 97 V 2 ArbGG ergibt, beschränkt sich auf die Vorfrage, wegen derer das anhängige Verfahren nach § 97 V 1 ArbGG (→ Rn. 31) ausgesetzt wurde.[135] Ein BR, der die Tariffähigkeit- oder -zuständigkeit bezweifelt, ist weder nach § 97 I ArbGG noch nach § 97 II ArbGG antragsberechtigt.[136] Eine **Antragsberechtigung** kann sich weiterhin nach **§ 97 II iVm § 81 ArbGG** ergeben. Antragsberechtigt ist derjenige, der geltend machen kann, durch die Entscheidung in seiner rechtlichen Stellung betroffen zu sein, allen voran diejenige Vereinigung, deren Tariffähigkeit bestritten wird.[137]

30 In dem Verfahren ist der **Antragsteller** notwendiger Beteiligter. Die **weiteren Beteiligten** ergeben sich aus § 83 III ArbGG, der nach § 97 IIa ArbGG entsprechende Anwendung findet. Entscheidend ist die unmittelbare Betroffenheit in der Rechtsstellung als Arbeitnehmer- oder Arbeitgebervereinigung. Das ist zunächst die Vereinigung, deren Tariffähigkeit umstritten ist,[138] die Beteiligung derjenigen Arbeitnehmer- und Arbeitgeberverbände, soweit sie die Entscheidung berühren kann, wobei grundsätzlich die Beteiligung der Spitzenverbände ausreichend ist,[139] sowie die oberste Arbeitsbehörde des Bundes, wenn sich die Tarifzuständigkeit der betreffenden Vereinigung auf mehrere Bundesländer erstreckt.[140] Einzelne AG, die Vereinbarungen mit einer Arbeitnehmervereinigung geschlossen haben, sind – ohne das eine Verletzung des Art. 103 I GG vorliegt[141] – nicht zu beteiligen. Für sie sind die Rechtsschutzmöglichkeiten nach § 9 I TVG (→ § 201 Rn. 24 ff.) ausreichend. Im Falle der Aussetzung besteht für sie ein Antragsrecht nach § 97 V ArbGG.[142]

31 Ein **Rechtsstreit ist nach § 97 V ArbGG** bis zur Erledigung eines Verfahrens nach §§ 2a I Nr. 4, 97 I ArbGG zwingend, aber auch nur dann **auszusetzen,** wenn die Entscheidung eines Rechtsstreits davon abhängt, ob eine Vereinigung oder Spitzenorganisation tariffähig ist, die Rechtsfrage also – ggf. nach einer Beweisaufnahme – entscheidungserheblich ist.[143] Das gilt unabhängig davon, ob bereits ein entsprechendes Verfahren eingeleitet worden ist.[144] Eine Inzidentprüfung scheidet auch in anderen Beschlussverfahren, namentlich nach § 98 ArbGG aus.[145] Weiterhin ist eine entsprechende Anwendung nach rechtskräftigem Abschluss des Verfahrens nach § 97 ArbGG nicht möglich, wenn nachfolgend eine Verfassungsbeschwerde eingelegt wurde.[146] Im Aussetzungsbeschluss muss der Zeitpunkt angegeben werden, für den die Tariffähigkeit oder -zuständigkeit vorliegen müssen und die Entscheidungserheblichkeit begründet werden.[147] Erforderlich sind allerdings **„vernünftige Zweifel"** an der Tariffähigkeit oder

[131] BAG 26.6.2018 AP Nr. 10 zu § 2 TVG Tariffähigkeit = NZA 2019, 188; 15.3.1977 AP Nr. 24 zu Art. 9 GG.

[132] BAG 14.12.2010 AP Nr. 6 zu § 2 TVG Tariffähigkeit = NZA 2011, 289; 28.3.2006 AP Nr. 4 zu § 2 TVG Tariffähigkeit = NZA 2006, 1112.

[133] BAG 26.6.2018 AP Nr. 10 zu § 2 TVG Tariffähigkeit = NZA 2019, 188.

[134] Ausf. BAG 26.6.2018 AP Nr. 10 zu § 2 TVG Tariffähigkeit = NZA 2019, 188.

[135] BAG 29.6.2004 AP Nr. 10 zu § 97 ArbGG 1979 = NZA 2004, 1236.

[136] Vgl. BAG 13.3.2007 AP Nr. 21 zu § 2 TVG = NZA 2007, 1069.

[137] BAG 25.11.1986 AP Nr. 36 zu § 2 TVG = NZA 1987, 492; 15.3.1977 AP Nr. 24 zu Art. 9 GG.

[138] Zu deren Rechten während eines Statusverfahrens *Geffken* RdA 2015, 167 ff.

[139] BAG 26.6.2018 AP Nr. 10 zu § 2 TVG Tariffähigkeit = NZA 2019, 188. Krit. *Löwisch* SAE 2011, 61 (65); dagegen zutreffend *D. Ulber* SR 2012, 141 (146 ff.).

[140] BAG 11.6.2013 NZA-RR 2013, 641; 5.10.2010 AP Nr. 7 zu § 2 TVG Tariffähigkeit mAnm *B. Schmidt* = NZA 2011, 300; 28.3.2006 AP Nr. 4 zu § 2 TVG Tariffähigkeit = NZA 2006, 1112.

[141] BVerfG 10.3.2014 NZA 2014, 496; zu BAG 14.12.2010 AP Nr. 6 zu § 2 TVG Tariffähigkeit.

[142] BAG 14.12.2010 AP Nr. 6 zu § 2 TVG Tariffähigkeit = NZA 2011, 289; ebenso *D. Ulber* SR 2012, 141 (152 ff.); aA *Löwisch* SAE 2011, 61 (65). Zum Vertrauensschutz eines AG *Zeppenfeld/Faust* NJW 2011, 1643 ff.; dagegen zu Recht *Schlegel* NZA 2011, 340 ff.

[143] BAG 31.1.2018 AP Nr. 26 zu § 2 TVG Tarifzuständigkeit = NZA 2018, 876; 24.7.2012 AP Nr. 20 zu § 97 ArbGG 1979 = NZA 2012, 1061.

[144] BAG 25.9.1996 AP Nr. 4 zu § 97 ArbGG 1979 = NZA 1997, 668.

[145] BAG 21.9.2016 NZA-Beil. 1/2017, 12.

[146] LAG Düsseldorf 12.8.2016 – 4 Ta 488/16.

[147] BAG 19.12.2012 – 1 AZB 72/12, ArbRB 2013, 43 (Kurzwiedergabe), dazu *Zimmermann* jurisPR-ArbR 27/2013 Anm. 6; 24.7.2012 NZA 2012, 1061.

Zuständigkeit, was die die Angabe nachvollziehbarer Gründe erfordert.[148] In dem sich anschließenden Verfahren kann nach § 97 V 2 ArbGG nur ein vergangenheitsbezogener, auf den Aussetzungsbeschluss bezogener Feststellungsantrag gestellt werden.[149]

32 Die **Rechtskraft einer Entscheidung** in einem Verfahren nach § 97 ArbGG wirkt gegenüber jedermann (zum zeitlichen Umfang → Rn. 29).[150] Die bisherige Rechtsprechung ist durch das Tarifautonomiestärkungsgesetz[151] in der geänderten Fassung des § 97 III 1 ArbGG ausdrücklich festgeschrieben worden. In der Folge dieser *erga-omnes*-Wirkung scheidet die Einleitung mehrerer Beschlussverfahren zur selben Rechtsfrage aus. Der Umfang der Rechtskraft ergibt sich aus dem gestellten Feststellungsantrag, der grundsätzlich die Tariffähigkeit ab dem Zeitpunkt der Zustellung der Antragsschrift bis zu dem der letzten mündlichen Anhörung erfasst.[152] In dem Verfahren zur Feststellung der Tariffähigkeit der CGZP (→ Rn. 21) war über einen gegenwartsbezogenen Feststellungsantrag zu entscheiden.[153] Allerdings erfasst der Antrag eines nach § 97 I ArbGG Antragsberechtigten grundsätzlich, soweit nichts anderes begehrt wird, den Zeitraum ab dessen Rechtshängigkeit bis zur letzten Anhörung im Verfahren und war im vorliegenden Verfahren auf die Zeit ab der letzten Satzungsänderung begrenzt (auch → § 197 Rn. 19, zur Tarifzuständigkeit).[154] Für die Zukunft ist die Rechtskraft in zeitlicher Hinsicht grundsätzlich nicht begrenzt, endet aber, wenn die maßgebenden rechtlichen oder tatsächlichen Voraussetzungen, die der Entscheidung zugrunde gelegen haben, nicht mehr die gleichen sind.[155] Das kann der Fall sein, wenn sich die Identität der Beteiligten oder die rechtlichen Verhältnisse, namentlich durch eine Modifikation der satzungsmäßigen Tarifzuständigkeit geändert haben.

§ 197. Zustandekommen, Bekanntgabe und Aushang von Tarifverträgen

Übersicht

I. Zustandekommen von Tarifverträgen

1. Grundsatz. Das Zustandekommen eines Tarifvertrags als einem mit Normenwirkung ausgestatteten zivilrechtlichen Vertrag richtet sich grundsätzlich nach den **Bestimmungen des Bürgerlichen Gesetzbuchs** über den Abschluss von Verträgen.[1] Maßgebend sind die Regelun- 1

[148] BAG 21.3.2018 AP Nr. 40 zu § 5 TVG = NZA-Beil. 1/2018, 8 ff.; 21.9.2016 AP Nr. 36 zu § 5 TVG = NZA-Beil. 1/2017, 12; 24.7.2012 AP Nr. 20 zu § 97 ArbGG 1979 = NZA 2012, 1061.

[149] BAG 26.1.2016 AP Nr. 21 zu § 97 ArbGG 19179 = NZA 2016, 842; 23.5.2012 AP Nr. 19 zu § 97 ArbGG 1979 = NZA 2012, 625.

[150] BAG 23.5.2012 AP Nr. 19 zu § 97 ArbGG 1979 = NZA 2012, 625; 28.3.2006 AP Nr. 4 zu § 2 TVG Tariffähigkeit = NZA 2006, 1112; 14.12.2004 AP Nr. 1 zu § 2 TVG Tariffähigkeit = NZA 2005, 697. S. auch *D. Ulber* SR 2012, 141 ff.

[151] V. 11.8.2014 (BGBl. I 1348); in Kraft getreten am 16.8.2014.

[152] BAG 1.6.2013 NZA-RR 2013, 641, dazu *Lunk* RdA 2014, 188 ff.

[153] BAG 14.12.2010 AP Nr. 6 zu § 2 TVG Tariffähigkeit = NZA 2011, 289.

[154] BAG 23.5.2012 NZA 2012, 623; dies übersehen *Apelt/Hartmannshenn* RdA 2013, 268 ff.

[155] BAG 23.5.2012 NZA 2012, 623; 5.6.2000 AP Nr. 9 zu § 97 ArbGG 1979 = NZA 2001, 156; 1.2.1983 AP Nr. 14 zu § 322 ZPO = NZA 1984, 1710. Zur erneuten Prüfung der Tariffähigkeit der ALEB ArbG Bonn 31.10.2012 – 4 BV 90/12, AuR 2012, 501 (Kurzwiedergabe) (rkr.).

[1] BAG 7.7.2010 AP Nr. 388 zu § 613a BGB = NZA-RR 2011, 30; 24.1.2001 AP Nr. 1 zu § 3 BetrVG 1972 = NZA 2001, 1149.

gen über Willenserklärungen der §§ 116 ff. BGB und über den Vertragsschluss nach den §§ 145 ff. BGB, einschließlich des Zugangs von Willenserklärungen unter Abwesenden. Erforderlich sind übereinstimmende Willenserklärungen – Antrag und Annahme – in der durch § 1 II TVG vorgesehenen Schriftform.[2] Der Abschluss kann auch unter den Vorbehalt der innerverbandlichen Willensbildung gestellt werden, wenn noch die Zustimmung von Tarifkommissionen oder ein Beschluss des Verbandsvorstandes erforderlich ist, sog. **Erklärungsfrist.**[3] Dabei ist im Einzelfall zu prüfen, ob es sich iSd § 158 BGB um eine aufschiebende Bedingung handelt, die eine Zustimmungserklärung nötig macht oder eine auflösende, die (lediglich) einen Widerruf ermöglicht. Auch kann ein **schuldrechtlicher Vorvertrag** (→ Rn. 3) geschlossen worden sein, der noch der weiteren Umsetzung in einen Tarifvertrag bedarf.[4] Ob bereits ein Tarifvertrag vorliegt oder lediglich ein Vorvertrag ist im Wege der Auslegung zu ermitteln (→ § 201 Rn. 2). Denkbar ist das Zustandekommen eines Tarifvertrags durch **Schlichterspruch** (→ § 192 Rn. 41), dem sich die Tarifvertragsparteien vorab unterworfen oder dem sie nachträglich zugestimmt haben. Ist ein Tarifvertrag wirksam gekündigt, stellt sich eine spätere Einigung der Tarifvertragsparteien über die Fortgeltung dieses Tarifvertrags als Abschluss eines neuen Tarifvertrags dar.[5] Von einer solchen Einigung ist auch dann auszugehen, wenn nur Teile dieses Tarifvertrags neu vereinbart werden, aber sich aus dem tariflichen Gesamtzusammenhang die gesamte Fortgeltung ergibt.[6]

2 Der Abschluss von Tarifverträgen steht grundsätzlich im Belieben der Tarifvertragsparteien. Gleiches gilt für die Aufnahme von Tarifvertragsverhandlungen. Ein **Verhandlungsanspruch** der tarifzuständigen Gewerkschaft oder des AG gegen die andere Tarifvertragspartei wird ohne ausdrückliche Rechtsgrundlage abgelehnt.[7] In der Sache würde ein solcher Anspruch zu einer mit Art. 9 III GG nicht zu vereinbarenden indirekten Kontrolle von Tarifvertragsverhandlungen und mittelbar ihren Ergebnissen führen, wenn die Ernsthaftigkeit der Verhandlungen überprüft werden müsste. Es obliegt den Tarifvertragsparteien dafür zu sorgen, dass die jeweils andere Partei sich veranlasst sieht, Verhandlungen aufzunehmen. Weder aus der Koalitionsbetätigungsfreiheit des Art. 9 III GG noch aus einem ultima-ratio-Prinzip für Arbeitskämpfe[8] folgt ein anderes Ergebnis.[9] Den Tarifvertragsparteien steht es allerdings frei, in Tarifverträgen eine **Verhandlungspflicht zu vereinbaren.** Diese gelten vorbehaltlich anderer Abreden regelmäßig nur bis zur Beendigung des Tarifvertrags, da im obligatorischen wirkenden Teil des Tarifvertrag vereinbart (→ § 199 Rn. 18).[10] Weiterhin bestehen Verhandlungspflichten im Rahmen eines Arbeitskampfes zur Regelung von Notdienst- und Erhaltungsarbeiten (→ § 192 Rn. 60 f.) oder vor Ausspruch einer außerordentlichen Kündigung eines bereits bestehenden Tarifvertrags (→ § 208 Rn. 8 f.).

3 Die Tarifvertragsparteien können sich in einem **Vorvertrag** zum Abschluss eines Tarifvertrags verpflichten, der allerdings hinsichtlich des Inhalts des noch abzuschließenden Tarifvertrags eindeutig sein muss.[11] Der Vorvertrag beinhaltet noch keine Normen und kann regelmäßig auch nicht als Vertrag zugunsten Dritter verstanden werden.[12] Er soll vor dem endgültigen Tarifvertragsabschluss eine Bindung an das bereits erzielte Verhandlungsergebnis erreichen.[13] Für die Annahme eines Vorvertrags und nicht nur eine unverbindliche Absprache ist der erkennbare Bindungswille entscheidend, der im Wege der Auslegung nach §§ 133, 157 BGB zu ermitteln ist.[14] Erforderlich ist die hinreichende Bestimmbarkeit des Inhalts des noch abzuschließenden Hauptvertrags, ohne dass bereits „allerletzte Feinheiten" geregelt sein müssen.[15]

---

[2] BAG 7.7.2010 AP Nr. 388 zu § 613a BGB = NZA-RR 2011, 30.

[3] BAG 23.1.2019 AP Nr. 476 zu § 613a BGB = NZA 2019, 922; 5.7.2006 AP Nr. 38 zu § 1 TVG.

[4] BAG 26.1.1983 AP Nr. 20 zu § 1 TVG.

[5] LAG Köln 2.8.1999 NZA-RR 2000, 147.

[6] BAG 26.9.2017 AP Nr. 237 zu § 112 BetrVG 1972 = NZA 2018, 803.

[7] BAG 14.2.1989 AP Nr. 52 zu Art. 9 GG = NZA 1989, 601; 14.7.1981 AP Nr. 1 zu § 1 TVG Verhandlungspflicht mkritAnm *Wiedemann.*

[8] So Wiedemann/*Thüsing* TVG § 1 Rn. 203 ff.; *Hottgenroth,* Die Verhandlungspflicht der Tarifvertragsparteien, 1990, 36 ff., 153 ff.

[9] Ausf. NK-TVG/*Nebe* § 1 Rn. 121 ff.; weiterhin ErfK/*Franzen* TVG § 1 Rn. 24; JKOS TVR/*Schubert* § 3 Rn. 18.

[10] BAG 14.2.1989 AP Nr. 52 zu Art. 9 GG = NZA 1989, 601.

[11] BAG 25.9.2013 AP Nr. 26 zu § 1 TVG Tarifverträge: Musiker; 5.7.2006 AP Nr. 38 zu § 1 TVG; 25.8.1982 AP Nr. 23 zu § 72a ArbGG 1979.

[12] BAG 25.9.2013 EzA Nr. 53 zu § 1 TVG; 26.1.1983 AP Nr. 20 zu § 1 TVG.

[13] BAG 19.10.1976 AP Nr. 6 zu § 1 TVG Form = NJW 1977, 405.

[14] BAG 5.7.2006 AP Nr. 38 zu § 1 TVG; 26.1.1983 AP Nr. 20 zu § 1 TVG.

[15] S. auch BAG 9.12.2009 AP Nr. 48 zu § 3 TVG = NZA 2010, 712.

Dann kann die andere Partei im Wege der Leistungsklage auf Abgabe einer Willenserklärung mit der Wirkung des § 894 ZPO klagen. Das BAG hat bisher angenommen, der Vorvertrag bedürfe nicht der **Schriftform** des § 1 II TVG (→ Rn. 7 ff.), dies ist in einer jüngeren Entscheidung im Hinblick auf die beabsichtigte Normenwirkung zu Recht problematisiert, im Ergebnis aber offen gelassen.[16] Anders als ein Tarifvertrag (→ Rn. 6) kann ein Vorvertrag angefochten werden.[17]

2. Vertretung. Die Tarifvertragsparteien werden beim Abschluss von Tarifverträgen **regelmäßig vertreten.** Beim Vertragsschluss durch einen Verband erfolgt die Vertretung durch das zur Vertretung befugte Organ, entweder den Vorstand (§ 26 BGB) oder durch einen in der Satzung bestimmten besonderen Vertreter (§ 30 BGB). Die Tarifvertragsparteien können sich **durch Dritte vertreten** lassen.[18] Hierbei gelten die allgemeinen Regelungen über die rechtsgeschäftliche Stellvertretung (§§ 164 ff. BGB).[19] Die Bevollmächtigung bedarf nach § 167 II BGB nicht der Schriftform des § 1 II TVG. Die Vertretungsbefugnis kann inhaltlich beschränkt werden,[20] bei Organvertretern muss dies aus der Satzung ersichtlich sein. Es gelten die Grundsätze der **Duldungs- und Anscheinsvollmacht.**[21] Erfolgt der Abschluss durch einen vollmachtlosen Vertreter, so kann der Vertrag genehmigt werden (§ 177 I BGB).[22] Die Genehmigung kann durch schlüssiges Handeln[23] oder stillschweigend erfolgen,[24] ohne dass die Schriftform des § 1 II TVG zu beachten ist. 4

Wird der Tarifvertrag (auch) in Vertretung für andere Tarifvertragsparteien geschlossen, setzt dies neben der erforderlichen Vollmacht nach § 164 I BGB voraus, dass der Vertreter **erkennbar im Namen der Vertretenen** gehandelt hat. Neben der ausdrücklichen Benennung als Tarifvertragspartei kann sich das aus den Umständen ergeben, wenn sie klar und eindeutig sind und dem Schriftformgebot (→ Rn. 7 ff.) genüge getan ist. Allein die Zugehörigkeit des Vertretenen zu einem Konzern, für dessen Unternehmen ein Tarifvertrag gelten soll,[25] reicht ebenso wenig aus wie die Nennung in den Bestimmungen über den tarifvertraglichen Geltungsbereich.[26] 5

3. Willensmängel beim Abschluss. Die **Vorschriften über Willensmängel** bei Abschluss eines Vertrags sind wegen der Normenwirkung von Tarifverträgen für die Tarifunterworfenen nur **eingeschränkt anwendbar.** Die §§ 119, 123 BGB sind nicht einschlägig.[27] Selbst wenn man eine Anfechtung zulassen wollte, würde diese anders als in § 142 I BGB nur *ex nunc,* nicht aber rückwirkend zum Tragen kommen.[28] Zudem ist dann eine Bestätigung nach § 144 I BGB – etwa durch die spätere Durchführung des Tarifvertrags[29] – zu prüfen.[30] Hier sind richtigerweise die Regelungen über eine Kündigung, namentlich einer außerordentlichen (→ § 208 Rn. 8 ff.), heranzuziehen.[31] §§ 154, 155 BGB über den **Dissens** sind nicht anwendbar.[32] 6

---

16 BAG 5.7.2006 AP Nr. 38 zu § 1 TVG mN zum Diskussionsstand; ebenso 23.9.2009 AP Nr. 29 zu § 3 TVG Verbandszugehörigkeit; aA Wiedemann/*Thüsing* TVG § 1 Rn. 318; NK-TVG/*Nebe* § 1 Rn. 16, 175.

17 BAG 19.10.1976 AP Nr. 6 zu § 1 TVG Form = NJW 1977, 405.

18 BAG 12.2.1997 AP Nr. 46 zu § 2 TVG = NZA 1997, 1064.

19 BAG 24.11.1993 AP Nr. 39 zu § 1 TVG Tarifverträge: Einzelhandel = NZA 1994, 564.

20 AA für einen Sonderfall: BAG 11.6.1975 AP Nr. 29 zu § 2 TVG.

21 BAG 13.7.1994 AP Nr. 12 zu § 1 TVG Tarifverträge: DDR = NZA 1995, 79; 29.6.2004 AP Nr. 36 zu § 1 TVG; 12.12.2007 AP Nr. 39 zu § 1 TVG = NZA 2008, 892.

22 BAG 9.9.2010 AP Nr. 149 zu § 2 KSchG 1969; 12.12.2007 AP Nr. 39 zu § 1 TVG = NZA 2008, 892.

23 BAG 18.12.1996 AP Nr. 1 zu § 1 TVG Kündigung = NZA 1997, 830.

24 BAG 14.2.1957 AP Nr. 1 zu § 32 AOG Weitergeltung von Tarifverträgen als Tarifordnung.

25 BAG 13.12.2016 – 1 AZR 148/15; weiterhin BAG 19.11.2014 AP Nr. 33 zu § 1 TVG Tarifverträge: Luftfahrt = NZA 2015, 950.

26 BAG 22.11.2017 – 4 ABR 54/15; 22.2.2012 AP Nr. 109 zu § 1 TVG Bezugnahme auf Tarifvertrag; 18.11.2009 AP Nr. 13 zu § 2 TVG Firmentarifvertrag = NZA 2010, 835; 17.10.2007 AP Nr. 40 zu § 1 TVG = NZA 2008, 713.

27 NK-TVG/*Nebe* § 1 Rn. 178 ff.; Wiedemann/*Thüsing* TVG § 1 Rn. 323; offen gelassen in BAG 19.10.1976 AP Nr. 6 zu § 1 TVG Form; sowie bei JKOS TVR/*Schubert* § 3 Rn. 13 f.

28 So diejenigen, die eine Anfechtung für möglich halten: ErfK/*Franzen* TVG § 1 Rn. 26; *Löwisch/Rieble* TVG § 1 Rn. 1536.

29 BAG 18.12.1996 AP Nr. 1 zu § 1 TVG Kündigung = NZA 1997, 830.

30 Ebenso ErfK/*Franzen* TVG § 1 Rn. 26; *Löwisch/Rieble* TVG § 1 Rn. 1539.

31 S. auch BAG 25.8.1982 AP Nr. 23 zu § 72a ArbGG 1979 Grundsatz.

32 BAG 18.12.2012 AP Nr. 6 zu § 12 TVÜ = NZA-RR 2013, 262; 30.5.1994 AP Nr. 3 zu § 9 TVG; 24.2.1988 AP Nr. 2 zu § 1 TVG Tarifverträge: Schuhindustrie.

7 **4. Schriftform.** Nach § 1 II TVG bedürfen Tarifverträge der Schriftform. Diese hat im Tarifrecht keine Warnfunktion.[33] Das konstitutive Schriftformerfordernis dient vor allem dazu, die Tarifparteien zur Klarstellung eines bestimmten Inhalts des Tarifvertrags anzuhalten – **Klarstellungs- und Bestimmtheitsfunktion**[34] – sowie der Eindeutigkeit der Normurheberschaft.[35] Die Tarifvertragsparteien und vor allem die Tarifunterworfenen müssen den Inhalt der für sie geltenden Normen zur Kenntnis nehmen können. Das gilt auch für Protokollnotizen, denen Tarifcharakter zukommen soll (→ § 198 Rn. 24).[36] Ein **ohne Beachtung der Schriftform** geschlossener Tarifvertrag ist nach § 125 BGB **nichtig.**[37] Eine Heilung unter Heranziehung des Gebots von Treu und Glauben (§ 242 BGB) scheidet aus,[38] nicht hingegen die Umdeutung in einen Vorvertrag nach § 140 BGB,[39] wenn man ein Schriftformerfordernis für diesen verneint (→ Rn. 3).

8 Maßgebend für die Einhaltung der Schriftform ist § 126 BGB. Wird über den Tarifvertrag eine Urkunde aufgenommen, so müssen sämtliche Beteiligten diese **eigenhändig durch Namensunterschrift** oder mittels notariell beglaubigtem Handzeichen unterzeichnen. Der Tarifvertrag wird erst mit „der letzten" erforderlichen Unterschrift wirksam.[40] Werden über den Vertrag mehrere Urkunden aufgenommen, so ist ausreichend, wenn jede Partei die für die Gegenpartei bestimmte Urkunde unterschreibt.[41] Diese muss dem anderen Teil im Original und nicht nur per Telefax zugehen.[42] Ebenso wenig genügt eine nur mündliche Unterrichtung über die Unterzeichnung. Die Schriftform kann durch die elektronische Form ersetzt werden, wenn sich nicht aus dem Gesetz etwas anderes ergibt (§ 126 III BGB). Unter Berücksichtigung der Funktion des Schriftformerfordernisses – Klarstellungsfunktion (→ Rn. 7) – ist dies auch für Tarifverträge möglich.[43] Allein die erforderliche Bekanntmachung von Tarifverträgen steht dem nicht entgegen.[44]

9 Bei Dokumenten mit **Anlagen** reicht es aus, wenn die sachliche Zusammengehörigkeit von unterzeichneter Haupturkunde und Anlage zweifelsfrei feststeht, etwa wenn die Anlage nur in einer Ausfertigung existiert und diese von beiden Seiten paraphiert wurde.[45] Eine **körperliche Verbindung** ist dann nicht erforderlich, wenn sich die Einheit der Urkunde aus einer Paginierung oder anderen Merkmalen zweifelsfrei ergibt. Auch eine nachfolgende Änderung des bereits unterschriebenen Tarifvertrags ist zulässig, wenn sie dem übereinstimmenden Willen der Parteien entspricht.[46] Das Schriftformgebot bezieht sich auf Änderungen eines Tarifvertrags oder dessen Neuabschluss nach einer Kündigung.[47] Dem Erfordernis wird genügt, wenn die Tarifvertragsparteien auf ein **Gesetz**[48] oder einen **anderen Tarifvertrag verweisen,** der selbst der Schriftform genügt (zu den inhaltlichen Anforderungen → § 198 Rn. 17 f.).[49] Das gilt ebenso für dynamische Verweisungen.[50] Aus dem Gebot der Rechtssicherheit und der Klarheit der Normurheberschaft ergibt sich, dass eine mehrseitige, von AG, BR und Gewerkschaft unterzeichnete Vereinbarung, deren jeweilige Regelungskompetenz sich nicht auf alle Regelungsgegenstände erstreckt, wegen Verstoßes gegen das **Gebot der Rechtsquellenklarheit** (teilweise [→ Rn. 20]) unwirksam sein kann, wenn sich nicht deutlich und überprüfbar ergibt, wer Urheber der einzelnen Regelungskomplexe ist und damit, ob es sich insoweit um eine Betriebsverein-

---

[33] BAG 10.11.1982 AP Nr. 8 zu § 1 TVG Form.
[34] BAG 11.9.2003 AP Nr. 24 zu § 4 TVG = NZA 2004, 326.
[35] BAG 15.4.2008 AP Nr. 96 zu § 77 BetrVG 1972 mablAnm *Kolbe* = NZA 2008, 1074.
[36] S. nur NK-TVG/*Nebe* § 1 Rn. 175 f.
[37] BAG 13.6.1958 AP Nr. 2 zu § 4 TVG Effektivklausel.
[38] BAG 21.3.1973 AP Nr. 12 zu § 4 TVG Geltungsbereich; für eine tarifliche Übung: BAG 31.1.1969 AP Nr. 26 zu § 1 FeiertagslohnzG.
[39] BKS/*Heilmann* § 1 Rn. 52; NK-TVG/*Nebe* § 1 Rn. 186; Wiedemann/*Thüsing* TVG § 1 Rn. 328.
[40] BAG 17.2.2016 AP Nr. 168 zu § 2 KSchG 1969; 20.3.1997 AP Nr. 137 zu § 4 TVG Ausschlussfristen = NZA 1997, 896.
[41] BAG 7.7.2010 AP Nr. 388 zu § 613a BGB = NZA-RR 2011, 30; 9.7.1997 AP Nr. 233 zu § 22 BAT 1975; aA wohl Wiedemann/*Thüsing* TVG § 1 Rn. 39.
[42] BAG 7.7.2010 AP Nr. 388 zu § 613a BGB = NZA-RR 2011, 30.
[43] ErfK/*Preis* BGB §§ 125–127 Rn. 25; NK-TVG/*Nebe* § 1 Rn. 162.
[44] So wohl Wiedemann/*Thüsing* TVG § 1 Rn. 39.
[45] BAG 6.10.2010 AP Nr. 73 zu § 1 TVG Bezugnahme auf Tarifvertrag = NZA 2010, 401; 3.5.2006 AP Nr. 31 zu § 99 BetrVG 1972 Eingruppierung = NZA 2007, 47.
[46] BAG 24.1.2001 AP Nr. 1 zu § 3 BetrVG 1972 = NZA 2001, 1149.
[47] LAG Köln 2.8.1999 NZA-RR 2000, 147.
[48] BAG 11.9.2003 AP Nr. 24 zu § 4 TVG = NZA 2004, 326.
[49] StRspr, s. nur BAG 10.11.1982 AP Nr. 8 zu § 1 TVG Form.
[50] BAG 9.7.1980 AP Nr. 7 zu § 1 TVG Form.

barung oder einen Tarifvertrag als Rechtsquelle – mit unterschiedlichen Normadressaten – handelt.[51] Lässt sich eine Vereinbarung mit hinreichender Deutlichkeit indes ohne weiteres insgesamt als Tarifvertrag und/oder als Betriebsvereinbarung qualifizieren, erweist sich die Mitunterzeichnung durch andere Parteien als unschädlich.[52]

5. Mehrgliedrige Tarifverträge. Bei mehrgliedrigen Tarifverträgen sind auf einer oder auf 10
beiden Seiten **mehrere Tarifvertragsparteien** (zB mehrere Gewerkschaften, mehrere Arbeitgeberverbände, alle Unternehmen eines Konzerns, Spitzenverband nach § 2 II TVG in Vertretung für seine Mitglieder, → § 196 Rn. 19 f.) beteiligt.[53] Das war etwa beim BAT der Fall und ist bei den Nachfolgetarifverträgen – TVöD und TV-L (→ § 64 Rn. 26 ff.) – gleichfalls so. Sie sind ohne weiteres zulässig.[54] Vom mehrgliedrigen Tarifvertrag abzugrenzen ist der Anschlusstarifvertrag, der in einem eigenen Vertragswerk (nur) die Regelungen eines anderen Tarifvertrags übernimmt.[55]

Mehrgliedrige Tarifverträge gibt es in verschiedenen Erscheinungsformen: Zum einen kann 11
es sich um einen **„Einheitstarifvertrag"** handeln, also ein „einheitliches Tarifwerk", bei der die Tarifvertragsparteien einer Seite bei der Ausübung von Rechten und der Erfüllung von Pflichten aus dem schuldrechtlichen Teil des Tarifvertrags in der Weise gebunden sind, dass sie im Verhältnis zur Gegenseite eine „Einheit" darstellen und als solche handeln müssen.[56] Die Kündigung des Tarifvertrags kann dann nur durch alle Tarifvertragsparteien einer Seite gemeinsam ausgesprochen werden. Davon zu unterscheiden ist derjenige mehrgliedrige Tarifvertrag, bei dem mehrere selbständige Tarifverträge lediglich in einer Urkunde zusammengefasst sind – auch bezeichnet als **„mehrgliedriger Tarifvertrag im engeren Sinne"**.[57]

Welche Erscheinungsform vorliegt, hängt vom Willen der Tarifvertragsparteien ab und ist im 12
Zweifel durch Auslegung zu ermitteln, wobei „Zwischenformen" nicht ausgeschlossen sind. Da es nicht um den Inhalt normativer Regelungen, sondern um den Bindungswillen der Parteien bei Vertragsschluss geht, soll sich die Auslegung nicht nach den Grundsätzen der Gesetzesauslegung, sondern nach den Regeln der Auslegung von Verträgen gem. §§ 133, 157 BGB richten (→ Rn. 1, anders → § 201 Rn. 2).[58] **Regelmäßig** ist davon auszugehen, dass **mehrere gleichlautende Tarifverträge** geschlossen werden sollen.[59] Das gilt ebenso bei einem Abschluss der Konzernobergesellschaft in Vertretung[60] für die abhängigen Unternehmen.[61] Bei einem mehrgliedrigen Tarifvertrag im engeren Sinne sind **die einzelnen Tarifvertragsparteien selbständig berechtigt und verpflichtet** und bleiben deshalb in der Lage, unabhängig voneinander den Tarifvertrag zu ändern oder zu kündigen. Sie haften nicht als Gesamtschuldner, stehen nicht in einer notwendigen Streitgenossenschaft und können jede für sich die Allgemeinverbindlicherklärung des Tarifvertrags beantragen.[62] Ob es sich bei dem bei den Tarifverträgen der DGB Tarifgemeinschaft Zeitarbeit um einen mehrgliedrigen oder Einheitstarifvertrag handelt, wird unterschiedlich beurteilt (zur Bezugnahme → § 206 Rn. 13).[63]

II. Tarifzuständigkeit

1. Grundsatz. Neben der Tariffähigkeit ist die Tarifzuständigkeit der Tarifvertragsparteien 13
Voraussetzung für den wirksamen Abschluss eines Tarifvertrags. Die Tarifzuständigkeit ist die Fähigkeit eines an sich tariffähigen Verbandes, Tarifverträge für einen bestimmten Geltungsbe-

---

[51] BAG 15.4.2008 AP Nr. 96 zu § 77 BetrVG 1972 mablAnm *Kolbe* = NZA 2008, 1074.
[52] BAG 26.2.2020 AP Nr. 6 zu § 1 TVG Sozialplan mAnm *Deinert* = NA 2020, 1121 (Tarifvertrag und Betriebsvereinbarung für unterschiedliche Arbeitnehmergruppen); s. auch *Krois* EWiR 2020, 765 f.
[53] S. nur BAG 10.11.1982 AP Nr. 8 zu § 1 TVG Form.
[54] BAG 26.4.2007 AP Nr. 4 zu § 124 InsO; 10.11.1993 AP Nr. 43 zu § 1 TVG Tarifverträge: Einzelhandel = NZA 1994, 892.
[55] NK-TVG/*Nebe* § 1 Rn. 79.
[56] BAG 29.6.2004 AP Nr. 36 zu § 1 TVG.
[57] BAG 8.11.2006 AP Nr. 33 zu § 4 TVG = NZA 2007, 576.
[58] BAG 8.11.2006 AP Nr. 33 zu § 5 TVG = NZA 2007, 576; 29.6.2004 AP Nr. 36 zu § 1 TVG.
[59] BAG 29.6.2004 AP Nr. 36 zu § 1 TVG; 26.4.2007 AP Nr. 4 zu § 124 InsO.
[60] BAG 11.7.1995 AP Nr. 56 zu § 1 TVG Tarifverträge: Einzelhandel.
[61] BAG 29.7.2009 AP Nr. 7 zu § 3 BetrVG 1972 = NZA 2009, 1424; 24.11.1993 AP Nr. 39 zu § 1 TVG Tarifverträge: Einzelhandel = NZA 1994, 564.
[62] BAG 8.11.2006 AP Nr. 33 zu § 4 TVG = NZA 2007, 576.
[63] S. nur LAG BW 4.6.2013 – 22 Sa 73/12; 16.1.2018 – 15 Sa 9/17; LAG Brem 6.12.2018 – 3 Sa 64/17: Mehrgliedriger Tarifvertrag; anders LAG Nürnberg 10.10.2013 – 3 Sa 699/10 (nrkr.); ebenso *Müntefering* NZA 2015, 711 ff. Zur Tarifzuständigkeit etwa *Bayreuther* NZA 2012, 14 ff.

reich zu schließen.[64] Ein unter Überschreitung der in der **Satzung festgelegten Tarifzuständigkeit** (→ Rn. 15 f.) geschlossener Tarifvertrag ist unwirksam.[65] Die Tarifvertragsparteien haben nur im Rahmen ihres Zuständigkeitsbereichs die Befugnis, die Arbeits- und Wirtschaftsbedingungen zu regeln.[66] Für die Arbeitnehmerüberlassung wird dies hinsichtlich der Gewerkschaften des DGB unterschiedlich beurteilt.[67] Die mit der Novellierung des Arbeitsgerichtsgesetzes im Jahre 1979 eingefügte Bestimmung des § 2a I Nr. 4 ArbGG, wonach im arbeitsgerichtlichen Beschlussverfahren die Tarifzuständigkeit geklärt werden kann, bestätigte die bestehende Rechtsprechung.[68]

14 Die Tarifzuständigkeit muss **bei Abschluss** des Tarifvertrags vorliegen.[69] Eine nachfolgende Satzungsänderung führt nicht zu einer „Heilung" des unwirksamen Tarifvertrags.[70] Geht der Tarifvertrag nur teilweise über die in der Satzung festgelegte Tarifzuständigkeit hinaus, ist der Tarifvertrag lediglich insoweit unwirksam.[71] Der tarifliche Geltungsbereich kann bei einer Allgemeinverbindlicherklärung nicht auf Arbeitsvertragsparteien erstreckt werden, bei denen es an der Tarifzuständigkeit mangelt.[72] Bei Tarifverträgen nach § 3 I Nr. 1–3 BetrVG (→ § 216 Rn. 1 ff.) erfordert die betriebseinheitliche Geltung betriebsverfassungsrechtlicher Normen (→ § 204 Rn. 18 f.) die satzungsgemäße Tarifzuständigkeit der tarifschließenden Gewerkschaft für alle Arbeitsverhältnisse (→ § 200 Rn. 34).[73] Aus dem Erfordernis der beiderseitigen Tarifzuständigkeit folgt, dass die **Tarifzuständigkeitsbereiche** der beiden Tarifvertragsparteien jedenfalls für den beabsichtigten Tarifvertrag **übereinstimmen** müssen, damit dieser wirksam ist. Ob sie insgesamt deckungsgleich sind, ist dagegen ohne Bedeutung.[74]

15 **2. Bestimmung der Tarifzuständigkeit. a) Grundsatz.** Die Festlegung der Tarifzuständigkeit erfolgt durch die Satzung der Verbände. Ihren Organisationsbereich legen die tariffähigen Koalitionen **in ihrer Satzung autonom** fest. Damit bestimmen sie den räumlichen, betrieblichen und persönlichen[75] Geltungsbereich, in dem sie Tarifverträge abschließen wollen.[76] Es können auch mehrere Kriterien gewählt und miteinander kombiniert werden oder die Tarifzuständigkeit für bestimmte Unternehmen beansprucht werden.[77] Die kollektive Koalitionsbetätigungsfreiheit nach Art. 9 III GG (→ § 189 Rn. 15 ff.) garantiert einem tariffähigen Verband, darüber zu entscheiden, in welchem räumlichen und persönlichen Bereich er tätig werden will.[78] Der Umfang der Tarifzuständigkeit muss wegen der Normenwirkung der Regelungen eindeutig bestimmt sein, kann sich aber auch erst durch Auslegung der Satzung ergeben, wobei die Grundsätze der Gesetzesauslegung maßgebend sind.[79] Ohne Bedeutung sind der bisherige Abschluss von Tarifverträgen oder die Praxis der Mitgliederaufnahme.[80] Eine Beschränkung auf Organisationsbereiche mit „hinreichender Repräsentativität" ist zu

---

[64] BAG 24.7.1990 AP Nr. 7 zu § 2 TVG Tarifzuständigkeit = NZA 1991, 21.

[65] StRspr BAG 29.7.2009 AP Nr. 7 zu § 3 BetrVG 1972 = NZA 2009, 1424; 18.7.2007 AP Nr. 19 zu § 2 TVG Tarifzuständigkeit = NZA 2007, 1225.

[66] BAG 24.7.1990 AP Nr. 7 zu § 2 TVG Tarifzuständigkeit = NZA 1991, 21; 27.11.1964 AP Nr. 1 zu § 2 TVG Tarifzuständigkeit.

[67] Krit. *Rieble* BB 2012, 2177 ff.: keine Tarifzuständigkeit; anders *Bayreuther* NZA 2012, 14 ff.

[68] S. nur JKOS TVR/*Schubert* § 2 Rn. 164.

[69] BAG 29.7.2009 AP Nr. 7 zu § 3 BetrVG 1972 = NZA 2009, 1424; 24.7.1990 AP Nr. 7 zu § 2 TVG Tarifzuständigkeit = NZA 1991, 21.

[70] BAG 24.7.1990 AP Nr. 7 zu § 2 TVG Tarifzuständigkeit = NZA 1991, 21.

[71] BAG 15.11.2006 AP Nr. 34 zu § 4 TVG Tarifkonkurrenz = NZA 2007, 448; 14.11.2001 AP Nr. 36 zu § 1 TVG Tarifverträge: Brotindustrie = NZA 2002, 1049.

[72] BAG 20.4.1988 AP Nr. 5 zu § 1 TVG Tarifverträge: Bau.

[73] BAG 14.1.2014 AP Nr. 134 zu § 87 BetrVG 1972 Arbeitszeit = NZA 2014, 910; 29.7.2009 AP Nr. 7 zu § 3 BetrVG 1972 = NZA 2009, 1424.

[74] Vgl. nur BKS/*Heilmann* § 2 Rn. 118.

[75] Etwa auch auf Auszubildende, dazu BAG 31.1.2018 AP Nr. 26 zu § 2 TVG Tarifzuständigkeit = NZA 2018, 876.

[76] BAG 17.4.2012 AP Nr. 23 zu § 2 TVG Tarifzuständigkeit = NZA 2012, 1104; 10.2.2009 AP Nr. 138 zu Art. 9 GG = NZA 2009, 908.

[77] BAG 31.1.2018 AP Nr. 26 zu § 2 TVG Tarifzuständigkeit = NZA 2018, 876; 22.2.2017 AP Nr. 244 zu § 1 TVG Tarifverträge: Metallindustrie = NZA-RR 2017, 424.

[78] BAG 15.11.2006 AP Nr. 34 zu § 4 TVG Tarifkonkurrenz = NZA 2007, 448; 27.9.2005 AP Nr. 18 zu § 2 TVG Tarifzuständigkeit = NZA 2006, 273; 14.12.1999 AP Nr. 14 zu § 2 TVG Tarifzuständigkeit = NZA 2000, 949.

[79] BAG 11.6.2013 AP Nr. 24 zu § 2 TVG Tarifzuständigkeit mAnm *Ricken* = NZA 2013, 1363 (DHV); 17.4.2012 AP Nr. 23 zu § 2 TVG Tarifzuständigkeit = NZA 2012, 1104; 10.2.2009 AP Nr. 138 zu Art. 9 GG = NZA 2009, 908.

[80] BAG 29.6.2004 AP Nr. 10 zu § 97 ArbGG 1979 = NZA 2004, 1236.

unbestimmt. Es besteht weiterhin keine Annexzuständigkeit für einen von der Tarifzuständigkeit nicht erfassten Teil der Belegschaft.[81]

Den tariffähigen Verbänden steht es frei, ihren **Organisationsbereich** betriebs- oder unternehmensbezogen, branchen- oder berufsbezogen oder auch regional festzulegen. Denkbar ist es, für alle AN der Bundesrepublik Deutschland Tarifverträge abschließen zu wollen, sofern nur die Tariffähigkeit (→ § 196 Rn. 4 ff.) gegeben ist.[82] Allerdings können sie ihre Tarifzuständigkeit nicht wirksam auf die jeweils tarifgebundenen Mitglieder beschränken.[83] Die Verbände können ihren satzungsgemäßen Zuständigkeitsbereich ändern.[84] Eine eventuelle Konkurrenz mit anderen Gewerkschaften steht der Festlegung nicht entgegen.[85] Bei einer branchenbezogenen Tarifzuständigkeit können branchenfremde Nebenbetriebe und AN einbezogen werden.[86] 16

b) Schiedsverfahren nach der Satzung des DGB. Die Einzelgewerkschaften des DGB (→ § 190 Rn. 2) sind regelmäßig nach dem **Industrieverbandsprinzip** organisiert,[87] welches zusätzlich durch den Grundsatz **„Ein Betrieb, eine Gewerkschaft"** ergänzt wird. Der Grundsatz ist bei der Auslegung der Satzung einer Gewerkschaft des DGB zu berücksichtigen.[88] Die Organisationsbereiche der Gewerkschaften können zwar mit Zustimmung des DGB geändert werden (§ 15 Satzung). Eine ohne Zustimmung erfolgte Änderung hat aber keine Bedeutung für die Wirksamkeit im Außenverhältnis. Ob die Einfügung des Wortes „rechtswirksam" in die Satzung des DGB im Jahre 1998 zu einem anderen Ergebnis führt, konnte das BAG bisher offen lassen.[89] 17

Gleichwohl sind Überschneidungen der Tarifzuständigkeit nicht auszuschließen.[90] In § 15 der DGB-Satzung ist vorgesehen, dass der Bundesvorstand Richtlinien für die Abgrenzung der Tarifzuständigkeit erlässt. Sehen die Satzungen verschiedener Gewerkschaften vor, dass für einen bestimmten Bereich Tarifverträge abgeschlossen werden können, so wird im Falle der **DGB-Gewerkschaften** durch ein **Schiedsgerichtsverfahren** gem. §§ 15, 16 der DGB-Satzung iVm der Schiedsgerichtsordnung die zuständige Gewerkschaft mit rechtlicher Bindung für die andere Tarifvertragspartei festgelegt.[91] Ist die Tarifzuständigkeit rechtskräftig verneint worden, kann ein neues Verfahren anhängig gemacht werden, wenn die Gewerkschaft ihre Satzung geändert hat. Nach der Rechtsprechung des BAG werden die Satzungen im Schiedsverfahren authentisch interpretiert.[92] Gleiches gilt für eine Einigung der beteiligten Gewerkschaften in einem Vermittlungsverfahren nach § 16 der DGB-Satzung.[93] Solange eine verbindliche Klärung im Schiedsverfahren nicht herbeigeführt worden ist, soll es nach einer älteren Entscheidung des BAG zunächst bei der Zuständigkeit derjenigen Gewerkschaft verbleiben, die vor der Entstehung der Konkurrenzsituation als zuständig angesehen wurde.[94] 18

3. Rechtsstreitigkeiten. Die Tarifzuständigkeit kann ebenso wie die Tariffähigkeit in einem **besonderen Beschlussverfahren** nach § 97 ArbGG mit der erweiterten Rechtskraftwirkung 19

---

[81] BAG 10.2.2009 AP Nr. 138 zu Art. 9 GG = NZA 2009, 908.

[82] BAG 10.2.2009 AP Nr. 138 zu Art. 9 GG = NZA 2009, 908; 27.9.2005 AP Nr. 18 zu § 2 TVG Tarifzuständigkeit = NZA 2006, 273.

[83] BAG 21.1.2015 AP Nr. 30 zu § 3 TVG Verbandszugehörigkeit mAnm *Stein* = NZA 2015, 1521.

[84] BAG 27.9.2005 AP Nr. 18 zu § 2 TVG Tarifzuständigkeit = NZA 2006, 273; 19.11.1985 AP Nr. 4 zu § 2 TVG Tarifzuständigkeit = NZA 1986, 480.

[85] BAG 19.11.1985 AP Nr. 4 zu § 2 TVG Tarifzuständigkeit = NZA 1986, 480.

[86] BAG 25.9.1996 AP Nr. 10 zu § 2 TVG Tarifzuständigkeit = NZA 1997, 613.

[87] Zu Zuständigkeitsänderungen orientiert an Wertschöpfungsketten *Rieble* RdA 2017, 26 ff.

[88] BAG 27.9.2005 AP Nr. 18 zu § 2 TVG Tarifzuständigkeit = NZA 2006, 273; 12.11.1996 AP Nr. 11 zu § 2 TVG Tarifzuständigkeit = NZA 1997, 609.

[89] BAG 27.9.2005 AP Nr. 18 zu § 2 TVG Tarifzuständigkeit = NZA 2006, 273.

[90] Vgl. BAG 29.7.2005 AP Nr. 18 zu § 2 TVG Tarifzuständigkeit = NZA 2006, 273; ausf. *Seeger,* Organisationskonflikte und Tarifvertrag, 2005; s. auch *Rieble* RdA 2017, 26 (30 ff.).

[91] BAG 25.9.1996 AP Nr. 10 zu § 2 TVG Tarifzuständigkeit = NZA 1997, 613, dazu BVerfG 26.2.1999 – 1 BvR 522/97, AuR 1999, 395 (Kurzwiedergabe); LAG Bln-Bbg 15.12.2015 ZTR 2016, 644; vgl. auch BAG 29.7.2009 AP Nr. 7 zu § 3 BetrVG 1972 = NZA 2009, 1424. Krit. zu dieser Rspr. *Löwisch/Rieble* TVG § 2 Rn. 293 ff.; dagegen mit Recht NK-TVG/*Peter* § 2 Rn. 193 ff.; KeZa/*Wendeling-Schröder* TVG § 2 Rn. 228 f. Zur Bindungswirkung einer Einigung im Vermittlungsverfahren LAG Bln-Bbg 12.6.2012 – 7 TaBV 151/12; dazu *Boemke* jurisPR-ArbR 8/2013 Anm. 5.

[92] BAG 22.11.1988 AP Nr. 5 zu § 2 TVG Tarifzuständigkeit = NZA 1989, 561.

[93] BAG 14.12.1999 AP Nr. 14 zu § 2 TVG Tarifzuständigkeit = NZA 2000, 949.

[94] BAG 12.11.1996 AP Nr. 11 zu § 2 TVG Tarifzuständigkeit mAnm *Oetker* = NZA 1997, 609; offen gelassen in BAG 27.9.2005 AP Nr. 18 zu § 2 TVG Tarifzuständigkeit = NZA 2006, 273; aA HessLAG 9.7.2015 – 9 BVL 1/15 (nrkr); dagegen *Ludwig/Ramcke* BB 2015, 2033 ff.

gegenüber jedermann (§ 97 III 1 ArbGG)[95] im Verfahren nach §§ 2a I Nr. 4, 97 ArbGG geklärt werden, wobei das LAG erstinstanzlich zuständig ist (ausf. → § 196 Rn. 29 ff.).[96] Das Verfahren dient der Sicherstellung der durch Art. 9 III GG gewährleisteten Privatautonomie.[97] Zur Tarifzuständigkeit gehört nicht die Klärung einer OT-Mitgliedschaft in einem Stufenmodell (→ § 204 Rn. 11 ff.).[98] **Antragsbefugt** ist neben den in § 97 I ArbGG genannten Vereinigungen und Behörden der einzelne AG,[99] nicht aber der BR.[100] Ist die Entscheidung in einem anderen anhängigen Rechtsstreit von der Tarifzuständigkeit abhängig, ist das Verfahren, weil eine Inzidentprüfung auch in einem Beschlussverfahren nach § 98 ArbGG ausscheidet, nach § 97 V ArbGG zwingend auszusetzen, bis darüber in einem Verfahren nach §§ 2a I Nr. 4, 97 ArbGG entschieden worden ist.[101] Erforderlich sind allerdings **vernünftige Zweifel an der Tarifzuständigkeit.**[102] Hängt die Entscheidung nicht von der Tarifzuständigkeit ab, vermittelt der Aussetzungsbeschluss keine Antragsbefugnis für ein Verfahren nach § 97 ArbGG.[103] Das ist bei einem Auskunftsanspruch gegen den Entleiher nach § 13 AÜG mangels Entscheidungserheblichkeit der Fall.[104] Die Antragsbefugnis fehlt auch, wenn sich aus dem Aussetzungsbeschluss nicht die entscheidungserhebliche Vorfrage ermitteln lässt.[105] An dem sich anschließenden Beschlussverfahren können sich weitere nach § 97 I ArbGG antragsbefugte Personen und Stellen beteiligen[106] sowie diejenigen Personen und Stellen, die von der Entscheidung in ihrer Rechtsstellung unmittelbar betroffen sind.[107] Die tariflichen Spitzenorganisationen sind anders als in den Verfahren um die Tariffähigkeit (→ § 196 Rn. 30) nicht zu beteiligen. Für den Feststellungsantrag ist ein **Feststellungsinteresse** erforderlich. Der Antrag erfasst in zeitlicher Hinsicht die Tarifzuständigkeit die Tarif(un)zuständigkeit von der Rechtshängigkeit bis zum Zeitpunkt der letzten gerichtlichen Entscheidung, wenn er nicht beschränkt oder – zulässigerweise – auf einen in der Vergangenheit gerichteten Zeitpunkt gerichtet ist.[108] Die Unzuständigkeit einer Gewerkschaft kann vom AG festgestellt werden, wenn sich diese einer Zuständigkeit für das Unternehmen oder einen Betrieb davon „berühmt".[109]

III. Teilnichtigkeit von Tarifverträgen

20 Neben der Nichtigkeit eines Tarifvertrags als Ganzes wegen Nichteinhaltung der Schriftform (→ Rn. 7 ff.), fehlender Tariffähigkeit (→ § 196 Rn. 9 ff.) oder Tarifzuständigkeit (→ Rn. 15 ff.), können lediglich einzelne Bestimmungen unwirksam sein. Dann bleibt der Tarifvertrag im Übrigen wirksam. Die Vorschrift des § 139 BGB über die **Teilnichtigkeit** findet auf Tarifverträge keine Anwendung.[110] Ein anderes kann sich dann ergeben, wenn der Tarifvertrag ohne die unwirksame Bestimmung keine sinnvolle in sich geschlossene Regelung mehr enthält.[111] Eine vollständige Unwirksamkeit wird allerdings nur ausnahmsweise anzunehmen sein,[112] etwa wenn ein (Änderungs-)Tarifvertrag nur eine (nichtige) Regelung enthält.[113]

---

[95] So schon die frühere Rspr. vor Änderung des § 97 ArbGG: BAG 10.5.1989 AP Nr. 6 zu § 2 TVG Tarifzuständigkeit; 25.11.1986 AP Nr. 36 zu § 2 TVG = NZA 1987, 492.

[96] BAG 10.5.1989 AP Nr. 6 zu § 2 TVG Tarifzuständigkeit = NZA 1989, 687.

[97] BAG 11.6.2013 AP Nr. 24 zu § 2 TVG Tarifzuständigkeit mAnm *Ricken* = NZA 2013, 1363.

[98] BAG 18.7.2006 AP Nr. 19 zu § 2 TVG Tarifzuständigkeit = NZA 2006, 1225.

[99] BAG 27.9.2005 AP Nr. 18 zu § 2 TVG Tarifzuständigkeit = NZA 2006, 273; 29.6.2004 AP Nr. 10 zu § 97 ArbGG 1979 = NZA 2004, 1236.

[100] BAG 13.3.2007 AP Nr. 21 zu § 2 TVG Tarifzuständigkeit = NZA 2007, 1069.

[101] BAG 21.9.2016 AP Nr. 35 zu § 5 TVG = NZA-Beil. 1/2017, 12 ff.; 25.9.1996 AP Nr. 4 zu § 97 ArbGG 1979 = NZA 1997, 668.

[102] BAG 31.1.2018 AP Nr. 26 zu § 2 TVG Tarifzuständigkeit = NZA 2018, 876; 21.9.2016 AP Nr. 35 zu § 5 TVG = NZA-Beil. 1/2017, 12 ff.; 7.1.2015 AP Nr. 18 zu § 97 ArbGG 1979 = NZA 2015, 237; dazu abl. *Bader* NZA 2015, 644 ff.

[103] BAG 26.1.2016 AP Nr. 21 zu § 97 ArbGG 1979 mAnm *Bissels/Traut* = NZA 2016, 842.

[104] BAG 25.4.2017 AP Nr. 23 zu § 97 ArbGG 19179 = NZA 2018, 61; 26.1.2016 AP Nr. 21 zu § 97 ArbGG 19179 = NZA 2016, 842.

[105] BAG 25.4.2017 AP Nr. 23 zu § 97 ArbGG 19179 = NZA 2018, 61.

[106] BAG 17.4.2012 AP Nr. 23 zu § 2 TVG Tarifzuständigkeit = NZA 2012, 1104.

[107] BAG 25.4.2017 AP Nr. 23 zu § 97 ArbGG = NZA 2018, 61.

[108] BAG 11.6.2013 AP Nr. 24 zu § 2 TVG Tarifzuständigkeit mkritAnm *Ricken* = NZA 2013, 1363.

[109] BAG 13.3.2007 AP Nr. 21 zu § 2 TVG Tarifzuständigkeit = NZA 2007, 1069.

[110] BAG 13.5.2020 AP Nr. 37 zu § 4 TVG = NZA 2020, 1487; 26.2.1986 AP Nr. 12 zu § 4 TVG Ordnungsprinzip = NZA 1986, 790.

[111] BAG 26.2.2020 AP Nr. 6 zu § 1 TVG Sozialplan = NZA 2020, 1121.

[112] BAG 16.11.2011 AP Nr. 60 zu § 1 TVG = NZA-RR 2012, 308; 12.12.2007 AP Nr. 39 zu § 1 TVG = NZA 2008, 892.

[113] BAG 24.2.2021 NZA 2021, 728.

IV. Publizität des Tarifvertrags

1. Grundsatz. Die Tarifverträge enthalten autonome Regelungen mit Normenwirkung. Ihre Veröffentlichung selbst ist nicht vorgesehen, da die Verbände im Interesse ihrer Mitglieder in der Regel dafür sorgen werden, dass die Tarifregelungen bei diesen bekannt gemacht werden. Das Gesetz sieht nur die Publikation der Tatsache des Tarifabschlusses vor. Der Publizität von Tarifverträgen dienen die **Übersendungs- und Mitteilungspflichten** der Verbände nach § 7 TVG (→ Rn. 23), das **Tarifregister** nach § 6 TVG (→ Rn. 24) und die **Bekanntgabe des Tarifvertrags im Betrieb** gem. § 8 TVG (→ Rn. 25 f.). Die Publizität unterstützt auch der Nachweis nach § 2 I Nr. 10 NachwG (→ Rn. 27, → § 32 Rn. 36 f.). 21

2. Übersendungs- und Mitteilungspflichten. Die Tarifparteien sind verpflichtet, dem BMAS innerhalb eines Monats nach Abschluss eines Tarifvertrags kostenfrei die Urschrift oder eine beglaubigte Abschrift sowie zwei weitere Abschriften und jeder obersten Arbeitsbehörde eines Landes, auf das sich der Tarifvertrag erstreckt, innerhalb eines Monats je drei **Abschriften zu übersenden.** Wird der Tarifvertrag geändert oder aufgehoben, so bestehen entsprechende Übersendungs- und Mitteilungspflichten (§ 7 I TVG). Ausreichend ist die Übersendung durch eine der Tarifvertragsparteien. Unterbleibt die Übersendung, wird die **Rechtswirksamkeit** des Tarifvertrags dadurch **nicht beeinträchtigt.**[114] Jedoch handelt ordnungswidrig, wer vorsätzlich oder fahrlässig einer Übersendungs- oder Mitteilungspflicht nicht nachkommt. Die Ordnungswidrigkeit kann von der Behörde, der gegenüber die Pflicht zu erfüllen war, mit einer Geldbuße geahndet werden (§ 7 II, III TVG). 22

3. Tarifregister. Das in § 6 TVG geregelte Tarifregister hat den Zweck, eine lückenlose Erfassung der bestehenden Tarifverträge zu ermöglichen und ein **Mindestmaß an Publizität** zu gewährleisten, was verfassungsrechtlich ausreichend ist.[115] Zuständig für die Führung des Tarifregisters ist das Bundesministerium für Arbeit und Soziales (§ 6 TVG). Das Register wird auf Grundlage der Verordnung zur Durchführung des Tarifvertragsgesetzes (TVGDV)[116] geführt. Falsche Eintragungen sind rechtlich ohne Bedeutung.[117] Aus dem Register folgt noch nicht der Inhalt des Tarifvertrags. Diesem Zweck dienen die Übersendungspflichten nach § 7 TVG. In den Ländern ist die Führung eines Tarifregisters gesetzlich nicht vorgesehen, es ist aber regelmäßig ein solches vorhanden.[118] Einzutragen sind der Abschluss, die Änderung und Aufhebung eines Tarifvertrags sowie der Beginn und die Beendigung der Allgemeinverbindlicherklärung (§ 6 TVG). Bei der **Eintragung in das Tarifregister** werden die Tarifverträge durch die Angabe der Tarifvertragsparteien, des Geltungsbereichs, des Zeitpunkts des Abschlusses und des Inkrafttretens bezeichnet (§ 14 TVGDV). Gesetzlich nicht ausdrücklich vorgesehen ist dagegen die Eintragung der Änderung einer Allgemeinverbindlicherklärung. Sie folgt aber aus dem Zweck des Registers. 23

Das **Tarifregister ist öffentlich.** Jedermann kann ohne Nachweis eines besonderen Interesses Einsicht in das Tarifregister und die registrierten Tarifverträge nehmen (§ 16 TVGDV). Allerdings kann nach der letzten Änderung der TVGDV die Einsichtnahme eingeschränkt oder verwehrt werden, wenn der Tarifvertrag Betriebs- und Geschäftsgeheimnisse oder personenbezogene Daten enthält.[119] Dagegen genießt das Tarifregister keinen öffentlichen Glauben. Das Vertrauen auf die Richtigkeit und Vollständigkeit der Eintragungen wird nicht geschützt.[120] Von den Eintragungen, nicht aber von den Tarifverträgen, kann eine (beglaubigte) Abschrift verlangt werden (§ 16 TVGDV). Ist ein Tarifvertrag allgemeinverbindlich, so können betroffene AN und AG gegen Erstattung der Selbstkosten eine Abschrift der Tarifverträge von den Verbänden verlangen (§ 9 TVGDV). Eine Liste der allgemeinverbindlichen Tarifverträge (→ § 205 Rn. 3) kann auf den Internetseiten des Bundesministeriums für Arbeit und Soziales abgefragt werden.[121] 24

4. Bekanntgabe im Betrieb. a) Grundsatz. Die AG sind nach § 8 TVG verpflichtet, die für ihren Betrieb maßgebenden Tarifverträge an geeigneter Stelle auszulegen. Das sind diejenigen Tarifverträge, die nach § 3 I, II oder § 5 TVG für die Arbeitsverhältnisse des Betriebs kraft 25

[114] BAG 20.8.2002 AP Nr. 9 zu § 1 BetrAVG Überversorgung.
[115] BVerfG 10.9.1991 AP Nr. 27 zu § 5 TVG; 24.5.1977 AP Nr. 15 zu § 5 TVG; BAG 28.3.1990 AP Nr. 25 zu § 5 TVG.
[116] TVGDV v. 16.1.1989 (BGBl. I 76), zul. geänd. durch Art. 11 des G vom 18.7.2017 (BGBl. I 2745).
[117] BAG 5.11.1997 AP Nr. 29 zu § 1 TVG = NZA 1998, 654.
[118] S. etwa für NRW: http://www.tarifregister.nrw.de/; für Thüringen: http://www.thueringen.de/; für Sachsen: http://www.smwa.sachsen.de.
[119] Dazu krit. *Rieble* NZA 2015, 203 ff.
[120] BAG 5.11.1997 AP Nr. 29 zu § 1 TVG = NZA 1998, 654.
[121] http://www.bmas.de, Stichwort Tarifregister.

Tarifgebundenheit gelten. Ob allein die Anwendung eines Tarifvertrags infolge vertraglicher Bezugnahme (→ § 206 Rn. 1 ff.) eine Verpflichtung nach § 8 TVG begründet, hat das BAG offen gelassen.[122] Nach Aufforderung durch einen AN muss der AG den Tarifvertrag zugänglich machen.[123] Die Auslegung kann am Schwarzen Brett, aber auch in der Personalabteilung oder dem Betriebsratsbüro erfolgen.[124] Eine Aushändigung wird aber nicht als erforderlich angesehen.[125] Die Gewerkschaften haben beim Haustarifvertrag einen unmittelbaren Anspruch gegen den AG zur Erzwingung der Auslegung, beim Verbandstarif einen Anspruch gegen den Arbeitgeberverband auf entsprechende Einwirkung auf den AG.

26 **b) Unterbliebene Bekanntgabe.** Unterbleibt die Auslegung des Tarifvertrags, so sind im Gesetz keine Sanktionen vorgesehen.[126] Nach der kritisierten[127] Rechtsprechung des BAG handelt es sich bei der Pflicht nach § 8 TVG weder um ein Schutzgesetz im Sinne von § 823 II BGB noch um eine Konkretisierung der den AG treffenden Fürsorgepflicht, sondern nur um eine **Ordnungsvorschrift.**[128] Die Auslegungspflicht diene nicht dem Schutz des Einzelnen. Ein tarifgebundener AN kann also bei Verletzung der Auslegungspflicht nicht mit der Begründung Schadenersatz verlangen, er habe zB eine Ausschlussfrist nicht gekannt.[129] Etwas anderes kann gelten, wenn der AN die Auslegung des Tarifvertrags verlangt hat[130] oder wenn im Tarifvertrag ausdrücklich geregelt ist, dass ein AG sich nur dann auf eine Ausschlussfrist berufen kann, wenn der Tarifvertrag ausgelegt worden ist.[131]

27 **5. Nachweisgesetz.** Das Nachweisgesetz sieht vor, dass die im Arbeitsverhältnis geltenden Tarifverträge und Betriebsvereinbarungen aufgezählt werden. Eine Aushändigung des Tarifvertrags wird nicht verlangt; die konkreten Inhalte können durch Einsichtnahme festgestellt werden.[132] Verletzt der AG seine Nachweispflichten gem. § 2 I 1 NachwG, kann er sich, etwa bei der Versäumung von Ausschlussfristen durch den AN, schadensersatzpflichtig machen (→ § 32 Rn. 40 ff.).

§ 198. Begriff, Rechtsnatur und Stellung des Tarifvertrags zu anderen Rechtsquellen

Übersicht

I. Begriff

1 **1. Grundsatz.** Eine Begriffsbestimmung des Tarifvertrags enthält das TVG nicht. Nach allgemeiner Auffassung handelt es sich bei einem Tarifvertrag um:

---

[122] BAG 23.1.2002 AP Nr. 5 zu § 2 NachwG = NZA 2002, 800.
[123] LAG Nürnberg 25.11.2004 NZA-RR 2005, 377.
[124] BAG 5.11.1963 AP Nr. 1 zu § 1 TVG Bezugnahme auf Tarifvertrag.
[125] LAG Nds 26.7.2001 NZA-RR 2002, 118.
[126] Ausf. *Bunte* RdA 2008, 21 (24 ff.).
[127] AA BKS/*Kocher* § 8 Rn. 4; NK-TVG/*Reinecke/Rachor* § 8 Rn. 18; KeZa/*Zeibig/Zachert* TVG § 8 Rn. 17 ff., dagegen Wiedemann/*Oetker* TVG § 8 Rn. 31 f.
[128] BAG 6.7.1972 AP Nr. 1 zu § 8 TVG 1969; 8.1.1970 AP Nr. 43 zu § 4 TVG Ausschlussfristen.
[129] BAG 22.1.2008 AP Nr. 191 zu § 4 TVG Ausschlussfristen = NZA-RR 2008, 525; 23.1.2002 AP Nr. 5 zu § 2 NachwG = NZA 2002, 800.
[130] BAG 22.11.1963 AP Nr. 6 zu § 611 BGB Öffentlicher Dienst.
[131] BAG 11.11.1998 AP Nr. 8 zu § 1 TVG Bezugnahme auf Tarifvertrag = NZA 1999, 605.
[132] BAG 1.8.2018 AP Nr. 17 zu § 1 TVG Tarifverträge: Telekom; 23.1.2002 AP Nr. 5 zu § 2 NachwG = NZA 2002, 800.

- einen **schriftlichen Vertrag** (§ 1 II TVG; → § 197 Rn. 7 ff.),
- zwischen einer oder mehreren **Gewerkschaften** mit einem oder mehreren AG oder **Arbeitgeberverbänden** (§ 2 I–III TVG; → § 196 Rn. 4 ff.),
- der in seinem **schuldrechtlichen Teil** Rechte und Pflichten der Tarifvertragsparteien (§ 1 I TVG; → § 199 Rn. 1 ff.)
- und in seinen **normativen Regelungen** Rechtsnormen über den Abschluss, den Inhalt und die Beendigung von Arbeitsverhältnissen sowie über betriebliche und betriebsverfassungsrechtliche Fragen (§ 1 I TVG) und über gemeinsame Einrichtungen (§ 4 II TVG) enthalten kann (→ § 200 Rn. 1 ff.).

2. Abgrenzungen. Der Tarifvertrag ist abzugrenzen von einem Vorvertrag (→ § 197 2 Rn. 3) und anderen kollektivrechtlichen Vereinbarungen tariffähiger Koalitionen (→ § 199 Rn. 2). Welche Vereinbarung vorliegt, ist im Wege der Auslegung zu ermitteln (→ § 201 Rn. 2 f.). Bei den tarifpolitischen Erklärungen der Koalitionen (etwa → § 207 Rn. 14) handelt es sich nicht um Tarifverträge.[1] Gleiches gilt für Richtlinien der öffentlichen AG (→ § 64 Rn. 68 ff.), die allgemeinen Einstellungsbedingungen, „Tarifregelungen" der Gewerkschaften für ihre AN[2] oder die Arbeitsvertragsregelungen der Kirchen und ihrer Einrichtungen (→ § 184 Rn. 8 f.).[3]

II. Rechtsnatur

Die Rechtsnatur des Tarifvertrags war aufgrund der Normenwirkung nach § 4 I TVG für die 3 an ihn gebundenen AN und AG Gegenstand einer länger geführten Diskussion,[4] die für die Grundrechtsbindung der Tarifvertragsparteien von Bedeutung ist (→ Rn. 5 ff.). Das BAG hatte zunächst angenommen, die Tarifvertragsparteien seien im Rahmen einer staatlich delegierten Ermächtigung normsetzend tätig – sog. Delegationstheorie.[5] Die Rechtsprechung geht seit längerem zu Recht davon aus, dass es sich bei der tarifvertraglichen Normsetzung um die **Ausübung kollektiver Privatautonomie** handelt, die durch die Mitgliedschaft im Verband legitimiert ist.[6] Mit §§ 1 I, 4 I TVG hat der Gesetzgeber keine Befugnis zur Regelung arbeitsrechtlicher Regelungen delegiert. Diese Vorschriften gestalten die nach Art. 9 III GG bestehende Regelungsbefugnis aber dahingehend aus, dass sie den tariflichen Regelungen den zwingenden und unmittelbaren Charakter verleihen (→ § 207 Rn. 4),[7] ohne den privatautonomen Ursprung zu ändern.[8] Aus diesem Normencharakter wird gefolgert, dass der **Tarifvertrag Gesetz im materiellen Sinne** ist (→ § 207 Rn. 5).[9]

III. Verhältnis zu anderen Rechtsquellen

1. Recht der Europäischen Union. Tarifvertragliche Regelungen sind an das Primärrecht der 4 EU und die unmittelbar geltenden Verordnungen (→ § 4 Rn. 8 ff.) gebunden, soweit die Regelun-

---

[1] S. auch NK-TVG/*Nebe* § 1 Rn. 33 ff.

[2] Vgl. BAG 17.7.2012 AP Nr. 61 zu § 77 BetrVG 1972 Betriebsvereinbarung = NZA 2013, 338; 18.9.1969 AP Nr. 2 zu § 611 BGB Gewerkschaftsangestellte; 25.6.1964 AP Nr. 1 zu § 611 BGB Gewerkschaftsangestellte.

[3] BAG 25.3.2009 AP Nr. 59 zu § 14 TzBfG mAnm *v. Hoyningen-Huene/van Endern* = NZA 2009, 1417.

[4] S. nur Wiedemann/*Thüsing* TVG § 1 Rn. 42 ff.; NK-TVG/*Ulber* Einl. Rn. 207 ff., 243 ff.; NK-TVG/*Nebe* § 1 Rn. 40 ff.; ErfK/*Linsenmeier* GG Art. 9 Rn. 55 ff.; ausf. *Bayreuther* S. 167 ff. und *D. Ulber* S. 430 ff., 455 ff.

[5] BAG 23.3.1957 AP Nr. 16 zu Art. 3 GG; 15.1.1955 AP Nr. 4 zu Art. 9 GG; s. auch BVerfG 26.5.1970 AP Nr. 16 zu Art. 9 GG; dagegen u.a. *Dieterich* FS Schaub, 1998, 117 ff.

[6] Grdl. BAG 11.3.1998 AP Nr. 11 zu § 1 TVG Tarifverträge: Luftfahrt = NZA 1998, 716; 25.2.1998 AP Nr. 11 zu § 1 TVG Tarifverträge: Luftfahrt = NZA 1998, 715; stRspr BAG 19.12.2019 AP Nr. 5 zu § 46 TVöD mAnm *Waltermann* = NZA 2020, 344; 27.6.2018 AP Nr. 310 zu § 611 BGB Gratifikation = NZA 2018, 1344; 15.4.2015 AP Nr. 57 zu § 3 TVG = NZA 2015, 1388; 7.7.2010 AP Nr. 140 zu Art. 9 GG mAnm *B. Schmidt* = NZA 2010, 1068; *Bayreuther* S. 169 ff.; zu den gleichwohl bestehenden unterschiedlichen Konzeptionen der kollektiven Privatautonomie NK-TVG/*Ulber* Einl. Rn. 242 ff., 249 ff., 278 ff.; s. auch KeZa/*Kempen* Grundlagen Rn. 274 ff.; Wiedemann/*Thüsing* TVG § 1 Rn. 54 ff.; weiterhin *Hanau* SR 2018, 218 ff. (zur Konzeption Gamillschegs); krit. etwa *Wiedemann* NZA 2018, 1587 ff. In der Folge scheidet eine Gemeinwohlbindung aus: *Seiwerth* RdA 2017, 373 (377 f.).

[7] BAG 27.5.2004 AP Nr. 5 zu § 1 TVG Gleichbehandlung = NZA 2004, 1399.

[8] BKS/*Heilmann* § 1 Rn. 22; ErfK/*Linsenmaier* GG Art. 9 Rn. 56. S. weiterhin *Waltermann* RdA 2014, 86 (88).

[9] BVerfG 18.8.2011 ZTR 2012, 31; 15.7.1980 NJW 1981, 215; 24.5.1977 AP Nr. 15 zu § 5 TVG.

gen innerstaatlich unmittelbar anwendbar sind.[10] Hierzu zählen vor allem das Lohngleichheitsgebot nach Art. 157 AEUV[11] und die Arbeitnehmerfreizügigkeit nach Art. 45 AEUV[12] und die hierzu ergangene VO Nr. 492/2011.[13] In Bezug auf Art. 101 AEUV besteht grundsätzlich eine Bereichsausnahme für Tarifverträge als Kollektivvereinbarungen (→ § 195 Rn. 10). Im Bereich des **öffentlichen Diensts** kann der AG eine Tarifnorm nicht anwenden, wenn sie gegen eine unmittelbare anwendbare Richtlinie (→ § 4 Rn. 23 ff.) verstößt.[14] Schließlich müssen tarifvertragliche Regelungen mit den **Richtlinien der EU** vereinbar sein.[15] Dabei unterliegen auch tarifvertragliche Regelungen dem Gebot der **unionsrechtskonformen Auslegung** (→ § 4 Rn. 15).[16]

5 **2. Grundgesetz.** Die Rechtsprechung des BAG hatte **ursprünglich** eine **unmittelbare Bindung** der Tarifvertragsparteien an die Grundrechte angenommen, die diese gleichermaßen wie den Gesetzgeber treffen würde.[17] Maßgebend war dabei die Erwägung, dass es sich bei Tarifnormen um Gesetze im materiellen Sinne handele und die Rechtssetzungsmacht der Tarifparteien auf einer staatlichen Delegation (→ Rn. 3) beruhe. Diese Rechtsprechung wurde nicht nur im staatsrechtlichen Schrifttum[18] kritisiert.[19] Das BVerfG hat es bisher offen gelassen, ob und inwieweit die Tarifparteien an die Grundrechte gebunden sind.[20]

6 Ausgehend von Entscheidungen des BAG im Jahre 1998 (→ Rn. 3) geht die Rechtsprechung davon aus, dass die Tarifvertragsparteien nicht unmittelbar an die Grundrechte gebunden sind. Sie üben keine staatliche Gewalt iSd Art. 1 III GG aus, der nur die Gesetzgebung, die vollziehende Gewalt und die Rechtsprechung bindet. Weiterhin beruht die Normsetzung der Tarifvertragsparteien nicht auf einer durch §§ 1 I, 4 II TVG vom Staat auf die Tarifvertragsparteien delegierten Gesetzgebungskompetenz (→ Rn. 3).[21] Aus der Schutzpflichtfunktion der Grundrechte folgt aber eine **mittelbare Grundrechtsbindung** der Tarifvertragsparteien an die Grundrechte.[22] Wird bei der gerichtlichen Überprüfung tariflicher Regelungen die grundrechtliche Schutzpflichtfunktion herangezogen, kann nach deren Konzeption ein Grundrechtsverstoß nur vorliegen, wenn die aus dem Untermaßverbot gezogene Grenze verletzt wird.[23] Nur dann kann sich der Betroffene auf die staatlichen Schutzpflichten berufen, die es den Gerichten verwehrt, die privatautonome Regelung „positiv zu sanktionieren". Eine Kontrolle anhand des Verhältnismäßigkeitsgrundsatzes findet daher nicht statt.[24] Danach sind

[10] EuGH 12.2.1974 AP Nr. 6 zu Art. 177 EWG-Vertrag – Sotgiu; BAG 6.7.1974 AP Nr. 7 zu Art. 177 EWG-Vertrag. Zu den Auswirkungen des Rechts der EU auf Tarifverträge ausf. *Dewald,* Die Anwendung des Unionsrechts auf den deutschen Tarifvertrag, 2012, 49 ff., ausf. Rechtsprechungsübersicht 76 ff., 132 ff.

[11] BAG 20.4.2010 AP Nr. 3 zu § 15 BEEG = NZA 2010, 1188; s. auch BAG 25.1.2012 AP Nr. 324 zu Art. 3 GG = NZA-RR 2012, 530.

[12] Vgl. BAG 18.10.2018 AP Nr. 13 zu § 16 TV-L („Stufenzuordnung und begrenzte Berücksichtigung von Beschäftigungen bei anderen AG), nachfolgend EuGH 23.4.2020 AP Nr. 5 zu Art. 45 AEUV = NZA 2020, 779 – Land Niedersachen; 23.2.2017 AP Nr. 11 zu § 16 TV-L = NZA-RR 2017, 419; zur „Inländerdiskriminierung" BAG 25.1.2018 AP Nr. 6 zu § 16 TVöD = NZA 2018, 1200, dort auch zur Wahrung des Gleichheitssatzes nach Art. 3 I GG.

[13] V. 27.5.2011 ABl. L 141, 1.

[14] BAG 16.6.2005 AP Nr. 3 zu § 23 BAT-O = NZA 2006, 283; 14.10.2004 AP Nr. 3 zu § 2 BAT SR 2r. Krit. *Wißmann* FS Bepler, 2012, 649 ff.

[15] Aus der jüngeren Rspr. des Gerichtshofs der Union: EuGH 13.12.2018 NZA 2019, 47 – Hein (tarifliche Kürzung Urlaubsentgelt bei Kurzarbeit); 19.9.2018 AP Nr. 44 zu Richtline 20007/78/EG = NZA 2018, 1268 – Bedi (TV SozSich – Diskriminierung wegen einer Behinderung); BAG 22.10.2019 AP Nr. 29 zu § 4 TzBfG = NZA 2020, 255.

[16] S. nur BAG 24.1.2006 AP Nr. 8 zu § 3 ArbZG = NZA 2006, 862.

[17] S. nur BAG 15.1.1964 AP Nr. 87 zu Art. 3 GG; 23.3.1957 AP Nr. 16 zu Art. 3 GG.

[18] Sachs/*Höfling* GG Art. 1 Rn. 87 f.; *Jarass/Pieroth* GG Art. 1 Rn. 31; *Stern* Staatsrecht III/1, § 73 III 6a (S. 1276 f.).

[19] *Dieterich* FS Schaub, 1998, 117 ff.; weiterhin *Schliemann* FS Hanau, 1999, 577 ff.; *ders.* ZTR 2000, 198 ff.; *Singer* ZfA 2005, 611 ff.; NK-TVG/*Ulber* Einl. Rn. 244 ff. Zur Entwicklung s. auch *Gornik* NZA 2012, 1399 (1401 ff.).

[20] BVerfG 25.11.2004 AP Nr. 25 zu § 620 BGB Altersgrenze; 22.2.1994 NZA 1994, 661; 30.5.1990 AP Nr. 28 zu § 622 BGB = NZA 1990, 721.

[21] Für eine Anstalt des öffentlichen Rechts BAG 20.4.2010 AP Nr. 3 zu § 15 BEEG= NZA 2010, 1188.

[22] BAG 22.10.2019 AP Nr. 29 zu § 4 TzBfG = NZA 2020, 255; 27.6.2018 AP Nr. 310 zu § 611 BGB Gratifikation = NZA 2018, 1344; 21.12.2017 AP Nr. 1 zu § 39a TVÜ; 22.3.2017 AP Nr. 20 zu § 1 TVG Tarifverträge: Presse = NZA-RR 2017 367; 27.5.2004 AP Nr. 5 zu § 1 TVG Gleichbehandlung = NZA 2004, 1399.

[23] Vgl. *Dieterich* FS Schaub, 1998, 117 (112 f.).

[24] So in der Sache BAG 19.12.2018 AP Nr. 17 zu § 41 SGB VI mAnm *Chandna-Hoppe* = NJW 2019, 1322; anders wohl BAG 3.7.2019 AP Nr. 317 zu § 611 BGB Gratifikationen = NZA 2019, 1440.

Tarifregelungen, die eine unangemessene Beschränkung der Freiheitsrechte zur Folge haben, nicht zulässig. Von der Eigentumsgarantie des Art. 14 I GG werden entstandene Ansprüche oder rechtlich gesicherte Anwartschaften erfasst,[25] nicht aber bloße Vergütungserwartungen wie der Fortbestand einer bestimmten Vergütungsordnung.[26] Zu beachten sind weiterhin etwa das Grundrecht der Berufsfreiheit nach Art. 12 I GG[27] und dasjenige des Art. 6 GG.[28] In diesem Zusammenhang sind bei familienbezogenen Entgeltbestandteilen gleichheitswidrige Differenzierungen zu vermeiden, ohne das allerdings eine Pflicht zur Vereinbarung solcher Entgeltbestandteilen besteht.[29]

In der Rechtsprechung des BAG ist noch nicht abschließend geklärt, ob eine mittelbare Grundrechtsbindung in Bezug auf den **allgemeinen Gleichheitssatz** und die besonderen Diskriminierungsgebote des Art. 3 II, III GG zutrifft.[30] Teilweise wurde ausdrücklich offengelassen,[31] ob die Tarifparteien unmittelbar[32] oder – in jüngeren Entscheidungen vermehrt angenommen – nur mittelbar[33] an diese Grundrechte gebunden sind. Doch auch im Fall einer nur mittelbaren Grundrechtsbindung wird aufgrund der Schutzpflichtfunktion der Grundrechte iRd Art. 3 I GG in der Sache der gleiche Maßstab angenommen, wie im Falle einer unmittelbaren.[34] Der Gleichheitssatz wird vermittelt über den Schutzauftrag des Grundgesetzes (Art. 1 III GG) herangezogen, bilde dieser doch als fundamentale Gerechtigkeitsnorm eine ungeschriebene Grenze der Tarifautonomie.[35] Bei ihrer Normsetzung steht den Tarifvertragsparteien als selbständigen Grundrechtsträgern aufgrund der in Art. 9 III GG geschützten Tarifautonomie allerdings ein weiter Gestaltungsspielraum und in Bezug auf die tatsächlichen Gegebenheiten und betroffenen Interessen eine **Einschätzungsprärogative** zu.[36] Wie weit dieser Spielraum reicht, hängt von den Differenzierungsmerkmalen im Einzelfall ab.[37] Nicht erforderlich ist es, dass sie die zweckmäßigste, vernünftigste oder gerechteste Lösung wählen. Es ist vielmehr ausreichend, wenn sich für die getroffene Regelung ein sachlich vertretbarer Grund ergibt[38] oder Gemeinsamkeiten oder Unterschiede der zu ordnenden Lebensverhältnisse bei einer am Gerechtigkeitsgedanken orientierten Betrachtungsweise beachtet wurden.[39] 7

---

25 BVerfG 31.10.1984 NJW 1985, 1385.

26 BAG 9.6.2011 AP Nr. 7 zu § 5 TVÜ = NZA-RR 2012, 276; 19.5.2010 AP Nr. 46 zu § 1 TVG Tarifverträge: Lufthansa; 21.8.2007 AP Nr. 69 zu § 1 BetrAVG Zusatzversorgungskassen = NZA 2008, 182.

27 BAG 13.10.2011 AP Nr. 228 zu § 1 TVG Auslegung (Kurzarbeit); 8.12.2010 AP Nr. 62 zu § 99 BetrVG 1972 Einstellung = NZA 2011, 751 (Einstellungshöchstalter); 19.5.2010 AP Nr. 46 zu § 1 TVG Tarifverträge: Lufthansa (tarifliche Bewertung einer Tätigkeit); 24.3.2010 AP Nr. 141 zu Art. 12 GG = NZA 2010, 693 (Wettbewerbsverbot).

28 Etwa BAG 21.11.2013 NZA 2014, 672; 24.5.2012 AP Nr. 1 zu § 9 TVÜ = NZA 2012, 1304.

29 BAG 18.12.2008 AP Nr. 2 zu § 11 TVÜ = NZA 2009, 391; 30.10.2008 AP Nr. 1 zu § 5 TVÜ = NZA 2009, 121.

30 Weitgehend BAG 30.8.2000 AP Nr. 25 zu § 4 TVG Geltungsbereich = NZA 2001, 613 (bis zur Grenze der Willkür).

31 BAG 4.5.2010 AP Nr. 46 zu § 1 TVG Altersteilzeit; 22.12.2009 AP Nr. 319 zu Art. 3 GG = NZA 2010, 521; 16.8.2005 AP Nr. 8 zu § 1 TVG Gleichbehandlung = NZA-RR 2006, 253.

32 BAG 4.4.2000 AP Nr. 2 zu § 1 TVG Gleichbehandlung = NZA 2002, 917.

33 BAG 19.1.2016 AP Nr. 67 zu § 1 TVG Altersteilzeit = NZA 2016, 76; 11.12.2013 AP Nr. 103 zu § 1 TVG Tarifverträge: Einzelhandel = NZA 2014, 669; 22.4.2010 AP Nr. 322 zu Art. 3 GG = NZA 2010, 947.

34 BAG 21.3.2018 AP Nr. 17 zu § 6 ArbZG = NZA 2019, 622; 13.10.2010 AP Nr. 18 zu § 1 TVG Tarifverträge: Verkehrsgewerbe; 25.10.2007 AP Nr. 12 zu § 34 BAT = NZA-RR 2008, 386; 27.5.2004 AP Nr. 5 zu § 1 TVG Gleichbehandlung = NZA 2004, 1399.

35 Ausf. BAG 19.12.2019 AP Nr. 5 zu § 46 TVöD = NZA 2020, 734 mwN; weiterhin BAG 2.9.2020 AP Nr. 236 zu § 1 TVG Auslegung = NZA 2021, 70; abl. zur Heranziehung des Gleichheitssatzes NK-GA/*Frieling* GG Art. 3 Rn. 55 ff.; Wiedemann/*Jacobs* TVG Einl. Rn. 317, 349; *Kleinebrink* NZA 2019, 1458 (1460).

36 BAG 29.9.2020 AP Nr. 100 zu § 7 BUrlG = NZA 2021, 429; 19.6.2018 AP Nr. 246 zu § 1 TVG Tarifverträge: Metallindustrie = NZA 2019, 113; 21.3.2018 AP Nr. 17 zu § 6 ArbZG = NZA 2019, 622; 19.1.2016 AP Nr. 67 zu § 1 TVG Altersteilzeit = NZA 2016, 76; 15.4.2015 AP Nr. 57 zu § 3 TVG = NZA 2015, 1388; 25.1.2012 AP Nr. 324 zu Art. 3 GG = NZA-RR 2012, 530; s. auch BAG 24.2.2021 – 10 AZR 108/19, allerdings mit einer Verhältnismäßigkeitsprüfung.

37 Zu den verfassungsrechtlichen Maßstäben etwa BVerfG 21.7.2010 NJW 2010, 2783.

38 BAG 25.1.2012 AP Nr. 324 zu Art. 3 GG = NZA-RR 2012, 530; 4.5.2010 AP Nr. 46 zu § 1 TVG Altersteilzeit; 22.12.2009 AP Nr. 319 zu Art. 3 GG = NZA 2010, 521; 7.12.2005 AP Nr. 34 zu § 1 TVG Tarifverträge: Lufthansa; zur einschlägigen Berufserfahrung bei demselben AG BAG 25.1.2018 AP Nr. 6 zu § 16 TVöD = NZA 2018, 1200.

39 BAG 22.9.2016 AP Nr. 10 zu § 11 TVÜ = NZA-RR 2017, 42; 16.7.2014 ZTR 2015, 32; 11.12.2013 NZA 2014, 669.

Das gilt namentlich für **Stichtagsregelungen**[40] und bei der autonomen vergütungsrechtlichen Bewertung einzelner Tätigkeiten als integraler Bestandteil der Tarifautonomie.[41] Abzustellen ist bei der Prüfung anhand des allgemeinen Gleichheitssatzes nicht auf die Einzelfallgerechtigkeit, sondern die generellen Auswirkungen einer Regelung.[42] Dabei dürfen die Tarifvertragsparteien generalisieren und typisieren.[43] Der allgemeine Gleichheitssatz verpflichtet die Tarifvertragsparteien auch nicht, ähnliche Sachverhalte in verschiedenen Ordnungsbereichen mit anderen systematischen Zusammenhängen gleich zu regeln.[44] Weiterhin können typische Sachzwänge der kollektiven Vertragsform sowie koalitionsspezifische Interessen berücksichtigt werden.[45] Dieser Gestaltungsspielraum greift gleichermaßen ein, wenn die durch **Art. 12 I GG** geschützte berufliche Freiheit der AN betroffen ist.[46] Als nicht mit Art. 3 I GG vereinbar wurde vom BAG ein tariflicher Nachtarbeitszuschlag angesehen, der für Nachtarbeit einen Zuschlag von 50%, demgegenüber für Nacharbeit im Schichtbetrieb lediglich einen Zuschlag von 15% vorsah.[47]

8 Für **Betriebsnormen,** die auch die nicht mitgliedschaftlich organisierten AN erfassen (→ § 200 Rn. 28 ff., → § 204 Rn. 19), soll nach einer Entscheidung des BAG hingegen der Prüfungsmaßstab gelten, der „für andere fremdbestimmende Normgeber" gilt und daher die betrieblichen Normen nach Maßgabe des „Übermaßverbots" zu prüfen sein. Die Tarifvertragsparteien hätten dann den Grundsatz der Verhältnismäßigkeit und den Gleichheitssatz nach Art. 3 I GG zu beachten.[48] Das übersieht, dass Betriebsnormen im Verhältnis AG/AN zunächst noch der Umsetzung bedürfen (→ § 200 Rn. 28 ff.), weshalb auch insoweit nur eine mittelbare Grundrechtsbindung besteht.

9 **3. Gesetzesrecht. a) Grundsatz.** Den Tarifvertragsparteien steht kein Normsetzungsmonopol im Bereich der Arbeits- und Wirtschaftsbedingungen zu,[49] weshalb der Gesetzgeber arbeitsrechtliche Regelungen schaffen kann. An das einfache Gesetzesrecht können die Tarifparteien gebunden sein. Dabei ist zwischen einzelnen gesetzlichen Regelungstypen zu unterscheiden (→ § 31 Rn. 8 ff.): dem zweiseitig zwingenden Recht,[50] dem einseitig zwingenden Gesetzesrecht, welches Mindestarbeitsbedingungen schafft und dem (tarif)dispositiven Gesetzesrecht. Welche Regelungen vorliegen, ist im Wege der **Auslegung zu ermitteln.** Bei arbeitsrechtlichen Schutzbestimmungen wird regelmäßig von einseitig zwingendem Recht ausgegangen, während bei Organisationsregelungen eine zweiseitig zwingende Geltung als Regelfall angenommen wird.[51]

10 **b) Zwingendes Gesetzesrecht. Einseitig** zwingendes Gesetzesrecht ist einer Abänderung zugunsten des AN zugänglich, sei es durch arbeitsvertragliche, betriebliche oder tarifvertragliche

---

[40] BAG 19.12.2019 AP Nr. 5 zu § 17 TVöD = NZA 2020, 732; 12.12.2012 AP Nr. 3 zu § 20 TVöD = NZA 2013, 577; 23.3.2011 AP Nr. 19 zu § 1 TVG Tarifverträge: Verkehrsgewerbe; 25.6.2003 AP Nr. 1 zu § 1 TVG Beschäftigungssicherung = NZA 2004, 215.

[41] BAG 25.1.2012 NZA 2013, 577 = NZA-RR 2012, 530; 17.12.2009 AP Nr. 1 zu § 4 TVÜ.

[42] BAG 16.12.2010 AP Nr. 4 zu § 1 TVG Tarifverträge: Bundesagentur für Arbeit = NZA-RR 2011, 322 (gleichheitswidriger Begünstigungsausschluss); 13.10.2010 AP Nr. 18 zu § 1 TVG Tarifverträge: Verkehrsgewerbe; 21.9.2010 AP Nr. 323 zu Art. 3 GG (gleichheitswidrige Besitzstandsregelung).

[43] StRspr, etwa BAG 17.12.2015 AP Nr. 28 zu § 1 TVG Tarifverträge: DRK; 17.4.2013 ZTR 2013, 611; 15.2.2011 AP Nr. 34 zu § 1 TVG Vorruhestand = NZA-RR 2011, 467.

[44] BAG 18.11.2020 AP Nr. 22 zu § 1 TVG Tarifverträge: Chemie = NZA 2021, 357; 24.6.2020 AP Nr. 6 zu § 46 TVöD = NZA 2020, 1557.

[45] BAG 15.4.2015 AP Nr. 57 zu § 3 TVG = NZA 2015, 1388; 27.5.2004 AP Nr. 5 zu § 1 TVG Gleichbehandlung = NZA 2004, 1399.

[46] BAG 27.6.2018 AP Nr. 310 zu § 611 BGB Gratifikation = NZA 2018, 1344; 12.12.2012 AP Nr. 3 zu § 20 TVöD = NZA 2013, 577.

[47] BAG 9.12.2020 – 10 AZR 334/20; 21.2.2018 AP Nr. 17 zu § 6 ArbZG = NZA 2019, 622; abl. *Kleinebrinck* NZA 2019, 458; *Herbert/Braun* NZA-RR 2020, 617 ff.; *Bauer* ArbRAktuell 2021, 15; anders *Kohte* jurisPR-ArbR 19/2019 Anm. 5; krit. auch *Bayreuther* NZA 2019, 1684 (1686 f.); anders mit guten Gründen die Wertung etwa bei LAG BW 4.12.2020 – 12 Sa 61/20 (Rev. anh., Az. 10 AZR 119/21): präventive Wirkung der Zuschläge bei AN, die gelegentlich Nachtarbeit ausüben; ebenso LAG Nds 19.10.2020 (Rev. anh., Az: 10 AZR 106/21).

[48] BAG 8.12.2010 AP Nr. 62 zu § 99 BetrVG 1972 Einstellung = NZA 2011, 751.

[49] BVerfG 3.4.2001 AP Nr. 2 zu § 10 BUrlG = NZA 2001, 777; 24.4.1996 24.4.1996 AP Nr. 2 zu § 57 HRG = NZA 1996, 1157; BAG 27.5.2004 AP Nr. 5 zu § 1 TVG Gleichbehandlung = NZA 2004, 1399.

[50] Zur fehlenden Kompetenz bei der Übertragung von Sozialleistungsansprüchen BSG 29.1.2014 ZTR 2015, 339; dazu *Ricken* ZTR 2016, 3 ff.

[51] BAG GS 16.9.1986 AP Nr. 17 zu § 77 BetrVG 1972 = NZA 1987, 168; weiterhin BAG 10.2.1988 AP Nr. 33 zu § 99 BetrVG 1972 = NZA 1988, 699.

Regelungen. Hierzu gehören neben den Bestimmungen des KSchG[52] die Regelungen des AGG, die die Tarifvertragsparteien zu beachten haben (ausf. → § 36 Rn. 1 ff.). Die Tarifparteien haben bei der tariflichen Normsetzung namentlich die **Diskriminierungsverbote** nach den §§ 1, 7 AGG zu berücksichtigen,[53] so dass Verbot der (mittelbaren[54]) Benachteiligung wegen des Geschlechts,[55] aufgrund einer Behinderung[56] oder das der Altersdiskriminierung,[57] wie es bei den Lebensaltersstufen des BAT,[58] nicht aber für die daran anknüpfende Übergangsregelung des TVöD angenommen wurde.[59] Grundsätzlich zulässig ist die Berücksichtigung der Berufserfahrung.[60] Zu beachten ist weiterhin etwa das Verbot der Benachteiligung von Teilzeitbeschäftigten nach § 4 I TzBfG (ausf. zu möglichen Rechtfertigungen → § 34 Rn. 31 ff.)[61] und befristet Beschäftigten nach § 4 II TzBfG.[62] Demgegenüber sind die Organisationsregelungen des BetrVG und des BPersVG, soweit dort keine Ausnahmen wie vor allem in § 3 BetrVG enthalten sind, **zweiseitig zwingend** und der Normsetzung durch die Tarifvertragsparteien entzogen.[63] Zu den zweiseitig zwingenden Regelungen gehören weiterhin § 626 BGB,[64] § 1 WissZeitVG,[65] § 3 I BUrlG, § 107 II GewO,[66] § 113 InsO,[67] nicht aber § 1 GWB.[68]

c) Tarifdispositives Gesetzesrecht. Neben den genannten gesetzlichen Regelungen sind Abweichungen von Gesetzesnormen im Rahmen des sog. tarifdispositiven Gesetzesrechts als Unterfall dispositiver gesetzlicher Bestimmungen (→ § 31 Rn. 11 ff.) möglich.[69] Der Gesetzgeber erlaubt die **Abweichung von** den an sich **zwingenden Normen** nur durch tarifvertragli- 11

[52] BAG 28.5.2009 AP Nr. 184 zu § 611 BGB Lehrer, Dozenten; 27.1.1994 AP Nr. 1 zu § 15 BAT-O = NZA 1995, 134.

[53] Ausf. *Jochmann-Döll,* Diskriminierungsfreie Tarifverträge, 2009; zu möglichen Rechtsfolgen *Schirrmacher* RdA 2020, 353 ff.

[54] S. etwa BAG 19.11.2020 AP Nr. 6 zu § 17 TVöD; 21.11.2013 NZA 2014, 672.

[55] BAG 19.4.2012 ZTR 2012, 451; 15.2.2011 AP Nr. 34 zu § 1 TVG Vorruhestand = NZA-RR 2011, 467; zur mittelbaren Entgeltdiskriminierung *Winter* FS Pfarr, 2010, 320 ff.; *Schwitzer* FS Pfarr, 2010, 346 ff.

[56] BAG 29.9.2020 AP Nr. 100 zu § 7 BUrlG = NZA 2021, 429; 21.11.2017 AP Nr. 9 zu § 7 AGG = NZA 2018, 786; 20.6.2013 AP Nr. 2 zu § 7 TVUmBw = NZA-RR 2013, 662.

[57] BAG 27.5.2020 AP Nr. 66 zu § 1 TVG Tarifverträge: Lufthansa; 29.1.2020 AP Nr. 167 zu § 99 BetrVG 1972 = NZA 2020, 813 (Entgeltstufenaufstieg); 22.10.2019 AP Nr. 29 zu § 4 TzBfG = NZA 2020, 255 (Altersteilzeit); 17.10.2017 AP Nr. 13 zu § 10 AGG = NZA 2018, 376 (Betriebliche Altersversorgung); 17.10.2017 AP Nr. 4 zu § 10 AGG (VBL); 27.4.2017 AP Nr. 11 zu § 10 AGG = NZA 2017, 1116; 12.4.2016 AP Nr. 9 zu § 10 AGG = NZA-RR 2016, 438 (Urlaubsstaffelung nach Lebensaltersstufen); 18.2.2016 AP Nr. 9 zu § 6 TVUmBw = NZA 2016, 709 (altersabhängige Verringerung einer Zulage); 9.12.2015 AP Nr. 57 zu § 1 TVG Tarifverträge: Lufthansa = NZA 2016, 897 (mittelbare Diskriminierung); 15.11.2012 AP Nr. 6 zu § 6 TVUmBw = NZA 2013, 629 (Anrechnungsregelungen nach dem TV UmBW); ausf. *Schlachter,* Das Verbot der Altersdiskriminierung und der Gestaltungsspielraum der Tarifvertragsparteien, 2014, insb. S. 72 ff.

[58] BAG 10.11.2001 AP Nr. 13 zu § 27 BAT = NZA-RR 2012, 100; 10.11.2001 AP Nr. 12 zu § 27 BAT = NZA 2012, 161; s. dazu EuGH 8.9.2011 AP Nr. 22 zu Richtlinie 2000/78/EG – Hennigs und Mai.

[59] BAG 8.12.2011 AP Nr. 5 zu § 6 TVÜ mAnm *Löwisch* = NZA 2012, 275; weiterhin BAG 3.7.2014 ZTR 2014, 597.

[60] BAG 29.1.2020 AP Nr. 167 zu § 99 BetrVG 1972 = NZA 2020, 813 (Entgeltstufenaufstieg); 27.1.2011 AP Nr. 2 zu § 1 TVG Tarifverträge: Versorgungsbetriebe; nur die beim selben AG in einem vorangegangenen Arbeitsverhältnis BAG 25.1.2018 AP Nr. 6 zu § 16 TVöD = NZA 2018, 1200.

[61] Vgl. BAG 11.11.2020 AP Nr. 30 zu § 4 TzBfG = NZA 2021, 57; 22.10.2019 AP Nr. 29 zu § 4 TzBfG = NZA 2020, 255; 18.9.2018 AP Nr. 3 zu § 26 TV-L = NZA 2019, 262; 20.3.2018 AP Nr. 2 zu § 26 TV-L = NZA 2018, 851 (mittelbare Diskriminierung); 22.9.2016 AP Nr. 9 zu § 6 TVUmBw = NZA-RR 2017, 80; 12.5.2016 AP Nr. 23 zu § 1 TVG Tarifverträge: Verkehrsgewerbe; 24.9.2008 ZTR 2009, 20 mwN.

[62] BAG 18.10.2018 AP Nr. 13 zu § 16 TV-L; 6.9.2018 AP Nr. 7 zu § 16 TVöD; 22.3.2017 AP Nr. 4 zu § 20 TV-L = NZA 2017, 862; 24.10.2013 AP Nr. 4 zu § 16 TV-L = NZA-RR 2014, 98; dazu *Günther* ZTR 2014, 315 ff.; 21.2.2013 AP Nr. 2 zu § 16 TV-L mAnm *Benecke* = NZA 2013, 625 (Stufenzuordnung).

[63] S. nur BAG 29.7.2009 AP Nr. 7 zu § 3 BetrVG 1972 = NZA 2009, 1424 mwN.

[64] BAG 19.1.1973 AP Nr. 5 zu § 626 BGB Ausschlussfrist.

[65] Zu §§ 57a ff. HRG aF BVerfG 24.4.1996 AP Nr. 2 zu § 57 HRG = NZA 1996, 1157; BAG 17.1.2007 AP Nr. 9 zu § 57c HRG = NZA 2003, 153.

[66] BAG 20.3.1974 AP Nr. 1 zu § 115 GewO.

[67] BAG 16.6.1999 AP Nr. 3 zu § 113 InsO = NZA 1999, 1331.

[68] BAG 28.3.1990 AP Nr. 25 zu § 5 TVG = NZA 1990, 781; 27.6.1989 AP Nr. 113 zu Art. 9 GG Arbeitskampf = NZA 1989, 969.

[69] Ausf. *Seiwerth* Gestaltungsfreiheit in Tarifverträgen und dispositives Gesetzesrecht, 2017.

che Regelungen.[70] Durch individualvertragliche Abreden oder durch Vereinbarungen der Betriebsparteien sind Änderungen von der gesetzlichen Lage bei tarifdispositiven Normen nur zugunsten der AN möglich. Motiv des Gesetzgebers ist zumeist, dass die sachnäheren Tarifvertragsparteien sachlich gerechtfertigte Ausnahmebestimmungen besser schaffen können[71] und dem Tarifvertrag eine auf Grund des tarifautonomen Verfahrens eine Angemessenheitsvermutung – teilweise auch als sog. Richtigkeitsgewähr bezeichnet[72] – zukommt.[73] Eine Regelung durch kirchliche – nicht tarifvertragliche[74] – Arbeitsrechtsregelungen (→ § 184 Rn. 8 f.) reicht nicht aus.[75]

12 Tarifdispositives Gesetzesrecht hat der **Gesetzgeber in größerem Umfang geschaffen.**[76] Zu nennen sind etwa § 622 IV BGB über die Kündigungsfristen,[77] § 4 I 1,[78] § 8 IV 3, 4, § 12 III, § 13 IV TzBfG über das Teilzeitrecht, § 14 II 3 TzBfG[79] zum Befristungsrecht,[80] § 4 IV EFZG zur Bemessungsgrundlage bei der Entgeltfortzahlung[81] und § 13 BUrlG zum Urlaubsrecht[82] sowie aktuell § 8 III, IV AÜG zur Abweichung vom equal-pay-Grundsatz (→ § 120 Rn. 52 ff.). Dabei können die Abweichungen vom Gesetz von weiteren Voraussetzungen abhängig sein, wie etwa in § 7 VII ArbZG, der die schriftliche Einwilligung des AN voraussetzt (→ § 156 Rn. 39). Die abweichenden tarifvertraglichen Regelungen gelten nur für die tarifgebundenen Personen (§§ 3 I, 4 I, 5 IV TVG; → § 204 Rn. 4 ff., → § 205 Rn. 25 ff.), können aber – soweit die gesetzliche Regelung dies vorsieht (anders etwa in § 9a TzBfG, § 1 Ib AÜG) – durch vertragliche **Bezugnahmeregelungen** in den Arbeitsverhältnissen nicht tarifgebundener AG und AN zur Anwendung kommen, wenn das Gesetz dies – wie zumeist – vorsieht (→ § 31 Rn. 12, → § 206 Rn. 4, 15).[83]

13 Die Hauptbedeutung des tarifdispositiven Gesetzesrechts liegt in der Vereinbarung zu Lasten der AN verschlechternder Regelungen.[84] Die tarifvertraglichen Regelungen müssen **inhaltlich eindeutig** ergeben, dass zuungunsten der AN von der gesetzlichen Regelung abgewichen werden soll.[85] Darüber hinaus müssen sich die Tarifregelungen an den gesetzlichen Vorgaben orientieren (zum Befristungsrecht → § 38 Rn. 16)[86] und die Schutzpflichtfunktion der Grundrechte (→ § 3 Rn. 12) ist zu beachten. Letzteres gilt ebenso für den Gesetzgeber bei der Schaffung tarifdispositiven Gesetzesrechts, der seiner Schutzpflichtfunktion in ausreichendem Maße nachkommen muss.[87]

14 **d) „Richterrecht".** Sog. richterrechtliche Regelungen[88] (→ § 31 Rn. 15 f.) können nach der früheren Rechtsprechung dahingehend ausgestaltet sein, dass sie Arbeitsvertragsparteien und Betriebsparteien binden, für die Tarifparteien hingegen dispositiv sind.[89] Dabei ging die frühere Rechtsprechung in der Sache von einer **„Tarifdispositivität"** aus, etwa bei Rückzahlungsklau-

---

[70] Zur Nutzung nur durch tarifgebundene AG *de lege ferenda* s. *Ulber* SR 2018, 85 ff. Zu den Auswirkungen auf die Tarifgebundenheit *Greiner* NZA 2018, 563 ff.; *ders.* ZTR 2018, 628 (632 ff.).
[71] S. nur zum BeschFG 1985 BT-Drs. 10/2102, 26; dazu BAG 25.1.1989 AP Nr. 2 zu § 2 BeschFG 1985.
[72] Ausf. *Krämer,* Die Richtigkeitsgewähr des Tarifvertrags, 2015, insb. S. 73 ff. Aus dem Begriff können allerdings noch keine Rechtsfolgen abgeleitet werden, *Waltermann* RdA 2014, 86 (90).
[73] BAG 21.5.2014 NZA 2015, 115; 24.9.2008 AP Nr. 11 zu § 305c BGB = NZA 2009, 154.
[74] Zu tariflichen Regelungen s. *Steuernagel* ZMV 2015, 62 ff.; *ders.* ZMV 2015, 126 ff.
[75] BAG 25.3.2009 AP Nr. 59 zu § 14 TzBfG mAnm *v. Hoyningen-Huene/van Endern* = NZA 2009, 1417.
[76] Zur Entwicklung ausf. *D. Ulber* S. 32 ff.
[77] BAG 24.10.2019 AP Nr. 75 zu § 622 BGB = NZA-RR 2020, 199.
[78] BAG 31.7.2014 NZA-RR 2014, 674.
[79] BAG 26.10.2016 AP Nr. 147 zu § 14 TzBfG = NZA 2017, 463; 18.3.2015 AP Nr. 129 zu § 14 TzBfG = NZA 2015, 821; 5.12.2012 AP Nr. 102 zu § 14 TzBfG mAnm *E. M. Kaiser* = NZA 2013, 515; ausf. *Seiwerth* RdA 2016, 214 ff.; zu den Grenzen BAG 24.2.2021 NZA 2021, 728.
[80] Nicht von § 15 II TzBfG: BAG 12.8.2015 AP Nr. 7 zu § 15 TzBfG = NZA 2016, 173.
[81] BAG 20.8.2014 AP Nr. 73 zu § 4 EntgeltFG = NZA 2015, 58; 16.7.2014 NZA 2015, 499; nicht aber für § 2 EFZG: BAG 15.5.2013 NZA 2013, 974.
[82] BAG 19.1.2016 AP Nr. 79 zu § 7 BUrlG = NZA-RR 2016, 235; 5.8.2014 ZTR 2015, 28; 3.6.2014 NZA 2015, 123; s. auch *Schweighart/Otto* NZA-RR 2015, 1 ff.
[83] Für eine weitergehende Begrenzung auf tarifgebundene AG *de lege ferenda Kingreen* NZA 2021, 1 ff.; *ders.* Exklusive Tariföffnungsklauseln, 2020.
[84] HWK/*Henssler* TVG § 1 Rn. 26.
[85] BAG 25.1.1989 AP Nr. 2 zu § 2 BeschFG 1985; 10.8.1967 AP Nr. 9 zu § 13 BUrlG.
[86] S. nur BAG 25.1.1989 AP Nr. 2 zu § 2 BeschFG 1985.
[87] Zu diesem Themenbereich *Bepler* FS Kempen, 2013, 109 ff.; ausf. *D. Ulber* S. 329 ff.; zur Leiharbeit krit. *Waltermann* NZA 2010, 482 (485); zum Arbeitszeitrecht *Kohte* FS Bepler, 2012, 288 ff.
[88] BAG GS 16.3.1962 AP Nr. 19 zu § 1 Hausarbeitstagsgesetz NRW.
[89] Dazu *Käppler,* Voraussetzungen und Grenzen tarifdispositiven Richterrechts, 1977.

seln für Sonderzuwendungen,[90] der näheren Ausgestaltung der Rückzahlung von Aus- und Fortbildungskosten[91] sowie im Arbeitskampfrecht,[92] nicht aber bei den Grundsätzen zur Arbeitnehmerhaftung[93] oder wenn es – allgemein formuliert – zur Verhinderung einer Umgehung von zwingendem Gesetzesrecht oder in Befolgung einer den Gerichten obliegenden verfassungsrechtlichen Schutzpflicht entwickelt wurde.[94] In der Sache handelt es sich nach heutigem Verständnis zumeist um den – gegenüber den Arbeitsvertragsparteien und den Betriebsparteien – weiteren Gestaltungsspielraum, der den Tarifvertragsparteien bei ihrer Normsetzung aufgrund der verfassungsrechtlichen geschützten Tarifautonomie zusteht (→ Rn. 7), der allerdings den genannten Kontrollmaßstäben (→ Rn. 5 ff.) unterliegt. Dabei können die grundgesetzlichen Schutzpflichten es gebieten, keine tarifliche Abweichung zuzulassen.[95]

e) Weitere Bindungen. Eine Inhaltskontrolle von Tarifverträgen im Sinne einer **Angemessenheits- oder Billigkeitskontrolle** findet nicht statt.[96] Das zeigt § 310 IV BGB. Ebenso wenig unterliegt es der gerichtlichen Kontrolle, ob die Tarifvertragsparteien die zweckmäßigste, vernünftigste und gerechteste Lösung für eine Regelungsfrage getroffen haben (→ Rn. 7, → § 3 Rn. 12).[97] Ob Tarifverträge am Maßstab des § 138 BGB überprüft werden können, hat das BAG bislang offen gelassen.[98] Es misst aber die Tarifregelungen inhaltlich daran, ob sie gegen **elementare Gerechtigkeitsanforderungen** der allgemeinen Handlungsfreiheit des Art. 2 I GG und des Sozialstaatsprinzips nach Art. 20 I GG verstoßen (zu den grundrechtlichen Schutzpflichten → Rn. 6).[99] 15

IV. Inhaltliche Ausgestaltung des Tarifvertrags

1. Bestimmtheitsgrundsatz. Tarifvertragliche Regelungen müssen dem **Bestimmtheitsgebot** entsprechen, damit die Tarifgebundenen erkennen können, welche Bestimmungen mit welchem Inhalt für sie gelten sollen. Das schließt aber die Verwendung unbestimmter Rechtsbegriffe nicht aus.[100] Diese genügen den rechtsstaatlichen Erfordernissen der Normenklarheit und Justiziabilität, wenn sie mit herkömmlichen juristischen Methoden ausgelegt werden können (zur Eingruppierung → § 64 Rn. 17 f.).[101] Aus dem Gebot der **Rechtsquellenklarheit** muss sich bei mehrseitigen Vereinbarungen – etwa zwischen Gewerkschaft, BR und AG – ergeben, wer Urheber der jeweils einschlägigen Bestimmung ist (→ § 197 Rn. 9).[102] 16

2. Tarifvertragliche Verweisungen. Die Tarifvertragsparteien sind nicht gehalten, den gesamten Tarifvertragsinhalt in einer Urkunde festzuhalten. Sie können grundsätzlich **auf gesetzliche oder andere tarifvertragliche Bestimmungen verweisen,** und zwar sowohl in Form einer sog. statischen als auch einer dynamischen Verweisung (zur Auslegung → § 201 Rn. 12 ff., zur arbeitsvertraglichen Verweisung auf Tarifverträge → § 206 Rn. 1 ff.). Der Verweisung steht das Schriftformgebot des § 1 II TVG (→ § 197 Rn. 8 f.) nicht entgegen. Sie muss aber genau gefasst sein, damit Irrtümer über Art und Ausmaß der in Bezug genommenen Regelung ausgeschlossen sind.[103] Diese muss nicht zwingend in eine Anlage zum Tarifvertrag aufgenommen werden.[104] Der verweisende und der in Bezug genommene Tarifvertrag bilden dann 17

[90] BAG 31.3.1966 AP Nr. 54 zu § 611 BGB Gratifikation.
[91] BAG 6.9.1995 AP Nr. 22 zu § 611 BGB Ausbildungsbeihilfe = NZA 1996, 437.
[92] BAG GS 21.4.1971 AP Nr. 43 zu Art. 9 GG Arbeitskampf = NJW 1971, 1668.
[93] BAG 17.9.1998 AP Nr. 2 zu § 611 BGB Mankohaftung = NZA 1999, 141; s. aber auch BAG 27.1.2000 AP Nr. 31 zu § 611 BGB Musiker = NZA 2000, 727.
[94] BAG 31.7.2002 AP Nr. 14 zu § 1 TVG Tarifverträge: Luftfahrt = NZA 2002, 1155.
[95] Wiedemann/*Jacobs* TVG Einl. Rn. 680 ff.
[96] BAG 21.5.2014 AP Nr. 220 zu § 242 BGB Gleichbehandlung = NZA 2015, 115; 28.5.2009 AP Nr. 184 zu § 611 BGB Lehrer, Dozenten; 7.6.2006 AP Nr. 15 zu § 611 BGB Hausmeister = NZA 2007, 343.
[97] BAG 30.5.1984 AP Nr. 3 zu § 9 TVG = NZA 1984, 300.
[98] BAG 24.3.2004 AP Nr. 59 zu § 138 BGB = NZA 2004, 971; 30.11.1983 AP Nr. 1 zu § 20 BMT-G II.
[99] BAG 28.5.2009 AP Nr. 184 zu § 611 BGB Lehrer, Dozenten; 24.3.2004 AP Nr. 59 zu § 138 BGB = NZA 2004, 971.
[100] BAG 26.2.2020 AP Nr. 6 zu § 1 TVG Sozialplan = NZA 2020, 1121; 21.9.2011 AP Nr. 9 zu § 3 BetrVG 1972 = NZA-RR 2012, 186.
[101] Etwa BAG 26.1.2011 AP Nr. 7 zu § 3 TVG Betriebsnormen mkritAnm *Dieterich* = NZA 2011, 808; 16.6.2010 AP Nr. 324 zu § 1 TVG Tarifverträge: Bau; allg. BVerfG 14.12.2000 BVerfGE 103, 21 = NJW 2001, 879.
[102] BAG 15.4.2008 AP Nr. 96 zu § 77 BetrVG 1972 mablAnm *Kolbe* = NZA 2008, 1074.
[103] BAG 9.7.1980 AP Nr. 7 zu § 1 TVG Form; 27.3.1963 AP Nr. 9 zu § 59 BetrVG.
[104] BAG 20.4.1994 AP Nr. 9 zu § 1 TVG Tarifverträge: DDR = NZA 1994, 1090.

eine Einheit, dh die Normen des Bezugstarifvertrags sind Teil der Normen des Verweisungstarifvertrags.[105]

18 Zulässig sind zunächst **statische Verweisungen** auf andere Normeninhalte.[106] Das können sowohl gesetzliche Bestimmungen als auch Tarifregelungen sein, die andere Tarifparteien geschlossen haben (namentlich sog. Anerkennungstarifverträge). Weiterhin begegnen **dynamische Verweisungen** auf andere gesetzliche oder tarifliche Regelungen grundsätzlich keinen Bedenken. Welche Art von Verweisung vorliegt, ist im Wege der Auslegung zu ermitteln.[107] Namentlich im öffentlichen Dienst verweisen Tarifverträge auf beamtenrechtliche Regelungen[108] und auf Erlasse.[109] Das BAG hatte hierin zunächst eine unzulässige Delegation der Rechtssetzungsbefugnis gesehen,[110] diese Auffassung aber später aufgegeben, weil die Tarifparteien über die Verweisungsregelungen verfügen können.[111] Eine Verweisung auf Tarifregelungen soll nach der Rechtsprechung allerdings danach nur statthaft sein, wenn auf einen von denselben Tarifvertragsparteien geschlossenen Tarifvertrag verwiesen wird oder mit dem von anderen Tarifparteien ein enger sachlicher Regelungszusammenhang besteht.[112] Im Hinblick auf die privatautonome Grundlage des Tarifvertrags ist diese Begrenzung, die zudem aufgrund des Merkmals „enger sachlicher Zusammenhang" zu Rechtsunsicherheiten führen kann, kaum zu rechtfertigen,[113] zumal eine Kündigungsmöglichkeit verbleibt. Der räumliche oder persönliche **Geltungsbereich** des Verweisungstarifvertrags muss regelmäßig nicht für den Anerkennungstarifvertrag gegeben sein.[114] Eine **dynamische Verweisung endet,** wenn der verweisende Tarifvertrag nur noch nachwirkt (→ § 208 Rn. 18).[115]

19 **3. Bestimmungsklauseln.** Tarifvertragliche Normen können bestimmte Sachverhalte nicht abschließend regeln, sondern die nähere Ausgestaltung einem Anderen, etwa einer Tarifvertragspartei, beiden oder einer[116] der Arbeitsvertragsparteien,[117] einer Kommission[118] oder den Betriebsparteien zur näheren Ausgestaltung und Konkretisierung – etwa bei der Einführung von Kurzarbeit[119] – überlassen. Es handelt sich dann um sog. tarifliche **(Leistungs-)Bestimmungsregelungen.** Solche sind grundsätzlich zulässig.[120] Sie müssen aber zwingende gesetzliche Schutzbestimmungen beachten und können dem AG keine Rechte einräumen, die dies nicht gewährleisten.[121] Sie sind von den tarifvertraglichen **Öffnungsklauseln** abzugrenzen, durch die die Betriebs- oder Arbeitsvertragsparteien eigenes (Vertrags-)Recht setzen können, während durch erstgenannte das Tarifrecht näher bestimmt wird.[122] Aus Gründen der Rechtssicherheit und Rechtsklarheit müssen Delegation und Adressat **eindeutig geregelt** werden.[123] Bestimmungsklauseln sind auf die tarifvertragliche Regelungsbefugnis begrenzt.[124] Die Ausübung des

[105] BAG 11.11.2020 AP Nr. 237 zu § 1 TVG Auslegung; 22.3.2017 AP Nr. 136 zu § 1 TVG Bezugnahme auf Tarifvertrag = NZA 2017, 587.
[106] BAG 2.3.1988 AP Nr. 11 zu § 1 TVG Form = NZA 1988, 623.
[107] Etwa BAG 19.2.2020 – 5 AZR 179/18; 11.12.2013 NZA-RR 2014, 299 („derzeit gültige").
[108] BAG 24.6.2020 AP Nr. 6 zu § 46 TVöD = NZA 2020, 1557; 28.5.1997 NZA-RR 1997, 449.
[109] BAG 21.1.2003 AP Nr. 188 zu § 242 BGB Gleichbehandlung; 9.6.1982 AP Nr. 1 zu § 1 TVG Durchführungspflicht mAnm *Grunsky.*
[110] BAG 27.7.1956 AP Nr. 3 zu § 4 TVG Geltungsbereich.
[111] BAG 10.11.1982 AP Nr. 8 zu § 1 TVG Form; 9.7.1980 AP Nr. 7 zu § 1 TVG Form.
[112] BAG 15.4.2008 AP Nr. 38 zu § 1 TVG Altersteilzeit = NZA-RR 2008 586; 13.8.1986 AP Nr. 1 zu § 2 MTV Ang-DFVLR; anders bei Betriebsvereinbarungen BAG 22.8.2006 AP Nr. 30 zu § 77 BetrVG 1972 Betriebsvereinbarung = NZA 2007, 1187.
[113] Zu Recht krit. NK-TVG/*Nebe* § 1 Rn. 202 ff.
[114] BAG 11.11.2020 AP Nr. 237 zu § 1 TVG Auslegung; 3.7.2013 AP Nr. 443 zu § 613a BGB = NZA-RR 2014, 80.
[115] BAG 21.3.2017 AP Nr. 136 zu § 1 TVG Bezugnahme auf Tarifvertrag = NZA 2017, 587; 20.6.2001 AP Nr. 18 zu § 1 TVG Bezugnahme auf Tarifvertrag = NZA 2002, 517 (Betriebsübergang).
[116] BAG 5.8.1999 AP Nr. 3 zu § 1 TVG Tarifverträge: Deutsche Bahn = NZA 2000, 320; s. auch BAG 22.2.2012 AP Nr. 221 zu § 1 TVG Tarifverträge: Metallindustrie = NZA-RR 2013, 304 (iErg verneint).
[117] BAG 28.4.1988 AP Nr. 25 zu § 622 BGB = NZA 1989, 58.
[118] BAG 22.1.1997 AP Nr. 146 zu § 1 TVG Tarifverträge: Metallindustrie = NZA 1997, 837.
[119] BAG 13.10.2011 AP Nr. 228 zu § 1 TVG Auslegung.
[120] BAG 8.5.2001 AP Nr. 1 zu § 50 BAT-O = NZA 2002, 160.
[121] BAG 13.10.2011 AP Nr. 228 zu § 1 TVG Auslegung; 18.10.1994 AP Nr. 11 zu § 615 BGB Kurzarbeit = NZA 1995, 1064.
[122] BAG 28.11.1994 AP Nr. 1 zu § 1 TVG Bestimmungsrecht = NZA 1995, 810; BKS/*Heilmann* § 1 Rn. 150; NK-TVG/*Nebe* § 1 Rn. 232 f.; ausf. *Löwisch/Rieble* TVG § 1 Rn. 2286 ff.
[123] BAG 26.2.2020 AP Nr. 6 zu § 1 TVG Sozialplan mAnm *Deinert* = NZA 2020, 1121; 28.11.1984 AP Nr. 2 zu § 4 TVG Bestimmungsrecht.
[124] BAG 27.1.1994 AP Nr. 1 zu § 15 BAT-O = NZA 1985, 1064.

Bestimmungsrechts hat nach billigem Ermessen zu erfolgen.[125] Solche Klauseln sind etwa gegeben, wenn das Gehalt eines außertariflichen Angestellten über dem höchsten Tarifgehalt liegen muss.[126] Die Bestimmungsregelungen enden mit Auslaufen des Tarifvertrags; der Adressat muss daher bei jeder Tarifänderung das Bestimmungsrecht neu ausüben. Fehlt es nunmehr an einer Bestimmungsklausel, ist eine einzelvertragliche Vereinbarung erforderlich.[127]

4. Protokollerklärungen und -notizen. Anlässlich des Abschlusses von Tarifverträgen werden von den Tarifparteien sog. Protokollerklärungen und Protokollnotizen angefertigt. Dabei kann einer Protokollnotiz lediglich der Charakter einer Auslegungshilfe[128] für die tariflichen Bestimmungen zukommen oder sie kann selbst – was regelmäßig der Fall sein durfte – **Tarifvertragsinhalt** sein.[129] Dann ist aber weiterhin zu prüfen, ob es sich um Inhaltsnormen oder schuldrechtliche Abreden handelt.[130] Erstgenanntes ist anzunehmen. wenn die Protokollnotiz nach dem Willen der Tarifvertragsparteien eine eigene tarifliche Regelung enthalten soll, was dadurch zum Ausdruck gebracht werden kann, dass sie inhaltlich wie formal – namentlich unter dem Aspekt des Schriftformgebots (→ § 197 Rn. 7 ff.)[131] – den Anforderungen an eine Tarifregelung entspricht.[132] Gleiches gilt für Fußnoten oder mit „*" gekennzeichnete Anmerkungen zum Tarifvertragstext.[133] Der gemeinsame Wille der Tarifvertragsparteien kann sich durch sog. **Niederschriftserklärungen** ergeben, die nicht Teil eines Tarifvertrags sind.[134] Ein Ergebnisprotokoll kann zugleich ein formgültig geschlossener Tarifvertrag sein.[135] 20

§ 199. Schuldrechtliche Regelungen des Tarifvertrags

Übersicht

I. Grundsatz

1 Neben den in § 1 I TVG erwähnten Rechtsnormen können Tarifverträge auch **Rechte und Pflichten der Tarifvertragsparteien** zum Inhalt haben. Die Bestimmungen, die die wechselseitigen Rechte und Pflichten regeln, werden üblicherweise als **obligatorischer oder schuldrechtlicher Teil** des Tarifvertrags bezeichnet. Es handelt sich um schuldrechtliche Verpflichtungen; durch sie werden keine Normen geschaffen. Neben den ausdrücklich vereinbarten schuldrechtlichen Abreden gehören zu einem Tarifvertrag, der Normen enthält, auch sogenannte immanente Pflichten der Tarifvertragsparteien, die **Friedenspflicht** (→ § 192 Rn. 17 ff.) und die **Durchführungspflicht** (→ Rn. 5 ff.). Diese Pflichten werden auch als schuldrechtliche Bestandteile eines Tarifvertrags bezeichnet.[1]

2 Den tariffähigen Verbänden und Personen (§ 2 I TVG) steht es frei, die Form eines Tarifvertrags auch dann wählen, wenn darin keine Rechtsnormen für die Tarifgebundenen begründet,

---

[125] BAG 28.1.1984 AP Nr. 1 zu § 4 TVG Bestimmungsrecht.
[126] BAG 26.11.2003 AP Nr. 186 zu § 1 TVG Tarifverträge: Metallindustrie = NZA 2004, 1107; 21.6.2000 AP Nr. 65 zu § 5 BetrVG 1972 = NZA 2001, 336.
[127] BAG 28.11.1984 AP Nr. 1, 2 zu § 4 TVG Bestimmungsrecht.
[128] BAG 7.12.1989 AP Nr. 14 zu § 1 TVG Tarifverträge: Textilindustrie = NZA 1990, 490.
[129] BAG 23.9.2020 AP Nr. 396 zu § 1 TVG Tarifverträge: Bau; 27.2.2018 AP Nr. 69 zu § 1 TVG Altersteilzeit; 16.5.2013 ZTR 2013, 506; 26.9.2012 AP Nr. 24 zu § 1 TVG Tarifverträge: Bewachungsgewerbe.
[130] BAG 27.6.2012 AP Nr. 223 zu § 1 TVG Tarifverträge: Metallindustrie; 24.8.2011 AP Nr. 225 zu § 1 TVG Auslegung.
[131] BAG 20.4.1994 AP Nr. 11 zu §§ 22, 23 BAT Zulagen = NZA 1994, 952.
[132] BAG 22.2.2017 AP Nr. 242 zu § 1 TVG Tarifverträge: Metallindustrie; 13.5.2015 AP Nr. 4 zu § 56 TVöD = NZA-RR 2015, 644; 19.9.2007 AP Nr. 202 zu § 1 TVG Auslegung = NZA 2008, 950.
[133] BAG 21.11.2012 AP Nr. 54 zu § 1 TVG Tarifverträge: Lufthansa; 22.9.2010 NZA 2011, 480.
[134] BAG 6.9.2017 AP Nr. 75 zu § 1 TVG Tarifverträge: Arzt = NZA 2017, 1545; 8.3.2006 AP Nr. 3 zu § 1 TVG Tarifverträge: Telekom; 3.12.1986 AP Nr. 6 zu § 51 TVAL II = NZA 1987, 572. S. auch BAG 26.2.2020 AP Nr. 6 zu § 1 TVG Sozialplan = NZA 2020, 1121: „authentische Interpretation".
[135] BAG 25.6.2003 AP Nr. 1 zu § 1 TVG Beschäftigungssicherung = NZA 2004, 215.
[1] JKOS TVR/*Krause* § 4 Rn. 115; Wiedemann/*Thüsing* TVG § 1 Rn. 914.

sondern nur schuldrechtliche Vereinbarungen begründet werden.[2] Sie können schuldrechtliche Abreden aber auch außerhalb eines Tarifvertrags vereinbaren. Es besteht **kein Typenzwang,** Rechte und Pflichten ausschließlich in Tarifverträgen zu vereinbaren.[3] Auch für andere Vereinbarungen gilt dabei grundsätzlich die Angemessenheitsvermutung, die Tarifverträgen zukommt.[4] Soweit es sich um Vereinbarungen mit einem Bezug zur Regelung von Arbeits- und Wirtschaftsbedingungen im Sinne des Art. 9 III GG handelt, wird hierfür auch der Begriff der sonstigen Kollektivvereinbarung oder Koalitionsvereinbarung verwendet.[5] Dies kann auch ein Koalitionsvertrag zugunsten Dritter sein (→ Rn. 15).[6] Schließlich können die Tarifparteien zunächst nur einen **Vorvertrag** gerichtet auf Abschluss eines Tarifvertrags schließen (→ § 197 Rn. 3). Die Bestimmung, ob es sich bei einer vertraglichen Regelung um einen Tarifvertrag mit Normenwirkung oder um eine schuldrechtliche Vereinbarung handelt, ist im Wege der **Auslegung** zu ermitteln (→ § 201 Rn. 2).[7]

II. Schuldrechtliche Abreden

3 **1. Grundsatz.** Zu den „klassischen" immanenten Pflichten eines Tarifvertrags, der Rechtsnormen für die Tarifgebundenen zum Inhalt hat, gehört die **Durchführungspflicht** (→ Rn. 5 ff.), die beim Verbandstarifvertrag mit der Einwirkungspflicht einhergeht und die **Friedenspflicht** (→ § 192 Rn. 17 ff.). Darüber hinaus können die Tarifparteien weitere schuldrechtliche Abreden treffen. Hierbei sind die sog. **Meistbegünstigungsklauseln** (→ Rn. 16) und in diesem Zusammenhang Revisions- oder Nachverhandlungsklauseln zu nennen. Im Rahmen von bedingten Tariföffnungsklauseln kann eine Zustimmungspflicht für betriebliche Regelungen unter bestimmten Voraussetzungen vereinbart werden (→ § 207 Rn. 18).[8] Schließlich können die Tarifparteien auch Schieds- und **Schlichtungsvereinbarungen** (→ § 192 Rn. 41 f.) oder Abreden über Erhaltungs- und Notstandsarbeiten (→ § 192 Rn. 60 ff.) treffen. Um eine schuldrechtliche Abrede mit **Schutzwirkung zugunsten Dritter** annehmen zu können, bedarf es besonderer Anhaltspunkte im Tarifvertrag.[9] Aber auch anderweitige Regelungen sind möglich,[10] namentlich wenn zwischen den Tarifvertragsparteien in Tarifverträgen oder anderen kollektivrechtlichen Verträgen für den Bereich eines Unternehmens, Konzerns oder unter Einbeziehung von Dritten Verpflichtungen des AG, des herrschenden Unternehmens oder anderer Personen vereinbart werden (s. auch → § 192 Rn. 4 mwN).[11]

4 **Schuldner** des obligatorischen Teils sind grundsätzlich nur die Tarifvertragsparteien. Die tarifgebundenen Mitglieder werden nicht verpflichtet. Soweit der durchzuführende Tarifvertrag allerdings von Spitzenorganisationen nach § 2 II TVG geschlossen worden ist, haften deren Mitgliedsverbände ihrerseits nach § 2 IV TVG (→ § 196 Rn. 19) für die Erfüllung zumindest der schuldrechtlichen Verpflichtungen aus dem Tarifvertrag.[12] **Gläubiger** ist zunächst die andere Tarifvertragspartei. Allerdings können sich aus den obligatorischen Bestimmungen Rechte Dritter oder Schutzpflichten zugunsten Dritter ergeben, nach denen die Mitglieder der Verbände unmittelbar Rechte erwerben sollen, wie es etwa bei der Friedenspflicht der Fall ist (→ § 192 Rn. 17 ff.).

5 **2. Durchführungspflicht. a) Grundsatz.** Der Anspruch einer Tarifvertragspartei gegen die andere auf Durchführung des Tarifvertrags begründet sich aus der schuldrechtlichen Verpflich-

[2] BAG 14.6.2017 – 7 AZR 390/15; 23.6.2016 RdTW 2017, 17; 7.6.2008 AP Nr. 37 zu § 1 TVG.
[3] BAG 21.5.2014 AP Nr. 220 zu § 242 BGB Gleichbehandlung = NZA 2015, 115, 3.4.2007 AP Nr. 21 zu § 2 BAT SR 2l; 5.11.1997 AP Nr. 29 zu § 1 TVG = NZA 1998, 654.
[4] BAG 21.5.2014 AP Nr. 220 zu § 242 BGB Gleichbehandlung = NZA 2015, 115.
[5] Etwa JKOS TVR/*Krause* § 4 Rn. 160.
[6] BAG 5.11.1997 AP Nr. 29 zu § 1 TVG = NZA 1998, 654.
[7] BAG 7.6.2006 AP Nr. 37 zu § 1 TVG; 14.4.2004 AP Nr. 188 zu § 1 TVG Auslegung = NZA 2005, 718.
[8] BAG 20.10.2010 AP Nr. 145 zu Art. 9 GG mAnm *Kamanabrou* = NZA 2011, 468.
[9] BAG 26.7.2016 AP Nr. 184 zu Art. 9 GG Arbeitskampf = NZA 2016, 1543; 25.8.2015 AP Nr. 183 zu Art. 9 GG Arbeitskampf = NZA 2016, 179.
[10] S. nur BAG 14.6.2017 – 7 AZR 390/15: Quote für befristete Arbeitsverhältnisse.
[11] Beispiele BKS/*Wankel* § 1 Rn. 166a; NK-TVG/*Heuschmid* § 1 Rn. 868 ff.; weiterhin *Däubler,* Tarifverträge zur Unternehmenspolitik, 2016, insb. S. 13 ff.; sowie *Bock,* Investorenvereinbarungen zur Sicherung von Arbeitnehmerinteressen, 2018, S. 86 ff., 179 ff., 205 ff.; aA *Hütter-Brungs* Tarifautonomie und unternehmerische Freiheit, 2020: „gegenständliche Begrenzung" auf die Regelungsgegenstände des § 1 I TVG.
[12] BAG 10.6.2009 ZTR 2010, 73.

tung, die sich aus dem Abschluss eines Tarifvertrags ergibt.[13] Die Rechtsprechung hat die Durchführungspflicht als eine **immanente Nebenpflicht** angesehen,[14] die sich als Konkretisierung des Prinzips *pacta sunt servanda* darstellt.[15] Das kann man bezogen auf die Tarifparteien, die im Übrigen einen Vertrag mit Normen für die Mitglieder geschlossen haben, auch der primären Erfüllungspflicht zuordnen.[16] Das BAG hat in einem gesondert gelagerten Fall die Durchführungspflicht zusätzlich aus der tarifvertraglichen Dauerrechtsbeziehung zwischen den Tarifparteien abgeleitet.[17] Die Durchführungspflicht besteht auch, wenn der Tarifvertrag im Ausland Geltung beanspruchen soll.

Die Durchführungspflicht gilt für die **Tarifvertragsparteien selbst.** Das kann beispielsweise 6 die vertraglich vereinbarte Pflicht zur Beantragung einer Allgemeinverbindlicherklärung des betreffenden Tarifvertrags sein (→ § 205 Rn. 13), wie es etwa § 16 II BRTV-Bau vorsieht, oder die Errichtung einer gemeinsamen Einrichtung (→ § 200 Rn. 35 ff.) sein. Weiterhin haben die Tarifvertragsparteien alles zu unterlassen, was die tarifvertraglichen Regelungen leerlaufen ließe. Eine Tarifvertragspartei darf etwa[18] nicht auf Mitglieder der anderen Tarifvertragspartei einwirken, durch Auflösungsvertrag und Abschluss eines neuen Arbeitsvertrags mit einem nicht organisierten AG aus dem Geltungsbereich des Tarifvertrags auszuscheiden.[19]

Pflichten zur Durchführung bestehen auch für den AG als Partei eines **Haustarifvertrags,**[20] 7 Bedeutung kann diese originäre Verpflichtung bei Sanierungstarifverträgen erlangen, in denen sich der AG[21] schuldrechtlich gegenüber der Gewerkschaft verpflichtet, bestimmte Handlungen wie etwa die Durchführung von Investitionen vorzunehmen (dazu → Rn. 3)[22] oder die Erörterung personeller Fragen in einer betrieblichen Auswahlkommission.[23] Die Durchführungspflicht betrifft die Einhaltung des Tarifvertrags, berechtigt aber nicht, die sich aus der Tarifgebundenheit ergebenden arbeitsvertraglichen Rechte der einzelnen AN einzuklagen.[24] Erforderlich ist, dass der Leistungszweck noch erreicht werden kann. Dies kann ggf. unter Inanspruchnahme des einstweiligen Rechtsschutzverfahrens gesichert werden.[25]

b) Einwirkungspflicht. Wichtiger Bestandteil der Durchführungspflicht ist beim Verbands- 8 tarifvertrag die sich aus diesem ergebende **Einwirkungspflicht gegenüber den Mitgliedern** der tarifschließenden Koalition.[26] Die Tarifvertragsparteien sind gegenseitig ohne ausdrückliche Vereinbarung verpflichtet, auf ihre Mitglieder einzuwirken, die tariflichen Vorschriften einzuhalten.[27] Ob die Satzung der Tarifvertragspartei bestimmte Einwirkungsmittel oder Sanktionen vorsieht, ist unerheblich, weil der Verband sein Mitglied auch ohne besondere Regelung in der Satzung auffordern kann, sich tarifgerecht zu verhalten und tarifwidrige Maßnahmen zu unterlassen.[28] Für die Einwirkungsverpflichtung ist es nicht erforderlich, dass „der Tarifvertrag planmäßig durch tarifwidriges Verhalten ausgehöhlt wird".[29] Deshalb ist es ausreichend, wenn sich einzelne Verbandsmitglieder tarifwidrig verhalten. Andererseits ist nicht schon jeder einzelne

[13] BAG 10.6.2009 ZTR 2010, 73; 29.4.1992 AP Nr. 3 zu § 1 TVG Durchführungspflicht = NZA 1992, 846.
[14] BAG 9.6.1982 AP Nr. 1 zu § 1 TVG Durchführungspflicht.
[15] BAG 29.4.1992 AP Nr. 3 zu § 1 TVG Durchführungspflicht = NZA 1992, 846.
[16] So JKOS TVR/*Krause* § 4 Rn. 119; Wiedemann/*Thüsing* TVG § 1 Rn. 884.
[17] BAG 11.9.1991 AP Nr. 29 Internat. Privatrecht, Arbeitsrecht mAnm *Arnold* und *Dütz/Rotter* = NZA 1992, 321; zu Recht krit. etwa JKOS TVR/*Krause* § 4 Rn. 119.
[18] Weitere Beispiele bei *Gamillscheg,* Kollektives Arbeitsrecht, 629 f.
[19] BAG 11.9.1991 AP Nr. 29 zu Internat. Privatrecht, Arbeitsrecht mAnm *Arnold* und *Dütz/Rotter* = NZA 1992, 321.
[20] BAG 26.7.2012 AP Nr. 14 zu § 1 TVG Tarifverträge: Telekom; 11.9.1991 AP Nr. 29 zu Internat. Privatrecht, Arbeitsrecht mAnm *Arnold* und *Dütz/Rotter* = NZA 1992, 321; 14.6.1995 AP Nr. 4 zu § 1 TVG Durchführungspflicht = NZA 1996, 43; s. auch LAG München 18.2.2020 – 6 Sa 355/19 (Rev. anh., Az. 4 AZR 403/20).
[21] Zu Vereinbarungen der Gewerkschaft mit einem Investor *Däubler* FS Bepler, 2012, 61 ff.
[22] BKS/*Wankel* § 1 Rn. 417, 419; ausf. *Beck,* Der Sanierungstarifvertrag, 2016, 154 ff.
[23] BAG 26.7.2012 AP Nr. 14 zu § 1 TVG Tarifverträge: Telekom, dort auch zur Bestimmtheit des Antrags iSd § 253 II Nr. 2 ZPO.
[24] JKOS TVR/*Krause* § 4 Rn. 123.
[25] BAG 26.7.2012 AP Nr. 14 zu § 1 TVG Tarifverträge: Telekom.
[26] Ausf. *Wallisch,* Die tarifvertraglichen Einwirkungspflichten, 1998, insb. S. 102 ff., 146 ff.
[27] BAG 10.6.2009 ZTR 2010, 73; 9.6.1982 AP Nr. 1 zu § 1 TVG Durchführungspflicht.
[28] BAG 29.4.1992 AP Nr. 3 zu § 1 TVG Durchführungspflicht = NZA 1992, 846.
[29] Mindestens missverständlich BAG 29.4.1992 AP Nr. 3 zu § 1 TVG Durchführungspflicht = NZA 1992, 846; zu Recht anders *Annuß* RdA 2000, 287 (288 f.); JKOS TVR/*Krause* § 4 Rn. 127 f.; NK-TVG/*Ahrendt* § 1 Rn. 1229, 1232 ff.

Verstoß im Einzelarbeitsverhältnis ausreichend. Erforderlich ist eine **kollektive Störung,** die auch ohne „planmäßiges Handeln" vorliegt, wenn etwa die Geltung eines Tarifvertrags oder ein bestimmter Inhalt davon in Abrede gestellt wird.[30]

9 Die Einwirkungspflicht besteht auch für die Mitgliedsverbände von tarifschließenden **Spitzenorganisationen** hinsichtlich ihrer Mitglieder, weil diese für die schuldrechtlichen Verpflichtungen nach § 2 IV TVG haften.[31] Die Spitzenorganisation kann gehalten sein, auf ihre Mitglieder einzuwirken, regionale Tarifverträge auch rückwirkend abzuschließen, wenn deren Abschluss in dem von der Spitzenorganisation geschlossen Tarifvertrag vereinbart war. Ein anderes kann sich dann ergeben, wenn ein von der Spitzenorganisation geschlossener Tarifvertrag für die Mitgliedsverbände einen erheblichen tariflichen Gestaltungsspielraum einräumt.[32]

10 Das BAG hatte eine Einwirkungspflicht zunächst nur dann angenommen, wenn die Tarifwidrigkeit des Verhaltens des Mitglieds wegen eines eindeutigen Inhalts der auszulegenden Tarifnorm, einer rechtskräftigen gerichtlichen Entscheidung, eines verbindlichen tariflichen Schiedsspruchs oder aufgrund eigener Überzeugung der Tarifpartei feststeht.[33] Diese Rechtsprechung hat das BAG aufgegeben. Es bedarf **keiner vorherigen rechtskräftigen Entscheidung** über den Inhalt der tariflichen Verpflichtung, wenn die Einwirkungsverpflichtung der Tarifvertragspartei in einem Rechtsstreit zusammen mit der zum Streitgegenstand erhobenen streitigen Auslegungsfrage verhandelt und entschieden wird.[34] Dann ist aufgrund der erweiterten Bindungswirkung im Verfahren nach § 9 TVG (→ § 201 Rn. 28) auch für andere Rechtsstreitigkeiten die einheitliche Auslegung des Tarifvertrags gesichert.

11 Der Verband kann aufgrund seiner Autonomie das ihm für zutreffend erscheinende Mittel (zum Klageantrag → Rn. 13) zur Einwirkung auf sein Mitglied einsetzen. Hier hat der Schuldner einen **weiten Beurteilungsspielraum.**[35] Allerdings wird man nicht jede noch so schwache Einwirkung als ausreichend ansehen können,[36] sondern es sind „ernsthafte" und nicht nur symbolische Maßnahmen zu fordern. Hier kann auf die in der Satzung vorgesehenen Mittel als Wertungsmaßstab zurückgegriffen werden.[37]

12 **c) Rechtsstreitigkeiten.** Die **Durchführungspflicht** kann vor den Gerichten für Arbeitssachen gegenüber der anderen Tarifvertragspartei klageweise geltend gemacht werden. Ob ein unmittelbarer Anspruch der Gewerkschaft gegen den verbandsangehörigen AG auf Erfüllung des Tarifvertrags besteht, weil er auf Grund seiner Verbandsmitgliedschaft und der Normenwirkung zur Anwendung des Tarifvertrags verpflichtet ist, ist höchstrichterlich noch nicht entscheiden.[38] Das BAG hat in älteren Entscheidungen eine Klage auf Feststellung der Leistungspflicht gegenüber dem tarifgebundenen AN abgelehnt.[39] Hier kommt bei einem tarifwidrigem Verhalten ein allgemeiner Unterlassungsanspruch der Gewerkschaft in Betracht (→ § 207 Rn. 35 ff.).

13 Die Einwirkungspflicht der Tarifvertragsparteien kann von der anderen durch eine – in der Praxis wenig effektive[40] – sog. **Einwirkungsklage** im Wege der Leistungsklage nach § 253 II ZPO verfolgt werden.[41] Für die **Bestimmtheit des Klageantrags** ist es nicht erforderlich, dass in den Klageanträgen konkret benannt wird, in welcher Weise die andere Tarifvertragspartei auf ihre Mitglieder einwirken soll. Die Verurteilung zur „Einwirkung" ist eindeutig genug.[42] Einwirken bedeutet, durch ein Tun den Dritten darauf hinzuweisen, er möge eine bestimmte Hand-

---

[30] BAG 17.11.2010 AP Nr. 48 zu § 1 TVG Tarifverträge: Lufthansa = NZA-RR 2011, 365; 10.6.2009 ZTR 2010, 73.

[31] BAG 10.6.2009 ZTR 2010, 73.

[32] BAG 25.1.2006 AP Nr. 6 zu § 1 TVG Durchführungspflicht.

[33] BAG 29.4.1992 AP Nr. 3 zu § 1 TVG Durchführungspflicht = NZA 1992, 846; zu Recht abl. JKOS TVR/*Krause* § 4 Rn. 135 mwN; *Annuß* RdA 2000, 287 (288); Wiedemann/*Thüsing* TVG § 1 Rn. 901.

[34] BAG 10.6.2009 ZTR 2010, 73; 17.11.2010 AP Nr. 48 zu § 1 TVG Tarifverträge: Lufthansa = NZA-RR 2011, 365; krit. zum Erfordernis des Feststellungsantrags JKOS TVR/*Krause* § 4 Rn. 128; NK-TVG/*Ahrendt* § 1 Rn. 1236.

[35] BKS/*Wankel* § 1 Rn. 410; *Walker* FS Schaub, 1998, 757 ff.

[36] So aber BAG 29.4.1992 AP Nr. 3 zu § 1 TVG Durchführungspflicht = NZA 1992, 846; aA zu Recht JKOS TVR/*Krause* § 4 Rn. 129; Wiedemann/*Thüsing* TVG § 1 Rn. 892.

[37] Wiedemann/*Thüsing* TVG § 1 Rn. 892.

[38] Dafür *Gamillscheg,* Kollektives Arbeitsrecht, 634 f.; Wiedemann/*Thüsing* TVG § 1 Rn. 904 ff.; dahin tendierend JKOS TVR/*Krause* § 4 Rn. 131.

[39] BAG 8.12.1963 AP Nr. 42 zu § 256 ZPO; 8.11.1957 AP Nr. 7 zu § 256 ZPO.

[40] BKS/*Wankel* § 1 Rn. 413; NK-TVG/*Ahrendt* § 1 Rn. 1232; *Walker* FS Schaub, 1998, 743 (758 f.).

[41] BAG 10.6.2009 ZTR 2010, 73; 29.4.1992 AP Nr. 3 zu § 1 TVG Durchführungspflicht = NZA 1992, 846.

[42] BAG 25.1.2006 AP Nr. 6 zu § 1 TVG Durchführungspflicht; 29.4.1992 AP Nr. 3 zu § 1 TVG Durchführungspflicht = NZA 1992, 846.

lung vornehmen oder unterlassen, wobei der Schuldner die freie Wahl hat, welches Mittel der Einwirkung er wählt (→ Rn. 11). Das Bestehen eines solchen Wahlrechts macht den auf die Einwirkung gerichteten Klageantrag nicht unbestimmt.[43] Die Einwirkungsklage kann entgegen der früheren Rechtsprechung auch dann erhoben werden, wenn zwischen den Parteien die Auslegung eines Tarifvertrags umstritten ist (→ Rn. 10).[44] Erforderlich ist die **Verbindung einer Feststellungsklage** gem. § 9 TVG über die Auslegung mit einer, gegebenenfalls im Wege eines unechten Hilfsantrags erhobenen, Leistungsklage.[45]

3. Friedenspflicht. Weiterer immanenter Inhalt von Tarifverträgen, die Rechtsnormen für die Tarifgebundenen enthalten, ist die **relative Friedenspflicht,** die durch Vereinbarung aber auch als absolute Friedenspflicht ausgestaltet werden kann (zum Ganzen → § 192 Rn. 17 ff.). 14

4. Arbeitsbedingungen. Die Arbeitsbedingungen können die Tarifvertragsparteien nicht nur mittels Rechtsnormen bestimmen (→ § 200 Rn. 1 ff.), sondern auch **schuldrechtliche Vereinbarungen zur Regelung der Arbeitsbedingungen** schließen.[46] Die vertragliche Abrede kann ein Tarifvertrag sein.[47] Die Rechtsprechung hat solche Verträge als sonstigen **Koalitionsvertrag** eingestuft. Dieser begründet dann regelmäßig Rechte zugunsten Dritter iSd § 328 BGB, ohne dass diesen allerdings die zwingende und unmittelbare Wirkung nach § 4 I 1 TVG (→ § 207 Rn. 3 ff.) zukommt.[48] Im Zweifel ist davon auszugehen, die Tarifvertragsparteien wollten unmittelbare und zwingende Regelungen (§ 4 I TVG) vereinbaren.[49] 15

5. Meistbegünstigungsklauseln. Die Tarifvertragsparteien können auch sog. Meistbegünstigungsklauseln als schuldrechtlichen Teil eines Tarifvertrags vereinbaren. Das kann einerseits in der Form geschehen, dass sich die Tarifvertragsparteien verpflichten, mit anderen Organisationen und einzelnen AG keine Tarifverträge zu vereinbaren, die von den abgeschlossenen Tarifverträgen inhaltlich abweichen. Schließt eine Tarifvertragspartei gleichwohl einen widersprechenden Tarifvertrag ab, so kann die andere Tarifvertragspartei verlangen, dass die abweichenden Bestimmungen ganz oder teilweise Inhalt dieses Tarifvertrags werden. Entsprechende Klauseln finden sich in § 16 I BRTV-Bau: 16

„Die Tarifvertragsparteien verpflichten sich, mit anderen Organisationen und einzelnen Arbeitgebern keine Tarifverträge zu vereinbaren, die von diesem Tarifvertrag inhaltlich abweichen. Schließt eine Tarifvertragspartei gleichwohl einen Satz 1 widersprechenden Tarifvertrag ab, so kann die andere Tarifvertragspartei verlangen, dass die abweichenden Bestimmungen ganz oder teilweise Inhalt dieses Tarifvertrags werden."

Eine andere Form findet sich in § 1 des Tarifvertrags über die Vereinbarung einer Meistbegünstigungsklausel (**TV-Meistbegünstigung** vom 13.9.2005).[50] Im Falle einer von den tariflichen Regelungen des TVöD abweichenden Vereinbarung mit einzelnen Ländern gilt die Unterzeichnung durch die Gewerkschaft zugleich als Angebot an den Bund und die VKA, einen entsprechenden Tarifvertrag zu schließen.

Der **Zweck** solcher Meistbegünstigungsklauseln ist, den Abschluss von für die AN ungünstigeren Tarifregelungen zu verhindern. Schließt etwa die Gewerkschaft mit einzelnen AG einen ungünstigeren Haustarifvertrag, kann der Arbeitgeberverband die Übernahme dieses Ergebnisses verlangen. Gleiches gilt im zweiten Beispiel, wenn die Gewerkschaft ver.di mit der TdL oder einem Bundesland abweichende oder im Entgeltbereich ungünstigere Regelungen vereinbart. Dem wirksamen Abschluss eines Tarifvertrags stehen solche Klauseln nicht entgegen.[51] Die Zulässigkeit solcher Klauseln ist umstritten.[52] So wurde eine faktische Bindung an die ausgehandelten Tarifverträge angenommen und als unzulässiger Eingriff in die Handlungsfreiheit der Koalitionen 17

---

[43] BAG 10.6.2009 ZTR 2010, 73.
[44] BAG 10.6.2009 ZTR 2010, 73.
[45] BAG 17.11.2010 AP Nr. 48 zu § 1 TVG Tarifverträge: Lufthansa = NZA-RR 2011, 365; 10.6.2009 ZTR 2010, 73.
[46] BAG 14.6.2017 – 7 AZR 390/15; 3.4.2007 AP Nr. 21 zu § 2 BAT SR 2l; 14.4.2001 AP Nr. 188 zu § 1 TVG Auslegung = NZA 2005, 178; 5.11.1997 AP Nr. 29 zu § 1 TVG = NZA 1998, 654.
[47] JKOS TVR/*Krause* § 4 Rn. 2; stets einen Tarifvertrag annehmend *Löwisch/Rieble* TVG § 1 Rn. 1311 ff.
[48] BAG 14.4.2004 AP Nr. 188 zu § 1 TVG Auslegung = NZA 2005, 178; aA *Plander* PersR 2002, 292 (296).
[49] BAG 13.10.2011 AP Nr. 228 zu § 1 TVG Auslegung; 5.11.1997 AP Nr. 29 zu § 1 TVG = NZA 1998, 654.
[50] Dazu ArbG Berlin 4.1.2008 ZTR 2008, 250. Weitere Entscheidungen bei *Stille,* Die tarifrechtliche Meistbegünstigungsabrede, 2013, 34 ff.
[51] BAG 8.10.2008 NZA 2009, 98.
[52] Abl. *Rieble/Klebeck* RdA 2006, 65 ff.; HWK/*Henssler* TVG § 1 Rn. 73; aA *Hanau* ZTR 2008, 234 ff.; *Waas* ZTR 2000, 341 ff.

und als Eingriff in die Tarifautonomie bewertet. Das kann aber nicht darauf gestützt werden, dem nachfolgend geschlossenen Tarifvertrag fehle *per se* die **Angemessenheitsvermutung.** Hierfür bedarf es konkreter Anhaltspunkte.[53] Problematischer erscheint in der zweiten Fallgestaltung die „Auswahl" einzelner „Bestandteile" durch den Arbeitgeberverband, wenn diese durch einen tarifpolitischen Kompromiss bei anderen Regelungsgegenständen erzielt wurden.

18 **6. Weitere Regelungen.** Die Tarifparteien können weitere schuldrechtliche Rechte und Pflichten begründen (→ Rn. 3 aE). Hierzu gehört mangels gesetzlichen Anspruchs ein **vereinbarter Verhandlungsanspruch** (→ § 197 Rn. 2), die schuldrechtliche Verpflichtung, vom Tarifvertrag abweichenden betrieblichen Regelungen unter bestimmten Voraussetzungen zuzustimmen (→ § 207 Rn. 18)[54] oder schuldrechtliche Regelungen zugunsten von nicht tarifgebundenen AN – sog. **Außenseiterklauseln** – vereinbaren.[55] Hierzu gehören vor allem Maßregelungsklauseln nach Beendigung eines Arbeitskampfes (→ § 194 Rn. 15 ff.). Eine Vereinbarung im Rahmen eines Haustarifvertrags, dass der AG auf Dauer **Mitglied in einem Arbeitgeberverband** bleibt (→ § 189 Rn. 12), ist unwirksam.[56] Der AG kann durch einen Tarifvertrag auch nicht verpflichtet werden, normative Regelungen eines Tarifvertrags in die Einzelarbeitsverhältnisse zu übernehmen.[57]

§ 200. Normative Regelungen des Tarifvertrags

Übersicht

I. Grundsatz

1 Nach § 1 I TVG enthält der Tarifvertrag neben der Regelung der Rechte und Pflichten der Tarifvertragsparteien (→ § 199 Rn. 1 ff.) zunächst **Rechtsnormen, die den Abschluss, den Inhalt und die Beendigung von Arbeitsverhältnissen regeln.** Sie beziehen sich von ihrem Regelungsgegenstand auf ein zwischen AG und AN bestehendes Arbeitsverhältnis (→ Rn. 3 ff.) und von ihrem Regelungsinhalt auf die Begründung, die inhaltliche Gestaltung und die Beendigung des Arbeitsverhältnisses (→ Rn. 10 ff.). Diese werden überwiegend als **Individualnormen** bezeichnet,[1] während andere den Begriff für die Charakterisierung von Normen eines Tarifvertrags verwenden, der – in zulässiger Weise[2] – lediglich eine begrenzte Zahl von Arbeitsverhältnissen oder sogar nur eines regelt.[3] Gemeinsames Merkmal der Rechtsnormen eines Tarifvertrags, die den Inhalt, den Abschluss oder die Beendigung von Arbeitsverhältnissen ordnen, ist deren **unmittelbare und zwingende Wirkung** nach § 4 I TVG (→ § 207 Rn. 4 ff., 10 ff.)

---

53 ArbG Berlin 4.1.2008 ZTR 2008, 250.
54 BAG 20.10.2010 NZA 2011, 468.
55 Vgl. dazu BAG GS 29.11.1967 AP Nr. 13 zu Art. 9 GG.
56 BAG 18.3.2009 AP Nr. 41 zu § 3 TVG mAnm *Kamanabrou* = NZA 2009, 1028; 19.9.2006 AP Nr. 22 zu § 3 TVG Verbandszugehörigkeit = NZA 2007, 277.
57 BAG 10.12.2002 AP Nr. 162 zu Art. 9 GG Arbeitskampf = NZA 2003, 734; s. hierzu *Stamm* RdA 2006, 39 ff.
1 BAG 7.7.2010 AP Nr. 140 zu Art. 9 GG = NZA 2010, 1068.
2 NK-TVG/*Nebe* § 1 Rn. 383; *Gamillscheg,* Kollektives Arbeitsrecht, 543; Wiedemann/*Thüsing* TVG § 1 Rn. 331.
3 NK-TVG/*Nebe* § 1 Rn. 385; Wiedemann/*Thüsing* TVG § 1 Rn. 331.

für die beiderseits nach § 3 I TVG oder im Fall der Allgemeinverbindlichkeit nach § 5 IV TVG Tarifgebundenen (→ § 204 Rn. 7 ff., → § 205 Rn. 25 f.).

2 Weitere Tarifnormen, für die die in § 4 I 1 TVG angeordnete unmittelbare und zwingende Wirkung entsprechend gilt (§ 4 I 2 TVG), betreffen das Rechtsverhältnis zwischen AG und Belegschaft, was auch als betriebliches Rechtsverhältnis bezeichnet wird, welches durch die sog. **Betriebsnormen** im Einzelnen bestimmt wird (→ Rn. 28 f.). Dabei kann Tarifregelungen ein **Doppelcharakter** (→ Rn. 30) zukommen. Sie regeln als Inhaltsnorm das einzelne Arbeitsverhältnis und als Betriebsnorm das betriebliche Rechtsverhältnis.[4] Gleiches gilt für **betriebsverfassungsrechtliche Normen,** die das Verhältnis zwischen BR und AG gestalten (→ Rn. 34). Zu den normativen Regelungen des Tarifvertrags gehören schließlich nach § 4 II TVG die Tarifregelungen über **gemeinsame Einrichtungen** (→ Rn. 35 ff.).

II. Regelungsfähige Rechtsverhältnisse

3 **1. Arbeitsverhältnisse.** Regelungsgegenstand der Individualnormen (→ Rn. 1) des § 1 TVG ist das Arbeitsverhältnis. Welche Rechtverhältnisse dies im Einzelnen sind, wird durch das TVG nicht geregelt. Die Tarifvertragsparteien können den Begriff nicht selbst bestimmen oder festlegen, wer AN sein soll.[5] Es gelten der **Arbeitnehmerbegriff** (→ § 8 Rn. 9 ff.) und **Arbeitgeberbegriff** (→ § 16 Rn. 1 ff.). Für andere Rechtsverhältnisse fehlt den Tarifvertragsparteien die Regelungsmacht, soweit sich aus den gesetzlichen Bestimmungen und der verfassungsrechtlichen Gewährleistung der Tarifautonomie nicht ein anderes ergibt (→ Rn. 8 ff).[6] Als unzulässig werden tarifliche Normen für Beamte oder sonstige öffentlich-rechtliche Rechtsverhältnisse angesehen.[7]

4 Durch die Rechtsnormen eines Tarifvertrags können **alle Arten von Arbeitsverhältnissen** geregelt werden, sowohl befristete oder unbefristete, Vollzeit- wie Teilzeitarbeitsverhältnisse, die von geringfügig Beschäftigten oder von AN in Telearbeit. Das können Familienangehörige sein, sofern mit ihnen ein Arbeitsverhältnis begründet wurde und die Mitarbeit nicht auf rein familienrechtlicher Grundlage erbracht wird (→ § 8 Rn. 20, → § 9 Rn. 32 ff.). Die Arbeitsverhältnisse sog. außertariflicher AN (→ § 13 Rn. 13 ff.) sind der tariflichen Regelung grundsätzlich zugänglich. Über die Festlegung des personellen Geltungsbereichs eines Tarifvertrags entscheiden die Tarifvertragsparteien in eigener Verantwortung (→ § 202 Rn. 21).[8] Tariflich regelbar sind die Arbeitsverhältnisse zwischen überlassenen AN und Verleiher, wie § 8 IIII, IV AÜG zeigt.[9] Darüber hinaus können die Tarifvertragsparteien die zwischen dem Entleiher und dem Leiharbeitnehmer bestehenden Beziehungen, die sich aus seiner Tätigkeit im Betrieb ergeben, regeln.[10] Im Bereich der **Arbeitnehmerüberlassung** bestehen schuldrechtliche Abreden zwischen Tarifvertragsparteien, nach denen sich der AG verpflichtet, nur mit Verleihunternehmen zusammenzuarbeiten, die ab einer bestimmten Dauer der Überlassung die Bedingungen des Entleiherbetriebs gewähren.[11]

5 Bei **Beschäftigten der Kirchen** und ihren Einrichtungen (→ § 185 Rn. 1 ff.) ist zunächst zu prüfen, ob diese in einem privatrechtlichen Arbeitsverhältnis zur Kirche stehen (→ § 8 Rn. 18). Ist dies der Fall, können die Arbeitsverhältnisse tarifvertraglich geregelt werden. Dies ist etwa durch den „Kirchliche Arbeitnehmerinnen Tarifvertrag" für die Beschäftigten der Evangelisch-Lutherischen Kirche Nordelbiens erfolgt.[12] Allerdings kann der Abschluss von Tarifverträgen gegenüber den Kirchen nach Maßgabe der Entscheidungen des BAG (→ § 192 Rn. 44 f.)

---

4 BAG 7.11.1995 AP Nr. 1 zu § 3 TVG Betriebsnormen = NZA 1996, 1214.

5 BAG 2.10.1990 AP Nr. 1 zu § 12a TVG = NZA 1991, 239; 15.3.1978 AP Nr. 26 zu § 611 BGB Abhängigkeit.

6 BAG 31.1.1995 AP Nr. 56 zu § 118 BetrVG 1972 = NZA 1995, 1059.

7 BAG 19.6.1974 AP Nr. 3 zu § 3 BAT.

8 BAG 27.5.2004 AP Nr. 5 zu § 1 TVG Gleichbehandlung = NZA 2004, 1399; 10.4.1991 AP Nr. 141 zu § 1 TVG Tarifverträge: Bau.

9 Dazu *Bayreuther* NZA 2017, 18 (19 ff.). Zur vormaligen Rechtslage *Krause* NZA 2012, 830 ff.; *Nießen/Fabritius* BB 2013, 375 ff. (Tarifverträge über Branchenzuschläge).

10 Ausf. NK-TVG/*Nebe* § 1 Rn. 260 ff.; *Krause* NZA 2012, 830 (831 f.); *ders.*, Tarifverträge zur Begrenzung der Leiharbeit und zur Durchsetzung von Equal Pay, 2012; wie hier BKS/*Heilmann* § 1 Rn. 113; aA *Löwisch/Rieble* TVG § 1 Rn. 205 ff. (Unterlassungsanspruch der Tarifvertragsparteien der Zeitarbeit); diff. Wiedemann/*Thüsing* TVG § 1 Rn. 379 (durch Betriebsnormen, wenn auf die Eingliederung abzustellen ist).

11 Vgl. die Beispiele bei BKS/*Wankel* § 1 Rn. 207 ff.

12 S. http://gesundheit-soziales.hamburg.verdi.de/; s. auch *Steuernagel* ZMV 2015, 62 ff.; *ders.* ZMV 2015, 126 ff.

nicht mit Mittel des Arbeitskampfes durchgesetzt werde, weil es ihnen freisteht, selbst zu entscheiden, ob sie vom Gestaltungsmittel des Tarifvertrags Gebrauch machen wollen.

6 Andere Rechtsverhältnisse zwischen AN und AG können tariflich geregelt werden, wenn sie mit einem **Arbeitsverhältnis in einem inneren Zusammenhang** stehen.[13] Das betrifft etwa Arbeitnehmerdarlehen,[14] sog. Werksmietwohnungen oder Regelungen über den Personaleinkauf,[15] aber auch gesetzliche Schuldverhältnisse wie die Haftung aus unerlaubter Handlung oder Ansprüche aus ungerechtfertigter Bereicherung, die sich aus der Durchführung des Arbeitsverhältnisses ergeben (zu entsprechenden Ausschlussfristen, die hiervon ausgehen → § 209 Rn. 16).

7 Die Tarifvertragsparteien können ebenso für den **vor- und nachvertraglichen Bereich** Regelungen treffen.[16] Das betrifft etwa die Vergütung von Reisekosten für Vorstellungsgespräche oder andere Bewerbungskosten sowie den Inhalt von Bewerbungsverfahren.[17] Nach Beendigung des Arbeitsverhältnisses können Fragen des Zeugnisses oder Wettbewerbsverbote geregelt werden. Schließlich können Vereinbarungen für die Betriebsrentner getroffen werden (→ § 202 Rn. 20).[18] Die Regelungsbefugnis mittels Normen bezieht sich auf das Arbeitsverhältnis. Daher können die **Rechtsbeziehungen zwischen AG oder AN** untereinander durch tarifliche Normen grundsätzlich nicht geregelt werden.[19] Das gilt ebenso für das Verhältnis von Ver- und Entleiher iRd Arbeitnehmerüberlassung.[20] Es bestehen aber einzelne dreiseitige schuldrechtliche Vereinbarungen zwischen Gewerkschaften und den Unternehmen.[21]

8 **2. Weitere Rechtsverhältnisse.** Die Rechtsverhältnisse der **Auszubildenden,** der Volontäre (→ § 15 Rn. 7) und der Berufspraktikanten (→ § 15 Rn. 10) unterliegen nach §§ 10 II, 26 BBiG den für Arbeitsverhältnisse geltenden Regelungen und sind in der Folge tariflich regelbar.[22] Ein anderes gilt für öffentlich-rechtlich ausgestaltete Ausbildungsverhältnisse oder auf Grundlage von Schul- und Hochschulgesetzen absolvierte Praktika.[23] Schließlich können die Tarifvertragsparteien nach § 12a TVG für **bestimmte arbeitnehmerähnliche Personen** tarifliche Vereinbarungen treffen,[24] obwohl diese nicht in einem Arbeitsverhältnis stehen. Die Regelungen des TVG gelten für diesen Personenkreis entsprechend. Eine arbeitnehmerähnliche Person ist dann anzunehmen, wenn sie wirtschaftlich abhängig und vergleichbar einem AN sozial schutzbedürftig ist (→ § 10 Rn. 5). Hinzutreten müssen nach § 12a I Nr. 1 TVG noch folgende weiteren Voraussetzungen:

- Die Tätigkeit muss auf Grundlage eines **Dienst- oder Werkvertrags** erfolgen,
- die geschuldeten Leistungen werden **persönlich** und im Wesentlichen ohne Mitarbeit von AN erbracht,
  und
- die Tätigkeit erfolgt **(zeitlich) überwiegend für eine andere Person** oder bei dieser wird im Durchschnitt mehr als die **Hälfte des Entgelts** erzielt, das aufgrund von Erwerbstätigkeit erworben wird.

Handelt es sich dabei um Personen, die als „Arbeitnehmer" iSd weiteren Arbeitnehmerbegriffs des Unionsrechts anzusehen sind, sind solche tarifvertraglichen Regelungen vom Anwendungs-

[13] AllgA, etwa ErfK/*Franzen* TVG § 1 Rn. 40; JKOS TVR/*Krause* § 4 Rn. 19.
[14] BAG 21.1.2010 AP Nr. 3 zu § 611 BGB Arbeitgeberdarlehen; 20.2.2001 AP Nr. 5 zu § 611 BGB Arbeitnehmerdarlehen.
[15] BAG 20.1.1982 AP Nr. 72 zu § 4 TVG Ausschlussfrist.
[16] NK-TVG/*Nebe* § 1 Rn. 312 ff.; JKOS TVR/*Krause* § 4 Rn. 16; Wiedemann/*Thüsing* TVG § 1 Rn. 387 ff.; zum Vorruhestandsverhältnis: BAG 10.10.1989 AP Nr. 3 zu § 1 TVG Vorruhestand = NZA 1990, 564.
[17] *Löwisch/Rieble* TVG § 1 Rn. 166 ff.
[18] BAG 20.9.2016 AP Nr. 7 zu § 1 BetrAVG Gesamtversorgung = NZA 2017, 64; 11.8.2009 AP Nr. 139 zu Art. 9 GG = NZA 2010, 210; 27.2.2007 AP Nr. 44 zu § 1 BetrAVG = NZA 2007, 1371.
[19] *Gamillscheg,* Kollektives Arbeitsrecht, 372; JKOS TVR/*Krause* § 4 Rn. 20; Wiedemann/*Thüsing* TVG § 1 Rn. 372.
[20] Wiedemann/*Thüsing* TVG § 1 Rn. 379.
[21] Vgl. BKS/*Wankel* § 1 Rn. 210a f.
[22] Noch offen gelassen BAG 25.7.1973 AP Nr. 2 zu § 611 BGB Ausbildungsverhältnis; vorausgesetzt in BAG 19.6.1974 AP Nr. 3 zu § 3 BAT; bejaht durch BAG 16.12.1976 AP Nr. 3 zu § 611 BGB Ausbildungsverhältnis.
[23] BAG 25.3.1981 AP Nr. 1 zu § 19 BBiG; 19.6.1974 AP Nr. 3 zu § 3 BAT.
[24] Etwa BAG 20.9.2016 AP Nr. 48 zu § 611 BGB Rundfunk. Zur „einen Person" iSd § 12a II 1 TVG BAG 5.8.2014 AP Nr. 54 zu § 1 TVG Tarifverträge: Rundfunk; 19.10.2004 AP Nr. 42 zu § 1 TVG Tarifverträge: Rundfunk (ARD).

bereich des Art. 101 I AEUV – Wettbewerbsbeschränkungen – ausgenommen.[25] Demgegenüber sind die Tarifvertragsparteien für sog. **Solo-Selbstständige,** die nicht beabsichtigen, AN zu beschäftigen, nicht zuständig, soweit es sich um deren Eigenschaft als potentielle AG handelt.[26] Die Funktionsfähigkeit der Tarifautonomie (→ § 195 Rn. 6 f.) erfordert keine erweiternde Auslegung des Arbeitgeberbegriffs des TVG.[27]

Von solchen Tarifverträgen abzugrenzen sind die **Gemeinsamen Vergütungsregelungen,** 9
die durch das „Gesetz zur Stärkung der vertraglichen Rechte von Urhebern und ausübenden Künstlern"[28] in den §§ 32, 36a UrhG eingefügt worden sind.[29] Dem Urheber wird nach § 32 UrhG ein Anspruch auf eine angemessene Vergütung eingeräumt (→ § 115 Rn. 9). Zum 1.2.2010 sind die zwischen den Gewerkschaften ver.di und DJV mit dem Bundesverband Deutscher Zeitschriftenverleger vereinbarten „Gemeinsame Vergütungsregeln aufgestellt für freie hauptberufliche Journalistinnen und Journalisten an Tageszeitungen" in Kraft getreten.[30] Als Tarifverträge gelten nach der Sonderregelung des § 17 HAG die schriftlichen Vereinbarungen der Gewerkschaften mit den Auftraggebern von **Heimarbeitnehmern, Hausgewerbetreibenden und den ihnen Gleichgestellten** sowie den Vereinigungen von Auftraggebern (→ § 163 Rn. 31 ff.).

III. Abschluss-, Inhalts- und Beendigungsnormen

1. Grundsatz. Neben den Abschluss- und Beendigungsnormen bilden die Inhaltsnormen 10
den materiellen Schwerpunkt tariflicher Normsetzung. Erfasst wird die gesamte Bandbreite der arbeitsvertraglichen Rechte und Pflichten, also all dies, **was Inhalt eines Arbeitsverhältnisses sein kann.**[31] Die **Regelungszuständigkeit** der Tarifparteien bezieht sich auf die „Wahrung und Förderung der Arbeits- und Wirtschaftsbedingungen" (Art. 9 III GG).[32] Ausgeschlossen sind tarifliche Regelungen, die die **Privatsphäre** des AN regeln wollen. Erforderlich ist ein innerer Zusammenhang mit dem Arbeitsverhältnis. Zulässig sind daher zB tariflich vereinbarte Abtretungsverbote für Entgeltsprüche.[33] Weiterhin kann für die Tätigkeit eines Hausmeisters die Verpflichtung begründet werden, seinen Wohnsitz am Ort seiner Tätigkeit zu nehmen, sofern dem ein berechtigtes Interesse des AG zugrunde liegt.[34]

Durch den Tarifvertrag können weiterhin sog. **negative Inhaltsnormen** in Form von 11
Abschluss- oder Inhaltsnormen vereinbart werden.[35] Damit kann die Vereinbarung von Arbeitsverträgen insgesamt (→ § 207 Rn. 7) oder mit einem bestimmten Inhalt untersagt werden. Letzteres ist der Fall, wenn etwa befristete Arbeitsverträge (→ Rn. 15),[36] Akkordarbeit oder die Vereinbarung von Wettbewerbsverboten tarifvertraglich untersagt wird[37] oder eine bestimmte Überstundenanzahl nicht überschritten werden darf. Durch solche Regelungen werden entgegenstehende Vertragsabreden verdrängt (→ § 207 Rn. 10). Zugleich können die Tarifvertragsparteien den Tarifvorbehalt nach § 77 III BetrVG auslösen (→ § 231 Rn. 20 ff.). Davon abzu-

[25] EuGH 4.12.2014 NZA 2015, 55 – FNV Kunsten Informatie en Media, unter Hinweis auf EuGH 13.1.2004 AP Nr. 7 zu Art. 141 EG = NZA 2004, 201 – Allonby; dazu *Fuchs* ZESAR 2016, 297 ff.; *Goldmann* EuZA 2015, 509 ff.; *Lettl* WRP 2015, 294 ff.; zu dem Verfahren bereits *Latzel/Serr* EuZW 2014, 410 ff. Ausf. zur Bereichsausnahme *Höpfner* S. 559 ff.

[26] Zur möglichen kollektiven Regelung ihrer Vergütungs- und Arbeitsbedingungen *Hütter* ZfA 2018, 552 (565 ff.) mwN; sowie *Steinau-Steinrück/Jöris* DB 2020, 2353 ff.

[27] BAG 31.1.2018 AP Nr. 25 zu § 2 TVG Tarifzuständigkeit mAnm *Holler* = NZA 2018, 867; zust. *Boemke* jurisPR-ArbR 27/2018 Anm. 1; für die Einbeziehung arbeitnehmerloser Betriebe in Gemeinsame Einrichtungen *Bayreuther/Deinert* RdA 2015, 129 ff.; aA *Vetter* NZA-RR 2017, 282 ff.; *Wutte* RdA 2019, 180 ff. Zur Interessenvertretung von Solo-Selbständigen *Pongratz/Abbenhardt* WSI-Mitteilungen 2018, 270 ff.; ausf. *Gärtner* Koalitionsfreiheit und Crowdwork, 2020, S. 136 ff., 291 ff.; zu kartellrechtlichen Aspekten auch *Bourazeri* NZA 2019, 741 ff.

[28] V. 1.7.2002 (BGBl. I 1155); dazu Wiedemann/*Thüsing* TVG § 1 Rn. 394 f.; *Jacobs* NJW 2002, 1905 (1908).

[29] *Leidl* Gemeinsame Vergütungsregelungen und Tarifverträge, 2019, S. 9 ff., 43 ff.; *dies.* ZGE/IPJ 2 (2019), 200 ff.

[30] Abrufbar unter http://www.djv.de.

[31] BAG GS 16.9.1986 AP Nr. 17 zu § 77 BetrVG 1972 = NZA 1987, 168.

[32] BVerfG 12.12.1974 AP Nr. 23 zu Art. 9 GG; 27.2.1973 AP Nr. 7 zu § 19 HAG.

[33] BAG 5.9.1960 AP Nr. 4 zu § 399 BGB; 20.12.1957 AP Nr. 1 zu § 399 BGB.

[34] BAG 7.6.2006 AP Nr. 15 zu § 611 BGB Hausmeister = NZA 2007, 343.

[35] Krit. etwa *Joost* ZfA 1984, 173 (188 f.); dagegen zutreffend NK-TVG/*Nebe* § 1 Rn. 344; Wiedemann/*Thüsing* TVG § 1 Rn. 333 ff.

[36] Vgl. BAG 28.6.1994 AP Nr. 4 zu § 99 BetrVG 1972 Einstellung = NZA 1995, 387.

[37] BAG 7.12.1956 AP Nr. 1 zu § 817 BGB.

grenzen sind sog. **Nicht-Regelungen,** in denen die Tarifvertragsparteien ausdrücklich festlegen, dass eine inhaltliche Vereinbarung der individualvertraglichen Abrede vorbehalten bleibt.[38]

12 **2. Abschlussnormen.** Abschlussnormen sind Bestimmungen, die den Abschluss neuer oder die Fortsetzung unterbrochener Arbeitsverhältnisse regeln. Zu ihnen zählen **Abschlussverbote, Formvorschriften** für den Arbeitsvertragsschluss und **Abschlussgebote.** Tarifliche **Abschluss- oder Einstellungsverbote** untersagen bereits die Einstellung bestimmter AN, weil ihre Beschäftigung im Betrieb unterblieben soll.[39] Bei Verstoß gegen ein Abschlussverbot ist der Arbeitsvertrag nichtig (§ 134 BGB), es sei denn, die Tarifvertragsparteien sehen eine abweichende Rechtsfolge vor. Das ist etwa bei Befristungsregelungen der Fall, wenn sie nur das Sachgrunderfordernis als solches regeln, nicht aber die Einstellung untersagen wollen.[40] Abschlussverbote dienen vor allem dem Schutz bestimmter Personengruppen, die vor der Aufnahme überfordernder oder gesundheitsgefährdender Beschäftigungen geschützt werden sollen (s. nun etwa § 22 I Nr. 2 BBiG).[41] Abschlussverbote können weiterhin dazu dienen, bestimmte Formen der Teilzeitarbeit zu untersagen[42] oder Leiharbeit zu begrenzen.[43]

13 Als Verstoß gegen die Koalitionsfreiheit sind Abschlussverbote in Form von **Organisations- oder Absperrklauseln** *(closed-shop-Klausel),* die die Einstellung bei fehlender Mitgliedschaft in der tarifschließenden Gewerkschaft untersagen, nach ganz allgemeiner Auffassung unzulässig, weil sie u.a. gegen die negative Koalitionsfreiheit verstoßen. Tarifliche **Formvorschriften** verlangen für den Abschluss eines Arbeitsverhältnisses die Einhaltung vorgesehener Formerfordernisse. Regelmäßig soll dadurch die rechtswirksame Begründung eines Arbeitsverhältnisses nicht verhindert werden (→ § 207 Rn. 7). Eine Ausnahme kann für arbeitsvertragliche Nebenabreden bestehen.[44]

14 Zu den den Tarifvertragsparteien zugewiesenen Arbeits- und Wirtschaftsbedingungen gehören weiterhin Normen über **Abschluss- oder Einstellungsgebote.**[45] Sie verpflichten den AG zur Einstellung bestimmter AN, wie es in neueren Tarifverträgen zur Übernahme von sog. Leiharbeitnehmern geregelt ist,[46] und sind von verfahrensrechtlichen Regelungen über die Prüfung einer Beschäftigung zu unterscheiden.[47] Aufgrund eines Abschlussgebots erlangt der AN einen Anspruch auf Neu- oder Wiedereinstellung, etwa nach einer betriebsbedingten Kündigung, einer Entlassung wegen schlechter Witterung (etwa in § 2 V BRTV-Bau aF[48]), aufgrund eines Ausscheidens wegen vorübergehender verminderter Erwerbsfähigkeit[49] oder infolge eines Arbeitskampfs (→ § 194 Rn. 15). Zu den Abschlussgeboten gehört die Übernahme in ein Arbeitsverhältnis nach erfolgreichem Abschluss eines Berufsausbildungsverhältnisses.[50] Voraussetzung für die Annahme eines tariflichen Abschlussgebotes ist es allerdings, dass der berechtigte Personenkreis hinreichend bestimmt bezeichnet wird. Durch den – unter bestimmten Bedingungen – bestehenden Einstellungsanspruch bestehen bei Wiedereinstellungs- und Übernahmeverpflichtungen aufgrund des zuvor bestehenden Arbeits- oder Berufsausbildungsverhältnisses unter dem Gesichtspunkt der grundgesetzlich geschützten **Berufs- und Vertragsfreiheit des AG** keine Bedenken, wenn dessen Interessen bei der Ausgestaltung der Tarifnorm angemessen berücksichtigt werden.[51] Die Grenzen der tariflichen Gestaltungsmacht werden damit nicht überschritten.[52] In diesem Zusammenhang sind auch tarifliche Regelungen zu nennen, die eine bestimmte **Zusammensetzung der Belegschaft** oder ein bestimmtes Qualifikationsniveau für

---

[38] BAG 23.6.1993 AP Nr. 17 zu § 611 BGB Musiker = NZA 1993, 1141 (Entgelt „nach Vereinbarung").
[39] BAG 28.1.1992 AP Nr. 95 zu § 99 BetrVG 1972 = NZA 1992, 606.
[40] BAG 28.6.1994 AP Nr. 4 zu § 99 BetrVG 1972 Einstellung = NZA 1995, 387.
[41] LAG Düsseldorf 19.9.1960 AP Nr. 1 zu § 4 TVG Lehrlingsskalen; aA *Dieterich,* Die betrieblichen Normen nach dem Tarifvertragsgesetz, 1964, 72 (Betriebsnorm); JKOS TVR/*Krause* § 4 Rn. 33 (Abschluss- und Betriebsnorm).
[42] BAG 28.1.1992 AP Nr. 95 zu § 99 BetrVG 1972 = NZA 1992, 606.
[43] Vgl. *Krause* NZA 2012, 830 (831 f.) mwN in Fn. 20; sowie ausf. *ders.,* Tarifverträge zur Begrenzung der Leiharbeit und zur Durchsetzung von Equal Pay, 2012, 62 ff.
[44] BAG 12.7.1983 AP Nr. 9 zu § 17 BAT; 7.9.1982 AP Nr. 1 zu § 3 TV Arb Bundespost.
[45] BAG 14.10.1997 AP Nr. 154 zu § 1 TVG Tarifverträge: Metallindustrie = NZA 1998, 778.
[46] *Krause* NZA 2012, 830 (832 f.); anders *Löwisch/Rieble* TVG § 1 Rn. 207, 372.
[47] Zu § 30 III 2 TVöD: BAG 15.5.2012 AP Nr. 1 zu § 30 TVöD = NZA-RR 2013, 159.
[48] BAG 22.2.1961 AP Nr. 106 zu § 1 TVG Auslegung.
[49] BAG 16.12.2000 AP Nr. 3 zu § 1 TVG Tarifverträge: Deutsche Post = NZA 2001, 792; 24.1.1996 AP Nr. 7 zu § 59 BAT = NZA 1996, 823.
[50] BAG 6.7.2006 AP Nr. 201 zu § 1 TVG Tarifverträge: Metallindustrie = NZA 2007, 167; 17.6.1998 AP Nr. 158 zu § 1 TVG Tarifverträge: Metallindustrie = NZA 1998, 1178.
[51] BAG 14.10.1997 AP Nr. 154 zu § 1 TVG Tarifverträge: Metallindustrie = NZA 1998, 778.
[52] So aber *Löwisch/Rieble* TVG § 1 Rn. 327.

die Besetzung eines Arbeitsplatzes (Besetzungsregeln, → Rn. 32) vorsehen. Bei sog. Quotenregelungen, die auf eine bestimmte Zusammensetzung der Belegschaft abzielen, wird nicht der einzelne AN geschützt, weshalb umstritten ist, ob diese Bestimmungen noch als Abschlussnormen[53] einzustufen oder – was näher liegt – als tarifliche Auswahlrichtlinien und deshalb Betriebsnormen anzunehmen sind.[54]

Tarifvertragliche **Befristungsregelungen** sind nach der Rechtsprechung Abschlussnormen, weil es für die Wirksamkeit der Befristung auf den Zeitpunkt des Arbeitsvertragsschlusses ankommt und daher zu diesem Zeitpunkt eine Tarifgebundenheit vorliegen muss.[55] Stuft man sie hingegen als Beendigungsnorm ein, soll ein nach Vertragsabschluss erfolgter Gewerkschaftsbeitritt zur – schwer erklärbaren – Unwirksamkeit der zeitlich früher getroffenen Befristungsabrede führen.[56] Tarifvertragliche **Abschlussgebote** lassen trotz ihrer unmittelbaren Wirkung keinen „gesetzlich begründeten" Arbeitsvertrag entstehen, weil es hierzu zweier übereinstimmender Willenserklärungen, Antrag und Annahme, bedarf. Sie begründen aber einen Anspruch auf Abschluss eines Arbeitsvertrags, der im Wege der Leistungsklage auf Abgabe einer Willenserklärung mit der Rechtsfolge nach § 894 ZPO verfolgt werden kann.[57] Nicht zu den Abschlussnormen, sondern zu den Inhaltsnormen gehören solche Bestimmungen, die nicht den Abschluss eines Arbeitsvertrags verhindern, sondern nur die Beschäftigung bestimmter Personengruppen mit bestimmten Arbeiten beschränken wollen – die sog. **Beschäftigungsverbote.** 15

3. Beendigungsnormen. Beendigungsnormen handeln von den Modalitäten der Arbeitsvertragsbeendigung. Das können Normen über die **Kündigung,** über **Aufhebungsvereinbarungen** und über Altersgrenzen (→ § 40 Rn. 45 ff.) oder auflösende Bedingungen[58] sein (zur Befristung → Rn. 12). Hierzu gehören tarifvertragliche Regelungen über die Beendigung des Arbeitsverhältnisses in Form einer auflösenden Bedingung im Falle der vollen oder teilweisen Erwerbsminderung (→ § 40 Rn. 56 f.), aber auch die vereinbarte gewerkschaftliche Zustimmung zu Kündigungen.[59] Bei Kündigungen können Beendigungsnormen zunächst Regelungen über das **Verfahren** und die **Form der Kündigung** treffen.[60] Schriftformgebote haben seit der gesetzlichen Einführung desselben in § 623 BGB nur noch eine geringe praktische Bedeutung. Der Tarifvertrag kann als Wirksamkeitsvoraussetzung allerdings die Pflicht des AG zur schriftlichen Mitteilung der Kündigungsgründe vorsehen.[61] Weiterhin können die gesetzlichen Kündigungsfristen tarifvertraglich abgeändert (→ § 126 Rn. 31 f.)[62] oder die Beteiligungsrechte des BR nach § 102 VI BetrVG erweitert werden (→ § 124 Rn. 56).[63] 16

Die Tarifvertragsparteien können den Kündigungsschutz dadurch verbessern, dass sie einen **Ausschluss der ordentlichen Kündigung** für ältere AN vorsehen, ggf. verbunden mit dem weiteren Erfordernis einer bestimmten Beschäftigungsdauer (→ § 128 Rn. 1 ff., zu Kündigungsverboten in Maßregelungsklauseln → § 194 Rn. 15). Dabei kann es zu Fallgestaltungen kommen, in denen die Wertung des § 1 III KSchG „auf den Kopf gestellt" wird.[64] Dessen Kriterien sind einer Veränderung durch einen Tarifvertrag nicht zugänglich, sondern können nur in dem in § 1 IV KSchG vorgesehenen Maße durch Betriebsnormen tariflich geregelt werden (→ § 135 Rn. 52). Unzulässig ist der Ausschluss der außerordentlichen Kündigung, wie § 314 I BGB zeigt (→ § 128 Rn. 1).[65] Einen **Aufhebungsvertrag** selbst können die Tarifvertragsparteien nicht ausschließen. Dem AN kann aber ein befristetes Widerrufsrecht eingeräumt werden.[66] 17

4. Inhaltsnormen. a) Grundsatz. Im Zentrum der tarifvertraglichen Normsetzung stehen vor allem die Inhaltsnormen. Eine Unterscheidung zwischen materiellen und formellen Arbeitsbe- 18

---

[53] *Gamillscheg,* Kollektives Arbeitsrecht, 585; KeZa/*Schubert/Zachert* TVG § 1 Rn. 82; wohl auch Wiedemann/*Thüsing* TVG § 1 Rn. 704.

[54] JKOS TVR/*Krause* § 4 Rn. 33.

[55] BAG 28.8.1996 AP Nr. 181 zu § 620 BGB Befristeter Arbeitsvertrag = NZA 1997, 550; 27.4.1988 AP Nr. 4 zu § 1 BeschFG 1985 = NZA 1988, 771.

[56] JKOS TVR/*Krause* § 4 Rn. 35; Wiedemann/*Thüsing* TVG § 1 Rn. 707; aA *Löwisch/Rieble* TVG § 1 Rn. 354 (Inhaltsnorm).

[57] NK-TVG/*Deinert* § 4 Rn. 539 mN zu den überholten Auffassungen.

[58] Zu den Anforderungen BAG 20.6.2018 AP Nr. 4 zu § 33 TVöD; 23.7.2014 NZA 2014, 1341.

[59] BAG 24.2.2011 AP Nr. 91 zu § 1 KSchG 1969 = NZA 2011, 708.

[60] KeZa/*Schubert/Zachert* TVG § 1 Rn. 94, 95 ff.

[61] BAG 27.3.2003 AP Nr. 4 zu § 54 BMT-G II; 10.2.1999 AP Nr. 2 zu § 54 BMT-G II = NZA 1999, 602.

[62] Anders BAG 14.12.2004 AP Nr. 121 zu § 99 BetrVG 1972 = NZA 2005, 424 (Inhaltsnorm).

[63] BAG 10.2.1988 AP Nr. 53 zu § 99 BetrVG 1972 = NZA 1988, 699.

[64] BAG 5.6.2008 AP Nr. 179 zu § 1 KSchG 1969 Betriebsbedingte Kündigung = NZA 2008, 1120.

[65] BAG 5.2.1998 AP Nr. 143 zu § 626 BGB = NZA 1998, 771.

[66] BAG 10.3.1992 AP Nr. 17 zu § 1 BetrAVG Lebensversicherung = NZA 1993, 25.

dingungen ist für die tarifliche Regelungsbefugnis (zum BetrVG → § 230 Rn. 8f.) entbehrlich. Geregelt werden können zunächst die primären Leistungspflichten sowie die Neben- und Schutzpflichten. Es können vielfältige weitere Rechtnormen etwa über die berufliche Qualifizierung, Ausbildungsvorbereitungsmaßnahmen,[67] die Inanspruchnahme von Altersteilzeit, über eine betriebliche Altersversorgung oder Rationalisierungsschutzabkommen getroffen werden. Die Tarifvertragsparteien haben es in der Hand, für die jeweilige Branche oder wie beim Haustarifvertrag für das einzelne Unternehmen spezifisch zugeschnittene „Arbeitsgesetzbücher"[68] zu schaffen. Im Rahmen der verfasssungsrechtlich gewährleisteten Tarifautonomie steht ihnen grundsätzlich und vorbehaltlich zwingender gesetzlicher Bestimmungen ein **weiter Gestaltungsspielraum** zu, ob und unter welchen Voraussetzungen Ansprüche bestehen sollen.[69] Einzelne Inhaltsnormen aus dem Entgeltbereich sollen hier angesprochen werden (zu Bestimmungsklauseln → § 198 Rn. 19, zur Beachtung der Grundrechte → § 198 Rn. 5ff.; zum Tarifsozialplan → § 192 Rn. 7ff.).

19 **b) Einzelne Tarifregelungen. aa) Anrechnungsklausel.** Durch tarifliche Anrechnungsklauseln, die auch als negative Effektivklauseln bezeichnet werden, sollen Tariflohnerhöhungen auf bestehende übertarifliche Entgeltbestandteile angerechnet werden. Auf diese Weise werden entgegen dem in § 4 III TVG festgelegten Günstigkeitsprinzip **Höchstarbeitsbedingungen** festgelegt. Die Regelung des außertariflichen, individualvertraglich vereinbarten Bereichs steht aber außerhalb der Tarifmacht der Tarifvertragsparteien, weshalb solche Klauseln von der Rechtsprechung als unzulässig angesehen werden.[70]

20 **bb) Besitzstandsklausel.** Tarifverträge sehen in Besitzstandsklauseln vor, dass durch das Inkrafttreten des neuen Tarifvertrags die bisherigen günstigeren Arbeitsbedingungen „nicht berührt",[71] „weiter gewährt"[72] oder „aus Anlass des Tarifvertrags nicht verschlechtert werden" sollen.[73] Hier ist durch Auslegung (→ § 201 Rn. 1ff.) zu ermitteln, welcher Normengehalt der Klausel zukommen soll. Sie kann sich zum einen inhaltlich auf die **deklaratorische Wiedergabe** der gesetzlichen Lage beschränken, wonach günstigere Abmachungen iSd § 4 III TVG (→ § 207 Rn. 19ff.) zulässig sind.[74] Ob eine Tariflohnerhöhung dann auf übertarifliche Entgeltbestandteile (→ § 69 Rn. 1ff.) angerechnet werden kann, entscheidet sich nach den individualvertraglichen Abreden (zu Anrechnungsklauseln → § 35 Rn. 83, zum Widerrufsvorbehalt → § 35 Rn. 130). Möglich ist es, dass eine solche Klausel die **vollständige Ablösung** eines vormaligen Tarifvertrags insoweit **verhindern** möchte, als dieser für einzelne Arbeitnehmergruppen günstigere Regelungen enthielt[75] Für einen solchen Willen bedarf es deutlicher Anhaltspunkte.[76] Die Regelung kann dann das bisherige Entgelt oder Besitzstände[77] absichern wollen, sodass im Wege einer Vergleichsberechnung festzustellen ist, welches Entgelt das günstigere ist.[78]

21 Zu den vorgenannten Tarifregelungen zählen weiterhin die **Verdienstsicherungsklauseln,** die einem AN im Fall eines Arbeitsplatzwechsels das bisherige Gesamtentgelt (übergangsweise) absichern wollen.[79] Dabei handelt es sich nicht um eine unzulässige Effektivklausel, sondern um die Festlegung der Berechnungsgrundlage für das neue Entgelt.[80] Soweit darin übertarifliche Entgeltbestandteile enthalten sind, verlieren diese nicht ihren individualvertraglichen Charakter,[81] sondern sind nur Anknüpfungspunkt für die Berechnung.[82]

22 **cc) Differenzierungsklauseln.** Die Inhaltsnormen eines Tarifvertrags gelten nach §§ 3 I, 4 I TVG unmittelbar und zwingend nur für die Tarifgebundenen, finden aber über Bezugnahmeklauseln (→ § 206 Rn. 1ff., 33ff.) gleichwohl auf nichtorganisierte AN Anwendung. Mithilfe

[67] Zum Tarifvertrag zur Förderung der Ausbildungsfähigkeit *Hay/Nettelstroth/Hüsson* WSI-Mitteilungen 2013, 57ff.
[68] Wiedemann/*Thüsing* TVG § 1 Rn. 397.
[69] S. nur BAG 25.9.2013 NZA 2014, 52; 25.1.2012 AP Nr. 324 zu Art. 3 GG = NZA-RR 2012, 530.
[70] BAG 28.9.2009 AP Nr. 28 zu § 3 TVG Verbandszugehörigkeit = NZA-RR 2010, 305.
[71] BAG 1.6.1963 AP Nr. 8 zu § 59 BetrVG; 6.3.1958 AP Nr. 1 zu § 59 BetrVG.
[72] BAG 11.12.2018 AP Nr. 16 zu § 10 AGG = NZA 2019, 634.
[73] BAG 17.4.1959 AP Nr. 1 zu § 4 TVG Günstigkeitsprinzip.
[74] BAG 11.8.1965 AP Nr. 9 zu § 4 TVG Übertariflicher Lohn und Tariflohnerhöhung.
[75] S. etwa BAG 20.11.2019 AP Nr. 32 zu § 1 TVG Tarifverträge: DRK; 12.4.2016 AP Nr. 9 zu § 10 AGG = NZA-RR 2016, 438.
[76] Zu einer solchen Fallgestaltung BAG 24.2.2010 AP Nr. 2 zu § 2 TVÜ.
[77] BAG 8.2.2006 NZA-RR 2007, 554.
[78] BAG 24.2.2016 AP Nr. 234 zu § 1 TVG Auslegung = NZA 2016, 1292.
[79] BAG 16.6.2004 AP Nr. 24 zu § 4 TVG Effektivklausel = NZA 2005, 1420.
[80] BAG 6.12.2006 NZA-RR 2007, 370; 16.4.1980 AP Nr. 9 zu § 4 TVG Effektivklausel.
[81] BAG 7.2.1995 AP Nr. 6 zu § 4 TVG Verdienstsicherung = NZA 1995, 894.
[82] NK-TVG/*Deinert* § 4 Rn. 858.

von sog. Differenzierungsklauseln sollen die Mitglieder der tarifschließenden Gewerkschaft, die den Aufwand für den Tarifvertragsabschluss tragen, begünstigt und ein Anreiz[83] zum Eintritt in die Gewerkschaft geschaffen werden. Dabei sind vielfältige Regelungen denkbar – von Sonderzahlungen, höheren Urlaubsansprüchen bis zu einem erhöhten Personalrabatt –, bei denen jeweils die Mitgliedschaft in der tarifschließenden Gewerkschaft Anspruchsvoraussetzung ist.[84]

In der Tarifpraxis ist die sog. einfache Differenzierungsklausel vermehrt von Bedeutung. Die **einfache Differenzierungsklausel** sieht vor, dass eine bestimmte Leistung an die Mitglieder der tarifschließenden Gewerkschaft zu zahlen ist: 23

> **Beispiel:** „… erhalten die ver.di-Mitglieder der AWO-Gruppe in jedem Geschäftsjahr zum 31. Juli eine Ausgleichszahlung in Höhe von 535 EUR brutto je Vollzeitkraft gemäß tariflicher Wochenarbeitszeit."[85]

Dem AG bleibt es in einem solchen Fall unbenommen, anderen AN diese Leistung ebenfalls zu gewähren. Der Sicherung des Vorteils für die Gewerkschaftsmitglieder dient die **qualifizierte Differenzierungsklausel,** die auch als Spannen- oder Abstandsklausel bezeichnet wird. Im Falle der Gewährung der entsprechenden Leistung an andere AN soll der Anspruch der Gewerkschaftsmitglieder aufgestockt werden.

> **Beispiel:** Gewährt der AG die Ausgleichzahlung an AN, die nicht Mitglied der Gewerkschaft ver.di sind, so erhöht sich für die Mitglieder der Gewerkschaft die Arbeitgeberleistung entsprechend.[86]

Denkbar ist eine Tarifausschlussklausel, die dem AG schuldrechtlich untersagt, die Leistung an nicht- und anders Organisierte zu zahlen.[87] Die Tarifvertragsparteien können auch andere Gestaltungsformen wählen.[88] Die Gewerkschaft kann mit einem AG vereinbaren, an einen gewerkschaftsnahen Verein Beiträge zu zahlen, der wiederum als Erholungsbeihilfen an die bei ihm beschäftigten Gewerkschaftsmitglieder geleistet werden.[89] Der **Große Senat des BAG** hatte in einer Entscheidung aus dem Jahre 1967, die eine Spannenklausel als Arbeitskampfforderung zum Gegenstand hatte, – nicht tragend – die Zulässigkeit von Differenzierungsklauseln verneint.[90] In einer Entscheidung aus dem Jahre 2009 hat das BAG eine **einfache Differenzierungsklausel** über eine Sonderzahlung gebilligt. Allein eine allgemeine Bezugnahmeklausel führt nicht zu einer „Gleichstellung" mit der Folge, dass der AN als Gewerkschaftsmitglied zu behandeln ist (→ § 206 Rn. 31).[91] Die negative Koalitionsfreiheit nicht und anders Organisierter wird nicht beeinträchtigt (→ § 189 Rn. 10).[92] Ein Anreiz zum Gewerkschaftsbeitritt kann von jeder begünstigenden Tarifnorm ausgehen. Dem von der Regelung ausgenommenen AN ist es zudem nicht verwehrt, individualvertraglich eine ebensolche Leistung zu vereinbaren. Kann ein AN seine Interessen individualvertraglich nicht durchsetzen, kann er in die tarifschließende Gewerkschaft eintreten.[93] Dem AG wird eine entsprechende Zahlung nicht untersagt. Deshalb liegt eine einfache Differenzierungsklausel jedenfalls nicht außerhalb der Tarifmacht der Tarifvertragsparteien, weil die Vertragsfreiheit nicht eingeschränkt wird.[94] Allerdings erschließt sich nicht ohne weiteres, für welche beiden Gruppen von tarifgebundenen AN die tariflichen Regelungen gelten sollen, die die Gewerkschaftsmitgliedschaft nicht ausdrücklich erwähnen. Für sog. Außen-

[83] BAG 9.5.2007 AP Nr. 23 zu § 3 TVG Verbandszugehörigkeit = NZA 2007, 1439; krit. BKS/*Dierßen* § 3 Rn. 188; anders *Leydecker* S. 28 ff.
[84] Beispiele bei *Leydecker* S. 24; *Franzen* RdA 2008, 304 (305). Ausf. *Däubler/Heuschmid* RdA 2013, 1 ff.
[85] BAG 18.3.2009 AP Nr. 41 zu § 3 TVG mAnm *Kamanabrou* = NZA 2009, 1028.
[86] So in BAG 23.3.2011 AP Nr. 147 zu Art. 9 GG mAnm *S. Neumann* = NZA 2011, 920.
[87] Beispiel bei BKS/*Dierßen* § 3 Rn. 194.
[88] Weitere Beispiele bei NK-TVG/*Heuschmid* § 1 Rn. 1066 ff.
[89] BAG 21.5.2014 NZA 2015, 115.
[90] BAG GS 29.11.1967 AP 13 zu Art. 9 GG; ebenso 21.3.1978 AP Nr. 62 zu Art. 9 GG Arbeitskampf; s. auch BAG 18.3.2009 AP Nr. 41 zu § 3 TVG = NZA 2009, 1028; sowie *Lunk/Leder/Seidler* RdA 2015, 399 ff.; *Waltermann* S. 37 ff., 50 ff.
[91] AA ErfK/*Franzen* TVG § 1 Rn. 62; *Greiner/Suhre* NJW 2010, 131 (132).
[92] S. dazu auch *Deinert* RdA 2014, 129 (132 ff.).
[93] Ausf. BAG 15.4.2015 AP Nr. 57 zu § 3 TVG mAnm *Meyer* = NZA 2015, 1388.
[94] BAG 18.3.2009 AP Nr. 41 zu § 3 TVG mAnm *Kamanabrou* = NZA 2009, 1028; dazu *Bauer/Arnold* NZA 2009, 1169 ff.; *Greiner/Suhre* NJW 2010, 131 ff.; *Jacobs* FS Bauer, 2010, 479 ff.; *Leydecker* AuR 2009, 338 ff.; *S. Neumann,* Tarifboni für Gewerkschaftsmitglieder, 2012, 48 ff., 105 ff.; abl. *Richardi* NZA 2010, 417 ff.; *Lobinger/Hartmann* RdA 2010, 235 ff.

seiter fehlt den Tarifvertragsparteien die Regelungsmacht. Der Regelungsgehalt kann letztlich nur anhand der konkreten Regelung ermittelt werden. Denkbar ist etwa bei Einmalzahlungen, dass die bis zum Datum des Tarifvertragsschlusses bereits tarifgebundenen AN die höhere Zahlung erhalten sollen. Eine Differenzierungsklausel über monatliche laufende Leistungen kann allerdings nicht mit einer **Stichtagsregelung** verknüpft werden, wonach die Leistung nur dann zu erbringen ist, wenn die Mitgliedschaft zu einem bestimmten Zeitpunkt noch fortbesteht, weil dies gegen die zwingende Nachbindung gemäß § 3 III TVG verstößt.[95]

24 Von der vorgenannnten Fallgestaltung zu unterscheiden sind tarifvertraglich ausdrücklich geregelte **Differenzierungen zwischen** verschiedenen Gruppen von **Gewerkschaftsmitgliedern,** eine sog. Binnendifferenzierung.[96] Die Tarifvertragsparteien können in rechtlich zulässiger Weise eine Stichtagsregelung vorsehen, nach der eine jährlich zu leistende Sonderzahlung nur an diejenigen Gewerkschaftsmitglieder erfolgt, die zu Beginn des Jahres bereits Mitglied sind.[97] Ein sog. Tarifsozialplan kann neben Leistungen an alle Gewerkschaftsmitglieder ergänzende Ansprüche für solche Mitglieder vorsehen, die spätestens bis zum Ende der Tarifvertragshandlungen der Gewerkschaft beigetreten sind. Diese Differenzierung orientiert sich an dem einmaligen Vorgang der Betriebsänderung. Auch unter Berücksichtigung koalitionsspezifischer Interessen und dem Zweck, einen „berechenbaren Kreis" von Anspruchsinhabern zu erreichen, liegt kein Verstoß gegen den Gleichheitssatz vor.[98] Auch die negative Koalitionsfreiheit wird durch eine solche Regelung nicht verletzt. Der faktische Druck ist nicht stärker als derjenige, der sich stets ergibt, wenn die individualvertraglichen Vereinbarungen hinter den tariflichen Abreden zurückbleiben.[99]

25 Die Zulässigkeit einer **qualifizierten Differenzierungsklausel** (→ Rn. 23) in Form einer sog. Spannenklausel hat das BAG abgelehnt.[100] Die tariflichen Regelungen dürfen dem AG nicht die arbeitsvertragliche Gestaltungsmöglichkeit nehmen, die nicht oder anders organisierten AN ebenso zu vergüten, wie Gewerkschaftsmitglieder. Die Regelung dieser Arbeitsverhältnisse steht außerhalb der Tarifmacht der Gewerkschaften.[101] Zudem trete für den AG eine „rechtlich-logische Unmöglichkeit" ein, eine entsprechende Verpflichtung gegenüber tarifungebundenen AN zu erfüllen.[102]

26 Zulässig sind tarifvertragliche Regelungen über die **Errichtung gemeinsamer Einrichtungen** (→ Rn. 35 f.), auch wenn die Leistungen nur den Gewerkschaftsmitgliedern zufließen.[103]

27 **dd) Effektivklauseln.** Durch die Anrechnung übertariflicher Entgeltbestandteile auf Tariflohnerhöhungen (→ § 35 Rn. 83) kann es trotz verbesserter tariflicher Entgeltbedingungen dazu kommen, dass für den einzelnen AN es nicht zu einer realen Entgeltsteigerung kommt. Dem versuchen sog. **begrenzte Effektivklauseln** und **Effektivgarantieklauseln** entgegenzuwirken.

[95] BAG 9.5.2007 AP Nr. 23 zu § 3 TVG Verbandzugehörigkeit = NZA 2007, 1439; krit. *Franzen* RdA 2008, 306 (307).

[96] Unzutreffend daher *Corzelius* ZTR 2016, 188 ff.; *Greiner* NZA 2016, 10 ff., die eine einfache Differenzierungsklausel annehmen. Dazu BAG 27.1.2016 – 4 AZR 830/13.

[97] BAG 21.8.2013 NZA-RR 2014, 201; 5.9.2012 AP Nr. 53 zu § 3 TVG, unter teilweiser Aufgabe von BAG 9.5.2007 AP Nr. 23 zu § 3 TVG Verbandzugehörigkeit = NZA 2007, 1439.

[98] BAG 15.4.2015 AP Nr. 57 zu § 3 TVG mAnm *Meyer* = NZA 2015, 1388; dazu *Helm/Mücke* AuR 2016, 373 ff.; *Klein* jurisPR-ArbR 39/2015 Anm. 4; abl. *Corzelius* ZTR 2016, 188; *Greiner* NZA 2016, 10 ff.; *Ebert* ArbRB 2015, 205 ff.; *Siegfanz-Strauß* RdA 2015, 266 ff. Verfassungsbeschwerden gegen nachfolgende Entscheidungen (zuletzt BAG 17.5.2017 – 4 AZR 646/14) wurden nicht angenommen: BVerfG 14.11.2018 AP Nr. 153 zu Art. 9 GG = NZA 2019, 112; dazu *Jacobs* jurisPR-ArbR 11/2019 Anm. 1; zum Ganzen auch *Creutzfeldt* AuR 2019, 354 ff.; *Höpfner* RdA 2019, 146 ff.

[99] BAG 15.4.2015 AP Nr. 57 zu § 3 TVG mAnm *Meyer* = NZA 2015, 1388; ebenso BVerfG 14.11.2018 AP Nr. 153 zu Art. 9 GG = NZA 2019, 112 (Nichtannahme von Verfassungsbeschwerden gegen nachfolgende Entscheidungen des BAG, zuletzt BAG 17.5.2017 – 4 AZR 646/14), dazu *Jacobs* jurisPR-ArbR 11/2019 Anm. 1.

[100] BAG 23.3.2011 AP Nr. 147 zu Art. 9 GG mAnm *S. Neumann* = NZA 2011, 920; zust. *Bauer/Arnold* NZA 2011, 945 ff.; *Hartmann* SAE 2011, 225 ff.; krit. bis abl. NK-TVG/*Heuschmied* § 1 Rn. 1083 ff.; *Leydecker* AuR 2012, 195; *Schubert* ZTR 2011, 579 ff.; *D. Ulber/Strauß* Anm. EzA Nr. 104 zu Art. 9 GG. Für begrenzte Spannensicherungsklauseln *Brecht-Heitzmann/Gröls* NZA-RR 2011, 505 ff.

[101] Ebenso *Arnold* FS Picker, 2010, 873 ff.; *Bauer/Arnold* NZA 2009, 1169 ff.; *Greiner/Suhre* NJW 2010, 131 ff.; *Lobinger/Hartmann* RdA 2010, 235 ff.; aA BKS/*Dierßen* § 3 Rn. 206 ff.; ErfK/*Linsenmaier* GG Art. 9 Rn. 34; *Leydecker* S. 216 ff. Von der Tarifmacht gedeckt, aber gegen Art. 9 III GG verstoßend: *Jacobs* FS Bauer, 2010, 479 (490 ff.).

[102] Dazu krit. *S. Neumann* Anm. AP Nr. 147 zu Art. 9 GG; *Däubler/Heuschmid* RdA 2013, 1 (6 ff.); zur Auslegung dahingehender Abreden *Brecht-Heitzmann/Gröls* NZA-RR 2011, 505 (508 ff.). Anders auch *Waltermann* S. 50 ff. 72 ff.: Verhältnismäßigkeitsprüfung.

[103] BKS/*Dierßen* § 1 Rn. 244; HWK/*Henssler* TVG § 1 Rn. 111.

Durch die begrenzte Effektivklausel soll eine Tariflohnerhöhung auf das bisher effektiv gewährte Entgelt aufzustocken sein. Weiter geht die Effektivgarantieklausel, die den bisherigen über- oder außertariflichen Entgeltbestandteil zum Tarifentgelt macht und auf diesen neuen Tariflohn die Erhöhung aufzustocken ist. Nach der Rechtsprechung des BAG sind beide Klauseln unwirksam, weil die Tarifvertragsparteien damit in den außerhalb des Tarifvertrags geregelten individualvertraglichen Bereich des Arbeitsverhältnisses eingreifen. Zudem werde das Schriftformgebot nach § 1 II TVG und Art. 3 I GG verletzt, weil die Klausel ohne sachlichen Grund zu unterschiedlichen Tariflöhnen führten. Allerdings hat die Rechtsprechung in einer neueren Entscheidung ausgeführt, es stehe den Tarifvertragsparteien frei, eine begrenzte Effektivklausel zu vereinbaren, um eine gerichtliche Überprüfung zu veranlassen.[104] Demgegenüber werden im Schrifttum zum Teil die begrenzte Effektivklausel,[105] aber auch beide Varianten für zulässig erachtet.[106]

IV. Betriebliche Normen

1. Grundsatz. Rechtsnormen eines Tarifvertrags über betriebliche Fragen nach § 3 II TVG[107] betreffen das **betriebliche Rechtsverhältnis zwischen AG und der Belegschaft als Kollektiv,** nicht aber die Rechtsverhältnisse zwischen dem AG und den einzelnen AN.[108] Das sind Regelungsgegenstände, die im Betrieb nur einheitlich gelten können. Ihre Regelung im Individualvertrag wäre zwar nicht unmöglich, sie scheidet aber wegen „evident sachlogischer Unzweckmäßigkeit" aus,[109] weil eine einheitliche Regelung auf betrieblicher Ebene unerlässlich ist. Damit sind solche Regelungen angesprochen, die unmittelbar die Organisation und Gestaltung des Betriebs, also der Betriebsmittel und der Belegschaft, betreffen.[110] 28

Mit der vorstehenden Erläuterung ist zwar noch keine exakte Begriffsbestimmung von sog. Betriebsnormen erfolgt. Es werden aber Funktion und Eigenart der Betriebsnormen iSd § 3 II TVG verdeutlicht. Betriebsnormen sollen als kollektive privatautonome Tarifregelungen die **Organisationshoheit des AG** in Fragen der Betriebsgestaltung steuern und gehen über die Inhaltsbestimmung des einzelnen Arbeitsverhältnisses hinaus.[111] Rechtstechnisch umgesetzt wird dies über § 3 II TVG, weil für die Geltung von Betriebsnormen allein die **Tarifgebundenheit des AG** ausreicht (→ § 204 Rn. 18 f.). Das zeigt zugleich das verfassungsrechtliche Spannungsverhältnis zu den nicht durch Mitgliedschaft tarifgebundenen AN, den sog. Außenseitern auf, aber auch zu eventuell anders organisierten AN. Auf sie wird die Normsetzungsbefugnis der Tarifparteien erstreckt,[112] allerdings ohne das ein unzulässiger Eingriff in die negative Koalitionsfreiheit anzunehmen wäre (→ § 189 Rn. 9 ff., → § 204 Rn. 19). Deren Berufsausübungsfreiheit wird nicht in unstatthafter Weise eingeschränkt, weil erforderliche sachgerechte und vernünftige Gründe des Gemeinwohls vorliegen werden.[113] Die Verfassungsmäßigkeit des § 3 II TVG wird heute im Grundsatz nicht mehr in Frage gestellt.[114] 29

Rechtsdogmatisch ist die Erklärung der Normwirkung von Betriebsnormen gegenüber den sog. Außenseitern umstritten.[115] Betriebsnormen gestalten das zwischen AG und Belegschaft bestehende **betriebliche Rechtsverhältnis unmittelbar und zwingend** und schränken die Organisationsgewalt des AG ein. Zur Umsetzung insb. gegenüber den Außenseitern bedarf es einer betrieblichen Regelung, die der hierzu verpflichtete AG durch individualvertragliche oder betriebsverfassungsrechtliche Gestaltungsmittel umsetzen kann und muss.[116] Das **Günstigkeits-** 30

---

[104] BAG 16.6.2004 AP Nr. 24 zu § 4 TVG Effektivklausel = NZA 2005, 1420.
[105] BKS/*Schumann* § 4 Rn. 353; *Gamillscheg,* Kollektives Arbeitsrecht, 869.
[106] NK-TVG/*Deinert* § 4 Rn. 861 ff.; KeZa/*Stein* TVG § 4 Rn. 502 ff.; beide mwN.
[107] Zur Entwicklung ausf. Wiedemann/*Thüsing* TVG § 1 Rn. 676 ff.
[108] BAG 17.6.1997 AP Nr. 2 zu § 3 TVG Betriebsnormen = NZA 1998, 213; 26.1.2011 AP Nr. 7 zu § 3 TVG Betriebsnormen mkritAnm *Dieterich* = NZA 2011, 808.
[109] BAG 26.4.1990 AP Nr. 57 zu Art. 9 GG = NZA 1990, 850; zu § Ib AÜG LAG BW 2.12.2020 NZA-RR 2021, 188 (Rev. anh. – 4 AZR 26/21).
[110] BAG 22.2.2012 AP Nr. 52 zu § 3 TVG; 6.1.2011 AP Nr. 7 zu § 3 TVG Betriebsnormen mkritAnm *Dieterich* = NZA 2011, 808.
[111] Vgl. BAG 1.8.2001 AP Nr. 5 zu § 3 TVG Betriebsnormen; 26.4.1990 AP Nr. 57 zu Art. 9 GG = NZA 1990, 850; zu § 1 Ib AÜG LAG BW 2.12.2020 NZA-RR 2021, 188 (Rev. anh. – 4 AZR 26/21).
[112] S. BAG 28.9.1983 AP Nr. 2 zu § 1 TVG Tarifverträge: Seniorität; krit. zur Erstreckung insb. *Giesen,* Tarifvertragliche Rechtsgestaltung für den Betrieb, 2002, 176 ff., 381 ff.
[113] BAG 7.11.1995 AP Nr. 1 zu § 3 TVG Betriebsnormen mAnm *H. Hanau* = NZA 1996, 1214.
[114] S. etwa NK-TVG/*Lorenz* § 3 Rn. 62 ff.; Wiedemann/*Thüsing* TVG § 1 Rn. 688; Wiedemann/*Oetker* TVG § 3 Rn. 172 ff.; *Dieterich* FS Däubler, 1999, 451 ff., alle mwN.
[115] Nachw. zu den unterschiedlichen Auff. bei JKOS TVR/*Krause* § 4 Rn. 56 f.
[116] *Dieterich* FS Däubler, 1999, 451 (458 f.); *ders.* Anm. AR-Blattei [ES] 1550.5.1 S. 10; so auch JKOS TVR/*Krause* § 4 Rn. 57.

prinzip nach § 4 III TVG greift für Betriebsnormen nicht ein, wenn der Zweck der betriebseinheitlichen Regelung dadurch unterlaufen würde (→ § 207 Rn. 23). Tariflichen Normen kann ein **Doppelcharakter** zukommen, wenn sie sowohl Inhaltsnormen als auch zugleich Betriebsnormen sind, was durch Auslegung zu ermitteln ist.[117] Besetzungsregelungen (→ Rn. 32) können Abschluss-, aber auch Betriebsnormen sein.

31 Die Wirksamkeit eines Tarifvertrags mit Betriebsnormen ist nicht davon abhängig, dass ein solcher Vertrag mit allen im Betrieb vertretenen Gewerkschaften einheitlich vereinbart wird, weil die Tarifnormen über § 3 II TVG für die Mitglieder einer anderen Gewerkschaft Geltung beanspruchen (→ Rn. 29). Es besteht insoweit keine **„Zwangstarifgemeinschaft".** Bestehen mehrere Tarifverträge mit sich widersprechendem Inhalt, ist die eintretende Tarifkonkurrenz aufzulösen (→ § 203 Rn. 7 f.).[118]

32 **2. Fallgestaltungen.** Betriebsnormen hat die nicht unbestrittene Rechtsprechung des BAG angenommen für quantitative[119] und qualitative[120] **Besetzungsregelungen** zur Zusammensetzung der Belegschaft.[121] Qualitative Besetzungsregeln verbieten als Verbotsnorm insbesondere aus Gründen des Schutzes vor Überforderung, der Förderung der Arbeitsqualität oder des Beschäftigungsschutzes für Fachkräfte auf bestimmten Arbeitsplätzen die Beschäftigung von AN, die bestimmten Anforderungen nicht genügen.[122] Bei einer Tarifnorm, die vorgibt, welcher Prozentsatz der Belegschaft mit einer verlängerten Arbeitszeit beschäftigt werden kann, hat das BAG eine Betriebsnorm angenommen,[123] ebenso für Zeitzuschläge innerhalb eines **Personalbemessungssystems,** die sich auf die Personalstärke und die Arbeitsintensität auswirken[124] oder für ein tarifliches Verfahren zur Bewertung von Arbeitsplätzen durch eine paritätisch besetzte Kommission.[125] Eine Betriebsnorm liegt vor, wenn für die Einstellung von Piloten ein Höchstalter vorgesehen wird. Diese ist allerdings unwirksam, wenn das Höchsteinstellungsalter für solche Piloten begrenzt wird, die bei anderen Luftfahrtunternehmen ausgebildet wurden.[126]

33 Ebenfalls den Betriebsnormen zugerechnet wurde eine Tarifregelung über die Schließung von Geschäftsstellen an Sylvester[127] sowie eine über die **Ladenöffnungszeiten** an einem Samstag.[128] Demgegenüber wurden **Senioritätslisten** für das Bordpersonal als Inhaltsnormen bewertet.[129] Gleiches gilt für Eingruppierungsbestimmungen, weil sie nicht die Frage der Beschäftigung, sondern der Entgeltfindung regeln,[130] und für Bestimmungen über die absolute Entgelthöhe.[131] Die Begrenzung von Vorruhestandvereinbarungen auf einen bestimmten Prozentsatz der AN gehört ebenso wenig zu den Betriebsnormen[132] wie die Regelungen des Überlastungsschutzes zugunsten des AG bei Altersteilzeit.[133] Eine schuldrechtliche Vereinbarung und keine Betriebsnorm liegt vor, wenn die Geltung einer Regelung unter dem **Zustimmungsvorhalt** der Gewerkschaft steht, weil es dann an der unmittelbaren und zwingenden Wirkung für das betriebliche Rechtsverhältnis fehlt.[134]

---

[117] BAG 26.4.1990 AP Nr. 57 zu Art. 9 GG = NZA 1990, 886.
[118] BAG 9.12.2009 AP Nr. 48 zu § 3 TVG mwN.
[119] BAG 17.6.1999 AP Nr. 103 zu § 1 KSchG 1969 Betriebsbedingte Kündigung = NZA 1999, 1157; 13.9.1983 AP Nr. 1 zu § 1 TVG Tarifverträge: Druckindustrie.
[120] BAG 22.1.1991 AP Nr. 67 zu Art. 12 GG = NZA 1991, 667; 26.4.1990 AP Nr. 57 zu Art. 9 GG = NZA 1990, 886.
[121] Zu einer Personalübernahme bei Dienstleisterwechsel durch Betriebsnormen *Schweibert/Herrmann* NZA 2018, 1299 ff.
[122] Vgl. BAG 27.10.2010 AP Nr. 61 zu § 99 BetrVG 1972 Einstellung = NZA 2011, 527; 18.3.2008 AP Nr. 56 zu § 99 BetrVG 1972 Einstellung = NZA 2008, 832.
[123] BAG 17.6.1997 AP Nr. 2 zu § 3 TVG Betriebsnormen = NZA 1998, 213.
[124] BAG 3.4.1990 AP Nr. 56 zu Art. 9 GG = NZA 1990, 886.
[125] BAG 22.2.2012 AP Nr. 52 zu § 3 TVG.
[126] BAG 8.12.2010 AP Nr. 62 zu § 99 BetrVG 1972 = NZA 2011, 751.
[127] BAG 7.11.1995 AP Nr. 1 zu § 3 TVG Betriebsnormen = NZA 1996, 1214.
[128] BAG 3.4.1990 AP Nr. 56 zu Art. 9 GG = NZA 1990, 886.
[129] BAG 28.9.1983 AP Nr. 2 zu § 1 TVG Tarifverträge: Seniorität.
[130] BAG 18.3.2008 AP Nr. 56 zu § 99 BetrVG 1972 Eingruppierung = NZA 2008, 832.
[131] BAG 11.11.2008 AP Nr. 35 zu § 99 BetrVG 1972 Eingruppierung = NZA 2009, 450.
[132] BAG 21.1.1987 AP Nr. 45 zu Art. 9 GG; 21.1.1987 AP Nr. 47 zu Art. 9 GG = NZA 1987, 233.
[133] BAG 30.9.2003 AP Nr. 19 zu § 1 TVG Tarifverträge: Chemische Industrie; 18.9.2001 AP Nr. 37 zu § 611 BGB Mehrarbeitsvergütung = NZA 2002, 268.
[134] BAG 1.8.2001 AP Nr. 5 zu § 3 TVG Betriebsnormen; 26.1.2011 AP Nr. 7 zu § 3 TVG Betriebsnormen mkritAnm *Dieterich* = NZA 2011, 808.

V. Betriebsverfassungsrechtliche Normen

Durch betriebsverfassungsrechtliche Normen iSd § 1 I TVG können die Errichtung, die Organisation und die Beteiligungsrechte des BR nach dem BetrVG geregelt werden.[135] Die **Tarifgebundenheit des AG** reicht nach § 3 II TVG hier – wie bei den Betriebsnormen (→ Rn. 29) – für eine unmittelbare Geltung aus. Es kommt nicht darauf an, ob ein tarifgebundener AN im Betrieb beschäftigt ist.[136] Die gesetzlichen Regelungen des BetrVG sind vor allem im Bereich der **Organisationsvorschriften** vielfach tarifdispositiv ausgestaltet (→ § 216 Rn. 1). Von besonderer Bedeutung sind dabei die Zuordnungstarifverträge und die Möglichkeit der Gründung zusätzlicher Arbeitnehmervertretungen nach § 3 BetrVG (→ § 216 Rn. 2 ff., 9 ff.).[137] Hier muss die Tarifzuständigkeit für alle erfassten betrieblichen Einheiten gegeben sein.[138] Im Übrigen können die Tarifvertragsparteien die Organisationsstruktur des BetrVG nicht ändern.[139] Die **Beteiligungsrechte des BR** können durch betriebsverfassungsrechtliche Normen nicht eingeschränkt, aber erweitert werden (→ § 230 Rn. 7),[140] wie es etwa durch den Tarifvertrag Leih-/Zeitarbeit in der Metallindustrie erfolgt ist.[141] Die Regelungen des **Personalvertretungsrechts** des Bundes und derjenigen der Länder können nicht abweichend vom Gesetz geregelt werden (§§ 3, 97 BPersVG).[142] 34

VI. Gemeinsame Einrichtungen

1. Grundsatz. Grundsätzlich wirken die Rechtsnormen eines Tarifvertrags nur zwischen den Tarifgebundenen unmittelbar und zwingend (§ 4 I TVG). Durch § 4 II TVG wird die **Normsetzungsbefugnis** der Tarifvertragsparteien **erweitert.** Die unmittelbare und zwingende Wirkung der Regelungen erfasst die Satzung der gemeinsamen Einrichtung und die deren Rechtsbeziehungen zu den AN und AG. Durch die gemeinsame Einrichtung sollen Leistungen oder bestimmte Funktionen aus dem einzelnen Arbeitsverhältnis herausgelöst und **über die gemeinsame Einrichtung abgewickelt** werden.[143] Dies kann dann der Fall sein, wenn der einzelne AG die Aufgaben nicht oder nur unzureichend erbringen könnte oder sie als Gemeinschaftsaufgabe durch Einschaltung der gemeinsamen Einrichtung besser erfüllt werden können. Dabei ist die Regelungsbefugnis der Tarifvertragsparteien lediglich durch Art. 9 III GG und **nicht auf die Regelungsgegenstände des § 1 I TVG begrenzt.** Neben dem entwicklungsoffenen Wortlaut des § 4 II TVG[144] erfordert schon die Ausgestaltung der Gemeinsamen Einrichtungen Regelungen, die über die in § 1 I TVG genannten Materien hinausgehen.[145] Zu nennen sind vor allem die Sozialkassen im Baugewerbe, die § 4 II TVG mit den Lohnausgleichs- und Urlaubskassen als Beispiel erwähnt. Die gemeinsame Einrichtung bietet sich in Bereichen an, in denen wegen hoher Fluktuation Ansprüche, die an eine Wartezeit oder längere Beschäftigungszeit geknüpft sind (etwa Urlaub, betriebliche Altersversorgung), erst realisiert werden können und alle AG gleichmäßig belastet werden.[146] So wird unter dem Namen SOKA-BAU die Urlaubs- und Lohnausgleichskasse der Bauwirtschaft (ULAK) und die Zusatzversorgungskasse des Baugewerbes AG (ZVK) betrieben.[147] Die Normen über gemeinsame Einrichtungen einschließlich etwaiger Zuständigkeitsvereinbarungen 35

---

[135] Dazu *Siebens* AuR 2018, 267 ff.; zur Vergrößerung *Jacobs/Münder* NZA 2018, 149 ff.

[136] *Gamillscheg,* Kollektives Arbeitsrecht, 717 f.; JKOS TVR/*Krause* § 4 Rn. 77; Wiedemann/*Oetker* TVG § 3 Rn. 181 f.; aA ErfK/*Franzen* TVG § 3 Rn. 17; *Löwisch/Rieble* TVG § 3 Rn. 223 ff.

[137] BAG 13.3.2013 AP Nr. 10 zu § 3 BetrVG 1972 = NZA 2013, 738; dazu *Hoffmann* jurisPR-ArbR 26/2013, Anm. 4; s. auch *K. Schmidt* JbArbR 49 (2012), 79 ff.; ausf. auch zu einem Reformbedarf *Pütz* Strukturtarifverträge zur Organisation der betrieblichen Mitbestimmung, 2020, insb. S. 90 ff., 125 ff.

[138] BAG 14.1.2014 NZA 2014, 910.

[139] BAG 10.11.2004 AP Nr. 4 zu § 3 BetrVG 1972.

[140] BAG 18.8.1987 AP Nr. 23 zu § 77 BetrVG 1972 = NZA 1987, 779; 10.2.1988 AP Nr. 53 zu § 99 BetrVG 1972 = NZA 1988, 699; vgl. auch BAG 19.4.2012 NZA 2012, 1392 (zu § 99 BetrVG).

[141] Dazu *D. Ulber* AuR 2013, 114 ff.; abl. *Giesen* ZfA 2012, 143 ff.

[142] BAG 15.7.1986 AP Nr. 1 zu Art. 3 LPVG Bayern = NZA 1987, 65; zu den einzelnen Regelungen RDW/*Richardi* BPersVG § 3 Rn. 2 ff., 11.

[143] Dazu *Kolbe/Rieble* ZfA 2015, 125 ff.; *Strippelmann,* Rechtsfragen der Gemeinsamen Einrichtung, 2016.

[144] BAG 22.10.2003 AP Nr. 16 zu § 1 TVG Tarifverträge: Gebäudereinigung.

[145] BAG 15.7.2020 AP Nr. 6 zu § 1 TVG Tarifverträge: Bäcker = NZA 2020, 1644 mwN. zu den unterschiedlichen Auffassungen; 31.1.2018 AP Nr. 26 zu § 2 TVG Tarifzuständigkeit = NZA 2018, 876.

[146] Vgl. BAG 25.10.1984 AP Nr. 5 zu § 4 TVG Ausgleichskasse = NZA 1985, 365; zur Entwicklung NK-TVG/*Heuschmid* § 1 Rn. 1124 ff.

[147] S. http://www.soka-bau.de. Weitere Beispiele bei KeZa/*Seifert* TVG § 4 Rn. 298 ff.

(§ 48 II Nr. 2 ArbGG)[148] können **allgemeinverbindlich** erklärt werden (→ § 205 Rn. 19 f.).[149]

36 **2. Begriff und Organisation.** Gemeinsame Einrichtungen sind von den **Tarifvertragsparteien geschaffene und von ihnen abhängige Organisationen,** deren Zweck und Organisationstruktur durch Tarifvertrag festgelegt wird[150] und die zu AN und AG in eigenen tariflichen Rechtsbeziehungen stehen.[151] Die gemeinsame Einrichtung muss von den Tarifparteien durch Tarifvertrag gegründet oder übernommen worden[152] und **organisatorisch verselbständigt** sein. Aufgrund der zu den AN und AG bestehenden Rechtsbeziehungen ist deren Rechtsfähigkeit erforderlich. Dabei können sich die Tarifvertragsparteien sämtlicher Rechtsformen des Bürgerlichen Rechts bedienen, nicht aber Rechtssubjekte eigener Art neu kreieren.[153] Die Tarifvertragsparteien können eine bestehende Anstalt des öffentlichen Rechts als gemeinsame Einrichtung benutzen, es muss aber der maßgebende Einfluss der Tarifvertragsparteien gesichert sein. Deshalb ist die Versorgungsanstalt der Deutschen Bundespost (VAP) keine gemeinsame Einrichtung.[154] Ein eigenes Vermögen ist nicht erforderlich, wird aber regelmäßig gegeben sein.

37 Weiterhin müssen die Tarifparteien **„hinreichende Einflussmöglichkeiten"** auf die gemeinsame Einrichtung haben.[155] Das kann durch paritätische besetzte Gremien erfolgen,[156] wird zum Teil aber für nicht erforderlich gehalten.[157] Jedenfalls muss ein bestimmender Einfluss Dritter ausgeschlossen sein, was aber einen „neutralen Dritten" in einem im Übrigen paritätisch besetzten Organ nicht ausschließt.[158] Gemeinsame Einrichtungen können für jeden **Zweck** gebildet werden, der den Arbeits- und Wirtschaftsbedingungen iSd Art. 9 III GG zugeordnet werden kann.[159] Schon der Wortlaut des § 4 II TVG und die Verwendung der nicht abschließenden Beispiele zeigt, dass die Bestimmung entwicklungsoffen ist. Deshalb können die Tarifvertragsparteien eine „Prüf- und Beratungsstelle" zur Überwachung der Einhaltung eines Tarifvertrags als gemeinsame Einrichtung vereinbaren.[160]

38 **3. Leistungs- und Beitragsbeziehungen.** Durch die unmittelbar und zwingend geltenden Rechtsnormen über gemeinsame Einrichtungen werden **neue Rechtsbeziehungen** über das zwischen AN und AG bestehende Arbeitsverhältnis hinaus begründet. Regelmäßig bestehen Beitragspflichten der AG und Leitungsansprüche der AN,[161] die normativ ausgestaltet sind. Es kann aber sein, dass der AG Schuldner der Leistungsansprüche ist, wenn die gemeinsame Einrichtung lediglich dazu dient, die erforderlichen Rückstellungen zu bilden.[162] **Einreden und Einwendungen** aus dem Arbeitsverhältnis können nicht gegenüber der gemeinsamen Einrichtung geltend gemacht werden.[163] Die zur gemeinsamen Einrichtung begründeten Rechtsverhältnisse (→ Rn. 37) sind eigenständig. Die Satzung kann aber Verrechnungsmöglichkeiten von Leistungen des AG mit Beitragsforderungen vorsehen.[164]

39 Sowohl für die Beitragspflicht als auch für den Leistungsanspruch ist nach der Rechtsprechung des BAG die **beiderseitige Tarifgebundenheit** erforderlich.[165] Demgegenüber wird auch die Tarifgebundenheit des AN für die Leistungsansprüche und die des AG für die Beitragspflicht als

[148] BAG 19.3.1975 AP Nr. 14 zu § 5 TVG.
[149] BAG 10.10.1973 AP Nr. 13 zu § 5 TVG; BVerfG 10.9.1991 AP Nr. 27 zu § 5 TVG = NZA 1992, 125; 8.1.1987 AP Nr. 4 zu § 14 TVG Gemeinsame Einrichtungen.
[150] BAG 31.1.2018 AP Nr. 26 zu § 2 TVG Tarifzuständigkeit = NZA 2018, 876 (dort auch zu den Mindestanforderungen); 25.1.1989 AP Nr. 5 zu § 1 GesamthafenbetriebsG mAnm *Zeuner* = NZA 1989, 732.
[151] NK-TVG/*Heuschmid* § 1 Rn. 1128; Wiedemann/*Oetker* TVG § 1 Rn. 749.
[152] BAG 28.4.1981 AP Nr. 3 zu § 4 TVG Gemeinsame Einrichtungen.
[153] NK-TVG/*Heuschmid* § 1 Rn. 1129; Wiedemann/*Oetker* TVG § 1 Rn. 785 ff. (iE); KeZa/*Seifert* TVG § 4 Rn. 294.
[154] BAG 28.4.1981 AP Nr. 3 zu § 4 TVG Gemeinsame Einrichtungen.
[155] BAG 28.4.1981 AP Nr. 3 zu § 4 TVG Gemeinsame Einrichtungen.
[156] BAG 25.1.1989 AP Nr. 5 zu § 1 GesamthafenbetriebsG = NZA 1989, 732.
[157] So BKS/*Berg* § 4 Rn. 41; KeZa/*Seifert* TVG § 4 Rn. 292; *Löwisch/Rieble* TVG § 4 Rn. 359.
[158] BAG 25.1.1989 AP Nr. 5 zu § 1 GesamthafenbetriebsG = NZA 1989, 732.
[159] KeZa/*Seifert* TVG § 4 Rn. 297; JKOS TVR/*Krause* § 4 Rn. 86; enger *Zöllner* BB 1968, 597 (599) (Inhaltsnormen); *Löwisch/Rieble* TVG § 4 Rn. 371 ff. (Inhalts- und Betriebsnormen).
[160] BAG 20.10.2003 AP Nr. 16 zu § 1 TVG Tarifverträge: Gebäudereiniger.
[161] BAG 14.12.1977 AP Nr. 1 zu § 4 TVG Gemeinsame Einrichtung.
[162] BAG 25.10.1984 AP Nr. 5 zu § 4 TVG Ausgleichkasse = NZA 1985, 365.
[163] BAG 20.10.1982 AP Nr. 45 zu § 1 TVG Tarifverträge: Bau; 14.12.1977 AP Nr. 1 zu § 4 TVG Gemeinsame Einrichtungen mAnm *Wiedemann*.
[164] BAG 19.7.1983 AP Nr. 1 zu § 1 BetrAVG Zusatzversorgungskassen.
[165] BAG 5.10.1993 AP Nr. 42 zu § 1 BetrAVG Zusatzversorgungskassen = NZA 1994, 848.

ausreichend angesehen.[166] Anders als § 4 I TVG ist im Wortlaut des § 4 II TVG nicht von einer beiderseitigen Tarifgebundenheit die Rede. Zudem sollen nach dem Zweck der gemeinsamen Einrichtungen den tarifgebundenen AN Leistungsansprüche unabhängig davon verschafft werden, ob sie bei einem tarifgebundenen oder nicht tarifgebundenen AG beschäftigt sind. Das zeigt sich insbesondere in Branchen mit hoher Fluktuation, wenn zum Fälligkeitszeitpunkt es an der beiderseitigen Tarifgebundenheit fehlt.[167] Gleiches gilt für die Beitragspflicht des AG, die nicht von dem Anteil der bei ihm beschäftigten Gewerkschaftsmitglieder abhängt. Angesicht der weit verbreiteten Allgemeinverbindlicherklärung von Tarifverträgen über gemeinsame Einrichtungen ist die Fragestellung in der Praxis allerdings von geringer Bedeutung. Die tarifliche Regelung kann allerdings ein Anderes bestimmen.

Der einzelne AG kann von der gemeinsamen Einrichtung nicht verlangen, **Leistungen an nicht tarifgebundene AN** zu erbringen. Das gilt ebenfalls, wenn der Arbeitsvertrag eine Bezugnahmeklausel enthält. Unabhängig davon, dass keine Pflicht zur Gleichbehandlung zwischen Gewerkschaftsmitgliedern und nicht organisierten AN besteht, kann der AG nicht durch eigene Vertragsgestaltung die gemeinsame Einrichtung zur Leistungserbringung verpflichten.[168] 40

4. Beendigung. Die gemeinsame Einrichtung kann durch die Tarifparteien **aufgelöst** werden. Das erfolgt entsprechend der Gründung oder der Übernahme durch Tarifvertrag (→ Rn. 36) und die Abwicklung aufgrund der für die Rechtsform vorgesehenen gesetzlichen Bestimmungen. Wird lediglich der Tarifvertrag über die gemeinsame Einrichtung beendet, kommt es zur **Nachwirkung** nach § 4 V TVG (→ § 208 Rn. 17),[169] weshalb die Beitrags- und Leistungspflichten fortbestehen. 41

§ 201. Auslegung und gerichtliche Überprüfung von Tarifverträgen

Übersicht

I. Auslegung von Tarifverträgen

1. Grundsatz. Bei der Anwendung von Tarifverträgen kann es zu unterschiedlichen Auffassungen über deren Inhalt kommen. Das kann seine Ursache u.a. in dem Umstand haben, dass bei Abschluss eines Tarifvertrags Interessengegensätze zu überbrücken sind und es zu **„Formelkompromissen"** kommen kann, also zu mehr oder weniger bewusst unklar gehaltenen Formulierungen, aus der jede Tarifvertragspartei das für sie günstigere Ergebnis ableiten will[1] oder hofft, dass im Falle einer gerichtlichen Klärung in ihrem Sinne entschieden wird.[2] 1

Bei der Auslegung sind verschiedene Fragenkreise voneinander zu trennen. Ob die Tarifvertragsparteien einen **Tarifvertrag oder eine andere schriftliche Abrede** treffen wollten, wird in der Rechtsprechung zumeist nach den allgemeinen Grundsätzen des Bürgerlichen Rechts über die Auslegung von Willenserklärungen (§§ 133, 157 BGB) ermittelt (→ § 198 Rn. 1).[3] Dabei müssen die Tarifvertragsparteien die von ihnen getroffene Vereinbarung nicht ausdrücklich 2

[166] NK-TVG/*Heuschmid* § 1 Rn. 1134; KeZa/*Seifert* TVG § 4 Rn. 315 ff.; JKOS TVR/*Krause* § 4 Rn. 100, 108; Wiedemann/*Oetker* TVG § 1 Rn. 844 f.; aA HWK/*Henssler* TVG § 4 Rn. 27 f.
[167] Wiedemann/*Oetker* TVG § 1 Rn. 809.
[168] NK-TVG/*Heuschmid* § 1 Rn. 1136; JKOS TVR/*Krause* § 4 Rn. 103; *Löwisch/Rieble* TVG § 4 Rn. 412; aA *Hanau* RdA 1970, 161 (163), Wiedemann/*Oetker* TVG § 1 Rn. 813.
[169] BAG 12.2.1975 AP Nr. 12 zu § 4 TVG.
[1] *Gamillscheg,* Kollektives Arbeitsrecht, 643.
[2] BKS/*Berg* Teil 1 Rn. 152; KeZa/*Brecht-Heitzmann/Zachert* Grundl. Rn. 486.
[3] BAG 26.9.2012 AP Nr. 25 zu § 1 TVG Tarifverträge: Bewachungsgewerbe; 8.12.2011 AP Nr. 58 zu § 1 TVG; 7.6.2006 AP Nr. 37 zu § 1 TVG; 14.4.2005 AP Nr. 188 zu § 1 TVG Auslegung = NZA 2005, 178.

als Tarifvertrag bezeichnen.[4] Darüber hinaus wird bei der Auslegung von Tarifverträgen zwischen dem normativen und dem schuldrechtlichen Teil zu unterschieden, wobei hier die §§ 133, 157 BGB herangezogen werden.[5] Näher liegt es indes, jeweils die Grundsätze der Gesetzesauslegung heranzuziehen, weil zu entscheiden ist, wie die Tarifgebundenen die Vereinbarung – vertragliche Vereinbarung oder „Normenvertrag" – oder einzelne Bestimmungen zu verstehen haben.[6]

3 Die so ermittelten **schuldrechtlichen Bestimmungen** eines Tarifvertrags werden dann allerdings wie ein bürgerlich-rechtlicher Vertrag ausgelegt.[7] Hier kann der übereinstimmende Wille der Tarifvertragsparteien auch dann berücksichtigt werden, wenn er – anders als bei der Auslegung des normativen Tarifteils – im Wortlaut keinen Niederschlag gefunden hat. Ebenso ist eine ergänzende Vertragsauslegung möglich.[8] Ein anderes gilt, wenn durch einen solchen Vertrag Rechte zugunsten Dritter begründet werden sollen. Einen **Koalitionsvertrag zugunsten Dritter** hat das BAG daher nach den Grundsätzen zur Auslegung normativer Tarifbestimmungen ausgelegt.[9]

4 Nach der ständigen Rechtsprechung des BAG ist der **normative Teil eines Tarifvertrags** nach den Grundsätzen auszulegen, die für Gesetze gelten.[10] Eine Unklarheitenregelung wie im Recht der AGB (→ § 35 Rn. 32 ff.) gilt nicht.[11] Der wirkliche Wille wird gleichwohl berücksichtigt, ebenso wie der Sinn und der Zweck. Wegen der weitreichenden Wirkung von Tarifnormen auf die Rechtsverhältnisse von tarifgebundenen Dritten, die an den Tarifvertragsverhandlungen unbeteiligt waren, kann im Interesse der **Rechtssicherheit und Rechtsklarheit** der Wille der Tarifvertragsparteien allerdings nur dann berücksichtigt werden kann, wenn er in den tariflichen Normen einen Niederschlag gefunden hat.[12] In der Folge sind die tarifgebundenen AN nicht gehalten, sich Kenntnis über weitere Auslegungsmöglichkeiten, etwa anhand von „Vorgängertarifverträgen", zu verschaffen.[13] Zu berücksichtigen ist weiterhin das **Gebot der gesetzeskonformen Auslegung.**[14]

5 Die Auslegungsgrundsätze formuliert die Rechtsprechung – wenn auch mit sprachlichen Nuancierungen – wie folgt:[15]

„Die Auslegung des normativen Teils eines Tarifvertrags folgt nach ständiger Rechtsprechung des Bundesarbeitsgerichts den für die Auslegung von Gesetzen geltenden Regeln. Auszugehen ist zunächst vom Tarifwortlaut. Zu erforschen ist der maßgebliche Sinn der Erklärung, ohne am Buchstaben zu haften. Dabei sind der wirkliche Wille der Tarifvertragsparteien und damit der von ihnen beabsichtigte Sinn und Zweck der Tarifnorm mit zu berücksichtigen, soweit sie in den tariflichen Normen ihren Niederschlag gefunden haben. Auch auf den tariflichen Gesamtzusammenhang ist abzustellen. Verbleiben noch Zweifel, können weitere Kriterien berücksichtigt werden. Im Zweifel ist die Tarifauslegung zu wählen, die zu einer vernünftigen, sachgerechten, zweckorientierten und praktisch brauchbaren Lösung führt."

Ergänzend kann zur Stützung eines Auslegungsergebnisses auf die Entstehungsgeschichte zurückgegriffen werden (→ Rn. 12). Diese Auslegungsgrundsätze gelten auch für die Auslegung von Anerkennungstarifverträgen. Für andere Maßstäbe ist ein sachlicher Grund nicht erkennbar.[16]

---

[4] BAG 16.5.2012 AP Nr. 52 zu § 4 TVG Nachwirkung = NZA 2013, 220; 8.12.2011 AP Nr. 58 zu § 1 TVG; 14.4.2004 AP Nr. 188 zu § 1 TVG Auslegung = NZA 2005, 178.

[5] S. nur BAG 7.6.2006 AP Nr. 37 zu § 1 TVG.

[6] So BAG 8.12.2010 AP Nr. 62 zu § 99 BetrVG 1972 Einstellung = NZA 2011, 751; 26.8.1998 AP Nr. 33 zu § 1 TVG Tarifverträge: Druckindustrie = NZA 1999, 497; HMB/*Bepler* Teil 3 Rn. 158 f.; offen gelassen in BAG 26.2.2020 AP Nr. 6 zu § 1 TVG Sozialplan = NZA 2020, 1121.

[7] BAG 7.6.2006 AP Nr. 37 zu § 1 TVG.

[8] BAG 8.11.1972 AP Nr. 3 zu § 157 BGB.

[9] BAG 5.11.1997 AP Nr. 29 zu § 1 TVG = NZA 1998, 654.

[10] BAG 23.2.2011 AP Nr. 22 zu § 1 TVG Tarifverträge: Bewachungsgewerbe; 31.8.2010 AP Nr. 47 zu § 1 TVG Tarifverträge: Lufthansa; 17.10.2007 AP Nr. 40 zu § 1 TVG = NZA 2008, 713.

[11] BAG 15.1.2015 AP Nr. 21 zu § 1 TVG Tarifverträge: Verkehrsgewerbe = NZA 2015, 1139.

[12] BAG 18.5.2011 AP Nr. 11 zu § 6 ArbZG = NZA-RR 2011, 581 („stillschweigende Regelung"); 19.9.2007 AP Nr. 202 zu § 1 TVG Auslegung = NZA 2008, 950; 31.10.1990 AP Nr. 11 zu § 1 TVG Tarifverträge: Presse = NZA 1991, 201.

[13] BAG 21.3.2012 AP Nr. 229 zu § 1 TVG Auslegung.

[14] BAG 20.9.2016 AP Nr. 73 zu § 11 BUrlG = NZA 2017, 30; s. auch BAG 12.12.2018 AP Nr. 6 zu § 1 TVG Tarifverträge: Bundesagentur für Arbeit.

[15] Etwa BAG 11.11.2020 AP Nr. 10 zu § 1 TVG Auslegung; 12.12.2018 AP Nr. 6 zu § 1 TVG Tarifträge: Bundesagentur für Arbeit; 26.10.2016 AP Nr. 48 zu § 611 BGB Arbeitszeit.

[16] BAG 11.11.2020 AP Nr. 10 zu § 1 TVG Auslegung; Klarstellung zu BAG 16.6.2017 – 4 AZR 944/08.

6 Danach ist „zunächst von dem **Tarifwortlaut**" auszugehen, gleichwohl aber der Wille der Tarifvertragsparteien soweit als möglich zu berücksichtigen.[17] Das wird treffend als ein zwischen objektiver und subjektiver Theorie vermittelnder Ansatz in Form der **„Andeutungstheorie"** charakterisiert.[18] Führen bei der Auslegung einer tarifvertraglichen Regelung alle nach den anerkannten Auslegungsregeln heranzuziehenden Gesichtspunkte zu keinem eindeutigen Ergebnis, soll letztlich der Auslegung der Vorzug zu geben sein, die bei einem unbefangenen Durchlesen der Regelung als näherliegend erscheint und folglich von den Normadressaten typischerweise als maßgebend empfunden wird.[19]

7 **2. Auslegung normativer Tarifregelungen. a) Wortlaut.** Für den Wortlaut des Tarifvertrags[20] ist zunächst der **allgemeine Sprachgebrauch** heranzuziehen, wie er sich aus Wörterbüchern und Lexika ergibt.[21] Dieser wird verdrängt, wenn die Tarifvertragsparteien eine eigenständige Definition der verwandten Begriffe geben[22] oder einen Rechtsbegriff verwenden.[23] Dann ist anzunehmen, dass die Tarifvertragsparteien ihn in seiner rechtlichen Bedeutung verstehen.[24] Wird ein Begriff mit einer arbeitsrechtlich festen Bedeutung verwendet – etwa ein bestimmtes Berufsbild[25] –, so gilt diese.[26] Gleiches gilt für Begriffe mit einer bestimmten branchenspezifischen[27] oder fachtechnischen Bedeutung.[28] Sind fremdsprachige Begriffe Inhalt des Tarifvertrags, sind sie zur Auslegung mit heranzuziehen.[29] Sprechen die Tarifvertragsparteien von einem Arzt, so ist anzunehmen, dass sie eine Medizinalperson im Sinne der Bundesärzteordnung meinen.[30] Gleiches gilt, wenn eine staatliche anerkannte Berufsausbildung in den Tarifwortlaut aufgenommen wird. Wechselt der Sprachgebrauch, ist auf den Zeitpunkt des Tarifvertragsabschlusses abzustellen.[31]

8 Bei der Auslegung des Wortlauts sind die Vorstellungen der Tarifvertragsparteien bei Abschluss des Tarifvertrags wie sie ihren Niederschlag in **Protokollnotizen** gefunden haben zu berücksichtigen. Haben die Protokollnotizen den Rang von Tarifverträgen (→ § 198 Rn. 20), sind sie bereits im Zusammenhang der Auslegung nach dem Wortlaut zu berücksichtigen.[32] Sonst stellen sie Meinungsäußerungen der an den Verhandlungen beteiligten Stellen dar, die Auslegungsindizien für den wirklichen Willen der Tarifvertragsparteien bieten können. Diese dürfen aber nicht im Widerspruch zum Wortlaut stehen.[33] Gleiches gilt für **Niederschriftserklärungen.**[34]

---

[17] Krit. zur Rspr. etwa NK-TVG/*Däubler* Einl. Rn. 600 ff.

[18] Wiedemann/*Thüsing* TVG § 1 Rn. 956; ebenso ErfK/*Franzen* TVG § 1 Rn. 94.

[19] BAG 22.4.2010 AP Nr. 36 zu § 1 TVG Tarifverträge: Deutsche Bahn; ebenso – durchschnittlicher Normanwender – BAG 18.10.2012 AP Nr. 12 zu § 6 TVÜ.

[20] Etwa BAG 30.1.2019 AP Nr. 313 zu § 611 BGB Gratifikation = NZA 2019, 563 („Garantiebetrag"); 8.5.2018 AP Nr. 4 zu § 1 TVG Tarifverträge: Klempnerhandwerk („Dienstreise"); 24.2.2016 AP Nr. 234 zu § 1 TVG Auslegung = NZA 2016, 1292; 12.2.2015 AP Nr. 27 zu § 1 TVG Tarifverträge: Gebäudereinigung = NZA-RR 2015, 305 („laufend verrichten"); 10.9.2014 NZA-RR 2015, 86 („entsprechende Freizeit").

[21] BAG 16.4.2014 ZTR 2014, 648 („grundsätzlich"); 22.1.2013 NZA-RR 2013, 300 („klarer Wortlaut); 24.3.2010 AP Nr. 11 zu § 8 TVöD = NZA 2010, 958.

[22] BAG 17.9.2003 AP Nr. 9 zu § 1 TVG Tarifverträge: Verkehrsgewerbe; 25.8.1962 AP Nr. 9 zu § 1 TVG Auslösung.

[23] BAG 17.4.2013 BAGE 145, 37 („Günstigkeitsprinzip"); 24.5.2012 NZA-RR 2012, 81; 23.2.2012 NZA 2012, 992 („Betriebsänderung").

[24] BAG 22.7.2010 AP Nr. 14 zu § 1 TVG Tarifverträge: Arzt = NZA 2010, 1194; 13.5.1998 AP Nr. 242 zu §§ 22, 23 BAT 1975; zur Verwendung gesetzlicher Begriffe: BAG 18.3.2003 AP Nr. 1 zu § 49 MTArb.

[25] BAG 14.10.2020 AP Nr. 10 zu § 56 TVöD.

[26] BAG 24.3.2010 ZTR 2010, 407.

[27] BAG 29.1.2020 AP Nr. 166 zu § 99 BetrVG 1972 = NZA 2020, 803; 30.1.2013 AP Nr. 24 zu § 1 TVG Tarifverträge: Gebäudereinigung („Unterhaltsreinigung"); 5.9.2012 AP Nr. 100 zu § 1 TVG Tarifverträge: Einzelhandel („Supermarkt").

[28] BAG 3.7.2013 EzA Nr. 57 zu § 4 TVG Einzelhandel („SB-Laden"); 24.5.2012 AP Nr. 13 zu § 1 TVG Tarifverträge: Telekom = NZA-RR 2012, 81; 14.3.2012 AP Nr. 199 zu § 4 TVG Ausschlussfristen = NZA-RR 2012, 480 („positives Betriebsergebnis").

[29] BAG 2.11.2016 AP Nr. 36 zu § 1 TVG Tarifverträge: Luftfahrt („Office Duty").

[30] BAG 5.12.1990 AP Nr. 153 zu §§ 22, 23 BAT 1975 = NZA 1991, 375; 20.4.1983 AP Nr. 71 zu §§ 22, 23 BAT 1975.

[31] BAG 4.11.1987 AP Nr. 139 zu §§ 22, 23 BAT 1975.

[32] Vgl. BAG 2.10.2007 NZA-RR 2008, 242; 19.9.2007 AP Nr. 202 zu § 1 TVG Auslegung = NZA 2008, 950; 4.4.2001 AP Nr. 26 zu § 4 TVG Tarifkonkurrenz = NZA 2001, 1005.

[33] BAG 21.3.1973 AP Nr. 12 zu § 4 TVG Geltungsbereich; weitergehend 29.4.1982 AP Nr. 4 zu § 15 BAT.

[34] BAG 3.12.1986 AP Nr. 6 zu § 51 TVAL II = NZA 1987, 572; 27.8.1986 AP Nr. 28 zu § 7 BUrlG.

9 **b) Tariflicher Gesamtzusammenhang.** Der Gesamtzusammenhang eines Tarifvertrags kann für den Wortsinn eines Begriffs von Bedeutung sein, namentlich wenn dieser nicht „eindeutig" ist.[35] Er kann die Auslegung nach dem Wortlaut bestätigen,[36] aber auch ein engeres[37] oder weiteres Verständnis ergeben.[38] In vielen Fällen erschließt sich die Bedeutung des Wortlauts erst aus der **Systematik des Tarifvertrags.**[39] Zu denken ist insoweit an die Verwendung bestimmter Begriffe des Tarifvertrags in anderen Wortzusammensetzungen, desselben Begriffs in anderen Vorschriften[40] oder andere tarifliche Beschreibungen sowie Regelungen, die das Ergebnis der Wortlautauslegung infrage stellen.[41] Im Allgemeinen wird bei einem Tarifvertrag vorbehaltlich anderer Anhaltspunkte davon auszugehen sein, dass der von den Tarifvertragsparteien verwendete Begriff immer identisch ist, also immer in der gleichen Bedeutung vorkommt. Verwenden die Tarifvertragsparteien unterschiedliche Begriffe, deutet dies auf einen anderen Regelungsinhalt hin.[42] Die Reichweite einer Norm kann sich daraus erschließen, dass Regelungskomplexe, die die streitige Tarifbestimmung enthalten, nur für bestimmte Arbeitnehmergruppen gelten sollen, weshalb die fehlende Erwähnung in der konkreten Norm ohne Bedeutung ist.[43] Für bestimmte Auslegungsergebnisse können andere Tarifregelungen sprechen, die bei einem abweichenden Verständnis überflüssig wären.[44] Der Gesamtzusammenhang kann in seltenen Fällen dazu führen, dass ein Tarifvertrag korrigierend auszulegen[45] oder von einem „Redaktionsversehen" auszugehen ist.[46] Bei Ausnahmeregelungen geht die Rechtsprechung des BAG davon aus, dass diese ebenso wie bei Gesetzen eng auszulegen sind.[47]

10 In welchem Umfang bei der Auslegung von Tarifverträgen auf **andere Tarifverträge zurückgegriffen** werden kann, ist unterschiedlich zu beurteilen. Im Allgemeinen werden sich Mantel-, Lohn- und sonstige Tarifverträge des gleichen Geltungsbereiches und der gleichen Tarifvertragsparteien ergänzen, sodass bei der Auslegung eines Begriffes auf den Zusammenhang mehrerer Tarifverträge abgestellt werden kann.[48] Auch bei Tarifverträgen desselben fachlichen und betrieblichen Geltungsbereiches, aber uU sogar bei einem unterschiedlichen örtlichen Geltungsbereich ist ein Rückgriff möglich.[49] Dagegen ist eine **tarifvertragsübergreifende Auslegung,** wenn ein Begriff in mehreren Tarifverträgen eines anderen fachlichen und betrieblichen Geltungsbereiches vorkommt oder die Tarifverträge sogar von unterschiedlichen Tarifvertragsparteien geschlossen wurden, grundsätzlich ausgeschlossen.[50] Nur ausnahmsweise, wenn gewichtige Anhaltspunkte vorliegen, kann davon ausgegangen werden, dass etwa der Sprachgebrauch anderer Tarifparteien von Bedeutung sein soll.[51] Im Falle der Ablösung eines Tarifvertrags kann zur Auslegung auch auf den vorangegangenen zurückgegriffen werden.[52]

11 **c) Sinn und Zweck der Regelung.** Für die Auslegung des Tarifvertrags ist weiterhin von Bedeutung die **tarifvertragliche Zwecksetzung,** die sich aus dem Gesamtzusammenhang des

[35] BAG 27.3.2019 AP Nr. 249 zu § 1 TVG Tarifverträge: Metallindustrie.
[36] BAG 17.4.2013 ZTR 2013, 611; 22.1.2013 NZA-RR 2013, 300 („klarer Wortlaut"); 14.9.2011 NZA-RR 2012, 87.
[37] BAG 22.6.2016 AP Nr. 28 zu § 1 TVG Tarifverträge: Bewachungsgewerbe = NZA-RR 2016, 595.
[38] BAG 16.12.2020 AP Nr. 3 zu § 1 TVG Tarifverträge: Internationaler Bund.
[39] BAG 20.6.2018 AP Nr. 61 zu § 1 TVG Tarifverträge: Lufthansa = NZA 2019, 264 (Berechnung von „Krankenbezügen"); 17.3.2016 AP Nr. 2 zu § 2 TV SozSich („zumutbar"); 28.8.2013 ZTR 2014, 24 („Prozent"/„Prozentpunkt").
[40] Etwa BAG 21.4.2010 AP Nr. 45 zu § 1 TVG Altersteilzeit.
[41] BAG 15.8.2018 AP Nr. 60 zu § 1 TVG Tarifverträge: Lufthansa = NZA 2018, 1410; 31.1.2018 AP Nr. 4 zu § 1 TVG Tarifverträge: Systemgastronomie = NZA-RR 2018, 253 („Beschäftigungsjahr"/„Betriebszugehörigkeit").
[42] BAG 22.7.2010 AP Nr. 14 zu § 1 TVG Tarifverträge: Arzt = NZA 2010, 1194.
[43] BAG 24.6.2010 AP Nr. 2 zu § 11 TVUmBw.
[44] BAG 16.12.2010 AP Nr. 29 zu § 1 TVG Tarifverträge: Arzt.
[45] BAG 31.10.1990 AP Nr. 11 zu § 1 TVG Tarifverträge: Presse = NZA 1991, 201.
[46] BAG 19.6.2018 AP Nr. 246 zu § 1 TVG Tarifverträge: Metallindustrie = NZA 2019, 113; 21.11.2012 AP Nr. 54 zu § 1 TVG Tarifverträge: Lufthansa.
[47] BAG 25.10.1995 AP Nr. 57 zu § 1 TVG Tarifverträge: Einzelhandel = NZA 1996, 988; 13.1.1981 AP Nr. 2 zu § 46 BPersVG.
[48] BAG 15.5.1991 AP Nr. 97 zu § 1 TVG Tarifverträge: Metallindustrie; 20.4.1988 AP Nr. 95 zu § 1 TVG Tarifverträge: Bau.
[49] Vgl. BAG 24.3.1993 AP Nr. 21 zu § 72 ArbGG 1979 = NZA 1993, 849.
[50] BAG 26.9.2017 AP Nr. 236 zu § 112 BetrVG 1972; 28.1.2009 AP Nr. 37 zu § 99 BetrVG 1972 Eingruppierung = NZA 2009, 1042; 31. 10 1984 AP Nr. 3 zu § 42 TVAL II.
[51] BAG 25.4.2018 AP Nr. 31 zu § 1 TVG Tarifverträge: Bewachungsgewerbe = NZA 2018, 1081; 18.10.2017 AP Nr. 362 zu § 1 TVG Tarifverträge: Bau = NZA-RR 2018, 85.
[52] BAG 27.7.2018 AP Nr. 25 zu § 1 TVG Tarifverträge: Verkehrsgewerbe = NZA-RR 2018, 90.

Tarifvertrags ergibt.[53] Soll etwa ein Ausgleich für Belastungen geschaffen werden, ist mit der „Arbeitsleistung“ deren tatsächliche Erbringung und nicht nur der rechtliche Bestand des Arbeitsverhältnisses gemeint.[54] Im Rahmen von Ausschlussfristen ist bei der „Beendigung des Arbeitsverhältnisses“ (→ § 209 Rn. 28) auf die rechtliche Beendigung als klar bestimmbarem Zeitpunkt und nicht auf das tatsächliche Ende abzustellen.[55] Im Zusammenhang mit der zweckorientierten Auslegung wird ergänzend das Kriterium der vernünftigen, sachgerechten, zweckorientierten und praktisch brauchbaren Regelung – ergänzend – herangezogen,[56] etwa wenn die Auslegung ein Redaktionsversehen ergibt.[57]

12 **d) Tarifgeschichte und frühere Tarifauslegung.** Auf die **Entstehungsgeschichte** einer tariflichen Regelung greift die Rechtsprechung des BAG u.a. zurück, wenn nach der Auslegung einer Tarifnorm nach Wortlaut, Wortsinn und tariflichem Gesamtzusammenhang an deren Inhalt und dem wirklichen Willen der Tarifvertragsparteien noch letzte Zweifel bleiben.[58] Dies darf aber nicht im Widerspruch zu dem nach Wortlaut und Systematik gewonnenen Ergebnis stehen. In der Sache kann die Tarifgeschichte ein nach den anderen Auslegungskriterien gewonnenes Ergebnis bestätigen.[59] Das ist etwa der Fall, wenn im Verlauf von Tarifvertragsverhandlungen Begriffe oder Regelungen geändert werden, um einen entsprechenden Anwendungsbereich für die Tarifbestimmung zu schaffen.[60] Die Fortentwicklung eines Tarifvertrags kann Rückschlüsse auf den Willen der Tarifvertragsparteien zulassen.[61]

13 Die **Wiederverwendung bestimmter Begriffe** oder der Regelungen aus Vorgängertarifverträgen kann dafür sprechen, dass Sachverhalte aus der Zeit des abgelösten Tarifvertrags berücksichtigt werden sollen.[62] Ebenso kann in solchen Fällen, wenn der Begriff oder eine Regelung durch die Rechtsprechung in einem bestimmten Sinne ausgelegt wurde, regelmäßig und vorbehaltlich anderer Anhaltspunkte davon ausgegangen werden, dass die Tarifvertragsparteien den Begriff in diesem Sinne verwendet haben.[63] Im Vergleich zum Vorgängertarifvertrag abweichende Begrifflichkeiten sprechen für einen abweichenden Regelungsgehalt.[64] Der Umstand, dass frühere Regelungen nicht mehr übernommen worden sind, kann bei der Auslegung berücksichtigt werden.[65] Weiterhin kann die Fortentwicklung eines Tarifvertrags Rückschlüsse auf den Willen der Tarifvertragsparteien zulassen.[66]

14 **e) Verfassungs- und gesetzeskonforme Auslegung.** Bei der Auslegung ist weiterhin zu berücksichtigen, dass die Tarifvertragsparteien im Zweifel eine **gesetzes- und verfassungskonforme Bestimmung** treffen wollen.[67] Deshalb ist bei zwei möglichen Auslegungen diejenige vorzuziehen, die in Übereinstimmung mit höherrangigem Recht steht, wozu auch der Allge-

[53] S. etwa BAG 21.10.2009 AP Nr. 3 zu § 7 TVöD = NZA 2010, 349; 18.3.2010 AP Nr. 24 zu § 29 BAT; 20.1.2009 AP Nr. 43 zu § 1 TVG Altersteilzeit = NZA 2010, 295.

[54] BAG 17.11.2009 AP Nr. 1 zu § 46 TVöD.

[55] BAG 11.2.2009 AP Nr. 192 zu § 4 TVG Ausschlussfristen = NZA 2009, 687.

[56] BAG 26.4.2017 AP Nr. 17 zu § 1 TVG Tarifverträge: Versicherungsgewerbe = NZA-RR 2017, 408; 22.4.2009 AP Nr. 21 zu § 1 TVG Tarifverträge: Bewachungsgewerbe.

[57] BAG 21.11.2012 AP Nr. 54 zu § 1 TVG Tarifverträge: Lufthansa; „grundsätzliche Bedenken“ BAG 10.12.2014 AP Nr. 25 zu § 4 TVG Günstigkeitsprinzip = NZA 2015, 946 (allerdings in einem obiter dictum); dazu BAG 17.6.2015 AP Nr. 26 zu § 1 TVG Bewachungsgewerbe = NZA-RR 2015, 583; s. nunmehr BAG 12.12.2018 AP Nr. 6 zu § 1 TVG Tarifverträge: Bundesagentur für Arbeit.

[58] BAG 16.12.2020 AP Nr. 3 zu § 1 TVG Tarifverträge: Internationaler Bund; 12.12.2018 AP Nr. 6 zu § 1 TVG Tarifträge: Bundesagentur für Arbeit, in Abgrenzung zu (nicht tragend) BAG 20.6.2018 AP Nr. 61 zu § 1 TVG Tarifverträge: Lufthansa = NZA 2019, 264; 3.12.2019 AP Nr. 107 zu § 1 TVG Tarifverträge: Einzelhandel = NZA 2020, 672; 2.11.2016 AP Nr. 36 zu § 1 TVG Tarifverträge: Luftfahrt. Grundsätzlich Bedenken (obiter) in BAG 10.12.2014 AP Nr. 25 zu § 4 TVG Günstigkeitsprinzip mAnm *Kamanabrou* = NZA 2015, 946; dagegen BAG 17.6.2015 AP Nr. 26 zu § 1 TVG Tarifverträge: Bewachungsgewerbe = NZA-RR 2015, 583.

[59] S. etwa BAG 22.1.2013 NZA-RR 2013, 300; 18.1.2012 AP Nr. 3 zu § 6 TVUmBw = NZA-RR 2013, 26; 17.12.2009 AP Nr. 9 zu § 8 TVöD.

[60] BAG 24.2.2010 AP Nr. 220 zu § 1 TVG Auslegung.

[61] BAG 4.4.2001 AP Nr. 172 zu § 1 TVG Auslegung.

[62] BAG 10.11.2010 AP Nr. 213 zu § 1 TVG Tarifverträge: Metallindustrie = NZA-RR 2011, 184; 9.12.2009 AP Nr. 8 zu § 1 TVG Tarifverträge: Arzt = NZA 2010, 895.

[63] BAG 24.3.2010 AP Nr. 11 zu § 8 TVöD = NZA 2010, 958; 23.9.2009 AP Nr. 3 zu § 1 TVG Tarifverträge: Arzt = NZA 2010, 588.

[64] BAG 20.1.2010 AP Nr. 2 zu § 47 TVöD.

[65] BAG 19.11.2009 AP Nr. 8 zu § 8 TVöD.

[66] BAG 4.4.2001 AP Nr. 172 zu § 1 TVG Auslegung.

[67] BAG 21.7.1993 AP Nr. 144 zu § 1 TVG Auslegung = NZA 1994.

meine Gleichheitssatz des Art. 3 I GG gehört.[68] Gleiches ist im Hinblick auf die Konformität mit dem **Recht der EU** anzunehmen.[69]

15 **3. Auslegung von tariflichen Verweisungsklauseln.** In Tarifverträgen wird nicht nur auf andere tarifliche Regelungen verwiesen (→ § 198 Rn. 4 f.), sondern auch auf Gesetze, sei es, dass auf die gesetzliche Regelung im Tarifvertrag hingewiesen oder sie im Wortlaut wiedergegeben wird. Bei solchen Regelungen ist zu ermitteln, ob der Tarifvertrag lediglich **deklaratorisch** eine ohnehin bestehende Gesetzeslage wiedergegeben wird oder ob die Tarifvertragsparteien durch die Aufnahme in den Tarifvertrag eine eigene **konstitutive Regelung** schaffen wollten, die unabhängig von späteren Gesetzesänderungen mit dem aufgenommenen Inhalt Bestand haben soll.

16 Wird lediglich **auf die Geltung** von gesetzlichen Bestimmungen **verwiesen** – etwa: „Im Krankheitsfall gelten die Bestimmungen des Entgeltfortzahlungsgesetzes"[70] – wird regelmäßig eine deklaratorische Bestimmung angenommen, die lediglich auf die bestehende Gesetzeslage hinweisen will.[71] Anders verhält es sich, wenn gesetzliche **Regelungen abgeändert**[72] oder auf Personengruppen erstreckt werden, für die sie „an sich" nicht gelten.[73] Hier ist erkennbar von einer eigenständigen, konstitutiven Tarifbestimmung auszugehen. Die Auslegung kann aber dazu führen, dass eine teilweise konstitutive – soweit gesetzliche Bestimmungen geändert werden – und teilweise deklaratorische Regelung – soweit im Übrigen die gesetzliche Lage maßgebend sein soll – anzunehmen ist.[74]

17 Bei einer **wörtlichen oder inhaltsgleichen Übernahme** in einen Tarifvertrag ist nach der Rechtsprechung des BAG beim Fehlen entgegenstehender Anhaltspunkte[75] davon auszugehen, dass lediglich im Interesse der Klarheit und Übersichtlichkeit die vollständige Darstellung der geltenden Rechtslage im Tarifvertrag bezweckt wird, also eine deklaratorische Regelung vorliegt.[76] Ein anderes muss sich aus dem tariflichen Gesamtzusammenhang ergeben und der Normsetzungswille einen deutlichen Niederschlag gefunden haben.[77] Deshalb wird auch zu Recht von einer umgekehrten Auslegungsregel ausgegangen. Aufgrund der Aufnahme in den Tarifvertrag ist davon auszugehen, dass die Tarifvertragsparteien konstitutive Regelungen schaffen wollten.[78]

18 **4. Tarifliche Regelungslücken.** Bei der Anwendung des Tarifvertragsinhalts kann sich nach einer Auslegung ergeben, dass bestimmte Fallgestaltungen von den tariflichen Normen nicht geregelt werden. Für Tarifverträge kann nicht stets angenommen werden, sie wollten die Arbeitsbedingungen vollständig regeln und für alle auftretenden Fallgestaltungen Normen setzen.[79] Ist eine solche Tarifvertragslücke vorhanden, ist zu unterscheiden, ob es sich um eine **bewusste Regelungslücke** handelt oder um eine **unbewusste Tariflücke.**[80] Nur im letzten Fall ist zu überprüfen, ob eine Lückenschließung durch das Gericht in Betracht kommt. Tarifliche Regelungslücken können aber auch dann nur unter bestimmten Umständen von der Rechtsprechung geschlossen werden (zur Eingruppierung → § 64 Rn. 23 ff.).

19 Möglich ist zunächst eine **bewusste Tariflücke.** Eine solche ist anzunehmen, wenn der Tarifvertrag ergibt, dass die Tarifvertragsparteien den fraglichen Regelungsgegenstand bewusst nicht behandeln wollten[81] oder keine Einigung darüber erzielt haben.[82] Dann ist eine Lücken-

[68] BAG 15.9.2009 AP Nr. 45 zu § 1 TVG Tarifverträge: Lufthansa.
[69] BAG 25.8.2020 AP Nr. 98 zu § 7 BUrlG = NZA 2021, 217; weiterhin NK-TVG/*Däubler* Einl. Rn. 620; ErfK/*Franzen* TVG § 1 Rn. 99.
[70] BAG 1.7.1998 AP Nr. 5 zu § 1 TVG Tarifverträge: Betonsteingewerbe = NZA 1999, 43.
[71] BAG 29.9.2011 AP Nr. 67 zu § 622 BGB = NZA 2012; 30.8.2000 AP Nr. 15 zu § 1 TVG Tarifverträge: Großhandel.
[72] BAG 24.3.2010 AP Nr. 141 zu Art. 12 GG = NZA 2010, 693.
[73] BAG 28.1.1988 AP Nr. 24 zu § 622 BGB = NZA 1989, 228.
[74] BAG 29.1.1997 AP Nr. 22 zu § 1 TVG Tarifverträge: Textilindustrie = NZA 1997, 726; 14.2.1996 AP Nr. 21 zu § 1 TVG Tarifverträge: Textilindustrie = NZA 1997, 97.
[75] So in BAG 21.4.2010 AP Nr. 212 zu § 1 TVG Tarifverträge: Metallindustrie.
[76] BAG 16.6.1998 AP Nr. 6 zu § 1 TVG Tarifverträge: Schuhindustrie = NZA 1998, 1288.
[77] BAG 30.8.2000 AP Nr. 15 zu § 1 TVG Tarifverträge: Großhandel.
[78] NK-TVG/*Däubler* Einl. Rn. 635; ErfK/*Franzen* TVG § 1 Rn. 94; *Preis* FS Schaub, 1998, 571 (592); aA *Kamanabrou* RdA 1997, 22 (27).
[79] BAG 13.6.1973 AP Nr. 123 zu § 1 TVG Auslegung.
[80] Krit. zu dieser Unterscheidung KeZa/*Brecht-Heitzmann/Zachert* Grundl. Rn. 543.
[81] BAG 28.6.2012 AP Nr. 24 zu § 611 BGB Fleischbeschauer-Dienstverhältnis; 15.6.2010 AP Nr. 32 zu § 1 TVG Tarifverträge: Luftfahrt; 23.2.2005 AP Nr. 33 zu § 1 TVG Tarifverträge: Lufthansa.
[82] BAG 26.8.1987 AP Nr. 138 zu §§ 22, 23 BAT 1975; 10.10.1984 AP Nr. 95 zu §§ 22, 23 BAT 1975.

schließung durch die Gerichte ausgeschlossen.[83] Sie sind nicht befugt, gegen den Willen der Tarifvertragsparteien ergänzende tarifliche Regelungen zu „schaffen". Das wäre ein unzulässiger Eingriff in die verfassungsrechtlich geschützte Tarifautonomie.[84] Eine Ausnahme besteht, wenn die Schließung der Tariflücke in einer bestimmten Weise von Rechts wegen zwingend geboten ist.[85] Eine solche bewusste Tariflücke ist in der Rechtsprechung angenommen worden bei einer Vergütungsordnung, die ersichtlich nicht alle Berufe des betreffenden Unternehmens erfassen will,[86] wenn den Tarifvertragsparteien eine Regelungsmöglichkeit bekannt war und sie hiervon keinen Gebrauch machen,[87] sie keine Einigung erzielt[88] oder sie trotz Feststellung einer Tariflücke diese in nachfolgenden Tarifverträgen nicht geschlossen haben[89] oder sie in einer Vergütungsordnung einen Ausschließlichkeitskatalog vereinbart haben.[90]

Eine unbewusste Regelungslücke ist dann gegeben, wenn die Tarifvertragsparteien einen bestimmten Sachverhalt nicht behandelt haben, weil sie ihn bei Abschluss des Tarifvertrags nicht bedacht haben[91] oder wenn die Lücke durch nachträglich eintretende Umstände entstanden ist,[92] wozu Gesetzesänderungen zählen.[93] Die **Ausfüllung einer unbewussten Tariflücke** hat unter Berücksichtigung dessen zu erfolgen, „wie die Tarifvertragsparteien die betreffende Frage bei objektiver Betrachtung der wirtschaftlichen und sozialen Zusammenhänge im Zeitpunkt des Tarifvertragsabschlusses voraussichtlich geregelt hätten, falls sie an den nicht geregelten Fall gedacht hätten". Es müssen jedoch „hinreichend und vor allem sichere Anhaltspunkte gegeben sein, dass die Tarifvertragsparteien die Frage in bestimmter Weise geregelt hätten", wenn sie die Lückenhaftigkeit erkannt hätten.[94] Daher scheidet eine Lückenfüllung aus, wenn die Tarifvertragsparteien verschiedene Gestaltungsmöglichkeiten haben und nicht eindeutig ermittelt werden kann, welche sie getroffen hätten, weil auch dann ein Eingriff in die durch Art. 9 III GG allein den Tarifvertragsparteien zugewiesene Gestaltungsfreiheit vorliegt.[95] Hier sind allein die Tarifvertragsparteien berechtigt, die Lücke zu schließen.[96] In der Rechtsprechung wird eine Lückenfüllung nur selten vorgenommen.[97] 20

II. Gerichtliche Überprüfung von Tarifverträgen

1. Grundsatz. Über die Wirksamkeit eines Tarifvertrags oder einer einzelnen tariflichen Bestimmung sowie über die Auslegung tariflicher Normen befinden die Gerichte inzident im Rahmen eines bei ihnen anhängigen Rechtstreits, wenn dessen Entscheidung hiervon abhängt. Dabei haben die Gerichte, sobald erkennbar ist, dass ein Tarifvertrag infolge beiderseitiger Tarifgebundenheit für ein Arbeitsverhältnis gelten könnte, den maßgebenden **Tarifvertrag gem. § 293 ZPO zu ermitteln.**[98] Diese Verpflichtung besteht nicht, wenn die Anwendung ausschließlich auf vertraglicher Vereinbarung, etwa einer Bezugnahmeklausel (→ § 206 Rn. 9 ff.) 21

---

[83] BAG 11.7.2019 AP Nr. 8 zu § 1 TVG Tarifverträge: Versorgungsbetriebe; 18.11.2015 AP Nr. 27 zu § 1 TVG Tarifverträge: DRK; 15.6.1994 AP Nr. 179 zu §§ 22, 23 BAT 1975 = NZA 1995, 1212.
[84] BAG 3.7.2014 ZTR 2014, 597; 25.2.2009 AP Nr. 215 zu § 1 TVG Auslegung.
[85] BAG 13.11.1985 AP Nr. 136 zu Art. 3 GG = NZA 1986, 321.
[86] BAG 25.2.2009 AP Nr. 215 zu § 1 TVG Auslegung.
[87] BAG 18.3.2010 AP Nr. 6 zu § 29 BAT-O = NZA 2010, 824; 28.5.2009 AP Nr. 184 zu § 611 BGB Lehrer, Dozenten.
[88] BAG 15.6.1994 AP Nr. 179 zu §§ 22, 23 BAT 19875 = NZA 1995, 1212.
[89] BAG 22.4.2009 AP Nr. 6 zu § 23b BAT.
[90] BAG 8.11.2006 AP Nr. 1 zu § 2 BMT-G II = NZA-RR 2007, 205.
[91] BAG 22.3.2017 AP Nr. 20 zu § 1 TVG Tarifverträge: Presse = NZA-RR 2017, 357; 24.2.1988 AP Nr. 2 zu § 1 TVG Tarifverträge: Schuhindustrie = NZA 1988, 553; vgl. aber 13.12.1995 AP Nr. 3 zu §§ 22, 23 BAT-O.
[92] BAG 16.12.2010 AP Nr. 10 zu § 1a KSchG 1969 = NZA-RR 2011, 421; 21.10.1992 AP Nr. 165 zu §§ 22, 23 BAT 1975.
[93] BAG 16.12.2010 AP Nr. 10 zu § 1a KSchG 1969 = NZA-RR 2011, 421; 20.7.2006 AP Nr. 1 zu § 2 BMT-G II SR 2g = NZA 2001, 559.
[94] BAG 8.11.2006 AP Nr. 1 zu § 2 BMT-G II; 3.11.1998 AP Nr. 41 zu § 1 BetrAVG Gleichbehandlung = NZA 1999, 999.
[95] BAG 9.12.2020 – 10 AZR 33/20; 12.12.2013 NZA-RR 2014, 431.
[96] Vgl. BAG 23.9.1984 AP Nr. 93 zu §§ 22, 23 BAT 1975.
[97] Etwa BAG 3.7.2014 NZA-RR 2014, 565 (Stufenzuordnung); 16.12.2010 AP Nr. 10 zu § 1a KSchG 1969 = NZA-RR 2011, 421 (Abfindungsanrechnung und § 1a KSchG); 3.11.1998 AP Nr. 41 zu § 1 BetrAVG Gleichbehandlung = NZA 1999, 999 (Versorgungstarifvertrag); 8.2.1995 AP Nr. 1 zu § 22 MTA = NZA-RR 1996, 55 (Vergütungsordnung).
[98] BAG 9.8.1995 AP Nr. 8 zu § 293 ZPO = NZA 1996, 994.

beruht.[99] Die Ermittlung der hierfür notwendigen Tatsachen kann nach Zurückverweisung durch das BAG an die Berufungsinstanz erfolgen.[100] Nach § 293 ZPO soll das Gericht Auskünfte der Tarifvertragsparteien einholen können.[101] Das ist, wenn man dies überhaupt für zulässig erachten wollte,[102] dann nicht erforderlich, wenn die Auslegung nach den vorstehenden Kriterien zu einem zweifelsfreien Ergebnis führt. Ferner darf die Auskunft nicht auf eine prozessentscheidende Rechtsfrage gerichtet sein.[103] Die Auslegung erfolgt als Rechtsanwendung durch den Richter, weshalb es nicht zulässig ist, im Rahmen einer Tarifauskunft nach der Auslegung einer Norm zu fragen.[104] Besondere Regelungen bestehen, wenn ein Verfahren nach § 9 TVG über das Bestehen oder Nichtbestehen eines Tarifvertrags sowie über den Inhalt eines Tarifvertrags durchgeführt wird oder wurde (→ Rn. 24 ff.). Ist in diesem Zusammenhang die Tariffähigkeit (→ § 196 Rn. 4 f.) oder die Tarifzuständigkeit (→ § 197 Rn. 13 ff.) eines Verbandes im Streit und hängt die Entscheidung eines Verfahrens hiervon ab, ist das Verfahren bis zu einer Entscheidung nach §§ 2a I Nr. 4, 97 ArbGG auszusetzen.

22 **2. Inzidentkontrolle.** Im Rahmen eines anhängigen Rechtsstreits sind die Wirksamkeitsvoraussetzungen eines Tarifvertrags von Amts wegen und noch in der Revisionsinstanz zu berücksichtigen. Das betrifft neben der Tarifzuständigkeit und der Tariffähigkeit (→ Rn. 21) etwa die Wahrung der Schriftform,[105] der wirksamen Vertretung bei Abschluss eines Tarifvertrags (→ § 197 Rn. 4)[106] oder des wirksamen Vertragsschlusses überhaupt.[107] Den Gerichten obliegt die Auslegung von Tarifverträgen nach den beschriebenen Maßstäben (→ Rn. 7 ff.). Die Auslegung kann in der **Revisionsinstanz** in vollem Umfang nachgeprüft werden.[108]

23 Die Gerichte für Arbeitssachen haben die Tarifnormen auf ihre **Vereinbarkeit mit höherrangigem Recht** (→ § 198 Rn. 4 ff.) zu prüfen. Die Arbeitsgerichte können im Unterschied zur Rechtslage bei formellen Gesetzen iSd Art. 100 I GG selbst darüber entscheiden, ob eine Tarifnorm nichtig ist oder nicht.[109] Eine tarifliche Norm ist bei einem Verstoß gegen den **Gleichheitssatz des Art. 3 I GG** nichtig (→ § 198 Rn. 7).[110] Der Lösungsweg einer Unvereinbarkeitserklärung der Tarifnorm mit höherrangigem Recht ist nicht möglich, weil die Gerichte den Tarifvertragsparteien keine bestimmten Normierungspflichten auferlegen können.[111]

24 **3. Verfahren nach § 9 TVG. a) Grundsatz.** Meinungsverschiedenheiten zwischen Tarifvertragsparteien über die Wirksamkeit eines Tarifvertrags oder dessen Inhalt können im Verfahren der sog. **Verbandsklage** nach § 9 TVG geklärt werden, für die ausschließlich die Gerichte für Arbeitssachen zuständig sind (§ 2 I Nr. 1 ArbGG). Die Verbandsklage hat vorrangig den Zweck, die normative Wirkung eines Tarifvertrags mit einer möglichst einheitlichen rechtlichen Beurteilung von Tarifbestimmungen zu unterstützen und Individualrechtsstreitigkeiten zu vermeiden.[112] Wegen der erweiterten Bindungswirkung (→ Rn. 28) ist regelmäßig die Revision wegen grundsätzlicher Bedeutung zuzulassen.[113]

25 Die Verbandsklage nach § 9 TVG **erweitert die Möglichkeiten einer Feststellungsklage.** Ein Tarifvertrag begründet zwischen dessen Parteien lediglich in seinem schuldrechtlichen Teil Rechte und Pflichten, die neben einer Leistungsklage weiterhin im Rahmen einer Feststellungsklage geklärt werden können.[114] In seinem normativen Teil werden keine Rechte

---

[99] BAG 8.7.2015 AP Nr. 131 zu § 1 TVG Bezugnahme auf Tarifvertrag = NZA 2015, 1462.
[100] So schon BAG 21.3.1958 AP Nr. 1 zu § 614 BGB.
[101] S. BAG 23.2.1994 AP Nr. 2 zu § 1 TVG Tarifverträge: Kirchen.
[102] Zur Problematik ausf. *Creutzfeldt* FS Düwell, 2011, 286 ff.
[103] BAG 12.12.2018 AP Nr. 6 zu § 1 TVG Tarifverträge: Bundesagentur für Arbeit; 12.12.2012 AP Nr. 10 zu § 1 TVG Tarifverträge: Krankenanstalten; s. auch (weitgehend) BAG 18.10.2012 AP Nr. 6 zu § 12 TVÜ = NZA-RR 2013, 262.
[104] BAG 12.12.2018 AP Nr. 6 zu § 1 TVG Tarifverträge: Bundesagentur für Arbeit.
[105] BAG 25.6.2003 AP Nr. 1 zu § 1 TVG Beschäftigungssicherung = NZA 2004, 215.
[106] BAG 18. 11 2009 AP Nr. 13 zu § 2 TVG Firmentarifvertrag = NZA 2010, 835; 17.10.2007 AP Nr. 40 zu § 1 TVG = NZA 2008, 713.
[107] BAG 7.7.2010 AP Nr. 388 zu § 613a BGB = NZA-RR 2011, 34.
[108] BAG 12.12.2018 AP Nr. 6 zu § 1 TVG Tarifverträge: Bundesagentur für Arbeit; 17.10.2007 AP Nr. 40 zu § 1 TVG = NZA 2008, 713.
[109] StRspr, s. nur BAG 4.5.2010 AP Nr. 46 zu § 1 TVG Altersteilzeit.
[110] BAG 22.4.2010 AP Nr. 332 zu Art. 3 GG = NZA 2010, 947.
[111] BAG 4.5.2010 AP Nr. 46 zu § 1 TVG Altersteilzeit.
[112] BAG 18.4.2012 AP Nr. 108 zu § 256 ZPO 1977 = NZA 2013, 161; 4.7.2007 AP Nr. 11 zu § 9 TVG = NZA 2008, 307.
[113] BAG 17.6.1997 AP Nr. 51 zu § 72a ArbGG 1979 Grundsatz = NZA 1998, 500.
[114] BAG 21.12.1982 AP Nr. 76 zu Art. 9 GG Arbeitskampf.

und Pflichten der Tarifvertragsparteien zueinander begründet. § 9 TVG ermöglicht die abstrakte Feststellungsklage über die Wirksamkeit sowie den Inhalt und damit die Auslegung[115] und damit die Klärung eines abstrakten Rechtsverhältnisses, über das Bestehen, Nichtbestehen oder die Auslegung eines Tarifvertrags.[116] Dabei sind im Antrag der einschlägige Tarifvertrag, die umstrittene Tarifnorm und der streitige Tarifbegriff zu benennen sowie die entscheidende Rechtsfrage in abstrakter Form zu formulieren. Allein die Beanstandung eines Verhaltens des AG reicht nicht aus.[117]

b) Voraussetzungen. Die Vorschrift verlangt einen **Rechtsstreit zwischen den beiden Tarifvertragsparteien** des im Streit stehenden Tarifvertrags. Ein aufgelöster Verband kann nicht mehr klagen.[118] Die Privilegierung des § 9 TVG (→ Rn. 25) erstreckt sich nur auf die jeweiligen Tarifvertragsparteien; sonstigen Dritten – etwa einem kraft Verbandsmitgliedschaft an den Tarifvertrag gebundenen AG – ist die Verbandsklage nicht eröffnet.[119] Ihnen verbleibt die Option der allgemeinen Feststellungsklage nach § 256 I ZPO, deren weitergehende Voraussetzungen – feststellungsfähiges Rechtsverhältnis und Feststellungsinteresse – erfüllt sein müssen.[120] Bei einem mehrgliedrigen Tarifvertrag kann jede Tarifvertragspartei gegen den anderen Teil klagen,[121] während beim sog. Einheitstarifvertrag (→ § 197 Rn. 11) eine notwendige Streitgenossenschaft besteht.[122] 26

Erforderlich ist ein **besonderes Feststellungsinteresse.**[123] Es müssen Anhaltspunkte vorliegen, die die Klärung der Rechtsfrage zum gegenwärtigen Zeitpunkt erforderlich machen, etwa die gegenwärtige oder zukünftige fehlerhafte Anwendung von Tarifnormen durch einen Tarifvertragspartner. Das Feststellungsinteresse muss gerade gegenüber der anderen Prozesspartei bestehen.[124] Das können zB schwebende Musterprozesse sein.[125] Allein das Dritte die Wirksamkeit oder den Inhalt von Tarifnormen anzweifeln, genügt nicht, auch wenn es sich um staatliche Stellen oder andere Verbände handelt.[126] Ausreichend ist der Streit um einen nach § 4 V TVG lediglich nachwirkenden Tarifvertrag (→ § 208 Rn. 15 ff.),[127] während das Feststellungsinteresse bei einem beendeten Tarifvertrag regelmäßig nicht gegeben ist. Ein anderes kann sich aber dann ergeben, wenn viele Einzelstreitigkeiten vermieden werden sollen.[128] 27

c) Erweiterte Bindungswirkung. Über die materielle Rechtskraftwirkung zwischen den Parteien des Verfahrens entfaltet eine Entscheidung nach § 9 TVG eine darüber hinaus **Bindungswirkung.** Für Schiedssprüche nach § 101 I iVm § 108 IV ArbGG ist dies entgegen der Rechtsprechung des BAG[129] wegen der ausdrücklichen Nennung der Gerichte für Arbeitssachen in § 9 TVG abzulehnen.[130] 28

Die Bindungswirkung[131] gilt für die **an den Tarifvertrag gebundenen Parteien** (→ § 204 Rn. 4 ff.). Unter den in § 9 TVG genannten „Dritten" sind zunächst die Rechtsnachfolger der tarifgebundenen Parteien zu verstehen. Sinn und Zweck der Regelung sprechen zwar für eine 29

[115] BAG 29.11.2001 AP Nr. 69 zu § 256 ZPO 1977; 30.11.1988 AP Nr. 3 zu §§ 22, 23 BAT Datenverarbeitung; 15.11.1957 AP Nr. 1 zu § 8 TVG.

[116] BAG 7.7.2007 AP Nr. 11 zu § 9 TVG = NZA 2008, 307; 23. 2 1995 AP Nr. 2 zu § 1 TV Ang Bundespost = NZA 1996, 109 (Anwendbarkeit auf bestimmte Arbeitnehmergruppe).

[117] BAG 18.4.2012 AP Nr. 108 zu § 256 ZPO 1977 = NZA 2013, 161.

[118] BAG 25.9.1990 AP Nr. 8 zu § 9 TVG = NZA 1991, 113.

[119] LAG Düsseldorf 29.4.2020 – 12 Sa 540/19.

[120] BAG 15.6.2016 AP Nr. 2 zu § 20 UmwG = NZA 2017, 326; 9.12.2009 AP Nr. 48 zu § 3 TVG = NZA 2010, 712.

[121] BAG 28.9.1977 AP Nr. 1 zu § 9 TVG.

[122] BAG 15.7.1986 AP Nr. 1 zu § 3 LPVG Bayern.

[123] BAG 15.6.2016 AP Nr. 2 zu § 20 UmwG = NZA 2017, 326; 30.5.2001 AP Nr. 64 zu § 256 ZPO 1977 = NZA 2002, 228.

[124] BAG 7.7.2007 AP Nr. 11 zu § 9 TVG = NZA 2008, 307; 14.6.1995 AP Nr. 4 zu § 1 TVG Durchführungspflicht Nr. 4 = NZA 1996, 43.

[125] BAG 25.9.1987 AP Nr. 1 zu § 1 BeschFG 1985 = NZA 1988, 358; 30.5.1984 AP Nr. 3 zu § 9 TVG = NZA 1984, 300.

[126] BAG 30.5.2001 AP Nr. 64 zu § 256 ZPO 1977 = NZA 2002, 228.

[127] BAG 15.6.2016 AP Nr. 2 zu § 20 UmwG = NZA 2017, 326; 7.7.2007 AP Nr. 11 zu § 9 TVG = NZA 2008, 307.

[128] BAG 6.6.2007 AP Nr. 11 zu § 9 TVG = NZA 2008, 1068; 12.4.2000 AP Nr. 6 zu § 1 TVG Tarifverträge: Brauereien = NZA 2001, 1028.

[129] So BAG 9.9.1981 AP Nr. 34 zu § 1 TVG Tarifverträge: Bau.

[130] ErfK/*Franzen* TVG § 9 Rn. 9; NK-TVG/*Reinecke/Rachor* § 9 Rn. 33; für eine analoge Anwendung KeZa/*Zeibig/Zachert* TVG § 9 Rn. 17.

[131] Zur deren Bedeutung für eine Grundsatzbeschwerde nach § 72 II Nr. 1 ArbGG BAG 10.7.2014 NZA 2014, 982.

Erstreckung auf diejenigen AN, deren Arbeitsverträge auf den Tarifvertrag verweisen.[132] Damit wird die Bindungswirkung entgegen der Systematik des TVG, welche die Normwirkung auf die Tarifgebundenen begrenzt, erweitert. Vorzugswürdig ist es, die Bezugnahmeklausel dahin zu verstehen, dass die Entscheidungen nach § 9 TVG für das betreffende Arbeitsverhältnis verbindlich sein sollen.[133] Entscheidungen nach § 9 TVG sind für die **Gerichte aller Gerichtszweige bindend** und in den jeweiligen Individualprozessen zu beachten. Eine entsprechende Anwendung von § 9 TVG befürwortet das BAG zu Recht für Verfahren nach § 97 ArbGG über die Tariffähigkeit und die Tarifzuständigkeit.[134]

[132] Deshalb dafür Wiedemann/*Oetker* TVG § 9 Rn. 49; aA *Löwisch/Rieble* TVG § 9 Rn. 126; KeZa/*Zeibig/Zachert* TVG § 9 Rn. 33; NK-TVG/*Reinecke/Rachor* § 9 Rn. 42.

[133] ErfK/*Franzen* TVG § 9 Rn. 15; KeZa/*Zeibig/Zachert* TVG § 9 Rn. 33.

[134] BAG 10.5.1989 AP Nr. 2 zu § 2 TVG Tarifzuständigkeit.

2. Abschnitt. Tarifgebundenheit und Wirkung von Tarifregelungen

§ 202. Geltungsbereich der normativen Bestimmungen

Übersicht

I. Grundsatz

1 Die Rechtsnormen eines Tarifvertrags, die den Abschluss, den Inhalt und die Beendigung von Arbeitsverhältnissen regeln, gelten für die unmittelbar (§ 3 I TVG; → § 204 Rn. 4 ff.) und die kraft Allgemeinverbindlicherklärung (§ 5 IV TVG; → § 205 Rn. 1 ff.) tarifgebundenen AN und AG nur, wenn sie **vom Geltungsbereich des Tarifvertrags erfasst** werden. Gleiches gilt für Tarifverträge mit betrieblichem oder betriebsverfassungsrechtlichem Inhalt (§ 1 I 2 TVG) und solche über gemeinsame Einrichtungen (§ 4 II TVG), wobei hier jeweils die Tarifgebundenheit des AG ausreicht (→ § 204 Rn. 25 ff.). Stets ist aber zwischen Tarifgebundenheit, Tarifzuständigkeit und tarifvertraglichem Geltungsbereich zu unterscheiden.

2 Bestimmt wird der Geltungsbereich eines Tarifvertrags durch seinen **räumlichen, betrieblichen, persönlichen und zeitlichen Anwendungsbereich** (→ Rn. 6 ff., 11 ff., 20 ff., 24 ff.), den die Tarifvertragsparteien im Rahmen ihrer Tarifzuständigkeit (→ § 197 Rn. 13 ff.) aufgrund der ihnen zustehenden verfassungsrechtlich geschützten Koalitionsbetätigungsfreiheit, die ihnen einen weiten Gestaltungsspielraum einräumt, **autonom festlegen,**[1] soweit sich aus den Grundrechten oder vorrangigem Unionsrecht nicht ein anderes ergibt (→ § 198 Rn. 5 ff.).[2] Die Terminologie zur Unterteilung des Geltungsbereichs wird nicht stets einheitlich verwendet. So ist neben dem betrieblichen vom „betrieblich-fachlichen"[3] oder vom eigenständigen „fachlichen" Geltungsbereich[4] wie auch von der „Branche" die Rede.[5] Es wird ferner zwischen betrieblichem, fachlichem und persönlichem Geltungsbereich unterschieden.[6] Ähnlich uneinheitlich ist die Terminologie für den persönlichen Geltungsbereich, bei dem zwischen einem fachlichen Geltungsbereich – verstanden als arbeitnehmerbezogene Differenzierung zwischen den Beschäftigtengruppen[7] oder als persönlicher Geltungsbereich „iwS"[8] – und einem persönlichen unterschieden wird.[9] In der Sache führt dies allerdings nicht zu unterschiedlichen Ergebnissen.[10] Die Rechtsprechung orientiert sich an der jeweiligen tarifvertraglichen Terminologie.[11]

3 Der Geltungsbereich eines Tarifvertrags bedarf schon wegen der hinreichenden Bestimmtheit der **vertraglichen Festlegung,** er kann sich aber auch konkludent im Wege der Auslegung ergeben.[12] Das gilt vor allem bei der Bestimmung des zeitlichen Geltungsbereichs (→ Rn. 24 ff.).

---

[1] BAG 13.5.2020 AP Nr. 37 zu § 4 TVG = NZA 2020, 1487; 16.11.2016 AP Nr. 31 zu § 3 TVG Verbandszugehörigkeit; 6.10.1994 AP Nr. 2 zu § 1 BAT-O = NZA 1995, 1057.

[2] KeZa/*Stein* TVG § 4 Rn. 135.

[3] NK-TVG/*Deinert* § 4 Rn. 251 ff.; BKS/*Berg* § 4 Rn. 24; KeZa/*Stein* TVG § 4 Rn. 142.

[4] ErfK/*Franzen* TVG § 4 Rn. 12.

[5] HWK/*Henssler* TVG § 4 Rn. 15; ähnlich Wiedemann/*Wank* TVG § 4 Rn. 140.

[6] *Gamillscheg,* Kollektives Arbeitsrecht, 741; JKOS TVR/*Jacobs* § 5 Rn. 16; Wiedemann/*Wank* TVG § 4 Rn. 96, 183.

[7] JKOS TVR/*Jacobs* § 5 Rn. 65.

[8] Wiedemann/*Wank* TVG § 4 Rn. 183 f.; so auch HWK/*Henssler* TVG § 4 Rn. 20.

[9] Wie hier KeZa/*Stein* TVG § 4 Rn. 151 ff., 105 ff.; auch BKS/*Berg* § 4 Rn. 30 ff.

[10] S. auch NK-TVG/*Deinert* § 4 Rn. 200 f.; KeZa/*Stein* TVG § 4 Rn. 135 Fn. 283.

[11] S. nur BAG 7.7.2010 AP Nr. 388 zu § 613a BGB = NZA-RR 2011, 30; 20.1.2009 AP Nr. 43 zu § 1 TVG Altersteilzeit = NZA 2010, 295; 15.11.2006 AP Nr. 34 zu § 4 TVG Tarifkonkurrenz.

[12] BAG 15.11.2006 AP Nr. 34 zu § 4 TVG Tarifkonkurrenz = NZA 2007, 448.

Hinsichtlich des räumlichen, personellen und betrieblichen Anwendungsbereichs wird davon ausgegangen, dass die Tarifvertragsparteien im Zweifel Rechtsnormen im Rahmen ihrer deckungsgleichen Tarifzuständigkeit (→ § 197 Rn. 14) schaffen wollten.[13] Bei einen anderen Tarifvertrag ergänzenden Tarifvereinbarungen, namentlich solchen, die einen Manteltarifvertrag ausführen, ist davon auszugehen, dass ihnen der gleiche Geltungsbereich zukommt.[14] Gleiches gilt für Protokollnotizen und Anhänge zu einem Tarifvertrag.[15]

4 Der Geltungsbereich eines Tarifvertrags ist nicht nur für die Normunterworfenen von Bedeutung. Auch **gesetzliche Regelungen knüpfen an den Geltungsbereich** eines Tarifvertrags an, wie etwa § 146 SGB III für das Ruhen eines Anspruchs auf Arbeitslosengeld (→ § 194 Rn. 38), die tariflichen Arbeitsbedingungen nach § 3 S. 1 AEntG (→ § 162 Rn. 27) sowie der Tarifvorrang nach § 77 III BetrVG[16] (→ § 231 Rn. 20 f.) und der Tarifvorbehalt nach § 87 I Einleitungss. BetrVG (→ § 231 Rn. 22). Schließlich gilt die Friedenspflicht der Tarifvertragsparteien nur im Geltungsbereich eines Tarifvertrags (→ § 192 Rn. 21; → § 224 Rn. 11 ff.).

5 Im Rahmen eines **Rechtsstreits** ist der Geltungsbereich eines Tarifvertrags inzident zu prüfen.[17] Die tarifschließende Gewerkschaft kann nicht gegen den verbandsangehörigen AN eine Feststellungsklage nach § 256 I ZPO auf Feststellung der Geltung eines Verbandstarifvertrags erheben, weil es zwischen ihnen an einem feststellungsfähigen Rechtsverhältnis fehlt.[18] Erwogen hat das BAG allerdings im konkreten Fall eine Klage nach § 97 ArbGG gegen den Arbeitgeberverband auf Feststellung seiner fehlenden Tarifzuständigkeit für den betreffenden AG. Möglich ist weiterhin eine Klage gegen den tarifschließenden Verband auf Einwirkung gegenüber seinen Mitgliedern (→ § 199 Rn. 8). Der tarifvertragliche Geltungsbereich müsste dann als eigenständiger Streitgegenstand und nicht nur als Vorfrage[19] geklärt werden (→ § 199 Rn. 8).

II. Räumlicher Geltungsbereich

6 **1. Grundsatz.** Mit dem räumlichen Geltungsbereich wird von den Tarifvertragsparteien das **geographische Gebiet** festgelegt, innerhalb dessen der Vertrag gelten soll. Dabei kann zwischen bundesweit geltenden Tarifverträgen (vor allem im öffentlichen Dienst oder im Baugewerbe), Landes- oder Bezirkstarifverträgen (etwa im Organisationsbereich der IG Metall) und Tarifverträgen auf Kreis- oder Ortsebene unterschieden werden. Die Tarifvertragsparteien können den räumlichen Geltungsbereich selbst bestimmen[20] und dabei etwa einzelne Gebiete[21] oder einzelne Kommunen von diesem ausnehmen.[22] Nimmt der Tarifvertrag auf Länder- oder kommunale Grenzen Bezug, bleiben spätere Veränderungen auf dessen räumlichen Geltungsbereich ohne Einfluss; die Bezugnahme im Tarifvertrag ist eine statische.[23] Demgegenüber gilt ein **Haustarifvertrag** mangels anderer Anhaltspunkte für alle Arbeitsverhältnisse des Unternehmens und damit auch für anderenorts eröffnete Betriebsstätten[24] oder erworbene Betriebe.[25] In der Folge ist ein Haustarifvertrag, der den BAT in Bezug nimmt, für nach der deutschen Wiedervereinigung in den neuen Bundesländern eröffnete Betriebe anzuwenden.[26] Tarifverträge können auch nur für in das Ausland entsandte AN geschlossen werden.[27]

---

[13] BKS/*Berg* § 4 Rn. 16; NK-TVG/*Deinert* § 4 Rn. 204; JKOS TVR/*Jacobs* § 5 Rn. 17; *Löwisch/Rieble* TVG § 4 Rn. 159.

[14] BAG 13.6.1967 AP Nr. 6 zu § 4 TVG Geltungsbereich.

[15] BAG 17.10.1995 AP Nr. 5 zu § 5 TVG.

[16] BAG 21.6.2005 EzA Nr. 16 zu § 4 TVG Altersteilzeit; 9.12.1997 AP Nr. 11 zu § 77 BetrVG 1972 Tarifvorbehalt = NZA 1998, 661.

[17] Vgl. etwa BAG 25.1.2006 AP Nr. 22 zu § 1 TVG Tarifverträge: Großhandel (Abgrenzung Groß- und Einzelhandel).

[18] BAG 5.10.1989 AP Nr. 6 zu § 2 TVG = NZA 1989, 687.

[19] So in BAG 11.9.1991 AP Nr. 29 zu Internat. Privatrecht, Arbeitsrecht mAnm *Dütz/Rotter* = NZA 1992, 321, allerdings lag der Entscheidung ein Haustarifvertrag zugrunde.

[20] BAG 26.9.2012 AP Nr. 25 zu § 1 TVG Tarifverträge: Bewachungsgewerbe; 23.9.1998 AP Nr. 9 zu § 1 BAT-O = NZA 1998, 1070.

[21] Vgl. BAG 22.10.2008 AP Nr. 37 zu § 4 TVG Tarifkonkurrenz mAnm *Franzen* = NZA 2009, 265.

[22] BAG 9.11.1956 AP Nr. 1 zu § 3 TVG Verbandszugehörigkeit mAnm *Tophoven*.

[23] BAG 23.9.1998 AP Nr. 9 zu § 1 BAT-O = NZA 1998, 1070.

[24] BAG 20.2.2018 AP Nr. 155 zu § 87 BetrVG 1972 Lohngestaltung = NZA 2018, 954; 15.6.2016 AP Nr. 2 zu § 20 UmwG = NZA 2017, 326; NK-TVG/*Deinert* § 4 Rn. 240; Wiedemann/*Wank* TVG § 4 Rn. 232.

[25] BAG 23.1.2019 AP Nr. 476 zu § 613a BGB = NZA 2019, 922.

[26] BAG 6.12.1999 AP Nr. 14 zu § 1 BAT-O.

[27] BAG 11.9.1991 AP Nr. 29 zu Internat. Privatrecht, Arbeitsrecht mAnm *Dütz/Rotter* = NZA 1992, 321.

2. Anknüpfungspunkt. Die Tarifvertragsparteien können den maßgebenden Anknüpfungspunkt des Tarifvertrags selbst festlegen. Das kann der Sitz des Unternehmens, des Betriebs[28] oder der Ort des Arbeitsplatzes (etwa bei Außendienstmitarbeitern) sein. Fehlt es an einer solchen Bestimmung, ist der **Schwerpunkt des Arbeitsverhältnisses** maßgebend. Das ist regelmäßig dessen Erfüllungsort und dabei insbesondere der Ort, an dem der AN die Arbeitsleistung zu erbringen hat.[29] Liegt ein eigenständiger Betrieb außerhalb des räumlichen Geltungsbereichs des Tarifvertrags, wird dieser nicht vom Geltungsbereich erfasst.[30] Ein anderes gilt dann, wenn ein AN nur vorübergehend an eine außerhalb des Tarifgebiets liegende Betriebsstätte entsandt wird oder er an ständig wechselnden Orten (etwa als Außendienstmitarbeiter) tätig ist. Dann bleibt im Wege der sog. **Ausstrahlung** der Betriebssitz als Anknüpfungspunkt maßgebend.[31] Der Tarifvertrag kann aber weiterhin bestimmen, dass der Ort der Arbeitsleistung ausschlagegebend ist – sog. **Arbeitsortprinzip.** In der Bauindustrie bestehen tarifliche Regelungen zum interlokalen Tarifrecht, nach denen das Entgelt der Arbeitsstelle zu zahlen ist, es sei denn, dasjenige des Einstellungsortes ist günstiger (§ 5 Nr. 5 BRTV-Bau).[32] Anders verhält es sich in Fällen einer **„dauerhaften Entsendung"**, die rechtlich entweder einen Fall der Versetzung oder der Arbeitsvertragsänderung darstellen.[33] Dann befindet sich der Erfüllungsort des Arbeitsverhältnisses im räumlichen Geltungsbereich des dortigen Tarifvertrags.[34] Allerdings wird hier nicht jede unselbständige Arbeitsstätte, die etwa nur aus einem Büro besteht,[35] ausreichen. Vielmehr ist eine gewisse organisatorische Selbständigkeit erforderlich,[36] nicht jedoch ein eigener Leitungsapparat.[37] 7

Im **Bereich des öffentlichen Dienstes** haben die Tarifvertragsparteien in § 38 I lit. a) TVöD/TV-L einen **besonderen Anknüpfungspunkt** für den räumlichen Geltungsbereich dieses Tarifvertrags festgelegt. Danach gelten die Regelungen für das Tarifgebiet „Ost" für Beschäftigte, deren Arbeitsverhältnis in den neuen Ländern oder in Berlin-Ost[38] „begründet worden ist und bei denen der Bezug des Arbeitsverhältnisses zu diesem Gebiet fortbesteht". Im Beitrittsgebiet begründet ist ein Arbeitsverhältnis, wenn der Arbeitsvertrag vor oder nach der Wiedervereinigung in diesem geschlossen wurde.[39] Erforderlich ist weiterhin ein gegenwärtiger Bezug des Arbeitsverhältnisses zum Beitrittsgebiet, wobei grundsätzlich die Lage des Arbeitsplatzes entscheidend ist.[40] Unerheblich ist der Sitz der Beschäftigungsdienststelle, der Wohnsitz des AN oder der Ort des Arbeitsvertragsschlusses.[41] Die u.a. damit verbundene Differenzierung beim Entgelt hat das BVerfG im Jahre 2000 als jedenfalls zurzeit verfassungsrechtlich für zulässig erachtet.[42] 8

Bei **inländischen Betriebsstätten ausländischer Unternehmen** ist zunächst zu prüfen, ob überhaupt deutsches Arbeitsrecht Anwendung findet (→ § 7 Rn. 5). Ist das Arbeitsverhältnis einem Auslandsstatut unterstellt, findet das Tarifrecht – abgesehen von Verstößen gegen den *ordre public* und bei Eingriffsnormen allgemeinverbindlicher Tarifverträge, wenn man diese für möglich hält (→ § 205 Rn. 27) – keine Anwendung.[43] Werden dagegen AN ins Ausland entsandt, so findet, wenn eine Rechtswahl nicht getroffen wurde, das Tarifrecht des Betriebssitzes Anwendung (→ § 195 Rn. 16). 9

[28] BAG 26.9.2012 AP Nr. 25 zu § 1 TVG Tarifverträge: Bewachungsgewerbe.
[29] BAG 3.12.1985 AP Nr. 5 zu § 1 TVG Tarifverträge: Großhandel; 25.5.2005 AP Nr. 17 zu § 1 TVG Tarifverträge: Gebäudereinigung.
[30] BAG 26.10.1983 – 4 AZR 248/81; 13.6.1957 AP Nr. 6 zu § 4 TVG Geltungsbereich.
[31] BAG 3.12.1985 AP Nr. 5 zu § 1 TVG Tarifverträge: Großhandel.
[32] BAG 10.11.1993 AP Nr. 169 zu § 1 TVG Tarifverträge: Bau = NZA 1994, 622.
[33] Zutreffend NK-TVG/*Deinert* § 4 Rn. 224.
[34] BAG 10.11.1993 AP Nr. 169 zu § 1 TVG Tarifverträge: Bau; 30.7.1992 AP Nr. 1 zu § 1 TVAng Bundespost = NZA 1993, 324.
[35] LAG Düsseldorf 23.8.1956 BB 1957, 77.
[36] NK-TVG/*Deinert* § 4 Rn. 236; ErfK/*Franzen* TVG § 4 Rn. 11; *Gamillscheg,* Kollektives Arbeitsrecht, 744; KeZa/*Stein* TVG § 4 Rn. 140.
[37] So LAG Nds 4.4.1981 BB 1981, 848.
[38] BAG 21.9.1995 AP Nr. 6 zu § 1 BAT-O = NZA 1997, 1003; s. auch 10.7.2003 AP Nr. 1 zu § 1 MTA-O = NZA 2004, 269.
[39] BAG 24.2.1994 AP Nr. 1 zu § 1 BAT-O = NZA 1995, 133.
[40] BAG 21.4.2010 ZTR 2010, 571; 23.2.1995 AP Nr. 1 zu BMT-G = NZA 1996, 148; 6.11.2003 AP Nr. 19 zu § 1 BAT-O.
[41] BAG 21.9.1995 AP Nr. 6 zu § 1 BAT-O = NZA 1996, 1003; 24.2.1994 AP Nr. 1 zu § 1 BAT-O = NZA 1995, 133.
[42] BVerfG 9.8.2000 AP Nr. 16 zu § 1 BAT-O = NZA 2000, 1113.
[43] BAG 4.5.1977 AP Nr. 30 zu § 1 TVG Tarifverträge: Bau.

10 **3. Betriebsverlegung.** Kommt es zu einer Verlagerung des **Schwerpunkts des Arbeitsverhältnisses** aus dem räumlichen Geltungsbereich des Tarifvertrags, endet dessen unmittelbare und zwingende Geltung. Das kann bei einer Betriebsverlagerung oder der Auflösung eines Betriebs des Unternehmens der Fall sein. Der Tarifvertrag wirkt dann nur noch nach (§ 4 V TVG; → § 208 Rn. 15 f.).[44] Ein anderes gilt selbstverständlich dann, wenn am neuen Arbeitsort eine beiderseitige Tarifgebundenheit an den dortigen Tarifvertrag besteht; dann ist dieser maßgebend.

III. Betrieblicher Geltungsbereich

11 **1. Grundsatz.** Durch die Bestimmung des **betrieblichen Geltungsbereichs** (zur Terminologie → Rn. 2) wird festgelegt, für welche **Wirtschaftszweige (Branchen)** der Tarifvertrag gelten soll. Teilweise wird neben der Terminologie des „branchenmäßigen Geltungsbereichs"[45] – synonym für den betrieblichen[46] – auch ein betrieblich-fachlicher Geltungsbereich angenommen,[47] der Aspekte des persönlichen Geltungsbereichs, die Beschreibung der Berufstätigkeit mit umfasst (→ Rn. 21 ff.), während andere den fachlichen Geltungsbereich eigenständig erfassen[48] oder als Aspekt des persönlichen ansehen.[49] Hier wird der fachliche Geltungsbereich verstanden als Bestimmung des Kreises der vom Tarifvertrag erfassten AN unter beruflich-fachlichen Aspekten und damit als Teil des persönlichen Geltungsbereichs. Der Gesetzgeber verwendet allerdings auch den Begriff des „fachlichen" Geltungsbereichs, wenn er in der Sache die Branchenzugehörigkeit bezeichnet, wie es in § 146 III SGB III der Fall ist.

12 Die Festlegung des betrieblichen Geltungsbereichs nach Wirtschaftszweigen oder Branchen hat seinen Grund in der nach wie vor vorherrschenden Organisation von Gewerkschaften und Arbeitgebervereinigungen nach dem **Industrieverbandsprinzip.**[50] Hier sollen regelmäßig tarifvertragliche Regelungen für alle AN des Betriebs getroffen werden. Auch bei den **Berufsgruppengewerkschaften** (→ § 190 Rn. 8 f., 11 ff.) bedarf es neben der Bestimmung des fachlichen der Festlegung des betrieblichen Geltungsbereichs, wie es etwa bei den Tarifverträgen des Marburger Bundes der Fall ist (→ § 64 Rn. 26).

13 Ein Tarifvertrag kann seinen Geltungsbereich nicht nur durch die Angabe eines Wirtschaftszweigs, sondern durch die **Mitgliedschaft im tarifschließenden Arbeitgeberverband** bestimmen. Dann ist regelmäßig anzunehmen, dass sein Geltungsbereich sich über die tatsächlichen Mitgliedsunternehmen hinaus auf alle Unternehmen erstreckt, die Mitglieder des betreffenden Arbeitgeberverbandes werden können. Wegen der weitreichenden Folgen eines anderen Verständnisses (→ § 204 Rn. 13) bedarf es hierfür besonders deutlicher Anhaltspunkte.[51] Der betriebliche Geltungsbereich wird nicht aufgrund von Abwicklungsarbeiten in der Insolvenz verlassen.[52]

14 **2. Bestimmung. a) Grundsatz.** Für welchen betrieblichen Geltungsbereich ein Tarifvertrag Rechtsnormen setzen soll, bestimmen die Tarifvertragsparteien.[53] Sie können sowohl an den wirtschaftlichen Zweck des Unternehmens anknüpfen als auch an den des einzelnen Betriebs.[54] Fehlt es an einer solchen tariflichen Bestimmung, wird im Zweifel vom wirtschaftlichen **Zweck des jeweiligen Betriebs** ausgegangen.[55] Maßgebend ist mangels anderer Anhaltspunkte der

---

[44] Wiedemann/*Wank* TVG § 4 Rn. 138; aA NK-TVG/*Deinert* § 3 Rn. 241: § 3 III TVG vorzugswürdig; keine Nachwirkung: JKOS TVR/*Jacobs* § 5 Rn. 44 mwN.

[45] Etwa Wiedemann/*Wank* TVG § 4 Rn. 140 ff.

[46] S. HWK/*Henssler* TVG § 4 Rn. 17.

[47] NK-TVG/*Deinert* § 4 Rn. 230 ff. „betrieblich-fachlicher Geltungsbereich".

[48] Ebenso JKOS TVR/*Jacobs* § 5 Rn. 66 ff.; HWK/*Henssler* TVG § 4 Rn. 17 ff., 20 ff.; anders ErfK/*Franzen* TVG § 4 Rn. 12: „fachlich".

[49] KeZa/*Stein* TVG § 4 Rn. 142.

[50] S. etwa BAG 18.3.2020 AP Nr. 254 zu § 1 TVG Tarifverträge: Metallindustrie = NZA-RR 2020, 365 (Überlassung in Kundenbetriebe der M+E-Industrie).

[51] BAG 21.1.2015 AP Nr. 30 zu § 1 TVG Verbandszugehörigkeit = NZA 2015, 1521; 22.3.2005 AP Nr. 26 zu § 4 TVG Geltungsbereich = NZA 2006, 383.

[52] BAG 28.1.1987 AP Nr. 14 zu § 4 TVG Geltungsbereich = NZA 1987, 455.

[53] BAG 24.3.2010 ZTR 2010, 462.

[54] BAG 28.5.1997 AP Nr. 6 zu § 1 TVG Bezugnahme auf Tarifvertrag mAnm *Oetker* = NZA 1997, 1066; 25.1.2006 AP Nr. 22 zu § 1 TVG Tarifverträge: Großhandel.

[55] BAG 31.3.1955 AP Nr. 1 zu § 4 TVG Geltungsbereich; NK-TVG/*Deinert* § 4 Rn. 261; HWK/*Henssler* TVG § 4 Rn. 17.

allgemeine arbeitsrechtliche Betriebsbegriff (→ § 17 Rn. 1 ff.).[56] Allerdings wird nicht zuletzt deshalb, weil der Gesetzgeber vermehrt an das „Unternehmen" und nicht an den „Betrieb" anknüpft und sich schwierige Abgrenzungsprobleme beim Betriebsbegriff vermeiden lassen, das „Unternehmen" als im Zweifel vorzugswürdiger Anknüpfungspunkt angesehen.[57] Die Bestimmung des Geltungsbereichs anhand des Zwecks des einzelnen Betriebs kann dazu führen, dass in einem Unternehmen je nach Ausrichtung der einzelnen Betriebe mehrere Tarifverträge gelten.[58]

Maßgebend für die Bestimmung des wirtschaftlichen Zwecks eines Betriebs ist der **arbeitstechnische Zweck der betrieblichen Tätigkeit.**[59] Die Rechtsprechung knüpft dabei an die überwiegend im Betrieb zu leistende Arbeit[60] oder an die Merkmale an, die dem Betrieb das Gepräge geben,[61] nicht aber den wirtschaftlichen Zweck des Betriebs oder die arbeitstechnische Verwendung der Produkte. Von Bedeutung ist, ob der Betrieb nach der Verkehrsauffassung zu dem entsprechenden Wirtschaftszweig gerechnet wird. Dabei ist für die Bestimmung des Geltungsbereichs auf die im Arbeits- und Wirtschaftsleben verwendeten Begriffe abzustellen.[62] Weiterhin können die Satzungen der tarifschließenden Koalitionen und deren historische Entwicklung berücksichtigt werden, was sich insbesondere bei neuen „Branchen" und Produktionsmethoden anbietet.[63] Bei der Abgrenzung von Industrie und Handwerk kann die Eintragung in die Handwerksrolle ein Indiz sein.[64] 15

Bei nach Wirtschaftszweigen organisierten Gewerkschaften ist anzunehmen, dass der Tarifvertrag alle Arbeitsverhältnisse im Betrieb oder im Unternehmen erfassen will. Als Auslegungsregel gilt das **„Prinzip der Tarifeinheit"** (zum hiervon abzugrenzenden Grundsatz der Tarifeinheit → § 202 Rn. 10 f.),[65] wonach der Tarifvertrag für sämtliche Arbeitsverhältnisse des Betriebes gelten soll, auch wenn wirtschaftszweigfremde Arbeiten in ihm verrichtet werden.[66] Die Tarifvertragsparteien können hiervon abweichen und unterschiedliche Tarifverträge für einzelne Tätigkeitsbereiche festlegen. In der Sache handelt es sich richtigerweise um eine Differenzierung im fachlichen Anwendungsbereich.[67] Schließlich können von dem Prinzip abweichende Tarifregelungen einer nur eingeschränkten Tarifzuständigkeit geschuldet sein.[68] 16

b) Mischbetriebe. Werden in einem Betrieb unterschiedliche Betriebszwecke verfolgt – und nicht nur dem eigentlichen Betriebszweck zuzurechnende Nebenarbeiten erbracht[69] –, die nicht dem betrieblichen Geltungsbereich eines Tarifvertrags zugeordnet werden können – sog. Mischbetrieb – bestimmt sich der betriebliche Geltungsbereich vorbehaltlich tarifvertraglich vorrangiger Festlegungen nach der **überwiegenden Tätigkeit im Betrieb.**[70] Das ist diejenige, die dem Betrieb das „Gepräge" gibt.[71] Entscheidend ist die zeitlich überwiegende Tätigkeit der AN.[72] Ohne Bedeutung sind erzielte Umsätze und Gewinne in den einzelnen Bereichen.[73] Auch spielt die Tätigkeit des Betriebsinhabers zunächst keine Rolle, sondern kann ausnahmsweise nur dann von Bedeutung sein, wenn sich eine Zuordnung sonst nicht vornehmen lässt.[74] Um saisonale 17

---

[56] BAG 9.11.1991 AP Nr. 145 zu § 1 TVG Tarifverträge: Bau = NZA 1992, 422; BKS/*Berg* § 4 Rn. 25; NK-TVG/*Deinert* § 4 Rn. 261; anders KeZa/*Stein* TVG § 4 Rn. 144: Betriebsbegriff des TVG.

[57] JKOS TVR/*Jacobs* § 5 Rn. 51; s. auch NK-TVG/*Deinert* § 4 Rn. 292.

[58] BAG 13.6.1957 AP Nr. 6 zu § 4 TVG Geltungsbereich; 31.3.1955 AP Nr. 1 zu § 4 TVG Geltungsbereich.

[59] BAG 10.6.2009 ZTR 2010, 73 (Wasserwirtschaft); 17.2.1971 AP Nr. 9 zu § 1 TVG Tarifverträge: Bau mAnm *Richardi*.

[60] BAG 14.12.2011 AP Nr. 335 zu § 1 TVG Tarifverträge: Bau; 14.8.1986 AP Nr. 43 zu § 102 BetrVG 1972 = NZA 1987, 601.

[61] BAG 14.4.1971 AP Nr. 10 zu § 1 TVG Tarifverträge: Bau.

[62] BAG 24.8.1999 AP Nr. 14 zu § 1 TVG Tarifverträge: Großhandel = NZA 2000, 724; 25.4.1995 AP Nr. 5 zu § 1 TVG Tarifverträge: Land- und Forstwirtschaft = NZA 1995, 1205.

[63] NK-TVG/*Deinert* § 4 Rn. 275; KeZa/*Stein* TVG § 4 Rn. 145; Wiedemann/*Wank* TVG § 4 Rn. 140.

[64] BAG 9.4.2014 AP Nr. 15 zu § 1 TVG Tarifverträge: Maler.

[65] Wiedemann/*Wank* TVG § 4 Rn. 151.

[66] BAG 31.3.1995 AP Nr. 1 zu § 4 TVG Geltungsbereich.

[67] Wiedemann/*Wank* TVG § 4 Rn. 151; anders NK-TVG/*Deinert* § 4 Rn. 301, auf Grundlage seiner abw. Terminologie.

[68] BAG 26.5.1965 AP Nr. 2 zu § 1 TVG Tarifverträge: Graphisches Gewerbe.

[69] Vgl. BAG 25.2.1987 AP Nr. 81 zu § 1 TVG Tarifverträge: Bau.

[70] BAG 15.6.2011 AP Nr. 334 zu § 1 TVG Tarifverträge: Bau; 25.2.1987 AP Nr. 81 zu § 1 TVG Tarifverträge: Bau = NZA 1988, 317; s. auch *Boemke/Sacharade* BB 2011, 1973 ff.

[71] BAG 9.4.2014 EzA Nr. 5 zu § 4 TVG Malerhandwerk.

[72] BAG 4.7.2007 AP Nr. 35 zu § 4 TVG Tarifkonkurrenz = NZA 2008, 307.

[73] BAG 25.2.1987 AP Nr. 81 zu § 1 TVG Tarifverträge: Bau = NZA 1988, 317.

[74] BAG 23.2.2005 AP Nr. 271 zu § 1 TVG Tarifverträge: Bau; 24.8.1994 AP Nr. 181 zu § 1 TVG Tarifverträge: Bau.

Schwankungen auszugleichen, kann auf das Kalenderjahr abzustellen sein.[75] Als Indizien können ausnahmsweise der in der Satzung bezeichnete Unternehmensgegenstand und die Verbandszugehörigkeit in Betracht kommen.[76]

18 **c) Betriebsabteilungen und Nebenbetriebe.** Die Zuordnung von **selbständigen Betriebsabteilungen** können die Tarifvertragsparteien bestimmen.[77] Eine selbständige Betriebsabteilung stellt bezogen auf einen konkreten Gesamtbetrieb eine personelle Einheit dar, die für Außenstehende wahrnehmbar organisatorisch und räumlich abgrenzbar ist, über eigene technische Betriebsmittel verfügt sowie einen spezifischen eigenen Betriebszweck – der nur ein Hilfszweck sein kann[78] – verfolgt.[79] Bloße betriebsinterne Spezialisierungen genügen nicht.[80] Nach der Auslegungsregel des Prinzips der Tarifeinheit wird man für **branchenfremde Betriebsabteilungen** vom Geltungsbereich des Tarifvertrags ausgehen können.[81] Die Tarifvertragsparteien können aber – wie etwa im Baugewerbe[82] – festlegen, dass selbständige Betriebsabteilungen als Betrieb iSd Tarifvertrags gelten. Sie werden bei branchenfremden Tätigkeiten dann nicht vom Tarifvertrag erfasst, andererseits wird aber für branchenangehörige selbständige Betriebsabteilungen unabhängig von der Zuordnung des „Hauptbetriebs" der Anwendungsbereich eröffnet.[83] In Entsendungsfällen besteht keine Vermutung, der ausländische AG unterhalte im Inland eine selbständige Betriebsabteilung.[84] Für einen **Nebenbetrieb** sind alle Merkmale eines Betriebs erforderlich, jedoch ist der mit ihm verfolgte Betriebszweck lediglich eine Hilfeleistung zu dem des Hauptbetriebs.[85] Nach der Rechtsprechung gilt im Zweifel für branchenfremde Nebenbetriebe der Tarifvertrag des Hauptbetriebs,[86] soweit nicht die Auslegung des Tarifvertrags etwas anderes ergibt.[87]

19 **d) Änderungen des Betriebszwecks.** Ändert sich der Betriebszweck,[88] wird der Betrieb nicht mehr vom Geltungsbereich des Tarifvertrags erfasst und es tritt eine Nachwirkung nach § 4 V TVG ein (→ Rn. 10).[89] Ein anderes gilt für gemeinsame Einrichtungen; hier müssen keine Beiträge mehr entrichtet werden.[90] Kommt es zu einem anderen Betriebszweck infolge einer Umstrukturierung mit rechtlicher Verselbständigung eines Betriebs(teils), ist die Tarifgebundenheit des neuen AG und der jetzige Betriebszweck maßgebend (→ § 204 Rn. 33 ff.). Bei einem Betriebs(teil)übergang ist die Tarifgebundenheit des Erwerbers und der AN sowie der betriebliche Geltungsbereich der Tarifverträge maßgebend[91] (§ 613a I 3 BGB), im Übrigen ist § 613a I 2 BGB einschlägig (→ § 119 Rn. 15 f.).

IV. Persönlicher Geltungsbereich

20 Der persönliche Geltungsbereich eines Tarifvertrags (zur Terminologie → Rn. 2) bestimmt – innerhalb des betrieblichen Geltungsbereichs – die einzelnen **Arbeitnehmer- oder Berufsgruppen,** für die der Tarifvertrag Regelungen setzen will. Das ist in der tariflichen Praxis heute kaum noch die überholte und unter verfassungsrechtlichen Aspekten nur noch im engen Rah-

---

[75] BAG 21.5.2005 AP Nr. 21 zu § 1 AEntG = NZA 2006, 171; 22.4.1987 AP Nr. 82 zu § 1 TVG Tarifverträge: Bau.
[76] BKS/*Berg* § 4 Rn. 27; JKOS TVR/*Jacobs* § 5 Rn. 57; Wiedemann/*Wank* TVG § 4 Rn. 146; wohl auch HWK/*Henssler* TVG § 4 Rn. 17 („grds. außen vor").
[77] BAG 3.2.1965 AP Nr. 11 zu § 4 TVG Geltungsbereich mAnm *G. Hueck.*
[78] BAG 24.2.2010 AP Nr. 319 zu § 1 TVG Tarifverträge: Bau; 13.5.2004 AP Nr. 265 zu § 1 TVG Tarifverträge: Bau.
[79] BAG 21.11.2007 AP Nr. 297 zu § 1 TVG Tarifverträge: Bau = NZA-RR 2008, 253; 11.9.1991 AP Nr. 145 zu § 1 TVG Tarifverträge: Bau = NZA 1992, 422.
[80] BAG 28.7.2004 AP Nr. 268 zu § 1 TVG Tarifverträge: Bau.
[81] NK-TVG/*Deinert* § 4 Rn. 265 ff.; Wiedemann/*Wank* TVG § 4 Rn. 160.
[82] Vgl. BAG 24.2.2010 AP Nr. 319 zu § 1 TVG Tarifverträge: Bau.
[83] BAG 25.11.2009 AP Nr. 317 zu § 1 TVG Tarifverträge: Bau = NZA 2010, 518.
[84] BAG 19.11.2008 – 10 AZR 864/07.
[85] BAG 1.4.1987 AP Nr. 64 zu § 613a BGB = NZA 1987, 593.
[86] BAG 21.12.1954 AP Nr. 4 zu § 4 TVG Geltungsbereich.
[87] BAG 3.12.1985 AP Nr. 5 zu § 1 TVG Tarifverträge: Großhandel.
[88] Zu Strategien der „Tarifflucht" *Sittard* RdA 2009, 259 (260); weiterhin *Rieble/Klebeck* BB 2006, 885 ff.
[89] BAG 10.12.2001 AP Nr. 20 zu § 3 TVG = NZA 2001, 1622; 18.3.1992 AP Nr. 13 zu § 3 TVG = NZA 1992, 700.
[90] BAG 14.6.1994 AP Nr. 2 zu § 3 TVG Verbandsaustritt = NZA 1995, 178; 5.10.1993 AP Nr. 42 zu § 1 BetrAVG Zusatzversorgungskassen = NZA 1994, 848.
[91] BAG 5.10.1993 AP Nr. 42 zu § 1 BetrAVG Zusatzversorgungskassen = NZA 1994, 848.

men zu rechtfertigende[92] Unterscheidung zwischen gewerblichen AN (Arbeitern) und Angestellten (→ § 12 Rn. 3 ff.).[93] Weitere Anknüpfungspunkte können sein der Umfang der Beschäftigung (etwa geringfügige Beschäftigung iSd § 8 I Nr. 2 SGB IV, vgl. § 1 II lit. m TVöD), die Tätigkeit als AN, leitender Angestellte iSd § 5 III BetrVG,[94] Auszubildender, arbeitnehmerähnliche Person (§ 12a TVG)[95] oder als Heimarbeitnehmer (→ § 10 Rn. 13 ff.).[96] Auch Regelungen für Betriebsrentner sind möglich.[97] Weiterhin kann der Geltungsbereich auf bestimmte berufliche Tätigkeiten beschränkt werden, wie es namentlich bei den Berufsgruppengewerkschaften der Fall ist (s. etwa § 12 TV-Ärzte/TdL: „Ärztinnen und Ärzte, … die überwiegend in der Patientenversorgung tätig sind"[98]), oder bestimmte Berufe können von ihm ausgenommen werden (vgl. § 1 II TVöD/TV-L). Dies kann deshalb der Fall sein, weil die Tarifvertragsparteien für diese Tätigkeiten keine Tarifregelungen schaffen wollen oder bereits eigenständige Tarifregelungen bestehen und eine sonst eintretende Tarifkonkurrenz (→ § 202 Rn. 4 ff.) vermieden werden soll. Davon zu unterscheiden sind tarifliche (Einzel-)Regelungen, die über bestimmte Anspruchsvoraussetzungen den Kreis der Berechtigten festlegen.[99]

21 Den Tarifvertragsparteien steht es **grundsätzlich frei,** den **persönlichen Geltungsbereich zu bestimmen.**[100] Ihnen sind aber durch den allgemeinen Gleichheitssatz des Art. 3 I GG und die gesetzlichen Diskriminierungsverbote und Gleichbehandlungsgebote (→ § 198 Rn. 7, allg. → § 36 Rn. 1 ff., → § 112 Rn. 1 ff.) Grenzen gesetzt.[101] Bei der Bestimmung des persönlichen Geltungsbereichs können als sachlicher Differenzierungsgrund für eine „Nicht-Regelung" erkennbare koalitionsspezifische Interessen und die typischen Sachzwänge der kollektiven Vertragsform berücksichtigt werden.[102] Durch die Nichtregelung oder **Einschränkung des persönlichen Geltungsbereichs** wurde die Nichteinbeziehung von Lektoren in den Geltungsbereich des BAT gebilligt,[103] von sog. Werkstudenten,[104] Personen, die Arbeiten nach dem SGB II oder dem SGB XII verrichten,[105] aushilfsweise beschäftigten studentischen Hilfskräften,[106] eine Differenzierung zwischen Betriebsrentnern und anderen Beschäftigten im Rahmen der betrieblichen Altersversorgung,[107] nicht hingegen die Herausnahme von Teilzeitbeschäftigten aus den Regelungen über eine betriebliche Altersversorgung[108] und der Ausschluss von Studierenden, die gleiche Arbeit wie andere Angestellte verrichten.[109]

22 Der persönliche Geltungsbereich kann sich nicht nur aus einer ausdrücklichen tarifvertraglichen Regelung, sondern auch durch **Auslegung des Tarifvertrags** ergeben. Der Gesamtzusammenhang der tariflichen Regelungen kann zu dem Ergebnis führen, dass nur für bestimmte Arbeitnehmergruppen Rechtsnormen vereinbart werden sollten.[110] Bestimmt ein Tarifvertrag, dass er für alle AN gilt, werden damit gewerbliche AN wie Angestellte erfasst.[111] Wird der

---

[92] BVerfG 30.5.1990 AP Nr. 28 zu § 622; BAG 12.10.2005 AP Nr. 259 zu § 611 BGB Gratifikation = NZA 2005, 1418; 10.12.2002 AP Nr. 56 zu § 1 BetrAVG Gleichbehandlung = NZA 2007, 321.

[93] S. BAG 10.11.2015 AP Nr. 74 zu § 1 BetrAVG Gleichbehandlung; 25.8.2010 AP Nr. 37 zu § 1 TVG Tarifverträge: Deutsche Bahn.

[94] BAG 10.4.1991 AP Nr. 141 zu § 1 TVG Tarifverträge: Bau = NZA 1991, 857.

[95] BAG 21.6.2011 AP Nr. 12 zu § 12a TVG = NZA-RR 2012, 365; 19.10.2004 AP Nr. 42 zu § 1 TVG Tarifverträge: Rundfunk = NZA 2005, 529.

[96] BAG 19.6.1957 AP Nr. 12 zu § 242 BGB Gleichbehandlung.

[97] BAG 21.3.2017 AP Nr. 36 zu § 1 BetrAVG Hinterbliebenenversorgung = NZA 2017, 939; 11.8.2009 AP Nr. 139 zu Art. 9 GG = NZA 2010, 210; 27.2.2007 AP Nr. 44 zu § 1 BetrAVG = NZA 2007, 1371.

[98] Dazu BAG 7.7.2010 ZTR 2011, 27; sowie 24.3.2010 AP Nr. 13 zu § 1 TVG Tarifverträge: Arzt = NZA-RR 2010, 527.

[99] S. etwa BAG 5.9.2019 AP Nr. 3 zu § 2 TV SozSich = NZA 2020, 1496; 10.4.2019 AP Nr. 235 zu § 1 TVG Auslegung.

[100] BAG 13.5.2020 AP Nr. 37 zu § 4 TVG = NZA 2020, 1487; 27.5.2004 AP Nr. 5 zu § 1 TVG Gleichbehandlung mAnm *Waltermann* = NZA 2004, 1399.

[101] StRspr, ausf. BAG 27.5.2004 AP Nr. 5 zu § 1 TVG Gleichbehandlung mAnm *Waltermann* = NZA 2004, 1399.

[102] BAG 27.5.2004 AP Nr. 5 zu § 1 TVG Gleichbehandlung mAnm *Waltermann* = NZA 2004, 1399; 30.8.2000 AP Nr. 25 zu § 4 TVG Geltungsbereich = NZA 2001, 613.

[103] BAG 27.5.2004 AP Nr. 5 zu § 1 TVG Gleichbehandlung mAnm *Waltermann* = NZA 2004, 1399.

[104] BAG 30.8.2000 AP Nr. 25 zu § 4 TVG Geltungsbereich = NZA 2001, 613.

[105] BAG 17.12.1997 AP Nr. 1 zu § 3 BAT-O = NZA 1998, 550.

[106] Dazu BAG 16.11.2011 AP Nr. 60 zu § 1 TVG = NZA-RR 2012, 308.

[107] BAG 11.8.2009 AP Nr. 139 zu Art. 9 GG = NZA 2010, 210.

[108] BAG 7.3.1995 AP Nr. 26 zu § 1 BetrAVG Gleichbehandlung mAnm *Bauschke* = NZA 1996, 48.

[109] BAG 28.3.1996 AP Nr. 49 zu § 2 BeschFG 1985 = NZA 1996, 1280.

[110] S. etwa BAG 10.4.2019 AP Nr. 235 zu § 1 TVG Auslegung: Beschränkung auf zu einem bestimmten Zeitpunkt bereits begründete Arbeitsverhältnisse (iErg verneint).

[111] BAG 22.6.2005 ZTR 2006, 78.

persönliche Geltungsbereich „auf die Mitglieder der tarifschließenden Gewerkschaft" begrenzt, handelt es sich regelmäßig nur um einen Hinweis auf die sich aus § 3 I TVG (→ § 204 Rn. 6) ergebende Rechtslage.[112] Ein anderes gilt bei sog. **Differenzierungsklauseln,** die bestimmte Leistungen im Falle vertraglicher Inbezugnahme (→ § 206 Rn. 28) an die Mitgliedschaft binden wollen. Darüber hinaus können die Tarifvertragsparteien zwischen den Mitgliedern der tarifschließenden Gewerkschaft differenzieren, die vor oder nach einem Stichtag in diese eingetreten sind. wenn es hierfür einen sachlichen Grund gibt (→ § 200 Rn. 24).[113]

23 Die mögliche Einbeziehung von **arbeitnehmerähnlichen Personen** (§ 12a TVG; → § 200 Rn. 8)[114] und Heimarbeitern (§ 17 HAG; → § 163 Rn. 33) muss durch Auslegung des Tarifvertrags ermittelt werden. Hierzu bedarf es aber hinreichender Anhaltspunkte. Im Zweifel soll für diese Personengruppen der Geltungsbereich nicht eröffnet sein.[115]

V. Zeitlicher Geltungsbereich

24 **1. Grundsatz.** Mit dem zeitlichen Geltungsbereich werden das Inkrafttreten und die Beendigung eines Tarifvertrags und damit **Beginn und Ende der unmittelbaren und zwingenden Wirkung der Rechtsnormen** eines Tarifvertrags bestimmt. Davon zu unterscheiden ist das Wirksamwerden im Verhältnis der Tarifvertragsparteien zueinander, das die schuldrechtlichen Wirkungen bestimmt. Der jeweilige Zeitpunkt kann von den Tarifvertragsparteien tarifautonom bestimmt werden.[116] Gleiches gilt für die (Mindest-)Laufzeit (→ § 208 Rn. 2, 5) eines Tarifvertrags. Trifft der Tarifvertrag keine Regelungen für das Inkrafttreten, wird er grundsätzlich zum Zeitpunkt seines Zustandekommens (→ § 198 Rn. 1 ff.) wirksam.[117] Die Tarifvertragsparteien können aber einen späteren Zeitpunkt festlegen[118] oder den Tarifvertrag rückwirkend für die Vergangenheit in Kraft setzen (→ Rn. 27 ff.). Vom Inkrafttreten eines Tarifvertrags zu unterscheiden ist die zeitlich gestaffelte Geltung einzelner Inhaltsnormen, die sog. **Stufentarifverträge** kennzeichnen (auch → § 206 Rn. 34).[119] Hierbei kann im Einzelfall eine lediglich schuldrechtlich wirkende Verpflichtung der Tarifvertragsparteien vorliegen.[120] Neben der Beendigung eines Tarifvertrags durch Befristung, Kündigung oder Aufhebung (→ § 208 Rn. 3 ff.) kann dies im Wege der **Ablösung** durch einen neuen Tarifvertrag erfolgen (→ Rn. 30).

25 Die Bestimmung des zeitlichen Geltungsbereichs ist für die **Nachbindung** nach § 3 III TVG (→ § 204 Rn. 27 ff.) von Bedeutung. Diese kann nur eintreten, wenn der Tarifvertrag zur Zeit der bestehenden Verbandsmitgliedschaft in Kraft getreten ist. Bei einer rückwirkenden Inkraftsetzung ist hingegen der Zeitpunkt des Wirksamwerdens des Tarifvertrags entscheidend. Die mitgliedschaftliche Legitimation der Normsetzung muss zum Abschlusszeitpunkt vorliegen.[121]

26 Der Tarifvertrag erfasst mit seinen Inhaltsnormen grundsätzlich die bereits **bestehenden Arbeitsverhältnisse** und die nachfolgend geschlossenen. Werden in einem Tarifvertrag konstitutive Formvorschriften für die Begründung von Arbeitsverträgen – **Abschlussnormen** – festgelegt, ist durch Auslegung zu ermitteln, ob diese erst für nachfolgend geschlossene Arbeitsverhältnisse gelten sollen, da andernfalls eine Rückwirkung anzunehmen wäre, für die es hinreichender Anhaltspunkte bedarf. In letzterem Fall wird man, wenn lediglich Nachweiszwecke verfolgt werden,[122] von einer Anpassung für die Zukunft auszugehen haben, weshalb jeder Arbeitsvertragspartei ein Anspruch auf nachträgliche schriftliche Niederlegung des Arbeitsvertrags zusteht.[123]

---

[112] S. etwa BAG 24.2.1999 AP Nr. 17 zu § 3 TVG Verbandszugehörigkeit = NZA 1999, 995.
[113] BAG 5.9.2012 AP Nr. 53 zu § 3 TVG; 13.6.2012 AP Nr. 230 zu § 1 TVG Auslegung = NZA 2012, 1052.
[114] BAG 20.1.2004 AP Nr. 1 zu § 112 LPVG Rheinland-Pfalz = NZA 2004, 1058.
[115] NK-TVG/*Deinert* § 4 Rn. 449; JKOS TVR/*Jacobs* § 5 Rn. 67.
[116] BAG 16.5.2012 AP Nr. 431 zu § 613a BGB = NZA 2012, 923, 5.7.2006 AP Nr. 38 zu § 1 TVG mAnm *Houben*.
[117] LAG Nürnberg 27.4.2000 NZA-RR 2000, 593.
[118] S. nur BAG 19.10.2011 NZA-RR 2012, 417 (unmittelbare und zwingende Wirkung der ERA-Tarifverträge).
[119] Vgl. BAG 17.5.2000 AP Nr. 8 zu § 3 TVG Verbandsaustritt = NZA 2001, 453.
[120] BAG 24.8.2011 PflR 2012, 573 mAnm *Roßbruch* PflR 2012, 578.
[121] BAG 26.8.2009 AP Nr. 45 zu § 3 TVG = NZA 2010, 171; 4.6.2008 AP Nr. 38 zu § 3 TVG = NZA 2008, 1365.
[122] Zu Abschlussverboten LAG Düsseldorf 15.5.1966 AP Nr. 1 zu § 4 TVG Abschlussverbote.
[123] NK-TVG/*Deinert* § 4 Rn. 482; Wiedemann/*Wank* TVG § 4 Rn. 279 f.

2. Rückwirkung. Die Tarifvertragsparteien können einen Tarifvertrag grundsätzlich rückwirkend für einen Zeitpunkt vor seinem Abschluss in Kraft setzen. Das muss sich allerdings aus dem Tarifvertrag klar und unmissverständlich ergeben. Dabei ist wie bei der Rückwirkung von Gesetzen[124] zwischen Fällen der **echten und unechten Rückwirkung** zu unterscheiden. Eine echte Rückwirkung liegt vor, wenn ein in der Vergangenheit liegender abgeschlossener Sachverhalt nachträglich anders geregelt werden soll, also die Rechtsfolgen rückbezogen werden (bspw. eine Entgeltkürzung für zurückliegende Monate; Sonderkündigungsschutz). Demgegenüber ist eine unechte Rückwirkung gegeben, wenn ein in der Vergangenheit begonnener, aber gegenwärtig noch andauernder Sachverhalt, der also bereits „ins Werk gesetzt wurde", [125] tariflich neu geregelt wird – sog. tatbestandliche Rückanknüpfung (etwa Sonderkündigungsschutz nach einer bestimmten, noch nicht erfüllten Beschäftigungszeit). Die Neuregelung macht den Eintritt von Rechtsfolgen von Gegebenheiten aus der vorangehenden Zeit abhängig. Nicht erfasst werden rein zukunftsbezogene Änderungen.[126] Die Zulässigkeit einer rückwirkenden Inkraftsetzung gilt sowohl für die Arbeitsbedingungen verbessernde Tarifverträge als auch für verschlechternde Bedingungen.[127] Die Grundsätze gelten ebenso bei einer arbeitsvertraglichen Bezugnahme auf einen Tarifvertrag (→ § 206 Rn. 1 ff.).[128] 27

Für eine **echte Rückwirkung** von Tarifvertragsnormen hat die Rechtsprechung die gleichen Grundsätze wie für die von Gesetzen herangezogen. Danach ist die Gestaltungsfreiheit der Tarifvertragsparteien durch den **Grundsatz des Vertrauensschutzes** der Normunterworfenen begrenzt.[129] Dies ist im jeweiligen Einzelfall zu beurteilen.[130] Ein schützenswertes Vertrauen besteht danach nicht, wenn eine unklare Rechtslage besteht[131] oder der Normunterworfene mit Änderungen der bestehenden Regelungen rechnen muss. Ausreichend ist hierfür die Kenntnis der betroffenen Kreise.[132] Das betrifft zunächst die Rückbeziehung in Fällen eines nachwirkenden Tarifvertrags. Es handelt sich dabei um eine weit verbreitete Praxis, mit der insbesondere nach Ablauf eines Tarifvertrags nachwirkende Normen rückwirkend durch neue, in ihrer zeitlichen Geltung an den abgelaufenen Tarifvertrag anknüpfende tarifvertragliche Normen ersetzt werden.[133] Die Tarifvertragsparteien können zudem vor Ablauf eines Tarifvertrags ankündigen, dass sie eine Neuregelung mit rückwirkender Kraft vereinbaren wollen.[134] Ausreichend ist jedoch schon die Aufnahme von Tarifvertragsverhandlungen.[135] Möglich ist es aber auch, noch unmittelbar und zwingend wirkende Tarifnormen rückwirkend abzulösen, also in laufende Tarifverträge einzugreifen, da tarifliche Ansprüche unter dem „immanenten Vorbehalt" ihrer rückwirkenden Abänderbarkeit stehen.[136] Dies gilt ebenfalls für bereits entstandene und fällig gewordene, aber noch nicht abgewickelte Ansprüche, die aus einer Tarifnorm folgen (sog. „wohlerworbene Rechte").[137] Allein die bloße Kenntnis einer begünstigenden Rechtslage reicht für ein schützenswertes Vertrauen dann nicht aus, wenn aus dieser Kenntnis nicht ein bestimmtes Verhalten („Disposition") erfolgt. Dann ist eine rückwirkende Änderung der Rechtslage nach wie vor möglich.[138] Zulässig ist es nach der Rechtsprechung, rückwirkend einen bestehenden **Sonderkündigungsschutz** aufzuheben, wenn schon bisher Ausnahmetatbestände existierten 28

---

124 BVerfG 3.12.1998 NZA-RR 1999, 204; 23.6.1993 BVerfGE 89, 48 = NJW 1993, 2923.

125 BAG 20.6.2018 AP Nr. 4 zu § 33 TVöD; 20.9.2016 AP Nr. 7 zu § 1 BetrAVG Gesamtversorgung = NZA 2017, 64; 17.6.2008 AP Nr. 136 zu Art. 9 GG = NZA 2008, 1244.

126 Etwa BAG 13.8.2009 AP Nr. 2 zu § 1 TVG Tarifverträge: Bundesagentur für Arbeit; 24.9.2008 AP Nr. 11 zu § 305c BGB = NZA 2009, 154.

127 BAG 8.9.1999 AP Nr. 33 zu § 4 TVG Nachwirkung = NZA 2000, 223.

128 BAG 11.10.2006 AP Nr. 24 zu § 1 TVG Rückwirkung.

129 BAG 6.12.2017 AP Nr. 245 zu § 1 TVG Tarifverträge: Metallindustrie = NZA 2018, 321; 17.5.2000 AP Nr. 19 zu § 1 TVG Rückwirkung = NZA 2000, 1297; 23.11.1994 AP Nr. 12 zu § 1 TVG Rückwirkung = NZA 1995, 844.

130 BAG 11.10.2006 AP Nr. 24 zu § 1 TVG Rückwirkung.

131 BAG 15.11.2011 AP Nr. 37 zu § 1 BetrAVG mAnm *Maschmann* = NZA-RR 2012, 544; 28.7.2005 AP Nr. 47 zu § 1 BetrAVG Ablösung mAnm *Rolfs* = NZA2006, 335.

132 BAG 20.9.2016 AP Nr. 7 zu § 1 BetrAVG Gesamtversorgung = NZA 2017, 64; 2.2.2006 AP Nr. 7 zu § 1 TVG Tarifverträge: Gewerkschaften; 23.11.1994 AP Nr. 12 zu § 1 TVG Rückwirkung = NZA 1995, 844.

133 Vgl. BAG 5.7.2000 AP Nr. 38 zu § 1 TVG mAnm *Houben*.

134 BAG 14.6.1995 AP Nr. 13 zu § 1 TVG Rückwirkung; 23.11.1994 AP Nr. 8 zu § 10 TVArbBundespost = NZA 1995, 844.

135 BAG 26.8.2009 AP Nr. 45 zu § 3 TVG = NZA 2010, 171.

136 BAG 23.11.1994 AP Nr. 12 zu § 1 TVG Rückwirkung = NZA 1995, 884.

137 BAG 8.10.2008 NZA 2009, 98; 2.2.2006 AP Nr. 7 zu § 1 TVG Tarifverträge: Gewerkschaften; 23.11.1994 AP Nr. 12 zu § 1 TVG Rückwirkung = NZA 1995, 884.

138 BAG 5.7.2006 AP Nr. 38 zu § 1 TVG mAnm *Houben* (keine Geltendmachung eines Anspruchs).

und diese lediglich modifiziert werden.[139] Nicht tarifdispositiv ist der maßgebende Zeitpunkt für die Wirksamkeit einer Kündigung durch Ausübung des einseitigen Gestaltungsrechts.[140]

29 Bei einer zulässigen Rückwirkung eines Tarifvertrags werden auch die **Arbeitsverhältnisse erfasst,** die nach dem rückwirkenden Beginn geschlossen wurden oder bestanden haben. Voraussetzung ist aber eine Tarifgebundenheit beim Zeitpunkt des Inkrafttretens wie auch beim Abschluss des Tarifvertrags[141] und schließlich im einschlägigen Anspruchszeitraum,[142] soweit sich dem Tarifvertrag nichts anderes entnehmen lässt. Im Zweifel ist von einer umfassenden Rückwirkung auszugehen, die auch die Arbeitsverhältnisse nach wie vor tarifgebundener AN erfasst, die bereits zu Beginn der Tarifwirkung beendet waren.[143] Die Tarifparteien können aber ohne Verstoß gegen den Gleichbehandlungsgrundsatz vereinbaren, dass bereits ausgeschiedene AN ausgenommen sein sollen.[144] Eine **unechte Rückwirkung** tarifvertraglicher Regelungen **ist regelmäßig zulässig.** Die bloße Erwartung, Tarifregelungen würden unverändert fortbestehen, ist nicht schutzwürdig.[145] Das kann auch der Fall sein, wenn ein aus formellen Gründen unerkannt unwirksamer Tarifvertrag inhaltsgleich erneut und rückwirkend geschlossen wird.[146] Eine Grenze besteht hinsichtlich bereits erworbener Rechtspositionen, wie etwa bereits erwachsene Versorgungsanwartschaften.[147] Im Recht der betrieblichen Altersversorgung werden hingegen besondere legitimierende Gründe verlangt.[148]

30 **3. Ablösung.** Im Verhältnis von zwei aufeinander folgenden Tarifverträgen desselben Normgebers[149] gilt, soweit dies von den Tarifvertragsparteien beabsichtigt ist, das **Ablösungsprinzip.** In dem Abschluss des neuen Tarifvertrags liegt zugleich die schuldrechtliche – ausdrücklich oder konkludent vereinbarte – Abrede über die Aufhebung des Vorgängertarifvertrags.[150] Die Ablösung eines Verbandstarifvertrags kann nicht durch die Parteien eines Haustarifvertrags erfolgen;[151] gleiches gilt für die umgekehrte Fallgestaltung.[152] Es kann allenfalls eine Tarifkonkurrenz eintreten. Die Tarifvertragsparteien können einen früher geschlossenen Tarifvertrag jederzeit abändern oder einschränken. Die spätere Regelung löst dann die frühere ab, auch als – sog. **Zeitkollisionsregel.**[153] Ein Günstigkeitsvergleich findet nicht statt.[154] Die Tarifparteien können die Ablösung wie etwa in § 2 der Überleitungstarifverträge im öffentlichen Dienst ausdrücklich festlegen („Ersetzung bisheriger Tarifverträge").[155] Ausreichend für die Annahme einer Ablösung ist es, wenn der neue Tarifvertrag die ursprünglichen Regelungen aufgreift, bestätigt oder abändert. Es ist aber auch eine stillschweigende Ablösung möglich, wenn in dem neuen Tarifwerk ein Komplex insgesamt neu geregelt ist, der bislang Gegenstand eines anderen Tarifvertrags war.[156] Ein Günstigkeitsvergleich findet ebenso wenig statt[157] wie eine Billigkeitskontrolle der

[139] BAG 17.10.2007 AP Nr. 9 zu § 53 BAT = NZA-RR 2008, 329; 9.9.2010 AP Nr. 149 zu § 2 KSchG 1969.

[140] BAG 17.2.2016 AP Nr. 168 zu § 2 KSchG 1969.

[141] BAG 26.8.2009 AP Nr. 45 zu § 3 TVG = NZA 2010, 171; 30.4.1969 AP Nr. 6 zu § 1 TVG Rückwirkung.

[142] BAG 5.9.2012 AP Nr. 53 zu § 3 TVG; 22.11.2000 AP Nr. 20 zu § 3 TVG Verbandszugehörigkeit = NZA 2001, 980.

[143] BAG 6.12.2017 AP Nr. 245 zu § 1 TVG Tarifverträge: Metallindustrie = NZA 2018, 321; 26.8.2009 AP Nr. 45 zu § 3 TVG = NZA 2010, 171; 24.10.2007 NZA 2008, 131.

[144] BAG 10.3.1982 AP Nr. 47 zu § 242 BGB Gleichbehandlung; 6.2.1980 AP Nr. 7 zu § 1 TVG Rückwirkung.

[145] BAG 20.6.2018 AP Nr. 4 zu § 33 TVöD; 27.11.2008 AP Nr. 9 zu § 55 BAT = NZA 2009, 481.

[146] BAG 5.9.2012 AP Nr. 116 zu § 1 TVG Bezugnahme auf Tarifvertrag.

[147] BAG 8.12.1981 AP Nr. 1 zu § 1 BetrAVG Ablösung.

[148] Zu den Anforderungen eines Eingriffs in Versorgungsrechte BAG 20.9.2016 AP Nr. 7 zu § 1 BetrAVG Gesamtversorgung = NZA 2017, 64; sowie BAG 17.6.2008 AP Nr. 136 zu Art. 9 GG = NZA 2008, 1244; 13.12.2005 AP Nr. 49 zu § 2 BetrAVG.

[149] BAG 23.8.2016 AP Nr. 148 zu § 99 BetrVG 1972 = NZA 2017, 74; 20.4.1999 AP Nr. 12 zu § 77 BetrVG 1972 Tarifvorbehalt = NZA 1999, 1059.

[150] S. auch BAG 18.2.2020 AP Nr. 82 zu § 1 BetrAVG = NZA 2020, 956 („immanenter Bestandteil").

[151] BAG 19.11.2014 AP Nr. 33 zu § 1 TVG Tarifverträge: Luftfahrt = NZA 2015, 950; 24.2.2010 AP Nr. 2 zu § 2 TVÜ.

[152] Anders allerdings BAG 15.4.2008 AP Nr. 38 zu § 1 TVG Altersteilzeit = NZA-RR 2008, 586.

[153] BAG 21.10.2009 AP Nr. 50 zu § 4 TVG Nachwirkung = NZA-RR 2010, 477; 22.10.2003 AP Nr. 21 zu § 1 TVG Rückwirkung = NZA 2004, 444.

[154] BAG 28.5.1997 AP Nr. 26 zu § 4 TVG Nachwirkung = NZA 1998, 40.

[155] S. auch BAG 17.7.2007 ZTR 2008, 161.

[156] BAG 21.10.2009 AP Nr. 50 zu § 4 TVG Nachwirkung = NZA-RR 2010, 477; 6.11.1985 – 4 AZR 478/84.

[157] BAG 28.5.1997 AP Nr. 26 zu § 4 TVG Nachwirkung = NZA 1998, 40; 22.2.1957 AP Nr. 2 zu § 4 TVG Tarifkonkurrenz.

ablösenden Vereinbarungen.[158] Die Tarifvertragsparteien können die **Ablösung** auf bestimmte Regelungsbereiche **beschränken**[159] oder bestehende Regelungen, etwa in einem Landesbezirksvertrag, von der Ablösung ausnehmen.[160] Eine Abweichung vom Ablösungsprinzip bedarf als Ausnahme von der grundsätzlich geltenden Zeitkollisionsregel jedoch der hinreichenden Bestimmtheit und Deutlichkeit.[161] Die Rechtsprechung hat angenommen, dass die Zeitkollisionsregel ebenso für einen auf einen Haustarifvertrag folgenden Verbandstarifvertrag anwendbar ist.[162] Näher liegt im Falle der Nachwirkung des Haustarifvertrags eine andere Abmachung iSd § 4 V TVG (→ § 208 Rn. 14 ff.).

§ 203. Tarifkonkurrenz, Tarifpluralität und Tarifkollision

Übersicht

I. Begriffe und Abgrenzungen

1 Im TVG nicht geregelt ist das **Aufeinandertreffen mehrerer Tarifverträge.** Dies kann der Fall sein, wenn für das einzelne Arbeitsverhältnis eine Tarifgebundenheit an mehr als einen Tarifvertrag besteht, der von derselben Gewerkschaft geschlossen wurde, und inhaltlich überschneidende Regelungen bestehen. Bei Tarifverträgen über betriebliche und betriebsverfassungsrechtliche Fragen (§ 1 I 2 TVG) und über gemeinsame Einrichtungen (§ 4 II TVG) kann allein die Tarifgebundenheit des AG zur Geltung unterschiedlicher Tarifverträge führen (§§ 3 II, 4 II TVG). Schließlich kann sich die unmittelbare Geltung mehrerer Tarifverträge für dasselbe Arbeitsverhältnis durch eine hinzutretende Allgemeinverbindlicherklärung eines weiteren Tarifvertrags ergeben (→ § 205 Rn. 25 ff.). Dann liegt eine **Tarifkonkurrenz** vor.[1] Weiterhin kann der AG an mehr als einen Tarifvertrag unterschiedlicher Gewerkschaften gebunden sein und je Mitgliedschaft des AN in einer der tariffähigen Koalitionen gilt der eine oder der andere für das Arbeitsverhältnis. Es handelt sich dann um eine **Tarifpluralität.**[2] Eine **Tarifkollision** liegt nach der durch das TEG geschaffenen Neuregelung in § 4a II TVG (→ Rn. 14 ff.) vor, wenn sich die Geltungsbereiche von nicht inhaltsgleichen Tarifverträgen unterschiedlicher Gewerkschaften, an die ein AG nach § 3 I TVG gebunden ist, in zeitlicher, räumlicher und persönlicher Hinsicht überschneiden.

2 Zur Feststellung einer „Tarifkonkurrenz" ist zunächst zu klären, ob sich die tariflichen Regelungen ergänzen sollen oder nur ein bestimmter Tarifvertrag überhaupt eine unmittelbare und zwingende Geltung beansprucht. Eine solche Fallgestaltung **vermeintlicher Tarifkonkurrenz** liegt vor, wenn sich die Tarifverträge inhaltlich ergänzen,[3] wie es etwa bei Manteltarifverträgen und Entgelttarifverträgen oder anderen „ergänzenden" Tarifverträgen (etwa solche zur betrieblichen Altersversorgung) der Fall ist. Es handelt sich dann um Tarifgefüge oder Tarifwerke, die insgesamt

[158] BAG 30.3.1995 AP Nr. 33 zu Art. 20 Einigungsvertrag = NZA 1996, 268; 20.8.1986 AP Nr. 47 zu § 1 TVG Tarifverträge: Metallindustrie = NZA 1987, 244.
[159] BAG 18.3.1992 AP Nr. 13 zu § 3 TVG = NZA 1992, 700; s. auch BAG 3.7.2013 AP Nr. 445 zu § 613a BGB (Ablösung transformierter Tarifregelungen nach einem Betriebsübergang).
[160] BAG 24.2.2010 AP Nr. 2 zu § 2 TVÜ.
[161] BAG 24.2.2010 AP Nr. 2 zu § 2 TVÜ („Abweichung von der Abweichung"); 30.1.1985 AP Nr. 9 zu § 1 TVG Tarifverträge: Einzelhandel.
[162] BAG 15.4.2008 AP Nr. 38 zu § 1 TVG Altersteilzeit = NZA 2008, 586.
[1] BAG 23.3.2005 AP Nr. 29 zu § 4 TVG Tarifkonkurrenz = NZA 2005, 1003; 14.6.1989 AP Nr. 16 zu § 4 TVG Tarifkonkurrenz.
[2] BAG 27.9.2017 AP Nr. 154 zu § 99 BetrVG 1972 = NZA 2018, 533; 7.7.2010 AP Nr. 140 zu Art. 9 GG = NZA 2010, 1068; 20.3.1991 AP Nr. 20 zu § 4 TVG Tarifkonkurrenz = NZA 1991, 736.
[3] BAG 6.3.1973 AP Nr. 1 zu § 1 TVG Tarifverträge: Papierindustrie.

zur Anwendung kommen sollen.[4] Gleiches kann der Fall sein, wenn ein unternehmensbezogener Verbandssanierungstarifvertrag geschlossen wird, der einen Verbandstarifvertrag, befristet für eine bestimmte Zeit, ablösen soll.[5] Ebenfalls keine Konkurrenz besteht zwischen sich ablösenden Tarifverträgen (→ § 202 Rn. 28 ff.).[6] Weiterhin können die Tarifvertragsparteien für den Fall einer sonst eintretenden Tarifkonkurrenz eine **Kollisionslösungsregelung** vorsehen (zu Einschränkungsklauseln bei einer Allgemeinverbindlicherklärung → § 205 Rn. 30 f.).[7] Allein die Verbandssatzung kann eine solche Auflösungsregelung nicht bestimmen.[8] Nimmt ein Tarifvertrag auf verschiedene andere Tarifverträge, deren originäre Geltung sich nicht überschneidet, in der Weise Bezug, dass mit einem später geschaffenen Tarifvertrag Überschneidungen entstehen, so liegt kein Fall der Tarifkonkurrenz der in Bezug genommenen Tarifverträge vor. Vielmehr ist durch Auslegung des bezugnehmenden Tarifvertrags zu ermitteln, welchen der in Bezug genommenen Tarifregelungen der Vorrang gebührt.[9] Bei einer **arbeitsvertraglichen Bezugnahme** auf einen anderen, normativ wirkenden Tarifvertrag kommt es weder zu einer Tarifkonkurrenz noch zu einer Tarifpluralität[10] oder einer Tarifkollision, weil diese keine Tarifgebundenheit für beide Tarifverträge herbeiführt (→ § 206 Rn. 6).[11] Gleiches gilt im Ergebnis für die Transformation vormals geltender Normen eines Tarifvertrags nach § 613a I 2 BGB;[12] bei (auch erst später eintretender) kongruenter Tarifgebundenheit erfolgt bereits eine Ablösung nach § 613a I 3 BGB (→ § 119 Rn. 10).

3 Eine nur **„vermeintliche Tarifpluralität"** liegt vor, wenn der AG zwar an unterschiedliche Tarifverträge verschiedener Gewerkschaften gebunden ist, deren Geltungsbereiche sich aber nicht überschneiden. Es fehlt an Tarifregelungen für Arbeitsverhältnisse „derselben Art" in beiden Tarifverträgen, sodass die jeweilige Geltung nur bei Mitgliedschaft in einer der tarifschließenden Gewerkschaften entstehen kann. So besteht für die Tarifverträge von ver.di und der Vereinigung Cockpit keine Tarifpluralität oder eine Tarifkollision nach § 4a II TVG, weil sich die persönlichen Geltungsbereiche nicht überschneiden. Das Cockpit-Personal wird nur vom persönlichen Anwendungsbereich der mit der Vereinigung Cockpit geschlossenen Tarifverträge erfasst.[13] Ebenso soll eine Tarifpluralität nicht vorliegen, wenn ein nachwirkender Tarifvertrag mit einem Tarifvertrag zusammentrifft, an den nur der AG, nicht aber der betreffende AN gebunden ist.[14]

II. Tarifkonkurrenz

4 Eine Tarifkonkurrenz erfordert nach dem Vorgenannten eine **Normenkollision aufgrund beiderseitiger kongruenter Tarifgebundenheit** für das einzelne Arbeitsverhältnis. Diese kann auch durch eine Allgemeinverbindlicherklärung eintreten. Lediglich eine mögliche Tarifgebundenheit genügt ebenso wenig[15] wie ein nur nachwirkender Tarifvertrag.[16] Eine Tarifkonkurrenz kann demnach u.a. eintreten:

- bei einer Kollision eines Verbands- und eines Haustarifvertrags mit derselben Gewerkschaft,[17]
- wenn ein Verbandstarif- oder Haustarifvertrag und ein allgemeinverbindlicher Tarifvertrag aufeinandertreffen,[18]

[4] Vgl. BAG 20.4.2005 AP Nr. 43 zu § 4 TVG Nachwirkung = NZA 2005, 1360.
[5] BKS/*Berg* § 4 Rn. 56, 61.
[6] BAG 20.4.2005 AP Nr. 43 zu § 4 TVG Nachwirkung = NZA 2005, 1360.
[7] BAG 29.9.2012 AP Nr. 25 zu § 1 TVG Tarifverträge: Bewachungsgewerbe; 24.3.2010 ZTR 2010, 462; 22.10.2008 AP Nr. 37 zu § 4 TVG Tarifkonkurrenz = NZA 2009, 265.
[8] BAG 4.7.2007 AP Nr. 35 zu § 4 TVG Tarifkonkurrenz = NZA 2008, 307 (ver.di-Gründung).
[9] BAG 6.8.2003 AP Nr. 186 zu § 1 TVG Auslegung.
[10] BAG 16.5.2018 AP Nr. 145 zu § 1 TVG Bezugnahme auf Tarifvertrag = NZA 2018, 1489; 29.8.2007 AP Nr. 61 zu § 1 TVG Bezugnahme auf Tarifvertrag = NZA 2008, 364.
[11] BAG 7.7.2010 AP Nr. 388 zu § 613a BGB = NZA-RR 2011, 30; 22.10.2008 AP Nr. 66 zu § 1 TVG Bezugnahme auf Tarifvertrag = NZA 2009, 151.
[12] Anders als das BAG *Gräf* NZA 2016, 327 (330 ff.).
[13] S. auch die Fallgestaltung in BAG 11.2.2004 – 4 AZR 94/03 (Tarifverträge für Cockpit- und Kabinenpersonal); sowie *Krebber* RdA 2011, 23 (24); *Gerber* ZfA 2008, 311 (312 f.).
[14] BAG 28.5.1997 AP Nr. 26 zu § 4 TVG Nachwirkung mablAnm *Kania* = NZA 1998, 40; allerdings in Annahme des später aufgegebenen „Grundsatzes der Tarifeinheit".
[15] BAG 4.12.2002 AP Nr. 28 zu § 4 TVG Tarifkonkurrenz = NZA 2003, 632.
[16] BAG 28.5.1997 AP Nr. 26 zu § 4 TVG Nachwirkung = NZA 1998, 40; 4.12.1974 AP Nr. 2 zu § 3 TVG.
[17] BAG 24.1.2001 AP Nr. 173 zu § 1 TVG Tarifverträge: Metallindustrie = NZA 2001, 788.
[18] BAG 19.11.2014 AP Nr. 33 zu § 1 TVG Tarifverträge: Luftfahrt = NZA 2015, 950; 25.7.2001 AP Nr. 242 zu § 1 TVG Tarifverträge: Bau = NZA 2002, 1406.

- verschiedene Tarifverträge, an die der AG gebunden ist, betriebliche oder betriebsverfassungsrechtliche Inhalte regeln (§ 3 II TVG),[19]
- der AG an mindestens zwei Tarifverträge gebunden ist und auf Arbeitnehmerseite eine doppelte Gewerkschaftsmitgliedschaft besteht,[20] oder
- wenn nach einem Verbandswechsel für den AG ein Tarifvertrag aufgrund mitgliedschaftlicher Bindung (§ 3 I TVG) und ein anderer kraft Nachbindung gilt (§ 3 III TVG).[21]

Die Konkurrenz tariflicher Rechtsnormen im selben Arbeitsverhältnis bedarf der Auflösung, weil nicht zwei Regelungen unterschiedlichen Inhalts zur Anwendung kommen können. Dies erfolgt nach der der Kollisionsregel des **Grundsatzes der Spezialität.**[22] In diesem Fall kommt allein der Tarifvertrag im betreffenden Arbeitsverhältnis zur Anwendung, der dem Betrieb räumlich, betrieblich und persönlich am nächsten steht und deshalb den Erfordernissen und Eigenarten des Betriebs und der darin tätigen AN am besten gerecht wird.[23] Eine **Ausnahme** ergibt sich für Tarifverträge im Bereich des AEntG nach dessen § 8 II 1 (→ § 162 Rn. 38).

Dementsprechend ist bei einer Konkurrenz zwischen den Tarifverträgen des Baugewerbes 5 und denen des Ausbaugewerbes der letztere vorrangig.[24] Danach geht grundsätzlich der Tarifvertrag mit dem **räumlich engeren Geltungsbereich** vor. Ein Haustarifvertrag verdrängt den Flächentarifvertrag dann, wenn dieser Regelungen zu Lasten der AN verdrängt.[25] Dabei ist es unerheblich, ob der eine Tarifvertrag allgemeinverbindlich ist und der andere nicht.[26] Etwas anderes kann sich ergeben, wenn der an sich fachlich weitere Tarifvertrag präzisere und ausführlichere Regelungen zu den betreffenden Arbeitsbedingungen enthält.[27] Bei einer Tarifkonkurrenz zwischen Tarifverträgen für den Einzelhandel und denen im Kraftfahrzeuggewerbe hat die Rechtsprechung angenommen, dass in einem Betrieb, der sowohl Kraftfahrzeughandel wie -reparaturen durchführt, derjenige Tarifvertrag maßgebend ist, der der verlangten und geleisteten Arbeit am meisten entspricht, auch wenn der höhere Umsatz im Handel erzielt wird.[28]

Zu beachten ist allerdings, dass diese Grundsätze für die Rechtsnormen, die den Abschluss, 6 den Inhalt und die Beendigung von Arbeitsverhältnissen regeln, grundsätzlich nur dann herangezogen werden können, wenn **dieselben Tarifvertragsparteien** am Tarifvertrag beteiligt sind[29] oder bei Konkurrenz von Verbands- und Haustarifverträgen[30] dieselbe tarifschließende Gewerkschaft. Nur dann wird man von der Geeignetheit des Spezialitätsprinzips, das in der Sache nicht als Rechtsprinzip, sondern als Auslegungs- und Normkollisionsregel anzusehen ist,[31] ausgehen können. Diese Grundsätze werden auch für die Konkurrenz von mitgliedschaftlich legitimiertem und allgemeinverbindlichem Tarifvertrag herangezogen.[32] Im Falle eines **Verbandwechsels des AG** hat das BAG das Konkurrenzverhältnis zwischen dem bisherigen, nun im Wege der Nachbindung nach § 3 III TVG geltenden Tarifvertrag und dem neuen ebenfalls nach dem Spezialitätsgrundsatz aufgelöst,[33] während demgegenüber mit guten Gründen aus dem Normzweck des § 3 III TVG die Fortgeltung des bisherigen Tarifvertrags angenommen wird.[34] Im Falle einer

[19] BAG 20.3.1991 AP Nr. 20 zu § 4 TVG Tarifkonkurrenz = NZA 1991, 736.
[20] Zur bisher nicht praktisch gewordenen Doppelmitgliedschaft s. nur den Vortrag in BAG 14.12.2004 AP Nr. 2 zu § 2 TVG Tariffähigkeit = NZA 2005, 697.
[21] BAG 26.10.1983 AP Nr. 3 zu § 3 TVG.
[22] BAG 27.2.2013 AP Nr. 9 zu § 1 TVG Kündigung = NZA 2013, 1026; 23.1.2008 AP Nr. 36 zu § 3 TVG = NZA 2008, 771.
[23] BAG 23.1.2008 AP Nr. 36 zu § 3 TVG = NZA 2008, 771; 18.10.2006 AP Nr. 287 zu § 1 TVG Tarifverträge: Bau = NZA 2007, 111.
[24] BAG 14.6.1989 AP Nr. 16 zu § 4 TVG Tarifkonkurrenz = NZA 1990, 325; 25.1.1990 AP Nr. 126 zu § 1 TVG Tarifverträge: Bau = NZA 1990, 450.
[25] BAG 15.4.2008 AP Nr. 38 zu § 1 TVG Altersteilzeit = NZA-RR 2008, 586; 24.1.2001 AP Nr. 173 zu § 1 TVG Tarifverträge: Metallindustrie = NZA 2001, 788.
[26] BAG 23.3.2005 AP Nr. 29 zu § 4 TVG Tarifkonkurrenz = NZA 2005, 1003.
[27] BAG 4.12.2002 AP Nr. 28 zu § 4 TVG Tarifkonkurrenz = NZA 2003, 632; 27.7.2001 AP Nr. 242 zu § 1 TVG Tarifverträge: Bau = NZA 2002, 1406.
[28] BAG 25.11.1987 AP Nr. 18 zu § 1 TVG Tarifverträge: Einzelhandel = NZA 1988, 317.
[29] BKS/*Berg* § 4 Rn. 64; ErfK/*Franzen* TVG § 4 Rn. 69; *Kempen* NZA 2003, 415 (417); *Löwisch/Rieble* TVG § 4a Rn. 328.
[30] BKS/*Berg* § 4 Rn. 64; KeZa/*Wendeling-Schröder* TVG § 4 Rn. 227; ErfK/*Franzen* TVG § 4 Rn. 69.
[31] BKS/*Berg* § 4 Rn. 64; JKOS TVR/*Jacobs* § 7 Rn. 221; NK-TVG/*Zwanziger* § 4a Rn. 23.
[32] S. auch KeZa/*Wendeling-Schröder* TVG § 4 Rn. 232; aA JKOS TVR/*Jacobs* § 7 Rn. 228; *Löwisch/Rieble* TVG § 4 Rn. 358 ff.: Vorrang des tarifautonomen Regelungswerks; ganz anders *Sittard* S. 234 ff.: Andersorganisierte seien keine „nicht tarifgebunden" iSd § 5 IV TVG.
[33] BAG 26.10.1983 AP Nr. 3 zu § 3 TVG.
[34] BKS/*Dierßen* § 3 Rn. 79 ff., § 4 Rn. 69; aA *Henssler* FS Schaub, 1998, 311 (325): Vorrang des nach § 3 I TVG geltenden Tarifvertrags; s. auch BKS/*Berg* § 4 Rn. 106.

mehrfachen Tarifgebundenheit eines AG und einer – wohl meist satzungswidrigen, aber ohne Einfluss auf das Außenverhältnis – bestehenden **Mitgliedschaft** eines AN **in mehreren Gewerkschaften,** sodass jeweils eine Tarifgebundenheit nach § 3 I TVG besteht, wird mit gutem Grund vorgeschlagen, ein „Prioritätsprinzip" anzuwenden.[35]

7 Das Spezialitätsprinzip hat das BAG bisher auch für eine Konkurrenz von **Tarifverträgen mit betrieblichem oder betriebsverfassungsrechtlichem Inhalt** als maßgebend angesehen.[36] Hier ist allerdings bereits die Tarifgebundenheit des AG nach § 3 II TVG ausreichend, um zu einer unmittelbaren und zwingenden Geltung unabhängig von der Gewerkschaftsmitgliedschaft der einzelnen AN zu gelangen. Hinzutreten muss bei Tarifverträgen nach § 3 I Nr. 1–3 BetrVG die **Tarifzuständigkeit** der Gewerkschaft **für alle Arbeitsverhältnisse** (→ § 191 Rn. 14).[37] Zu einer Tarifpluralität kann es in solchen Fallgestaltungen nicht kommen. Einem Tarifvertragsabschluss steht durch eine im Betrieb vertretene Gewerkschaft nicht entgegen, dass diese ohne Beteiligung von anderen geschlossen wird.[38] Die Anwendung des Spezialitätsprinzips führt unabhängig von der Anzahl der Mitglieder der tarifschließenden Gewerkschaft zur Anwendung eines „spezielleren" Tarifvertrags. Das ist unter dem Gesichtspunkt der innerbetrieblichen Legitimation nur schwerlich zu begründen.[39] Richtigerweise ist hier im Grundsatz das sog. **Majoritäts- oder Repräsentationsprinzip** zur Auflösung einer Tarifkonkurrenz ungeachtet möglicher prozessualer Schwierigkeiten heranzuziehen.[40] Allerdings können sich je nach dem Inhalt von Betriebsnormen, die nicht eine betriebseinheitliche Anwendung erfordern, durchaus differenzierende Lösungsmöglichkeiten ergeben.[41] Davon zu unterscheiden ist die Konkurrenz von Tarifverträgen, die beide Inhaltsnormen und nur einer auch Betriebsnormen enthält. Hier kann zu prüfen sein, ob eine Betriebsnorm ohne Konflikt zum anderen Tarifvertrag anwendbar ist.

8 Für Tarifverträge über **gemeinsame Einrichtungen** nach § 4 II TVG hat das BAG mit Ausnahme im Bereich des AEntG[42] für die Auflösung des Konkurrenzverhältnisses gleichfalls das Spezialitätsprinzip herangezogen.[43] Demgegenüber wird jedenfalls bei einem für allgemeinverbindlich erklärten Tarifvertrag über gemeinsame Einrichtungen der Vorrang des mitgliedschaftlich legitimierten Tarifvertrags angenommen.[44] Im Hinblick auf den Normzweck des § 4 II TVG und die Funktionsfähigkeit namentlich der Sozialkassentarifverträge erscheint es jedenfalls für solche allgemeinverbindlichen Tarifverträge vorzugswürdiger, alle AN des erfassten Betriebs den Regelungen zu unterwerfen und insoweit deshalb von einer Vorrangigkeit dieser Tarifverträge auszugehen.[45]

III. Tarifpluralität

9 **1. Fallgestaltungen.** Eine **Tarifpluralität** (→ Rn. 1) besteht etwa bei Ärztinnen und Ärzten, die sowohl vom Geltungsbereich des u.a. von der Gewerkschaft ver.di geschlossenen TVöD-VKA und dem TV-L erfasst werden wie auch vom TV-Ärzte/VKA und TV-Ärzte/TdL, die die VKA und die TdL mit dem Marburger Bund geschlossen haben (→ § 64 Rn. 26). Gleiches ist bei Tarifverträgen der EVG oder der GdL anzutreffen. Hier werden Tarifnormen für **„Arbeitsverhältnisse derselben Art"**[46] vereinbart. Sie kann darüber hinaus dann eintreten, wenn der AG nicht nur an einen Verbandstarifvertrag, sondern daneben an einen mit einer anderen

---

[35] *Franzen* RdA 2008, 193 (198); *Henssler* RdA 2011, 65 (66); *Willemsen/Mehrens* NZA 2010, 1313 (1320); anders (Zeitkollisionsregel) *U. Fischer* jurisPR-ArbR 21/2019 Anm. 2.
[36] S. nur BAG 20.3.1991 AP Nr. 20 zu § 4 TVG Tarifkonkurrenz = NZA 1991, 736.
[37] BAG 29.7.2009 AP Nr. 7 zu § 3 BetrVG 1972 = NZA 2009, 1424.
[38] BAG 29.7.2009 AP Nr. 7 zu § 3 BetrVG 1972 = NZA 2009, 1424 mN zum Streitstand; ebenso 9.12.2009 AP Nr. 48 zu § 3 TVG; s. dazu *Hanau* RdA 2010, 312 ff.; *Dzida* NZA 2010, 80 ff.
[39] S. dazu BAG 9.12.2009 AP Nr. 48 zu § 3 TVG mzN.
[40] Ebenso BKS/*Berg* § 4 Rn. 67, 108; *Deinert* NZA 2009, 1176 (1179); JKOS TVR/*Jacobs* § 7 Rn. 232; s. auch BAG 29.7.2009 AP Nr. 7 zu § 3 BetrVG 1972 = NZA 2009, 1424 mwN; aA *Löwisch/Rieble* TVG § 4a Rn. 347.
[41] *Reichold* RdA 2007, 321 (327).
[42] BAG 25.1.2005 AP Nr. 21 zu § 1 AEntG = NZA 2006, 121.
[43] BAG 26.1.1994 AP Nr. 22 zu § 4 TVG Tarifkonkurrenz = NZA 1994, 1038.
[44] *Bayreuther* FS Buchner, 2008, 41 (42); *Franzen* RdA 2008, 193 (197); s. auch *Bepler* NZA-Beil. 2/2011, 73 ff.; aA *Löwisch/Rieble* TVG § 4 Rn. 289.
[45] JKOS TVR/*Jacobs* § 7 Rn. 234 f.; ebenso BKS/*Berg* § 4 Rn. 79; *Reichold* RdA 2007, 321 (326); zur möglichen Differenzierung im Übrigen *Oetker* NZA-Beil. 1/2010, 13 (29 f.).
[46] BAG 7.7.2010 AP Nr. 140 zu Art. 9 GG = NZA 2010, 1068 (LS 1).

Gewerkschaft geschlossenen Haustarifvertrag gebunden ist.[47] Schließlich kann eine Tarifpluralität eintreten, wenn neben der Tarifgebundenheit an einen Verbands- oder Haustarifvertrag ein Tarifvertrag einer anderen Gewerkschaft für allgemeinverbindlich erklärt wird. Zu einem Nebeneinander verschiedener Tarifverträge, die im Betrieb anzuwenden sind,[48] kommt es im gemeinsamen Betrieb mehrerer Unternehmen aufgrund der rechtlichen Selbständigkeit der beteiligten Unternehmen.[49] Keine Tarifpluralität liegt bei einem Betriebsübergang vor, wenn mehrere Tarifverträge deshalb Anwendung finden, weil der Betriebserwerber an einen anderen Tarifvertrag gebunden ist als denjenigen, der kraft Tarifgebundenheit im Veräußererbetrieb galt und dessen Ablösung nach § 613a I 3 BGB mangels kongruenter Tarifgebundenheit ausscheidet, sondern es zu einer Transformation nach § 613a I 2 BGB kommt (→ § 119 Rn. 13). Schließlich führen die Geltung eines Tarifvertrags und die vertragliche Inbezugnahme eines anderen nicht zu einer Tarifpluralität (→ § 206 Rn. 6).[50]

2. „Grundsatz der Tarifeinheit" – Rechtsprechungsänderung. Das BAG hatte bis zu 10
Beginn des Jahres 2010 Tarifpluralitäten nach dem **Grundsatz der Tarifeinheit** dahingehend aufgelöst, dass ungeachtet der Wirksamkeit der Tarifverträge und der an sie gegebenen Tarifgebundenheit in einem Betrieb nur ein Tarifvertrag angewendet werden soll, und die tarifplurale Situation nach dem **Spezialitätsprinzip** aufgelöst.[51] Der Grundsatz besage, „dass in jedem Betrieb grundsätzlich für alle in diesem Betrieb begründeten Arbeitsverhältnisse nur ein Tarifvertrag anzuwenden ist".[52] Er folge aus den übergeordneten Prinzipien der Rechtssicherheit und Rechtsklarheit, es handele sich um ein allgemein anerkanntes Rechtsprinzip und „eine rechtlich klare und tatsächlich praktikable Lösung".[53] Diese Rechtsprechung des BAG ist auf breite Ablehnung gestoßen.[54]

Diesen **Grundsatz der Tarifeinheit** hat die Rechtsprechung im Jahr 2010 aufgegeben, soweit 11
es um die Geltung von Abschluss-, Inhalts- oder Beendigungsnormen iSd § 1 I 1 TVG geht, die wegen beiderseitiger Tarifgebundenheit nach §§ 3 I, 4 I TVG für ein Arbeitsverhältnis unmittelbar und zwingend gelten.[55] Zur Tarifpluralität in Fällen von allgemeinverbindlichen Tarifverträgen hat das BAG sich in den Urteilsgründen ebenso wenig geäußert wie zu betrieblichen und betriebsverfassungsrechtlichen Normen und Tarifverträgen über gemeinsame Einrichtungen. Das TVG[56] ordnet einfachgesetzlich in den §§ 3 I, 4 I TVG die unmittelbare und zwingende Wirkung für beiderseits Tarifgebundene an. Tarifpluralität war bis zum Inkrafttreten des TEG im System des TVG angelegt. Für eine richterliche Rechtsfortbildung fehlt es an einer gesetzlichen Lücke. Weiterhin war die Verdrängung eines Tarifvertrags nicht mit dem **Grundrecht der Koalitionsfreiheit** (→ § 190 Rn. 3 ff., 15 ff.) zu vereinbaren. Sie stellte vor Inkrafttreten des TEG (→ Rn. 14) einen unzulässigen Eingriff in die kollektive Koalitionsfreiheit der Gewerkschaften dar.

Im Ergebnis kommt es in Fällen durch die Mitgliedschaft im tarifschließenden Verband oder 12
durch die Stellung als Vertragspartei beim Haustarifvertrag, die als **„gewillkürte Tarifpluralität"** bezeichnet wird,[57] und zu einer Geltung der Abschluss-, Inhalts- und Beendigungsnormen des jeweiligen Tarifvertrags für die Arbeitsverhältnisse, die an den betreffenden Tarifvertrag gebunden sind (zu allgemeinverbindlichen Tarifverträgen → § 205 Rn. 30 f.).[58] Bei einer Bindung an mehrere Tarifverträge mit **betrieblichen oder betriebsverfassungsrechtlichen Nor-**

[47] So die Fallgestaltung in BAG 20.3.1991 AP Nr. 20 zu § 4 TVG Tarifkonkurrenz = NZA 1991, 736; sowie in BAG 28.5.1997 AP Nr. 26 zu § 4 TVG Nachwirkung mablAnm *Kania* = NZA 1998, 40.
[48] S. nur *Jacobs* NZA 2008, 325 (327); *Henssler* RdA 2011, 65 (66).
[49] BAG 19.11.1992 AP Nr. 145 zu § 611 BGB Gratifikation = NZA 1993, 405.
[50] BAG 29.8.2007 AP Nr. 61 zu § 1 TVG Bezugnahme auf Tarifvertrag = NZA 2008, 364; s. auch 26.1.1994 AP Nr. 22 zu § 4 TVG Tarifkonkurrenz = NZA 1994, 1038.
[51] Ausf. BAG 20.3.1991 AP Nr. 20 zu § 4 TVG Tarifkonkurrenz = NZA 1991, 736; sowie 5.9.1990 AP Nr. 19 zu § 4 TVG Tarifkonkurrenz; 14.6.1989 AP Nr. 16 zu § 4 TVG Tarifkonkurrenz.
[52] BAG 29.3.1957 AP Nr. 4 zu § 4 TVG Tarifkonkurrenz.
[53] BAG 20.3.1991 AP Nr. 20 zu § 4 TVG Tarifkonkurrenz = NZA 1991, 736.
[54] Vgl. nur die ausf. Nachw. in BAG 7.7.2010 AP Nr. 140 zu Art. 9 GG mAnm *Richardi* = NZA 2010, 1068.
[55] BAG 7.7.2010 AP Nr. 140 zu Art. 9 GG mAnm *B. Schmidt* = NZA 2010, 1068; dazu *Hergenröder/Deyle* RdA 2012, 50 ff.
[56] Zur Tarifeinheit in der EU *Junker* ZfA 2011, 299 ff.; *Zimmer* (Hrsg.), Tarifeinheit – Tarifpluralität in Europa, 2011.
[57] Statt vieler *Henssler* RdA 2011, 65 (67).
[58] Zust. *Brecht-Heitzmann* Anm. EzA Nr. 25 zu § 4 TVG Tarifkonkurrenz; *Dieterich* AuR 2011, 46 ff.; ErfK/*Franzen* TVG § 4 Rn. 71; *Henssler* RdA 2011, 65 (66); *Konzen* JZ 2010, 1037 (1037 f.); *Löwisch* RdA 2010, 263 ff.; BKS/*Berg* § 4 Rn. 98b; aA nur *Buchner* SAE 2010, 292 ff.; *Hromadka/Schmitt-Rolfes* NZA 2010, 687 ff.; weiterhin *Papier* DB-Beil. 44/2010, 74.

men handelt es sich, um eine betriebsweite Konkurrenz (→ Rn. 1). Eine Tarifpluralität liegt vor, wenn der AG sowohl an einen Tarifvertrag einer Gewerkschaft und an einen einer anderen über eine **gemeinsame Einrichtung** gebunden ist, wobei letzteres überwiegend im Wege der Allgemeinverbindlicherklärung erfolgt.[59] Die Rechtsprechung hat solche Fälle der Tarifpluralität ebenso wie jene der Tarifkonkurrenz (→ Rn. 7) nach dem Spezialitätsprinzip aufgelöst.[60] Demgegenüber wird im Hinblick auf die notwendige betriebseinheitliche Durchführung von allgemeinverbindlichen Sozialkassentarifverträgen und wegen der Funktionsfähigkeit der Einrichtungen ein Vorrang dieser Tarifverträge angenommen.[61] In Fällen mehrfacher mitgliedschaftlich begründeter Tarifgebundenheit des AG wird ein Mehrheitsprinzip befürwortet.[62]

13 Gelten im Betrieb mehrere Tarifverträge, ergeben sich neben dem Fragerecht nach der Gewerkschaftszugehörigkeit im Hinblick auf das geltende oder anzuwendende Tarifrecht[63] weitere Folgewirkungen u.a. vor allem für das **Arbeitskampfrecht** (→ § 192 Rn. 45 ff. sowie → § 193 Rn. 8 – Abwehraussperrung, → § 194 Rn. 24, 27 – Arbeitskampfrisiko), beruhen doch einige der Grundsätze des richterrechtlich entwickelten Rechts auf der Annahme, es gelte nur ein Tarifvertrag im Betrieb, den **Tarifvorbehalt** in § 77 III BetrVG (→ § 231 Rn. 20, 22 f.) und den Tarifvorrang nach § 87 I Einleitungss. BetrVG.[64]

IV. Tarifkollision (§ 4a TVG)

14 **1. Einführung durch das Tarifeinheitsgesetz.** Durch das 10.7.2015 in Kraft getretene „Gesetz zur Tarifeinheit" (Tarifeinheitsgesetz – TEG)[65] wurde der durch die Rechtsprechung des BAG aus dem Jahre 2010 aufgegebene Grundsatz der Tarifeinheit (→ Rn. 10 ff.) durch den Gesetzgeber in einer spezifischen Form – Verdrängung des sog. Minderheitsvertrags durch einen Mehrheitstarifvertrag in Fällen einer **Tarifkollision** – reaktiviert.[66] Das Gesetzgebungsverfahren wurde durch Stellungnahmen und Gutachten zur Vereinbarkeit mit dem Grundgesetz und Internationalem Recht[67] begleitet. Das TEG greift Elemente der bereits im Jahre 2010 von BDA und DGB vorgestellten gemeinsamen Initiative „Funktionsfähigkeit der Tarifautonomie sichern – Tarifeinheit gesetzlich regeln" auf.[68] „**Ziel des Tarifeinheitsgesetzes** ist es, die Funktionsfähigkeit der Tarifautonomie durch die Auflösung von Tarifkollisionen zu sichern." Die Anwendbarkeit kollidierender tariflicher Regelungen beeinträchtige die Schaffung einer widerspruchsfreien Ordnung der Arbeitsbeziehungen im Betrieb.[69] Tarifkollisionen liefen dem Ziel einer **„innerbetrieblichen Lohngerechtigkeit"** – auch verstanden als Leistungsgerechtigkeit – strukturell zuwider. Zudem würde die **Befriedungsfunktion** des Tarifvertrags durch Tarifkollisionen beeinträchtigt, weil innerbetriebliche Verteilungskämpfe den Betriebsfrieden gefährdeten und ein AG sich einer Vielzahl verschiedener Forderungen von mehreren Gewerkschaften ausgesetzt sehe. Interessengegensätze seien unter dem Grundsatz der Tarifeinheit intern von den Gewerk-

---

[59] Vgl. etwa *Schaub* FS Hromadka, 2008, 339 (346).

[60] BAG 4.12.2002 AP Nr. 28 zu § 4 TVG Tarifkonkurrenz = NZA 2003, 632.

[61] *Jacobs,* Tarifeinheit und Tarifpluralität, 1998, 294; *ders.* NZA 2008, 325 (327); *Oetker* NZA-Beil. 1/2010, 13 (31 f.); s. auch *Bayreuther* NZA 2007, 187 (189); sowie *Bepler* NZA-Beil. 2/2011, 73 ff.; aA NK-TVG/*Zwanziger* § 4 Rn. 951 (Mehrheitsprinzip).

[62] *Oetker* NZA-Beil. 1/2010, 13 (30).

[63] HessLAG 7.11.2012 – 12 Sa 654/11, AuR 2013, 407; s. auch *Wendeling-Schröder* FS Kempen, 2013, 145 ff.; nachfolgend BAG 18.11.2014 NZA 2015, 306.

[64] Dazu etwa *Brecht-Heitzmann* GS Zachert, 2010, 502 (517 ff.); *Greiner,* Rechtsfragen der Koalitions-, Tarif- und Arbeitskampfpluralität, 2010, 377 ff.; *Jacobs* NZA 2008, 325 (332); *B. Schmidt,* Tarifpluralität im System der Arbeitsrechtsordnung, 2011, 414 ff.; *ders.* Anm. zu BAG AP Nr. 140 zu Art. 9 GG; *Reichold* RdA 2007, 321 (327); *Stein* FS Wendeling-Schröder, 2009, 35 ff., sowie ausf. *M. Schneider,* Die Auswirkungen von Tarifmehrheiten im Betrieb auf die Betriebsverfassung, 2014, 205 ff., 326 ff.

[65] Gesetz vom 3.7.2015, BGBl. I 1130. Materialien: BR-Drs. 222/15 (Gesetzesschluss BT); BT-Drs. 18/4062 (Gesetzentwurf BR), s. auch BR-Drs. 635/14; BT-Drs. 18/4966 (Beschlussempfehlung und Bericht des Ausschusses für Arbeit und Soziales). Zum Gesetz *Bepler* JbArbR 53 (2016), 23 ff.; *Greiner* NZA 2015, 769 ff.; *Henssler* RdA 2015, 222 ff.; *Lehmann* BB 2015, 2229 ff. (Teil I), 2293 ff. (Teil II); *Treber,* TEG, 9 ff.; *Vielmeier* NZA 2015, 1294 ff. Zu den Auswirkungen auf die künstlerischen Spartenverbände *Benclowitz* RdA 2018, 206 ff.

[66] Nicht erfasst werden nach Art. 1 Nr. 3 TEG diejenigen kollidierenden Tarifverträge, die am Tag nach der Verkündung des Gesetzes bereits „gelten" (§ 13 III TVG nF), s. BAG 27.9.2017 AP Nr. 154 zu § 99 BetrVG 1972 = NZA 2018, 533. Allein eine Nachwirkung reicht nicht aus (BT-Drs. 18/4062, 15).

[67] S. die Nachw. in der 18. Aufl., § 203 Rn. 14, Fn. 67 und 68.

[68] Abgedruckt in AuR 2011, 60 f.; s. auch RdA 2010, 315. Ausf. 14. Aufl. § 204 Rn. 66 ff., sowie Wiedemann/*Jacobs* TVG § 4a Rn. 34 ff.

[69] BT-Drs. 18/4062, 8.

schaften zum Ausgleich gebracht worden. Zudem soll das TEG vermeiden, dass die **Entsolidarisierung** der Belegschaften für AN ohne hinreichende Schlüsselposition in eine Entwertung der Schutzfunktion des Tarifvertrags münde. Schließlich könnten Tarifkollisionen in Krisenzeiten gesamtwirtschaftlichen Belangen und damit **öffentlichen Interessen** zuwiderlaufen, weil die Herstellung von „Gesamtkompromissen erschwert" werde.[70] Etwas anderes gilt im Falle einer „gewillkürten Tarifpluralität". Eine solche liege bei abgestimmten Zuständigkeiten vor, etwa wenn die persönlichen Geltungsbereiche (→ Rn. 16) überschneidungsfrei seien.[71] Zielvorgaben der Gesetzesbegründung werden in dem neuen § 4a I TVG benannt – „Zur Sicherung der Schutzfunktion, Verteilungsfunktion, Befriedungsfunktion sowie Ordnungsfunktion von Rechtsnormen des Tarifvertrags werden Tarifkollisionen im Betrieb vermieden" –, die durch § 4a II 2–5 TVG erreicht werden sollen.

Die Verfassungsbeschwerden verschiedener Gewerkschaften waren ohne Erfolg. Das **BVerfG** 15
hat eine **weitgehende Vereinbarkeit des TEG mit dem Grundgesetz** angenommen.[72] Das Gericht stellt hierbei Maßgaben auf, unter denen eine Verfassungsmäßigkeit angenommen werden könne, und forderte weiterhin vom Gesetzgeber eine Nachbesserung. Im Einzelnen: Der Gesetzgeber wird als befugt angesehen, die strukturellen Voraussetzungen für Tarifverhandlungen zu schaffen, damit diese einen fairen Ausgleich ermöglichen, um angemessene Wirtschafts- und Arbeitsbedingungen hervorbringen zu können.[73] Dabei stünden ihm eine Einschätzungsprärogative und ein weiter Handlungsspielraum zu. Zwar komme den Regelungen des TEG eine „Beeinträchtigung" der Koalitionsfreiheit der betroffenen Gewerkschaft „mit der Wirkung eines Eingriffs" zu. Relativierend sei allerdings die **Tarifdispositivität** des § 4a TVG zu bewerten, die zu einer gewillkürten Tarifpluralität führen kann (→ Rn. 1, 9 ff.).[74] Zudem beschränkt das BVerfG die im TEG vorgesehene Verdrängungswirkung nach § 4a II 2 TVG. Da es an Vorkehrungen zum Schutz „langfristig angelegter, die Lebensplanung der Beschäftigten betreffender Ansprüche aus dem Minderheitstarifvertrag" fehle, müssten die Gerichte für Arbeitssachen „von Verfassungs wegen" bei der Gesetzesanwendung diesen sicherstellen. Komme das nicht in Betracht, habe nach Art. 100 GG eine Normenkontrolle der entgegenstehenden Regelungen zu erfolgen. Auch sei die Reichweite einer angenommenen Verdrängungswirkung des Mehrheitstarifvertrags unter „größtmöglicher Schonung" der Grundrechtspositionen der Minderheitsgewerkschaft zu bestimmen. Das in § 4a IV TVG vorgesehene **Nachzeichnungsrecht** (→ Rn. 23) könne sich – gleichfalls „von Verfassungs wegen" – auf den gesamten verdrängenden Tarifvertrag erstrecken. Soweit § 4a V TVG Verfahrenspositionen vorsehe (→ Rn. 23), stellten diese echte Rechtspositionen dar, deren Verletzung nicht sanktionslos bleiben dürften. **Verfassungswidrig, weil unverhältnismäßig, sei das TEG insofern,** als es keine Schutzvorkehrungen gegen die einseitige Vernachlässigung der Angehörigen einzelner Berufsgruppen oder Branchen durch die jeweilige Mehrheitsgewerkschaft vorsehe. Der Aufforderung zur **Nachbesserung durch den Gesetzgeber,** das TEG bis zum Ablauf des Jahres 2018 dahingehend zu ergänzen, dass die Belange der „Angehörigen einzelner Berufsgruppen oder Branchen", also die der Mitglieder der Minderheitsgewerkschaft, nicht einseitig vernachlässigt werden, ist der Gesetzgeber – durch eine Ergänzung des Qualifizierungschancengesetzes mittels einer vom BMAS für den zuständigen Bundestagsausschuss erstellten „Formulierungshilfe für einen Änderungsantrag der Fraktionen der CDU/CSU und SPD"[75] – nachgekommen. § 4a II 2 TVG wurde mWv 1.1.2019 ergänzt um einen – im Wortlaut von den Vorgaben des BVerfG abweichenden – Passus, dass die Rechtsnormen des Minderheitstarifvertrags auch dann anwendbar sind, wenn „beim Zustandekommen des Mehrheitstarifvertrags die Interessen von Arbeitnehmergruppen" des Minderheitstarifvertrags, die von dem anzuwendenden Mehr-

[70] BT-Drs. 18/4062, 8 f. Krit. Bewertung bei *Greiner* RdA 2015, 36 (36); *Konzen/Schliemann* RdA 2015, 1 (5 ff.).

[71] BT-Drs. 18/4062, 9. Eine „gewillkürte Tarifpluralität" ist dann allerdings nicht gegeben (vgl. zum Begriff → Rn. 19).

[72] BVerfG 11.7.2017 AP Nr. 151 zu Art. 9 GG mAnm *B. Schmidt* = NZA 2017, 915 (die Entscheidung erging mit 6 : 2 Stimmen, s. hierzu das Sondervotum von *Baer* und *Paulus*); krit. bis abl. BKS/*Berg* § 4a Rn. 5a ff., Wiedemann/*Jacobs* TVG § 4a Rn. 59 ff. mwN; weiterhin etwa *Bepler* AuR 2017, 380 ff.; *Löwisch* NZA 2017, 1423 ff.; *Melot de Beauregard* BB 2017, 1789 (1791); *Rieble* NZA 201, 1157 ff. *Vielmeier* DB 2017, 1719 ff.

[73] Mit Recht krit. zu diesem Verständnis von Tarifautonomie und den Funktionen des Tarifvertrags Wiedemann/*Jacobs* TVG § 4a Rn. 92 ff. mwN; *Giesen/Rixen* NZA 2019, 577 ff.; *Hromadka* NZA 2019, 215 ff., *Klein* DB 2019, 545 ff.; *Löwisch* RdA 2019, 169 ff.

[74] Dazu ausf. *Giesen* ZfA 2020, 466 ff.

[75] Ausschuss-Drs. 19(11)212; zu diesem Verfahren krit. *Bepler* jurisPR-ArbR 51/2018 Anm. 1. Zur Neuregelung s. Wiedemann/*Jacobs* TVG § 4a Rn. 350 ff.

heitstarifvertrag erfasst werden, „nicht ernsthaft und wirksam berücksichtigt" worden sind.[76] Eine dagegen erhobene Verfassungsbeschwerde wurde mangels Erschöpfung des Rechtswegs nicht angenommen.[77]

16 **2. Tarifeinheit bei Tarifkollision. a) Betriebliche Tarifkollision als Anknüpfungspunkt.** § 4a II 1 TVG geht zunächst davon aus, dass der AG nach § 3 I TVG an mehrere Tarifverträge gebunden sein kann. Sind diese inhaltsgleich, wie es bei Tarifgemeinschaften häufig vorkommt, fehlt es an einer **Tarifkollision.** Eine solche ist der Anknüpfungspunkt für die gesetzliche Regelung des § 4a II 2 TVG. Die Tarifkollision wird anders als eine Tarifkonkurrenz oder eine Tarifpluralität (→ Rn. 1 ff., → Rn. 4 ff., → Rn. 9 ff.) bestimmt. Erforderlich ist, dass sich die **Geltungsbereiche von nicht inhaltsgleichen Tarifverträgen** in zeitlicher, fachlicher, räumlicher und persönlicher Hinsicht **überschneiden** (→ § 202 Rn. 6 ff.). Das ist nicht der Fall, wenn zB auf Berufsgruppen abgestimmte Tarifverträge geschlossen werden[78] oder eine Tarifgemeinschaft inhaltsgleiche Tarifverträge schließt.[79] Demgegenüber ist eine Überschneidung der Regelungsgegenstände wie bei einer Tarifkonkurrenz oder einer Tarifpluralität für den Tatbestand einer Tarifkollision entbehrlich.[80] Auch dann verdrängt der Tarifvertrag der Mehrheitsgewerkschaft „soweit" sein Geltungsbereich reicht, den der Minderheitsgewerkschaft im Betrieb.[81] Damit werde – so die Gesetzesbegründung – dem Gedanken Rechnung getragen, dass Gewerkschaften durch den Abschluss von Tarifverträgen eine ganzheitliche Vertretung der Interessen bezwecken und einzelne, nicht ausdrücklich erfasste Regelungsgegenstände nicht der Regelungskompetenz konkurrierender Gewerkschaften überlassen werden sollen. Einer solchen Annahme steht allerdings der Grundsatz des § 3 I TVG entgegen, dass Gewerkschaften nur für ihre Mitglieder Tarifverträge abschließen können (→ § 204 Rn. 6 ff.). Im Ergebnis könnte dann ein Tarifvertrag, der sich zu völlig anderen Regelungsgegenständen verhält, den einer Minderheitsgewerkschaft zu anderen Arbeitsbedingungen verdrängen.

17 Ein Anderes soll – ohne Aufnahme in den Gesetzestext – nur gelten, wenn dem Mehrheitstarifvertrag entnommen werden kann, dass er **ergänzende Regelungen** einer Minderheitsgewerkschaft „zulassen" will.[82] Geht man von einer „ganzheitlichen Vertretung" (→ Rn. 16) aus, wären hierfür wohl besondere Anhaltspunkte erforderlich. Ohne diese wäre etwa zu klären, ob etwa ein Manteltarifvertrag tatsächlich alle anderen Tarifverträge der konkurrierenden Gewerkschaft verdrängen kann. Ein andere Regelung gilt nach § 4a III TVG dann, wenn es sich um tarifvertragliche Regelungen über betriebliche oder betriebsverfassungsrechtliche Fragen nach § 3 I TVG, § 117 II BetrVG (→ § 200 Rn. 28 ff., 34, → § 212 Rn. 24 f.) handelt. Diesen müssen ausdrücklich in einem Tarifvertrag geregelt sein, um eine Tarifkollision herbeizuführen. Ebenfalls werden **allgemeinverbindliche Tarifverträge** (§ 5 TVG; → § 205 Rn. 1 ff.) von § 4a I 2 TVG nicht erfasst.[83] Die Norm setzt die Tarifgebundenheit des AG nach § 3 I TVG voraus.

18 Bezugspunkt der Tarifkollision ist nicht das Unternehmen, sondern der **tarifrechtlich zu bestimmende Betrieb,** der allerdings in der Gesetzesbegründung mit dem betriebsverfassungsrechtlichen Betriebsbegriff (→ § 211 Rn. 2 ff.)[84] ohne weiteres gleichgesetzt wird.[85] Weiterhin ist nach § 4a II 3 TVG derjenige Betrieb maßgebend, der auf Grundlage eines sog. Zuordnungstarifvertrags nach § 3 I Nr. 1–3 BetrVG bestimmt wird (→ § 216 Rn. 2 ff., 9 ff.). Etwas anderes wird man entgegen § 4a II 2 TVG, nach dem auch Betrieb iSd § 1 I 2 BetrVG als „tarifrechtlicher" Betrieb gilt, im Wege einer teleologischen Reduktion für den sog. **Gemeinschaftsbetrieb** mehrerer Unternehmen annehmen müssen, wenn die jeweiligen AG unterschiedlich tarif-

[76] Art. 4f des Gesetzes vom 21.12.2018 (BGBl. I 2651).
[77] BVerfG 19.5.2020 AP Nr. 155 zu Art. 9 GG = NZA 2020, 1029; dazu *Bepler* jurisPR-ArbR 31/2020, Anm. 8.
[78] Etwa für das Cockpitpersonal nur die Tarifverträge der Vereinigung Cockpit. Anders für die Ärzte in Krankenhäusern (ver.di / Marburger Bund), dazu → § 63 Rn. 26; ebenso Wiedemann/*Jacobs* TVG § 4a Rn. 131.
[79] Zu möglichen Fragestellungen s. *Däubler*/Bepler Rn. 52.
[80] *Bepler* JbArbR 53 (2016), 23 (32 f.); zweifelnd über die Reichweite *Preis* FA 2014, 354 (356).
[81] BT-Drs. 18/4062, 13.
[82] Unter Hinweis auf die frühere Rechtsprechung zur Tarifeinheit BAG 5.9.1990 AP Nr. 19 zu § 4 TVG Tarifkonkurrenz = NZA 1991, 202. Krit. *Greiner* NZA 2015, 769 (771 f.); *ders.* RdA 2016, 36 (36).
[83] BT-Drs. 18/4062, 12; Wiedemann/*Jacobs* TVG § 4a Rn. 120.
[84] Ausf. Wiedemann/*Jacobs* TVG § 4a Rn. 167 ff., dort auch zur Anwendung auf „Dienststellen", Rn. 178 ff.
[85] BT-Drs. 18/4062, 13. Krit. zur Anknüpfung an den Betriebsbegriff *Bayreuther* NZA 2013, 1395 (1397); Wiedemann/*Jacobs* TVG § 4a Rn. 164; *Konzen/Schliemann* NZA 2015, 1 (8).

gebunden sind.[86] Die maßgebende Bezugsgröße hängt damit neben der im Einzelfall problematischen Bestimmung des „Betriebs" auch von der Organisationsentscheidung des AG über den jeweiligen Betriebszuschnitt und das Vorhandensein einer personellen Leitungsmacht ab.[87] Gestaltungsoptionen bestehen zudem über sog. **Zuordnungstarifverträge** nach § 3 I Nr. 1–3 BetrVG, die § 4a II 4 TVG zulässt. Hier kann – so die Befürchtung[88] – der Betriebszuschnitt mit der Mehrheitsgewerkschaft vereinbart werden.[89] Diese Option soll nach § 4a II 4 aE TVG dann verschlossen sein, wenn der so errichtete Betrieb „den Zielen des Absatzes 1 offensichtlich" entgegensteht – etwa wenn Betriebe unterschiedlicher Wirtschaftszweige oder sog. Wertschöpfungsketten zusammengefasst werden.[90] Die Anknüpfung an den Betrieb kann dazu führen, dass in einem Unternehmen – für denselben AG, der vor Tarifkollisionen ebenso geschützt werden soll wie das Tarifvertragssystem – unterschiedliche Tarifverträge zur Anwendung kommen, also eine unternehmensbezogene Tarifpluralität besteht.[91] Bei (bundesweiten) Flächentarifverträgen besteht die Gefahr, dass beide Tarifverträge für ihre Mitglieder die Ordnungsfunktion[92] in der Fläche nicht mehr wahrnehmen können, weil ein „Flickenteppich" entsteht.[93] Erfolgt eine **Änderung des Betriebs** nach Eintritt der Tarifkollision,[94] also nach Abschluss des zuletzt vereinbarten Tarifvertrags, müssen die Mehrheitsverhältnisse neu bestimmt werden. Die Rechtskraft eines Beschlusses nach § 99 III ArbGG (→ Rn. 26) entfaltet dann keine Bindungswirkung mehr.

b) Verdrängung des Minderheitstarifvertrags. Rechtsfolge der in § 4a I 2 TVG *ipso iure*[95] angeordneten **Verdrängung der Rechtsnormen des Tarifvertrags der Minderheitsgewerkschaft** ist deren Unanwendbarkeit im jeweiligen Betrieb. Eine Einschränkung ist selbst im Fall einer „freiwilligen Tarifpluralität" nicht vorgesehen.[96] Allerdings ist von einer Tarifdispositivität des § 4a I 2 TVG auszugehen, wie es auch das BVerfG bekräftigt hat (→ Rn. 15).[97] Der Minderheitstarifvertrag bleibt im Übrigen in Kraft und wird nicht etwa „unwirksam" oder gar „nichtig".[98] Ob dann allerdings die schuldrechtliche Friedenspflicht (→ § 192 Rn. 17 ff.) bestehen bleibt, wenn die Normen nicht zur Anwendung kommen, erscheint fraglich. **Maßgebender Zeitpunkt** ist der Abschluss des zuletzt kollidierenden Tarifvertrags (§ 4a I 2 TVG). Ab diesem sind im Betrieb nur noch die Bestimmungen des Mehrheitstarifvertrags anwendbar.[99] Der vorherigen Durchführung des (neuen) Verfahrens nach § 99 ArbGG (→ Rn. 26 ff.), mit dem der im Betrieb anwendbare Tarifvertrag iSd § 4a II 2 TVG festgestellt werden soll, bedarf es nach dem Gesetzeswortlaut nicht. Den Mitgliedern der Minderheitsgewerkschaft wird dann der Schutz durch die für sie geschlossenen Tarifverträge entzogen, und zwar unabhängig davon, ob durch eine Nachzeichnung nach § 4a IV TVG ein gleichwertiger Regelungsbestand erzielt werden kann. Ein anderes Ergebnis – die Anwendbarkeit des Minderheitstarifvertrags – ergibt sich dann, wenn „beim Zustandekommen" des Mehrheitstarifvertrags die Interessen der Arbeitnehmergruppen, die auch von dem Minderheitstarifvertrag erfasst sind, nicht hinreichend berücksichtigt wurden (§ 4a II 2 Hs. 2 TVG). Wie allerdings die prozeduralen Abläufe der Tarifvertragsverhandlungen zu gestalten sind, dass im Streitfall die fehlende Berücksichtigung nachvollziehbar dargelegt werden kann, ist nach dem Gesetz und seiner Begründung völlig offen.[100] Ist ein Tarifvertrag aufgrund **vertraglicher Bezugnahme** oder betrieblicher Übung 19

---

[86] Ebenso *Scholz/Lingemann/Ruttloff* NZA-Beil. 3/2015, 1 (13). Vgl. auch BAG 19.11.1992 AP Nr. 145 zu § 611 BGB Gratifikation = NZA 1993, 405.
[87] Krit. daher *Däubler*/Bepler Rn. 92. *Greiner* NZA 2015, 769 (772); *Schliemann* NZA 2014, 1250 (1252).
[88] Etwa *Bayreuther* NZA 2013, 1395 (1397); *Preis* FA 2014, 354 (356); *Schliemann* NZA 2014, 1250 (1252).
[89] Ein gemeinsamer Tarifvertrag ist entbehrlich BAG 29.7.2009 AP Nr. 7 zu § 3 BetrVG 1972 = NZA 2009, 1424.
[90] BT-Drs. 18/4062, 14; dazu *Däubler*/Bepler Rn. 90.
[91] S. nur *Bauer* DB 2014, 2715 (2716); *Preis* FA 2014, 354 (355).
[92] Dazu BAG 7.7.2010 AP Nr. 140 zu Art. 9 GG = NZA 2010, 1068.
[93] Krit. daher *Bayreuther* NZA 2013, 1395 (1397).
[94] Zu den Auswirkungen bei Umstrukturierungen *Hohenstatt/Schuster* ZIP 2016, 5 ff.
[95] Wiedemann/*Jacobs* TVG § 4a Rn. 301 mwN in Fn. 466; NK-TVG/*Zwanziger* § 4a Rn. 97; zur Einordnung des Antragsverfahren nach § 99 ArbGG als Gestaltungsklagerecht, dass dessen rechtkräftigen Abschluss voraussetzt: *Löwisch* NZA 2015, 1369 (1369).
[96] Krit. *Henssler* RdA 2015, 222 (223); *Mückl/Koddenbrock* GWR 2015, 6 (7).
[97] *Bepler* RdA 2015, 194 ff.
[98] Zur Verdrängung bei Tarifkonkurrenzen → Rn. 34.
[99] Zu Recht krit. *Konzen/Schliemann* NZA 2015, 1 (8); *Franzen* in: Neue Tarifrechtspolitik?, 2014, 31 (38 f.).
[100] Überlegungen bei *Klein* DB 2019, 545 (547 ff.); s. auch Wiedemann/*Jacobs* TVG § 4a Rn. 348 mwN.

anwendbar (→ § 206 Rn. 9 ff., 16), greift § 4a II 2 TVG nicht ein.[101] Das TVG handelt nur von der Geltung kraft Tarifgebundenheit.[102]

20 Ein zunächst „anwendbarer“, also geltender Tarifvertrag kann durch einen später geschlossenen verdrängt werden. **Endet der Mehrheitstarifvertrag** und wirkt er lediglich gem. § 4 V TVG nach (→ § 208 Rn. 15 ff.), wird man aufgrund der dann fehlenden zwingenden Wirkung von einer unmittelbaren Geltung des verdrängten Minderheitstarifvertrags auszugehen haben.[103] Allerdings stellt sich die Anschlussfrage, was bei einer rückwirkenden Inkraftsetzung des Mehrheitstarifvertrags gelten soll. Da nach § 4a II 2 TVG die Kollision erst mit dem Zeitpunkt des Abschlusses eintritt, ist eine zwischenzeitliche Geltung des Minderheitstarifvertrags naheliegend, wenn man den genannten Zeitpunkt nicht dahin verstehen will, dass er nur für die Ermittlung der Mehrheitsverhältnisse maßgebend ist.[104]

21 **c) Ermittlung der relativen Mehrheit.** Ausreichend ist jeweils die **relative Mehrheit** der tarifgebundenen AN im Betrieb.[105] Wer im Einzelnen zu berücksichtigen ist – etwa außertariflich vergütete oder gekündigte AN nach Ablauf der Kündigungsfrist, solche mit ruhendem Arbeitsverhältnis – wird durch die Arbeitsgerichte zu klären sein.[106] Nichtorganisierte AN, auch wenn sie die Mehrheit stellen, bleiben außer Betracht. Bei Tarifgemeinschaften soll die Mitgliederzahl sämtlicher daran beteiligter Gewerkschaften im Betrieb entscheiden. Für die Feststellung der betrieblichen Mehrheitsverhältnisse ist nach § 4a II 2 TVG der „**Zeitpunkt des Abschlusses** des zuletzt abgeschlossenen kollidierenden Tarifvertrags im Betrieb“, sei es, dass er erstmals vereinbart oder (nach Inkrafttreten des TEG) geändert wird. Das kann dazu führen, dass nach jeder Tarifrunde die Mehrheitsverhältnisse erneut festgestellt werden müssen (bei Änderung des Betriebs → Rn. 26). Ob dies dem beabsichtigten Betriebs- und Rechtsfrieden dient, wird bezweifelt.[107]

22 Nach § 58 III ArbGG – dessen Anwendungsbereich nicht auf ein Verfahren nach § 99 ArbGG beschränkt ist – kann für den Nachweis „über die Zahl der … Mitglieder … Beweis auch durch **Vorlegung öffentlicher Urkunden** angetreten werden“. Hierdurch sollen Beweismöglichkeiten erweitert werden.[108] Der Gesetzentwurf geht davon aus, über eine notarielle Erklärung werde sichergestellt, dass eine Gewerkschaft die Namen der im Betrieb beschäftigten AN nicht preisgeben müsse.[109] Allerdings bleibt offen, welchen Inhalt eine notarielle Urkunde haben muss, damit ihr ein höherer Beweiswert zukommt als ein Vorbringen des darlegungspflichtigen Beteiligten im Verfahren.[110] Hier müsste die Urkunde mindestens die maßgebenden Grundlagen und die Vorgehensweise offen legen.[111]

23 **d) Anhörungs- und Nachzeichnungsrecht.** Nimmt die Arbeitgeberseite Tarifverhandlungen mit einer Gewerkschaft auf, ist eine andere, ebenfalls tarifzuständige Gewerkschaft zu informieren.[112] Diese ist berechtigt, ihre Vorstellungen und Forderungen mündlich vorzubringen (§ 4a V TVG). Nach § 4a IV TVG besteht für **Minderheitsgewerkschaften ein Nachzeichnungsrecht.**[113] Hierzu muss ein kollidierender Tarifvertrag bereits geschlossen sein. Das Recht entsteht mit jedem Abschluss eines kollidierenden Tarifvertrags erneut. Das Nachzeichnungsrecht ist anders strukturiert als die Reichweite der Verdrängung nach § 4a II 2 TVG. Es ist begrenzt auf die sich überschneidenden Geltungsbereiche. Das Recht kann nur insgesamt und nicht für Teile des Überschneidungsbereichs in Anspruch genommen werden. Nicht erfasst werden die schuldrechtlichen Rechte und Pflichten. Die Friedenspflicht soll sich deshalb aus dem eigenen Tarifvertrag der Minderheitsgewerkschaft ableiten.[114]

---

[101] Zur Bezugnahme *Schliemann* NZA 2015, 1298 ff.
[102] *Konzen/Schliemann* NZA 2015, 1 (8).
[103] So wohl *Konzen/Schliemann* NZA 2015, 1 (8). Zu klären bleibt auch, was im Falle einer Nachbindung nach § 3 III TVG gelten soll.
[104] Wiedemann/*Jacobs* TVG § 4a Rn. 135 f.
[105] Krit. zur relativen Mehrheit in dem (kleinen) Bezugsrahmen „Betrieb“ *Greiner* RdA 2015, 36 (38).
[106] Im Einzelnen Däubler/*Bepler* Rn. 105 ff., 108 ff.
[107] *Konzen/Schliemann* NZA 2015, 1 (8); ähnlich Däubler/*Bepler* S. 14 f.
[108] *Scholz/Lingemann/Ruttloff* NZA-Beil. 3/2015, 1 (30).
[109] BT-Drs. 18/4062, 16.
[110] Zur Problematik *Mückl/Koddenbruck* GWR 2015, 6 (8); *Schliemann* NZA 2014, 1250 (12). Ausf. und krit. Däubler/*Bepler* Rn. 135 ff.; *Hofer* ZTR 2015, 185 ff.
[111] *Düwell* jurisPR-ArbR 6/2015, Anm. 1; ausf. zu den einzelnen Fragestellungen Wiedemann/*Jacobs* TVG § 4a Rn. 261 ff.
[112] Dazu *Twardy* RdA 2016, 357 ff.
[113] Ausf. *Vielmeier* NZA 2015, 1294 (1296 ff.).
[114] BT-Drs. 18/4062, 14. Krit. zu dieser Regelung *Preis* FA 2014, 354 (355 f.).

3. Verfassungsrechtliche Fragestellungen. Die gesetzlich geregelte Tarifeinheit birgt auch nach der Entscheidung des BVerfG (→ Rn. 15) noch nicht ausgeräumte verfassungsrechtliche Probleme. Im Ergebnis verbleibt es trotz der vom Gericht unternommenen Restriktionen bei der Gesetzesanwendung, die teilweise den Gerichten für Arbeitssachen und nicht dem Gesetzgeber überantwortet werden,[115] dass in die **kollektive Koalitionsfreiheit** (→ § 189 Rn. 15 ff.) der Minderheitsgewerkschaft bei der Verdrängung des von ihr geschlossenen Tarifvertrags eingegriffen wird (→ § 186 Rn. 7 ff.).[116] Das Nachzeichnungsrecht führt lediglich zur Partizipation an fremden Regelungen, ohne diese beeinflussen zu können (auch → Rn. 23). Die erfolgte Nachbesserung, dass jetzt die Interessen der Mitglieder der Minderheitsgewerkschaft „ernsthaft und wirksam", allerdings nicht im Mehrheitstarifvertrag, wie vom BVerfG gefordert,[117] sondern im Verfahren über dessen Zustandekommen berücksichtigt werden müssen, lässt offen, wie dies in der Praxis bewerkstelligt werden soll (→ Rn. 23).[118] Jedenfalls wird über diesen Weg eine verfassungsrechtlich problematische Inhaltskontrolle des Mehrheitstarifvertrags vermieden. Der Gesetzgeber kann zwar die verfassungsrechtlich garantierte Betätigungsfreiheit einschränken, wenn dies u.a. dem **Schutz der Funktionsfähigkeit der Tarifautonomie** oder der Grundrechte Dritter dient.[119] Hierbei steht ihm auch eine Beurteilungsprärogative zu. In diesem Zusammenhang wird indes mit guten Gründen bezweifelt, ob die in der Gesetzesbegründung angeführten Gründe für das Regelungsziel durch empirisch belegbare Tatsachen – auf die das BVerfG verzichtet hat[120] – und Nachweise ausreichend gestützt werden können.[121] 24

4. Tarifeinheit und Arbeitskampf. Durch das TEG werden nach der Gesetzesbegründung die Regelungen über das **Arbeitskampfrecht nicht verändert.** Soweit dort gleichwohl Überlegungen „zur Verhältnismäßigkeit von Arbeitskämpfen, mit denen ein kollidierender Tarifvertrag erwirkt werden soll", angestellt wurden, weil diesem eine „ordnende Funktion nicht mehr zukommen würde",[122] ist dies jedenfalls aufgrund des TEG ohne rechtliche Folgen. Auch das BVerfG geht davon aus, dass auch „das Streikrecht einer Gewerkschaft, die in allen Betrieben" nur die Minderheit der AN „organisieren kann, […] unangetastet" bleibt.[123] Dem entspricht es, wenn in der Gesetzesbegründung davon ausgegangen wird, ein „Entstehen tarifpluraler Situationen" werde nicht verhindert. Vor der Existenz einer Tarifkollision sind weder entsprechende Tarifforderungen noch ein Arbeitskampf ausgeschlossen.[124] Für die Feststellung des Mehrheitstarifvertrags sind die relativen Mehrheitsverhältnisse am Tag des Tarifvertragsabschlusses maßgebend. Ein Arbeitskampf kann schwerlich unter Hinweis auf eine mögliche Prognose untersagt werden, der angestrebte Tarifvertrag werde infolge einer – zukünftigen erst noch eintretenden – Tarifkollision nicht zur Anwendung kommen, weil die Mehrheitsverhältnisse bis dahin nicht „umschlagen" werden.[125] Zudem setzt das Nachzeichnungsrecht die Durchsetzung eines eigenen Tarifvertrags voraus. In der Folge kann es im Rahmen von Tarifvertragsverhandlungen zu einem verschärften Gewerkschaftswettbewerb kommen, um betriebliche Mehrheiten zum Datum des Abschlusses zu erreichen.[126] 25

5. Rechtsstreitigkeiten. Durch Art. 2 TEG ist § 99 ArbGG in das ArbGG eingefügt und § 2a I ArbGG um eine Nr. 5 ergänzt worden. In einem **Beschlussverfahren,** dessen Verfahrensregelungen sich an §§ 97, 98 ArbGG orientieren (→ § 196 Rn. 29 ff., → § 197 Rn. 19, → Rn. 7 ff.) und in dem der Untersuchungsgrundsatz gilt (§ 83 I ArbGG), soll mit **Rechtskraft** 26

[115] Zu diesem Vorgehen krit. Wiedemann/*Jacobs* TVG § 4a Rn. 60; „ein anderes Gesetz gemacht", ähnlich die dort in Fn. 73 genannten Autoren.

[116] Von einem Eingriff gehen aus: *Preis* FA 2014, 354 (356); weiterhin *Bayreuther* DB 2010, 2223 (2223); *Konzen* JZ 2010, 1036 (1042); *Konzen/Schliemann* RdA 2015, 1 (13); aA *Scholz/Lingemann/Ruttloff* NZA-Beil. 3/2015, 21 ff. mwN. S. auch Wiedemann/*Jacobs* TVG § 4a Rn. 69: „unverhältnismäßig".

[117] Krit. daher zur Neuregelung Wiedemann/*Jacobs* TVG § 4a Rn. 351.

[118] Krit. *Bepler* jurisPR-ArbR 52/2018 Anm. 1.

[119] BVerfG 26.6.1991 AP Nr. 117 zu Art. 9 GG Arbeitskampf = NZA 1991, 809. Ausf. zu den verfassungsrechtlichen Fragestellungen bereits *Hopfner,* Grundgesetz und gesetzliche Tarifeinheit bei Tarifpluralität, 2015, 201 ff., 281 ff., 345 ff.

[120] Dazu auch das Sondervotum, Rn. 4; krit. auch *Berg* FS Willemsen, 2018, 45 (50 ff.); Wiedemann/*Jacobs* TVG § 4a Rn. 60.

[121] Nachw. → Fn. 78.

[122] BT-Drs. 18/4062, 12. Zu diesem Ansinnen abl. *Konzen/Schliemann* RdA 2015, 1 (2, 11 f.).

[123] BVerfG 11.7.2017 AP Nr. 151 zu Art. 9 GG mAnm *B. Schmidt* = NZA 2017, 915; zweifelnd allerdings Wiedemann/*Jacobs* TVG § 4a Rn. 393 ff.

[124] *Konzen/Schliemann* NZA 2015, 1 (13); *Mückl/Koddenbrock* GWR 2015, 6 (8); *Preis* FA 2014, 354 (355); *Schliemann* NZA 2014, 1250 (1252); offen gelassen bei *Greiner* RdA 2015, 36 (41).

[125] *Preis* FA 2014, 354 (355): „abgerechnet" wird zum Schluss.

[126] *Preis* FA 2014, 354 (355).

für und gegen jedermann (§ 99 III ArbGG) der anwendbare Mehrheitstarifvertrag im Betrieb festgestellt werden. Abweichend von §§ 97, 98 ArbGG ist allerdings nicht das LAG die Eingangsinstanz, sondern es verbleibt beim üblichen Instanzenzug. Das kann dazu führen, dass über die „Anwendung" eines Tarifvertrags erst dann rechtskräftig *inter omnes* entschieden wird, wenn bereits ein Nachfolgetarifvertrag in Kraft getreten ist, für den die Mehrheitsverhältnisse zu einem anderen Zeitpunkt maßgebend sind (→ Rn. 21). Hier ist ein noch im Entscheidungszeitpunkt bestehendes Feststellungsinteresse erforderlich.

27 Die **Antragsbefugnis** steht nach § 99 I ArbGG ausschließlich den Vertragsparteien der kollidierenden Tarifverträge zu. Der jeweilige AG, der aufgrund einer Verbandsmitgliedschaft an einen kollidierenden Tarifverträge gebunden ist, muss also, um eine Entscheidung für die einzelnen Betriebe in seinem Unternehmen herbeizuführen, seinen Verband auffordern, ein entsprechendes Verfahren mit betriebsbezogenen Anträgen einzuleiten. Ebenso kommt der Mehrheitsgewerkschaft, deren Tarifvertrag der AG anwendet, keine Antragsbefugnis zu. Das Verfahren nach § 99 ArbGG soll die Koalitionsbetätigung der betreffenden Gewerkschaft schützen.[127] Die **Beteiligung** in dem Beschlussverfahren richtet sich nach § 83 III ArbGG. Das sind zunächst die beiden Gewerkschaften der kollidierenden Tarifverträge und der jeweilige Arbeitgeberverband oder der AG, wenn er selbst Partei des Tarifvertrags ist (→ § 196 Rn. 24 ff.). In Bezug auf den einzelnen AG und die AN, in deren Betrieb der Mehrheitsverbandstarifvertrag geklärt werden soll, ist zu überlegen, ob deren Interessen durch die Verbände ausreichend gewahrt werden.[128] Der rechtskräftige Beschluss ist im Betrieb bekanntzumachen (§ 8 TVG).

28 Ist in einem **Individualrechtsstreit** zwischen tarifgebundenen Arbeitsvertragsparteien streitig, ob der Tarifvertrag nach § 4a II 2 TVG anwendbar ist, besteht anders als nach §§ 97, 98 ArbGG **keine Aussetzungspflicht.** Eine Aussetzung des Verfahrens nach § 148 ZPO ist jedenfalls dann ausgeschlossen, wenn ein Beschlussverfahren iSd § 99 ArbGG noch nicht eingeleitet wurde. Auch nach diesem Zeitpunkt steht einer Aussetzung der arbeitsgerichtliche Beschleunigungsgrundsatz entgegen.[129] Wendet sich der AG gegen die Anwendbarkeit des maßgebenden Tarifvertrags, ohne dass ein Beschluss nach § 99 ArbGG vorliegt, trägt er die Darlegungs- und Beweislast, die Gewerkschaft des kollidierenden Tarifvertrags habe zum maßgebenden Zeitpunkt die relative Mehrheit an Mitgliedern organisiert. Die Darlegungs- und Beweislast für die ausnahmsweise nicht eintretende Verdrängungswirkung nach § 4a II 2 Hs. 2 TVG trägt der AN.[130] Bei § 4a II TVG handelt es sich um eine Ausnahme zur unmittelbaren Geltung nach § 4 I TVG. Inwieweit die Gewerkschaften zur Mitwirkung verpflichtet sind, wird im TEG nicht geregelt.[131] Mangels Rechtskrafterstreckung kann es dann zu widerstreitenden Ergebnissen kommen.

§ 204. Tarifgebundenheit von Arbeitnehmern und Arbeitgebern

Übersicht

[127] Däubler/*Bepler* Rn. 121; GK-ArbGG/*Ahrendt* § 99 Rn. 13; ErfK/*Koch* ArbGG § 99 Rn. 3; anders wohl AR/*Reinfelder* ArbGG § 99 Rn. 4.

[128] Vgl. zu § 97 ArbGG BAG 14.12.2010 AP Nr. 6 zu § 2 TVG Tariffähigkeit = NZA 2011, 289.

[129] Vgl. BAG 2.3.2006 AP Nr. 14 zu § 626 BGB Krankheit = NZA-RR 2006, 636.

[130] Krit. *Klein* DB 2019, 545 (549), da es sich um eine negative Tatsache handelt.

[131] S. auch *Bayreuther* NZA 2013, 1395 (1397), dort auch zu weiteren Problemen einer „Offenbarungspflicht".

I. Allgemeines

Die unmittelbare und zwingende Geltung eines Tarifvertrags (→ § 207 Rn. 3 ff.) für das jeweilige Arbeitsverhältnis setzt grundsätzlich die **beiderseitige Tarifgebundenheit** der Arbeitsvertragsparteien voraus.[1] Diese kann zum einen durch **Mitgliedschaft** in den tarifschließenden Verbänden erfolgen, wie sie § 3 I TVG regelt (→ Rn. 6 ff.) oder dadurch, dass der nach § 2 I TVG stets tariffähige AG (→ § 196 Rn. 24 ff.) selbst den Tarifvertrag geschlossen hat (→ Rn. 4). Für **gemeinsame Einrichtungen** regelt § 4 II TVG die Tarifgebundenheit (→ Rn. 17). Tarifgebundenheit kann weiterhin durch staatlichen Hoheitsakt, die **Allgemeinverbindlicherklärung** von Tarifverträgen nach § 5 TVG eintreten (→ § 205 Rn. 1 ff.). Eine Ausnahme von der beiderseitigen Tarifgebundenheit enthält § 3 II TVG. Die Rechtsnormen eines Tarifvertrags über **betriebliche und betriebsverfassungsrechtliche Fragen** gelten für alle Betriebe, deren AG tarifgebunden ist (→ Rn. 18 ff.). Weitere Erscheinungsformen der gesetzlich vorgesehenen zwingenden Anwendung von tariflichen Regelungen ergeben sich nach dem AEntG (→ § 162 Rn. 21 ff.) und durch die zwingende Geltung der transformierten tariflichen Normen infolge eines Betriebsübergangs nach § 613a I 2–4 BGB (→ § 119 Rn. 3 ff., 15 ff.). 1

Die Tarifgebundenheit wird durch das TVG abschließend geregelt. Sie kann durch die Tarifvertragsparteien durch Satzung oder tarifliche Regelungen weder erweitert noch eingeschränkt werden. Eine Erweiterung ist unwirksam, weil den Tarifvertragsparteien gegenüber Außenseitern grundsätzlich keine Rechtsetzungsbefugnis zukommt. Ebenso können nach der Rechtsprechung des BAG tarifliche Leistungen nicht an ein Verbleiben in der Gewerkschaft zu einem bestimmten Stichtag geknüpft werden, weil dem die gesetzliche vorgesehene Nachbindung entgegensteht.[2] Allerdings ist es nach der Rechtsprechung möglich, eine Mitgliedschaft ohne Tarifgebundenheit – sog. **OT-Mitgliedschaft** (→ Rn. 11 ff.) – zu eröffnen. Diese Mitglieder sind dann keine iSd § 3 I TVG. 2

Von der Tarifgebundenheit und der mit ihr verbundenen zwingenden und unmittelbaren Geltung von Tarifnormen ist die mit dem Begriff der **Tarifanwendung** bezeichnete Heranziehung tariflicher Regelungen infolge arbeitsvertraglicher Inbezugnahme zu trennen.[3] Sie führt nicht zu einer Geltung der Tarifnormen entsprechend den Regelungen des TVG (→ § 206 Rn. 6). Weiterhin ist die Tarifgebundenheit vom **Geltungsbereich** der jeweiligen Tarifverträge zu unterscheiden. Sie entscheidet lediglich darüber, welche Personen überhaupt der Normsetzungsbefugnis der Tarifvertragsparteien unterliegen (→ Rn. 2) und für welche Arbeitsverhältnisse der Tarifgebundenen ein bestimmter Tarifvertrag gelten soll (→ § 202 Rn. 6 ff.). Dabei soll es möglich sein, den betrieblichen Geltungsbereich auf bestimmte Mitglieder, etwa ordentliche Mitglieder, einzugrenzen.[4] 3

II. Tarifgebundene Personen

1. Arbeitgeber als Tarifvertragspartei. Der AG, der selbst Partei des Tarifvertrags ist, ist nach § 3 I TVG tarifgebunden. § 3 I TVG knüpft an die Tariffähigkeit des einzelnen AG nach § 2 I TVG an.[5] Hier bedarf es keiner mitgliedschaftlichen Legitimation, da es an einer „Normunterwerfung" fehlt.[6] Vielmehr gilt der Tarifvertrag für den einzelnen AG **kraft Selbstbindung** – seine Tarifgebundenheit versteht sich „von selbst".[7] Der AG ist dann sowohl Partei des geschlossenen Tarifvertrags als auch der Arbeitsverhältnisse, die durch das Tarifwerk geregelt werden. Ein Haustarifvertrag kann für eine **noch zu gründende Personenhandelsgesellschaft** von den hierfür zuständigen Gesellschaftern geschlossen werden, wenn der Tarifvertrag 4

[1] BVerfG 24.5.1975 AP Nr. 15 zu § 5 TVG = NJW 1977, 2255; 14.6.1983 AP Nr. 21 zu § 9 BergmVersSchG NRW = NJW 1984, 1225.
[2] BAG 9.5.2007 AP Nr. 23 zu § 3 TVG Verbandszugehörigkeit = NZA 2007, 1439; dazu hinsichtlich der Begründung krit. *Franzen* RdA 2007, 304 (306 f.). Offengelassen in BAG 5.9.2012 AP Nr. 53 zu § 3 TVG.
[3] Zutreffend BKS/*Dierßen* § 3 Rn. 8; anders in den Sozialwissenschaften, s. etwa *Ellguth/Kohaut* WSI-Mitteilungen 2010, 204.
[4] BAG 22.4.1999 AP Nr. 17 zu § 3 TVG Verbandszugehörigkeit = NZA 1999, 995; dazu krit. *Zachert* RdA 2000, 117 ff.
[5] BAG 2.12.2002 AP Nr. 14 zu § 3 TVG = NZA 1993, 655.
[6] ErfK/*Franzen* TVG § 3 Rn. 15.
[7] S. nur JKOS TVR/*Oetker* § 6 Rn. 11.

erst nach Eintragung oder Aufnahme der Geschäfte wirksam werden soll.[8] Die Tarifgebundenheit endet nicht schon deshalb, weil der AG keine AN mehr beschäftigt.[9]

5 Die **Mitgliedschaft in einem Arbeitgeberverband** hindert nicht den Abschluss eigener Haustarifverträge und die eigene Tarifgebundenheit. Weder die Tarifgebundenheit noch die Tariffähigkeit nach § 2 I TVG geht durch den Beitritt verloren (zur Erkämpfbarkeit von Haustarifverträgen → § 192 Rn. 23). Hier kann aber die Konkurrenz von Verbands- und Haustarifvertrag aufzulösen sein (→ § 202 Rn. 35). Unerheblich ist es, ob der AG den Tarifvertrag allein, zusammen mit mehreren AG als mehrgliedrigen Tarifvertrag (→ § 197 Rn. 10 ff.)[10] oder neben einem Arbeitgeberverband abgeschlossen hat.[11]

6 **2. Mitglieder der Tarifvertragsparteien. a) Grundsatz.** Tarifgebunden sind die Mitglieder der jeweiligen Tarifvertragsparteien, AN[12] und AG. Die **Rechtswirksamkeit der Mitgliedschaft** beurteilt sich nach dem Recht des Verbandes, also nach seiner Satzung und weiterhin regelmäßig nach Vereinsrecht (zum Koalitionsverbandsrecht → § 190 Rn. 31 ff.).[13] Regelmäßig sind daher die Gewerkschaftsmitglieder[14] und die Mitglieder des Arbeitgeberverbandes (zur OT-Mitgliedschaft → Rn. 11 ff.) tarifgebunden. Auf die Kenntnis des Tarifvertrags oder eine Zustimmung zu ihm kommt es nicht an.[15] Die **Darlegungs- und Beweislast** im Prozess trifft – wie stets – diejenige Partei, die sich auf die Rechtswirkungen der Tarifgebundenheit stützt. Dazu gehört, die Voraussetzungen für den konkreten Anspruchszeitraum nachzuweisen.[16]

7 Die erforderliche Legitimation der Tarifgebundenheit durch Mitgliedschaft (→ Rn. 1) setzt zugleich voraus, dass dem Mitglied die nach der Satzung zustehenden Mitgliedschaftsrechte, namentlich die Teilhabe an der innerverbandlichen Willensentschließung zustehen. Eine Tarifgebundenheit scheidet daher aus bei den sog. **Gastmitgliedern,** wenn ihnen nach der Satzung die wesentlichen mit der Mitgliedschaft verbundenen Rechte wie das Stimmrecht und das aktive und passive Wahlrecht nicht zustehen.[17] Teilnahme- und Beratungsrechte reichen nicht aus. Durch sie wird keine Mitgliedschaft iSd § 3 I TVG begründet. Eine solche wird nicht durch eine unwirksam begründete Gastmitgliedschaft herbeigeführt.[18]

8 Eine Tarifgebundenheit ergibt sich nicht aus dem **Rechtsschein einer Mitgliedschaft.** Allerdings kann sich ein AG, der den Eindruck der Tarifgebundenheit in erkennbarer Weise erweckt hat, nicht darauf berufen, dass er nicht Verbandsmitglied ist, sodass er nach den Grundsätzen der Rechtsscheinhaftung verpflichtet sein kann. Eine Mitgliedschaft oder Tarifgebundenheit wird dadurch allerdings nicht begründet.[19] Ist die **Mitgliedschaft unwirksam begründet,** aber gleichwohl vollzogen worden, wird die Anwendung der Grundsätze der fehlerhaften Gesellschaft zu sachgerechten Ergebnissen führen. Die fehlerhaft begründete Mitgliedschaft ist dann zwar wirksam, kann aber durch Erklärung sofort beendet werden. Eine Nachbindung nach § 3 III TVG greift nach der Ratio der Norm (→ Rn. 27) dann nicht ein.[20]

9 Erforderlich ist die **Mitgliedschaft des AG.** Das ist diejenige natürliche oder juristische Person, die Partei des Arbeitsvertrags ist. Bezugspunkt ist bei juristischen Personen das jeweilige Unternehmen, nicht aber der Betrieb oder der Konzern. Die Konzernobergesellschaft kann nicht durch ihre Mitgliedschaft die Tarifgebundenheit der konzernangehörigen Unternehmen vermitteln. Ist der AG eine Personengesellschaft (zB OHG, KG, GbR), so muss diese Mitglied

---

[8] BAG 24.1.2001 AP Nr. 1 zu § 3 BetrVG 1972 mkritAnm *Kort* = NZA 2001, 1149.

[9] ErfK/*Franzen* TVG § 3 Rn. 15; vgl. auch BAG 26.8.2009 AP Nr. 376 zu § 613a BGB = NZA 2010, 238.

[10] Vgl. BAG 2.12.2002 AP Nr. 14 zu § 3 TVG = NZA 1993, 655.

[11] BAG 24.11.1993 AP Nr. 39 zu § 1 TVG Tarifverträge: Einzelhandel = NZA 1994, 564; 10.11.1993 AP Nr. 42 zu § 1 TVG Tarifverträge: Einzelhandel = NZA 1994, 896.

[12] Zum Vorschlag – *de lege ferenda* – einer eingeschränkten „erga-omnes-Wirkung" von Tarifverträgen für nicht tarifgebundene AN *Kamanabrou,* Erga-Omnes-Wirkung von Tarifverträgen, 2011; dazu *Franzen* ZfA 2012, 533 ff.

[13] Vgl. BAG 22.11.2000 AP Nr. 20 zu § 3 TVG Verbandszugehörigkeit = NZA 2001, 980.

[14] Zur Tarifgebundenheit bei Gruppenarbeitsverhältnissen Wiedemann/*Oetker* TVG § 3 Rn. 134 ff.

[15] HWK/*Henssler* TVG § 3 Rn. 6.

[16] BAG 18.8.1999 AP Nr. 22 zu § 3 TVG mAnm *Stein* = NZA 2000, 432.

[17] BAG 23.9.2009 AP Nr. 29 zu § 3 TVG Verbandszugehörigkeit; 26.8.2009 AP Nr. 45 zu § 3 TVG = NZA 2010, 230; 25.9.2002 AP Nr. 26 zu § 1 TVG Bezugnahme auf Tarifvertrag = NZA 2003, 807.

[18] BAG 23.9.2009 AP Nr. 29 zu § 3 TVG Verbandszugehörigkeit.

[19] ErfK/*Franzen* TVG § 3 Rn. 5; NK-TVG/*Lorenz* § 3 Rn. 20; aA *Löwisch/Rieble* TVG § 3 Rn. 296 ff.; missverständlich BAG 2.12.2002 AP Nr. 14 zu § 3 TVG = NZA 1993, 655: „Bindung … aus Vertrauensgesichtspunkten".

[20] ErfK/*Franzen* TVG § 3 Rn. 7; s. aber NK-TVG/*Lorenz* § 3 Rn. 20: so behandeln lassen.

des Verbandes sein.[21] Ist über das Vermögen des AG das Insolvenzverfahren eröffnet worden, so ändert sich an der Tarifgebundenheit nichts, auch wenn der Insolvenzverwalter nicht Mitglied des Arbeitgeberverbandes ist.[22]

Allein die **Mitgliedschaft der Gesellschafter** reicht regelmäßig nicht aus.[23] Allerdings kann die Mitgliedschaft aller (persönlich haftenden) Gesellschafter einer OHG oder KG[24] dahingehend zu verstehen sein, dass eine Tarifgebundenheit derselben herbeigeführt werden soll. Das gilt namentlich dann, wenn eine eigene wirtschaftliche Tätigkeit im Übrigen nicht besteht oder die Beiträge durch die Personenhandelsgesellschaft entrichtet werden.[25] Bei Arbeitsgemeinschaften **(Arge)** in der Rechtsform der BGB-Gesellschaft besteht Tarifgebundenheit nur bei Mitgliedschaft der Arge oder sämtlicher ihrer Gesellschafter. Sind nur ein Teil der Gesellschafter der Arge tarifgebunden, so erwächst daraus keine Tarifgebundenheit für die Arbeitsverhältnisse der Arge.[26] 10

b) Mitgliedschaft ohne Tarifgebundenheit (OT-Mitglieder). aa) Grundsatz. Nach § 3 I TVG vermittelt die Mitgliedschaft in der Tarifvertragspartei die Tarifgebundenheit. Gleichwohl ist es nach der Rechtsprechung und weiten Teilen der Literatur[27] möglich, eine **„Mitgliedschaft ohne Tarifgebundenheit"** – sog. OT-Mitgliedschaft – innerhalb eines Arbeitgeberverbandes zu begründen. Durch eine solche Mitgliedschaft soll den einzelnen AG ermöglicht werden, beitragszahlend im Arbeitgeberverband zu verbleiben, um dessen Dienstleistungen in Anspruch nehmen zu können, andererseits aber nicht an die geschlossenen Verbandstarifverträge gebunden zu sein.[28] Die Mitglieder bleiben – anders, als es etwa bei Gastmitgliedern der Fall ist (→ Rn. 7) – nicht gänzlich von der innerverbandlichen Willensbildung ausgeschlossen, sondern nur in tarifrechtlichen und damit zusammenhängenden Fragen (→ Rn. 15 ff.). Der Wechsel in eine OT-Mitgliedschaft ist für die Gebundenheit an einen Haustarifvertrag indes ohne Bedeutung.[29] 11

Bei der Gestaltung einer sog. OT-Mitgliedschaft[30] werden vor allem zwei verschiedene Formen diskutiert: das sog. Aufteilungsmodell und das sog. Stufenmodell. Beim **Aufteilungsmodell** werden letztlich zwei Organisationen geschaffen, von denen die eine die Dienstleistungen und die Interessenvertretung für die Mitglieder übernimmt, aber keine Tariffähigkeit für sich in Anspruch nimmt oder eine bestandene aufgibt. Die andere übernimmt die tarifrechtlichen Aufgaben.[31] Hierzu können zwei voneinander getrennte Verbände geschaffen werden. Denkbar ist es, dass die tarifwilligen Verbandsmitglieder des nunmehr tarifunwilligen Verbandes eine Tarifgemeinschaft bilden.[32] Demgegenüber sieht das vor allem umstrittene **Stufenmodell** unterschiedliche, gestufte Formen der Mitgliedschaft innerhalb desselben Verbandes vor. Zunächst eine solche, die die Tarifgebundenheit iSv § 3 I TVG vermittelt, und eine weitere, die sog. OT-Mitgliedschaft, die nicht zu einer solchen führt.[33] 12

Das BAG hat die umstrittene sog. **OT-Mitgliedschaft im Stufenmodell für zulässig** erachtet.[34] Allerdings geht die Rechtsprechung nicht mehr[35] davon aus, dass es sich beim Ausschluss 13

[21] BAG 10.12.1997 AP Nr. 21 zu § 3 TVG = NZA 1998, 488; 10.12.1997 AP Nr. 20 zu § 3 TVG = NZA 1998, 484; 4.5.1994 AP Nr. 1 zu § 1 TVG Tarifverträge: Elektrohandwerk = NZA 1995, 638.

[22] BAG 26.6.2000 AP Nr. 56 zu § 2 TVG; 28.1.1987 AP Nr. 14 zu § 4 TVG Geltungsbereich = NZA 1987, 455.

[23] JKOS TVR/*Oetker* § 6 Rn. 25.

[24] Großzügig BAG 22.2.1957 AP Nr. 2 zu § 2 TVG mAnm *Tophoven* (Mitgliedschaft des einzigen Komplementärs); dazu krit. Wiedemann/*Oetker* TVG § 3 Rn. 130.

[25] BAG 4.5.1994 AP Nr. 1 zu § 1 TVG Tarifverträge: Elektrohandwerk = NZA 1995, 638; enger 10.12.1997 AP Nr. 20 zu § 3 TVG = NZA 1998, 484.

[26] NK-TVG/*Lorenz* § 3 Rn. 34; Wiedemann/*Oetker* TVG § 3 Rn. 132 f.

[27] Erstmals aufgebracht von *Buchner* NZA 1994, 4 ff.; *ders.* NZA 1995, 761 ff.; weiterhin *Otto* NZA 1996, 624 (629).

[28] Skeptisch zu dieser Entwicklung *Glaubitz* NZA 2003, 140 ff.; s. nun *Joest* FS Buchner, 2009, 358 f.

[29] BAG 23.10.2013 NZA 2014, 262.

[30] Ausf. *Terhorst* S. 77 ff. Rechtsvergleichend *Rebhahn* RdA 2002, 214 ff.

[31] Vgl. etwa *Hensche,* Zur rechtlichen Zulässigkeit der OT-Mitgliedschaft, 2004, 53 ff.

[32] Zu einem Fachgruppenmodell s. BAG 22.4.2009 AP Nr. 26 zu § 3 TVG Verbandszugehörigkeit mAnm *Melot de Beauregard* = NZA 2010, 105.

[33] Grdl. BAG 18.7.2006 AP Nr. 19 zu § 2 TVG Tarifzuständigkeit = NZA 2006, 1225.

[34] BAG 18.7.2006 AP Nr. 19 zu § 2 TVG Tarifzuständigkeit = NZA 2006, 1225, m. umfangr. Nachw. zum Streitstand; weiterhin 4.6.2008 AP Nr. 38 zu § 3 TVG mAnm *Jacobs/Krois* = NZA 2008, 1366; nachfolgend etwa BAG 19.6.2012 AP Nr. 177 zu Art. 9 GG Arbeitskampf = NZA 2012, 1372; 21.1.2015 AP Nr. 30 zu § 3 TVG Verbandszugehörigkeit = NZA 2015, 1521.

[35] S. noch BAG 23.2.2005 AP Nr. 42 zu § 4 TVG Nachwirkung; 23.10.1996 AP Nr. 15 zu § 3 TVG Verbandszugehörigkeit = NZA 1997, 383. Folge war die Aussetzung des Verfahrens nach § 97 ArbGG, weil die Tarifzuständigkeit zu klären war (→ § 196 Rn. 31).

der Tarifgebundenheit um eine personelle Begrenzung der Tarifzuständigkeit des Verbandes handelt.[36] Ein Verband kann die Tarifgebundenheit der tarifunwilligen Mitglieder nicht dadurch verhindern, dass er seine Tarifzuständigkeit auf die tarifwilligen begrenzt. Dies ist aus vielen Gründen mit den Anforderungen an ein funktionsfähiges Tarifvertragssystem nicht vereinbar.[37] Bei einem Verbandsaustritt würde die Nachbindung nach § 3 III TVG entfallen, da bereits die Tarifzuständigkeit nicht gegeben wäre und der Tarifvorbehalt des § 77 III BetrVG seine Funktion weitgehend verlieren würde.

14 Demgegenüber steht den Verbänden nach dem Grundsatz der Verbandsautonomie und dem Grundrecht der Koalitionsfreiheit, welches die Selbstbestimmung der Koalitionen schützt (→ § 190 Rn. 21), frei, die Rechte und Pflichten ihrer Mitglieder unterschiedlich auszugestalten und eine **Mitgliedschaft** vorzusehen, die **nicht die Rechtsfolgen des § 3 I TVG auslöst.**[38] Dies kann allerdings nicht durch die Satzung einer Handwerksinnung erfolgen (→ § 196 Rn. 28). § 3 I TVG regelt nicht unmittelbar, wer Mitglied in der Tarifvertragspartei ist. Auch wird § 3 I TVG nicht durch die Möglichkeit der OT-Mitgliedschaft in Frage gestellt.[39] Die Festlegung identischer Mitgliedsbeiträge hindert eine OT-Mitgliedschaft im Stufenmodell nicht.[40] Ein genereller Auskunftsanspruch im Rahmen von Tarifverhandlungen der Gewerkschaften auf Mitteilung der OT- und Gastmitglieder gegenüber dem Verband wird zur Wahrung der Funktionsfähigkeit der Tarifautonomie nicht als erforderlich angesehen, kann aber im Einzelfall, etwa zur Klärung, ob OT-Mitglieder an Tarifverhandlungen mitwirken, gegeben sein.[41] Er kann gegenüber dem einzelnen AG bestehen, um zu klären, ob Arbeitskampfmaßnahmen durchgeführt werden sollen.[42]

15 **bb) Satzungsrechtliche Anforderungen.** Um die Funktionsfähigkeit der Tarifautonomie als kollektives Interessenwahrungs- und Ausgleichsverfahren (→ § 189 Rn. 11) zu gewährleisten, muss sichergestellt sein, dass die Geschäftsgrundlage der Tarifvertragsverhandlungen mit dem Tarifabschluss übereinstimmt. Dies erfordert einen **Gleichlauf von Verantwortlichkeit und Betroffenheit,** weshalb die Satzung für Tarifangelegenheiten eine **klare und eindeutige Trennung der Befugnisse** von Mitgliedern mit und ohne Tarifgebundenheit vorsehen muss.[43] Das BAG hat die Anforderungen an Satzungsbestimmungen, die mit der notwendigen Klarheit[44] zu regeln sind, in einer Reihe von Entscheidungen weiter präzisiert:[45]

- Erforderlich ist der Ausschluss des Stimmrechts in allen tarifpolitischen Fragen (Festlegung der Tarifziele, Annahme von Verhandlungsergebnissen), allerdings ist die Beteiligung mit beratender Stimme zulässig.
- Eine Entsendung von OT-Mitgliedern in Tarifkommissionen ist ebenso unzulässig wie die Bestimmung der Kommissionsmitglieder unter deren Mitwirkung.[46]
- Die Mitwirkung in Organen oder Gremien, die den Arbeitskampffonds verwalten, ist nicht möglich.[47]

[36] So vor allem *Buchner* NZA 1994, 4 ff.; weiterhin Wiedemann/*Oetker* TVG § 2 Rn. 105, § 3 Rn. 144 ff.; *Thüsing/Stelljes* ZfA 2006, 527 (561 ff.); s. auch ErfK/*Franzen* TVG § 2 Rn. 9: „gewillkürte (partielle) Tarifunwilligkeit".

[37] Zustimmend etwa *Bayreuther* BB 2007, 325 ff.; ErfK/*Franzen* TVG § 2 Rn. 9a.

[38] Abl. BKS/*Dierßen* § 3 Rn. 51 ff.; *Deinert* RdA 2007, 83 ff.; *Hensche* NZA 2009, 815 ff.; *Unterhinninghofen* AiB 2007, 118 ff.; *Wroblewski* NZA 2007, 421 ff.

[39] BVerfG 1.12.2010 AP Nr. 146 zu Art. 9 GG = NZA 2011, 60.

[40] BAG 23.9.2009 AP Nr. 29 zu § 3 TVG Verbandszugehörigkeit.

[41] *Arendt* RdA 2010, 345 (349 f.); sowie *Gaumann/Schafft* NZA 2001, 1125 (1132); aA BKS/*Dierßen* § 3 Rn. 56.

[42] BAG 9.4.1991 AP Nr. 166 zu Art. 9 GG Arbeitskampf = NZA 1991, 815.

[43] Grdl. BAG 4.6.2008 AP Nr. 38 zu § 3 TVG mAnm *Jacobs/Krois* = NZA 2008, 1366; ausf. BAG 22.4.2009 AP Nr. 26 zu § 3 TVG Verbandszugehörigkeit mAnm *Melot de Beauregard* = NZA 2010, 105; 21.1.2015 AP Nr. 30 zu § 3 TVG Verbandszugehörigkeit mAnm *Stein* = NZA 2015, 1521 (die Verfassungsbeschwerde gegen die Entscheidung wurde nicht angenommen, BVerfG 28.7.2016 – 1 BvR 760/16); BVerwG 23.3.2016 NZA 2016, 779.

[44] Auslegungsbedürftig in BAG 27.1.2010 EzA Nr. 46 zu § 3 TVG Bezugnahme auf Tarifvertrag.

[45] BAG 12.2.2014 ZTR 2014, 330; 15.12.2010 AP Nr. 50 zu § 3 TVG = NZA-RR 2012, 260; 26.8.2009 AP Nr. 28 zu § 3 TVG Verbandszugehörigkeit = NZA-RR 2010, 305; 4.6.2008 AP Nr. 38 zu § 3 TVG mAnm *Jacobs/Krois* = NZA 2008, 1366.

[46] BAG 21.1.2015 AP Nr. 30 zu § 3 TVG Verbandszugehörigkeit = NZA 2015, 1521.

[47] BAG 21.11.2012 AP Nr. 16 zu § 3 TVG Verbandsaustritt = NZA-RR 2014, 544; 22.4.2009 AP Nr. 26 zu § 3 TVG Verbandszugehörigkeit mAnm *Melot de Beauregard* = NZA 2010, 105; die hiergegen eingelegte Verfassungsbeschwerde blieb erfolglos BVerfG 1.12.2010 AP Nr. 146 zu Art. 9 GG = NZA 2011, 60.

- Die Einhaltung von Mindestfristen für einen Wechsel in eine OT-Mitgliedschaft ist nicht erforderlich.[48]
- Wird innerhalb eines tarifunwilligen Verbandes eine Fachgruppe als alleiniger „Tarifträger" tätig, muss diese hinreichend eigenständige Strukturen aufweisen.[49]

Maßgebend ist dabei die Rechtslage nach der Satzung. Dabei ist es nicht erforderlich, dass der Ausschluss der Rechte von OT-Mitgliedern in jeder einzelnen Satzungsregelung wiederholt wird.[50] Allerdings kann eine satzungswidrige Praxis im Verbandsgeschehen – insbesondere, wenn die beiden Mitgliedsformen in der Satzung nur sehr allgemein und pauschal abgegrenzt werden[51] – dazu führen, dass nicht mehr von einer ausreichenden Trennung beider Bereiche ausgegangen werden kann.[52] Dann verbleibt es bei der Tarifgebundenheit nach § 3 I TVG.[53] Ein AG kann erst dann wirksam in eine OT-Mitgliedschaft wechseln, wenn eine wirksame satzungsrechtliche Grundlage besteht (zum sog. Blitzwechsel → Rn. 25). Dies erfordert die **Eintragung** einer entsprechenden Satzungsänderung **im Vereinsregister** zum Zeitpunkt des Wechsels.[54]

3. Mitglieder der Spitzenorganisationen. Tarifgebunden sind weiterhin Mitglieder der Verbände, die Spitzenorganisationen angehören, wenn diese den Tarifvertrag im eigenen Namen gem. § 2 III TVG abgeschlossen haben. Dieser Fall der Tarifgebundenheit ist zwar nicht ausdrücklich in § 3 TVG aufgeführt. Mitglieder der Spitzenorganisationen sind die Gewerkschaften und Arbeitgeberverbände, nicht aber deren Mitglieder. Aus Gesetzessystematik und Zweck folgt aber, dass eine derart **vermittelte Mitgliedschaft** zur Tarifgebundenheit führt.[55] Für die Tarifgebundenheit gelten dann die allgemeinen Grundsätze. Die Nachbindung nach § 3 III TVG (→ Rn. 27 ff.) bleibt bis zur Beendigung des Tarifvertrags erhalten, unabhängig davon, ob der AG oder der AN aus dem dem Spitzenverband angeschlossenen Verband ausscheidet oder die ihm angeschlossene Gewerkschaft oder der Arbeitgeberverband aus dem Spitzenverband austritt. 16

4. Gemeinsame Einrichtungen. Eine weitere Art der Tarifgebundenheit besteht, obwohl nicht in § 3 TVG erwähnt, über § 4 II TVG, wenn ein Tarifvertrag eine Gemeinsame Einrichtung (→ § 200 Rn. 35 ff.) regelt. Denn § 4 II TVG bindet die Satzung der gemeinsamen Einrichtung an die tarifvertraglichen Bestimmungen und führt damit in der Sache zu deren Tarifgebundenheit. Zugleich gilt die unmittelbare und zwingende Wirkung des Tarifvertrags über die gemeinsame Einrichtung für den Kreis der tarifgebundenen AN und AG (→ Rn. 6 ff.). 17

5. Betriebliche und betriebsverfassungsrechtliche Normen. Die Rechtsnormen eines Tarifvertrags über betriebliche und betriebsverfassungsrechtliche Fragen (→ § 200 Rn. 28 ff., 34) gelten nach § 3 II TVG für alle Betriebe, deren AG tarifgebunden sind. Die Vorschrift bildet eine **Ausnahme von dem Grundsatz der beiderseitigen Tarifgebundenheit** (→ Rn. 1). Ausreichend ist die Tarifgebundenheit des AG. Hintergrund der Regelung ist, dass betriebliche und betriebsverfassungsrechtliche Fragen regelmäßig nur einheitlich für einen Betrieb geregelt werden können[56] und bei belastenden betrieblichen Regelungen (etwa Torkontrollen) nicht nur die tarifgebundenen AN erfasst sein sollten.[57] 18

Die Vorschrift wird man dogmatisch nach Wortlaut und Systematik nicht als generelle Allgemeinverbindlicherklärung auffassen können,[58] sondern als gesetzliche Regelung, die in diesen Fallgestaltungen die **Tarifgebundenheit des AG ausreichen** lässt.[59] Deshalb ist es nicht erforderlich, dass mindestens ein AN im betreffenden Betrieb tarifgebunden ist.[60] Die Vorschrift ist 19

[48] AA im Hinblick auf die Funktionsfähigkeit der Tarifautonomie BKS/*Dierßen* § 3 Rn. 53; *Deinert* RdA 2007, 83 (87); s. auch *Franzen* FS Picker, 2011, 929 (939 f.).

[49] BAG 22.4.2009 AP Nr. 26 zu § 3 TVG Verbandszugehörigkeit = NZA 2010, 105.

[50] BAG 12.2.2014 ZTR 2014, 330; 21.11.2012 AP Nr. 16 zu § 3 TVG Tarifzuständigkeit = NZA-RR 2014, 544.

[51] Dazu BAG 21.11.2012 AP Nr. 16 zu § 3 TVG Verbandsaustritt = NZA-RR 2014, 544; 20.5.2009 AP Nr. 42 zu § 3 TVG = NZA-RR 2010, 591.

[52] Angedeutet, aber offengelassen in BAG 25.2.2009 AP Nr. 40 zu § 3 TVG.

[53] Zu möglichen Schadensersatzansprüchen des AG gegen den Verband *Terhorst* S. 301 ff.

[54] BAG 26.8.2009 AP Nr. 28 zu § 3 TVG Verbandszugehörigkeit = NZA-RR 2010, 305.

[55] BAG 6.5.2003 AP Nr. 21 zu § 3 TVG Verbandszugehörigkeit = NZA 2004, 562.

[56] BAG 21.1.1987 AP Nr. 47 zu Art. 9 GG = NZA 1987, 233 (Vorruhestandsregelung).

[57] BKS/*Dierßen* § 3 Rn. 63; *Gamillscheg,* Kollektives Arbeitsrecht, 720.

[58] NK-TVG/*Lorenz* § 3 Rn. 61; KeZa/*Kempen* TVG § 3 Rn. 24.

[59] *Dieterich,* Die betrieblichen Normen nach dem Tarifvertragsgesetz vom 9.4.1949, 1964, 86; ebenso Wiedemann/*Oetker* TVG § 3 Rn. 178 f., 186 f.

[60] Wiedemann/*Oetker* TVG § 3 Rn. 181 f.; aA ErfK/*Franzen* TVG § 3 Rn. 17; MHdB ArbR/*Klumpp* § 240 Rn. 19; wie hier wohl BAG 29.7.2009 AP Nr. 7 zu § 3 BetrVG 1972 = NZA 2009, 1424.

entgegen vorgebrachter Bedenken[61] trotz der Einbeziehung nicht organisierter AN **verfassungsgemäß.**[62] § 3 II TVG enthält eine ausreichende Grundlage zur Normsetzung.[63] Die negative Koalitionsfreiheit verlangt keine restriktive Auslegung dahin, dass belastende Regelungen unterbleiben müssen.[64] Das BAG hat allerdings in einer früheren Entscheidung unter Hinweis auf die negative Koalitionsfreiheit eine evident sachlogische Unzweckmäßigkeit von Inhaltsnormen verlangt.[65] Allein eine Geltungserstreckung auf Außenseiter verletzt aber nach den Maßstäben des BVerfG zur Allgemeinverbindlicherklärung (→ § 205 Rn. 8, → § 189 Rn. 10) nicht die negative Koalitionsfreiheit, da – wenn überhaupt – nur ein unwesentlicher Druck auf einen Beitritt ausgeübt wird.[66] Richtiger Prüfungsmaßstab sind demgegenüber die allgemeine Handlungsfreiheit nach Art. 2 I GG und das Grundrecht der Berufsfreiheit nach Art. 12 I GG.[67]

III. Beginn und Ende der Tarifgebundenheit

20 **1. Beginn.** Die Tarifgebundenheit beginnt mit der **wirksamen Begründung der Mitgliedschaft** (zum Rechtsschein → Rn. 8) zum tarifschließenden Verband. Diese erfolgt durch Antrag und Annahme nach den Regelungen des BGB, namentlich den §§ 145 ff. BGB[68] (zu Minderjährigen → § 190 Rn. 34) und den maßgebenden Satzungsbestimmungen des Verbandes (→ § 190 Rn. 35 f.). Die Satzungen können aber auch vorsehen, dass die Mitgliedschaft mit Abgabe oder Zugang der Beitrittserklärung beginnt.[69] Eine **rückwirkende Begründung der Tarifgebundenheit** vor dem Zeitpunkt des tatsächlichen Beitritts ist nicht möglich.[70] Die durch §§ 3 I, 4 I TVG begründete unmittelbare und zwingende Geltung steht nicht zur Disposition einer rückwirkenden Vereinbarung. Ein anderes gilt für die verbandsinterne Beurteilung der Mitgliedschaft.[71]

21 Durch den Eintritt der Tarifgebundenheit wirken die Rechtsnormen bereits geschlossener Tarifverträge unmittelbar und zwingend (§§ 3 I, 4 I TVG). Der Verbandsbeitritt führt aber nicht dazu, dass in der **Vergangenheit liegende Lebenssachverhalte** von den tarifvertraglichen Regelungen erfasst werden.[72] Das gilt auch dann, wenn ein Tarifvertrag nach Eintritt der Tarifgebundenheit rückwirkend in Kraft gesetzt wird.[73] Die Tarifgebundenheit muss für den jeweiligen Zeitraum vorliegen. Deshalb finden tarifliche Abschlussnormen auf ein vor Beginn der Mitgliedschaft getroffenes Arbeitsverhältnis keine Anwendung.[74] Eine Mitteilung an die andere Arbeitsvertragspartei oder deren **Kenntnis über den Beitritt** ist nicht erforderlich, um die Rechtsfolgen der Tarifgebundenheit herbeizuführen.[75] Unberührt bleibt die Verpflichtung des AG nach § 3 S. 1 iVm § 2 I Nr. 10 NachwG (→ § 32 Rn. 37).

22 **2. Beendigung. a) Grundsatz.** Die Tarifgebundenheit ist **an die Mitgliedschaft** im tarifschließenden Verband **gebunden.** Diese kann zum Einen mit dem Wirksamwerden eines Austritts (→ § 191 Rn. 40) oder eines Ausschlusses (→ § 191 Rn. 42) beendet werden, wobei dann allerdings die Nachbindung nach § 3 III TVG eingreift (→ Rn. 27 ff.). Zum Anderen kann die Mitgliedschaft enden durch den Tod des Mitglieds, sofern die Satzung nach §§ 38, 40 BGB nichts anderes vorsieht, und durch die Beendigung einer Gesellschaft oder Körperschaft. Insolvenz[76] oder Zahlungsverzug können die Mitgliedschaft (in Form einer auflösenden Bedingung) beenden, wenn dies die Satzung so vorsieht.

23 Die **Wirksamkeit eines Austritts** aus wichtigem Grund beurteilt sich ebenso wie der Ausschluss nach den Regelungen des Bürgerlichen Rechts und den maßgebenden Satzungsbestim-

[61] *Giesen,* Tarifvertragliche Rechtsgestaltung für den Betrieb, 275 ff., 379 ff.
[62] BAG 26.4.1990 AP Nr. 57 zu Art. 9 GG = NZA 1990, 850.
[63] BAG 7.11.1995 AP Nr. 1 zu § 3 TVG Betriebsnormen = NZA 1996, 1214.
[64] *Zöllner* RdA 1962, 453 (457); *Reuter* FS Schaub, 1998, 605 (616 f.).
[65] BAG 26.4.1990 AP Nr. 57 zu Art. 9 GG = NZA 1990, 850.
[66] BAG 7.11.1995 AP Nr. 1 zu § 3 TVG Betriebsnormen = NZA 1996, 1214; wie hier ErfK/*Franzen* TVG § 3 Rn. 17.
[67] *C. Schubert* RdA 2001, 199 (202 ff.); KeZa/*Kempen* TVG § 3 Rn. 40; NK-TVG/*Lorenz* § 3 Rn. 64.
[68] LAG Hamm 11.5.1989 LAGE § 4 TVG Abschlussnormen Nr. 1.
[69] ErfK/*Franzen* TVG § 3 Rn. 19; NK-TVG/*Lorenz* § 3 Rn. 18.
[70] BAG 22.11.2000 AP Nr. 20 zu § 3 TVG Verbandszugehörigkeit = NZA 2001, 980; 20.12.1988 AP Nr. 9 zu § 87 BetrVG 1972 Auszahlung = NZA 1989, 564.
[71] ErfK/*Franzen* TVG § 3 Rn. 19.
[72] BAG 26.9.1990 AP Nr. 109 zu § 4 TVG Ausschlussfristen = NZA 1991, 246.
[73] BAG 6.8.2002 AP Nr. 154 zu § 112 BetrVG 1972; aA ErfK/*Franzen* TVG § 3 Rn. 20.
[74] BAG 27.4.1988 AP Nr. 4 zu § 1 BeschFG 1985 = NZA 1988, 771; aA NK-TVG/*Lorenz* § 3 Rn. 21.
[75] NK-TVG/*Lorenz* § 3 Rn. 38; JKOS TVR/*Oetker* § 6 Rn. 42.
[76] Dazu BAG 28.1.1987 AP Nr. 14 zu § 4 TVG Geltungsbereich = NZA 1987, 455.

mungen des Verbandes, namentlich der Einhaltung der Kündigungsfristen.[77] Die Mitgliedschaft kann im Falle eines wichtigen Grundes außerordentlich gekündigt werden. Allein ein (bevorstehender) Tarifabschluss oder Insolvenz bilden aber keinen wichtigen Grund.[78] Möglich ist daneben eine **einvernehmliche Aufhebung** des Mitgliedschaftsverhältnisses, sofern die Satzung keine entgegenstehenden Regelungen vorsieht.[79] Ein etwaiger Satzungsverstoß bei einem stattgebenden Vorstandsbeschluss kann nur von den Vereinsmitgliedern, nicht aber von außenstehenden Dritten gerügt werden.[80] Unzulässig, weil ein Verstoß gegen die in § 3 III TVG angeordnete Nachbindung, ist die Abrede über einen rückwirkenden Austritt.[81] Die Beendigung der Mitgliedschaft führt zwar nach § 3 III TVG nicht zum unmittelbaren Wegfall der Tarifgebundenheit. Nach einem wirksam gewordenen Austritt kann eine Tarifgebundenheit mangels mitgliedschaftlicher Legitimation allerdings nicht mehr durch einen **rückwirkend in Kraft gesetzten Tarifvertrag** begründet werden.[82] Ein zur Zeit der Mitgliedschaft geschlossener Vorvertrag reicht ebenfalls nicht aus.[83]

24 **b) „Blitzaustritt" und „Blitzwechsel". aa) Grundsatz.** Ebenso wie der Austritt ist der **Wechsel in eine sog. OT-Mitgliedschaft** (→ Rn. 11 ff.) oder eine Gastmitgliedschaft (→ Rn. 7)[84] möglich. Hierfür gelten grundsätzlich die gleichen Voraussetzungen wie bei einem Austritt. Die Satzung eines Verbandes kann hierfür allerdings andere Fristen bestimmen als diejenigen, die beim Austritt zu beachten sind,[85] wobei entgegen der Rechtsprechung teilweise die Einhaltung von Mindestfristen gefordert wird.[86] Möglich ist es, die Rechtsfolge durch einseitige Erklärung des Mitglieds herbeizuführen.[87] Die Folgen für die Tarifgebundenheit sind mit denen eines Austritts regelmäßig, aber nicht immer identisch.

25 **bb) Tarifrechtliche Unwirksamkeit.** Ein kurzfristiger **Verbandsaustritt** oder eine kurzfristiger **Statuswechsel** in eine Mitgliedschaft ohne Tarifgebundenheit oder eine Gastmitgliedschaft – also ohne Wahrung der satzungsmäßig vorgeschriebenen Fristen für die Beendigung der Mitgliedschaft – kann nach der Rechtsprechung aber trotz grundsätzlicher satzungsmäßiger Zulässigkeit und sich daraus ergebender vereinsrechtlicher Wirksamkeit als eine die Funktionsfähigkeit der Tarifautonomie beeinträchtigende Abrede nach Art. 9 III 2 GG iVm § 134 BGB **tarifrechtlich unwirksam sein,** wenn er während laufender Tarifverhandlungen erfolgt[88] und der konkrete Wechsel des Mitgliedes für die an der Verhandlung beteiligte Gewerkschaft nicht vor dem endgültigen Tarifabschluss erkennbar ist. Eine Störung der Funktionsfähigkeit der Tarifautonomie folgt daraus, dass diejenigen AG, die vertreten durch den Verband an den Tarifverhandlungen teilnehmen, nicht mit denjenigen übereinstimmen, die nach Tarifabschluss an diesen gebunden sind.[89] Es fehlt dann am **Gleichlauf von Verantwortlichkeit und Betroffenheit.** In der Folge ist der Austritt auch arbeitskampfrechtlich unbeachtlich.[90]

---

[77] BAG 1.12.2004 AP Nr. 12 zu § 3 TVG Verbandsaustritt = NZA 2005, 645.

[78] KeZa/*Kempen* TVG § 3 Rn. 23; NK-TVG/*Lorenz* § 3 Rn. 53; aA *Beuthien/Meik* DB 1993, 1562 ff.; *Löwisch/Rieble* TVG § 3 Rn. 152 ff.

[79] BAG 23.9.2009 AP Nr. 29 zu § 3 TVG Verbandszugehörigkeit; 4.6.2008 AP Nr. 38 zu § 3 TVG mAnm *Jacobs/Krois* = NZA 2008, 1366.

[80] BAG 23.9.2009 AP Nr. 29 zu § 3 TVG Verbandszugehörigkeit.

[81] NK-TVG/*Lorenz* § 3 Rn. 52; *Oetker* ZfA 1998, 41 (51).

[82] BAG 13.9.1994 AP Nr. 11 zu § 3 TVG Rückwirkung = NZA 1995, 740; 30.4.1969 AP Nr. 6 zu § 1 TVG Rückwirkung.

[83] BAG 23.9.2009 AP Nr. 29 zu § 3 TVG Verbandszugehörigkeit.

[84] BAG 23.9.2009 AP Nr. 29 zu § 3 TVG Verbandszugehörigkeit; 26.8.2009 AP Nr. 45 zu § 3 TVG mAnm *Giesen* = NZA 2010, 230.

[85] BAG 4.6.2008 AP Nr. 38 zu § 3 TVG mAnm *Jacobs/Krois* = NZA 2008, 1366; aA BKS/*Dierßen* § 3 Rn. 36 (für einen sofortigen Übertritt sei ein wichtiger Grund erforderlich).

[86] AA *Bayreuther* BB 2007, 325 ff.; s. auch *Thüsing/Stelljes* ZfA 2006, 527 ff.

[87] BAG 27.1.2010 EzA Nr. 46 zu § 3 TVG Bezugnahme auf Tarifvertrag.

[88] Zu den Folgen einer Unternehmensaufspaltung während laufender Tarifverhandlungen *Kocher/Sudhof* NZA 2013, 875 ff.

[89] BAG 19.6.2012 AP Nr. 177 zu Art. 9 GG Arbeitskampf = NZA 2012, 1372, dazu *Willemsen/Mehrens* NZA 2013, 81; 26.8.2009 AP Nr. 45 zu § 3 TVG mAnm *Giesen* = NZA 2010, 230; 4.6.2008 AP Nr. 38 zu § 3 TVG mAnm *Jacobs/Krois* = NZA 2008, 1366; 20.2.2008 AP Nr. 134 zu Art. 9 GG = NZA 2008, 946; zust. *Brecht-Heitzmann/Krause* GS Zachert, 2010, 605 (611 ff.); aA wenngleich mit unterschiedlichen Ergebnissen und Begründungen u.a. *Bauer/Haußmann* RdA 2009, 104 (105 ff.); *Höpfner* ZfA 2009, 541 (563 ff.); *Willemsen/Mehrens* NJW 2009, 1916 ff.

[90] BAG 26.8.2009 AP Nr. 45 zu § 3 TVG mAnm *Giesen* = NZA 2010, 230; 19.6.2012 AP Nr. 177 zu Art. 9 GG Arbeitskampf = NZA 2012, 1372.

26 Als **Rechtsfolge** bleibt trotz vereinsrechtlicher wirksamer Beendigung der Mitgliedschaft eine **Tarifgebundenheit** an den geschlossenen Tarifvertrag bestehen. Das gilt allerdings nur für die Tarifverhandlungen, zu deren Zeitpunkt der Austritt oder der Wechsel in eine OT-Mitgliedschaft erfolgte,[91] und schon dann nicht, wenn der Arbeitgeberverband oder der AG selbst die Gewerkschaft rechtzeitig über die kurzfristige Beendigung der Verbandsvollmitgliedschaft in Kenntnis setzt, ohne dass es eines schriftlichen Nachweises bedarf.[92] Die **Informationsobliegenheit** besteht auch dann, wenn bereits ein Vorvertrag während bestehender Tarifgebundenheit geschlossen wurde.[93] Demgegenüber wird in der Literatur, soweit sie nicht einen gänzlich anderen Standpunkt einnimmt,[94] teilweise vertreten, dass Ansatzpunkt der tarifrechtlichen Unwirksamkeit die Teilnahme an tarifpolitischen Entscheidungen[95] oder nur die gezielte Schädigung der Gewerkschaft durch sog. Blitzaustritte und -wechsel sein könne.[96] Die **negative Koalitionsfreiheit** wird durch die aufrechterhaltene Tarifgebundenheit allenfalls mittelbar beeinträchtigt, weil der Austritt als solcher vereinsrechtlich nicht erschwert wird. Zudem kann die weitere Gebundenheit an den Tarifvertrag durch rechtzeitige Erfüllung der Informationsobliegenheit vermieden werden.[97]

IV. Nachbindung bei Verbandsaustritt und Statuswechsel

27 **1. Grundsatz.** Durch die Beendigung der Mitgliedschaft im tarifschließenden Verband oder einen Statuswechsel in eine OT-[98] oder Gastmitgliedschaft entfällt grundsätzlich (Ausnahmen → Rn. 29 ff.) die Tarifgebundenheit nach § 3 I TVG. Die damit verbundenen Rechtsfolgen bestimmt § 3 III TVG (zu gemeinsamen Einrichtungen → § 200 Rn. 35 ff.). Bis zum Ende des Tarifvertrags **bleibt die Tarifgebundenheit bestehen.** Die unmittelbare und zwingende Wirkung der tariflichen Normen nach §§ 3 I, 4 I TVG soll nicht durch einseitige Maßnahmen wie einen Verbandsaustritt oder einen Statuswechsel beseitigt werden.[99] Ein AG oder AN[100] soll sich nicht einseitig von seinen aufgrund seiner Verbandsmitgliedschaft entstandenen tariflichen Pflichten durch Verbandsaustritt lösen können.[101] Die Tarifgebundenheit bleibt ebenso beim Ausschluss bestehen.[102] Deshalb ist es ausreichend, wenn ein AN im Nachbindungszeitraum der tarifschließenden Gewerkschaft beitritt.[103]

28 § 3 III TVG setzt allein voraus, dass während der Laufzeit des Tarifvertrags einmal eine **Tarifgebundenheit bestanden hat.** Unerheblich ist, ob der Tarifvertrag während des Bestandes der Mitgliedschaft abgeschlossen wurde oder der Verbandsbeitritt während des Bestehens des Tarifvertrags erfolgte. Die Weitergeltung greift weiterhin für im Nachbindungszeitraum neu vereinbarte Arbeitsverhältnisse ein oder wenn erst dann ein Verbandsbeitritt erfolgt.[104] § 3 III TVG ist keine allgemeine Auffangvorschrift, sondern „fingiert" nur die weitere Verbandsmitgliedschaft. Erforderlich ist daher die **Personenidentität des Mitglieds,**[105] weshalb bei einer Verschmelzung, einer Aufspaltung oder bei einer Gesamtrechtsnachfolge kraft Gesetzes mangels Fortsetzung des Mitgliedschaftsverhältnisses § 3 III TVG nicht eingreift (→ Rn. 33 ff.).[106] Erforderlich ist weiterhin, dass die übrigen Voraussetzungen der unmittelbaren und zwingenden Tarifgeltung vorliegen, also die Tarifzuständigkeit[107] und der Geltungsbereich gegeben sind.[108] Dem

---

[91] BAG 21.11.2012 AP Nr. 16 zu § 3 TVG Verbandsaustritt = NZA-RR 2014, 544.
[92] Zu den Anforderungen BAG 19.6.2012 AP Nr. 177 zu Art. 9 GG Arbeitskampf = NZA 2012, 1372.
[93] BAG 26.8.2009 AP Nr. 45 zu § 3 TVG mAnm *Giesen* = NZA 2010, 230.
[94] *Bauer/Haußmann* RdA 2009, 104 (105 ff.); *Konzen* FS Bauer, 2010, 559 (574 ff.); *Rieble* RdA 2009, 99 ff.
[95] *Jacobs/Krois* FS Reuter, 2010, 555 (567).
[96] *Höpfner* ZfA 2009, 542 (561 ff.).
[97] BAG 26.8.2009 AP Nr. 45 zu § 3 TVG mAnm *Giesen* = NZA 2010, 230; aA *Bauer/Haußmann* RdA 2009, 104 (109).
[98] BAG 25.2.2009 AP Nr. 40 zu § 3 TVG.
[99] BAG 1.7.2009 AP Nr. 14 zu § 3 TVG Verbandsaustritt = NZA 2010, 53; 15.10.1986 AP Nr. 4 zu § 3 TVG = NZA 1987, 246.
[100] BAG 4.4.2001 AP Nr. 26 zu § 4 TVG Tarifkonkurrenz = NZA 2002, 104.
[101] BAG 2.12.1992 AP Nr. 14 zu § 3 TVG = NZA 1993, 655.
[102] BAG 6.10.1994 AP Nr. 2 zu § 1 BAT-O = NZA 1995, 1057.
[103] BAG 6.7.2011 AP Nr. 51 zu § 3 TVG mAnm *Jacobs/Czycholl* = NZA 2012, 281.
[104] BAG 7.11.2001 AP Nr. 20 zu § 3 TVG Verbandsbeitritt = NZA 2002, 748; 10.12.1997 AP Nr. 20 zu § 3 TVG = NZA 1998, 484.
[105] KeZa/*Kempen* TVG § 3 Rn. 58 f.; NK-TVG/*Lorenz* § 3 Rn. 85; JKOS TVR/*Oetker* § 6 Rn. 53.
[106] BAG 13.7.1994 AP Nr. 14 zu § 3 TVG Verbandszugehörigkeit.
[107] BAG 9.11.1999 AP Nr. 5 zu § 3 TVG Verbandsaustritt mAnm *Waas* = NZA 2000, 730; 14.6.1994 AP Nr. 2 zu § 3 TVG Verbandsaustritt = NZA 1995, 178.
[108] BAG 10.12.1997 AP Nr. 21 zu § 3 TVG = NZA 1998, 488; 10.12.1997 AP Nr. 20 zu § 3 TVG = NZA 1998, 484.

Verbandsaustritt gleichgestellt ist die **Auflösung des Verbands.** Das BAG hat ursprünglich sowohl eine unmittelbare als auch eine entsprechende Anwendung von § 3 III TVG abgelehnt.[109] Das Schrifttum ist dem weitgehend mit guten Gründen nicht gefolgt, sondern befürwortet eine entsprechende Anwendung, weil sonst durch Auflösung des Verbandes die Tarifgebundenheit unterlaufen werden könnte.[110] Dem hat sich die Rechtsprechung mittlerweile angeschlossen.[111]

2. Rechtsfolge. Infolge der Nachbindung bleibt die **unmittelbare und zwingende Wirkung** der Rechtsnormen nach § 4 I TVG weiterhin bestehen, bis der Tarifvertrag endet (→ § 208 Rn. 2 ff.). Gleiches gilt für nachteilige Abmachungen, das Günstigkeitsprinzip (→ § 202 Rn. 26 ff.) und das Verbot des Verzichts auf tarifliche Rechte (→ § 209 Rn. 1 ff.). Die Nachbindung erfasst aber nur den Tarifvertrag mit dem tariflichen Regelungszustand, der zum Zeitpunkt der Beendigung der Mitgliedschaft galt. Nachfolgende Änderungen werden nicht erfasst.[112] Eine in den nach § 3 III TVG fortgeltenden Normen selbst bereits angelegte Dynamik – etwa eine Stufenerhöhung beim Entgelt infolge längerer Betriebszugehörigkeit – bleibt aufrechterhalten.[113] Es gilt nichts anderes als bei der Beendigung der Dynamik einer arbeitsvertraglichen Bezugnahmeklausel (→ § 206 Rn. 33 ff.). Anders verhält es sich, wenn lediglich eine Verpflichtung über noch näher auszuhandelnde Tarifbestimmungen im Tarifvertrag geregelt wurde.[114] 29

Nicht von der Nachbindung werden die schuldrechtlichen Rechte und Pflichten aus dem Tarifvertrag erfasst, und zwar unabhängig davon, ob sie das Mitglied begünstigen oder nicht. Die **Friedenspflicht** erlischt im Falle eines Austritts oder Statuswechsels, weil auch die Einwirkungspflicht und das Einwirkungsrecht des Verbandes entfallen sind.[115] Ist der Verbandsaustritt mit dem Eintritt in einen anderen Verband verbunden (Verbandswechsel), kann es zu einer **Tarifkonkurrenz oder Tarifpluralität** kommen (→ § 203 Rn. 4 ff.), weil der AG sowohl an den bisherigen Tarifvertrag nach § 3 III TVG als auch an den neuen nach § 3 I TVG gebunden ist. Eine etwaige Tarifkonkurrenz in einzelnen Arbeitsverhältnissen ist nach den allgemeinen Regeln aufzulösen.[116] Demgegenüber wird teilweise für den Vorrang des bisherigen Tarifvertrags[117] oder des neuen[118] plädiert (→ § 203 Rn. 6). 30

3. Beendigung der Nachbindung. Nach § 3 III TVG bleibt die **Tarifgebundenheit bestehen, bis der Tarifvertrag endet.** Dies kann durch Kündigung mit Ablauf der Kündigungsfrist, Aufhebungsvertrag, Ablauf infolge Befristung (→ § 208 Rn. 2)[119] oder infolge Ablösung (→ § 203 Rn. 30) der Fall sein. Eine **Begrenzung der Nachbindung** auf die erste Kündigungsmöglichkeit nach dem Verbandsaustritt[120] oder auf die Dauer eines Jahres unter Heranziehung des Rechtsgedankens von § 613a I 2 BGB[121] ist mit dem eindeutigen Wortlaut des § 3 III TVG nicht zu vereinbaren und liefe ihrem Schutzzweck zuwider, der gerade dazu dient, die Tarifgebundenheit bis zum Ende des Tarifvertrags aufrechtzuerhalten.[122] Diese Nachbindung ist **verfassungsrechtlich zulässig.** Die negative Koalitionsfreiheit wird schon deshalb nicht unmittelbar betroffen, weil der Austritt möglich blieb. Soweit man eine mittelbare Betroffenheit annehmen will, ist zu berücksichtigen, dass die Nachbindung an den Tarifvertrag durch 31

[109] BAG 28.5.1997 AP Nr. 26 zu § 4 TVG Nachwirkung mAnm *Kania* = NZA 1998, 40.
[110] Vgl. *Buchner* RdA 1997, 259 (264); *Däubler* NZA 1996, 225 (233); aA ErfK/*Franzen* TVG § 3 Rn. 24; diff. *Henssler* FS Picker, 2010, 987 (991 f.): Beendigung bei Vollbeendigung des Verbandes.
[111] BAG 23.1.2008 AP Nr. 36 zu § 3 TVG = NZA 2008, 771.
[112] BAG 1.7.2009 AP Nr. 14 zu § 3 TVG Verbandsaustritt = NZA 2010, 53.
[113] BKS/*Dierßen* § 3 Rn. 89.
[114] BAG 17.5.2000 AP Nr. 3 zu § 3 TVG Verbandsaustritt mkritAnm *Zachert*; aA BKS/*Dierßen* § 3 Rn. 95.
[115] HessLAG 17.9.2008 NZA-RR 2009, 26; JKOS TVR/*Krause* § 4 Rn. 151; aA JKOS TVR/*Oetker* § 6 Rn. 64; ErfK/*Franzen* TVG § 3 Rn. 28.
[116] BAG 26.10.1983 AP Nr. 3 zu § 3 TVG.
[117] *Konzen* ZfA 1975, 401 (429); Wiedemann/*Oetker* TVG § 3 Rn. 117.
[118] *Dräger* BB 1970, 1142 ff.
[119] BAG 22.4.2009 AP Nr. 371 zu § 613a BGB = NZA 2010, 41.
[120] So *Bauer* FS Schaub, 1998, 19 (24); ErfK/*Franzen* TVG § 3 Rn. 27; *Gorissen,* Der Arbeitgeberverbandswechsel, 1999, 31 ff.; *Hanau* RdA 1998, 65 (68); *Löwisch/Rieble* TVG § 3 Rn. 273; *Walker* ZfA 1996, 353 (380 f.).
[121] BeckOK ArbR/*Giesen* TVG § 3 Rn. 24; lediglich *de lege ferenda Konzen* NZA 1995, 913 (920).
[122] BAG 6.7.2011 AP Nr. 51 zu § 3 TVG mAnm *Jacobs/Czycholl* = NZA 2012, 281; 1.7.2009 AP Nr. 14 zu § 3 TVG Verbandsaustritt = NZA 2010, 53; NK-TVG/*Lorenz* § 3 Rn. 113; KeZa/*Kempen* TVG § 3 Rn. 52; Wiedemann/*Oetker* TVG § 3 Rn. 89; aA *Höpfner* NJW 2010, 2173 ff. (Fünf-Jahres-Frist nach § 736 II BGB, § 160 HGB); *Willemsen/Mehrens* NZA 2010, 307 ff.

die frühere Mitgliedschaft des AG im Verband legitimiert ist.[123] Die Nachbindung ist der „Preis für eine freiwillige Bindung an die Koalition".[124] Die Funktionsfähigkeit der Tarifautonomie würde zudem beeinträchtigt, wenn der Abschluss und die Geltung von Tarifverträgen durch jederzeit mögliche Verbandsaustritte und einen damit verbundenen kurzfristigen Wegfall der unmittelbaren und zwingenden Wirkung der Tarifverträge möglich wären.

32 Die Nachbindung **endet im Zeitpunkt der Änderung des Tarifvertrags,** für den sie besteht.[125] Dies gilt nicht zuletzt aus Gründen der Rechtssicherheit auch dann, wenn nur **einzelne Bestimmungen des Tarifvertrags geändert** werden.[126] Es kommt nicht nur zu einem partiellen Wegfall der Tarifgebundenheit.[127] Das ergibt sich aus der für die geänderten Tarifnormen nunmehr fehlenden mitgliedschaftlichen Legitimation des Verbandshandelns für das ehemalige Mitglied.[128] Diese Folge gilt für jede Änderung der materiellen Rechtslage in dem Tarifvertrag, an den die Nachbindung besteht, auch wenn sie in einem gesonderten Tarifvertrag vereinbart worden ist, weil sie dann nicht mehr für die im Verband verbliebenen Mitglieder gilt.[129] Ein anderes wird man bei einer bereits **vereinbarten Teilkündigung** eines Tarifvertrags annehmen können, wenn es sich um selbständige Regelungsbereiche handelt. Hier bleibt die Nachbindung für die übrigen Teile bestehen, weil die Tarifvertragsparteien das Regelwerk auch in zwei Verträge hätten aufspalten können.[130] Eine Beendigung iSd § 3 III TVG wird dann nicht anzunehmen sein, wenn lediglich redaktionelle Änderungen, etwa die Anpassung an einer veränderte Gesetzesterminologie, vorgenommen werden. Gleiches kann im Einzelfall gegeben sein, wenn der Tarifvertragstext lediglich an geänderte gesetzliche Bezugsgrößen angepasst wird. Nach der Beendigung der Nachbindung tritt die zeitlich nicht begrenzte **Nachwirkung** des Tarifvertrags nach § 4 V TVG ein (→ § 208 Rn. 13 ff.).

V. Tarifgebundenheit und Rechtsnachfolge

33 **1. Grundsatz.** Die Fortdauer einer Tarifgebundenheit des einzelnen AG[131] stellt sich in Fällen der **Gesamtrechtsnachfolge** (→ Rn. 36 ff.) und bei einer **Einzelrechtsnachfolge** (→ Rn. 35), wie sie beim Betriebsübergang iSd § 613 I 1 BGB erfolgt. Weiterhin ist für die mögliche Fortgeltung zwischen einem Verbandstarifvertrag, wozu auch unternehmensbezogene Verbandstarifverträge gehören, und einem Haustarifvertrag zu unterscheiden.

34 Eine **Gesamtrechtsnachfolge** kann neben der Universalsukzession beim Tod des AG nach § 1922 I BGB, die stets von der Einzelrechtsnachfolge aufgrund Vermächtnis nach § 1939 BGB zu trennen ist, bei **Umstrukturierungen von Unternehmen** auf Grundlage des UmwG auftreten. Nach § 1 I UmwG sind folgende Fallgestaltungen möglich:

- **Formwechsel** nach § 190 UmwG,
- **Verschmelzung** nach den §§ 2–123 UmwG, und zwar entweder im Wege der Aufnahme oder durch Neugründung,
- **Spaltung** nach den §§ 123–173 UmwG, wobei hier zwischen drei Grundformen (§ 123 I–III UmwG) und dabei jeweils noch zwischen einer Spaltung durch Aufnahme oder Neugründung zu unterscheiden ist, die miteinander verbunden werden können (§ 123 IV UmwG),
- **Aufspaltung** gem. § 123 I UmwG: Der übertragende und in der Folge erlöschende Rechtsträger überträgt unter Auflösung ohne Abwicklung sein gesamtes Vermögen auf mindestens zwei bereits bestehende übernehmende Rechtsträger oder von ihm durch

[123] BAG 1.7.2009 AP Nr. 14 zu § 3 TVG Verbandsaustritt = NZA 2010, 53; 20.5.2009 AP Nr. 42 zu § 3 TVG, bestätigt in BAG 6.7.2011 AP Nr. 51 zu § 3 TVG = NZA 2012, 281.

[124] So schon *Konzen* ZfA 1974, 401 (408 f.).

[125] BAG 17.5.2000 AP Nr. 8 zu § 3 TVG Verbandsaustritt = NZA 2001, 453; vgl. LAG Bln 10.1.2000 AP Nr. 35 zu § 4 TVG Nachwirkung.

[126] BAG 7.6.2017 AP Nr. 152 GG = NZA 2017, 1410; 7.11.2001 AP Nr. 11 zu § 3 TVG Verbandsaustritt = NZA 2002, 748; 17.5.2000 AP Nr. 8 zu § 3 TVG Verbandsaustritt = NZA 2001, 453; Wiedemann/*Oetker* TVG § 3 Rn. 110 f.

[127] NK-TVG/*Lorenz* § 3 Rn. 132.

[128] BAG 7.11.2001 AP Nr. 20 zu § 3 TVG Verbandsbeitritt = NZA 2002, 748; aA BKS/*Dierßen* § 3 Rn. 93.

[129] BAG 1.7.2009 AP Nr. 14 zu § 3 TVG Verbandsaustritt = NZA 2010, 53; 25.2.2009 AP Nr. 42 zu § 3 TVG.

[130] BKS/*Dierßen* § 3 Rn. 94.

[131] Zur Verschmelzung von Einzelgewerkschaften zur Gewerkschaft ver.di BAG 14.11.2007 NZA-RR 2008, 362; 11.5.2005 AP Nr. 30 zu § 4 TVG Tarifkonkurrenz = NZA 2005, 1362. Ausf. zum Thema *Koopmann,* Gewerkschaftsfusion und Tarifautonomie, 2000.

die Übertragung neu gegründete Rechtsträger (zB sämtliche Betriebe des bisherigen Unternehmens),
- **Abspaltung** nach § 123 II UmwG: Der übertragende und fortbestehende Rechtsträger überträgt aus seinem Vermögen einen oder mehrere Teile auf einen oder mehrere bestehende oder neu gegründete Rechtsträger (etwa einen Betrieb oder einen Betriebsteil), verbunden mit der Gewährung von Anteilen oder Mitgliedschaften an die Anteilseigner des übertragenden Rechtsträgers,
- **Ausgliederung** iSd § 123 III UmwG: hier erhalten im Unterschied zur Abspaltung der übertragende Rechtsträger die Anteile oder Mitgliedschaften („Tochtergesellschaft"),
- **Vermögensübertragung** nach den §§ 174–189 UmwG: Hier wird das Vermögen im Wege der Voll- oder Teilübertragung nach § 174 I UmwG oder § 174 II Nr. 1–3 UmwG wie bei der Spaltung auf aufnehmende Rechtsträger übertragen. Jedoch erfolgt die Gegenleistung nicht in Anteilen oder Mitgliedschaftsrechten.

Darüber hinaus ist eine Gesamtrechtsnachfolge aufgrund **gesetzlicher Regelung** oder durch öffentlichen-rechtlichen Verwaltungsakt möglich.

2. Einzelrechtsnachfolge. Klassischer Fall der Einzelrechtsnachfolge ist der **Betriebs(teil)-übergang,** wie er in § 613a BGB geregelt ist (→ § 117 Rn. 8 ff.). Bei Übernahme eines Betriebs oder eines Betriebsteils nach § 613a I BGB besteht die Tarifgebundenheit fort, wenn in der Person des Erwerbers die Voraussetzungen einer Tarifgebundenheit nach §§ 3 I, II, 4 II TVG oder die einer Allgemeinverbindlicherklärung nach § 5 TVG für den bisher geltenden Tarifvertrag bei ihm vorliegen (→ § 119 Rn. 6). Im anderen Fall sind die Regelungen in § 613a I 2–4 BGB maßgebend (→ § 119 Rn. 10 ff.). Die letztgenannte Rechtsfolge gilt weiterhin dann, wenn im Falle eines Betriebsübergangs für diesen Betrieb ein **Haustarifvertrag** maßgebend gewesen ist. Eine tarifrechtliche Weitergeltung im Falle eines Betriebsübergangs folgt nicht aus dem Charakter als Haustarifvertrags. Der Erwerber tritt nach § 613a I 1 BGB nur in die Rechte und Pflichten aus dem Arbeitsvertrag ein, der eine Tarifgebundenheit nicht begründet.[132] Verpflichtungen des Betriebserwerbers, die **Mitgliedschaft** in dem tarifschließenden Verband zu erwerben und in diesem zu bleiben, hat das BAG als Verstoß gegen Art. 9 III 2 GG und deshalb als unwirksam angesehen (→ § 189 Rn. 12).[133] 35

3. Gesamtrechtsnachfolge. a) Grundsatz. Unproblematisch sind in den Fällen der Gesamtrechtsnachfolge zunächst diejenigen Fallgestaltungen, in denen der Rechtsnachfolger an den bisher geltenden Verbandstarifvertrag durch Verbandsmitgliedschaft oder Allgemeinverbindlicherklärung gebunden ist. Hier kommt es aufgrund **derselben Tarifgebundenheit** zu einer Fortgeltung der Tarifnormen nach den allgemeinen Grundsätzen. Zu einer Fortgeltung der Verbands- und Haustarifverträge führt ebenfalls der **Formwechsel** iSd § 190 UmwG, weil es schon an der Gesamtrechtsnachfolge fehlt. Es ändert sich nur die Rechtsform des identisch gebliebenen Rechtsträgers. Die Verbandsmitgliedschaft bleibt ebenso unberührt wie die Stellung als Partei eines Haustarifvertrags.[134] 36

In anderen Fallgestaltungen ist zwischen der Fortgeltung eines Verbandstarifvertrags und der eines Haustarifvertrags zu unterschieden. Denn die Gesamtrechtsnachfolge führt wegen § 38 S. 1 BGB nicht dazu, dass eine **Verbandsmitgliedschaft** automatisch[135] auf den neuen Rechtsträger übergeht;[136] eine solche muss vielmehr neu begründet werden (→ Rn. 38). Eine analoge Anwendung von § 3 III TVG scheidet aus,[137] und dies auch dann, wenn der übertragende Rechtsträger alle Anteile am aufnehmenden hält.[138] Ein anderes ist mit der negativen Koalitionsfreiheit nicht zu vereinbaren.[139] 37

---

[132] BAG 26.8.2009 AP Nr. 376 zu § 613a BGB = NZA 2010, 238 mN zu den abw. Auffassungen; 15.3.2006 AP Nr. 9 zu § 2 TVG Firmentarifvertrag; 20.6.2001 AP Nr. 18 zu § 1 TVG Bezugnahme auf Tarifvertrag = NZA 2002, 517.

[133] BAG 18.3.2009 AP Nr. 41 zu § 3 TVG mAnm *Kamanabrou* = NZA 2009, 1028; 19.9.2006 AP Nr. 22 zu § 3 TVG Verbandszugehörigkeit = NZA 2007, 277; dazu krit. und diff. *A. Stein* GS Zachert, 2010, 645 (651 ff.).

[134] S. nur BKS/*Dierßen* § 3 Rn. 117, 128; Wiedemann/*Oetker* TVG § 3 Rn. 204, 209 mwN.

[135] Zu einem Eintrittsrecht BGH 30.6.1980 LM Nr. 9 zu § 38 BGB.

[136] BAG 10.11.1993 AP Nr. 13 zu § 3 TVG Verbandszugehörigkeit = NZA 1994, 948; 5.10.1993 AP Nr. 42 zu § 1 BetrAVG Zusatzversorgungskassen = NZA 1994, 848.

[137] AA BKS/*Dierßen* § 3 Rn. 136; NK-TVG/*Lorenz* § 3 Rn. 175, *J. Schubert*, Die Behandlung kollektivvertraglicher Normenkollisionen nach Verschmelzung und Spaltung von Unternehmen, 2003, 218 ff., 235.

[138] BAG 2.12.1992 AP Nr. 14 zu § 3 TVG = NZA 1993, 655.

[139] BAG 5.10.1993 AP Nr. 42 zu § 1 BetrAVG Zusatzversorgungskassen = NZA 1994, 848.

38 **b) Verbandstarifvertrag.** In Fällen der Gesamtrechtsnachfolge und der partiellen Gesamtrechtsnachfolge fehlt es an der mitgliedschaftlichen Legitimation des Verbandstarifvertrags durch den Rechtsnachfolger, weil die Mitgliedschaft nicht automatisch auf ihn übergeht (→ Rn. 36).[140] Hier greift über § 324 UmwG der Schutz des § 613a I 2–4 BGB ein (→ § 119 Rn. 10 ff.).[141]

39 **c) Haustarifvertrag.** Im Falle der Universalsukzession tritt der Gesamtrechtsnachfolger in die durch den Haustarifvertrag begründeten Rechte und Pflichten ein. Bei einer **Verschmelzung im Wege der Neugründung** geht ein Haustarifvertrag wegen der in § 20 I Nr. 1 UmwG angeordneten Gesamtrechtsnachfolge auf den neu gegründeten Erwerber über, wirkt kollektivrechtlich fort und erfasst dann nicht nur die tarifgebundenen AN des bisherigen Rechtsträgers, sondern des gesamten Unternehmens.[142] Gleiches gilt für die **Verschmelzung durch Aufnahme.**[143] Ein anderes Ergebnis kann sich allenfalls aus einer Auslegung der Geltungsbereichsbestimmung des betreffenden Haustarifvertrags ergeben.[144] Es folgt aber nicht aus § 613a I 2 BGB, der nach § 324 UmwG unberührt bleibt, weil es sich nur um eine Auffangregelung handelt, die nicht eingreift, wenn eine tarifrechtliche Fortgeltung besteht.[145] Gleiches gilt, wenn die Verschmelzung durch eine Aufnahme erfolgt.[146]

40 Bei der **Aufspaltung** kommt es zur Auflösung des übertragenden Rechtsträgers, dessen Tarifgebundenheit damit endet. Hier kann im Spaltungs- und Übernahmevertrag nach § 126 I Nr. 9 UmwG geregelt werden, welcher Rechtsträger an den Haustarifvertrag gebunden sein soll. In diesem kann die Bindung von mehr als einem Rechtsträger bestimmt werden, sodass es im Ergebnis zu einer Vervielfachung des vormals einen Haustarifvertrags kommen kann. Diese Möglichkeit wird aber ebenso unterschiedlich beurteilt wie die generelle Bindung aller Rechtsträger, wenn es überhaupt an einer Regelung fehlt.[147]

41 Demgegenüber verbleibt es in Fällen einer **Abspaltung** oder einer **Ausgliederung** bei einer fortbestehenden Tarifgebundenheit der bisherigen Tarifvertragspartei. Allerdings kann bei der Ausgliederung im Wege der Spaltung im Spaltungs- und Übernahmevertrag nach § 126 I Nr. 9 UmwG aufgrund der partiellen Gesamtrechtsnachfolge geregelt werden, welcher der beiden Rechtsträger in die Rechtsstellung als Tarifvertragspartei eintritt. Eine Vervielfachung der Tarifvertragsstellung tritt nicht automatisch ein.[148] Hier wird es als möglich ansehen können, im Übernahmevertrag zu vereinbaren, dass der übernehmende oder der neue Rechtsträger Partei des Haustarifvertrags wird,[149] wobei hier die Frage der „Tarifvervielfachung" (→ Rn. 40) gleichfalls kontrovers diskutiert wird.[150]

§ 205. Allgemeinverbindlicherklärung von Tarifverträgen

Übersicht

[140] BAG 17.5.2011 AP Nr. 148 zu Art. 9 GG mAnm *Richardi* = NZA 2011, 1169.
[141] HWK/*Henssler* TVG § 3 Rn. 48.
[142] BAG 18.9.2019 AP Nr. 251 zu § 1 TVG Tarifverträge: Metallindustrie = NZA 2020, 187.
[143] Ausf. mwN BAG 15.6.2016 AP Nr. 2 zu § 20 UmwG = NZA 2017, 326; dazu *Boigs* jurisPR-ArbR 11/2017, Anm. 2.
[144] BAG 15.6.2015 ZIP 2017, 37.
[145] BAG 24.6.1998 AP Nr. 1 zu § 2 UmwG = NZA 1998, 1346.
[146] BAG 4.7.2007 AP Nr. 35 zu § 4 TVG Tarifkonkurrenz.
[147] Dafür BKS/*Dierßen* § 3 Rn. 126; NK-TVG/*Lorenz* § 3 Rn. 184; KeZa/*Kempen* TVG § 3 Rn. 155; aA Wiedemann/*Oetker* TVG § 3 Rn. 212; *Löwisch/Rieble* TVG § 2 Rn. 504 f.
[148] BAG 21.11.2012 NZA 2013, 512; dazu *Baeck/Winzer* NZG 2013, 655 (656 f.); zur Spaltung weiterhin *Gaul/Otto* BB 2014, 500 ff.
[149] HWK/*Henssler* TVG § 3 Rn. 47.
[150] BAG 4.7.2007 AP Nr. 35 zu § 4 TVG Tarifkonkurrenz = NZA 2008, 307.

I. Grundsatz

Die Regelungen über die Allgemeinverbindlicherklärung – verstanden als Rechtsakt – und die Allgemeinverbindlichkeit von Tarifverträgen – als Rechtsfolge – ermöglicht die **Ausweitung der Tarifgebundenheit** über die unmittelbar nach § 3 I, III TVG erfassten Personen hinaus. Eine solche Regelung sah bereits § 2 TVVO[1] (→ § 195 Rn. 1) in der Weimarer Republik vor. Durch die Allgemeinverbindlicherklärung wird die Geltung eines Tarifvertrags auf die bisher nicht tarifgebundenen AN und AG durch staatlichen Hoheitsakt (→ Rn. 6) in verfassungskonformer Weise (→ Rn. 8 ff.) erstreckt (§ 5 IV TVG). Die materiell-rechtlichen Voraussetzungen – die im Jahr 2014 durch das **Tarifautonomiestärkungsgesetz**[2] geändert worden sind (→ Rn. 16 ff.) – und das Verfahren der Allgemeinverbindlicherklärung sind durch § 5 I TVG sowie § 5 II, III, V–VII TVG sowie durch die auf Grundlage des § 11 TVG erlassene VO zur Durchführung des Tarifvertragsgesetzes (TVGDV)[3] geregelt (→ Rn. 21 ff.). 1

Bei den allgemeinverbindlich erklärten Tarifverträgen stehen **Manteltarifverträge** und solche über **gemeinsame Einrichtungen** nach § 4 II TVG[4] (→ § 200 Rn. 35 ff.), deren Leistungsfähigkeit dadurch gestärkt werden soll – wie es auch § 5 Ia TVG zeigt, im Vordergrund (zu den Mindestlohntarifverträgen nach dem AEntG → § 162 Rn. 33 f.). Festzustellen ist ein Rückgang der Anzahl allgemeinverbindlicher Tarifverträge. Allerdings ergibt sich aus diesen Zahlen noch nicht, wie viele Arbeitsverhältnisse von allgemeinverbindlichen Tarifverträgen erfasst werden. 2

Für allgemeinverbindlich sind insbesondere Tarifverträge in den **fachlichen Geltungsbereichen** des Bau- und Bauausbaugewerbes,[5] des Gebäudereinigerhandwerks, der Steine- und Erdenindustrie, Textilindustrie, Bekleidungsindustrie, dem Nahrungsmittelbereich, im Groß- und Außenhandel sowie dem Einzelhandel, dem Hotel- und Gaststättengewerbe sowie im Bewachungsgewerbe erklärt werden. Der Bundesminister für Arbeit und Soziales gibt mehrfach im Jahr ein Verzeichnis der allgemeinverbindlichen Tarifverträge heraus.[6] 3

II. Zweck, Rechtsnatur

1. Zweck. Die Allgemeinverbindlichkeit von Tarifverträgen dient der **Gewährleistung „angemessener Mindestarbeitsbedingungen"** auf nicht tarifgebundene AN und AG erstreckt, also „tarifgestützte Mindestlöhne" etabliert.[7] Aus der Funktion des TVG, das vor allem dem **Schutz der AN** und der tarifvertraglichen Regelung der Rechtsbeziehungen zwischen AN und AG dient, nicht aber der Gestaltung von Rechtsbeziehungen der AN untereinander und daher nicht für Wettbewerbsregelungen bestimmt ist, folgert das BAG[8] ausdrücklich und gegen anderslautende Ansätze, dass die Allgemeinverbindlicherklärung von Tarifverträgen nicht mit **wettbewerbsrechtlichen Zwecken** zugunsten tarifgebundener AG[9] begründet werden kann.[10] Demge- 4

[1] S. auch BVerfG 24.5.1977 AP Nr. 15 zu § 5 TVG = NJW 1977, 2255.
[2] Art. 5 des Gesetzes zur Stärkung der Tarifautonomie v. 11.8.2014 (BGBl. I 1348); Gesetzentwurf der Bundesregierung BT-Drs. 18/1558.
[3] TVGDV v. 16.1.1989 (BGBl. I 76); zuletzt geändert durch Art. 11 des G vom 18.7.2017 (BGBl. I 2745).
[4] Zu Sicherung der Allgemeinverbindlichkeit bei den Gemeinsamen Einrichtungen *Greiner/Hanau/Preis* SR 2014, 8 ff., 19 ff.
[5] Statistische Zusammenstellungen bei NK-TVG/*Lakies* § 5 Rn. 24 ff.; sowie KeZa/*Seifert* TVG § 5 Rn. 11 ff. Zum Baugewerbe *Asshoff* WSI-Mitteilungen 2012, 541 ff.
[6] Abrufbar unter http://www.bmas.de, dort unter „Arbeitsrecht", „Tarifverträge".
[7] Umfassend *Sittard* S. 93 ff.; weiterhin NK-TVG/*Lakies* § 5 Rn. 15 ff.; Wiedemann/*Wank* TVG § 5 Rn. 2.
[8] BAG 12.10.1988 ZTR 1989, 108; 24.1.1979 AP Nr. 16 zu § 5 TVG; anders wohl noch BAG 4.5.1977 AP Nr. 30 zu § 1 TVG Tarifverträge: Bau.
[9] Ebenso BGH 3.12.1992 AP Nr. 10 zu § 1 UWG: allgemeinverbindliche Tarifnormen sind keine wettbewerbsbezogenen Vorschriften iSd § 1 UWG.
[10] *Bayreuther* S. 143 ff.; ErfK/*Franzen* TVG § 5 Rn. 2; *Löwisch/Rieble* TVG § 5 Rn. 29 ff.; *Sittard* S. 99 ff., 109.

genüber wird vom BVerwG[11] und Teilen des Schrifttums[12] zusätzlich die wettbewerbliche Funktion und Konkurrenzschutzgesichtspunkte, die vor allem während der Weimarer Zeit vordringlich waren,[13] also der **Schutz vor sog. Schmutzkonkurrenz** als weiterer unmittelbarer Zweck betont. Durch die Allgemeinverbindlicherklärung kann verhindert werden, dass nichtorganisierte AG zu untertariflichen Arbeitsbedingungen am Markt mit Konkurrenzvorteilen agieren können.[14]

5 Daran ist jedenfalls zutreffend, dass die durch eine Allgemeinverbindlicherklärung herbeigeführte Verstärkung der Kartellwirkung von Tarifverträgen zur Unterbindung von „Lohndumping" führt und auf den Wettbewerb im Bereich des betreffenden Tarifvertrags einwirkt. Insoweit kommt der Allgemeinverbindlicherklärung eine „wettbewerbliche Dimension"[15] zu, die treffend auch als Rechtsreflex bezeichnet wurde.[16] Wettbewerbsrechtliche Aspekte allein können – insoweit besteht Einigkeit – eine Allgemeinverbindlicherklärung nicht legitimieren, weil sie kein „öffentliches Interesse" (→ Rn. 16 ff.) begründen können.[17] Ausgehend vom Zweck der Tarifautonomie und der Schutzkonzeption des TVG (→ § 196 Rn. 3) verbleibt es bei dem **arbeitnehmerschützenden Zweck.**

6 **2. Rechtsnatur.** Die Allgemeinverbindlicherklärung von Tarifverträgen ist im **Verhältnis zu den nicht tarifgebundenen** AG und AN ein **Rechtssetzungsakt eigener Art** zwischen autonomer Regelung und staatlicher Rechtssetzung, der nach der Rechtsprechung seine Grundlage in Art. 9 III GG findet.[18] Früher vertretene Auffassungen, die die Allgemeinverbindlicherklärung als Verwaltungsakt oder als Allgemeinverfügung eingeordnet[19] oder eine Rechtsverordnung angenommen haben, die den Geltungsbereich der Tarifverträge auf Außenseiter erstreckt,[20] sind überholt In diesem Zusammenhang wird zum Teil von einer Doppelnatur der Allgemeinverbindlicherklärung ausgegangen.[21] Danach handele es sich gegenüber den Tarifvertragsparteien um einen Verwaltungsakt[22] oder jedenfalls im Falle der Ablehnung einer beantragten Allgemeinverbindlicherklärung um einen solchen.[23] Richtigerweise ist auch hier von einer Rechtsnorm auszugehen, weil auch im Falle der Ablehnung keine selbständige Entscheidung über die Rechte und Pflichten der antragsstellenden Tarifvertragspartei ergeht.[24]

7 Bei der Allgemeinverbindlicherklärung handelt es sich richtigerweise um einen **einheitlichen Akt der Rechtssetzung,** und zwar sowohl gegenüber den Tarifvertragsparteien als auch den bisher nicht Tarifgebundenen. Der Rechtscharakter des Normsetzungsverfahrens *sui generis* ist unabhängig von dessen Ausgang einheitlich zu beurteilen.[25] Die Allgemeinverbindlicherklärung ist **wie ein Gesetz auszulegen.**[26] Das gilt namentlich bei der Auslegung von Einschränkungen einer Allgemeinverbindlicherklärung, die auch dem Zweck dienen können, Tarifkonkurrenzen zu vermeiden oder sich ergebende aufzulösen (→ Rn. 28 ff.).[27]

III. Vereinbarkeit mit Grundgesetz, Unions- und Völkerrecht

8 Die Erstreckung der Rechtsnormen eines Tarifvertrags auf bisher nicht tarifgebundene AG und AN durch das Verfahren der **Allgemeinverbindlicherklärung ist mit dem Grundgesetz**

---

[11] BVerwG 3.11.1988 AP Nr. 23 zu § 5 TVG = NZA 1989, 364.
[12] BKS/*Kocher* § 5 Rn. 3 f.; Wiedemann/*Wank* TVG § 5 Rn. 5; NK-TVG/*Lakies* § 5 Rn. 7; *Wiedemann* Anm. zu AP Nr. 17 zu § 5 TVG.
[13] Dazu etwa KeZa/*Seifert* TVG § 5 Rn. 2 f.
[14] So auch BVerfG 24. 5 1977 AP Nr. 15 zu § 5 TVG = NJW 1977, 2255.
[15] Begriff bei Wiedemann/*Wank* TVG § 5 Rn. 8.
[16] KeZa/*Seifert* TVG § 5 Rn. 2; so auch ErfK/*Franzen* TVG § 5 Rn. 2.
[17] S. nur *Schlachter* BB 1987, 758 (759).
[18] Grdl. BVerfG 24.5.1977 AP Nr. 15 zu § 5 TVG; weiterhin 15.7.1980 AP Nr. 17 zu § 5 TVG = NJW 1981, 215; s. auch BAG 29.9.2010 NZA-RR 2011, 89; 21.11.2007 AP Nr. 297 zu § 1 TVG = NZA-RR 2008, 253; BVerwG 28.1.2010 NZA 2010, 1137.
[19] OVG Berlin 15.3.1957 AP Nr. 3 zu § 5 TVG.
[20] BVerwG 6.6.1958 AP Nr. 6 zu § 5 TVG; 1.8.1958 AP Nr. 7 zu § 5 TVG.
[21] Ausf. zu den unterschiedlichen Auff. *Sittard* S. 8 ff.; Wiedemann/*Wank* TVG § 5 Rn. 76 ff.; jew. m. umfangr. Nachw.
[22] So noch JKOS TVR/*Oetker* § 6 Rn. 89.
[23] Dagegen Wiedemann/*Wank* TVG § 5 Rn. 86.
[24] BAG 21.9.2016 AP Nr. 35 zu § 5 TVG = NZA-Beil. 1/2017, 12 ff.; BVerwG 3.11.1988 AP Nr. 23 zu § 5 TVG = NZA 1989, 364.
[25] BAG 21.9.2016 AP Nr. 35 zu § 5 TVG = NZA-Beil. 1/2017, 12 ff.; 21.9.2016 AP Nr. 36 zu § 5 TVG.
[26] BAG 29.9.2010 NZA-RR 2011, 89; 12.5.2010 NZA 2010, 953.
[27] Vgl. etwa BAG 29.9.2010 NZA-RR 2011, 89.

vereinbar.[28] Das trifft auch für Tarifverträge iSd § 5 Ia TVG zu.[29] Durch die Allgemeinverbindlichkeit wird weder die positive Koalitionsfreiheit der Tarifgebundenen und ihrer Koalitionen noch die negative Koalitionsfreiheit der Tarifungebundenen verletzt. Maßnahmen des Staates auf dem Gebiet der Arbeits- und Wirtschaftsbedingungen sind möglich (→ § 189 Rn. 5), weil den Tarifvertragsparteien kein Normsetzungsmonopol zukommt.[30] Zudem ist die Normsetzung als Ausübung kollektiver Privatautonomie (→ § 198 Rn. 3) zunächst nur gegenüber den eigenen Mitgliedern legitimiert, nicht aber gegen sog. Außenseitern. Deren negative Koalitionsfreiheit (→ § 189 Rn. 9 ff.) wird nicht verletzt. Weder wird eine Mitgliedschaft in einer Koalition noch in gemeinsamen Einrichtungen – wenn Tarifverträge über solche (→ § 200 Rn. 35 ff.) für allgemeinverbindlich erklärt werden – begründet. Das individuelle Grundrecht des Einzelnen wird nicht generell dadurch verletzt wird, dass für ein Arbeitsverhältnis, an dem er beteiligt ist, solche Inhaltsregelungen gelten, die von fremden Verbänden ausgehandelt worden sind.[31] Die Koalitionsbetätigungsfreiheit Andersorganisierter und ihrer Koalitionen wird nicht verletzt, weil es ihnen freisteht, selbst Tarifverträge zu schließen. Etwaige Tarifkonkurrenzen sind nach den allgemeinen Maßstäben zu lösen (→ § 202 Rn. 34 ff.)[32] oder bereits durch Einschränkungsklauseln (→ Rn. 28 ff.) zu vermeiden. Soweit § 5 IV 2 TVG für die dort genannten Tarifverträge über gemeinsame Einrichtungen einen Vorrang bestimmt (→ Rn. 30), ist die damit verbundene Beschränkung der Koalitionsbetätigungsfreiheit jedenfalls durch den Rückgriff auf die Maßstäbe des § 7 II AEntG verhältnismäßig.[33]

Verfassungsrechtliche Bedenken ergeben sich auch nicht unter dem Gesichtspunkt der **demokratischen Legitimation** und dem **Rechtsstaatsprinzip.**[34] Durch die erforderliche staatliche Mitwirkung bei der Rechtssetzung gegenüber den bisher nicht Tarifgebundenen sind die allgemeinverbindlichen Tarifnormen „noch ausreichend demokratisch legitimiert“. Durch die Beteiligungsmöglichkeiten nach § 5 II TVG, die über § 4 I TVGDV gesicherte Publizität der vorliegenden Anträge (→ Rn. 13) und die Veröffentlichung der Allgemeinverbindlicherklärung im Bundesanzeiger (→ Rn. 24) ist eine dem Demokratieprinzip entsprechende hinreichende Publizität noch gewahrt.[35] **9**

Das BAG hat einen Verstoß der Bestimmungen über die Allgemeinverbindlicherklärung von Tarifverträgen gegen das **Recht der Europäischen Union** (damals: Europäische Gemeinschaft) verneint.[36] Weder die Dienstleistungsfreiheit (Art. 56 AEUV), wie schon die Möglichkeiten der Entsenderichtlinie zeigen,[37] noch das Kartellverbot (Art. 101 AEUV) stehen der Regelung in § 5 TVG entgegen.[38] Gleiches ist im Hinblick auf die Transparenzpflicht nach Art. 56 AEUV anzunehmen.[39] Weiterhin unterfällt eine Allgemeinverbindlicherklärung, deren zwingende Anwendung sich nicht auf Arbeitsverhältnisse zwischen einem AN und einem AG mit Sitz im Ausland erstreckt, nicht dem Unionsrecht oder dessen Durchführung.[40] Erforderlich ist allerdings, dass die Arbeitsverhältnisse dem deutschen Recht unterliegen.[41] Durch die Allgemeinverbindlicherklärung von **Sozialkassentarifverträgen** wird auch nicht in die durch **Art. 11 EMRK** geschützte negative Koalitionsfreiheit eingegriffen.[42] **10**

---

[28] BVerfG 10.9.1991 AP Nr. 27 zu § 5 TVG = NZA 1992, 125; 15.7.1980 AP Nr. 17 zu § 5 TVG = NJW 1981, 215; BAG 21.9.2016 AP Nr. 35 zu § 5 TVG = NZA-Beil. 1/2017, 12 ff.

[29] BAG 21.3.2018 AP Nr. 40 zu § 5 TVG mAnm *Prokop* = NZA-Beil. 1/2018, 8 ff.

[30] BVerfG 3.4.2001 AP Nr. 2 zu § 10 BUrlG Kur = NZA 2001, 777; 24.4.1996 AP Nr. 2 zu § 57a HRG = NZA 1996, 1157.

[31] BVerfG 11.7.2006 AP Nr. 129 zu Art. 9 GG = NZA 2007, 42; 3.7.2000 AP Nr. 36 zu § 4 TVG Nachwirkung = NZA 2000, 947.

[32] Ausf. BVerfG 15.7.1980 AP Nr. 17 zu § 5 TVG = NJW 1981, 215; s. auch VG Köln 4.6.1998 NZA-RR 1999, 47.

[33] *Forst* RdA 2015, 25 (27), dort auch zur Vereinbarkeit mit der Berufsfreiheit nach Art. 12 GG.

[34] BVerfG 24.5.1977 AP Nr. 15 zu § 5 TVG = NJW 1977, 2255.

[35] BVerfG 15.7.1980 AP Nr. 17 zu § 5 TVG = NJW 1981, 215.

[36] BAG 22.9.1993 AP Nr. 2 zu § 1 TVG Tarifverträge: Gerüstbau = NZA 1994, 323; 28.3.1990 AP Nr. 25 zu § 5 TVG = NZA 1990, 781.

[37] *Preis/Peramato* S. 104.

[38] Ausf. BAG 21.9.2016 AP Nr. 35 zu § 5 TVG = NZA 1/2017, 12 ff. S. auch NK-TVG/*Lakies* § 5 Rn. 54 ff.; sowie insb. *Sittard* S. 65 ff., s. aber *ders.* S. 255 ff., 260: keine Anwendbarkeit auf sog. Entsendefälle.

[39] *Preis/Peramato* S. 105 f.; zu dieser Pflicht EuGH 17.12.2015 NZA 2016, 113 – UNIS.

[40] BAG 21.9.2016 AP Nr. 35 zu § 5 TVG = NZA-Beil. 1/2017, 12 ff.

[41] BAG 9.7.2003 AP Nr. 261 zu § 1 TVG Tarifverträge: Bau = NZA 2003, 1424; krit. *Thüsing/Müller* BB 2004, 1333 (1335); *Sittard* S. 256.

[42] EGMR 2.6.2016 NZA 2016, 1519 – Geotech Kancev; dazu *Walser* NZA 2016, 1510 ff.; *Buchholtz/Heuschmid* AuR 2016, 512 ff.; *Preis/Peramato* S. 109 ff.; krit. zum Prüfprogramm *Sagan/Morgenbrodt* EuZA

IV. Voraussetzungen

11 **1. Grundsatz.** Die Allgemeinverbindlicherklärung eines Tarifvertrags setzt grundsätzlich voraus:

- Den **Antrag** der Tarifvertragsparteien (→ Rn. 13 f.),
- einen rechtswirksamen **Tarifvertrag** (→ Rn. 15 f.) und
- ein **öffentliches Interesse** an der Allgemeinverbindlicherklärung (→ Rn. 16 ff., → Rn. 20).

12 Das bis zum Inkrafttreten des Tarifautonomiestärkungsgesetzes erforderliche **Quorum der Beschäftigung** von mindestens 50% der unter den Geltungsbereich des Tarifvertrags fallenden AN durch tarifgebundene AG ist durch die Änderung des § 5 TVG entfallen,[43] bleibt aber für die Wirksamkeit zuvor ergangener Allgemeinverbindlicherklärungen nach wie vor maßgebend.[44] Ausschlaggebend ist dabei die Tarifgebundenheit der AG, nicht aber, ob die bei ihnen beschäftigten AN alle tarifgebunden sind.[45] Neben den Nachweisen der antragstellenden Koalitionen konnten weitere statistische Materialien, Auskünfte der Industrie-, Handels- und Handwerkskammern sowie des Statistischen Bundeamtes herangezogen werden.[46]

13 **2. Antrag der Tarifvertragsparteien.** Die Allgemeinverbindlicherklärung setzt nach der Neufassung von § 5 I TVG den Antrag aller Tarifvertragsparteien voraus („der"). Bei mehrgliedrigen Tarifverträgen im engeren Sinne (→ § 197 Rn. 10 f.) sind, anders als beim Einheitstarifvertrag, die Tarifvertragsparteien des jeweiligen Tarifvertrags antragsberechtigt. In der Praxis wird in Tarifverträgen auch vereinbart, dass die Allgemeinverbindlicherklärung gemeinsam beantragt werden soll (→ § 200 Rn. 4). Der **Antrag ist Sachentscheidungsvoraussetzung.** Eine Form ist für den Antrag ebenso wenig vorgeschrieben wie dessen Begründung. Zur Information der weiteren Beteiligten (→ Rn. 22) und zu deren sachgerechter Stellungnahme empfiehlt sich eine Begründung aber ebenso wie der Nachweis über die gesetzlichen Voraussetzungen.[47]

14 Der Antrag bezieht sich regelmäßig auf den gesamten Tarifvertrag. Allerdings besteht nach Art. 9 III GG **kein verfassungsunmittelbarer Anspruch** auf Allgemeinverbindlicherklärung eines Tarifvertrags.[48] Möglich ist es, den **Antrag zu beschränken,** sei es – wie es überwiegend angenommen wird – hinsichtlich bestimmter Tarifvertragsinhalte[49] oder in Bezug auf den Geltungsbereich (zu Einschränkungsklauseln → Rn. 28 ff.). Es kann auch die rückwirkende Allgemeinverbindlicherklärung beantragt werden. Der Antrag auf Allgemeinverbindlicherklärung wird nach § 4 I 1 TVGDV im Bundesanzeiger bekannt gegeben. Er kann bis zur Sachentscheidung jederzeit eingeschränkt oder ganz **zurückgenommen werden.**

15 **3. Tarifvertrag.** Voraussetzung der Allgemeinverbindlicherklärung ist ein **rechtswirksamer Tarifvertrag.**[50] Vor der Rechtswirksamkeit eines Tarifvertrags scheidet dessen Allgemeinverbindlicherklärung aus. Nur geltende Rechtsnormen können für allgemeinverbindlich erklärt werden. Dies setzt voraus, dass der Tarifvertrag wirksam geschlossen wurde (→ § 197 Rn. 1 ff.) und seine Normen nicht gegen höherrangiges Recht (→ § 198 Rn. 4 f.) verstoßen.[51] Im Falle der Nichtigkeit einzelner Normen kommt eine einschränkende Allgemeinverbindlicherklärung in Betracht,[52] wenn man diese richtigerweise für zulässig erachtet (→ Rn. 29) und die Ein-

---

2017, 77 ff.; ebenso BAG 21.3.2018 AP Nr. 40 zu § 5 TVG = NZA-Beil. 1/2018, 8 ff.; 21.9.2016 AP Nr. 35 zu § 5 TVG = NZA-Beil. 1/2017, 12 ff.

[43] Zur Zulässigkeit des Verzichts auf das Quorum ausf. *Preis/Peramato* S. 24 ff., 33; s. nun BAG 21.3.2018 AP Nr. 40 zu § 5 TVG = NZA-Beil. 1/2018, 8 ff.

[44] S. dazu ausf. BAG 21.9.2016 AP Nr. 35 zu § 5 TVG = NZA-Beil. 1/2017, 12 ff.; 21.9.2016 AP Nr. 36 zu § 5 TVG; 25.1.2017 AP Nr. 37 zu § 5 TVG; 25.1.2017 AP Nr. 38 zu § 5 TVG = NZA 2017, 731.

[45] BAG 28.3.1990 AP Nr. 25 zu § 5 TVG = NZA 1990, 781.

[46] Zu „Schätzungen" BAG 20.9.2017 AP Nr. 39 zu § 5 TVG mAnm *Waas* = NZA 2018, 186; 22.10.2003 AP Nr. 16 zu § 1 TVG Tarifverträge: Gebäudereinigung mAnm *Zachert.*

[47] NK-TVG/*Lakies* § 5 Rn. 91.

[48] BVerfG 10.1.2020 AP Nr. 42 zu § 5 TVG = NZA 2020, 253 (ob überhaupt ein einklagbarer Anspruch besteht, wurde bezweifelt, aber offen gelassen); dazu *Wienbracke* NZA-RR 2020, 209 f.

[49] NK-TVG/*Lakies* § 5 Rn. 86; KeZa/*Seifert* TVG § 5 Rn. 59; aA OVG Münster 23.9.1983 BB 1984, 723 (724).

[50] BAG 8.11.2006 AP Nr. 33 zu § 5 TVG mAnm *Oetker* = NZA 2007, 576.

[51] BAG 22.10.2003 AP Nr. 16 zu § 1 TVG Tarifverträge: Gebäudereinigung mAnm *Zachert* (Rechtsberatungsstelle).

[52] *Löwisch/Rieble* TVG § 5 Rn. 91, nicht aber, wenn sich die Erklärung auf den gesamten Tarifvertrag bezieht (Abwägungsfehler).

schränkung den Gleichheitssatz wahrt.[53] Doch auch sonst führt die Unwirksamkeit einzelner Tarifregelungen nicht zur Unwirksamkeit der Allgemeinverbindlicherklärung, solange der Tarifvertrag noch eine sinnvolle und in sich geschlossene Regelung darstellt.[54] Möglich ist auch die Allgemeinverbindlicherklärung eines nur noch **nachwirkenden Tarifvertrags** (→ § 208 Rn. 15 f.), da auch dieser Normen enthält.[55] Es muss sich um einen nach dem TVG geschlossenen, **inländischen Tarifvertrag** handeln.[56] Hier kommen in der Sache nur **Verbandstarifverträge** in Betracht. Zwar ist es nicht ausgeschlossen, auch einen Haustarifvertrag für allgemeinverbindlich zu erklären. Er gilt ohnehin nur für das tarifgebundene Unternehmen oder für einzelne Betriebe desselben. Eine Ausweitung des Geltungsbereichs ist im Verfahren nach § 5 TVG ausgeschlossen. Deshalb wird es regelmäßig auch am öffentlichen Interesse fehlen,[57] die Rechtsnormen auf die nicht oder andersorganisierten AN des Unternehmens zu erstrecken. Demgegenüber erscheint die Allgemeinverbindlicherklärung eines sog. **Spartentarifvertrags** nicht von vorneherein ausgeschlossen, jedoch muss das erforderliche öffentliche Interesse (→ Rn. 16 f.) gegeben sein.

4. Öffentliches Interesse. Die Allgemeinverbindlicherklärung ist, wenn sie auf § 5 I TVG gestützt wird, grundsätzlich nur zulässig, wenn sie **im öffentlichen Interesse geboten erscheint** (§ 5 I 1 Nr. 2 TVG). Dabei steht dem Bundesminister für Arbeit und Soziales ein gerichtlich nur eingeschränkt überprüfbarer,[58] „außerordentlich weiter"[59] Beurteilungsspielraum zu,[60] der nicht mit verwaltungsrechtlichen Maßstäben gleichzusetzen ist, weil es sich um einen Rechtssetzungsakt handelt.[61] Das öffentliche Interesse hat über dasjenige der Tarifvertragsparteien an der Allgemeinverbindlicherklärung hinauszugehen.[62] Erforderlich ist eine Abwägung mit den Interessen der nicht Tarifgebundenen.[63] Das besondere öffentliche Interesse kann sich ergeben bei einer Unterminierung eines Tarifvertrags oder wenn die Funktionsfähigkeit gemeinsamer Einrichtungen gewährleistet werden soll, wie es vor allem im Baugewerbe der Fall ist,[64] um soziale Mindestbedingungen zu erreichen[65] oder wenn die Tarifvertragsparteien Zielvorstellungen des Gesetzgebers wie bei der betrieblichen Altersversorgung verwirklichen.[66] Es kann fehlen, wenn die Entscheidung schlechterdings unvertretbar oder unverhältnismäßig ist.[67] 16

Wann ein öffentliches Interesse gegeben ist, wird durch § 5 I 2 TVG anhand von zwei alternativ nebeneinanderstehenden Regelbeispielen näher konkretisiert (s. auch § 7a I AEntG; → § 162 Rn. 28). Dabei handelt es sich um gesetzliche Vermutungen dafür, dass ein öffentliches Interesse besteht.[68] Liegen die Voraussetzungen eines Beispiels vor, müssen besondere Umstände oder gewichtige entgegenstehende Interessen vorliegen, um dann noch ein öffentliches Interesse am Erlass der Allgemeinverbindlicherklärung zu verneinen. Ein öffentliches Interesse, ist anzunehmen (Nr. 1), wenn ein Tarifvertrag „in seinem Geltungsbereich für die Gestaltung der Arbeitsbedingungen **überwiegende Bedeutung** erlangt hat", wobei dies nach der Entwurfsbegründung nicht nur dann der Fall sein kann, wenn das frühere Beschäftigtenquorum erreicht wird.[69] Sie kann sich neben der mitgliedschaftlichen Tarifgebundenheit[70] auch aus dem Umstand ergeben, 17

[53] Dazu BAG 20.6.2007 AP Nr. 26 zu § 1 TVG Tarifverträge: Holz = NZA-RR 2008, 24; ausf. *Sittard* S. 135 ff.
[54] BAG 21.3.2018 AP Nr. 40 zu § 5 TVG = NZA-Beil. 1/2018, 8 ff.; aA *Löwisch/Rieble* TVG § 5 Rn. 91, 337, weil es sonst zu Abwägungsfehlern komme.
[55] NK-TVG/*Lakies* § 5 Rn. 93; KeZa/*Seifert* TVG § 5 Rn. 42; Wiedemann/*Wank* TVG § 5 Rn. 91; aA *Löwisch/Rieble* TVG § 5 Rn. 69.
[56] S. nur NK-TVG/*Lakies* § 5 Rn. 70.
[57] NK-TVG/*Lakies* § 5 Rn. 53; Wiedemann/*Wank* TVG § 5 Rn. 98.
[58] BAG 21.9.2016 AP Nr. 35 zu § 5 TVG = NZA-Beil. 1/2017, 12 ff.; 22.9.1993 AP Nr. 2 zu § 1 TVG Tarifverträge: Gerüstbau = NZA 1994, 323.
[59] BAG 28.3.1990 AP Nr. 25 zu § 5 TVG = NZA 1990, 781.
[60] BVerfG 10.9.1991 AP Nr. 27 zu § 5 TVG = NZA 1992, 125; 24.5.1977 AP Nr. 15 zu § 5 TVG = NJW 1977, 2255; BAG 21.3.2018 AP Nr. 40 zu § 5 TVG = NZA-Beil. 1/2018, 8 ff.
[61] NK-TVG/*Lakies* § 5 Rn. 113.
[62] BVerfG 10.9.1991 AP Nr. 27 zu § 5 TVG = NZA 1992, 125.
[63] BVerfG 24.5.1997 AP Nr. 15 zu § 5 TVG = NJW 1977, 2255.
[64] BAG 21.9.2016 AP Nr. 35 zu § 5 TVG = NZA-Beil. 1/2017, 12 ff.; 24.1.1979 AP Nr. 16 zu § 5 TVG.
[65] Zur Debatte um den Post-Mindestlohntarifvertrag *Bieback* AuR 2008, 234 ff.; *Sittard* NZA 2007, 1090 ff.
[66] BAG 28.3.1990 AP Nr. 25 zu § 5 TVG = NZA 1990, 781.
[67] BAG 21.9.2016 AP Nr. 35 zu § 5 TVG = NZA-Beil. 1/2017, 12 ff.
[68] BAG 21.3.2018 AP Nr. 40 zu § 5 TVG = NZA-Beil. 1/2018, 8 ff. mwN; zur Entscheidung *Greiner/Zoglowek* BB 2018, 2996 ff.
[69] BT-Drs. 18/1558, 48; *Henssler* RdA 2015, 43 (51).
[70] *Forst* RdA 2015, 25 (27).

dass darüber hinaus die Mehrzahl der Arbeitsverhältnisse in dessen Geltungsbereich „tarifgemäß ausgestaltet sind", sei es durch inhaltsgleiche Anschlusstarifverträge oder vertragliche Bezugnahmeregelungen, nicht aber wenn die Tarifvertragsanwendung nur teilweise oder in veränderter Form erfolgt.[71] Für die von Amts wegen zu prüfenden Voraussetzungen kann auf die bisherigen Nachweismöglichkeiten (→ Rn. 12) zurückgegriffen werden.[72]

18 Darüber hinaus besteht ein öffentliches Interesse nach § 5 I 2 Nr. 2 TVG regelmäßig auch dann, wenn „die Absicherung der Wirksamkeit der tarifvertraglichen Normsetzung gegen die **Folgen wirtschaftlicher Fehlentwicklung** eine Allgemeinverbindlicherklärung verlangt". Dies greift eine Formulierung in einer Entscheidung des BVerfG auf,[73] die sich allerdings mit der generellen Zulässigkeit von Allgemeinverbindlicherklärungen befasst, ohne nähere Maßstäbe anzuführen. Nach der Gesetzesbegründung kann „von einer solchen wirtschaftlichen Fehlentwicklung insbesondere ausgegangen werden, wenn die Aushöhlung der tariflichen Ordnung den Arbeitsfrieden gefährdet". Dabei könne von Bedeutung sein, ob in Regionen oder Wirtschaftszweigen Tarifstrukturen erodieren und die verfassungsrechtlich gewährleistete Normsetzungsbefugnis der Tarifvertragsparteien im besonderen Maße beeinträchtigt sei. „Ihre Grenze findet die Stützung der tariflichen Ordnung, wenn der Tarifvertrag von im konkreten Bereich völlig unbedeutenden Koalitionen abgeschlossen worden ist. Eine schützenswerte autonome Ordnung existiert in diesem Fall nicht."[74] Hiernach soll offenbar auch ein Tarifvertrag, der in seinem Anwendungsbereich nur für eine Minderheit der AN Anwendung findet, gleichwohl für allgemeinverbindlich erklärt werden können. Allerdings bleibt offen, wann eine Gefährdung des Arbeitsfriedens – hervorgerufen durch eine „Aushöhlung der tariflichen Ordnung" – vorliegen soll. Jedenfalls allein aus Wettbewerbsgründen ist dies nicht möglich (→ Rn. 5). Eine „Erodierung" von Tarifstrukturen impliziert zudem, dass andere Strukturen einmal bestanden haben. Ob dadurch Annäherungen an die frühere Voraussetzung des „sozialen Notstands" erfolgen sollen, der nach § 5 I 2 TVG aF eine Allgemeinverbindlicherklärung gestattete, ist der Gesetzesbegründung nicht zu entnehmen.[75] Hier wird die weitere Konkretisierung der unbestimmten Rechtsbegriffe[76] durch die Rechtsprechung zu beobachten sein, falls es in der Praxis überhaupt zu Allgemeinverbindlicherklärungen kommen sollte, die auf § 5 I 2 Nr. 2 TVG gestützt werden.

19 **5. Tarifverträge über Gemeinsame Einrichtungen.** Durch das Tarifautonomiestärkungsgesetz hat die Allgemeinverbindlicherklärung von Tarifverträgen über gemeinsame Einrichtungen (→ § 200 Rn. 35 ff.) in § 5 Ia 1 Nr. 1–5 TVG für spezielle Tarifregelungen eine gesonderte Regelung erfahren. Die Allgemeinverbindlicherklärung ist hier unabhängig von den Voraussetzungen nach § 5 I TVG grundsätzlich möglich, wenn dies zur Sicherung ihrer Funktionsfähigkeit erforderlich und der entsprechende Tarifvertrag die **Einziehung von Beiträgen und die Gewährung von Leistungen** durch eine gemeinsame Einrichtung aus den Bereichen Erholungsurlaub, Urlaubsgeld[77] oder zusätzliches Urlaubsgeld (Nr. 1), eine betriebliche Altersversorgung im Sinne des Betriebsrentengesetzes (Nr. 2), die Vergütung der Auszubildenden oder die Ausbildung in überbetrieblichen Bildungsstätten (Nr. 3), eine zusätzliche betriebliche oder überbetriebliche Vermögensbildung der AN (Nr. 4) oder Lohnausgleich bei Arbeitszeitausfall, Arbeitszeitverkürzung oder Arbeitszeitverlängerung (Nr. 5) zum Inhalt hat,[78] ohne dass mit § 5 Ia 1 TVG die etwaige Grenzen für den Umfang der Gestaltungsbefugnis der Tarifvertragsparteien bei gemeinsamen Einrichtungen festgelegt würden (s. auch → § 200 Rn. 35). Erst die Erstreckung solcher Tarifverträge ermöglicht die wirksame Errichtung gemeinsamer Einrichtungen.[79] Dies sind vor allem die Tarifverträge zu den **Sozialkassen im Baugewerbe;**[80] denkbar sind

---

71 BAG 21.3.2018 AP Nr. 40 zu § 5 TVG = NZA-Beil. 1/2018, 8 ff.; s. auch *Preis/Peramato* S. 39 ff.

72 IE BAG 21.3.2018 AP Nr. 40 zu § 5 TVG = NZA-Beil. 1/2018, 8 ff.

73 BVerfG 24.5.1977 AP Nr. 15 zu § 5 TVG = NJW 1977, 2255.

74 BT-Drs. 18/1558, 49.

75 Krit. zum Ganzen *Forst* RdA 2015, 25 (29 f.); ErfK/*Franzen* TVG § 5 Rn. 14a; BeckOK ArbR/*Giesen* TVG § 5 Rn. 7, 14 („verfassungsrechtliche Bedenken"); *Henssler* RdA 2015, 43 (51 f.); *Jöris* NZA 2014, 1313 (1316); anders *Preis/Peramato* S. 46 ff.: ausreichend konkretisierbar.

76 ErfK/*Franzen* TVG § 5 Rn. 14a.

77 Hier dürfte das Urlaubs*entgelt* gemeint sein, so auch *Forst* RdA 2015, 25 (31).

78 BAG 20.11.2018 AP Nr. 41 zu § 5 TVG = NZA 2019, 628; 21.3.2018 NZA-Beil. 1/2018, 8 ff.

79 BAG 21.3.2018 NZA-Beil. 1/2018, 8 ff.

80 Zur gesetzlichen Inkraftsetzung von Sozialkassentarifverträgen nach den Entscheidungen über die Unwirksamkeit von Allgemeinverbindlicherklärungen (BAG 21.9.2016 AP Nr. 35 zu § 5 TVG = NZA-Beil. 1/2017, 12 ff.; 21.9.2016 AP Nr. 36 zu § 5 TVG; nachfolgend BAG 25.1.2017 AP Nr. 37 zu § 5 TVG; 25.1.2017 AP Nr. 38 zu § 5 TVG = NZA 2017, 731) s. das Gesetz zur Sicherung der Sozialkassenverfahren im Baugewerbe (Sozialkassenverfahrenssicherungsgesetz – SoKaSiG) vom 16.5.2017 (BGBl. I

aber auch sog. Mischtarifverträge, bei denen die Allgemeinverbindlicherklärung sowohl nach den Kriterien von § 5 I TVG als auch nach denen des § 5 Ia TVG zu beurteilen sind.[81] Tarifverträge über Gemeinsame Einrichtungen mit einem anderen Inhalt können nach § 5 I TVG für allgemeinverbindlich erklärt werden.

Ein besonderes **öffentliches Interesse** ergibt sich nach der Gesetzesbegründung grundsätzlich schon aus der Sicherung der Funktionsfähigkeit der Einrichtung.[82] Diese Erwägung kann sich auf die bestehende Rechtsprechung stützen.[83] Da auch insoweit ein Beschäftigtenquorum (→ Rn. 12) nicht mehr besteht, ist grundsätzlich eine Allgemeinverbindlicherklärung möglich, wenn über die tarifgebundenen AG nur ein geringer vH-Satz der Arbeitsverhältnisse im Geltungsbereich erfasst wird. Hier muss die erlassende Behörde gleichwohl ihr Ermessen ausüben[84] und eine abschließende Gesamtbeurteilung vornehmen.[85] Sollten für eine Allgemeinverbindlicherklärung mehrere Tarifverträge in Betracht kommen, sind nach § 5 Ia 3 TVG die Auswahlkriterien des § 7 II AEntG heranzuziehen (→ § 162 Rn. 33) – es müssen also „repräsentative" Tarifverträge vorliegen. Damit soll zugleich verhindert werden, bestehende gemeinsame Einrichtungen durch neue Allgemeinverbindlicherklärungen zu verdrängen.[86] Durch Einschränkungen der Allgemeinverbindlicherklärung kann eine Konkurrenz vermieden werden.[87] 20

V. Verfahren

Das Verfahren der Allgemeinverbindlicherklärung ist in § 5 TVG und in der auf Grundlage von § 11 TVG erlassenen Durchführungsverordnung (TVGDV)[88] geregelt.[89] Ergänzend gelten die Verwaltungsverfahrensgesetze des Bundes und der Länder. Zuständig für die Allgemeinverbindlicherklärung ist der **Bundesminister für Arbeit und Soziales** (BMAS). Dieser kann nach § 5 VI TVG für einzelne Fälle, namentlich Tarifverträge mit begrenztem räumlichem Geltungsbereich, der obersten Arbeitsbehörde eines Landes das Recht zur Allgemeinverbindlicherklärung sowie zu deren Aufhebung übertragen. 21

Geht ein Antrag auf Allgemeinverbindlicherklärung ein, so kann der zuständige Minister den Antrag ablehnen, wenn die Voraussetzungen offensichtlich nicht vorliegen (§ 5 I TVG, § 4 II TVGDV). Wird der Antrag nicht abgelehnt, so ist nach § 6 TVGDV AG und AN, die von der Allgemeinverbindlicherklärung betroffen werden, den am Ausgang des Verfahrens interessierten Gewerkschaften und Arbeitgeberverbänden sowie den obersten Arbeitsbehörden der Länder, auf deren Bereich sich der Tarifvertrag erstreckt, **Gelegenheit zur** schriftlichen **Stellungnahme** sowie zur Äußerung in einer mündlichen und öffentlichen Verhandlung zu geben, in begründeten Fällen kann das BMAS eine Teilnahme mittels Video- oder Telefonkonferenz vorsehen.[90] 22

Die Allgemeinverbindlicherklärung bedarf nach § 5 I TVG das **Einvernehmen mit dem Tarifausschuss** (§ 5 I 1, Ia 1 TVG).[91] Dieser besteht aus je drei Vertretern der Spitzenorganisationen der AN und AG, die der Minister auf deren Vorschläge hin auswählt. Ergibt sich im Tarifausschuss keine Stimmenmehrheit (vgl. §§ 2 II, 3 I 2 TVGDV) für die Allgemeinverbindlicherklärung, ist diese unzulässig. Im anderen Fall besteht jedoch keine Verpflichtung zur Allgemeinverbindlicherklärung. Auch dann ist nach pflichtgemäßem Ermessen zu entscheiden. Hat 23

1210). Zu dessen Verfassungsmäßigkeit BAG 20.11.2018 AP Nr. 364 zu § 1 TVG Tarifverträge: Bau mAnm *Engels* = NZA 2019, 552; jüngst BAG 16.9.2020 AP Nr. 395 zu § 1 TVG Tarifverträge: Bau = NZA 2020, 1733; sowie die Nichtannahmebeschlüsse des BVerfG vom 11.8.2020, 5.11.2020 und 10.11.2020; s. nur BVerfG 11.8.2020 AP Nr. 394 zu § 1 TVG Tarifverträge: Bau = NZA 2020, 1338.

[81] *Forst* RdA 2015, 25 (30); *Preis/Peramato* S. 60 ff.

[82] BT-Drs. 18/1558, 59, so auch BAG 20.11.2018 AP Nr. 41 zu § 5 TVG = NZA 2019, 628; 21.3.2018 AP Nr. 40 zu § 5 TVG = NZA-Beil. 1/2018, 8 ff.

[83] BVerfG 10.9.1991 AP Nr. 27 zu § 5 TVG = NZA 1992, 125; BAG 28.3.1990 AP Nr. 25 zu § 5 TVG = NZA 1990, 781.

[84] Dazu *Preis/Peramato* S. 75.

[85] BAG 20.11.2018 AP Nr. 41 zu § 5 TVG = NZA 2019, 628 mwN; 21.3.2018 AP Nr. 40 zu § 5 TVG = NZA-Beil. 1/2018, 8 ff.

[86] BT-Drs. 18/1558, 59; s. auch BAG 20.11.2018 AP Nr. 41 zu § 5 TVG = NZA 2019, 628 mwN.

[87] BAG 20.11.2018 AP Nr. 41 zu § 5 TVG = NZA 2019, 628; 21.3.2018 AP Nr. 40 zu § 5 TVG = NZA-Beil. 1/2018, 8 ff.

[88] Verordnung zur Durchführung des Tarifvertragsgesetzes idF der Bekanntmachung vom 16.1.1989 (BGBl. I 76), zul. geänd. durch Art. 11 Abs. 39 des Gesetzes vom 18.7.2017 (BGBl. I 2745).

[89] Dazu BVerfG 24.5.1977 AP Nr. 15 zu § 5 TVG = NJW 1977, 2255.

[90] § 5 II 2 TVG, eingefügt durch das Gesetz zu sozialen Maßnahmen zur Bekämpfung der Corona-Pandemie (Sozialschutz-Paket II) vom 20.5.2020 (BGBl. I 1055).

[91] BAG 21.3.2018 AP Nr. 40 zu § 5 TVG = NZA-Beil. 1/2018, 8 ff. Zu diesem Ausschuss *Seifert* FS Kempen, 2013, 196 ff.

eine oberste Arbeitsbehörde eines Landes gegen die Allgemeinverbindlicherklärung Einspruch erhoben, so kann der Bundesminister für Arbeit und Soziales dem Antrag nach § 5 III TVG nur mit Zustimmung der Bundesregierung stattgeben. Erforderlich ist nach dem Demokratieprinzip und nach rechtsstaatlichen Grundsätzen eine **aktenkundige Billigung durch den zuständigen Minister,** ggf. einen Staatssekretär, der sich mit der Allgemeinverbindlicherklärung befasst haben muss.[92]

24 Die Allgemeinverbindlicherklärung einschließlich der Bekanntmachung der davon erfassten tariflichen Regelungen (§ 5 VII 2 TVG) wie deren Aufhebung bedürfen nach § 5 VII TVG iVm § 11 S. 1 TVGDV der **öffentlichen Bekanntmachung im Bundesanzeiger.** Die Veröffentlichung hat konstitutive Bedeutung, die Rechtswirkungen treten erst mit ihr ein.[93] Die Tarifverträge selbst werden nicht veröffentlicht, was verfassungsrechtlichen Grundsätzen nicht widerspricht.[94] Die an die allgemeinverbindlichen Tarifnormen gebundenen Personen können von den Tarifvertragsparteien gegen Erstattung der Selbstkosten nach § 9 TVGDV eine Abschrift des Tarifvertrags verlangen. Beginn und Beendigung der Allgemeinverbindlicherklärung sind in das Tarifregister einzutragen (§ 6 TVG; → § 197 Rn. 23 f.).

VI. Wirkungen der Allgemeinverbindlichkeit

25 **1. Grundsatz: Normative Wirkung.** Nach der gesetzlichen Regelung in § 5 IV TVG erfassen die Normen des Tarifvertrags die bisher nicht tarifgebundenen AG und AN. Es kommt zu deren **Erstreckung,** und zwar sowohl auf nicht als auch auf anders Organisierte (zur Tarifkonkurrenz → Rn. 30 f.)[95] und damit zu einer weiteren Form der Tarifgebundenheit, unabhängig von der Kenntnis der Allgemeinverbindlichkeit.[96] Der Tarifvertrag gilt – vorbehaltlich eventueller Einschränkungen der Allgemeinverbindlicherklärung (→ Rn. 28 f.) – mit seinen Normen **unmittelbar und zwingend** in seinem jeweiligen Geltungsbereich. Das gilt auch für Tarifnormen, die mit Öffnungsklauseln versehen sind.[97] Die Regelungssperren der §§ 77 III, 87 I BetrVG (→ § 231 Rn. 19 ff.; → § 235 Rn. 20) gelten auch für allgemeinverbindliche Tarifverträge.[98]

26 Erfasst werden nach dem eindeutigen Wortlaut des § 5 IV 1 TVG **nur die Normen** eines Tarifvertrags, nicht aber die schuldrechtlichen Verpflichtungen der Tarifvertragsparteien. Das sind zunächst solche iSd § 1 I TVG über den Abschluss, den Inhalt und die Beendigung von Arbeitsverhältnissen (→ § 200 Rn. 10 ff.). Weiterhin gelten auch die betrieblichen und betriebsverfassungsrechtlichen Normen nach §§ 3 II, 4 I 2 TVG, wenngleich bei solchen Tarifverträgen das öffentliche Interesse zu prüfen ist.[99] Schließlich und in der Praxis von großer Bedeutung können auch Tarifverträge über **Gemeinsame Einrichtungen** nach § 4 II TVG für allgemeinverbindlich erklärt werden;[100] das gilt auch für darin enthaltene Vereinbarungen über die örtliche Zuständigkeit der Gerichte für Arbeitssachen.[101] Durch die Allgemeinverbindlicherklärung wird keine Mitgliedschaft zur gemeinsamen Einrichtung, sondern nur die Beitragslast und die Leistungsberechtigung begründet.[102] Auch wird trotz des Wortlauts von § 101 II 2 ArbGG („tarifgebundene Personen“) die Allgemeinverbindlichkeit von Schiedsklauseln befürwortet.[103]

27 Die Allgemeinverbindlichkeit erstreckt sich nur auf solche **Arbeitsverhältnisse,** die vom räumlichen, zeitlichen, betrieblichen[104] und persönlichen **Geltungsbereich des Tarifvertrags**

[92] Ausf. BAG 21.9.2016 AP Nr. 35 zu § 5 TVG = NZA-Beil. 1/2017, 12 ff. mwN; krit. *Greiner* NZA 2017, 98 (100 f.); ebenso BAG 25.1.2017 AP Nr. 37 zu § 5 TVG; bestätigt für § 5 TVG nF in BAG 21.3.2018 AP Nr. 40 zu § 5 TVG = NZA-Beil. 1/2018, 8 ff.
[93] Vgl. BAG 21.3.2018 AP Nr. 40 zu § 5 TVG = NZA-Beil. 1/2018, 8 ff.
[94] BVerfG 10.9.1991 AP Nr. 27 zu § 5 TVG = NZA 1992, 125; BAG 28.3.1990 AP Nr. 25 zu § 5 TVG = NZA 1990, 781.
[95] BVerfG 25.5.1977 AP Nr. 15 zu § 5 TVG; BAG 25.7.2001 AP Nr. 242 zu § 1 TVG Tarifverträge: Bau = NZA 2002, 1406; BVerwG 28.1.2010 NZA 2010, 718. Anders mit guten Argumenten *Sittard* 234 ff.: Andersorganisierte seien keine „nicht tarifgebundenen“ iSd § 5 IV TVG.
[96] BAG 15.11.1957 AP Nr. 1 zu § 8 TVG 1969.
[97] NK-TVG/*Lakies* § 5 Rn. 66.
[98] BAG 24.2.1987 AP Nr. 21 zu § 77 BetrVG 1972 = NZA 1987, 642.
[99] Wiedemann/*Wank* TVG § 5 Rn. 176 ff.; NK-TVG/*Lakies* § 5 Rn. 66; *Löwisch/Rieble* TVG § 5 Rn. 32.
[100] BVerfG 10.9.1991 AP Nr. 27 zu § 5 TVG = NZA 1992, 125; 15.7.1980 AP Nr. 17 zu § 5 TVG = NJW 1981, 215; sowie 28.3.1990 AP Nr. 25 zu § 5 TVG = NZA 1990, 781.
[101] BAG 19.3.1975 AP Nr. 14 zu § 5 TVG.
[102] BAG 3.2.1965 AP Nr. 2 zu § 4 TVG Ausgleichskasse; s. dazu auch BVerfG 15.7.1980 AP Nr. 17 zu § 5 TVG = NJW 1981, 215.
[103] S. nur Wiedemann/*Wank* TVG § 5 Rn. 191 f. mwN.
[104] Bei Konkurseröffnung: BAG 28.1.1987 AP Nr. 14 zu § 4 TVG Geltungsbereich = NZA 1987, 455.

(→ § 202 Rn. 6 ff.) erfasst werden.[105] Dessen Ausweitung durch die Allgemeinverbindlicherklärung ist nicht möglich. Ob ein allgemeinverbindlicher Tarifvertrag auch auf Arbeitsverhältnisse anzuwenden ist, die dem Recht eines anderen Staates unterfallen, bestimmt sich nach den Grundsätzen des Internationalen Privatrechts. Soweit nicht im Einzelfall bereits nach Art. 30 II EGBGB oder Art. 8 II–IV Rom I-VO das deutsche Recht maßgebend sein sollte (→ § 7 Rn. 13 f., 15), würde dies voraussetzen, dass es sich bei den Tarifregelungen um sog. **Eingriffsnormen** nach Art. 9 Rom I-VO oder Art. 34 EGBGB handelt (→ § 7 Rn. 16 f.).[106] Das BAG hat einen international zwingenden Charakter der Normen von allgemeinverbindlichen Tarifverträgen nach Art. 34 EGBGB abgelehnt. Die Regelungsbefugnis erstrecke sich nach dem TVG nur auf dem deutschen Arbeitsrecht unterliegende Arbeitsverhältnisse, sodass eine Eingriffsnorm gerade nicht vorliege.[107] Es bedarf danach einer Regelung wie in § 1 AEntG (→ § 162 Rn. 18).[108] In einer späteren Entscheidung wurden allgemeinverbindliche Tarifnormen als mögliche Eingriffsnormen angesehen, im konkreten Fall – Ausschlussfrist nach dem BRTV Bau (→ § 209 Rn. 8) – allerdings verneint.[109]

2. Einschränkung der Allgemeinverbindlicherklärung. Die Allgemeinverbindlicherklärung kann den Geltungsbereich eines Tarifvertrags durch sog. **Einschränkungsklauseln** begrenzen.[110] Erforderlich ist im Einzelfall ein sachlicher Grund.[111] Die Allgemeinverbindlichkeit kann nur für einen beschränkten Geltungsbereich des für allgemeinverbindlich erklärten Tarifvertrags erfolgen,[112] Betriebe ausnehmen, wenn bestimmte weitere Voraussetzungen für die zu erbringenden Arbeiten im Betrieb vorliegen, wie es vor allem im Bereich der allgemeinverbindlichen Bautarifverträge der Fall ist,[113] oder wenn der AG Mitglied in einem in der Allgemeinverbindlicherklärung genannten und für ihn zuständigen Verband ist.[114] 28

Solche Einschränkungen finden sich in der Praxis vor allem dann, wenn Tarifkonkurrenzen (→ § 203 Rn. 4) zu erwarten sind.[115] Hier soll durch sog. **Einschränkungsklauseln** eine Tarifkonkurrenz vermieden werden oder zum Zweck der Rechtssicherheit bereits durch die Allgemeinverbindlicherklärung aufgelöst werden.[116] Das kann etwa auch dergestalt erfolgen, dass bestimmte Tätigkeiten ausgenommen werden, wie die Abbrucharbeiten aus der Allgemeinverbindlichkeit von Bautarifverträgen[117] oder dass eine Geltung des allgemeinverbindlich erklärten Tarifvertrags ausscheidet, „falls derjenige Tarifvertrag, von dem der Betrieb erfasst wird, gegen über den Rahmen- und Sozialkassentarifverträgen des Baugewerbes spezieller ist" (→ § 203 Rn. 8). Solche Klauseln genügen dem für Normen geltenden **Bestimmtheitsgebot.**[118] Zu beachten ist allerdings, dass im Anwendungsbereich des AEntG eine Verdrängung ausgeschlossen sein kann.[119] Die **Darlegungs- und Beweislast** für diejenigen Tatsachen, die zu einer Einschränkung der Allgemeinverbindlicherklärung führen, trägt derjenige, der diese zu seinen Gunsten geltend macht.[120] 29

3. Tarifkonkurrenzen und Tarifpluralität. Die Erstreckung auf die bisher nicht an diesen Tarifvertrag Gebundenen nach § 5 IV TVG findet unabhängig davon statt, ob die AN oder AG 30

[105] BAG 4.5.1977 AP Nr. 30 zu § 1 TVG Tarifverträge: Bau.
[106] So *Deinert* RdA 1996, 339 (344 ff.); im Einzelfall möglich NK-TVG/*Lakies* § 5 Rn. 192; KeZa/*Seifert* TVG § 5 Rn. 88; abl. *Gerken/Löwisch/Rieble* BB 1995, 2370 (2374 f.); *Sittard* S. 260.
[107] Krit. ErfK/*Schlachter* Rom I-VO Art. 9 Rn. 31; *dies.* RdA 2004, 179 (181).
[108] BAG 9. 7 2003 AP Nr. 261 zu § 1 TVG Tarifverträge: Bau; s. aber auch 4.5.1977 AP Nr. 30 zu § 1 TVG Tarifverträge: Bau, allerdings vor der Neuregelung des IPR.
[109] BAG 12.1.2005 AP Nr. 2 zu § 1a AEntG = NZA 2005, 1061.
[110] Zu einem Redaktionsversehen bei der Allgemeinverbindlicherklärung BAG 12.5.2010 AP Nr. 320 zu § 1 TVG Tarifverträge: Bau = NZA 2010, 953.
[111] BAG 16.6.2010 AP Nr. 324 zu § 1 TVG Tarifverträge: Bau.
[112] BAG 14.10.1987 AP Nr. 88 zu § 1 TVG Tarifverträge: Bau; 26.10.1983 AP Nr. 3 zu § 3 TVG.
[113] Vgl. etwa BAG 13.4.2011 AP Nr. 330 zu § 1 TVG Tarifverträge: Bau; 18.3.2009 AP Nr. 309 zu § 1 TVG Tarifverträge: Bau (unmittelbarer Zusammenhang von Abbrucharbeiten mit anderen baulichen Leistungen); 21.1.2009 AP Nr. 307 zu § 1 TVG Tarifverträge: Bau (Teil eines Industriebetriebs).
[114] BAG 20.6.2007 AP Nr. 26 zu § 1 TVG Tarifverträge: Bau = NZA-RR 2008, 24; 18.10.2006 AP Nr. 287 zu § 1 TVG Tarifverträge: Bau = NZA 2007, 1111.
[115] Vgl. etwa BAG 12.6.2019 AP Nr. 21 zu § 1 TVG Tarifverträge: Gaststätten; 26.10.1983 AP Nr. 3 zu § 3 TVG.
[116] BAG 12.5.2010 AP Nr. 320 zu § 1 TVG Tarifverträge: Bau = NZA 2010, 953; 29.9.2010 NZA-RR 2011, 89.
[117] BAG 28.3.1990 AP Nr. 130 zu § 1 TVG Tarifverträge: Bau.
[118] BAG 16.6.2010 AP Nr. 324 zu § 1 TVG Tarifverträge: Bau.
[119] BAG 18.10.2006 AP Nr. 287 zu § 1 TVG Tarifverträge: Bau = NZA 2007, 1111.
[120] BAG 2.7.2008 NZA-RR 2009, 145; 13.5.2004 AP Nr. 265 zu § 1 TVG Tarifverträge: Bau; 25.7.2001 AP Nr. 240 zu § 1 TVG Tarifverträge: Bau = NZA-RR 2002, 645.

durch Mitgliedschaft in einer anderen tariffähigen Koalition oder der AG als Tarifvertragspartei bereits an einen anderen Tarifvertrag gebunden sind. Ein anderes ist nur dann der Fall, wenn die Allgemeinverbindlicherklärung mit einer entsprechenden Einschränkungsklausel (→ Rn. 28) versehen ist. Sonst kann in einzelnen Arbeitsverhältnissen eine **Tarifkonkurrenz** eintreten, die nach der bisherigen Rechtsprechung des BAG nach den allgemeinen Grundsätzen (→ § 203 Rn. 10) aufzulösen ist, während im Schrifttum ein Vorrang des mitgliedschaftlich legitimierten Tarifvertrags angenommen wird.[121] Anderes gilt im Bereich des AEntG (→ § 162 Rn. 28)[122] und nach § 1 II 2 MiLoG (→ § 66 Rn. 19) sowie für **Tarifverträge über gemeinsame Einrichtungen,** die nach § 5 Ia TVG für allgemeinverbindlich erklärt wurden (→ Rn. 19 f.). Diese sind nach § 5 IV 2 TVG auch im Falle einer nach § 3 TVG bestehenden anderen Tarifgebundenheit einzuhalten.[123] Im Übrigen besteht zwischen der Tarifgebundenheit nach § 3 I TVG und § 5 IV 1 TVG kein Rangverhältnis.[124] Aus den Grundsätzen zur Auflösung der Tarifkonkurrenz folgt im Grundsatz, dass ein allgemeinverbindlicher Tarifvertrag nicht auf solche Arbeitsverhältnisse einwirkt, für die ein speziellerer Tarifvertrag gilt.[125]

31 Nachdem das BAG den sog. Grundsatz der Tarifeinheit aufgegeben hat (→ § 203 Rn. 7) und das Tarifeinheitsgesetz eine Tarifgebundenheit nach § 5 TVG nicht erfasst (→ § 203 Rn. 15), führt die Tarifgebundenheit eines AG nach § 3 I TVG an einen spezielleren Tarifvertrag nicht mehr dazu, dass die Normen eines gleichfalls nach § 3 I TVG geltenden allgemeineren Tarifvertrags, die Abschluss, Inhalt, und Beendigung betreffen, insgesamt im Betrieb verdrängt werden,[126] sondern es kommt zu einer **Tarifpluralität** (→ § 203 Rn. 10 ff., 14 ff.). Im Falle einer Tarifpluralität infolge einer Allgemeinverbindlicherklärung, für die der Grundsatz der Tarifeinheit ebenso wenig gerechtfertigt werden kann, führt dies für die nicht organisierten AN zur Geltung der Normen des allgemeinverbindlichen Tarifvertrags in ihrem Arbeitsverhältnis. Wendet man auf die Arbeitsverhältnisse der anders organisierten AN die Grundsätze zur Auflösung einer Tarifkonkurrenz an, wird der allgemeinverbindliche Tarifvertrag zugunsten eines spezielleren verdrängt. Das könnte im Ergebnis dazu führen, dass für die organisierten AN im Falle eines Haussanierungstarifvertrags ungünstigere Arbeitsbedingungen gelten als für die nicht organisierten AN.[127] Für die organisierten AN ließe sich ein anderes allenfalls begründen, wenn man in der Allgemeinverbindlichkeit eine auf das Sozialstaatsprinzip des Art. 20 I GG gestützte Maßnahme sehen wollte,[128] die zwingende Mindestentgelte begründet, von denen auch durch mitgliedschaftlich legitimierte Normsetzung der Tarifvertragsparteien nicht zu Ungunsten der Tarifgebundenen abgewichen werden kann. Hierfür besteht aber dann keine Notwendigkeit, wenn in der Praxis entsprechende Einschränkungsklauseln verwendet werden (→ Rn. 28). Bei Tarifverträgen über **Gemeinsame Einrichtungen** kann die notwendige betriebseinheitliche Durchführung und die Finanzierungsfunktion als öffentliches Interesse zur Begründung der Allgemeinverbindlicherklärung richtigerweise auch zu deren Geltung in Fällen der Tarifpluralität führen (→ § 203 Rn. 11 f.).[129]

VII. Beginn und Ende

32 **1. Beginn.** Die Allgemeinverbindlichkeit tritt mangels anderer Festlegungen mit dem Tag der Ausgabe des Bundesanzeigers ein, in dem die Erklärung veröffentlicht ist.[130] Nach der 1989 geänderten Fassung des § 7 S. 2 TVGDV soll der Tag der Allgemeinverbindlicherklärung in aller Regel nicht vor dem Tag der Bekanntmachung des Antrages nach § 4 TVGDV (→ Rn. 24) liegen. Dies zeigt, dass der Gesetzgeber von einer **Allgemeinverbindlicherklärung mit rück-**

[121] JKOS TVR/*Jacobs* § 7 Rn. 228; aA *Kempen* FS Zusatzversorgungskasse, 2007, 77 (87): Vorrang des allgemeinverbindlichen Tarifvertrags.

[122] BAG 18.10.2006 AP Nr. 297 zu § 1 TVG Tarifverträge: Bau = NZA 2007, 1111.

[123] Zur Verfassungsmäßigkeit *Preis/Peramato* S. 76 ff.; *Strippelmann* S. 189 ff.

[124] BAG 25.7.2001 AP Nr. 242 zu § 1 TVG Tarifverträge: Bau = NZA 2002, 1406; 26.1.1994 AP Nr. 22 zu § 4 TVG Tarifkonkurrenz = NZA 1994, 1038.

[125] Vgl. BAG 25.7.2001 AP Nr. 242 zu § 1 TVG Tarifverträge: Bau = NZA 2002, 1406.

[126] Vgl. BAG 4.12.2002 AP Nr. 28 zu § 4 TVG Tarifkonkurrenz.

[127] Anders offenbar BAG 23.3.2005 AP Nr. 29 zu § 4 TVG Tarifkonkurrenz = NZA 2005, 1003, allerdings unter der aufgegebenen Annahme, eine vertragliche Bezugnahme könne zu einer Tarifkonkurrenz führen (→ § 206 Rn. 6). Wie hier *Krets* RdA 2011, 294 (298 f.).

[128] Für diese Rechtsgrundlage *Sittard* S. 37 f., 307 f., 494 ff.

[129] Dazu *Greiner* FS v. Hoyningen-Huene, 2014, 103 (120 f.); s. bereits *Jacobs,* Tarifeinheit und Tarifkonkurrenz, 1998, 294 ff.; *ders.* NZA 2008, 325 (327), sowie *Giesen* ZfA 2008, 355 (377 ff.); *B. Schmidt* 118 ff.; *Sittard* S. 245 ff.; aA *Wiedemann/Arnold* ZTR 1994, 399 (408).

[130] BAG 3.11.1982 AP Nr. 18 zu § 5 TVG.

wirkender Kraft ausgeht.[131] Denkbar ist auch die Erklärung hinsichtlich eines Tarifvertrags, der sich rückwirkende Kraft beimisst. Dabei sind aber die allgemeinen Grundsätze zur Rückwirkung von Gesetzen, namentlich der Grundsatz der Rechtssicherheit und der Vertrauensschutz zu beachten (→ § 202 Rn. 28).[132] Wird der für allgemeinverbindlich erklärte Tarifvertrag geändert oder neu geschlossen, müssen die nach § 5 IV TVG gebundenen Personen grundsätzlich mit der Rückbeziehung der Allgemeinverbindlicherklärung auf den Zeitpunkt des Inkrafttretens der neuen oder geänderten Tarifregelungen rechnen.[133]

2. Ende. a) Grundsatz. Die Allgemeinverbindlichkeit endet nach § 5 V 1 TVG mit ihrer **Aufhebung,** dem Ablauf ihrer Befristung oder nach § 5 V 3 TVG mit dem **Ablauf des Tarifvertrags.** Die Aufhebung kann erfolgen, wenn dies im öffentlichen Interesse geboten erscheint (§ 5 I 1 TVG). Möglich ist auch ihre Änderung, etwa die nachträgliche Einschränkung des Geltungsbereichs (→ Rn. 29). Die Aufhebung, für deren Verfahren § 5 II, III TVG sinngemäß und § 10 TVGDV anzuwenden ist, kann nur im Einvernehmen mit dem Tarifausschuss erfolgen (§ 5 V TVG). Allerdings kann die Aufhebung auch ohne Antrag von Amts wegen erfolgen. Weiterhin endet die Allgemeinverbindlichkeit von selbst, also ohne dass es einer Erklärung des Bundesministeriums für Arbeit und Soziales bedarf, **mit dem Ablauf des Tarifvertrags.** Erfasst ist damit jede Beendigung des Tarifvertrags, sei es durch Kündigung, eine Aufhebungsvereinbarung oder den Eintritt einer auflösenden Bedingung (→ § 208 Rn. 3 ff.). Die Beendigung ist nach § 7 TVGDV von den Tarifvertragsparteien anzuzeigen, im Bundesanzeiger deklaratorisch bekanntzugeben und im Tarifregister (→ § 197 Rn. 23 f.) einzutragen. Bei einer vereinbarten Teilkündigung eines Tarifvertrags bleibt der übrige Teil – vorbehaltlich seiner noch sinnvollen Anwendbarkeit – allgemeinverbindlich.[134] Beim mehrgliedrigen Tarifvertrag im engeren Sinn (→ § 197 Rn. 12) ist zu prüfen, zwischen welchen Tarifvertragsparteien der Tarifvertrag geendet hat, da nur insoweit die Allgemeinverbindlichkeit endet.[135] 33

b) Änderung des Tarifvertrags. Die Tarifvertragsparteien können den der Allgemeinverbindlicherklärung zugrunde liegenden Tarifvertrag auch ändern, allerdings ohne dass die Änderungen an der Allgemeinverbindlichkeit teilnehmen. Im Übrigen ist zu differenzieren: Wird der räumliche, betriebliche oder persönliche **Geltungsbereich erweitert,** so bleibt die Allgemeinverbindlicherklärung für den bisherigen Geltungsbereich unberührt. Wird er dagegen eingeschränkt, so tritt sie in dem Bereich außer Kraft, für den der ursprüngliche Tarifvertrag nicht mehr gilt.[136] Hier kann eine Aufhebung in Betracht kommen (→ Rn. 33). 34

Anders ist eine **inhaltliche Änderung** zu beurteilen. Wird der Tarifvertrag inhaltlich geändert, so gelten die geänderten Tarifnormen nur für die Tarifgebundenen. Das folgt aus der Akzessorietät der Allgemeinverbindlicherklärung. In einer älteren Entscheidung hat das BAG die nicht geänderten Normen noch insoweit für allgemeinverbindlich gehalten, als sie mit den übrigen nicht in einem inneren Zusammenhang stehen.[137] Die **Verwaltungspraxis** des Bundesministers für Arbeit und Soziales ist indes eine andere. Danach führt jede Änderung zur Beendigung der Allgemeinverbindlicherklärung. Dem entspricht auch die Rechtsprechung zur Beendigung der Nachbindung nach § 3 III TVG (→ § 204 Rn. 32). 35

c) Nachwirkung. Endet die Allgemeinverbindlichkeit eines Tarifvertrags, tritt hinsichtlich der nichtorganisierten AN und AG dessen Nachwirkung nach § 4 V TVG ein (→ § 208 Rn. 19 ff.).[138] Das gilt analog § 4 V TVG auch bei einer Aufhebung der Allgemeinverbindlicherklärung nach § 5 V 1 TVG (→ Rn. 33).[139] Eine **Ablösung** durch eine „andere Abmachung" tritt nicht bereits durch einen neuen Tarifvertrag ein, sondern erst durch dessen Allgemeinverbindlicherklärung.[140] 36

---

[131] Zur Zulässigkeit BAG 20.3.2013 AP Nr. 346 zu § 1 TVG Tarifverträge: Bau.

[132] BAG 21.3.2018 AP Nr. 40 zu § 5 TVG = NZA-Beil. 1/2018, 8 ff.

[133] BAG 21.3.2018 AP Nr. 40 zu § 5 TVG = NZA-Beil. 1/2018, 8 ff.; 21.8.2007 AP Nr. 69 zu § 1 BetrAVG Zusatzversorgungskassen = NZA 2008, 182; 25.9.1996 AP Nr. 30 zu § 5 TVG = NZA 1997, 496.

[134] ErfK/*Franzen* TVG § 5 Rn. 26; Wiedemann/*Wank* TVG § 5 Rn. 156.

[135] BAG 8.11.2006 AP Nr. 33 zu § 5 TVG = NZA 2007, 576.

[136] Wiedemann/*Wank* TVG § 5 Rn. 168 ff.; NK-TVG/*Lakies* § 5 Rn. 208.

[137] BAG 16.11.1965 AP Nr. 30 zu § 4 TVG Ausschlussfristen.

[138] BAG 15.10.2003 AP Nr. 41 zu § 4 TVG Nachwirkung = NZA 2004, 178; 27.11.1991 AP Nr. 22 zu § 4 TVG Nachwirkung mAnm *Löwisch/Rieble* = NZA 1992, 800.

[139] Vgl. BAG 18.3.1982 AP Nr. 13 zu § 3 TVG = NZA 1992, 700; aA *Krebs* SAE 1993, 132 (138); *Sittard* S. 293 ff.; dazu krit. *Creutzfeldt* FS Bepler, 2012, 45 ff.

[140] BAG 25.10.2000 AP Nr. 38 zu § 4 TVG Nachwirkung = NZA 2001, 1146.

VIII. Rechtsstreitigkeiten

37 Durch den im Jahr 2014 in das ArbGG eingefügten § 98 ArbGG[141] wurde der Rechtsschutz im Zusammenhang mit Allgemeinverbindlicherklärungen nach § 5 TVG und Rechtsverordnungen nach den §§ 7, 7a, 10 ff. AEntG sowie nach § 3a AÜG (→ § 162 Rn. 18 ff., 50 ff., 57 ff.) neu gestaltet. Die Verfahrensausgestaltung orientiert sich an den Beschlussfahren über die Feststellung der Tarifzuständigkeit und Tariffähigkeit des § 97 ArbGG (→ § 196 Rn. 29 ff.) und an § 47 VwGO. In der Sache wird ein **abstraktes Normenkontrollverfahren** geschaffen.[142] Durch § 2a Nr. 5 ArbGG wird die Entscheidung über die Wirksamkeit von Allgemeinverbindlicherklärungen verbindlich bei den Gerichten für Arbeitssachen konzentriert. Dies gilt auch für bereits außer Kraft getretene Allgemeinverbindlicherklärungen.[143] Eingangsinstanz ist das LAG (§ 98 II ArbGG). Örtlich zuständig ist dasjenige, in dessen Bezirk die Behörde ihren Sitz hat,[144] die den Tarifvertrag für allgemeinverbindlich erklärt hat. Durch die Aussetzungspflicht nach § 98 VI ArbGG und die *erga-omnes*-Wirkung nach § 98 IV 1 ArbGG[145] soll Rechtsklarheit geschaffen und die Prozessökonomie gefördert werden.[146] Eine rechtskräftige Entscheidungsformel ist nach § 98 IV 3 ArbGG im Bundesanzeiger bekannt zu machen.

38 **Verfahrensgegenstand** des Beschlussverfahrens, in dem der Untersuchungsgrundsatz nach § 83 ArbGG gilt,[147] ist die Wirksamkeit einer bereits bekanntgemachten (→ Rn. 24) Allgemeinverbindlicherklärung einschließlich ihrer vom Ministerium zugrunde gelegten Rechtsgrundlage[148] sowie einer ggf. vorgenommenen Ausgestaltung ihres Geltungsbereichs, nicht aber deren Auslegung.[149] Das gilt unabhängig davon, ob dem Antrag auf Allgemeinverbindlicherklärung vollständig oder nur teilweise stattgegeben wurde. Die antragstellenden Tarifparteien sind im letztgenannten Fall auf den Rechtsweg zu den Verwaltungsgerichten verwiesen.[150] Nach dem Wortlaut von § 98 IV 3 ArbGG ist ein Feststellungsantrag, gerichtet auf die Unwirksamkeit der Allgemeinverbindlicherklärung – negativer Feststellungsantrag – zu stellen; ein (vorbeugender) Antrag auf Feststellung der Wirksamkeit scheidet nach § 98 I ArbGG aus.[151] Von einer sog. Normerlassklage im Falle der Ablehnung eines Antrags (→ Rn. 13) auf Erlass einer Allgemeinverbindlicherklärung[152] hat der Gesetzgeber abgesehen. Das Gericht kann zunächst davon ausgehen, dass die Voraussetzungen seitens der erlassenden Behörde beachtet wurden, muss allerdings bei einem entsprechenden Vortrag die Verfahrensakten beiziehen.[153]

39 Die **Antragsbefugnis** ist in § 98 I und VI 2 ArbGG näher geregelt. Sie ist zunächst bei denjenigen Parteien oder Beteiligten gegeben, deren Verfahren nach § 98 VI 1 ArbGG ausgesetzt worden ist (→ Rn. 41). Die Antragsbefugnis ist auf die entscheidungserhebliche Rechtsfrage des ausgesetzten Verfahrens begrenzt, wobei hier – je nach Parteirolle – auch ein positiver Feststellungsantrag gestellt werden kann, um das Verfahren nach § 98 ArbGG „in Gang" zu setzen.[154] Weiterhin ist jede natürliche oder juristische Person sowie eine Gewerkschaft oder Vereinigung von AG antragsbefugt, wenn sie geltend machen kann, durch eine Allgemeinverbindlicherklärung oder deren Anwendung in ihren Rechten verletzt zu sein oder – entsprechend § 47 II VwGO[155] – „in absehbarer Zeit" verletzt zu werden. Damit ist der Kreis der antragsbefugten Personen weiter gefasst als nach § 97 I ArbGG, schließt aber Popularklagen aus. Erforderlich ist jedenfalls, dass substantiiert Tatsachen vorgetragen

[141] Art. 2 des Tarifautonomiestärkungsgesetzes v. 11.8.2014 (BGBl. I 1348); ausf. zur Neuregelung *Maul-Sartori* NZA 2014, 1305 ff.
[142] BAG 21.3.2018 AP Nr. 40 zu § 5 TVG = NZA-Beil. 1/2018, 8 ff.; 21.9.2016 AP Nr. 35 zu § 5 TVG = NZA-Beil. 1/2017, 12 ff.
[143] BAG 21.9.2016 AP Nr. 35 zu § 5 TVG = NZA-Beil. 1/2017, 12 ff.
[144] BAG 21.9.2016 AP Nr. 35 zu § 5 TVG = NZA-Beil. 1/2017, 12 ff.; 21.9.2016 AP Nr. 36 zu § 5 TVG.
[145] Zuvor fand lediglich eine Inzidentkontrolle statt, s. etwa BAG 22.9.1993 AP Nr. 2 zu § 1 TVG Tarifverträge: Gerüstbau = NZA 1994, 323.
[146] BT-Drs. 18/1558, 29, 45.
[147] BAG 21.9.2016 AP Nr. 35 zu § 5 TVG = NZA-Beil. 1/2017, 12 ff. Zur Ausgestaltung des Beschlussverfahrens nach § 98 III ArbGG *Maul-Sartori* NZA 2014, 1305 (1308 f.).
[148] BAG 21.3.2018 AP Nr. 40 zu § 5 TVG = NZA-Beil. 1/2018, 8 ff.
[149] ErfK/*Koch* ArbGG § 98 Rn. 2.
[150] BAG 21.3.2018 AP Nr. 40 zu § 5 TVG = NZA-Beil. 1/2018, 8 ff.
[151] BAG 21.9.2016 AP Nr. 35 zu § 5 TVG = NZA-Beil. 1/2017, 12 ff.; 21.9.2016 AP Nr. 36 zu § 5 TVG; AR/*Reinfelder* ArbGG § 98 Rn. 27, 32; anders *Maul-Sartori* NZA 2014, 1305 (1308).
[152] Vgl. BVerwG 28.1.2010 NZA 2010, 1137; 3.11.1988 AP Nr. 23 zu § 5 TVG = NZA 1989, 364.
[153] BAG 21.9.2016 AP Nr. 35 zu § 5 TVG = NZA-Beil. 1/2017, 12 ff.
[154] BAG 20.11.2018 AP Nr. 41 zu § 5 TVG = NZA 2019, 628; 21.9.2016 AP Nr. 35 zu § 5 TVG = NZA-Beil. 1/2017, 12 ff.
[155] BT-Drs 18/1558, 45.

werden, auf Grund derer eine Rechtsverletzung durch die Allgemeinverbindlicherklärung oder die Anwendung der entsprechenden Tarifregelungen zumindest als möglich erscheint. Danach kann die Antragsbefugnis zunächst den Tarifvertragsparteien zukommen, deren tarifvertragliche Regelungsbefugnis durch den für allgemeinverbindlich erklärten Tarifvertrag eingeschränkt wird – sei es, dass ein von ihnen geschlossener Tarifvertrag durch den allgemeinverbindlichen verdrängt oder der Abschluss eines Tarifvertrags auf Grund der Allgemeinverbindlicherklärung wesentlich erschwert wird.[156] Im Falle eines bereits rechtshängigen Beschlussverfahrens können diese Antragsteller kein neues Verfahren initiieren (§ 261 III Nr. 2 ZPO), sondern sich nur als weitere Antragsteller an dem Ersten beteiligen. Eine erstmalige Beteiligung in der Rechtsbeschwerdeinstanz, die der Überprüfung der vorinstanzlichen Entscheidung dient, scheidet aus.[157] Eine Antragsbefugnis für einzelne AN oder AG kann dann gegeben sein, wenn sie geltend machen können, durch die Anwendbarkeit des für allgemeinverbindlich erklärten Tarifvertrags in ihren Rechten verletzt zu sein. Sie sind dann nicht zunächst auf einen Individualrechtsstreit zu verweisen.[158]

Die **Beteiligung in dem Beschlussverfahren** richtet sich nach § 83 I ArbGG, auf den § 98 III 2 ArbGG verweist. Neben den Antragstellern nach § 98 I oder VI 2 ArbGG ist es die Behörde, die die Allgemeinverbindlicherklärung erlassen hat, die Parteien des betreffenden Tarifvertrags. Hingegen sind nicht all diejenigen Stellen zu beteiligen, denen vor Erlass Gelegenheit zur Stellungnahme gegeben wurde. Gleiches gilt für die Spitzenorganisationen. Ebenfalls nicht zu beteiligen sind die von der Allgemeinverbindlichkeit erfassten AN oder AG sowie konkurrierende Tarifvertragsparteien, die keinen Antrag gestellt haben.[159] 40

Eine **Aussetzungspflicht** besteht nach § 98 VI ArbGG für alle Verfahren in allen Gerichtszweigen und in jeder Instanz, wenn die Entscheidung von der Wirksamkeit einer Allgemeinverbindlicherklärung abhängt.[160] Die Klärung dieser Frage ist allein dem Beschlussverfahren nach § 98 I ArbGG vorbehalten. Die Parteien oder Beteiligten können die Wirksamkeit oder die Unwirksamkeit einer Allgemeinverbindlicherklärung weder „unstreitig" stellen noch kann eine von ihnen sie „pauschal" bestreiten. Vielmehr müssen ernsthafte Anhaltpunkte für die Unwirksamkeit der Allgemeinverbindlicherklärung vorhanden sein.[161] Die Pflicht zur Aussetzung stellt sich auch für Verfahren, die bereits bei Inkrafttreten des § 98 ArbGG rechtshängig waren, weil der Grundsatz der *perpetuatio fori* auf Grund des unterschiedlichen Streitgegenstands der verschiedenen Verfahren nicht eingreift.[162] Kommt es zu einer Aussetzung nach § 98 VI ArbGG, wird das Beschlussverfahren nach § 98 I ArbGG nur durch einen entsprechenden Antrag einer Partei oder eines Beteiligten, nicht aber von Amts wegen eingeleitet. Innerhalb des Verfahrens nach § 98 ArbGG scheidet eine inzidente Überprüfung der Tarifzuständigkeit oder Tariffähigkeit, wenn vernünftige Zweifel hieran bestehen, aus; dann ist eine Aussetzung nach § 97 V TVG erforderlich (→ § 196 Rn. 31).[163] 41

§ 206. Bezugnahme auf Tarifverträge

Übersicht

[156] BAG 21.9.2016 AP Nr. 35 zu § 5 TVG = NZA-Beil. 1/2017, 12 ff.; ErfK/*Koch* ArbGG § 98 Rn. 3; GK-ArbGG/*Ahrendt* § 98 Rn. 27.

[157] BAG 21.3.2018 AP Nr. 40 zu § 5 TVG = NZA-Beil. 1/2018, 8 ff.

[158] BAG 21.9.2016 AP Nr. 35 zu § 5 TVG = NZA-Beil. 1/2017, 12 ff.; ErfK/*Koch* ArbGG § 98 Rn. 3; aA *Maul-Sartori* NZA 2014, 1305 (1310), nur für AG im Falle einer eventuellen Bußgeldbewehrung bei Missachtung der allgemeinverbindlichen Regelungen.

[159] BAG 21.9.2016 AP Nr. 35 zu § 5 TVG = NZA-Beil. 1/2017, 12 ff.; AR/*Reinfelder* ArbGG § 98 Rn. 30; BeckOK ArbR/*Poesche* ArbGG § 98 Rn. 3; aA ErfK/*Koch* ArbGG § 98 Rn. 5.

[160] BAG 21.9.2016 AP Nr. 35 zu § 5 TVG = NZA-Beil. 1/2017, 12 ff.; 10.9.2014 AP Nr. 17 zu § 98 ArbGG 1979 = NZA 2014, 1282, unter Hinweis auf die stRspr zu § 97 V ArbGG, etwa BAG 27.4.2012 NZA 2012, 1061.

[161] BAG 7.1.2015 AP Nr. 18 zu § 98 ArbGG 1979 = NZA 2015, 237; 10.9.2014 NZA 2014, 1282; ErfK/*Koch* ArbGG § 98 Rn. 7; AR/*Reinfelder* ArbGG § 98 Rn. 35; BeckOK ArbR/*Poesche* ArbGG § 98 Rn. 12.

[162] BAG 7.1.2015 AP Nr. 18 zu § 98 ArbGG 1979 = NZA 2015, 237; 10.9.2014 NZA 2014, 1282; allerdings nicht im Rahmen einer Nichtzulassungsbeschwerde BAG 20.8.2014 AP Nr. 16 zu § 98 ArbGG 1979.

[163] BAG 12.4.2017 – 10 AZB 28/17; 21.9.2016 NZA-Beil. 1/2017, 12.

I. Grundsatz

1 **1. Zweck.** Tarifverträge gelten für ein Arbeitsverhältnis grundsätzlich nur bei **beiderseitiger Tarifgebundenheit** der Arbeitsvertragsparteien (§§ 3 I, 4 I TVG; → § 204 Rn. 1 ff.), infolge einer Allgemeinverbindlicherklärung nach § 5 TVG (→ § 205 Rn. 25 ff.) oder aufgrund einer Allgemeinverbindlicherklärung oder einer Rechtsverordnung nach § 7 AEntG sowie nach § 3a AÜG (→ § 162 Rn. 57 ff.). Im Übrigen finden tarifliche Arbeitsbedingungen keine Anwendung, sondern nur die arbeitsvertraglich vereinbarten Regelungen. Bei betrieblichen und betriebsverfassungsrechtlichen Tarifbestimmungen kann sich ein anderes ergeben, weil hier die Tarifgebundenheit des AG ausreicht (→ § 204 Rn. 18 f., bei fehlender Tarifgebundenheit → Rn. 18), doch treffen diese grundsätzlich keine Regelungen über „den Abschluss, den Inhalt und die Beendigung eines Arbeitsverhältnisses" (§ 1 I TVG).[1]

2 In der Praxis stellt sich dies meist anders dar, weil die vertraglich vereinbarte **Bezugnahme eines Tarifvertrags** oder des gesamten Tarifwerks einer Branche oder eines Verbandes (zur Inbezugnahme von Arbeitsvertragsrichtlinien im kirchlichen Bereich → § 185 Rn. 8 f.) verbreitet ist.[2] Diese ist von der Bezugnahme auf ein einseitig vom AG vorgegebenes Regelungswerk (etwa eine „Allgemeine Arbeitsordnung")[3] abzugrenzen. Die Verwendung von Bezugnahmeklauseln in den Arbeitsverträgen schafft für den tarifgebundenen AG eine **Vereinheitlichung der Arbeitsbedingungen.**[4] Diese gilt dann unabhängig davon, ob ein AN bereits tarifgebunden ist (→ Rn. 9), es erst im Verlauf des Arbeitsverhältnisses wird oder seine Mitgliedschaft in der tarifvertragsschließenden Gewerkschaft später endet, wodurch die Tarifverträge nur noch kraft Nachbindung gem. § 3 III TVG (→ § 204 Rn. 27) oder aufgrund Nachwirkung nach § 4 V TVG (→ § 208 Rn. 17) gelten. Zugleich wird die unzulässige Frage nach der Gewerkschaftsmitgliedschaft im Rahmen der Einstellung vermieden (→ § 26 Rn. 24)[5] und der AG setzt kein Anreiz zum Gewerkschaftsbeitritt.[6]

3 Aber auch tarifungebundene AG bedienen sich der arbeitsvertraglichen Verweisung auf Tarifverträge.[7] **Zweck der Bezugnahme** kann hier aber die vereinfachte Gestaltung der Arbeitsverträge sein, weil es für die Vertragsparteien – ebenso wie beim tarifgebundenen AG – entbehrlich wird, den gesamten Tarifvertragsinhalt in den Arbeitsvertrag aufzunehmen („abzuschreiben") und durch die **„Entlastung des Arbeitsvertrags"** Transaktionskosten vermieden werden. Bei einer dynamischen Bezugnahme (→ Rn. 30) wird eine **Anpassung** der Arbeitsbedingungen infolge Zeitablaufs entbehrlich, weil die jeweils aktuellen tariflichen Arbeitsbedingungen (einheitlich) in den Arbeitsverhältnissen zur Anwendung kommen.[8]

4 Ein weiterer Aspekt ist jedenfalls bei einer vollständigen Bezugnahme des einschlägigen Tarifvertrags, dass anders als bei einseitig gestellten Allgemeinen Arbeitsbedingungen (→ § 32 Rn. 5 ff.) eine **Inhaltskontrolle** nach §§ 307 I, II, 308, 309 BGB nicht stattfindet (§ 310 IV 3

---

[1] BAG 22.2.2012 AP Nr. 52 zu § 3 TVG.

[2] Vgl. *Preis,* Arbeitsvertrag, I B Rn. 25; *E.-M. Willemsen* S. 27 und passim. Ausf. *Flockenhaus,* Vertragsgestaltung und Kollektivverträge, 2012, 87 ff.; *Otto,* Arbeitsvertragliche Bezugnahmeklauseln und Änderung der Tarifgeltung, 2006, 87 ff.

[3] Vgl. dazu etwa BAG 11.2.2009 NZA 2009, 428; sowie *Preis* NZA 2010, 361 ff.

[4] BAG 25.10.2000 AP Nr. 13 zu § 1 TVG Bezugnahme auf Tarifvertrag; 30.8.2000 AP Nr. 12 zu § 1 TVG Bezugnahme auf Tarifvertrag = NZA 2001, 510.

[5] BAG 26.9.2001 AP Nr. 29 zu § 1 TVG Bezugnahme auf Tarifvertrag = NZA 2002, 634; 28.3.2000 AP Nr. 27 zu § 99 BetrVG 1972 Einstellung = NZA 2000, 1294.

[6] Deutlich angesprochen in BAG 26.9.2001 AP Nr. 21 zu § 1 TVG Bezugnahme auf Tarifvertrag = NZA 2002, 634.

[7] Vgl. die Daten in BAG 18.4.2007 AP Nr. 53 zu § 1 TVG Bezugnahme auf Tarifvertrag = NZA 2007, 965.

[8] *Stein* AuR 2003, 361.

BGB; → § 35 Rn. 21).[9] Schließlich kann durch die Bezugnahme von vom Gesetz abweichenden Regelungen in Tarifverträgen, die durch **gesetzliche Zulassungsnormen** (→ § 198 Rn. 12) gestattet sind,[10] Gebrauch gemacht werden.

2. Zulässigkeit. Die Bezugnahme auf einen Tarifvertrag oder ein Tarifwerk ist durch den **Grundsatz der Vertragsfreiheit** (§ 311 BGB) legitimiert (zur AGB-Kontrolle → Rn. 12 ff.).[11] 5
Die Rechtsprechung thematisiert dies überhaupt nicht.[12] Nicht zu übersehen ist zwar, dass die Erstreckung von Tarifergebnissen auf sog. Außenseiter die Attraktivität von Gewerkschaften beeinträchtigen kann.[13] Auch wurden urheberrechtliche Bedenken gegen eine Bezugnahme von Tarifverträgen angemeldet.[14] Die Bezugnahme unterfällt indes nicht dem Schutz des UrhG.[15] Das gilt ebenso, wenn lediglich einzelne Tarifbereiche[16] oder -bestimmungen[17] in Bezug genommen werden,[18] wovon etwa § 11 I 2 BUrlG oder § 4 III 2 EFZG ausdrücklich ausgehen (zur AGB-Kontrolle → Rn. 14). Die Vertragsparteien können ferner „fremde", also für das Arbeitsverhältnis an sich nicht einschlägige Tarifverträge oder nicht mehr aktuelle Tarifverträge in Bezug nehmen. Die Gewerkschaften versuchen der Nutzung des Tarifvertrags als „exklusives Gut"[19] mit Differenzierungsklauseln (→ § 200 Rn. 33 ff.) entgegen zu wirken. Diskutiert wird jedenfalls für tarifgebundene AG die – lediglich schuldrechtlich wirkende – verbandsrechtliche Untersagung von Bezugnahmeklauseln.[20]

3. Rechtsnatur. Der Bezugnahme von Tarifverträgen kommt anders als noch unter der Gel- 6
tung des § 1 II TVVO (→ § 195 Rn. 1), der eine Tarifgebundenheit vorsah, lediglich eine **vertragliche Wirkung** zu, ist also rein **schuldrechtlicher Natur.**[21] Der Auffassung, dass mit der Bezugnahmeklausel eine Rechtswahl vergleichbar der im Internationalen Privatrecht vorgenommen werde,[22] ist die Rechtsprechung nicht gefolgt. Die lediglich schuldrechtliche Wirkung tritt auch dann ein, wenn die Arbeitsvertragsparteien eine „Geltung" der Tarifverträge vereinbaren. Es kommt nicht zu einer Tarifgebundenheit iSd § 3 I TVG (→ § 204 Rn. 1, 4 ff.).[23] Die Vertragsparteien sind frei, den Inhalt des Arbeitsvertrags zu ändern. Weiterhin kann es **nicht zu einer Tarifkonkurrenz** zwischen einem in Bezug genommenen und einem kraft beiderseitiger Tarifgebundenheit geltenden Tarifvertrag kommen (→ § 203 Rn. 4 ff.)[24] oder eine Tarifpluralität entstehen (→ § 203 Rn. 9). Das BAG hat die frühere Rechtsprechung[25] sowohl hinsichtlich der Annahme einer Tarifpluralität[26] als auch einer Tarifkonkurrenz[27] ausdrücklich aufgegeben. Sind die Arbeitsvertragsparteien normativ an einen Tarifvertrag gebunden und ist über die Bezugnahmeklausel ein anderer Tarifvertrag anzuwenden, ist ihr Verhältnis nach dem **Günstig-**

---

[9] Zu den Zwecken einer Bezugnahme ErfK/*Franzen* TVG § 3 Rn. 27.

[10] Zusammenstellung bei *Löwisch/Rieble* TVG § 3 Rn. 538 ff., einschließlich derjenigen Gesetzesbestimmungen, in denen diese Möglichkeit nicht aufgenommen wurde.

[11] BAG 14.12.2001 AP Nr. 59 zu § 1 TVG Altersteilzeit.

[12] Erörtert etwa in LAG Hmb 15.11.2000 NZA 2001, 562.

[13] BKS/*Dierßen* § 3 Rn. 250, 255, 262; NK-TVG/*Lorenz* § 3 Rn. 217; KeZa/*Brecht-Heitzmann* TVG § 3 Rn. 162 f.

[14] *Herschel* DB 1969, 659; dazu *Leydecker* GRUR 2007, 1030 ff.

[15] BAG 11.11.1968 AP Nr. 14 zu Art. 9 GG = NJW 1969, 861; *Leuze* AuR 2013, 475 ff.; aA *Leydecker* GRUR 2007, 1030 (1031 ff.).

[16] Etwa den Erholungsurlaub: BAG 23.3.2011 AP Nr. 88 zu § 1 TVG Bezugnahme auf Tarifvertrag = NZA 2012, 396.

[17] So bei Chefärzten die Inbezugnahme der Vergütungsregelungen des BAT: BAG 17.11.2011 AP Nr. 97 zu § 1 TVG Bezugnahme auf Tarifvertrag; 29.6.2011 AP Nr. 45 zu § 1 TVG Tarifverträge: Arzt.

[18] BAG 19.1.1999 AP Nr. 9 zu § 1 TVG Bezugnahme auf Tarifvertrag = NZA 1999, 879.

[19] *Leydecker,* Der Tarifvertrag als exklusives Gut, 2005, 21 ff.; s. auch *Kocher* NZA 2009, 119 (120). *De lege ferenda* zu einem Nutzungsentgelt *Höpfner* ZfA 2020, 178 ff.

[20] NK-TVG/*Lorenz* § 3 Rn. 217.

[21] BAG 30.8.2000 AP Nr. 12 zu § 1 TVG Bezugnahme auf Tarifvertrag mAnm *Waas* = NZA 2001, 510; 6.12.1990 AP Nr. 2 zu § 1 TVG Bezugnahme auf Tarifvertrag = NZA 1991, 394.

[22] NK-TVG/*Lorenz* § 3 Rn. 224 mwN.

[23] BAG 7.12.1977 AP Nr. 9 zu § 4 TVG.

[24] BAG 16.5.2018 AP Nr. 145 zu § 1 TVG Bezugnahme auf Tarifvertrag = NZA 2018, 1489; 7.7.2010 AP Nr. 388 zu § 613a BGB = NZA-RR 2011, 34 mwN, dazu *Grau* RdA 2011, 245 ff.; 22.10.2008 AP Nr. 66 zu § 1 TVG Bezugnahme auf Tarifvertrag = NZA 2009, 151; s. auch *Kleinebrinck* FA 2019, 230 ff.

[25] BAG 20.3.1991 AP Nr. 20 zu § 4 TVG Tarifkonkurrenz = NZA 1991, 736; 23.3.2005 AP Nr. 29 zu § 4 TVG Tarifkonkurrenz = NZA 2005, 1003.

[26] BAG 29.8.2007 AP Nr. 61 zu § 1 TVG Bezugnahme auf Tarifvertrag = NZA 2008, 364; 26.1.1994 AP Nr. 22 zu § 4 TVG Tarifkonkurrenz = NZA 1994, 1038.

[27] BAG 22.10.2008 AP Nr. 66 zu § 1 TVG Bezugnahme auf Tarifvertrag = NZA 2009, 151.

keitsprinzip des § 4 III TVG zu bestimmen (→ § 207 Rn. 21 ff.).[28] Eine gesetzlich geregelte Ausnahme stellt insoweit § 6c SGB II dar, der den gesetzlichen Übergang eines Arbeitsverhältnisses von der Bundesagentur für Arbeit auf einen kommunalen Träger der Grundsicherung für Arbeitsuchende – **„Optionskommune"** – (§ 6a SGB II) regelt. Danach sind die „für Arbeitnehmerinnen und Arbeitnehmer des neuen Trägers jeweils geltenden Tarifverträge" auch dann anzuwenden, wenn arbeitsvertraglich eine Bezugnahme anderer Tarifwerke vereinbart ist.[29] Schließlich kann bei einer Bezugnahme von Tarifverträgen oder Tarifwerken nicht von einer konkludent vereinbarten **„Betriebsvereinbarungsoffenheit"** ausgegangen werden. AN und AG vereinbaren ausdrücklich Vertragsbedingungen, die unabhängig von einer normativen betrieblichen Regelung Anwendung finden sollen.[30]

II. Zustandekommen

7 **1. Grundsatz.** Die Bezugnahme tariflicher Regelungen kann durch **individualvertragliche Vereinbarung** (→ Rn. 9) oder – wenngleich in der Praxis eher selten anzutreffen – durch **betriebliche Übung** erfolgen (→ Rn. 16). Sie kann ferner über einen Personalüberleitungsvertrag vermittelt werden (→ Rn. 17). Zumindest theoretisch ist eine Bezugnahme durch **Betriebsvereinbarung** möglich,[31] die sich aber wegen der Sperrwirkung des § 77 III BetrVG (→ § 231 Rn. 20) allenfalls auf einzelne Teilbereiche nicht üblicher Tarifregelungen beziehen kann. Zudem ist nur eine statische Bezugnahme möglich. Die Betriebsparteien können ihre Regelungsbefugnis nicht der der Tarifvertragsparteien unterwerfen.[32] Bei tarifgebundenen AG ist weiterhin die Sperrwirkung von § 87 I Eingangss. BetrVG zu beachten (→ § 235 Rn. 4 ff.).

8 Die **Abrede** über eine Bezugnahme kann **formfrei** und daher auch konkludent erfolgen, insbesondere ist das Schriftformgebot des § 1 II TVG (→ § 197 Rn. 7 ff.) nicht einschlägig. Eine konkludente Abrede kann vorliegen, wenn der AG trotz Beendigung einer dynamischen Verweisung die in Bezug genommenen Tarifverträge weiterhin anwendet[33] oder wenn er stets den jeweiligen Tarifvertrag heranzieht und die AN die weitergehenden tariflichen Leistungen unwidersprochen entgegennehmen.[34] Zu prüfen ist dabei allerdings, ob nicht eine betriebliche Übung vorliegt (→ Rn. 16). Ein anderes kann sich allerdings ergeben, wenn für den Arbeitsvertrag ein Schriftformerfordernis vorgeschrieben ist (→ § 32 Rn. 46 ff.). Durch die Bezugnahme werden die tariflichen Regelungen Inhalt des Arbeitsverhältnisses. Sie sind als wesentliche Arbeitsbedingung ungeachtet des Umstands, dass sie nicht normativ gelten, in den **schriftlichen Arbeitsnachweis** nach § 2 I, III NachwG aufzunehmen (→ § 32 Rn. 35 f.).[35] Das kann nach § 2 IV NachwG auch durch den Arbeitsvertrag erfolgen, wie es in der Praxis regelmäßig geschieht. Eine detaillierte Angabe der anwendbaren Tarifverträge ist nicht erforderlich.[36]

9 **2. Individualvertragliche Vereinbarung. a) Allgemeines.** Die Bezugnahme kann bei Abschluss oder infolge einer Änderung des Arbeitsvertrags durch individualvertragliche Abrede erfolgen. Eine in den Arbeitsvertrag aufgenommene Bezugnahmeregelung hat grundsätzlich **rechtsbegründende konstitutive Wirkung.**[37] Für die Annahme, eine Verweisungsklausel solle – insb. im Falle einer beiderseitigen Tarifgebundenheit – nur deklaratorische Wirkung in Form einer sog. Wissenserklärung zukommen,[38] bedarf es ganz besonderer Anhaltspunkte. Der AG ist bei Abschluss der Vereinbarung regelmäßig nicht über die Gewerkschaftsmitgliedschaft des ANs informiert. Zudem soll die Verweisung nicht zuletzt aufgrund ihres Zwecks (→ Rn. 3)

---

[28] BAG 7.7.2010 AP Nr. 388 zu § 613a BGB = NZA-RR 2011, 30; 29.8.2007 AP Nr. 61 zu § 1 TVG Bezugnahme auf Tarifvertrag = NZA 2008, 364.

[29] BAG 9.9.2020 NZA 2021, 221; 11.12.2019 AP Nr. 9 zu § 6c SGB II = NZA 2020, 642; dazu *Pawlak* öAT 2020, 166 ff.

[30] BAG 11.4.2018 AP Nr. 143 zu § 1 TVG Bezugnahme auf Tarifvertrag = NZA 2018, 1273.

[31] Vgl. BAG 11.3.1987 AuR 1987, 177.

[32] BAG 23.6.1992 AP Nr. 55 zu § 77 BetrVG 1972 = NZA 1993, 229; BKS/*Dierßen* § 3 Rn. 317.

[33] Vgl. BAG 25.8.2010 AP Nr. 21 zu § 1 TVG Tarifverträge: Arzt; 22.4.2009 AP Nr. 38 zu § 99 BetrVG 1972 Eingruppierung = NZA 2009, 1286.

[34] BAG 11.6.1975 EzA Nr. 1 zu § 3 TVG Bezugnahme auf Tarifvertrag.

[35] BAG 1.8.2018 AP Nr. 17 zu § 1 TVG Tarifverträge: Telekom; 17.4.2002 AP Nr. 6 zu § 2 NachwG = NZA 2002, 1096; 23.1.2002 AP Nr. 5 zu § 2 NachwG = NZA 2002, 800; aA *Thüsing/Lambrich* NZA 2002, 1361 (1369).

[36] BT-Drs. 13/688, 10 f.

[37] Ausf. BAG 22.4.2009 AP Nr. 371 zu § 613a BGB = NZA 2010, 41; weiterhin etwa BAG 13.5.2020 AP Nr. 154 zu § 1 TVG Bezugnahme auf Tarifvertrag = NZA 2020, 1420.

[38] *Hanau* NZA 2005, 489 (490); *Schiefer* DB 2005, 2134 (2137); unklar bei HMB/*Henssler* Teil 10 Rn. 48. Wohl auch BAG 12.3.2008 AP Nr. 6 zu § 611 BGB, allerdings für eine Betriebsvereinbarung.

unabhängig von späteren Änderungen einer Mitgliedschaft (→ Rn. 2) erfolgen. Für eine lediglich deklaratorisch Wissenserklärung bedarf es daher besonderer Anhaltspunkte im Vertrag oder auf Grund der Umstände bei Vertragsschluss.[39] Die Wirkung einer Bezugnahmeklausel ist auch nicht deshalb eingeschränkt, weil der in Bezug genommene Tarifvertrag gleichfalls kraft beiderseitiger Tarifgebundenheit gilt.[40]

Eine Verletzung der **negativen Koalitionsfreiheit** (→ § 189 Rn. 9 ff.) durch die privatautonome Vereinbarung eines tariflichen Regelungswerks oder die Auslegung einer Bezugnahmeklausel scheidet grundsätzlich aus.[41] Bei einer schuldrechtlichen Vereinbarung spielt weder die Mitgliedschaft noch das Fernbleiben von einer Koalition irgendeine Rolle. Daran ändert der Umstand nichts, dass tarifliche Regelungen (weiterhin) auf ein Arbeitsverhältnis anzuwenden sind oder eine ablösende Tarifregelung nunmehr Inhalt des Arbeitsverhältnisses wird (für den Fall eines Betriebsübergangs → § 119 Rn. 17 ff.). 10

Für die **Auslegung von Bezugnahmeklauseln** gelten grundsätzlich die allgemeinen zivilrechtlichen Regelungen (§§ 133, 157 BGB).[42] Bezugnahmeklauseln sind einer ergänzenden Vertragsauslegung zugänglich (→ Rn. 24).[43] Rückschlüsse auf ihren Inhalt können sich sowohl aus der Gesamtsystematik des Vertrags[44] als auch aus der Vertragspraxis ergeben, wenn sie auf den Erklärungswillen zum Zeitpunkt des Vertragsschlusses hindeuten[45] – etwa ob eine Bezugnahme dynamisch oder statisch zu verstehen ist.[46] Demgegenüber sind Vereinbarungen der Tarifvertragsparteien zur Auslegung von Bezugnahmeregelungen ohne Bedeutung, weil diese am Vertrag nicht beteiligt sind.[47] Ebenso wenig können Tarifvertragsparteien einzelvertragliche Bezugnahmevereinbarungen „ablösen".[48] Ist in einem neuen Vertrag eine Bezugnahmeklausel nicht aufgenommen worden, wird die in einem vormaligen nicht dessen Inhalt und kann nicht im Wege der Auslegung einbezogen werden.[49] In der Praxis werden regelmäßig **Verweisungsklauseln in Formulararbeitsverträgen** vereinbart, die der AG als Verwender im Sinne des Rechts der Allgemeinen Geschäftsbedingungen stellt (→ § 35 Rn. 5). 11

b) AGB-Kontrolle. Bezugnahmeklauseln in einem vom AG vorformulierten Arbeitsvertrag unterliegen als Allgemeine Geschäftsbedingungen der **AGB-Kontrolle nach den §§ 305 ff. BGB** (→ § 35 Rn. 39 ff.).[50] Sie sind nach ihrem objektiven Inhalt und typischen Sinn einheitlich so auszulegen, wie sie von verständigen und redlichen Vertragspartnern unter Abwägung der Interessen der beteiligten Verkehrskreise verstanden werden.[51] Die Auslegung kann in der Revisionsinstanz uneingeschränkt überprüft werden.[52] Dabei ist zwischen der Kontrolle der Bezugnahmeklausel als solcher und derjenigen der in Bezug genommenen tariflichen Regelungen zu unterscheiden.[53] Eine arbeitsvertragliche Bezugnahmeklausel, die keine von Rechtsvorschriften abweichende oder diese ergänzende Regelung enthält, unterliegt nicht der Inhaltskont- 12

---

[39] BAG 22.2.2012 AP Nr. 109 zu § 1 TVG Bezugnahme auf Tarifvertrag; 22.4.2009 AP Nr. 371 zu § 613a BGB = NZA 2010, 41; s. auch 14.12.2011 AP Nr. 59 zu § 1 TVG Altersteilzeit.

[40] BAG 24.2.2010 AP Nr. 75 zu § 1 TVG Bezugnahme auf Tarifvertrag = NZA-RR 2010, 530.

[41] BAG 23.9.2009 AP Nr. 71 zu § 1 TVG Bezugnahme auf Tarifvertrag mAnm *Reichold/Ludwig* = NZA 2010, 513; 26.9.2009 NZA 2010, 513; aA *Schüren* RdA 1988, 138 (148); dagegen *E.-M. Willemsen* S. 47.

[42] BAG 18.4.2007 AP Nr. 53 zu § 1 TVG Bezugnahme auf Tarifvertrag = NZA 2007, 965; 26. 9 2001 AP Nr. 21 zu § 1 TVG Bezugnahme auf Tarifvertrag = NZA 2002, 634.

[43] BAG 13.11.2002 AP Nr. 27 zu § 1 TVG Bezugnahme auf Tarifvertrag = NZA 2003, 1039.

[44] BAG 10.7.2013 AP Nr. 16 zu § 305c BGB.

[45] BAG 15.3.2006 AP Nr. 9 zu § 2 TVG Firmentarifvertrag; 25.10.2000 AP Nr. 13 zu § 1 TVG Bezugnahme auf Tarifvertrag = NZA 2002, 100.

[46] BAG 16.6.2010 AP Nr. 79 zu § 1 TVG Bezugnahme auf Tarifvertrag.

[47] BAG 18.4.2012 AP Nr. 110 zu § 1 TVG Bezugnahme auf Tarifvertrag = NZA 2012, 1171; 19.5.2010 AP Nr. 76 zu § 1 TVG Bezugnahme auf Tarifvertrag = NZA 2010, 1183.

[48] BAG 22.2.2012 AP Nr. 109 zu § 1 TVG Bezugnahme auf Tarifvertrag.

[49] BAG 19.9.2007 AP Nr. 17 zu § 10 AÜG = NZA-RR 2008, 231.

[50] BAG 21.11.2012 NZA 2013, 512; 15.4.2008 AP Nr. 38 zu § 1 TVG Altersteilzeit = NZA-RR 2008, 586; zu Bezugnahmen im kirchlichen Bereich: BAG 28.6.2012 AP Nr. 71 zu § 611 BGB Kirchendienst = NZA 2012, 1440.

[51] BAG 19.5.2010 AP Nr. 76 zu § 1 TVG Bezugnahme auf Tarifvertrag = NZA 2010, 1183; 16.12.2009 AP Nr. 73 zu § 1 TVG Bezugnahme auf Tarifvertrag = NZA 2010, 401; zur Bezugnahme der Arbeitsvertragsrichtlinien der Kirchen BAG 22.2.2012 AP Nr. 109 zu § 1 TVG Bezugnahme auf Tarifvertrag sowie → § 185 Rn. 9 f.

[52] StRspr, etwa BAG 6.7.2011 AP Nr. 92 zu § 1 TVG Bezugnahme auf Tarifvertrag = NZA 2012, 100; 9.6.2010 AP Nr. 80 zu § 1 TVG Bezugnahme auf Tarifvertrag; 26.9.2007 AP Nr. 58 zu § 1 TVG Bezugnahme auf Tarifvertrag.

[53] BAG 15.4.2008 AP Nr. 38 zu § 1 TVG Altersteilzeit = NZA-RR 2008, 586; 28.6.2007 AP Nr. 27 zu § 308 BGB = NZA 2007, 1049.

rolle nach § 307 III 1 BGB.[54] Verweist die Klausel auf die einschlägigen tariflichen Regelungen, handelt es sich regelmäßig um **keine überraschende Klausel** iSd § 305c I BGB.[55] Namentlich ein AN, der mit einem tarifgebundenen AG einen Arbeitsvertrag schließt, muss mit einer solchen Regelung rechnen.[56] Im Einzelfall kann sich aber dann ein anderes ergeben, wenn die Klausel für den AN „überraschend" ist, so wenn in einem Änderungsvertrag „über die Neuregelung der Befristung" die Reichweite der bisherigen Bezugnahmeklausel abgeändert wird.[57] Einer wirksamen Einbeziehung der tariflichen Regelungen steht eine unzureichende Möglichkeit der Kenntnisnahme der Tarifbestimmungen durch den AN nicht entgegen. § 305 II BGB findet nach § 310 IV 2 BGB keine Anwendung und eine analoge Anwendung scheidet aus.[58]

13 Ist bei einer Vergütungsabrede, die auf tarifliche Entgeltregelungen verweist, unklar, ob diese einen dynamischen oder statischen Inhalt hat (→ Rn. 30), geht diese Unklarheit zu Lasten des AG (§ 305c II BGB).[59] Die **Unklarheitenregelung** des § 305c II BGB (→ § 35 Rn. 34 ff.) ist allerdings nur heranzuziehen, wenn nicht behebbare Zweifel verbleiben,[60] was in der gerichtlichen Praxis nur selten der Fall ist. Sie findet zudem keine Anwendung bei der Bezugnahme eines Tarifvertrags insgesamt oder eines ganzen Tarifwerks einer Branche, weil hier die Günstigkeit für den AN nicht unabhängig von der jeweiligen Situation und abstrakt beantwortet werden kann.[61] Bei einer tarifpluralen Tarifnachfolge ist im Falle einer Vertragslücke durch ergänzende Vertragsauslegung zu bestimmen, welcher Nachfolgetarifvertrag anzuwenden ist.[62] Eine dynamische Verweisung auf tarifliche Regelungen führt für sich genommen nicht zu einem Verstoß gegen das **Transparenzgebot,** sofern im Zeitpunkt der Anwendung die tarifvertraglichen Regelungen bestimmbar sind.[63] Eine Verweisung, die sich nur auf bestimmte Teile eines Tarifwerks bezieht, ist ohne weitere Anhaltspunkte weder unklar noch unverständlich und daher nicht intransparent.[64] Davon zu unterscheiden ist eine eventuelle Unklarheit des in Bezug genommenen Regelwerks.[65] Anders verhält es sich bei den in der Zeitarbeit (früher) anzutreffenden gestaffelten „Doppelverweisungen" auf die Tarifverträge der CGZP und – für den Fall der Unwirksamkeit des Tarifwerks – „hilfsweise" auf andere Tarifwerke.[66] Eine Verweisung im Bereich der Arbeitnehmerüberlassung auf mehrere selbständige, wenn auch in einer Urkunde zusammengefasste Tarifverträge, soll aus Gründen der Transparenz einer Kollisionsregel bedürfen, der sich entnehmen lässt, welcher der Tarifverträge bei sich – möglicherweise erst in Zukunft – widersprechenden Regelungen den Vorrang haben soll.[67] Welche Folgen dies für Bezugnahmeklauseln auf die Tarifverträge der DGB-Tarifgemeinschaft Zeitarbeit hat, wird unterschiedlich beurteilt (s. weiterhin → § 197 Rn. 13).[68] Zu beachten ist der Vorrang der individuellen Abreden im Arbeitsvertrag nach § 305b BGB.[69]

---

[54] BAG 21.12.2012 NZA 2013, 512; 10.12.2008 AP Nr. 52 zu § 611 BGB Kirchendienst = NZA-RR 2010, 7.

[55] BAG 20.3.2019 AP Nr. 19 zu § 1 TVG Tarifverträge: Telekom; 24.9.2008 AP Nr. 11 zu § 305c BGB = NZA 2009, 154.

[56] BAG 21.11.2012 NZA 2013, 512; 23.3.2011 AP Nr. 88 zu § 1 TVG Bezugnahme auf Tarifvertrag (für eine teilweise Inbezugnahme). Für eine Verweisung auf kirchliche AVR: BAG 10.12.2008 AP Nr. 52 zu § 611 BGB Kirchendienst = NZA-RR 2010, 7.

[57] BAG 9.5.2007 AP Nr. 8 zu § 305c BGB.

[58] BAG 14.11.2012 AP Nr. 118 zu § 1 TVG Bezugnahme auf Tarifvertrag (red. LS); 14.3.2007 AP Nr. 45 zu § 1 TVG Bezugnahme auf Tarifvertrag = NZA 2008, 45.

[59] BAG 9.11.2005 AP Nr. 4 zu § 305c BGB = NZA 2006, 202.

[60] BAG 17.1.2006 AP Nr. 40 zu § 1 TVG Bezugnahme auf Tarifvertrag = NZA 2006, 923.

[61] BAG 29.6.2011 KHE 2011/126; 9.6.2010 AP Nr. 80 zu § 1 TVG Bezugnahme auf Tarifvertrag; 24.9.2008 AP Nr. 11 zu § 305c BGB = NZA 2009, 154. Allerdings ist dann zu fragen, ob nicht lediglich eine entsprechende Feststellungsklage nicht erhoben werden kann, vgl. dazu *B. Schmidt* NZA-Beil. 4/ 2012, 123 (124).

[62] Dazu *Stoffels/Bieder* RdA 2012, 27 ff.; ausf. *B. Schmidt* S. 170 ff.

[63] BAG 21.11.2012 NZA 2013, 512; 23.3.2011 AP Nr. 88 zu § 1 TVG Bezugnahme auf Tarifvertrag; 10.12.2008 AP Nr. 52 zu § 611 BGB Kirchendienst; 14.3.2007 AP Nr. 45 zu § 1 TVG Bezugnahme auf Tarifvertrag = NZA 2008, 45 mwN. Für einen tarifgebundenen AG: BAG 28.6.2007 AP Nr. 27 zu § 308 BGB = NZA 2007, 1049.

[64] BAG 6.5.2009 AP Nr. 44 zu § 307 BGB = NZA-RR 2009, 593; 13.12.2007 AP Nr. 53 zu § 242 BGB Unzulässige Rechtsausübung = NZA 2008, 478.

[65] BAG 8.12.2015 AP Nr. 57 zu § 1 BetrAVG Auslegung = NZA-RR 2016, 374.

[66] *Geißler* AuR 2010, 113 (116); aA *Stoffels/Bieder* RdA 2012, 27 ff. Zur Verweisung auf die mehrgliedrigen „Nachfolge"-Tarifverträge der Koalitionen, die der CGZP angehörten *Heimann* AuR 2012, 50 ff.

[67] BAG 13.3.2013 AP Nr. 31 zu § 10 ÄUG = NZA 2013, 680; dazu zust. krit. *Bayreuther* DB 2014, 717 ff.; *Lembke* u.a. NZA 2013, 948 ff.

[68] Eine Intransparenz nehmen an *Schindele/Söhl* NZA 2014, 1049 (1052); aA *Brors* RdA 2014, 182 ff.

[69] Vgl. BAG 23.5.2007 NZA 2007, 940.

14 Eine weitergehende Kontrolle findet nicht statt. Einer **Inhaltskontrolle nach §§ 308, 309 BGB oder § 307 I 1 oder II BGB** steht entgegen, dass sich der Inhalt einer vertraglichen Verweisungsklausel auf die Bezugnahme als solche beschränkt, durch sie selbst aber keine von Rechtsvorschriften abweichenden oder ergänzenden Regelungen vereinbart werden.[70] Deshalb liegt kein Änderungsvorbehalt iSd § 308 Nr. 4 BGB vor.[71] Tarifverträge stehen nach § 310 IV 3 BGB Rechtsvorschriften iSd § 307 III BGB gleich. Erforderlich ist allerdings, dass auf den einschlägigen und aktuellen Tarifvertrag verwiesen wird.[72] Allein die Inbezugnahme eines nachwirkenden Tarifvertrages eröffnet keine Inhaltskontrolle.[73]

15 Anders kann es sich verhalten, wenn **nur einzelne Tarifbestimmungen** oder Teile eines Tarifvertrags **in Bezug genommen** werden. In diesem Fall kommt die durch § 310 IV 1 BGB vorgesehene Privilegierung nicht zum Zuge, weil erst die Gesamtheit der tariflichen Bestimmungen die Vermutung der Angemessenheit in sich trägt. Es soll eine Auswahl den AG einseitig begünstigender Tarifbestimmungen vermieden werden. Dabei ist aber zu beachten, welche Teile in Bezug genommen werden. Entfällt durch eine Teilverweisung nur der sowieso für das Arbeitsverhältnis nicht einschlägige Tarifvertragsteil, bleibt es bei der Vorgabe des § 310 IV 2 BGB.[74] Allein der Umstand, dass tarifliche Regelungen nur „im Übrigen" in Bezug genommen werden, steht der Privilegierung nicht entgegen, wenn der Arbeitsvertrag keine Abreden enthält, die jene des Tarifvertrags verdrängen.[75] Dasselbe wird man bei einer Verweisung auf fachlich oder örtlich nicht einschlägige Tarifverträge annehmen müssen, da sich die Angemessenheitsvermutung eines Tarifvertrags an den – durchaus unterschiedlichen Bedingungen – des jeweiligen tariflichen Geltungsbereichs orientiert.[76]

16 **3. Betriebliche Übung.** Die Bezugnahme auf Tarifverträge kann sich auch nach den **Grundsätzen der betrieblichen Übung** (→ § 110 Rn. 12 ff.) ergeben.[77] Ob sich bei einem tarifungebundenen AG die betriebliche Übung nur als statische Bezugnahme erweist[78] oder sich Anhaltspunkte für eine dynamische Bezugnahme ergeben, ist im Einzelfall zu prüfen.[79] Bei einem tarifgebundenen AG kann vorbehaltlich besonderer Anhaltspunkte nicht davon ausgegangen werden, er wolle die Dynamik auch bei Wegfall der Tarifgebundenheit aufrechterhalten.[80] Es werden sowohl die den AN begünstigenden wie die belastenden Regelungen in Bezug genommen.[81] Der unmittelbare Sachzusammenhang zwischen einer durch betriebliche Übung anwendbaren tariflichen Regelung und der für sie bestehenden Ausschlussfrist spricht dafür, dass letztere von der Bezugnahme erfasst ist.[82] Eine betriebliche Übung kommt aber nicht zustande, wenn der AG Leistungen aufgrund einer – auch nur vermeintlichen – tariflichen Verpflichtung erbringt.[83]

17 **4. Personalüberleitungsvertrag.** Die Bezugnahme von tariflichen Regelungen kann Gegenstand von **anlässlich eines Betriebsübergangs** zwischen Veräußerer und Erwerber

---

[70] BAG 21.11.2012 NZA 2013, 512; 6.5.2009 AP Nr. 44 zu § 307 BGB = NZA-RR 2009, 593; 13.12.2007 AP Nr. 53 zu § 242 BGB Unzulässige Rechtsausübung = NZA 2008, 478.

[71] BAG 21.11.2012 NZA 2013, 512; 10.12.2008 AP Nr. 52 zu § 611 BGB Kirchendienst = NZA-RR 2010, 7.

[72] ErfK/*Preis* BGB §§ 305–310 Rn. 14; HWK/*Gotthardt* BGB § 307 Rn. 14; zum beendeten Tarifvertrag *Löwisch/Rieble* TVG § 3 Rn. 554; *Thüsing/Lambrich* NZA 2002, 1362 (1362).

[73] BAG 18.9.2012 AP Nr. 96 zu § 7 BUrlG Abgeltung = NZA 2013, 216.

[74] BAG 6.5.2009 AP Nr. 44 zu § 307 BGB = NZA-RR 2009, 593.

[75] BAG 27.6.2018 AP Nr. 310 zu § 611 BGB Gratifikation = NZA 2018, 1344; s. auch zu § 77 IV BetrVG BAG 26.9.2017 AP Nr. 237 zu § 112 BetrVG 1972 = NZA 2018, 803.

[76] ErfK/*Franzen* TVG § 3 Rn. 34.

[77] BAG 24.3.2016 AP Nr. 94 zu § 242 BGB Betriebliche Übung = NZA 2016, 557; 21.11.2012 AP Nr. 16 zu § 3 TVG Verbandsaustritt; 22.4.2009 AP Nr. 38 zu § 99 BetrVG 1972 Eingruppierung = NZA 2009, 1286. S. auch *Betz* BB 2010, 2045 ff.; *Jaekel*, „Tarifbindung" durch betriebliche Übung, 2010.

[78] Etwa BAG 6.8.2009 AP Nr. 375 zu § 613a BGB = NZA 2010, 172.

[79] BAG 23.3.2011 AP Nr. 101 zu § 77 BetrVG 1972; 3.11.2004 AP Nr. 28 zu § 611 BGB Lohnanspruch. Generell für eine statische Bezugnahme *Sutschet* NZA 2007, 679 ff.; krit. *Ch. Picker,* Die betriebliche Übung, 2011, 357 ff., 371 ff.

[80] BAG 24.3.2016 AP Nr. 94 zu § 242 BGB Betriebliche Übung = NZA 2016, 557; dazu *Thönißen* DB 2016, 1640 f.

[81] BAG 24.11.2004 AP Nr. 70 zu § 242 BGB Betriebliche Übung = NZA 2005, 349; 17.4.2002 AP Nr. 6 zu § 2 NachwG = NZA 2002, 1096.

[82] BAG 17.4.2002 AP Nr. 6 zu § 2 NachwG; 19.1.1999 AP Nr. 9 zu § 1 TVG Bezugnahme auf Tarifvertrag = NZA 1999, 879.

[83] BAG 11.7.2018 AP Nr. 147 zu § 1 TVG Bezugnahme auf Tarifvertrag mwN; 17.3.2010 AP Nr. 9 zu § 1 TVG Tarifverträge: Brotindustrie; 18.4.2007 AP Nr. 54 zu § 1 TVG Bezugnahme auf Tarifvertrag.

geschlossenen sog. Personalüberleitungsverträgen sein.[84] Ein solcher Vertrag kann zwar keine unmittelbaren Berechtigung und Verpflichtung der von ihm erfassten AN schaffen, weil durch einen Vertrag zu Gunsten Dritter iSd § 328 BGB keine Lasten begründet werden können.[85] Eine solche Abrede kann als **berechtigender Vertrag zu Gunsten Dritter** auszulegen sein, der einen Anspruch gegen den AG begründet, mit dem aus dem Personalüberleitungsvertrag berechtigten AN eine vertragliche Vereinbarung über die Bezugnahme des im Personalüberleitungsvertrag genannten Tarifwerks abzuschließen.[86] Die Auslegung eines Personalüberleitungsvertrags kann allerdings ergeben, dass **lediglich die Gesetzeslage** nach § 613a I 1 oder 2 BGB bekräftigt, nicht aber neue Rechte begründet werden sollen.[87]

III. Gegenstand von Bezugnahmeklauseln

18 Den Arbeitsvertragsparteien ist es vorbehaltlich der Kontrolle nach den §§ 305 ff. BGB (→ Rn. 12 ff.) unbenommen, den Inhalt und den Umfang der Bezugnahme im Einzelnen individuell zu bestimmen. Bei einer sog. **Globalverweisung** werden grundsätzlich – vorbehaltlich eigenständiger vertraglicher Regelungen – sämtliche Bestimmungen eines Tarifvertrags, die Abschluss, Inhalt und Beendigung eines Arbeitsverhältnisses regeln, in Bezug genommen („im Übrigen finden …"). In der Praxis wird in der Regel auf den Tarifvertrag oder das Tarifwerk verwiesen, die bei Tarifgebundenheit (→ § 204 Rn. 1, 4 ff.) der Arbeitsvertragsparteien nach seinem **örtlichen, zeitlichen, betrieblichen und persönlichen Geltungsbereich** (→ § 202 Rn. 6 ff.) gelten würde. Durch den Arbeitsvertrag können **nachwirkende Tarifverträge** oder einzelne Tarifvertragsbestimmungen oder -bereiche[88] und ebenso andere als die „einschlägigen" Tarifverträge in Bezug genommen werden, und dies selbst dann, wenn die anderen kraft Tarifgebundenheit gelten.[89] Eine **Bezugnahme auf unwirksame Tarifverträge** ist zwar einzelvertraglich möglich,[90] bedarf aber deutlicher Anhaltspunkte, dass dies auch für diesen Fall als vereinbart gelten soll. Soweit der Vierte Senat angenommen hat, dies sei vielmehr für die gegenteilige Annahme erforderlich,[91] begegnet das Bedenken. Bereits im Hinblick auf den Zweck von Bezugnahmeregelungen (→ Rn. 2 f.) und die sonst eintretende AGB-Kontrolle der vermeintlichen Tarifregelungen (etwa tarifliche Ausschlussfristen) sowie die dann bestehende Unwirksamkeit etwaiger vom Gesetz „an sich" in zulässiger Weise abweichender Tarifinhalte sprechen gegen eine solche Regelbildung. Ist die Bezugnahmeregelung als „Gleichstellungsabrede" formuliert (→ Rn. 32),[92] ist die Wirksamkeit des Tarifvertrags gerade vorausgesetzt.[93] Das ist etwa auch in der Zeitarbeitsbranche der Fall, wenn ein Abweichen vom *equal-pay*-Grundsatz erreicht werden soll.[94] Auch im Übrigen wird man regelmäßig davon ausgehen können, die Verweisung solle sich auf wirksame Tarifverträge erstrecken.[95] Von einer Bezugnahmeregelung können die **betriebsverfassungsrechtlichen Regelungen** nicht erfasst werden. Die Arbeitsvertragsparteien können mangels fehlender Regelungskompetenz – auch nicht über eine vertragliche Verweisungsklausel – Rechte und Pflichten für betriebsverfassungsrechtliche Organe schaffen. Hier ist die Tarifgebundenheit des AG erforderlich.[96]

19 Ausnahmen können sich ergeben, wenn der Tarifvertrag Verpflichtungen enthält, die der AG nicht erfüllen kann, wie etwa eine Zusatzversorgung im öffentlichen Dienst.[97] Im Wege der Ver-

[84] Vgl. BAG 10.12.2008 AP Nr. 68 zu § 1 TVG Bezugnahme auf Tarifvertrag = NZA-RR 2009, 537.
[85] BAG 20.4.2005 AP Nr. 35 zu § 1 TVG Bezugnahme auf Tarifvertrag = NZA 2006, 281.
[86] BAG 23.2.2011 AP Nr. 86 zu § 1 TVG Bezugnahme auf Tarifvertrag = NZA-RR 2011, 510; 22.4.2009 AP Nr. 38 zu § 99 BetrVG 1972 Eingruppierung = NZA 2009, 1286.
[87] Vgl. BAG 26.8.2009 AP Nr. 69 zu § 1 TVG Bezugnahme auf Tarifvertrag = NZA 2010, 891.
[88] BAG 30.1.2013 AP Nr. 25 zu § 1 TVG Tarifverträge: Musiker (red. LS); 9.5.2007 AP Nr. 8 zu § 305c BGB; 5.6.2007 AP Nr. 57 zu § 1 TVG Bezugnahme auf Tarifvertrag = NZA 2007, 1369.
[89] BAG 22.1.2002 AP Nr. 55 zu § 11 BUrlG = NZA 2002, 1041; 6.12.1990 AP Nr. zu § 1 TVG Bezugnahme auf Tarifvertrag = NZA 1991, 394; ebenso KeZa/*Brecht-Heitzmann* TVG § 3 Rn. 195.
[90] BAG 22.1.2002 AP Nr. 55 zu § 11 BUrlG = NZA 2002, 1041.
[91] BAG 30.8.2017 AP Nr. 140 zu § 1 TVG Bezugnahme auf Tarifvertrag = NZA 2018, 636.
[92] So in BAG 5.7.2017 AP Nr. 138 zu § 1 TVG Bezugnahme auf Tarifvertrag = NZA 2018, 47.
[93] Dazu *Wortmann* Anm. zu AP Nr. 143 zu § 1 TVG Bezugnahme auf Tarifvertrag.
[94] BAG 13.3.2013 AP Nr. 25 zu § 10 AÜG = NZA 2013, 226.
[95] BAG 7.12.1977 AP Nr. 9 zu § 4 TVG Nachwirkung. Unklar BAG 14.12.2011 AP Nr. 104 zu § 1 TVG Bezugnahme auf Tarifvertrag. Wie hier *Laux* FS Bepler, 2012, 335 (342); *E.-M. Willemsen* S. 82 f.
[96] BAG 20.1.2021 NZA 2021, 792; s. auch BAG 23.4.2009 AP Nr. 160 zu § 102 BetrVG 1972 = NZA 2009, 915; in der Sache bereits ebenso BAG 12.6.2013 AP Nr. 228 zu § 1 TVG Tarifverträge: Metallindustrie mAnm *Reufels* = NZA-RR 2014, 13.
[97] BAG 1.6.1995 AP Nr. 5 zu § 1 BAT-O = NZA 1996, 322.

weisung können nur **Teile eines Tarifvertrags** in Bezug genommen werden (zur AGB-Kontrolle → Rn. 12 ff.).[98] Wird in einem Arbeitsvertrag wegen bestimmter Gegenstände, zB den Urlaub, auf den Tarifvertrag verwiesen, so ist im Zweifel anzunehmen, dass der gesamte sachliche Regelungskomplex zur Anwendung kommen soll.[99] Es können Teilbereiche verschiedener Tarifverträge in Bezug genommen werden.[100] Schließlich kann nur auf **einzelne Vorschriften** eines Tarifvertrags verwiesen werden,[101] was namentlich bei Vergütungsabreden vorkommt.[102]

IV. Reichweite von Bezugnahmeklauseln

1. Grundtypen. Die vertragliche Bezugnahme von tariflichen Regelungen ist in der Praxis sehr unterschiedlich ausgestaltet und macht eine Auslegung im Einzelfall erforderlich (→ Rn. 11).[103] Gleichwohl haben sich in der Praxis bestimmte **Kategorisierungen von Bezugnahmeklauseln** herausgebildet, wobei allerdings ein Numerus Clausus für vertragliche Verweisungsklauseln nicht besteht.[104] 20

Grundtypen von Bezugnahmeklauseln:

- **Statische Bezugnahmeklausel** (→ Rn. 30) Beispiel: *„Auf das Arbeitsverhältnis findet der Tarifvertrag … in der Fassung vom … Anwendung."*
- **zeitdynamische (auch unbedingte zeitdynamische oder sog. kleine) Bezugnahmeklausel** (→ Rn. 31 ff.) Beispiel: *„Auf das Arbeitsverhältnis findet der TV-L einschließlich der ändernden, ergänzenden und ersetzenden Tarifverträge Anwendung."*
- **„Tarifwechselklausel"** oder sog. **große (zeit-)dynamische Bezugnahmeklausel** (→ Rn. 26 f.) Beispiel: *„Auf das Arbeitsverhältnis findet der jeweils für den Betrieb einschlägige Tarifvertrag (an den der AG tarifgebunden ist) Anwendung."*
- **„Gleichstellungsrede"** (→ Rn. 33 ff.) Beispiel: *„Auf das Arbeitsverhältnis finden die jeweiligen Tarifverträge des Verbandes … Anwendung. Entfällt die Tarifgebundenheit des AG, gelten die Tarifverträge mit dem Regelungsbestand weiter, der zum Zeitpunkt der Beendigung der Tarifgebundenheit bestanden hat."*

Lediglich ein Unterfall einer der vorstehenden Typen ist die sog. **Teilverweisungsklausel** (→ Rn. 20), die nur einzelne Tarifvertragsteile oder einzelne bestimmte Tarifregelungen in Bezug nimmt.[105]

2. Sachliche Reichweite. a) Bestimmte Tarifverträge oder Tarifwerke einer Branche. 21
Bezugnahmeklauseln verweisen inhaltlich regelmäßig auf einen bestimmten Tarifvertrag, mehrere Tarifwerke oder ein bestimmtes Tarifwerk einer Branche. Hier kann – unabhängig von der zeitlichen Dynamik – im Einzelfall deren **sachliche Reichweite** zu klären sein, namentlich dann, wenn es sich um die Anwendung von den benannten Tarifvertrag ergänzenden Tarifverträgen handelt, die als solche nicht im Wortlaut der Klausel aufgeführt sind.[106] Dabei kann die Bezeichnung eines bestimmten Tarifvertrags lediglich als „Synonym" für ein ganzes Tarifwerk zu verstehen sein,[107] wie es im öffentlichen Dienst (TVöD/TV-L) regelmäßig der Fall sein dürfte. Verweisen die Parteien auf einen bestimmten für das Arbeitsverhältnis einschlägigen Tarifvertrag und die diesen ergänzenden Tarifverträge, so werden nur die Tarifverträge erfasst, unter deren Geltungsbereich das Arbeitsverhältnis fällt.[108] Wird auf die von einem Arbeitgeberverband

[98] BAG 19.1.1999 AP Nr. 9 zu § 1 TVG Bezugnahme auf Tarifvertrag = NZA 1999, 879.
[99] BAG 17.11.1998 AP Nr. 10 zu § 1 TVG Bezugnahme auf Tarifvertrag = NZA 1999, 938.
[100] BAG 5.4.2006 AP Nr. 3 zu § 1 AVR Diakonisches Werk = NZA-RR 2007, 329.
[101] BAG 19.1.1999 AP Nr. 9 zu § 1 TVG Bezugnahme auf Tarifvertrag = NZA 1999, 879.
[102] Vgl. etwa BAG 9.11.2005 AP Nr. 1 zu § 305c BGB.
[103] BAG 5.9.2012 AP Nr. 117 zu § 1 TVG Bezugnahme auf Tarifvertrag = NZA-RR 2013, 285.
[104] Formulierungsvorschläge bei HMB/*Henssler* Teil 10 Rn. 131 ff.; *Olbertz* BB 2007, 2737 ff.; *E.-M. Willemsen* S. 445 ff.
[105] Vgl. BKS/*Dierßen* § 3 Rn. 261.
[106] Bezugnahmeklauseln auf die Bestimmungen des kirchlichen Arbeitsrechts (→ § 35 Rn. 74 ff.) werden regelmäßig dahingehend ausgelegt, dieses solle umfassend angewendet werden können: BAG 28.6.2012 AP Nr. 71 zu § 611 BGB Kirchendienst = NZA 2012, 1440; 10.12.2008 AP Nr. 52 zu § 611 BGB Kirchendienst = NZA-RR 2010, 7; 19.2.2003 AP Nr. 36 zu § 611 BGB Kirchendienst = NZA 2004, 54. Die AVR unterliegen dann keiner Transparenzkontrolle BAG 30.10.2019 AP Nr. 98 zu § 611 BGB Kirchendienst = NZA 2020, 379 ff.
[107] BAG 27.1.2010 ZTR 2010, 479.
[108] BAG 15.3.2006 AP Nr. 38 zu § 1 TVG Bezugnahme auf Tarifvertrag = NZA 2006, 690.

geschlossenen Tarifverträge verwiesen, sind die anderer Tarifvertragsparteien auf Arbeitgeberseite ebenso wenig erfasst wie **Haustarifverträge.**[109] Bei der Bezugnahme von Entgelttarifverträgen werden regelmäßig auch Tarifverträge über Einmalzahlungen erfasst, die als pauschalierte Entgelterhöhungen eine ausgebliebene Erhöhung der Vergütungstabellen kompensieren sollen.[110]

22 **b) Tarifsukzession und Tarifkollision.** Bei der vollständigen **Ablösung eines Tarifvertrags** oder eines gesamten Tarifwerks durch einen neuen, ggf. von der Vorgängerregelung erheblich abweichenden Tarifvertrag oder ein neues Tarifwerk (etwa der Übergang auf das Entgeltrahmenabkommen – ERA – nebst den dazu gehörenden Tarifverträgen in der Metall- und Elektroindustrie; zur Ablösung des BAT → § 64 Rn. 27 f.) kann fraglich sein, ob die neuen Tarifverträge von der Bezugnahmeklausel erfasst werden. Es handelt sich dabei nicht um einen Tarifwechsel, der eine sog. Tarifwechselklausel (→ Rn. 26 f.) erforderlich macht. Vielmehr liegt, wenn man nicht sowieso nur von einer (lediglich) ablösenden Tarifnachfolge ausgehen will, eine vereinbarte Tarifsukzession innerhalb des Geltungsbereichs des bisherigen Tarifvertrags vor.[111] Davon ist zB bei der Ablösung des BAT sowie der Tarifverträge für die gewerblichen AN durch verschiedene, hinsichtlich der Beschäftigtengruppen der Angestellten und der gewerblichen AN allerdings vereinheitlichte Nachfolgetarifverträge auszugehen (→ § 64 Rn. 26). An einer Tarifsukzession fehlt es, wenn im Rahmen einer Abspaltung oder eines Betriebsübergangs für das neue Unternehmen Haustarifverträge geschlossen werden.[112]

23 Für die **Tarifsukzession im öffentlichen Dienst** sind bei der im öffentlichen Dienst für die Angestellten üblichen Bezugnahmeklausel – „Das Arbeitsverhältnis bestimmt sich nach dem Bundes-Angestelltentarifvertrag (BAT) und den diesen ergänzenden, ändernden oder ersetzenden Tarifverträgen in der für den Bereich der Vereinigung der kommunalen Arbeitgeberverbände (VKA) /der Tarifgemeinschaft der Länder (TdL) jeweils geltenden Fassung" – die ablösenden Tarifverträge – TVöD oder TV-L – von der Bezugnahme erfasst.[113] Die entsprechenden Regelungen des nachfolgenden TVöD sind ebenfalls anwendbar, wenn „Urlaubs- und Weihnachtsgeld … in Anlehnung an die jeweils gültigen Bestimmungen des BAT" gewährt werden soll.[114] Die Auslegung des Vertragswerks kann im Einzelfall allerdings zu anderen Ergebnissen führen.[115] Diese Grundsätze gelten weiterhin für die „ERA-Tarifverträge" als Nachfolgetarifvertrag in der **Metall- und Elektroindustrie.**[116]

24 Fehlt in der Bezugnahmeklausel der Hinweis auf die „ändernden oder ersetzenden Tarifverträge", sondern wird nur auf die „jeweiligen", namentlich bezeichneten Tarifverträge verwiesen, werden von dieser zwar zeitdynamischen, aber nicht zwingend inhaltsdynamischen Bezugnahme die Nachfolgetarifverträge im Falle einer Tarifsukzession nach der Rechtsprechung nicht erfasst.[117] Ob dies ebenso dann der Fall ist, wenn die „ändernden" Tarifverträge in Bezug genommen werden, hat das BAG offen gelassen,[118] aber deutlich zu erkennen gegeben, dass hier bereits die Auslegung der Bezugnahmeklausel die Nachfolgetarifverträge erfassen würde.[119] Nimmt man eine fehlende Bezugnahme der nachfolgenden Tarifverträge an, wird der Vertrag, der nach dem Regelungsplan

---

[109] BAG 11.7.2018 AP Nr. 147 zu § 1 TVG Bezugnahme auf Tarifvertrag (TVöD/Tarifverträge der privaten Wirtschaft); 15.6.2016 AP Nr. 44 zu § 322 ZPO = NZA 2017, 593; 5.9.2012 AP Nr. 53 zu § 3 TVG.

[110] BAG 10.11.2010 ZTR 2011, 150; 16.6.2010 AP Nr. 79 zu § 1 TVG Bezugnahme auf Tarifvertrag; 16.12.2009 AP Nr. 73 zu § 1 TVG Bezugnahme auf Tarifvertrag = NZA 2010, 401.

[111] BAG 16.12.2009 AP Nr. 73 zu § 1 TVG Bezugnahme auf Tarifvertrag = NZA 2010, 401; 22.4.2009 AP Nr. 38 zu § 99 BetrVG 1972 Eingruppierung = NZA 2009, 1286.

[112] BAG 16.11.2011 AP Nr. 98 zu § 1 TVG Bezugnahme auf Tarifvertrag; 6.7.2011 AP Nr. 91 zu § 1 TVG Bezugnahme auf Tarifvertrag.

[113] Grdl. BAG 22.4.2009 AP Nr. 38 zu § 99 BetrVG 1972 Eingruppierung = NZA 2009, 1286; für eine Bezugnahme in einer Vergütungsabrede BAG 9.6.2010 AP Nr. 80 zu § 1 TVG Bezugnahme auf Tarifvertrag; sowie 16.5.2012 AP Nr. 113 zu § 1 TVG Bezugnahme auf Tarifvertrag; für Tarifverträge im Bereich der Kirche BAG 25.1.2018 AP Nr. 89 zu § 611 BGB Kirchendienst = NZA-RR 2018, 308. Zur Inbezugnahme des TV Einkommensverbesserung Hessen BAG 21.8.2013 AP Nr. 124 zu § 1 TVG Bezugnahme auf Tarifvertrag = NZA 2014, 271.

[114] BAG 27.1.2010 ZTR 2010, 479.

[115] BAG 10.6.2009 AP Nr. 38 zu § 157 BGB.

[116] BAG 12.6.2013 AP Nr. 228 zu § 1 TVG Tarifverträge: Metallindustrie mAnm *Reufels* = NZA-RR 2014, 13.

[117] BAG 19.5.2010 AP Nr. 76 zu § 1 TVG Bezugnahme auf Tarifvertrag = NZA 2010, 1183; 10.6.2009 AP Nr. 38 zu § 157 BGB; für den Fall der gesetzlichen Rechtsnachfolge bei der Deutschen Bundespost BAG 6.7.2011 NZA 2012, 100.

[118] BAG 25.8.2010 AP Nr. 21 zu § 1 TVG Tarifverträge: Arzt; 7.7.2010 AP Nr. 77 zu § 1 TVG Bezugnahme auf Tarifvertrag = NZA-RR 2011, 137.

[119] BAG 16.11.2011 EzTöD 100 § 2 TVöD-AT Bezugnahmeklausel Nr. 39.

eine dynamische Bezugnahme beabsichtigte, lückenhaft. Dies widerspricht dem Zweck der dynamischen Bezugnahme.[120] Im Wege der **ergänzenden Vertragsauslegung** sind die nunmehr maßgebenden tariflichen Regelungen zu ermitteln.[121] Die Bezugnahmeklausel „zu Ende gedacht" ergibt regelmäßig, dass die Parteien das Nachfolgewerk des ursprünglichen Tarifvertrags in Bezug genommen hätten.[122] Eine „eingefrorene" Bezugnahme bedarf besonderer Anhaltspunkte.[123] Das gilt auch dann, wenn einzelne Bestimmungen des in Bezug genommenen Tarifvertrags ausgenommen sind, die Vorstellung beider Parteien, dass Arbeitsverhältnis dynamisch einem Regelungswerk zu unterstellen, davon aber nicht in Frage gestellt wird.[124] Beim tarifungebundenen AG sind die Tarifbedingungen anzuwenden, die gelten würden, wenn das Arbeitsverhältnis im Geltungsbereich eines Tarifvertrags erbracht würde.[125] Für die Anwendung eines später geschlossenen Haustarifvertrages dürfte es regelmäßig an ausreichenden Anhaltspunkten fehlen.[126]

Eine weitere Präzisierung des Nachfolgetarifvertrags ist erforderlich, wenn es – wie etwa im Bereich der Ärzte (→ § 64 Rn. 27) – zu einer sog. **tarifpluralen Tarifsukzession mit einer Tarifkollision** gekommen ist, also wenn an die Stelle von mehreren Gewerkschaften geschlossenen einheitlichen Tarifverträgen unterschiedliche Nachfolgetarifverträge getreten sind oder inhaltsgleiche Tarifwerke inhaltlich „auseinanderfallen".[127] Insoweit kann nicht einfach davon ausgegangen werden, der speziellere Tarifvertrag solle an die Stelle des abgelösten treten.[128] Es handelt sich bei dem Spezialitätsprinzip um eine tarifrechtliche Kollisionsregel, nicht aber um eine Regel zur Vertragsauslegung.[129] Vielmehr ist zu ermitteln, welchem Zweck die Bezugnahmeklausel dient. Sollen die Arbeitsbedingungen aller Beschäftigten dem „Regime" eines einzelnen Tarifvertrags unterstellt werden, ist es derjenige, der von seinem Geltungsbereich her dazu in der Lage ist.[130] Das kann die Anwendung des von der Gewerkschaft ver.di geschlossenen TVöD oder TV-L zur Folge haben und nicht der vom Marburger Bund für Ärzte vereinbarten Tarifverträge. Scheidet eine ergänzende Vertragsauslegung aus, endet die zeitliche Dynamik der Bezugnahmeregelung mit dem letzten einheitlichen Regelungsbestand.[131] 25

c) „Tarifwechselklausel". Ist für das Arbeitsverhältnis vereinbart, dass die Bedingungen der **jeweils für den Betrieb einschlägigen oder geltenden Tarifverträge** anzuwenden sind, stellt dies in der Regel eine Tarifwechselklausel dar.[132] Mit einer derartigen Vertragsabrede wird zunächst auf die Tarifverträge Bezug genommen, an die der AG bei Abschluss des Arbeitsvertrags gebunden ist oder – beim tarifungebundenen AG – die für den Betrieb zukünftig einschlägig werden. Eine Tarifwechselklausel soll bewirken, dass dieser die Normen anderer einschlägiger Tarifverträge einer anderen Branche oder von anderen Tarifvertragsparteien geschlossene Tarifvereinbarungen anzuwenden sind.[133] 26

---

[120] BAG 11.4.2018 AP Nr. 143 zu § 1 TVG Bezugnahme auf Tarifvertrag = NZA 2018, 1273; 19.5.2010 AP Nr. 76 zu § 1 TVG Bezugnahme auf Tarifvertrag = NZA 2010, 1183.

[121] BAG 18.4.2012 AP Nr. 112 zu § 1 TVG Bezugnahme auf Tarifvertrag mAnm *Uffmann* = NZA 2012, 1171; 19.5.2010 AP Nr. 76 zu § 1 TVG Bezugnahme auf Tarifvertrag = NZA 2010, 1183, dazu *Henssler/Seidensticker* RdA 2011, 247 ff.; 16.12.2009 AP Nr. 73 zu § 1 TVG Bezugnahme auf Tarifvertrag = NZA 2010, 401; s. auch *Günther* ZTR 2011, 203 ff.

[122] Ausf. BAG 19.5.2010 AP Nr. 76 zu § 1 TVG Bezugnahme auf Tarifvertrag = NZA 2010, 1183; für den Fall einer gesetzlichen Rechtsnachfolge 6.7.2011 AP Nr. 92 zu § 1 TVG Bezugnahme auf Tarifvertrag = NZA 2012, 100 (Deutsche Bundespost – Telekom AG).

[123] BAG 15.6.2011 AP Nr. 100 zu § 1 TVG Bezugnahme auf Tarifvertrag.

[124] BAG 3.7.2013 AP Nr. 123 zu § 1 TVG Bezugnahme auf Tarifvertrag; 16.11.2011 EzTöD 100 § 2 TVöD-AT Bezugnahmeklausel Nr. 39; anders etwa die Fallgestaltung in BAG 10.6.2009 AP Nr. 38 zu § 157 BGB; ferner BAG 26.1.2011 EzTVöD-AT § 2 Bezugnahmeklausel Nr. 30: Herausnahme der Grundsätze der Tarifautomatik nach § 22 BAT.

[125] BAG 18.5.2011 AP Nr. 89 zu § 1 TVG Bezugnahme auf Tarifvertrag; 16.12.2009 AP Nr. 73 zu § 1 TVG Bezugnahme auf Tarifvertrag = NZA 2010, 401.

[126] BAG 16.11.2011 EzTöD 100 § 2 TVöD-AT Bezugnahmeklausel Nr. 39.

[127] S. auch BAG 29.6.2011 AP Nr. 44 zu § 1 TVG Tarifverträge: Arzt; ausf. *Bayreuther* NZA 2009, 935; *ders.* FS Bepler, 2012, 15 ff. Zur Vergütung von Chefärzten bei Inbezugnahme einer Vergütungsgruppe des BAT s. nur BAG 9.6.2010 AP Nr. 82 zu § 1 TVG Bezugnahme auf Tarifvertrag.

[128] BAG 18.4.2012 AP Nr. 112 zu § 1 TVG Bezugnahme auf Tarifvertrag mAnm *Uffmann* = NZA 2012, 1171; zutreffend *Bayreuther* NZA 2009, 935: „tarifrechtlich … gleichwertig".

[129] BAG 16.11.2011 EzTöD 100 § 2 TVöD-AT Bezugnahmeklausel Nr. 39; 9.6.2010 AP Nr. 82 zu § 1 TVG Bezugnahme auf Tarifvertrag.

[130] BAG 25.8.2010 AP Nr. 21 zu § 1 TVG Tarifverträge: Arzt.

[131] BAG 28.4.2021 – 4 AZR 229/20.

[132] BAG 16.10.2002 AP Nr. 22 zu § 1 TVG Bezugnahme auf Tarifvertrag = NZA 2003, 390; 13.5.2020 AP Nr. 153 zu § 1 TVG Bezugnahme auf Tarifvertrag = NZA 2020, 1420.

[133] Ausf. BAG 22.4.2009 AP Nr. 38 zu § 99 BetrVG 1972 Eingruppierung = NZA 2009, 1286.

Fallgestaltungen einer Tarifwechselklausel

- Wechsel der Verbandszugehörigkeit des AG.[134]
- Erstmalige Begründung einer Verbandsmitgliedschaft, wenn die in der Bezugnahmeklausel genannten Tarifregelungen die eines anderen Verbandes sind.
- Abschluss eines Firmentarifvertrags mit einer (anderen) Gewerkschaft.
- Veränderungen im Bereich des Unternehmens oder des Betriebs, in deren Folge Tarifverträge einer anderen Branche einschlägig werden (insbesondere das „Herauswachsen" aus dem tariflichen Geltungsbereich).[135]
- Betriebsübergang auf einen anders tarifgebundenen AG.[136]

27 In den genannten Fallgestaltungen bedarf es zur Bezugnahme der „neuen" Tarifverträge einer sog. **Tarifwechselklausel.** Eine lediglich zeitdynamische Bezugnahme oder eine auf das Tarifwerk einer bestimmten Branche in der jeweiligen Fassung kann über ihren Wortlaut hinaus nur dann als große dynamische Verweisung – Bezugnahme auf den jeweils für den Betrieb fachlich oder betrieblich geltenden Tarifvertrag – ausgelegt werden, wenn sich dies aus besonderen Umständen ergibt.[137] Diese Grundsätze gelten ebenso, wenn infolge eines Verbandswechsels an den dortigen Tarifverträgen die gleiche Gewerkschaft beteiligt ist wie an den in Bezug genommenen. Eine **„korrigierende" Auslegung**[138] hat das BAG ausdrücklich abgelehnt.[139]

28 **d) Bezugnahme und Differenzierungsklausel.** Sieht ein Tarifvertrag im Rahmen einer darin enthaltenen einfachen Differenzierungsklausel (→ § 200 Rn. 33) als besondere Anspruchsvoraussetzung die Mitgliedschaft in der tarifschließenden Gewerkschaft vor, wird diese Voraussetzung durch die Bezugnahme nach der Rechtsprechung des BAG grundsätzlich nicht erfüllt. Die Abrede auf den jeweiligen Tarifvertrag bewirkt lediglich dessen Anwendbarkeit im Arbeitsverhältnis. Sie soll, auch wenn es sich um eine sog. Gleichstellungsabrede handelt (→ Rn. 33), nicht für die Durchführung des Arbeitsverhältnisses den **„Status" der Mitgliedschaft** begründen oder ihn fingieren (auch → § 200 Rn. 23 ff.).[140]

29 **e) Bezugnahme von Haus- oder Sanierungstarifverträgen.** Die sachliche **Reichweite einer Bezugnahmeklausel** ist weiterhin beim Abschluss von Haustarifverträgen, namentlich bei Sanierungstarifverträgen, durch den AG zu klären. Hinsichtlich der tarifgebundenen AN verdrängt der Haustarifvertrag auf der Ebene der unmittelbaren und zwingenden Wirkung nach § 3 I, § 4 I TVG als sachnähere Regelung regelmäßig einen Flächentarifvertrag nach dem Spezialitätsprinzip (→ § 203 Rn. 4). Dieser Tarifvertrag ist auf der vertraglichen Ebene sowohl für die für die tarifungebundenen und die tarifgebundenen AN anzuwenden, wenn die Bezugnahmeklausel sich auf vom AG geschlossene Haustarifverträge bezieht.[141] Wird arbeitsvertraglich nur auf die Verbandstarifverträge verwiesen, liegt eine Bezugnahme jedenfalls dann vor, wenn zB ein Sanierungstarifvertrag als unternehmensbezogener Verbandstarifvertrag geschlossen wurde.[142] In den anderen Fällen ist durch **Auslegung** der arbeitsvertraglichen Regelung (→ Rn. 11 f.) zu entscheiden, ob ein Haustarifvertrag von der Bezugnahmeklausel erfasst wird. Das ist bei einer Bezugnahme von Verbands- oder Flächentarifträgen regelmäßig nicht der Fall. Diese ergibt sich auch nicht allein aus dem Umstand, dass die vereinbarte Arbeitszeit derjenigen eines Haustarifvertrags entspricht.[143] Es liegt auch keine Vertragslücke vor, die eine ergänzende Vertragsauslegung rechtfertigen könnte.[144] Bei einer sog. Gleichstellungsabrede (→ Rn. 33 ff.) hatte das BAG angenommen, dass deren Zweck, die Anwendbarkeit der einschlägigen Tarifverträge auf die Arbeitsverhältnisse aller Beschäftigten zu

---

134 BAG 22.10.2008 AP Nr. 66 zu § 1 TVG Bezugnahme auf Tarifvertrag = NZA 2009, 151.
135 BAG 18.4.2007 AP Nr. 53 zu § 1 TVG Bezugnahme auf Tarifvertrag = NZA 2007, 965.
136 BAG 21.11.2012 NZA 2013, 512, mzustAnm *Haußmann* BB 2013, 1359 f.
137 StRspr, BAG 6.7.2011 AP Nr. 92 zu § 1 TVG Bezugnahme auf Tarifvertrag = NZA 2012, 100; 22.10.2008 AP Nr. 66 zu § 1 TVG Bezugnahme auf Tarifvertrag = NZA 2009, 151.
138 So noch BAG 4.9.1996 AP Nr. 5 zu § 1 TVG Bezugnahme auf Tarifvertrag = NZA 1997, 271.
139 BAG 17.11.2010 AP Nr. 85 zu § 1 TVG Bezugnahme auf Tarifvertrag = NZA 2011, 457; 22.4.2009 AP Nr. 38 zu § 99 BetrVG 1972 Eingruppierung = NZA 2009, 1286.
140 BAG 21.8.2013 NZA-RR 2014, 201; 18.3.2009 AP Nr. 41 zu § 3 TVG mAnm *Kamanabrou* = NZA 2009, 1028; aA ErfK/*Franzen* TVG § 4 Rn. 62, der die Unklarheitenregelung heranziehen will.
141 *Bepler* AuR 2010, 234 ff.
142 BAG 11.7.2018 AP Nr. 148 zu § 1 TVG Bezugnahme auf Tarifvertrag = NZA 2018, 1626.
143 BAG 3.7.2019 AP Nr. 153 zu § 1 TVG Bezugnahme auf Tarifvertrag = NZA 2019, 1592.
144 BAG 12.12.2018 AP Nr. 151 zu § 1 TVG Bezugnahme auf Tarifvertrag = NZA 2019, 543; 11.7.2018 AP Nr. 148 zu § 1 TVG Bezugnahme auf Tarifvertrag = NZA 2018, 1626; aA HMB/*Henssler* Teil 10 Rn. 81.

erreichen, für eine Bezugnahme der Haustarifverträge spricht.[145] Dafür bedarf es allerdings entsprechender Anhaltspunkte.[146] Solche könnten sich allenfalls aus der bisherigen Vertragspraxis – wie der Anwendung nicht ausdrücklich im Vertrag genannter Tarifverträge – ergeben.[147] Deshalb sind Haustarifverträge von der arbeitsvertraglichen Verweisung erfasst, wenn die Tarifverträge „einschließlich der für das Unternehmen geltenden Zusatzbestimmungen“ angewendet werden sollen.[148] Ein Hinweis auf andere im Betrieb geltende kollektive Regelungen ist nicht ausreichend. Dieser betrifft andere Normenwerke mit grundlegend anderen Rechtswirkungen.[149] Sind im Arbeitsvertrag bei dem AG für eine Gruppe von AN die jeweils gültigen Tarifverträge in Bezug genommen, so gelten bei einer „Abstellung“ zu einer anderen Konzerngesellschaft die Bedingungen des dortigen Haustarifvertrags.[150] Die Bezugnahme auf die „jeweils gültigen Tarifverträge“ erfasst nicht Haustarifverträge eines anderen Unternehmens innerhalb eines Konzerns.[151]

3. Zeitliche Dynamik. a) Statische Bezugnahme. Eine statische Bezugnahme ist gegeben, wenn auf einen **genau bestimmten Tarifvertrag** oder mehrere genau bezeichnete Tarifverträge verwiesen wird.[152] Dies empfiehlt sich im Allgemeinen nicht, weil bei Änderung des Tarifvertrags die Arbeitsbedingungen der tarifgebundenen und der nicht tarifgebundenen AN auseinander laufen[153] und bei tarifungebundenen AG die Zwecke der tariflichen Bezugnahme (→ Rn. 3) nicht vollständig erreicht werden können. Statische Bezugnahmeklauseln sind in der Praxis deshalb selten anzutreffen.[154] 30

b) Dynamische Bezugnahme. aa) Grundsatz. Weit verbreitet sind Verweisungsklauseln auf den jeweils geltenden Tarifvertrag,[155] mehrere Tarifverträge oder das gesamte Tarifwerk einer Branche. Eine solche **zeitdynamische Verweisung**[156] führt zur Anwendung aller zeitlich nachfolgenden Tarifverträge auf das Arbeitsverhältnis. Nach der ständigen Rechtsprechung ist bei fehlender Angabe einer konkret nach Datum festgelegten Fassung des in Bezug genommenen Tarifvertrags gleichwohl regelmäßig – und wenn andere Hinweise fehlen – davon auszugehen, die tariflichen Regelungen sollen in der jeweiligen Fassung anzuwenden sein.[157] Deshalb reicht allein das Fehlen eines Zusatzes „in der jeweiligen Fassung“ nicht aus, um eine statische Verweisung annehmen zu können.[158] Bereits die Nennung eines festen Entgeltbetrags als Tarifentgelt ist regelmäßig als dynamische Bezugnahme auf die Entgeltregelungen der betreffenden Tarifverträge zu verstehen.[159] Eine vertragliche Bezugnahme auf den jeweils geltenden Gehaltstarifvertrag kann im Falle einer rückwirkenden Tariferhöhung zu Nachzahlungsansprüchen des ANs führen, auch wenn das Arbeitsverhältnis bei Tarifabschluss bereits beendet war.[160] Wird in einem Arbeitsvertrag auf **kollektivrechtliche Regelungen,** zB einen Haustarifvertrag, in der jeweiligen Fassung Bezug genommen, so können sich nachteilige Änderungen des Kollektivvertrags 31

---

145 BAG 11.10.2006 AP Nr. 24 zu § 1 TVG Rückwirkung = NZA 2007, 634.
146 BAG 7.7.2010 AP Nr. 77 zu § 1 TVG Bezugnahme auf Tarifvertrag = NZA-RR 2011, 137; 22.4.2009 AP Nr. 371 zu § 613a BGB = NZA 2010, 41.
147 BAG 14.12.2005 AP Nr. 37 zu § 1 TVG Bezugnahme auf Tarifvertrag = NZA 2006, 744.
148 BAG 17.10.2007 AP Nr. 9 zu § 53 BAT = NZA-RR 2008, 329; ebenso BAG 11.7.2018 AP Nr. 148 zu § 1 TVG Bezugnahme auf Tarifvertrag = NZA 2018, 1630.
149 Anders noch BAG 23.1.2008 AP Nr. 63 zu § 1 TVG Bezugnahme auf Tarifvertrag; 23.3.2005 AP Nr. 29 zu § 4 TVG Tarifkonkurrenz = NZA 2005, 1003; ausdrücklich aufgegeben in BAG 12.12.2018 AP Nr. 151 zu § 1 TVG Bezugnahme auf Tarifvertrag = NZA 2019, 543; 11.7.2018 AP Nr. 146 zu § 1 TVG Bezugnahme auf Tarifvertrag = NZA 2018, 1486.
150 BAG 18.6.1997 AP Nr. 24 zu § 1 TVG Tarifverträge: Lufthansa = NZA 1998, 39.
151 BAG 16.5.2012 AP Nr. 431 zu § 613a BGB = NZA 2012, 923.
152 BAG 19.9.2007 AP Nr. 54 zu § 133 BGB; 25.10.2000 AP Nr. 13 zu § 1 TVG Bezugnahme auf Tarifvertrag = NZA 2002, 100.
153 BAG 25.10.2000 AP Nr. 13 zu § 1 TVG Bezugnahme auf Tarifvertrag = NZA 2002, 100.
154 Zum Sonderfall einer teilweisen statischen, teilweise dynamischen Inbezugnahme: BAG 15.6.2011 AP Nr. 100 zu § 1 TVG Bezugnahme auf Tarifvertrag.
155 Vgl. BAG 22.10.2008 AP Nr. 67 zu § 1 TVG Bezugnahme auf Tarifvertrag = NZA 2009, 323.
156 BAG 22.10.2008 AP Nr. 67 zu § 1 TVG Bezugnahme auf Tarifvertrag = NZA 2009, 323.
157 BAG 7.12.2016 AP Nr. 135 zu § 1 TVG Bezugnahme auf Tarifvertrag = NZA 2017, 597; 20.4.2012 AP Nr. 58 zu § 7 BUrlG = NZA 2012, 982; 17.1.2006 AP Nr. 40 zu § 1 TVG Bezugnahme auf Tarifvertrag = NZA 2006, 923.
158 StRspr, s. nur BAG 3.7.2019 AP Nr. 153 zu § 1 TVG Bezugnahme auf Tarifvertrag = NZA 2019, 1592; 13.2.2013 AP Nr. 119 zu § 1 TVG Bezugnahme auf Tarifvertrag = NZA 2013, 1024.
159 BAG 3.7.2019 AP Nr. 153 zu § 1 TVG Bezugnahme auf Tarifvertrag = NZA 2019, 1592; 13.2.2013 AP Nr. 119 zu § 1 TVG Bezugnahme auf Tarifvertrag = NZA 2013, 1024.
160 BAG 6.8.2002 AP Nr. 154 zu § 112 BetrVG 1972 = NZA 2003, 449; 28.5.1997 AP Nr. 6 zu § 1 TVG Bezugnahme auf Tarifvertrag = NZA 1997, 1066.

auf Betriebsrentner und ausgeschiedene Mitarbeiter auswirken.[161] Eine dynamische Bezugnahme kann auch im Rahmen eines Altersteilzeitvertrags vereinbart werden.[162] Verweist ein dynamisch in Bezug genommener **Anerkennungstarifvertrag** auf die jeweiligen Verbandstarifverträge, endet die letztgenannte Dynamik, wenn der Anerkennungstarifvertrag nur noch nachwirkt.[163]

32 Soll die unbedingte zeitdynamische Verweisung auf die jeweiligen Tarifverträge oder Tarifwerke auf die **Dauer der Tarifgebundenheit des AG** („Gleichstellungsabrede", → Rn. 20, 34) begrenzt werden, muss dies aus dem Wortlaut der Bezugnahmeklausel oder aus sonstigen bei Vertragsschluss für den anderen Teil eindeutig erkennbaren Umständen ersichtlich sein.[164] Das gilt auch, wenn die vertragliche Abrede durch einen tarifgebundenen AG getroffen wird. Eine solche Begrenzung kann dadurch erfolgen, dass das „Ende der Tarifgebundenheit" als auflösende Bedingung der Dynamik zum Inhalt der Bezugnahmeklausel erhoben wird.[165]

33 **bb) Ausnahme: „Gleichstellungsabrede".** Nach der früheren Rechtsprechung des BAG ist die Bezugnahme in einem von einem **tarifgebundenen AG** vorformulierten Arbeitsvertrag auf die für das Arbeitsverhältnis einschlägigen Tarifverträge in der jeweiligen Fassung regelmäßig als sog. **Gleichstellungsabrede** ausgelegt worden.[166] Das BAG diese **Rechtsprechung aufgegeben.**[167] Eine vertragliche Bezugnahme tariflicher Regelungen ist nach einem objektivierten Empfängerhorizont auszulegen. Bei der arbeitsvertraglichen dynamischen Bezugnahme ist der Wortlaut zunächst eindeutig und es bedarf vorbehaltlich anderer Anhaltspunkte im Grundsatz keiner weiteren Heranziehung von Auslegungsfaktoren. Aus **Gründen des Vertrauensschutzes** wendet das BAG die vormalige Rechtsprechung für die vor dem Inkrafttreten des Schuldrechtsmodernisierungsgesetzes am 1.1.2002 vereinbarten Bezugnahmeklauseln weiterhin an.[168] Erforderlich ist eine Bezugnahme der einschlägigen Tarifverträge. Eine Verweisung auf einen Tarifvertrag einer anderen Branche oder auf einen „ortsfremden" Tarifvertrag derselben Branche reicht nicht aus,[169] weil in diesem Fall nicht nur die möglicherweise fehlende Tarifgebundenheit des AN ersetzt werden soll.[170] Die Allgemeinverbindlichkeit der in Bezug genommenen Tarifverträge steht einer Auslegung als sog. Gleichstellungsabrede nicht entgegen.[171] Eine „Gleichstellungsrede" hat jedoch nicht den Inhalt, den AN in jeder Hinsicht wie ein Mitglied der tarifschließenden Gewerkschaft – namentlich in Fällen des § 613a I 3 BGB (→ § 119 Rn. 10) – zu behandeln.[172] Einer solchen Auslegung steht nicht entgegen, wenn die Bezugnahme nicht ein gesamtes Tarifwerk, sondern nur einen Tarifvertrag oder Teile hiervon erfasst.[173] **Fehlende Tarifgebundenheit** des AG zum Zeitpunkt des Vertragsschlusses führt nicht zu einer Gleichstellungsabrede,[174] allein eine später eingetretene genügt nicht.[175]

---

[161] BAG 28.7.2005 AP Nr. 47 zu § 1 BetrAVG Ablösung = NZA 2006, 335.

[162] BAG 20.1.2009 AP Nr. 18 zu § 1 TVG Tarifverträge: Chemie.

[163] BAG 22.3.2017 AP Nr. 136 zu § 1 TVG Bezugnahme auf Tarifvertrag = NZA 2017 587; dazu krit. *Pionteck* AuR 2019, 67 ff., der allerdings – wenig überzeugend – die Unklarheitenregelung des § 305c II BGB heranziehen will.

[164] BAG 22.10.2008 AP Nr. 66 zu § 1 TVG Bezugnahme auf Tarifvertrag = NZA 2009, 151; 18.4.2007 AP Nr. 53 zu § 1 TVG Bezugnahme auf Tarifvertrag = NZA 2007, 965; 14.12.2005 AP Nr. 39 zu § 1 TVG Bezugnahme auf Tarifvertrag = NZA 2006, 607.

[165] S. etwa BAG 5.6.2007 AP Nr. 57 zu § 1 TVG Bezugnahme auf Tarifvertrag = NZA 2007, 1369.

[166] Vgl. BAG 5.7.2018 AP Nr. 138 zu § 1 TVG Bezugnahme auf Tarifvertrag = NZA 2018, 47; wN in BAG 14.12.2005 AP Nr. 39 zu § 1 TVG Bezugnahme auf Tarifvertrag = NZA 2006, 607.

[167] BAG 18.4.2007 AP Nr. 53 zu § 1 TVG Bezugnahme auf Tarifvertrag = NZA 2007, 965.

[168] StRspr, BAG 3.7.2019 AP Nr. 153 zu § 1 TVG Bezugnahme auf Tarifvertrag = NZA 2019, 1592; 24.2.2016 AP Nr. 94 zu § 242 BGB Betriebliche Übung = NZA 2016, 557; 14.12.2011 AP Nr. 104 zu § 1 TVG Bezugnahme auf Tarifvertrag.

[169] S. aber noch BAG 21.8.2002 AP Nr. 21 zu § 157 BGB = NZA 2003, 442: Tätigkeit weniger AN außerhalb des Geltungsbereichs.

[170] BAG 21.10.2009 NZA-RR 2010, 361; vgl. demgegenüber BAG 17.11.2010 AP Nr. 85 zu § 1 TVG Bezugnahme auf Tarifvertrag = NZA 2011, 457 (örtlich einschlägiger Tarifvertrag).

[171] BAG 27.1.2010 AP Nr. 74 zu § 1 TVG Bezugnahme auf Tarifvertrag.

[172] BAG 6.7.2011 AP Nr. 92 zu § 1 TVG Bezugnahme auf Tarifvertrag = NZA 2012, 100; 17.10.2010 AP Nr. 391 zu § 613a BGB.

[173] BAG 13.5.2015 AP Nr. 130 zu § 1 TVG Bezugnahme auf Tarifvertrag = NZA-RR 2016, 9; 11.12.2013 AP Nr. 125 zu § 1 TVG Bezugnahme auf Tarifvertrag = NZA 2014, 900.

[174] BAG 15.6.2016 AP Nr. 44 zu § 322 ZPO = NZA 2017, 593; 22.10.2008 AP Nr. 66 zu § 1 TVG Bezugnahme auf Tarifvertrag = NZA 2009, 151; 25.9.2002 AP Nr. 26 zu § 1 TVG Bezugnahme auf Tarifvertrag = NZA 2003, 807.

[175] BAG 22.4.2009 AP Nr. 38 zu § 99 BetrVG 1972 Eingruppierung = NZA 2009, 1286; 25.9.2002 AP Nr. 26 zu § 1 TVG Bezugnahme auf Tarifvertrag = NZA 2003, 807.

Voraussetzungen einer sog. Gleichstellungsabrede:
- Zum Zeitpunkt des Vertragsschlusses ist der AG tarifgebunden.
- In Bezug genommen werden die für den AG durch Tarifgebundenheit maßgebenden Tarifverträge, die das Arbeitsverhältnis erfassen würden.
- Die arbeitsvertragliche Bezugnahmeklausel wurde vor dem 1.1.2002 vereinbart.

34 Die **Dynamik der Bezugnahme endet mit Wegfall der Tarifgebundenheit des AG,** sei es durch den Austritt aus dem zuständigen Arbeitgeberverband,[176] bei seinem Wechsel in eine OT-[177] oder Gastmitgliedschaft,[178] durch das „Herausfallen" des Betriebs aus dem Geltungsbereich des Tarifvertrags oder durch den Übergang des Betriebs oder Teilbetriebs, in dem die betroffenen AN beschäftigt sind, auf einen nicht tarifgebundenen neuen AG (ausf. → § 119 Rn. 8 ff.).[179] Die tariflichen Regelungen gelten nur noch statisch mit dem tariflichen Regelungsinhalt weiter, der zum Zeitpunkt des Wegfalls der Tarifgebundenheit bestanden hat.[180] Ist in einem **Stufentarifvertrag** die Erhöhung der Tarifentgelte über mehrere Jahre verbindlich geregelt und tritt der AG nach Abschluss des Tarifvertrags aus dem Arbeitgeberverband aus, wird er bei vertraglicher Bezugnahme vom Tarifvertrag in der Folge von diesen Regelungen noch erfasst. Die Tarifnormen gelten zwar statisch fort, aber eine in der – statisch – fortgeltenden Norm selbst angelegte Dynamik bleibt aufrechterhalten.[181]

35 Eine **Vertragsänderung nach dem 31.12.2001,** die die Bezugnahmeklausel zum Gegenstand der rechtsgeschäftlichen Willensbildung hat, führt allerdings zu einem **„Neuvertrag",** auf den die geänderte Rechtsprechung anzuwenden ist – die Bezugnahme ist dann eine unbedingte zeitdynamische.[182] Dabei ist grundsätzlich davon auszugehen, dass es sich bei Abreden in einem Vertrag um Willenserklärungen und nicht um „deklaratorische Vereinbarungen" handelt (→ Rn. 9).[183] Ein „Neuvertrag" liegt ohne Weiteres dann vor, wenn die ursprüngliche Bezugnahmeregelung zum Gegenstand der rechtsgeschäftlichen Willensbildung bei einer nachfolgenden Vertragsänderung gemacht wird,[184] wenn eine andere Beschäftigung vereinbart wird und eine Bezugnahme auf die vormalige Vertragsabrede fehlt,[185] nicht aber bspw. bei einem Prozessvergleich, nach dem es „bei den bislang geltenden Arbeitsbedingungen" verbleibt.[186] Maßgebend sind gleichwohl die konkreten Abreden.[187]

V. Prozessuales

36 Bei rechtswirksamer Bezugnahme wird das **Tarifrecht angewandt,** und zwar in derselben revisionsrechtlich[188] nachprüfbaren Auslegung (→ § 201 Rn. 4, 7 ff.), wie es bei beiderseitiger Tarifgebundenheit oder kraft Allgemeinverbindlicherklärung gelten würde. Es besteht bei der vertraglichen Bezugnahme keine Verpflichtung des Gerichts, die maßgebenden Tarifverträge nach § 293 ZPO zu ermitteln.[189] Welche Tarifverträge oder welches Tarifwerk (einer Branche oder eines Verbandes) aufgrund der vertraglichen Bezugnahme auf ein Arbeitsverhältnis anzu-

[176] BAG 18.11.2009 AP Nr. 70 zu § 1 TVG Bezugnahme auf Tarifvertrag = NZA 2010, 170.
[177] BAG 4.6.2008 AP Nr. 38 zu § 2 TVG = NZA 2008, 1366.
[178] BAG 26.8.2010 AP Nr. 45 zu § 3 TVG = NZA 2010, 230; 27.1.2010 AP Nr. 74 zu § 1 TVG Bezugnahme auf Tarifvertrag.
[179] BAG 8.12.2008 AP Nr. 68 zu § 1 TVG Bezugnahme auf Tarifvertrag = NZA-RR 2009, 537.
[180] BAG 21.8.2002 AP Nr. 21 zu § 157 BGB = NZA 2003, 442; 26.9.2001 AP Nr. 21 zu § 1 TVG Bezugnahme auf Tarifvertrag = NZA 2002, 634.
[181] BAG 22.4.2009 AP Nr. 371 zu § 613a BGB = NZA 2010, 41; 19.9.2007 AP Nr. 328 zu § 613a BGB = NZA 2008, 241.
[182] BAG 7.12.2016 AP Nr. 135 zu § 1 TVG Bezugnahme auf Tarifvertrag = NZA 2017, 597; 16.5.2012 AP Nr. 113 zu § 1 TVG Bezugnahme auf Tarifvertrag; 18.11.2009 AP Nr. 70 zu § 1 TVG Bezugnahme auf Tarifvertrag = NZA 2010, 170.
[183] BAG 20.6.2018 – 4 AZR 371/15: „die dabei nicht genannten Regelungen [weiter] gelten".
[184] BAG 27.3.2018 AP Nr. 142 zu § 1 TVG Bezugnahme auf Tarifvertrag = NZA 2018, 1264; 21.10.2015 AP Nr. 134 zu § 1 TVG Bezugnahme auf Tarifvertrag; 24.2.2010 AP Nr. 75 zu § 1 TVG Bezugnahme auf Tarifvertrag = NZA-RR 2010, 530.
[185] BAG 16.5.2012 AP Nr. 113 zu § 1 TVG Bezugnahme auf Tarifvertrag.
[186] BAG 24.8.2011 EzTöD 100 § 2 TVöD-AT Bezugnahmeklausel Nr. 37; 24.2.2010 AP Nr. 75 zu § 1 TVG Bezugnahme auf Tarifvertrag = NZA-RR 2010, 530.
[187] S. die Fallgestaltungen in BAG 3.7.2019 AP Nr. 153 zu § 1 TVG Bezugnahme auf Tarifvertrag = NZA 2019, 1592; 19.10.2011 DB 2011, 2783.
[188] BAG 31.3.1966 AP Nr. 54 zu § 611 BGB Gratifikation.
[189] BAG 8.7.2015 AP Nr. 131 zu § 1 TVG Bezugnahme auf Tarifvertrag = NZA 2015, 1462.

wenden sind, kann durch eine sog. **Elementenfeststellungsklage** geklärt werden. Eine Feststellungsklage nach § 256 I ZPO kann sich auf einzelne Beziehungen oder Folgen aus einem Rechtsverhältnis, auf bestimmte Ansprüche oder Verpflichtungen oder auf den Umfang einer Leistungspflicht beschränken. Dazu gehört die Anwendbarkeit eines bestimmten Tarifvertrags oder Tarifwerks[190] oder einzelner Tarifbestimmungen auf ein Arbeitsverhältnis.[191] Diese müssen hinreichend bestimmt iSd § 253 II Nr. 2 ZPO im Klageantrag bezeichnet werden, damit nicht unklar bleibt, welche Tarifverträge anwendbar sein sollen.[192] Ob ein daneben kraft Tarifgebundenheit geltender anderer Tarifvertrag günstiger ist, ist für die Begründetheit der Klage unerheblich.[193]

37 Erforderlich ist, dass durch den Feststellungstenor der Streit zwischen den Parteien bereinigt werden kann. Das ist dann nicht der Fall, wenn durch das rechtskräftige Urteil **lediglich Vorfragen** geklärt werden, weitere zwischen den Parteien streitige Fragen aber gleichwohl einem weiteren Rechtsstreit vorbehalten bleiben, etwa weil weitere Berechnungsfaktoren oder das Verhältnis von arbeitsvertraglich vereinbarten und in Bezug genommenen Tarifregelungen ungeklärt bleiben,[194] weil im Arbeitsvertrag mehrere Ausnahmen von dem in Bezug genommenen Tarifwerk und dabei die Entgeltregelungen erfasst sind, die den Anlass für den Rechtsstreit bilden.[195] Dann kann es auch an der erforderlichen Bestimmtheit des Antrags[196] oder, wenn nur eine Vorfrage geklärt würde, am Feststellungsinteresse fehlen.[197] Das **Feststellungsinteresse** ist regelmäßig dann anzunehmen, wenn ein tarifgebundener AN die Anwendbarkeit eines anderen, vertraglich in Bezug genommenen Tarifwerks festgestellt wissen will, dessen Anwendung der AG ablehnt.[198] Bezieht sich ein Feststellungsantrag aber etwa nur auf die Entgeltregelungen, sind auch die in Bezug genommenen Entgeltregelungen darzulegen, damit das Gericht den erforderlichen **Sachgruppenvergleich** iSd § 4 III TVG (→ § 201 Rn. 25 f.) durchführen kann; § 293 ZPO findet auf nur in Bezug genommene Tarifregelungen keine Anwendung.[199] Ein bei Klageerhebung ursprünglich bestehendes Feststellungsinteresse entfällt nicht aufgrund eines „überholenden" Ereignisses im Verlauf des Rechtsstreits.[200] Allerdings muss die beantragte Feststellung Folgen für die Zukunft haben, wozu Entgeltansprüche auf Grundlage der Feststellung gehören.[201] Ist nicht ersichtlich, welche Auswirkungen die Anwendung einzelner, im Klageantrag aufgeführter Tarifverträge für das Arbeitsverhältnis noch haben können, entfällt das Feststellungsinteresse.

38 Einer Elementenfeststellungsklage, die sich auf den Inhalt der arbeitsvertraglichen Bezugnahme und damit auf die Geltendmachung eines bestimmten Vertragsinhalts und nicht nur auf wiederkehrende Leistungen bezieht, kann grundsätzlich nicht der **Einwand der Verwirkung** entgegengehalten kann,[202] weil die Feststellung eines bestimmten Vertragsinhalts („Stammrecht") begehrt wird (zu Ausschlussfristen → § 209 Rn. 18). Allenfalls kann eine konkludente Vertragsänderung erfolgt sein, die dann zur Unbegründetheit des Feststellungsantrags führen würde. Im Übrigen begründet allein die Untätigkeit eines AN noch nicht das für die Verwirkung neben dem sog. Zeitmoment erforderliche „Umstandsmoment",[203] wenn sich aus dem Verhalten des AG kein vertraglicher Änderungswille entnehmen lässt. Hierfür reicht eine Unterrichtung im Rahmen eines Betriebsübergangs nicht aus, weil der AG dadurch nur auf die gesetzliche Rechtslage hinweisen will.[204]

---

[190] BAG 26.8.2015 AP Nr. 133 zu § 1 TVG Bezugnahme auf Tarifvertrag = NZA 2016, 177; 6.7.2011 AP Nr. 92 zu § 1 TVG Bezugnahme auf Tarifvertrag = NZA 2012, 100.
[191] StRspr, BAG 22.10.2008 AP Nr. 66 zu § 1 TVG Bezugnahme auf Tarifvertrag = NZA 2009, 151.
[192] BAG 16.5.2012 AP Nr. 106 zu § 256 ZPO 1977 = NZA 2012, 1452.
[193] BAG 26.8.2015 AP Nr. 133 zu § 1 TVG Bezugnahme auf Tarifvertrag = NZA 2016, 177.
[194] BAG 27.8.2014 NZA-RR 2015, 211.
[195] BAG 14.12.2011 NZA 2012, 1452; 27.1.2011 EzTöD 100 § 2 TVöD-AT Bezugnahmeklausel Nr. 30; 21.4.2010 EzA Nr. 9 zu § 256 ZPO 2002.
[196] BAG 14.12.2011 NZA 2012, 1452 („abgesehen von den … vereinbarten Ausnahmen"); 26.1.2011 EzTöD 100 § 2 Bezugnahmeklausel Nr. 30.
[197] BAG 21.4.2010 AP Nr. 101 zu § 256 ZPO 1977.
[198] BAG 3.7.2013 AP Nr. 443 zu § 613a BGB = NZA-RR 2014, 80.
[199] BAG 12.12.2018 AP Nr. 151 zu § 1 TVG Bezugnahme auf Tarifvertrag = NZA 2019, 543; 25.10.2017 – 4 AZR 375/16; 6.7.2011 AP Nr. 90 zu § 1 TVG Bezugnahme auf Tarifvertrag.
[200] Anders, wenn das Arbeitsverhältnis bereits vor Klageeinreichung endete: BAG 16.11.2011 AP Nr. 98 zu § 1 TVG Bezugnahme auf Tarifvertrag.
[201] BAG 22.2.2012 AP Nr. 111 zu § 1 TVG Bezugnahme auf Tarifvertrag; 19.10.2011 AP Nr. 93 zu § 1 TVG Bezugnahme auf Tarifvertrag.
[202] S. dazu BAG 10.12.2014 AP Nr. 127 zu § 1 TVG Bezugnahme auf Tarifvertrag.
[203] BAG 6.7.2011 AP Nr. 90 zu § 1 TVG Bezugnahme auf Tarifvertrag.
[204] Ausf. BAG 22.2.2012 AP Nr. 110 zu § 1 TVG Bezugnahme auf Tarifvertrag.

§ 207. Wirkung und Schutz der normativen Tarifbestimmungen

Übersicht

I. Grundsatz

1 Die **Rechtsnormen** eines Tarifvertrags, die den Inhalt, den Abschluss und die Beendigung von Arbeitsverhältnissen ordnen, **gelten unmittelbar und zwingend** für das Arbeitsverhältnis der beiderseits Tarifgebundenen (§ 4 I 1 TVG), die vom Geltungsbereich des Tarifvertrags erfasst werden (→ Rn. 3 ff.). Dies gilt entsprechend für Rechtsnormen über betriebliche und betriebsverfassungsrechtliche Fragen (§ 4 I 2 TVG; → § 200 Rn. 28 ff.) und nach § 4 II TVG für die Satzung der gemeinsamen Einrichtung und das Verhältnis zu den tarifgebundenen AG und AN (→ § 204 Rn. 17, → § 200 Rn. 38). Nicht erfasst werden die schuldrechtlichen Bestimmungen eines Tarifvertrags, die die Rechte und Pflichten zwischen den Tarifvertragsparteien bestimmen (→ § 199 Rn. 1). Diese Unterscheidung ist auch bei Haustarifverträgen zu beachten. Konkretisierende und ergänzende Regelungen enthalten die Abs. 3–5 des § 4 TVG. In § 4 III TVG wird bestimmt, ob und in welchen Umfang Ausnahmen von der unmittelbaren und zwingenden Wirkung nach § 4 I TVG möglich sind. Dies ist der Fall, wenn der Tarifvertrag das durch sog. **tarifliche Öffnungsklauseln** (→ Rn. 13 ff., → § 231 Rn. 27) gestattet oder die abweichenden Abmachungen für den AN günstiger sind – sog. **Günstigkeitsprinzip** (→ Rn. 19 ff.). Weitere Regelungen enthält § 4 IV TVG über den **Verzicht** (→ § 209 Rn. 1 ff.), die **Verwirkung** (→ § 209 Rn. 5 f.) und über **Ausschlussfristen** für die Geltendmachung tariflicher Rechte (→ § 209 Rn. 7 ff.). Die **Nachwirkung** tariflicher Normen (→ § 208 Rn. 15 ff.) nach Ablauf des Tarifvertrags (→ § 208 Rn. 1 ff.) sowie die Möglichkeit ihrer Abänderung durch andere Abmachungen sind schließlich in § 4 V TVG geregelt.

2 Die Rechtsnormen iSd § 4 I TVG wirken unmittelbar und zwingend für das jeweilige Arbeitsverhältnis, wenn die folgenden **Voraussetzungen** erfüllt sind:

- Es liegt ein **wirksamer Tarifvertrag** vor, welcher von tariffähigen Verbänden oder AG (→ § 196 Rn. 4 ff.) in der Form des § 1 II TVG (→ § 197 Rn. 7) unter Wahrung der Tarifzuständigkeit (→ § 197 Rn. 13 ff.) geschlossen wurde.
- Die Arbeitsvertragsparteien sind beide **nach § 3 I TVG tarifgebunden,** entweder als Mitglied der tarifvertragsschließenden Koalition oder beim Haustarifvertrag als vertragsschließender AG (→ § 204 Rn. 4 ff.).
- Das Arbeitsverhältnis wird vom räumlichen, betrieblichen, persönlichen und zeitlichen **Geltungsbereich des Tarifvertrags erfasst** (→ § 202 Rn. 6 ff.).
- Die **Rechtsnormen sind wirksam,** insbesondere verstoßen sie nicht gegen höherrangiges Recht (→ § 198 Rn. 5 ff.).

II. Unmittelbare und zwingende Wirkung

3 **1. Grundsatz.** Die unmittelbare und zwingende Wirkung der Tarifverträge ist als wesentlicher Teil der Tarifautonomie durch Art. 9 III GG **verfassungsrechtlich geschützt.**[1] Den Koa-

[1] BVerfG 24.5.1977 AP Nr. 15 zu § 5 TVG = NJW 1977, 2255; BKS/*Kocher* Teil 1 Rn. 81; NK-TVG/*Deinert* § 4 Rn. 563; ErfK/*Linsenmaier* GG Art. 9 Rn. 60; KeZa/*Kempen* Grundl. Rn. 66; aA HWK/*Henssler* TVG § 4 Rn. 1: nicht geboten; *Raab* ZfA 2004, 371 (393 ff.); dagegen zutr. NK-TVG/*Deinert* § 4 Rn. 563.

litionen ist durch Art. 9 III GG garantiert, durch „unabdingbare Gesamtvereinbarungen" die materiellen Arbeitsbedingungen festzulegen. Diese verfassungsrechtliche Vorgabe wird durch die Gesetzesbestimmung des § 4 I 1 TVG umgesetzt. Ihr dient auch der Tarifvorbehalt in § 77 III BetrVG.[2] Die **unmittelbare und die zwingende Wirkung** der Rechtsnormen eines Tarifvertrags sind sowohl begrifflich als auch rechtlich zu unterscheiden. Die unmittelbare Wirkung beschreibt die Geltung der Rechtsnormen auf Grund des tarifvertraglichen Normbefehls für das Arbeitsverhältnis der beiderseits Tarifgebunden (→ Rn. 4 ff.), während die zwingende Wirkung für das Verhältnis zu hiervon abweichenden Vereinbarungen von Bedeutung ist (→ Rn. 10 ff.). Unmittelbare und zwingende Wirkung müssen nicht gleichzeitig gegeben sein. Von tarifvertraglichen Regelungen, die unmittelbar gelten, kann im Falle tarifvertraglicher Öffnungsklauseln iSd § 4 III TVG (→ Rn. 13 ff.) abgewichen werden. Verbietet ein Tarifvertrag bestimmte Vertragsinhalte, fehlt es an einer unmittelbaren Regelung für das Arbeitsverhältnis; gleichwohl ist das Verbot zwingend ausgestaltet. Auf den diese Unterscheidung eher verdeckenden Begriff der **Unabdingbarkeit** als Zusammenfassung beider Merkmale sollte deshalb verzichtet werden.[3]

4 **2. Unmittelbare Wirkung. a) Grundsatz.** Die unmittelbare Wirkung der Rechtsnormen eines Tarifvertrags führt zur deren Geltung für die Rechtsbeziehungen der beiderseits Tarifgebundenen und wirkt von außen auf das Arbeitsverhältnis wie ein Gesetz ein.[4] Es kommt weder auf die Kenntnis der Vertragsparteien an noch bedarf es eines Umsetzungsakts durch diese. Die unmittelbare Wirkung tritt – wie anderes objektives Recht auch – „automatisch" ein, ohne dass es namentlich eines weiteren Gestaltungs- oder Rechtsakts (etwa Billigung, Kenntnisnahme) durch die Parteien des Einzelarbeitsvertrags bedarf (im Eingruppierungsrecht als Tarifautomatik bezeichnet → § 63 Rn. 10).[5] Die Rechtsnormen eines Tarifvertrags gestalten das Arbeitsverhältnis „von außen", werden also **nicht Bestandteil der arbeitsvertraglichen Vereinbarungen.**[6] Dem Tarifvertrag kommt keine gestaltende Wirkung auf den Inhalt des Arbeitsvertrags zu.[7] Hierzu bedarf es vertraglicher Abreden, wie es bei der Bezugnahme von Tarifverträgen der Fall ist (→ § 206 Rn. 1 ff.), oder infolge einer Transformation der Normen nach § 613a I 2 BGB gesetzlich vorgesehen ist (→ § 119 Rn. 4 ff.). Deshalb können ablösende Tarifverträge auch günstigere Tarifregelungen ohne Verstoß gegen das Günstigkeitsprinzip ersetzen (→ § 202 Rn. 30).

5 Die Rechtsnormen eines Tarifvertrags werden aufgrund ihrer unmittelbaren Wirkung als **Gesetze im materiellen Sinn** angesehen,[8] weshalb für sie u.a. Art. 2 EGBGB und § 12 EGZPO einschlägig sind.[9] Sie können im Einzelfall Schutzgesetze iSd § 823 II BGB oder Verbote nach § 134 BGB[10] sein. Tarifvertragliche Schriftformgebote sind – wenn die Tarifregelung ergibt, dass es sich tatsächlich um ein konstitutives handelt – gesetzliche nach § 126 BGB und nicht nur vertragliche gem. § 127 BGB.[11] Die Anwendung tariflicher Rechtsnormen ist daher im Revisions- und Rechtsbeschwerdeverfahren uneingeschränkt überprüfbar.

6 Die unmittelbare Wirkung wird durch die gesetzlich angeordnete **Nachwirkung** nach § 4 V TVG, soweit eine solche durch die Tarifvertragsparteien nicht ausgeschlossen wurde (→ § 208 Rn. 22), gesichert. Deshalb gelten im **Nachwirkungszeitraum** die tariflichen Regelungen – vorbehaltlich anderer Abmachung (→ § 208 Rn. 20) – unmittelbar. Lediglich ihre zwingende Wirkung ist entfallen.

7 **b) Einzelne Rechtsnormen.** Die unmittelbare Wirkung ordnet § 4 I TVG zunächst für die sog. Abschluss-, Inhalts- und Beendigungsnormen an. Die Erweiterung auf andere Rechtsnormen eines Tarifvertrags erfolgt durch § 4 I 2 TVG und § 4 II TVG (→ Rn. 1). Die gesetzgeberische Orientierung am Muster der Inhaltsnorm führt dazu, dass sie für andere Normtypen gesondert zu bestimmen ist.[12] Bei den **tariflichen Formvorschriften** wird zwischen „deklaratorischen" und „konstitutiven" unterschieden (→ § 32 Rn. 47). Im Zweifel wird bei

[2] ErfK/*Linsenmaier* GG Art. 9 Rn. 61; KeZa/*Wendeling-Schröder* Grundl. Rn. 432.
[3] NK-TVG/*Deinert* § 4 Rn. 490; Wiedemann/*Wank* TVG § 4 Rn. 318.
[4] BAG 21.9.1989 AP Nr. 43 zu § 77 BetrVG 1972 = NZA 1990, 352.
[5] BAG 13.5.2020 AP Nr. 37 zu § 4 TVG = NZA 2020, 1487.
[6] BAG 15.1.1987 AP Nr. 21 zu § 75 BPersVG.
[7] BAG 12.12.2007 AP Nr. 29 zu § 4 TVG = NZA 2008, 649.
[8] BVerfG 24.5.1977 AP Nr. 15 zu § 5 TVG; BAG 13.5.2020 AP Nr. 37 zu § 4 TVG = NZA 2020, 1487; 18.8.2011 ZTR 2012, 31.
[9] S. nur ErfK/*Franzen* TVG § 4 Rn. 4.
[10] BAG 10.2.1999 AP Nr. 52 zu § 2 KSchG = NZA 1999, 657; BGH 14.12.1999 NJW 2000, 1186 (für die konkrete Tarifnorm verneint).
[11] BAG 14.6.1994 AP Nr. 21 zu § 7 BUrlG = NZA 1995, 229.
[12] NK-TVG/*Deinert* § 4 Rn. 529; Wiedemann/*Wank* TVG § 4 Rn. 327.

Abschlussnormen nur von einer sog. deklaratorischen Vorschrift ausgegangen, die keine Wirksamkeitsvoraussetzung für den Arbeitsvertrag darstellt, weil sich sonst die Schutzfunktion des Tarifvertrags in ihr Gegenteil verkehren würde.[13] Demgegenüber hat die Verletzung konstitutiver Formvorschriften die Nichtigkeit des Arbeitsvertrags zur Folge (§ 125 I 1 BGB; zu Arbeitsverträgen, die vor Inkrafttreten eines solchen Tarifvertrags geschlossen wurden, → § 202 Rn. 26).[14] Allerdings wird der nichtige Arbeitsvertrag von den Inhaltsnormen des Tarifvertrags erfasst, kann jedoch für die Zukunft aufgelöst werden.[15] Die Begriffe „deklaratorisch“ und „konstitutiv“ sind nicht so zu verstehen, dass nur im letzteren Fall eine Rechtsnorm vorliegen würde. Vielmehr handelt es sich im erstgenannten Fall um eine Inhaltsnorm, die einen Anspruch auf Errichtung einer Vertragsurkunde begründet.[16] Schriftformerfordernisse für Kündigungen oder für eine Geltendmachung zur Wahrung tariflicher Ausschlussfristen (→ § 209 Rn. 39) sind regelmäßig konstitutiv. **Abschlussnormen mit Verbotsinhalt,** die dem Schutz bestimmter AN und Arbeitnehmergruppen dienen (etwa das Verbot, Jugendliche mit bestimmten Arbeiten zu beschäftigen), sind gesetzliche Verbote iSd § 134 BGB, die zur Nichtigkeit eines widersprechenden Arbeitsvertrags führen, falls nicht nach § 139 BGB eine Aufrechterhaltung im Übrigen möglich ist.[17] Abschlussverbote können aber auch dem Zweck dienen, die Zusammensetzung der Belegschaft im Sinne einer bestimmten Belegschaftsstruktur zu steuern. Solche Rechtsnormen bedürfen aufgrund ihres Zwecks regelmäßig der betriebseinheitlichen Anwendung, die allerdings im Tarifvertrag erkennbar niedergelegt sein muss. Ist aufgrund des verfolgten Zwecks von Betriebsnormen auszugehen, gelten sie nach § 3 II TVG aufgrund der Gebundenheit des AG auch für die Nichtorganisierten.[18] Diese beschränken dann nicht nur den AG in seiner betrieblichen Gestaltung, ohne dass ihnen eine Außenwirkung zukommt.[19] Vielmehr wirken solche Betriebsnormen auch als gesetzliche Verbote mit der Wirkung des § 134 BGB.[20]

Tarifvertragliche **Abschlussgebote** lassen trotz ihrer unmittelbaren Wirkung keinen „gesetzlich begründeten“ Arbeitsvertrag entstehen, weil es hierzu zweier übereinstimmender Willenserklärungen, Antrag und Annahme, bedarf. Sie begründen vielmehr einen gesetzlichen Anspruch auf Abschluss eines Arbeitsvertrags, der im Wege der Leistungsklage auf Abgabe einer Willenserklärung mit der Rechtsfolge nach § 894 ZPO verfolgt werden kann.[21] Die Grenzen der tariflichen Gestaltungsmacht werden damit nicht überschritten.[22] 8

Betriebliche und betriebsverfassungsrechtliche Normen nach § 1 I 2 TVG begründen – wie die eigenständige Regelung in § 4 I 2 TVG in Abweichung zu früheren Meinungen, die diese Regelungen nur dem schuldrechtlichen Teil des Tarifvertrags zuordneten, zeigt – je nach Regelungsgehalt für AG und AN, aber auch für den BR unmittelbar verpflichtende und berechtigende Bestimmungen.[23] 9

3. Zwingende Wirkung. Die unmittelbare Wirkung der Rechtsnormen eines Tarifvertrags wird ergänzt durch ihre zwingende Wirkung. Aufgrund dieser können die Arbeitsvertragsparteien grundsätzlich keine von den Tarifnormen **abweichenden Vereinbarungen** mit Wirkung für das Arbeitsverhältnis vereinbaren.[24] Ein anderes ist nur zulässig, wenn eine tarifliche Öffnungsklausel die Abweichung gestattet (→ Rn. 13 ff.) oder diese für den AN günstiger ist (→ Rn. 24 ff.) sowie im Falle einer anderen Abmachung, wenn der Tarifvertrag nach § 4 V TVG nur noch nachwirkt (→ § 208 Rn. 20 ff.). Haben die Arbeitsvertragsparteien eine abweichende Vereinbarung geschlossen, ist diese nicht etwa unwirksam oder nichtig, etwa weil sie gegen ein gesetzliches Verbot iSd § 134 BGB verstößt. Die zwingende Wirkung des Tarifvertrags hat lediglich zur Folge, dass die abweichende Vereinbarung **verdrängt** wird und damit keine Geltung entfalten kann.[25] Das gilt sowohl für Vereinbarungen, die vor Inkrafttreten des Tarifver- 10

---

[13] BAG 24.6.1981 AP Nr. 2 zu § 4 TVG Formvorschrift.
[14] BAG 15.11.1957 AP Nr. 2 zu § 125 BGB; 7.7.1955 AP Nr. 1 zu § 32 AOG Tarifordnung.
[15] BAG 17.4.1978 AP Nr. 1 zu § 4 TVG Formvorschriften.
[16] NK-TVG/*Deinert* § 4 Rn. 534.
[17] NK-TVG/*Deinert* § 4 Rn. 537; Wiedemann/*Wank* TVG § 4 Rn. 331.
[18] Vgl. BAG 8.2.2010 AP Nr. 62 zu § 99 BetrVG 1972 Einstellung = NZA 2011, 751.
[19] *Buchner* RdA 1966, 209 (210); *Zöllner* Anm. zu AP Nr. 1 zu § 4 TVG Lehrlingsskalen.
[20] NK-TVG/*Deinert* § 4 Rn. 538; Wiedemann/*Wank* TVG § 4 Rn. 333.
[21] NK-TVG/*Deinert* § 4 Rn. 539 mN zu den überholten Auff.
[22] Krit. *Löwisch/Rieble* TVG § 1 Rn. 359, 367 ff.
[23] NK-TVG/*Deinert* § 4 Rn. 542; Wiedemann/*Wank* TVG § 4 Rn. 337.
[24] BAG 12.12.2007 AP Nr. 29 zu § 4 TVG = NZA 2008, 649; 16.9.1986 AP Nr. 17 zu § 77 BetrVG 1972.
[25] BAG 1.7.2009 AP Nr. 14 zu § 3 TVG Verbandsaustritt = NZA 2010, 53; 12.12.2007 AP Nr. 29 zu § 4 TVG = NZA 2008, 649.

trags geschlossen wurden, als auch während seiner Geltung einschließlich des Nachbindungszeitraums nach § 3 III TVG (→ § 204 Rn. 27 ff.).[26]

11 Unwirksam ist schon wegen § 4 IV TVG eine Vereinbarung, mit der auf tarifliche Rechte verzichtet werden soll (→ § 209 Rn. 1 f.).[27] **Einseitige Maßnahmen** des AG, wie etwa eine Weisung, entgegen den tariflichen Bestimmungen an einem bestimmten Tag zu arbeiten, sind nach § 315 II BGB unverbindlich und führen nicht zu einem kündigungsrechtlich relevanten Pflichtenverstoß.[28] Dient eine Änderungskündigung zur Durchsetzung untertariflicher Arbeitsbedingungen nach Ablauf der Kündigungsfrist unabhängig von der fortbestehenden unmittelbaren und zwingenden Wirkung eines Tarifvertrags, wird sie als unwirksam angesehen.[29] Die Zahlung einer tarifwidrigen Urlaubsabgeltung kann nach § 817 S. 2 BGB nicht zurückgefordert werden.[30] Haben die Arbeitsvertragsparteien einen Vertrag mit tarifwidrigen Vereinbarungen geschlossen, führt dies nach § 139 BGB weder zu dessen Unwirksamkeit noch berechtigt der Umstand der Geltung der Tarifregelungen zu dessen Anfechtung oder zu einer Kündigung. Die zwingende Wirkung kann nicht unter Hinweis auf die wirtschaftliche Lage des Unternehmens suspendiert werden.[31] Die zwingende Wirkung wird nicht aufgehoben, wenn es einem Zuwendungsempfänger aufgrund des sog. **Besserstellungsverbots** untersagt ist, die AN besser zu stellen als vergleichbare Beschäftigte des öffentlichen Dienstes. Die tarifgebundenen AN sind nicht gehindert, ihre tariflichen Ansprüche geltend zu machen.[32]

12 Die Beendigung eines Tarifvertrags hat **nicht** zur Folge, dass tarifwidrige Abreden **automatisch wieder aufleben.** Die Rechtsnormen des Tarifvertrags gelten während der Nachwirkung unmittelbar weiter und gestalten das Arbeitsverhältnis. Das zeigt auch das Erfordernis der „anderen Abmachung" in § 4 TVG.[33] Ein anderes kann sich allenfalls dann ergeben, wenn die günstigeren Tarifnormen vollständig, also ohne Nachwirkung (→ § 208 Rn. 22) entfallen.[34]

III. Zulässigkeit abweichender Abmachungen

13 **1. Grundsatz.** Die zwingende Wirkung der Tarifnormen ist in § 4 III TVG für zwei Ausnahmetatbestände abschließend („nur") zur Disposition gestellt:

- Abweichende Abmachungen können durch den Tarifvertrag gestattet sein – sog. **tarifvertragliche Öffnungsklausel** (→ Rn. 14 ff.).
- Die abweichende Abmachung enthält eine Regelung zugunsten des AN – sog. **Günstigkeitsprinzip** (→ Rn. 19 ff.).

14 **2. Tarifvertragliche Öffnungsklauseln. a) Grundsatz.** Nach § 4 III Fall 1 TVG kann eine von den tarifvertraglichen Normen abweichende Abmachung durch den Tarifvertrag gestattet werden. Die Tarifvertragsparteien können durch sog. **Tariföffnungsklauseln** die zwingende Wirkung der Rechtsnormen eines Tarifvertrags aufheben. Sie schaffen damit dispositives, nachgiebiges Tarifrecht. Es handelt sich um „Selbstöffnung des Tarifvertrags von innen".[35] Diese ist abzugrenzen von der rechtspolitischen Diskussion über eine verfassungsrechtlich mehr als bedenkliche[36] gesetzliche Öffnung[37] der zwingenden Wirkungen tarifvertraglicher Normen zugunsten von abweichenden Regelungen auf betrieblicher Ebene, namentlich durch „Betriebliche Bündnisse für Arbeit." Tarifvertragliche Öffnungsklauseln haben sowohl in ihrer Anzahl als auch in ihrer Bedeutung für das Tarifvertragssystem zuge-

---

[26] BAG 1.7.2009 AP Nr. 14 zu § 3 TVG Verbandsaustritt = NZA 2010, 53.
[27] BAG 11.9.2003 AP Nr. 24 zu § 4 TVG mAnm *Krause* = NZA 2004, 326.
[28] BAG 7.6.1961 AP Nr. 108 zu § 1 TVG Auslegung.
[29] BAG 10.2.1999 AP Nr. 52 zu § 2 KSchG 1969 = NZA 1999, 657.
[30] BAG 7.12.1956 AP Nr. 1 zu § 817 BGB.
[31] NK-TVG/*Deinert* § 4 Rn. 573; Wiedemann/*Wank* TVG § 4 Rn. 397.
[32] BAG 27.8.2008 AP Nr. 212 zu § 1 TVG Auslegung; 18.10.2005 AP Nr. 9 zu § 1 TVG Tarifverträge: Arbeiterwohlfahrt = NZA 2006, 618.
[33] BAG 1.7.2009 AP Nr. 14 zu § 3 TVG Verbandsaustritt = NZA 2010, 53; 14.2.1991 AP Nr. 10 zu § 3 TVG = NZA 1991, 779.
[34] BAG 12.12.2007 AP Nr. 29 zu § 4 TVG = NZA 2008, 649.
[35] NK-TVG/*Deinert* § 4 Rn. 580. Rechtstatsachen bei *Ellguth/Kohaut* WSI-Mitteilungen 2014, 439 ff.
[36] S. etwa die Beschlüsse des 61. DJT von 1996, abgedruckt NZA 1996, 1277 (Beschluss 2a); *Deregulierungskommission,* Marktöffnung und Wettbewerb, 1991, 149 (Vorschlag 86); *Sachverständigenrat,* Jahresgutachten 2006/07, 370 Rn. 492.
[37] Bedenken äußern zu Recht *Bepler* FS ARGE Arbeitsrecht, 2006, 791 (806 ff.); NK-TVG/*Deinert* § 4 Rn. 585 mwN; *Dieterich* RdA 2002, 1 ff.

nommen[38] und zu einer **Flexibilisierung und Dezentralisierung der Tarifpolitik** geführt.[39] Zu nennen ist hier nur die „Pforzheimer Erklärung" zwischen der IG Metall – Bezirk Baden-Württemberg – und dem Verband der Metall- und Elektroindustrie – Baden-Württemberg – anlässlich der Tarifrunde 2004.[40] Danach können die Tarifparteien nach gemeinsamer Prüfung zum Zwecke der Arbeitsplatzsicherung durch tarifliche Ergänzungsregelungen Mindeststandards unterschreiten.

Tarifliche Öffnungsklauseln sind zu unterscheiden von unternehmensbezogenen Verbandstarifverträgen,[41] deren Verhältnis zum Flächenverbandstarifvertrag nach allgemeinen tarifrechtlichen Regeln zu bestimmen ist (→ § 203 Rn. 15). Tarifverträge können **„Öffnungsklauseln" für** ergänzende oder abweichende, insb. regionale und unternehmensweite **Tarifverträge** und für betriebliche Regelungen (→ § 231 Rn. 31)[42] enthalten. Dabei kann es sich um Kollisionslösungsregelungen handeln, die eine sonst eintretende Tarifkonkurrenz verhindern wollen (→ § 203 Rn. 2).[43] Darüber hinaus können Ergänzungstarifverträge zugelassen werden, wenn die Tarifvertragsparteien nur Rahmenregelungen setzen oder weitere Konkretisierungen, etwa auf bezirklicher Ebene, zulassen wollen. Hier kommt dem ergänzenden Tarifvertrag schon kein Charakter als „abweichende Abmachung" iSd § 4 III Fall 1 TVG zu.[44] Zugleich wird durch eine solche tarifliche Regelung der Umfang der relativen Friedenspflicht bestimmt und begrenzt.[45] 15

Die „abweichenden Abmachungen", die durch einen Tarifvertrag gestattet werden, können neben Betriebs- und Dienstvereinbarungen[46] auch **individualvertragliche Abreden** sein (zu Tarifverträgen → Rn. 17).[47] Hier ist indes schon im Ansatz zu unterscheiden, ob eine ausfüllungsbedürftige tarifliche Rahmenregelung vorliegt, die der Ausfüllung bedarf, oder tatsächlich eine Öffnungsklausel nach § 4 III Fall 1 TVG.[48] Für die in der Praxis maßgebenden **Betriebsvereinbarungen** ist, soweit keine Tariföffnungsklausel besteht,[49] das Verhältnis von tarifvertraglicher Regelung und zulässiger Betriebsvereinbarung aufgrund der spezielleren Regelungen des Tarifvorrangs in § 87 I Einleitungss. BetrVG und des Tarifvorbehalts in § 77 III BetrVG zu bestimmen (→ § 231 Rn. 20 ff.), die gegenüber § 4 III TVG vorrangig sind.[50] 16

b) Einzelheiten. Die Tarifparteien bestimmen, ob und in welchem Umfang sie die zwingende Wirkung der Rechtsnormen zur Disposition stellen wollen. Eine sog. **Tarifverantwortung,** also die Verpflichtung zur Schaffung von zwingenden Rechtsnormen in einem bestimmten Umfang, besteht grundsätzlich nicht.[51] Das BAG hat bisher offengelassen, ob es eine solche überhaupt geben kann.[52] Eine Tariföffnungsklausel kann nicht für Tarifregelungen verwendet werden, die tarifdispositives Gesetzesrecht ändern, weil es dann an einer abweichenden Regelung durch einen Tarifvertrag fehlt.[53] 17

Die Öffnungsklausel muss **klar und eindeutig** gefasst sein, was aber deren Ermittlung im Wege der Auslegung nicht generell ausschließt (→ § 231 Rn. 27).[54] Aus einer tariflichen „Soll"-Bestimmung folgt nicht ohne weitere Anhaltspunkte, es liege eine Tariföffnungsklausel vor.[55] 18

---

[38] Beispiele zu Tariföffnungsklauseln in einzelnen Branchen bei BKS/*Berg* § 4 Rn. 130; *Kohaut/Schabel* SF 2007, 33 ff.

[39] S. weiterhin KeZa/*Wendeling-Schröder* TVG § 4 Rn. 528 ff.; *Wendeling-Schröder* FS Wißmann, 2005, 174 ff.; ausf. *Stolle,* Die Flexibilisierung des Tarifrechts in Deutschland und Frankreich, 2011.

[40] Abgedruckt bei *Rose,* Tarifautonomie – Perspektive und Alternativen, 2006, 167 f.

[41] Zur Zulässigkeit BAG 20.3.1991 AP Nr. 20 zu § 4 TVG Tarifkonkurrenz = NZA 1991, 736.

[42] S. etwa BAG 13.8.2019 AP Nr. 117 zu § 77 BetrVG 9172 = NZA 2020, 49; 12.3.2019 AP Nr. 116 zu § 77 BetrVG 1972 = NZA 2918, 784.

[43] NK-TVG/*Deinert* § 4 Rn. 462; *Löwisch/Rieble* TVG § 4 Rn. 483.

[44] NK-TVG/*Deinert* § 4 Rn. 586.

[45] BAG 10.12.2002 AP Nr. 162 zu Art. 9 GG = NZA 2003, 734.

[46] S. BAG 5.5.2015 AP Nr. 356 zu § 1 TVG Tarifverträge: Bau; 22.5.2012 AP Nr. 104 zu § 77 BetrVG 1972 = NZA 2012, 1110.

[47] BAG 27.2.2018 AP Nr. 74 zu § 11 BUrlG.

[48] NK-TVG/*Deinert* § 4 Rn. 586; ErfK/*Franzen* TVG § 4 Rn. 28.

[49] S. etwa BAG 15.5.2018 AP Nr. 113 zu § 77 BetrVG 1972 = NZA 2018, 1150; 26.1.2017 AP Nr. 16 zu § 626 BGB Unkündbarkeit = NZA 2017, 522.

[50] S. aber BAG 11.7.1995 AP Nr. 10 zu § 1 TVG Tarifverträge: Versicherungsgewerbe (§ 4 III TVG als Maßstab).

[51] JKOS TVR/*Jacobs* § 7 Rn. 94; aA *Wank* NJW 1996, 2273 (2280); und wohl ErfK/*Franzen* TVG § 4 Rn. 29.

[52] BAG 11.7.1995 AP Nr. 10 zu § 1 TVG Tarifverträge: Versicherungsgewerbe = NZA 1996, 264.

[53] NK-TVG/*Deinert* § 4 Rn. 585; JKOS TVR/*Jacobs* § 7 Rn. 95.

[54] BAG 11.9.2003 AP Nr. 24 zu § 4 TVG = NZA 2004, 326.

[55] NK-TVG/*Deinert* § 4 Rn. 589; Wiedemann/*Wank* TVG § 4 Rn. 407.

Hier besteht grundsätzlich ein Anspruch und Abweichungen sind (generell) nur in besonderen Ausnahmefällen zulässig.[56] Tariföffnungsklauseln können mit einem **Zustimmungsvorbehalt** zugunsten der Tarifvertragsparteien versehen werden, der ihnen die Letztentscheidung über die abweichende Abmachung belässt.[57] Die tarifvertragliche Regelung kann zudem vorsehen, dass bei bestimmten Voraussetzungen die Zustimmung erteilt werden „soll“. Dann kann jedenfalls die andere Tarifvertragspartei auf Zustimmung klagen, wenn die Voraussetzungen gegeben sind und ein Ausnahmesachverhalt nicht geltend gemacht werden kann.[58] **Regelungsgegenstände von Tariföffnungsklauseln**[59] waren u.a. ergänzende Betriebsvereinbarungen über Akkord- und Prämiensätze,[60] der Vereinbarung um bis zu 10% niedrigerer Entgeltsätze im Vergleich zum Tarifentgelt,[61] die Absenkung der im laufenden Kalenderjahr zu erbringenden tariflichen Leistungen bis zur Höhe eines Bruttomonatsentgelts,[62] die Kürzung von Urlaubsgeld und Sonderzahlung[63] und die Verlängerung der Wochenarbeitszeit.[64]

19 **3. Günstigkeitsprinzip. a) Grundsatz.** Eine gesetzlich vorgesehene Öffnung zugunsten abweichender Abmachungen regelt § 4 III Fall 2 TVG. Anders als noch in § 1 I 2 TVVO (→ § 195 Rn. 1), der Abweichungen vom Tarifvertrag zugunsten des AN nur aufgrund tariflicher Öffnungsklauseln zuließ und damit die Festsetzung von Höchstarbeitsbedingungen gestattete, wird durch § 4 III Fall 2 TVG das **Günstigkeitsprinzip als Kollisionsregel** verankert, welches günstigeren individualrechtlich vereinbarten Arbeitsbedingungen den Vorrang einräumt. Die Tarifnormen sind für den AN einseitig zwingend im Sinne von Mindestarbeitsbedingungen. § 4 III Fall 2 TVG, der sich auf das Verhältnis von zwingenden tarif- und individuell vereinbarten arbeitsvertraglichen Regelungen bezieht, ist der einfachgesetzliche Ausdruck des verfassungsrechtlichen Verhältnismäßigkeitsprinzips, welches den Parteien des Arbeitsverhältnisses einen privatautonomen Gestaltungsspielraum belässt.[65] Das Günstigkeitsprinzip steht daher nicht zur Disposition der Tarifvertragsparteien.[66] Den Tarifvertragsparteien ist es in der Folge verwehrt, die Geltung von Tarifnormen davon abhängig zu machen, dass diese arbeitsvertraglich „nachvollzogen“ werden.[67] Das Günstigkeitsprinzip gilt hingegen nicht bei der Kollision oder der zeitlichen Aufeinanderfolge von Tarifverträgen (→ § 202 Rn. 30).[68]

20 Das Günstigkeitsprinzip ermöglicht den Arbeitsvertragsparteien übertarifliche Arbeitsbedingungen zu vereinbaren und hindert die Tarifvertragsparteien, diese Handlungsoption auszuschalten. Das Günstigkeitsprinzip nach § 4 III Fall 2 TVG ist vor allem[69] **Ausdruck der Privatautonomie** des einzelnen AN, für sich gegenüber dem Tarifvertrag bessere Arbeitsbedingungen zu verabreden.[70] Das **arbeitsrechtliche „Schutzprinzip“** wird in diesem Fall nicht beeinträchtigt oder gefährdet.[71] Das Günstigkeitsprinzip nach § 4 III Fall 2 TVG ist entgegen früherer Entscheidungen des BAG[72] nicht durch Art. 9 III GG verfassungsrechtlich abgesichert, sondern vielmehr Ausfluss der Privatautonomie und der Berufsfreiheit, die vorrangig über Art. 12 I GG[73] geschützt sind.[74] Eine komplette **Aufhebung des Günstigkeitsprinzips** durch den Gesetzge-

---

[56] BAG 4.11.1970 AP Nr. 119 zu § 1 TVG Auslegung.
[57] BAG 5.7.2011 AP Nr. 102 zu § 77 BetrVG 1972.
[58] BAG 22.10.2010 AP Nr. 145 zu Art. 9 GG mAnm *Kamanabrou* = NZA 2011, 468; zur rückwirkenden Genehmigung BAG 13.8.2019 NZA 2020, 49.
[59] S. auch BAG 27.2.2019 AP Nr. 315 zu § 611 BGB Gratifikation.
[60] BAG 23.6.2009 AP Nr. 45 zu § 77 BetrVG 1972 Betriebsvereinbarung = NZA 2009, 1159.
[61] BAG 15.2.2006 AiB 2007, 557.
[62] BAG 20.10.2010 AP Nr. 145 zu Art. 9 GG mAnm *Kamanabrou* = NZA 2011, 468.
[63] BAG 29.1.2002 EzA Nr. 71 zu § 77 BetrVG 1972.
[64] BAG 20.4.1999 AP Nr. 12 zu § 77 BetrVG 1972 Tarifvorbehalt = NZA 1999, 1059.
[65] BAG 13.5.2020 AP Nr. 37 zu § 4 TVG = NZA 2020, 1487; NK-TVG/*Deinert* § 4 Rn. 620 mwN in Fn. 1655 f.; Wiedemann/*Wank* TVG § 4 Rn. 420, 422.
[66] BAG 14.12.2011 – 4 AZR 179/10; 23.3.2011 AP Nr. 147 zu Art. 9 GG = NZA 2011, 920; GS 16.9.1986 AP Nr. 17 zu § 77 BetrVG 1972 = NZA 1987, 168.
[67] BAG 13.5.2020 AP Nr. 37 zu § 4 TVG = NZA 2020, 1487.
[68] BAG 28.8.2016 AP Nr. 148 zu § 99 BetrVG 1972 = NZA 2017, 74.
[69] Zu den Herleitungen ausf. NK-TVG/*Deinert* § 4 Rn. 611 ff.; Wiedemann/*Wank* TVG § 4 Rn. 420 ff.
[70] BKS/*Berg* § 4 Rn. 140; NK-TVG/*Deinert* § 4 Rn. 622; HWK/*Henssler* TVG § 4 Rn. 34; JKOS TVR/*Jacobs* § 7 Rn. 16; Wiedemann/*Wank* TVG § 4 Rn. 422; KeZa/*Schubert*/*Zachert* TVG § 4 Rn. 340 f.
[71] BAG 20.4.1999 AP Nr. 89 zu Art. 9 GG = NZA 1999, 887; 16.9.1986 AP Nr. 17 zu § 77 BetrVG 1972 = NZA 1987, 168.
[72] BAG 15.12.1960 AP Nr. 2 und Nr. 3 zu § 4 TVG Angleichungsrecht: „verfassungsmäßig anerkannter Grundsatz des kollektiven Arbeitsrechts“; dazu krit. NK-TVG/*Deinert* § 4 Rn. 622 ff.
[73] Zum Verhältnis von Art. 12 GG und Art. 2 I GG ErfK/*Schmidt* GG Art. 2 Rn. 10, GG Art. 12 Rn. 15.
[74] NK-TVG/*Deinert* § 4 Rn. 623; Wiedemann/*Wank* TVG § 4 Rn. 429 ff.

ber wäre unzulässig;[75] Einschränkungen im Einzelfall müssen den verfassungsrechtlichen Anforderungen des Verhältnismäßigkeitsprinzips entsprechen.[76]

b) Anwendungsbereich. Das Günstigkeitsprinzip greift bei **„abweichenden Abmachungen"** ein. Hierzu gehören neben individualrechtlichen Vertragsabreden allgemeine Arbeitsbedingungen[77] und betriebliche Übungen.[78] Grundsätzlich gehören Betriebsvereinbarungen zu den Abmachungen iSd § 4 III TVG. Bei diesen greift aber der Tarifvorbehalt des § 77 III BetrVG (→ § 231 Rn. 20 ff.), der gegenüber § 4 III TVG vorrangig ist (→ Rn. 16).[79] Dabei kommt es nach dem Sinn und Zweck des Günstigkeitsprinzips nicht darauf an, ob die abweichende Abmachung vor oder nach Inkrafttreten des Tarifvertrags vereinbart wurde.[80] Das Günstigkeitsprinzip gilt nach dem Wortlaut von § 4 III TVG nur für Rechtsnormen eines Tarifvertrags, erfasst aber vom Zweck der Norm auch **schuldrechtliche Vereinbarungen** der Tarifvertragsparteien, die eine Gewährung höherer Leistungen untersagen oder die Arbeitsbedingungen des Tarifvertrags als Höchstarbeitsbedingungen festlegen wollen.[81] Ein anderes gilt für verbandsinterne Vereinbarungen, sog. Höchstnormenbeschlüsse, die zulässig und bindend sind.[82] 21

Das Günstigkeitsprinzip ist vor allem auf **Inhaltsnormen eines Tarifvertrags** zugeschnitten, ohne dass allerdings andere Normtypen von ihm gänzlich ausgeschlossen sind. Bei Abschlussnormen greift der Günstigkeitsvergleich, der auf den Inhalt und nicht die Entstehung des Arbeitsverhältnisses gerichtet ist, allerdings nicht ein.[83] Auch können Abschlussverbote grundsätzlich nicht durch individualvertragliche Vereinbarungen aufgehoben werden.[84] Klassischer Anwendungsbereich sind die Inhalts- und Beendigungsnormen. Bei letzteren kann durch bestandsschützende Vereinbarungen der tarifliche Standard günstiger gestaltet werden. Sog. negative Inhaltsnormen sind entgegen der früheren Rechtsprechung[85] einem Günstigkeitsvergleich zugänglich, da anderenfalls Höchstarbeitsbedingungen festgesetzt werden könnten. Dabei muss der Zweck der negativen Inhaltsnorm, namentlich im Bereich des Arbeitsschutzes, berücksichtigt werden.[86] 22

Dagegen wird dem Günstigkeitsprinzip in der Praxis bei **betrieblichen Normen** nur geringe Bedeutung zukommen. Scheidet eine individualvertragliche Regelung bei Betriebsnormen wegen evident sachlogischer Unzweckmäßigkeit aus, spricht dies zunächst gegen einen möglichen Günstigkeitsvergleich. Das gilt jedenfalls dann, wenn der Zweck der Betriebsnorm einer einzelvertraglichen Regelung zuwiderläuft (zB Torkontrolle, Rauchverbot).[87] Anders verhält es sich, wenn durch eine Betriebsnorm nur ein Mindeststandard betriebseinheitlich gesichert werden soll.[88] **Betriebsverfassungsrechtliche Normen** lassen grundsätzlich eine einzelvertragliche Abweichung nicht zu. Denkbar ist ein anderes allenfalls bei Regelungen, die dem Arbeitnehmerschutz dienen.[89] Einem Günstigkeitsvergleich sind schließlich Normen über **gemeinsame Einrichtungen** nicht zugänglich.[90] 23

c) Günstigkeitsvergleich. aa) Grundsatz. Die von den zwingenden und unmittelbaren geltenden Tarifnormen abweichende Abmachung ist für das Arbeitsverhältnis nur maßgebend, wenn sie für den AN günstiger ist. Das TVG enthält sich näherer Regelungen und Vorgaben, wie der Günstigkeitsvergleich vorzunehmen ist. Dies ist dann einfach, wenn dem AN schlicht quantitativ mehr geleistet wird, als der Tarifvertrag vorsieht.[91] Schwieriger ist die Lage, wenn die Rechte und 24

[75] Zur Absenkung einer vertraglichen Zulage durch eine VO: BAG 17.10.1990 AP Nr. 9 zu § 611 BGB Lohnzuschläge = NZA 1991, 489.

[76] NK-TVG/*Deinert* § 4 Rn. 623; KeZa/*Schubert/Zachert* TVG § 4 Rn. 349 ff.; Wiedemann/*Wank* TVG § 4 Rn. 429 f.

[77] BAG 25.7.2001 – 10 AZR 391/00.

[78] NK-TVG/*Deinert* § 4 Rn. 651; KeZa/*Schubert/Zachert* TVG § 4 Rn. 367 f.; Wiedemann/*Wank* TVG § 4 Rn. 457.

[79] *Bayreuther* 631 ff.; NK-TVG/*Deinert* § 4 Rn. 656 f. mwN; Wiedemann/*Wank* TVG § 4 Rn. 457; aA *Blomeyer* NZA 1996, 337 (344 ff.).

[80] BAG 25.7.2001 – 10 AZR 391/00.

[81] BAG 21.2.1961 AP Nr. 8 zu § 4 TVG Günstigkeitsprinzip.

[82] NK-TVG/*Deinert* § 4 Rn. 631 ff.; JKOS TVR/*Jacobs* § 7 Rn. 29; Wiedemann/*Wank* TVG § 4 Rn. 435 ff.; aA *Belling* S. 102.

[83] Wiedemann/*Wank* TVG § 4 Rn. 444; JKOS TVR/*Jacobs* § 7 Rn. 22.

[84] KeZa/*Schubert/Zachert* TVG § 4 Rn. 356.

[85] BAG 7.12.1956 AP Nr. 1 zu § 817 BGB.

[86] NK-TVG/*Deinert* § 4 Rn. 639; ErfK/*Franzen* TVG § 4 Rn. 33; JKOS TVR/*Jacobs* § 7 Rn. 24.

[87] JKOS TVR/*Jacobs* § 7 Rn. 25.

[88] NK-TVG/*Deinert* § 4 Rn. 643; ErfK/*Franzen* TVG § 4 Rn. 35; JKOS TVR/*Jacobs* § 7 Rn. 25.

[89] Offengelassen in BAG 18.12.1997 AP Nr. 46 zu § 2 KSchG 1969 = NZA 1998, 304; enger wohl 26.4.1990 AP Nr. 57 zu Art. 9 GG = NZA 1990, 850 (von der Natur der Regelung her nicht).

[90] BAG 5.12.1958 AP Nr. 1 zu § 4 TVG Ausgleichskasse.

[91] BAG 22.10.2008 AP Nr. 66 zu § 1 TVG Bezugnahme auf Tarifvertrag = NZA 2009, 151 (monatliches Entgelt); 29.8.2007 AP Nr. 61 zu § 1 TVG Bezugnahme auf Tarifvertrag = NZA 2008, 364.

Pflichten im vertraglichen Gefüge an mehr als nur einer Stelle in unterschiedlicher Weise geändert werden. Das betrifft etwa die Vereinbarung einer längeren Arbeitszeit mit einer proportional zum Tarifentgelt gesteigerten Vergütung oder sogar eines verhältnismäßig höheren Satzes bis hin zu anderen **kompensatorischen Regelungen.** Hierzu gehören etwa die Erhöhung der Arbeitszeit oder die Kürzung einer tariflichen Leistung, für die ein Verzicht auf betriebsbedingte Kündigungen vereinbart ist, wie es für „Betriebliche Bündnisse für Arbeit" vorgeschlagen wird.[92] Schließlich wird vorgeschlagen, den Vergleichsmaßstab zu subjektivieren und der privatautonomen Entscheidung des AN für eine abweichende individualvertragliche Abrede den Vorrang einzuräumen.[93]

25 Die Rechtsprechung hat sich zu Recht für einen anderen Maßstab entschieden, den **individuellen Günstigkeitsvergleich**[94] (zum kollektiven Günstigkeitsvergleich bei der Ablösung von vertraglichen Einheitsregelungen durch Betriebsvereinbarung → § 231 Rn. 44 f.) anhand eines **objektiven Beurteilungsmaßstabes** im Rahmen von miteinander **zusammenhängenden Sachgruppen.**[95] Damit ist zugleich einer „Rosinentheorie", die jeweils nur den einzelnen Regelungsgegenstand betrachtet, wie auch einem Gesamtvergleich, der das arbeitsvertragliche Rechten- und Pflichtengefüge insgesamt in den Blick nimmt, eine Absage erteilt.[96] Gegen letzteres spricht bereits der Wortlaut „Regelungen" in § 4 III TVG.[97] Verglichen werden können, soweit nicht der Tarifvertrag oder der Einzelvertrag klare Anhaltspunkte für ein anderes Vorgehen gebieten,[98] nur Regelungen, die miteinander in einem sachlichen Zusammenhang stehen – **Sachgruppenvergleich.**[99] Den Tarifvertragsparteien ist es auch nicht möglich, Regelungen, die nicht in einem erforderlichen inneren Zusammenhang stehen, als eigenständige Sachgruppe zu definieren. Die Vergleichsmaßstäbe des gesetzlich geregelten Günstigkeitsvergleichs stehen nicht in ihrer Disposition.[100] Ein Vergleich von Regelungsgegenständen, bei denen dies nicht der Fall ist, ist methodisch nicht möglich. Es würden mit den Worten des BAG „Äpfel mit Birnen" verglichen, was mit § 4 III TVG nicht vereinbar ist.[101] Erforderlich ist es daher, dass der Tarifvertrag überhaupt eine vergleichbare Sachregelung enthält.[102]

26 Ob eine Regelung günstiger ist, muss von vornherein für einen **längeren Zeitraum** feststehen[103] und ist *ex ante* zu beurteilen.[104] Ergibt sich eine günstigere Regelung nur bei Vorliegen besonderer, nicht stets vorliegender Umstände, verbleibt es bei der tariflichen Regelung. Situative Umstände bleiben unberücksichtigt.[105] Gleiches gilt, wenn eine abweichende Vereinbarung **„neutral"**, also weder günstiger noch ungünstiger ist,[106] oder es sich um eine **ambivalenten Regelung** handelt, die sich also je nach Entwicklung der Umstände oder individueller subjektiver Einschätzung als günstiger oder ungünstiger erweisen kann.[107] In den Sachgruppenvergleich

---

[92] Zu diesen und anderen Vorschlägen ausf. etwa Wiedemann/*Wank* TVG § 4 Rn. 480 ff.; NK-TVG/*Deinert* § 4 Rn. 678 ff., 714.

[93] *Heinze* NZA 1991, 329 (333 f.); *Kast/Stuhlmann* BB 2000, 614 f.; *Picker* NZA 2002, 767 f.; s. auch HWK/*Henssler* TVG § 4 Rn. 36a; zu Recht krit. Wiedemann/*Wank* TVG § 4 Rn. 500 ff.; NK-TVG/*Deinert* § 4 Rn. 739 ff.

[94] BAG 16.9.1986 AP Nr. 17 zu § 77 BetrVG 1982.

[95] BAG 12.12.2018 AP Nr. 151 zu § 1 TVG Bezugnahme auf Tarifvertrag = NZA 2019, 543; 15.4.2015 AP Nr. 26 zu § 4 TVG Günstigkeitsvergleich mAnm *Kühnast* = NZA 2015, 1274; 1.7.2009 AP Nr. 14 zu § 3 TVG Verbandsaustritt = NZA 2010, 53; grdl. BAG 20.4.1999 AP Nr. 89 zu Art. 9 GG = NZA 1999, 887.

[96] Jüngst BAG 12.12.2018 AP Nr. 151 zu § 1 TVG Bezugnahme auf Tarifvertrag = NZA 2019, 543; 22.8.2018 AP Nr. 74 zu § 4 TVG Günstigkeitsprinzip = NZA 2019, 51.

[97] BAG 18.12.1997 AP Nr. 46 zu § 2 KSchG 1969 mAnm *Wiedemann* = NZA 1998, 304.

[98] So in BAG 30.11.1994 AP Nr. 16 zu § 4 TVG = NZA 1995, 695; weiterhin 20.4.1999 AP Nr. 89 zu Art. 9 GG = NZA 1999, 887.

[99] Zu den Darlegungsanforderungen im Prozess s. BAG 12.12.2018 AP Nr. 151 zu § 1 TVG Bezugnahme auf Tarifvertrag = NZA 2019, 543.

[100] Abl. daher *Löwisch/Rieble* TVG § 4 Rn. 615; *Bayreuther* S. 694 ff.; aA *KeZa/Schubert/Zachert* TVG § 4 Rn. 413; *Wiedemann/Wank,* 7. Aufl., TVG § 4 Rn. 471 ff.; offengelassen in BAG 17.4.2013 AP Nr. 35 zu § 4 TVG.

[101] BAG 20.4.1999 AP Nr. 89 zu Art. 9 GG = NZA 1999, 887.

[102] BAG 12.10.2010 AP Nr. 69 zu § 11 BUrlG = NZA 2011, 695.

[103] BAG 15.4.2015 AP Nr. 26 zu § 4 TVG Günstigkeitsvergleich mAnm *Kühnast* = NZA 2015, 1274 (repräsentativer Zeitraum).

[104] BAG 22.10.1973 AP Nr. 31 zu § 1 FeiertagslohnzahlungsG.

[105] BAG 29.1.2015 AP Nr. 71 zu § 622 BGB = NZA 2015, 673.

[106] BAG 12.4.1972 AP Nr. 13 zu § 4 TVG Günstigkeitsprinzip.

[107] BAG 22.8.2018 AP Nr. 74 zu § 4 TVG Günstigkeitsprinzip = NZA 2019, 51; 20.9.2017 AP Nr. 64 zu § 611 BGB Bühnenengagementsvertrag = NZA 2018, 1643; 15.4.2015 AP Nr. 26 zu § 4 TVG Günstigkeitsvergleich mAnm *Kühnast* = NZA 2015, 1274; 10.12.2014 AP Nr. 25 zu § 4 TVG Günstigkeitsprinzip mAnm *Kamanabrou* = NZA 2015, 946.

einzubeziehen sind die Regelungen des Tarifvertrags einerseits und die arbeitsvertraglichen Abreden andererseits, nicht aber **Lebensumstände, die ohne die Abmachung bestehen würden.**[108] Deshalb verbietet sich ein Vergleich unter Hinweis auf einen sonst eintretenden Arbeitsplatzverlust, weil hier nichts Vergleichbares zur Beurteilung ansteht, sondern das „Angstprinzip besser weniger als gar nichts" den Maßstab bilden soll.[109]

Im Falle eines **Wahlrechts des AN** wird ausnahmsweise eine abweichende Abmachung als günstiger angesehen, wenn sich im Übrigen nicht feststellen lässt, ob die eine oder die andere Regelung günstiger ist. Ergänzend wird zusätzlich gefordert, dass eine Rückkehr zur tariflichen Regelung jederzeit möglich ist.[110] Damit besteht trotzdem die Gefahr, die zwingende Wirkung des unmittelbar geltenden tariflichen Mindeststandards zur Disposition zu stellen, woran ein Rückkehrrecht nichts ändert.[111] Zudem verhält sich die in diesem Zusammenhang angeführte Entscheidung des Großen Senats des BAG zu einer Wahlfreiheit zwischen Ausscheiden aus dem Arbeitsverhältnis und dessen Fortsetzung.[112] Dabei kommt das strukturelle Kräfteungleichgewicht zu Lasten des AN nicht in gleichem Maße zum Tragen.[113] 27

Die genannten Grundsätze zum Günstigkeitsvergleich gelten ebenso für einen Vergleich der normativ geltenden Regelungen eines Tarifvertrags und denjenigen Tarifregelungen eines anderen Tarifvertrags, der infolge **vertraglicher Bezugnahme** im Arbeitsverhältnis Anwendung findet (→ § 206 Rn. 6).[114] Eine Bezugnahmeklausel kann ohne Anhaltspunkte im Wortlaut nicht dahingehend ausgelegt werden, die Parteien hätten lediglich die einheitliche Anwendung des in Bezug genommenen Tarifvertrags vereinbart und wenn dies aufgrund eines normativ geltenden Tarifvertrags nicht möglich sei, weil dieser in der „Gesamtschau" günstiger ist, solle dieser vorrangig sein.[115] 28

bb) Einzelfälle. Bei einem Vergleich unterschiedlich langer **Arbeitszeiten** ist das damit **verbundene Entgelt** in den Sachgruppenvergleich mit einzubeziehen und für die Vergleichsbetrachtung – etwa für Vollzeitarbeitsverhältnisse – maßgebend. Dabei kann nicht allein auf das jeweilige Stundenentgelt abgestellt werden.[116] Die Verkürzung einer Wahlmöglichkeit zwischen der Fortsetzung des Arbeitsverhältnisses und dem **Eintritt in den Ruhestand** stellt sich als ungünstigere Regelung dar.[117] Für einen Vergleich von Spätschicht- und Nachtarbeitszuschlägen sind die jeweils zugeordneten Stundenentgelte zu berücksichtigen und nicht nur der jeweilige vH-Satz.[118] Angezweifelt hat das BAG, ob ein Arbeitszeitmodell unter Einschluss einer tarifwidrigen Samstagsarbeit günstiger sein kann als eine bisherige tarifliche Arbeitszeitregelung.[119] Höchstrichterlich noch nicht entschieden ist die Zulässigkeit einer individualvertraglichen Verlängerung der wöchentlichen tariflichen Arbeitszeit unter Zahlung einer entsprechend höheren Vergütung.[120] Hier wird man nach den genannten Maßstäben (→ Rn. 25 ff.) keine günstigere vertragliche Regelung annehmen können.[121] 29

Einen **sachlichen Zusammenhang** für einen Günstigkeitsvergleich hat die Rechtsprechung des BAG für die Urlaubsdauer, die Länge der Wartezeit und die Höhe des Urlaubsgeldes angenommen.[122] Sind nach der vertraglichen Regelung Grundgehalt und Zulage nur Berechnungsposten einer einheitlichen Vergütung, ist dieses mit dem tariflichen Entgelt zu vergleichen.[123] Anders verhält es sich, wenn die arbeitsvertragliche Zulage einen neben der Grundvergütung gesonderten Entgeltbestandteil dar- 30

[108] BAG 18.12.1997 AP Nr. 46 zu § 2 KSchG 1969 mAnm *Wiedemann* = NZA 1998, 304; 7.11.1989 AP Nr. 46 zu § 77 BetrVG 1972 = NZA 1990, 816.

[109] Treffend BKS/*Berg* § 4 Rn. 151; s. auch *Reichold* ZfA 1998, 237 (252 f.): arbeitsrechtliche Ausprägung von „Geld oder Leben".

[110] JKOS TVR/*Jacobs* § 7 Rn. 64 f. mwN; *Löwisch/Rieble* TVG § 4 Rn. 638 ff.

[111] S. nur NK-TVG/*Deinert* § 4 Rn. 749.

[112] BAG 7.11.1989 AP Nr. 46 zu § 77 BetrVG 1972 = NZA 1990, 816.

[113] KeZa/*Schubert/Zachert* TVG § 4 Rn. 417.

[114] BAG 22.10.2008 AP Nr. 66 zu § 1 TVG Bezugnahme auf Tarifvertrag = NZA 2009, 151; 29.8.2007 AP Nr. 61 zu § 1 TVG Bezugnahme auf Tarifvertrag = NZA 2008, 364.

[115] So aber ErfK/*Franzen* TVG § 4 Rn. 37; *Löwisch/Rieble* TVG § 3 Rn. 703; dagegen BKS/*Berg* § 4 Rn. 156.

[116] BAG 15.4.2015 AP Nr. 26 zu § 4 TVG Günstigkeitsvergleich mAnm *Kühnast* = NZA 2015, 1274; 12.12.2012 AP Nr. 122 zu § 1 TVG Bezugnahme auf Tarifvertrag; HMB/*Greiner* Kap. 9 Rn. 176.

[117] BAG 7.11.1989 AP Nr. 46 zu § 77 BetrVG 1972 = NZA 1990, 816.

[118] BAG 17.4.2013 AP Nr. 35 zu § 4 TVG.

[119] BAG 18.12.1997 AP Nr. 46 zu § 2 KSchG 1969 = NZA 1998, 304.

[120] Offengelassen in BAG 14.4.2002 AP Nr. 40 zu § 611 BGB Mehrarbeitsvergütung = NZA 2002, 1340.

[121] Dazu auch Wiedemann/*Wank* TVG § 4 Rn. 526 ff.; NK-TVG/*Deinert* § 4 Rn. 753 ff.; beide mwN zum Streitstand.

[122] BAG 15.3.1962 AP Nr. 1 zu § 6 UrlaubsG Niedersachsen.

[123] BAG 19.7.1978 AP Nr. 10 zu § 611 BGB Übertariflicher Lohn und Lohngestaltung.

stellt.[124] Bei einer eigenständig ausgewiesenen Leistungszulage ist dies anzunehmen.[125] Demgegenüber **scheidet ein Vergleich aus** zwischen einer Vertragsstrafenabrede und einer tariflichen Urlaubs- oder Sonderzuwendungsregelung[126] oder zwischen Arbeitszeit und Arbeitsentgelt einerseits und Beschäftigungsgarantie andererseits.[127] Eine saisonale Sonderleistung „Urlaubsgeld", die nicht mit der Urlaubsnahme inhaltlich verknüpft ist, kann nicht in einen Günstigkeitsvergleich mit tariflichen Urlaubsregelungen einbezogen werden.[128] Untertarifliche Auslösungen können nicht durch eine übertarifliche Entlohnung ausgeglichen werden.[129]

IV. Rechtsschutz der Gewerkschaft gegen tarifwidrige Abmachungen

31 **1. Grundsatz.** Von den tariflichen Rechtsnormen **abweichende Abmachungen** sind nach § 4 III TVG nur zulässig, wenn sie für den AN günstiger sind (→ Rn. 20 ff.) oder eine Tariföffnungsklausel eine solche Vereinbarung zulässt (→ Rn. 14 ff.). Betriebsvereinbarungen müssen den Tarifvorbehalt nach § 77 III BetrVG (→ § 231 Rn. 20 ff.) beachten. Außerdem gilt im Rahmen der Mitbestimmung der Tarifvorrang nach § 87 I Einleitungss. BetrVG (→ § 235 Rn. 11 ff.) und §§ 75 III, 76 II BPersVG. Liegen die Voraussetzungen für abweichende Abmachungen nicht vor, verbleibt es bei der unmittelbaren und zwingenden Wirkung der Rechtsnormen des Tarifvertrags. Tarifwidrige Betriebsvereinbarungen sind nach § 77 III BetrVG unwirksam (→ § 231 Rn. 19 f.), tarifwidrige Regelungsabreden gelten schon nicht – anders als Betriebsvereinbarungen – unmittelbar und zwingend für das jeweilige Arbeitsverhältnis (→ § 231 Rn. 11), sondern bedürfen noch der individualvertraglichen Umsetzung. Die AN können sich im Rahmen der gerichtlichen Geltendmachung ihrer Ansprüche auf die Geltung der Tarifregelungen für ihr Arbeitsverhältnis berufen.

32 Daneben kann die **Gewerkschaft** – neben dem in der Praxis eher seltenen Antrag auf Auflösung des BR oder der Amtsenthebung einzelner Mitglieder nach § 23 I BetrVG[130] – gegen den tarifvertragswidrig agierenden AG, namentlich bei tarifwidrigen Betriebsvereinbarungen im Rahmen von „betrieblichen Bündnissen für Arbeit",[131] Rechtsschutz durch die Gerichte für Arbeitssachen in Anspruch nehmen. Hierfür besteht neben der sog. **Einwirkungsklage** (→ Rn. 33, → § 199 Rn. 13 ff.) die Möglichkeit zur Geltendmachung der Ansprüche auf Grundlage eines betriebsverfassungsrechtlichen Unterlassungsanspruchs (→ Rn. 34) sowie eines allgemeinen **Unterlassungsanspruchs** (→ Rn. 35 ff.).

33 **2. Einwirkungsklage.** Die Gewerkschaft kann im Wege der Einwirkungsklage (→ § 199 Rn. 13 f.) gegen den tarifschließenden Arbeitgeberverband klagen, auf sein **Mitglied einzuwirken,** den Abschluss tarifwidriger Betriebsvereinbarungen zu unterlassen, wenn dadurch die Durchführungspflichten aus dem Tarifvertrag verletzt werden.[132] Die Einwirkungsklage, die jedoch nur vermittelt über den Arbeitgeberverband und den Einsatz dessen verbandsrechtlicher Mittel zu Tragen kommt, erweist sich in der Praxis allerdings als wenig effektiv.[133]

34 **3. Betriebsverfassungsrechtlicher Unterlassungsanspruch.** Ein Anspruch auf Unterlassung der Durchführung einer tarifvertragswidrigen Betriebsvereinbarung kann sich aus § 23 III BetrVG ergeben, der im arbeitsgerichtlichen Beschlussverfahren geltend zu machen ist.[134] Im Abschluss einer Betriebsvereinbarung, die tariflich geregelte Arbeitsbedingungen zum Gegenstand hat und damit gegen § 77 III BetrVG verstößt, kann zugleich eine **Pflichtverletzung nach § 23 III BetrVG** liegen. Zur betriebsverfassungsrechtlichen Ordnung, die durch § 23 III BetrVG geschützt wird, gehört auch § 77 III BetrVG.[135] Dabei ist allerdings zu beachten, dass der Tarifvorbehalt nach § 77 III BetrVG nicht eingreift für Betriebsvereinbarungen über Angelegenheiten, die der Mitbestimmung des BR nach § 87 I Einleitungss. BetrVG unterliegen. Wei-

---

[124] BAG 16.7.1976 AP Nr. 7 zu § 611 BGB Lohnzuschläge.
[125] BAG 3.6.1987 AP Nr. 58 zu § 1 TVG Tarifverträge: Metallindustrie.
[126] BAG 23.5.1984 AP Nr. 9 zu § 339 BGB = NZA 1984, 225.
[127] BAG 12.12.2018 AP Nr. 151 zu § 1 TVG Bezugnahme auf Tarifvertrag = NZA 2019, 543; 1.7.2009 AP Nr. 14 zu § 3 TVG Verbandsaustritt = NZA 2010, 53.
[128] BAG 12.10.2010 AP Nr. 69 zu § 11 BUrlG = NZA 2011, 695.
[129] BAG 12.4.1972 AP Nr. 13 zu § 4 TVG Günstigkeitsprinzip.
[130] BAG 22.6.1993 AP Nr. 22 zu § 23 BetrVG 1972 = NZA 1994, 234.
[131] S. nur *Dieterich/Hanau/Henssler/Oetker/Wank/Wiedemann* RdA 2004, 65 ff.; *Zachert* AuR 2005, 12 ff.
[132] BAG 29.4.1992 AP Nr. 3 zu § 1 TVG Durchführungspflicht = NZA 1992, 846.
[133] BAG 20.4.1999 AP Nr. 89 zu Art. 9 GG mAnm *Richardi* = NZA 1999, 887; BKS/*Berg* § 4 Rn. 207.
[134] BAG 20.8.1991 AP Nr. 2 zu § 77 BetrVG 1972 Tarifvorbehalt = NZA 1992, 317.
[135] BAG 20.8.1991 AP Nr. 2 zu § 77 BetrVG 1972 Tarifvorbehalt = NZA 1992, 317; Bedenken gegen diese Auffassung in BAG 20.4.1999 AP Nr. 89 zu Art. 9 GG = NZA 1999, 887.

terhin ist ein „grober Verstoß“ iSd § 23 III BetrVG erforderlich,[136] der bei nur in Einzelheiten gegen einen Tarifvertrag verstoßenden Regelungen nicht vorliegt.[137] Der Unterlassungsanspruch nach § 23 III BetrVG, der eine Wiederholungsgefahr voraussetzt,[138] ist nicht gegeben, wenn nur eine **Regelungsabrede** der Betriebsparteien vorliegt, da diese nicht vom Tarifvorbehalt des § 77 III BetrVG erfasst wird (→ § 231 Rn. 32); aus dessen Verletzung wird der betriebsverfassungsrechtliche Unterlassungsanspruch abgeleitet.[139]

4. Allgemeiner Unterlassungsanspruch. Der tarifvertragsschließenden Gewerkschaft steht neben dem betriebsverfassungsrechtlichen Unterlassungsanspruch ein auf §§ 1004 I 2, 823 BGB iVm Art. 9 III GG gestützter allgemeiner Unterlassungsanspruch auf Nichtdurchführung einer tarifwidrigen Betriebsvereinbarung oder **arbeitsvertraglicher Einheitsregelungen** zu.[140] Ein Eingriff in die verfassungsrechtlich geschützte Koalitionsbetätigungsfreiheit liegt weiterhin dann vor, wenn Maßnahmen und Abreden darauf gerichtet sind, die Wirkung eines Tarifvertrags leerlaufen zu lassen oder zu vereiteln. Allerdings ist nicht schon jede tarifwidrige Vereinbarung eine Behinderung der Koalitionsbetätigungsfreiheit. Die Gewerkschaft kann jedoch nicht im Wege eines **„Folgenbeseitigungsanspruchs“** vom AG verlangen, dass er den „tarifkonformen Zustand“, zB durch die Nachzahlung des tariflichen Entgelts, welches die AN aufgrund einer tarifwidrigen Betriebsvereinbarung nicht erhalten haben, beseitigt. Der Eingriff in die durch Art. 9 III GG geschützte Koalitionsbetätigungsfreiheit der Gewerkschaft liegt nicht in der Vorenthaltung tariflicher Leistungen gegenüber den AN, sondern im Abschluss der tarifwidrigen Betriebsvereinbarung. Mit deren Aufhebung endet die Beeinträchtigung der kollektiven Koalitionsfreiheit. Für den davorliegenden Zeitraum kann die Gewerkschaft nicht den Ausgleich der den AN entstandenen Entgeltnachteile als Schadensersatz verlangen. Sie kann aber im Verfahren des einstweiligen Rechtsschutzes eine Regelungsverfügung gegen die Beeinträchtigung beantragen.[141] 35

Nach der Rechtsprechung müssen für einen **Unterlassungsanspruch** folgende **Voraussetzungen** für einen auf das Grundrecht der Koalitionsfreiheit gestützten Unterlassungsanspruch vorliegen: 36

- Durch die Maßnahme muss eine **Tarifnorm als kollektive Ordnung verdrängt** und ihrer zentralen Funktion beraubt werden.
- Voraussetzung hierfür ist eine **betriebliche Regelung,** die bei einer Betriebsvereinbarung regelmäßig, aber auch bei arbeitsvertraglichen Einheitsregelungen gegeben sein kann sein, namentlich wenn letztere auf einer Regelungsabrede mit dem BR beruht.
- Es muss sich um **unmittelbar und zwingend geltendes Tarifrecht** handeln.
- Erforderlich ist die **Tarifgebundenheit** auch von AN.

Voraussetzung ist zunächst die **normative Geltung des Tarifvertrags,** sei es nach § 3 I TVG oder im Wege der Nachbindung nach § 3 III TVG. Allein die Tarifgebundenheit aufgrund einer Allgemeinverbindlicherklärung reicht hingegen nicht aus.[142] Im Falle der Nachwirkung nach § 4 V TVG scheidet ein Unterlassungsanspruch aus.[143]

Aus dem Erfordernis der betrieblichen Regelung, die die tarifvertragliche Regelung verdrängen soll, folgt zugleich, dass allein **einzelne tarifwidrige Vertragsabreden** einen Unterlassungsanspruch noch nicht begründen können. Ein anderes ist dann anzunehmen, wenn mit diesen die Regelungsabsicht verfolgt wird, insgesamt Abweichungen vom Tarifvertrag im Betrieb durchzusetzen.[144] Ausreichend kann es aber schon sein, wenn für bestimmte Gruppen von AN abweichende Vertragsregelungen durchgesetzt werden sollen, namentlich, wenn dies auf Grundlage einer mit dem BR getroffenen Regelungsabrede erfolgt. 37

Höchstrichterlich noch nicht geklärt ist, ob für die Verdrängung eines Tarifvertrags eine bestimmte **Mindestanzahl tarifgebundener AN** vorhanden sein muss, um von einer Verletzung 38

---

136 AA BKS/*Berg* § 4 Rn. 218 ff.
137 BAG 20.8.1991 AP Nr. 2 zu § 77 BetrVG 1972 Tarifvorbehalt = NZA 1992, 317.
138 S. BAG 7.6.2017 AP Nr. 152 zu Art. 9 GG mAnm *Rieble* = NZA 2017, 1410 (dort verneint).
139 Grdl. BAG 20.4.1999 AP Nr. 89 zu Art. 9 GG = NZA 1999, 887; sowie BAG 7.6.2017 AP Nr. 152 zu Art. 9 GG mAnm *Rieble* = NZA 2017, 1410.
140 BAG 17.5.2011 AP Nr. 148 zu Art. 9 GG mAnm *Richardi* = NZA 2011, 1169, dazu *Reichold* RdA 2012, 246; krit. *Löwisch/Krauss* EzA Nr. 105 zu Art. 9 GG Arbeitskampf; 21.1.2003 AP Nr. 1 zu § 21a BetrVG 1972 = NZA 2003, 1097; 20.4.1999 AP Nr. 89 zu Art. 9 GG mAnm *Richardi* = NZA 1999, 887.
141 BAG 17.5.2011 AP Nr. 148 zu Art. 9 GG = NZA 2011 1169.
142 Zutreffend *K. Schmidt* RdA 2004, 152 (154 f.); *Kocher* AuR 1999, 382 (384); aA *Bepler* AuA 1999, 558; BKS/*Berg* § 4 Rn. 232.
143 BAG 7.6.2017 AP Nr. 152 zu Art. 9 GG = NZA 2017, 1410.
144 BKS/*Berg* § 4 Rn. 234; *Kocher* AuR 1999, 382 (383).

der Koalitionsbetätigungsfreiheit ausgehen zu können,[145] oder es bereits ausreicht, wenn nach den Maßstäben des § 87 I BetrVG von einem kollektiven Tatbestand auszugehen ist.[146] Weiterhin wird vertreten, dass allein schon die Tarifgebundenheit als solche ausreicht[147] oder der Einzelfall zu beurteilen ist. Wird ein Tarifvertrag sowohl aufgrund beiderseitiger Tarifgebundenheit als auch infolge einheitlicher vertraglicher Bezugnahme für die im Betrieb bestehenden Arbeitsverhältnisse allgemein angewendet, kann jedenfalls dann, wenn überhaupt tarifgebundene AN im Betrieb vorhanden sind, von einer verdrängten betrieblichen Ordnung ausgegangen werden.[148]

39 Der Anspruch ist nach der Rechtsprechung des BAG im **Beschlussverfahren** geltend zu machen.[149] Der Unterlassungsantrag muss hinreichend bestimmt sein. Einen Unterlassungsantrag auf Unterlassung der Anwendung untertariflicher Arbeitsbedingungen gegenüber denjenigen AN, die Mitglied der tarifschließenden Gewerkschaft sind, hat der 4. Senat mangels ausreichender Bestimmtheit als unzulässig abgewiesen, weil es an der **namentlichen Benennung** im Antrag fehle.[150] Das ist in den Fallgestaltungen allerdings nicht erforderlich, wenn ein Tarifvertrag im Betrieb bisher einheitlich angewendet wurde (→ Rn. 38) und nunmehr eine tarifwidrige Vereinbarung wiederum für alle beschäftigten AN umgesetzt werden soll.[151] Aber auch in anderen Fallgestaltungen wird man es jedenfalls für das Erkenntnisverfahren unter dem Gebot effektiven Rechtschutzes als ausreichend ansehen können, wenn die Gewerkschaft nachweist, dass sie im Betrieb vertreten ist.[152] Dies kann durch einen notariellen Nachweis erfolgen, wie es im Rahmen des § 2 II BetrVG von der Rechtsprechung als ausreichend angesehen wird (→ § 215 Rn. 2).[153]

§ 208. Beendigung und Nachwirkung von Tarifverträgen

Übersicht

I. Beendigung von Tarifverträgen

1 **1. Überblick.** Die Beendigung eines Tarifvertrags richtet sich wie sein Zustandekommen nach den schuldrechtlichen Regelungen, wobei für tarifliche Abreden grundsätzlich diejenigen für Dauerschuldverhältnisse[1] maßgebend sind. Neben der in der Tarifpraxis bedeutsamen **Ablösung** durch einen Nachfolgetarifvertrag (→ § 202 Rn. 30 f.)[2] kann die Beendigung infolge einer **ordentlichen Kündigung** eines Tarifvertrags (→ Rn. 5 ff.), einer **Befristung** (→ Rn. 2), durch **Aufhebungsvertrag** (→ Rn. 4), die Vereinbarung einer **auflösenden Bedingung** (→ Rn. 3) sowie in ganz außergewöhnlichen Fällen durch **außerordentliche Kündigung** (→ Rn. 8 ff.) enden. Davon abzugrenzen ist die von Anfang an bestehende Unwirksamkeit oder Nichtigkeit eines

[145] So etwa *Kocher* AuR 2004, 154 (159); *K. Schmidt* RdA 2004, 152 (158); beide befürworten einen Rückgriff auf § 17 KSchG.
[146] *Annuß* RdA 2000, 287 (295); KeZa/*Stein* TVG § 4 Rn. 250.
[147] BKS/*Berg* § 4 Rn. 227.
[148] *Dieterich* AuR 2005, 121 (126).
[149] BAG 7.6.2017 AP Nr. 152 zu Art. 9 GG mAnm *Rieble* = NZA 2017, 1410 (dort auch zur erforderlichen Beteiligung nach § 83 III ArbGG); 13.3.2001 AP Nr. 17 zu § 2a ArbGG 1979 = NZA 2001, 1037; 20.4.1999 AP Nr. 89 zu Art. 9 GG = NZA 1999, 887; aA Teile des Schrifttums, s. nur KeZa/*Stein* TVG § 4 Rn. 256 mwN in Fn. 582.
[150] BAG 19.3.2003 AP Nr. 41 zu § 253 ZPO = NZA 2003, 1221.
[151] LAG BW 7.12.2007 AuR 2008, 185; *Dieterich* AuR 2005, 121 (126); KeZa/*Stein* TVG § 4 Rn. 254; s. auch BAG 19.3.2003 AP Nr. 41 zu § 253 ZPO = NZA 2003, 1221 (zum weitergehenden, aber in den Vorinstanzen rechtskräftig abgewiesenen Hauptantrag).
[152] BKS/*Berg* § 4 Rn. 231; *K. Schmidt* RdA 2004, 152 (157); KeZa/*Stein* TVG § 4 Rn. 254; s. auch *Dieterich* AuR 2005, 121 (126).
[153] BAG 25.3.1992 AP Nr. 4 zu § 2 BetrVG 1972 = NZA 1993, 134.
[1] BAG 18.12.1996 AP Nr. 1 zu § 1 TVG Kündigung = NZA 1997, 830.
[2] Aus neuerer Zeit BAG 14.3.2012 AP Nr. 199 zu § 4 TVG Ausschlussfristen = NZA-RR 2012, 480; 14.9.2011 NZA 2011, 1358; 7.7.2011 AP Nr. 2 zu § 18 TVöD; 24.10.2007 NZA 2008, 131.

Tarifvertrags (→ § 197 Rn. 1 ff., 7). Eine Anfechtung (→ § 197 Rn. 6) oder ein Wegfall der Geschäftsgrundlage (→ Rn. 11) kommt nicht in Betracht. Denkbar, wenn auch in der Praxis selten, ist die Möglichkeit der Tarifvertragsparteien, die normativen Regelungen eines Tarifvertrags früher enden zu lassen als die in ihm getroffenen schuldrechtlichen Abreden. Umgekehrt kann aber die **zwingende Geltung** nicht über das Ende des Tarifvertrags hinaus vereinbart werden. Hier ist allein § 4 V TVG (→ Rn. 13 ff.) maßgebend.[3]

2. Einzelne Fallgestaltungen. a) Befristeter Tarifvertrag. Die Tarifvertragsparteien können vereinbaren, dass der Tarifvertrag **nur befristet bis zu einem bestimmten Zeitpunkt** gelten soll. Eines besonderen Sachgrunds bedarf es hierfür nicht.[4] Der Tarifvertrag endet dann mit Ablauf der Zeit, für die er eingegangen ist. Davon zu unterscheiden sind Tarifverträge mit einer Mindestlaufzeit, bei denen eine Kündigung erstmals nach deren Ablauf möglich ist. Hier bedarf es einer Kündigung. Bei befristeten Tarifverträgen ist eine **ordentliche Kündigung** für die Dauer der Laufzeit ausgeschlossen, sofern nicht ein anderes vereinbart worden ist.[5] Sie kann grundsätzlich nicht im Wege einer ergänzenden Vertragsauslegung angenommen werden.[6] Wie bei jedem Dauerschuldverhältnis ist aber eine außerordentliche Kündigung möglich (→ Rn. 8). Bei überlangen Laufzeiten wird eine Kündigungsmöglichkeit entsprechend dem Rechtsgedanken des § 624 BGB befürwortet.[7] 2

b) Auflösende Bedingung. Die Beendigung eines Tarifvertrags kann durch Eintritt einer auflösenden Beendigung nach § 158 II BGB enden.[8] Aus Gründen der Rechtssicherheit und der Rechtsklarheit ist es jedoch erforderlich, dass die Tarifgebundenen (→ § 204 Rn. 4 ff.) den Eintritt der Bedingung und damit das Ende des Tarifvertrags zweifelsfrei feststellen können. Das wird bei sog. **Indexklauseln,** die die Beendigung an einen bestimmten Wert der vom Statistischen Bundesamt festgestellten Preissteigerung knüpfen, mit guten Gründen bezweifelt.[9] Hier ist ein an diesen Umstand gekoppeltes Kündigungsrecht – auch Revisionsklausel genannt – vorzugswürdig.[10] Bei Anerkennungstarifverträgen kann deren Beendigung an die des in Bezug genommenen Tarifvertrags gebunden werden. Möglich ist es, die Dauer eines Sanierungstarifvertrags an die fortbestehende Inhaberschaft des AG, der den Vertrag geschlossen hat, zu koppeln.[11] 3

c) Aufhebungsvertrag. Das Ende eines Tarifvertrags kann durch einen Aufhebungsvertrag der vertragsschließenden Parteien jederzeit herbeigeführt werden.[12] Entgegen einer älteren und vereinzelt gebliebenen Rechtsprechung des BAG[13] ist aus den Zwecken, die auch das Schriftformgebot des § 1 II TVG bei Abschluss eines Tarifvertrags begründen (→ § 197 Rn. 8 ff.), eine formfreie Aufhebung nicht möglich, sondern die **Schriftform zu beachten.**[14] §§ 6, 7 TVG sprechen insoweit, anders bei der Kündigung, die nicht zu übermitteln ist, für ein solches Publizitätserfordernis. Ein ablösender (Änderungs-)Tarifvertrag führt ebenfalls zur (teilweisen) Aufhebung des vormaligen Tarifvertrags (→ § 202 Rn. 30 f.). Die Aufhebung kann in den Grenzen der Rückwirkungsschranken (→ § 202 Rn. 27 ff.) auf einen früheren Zeitpunkt bezogen werden. Der aufgehobene Tarifvertrag wirkt vorbehaltlich anderer Abreden nach § 4 V TVG nach (→ Rn. 17 ff.). Bei einer rückwirkenden Aufhebung sind die Grenzen für den Abschluss rückwirkender Tarifverträge (→ § 202 Rn. 27 ff.) zu beachten.[15] 4

d) Ordentliche Kündigung. Ist eine bestimmte Laufzeit des Tarifvertrags nicht vereinbart worden, kann er, gegebenenfalls nach Ablauf einer Mindestlaufzeit (→ Rn. 2), ordentlich gekündigt werden. Kündigungsfristen und -termine werden regelmäßig von den Tarifvertragsparteien im Vertrag selbst festgelegt. Es handelt sich nach der Rechtsprechung um schuldrechtli- 5

---

[3] BAG 29. 1 1975 AP Nr. 8 zu § 4 TVG Nachwirkung.
[4] Statt aller ErfK/*Franzen* TVG § 1 Rn. 30.
[5] S. etwa BAG 22.4.2009 AP Nr. 371 zu § 613a BGB = NZA 2010, 41.
[6] MHdB ArbR/*Klumpp* § 261 Rn. 8; aA *Oetker* RdA 1995, 82 (92).
[7] MHdB ArbR/*Klumpp* § 261 Rn. 8; NK-TVG/*Deinert* § 4 Rn. 117.
[8] S. etwa BAG 14.9.2016 AP Nr. 17 zu § 3 TVG Verbandsaustritt = NZA 2017, 402.
[9] NK-TVG/*Deinert* § 4 Rn. 79; Wiedemann/*Wank* TVG § 4 Rn. 18; aA JKOS TVR/*Oetker* § 8 Rn. 4; MHdB ArbR/*Klumpp* § 260 Rn. 10.
[10] NK-TVG/*Deinert* § 4 Rn. 80; Wiedemann/*Wank* TVG § 4 Rn. 18.
[11] Vgl. BAG 26.8.2009 AP Nr. 376 zu § 613a BGB = NZA 2010, 238.
[12] BAG 8.9.1976 AP Nr. 5 zu § 1 TVG Form; Wiedemann/*Wank* TVG § 4 Rn. 15 ff.
[13] BAG 8.9.1976 AP Nr. 5 zu § 1 TVG Form.
[14] BKS/*Heilmann* § 1 Rn. 81; Wiedemann/*Wank* TVG § 4 Rn. 15; NK-TVG/*Deinert* § 4 Rn. 103, jew. mwN; *Stoffels* FS v. Hoyningen-Huene, 2014, 477 (480 ff.).
[15] BKS/*Heilmann* § 1 Rn. 81.

che Vereinbarungen des Tarifvertrags.[16] Bei der Bezugnahme eines Haustarifvertrags auf einen Verbandstarifvertrag gelten vorbehaltlich anderer Regelungen die Bestimmungen des in Bezug genommenen Tarifwerks. Fehlen Kündigungsfristen, wird man in entsprechender Anwendung von § 77 V BetrVG, § 28 II 4 SprAuG von einer Kündigungsfrist von drei Monaten auszugehen haben.[17] Den Tarifvertragsparteien steht es frei, weitere Kündigungsmöglichkeiten zu vereinbaren, wenn besondere Voraussetzungen vorliegen.[18] Sind bei einem mehrgliedrigen Tarifvertrag (→ § 197 Rn. 10 ff.) auf einer Seite mehrere Tarifparteien beteiligt, so endet der Tarifvertrag nur für die Partei, die die Kündigung erklärt hat, wie es etwa bei den Kündigungen des BAT durch die Gewerkschaft ver.di und den Marburger Bund im Jahre 2005 der Fall war.[19]

6 Eine **Teilkündigung** ist nur zulässig, soweit die Kündigung einzelner Bestimmungen **tariflich ausdrücklich geregelt** ist.[20] Ob sich die Zulassung aus dem Gesamtzusammenhang des Tarifvertrags ergeben kann, hat die Rechtsprechung bisher offengelassen.[21] Davon kann grundsätzlich nicht ausgegangen werden. Allein aus dem Umstand, dass die Tarifvertragsparteien bestimmte Teile eines Tarifvertrags auch hätten separat vereinbaren können, beachtet nicht, dass Tarifverträgen insgesamt einen Kompromisscharakter zukommt und die Parteien selbst sich für nur ein Regelungswerk entschieden haben.[22] Eine unwirksame Teilkündigung kann nicht in eine Kündigung des gesamten Tarifvertrags nach § 140 BGB umgedeutet werden, da ihr sonst weitreichendere Folgen zukämen, als dem nichtigen Rechtsgeschäft.[23]

7 **Kündigungsberechtigt** ist nur eine Partei des Tarifvertrags.[24] Die Kündigung ist gegenüber dem anderen Teil auszusprechen. Schließt ein Insolvenzverwalter einen Haussanierungstarifvertrag, ist die nach einem Betriebsübergang gegenüber dem Betriebserwerber ausgesprochene Kündigung wirkungslos – sie geht „ins Leere". Die Transformation tariflicher Regelungen nach § 613a I 2 BGB (→ § 119 Rn. 10 ff.) erfasst nicht den schuldrechtlichen Teil eines Tarifvertrags, weshalb dem betreffenden AN insoweit kein Kündigungsrecht zusteht.[25] Im Übrigen gelten für die einseitige empfangsbedürftige Kündigungserklärung die Regelungen des Allgemeinen Teils des BGB. Sie ist **formlos möglich,** wenngleich die Gründe des Schriftformgebots bei Abschluss und beim Aufhebungsvertrag für ein solches sprechen mögen.[26]

8 **e) Außerordentliche Kündigung.** Die außerordentliche Kündigung eines Tarifvertrags ist wie bei allen Dauerschuldverhältnissen **aus wichtigem Grund zulässig** (§ 314 BGB).[27] Ein solcher liegt nach § 314 I 2 BGB vor, wenn dem kündigenden Teil unter Berücksichtigung aller Umstände des Einzelfalls und unter Abwägung der beiderseitigen Interessen die Fortsetzung des Vertragsverhältnisses bis zur vereinbarten Beendigung oder bis zum Ablauf einer Kündigungsfrist nicht zugemutet werden kann. Aus dem ultima ratio-Grundsatz, der bei allen außerordentlichen Kündigungen von Dauerschuldverhältnissen zu beachten ist, folgt, dass die außerordentliche Kündigung nur wirksam ist, wenn keine andere Möglichkeit besteht, die Unzumutbarkeit zu beseitigen. Vor Ausspruch der Kündigung muss die **Möglichkeit einer tarifautonomen Anpassung** ausgeschöpft werden.[28] Endet der Tarifvertrag durch außerordentliche[29] Kündigung, scheidet eine

[16] BAG 22.4.2009 AP Nr. 371 zu § 613a BGB = NZA 2010, 41; 27.2.2013 AP Nr. 9 zu § 1 TVG Kündigung = NZA 2013, 1026; aA *Hanau/Strauß* FS Bepler, 2012, 199 (202 ff.).

[17] BAG 18.6.1997 AP Nr. 2 zu § 1 TVG Kündigung = NZA 1997, 1234; 10.11.1982 AP Nr. 8 zu § 1 TVG Form.

[18] BAG 27.2.2013 AP Nr. 9 zu § 1 TVG Kündigung = NZA 2013, 1026.

[19] Vgl. BAG 7.7.2010 AP Nr. 140 zu Art. 9 GG mAnm *B. Schmidt* = NZA 2010, 1068.

[20] BAG 26.7.2016 NZA 2016, 1543; 3.5.2006 AP Nr. 8 zu § 1 TVG Kündigung = NZA 2006, 1125; 16.8.1990 AP Nr. 19 zu § 4 TVG Nachwirkung = NZA 1991, 353.

[21] BAG 3.5.2006 AP Nr. 8 zu § 1 TVG Kündigung = NZA 2006, 1125 mwN zum Meinungsstand.

[22] BKS/*Heilmann* § 1 Rn. 87; Wiedemann/*Wank* TVG § 4 Rn. 26; *Löwisch/Rieble* TVG § 1 Rn. 1594.

[23] BAG 3.5.2006 AP Nr. 8 zu § 1 TVG Kündigung = NZA 2006, 1125.

[24] BAG 26.8.2009 AP Nr. 376 zu § 613a BGB = NZA 2010, 238; 26.4.2000 AP Nr. 4 zu § 1 TVG Kündigung = NZA 2000, 1010.

[25] BAG 26.8.2009 AP Nr. 376 zu § 613a BGB = NZA 2010, 238.

[26] BAG 26.7.2016 NZA 2016, 1543; ErfK/*Franzen* TVG § 1 Rn. 32; Wiedemann/*Wank* TVG § 4 Rn. 22 f.; aA NK-TVG/*Deinert* § 4 Rn. 122; MHdB ArbR/*Klumpp* § 261 Rn. 10; *Stoffels* FS v. Hoyningen-Huene, 2014, 477 (484 ff.).

[27] BAG 18.6.1997 AP Nr. 2 zu § 1 TVG Kündigung = NZA 1997, 1234; 18.12.1996 AP Nr. 1 zu § 1 TVG Kündigung = NZA 1997, 830; 14.11.1958 AP Nr. 4 zu § 1 TVG Friedenspflicht. Ausf. *Gmelin-Lux,* Die außerordentliche Kündigung des Tarifvertrages, 2006.

[28] BAG 18.2.1998 AP Nr. 3 zu § 1 TVG Kündigung = NZA 1998, 1008; 18.12.1996 AP Nr. 1 zu § 1 TVG Kündigung = NZA 1997, 830.

[29] BAG 28.6.2007 AP Nr. 55 zu § 15 BAT.

richterliche Anpassung aus.[30] Entsprechend § 314 III BGB hat die Kündigung **binnen angemessener Frist** zu erfolgen; die zweiwöchige Frist des § 626 II 1 BGB ist nicht einschlägig.[31] Die Klagebefugnis auf Feststellung der Unwirksamkeit einer Kündigung soll verwirken können.[32] Richtigerweise kann es allenfalls am erforderlichen Feststellungsinteresse fehlen, weil nicht ersichtlich ist, welche Wirkungen sich aus einer solchen Feststellung noch ergeben können.

Ein wichtiger Grund kann sich aus wirtschaftlichen Gründen ergeben.[33] Da jede Tarifvertrags- 9
partei grundsätzlich das Risiko der wirtschaftlichen Entwicklung trägt, kann ein wichtiger Grund nur in außergewöhnlich gelagerten Fällen gegeben sein.[34] Eine **künftige wirtschaftliche Belastung** kann, wenn überhaupt, nur dann zu einem außerordentlichen Kündigungsrecht führen, wenn sie aufgrund nicht vorhersehbarer Umstände wenigstens tendenziell zu einer wirtschaftlichen Existenzgefährdung führt. Maßgebend sind die Verhältnisse zum Zeitpunkt der Kündigung. Werden Leistungen nach dem Tarifvertrag, die die Unzumutbarkeit begründen sollen, erst später fällig, muss die Unzumutbarkeit zu diesem Zeitpunkt bestehen, was eine entsprechende **Prognose** erfordert.[35] Allein einseitige Fehlprognosen reichen nicht aus.[36] Der jeweiligen Vertragspartei muss ein Festhalten am Tarifvertrag unzumutbar sein, was allerdings auch dann anzunehmen ist, wenn dies auf einen wesentlichen Teil der Verbandsmitglieder zutrifft – „kollektiver Unzumutbarkeitstest".[37] Ein wichtiger Grund weiterhin kann bei einer **schweren Vertragsverletzung** einer Tarifvertragspartei vorliegen,[38] wie bei einer gravierenden Verletzung der Friedenspflicht (→ § 192 Rn. 17), der Durchführungspflicht (→ § 200 Rn. 5 ff.) oder gesetzlicher Pflichten gegenüber dem anderen Teil. Die außerordentliche Kündigung soll auch dann möglich sein, wenn die **Tariffähigkeit oder Tarifzuständigkeit** einer Tarifvertragspartei entfällt.[39] Hier kann es sich für eine der beiden Seiten als unzumutbar erweisen, weiterhin an den Tarifvertrag gebunden zu sein. Die **Auflösung des Arbeitgeberverbandes** ist kein wichtiger Grund für die fristlose Kündigung eines von ihm geschlossenen Tarifvertrags.[40] Wird über das Vermögen des tarifschließenden Arbeitgeberverbandes das **Insolvenzverfahren** eröffnet, so bleiben die Mitgliedsunternehmen an den Tarifvertrag gebunden. Mit der Eröffnung des Insolvenzverfahrens ist der Arbeitgeberverband noch nicht endgültig aufgelöst. Für dessen Dauer gilt er als fortbestehend, soweit dies der Abwicklungszweck erfordert. Hier muss der Insolvenzverwalter kündigen.[41]

f) Gegenstandslosigkeit. Ein Tarifvertrag endet nicht dadurch, dass er gegenstandlos wird. 10
Stellt der AG als Partei eines Haustarifvertrags seine **Betriebstätigkeit ein,** entfällt zwar der Anwendungsbereich des Tarifvertrags, er bleibt aber rechtlich existent.[42] Bei einer Wiederaufnahme der Betriebstätigkeit gilt der Tarifvertrag nach wie vor, wenn er nicht zwischenzeitlich gekündigt worden ist.

g) Wegfall der Geschäftsgrundlage. Das BAG hat anders als noch in einer Entscheidung 11
des Jahres 1959[43] zuletzt offengelassen, ob die Unwirksamkeit eines Tarifvertrags wegen Wegfalls der Geschäftsgrundlage eintreten kann.[44] Richtigerweise kommt dem Recht zur **außerordentlichen Kündigung** gegenüber dem Wegfall der Geschäftsgrundlage als spezielleres Institut der **Vorrang** zu. Einer Anwendung von § 313 BGB steht weiterhin entgegen, dass eine Anpassung

[30] BAG 9.11.1988 AP Nr. 5 zu § 1 TVG Tarifverträge: Seeschifffahrt; 10.2.1988 AP Nr. 12 zu § 33 BAT.
[31] NK-TVG/*Deinert* § 4 Rn. 136; Wiedemann/*Wank* TVG § 4 Rn. 47.
[32] HessLAG 5.4.2012 – 9 Sa 1748/11: Klage 16 Monate nach Kündigung; zu Recht krit. *Ahrendt* jurisPR-ArbR 2/2013, Anm. 4.
[33] BAG 18.2.1998 AP Nr. 3 zu § 1 TVG Kündigung = NZA 1998, 1008; 18.6.1997 AP Nr. 2 zu § 1 TVG Kündigung = NZA 1997, 1234; 18.12.1996 AP Nr. 1 zu § 1 TVG Kündigung = NZA 1997, 830.
[34] ErfK/*Franzen* TVG § 1 Rn. 34.
[35] BAG 18.2.1998 AP Nr. 3 zu § 1 TVG Kündigung = NZA 1998, 1008.
[36] *Oetker* RdA 1995, 82 (94), vgl. auch *Gamillscheg,* Kollektives Arbeitsrecht, 727.
[37] NK-TVG/*Deinert* § 4 Rn. 149; *Hey* ZfA 2002, 275 (282); Wiedemann/*Wank* TVG § 4 Rn. 33, 36.
[38] BAG 14.11.1958 AP Nr. 4 zu § 1 TVG Friedenspflicht.
[39] Wiedemann/*Wank* TVG § 4 Rn. 54; anders NK-TVG/*Deinert* § 4 Rn. 126: nur für die selbst betroffene Partei.
[40] BAG 23.1.2008 AP Nr. 36 zu § 3 TVG = NZA 2008, 771.
[41] BAG 27.6.2000 AP Nr. 56 zu § 2 TVG = NZA 2001, 334.
[42] BAG 26.8.2009 AP Nr. 376 zu § 613a BGB = NZA 2010, 238; NK-TVG/*Deinert* § 4 Rn. 81; Wiedemann/*Wank* TVG § 4 Rn. 14.
[43] BAG (GS) 17.12.1959 AP Nr. 21 zu § 616 BGB.
[44] BAG 18.6.1997 AP Nr. 2 zu § 1 TVG Kündigung = NZA 1997, 1234. S. auch BAG 26.8.2009 AP Nr. 376 zu § 613a BGB = NZA 2010, 238. Ausf. *Bender,* Der Wegfall der Geschäftsgrundlage bei arbeitsrechtlichen Kollektivverträgen am Beispiel des Tarifvertrags und des Sozialplans, 2005.

von Tarifverträgen durch die Gerichte für Arbeitssachen nicht mit der verfassungsrechtlich verankerten Tarifautonomie zu vereinbaren ist.[45]

12 **h) Wegfall von Tariffähigkeit oder Tarifzuständigkeit.** Bei Wegfall der Tariffähigkeit oder Tarifzuständigkeit bleibt die rechtliche Existenz wirksam geschlossener Tarifverträge bestehen. Die Wertung des § 3 III TVG[46] spreche gegen ein vorzeitiges Ende von Tarifverträgen infolge nachträglicher Veränderungen auf der Verbandsebene.[47] **Fusionieren Tarifvertragsparteien** unter Ausschluss von Abwicklung und Auflösung, gehen ihre Mitglieder auf die fusionierte Tarifvertragspartei über.[48] Die Legitimation zum Tarifvertragsabschluss bleibt erhalten und die Tarifverträge gelten fort.[49] Anders ist es dagegen, wenn der Weg der Verschmelzung unter Auflösung und Abwicklung gewählt wird. Die **Auflösung eines tarifschließenden Verbandes** führt nicht zur Beendigung eines Tarifvertrags (→ § 204 Rn. 28). Ein Haustarifvertrag wird durch den Wegfall des Unternehmens beendet, wenn ein Nachfolger nicht existiert. Anderenfalls führen die Erben den Haustarifvertrag fort.

II. Rechtsfolgen der Beendigung und Eintritt der Nachwirkung

13 **1. Grundsatz.** Nach § 4 V TVG gelten die Rechtsnormen eines beendeten Tarifvertrags weiter (→ Rn. 14 f.), bis sie durch eine andere Abmachung ersetzt werden (→ Rn. 20 f.) – sog. **Nachwirkung.**[50] Der Anwendungsbereich der Weitergeltung beschränkt sich auf die unmittelbar und zwingend geltenden Normen eines Tarifvertrags. Demgegenüber enden die schuldrechtlichen Verpflichtungen der Tarifvertragsparteien aus dem Regelungswerk mit dessen Ende.[51] Damit entfallen u. a. die Einwirkungspflicht des tarifschließenden Verbandes (→ § 199 Rn. 8 f.) sowie die Friedenspflicht (→ § 192 Rn. 17 ff.).

14 Mit der Nachwirkung soll im Interesse der Vertrags- und Tarifvertragsparteien eine **Überbrückungsregelung** auf dem Niveau der bisherigen tariflichen Regelungen geschaffen werden, die die zwischenzeitliche Bestimmung der bisher tarifvertraglich geregelten Mindestarbeitsbedingungen nach anderen Regelungen entbehrlich macht.[52] Es soll sichergestellt werden, dass die Arbeitsverhältnisse nach Beendigung des Tarifvertrags nicht inhaltsleer werden oder durch dispositives Gesetzesrecht ergänzt werden müssen.[53] Darüber hinaus dient sie der Aufrechterhaltung der durch den Tarifvertrag geschaffenen Arbeitsbedingungen.[54] Den **Abschluss lediglich nachwirkender Tarifverträge** hat das BAG bisher abgelehnt, weil sonst die Tarifnormen als Voraussetzung der Nachwirkung nie unmittelbar und zwingend gegolten hätten und es keine Tarifverträge ohne Friedenspflicht geben könne.[55] Das schließt allerdings nicht aus, einen Tarifvertrag umgehend zu kündigen.[56]

15 **2. Nachwirkung. a) Eintritt.** Die Nachwirkung tritt ein, wenn der Tarifvertrag endet. Neben der Kündigung eines Tarifvertrags (→ Rn. 5 ff.) und dessen Beendigung infolge Zeitablaufs (→ Rn. 2) oder Aufhebung (→ Rn. 4) kommt es zur Nachwirkung mit dem **Ende der**

[45] Ausf. Wiedemann/*Wank* TVG § 4 Rn. 65 ff.; NK-TVG/*Deinert* § 4 Rn. 177 ff., m. umfangr. Nachw. zum Diskussionsstand.

[46] S. auch BAG 23.1.2008 AP Nr. 36 zu § 3 TVG mAnm *Höpfner* = NZA 2008, 771 m. umfangr. Darstellung der Rspr.

[47] Für den Fall der Verbandsauflösung BAG 23.1.2008 AP Nr. 36 zu § 3 TVG = NZA 2008, 771, anders noch für den Fall einer Verbandsauflösung BAG 15.10.1986 AP Nr. 4 zu § 3 TVG = NZA 1987, 246 (Sache des Gesetzgebers); Wiedemann/*Wank* TVG § 4 Rn. 79; NK-TVG/*Deinert* § 4 Rn. 82 f.; aA mit beachtlichen Gründen *Löwisch/Rieble* TVG § 2 Rn. 244 ff., mit Hinweis auf die „Versteinerung" der Tarifwerke und für eine Nachwirkung (Rn. 172); für eine fünfjährige Nachbindung *Höpfner* Anm. AP Nr. 36 zu § 3 TVG.

[48] *Lembke* FS Leinemann, 2006, 427 ff.

[49] BAG 23.1.2008 AP Nr. 36 zu § 3 TVG = NZA 2008, 771; 24.6.1998 AP Nr. 1 zu § 20 UmwG = NZA 1998, 1346.

[50] BAG 12.12.2007 AP Nr. 39 zu § 1 TVG = NZA 2008, 892. Ausf. *T. Fischer,* Nachwirkung von Tarifnormen (§ 4 Abs. 5 TVG), 2009.

[51] BAG 27.1.2011 AP Nr. 7 zu § 3 TVG Betriebsnormen mkritAnm *Dieterich* = NZA 2011, 808.

[52] BAG 1.7.2009 AP Nr. 14 zu § 3 TVG Verbandsaustritt = NZA 2010, 53; 22.10.2008 AP Nr. 37 zu § 4 TVG Tarifkonkurrenz = NZA 2009, 265.

[53] BAG 10.12.1997 AP Nr. 20 zu § 3 TVG Nachwirkung = NZA 1998, 484; 10.12.1997 AP Nr. 21 zu § 3 TVG = NZA 1998, 488.

[54] BAG 17.5.2000 AP Nr. 8 zu § 3 TVG Verbandsaustritt = NZA 2001, 453.

[55] BAG 14.2.1973 AP Nr. 6 zu § 4 TVG Nachwirkung; 28.6.1972 AP Nr. 7 zu § 4 TVG Nachwirkung; aA etwa Wiedemann/*Wank* TVG § 4 Rn. 364 ff. mwN zum Diskussionsstand; NK-TVG/*Bepler* § 4 Rn. 883.

[56] So schon *Herschel* ZfA 1976, 102.

Nachbindung gem. § 3 III TVG (→ § 204 Rn. 27 ff.)[57] oder wenn der Geltungsbereich des Tarifvertrags verlassen wird (→ § 202 Rn. 6 ff.).[58] Von der Nachwirkung erfasst werden ferner die Rechtsnormen eines beendeten und für allgemeinverbindlich erklärten Tarifvertrags in ihrer Wirkung gegenüber den nicht nach §§ 3 I, 4 I TVG Tarifgebundenen.[59] Die Rechtsfolgen der Nachwirkung treten ebenfalls bei einer **außerordentlichen Kündigung** ein. Auch wenn die Geschäftsgrundlage als ein möglicher Grund für eine außerordentliche Kündigung entfallen sein sollte, spricht die Überbrückungsfunktion (→ Rn. 14) für den Eintritt der Nachwirkung, von der die überwiegende Meinung zu Recht ausgeht.[60] Dies gilt vor allem für den Hauptanwendungsbereich der außerordentlichen Kündigung, Tarifverträge über Entgelte und sonstige Leistungen des AG. Hier bliebe sonst offen, wie sich der Entgeltanspruch berechnet. Der AG ist gehalten, „andere Abmachungen" iSd § 4 V TVG zu treffen.

Noch nicht endgültig geklärt ist, ob ein vorrangiger **Haustarifvertrag,** der einen Verbandstarifvertrag im Wege der Auflösung einer Tarifkonkurrenz verdrängt hat (→ § 203 Rn. 4 ff.),[61] im Nachwirkungszeitraum maßgebend bleibt.[62] Im Fall einer Tariföffnungsklausel in einem bundesweiten Verbandstarifvertrag ist das BAG von der Nachwirkung einer teilweise gekündigten Bezirkstarifvertragsregelung ausgegangen.[63] Eine Ablösung ist angenommen worden, wenn eine Nachfolgeregelung infolge der Eröffnung des Insolvenzverfahrens nicht mehr zu erwarten ist.[64] Bei Sanierungshaustarifverträgen wird in der Praxis die Nachwirkung regelmäßig ausgeschlossen.[65] Hier wird im Übrigen angenommen, der nachwirkende Tarifvertrag könne den nicht beendeten nicht mehr verdrängen.[66] Allerdings haben die Tarifvertragsparteien in einer solchen Fallgestaltung gerade nicht die Nachwirkung ausgeschlossen. Hier kann hier die Überbrückungsfunktion ihren Zweck noch erfüllen. 16

b) Rechtswirkungen. Nach § 4 V TVG gelten die Rechtsnormen eines Tarifvertrags normativ weiter, bis sie durch eine andere Abmachung ersetzt werden. Die tariflichen Regelungen gelten nach wie vor **unmittelbar, aber nicht mehr zwingend.**[67] Nach der bisherigen Rechtsprechung beruht die Nachwirkung nicht mehr auf dem Tarifvertragsrecht, sondern auf staatlichem Recht.[68] Sie erfasst die Abschluss-,[69] Inhalts- und Beendigungsnormen.[70] Ebenso wirken die tarifvertraglichen Formvorschriften nach. Die Nachwirkung erstreckt sich nach der Rechtsprechung weiterhin auf **betriebliche und betriebsverfassungsrechtliche Tarifregelungen**[71] sowie Gemeinsame Einrichtungen iSd § 4 II TVG.[72] Lösen die Tarifvertragsparteien den Träger der Gemeinsamen Einrichtung allerdings auf, wird man dies als konkludente Beendigung der Nachwirkung anzusehen haben.[73] Die 17

[57] StRspr, BAG 1.7.2009 AP Nr. 14 zu § 3 TVG Verbandsaustritt = NZA 2010, 53; 17.5.2000 AP Nr. 8 zu § 3 TVG Verbandsaustritt = NZA 2001, 453; 18.3.1992 AP Nr. 13 zu § 3 TVG = NZA 1992, 700.
[58] BAG 10.12.1997 AP Nr. 20 zu § 3 TVG = NZA 1998, 484; 26.9.1979 AP Nr. 17 zu § 613a BGB.
[59] BAG 25.1.2017 AP Nr. 137 zu § 1 TVG Bezugnahme auf Tarifvertrag = NZA 2017, 1623; 11.2.2009 AP Nr. 192 zu § 4 TVG Ausschlussfristen = NZA 2009, 687; 25.10.2000 AP Nr. 38 zu § 4 TVG Nachwirkung = NZA 2001, 1146; krit. *Creutzfeldt* FS Bepler, 2012, 45 ff. Anders bei Mindestlohntarifverträgen, die im Verordnungswege erlassen wurden BAG 20.4.2011 NZA 2011, 1105; dazu *Sittard* NZA 2012, 299 ff.
[60] BKS/*Schumann* § 4 Rn. 299; NK-TVG/*Bepler* § 4 Rn. 928 ff.; ErfK/*Franzen* TVG § 4 Rn. 56; Wiedemann/*Wank* TVG § 4 Rn. 49 f.; aA *Oetker* RdA 1995, 82 (95); *Otto* FS Kissel, 1994, 787 (794). Offen gelassen in BAG 18.6.1997 AP Nr. 2 zu § 1 TVG Kündigung.
[61] Offen gelassen in BAG 4.7.2007 AP Nr. 35 zu § 4 TVG Tarifkonkurrenz = NZA 2008, 307 m. Nachw. zum Streitstand. Ausf. zu von ihm als „mehrstufig" bezeichneten „Tarifwerken" *Sprenger* ZTR 2019, 3 ff. (Teil I), 67 ff. (Teil II). Abl. *Löwisch/Rieble* TVG § 4 Rn. 836; KeZa/*Wendeling-Schröder* § 4 Rn. 200; NK-TVG/*Zwanziger* § 4a Rn. 18.
[62] Anders in BAG 4.7.2007 ZTR 2008, 278 (Ablösung des Haus- durch einen Verbandstarifvertrag).
[63] BAG 28.6.2007 AP Nr. 55 zu § 15 BAT.
[64] BAG 20.4.2005 AP Nr. 43 zu § 4 TVG Nachwirkung = NZA 2005, 1360.
[65] Vgl. 22.4.2009 AP Nr. 371 zu § 613a BGB = NZA 2010, 41.
[66] BAG 4.9.1966 AP Nr. 5 zu § 1 TVG Bezugnahme auf Tarifvertrag; *Löwisch/Rieble* FS Schaub, 1998, 457 (462); aA NK-TVG/*Bepler* § 4 Rn. 935 ff.
[67] BAG 15.10.2003 AP Nr. 41 zu § 4 TVG Nachwirkung = NZA 2004, 387; 7.12.1977 AP Nr. 9 zu § 4 TVG Nachwirkung.
[68] BAG 29. 1 1975 AP Nr. 8 zu § 4 TVG Nachwirkung; 14.2.1973 AP Nr. 6 zu § 4 TVG Nachwirkung mablAnm *Wiedemann;* aA Wiedemann/*Wank* TVG § 4 Rn. 351 ff.
[69] BAG 18.5.1977 AP Nr. 4 zu § 4 BAT.
[70] Eins. der Ausschlussfristen BAG 27.11.1991 AP Nr. 22 zu § 4 TVG Nachwirkung = NZA 1992, 800.
[71] Dazu ausf. *Oetker* FS Schaub, 1998, 535 ff. mN; für eine Begrenzung auf ein Jahr de lege ferenda *Henssler* FS Picker, 2010, 987 (1011); abl. für betriebsverfassungsrechtliche Normen iSd § 117 II BetrVG *Jacobs/Krois* ZTR 2011, 643 ff.; anders wiederum *Weber/Gräf* RdA 2012, 95 ff. (Begrenzung auf die Amtszeit).
[72] BAG 12.2.1975 AP Nr. 12 zu § 4 TVG.
[73] NK-TVG/*Bepler* § 4 Rn. 955.

Nachwirkung ist zeitlich nicht begrenzt, auch wenn sie sich an die Beendigung der Nachbindung nach § 3 III TVG anschließt.[74] Diese Rechtsfolge verstößt nicht gegen das Grundrecht der Koalitionsfreiheit des davon betroffenen AG, namentlich bei einem Verbandsaustritt.[75] Endet ein Tarifvertrag, der auf einen anderen dynamisch verweist (→ § 198 Rn. 17 f.), tritt für seine Bestimmungen die Nachwirkung ein. Nachfolgende Änderungen, nicht aber im Tarifvertrag bereits festgelegte Entwicklungen desjenigen Tarifvertrags, auf den verwiesen wird, werden nicht erfasst.[76]

18 Die Nachwirkung der Tarifnormen gilt nach der Rechtsprechung aber nur für solche Arbeitsverhältnisse, die bereits vor Eintritt der Nachwirkung vom Tarifvertrag erfasst waren. Nach dem Wortlaut von § 4 V TVG müssen die Arbeitsverhältnisse in der Laufzeit des Tarifvertrags bestanden haben und ihm unterliegen.[77] Wird ein Arbeitsverhältnis erst **im Nachwirkungszeitraum begründet,** so wird es von dem Tarifvertrag nicht erfasst.[78] Dem steht u.a. die nach wie vor unmittelbare Geltung der Tarifnormen im Nachwirkungszeitraum entgegen, die jene Arbeitsverhältnisse miterfasst. Die Rechtsprechung wird im Schrifttum daher zum Teil abgelehnt.[79] Eine Bezugnahme auf einen nachwirkenden Tarifvertrag ist jedenfalls statthaft (→ § 206 Rn. 18). Geht ein Berufsausbildungsverhältnis automatisch in ein Arbeitsverhältnis über, gelten für dieses die nachwirkenden Normen unmittelbar.[80] Verweist ein Tarifvertrag dynamisch auf einen anderen, endet die **Dynamik der tariflichen Bezugnahme** mit Eintritt der Nachwirkung, sodass im Nachwirkungszeitraum vereinbarte Änderungen nicht mehr erfasst werden.[81] Das gilt gleichermaßen für Anerkennungstarifverträge.[82]

19 Aus der unmittelbaren Geltung der nachwirkenden Tarifnormen folgt, dass sie im Falle eines **Betriebsübergangs** gem. § 613a I 2 BGB transformiert werden.[83] Die Regelungen des nachwirkenden Tarifvertrags werden nicht verdrängt, soweit es sich um **tarifdispositives Gesetzesrecht** handelt.[84] Im Anwendungsbereich des Arbeitnehmerüberlassungsrechts ist dies für Tarifverträge nach § 8 II AÜG allerdings fraglich. Solche Tarifverträge weichen nicht nur hinsichtlich einzelner Regelungen von gesetzesdispositivem Recht ab und nehmen daher eine Sonderstellung ein. Weiterhin ist eine Überbrückungsfunktion nicht erforderlich. Deshalb wird eine Nachwirkung entgegen § 4 V TVG zeitlich begrenzt[85] oder – konsequenterweise – abgelehnt.[86]

20 **3. Beendigung der Nachwirkung.** Die Nachwirkung der tariflichen Normen kann durch eine **andere Abmachung iSd § 4 V TVG** beendet werden. Die nachwirkenden Tarifregelungen können durch einen Tarifvertrag, eine Betriebsvereinbarung oder eine individualvertragliche Abrede abgeändert oder gänzlich aufgehoben werden. Ein **Tarifvertrag** ist dann eine andere Abmachung nach § 4 V TVG, wenn der bisherige, lediglich noch nachwirkende Tarifvertrag oder die nachwirkende tarifliche Regelung[87] durch eine Nachfolgebestimmung abgelöst wird (→ § 202 Rn. 30). Die **Ablösung** setzt jedoch voraus, dass der Regelungsbereich der bisherigen Tarifbestimmung von der anderen Abmachung ausdrücklich oder konkludent erfasst wird,[88]

---

[74] BAG 6.7.2011 AP Nr. 51 zu § 3 TVG mAnm *Jacobs/Czycholl*= NZA 2012, 281; 15.10.2003 AP Nr. 41 zu § 4 TVG Nachwirkung = NZA 2004, 387; krit. *Willemsen/Mehrens* NZA 2010, 307 ff.

[75] BVerfG 3.7.2000 AP Nr. 36 zu § 4 TVG Nachwirkung = NZA 2000, 947.

[76] BAG 22.2.2012 AP Nr. 108 zu § 1 TVG Bezugnahme auf Tarifvertrag; 17.5.2000 AP Nr. 8 zu § 3 TVG Verbandsaustritt = NZA 2001, 453; aA BKS/*Schumann* § 4 Rn. 346.

[77] BAG 22.7.1998 AP Nr. 32 zu § 4 TVG Nachwirkung = NZA 1998, 1287; 10.12.1997 AP Nr. 20 zu § 3 TVG = NZA 1998, 484.

[78] BAG 28.4.2021 – 4 AZR 230/20; 27.9.2017 AP Nr. 53 zu § 4 TVG Nachwirkung = NZA 2018, 177, dazu weiterführend *Frieling* jurisPR-ArbR 9/2018, Anm. 5; 15.4.2008 AP Nr. 113 zu § 87 BetrVG 1972 Lohngestaltung = NZA 2008, 888; 20.9.2006 AP Nr. 41 zu § 1 TVG Bezugnahme auf Tarifvertrag.

[79] S. nur BKS/*Schumann* § 4 Rn. 316; Wiedemann/*Wank* TVG § 4 Rn. 351 ff.; NK-TVG/*Bepler* § 4 Rn. 887 ff., jew. mwN; aA *Henssler* FS Picker, 2011, 987 (1002).

[80] BAG 7.5.2008 AP Nr. 30 zu § 4 TVG = NZA 2008, 886; 28.1.1987 AP Nr. 16 zu § 4 TVG Tarifvertrag mAnm *Wiedemann*.

[81] BAG 21.10.2009 AP Nr. 50 zu § 4 TVG Nachwirkung = NZA-RR 2010, 477; 29.1.2008 AP Nr. 49 zu § 4 TVG Nachwirkung = NZA 2008, 541; 17.5.2000 AP Nr. 8 zu § 3 TVG Verbandsaustritt = NZA 2001, 453.

[82] BAG 22.3.2017 AP Nr. 236 zu § 1 TVG Bezugnahme auf Tarifvertrag = NZA 2017, 587; 11.12.2013 NZA 2014, 900; 15.3.2006 AP Nr. 9 zu § 2 TVG Firmentarifvertrag.

[83] BAG 12.12.2007 AP Nr. 39 zu § 1 TVG = NZA 2008, 892; 29.8.2001 AP Nr. 17 zu § 1 TVG Bezugnahme auf Tarifvertrag = NZA 2002, 513.

[84] BAG 27.6.1978 AP Nr. 12 zu § 13 BUrlG.

[85] *Bayreuther* BB 2010, 309 ff. mwN zum Streitstand in Fn. 5 ff.; s. weiterhin *Kocher* DB 2010, 900 ff.

[86] So BKS/*Schumann* § 4 Rn. 336 ff.; *Ulber* ZTR 2010, 287 ff.; aA NK-TVG/*Bepler* § 4 Rn. 900 f.; ErfK/*Wank* AÜG § 3 Rn. 25.

[87] St. Rspr., etwa BAG 23.4.2013 NZA-RR 2013, 542.

[88] BAG 22.10.2007 AP Nr. 37 zu § 4 TVG Tarifkonkurrenz = NZA 2009, 265.

indem die ursprüngliche Regelung (wieder) aufgegriffen, abgeändert oder ausdrücklich für beendet erklärt wird. Bei einem Änderungstarifvertrag, der nur Teilbereiche eines nachwirkenden Tarifvertrags aufgreift, ist – wenn es an einer ausdrücklichen Regelung fehlt – durch Auslegung zu ermitteln, ob der nachwirkende Tarifvertrag damit – was in der Regel der Fall sein dürfte – insgesamt wieder in Kraft gesetzt werden soll.[89] Die Ablösung kann aber stillschweigend erfolgen, wenn ein Tarifvertrag einen Komplex insgesamt neu regelt, der Inhalt des nachwirkenden Tarifvertrags war.[90] Bei einer unbewussten Tariflücke ist das nicht möglich.[91] Ein Nachfolgetarifvertrag kann die nachwirkenden Normen auch mit **Rückwirkung** neu bestimmen, denn nach der Beendigung des Tarifvertrags müssen die Tarifgebundenen mit einer Neuregelung rechnen.[92] Ein **nachwirkender allgemeinverbindlicher Tarifvertrag** wird von einem Nachfolgetarifvertrag nur dann abgelöst, wenn dieser für allgemeinverbindlich erklärt worden ist.[93] Das kann ein gegenüber dem nachwirkenden speziellen Tarifvertrag allgemeinerer sein.[94] Bei **Betriebsvereinbarungen** als anderer Abmachung ist die Sperrwirkung des § 77 III BetrVG zu beachten (→ § 231 Rn. 20 f.). Betriebsvereinbarungen können Arbeitsentgelte und sonstige Arbeitsbedingungen, die durch Tarifvertrag geregelt sind oder üblicherweise geregelt werden, nicht festlegen, weshalb ihre Bedeutung im Rahmen des § 4 V TVG gering ist. Schließlich kommen **individualvertragliche Vereinbarungen** (zum Zeitpunkt → Rn. 21) in Betracht.[95] Über die Rechtsnormen iSd § 1 I TVG hinaus können im Einzelfall gleichlautende Arbeitsbedingungen betriebliche oder betriebsverfassungsrechtliche Inhalte abweichend vereinbart werden.[96] Neben der einvernehmlichen Änderung kann eine andere Abmachung im Wege einer Änderungskündigung umgesetzt werden.[97] Das Günstigkeitsprinzip des § 4 III TVG gilt für die vertragliche Abrede nicht.[98] Zu beachten sind dann aber die gesetzlichen Schutzbestimmungen auch insoweit, als sie tarifdispositiv sind.

Nach der gesetzlichen Regelung des § 4 V TVG muss die „andere Abmachung" grundsätzlich **nach Eintritt der Nachwirkung** getroffen werden. Unter besonderen Bedingungen ist es nach der Rechtsprechung des BAG möglich, **schon zuvor** eine auf den Ablösungszeitraum gerichtete Abmachung zu treffen, die verhindern soll, dass die Nachwirkung überhaupt eintritt.[99] Dazu bedarf es aber besonderer Voraussetzungen. Die Abrede muss **von ihrem Regelungswillen her** darauf gerichtet sein, eine bestimmte Tarifregelung in Anbetracht ihrer bevorstehenden Beendigung und des darauf folgenden Eintritts der Nachwirkung abzuändern. Das ist nicht schon der Fall, wenn die Abmachung denselben Regelungsbereich betrifft. An einem solchen Regelungswillen fehlt es, wenn eine **verschlechternde individualvertragliche Abrede** im Rahmen eines „Bündnisses für Arbeit" unabhängig vom Eintritt der Nachwirkung gelten soll[100] oder bei Vertragsschluss noch keine Tarifgebundenheit bestand.[101] Auch leben vor Geltung eines Tarifvertrags geschlossene untertarifliche Vereinbarungen nach Eintritt der Nachwirkung nicht „automatisch" wieder auf. Dem steht die Überbrückungsfunktion der Nachwirkung bis zum Abschluss eines neuen Tarifvertrags entgegen.[102] Die Vereinbarung muss **zeitnah vor der Beendigung**[103] und mit Blick auf und in Kenntnis des tariflichen Regelungszustandes geschlossen werden, dessen Nachwirkung verhindert werden soll.[104] 21

---

[89] BAG 23.1.2019 AP Nr. 476 zu § 613a BGB = NZA 2019, 922.
[90] BAG 30.1.2002 AuA 2002, 230; 21.10.2009 AP Nr. 50 zu § 4 TVG Nachwirkung.
[91] BAG 21.4.2010 ZTR 2010, 571.
[92] BAG 8.9.1999 AP Nr. 33 zu § 4 TVG Nachwirkung = NZA 2000, 233.
[93] BAG 25.10.2000 AP Nr. 38 zu § 4 TVG Nachwirkung = NZA 2001, 1146; 18.3.1992 EzA Nr. 14 zu § 4 TVG Nachwirkung = NZA 1992, 800.
[94] BAG 15.11.2006 AP Nr. 34 zu § 4 TVG Tarifkonkurrenz = NZA 2007, 448.
[95] Vgl. BAG 15.4.2008 AP Nr. 113 zu § 87 BetrVG 1972 Lohngestaltung = NZA 2008, 888; s. auch *Deinert* GS Zachert, 2010, 521 ff.
[96] Vgl. BAG 19.6.2001 AP Nr. 3 zu § 3 BetrVG 1972 = NZA 2002, 397 (Abschluss eines Redaktionsstatuts).
[97] BAG 27.9.2001 AP Nr. 40 zu § 4 TVG Nachwirkung = NZA 2002, 750.
[98] BAG 28.1.1987 AP Nr. 16 zu § 4 TVG Nachwirkung mAnm *Wiedemann*.
[99] BAG 17.6.2006 AP Nr. 40 zu § 1 TVG Bezugnahme auf Tarifvertrag = NZA 2006, 923; 23.2.2005 AP Nr. 42 zu § 4 TVG Nachwirkung.
[100] BAG 1.7.2009 AP Nr. 51 zu § 4 TVG Nachwirkung = NZA-RR 2010, 30, 22.10.2008 AP Nr. 37 zu § 4 TVG Tarifkonkurrenz = NZA 2009, 265.
[101] BAG 6.7.2011 AP Nr. 51 zu § 3 TVG mAnm *Jacobs/Czycholl* = NZA 2012, 281.
[102] Vgl. BAG 12.12.2007 AP Nr. 29 zu § 4 TVG = NZA 2008, 649 (dort: Ausschluss der Nachwirkung).
[103] Vgl. den Sachverhalt in BAG 23.2.2005 AP Nr. 42 zu § 4 TVG Nachwirkung.
[104] BAG 15.5.2018 AP Nr. 113 zu § 77 BetrVG 1972 = NZA 2018, 1150; 6.7.2011 AP Nr. 51 zu § 3 TVG mAnm *Jacobs/Czycholl* = NZA 2012, 281; 20.5.2009 AP Nr. 42 zu § 3 TVG.

22 **4. Ausschluss der Nachwirkung.** Der Eintritt der **Nachwirkung ist tarifdispositiv.** Die Tarifvertragsparteien können die Nachwirkung nach § 4 V TVG sowohl befristen als auch ganz oder teilweise ausschließen.[105] Dies kann ausdrücklich im Tarifvertrag geregelt sein[106] oder durch eine nachfolgende Vereinbarung geschehen. Die Nachwirkung eines Tarifvertrags kann von den Tarifvertragsparteien konkludent ausgeschlossen werden,[107] wobei es aufgrund der damit verbundenen Wirkungen hinreichender Anhaltspunkte bedarf. Jedenfalls ist das Schriftformgebot des § 1 II TVG (→ § 197 Rn. 7 f.) zu wahren.[108] Ist die Nachwirkung von den Tarifvertragsparteien ausgeschlossen worden, treten mit Beendigung des Tarifvertrags die bestehenden, bisher **verdrängten vertraglichen Abreden** (→ § 207 Rn. 12) sowie die gesetzlichen Regelungen (zu Tarifverträgen im Bereich des § 8 AÜG → Rn. 18) an die Stelle der beendeten tariflichen Rechtsnormen.[109]

§ 209. Verlust tariflicher Rechte

Übersicht

I. Verzicht, Verwirkung und Verjährung tariflicher Rechte

1 **1. Verzicht.** Das in § 4 IV 1 TVG geregelte gesetzliche **Verbot des Verzichts** auf tarifliche Rechte sichert die unmittelbare und zwingende Wirkung des Tarifvertrags für den Zeitraum nach ihrer Entstehung. Es soll sichergestellt werden, dass der AN[1] nicht durch rechtsgeschäftliche Vereinbarungen auf die ihm zustehenden Ansprüche verzichtet.[2] Ob ein sachlicher Grund für einen Verzicht vorliegt, ist ohne Bedeutung.[3] Eine Ausnahme besteht nur dann, wenn die Tarifvertragsparteien dem in einem Vergleich ausgesprochenen Verzicht zustimmen (§ 182 BGB, § 4 IV 1 TVG).[4]

2 Das Verzichtsverbot erfasst alle tarifrechtlich unmittelbar und zwingend geltenden Rechte aus dem Tarifvertrag, setzt also **beiderseitige Tarifgebundenheit** (→ § 204 Rn. 1, 4 ff.) oder eine Allgemeinverbindlicherklärung des betreffenden Tarifvertrags[5] (→ § 205 Rn. 25 ff.) voraus. Die Rechtsnatur eines tariflichen Anspruchs bleibt auch bei einem nachfolgenden Betriebsübergang unverändert.[6] Eine vertragliche Bezugnahme (→ § 206 Rn. 6 ff.) reicht nicht aus. Auf einen schuldrechtlichen Koalitionsvertrag ist § 4 IV 1 TVG nicht entsprechend anwendbar.[7] Zu den tariflichen Rechten gehört die Einhaltung einer tariflichen Kündigungsfrist, auf die der AN nicht wirksam verzichten kann.[8] Nicht erfasst wird dagegen ein Aufhebungsvertrag, der zu

[105] BAG 14.9.2016 AP Nr. 17 zu § 3 TVG Verbandsaustritt = NZA 2017, 402; 16.5.2012 AP Nr. 52 zu § 4 TVG Nachwirkung = NZA 2013, 220; 11.1.2011 PflR 2011, 456; 8.10.1997 AP Nr. 29 zu § 4 TVG Nachwirkung = NZA 1998, 492.
[106] BAG 27.2.2013 AP Nr. 9 zu § 1 TVG Kündigung; 11.1.2011 PflR 2011, 456.
[107] BAG 16.5.2011 NZA 2013, 220; 8.10.1997 AP Nr. 29 zu § 1 TVG Nachwirkung = NZA 1998, 492; aA *Löwisch/Rieble* TVG § 4 Rn. 863 f.
[108] BAG 21.3.1973 AP Nr. 12 zu § 4 TVG Geltungsbereich mablAnm *Kraft*.
[109] BAG 12.12.2007 AP Nr. 29 zu § 4 TVG mAnm *Deinert* = NZA 2008, 649.
[1] Str. ist das Verbot für den AG, bejahend NK-TVG/*Zwanziger* § 4 Rn. 681; anders *Löwisch/Rieble* TVG § 4 Rn. 1003.
[2] BAG 14.4.2004 AP Nr. 188 zu § 1 TVG Auslegung = NZA 2005, 178.
[3] BAG 12.2.2014 NZA 2014, 613.
[4] BAG 12.2.2014 NZA 2014, 613.
[5] BAG 18.11.1999 AP Nr. 18 zu § 4 TVG = NZA 2000, 605.
[6] BAG 12.2.2014 NZA 2014, 613.
[7] BAG 14.4.2004 AP Nr. 188 zu § 1 TVG Auslegung = NZA 2005, 178.
[8] BAG 18.11.1999 AP Nr. 18 zu § 4 TVG = NZA 2000, 605.

einem „Verzicht" auf Kündigungsfristen führt.[9] Wirksam ist allerdings ein Teilverzicht auf tarifliches Entgelt angesehen worden, um durch die geminderte Steuerprogression zu einem höheren Nettoentgelt zu gelangen.[10]

Ein „Verzicht" iSd § 4 IV 1 TVG liegt bei allen Verfügungen und vertraglichen Vereinbarungen vor, die Ansprüche oder Rechte des AN beeinträchtigen. Es ist gleichgültig, ob dies in Form eines **Erlassvertrags** gem. § 397 BGB oder eines **negativen Schuldanerkenntnisses**[11] geschieht, durch einen **Vergleich** oder eine Verpflichtung, eine erhobene Klage zurückzunehmen[12] und keine neue zu erheben, oder die Vereinbarung der fehlenden Klagbarkeit einer Forderung.[13] Auch eine Ausgleichsklausel (→ § 72 Rn. 15 ff.) über tarifliche Ansprüche ist unwirksam, wenn sie ein negatives Schuldanerkenntnis oder einen Erlass enthält.[14] Der AG kann die Einstellung eines AN nicht davon abhängig machen, dass er auf die Erhebung tarifvertraglicher Ansprüche verzichtet.[15] 3

Dagegen können sich die Arbeitsvertragsparteien über die tatsächlichen **Voraussetzungen des tariflichen Anspruchs** vergleichen – sog. Tatsachenvergleich.[16] Hat ein AN einen unverzichtbaren Anspruch gerichtlich geltend gemacht, so ist eine Rücknahme der Klage (§ 269 ZPO) zulässig, da durch sie der materielle Anspruch unmittelbar nicht berührt wird. Dagegen bedarf der AN zum Klageverzicht (§ 306 ZPO) der Zustimmung der Tarifvertragsparteien.[17] 4

2. Verwirkung. Neben dem Verzichtsverbot des § 4 IV 1 TVG werden entstandene tarifliche Rechte (→ Rn. 2) durch das Verbot der Verwirkung nach § 4 IV 2 TVG gesichert. Bei der Verwirkung (im Einzelnen → § 72 Rn. 23 ff.) handelt es sich um die verspätete illoyale Geltendmachung von Rechten. Im Bereich tariflicher Rechte ist der **Verwirkungseinwand ausgeschlossen.**[18] Ob dies für Rechte aus nachwirkenden Tarifnormen gilt, hat das BAG offen gelassen.[19] § 4 IV 2 TVG greift nicht ein bei der Ausübung eines vorläufigen Leistungsverweigerungsrechts.[20] Ebenso wenig soll das Verwirkungsverbot nach der Rechtsprechung des BAG in Fällen der „allgemeinen" Arglist und des widersprüchlichen Verhaltens gelten.[21] 5

3. Verjährung. Für die Verjährung tariflicher Ansprüche gelten die Regelungen der **§§ 195 ff. BGB** (ausf. → § 72 Rn. 1 ff.), die allerdings in der Praxis wegen der weit verbreiteten Ausschlussfristen in Tarifverträgen (→ Rn. 7 ff.) kaum von Bedeutung sind.[22] Von der regelmäßigen dreijährigen Verjährungsfrist des § 195 BGB können die Tarifvertragsparteien abweichen. Dabei soll allerdings zu prüfen sein, ob im Tarifvertrag eine eigenständige konstitutive Regelung getroffen oder nur die gesetzliche Bestimmung (vor dem Schuldrechtsmodernisierungsgesetz) wiedergegeben werden soll.[23] 6

II. Tarifvertragliche Ausschlussfristen

1. Grundlagen. a) Begriff, Zweck und Rechtsnatur. Ausschlussfristen, die auch als Verfallklauseln[24] oder (seltener) als Verwirkungsklauseln[25] bezeichnet werden, sind in fast allen Tarifverträgen anzutreffen (zu vertraglich vereinbarten Ausschlussfristen → § 35 Rn. 61 ff.).[26] § 4 IV 3 TVG bestimmt, dass Ausschlussfristen für die **Geltendmachung tariflicher Ansprüche** nur 7

---

[9] BAG 24.1.1985 AP Nr. 8 zu § 1 TVG Tarifverträge: Einzelhandel.
[10] BSG 27.4.1988 AP Nr. 71 zu § 613a BGB; 28.2.1990 DB 1990, 1976.
[11] BAG 11.9.2003 AP Nr. 24 zu § 4 TVG = NZA 2004, 326.
[12] BAG 19.9.1996 AP Nr. 9 zu § 4 TVG Verdienstsicherung = NZA 1997, 1117.
[13] Wiedemann/*Wank* TVG § 4 Rn. 740.
[14] LAG Hamm 12.9.2018 – 4 Sa 417/18, dazu *Schröder/Pockerandt* DB 2019, 251.
[15] BAG 20.3.2000 AP Nr. 27 zu § 99 BetrVG 1972 Einstellung = NZA 2000, 1294.
[16] BAG 12.2.2014 NZA 2014, 613; 5.11.1997 AP Nr. 17 zu § 4 TVG mablAnm *Zachert* = NZA 1998, 434; diff. NK-TVG/*Zwanziger* § 4 Rn. 1013.
[17] Wiedemann/*Wank* TVG § 4 Rn. 740; aA *Löwisch/Rieble* TVG § 4 Rn. 700.
[18] BAG 1.7.2009 AP Nr. 14 zu § 3 TVG Verbandsaustritt = NZA 2010, 53; 27.1.1998 AP Nr. 45 zu § 1 BetrAVG Zusatzversorgungskassen.
[19] BAG 9.4.1981 – 6 AZR 501/78; dazu Wiedemann/*Wank* TVG § 4 Rn. 784 mwN zum Streitstand.
[20] BAG 23.1.1985 AP Nr. 63 zu § 1 LohnFG = NZA 1995, 427.
[21] BAG 9.8.1980 AP Nr. 46 zu § 615 BGB = NZA 1991, 226.
[22] Zum Kriterium des „Kennen-müssen" BAG 13.3.2013 AP Nr. 27 zu § 10 AÜG = NZA 2013, 1392.
[23] BAG 21.4.2010 AP Nr. 212 zu § 1 TVG Tarifverträge: Metallindustrie.
[24] Vgl. BAG 21.1.2010 AP Nr. 3 zu § 611 BGB Arbeitgeberdarlehen.
[25] Vgl. BAG 4.9.1991 AP Nr. 113 zu § 4 TVG Ausschlussfristen = NZA 1992, 231.
[26] Vgl. die Darstellung bei *Weyand,* Tarifvertragliche Ausschlussfristen, 2008, Rn. 374 ff.; krit. zu Ausschlussfristen KeZa/*Brecht-Heitzmann* TVG § 4 Rn. 618 ff.

in Tarifverträgen vereinbart werden können.[27] Soweit in Arbeitsverträgen, Betriebsvereinbarungen,[28] sog. Betriebs- oder Arbeitsordnungen Ausschlussfristen für kraft Tarifgebundenheit bestehende tarifliche Ansprüche enthalten sind, sind sie unwirksam.[29] Die Vorschrift des § 4 IV 3 TVG setzt die Existenz von Ausschlussfristen voraus und legitimiert sie,[30] bestimmt sie aber nicht näher. Tarifliche Ausschlussfristen gehören zu den **Inhaltsnormen** und wirken nach Ablauf des Tarifvertrags nach (→ § 208 Rn. 15 ff.).[31]

8 Mit dem **Begriff der Ausschlussfristen** werden Regelungen erfasst, die nach Ablauf der in ihr genannten Frist (→ Rn. 23 ff.) einen Anspruch oder ein Recht (→ Rn. 13 ff.) zum Erlöschen bringen, es sei denn, es erfolgte eine rechtzeitige Geltendmachung (→ Rn. 33 f., 39 ff.) gegenüber dem anderen Vertragsteil. Ob Ausschlussfristen lediglich die Geltendmachung eines Rechts zeitlich befristen oder den Inhalt des Rechtsanspruchs ändern, ist bei zwingenden gesetzlichen Ansprüchen von Bedeutung (→ Rn. 13 f.). Ausschlussfristen sind in Tarifverträgen unterschiedlich ausgestaltet. Bei **einstufigen Ausschlussfristen** ist (lediglich) die Geltendmachung des Anspruchs gegenüber dem anderen Teil erforderlich. Demgegenüber ist bei **zweistufigen Ausschlussfristen** (→ Rn. 42 ff.) zunächst eine Geltendmachung notwendig (1. Stufe) und im Fall einer daraufhin erfolgten Ablehnung des Anspruchs durch den anderen Teil oder nach einem erfolglosen Ablauf einer weiteren Frist die gerichtliche Geltendmachung vorgeschrieben (2. Stufe).

> **Beispiel: zweistufige Ausschlussfrist**
> § 14 BRTV Bau: Ausschlussfristen[32]
> (1) Alle beiderseitigen Ansprüche aus dem Arbeitsverhältnis und solche, die mit dem Arbeitsverhältnis in Verbindung stehen, verfallen, wenn sie nicht innerhalb von zwei Monaten nach der Fälligkeit gegenüber der anderen Vertragspartei schriftlich erhoben werden; besteht bei Ausscheiden des Arbeitnehmers ein Arbeitszeitguthaben, beträgt die Frist für dieses Arbeitszeitguthaben jedoch sechs Monate.
> (2) Lehnt die Gegenpartei den Anspruch ab oder erklärt sie sich nicht innerhalb von zwei Wochen nach der Geltendmachung des Anspruchs, so verfällt dieser, wenn er nicht innerhalb von zwei Monaten nach der Ablehnung oder dem Fristablauf gerichtlich geltend gemacht wird. Dies gilt nicht für Zahlungsansprüche des Arbeitnehmers, die während eines Kündigungsschutzprozesses fällig werden und von seinem Ausgang abhängen. Für diese Ansprüche beginnt die Verfallfrist von zwei Monaten nach rechtskräftiger Beendigung des Kündigungsschutzverfahrens.

Auch die **Reichweite** der Klauseln kann unterschiedlich ausgestaltet sein, je nachdem ob etwa nur „tarifliche Ansprüche" (→ Rn. 14) oder alle „Ansprüche aus dem Arbeitsverhältnis" (→ Rn. 15) erfasst werden. Erforderlich ist dabei eine **Auslegung** der jeweiligen tariflichen Regelung (→ Rn. 12 f.).[33]

9 Die tariflichen Ausschlussfristen verfolgen den **Zweck,** innerhalb eines festgelegten, überschaubaren Zeitraums endgültig Klarheit – „reinen Tisch"[34] – über den Bestand von Forderungen und Rechten zu schaffen[35] und damit Rechtsfrieden und Rechtssicherheit zu garantieren.[36] Damit werden zugleich Beweisschwierigkeiten vermieden, die sich durch Zeitablauf ergeben können.[37] Tarifliche Ausschlussfristen sind wesentlich kürzer als gesetzliche Verjährungsfristen (→ § 72 Rn. 2 f.) und unterliegen grundsätzlich keiner Inhaltskontrolle.[38]

10 Die gegenüber der Verjährung (→ Rn. 16) abweichende Rechtsfolge, das **Erlöschen des Anspruchs** bei ungenutztem Ablauf der Ausschlussfrist, führt zu anderen Rechtsfolgen. Das auf die erloschene Schuld Geleistete kann im Wege des Bereicherungsausgleichs kondiziert werden

[27] Zur Entstehungsgeschichte *Herschel* ZfA 1973, 183 (194).
[28] Für Ansprüche aus Betriebsvereinbarungen BAG 13.10.2015 AP Nr. 230 zu § 11 BetrVG 1972 = NZA-RR 2016, 585.
[29] BAG 30.1.2019 AP Nr. 75 zu § 307 BGB = NZA 2019, 768.
[30] BAG 30.3.1962 AP Nr. 28 zu § 4 TVG Ausschlussfristen = NJW 1962, 1460.
[31] BAG 23.4.1961 AP Nr. 27 zu § 4 TVG Ausschlussfristen.
[32] Zur Vereinbarkeit mit höherrangigem Recht: BAG 18.8.2011 ZTR 2012, 31.
[33] *Krause* RdA 2004, 36 (37).
[34] BAG 6.5.1969 AP Nr. 42 zu § 4 TVG Ausschlussfristen.
[35] BAG 19.1.1999 AP Nr. 34 zu § 1 TVG Tarifverträge: Druckindustrie mAnm *Hogräfer* = NZA 1999, 1107; 8.6.1983 AP Nr. 78 zu § 4 TVG Ausschlussfristen = NJW 1984, 510.
[36] Ausf. *Krause* RdA 2004, 36 (37 f.), m. weiteren Zweckbestimmungen in der Rspr. des BAG. Krit. zu dieser „These" *Jessolat* AuR 2014, 138 (140 f.).
[37] BAG 18.2.2016 AP Nr. 8 zu § 6 TVUmBw = NZA-RR 2016, 709.
[38] BAG 22.9.1999 AP Nr. 226 zu § 1 TVG Tarifverträge: Bau = NZA 2000, 551.

(§ 812 I 1 Fall 1 BGB) und eine Aufrechnung mit der verfallenen Forderung ist anders als nach § 215 BGB bei verjährten Ansprüchen nicht mehr möglich.[39] Eine analoge Anwendung der Vorschriften scheidet aus.[40] Im Prozess ist die Ausschlussfrist von Amts wegen zu beachten (→ Rn. 47).

b) Abgrenzung. Von den Ausschlussfristen ist zunächst die **Verjährung** zu unterscheiden. Sie führt nicht zum Untergang des Rechts, sondern hemmt nur dessen Durchsetzung (→ § 72 Rn. 11).[41] Das Leistungsverweigerungsrecht wird nur auf Einrede berücksichtigt (§ 214 I BGB). Bei der **Verwirkung** muss neben dem Zeitlauf, der auch bei Ausschlussfristen maßgebend ist, ein Umstandsmoment hinzutreten, um die Geltendmachung des Anspruchs als mit Treu und Glauben unvereinbar erscheinen zu lassen (→ § 72 Rn. 23 ff.). Zudem können tarifliche Ansprüche nicht verwirkt werden (zu § 4 IV 2 TVG → Rn. 5; zu § 77 IV 3 BetrVG → § 231 Rn. 37). Ob es sich bei **Fristen für die Nachprüfung** einer Auszahlung oder den Inhalt einer Abrechnung um keine Ausschlussfrist handelt,[42] wird mit Recht bezweifelt. 11

2. Reichweite. a) Grundsatz. Die **sachliche Reichweite** tarifvertraglicher Ausschlussfristen ist durch deren **Auslegung** (→ § 201 Rn. 4, 7 ff.) zu ermitteln. Tarifbestimmungen können nicht nur „tarifliche Ansprüche" dem Erfordernis rechtzeitiger Geltendmachung unterstellen, sondern „alle Ansprüche aus dem Arbeitsverhältnis"[43] sowie solche, die mit dem Arbeitsverhältnis in Verbindung stehen. Gleichzeitig können Rückausnahmen für bestimmte Anspruchsarten oder für Ansprüche aus bestimmten Lebenssachverhalten, namentlich für Ansprüche auf Schadensersatz nach §§ 823 ff. BGB vorgesehen werden. Schließlich sind sog. Stammrechte vom Verfall ausgenommen (→ Rn. 18). Nach der Rechtsprechung des BAG sind tarifvertragliche **Ausschlussfristen** wegen der Schwere der mit ihrer Versäumung verbundenen Folgen **eng auszulegen.**[44] Da der Rechtsverlust aber gerade der Zweck von Ausschlussfristen ist, liegt es näher, für diesen Maßstab auf die für den Normadressaten erforderliche Klarheit und damit Erkennbarkeit der Reichweite einer Verfallklausel abzustellen.[45] Der **Erbe** hat eine tarifliche Ausschlussfrist zu beachten, auch wenn er nicht in einem Arbeitsverhältnis zum AG stand.[46] 12

b) Rechtsnatur des Anspruchs. Ansprüche aus **Tarifverträgen** können, wie § 4 IV 3 TVG zeigt, Ausschlussfristen unterworfen werden. Gleiches gilt nach § 77 IV 3 BetrVG für Rechte aus **Betriebsvereinbarungen** (→ § 231 Rn. 38).[47] Grundsätzlich werden auch **einzelvertragliche Ansprüche** von tariflichen Ausschlussfristen erfasst (→ Rn. 14 ff.). Nach der ständigen Rechtsprechung des BAG können **unabdingbare gesetzliche Ansprüche** von tariflichen Ausschlussfristen grundsätzlich erfasst werden,[48] soweit sich kraft Gesetzes – wie beim **Mindestlohnanspruch** nach §§ 1, 3 MiLoG (→ § 66 Rn. 40 ff., 43 ff.)[49] – nicht ein anderes ergibt. Die Unabdingbarkeit gesetzlicher Ansprüche beinhaltet danach nur die Garantie von Art und Umfang, verhindert aber nicht eine der Rechtsklarheit dienende zeitliche Beschränkung des Anspruchs im Sinne der Geltendmachung. Erfasst werden danach die Entgeltfortzahlung,[50] der Nachteilsausgleich,[51] und der Zeugnisanspruch.[52] Gleiches gilt nach Aufgabe der sog. Surrogatstheorie für den Urlaubsabgeltungsanspruch, weil es sich (nur) um reinen Geldanspruch handelt.[53] Bei Schadensersatzansprüchen, die an die Stelle des Urlaubs- oder Urlaubsabgeltungsanspruchs treten, kann die Mahnung hinsichtlich des Urlaubs zugleich als Geltendmachung des 13

---

[39] BAG 30.3.1973 AP Nr. 4 zu § 496 ZPO mAnm *Wiedemann*.

[40] BAG 21.4.2010 AP Nr. 212 zu § 1 TVG Tarifverträge: Metallindustrie; 1.10.2002 AP Nr. 37 zu § 253 ZPO = NZA 2003, 567.

[41] BAG 11.7.1990 AP Nr. 141 zu § 4 TVG Ausschlussfristen = NZA 1991, 70.

[42] So BAG 10.10.1957 AP Nr. 12 zu § 1 TVG Auslegung; dagegen Wiedemann/*Wank* TVG § 4 Rn. 818.

[43] Für übertarifliche Ansprüche: BAG 3.12.1970 AP Nr. 45 zu § 4 TVG Ausschlussfristen.

[44] BAG 13.2.2007 AP Nr. 17 zu § 47 BetrVG 1972 = NZA 2007, 825; 4.4.2001 AP Nr. 156 zu § 4 TVG Ausschlussfristen. Krit. zur Rspr. *Krause* RdA 2004, 36 (39) mwN.

[45] *Krause* RdA 2004, 36 (39).

[46] BAG 22.1.2019 AP Nr. 109 zu § 7 BUrlG = NZA 2019, 985.

[47] BSG 22.6.1994 AP Nr. 125 zu § 4 TVG Ausschlussfristen = NZA 1995, 704.

[48] BAG 16.1.2002 AP Nr. 13 zu § 3 EntgeltFG = NZA 2002, 746.

[49] Teilunwirksamkeit („soweit"): BAG 23.1.2019 – 4 AZR 541/17; 20.6.2018 AP Nr. 1 zu § 3 MiLoG = NZA 2018, 1494. Ausf. *Preis/Ulber*, Ausschlussfristen und Mindestlohngesetz, 2014, 21 ff.

[50] BAG 24.5.1973 AP Nr. 52 zu § 4 TVG Ausschlussfristen.

[51] BAG 18.12.1984 AP Nr. 11 zu § 113 BetrVG 1972.

[52] BAG 23.2.1983 AP Nr. 10 zu § 70 BAT.

[53] BAG 7.7.2020 AP Nr. 113 zu § 7 BUrlG = NZA 2020, 1713, auch zur Vereinbarkeit mit der Arbeitszeit-Richtlinie), 22.1.2019 AP Nr. 109 zu § 7 BUrlG = NZA 2019, 985; 8.4.2014 NZA 2014, 852; 13.12.2011 AP Nr. 93 zu § 7 BUrlG Abgeltung mAnm *Powietzka* = NZA 2012, 514.

Schadensersatzanspruchs anzusehen sein.[54] Bei Urlaubsentgeltansprüchen ist darauf zu verweisen, dass es sich um den weiterbestehenden Entgeltanspruch nach § 611 BGB handelt, der den Ausschlussfristen unterliegen kann.[55] Davon zu unterscheiden ist der gesetzliche oder tarifliche **Urlaubsanspruch.** Auf diesen sind tarifliche Ausschlussfristen nicht anzuwenden, weil der Anspruch einem eigenen Fristenregime unterliegt.[56]

14 **c) Inhalt des Anspruchs.** Unter den Begriff der **„tariflichen Ansprüche"** fallen auch gesetzliche und vertragliche Ansprüche, deren Bestand von einem tariflich ausgestalteten Anspruch abhängig ist. Hierzu gehören die tariflichen Entgeltansprüche,[57] ein zusätzliches tariflich geregeltes Urlaubsgeld[58] sowie der im Arbeitsverhältnis begründete Anspruch auf Gehaltsanpassung nach § 37 IV BetrVG.[59] Anders verhält es sich, wenn ein Anspruch auf Lohnvorschuss nur vertraglich vereinbart ist,[60] bei gesetzlichen Ansprüchen wie zB auf Entgeltfortzahlung an Feiertagen[61] oder aus unerlaubter Handlung.[62]

15 Zu den **„Ansprüchen aus dem Arbeitsverhältnis"**[63] gehören alle Ansprüche, welche die Arbeitsvertragsparteien aufgrund ihrer durch den Arbeitsvertrag begründeten Rechtsbeziehung gegeneinander haben. Allein die Verwendung des Begriffs „gegenseitige" Ansprüche begrenzt die Ausschlussfrist nicht auf synallagmatische Ansprüche.[64] Maßgebend ist nicht die materiell-rechtliche Anspruchsgrundlage, sondern der Entstehungsbereich des Anspruchs, also seine Verknüpfung mit dem Arbeitsverhältnis.[65] Erfasst wird dann auch ein etwaiger unionsrechtlicher Staatshaftungsanspruch.[66] Das trifft für das monatliche Entgelt zu,[67] die Gutschrift von Stunden auf einem Arbeitszeitkoto, nicht aber bei einer Belastung mit „Minus-Stunden", wenn die Vergütung hierzu geleistet wurde,[68] für die Gewährung von Aktienoptionen,[69] weiterhin für eine Karenzentschädigung[70] und Übergangsgelder,[71] Sozialplanansprüche,[72] einen Freistellungsanspruch,[73] aber auch für ein Arbeitgeberdarlehen, wenn es eng mit dem Arbeitsverhältnis verknüpft ist (→ Rn. 15).[74] Verlangt ein Leiharbeitnehmer vom Vertragsarbeitgeber die Erfüllung der **wesentlichen Arbeitsbedingungen nach § 10 IV AÜG,** sind die im Entleiherbetrieb geltenden Ausschlussfristen nicht zu wahren, sondern die beim Verleiher. Bei den Ausschlussfristen handelt es sich nicht um „wesentliche Arbeitsbedingungen".[75] Erfasst wird ferner ein Schadensersatzanspruch nach § 717 II ZPO, wenn das zugrundliegende Urteil einen arbeitsvertraglichen Anspruch betraf[76] sowie der aus § 37 IV BetrVG resultierende Anspruch des BR auf Gehaltsanpassung (→ § 221 Rn. 56), da er

[54] BAG 24.11.1992 AP Nr. 23 zu § 1 BUrlG = NZA 1993, 472.
[55] BAG 22.1.2002 AP Nr. 55 zu § 11 BUrlG = NZA 2002, 1041.
[56] BAG 23.11.2017 AP Nr. 4 zu § 27 TVöD = NZA-RR 2018, 217; 12.11.2013 AP Nr. 100 zu § 7 BUrlG Abgeltung; 21.6.2005 AP Nr. 11 zu § 55 InsO.
[57] BAG 8.9.2010 AP Nr. 148 zu § 37 BetrVG 1972 = NZA 2011, 159.
[58] BAG 19.1.1999 AP Nr. 34 zu § 1 TVG Tarifverträge: Druckindustrie mAnm *Hogräfer* = NZA 1999, 1107.
[59] BAG 8.9.2010 ZBVR online 1/2011, 13.
[60] BAG 8.9.2010 AP Nr. 148 zu § 37 BetrVG 1972 = NZA 2011, 159.
[61] BAG 10.12.1986 AP Nr. 51 zu § 1 FeiertagslohnzahlungsG = NZA 1987, 461.
[62] BAG 15.11.2001 AP Nr. 121 zu § 611 BGB Haftung des Arbeitnehmers = NZA 2002, 612.
[63] Ausf. Zusammenstellung bei Wiedemann/*Wank* TVG § 4 Rn. 855 ff.
[64] BAG 20.4.2012 AP Nr. 58 zu § 7 BUrlG = NZA 2012, 982.
[65] BAG 17.10.2018 AP Nr. 10 zu § 767 ZPO = NZA 2019, 796, 21.1.2010 AP Nr. 3 zu § 611 BGB Arbeitgeberdarlehen; 18.12.2008 AP Nr. 9 zu § 717 ZPO = NZA-RR 2009, 314.
[66] BAG 11.4.2019 AP Nr. 210 zu § 4 TVG Ausschlussfristen = NZA 2019, 1004.
[67] StRspr, s. nur BAG 25.6.2009 AP Nr. 3 zu § 5 TVÜ.
[68] BAG 26.1.2011 AP Nr. 36 zu § 611 BGB Arbeitszeit mAnm *Hahn* = NZA 2011, 640.
[69] BAG 28.5.2008 AP Nr. 18 zu § 305 BGB = NZA 2008, 1066.
[70] BAG 22.6.2005 AP Nr. 183 zu § 4 TVG Ausschlussfristen; 17.6.1997 AP Nr. 2 zu § 74b HGB = NZA 1998, 258 (Formulararbeitsvertrag).
[71] BAG 14.2.1977 AP Nr. 5 zu § 70 BAT. Für ein Anpassungsgeld BAG 19.12.2017 ZfB 2018, 346.
[72] BAG 27.3.1996 AP Nr. 134 zu § 4 TVG Ausschlussfristen = NZA 1996, 986; 30.11.1994 AP Nr. 88 zu § 112 BetrVG.
[73] BAG 25.6.2009 AP Nr. 40 zu § 70 BAT; 16.3.1995 AP Nr. 129 zu § 4 TVG Ausschlussfristen = NZA 1995, 1213.
[74] BAG 21.1.2010 AP Nr. 3 zu § 611 BGB Arbeitgeberdarlehen; 20.2.2001 AP Nr. 5 zu § 611 BGB Arbeitnehmerdarlehen.
[75] BAG 23.3.2011 AP Nr. 23 zu § 10 AÜG mablAnm *J. Ulber* = NZA 2011, 850; s. auch *Schubert* Anm. zu EzA Nr. 15 zu § 10 AÜG.
[76] BAG 18.12.2008 AP Nr. 9 zu § 717 ZPO = NZA-RR 2009, 314.

auf § 611 BGB beruht.[77] Anders verhält es sich bei dem Ersatz von Aufwendungen nach § 40 BetrVG, der aus dem ausgeübten Amt und nicht aus dem Arbeitsverhältnis folgt.[78] Die tariflichen Ausschlussfristen gelten weiterhin für Ansprüche auf Erteilung eines qualifizierten Zeugnisses.[79] Werden nur „Ansprüche aus einem bestehenden Arbeitsverhältnis" genannt, fallen nach dessen Beendigung geleistete Entgeltüberzahlungen nicht hierunter.[80] Ist die Ausschlussfrist auf „vertragliche Ansprüche" aus dem Arbeitsverhältnis begrenzt, werden Abfindungsansprüche nach einem Sozialplan nicht erfasst.[81]

Tarifliche Ausschlussfristen erfassen die laufenden Ansprüche auf **Zahlung einer Betriebsrente** nur dann, wenn die Bestimmungen des Tarifvertrags dies deutlich und unmissverständlich zum Ausdruck bringen. Das ist nicht der Fall, wenn nur „Ansprüche aus dem Arbeitsverhältnis" genannt sind.[82] Im Zweifel sind Betriebsrentenansprüche auch deshalb nicht erfasst, weil ein Klärungsbedürfnis nur in eingeschränktem Umfang besteht.[83] Ausschlussfristen gelten für deliktische **Schadensersatzansprüche.**[84] Ob dies allerdings weiterhin für Vorsatztaten gelten kann,[85] muss wegen § 202 I BGB nach Inkrafttreten des Schuldrechtsmodernisierungsgesetzes bezweifelt werden.[86] Das BAG hat allerdings angenommen, § 202 I BGB stehe einer tariflichen Ausschlussfrist nicht entgegen, weil keine rechtsgeschäftliche „Vereinbarung" iSd Vorschrift vorliege, sondern es sich bei den Inhaltsnormen des Tarifvertrages um Gesetze im materiell-rechtlichen Sinne und damit um eine gesetzliche Regelung nach Art. 2 EGBGB handele.[87] Allerdings nehmen Tarifverträge Ansprüche aus unerlaubten oder strafbaren Handlungen oder sogar generell Schadensersatzansprüche ausdrücklich von den Verfallklauseln aus.[88] Der insolvenzrechtliche Rückgewähranspruch nach § 143 I 1 InsO wird anders als ein Rückforderungsanspruch nach § 812 BGB[89] als gesetzliches Schuldverhältnis von tarifrechtlichen Ausschlussfristen nicht erfasst.[90] 16

Ansprüche aus selbständig neben dem Arbeitsverhältnis geschlossenen **anderen bürgerlichrechtlichen Verträgen** (zB Mietverträgen,[91] Leistungen aus einer Gruppenunfallversicherung[92]) werden von einer Ausschlussklausel ohne Vorliegen besonderer Umstände nicht erfasst.[93] Das gilt regelmäßig für Zinsforderungen aus Arbeitgeberdarlehen.[94] Abweichendes gilt, wenn ein Vertrag mit dem Arbeitsverhältnis in einem engen Zusammenhang steht (zu Darlehen → Rn. 17). Von tariflichen Ausschlussfristen, die „Ansprüche aus dem Arbeitsvertrag" oder dem „Arbeitsverhältnis" erfassen, werden **absolute Rechte nicht betroffen.** Hierzu gehören Ansprüche wegen Verletzung des Persönlichkeitsrechts, soweit damit nicht Ansprüche aus Verletzung der vertraglichen Fürsorgepflicht geltend gemacht werden,[95] der Beschäftigungsanspruch (→ § 109 Rn. 5 ff.)[96] sowie der Anspruch auf Entfernung einer Abmahnung aus der Personalakte.[97] Von einer Ausschlussfrist nicht erfasst wird der Anspruch des Insolvenzverwalters wegen Insolvenzanfechtung.[98] 17

---

77 BAG 19.1.2005 ZBVR online 5/2006, 2.
78 BAG 30.1.1973 AP Nr. 3 zu § 40 BetrVG.
79 BAG 23.2.1983 AP Nr. 10 zu § 70 BAT; mit guten Gründen abl. *Krause* RdA 2004, 36 (44): Verwirkung ausreichend.
80 BAG 4.9.1991 AP Nr. 113 zu § 4 TVG Ausschlussfristen = NZA 1992, 231.
81 BAG 13.2.2007 AP Nr. 17 zu § 47 BetrVG 1972 = NZA 2007, 825.
82 BAG 15.2.2011 AP Nr. 34 zu § 1 TVG Vorruhestand = NZA-RR 2011, 467.
83 BAG 26.5.2009 AP Nr. 1 zu § 18a BetrAVG = NZA 2009, 1279; 27.2.1990 AP Nr. 107 zu § 4 TVG Ausschlussfristen = NZA 1990, 627. Anders nur (zu § 16 BRTV Bau aF = § 15 BRTV-Bau): BAG 19.7.1983 AP Nr. 1 zu § 1 BetrAVG Zusatzversorgungskassen = NJW 1984, 751.
84 BAG 26.5.1981 AP Nr. 71 zu § 4 TVG Ausschlussfristen; zum Anspruch auf Ersatzurlaub BAG 12.4.2016 AP Nr. 9 zu § 10 AGG = NZA-RR 2016, 438.
85 BAG 5.3.1981 AP Nr. 9 zu § 70 BAT.
86 *Krause* RdA 2004, 36 (45).
87 BAG 18.8.2011 ZTR 2012, 31; anders bei einer Inbezugnahme BAG 26.9.2013 NZA-RR 2014, 177.
88 Vgl. *Langer*, Gesetzlich und vereinbarte Ausschlussfristen im Arbeitsrecht, 1993, Anhang I, Nr. 2, 15, 23, 25.
89 BAG 24.10.2013 AP Nr. 2 zu § 131 InsO = NZA-RR 2014, 254.
90 BAG 3.7.2014 ZInsO 2014, 2286; 8.5.2014 NZA-RR 2014, 1758; 27.2.2014 NZA 2014, 681.
91 BAG 20.1.1982 AP Nr. 72 zu § 4 TVG Ausschlussfristen.
92 BAG 21.2.1990 AP Nr. 3 zu § 179 VVG = NZA 1990, 701.
93 BAG 20.11.1982 AP Nr. 72 zu § 4 TVG Ausschlussfristen.
94 BAG 23.2.1999 AP Nr. 4 zu § 611 BGB Arbeitnehmerdarlehen = NZA 1999, 1212.
95 BAG 15.7.1987 AP Nr. 14 zu § 611 BGB Persönlichkeitsrecht = NZA 1988, 53.
96 BAG 15.5.1991 AP Nr. 24 zu § 611 BGB Beschäftigungspflicht = NZA 1991, 979.
97 BAG 14.12.1994 AP Nr. 15 zu § 611 BGB Abmahnung = NZA 1995, 676.
98 BAG 19.11.2003 AP Nr. 1 zu § 129 InsO = NZA 2004, 208.

18 Das einem Anspruch zugrundeliegende **Stammrecht,** namentlich im Betriebsrentenrecht (→ Rn. 18),[99] aber auch auf eine Besitzstandszulage nach § 11 TVÜ-L[100] oder die Anwendbarkeit eines Tarifvertrags auf ein Arbeitsverhältnis[101] unterliegen nicht als solche einer Ausschlussfrist.[102] Gleiches gilt für die Anwendbarkeit eines Tarifvertrags kraft arbeitsvertraglicher Bezugnahme, Ansprüche auf Verschaffung einer Zusatzversorgung oder Schadensersatzansprüche gegen den AG wegen unterlassener Zusatzversorgung.[103] Demgegenüber verfallen die aus diesem Recht nach Zeitabschnitten oder anderen Voraussetzungen entstehenden Einzelansprüche nach Ablauf der jeweiligen Ausschlussfrist ab Fälligkeit.[104] Bei einer **fehlerhaften Eingruppierung** läuft die Ausschlussfrist für die einzelnen Vergütungsansprüche regelmäßig ab deren jeweiliger Fälligkeit,[105] nicht aber die Berechtigung, die höhere Eingruppierung beanspruchen zu können.[106] Gleiches gilt für Berechnung eines Vergleichsentgelts nach den Überleitungstarifverträgen des öffentlichen Dienstes (→ § 64 Rn. 29).[107]

19 **d) Persönliche Reichweite.** Tarifvertragliche Ausschlussfristen gelten als Inhaltsnormen eines Tarifvertrags (→ Rn. 7) zunächst für die beiderseits tarifgebundenen Arbeitsvertragsparteien und in Arbeitsverhältnissen, die von einem allgemeinverbindlichen Tarifvertrag erfasst werden (→ § 205 Rn. 25 ff.). Deshalb werden Schadensersatzansprüche des abgelehnten Erwerbers nach § 15 AGG von Ausschlussfristen nicht erfasst.[108] Auf tarifvertragliche Ausschlussfristen kann im Wege der **arbeitsvertraglichen Bezugnahme** (→ § 206 Rn. 1 ff.) auf einen Tarifvertrag, und dabei auch auf einen nachwirkenden,[109] oder auch nur auf die maßgebenden Ausschlussfristen (zur AGB-Kontrolle → § 206 Rn. 12 ff.) verwiesen werden,[110] wobei es sich nicht um den einschlägigen Tarifvertrag handeln muss.[111] Beansprucht der AN das übliche Entgelt iSd § 612 II BGB auf Grundlage eines Mindestentgelttarifvertrages, ist die dort geregelte Ausschlussfrist zu beachten.[112] Vorbehaltlich abweichender Bestimmungen gelten die Ausschlussfristen für **beide Arbeitsvertragsparteien.** Wie der AN ist auch der AG gehalten, Ausschlussfristen einzuhalten,[113] etwa bei Rückzahlungsansprüchen infolge von Entgeltüberzahlungen,[114] irrtümlich gezahlter Mehrarbeitsvergütung,[115] einem Vorschuss auf Urlaubsgeld, wenn der Urlaubsanspruch nachfolgend untergeht[116] oder wenn er das Entgelt über Ende des Arbeitsverhältnisses hinaus weiter leistet.[117]

20 Die Tarifvertragsparteien können im Rahmen der ihnen eingeräumten Tarifautonomie **Ausschlussfristen auch einseitig** ohne Verstoß gegen Art. 3 I GG ausgestalten, also etwa nur Ansprüche des AN einer Ausschlussfrist unterstellen.[118] Erforderlich ist ein sachlicher Grund. Dafür soll es ausreichen, dass es sich bei Ansprüchen der AN gegen den AG um einen Massentatbestand handelt, im umgekehrten Fall aber nicht.[119] Bei Provisionsansprüchen ist die einseitige Ausgestaltung vertretbar, wenn nicht absehbar ist, ob und wann noch Stornierungen erfolgen.[120]

---

[99] BAG 20.9.2016 – 3 AZR 302/15; 12.6.2007 AP Nr. 47 zu § 1 BetrAVG = NZA-RR 2008, 537; 27.2.1990 AP Nr. 107 zu § 4 TVG Ausschlussfristen = NZA 1990, 627.

[100] BAG 8.12.2011 AP Nr. 6 zu § 11 TVÜ = NZA-RR 2012, 808.

[101] BAG 30.8.2017 AP Nr. 139 zu § 1 TVG Bezugnahme auf Tarifvertrag = NZA 2018, 255.

[102] StRspr, s. nur BAG 25.6.2009 AP Nr. 3 zu § 5 TVÜ; 11.2.2009 AP Nr. 91 zu § 4 TVG Tarifverträge: Einzelhandel.

[103] BAG 12.1.1974 AP Nr. 5 zu § 242 BGB Ruhegehalt-VBL.

[104] BAG 8.12.2011 AP Nr. 6 zu § 11 TVÜ = NZA-RR 2012, 808.

[105] BAG 16.1.1991 AP Nr. 29 zu § 1 TVG Tarifverträge: Einzelhandel = NZA 1991, 424.

[106] BAG 28.10.1981 AP Nr. 54 zu §§ 22, 23 BAT 1975.

[107] BAG 25.6.2009 AP Nr. 3 zu § 5 TVÜ.

[108] BAG 15.3.2012 AP Nr. 11 zu § 15 AGG = NZA 2012, 910.

[109] BAG 18.9.2012 AP Nr. 96 zu § 7 BUrlG Abgeltung = NZA 2013, 216.

[110] BAG 5.11.1963 AP Nr. 1 zu § 1 TVG Bezugnahme auf Tarifvertrag.

[111] BAG 22.1.2002 AP Nr. 55 zu § 11 BUrlG.

[112] BAG 20.4.2011 AP Nr. 333 zu § 1 TVG Tarifverträge: Bau = NZA 2011, 1173; 27.7.2010 AP Nr. 3 zu § 4 BBiG.

[113] BAG 26.4.1978 AP Nr. 64 zu § 4 TVG Ausschlussfristen.

[114] BAG 17.5.2001 AP Nr. 2 zu § 70 BAT-O = NZA 2002, 910; 26.10.1994 AP Nr. 22 zu § 70 BAT = NZA 1995, 858.

[115] BAG 14.9.1994 AP Nr. 127 zu § 4 TVG Ausschlussfristen = NZA 1996, 897.

[116] BAG 1.10.2002 AP Nr. 37 zu § 253 ZPO = NZA 2003, 567.

[117] BAG 11.6.1980 AP Nr. 7 zu § 70 BAT.

[118] BAG 12.10.1989 AP Nr. 97 zu § 611 BGB Haftung des Arbeitnehmers = NZA 1990, 97.

[119] BAG 4.12.1997 AP Nr. 143 zu § 4 TVG Ausschlussfristen = NZA 1998, 431; aA NK-TVG/*Zwanziger* § 4 Rn. 1039.

[120] BAG 6.5.2009 AP Nr. 44 zu § 307 BGB = NZA-RR 2009, 593.

21 Von den Verfallklauseln nicht erfasst werden **Ansprüche der AN untereinander.** Dies gilt ferner dann, wenn sie gem. § 6 EFZG auf den AG übergegangen sind (→ § 98 Rn. 126 ff.).[121] Ausschlussfristen können dem **Rechtsnachfolger** des Anspruchsberechtigten entgegengehalten werden. Sie gehören zu den Einwendungen, mit denen eine übergegangene Forderung behaftet sein kann.[122] Dies gilt sowohl gegenüber privaten Versicherungen[123] als auch gegenüber den Sozialversicherungsträgern im Falle eines gesetzlichen Forderungsübergangs nach § 115 SGB X.[124] Ein persönlich haftender Gesellschafter, der für Entgeltansprüche der Gesellschaft in Anspruch genommen wird, kann sich nicht auf den Ablauf der tariflichen Ausschlussfristen berufen, wenn der Anspruch **gegenüber einer Gesellschaft** fristgerecht geltend gemacht wurde.[125] Gleiches gilt für einen Vertreter ohne Vertretungsmacht, der von einem AN in Anspruch genommen wird.[126]

22 **e) Unanwendbarkeit.** Dem Zweck der tariflichen Ausschlussfristen folgend, schnell Rechtsklarheit über Bestand und Umfang von Ansprüchen zu schaffen, ist ihre Anwendbarkeit in solchen Fallgestaltungen **entbehrlich,** in denen ihrer **Funktion bereits Rechnung getragen** wurde.[127] Das ist der Fall bei der Erstellung einer **Entgeltabrechnung** durch den AG, in denen der Anspruch jedenfalls in der dort benannten Höhe streitlos gestellt wird,[128] eine gegenüber der Bundesagentur für Arbeit erteilte Verdienstabrechnung[129] oder bei Anerkennung der Forderung.[130] Die Obliegenheit zur Geltendmachung lebt nicht wieder auf, wenn der AG die Forderung später bestreitet.[131] Diese Grundsätze gelten auch bei der Ausweisung von Guthabenstunden auf einem vom AG erstellten Arbeitszeitkonto, unabhängig davon, ob es sich damit nur um eine Wissenserklärung oder ein Anerkenntnis im Rechtssinne handelt.[132] Die Notwendigkeit der Geltendmachung lebt nicht wieder auf, wenn sich der darauf ausgewiesene Anspruch in einen Freizeit- oder Zahlungsanspruch umwandelt.[133] Gleiches gilt für Abfindungen nach §§ 9, 10 KSchG in einem gerichtlichen Vergleich.[134] Erkennt einer von mehreren Gesamtschuldnern die Forderung an, so wirkt das Anerkenntnis zudem gegen den anderen.[135] Tarifliche Ausschlussfristen sind nicht anzuwenden, wenn die Arbeitsvertragsparteien deren Anwendung einvernehmlich (als günstigere Regelung iSd § 4 III Fall 2 TVG) abbedungen haben,[136] was auch dadurch geschehen kann, dass der Gläubiger auf deren **Einhaltung „verzichtet"** hat.[137] Haben die Arbeitsvertragsparteien eine **Musterprozessvereinbarung** über die Erhebung von Ansprüchen geschlossen, kann die Ausschlussfrist erneut beginnen, wenn sich die tatsächlichen Grundlagen der Musterprozessvereinbarung geändert haben.[138]

23 **3. Beginn und Berechnung von Ausschlussfristen. a) Beginn. aa) Grundsatz.** Der Beginn der Ausschlussfrist **bestimmt sich nach der tarifvertraglichen Regelung.** Regelmäßig ist in Tarifverträgen die Fälligkeit des Anspruchs als maßgebender Zeitpunkt bestimmt, in dem die Ausschlussfrist beginnt. Zusätzlich oder eigenständig kann die Beendigung des Arbeitsverhältnisses als weiterer Zeitpunkt für den Fristbeginn hinzutreten.[139] Bei sog. zweistufigen Ausschlussfristen (→ Rn. 42 ff.) ist zusätzlich die Ablehnung des Anspruchs durch den Schuld-

---

121 BAG 4.7.1977 AP Nr. 61 zu § 4 TVG Ausschlussfristen.
122 BAG 22.8.2011 AP Nr. 435 zu § 613a BGB = NZA 2013, 376; 21.3.1991 AP Nr. 49 zu § 613a BGB.
123 BAG 19.11.1968 AP Nr. 40 zu § 4 TVG Ausschlussfristen.
124 BAG 23.9.2009 AP Nr. 15 zu § 115 SGB IX.
125 BAG 27.11.1984 AP Nr. 1 zu § 129 HGB = NZA 1985, 533.
126 BAG 10.1.2007 AP Nr. 3 zu § 179 BGB = NZA 2007, 679.
127 S. nur BAG 8.8.1979 AP Nr. 67 zu § 4 TVG Ausschlussfristen = NJW 1980, 359.
128 BAG 28.7.2010 AP Nr. 195 zu § 4 TVG Ausschlussfristen = NZA 2010, 1241; 21.4.1993 AP Nr. 124 zu § 4 TVG Ausschlussfrist = NZA 1993, 1091. Für den Ausweis in einem Arbeitszeitkonto BAG 23.9.2015 AP Nr. 47 zu § 611 BGB Arbeitszeit = NZA 2016, 295.
129 BAG 5.4.1995 AP Nr. 130 zu § 4 TVG Ausschlussfristen = NZA 1995, 1068.
130 BAG 10.10.2002 AP Nr. 169 zu § 4 TVG Ausschlussfristen = NZA 2003, 329.
131 BAG 21.4.1993 AP Nr. 124 zu § 4 TVG Ausschlussfristen = NZA 1993, 1091.
132 BAG 28.7.2010 AP Nr. 195 zu § 4 TVG Ausschlussfristen = NZA 2010, 1241.
133 BAG 28.7.2010 AP Nr. 195 zu § 4 TVG Ausschlussfristen = NZA 2010, 1241.
134 BAG 13.1.1982 AP Nr. 7 zu § 9 KSchG 1969; anders bei Ansprüchen nach § 113 BetrVG 22.2.1983 AP Nr. 7 zu § 113 BetrVG 1972.
135 BAG 10.7.1991 SGB 1992, 75 (LS).
136 BAG 13.5.2020 AP Nr. 37 zu § 4 TVG = NZA 2020, 1487.
137 BAG 19.3.2008 AP Nr. 14 zu § 115 SGB X = NZA 2008, 900.
138 BAG 18.2.1992 AP Nr. 115 zu § 4 TVG Ausschlussfrist = NZA 1992, 881. S. auch LAG Köln 9.1.2020 – 8 Sa 787/18: Verzicht auf die Einrede der Verjährung erfasst nicht ein tarifliche Ausschlussfrist, dazu *U. Fischer* jurisPR-ArbR 2172929, Anm. 4.
139 BAG 23.1.2018 AP Nr. 363 zu § 1 TVG Tarifverträge: Bau = NZA 2018, 735.

ner zu beachten. Grundsätzlich beginnt, auch wenn sich der Tarifvertrag einer Festlegung enthält, die Ausschlussfrist mit **Fälligkeit des Anspruchs,**[140] allerdings nicht vor Wirksamkeit des maßgebenden Tarifvertrags. Deshalb kann vor dessen Unterzeichnung keine Fälligkeit eintreten.[141] Diese bestimmt sich nach den arbeitsvertraglichen und tariflichen Regelungen, im Übrigen nach den gesetzlichen Bestimmungen (§§ 271 ff. BGB; → § 70 Rn. 9). Erforderlich ist allerdings, dass der Gläubiger den Anspruch annähernd beziffern kann,[142] was dann nicht Fall ist, wenn der AG das hierfür erforderliche Betriebsergebnis nicht bekannt gemacht hat.[143] Eine Stundung verschiebt den Fälligkeitsbeginn.[144] Die Frist läuft erst mit der Erteilung einer Abrechnung durch den hierzu verpflichteten AG, wenn der AN die Höhe seiner Ansprüche sonst nicht erkennen kann.[145] Ist der Anspruch auf Erteilung einer Abrechnung verfallen, beginnt die Ausschlussfrist für den Zahlungsanspruch.[146]

24 Ist eine Forderung binnen einer Frist „nach dem Zeitpunkt ihrer Entstehung" geltend zu machen, ist die Tarifbestimmung regelmäßig dahin auszulegen, dass sie im Falle späterer Fälligkeit erst dann beginnt. Eine vorherige Zahlungsaufforderung „macht keinen Sinn".[147] Stellt die Tarifregelung auf die Erkennbarkeit des Anspruchs ab, beginnt die Ausschlussfrist, wenn die tatsächlichen Voraussetzungen des Anspruchs erkennbar waren.[148] Ist der Anspruch von einem „Wunsch" des AN im Sinne eines **Wahlrechts** abhängig, wird er erst nach dessen Ausübung fällig.[149]

25 Bei einer Überzahlung infolge einer falschen Berechnung durch den AG entsteht sein **Rückzahlungsanspruch** im Zeitpunkt der Überzahlung und wird zugleich fällig. Auf die Kenntnis des Rückzahlungsanspruchs kommt es nicht an.[150] Etwas anderes gilt, wenn der AG die Überzahlung nicht erkennen kann, weil der Berechnungsfehler in die Sphäre des AN fällt oder wenn die Voraussetzungen des Rückzahlungsanspruchs erst später eintreten.[151] Hier beginnt die Frist erst, wenn der AG von den rechtsbegründenden Tatsachen der Überzahlung Kenntnis erlangt.[152] Der AG kann den Beginn einer Ausschlussfrist für einen Rückzahlungsanspruch nicht durch die Erklärung hinausschieben, er zahle nur unter Vorbehalt.[153] Rückzahlungsansprüche aufgrund eines rückwirkend festgestellten Status als AN werden erst mit Rechtskraft der Statusklage fällig.[154]

26 Tritt die **Tarifgebundenheit** der Parteien erst **nach Fälligkeit** der Ansprüche ein, so werden länger zurückliegende Ansprüche, für die die Ausschlussfrist bei von vornherein bestehender Tarifgebundenheit schon abgelaufen wäre, nur dann vom Tarifvertrag erfasst, wenn dieser sich insoweit und in zulässiger Weise Rückwirkung beimisst.[155] Bei **Schadensersatzansprüchen** beginnt die Verfallfrist, wenn der Schaden entstanden und fällig geworden ist.[156] Dabei wird Fälligkeit erst dann angenommen, wenn der Schaden feststellbar ist und hinsichtlich des Umfangs geltend gemacht werden kann. Dazu muss der Gläubiger in der Lage sein, sich den erforderlichen Überblick ohne schuldhaftes Zögern zu beschaffen und seine Forderungen wenigstens annähernd zu beziffern.[157] Bei offensichtlichen Mängeln der Arbeitsleistung beginnt die Ausschlussfrist im Zeitpunkt der Schlechtleistung,[158] bei versteckten mit der Erkennbarkeit.[159] Bei komple-

[140] So jetzt auch BAG 23.8.2017 AP Nr. 7 zu § 850 ZPO = NZA 2017, 1548.
[141] BAG 17.3.2016 AP Nr. 73 zu § 1 TVG Tarifverträge: Arzt = NZA-RR 2016, 363; 20.3.1997 AP Nr. 137 zu § 4 TVG Ausschlussfristen = NZA 1997, 896.
[142] Für den Anspruch des AG auf nachentrichtete Lohnsteuer BAG 14.11.2018 AP Nr. 13 zu § 38 EStG = NZA 2019, 250; für ein Arbeitszeitkonto BAG 31.7.2014 NZA-RR 2015, 28.
[143] BAG 14.3.2012 AP Nr. 199 zu § 4 TVG Ausschlussfristen = NZA-RR 2012, 480.
[144] BAG 27.11.1984 AP Nr. 89 zu § 4 TVG Ausschlussfristen.
[145] BAG 27.2.2002 AP Nr. 162 zu § 4 TVG Ausschlussfristen.
[146] BAG 27.11.1984 AP Nr. 89 zu § 4 TVG Ausschlussfristen; vgl. auch 8.8.1985 AP Nr. 94 zu § 4 TVG Ausschlussfristen = NZA 1986, 636.
[147] BAG 19.5.2005 AP Nr. 12 zu § 1 TVG Tarifverträge: Bewachungsgewerbe.
[148] BAG 23.8.1990 AP Nr. 9 zu § 1 TVG Tarifverträge: Bundesbahn = NZA 1991, 68.
[149] BAG 27.2.2002 AP Nr. 180 zu § 1 TVG Tarifverträge: Metallindustrie.
[150] BAG 1.6.1995 AP Nr. 16 zu § 812 BGB = NZA 1996, 135.
[151] BAG 27.6.2018 AP Nr. 310 zu § 611 BGB Gratifikation = NZA 2018, 1344 (Rückzahlung einer Sonderzuwendung nach Ausscheiden).
[152] BAG 16.10.2007 AP Nr. 2 zu § 106 GewO = NZA-RR 2008, 214.
[153] BAG 27.3.1996 AP Nr. 26 zu § 70 BAT.
[154] BAG 14.3.2001 AP Nr. 35 zu § 1 TVG Tarifverträge: Rundfunk = NZA 2002, 155.
[155] BAG 26.9.1990 AP Nr. 109 zu § 4 TVG Ausschlussfristen = NZA 1991, 246.
[156] BAG 25.1.1967 AP Nr. 35 zu § 4 TVG.
[157] BAG 21.5.2015 AP Nr. 141 zu § 611 BGB Haftung des Arbeitnehmers = NZA 2015, 1517; 16.5.1984 AP Nr. 85 zu § 4 TVG Ausschlussfristen.
[158] BAG 27.10.1970 AP Nr. 44 zu § 4 TVG Ausschlussfristen.
[159] BAG 24.4.1974 AP Nr. 4 zu § 611 BGB Akkordkolonne.

xen Tatbeständen soll der Ausgang eines Strafverfahrens abgewartet werden dürfen.[160] In **Mobbing-Fällen** beginnt die Ausschlussfrist wegen der systematischen, sich aus einzelnen Handlungen zusammensetzenden Verletzungshandlung regelmäßig erst mit der letzten Mobbing-Handlung.[161]

Bei **Ansprüchen des AG auf Freistellung** beginnt die Ausschlussfrist dann, wenn der Dritte ihn auf Ersatz in Anspruch nimmt.[162] Muss bereits der Freistellungsanspruch geltend gemacht werden, so läuft keine neue Ausschlussfrist für den Schadensersatzanspruch.[163] Wird der AG auf Lohnsteuernachzahlung für den AN in Anspruch genommen, so beginnt die Ausschlussfrist für den Erstattungsanspruch mit den Regressnahmen durch das Finanzamt.[164] 27

bb) Beendigung des Arbeitsverhältnisses. Soll die Ausschlussfrist mit Beendigung des Arbeitsverhältnisses zu laufen beginnen, so ist im Zweifel nicht die tatsächliche, sondern die rechtliche Beendigung maßgebend.[165] Schwebt über die Beendigung des Arbeitsverhältnisses ein Rechtsstreit, beginnt die Ausschlussfrist erst mit der Rechtskraft des Urteils. Sind in diesem Zeitpunkt die Ansprüche noch nicht entstanden oder fällig, so beginnt sie erst mit deren Fälligkeit.[166] Stellt eine tarifliche Ausschlussfrist hingegen auf die Fälligkeit des Anspruchs ab, wird etwa ein Anspruch nach § 113 III BetrVG (→ § 246 Rn. 6 ff.) auch dann mit der Beendigung des Arbeitsverhältnisses fällig, wenn über die Kündigung noch gerichtlich gestritten wird.[167] Bestimmt eine zweistufige tarifliche Verfallklausel, dass die Ausschlussfrist für die Geltendmachung von Ansprüchen, deren Bestand vom Ausgang des Kündigungsschutzprozesses abhängig ist, erst mit dem rechtskräftigen Abschluss des Kündigungsschutzprozesses beginnt (→ Rn. 42), so kann der AN solche Ansprüche vorher nicht fristwahrend geltend machen.[168] Eine Ausschlussfrist kann festlegen, dass sie mit Fälligkeit des Anspruchs beginnt und bei der Beendigung des Arbeitsverhältnisses eine **zweite, kürzere Ausschlussfrist** einsetzt. Dann gelten im noch laufenden Arbeitsverhältnis die längere und sodann die kürzere Ausschlussfrist, wobei die einmalige rechtzeitige Geltendmachung ausreicht.[169] 28

cc) Betriebsübergang. Im Falle eines Betriebsübergangs scheidet ein AG mit dem Betriebsübergang aus dem Arbeitsverhältnis aus. Eine tarifliche Ausschlussfrist für Ansprüche gegen den bisherigen Betriebsinhaber, die an das Ausscheiden aus dem Arbeitsverhältnis anknüpft, beginnt mit dem Zeitpunkt des Betriebsübergangs.[170] Sind Normen nach § 613a I 2 BGB als Inhalt des Arbeitsvertrags transformiert worden, ist die tarifliche Ausschlussfrist nach dem Betriebsübergang zu beachten.[171] Gleiches gilt für die beim Betriebserwerber aufgrund eines allgemeinverbindlich erklärten Tarifvertrags geltenden Ausschlussfristen.[172] Im Falle eines Widerspruchs gegen den Übergang des Arbeitsverhältnisses beginnt die Frist gegen den bisherigen AG mit Zugang des Widerspruchs.[173] 29

b) Berechnung. Für die Berechnung der Fristen von tariflichen Verfallklauseln gelten die **§§ 186 ff. BGB.** Die Fälligkeit des Anspruchs ist ein in einen Tag fallendes Ereignis iSd § 187 I BGB.[174] Das Ende der regelmäßig in Wochen oder Monaten bestimmten Fristen ist in Anwendung von § 188 II und III BGB zu ermitteln. § 193 BGB, wonach die Frist bei einem Fristende am Wochenende oder einem gesetzlichen Feiertag erst am darauffolgenden Werktag endet, ist jedenfalls entsprechend heranzuziehen.[175] Ob bei einer Ausschlussfrist, die die außergerichtliche Geltendmachung ausreichen lässt, im Falle einer **Geltendmachung durch Klage** bereits die Einreichung derselben bei Gericht in Anwendung von § 167 ZPO ausreicht, wenn die Zustel- 30

[160] BAG 26.5.1981 AP Nr. 71 zu § 4 TVG Ausschlussfristen.
[161] BAG 16.5.2007 AP Nr. 5 zu § 611 BGB Mobbing = NZA 2007, 1154.
[162] BAG 16.3.1966 AP Nr. 32 zu § 4 TVG Ausschlussfristen; vgl. aber 16.12.1971 AP Nr. 48 zu § 611 BGB Ausschlussfristen.
[163] BAG 16.3.1995 AP Nr. 129 zu § 4 TVG Ausschlussfristen = NZA 1996, 1213.
[164] BAG 20.3.1984 AP Nr. 22 zu § 670 BGB = NZA 1985, 121. Zum Themenbereich *Breitkopf* DB 2018, 249 (250 f.).
[165] BAG 18.11.2004 AP Nr. 36 zu § 611 BGB Ausbildungsbeihilfe = NZA 2005, 516.
[166] BAG 12.11.1998 AP Nr. 4 zu § 613 BGB = NZA 1999, 715.
[167] BAG 3.8.1982 AP Nr. 5 zu § 113 BetrVG 1972.
[168] BAG 22.10.1980 AP Nr. 69 zu § 4 TVG Ausschlussfristen.
[169] BAG 3.12.1970 AP Nr. 45 zu § 4 TVG Ausschlussfristen.
[170] BAG 10.8.1994 AP Nr. 126 zu § 4 TVG Ausschlussfristen = NZA 1995, 742.
[171] BAG 27.11.1991 AP Nr. 22 zu § 4 TVG Nachwirkung = NZA 1992, 800.
[172] BAG 12.12.2000 AP Nr. 154 zu § 4 TVG Ausschlussfristen = NZA 2001, 1082.
[173] BGH 16.4.2013 AP Nr. 203 zu § 4 TVG Ausschlussfristen = NZA 2013, 850.
[174] BAG 12.2.2001 AP Nr. 113 zu § 4 TVG Ausschlussfristen = NZA 2001, 1082.
[175] NK-TVG/*Zwanziger* § 4 Rn. 1138.

lung zwar demnächst, aber erst nach Ablauf der Ausschlussfrist erfolgt, hat das BAG im Anschluss an eine Entscheidung des BGH[176] für die Geltendmachung von Ansprüchen iSd § 15 I 1, 2 AGG iVm § 15 IV AGG bejaht.[177] Die Vorschrift findet aber auf die Wahrung einer tariflichen Ausschlussfrist keine Anwendung.[178] Allerdings scheidet in solchen Fallgestaltungen eine Wiedereinsetzung aus, weil es sich nicht um die Wahrung einer Notfrist handelt.[179]

31 **c) Hemmung.** Tarifvertragliche Verfallklauseln sehen bei bestimmten Umständen ausdrücklich eine **Hemmung der Ausschlussfristen** vor (zB bei Arbeitsunfähigkeit oder Entsendung).[180] Ist dies nicht der Fall, kann aber eine entsprechende Anwendung der §§ 203 ff. BGB, etwa bei vorgerichtlichen Vergleichsverhandlungen, in Betracht kommen.[181] Auch im Fall höherer Gewalt iSd § 206 BGB hat das BAG eine analoge Anwendung befürwortet.[182]

32 **d) Kenntnis.** Tarifliche Ausschlussfristen laufen **ohne Rücksicht auf die Kenntnis** der Arbeitsvertragsparteien von der Verfallklausel.[183] Es ist ihnen zuzumuten, sich über den Tarifvertrag, dem sie unterfallen, zu unterrichten. Die Wirkungen einer tariflichen Ausschlussfrist treten grundsätzlich auch dann ein, wenn ein AN erst später infolge einer gerichtlichen Entscheidung Kenntnis von dem Bestand seines Anspruches erlangt hat.[184] Hat der AG einen vertretbaren Rechtsstandpunkt eingenommen, darf er sich ohne einen Verstoß gegen Treu und Glauben (→ Rn. 44 ff.) auf die Ausschlussfrist berufen.[185] Rechtsanwälte müssen tarifliche Ausschlussfristen kennen; die Unkenntnis ist wie jeder Rechtsirrtum zu vertreten.[186] Der Beginn der Ausschlussfrist ist nicht von einem gesonderten **Nachweis** der Ausschlussfristen nach dem Nachweisgesetz abhängig.[187] Dem AN kann allerdings ein Schadensersatzanspruch nach § 280 I 1 BGB zustehen, wenn sich der AG mit der Aushändigung des Nachweises in Verzug befindet.[188] Unterlässt es der AG entgegen § 8 TVG, den Tarifvertrag im **Betrieb auszulegen,** so läuft nach der Rechtsprechung die Ausschlussfrist gleichwohl.[189] Das vernachlässigt den Schutzzweck der gesetzlichen Regelung für den tarifunterworfenen AN,[190] jedenfalls ist ein Schadensersatzanspruch zu prüfen.[191] Etwas anderes kann aber dann gelten, wenn nach dem Wortlaut des Tarifvertrags der Beginn der Ausschlussfrist von dem Aushang des Tarifvertrags im Betrieb abhängig gemacht worden ist.[192]

33 **4. Geltendmachung des Anspruchs. a) Begriff.** Die Geltendmachung im Sinne einer tariflichen Ausschlussfrist ist keine Willenserklärung, sondern eine **rechtsgeschäftsähnliche Handlung.**[193] Die Regelungen über Willenserklärungen, namentlich die §§ 133, 157 BGB über die Auslegung finden nur entsprechende, aber keine unmittelbare Anwendung. Das ist bei der Anwendung im Einzelfall, namentlich bei den Formvorschriften (→ Rn. 39 f.), zu beachten.

34 **b) Inhalt.** Entsprechend dem Zweck der tariflichen Ausschlussfristen (→ Rn. 9) ist es erforderlich, aber auch ausreichend, die andere Seite zur Erfüllung des Anspruchs aufzufordern. Dies

---

[176] BGH 17.7.2008 NJW 2009, 765; dazu ausf. *Gehlhaar* NZA-RR 2011, 169 ff.; sowie *Nägele/Gertler* NZA 2010, 1377.

[177] BAG 22.5.2014 AP Nr. 19 zu § 15 AGG mAnm *Kolbe* = NZA 2014, 924 = NZA-RR 2014, 667 mzustAnm *Glatzel*; s. auch *Bauer* NJW 2014, 2896; krit. *Boemke* jurisPR-ArbR 40/2014, Anm. 2.

[178] BAG 16.3.2016 AP Nr. 208 zu § 4 TVG Ausschlussfristen = NZA 2016, 1154.

[179] ErfK/*Preis* BGB §§ 194–218 Rn. 65.

[180] Vgl. die Beispiele bei *Weyand,* Tarifvertragliche Ausschlussfristen, 2008, Rn. 397, 468, 520, 562.

[181] BAG 20.6.2018 AP Nr. 3 zu § 203 BGB = NZA 2018, 1402; NK-TVG/*Zwanziger* § 4 Rn. 1049; aA *Krause* RdA 2004, 106 (110); *Löwisch/Rieble* TVG § 1 Rn. 2009; ErfK/*Preis* BGB §§ 194–218 Rn. 60.

[182] BAG 8.3.1976 AP Nr. 4 zu § 496 ZPO; vgl. auch 16.8.1983 AP Nr. 131 zu § 1 TVG Auslegung.

[183] BAG 18.8.2011 ZTR 2012, 31.

[184] BAG 21.2.2012 AP Nr. 94 zu § 7 BUrlG Abgeltung = NZA 2012, 750 (richtlinienkonforme Rechtsfortbildung); 19.5.2011 ZTR 2011, 612 (verfassungskonforme Auslegung einer Regelung).

[185] BAG 13.12.2007 AP Nr. 53 zu § 242 BGB Unzulässige Rechtsausübung – Verwirkung = NZA 2008, 478.

[186] VerfGH Bln 24.1.2003 NJW 2003, 1517 = NZA 2003, 509.

[187] BAG 21.2.2012 AP Nr. 94 zu § 7 BUrlG Abgeltung = NZA 2012, 750 mwN.

[188] BAG 21.2.2012 AP Nr. 94 zu § 7 BUrlG Abgeltung = NZA 2012, 750; 5.11.2003 AP Nr. 7 zu § 2 NachwG = NZA 2005, 64.

[189] BAG 23.1.2002 AP Nr. 5 zu § 2 NachwG = NZA 2002, 800.

[190] *Bepler* ZTR 2001, 241 (247 f.); *Krause* RdA 2004, 106 (119); KeZa/*Zeibig/Zachert* TVG § 8 Rn. 1; aA *Löwisch/Rieble* TVG § 8 Rn. 54 unter Hinweis auf die Pflichten nach dem NachwG.

[191] *Bepler* FS Düwell, 2011, 307 (316).

[192] BAG 11.11.1998 AP Nr. 8 zu § 1 TVG Bezugnahme auf Tarifvertrag = NZA 1999, 605.

[193] BAG 7.7.2010 AP Nr. 140 zu Art. 9 GG mAnm *B. Schmidt* = NZA 2010, 1068; 11.10.2000 AP Nr. 153 zu § 4 TVG Ausschlussfristen = NZA 2001, 231.

braucht zwar nicht wörtlich, muss jedoch hinreichend klar geschehen; allein eine Bitte um Prüfung der derzeitigen Eingruppierung kann dann unzureichend sein.[194] Der Anspruchsinhaber muss zum Ausdruck bringen, dass er Gläubiger einer bestimmten Forderung ist und auf deren Erfüllung besteht.[195] Hierzu gehört regelmäßig die **hinreichende Spezifizierung** nach Grund und Höhe,[196] es sei denn, dem Schuldner ist die Höhe bekannt oder ohne weiteres errechenbar.[197] Anzugeben ist auch der maßgebende Zeitraum, für den der Anspruch erhoben wird. Der Anspruch muss dem Grunde nach individualisiert werden, damit der Anspruchsgegner erkennen kann, welche Forderungen erhoben werden.[198] Allerdings kann sich aus der tatsächlichen Handhabung ergeben, mit dem geltend gemachten Anspruch solle ein inhaltlich verbundener Anspruch zugleich erhoben werden.[199] Unwesentliche Ergänzungen nach Ablauf der Frist sind unschädlich.[200] Eine rechtliche Begründung braucht ebenso wenig gegeben zu werden[201] wie der einschlägige Tarifbegriff verwendet werden muss.[202] Ein Anspruch auf Vergütung nach einer höheren Entgeltgruppe wahrt die Ausschlussfrist für diejenigen niedrigeren Entgeltgruppen, deren Tätigkeitsmerkmal denknotwendig in dem der höheren enthalten ist.[203]

Regelmäßig ist eine **Zahlungsaufforderung** zur Geltendmachung notwendig.[204] Dabei dür- 35
fen aber keine überspannten Anforderungen an den Inhalt gestellt werden,[205] um den „höflich nachfragenden Gläubiger" nicht zu benachteiligen. Verlangt eine tarifliche Ausschlussfrist zur Vermeidung des Verfalls die mündliche Geltendmachung, so liegt eine hinreichende Zahlungsaufforderung vor, wenn der AN beim Empfang der Lohnabrechnung bemängelt, ein bestimmter Entgeltbestandteil fehle.[206] Ausreichend ist es, wenn eine Eingruppierung in einer höheren Entgeltstufe gefordert wird.[207] Keine Geltendmachung ist jedoch der Hinweis des Gläubigers, er behalte sich die Verfolgung von Ansprüchen vor,[208] wenn er den Schuldner auffordert, einen Einbehalt schriftlich zu begründen oder die begehrte Zahlung zu überdenken.[209]

Die **Angabe der ungefähren Höhe** ist erforderlich, damit sich der Anspruchsgegner schlüs- 36
sig werden kann, wie er sich verhalten will. Unzureichend ist, wenn dem Schuldner ein Betrag genannt wird, der erheblich hinter dem Betrag zurückbleibt, den der Gläubiger von ihm verlangen will.[210] Eine Angabe zur Höhe der Forderung ist dann nicht erforderlich, wenn dem Schuldner diese bekannt oder ohne weiteres berechenbar ist[211] oder bei umfangreichen strafbaren Handlungen gegen den AG aber hätte bekannt sein müssen.[212] Als Nebenforderung mit dem Hauptanspruch eingeklagte Verzugs- und Prozesszinsen bedürfen keiner besonderen Geltendmachung.[213] Ansprüche auf Entgeltfortzahlung sind nach zwischenzeitlicher Gesundung erneut geltend zu machen.[214]

Ist für die Geltendmachung einer Forderung eine besondere Form nicht vorgeschrieben, so 37
ist die **Erhebung der Kündigungsschutzklage** zur fristgerechten außergerichtlichen Geltendmachung auch von Zahlungsansprüchen ausreichend, die vom Ausgang des Kündigungsschutz-

[194] BAG 28.2.2018 AP Nr. 47 zu §§ 22, 23 BAT.
[195] BAG 18.2.2016 AP Nr. 8 zu § 6 TVUmBw = NZA-RR 2016, 709; 16.1.2013 AP Nr. 5 zu § 4 TVG Ausschlussfristen = NZA 2013, 795; 5.4.1995 AP Nr. 130 zu § 4 TVG Ausschlussfristen = NZA 1995, 1068.
[196] BAG 26.5.1981 AP Nr. 71 zu § 4 TVG Ausschlussfristen.
[197] BAG 18.2.2016 AP Nr. 9 zu § 6 TVUmBw = NZA 2016, 709; 16.4.2013 AP Nr. 203 zu § 4 TVG Ausschlussfristen = NZA 2013, 850.
[198] BAG 20.2.2001 AP Nr. 11 zu § 1 TVG Tarifverträge: Gaststätten = NZA 2002, 567.
[199] BAG 18.8.2011 ZTR 2012, 31 (Kindergeld sowie Sozialzuschlag).
[200] BAG 9.7.2008 AP Nr. 21 zu § 1 TVG Tarifverträge: Gebäudereinigung (Ergänzung „Brutto"beträge).
[201] BAG 17.5.2001 AP Nr. 2 zu § 70 BAT-O = NZA 2002, 910.
[202] BAG 7.7.2010 AP Nr. 140 zu Art. 9 GG mAnm *B. Schmidt* = NZA 2010, 1068.
[203] BAG 9.4.2008 AP Nr. 43 zu § 1 TVG = NZA-RR 2009, 79; 6.6.2007 AP Nr. 308 zu §§ 22, 23 BAT 1975 = NZA-RR 2008, 189.
[204] BAG 5.4.1995 AP Nr. 130 zu § 4 TVG Ausschlussfrist = NZA 1995, 1068.
[205] S. BAG 21.1.2015 AP Nr. 30 zu § 3 TVG Verbandszugehörigkeit = NZA 2015, 1521.
[206] BAG 20.2.2001 AP Nr. 11 zu § 1 TVG Tarifverträge: Gaststätten = NZA 2002, 567; iE ebenso BAG 18.10.2018 AP Nr. 2 zu § 29a TVÜ = NZA-RR 2019, 205.
[207] BAG 23.9.2009 AP Nr. 40 zu §§ 22, 23 BAT = NZA-RR 2010, 494.
[208] BAG 20.2.2001 AP Nr. 11 zu § 1 TVG Tarifverträge: Gaststätten = NZA 2002, 567; 10.12.1997 AP Nr. 130 zu § 4 TVG Ausschlussfristen.
[209] BAG 5.4.1995 AP Nr. 130 zu § 4 TVG Ausschlussfristen = NZA 1995, 1068.
[210] BAG 8.2.1972 AP Nr. 49 zu § 4 TVG Ausschlussfristen.
[211] BAG 16.1.2013 AP Nr. 202 zu § 4 TVG Ausschlussfristen = NZA 2013, 975.
[212] BAG 5.3.1981 AP Nr. 9 zu § 70 BAT.
[213] BAG 26.5.1976 AP Nr. 93 zu §§ 22, 23 BAT.
[214] BAG 26.10.1994 AP Nr. 22 zu § 70 BAT = NZA 1995, 858.

verfahrens abhängen.[215] Dadurch wird aber nicht die Verjährung unterbrochen, weil die Klage einen anderen Streitgegenstand hat.[216] Die Kündigungsschutzklage wahrt aber die Frist nur solche Zahlungsansprüche, die mit ihr im Zusammenhang stehen, also nicht etwa einen Anspruch auf Höhergruppierung.[217] Ist durch die Klage die Ausschlussfrist einmal gewahrt, so bedarf es für die nach Rechtskraft des Urteils fällig werdenden Ansprüche nur dann einer erneuten Geltendmachung, wenn dies im Tarifvertrag so vorgesehen ist.[218] Die Geltendmachung wirkt auch zugunsten der Bundesagentur für Arbeit im Falle eines gesetzlichen Forderungsübergangs.[219] Demgegenüber ist in einer Kündigungsschutzklage nicht zugleich die Geltendmachung von **Urlaubs- oder Urlaubsabgeltungsansprüchen** zu sehen, weil gleichfalls im ungekündigten Arbeitsverhältnis die Festlegung des Urlaubs verlangt werden muss.[220] Ein Klageabweisungsantrag im Kündigungsschutzverfahren umfasst nicht die Geltendmachung von Ansprüchen aus ungerechtfertigter Bereicherung, wenn über das Ende des Arbeitsverhältnisses Entgelt weitergezahlt wurde.[221]

38 Sieht eine Ausschlussfrist vor, dass für **denselben Sachverhalt** die einmalige Geltendmachung ausreicht – etwa bei einer Höhergruppierung –, so erfasst sie auch später fällig werdende Ansprüche. Das ist der Fall, wenn bei unveränderter rechtlicher oder tatsächlicher Lage Ansprüche aus einem bestimmten Tatbestand herzuleiten sind.[222] Bedarf es aber der Ermittlung neuer Tatsachen, etwa der jeweils erbrachten Arbeitsleistung[223] oder ob ein Anspruch auf Kindergeld im jeweiligen Kalendermonat besteht, ist eine neue Geltendmachung notwendig.[224] Macht der AG die Rückzahlung überzahlter Bezüge unter Hinweis auf eine fehlerhafte Eingruppierung geltend, so wird hierdurch nicht die tarifliche Ausschlussfrist für Rückzahlungsansprüche aus künftigen Überzahlungen gewahrt.[225]

39 **c) Form.** Verlangt der Tarifvertrag für die Geltendmachung die **Einhaltung bestimmter Formen,**[226] so sind diese zur Meidung ihrer Unwirksamkeit zu wahren. Fordert ein Tarifvertrag die **schriftliche Geltendmachung,** so ist der Zugang des unterzeichneten Schreibens erforderlich, eine mündliche Geltendmachung reicht nicht aus.[227] Dabei genügt es, wenn die Geltendmachung einer Person ausgehändigt wird, die nach der Verkehrsauffassung als ermächtigt anzusehen ist, den AG in der Empfangnahme zu vertreten.[228] Die Erhebung einer Klage wahrt die Schriftform der Geltendmachung, wenn die Klage innerhalb der Ausschlussfrist zugestellt wird,[229] auch wenn zunächst schriftliche Geltendmachung und spätere Klageerhebung tariflich normiert sind. Dies gilt jedoch dann nicht, wenn die Klage unzulässig ist[230] oder später zurückgenommen wird.[231] Entsprechendes gilt für die Anmeldung zur Insolvenztabelle.[232] Eine Strafanzeige ersetzt nicht die schriftliche Geltendmachung.[233]

40 Zur Wahrung der Schriftform ist die Übersendung per **Fax** ausreichend.[234] Da es nach der bisherigen Rechtsprechung keinen Erfahrungssatz geben soll, dass Faxsendungen dem Empfänger vollständig und richtig zugehen, wird dem „O.K.-Vermerk" auf einem Sendebericht nicht der Wert eines Anscheinsbeweises eingeräumt.[235] Dem Formerfordernis genügt die Geltendmachung durch eine **E-Mail,** die den Namen und die Adresse des Ausstellers enthält sowie den

[215] BAG 11.2.2009 AP Nr. 192 zu § 4 TVG Ausschlussfristen = NZA 2009, 687; 19.3.2008 AP Nr. 11 zu § 305 BGB = NZA 2008, 757.
[216] BAG 1.2.1960 AP Nr. 1 zu § 209 BGB.
[217] BAG 14.12.2005 AP Nr. 281 zu § 1 TVG Tarifverträge: Bau = NZA 2006, 998.
[218] BAG 9.8.1990 AP Nr. 46 zu § 615 BGB = NZA 1991, 226.
[219] BAG 23.9.2009 AP Nr. 15 zu § 115 SGB X = NZA 2010, 781.
[220] BAG 21.9.1999 AP Nr. 77 zu § 7 BUrlG.
[221] BAG 19.1.1999 AP Nr. 1 zu § 70 BAT-O = NZA 1999, 1040.
[222] BAG 16.1.2013 AP Nr. 202 zu § 4 TVG Ausschlussfristen = NZA 2013, 975.
[223] BAG 15.7.2009 AP Nr. 10 zu § 6 ArbZG.
[224] BAG 22.1.2009 AP Nr. 39 zu § 70 BAT.
[225] BAG 17.5.2001 AP Nr. 2 zu § 70 BAT-O = NZA 2002, 910.
[226] Zu einer formlosen Geltendmachung BAG 10.12.2013 ZTR 2014, 238.
[227] BAG 22.1.2019 AP Nr. 109 zu § 7 BurlG = NZA 2019, 985.
[228] BAG 9.4.2008 AP Nr. 43 zu § 1 TVG = NZA-RR 2009, 79.
[229] BAG 2.4.1976 AP Nr. 9 zu § 102 BetrVG 1972 = NJW 1976, 1519.
[230] BAG 29.6.1989 AP Nr. 103 zu § 4 TVG Ausschlussfristen = NZA 1989, 897.
[231] BAG 11.7.1990 AP Nr. 108 zu § 4 TVG Ausschlussfristen = NZA 1991, 70; vgl. aber 7.11.1991 AP Nr. 114 zu § 4 TVG Ausschlussfristen = NZA 1992, 521.
[232] BAG 15.2.2005 AP Nr. 4 zu § 108 InsO = NZA 2005, 1124.
[233] BAG 10.1.1974 AP Nr. 54 zu § 4 TVG Ausschlussfristen.
[234] BAG 11.10.2000 AP Nr. 153 zu § 4 TVG Ausschlussfristen = NZA 2001, 231.
[235] BAG 14.8.2002 AP Nr. 166 zu § 4 TVG Ausschlussfristen = NZA 2003, 158.

Abschluss der Erklärung eindeutig, etwa durch eine Grußformel und die Wiederholung des Namens, kenntlich macht. Das wahrt die maßgebende Textform iSd § 126b BGB.[236] Die Geltendmachung hat vom Gläubiger oder seinem Bevollmächtigten **gegenüber dem Schuldner** zu erfolgen. Eine Aufforderung durch den BR ist in einer älteren Entscheidung des BAG als ausreichend angesehen worden.[237] Eine Vollmachtsurkunde muss der Vertretene oder der Vertreter nicht vorlegen.[238]

d) Zeitpunkt. Die Geltendmachung eines Anspruchs setzt grundsätzlich dessen Entstehung voraus. Die rechtsbegründenden Voraussetzungen müssen bei Geltendmachung bereits vorliegen, nicht aber die Fälligkeit.[239] Denn vor **Entstehung des Anspruchs** ist ungewiss, ob und in welchem Umfang der Schuldner überhaupt zur Zahlung verpflichtet ist. Der Zweck der Ausschlussfristen (→ Rn. 9 ff.) kann dann nicht erfüllt werden.[240] Beruht ein Anspruch auf einem ständig **gleichen Grundtatbestand,** ist die einmalige ordnungsgemäße Geltendmachung ausreichend.[241] Das kann im Tarifvertrag ausdrücklich geregelt sein (etwa § 37 I TVöD[242]), sich aber auch durch die Auslegung der Ausschlussklausel ergeben, namentlich wenn nur ein bestimmtes (Berechnungs-)Element für die gleichen Ansprüche oder eine Berechnungsmethode im Streit steht.[243] 41

e) Verfahren bei zweistufigen Ausschlussfristen. Bei sog. zweistufigen Ausschlussfristen (etwa § 14 BRTV Bau, → Rn. 8) wird vom Gläubiger neben der **außergerichtlichen Geltendmachung (1. Stufe),** die auch in der Erhebung einer Klage auf vertragsgemäße Beschäftigung,[244] einer Bestandschutzklage oder eines Weiterbeschäftigungsverlangens nach § 78a II 1 BetrVG[245] als gewahrt angesehen werden kann,[246] im Falle der Ablehnung des Anspruchs[247] oder des Ablaufs einer weiteren Frist,[248] innerhalb der sich Schuldner nicht äußert, die **gerichtliche Verfolgung des Anspruchs** verlangt **(2. Stufe),** um dessen Verfall zu verhindern. Die Ablehnung des Anspruchs ist eine rechtsgeschäftsähnliche Handlung.[249] Der schriftsätzlich angekündigte **Antrag auf Klageabweisung in einem Kündigungsschutzprozess** stellt nach der Rechtsprechung des BAG für tarifvertragliche Ausschlussfristen eine Ablehnung der mit dem Kündigungsschutz geltend gemachten Annahmeverzugsansprüche (→ Rn. 39) dar, die einem eventuellen Schriftformerfordernis bei der Ablehnungserklärung genügt.[250] Gleiches gilt für einen Auflösungsantrag nach § 78a IV 1 Nr. 2 BetrVG.[251] Der AN wahrt neben der ersten Stufe bereits mit der **Erhebung einer Bestandsschutzklage** die zweite Stufe für alle Ansprüche, die vom Ausgang des Rechtsstreits abhängen, ohne dass es einer bezifferten Geltendmachung bedarf.[252] Damit ist der AN abweichend von der früheren Rechtsprechung nicht mehr gehalten, 42

[236] BAG 7.7.2010 AP Nr. 140 zu Art. 9 GG mAnm *B. Schmidt* = NZA 2010, 1068.
[237] BAG 7.12.1962 AP Nr. 23 zu § 1 HausarbeitstagsG NRW; offengelassen in BAG 5.4.1995 AP Nr. 130 zu § 4 TVG Ausschlussfristen = NZA 1995, 1068.
[238] BAG 14.8.2002 AP Nr. 16 zu § 174 BGB = NZA 2002, 1344.
[239] BAG 19.9.2012 AP Nr. 200 zu § 4 TVG Ausschlussfristen = NZA 2013, 101; 18.9.2012 AP Nr. 96 zu § 7 BUrlG Abgeltung = NZA 2013, 216 (Urlaubsabgeltungsanspruch); 22.1.2009 AP Nr. 39 zu § 70 BAT.
[240] BAG 16.6.2010 AP Nr. 73 zu § 1 TVG Bezugnahme auf Tarifvertrag = NZA 2010, 401; 22.1.2009 AP Nr. 39 zu § 70 BAT.
[241] BAG 19.3.2014 NZA 2014, 787 (Anspruch auf Zeitgutschrift bzw. Vergütung); 3.7.2013 ZTR 2014, 237.
[242] Zum Verhältnis zur Ausschlussfrist des § 26 TVÜ-Bund BAG 18.9.2019 AP Nr. 211 zu § 4 TVG Ausschlussfristen.
[243] BAG 3.7.2013 ZTR 2014, 237; 16.1.2013 AP Nr. 5 zu § 4 TVG Ausschlussfristen = NZA 2013, 795.
[244] BAG 18.9.2019 AP Nr. 157 zu § 615 BGB = NZA 2020, 174.
[245] BAG 24.8.2016 AP Nr. 149 zu § 615 BGB = NZA-RR 2017, 76; 19.8.2015 AP Nr. 141 zu § 615 BGB = NZA 2015, 1465.
[246] BAG 19.9.2012 NZA 2013, 156; 19.9.2012 AP Nr. 200 zu § 4 TVG Ausschlussfristen = NZA 2013, 101; für eine Befristungskontrollklage BAG 4.11.2015 AP Nr. 8 zu § 15 TzBfG = NZA 2016, 634.
[247] Vgl. BAG 8.9.2010 ZBVR online 1/2011, 13.
[248] Vgl. BAG 7.12.1983 AP Nr. 84 zu § 4 TVG Ausschlussfristen.
[249] BAG 26.4.2006 AP Nr. 188 zu § 4 TVG Ausschlussfristen = NZA 2006, 845; 14.8.2002 AP Nr. 16 zu § 174 BGB = NZA 2002, 1344.
[250] BAG 17.11.2009 AP Nr. 194 zu § 4 TVG Ausschlussfristen; 26.4.2006 AP Nr. 188 zu § 4 TVG Ausschlussfristen = NZA 2006, 845.
[251] BAG 24.8.2016 AP Nr. 149 zu § 615 BGB = NZA-RR 2017, 76.
[252] BAG 2.10.2018 AP Nr. 156 zu § 615 BGB = NZA 2018, 1544; 24.9.2014 AP Nr. 206 zu § 4 TVG Ausschlussfristen = NZA 2015, 35; 19.9.2012 AP Nr. 201 zu § 4 TVG Ausschlussfristen = NZA 2013, 330; dazu *von Medem* NZA 2013, 345 ff.

Entgeltansprüche klageweise mit dem entsprechenden Prozesskostenrisiko geltend zu machen, um die zweite Stufe der Ausschlussfrist zu wahren.[253] Das Ergebnis folgt in verfassungskonformer Auslegung des Begriffs der „gerichtlichen Geltendmachung" wie er in Ausschlussfristen verwendet wird. Das BVerfG hatte einen Verstoß gegen das **Grundrecht auf einen effektiven Rechtsschutz** angenommen, wenn die Obliegenheit zur Klageerhebung vor rechtskräftigem Abschluss eines Bestandsrechtsstreits angenommen wird[254] Bereits zuvor wurde bei vertraglich vereinbarten Ausschlussfristen in Allgemeinen Geschäftsbedingungen die Erhebung einer Kündigungsschutzklage für die gerichtliche Geltendmachung (2. Stufe) als ausreichend angesehen.[255] Auch hatte der 1. Senat des BAG eine zweistufige Ausschlussfrist in einer Betriebsvereinbarung, die von den AN verlangt, dass sie Annahmeverzugsansprüche, die vom Ausgang eines Kündigungsschutzprozesses abhängen, bereits während des Kündigungsschutzprozesses einklagen, als die die AN unverhältnismäßig belastend und deshalb unwirksam angesehen.[256] Hier biete es sich an, die Grundsätze der zur Geltendmachung bei vertraglich vereinbarten Ausschlussfristen zu übernehmen.

43 Die zweite Stufe der Ausschlussfrist beginnt uU auch dann nicht zu laufen, wenn Voraussetzung für ihren Beginn die **ausdrückliche Ablehnung** der Ansprüche ist.[257] Erklärt der AG, die vom AN geltend gemachten Ansprüche auf ihre Berechtigung überprüfen zu wollen, so liegt darin weder ein Schweigen noch eine Ablehnung, weshalb der AN nicht gehalten ist, zur Wahrung einer zweistufigen tariflichen Ausschlussfrist Klage zu erheben.[258] Der Schuldner kann durch eine vorweggenommene Ablehnung vor der außergerichtlichen Geltendmachung die zweite Stufe nicht in Gang setzen.[259] Die Frist zur zweiten Stufe nach der Ablehnung durch den Schuldner beginnt aber **nicht vor Eintritt der Fälligkeit** des Anspruchs zu laufen.[260] Der Gläubiger ist nicht gehalten, vor Einreichung einer Klage die Ablehnung abzuwarten.[261] Soll die Ausschlussfrist erst mit dem rechtskräftigen Abschluss des Kündigungsschutzprozesses beginnen, kann der AN solche Ansprüche nicht vor diesem Zeitpunkt fristwahrend geltend machen.[262] Eine solche Regelung erfasst aber nicht den Fall, dass eine Eigenkündigung des AN behauptet und hierüber ein Rechtsstreit geführt wird.[263] Ist nach Ablehnung eines Anspruchs die gerichtliche Geltendmachung vorgeschrieben, setzt das eine Klage voraus, deren Streitgegenstand diese Ansprüche sind. Regelmäßig ist die **Erhebung einer Zahlungsklage** notwendig.[264] Die Frist wird nicht durch eine Klage auf Rechnungslegung oder eine Kündigungsschutzklage gewahrt,[265] wohl aber mit einer Stufenklage,[266] einer Streitverkündung[267] oder einer Feststellungsklage, die den Streitstoff klären kann.[268] Die fristwahrende Wirkung einer Klage entfällt, wenn sie zurückgenommen wird.[269]

44 **5. Einwand der unzulässigen Rechtsausübung.** Der Gläubiger kann dem Ablauf der Ausschlussfrist mit dem **Einwand des Rechtsmissbrauchs** begegnen. Auch das Recht der Ausschlussfristen steht unter dem Gebot von Treu und Glauben nach § 242 BGB (→ § 72 Rn. 26). In diesem Fall tritt trotz Ablaufs der Ausschlussfrist kein Verfall des Anspruchs ein. Die Voraussetzungen hierfür können nur für den jeweiligen Einzelfall aufgrund der besonderen Umstände

---

[253] Kritik zu diesem Erfordernis schon bei *Gamillscheg,* Kollektives Arbeitsrecht, 830 ff.; s. auch KeZa/*Brecht-Heitzmann* TVG § 4 Rn. 694; ErfK/*Preis* BGB §§ 194–218 Rn. 64; NK-TVG/*Zwanziger* § 4 Rn. 1130.
[254] BVerfG 1.12.2010 AP Nr. 196 zu § 4 TVG Ausschlussfristen mAnm *Husemann* = NZA 2011, 354; krit. zur Begründung *Nägele/Gertler* NZA 2011, 442 ff.; weiterhin *Brecht-Heitzmann* DB 2011, 1523 ff.
[255] BAG 19.5.2010 AP Nr. 13 zu § 310 BGB = NZA 2010, 939; 19.3.2008 AP Nr. 11 zu § 305 BGB mAnm *Stein* = NZA 2008, 757.
[256] BAG 12.12.2006 AP Nr. 94 zu § 77 BetrVG 1972 = NZA 2007, 453.
[257] BAG 16.3.1995 AP Nr. 129 zu § 4 TVG Ausschlussfristen = NZA 1995, 1213.
[258] BAG 20.11.2018 AP Nr. 34 zu § 1 TVG Tarifverträge: Bewachungsgewerbe; 8.5.2018 AP Nr. 32 zu § 1 TVG Tarifverträge: Bewachungsgewerbe = NZA-RR 2018, 477.
[259] BAG 7.12.1983 AP Nr. 84 zu § 4 TVG Ausschlussfristen.
[260] BAG 22.1.2008 AP Nr. 191 zu § 4 TVG Ausschlussfristen = NZA-RR 2008, 525; 27.3.1996 AP Nr. 134 zu § 4 TVG Ausschlussfristen = NZA 1996, 986.
[261] BAG 9.7.2008 AP Nr. 21 zu § 1 TVG Tarifverträge: Gebäudereinigung.
[262] BAG 22.10.1980 AP Nr. 69 zu § 4 TVG Ausschlussfristen.
[263] BAG 8.8.2000 AP Nr. 151 zu § 4 TVG Ausschlussfristen = NZA 2000, 1236.
[264] BAG 1.3.1979 AP Nr. 66 zu § 4 TVG Ausschlussfristen.
[265] BAG 17.11.2009 AP Nr. 194 zu § 4 TVG Ausschlussfristen.
[266] BAG 3.8.2016 AP Nr. 306 zu § 611 BGB Gratifikation = NZA 2016, 1334.
[267] BAG 16.1.2003 AP Nr. 38 zu § 322 ZPO.
[268] BAG 21.2.2001 AP Nr. 20 zu § 4 TVG = NZA 2001, 1318; 29.6.1989 AP Nr. 103 zu § 4 TVG Ausschlussfristen = NZA 1989, 1127.
[269] BAG 16.1.2003 AP Nr. 38 zu § 322 ZPO.

bestimmt werden. Davon abzugrenzen sind Fallgestaltungen, in denen die Ausschlussfristen schon vom Grundsatz her nicht zur Anwendung kommen (→ Rn. 22). Der Einwand des Rechtsmissbrauchs betrifft sowohl die „Berufung" (→ Rn. 47) auf Ausschlussfristen durch den AG als auch – insbesondere bei Rückforderungsansprüchen – durch den AN.

Der Einwand des Rechtsmissbrauchs ist insbesondere dann gegeben, wenn die eine Vertragspartei **berechtigterweise darauf vertrauen** durfte, die andere werde die Forderung noch erfüllen und deshalb von einer Geltendmachung abgesehen wurde. Dann setzt sich diese zu ihrem eigenen Verhalten in Widerspruch, wenn sie den Verfall der Ansprüche geltend macht.[270] Das ist etwa der Fall, wenn der AG zum Ausdruck bringt, eine Zahlung werde erst später erfolgen,[271] aber auch, wenn der Betriebserwerber seiner Unterrichtungspflicht nicht nachkommt, einen Betriebsübergang bestreitet sowie ein Zusammenhang zwischen der fehlenden Unterrichtung und der Versäumung der Ausschlussfrist besteht, ist ihm die Einwendung des Verfalls verwehrt.[272] 45

Der Einwand des Rechtsmissbrauchs ist aber nicht schon dann gegeben, wenn der AN seine Ansprüche nur mündlich geltend und der AG ihn auf die vorgeschriebene schriftliche Geltendmachung nicht aufmerksam gemacht[273] und soll auch dann nicht eingreifen, wenn er eine fehlerhafte Auskunft gegeben hat.[274] Eine unzulässige Rechtsausübung liegt nicht vor, wenn der AN der unrichtigen Auskunft einer hierfür nicht zuständigen Stelle vertraut hat.[275] Das Verhalten muss **für den Verfall ursächlich** gewesen sein.[276] Der Einwand steht dem Gläubiger daher nur solange zu, wie er von der Einhaltung der Ausschlussfrist abgehalten wurde. Die Rechtsprechung des BAG sieht den Einwand des Rechtsmissbrauchs auch im Falle einer **erheblichen Überzahlung** durch den AG als gegeben an, wenn der AN ohne weiteres erkennen konnte, dass er auf die Vergütung in diesem Umfang keinen Anspruch hatte. Hierin liege ein pflichtwidriges Unterlassen des AN in der nicht angezeigten Überzahlung.[277] In solchen Fällen muss innerhalb angemessener Frist ab Kenntnis die Forderung geltend gemacht werden.[278] 46

6. Ausschlussfristen im Prozess. Bei Rechtsstreitigkeiten ist für den **schlüssigen Vortrag** eines Anspruchs, der tariflichen Ausschlussfristen unterliegt, erforderlich, die Geltendmachung innerhalb der entsprechenden Fristen in der erforderlichen Form darzulegen.[279] Da es sich um eine rechtsvernichtende Einwendung handelt, sind die notwendigen Tatsachen für die Geltung der Ausschlussfrist vom Schuldner darzulegen. Ist die Anwendbarkeit einer tariflichen Ausschlussfrist unstreitig, etwa weil sich der Kläger auf einen tariflichen Anspruch stützt, hat er die fristgerechte Geltendmachung als materiell-rechtliche Voraussetzung des Anspruchs darzulegen.[280] Ihre Nichteinhaltung ist von den Gerichten **von Amts wegen zu beachten.**[281] Es ist nicht erforderlich, dass sich der Anspruchsgegner auf die fehlende oder nicht fristgerechte Geltendmachung „beruft". Die Rechtswirkung einer fristgerechten Geltendmachung kann auch nicht, anders als die zugrundeliegenden Tatsachen, unstreitig gestellt werde.[282] Sobald das Gericht aus dem Parteivortrag erkennt, dass ein Tarifvertrag angewandt werden muss, hat es den **Tarifvertrag** und mithin seine Ausschlussfristen von Amts wegen **gem. § 293 ZPO zu ermitteln.**[283] Dagegen ist das Gericht nicht gehalten, in jedem Fall Nachforschungen anzustellen, ob für das Arbeitsverhältnis überhaupt ein Tarifvertrag gilt oder anzuwenden ist.[284] 47

---

[270] BAG 18.8.2011 ZTR 2012, 31; 15.7.2009 AP Nr. 10 zu § 6 ArbZG.
[271] BAG 19.3.2009 AP Nr. 369 zu § 613a BGB = NZA 2009, 1091.
[272] BAG 22.8.2012 AP Nr. 435 zu § 613a BGB = NZA 2013, 376.
[273] BAG 30.3.1962 AP Nr. 28 zu § 4 TVG Ausschlussfristen.
[274] BAG 22.1.1997 AP Nr. 27 zu § 70 BAT = NZA 1997, 445.
[275] BAG 8.12.2011 AP Nr. 6 zu § 11 TVÜ = NZA-RR 2012, 808.
[276] BAG 20.2.2001 AP Nr. 11 zu § 1 TVG Tarifverträge: Gaststätten = NZA 2002, 567.
[277] BAG 23.5.2001 AP Nr. 25 zu § 812 BGB; 11.6.1980 AP Nr. 7 zu § 70 BAT.
[278] BAG 13.10.2010 AP Nr. 2 zu § 814 BGB = NZA 2011, 219; 10.3.2005 AP Nr. 38 zu § 70 BAT = NZA 2005, 812.
[279] BAG 22.1.2008 AP Nr. 191 zu § 4 TVG Ausschlussfristen = NZA-RR 2008, 525; 9.8.1995 AP Nr. 8 zu § 293 ZPO = NZA 1996, 994.
[280] BAG 27.6.2012 AP Nr. 223 zu § 1 TVG Tarifverträge: Metallindustrie; 20.4.2012 AP Nr. 58 zu § 7 BUrlG = NZA 2012, 982; 17.8.2011 AP Nr. 5 zu § 1a AEntG = NZA 2012, 563.
[281] BAG 27.6.2012 AP Nr. 223 zu § 1 TVG Tarifverträge: Metallindustrie; 25.1.2012 AP Nr. 62 zu § 1 TVG Tarifverträge: Arzt; 25.1.2006 AP Nr. 22 zu § 1 TVG Tarifverträge: Großhandel.
[282] BAG 23.9.2009 AP Nr. 40 zu §§ 22, 23 BAT = NZA-RR 2010, 494.
[283] BAG 9.8.1995 AP Nr. 8 zu § 293 ZPO = NZA 1996, 994; 29.3.1957 AP Nr. 4 zu § 4 TVG Tarifkonkurrenz.
[284] BAG 15.6.1993 AP Nr. 123 zu § 4 TVG Ausschlussfristen = NZA 1994, 274.

XXI. Buch. Betriebsverfassung

1. Abschnitt. Allgemeines

§ 210. Zweck der Betriebsverfassung

I. Normzweck

Der AN ist dem AG aufgrund des Arbeitsvertrags zur Dienstleistung verpflichtet. Da die auszuübenden Tätigkeiten im Arbeitsvertrag regelmäßig nur rahmenmäßig umschrieben werden, ist der AG aufgrund seines Direktionsrechts zur Zuweisung von einzelnen Arbeiten berechtigt (→ § 45 Rn. 13 ff.). Dabei erfolgt die Arbeitsleistung zumeist im Betrieb des AG, also in einer Ordnung, die dem AN vorgegeben ist und auf die er als Einzelner kaum oder keinen Einfluss nehmen kann, die aber andererseits notwendig ist, wenn arbeitstechnische Zwecke verfolgt werden sollen. Mit dem Betriebsverfassungsrecht soll die monokratische Struktur des Betriebs beseitigt werden. Die sich aus der Eingliederung in eine fremdbestimmte Organisation ergebende Abhängigkeit des AN soll durch die Schaffung von betrieblichen Arbeitnehmervertretungen ausgeglichen oder zumindest abgemildert werden. Sozialpolitisch bezweckt das Betriebsverfassungsrecht den Schutz des AN gegenüber den Maßnahmen des AG und allgemeinpolitisch eine Beteiligung der Belegschaft an seinen Entscheidungen. Der AG wird in seiner Stellung als Unternehmer nur insoweit eingeschränkt, wie dies der Sozialstaatsgedanke (Art. 20 I GG) des GG erfordert. Die Rechte der Belegschaft auf unternehmerischem Gebiet sind daher regelmäßig auf Informations- und Anhörungsrechte begrenzt; stärkere Beteiligungsrechte bestehen nur, wenn davon der einzelne AN individuell betroffen wird oder die sozialen Belange der Belegschaft im Vordergrund stehen (→ § 230 Rn. 1). 1

II. Betriebs- und Unternehmensverfassung

1. Unternehmen. Begrifflich sind Betrieb und Unternehmen zu unterscheiden. Als Unternehmen iSd Betriebsverfassung wird der Rechtsträger, dh die Gesellschaft, so wie sie im Rechtsverkehr auftritt, bezeichnet (zB KG, GmbH, AG; → § 17 Rn. 6). Hingegen ist für den Betriebsbegriff die einzelne organisatorische Einheit maßgeblich (→ § 211 Rn. 1). Ein Unternehmen kann aus mehreren Betrieben bestehen, umgekehrt können zwei Unternehmen einen Gemeinschaftsbetrieb bilden (→ § 211 Rn. 6; zu Matrix-Strukturen → § 187 Rn. 1). Das BetrVG gilt auch für das Unternehmen, so knüpfen insbesondere die Vorschriften über die wirtschaftliche Mitbestimmung an das Unternehmen an (→ §§ 243 f. Rn. 1 ff.). 2

2. Unternehmensmitbestimmung. Die Betriebsverfassung ist von der Mitbestimmung der Arbeitnehmervertreter in den Organen der Unternehmen zu unterscheiden (→ §§ 257 ff. Rn. 1 ff.). Zu dieser gehören die Bestimmungen über die wirtschaftliche Mitbestimmung der AN und die Beteiligung der AN in den Aufsichtsräten. Von der Unternehmensverfassung ist wiederum das Gesellschaftsrecht zu unterscheiden. Das Gesellschaftsrecht regelt die Fragen der Rechtspersönlichkeit des Unternehmens, der Rechtsbeziehungen der Gesellschafter zueinander, das Zusammenwirken der Gesellschaftsorgane sowie den Schutz der Gläubiger und der Allgemeinheit vor rechtsmissbräuchlichen Gesellschaftsformen. 3

§ 211. Sachlicher Geltungsbereich der Betriebsverfassung (Betriebsbegriff)

Übersicht

I. Allgemeine Voraussetzungen für die Errichtung eines Betriebsrats

1 **1. Voraussetzungen für die Errichtung eines Betriebsrats.** Nach § 1 BetrVG ist ein BR in allen Betrieben zu errichten, die idR mindestens fünf ständige wahlberechtigte AN haben, von denen drei wählbar sind. Die Errichtung des BR ist daher von drei allgemeinen Voraussetzungen abhängig: **(a)** Es muss ein Betrieb vorliegen; **(b)** der Betrieb muss mindestens fünf wahlberechtigte AN beschäftigen und **(c)** von diesen müssen drei wählbar sein.

2 **2. Betriebsbegriff. a) Grundsatz.** Eine Definition des Betriebsbegriffs enthält das BetrVG nicht, das Gesetz setzt ihn vielmehr voraus. Es gilt der allgemeine arbeitsrechtliche Betriebsbegriff (→ § 17 Rn. 1).[1] Ein Betrieb liegt vor, wenn die in **(1)** einer Betriebsstätte **(2)** vorhandenen materiellen und immateriellen Betriebsmittel und **(3)** die menschliche Arbeitskraft für **(4)** den oder die verfolgten arbeitstechnischen Zwecke **(5)** zusammengefasst, geordnet, gezielt eingesetzt von **(6)** einem einheitlichen Leitungsapparat gesteuert werden. Ohne Bedeutung für den Betriebsbegriff ist das Bestehen einer einheitlichen Betriebsgemeinschaft oder die Rechtsträgereigenschaft des Trägerunternehmens (natürliche oder juristische Person, Personengesamtheit). Selbst ein Betriebsinhaberwechsel hat keine Auswirkung auf den Betrieb, sofern nur seine vorherige Organisation und Zwecksetzung erhalten bleiben (→ § 119 Rn. 22). Auch die räumliche Entfernung ist im Wesentlichen nur für die Zuordnung der Betriebsstätten von Bedeutung (§ 4 BetrVG; → Rn. 14). Erforderlich ist nur, dass eine Leitung besteht, die die wesentlichen Entscheidungen in personellen oder sozialen Angelegenheiten für die Betriebsstätte wahrnimmt; hierzu gehören zumindest solche über die Einstellung und Entlassung von AN und im Bereich der Angelegenheiten des § 87 BetrVG (→ § 235 Rn. 1). Als ein Betrieb gilt auch der nach dem Gesetz vom 3.8.1950 (BGBl. I 352) gebildete **Gesamthafenbetrieb.**[2] Auch ein **Privathaushalt,** in dem AN beschäftigt werden, kann einen Betrieb darstellen (str.). Die Betriebseigenschaft und die Zuordnung von Betriebsstätten können Gegenstand von tariflichen Vereinbarungen sein (→ § 216 Rn. 1).

3 **b) Leitungsfunktion.** Die wirtschaftlich-unternehmerische Zielsetzung ist für den Betriebsbegriff bedeutungslos, maßgeblich ist allein der arbeitstechnische Zweck. In einem Betrieb können mehrere arbeitstechnische Zwecke verfolgt werden, die aber sämtlich von einer einheitlichen Leitung umfasst sein müssen. Mehrere Betriebe sind daher gegeben, wenn in jeder Einheit jeweils eigenständige arbeitstechnische Zwecke verfolgt werden.[3] Es reicht aus, wenn dies innerhalb einer einheitlichen, auf einen arbeitstechnischen Gesamtzweck gerichteten Organisation geschieht, zB Hauptverwaltung und Produktionsstätte, auch wenn teilweise Sozialeinrichtungen

[1] BAG 17.1.2007 AP Nr. 18 zu § 4 BetrVG 1972 = NZA 2007, 703.
[2] Dazu BAG 2.11.1993 AP Nr. 32 zu § 99 BetrVG 1972 = NZA 1994, 627; 25.11.1992 AP Nr. 8 zu § 1 GesamthafenbetriebsG; dazu *Schrader* NZA 2019, 951.
[3] BAG 14.9.1988 AP Nr. 9 zu § 1 BetrVG 1972 = NZA 1989, 190.

gemeinsam benutzt werden.[4] Maßgeblich ist für die Abgrenzung, ob jeweils eigenständige Betriebe bestehen, ob sie jeweils einen eigenen Leitungsapparat haben, der für die jeweilige arbeitstechnische Einheit beteiligungsrechtlich relevante Entscheidungen trifft.

c) Kleinstbetrieb. Wird derselbe arbeitstechnische Zweck in mehreren Betriebsstätten verfolgt, von denen nur einer die Voraussetzungen von § 1 I BetrVG erfüllt, wurden nach Auffassung des BAG die nicht betriebsratsfähigen kleinen Betriebe dem betriebsratsfähigen Betrieb hinzugerechnet.[5] Diese Rspr. hat der Gesetzgeber im BetrVG-ReformG zum Anlass genommen, die wegen Nichterreichen der erforderlichen Arbeitnehmerzahl nicht betriebsratsfähigen Einheiten (sog. Kleinstbetriebe) generell, dh unabhängig von dem in der Einheit verfolgten arbeitstechnischen Zweck, dem „Hauptbetrieb" zuzuordnen (§ 4 II BetrVG). Durch die Neuregelung soll eine Vertretung der in Kleinstbetrieben beschäftigten AN durch den im Hauptbetrieb gebildeten BR gewährleistet werden. § 4 II BetrVG setzt das Bestehen einer selbständigen Leitung in personellen und sozialen Angelegenheiten in dem Kleinstbetrieb regelmäßig voraus. Die Änderung führt letztlich dazu, dass in einem Unternehmen mit zumindest fünf wahlberechtigten und drei wählbaren AN unabhängig von der Betriebsorganisation stets ein BR gebildet werden kann. Der Begriff des Hauptbetriebs entspricht nicht dem des § 4 I BetrVG. Vielmehr wird der Kleinstbetrieb regelmäßig der Hauptverwaltung des Unternehmens zugeordnet, dh der dort gebildete BR nimmt gegenüber der Leitung des Kleinstbetriebs die Beteiligungsrechte für die dort beschäftigten AN wahr.[6] Für § 4 II BetrVG ist es ausreichend, dass die Arbeitnehmerzahl des § 1 I BetrVG nach der Zuordnung des Kleinstbetriebs zum Hauptbetrieb erreicht wird. Handelt es sich bei der Kleinsteinheit nicht um einen eigenständigen Betrieb, sondern nur um einen Betriebsteil (→ Rn. 14) einer anderen, zumindest nach der Zuordnung betriebsratsfähigen Einheit, ist die Kleinsteinheit nach § 4 I BetrVG „ihrem" Betriebsteil zugeordnet. 4

Beispiel: Ein Kindergarten mit nur 4 wahlberechtigten AN und einer einstellungsberechtigten Leiterin wird nach § 4 II BetrVG der Hauptverwaltung zugeordnet. Ist die Leiterin des Kindergartens nicht einstellungsberechtigt und auch sonst nicht weisungsbefugt, bleibt es nach § 1 I BetrVG bei der Zuordnung zur Hauptverwaltung, wenn bei dieser die Entscheidungen in den beteiligungspflichtigen Angelegenheiten getroffen werden. Handelt es sich bei dem Kindergarten jedoch um einen Betriebsteil einer am gleichen Ort befindlichen Kinderbetreuungseinrichtung, in der auch Leitungsrechte für die in der Kleinsteinrichtung beschäftigten AN ausgeübt werden, ist diese der anderen Kindereinrichtung zugeordnet. 5

d) Gemeinsamer Betrieb. aa) Voraussetzungen. Mehrere Unternehmen können ihre räumlich nahe beieinander liegenden Betriebsstätten als gemeinsamen Betrieb führen. Hingegen liegt bei mehreren **räumlich weit entfernten Betriebsstätten** eines Unternehmens nie ein Gemeinschaftsbetrieb vor.[7] Für diesen ist kennzeichnend, dass sich die Entscheidungen insbesondere in personellen und sozialen Angelegenheiten der an ihm beteiligten Unternehmen über die jeweiligen Unternehmensgrenzen hinaus auswirken. Ein gemeinsamer Betrieb mehrerer Unternehmen liegt vor, wenn die **(1)** in einer Betriebsstätte vorhandenen **(2)** materiellen und immateriellen Betriebsmittel für einen **(3)** einheitlichen arbeitstechnischen Zweck (unternehmensübergreifend) zusammengefasst, geordnet und gezielt eingesetzt werden und **(4)** der Einsatz der menschlichen Arbeitskraft von **(5)** einem einheitlichen Leitungsapparat gesteuert wird. Dazu müssen sich die beteiligten Unternehmen zu einer gemeinsamen Führung rechtlich verbunden haben. Ausreichend ist es, wenn eine konkludente Abrede getroffen worden ist; auf ihre Existenz kann aus den tatsächlichen Umständen geschlossen werden;[8] auf ihre rechtsgeschäftliche Wirksamkeit kommt es nicht an. Die einheitliche Leitung muss für die AN in der Betriebsstätte die wesentlichen Funktionen eines AG in sozialen und personellen Angelegenheiten wahrnehmen (→ Rn. 8), also an AN unabhängig von ihrer Unternehmenszugehörigkeit Weisungen erteilen.[9] Eine lediglich unternehmerische Zusammenarbeit der Unternehmen genügt daher nicht. Bei dieser wird die Arbeitgeberfunktion für die betreffenden AN in den Unternehmen nicht einheitlich wahrgenommen. In einem Gemeinschaftsbetrieb können für die beteiligten Unter- 6

[4] BAG 20.6.1995 AP Nr. 8 zu § 4 BetrVG 1972 = NZA 1996, 276.
[5] BAG 3.12.1985 AP Nr. 28 zu § 99 BetrVG 1972 = NZA 1986, 334.
[6] BAG 17.1.2007 AP Nr. 18 zu § 4 BetrVG 1972 = NZA 2007, 703.
[7] BAG 18.1.2012 AP Nr. 33 zu § 1 BetrVG 1972 Gemeinsamer Betrieb.
[8] BAG 29.1.1987 AP Nr. 6 zu § 1 BetrVG 1972 = NZA 1987, 707; 7.8.1986 AP Nr. 5 zu § 1 BetrVG 1972 = NZA 1987, 131; 23.3.1984 AP Nr. 4 zu § 23 KSchG 1969 = NZA 1984, 88.
[9] BAG 23.11.2016 AP Nr. 65 zu § 19 BetrVG 1972 = NZA 2017, 1003.

nehmen nur ein einheitlicher BR, aber keine gemeinsamen Gesamtbetriebsräte gebildet werden.[10] In **zeitlicher Hinsicht** liegt ein gemeinsamer Betrieb vor, wenn es sich nicht nur um einen kurzfristigen Zusammenschluss der beteiligten Unternehmen handelt, darüber hinaus steht die Vereinbarung einer nur befristeten Zusammenarbeit der Annahme eines gemeinsamen Betriebs nicht entgegen. Eine Kündigung der Führungsvereinbarung löst den Gemeinschaftsbetrieb nur auf, wenn die bisherige Zusammenarbeit der Unternehmen tatsächlich beendet wird. Bei Insolvenz eines der beteiligten Unternehmen endet der Gemeinschaftsbetrieb erst mit der Umsetzung der Stilllegungsentscheidung des Insolvenzverwalters.[11]

7 **bb) Fiktion.** Der Gesetzgeber hat mit dem BetrVG-ReformG 2001 die seinerzeitige Rspr. des BAG (→ Rn. 6) bestätigt.[12] Ein gemeinsamer Betrieb mehrerer Unternehmen wird vermutet, wenn zur Verfolgung arbeitstechnischer Zwecke die Betriebsmittel sowie die AN von den Unternehmen gemeinsam eingesetzt werden (§ 1 II Nr. 1 BetrVG) oder die Spaltung eines Unternehmens zur Folge hat, dass von einem Betrieb ein oder mehrere Betriebsteile einem an der Spaltung beteiligten anderen Unternehmen zugeordnet werden, ohne dass sich die Organisation des betroffenen Betriebs wesentlich ändert (§ 1 II Nr. 2 BetrVG); die letztgenannte Alternative entspricht § 322 I UmwG aF, sie erstreckt die Vermutungswirkung jedoch auf jeden Spaltungsvorgang. Die vom Gesetzgeber als Vermutungstatbestände bezeichneten Anforderungen[13] des § 1 II BetrVG dienen dem Zweck, BR und Wahlvorständen den in der Praxis oft schwer zu erbringenden Nachweis einer Führungsvereinbarung zu ersparen (vgl. BT-Drs. 14/5741, 33).

8 **cc) Einheitliche Betriebsführung.** Für das Bestehen eines Gemeinschaftsbetriebs ist erforderlich, dass zumindest die Arbeitgeberfunktionen auf der Grundlage einer wenigstens stillschweigend getroffenen Vereinbarung im Bereich der personellen und sozialen Angelegenheiten einheitlich ausgeübt werden. Dies ist noch nicht der Fall, wenn die jeweiligen AG bei der Durchführung ihrer Unternehmenstätigkeiten nur aufeinander angewiesen sind und diese aufeinander bezogen ausüben[14] oder wenn sich die unternehmerische Zusammenarbeit auf der Grundlage von Organverträgen oder Beherrschungsverträgen vollzieht, selbst wenn konzernrechtliche Weisungen erteilt werden.[15] Absprachen zwischen Unternehmen oder Einflussnahmen auf gesellschaftsrechtlicher Ebene begründen keinen einheitlichen betrieblichen Leitungsapparat und haben daher keine unmittelbaren, sondern allenfalls mittelbare Auswirkungen auf betriebsverfassungsrechtlich relevante Sachverhalte. Von einer auf einer Absprache beruhenden gemeinsamen Betriebsführung ist danach erst bei Vorliegen der Tatbestände des § 1 II BetrVG (gemeinsame Verfolgung arbeitstechnischer Zwecke, unternehmensübergreifende Nutzung der materiellen und immateriellen Betriebsmittel bzw. Einsatz der AN der verbundenen Unternehmen) auszugehen. Hierfür ist vor allem entscheidend, ob ein arbeitgeberübergreifender Personaleinsatz praktiziert wird, der charakteristisch für den normalen Betriebsablauf ist.[16] Als Indiztatsachen für den gemeinsamen Einsatz kommen die gemeinsame räumliche Unterbringung, eine personelle, organisatorische und technische Verknüpfung der Arbeitsabläufe, eine einheitliche Einsatz- und Urlaubsplanung bzw. Überwachung der Arbeitseinsätze oder gemeinsame Sozialeinrichtungen[17] in Betracht.[18] Die eigentumsrechtlichen Verhältnisse an den Betriebsmitteln sind hingegen ohne Bedeutung. Nur eingeschränkte Indizwirkung ist solchen Tätigkeiten beigemessen worden, die auch als Serviceleistungen durch Dritte (Steuerberater) erbracht werden könnten, wie etwa die Führung der Lohnbuchhaltung oder der Personalakten.[19] Hingegen fehlt es an einer gemeinsamen Betriebsführung bei Formen der unternehmerischen Zusammenarbeit zwischen AG, bei

[10] BAG 17.3.2010 AP Nr. 18 zu § 47 BetrVG 1972; 13.2.2007 AP Nr. 17 zu § 47 BetrVG 1972 = NZA 2007, 825.
[11] BAG 19.11.2003 AP Nr. 19 zu § 1 BetrVG 1972 Gemeinsamer Betrieb = NZA 2004, 435.
[12] BAG 18.1.2012 AP Nr. 33 zu § 1 BetrVG 1972 Gemeinsamer Betrieb.
[13] Bei § 1 II BetrVG handelt es sich eher um eine Fiktion für das Vorliegen eines Gemeinschaftsbetriebs.
[14] BAG 25.11.1980 AP Nr. 2 zu § 1 BetrVG 1972.
[15] BAG 16.1.2003 AP Nr. 1 zu § 1 KSchG 1969 Gemeinschaftsbetrieb; 13.6.2002 AP Nr. 29 zu § 23 KSchG 1969 = NZA 2002, 1147.
[16] BAG 23.11.2016 AP Nr. 65 zu § 19 BetrVG 1972 = NZA 2017, 1003.
[17] Dafür BAG 11.2.2004 AP Nr. 22 zu § 1 BetrVG 1972 Gemeinsamer Betrieb = NZA 2004, 618; 22.10.2003 AP Nr. 21 zu § 1 BetrVG 1972 Gemeinsamer Betrieb; krit. *Kreutz* FS Richardi, 637 (653); offengelassen zuletzt von BAG 13.8.2008 NZA-RR 2009, 255.
[18] BAG 13.2.2013 AP Nr. 34 zu § 1 BetrVG 1972 Gemeinsamer Betrieb = NZA-RR 2013, 521.
[19] BAG 13.8.2008 NZA-RR 2009, 255.

denen die AN nur von ihren jeweiligen Vertragsarbeitgebern eingesetzt werden[20] oder wenn sich die Beteiligung eines AG auf das Zur-Verfügung-Stellen seiner AN an einen anderen AG beschränkt. Vollzieht sich der Einsatz der AN im Betrieb eines anderen AG aufgrund eines Dienst- oder Werkvertrags, bleiben diese betriebsverfassungsrechtlich unverändert ihrem Vertragsarbeitgeber zugeordnet, wenn dieser ihnen gegenüber allein weisungsbefugt ist. Werden lediglich die AN einem anderen AG zur Arbeitsleistung überlassen, liegt eine Personalgestellung vor, regelmäßig in Form der Arbeitnehmerüberlassung.[21] Ebenso folgt aus dem Bestehen einer steuerrechtlichen Organschaft nicht zwingend, dass die beteiligten Unternehmen einen gemeinsamen Betrieb führen.[22] Sind an einem gemeinschaftlichen Betrieb sowohl eine juristische Person des Privatrechts als auch eine Körperschaft des öffentlichen Rechts beteiligt, findet das BetrVG Anwendung, wenn sich die Betriebsführung auf der Grundlage einer privatrechtlichen Vereinbarung in der Rechtsform einer Innengesellschaft vollzieht;[23] denkbar sind aber auch andere Rechtsformen der Zusammenarbeit.[24]

dd) Arbeitgeberstellung. Ansprechpartner des im Gemeinschaftsbetrieb gebildeten BR ist nach der Rspr. entweder dasjenige Unternehmen, mit dem die Arbeitsverhältnisse bestehen oder die gemeinsame Leitung der beteiligten Unternehmen. Maßgeblich dafür ist, wer auf Arbeitgeberseite von der Ausübung des Beteiligungsrechts in seiner betriebsverfassungsrechtlichen Stellung betroffen wird. Bei einer Auseinandersetzung um Ansprüche, die den Status oder den Inhalt der nur mit einem Vertragsarbeitgeber des Gemeinschaftsbetriebs bestehenden Rechtsbeziehung betreffen (zB bei einer Eingruppierung), ist nur dieser als AG anzusehen.[25] Bei Einstellungen oder Versetzungen innerhalb des Gemeinschaftsbetriebs wird hingegen die gemeinsame Leitung Ansprechpartner des BR sein. In einem Beschlussverfahren sind dann sämtliche Unternehmen Beteiligte. Ansprüche aus § 37 BetrVG richten sich bei Fehlen einer anderweitigen Vereinbarung gegen den AG des Betriebsratsmitglieds, während bei Kostenerstattungsansprüchen (§ 40 BetrVG) beide Unternehmen als Gesamtschuldner haften. Erwägenswert scheint es jedoch, stets die gemeinsame Leitung als AG anzusehen und jeweils die beteiligten Rechtsträger in ein Beschlussverfahren einzubeziehen. 9

3. Fünf wahlberechtigte Arbeitnehmer. Im Betrieb müssen mindestens fünf ständige wahlberechtigte AN (→ § 217 Rn. 11) idR beschäftigt werden. Ständig sind solche AN beschäftigt, die nicht für einen vorübergehenden Zweck eingestellt sind, also zur Probe, Aushilfe, Vertretung, als Leiharbeitnehmer oder sonst zu einem vorübergehenden Zweck. IdR sind solche AN beschäftigt, die bei Rückblick und prognostischer Betrachtung im Allgemeinen beschäftigt werden.[26] Auf den zeitlichen Umfang ihrer Tätigkeit kommt es – anders als bei § 23 I KSchG – nicht an. 10

4. Drei wählbare Arbeitnehmer. BR werden nur gebildet, wenn von den fünf ständig beschäftigten AN drei wählbar sind. Das passive Wahlrecht beurteilt sich nach § 8 BetrVG (→ § 217 Rn. 12). Sinkt während der Wahlperiode die Zahl der Beschäftigten, endet damit auch das Amt des BR. 11

5. Betriebsübergang nach § 613a BGB und UmwG. Ein Betriebsinhaberwechsel nach einem Betriebsübergang (§ 613a BGB; → § 117 Rn. 1) bzw. nach dem UmwG (→ § 116 Rn. 1) ist für den Bestand des Betriebs ohne Bedeutung, sofern nur die Organisation und der arbeitstechnische Zweck erhalten bleiben (→ § 117 Rn. 8). Geht ein Betrieb oder Betriebsteil unter Wahrung seiner bisherigen Identität durch Rechtsgeschäft auf einen Betriebserwerber über, tritt dieser betriebsverfassungsrechtlich an die Stelle des früheren Betriebsinhabers. Ansonsten kommt ein Rest- bzw. Übergangsmandat des BR in Betracht (→ § 219 Rn. 17). 12

---

[20] BAG 22.6.2005 AP Nr. 23 zu § 1 BetrVG 1972 Gemeinsamer Betrieb = NZA 2005, 1248.

[21] BAG 23.9.2010 AP Nr. 389 zu § 613a BGB = NZA 2011, 197; 17.2.2010 AP Nr. 14 zu § 8 BetrVG 1972 = NZA 2010, 832; 13.8.2008 NZA-RR 2009, 255; 16.4.2008 AP Nr. 32 zu § 1 BetrVG 1972 Gemeinsamer Betrieb = NZA-RR 2008, 583.

[22] BAG 25.5.2005 AP Nr. 28 zu § 1 BetrVG 1972 Gemeinsamer Betrieb = DB 2005, 1914.

[23] BAG 9.6.2011 AP Nr. 164 zu § 102 BetrVG 1972; 24.1.1996 AP Nr. 8 zu § 1 BetrVG 1972 = NZA 1996, 1110; BVerwG 13.6.2001 AP Nr. 14 zu § 1 BetrVG 1972 Gemeinsamer Betrieb = PersV 2001, 560.

[24] BAG 16.4.2008 AP Nr. 32 zu § 1 BetrVG 1972 Gemeinsamer Betrieb = NZA-RR 2008, 583.

[25] BAG 23.9.2003 AP Nr. 28 zu § 99 BetrVG 1972 Eingruppierung = NZA 2004, 800.

[26] BAG 22.3.1983 AP Nr. 7 zu § 113 BetrVG 1972.

II. Nebenbetrieb und Betriebsteile

13 **1. Nebenbetrieb.** Das BetrVG-ReformG hat § 4 BetrVG neu gefasst und auf Regelungen zur betriebsverfassungsrechtlichen Eigenständigkeit von Nebenbetrieben verzichtet, an dem Begriff des Hauptbetriebs hält das Gesetz hingegen fest. Nach früherer Definition waren Nebenbetriebe organisatorisch selbständige Betriebe, die unter eigener Leitung einen eigenen Betriebszweck verfolgen, in ihrer Aufgabenstellung jedoch auf die Hilfeleistung für einen Hauptbetrieb ausgerichtet sind, um den dort erstrebten Betriebszweck zu unterstützen.[27]

14 **2. Betriebsteil. a) Grundsatz.** Der Betriebsteil ist auf den Zweck des Hauptbetriebs ausgerichtet und in dessen Organisation eingegliedert. Er ist allerdings gegenüber dem Hauptbetrieb organisatorisch abgrenzbar und relativ verselbständigt.[28] Unter den Voraussetzungen des § 4 I BetrVG gilt ein Betriebsteil als eigenständiger Betrieb. Liegen dessen Voraussetzungen nicht vor, gehört der Betriebsteil betriebsverfassungsrechtlich zum Hauptbetrieb. Für die Abgrenzung von Betrieb und Betriebsteil ist der Grad der Verselbständigung entscheidend, der im Umfang der Leitungsmacht zum Ausdruck kommt. Es genügt ein Mindestmaß an organisatorischer Selbständigkeit der Betriebsstätte gegenüber dem Hauptbetrieb. Es reicht aus, wenn in der organisatorischen Einheit überhaupt eine den Einsatz der AN bestimmende Leitung institutionalisiert ist, die Weisungsrechte des AG ausübt.[29] Grundsätzlich ist ein einheitlicher BR für den Betrieb und die Betriebsteile zu wählen. Dies gilt nach § 4 I BetrVG nur dann nicht, wenn **(1)** der Betriebsteil die Voraussetzungen des § 1 BetrVG erfüllt und entweder **(2.1)** räumlich weit vom Hauptbetrieb entfernt ist (→ Rn. 15) oder **(2.2)** durch Aufgabenbereich und Organisation eigenständig ist (→ Rn. 16). Liegen mehrere Betriebsteile nahe beieinander, aber räumlich weit entfernt vom Hauptbetrieb, bilden sie je einen Betrieb;[30] zu Kleinstbetrieben → Rn. 4.

15 **b) Weite Entfernung.** Der Begriff „weite Entfernung" ist aus dem Sinn und Zweck des BetrVG zu interpretieren. Dieser besteht darin, den AN von Betriebsteilen eine effektive Vertretung durch einen eigenen BR zu ermöglichen, wenn wegen der räumlichen Trennung des Hauptbetriebs von dem Betriebsteil die persönliche Kontaktaufnahme zwischen einem dortigen BR und den AN im Betriebsteil so erschwert ist, dass der BR des Hauptbetriebs die Interessen der AN nicht mit der nötigen Intensität und Sachkunde wahrnehmen kann und sich die AN nur unter erschwerten Bedingungen an den BR wenden können oder Betriebsratsmitglieder, die in dem Betriebsteil beschäftigt sind, nicht kurzfristig zu Sitzungen im Hauptbetrieb gelangen können. Maßgeblich ist sowohl die leichte Erreichbarkeit des BR aus Sicht der AN wie auch umgekehrt die Erreichbarkeit der AN für den BR. Für die Beurteilung, ob eine weite Entfernung gegeben ist, ist nicht so sehr auf die kilometermäßige Distanz abzustellen,[31] sondern auf die Erreichbarkeit mit öffentlichen Verkehrsmitteln.[32] Aus diesem Grund kann grundsätzlich nicht ab einer bestimmten Entfernung eine räumlich weite Entfernung der Betriebsstätten vermutet werden.[33] Auch gute technische Kommunikationsmöglichkeiten können eine persönliche Kontaktaufnahme nicht ersetzen.[34] Ohne Bedeutung ist auch, ob für die in den Betriebsteilen beschäftigten AN bei Teilbelegschafts- und Belegschaftsversammlungen die Möglichkeit der Kontaktaufnahme mit dem BR besteht. Dagegen ist nur von untergeordneter Bedeutung, ob sich am Sitz der Betriebsabteilung ein sozialer Gegenspieler befindet. Erforderlich ist aber zumindest das Vorhandensein einer Leitung, die Weisungsrechte des AG ausübt.[35] Umstr., aber zu bejahen ist, dass auch die Arbeitnehmerzahl in der räumlich weit entfernten Betriebsstätte zu

[27] Zuletzt BAG 25.4.1995 AP Nr. 5 zu § 1 TVG Tarifverträge: Land- und Forstwirtschaft.
[28] BAG 18.1.2012 AP Nr. 33 zu § 1 BetrVG 1972 Gemeinsamer Betrieb; 9.12.2009 AP Nr. 19 zu § 4 BetrVG 1972 = NZA 2010, 906; 17.1.2007 AP Nr. 18 zu § 4 BetrVG 1972 = NZA 2007, 703.
[29] BAG 17.5.2017 AP Nr. 21 zu § 4 BetrVG 1972 = NZA 2017, 1282; 7.5.2008 NZA 2009, 328.
[30] BAG 29.5.1991 AP Nr. 5 zu § 4 BetrVG 1972 = NZA 1992, 74; LAG Bln 28.6.1999 NZA-RR 2000, 246.
[31] Zum Merkmal der räumlich weiten Entfernung BAG 14.1.2004 – 7 ABR 26/03; 17.2.1983 AP Nr. 4 zu § 4 BetrVG 1972 (22 km/verneint); 24.2.1976 AP Nr. 2 zu § 4 BetrVG 1972 (40 km/verneint); LAG Köln 13.4.1989 AiB 90, 359 (15–30 km/bejaht wegen Staugefahr).
[32] BAG 17.5.2017 AP Nr. 21 zu § 4 BetrVG 1972 = NZA 2017, 1282; 7.5.2008 NZA 2009, 328.
[33] So aber BVerwG 29.5.1991 BVerwGE 88, 233 = NVwZ-RR 1992, 199.
[34] BAG 21.6.1995 AP Nr. 16 zu § 1 BetrVG 1972.
[35] BAG 28.6.1995 AP Nr. 8 zu § 4 BetrVG 1972 = NZA 1996, 276; 29.5.1991 AP Nr. 5 zu § 4 BetrVG 1972 = NZA 1992, 74.

berücksichtigen ist, weil hierdurch der Umfang der Inanspruchnahme des BR durch die AN und der Betriebsratstätigkeit beeinflusst wird.[36]

c) Eigenständigkeit. Bei der Beurteilung, ob ein Betriebsteil nach Aufgabenbereich und Organisation eigenständig ist, sind die Grundtendenz und die Entstehungsgeschichte des BetrVG zu berücksichtigen. Zwar bedarf ein Betriebsteil im Gegensatz zum selbständigen Betrieb iSd § 1 I BetrVG keines umfassenden eigenständigen Leitungsapparats, erforderlich ist aber, dass die Leitung insbesondere in personellen und sozialen Angelegenheiten wesentliche Entscheidungen selbständig treffen kann. Hingegen kommt es weniger auf die Entscheidungsfindung in wirtschaftlichen Angelegenheiten an.[37] Ein Mindestmaß an organisatorischer Selbständigkeit gegenüber dem Hauptbetrieb ist daher ausreichend.[38] Von geringerer Bedeutung sind dagegen die wirtschaftliche Zweckbestimmung der Betriebsabteilung, der Gesichtspunkt der räumlichen Einheit der Produktionsstätten und das Bestehen einer lebendigen Betriebsgemeinschaft.[39] 16

d) Gemeinsame Wahl. Die Belegschaft eines betriebsratslosen Betriebsteils iSd § 4 I 1 BetrVG hat drei Möglichkeiten über eine kollektivrechtliche Repräsentanz zu befinden: sie kann betriebsratslos bleiben, weil sie sich weder für die Wahl eines eigenen BR noch für eine Zuordnung zum Hauptbetrieb entscheidet; sie kann für den Betriebsteil einen eigenständigen BR wählen, der dann nur die Beschäftigten dieses Betriebsteils vertritt, oder die Teilnahme an der Wahl im Hauptbetrieb beschließen. Die Abstimmung kann von mindestens drei wahlberechtigten AN des Betriebs, einer im Betrieb vertretenen Gewerkschaft oder dem BR des Hauptbetriebs veranlasst werden. Der Beschluss über die Abstimmung ist dem BR spätestens zehn Wochen vor Ablauf seiner Amtszeit mitzuteilen (§ 4 I 2–4 BetrVG). Fehler bei dieser Wahl, die das Abstimmungsergebnis beeinflussen und sich auf die Betriebsratswahl auswirken, führen zu deren Anfechtbarkeit. Weder der AG noch die im Hauptbetrieb beschäftigten AN können die damit verbundene Zuordnung verhindern. Diese ist endgültig; das Gesetz sieht eine Abstimmung über die Rückkehr zum vorherigen Status nicht vor. Nimmt die Belegschaft des qualifizierten Betriebsteils an der Wahl zum Hauptbetrieb teil, gilt dieser vollumfänglich iSd BetrVG als dessen unselbständige Betriebsstätte.[40] Bei der Berechnung von Schwellenwerten sind die Arbeitnehmerzahlen daher zusammenzurechnen. 17

3. Einzelfälle. Von einem Gebäudereinigungsunternehmen an verschiedenen Orten betriebene Reinigungsobjekte gelten als selbständige Betriebe, wenn die Reinigungskräfte jeweils nur für einen Ort angestellt wurden, ein wechselseitiger Austausch nicht erfolgt und die jeweilige Objektleiterin Arbeitseinsatz und Vertretung geregelt hat.[41] Zentral gelenkte Filialen im Lebensmitteleinzelhandel[42] oder im Bankgewerbe sind häufig nur Betriebsteile eines einheitlichen Betriebs.[43] 18

Die Filialen eines Unternehmens sind auch dann keine selbständigen Betriebsteile gem. § 4 I BetrVG, wenn den Betriebsleitern der Filialen Handlungsvollmacht erteilt wurde, sie eigenverantwortlich die Geschäfte führen und die Personalverantwortung tragen.[44] Ein Orchester kann einen Betriebsteil darstellen, für den ein BR gebildet werden kann.[45] Eine Außendienstorganisation ist nicht deshalb räumlich weit vom Hauptbetrieb entfernt, nur weil zahlreiche Außendienstbeschäftigte außerhalb des Hauptbetriebs arbeiten.[46] 19

III. Öffentlicher Dienst

Das BetrVG findet keine Anwendung auf Verwaltungen und Betriebe des Bundes, der Länder, der Gemeinden und sonstiger Körperschaften, Anstalten und Stiftungen des öffentlichen Rechts (§ 130 BetrVG). Die Abgrenzung des Personalvertretungsrechts vom Betriebsverfassungsrecht erfolgt durch die Regelungen in den §§ 1, 95 BPersVG bzw. den entsprechenden Gesetzen der 20

[36] Wie hier LAG Köln 28.6.1989 BB 1989, 1692; aA BAG 29.3.1977 ArbuR 1978, 254.
[37] BAG 28.6.1995 AP Nr. 8 zu § 4 BetrVG 1972 = NZA 1996, 276; 29.1.1992 AP Nr. 1 zu § 7 BetrVG 1972 = NZA 1992, 894; 17.2.1983 AP Nr. 4 zu § 4 BetrVG 1972.
[38] BAG 21.7.2004 AP Nr. 15 zu § 4 BetrVG 1972.
[39] BAG 23.9.1982 AP Nr. 3 zu § 4 BetrVG 1972.
[40] BAG 17.9.2013 AP Nr. 20 zu § 4 BetrVG 1972 = NZA 2014, 96; *Bayreuther* NZA 2011, 727.
[41] LAG Hamm 19.2.1977 EzA Nr. 2 zu § 4 BetrVG 1972.
[42] BAG 7.5.2008 AP Nr. 19 zu § 1 BetrVG 1972 = NZA 2009, 328.
[43] BAG 24.2.1976 AP Nr. 2 zu § 4 BetrVG 1972; LAG Hamm 7.5.1997 BB 1997, 1540.
[44] LAG BW 12.2.1993 BB 1993, 1873.
[45] BAG 21.7.2004 AP Nr. 15 zu § 4 BetrVG 1972.
[46] ArbG Hamburg 19.8.1997 BetrR 1997, 103.

Länder und in § 130 BetrVG. Diese Vorschriften grenzen den Geltungsbereich der unterschiedlichen Systeme lückenlos und ausschließlich nach **formalen Kriterien** ab. Auf eine juristische Person des Privatrechts, zB eine GmbH oder AG, findet Personalvertretungsrecht keine Anwendung, selbst wenn die Gesellschaft öffentliche Aufgaben wahrnimmt oder unter öffentlich-rechtlicher Kontrolle steht.[47] Ist die Rechtsform des Betriebsinhabers die einer juristischen Person des öffentlichen Rechts, ist das BetrVG unanwendbar. Führt eine öffentlich-rechtliche Körperschaft gemeinsam mit einer juristischen Person des Privatrechts einen Gemeinschaftsbetrieb (§ 1 II BetrVG; → Rn. 6), findet im Regelfall Betriebsverfassungsrecht Anwendung, da nach der Rspr. des BAG die Basis dieser Zusammenarbeit im Regelfall eine BGB-Gesellschaft bildet (GbR) und damit die Führungsebene dieses Betriebes privatrechtlich organisiert ist. Damit verliert der PR die Zuständigkeit für die diesem Betrieb zugeordneten beschäftigten AN der Behörde; für die zugeordneten Beamten behält er seine Zuständigkeit.[48] In einem Mischkonzern, der eine öffentlich-rechtliche Konzernspitze hat, kann ein KBR gebildet werden, der alle privatrechtlich organisierten Unternehmen unterhalb der Konzernmutter erfasst.[49] Unerheblich für die Abgrenzung ist, ob in einem Betrieb hoheitliche oder fiskalische Angelegenheiten erledigt werden. Anzuwenden ist das BetrVG in den sog. **Regiebetrieben;** das sind Betriebe, deren Kapitalanteile sich in öffentlicher Hand befinden und die Versorgungseinrichtungen betreiben, zB ein städtisches Gas- und Wasserwerk, das in der Rechtsform einer AktG oder einer GmbH geführt wird. Der mitbestimmungsrechtliche Status der Parlamentsfraktionen ist von der Ausgestaltung ihrer Organisation abhängig.[50] In den Betrieben juristischer Personen des öffentlichen Rechts gelten die Personalvertretungsgesetze des Bundes und der Länder.

IV. Seeschifffahrtsunternehmen

21 **1. Begriff.** Auf Seeschifffahrtsunternehmen und ihre Betriebe ist grundsätzlich das BetrVG mit einigen Modifikationen anzuwenden (§§ 114–116 BetrVG). Seeschifffahrtsunternehmen iSd BetrVG ist ein Unternehmen, das Handelsschifffahrt betreibt und seinen Sitz im Geltungsbereich des BetrVG hat. Zu ihnen zählen auch solche Unternehmen, die keine eigenen, sondern als Korrespondenzreeder, Vertragsreeder, Ausrüster oder aufgrund ähnlicher Rechtsverhältnisse fremde Schiffe bereedern (§ 114 II BetrVG). Unanwendbar ist das BetrVG auf Seeschifffahrtsunternehmen, die keinen Sitz in der BRD haben, auch wenn sie ein Schiff bereedern, das nach dem FlaggenrechtsG die Deutsche Bundesflagge führt.[51]

22 **2. Seebetrieb.** Sämtliche Schiffe eines Seeschifffahrtsunternehmens werden zum Seebetrieb zusammengefasst (§ 114 III BetrVG). Im Seebetrieb ist ein Seebetriebsrat zu wählen (§ 116 I BetrVG). Wahlberechtigt sind auch solche AN, deren Heuerverhältnis wegen des Besuches einer Seeschifffahrtsschule oder Fahrens unter fremder Flagge ruht.[52] Die Vorschriften über die Rechte und Pflichten des BR und die Rechtsstellung seiner Mitglieder finden auf den Seebetriebsrat Anwendung, soweit sich aus § 116 BetrVG oder anderen gesetzlichen Vorschriften keine Modifikationen ergeben.

23 **3. Bordvertretung.** Auf den einzelnen Schiffen,[53] die mit idR mindestens fünf wahlberechtigten Besatzungsmitgliedern besetzt sind, von denen drei wählbar sind, wird eine Bordvertretung gewählt, auf die wiederum das BetrVG Anwendung findet, soweit sich nicht aus § 115 BetrVG oder sonstigen gesetzlichen Vorschriften Besonderheiten ergeben (§ 115 BetrVG). In der Seeschifffahrt ist auf jedem Schiff ein Arbeitsschutzausschuss nach § 11 ASiG zu bilden. In diesen entsendet die Bordvertretung zwei ihrer Mitglieder.[54] Ein Teilnahmerecht des Seebetriebsrats besteht an diesem Ausschuss jedenfalls dann nicht, wenn dieser außerhalb der BRD tagt. Schiffe iSd BetrVG sind Kauffahrteischiffe (Handelsschiffe), die nach dem Flaggenrechtsge-

[47] BAG 10.10.2006 AP Nr. 85 zu § 75 BPersVG; 30.7.1987 AP Nr. 3 zu § 130 BetrVG 1972 = NZA 1988, 402; 30.7.1987 AP Nr. 3 zu § 130 BetrVG 1972 = NZA 1988, 402; BVerwG 9.12.1980 PersV 1981, 506.

[48] BAG 24.1.1996 AP Nr. 8 zu § 1 BetrVG 1972 Gemeinsamer Betrieb = NZA 1996, 1110; zust. BVerwG 13.6.2001 PersR 2001, 418 = PersV 2001, 560.

[49] BAG 27.10.2010 AP Nr. 14 zu § 54 BetrVG 1972 = PersR 2011, 378.

[50] ArbG Berlin 17.1.2003 NZA-RR 2003, 656; *Singer* NZA 2008, 789.

[51] BAG 26.9.1978 AP Nr. 1 zu § 114 BetrVG 1972 = NJW 1979, 1791.

[52] BAG 17.9.1974 AP Nr. 1 zu § 116 BetrVG 1972.

[53] Zum Betriebsbegriff bei Schiffen: BAG 28.12.1956 AP Nr. 1 zu § 22 KSchG.

[54] BAG 10.8.1994 AP Nr. 1 zu § 115 BetrVG 1972 = NZA 1995, 284.

setz die Bundesflagge führen. Schiffe, die binnen 24 Stunden nach dem Auslaufen an den Sitz des Landbetriebs zurückkehren, gelten als Teil dieses Landbetriebs (§ 114 IV BetrVG). **Jugend- und Auszubildendenvertretungen** werden nur in den Landbetrieben der Seeschifffahrtsunternehmen gewählt (§ 115 V BetrVG).

V. Luftfahrtunternehmen

1. Grundsatz. Auf Landbetriebe von Luftfahrtunternehmen ist das BetrVG ohne Einschränkung anwendbar (§ 117 I 1 BetrVG). Auf im Flugbetrieb beschäftigte AN von Luftfahrtunternehmen ist das BetrVG anzuwenden, wenn keine Vertretung durch Tarifvertrag errichtet ist (§ 117 II BetrVG). Flugbetrieb iSv § 117 BetrVG meint keine organisatorische Einheit, die sich im Wesentlichen durch die Zusammenfassung materieller und immaterieller Betriebsmittel und die Steuerung der menschlichen Arbeitskraft durch einen einheitlichen Leitungsapparat auszeichnet. Vielmehr wird eine Arbeitnehmergruppe benannt, auf die seit dem 1.5.2019 das BetrVG anzuwenden ist, wenn keine Vertretung durch Tarifvertrag errichtet ist.[55] Das sog. fliegende Personal war bis zum 1.5.2019 aus dem BetrVG ausgenommen, durch § 117 II 1 BetrVG aF war (fakultativ) die Errichtung einer Vertretung für diese Beschäftigtengruppe möglich.[56] Dies setzte nach allgemeinen Grundsätzen die Tarifzuständigkeit (→ § 198 Rn. 13) der abschließenden Gewerkschaft für alle Arbeitsverhältnisse der erfassten betrieblichen Einheiten voraus.[57] Mit der Neuregelung ist sichergestellt, dass Beschäftigte im Flugbetrieb unabhängig von einem Tarifvertrag eine Vertretung errichten können. Soweit eine tarifliche Vertretung kraft eines normativ (nicht: nur nachwirkenden) Tarifvertrags (§ 117 II 3 BetrVG) besteht, ist diese für die Wahrnehmung der Beteiligungsrechte zuständig; dies gilt auch, soweit diese hinter den gesetzlichen Beteiligungsrechten zurückbleiben oder von diesen abweichen. Bei Fehlen eines Tarifvertrags gelten für den Betriebsbegriff die allgemeinen Grundsätze (→ Rn. 2 ff.).[58] Bei Unternehmen mit Sitz im Ausland (→ § 213 Rn. 1) kann nur dann eine Vertretung errichtet werden, wenn im Inland eine zumindest rudimentäre Leitungsmacht in personellen und sozialen Angelegenheiten ausgeübt wird. Dies ist der Fall, wenn sie Entscheidungen über personelle Einzelmaßnahmen und Arbeitszeitfragen trifft. In einem Tarifvertrag nach § 117 II BetrVG kann die Zusammenarbeit der Vertretung des fliegenden Personals mit den kraft Gesetzes zu wählenden Vertretungen der Landbetriebe geregelt werden.[59] Der nach § 117 I 1 BetrVG errichtete BR und die Vertretung nach § 117 I 2 BetrVG können ohne tarifliche Regelung keinen GBR (§ 47 I BetrVG) bilden, auch eine Bildung durch Tarifvertrag ist nur bei Bestehen einer umfassenden Tarifzuständigkeit der abschließenden Gewerkschaft für alle erfassten AN möglich. Die SBV ist grundsätzlich für den Betrieb zu wählen; dieser bestimmt sich bei Bestehen einer tariflichen Regelung nach dieser, ansonsten nach allgemeinen Grundsätzen (→ Rn. 2 ff.). 24

2. Persönlicher Geltungsbereich. Bei dem fliegenden Personal handelt es sich in der Hauptsache um die Besatzungsmitglieder der Flugzeuge.[60] Hierzu zählen Piloten, Co-Piloten, Flugzeugingenieure, Purser/etten, Stewards/essen, nicht jedoch Personen wie Dienststellenleiter oder Ausbilder, die nur gelegentlich und zu Übungs- oder Kontrollzwecken an Bord von Flugzeugen mitfliegen,[61] Verwaltungspersonal, deren Tätigkeit durch Bodenarbeit geprägt ist[62] oder Hubschrauberbesatzungen, die nur Einsätze im näheren örtlichen Umkreis fliegen.[63] Auch AN von Luftfahrtunternehmen, die überwiegend und schwerpunktmäßig am Boden administrative Aufgaben, Schulungs- und Trainingsaufgaben sowie Aufgaben der Qualitätssicherung wahrnehmen, gehören nicht zu den AN iSd § 117 II BetrVG.[64] 25

---

55 BAG 20.1.2020 AP Nr. 10 zu § 117 BetrVG 1972.

56 BAG 26.4.2007 AP Nr. 4 zu § 125 InsO (zu einer „mehrgliedrigen" Vereinbarung); zur Verfassungsmäßigkeit BAG 5.11.1985 AP Nr. 4 zu § 117 BetrVG 1972.

57 BAG 20.1.2020 AP Nr. 10 zu § 117 BetrVG 1972; 14.1.2014 AP Nr. 134 zu § 87 BetrVG 1972 Arbeitszeit = NZA 2014, 910.

58 *Ludwig* BB 2019, 180 (181 f.); vgl. auch *Jerchel* AuR 2019, 1; *Müller/Becker* BB 2019, 884.

59 BAG 22.11.2005 AP Nr. 7 zu § 117 BetrVG 1972 = NZA 2006, 389.

60 BAG 14.10.1986 AP Nr. 5 zu § 117 BetrVG 1972 = NZA 1987, 282.

61 BAG 13.10.1981 AP Nr. 1 zu § 117 BetrVG 1972.

62 BAG 14.10.1986 AP Nr. 5 zu § 117 BetrVG 1972 = NZA 1987, 282.

63 BAG 20.2.2001 AP Nr. 6 zu § 117 BetrVG 1972 = NZA 2001, 1089.

64 LAG Hamm 25.9.2009 – 10 TaBV 19/09.

VI. Streitigkeiten

26 Streitigkeiten darüber, ob eine betriebsratsfähige Organisationseinheit (Betrieb, Gemeinschaftsbetrieb, selbständiger Betriebsteil oder Einheit nach § 3 I Nr. 1–3 BetrVG) vorliegt, entscheidet das Arbeitsgericht auf Antrag des AG, eines beteiligten BR oder Wahlvorstands oder einer im Betrieb vertretenen Gewerkschaft im Beschlussverfahren (§ 18 II BetrVG). Die Entscheidung kann unabhängig von einer bevorstehenden Wahl ergehen. Die gerichtliche Feststellung führt nicht zum Amtsverlust eines bestehenden BR, selbst wenn dieser aufgrund einer fehlerhaften Zuordnung gebildet worden ist. Etwas anderes gilt nur, wenn seine Wahl zugleich angefochten worden ist. Rechtsstreitigkeiten der Vertretung des **fliegenden Personals** mit dem Luftfahrtunternehmen sind gleichfalls im Beschlussverfahren zu entscheiden.

§ 212. Persönlicher Geltungsbereich des Betriebsverfassungsgesetzes (Arbeitnehmerbegriff)

Übersicht

I. Arbeitgeber

1 **1. Unterscheidung.** Das BetrVG verwendet im Allgemeinen den Begriff des AG. Gelegentlich benutzt es aber auch die Bezeichnung des Unternehmers (zB in §§ 53 II, 106 I, 111 BetrVG). Beide Begriffe sind nicht deckungsgleich.

2 **2. Arbeitgeber.** Er wird im BetrVG in doppelter Weise verwandt; zunächst als AG im herkömmlichen Sinne, also als Vertragspartner des AN (→ § 17 Rn. 1), und zum anderen als eine der beiden Betriebsparteien im Rahmen der Betriebsverfassung. AG iSd BetrVG kann eine juristische oder natürliche Person oder eine Personengesamtheit sein; zur Betriebsnachfolge → § 117 Rn. 1 Der AG kann sich bei der Ausübung von Beteiligungsrechten vertreten lassen. Der Personenkreis ist dabei nicht auf die leitenden Angestellten beschränkt. Erforderlich ist

jedoch, dass die jeweilige Person über die notwendige Fach- und Entscheidungskompetenz für die geplante Maßnahme verfügt.[1]

3. **Unternehmer.** Als solcher wird der Inhaber des Unternehmens bezeichnet. Das BetrVG setzt den Begriff des Unternehmens voraus. Nach dem allgemeinen Begriff ist das Unternehmen die organisatorische Einheit, mit der der Unternehmer seine wirtschaftlichen und ideellen Zwecke verfolgt.[2] Eine Gesellschaft kann nur ein Unternehmen haben. Aus diesem Grund ist bei Personengesellschaften und juristischen Personen der jeweilige Rechtsträger mit dem Unternehmen identisch. Etwas anderes gilt bei natürlichen Personen, die mehrere Unternehmen betreiben können. Ein Unternehmen kann einen oder mehrere Betriebe haben. Arbeitgeber- und Unternehmerstellung können daher auseinanderfallen. Der BR hat Beteiligungsrechte unmittelbar gegenüber dem Unternehmer, wenn bestimmte Auskünfte und Informationsrechte nur von diesem erfüllt werden können. Dies ist insbesondere in wirtschaftlichen Angelegenheiten (§§ 53 II, 106 ff., 111 ff. BetrVG; → § 244 Rn. 1) der Fall. 3

4. **Mehrheit von Betrieben und Unternehmen.** Gehören zu einem Unternehmen mehrere Betriebe und werden die Aufgaben der Personalverwaltung ganz oder teilweise durch Zentralstellen bei der Unternehmensleitung wahrgenommen, ist die Rechtsstellung des AG aufgespalten. Der BR hat die ihm zustehenden Rechte damit entweder gegenüber dem Betriebsleiter oder der diesem übergeordneten Personalverwaltung wahrzunehmen. Das BetrVG schreibt zwar keine bestimmte Organisationsstruktur des Unternehmens vor; es erfordert jedoch durch die vielfache Beteiligung des BR an Personalmaßnahmen einen Gegenspieler, der einer bestimmten hierarchische Führungsebene angehört (→ Rn. 2). In einem Gemeinschaftsbetrieb mehrerer Unternehmen bestehen die Beteiligungsrechte im Verhältnis zum AG gegenüber der für die personellen Entscheidungen zuständigen Stelle (→ § 211 Rn. 9). In wirtschaftlichen Angelegenheiten ist als Unternehmer die Leitungsebene anzusehen, die die verbundenen Unternehmen unternehmerisch führt. 4

II. Arbeitnehmer

1. **Grundsatz: Arbeitsvertrag und Eingliederung.** AN iSd § 5 I BetrVG ist, wer aufgrund eines privatrechtlichen Vertrags im Dienste eines anderen zur Leistung von abhängiger Arbeit verpflichtet (→ § 8 Rn. 7) und in die Betriebsorganisation eingegliedert ist (→ Rn. 6). Die Vorschrift definiert den Personenkreis, der vom BR repräsentiert wird. Das BetrVG setzt den Arbeitnehmerbegriff voraus; es geht von dem allgemeinen im Arbeitsrecht verwandten Begriff aus (→ § 8 Rn. 9), schränkt ihn jedoch durch Ausnahmeregelungen in § 5 II, III BetrVG wieder ein. AN iSd BetrVG sind daher alle AN im arbeitsrechtlichen Sinne mit Ausnahme der in § 5 II, III BetrVG genannten Personen.[3] Durch das BetrVG-ReformG ist die bisherige Einteilung der AN in „Arbeiter" und „Angestellte" aufgegeben und das Gruppenprinzip beseitigt worden. Die gesonderte Erwähnung der beiden Begrifflichkeiten in § 5 I BetrVG ist nur redaktioneller Art und hat keine rechtliche Bedeutung mehr. Beschäftigte in Arbeitsgelegenheiten (§ 16d SGB II) sind keine AN iSd § 5 I BetrVG, da sie nicht aufgrund eines Arbeitsvertrags eingesetzt werden[4] (→ § 8 Rn. 15); hingegen sind Personen, deren Beschäftigung gem. § 16i SGB II öffentlich gefördert wird, AN. Die Arbeitnehmereigenschaft von Leiharbeitnehmern und die Anwendung des BetrVG sind in § 14 II AÜG besonders ausgestaltet (→ § 120 Rn. 95). Für die Anwendung des BetrVG ist unerheblich, ob der Arbeitsvertrag, aufgrund dessen die Eingliederung in den Betrieb erfolgt, wirksam ist. AN sind auch die Beschäftigten während des Bezugs von Transferleistungen (§§ 110, 111 SGB III; → § 246 Rn. 1); an einem privatrechtlichen Vertragsschluss mit dem Betriebsinhaber fehlt es hingegen bei einer Beschäftigung im Rahmen von Maßnahmen der Eignungsfeststellung bzw. bei Trainingsmaßnahmen nach dem SGB III; zur Wahlberechtigung → § 217 Rn. 1 bzw. Wählbarkeit → § 218 Rn. 1. 5

2. **Eingliederung.** Die Eingliederung ist rein tatsächlicher Natur. Der AN ist in einen Betrieb eingegliedert, wenn er dort **(a)** aufgrund einer zwischen ihm und dem Betriebsinha- 6

[1] BAG 21.5.2019 AP Nr. 214 zu § 1 KSchG 1969 Betriebsbedingte Kündigung = NZA 2019, 1052; 13.12.2012 AP Nr. 166 zu § 102 BetrVG 1972 = NZA 2013, 669; 11.12.1991 AP Nr. 2 zu § 90 BetrVG 1972 = NZA 1992, 850.
[2] BAG 5.3.1987 AP Nr. 30 zu § 15 KSchG 1969 = NZA 1988, 32.
[3] BAG 29.1.1992 AP Nr. 47 zu § 5 BetrVG 1972 = NZA 1992, 835.
[4] BAG 19.3.2008 NZA 2008, 760; 20.2.2008 NZA-RR 2008, 401; 2.10.2007 AP Nr. 54 zu § 99 BetrVG 1972 Einstellung = NZA 2008, 244; 17.1.2007 AP Nr. 40 zu § 64 ArbGG 1979 = NZA 2007, 644.

ber getroffenen Abrede oder zumindest mit seiner Duldung **(b)** im Rahmen des arbeitstechnischen Betriebszwecks eingesetzt wird und **(c)** ihm dort Weisungen erteilt werden. Die beschäftigten Personen müssen selbst so in die Arbeitsorganisation eingegliedert sein, dass der AG die für ein Arbeitsverhältnis typischen Entscheidungen über ihren Arbeitseinsatz auch nach Art, Zeit und Ort zu treffen hat und damit wenigstens einen Teil der Arbeitgeberstellung auch für sie einnimmt.[5] Die für eine Einstellung erforderliche Eingliederung in die Betriebsorganisation erfordert nicht, dass der AN seine Arbeiten auf dem Betriebsgelände oder innerhalb der Betriebsräume verrichtet. Entscheidend ist nach neuerer Rspr. vielmehr, ob der AG mit Hilfe des AN den arbeitstechnischen Zweck des jeweiligen Betriebs verfolgt; die Ausübung von Weisungen gegenüber dem eingegliederten AN ist nicht (mehr) erforderlich.[6] Dies kann auch der Fall sein, wenn die Person mit dem AG einen Dienstvertrag abgeschlossen hat, der sie zur Ausübung von Weisungsrechten gegenüber AN des Betriebs berechtigt.[7] Beschäftigte bleiben eingegliedert, wenn ihr Arbeitsverhältnis vorübergehend ruht (zB bei Elternzeit, Wehr- bzw. Ersatzdienst) oder sie zeitweilig nicht im Betrieb anwesend sind (zB bei auswärtigen Einsätzen oder mobiler Arbeit), nicht aber wenn sie nicht mehr in den Betrieb zurückkehren (zB bei Altersteilzeit in der Freistellungsphase). Für die Eigenschaft als AN iSd § 5 I BetrVG ist es unerheblich, ob die Arbeit in Voll- oder Teilzeitarbeit erbracht wird.[8] Zu den AN gehören auch diejenigen, die nicht vom Betriebsinhaber selbst, sondern von einer Mittelperson eingestellt sind (mittelbares Arbeitsverhältnis → § 181 Rn. 28), sofern sie dem Weisungsrecht des mittelbaren AG unterliegen. Zu den AN gehören auch die sog. Scheinselbständigen, wenn sie in persönlicher Abhängigkeit tätig werden. AN können in mehrere Betriebe ihres oder eines anderen AG zugleich eingegliedert sein;[9] zur Eingliederung bei sog. **Matrix-Strukturen** → § 187 Rn. 9.

6a **3. Außendienst und Telearbeit.** Durch das BetrVG-ReformG ist § 5 I BetrVG neu gefasst worden. Zu den AN zählen ausdrücklich auch die im Außendienst beschäftigten AN (→ § 8 Rn. 38) und die Telearbeiter (→ § 164 Rn. 1). Diese gelten in gleichem Maß wie die im Betrieb beschäftigten AN als Betriebsangehörige. Durch die Neufassung sollte kein eigenständiger Arbeitnehmerbegriff geschaffen, sondern lediglich klargestellt werden, dass die Zuordnung zu dem Betrieb auch dann besteht, wenn die Arbeitsleistung nicht in dessen räumlichem Bereich, sondern außerhalb eines Betriebs in Form des klassischen Außendienstes oder von Telearbeit erfolgt. Zu Letzterer zählen die mobile, alternierende und die häusliche Telearbeit. Die Tätigkeit muss jedoch stets in persönlicher Abhängigkeit, dh weisungsgebunden erbracht werden.[10] Fehlt es hieran, zählen die im Außendienst oder an Bildschirmgeräten Beschäftigten nicht zu den AN iSd § 5 I 1 BetrVG. Liegt jedoch ein Heimarbeitsverhältnis vor, werden die mit Telearbeit Beschäftigten ungeachtet der rechtlichen Qualifikation ihres Anstellungsverhältnisses über § 5 I 2 BetrVG in den persönlichen Geltungsbereich der Betriebsverfassung einbezogen;[11] zu Leiharbeitnehmern → § 217 Rn. 11a, 24. Die konkrete Zuordnung erfolgt zu dem Betrieb, von dem das Direktionsrecht ausgeübt wird und die auf das Vertragsverhältnis bezogenen Anweisungen erteilt werden.[12]

6b **4. Heimarbeiter.** Nach dem durch das BetrVG-ReformG neu gefassten § 5 I 2 BetrVG gelten auch die in Heimarbeit Beschäftigten (→ § 10 Rn. 13) als AN, wenn sie in der Hauptsache für den Betrieb arbeiten. Maßgeblich sind die Begrifflichkeiten des HAG.[13] Danach gelten betriebsverfassungsrechtlich als AN die Heimarbeiter nach § 2 I HAG und die Hausgewerbetreibenden nach § 2 II HAG, nicht aber die ihnen nach § 1 II HAG Gleichgestellten, da sich die Gleichstellung nur auf das HAG und nicht auf das BetrVG bezieht. Die Einbeziehung der

[5] BAG 18.1.2017 AP Nr. 35 zu § 38 BetrVG 1972 = NZA 2017, 865; 22.3.2000 AP Nr. 8 zu § 14 AÜG = NZA 2000, 1119; 22.4.1997 AP Nr. 18 zu § 99 BetrVG 1972 Einstellung = NZA 1997, 1297.

[6] BAG 12.6.2019 AP Nr. 161 zu § 99 BetrVG 1972 = NZA 2019, 1288; dazu *Engels* ArbuR 2021, 63; *Lingemann/Steinhauser* NZA 2020, 87.

[7] BAG 22.10.2019 AP Nr. 165 zu § 99 BetrVG 1972 = NZA 2020, 61.

[8] BAG 12.6.2019 AP Nr. 161 zu § 99 BetrVG 1972 = NZA 2019, 1288; 29.1.1992 AP Nr. 1 zu § 7 BetrVG 1972 = NZA 1992, 894.

[9] BAG 22.10.2019 AP Nr. 165 zu § 99 BetrVG 1972 = NZA 2020, 61; 12.6.2019 AP Nr. 161 zu § 99 BetrVG 1972 = NZA 2019, 1288.

[10] BT-Drs. 14/5741, 35; zur Neuregelung *Däubler* ArbuR 2001, 1 (3); *Schaub* NZA 2001, 364; *Hanau* RdA 2001, 65 (67); *Konzen* RdA 2001, 76 (82).

[11] *Schaub* NZA 2001, 364 (365).

[12] BAG 10.3.2004 – 7 ABR 36/03.

[13] BAG 25.3.1992 AP Nr. 48 zu § 5 BetrVG 1972 = NZA 1992, 899.

Heimarbeitnehmer in den persönlichen Geltungsbereich des BetrVG erfolgt im Wesentlichen aus historischen Gründen[14] und ungeachtet der rechtlichen Qualifikation der vertraglichen Vereinbarung, die ihrer Tätigkeit zugrunde liegt. Die Zuordnung als AN des in Rede stehenden Betriebs erfolgt nur, wenn ihre Tätigkeit für diesen Betrieb im Verhältnis zu ihrer Gesamttätigkeit für andere Betriebe überwiegt.[15] Nach wie vor nicht zu den Betriebsangehörigen zählen die mitarbeitenden Familienangehörigen und die fremden Hilfskräfte des Heimarbeiters.

5. Berufsbildung. AN sind schließlich die aufgrund eines privatrechtlichen Vertrags[16] zu ihrer Berufsausbildung Beschäftigten (→ § 174 Rn. 3). Maßgeblich ist die Weisungsgebundenheit ihrer Beschäftigung, ob sie eine Geldleistung erhalten, ist unerheblich. Der Begriff der Berufsausbildung in § 5 I 1 BetrVG deckt sich nicht mit demjenigen des BBiG, sondern ist weiter gefasst.[17] Er umfasst neben der beruflichen Grundausbildung alle Maßnahmen, die berufliche Kenntnisse und Fähigkeiten auf betrieblicher oder überbetrieblicher Ebene vermitteln. Dabei sind der Umfang und die Tiefe der vermittelten Kenntnisse und Fähigkeiten nicht entscheidend. Ebenso wenig kommt es auf die Dauer der Bildungsmaßnahmen an.[18] Auszubildende iSd BetrVG können daher auch solche Personen sein, die in einem vom BBiG nicht anerkannten Beruf in einer Betriebsschule (zB Elektroassistenten, Ingenieurassistenten) ausgebildet werden. Einbezogen sind Umschüler, Teilnehmer an berufsvorbereitenden Maßnahmen für jugendliche Arbeitslose[19] sowie berufliche Rehabilitanden.[20] Praktikanten,[21] die ein Hochschul- oder Fachhochschulstudium ableisten, können je nach Art und Dauer ihrer Tätigkeit zu ihrer Berufsausbildung beschäftigt werden, wenn sie aufgrund eines privatrechtlichen Vertrags tätig werden. Besteht die Ausbildung aus einem betrieblichen und einem schulischen Teil, muss die betrieblich-praktische Ausbildung überwiegen oder der schulischen Ausbildung zumindest gleichwertig sein.[22] Nicht zum Personenkreis des § 5 I BetrVG zählen Schulpraktikanten. Handelt es sich um einen reinen Ausbildungsbetrieb, gelten die Auszubildenden nicht als AN iSd § 5 I BetrVG;[23] sie können dort eigene Vertretungen bilden[24] (vgl. §§ 51, 52 BBiG). 7

6. Arbeitnehmerähnliche Personen, freie Mitarbeiter und sonstige Personen. Nicht zu den AN gehören die arbeitnehmerähnlichen Personen (→ § 10 Rn. 1). Deren Einbeziehung in die Betriebsverfassung war namentlich vom DGB in Zusammenhang mit dem BetrVG-ReformG gefordert worden.[25] Durch die Neufassung des § 5 I BetrVG ist klargestellt, dass nach wie vor als AN nur die aufgrund persönlicher Abhängigkeit Beschäftigten gelten. Der BR ist aber nach § 80 II BetrVG auf sein Verlangen hin über die Beschäftigung freier Mitarbeiter zu unterrichten.[26] Diese Informationen sollen ihm die Prüfung ermöglichen, ob die vermeintlichen freien Mitarbeiter nicht wegen ihrer Eingliederung in den Betrieb als AN anzusehen sind. Nicht als AN gelten Beschäftigte, die nicht aufgrund eines privatrechtlichen Vertrags, sondern aufgrund öffentlich-rechtlichen Zwangs (zB **Strafgefangene**)[27] in einem Betrieb tätig sind, auch wenn sie außerhalb der Anstalt beschäftigt werden (→ § 8 Rn. 14). Keine AN sind auch Personen, die als Freiwillige Dienst nach dem Gesetz über den Bundesfreiwilligendienst vom 28.4.2011 (BGBl. I 687) leisten (§ 2 BFDG). Sie stehen in einem öffentlich-rechtlichen Beschäftigungsverhältnis und nicht in einem Arbeitsverhältnis. Dies gilt gleichermaßen für Entwicklungshelfer, 8

[14] *Hanau* RdA 2001, 65 (68).
[15] BAG 27.9.1974 AP Nr. 1 zu § 6 BetrVG 1972.
[16] BAG 13.5.1992 AP Nr. 4 zu § 5 BetrVG 1972 Ausbildung = NZA 1993, 762.
[17] Zu § 78a BetrVG BAG 17.6.2020 AP Nr. 58 zu § 78a BetrVG 1972 = NZA 2020, 1723.
[18] BAG 15.3.2006 – 7 ABR 39/05.
[19] BAG 26.11.1987 AP Nr. 36 zu § 5 BetrVG 1972 = NZA 1988, 505; 24.9.1981 AP Nr. 26 zu § 5 BetrVG 1972; 10.2.1981 AP Nr. 25 zu § 5 BetrVG 1972; zu Unterschieden gegenüber dem BPersVG: GmS OGB 12.3.1987 AP Nr. 35 zu § 5 BetrVG 1972.
[20] BAG 26.1.1994 AP Nr. 54 zu § 5 BetrVG 1972 = NZA 1995, 120; 21.7.1993 AP Nr. 8 zu § 5 BetrVG 1972 Ausbildung = NZA 1994, 713; 13.5.1992 AP Nr. 4 zu § 5 BetrVG 1972 Ausbildung = NZA 1993, 762.
[21] BAG 30.10.1991 AP Nr. 2 zu § 5 BetrVG 1972 Ausbildung = NZA 1992, 808.
[22] BAG 6.11.2013 AP Nr. 82 zu § 5 BetrVG 1972 = NZA 2014, 678.
[23] BAG 5.4.2000 AP Nr. 62 zu § 5 BetrVG 1972 = NZA 2001, 629; 12.9.1996 AP Nr. 11 zu § 5 BetrVG 1972 = NZA 1997, 273; 20.3.1996 AP Nr. 10 zu § 5 BetrVG 1972 Ausbildung = NZA 1997, 107.
[24] BAG 16.7.2007 AP Nr. 12 zu § 5 BetrVG 1972 Ausbildung = NZA-RR 2008, 19; 24.8.2004 AP Nr. 12 zu § 98 BetrVG 1972 = NZA 2005, 371.
[25] DGB-Bundesvorstand NZA 2001, 135 (136).
[26] BAG 15.12.1998 AP Nr. 56 zu § 80 BetrVG 1972 = NZA 1999, 722.
[27] BAG 3.10.1978 AP Nr. 18 zu § 5 BetrVG 1972.

die nach dem EntwicklungshelferG vom 18.6.1969 (BGBl. I 549) Entwicklungsdienst leisten,[28] und Personen, die im Rahmen eines freiwilligen sozialen Jahrs bzw. freiwilligen ökologischen Jahrs (§§ 1 II, 13 des Gesetzes zur Förderung von Jugendfreiwilligendiensten vom 16.5.2008 [BGBl. I 842]) in einem Betrieb tätig sind.[29]

9 **7. Beamte, Arbeitnehmergestellung.** Beamte bzw. Beamtenanwärter wurden von der Rspr. – mit Ausnahme der spezialgesetzlich ausdrücklich geregelten Fälle – nicht als AN angesehen, selbst wenn sie in einem von einem privaten Rechtsträger allein oder gemeinsam mit einem öffentlichen Rechtsträger geführten Betrieb eingegliedert waren.[30] Es fehlte an der erforderlichen arbeitsvertraglichen Bindung zum Betriebsinhaber. Diese Rechtslage hat der Gesetzgeber durch die Anfügung eines Satz 3 in § 5 I BetrVG korrigiert. Danach gelten Beamte, Soldaten sowie AN des öffentlichen Dienstes einschließlich der zu ihrer Berufsausbildung Beschäftigten als AN iSd § 5 BetrVG, die in Betrieben privatrechtlich organisierter Unternehmen tätig sind. Der in § 5 I 3 BetrVG genannte Personenkreis muss einem AG im Geltungsbereich des BetrVG von einem AG/Dienstherrn des öffentlichen Dienstes auf der Grundlage einer Vereinbarung zur Arbeitsleistung überlassen worden sein. Eine Mindestdauer der Überlassung – wie etwa in § 7 S. 2 BetrVG – ist in § 5 I 3 BetrVG nicht vorgesehen. Rechtstechnisch stellt die Vorschrift eine (unwiderlegbare) Fiktion dar, wonach der Personenkreis des § 5 I 3 BetrVG für die Dauer seiner tatsächlichen Beschäftigung als AN iSd BetrVG gilt. Er zählt daher bei den im BetrVG enthaltenen Schwellenwerten mit.[31] Die zugewiesene Beschäftigung kann dabei auf beamtenrechtlichen Vorschriften, einer Personalgestellung (§ 4 III TVöD) oder einer dreiseitigen Vereinbarung beruhen. Deren Inhalt und ihre Wirksamkeit sind für den Eintritt der Fiktion ebenso ohne Bedeutung wie die Absprache zwischen den beteiligten AG über die Personalüberlassung. Die Arbeitnehmereigenschaft der in § 5 I 3 BetrVG genannten Personen wird mit der Aufnahme einer weisungsgebundenen Tätigkeit begründet und besteht bis zum letzten Tag ihrer Beschäftigung bei dem (privaten) AG.[32] Dies gilt auch für die bei der abgebenden Dienststelle freigestellten AN.[33] Damit hat dieser Personenkreis regelmäßig eine doppelte Interessenvertretung und ein doppeltes Wahlrecht sowohl zum PR des Dienstherrn im Bereich des § 130 BetrVG sowie zum BR des aufnehmenden privaten AG.[34] Bei Maßnahmen, die allein den Vertragsarbeitgeber betreffen (Kündigung, Eingruppierung), ist jedoch nur der PR der entsendenden Dienststelle zuständig.[35] § 5 I 3 BetrVG findet nur Anwendung, soweit nicht besondere gesetzliche Regelungen über den Einsatz von Beamten, Soldaten und AN eines öffentl.-rechtl. Dienstherrn bestehen (zB im DBGrG, PostPersRG, BWKoopG,[36] BWpVerwPG, BfAIPG).

III. Einschränkung des Arbeitnehmerbegriffs

10 **1. Organvertreter einer juristischen Person (§ 5 II Nr. 1 BetrVG).** Sie sind aus dem persönlichen Geltungsbereich des BetrVG herausgenommen, unabhängig davon, ob ihrer Organvertreterstellung ein Dienst- oder Arbeitsverhältnis zugrunde liegt, insoweit handelt es sich bei § 5 II Nr. 1 BetrVG um eine unwiderlegbare gesetzliche Vermutung. Organvertreter sind bei Vereinen die Vorstandsmitglieder (§ 26 BGB) und bei Stiftungen der Vorstand (§§ 26, 86 BGB) bzw. das im Stiftungsgeschäft bestimmte Organ (§ 85 BGB), Sondervertreter nach § 30 BGB sowie bei Aktiengesellschaften, Versicherungsvereinen und Genossenschaften die Vorstandsmitglieder (§ 78 AktG, § 34 VAG, § 24 GenG) und während der Liquidation die Liquidatoren, bei einer KGaA die Komplementäre, auch wenn nach dem Gesellschaftsvertrag die Vertretungsmacht eingeschränkt ist, bei der GmbH die Geschäftsführer. Bei Insolvenz einer juristischen Person ist gesetzlicher Vertreter der Insolvenzverwalter (§ 56 InsO). Bei ausländischen juristischen Personen ist für die Vertretungsmacht das Recht des jeweiligen ausländischen Staats maß-

[28] Vgl. BAG 27.4.1977 AP Nr. 1 zu § 611 BGB Entwicklungshelfer.
[29] Vgl. BAG 12.2.1992 AP Nr. 52 zu § 5 BetrVG 1972 = NZA 1993, 334.
[30] BAG 16.1.2008 AP Nr. 12 zu § 7 BetrVG 1972 = NZA-RR 2008, 634; 28.3.2001 AP Nr. 5 zu § 7 BetrVG 1972.
[31] BAG 15.12.2011 AP Nr. 77 zu § 5 BetrVG 1972 = NZA 2012, 519.
[32] BAG 12.9.2012 AP Nr. 14 zu § 9 BetrVG 1972 = NZA-RR 2013, 197 (Eingliederung maßgeblich).
[33] BAG 12.9.2012 AP Nr. 14 zu § 9 BetrVG 1972 = NZA-RR 2013, 197.
[34] *Heise/Fedder* NZA 2009, 1069; *Thüsing* BB 2009, 2036; aA *Löwisch* BB 2009, 2316.
[35] BAG 9.6.2011 AP Nr. 164 zu § 102 BetrVG 1972; *Löwisch/Mandler* BB 2016, 629.
[36] BVerwG 14.12.2009 NZA-RR 2010, 274.

geblich. Zu den Organvertretern zählen auch deren Vertreter, soweit auch sie Teil des gesamten Vertretungsorgans sind.[37] Einzelheiten → § 14 Rn. 2.

2. Personengesellschaften (§ 5 II Nr. 2 BetrVG). Bei der OHG, KG, Reederei, BGB- 11
Gesellschaft, Erbengemeinschaft und dem nicht-rechtsfähigen Verein sind die Mitglieder, soweit sie durch Gesetz, Satzung oder Gesellschaftsvertrag im Außenverhältnis zur Vertretung oder im Innenverhältnis zur Geschäftsführung berufen sind, keine AN. Entscheidend ist, ob ihnen die Geschäftsführungsbefugnis oder die erforderliche Vertretungsmacht zusteht. Dagegen gelten Gesellschafter, die von der Geschäftsführung oder Vertretungsmacht ausgeschlossen sind, als AN, wenn sie aufgrund eines Arbeitsvertrags beschäftigt werden.

3. Personen, die aus ideellen oder karitativen Gründen arbeiten (§ 5 II Nr. 3 12
BetrVG). Personen, deren Beschäftigung nicht in erster Linie ihrem Erwerb dient, sondern vorwiegend durch Beweggründe karitativer oder religiöser Art bestimmt ist, gelten nicht als AN. Hierzu gehören vor allem Mönche, Ordensschwestern und Diakonissen. Die Erbringung der Arbeitsleistung „freiwillig und ohne vertragliche Verpflichtung" gegen eine geringe Aufwandsentschädigung fällt dagegen nicht unter Nr. 3.[38] Umstr. ist die Rechtsstellung der anderen Schwestern (Caritas-Verband, Innere Mission, Deutsches Rotes Kreuz, Arbeiterwohlfahrt). DRK-Schwestern, die aufgrund ihrer vereinsrechtlichen Mitgliedschaft im Wege eines Gestellungsvertrags bei einem Dritten tätig werden, sind nicht dessen AN; sie werden aber nach § 14 II AÜG in seinen Betrieb eingegliedert.[39] Hingegen sind Gastschwestern, die gegen Entgelt in einem Krankenhaus arbeiten, regelmäßig AN.[40]

4. Arbeit zur Heilung und Erziehung (§ 5 II Nr. 4 BetrVG). Die Vorschrift erfasst Perso- 13
nen, bei denen die Beschäftigung vorrangig als Mittel zur Behebung physischer, psychischer und sonstiger in der Person des Beschäftigten liegender Mängel eingesetzt wird. Bei der Beschäftigung zur Wiedereingewöhnung geht es um die Wiederherstellung eines normalen Verhältnisses dieser Person zum allgemeinen Erwerbsleben. Die Wiedereingewöhnung ist darauf gerichtet, Personen, die jeder geregelten Arbeit entwöhnt sind oder sich nie an eine solche Arbeit gewöhnt haben, an geregelte Arbeit heranzuführen.[41] Davon zu unterscheiden ist die Beschäftigung zur Berufsausbildung, durch die in erster Linie berufliche Kenntnisse und Fertigkeiten vermittelt werden sollen. Von Nr. 4 erfasst werden zB Kranke, Suchtkranke, Nichtsesshafte oder nach § 74 SGB V zur Wiedereingliederung Beschäftigte, nicht aber Rehabilitanden[42] oder Teilnehmer an einer Maßnahme der Eignungsfeststellung bzw. Trainingsmaßnahme sowie Empfänger von Alg. II in Arbeitsgelegenheiten nach § 16d SGB II, da es bei dem letztgenannten Personenkreis an einem privatrechtlichen Vertragsschluss fehlt, der Grundlage für die Beschäftigungsausübung ist; zu den Beschäftigten in Werkstätten für Behinderte → § 187 Rn. 2.

5. Ehegatten, Lebenspartner, Verwandte und Verschwägerte 1. Grads (§ 5 II Nr. 5 14
BetrVG). Diese Verwandten des AG gelten nicht als AN, wenn sie mit ihm in häuslicher Gemeinschaft leben. Häusliche Gemeinschaft (§ 1619 BGB) setzt eine gemeinsame Wohnung und Lebensführung voraus. Dies gilt unabhängig davon, ob sie aufgrund familienrechtlicher Mitarbeit (→ § 9 Rn. 32) oder eines Arbeitsvertrags tätig werden. Jedoch müssen das Ehe- oder Verwandtschaftsverhältnis und die häusliche Gemeinschaft gleichzeitig bestehen. Getrennt lebende Ehegatten sowie in häuslicher Gemeinschaft ohne eheliche Bindung lebende Personen fallen nicht unter § 5 II Nr. 5 BetrVG.[43] Die Vorschrift gilt entsprechend für Ehegatten, Lebenspartner, Verwandte und Verschwägerte 1. Grads der unter § 5 II Nr. 1 und 2 BetrVG genannten Personen. Verwandte (also auch Enkel) und Verschwägerte weiteren Grads zählen nur dann nicht zu den AN, wenn sie aufgrund familienrechtlicher Mitarbeit und nicht aufgrund eines Arbeitsvertrags tätig werden. Nach dem Wortlaut von § 5 II Nr. 5 BetrVG muss das besondere Verhältnis zum AG, dh einer natürlichen Person bestehen. Die Vorschrift ist entspr. anzuwenden auf Verwandte und Verschwägerte von Personen, die zur Alleinvertretung einer Kapitalgesellschaft berechtigt sind.[44]

---

[37] BAG 26.5.1999 AP Nr. 10 zu § 35 GmbHG = NZA 1999, 987.
[38] BAG 15.3.2006 – 7 ABR 39/05.
[39] BAG 21.2.2017 AP Nr. 67 zu § 99 BetrVG 1972 Einstellung = NZA 2017, 662.
[40] BAG 14.12.1994 AP Nr. 3 zu § 5 BetrVG 1972 Rotes Kreuz = NZA 1995, 906.
[41] BAG 13.5.1992 AP Nr. 4 zu § 5 BetrVG 1972 Ausbildung = NZA 1993, 762; 25.10.1989 AP Nr. 40 zu § 5 BetrVG 1972.
[42] BAG 15.3.2006 – 7 ABR 39/05.
[43] ArbG Köln 9.6.1976 DB 1976, 2068 (Verlöbnis).
[44] DKW/*Trümner* BetrVG § 5 Rn. 202; weitgehend *Fitting* BetrVG § 5 Rn. 344.

IV. Leitende Angestellte

15 **1. Allgemeines. a) Normgeschichte.** Nach § 5 III 1 BetrVG findet das BetrVG keine Anwendung auf leitende Angestellte, soweit in ihm nicht ausdrücklich etwas anderes bestimmt ist (zB §§ 105, 107 f. BetrVG). Die leitenden Angestellten sind aus dem persönlichen Geltungsbereich des Gesetzes herausgenommen. Für sie gilt das Sprecherausschussgesetz (→ § 247 Rn. 1). Die Abgrenzungskriterien der leitenden Angestellten waren bereits im Gesetzgebungsverfahren zum BetrVG 1972 lebhaft umstritten. Durch das Gesetz zur Änderung des BetrVG, über Sprecherausschüsse der leitenden Angestellten und zur Sicherung der Montanmitbestimmung vom 23.12.1988 (BGBl. I 2312) hat der Gesetzgeber versucht, den Begriff des leitenden Angestellten weiter zu präzisieren. Im Wesentlichen wiederholt das Gesetz aber nur die Rspr. des BAG. Nach § 45 S. 2 WPO gelten angestellte **Wirtschaftsprüfer** als leitende Angestellte iSd § 5 III BetrVG, sofern diese tatsächlich die Tätigkeit eines Wirtschaftsprüfers ausüben und ihnen Prokura erteilt ist;[45] zu den von § 54 S. 2 WPO erfassten Personen zählen auch Wirtschaftsprüfer von genossenschaftlichen Prüfungsverbänden. Die Vorschrift ist auf angestellte Rechtsanwälte und/oder Steuerberater nicht entspr. anzuwenden.[46]

16 **b) Verfassungsmäßigkeit.** Die Vielzahl der in § 5 III BetrVG enthaltenen unbestimmten Rechtsbegriffe hat vielfach zu Zweifeln an seiner Verfassungsmäßigkeit geführt. Diese Bedenken sind durch die Neuregelung jedenfalls nicht verstärkt worden. Nach Auffassung des BVerfG genügte bereits die in § 5 III Nr. 3 BetrVG aF enthaltene Umschreibung des Personenkreises der leitenden Angestellten dem rechtsstaatlichen Bestimmtheitsgebot.[47]

17 **2. Begriff des leitenden Angestellten. a) Grundsatz.** Es gibt keine allgemeingültige Definition des Begriffs des leitenden Angestellten. Vielmehr ist die Abgrenzung in den verschiedenen Gesetzen unterschiedlich. Dies gilt etwa für den Kündigungsschutz (§§ 14 II, 17 III KSchG),[48] die Stellung des ehrenamtlichen Richters bei den Gerichten für Arbeitssachen (§ 22 II Nr. 2 ArbGG) oder im Rahmen der Betriebs- oder Sprecherausschussverfassung. Dagegen erfolgt die Abgrenzung der leitenden Angestellten in § 5 III BetrVG, § 1 I SprAuG, in § 3 III Nr. 2 MitbestG und § 18 I Nr. 1 ArbZG nach einheitlichen Merkmalen, da jeweils auf § 5 III BetrVG verwiesen wird.

18 **b) Arbeitgeberfunktion.** Nach soziologischer Betrachtungsweise sind leitende Angestellte solche Personen, denen unternehmerische Teilfunktionen, insbesondere bedeutende Arbeitgeberfunktionen, übertragen worden sind. So ist gerade in Groß- und Mittelbetrieben der Unternehmer vielfach nicht mehr in der Lage, das Unternehmen allein zu führen. An seine Stelle treten die leitenden Angestellten. Ihre Aufgabe ist es, die Interessen des Unternehmers gegenüber der Belegschaft und gegenüber Dritten wahrzunehmen. Wegen der ihnen übertragenen unternehmerischen (Teil-)Aufgaben und des sich daraus ergebenden Interessengegensatzes gegenüber den anderen Belegschaftsangehörigen sind die leitenden Angestellten aus dem persönlichen Geltungsbereich des BetrVG herausgenommen.[49]

19 **c) Arbeitsrechtlicher Schutz.** Die leitenden Angestellten sind AN und weitgehend in den Geltungsbereich der arbeitsrechtlichen Schutznormen miteinbezogen. So haben sie allgemeinen Kündigungsschutz, allerdings bedarf ein zulässiger Auflösungsantrag des AG keiner Begründung (§ 14 II KSchG). Daneben sind sie von der Einhaltung der Arbeitszeitvorschriften befreit (§ 18 I Nr. 1 ArbZG).

20 **3. Herausnahme aus der Betriebsverfassung. a) Abdingbarkeit.** Sowohl für die Betriebsverfassung als auch die Sprecherausschussverfassung folgt die Definition des leitenden Angestellten aus § 5 III 2 BetrVG. Die gesetzlichen Tatbestandsmerkmale sind abschließend und können durch Tarifvertrag oder Betriebsvereinbarung nicht geändert werden.[50]

---

[45] BAG 29.6.2011 AP Nr. 76 zu § 5 BetrVG 1972 = NZA 2012, 408; *Henssler* FS Hromadka, 2008, 131.
[46] BAG 29.6.2011 AP Nr. 75 zu § 5 BetrVG 1972 = NZA-RR 2011, 647.
[47] BVerfG 24.11.1981 AP Nr. 27 zu § 5 BetrVG 1972; BAG 29.1.1980 AP Nr. 22 zu § 5 BetrVG 1972.
[48] Vgl. BAG 18.11.1999 AP Nr. 5 zu § 14 KSchG 1969 = NZA 2000, 830; 25.11.1993 AP Nr. 3 zu § 14 KSchG 1969 = NZA 1994, 837.
[49] BAG 1.6.1976 AP Nr. 15 zu § 5 BetrVG 1972; 9.12.1975 AP Nr. 11 zu § 5 BetrVG 1972.
[50] BAG 29.1.1980 AP Nr. 22 zu § 5 BetrVG 1972; 5.3.1974 AP Nr. 1 zu § 5 BetrVG 1972.

b) Beamte. Die in privatisierten Bundesunternehmen tätigen Beamten gelten als leitende Angestellte, wenn sie aufgrund der ihnen übertragenen Tätigkeit die Voraussetzungen des § 5 III 2 BetrVG erfüllen (vgl. § 19 I DBGrG, §§ 24 II, 36 II PostPersRG). 21

4. Allgemeine Voraussetzungen der leitenden Angestellten. a) Alternative Tatbestände. Nach § 5 III 2 BetrVG ist leitender Angestellter, wer nach Arbeitsvertrag und Stellung im Unternehmen oder im Betrieb die in den Nrn. 1–3 näher umschriebenen Funktionen erfüllt. Die Voraussetzungen liegen vor, wenn nur einer der drei Tatbestände erfüllt ist. Die Merkmale „Arbeitsvertrag" und „Stellung im Unternehmen" sind für die Auslegung der Einzelmerkmale von Bedeutung. 22

b) Arbeitsvertrag. Die Funktionen müssen aufgrund des Arbeitsvertrags wahrgenommen werden. Die Hervorhebung des Arbeitsvertrags hat die Bedeutung, dass sich bereits aus der vertragsrechtlichen Gestaltung die Funktionen des leitenden Angestellten ergeben müssen. Nicht erforderlich ist, dass die genannten Aufgaben und Befugnisse im Arbeitsvertrag schriftlich niedergelegt sind; es genügen auch entspr. mündliche Abreden.[51] 23

c) Ausübung der Funktion. Der leitende Angestellte muss nicht nur im Außenverhältnis die ihm übertragenen Funktionen wahrnehmen können, sondern auch im Verhältnis zum AG berechtigt sein, von ihnen Gebrauch zu machen. Erforderlich ist weiterhin, dass er die vertraglich eingeräumte Rechtsposition auch tatsächlich ausübt. Die vorübergehende Nichtausübung der Funktionen aufgrund einer längeren Freistellung ist für die Statusbeurteilung ohne Bedeutung.[52] Gehört ein leitender Angestellter mehreren Betrieben an, kann sein Status nur für alle Betriebe einheitlich beurteilt werden.[53] 24

5. Selbständige Einstellungs- und Entlassungsbefugnis (§ 5 III Nr. 1 BetrVG). Leitender Angestellter ist, wer nach den gemeinsamen Merkmalen zur selbständigen Einstellung und Entlassung von im Betrieb oder in der Betriebsabteilung beschäftigten AN berechtigt ist (§ 5 III 2 Nr. 1 BetrVG). Es handelt sich um ein formales Abgrenzungsmerkmal, die Befugnis muss sich – anders als nach § 14 II KSchG – sowohl auf die Einstellung wie auch die Entlassung erstrecken. Der leitende Angestellte muss nicht nur im Außenverhältnis befugt sein, Einstellungen und Entlassungen vorzunehmen, sondern auch im Innenverhältnis gegenüber dem AG eigenverantwortlich über die Einstellung und Entlassung einer bedeutenden Anzahl von AN des Betriebs entscheiden können.[54] Aus der Gesamtbetrachtung der Nr. 1–3 folgt, dass nur solche Angestellte als leitende Angestellte anzusehen sind, die durch ihre Personalentscheidungen für den Bestand und die Entwicklung des Unternehmens oder eines Betriebs bedeutsame Entscheidungen zu fällen haben.[55] Die Voraussetzungen des § 5 III 2 Nr. 1 BetrVG sind auch erfüllt, wenn sich die Einstellungs- und Entlassungsbefugnis nur auf einen Teil der Belegschaft bezieht, sofern die erfassten Mitarbeiter ein für das Unternehmen bedeutsames Aufgabengebiet betreuen. Der zeitliche Anteil, den die tatsächliche Ausübung der Einstellungs- und Entlassungsbefugnis an der Arbeitszeit des Angestellten ausmacht, ist hingegen für die Beurteilung der Voraussetzungen des § 5 III 2 Nr. 1 BetrVG ohne Bedeutung.[56] Danach ist weder der Titularprokurist, der nur im Außenverhältnis zur Einstellung und Entlassung befugt ist, ein leitender Angestellter noch der Polier, der zur selbständigen Einstellung und Entlassung von Bauarbeitern auf einer Baustelle berechtigt ist. 25

6. Generalvollmacht oder Prokura (§ 5 III Nr. 2 BetrVG). a) Abgrenzung. Leitender Angestellter ist, wer nach den gemeinsamen Merkmalen Generalvollmacht oder Prokura hat und die Prokura auch im Verhältnis zum AG nicht unbedeutend ist (§ 5 III 2 Nr. 2 BetrVG). Die Erteilung einer Handlungsvollmacht (§ 54 HGB) ist nicht ausreichend.[57] 26

[51] BAG 23.3.1976 AP Nr. 14 zu § 5 BetrVG 1972.
[52] Anders ArbG München 26.8.2004 NZA-RR 2005, 194.
[53] BAG 25.2.1997 AP Nr. 72 zu § 87 BetrVG 1972 Arbeitszeit = NZA 1997, 955; 25.10.1989 AP Nr. 42 zu § 5 BetrVG 1972 = NZA 1990, 820.
[54] BAG 27.4.1988 AP Nr. 37 zu § 5 BetrVG 1972 = NZA 1988, 809; 11.3.1982 AP Nr. 28 zu § 5 BetrVG 1972.
[55] BAG 16.4.2002 AP Nr. 69 zu § 5 BetrVG 1972 = NZA 2003, 56.
[56] BAG 10.10.2007 AP Nr. 72 zu § 5 BetrVG 1972 (Chefarzt).
[57] BAG 10.4.1991 AP Nr. 141 zu § 1 TVG Tarifverträge: Bau = NZA 1991, 857.

27 **b) Begriff.** Die Generalvollmacht berechtigt zur Führung des gesamten Geschäftsbetriebs (§ 105 AktG), die Prokura zu allen Arten von gerichtlichen und außergerichtlichen Geschäften und Rechtshandlungen, die der Betrieb eines Handelsgewerbes mit sich bringt. Jedoch ist der Prokurist zur Veräußerung und Belastung von Grundstücken nur berechtigt, wenn ihm diese Befugnis besonders verliehen worden ist (vgl. §§ 48 ff. HGB). Die Prokura kann weiter eingeschränkt werden und in Form einer Gesamt- oder Niederlassungsprokura erteilt werden. Gegenüber Dritten, dh im Außenverhältnis, kann sie nicht beschränkt werden. Der Prokurist ist nur dann leitender Angestellter, wenn ihm der Gebrauch der Prokura im Verhältnis zu seinem AG, dh im Innenverhältnis in nicht unbedeutendem Umfang gestattet ist. Unschädlich ist allerdings die Einschränkung durch allgemeine Richtlinien. Keine leitenden Angestellten sind deshalb Prokuristen, wenn ihnen im Innenverhältnis die Ausübung der Prokura weitgehend untersagt ist oder ihre arbeitsvertraglichen Aufgaben sich in sog. Stabsfunktionen erschöpfen, also in einer nicht nach außen gerichteten Tätigkeit.[58]

28 **c) Entscheidungsbefugnis.** § 5 III 2 Nr. 2 BetrVG ist damit auch vor dem Hintergrund von § 5 III 2 Nr. 3 BetrVG auszulegen, dass nur derjenige als leitender Angestellter angesehen werden kann, der eine bedeutsame Entscheidungskompetenz besitzt. Ausschlaggebend für die Zuordnung eines Prokuristen zum Personenkreis der leitenden Angestellten iSv § 5 III BetrVG sind daher nicht nur die mit der Prokura verbundenen formellen und umfassenden Vertretungsbefugnisse im Außenverhältnis, sondern auch die damit verbundenen unternehmerischen Aufgaben, um derentwillen dem AN die Prokura verliehen worden ist. Diese unternehmerischen Aufgaben dürfen nach Sinn und Zweck des § 5 III 2 Nr. 2 BetrVG nicht von einer untergeordneten Bedeutung sein, weil es sonst an dem vom Gesetzgeber für den Personenkreis der leitenden Angestellten angenommenen Interessengegensatz zum BR fehlen würde. Als leitender Angestellter muss ein Prokurist daher unternehmerische Führungsaufgaben wahrnehmen, die sich nicht in der Wahrnehmung sog. Stabsfunktionen erschöpfen.[59]

29 **7. Sonstige leitende Angestellte (§ 5 III Nr. 3 BetrVG). a) Tatbestand.** Leitende Angestellte sind schließlich Personen, die die allgemeinen Voraussetzungen (→ Rn. 22) erfüllen und regelmäßig sonstige Aufgaben wahrnehmen, die für den Bestand und die Entwicklung des Unternehmens oder eines Betriebs von Bedeutung sind und deren Erfüllung besondere Erfahrung voraussetzt, wenn sie dabei entweder die Entscheidung im Wesentlichen frei von Weisungen treffen oder sie maßgeblich beeinflussen (§ 5 III Nr. 3 BetrVG).

30 **b) Einflussmöglichkeiten.** Im Unterschied zu § 5 III Nr. 3 BetrVG aF müssen die Aufgaben für den Bestand und die Entwicklung des Unternehmens oder eines Betriebs von Bedeutung sein. Die Neufassung knüpft damit an die Rspr. des BAG an, dass der Angestellte unternehmerische Teilaufgaben wahrnehmen muss, die für den Bestand und die Entwicklung bedeutsam sind.[60] Leitende Angestellte sind daher nur solche Personen, die die Unternehmensplanung beeinflussen können. Erforderlich ist, dass sie nach dem Arbeitsvertrag und der tatsächlichen Stellung im Unternehmen der Leitungs- und Führungsebene zuzurechnen sind und unternehmens- oder betriebsleitende Entscheidungen entweder selbst treffen oder maßgeblich vorbereiten.[61] Nicht ausreichend ist eine nur arbeitstechnische Durchführung unternehmerischer Entscheidungen oder eine Tätigkeit, die sich darin erschöpft, vorgegebene Ziele zu erarbeiten, selbst wenn die Arbeitsergebnisse das Unternehmensschicksal entscheidend prägen können.[62] Die Aufgaben können sich auf die wirtschaftlichen, kaufmännischen, organisatorischen und wissenschaftlichen Bereiche des Unternehmens beziehen. Sie müssen aber stets für die Entwicklung und den Bestand des Unternehmens oder etwa eines Betriebs (Zweigwerk) von Bedeutung sein, weshalb eine gewisse Breite der (Teil-)Aufgaben erforderlich ist. Kein leitender Angestellter ist daher, wem nur schmale Teilbereiche der Unternehmensführung übertragen werden. Dagegen ist unbeachtlich, ob der Angestellte die maßgebenden Entscheidungen selbst trifft (Linienfunktion) oder nur die Voraussetzungen schafft, an denen die Unternehmensleitung nicht vorbeigehen kann (Stabsfunktion).

[58] BAG 11.1.1995 AP Nr. 55 zu § 5 BetrVG 1972 = NZA 1995, 747; 27.4.1988 AP Nr. 37 zu § 5 BetrVG 1972 = NZA 1988, 809.
[59] BAG 25.3.2009 AP Nr. 73 zu § 5 BetrVG 1972 = NZA 2009, 1296.
[60] BAG 25.2.1997 AP Nr. 72 zu § 87 BetrVG 1972 Arbeitszeit = NZA 1997, 955; 23.1.1986 AP Nr. 32 zu § 5 BetrVG 1972 = NZA 1986, 484; 29.1.1980 AP Nr. 24 zu § 5 BetrVG 1972.
[61] BAG 5.5.2010 AP Nr. 74 zu § 5 BetrVG 1972 = NZA 2010, 955.
[62] LAG Köln 20.4.2001 DB 2001, 1512.

c) Fachkenntnisse. Die Erfüllung der Aufgaben muss besondere Erfahrungen und Kenntnisse voraussetzen. Wie der leitende Angestellte diese Kenntnisse erworben hat, ist unerheblich.[63] Ein akademisches Studium ist nicht Voraussetzung für den Status eines leitenden Angestellten. Maßgebend ist allein, dass dem leitenden Angestellten die Aufgaben wegen seiner Erfahrungen und Kenntnisse übertragen worden sind. 31

d) Weisungsfreiheit. Der leitende Angestellte muss die Entscheidung im Wesentlichen frei von Weisungen treffen oder sie maßgeblich beeinflussen. In den Gesetzesmaterialien heißt es, dass ein Handeln im Wesentlichen frei von Weisungen nicht nur dann vorliegen kann, wenn der leitende Angestellte die Entscheidungen selbst trifft, sondern auch dann, wenn er aufgrund seiner Position Fakten schafft, die bei den unternehmens- oder betriebsleitenden Entscheidungen nicht unbeachtet gelassen werden können (BT-Drs. 11/2503, 30). § 5 III 2 Nr. 3 Hs. 2 BetrVG stellt darüber hinaus klar, dass dem leitenden Angestellten Vorgaben, insbesondere aufgrund von Rechtsvorschriften, Plänen oder Richtlinien gegeben werden können, sowie eine Zusammenarbeit mit anderen leitenden Angestellten vorkommen kann. 32

e) Prägung. Der leitende Angestellte muss die Aufgaben regelmäßig wahrnehmen. Sie dürfen ihm also nicht nur vorübergehend oder zur Erprobung übertragen werden. Die Gesamttätigkeit des leitenden Angestellten muss durch die Aufgaben geprägt sein. Ob auch der **Stellvertreter** eines leitenden Angestellten als solcher anzusehen ist, beurteilt sich nach den Umständen des Einzelfalls. Tritt der Vertretungsfall nicht nur vereinzelt, sondern regelmäßig und in erheblichem Umfang ein, kann er bereits wegen der Vertretung leitender Angestellter sein. Denkbar ist aber auch, dass der Stellvertreter die Anforderungen des § 5 III BetrVG erst durch das Zusammenspiel von Vertretung und eigenen Aufgaben erfüllt.[64] 33

f) Sonstige Merkmale. Die aufgezählten Merkmale sind abschließend. Auf andere Merkmale kommt es nicht an. Unerheblich sind daher erhebliche Sach-[65] oder Personalverantwortung, Überwachungsfunktion, Einsatzlenkung und Selbstverständnis oder ein ausdrücklicher Gegnerbezug.[66] 34

8. Gesetzliche Auslegungsregeln (§ 5 IV BetrVG). a) Keine Regelbeispiele. § 5 IV BetrVG enthält nach den Gesetzesmaterialien „Auslegungsregeln, die an formale, schnell feststellbare Merkmale anknüpfen, um die Anwendung des § 5 III 2 Nr. 3 BetrVG zu erleichtern (BT-Drs. 11/2503, 30)". Ihre Auslegung als Regelbeispiele oder als gesetzliche Vermutung ist nach der Konzeption des Gesetzes unrichtig. 35

b) Bedeutung. § 5 IV BetrVG findet nur bei der Auslegung von § 5 III 2 Nr. 3 BetrVG, nicht dagegen bei den Nrn. 1 und 2 Anwendung. Auf die Vorschrift kann nicht zurückgegriffen werden, wenn Meinungsverschiedenheiten über die Auslegung der in § 5 III BetrVG genannten Rechtsbegriffe bestehen. Ebenso wenig macht sie eine umfassende Sachverhaltsaufklärung entbehrlich. Sie ist immer nur dann anwendbar, wenn bei der Würdigung des festgestellten Sachverhalts Zweifel an der rechtlichen Zuordnung des AN zum Kreis der leitenden Angestellten bestehen. Nur für diesen Fall stellt sie eine (gesetzliche) Entscheidungshilfe für den jeweiligen Rechtsanwender dar.[67] 36

c) Bisherige Zuordnung. Leitender Angestellter ist, wer aus Anlass der letzten Wahl des BR, des Sprecherausschusses oder von Aufsichtsratsmitgliedern der AN oder durch rechtskräftige gerichtliche Entscheidung den leitenden Angestellten zugeordnet worden ist (§ 5 IV Nr. 1 BetrVG). Die (positive) Zuordnung wird im Allgemeinen durch den Wahlvorstand erfolgen. Sind Betriebs- und Sprecherausschusswahlen gleichzeitig eingeleitet worden, wird die Entscheidung im Zuordnungsverfahren nach § 18a BetrVG getroffen. Hat ein gerichtliches Verfahren über den Status des Angestellten stattgefunden, so ist die gerichtliche Entscheidung maßgebend. Gemeint ist aber nur eine Entscheidung im Beschlussverfahren, nicht dagegen eine Inzidententscheidung im Urteilsverfahren, etwa bei Kündigung. Eine frühere Zuordnung ist nicht mehr von Bedeutung, wenn der Aufgabenbereich des leitenden Angestellten verändert worden ist. 37

d) Leitungsebene. Leitender Angestellter ist, wer einer Leitungsebene angehört, auf der in dem Unternehmen überwiegend leitende Angestellte vertreten sind (§ 5 IV Nr. 2 BetrVG). 38

[63] BAG 10.2.1976 AP Nr. 12 zu § 5 BetrVG 1972; 17.12.1974 AP Nr. 7 zu § 5 BetrVG 1972.
[64] Vgl. auch BAG 23.1.1986 AP Nr. 32 zu § 5 BetrVG 1972; 29.1.1980 AP Nr. 22 zu § 5 BetrVG 1972.
[65] BAG 23.1.1986 AP Nr. 32 zu § 5 BetrVG 1972.
[66] BAG 29.1.1980 AP Nr. 22 zu § 5 BetrVG 1972.
[67] BAG 22.2.1994 – 7 ABR 32/93.

Leitungsebene ist nicht der einseitig vom AG festgelegte Organisationsplan des Unternehmens. Gemeint ist die Führungsebene, auf der überwiegend, also mehr als 50% der AN arbeiten, auf die die Voraussetzungen von § 5 III 2 Nr. 3 BetrVG zutreffen.

39 **e) Vergütung.** Leitender Angestellter ist, wer ein regelmäßiges Jahresarbeitsentgelt erhält, das für leitende Angestellte in dem Unternehmen üblich ist (§ 5 IV Nr. 3 BetrVG). Sonderzulagen bleiben unberücksichtigt. Erfolgsbeteiligungen oder Tantiemen werden nur berücksichtigt, wenn sie regelmäßig anfallen. Vergleichsmaßstab ist das regelmäßige Jahresarbeitsentgelt im Unternehmen, nicht dagegen der Branche. Gehören einer Jahresarbeitsverdienstebene auch AN an, die keine leitenden Angestellten sind, ist darauf abzustellen, ob darin auch leitende Angestellte sind. Nicht verlangt wird, dass darin überwiegend leitende Angestellte sind.

40 **f) Überschreiten der 3-fachen Bezugsgröße.** Leitender Angestellter ist, sofern nach Anwendung der Nr. 3 noch Zweifel bestehen, wer ein regelmäßiges Jahresarbeitsentgelt erhält, dass das 3-fache der Bezugsgröße nach § 18 SGB IV überschreitet. Jedoch darf bei der Beurteilung des leitenden Angestellten nicht sogleich auf das Einkommen abgestellt werden. § 5 IV BetrVG greift überhaupt nur ein, wenn Zweifel verbleiben, ob die Voraussetzungen von § 5 III 2 Nr. 3 BetrVG erfüllt werden. Nr. 4 ist dann schließlich nur maßgebend, wenn noch Zweifel nach Anwendung der Nr. 3 bestehen. Die Bezugsgröße nach § 18 SGB IV beträgt 2021 in den alten Bundesländern einschließlich Berlin-West 39 480 EUR und in den neuen Bundesländern 37 380 EUR,[68] die Gehaltsgrenze des § 5 IV Nr. 4 BetrVG beträgt daher 118 440 EUR/ 112 140 EUR. Die Vorschrift ist trotz der in ihr enthaltenen Pauschalierung verfassungsgemäß.[69]

41 **9. Verfahren.** Streitigkeiten, wer leitender Angestellter ist, entscheidet, soweit im Rahmen der Betriebs- und Sprecherausschussverfassung bedeutsam, das Arbeitsgericht im Beschlussverfahren (§ 2a I Nr. 1 ArbGG). Antragsberechtigt ist der BR (nicht: eine Minderheit),[70] der Sprecherausschuss oder der AN, dessen Status umstritten ist und eine im Betrieb vertretene Gewerkschaft im Zusammenhang mit einer Betriebsratswahl.[71] Das Verfahren ist einzustellen, wenn der AN aus dem Betrieb ausscheidet oder eine Tätigkeit übernimmt, die zu keinem Streit über die Zuordnung führt.[72] Für die Betriebsratswahl hat § 18a BetrVG ein eigenes Zuordnungsverfahren geschaffen (→ § 217 Rn. 15). Der Status kann jedoch auch inzidenter im Urteilsverfahren geprüft werden, zB wenn der AG einem Angestellten ohne Anhörung des BR gekündigt hat. Die Gesamtwürdigung der verschiedenen Funktionsmerkmale des leitenden Angestellten ist vornehmlich Aufgabe des Tatrichters und unterliegt nur beschränkter Kontrolle durch das BAG.[73] Regelmäßig wird der Begriff des leitenden Angestellten bei einer anstehenden **Betriebsratswahl** streitig werden. Leitende Angestellte sind weder aktiv noch passiv wahlfähig, noch sind sie bei der Festlegung der Zahl der Betriebsratsmitglieder mitzuzählen. Die Aufstellung der Wählerliste obliegt dem Wahlvorstand. Der AG soll dem Wahlvorstand alle für die Anfertigung der Wählerliste erforderlichen Auskünfte erteilen (§ 2 II WO). Er kann dabei auch seine Rechtsmeinung zur Qualifikation bestimmter Angestellter zu äußern.[74]

42 **10. Rechtsprechungsübersicht.** Als **leitende Angestellte** hat das BAG angesehen: Abteilungsleiter eines TÜV (BAG 29.1.1980 AP Nr. 24 zu § 5 BetrVG 1972), Abteilungsleiter für Organisation und Unternehmensplanung (BAG 17.12.1974 AP Nr. 5 zu § 5 BetrVG 1972, 17.12.1974 AP Nr. 6 zu § 5 BetrVG 1972, Alleinmeister in einem Baubetrieb (BAG 10.4.1991 AP Nr. 141 zu § 1 TVG Tarifverträge: Bau), Chefpilot (BAG 25.10.1989 AP Nr. 42 zu § 5 BetrVG 1972), Hauptabteilungsleiter (BAG 11.1.1995 AP Nr. 55 zu § 5 BetrVG 1972), Abteilungsleiter (BAG 8.2.1977 AP Nr. 16 zu § 5 BetrVG 1972), Verkaufsleiter (BAG 23.3.1976 AP Nr. 14 zu § 5 BetrVG 1972), Wirtschaftsprüfer (BAG 28.1.1975 AP Nr. 5 zu § 5 BetrVG 1972). **Nicht** als **leitende Angestellte** hat es angesehen: Abteilungsleiter eines Maschinenbauunternehmens (BAG 17.12.1974 AP Nr. 6 zu § 5 BetrVG 1972), Bereichsleiter (BAG 16.4.2002 AP Nr. 65 zu § 5 BetrVG 1972), Grubenfahrsteiger (BAG 23.1.1986 AP Nr. 30 zu § 5 BetrVG 1972), Leiter eines Verbrauchermarkts ohne nennenswerte Entscheidungsbefugnis (BAG 19.8.1975 AP Nr. 1 zu § 105 BetrVG 1972), Produktionsleiter (BAG 15.3.1977 – 1 ABR 86/76). Den Status von **Chefärzten** hat es unterschied-

[68] § 2 VO über maßgebende Rechengrößen der Sozialvers. für 2021 v. 30.11.2020 (BGBl. I 2612).
[69] AA *Fitting* BetrVG § 5 Rn. 443.
[70] HessLAG 21.4.1988 DB 1989, 487.
[71] BAG 23.1.1986 AP Nr. 30 zu § 5 BetrVG 1972; 5.3.1974 AP Nr. 1 zu § 5 BetrVG 1972.
[72] BAG 24.10.2018 – 7 ABR 1/17; 23.1.1986 AP Nr. 31 zu § 5 BetrVG 1972.
[73] BAG 5.5.2010 AP Nr. 74 zu § 5 BetrVG 1972 = NZA 2010, 955.
[74] LAG Hamm 27.4.1972 DB 1972, 796; enger LAG BW 31.5.1972 DB 1972, 1392.

lich beurteilt (bejaht: BAG 5.6.2014 NZA 2015, 40; 10.12.1992 AP Nr. 41 zu Art. 140 GG; verneint BAG 10.10.2007 AP Nr. 72 zu § 5 BetrVG 1972 [zu § 5 III Nr. 1]; 5.5.2010 AP Nr. 74 zu § 5 BetrVG 1972 [zu § 5 III Nr. 3]). Angestellte **Wirtschaftsprüfer** gelten nach § 45 S. 2 WPO nur als leitende Angestellte iSd § 5 III BetrVG, wenn ihnen Prokura erteilt ist (BAG 29.6.2011 AP Nr. 76 zu § 5 BetrVG 1972 = NZA 2012, 408); die Norm ist nicht entspr. auf angestellte Rechtsanwälte oder Steuerberater anzuwenden (BAG 29.6.2011 AP Nr. 75 zu § 5 BetrVG 1972 = NZA-RR 2011, 647).

§ 213. Geltung des Betriebsverfassungsgesetzes bei Auslandsbezug

Übersicht

I. Territorialitätsprinzip

1 **1. Betriebsstätten im Ausland.** Für den örtlichen Geltungsbereich des BetrVG gilt das Territorialitätsprinzip; der Betriebssitz muss sich auf dem Gebiet der Bundesrepublik Deutschland befinden.[1] Für einen im Ausland gelegenen Betrieb eines deutschen Unternehmens gilt das BetrVG nicht, selbst wenn mit den dort beschäftigten AN die Anwendbarkeit deutschen Rechts vereinbart worden ist oder diese die deutsche Staatsangehörigkeit besitzen. Ausländische Betriebsstätten eines inländischen Unternehmens sind daher aufgrund des Territorialitätsprinzips dem deutschen Betriebsverfassungsrecht entzogen, wenn es sich bei ihnen um organisatorisch eigenständige Betriebe handelt. Dies gleichermaßen, wenn sie sich nach deutschem Betriebsverfassungsrecht nur als unselbständige Betriebsteile eines inländischen Betriebs darstellen.[2] Die in einer ausländischen Betriebsstätte Beschäftigten werden auch nicht vom GBR vertreten.

2 **2. Inländische Betriebsstätten.** Für in der BRD gelegene Betriebsstätten ausländischer Unternehmen gilt das BetrVG, wenn sie entweder die Voraussetzungen für organisatorisch eigenständige Betriebe iSd § 1 I BetrVG[3] oder betriebsratsfähige Betriebsteile iSd § 4 I BetrVG erfüllen. Diese können dann – unabhängig von der Rechtswahl der dort beschäftigten AN – einen BR errichten. Handelt es sich um einen Kleinstbetrieb iSv § 4 II BetrVG oder um nur eine unselbständige Betriebsstätte, finden auf sie die Vorschriften des BetrVG keine Anwendung. Es fehlt an einem BR des Hauptbetriebs, dem diese Betriebsstätten zugeordnet werden. Entscheidend ist daher, ob in der betrieblichen Einheit Entscheidungen in personellen oder sozialen Angelegenheiten der dort tätigen AN getroffen werden. Ohne Bedeutung sind die Staatsangehörigkeit von AG und AN oder das Bestehen einer Vereinbarung über die Geltung ausländischen Rechts.[4] In Unternehmen, die in mehreren Ländern der EU operieren, kann ein Europäischer BR zu bilden sein (→ § 256 Rn. 1).

3 **3. Streitkräfte, Exterritorialität.** Das BetrVG und das BPersVG gelten grundsätzlich nicht für die Dienststellen anderer Staaten in Deutschland. Die **Alliierten Streitkräfte** genießen das Recht der Exterritorialität. Die zivilen Arbeitskräfte der Dienststellen der Alliierten bilden nach Art. 56 IX NTS-ZA nebst dem Unterzeichnungsprotokoll Betriebsvertretungen, für die das Bundespersonalvertretungsrecht mit einzelnen Ausnahmen entsprechend gilt. Hier besteht eine Zuständigkeit der Arbeitsgerichtsbarkeit für die betriebsvertretungsrechtlichen Beschlussverfah-

---

[1] BAG 22.3.2000 AP Nr. 8 zu § 14 AÜG = NZA 2000, 1119; 30.4.1987 AP Nr. 15 zu § 12 SchwbG = NZA 1988, 135; 21.10.1980 AP Nr. 17 zu Internat. Privatrecht, Arbeitsrecht; krit. *U. Fischer* RdA 2002, 160.

[2] BAG 25.4.1978 AP Nr. 16 zu Internat. Privatrecht, Arbeitsrecht.

[3] BAG 20.4.2005 NZA 2005, 1006.

[4] BAG 22.3.2000 AP Nr. 8 zu § 14 AÜG = NZA 2000, 1119; offengelassen noch von BAG 9.11.1977 AP Nr. 13 zu Internat. Privatrecht, Arbeitsrecht nur für den Fall, dass in dem ausländischen Unternehmen einzelvertraglich mit sämtlichen Betriebsangehörigen die Geltung ausländischen Rechts vereinbart worden ist.

ren.[5] Das BetrVG findet Anwendung auf auch nichtdeutsche Unternehmen mit wirtschaftlichem Charakter iSv Art. 72 I NTS-ZA. Dies gilt auch dann, wenn die bei diesem Unternehmen beschäftigten Angestellten nach Art. 72 V NTS-ZA die gleichen Befreiungen und Vergünstigungen genießen wie Mitglieder des zivilen Gefolges.[6] Das BetrVG und BPersVG gelten schließlich nicht für die **Dienststellen internationaler oder zwischenstaatlicher Organisationen,** insbesondere nicht für die in der Bundesrepublik Deutschland gelegenen Dienststellen der Europäischen Union (zB das Europäische Patentamt in München oder die Europäische Zentralbank in Frankfurt).[7]

II. Ausstrahlung

4 **1. Beschäftigung im Ausland.** Hat das Arbeitsverhältnis Auslandsbezug, ist das BetrVG anwendbar, wenn der AN noch Betriebsangehöriger des im Inland gelegenen Betriebs ist, dh er muss in diesen eingegliedert sein (→ § 212 Rn. 6). Die Anwendbarkeit des BetrVG für im Ausland tätige AN ist letztlich eine Frage des persönlichen und nicht des räumlichen Geltungsbereichs des Gesetzes. Es ist auf im Ausland tätige AN anwendbar, wenn sich deren Auslandstätigkeit als Ausstrahlung des Inlandsbetriebs darstellt, dh sie nur vorübergehend im Ausland tätig sind.[8] Dann besteht (noch) die notwendige Bindung an einen Inlandsbetrieb. Erforderlich ist dafür eine Beziehung, die es rechtfertigt, die Auslandstätigkeit der im Inland entfalteten Betriebstätigkeit zuzurechnen.[9] Dies ist bei einer **ständigen Beschäftigung im Ausland** regelmäßig nicht der Fall. Demzufolge findet das BetrVG keine Anwendung auf AN, die ausschließlich für eine Tätigkeit im Ausland eingestellt werden.[10] Dann ist der Beschäftigte keiner inländischen Betriebsorganisation zugeordnet, wobei ohne Bedeutung ist, ob die jeweilige Betriebsstätte im Ausland die Voraussetzungen von § 1 I, § 4 BetrVG erfüllt. War er vor seinem Auslandseinsatz in einen inländischen Betrieb eingegliedert, verliert er seine Betriebszugehörigkeit mit der dauerhaften Entsendung in das Ausland.

5 **2. Fortbestehende Eingliederung.** Der AN bleibt bei einem Auslandseinsatz einer (inländischen) Betriebsstätte zugeordnet, wenn er aufgrund der Art seiner Tätigkeit in diese eingegliedert ist. Hierfür ist kennzeichnend, dass er bei seiner Auslandstätigkeit hinsichtlich Zeit, Dauer, Ort und Inhalt seiner auszuübenden Tätigkeit einem umfassenden Weisungsrecht von Personen unterliegt, die in der im Inland gelegenen Betriebsstätte tätig sind. Der inländische AG muss gegenüber dem im Ausland tätigen AN eine betriebsverfassungsrechtlich relevante (und sei es auch nur eine partielle) Arbeitgeberstellung tatsächlich einnehmen.[11] Dann ist die Dauer der Auslandstätigkeit (dauerhaft/vorübergehend) ohne Bedeutung. Ein Inlandsbezug kann sich daher daraus ergeben, dass das **Direktionsrecht** gegenüber dem im Ausland tätigen AN vom inländischen Betrieb ausgeübt wird. Ebenso kann eine zuvor bestehende Zugehörigkeit zu einem inländischen Betrieb bei Bestehen eines dem AG vorbehaltenen Rückrufrechts erhalten bleiben, sofern es praktische Bedeutung hat.[12] Dagegen reicht es regelmäßig nicht aus, dass dem Inlandsbetrieb (nur) die verwaltungsmäßige Abwicklung der Personalangelegenheiten obliegt.[13] AN, die zwar für eine Auslandstätigkeit eingestellt worden sind, aber nur vorübergehend in das Ausland entsandt werden, sind danach regelmäßig noch dem sie entsendenden deutschen Betrieb zuzurechnen (zB Montagearbeiter). Die Zuordnung zum Inlandsbetrieb wird vom BAG weiterhin bejaht, wenn der AN zunächst in einem inländischen Betrieb tätig war und sich hieran ein nur vorübergehender Auslandseinsatz anschließt.[14]

6 **3. Einem ausländischen Arbeitgeber überlassene Arbeitnehmer.** Besonderheiten bestehen bei einer Arbeitnehmerüberlassung an einen ausländischen AG und einer Auslandstätigkeit.

[5] Zur Verfassungsmäßigkeit BVerfG 8.10.1996 AP Nr. 21 zu Art. 56 ZA-Nato-Truppenstatut = NZA 1997, 263.
[6] BAG 19.6.1984 AP Nr. 1 zu Art. 72 ZA-Nato-Truppenstatut; zu den Voraussetzungen für die deutsche Gerichtsbarkeit BAG 7.11.2000 AP Nr. 22 zu Art. 56 ZA-Nato-Truppenstatut = NZA 2001, 1211.
[7] Vgl. auch *Löwisch* EuZA 2010, 198.
[8] BAG 20.2.2001 AP Nr. 23 zu § 101 BetrVG 1972 = NZA 2001, 1033; 7.12.1989 AP Nr. 27 zu Internat. Privatrecht, Arbeitsrecht = NZA 1990, 658; 30.4.1987 AP Nr. 15 zu § 12 SchwbG = NZA 1988, 135.
[9] BAG 21.8.2007 AP Nr. 60 zu § 1 BetrAVG Gleichbehandlung = NZA-RR 2008, 649.
[10] BAG 30.4.1987 AP Nr. 15 zu § 12 SchwbG = NZA 1988, 135.
[11] BAG 24.5.2018 AP Nr. 171 zu § 102 BetrVG 1972 = NZA 2018, 1396; *Herfs-Röttgen* NZA 2018, 150; RB anh. 7 ABR 30/20.
[12] BAG 20.2.2001 AP Nr. 23 zu § 101 BetrVG 1972 = NZA 2001, 1033.
[13] BAG 7.12.1989 AP Nr. 27 zu Internat. Privatrecht, Arbeitsrecht = NZA 1990, 658.
[14] BAG 21.10.1980 AP Nr. 17 zu Internat. Privatrecht, Arbeitsrecht (ausländische Niederlassung).

Hat der AN mit einem inländischen AG einen Arbeitsvertrag abgeschlossen und wird dieser mit seiner Zustimmung bei einem anderen AG in dessen Betriebsstätte im Ausland eingesetzt, ist die Arbeitgeberstellung „gespalten". Nach § 14 I AÜG bleiben Leiharbeitnehmer auch während der Zeit ihrer Arbeitsleistung bei einem Entleiher Angehörige des entsendenden Betriebs des Verleihers (→ § 120 Rn. 95). Die Regelung stellt für Inlandsarbeitsverhältnisse klar, dass Leiharbeitnehmer betriebsverfassungsrechtlich grundsätzlich Teil der Belegschaft des Verleiherbetriebs sind und auch während der Dauer ihrer Überlassung in die dortige Betriebsorganisation eingegliedert bleiben. Handelt es sich um eine andere Form des drittbezogenen Personaleinsatzes, kommt ggf. eine entsprechende Anwendung von § 14 I AÜG in Betracht. Demzufolge bleibt der AN bei einem solchen Personaleinsatz in den Betrieb seines Vertragsarbeitgebers eingegliedert. Handelt es sich um einen drittbezogenen Personaleinsatz im Ausland, gilt – unabhängig von dessen Dauer – nichts anderes. Für die nach § 14 I AÜG maßgebliche betriebsverfassungsrechtliche Zuordnung zum überlassenden „Vertragsarbeitgeber" ist es ohne Bedeutung, ob der Einsatz des Leiharbeitnehmers im In- oder Ausland erfolgt. Der durch das BetrVG bewirkte kollektivrechtliche Schutz darf dem AN auch bei einer Tätigkeit im Ausland nicht entzogen werden.[15]

§ 214. Geltung des Betriebsverfassungsgesetzes bei Religionsgemeinschaften und in Tendenzbetrieben

Übersicht

I. Religionsgemeinschaften (§ 118 II BetrVG)

1. Abgrenzung. Das BetrVG und das BPersVG finden auf Religionsgemeinschaften und ihre karitativen und erzieherischen Einrichtungen unbeschadet ihrer Rechtsform keine Anwendung. § 118 II BetrVG respektiert die verfassungsrechtlich garantierte Autonomie der Kirchen (Art. 140 GG iVm Art. 137 III WRV). Das Selbstbestimmungsrecht bezieht sich nicht nur auf die verfasste Kirche und ihre rechtlich selbständigen Teile; vielmehr sind alle der Kirche in bestimmter Weise zugeordneten Einrichtungen ohne Rücksicht auf ihre Rechtsform Objekte, bei deren Ordnung und Verwaltung die Kirche grundsätzlich frei ist, wenn die Einrichtungen nach kirchlichem Selbstverständnis ihrem Zweck oder ihrer Aufgabe entsprechend berufen sind, ein Stück Auftrag der Kirche in dieser Welt wahrzunehmen und zu erfüllen.[1] Zu den Kirchen zählen nicht die Weltanschauungsgemeinschaften. Als solche gelten Vereinigungen, deren Mitglieder oder Anhänger auf der Grundlage gemeinsamer religiöser oder weltanschaulicher Überzeugungen eine unter ihnen bestehende Übereinstimmung über Sinn und Bewältigung des menschlichen Lebens bezeugen.[2] Von § 118 II BetrVG wird nicht die Scientology-Sekte geschützt, deren religiöse und weltanschauliche Lehren nur als Vorwand für die Verfolgung wirtschaftlicher Zwecke dienen.[3] Durchgeführte Betriebsratswahlen in einer Einrichtung, die nach § 118 II BetrVG aus dessen Geltungsbereich herausgenommen ist, sind nichtig;[4] ein bestehender BR verliert sein Amt, wenn der Betriebsübernehmer von § 118 II BetrVG erfasst wird. 1

[15] BAG 24.5.2018 AP Nr. 171 zu § 102 BetrVG 1972 = NZA 2018, 1396 (zu § 102 BetrVG).
[1] BVerfG 22.10.2014 NZA 2014, 1387; BAG 6.12.2007 AP Nr. 82 zu § 118 BetrVG 1972 = NZA 2008, 653.
[2] LAG Hamm 17.5.2002 NZA-RR 2002, 625.
[3] BAG 23.3.1995 AP Nr. 21 zu § 5 ArbGG 1979 = NZA 1995, 823; LAG Bln 11.6.1997 DB 1997, 2542.
[4] BAG 9.2.1982 AP Nr. 24 zu § 118 BetrVG 1972; zum Ersatz von Betriebsratskosten: BAG 29.4.1998 AP Nr. 58 zu § 118 BetrVG 1972 = NZA 1998, 1133.

2 **2. Kirchliche Einrichtungen.** Dies sind nicht nur der Kirche zugehörige selbständige Einrichtungen, sondern alle ihr zugeordneten Objekte. Die Zuordnung iSd § 118 II BetrVG setzt eine institutionelle Verbindung zwischen der Kirche und der Einrichtung voraus, aufgrund derer die Kirche über ein Mindestmaß an Einflussmöglichkeiten verfügt, um auf Dauer eine Übereinstimmung der religiösen Betätigung der Einrichtung mit kirchlichen Vorstellungen gewährleisten zu können.[5] Dieses wird nicht allein durch die Mitgliedschaft der Einrichtung oder ihres Rechtsträgers in einer Organisation der Kirche begründet. Es liegt nur vor, wenn diese seinerseits über entsprechende Einflussmöglichkeiten gegenüber der Einrichtung oder ihrem Rechtsträger verfügt.[6] Hingegen ist die Rechtsform der Einrichtung ohne Bedeutung.[7] Als kirchliche Einrichtungen hat die Rspr. bisher die Innere Mission,[8] als karitative Einrichtungen, u.a. das Diakonische Werk der ev. Kirche,[9] das Berufsbildungswerk für Lernbehinderte (Kolpingwerk),[10] den evangelischen Presseverband,[11] die kirchlich getragene Krankenpflege in Krankenhäusern,[12] ein selbständig geführtes Jugenddorf des Diakonischen Werks[13] und ein Seniorenheim einer Freikirche anerkannt.[14] Da nur die karitativen und erzieherischen Einrichtungen unbeschadet ihrer Rechtsform vom BetrVG ausgenommen sind, findet es dagegen Anwendung auf die **Wirtschaftsbetriebe** einer Religionsgemeinschaft, also zB Brauereien, Landgüter oder Forschungsinstitute[15] usw. Voraussetzung ist aber, dass sie den Erfordernissen von § 1 I BetrVG genügen. Übernimmt ein kirchlicher Träger durch Rechtsgeschäft ein bisher von einem nicht kirchlichen Träger betriebenes Krankenhaus, wird das Krankenhaus allein durch den Trägerwechsel zu einer kirchlichen Einrichtung, wenn es der Kirche zuzuordnen ist.[16] Bei Mischbetrieben gelten die für Tendenzbetriebe entwickelten Grundsätze entsprechend (→ Rn. 6); zum Zugangsrecht der Gewerkschaften → § 215 Rn. 3 ff.

3 **3. Dritter Weg.** Die Kirchen haben im kollektiven Arbeitsrecht einen eigenen, „Dritten Weg" gewählt und eigene Vertretungsregelungen für die bei ihnen beschäftigten Mitarbeiter geschaffen (→ § 184 Rn. 8).

II. Tendenzunternehmen und Betriebe (§ 118 I BetrVG)

4 **1. Grundsatz.** Die Anwendung des BetrVG ist eingeschränkt und teilweise aufgehoben in Tendenzunternehmen und Tendenzbetrieben. Mit dem Tendenzschutz hat der Gesetzgeber das aus dem Demokratie- und Sozialstaatsprinzip folgende Recht der AN auf Teilhabe an den sie betreffenden Angelegenheiten mit Rücksicht auf die grundrechtlichen Freiheitsrechte der von § 118 I 1 BetrVG erfassten AG begrenzt. Nach dem Willen des Gesetzgebers sollen die verfassungsrechtlich garantierten Grundrechte (Art. 2 I, 4 I, 5 I 1, 5 I 2, 5 III, 7 IV, V GG) des AG gewährleistet und die Rechte der AN, soweit dies zur Grundrechtsgarantie erforderlich ist, beschränkt werden. In Bezug auf die geschützten AG erweist sich § 118 I BetrVG als eine grundrechtsausgestaltende Regelung, bei deren Auslegung und Anwendung es nicht auf das Gewicht der durch die in Frage stehenden Mitbestimmungsrechte geschützten Belange der AN ankommt. Die in der Vorschrift bestimmte eingeschränkte Geltung des BetrVG führt zu einer von Verfassungs wegen gebotenen Privilegierung der davon begünstigten AG. Die Verwirklichung ihrer unternehmerischen Ziele darf durch die betriebliche Mitbestimmung nicht ernsthaft beeinträchtigt werden, da ansonsten ihre durch § 118 I BetrVG

[5] BVerfG 11.10.1977 AP Nr. 1 zu Art. 140 GG; BAG 23.10.2002 AP Nr. 72 zu § 118 BetrVG 1972; 30.4.1997 AP Nr. 60 zu § 118 BetrVG 1972 = NZA 1997, 1240; 24.7.1991 AP Nr. 48 zu § 118 BetrVG 1972 = NZA 1991, 977; 14.4.1988 AP Nr. 36 zu § 118 BetrVG 1972; 6.12.1977 AP Nr. 10 zu § 118 BetrVG 1972; 21.11.1975 AP Nr. 6 zu § 118 BetrVG 1972.

[6] BAG 6.12.2007 AP Nr. 82 zu § 118 BetrVG 1972 = NZA 2008, 653 (Diakonisches Werk); strenger ArbG Hamburg 10.4.2006 ArbuR 2006, 213 („tatsächliche Prägung"); ebenso *Kühling* ArbuR 2007, 138.

[7] BAG 23.10.2002 AP Nr. 72 zu § 118 BetrVG 1972 (Wohnungsbau-GmbH).

[8] BAG 6.12.1977 AP Nr. 10 zu § 118 BetrVG 1972.

[9] BAG 30.4.1997 AP Nr. 60 zu § 118 BetrVG 1972 = NZA 1997, 1240.

[10] BAG 14.4.1988 AP Nr. 36 zu § 118 BetrVG 1972.

[11] BAG 24.7.1991 AP Nr. 48 zu § 118 BetrVG 1972 = NZA 1991, 977.

[12] BAG 31.7.2002 AP Nr. 70 zu § 118 BetrVG 1972 = NZA 2002, 1409.

[13] BAG 30.4.1997 AP Nr. 60 zu § 118 BetrVG 1972 = NZA 1997, 1240.

[14] LAG Bln-Bbg 29.4.2014 ZMV 2014, 354.

[15] LAG Hamm 5.12.1979 DB 1980, 696; ArbG Hamburg 10.4.2006 ArbuR 2007, 137 (Arbeitslosenprojekt); aA BAG 30.7.1987 AP Nr. 3 zu § 130 BetrVG 1972 = NZA 1988, 402.

[16] BAG 6.12.2007 AP Nr. 82 zu § 118 BetrVG 1972 = NZA 2008, 653.

geschützten Freiheitsrechte verletzt würden. Die Norm stellt auf einfachgesetzlicher Ebene eine praktische Konkordanz zwischen den grundrechtlich gewährleisteten Freiheitsrechten und den Rechten der durch das BetrVG geschützten Belegschaft her.[17] Ähnlich spricht das BVerfG von einer „Abschirmung“ der Grundrechte gegenüber der betrieblichen Mitbestimmung und versteht § 118 I 1 BetrVG ebenfalls als grundrechtsausgestaltende Regelung.[18] Allerdings unterscheidet das BAG bei dem Tendenzschutz nach der verfolgten Tätigkeit. An einer Beeinträchtigung von grundrechtlichen Rechtspositionen fehlt es bei Unternehmen und Betrieben, die lediglich karitativen oder erzieherischen Bestimmungen außerhalb des durch Art. 7 IV, V GG geschützten Bereichs dienen.[19] Bei diesen beruht die eingeschränkte Geltung des BetrVG auf ihrem besonderen Unternehmenszweck. Die damit verbundene Privilegierung hält sich zwar im Rahmen des dem Gesetzgeber bei der Ausgestaltung der betrieblichen Mitbestimmung zustehenden Entscheidungsspielraums und ist deshalb mit Art. 3 I GG vereinbar. Der unterschiedliche Bezug zu den besonderen Freiheitsrechten des Grundgesetzes und die durch § 118 I BetrVG vermittelte Begünstigung bei der Geltung des BetrVG führt aber zu erhöhten Anforderungen an die Tendenzträgereigenschaft.[20] Ein Tendenzunternehmen verliert nicht dadurch seinen Tendenzschutz, dass es sich zur Durchführung seiner Aufgaben eines Dritten bedient.[21] Die Aufzählung der geschützten Tendenzen ist abschließend, jedoch einer erweiternden Auslegung zugänglich.[22]

2. Begriff. a) Eigene Tendenzverwirklichung. Die Regelung für Tendenzunternehmen und -betriebe umschreibt einen verfassungsrechtlich zulässigen Ausnahmetatbestand.[23] Um den Ausnahmecharakter zu betonen und den Tendenzschutz auf Unternehmen und Betriebe zu beschränken, deren unternehmerisches Gepräge von einer geistig-ideellen Aufgabe bestimmt wird,[24] gilt ein Tendenzbetrieb nur als solcher, wenn die Unternehmen oder Betriebe „unmittelbar und überwiegend“, also zu mehr als 50%, den im Gesetz genannten Aufgaben dienen.[25] Nicht notwendig ist, dass die Voraussetzungen der Nr. 1 und 2 kumulativ gegeben sind.[26] Aus dem Tatbestandsmerkmal der **Unmittelbarkeit** folgt, dass der Tendenzzweck in dem Unternehmen oder Betrieb selbst verwirklicht werden muss, die bloße Unterstützung einer durch § 118 I BetrVG geschützten Einheit ist nicht ausreichend; erforderlich ist vielmehr die Ausrichtung auf den intellektuellen Anteil am Produkt. Keinen Tendenzschutz genießen daher reine Druckereien[27] und Einheiten, die eine durch § 118 I BetrVG geschützte Einrichtung administrativ unterstützt, ohne jedoch selbst unmittelbaren Einfluss auf die Tendenzverwirklichung zu nehmen.[28] 5

b) Mischunternehmen bzw. Mischbetriebe. Tendenzschutz besteht nach § 118 I 1 BetrVG nur bei einem Überwiegen der unmittelbar tendenzbezogenen Tätigkeiten. Es kommt darauf an, in welcher Größenordnung das Unternehmen seine personellen und sonstigen Mittel zur Verwirklichung seiner tendenzgeschützten und seiner nicht tendenzgeschützten Ziele regelmäßig einsetzt. Mischunternehmen, die teils tendenzgeschützten, teils nicht tendenzgeschützten Bestimmungen dienen, unterfallen nur dann dem Tendenzschutz, wenn die tendenzgeschützte Bestimmung im Unternehmen überwiegt. Dies richtet sich danach, in welchem Umfang und mit welcher Intensität das Unternehmen seine Tätigkeit diesen Bestimmungen im Vergleich zu seinen anderen, nicht tendenzgeschützten Zielen widmet. Es kommt darauf an, in welcher Größenordnung das Unternehmen seine personellen und sonstigen Mittel zur Verwirklichung seiner tendenzgeschützten und seiner nicht tendenzgeschützten Ziele regelmäßig einsetzt. Bei **personalintensiven Betätigungen** ist in erster Linie auf den Personaleinsatz abzustellen, dh auf die Arbeitsmenge, die regelmäßig zur Erreichung der verschiedenen Unternehmensziele aufgewendet wird. Zur Ermittlung des auf die tendenzgeschützten Bestimmungen des Unternehmens entfallenden Personalein- 6

[17] BAG 14.5.2013 AP Nr. 86 zu § 118 BetrVG 1972; 30.5.2006 AP Nr. 80 zu § 118 BetrVG 1972 = NZA 2006, 1291.
[18] BVerfG 15.12.1999 AP Nr. 67 zu § 118 BetrVG 1972 = NZA 2000, 264.
[19] BAG 5.10.2000 AP Nr. 67 zu § 118 BetrVG 1972 = NZA 2001, 1325.
[20] BAG 14.9.2010 AP Nr. 83 zu § 118 BetrVG 1972 = NZA 2011, 225.
[21] LAG Düsseldorf 11.9.1987 ArbuR 1988, 93.
[22] BAG 23.3.1999 AP Nr. 66 zu § 118 BetrVG 1972 = NZA 1999, 1347.
[23] BVerfG 6.11.1979 AP Nr. 14 zu § 118 BetrVG 1972; BAG 14.11.1975 AP Nr. 5 zu § 118 BetrVG 1972.
[24] BAG 29.5.1970 AP Nr. 13 zu § 81 BetrVG; 27.8.1968 AP Nr. 10 zu § 81 BetrVG.
[25] BAG 22.5.2012 AP Nr. 85 zu § 118 BetrVG 1972 = NZA-RR 2013, 78; bestätigt von BVerfG 30.4.2015 AP Nr. 88 zu § 118 BetrVG 1972 = NZA 2015, 820.
[26] BAG 15.2.1989 AP Nr. 39 zu § 118 BetrVG 1972; 14.11.1975 AP Nr. 5 zu § 118 BetrVG 1972.
[27] BAG 30.6.1981 AP Nr. 20 zu § 118 BetrVG 1972.
[28] BVerfG 29.4.2003 AP Nr. 75 zu § 118 BetrVG 1972 = NZA 2003, 864 (Konzernunternehmen).

satzes ist nicht nur auf die Tendenzträger abzustellen, sondern auch auf die übrigen Mitarbeiter, soweit sie mit ihrer Arbeit der Verwirklichung der tendenzgeschützten Bestimmungen des Unternehmens dienen, zB indem sie die technischen Voraussetzungen für die Tendenzverwirklichung schaffen.[29] Bei nicht personalintensiven Einheiten kann auf der Umsatz als Beurteilungskriterium herangezogen werden. Für den Tendenzschutz ist die konzernrechtliche Verbundenheit des jeweiligen Unternehmens ohne Bedeutung. **Gesellschaftsrechtliche Verflechtungen** mit anderen Unternehmen bleiben bei der Beurteilung der Tendenzeigenschaft außer Betracht. Sind mehrere Unternehmen in einem Konzern oder in anderer Weise verbunden, kommt es ausschließlich auf das jeweilige Unternehmen an.[30] Die vorstehenden Grundsätze finden bei einem **gemeinsamen Betrieb mehrerer Unternehmen** grundsätzlich nur in Bezug auf die Feststellung des Tendenzschutzes des jeweiligen Trägerunternehmens Anwendung, sofern es sich bei diesem Trägerunternehmen um ein Mischunternehmen handelt.[31]

7 **3. Erfasste Tätigkeiten. a) Definition.** Tendenzunternehmen sind solche, die politischen,[32] koalitionspolitischen,[33] konfessionellen, karitativen,[34] erzieherischen, wissenschaftlichen[35] oder künstlerischen[36] Bestrebungen dienen.

8 **b) Politische und koalitionspolitische Betätigung.** Der Begriff politisch ist wie im BetrVG 1952 nicht nur im Sinne von parteipolitisch, sondern auch im Sinne von wirtschafts- und sozialpolitisch zu verstehen. Eine von einer politischen Partei getragene politische Stiftung kann ein Tendenzunternehmen sein.[37] Von der BReg. getragene Unternehmen zur Förderung der Zusammenarbeit mit dem Ausland können daher je nach Ausgestaltung Tendenzunternehmen sein.[38] Mit dem Begriff koalitionspolitisch ist zum Ausdruck gebracht, dass nicht nur Vereinigungen der AN, sondern auch der AG Tendenzcharakter haben. Zu den koalitionspolitischen Zwecken zählt die Rechtsberatung und gerichtliche Vertretung durch die DGB-Rechtsschutz GmbH;[39] Rechtsschutzsekretäre sind Tendenzträger.[40]

9 **c) Karitative und erzieherische Betätigung.** Eine **karitative** Bestimmung der Tätigkeit ist dann gegeben, wenn es sich die Einrichtung den sozialen Dienst am körperlich oder seelisch leidenden Menschen zum Ziel gesetzt hat und seine Tätigkeit auf die Heilung oder Milderung oder die vorbeugende Abwehr der inneren oder äußeren Nöte solcher Hilfsbedürftiger gerichtet ist, sofern diese Betätigung ohne die Absicht der Gewinnerzielung erfolgt und das Unternehmen selbst nicht von Gesetzes wegen unmittelbar zu derartiger Hilfeleistung verpflichtet ist. Auf den Grad der Hilfsbedürftigkeit kommt es nicht an. Entscheidend ist allein, ob die Menschen, denen die Hilfe dienen soll, überhaupt in dem beschriebenen Sinne hilfsbedürftig sind.[41] Die Hilfeleistung selbst braucht nicht unentgeltlich zu erfolgen, kostendeckende Einnahmen können erzielt werden.[42] Die Hilfe muss vom Unternehmen gegenüber körperlich, geistig oder seelisch leidenden Menschen direkt erbracht werden.[43] Die karitative Bestimmung ist bejaht worden bei privaten

---

[29] BAG 26.2.2020 AP Nr. 24 zu § 106 BetrVG 1972 = NZA 2020, 960; 19.11.2019 AP Nr. 21 zu § 106 BetrVG 1972 = NZA 2020, 598; 15.3.2006 AP Nr. 79 zu § 118 BetrVG 1972 = NZA 2006, 1422.

[30] BAG 26.2.2020 AP Nr. 24 zu § 106 BetrVG 1972 = NZA 2020, 960; 19.11.2019 AP Nr. 21 zu § 106 BetrVG 1972 = NZA 2020, 598.

[31] BAG 19.11.2019 AP Nr. 21 zu § 106 BetrVG 1972 = NZA 2020, 598 (zur Errichtung eines Wirtschaftsausschusses → § 243 Rn. 6).

[32] BAG 28.8.2003 AP Nr. 49 zu § 103 BetrVG 1972 = NZA 2004, 501 (Stiftung).

[33] BAG 6.12.1979 AP Nr. 2 zu § 1 KSchG 1969 Verhaltensbedingte Kündigung.

[34] BAG 24.5.1995 AP Nr. 57 zu § 118 BetrVG 1972 = NZA 1996, 444; 31.1.1995 AP Nr. 56 zu § 118 BetrVG 1972 = NZA 1995, 1059.

[35] BAG 21.6.1989 AP Nr. 43 zu § 118 BetrVG 1972 = NZA 1990, 402 (Zoo); 13.2.1990 AP Nr. 45 zu § 118 BetrVG 1972 = NZA 1990, 575 (Forschungszulage).

[36] BAG 13.2.2007 AP Nr. 81 zu § 118 BetrVG 1972 = NZA 2007, 1121; 8.3.1983 AP Nr. 26 zu § 118 BetrVG 1972; 28.10.1986 AP Nr. 32 zu § 118 BetrVG 1972 (Theater); 15.2.1989 AP Nr. 39 zu § 118 BetrVG 1972 = NZA 1990, 240 (belletristischer Buchverlag); dazu *Germelmann* PersV 2014, 4 (44).

[37] BAG 28.8.2003 AP Nr. 49 zu § 103 BetrVG 1972 = NZA 2004, 501.

[38] BAG 21.7.1998 AP Nr. 63 zu § 118 BetrVG 1972 = NZA 1999, 277.

[39] LAG BW 10.10.2005 ArbuR 2006, 133.

[40] HessLAG 3.9.1996 NZA 1997, 671.

[41] BAG 26.2.2020 AP Nr. 24 zu § 106 BetrVG 1972 = NZA 2020, 960.

[42] BAG 24.5.1995 AP Nr. 57 zu § 118 BetrVG 1972 = NZA 1996, 444; 8.11.1988 AP Nr. 38 zu § 118 BetrVG 1972 = NZA 1989, 429; 29.6.1988 AP Nr. 37 zu § 118 BetrVG 1972 = NZA 1989, 431.

[43] BAG 26.2.2020 AP Nr. 24 zu § 106 BetrVG 1972 = NZA 2020, 960; 22.5.2012 AP Nr. 85 zu § 118 BetrVG 1972 = NZA-RR 2013, 78.

Krankenhäusern,[44] Werkstätten für behinderte Menschen,[45] Berufsförderwerken,[46] Dialysezentren[47] und Einrichtungen zur Integration von Sozialhilfeempfängern.[48] Verneint ist sie hingegen bei einem Blutspendedienst,[49] einem Spitzenverband der freien Wohlfahrtspflege[50] oder einem Landessportbund.[51] Zu den Tendenzbetrieben mit **erzieherischem** Zweck zählen private Ersatzschulen,[52] nicht jedoch Sprachenschulen, die ausschließlich nach einer bestimmten Methode unterrichten.[53] Erforderlich ist eine planmäßige und methodische Unterweisung in einer Mehrzahl allgemeinbildender oder berufsbildender Fächer durch die die Persönlichkeit auch eines erwachsenen Menschen geformt wird.[54] Bejaht ist die Tendenzeigenschaft auch bei Kindertageseinrichtungen.[55] Die **Tendenzträgereigenschaft** der in karitativen und erzieherischen Einrichtungen beschäftigten AN setzt regelmäßig voraus, dass diese bei den tendenzbezogenen Tätigkeitsinhalten im Wesentlichen frei über die Aufgabenerledigung entscheiden können. Sie müssen über einen erheblichen Gestaltungsfreiraum verfügen, der auch in der Einbeziehung in bedeutende planerische, konzeptionelle oder administrative Entscheidungen in dem tendenzgeschützten Bereich liegen kann. In zeitlicher Hinsicht ist regelmäßig ein bedeutender Anteil der tendenzgeschützten Aufgaben an der Gesamtarbeitszeit des AN erforderlich.[56]

d) Presseunternehmen. aa) Begriff. Unternehmen dienen der Berichterstattung oder 10
Meinungsäußerung, wenn sie unter den Geltungsbereich des Art. 5 I 2 GG fallen. Hierzu zählen alle Unternehmen und Betriebe, deren Gegenstand die Berichterstattung (Weitergabe von Tatsachen) ist und die der Meinungsäußerung (Abgabe von wertenden Stellungnahmen) dienen. Dies sind Zeitungs-, Zeitschriften-[57] und Buchverlage,[58] Rundfunk- und Fernsehsender, auch wenn sie nur zu 10% Wortbeiträge und 90% Musik bzw. moderierte Musikbeiträge senden[59] sowie Presse- und Nachrichtenagenturen, Anzeigenblätter,[60] nicht jedoch Adressbuch- oder Telefonbuchverlage.[61] Redakteure, die auf die Berichterstattung und Meinungsäußerung eines Presseunternehmens unmittelbar inhaltlich Einfluss nehmen können, sind Tendenzträger. Als eine solche Einflussnahme auf die Tendenzverwirklichung kommen sowohl eigene Veröffentlichungen wie auch die Auswahl und das Redigieren von Beiträgen und Texten Dritter in Betracht. Für ihre Eigenschaft als Tendenzträger ist es ausreichend, wenn sie überhaupt solche Arbeiten in nicht völlig unbedeutendem Umfang verrichtet.[62] Auf die presserechtliche Verantwortlichkeit des Redakteurs kommt es hingegen nicht an.[63] Kein Tendenzbetrieb ist die GEMA.[64]

bb) Redaktionsstatut. Die durch ein Redaktionsstatut geschaffenen Betriebsvertretungen 11
in Tendenzbetrieben sind keine echten Betriebsverfassungsorgane. Es werden lediglich dem

---

[44] BAG 22.11.1995 AP Nr. 58 zu § 118 BetrVG 1972 = NZA 1996, 1056 (Krankenhausplan); 24.5.1995 AP Nr. 57 zu § 118 BetrVG 1972 = NZA 1996, 444; LAG Hamm 17.5.2002 NZA-RR 2002, 625.
[45] BAG 22.7.2014 AP Nr. 87 zu § 118 BetrVG 1972 = NZA 2014, 1417; 7.4.1981 AP Nr. 16 zu § 118 BetrVG 1972.
[46] BAG 31.1.1995 AP Nr. 56 zu § 118 BetrVG 1972 = NZA 1995, 1059; 8.11.1988 AP Nr. 38 zu § 118 BetrVG 1972 = NZA 1989, 429; 29.6.1988 AP Nr. 37 zu § 118 BetrVG 1972 = NZA 1989, 431.
[47] BAG 18.4.1989 AP Nr. 34 zu § 87 BetrVG 1972 Arbeitszeit.
[48] LAG SchlH 4.1.2000 BB 2000, 773.
[49] BAG 22.5.2012 AP Nr. 85 zu § 118 BetrVG 1972 = NZA-RR 2013, 78.
[50] BAG 23.9.1980 AP Nr. 4 zu § 47 BetrVG 1972 (wg. der Wahrnehmung verbandlicher Aufgaben).
[51] BAG 23.3.1999 AP Nr. 66 zu § 118 BetrVG 1972 = NZA 1999, 1347.
[52] BAG 30.1.1987 AP Nr. 33 zu § 118 BetrVG 1972; 22.5.1979 AP Nr. 12 zu § 118 BetrVG 1972.
[53] BAG 7.4.1981 AP Nr. 17 zu § 118 BetrVG 1972.
[54] BAG 23.6.1992 AP Nr. 51 zu § 87 BetrVG 1972 Arbeitszeit = NZA 1994, 329; 3.7.1990 AP Nr. 81 zu § 99 BetrVG 1972 = NZA 1990, 903; 13.1.1987 AP Nr. 33 zu § 118 BetrVG 1972.
[55] SächsLAG 13.7.2007 LAGE § 118 BetrVG 2001 Nr. 1; LAG Nürnberg 19.1.2007 AiB 2007, 550.
[56] BAG 14.5.2013 AP Nr. 86 zu § 118 BetrVG 1972; 14.9.2010 AP Nr. 83 zu § 118 BetrVG 1972 = NZA 2011, 225.
[57] BVerfG 8.10.1996 AP Nr. 3 zu Art. 5 Abs. 1 GG Pressefreiheit (Werkszeitung); BAG 14.1.1992 AP Nr. 49 zu § 118 BetrVG 1972 = NZA 1992, 512; 30.1.1990 AP Nr. 44 zu § 118 BetrVG 1972 = NZA 1990, 693.
[58] BAG 15.2.1989 AP Nr. 39 zu § 118 BetrVG 1972; 14.11.1975 AP Nr. 5 zu § 118 BetrVG 1972.
[59] BAG 27.7.1993 AP Nr. 51 zu § 118 BetrVG 1972 = NZA 1994, 329; 11.2.1992 AP Nr. 50 zu § 118 BetrVG 1972 = NZA 1992, 705.
[60] BAG 20.4.2010 AP Nr. 9 zu Art. 5 Abs. 1 GG Pressefreiheit = NZA 2010, 902.
[61] Offengelassen von BAG 14.11.1975 AP Nr. 5 zu § 118 BetrVG 1972.
[62] BAG 20.11.1990 AP Nr. 47 zu § 118 BetrVG 1972 = NZA 1991, 513.
[63] BAG 20.4.2010 AP Nr. 9 zu Art. 5 Abs. 1 GG Pressefreiheit = NZA 2010, 902; 9.12.1975 AP Nr. 7 zu § 118 BetrVG 1972.
[64] BAG 8.3.1983 AP Nr. 26 zu § 118 BetrVG 1972.

durch ein Redaktionsstatut geschaffenen Gremium Beteiligungsrechte verliehen, für die aus Gründen des Tendenzschutzes der BR nicht zuständig ist. Die Vereinbarungen über ein Redaktionsstatut, durch das eine Betriebsvertretung eingerichtet und dieser Mitbestimmungsrechte eingeräumt werden, sind daher keine Betriebsvereinbarungen. Sie sind entweder Bestandteil der Arbeitsverträge der Redakteure oder, soweit dies gesellschaftsrechtlich zulässig ist, Satzungen des Unternehmens. Die Beseitigung eines arbeitsvertraglich vereinbarten Redaktionsstatus kann nur durch eine Änderungskündigung erfolgen. Auch die Pressefreiheit steht einer vertraglichen Bindung des Verlegers nicht entgegen.[65] Kündigt ein Verleger das Redaktionsstatut, sind für Rechtsstreitigkeiten die Gerichte für Arbeitssachen zuständig.[66]

III. Beteiligungsrechte des Betriebsrats in Tendenzunternehmen

12 **1. Wirtschaftliche Angelegenheiten. a) Grundsatz.** Bei der Einschränkung der Beteiligung des BR sind drei Stufen zu unterscheiden. §§ 106–110 BetrVG finden überhaupt keine Anwendung, dh im Wesentlichen, dass in Tendenzunternehmen und Betrieben kein Wirtschaftsausschuss zu errichten ist (→ § 243 Rn. 6).[67] Der AG kann jedoch auf den Tendenzschutz des BetrVG verzichten, wenn sich dieser aus karitativen oder erzieherischen Zwecken ergibt.[68] Sind in sog. Tendenzkonzernen Unternehmen mit und ohne Tendenzschutz zusammengefasst, sind in den nicht tendenzgeschützten Unternehmen, also zB in reinen Druckunternehmen, Wirtschaftsausschüsse zu bilden.[69]

13 **b) Betriebsänderung.** Die Beteiligungsrechte bei Betriebsänderungen (§§ 111–113 BetrVG) sind nur beschränkt anwendbar.[70] Soweit es sich um die unternehmerische Entscheidung über die Betriebsordnung handelt, ist der BR von Beteiligungsrechten ausgeschlossen; insoweit hat der Freiheitsspielraum des Unternehmers den Vorrang. Dagegen stehen dem BR Beteiligungsrechte zu, soweit es sich um die Regelung des Ausgleichs oder um die Milderung wirtschaftlicher Nachteile für die AN infolge der Betriebsänderung handelt (§ 112 IV BetrVG). Dementsprechend hat der BR kein Beteiligungsrecht bei der Entscheidung über den Grund der Maßnahme, wohl dagegen bei ihren Folgen. Auch der AG eines Tendenzbetriebs ist verpflichtet, mit dem BR die Betriebsänderung und deren sozialen Folgen rechtzeitig und umfassend zu beraten, insoweit ist § 113 III BetrVG anwendbar.[71] Gleiches gilt für die ersten beiden Absätze der Vorschrift. Schließt der Unternehmer (freiwillig) einen Interessenausgleich ab, verzichtet er insoweit auf den Schutz des § 118 I 2 BetrVG. Im Rahmen der Prüfung des „zwingenden Grundes" ist allerdings der Tendenzschutz wieder zu beachten.

14 **2. Relativklausel. a) Bedeutung.** Im Übrigen findet das BetrVG auch auf Tendenzunternehmen grundsätzlich Anwendung, es sei denn, dass die Eigenart des Unternehmens oder des Betriebs dem entgegensteht (§ 118 I BetrVG). Welche Vorschriften von der Relativklausel ausgeschlossen werden, ist umstritten. Das BAG geht davon aus, dass die Anwendung des Betriebsverfassungsrechts nur dann zurücktreten muss, wenn durch die Ausübung des Beteiligungsrechts die geistig-ideelle Zwecksetzung des Tendenzträgers ernstlich beeinträchtigt werden kann.[72] Im Allgemeinen werden die organisatorischen Vorschriften über die Zusammensetzung, Wahl, Geschäftsführung des BR usw. anzuwenden sein. Auch werden regelmäßig die allgemeinen Vorschriften über die Mitbestimmung des BR gelten (§§ 74–80 BetrVG). Dem BR steht ein Einsichtsrecht in die Bruttolohnlisten auch dann zu, wenn die betroffenen AN eine tendenzbezogene Tätigkeit ausüben.[73]

---

[65] BAG 19.6.2001 AP Nr. 3 zu § 3 BetrVG 1972 = NZA 2002, 397.

[66] BAG 21.5.1999 AP Nr. 1 zu § 611 BGB Zeitungsverlage = NZA 1999, 837.

[67] BAG 30.6.1981 AP Nr. 20 zu § 118 BetrVG 1972.

[68] BAG 26.2.2020 AP Nr. 24 zu § 106 BetrVG 1972 = NZA 2020, 960; 5.10.2000 AP Nr. 69 zu § 118 BetrVG 1972 = NZA 2001, 1325.

[69] BAG 30.6.1981 AP Nr. 20 zu § 118 BetrVG 1972.

[70] *Bauer* FS Wissmann, 2005, 215; *Gillen/Hörle* NZA 2003, 1225.

[71] BAG 18.11.2003 AP Nr. 76 zu § 118 BetrVG 1972 = NZA 2004, 741; 27.10.1998 AP Nr. 65 zu § 118 BetrVG 1972 = NZA 1999, 328.

[72] BVerfG 15.12.1999 AP Nr. 67 zu § 118 BetrVG 1972 = NZA 2000, 264; BAG 30.1.1990 AP Nr. 44 zu § 118 BetrVG 1972 = NZA 1990, 693.

[73] BAG 13.2.2007 AP Nr. 81 zu § 118 BetrVG 1972 = NZA 2007, 1121; 22.5.1979 AP Nr. 12 zu § 118 BetrVG 1972.

b) Soziale Angelegenheiten. Anzuwenden sind schließlich die Vorschriften über die Mitwirkung des BR in sozialen Angelegenheiten, also grundsätzlich in Fragen der Arbeitszeit[74] oder der Lohngestaltung, wenn die Ausgestaltung des Entgeltsystems keinen besonderen Tendenzbezug hat.[75] Als nicht mitbestimmungspflichtig hat das BAG die Einführung von Regeln angesehen, die für Redakteure einer Wirtschaftszeitung den Besitz von Wertpapieren oder die Ausübung von Nebentätigkeiten mit dem Ziel einschränken, die Unabhängigkeit der Berichterstattung zu gewährleisten; hingegen hat es bei der Einführung eines Formulars über die Anzeige von Wertpapierbesitz ein Mitbestimmungsrecht bejaht.[76] 15

c) Personelle Angelegenheiten. Hinsichtlich der Beteiligung in personellen Angelegenheiten gilt Folgendes: Die Beteiligung des BR besteht uneingeschränkt, soweit von ihr nur Nicht-Tendenzträger betroffen sind. Bei Tendenzträgern ist zu differenzieren, nicht eingeschränkt werden die schwächeren Beteiligungsrechte, zB die Unterrichtungs-, Anhörungs- und Beratungsrechte. Dies gilt für die Personalplanung (§ 92 BetrVG),[77] das Verlangen nach innerbetrieblicher Stellenausschreibung (§ 93 BetrVG),[78] und die Berufsbildung im Bereich der §§ 96, 97 BetrVG.[79] Jedoch entfällt das Zustimmungserfordernis für den Inhalt von Personalfragebögen (§ 94 I BetrVG),[80] die Aufstellung von Beurteilungsgrundsätzen (§ 94 II BetrVG) und Auswahlrichtlinien (§ 95 BetrVG). Gleiches gilt bei der Durchführung betrieblicher Bildungsmaßnahmen für Tendenzträger (§ 98 BetrVG);[81] der BR kann jedoch die Abberufung einer für die Ausbildung ungeeigneten Person beim Arbeitsgericht verlangen, sofern diese aus nicht tendenzbedingten Gründen erfolgen soll (zB Jugendschutz). 16

Zur Anwendung von §§ 99, 100 BetrVG hat das BAG entschieden, dass bei der **Einstellung** und **Versetzung** von Tendenzträgern der BR zwar umfassend über die personelle Maßnahme zu informieren, seine Zustimmung jedoch unabhängig von den geltend gemachten Zustimmungsverweigerungsgründen nicht erforderlich ist.[82] Dagegen ist das Mitbestimmungsrecht des BR bei Eingruppierungen nicht ausgeschlossen; die Eingruppierung in eine tarifliche Vergütungsgruppe durch den AG ist Rechtsanwendung, insoweit erschöpft sich die Beteiligung des BR in einem Mitbeurteilungsrecht.[83] Das Mitwirkungsrecht des BR beim Kündigungsausspruch (§ 102 BetrVG) besteht unverändert, wenn der Kündigungsgrund nicht aus der vom Betrieb oder Unternehmen verfolgten Tendenz herrührt. Erfolgt die **Kündigung** aus tendenzbedingten Gründen, unterliegt der AG bei der Mitteilung der Kündigungsgründe keinen Einschränkungen, auch tendenzbezogene Kündigungsgründe sind dem BR vollständig darzulegen.[84] Bei seinen Einwendungen ist der BR nach Ansicht des BAG auf soziale Gesichtspunkte beschränkt, daneben besteht kein **Weiterbeschäftigungsanspruch** nach § 102 V BetrVG.[85] Dem ist nicht zuzustimmen. Auch bei einer Kündigung aus tendenzbedingten Gründen steht dem BR grundsätzlich das volle Beteiligungsrecht nach § 102 BetrVG zu, wozu auch die Erhebung eines Widerspruchs zählt (Abs. 3). Der Weiterbeschäftigungsanspruch (Abs. 5) entfällt nur, wenn die Weiterbeschäftigung die Tendenzverwirklichung beeinträchtigt, was der AG konkret dazulegen hat. Zur Kündigung eines als Tendenzträger beschäftigten Betriebsratsmitglieds aus tendenzbezogenen Gründen ist der BR nur anzuhören; er muss der Kündigung nicht zustimmen (§ 103 I BetrVG).[86] 17

[74] BVerfG 15.12.1999 AP Nr. 67 zu § 118 BetrVG 1972 = NZA 2000, 264; BAG 30.6.2015 – 1 ABR 71/13; 11.2.1992 AP Nr. 50 zu § 118 BetrVG 1972 = NZA 1992, 705.

[75] BAG 13.2.1990 AP Nr. 45 zu § 118 BetrVG 1972 = NZA 1990, 575 (Forschungszulage); 31.1.1984 AP Nr. 15 zu § 87 BetrVG 1972 Lohngestaltung = NZA 1984, 167.

[76] BAG 28.5.2002 AP Nr. 39 zu § 87 BetrVG 1972 Ordnung des Betriebes = NZA 2003, 166.

[77] BAG 6.11.1990 AP Nr. 3 zu § 92 BetrVG 1972 = NZA 1991, 358.

[78] BAG 30.1.1979 AP Nr. 11 zu § 118 BetrVG 1972.

[79] BAG 4.12.1990 AP Nr. 1 zu § 97 BetrVG 1972 = NZA 1991, 388.

[80] BAG 21.9.1993 AP Nr. 4 zu § 94 BetrVG 1972 = NZA 1994, 375.

[81] BAG 30.5.2006 AP Nr. 80 zu § 118 BetrVG 1972 = NZA 2006, 129; 14.12.1990 AP Nr. 1 zu § 97 BetrVG 1972 = NZA 1991, 388.

[82] BAG 27.7.1993 AP Nr. 51 zu § 118 BetrVG 1972 = NZA 1994, 329; 8.5.1990 AP Nr. 46 zu § 118 BetrVG 1972 = NZA 1990, 901; 1.9.1987 AP Nr. 11 zu § 101 BetrVG 1972 = NZA 1988, 97; 28.10.1986 AP Nr. 32 zu § 118 BetrVG 1972 = NZA 1987, 531; aA LAG Düsseldorf 14.11.1990 LAGE BetrVG 1972 § 118 Nr. 15.

[83] BAG 3.12.1985 AP Nr. 31 zu § 99 BetrVG 1972; 31.5.1983 AP Nr. 27 zu § 118 BetrVG 1972.

[84] BVerfG 6.11.1979 AP Nr. 14 zu § 118 BetrVG 1972 (kein Verstoß gegen Pressefreiheit); BAG 3.11.1982 AP Nr. 12 zu § 15 KSchG 1969; 7.11.1975 AP Nr. 4 zu § 118 BetrVG 1972.

[85] BAG 7.11.1975 AP Nr. 4 zu § 118 BetrVG 1972.

[86] BAG 28.8.2003 AP Nr. 49 zu § 103 BetrVG 1972 = NZA 2004, 501.

IV. Streitigkeiten

18 Im Verfahren nach § 18 II BetrVG kann der Verfahrensgegenstand auch auf die Nichtanwendung des BetrVG aufgrund der Vorschrift des § 118 II BetrVG beschränkt werden.[87] Im Beschlussverfahren kann nicht pauschal festgestellt werden, ob ein Betrieb Tendenzcharakter hat oder nicht;[88] vielmehr müssen der Umfang der einzelnen Beteiligungsrechte oder bestimmte Statusverhältnisse (zB die Bildung eines Wirtschaftsausschusses) einzeln geklärt werden.

§ 215. Allgemeine Grundsätze der Betriebsverfassung

Übersicht

I. Stellung der Gewerkschaften in der Betriebsverfassung

1 **1. Duales System.** Das BetrVG 1972 hat wie das BetrVG 1952 die Trennung zwischen den Aufgaben und den Funktionen der Gewerkschaften und der Betriebsverfassungsorgane beibehalten. Die Gewerkschaften sind aufgrund der Regelung in Art. 9 III GG berechtigt, die Interessen ihrer Mitglieder gegenüber dem Tarifpartner, also den Arbeitgeberverbänden, zu vertreten, indem sie insbesondere den Abschluss von Tarifverträgen, notfalls durch Arbeitskämpfe, erzwingen (§ 2 III BetrVG). Demgegenüber haben die Betriebsverfassungsorgane auf der Grundlage des BetrVG ihre Aufgaben wahrzunehmen und bei der Gestaltung der innerbetrieblichen, die AN betreffenden Angelegenheiten mitzuwirken.

2 **2. Die im Betrieb vertretene Gewerkschaft.** Wenngleich das BetrVG 1972 von dem Grundsatz der Aufgabentrennung und ihrer gegenseitigen Unabhängigkeit ausgeht, gebietet es dennoch eine vertrauensvolle Zusammenarbeit zwischen den Betriebsverfassungsorganen, den im Betrieb vertretenen Gewerkschaften, dem AG und seinen Vereinigungen (§ 2 I BetrVG). Eine Gewerkschaft ist bereits dann im Betrieb vertreten, wenn ihr ein AN des Betriebs angehört, der nicht zu den leitenden Angestellten zählt; maßgeblich ist der allgemeine Gewerkschaftsbegriff (→ § 196 Rn. 4).[1] Die Gewerkschaft kann den erforderlichen Nachweis auch durch mittelbare Beweismittel (zB notarielle Erklärung) erbringen.[2] Zur Teilnahme eines Beauftragten an Betriebsratssitzungen → § 220 Rn. 20 und an Betriebsversammlungen → § 223 Rn. 19.

3 **3. Zutrittsrecht zum Betrieb (§ 2 II BetrVG). a) Unterstützung der Arbeitnehmervertretungen. aa) Grundsatz.** Um das Zusammenwirken sicherzustellen, sieht § 2 II BetrVG ein Zutrittsrecht der Beauftragten im Betrieb vertretener Gewerkschaften zur Wahrnehmung der ihnen nach dem BetrVG zustehenden Rechte und Befugnisse vor. Die Vorschrift ist verfassungsgemäß,[3] der Zugang kann durch einstweilige Verfügung durchgesetzt werden.[4] Das Zutrittsrecht besteht nur, wenn der Gewerkschaftsbeauftragte die den Gewerk-

[87] BAG 3.2.1976 AP Nr. 8 zu § 118 BetrVG 1972 (kein Rechtsschutzbedürfnis).

[88] BAG 26.2.2020 AP Nr. 24 zu § 106 BetrVG 1972 = NZA 2020, 960; 22.7.2014 AP Nr. 87 zu § 118 BetrVG 1972 = NZA 2014, 1417; 14.12.2010 AP Nr. 84 zu § 118 BetrVG 1972 = NZA 2011, 473.

[1] BAG 19.9.2006 AP Nr. 5 zu § 2 BetrVG 1972 = NZA 2007, 518; zur Passivlegitimation des AG: BAG 22.5.2012 AP Nr. 149 zu Art. 9 GG = NZA 2012, 1176; *Röpke/Schönhöft* NZA 2020, 1377; aA *B. Schmidt* NZA 2020, 1682.

[2] BAG 25.3.1992 AP Nr. 4 zu § 2 BetrVG 1972 = NZA 1993, 134; dazu BVerfG 21.3.1994 NZA 1994, 891; LAG Köln 6.10.1989 BB 190, 998; LAG Düsseldorf 5.12.1988 NZA 1989, 236.

[3] BVerfG 14.10.1976 AP Nr. 3 zu § 2 BetrVG 1972.

[4] LAG Düsseldorf 5.12.1988 NZA 1989, 236; ArbG Verden 7.10.2013 NZA-RR 2014, 19.

schaften nach dem Gesetz übertragenen oder damit im Zusammenhang stehenden Aufgaben wahrnehmen will (vgl. zB §§ 2 I, 4 II, 14 III, V, 16 I, II, 17 III, IV, 17a, 18, 19 II, 23 I, III, 31, 35, 37 VII, 43 IV, 46, 53, 75, 108 II, 119 II BetrVG).[5] Hiervon wird regelmäßig auszugehen sein, wenn der Betriebsratsvorsitzende, der BR, Betriebsausschuss oder dessen Vorsitzende, nicht dagegen der Wahlvorstand,[6] um die Entsendung eines Gewerkschaftsvertreters ersucht hat.[7] In Tarifverträgen mit betriebsverfassungsrechtlichen Rechtsnormen kann das Zugangsrecht weiter geregelt werden (§ 3 II TVG).

bb) Verfahren. (1) Keine Zustimmung des Arbeitgebers. Das sich aus § 2 II BetrVG ergebende Zugangsrecht wird durch einen Beauftragten der Gewerkschaft ausgeübt. Dabei bestimmt die Gewerkschaft selbst, welche Person das Zutrittsrecht wahrnehmen soll. Dies können sowohl Gewerkschaftsangestellte, aber auch ein anderer in einem anderen Betrieb oder Unternehmen beschäftigter AN sein.[8] Einer vorherigen Zustimmung des AG bedarf der entsandte Gewerkschaftsbeauftragte vor Ausübung seines Zutrittsrechts nicht. Vielmehr ist der AG lediglich **rechtzeitig** von dem bevorstehenden Besuch **zu unterrichten.** Die vorherige Anmeldung soll ihm die Prüfung ermöglichen, ob der Gewerkschaft bzw. ihrem Beauftragten ein Zutrittsrecht rechtlich und tatsächlich zusteht. Als angemessen wird regelmäßig ein Zeitraum von mindestens 24 Stunden anzusehen sein. Die Benachrichtigung muss weiter die Person bezeichnen, die von der Gewerkschaft in den Betrieb entsandt wird und Zeit und Ort der bevorstehenden Visite angeben. 4

(2) Angabe des Zutrittsgrunds. Unterschiedliche Anforderungen bestehen bei der Bekanntgabe des Zutrittsgrunds. Nimmt der Gewerkschaftsbeauftragte auf Einladung des BR an einer Betriebsratssitzung im Betrieb teil, braucht dem AG nur die ausgesprochene Einladung zur Sitzung mitgeteilt werden. Zu welchem Sitzungsgegenstand der Beauftragte vom BR hinzugezogen wird, muss nicht angegeben werden. Dies folgt aus § 31 BetrVG, der die Hinzuziehung des Vertreters einer im BR vertretenen Gewerkschaft zu einer Betriebsratssitzung ohne Einschränkung zulässt. Wird der Beauftragte außerhalb einer Betriebsratssitzung zur Unterstützung des BR auf dessen Verlangen hin tätig, ist dem AG stichwortartig die Angelegenheit zu beschreiben, in der vom BR die Hilfe des externen Gewerkschaftsvertreters erbeten wird. Die Beschreibung muss jedoch so bemessen sein, dass der AG prüfen kann, ob der BR überhaupt eine ihm nach dem BetrVG zugewiesene Aufgabe wahrnimmt. Eine vergleichbare Auskunftspflicht trifft die Gewerkschaft, wenn ihr Beauftragter zur Wahrnehmung eigener, der Gewerkschaft durch das BetrVG verliehenen Rechte (Vorbereitung der Betriebsratswahl, Besuch einer Betriebsversammlung) den Betrieb betritt. Auch hier muss der AG vor dem Besuch die Möglichkeit zur Prüfung haben, ob die Voraussetzungen für den Zutritt erfüllt sind. 5

cc) Umfang. Grundsätzlich hat der Gewerkschaftsvertreter ein unbeaufsichtigtes[9] Zutrittsrecht zu den Räumlichkeiten im Betrieb, die zur Wahrung seiner gesetzlichen Aufgaben notwendig sind. Dies werden regelmäßig die **Räume** des BR bzw. die Arbeitsräume einzelner Betriebsratsmitglieder sein, wenn die Gewerkschaft zu Betriebsratssitzungen oder zur sonstigen Unterstützung des BR im Betrieb tätig wird. Jedoch kann ein Gewerkschaftsbeauftragter auch berechtigt sein, einzelne AN an ihren Arbeitsplätzen aufzusuchen und die Arbeitsbedingungen in Augenschein zu nehmen, wenn der BR im Rahmen seiner allgemeinen Überwachungsaufgaben (§ 80 I BetrVG) die Arbeitsbedingungen und die Einhaltung der im Betrieb geltenden Tarifverträge überprüfen will.[10] 6

dd) Duldung. Der AG muss den Zutritt eines Gewerkschaftsbeauftragten im Rahmen des § 2 II BetrVG grundsätzlich dulden, wenn die Voraussetzungen für das Zutrittsrecht vorliegen. Eine Ausnahme von der Duldungspflicht des AG besteht bei **(1)** entgegenstehenden zwingenden Sicherheitsvorschriften oder bei unverhältnismäßigen Betriebsablaufstörungen, **(2)** Gefährdung von Betriebs- und Geschäftsgeheimnissen oder **(3)** wenn der Beauftragte in der Vergangenheit den Betriebsfrieden nachhaltig gestört oder den AG grob beleidigt hat und eine Wiederholung des Verhaltens zu befürchten steht.[11] Allerdings kann das Zutrittsrecht dann von einem anderen 7

---

[5] BAG 26.3.1973 AP Nr. 2 zu § 2 BetrVG 1972 = NJW 1973, 2222.
[6] LAG Hamm 30.9.1977 DB 1978, 844; aA ArbG Iserlohn 28.1.1980 EzA Nr. 11 zu § 2 BetrVG 1972.
[7] BAG 17.1.1989 AP Nr. 1 zu § 2 LPVG NW = NZA 1989, 938; LAG Hamm 3.9.1972 AP Nr. 1 zu § 2 BetrVG 1972.
[8] BAG 14.2.1978 AP Nr. 26 zu Art. 9 GG.
[9] ArbG Elmshorn 16.6.2003 AiB 2004, 40.
[10] BAG 17.1.1989 AP Nr. 1 zu § 2 LPVG NW = NZA 1989, 938.
[11] BAG 14.2.1978 AP Nr. 26 zu Art. 9 GG; LAG Hamm 3.9.1972 AP Nr. 1 zu § 2 BetrVG 1972.

Beauftragten wahrgenommen werden. Das Zutrittsrecht der Gewerkschaften wird durch einen Arbeitskampf eingeschränkt, wenn hierdurch die Kampfparität zwischen den Tarifvertragsparteien bzw. einzelner Mitglieder des Arbeitgeberverbandes beeinträchtigt wird,[12] wofür aber tatsächliche Anhaltspunkte vorhanden sein müssen. Die einer Gewerkschaft zur Durchsetzung des Zugangsrechts entstandenen Kosten (zB Rechtsanwaltskosten) muss der AG nicht ersetzen.[13]

8 **b) Allgemeines Zutrittsrecht zu Werbezwecken. aa) Rechtsentwicklung.** Ein über § 2 II BetrVG hinausgehendes allgemeines Zutrittsrecht der Gewerkschaft bzw. eines ihrer Beauftragten folgt nicht aus dem Übereinkommen Nr. 135 der Internationalen Arbeitsorganisation vom 23. Juni 1971 über Schutz und Erleichterungen für Arbeitnehmervertreter im Betrieb (BGBl. 1973 II, 953).[14] Das BVerfG und ihm folgend das BAG hatten es ursprünglich auch abgelehnt, aus der Koalitionsfreiheit ein einschränkungsloses Zutrittsrecht betriebsfremder Gewerkschaftsbeauftragter herzuleiten.[15] Anerkannt war lediglich ein Zutrittsrecht der Gewerkschaften bzw. ihrer Vertreter zur Wahlwerbung vor Betriebs- und Personalratswahlen[16] und Mitgliederwerbung.[17]

8a **bb) Anspruch auf Zutritt, Versendung von E-Mails.** Nach der neueren Rspr. des BVerfG wird durch Art. 9 III GG jegliche koalitionsgemäße Betätigung der Gewerkschaften im Bereich der Arbeits- und Wirtschaftsbedingungen geschützt. Die Beschränkung auf den Kernbereich koalitionsgemäßer Betätigung der Gewerkschaften, der für ihren Bestand unerlässlich ist, hat das Gericht aufgegeben. Nunmehr prüft das BVerfG, ob für ein bestimmtes Verhalten der Gewerkschaft überhaupt Grundrechtsschutz besteht und entgegenstehende Grundrechtspositionen Dritter, regelmäßig des betroffenen AG, bestehen.[18] Folgerichtig hat das BAG Gewerkschaften grundsätzlich ein Zutrittsrecht zu nichtkirchlichen Betrieben zuerkannt, um dort auch durch betriebsfremde Beauftragte um Mitglieder zu werben. Ob angesichts der Rechtsprechungsänderung des BVerfG auch bei kirchlichen Einrichtungen ein Zutrittsrecht der Gewerkschaften zu Werbezwecken besteht, ist höchstrichterlich noch nicht geklärt. Dies ist angesichts des geänderten Prüfprogramms zu bejahen. Neben dem Zutrittsrecht ist eine tarifzuständige Gewerkschaft grundsätzlich berechtigt, E-Mails zu Werbezwecken auch ohne Einwilligung des AG und Aufforderung durch die AN an die **betrieblichen E-Mail-Adressen** der Beschäftigten zu versenden.[19]

8b **cc) Verfahren.** Zur Durchführung einer Werbemaßnahme im Betrieb ist die Gewerkschaft auf die Mitwirkung des AG angewiesen. Dieser muss betriebsfremden Gewerkschaftsbeauftragten den Zutritt zu seinem Betrieb gewähren und deren Verbleib auf dem Betriebsgelände dulden. Das kann mit seinem durch Art. 13, Art. 14 I GG geschützten Haus- und Eigentumsrecht und seiner aus Art. 12 I GG folgenden wirtschaftlichen Betätigungsfreiheit kollidieren. Daneben wird das Zutrittsrecht auch zeitlich durch den Grundsatz der Erforderlichkeit beschränkt.[20] Nach Ansicht des BAG ist die Gewerkschaft im Regelfall berechtigt, zumindest jeweils einmal im Kalenderhalbjahr den Betrieb eines AG zu betreten. Verlangt sie einen weitergehenden Zutritt, hat sie – regelmäßig im Verfahren des einstweiligen Rechtsschutzes – die Notwendigkeit der damit verbundenen betrieblichen Werbemaßnahmen im Einzelnen aufzuzeigen. Erfüllt sie die ihr obliegende Darlegungslast, hat der AG im Einzelnen vorzutragen, aus welchen Gründen seine verfassungsrechtlich geschützten Rechtsgüter vorrangig sind. Die Gewerkschaft hat ihre Besuche angemessene Zeit zuvor anzukündigen, wobei das BAG im Hinblick auf etwaige notwendige organisatorische Maßnahmen von einer Regelfrist von einer Woche ausgeht.[21] Die Betriebsparteien sind nicht befugt, die von Art. 9 III GG geschützte Koalitionsbetätigungsfreiheit auszugestalten. Diesbezüglich bestehen bei der Betätigung von gewerkschaftlich organisierten AN im Betrieb keine Beteiligungsrechte des BR.[22]

---

12 ArbG Frankfurt 24.3.1999 ArbuR 1999, 412.
13 BAG 2.10.2007 AP Nr. 23 zu § 2a ArbGG 1979 = NZA 2008, 372.
14 BAG 19.1.1982 AP Nr. 10 zu Art. 140 GG.
15 BVerfG 17.2.1981 AP Nr. 9 zu Art. 140 GG; BAG 19.1.1982 AP Nr. 10 zu Art. 140 GG.
16 BVerfG 30.11.1965 AP Nr. 7 zu Art. 9 GG; BVerwG 22.8.1991 NJW 1992, 385.
17 BVerfG 26.5.1970 AP Nr. 16 zu Art. 9 GG; BAG 14.2.1967 AP Nr. 10 zu Art. 9 GG.
18 BVerfG 14.11.1995 AP Nr. 80 zu Art. 9 GG = NZA 1996, 381.
19 BAG 20.1.2009 AP Nr. 137 zu Art. 9 GG = NZA 2009, 615.
20 BAG 28.2.2006 AP Nr. 127 zu Art. 9 GG = NZA 2006, 798.
21 BAG 22.6.2010 AP Nr. 142 zu Art. 9 GG = NZA 2010, 1365.
22 BAG 28.7.2020 AP Nr. 50 zu § 87 BetrVG 1972 Ordnung des Betriebes = NZA 2020, 1413.

4. Rechte der Gewerkschaft. Sie sind im Rahmen der Betriebsverfassung erheblich erweitert. Sie haben u.a. **(a)** ein erweitertes Initiativrecht bei der Bildung von BR (§§ 14 III, 17a BetrVG Einleitung der Betriebsratswahl; §§ 16, 17 BetrVG Antragsrecht der Gewerkschaft zur Bestellung eines Wahlvorstands und Gewerkschaftsfunktionärs als Wahlvorstandsmitglied, Einberufung einer Betriebsversammlung), **(b)** Informationsrechte gegenüber dem BR über Betriebs- und Abteilungsversammlungen (§ 46 II BetrVG), **(c)** die Möglichkeit, eine Betriebsversammlung zu erzwingen, wenn der BR nicht tätig wird (§ 43 IV BetrVG), **(d)** das Recht, gegen den AG bei Verstößen gegen die Betriebsverfassung Zwangsmaßnahmen zu beantragen (§ 23 III BetrVG) sowie **(e)** Antragsrechte bei Verstößen gegen die Betriebsverfassung durch Betriebsverfassungsorgane (§ 23 I BetrVG); **(f)** ein Recht zur Einleitung eines Beschlussverfahrens haben sie dagegen nur dann, wenn das Gesetz es ausdrücklich vorsieht.[23] Jedoch bejaht das BAG einen Unterlassungsanspruch der Gewerkschaft gegen den BR wegen Verstoßes gegen die Tarifautonomie, wenn von normativ geltenden Tarifverträgen abgewichen wird[24] (→ § 207 Rn. 35); zum Verhältnis von Tarifvertrag und Betriebsvereinbarung → § 231 Rn. 21. 9

5. Gewerkschaftsangehörige Betriebsratsmitglieder. Das Gesetz spricht die mögliche Pflichtenkollision von Gewerkschaftsmitgliedern, die betriebsverfassungsrechtliche Aufgaben übernommen haben, in § 74 III BetrVG an. Danach sind AN, die Aufgaben im Rahmen der Betriebsverfassung übernommen haben, hierdurch in der gewerkschaftlichen Betätigung im Betrieb nicht beschränkt. Durch die gewerkschaftliche Betätigungsfreiheit werden die Pflichten aus dem BetrVG, insbesondere die Pflicht zur Neutralität, bei der Wahrnehmung des Betriebsratsamtes (§ 75 BetrVG) nicht berührt.[25] Hieraus folgt, dass ein Betriebsratsmitglied seine Amtstätigkeit nicht von dem Eintritt eines AN in die Gewerkschaft abhängig machen darf; zu den gewerkschaftlichen Vertrauenspersonen → § 190 Rn. 44. 10

II. Das Verhältnis Arbeitgeber und Betriebsrat

1. Vertrauensvolle Zusammenarbeit (§ 2 I BetrVG). a) Begriff. AG und BR haben zum Wohl des Betriebs und der AN zusammenzuwirken, insoweit enthält die Vorschrift eine Verpflichtung zur konstruktiven Zusammenarbeit (auch → § 230 Rn. 11; zur Vertretungsmöglichkeit des AG → § 212 Rn. 2). Der Grundsatz der vertrauensvollen Zusammenarbeit ist Maßstab dafür, wie die Betriebsparteien ihre gegenseitigen Rechte und Pflichten wahrzunehmen und auszuüben haben. Sie müssen dabei auch auf die Interessen anderer Betriebsparteien Rücksicht nehmen.[26] 11

b) Verbindlichkeit. Das Kooperationsgebot will nicht die natürlichen Interessengegensätze zwischen AG und AN bzw. BR aufheben oder die Durchsetzung der wechselseitigen Interessen vereiteln. Vielmehr bringt es zum Ausdruck, dass die Mitbestimmung des BR auch eine erhöhte Mitverantwortung bedingt. § 2 I BetrVG ist kein unverbindlicher Programmsatz, sondern unmittelbar geltendes Recht, das stets bei der Auslegung und Anwendung der Rechte und Pflichten aus dem BetrVG zu beachten ist. Es ist als Generalklausel Einfallstor für die Begründung der in jedem Schuldverhältnis typischerweise bestehenden **Nebenpflichten** und verpflichtet die Betriebsparteien trotz aller Interessengegensätze zur Beachtung auch der Interessen des anderen Teils. Nach zutreffender Ansicht des BAG ist § 2 I BetrVG gegenüber § 242 BGB die speziellere Regelung.[27] Deshalb kann eine gegen das Gebot der vertrauensvollen Zusammenarbeit verstoßende Ausübung einer formalen Rechtsstellung missbräuchlich und damit unzulässig sein. Dies kommt allerdings wegen der Besonderheiten des durch die Wahrnehmung strukturell gegensätzlicher Interessen gekennzeichneten Rechtsverhältnisses zwischen AG und BR nur in besonders schwerwiegenden, eng begrenzten Ausnah- 12

[23] BAG 3.2.1976 AP Nr. 8 zu § 118 BetrVG 1972; vgl. auch BAG 20.8.1991 AP Nr. 2 zu § 77 BetrVG 1972 Tarifvorbehalt = NZA 1992, 317; 23.2.1988 AP Nr. 9 zu § 81 ArbGG 1979 = NZA 1989, 229; 18.8.1987 AP Nr. 6 zu § 81 ArbGG 1979 = NZA 1988, 26; zur Einwirkungsklage BAG 29.4.1992 AP Nr. 3 zu § 1 TVG Durchführungspflicht = NZA 1992, 846.

[24] BAG 7.6.2017 AP Nr. 152 zu Art. 9 GG = NZA 2017, 1410 (Nachwirkung); 17.5.2011 AP Nr. 148 zu Art. 9 GG = NZA 2011, 1169; 20.4.1999 AP Nr. 89 zu Art. 9 GG = NZA 1999, 887.

[25] BAG 21.2.1978 AP Nr. 1 zu § 74 BetrVG 1972; LAG Düsseldorf 5.7.1994 BB 1994, 1940.

[26] BAG 19.11.2019 AP Nr. 71 zu § 76 BetrVG 1972 = NZA 2020, 727.

[27] BAG 28.5.2014 AP Nr. 66 zu § 76 BetrVG 1972 = NZA 2014, 1213; 21.4.1983 AP Nr. 20 zu § 40 BetrVG 1972.

mefällen in Betracht.[28] Das Gebot der vertrauensvollen Zusammenarbeit richtet sich nicht nur an den BR, sondern auch an die einzelnen Betriebsratsmitglieder im Verhältnis zum AG. Daher ist auch das Betriebsratsmitglied verpflichtet, durch sein Verhalten die Grundlagen des gegenseitigen Vertrauens nicht nachhaltig zu stören. Im Verhältnis der Betriebsratsmitglieder untereinander gilt § 2 I BetrVG hingegen nur eingeschränkt. Die sich aus der Vorschrift ergebenden Pflichten begrenzen das Handeln des einzelnen Mitglieds nur, wenn hierdurch die Funktionsfähigkeit des BR als Kollegium beeinträchtigt wird.[29] Das Gebot des § 2 I BetrVG gilt nur für das betriebsverfassungsrechtliche Rechtsverhältnis, nicht für die daneben bestehenden Pflichten aus dem Arbeitsvertrag.

13 **c) Keine Erweiterung oder Einschränkung der Beteiligungsrechte, Verwirkung.** Aus § 2 I BetrVG können aber weder AG oder BR gesetzlich nicht vorgesehene Rechte und Pflichten herleiten.[30] Deshalb kann der BR über die Vorschrift nicht eine Erweiterung der bestehenden Beteiligungsrechte beanspruchen. Andererseits enthält § 2 I BetrVG auch keinen materiellen Ausschlusstatbestand, der zu einem Anspruchsverzicht von Rechten aus dem BetrVG führen könnte. Dies gilt insbesondere für eine Pflicht des BR von der Anforderung der nach § 40 II BetrVG erforderlichen Sachmittel abzusehen.[31] Im Wesentlichen ergeben sich aus § 2 I BetrVG Pflichten zur gegenseitigen Ehrlichkeit und Offenheit; übernommene Vorurteile sollen überwunden und die gegenseitigen Beziehungen nicht durch unangebrachtes Misstrauen belastet werden. Zu den Pflichten gehören ferner die wechselseitige Unterrichtung, Vorlage von Unterlagen, etwa im Rahmen der personellen Mitbestimmung und der Personalplanung, und die umfassende Erörterung anstehender Fragen. Die **materiell-rechtliche Verwirkung** von Mitbestimmungsrechten ist grundsätzlich ausgeschlossen.[32] Der BR kann weder auf sein Mitbestimmungsrecht verzichten noch darf er es der einseitigen Regelung durch den AG überlassen.[33] Der AG muss grundsätzlich damit rechnen, dass der BR seine Beteiligung in einer seiner Mitbestimmung unterliegenden Angelegenheit verlangt und diese ggf. auch gerichtlich durchsetzt.[34] Nur im Ausnahmefall (zB bei Willkür[35] oder eines schutzwürdigen Vertrauenstatbestands) kann sich eine Betriebspartei nach § 2 I BetrVG nicht mehr auf die Rechtsunwirksamkeit bestimmter Vorgänge berufen. Dies setzt aber mehr als bloße Untätigkeit von AG oder BR, sondern zB einen vorausgegangenen erheblichen Verstoß gegen Handlungspflichten der anderen Betriebspartei voraus.[36]

14 **d) Höherrangiges Recht.** Die Zusammenarbeit erfolgt unter Beachtung der geltenden Tarifverträge. Die Bindung an Gesetz und Recht (Art. 20 III GG) ist als selbstverständliche Verpflichtung nicht ausdrücklich in das Gesetz aufgenommen. Die Beachtung des Tarifrechts ist hervorgehoben, um damit den Vorrang der Regelungskompetenz der Tarifpartner herauszustellen. Geltender Tarifvertrag ist derjenige, in dessen zeitlichen, räumlichen, persönlichen, fachlichen und betrieblichen Geltungsbereich der Betrieb fällt (→ § 203 Rn. 1).

15 **2. Gesetzliche Konkretisierungen.** Das Gebot der vertrauensvollen Zusammenarbeit ist darüber hinaus in zahlreichen Vorschriften des BetrVG näher konkretisiert. So sollen sich nach § 74 I BetrVG AG und BR mindestens einmal im Monat zu einer Besprechung zusammenfinden. Unabhängig davon haben sie stets über strittige Fragen mit dem ernsten Willen zur Einigung zu verhandeln und Vorschläge für die Beilegung von Meinungsverschiedenheiten zu machen. Weitere Ausformungen des Gebots zur vertrauensvollen Zusammenarbeit sind die Friedenspflicht (§ 74 II 2 BetrVG), das Verbot der parteipolitischen Betätigung im Betrieb (§ 74 II 3 BetrVG), das Benachteiligungs- und Behinderungsverbot (§ 78 I BetrVG) sowie die Verschwiegenheitspflicht (§ 79 I BetrVG). Einzelheiten → § 230 Rn. 10 ff., 22 ff.

[28] BAG 19.11.2019 AP Nr. 71 zu § 76 BetrVG 1972 = NZA 2020, 727; 12.3.2019 AP Nr. 51 zu § 23 BetrVG 1972 = NZA 2019, 843.
[29] BAG 21.2.1978 AP Nr. 1 zu § 74 BetrVG 1972.
[30] BAG 28.5.2014 AP Nr. 66 zu § 76 BetrVG 1972 = NZA 2014, 1213.
[31] BAG 21.4.1983 AP Nr. 20 zu § 40 BetrVG 1972.
[32] BAG 28.8.2007 AP Nr. 53 zu § 95 BetrVG 1972 = NZA 2008, 188; dazu *Adam* ArbuR 2008, 169.
[33] BAG 3.6.2003 AP Nr. 19 zu § 77 BetrVG 1972 Tarifvorbehalt = NZA 2003, 1155.
[34] LAG SchlH 4.3.2008 NZA-RR 2008, 414.
[35] BAG 13.2.2007 AP Nr. 81 zu § 118 BetrVG 1972 = NZA 2007, 1121 (Willkür).
[36] BAG 12.3.2019 AP Nr. 51 zu § 23 BetrVG 1972 = NZA 2019, 843; 29.1.2008 AP Nr. 13 zu § 87 BetrVG 1972 = NZA-RR 2008, 469; 18.10.2000 AP Nr. 49 zu § 15 KSchG 1969 = NZA 2001, 321.

3. Einzelfälle. a) Kosten der Betriebsratstätigkeit. Bei der Verursachung von Kosten (→ § 222 Rn. 3) hat der BR grundsätzlich das Gebot der Verhältnismäßigkeit zu beachten (zB bei Schulungsveranstaltungen), muss aber bei der Auswahl seiner Einigungsstellenbeisitzer nicht prüfen, ob die Benennung eines oder mehrerer betriebsfremder Beisitzer erforderlich ist (→ § 232 Rn. 10, 13).[37] Hat allerdings der BR von seinem Recht zur Bestellung von Beisitzern entgegen § 2 I BetrVG aus offenkundig sachwidrigen Motiven Gebrauch gemacht und war dies auch für den Beisitzer erkennbar, kann sich dieser nicht auf die Bestellung berufen.[38] Der AG kann nicht vom BR verlangen, einen bestimmten AN als Bürokraft zu beschäftigen, wenn er das Vertrauen in dessen Integrität verloren hat.[39] Aus dem Grundsatz der vertrauensvollen Zusammenarbeit kann der AG vom BR nicht die Angabe der Anfangs- und Endzeiten seiner Sitzungen in der Vergangenheit verlangen,[40] wohl aber die Mitteilung, für welche konkreten Aufgaben er ein beanspruchtes Zutrittsrecht in Anspruch nehmen will.[41] Auch eine eigenmächtige Festlegung des Zeitumfangs der Arbeit des Wahlvorstands durch den AG ist nicht zulässig.[42] 16

b) Kommunikation mit der Belegschaft. Bedeutsam ist das Gebot der vertrauensvollen Zusammenarbeit bei der Bekanntgabe von internen Vorgängen aus der Zusammenarbeit der Betriebsparteien. § 2 I BetrVG verpflichtet die Betriebsparteien zu einem sachlichen Umgang in der betriebsöffentlichen Auseinandersetzung miteinander. Zwar können Meinungsverschiedenheiten auch öffentlich mit harten Bandagen geführt werden. Die öffentliche Kundgabe unwahrer Tatsachen,[43] leichtfertige Anzeigen[44] oder Beleidigungen[45] gegenüber der anderen Betriebspartei stellen jedoch ebenso eine Verletzung des Gebots der vertrauensvollen Zusammenarbeit dar wie sachlich falsche und böswillig abwertende Behauptungen bei oder während der Verhandlungen über streitige Regelungsfragen.[46] § 2 I BetrVG gilt aber nicht nur für den Inhalt, sondern auch die Form der Auseinandersetzung zwischen AG und BR. Letzterer hat einen Anspruch auf Unterlassung, wenn der AG die Kosten der Betriebsratstätigkeit in einer unangemessenen Weise[47] oder „Fehlzeiten" des BR, die durch Krankheit oder Betriebsratstätigkeit oder durch Lehrgänge verursacht sind,[48] bekannt macht. Gleiches gilt für ein öffentliches Angebot des AG, freiwillige Leistungen bei gleichzeitiger Kosteneinschränkung des BR zu erhöhen,[49] während dieser die Einrichtung einer allgemein abrufbaren Intranet-/Internet-Homepage mit Betriebsinterna zu unterlassen hat.[50] 17

c) Verlautbarungen gegenüber der Presse und der betriebsfremden Öffentlichkeit. 18
Der BR kann im Rahmen seiner Zuständigkeit und unter Wahrung der Interessen des Betriebs (§ 2 I BetrVG) Erklärungen gegenüber der Presse[51] oder auch über andere Medien abgeben.[52] Dies gilt etwa für Veröffentlichungen über abgeschlossene Betriebsvereinbarungen, Sozialpläne, soweit die Öffentlichkeit hieran ausnahmsweise ein besonderes Interesse hat. Allerdings besteht kein umfassendes Recht des BR, mithilfe sozialer Netzwerke öffentlich aufzutreten und Stellungnahmen insbesondere zu geschützten Betriebsinterna oder allgemeinpolitischen Themen abzugeben. Nur in diesem Rahmen und unter Beachtung der in § 2 II BetrVG genannten Beschränkungen kann er vom AG verlangen, dass dieser vom BR eingeladenen Journalisten Zugang zum Betriebsratsbüro auf dem Betriebsgelände gewährt.[53]

---

37 BAG 19.11.2019 AP Nr. 71 zu § 76 BetrVG 1972 = NZA 2020, 727; 10.10.2007 AP Nr. 17 zu § 26 BetrVG 1972 = NZA 2008, 369; 24.4.1996 AP Nr. 5 zu § 76 BetrVG 1972 Einigungsstelle = NZA 1996, 1171.

38 BAG 19.11.2019 AP Nr. 71 zu § 76 BetrVG 1972 = NZA 2020, 727.

39 BAG 5.3.1997 AP Nr. 56 zu § 40 BetrVG 1972 = NZA 1997, 844.

40 ArbG Hamburg 8.9.2000 AiB 2000, 102.

41 LAG Nürnberg 18.10.1993 NZA 1994, 378; LAG Köln 20.8.1992 LAGE § 2 BetrVG 1972 Nr. 9.

42 LAG SchlH 15.12.2004 NZA-RR 2005, 253.

43 ArbG Berlin 31.10.2002 EWiR 2003, 741.

44 LAG Bln-Bbg 31.5.2017 – 15 TaBV 1979/16.

45 LAG Köln 16.11.1990 BB 1991, 1191 = ArbuR 1991, 121.

46 LAG Nds 6.4.2004 NZA-RR 2005, 78.

47 BAG 11.12.1997 AP Nr. 27 zu § 23 BetrVG 1972 = NZA 1998, 559; ArbG Leipzig 5.9.2002 NZA-RR 2003, 142.

48 LAG Nds 9.3.1990 ArbuR 1991, 153.

49 ArbG Wesel 10.4.1996 AiB 9197, 52.

50 HessLAG 15.7.2004 – 9 TaBV 190/03; *Wiese* NZA 2012, 1.

51 Dazu *Günther/Lenz* NZA 2019, 1241; *v. Steinau-Steinrück/Burmann* NZA 2019, 209; *Müller-Boruttau* NZA 1996, 1071.

52 Zu weit LAG Nds 6.12.2018 – 5 TaBV 107/17, das dem BR für Mitteilungen auf Twitter den Schutz des Art. 5 I 1 GG zubilligt.

53 BAG 18.9.1991 AP Nr. 40 zu § 40 BetrVG 1972 = NZA 1992, 315.

19 **d) Betriebsversammlung.** Bei der Lage der regelmäßigen Betriebsversammlung ist der BR aus § 2 I BetrVG verpflichtet, auf die Interessen des AG Rücksicht zu nehmen und sie nicht in verkaufsstarke Zeiten (zB Weihnachtsgeschäft) zu legen.[54] In mehrschichtigen Betrieben ist er gehalten, die Betriebsversammlung auf der Schnittstelle zwischen den beiden Schichten anzuberaumen, in denen der Großteil der AN im Sinne des BetrVG beschäftigt wird.[55] Jedoch darf auch der AG eine von ihm einberufene Versammlung der Belegschaftsangehörigen nicht als eine „Gegenveranstaltung" gegenüber Betriebsversammlungen missbrauchen.[56]

20 **e) Verhandlungsanspruch und Beteiligungsrechte.** Jede Betriebspartei hat bei Regelungen, die der Mitbestimmung des BR unterliegen, einen Verhandlungsanspruch, auf den sich der Gegenspieler einlassen muss. Es besteht ein Verbot der missbräuchlichen Ausübung von Beteiligungsrechten. Ein solcher liegt vor, wenn die Zustimmung zu einer Maßnahme allein deswegen verweigert wird, um den AG aus Kostengründen oder wegen des Zeitablaufs zu zwingen, ein Einigungsstellenverfahren durchzuführen.[57] Das Berufung einer Betriebspartei auf eine formale Rechtsposition, die sie selbst durch ein in erheblichem Maß eigenes betriebsverfassungswidriges Verhalten erlangt hat, kann eine gegen den Grundsatz der vertrauensvollen Zusammenarbeit verstoßende und damit unzulässige Rechtsausübung darstellen. Dies ist zB der Fall, wenn der BR die aus der Verletzung seines Mitbestimmungsrechts nach § 87 I Nr. 2 BetrVG durch die AG folgenden Unterlassungsansprüche unter grobem Verstoß gegen seine eigenen Mitwirkungspflichten erlangt hat.[58] Auch die wiederholte Verweigerung der Zustimmung zu gleich gelagerten personellen Maßnahmen mit einer Begründung, von der feststeht, dass sie zur Verweigerung der Zustimmung nicht berechtigt, kann rechtsmissbräuchlich sein,[59] ebenso ein gerichtliches Auskunftsverlangen, wenn der BR die Auskunft aus den bereits übermittelten Informationen ohne weiteres entnehmen kann.[60] Allerdings berechtigen solche Verstöße den AG seinerseits nicht, von sich aus die Beteiligungspflicht des BR nicht mehr zu beachten. Vielmehr muss der schwerwiegende Rechtsverstoß des BR gerichtlich festgestellt werden (zB die Unbeachtlichkeit der Zustimmungsverweigerung aus bestimmten Gründen). Der Grundsatz der vertrauensvollen Zusammenarbeit wird vom AG verletzt, wenn dieser bei finanziellen Leistungen eigene Verteilungsgrundsätze vorgibt, über die er keine Verhandlungen zulässt, sondern für den Fall abweichender Vorstellungen des BR von vornherein eine mitbestimmungsfreie Vollanrechnung vorsieht.[61] Er darf auch die Gewährung von Leistungen an die AN nicht von der Zustimmung des BR zu einer gesetz- oder tarifwidrigen Betriebsvereinbarung abhängig machen.[62]

21 **f) Koppelungsgeschäfte.** Es ist umstr., ob und unter welchen Voraussetzungen die Betriebsparteien die Ausübung ihrer Rechte von der Erfüllung von Forderungen abhängig machen dürfen.[63] Maßstab für die Beurteilung ist der Grundsatz der vertrauensvollen Zusammenarbeit in § 2 I BetrVG und das in ihm enthaltene Verbot des Rechtsmissbrauchs, das als allgemeine Schranke der Rechtsausübung subjektive Rechte ebenso wie Rechtsinstitute und Rechtsnormen begrenzt.[64] Grundsätzlich sind die Betriebsparteien danach bei allen Interessengegensätzen berechtigt, bis zur Grenze des Rechtsmissbrauchs ihre eigenen Positionen mit den ihnen zur Verfügung stehenden Mitteln zu vertreten und auch durchzusetzen. Ausgangspunkt für die Bestimmung der Grenzen für ein solches „Koppelungsgeschäft" ist die gesetzliche Ausgestaltung der Beteiligung nach dem BetrVG. Der Gesetzgeber hat nur in § 99 II BetrVG die Gründe für die Verweigerung der Zustimmung ausdrücklich normiert, während es im Bereich der sozialen Mitbestimmung nach § 87 I BetrVG an einer entsprechenden Regelung fehlt. Hier ist der Kon-

[54] LAG Düsseldorf 10.12.1984 NZA 1985, 368.
[55] LAG SchlH 30.5.1991 NZA 1991, 947; LAG Nds 30.8.1982 DB 1983, 1312.
[56] BAG 27.6.1989 AP Nr. 5 zu § 42 BetrVG 1972 = NZA 1990, 113.
[57] ArbG Hannover 19.2.2004 DB 2004, 2223; enger LAG Nds 3.7.2017 NZA-RR 2017, 536.
[58] BAG 12.3.2019 AP Nr. 51 zu § 23 BetrVG 1972 = NZA 2019, 843 (Aufstellung von Dienstplänen); *Oetker* Anm. AP Nr. 51 zu § 23 BetrVG 1972; krit. *Heuschmid/Kummert* NZA 2019, 1258; *Gast* ArbuR 2020, 129.
[59] BAG 16.7.1985 AP Nr. 21 zu § 99 BetrVG 1972 = NZA 1986, 163.
[60] BAG 24.1.2006 AP Nr. 65 zu § 80 BetrVG 1972 = NZA 2006, 1050.
[61] BAG 26.5.1998 AP Nr. 98 zu § 87 BetrVG 1972 = NZA 1998, 1292.
[62] BAG 18.9.2007 AP Nr. 33 zu § 77 BetrVG 1972 Betriebsvereinbarung = NZA 2008, 56.
[63] Dazu *Stück* AuA 2008, 58; *Schoof* ArbuR 2007, 278; *Gentz* NZA 2004, 1011; *Hanau/Reitze* FS Wiese, 149; *Konzen* FS Zöllner, 799; *Baur* ZfA 1997, 445; *Raab* ZfA 1997, 183; *Bauer/Diller* ZIP 1995, 95.
[64] BAG 18.2.2003 AP Nr. 11 zu § 77 BetrVG 1972 Betriebsvereinbarung = NZA 2004, 336.

flikt durch die Einigungsstelle zu lösen, deren Spruch die Zustimmung einer Seite ersetzen kann (§ 87 II BetrVG). Da jedoch der BR die Verweigerung seiner Zustimmung nicht begründen muss, können die Erwägungen des BVerwG im Rahmen der Schutzbereichslehre, wonach der PR seine Zustimmung grundsätzlich aus sämtlichen Gründen verweigern kann, die sich inhaltlich dem Mitbestimmungstatbestand zuordnen lassen,[65] nicht in das Betriebsverfassungsrecht übertragen werden. Dies führt allerdings nicht dazu, dass der BR beliebige Gründe als Bedingung für die Zustimmung zu der beantragten Maßnahme anführen kann, sondern nur solche, die noch einen sachlichen Bezug zu dem jeweiligen Mitbestimmungsrecht haben.[66] Danach ist es zB statthaft, die Zustimmung zu Überstunden von der Zahlung einer erhöhten Vergütung abhängig zu machen oder die vorübergehende Verkürzung der regelmäßigen Arbeitszeit von einem finanziellen Ausgleich. Dies gilt gleichermaßen für die Festsetzung der Vergütungshöhe bei der Einführung eines Vergütungsschemas nach § 87 I Nr. 10 BetrVG. Der sachliche Bezug ist nicht mehr gegeben, bei der Forderung einer finanziellen Zuwendung als Gegenleistung für die Zustimmung zu einer Videoüberwachung (§ 87 I Nr. 6 BetrVG) oder für die Nichtausübung eines Initiativrechts im Bereich des § 87 I Nr. 7 BetrVG. Handelt der BR danach pflichtwidrig, führt dies aber nicht dazu, dass der AG nunmehr die mitbestimmungspflichtige Maßnahme einseitig, dh ohne die Zustimmung des BR oder deren Ersetzung durch die Einigungsstelle durchführen darf (→ Rn. 20). Das Angebot eines unzulässigen Kopplungsgeschäfts führt nicht zu einem mitbestimmungsfreien Raum. Der AG ist daher gegenüber dem pflichtwidrig handelnden BR auf Sanktionen nach § 23 I BetrVG (→ § 219 Rn. 19) beschränkt.

§ 216. Abweichung von den Organisationsvorschriften des Betriebsverfassungsgesetzes

Übersicht

I. Allgemeines

1 Das BetrVG enthält bei seinen Organisationsvorschriften grundsätzlich zwingendes Gesetzesrecht. Die Belegschaft kann nur nach § 4 I BetrVG die Wahl des BR anderweitig regeln und hat ein Antragsrecht für die Befassung von Themen durch den BR (§ 86a BetrVG). Durch Tarifvertrag oder Betriebsvereinbarung können abweichend vom Gesetz die Dauer des Übergangsmandats (§ 21a I 4 BetrVG), die Zahl der freizustellenden Betriebsratsmitglieder (§ 38 I 5 BetrVG), die Größe und Stimmengewichtung beim GBR (§ 47 IV, IX BetrVG) bzw. KBR (§ 55 IV BetrVG) sowie der Gesamt-JAV (§ 72 IV, VIII BetrVG) bestimmt werden. Ferner kann nach § 76 VIII BetrVG die Einigungsstelle durch eine tarifliche Schlichtungsstelle ersetzt, das Beschwerdeverfahren nach § 86 BetrVG anderweitig geregelt und nach § 117 II BetrVG eine tarifliche Vertretung für die im Flugbetrieb beschäftigten AN errichtet werden. Mit der Neufassung des § 3 BetrVG durch das BetrVG-ReformG ist die zuvor erforderliche Zustimmung der zuständigen obersten Arbeitsbehörde oder des BMAS (§ 3 II BetrVG aF) entfallen. Die bisher geltenden Tarifverträge gelten auch nach dem Inkrafttreten des § 3 BetrVG nF unverändert weiter, obwohl das BetrVG-ReformG eine § 128 BetrVG vergleichbare Übergangsvorschrift nicht enthält. Für den Bereich des Personalvertretungs-

[65] BVerwG 30.4.2001 PersR 2001, 382 = PersV 2001, 411; dem nunmehr folgend BAG 19.6.2007 AP Nr. 1 zu § 74 LPVG Brandenburg = NZA 2008, 52.

[66] LAG Düsseldorf 12.12.2007 ArbuR 2008, 270; HessLAG 13.10.2005 ArbuR 2007, 315; LAG Nürnberg 6.11.1990 NZA 1991, 281.

rechts bestimmt § 97 BPersVG, dass durch Tarifvertrag oder Dienstvereinbarung keine von den gesetzlichen Vorschriften abweichende Regelung geschaffen werden kann. Zur Zulässigkeit eines Redaktionsstatuts → § 214 Rn. 28a und zur Abdingbarkeit von Beteiligungsrechten des BR → § 230 Rn. 7.

II. Andere Zuordnung der Arbeitnehmervertretungen

2 **1. Voraussetzungen. a) Fallgruppen.** In § 3 I Nr. 1–3 BetrVG sind drei Fälle vorgesehen, in denen von den Vorgaben des BetrVG bei der durch das BetrVG vorgesehenen Bildung von BR abgewichen werden kann. Nach diesen Vorschriften kann ein anderes gesetzliches Repräsentationsmodell geschaffen werden, während ansonsten nur zusätzliche Arbeitnehmergremien errichtet werden können, die neben die gesetzlich bestimmten Organe treten. Die tarifliche Regelungsbefugnis umfasst aber nicht den Entzug der betriebsverfassungsrechtlichen Befugnisse der gewählten BR und deren Zuweisung an die durch Tarifvertrag bestimmten Organisationseinheiten.[1] Ebenso ist den Tarifvertragsparteien die Möglichkeit zu einer vom Gesetz abweichenden Ausgestaltung der Repräsentationsstrukturen der AN nicht in beliebigem, sondern lediglich in dem durch § 3 I Nr. 1–3 BetrVG und dessen tatbestandlichen Voraussetzungen bestimmten Umfang eröffnet.[2]

3 **b) Zuordnung von Betrieben.** Nach § 3 I Nr. 1 BetrVG kann in Unternehmen mit mehreren Betrieben entweder **(1)** ein einheitlicher BR für das gesamte Unternehmen gebildet oder **(2)** es können einzelne Betriebe zusammengefasst werden, wenn dies die Bildung von BR erleichtert oder einer sachgerechten Interessenwahrnehmung der AN dient. Die Vorschrift ermöglicht insbesondere in kleineren Unternehmen die Bildung eines unternehmenseinheitlichen BR, der an die Stelle der an sich zuständigen BR der Einzelbetriebe oder selbständigen Betriebsteile tritt. Die Bildung eines unternehmenseinheitlichen BR nach § 3 I Nr. 1a BetrVG kann vor allem bei kleineren Unternehmen sachgerecht sein, in denen die wesentlichen Entscheidungen des AG auf der Unternehmensebene fallen. Darüber hinaus ist die Abweichung vom gesetzlichen Organisationsmodell zulässig, wenn durch die Zusammenfassung von Betrieben bisher betriebsratslose Belegschaftsteile bei der Bildung eines BR einbezogen oder betriebsbezogene Schwellenwerte für Mitwirkungs- und Mitbestimmungsmöglichkeiten der AN überschritten werden. Durch § 3 I Nr. 1b BetrVG wird zB in Einzelhandelsbetrieben die Zusammenfassung von Filialen und die Bildung von sog. Regionalbetriebsräten ermöglicht.[3] Die Bildung der geänderten Organisationseinheiten muss sich aber an der ausgeübten Leitungsmacht im Unternehmen sowie der Ortsnähe der Betriebsvertretung orientieren. Unternehmenseinheitliche BR dürfen nicht gebildet werden, wenn bereits die Zusammenfassung von Betrieben ausreichend ist.[4] Nicht zulässig sind die Aufteilung eines Betriebs oder Betriebsteils sowie deren unternehmensübergreifende Zuordnung. Gemeinsame Betriebe von mehreren Unternehmen iSd § 1 I 2 BetrVG dürfen zusammengefasst werden.[5] Die bloße Zusammenfassung von Betrieben mit bis dahin eigener Arbeitnehmervertretung zu einer größeren Organisationseinheit nach § 3 I Nr. 1b BetrVG berührt die Identität der zusammengefassten Einheiten nicht. Endet der Tarifvertrag bestehen diese als eigenständige Einheiten weiter.[6] Unternehmenseinheitliche BR können auch durch Betriebsvereinbarung errichtet werden.[7] Die auf der Grundlage eines unwirksamen Tarifvertrags nach § 3 I Nr. 1 BetrVG durchgeführte Betriebsratswahl ist wegen der Verkennung des Betriebsbegriffs nur anfechtbar.[8]

4 **c) Spartenbetriebsräte.** In Unternehmen und Konzernen kann die Bildung von Spartenbetriebsräten vereinbart werden, wenn **(1)** eine Organisation nach produkt- oder projektbezogenen Geschäftsbereichen besteht, **(2)** die Leitung der Sparte auch Entscheidungen in beteiligungspflichtigen Angelegenheiten trifft und **(3)** die Vereinbarung der sachgerechten Aufgabenwahrnehmung dient (§ 3 I Nr. 2 BetrVG). Die Belegschaft eines Betriebs darf daher sowohl zerglie-

---

[1] BAG 18.11.2014 AP Nr. 12 zu § 3 BetrVG 1972 = NZA 2015, 694.
[2] BAG 25.2.2020 AP Nr. 16 zu § 3 BetrVG 1972 = NZA 2020, 881; 13.3.2013 AP Nr. 10 zu § 3 BetrVG 1972 = NZA 2013, 738; 29.7.2009 AP Nr. 7 zu § 3 BetrVG 1972 = NZA 2009, 1424.
[3] BAG 12.10.2011 AP Nr. 9 zu § 3 BetrVG 1972 = NZA-RR 2012, 186.
[4] BAG 24.4.2013 AP Nr. 11 zu § 3 BetrVG 1972.
[5] AA BAG 13.3.2013 AP Nr. 10 zu § 3 BetrVG 1972 = NZA 2013, 738.
[6] BAG 7.6.2011 AP Nr. 8 zu § 3 BetrVG 1972 = NZA 2012, 110.
[7] BAG 24.4.2013 AP Nr. 11 zu § 3 BetrVG 1972 (kein Vetorecht eines BR).
[8] BAG 25.2.2020 AP Nr. 16 zu § 3 BetrVG 1972 = NZA 2020, 881; 13.3.2013 AP Nr. 10 zu § 3 BetrVG 1972 = NZA 2013, 738.

dert werden – betriebsinterner Spartenbetriebsrat – als auch mit den AN anderer Betriebe zum Teil oder als Einheit zusammengeführt werden – betriebsübergreifender Spartenbetriebsrat. Zu betriebsübergreifenden Spartenbetriebsräten kann es nur kommen, wenn Geschäftsbereiche der gleichen Sparte in mindestens zwei Betrieben vorhanden sind, zB nach einem Betriebsübergang (§ 613a BGB).[9] Auch in diesem Fall können in den beteiligten Betrieben jeweils eigenständige Spartenbetriebsräte gebildet werden. Die Errichtung eines Spartenbetriebsrats dient der sachgerechten Wahrnehmung der Aufgaben des BR, wenn so die Ausübung der Beteiligungsrechte erleichtert oder verbessert wird. Die Bildung von Spartenbetriebsräten setzt daher eine selbständige Entscheidungsbefugnis der Spartenleitung voraus. Ihre Leitungsmacht muss so umfassend sein, dass der Spartenbetriebsrat seine wesentlichen Mitbestimmungsrechte ihr gegenüber auch tatsächlich wahrnehmen kann. Der Tarifvertrag nach § 3 I Nr. 2 BetrVG kann sich auf die Bildung von Spartengesamt- bzw. -konzernbetriebsräten beschränken und die Zuordnung auf der Ebene der Betriebe unverändert lassen.[10] Die durch Tarifvertrag gebildeten Arbeitnehmervertretungen treten an die Stelle der ansonsten zuständigen Betriebsratsgremien, da die Vorschrift nach ihrem Wortlaut nicht die Bildung einer zusätzlichen Arbeitnehmervertretung zum Inhalt hat. Die durch die Spartenbetriebsräte vertretenen AN sind daher nicht zugleich ihrem eigentlichen Beschäftigungsbetrieb zugeordnet, dh dort nicht wahlberechtigt oder wählbar.

d) Andere Arbeitnehmervertretungsstrukturen. Sie können durch eine Vereinbarung nach § 3 I Nr. 3 BetrVG geschaffen werden, wenn dies aufgrund der Organisationsstrukturen oder der Zusammenarbeit von mehreren Unternehmen einer wirksamen und zweckmäßigen Interessenvertretung der AN dient. Aufgrund ihrer unscharfen Tatbestandsvoraussetzungen ist der Anwendungsbereich der Vorschrift nur schwer bestimmbar. Nach der Gesetzesbegründung soll sie zB in einem mittelständischen Konzern mit wenigen kleinen Konzernunternehmen die Bildung einer nur ein- oder zweistufigen Interessenvertretung ermöglichen oder die eines KBR in einem Gleichordnungskonzern. Daneben soll sie die Schaffung von Arbeitnehmervertretungen ermöglichen, die auf moderne Produktionsformen (Just-in-time Produktion, Fraktale Fabrik und shop-in-shop) abgestimmt sind (BT-Drs. 14/5741, 34). Mit der Vorschrift wird die Möglichkeit eröffnet, statt dreistufiger nur zwei- oder einstufige Interessenvertretungen, einen unternehmensübergreifenden Standortbetriebsrat einzurichten[11] oder auf andere Weise die gesamte gesetzliche Vertretungsstruktur zu ersetzen. Dies setzt allerdings einen Zusammenhang zwischen vornehmlich organisatorischen oder kooperativen Rahmenbedingungen auf der Arbeitgeberseite und der geänderten Interessenvertretungsstruktur voraus. Die neue Struktur muss objektiv wirksamer und zweckmäßiger sein als die alte.[12] In einem Konzern muss der Tarifvertrag nach § 3 I Nr. 3 BetrVG von allen beteiligten Unternehmen geschlossen werden.[13] 5

2. Regelungsform. a) Tarifvertrag. Vereinbarungen nach § 3 I BetrVG sind zulässig, soweit sie durch Tarifvertrag erfolgen. Mit § 3 I Nr. 1–3 BetrVG ermächtigt der Gesetzgeber die Tarifvertragsparteien in verfassungsrechtlich nicht zu beanstandender Weise, durch betriebsverfassungsrechtliche Normen abweichende Vereinbarungen über die Repräsentationsstruktur der AN im Bereich der betrieblichen Mitbestimmung zu schaffen, die an die Stelle des gesetzlichen Organisationsmodells treten. Da es sich insoweit um betriebsverfassungsrechtliche Normen handelt, ist die alleinige Tarifgebundenheit des AG ausreichend (§ 3 II TVG). Die abschließende Gewerkschaft muss für sämtliche AN in den betrieblichen Einheiten tarifzuständig und durch zumindest ein Mitglied in den vom Tarifvertrag erfassten Einheiten vertreten sein.[14] Sind mehrere Gewerkschaften zuständig, konnte der Tarifvertrag vor Inkrafttreten von § 4a TVG mit jeder von ihnen abgeschlossen werden;[15] Kollisionen waren nach dem Prioritätsprinzip aufzulösen.[16] Nach § 4a II 2 TVG gilt gegenwärtig auch für den Bereich des § 3 I Nr. 1–3 BetrVG das **Mehrheitsprinzip.**[17] In dem von einem Tarifvertrag nach § 3 BetrVG erfassten Betrieb sind nur die Rechtsnormen des Tarifvertrags derjenigen Gewerkschaft anwendbar, die zum Zeitpunkt des Abschlusses des zuletzt abge- 6

[9] Dazu *Moll/Erstfeld* DB 2011, 1108.
[10] AA HessLAG 21.4.2005 – 9/5 TaBV 115/04; *Fitting* BetrVG § 3 Rn. 45.
[11] BAG 10.11.2004 AP Nr. 4 zu § 3 BetrVG 1972.
[12] BAG 13.3.2013 AP Nr. 10 zu § 3 BetrVG 1972 = NZA 2013, 738.
[13] BAG 25.2.2020 AP Nr. 16 zu § 3 BetrVG 1972 = NZA 2020, 881; 13.12.2016 – 1 AZR 148/15.
[14] BAG 14.1.2014 AP Nr. 134 zu § 87 BetrVG 1972 Arbeitszeit = NZA 2014, 910 (zu § 117 II BetrVG).
[15] BAG 29.7.2009 AP Nr. 7 zu § 3 BetrVG 1972 = NZA 2009, 1424; LAG Köln 31.1.2008 ArbuR 2008, 362.
[16] Offengelassen von BAG 29.7.2009 AP Nr. 7 zu § 3 BetrVG 1972 = NZA 2009, 1424.
[17] *Linsenmaier* RdA 2015, 369.

schlossenen kollidierenden Tarifvertrags im Betrieb die meisten in einem Arbeitsverhältnis stehenden Mitglieder hat. In § 4a III TVG ist allerdings bestimmt, dass beide Tarifverträge die Bildung von Arbeitnehmervertretungen nach § 3 I Nr. 1–3 BetrVG ausdrücklich regeln müssen; insoweit reicht ein Überschneiden der konkurrierenden TV in ihrem Geltungsbereich nicht aus. Eine Verdrängung findet daher nur bei einer abweichenden Ausgestaltung des gesetzlichen Organisationsmodells statt, eine Vereinbarung, es bei dem „BetrVG-Modell" zu belassen, reicht daher nicht aus. Die in § 3 I Nr. 1–3 BetrVG verwandten unbestimmten Rechtsbegriffe – „sachgerechte Wahrnehmung", „wirksame und zweckmäßige Interessenvertretung" – führen zu (gerichtlich überprüfbaren) Beurteilungsspielräumen der Tarifvertragsparteien. Ein unternehmensübergreifender Tarifvertrag zur Bildung einer vom Gesetz abweichenden Betriebsratsstruktur nach § 3 I BetrVG muss wegen § 3 II TVG von allen betroffenen Unternehmen abgeschlossen werden.[18]

6a **b) Nachwirkung.** Umstr. ist auch, ob die nach § 3 BetrVG abgeschlossenen Tarifverträge Nachwirkung entfalten.[19] Dies ist zu verneinen. § 3 BetrVG eröffnet nur die Möglichkeit vom gesetzlichen Tarifvertrag durch Tarifnormen abzuweichen, nicht aufgrund eines nachwirkenden Tarifvertrags. Tritt ein nach § 3 TVG geschlossener Tarifvertrag oder eine Betriebsvereinbarung außer Kraft, ohne dass eine neue normative Kollektivregelung an ihre Stelle tritt, gilt wieder das gesetzliche Organisationsmodell. Die zuvor errichteten Arbeitnehmervertretungen bleiben aber bei Fehlen einer anderweitigen Regelung bis zum Zeitpunkt der nächsten regulären Betriebsratswahlen im Amt.

6b **c) Erstreikbarkeit.** Tarifverträge nach § 3 BetrVG sind erstreikbar.[20] Die Befugnis zum Abschluss von Tarifverträgen wird durch § 3 BetrVG zwar in einer Art. 9 III GG genügenden Weise eingeschränkt. Es sind aber keine methodisch belastbaren Anhaltspunkte dafür ersichtlich, dass der Gesetzgeber eine Ausnahme von dem Grundsatz zulassen wollte, dass durch Tarifvertrag ausgestaltbare Regelungen mit Normwirkung auch erstreikt werden können. Im Übrigen wird es sich bei dieser Frage ebenso wie bei der der Tarifkonkurrenz (hoffentlich) um eine theoretische Frage handeln. Arbeitskämpfe, die um den Abschluss eines Organisationstarifvertrags geführt werden, sind bisher in nennenswerter Anzahl nicht bekannt geworden.

7 **d) Betriebsvereinbarung.** Besteht keine tarifliche Regelung und gilt auch kein anderer Tarifvertrag, können Regelungen über Unternehmen mit mehreren Betrieben (Nr. 1) und die Bildung von Spartenbetriebsräten (Nr. 2) auch durch Betriebsvereinbarung getroffen werden; in diesen Fällen ist eine Delegation der tariflichen Regelungsbefugnis auf die Betriebsparteien zulässig. Zuständig ist der GBR.[21] Wegen der besonderen Tragweite der Nr. 3 hat der Gesetzgeber die Bildung von anderen Arbeitnehmervertretungsstrukturen den Tarifvertragsparteien vorbehalten. Eine betriebliche Regelung ist bereits dann unzulässig, wenn ein anderer Tarifvertrag unabhängig von seinem Inhalt, zB ein Mantel- oder Vergütungstarifvertrag, kraft beiderseitiger Tarifbindung (§§ 3 I, 4 I TVG) oder Allgemeinverbindlichkeit (§ 5 TVG) im Betrieb gilt. Insoweit geht die Sperre über den Tarifvorrang des § 77 III BetrVG hinaus. § 77 III 2 BetrVG ist entsprechend anwendbar. Die Zuständigkeit für eine betriebliche Vereinbarung wird regelmäßig beim GBR und bei Vereinbarungen nach Nr. 2 auch beim KBR liegen, eine SE-Beteiligungsvereinbarung reicht nicht aus. Die Belegschaft kann ausschließlich unter den in § 3 III BetrVG genannten Voraussetzungen die Wahl eines unternehmenseinheitlichen BR beschließen.

7a **e) Inhaltliche Anforderungen.** Die nach § 3 BetrVG geschlossenen Kollektivvereinbarungen treten in ihrem Geltungsbereich an die Stelle der im BetrVG enthaltenen organisatorischen Bestimmungen, wenn sie die für den Abschluss von Tarifverträgen nach dem TVG bzw. für Betriebsvereinbarungen geltenden allgemeinen Voraussetzungen erfüllen und den Anforderungen des § 3 I BetrVG genügen. Die Vorschrift eröffnet den Regelungsbefugten keine beliebige Ausgestaltung der Repräsentationsstrukturen der Arbeitnehmervertretungen, sondern bindet diese an das Vorliegen der Tatbestandsvoraussetzungen von § 3 I Nr. 1–3 BetrVG.[22] Liegen diese nicht vor, ist der Tarifvertrag zwar wirksam, er kann aber das gesetzli-

[18] BAG 25.2.2020 AP Nr. 16 zu § 3 BetrVG 1972 = NZA 2020, 881; 13.12.2016 – 1 AZR 148/15.

[19] Dafür *Oetker* FS Schaub, 535 (547 ff.); wohl auch BAG 14.2.1989 AP Nr. 52 zu Art. 9 GG = NZA 1989, 601; aA allerdings die hM im Schrifttum zB GK-BetrVG/*Kraft/Franzen* § 3 Rn. 35 mwN.

[20] BAG 29.7.2009 AP Nr. 7 zu § 3 BetrVG 1972 = NZA 2009, 1424; DKW/*Trümner* BetrVG § 3 Rn. 14; aA *Fitting* BetrVG § 3 Rn. 20; *Friese* ZfA 2003, 237 (259).

[21] BAG 24.4.2013 AP Nr. 11 zu § 3 BetrVG 1972.

[22] Dazu *Gaul/Mückl* NZA 2011, 657.

che Regelungsmodell nicht ändern.[23] Der Gesetzgeber musste die Voraussetzungen für den Abschluss von ersetzenden Kollektivvereinbarungen auch nicht bis in die Einzelheiten ausgestalten. Bei den Merkmalen der „erleichterten Bildung von Betriebsräten", der „Zweckmäßigkeit" und der „Sachgerechtigkeit" handelt es zwar um unbestimmte Rechtsbegriffe, die vage und schwer zu konkretisieren sind und zu „Schwierigkeiten"[24] bei der Bestimmung der Voraussetzungen führen können, unter denen die Tarifvertragsparteien vom gesetzlichen Organisationsmodell der Betriebsverfassung abweichen dürfen. Die den Tarifvertrags- und Betriebsparteien eröffneten Gestaltungsmöglichkeiten sind jedoch verfassungsrechtlich unbedenklich. Die Gültigkeit eines nach § 3 I BetrVG abgeschlossenen Tarifvertrags unterliegt der gerichtlichen Kontrolle. Bei der Auslegung und der Anwendung der in § 3 I BetrVG verwandten unbestimmten Rechtsbegriffe sind die verfassungsrechtlichen Vorgaben für die Delegation staatlicher Normsetzungsbefugnis an die Tarifvertragsparteien ebenso berücksichtigen, wie die sich aus dem BetrVG ergebenden Grundsätze für die Bildung demokratisch legitimierter Arbeitnehmervertretungen.[25] Der Gesetzgeber hat für bestimmte betriebliche Organisationsformen „seine" Betriebsverfassung zur Disposition gestellt; diese Wertentscheidung haben die Gerichte zu beachten.

3. Wirkungen. Die nach § 3 I Nr. 1–3 BetrVG gebildete Arbeitnehmervertretung wird jeweils Funktionsnachfolger der BR, die diese Einheiten zuvor repräsentiert haben, sofern die vor und nach der Änderung von den BR jeweils repräsentierten organisatorischen Einheiten zuverlässig voneinander abgegrenzt werden können.[26] In den (neuen) Betrieben gelten für die bisherigen Teileinheiten die bei der Zusammenfassung bestehenden Vereinbarungen und (titulierten) Verpflichtungen der Betriebsparteien grundsätzlich bis deren Ablösung weiter.[27] Nach § 3 V 2 BetrVG finden die Vorschriften über Rechte und Pflichten des BR und die Rechtsstellung seiner Mitglieder Anwendung. § 3 V 1 BetrVG begrenzt seine Fiktion ausdrücklich auf das BetrVG. Für den Betriebsbegriff in anderen Gesetzen, zB Vorschriften mit bestandsrechtlichem Bezug (§§ 1 II, III, 15 IV, V, 17 KSchG), ist die Bestimmung bedeutungslos.[28] Wird eine Vereinbarung nach § 3 I Nr. 1–3 BetrVG geschlossen, führt diese nicht zum Ende der Amtszeit eines bestehenden BR. Die neuen Strukturen sind erst bei der nächsten regelmäßigen Wahl zu berücksichtigen oder wenn aus anderen Gründen eine Neuwahl des BR erforderlich ist; eine Ausnahme gilt nur, wenn der Tarifvertrag oder die Betriebsvereinbarung einen anderen Wahlzeitpunkt vorsehen (§ 3 IV BetrVG). Eine auf der Grundlage einer unwirksamen Kollektivvereinbarung nach § 3 BetrVG durchgeführte Betriebsratswahl ist regelmäßig nicht nichtig, sondern lediglich anfechtbar. Nichtigkeit tritt nur ein, wenn die Amtszeit des bestehenden BR noch nicht beendet ist.[29] 8

III. Zusätzliche Arbeitnehmervertretungen

1. Grundsatz. Zusätzliche Arbeitnehmervertretungen können unter den Voraussetzungen der § 3 I Nr. 4, 5 BetrVG zur Verbesserung einer unternehmensübergreifenden Zusammenarbeit von BR und Erleichterung einer Zusammenarbeit zwischen BR und AN geschaffen werden. Zur Regelungsform → Rn. 6 f. 9

2. Voraussetzungen. a) Unternehmensübergreifende Vertretungen. Nach § 3 I Nr. 4 BetrVG können durch Tarifvertrag zusätzliche betriebsverfassungsrechtliche Gremien errichtet werden, die der unternehmensübergreifenden Zusammenarbeit von Arbeitnehmervertretungen dienen. Durch eine solche Vereinbarung könnte etwa die rechtliche Grundlage für ein institutionalisiertes Zusammenwirken der BR in einer bestimmten Region oder 10

[23] IE auch BAG 13.3.2013 AP Nr. 10 zu § 3 BetrVG 1972 = NZA 2013, 738.
[24] *Annuß* NZA 2002, 259.
[25] BAG 29.7.2009 AP Nr. 7 zu § 3 BetrVG 1972 = NZA 2009, 1424.
[26] BAG 9.4.2019 AP Nr. 160 zu § 99 BetrVG 1972; 22.8.2017 AP Nr. 49 zu § 87 BetrVG 1972 Ordnung des Betriebes = NZA 2018, 50.
[27] BAG 7.6.2011 AP Nr. 8 zu § 3 BetrVG 1972 = NZA 2012, 110 (zu § 3 I Nr. 1 lit. b BetrVG); 18.3.2008 AP Nr. 6 zu § 3 BetrVG 1972 = NZA 2008, 1259; zum Übergangsmandat *Linsenmaier* RdA 2017, 128 (136 ff.).
[28] Zu § 15 IV KSchG BAG 24.10.2019 – 2 AZR 85/19; 27.6.2019 AP Nr. 78 zu § 15 KSchG 1969 = NZA 2019, 1427; aA *Deinert* Anm. AP KSchG § 15 Nr. 78.
[29] BAG 25.2.2020 AP Nr. 16 zu § 3 BetrVG 1972 = NZA 2020, 881; 13.3.2013 AP Nr. 10 zu § 3 BetrVG 1972 = NZA 2013, 738.

innerhalb eines bestimmten Produktions- bzw. Dienstleistungsbereichs geschaffen werden. Da jedoch ein übergreifendes Betriebsratsgremium außerhalb des Unternehmens oder Konzerns fehlt, ist eine Vereinbarung nach Nr. 4 nur durch den Abschluss von insoweit inhaltsgleichen Gesamt- bzw. Betriebsvereinbarungen in den an der Zusammenarbeit beteiligten Unternehmen möglich.

11 **b) Zusätzliche Vertretungen.** Zulässig ist auch die Schaffung von zusätzlichen Vertretungen, die die Zusammenarbeit zwischen BR und AN erleichtern soll (§ 3 I Nr. 5 BetrVG). Die Vorschrift knüpft an § 3 I Nr. 1 BetrVG aF an, der den Tarifvertragsparteien unter ähnlichen Voraussetzungen die Möglichkeit eröffnete, zusätzliche betriebsverfassungsrechtliche Vertretungen für bestimmte Beschäftigungsarten oder Arbeitsbereiche (Arbeitsgruppen) zu schaffen. Diese werden auch nach der Neufassung des § 3 I BetrVG von der Ermächtigung in Nr. 5 erfasst. Die zusätzlichen Vertretungen können auch für die Unternehmens- oder Konzernebene geschaffen werden. So können Vereinbarungen über Abteilungssprecher oder Sprecher von allen unternehmensangehörigen AN mit gleichartiger Funktion, wie zB bei Außendienstmitarbeitern abgeschlossen werden. Die nach § 3 I Nr. 5 BetrVG gebildeten Arbeitnehmervertretungen müssen in einer Organstruktur zusammengefasst sein und von allen AN nach demokratischen Grundsätzen gewählt werden, auf die sich die Vereinbarung erstreckt. Auch eine Differenzierung nach Gewerkschaftszugehörigkeit ist nicht zulässig, weshalb die Errichtung von gewerkschaftlichen Vertrauensleuten in den Betrieben nicht von Nr. 5 erfasst wird.[30]

12 **3. Funktion.** Durch eine Vereinbarung nach § 3 I Nr. 4, 5 BetrVG können die zusätzlichen Arbeitnehmervertretungen aber nicht mit Beteiligungsrechten gegenüber einzelnen Unternehmen oder Betrieben ausgestattet werden. Insbesondere die gesetzliche Zuständigkeit der nach dem BetrVG gebildeten Betriebsratsgremien kann insoweit nicht abgeändert werden. Dies folgt aus dem Zweck des Gesetzes, das lediglich die Zusammenarbeit zwischen den Arbeitnehmervertretungen bzw. BR und AN verbessern will. Auch die Vereinbarung eines Stimmrechts in den Betriebsratssitzungen ist unzulässig.

13 **4. Persönliche Rechtsstellung.** Für die zusätzliche Vertretung finden die Vorschriften über die Rechtsstellung des BR und der Betriebsratsmitglieder grundsätzlich keine Anwendung. Aus diesem Grund sind daher die Vorschriften über Betriebsratsschulungen und den besonderen Kündigungsschutz nicht anzuwenden. Deshalb müssen durch Tarifvertrag oder Betriebsvereinbarung besondere Schutzvorschriften für die gebildeten Arbeitnehmervertretungen und deren Mitglieder getroffen werden. Die Mitglieder der zusätzlichen Vertretung haben jedoch Anspruch auf Fortzahlung der Vergütung bei notwendiger Amtstätigkeit (§ 37 I, II BetrVG) sowie auf Ersatz der notwendigen Aufwendungen (§ 40 I BetrVG). Daneben dürfen sie in ihrer Amtstätigkeit nicht benachteiligt werden (§ 78 BetrVG) und unterliegen der Verschwiegenheitspflicht (§§ 79 II, 120 BetrVG).

IV. Unternehmenseinheitlicher Betriebsrat

14 **1. Voraussetzungen.** Nach § 3 III BetrVG können die AN **(a)** eines Unternehmens mit mehreren Betrieben die Bildung eines unternehmenseinheitlichen BR initiieren, wenn **(b)** in keinem der Betriebe des Unternehmens ein BR gebildet ist und **(c)** kein Tarifvertrag über die Errichtung eines unternehmenseinheitlichen BR (§ 3 I Nr. 1a BetrVG; → Rn. 3) besteht. Voraussetzung ist eine Abstimmung über die Bildung eines unternehmenseinheitlichen BR. Zu dieser können entweder drei wahlberechtigte AN oder eine im Betrieb vertretene Gewerkschaft einladen. Für die Durchführung der Abstimmung bestehen keine Formvorschriften, sie kann daher auf einer Versammlung sämtlicher AN des Unternehmens oder schriftlich in den einzelnen Betrieben erfolgen. Die Wahl eines unternehmenseinheitlichen BR wird nur durchgeführt, wenn die Mehrheit der AN, die sich an der Abstimmung beteiligt haben, für dessen Bildung gestimmt hat; die Einladung zu der Versammlung und die Abstimmung muss allerdings den für demokratische Wahlen geltenden Anforderungen genügen. Die Errichtung von Einzelbetriebsräten ist ausgeschlossen, solange ein unternehmenseinheitlicher BR gebildet ist. Wird das Unternehmen später von einem Tarifvertrag nach § 3 I Nr. 1a BetrVG erfasst oder beschließen die AN in einer weiteren Versammlung nach § 3 III BetrVG

[30] BAG 29.4.2015 AP Nr. 14 zu § 3 BetrVG 1972 = NZA 2015, 1397.

die Aufhebung ihres Beschlusses, endet die Amtszeit eines gebildeten unternehmenseinheitlichen BR erst mit dem regulären Ablauf seiner Amtsperiode.[31]

2. Wahlvorstand. Ein Wahlvorstand wird nur gebildet, wenn die Abstimmung nach § 3 III BetrVG eine relative Mehrheit für die Bildung eines unternehmenseinheitlichen BR ergeben hat,[32] ansonsten unterbleibt seine Bestellung. Handelt es sich um ein konzernverbundenes Unternehmen und besteht ein KBR, wird der Wahlvorstand von diesem bestellt (§ 17 I BetrVG). Ansonsten erfolgt seine Wahl in einer weiteren Versammlung der AN des Unternehmens, die an die Stelle der Betriebsversammlung (vgl. § 17 II BetrVG) tritt. Zu dieser können die in § 17 III BetrVG Genannten (Gewerkschaft/drei wahlberechtigte AN) einladen. Zu ihrem Ablauf → § 217 Rn. 3 f. Die Abstimmung nach § 3 III 1, 2 BetrVG und die Bestellung eines Wahlvorstands können auch in einer Versammlung erfolgen, wenn die Einladung entsprechend gefasst ist. Findet trotz Einladung keine Versammlung der unternehmensangehörigen AN statt oder wird auf ihr kein Wahlvorstand gebildet, bestellt ihn das Arbeitsgericht unter den Voraussetzungen des § 17 IV BetrVG. 15

V. Streitigkeiten

Streitigkeiten über die Zulässigkeit, Rechtswirksamkeit und den Inhalt von Vereinbarungen nach § 3 BetrVG sind im Verfahren nach § 9 TVG oder im Beschlussverfahren (§ 2a I Nr. 1 ArbGG) auszutragen; die Wirksamkeit eines Tarifvertrags oder einer Betriebsvereinbarung kann nicht im Individualverfahren inzidenter überprüft werden. Kommt es zu einer Tarifkonkurrenz (→ Rn. 6), ist ggf. im Verfahren nach § 99 ArbGG die Anwendbarkeit des maßgeblichen Tarifvertrags zu klären, wobei die nach § 99 I ArbGG beschränkte Antragsbefugnis auch für den Bereich des § 3 I Nr. 1–3 BetrVG gilt.[33] AG und BR können daher ein solches Verfahren nicht einleiten, was wenig sachgerecht ist. Ist die Betriebsratswahl nach einem Tarifvertrag oder einer Betriebsvereinbarung nach § 3 BetrVG durchgeführt worden, liegt eine Verkennung des Betriebsbegriffs vor, wenn die Kollektivvereinbarung unwirksam ist.[34] Die Durchführung einer Betriebsratswahl wegen einer unwirksamen Kollektivvereinbarung kann nur unterbunden werden, wenn die Voraussetzungen des § 3 BetrVG offensichtlich nicht vorliegen. Die Wirksamkeit der durch Tarifvertrag oder Betriebsvereinbarung geänderten Organisation kann außerhalb von Betriebsratswahlen im Verfahren nach § 18 II BetrVG überprüft werden.[35] Am Verfahren sind alle Arbeitnehmervertretungen beteiligt, deren Bestand, Zuständigkeit oder Beteiligungsrechte von einer rechtskräftigen Entscheidung betroffen sind; dies gilt entsprechend für die Beteiligung von Gewerkschaften, wenn die Befugnis zum Abschluss eines Tarifvertrags zwischen ihnen umstritten ist.[36] Für das gerichtliche Verfahren bei Auseinandersetzungen zwischen dem AG und den nach § 3 BetrVG gebildeten Vertretungen über ihre Wahl, Geschäftsführung und Beteiligungsrechte gelten gegenüber den nach § 1 BetrVG gebildeten BR keine prozessualen Besonderheiten. Die Tarifvertragsparteien sind auch dann an einem Beschlussverfahren nicht beteiligt, wenn die Wirksamkeit eines Tarifvertrags nach § 3 I Nr. 1–3 BetrVG eine Vorfrage für die begehrte Entscheidung ist.[37] 16

[31] BAG 24.3.2021 – 7 ABR 16/20, zVb.
[32] AA ArbG Düsseldorf 12.6.2008 AE 2008, 304 (absolute Mehrheit).
[33] *Wendeling-Schröder* NZA 2015, 525.
[34] BAG 13.3.2013 AP Nr. 10 zu § 3 BetrVG 1972 = NZA 2013, 738 (Anfechtbarkeit).
[35] BAG 21.4.2020 – 7 ABN 78/19.
[36] Weitergehend LAG Nürnberg 21.2.2008 LAGE § 3 BetrVG 2001 Nr. 1.
[37] BAG 21.4.2020 – 7 ABN 78/19.

2. Abschnitt. Betriebsratswahlen

§ 217. Grundzüge der Betriebsratswahl

Muster: Schaub ArbRFV-HdB/*Thoms* B. Rn. 1 ff.

Übersicht

I. Wahlvorstand

1 **1. Bestellung im betriebsratslosen Betrieb. a) Voraussetzungen.** Die Bestellung des Wahlvorstands für die Betriebsratswahl ist abhängig davon, ob es sich um einen bisher betriebsratslosen Betrieb handelt oder bereits ein BR gebildet ist. Eine **ohne Wahlvorstand durchgeführte Betriebsratswahl** ist nichtig. Soweit in einem betriebsratsfähigen Betrieb, unerheblich aus welchen Gründen, kein BR besteht, wird ein Wahlvorstand für die Betriebsratswahl entweder durch den GBR oder, wenn ein solcher nicht besteht, durch den KBR bestellt (§ 17 I BetrVG). Die Bestellung eines Wahlvorstands nach § 17 I BetrVG kommt in Betracht, wenn **(1)** erstmals ein BR gewählt werden soll oder **(2)** dessen Wahl rechtskräftig angefochten worden ist oder nichtig war, **(3)** die Amtszeit des bisherigen BR abgelaufen ist, da er dann als betriebsratslos gilt (§ 17 I BetrVG). Keine Verpflichtung besteht dagegen bei einer Amtsenthebung des bisherigen BR (§ 23 I BetrVG), da insoweit das Arbeitsgericht den Wahlvorstand von Amts wegen bestellt.

1a **b) Bestellung durch Gesamt- bzw. Konzernbetriebsrat.** Die Bestellung des Wahlvorstands steht nach dem Gesetzeswortlaut **nicht im Ermessen** des GBR bzw. KBR. Die zuständige Arbeitnehmervertretung ist verpflichtet, einen Wahlvorstand einzusetzen.[1] Der Gesetzgeber hat trotz der im Gesetzgebungsverfahren erhobenen Bedenken gegen die mögliche Bildung eines BR gegen den Willen der Beschäftigten an dem insoweit eindeutigen Wortlaut der Vorschrift keine Änderung vorgenommen. Aus diesem Grund ist es unbeachtlich, wenn sich die Belegschaft mehrheitlich gegen eine Betriebsratswahl ausgesprochen hat, da selbst in diesem Fall ein Wahlvorstand in der Betriebsversammlung gewählt oder durch das Arbeitsgericht bestellt werden kann. Jedoch kann nicht der KBR den Wahlvorstand bestellen, wenn der GBR untätig bleibt. Der KBR ist nur zur Bestellung berechtigt, wenn ein GBR nicht gebildet ist. Die Pflichtenstel-

[1] GK-BetrVG/*Kreutz* § 17 Rn. 13; aA *Fitting* BetrVG § 17 Rn. 10; Richardi BetrVG/*Thüsing* § 17 Rn. 3.

lung erstreckt sich auf **alle betriebsratsfähigen Organisationseinheiten** des Unternehmens bzw. Konzerns, für die noch kein BR gebildet ist. Zur Vorbereitung der Bestellung von Wahlvorständen hat der GBR einen im Beschlussverfahren zu verfolgenden Auskunftsanspruch über die Struktur des Unternehmens und zur Frage, für welche Einheiten bisher Betriebsräte gebildet worden sind. Zur Wahlvorbereitung sind er bzw. seine Mitglieder zum Betreten des bisher betriebsratslosen Betriebs berechtigt. Sie dürfen keine Informationsveranstaltung über die Bestellung eines Wahlvorstands durchführen.[2] Die Errichtung des Wahlvorstands erfolgt dann aufgrund der Verweisung in § 17 I 2 BetrVG entsprechend den Grundsätzen des § 16 I BetrVG (→ Rn. 1e).

c) Arbeitsgericht. Die Bestellung durch das Arbeitsgericht kommt in betriebsratslosen Betrieben in Betracht, wenn bis zu dessen rechtskräftiger Entscheidung der Wahlvorstand nicht vom GBR bzw. KBR bestellt wird und keine Betriebsversammlung stattfindet oder diese keinen Wahlvorstand wählt. Kommt in einem ersten Wahlgang keine erforderliche Mehrheit zustande, ist es zwar zulässig, einen oder ggf. mehrere weitere Wahlgänge durchzuführen. Die gerichtliche Bestellung eines Wahlvorstands in einem solchen Fall setzt die Durchführung eines oder ggf. mehrerer weiterer Wahlgänge nicht zwingend voraus.[3] In diesem Fall bestellt ihn das Arbeitsgericht auf Antrag von 3 wahlberechtigten AN oder einer im Betrieb vertretenen Gewerkschaft (§ 17 IV BetrVG; Muster: Schaub ArbRFV-HdB/*Straube* C. Rn. 200). § 17 IV BetrVG ist verfassungsgemäß, insbesondere besteht kein Grundrecht des AG, der Belegschaft oder des einzelnen AN auf einen „betriebsratsfreien" Betrieb. Ebenso evident ist, dass der AG einen entsprechenden „Wunsch" der Belegschaft nicht zur Verhinderung der Bestellung eines Wahlvorstands gerichtlich geltend machen kann.[4] Eine Gewerkschaft ist unabhängig von ihrer Tarifzuständigkeit im Betrieb vertreten, wenn ihr mindestens ein AN des Betriebs als Mitglied angehört und dieser nach der Satzung nicht offensichtlich zu Unrecht als Mitglied aufgenommen wurde.[5] Der gewerkschaftliche Funktionsträger hat ein Zeugnisverweigerungsrecht bezüglich der Namen der im Betrieb beschäftigten Gewerkschaftsangehörigen.[6] Der Bestellung durch das Arbeitsgericht wird wohl der Versuch zur Einberufung der Betriebsversammlung vorangehen müssen.[7] Aus dem Antrag auf Einsetzung eines Wahlvorstands muss sich nicht ergeben, für welche betrieblichen Organisationseinheit(en) der einzusetzende Wahlvorstand bestellt werden soll.[8] Wird nach Anhängigkeit eines Antrags nach § 17 IV BetrVG ein Wahlvorstand gebildet, ist das Beschlussverfahren erledigt (§ 83a ArbGG) und durch Beschluss einzustellen. 1b

2. Betrieb mit Betriebsrat. a) Bestellung durch Betriebsrat. Besteht in einem Betrieb bereits ein BR, bestellt dieser durch Beschluss (§ 33 BetrVG) 10 Wochen vor Ablauf seiner Amtszeit einen Wahlvorstand und eines seiner Mitglieder als Vorsitzenden (§ 16 I BetrVG); eine Bestellung durch eine Versammlung der Belegschaft ist unzulässig.[9] Der Zeitpunkt des Ablaufs der Amtszeit richtet sich nach § 21 BetrVG. Nimmt der BR ein Übergangsmandat wahr, ist auf dessen Ende abzustellen. In den Fällen § 13 II Nr. 1–3 BetrVG ist die Frist nicht berechenbar. Der BR muss deshalb den Wahlvorstand unverzüglich bestellen.[10] Bei einer Wahl außerhalb des regelmäßigen Wahlzeitraums (§§ 13 III, 21 BetrVG) ist der Ablauf der verlängerten oder verkürzten Amtszeit maßgeblich. Ein Wahlvorstand ist auch ordnungsgemäß bestellt worden, wenn der BR den Wahlvorstand nach erfolgreicher Wahlanfechtung aber vor deren Rechtskraft bestellt.[11] Hat ein Betrieb mehrere Betriebsstätten in denen bislang nur ein BR errichtet wurde und soll zukünftig jeweils ein BR für alle Betriebsstätten gewählt werden, können die Wahlvorstände vom BR bestellt werden[12] (umstr.). War die vorherige Betriebsratswahl nichtig, ist der daraus hervorgegangene BR nicht zur Einsetzung des Wahlvorstands berechtigt; dessen Einsetzung richtet sich nach den für die Betriebsratswahl im betriebsratslosen Betrieb geltenden Grundsätzen (→ Rn. 1a).[13] 1c

---

2 BAG 16.11.2011 AP Nr. 9 zu § 17 BetrVG 1972= NZA 2012, 404.
3 BAG 20.2.2019 AP Nr. 10 zu § 17 BetrVG 1972 = NZA 2019, 1147.
4 BAG 20.2.2019 AP Nr. 10 zu § 17 BetrVG 1972 = NZA 2019, 1147; aA *Löwisch* BB 2006, 664.
5 BAG 10.11.2004 AP Nr. 7 zu § 17 BetrVG 1972 = NZA 2005, 426.
6 LAG Hamm 10.8.1994 DB 1994, 2193; vgl. BAG 25.3.1992 AP Nr. 4 zu § 2 BetrVG 1972 = NZA 1993, 134.
7 BAG 26.2.1992 AP Nr. 6 zu § 17 BetrVG 1972 = NZA 1992, 942 (zu § 17 BetrVG aF).
8 HessLAG 30.9.2019 – 16 TaBV 95/19 (Sache des Wahlvorstands).
9 LAG Köln 2.8.2011 NZA-RR 2012, 23.
10 BAG 16.11.2017 AP Nr. 61 zu § 103 BetrVG 1972 = NZA 2018, 240.
11 ArbG Wuppertal 20.11.2003 AiB 2004, 308.
12 LAG Nds 13.5.1998 NZA-RR 1998, 545; aA LAG Brem 20.3.1987 AP Nr. 3 zu § 17 BetrVG 1972.
13 ArbG Essen 22.6.2004 NZA-RR 2005, 258.

1d **b) Gesamt- bzw. Konzernbetriebsrat.** Besteht acht Wochen vor Ablauf der Amtszeit des BR kein Wahlvorstand, kann auch der GBR, oder wenn ein solcher nicht besteht, der KBR, den Wahlvorstand bestellen (§ 16 III BetrVG). Anders als in bisher betriebsratslosen Betrieben (§ 17 I BetrVG) steht die Bestellung des Wahlvorstands in Betrieben mit BR im Ermessen des GBR bzw. KBR, dh er kann auch ohne Verstoß gegen seine gesetzlichen Pflichten nach einer entsprechenden Beschlussfassung von ihr absehen. Allerdings ist er nach Ablauf der Amtszeit des bisherigen BR verpflichtet, für den dann betriebsratslosen Betrieb nach § 17 I BetrVG einen Wahlvorstand zu bestellen.

1e **c) Arbeitsgericht.** Unabhängig von der Bestellung eines Wahlvorstands durch den GBR bzw. KBR kann der Wahlvorstand auch auf Antrag von drei wahlberechtigten AN oder einer im Betrieb vertretenen Gewerkschaft (→ Rn. 1d) durch das Arbeitsgericht bestellt werden (§ 16 II BetrVG). Die Möglichkeit, den Wahlvorstand vom GBR oder KBR nach § 16 III BetrVG zu bestellen, ist lediglich eine Alternative für den Fall des Untätigbleibens des zuständigen BR. Das Verfahren ist einzustellen, wenn bis zu seinem rechtskräftigen Abschluss ein Wahlvorstand gebildet wird. Der Antrag nach § 16 II BetrVG ist nur bis zum Ablauf der Amtszeit des BR zulässig, da danach der Wahlvorstand nicht mehr nach § 16 II BetrVG, sondern nur durch den GBR bzw. KBR (§ 17 I BetrVG) oder die Betriebsversammlung (§ 17 II BetrVG) gebildet werden kann. Ein form- und fristgerecht eingeleitetes Verfahren nach § 16 II BetrVG ist aber auch nach Ablauf der Amtszeit des BR weiterzuführen; es ist einzustellen, wenn ein Wahlvorstand nach § 17 I BetrVG (durch GBR/KBR) oder nach § 17 II BetrVG in einer Betriebsversammlung gewählt worden ist.[14] Ausgeschiedene AN können die gerichtliche Bestellung eines Wahlvorstands zur Durchführung einer Betriebsratswahl nicht beantragen.[15]

2 **3. Bestellung durch die Betriebsversammlung. a) Voraussetzungen.** Der Wahlvorstand wird in einer im Betrieb stattfindenden Betriebsversammlung von der Mehrheit der anwesenden AN gewählt, wenn bisher ein BR noch nicht bestanden hat oder dessen Amtszeit abgelaufen ist, ohne dass es zu einer Bestellung eines Wahlvorstands gekommen ist, da der Betrieb dann als betriebsratslos gilt (§ 17 II BetrVG). Dies gilt gleichermaßen, wenn für einen betriebsratslosen Betrieb kein GBR bzw. KBR errichtet ist oder diese ihrer Verpflichtung zur Bestellung eines Wahlvorstands nicht nachkommen. Wird sowohl nach § 17 I BetrVG von der zuständigen Arbeitnehmervertretung wie auch von einer Betriebsversammlung nach § 17 II BetrVG ein Wahlvorstand bestellt, nimmt der zuerst gebildete Wahlvorstand die Amtsgeschäfte wahr. Die Wahl eines zweiten Wahlvorstands auf einer anderen (späteren) Versammlung ist nichtig.[16] Die Betriebsversammlung findet grundsätzlich während der Arbeitszeit statt.

3 **b) Einberufung.** Zu der Betriebsversammlung können drei wahlberechtigte AN oder eine im Betrieb vertretene Gewerkschaft einladen und Vorschläge für die Zusammensetzung des Wahlvorstands machen (§ 17 III BetrVG). Besondere Formvorschriften für die Einladung bestehen nicht,[17] sie kann am schwarzen Brett erfolgen, benötigt weder eine ausdrückliche Aufforderung zur Teilnahme noch eine Unterschrift. Es muss jedoch gewährleistet sein, dass alle AN zumindest die Möglichkeit erhalten, an dieser Wahl mitzuwirken. Konnten diese nicht von der Wahlbekanntmachung Kenntnis nehmen und haben sie hiervon auch nicht auf andere Weise erfahren, ist die Wahl anfechtbar, wenn durch das Fernbleiben der nicht unterrichteten AN das Wahlergebnis beeinflusst werden konnte.[18] Allerdings kann der AG eine Wahlanfechtung nicht auf die fehlende allgemeine Zugänglichkeit des Einladungsschreibens stützen, wenn er selbst dessen Bekanntgabe verhindert hat.[19] Die Einladung zur Betriebsversammlung ist rechtzeitig bekannt zu machen. Eine Frist von drei Tagen zwischen dem Aushang der Einladung und Durchführung der Betriebsversammlung ist als ausreichend anzusehen.[20] Zur Einberufung einer Wahlversammlung ist der AG nicht berechtigt, obwohl auf seinen Wunsch der BR eine Betriebsversammlung einzuberufen hat (§ 43 III BetrVG).[21] Die Betriebsversammlung besteht aus allen

---

[14] BAG 23.11.2016 AP Nr. 4 zu § 16 BetrVG 1972 = NZA 2017, 589.
[15] BAG 20.2.2019 AP Nr. 10 zu § 17 BetrVG 1972 = NZA 2019, 1147.
[16] LAG Düsseldorf 25.6.2003 ArbuR 2004, 78.
[17] LAG Hamm 9.12.1977 DB 1978, 1282; RB anhängig 7 ABR 40/17.
[18] BAG 7.5.1986 AP Nr. 18 zu § 15 KSchG 1969 = NZA 1986, 753; LAG Hamm 13.4.2012 – 10 TaBV 109/11.
[19] HessLAG 29.4.1997 BB 1997, 2220.
[20] LAG BW 20.2.2009 AE 2009, 200.
[21] AA BAG 19.3.1974 – 1 ABR 87/73; wie hier *Fitting* BetrVG § 17 Rn. 22.

AN (ausgenommen Beschäftigte nach § 5 II, III BetrVG) des Betriebs; sie wählt einen Versammlungsleiter mit relativer Mehrheit. Der AG besitzt nur dann ein Teilnahmerecht, wenn er die Versammlung einberufen hat. Dieses endet allerdings, wenn die Versammlung einen Versammlungsleiter gewählt hat.

c) Wahlvorstand. Der Wahlvorstand wird von der Mehrheit der anwesenden AN gewählt. 4
Die Beschlussfähigkeit der Wahlversammlung hängt nicht von der Teilnahme einer Mindestzahl von AN ab. Auch eine Minderheit von Mitarbeitern eines Betriebs kann die Bestellung eines Wahlvorstandes durchsetzen und die Wahl eines BR einleiten.[22] Wählbar ist nur, wer aktiv wahlberechtigt ist (§§ 16 I, 17 BetrVG). Die Wahl kann durch Handzeichen erfolgen.[23] Wird der Vorsitzende des Wahlvorstands nicht durch die Betriebsversammlung gewählt, erfolgt dessen Wahl durch den Wahlvorstand selbst. Wird kein Wahlvorstand gewählt, bestellt ihn das Arbeitsgericht (→ Rn. 1b, 1e),[24] dies gilt auch bei einer zeitlich nicht weiter festgelegten Vertagung der Betriebsversammlung.[25]

4. Kleinbetriebe. a) Betrieb ohne Betriebsrat. In bisher betriebsratslosen Betrieben 5
mit in der Regel fünf bis fünfzig AN wird der BR in einem zweistufigen Verfahren gewählt. Auf einer ersten Wahlversammlung wird zunächst der Wahlvorstand und auf der zweiten Wahlversammlung, die eine Woche später stattfindet, der BR gewählt (§ 14a I BetrVG). Ob auch eine Bestellung durch den GBR und KBR zulässig ist, ist dem Gesetzeswortlaut nicht eindeutig zu entnehmen. Da in § 14a BetrVG nicht auf § 17 I BetrVG Bezug genommen wird, wird vertreten, dass der Wahlvorstand nur durch die Betriebsversammlung (§§ 17a Nr. 3, 17 II, III BetrVG) und hilfsweise vom Arbeitsgericht bestellt werden kann (§§ 17a Nr. 4, 17 IV BetrVG).[26] Einer solchen Interpretation steht jedoch § 17a I 1 BetrVG und die dort enthaltene Bezugnahme auf die §§ 16, 17 BetrVG entgegen. § 17 I BetrVG wird dort – anders als § 16 I 2, 3 BetrVG – nicht ausdrücklich für unanwendbar erklärt, weshalb auch in Kleinbetrieben ohne BR die Bestellung des Wahlvorstands durch den GBR bzw. KBR unter den Voraussetzungen des § 17 I BetrVG zulässig ist. Diese Sichtweise berücksichtigt überdies das Ziel des Gesetzgebers des BetrVG-ReformG, der die Bildung von BR erleichtern wollte (BT-Drs. 14/5741, 27).

b) Betrieb mit Betriebsrat. Besteht bereits ein BR, bestellt dieser den Wahlvorstand (§ 16 6
BetrVG); seine Bestellung durch den GBR bzw. KBR oder das Arbeitsgericht ist nur zulässig, wenn der alte BR nicht oder nicht rechtzeitig seinen Verpflichtungen nachkommt (§ 14a III BetrVG). Die Frist für die Bestellung des Wahlvorstands durch den BR ist auf vier Wochen und für den GBR bzw. KBR oder die Antragstellung beim Arbeitsgericht auf drei Wochen verkürzt (§ 17a Nr. 1 BetrVG). Wird der Wahlvorstand vom BR, GBR bzw. KBR oder vom Arbeitsgericht bestellt, entfällt die erste Wahlversammlung.

5. Mitglieder. Der Wahlvorstand besteht – selbst bei der Wahl eines Betriebsobmanns – aus 7
3 wahlberechtigten und damit betriebsangehörigen AN. Der BR kann jeden wahlberechtigten AN mit dessen Einverständnis als Wahlvorstandsmitglied bestellen. Daher können auch Mitglieder des BR, mögliche Wahlbewerber und nach § 7 S. 2 BetrVG wahlberechtigte Leiharbeitnehmer dem Wahlvorstand angehören.[27] Die Bestellung betriebsfremder Mitglieder einer im Betrieb vertretenen Gewerkschaft ist nur zulässig, wenn keine betriebsangehörigen AN zur Verfügung stehen, die Gewähr für die ordnungsgemäße Durchführung der Betriebsratswahl bieten, zB, weil sie nicht bereit, fähig oder geeignet sind, für eine ordnungsgemäße Durchführung der Betriebsratswahl zu sorgen.[28] Wenn es zur ordnungsgemäßen Durchführung der Wahl erforderlich ist (zB in Groß- und Schichtbetrieben mit mehreren Wahllokalen), kann die Zahl der Wahlvorstandsmitglieder durch gesondert anfechtbaren Beschluss generell (und nicht nur vorübergehend) erhöht werden; der Wahlvorstand muss in jedem Fall aus einer ungeraden Zahl von Mitgliedern bestehen (§ 16 I 2, 3 BetrVG). Eine Erhöhung kommt in Betracht, wenn mehr als drei Wahllokale geöffnet werden sollen (arg. § 12 II WO); zulässig ist aber auch die zeitweise

[22] BAG 20.2.2019 AP Nr. 10 zu § 17 BetrVG 1972 = NZA 2019, 1147; LAG BW 20.2.2009 AE 2009, 200.
[23] BAG 14.12.1965 AP Nr. 5 zu § 16 BetrVG.
[24] BAG 20.2.2019 AP Nr. 10 zu § 17 BetrVG 1972 = NZA 2019, 1147.
[25] RB anhängig 7 ABR 26/20, Termin: 30.6.2021.
[26] *Löwisch* BB 2001, 1738 f.; aA Richardi BetrVG/*Thüsing* § 14a Rn. 9.
[27] BAG 16.11.2017 AP Nr. 61 zu § 103 BetrVG 1972 = NZA 2018, 240; 15.10.2004 NZA 2015, 1014.
[28] LAG München 20.4.2004 LAGE § 16 BetrVG 2001 Nr. 1.

Heranziehung von AN als Hilfspersonen des Wahlvorstands. In Betrieben mit bis zu fünfzig AN ist eine Erhöhung der Wahlvorstandsmitglieder ausgeschlossen (§ 17a Nr. 2 BetrVG). Jede im Betrieb vertretene Gewerkschaft kann zusätzlich einen dem Betrieb angehörenden Beauftragten als nicht stimmberechtigtes Mitglied in den Wahlvorstand entsenden, sofern ihr nicht bereits ein stimmberechtigtes Wahlvorstandsmitglied angehört (§ 16 I 6 BetrVG). Das Arbeitsgericht kann für Betriebe mit idR mehr als 20 wahlberechtigten AN auch Mitglieder einer im Betrieb vertretenen Gewerkschaft, die nicht AN des Betriebs sind, zu Mitgliedern des Wahlvorstands bestellen, wenn dies zur ordnungsgemäßen Durchführung der Wahl erforderlich ist.[29] Die Bestellten haben keinen Anspruch auf Erstattung ihrer Vergütung, da sie nicht in einem Arbeitsverhältnis zum AG stehen, dagegen können sie Erstattung ihrer Aufwendungen verlangen. Die Gewerkschaft kann keine Erstattung der Lohnkosten ihrer Gewerkschaftssekretäre beanspruchen, wohl aber Aufwendungsersatz. Für jedes Mitglied des Wahlvorstands kann ein Verhinderungsvertreter bestellt werden (§ 17 I 4 BetrVG). Sinkt die Anzahl seiner Mitglieder unter drei, muss eine Nachwahl oder Nachbestellung vorgenommen werden.[30] Eine gerichtliche Bestellung zum Mitglied des Wahlvorstand setzt das Einverständnis des zu Bestellenden voraus.[31] Die gerichtliche Bestellung hat – außer bei einer Nachbestellung für ausgeschiedene Mitglieder – einheitlich zu erfolgen.[32] Fehler bei der Bestellung des Wahlvorstands können zur Anfechtbarkeit der Betriebsratswahl führen;[33] zur Bildung des Wahlvorstands und den Rechtsschutzmöglichkeiten während des Wahlverfahrens → Rn. 36.

8 **6. Rechtsstellung der Wahlvorstandsmitglieder.** Die Mitglieder des Wahlvorstands haben Anspruch auf Fortzahlung der Vergütung, wenn sie in Ausübung ihres Amts an der Arbeitsleistung verhindert sind (§ 20 III 2 BetrVG).[34] Der AG hat das Entgelt fortzuzahlen, das der AN erzielt hätte, wenn er nicht durch die Wahlvorbereitung oder Wahl an der Arbeitsleistung gehindert gewesen wäre. Hierzu kann auch die Bezahlung von Überstunden gehören.[35] Wahlvorstandsmitglieder haben für erforderliche Wahlvorstandstätigkeit, die aus betrieblichen Gründen außerhalb ihrer Arbeitszeit zu leisten war, Ausgleichsansprüche in entsprechender Anwendung des § 37 III BetrVG.[36] Eine eigenmächtige Festlegung des Zeitumfangs der Arbeit des Wahlvorstands durch den AG ist nicht zulässig.[37] Die Erforderlichkeit einer Arbeitsversäumnis beurteilt sich nach einem subjektiv-objektiven Maßstab; maßgeblich ist, ob ein verständiger AN sie für erforderlich halten durfte. Zahlt der AG die Arbeitsvergütung nicht, kann diese im Urteilsverfahren eingeklagt werden. Das Gericht hat als Vorfrage zu prüfen, ob die Arbeitsversäumnis notwendig war. Ein Wahlvorstandsmitglied, das Anspruch auf Fortzahlung des Arbeitsentgelts trotz Versäumnis von Arbeitszeit geltend macht, hat die Voraussetzungen für die Wahltätigkeit und ihre Erforderlichkeit darzulegen und ggf. zu beweisen. Die Mitglieder des Wahlvorstands sind nicht gehindert, zum BR zu **kandidieren**[38] oder **Wahlvorschlagslisten** zu unterschreiben.[39] Wahlvorstandsmitglieder genießen einen besonderen Kündigungsschutz (→ § 143 Rn. 1 ff.); dies gilt nicht, wenn die Wahl zum Wahlvorstand nichtig war.[40] Zur Erstattungsfähigkeit von Sachkosten → § 218 Rn. 7 f., zum Anspruch auf Schulung des Wahlvorstands → § 218 Rn. 9 und zur Übernahmepflicht von Aufwendungen bei Rechtsstreitigkeiten → § 218 Rn. 10. In den Ausschussberatungen zum BRModG haben die seinerzeitigen Koalitionsfraktionen das BMAS um eine wohlwollende Prüfung der Frage gebeten, ob eine Teilnahme an den Sitzungen des Wahlvorstands per Video- und Telefonkonferenz zulässig ist (BT-Drs. 19/29819, 14).

9, 10 **7. Abberufung des Wahlvorstands.** Im Interesse der Unabhängigkeit des Wahlvorstands ist seine Abberufung nur durch das Arbeitsgericht möglich. Voraussetzung hierfür sind seine Untätigkeit oder Säumigkeit bei der Einleitung der Wahl. Antragsberechtigt sind der BR, drei wahl-

[29] LAG Düsseldorf 7.11.1974 DB 1975, 260.
[30] Vgl. BAG 14.12.1965 AP Nr. 5 zu § 16 BetrVG; LAG Düsseldorf 7.11.1974 DB 1975, 260.
[31] BAG 20.2.2019 AP Nr. 10 zu § 17 BetrVG 1972 = NZA 2019, 1147.
[32] BAG 20.2.2019 AP Nr. 10 zu § 17 BetrVG 1972 = NZA 2019, 1147.
[33] BAG 3.6.1975 AP Nr. 1 zu § 5 BetrVG 1972 Rotes Kreuz.
[34] BAG 26.6.1973 AP Nr. 4 zu § 20 BetrVG 1972.
[35] BAG 29.6.1988 AP Nr. 1 zu § 24 BPersVG = NZA 1989, 315.
[36] BAG 26.4.1995 AP Nr. 17 zu § 20 BetrVG 1972 = NZA 1996, 160.
[37] LAG SchlH 15.12.2004 NZA-RR 2005, 253.
[38] BAG 12.10.1976 AP Nr. 1 zu § 8 BetrVG 1972; HessLAG 16.3.1987 NZA 1987, 572.
[39] BAG 4.10.1977 AP Nr. 2 zu § 18 BetrVG 1972.
[40] BAG 7.5.1986 AP Nr. 18 zu § 15 KSchG 1969 = NZA 1986, 753.

berechtigte AN oder eine im Betrieb vertretene Gewerkschaft (§ 18 I BetrVG). Ebenso wenig kann der Wahlvorstand mit der Mehrheit seiner Mitglieder seine Auflösung beschließen; wohl können einzelne Mitglieder vom Amt zurücktreten.[41] Das Amt des Wahlvorstands endet mit dem Beginn der konstituierenden Betriebsratssitzung; damit endet auch seine Fähigkeit, Beteiligter an einem Beschlussverfahren zu sein. Einem nicht existenten Wahlvorstand kann untersagt werden, weiter tätig zu werden. Die nur fehlerhafte Bestellung reicht nicht aus.[42] Ist dem Wahlvorstand durch einstweilige Verfügung untersagt worden, die Betriebsratswahl durchzuführen, bleibt er bis zur Rechtskraft der Entscheidung in der Hauptsache im Amt.[43] Wird umgekehrt ein Wahlvorstand in einer gerichtlichen Entscheidung durch einen neuen Wahlvorstand ersetzt, darf dieser erst tätig werden, wenn der Beschluss rechtskräftig ist.

II. Aktives und passives Wahlrecht

1. Wahlberechtigung. a) Voraussetzungen. Wahlberechtigt sind alle AN (→ § 212 Rn. 5 ff.), die spätestens am Wahltag das 16. Lebensjahr vollendet haben (§ 7 S. 1 BetrVG) und in den Betrieb eingegliedert sind, dh dort beschäftigt werden, sofern sie am Tag vor dem Wahltag in die Wählerliste eingetragen sind (→ Rn. 31). Durch das BRModG ist das Mindestalter für die Wahlberechtigung auf die Vollendung des 16. Lebensjahres abgesenkt worden. Der Ausschluss der jugendlichen AN von der Wahlberechtigung erschien dem Gesetzgeber als nicht mehr zeitgemäß (BT-Drs. 19/29819, 16). Die rechtliche Bindung, dh das Bestehen eines Arbeitsvertrags allein genügt nicht, vielmehr muss der AN auch in den Betrieb eingegliedert sein.[44] Wahlberechtigt sind daher auch Teilzeit-, Probe- und Aushilfsarbeitnehmer,[45] geringfügig Beschäftigte (zB Zeitungsausträger).[46] **Auszubildende** sind nur wahlberechtigt, wenn sich ihre Berufsausbildung auf der Grundlage eines privatrechtlichen Ausbildungsvertrags vollzieht und sie in den Ausbildungsbetrieb eingegliedert sind.[47] Dagegen sind sie nicht wahlberechtigt in einem Betrieb, dessen arbeitstechnischer Zweck in der Berufsausbildung besteht.[48] Dies gilt auch dann, wenn sie mitarbeiten oder sich eine Vielzahl von Regelungen des Betriebs auf sie erstreckt. Trainees einer Großbank wählen im Praxisjahr nur zum BR der Einsatzfiliale mit;[49] zur Betriebszugehörigkeit von im Ausland beschäftigten AN (→ § 213 Rn. 2). Die Eintragung in die Wählerliste ist keine zusätzliche materielle Voraussetzung der Wahlberechtigung, auf die Unrichtigkeit der Wählerliste kann die Anfechtung der Wahl aber nicht gestützt werden (§ 19 III BetrVG; → § 218 Rn. 20a).[50] 11

Nicht wahlberechtigt sind die leitenden Angestellten (§ 5 III BetrVG). Sie können einen Sprecherausschuss wählen (→ §§ 245 ff. Rn. 1 ff.). Die im Rahmen eines Dienst- oder Werkvertrags tätigen AN eines dritten Unternehmers sind weder wahlberechtigt noch wählbar, ebenso zählen sie bei der Belegschaftsstärke nicht mit.[51] AN in Franchiseunternehmen sind im Betrieb des Franchisegebers nicht zu berücksichtigen. Gleiches gilt für Teilnehmer an einem freiwilligen sozialen bzw. ökologischen Jahr, da sie weder AN noch Auszubildende sind.[52] Beamte sind nur wahlberechtigt, wenn sie entweder nach § 5 I 3 BetrVG als AN des Betriebs gelten oder aufgrund eines Arbeitsvertrags beschäftigt werden (→ § 212 Rn. 9). In **Altersteilzeit** beschäftigte AN verlieren beim Blockmodell mit dem Eintritt in die Freistellungsphase ihre Wahlberechtigung,[53] da es wegen der unwiderruflichen Freistellung an einer fortdauernden Eingliederung in den Betrieb fehlt. Ebenso sind im Rahmen einer Arbeitsgelegenheit beschäftigte Bezieher von Alg. II (§ 16d SGB II) nicht wahlberechtigt, wenn sie nicht aufgrund eines Arbeitsvertrags beschäftigt werden (→ § 8 Rn. 20). 11a

[41] LAG Düsseldorf 26.3.1975 DB 1975, 840.
[42] BAG 27.7.2011 AP Nr. 2 zu § 16 BetrVG 1972 = NZA 2012, 345.
[43] BAG 25.9.1986 AP Nr. 7 zu § 1 BetrVG 1972 = NZA 1987, 708.
[44] BAG 20.4.2005 NZA 2005, 1006; 28.11.1977 AP Nr. 2 zu § 8 BetrVG 1972.
[45] BAG 29.1.1992 AP Nr. 1 zu § 7 BetrVG 1972 = NZA 1992, 894.
[46] BVerwG 25.9.1995 AP Nr. 1 zu § 4 LPVG Baden-Württemberg = NZA-RR 1996, 318.
[47] BAG 20.3.1996 AP Nr. 9 zu § 5 BetrVG 1972 Ausbildung = NZA 1997, 326.
[48] BAG 12.11.1996 AP Nr. 11 zu § 5 BetrVG 1972 Ausbildung = NZA 1997, 273.
[49] HessLAG 12.2.1998 NZA-RR 1998, 505.
[50] BAG 2.8.2017 AP Nr. 67 zu § 19 BetrVG 1972 = NZA 2018, 182.
[51] BAG 21.7.2004 AP Nr. 8 zu § 9 BetrVG 1972.
[52] BAG 12.2.1992 AP Nr. 52 zu § 5 BetrVG 1972 = NZA 1993, 334.
[53] Zu § 9 BetrVG: BAG 16.4.2003 AP Nr. 7 zu § 9 BetrVG 1972 = NZA 2003, 1345.

11b **b) Arbeitnehmerüberlassung. aa) Überlassungsdauer.** AN, die zur Arbeitsleistung überlassen worden sind, können den BR mitwählen, wenn sie länger als drei Monate im Betrieb eingesetzt werden (§ 7 S. 2 BetrVG; → § 120 Rn. 95). Dies betrifft nicht nur die unechte Leiharbeit nach dem AÜG, sondern auch die Konzernleihe und die nicht gewerbsmäßige Arbeitnehmerüberlassung,[54] erforderlich ist aber stets, dass die überlassenen AN dem Weisungsrecht des AG unterliegen. Leiharbeitnehmer können daher zum BR sowohl im Verleiher- wie auch Entleiherbetrieb wahlberechtigt sein.[55] Zu ihrer Berücksichtigung bei der Anzahl der Betriebsratsmitglieder → Rn. 24. Fehlt es an einer Eingliederung in den Betrieb, etwa bei einem Fremdpersonaleinsatz im Rahmen eines Dienst- oder Werkvertrags, ist § 7 S. 2 BetrVG nicht anzuwenden.

11c **bb) Zeitpunkt.** Erforderlich für die Wahlberechtigung der in § 7 S. 2 BetrVG genannten AN ist ihre zumindest dreimonatige Zugehörigkeit zum Betrieb im Zeitpunkt des Wahlausschreibens.[56] Dabei ist grundsätzlich von der beabsichtigten Überlassungsdauer auszugehen. Steht diese nicht fest, ist eine Prognose anzustellen. Hierzu kann auf die vertraglichen Vereinbarungen oder sonstigen Absprachen zurückgegriffen werden, aber auch auf eine tatsächliche Handhabung über den Einsatz von Leiharbeitnehmern in der Vergangenheit. Der AG ist insoweit gegenüber dem Wahlvorstand über die Tatsachen auskunftspflichtig, die für die Beurteilung der Verweildauer maßgeblich sind; er hat auch die zur Feststellung erforderlichen Unterlagen zur Verfügung zu stellen (§ 2 II WO). Steht die Überlassung von zumindest 3 Monaten fest, ist der AN vom ersten Tag seines Einsatzes an wahlberechtigt (BT-Drs. 14/5741, 36). Tritt der überlassene AN nach Erlass des Wahlausschreibens in den Betrieb ein und dauert sein Einsatz voraussichtlich zumindest 3 Monate, ist auch er stimmberechtigt. Wird die Einsatzzeit vor dem Wahltag abgekürzt oder verlängert, ist die neue Verweildauer maßgeblich.

12 **2. Wählbarkeit.** Wählbar sind alle (am Wahltag 18 Jahre alten) und nach § 7 S. 1 BetrVG Wahlberechtigten, die 6 Monate dem Betrieb angehören oder als Heimarbeiter in der Hauptsache für den Betrieb gearbeitet haben (§ 8 I 1 BetrVG). Dazu zählen auch AN iSd § 5 I 3 BetrVG (→ § 212 Rn. 9).[57] Fehlt die Wahlberechtigung oder ist das Mindestalter von 18 Jahren nicht erreicht, ist der AN auch nicht wählbar. Zur Arbeitsleistung überlassene AN sind nicht wählbar (§ 14 II 1 AÜG).[58] Auf die 6-monatige Betriebszugehörigkeit werden Zeiten angerechnet, in denen der AN unmittelbar vorher einem anderen Betrieb desselben Unternehmens oder Konzerns angehört hat.[59] Besteht der Betrieb noch keine 6 Monate, sind alle AN wählbar, die bei Einleitung der Betriebsratswahl beschäftigt sind und die übrigen Wahlvoraussetzungen erfüllen; § 8 II BetrVG kann insbesondere bei einer Betriebsratswahl nach einem Umwandlungsvorgang anwendbar sein.[60] Nicht wählbar ist, wer infolge Richterspruchs die Wählbarkeit oder die Fähigkeit, öffentliche Ämter zu bekleiden, nicht besitzt. Hat ein ausländischer AN nach dem Recht seines Heimatstaates die Fähigkeit zur Bekleidung öffentlicher Ämter verloren, führt dies nur zum Verlust der Wählbarkeit, wenn die Entscheidung nicht im Widerspruch zu deutschen Rechtsgrundsätzen steht. Kein passives Wahlrecht haben behinderte Menschen in Werkstätten für Behinderte, die im Rahmen der Betreuung beschäftigt werden, für die Wahl zum BR der Werkstättenangehörigen.[61] Durch Tarifvertrag können die Wählbarkeitsvoraussetzungen nicht verändert werden.

13 **3. Ruhendes Arbeitsverhältnis.** AN während der Elternzeit, Zivildienstleistende bzw. Wehrpflichtige sind aktiv wie passiv wahlberechtigt, da sie nur vorübergehend nicht in den Betrieb eingegliedert sind. Im Fall ihrer Wahl sind sie jedoch vorübergehend an der Amtsausübung verhindert. Keinen Einschränkungen beim Wahlrecht bzw. der Wählbarkeit unterliegen die zur Eignungsübung Einberufenen, zum Luftschutzdienst Ausgebildete, im Zivilschutzkorps Dienstleistende. Wahlberechtigt sind auch Schiffsoffiziere bei ruhendem Arbeitsverhältnis. Praktikanten im Hochschul- oder Fachhochschulstudium sind je nach Ausgestaltung der Studienordnung wahlberechtigt.[62] Beamte, die nicht bereits nach § 5 I 3 BetrVG (→ § 212 Rn. 9) als AN

[54] BAG 10.3.2004 AP Nr. 8 zu § 7 BetrVG 1972 = NZA 2004, 1340.
[55] BAG 20.4.2005 NZA 2005, 1006.
[56] *Fitting* BetrVG § 7 Rn. 59 f.; aA *Marschmann* DB 2001, 2446 f. (Stimmabgabe).
[57] BAG 15.8.2012 AP Nr. 79 zu § 5 BetrVG 1972 = NZA 2013, 107.
[58] BAG 17.2.2010 AP Nr. 14 zu § 8 BetrVG 1972 = NZA 2010, 832 (nicht gewerbsmäßige Arbeitnehmerüberlassung); 10.3.2004 AP Nr. 8 zu § 7 BetrVG 1972 = NZA 2004, 1340.
[59] BAG 10.10.2012 AP Nr. 15 zu § 8 BetrVG 1972 (Leiharbeitnehmer).
[60] LAG Köln 8.1.2003 ArbuR 2003, 394 (Krankenhaus).
[61] LAG Bln 12.3.1990 NZA 1990, 788.
[62] BAG 30.10.1991 AP Nr. 2 zu § 5 BetrVG 1972 = NZA 1992, 808.

gelten, sondern im Rahmen eines Arbeitsverhältnisses beschäftigt werden, sind bei der Betriebsratswahl ihres AG wahlberechtigt und wählbar.

4. Gekündigte Arbeitnehmer. Sie sind nicht wahlberechtigt, wenn sie zum Zeitpunkt der Wahl nach Ablauf der ordentlichen Kündigungsfrist bzw. Zugang der außerordentlichen Kündigung bereits aus dem Betrieb tatsächlich ausgeschieden sind und nicht nach § 102 V BetrVG bzw. dem allgemeinen Weiterbeschäftigungsanspruch (weiter-)beschäftigt werden.[63] Sie sind aber nach der Rspr. des BAG auch nach ihrem tatsächlichen Ausscheiden trotz des Wortlauts des § 8 BetrVG während der Dauer des Kündigungsschutzverfahrens wählbar.[64] Der AG soll durch den Kündigungsausspruch keinen Einfluss auf die Zusammensetzung des zukünftigen BR nehmen können. Wird der Kündigungsschutzklage später stattgegeben und das Arbeitsverhältnis fortgesetzt, war der Gewählte nur vorübergehend nicht in den Betrieb eingegliedert und daher wählbar. Bis zur Rechtskraft der Entscheidung ist er an der Amtsausübung gehindert und wird durch ein Ersatzmitglied vertreten. Während des Kündigungsschutzverfahrens hat der gekündigte AN zum Zweck der Wahlwerbung ein entsprechendes Zutrittsrecht zum Betrieb;[65] die dafür aufgewandte Zeit ist aber nicht als Arbeitszeit zu vergüten. 14

5. Zuordnungsverfahren. a) Grundsatz. Im Zusammenhang mit dem Erlass des SprAuG und der Änderung des BetrVG ist ein besonderes Zuordnungsverfahren eingeführt worden, ob ein AN in der Gruppe der Angestellten zum BR oder der leitenden Angestellten zum SprAuG wahlberechtigt ist. Das Zuordnungsverfahren gilt nicht in der Seeschifffahrt, da nur die Kapitäne zu den leitenden Angestellten zählen. Ist bislang ein **Sprecherausschuss nicht gewählt** worden, kann ein Zuordnungsverfahren nicht stattfinden. 15

Das Zuordnungsverfahren nach § 18a BetrVG soll sicherstellen, dass die Zuordnung einheitlich für die Wahl des BR und des Sprecherausschusses entschieden wird. Über die Zuordnung muss vor den jeweiligen Wahlen entschieden werden. Diese sind daher grundsätzlich gleichzeitig einzuleiten. Die Wirkung des Zuordnungsverfahrens erschöpft sich in der Feststellung des aktiven und passiven Wahlrechts für die jeweiligen Wahlen. Dagegen hat die Zuordnung **keine Bindungswirkung** für die Wahlvorstände bei Aufsichtsratswahlen nach dem MitbestG und dem DrittelbG, wenngleich dies in der Vergangenheit regelmäßig übernommen worden ist. Die Zuordnung hat ferner keine Bindungswirkung für die materielle Rechtsstellung des leitenden Angestellten. 16

b) Gleichzeitige Wahl. Sind die Wahlen nach dem BetrVG und dem SprAuG zugleich eingeleitet, haben sich die Wahlvorstände unverzüglich nach Aufstellung der Wählerliste, spätestens jedoch zwei Wochen vor Einleitung der Wahlen gegenseitig darüber zu unterrichten, welche Angestellten sie den leitenden Angestellten zugeordnet haben. Dagegen ist die Zuordnung nicht dem BR oder dem Sprecherausschuss in seiner Gesamtheit übertragen. Diese sind nur über die Mitglieder im Wahlvorstand beteiligt. Auch der einzelne Angestellte ist am Zuordnungsverfahren nicht beteiligt; er kann jedoch angehört werden. Dagegen ist der AG in das Zuordnungsverfahren eingebunden. Soweit zwischen den Wahlvorständen kein Einvernehmen über die Zuordnung besteht, haben sie in gemeinsamer Sitzung eine Einigung zu versuchen. Kommt eine Einigung zustande, ist der Angestellte dementsprechend in die jeweilige Wählerliste einzutragen (§ 18a I BetrVG). 17

c) Vermittler. Kommt keine Einigung über die Zuordnung zwischen den Wahlvorständen zustande, hat ein Vermittler spätestens eine Woche vor Einleitung der Wahl erneut eine Verständigung der Wahlvorstände über die Zuordnung zu versuchen (§ 18a II BetrVG). Auf die Person des Vermittlers müssen sich die Wahlvorstände einigen. Zum Vermittler kann im Interesse der Kostengünstigkeit und wegen der Eilbedürftigkeit nur ein Angehöriger des Betriebes/Unternehmens/Konzerns oder der AG bestellt werden. Kommt keine Einigung zustande, schlägt jede Seite einen Vermittler vor. Notfalls entscheidet zwischen diesen das Los (§ 18a III BetrVG). Der Losentscheid erzwingt praktisch eine Einigung. Der AG hat den Vermittler auf dessen Verlangen zu unterstützen, insbesondere die erforderlichen Auskünfte zu erteilen und Unterlagen zur Verfügung zu stellen. Bleibt der Verständigungsversuch erfolglos, entscheidet der Vermittler mit dem AG. Das Vermittlungsergebnis ist wieder in die jeweilige Wählerliste einzutragen (§ 18a II BetrVG). 18

[63] BAG 15.1.1991 AP Nr. 4 zu § 4 BPersVG = NZA 1991, 695; LAG Bln 2.5.1994 DB 1994, 2556.

[64] BAG 10.11.2004 AP Nr. 11 zu § 8 BetrVG 1972 = NZA 2005, 707; 14.5.1997 AP Nr. 6 zu § 8 BetrVG 1972 = NZA 1997, 1245.

[65] LAG Hamm 6.5.2002 NZA-RR 2003, 480.

19 **d) Unterschiedliche Wahleinleitung.** Wird die Sprecherausschusswahl nicht gleichzeitig eingeleitet, hat der Wahlvorstand den Sprecherausschuss wie bei zeitgleicher Einleitung der Wahl zu unterrichten. Soweit kein Einvernehmen über die Zuordnung besteht, hat der Sprecherausschuss Mitglieder zu benennen, die anstelle des Wahlvorstands an dem Zuordnungsverfahren teilnehmen. Im Übrigen gelten die Vorschriften über die Einleitung der zeitgleichen Wahl entsprechend.

20 **e) Prozessuales.** Durch die Zuordnung wird nach § 18a V 1 BetrVG der Rechtsweg nicht ausgeschlossen. Der Rechtsschutz kann in dreifacher Weise verwirklicht werden:

21 **(1)** AG, BR und Sprecherausschuss und der betroffene Angestellte können im Wege des Statusprozesses den Status des Angestellten gerichtlich klären lassen. Zweifelhaft ist, ob auch die Gewerkschaft[66] und der unterlegene Wahlvorstand hierzu berechtigt sind. Im Allgemeinen wird der Wahlvorstand kein Rechtsschutzinteresse haben.

22 **(2)** Unter den Voraussetzungen von § 18a V 2, 3 BetrVG können drei Wahlberechtigte, eine im Betrieb vertretene Gewerkschaft oder der AG die **Betriebsratswahl** bzw. drei leitende Angestellte oder der AG die Wahl des Sprecherausschusses mit der Begründung **anfechten,** über die Wahlberechtigung sei unzutreffend entschieden worden. Die Wahlanfechtung kann nicht darauf gestützt werden, die Zuordnung sei fehlerhaft erfolgt; dies gilt nicht, wenn die Zuordnung offensichtlich fehlerhaft ist. Im Allgemeinen wird nur bei zahlreichen fehlerhaften Zuordnungen eine Anfechtung der Wahl Aussicht auf Erfolg haben.

23 **(3)** Die Zuordnung kann als **Vorfrage** zB im Kündigungsschutzprozess gerichtlich überprüft werden. Wird zB einem Angestellten gekündigt, kann er sich darauf berufen, dass nicht der Sprecherausschuss, sondern der BR oder umgekehrt habe gehört werden müssen (→ § 124 Rn. 8). Ist kein Zuordnungsverfahren durchgeführt worden, kann die Sprecherausschusswahl vom BR nicht im Wege der einstweiligen Verfügung verhindert werden.[67]

III. Betriebsratsmitglieder

24 **1. Zahl der regelmäßig beschäftigten Betriebsangehörigen.** Sie ist für die Zahl der Betriebsratsmitglieder entscheidend (§ 9 BetrVG). AN iSv § 9 BetrVG sind betriebsangehörige AN, dh Personen, die in einem Arbeitsverhältnis zum Betriebsinhaber stehen und in die Betriebsorganisation eingegliedert sind, sowie der in § 5 I 3 BetrVG genannte Personenkreis (→ § 212 Rn. 9). Kein Arbeitsvertrag liegt vor, wenn AN aufgrund einer Rahmenvereinbarung zur Arbeitsleistung herangezogen werden, die selbst keine Verpflichtung zur Arbeitsleistung enthält.[68] Für kleine Betriebe (5–100 wahlberechtigte AN) ist die Zahl der Wahlberechtigten ausschlaggebend;[69] in großen Betrieben (von 101 wahlberechtigten AN aufwärts) ist die Zahl der AN schlechthin maßgebend. Maßgebend für die Anzahl der zu wählenden Betriebsratsmitglieder nach § 9 BetrVG ist die Zahl der AN, die für den Betrieb im Allgemeinen kennzeichnend ist. Der Wahlvorstand hat für die Feststellung der Arbeitnehmerzahl nicht nur den Personalbestand in der Vergangenheit zugrunde zu legen, sondern auch die künftige, aufgrund konkreter Entscheidungen des AG zu erwartende Entwicklung des Beschäftigungsstands einzubeziehen. Für seine Entscheidung über die Zahl der Wahlberechtigten sind die Verhältnisse am Tag des Erlasses des Wahlausschreibens maßgebend[70] (vgl. § 5 WO). Zukünftige Personalveränderungen sind nur berücksichtigungsfähig, wenn sie zu diesem Zeitpunkt bereits feststehen.[71] In Grenzfällen (600 oder 601 Beschäftigte) soll die Feststellung über die Belegschaftsstärke nach pflichtgemäßem Ermessen zu treffen sein,[72] nach richtiger Auffassung besteht kein Ermessensspielraum, da es sich um eine Rechtsfrage handelt. Bei der befristeten Einstellung von Vertretungskräften für zeitweilig ausfallendes Stammpersonal sind entweder die Stammarbeitnehmer oder die Vertretungskräfte nach § 9 BetrVG zu berücksichtigen; letzteres hat zu erfolgen, wenn zB ein AN durch zwei teilzeitbeschäftigte AN ersetzt wird (vgl. § 21 VII BEEG).[73] Auch zur Arbeitsleistung überlassene AN zählen bei der Belegschaftsstärke

[66] BAG 19.11.1974 AP Nr. 3 zu § 5 BetrVG 1972; 5.3.1974 AP Nr. 1 zu § 5 BetrVG 1972.
[67] LAG Hamm 24.4.1990 NZA 1990, 704.
[68] BAG 7.5.2008 AP Nr. 12 zu § 9 BetrVG 1972 = NZA 2008, 1142.
[69] LAG Hamm 19.8.1998 AiB 1999, 643; 6.10.1978 DB 1979, 1563.
[70] BAG 7.5.2008 AP Nr. 12 zu § 9 BetrVG 1972 = NZA 2008, 1142; 16.4.2003 AP Nr. 1 zu § 9 BetrVG 2002 = NZA 2003, 1345; 12.10.1976 AP Nr. 1 zu § 8 BetrVG 1972.
[71] BAG 29.5.1991 AP Nr. 1 zu § 17 BPersVG = NZA 1992, 182.
[72] BAG 25.11.1992 AP Nr. 8 zu § 1 GesamthafenbetriebsG = NZA 1993, 955.
[73] BAG 15.3.2006 – 7 ABR 39/05.

mit; maßgeblich ist die Anzahl der regelmäßig beschäftigten Leiharbeitnehmer (§ 14 II 4 AÜG).[74] Aushilfen werden nach der Rspr. des BAG nur berücksichtigt, wenn sie über sechs Monate eingestellt waren.[75] Leitende Angestellte werden bei der Berechnung der Zahl der AN nicht mitgezählt, ebenso die Beschäftigten eines Subunternehmers.[76] Wird ein BR mit zu hoher Mitgliederzahl gewählt, ist die gesamte Wahl anfechtbar.[77] Die Anzahl der Betriebsratsmitglieder bleibt für die Dauer der Amtsperiode unverändert, sofern nicht die Voraussetzungen für eine Neuwahl des BR nach § 13 II Nr. 1 BetrVG vorliegen.

2. Gruppenschutz. Der Gruppenschutz, dh die Aufteilung der Belegschaft in Arbeiter und Angestellte, ist durch das BetrVG-ReformG ersatzlos gestrichen worden. Beibehalten ist jedoch die Trennung der AN und Beamten in den privatisierten Postunternehmen (§ 26 PostPersRG). 25

3. Geschlecht. a) Mindestklausel. Nach § 15 II BetrVG muss das Geschlecht, das in der Belegschaft in der Minderheit ist, zumindest entsprechend seinem zahlenmäßigen Verhältnis im BR vertreten sein, sofern dieser mindestens aus drei Mitgliedern besteht. Das Gesetz schützt in verfassungsmäßiger Weise[78] die Minderheit im BR, ohne dessen Überrepräsentanz auszuschließen. Die Vorschrift ist auf das Geschlecht „divers" nicht anzuwenden. Sie ist nicht abdingbar; zur Anfechtbarkeit bei Verstößen → § 218 Rn. 18. Maßgeblich ist nach dem Gesetzeswortlaut das Verhältnis der Geschlechter in der Gesamtbelegschaft, nicht das der wahlberechtigten AN. Der durch § 15 II BetrVG vermittelte Schutz erfolgt durch die Vorgaben der WO über die Berechnung der auf die Geschlechter entfallenden Betriebsratssitze. Die Ermittlung der dem Minderheitengeschlecht nach § 15 II BetrVG zustehenden Mindestsitze nimmt der Wahlvorstand nach den Grundsätzen der Verhältniswahl vor (§ 5 WO). Er hat dazu die Zahlen der im Betrieb beschäftigten Frauen und Männer nebeneinanderzustellen und anschließend so lange durch ganze Zahlen (1, 2, 3 usw.) zu teilen, bis die zur Verfügung stehenden Betriebsratssitze numerisch besetzt sind. Fällt die niedrigste berücksichtigungsfähige Höchstzahl auf beide Geschlechter, entscheidet das Los (§ 5 II 3 WO). Steht dem Geschlecht in der Minderheit danach kein Mindestsitz zu, ist die Wahl eines ihres Vertreters in den BR dennoch zulässig, da § 15 II BetrVG lediglich eine offene Mindestklausel enthält.[79] 26

b) Sitzverteilung. Die Berücksichtigung des Minderheitengeschlechts bei der Sitzverteilung im BR erfolgt bei der Festlegung der gewählten Betriebsratsmitglieder. Wird nach den Grundsätzen der Verhältniswahl gewählt, sind grundsätzlich die Bewerber in der auf der Liste aufgeführten Reihenfolge gewählt (§ 15 IV WO). Befinden sich unter den danach zu berücksichtigenden Wahlbewerbern nicht genügend Vertreter des Geschlechts in der Minderheit, sind die Sitze nach näherer Maßgabe des § 15 V WO auf andere Bewerber des Minderheitengeschlechts zu verteilen, die bei der Wahl nicht berücksichtigt worden sind. Dabei sind zunächst die Angehörigen des Minderheitengeschlechts aus der eigenen Vorschlagsliste in der Reihenfolge zu berücksichtigen, in der sie auf der Vorschlagsliste aufgeführt sind (§ 15 V Nr. 1 WO). Befindet sich auf dieser keine Person des Geschlechts in der Minderheit, geht der dieser Vorschlagsliste zustehende Sitz auf die Vorschlagsliste mit der folgenden und unberücksichtigt gebliebenen Höchstzahl (§ 15 V Nr. 2 WO) und – in der Reihenfolge der nicht berücksichtigten Höchstzahlen – ggf. auf die weiteren Vorschlagslisten (§ 15 V Nr. 3 WO) über. Auch hier erfolgt eine Berücksichtigung nach dem Listenplatz. Wenn sich auch auf den anderen Vorschlagslisten keine oder nicht genügend Bewerber des Minderheitengeschlechts befinden, verbleibt es insoweit bei der sich aus § 15 IV WO ergebenden Sitzverteilung auf die Vorschlagslisten. Das Verfahren ist entsprechend anzuwenden, wenn eine gewählte Person die Wahl ablehnt (§ 17 II WO). Der Listensprung ist im Fall der Verhinderung oder des Ausscheidens eines Betriebsratsmitglieds des Minderheitengeschlechts rückgängig zu machen.[80] Hat die Betriebsratswahl als Mehrheitswahl stattgefunden, gilt für die Berücksichtigung des Minderheitengeschlechts § 22 WO. AN iSd § 5 I 3 BetrVG (→ § 212 Rn. 9) sind bei der Verteilung der Betriebsratssitze auf das Geschlecht der Minderheit mit zu berücksichtigen. Scheiden mehrere Mitglieder des BR gleichzeitig aus dem Gremium aus und wird dadurch die Geschlechterquote unterschritten, ist der Nachrücker, der für eine Person des 27

[74] BAG 13.3.2013 AP Nr. 15 zu § 9 BetrVG 1972 = NZA 2013, 789.
[75] BAG 12.10.1976 AP Nr. 1 zu § 8 BetrVG 1972; weiter ArbG Hamburg 13.9.1999 AiB 2000, 282.
[76] BAG 21.7.2004 AP Nr. 8 zu § 9 BetrVG 1972.
[77] BAG 29.6.1991 AP Nr. 2 zu § 9 BetrVG 1972 = NZA 1992, 36.
[78] BAG 16.3.2005 AP Nr. 3 zu § 15 BetrVG 1972 = NZA 2005, 1252; aA LAG Köln 13.10.2003 AP Nr. 1 zu § 15 BetrVG 1972 = NZA 2004, 511 (die Vorlage nach Art. 100 I GG ist erledigt).
[79] *Fitting* BetrVG § 15 Rn. 20.
[80] LAG Nds 10.3.2011 NZA-RR 2011, 465; LAG Nürnberg 13.5.2004 AP Nr. 2 zu § 15 BetrVG 1972.

Minderheitengeschlechts zurückstehen muss, nach den Regelungen in § 15 V WO zu bestimmen.[81]

IV. Regelmäßige und außerordentliche Betriebsratswahlen

28 **1. Regelmäßige Betriebsratswahlen.** Sie finden alle vier Jahre in der Zeit vom 1.3. bis 31.5. statt (§ 13 BetrVG). Sie sind zeitgleich mit den regelmäßigen Wahlen nach § 5 SprAuG einzuleiten (→ § 248 Rn. 5). Die erstmalige Betriebsratswahl des Vier-Jahres-Rhythmus fand im Jahre 1990 statt. Dieser Rhythmus wurde eingeführt, um den Gewerkschaften die organisatorischen Vorbereitungen für die Wahl zu erleichtern.

29 **2. Ausnahmen.** Abweichend vom Vier-Jahres-Rhythmus ist nach § 13 II BetrVG ein BR zu wählen **(a)** bei wesentlicher Änderung der Zahl der beschäftigten AN, **(b)** wenn die Gesamtzahl der Betriebsratsmitglieder auch nach Hinzutreten der Ersatzmitglieder unter die vorgeschriebene Zahl gesunken ist, **(c)** der BR mit Mehrheit seinen Rücktritt beschlossen hat, **(d)** die Betriebsratswahl angefochten, **(e)** der BR aufgelöst worden ist oder **(f)** im Betrieb kein BR besteht. Hat eine außerordentliche Betriebsratswahl stattgefunden, ist der BR bei der nächsten ordentlichen Betriebsratswahl neu zu wählen, es sei denn, dass er noch nicht ein Jahr im Amt ist (§ 13 III BetrVG).

V. Wahlgrundsätze

30 Der BR wird in geheimer und unmittelbarer Wahl gewählt (§ 14 I BetrVG). Es besteht keine Wahlpflicht. Das Wahlrecht ist unverzichtbar. Die Wahl erfolgt nach den Grundsätzen der Verhältniswahl; wird nur ein Wahlvorschlag eingereicht oder wird der BR im vereinfachten Wahlverfahren (§ 14a BetrVG) gewählt, gelten die Grundsätze der Mehrheitswahl. Geheime Wahlen verlangen eine Stimmabgabe, bei der für Dritte nicht erkennbar ist, welche Wahlentscheidung der Wähler getroffen hat. Der Grundsatz der geheimen Wahl gilt nicht nur für den eigentlichen Wahlakt, sondern auch für die Wahlvorbereitung sowie nach Beendigung der Wahl gegenüber Auskunftsverlangen über die Stimmabgabe. Der Nachweis der Stimmabgabe kann nur durch die Stimmabgabevermerke geführt werden (§ 12 III, § 26 I WO).[82]

VI. Wahlverfahren

31 **1. Wählerliste.** Das Wahlverfahren ist in der 1. Verordnung zur Durchführung des BetrVG (Wahlordnung – WO) vom 11.12.2001 (BGBl. I 3494) geregelt. Für die Nachfolgeunternehmen der Post gilt wegen der Gruppe der Beamten die VO zur Durchführung der Betriebsratswahlen bei den Postunternehmen vom 22.2.2002 (BGBl. I 946 – WO Post). Nach der WO obliegt die Leitung der Betriebsratswahl dem Wahlvorstand, der wahlberechtigte AN als Wahlhelfer zu seiner Unterstützung bei der Stimmabgabe und bei der Stimmenzählung hinzuziehen kann (§ 1 WO). Der Wahlvorstand hat eine Liste der Wahlberechtigten (Wählerliste) aufzustellen. Die Zuordnung der leitenden Angestellten ist durch ein besonderes Zuordnungsverfahren (§ 18a BetrVG) vorzunehmen (→ Rn. 15 ff.). Die Wahlberechtigten sollen mit Familiennamen, Vornamen, Geburtsdatum und getrennt nach Geschlechtern in alphabetischer Reihenfolge aufgeführt werden. Der AG soll dem Wahlvorstand alle erforderlichen Auskünfte geben (§ 2 I, II WO). Er hat insbesondere die Verzeichnisse der AN herauszugeben und kann hierzu durch einstweilige Verfügung angehalten werden;[83] erstellt der Wahlvorstand die Liste aufgrund eigener Ermittlungen, führt dies aber nicht ohne weiteres zur Nichtigkeit der Wahl.[84] Das aktive (und passive) Wahlrecht steht nur den AN zu, die bis zu dem dem Wahltag vorangehenden Tag in die Wählerliste eingetragen sind (§ 2 III WO).[85] Die Wählerliste und die WO sind vom Tage der Einleitung der Wahl in allen Betriebsstätten auszuhängen, in denen Wahlberechtigte beschäftigt werden. Daneben kann der Wahlvorstand die ergänzende Bekanntmachung der Wählerliste in **elektronischer Form** (zB per Mail und/ oder im Intranet) anordnen; maßgeblich ist bei der nur ergänzenden Bekanntgabe der Wählerliste jedoch stets der Aushang. Ist dieser fehlerhaft, kann dies die Anfechtung der Wahl

[81] RB anhängig 7 ABR 47/17.
[82] BAG 2.8.2017 AP Nr. 67 zu § 19 BetrVG 1972 = NZA 2018, 182 (keine weitergehenden Recherchen); 12.6.2013 AP Nr. 64 zu § 19 BetrVG 1972 = NZA 2013, 1368.
[83] LAG Hamm 14.3.2005 NZA-RR 2005, 373; 13.5.1977 DB 1977, 1271 (ZV nach § 888 ZPO).
[84] RB anhängig 7 ABR 24/20, Termin: 30.6.2021.
[85] BAG 21.3.2017 AP Nr. 66 zu § 19 BetrVG 1972 = NZA 2017, 1075.

begründen. Wird das Wahlausschreiben in elektronischer Form bekannt gemacht, muss der Wahlvorstand nicht nur laufend Aktualisierungen vornehmen,[86] sondern auch Vorkehrungen dafür treffen, dass andere Mitarbeiter des AG nicht in der Lage sind, ohne Mitwirkung des Wahlvorstands das in elektronischer Form bekannt gemachte Wahlausschreiben zu verändern.[87] Der Wahlvorstand darf die ausschließlich elektronische Bekanntgabe der Wählerliste nicht beschließen, wenn keine Vorkehrungen bestehen, dass Änderungen der Daten nur vom Wahlvorstand vorgenommen werden können[88] (§ 2 IV WO, zB durch ein besonderes Passwort). Dieser hat dafür zu sorgen, dass ausländische AN, die **der deutschen Sprache nicht mächtig sind,** vor Einleitung der Betriebsratswahl über Wahlverfahren, Aufstellung der Wähler- und Vorschlagslisten, Wahlvorgang und Stimmabgabe in geeigneter Weise unterrichtet werden[89] (§ 2 V WO). Gegen die Richtigkeit der Wählerliste kann nur binnen 2 Wochen seit Erlass des Wahlausschreibens Einspruch eingelegt werden (§ 4 WO); wird die Frist versäumt, kann dies zwar nicht zum Verlust der Wahlberechtigung, wohl aber zum Verlust der Anfechtungsbefugnis führen[90] (§ 19 III BetrVG, → § 218 Rn. 20a).

2. Wahlausschreiben. Spätestens sechs Wochen vor dem 1. Tag der Stimmabgabe erlässt der Wahlvorstand ein Wahlausschreiben, das vom Vorsitzenden und mindestens einem weiteren Mitglied des Wahlvorstands zu unterschreiben ist; zur Übersetzung § 2 V WO. Werden im Betrieb an mehreren Stellen Wahlausschreiben ausgehängt, läuft die Frist ab Aushang des letzten Wahlausschreibens. Es muss den in § 3 II WO näher bezeichneten Inhalt haben; dazu gehört auch die Beschlussfassung über eine schriftliche Stimmabgabe in räumlich weit entfernten Betriebsstätten.[91] Damit ist die Betriebsratswahl eingeleitet. Sind mehrere Betriebsratsmitglieder zu wählen, erfolgt die Wahl aufgrund von Vorschlagslisten. Diese sind von den wahlberechtigten AN vor Ablauf von 2 Wochen seit Erlass des Wahlausschreibens beim Wahlvorstand einzureichen (§ 6 WO). Zulässig ist, wenn das Fristende zur Einreichung der Vorschlagslisten auf das Ende der Arbeitszeit der ganz überwiegenden Mehrzahl der AN festgelegt wird.[92] Im Wahlausschreiben sind Zeit und Ort der öffentlichen Stimmenauszählung (→ Rn. 38) anzugeben. Ein Abdruck des Wahlausschreibens ist in jeder Betriebsstätte auszuhängen.[93] Nach § 3 IV WO ist auch die elektronische Bekanntgabe des Wahlausschreibens zulässig;[94] insoweit gelten die Ausführungen zur Wählerliste (→ Rn. 31) entsprechend. 32

3. Wahlvorschläge. Sie können von den wahlberechtigten AN und auch von den im Betrieb vertretenen Gewerkschaften gemacht werden (§ 14 III BetrVG). In Betrieben mit in der Regel bis zu 20 wahlberechtigten AN bedarf es keiner Unterzeichnung von Wahlvorschlägen. Wahlvorschläge sind in Betrieben mit in der Regel 21 bis 100 wahlberechtigten AN von mindestens zwei wahlberechtigten AN und in Betrieben mit in der Regel mehr als 100 wahlberechtigten AN von mindestens einem 1/20 der wahlberechtigten AN zu unterzeichnen (§ 14 IV BetrVG). Nach der Vorstellung des Gesetzgebers dient das Erfordernis von Stützunterschriften dazu, völlig aussichtslose Wahlvorschläge zu verhindern. In Betrieben mit bis zu 20 wahlberechtigten AN meinte er, hierauf verzichten zu können, in kleineren und mittleren Betrieben sind die Schwellenwerte für die Stützunterschriften durch das BRModG positiv festgeschrieben und abgesenkt worden, um formale Hürden bei der Wahl eines BR abzubauen (BR-Drs. 271/21, 14). Allerdings muss der Wahlvorstand bei fehlender Unterzeichnung des Wahlvorschlags aufgrund der Umstände des Einzelfalls beurteilen, ob es sich um einen erstgemeinten Wahlvorschlag handelt, den er für die Wahl zulassen muss. Zudem muss er unverzüglich das Einverständnis des Vorgeschlagenen einholen. Wahlbewerber können einen eigenen Wahlvorschlag unterzeichnen und damit stützen.[95] Der Wahlvorschlag einer Gewerkschaft muss von zwei Beauftragten unterzeichnet sein (§ 14 V BetrVG); darüber hinaus muss der Wahlvorschlag die Urheberschaft der Gewerkschaft erkennen lassen. Nur ein solcher Vorschlag darf durch sein Kennwort als gewerk- 33

[86] BAG 2.8.2017 AP Nr. 67 zu § 19 BetrVG 1972 = NZA 2018, 182.
[87] BAG 21.1.2009 AP Nr. 61 zu § 19 BetrVG 1972 = NZA-RR 2009, 481.
[88] Zu § 3 IV WO: BAG 21.1.2009 AP Nr. 61 zu § 19 BetrVG 1972 = NZA-RR 2009, 481.
[89] BAG 13.10.2004 AP Nr. 1 zu § 2 WahlO BetrVG 1972 (Verletzung für zur Anfechtbarkeit).
[90] Anders zuvor BAG 2.8.2017 AP Nr. 67 zu § 19 BetrVG 1972 = NZA 2018, 182.
[91] RB anhängig 7 ABR 10/20, Termin: 28.4.2021.
[92] BAG 4.10.1977 AP Nr. 2 zu § 18 BetrVG 1972; HessLAG 7.2.1991 NZA 1992, 78.
[93] BAG 5.5.2004 AP Nr. 1 zu § 3 WahlO BetrVG 1972 = NZA 2004, 1285.
[94] BAG 21.1.2009 AP Nr. 61 zu § 19 BetrVG 1972 = NZA-RR 2009, 481.
[95] BAG 6.11.2013 AP Nr. 3 zu § 14 BetrVG 1972; enger HessLAG 28.1.2002 NZA-RR 2002, 424.

schaftlicher Vorschlag ausgewiesen werden.[96] Die Anzahl der Wahlbewerber auf einer Liste ist zahlenmäßig nicht begrenzt.[97] Für bereits vorhandene Listen kann schon vor dem Wahlausschreiben geworben werden.[98] Wird der Wahlvorschlag nach der Anbringung von Stützunterschriften geändert, führt dies zu seiner Ungültigkeit.[99] Die Wahlvorschlagsliste ist eine Gesamturkunde, sodass gewährleistet sein muss, dass nicht Teile entfernt werden können.[100] Befinden sich die Bewerberliste und die Stützunterschriften auf mehreren Blättern, muss eindeutig erkennbar sein, dass diese eine einheitliche Urkunde bilden zB durch eine körperlich feste Verbindung der Blätter sowie aus sonstigen, den Schriftstücken anhaftenden Merkmalen (fortlaufende Seitennummerierung, Wiedergabe des Kennworts).[101] Der Wahlvorstand kann die Möglichkeit zur Einreichung von Wahlvorschlägen am letzten Tag der Frist auf das Ende der Arbeitszeit im Betrieb oder auf das Ende der Dienststunden des Wahlvorstands begrenzen, wenn dieser Zeitpunkt nicht vor dem Ende der Arbeitszeit der Mehrheit der AN liegt.[102]

34 **4. Aufbau des Wahlvorschlags.** In jedem Wahlvorschlag sind die einzelnen Bewerber in erkennbarer Reihenfolge unter fortlaufender Nummer und unter Angabe von Familiennamen, Vornamen, Geburtsdatum und Art der Beschäftigung im Betrieb aufzuführen.[103] Die schriftliche Zustimmung der Bewerber (Paraphe ist nicht ausreichend) zur Aufnahme in die Liste ist beizufügen (§ 6 III WO); eines Einverständnisses mit den Unterstützern bedarf es nicht. Ist niemand als Listenvertreter bezeichnet, wird derjenige, der an erster Stelle den Wahlvorschlag unterzeichnet hat, als Listenvertreter angesehen. Dieser ist Adressat für die Mitteilungen von Beanstandungen durch den Wahlvorstand (§ 6 IV WO). Ein Bewerber kann nur auf einer Vorschlagsliste vorgeschlagen werden (§ 6 VII WO). Eine Listenverbindung ist unzulässig (§ 6 VI WO). Die Unterschrift eines Wahlberechtigten zählt nur auf einer Vorschlagsliste. Hat ein Wahlberechtigter mehrere Vorschlagslisten unterschrieben, hat er auf Aufforderung des Wahlvorstands binnen einer ihm gesetzten angemessenen Frist, spätestens jedoch vor Ablauf von 3 Arbeitstagen zu erklären, welche Unterschrift er aufrechterhält. Unterbleibt die Erklärung, wird sie nur auf der zuerst eingereichten Liste gezählt; bei gleichzeitig eingereichten Listen entscheidet das Los[104] (§ 6 V WO). Ein wirksamer Wahlvorschlag kann auch auf mehreren Blättern erstellt werden, die – versehen mit einem gemeinsamen Kennwort – jeweils gesondert in den verschiedenen Betriebsstätten gefertigt und sodann beim Listenvertreter zur Einreichung beim Wahlvorstand zu einer Gesamturkunde (→ Rn. 33) körperlich zusammengeführt werden. Die Wahlvorschläge müssen innerhalb der Einreichungsfrist mit der erforderlichen Anzahl von Stützunterschriften im Original beim Wahlvorstand eingehen. Die Einreichung von Telekopien genügt nicht.[105] Dies muss – wenn der Betrieb aus mehreren auseinander liegenden Betriebsstätten besteht – bei der Dauer der Frist für die Einreichung der Wahlvorschläge bedacht werden.

35 **5. Prüfung des Wahlvorschlags.** Der Wahlvorstand hat die Vorschlagslisten unverzüglich, möglichst in einer Frist von 2 Arbeitstagen auf alle erkennbaren Unwirksamkeitsgründe hin zu prüfen und bei Ungültigkeit oder Beanstandung einer Liste den Listenvertreter unter Angabe der Gründe schriftlich zu unterrichten (§ 7 II WO). Er muss allen erkennbaren Problemen hinsichtlich der Gültigkeit von Wahlvorschlägen nachgehen.[106] Der Wahlvorstand darf die 2-Tages-Frist nicht stets ausschöpfen. Er hat die Prüfung so vorzunehmen, dass eine Heilung des Mangels vor Ablauf der Einreichungsfrist noch möglich ist.[107] Aus diesem Grund besteht in den letzten Tagen vor Fristende eine besondere Pflicht zur zeitnahen Prüfung.[108] Auch die Benachrichtigung des Listenführers muss dem drohenden Fristablauf Rechnung tragen und unverzüglich erfolgen,[109] ggf. durch mündliche Vorabinformation. Versäumt der Wahlvorstand die sich aus § 7 II WO ergebende Prüfung oder führt er diese nur ungenügend durch, kann dies zur Anfecht-

[96] BAG 26.10.2016 AP Nr. 4 zu § 14 BetrVG 1972 = NZA-RR 2017, 194; 15.5.2013 AP Nr. 63 zu § 19 BetrVG 1972 = NZA 2013, 1095 (zur Kennwortvergabe).
[97] LAG Köln 29.3.2001 BB 2001, 1356 (80% der wahlber. AN).
[98] ArbG Frankfurt 29.3.1972 ArbuR 1972, 344.
[99] BAG 16.1.2018 AP Nr. 70 zu § 19 BetrVG 1972 = NZA 2018, 797.
[100] LAG Brem 26.3.1998 NZA-RR 1998, 401.
[101] BAG 25.5.2005 AP Nr. 2 zu § 14 BetrVG 1972 = NZA 2006, 116.
[102] BAG 16.1.2018 AP Nr. 70 zu § 19 BetrVG 1972 = NZA 2018, 797.
[103] Anderenfalls Anfechtbarkeit: ArbG Hamm 23.6.1972 DB 1972, 1634.
[104] Zum Losentscheid: BayVGH 13.2.1991 NJW 1991, 2306.
[105] Zur SchwbVWO: BAG 20.1.2010 AP Nr. 2 zu § 97 SGB IX = NZA 2010, 1435.
[106] BAG 16.1.2018 AP Nr. 70 zu § 19 BetrVG 1972 = NZA 2018, 797 (zu Nachforschungen).
[107] LAG Nürnberg 13.3.2002 ArbuR 2002, 238.
[108] BAG 25.5.2005 AP Nr. 2 zu § 14 BetrVG 1972 = NZA 2006, 116; LAG Bln 7.2.2006 NZA 2006, 509.
[109] LAG Düsseldorf 25.3.2002 NZA-RR 2003, 475.

barkeit der Wahl führen.[110] Ungültig sind Vorschlagslisten insbesondere aus den in § 8 I WO aufgezählten Gründen, nur die in § 8 II WO angeführten Fehler können innerhalb einer Nachfrist von drei Arbeitstagen geheilt werden. Werden innerhalb der Frist des § 6 I WO keine gültigen Listen eingereicht, hat dies der Wahlvorstand bekannt zu machen und eine Nachfrist von einer Woche zu setzen (§ 9 S. 1 WO). Wird auch innerhalb dieser Nachfrist keine gültige Vorschlagsliste eingereicht, findet keine Betriebsratswahl statt (§ 9 II WO). Die als gültig anerkannten Listen sind gem. § 10 WO zu veröffentlichen. Sind mehrere Vorschlagslisten eingereicht worden, wird diesen durch Los eine Ordnungsnummer zugeteilt. Der Wähler kann seine Stimme nur für eine als gültig anerkannte Vorschlagsliste abgeben. Bei der Wahl der **Schwerbehindertenvertretung** besteht keine § 7 II 2 WO entsprechende Prüfungspflicht des Wahlvorstands.[111]

6. Rechtsschutz. Sowohl die Wahl des Wahlvorstands wie auch seine Entscheidungen können im Beschlussverfahren durch eine einstweilige Verfügung angegriffen werden. Auch eine vorübergehende Aussetzung der Betriebsratswahl im Wege des vorläufigen Rechtsschutzes ist zulässig,[112] da die Durchführung einer rechtlich nicht einwandfreien Wahl abgesehen von dem Kosteninteresse des AG zu einer erheblichen Beeinträchtigung der Zusammenarbeit von AG und BR führen kann. Der vorläufige Charakter der einstweiligen Verfügung steht nicht entgegen. Eine Betriebsratswahl ist nur abzubrechen, wenn sie voraussichtlich nichtig ist, ihre mögliche Anfechtbarkeit genügt nicht.[113] Einem Wahlvorstand kann die unverzügliche Korrektur von voraussichtlich zur Nichtigkeit der Wahl führenden Wahlfehlern aufgegeben werden.[114] 36

7. Stimmabgabe. Der Grundsatz der geheimen Wahl erfordert, dass der Wahlvorstand geeignete Vorkehrungen für die unbeobachtete Kennzeichnung der Stimmzettel (zB Aufstellen von Wandschirmen/Trennwänden) schafft. Die Stimmabgabe erfolgt durch Abgabe von Stimmzetteln in den hierfür bestimmten Umschlägen (Einzelheiten in § 11 WO). Auf den Stimmzetteln sind die Vorschlagslisten nach der Reihenfolge der Ordnungsnummern sowie unter Angabe der dort bestimmten Merkmale aufzuführen.[115] Die unterlassene Verwendung von Wahlumschlägen führt grundsätzlich zur Anfechtbarkeit der Betriebsratswahl.[116] Ist nur eine gültige Vorschlagsliste eingereicht, kann der Wähler seine Stimme nur für solche Bewerber abgeben, die in der Vorschlagsliste aufgeführt sind (§ 21 WO). Die Anordnung einer schriftlichen Stimmabgabe ist nur unter den Voraussetzungen des § 24 WO zulässig;[117] eine „Online-Stimmabgabe" ist unzulässig. Bei AN eines Arbeitnehmerüberlassungsunternehmens darf – ggf. sogar muss – der Wahlvorstand regelmäßig von deren Abwesenheit am Wahltag ausgehen und ihnen im Regelfall Briefwahlunterlagen ohne Aufforderung zusenden;[118] dies gilt gleichermaßen bei Zeitungszustellern.[119] Hat ein AN Briefwahlunterlagen erhalten, muss er dennoch zur persönlichen Stimmabgabe zugelassen werden.[120] Nach § 26 I WO hat der Wahlvorstand unmittelbar vor Abschluss der Stimmabgabe in öffentlicher Sitzung die bis zu diesem Zeitpunkt eingegangenen Freiumschläge zu öffnen und ihnen die Wahlumschläge sowie die vorgedruckten Erklärungen zu entnehmen; ist die schriftliche Stimmabgabe ordnungsgemäß erfolgt, legt der Wahlvorstand den Wahlumschlag nach Vermerk der Stimmabgabe in der Wählerliste ungeöffnet in die Wahlurne.[121] 37

8. Stimmauszählung. Unverzüglich nach Abschluss der Wahl hat der Wahlvorstand öffentlich die Auszählung der Stimmen vorzunehmen (§ 13 WO)[122] und das Wahlergebnis und die 38

[110] BAG 18.7.2012 AP Nr. 62 zu § 19 BetrVG 1972; 21.1.2009 AP Nr. 61 zu § 19 BetrVG 1972 = NZA-RR 2009, 481.
[111] BAG 20.1.2010 AP Nr. 2 zu § 97 SGB IX = NZA 2010, 1435.
[112] LAG BW 6.3.2006 MDR 2006, 1001.
[113] BAG 27.7.2011 AP Nr. 2 zu § 16 BetrVG 1972 = NZA 2012, 345; ihm folgend HessLAG 20.2.2014 – 9 TaBVGa 11/14; LAG Hamm 4.3.2014 – 7 TaBVGa 7/14; LAG Köln 8.4.2014 –7 Ta 101/14.
[114] LAG Brem 26.3.1998 NZA-RR 1998, 401; LAG Köln 27.12.1989 DB 1990, 539; aA LAG Düsseldorf 24.10.1977 DB 1978, 211.
[115] BAG 16.9.2020 AP Nr. 73 zu § 19 BetrVG 1972 = NZA 2020, 1642.
[116] BAG 20.1.2021 – 7 ABR 3/20, zVb.
[117] BAG 27.1.1993 AP Nr. 29 zu § 76 BetrVG 1952 = NZA 1993, 949 (generelle Briefwahl unzulässig).
[118] HessLAG 17.4.2008 AiB 2009, 588.
[119] LAG Hmb 12.3.2019 NZA-RR 2019, 364.
[120] *Bachner* NZA 2012, 1266.
[121] Dazu BAG 20.5.2020 AP Nr. 72 zu § 19 BetrVG 1972 = NZA 2020, 1423.
[122] BAG 12.6.2013 AP Nr. 64 zu § 19 BetrVG 1972 = NZA 2013, 1368.

Sitzverteilung festzustellen (§§ 13, 15 WO); zur Sitzverteilung auf das Minderheitengeschlecht → Rn. 26 f. Der Wahlvorstand muss – sofern kein Verhinderungsfall vorliegt – bei der Stimmauszählung durchgängig anwesend sein.[123] Die in § 15 WO festgelegte Sitzverteilung nach dem d'Hondtschen Höchstzahlverfahren ist mit höherrangigem Recht vereinbar.[124] Das Gebot der Öffentlichkeit verlangt eine entsprechende Bekanntgabe und einen ungehinderten Zugang zum Ort der Stimmauszählung. Wird die Stimmauszählung ohne vorherige Bekanntmachung verlegt, rechtfertigt dies die Wahlanfechtung. Der Einsatz von Scannern zur Stimmauszählung soll zulässig sein.[125] Die Feststellung hat konstitutive Bedeutung, bis sie durch Wahlanfechtung beseitigt ist. Über die Wahl ist eine Niederschrift zu fertigen (§ 16 WO), die dem AG und den im Betrieb vertretenen Gewerkschaften (§ 18 S. 2 WO) zu übersenden ist. Die Gewählten sind schriftlich zu benachrichtigen (§ 17 WO), durch Aushang bekannt zu geben (§ 18 S. 1 WO) und vor Ablauf einer Woche nach dem Wahltag zur konstituierenden Sitzung des BR zusammenzurufen (§ 29 BetrVG). Wegen schriftlicher Stimmabgabe bei Abwesenheit eines AN vgl. §§ 26 ff. WO, wegen Wahlvorschlägen der Gewerkschaft vgl. § 29 WO.

39 **9. Vereinfachtes Wahlverfahren. a) Voraussetzungen.** Das BetrVG-ReformG hat für Kleinbetriebe ein vereinfachtes Wahlverfahren eingeführt (§§ 14, 14a, 17a BetrVG iVm §§ 28 ff. WO; → Rn. 6 f.), das BRModG hat seinen Anwendungsbereich erweitert. Die Regelungen sind für Betriebe bis zu 100 AN zwingend, in Betrieben mit bis zu 200 regelmäßig wahlberechtigten AN kann die Anwendung des vereinfachten Wahlverfahrens zwischen AG und einem vom BR eingesetzten Wahlvorstand formlos bis zur Einleitung des Regelwahlverfahrens vereinbart werden (§ 14a V BetrVG); die Absprache gilt nur für die bevorstehende Betriebsratswahl. Ein Verstoß gegen § 14a BetrVG führt grundsätzlich zur Anfechtbarkeit der Wahl.[126] In bisher betriebsratslosen Betrieben kann die Vereinbarung nur mit einem vom GBR bzw. KBR eingesetzten oder vom Arbeitsgericht bestellten Wahlvorstand getroffen werden. Die teilweise gegen die durch § 14a V BetrVG eröffnete Wahlmöglichkeit erhobenen verfassungsrechtlichen Bedenken sind unbegründet.[127] Nach seinem Wortlaut ist für § 14a V BetrVG die Wahlberechtigung maßgeblich, während § 9 BetrVG für die Zahl der Betriebsratsmitglieder auf die Gesamtbelegschaft abstellt (→ Rn. 24). § 14a BetrVG gilt entsprechend für die Wahl der JAV (§ 63 II 2 BetrVG) und die Wahl der Vertrauensperson der schwerbehinderten Menschen unter den Voraussetzungen der § 177 VI 3 SGB IX, §§ 18 ff. SchwbVWO.[128]

40 **b) Betrieb ohne Betriebsrat.** Besteht im Betrieb noch kein BR und ist ein vereinfachtes Wahlverfahren durchzuführen, richtet sich das Wahlverfahren nach den §§ 28 ff. WO. Gewählt wird in einem **zweistufigen Verfahren;** in der ersten Wahlversammlung wird der Wahlvorstand und erst in der folgenden Wahlversammlung der BR gewählt. Zu der **ersten Wahlversammlung** können die Einladungsberechtigten (drei wahlberechtigte AN/Gewerkschaft) Vorschläge für die Zusammensetzung des Wahlvorstands machen (§§ 17a Nr. 3, 17 III BetrVG). Die Einladung muss zumindest sieben Tage vor dem Tag der Wahlversammlung erfolgen und ist an geeigneter Stelle im Betrieb auszuhängen; die Sieben-Tages-Frist ist nicht dispositiv. Der Inhalt der Einladung richtet sich nach § 28 I 5 WO, in ihr ist darauf hinzuweisen, dass Wahlvorschläge nur bis zum Schluss der ersten Wahlversammlung gemacht werden können. Zur Beschleunigung der nachfolgenden Wahl muss der AG unverzüglich nach dem Aushang der Einladung zur Wahlversammlung der einladenden Stelle in einem versiegelten Umschlag alle für die Anfertigung der Wählerliste erforderlichen Unterlagen (§ 2 WO; → Rn. 31) auszuhändigen (§ 28 II WO). Nach der Wahl des Wahlvorstands hat die einladende Stelle den Umschlag mit den Unterlagen für die Wählerliste unverschlossen dem Wahlvorstand zu übergeben. Der Wahlvorstand wird von den auf der Wahlversammlung anwesenden AN des Betriebs gewählt, die Vorschriften über die Wahlberechtigung (§ 7 S. 1, 2 BetrVG) sind nicht in Bezug genommen und gelten daher nicht. Eine geheime Wahl des Wahlvorstands ist nur erforderlich, wenn zumindest einer der Anwesenden dies verlangt. Der AG ist an beiden Wahlversammlungen nicht teilnahmeberechtigt. Wird trotz Einladung keine Wahlversammlung durchgeführt oder auf ihr kein Wahlvorstand gebildet,

[123] BAG 24.2.2021 – 7 ABR 38/19, zVb.
[124] BAG 22.11.2017 AP Nr. 68 zu § 19 BetrVG 1972 = NZA 2018, 604.
[125] HessLAG 25.4.2018 – 16 TaBVGa 77/18.
[126] BAG 16.11.2005 AP Nr. 4 zu § 94 SGB IX = NZA 2006, 340; 7.4.2004 AP Nr. 3 zu § 94 SGB IX = NZA 2004, 745; 19.11.2003 AP Nr. 54 zu § 19 BetrVG 1972 = NZA 2004, 395.
[127] GK-BetrVG/*Jacobs* § 14a Rn. 113; aA *Hanau* NJW 2001, 2513 (2517); *Franke* DB 2002, 211 (213).
[128] BAG 16.11.2005 AP Nr. 4 zu § 94 SGB IX = NZA 2006, 340.

kann er auf Antrag von drei Wahlberechtigten oder einer im Betrieb vertretenen Gewerkschaft vom Arbeitsgericht bestellt werden (§§ 17a Nr. 4, 17 IV BetrVG).

c) Betrieb mit Betriebsrat. Wird die Wahl im vereinfachten Verfahren durchgeführt und besteht bereits ein BR, verkürzt sich die ihm zur Verfügung stehende Mindestfrist für die Bestellung des Wahlvorstands auf vier Wochen vor Ablauf seiner Amtszeit (§§ 17a Nr. 1, 16 I 1 BetrVG). Dementsprechend sind auch die Fristen für die Bestellung des Wahlvorstands bei Untätigkeit des bisherigen BR verkürzt. Die ersatzweise Bestellung eines Wahlvorstands durch das Arbeitsgericht oder den GBR bzw. KBR (→ Rn. 1 f.) ist erst drei Wochen vor dem Ende der Amtszeit des bisher amtierenden BR zulässig (§§ 17a Nr. 1, 16 II 1, III 1 BetrVG). Existiert bereits ein BR, findet die Betriebsratswahl nur in einem einstufigen Verfahren auf einer Wahlversammlung statt (§ 14a III BetrVG, § 36 WO). 41

d) Wahlvorstand. Er besteht stets aus drei Wahlberechtigten, eine Erhöhung der Mitgliederzahl ist ausgeschlossen (§§ 17a Nr. 2, 16 I 2, 3 BetrVG). Der Wahlvorstand muss unverzüglich die Wählerliste, nach Geschlechtern getrennt, aufstellen. Einsprüche können nur bis zum Ablauf von drei Tagen seit Erlass des Wahlausschreibens schriftlich eingelegt werden (§§ 30 II, 36 I WO). Noch am Tag der Beendigung der ersten Wahlversammlung erlässt der Wahlvorstand das Wahlausschreiben und macht es in geeigneter Weise bekannt (§§ 31, 36 III 2 WO). 42

e) Wahlvorschläge. Bei Betrieben ohne BR sind Wahlvorschläge bis zum Abschluss der Wahlversammlung beim Wahlvorstand einzureichen; sie bedürfen nur in Betrieben mit bis zu 100 wahlberechtigten AN keiner Schriftform, wenn sie in der Versammlung gemacht werden (BR-Drs. 271/21, 14 f.). Formelle Mängel der abgegebenen Wahlvorschläge können nur bis zum Abschluss der ersten Wahlversammlung beseitigt werden (§ 33 II, III WO). Liegen gültige Wahlvorschläge vor, sind sie vom Wahlvorstand wie das Wahlausschreiben bekannt zu machen, ansonsten stellt der Wahlvorstand fest, dass die Wahl zum BR nicht stattfindet (§§ 31 IV, V, 36 VI WO). In Betrieben mit BR sind Wahlvorschläge spätestens eine Woche vor der Wahlversammlung beim Wahlvorstand schriftlich einzureichen (§ 36 V 1 WO); für die Einreichung muss den Vorschlagsberechtigten eine weitere Woche zur Verfügung stehen (§ 28 I 2 WO analog), sodass der Tag der Wahlversammlung vom Wahlvorstand mit einer Mindestfrist von 2 Wochen bekannt zu geben ist.[129] 43

f) Verfahren. Für das Wahlverfahren gilt § 34 WO, die Auszählung der Stimmen ist unverzüglich nach Beendigung der Wahl vorzunehmen. Hiervon besteht eine Ausnahme bei nachträglicher schriftlicher Stimmabgabe (§ 35 WO). Diese ist nur zulässig, wenn der Wahlberechtigte wegen Abwesenheit am Wahltag an der Stimmabgabe verhindert ist (§ 24 WO) und der Antrag spätestens drei Tage vor dem Tag der Wahlversammlung für die Betriebsratswahl beim Wahlvorstand gestellt wird. In diesem Fall hat der Wahlvorstand die Wahlurne für die Betriebsratswahl zunächst zu versiegeln und aufzubewahren (§ 34 II WO). Die Feststellung der Gewählten und die Bekanntgabe des Wahlergebnisses richtet sich nach den §§ 34 III–V, 18, 21, 23 I WO. 44

§ 218. Wahlschutz und Wahlanfechtung

Übersicht

[129] HessLAG 23.1.2003 ArbuR 2003, 158.

I. Wahlschutz

1 **1. Struktur und Normzweck.** § 20 I BetrVG untersagt die unzulässige Wahlbehinderung, § 20 II BetrVG die Wahlbeeinflussung mittels Drohung oder Bevorteilung. Während Abs. 1 die Ausübung des aktiven oder passiven Wahlrechts und damit die äußere Wahlhandlung unter Schutz stellt (die Kandidatur, das Aufstellen des Wahlvorschlags, das Sammeln von Stützunterschriften, das Werben, die Stimmabgabe usw.), bewahrt Abs. 2 vor Manipulationen bei der der Wahlhandlung vorgelagerten Willensbildung des Wählers und des Kandidaten. Beide Verbote richten sich nicht allein an den AG, sondern an jedermann, also auch an Vorgesetzte, die ihre Mitarbeiter nicht kandidieren lassen, oder an Wahlbewerber, die unzulässig auf Stimmenfang gehen.[1] Ein Verstoß gegen das Verbot der Wahlbehinderung oder Wahlbeeinflussung kann führen zu **(a)** einer Wahlanfechtung (→ Rn. 11 ff.), **(b)** strafrechtlichen Folgen nach § 119 BetrVG, **(c)** Unwirksamkeit einer rechtsgeschäftlichen Maßnahme (§ 134 BGB iVm § 20 BetrVG),[2] **(d)** Schadensersatzansprüchen des Benachteiligten (§ 823 II BGB iVm § 20 BetrVG) oder **(e)** zu Unterlassungsansprüchen.[3] Unzulässig ist auch ein Verstoß des AG gegen das Neutralitätsgebot, der aber anders als Verstöße gegen § 20 I, II BetrVG nicht strafrechtlich durch § 119 I Nr. 1 BetrVG sanktioniert ist.

2 **2. Behinderungsverbot.** Nach § 20 I 1 BetrVG darf niemand die Wahl des BR behindern. Wahl ist nicht nur die Ausübung des aktiven oder passiven Wahlrechts, sondern jede Handlung, die im Zusammenhang mit der Wahl oder ihrer Durchführung steht, also auch etwaige Wahlwerbung (zur gewerkschaftlichen Werbung → § 189 Rn. 23). Es gilt ein weiter Behinderungsbegriff.[4] Die Verhinderung der Wahl ist nicht erforderlich; es genügt bereits ihre mehr als nur unerhebliche Störung oder Erschwerung. Zur Wahl zählt auch die Mitwirkung an arbeitsgerichtlichen Verfahren in Zusammenhang mit einer Betriebsratswahl, zB die Bestellung eines Wahlvorstands. Behinderung ist jede Maßnahme, die darauf gerichtet ist, den Ablauf der Wahl zu beeinträchtigen. Ob hierzu auch wahrheitswidrige Äußerungen gehören, ist umstritten, aber zu verneinen. Die Behinderung bezieht sich nur auf die Einschränkung der Handlungsfreiheit, nicht auf die innere Willensbildung.[5] So darf der AG auf die fehlende Wahlberechtigung bzw. Wählbarkeit von AN hinweisen,[6] auf mögliche Wahlfehler des Wahlvorstands und auf den fehlenden Vergütungsanspruch, wenn ein AN an der Stimmauszählung teilnehmen will.[7]

3 **3. Beeinflussungsverbot. a) Arbeitgeber.** Nach § 20 I 2 BetrVG darf kein AN in der Ausübung des aktiven oder passiven Wahlrechts beschränkt werden. Zum Wahlrecht des AN gehören alle Handlungen, die mit der Wahl im Zusammenhang stehen. Verboten ist es daher, den AN dabei zu behindern, sich in die Wählerliste eintragen zu lassen, zur Wahl zu gehen oder Wahlvorschläge zu unterschreiben,[8] sowie die Anordnung einer Erste-Hilfe-Ausbildung zeitgleich zu einer anberaumten Wahlversammlung.[9] Als Behinderung gelten auch das Vorenthalten der notwendigen Wahlmittel (Urne, Papier, Briefumschläge usw.), Anordnungen, die eine Wahlausübung beeinträchtigen (Versetzung, Dienstreise im Zeitpunkt der Wahl und dgl.) sowie eine Kündigung wegen eines rechtmäßigen Wahlkampfs;[10] zum Kündigungsschutz der Wahlbewerber → § 143 Rn. 5. Betreibt ein Betriebsratsmitglied eine Feststellung gegen den **Betriebsnachfolger,** dass er dessen AN geworden sei, liegt keine Behinderung vor, wenn der Veräußerer dem AN keine Arbeit zuweist.[11]

---

[1] *Maschmann* BB 2010, 245.
[2] BAG 13.10.1977 AP Nr. 1 zu § 1 KSchG 1969 Verhaltensbedingte Kündigung.
[3] *Dörner* FS Kreutz, 81 (88).
[4] Dazu *Dörner* FS Kreutz, 81 (82).
[5] LAG Köln 15.10.1993 NZA 1994, 431; *Fitting* BetrVG § 20 Rn. 11; enger Richardi BetrVG/*Thüsing* § 20 Rn. 15.
[6] AA LAG SchlH 9.7.2008 – 6 TaBV 3/08.
[7] LAG SchlH 26.7.1989 AP Nr. 14 zu § 20 BetrVG 1972 = NZA 1990, 118.
[8] LAG Hamm 27.4.1972 DB 1972, 1297; LAG BW 31.5.1972 DB 1972, 1392 (Einfluss auf Wählerliste).
[9] ArbG Berlin 29.5.2009 BB 2009, 1928.
[10] BAG 15.12.1977 AP Nr. 69 zu § 626 BGB; 13.10.1977 AP Nr. 1 zu § 1 KSchG 1969 Verhaltensbedingte Kündigung.
[11] LAG Köln 27.6.1997 NZA-RR 1998, 266.

b) Gewerkschaft. Das Verbot der Wahlbehinderung richtet sich gegen jedermann, also auch gegen die Gewerkschaft. Wegen ihrer verfassungsrechtlichen Stellung ist diese aber zu vereinsrechtlichen Sanktionen gegenüber ihren Mitgliedern berechtigt, wenn die Koalitionsfreiheit der Gewerkschaft durch das Handeln des Gewerkschaftsmitglieds in Zusammenhang mit einer Betriebsratswahl beeinträchtigt wird. Nach Ansicht des BVerfG werden durch Art. 9 III GG Maßnahmen zur Aufrechterhaltung ihrer Geschlossenheit nach Innen und Außen geschützt, da die Solidarität der Mitglieder Voraussetzung für die wirksame Förderung der Arbeits- und Wirtschaftsbedingungen ist.[12] Die Androhung von Sanktionen bei einer Kandidatur auf einer fremden Kandidatenliste (Fremdkandidatur) ist danach ebenso zulässig wie ein nachfolgender Gewerkschaftsausschluss bei etwaigen Zuwiderhandlungen. Dies gilt unabhängig davon, ob es sich um eine Konkurrenzliste einer anderen Gewerkschaft oder eine neutrale Liste handelt, bei der über den Listenwettbewerb hinaus kein gewerkschaftsfeindliches Verhalten gezeigt wird. Die anderslautende Rspr. des BGH[13] ist durch die Entscheidung des BVerfG als überholt anzusehen. Die Tatsachenermittlung im vereinsrechtlichen Disziplinarverfahren unterliegt jedoch der Nachprüfung durch die staatlichen Gerichte.[14] Unzulässig sind hingegen Sanktionen bei der Abgabe von Stützunterschriften von Gewerkschaftsmitgliedern für neutrale Listen. Hierdurch werden zwar möglicherweise die Erfolgschancen der Gewerkschaftsliste, nicht aber die Außenwirkung der Gewerkschaft beeinträchtigt. 4

c) Unzulässige Handlungen. Nach § 20 II BetrVG ist jedermann die Wahlbeeinflussung durch Zufügung oder Androhung von Nachteilen oder durch Gewährung oder Versprechen von Vorteilen untersagt. Nachteil ist jedes Übel, das geeignet ist, die freie Willensbestimmung zu beeinträchtigen, Vorteil jede Vergünstigung, auf die kein Anspruch besteht. Unzulässig ist aber nur das In-Aussicht-Stellen künftiger Übel, auf dessen Eintritt der Erklärende selbst Einfluss hat oder zumindest vorgibt zu haben.[15] Unerheblich ist, ob eine Beeinflussungsabsicht vorgelegen hat. Verboten ist nicht nur die Beeinflussung der eigentlichen Betriebsratswahl, sondern auch die der vorausgehenden Abstimmungen und Beschlussfassungen der Wähler oder des Wahlvorstands. Hierzu soll auch das Einsammeln von Stützunterschriften[16] sowie Briefwahlunterlagen[17] durch Vertreter des AG zählen. 5

4. Neutralitätsgebot. Ein ausdrückliches Neutralitätsgebot für den AG existiert nicht. Ein solches wird überwiegend aus dem Beeinflussungsverbot des § 20 II BetrVG abgeleitet. Ein Verstoß gegen die Neutralitätspflicht liegt vor, wenn der AG einer Wahlvorschlagsliste durch die Zuwendung von Geldmitteln ermöglicht, sich im Zusammenhang mit der Wahl nachhaltiger als sonst möglich zu präsentieren, und wenn dabei die finanzielle Unterstützung der Kandidaten durch den AG verschleiert wird.[18] Eine Wahlbeeinflussung durch Vorteilsgewährung an eine Gruppe liegt auch dann vor, wenn der anderen Gruppe keine Nachteile daraus entstehen. Umstritten ist, ob dem AG damit jegliche Wahlwerbung untersagt ist. Dies wird teilweise mit dem Argument bejaht, die Bildung und Zusammensetzung der Belegschaftsvertretungen sei allein Sache der AN. Nach anderer Auffassung soll jedenfalls die Unterstützung von Wahlkandidaten zulässig sein, da auch die Gewerkschaft für „ihre Kandidaten" werben dürfe. Überdies seien Äußerungen des AG vielfach von seinem Grundrecht auf Meinungsfreiheit (Art. 5 I GG) umfasst. So darf der AG durchaus Kritik an der Amtsführung des gegenwärtigen BR äußern.[19] Jedoch dürften regelmäßig besondere Sympathie- bzw. Abneigungserklärungen gegenüber Listen oder einzelnen Kandidaten die Grenze einer erlaubten Meinungsäußerung überschreiten.[20] 6

II. Wahlkosten

1. Verpflichtung des Arbeitgebers. Nach § 20 III 1 BetrVG trägt der AG die Kosten der Betriebsratswahl. Dazu gehören alle Kosten, die mit der Einleitung und der Durchführung der Wahl sowie mit der gerichtlichen Überprüfung des Wahlergebnisses verbunden sind, zB die 7

[12] BVerfG 24.2.1999 AP Nr. 18 zu § 20 BetrVG 1972 = NZA 1999, 713.
[13] BGH 30.5.1983 AP Nr. 1 zu § 39 BGB; 19.1.1981 AP Nr. 7 zu § 20 BetrVG 1972.
[14] BGH 30.5.1983 AP Nr. 1 zu § 39 BGB.
[15] *Maschmann* BB 2010, 245 (249).
[16] HessLAG 23.8.2001 DB 2001, 2559.
[17] LAG München 9.6.2010 – 4 TaBV 105/09.
[18] BGH 13.9.2010 NJW 2011, 88 (zur AUB).
[19] BAG 25.10.2017 AP Nr. 24 zu § 20 BetrVG 1972 = NZA 2018, 458; *Wichert* DB 2018, 381.
[20] *Maschmann* BB 2010, 245 (251); weiter *Rieble* ZfA 2003, 283 (317); *Löwisch* BB 2014, 117 (119).

Aufwendungen für die Beschaffung von Wählerlisten, Stimmzetteln, Wahlurnen. Die Kostentragungspflicht des AG ist allerdings auf die erforderlichen Kosten der Betriebsratswahl begrenzt, insoweit gelten die zu § 40 BetrVG entwickelten Grundsätze entsprechend (→ § 222 Rn. 3). Er ist nicht verpflichtet, die Kandidaten für ihre Wahlwerbung freizustellen oder diese zu finanzieren, jedoch hat der AG Räumlichkeiten für die Auslegung des Werbematerials und Anschlagtafeln zur Verfügung zu stellen; die Kosten für die Anfertigung von Lichtbildern der Kandidaten hat er nicht zu übernehmen.[21] Zu den sächlichen Kosten gehören auch die Fahrtkosten der Mitglieder des Wahlvorstands. Stellt der AG kein Kraftfahrzeug zur Verfügung und setzt ein Wahlvorstand sein eigenes Fahrzeug ein, ist der AG zur Erstattung von Unfallkosten verpflichtet, wenn der Einsatz des privaten Kraftfahrzeuges notwendig war.[22] Zu den nach § 20 III BetrVG zu tragenden Kosten gehören auch die Kosten einer Gewerkschaft, die dieser in Wahrnehmung ihrer im Zusammenhang mit der Betriebsratswahl stehenden Rechte aus dem BetrVG entstehen.[23] Streitigkeiten über die vom AG zu tragenden Kosten entscheidet das Arbeitsgericht im Beschlussverfahren (§ 2a ArbGG). Aus den Beschlüssen ist die Zwangsvollstreckung möglich. Hat der Wahlvorstand Auslagen gemacht, hat er als Gläubiger und der AG als Schuldner des Verfahrens zu gelten.

8 **2. Durchführung der Wahl.** Die Wahl findet grundsätzlich während der Arbeitszeit statt. Versäumnis von Arbeitszeit, die zur Ausübung des Wahlrechts oder der Betätigung im Wahlvorstand erforderlich ist, berechtigt den AG nicht zur Minderung des Arbeitsentgelts (§ 20 III 2 BetrVG). Die Tätigkeit im Wahlvorstand ist ein Ehrenamt, sodass auch Gewerkschaftssekretäre keinen eigenen Vergütungsanspruch gegen den AG haben. Dagegen steht den von den Gewerkschaften entsandten Mitgliedern des Wahlvorstands ein Aufwendungsersatzanspruch (→ Rn. 7) zu. Es besteht regelmäßig kein Entgeltfortzahlungsanspruch für das Sammeln von Stützunterschriften;[24] der Begriff der Erforderlichkeit in § 20 III 2 BetrVG bezieht sich sowohl auf den Grund für die Arbeitsbefreiung als auch die Dauer der Arbeitsversäumnis. Die Einholung von Stützunterschriften hat daher grundsätzlich außerhalb der Arbeitszeit in den Pausen zu erfolgen.[25] Auch die für die eigene Wahlwerbung ausgefallene Arbeitszeit muss der AG nicht nach § 20 III 2 BetrVG vergüten; eine Vorstellung der Kandidaten in einer vor der Betriebsratswahl anberaumten Betriebsversammlung ist hingegen zulässig.

9 **3. Schulungskosten.** Der AG ist zur Übernahme der erforderlichen Schulungskosten von Wahlvorstandsmitgliedern verpflichtet. Das BAG hat den halbtägigen Besuch einer Schulungsveranstaltung für ein erstmals bestelltes Wahlvorstandsmitglied ohne nähere Darlegung des Fehlens ausreichender Kenntnisse der Wahlvorschriften für erforderlich gehalten;[26] jedenfalls der Besuch einer eintägigen Veranstaltung wird als erforderlich, aber auch ausreichend anzusehen sein. Für eine Schulung von Ersatzmitgliedern ist die Erforderlichkeit besonders zu begründen; die vorstehenden Grundsätze gelten auch für die Wahl der SBV.[27]

10 **4. Prozesskosten.** Zu den Wahlkosten können auch Prozesskosten gehören, die zur ordnungsgemäßen Vorbereitung und Durchführung der Wahl erforderlich sind. Erstattungsfähig sind daher die Kosten eines Beschlussverfahrens, in dem die Befugnisse des Wahlvorstands geklärt werden,[28] oder die Kosten eines Wahlbewerbers, die dieser aufwenden muss, um die Zustimmung zum Betreten des Betriebs durchzusetzen oder um die notwendigen Stützunterschriften zu sammeln.[29] Der Wahlvorstand kann mit der Durchführung eines arbeitsgerichtlichen Beschlussverfahrens zur Klärung einer während des Wahlverfahrens entstandenen Streitigkeit einen Rechtsanwalt einschalten, sofern er dies nach Abwägung aller Umstände für sachlich notwendig erachten durfte. Er muss sich nicht darauf verweisen lassen, anstelle eines Rechtsanwalts einen Gewerkschaftsvertreter mit der Vertretung zu beauftragen.[30] Erstattungspflichtig können auch außergerichtliche Kosten sein, zB für die Beauftragung eines Rechtsan-

[21] BAG 3.12.1987 AP Nr. 13 zu § 20 BetrVG 1972 = NZA 1988, 440.
[22] BAG 3.3.1983 AP Nr. 8 zu § 20 BetrVG 1972.
[23] BAG 16.4.2003 AP Nr. 21 zu § 20 BetrVG 1972 = NZA 2003, 1359.
[24] LAG Hmb 31.5.2007 ZfPR 2008, 14.
[25] LAG Hamm 6.2.1980 LAGE § 20 BetrVG 1972 Nr. 4.
[26] BAG 26.4.1995 AP Nr. 17 zu § 20 BetrVG 1972 = NZA 1996, 160; 7.6.1984 AP Nr. 10 zu § 20 BetrVG 1972 = NZA 1985, 66; LAG Hmb 14.3.2012 ArbuR 2012, 325; *Grambow* DB 2018, 1799.
[27] HessLAG 20.8.2018 NZA-RR 2019, 94.
[28] BAG 8.4.1992 AP Nr. 15 zu § 20 BetrVG 1972 = NZA 1993, 415; LAG Düsseldorf 25.10.1994 NZA 1995, 444.
[29] LAG Hamm 6.2.1980 DB 1980, 1223.
[30] LAG Düsseldorf 29.10.1985 NZA 1986, 578.

walts.[31] Der AG ist jedoch nicht verpflichtet, ohne vorherige nähere Vereinbarung mit dem Wahlvorstand Kosten zu tragen, die durch die Hinzuziehung sachkundiger Personen entstehen.[32] Auch die Aufwendungen für aussichtsloses Wahlanfechtungsverfahren muss er nicht übernehmen, ebenso nicht diejenigen, die für ein Verfahren um einen Listenboykottaufruf des Wahlvorstandsvorsitzenden entstehen.[33]

III. Wahlanfechtung

Muster: Schaub ArbRFV-HdB/*Straube* C. Rn. 205.

1. Bedeutung von Nichtigkeit oder Anfechtbarkeit. Eine Betriebsratswahl kann mit Rechtsmängeln behaftet sein. Diese führen grundsätzlich nicht zur Nichtigkeit, sondern nur zur Anfechtbarkeit der Wahl. Ist die Wahl nichtig, kann die Nichtigkeit zu jeder Zeit auch als Vorfrage in einem gerichtlichen Verfahren geltend gemacht werden. Dagegen wird durch die Wahlanfechtung das Amt des BR erst für die Zukunft beseitigt; die Fehlerhaftigkeit der Wahl kann nur binnen einer Frist von zwei Wochen seit Bekanntgabe des Wahlergebnisses in einem besonderen Verfahren geltend gemacht werden. Bildet die Frage der Nichtigkeit die einzige Streitfrage, kann auch deren Feststellung im Beschlussverfahren erfolgen. 11

2. Nichtigkeit. a) Voraussetzungen. Eine Betriebsratswahl ist nichtig, wenn in einem so hohen Maß gegen allgemeine Grundsätze jeder ordnungsgemäßen Wahl verstoßen wird, dass auch der Anschein einer Wahl nicht mehr vorliegt. Es muss sowohl ein offensichtlicher als auch ein besonders grober Verstoß gegen Wahlvorschriften vorliegen.[34] Nichtig ist die Wahl bei einem groben und offensichtlichen Verstoß gegen gesetzliche Wahlregeln. Dies ist zB der Fall bei einer Wahl ohne Wahlvorstand oder durch Zuruf, die Wahl ohne Vorliegen der Voraussetzungen für alle Wähler als Briefwahl durchgeführt wird, der Wahlvorstand bei der Auszählung Zuschauer wegschickt und Briefumschläge verschwinden lässt,[35] bereits ein einheitlicher BR für mehrere Betriebe gewählt worden ist und während der Amtszeit für einen Betriebsteil ein neuer BR gewählt wurde.[36] Nichtigkeit kann auch vorliegen bei der Wahl eines BR in einem nicht betriebsratsfähigen Betrieb,[37] bei offensichtlich rechtswidriger Zusammenfassung von Betriebsteilen,[38] bei der Wahl ohne Aufstellung einer Wählerliste und ohne Erlass eines Wahlausschreibens,[39] der fehlenden Versiegelung der Urne nach der Wahl.[40] Keine Nichtigkeit tritt ein, wenn der Wahlvorstand den Betriebsbegriff verkannt hat, die Zuordnung von Betriebsteilen fehlerhaft erfolgt[41] oder irrtümlich mehr Betriebsratsmitglieder als gesetzlich vorgesehen gewählt wurden.[42] Auch Verstöße gegen die Wahlberechtigung und die Wählbarkeit führen regelmäßig nur zu Anfechtbarkeit der Betriebsratswahl.[43] Führen mehrere Wahlfehler jeder für sich genommen nicht zur Nichtigkeit der Wahl, kann sich auch aus einer Gesamtwürdigung der einzelnen Verstöße nicht ergeben, dass die Betriebsratswahl nichtig ist.[44] 12

[31] BAG 31.5.2000 AP Nr. 20 zu § 20 BetrVG 1972 = NZA 2001, 114; 7.7.1999 AP Nr. 19 zu § 20 BetrVG 1972 = NZA 1999, 1232.

[32] BAG 11.11.2009 AP Nr. 23 zu § 20 BetrVG 1972 = NZA 2010, 353 (§ 80 III BetrVG analog).

[33] LAG Hamm 6.2.1980 DB 1980, 1223.

[34] Vgl. BAG 19.11.2003 AP Nr. 54 zu § 19 BetrVG 1972 = NZA 2004, 395; 22.3.2000 AP Nr. 8 zu § 14 AÜG = NZA 2000, 1119; 10.6.1983 AP Nr. 10 zu § 19 BetrVG 1972; enger *v. Roetteken* NZA 2018, 343.

[35] LAG SchlH 18.3.1999 NZA-RR 1999, 523.

[36] Einschr. BAG 19.11.2003 AP Nr. 55 zu § 19 BetrVG 1972; ähnlich HessLAG 30.7.2009 AE 2010, 40.

[37] BAG 9.2.1982 AP Nr. 24 zu § 118 BetrVG 1972.

[38] Vgl. BAG 11.7.1991 AP Nr. 1 zu Art. 9 LPVG Bayern (PR); LAG Hmb 6.5.1996 NZA-RR 1997, 136.

[39] BAG 27.4.1976 AP Nr. 4 zu § 19 BetrVG 1972.

[40] LAG Köln 16.9.1987 LAGE § 19 BetrVG 1972 Nr. 5; LAG BW 1.8.2007 LAGE § 19 BetrVG 2001 Nr. 3.

[41] BAG 11.4.1978 AP Nr. 8 zu § 19 BetrVG 1972; 17.1.1978 AP Nr. 1 zu § 1 BetrVG 1972; → § 211 Rn. 14.

[42] BAG 18.1.1989 AP Nr. 1 zu § 9 BetrVG 1972 = NZA 1989, 725.

[43] BAG 13.11.1996 AP Nr. 4 zu § 30 MantelG DDR; 29.3.1984 AP Nr. 2 zu § 19 BetrVG 1972; RB anhängig 7 ABR 24/20, Termin: 30.6.2021.

[44] BAG 19.11.2003 AP Nr. 54 zu § 19 BetrVG 1972 = NZA 2004, 395.

13 **b) Folgen.** Die Nichtigkeit der Betriebsratswahl kann von jedermann zu jeder Zeit, also auch außerhalb der Anfechtungsfrist (§ 19 II BetrVG), in jeder Form geltend gemacht werden. Die betriebsverfassungsrechtlichen Handlungen eines aus einer nichtigen Betriebsratswahl hervorgegangenen BR sind unwirksam; dies gilt auch dann, wenn der AG den BR längere Zeit als existent betrachtet hat. Jedoch können aus etwaigen Betriebsvereinbarungen Rechte für die AN erwachsen, wenn der AG die der Nichtigkeit zugrunde liegenden Tatsachen kannte. Einem nichtig gewählten Betriebsratsmitglied steht ein Anspruch auf Erstattung tatsächlicher Aufwendungen im Rahmen der Erforderlichkeit (§§ 37, 40 I BetrVG) zu.[45] Bereits gezahlte Schulungskosten können bei einem begründeten Vertrauenstatbestand nicht zurückverlangt werden.

14 **3. Anfechtbarkeit.** Eine Betriebsratswahl ist anfechtbar, wenn **(a)** gegen Vorschriften über das Wahlrecht (→ Rn. 15), **(b)** die Wählbarkeit (→ Rn. 16) oder **(c)** gegen wesentliche Grundsätze des Wahlverfahrens (→ Rn. 17) verstoßen worden ist und in diesen Fällen (a)–(c) eine Berichtigung nicht erfolgt ist. Nicht nur Verstöße gegen die in der WO enthaltenen Mussvorschriften, sondern auch gegen Sollvorschriften können zur Anfechtbarkeit führen, weil von ihnen nur unter sachlich begründeten Voraussetzungen abgewichen werden darf. Die Anfechtung ist ausgeschlossen, wenn durch den Wahlverstoß das Wahlverfahren nicht geändert oder beeinflusst werden konnte (§ 19 I BetrVG). Die Wahlanfechtung kann auf die Wahl eines einzelnen Betriebsratsmitglieds beschränkt werden, zB bei dessen fehlender Wählbarkeit. Bei einer erfolgreichen (Teil-)Anfechtung bleibt der übrige BR im Amt.

15 **4. Vorschriften über das aktive und passive Wahlrecht. a) Wahlberechtigung.** Zu den wesentlichen Vorschriften zählen diejenigen über die Wahlberechtigung[46] (§ 7 BetrVG; → § 217 Rn. 11). Als Verstöße kommen in Betracht zB die Zulassung von freien Mitarbeitern oder Beamten[47] zur Wahl sowie die Nichtzulassung von wahlberechtigten AN.[48] Ist die Berichtigung der Wählerliste bis zum Wahltag unterblieben, darf ein dort nicht aufgenommener AN von der Wahl ausgeschlossen werden.[49] Dagegen ist das Anfechtungsrecht einer Gewerkschaft nicht ausgeschlossen, wenn diese keinen Einspruch gegen die Richtigkeit der Wählerliste eingelegt hat.[50] Zur Wahlberechtigung bzw. Wählbarkeit von gekündigten AN → § 217 Rn. 14.

16 **b) Wählbarkeit.** Zu den Verstößen gegen die Wählbarkeit[51] (§ 8 BetrVG; → § 217 Rn. 12) gehören zB die fehlende tatsächliche Beschäftigung im Betrieb.[52] Liegen bei einem der gewählten Betriebsratsmitglieder die Wählbarkeitsvoraussetzungen nicht vor[53] oder war der AN, dessen Wählbarkeit im Streit steht, Wahlbewerber,[54] ist die Betriebsratswahl anfechtbar.

17 **5. Wesentliche Vorschriften über das Wahlverfahren.** Dies sind Verstöße gegen die in den §§ 9–18 BetrVG enthaltenen Wahlvorschriften. Daneben können Zuwiderhandlungen gegen die Vorgaben der WO die Anfechtung begründen. Nach der Rechtsprechung ist eine Wahlanfechtung in folgenden Fällen als berechtigt angesehen worden: Verkennung der Voraussetzungen für das **vereinfachte Wahlverfahren** (BAG 19.11.2003 AP Nr. 54 zu § 19 BetrVG 1972 = NZA 2004, 395) oder des **Betriebsbegriffs** (BAG 13.3.2013 AP Nr. 10 zu § 3 BetrVG 1972 = NZA 2013, 738; RB anhängig 7 ABR 38/20; zur Anfechtungsberechtigung → Rn. 20), die fehlerhafte bzw. nicht rechtzeitige **Einladung zur Wahlversammlung** (LAG Hamm 13.4.2012 LAGE § 19 BetrVG 2001 Nr. 5), Bestellung eines Wahlvorstands durch einen nicht mehr im Amt befindlichen BR, Fehler bei der Bestellung und Besetzung des **Wahlvorstands** (BAG 3.6.1975 AP Nr. 1 zu § 5 BetrVG 1972 Rotes Kreuz), Fehlen (BAG 27.4.1976 AP Nr. 4 zu § 19 BetrVG 1972) oder unzureichende Bekanntmachung der Wählerliste (LAG Köln 16.1.1991 LAGE BetrVG 1972 § 19 Nr. 11) oder des **Wahlausschreibens** (BAG 5.5.2004 AP Nr. 1 zu § 3 WahlO BetrVG 1972 = NZA 2004, 1285; LAG BW 10.6.2020 BB 2020,

[45] BAG 29.4.1998 AP Nr. 58 zu § 40 BetrVG 1972 = NZA 1998, 1133.
[46] BAG 29.5.1991 AP Nr. 2 zu § 9 BetrVG 1972 = NZA 1992, 36.
[47] BAG 16.1.2008 AP Nr. 12 zu § 7 BetrVG 1972 = NZA-RR 2008, 634; 28.3.2001 AP Nr. 5 zu § 7 BetrVG 1972.
[48] Vgl. BAG 13.11.1996 AP Nr. 4 zu § 30 MantelG DDR; 29.3.1984 AP Nr. 2 zu § 19 BetrVG 1972; RB anhängig 7 ABR 24/20, Termin: 30.6.2021.
[49] BAG 21.3.2017 AP Nr. 66 zu § 19 BetrVG 1972 = NZA 2017, 1075.
[50] BAG 25.6.1974 AP Nr. 3 zu § 19 BetrVG 1972; 29.3.1974 AP Nr. 2 zu § 19 BetrVG 1972.
[51] BAG 7.7.2011 AP Nr. 69 zu § 15 KSchG 1969 = NZA 2012, 107.
[52] BAG 28.11.1977 AP Nr. 2 zu § 8 BetrVG 1972.
[53] BAG 14.5.1997 AP Nr. 6 zu § 8 BetrVG 1972 = NZA 1997, 1245.
[54] BAG 12.9.2012 AP Nr. 14 zu § 9 BetrVG 1972 = NZA-RR 2013, 197.

2301), sein nicht lesbarer Zustand oder die fehlende Angabe des Wahllokals (BAG 19.9.1985 AP Nr. 12 zu § 19 BetrVG 1972 = NZA 1986, 368), unzutreffende Angaben im Wahlausschreiben in Bezug auf die Stützunterschriften oder die Stimmabgabe (BAG 8.12.1970 AP Nr. 21 zu § 76 BetrVG; RB anhängig 7 ABR 10/20, Termin: 28.4.2021) oder das **Geschlecht in der Minderheit** (BAG 13.3.2013 AP Nr. 4 zu § 15 BetrVG 1972 = NZA-RR 2013, 575), generelle Anordnung der schriftlichen Stimmabgabe (BAG 27.1.1993 AP Nr. 29 zu § 76 BetrVG 1952 = NZA 1993, 949), fehlende Zustimmung von Wahlbewerbern, Änderung des Wahlvorschlags nach Einholung der **Stützunterschriften** (BAG 16.1.2018 AP Nr. 70 zu § 19 BetrVG 1972 = NZA 2018, 797), unzulässige Zurückweisung eines rechtmäßigen Vorschlags bzw. Zulassung eines ungültigen **Vorschlags** (BAG 26.10.2016 AP Nr. 4 zu § 14 BetrVG 1972 = NZA-RR 2017, 194), ungenügende Prüfung der eingereichten Vorschlagslisten durch den Wahlvorstand (BAG 16.1.2018 AP Nr. 70 zu § 19 BetrVG 1972 = NZA 2018, 797), Nichteinhaltung der **Frist für die Einreichung von Wahlvorschlägen** (BAG 19.9.1985 AP Nr. 12 zu § 19 BetrVG 1972 = NZA 1986, 368), Setzen einer zu kurzen Nachfrist, gesetzwidrige Verkürzung der Frist zur Einreichung von Wahlvorschlägen (BAG 9.12.1992 AP Nr. 2 zu § 6 WahlO BetrVG 1972 = NZA 1993, 765), die unterschiedliche **Gestaltung der Stimmzettel** (BAG 16.9.2020 AP Nr. 73 zu § 19 BetrVG 1972 = NZA 2020, 1642), Verzicht auf Wahlumschläge (BAG 20.1.2021 – 7 ABR 3/20, zVb.), unterbliebene oder nicht rechtzeitige Versendung von **Briefwahlunterlagen** (BAG 29.1.1992 AP Nr. 1 zu § 7 BetrVG 1972 = NZA 1992, 894; LAG Hmb 12.2.2019 NZA-RR 2019, 364), unzureichende Berücksichtigung von Stimmabgabevermerken (BAG 2.8.2017 AP Nr. 67 zu § 19 BetrVG 1972 = NZA 2018, 182), Ergänzungen auf dem Wahlzettel (BAG 28.4.2021 – 7 ABR 20/20, zVb. [Smiley]); fehlende Übereinstimmung von Wahlzettel und Stimmabgabevermerken (BAG 12.6.2013 AP Nr. 64 zu § 19 BetrVG 1972 = NZA 2013, 1368), Möglichkeit zur Einsichtnahme in die **Stimmabgabevermerke** während des Wahlverfahrens durch Wahlbewerber (BAG 6.12.2000 AP Nr. 48 zu § 19 BetrVG 1972), fehlende Bekanntmachung von Ort und Zeitpunkt der öffentlichen Stimmenauszählung (BAG 20.5.2020 AP Nr. 72 zu § 19 BetrVG 1972 = NZA 2020, 1423; 10.7.2013 AP Nr. 6 zu § 94 SGB IX; 15.11.2000 AP Nr. 10 zu § 18 BetrVG 1972 = NZA 2001, 853), Abwesenheit von Wahlvorstandsmitgliedern (BAG 24.2.2021 – 7 ABR 38/19, zVb.); Auszählung der Stimmen erst am Tag nach der Wahl (bedenklich, LAG Hamm 26.2.1976 DB 1976, 1920), unzulässige Beeinflussung der Wahl (§ 20 BetrVG), zB durch den AG (BAG 25.10.2017 AP Nr. 24 zu § 20 BetrVG 1972 = NZA 2018, 458), den Wahlvorstand (LAG BW 27.11.2019 BB 2020, 894), AN oder die Gewerkschaft.

6. Berichtigungsmöglichkeit. Eine nur auf Berichtigung des Wahlergebnisses gerichtete Teilanfechtung ist zulässig, sofern der geltend gemachte Anfechtungsgrund auf den angefochtenen Teil beschränkt ist und das Wahlergebnis darüber hinaus nicht beeinflussen kann. Dies ist insbesondere der Fall, wenn keine Fehler bei der Durchführung der Wahl geltend gemacht werden oder erkennbar sind. Eine Berichtigung kommt zB in Betracht, wenn die Betriebsratssitze unrichtig auf die einzelnen Wahlbewerber verteilt sind. In diesem Fall können der BR anhand der Wahlakten oder das ArbG im Anfechtungsverfahren eine Berichtigung vornehmen.[55] Geht der Wahlvorstand von einer zu großen Zahl zu wählender Betriebsratsmitglieder aus, kann das Wahlergebnis nicht dadurch berichtigt werden, dass die noch auf den letzten Plätzen zum Zuge gekommenen Bewerber gestrichen werden.[56] 18

7. Kausalität. Nach § 19 I BetrVG berechtigen Verstöße gegen wesentliche Wahlvorschriften nicht zur Anfechtung der Wahl, wenn die Verstöße das Wahlergebnis objektiv weder ändern noch beeinflussen konnten. Dafür ist entscheidend, ob bei einer hypothetischen Betrachtungsweise eine Wahl ohne den Verstoß unter Berücksichtigung der konkreten Umstände zwingend zu demselben Wahlergebnis geführt hätte.[57] Eine verfahrensfehlerhafte Betriebsratswahl muss nur dann nicht wiederholt werden, wenn sich konkret feststellen lässt, dass auch bei der Einhaltung der Wahlvorschriften kein anderes Wahlergebnis erzielt worden wäre. Kann diese Feststellung nicht getroffen werden, bleibt es bei der Unwirksamkeit der Wahl.[58] Das Wahlergebnis ist durch einen Verstoß gegen Vorschriften des Wahlrechts dann nicht beeinflusst, wenn einzelne AN nicht mitwählen konnten, aber auch ihre Teilnahme an 19

[55] BAG 22.11.2017 AP Nr. 68 zu § 19 BetrVG 1972 = NZA 2018, 604; 16.3.2005 NZA 2005, 1252.
[56] BAG 12.10.1976 AP Nr. 5 zu § 19 BetrVG 1972.
[57] Vgl. BAG 19.9.1985 AP Nr. 12 zu § 19 BetrVG 1972 = NZA 1986, 368.
[58] BAG 13.3.2013 AP Nr. 4 zu § 15 BetrVG 1972 = NZA-RR 2013, 575; 21.1.2009 AP Nr. 61 zu § 19 BetrVG 1972 = NZA-RR 2009, 481.

der Wahl an dem Wahlergebnis nichts geändert haben würde. Ebenso fehlt es an der Kausalität, wenn sich der Wahlfehler nur auf die Reihenfolge der Ersatzmitglieder auswirkt.[59]

20 **8. Anfechtungsberechtigte. a) Grundsatz.** Die Betriebsratswahl können anfechten **(a)** drei wahlberechtigte **Arbeitnehmer** (§ 7 BetrVG); unerheblich ist, ob sie bis zum Schluss der mündlichen Verhandlung noch im Betrieb beschäftigt sind. Allerdings müssen stets mindestens drei AN die Anfechtung betreiben, von denen zumindest einer betriebsangehörig bleiben muss. Scheiden dagegen alle anfechtenden AN endgültig aus dem Betrieb aus, führt dies zum Wegfall des Rechtsschutzinteresses.[60] Jeder AN kann bis zum Schluss der mündlichen Verhandlung seinen Antrag zurücknehmen.[61] Nicht anfechtungsberechtigt ist der einzelne AN, auch wenn er bei ordnungsgemäßer Wahl gewählt worden wäre (zum Verlust der Anfechtungsberechtigung → Rn. 20a); **(b)** eine im Betrieb vertretene **Gewerkschaft** (→ § 188 Rn. 9). Die örtliche Verwaltungsstelle einer Gewerkschaft ist anfechtungsberechtigt, wenn sie durch die Satzung ermächtigt ist;[62] **(c)** der **Arbeitgeber,** selbst wenn er zuvor versucht hat, die Wahl zu verhindern.[63] Wird die Anfechtung darauf gestützt, dass in einem einheitlichen Betrieb mehrere BR für jeweils unselbständige Betriebsteile gewählt worden sind, muss nicht die Wahl aller BR angefochten werden;[64] dies gilt gleichermaßen bei der Wahlanfechtung in **Gemeinschaftsbetrieben.**[65] Der AG kann in die Wahlakten des Wahlvorstands Einsicht nehmen, sofern diese nicht Rückschlüsse auf das Wahlverhalten einzelner wahlberechtigter AN zulassen. Die Einsichtnahme in derartige Unterlagen kann der AG nur zur Überprüfung der Ordnungsmäßigkeit der Wahl beanspruchen.[66] Die Anfechtung richtet sich gegen den aus der Betriebsratswahl hervorgegangenen BR; seine fehlende oder fehlerhafte Bezeichnung in der Antragsschrift ist jedoch unschädlich.[67] Beteiligte an einem Wahlanfechtungsverfahren sind stets der AG und der BR. Ein einzelnes Betriebsratsmitglied ist nur am Verfahren beteiligt, wenn um dessen Amt gestritten wird; die Gewerkschaft ist nur, wenn sie von ihrem Anfechtungsrecht Gebrauch gemacht hat.[68] Der Wahlvorstand ist nach Konstituierung des BR nicht mehr Beteiligter des Anfechtungsverfahrens, selbst wenn sich die Anfechtung auf Mängel seiner Bestellung oder seines Verfahrens bezieht.[69]

20a **b) Wahlberechtigung.** Mit dem durch das BRModG neu angefügten § 19 III BetrVG wird das Anfechtungsrecht von wahlberechtigten AN sowie das des AG im Ergebnis eingeschränkt, wenn der Anfechtungsgrund auf einem Fehler der Wählerliste beruht. Nach § 4 I WO können wahlberechtigte AN schriftlich Einspruch gegen die Richtigkeit der Wählerliste vor Ablauf von zwei Wochen seit Erlass des Wahlausschreibens einlegen. Über diesen hat der Wahlvorstand unverzüglich zu entscheiden (§ 4 II 1 WO). Nach der zuvor ergangenen Rspr. des BAG war die Einlegung eines Einspruchs nicht Voraussetzung dafür, dass die anfechtenden AN in einem späteren Wahlanfechtungsverfahren die Aufnahme nicht Wahlberechtigter bzw. die Nichtberücksichtigung von Wahlberechtigten rügen konnten.[70] Zur Begründung hat das Gericht angeführt, der Gesetzeswortlaut und die beschränkte Reichweite der in § 126 BetrVG enthaltenen Verordnungsermächtigung könnten die durch § 19 I BetrVG eröffnete Wahlanfechtungsbefugnis insoweit nicht ausschließen. Diese Rspr. hat der Gesetzgeber zur „Rechtssicherheit" der durchgeführten Betriebsratswahl nunmehr korrigiert. Die Wahl kann wegen eines Verstoßes gegen die Wahlberechtigung von AN nur angefochten werden, wenn zuvor erfolglos ein darauf bezogener Einspruch nach § 4 I WO erhoben worden ist. Ausreichend ist, dass ein erhobener Einspruch gerade die Wahlberechtigung der AN zum Gegenstand hatte, die von den anfechtungsberechtigten AN im nachfolgenden Verfahren nach § 19 I BetrVG als Wahlfehler geltend gemacht wird. Nach der Gesetzesbegründung kann der Einspruch auch

[59] BAG 21.2.2001 AP Nr. 49 zu § 19 BetrVG 1972 = NZA 2002, 282.
[60] BAG 23.7.2014 AP Nr. 7 zu § 94 SGB IX = NZA 2014, 1288; 16.11.2015 AP Nr. 4 zu § 94 SGB IX = NZA 2006, 340; 15.2.1989 AP Nr. 17 zu § 19 BetrVG 1972 = NZA 1990, 115.
[61] BAG 12.2.1985 AP Nr. 27 zu § 76 BetrVG 1972 = NZA 1985, 786.
[62] BAG 29.3.1974 AP Nr. 2 zu § 19 BetrVG 1972.
[63] ArbG Kiel 13.11.2003 AiB 2004, 66.
[64] BAG 21.9.2011 AP Nr. 9 zu § 3 BetrVG 1972 = NZA-RR 2012, 186.
[65] BAG 16.1.2018 AP Nr. 71 zu § 19 BetrVG 1972 = NZA 2018, 675; 22.11.2017 NZA 2018, 724.
[66] BAG 27.7.2005 AP Nr. 1 zu § 19 WahlO BetrVG 1972 = NZA 2006, 59.
[67] BAG 20.7.1982 AP Nr. 26 zu § 76 BetrVG.
[68] BAG 27.1.1993 AP Nr. 29 zu § 76 BetrVG = NZA 1993, 949; 20.7.1982 AP Nr. 26 zu § 76 BetrVG 1952.
[69] BAG 14.1.1983 AP Nr. 9 zu § 19 BetrVG 1972.
[70] BAG 2.8.2017 AP Nr. 67 zu § 19 BetrVG 1972 = NZA 2018, 182.

von anderen AN eingelegt worden sein (BR-Drs. 271/21, 15), letztlich genügt es also, wenn die Richtigkeit der Wählerliste insoweit in Zweifel gezogen worden ist. Das Anfechtungsrecht der Gewerkschaft wird durch § 19 III BetrVG nicht ausgeschlossen, dessen Satz 2 bezieht sich auf die „anfechtenden Wahlberechtigten". Die Anfechtungsberechtigung entfällt nicht, wenn die Anfechtenden aus tatsächlichen Gründen (nicht: aus Rechtsgründen, zB aus Unkenntnis) an einem Einspruch gehindert waren, zB weil sie während oder bei Ablauf der Einspruchsfrist nicht im Betrieb anwesend waren. Der Hinderungsgrund ist innerhalb der Frist des § 19 II BetrVG mitzuteilen, eine Glaubhaftmachung der zugrunde liegenden Tatsachen ist nicht vorgesehen. Das Anfechtungsrecht des AG ist nur insoweit beschränkt, als die Unrichtigkeit der Wählerliste auf seinen Angaben gegenüber dem Wahlvorstand (§ 2 II 1, § 1 I 3 WO) beruht und somit in seinen Verantwortungsbereich fällt.

9. Anfechtungsfrist. a) Ausschlussfrist. Die Anfechtung ist nur zulässig binnen einer Frist 21
von zwei Wochen seit Bekanntgabe des Wahlergebnisses. Der Beginn der Frist bestimmt sich nach § 187 I BGB, sie beginnt daher einen Tag nach dem Aushang des Wahlergebnisses. Die Anfechtung muss innerhalb dieser Frist beim Arbeitsgericht eingegangen sein. Eine Wiedereinsetzung in den vorigen Stand bei Versäumung ist nicht möglich, da es sich um eine materielle und keine Notfrist handelt. Unterbleibt die Bekanntgabe des Wahlergebnisses, beginnt der Fristlauf nicht. In Ausnahmefällen ist die Anfechtung auch beim Landesarbeitsgericht möglich; dies gilt zB dann, wenn im Beschlussverfahren zunächst die Wirksamkeit der Bestellung eines Wahlvorstands angegriffen und die Wahl zwischenzeitlich durchgeführt worden ist.[71] Die Entscheidung über die Wahlanfechtung ergeht im Beschlussverfahren. Der Antrag muss dahingehend gefasst sein, die Wahl für unwirksam zu erklären. Wenngleich das Arbeitsgericht den Sachverhalt von Amts wegen aufzuklären hat, müssen dennoch in der Antragsschrift oder innerhalb der Anfechtungsfrist solche Gründe vorgetragen werden, die geeignet sind, Zweifel an der Ordnungsmäßigkeit der durchgeführten Wahl zu begründen. Ist die Wahlanfechtung zulässig, hat das Arbeitsgericht alle vorgetragenen und sonst erkennbaren Anfechtungsgründe bei seiner Entscheidung zu berücksichtigen;[72] es können dann auch noch weitere Anfechtungsgründe nachgeschoben werden. Anders ist es dagegen, wenn innerhalb der Frist ein betriebsverfassungsrechtlich erheblicher Anfechtungsgrund nicht vorgetragen worden ist, denn insoweit würde die Frist verlängert. Ist beantragt worden, die Wahl für unwirksam zu erklären, ist der Antrag regelmäßig dahin auszulegen, dass sie unter jedem rechtlichen Gesichtspunkt überprüft werden soll. Ist die Wahlanfechtung bereits unter einem rechtlichen Gesichtspunkt begründet, ist eine Prüfung der anderen geltend gemachten Anfechtungsgründe entbehrlich.[73]

b) Rechtsschutzinteresse. Zum Rechtsschutz bis zum Abschluss der Betriebsratswahl 22
zunächst → § 217 Rn. 36. Für ein Wahlanfechtungsverfahren muss bis zu dessen Abschluss ein Rechtsschutzinteresse gegeben sein. Dies setzt die Existenz des BR, dessen Wahl angefochten worden ist, im Zeitpunkt der gerichtlichen Entscheidung voraus. Es entfällt nicht schon dadurch, dass der BR seinen Rücktritt beschließt. Anders als nach einem rechtskräftigen Wahlanfechtungsverfahren führt der zurückgetretene BR die Geschäfte bis zur Bekanntgabe des Wahlergebnisses weiter (§§ 22, 13 II Nr. 3 BetrVG).[74] Gleiches gilt, wenn nur die Wahl eines Betriebsratsmitglieds angefochten ist und dieses zurücktritt, da es bei einer erfolgreichen Anfechtung seinen nachwirkenden Kündigungsschutz (§ 15 I KSchG) verliert.[75] Erst wenn während des gerichtlichen Verfahrens ein neuer BR gewählt worden ist, entfällt das Rechtsschutzinteresse für das Anfechtungsverfahren. Die Beschlüsse der Vorinstanzen sind aufzuheben und das Verfahren einzustellen.[76] Gleichfalls entfällt das Rechtsschutzinteresse, wenn inzwischen die Amtszeit des BR abgelaufen ist.[77] Es besteht jedoch fort, wenn ein Verfahren nach § 18 II BetrVG durchgeführt worden ist.[78] In einem Wahlanfechtungsverfahren ist der BR beschwerdeberechtigt, wenn einer seiner Anträge vom ArbG abgewiesen oder die Betriebsratswahl für nichtig oder anfechtbar erklärt worden ist.[79]

---

[71] BAG 14.1.1983 AP Nr. 9 zu § 19 BetrVG 1972.
[72] BAG 8.5.1992 AP Nr. 3 zu § 25 BPersVG.
[73] LAG Düsseldorf 25.3.2002 NZA-RR 2003, 475.
[74] BAG 29.5.1991 AP Nr. 5 zu § 4 BetrVG 1972 = NZA 1992, 74; LAG SchlH 18.3.1999 BB 1999, 1166.
[75] AA BAG 29.4.1969 AP Nr. 9 zu § 23 BetrVG.
[76] BAG 15.2.2012 NZA-RR 2012, 602; 13.3.1991 AP Nr. 20 zu § 19 BetrVG 1972 = NZA 1991, 946.
[77] BAG 16.4.2008 AP Nr. 32 zu § 1 BetrVG 1972 Gemeinsamer Betrieb = NZA-RR 2008, 583; aA BVerwG 5.10.1989 AP Nr. 1 zu § 10 WahlO z. BPersVG (Wiederholungsgefahr).
[78] BAG 23.11.2016 AP Nr. 65 zu § 19 BetrVG 1972 = NZA 2017, 1003.
[79] BAG 20.3.1996 AP Nr. 10 zu § 5 BetrVG 1972 Ausbildung = NZA 1997, 107.

23 **10. Rechtsfolgen des Beschlusses.** Wird der Wahlanfechtung durch rechtskräftigen Beschluss des Arbeitsgerichts stattgegeben, besteht für die Zukunft ein BR nicht mehr. Betriebsverfassungsrechtliche Handlungen eines aus einer anfechtbaren Wahl hervorgegangenen BR bleiben aber wirksam. Mit der rechtskräftigen Anfechtung der Betriebsratswahl verlieren die Betriebsratsmitglieder den Kündigungsschutz nach § 15 KSchG, § 103 BetrVG (→ § 143 Rn. 8). Da § 23 II BetrVG weder direkt noch entsprechend anzuwenden ist, muss die Neuwahl des BR neu eingeleitet werden. Der aufgelöste BR führt die Amtsgeschäfte nicht kommissarisch weiter und kann auch keinen Wahlvorstand einsetzen.

24 Ist eine **Wahlanfechtung unterblieben,** sind die Handlungen des BR wirksam. Der AG kann sich nicht später darauf berufen, dass die Wahl anfechtbar gewesen sei.[80] Im Wahlanfechtungsverfahren ist ein verfahrensbeendender **Vergleich** (§ 83a ArbGG) regelmäßig (Ausnahme: Berichtigung → Rn. 18) nicht zulässig, da die Beteiligten über den Verfahrensgegenstand (Wirksamkeit der Betriebsratswahl) nicht verfügen können. Zulässig ist aber neben einer gerichtlichen Entscheidung die Antragsrücknahme durch den Antragssteller.

25 **11. Streitwert.** Die Festsetzung des Gegenstandswerts für ein Wahlanfechtungsverfahren bemisst sich grundsätzlich nach § 23 III RVG. Nach Nr. II 2.3, II 12 des Streitwertkatalogs[81] ist bei einem Wahlanfechtungs- bzw. Nichtigkeitsverfahren als Ausgangspunkt der doppelte Hilfswert (§ 23 III 2 RVG) zugrunde zu legen, eine Steigerung erfolgt nach der Staffel in § 9 BetrVG mit jeweils einer Hälfte des Hilfswerts. Bei der Bestellung des Wahlvorstands ist grundsätzlich der Hilfswert anzusetzen, bei weiteren Streitpunkten (Anzahl und Zusammensetzung) kommt die Erhöhung jeweils um den hälftigen Hilfswert in Betracht (Nr. II 2.1). Maßnahmen innerhalb des Wahlverfahrens sind mit der Hälfte des Hilfswerts anzusetzen (Nr. 2.2).[82] Ein Zuordnungsverfahren nach § 18 II BetrVG ist mit dem Hilfswert zu bewerten (Nr. II 18.2).[83]

[80] BAG 27.6.1995 AP Nr. 7 zu § 4 BetrVG 1972 = NZA 1996, 164.
[81] Fassung vom 9.2.2018 NZA 2018, 497.
[82] AA LAG Hamm 15.9.2014 – 13 Ta 434/14 (voller Hilfswert); LAG SchlH 2.6.2014 NZA-RR 2014, 494 (doppelter Ausgangswert + Staffel nach § 9 BetrVG).
[83] AA SächsLAG 11.8.2014 NZA-RR 2015, 50 (wie Anfechtung einer Betriebsratswahl).

3. Abschnitt. Betriebsverfassungsorgane

§ 219. Amtszeit des Betriebsrats

Übersicht

I. Beginn der Amtszeit

1 **1. Betriebsratsloser Betrieb.** Besteht in einem Betrieb kein BR, beginnt die Amtszeit des erstmals gewählten BR am Tag nach der endgültigen Bekanntgabe des Wahlergebnisses (§ 21 S. 2 BetrVG, § 187 I BGB),[1] die durch den Wahlvorstand erfolgt (→ § 218 Rn. 38). Dieser hat das Wahlergebnis durch einen zweiwöchigen Aushang bekannt zu machen (§ 19 WO). Nach § 29 I BetrVG hat er vor Ablauf einer Woche nach dem Wahltag die Betriebsratsmitglieder zu der konstituierenden Sitzung zusammenzurufen. Zur Beteiligungspflicht eines neu gebildeten BR bis zu dessen Konstituierung → § 220 Rn. 6.

2 **2. Betrieb mit Betriebsrat.** Besteht bei Bekanntgabe des Wahlergebnisses noch ein BR, beginnt die Amtszeit des neugewählten mit Ablauf der Amtsperiode des vorhergehenden BR (§ 21 S. 2 BetrVG). Etwas anders gilt nur, wenn der BR nach den § 13 II Nr. 1–3, § 22 BetrVG die Amtsgeschäfte nur vorläufig weiterführt. Hier beginnt die Amtszeit des neugewählten BR bereits mit der Bekanntgabe des Wahlergebnisses. Nach der Rspr. ist der neu gewählte BR Funktionsnachfolger des bisherigen BR, zur Begründung wird der Grundsatz der Kontinuität einer betriebsverfassungsrechtlichen Interessenvertretung herangezogen.[2] Welcher Zeitraum zwischen den Amtsperioden liegen darf, hat die Rspr. bisher allerdings offengelassen.[3] Im Schrifttum wird demgegenüber eine Organkontinuität angenommen, bei der sich lediglich die personelle Besetzung eines Gremiums oder Organs verändert, ohne dass dieses selbst rechtlich untergeht oder eine Änderung erfährt.[4] Diese Sichtweise hat zur Folge, dass ein betriebsratsloser Betrieb

[1] AA *Fitting* BetrVG § 21 Rn. 7 (noch am gleichen Tag).
[2] BAG 19.12.2018 AP Nr. 46 zu § 83 ArbGG 1979 = NZA 2019, 940.
[3] Beiläufig BAG 18.3.2015 AP Nr. 83 zu § 5 BetrVG 1972 = NZA 2015, 1144 (2 Monate).
[4] *Boehmke/Deyda* ZfA 2020, 320 (330).

erst mit Auflösung des Betriebs oder Verlust der Betriebsratsfähigkeit entstehen könnte. Existiert zeitweilig kein BR, kann der AG die beteiligungspflichtigen Maßnahmen dennoch durchführen.

II. Dauer der Amtszeit

3 **1. Dauer.** Die regelmäßige Dauer der Amtszeit des BR beträgt vier Jahre (§ 21 S. 1 BetrVG). Sie kann nicht durch Tarifvertrag oder Vereinbarung mit dem AG verlängert werden.[5] Die Amtszeit der JAV beträgt dagegen nur zwei Jahre (§ 64 I BetrVG). Die unterschiedliche Dauer der Amtszeit von BR und JAV wurde vom Gesetzgeber gewählt, weil Jugendliche sehr schnell ihre Wahlfähigkeit zur JAV verlieren.

4 **2. Ausnahmen.** In Ausnahmefällen kann die Amtsperiode vier Jahre unter- wie überschreiten. Abweichend vom Vierjahresrhythmus kann sich nach § 13 II BetrVG die Notwendigkeit ergeben, einen BR neu zu wählen (Beispielsfälle → Rn. 7). Um wieder einen Anschluss an die regelmäßigen Betriebsratswahlen zu erreichen, wird durch § 13 III BetrVG die Amtsperiode verkürzt oder verlängert. Hat außerhalb des Vierjahresrhythmus eine Betriebsratswahl stattgefunden, endet dessen Amtsperiode grundsätzlich mit dem Ablauf der regelmäßigen Amtsperiode. Wurde zB der BR im Jahr 2018 gewählt, endet die Amtsperiode grundsätzlich mit dem 31.3.2022 (§ 13 III 1 BetrVG). Etwas anderes gilt nur, wenn die Amtsperiode des zwischenzeitlich gewählten BR zum Beginn des für die regelmäßigen Betriebsratswahlen festgelegten Zeitraums noch nicht ein Jahr betragen hat. In diesen Fällen ist der BR erst wieder am Ende der übernächsten Wahlperiode zu wählen; wird also das Wahlergebnis einer Betriebsratswahl erst nach dem 1.3.2021 bekannt gemacht, bleibt dieser BR bis längstens zum 31.5.2026 im Amt (§ 13 III 2 BetrVG).

III. Regelmäßiges Ende der Amtszeit

5 **1. Ende der Amtszeit.** Die Amtszeit des BR endet spätestens mit dem 31.5. des Jahres, in dem nach § 13 I BetrVG die regelmäßigen Betriebsratswahlen stattfinden (§ 21 S. 3 BetrVG). Hieraus folgt: Ist das Wahlergebnis einer Betriebsratswahl zwischen dem 1.3. und 31.5. bekannt gemacht worden, endet die Amtsperiode vier Jahre später an dem Tage, der durch seine Benennung dem Anfangstag der vierjährigen Amtszeit entspricht (§§ 187 I, 188 II BGB). Ist der BR außerhalb des Vierjahresrhythmus gewählt worden, endet die Amtsperiode mit der Bekanntgabe des Wahlergebnisses des neugewählten BR,[6] spätestens mit dem 31.5. (→ Rn. 4). Nach der Rspr. gilt ein BR in entspr. Anwendung von § 22 BetrVG, § 49 Abs. 2 BGB nach dem Ende seiner Amtszeit als fortbestehend, soweit dies zur Geltendmachung oder Abtretung seiner noch nicht erfüllten Ansprüche auf Freistellung von Kosten erforderlicher Betriebsratstätigkeit, die während seiner Amtszeit entstanden sind, notwendig ist; zu diesem Zweck kann er auch ein Beschlussverfahren führen oder an diesem beteiligt sein.[7]

6 **2. Ende bei Verlängerung.** Ist die Amtszeit eines BR durch § 13 III 2 BetrVG auf über vier Jahre verlängert worden, endet die Amtszeit spätestens mit dem 31.5. des Jahres, in dem der BR neu zu wählen war. Die Amtszeit eines zB am 1.4.2013 neu gewählten BR endet daher spätestens am 31.5.2018.

7 **3. Neuwahl eines Betriebsrats, Rücktritt.** Ist während der Dauer der Amtsperiode ein BR neu zu wählen, weil **(a)** nach Ablauf von 24 Monaten vom Tage der Wahl die Zahl der regelmäßig beschäftigten AN um die Hälfte, mindestens aber um 50, gestiegen oder gesunken ist (§ 13 II Nr. 1 BetrVG) oder **(b)** die Gesamtzahl der Betriebsratsmitglieder nach Eintreten sämtlicher Ersatzmitglieder unter die vorgeschriebene Zahl (§ 9 BetrVG) der Betriebsratsmitglieder gesunken ist (§ 13 II Nr. 2 BetrVG),[8] endet die Amtszeit des alten BR mit Bekanntgabe des Wahlergebnisses des neugewählten BR (§ 21 S. 5 BetrVG). Bis dahin führt der (Rest-)BR, auch wenn er nur noch aus einer Person besteht, die Geschäfte weiter. Gleiches gilt bei Rücktritt des bisherigen BR (§ 13 II Nr. 3 BetrVG). Da die Fristenregelung in § 13 I BetrVG in den Fällen des § 13 II Nr. 1–3 BetrVG keine Anwendung findet, hat der BR den Wahlvorstand unverzüglich nach Eintritt des die Neuwahl bedingenden Tatbestands zu bestellen. Die gerichtliche

[5] LAG Düsseldorf 17.5.2002 LAGE § 14 BetrVG 2001 nF Nr. 2.
[6] BAG 20.9.1983 AP Nr. 1 zu § 21 BetrVG 1972 = NZA 1984, 52.
[7] BAG 19.12.2018 AP Nr. 46 zu § 83 ArbGG 1979 = NZA 2019, 940.
[8] AA *Pröpper* ArbuR 2011, 393 bei einer ungeraden Anzahl von Betriebsratsmitgliedern.

Bestellung kann frühestens zwei Wochen nach dem Tag erfolgen, an dem der BR den Wahlvorstand bei unverzüglichem Handeln spätestens hätte bestellen müssen.[9]

4. Spaltung, Zusammenlegung, Umwandlung. Eine Neuwahl des BR kann bei der Umwandlung nach dem UmwG notwendig werden (→ § 116 Rn. 1). Im Falle der Spaltung und Vermögensübertragung kann dem BR ein Übergangs- bzw. Restmandat zustehen (→ Rn. 17 ff.). 8

IV. Erlöschen des Betriebsratsamts

1. Erlöschen des Betriebsratsamts. a) Tatbestände. Nach § 24 I BetrVG erlischt das Betriebsratsamt neben dem Ablauf der Amtszeit des BR (→ Rn. 5 ff.) in den nachfolgend unter → Rn. 10–15 genannten Fällen. 9

b) Niederlegung des Betriebsratsamts (Nr. 2). Die Amtsniederlegung erfolgt durch einseitige empfangsbedürftige Willenserklärung gegenüber dem BR oder seinem Vorsitzenden. Sie kann unmittelbar nach der Wahl insbesondere durch Ablehnung der Wahl oder bis zur Beendigung der Amtsperiode gegenüber dem Betriebsratsvorsitzenden erklärt werden. Eine Amtsniederlegung ist auch möglich, wenn der BR nur noch ein Übergangs- oder Restmandat ausübt. Besteht der BR nur noch aus einem Mitglied, muss dessen Amtsniederlegung eindeutig im Betrieb bekannt gegeben werden. Die Erklärung kann in diesem Fall gegenüber der Belegschaft abgegeben werden. Ist eine solche nicht mehr vorhanden, zB nach einer Betriebsstilllegung, kann die Amtsniederlegung auch gegenüber dem AG erklärt werden,[10] während ansonsten eine nur gegenüber dem AG erklärte Niederlegung unbeachtlich ist. Die Erklärung selbst kann formfrei erfolgen. Das Amt endet mit Zugang der Willenserklärung, es sei denn, dass in ihr ein anderer Zeitpunkt vor Beendigung des regelmäßigen Betriebsratsamts bestimmt ist. Die Amtsniederlegung kann nicht zurückgenommen oder widerrufen werden und ist nicht anfechtbar.[11] 10

c) Beendigung des Arbeitsverhältnisses (Nr. 3). Das Betriebsratsamt endet mit dem rechtlichen Ende des Arbeitsverhältnisses. Wird über die Rechtmäßigkeit der Beendigung gerichtlich gestritten (zB im Rahmen einer Kündigungsschutz- bzw. Befristungskontrollklage), steht die Beendigung des Betriebsratsamtes erst mit der Rechtskraft des Urteils fest. Während der Dauer des Kündigungsschutzprozesses ist das Betriebsratsmitglied bei fehlender (tatsächlicher) Weiterbeschäftigung (→ § 125 Rn. 16) regelmäßig an der Amtsausübung verhindert iSd § 25 I 2 BetrVG, da seine Zugehörigkeit zum BR nicht feststeht.[12] Für dieses rückt ein Ersatzmitglied nach. Das Betriebsratsmitglied kann sich durch eine einstweilige Verfügung den Zutritt zur Ausübung von Betriebsratstätigkeit erstreiten. Deren Erlass kommt bei offensichtlicher Unwirksamkeit der Kündigung in Betracht, zB wenn der AG etwa gekündigt hat, ohne überhaupt die Zustimmung des BR einzuholen oder das Ersetzungsverfahren (§ 103 II BetrVG) durchzuführen und die Voraussetzungen des § 15 IV, V 2 KSchG nicht vorliegen. In anderen Fällen bleibt es bei der Vertretung durch ein Ersatzmitglied. Allerdings kann der AG bei schwerwiegenden Pflichtverletzungen vor dem Kündigungsausspruch ein Hausverbot zum Betreten des Betriebs aussprechen.[13] Es ist dann wiederum Sache des Betriebsratsmitglieds, sich den Zutritt zur Ausübung seines Betriebsratsamt zu verschaffen. Keine Beendigung des Betriebsratsamts tritt ein, wenn das Arbeitsverhältnis nur ruht, zB infolge Elternzeit oder bei einer entsprechenden Vereinbarung. Eine lösende Aussperrung des Betriebsratsmitglieds ist grundsätzlich nicht möglich.[14] Wird das Betriebsratsmitglied nach einer (rechtlichen) Beendigung des Arbeitsverhältnisses (zB einer Befristung) wieder eingestellt, wird es nicht automatisch wieder Mitglied des BR. In den Fällen des Übergangs- und Restmandats führt die Beendigung des Arbeitsverhältnisses nicht gleichzeitig zur Beendigung der Mitgliedschaft im BR, insoweit sind die §§ 21a, 21b BetrVG Sonderregelungen gegenüber § 24 Nr. 3, 4 BetrVG. 11

d) Verlust der Wählbarkeit (Nr. 4). Das Betriebsratsmitglied verliert insbesondere seine Wählbarkeit (→ § 217 Rn. 11), wenn es entmündigt wird oder infolge Richterspruchs die 12

[9] BAG 16.11.2017 AP Nr. 61 zu § 103 BetrVG 1972 = NZA 2018, 240; 23.11.2016 AP Nr. 4 zu § 16 BetrVG 1972 = NZA 2017, 589.

[10] BAG 12.1.2000 AP Nr. 5 zu § 24 BetrVG 1972 = NZA 2000, 669; aA *Hanau* NJW 2001, 2513 (2515).

[11] Einschränkend HessLAG 8.10.1992 LAGE § 24 BetrVG 1972 Nr. 1.

[12] LAG Düsseldorf 27.2.1975 DB 1975, 700; vgl. aber LAG Hamm 17.1.1996 NZA-RR 1996, 414 (Anspruch maßgeblich); aA ArbG Hamburg 16.6.1997 AiB 1997, 659.

[13] LAG München 19.3.2003 NZA-RR 2003, 641.

[14] Vgl. BAG GS 21.4.1971 AP Nr. 43 zu Art. 9 GG Arbeitskampf.

Wählbarkeit oder die Fähigkeit, öffentliche Ämter zu bekleiden, verliert (§ 8 I 3 BetrVG). Die Fähigkeit, öffentliche Ämter zu bekleiden, tritt als strafrechtliche Nebenfolge nach §§ 45 ff. StGB ein. Dem Verlust der Wählbarkeit steht es nicht gleich, wenn das Betriebsratsmitglied die deutsche Staatsbürgerschaft verliert (arg. § 8 I BetrVG). Die Wählbarkeit entfällt auch, wenn das Betriebsratsmitglied leitender Angestellter wird (→ § 212 Rn. 15), rechtswirksam in einen anderen Betrieb versetzt wird oder bei einem Altersteilzeitverhältnis in die Freistellungsphase eintritt.[15]

13 **e) Ausschluss aus dem Betriebsrat oder Auflösung des Betriebsrats aufgrund einer gerichtlichen Entscheidung (Nr. 5).** Die Einzelheiten werden nachfolgend unter → Rn. 19 ff. im Einzelnen erörtert.

14 **f) Nachträgliche Feststellung der Nichtwählbarkeit (Nr. 6).** Auch nach Ablauf der für die Wahlanfechtung (→ § 218 Rn. 21) vorgesehenen Frist kann noch geltend gemacht werden, im Zeitpunkt der Betriebsratswahl hätten die Wahlvoraussetzungen nicht vorgelegen. Im Beschlussverfahren antragsberechtigt sind nur die in § 19 BetrVG Genannten.[16] Ist bereits im Wahlanfechtungsverfahren die Nichtwählbarkeit geltend gemacht worden, ist das Beschlussverfahren unzulässig, es sei denn, dass neue Tatsachen vorliegen. Sind inzwischen die der Wahl anhaftenden Mängel beseitigt, ist zB das Betriebsratsmitglied inzwischen 18 Jahre alt geworden, tritt der Mandatsverlust nicht ein.

15 **g) Weitere Erlöschenstatbestände.** Die in § 24 I BetrVG aufgeführten Erlöschenstatbestände sind nicht vollständig; es wird als selbstverständlich vorausgesetzt, dass das Amt auch bei Eintritt der Geschäftsunfähigkeit endet.

16 **2. Betriebsübergang, Übergangs- und Restmandat. a) Beibehaltung der Betriebsorganisation.** Strukturänderungen auf Unternehmensebene (Aufspaltungen, Abspaltungen, Verschmelzungen oder Vermögensübertragungen) sind für das Mandat des BR ohne Bedeutung, solange nicht zugleich betriebsverfassungsrechtliche Strukturen verändert werden. § 21a BetrVG greift nur bei betrieblichen Organisationsänderungen ein. Erforderlich sind Änderungen der Organisation der Arbeitsabläufe, des Betriebszwecks und der Leitungsstruktur; bleiben sie erhalten, hat dies auf das Amt des BR keine Auswirkungen.[17] Ein **Betriebsübergang** (§ 613a BGB; → § 117 Rn. 1) oder eine **Funktionsnachfolge** beim Betriebsinhaber führen regelmäßig nicht zur Beendigung des Betriebsratsamts (→ § 119 Rn. 22). Der bloße Wechsel des Betriebsinhabers ist ohne Bedeutung für die betriebsverfassungsrechtliche Stellung des für diesen Betrieb gewählten BR. Gleiches gilt, wenn ein selbständiger Betriebsteil (§ 4 I BetrVG), für den ein eigener BR gewählt ist, auf einen Erwerber übergeht. Dessen BR bleibt unverändert im Amt.

17 **b) Übergangsmandat. aa) Grundsatz.** Wird ein betriebsverfassungsrechtlich nicht eigenständiger Teil des bisherigen Betriebs (Betriebsteil oder -abteilung) gespalten oder mit einem anderen Betrieb zusammengelegt, endet damit grundsätzlich die Zuständigkeit des BR des abgebenden Betriebs für die abgetrennte Betriebsorganisation und die in ihm beschäftigten AN. Die gleiche Situation entsteht, wenn die Spaltung oder Zusammenlegung im Rahmen einer Umwandlung nach dem UmwG erfolgt. Nach § 21a I BetrVG bleibt bei einer Spaltung des Betriebs die Zuständigkeit des bisherigen BR für die AN in der abgespaltenen Betriebsstätte bis zu 6 Monaten erhalten (sog. Übergangsmandat). Dessen Sinn und Zweck ist es, die AN in der für sie besonders kritischen Phase einer betrieblichen Umstrukturierung vor dem Verlust der Beteiligungsrechte zu schützen. Bei betrieblichen Organisationsänderungen sollen in der Übergangsphase keine betriebsratslosen Zeiten entstehen.[18] § 21a BetrVG gilt unabhängig davon, ob die betriebliche Umstrukturierung im Zusammenhang mit einem Betriebsübergang, im Wege der Einzel- oder Gesamtrechtsnachfolge oder ausschließlich aufgrund von Änderungen der Betriebsorganisation innerhalb eines Unternehmens erfolgt; erforderlich ist nur eine tatsächliche Änderung der Betriebsstrukturen; § 21a BetrVG gilt bei einer erfolgreichen Anfechtung der Wahl in einem Gemeinschaftsbetrieb analog, wenn die Anfechtung auf der Verkennung des Betriebsbegriffs beruht.[19]

[15] BayVGH 14.11.2001 PersR 2002, 173.
[16] BAG 28.11.1977 AP Nr. 6 zu § 19 BetrVG 1972.
[17] BAG 24.5.2012 AP Nr. 194 zu § 1 KSchG 1969 Betriebsbedingte Kündigung = NZA 2013, 277; 7.6.2011 AP Nr. 8 zu § 3 BetrVG 1972 = NZA 2012, 110; 11.10.1995 AP Nr. 2 zu § 21 BetrVG 1972 = NZA 1996, 495.
[18] BT-Drs. 14/5741, 39; zum Übergangsmandat *O. Kittner* NZA 2012, 541.
[19] BAG 22.11.2017 AP Nr. 69 zu § 19 BetrVG 1972 = NZA 2018, 724.

bb) Inhalt. Der kraft Übergangsmandat zuständige BR ist verpflichtet, unverzüglich die Betriebsratswahl für die abgetrennte Betriebseinheit einzuleiten und einen Wahlvorstand zu bestellen. Bis zur Konstituierung des neugewählten BR nimmt der bisherige BR alle betriebsverfassungsrechtlichen Angelegenheiten gegenüber dem AG und der Belegschaft wahr. Hierzu gehören insbesondere die Wahrnehmung von Beteiligungsrechten (zB §§ 102 I, 87, 111 f. BetrVG) sowie die Führung von anhängigen Beschlussverfahren. Das Übergangsmandat endet mit Bekanntgabe des Wahlergebnisses des neu gewählten BR, ansonsten spätestens nach sechs Monaten. Durch Tarifvertrag oder Betriebsvereinbarung kann es um weitere sechs Monate verlängert werden. Während eines Übergangsmandats ist der BR vom neuen AG in allen beteiligungspflichtigen Angelegenheiten der AN der abgetrennten Betriebseinheit zu beteiligen. Die **personelle Zusammensetzung** des BR bleibt für die Ausübung des Übergangsmandats bestehen. Entscheidend sind seine Mitgliederzahl und Zusammensetzung vor der Umstrukturierung. Seine Zusammensetzung ändert sich nur beim Wechsel von Betriebsratsmitgliedern in die neue Einheit, soweit Beteiligungsrechte wahrgenommen werden, die allein die Belegschaft des abgebenden Betriebs betreffen.[20] An die Stelle der ausgeschiedenen Mitglieder treten nach § 25 I BetrVG Ersatzmitglieder. Die aus dem Betrieb ausgeschiedenen Mitarbeiter verlieren grds. ihr Mandat nach § 24 II Nr. 4 BetrVG. Sie gehören nicht mehr zu der vom BR im Restbetrieb vertretenen Belegschaft und können daher kein Mandat ausüben, soweit es um die Belange dieser Mitarbeiter geht. Die bei der Wahrnehmung des Übergangsmandats im abgebenden Betrieb entstehenden Sachkosten trägt dessen Inhaber.[21] Ebenso muss er als AG der in seinem Betrieb verbliebenen Betriebsratsmitglieder den Anspruch auf Freistellung und Entgeltfortzahlung nach § 37 II BetrVG erfüllen. Haben Betriebsratsmitglieder als Folge der Betriebsspaltung den AG gewechselt, trägt die bei ihm anfallenden Sachkosten des Übergangsmandats ihr neuer AG als Inhaber des Betriebs, weil das Übergangsmandat ihm ggü. wahrgenommen wird und gesetzlich angeordnet ist. 17a

cc) Zusammenlegung. Auch im Fall der Zusammenlegung von zwei oder mehreren Betrieben bzw. Betriebsteilen entsteht regelmäßig ein neuer Betrieb, für den ein BR nicht besteht. In diesem Fall wird das Übergangsmandat von dem BR des nach der Zahl der wahlberechtigten AN größten Betriebs, der an der Zusammenlegung beteiligt ist, wahrgenommen (§ 21a II BetrVG). Besteht in diesem kein BR, nimmt der BR des Betriebs mit den meisten wahlberechtigten AN das Übergangsmandat für alle betriebsangehörigen AN wahr. Es entfällt daher nur, wenn die neu entstandene Einheit selbst nicht **betriebsratsfähig** ist Bei einer Zusammenlegung von einem kirchlichen und nichtkirchlichen Betrieb im Geltungsbereich des BetrVG gilt § 21a II BetrVG, wenn in Letzterem ein BR besteht.[22] 17b

dd) Eingliederung. Gesetzlich nicht besonders geregelt ist die Eingliederung eines Betriebs oder Betriebsteils in einen anderen Betrieb. Die Eingliederung setzt voraus, dass sich die Identität des eingegliederten Betriebs ändert. Fehlt es hieran, bleibt dessen BR im Amt (→ Rn. 16). Besteht in dem aufnehmenden Betrieb bereits ein BR, erstreckt sich dessen Zuständigkeit nunmehr auch auf die AN des hinzugekommenen Betriebs.[23] Allerdings kann nach § 13 II Nr. 1 BetrVG die Notwendigkeit einer Neuwahl wegen Veränderung der Arbeitnehmerzahl bestehen. In diesem Fall führt der BR des aufnehmenden Betriebs nach § 22 BetrVG die Geschäfte weiter. Bestand in dem aufnehmenden Betrieb kein BR, hat der BR des abgebenden Betriebs bzw. -teils für alle AN des neu entstandenen Betriebs ein Übergangsmandat.[24] 17c

ee) Ausscheiden aus dem Geltungsbereich des BetrVG. Fällt schließlich der Betrieb nach der Spaltung, Zusammenlegung oder Eingliederung nicht mehr unter den Geltungsbereich des BetrVG (zB bei Übernahme durch einen kirchlichen Träger, Absinken der Arbeitnehmerzahl unter fünf AN), endet mit der Übernahme der Leitungsmacht des Betriebserwerbers die Zuständigkeit des bisherigen BR, ein Übergangsmandat entsteht nicht.[25] § 21a BetrVG gilt nicht analog bei einem Wechsel eines bisher kirchlichen Betriebs in den Geltungsbereich des BetrVG.[26] 17d

---

20 AA *Fitting* BetrVG § 21a Rn. 16.
21 AA *Fitting* BetrVG § 21a Rn. 27; *Gragert* NZA 2004, 289 – Haftung der AG als Gesamtschuldner.
22 Dazu *Pleßner* ZMV 2007, 233.
23 HessLAG 1.9.1988 NZA 1989, 226; *Fitting* BetrVG § 21a Rn. 14.
24 AA LAG Brem 9.12.2004 ArbuR 2005, 420 (Restmandat); einschr. *Löwisch/Schmidt-Kessel* BB 2001, 2162 (2164) (neue „Einheit" erforderlich).
25 BAG 9.2.1982 AP Nr. 24 zu § 118 BetrVG 1972; einschr. DKW/*Buschmann* BetrVG § 21 Rn. 46.
26 *Pleßner* ZMV 2007, 233.

18 **c) Restmandat. aa) Voraussetzungen.** Geht der Betrieb durch Stilllegung, Spaltung oder Zusammenlegung unter, bleibt der BR nach § 21b BetrVG so lange im Amt, wie dies zur Wahrnehmung der damit in Zusammenhang stehenden Beteiligungsrechte erforderlich ist (Restmandat). Die Vorschrift trägt dem Umstand Rechnung, dass das Amt des BR endet, wenn die betriebliche Organisation, für die der BR gebildet ist, wegfällt. Das Amt des BR endet nicht mit der tatsächlichen Betriebseinstellung, sondern erst dann, wenn keine damit verbundenen beteiligungspflichtigen Angelegenheiten mehr wahrzunehmen sind.[27] Die Vorschrift erfasst alle Fälle des **Betriebsuntergangs** (dh der ursprünglichen betriebsverfassungsrechtlichen Einheit), hierzu gehört auch das Absinken der Belegschaft unter fünf AN (§ 1 I 1 BetrVG). Bei einer Abspaltung endet die Amtszeit des BR in der verbleibenden Einheit nicht, wenn diese fortgeführt wird. Dieser nimmt alle Rechte als Vollmandat wahr.[28] Bei der Zusammenlegung von Betrieben geht der eingegliederte Betrieb unter oder aus den zusammengelegten Betrieben entsteht eine neue Einheit. Das Restmandat wird dann ggü. dem Inhaber des „abgebenden" Betriebs, das Übergangsmandat ggü. dem des „aufnehmenden" Betriebs wahrgenommen.[29] Bei der Zusammenlegung steht jedem BR für die Einheit, für die er gewählt wurde, ein Restmandat und dem BR mit der größten Anzahl wahlberechtigter AN das Übergangsmandat (→ Rn. 17) zu. Geht ein Betrieb auf einen neuen Inhaber über und widersprechen alle AN nach § 613a VI BGB, liegt – weil es an einer Belegschaft fehlt – ein Betriebsuntergang vor, der zum Entstehen eines Restmandats führt. Kein Restmandat entsteht bei einer Betriebsverlegung, einem Betriebsinhaberwechsel[30] oder einer nur vorübergehenden Betriebseinstellung.[31] Bei der **Teilstilllegung** bleibt der BR im Amt, sofern der verbleibende Restbetrieb betriebsratsfähig ist. Er bleibt für anfallende Beteiligungsrechte der von der Teilstilllegung betroffenen und aus dem Betrieb ausgeschiedenen AN zuständig.[32] Das Bestehen eines Restmandats ist nicht isoliert, sondern nur als Vorfrage feststellungsfähig.[33]

18a **bb) Restmandat und Übergangsmandat.** Das Restmandat entsteht mit dem Wegfall der betrieblichen Organisation, dh mit der endgültigen Stilllegung des Betriebs oder mit der endgültigen Zusammenlegung mit einem anderen Betrieb. Zu diesem Zeitpunkt wandelt sich das originäre Vollmandat des BR in ein Restmandat nach § 21b BetrVG um. Wird der Betrieb nach diesem Zeitpunkt doch fortgeführt, wandelt sich das Restmandat in ein Übergangsmandat zur Neuwahl eines BR um. Das Restmandat besteht nicht nur bei einer Betriebsstilllegung, sondern auch dann, wenn der ursprüngliche Betrieb wegen einer Spaltung[34] oder Zusammenlegung untergeht. Zwar kann in diesen Fällen auch ein Übergangsmandat (§ 21a BetrVG) bestehen, dessen Geltung sich aber nur für die Zeit nach der Organisationsänderung erstreckt und nicht die Beteiligungsrechte bei der Abwicklung der mitbestimmungspflichtigen Angelegenheiten des untergegangenen Betriebs umfasst. Wird der Stilllegungsentschluss bereits vor der Organisationsänderung getroffen, entsteht daher kein Übergangsmandat; wird er während des Übergangsmandats getroffen, wird das Übergangsmandat zu einem Restmandat (str.). Wird während des Restmandats eine Entscheidung über die Fortführung des Betriebs getroffen, erstarkt das Restmandat zu einem Vollmandat; ggf. kann unter den Voraussetzungen des § 13 BetrVG eine Neuwahl erforderlich sein. Unter den Voraussetzungen des § 21a BetrVG kann sich an das Restmandat ein Übergangsmandat anschließen. Wird ein Betrieb nach § 613a BGB übertragen, hat der BR des übergegangenen Betriebs kein Restmandat gegenüber den Kündigungen, die der nach dem Übergang betriebslose Betriebsveräußerer gegenüber den widersprechenden AN ausspricht.[35]

18b **cc) Inhalt.** Das Restmandat umfasst kein allgemeines Abwicklungsmandat für alle bei seinem Entstehen noch nicht abgeschlossenen betriebsverfassungsrechtlichen Vorgänge, sondern es ist funktional auf die im Zusammenhang mit dem Untergang des Betriebs ergebenden Mitbestimmungs- und Mitwirkungsrecht begrenzt.[36] Als solche kommen zB der Abschluss oder die Ände-

---

[27] So bereits BAG 14.8.2001 AP Nr. 1 zu § 21b BetrVG 1972 = NZA 2002, 109.
[28] *Fitting* BetrVG § 21b Rn. 11.
[29] LAG Bln-Bbg 20.4.2015 NZA-RR 2015, 324.
[30] LAG Nürnberg 9.8.2011 BB 2011, 2612.
[31] BAG 16.6.1987 NZA 1987, 858.
[32] BAG 24.5.2012 AP Nr. 194 zu § 1 KSchG 1969 Betriebsbedingte Kündigung = NZA 2013, 277.
[33] BAG 27.5.2015 AP Nr. 15 zu § 3 BetrVG 1972.
[34] BAG 24.5.2012 AP Nr. 194 zu § 1 KSchG 1969 Betriebsbedingte Kündigung = NZA 2013, 277.
[35] BAG 8.5.2014 AP Nr. 205 zu § 1 KSchG 1969 Betriebsbedingte Kündigung = NZA 2015, 889.
[36] BAG 11.10.2016 AP Nr. 7 zu § 21b BetrVG 1972 = NZA 2017, 68; 24.9.2015 AP Nr. 10 zu § 626 BGB Unkündbarkeit = NZA 2016, 366; 6.12.2006 AP Nr. 5 zu § 21b BetrVG 1972.

rung eines Sozialplans[37] (§ 112 BetrVG) oder die Geltendmachung von Kostenerstattungsansprüchen[38] (§ 40 I BetrVG) in Betracht. Es wird von dem BR ausgeübt, der im Zeitpunkt des Wegfalls der betrieblichen Organisation und der damit verbundenen Beendigung des Vollmandats im Amt war. Ist zu diesem Zeitpunkt die Anzahl der Betriebsratsmitglieder aufgrund des früheren Ausscheidens von Betriebsratsmitgliedern sowie des Fehlens von Ersatzmitgliedern, die noch hätten nachrücken können, bereits unter die in § 9 BetrVG vorgeschriebene Mitgliederzahl gesunken, führen die verbliebenen Betriebsratsmitglieder die Geschäfte gem. §§ 22, 13 II Nr. 2 BetrVG weiter. Das Restmandat ist eine Fortsetzung des originären Mandats; die Wahl eines BR nur zur Ausübung eines Restmandats ist unzulässig. Ein bereits erloschenes Mandat kann nicht als Restmandat wieder aufleben,[39] selbst wenn die reguläre Amtszeit nach § 21 BetrVG zwischenzeitlich geendet hat oder die Arbeitsverhältnisse der einzelnen Betriebsratsmitglieder durch Kündigung oder auf andere Weise beendet wurden. Die Mitgliedschaft im restmandatierten BR endet nicht durch die Beendigung der Arbeitsverhältnisse seiner einzelnen Mitglieder. § 24 Nr. 3 BetrVG ist auf den restmandatierten BR nicht anwendbar. Dies gilt sowohl dann, wenn die Beendigung der Arbeitsverhältnisse Folge des Untergangs des Betriebs ist, als auch dann, wenn sie aus anderen Gründen eintritt. Nimmt ein Betriebsratsmitglied sein Amt nach einer Stilllegung des Betriebs und Beendigung des Arbeitsverhältnisses im restmandatierten BR wahr, hat es keinen Anspruch auf Arbeitsvergütung oder Vergütung für das mit der Betriebsratstätigkeit verbundene Freizeitopfer.[40]

V. Amtsenthebung von Betriebsratsmitgliedern und Auflösung des Betriebsrats

Muster: Schaub ArbRFV-HdB/*Straube* C. Rn. 211.

1. Abschließende Regelung. § 23 I BetrVG bestimmt abschließend, auf wessen Veranlassung und unter welchen Voraussetzungen der BR aufgelöst oder ein Betriebsratsmitglied seines Amts enthoben werden kann. Der BR ist nicht ermächtigt, eigenmächtig, dh ohne die Durchführung eines Amtsenthebungsverfahrens über den Ausschluss eines seiner Mitglieder zu entscheiden. Mit der Befugnis des AG nach § 23 I 1 BetrVG, bei grober Verletzung von Amtspflichten die Auflösung des BR zu beantragen, hat der Gesetzgeber berücksichtigt, dass ein gegen den BR gerichteter Anspruch auf Vornahme einer unvertretbaren Handlung vollstreckungsrechtlich leer läuft, da der BR vermögenslos ist und ihm gegenüber eine Androhung, Festsetzung oder Vollstreckung eines Zwangsgeldes nicht in Betracht kommt.[41] 19

2. Antragsberechtigung. Nach § 23 I BetrVG sind antragsbefugt: **(a)** mindestens ein Viertel der wahlberechtigten AN. Die Wahlberechtigung muss im Zeitpunkt der Antragstellung bestehen und während der gesamten Verfahrensdauer in den Tatsacheninstanzen fortdauern. Scheiden AN aus, können andere an ihre Stelle treten. Wenn alle Antragsteller aus dem Arbeitsverhältnis ausscheiden, entfällt das Rechtsschutzinteresse, der Antrag wird unzulässig.[42] Die Mindestzahl ist nach der Zahl der regelmäßig Beschäftigten zu berechnen; **(b)** der AG wenn der Antrag auf eine Amtspflichtverletzung gestützt wird, die das Verhältnis einzelner Betriebsratsmitglieder oder des BR zu ihm betrifft, nicht aber wenn es um Pflichtverletzungen gegenüber dem BR oder der Belegschaft geht, deren Interessen er nicht wahrt sowie **(c)** eine im Betrieb vertretene Gewerkschaft, ihre Tarifzuständigkeit ist nicht erforderlich.[43] **(d)** Soll ein Betriebsratsmitglied des Amtes enthoben werden, ist auch der BR antragsberechtigt. Das auszuschließende Mitglied ist von der Beratung und der Mitwirkung an der Beschlussfassung ausgeschlossen und wird durch ein Ersatzmitglied vertreten. Es soll jedoch vom BR angehört werden. Das Verfahren nach § 23 I, II BetrVG steht ggü. einer außerordentlichen Kündigung in keinem Stufenverhältnis. 19a

3. Voraussetzung der Amtsenthebung. a) Verletzung der Amtspflicht. Der Antrag auf Amtsenthebung eines Betriebsratsmitgliedes oder Auflösung des BR ist begründet, wenn dieses/dieser seine gesetzlichen Pflichten grob verletzt. **Gesetzliche Pflichten** des BR und die seiner Mitglieder sind die im BetrVG selbst normierten Pflichten, die Beachtung der 20

[37] BAG 5.10.2000 AP Nr. 141 zu § 112 BetrVG 1972 = NZA 2001, 849.
[38] BAG 24.10.2001 AP Nr. 71 zu § 40 BetrVG 1972 = NZA 2003, 53.
[39] BAG 12.1.2000 AP Nr. 5 zu § 24 BetrVG 1972 = NZA 2000, 669.
[40] BAG 5.5.2010 AP Nr. 147 zu § 37 BetrVG 1972 = NZA 2010, 1025.
[41] BAG 23.10.2019 AP Nr. 14 zu § 85 ArbGG 1979 = NZA 2020, 604.
[42] BAG 15.2.1989 AP Nr. 17 zu § 19 BetrVG 1972 = NZA 1990, 115 (zu § 19 BetrVG).
[43] BAG 10.11.2004 AP Nr. 7 zu § 17 BetrVG 1972 = NZA 2005, 426.

Grundsätze von Recht und Billigkeit nach § 75 BetrVG, alle übrigen in allgemeinen oder speziellen Gesetzen enthaltenen Pflichten sowie die durch Tarifvertrag oder Betriebsvereinbarung geregelten Pflichten, soweit durch sie betriebsverfassungsrechtliche Pflichten konkretisiert werden. Dazu zählen auch Pflichten, die ein Betriebsratsmitglied als Funktionsträger innerhalb des BR (zB als Betriebsratsvorsitzender oder Ausschussmitglied) treffen. Eine Verletzung von Pflichten zB als Arbeitnehmervertreter im Aufsichtsrat oder als Beisitzer der Einigungsstelle rechtfertigt den Ausschluss nur, wenn sie zugleich eine Verletzung von Pflichten aus dem Betriebsratsamt darstellt. Eine gesetzliche Pflichtverletzung kann schließlich darin liegen, dass der BR oder einzelne seiner Mitglieder gesetzliche Befugnisse nicht wahrnehmen, die ihnen im Interesse und zum Schutz Dritter gewährt werden. Bei der Amtspflichtverletzung muss es sich um eine solche in der aktuellen Amtsperiode handeln. Pflichtverletzungen **aus einer früheren Wahlperiode** können grundsätzlich nicht Gegenstand eines Ausschlussverfahrens in einer neuen Amtszeit sein;[44] sie können allerdings bei der Beurteilung des Verschuldens berücksichtigungsfähig sein. Die **gerichtliche Auflösung des BR** erfordert seine Pflichtverletzung als Organ. Dabei reicht es aus, wenn das pflichtwidrige Verhalten auf einem Mehrheitsbeschluss beruht, Einstimmigkeit ist nicht erforderlich. Der Pflichtenkreis ist der des Abs. 1. Dazu kommen die dem BR als Gremium obliegenden Pflichten. Begehen einzelne oder alle Betriebsratsmitglieder parallel Pflichtverletzungen, die nicht auf einem gemeinsamen Beschluss des BR als solchem beruhen, kommt nur ein Ausschlussverfahren, nicht die Auflösung des BR in Betracht. Die Auflösung setzt voraus, dass unter Berücksichtigung aller Umstände des Einzelfalls, insbesondere der betrieblichen Gegebenheiten und des Anlasses für den Pflichtverstoß die weitere Amtsausübung des BR untragbar erscheint.[45] Dabei kann eine grobe Pflichtverletzung des BR als Organ auch gegeben sein, wenn dieser gesetzwidriges Verhalten einzelner Mitglieder oder seiner Ausschüsse billigt oder unterstützt.

20a **b) Verschuldensmaßstab.** Eine grobe Verletzung der gesetzlichen Pflichten kann zum Ausschluss des Betriebsratsmitglieds führen, wenn unter Berücksichtigung aller Umstände die weitere Amtsausübung des Betriebsratsmitglieds untragbar erscheint. Eine grobe Verletzung der gesetzlichen Pflichten liegt nur vor, wenn die Pflichtverletzung objektiv erheblich und offensichtlich schwerwiegend ist.[46] Die grobe Pflichtverletzung kann entweder durch eine einmalige Handlung begangen werden, möglich ist aber auch, dass sie sich aus einer Mehrzahl einzelner Verstöße gegen die Pflichtenstellung aus § 23 I BetrVG ergibt. Diese müssen zwar Pflichtverletzungen darstellen, nicht notwendig ist, dass sie jeweils als „grob" iSd § 23 I BetrVG anzusehen sind. Vielmehr kann sich auch aus der Summe der einzelnen Verstöße die Nichteignung des BR bzw. Betriebsratsmitglieds für das ausgeübte Amt ergeben. Leichtere Verstöße – auch in der vorangehenden Wahlperiode – können daher bei Wiederholungen zu einem groben Verstoß werden.[47] Insoweit erfordert die gerichtliche Entscheidung – wie im Kündigungsrecht – eine Prognose darüber, ob angesichts des pflichtwidrigen Verhaltens in der Vergangenheit eine ordnungsgemäße Amtsausübung in Zukunft erwartet werden kann;[48] hierfür kann von Bedeutung sein, ob der Amtsträger auf sein Fehlverhalten und die beabsichtigte Durchführung des Verfahrens nach § 23 I BetrVG hingewiesen wurde (→ Rn. 20b). Der Ausschluss nach § 23 I BetrVG kann nicht erst erfolgen, wenn der Amtsträger durch ein ihm zurechenbares Verhalten die Funktionsfähigkeit des BR ernstlich bedroht oder lahmgelegt hat. Es ist ausreichend, dass entweder eine Zusammenarbeit mit dem AG, ein Zusammenwirken innerhalb des BR oder ein Vertrauensverhältnis gegenüber der Belegschaft aufgrund seiner groben Pflichtverletzung nicht mehr zu erwarten ist. Eine Amtsenthebung setzt regelmäßig ein **Verschulden** des/der Betriebsratsmitglieds(er) voraus;[49] eine Ausnahme wird aber bei krankhaft querulatorischem Verhalten bestehen. Kein Verschulden ist bei der Auflösung des BR notwendig; bei einem kollektiven Organ wird dies ohnehin kaum festzustellen sein. Dessen Auflösung kommt aber nur in Betracht, wenn seine weitere Amtsausübung untragbar erscheint.[50]

[44] BAG 27.7.2016 AP Nr. 50 zu § 23 BetrVG 1972 = NZA 2017, 136.
[45] BAG 22.6.1993 AP Nr. 22 zu § 23 BetrVG 1972 = NZA 1994, 184.
[46] BAG 22.6.1992 AP Nr. 22 zu § 23 BetrVG 1972 = NZA 1994, 184; 21.2.1978 AP Nr. 1 zu § 74 BetrVG 1972.
[47] LAG SchlH 9.8.2007 NZA-RR 2007, 639.
[48] BAG 18.5.2016 AP Nr. 49 zu § 23 BetrVG 1972 = NZA-RR 2016, 582; 22.6.1993 AP Nr. 22 zu § 23 BetrVG 1972 = NZA 1994, 184.
[49] Vgl. BAG 21.2.1978 AP Nr. 1 zu § 74 BetrVG 1972.
[50] BAG 22.6.1993 AP Nr. 22 zu § 23 BetrVG 1972 = NZA 1994, 184.

c) Hinweispflicht. Für die Prognose über das zukünftige Verhalten des Amtsträgers kann von Bedeutung sein, ob das Betriebsratsmitglied auf die Pflichtwidrigkeit hingewiesen worden ist und sein Verhalten dennoch nicht geändert hat. Wie bei der Kündigung folgt die auch im Rahmen des § 23 I BetrVG erforderliche Negativprognose aus einem trotz Hinweis fortgesetzten Verstoß gegen gesetzliche Pflichten. Der Hinweis auf ein vermeintlich gesetzwidriges Verhalten ist zulässig, selbst wenn er in schriftlicher Form erfolgt (sog. betriebsverfassungsrechtliche Abmahnung, → § 235 Rn. 34 f.). Dies gilt auch, wenn der Hinweis durch den AG erfolgt, da durch eine Beanstandung der Amtsausübung grundsätzlich nicht das berufliche Fortkommen des Betriebsratsmitglieds beeinträchtigt wird. Weitergehend als die individualrechtliche Abmahnung kann eine solche Rüge von jedem der nach § 23 I BetrVG Antragsberechtigten ausgesprochen werden, wenn die Fortsetzung des gerügten Verhaltens eine grobe Pflichtverletzung darstellen würde; zu den Personalakten dürfen sie allerdings nicht genommen werden,[51] der allgemeinen Korrespondenz mit dem BR können sei beigefügt werden.[52] **20b**

4. Verstöße gegen den Arbeitsvertrag. Von den Amtspflichtverletzungen zu unterscheiden sind Verletzungen des Arbeitsvertrags durch ein Betriebsratsmitglied. Bei Arbeitsvertragsverletzungen, die sich nicht auf die Pflichtenstellung des Amtsträgers auswirken, kommt ausschließlich der Ausspruch einer außerordentlichen Kündigung in Betracht. Eine Amtspflichtverletzung ist nur dann zugleich eine Arbeitsvertragsverletzung, wenn sie einen Verstoß gegen individualrechtliche Pflichten aus dem Arbeitsverhältnis zum Gegenstand hat. Das Verfahren nach § 23 I 1 BetrVG steht einer außerordentlichen Kündigung des Betriebsratsmitglieds nicht entgegen, wenn das Fehlverhalten sowohl eine Amtspflichtverletzung als auch einen Verstoß gegen die Pflichten aus dem Arbeitsverhältnis darstellt; weitere Einzelheiten → § 143 Rn. 15. **21**

5. Einzelfälle. Grobe Pflichtverletzungen des BR oder seiner Mitglieder sind insbesondere: Verletzung der Schweigepflicht (ArbG Wesel 16.10.2008 NZA-RR 2009, 21 [Einsicht in Bewerbungsunterlagen]; ArbG Iserlohn 14.1.2020 – 2 BV 5/19; ArbG Marburg 28.5.1999 NZA-RR 2001, 94 [unbefugte Weitergabe von Personaldaten an Dritte]) oder der parteipolitischen Neutralitätspflicht (LAG Düsseldorf 14.12.2010 NZA-RR 2011, 132), unzutreffende Abrechnungen von Aufwendungen für die Betriebsratstätigkeit, Weitergabe von Angaben über die Vergütung an Dritte, wahrheitswidriger Verfahrensvortrag (ArbG Kempten 21.8.2012 – 2 BV 16/12), Beleidigungen (BAG 22.8.1974 AP Nr. 1 zu § 103 BetrVG 1972) bzw. Diffamierungen von Betriebsratsmitgliedern oder des AG (LAG Nds 25.10.2004 NZA-RR 2005, 530), parteipolitische Angriffe und Agitation gegen Betriebsratskollegen (LAG Düsseldorf 23.6.1977 DB 1977, 2191), Aufruf zu Arbeitskämpfen unter Ausnutzung des Betriebsratsamts (LAG Köln 15.12.2000 NZA-RR 2001, 371), unbefugte Veranstaltung von Belegschaftsbefragungen, grundlose Verweigerung der Betriebsratstätigkeit (LAG München 17.1.2017 LAGE § 23 BetrVG 2001 Nr. 12), Ablehnung der Zusammenarbeit mit anders organisierten Betriebsratsmitgliedern oder dem Personalleiter (LAG Düsseldorf 23.6.2020 – 14 TaBV 75/19), Werksbesetzungen (LAG Hamm 6.11.1975 DB 1976, 343), Entgegennahme von Belohnungen im Zusammenhang mit der Amtstätigkeit (LAG München 15.11.1977 DB 1978, 894), pflichtwidrige Nichteinberufung von Betriebsversammlungen (ArbG Wetzlar 22.9.1992 BB 1992, 2216), leichtfertige Strafanzeigen bzw. Bekanntgabe falscher Tatsachen in der Öffentlichkeit zum Nachteil des AG (ArbG Berlin 31.10.2002 EWiR 2003, 741) sowie Abschluss von tarifwidrigen Regelungsabreden (ArbG Marburg 7.8.1996 NZA 1996, 1331). **22**

6. Ende des Betriebsratsamts. Bis zur Rechtskraft gehört das Mitglied des BR dem Gremium an und wirkt an dessen Beschlussfassungen mit. Die Möglichkeit des BR oder des AG, das Mitglied daran zu hindern, kommt nur in Betracht, wenn die weitere Amtsausübung des Betriebsratsmitglieds bis zur rechtskräftigen Entscheidung im Amtsenthebungsverfahren dem AG, dem BR und/oder der Belegschaft unzumutbar ist. Die vorläufige Entbindung des gesamten Gremiums ist nicht möglich. Mit der Rechtskraft des arbeitsgerichtlichen Beschlusses endet die Mitgliedschaft im BR bzw. ist der BR aufgelöst. Gehörte das ausgeschlossene Mitglied auch dem GBR an, endet auch zugleich die Mitgliedschaft im GBR (§ 49 BetrVG). Werden nur einzelne Betriebsratsmitglieder ihres Amts enthoben, treten die Ersatzmitglieder an ihre Stelle. Mit der rechtskräftigen Amtsenthebung bzw. Auflösung des BR endet der besondere Schutz nach § 15 KSchG, § 103 BetrVG (→ § 143 Rn. 8 f.). **23**

[51] LAG BW 3.7.2020 – 8 TaBV 3/19.
[52] AA HessLAG 30.9.2019 – 16 TaBV 82/19.

24 **7. Auflösung und Bestellung eines Wahlvorstands.** Löst das Arbeitsgericht den BR auf, hat es zugleich für den Fall der Rechtskraft seiner Entscheidung einen Wahlvorstand für die Neuwahl einzusetzen (§ 23 II BetrVG). Die Verfahrensbeteiligten können insoweit Vorschläge machen. Im Übrigen gelten für die Bestellung des Wahlvorstands die Grundsätze für die Bestellung durch das Arbeitsgericht (§ 16 BetrVG).

25 **8. Beschlussverfahren.** Das Arbeitsgericht entscheidet im Beschlussverfahren. Einstweilige Verfügungsverfahren auf Amtsenthebung von Betriebsratsmitgliedern sind zulässig, jedoch wird nur ein vorläufiges Verbot der Amtsausübung bis zu einer rechtskräftigen Entscheidung in Betracht kommen.[53] Der Ausschluss des Betriebsratsmitglieds ist bis zur Beendigung seiner Amtsperiode zulässig; nach der Rspr. entfällt das Rechtsschutzinteresse für ein Ausschlussverfahren bei seiner Wiederwahl in den neu gebildeten BR[54] und bei einer Amtsniederlegung. Letzteres erscheint wegen des nachwirkenden Kündigungsschutzes zweifelhaft, richtigerweise dürfte auf den Zeitpunkt des Ablaufs der Jahresfrist des § 15 I 2 KSchG abzustellen sein. Die außergerichtlichen Kosten des von einem Ausschlussverfahren betroffenen Betriebsratsmitglieds sind unter den Voraussetzungen des § 40 BetrVG (→ § 222 Rn. 7) vom AG zu erstatten, wenn sie Kosten der Betriebsratstätigkeit sind.[55] Gleiches gilt, wenn sich ein Betriebsratsmitglied gegen eine Beanstandung seiner Amtstätigkeit wehrt. Ist der Ausschluss begründet oder wird der BR aufgelöst, wird eine Kostenerstattung nur in Betracht kommen, wenn die Rechtslage nicht offensichtlich war. Bei einem Verfahren um die Auflösung des gesamten BR entfällt das Rechtsschutzinteresse mit Ablauf der regulären Amtszeit; beschließt der BR seinen Rücktritt, tritt die Erledigung erst mit der Bekanntgabe des Wahlergebnisses des neu gewählten BR ein. Das Rechtsschutzinteresse besteht auch dann nicht mehr, wenn sämtliche Betriebsratsmitglieder, die ihm zum Zeitpunkt der Pflichtverletzung angehört haben, aus dem Gremium ausgeschieden sind. Einem wegen schwerer Pflichtverstöße ausgeschlossenen Betriebsratsmitglied, das nach Rücktritt des BR und seiner Wiederwahl erneut amtiert, kann auf Antrag des AG durch einstweilige Verfügung die Amtsausübung bis zur Verkündung der erstinstanzlichen Entscheidung im erneuten Ausschließungsverfahren untersagt werden, wenn glaubhaft gemacht ist, dass Rücktritt und Neuwahl ein rechtsmissbräuchliches Umgehungsverhalten darstellen oder wenn die Ausschließungsgründe sich weiterhin auswirken.[56]

VI. Ersatzmitglieder

26 **1. Eintritt des Ersatzmitglieds.** Scheidet ein Betriebsratsmitglied aus dem BR aus oder ist es zeitweise an der Amtsausübung verhindert, tritt an seine Stelle ein Ersatzmitglied (§ 25 I 1 BetrVG). Ist auch dieses verhindert, wird es für die Dauer der Verhinderung durch ein weiteres Ersatzmitglied vertreten. Durch das Nachrücken soll die Beschlussfähigkeit des BR gesichert werden. Der Eintritt des Ersatzmitglieds vollzieht sich automatisch mit Beginn des Verhinderungsfalls. Er hängt nicht davon ab, dass die Verhinderung des ordentlichen Mitglieds dem Ersatzmitglied bekannt ist.[57] Einer besonderen Beschlussfassung, Benachrichtigung oder Annahme des Amts bedarf es im Vertretungsfall gleichfalls nicht.[58] Das verhinderte Betriebsratsmitglied hat seine Verhinderung dem Betriebsratsvorsitzenden anzuzeigen. Das Ersatzmitglied ist dann durch den Betriebsratsvorsitzenden zu laden (§ 29 II BetrVG). Wird für ein zeitweilig verhindertes Mitglied kein vorhandenes Ersatzmitglied geladen, ist der BR an einer wirksamen Beschlussfassung gehindert.[59] Hiervon ist nur dann eine Ausnahme zu machen, wenn ein Betriebsratsmitglied plötzlich verhindert und es dem Vorsitzenden nicht mehr gelingt, ein Ersatzmitglied rechtzeitig zu laden.[60]

27 **2. Verhinderung. a) Begriff.** Eine zeitweise Verhinderung des Betriebsratsmitglieds ist dann gegeben, wenn es nicht endgültig aus dem BR ausgeschieden ist, aber aus rechtlichen oder tatsächlichen Gründen das Betriebsratsamt nicht wahrnehmen kann.[61] Ein Betriebsratsmitglied

[53] LAG Hamm 18.9.1975 BB 1975, 1302.
[54] BAG 18.5.2016 AP Nr. 49 zu § 23 BetrVG 1972 = NZA-RR 2016, 582.
[55] BAG 19.4.1989 AP Nr. 29 zu § 40 BetrVG 1972 = NZA 1990, 233.
[56] HessLAG 3.9.2009 NZA-RR 2010, 246.
[57] BAG 8.9.2011 AP Nr. 70 zu § 15 KSchG 1969 = NZA 2012, 400.
[58] BAG 17.1.1979 AP Nr. 5 zu § 15 KSchG 1969.
[59] BAG 6.11.2013 AP Nr. 2 zu § 33 BetrVG 1972 = NZA-RR 2014, 196.
[60] BAG 18.1.2006 – 7 ABR 25/05; 3.8.1999 AP Nr. 7 zu § 25 BetrVG 1972 = NZA 2000, 440.
[61] BAG 25.5.2005 AP Nr. 13 zu § 24 BetrVG 1972 = NZA 2005, 1002 (Elternzeit).

muss für sich entscheiden, ob es wegen anderweitiger Pflichten an der Teilnahme an einer Sitzung des BR gehindert ist. Diese Entscheidung hat es eigenverantwortlich zu treffen und darüber zu befinden, welche Pflicht für ihn vorrangig wahrzunehmen ist. Ein absoluter Vorrang für die Wahrnehmung von Betriebsratstätigkeit gegenüber den Arbeitsaufgaben besteht nicht,[62] vielmehr muss der Amtsträger insoweit stets eine Abwägung vornehmen. Für den Eintritt des Verhinderungsfalls reicht eine kurze Verhinderung aus. Verhinderungsgründe sind Urlaub[63] oder sonstige Abwesenheit, insbesondere auch während eines Hausverbots oder während eines Kündigungsschutzverfahrens,[64] sofern der Amtsträger nicht tatsächlich weiterbeschäftigt wird. Die Arbeitsunfähigkeit eines Betriebsratsmitglieds stellt nicht notwendigerweise eine Verhinderung dar. Der AN kann zwar wegen seiner Erkrankung außerstande sein, seine Arbeitspflichten zu erfüllen, nicht aber sein Betriebsratsamt wahrzunehmen.[65] Bei einem nach § 38 I BetrVG freigestellten Betriebsratsmitglied führt eine Arbeitsunfähigkeit stets zu seiner Verhinderung, da es ihm krankheitsbedingt unmöglich ist, seine Amtspflichten auszuüben.[66] Befindet sich das Betriebsratsmitglied im Urlaub, kann es diesen nicht ohne Einverständnis des AG unterbrechen und Betriebsratstätigkeit aufnehmen,[67] insoweit entstehen bei einseitigem Handeln auch keine Ansprüche aus § 37 II, III BetrVG. Keine Verhinderung liegt bei der Mitwirkung des BR an einer personellen Einzelmaßnahme vor, wenn sich das Betriebsratsmitglied auch auf die Stelle beworben hat.[68]

b) Prüfungspflicht des Vorsitzenden. Erklärt sich ein zu einer Betriebsratssitzung geladenes Betriebsratsmitglied für verhindert (→ Rn. 26), darf der Vorsitzende das Vorliegen des angeführten Hinderungsgrunds nicht näher nachprüfen. Vielmehr hat er bei den Mitgliedern des Gremiums grundsätzlich davon ausgehen und sich ohne weitere Ermittlungen darauf verlassen, dass sie sich ihrer Sitzungsteilnahme nicht ohne triftigen Grund entziehen, sondern nach pflichtgemäßer Abwägung zu dem Ergebnis gelangt sind, verhindert zu sein.[69] Nur wenn Anhaltspunkte für eine pflichtwidrige Entscheidung des Betriebsratsmitglieds bestehen, kann Veranlassung bestehen, den angegebenen Hinderungsgrund nachzuprüfen und ggf. auf seiner Teilnahme an der Betriebsratssitzung zu bestehen. In einem Verfahren um die Wirksamkeit eines Betriebsratsbeschlusses ist das Vorliegen des Verhinderungsgrundes der Nachprüfung entzogen, lediglich die ordnungsgemäße Heranziehung des Ersatzmitglieds unterliegt der gerichtlichen Kontrolle (→ § 220 Rn. 24). 27a

c) Eigene Betroffenheit. Zeitweilig (weil rechtlich) verhindert ist auch ein Betriebsratsmitglied, wenn typischerweise davon ausgegangen werden muss, dass es sein Amt wegen seiner persönlichen Interessen nicht mehr mit der erforderlichen Unabhängigkeit wahrnehmen kann. Hiervon ist in den Fällen der individuellen und unmittelbaren Betroffenheit des Betriebsratsmitglieds auszugehen.[70] Dies ist bei der Beschlussfassung über einen Antrag nach § 103 BetrVG der Fall, wenn er die Kündigung des Betriebsratsmitglieds betrifft.[71] In eigener Sache betroffen ist ein Betriebsratsmitglied, wenn der BR über die Zustimmung zu einer personellen Maßnahme iSv § 99 I BetrVG zu befinden hat, von der der Amtsträger selbst unmittelbar betroffen ist;[72] dies ist zB auch bei der Eingruppierung einer Vergleichsperson (§ 37 IV BetrVG) der Fall.[73] Ebenfalls darf das Betriebsratsmitglied nicht abstimmen über seine Teilnahme an einer Schulungsveranstaltung (§ 37 VI BetrVG) oder – bei Selbstbetroffenheit – über eine von ihm selbst eingebrachte Beschwerde.[74] Bei eigener Betroffenheit darf das Betriebsratsmitglied weder an der Beratung noch an der Abstimmung teilnehmen, der Beschluss ist aber nur bei einem schwerwie- 28

[62] AA LAG SchlH 1.11.2012 DB 2012, 2814.
[63] LAG Düsseldorf 26.4.2010 PersV 2010, 476.
[64] BAG 10.11.2004 AP Nr. 11 zu § 8 BetrVG 1972 = NZA 2005, 707.
[65] BAG 23.8.1984 AP Nr. 17 zu § 103 BetrVG 1972 = NZA 1985, 254; ähnlich BAG 5.9.1986 AP Nr. 26 zu § 15 KSchG 1969 (AG beteiligt das erkrankte Mitglied); 15.11.1984 AP Nr. 2 zu § 25 BetrVG 1972 = NZA 1985, 367.
[66] BAG 28.7.2020 AP Nr. 168 zu § 99 BetrVG 1972.
[67] Anders offenbar BAG 8.9.2011 AP Nr. 70 zu § 15 KSchG 1969 = NZA 2012, 400; offen gelassen LAG Düsseldorf 26.4.2010 PersV 2010, 476.
[68] BAG 24.4.2013 AP Nr. 11 zu § 25 BetrVG 1972 = NZA 2013, 857.
[69] BAG 15.4.2014 AP Nr. 9 zu § 29 BetrVG 1972 = NZA 2014, 551.
[70] BAG 6.11.2013 AP Nr. 2 zu § 33 BetrVG 1972 = NZA-RR 2014, 196.
[71] BAG 23.8.1984 AP Nr. 17 zu § 103 BetrVG 1972 = NZA 1985, 254.
[72] BAG 24.4.2013 AP Nr. 11 zu § 25 BetrVG 1972 = NZA 2013, 857 (Bewerber); 3.8.1999 AP Nr. 7 zu § 25 BetrVG 1972 = NZA 2000, 440.
[73] BAG 10.11.2009 AP Nr. 43 zu § 99 BetrVG 1972 Eingruppierung = NZA-RR 2010, 416.
[74] LAG Nürnberg 16.10.2012 NZA-RR 2013, 23.

genden Verstoß gegen das Mitwirkungsverbot in eigenen Angelegenheiten unwirksam.[75] Für die Beurteilung des Interessenkonflikts ist der Zeitpunkt der Beratung und Beschlussfassung des BR maßgeblich.[76] Der Betriebsratsvorsitzende ist auch bei Selbstbetroffenheit von einem Betriebsratsbeschluss berechtigt, den ohne seine Mitwirkung gefassten Beschluss an den AG weiterzuleiten.[77]

29 **3. Rechte und Pflichten.** Mit dem Eintreten des Ersatzmitglieds treffen dieses dieselben Rechte und Pflichten wie ein Betriebsratsmitglied. Es kann daher Anträge im BR stellen, unterliegt der Schweigepflicht und hat besonderen Kündigungsschutz nach § 15 KSchG[78] (→ § 143 Rn. 8 f.). Dagegen erlangt es nicht die an die Person des Ausgeschiedenen gebundenen Funktionen im BR, zB nach den §§ 26, 27, 38, 106 BetrVG. In Ausnahmefällen wird auch ein Ersatzmitglied aus dem BR ausgeschlossen werden können, und zwar auch dann, wenn das Nachrücken inzwischen beendet worden ist.

30 **4. Heranziehung.** Die Ersatzmitglieder rücken in der sich aus § 25 II BetrVG ergebenden (zwingenden) Reihenfolge nach (→ Rn. 26). Nach § 25 II 1 BetrVG werden sie unter Berücksichtigung des § 15 II BetrVG der Reihe nach aus den nicht gewählten AN derjenigen Vorschlagslisten entnommen, denen die zu ersetzenden Mitglieder angehören. Hat eine Verhältniswahl stattgefunden (§ 14 II BetrVG), werden die Ersatzmitglieder unter Berücksichtigung des § 15 II BetrVG in der Reihenfolge ihrer Aufführung der Liste entnommen, der das ausgeschiedene oder verhinderte Mitglied angehört. Ist eine Vorschlagsliste erschöpft, ist das Ersatzmitglied derjenigen Vorschlagsliste zu entnehmen, auf die nach den Grundsätzen der Verhältniswahl der nächste Sitz entfallen würde (§ 25 II 2 BetrVG). Hat eine Mehrheitswahl stattgefunden, bestimmt sich das Ersatzmitglied unter Berücksichtigung der bisher im BR vertretenen Geschlechter (§ 15 II BetrVG) nach der Höhe der erreichten Stimmenzahl. Allerdings muss das Ersatzmitglied bei der Betriebsratswahl zumindest eine Stimme erhalten haben;[79] zur Reihenfolge bei einem „Listentausch" aufgrund § 15 II BetrVG → § 217 Rn. 27. Wird bei der Heranziehung der Ersatzmitglieder gegen die in § 25 II BetrVG vorgesehene Reihenfolge verstoßen, kann dies zur Unwirksamkeit eines dennoch gefassten Beschlusses führen.[80] Allerdings tritt die Unwirksamkeitsfolge nur bei einem schwerwiegenden Mangel ein, ein solcher liegt nur bei einer willkürlichen Heranziehung des Ersatzmitglieds vor.

VII. Verletzungen der Betriebsverfassung durch den Arbeitgeber

Muster: Schaub ArbRFV-HdB/*Straube* C. Rn. 214.

31 **1. Zweck und Bedeutung des § 23 III BetrVG.** Die Norm soll ein Mindestmaß gesetzmäßigen Verhaltens des AG im Rahmen der betriebsverfassungsrechtlichen Ordnung sicherstellen. Darüber hinaus besteht Streit,[81] ob aus § 23 III BetrVG unter den dort genannten Voraussetzungen ein eigenständiger Unterlassungsanspruch folgt,[82] was nach der hier vertretenen Auffassung zu verneinen ist. Die Vorschrift begründet lediglich eine gesetzliche Prozessstandschaft für die in ihr genannten Berechtigten (→ Rn. 36). Diese können unabhängig von ihrer subjektiven Betroffenheit bei einem groben Verstoß des AG gegen seine betriebsverfassungsrechtliche Pflichtenstellung gegen diesen gerichtlich vorgehen. § 23 III BetrVG begründet weder materiell-rechtliche Ansprüche, noch schließt die Vorschrift ebensolche aus. Allerdings kann der BR im Bereich der §§ 98 V, 101, 104 BetrVG nicht nach § 23 III BetrVG vorgehen, die genannten Vorschriften sind insoweit abschließende Sonderregelungen, die ein entsprechendes Antragsrecht des BR (nicht der Gewerkschaft) verdrängen.[83] Zum allgemeinen Unterlassungsanspruch des BR → Rn. 41 ff.

[75] Dazu tendierend BAG 6.11.2013 AP Nr. 2 zu § 33 BetrVG 1972 = NZA-RR 2014, 196.
[76] BAG 10.11.2009 AP Nr. 43 zu § 99 BetrVG 1972 Eingruppierung = NZA-RR 2010, 416.
[77] BAG 19.3.2003 AP Nr. 77 zu § 40 BetrVG 1972 = NZA 2003, 870.
[78] Zuletzt BAG 27.9.2012 AP Nr. 74 zu § 15 KSchG 1969 = NZA 2013, 425.
[79] LAG Düsseldorf 13.4.2011 LAGE § 13 BetrVG 2001 Nr. 1.
[80] BAG 18.1.2006 – 7 ABR 25/05; 3.8.1999 AP Nr. 7 zu § 25 BetrVG 1972 = NZA 2000, 440.
[81] Zum Streitstand ausführlich GK-BetrVG/*Oetker* § 23 Rn. 154 ff.
[82] So BAG 27.11.1990 AP Nr. 41 zu § 87 BetrVG 1972 Arbeitszeit = NZA 1991, 382; 22.2.1983 AP Nr. 2 zu § 23 BetrVG 1972; krit. *Raab* RdA 2017, 288.
[83] BAG 22.2.1983 AP Nr. 2 zu § 23 BetrVG 1972; 5.12.1978 AP Nr. 4 zu § 101 BetrVG 1972.

2. Grober Pflichtverstoß. a) Begriff. Verstößt der AG grob gegen seine Pflichten aus dem Betriebsverfassungsgesetz, kann ihm durch das Arbeitsgericht aufgegeben werden, eine Handlung zu unterlassen, die Vornahme einer Handlung zu dulden oder eine Handlung vorzunehmen. Ein grober Verstoß des AG liegt vor, wenn es sich um eine objektiv erhebliche und offensichtlich schwerwiegende Pflichtverletzung handelt, wobei es auf ein Verschulden nicht ankommt. Er ist regelmäßig jedenfalls dann zu bejahen, wenn der AG mehrfach erzwingbare Mitbestimmungsrechte des BR übergangen hat. Deren drohende oder bereits erfolgte fehlerhafte Anwendung im Einzelfall allein reicht regelmäßig nicht aus.[84] Der Begriff entspricht dem in § 23 I BetrVG (→ Rn. 20); ein subjektiv vorwerfbares Verhalten des AG ist daher nicht erforderlich.[85] Der Verstoß muss allerdings objektiv so erheblich sein, dass die Anrufung des Arbeitsgerichts unter Berücksichtigung des Gebots zur vertrauensvollen Zusammenarbeit als gerechtfertigt erscheint,[86] wobei auch die Folgen der Zuwiderhandlung gegen das BetrVG zu berücksichtigen sind. Kein „grober" Verstoß ist gegeben, wenn der AG seine Rechtsposition in einer schwierigen und ungeklärten Rechtsfrage verteidigt.[87] Eine Verurteilung nach § 23 III BetrVG kommt aber in Betracht, wenn der BR bei regelungsbedürftigen Tatbeständen übergangen worden ist und nunmehr den AG zur künftigen Beachtung der gemeinsam wahrzunehmenden betriebsverfassungsrechtlichen Regelungsbefugnisse anhalten will; dabei kann ein einmaliger (eindeutiger) Verstoß ausreichend sein.[88] 32

b) Betriebsverfassungsrechtliche Ordnung. Sanktioniert werden Verstöße gegen die Pflichten aus dem BetrVG und anderen Gesetzen, soweit sie eine Pflichtenstellung des AG gegenüber dem BR enthalten (zB § 9 III ASiG, § 17 II KSchG). Auch betriebsverfassungsrechtliche Pflichten, die durch Tarifvertrag begründet werden, können Gegenstand eines Verfahrens nach § 23 III BetrVG sein, nicht aber Verstöße des AG gegen Pflichten aus dem Arbeitsvertrag. Auch die in den §§ 81 ff. BetrVG enthaltenen Pflichten und solche aus Betriebsvereinbarungen[89] gehören zu denen aus dem BetrVG.[90] Dies gilt auch, wenn die Betriebsvereinbarung nur noch nachwirkt. Zu unterscheiden ist bei der Antragstellung die auf einen Verbotsausspruch gerichtete Unterlassung betriebsverfassungswidrigen Verhaltens des AG und einem Unterlassungsantrag, der auf **betriebsvereinbarungswidriges Verhalten** des AG gestützt wird; hierbei handelt es sich wegen der abweichenden Anspruchsvoraussetzungen um unterschiedliche Verfahrensgegenstände.[91] 33

c) Wiederholungsgefahr. Der Anspruch nach § 23 III BetrVG setzt entweder einen andauernden rechtswidrigen Zustand oder eine Wiederholungsgefahr voraus (umstr.);[92] auch die Befürchtung einer (noch nicht eingetretenen) Rechtsverletzung ist nicht ausreichend. Hat der AG in der Vergangenheit grob gegen seine Pflicht verstoßen, eine Betriebsvereinbarung korrekt durchzuführen, beseitigt seine Zusicherung, dass in Zukunft ein betriebsvereinbarungswidriges Verhalten unterbleiben werde, noch nicht die Wiederholungsgefahr.[93] Für diese besteht vielmehr eine tatsächliche Vermutung, es sei denn, dass besondere Umstände einen neuen Eingriff unwahrscheinlich machen.[94] Bereits in der Vergangenheit liegende Verstöße des AG können unter Umständen den **Straftatbestand** des § 119 BetrVG erfüllen. 34

d) Einzelfälle. Als Verstöße gegen die Betriebsverfassung kommen insbesondere in Betracht: die wiederholte Nichtbeachtung der Beteiligungsrechte bei der Festlegung der Arbeitszeit (Überstunden [BAG 22.10.1991 AP Nr. 48 zu § 87 BetrVG 1972 Arbeitszeit = 35

[84] *Fischer* FS Düwell, 2011, 234.
[85] BAG 27.11.1990 AP Nr. 41 zu § 87 BetrVG 1972 Arbeitszeit = NZA 1991, 382; 8.8.1989 AP Nr. 15 zu § 87 BetrVG 1972 Ordnung des Betriebes = NZA 1990, 320.
[86] BAG 14.11.1989 AP Nr. 76 zu § 99 BetrVG 1972 = NZA 1990, 357.
[87] BAG 29.2.2000 AP Nr. 105 zu § 87 BetrVG 1972 Lohngestaltung = NZA 2000, 1066; 14.11.1989 AP Nr. 76 zu § 99 BetrVG 1972 = NZA 1990, 357; 18.4.1985 AP Nr. 5 zu § 23 BetrVG 1972 = NZA 1985, 783; 22.2.1983 AP Nr. 2 zu § 23 BetrVG 1972.
[88] BAG 28.5.2002 AP Nr. 39 zu § 87 BetrVG 1972 Ordnung des Betriebes = NZA 2003, 166; 14.11.1989 AP Nr. 76 zu § 99 BetrVG 1972 = NZA 1990, 357; enger BAG 18.4.1985 AP Nr. 5 zu § 23 BetrVG 1972 = NZA 1985, 783.
[89] BAG 23.6.1992 AP Nr. 20 zu § 23 BetrVG 1972 = NZA 1992, 1095; 10.11.1987 AP Nr. 24 zu § 77 BetrVG 1972 = NZA 1988, 255.
[90] BAG 16.11.2004 AP Nr. 3 zu § 82 BetrVG 1972 = NZA 2005, 416.
[91] BAG 22.10.2019 AP Nr. 145 zu § 87 BetrVG 1972 Arbeitszeit = NZA 2020, 123; 22.8.2017 AP Nr. 141 zu § 87 BetrVG 1972 Arbeitszeit = NZA 2018, 115.
[92] GK-BetrVG/*Oetker* § 23 Rn. 239; aA BAG 18.4.1985 AP Nr. 5 zu § 23 BetrVG 1972 = NZA 1985, 783.
[93] BAG 23.6.1992 AP Nr. 20 zu § 23 BetrVG 1972 = NZA 1992, 1095.
[94] BAG 29.2.2000 AP Nr. 105 zu § 87 BetrVG 1972 Lohngestaltung = NZA 2000, 1066.

NZA 1992, 376; 27.11.1990 AP Nr. 41 zu § 87 BetrVG 1972 Arbeitszeit = NZA 1991, 382], Pausenzeiten [BAG 7.2.2012 AP Nr. 128 zu § 87 BetrVG 1972 Arbeitszeit = NZA-RR 2012, 359], Schichtpläne [LAG Hamm 29.6.1993 BB 1994, 139]), der Ausgestaltung von Dienstkleidung (BAG 8.8.1989 AP Nr. 15 zu § 87 BetrVG 1972 Ordnung des Betriebes = NZA 1990, 320), bei Videoaufzeichnungen (BAG 23.6.1992 AP Nr. 20 zu § 23 BetrVG 1972 = NZA 1992, 1095), der Einführung eines EDV-Systems (LAG Hmb 5.2.1986 LAGE BetrVG 1972 § 23 Nr. 5), sowie bei personellen Maßnahmen (Versetzungen [BAG 19.1.2010 AP Nr. 47 zu § 23 BetrVG 1972 = NZA 2010, 659], Einsatz von Leiharbeitnehmern [HessLAG 9.2.1988 BB 1988, 1956], Maßnahmen der betrieblichen Berufsbildung [BAG 18.3.2014 – 1 ABR 77/12, NZA 2014, 987], Stellenausschreibungen [BAG 18.8.2009 AP Nr. 1 zu § 3 AGG = NZA 2010, 222]). Weiter sind Verstöße gegen die Betriebsverfassung bejaht worden bei der fehlenden oder fehlerhaften Durchführung einer Betriebsvereinbarung (BAG 10.11.1987 AP Nr. 24 zu § 77 BetrVG 1972 = NZA 1988, 255), dem Abschluss einer Betriebsvereinbarung unter Verstoß gegen den Tarifvorrang (§ 77 III BetrVG, BAG 20.8.1991 AP Nr. 2 zu § 77 BetrVG 1972 Tarifvorbehalt = NZA 1992, 317), einer unzulässigen parteipolitischen Betätigung, Störung des Betriebsfriedens und Verletzung des Benachteiligungsverbotes aus § 75 BetrVG (LAG Nds 9.3.1990 ArbuR 1991, 153; ArbG Verden 14.4.1989 NZA 1989, 943; LAG Köln 19.2.1988 DB 1989, 1341), der unzureichenden Unterrichtung über Neu-, Um- und Erweiterungsbauten (HessLAG 3.11.1992 BB 1993, 1948), bei Wahlbehinderung und -beeinflussung, sowie der unzureichenden Unterstützung der Betriebsratswahl (LAG Hamm 27.4.1972 DB 1972, 1297), dem Öffnen der an den BR adressierten Post (ArbG Köln 21.3.1989 CR 1990, 208), einem Verstoß gegen das Zutrittsrecht nach § 2 BetrVG (HessLAG 8.2.1990 BB 1990, 1626; LAG Hamm 27.4.1972 DB 1972, 1119), bei Druckausübung auf AN wegen krankheitsbedingter Fehlzeiten (LAG Köln 19.2.1988 DB 1989, 1341) sowie bei einem Aushang über abgemahnte AN am Schwarzen Brett (ArbG Regensburg 28.7.1989 AiB 1989, 354). Kein Verstoß ist hingegen eine scharfe Kritik des AG am BR (LAG Köln 21.3.1995 LAGE § 23 BetrVG 1972 Nr. 37).

36 **3. Antragsberechtigung.** Antragsberechtigt sind der BR, GBR sowie KBR oder eine im Betrieb vertretene Gewerkschaft (§ 23 III 1 BetrVG). Die gesetzliche Regelung ist abschließend, andere Organe des BR (zB Betriebsratsausschüsse, Arbeitsgruppen, JAV) oder einzelne AN sind nicht antragsberechtigt. Die Antragsberechtigten müssen nicht Inhaber des verletzten Rechts sein. Es besteht eine gesetzliche Prozessstandschaft.[95] Der BR kann daher die grobe Verletzung von Rechten der Gewerkschaft geltend machen und umgekehrt. Der Antrag kann ebenso auf die Verletzung von betriebsverfassungsrechtlich gesicherten Individualrechten (zB §§ 81 ff. BetrVG) oder Rechten anderer Organe der Betriebsverfassung (Wirtschaftsausschuss, Schwerbehindertenvertretung) gestützt werden.

37 **4. Erkenntnisverfahren.** Das Verfahren nach § 23 III BetrVG wird nur auf Antrag eines Antragsberechtigten eingeleitet. Das Arbeitsgericht entscheidet im Beschlussverfahren (§ 2a I Nr. 1, II ArbGG). Im Antrag muss dem AG aufgegeben werden, künftig eine bestimmte vertretbare oder unvertretbare Handlung vorzunehmen, diese zu unterlassen oder die Vornahme einer bestimmten Handlung durch Dritte zu dulden. Feststellungsanträge können nicht Gegenstand eines Verfahrens nach § 23 III BetrVG sein, das Erkenntnisverfahren beschränkt sich auf Handlungen, die der Vollstreckung nach den §§ 887, 888, 890 ZPO zugänglich sind. In Anträgen nach § 23 III 1 BetrVG muss der Streitgegenstand so genau bezeichnet werden, dass die eigentliche Streitfrage mit Rechtskraftwirkung zwischen den Beteiligten entschieden werden kann. Einem Unterlassungsantrag muss entnommen werden können, worauf sich das erstrebte Verbot zeitlich genau erstrecken bzw. wann es konkret ausgelöst werden soll. Ist der Antrag – auch nach der gebotenen Auslegung[96] und der Ausübung des richterlichen Fragerechts – zu unbestimmt und kann aus ihm nicht vollstreckt werden, ist er als unzulässig abzuweisen. Ein **Globalantrag,** mit dem dem AG aufgegeben werden soll, allgemein für alle denkbaren Fallgestaltungen Mitbestimmungsrechte zu beachten, ist grundsätzlich zulässig, aber risikoreich. Erfasst er auch nur einen Fall, in dem die geltend gemachte Rechtsverletzung nicht gegeben ist, ist er insgesamt als unbegründet zurückzuweisen.[97] Zulässig und regelmäßig auch zweckmäßig ist es, den Antrag nach § 23 III BetrVG mit der Androhung zu verbinden, dem AG bei einer Zuwiderhandlung zu einem Ordnungs- bzw. Zwangsgeld zu verurteilen. Die Verhängung von Ordnungshaft darf

[95] BAG 20.8.1991 AP Nr. 2 zu § 77 BetrVG 1972 Tarifvorbehalt = NZA 1992, 317.
[96] BAG 19.1.2010 AP Nr. 47 zu § 23 BetrVG 1972 = NZA 2010, 659 (zur Rechtskraftwirkung).
[97] BAG 10.3.1992 AP Nr. 1 zu § 77 BetrVG 1972 § 77 Regelungsabrede = NZA 1992, 952.

nicht angedroht werden.[98] Einstweilige Verfügungen sind im Rahmen eines Verfahrens nach § 23 III BetrVG nach der hier vertretenen Auffassung nicht statthaft.[99] Die Verurteilung zu einem Ordnungs- oder Zwangsgeld setzt die Rechtskraft der gerichtlichen Entscheidung voraus. Dies verträgt sich nicht mit der notwendigen Eilbedürftigkeit eines auf Erlass einer einstweiligen Verfügung gerichteten Verfahrens. Allerdings kommt eine einstweilige Verfügung zur Sicherung der Mitbestimmungsrechte des BR in Betracht.

5. Vollstreckungsverfahren. a) Grundsatz. Das in § 23 III 2–5 BetrVG enthaltene Verfahren verdrängt insoweit als Sonderregelung § 85 I 3 ArbGG. Unterschieden wird nach der Art der zu vollstreckenden Verpflichtung. Hat der AG die Vornahme einer Handlung zu dulden oder eine Handlung zu unterlassen, gilt § 23 III 2 BetrVG; Zwangsmittel ist insoweit das Ordnungsgeld. Die Verpflichtung zur Vornahme einer Handlung richtet sich nach § 23 III 3 BetrVG und wird durch Zwangsgeld durchgesetzt. Vollstreckungstitel kann auch ein gerichtlicher **Vergleich** sein; seine Vollstreckung richtet sich nach den allgemeinen Vorschriften der ZPO (§ 85 I ArbGG, §§ 888, 890 ZPO).[100] Das Verfahren nach § 23 III BetrVG steht der Vollstreckung nicht entgegen, jedoch haben sich die Beträge für die Zwangsmittel an der in § 23 III BetrVG genannten Höchstgrenze von 10 000 EUR zu orientieren. Die Betriebspartner können keine Vereinbarung treffen, durch die sich der AG verpflichtet, an den BR[101] oder an einen Dritten[102] im Falle der Verletzung von Mitbestimmungsrechten eine **Vertragsstrafe** zu bezahlen. Dies gilt wegen des Begünstigungsverbots aus § 78 S. 2 BetrVG gleichermaßen für eine Unterlassungserklärung, nach der die Vertragsstrafe an ein einzelnes Betriebsratsmitglied zu zahlen ist.[103] 38

b) Duldung oder Unterlassung einer Handlung. Handelt der AG einer ihm durch rechtskräftige gerichtliche Entscheidung auferlegten Verpflichtung zur Duldung oder Unterlassung einer Handlung zuwider, setzt das Vollstreckungsverfahren nach § 23 III 2 BetrVG voraus: **(1)** die Androhung der Verhängung eines Ordnungsgelds bei Nichtbefolgung der im Beschluss ausgesprochenen Verpflichtung; diese kann bereits in den Beschluss aufgenommen werden[104] und muss noch nicht rechtskräftig sein. Ein Ordnungsgeld in einer bestimmten Höhe braucht nicht angedroht worden sein, jedoch muss die Höchstgrenze (10 000 EUR) genannt werden; **(2)** die schuldhafte Nichtbefolgung der im rechtskräftigen Beschluss ausgesprochenen Verpflichtung; der AG muss einer ihm gegenüber ergangenen Unterlassungsverfügung genügen können. Da das Ordnungsgeld eine repressive Rechtsfolge für die vorausgegangene Pflichtverletzung ist, ist seine Verhängung auch dann noch zulässig, wenn der AG zwischenzeitlich die Verpflichtung erfüllt;[105] **(3)** den Antrag eines Antragsberechtigten, dies muss nicht notwendigerweise der Antragsteller des Erkenntnisverfahrens sein. Vor der Festsetzung eines Ordnungsgelds muss eine Vollstreckungsklausel (§ 724 ZPO) vorliegen.[106] Die Festsetzung eines Ordnungsgelds ohne vorherige Erteilung einer Vollstreckungsklausel führt nicht zur Nichtigkeit des Vollstreckungsbeschlusses, sondern kann im Beschwerdeverfahren mit ex tunc-Wirkung nachgeholt werden.[107] Bei der Festlegung der Höhe eines Ordnungsgelds hat sich das Gericht in erster Linie davon leiten zu lassen, welcher Druck erforderlich erscheint, um den Schuldner künftig zur Titelbefolgung zu veranlassen. Dabei sind sowohl der Grad des Verschuldens zu berücksichtigen als auch die wirtschaftliche Leistungsfähigkeit des Schuldners, ferner der wirtschaftliche Erfolg, den der Schuldner bei einer weiteren Nichtbeachtung des Titels erzielen könnte.[108] Das Ordnungsgeld kann wegen einer Verpflichtung mehrfach, jedoch nur bis zur Höchstgrenze von 10 000 EUR festgesetzt werden; werden mehrere Verpflichtungen durch Ordnungsgeld geahndet, kann das Höchstmaß für jede einzelne Zuwiderhandlung ausgeschöpft werden. 39

---

[98] BAG 5.10.2010 AP Nr. 12 zu § 85 ArbGG 1979 = NZA 2011, 174.
[99] LAG Köln 21.2.1989 LAGE § 23 BetrVG 1972 Nr. 20; LAG Hamm 4.2.1977 LAGE § 23 BetrVG 1972 Nr. 3; aA LAG Köln 19.3.2004 ArbuR 2004, 398; GK-BetrVG/*Oetker* § 23 Rn. 262.
[100] BAG 25.8.2004 AP Nr. 41 zu § 23 BetrVG 1972.
[101] BAG 29.9.2004 AP Nr. 81 zu § 40 BetrVG 1972 = NZA 2005, 123.
[102] BAG 19.1.2010 AP Nr. 49 zu § 99 BetrVG 1972 Versetzung = NZA 2010, 592.
[103] Dazu *Gehlhaar* ArbuR 2008, 380.
[104] HessLAG 26.3.1992 NZA 1993, 816; 3.6.1988 NZA 1989, 233; LAG Brem 12.4.1989 MDR 1989, 672.
[105] BT-Drs. VII/550, 195.
[106] LAG Brem 11.3.1993 DB 1993, 839.
[107] LAG Hamm 3.5.2007 – 10 Ta 692/06.
[108] BGH 30.3.1993 NJW 1994, 45.

40 **c) Nichtvornahme einer Handlung.** Führt dagegen der AG die ihm durch eine **(1)** rechtskräftige gerichtliche Entscheidung **(2)** auferlegte vertretbare oder unvertretbare Handlung **(3)** nicht durch (§ 23 III 3 BetrVG), ist **(4)** auf Antrag vom Arbeitsgericht zu erkennen, dass er durch Zwangsgeld zur Vornahme der Handlung anzuhalten sei. Insoweit handelt es sich um eine Beugemaßnahme, für die kein vorangegangenes Verschulden erforderlich ist; auch eine vorherige Androhung des Zwangsgelds ist nicht erforderlich. Das Arbeitsgericht kann ein Zwangsgeld bis zur Höhe von 10 000 EUR festsetzen, seine Festsetzung oder Beitreibung ist ausgeschlossen, wenn der AG zwischenzeitlich seine Verpflichtung erfüllt. Das Zwangsgeld kann mehrfach festgesetzt werden, jedoch darf ein Betrag von insgesamt 10 000 EUR nicht überschritten werden.

41 **d) Verfahren.** Die Festsetzung der Vollstreckungsmaßnahme kann ohne mündliche Verhandlung durch den Vorsitzenden der Kammer allein erfolgen (§§ 85, 53 ArbGG, § 891 ZPO), der AG ist jedoch stets vorher anzuhören. Gegen den Beschluss des Arbeitsgerichts ist die sofortige Beschwerde an das LAG gegeben (§ 793 ZPO),[109] das abschließend entscheidet, sofern es nicht die Rechtsbeschwerde (§ 574 I ZPO) an das BAG zulässt. Eine Nichtzulassungsbeschwerde gegen die Nichtzulassung der Rechtsbeschwerde ist unzulässig.[110] Die Vollstreckung der Zwangsmittel erfolgt beim Ordnungsgeld von Amts wegen nach Maßgabe der Justizbeitreibungsordnung, für die Verhängung des Zwangsgeldes ist hingegen ein Antrag erforderlich. Die beigetriebenen Beträge verfallen der Staatskasse. Nicht vorgesehen ist die Verhängung von Zwangshaft.

42 **6. Allgemeiner Unterlassungsanspruch des Betriebsrats. a) Rechtsprechungsentwicklung.** Die Rspr. des BAG zum allgemeinen Unterlassungsanspruch war in der Vergangenheit nicht einheitlich. Das Gericht hat zunächst angenommen, dass das BetrVG nur in den gesetzlich aufgezählten Fällen dem BR bei Verletzung seiner Mitwirkungsrechte einen Unterlassungsanspruch einräumt, zB §§ 74 II 2, 80 II, 91 S. 1, 93, 95 II 1, 104 S. 1 BetrVG. Dagegen hat es seit 1983 einen allgemeinen Unterlassungsanspruch verneint, wenn der AG die Mitbestimmungs- und Mitwirkungsrechte des BR verletzt.[111] Das Schrifttum hat dem BAG zu Recht entgegengehalten, die Mitbestimmungsrechte des BR aus §§ 87, 111 ff. BetrVG würden ausgehöhlt, wenn dem BR kein umfassender Unterlassungsanspruch eingeräumt werde. Auch die Rspr. der Instanzgerichte ist dem BAG vielfach nicht gefolgt.

43 **b) Mitbestimmung in sozialen Angelegenheiten.** Seit 1994 vertritt das BAG in gefestigter Rspr. die Auffassung, dass dem BR jedenfalls bei Verletzung seiner Mitbestimmungsrechte aus § 87 BetrVG ein allgemeiner und von den Voraussetzungen des § 23 III BetrVG unabhängiger Unterlassungsanspruch gegenüber der mitbestimmungswidrigen Maßnahme zusteht[112] (→ § 235 Rn. 19). Der Anspruch wird abgeleitet entweder aus der verletzten Mitbestimmungsvorschrift selbst,[113] aus § 78 S. 1 BetrVG[114] bzw. dem gesetzlichen Schuldverhältnis zwischen AG und BR.[115] Der allgemeine Unterlassungsanspruch wegen der Verletzung von Mitbestimmungsrechten aus § 87 BetrVG setzt eine Wiederholungsgefahr voraus. Für diese besteht aufgrund der in der Vergangenheit erfolgten Verletzung eine tatsächliche Vermutung, es sei denn, dass besondere Umstände einen neuen Eingriff unwahrscheinlich machen.[116] Der Anspruch kann durch einstweilige Verfügung durchgesetzt werden, zB, wenn ansonsten die Durchsetzung des Mitbestimmungsrechts des BR durch Zeitablauf vereitelt werden würde. Der allgemeine Unterlassungsanspruch zielt nach seinem Sinn und Zweck nicht auf die Aufrechterhaltung eines betriebsverfassungswidrigen Zustands, sondern dessen künftige Vermeidung ab. Deshalb kann der BR mit seinem Antrag nicht die Herbeiführung eines betriebsverfassungswidrigen Zustands verlangen.[117] Dem Anspruch kann der Einwand entgegengesetzt werden, der BR verstoße mit der Durchsetzung seiner formalen Rechtsposition aufgrund seines vorangegangenen Verhaltens gegen das Gebot zur vertrauensvollen Zusammenarbeit aus § 2 I BetrVG (→ § 215 Rn. 20).[118]

---

[109] LAG Bln 27.2.1989 LAGE § 23 BetrVG 1972 Nr. 18.
[110] BAG 2.6.2008 EzA Nr. 2 zu § 23 BetrVG 2001.
[111] BAG 8.11.1983 AP Nr. 11 zu § 87 BetrVG 1972 Arbeitszeit; aA BAG 18.4.1985 AP Nr. 5 zu § 23 BetrVG 1972 = NZA 1985, 783.
[112] BAG 3.5.1994 AP Nr. 23 zu § 23 BetrVG 1972 = NZA 1995, 40; bestätigt durch 23.7.1996 AP Nr. 68 zu § 87 BetrVG 1972 Arbeitszeit = NZA 1997, 274.
[113] BAG 3.5.1994 AP Nr. 23 zu § 23 BetrVG 1972 = NZA 1995, 40 („Nebenleistungsanspruch").
[114] BAG 12.11.1997 AP Nr. 27 zu § 23 BetrVG 1972 = NZA 1998, 559.
[115] So zu Recht GK-BetrVG/*Oetker* § 23 Rn. 170 ff. mwN.
[116] BAG 29.2.2000 AP Nr. 105 zu § 87 BetrVG 1972 Lohngestaltung = NZA 2000, 1066.
[117] BAG 12.3.2019 AP Nr. 51 zu § 23 BetrVG 1972 = NZA 2019, 843.
[118] BAG 12.3.2019 AP Nr. 51 zu § 23 BetrVG 1972 = NZA 2019, 843.

c) Sonstige beteiligungspflichtige Angelegenheiten. Das BAG hat bisher offengelassen, ob ein Unterlassungsanspruch auch außerhalb der sozialen Mitbestimmung besteht. Diese Frage kann – worauf das BAG zu Recht hingewiesen hat – nicht allgemeingültig beantwortet werden, die Existenz und Ausgestaltung des Unterlassungsanspruchs sind vielmehr abhängig von der Intensität des Beteiligungsrechts und den spezialgesetzlich geregelten Rechtsschutzmöglichkeiten. Die Anerkennung eines gesetzlich nicht ausdrücklich geregelten Unterlassungsanspruchs ist danach davon abhängig, ob ein solcher Anspruch zur Sicherung eines Beteiligungsrechts erforderlich ist. Verneint hat das BAG einen allgemeinen Unterlassungsanspruch des BR gegenüber Maßnahmen des AG, soweit der BR geltend macht, in dem beanstandeten Verhalten liege eine Verletzung des Persönlichkeitsrechts von AN (§ 75 II 1 BetrVG); offengelassen hat es ihn ausdrücklich für eine behauptete Verletzung der Gleichbehandlungspflicht (§ 75 I BetrVG).[119] Besteht kein allgemeiner Unterlassungsanspruch, kann der BR bei groben Verletzungen seiner Beteiligungsrechte immer noch nach § 23 III BetrVG (→ Rn. 31) gegen den AG vorgehen. Zum Unterlassungsanspruch des BR bei personellen Einzelmaßnahmen → § 241 Rn. 72 und bei Betriebsänderungen → § 244 Rn. 28 f. 44

d) Verfahren. Der allgemeine Unterlassungsanspruch kann anders als der Unterlassungsanspruch nach § 23 III BetrVG nur von der anspruchsberechtigten Arbeitnehmervertretung (BR/GBR/KBR) geltend gemacht werden; eine Möglichkeit zur Durchsetzung im Wege der Prozessstandschaft wie bei § 23 III BetrVG besteht nicht. Die **Vollstreckung** des allgemeinen Unterlassungsanspruchs richtet sich nach § 85 I ArbGG. Die Möglichkeit der Androhung eines Ordnungsgelds nach § 890 ZPO wird nicht durch die Regelung in § 23 III BetrVG ausgeschlossen oder eingeschränkt, da diese insoweit keine abschließende Regelung enthält. Die Zwangsvollstreckung ist nur dann ausgeschlossen, wenn bereits ein Verfahren nach § 23 III BetrVG stattgefunden hat. Auch nach Durchführung des Zwangsgeldverfahrens aus § 101 BetrVG kann noch ein Verfahren nach § 23 III BetrVG durchgeführt werden.[120] Das Ordnungsgeld ist auch bei einer Zwangsvollstreckung eines Unterlassungstitels aufgrund eines allgemeinen Unterlassungsanspruchs des BR analog § 23 III 5 BetrVG auf 10 000 EUR begrenzt;[121] zur Zulässigkeit einer **Vertragsstrafenzahlung** durch den AG → Rn. 38. Die Vollstreckung kann gemäß § 767 ZPO für unzulässig erklärt werden, wenn der dem Titel zugrunde liegende Unterlassungsanspruch aufgrund nachträglich entstandener Einwendungen weggefallen ist.[122] 45

7. Verstoß gegen das AGG. a) Grundsatz. Nach § 17 II AGG sind der BR und die im Betrieb vertretenen Gewerkschaften entsprechend § 23 III BetrVG berechtigt, bei groben Verstößen des AG gegen seine Verpflichtungen aus den §§ 6 ff. AGG gegen diesen gerichtlich vorzugehen. Die Vorschrift findet auf Betriebe, die die Voraussetzungen des § 1 I 1 BetrVG nicht erfüllen, keine Anwendung. Besteht in einem Betrieb mit zumindest fünf Beschäftigten kein BR, tritt der GBR nur dann an die Stelle des BR, wenn der Verstoß mehrere Betriebe eines Unternehmens betrifft. Ein kollektiver Bezug der Zuwiderhandlung des AG gegen das AGG ist nicht erforderlich;[123] ebenso wenig muss das beanstandete Verhalten zugleich einen Verstoß des AG gegen seine Pflichtenstellung aus dem BetrVG darstellen.[124] Für die Klagebefugnis der Gewerkschaften ist es ausreichend, dass sie über ein Mitglied im Betrieb verfügen. Werden sie zugunsten eines nicht- oder anders organisierten AN tätig, liegt hierin keine Verletzung der negativen Koalitionsfreiheit.[125] 46

b) Inhalt. Die nach § 17 II AGG Antragsberechtigten können dem AG unter den Voraussetzungen des § 23 III BetrVG etwa aufgeben, im Widerspruch zu den Vorgaben des AGG stehende Personalmaßnahmen[126] (zB bei der Einstellung, der Beförderung sowie der Vergütung) bzw. eine nach § 11 AGG unzulässige Stellenausschreibung zu unterlassen,[127] die nach § 12 AGG erforderlichen organisatorischen Schutzmaßnahmen (Durchführung von Schulungs- und Infor- 47

[119] BAG 28.5.2002 AP Nr. 39 zu § 87 BetrVG 1972 Ordnung des Betriebes = NZA 2003, 166; 3.5.1994 AP Nr. 23 zu § 23 BetrVG 1972 = NZA 1995, 40.
[120] BAG 17.3.1987 AP Nr. 7 zu § 23 BetrVG 1972 = NZA 1987, 786.
[121] BAG 5.10.2010 AP Nr. 12 zu § 85 ArbGG 1979 = NZA 2011, 174; 29.4.2004 AP Nr. 3 zu § 77 BetrVG 1972 Durchführung = NZA 2004, 670.
[122] BAG 19.6.2012 NZA 2012, 1179.
[123] *Besgen* BB 2007, 213 (214); aA *Klumpp* NZA 2006, 904 (906).
[124] *Hayen* ArbuR 2007, 6 (9).
[125] AA *Klumpp* NZA 2006, 904 (905).
[126] *Hayen* ArbuR 2007, 6 (10) (Einstellungspraxis).
[127] BAG 18.8.2009 AP Nr. 1 zu § 3 AGG = NZA 2010, 222.

mationsveranstaltungen) zu treffen, eine geeignete Beschwerdestelle (§ 13 AGG) einzurichten[128] sowie maßregelnde Maßnahmen zu unterlassen (§ 16 AGG). Nach § 17 II 2 AGG sind der BR und die im Betrieb vertretene Gewerkschaft nicht berechtigt, Rechtsansprüche einzelner AN im Verfahren nach § 17 II AGG durchzusetzen, eine gesetzliche Prozessstandschaft für Individualansprüche, insbesondere von Entschädigungsansprüchen, hat der Gesetzgeber nicht eröffnet. Diese Einschränkung steht der Durchsetzung von Maßnahmen entgegen, auf deren Vornahme, Duldung bzw. Unterlassung (auch) ein individualrechtlicher Anspruch besteht.

48 **c) Verfahren.** Für den Begriff der „groben Pflichtverletzung" gelten die unter → Rn. 32 ff. dargestellten Grundsätze.[129] Ein Antrag nach § 17 II AGG setzt daher regelmäßig kein Verschulden des AG voraus (→ Rn. 33). Für eine Wiederholungsgefahr besteht bereits nach einem einmaligen Verstoß eine tatsächliche Vermutung (→ Rn. 34). Der Antrag nach § 17 II AGG ist im Beschlussverfahren zu verfolgen. Die Klagefrist des § 61b ArbGG gilt für das Verfahren nach § 17 II AGG nicht. An dem Verfahren ist der benachteiligte AN nicht zu beteiligen, da er durch das Verfahren nicht in seiner betriebsverfassungsrechtlichen Stellung (§ 83 III ArbGG) betroffen wird. Der in einem Verfahren nach § 17 II AGG festgestellte grobe Verstoß des AG gegen dessen Verpflichtungen aus dem AGG entfaltet daher keine Rechtskraft-, wohl aber Präjudizwirkung zugunsten des AN. Eine negative Entscheidung im Beschlussverfahren wirkt sich jedoch wegen der fehlenden Beteiligung des AN nicht zu seinen Lasten aus. Die Regelung des § 22 AGG findet wegen des im Beschlussverfahren geltenden Untersuchungsgrundsatzes keine Anwendung.[130] Die Kosten des BR für die Durchführung des Verfahrens nach § 17 II AGG trägt im Rahmen der Erforderlichkeit (→ § 222 Rn. 7) der AG. Für die Übernahme der Rechtsverfolgungskosten der Gewerkschaft fehlt es an einer Anspruchsgrundlage, da § 2 I BetrVG auch nicht analog anzuwenden ist. Ein im Verfahren nach § 17 II AGG verhängtes Ordnungsgeld verfällt der Staatskasse und ist grundsätzlich nicht auf eine Entschädigung nach § 15 II AGG anzurechnen.[131]

§ 220. Geschäftsführung des Betriebsrats

Übersicht

I. Rechtsstellung des Betriebsrats

1 Der aus der Betriebsratswahl hervorgegangene BR ist kraft Gesetzes Vertreter der Arbeitnehmerschaft des Betriebs ohne Rechtspersönlichkeit und ohne eigene Vermögensrechte.[1] Er nimmt die Betriebsratsaufgaben in eigenem Namen wahr, ohne an Weisungen der Betriebsver-

[128] Dazu BAG 21.7.2009 AP Nr. 1 zu § 13 AGG = NZA 2009, 1049.
[129] BAG 18.8.2009 AP Nr. 1 zu § 3 AGG = NZA 2010, 222.
[130] *Besgen* BB 2007, 213 (216) unter Hinweis auf die fehlenden unionsrechtlichen Vorgaben.
[131] AA *Klumpp* NZA 2007, 904 (905 f.).
[1] BAG 9.6.1975 AP Nr. 6 zu § 83 ArbGG 1953.

sammlung oder von Belegschaftsmitgliedern gebunden zu sein. Der BR hat unter Beachtung der geltenden Tarifverträge vertrauensvoll und im Zusammenwirken mit den im Betrieb vertretenen Gewerkschaften und Arbeitgeberverbänden zum Wohl der AN und des Betriebs (§ 2 BetrVG) zusammenzuarbeiten (→ § 215 Rn. 11 ff.). Die Grundsätze über Presseerklärungen des BR und den Zutritt von Pressevertretern zu den Räumlichkeiten des BR sind unter → § 215 Rn. 18 dargestellt.

II. Der Betriebsratsvorsitzende

1. Wahl. Der BR hat, um arbeitsfähig zu werden und nach außen ein Vertretungsorgan zu haben, aus seiner Mitte den Vorsitzenden und seinen Stellvertreter zu wählen (§ 26 I BetrVG). Die Vorschrift gilt entsprechend für den GBR und KBR (§§ 51 I, 59 I BetrVG) sowie nach §§ 65 I, 73 II und 73b II BetrVG für die JAV, die Gesamt-JAV und die Konzern-JAV. Nähere Wahlvorschriften für die Wahl des Vorsitzenden bestehen nicht. Auch die vorgeschlagenen Kandidaten nehmen anders als die Mitglieder der JAV an der Wahl teil, können sich aber der Stimme enthalten. Der BR muss beschlussfähig sein (§ 33 II BetrVG). Die absolute Mehrheit ist für die Wahl des Vorsitzenden nicht notwendig. Bei Stimmengleichheit kann ein weiterer Wahlgang durchgeführt werden, bevor es zum Losentscheid kommt. Die gewählte Person kann die Wahl ablehnen. Für die Wahl des Vorsitzenden und des Stellvertreters gilt § 15 II BetrVG nicht. Die Wahl kann bei einem Verstoß gegen wesentliche Wahlvorschriften innerhalb von zwei Wochen in analoger Anwendung von § 19 BetrVG angefochten werden, anfechtungsberechtigt sind die dort genannten Stellen,[2] also auch die Gewerkschaft.[3] Bei betriebsratsinternen Anfechtungen tritt an die Stelle von drei Anfechtungsberechtigten nach § 19 BetrVG ein Betriebsratsmitglied. Die Abwahl des Betriebsratsvorsitzenden oder seines Stellvertreters ist jederzeit ohne besondere Begründung zulässig; ein Mehrheitsbeschluss genügt. Die Amtsinhaber können die Funktionen ebenso jederzeit ohne Angabe von Gründen niederlegen; bis zu einer Neuwahl bleiben sie aber im Amt. 2

2. Funktionsfähigkeit. a) Konstituierung. Umstritten ist, ob die Beteiligungspflicht bereits mit Bekanntgabe des Wahlergebnisses des gewählten BR beginnt oder erst nach dessen Konstituierung, dh nach Wahl des Betriebsratsvorsitzenden und seines Stellvertreters (§ 27 II BetrVG). Nach Auffassung des 6. Senats des BAG besteht bis zur Wahl des Vorsitzenden grundsätzlich keine Beteiligungspflicht.[4] Richtigerweise besteht die Beteiligungspflicht bereits mit Bekanntgabe des Wahlergebnisses (§ 21 BetrVG) und unabhängig von der Konstituierung.[5] Allerdings kann der AG vor der Wahl des Vorsitzenden und seines Stellvertreters jedem Betriebsratsmitglied gegenüber Erklärungen über beteiligungspflichtige Tatbestände (zB § 102 BetrVG) abgeben. Es ist dann Aufgabe der neugewählten Betriebsratsmitglieder bzw. des Wahlvorstands, möglichst umgehend die Handlungsfähigkeit des BR herbeizuführen. 3

b) Funktionsunfähigkeit. Besteht ein BR, entfällt die Beteiligungspflicht nur, wenn alle Betriebsrats- und Ersatzmitglieder gleichzeitig und nicht nur kurzfristig an der Amtsausübung gehindert sind, zB bei Krankheit, Befangenheit, Betriebsferien oder vorübergehender Abwesenheit. Nur bei Verhinderung aller Mitglieder ist der BR funktionsunfähig. Er ist deshalb zu beteiligen, wenn auch nur ein einziges Betriebsrats- bzw. Ersatzmitglied sein Amt ausüben kann. Dies gilt selbst dann, wenn der BR während des Beteiligungsverfahrens dauerhaft oder nur vorübergehend nach § 33 II BetrVG nicht beschlussfähig ist. Das BAG wendet in diesem Fall § 22 BetrVG entsprechend an. Danach sind die verbleibenden Mitglieder des BR als befugt anzusehen, während der Zeit der Verhinderung der anderen Betriebsratsmitglieder die Geschäfte des BR weiterzuführen. Der verbleibende BR ist beschlussfähig, wenn zumindest die Hälfte der anwesenden Betriebsratsmitglieder an der Beschlussfassung teilnimmt.[6] Ist der BR allerdings wegen vorübergehender Verhinderung aller Betriebsrats- und Ersatzmitglieder funktionsunfähig, ist der AG regelmäßig nicht zum Abwarten verpflichtet. Das Bestehen eines funktionsfähigen Gremiums zählt zur Risikosphäre des BR und rechtfertigt nicht eine auch nur zeitweise Blockade einer beteiligungspflichtigen Angelegenheit.[7] 4

---

[2] BAG 13.11.1991 AP Nr. 9 zu § 26 BetrVG 1972 = NZA 1992, 944.
[3] BAG 12.10.1976 AP Nr. 2 zu § 26 BetrVG 1972.
[4] BAG 23.8.1984 AP Nr. 36 zu § 102 BetrVG 1972 = NZA 1985, 566.
[5] BAG 28.9.1983 AP Nr. 1 zu § 21 BetrVG 1972 = NZA 1984, 52.
[6] BAG 18.8.1982 AP Nr. 24 zu § 102 BetrVG 1972.
[7] BAG 23.8.1984 AP Nr. 36 zu § 102 BetrVG 1972 = NZA 1985, 566.

5 **3. Aufgaben. a) Übersicht.** Dem Betriebsratsvorsitzenden obliegt, **(1)** in BR mit weniger als neun Mitgliedern die Führung der laufenden Geschäfte des BR, sofern ihm diese übertragen worden sind (§ 27 III BetrVG), **(2)** die Einberufung der Betriebsratssitzungen (§ 29 II, III BetrVG), **(3)** die Leitung der Betriebsversammlung (§ 42 I 1 BetrVG), **(4)** die Teilnahme an Sitzungen der JAV (§ 65 II BetrVG), **(5)** die beratende Teilnahme an Sprechstunden der JAV (§ 69 BetrVG), **(6)** die Mitgliedschaft im Betriebsausschuss (§ 27 I BetrVG) und **(7)** die Unterzeichnung der Sitzungsniederschrift (§ 34 I BetrVG). Daneben führt er die laufenden Geschäfte des BR, wozu die Erledigung des Schriftverkehrs, Entgegennahme von Anträgen von AN, die Einholung von Auskünften, die Vorbereitung von Betriebsratssitzungen sowie von Betriebs-, Teil- und Abteilungsversammlungen gehören.

6 **b) Vertretung.** Der Vorsitzende oder im Falle seiner Verhinderung sein Stellvertreter vertreten den BR im Rahmen der von ihm gefassten Beschlüsse (§ 26 II 1 BetrVG). Sie sind also lediglich Vertreter in der Erklärung, nicht im Willen.[8] Andererseits sind diese Personen entsprechend zur Entgegennahme von Erklärungen für den BR befugt (§ 26 II 2 BetrVG). Die Befugnis von Vorsitzendem bzw. Stellvertreter zur Abgabe und Entgegennahme von Erklärungen besteht auch in eigenen Angelegenheiten, sie dürfen lediglich an der Beratung und anschließenden Beschlussfassung nicht mitwirken.[9] Sind beide verhindert, kann der AG ein Beteiligungsverfahren auch gegenüber jedem Betriebsratsmitglied einleiten.[10] Der Betriebsratsvorsitzende ist berechtigt, aber nicht verpflichtet, Erklärungen außerhalb der Arbeitszeit oder außerhalb der Betriebsräume entgegenzunehmen. Der BR kann aber nicht verlangen, dass im Falle der Ortsabwesenheit des Betriebsratsvorsitzenden dessen Aufenthaltsort zur Aushändigung von Erklärungen aufgesucht werden muss;[11] bei Ortabwesenheit oder Krankheit liegt regelmäßig ein Verhinderungsfall vor, so dass der BR seine Handlungsfähigkeit sicherstellen muss, wenn auch der Stellvertreter nicht verfügbar ist.[12] Der BR kann in seiner Gesamtheit tätig werden oder andere Mitglieder in bestimmten Einzelfällen zu Erklärungsvertretern bestellen.[13] Einzelheiten können in der Geschäftsordnung (§ 36 BetrVG) geregelt werden. Erklärungen gegenüber dem Betriebsratsvorsitzenden gehen nach § 26 II 2 BetrVG dem BR zu und setzen Fristen in Gang. Andere Betriebsratsmitglieder sind nur Boten. Eine Erklärung ist dem BR deshalb solange nicht zugegangen, bis der BR als solcher oder der Vorsitzende Kenntnis erlangt haben. Die Erteilung einer Generalvollmacht an den Betriebsratsvorsitzenden zur Erledigung der Aufgaben des BR ist unwirksam, da das Gesetz nicht ihm, sondern dem Betriebsratsgremium die Befugnisse einräumt.[14] Jedoch kann der BR Weisungen und Richtlinien beschließen, in deren Rahmen der Vorsitzende verhandeln und ggf. eine Vereinbarung abschließen kann.[15] Diesem können – anders als dem Betriebsausschuss – keine Aufgaben, zB die Anhörung nach § 102 BetrVG, die Einleitung von Beschlussverfahren oder die Beauftragung eines Rechtsanwalts zur selbständigen Erledigung übertragen werden.[16]

7 **c) Überschreiten der Vertretungsmacht.** Erklärungen des Betriebsratsvorsitzenden, die nicht auf einem entsprechenden Beschluss des Gremiums beruhen, sind unwirksam.[17] Der BR kann jedoch unbefugt oder in Abweichung vom Betriebsratsbeschluss abgegebene Erklärungen entspr. § 177 BGB genehmigen.[18] Ob und inwieweit die Grundsätze der Duldungsvollmacht und Anscheinsvollmacht Anwendung finden, ist umstritten, wird jedoch von der hM im Interesse des Vertrauensschutzes bejaht[19] (→ § 231 Rn. 6). Gibt der Vorsitzende den BR eine Erklärung ab, spricht eine widerlegbare Vermutung dafür, dass diese auf einem entsprechenden Beschluss des BR beruht.[20] Der Betriebsratsvorsitzende braucht bei seinen Erklärungen keinen

[8] BAG 17.2.1981 AP Nr. 11 zu § 112 BetrVG 1972; 13.10.1982 AP Nr. 1 zu § 40 LPVG Niedersachsen.
[9] BAG 19.3.2003 AP Nr. 77 zu § 40 BetrVG 1972 = NZA 2003, 870.
[10] BAG 27.6.1985 AP Nr. 37 zu § 102 BetrVG 1972 = NZA 1986, 426.
[11] HessLAG 28.11.1989 LAGE § 26 BetrVG 1972 Nr. 2 = DB 1990, 1728.
[12] BAG 7.7.2011 AP Nr. 165 zu § 102 BetrVG 1972 = NZA 2011, 1108.
[13] BAG 26.9.1991 AP Nr. 28 zu § 1 KSchG 1969 Krankheit = NZA 1992, 1073; 27.6.1985 AP Nr. 37 zu § 102 BetrVG 1972 = NZA 1986, 426.
[14] *Fitting* BetrVG § 26 Rn. 23 f.
[15] BAG 24.2.2000 AP Nr. 7 zu § 1 KSchG 1969 Namensliste = NZA 2000, 785.
[16] BAG 28.2.1974 AP Nr. 2 zu § 102 BetrVG 1972.
[17] BAG 10.11.1992 AP Nr. 58 zu § 87 BGB Lohngestaltung = NZA 1993, 570.
[18] LAG Köln 5.10.1988 LAGE § 26 BetrVG 1972 Nr. 1.
[19] BAG 24.2.2000 AP Nr. 7 zu § 1 KSchG 1969 Namensliste = NZA 2000, 785.
[20] BAG 19.3.2003 AP Nr. 77 zu § 40 BetrVG 1972 = NZA 2003, 870; 24.2.2000 AP Nr. 7 zu § 1 KSchG 1969 Namensliste = NZA 2000, 785; zweifelnd BAG 19.1.2005 – 7 ABR 24/04.

Beschluss des BR vorzulegen; der AG kann aber aus berechtigtem Anlass und zur eigenen Absicherung verlangen, dass der Betriebsratsvorsitzende die Beschlussfassung in geeigneter Form nachweist[21] (zB durch die Sitzungsniederschrift → Rn. 30) Ein solcher Grund kann zB die Bedeutung einer abzuschließenden Betriebsvereinbarung sein oder widersprüchliche Aussagen über die Vollmacht des Vorsitzenden. Zur Vertretung des AG ist der Betriebsratsvorsitzende nicht befugt.[22]

4. Stellvertreter. Der Stellvertreter des Betriebsratsvorsitzenden nimmt dessen Rechte und Pflichten nur wahr, wenn dieser verhindert ist. Er ist also kein 2. Vorsitzender. Für die Beurteilung der Verhinderung gelten dieselben Grundsätze wie für die Verhinderung eines Betriebsratsmitglieds (§ 25 I 2 BetrVG; → § 219 Rn. 27). Ist der Stellvertreter gleichfalls verhindert, muss der BR ein Mitglied bestimmen, das die Geschäfte des Vorsitzenden wahrnimmt (→ Rn. 4 f.). 8

III. Betriebsausschüsse

1. Errichtung des Betriebsausschusses. a) Zusammensetzung. Hat ein BR neun oder mehr Mitglieder, bildet er einen Betriebsausschuss (§ 27 I 1 BetrVG). Dessen Errichtung soll die Arbeit des Betriebsratskollegiums erleichtern. Die Vorschrift ist zwingend. Nach § 51 I, II BetrVG gelten die § 27 II, III BetrVG auch für den GBR, nach § 59 I BetrVG auch für den KBR und den Konzernbetriebsausschuss. Die Vorschrift ist auf die JAV (§ 65 I BetrVG) und die Gesamt-JAV (§ 73 II BetrVG) nicht anzuwenden. Für Arbeitnehmervertretungen nach § 3 I Nr. 2 und 3 BetrVG können abweichende Regelungen vereinbart werden. Der Betriebsausschuss besteht aus dem Betriebsratsvorsitzenden, seinem Stellvertreter und bei BR mit neun bis fünfzehn Mitgliedern aus drei, bei siebzehn bis dreiundzwanzig aus fünf, mit fünfundzwanzig bis fünfunddreißig aus sieben und bei siebenunddreißig oder mehr Mitgliedern aus neun weiteren Ausschussmitgliedern (§ 27 I 2 BetrVG). Die Wahl der weiteren Mitglieder erfolgt geheim und nach den Grundsätzen der Verhältniswahl.[23] Wird nur ein Wahlvorschlag gemacht, erfolgt die Wahl nach den Grundsätzen der Mehrheitswahl. Die Wahl zum Betriebsausschuss ist entspr. § 19 BetrVG anfechtbar;[24] die zweiwöchige Anfechtungsfrist beginnt mit der Feststellung des Wahlergebnisses. Bei betriebsratsinternen Anfechtungen tritt an die Stelle von drei Anfechtungsberechtigten nach § 19 BetrVG ein Betriebsratsmitglied. Der Minderheitenschutz aus § 15 II BetrVG ist auf die Wahl der Mitglieder des Betriebsausschusses nicht anzuwenden. Zur **Abberufung** von Ausschussmitgliedern bedarf es qualifizierter Mehrheiten (§ 27 I 5 BetrVG).[25] 9

b) Stellung und innere Geschäftsführung. Träger der Beteiligungsrechte bleibt der BR. Er kann nach § 27 II 4 BetrVG dem Betriebsausschuss die über die Geschäftsführung hinausgehenden Aufgaben wieder entziehen. Für die innere Geschäftsführung des Betriebsausschusses gelten die §§ 29 ff. BetrVG über die Geschäftsführung des BR sinngemäß. Entspr. § 30 BetrVG hält der Betriebsausschuss seine Sitzung nach Unterrichtung des AG nichtöffentlich und während der Arbeitszeit ab. Das Teilnahmerecht von Nichtmitgliedern des Betriebsausschusses an dessen Sitzungen, zB des AG oder der im BR vertretenen Gewerkschaften, regeln die §§ 29 IV, 31 BetrVG. Die Vertrauenspersonen der schwerbehinderten AN haben nach § 178 IV 1 SGB IX ein eigenständiges Teilnahme- und Beratungsrecht an Ausschusssitzungen. Die JAV kann entspr. § 67 I BetrVG an den Sitzungen teilnehmen, soweit dem Betriebsausschuss Aufgaben zur selbständigen Erledigung übertragen wurden. Haben nach § 67 I 2 iVm § 60 I BetrVG alle Jugend- und Auszubildendenvertreter ein Teilnahmerecht und nach § 67 II BetrVG Stimmrecht, ist die Zahl der Mitglieder der JAV im Verhältnis Betriebsausschussmitglieder zu Betriebsratsmitgliedern zu kürzen, um eine ungleichgewichtige Stimmenverteilung zu vermeiden. Für Beschlussfassungen gilt § 33 BetrVG. Der BR kann für übertragene Aufgaben qualifizierte Stimmenmehrheiten bestimmen. Seine Mitglieder können in die Unterlagen des Betriebsausschusses analog § 34 III BetrVG jederzeit Einsicht nehmen. Unter den Voraussetzungen des § 35 BetrVG kann auch die Aussetzung von Beschlüssen des Betriebsausschusses beantragt werden. 10

[21] AA BAG 2.4.1976 AP Nr. 9 zu § 102 BetrVG 1972; 4.8.1975 AP Nr. 4 zu § 102 BetrVG 1972.

[22] Vgl. BAG 13.3.1964 AP Nr. 34 zu § 611 BGB Gratifikation.

[23] ArbG Berlin 19.6.2003 NZA-RR 2004, 87 (zum Nachrücken bei Verhältniswahl).

[24] BAG 13.11.1991 AP Nr. 3 zu § 27 BetrVG 1972 = NZA 1992, 989; 1.6.1976 AP Nr. 1 zu § 28 BetrVG 1972.

[25] BAG 13.11.1991 AP Nr. 3 zu § 27 BetrVG 1972 = NZA 1992, 989.

11 **2. Laufende Geschäfte.** Der Betriebsausschuss, in nicht ausschusspflichtigen Betrieben der Betriebsratsvorsitzende oder sonstige Mitglieder des BR, führen die laufenden Geschäfte der Gremien (§ 27 II, III BetrVG). Das sind die einzelnen Verwaltungshandlungen, wie Vorbereitung der Betriebsversammlungen, der Betriebsratssitzungen, Durchführung der Sprechstunden sowie die Vorbereitung der Kollegialbeschlüsse, dagegen nicht die Willensbildung selbst. Ausgeschlossen sind daher sind alle Maßnahmen, zu deren Wirksamkeit ein Beschluss des BR erforderlich ist; der Abschluss von Betriebsvereinbarungen gehört niemals zu den laufenden Geschäften. Aus einem Gegenschluss zu § 27 II 2 BetrVG folgt, dass zu den laufenden Geschäften nicht die Ausübung von Mitwirkungs- und Mitbestimmungsangelegenheiten – auch nicht in Routinefällen – gehört.

12 **3. Übertragung von Aufgaben.** Dem Betriebsausschuss kann die Erledigung weiterer Aufgaben übertragen werden, also zB die Anhörung bei Kündigungen (§ 102 BetrVG), die Führung des Monatsgesprächs[26] sowie die Zustimmung nach § 103 BetrVG.[27] Der Beschluss des Betriebsausschusses ersetzt den Beschluss des BR. Die Übertragung bedarf der Schriftform (§ 27 II BetrVG) und muss eindeutig erkennen lassen, welche Angelegenheiten auf den Betriebsausschuss übertragen worden sind.[28] In diesem Fall tritt dieser in Willensbildung und Willensäußerung an die Stelle des BR. Der BR kann aber mit der Mehrheit seiner Mitglieder einen noch nicht außenwirksam gewordenen Beschluss des Betriebsausschusses aufheben. Der BR entscheidet in eigener Verantwortung, welche Aufgabenbereiche er übertragen will, da das BetrVG materiell den Gegenstand der Übertragung nicht beschränkt. Deshalb können auch der Mitbestimmung unterliegende Angelegenheiten zur selbständigen Erledigung übertragen werden.[29] Die Übertragung unterliegt nur einer Rechts- und keiner Zweckmäßigkeitskontrolle.[30] Die Übertragung ist in folgenden Angelegenheiten nicht möglich: Abschluss von Betriebsvereinbarungen (Abs. 2 S. 2 Hs. 2) und die Anrufung der Einigungsstelle in den Fällen des § 76 V, VI BetrVG, wenn ihr Spruch eine Betriebsvereinbarung ersetzt,[31] sowie organisatorische Entscheidungen, zB die Wahl des Betriebsratsvorsitzenden, die Errichtung der weiteren Ausschüsse nach § 28 BetrVG, Entsendung von Mitgliedern in den Gesamt- und KBR. Nicht übertragbar sind ebenfalls alle Angelegenheiten, in denen das Gesetz einen Beschluss der Mehrheit der Mitglieder des BR fordert. Schließlich muss dem BR ein Kernbereich der gesetzlichen Befugnisse verbleiben, wobei nicht auf einen einzelnen Mitbestimmungstatbestand, sondern auf den Gesamtaufgabenbereich des BR abzustellen ist.[32] Der BR kann sich stets die endgültige Entscheidung vorbehalten, die Beschlussfassung des Betriebsausschusses an eine qualifizierte Mehrheit oder an Einstimmigkeit zu knüpfen oder sonstige Beschränkungen vorzunehmen. Darüber hinaus kann er dem Betriebsausschuss Einzelweisungen oder Richtlinien vorgeben.

13, 14 **4. Weitere Ausschüsse.** Ist im Betrieb ein Betriebsausschuss gebildet, kann der BR den Ausschüssen Aufgaben zur selbständigen Erledigung übertragen (§ 28 I 3 BetrVG), zB die Verwaltung von Sozialeinrichtungen, Wahrnehmung der Rechte bei der Festsetzung der Akkorde oder die Überwachung der Sicherungseinrichtungen. Die Entscheidung des BR, welche Aufgaben er überträgt, unterliegt nur der Rechts-, nicht der Ermessenskontrolle. Der BR darf sich nur nicht aller wesentlichen Funktionen entledigen.[33] Die Vorschriften über die Beauftragung des Betriebsausschusses gelten entsprechend (§ 28 I 4 BetrVG). Die Übertragungsmöglichkeit auf andere Ausschüsse dient der Intensivierung der Betriebsratsarbeit. Namentlich dann, wenn der BR bei der Verwaltung von Sozialeinrichtungen ein erzwingbares Mitbestimmungsrecht hat, werden die Mitbestimmungsaufgaben einem Ausschuss übertragen, da die Einschaltung des ganzen BR häufig zu schwerfällig ist. Dies kann in der Weise geschehen, dass die Mitbestimmungsaufgaben entweder einem Ausschuss übertragen werden, der dann die Funktion eines Beirats bei der Sozialeinrichtung übernimmt, oder dass die Sozialeinrichtung unmittelbar durch einen Ausschuss vertreten wird, der sich aus dem Betriebsausschuss und der gleichen Anzahl von Arbeitgebervertretern zusammensetzt (§ 28 II BetrVG);[34] AN oder Dritte dürfen ihm nicht

---

[26] BAG 15.8.2012 AP Nr. 10 zu § 27 BetrVG 1972 = NZA 2013, 284.
[27] BAG 17.3.2005 AP Nr. 6 zu § 27 BetrVG 1972 = NZA 2005, 1064; aA LAG Köln 28.8.2001 – 13 Sa 19/01.
[28] BAG 17.3.2005 AP Nr. 6 zu § 27 BetrVG 1972 = NZA 2005, 1064 (Paragraphenangabe reicht aus).
[29] BAG 17.3.2005 AP Nr. 6 zu § 27 BetrVG 1972 = NZA 2005, 1064 (Verfahren nach § 103 BetrVG).
[30] BAG 20.10.1993 AP Nr. 5 zu § 28 BetrVG 1972 = NZA 1994, 567.
[31] LAG München 29.10.2009 – 4 TaBV 62/09; aA GK-BetrVG/*Raab* § 27 Rn. 71.
[32] BAG 20.10.1993 AP Nr. 5 zu § 28 BetrVG 1972 = NZA 1994, 567.
[33] BAG 20.10.1993 AP Nr. 5 zu § 28 BetrVG 1972 = NZA 1994, 567.
[34] BAG 13.7.1978 AP Nr. 5 zu § 87 BetrVG 1972 Altersversorgung.

angehören.[35] Hat der Ausschuss nach § 28 I BetrVG keine Entscheidungsbefugnisse, soll er nach der Vorstellung des Gesetzgebers als Fachausschuss bestimmte Themen für die Beschlussfassung im BR vorbereiten.[36]

5. Arbeitsgruppen. a) Begriff. Der durch das BetrVG-ReformG neu geschaffene § 28a BetrVG regelt die Delegation von Aufgaben des BR an Arbeitsgruppen. Nach § 28a I 1 BetrVG kann der BR mit der Mehrheit der Stimmen seiner Mitglieder beschließen, bestimmte Aufgaben auf Arbeitsgruppen zu übertragen. Die Vorschrift soll nach den Vorstellungen des Gesetzgebers den Bedürfnissen der Praxis und dem Wunsch der AN nach mehr unmittelbarer Beteiligung Rechnung tragen (BT-Drs. 14/5741, 40). Eine Übertragung soll insbesondere bei Gruppenarbeit (§ 87 I Nr. 13 BetrVG), aber auch bei sonstiger Team- und Projektarbeit sowie für bestimmte Beschäftigungsarten und Arbeitsbereiche erfolgen (BT-Drs. 14/5741, 40). Das Gesetz hat auf eine Definition des Begriffs der Arbeitsgruppe verzichtet; nach der gesetzlichen Ausgestaltung ist sie eine Zusammenfassung von AN, denen bestimmte Arbeitsaufgaben zur gemeinsamen Erledigung übertragen worden sind.[37] 15

b) Vereinbarung. Grundlage für die Übertragung ist eine zwischen AG und BR abzuschließende Rahmenvereinbarung, in der vor allem festzulegen ist, für welche Angelegenheiten die Arbeitsgruppe gebildet wird, ihre personelle Zusammensetzung und etwaige Verfahrensweisen. Für den Abschluss der Rahmenvereinbarung über die Arbeitsgruppe bestehen – anders als für die Aufgabenübertragung auf die Arbeitsgruppe – keine besonderen Formvorschriften. Sie muss daher nicht stets als Betriebsvereinbarung geschlossen, sondern kann auch als Regelungsabrede getroffen werden, wenngleich Letzteres wegen der fehlenden normativen Wirkung wenig zweckmäßig sein wird. Der Abschluss der Rahmenvereinbarung kann nicht erzwungen werden; kommt sie zustande, kann sie bei Fehlen einer anderweitigen Vereinbarung nach § 77 V BetrVG gekündigt werden und entfaltet keine Nachwirkung. 16

c) Zusammensetzung. Mitglieder der Arbeitsgruppe können neben Betriebsratsmitgliedern alle AN des Betriebs sein, dh auch leitende Angestellte. Die Zuweisung zur Arbeitsgruppe muss jedoch im Einverständnis mit dem AN erfolgen oder vom Direktionsrecht des AG umfasst sein, andernfalls ist sie unzulässig. Wechsel in der personellen Zusammensetzung berühren die Gruppeneigenschaft regelmäßig nicht, etwas anderes kann gelten, wenn die Arbeitsgruppe gerade im Hinblick auf die besonderen persönlichen Merkmale ihrer Mitglieder gebildet worden ist. Die Gruppenmitglieder erlangen allein aufgrund der Zugehörigkeit zu dem Gremium nicht die Stellung von Betriebsratsmitgliedern, insbesondere keinen besonderen Kündigungsschutz. Für die Geschäftsführung der Arbeitsgruppe gelten die Vorschriften für die Geschäftsführung des BR sinngemäß; auch sie hat zur Herstellung ihrer Handlungsfähigkeit einen Vorsitzenden und einen Stellvertreter zu wählen. Nicht anwendbar sind die §§ 37 VI, VII, 38, 80 III BetrVG. Die §§ 78, 79 BetrVG sind zwar nicht unmittelbar, wohl aber entsprechend auf die Gruppenmitglieder, die nicht zugleich Betriebsratsmitglieder sind, anwendbar; Gleiches gilt für die Kostentragungspflicht des § 40 BetrVG. 17

d) Aufgabenübertragung und Beteiligungsrechte. Von der Rahmenvereinbarung unabhängig ist die Vereinbarung, in welchem Umfang der Arbeitsgruppe Aufgaben übertragen werden. Die rechtlichen Grenzen für eine Delegation von Aufgaben ergeben sich aus § 28a I 2 BetrVG; überdies kann der BR nur solche Zuständigkeiten delegieren, die er selbst besitzt. Die Aufgaben, die übertragen werden sollen, müssen daneben in einem inneren Zusammenhang mit den von der Arbeitsgruppe zu erledigenden Tätigkeiten stehen (§ 28a I 2 BetrVG). Der Beschluss über die Übertragung der Aufgaben bedarf der Schriftform und der Mehrheit der Stimmen der Betriebsratsmitglieder (§ 28a I 3 BetrVG). Die Aufgabenzuweisung kann unter den gleichen formellen Voraussetzungen und Beachtung der Vorgaben in § 75 II 2 BetrVG (auch teilweise) widerrufen werden. Können sich AG und Arbeitsgruppe in einer bestimmten Angelegenheit nicht einigen, fällt das Beteiligungsrecht in dieser Angelegenheit an den BR zurück (§ 28a II 3 BetrVG). Dementsprechend kann auch nur er die Einigungsstelle zur Streitschlichtung anrufen. Im Beschlussverfahren ist die Arbeitsgruppe beteiligtenfähig, wenn um ihren Status oder über den Umfang der ihr übertragenen Beteiligungsrechte gestritten wird. 18

[35] BAG 22.3.2016 AP Nr. 5 zu § 84 SGB IX = NZA 2016, 1283.
[36] BT-Drs. 14/5741, 40 nennt als Beispiele für Fachausschüsse solche zu Fragen der Frauenförderung oder der betrieblichen Integration ausländischer AN.
[37] *Fitting* BetrVG § 28a Rn. 11.

19 **e) Gruppenvereinbarung.** Die Arbeitsgruppe kann im Rahmen der ihr übertragenen Aufgaben mit dem AG Vereinbarungen abschließen (sog. Gruppenvereinbarung); erforderlich ist die Mehrheit der Stimmen der Gruppenmitglieder (§ 28a II 1 BetrVG). Diese stehen den Betriebsvereinbarungen hinsichtlich ihres Zustandekommens und ihrer Wirkungsweise gleich (§ 28a II 2 BetrVG). Daher gelten auch die §§ 77 III, 87 I BetrVG für Gruppenvereinbarungen, ebenso löst eine im Rahmen der Aufgabenzuweisung abgeschlossene Gruppenvereinbarung eine vorangehende Betriebsvereinbarung ab.[38] Ihr Abschluss ist nur ausgeschlossen, wenn der Arbeitsgruppe lediglich die Vorbereitung von Entscheidungen des BR übertragen worden ist. Eine § 50 II BetrVG vergleichbare Handhabung lässt § 28a BetrVG nicht zu.

19a **f) Bildung.** In Betrieben mit mehr als 100 AN kann der BR weitere Ausschüsse bilden und ihnen bestimmte Aufgaben übertragen (§ 28 I 1 BetrVG); eine Pflicht zur Bildung weiterer Ausschüsse besteht nicht. In kleineren Betrieben darf kein geschäftsführender Ausschuss gebildet werden.[39] Der BR kann ansonsten frei entscheiden, ob und inwieweit er Aufgaben auf Ausschüsse überträgt.[40] Die Wahl und die Abberufung der Ausschussmitglieder richtet sich grundsätzlich nach den für den Betriebsausschuss geltenden Grundsätzen (→ Rn. 9). Wegen der fehlenden Bezugnahme in § 28 I 2 BetrVG auf § 27 I 2 BetrVG sind der Betriebsratsvorsitzende und sein Stellvertreter keine geborenen Ausschussmitglieder. Alle Mitglieder der betriebsratsinternen Ausschüsse nach § 28 I BetrVG sind daher vom BR zu wählen; hiervon kann eine Geschäftsordnung nicht abweichen.[41] Beschließt der BR, einen nach § 28 BetrVG gebildeten und nach den Grundsätzen der Verhältniswahl gewählten Ausschuss um ein zusätzliches Mitglied zu erweitern, sind sämtliche Ausschussmitglieder neu zu wählen. Bei Ausscheiden eines gewählten Mitglieds rückt ein Ersatzmitglied nach (§ 25 II 1 BetrVG analog); § 25 II 2 BetrVG ist auch nicht entsprechend anwendbar.[42]

20 **6. Schwerbehindertenvertretung.** Sie kann an den Sitzungen der Ausschüsse teilnehmen.[43] Gleiches gilt für die Sitzungen etwaiger Arbeitsgruppen (§ 28a BetrVG).

IV. Betriebsratssitzungen

21 **1. Einberufung. a) Personenkreis.** Die konstituierende Sitzung dient der Wahl des Vorsitzenden, seines Stellvertreters und ggf. der Wahl eines Betriebsausschusses (→ Rn. 9). Der Vorsitzende des Wahlvorstands beruft die Sitzung innerhalb einer Woche nach dem Wahltag ein (§ 29 I BetrVG). Die Sitzung muss nicht in der ersten Woche stattfinden,[44] aber vor Beginn der Amtszeit des BR abgehalten werden. Bis zur Wahl des Vorsitzenden ist ein erstmals errichteter oder nach dem Ablauf des bisherigen BR gebildeter BR nicht handlungsfähig (→ Rn. 3). Die weiteren Sitzungen des BR werden vom Vorsitzenden unter Festsetzung der Tagesordnung anberaumt, unter deren Mitteilung einberufen und von ihm geleitet (§ 29 II BetrVG). Auch die SBV (§ 32 BetrVG) sowie die vollständige JAV sind zu laden, Letztere jedoch nur, soweit sie ein Recht an der Teilnahme der Betriebsratssitzung haben (→ § 227 Rn. 12). Ist ein Betriebsratsmitglied verhindert, an der Sitzung teilzunehmen, muss es dies unverzüglich dem Vorsitzenden mitteilen (§ 29 II 5 BetrVG). Dieser hat dann ein Ersatzmitglied zu laden (§ 25 I 2 BetrVG); ein Prüfungsrecht, ob ein Verhinderungsgrund vorliegt, hat der Vorsitzende nicht.[45] Wird für ein – zeitweilig – verhindertes Betriebsratsmitglied ein vorhandenes Ersatzmitglied nicht oder fehlerhaft geladen, kann der BR keine wirksamen Beschlüsse fassen.[46] Dies ist nur anders, wenn die Verhinderung so plötzlich eintritt, dass ein Ersatzmitglied nicht mehr rechtzeitig geladen werden kann.[47] Nach § 25 II 1 BetrVG werden die Ersatzmitglieder (→ § 219 Rn. 26) unter Berücksichtigung des § 15 II BetrVG der Reihe nach aus den nicht gewählten AN derjenigen Vorschlagslisten entnommen, denen die zu ersetzenden Mitglieder angehören. Ist ein Mitglied des BR oder der JAV verhindert, an der

[38] *Fitting* BetrVG § 28a Rn. 34; enger *Malottke* AiB 2001, 625 (627) (nur günstigere Vereinbarungen).
[39] BAG 14.8.2013 AP Nr. 11 zu § 27 BetrVG 1972 = NZA 2014, 161.
[40] BAG 27.5.2015 – 7 ABR 24/13; LAG Nds 24.4.2009 NZA-RR 2009, 532.
[41] BAG 16.11.2005 AP Nr. 7 zu § 28 BetrVG 1972 = NZA 2006, 445.
[42] BAG 16.3.2005 AP Nr. 6 zu § 28 BetrVG 1972 = NZA 2005, 1072.
[43] BAG 21.4.1993 AP Nr. 4 zu § 25 SchwbG = NZA 1994, 43.
[44] AA GK-BetrVG/*Raab* § 29 Rn. 8.
[45] BAG 9.7.2013 AP Nr. 7 zu § 29 BetrVG 1972 = NZA 2013, 1433.
[46] BAG 3.8.1999 AP Nr. 7 zu § 25 BetrVG 1972 = NZA 2000, 440.
[47] BAG 18.1.2006 – 7 ABR 25/05.

Sitzung teilzunehmen, hat es den Vorsitzenden unverzüglich zu benachrichtigen. Dieser hat alsdann ein Ersatzmitglied zu laden; zum Teilnahmerecht gekündigter Betriebsratsmitglieder an Betriebsratssitzungen → § 217 Rn. 14.

b) Tagesordnung. Zu den Sitzungen sind die Betriebsratsmitglieder rechtzeitig unter Mitteilung der Tagesordnung zu laden. Aus dieser müssen die Gegenstände, die auf der Betriebsratssitzung behandelt werden, hinreichend deutlich hervorgehen. Den Geladenen muss es möglich sein, sich auf eine Beschlussfassung vorzubereiten.[48] Eine Einladungsfrist und eine Form der Einladung sind durch das Gesetz nicht vorgeschrieben, können aber in der Geschäftsordnung (→ Rn. 34) geregelt sein. Rechtzeitig ist die Einladung, wenn das Betriebsratsmitglied die notwendigen Vorbereitungen (Entfernen vom Arbeitsplatz, Vertreterbestellung) einschließlich seiner Sitzungsvorbereitung treffen kann. Maßgeblich ist, ob die Einladung so rechtzeitig in den Machtbereich des jeweiligen Betriebsratsmitglieds gelangt ist, dass dieses unter normalen Umständen von ihrem Inhalt Kenntnis erlangen kann bzw. die Kenntnisnahme nach den üblichen Gepflogenheiten von ihm erwartet werden kann und muss.[49] Die Ladung und das Übersenden der Tagesordnung sind daher rechtzeitig, wenn der Geladene sich auf die Sitzung ausreichend einrichten und vorbereiten kann;[50] dies umfasst auch eine Aufklärung der maßgeblichen Sachverhalte und das Einholen von Rechtsrat. Eine besondere Einladung kann unterbleiben, wenn der BR sich regelmäßig zu einer bestimmten Zeit trifft und eine Beschlussfassung nicht beabsichtigt ist (zB vor dem Monatsgespräch). In diesen Fällen sind nur die Vertreter der verhinderten Betriebsratsmitglieder zu laden. Der Mitteilung der Tagesordnung bedarf es jedoch stets, sofern Beschlüsse zu fassen sind. Eine kurzfristige Änderung der Tagesordnung vor der Sitzung ist möglich. Die Betriebsratsmitglieder müssen dann notfalls fernmündlich unterrichtet werden. Jedoch muss auch in diesem Fall eine sachgerechte Sitzungsvorbereitung durch die Betriebsratsmitglieder gewährleistet sein.[51] Eine Ergänzung der Tagesordnung auf der Betriebsratssitzung bedarf eines **vorherigen einstimmigen Beschlusses der in der Sitzung anwesenden Betriebsratsmitglieder.**[52] Vom Vorliegen der entsprechenden Bereitschaft ist bei einer einstimmig getroffenen Sachentscheidung auszugehen.[53] Nicht erforderlich ist, dass an dieser Sitzung alle Betriebsratsmitglieder teilnehmen.[54] Außerhalb einer Betriebsratssitzung können wirksame Beschlüsse gefasst werden, wenn alle regulären Betriebsratsmitglieder hiermit einverstanden sind.[55] Ein mitgeteilter Tagesordnungspunkt kann in der Sitzung durch eine entsprechende Beschlussfassung abgesetzt werden; zu Mängeln bei der Beschlussfassung → Rn. 27. 22

2. Verpflichtung zur Einberufung. Der Vorsitzende hat eine Sitzung einzuberufen und einen Gegenstand, dessen Beratung beantragt ist, auf die Tagesordnung zu setzen, wenn dies ¼ der Betriebsratsmitglieder oder der AG beantragen (§ 29 III BetrVG). Nach § 86a S. 1 BetrVG hat jeder AN das Recht, dem BR Themen zur Beratung vorzuschlagen. Der Themenvorschlag muss sich inhaltlich innerhalb der Zuständigkeit des BR bewegen. Der BR hat durch Beschluss zu befinden, ob er das vorgeschlagene Thema berät. Wird der Vorschlag durch 5% der AN des Betriebs unterstützt, ist der BR verpflichtet, innerhalb von zwei Monaten das Thema auf die Tagesordnung einer Betriebsratssitzung zu setzen (§ 86a S. 2 BetrVG). Eine bestimmte Form für das Quorum ist nicht vorgesehen. Eine Verpflichtung zur inhaltlichen Beratung enthält das Gesetz ebenso wenig wie Vorgaben zur Beschlussfassung. Ein Vorschlag kann nach seiner Aufnahme in die Tagesordnung nicht erneut Gegenstand eines Verlangens nach § 86a BetrVG sein; zur Beschlussfassung bei fehlender oder nicht ordnungsgemäßer Bekanntgabe der Tagesordnung → Rn. 27. 23

3. Teilnahme von Arbeitgeber und Verbandsvertretern sowie der Schwerbehindertenvertretung. Der AG nimmt an der auf sein Verlangen einberufenen Sitzung oder an den Sitzungen, zu denen er eingeladen wird, teil. Das Teilnahmerecht betrifft nicht die Beschlussfassung. Er kann sich durch einen entscheidungsbefugten Vertreter vertreten lassen (vgl. §§ 43 II, 24

[48] LAG Nürnberg 17.11.2009 AiB 2010, 482 (Einleitung eines Beschlussverfahrens).
[49] LAG Nds 29.1.2007 LAGE § 40 BetrVG 2001 Nr. 8.
[50] LAG Köln 3.3.2008 BB 2008, 1570.
[51] BAG 24.5.2006 AP Nr. 6 zu § 29 BetrVG 1972 = NZA 2006, 1364.
[52] BAG 15.4.2014 AP Nr. 9 zu § 29 BetrVG 1972 = NZA 2014, 551; 22.1.2014 AP Nr. 8 zu § 29 BetrVG 1972 = NZA 2014, 441.
[53] IE BAG 22.11.2017 AP Nr. 24 zu § 76 BetrVG 1972 = NZA 2018, 732.
[54] BAG 4.11.2015 AP Nr. 10 zu § 29 BetrVG 1972= NZA-RR 2016, 256.
[55] Offengelassen von BAG 28.7.2020 AP Nr. 168 zu § 99 BetrVG 1972, ebenfalls nicht entschieden worden ist die Frage, ob die Einladungsmängel durch eine nachfolgende Beschlussfassung geheilt werden können.

108 II BetrVG). Andererseits folgt aus der vertrauensvollen Zusammenarbeit auch eine Teilnahmepflicht des AG bzw. eines geeigneten Vertreters.[56] Der AG kann einen Vertreter seines Arbeitgeberverbandes zuziehen (§ 29 IV BetrVG). Auf Antrag von ¼ der Betriebsratsmitglieder kann ein Vertreter der im Betrieb vertretenen Gewerkschaften zu den Sitzungen hinzugezogen werden.[57] In diesen Fällen sind der Zeitpunkt der Sitzung und die Tagesordnung der Gewerkschaft rechtzeitig mitzuteilen, damit deren Beauftragter sich auf seine beratende Aufgabe einstellen kann (§ 31 BetrVG). Die SBV kann an allen Betriebsratssitzungen beratend teilnehmen (§ 32 BetrVG).

25 **4. Zeitliche Lage.** Die Betriebsratssitzungen finden idR während der Arbeitszeit statt; dabei hat der BR auf die betrieblichen Notwendigkeiten Rücksicht zu nehmen. Jedoch bestimmt der BR allein, wann und wie oft er tagt. Betriebliche Notwendigkeiten sind solche, die zwingend den Vorrang vor den Interessen des BR haben. Eine Verpflichtung, die Sitzung stets an das Ende einer Schicht zu legen, besteht daher nicht. Bei Wechselschichtarbeit müssen jedoch die Betriebsratsmitglieder teilweise während ihrer Freizeit an der Sitzung teilnehmen, was zu Ausgleichsansprüchen nach § 37 III BetrVG (→ § 221 Rn. 18) sowie Fahrtkostenersatz (§ 40 I BetrVG, → § 222 Rn. 6) führt. Verstößt der BR wiederholt nachhaltig gegen die Berücksichtigung der Interessen des Betriebs, kann seine Auflösung gerechtfertigt sein (§ 23 II BetrVG). Der AG ist vor der Sitzung zu verständigen.

26 **5. Form. a) Grundsatz.** Die Sitzungen des BR sind nicht öffentlich (§ 30 BetrVG). Unzulässig ist daher auch die technische Aufzeichnung der Sitzung durch ein Betriebsratsmitglied. Der BR kann Auskunftspersonen, Sachverständige, Schreibkräfte usw. hinzuziehen und einem Gewerkschaftsvertreter ein generelles Teilnahmerecht einräumen.[58] Ein Verstoß gegen die Nichtöffentlichkeit führt nur zur Unwirksamkeit von in der Sitzung gefassten Beschlüssen, wenn zumindest ein Betriebsratsmitglied die Anwesenheit einer nicht teilnahmeberechtigten Person ausdrücklich beanstandet hat und diese anwesend bleibt[59] (→ Rn. 28). Die Gegenwart des AG bei der Beschlussfassung führt daher nicht für sich allein genommen zu deren Unwirksamkeit.[60]

26a **b) Video-/Telefonkonferenzen. aa) Zulässigkeit.** Die Durchführung von Betriebsratssitzungen als Video- oder Telefonkonferenz war zuletzt umstr.[61] Durch die Regelung in § 129 BetrVG aF ist ihre Zulässigkeit vom Gesetzgeber vor dem Hintergrund der COVID-19-Pandemie für die Zeit vom 1.3.2020 bis zum Inkrafttreten des BRModG als Reaktion auf die bestehende Rechtsunsicherheit ausdrücklich normiert worden. Durch den neu angefügten § 30 I 5 BetrVG ist nunmehr klargestellt, dass Sitzungen des BR (→ Rn. 26) regelmäßig als Präsenzsitzungen stattzufinden haben. Nach Auffassung des Gesetzgebers ist diese Durchführungsform vorzugswürdig, da Körpersprache, Mimik oder Gestik nicht in gleicher Weise wahrgenommen werden können. Auch ein vertraulicher Einzelaustausch von einzelnen Betriebsratsmitgliedern sei nicht möglich (BR-Drs. 271/21, 16). In dem durch das BRModG neu angefügten § 30 II BetrVG ist vorgesehen, dass eine Betriebsratssitzung (nur) mittels Video-/Telefonkonferenz erfolgen kann, wenn **(1)** dies in der Geschäftsordnung unter Sicherung eines Vorrangs der Präsenzsitzung festgelegt wird, **(2)** nicht mindestens ein Viertel der Mitglieder des BR binnen einer vom Vorsitzenden zu bestimmenden Frist diesem gegenüber widerspricht und **(3)** sichergestellt ist, dass Dritte vom Inhalt der Sitzung keine Kenntnis nehmen können. Die Zuschaltung einzelner Sitzungsteilnehmer in den Sitzungsraum mit den verbleibenden anwesenden Betriebsratsmitgliedern ist zulässig; ebenso können in einer wirksam anberaumten Sitzung Beschlüsse gefasst werden (BR-Drs. 271/21, 16, 17). Die Regelungen gelten für GBR und KBR (§ 51 I 1, § 59 I 1 BetrVG), die JAV (§ 65 I BetrVG), die Gesamt-JAV (§ 73 II BetrVG), die Konzern-JAV (§ 73b II BetrVG) sowie für Ausschüsse (§§ 27 f. BetrVG) und Arbeitsgruppen (§ 28a BetrVG) und den Wirtschaftsausschuss (§ 108 I, IV und V BetrVG). Für Sitzungen der Sprecherausschüsse (§ 12 V 5, VI, VII, § 13 I 2, III 4, 5, § 24 II 3 SprAuG) und des Werkstattrats (§ 33–35 WMVO) gelten entsprechende Regelungen.

---

[56] *Fitting* BetrVG § 29 Rn. 56 ff.; enger Richardi BetrVG/*Thüsing* § 29 Rn. 48.
[57] BAG 18.11.1980 AP Nr. 2 zu § 108 BetrVG 1972 (Wirtschaftsausschuss).
[58] BAG 28.2.1990 AP Nr. 1 zu § 31 BetrVG 1972 = NZA 1990, 660; aA für Wirtschaftsausschuss: BAG 25.6.1987 AP Nr. 6 zu § 108 BetrVG 1972 = NZA 1988, 167.
[59] BAG 30.9.2014 AP Nr. 144 zu § 99 BetrVG 1972 = NZA 2015, 370.
[60] BAG 24.3.1977 AP Nr. 12 zu § 102 BetrVG 1972; enger LAG Düsseldorf 7.3.1975 DB 1975, 743.
[61] Dazu zuletzt *Beden/Rombey* BB 2020, 1141; *Lütkehaus/Powietzka* NZA 2020, 552; *Thüsing/Beden* BB 2019, 372.

bb) Geschäftsordnung. Durch die halbherzige Neuregelung hat der Gesetzgeber einen wenig rechtssicheren Zustand geschaffen. Die Möglichkeit, eine Betriebsratssitzung in Form einer Video-/Telefonkonferenz durchzuführen, wird sowohl durch die Festlegungen in der Geschäftsordnung wie auch das Widerspruchsrecht der Mitglieder des BR begrenzt. Eine solche Sitzung darf abweichend von § 30 I 5 BetrVG überhaupt nur stattfinden, wenn die Geschäftsordnung des BR dies vorsieht (§ 30 II 1 Nr. 1 BetrVG). Fehlt es hieran, bleibt es bei dem Erfordernis einer Präsenzsitzung, nur zu dieser darf der Betriebsratsvorsitzende einladen. Unklar ist, ob die Geschäftsordnung die Voraussetzungen für eine von Gesetz abweichende Form für die Betriebsratssitzung zumindest rahmenmäßig festlegen muss und ggf. welche Rechtsfolgen eine unzureichende Ausgestaltung der Geschäftsordnung hat. Die Gesetzesbegründung verhält sich hierzu nicht eindeutig. Zwar soll der BR ohne weitere Bindungen selbst darüber befinden können, ob und in welcher Weise er die Befugnis für eine Sitzung in Form von Telefon-/Videokonferenzen beschränken will. Andererseits soll er den im Gesetz zum Ausdruck gebrachten Vorrang von Präsenzsitzungen in der Geschäftsordnung offenbar tatbestandlich festlegen. Nach Auffassung des Gesetzgebers kann dies durch eine Begrenzung der Sitzungsanzahl oder eine Beschränkung auf bestimmte Themen bzw. Sachverhalte erfolgen (BR-Drs. 271/21, 16). Vorzugswürdig ist die Auffassung, wonach die Ausgestaltung einer Begrenzung von Video-/Telefonkonferenzen allein Sache des BR ist, weshalb eine unzureichende Regelung in der Geschäftsordnung für die Wirksamkeit bzw. Gültigkeit von nicht in Präsenzsitzungen gefassten Beschlüssen oder durchgeführten Wahlen ohne Bedeutung ist. Dies gilt gleichermaßen, wenn die in der Geschäftsordnung bestimmten tatbestandlichen Vorausaussetzungen für die Anberaumung einer Betriebsratssitzung in Form einer Video-/Telefonkonferenz nicht vorliegen. Es ist vielmehr Sache der Mitglieder des BR, in diesen Fällen der vom Gesetz abweichenden und von der Geschäftsordnung nicht gestatteten Durchführung der Sitzung zu widersprechen. Der AG ist nicht berechtigt, die Durchführung einer Betriebsratssitzung mittels Video- und Telefonkonferenz zu verlangen (BR-Drs. 271/21, 16). 26b

cc) Widerspruch und weiteres Verfahren. Nach der Gesetzesbegründung hat der Vorsitzende des BR mit der Einladung darauf hinzuweisen, ob die Sitzung in Form einer Video-/Telefonkonferenz stattfinden soll, ebenso muss er eine angemessene Frist für den (nicht formgebundenen) Widerspruch der Betriebsratsmitglieder setzen (BR-Drs. 271/21, 16). Auch die Länge der Widerspruchsfrist hat der Gesetzgeber nicht festgelegt. Diese kann nicht Gegenstand einer Regelung in der Geschäftsordnung sein, weil das Gesetz insoweit dem Vorsitzenden die Fristbestimmung überträgt. Da von den Mitgliedern des BR nur zu beurteilen ist, ob die Festlegungen in der Geschäftsordnung erfüllt sind oder sonstige Hinderungsgründe für die Durchführung der Sitzung als Video-/Telefonkonferenz bestehen, reicht ein kurze Überlegungsfrist aus, deren Länge regelmäßig einen Tag nach Erhalt der Tagesordnung nicht zu überschreiten braucht. Anders als bei einer Präsenzsitzung kann das in § 30 II 1 Nr. 2 BetrVG bestimmte Quorum (1/4 aller Betriebsratsmitglieder) die kurzfristige Anberaumung einer virtuellen Betriebsratssitzung durch einen Widerspruch, der nach dem Gesetzeswortlaut von dem widersprechenden Betriebsratsmitglied nicht begründet werden muss, verhindern. Zudem muss der Vorsitzende des BR dessen Mitglieder für die nunmehr erforderliche Präsenzsitzung erneut einladen. Hat die erforderliche Anzahl von Betriebsratsmitgliedern widersprochen, muss die anberaumte Sitzung aber als Präsenzsitzung stattfinden, wird hiergegen verstoßen, sind entsprechend gefasste Beschlüsse unwirksam bzw. durchgeführte Wahlen ungültig. Nach § 30 II Nr. 3 BetrVG muss sichergestellt sein, dass Dritte vom Inhalt der Sitzung keine Kenntnis nehmen können. Nach der Gesetzesbegründung (BR-Drs. 271/21, 16) umfasst dies technische (Verschlüsselung der Verbindung) und organisatorische Maßnahmen (Nutzung eines nichtöffentlichen Raumes während der Sitzung). Ein Verstoß hiergegen führt nach allgemeinen Grundsätzen nur im Ausnahmefall zur Unwirksamkeit bzw. Ungültigkeit der Beschlussfassung bzw. einer Wahl.[62] § 30 III BetrVG stellt schließlich klar, dass eine Teilnahme an einer vor Ort stattfindenden Sitzung als erforderliche Betriebsratstätigkeit (§ 40 I BetrVG) gilt, selbst wenn diese teilweise als Video-/Telefonkonferenz durchgeführt wird. Nach § 34 S. 2 und 3 BetrVG ist die virtuelle Teilnahme eines Betriebsratsmitglieds an einer Betriebsratssitzung besonders zu dokumentieren und der Niederschrift beizufügen; § 30 II 2 BetrVG stellt klar, dass auch eine technische Aufzeichnung der virtuellen Sitzung unzulässig ist. Nicht bedacht hat der Gesetzgeber allerdings, dass eine geheime Abstimmung im Rahmen einer Telefon-/Video-Konferenz, die auf Verlangen eines Sitzungsteilnehmers durchgeführt werden muss, nicht möglich ist. 26c

[62] BAG 30.9.2014 AP Nr. 144 zu § 99 BetrVG 1972 = NZA 2015, 370.

V. Beschlüsse des Betriebsrats

27 **1. Beschlussfähigkeit. a) Grundsatz.** Die Beschlüsse des BR werden, soweit im BetrVG für einzelne Beschlussfassungen keine qualifizierte Mehrheit vorgeschrieben ist, mit der einfachen Stimmenmehrheit der anwesenden Betriebsratsmitglieder gefasst. Bei Stimmengleichheit ist der Antrag abgelehnt (§ 33 I BetrVG). Eine Beschlussfassung im Umlaufverfahren ist unzulässig.[63] Der BR ist nur beschlussfähig, wenn mindestens die Hälfte seiner Mitglieder nicht nur anwesend ist, sondern auch an der Beschlussfassung teilnimmt (§ 33 II BetrVG). Die Stimmen der Jugend- und Auszubildendenvertreter werden mitgezählt, wenn diese an der Beschlussfassung berechtigt teilnehmen (§ 67 BetrVG). Das von einem Beschluss betroffene Betriebsratsmitglied ist an der Betriebsratssitzung nicht teilnahme- oder abstimmungsberechtigt, selbst wenn die Maßnahme des AG gegen das betroffene Betriebsratsmitglied offensichtlich rechtsmissbräuchlich war. Ist ein BR für die Dauer der Äußerungsfrist des § 102 II BetrVG beschlussunfähig, weil in dieser Zeit mehr als die Hälfte der Betriebsratsmitglieder an der Amtsausübung verhindert ist und nicht durch Ersatzmitglieder vertreten werden kann, nimmt der Restbetriebsrat in entspr. Anwendung von § 22 BetrVG die Mitbestimmungsrechte wahr.[64]

28 **b) Fehlerhafte Beschlussfassung. aa) Grundsatz.** Die Beschlussfassung des BR ist nur unwirksam, wenn gegen wesentliche Verfahrensvorschriften verstoßen worden ist.[65] Zu diesen zählen die Bestimmungen des BetrVG, solche in einer Geschäftsordnung nur, soweit es sich nicht um Ordnungsvorschriften handelt. Die Wirksamkeit eines Betriebsratsbeschlusses setzt voraus, dass er in einer Betriebsratssitzung gefasst worden ist, zu der die Mitglieder des BR gem. § 29 II 3 BetrVG rechtzeitig unter Mitteilung der Tagesordnung (→ Rn. 22) geladen worden sind und durch Abstimmung eine einheitliche Willensbildung herbeigeführt haben. Die vorherige Mitteilung der Tagesordnung dient der sachgerechten Vorbereitung der Betriebsratsmitglieder im Vorfeld der Betriebsratssitzung. Über nicht mitgeteilte Tagesordnungspunkte kann nur ein Beschluss gefasst werden, wenn alle anwesenden Betriebsratsmitglieder einer Beschlussfassung zustimmen.[66] Dies gilt auch für eine Beschlussfassung unter dem Tagesordnungspunkt „Verschiedenes".[67] Diese Grundsätze stehen kurzfristigen Änderungen der Tagesordnung nicht entgegen, da § 29 II BetrVG für die Bekanntgabe der Tagesordnung keine besondere Frist oder Form vorsieht.[68] Ein Betriebsratsbeschluss kann unwirksam sein, wenn der BR nicht unter Mitteilung der Tagesordnung geladen worden ist und ein Betriebsratsmitglied der Beschlussfassung widerspricht.[69] Wird bei der Heranziehung der Ersatzmitglieder (→ § 219 Rn. 30) gegen die in § 25 II BetrVG vorgesehene Reihenfolge verstoßen oder für ein zeitweilig verhindertes Mitglied grundlos kein vorhandenes Ersatzmitglied geladen,[70] leidet der Beschluss an einem erheblichen Mangel und ist deshalb unwirksam.

29 **bb) Heilung.** Hat der BR zunächst einen unwirksamen Beschluss gefasst, kann dieser nachträglich durch eine fehlerfreie Beschlussfassung geheilt werden.[71] Dies betrifft insbesondere die Einleitung eines Beschlussverfahrens.[72] Vereinbarungen, die der Betriebsratsvorsitzende, sein Stellvertreter (oder ein anderes beauftragtes Betriebsratsmitglied) ohne einen wirksamen Betriebsratsbeschluss abgeschlossen haben (zB Betriebsvereinbarungen), sind nach § 177 I BGB schwebend unwirksam. Sie können jedoch vom BR durch eine spätere ordnungsgemäße Beschlussfassung nach § 184 I BGB genehmigt werden. Ein Rückbezug der Genehmigung ist ausgeschlossen bei fristgebundenen Rechtsgeschäften, zB wenn für die die Vornahme des Rechtsgeschäfts oder einer Willenserklärung eine gesetzliche oder rechtsgeschäftliche Frist gesetzt ist oder die Beschlussfassung des BR erst nach dem für die Beurtei-

[63] BAG 2.4.1976 AP Nr. 9 zu § 102 BetrVG 1972; 4.8.1975 AP Nr. 4 zu § 102 BetrVG 1972.
[64] BAG 18.8.1982 AP Nr. 24 zu § 102 BetrVG 1972.
[65] BAG 30.9.2014 AP Nr. 144 zu § 99 BetrVG 1972 = NZA 2015, 370 (Öffentlichkeit).
[66] BAG 28.4.1988 AP Nr. 2 zu § 29 BetrVG 1972 = NZA 1989, 223.
[67] BAG 28.10.1992 AP Nr. 4 zu § 29 BetrVG 1972 = NZA 1993, 466.
[68] BAG 24.5.2006 AP Nr. 6 zu § 29 BetrVG 1972 = NZA 2006, 1364.
[69] LAG Hamm 12.2.1992 DB 1992, 2148.
[70] BAG 18.1.2006 – 7 ABR 25/05.
[71] BAG 9.12.2014 AP Nr. 108 zu § 77 BetrVG 1972 = NZA 2015, 368; 16.11.2005 AP Nr. 64 zu § 80 BetrVG 1972 = NZA 2006, 553; 18.2.2003 AP Nr. 11 zu § 77 BetrVG 1972 Betriebsvereinbarung = NZA 2004, 336.
[72] BAG 4.11.2015 AP Nr. 10 zu § 29 BetrVG 1972= NZA-RR 2016, 256.

lung eines Sachverhalts maßgeblichen Zeitpunkt erfolgt. Diese Einschränkung betrifft insbesondere rechtsgeschäftliche Vereinbarungen, durch die dem AG eine Kostentragungspflicht auferlegt wird.[73] Von den vorstehenden Vorgaben kann auch in einer Geschäftsordnung nicht abgewichen werden. Dagegen erfolgt keine Überprüfung der Zweckmäßigkeit der Beschlüsse.[74]

cc) Verfahren. Mängel in der Beschlussfassung, die in den Zuständigkeits- und Verantwortungsbereich des BR fallen, wirken sich grundsätzlich nicht zulasten des AG aus; dies soll sogar dann gelten, wenn dieser Kenntnis von der fehlerhaften Beschlussfassung hat oder nach den Umständen vermuten kann, dass die Behandlung der Angelegenheit durch den BR nicht fehlerfrei erfolgt ist.[75] Streitigkeiten über die Beschlussfähigkeit des BR und die Rechtswirksamkeit seiner Beschlüsse sind im arbeitsgerichtlichen Beschlussverfahren auszutragen, ggf. als Vorfrage auch im Urteilsverfahren. Der AG kann die Beschlussfassung des BR mit Nichtwissen bestreiten. Legt der BR die Tatsachen für eine wirksame Beschlussfassung im Einzelnen und unter Beifügung von Unterlagen schlüssig dar, ist ein pauschales Bestreiten mit Nichtwissen durch den AG nicht mehr zulässig.[76] Der AG hat vielmehr klarzustellen, auf welche Tatsachen sich sein Bestreiten noch bezieht. Nur über diese hat das Arbeitsgericht ggf. eine Beweisaufnahme durchzuführen. Ein besonderer Beweiswert kommt einer ordnungsgemäßen Sitzungsniederschrift zu. Wird aus dieser die ordnungsgemäße Beschlussfassung des BR ersichtlich, bedarf es im Regelfall keiner weitergehenden tatsächlichen Darlegungen oder einer darauf gerichteten Durchführung einer Beweisaufnahme. Es ist dann Sache des AG, den Beweiswert der Niederschrift zu erschüttern oder unter Beweisantritt einen für die Führung des Gegenbeweises über das (Nicht-)Vorliegen eines wirksamen Betriebsratsbeschlusses geeigneten Vortrag zu halten.[77] Bei Zweifel an der ordnungsgemäßen Beschlussfassung des BR kann daher der AG diesen um die Überlassung eines Auszugs aus der Sitzungsniederschrift ersuchen. 30

2. Suspendierung von Beschlüssen. Erachtet die JAV oder die SBV einen Beschluss des BR als eine erhebliche Beeinträchtigung wichtiger Interessen der durch sie vertretenen AN, so ist auf ihren Antrag hin der Beschluss auf die Dauer von einer Woche auszusetzen, damit in dieser Zeit eine Verständigung, ggf. mithilfe der im Betrieb vertretenen Gewerkschaft, versucht werden kann. Wenngleich das Gesetz auf die subjektive Beurteilung abstellt, wird mit Rücksicht auf die gesetzlichen Einschränkungen (wichtige Interessen) eine wirksame Suspendierung nur bei tatsächlichem Vorliegen der Interessenbeeinträchtigung in Betracht kommen. Nach Ablauf der Frist muss der BR über die Angelegenheit erneut einen Beschluss fassen (§ 35 BetrVG). 31

3. Durchführung. Nur die Durchführung der gemeinsam mit dem AG gefassten Beschlüsse obliegt dem AG (§ 77 I BetrVG). Der BR darf nicht durch einseitige Handlung in die Leitung des Betriebs eingreifen. 32

4. Niederschrift. Über jede Verhandlung des BR ist eine Niederschrift aufzunehmen (§ 34 BetrVG; Muster: Schaub ArbRFV-HdB/*Thoms* B. Rn. 42). Die Niederschrift muss enthalten **(a)** den Wortlaut des Beschlusses, **(b)** die Stimmenmehrheit, mit der er gefasst worden ist, **(c)** die Unterschrift des Vorsitzenden und eines weiteren Betriebsratsmitgliedes, **(d)** als Anlage die Anwesenheitsliste, in die sich jeder Teilnehmer der Betriebsratssitzung eigenhändig einzutragen hat. Hat ein AG oder ein Beauftragter einer Gewerkschaft an der Sitzung teilgenommen, ist ihm der entsprechende Teil der Niederschrift in Abschrift auszuhändigen. AG und Gewerkschaftsvertreter können Einwendungen gegen die Niederschrift erheben. Das sind kurze Gesamt- oder punktuelle Gegendarstellungen.[78] Unverzüglich (§ 121 BGB) erhobene Einwendungen sind der Niederschrift beizufügen. Ein weitergehendes Einsichtsrecht in elektronisch gespeicherte Daten des BR hat der AG nicht.[79] Jedes Betriebsratsmitglied kann in die Unterlagen des BR Einsicht nehmen; dieses Recht kann nicht eingeschränkt werden.[80] Hierzu zählen auch die Unterlagen seiner Ausschüsse, wenn sie noch in den Akten des BR vorhanden sind.[81] Sind die Unterlagen 33

[73] BAG 10.10.2007 AP Nr. 17 zu § 26 BetrVG 1972 = NZA 2008, 369.
[74] BAG 3.4.1979 AP Nr. 1 zu § 13 BetrVG 1972.
[75] BAG 16.1.2003 AP Nr. 129 zu § 102 BetrVG 1972 = NZA 2003, 927.
[76] BAG 9.12.2003 AP Nr. 1 zu § 33 BetrVG 1972 = NZA 2004, 746.
[77] BAG 30.9.2014 AP Nr. 144 zu § 99 BetrVG 1972 = NZA 2015, 370.
[78] HessLAG 19.5.1988 DB 1989, 486.
[79] BAG 18.7.2011 AP Nr. 109 zu § 40 BetrVG 1972 = NZA 2013, 49.
[80] BAG 12.8.2009 AP Nr. 2 zu § 34 BetrVG 1972 = NZA 2009, 1218.
[81] LAG Nds 16.2.2001 NZA-RR 2001, 249 (Auskunftsrecht über Unterlagen bejaht).

in elektronischer Form erstellt, hat jedes Betriebsratsmitglied das Recht, auf Datenträgern gespeicherte Dateien und E-Mails des BR an einem Bildschirmlesegerät einzusehen. Das Einsichtsrecht der Betriebsratsmitglieder wird nicht durch den Schutz von personenbezogenen Daten der AN beschränkt. Der BR ist im Rahmen seiner Zuständigkeit – wie eine Betriebsabteilung des Unternehmens – zur Datenverarbeitung nach § 26 I 1 BDSG berechtigt.[82] Das Recht auf Einsichtnahme schließt nach der bisherigen Rspr. des BAG nicht das Recht ein, Fotokopien dieser Unterlagen zu fertigen;[83] diese Beschränkung ist weder vom Normzweck erfasst noch erscheint sie zeitgemäß. Ausgeschiedene Betriebsratsmitglieder haben kein Einsichtsrecht in Betriebsratsprotokolle.

34 **5. Geschäftsordnung.** Der BR soll sich eine Geschäftsordnung geben (§ 36 BetrVG). Von ihrem Erlass darf nur ausnahmsweise abgesehen werden. Sie dient der inneren Ordnung der Geschäftsführung des BR und enthält Regelungen über die formalen Abläufe der Betriebsratsarbeit. Allerdings darf die Geschäftsordnung von den gesetzlichen Vorgaben zur Geschäftsführung des BR nicht abweichen, sondern nur ergänzende Bestimmungen treffen.[84] Gegenstand einer Geschäftsordnung können beispielsweise der Zeitpunkt der regelmäßigen Betriebsratssitzungen, die Festlegung der Ladungsfrist für die Betriebsratsmitglieder, Voraussetzungen für die Abstimmungen im Gremium bzw. ein Teilnahmerecht von Gewerkschaftsvertretern (→ Rn. 24), Aufgabenverteilung innerhalb des Gremiums (periodischer Wechsel des Schriftführers) sowie die Bevollmächtigung von weiteren Betriebsratsmitgliedern für die Entgegennahme von Erklärungen des AG sein; zu Video-/Telefonkonferenzen → Rn. 26a. Die Beschlussfassung über die Geschäftsordnung erfolgt mit absoluter Mehrheit. Die beschlossene Geschäftsordnung ist vom Vorsitzenden zu unterzeichnen. Ihre Bekanntgabe an den AG ist nur erforderlich, wenn aus ihrem Inhalt nach anderen Vorschriften erforderliche Mitteilungen ersetzt werden sollen, zB über den Zeitpunkt der Betriebsratssitzungen oder eine besondere Vertretungsregelung.

35 **6. Haftung. a) Gremium.** Eine Haftung des BR scheidet aus, weil er nach hM weder rechts- noch vermögensfähig ist oder einen selbständigen Verband darstellt. Der BR ist ausschließlich im Rahmen seiner gesetzlichen Aufgabenzuweisung rechtsfähig.[85] Nur in diesem Umfang kann er mit Dritten (zB Anwälten, Sachverständigen) überhaupt Verträge schließen, aus denen er selbst berechtigt und verpflichtet wird. Außerhalb seines Zuständigkeitsbereichs fehlt ihm die Rechtsfähigkeit.[86] Der BR ist nur insoweit vermögensfähig, als ihm nach dem BetrVG vermögensrechtliche Ansprüche zustehen[87] (zB § 40 I, II BetrVG, → § 222 Rn. 4, § 80 III 1 BetrVG). Der AG wird aus Verträgen des BR mit Dritten nur unmittelbar verpflichtet, wenn der AG dies mit dem BR zuvor so vereinbart worden ist. Beauftragt der BR zur Durchsetzung seiner Rechte einen Anwalt oder einen Berater (§ 111 S. 2 BetrVG), trägt daher die beauftragte Person das Risiko, dass und in welchem Umfang der BR einen Anspruch gegen den AG aus § 40 I BetrVG erwirbt. Bei der Hinzuziehung eines Sachverständigen ist hingegen nach § 80 III 1 BetrVG eine vorherige Einigung mit dem AG erforderlich. Vom BR benannte externe Beisitzer in Einigungsstellen erwerben kraft Gesetzes (§ 76a III BetrVG) einen Honoraranspruch gegen den AG. Der BR haftet als Organ nicht aus unerlaubter Handlung.[88] Dies gilt nach § 85 II ArbGG auch für Ansprüche aus § 945 ZPO. Der BR kann beim Vertragsabschluss mit Dritten (RA, Berater) als Gegenleistung für deren Tätigwerden nur seinen Freistellungsanspruch gegen den AG abtreten, der sich bei ordnungsgemäßer Beauftragung und Erforderlichkeit der Aufgabenwahrnehmung durch den Dritten in einen Zahlungsanspruch gegenüber dem AG wandeln kann. Für eine darüberhinausgehende Gegenleistung fehlt ihm die Rechtsfähigkeit. Der BR ist daher nur insoweit **vermögensfähig,** als ihm nach dem BetrVG vermögensrechtliche Ansprüche zustehen (zB § 40 I, II, § 80 III 1 BetrVG). Eine darüberhinausgehende Vermögensfähigkeit kann auch durch eine Vereinbarung zwischen AG und BR nicht geschaffen werden.[89] **Zwangsgelder** können

[82] BAG 12.8.2009 AP Nr. 2 zu § 34 BetrVG 1972 = NZA 2009, 1218 (zum BDSG aF).
[83] BAG 27.5.1982 AP Nr. 1 zu § 34 BetrVG 1972.
[84] BAG 16.11.2005 AP Nr. 7 zu § 28 BetrVG 1972 = NZA 2006, 445.
[85] BAG 24.4.1986 AP Nr. 7 zu § 87 BetrVG 1972 Sozialeinrichtung = NZA 1987, 100.
[86] BGH 25.10.2012 AP Nr. 110 zu § 40 BetrVG 1972 = NZA 2012, 1382; *L. Schmitt,* Die Haftung betriebsverfassungsrechtlicher Gremien und ihrer Mitglieder, 744 ff.
[87] BAG 29.9.2004 AP Nr. 81 zu § 40 BetrVG 1972 = NZA 2005, 123.
[88] Krit. *Schuster/M. Schunder* NZA 2020, 92.
[89] BAG 29.9.2004 AP Nr. 81 zu § 40 BetrVG 1972 = NZA 2005, 123.

wegen der Vermögenslosigkeit weder gegen den BR noch einzelne seiner Mitglieder verhängt werden.[90]

b) Betriebsratsmitglieder. Nach der Rspr. ist im Regelfall davon auszugehen, dass Betriebsratsmitglieder nicht den Willen haben, in ihrer Amtsträgereigenschaft eigenständige privatrechtliche Verpflichtungen finanzieller Art einzugehen. Ihnen fehlt insoweit auch die Rechtsfähigkeit. Ergibt die Auslegung der mit einem Dritten getroffenen Vereinbarung, dass sie im eigenen Namen Verbindlichkeiten für die Betriebsratstätigkeit eingegangen sind, werden sie persönlich und nicht das Gremium hieraus verpflichtet. Im Rahmen des § 40 I BetrVG können sie aber einen Freistellungs- oder Erstattungsanspruch gegen dem AG haben (→ § 222 Rn. 4). Problematisch ist die Rechtslage, wenn der Vertragsschluss mit einem Dritten Leistungen umfasst, für die kein Freistellungsanspruch besteht, weil die Aufgabenwahrnehmung nicht erforderlich war oder die versprochene Gegenleistung nicht in ihrer Höhe angemessen war. Nach dem Haftungskonzept des BGH können die handelnden Mitglieder des BR entsprechend § 179 I BGB als Vertreter ohne Vertretungsmacht haften. Hatte das Betriebsratsmitglied keine Kenntnis von dem Überschreiten der Erforderlichkeitsgrenze, ist seine Haftung gegenüber dem Dritten auf das negative Interesse (dh Schadensersatz) beschränkt; ansonsten haftet es dem Vertragspartner des BR auf dessen Erfüllungsinteresse. Die Haftung soll aber analog § 179 III BGB ausgeschlossen sein, wenn dem Vertragspartner bekannt oder infolge Fahrlässigkeit unbekannt war, dass der Vertragsschluss einen außerhalb des gesetzlichen Wirkungskreises des BR liegenden Gegenstand betraf oder das durch den Vertrag ausgelöste Honorar (teilweise) nicht nach § 40 I BetrVG erstattungsfähig ist. Das erforderliche Wissen für die zutreffende Beurteilung dieser Grenzen ist – dies hat der BGH völlig unberücksichtigt gelassen – bei den Vertretern der rechtsberatenden Berufe zu unterstellen. Im Streitfall – so der BGH weiter – soll das Betriebsratsmitglied darlegen und beweisen müssen, dass die vertraglich vereinbarte Leistung betriebsverfassungsrechtlich zulässig sowie die vereinbarte Gegenleistung nach Umfang und Vergütungshöhe nach § 40 I BetrVG erforderlich war.[91] Dem BGH ist nicht zu folgen. Er berücksichtigt nur unzureichend, dass das Handeln der Betriebsratsmitglieder regelmäßig auf einem Beschluss des Gremiums beruht und dass bei ehrenamtlichen Handelnden eine Begrenzung der Vertrauenshaftung geboten ist. Daneben muss der rechtskundige Dritte (insb. RA!) wegen der beschränkten Vermögensfähigkeit des BR stets davon ausgehen, dass er nur den Freistellungsanspruch als Gegenleistung für seine Tätigkeit erhält. Kein Betriebsratsmitglied will eine persönliche Haftung für seine ehrenamtliche Tätigkeit im BR begründen, was auch für rechtskundige Dritte offensichtlich sein muss. Besteht kein Freistellungsanspruch, haften daher auch die den Dritten beauftragenden Betriebsratsmitglieder nicht.[92] Zur Vermeidung von Risiken sollten diese als Gegenleistung entweder nur die Abtretung des Freistellungsanspruchs vereinbaren oder ihre Haftung mit dem Dritten ausdrücklich ausschließen.[93] Erfüllt das Verhalten des Betriebsratsmitglieds den Tatbestand der unerlaubten Handlung (§ 823 I, II BGB) oder der vorsätzlichen sittenwidrigen Schädigung (§ 826 BGB), haftet es gegenüber dem Geschädigten nach den Grundsätzen der Arbeitnehmerhaftung als Privatperson.[94] Dies kann in Betracht kommen bei unbefugter Weitergabe von Entgeltlisten[95] oder Verstößen gegen die Verschwiegenheitspflicht (§§ 79, 82 III, 83 I, 99 I 3, 102 II 5 BetrVG). Wird dem BR die Verwaltung einer Sozialeinrichtung übertragen, ist die Haftung der damit befassten Mitglieder regelmäßig ausgeschlossen. Gleiches gilt, wenn eines seiner Mitglieder unrichtige Auskünfte, zB über die Erhebung der Kündigungsschutzklage (§ 4 KSchG), erteilt hat. 36

VI. Sprechstunden

Unabhängig von der Betriebsgröße kann der BR Sprechstunden während der Arbeitszeit einrichten. Zeit und Ort, nicht dagegen, ob sie überhaupt eingerichtet werden, sind mit dem AG zu vereinbaren (§ 39 BetrVG). Kommt eine Einigung nicht zustande, entscheidet die Einigungsstelle (→ § 232 Rn. 1). Welches Betriebsratsmitglied die Sprechstunde durchführt, 37

[90] BAG 23.10.2019 AP Nr. 14 zu § 85 ArbGG 1979 = NZA 2020, 604.
[91] BGH 25.10.2012 AP Nr. 110 zu § 40 BetrVG 1972 = NZA 2012, 1382; *L. Schmitt,* Die Haftung betriebsverfassungsrechtlicher Gremien und ihrer Mitglieder, 697 ff.; dazu *Lunk/Rodenbusch* NJW 2014, 1989; *U. Fischer* NZA 2014, 343; *Walker* FS Hoyningen-Huene, 2014, 535; *Franzen* FS Hoyningen-Huene, 2014, 87; *Preis/Ulber* JZ 2013, 578.
[92] AA *Benecke* NZA 2018, 1361.
[93] *Preis/Ulber* JZ 2013, 578 (584).
[94] *Fitting* BetrVG § 1 Rn. 217 ff.; Richardi BetrVG/*Thüsing* Vorb. zu § 26 Rn. 8 ff.
[95] BAG 22.5.1959 AP Nr. 3 zu § 23 BetrVG.

bestimmt der BR. Die Sprechstunde gehört zur Amtstätigkeit iSv § 37 II, III BetrVG. An den Sprechstunden kann ein Mitglied der JAV teilnehmen, sofern diese keine eigenen Sprechstunden abhält (§ 39 II BetrVG). Auf Wunsch des BR kann auch ein Gewerkschaftssekretär hinzugezogen werden.[96] Dem einzelnen AN darf durch die Inanspruchnahme des BR kein Verdienstausfall entstehen (§ 39 III BetrVG). Dies kann anders zu beurteilen sein, wenn ganze Abteilungen in die Sprechstunde des BR gehen;[97] zur Haftung des BR für Auskünfte → Rn. 35.

§ 221. Rechtsstellung der Betriebsratsmitglieder

Übersicht

I. Ehrenamtliche Tätigkeit (§ 37 I BetrVG)

1 **1. Ehrenamt.** Die Mitglieder des BR führen ihr Amt unentgeltlich als – privates – Ehrenamt (§ 37 I BetrVG). Sie erhalten weder eine Amtsvergütung noch ist die Betriebsratstätigkeit eine zu vergütende Arbeitsleistung; für Mitglieder der Schwerbehindertenvertretung enthält § 179 I SGB IX eine inhaltsgleiche Regelung.

2 **2. Unentgeltlichkeit. a) Normzweck.** Die Amtstätigkeit wird als Ehrenamt unentgeltlich geführt. Einerseits sollen dem BR infolge der Amtstätigkeit keine Nachteile entstehen; andererseits soll er aber auch durch die Amtstätigkeit keine Vorteile erlangen.[1] Die Vorschrift soll das Vertrauen der vom BR vertretenen AN darauf stärken, dass die Wahrnehmung der Mitbestimmungsrechte durch den BR nicht durch die Gewährung oder den Entzug materieller Vorteile für die Betriebsratsmitglieder beeinflussbar ist. Mit dem Ehrenamtsprinzip ist es insbesondere nicht vereinbar, dass diese durch ihre Betriebsratstätigkeit zusätzliche Vergütungsansprüche

[96] LAG BW 25.6.1974 BB 1974, 1206.
[97] ArbG Kassel 12.11.1986 NZA 1987, 534.
[1] BAG 5.3.1997 AP Nr. 123 zu § 37 BetrVG 1972 = NZA 1997, 1242; 20.10.1993 AP Nr. 90 zu § 37 BetrVG 1972 = NZA 1994, 278; dazu *Byers* NZA 2014, 65.

erwerben.[2] Dass es in der Praxis gerade in größeren Unternehmen dennoch zu unzulässigen Vergünstigungen kommt, stellt das System der Repräsentation der AN durch ehrenamtliche BR nicht infrage. Es ist einerseits nicht zu verkennen, dass BR und ihre Mitglieder für das Unternehmen und den jeweiligen Betrieb bedeutsame Entscheidungen vorbereiten und mitverantworten, für die sie – gemessen an der Vergütung der Unternehmensführung – nicht angemessen vergütet werden. Eine Entgeltzahlung entsprechend den für das Management geltenden Grundsätzen stünde aber nicht in Einklang mit dem in § 37 II BetrVG normierten Lohnausfallprinzip. Der von beiden Seiten vielfach beschrittene „Ausweg" über § 37 IV BetrVG (→ Rn. 55 ff.) löst den grundsätzlichen Konflikt nicht und kann überdies strafrechtliche Folgen haben (→ Rn. 3).[3]

b) Keine Vergünstigungen. Aus dem Prinzip der Unentgeltlichkeit folgt, dass dem Betriebsratsmitglied weder unmittelbar noch mittelbar Vergünstigungen gewährt werden dürfen. Unzulässig ist daher eine gesonderte Vergütung der Amtstätigkeit, außerplanmäßige, nicht durch § 37 IV BetrVG gedeckte Beförderungen, die Gewährung einer höheren Vergütung, versteckte Zuwendungen, zB bei Gewährung von Darlehen oder Werkwohnungen, Zahlung von Sitzungsgeldern, Bezahlung von Amtstätigkeit außerhalb der Arbeitszeit, es sei denn, dass für die Tätigkeit außerhalb der Arbeitszeit ein betriebsbedingter Grund besteht.[4] Muss das Betriebsratsmitglied infolge seiner Amtstätigkeit eine geringer vergütete Tätigkeit ausüben, hat der AG die Lohndifferenz auszugleichen. Ist es dagegen aus einem personenbedingten Grund, etwa infolge Krankheit, nicht mehr in der Lage, die ursprüngliche Tätigkeit auszuüben, hat das Mitglied wie jeder andere AN eine Entgeltminderung hinzunehmen. Zulässig ist ein Ausgleich für sozialversicherungsrechtliche Beitrags- und Steuernachteile freigestellter Betriebsratsmitglieder bei Schichtzulagen und Zeitzuschlägen.[5] Wird im Betrieb durch Tarifvertrag oder Betriebsvereinbarung Kurzarbeit eingeführt, wird auch das Betriebsratsmitglied hiervon erfasst. 3

3. Pauschaler Aufwendungsersatz. Eine unzulässige Entgeltgewährung kann vorliegen, wenn das Betriebsratsmitglied mehr als seine wirklichen und notwendigen Aufwendungen ersetzt erhält. Eine Pauschalierung der Aufwendungen ist aber insoweit zulässig, wie regelmäßig wiederkehrende Aufwendungen ersetzt werden; unzulässig ist etwa eine pauschalierte Mehrarbeitsvergütung. Die Aufwendungen sind nicht bei sämtlichen Betriebsratsmitgliedern gleich hoch; sie müssen daher den verschiedenen Gruppen angepasst sein. Bei Dienstreisen ist eine Pauschalierung von Tages- und Übernachtungsgeldern entsprechend den betrieblichen Gepflogenheiten möglich. Entstehen dem Betriebsratsmitglied tatsächlich höhere, nicht durch die Pauschalbeträge abgedeckte erforderliche Aufwendungen, sind diese vom AG im Rahmen des § 40 I BetrVG zu erstatten. 4

4. Versprechen. Eine Vereinbarung, wonach dem BR eine – versteckte – Vergütung gezahlt wird, ist nach § 134 BGB, § 37 I BetrVG unwirksam. Das ohne Rechtsgrund Geleistete kann trotz § 817 S. 2 BGB zurückgefordert werden.[6] Das Fordern und die Entgegennahme von Vergütungen sind Amtspflichtverletzungen, die einen Ausschluss aus dem BR rechtfertigen können. Für den Versprechenden kann die Vergütung von Betriebsratsmitgliedern. die über das Entgeltausfallprinzip des § 37 II BetrVG hinausgeht, nach § 119 I Nr. 3 BetrVG und nach § 266 StGB zum Nachteil des Unternehmens strafbar sein.[7] Darüber hinaus ist zweifelhaft, ob solche Zahlungen steuerrechtlich als Betriebsausgaben anzusehen sind.[8] 5

5. Amtstätigkeit als Arbeitsleistung, Zeugnis. Die Amtstätigkeit steht der arbeitsvertraglich zu leistenden Tätigkeit gleich. Ein Unfall, den ein Betriebsratsmitglied während der Amtstätigkeit erleidet, ist daher ein Arbeitsunfall, der den Schutz der gesetzlichen Unfallversicherung auslöst (→ § 61 Rn. 1).[9] Die Betriebsratstätigkeit gilt in der Sozialversicherung auch im Übrigen als Arbeitsleistung. Dagegen ist sie nicht mit der Arbeitsleistung identisch, sodass sie regelmäßig 6

[2] BAG 18.2.2014 – 3 AZR 568/12; 5.5.2010 AP Nr. 147 zu § 37 BetrVG 1972 = NZA 2010, 1025.
[3] Zur Diskussion um die Betriebsratsvergütung *Annuß* NZA 2020, 20; *ders.* NStZ 2020, 201; *Däubler* SR 2017, 85; *Jacobs* NZA 2019, 1606; *Joussen* RdA 2018, 193; *Junker* ZfA 2020, 1; *Uffmann* ZfA 2018, 225.
[4] BAG 3.12.1987 AP Nr. 62 zu § 37 BetrVG 1972 = NZA 1988, 437.
[5] *Moll/Roebers* NZA 2012, 57.
[6] BAG 8.11.2017 AP Nr. 168 zu § 37 BetrVG 1972 = NZA 2018, 528.
[7] BGH 17.9.2009 NJW 2010, 92; LG Braunschweig 25.1.2007 – 6 KLs 48/06.
[8] Dafür *Rieble* NZA 2008, 276; aA *Graf/Link* NJW 2009, 409.
[9] BSG 20.5.1976 SozR 2200 § 539 Nr. 19; verneint von BSG 20.2.2001 ZfS 2001, 136 (AG-Beitrag).

nicht im Zeugnis zu erwähnen ist.[10] Etwas anderes gilt, wenn der AN vor seinem Ausscheiden lange Zeit freigestellt (§ 38 BetrVG) war und daher die Arbeitsleistung vom AG nicht beurteilt werden kann.[11]

II. Vorübergehende Arbeitsfreistellung (§ 37 II BetrVG)

7 **1. Arbeitsbefreiung. a) Grundsatz.** Die Betriebsratsmitglieder sind von der Arbeit zu befreien, wenn und soweit es nach Umfang und Art des Betriebs zur ordnungsgemäßen Durchführung ihrer Aufgaben erforderlich ist (§ 37 II BetrVG); für Mitglieder der Schwerbehindertenvertretung gilt § 179 IV 1 SGB IX. Mitglieder des BR müssen ganz oder vorübergehend an bestimmten Tagen, zu bestimmten Tageszeiten oder von einer bestimmten Art der Tätigkeit (etwa Wechselschicht- oder Akkordarbeit) zur Erfüllung der Amtstätigkeit freigestellt werden. Ihr Arbeitspensum ist daher unter Berücksichtigung der Betriebsratstätigkeit zu bemessen.[12] Betriebsratstätigkeit ist wie **Arbeitszeit** iSd § 2 I ArbZG zu werten. Ausgangspunkt für die Betriebsratstätigkeit ist die vertraglich vereinbarte Arbeitspflicht. Diese wird zwar für Zeiten der erforderlichen Inanspruchnahme durch das Amt suspendiert. Dadurch verliert die Zeit jedoch nicht ihre Fremdbestimmtheit; das Mitglied des BR ist in ihrer Nutzung gerade nicht frei, sondern unterliegt der durch die Amtstätigkeit bedingten und durch das BetrVG ausgestalteten Pflichtenstellung. Das BAG hat diese Frage zuletzt offengelassen, kommt jedoch über den Ansatz, ob dem Mitglied des BR wegen der zeitlichen Inanspruchnahme aus seinem Amt eine Arbeitsleistung zumutbar ist, zu vergleichbaren Ergebnissen. Musste zB ein Betriebsratsmitglied während der Tagesschicht an einer Betriebsratssitzung teilnehmen, ist es von der Arbeitsleitung in der Nachtschicht freizustellen, wenn ihm diese nicht zugemutet werden kann oder die notwendigen Ruhezeiten nicht gewährleistet sind.[13]

8 **b) Amtstätigkeit.** Hierzu gehören alle dem BR nach dem BetrVG oder sonstigen Gesetzen (zB § 17 II, III KSchG, § 176 SGB IX, §§ 9, 11 ASiG), Tarifverträgen und Betriebsvereinbarungen übertragenen Aufgaben. Dazu gehören die Teilnahme an den Sitzungen des BR und seiner Ausschüsse, an Sprechstunden, bei grenzüberschreitenden Unternehmen Teilnahme am Europäischen BR, die Mitwirkung bei Verhandlungen oder Beratungen mit Behörden wie der Arbeitsverwaltung,[14] der Gewerbeaufsicht, den Berufsgenossenschaften sowie den im Betrieb vertretenen Gewerkschaften im Rahmen der ihnen durch das BetrVG konkret zugewiesenen Hilfsfunktionen, nicht jedoch die Durchsetzung individualrechtlicher Ansprüche von AN.[15] Ob eine Amtstätigkeit vorliegt, ist eine Rechtsfrage, die allein nach objektiven Merkmalen zu entscheiden ist und bei deren Beantwortung kein Beurteilungsspielraum besteht. Allerdings entscheiden der BR sowie seine Mitglieder eigenverantwortlich über die Ausübung der Amtstätigkeit. Deshalb kann nicht jede Verkennung der objektiven Rechtslage nachteilige Auswirkungen für den Vergütungsanspruch des Betriebsratsmitglieds haben. Das ist nur dann der Fall, wenn schon bei verständiger Würdigung erkennbar ist, dass es sich bei der Tätigkeit nicht mehr um die Wahrnehmung gesetzl. Aufgaben des BR handelt.[16] Unerheblich ist, ob die Amtstätigkeit innerhalb oder außerhalb des Betriebs wahrgenommen wird. Die beobachtende Teilnahme an Gerichtsterminen gehört regelmäßig nicht zur Amtstätigkeit des BR; dies gilt auch bei Rechtsstreitigkeiten von grundsätzlicher Bedeutung oder wenn eine die Arbeit des BR betreffende wesentliche Frage behandelt wird.[17] Die Teilnahme eines Betriebsratsmitglieds (nicht des gesamten BR) kommt nur in Betracht, wenn sie konkret für die Wahrnehmung der gegenwärtigen oder zukünftigen Aufgaben des BR erforderlich ist, hierzu zählen Kündigungsrechtsstreitigkeiten regelmäßig nicht.[18] Keine Amtstätigkeit ist die Wahrnehmung von Ehrenämtern in der Gerichts-

[10] BAG 19.8.1992 AP Nr. 5 zu § 8 BPersVG = NZA 1993, 222.
[11] HessLAG 10.3.1977 DB 1978, 167; offengelassen LAG Hamm 12.4.1976 DB 1976, 1112.
[12] BAG 27.6.1990 AP Nr. 78 zu § 37 BetrVG 1972 = NZA 1991, 430.
[13] BAG 21.3.2017AP Nr. 65 zu § 81 ArbGG 1979 = NZA 2017, 1014; 18.1.2017 AP Nr. 167 zu § 37 BetrVG 1972 = NZA 2017, 791; 7.6.1989 AP Nr. 72 zu § 37 BetrVG 1972 = NZA 1990, 531; *v. Roetteken* ZTR 2021, 6.
[14] BAG 23.9.1982 AP Nr. 42 zu § 37 BetrVG 1972.
[15] BAG 18.1.2005 AP Nr. 24 zu 77 BetrVG 1972 Betriebsvereinbarung = NZA 2006, 167; 17.10.1989 AP Nr. 53 zu § 112 BetrVG 1972 = NZA 1990, 441.
[16] BAG 21.6.2006 – 7 AZR 418/05.
[17] BAG 31.5.1989 AP Nr. 9 zu § 38 BetrVG 1972 = NZA 1990, 313.
[18] BAG 31.5.1994 AP Nr. 98 zu § 37 BetrVG 1972 = NZA 1995, 225.

barkeit und Verwaltung, insbesondere der sozialen Selbstverwaltung, die Teilnahme an Veranstaltungen rein gewerkschaftlichen Charakters, Vertretung der AN vor den Arbeitsgerichten, Teilnahme an Tarifverhandlungen sowie die Kontaktnahme mit Betriebsräten anderer Betriebe außerhalb von Betriebsrätekonferenzen (§ 53 BetrVG).[19]

c) Umfang. Erforderlich ist die Arbeitsbefreiung zur Durchführung von Amtstätigkeit, wenn sie ein vernünftiger Dritter unter vorausschauender Betrachtung bei Abwägung der Interessen des Betriebs, des BR und der Belegschaft für sachlich geboten halten würde. Der Umfang der Arbeitsbefreiung ist nicht für alle Betriebsratsmitglieder gleich, sondern abhängig von der konkreten Aufgabenstellung und Funktion des einzelnen Mitglieds. In Betrieben mit nach § 38 I BetrVG freigestellten Betriebsratsmitgliedern ist eine Arbeitsbefreiung für nicht freigestellte Mitglieder nicht erforderlich, wenn die Freigestellten nicht ausgelastet sind. Bei der Prüfung, ob die Befreiung von der Arbeitspflicht zur Erfüllung einer Betriebsratsaufgabe erforderlich ist, steht dem Betriebsratsmitglied aber ein gerichtlich nur eingeschränkt überprüfbarer Beurteilungsspielraum zu. Dabei hat es nicht nur die Interessen des BR, sondern auch die des AG zu berücksichtigen. Es ist zunächst zur sorgfältigen Prüfung verpflichtet, ob die Voraussetzungen vorliegen, die im konkreten Fall zu einem Anspruch auf Arbeitsbefreiung führen. Der Beurteilungsspielraum ist erst überschritten, wenn es bei eigener gewissenhafter Überprüfung und bei ruhiger und vernünftiger Würdigung aller Umstände die Versäumung von Arbeitszeit für die Verrichtung einer Betriebsratstätigkeit nicht mehr für erforderlich halten durfte.[20] Wird der Beurteilungsspielraum eingehalten, kommt eine Abmahnung wegen der versäumten Arbeitszeit nicht in Betracht, weil es an einem vorwerfbaren Fehlverhalten fehlt.[21] Arbeitsbefreiung zur Teilnahme an Betriebsratssitzungen ist stets erforderlich. Dies gilt auch dann, wenn die Betriebsratssitzungen selbst nicht erforderlich gewesen sind oder diese unter Verstoß gegen § 30 BetrVG anberaumt worden sind. Denn hierauf hat das einzelne Betriebsratsmitglied keinen Einfluss;[22] zum Vergütungsanspruch bei **nicht erforderlicher Amtstätigkeit** → Rn. 14. 9

2. Abmeldung. a) Erforderlichkeit. Liegen die Voraussetzungen für eine Amtstätigkeit vor, ist das Betriebsratsmitglied in dem erforderlichen Umfang von seiner Arbeitspflicht befreit.[23] Es darf sich aber nicht einfach vom Arbeitsplatz entfernen, sondern hat sich beim AG bzw. seinem Vertreter abzumelden[24] und nach Erledigung der Amtsgeschäfte wieder zurückzumelden. Dies gilt auch, wenn das Betriebsratsmitglied die Betriebsratstätigkeit an seinem Arbeitsplatz ausübt. Keiner Abmeldung bedarf es, wenn eine Umorganisation des Arbeitsablaufs nicht ernsthaft in Betracht kommt. Der AG kann dann aber verlangen, dass ihm die Gesamtdauer der in einem bestimmten Zeitraum ausgeübten Betriebsratstätigkeit nachträglich mitgeteilt wird.[25] Freigestellte Mitglieder des BR sind verpflichtet, sich unter Angabe der voraussichtlichen Dauer der Betriebsratstätigkeit beim AG abzumelden, wenn sie außerhalb des Betriebs erforderlichen Betriebsratsaufgaben nachgehen, und sich bei der Rückkehr in den Betrieb zurückzumelden.[26] Die An- und Rückmeldepflicht der Betriebsratsmitglieder stellt keinen Verstoß gegen das Benachteiligungsverbot des § 78 BetrVG dar. Nach neuerer Rspr. hat der BR dem AG nur Ort und Dauer der beabsichtigten Betriebsratstätigkeit mitzuteilen, damit der AG die für den Arbeitsablauf notwendigen Dispositionen treffen und das Betriebsratsmitglied notfalls erreichen kann. Erst im Umfang der Prüfung des Entgeltfortzahlungsanspruchs kann der AG auch Angaben zur Art der durchgeführten Betriebsratstätigkeit verlangen.[27] Eine ausdrückliche Zustimmung des AG für die Arbeitsbefreiung ist nicht notwendig. Dies gilt auch bei lange vorauszusehenden Arbeitsversäumnissen. Jedoch kann das Betriebsratsmitglied bei nicht rechtzeitiger Ankündigung schadensersatzpflichtig werden. Wird die Arbeitsbefreiung verweigert, darf es sich ohne weitere Erlaubnis 10

[19] BAG 21.6.2006 – 7 AZR 418/05.
[20] BAG 21.6.2006 – 7 AZR 418/05; 31.5.1994 AP Nr. 98 zu § 37 BetrVG 1972 = NZA 1995, 225; weitergehend *Fitting* BetrVG § 37 Rn. 33 (Erforderlichkeit liegt bereits bei einem „entschuldbarem Rechtsirrtum" vor); LAG Brem 28.6.1990 DB 1990, 742 (sub. Maßstab in „rechtlichen Grauzonen").
[21] BAG 31.8.1994 AP Nr. 98 zu § 37 BetrVG 1972 = NZA 1995, 225; 6.8.1981 AP Nr. 40 zu § 37 BetrVG 1972.
[22] Zu § 40 BetrVG: BAG 16.1.2008 AP Nr. 92 zu § 40 BetrVG 1972 = NZA 2008, 546.
[23] Vgl. BAG 19.9.1985 AP Nr. 1 zu § 42 LPVG Rheinland-Pfalz.
[24] BAG 15.7.1992 AP Nr. 9 zu § 611 BGB Abmahnung = NZA 1993, 220; 31.10.1985 AP Nr. 52 zu § 37 BetrVG 1972; 23.6.1983 AP Nr. 45 zu § 37 BetrVG 1972; 6.8.1981 AP Nr. 39 zu § 37 BetrVG 1972.
[25] BAG 29.6.2011 AP Nr. 152 zu § 37 BetrVG 1972 = NZA 2012, 47; dazu *Schiefer/Pogge* DB 2012, 743.
[26] BAG 24.2.2016 AP Nr. 34 zu § 38 BetrVG 1972 = NZA 2016, 831.
[27] BAG 15.3.1995 AP Nr. 105 zu § 37 BetrVG 1972 = NZA 1995, 961.

entfernen, soweit es notwendig ist, um die Amtsgeschäfte auszuführen. Werden vom AG betriebliche Gründe für die Unabkömmlichstellung geltend gemacht, gebietet die vertrauensvolle Zusammenarbeit, dass das Betriebsratsmitglied prüft, ob eine Verschiebung der Amtstätigkeit möglich ist.[28]

11 **b) Verstöße.** Verletzt ein Betriebsratsmitglied die Ab- und Rückmeldepflicht, kann dies Gegenstand einer Abmahnung sein, da diese Pflichten nach Ansicht des BAG auch aus dem Arbeitsvertrag folgen.[29] Eine Abmahnung kommt aber nicht schon bei jeder Fehleinschätzung über die Erforderlichkeit der Arbeitsbefreiung oder wenn sich das Betriebsratsmitglied über den Umfang seiner Betriebsratstätigkeit irrt und der Irrtum auf einer nicht eindeutigen Rechtsfrage beruht.[30] Eine Dienstanweisung des AG über das Abmeldeverfahren von Betriebsratsmitgliedern ist unzulässig, da insoweit kein Weisungsrecht besteht.[31] Zulässig ist jedoch eine interne Anweisung an die jeweiligen Vorgesetzten der Betriebsratsmitglieder über deren Verhaltenspflichten, wenn Arbeitsbefreiungen nach § 37 II BetrVG in Anspruch genommen werden.[32] Nimmt ein Betriebsratsmitglied an der Gleitzeit teil, ist es nicht verpflichtet, die Dauer der Betriebsratstätigkeit aufzuzeichnen.[33]

12 **3. Entgeltfortzahlung. a) Grundsatz.** Während der Arbeitsfreistellung hat das Betriebsratsmitglied Anspruch auf die Vergütung, die es verdient hätte, wenn es während der Zeit gearbeitet hätte (Lohnausfallprinzip).[34] Eine dritte Kategorie von Zahlungen, also solche, die weder Aufwendungsersatz noch Arbeitsentgelt darstellt, ist der gesetzlichen Regelung des § 37 II BetrVG fremd.[35] Die Norm begründet keinen eigenständigen Vergütungsanspruch, sondern sichert das Entgelt des Betriebsratsmitglieds aus § 611a BGB, indem er dem AG den Einwand des nicht erfüllten Vertrags nimmt. Der Anspruch setzt voraus, dass es während der Zeit der Arbeitsbefreiung **(1)** gesetzliche Aufgaben des BR wahrnimmt (→ Rn. 8). Außerdem muss **(2)** die Arbeitsbefreiung zur ordnungsgemäßen Durchführung der Aufgaben des BR erforderlich sein (→ Rn. 9). Bei der Ermittlung des Anspruchs aus § 37 II BetrVG ist ein während der Dauer der Freistellung eingetretener betriebsüblicher beruflicher Aufstieg des Betriebsratsmitglieds (§ 37 IV BetrVG, → Rn. 55) zu berücksichtigen; dem Betriebsratsmitglied ist die Vergütung für die Tätigkeit zu zahlen, in die es zwischenzeitlich aufgestiegen ist.[36] Da nicht die Betriebsratstätigkeit als solche vergütet wird, wandelt sich der vertragliche sowie ggf. der tarifliche Entgeltanspruch nicht in einen gesetzlichen Ersatzanspruch um. Deshalb gelten für diesen Anspruch dieselben tariflichen Ausschlussfristen, die auf den ausschließlich arbeits- und tarifvertraglichen Entgeltanspruch Anwendung finden.[37] § 37 II BetrVG erfasst nur das vom AG aufgrund des Arbeitsvertrags erbrachte Arbeitsentgelt. Erhält das Betriebsratsmitglied nicht von dem AG, sondern von einem Dritten Zuwendungen, ist die Vorschrift daher schon nach ihrem Wortlaut nicht einschlägig, selbst wenn der Arbeitsvertrag Motiv für die Leistung des Dritten ist.[38] **Trinkgelder** zählen daher bei Fehlen einer arbeitsvertraglichen Vereinbarung nicht zum fortzuzahlenden Arbeitsentgelt.[39] Der Anspruch auf bezahlte Freistellung steht nur dem Betriebsratsmitglied selbst in seiner Eigenschaft als AN zu; der BR kann gerichtlich nur die reine Freistellung eines seiner Mitglieder von der Arbeitspflicht durchsetzen.[40]

13 **Einzelfälle:** Nach § 37 II BetrVG **fortzuzahlen** sind Mehr- und Überstundenzuschläge, Erschwernis- (BAG 29.8.2018 AP Nr. 171 zu § 37 BetrVG 1972 = NZA 2019, 253) bzw. Schmutzzulagen, Nachtarbeitszuschläge (BAG 29.7.1980 AP Nr. 37 zu § 37 BetrVG 1972 [kein Ausgleich der Steuernachteile], Boni (BAG 29.4.2015 AP Nr. 159 zu § 37 BetrVG 1972 = NZA 2015, 1328), Aktienoptionen (BAG 16.1.2008 AP Nr. 144 zu § 37 BetrVG

[28] BAG 13.5.1997 AP Nr. 119 zu § 37 BetrVG 1972 = NZA 1997, 1062.
[29] BAG 15.7.1992 AP Nr. 9 zu § 611 BGB Abmahnung = NZA 1993, 220.
[30] BAG 31.8.1994 AP Nr. 98 zu § 37 BetrVG 1972 = NZA 1995, 225.
[31] BAG 23.6.1983 AP Nr. 45 zu § 37 BetrVG 1972.
[32] BAG 13.5.1997 AP Nr. 119 zu § 37 BetrVG 1972 = NZA 1997, 1062.
[33] BAG 14.2.1990 – 7 ABR 13/88, BB 1990, 1625.
[34] BAG 5.5.2010 AP Nr. 147 zu § 37 BetrVG 1972 = NZA 2010, 1025; 23.6.2004 AP Nr. 139 zu § 37 BetrVG 1972 = NZA 2004, 1287.
[35] BAG 14.8.2018 AP Nr. 186 zu § 9 GG Arbeitskampf = NZA 2019, 100; 13.7.1994 NZA 1995, 588.
[36] BAG 29.8.2018 AP Nr. 171 zu § 37 BetrVG 1972 = NZA 2019, 253.
[37] BAG 8.9.2010 AP Nr. 148 zu § 37 BetrVG 1972 = NZA 2011, 159.
[38] BAG 16.1.2008 AP Nr. 144 zu § 37 BetrVG 1972 = NZA 2008, 836.
[39] BAG 28.6.1995 AP Nr. 112 BetrVG 1972 = NZA 1996, 252.
[40] BAG 21.3.2017 AP Nr. 65 zu § 81 ArbGG 1979 = NZA 2017, 1014; 29.6.2011 NZA 2012, 47.

1972 = NZA 2008, 836), Prämien (LAG Bln 28.6.1996 NZA 1997, 224) und Inkassoprämien (BAG 11.1.1978 AP Nr. 7 zu § 2 LohnFG), Antrittsgebühren (BAG 13.7.1994 AP Nr. 97 zu § 37 BetrVG 1972 = NZA 1995, 588) u. dgl. zu vergüten. Dies gilt auch für allgemeine Zuwendungen (BAG 5.4.2000 AP Nr. 131 zu § 37 BetrVG 1972 = NZA 2000, 1174 [Zugbegleiter]; 16.8.1995 AP Nr. 19 zu § 1 TVG Tarifverträge: Lufthansa = NZA 1996, 552 [Mehrflugstunden]; 21.4.1983 AP Nr. 43 zu § 37 BetrVG 1972 [widerrufliche Zulage], vermögenswirksame Leistungen und die arbeitsvertraglich geschuldete Privatnutzung eines Fahrzeugs (BAG 23.6.2004 AP Nr. 139 zu § 37 BetrVG 1972 = NZA 2004, 1287; anders BAG 25.2.2009 AP Nr. 146 zu § 37 BetrVG 1972 [Überlassung als Arbeitsmittel]. Bei Akkordarbeiten ist der ausgefallene Akkordverdienst zu entrichten. Der Anspruch nach § 37 II BetrVG setzt aber voraus, dass die Entgeltbestandteile einzelfallbezogen wegen der konkreten Betriebsratstätigkeit nicht gezahlt werden. Ist die Arbeitszeit aus Anlass der Amtstätigkeit einvernehmlich geändert worden, ist diese nicht kausal für die Entgeltminderung (BAG 18.5.2016 AP Nr. 162 zu § 37 BetrVG 1972 = NZA 2016, 1212). Bezieht die Belegschaft Kurzarbeitergeld, kann auch das Betriebsratsmitglied nur Vergütung in entsprechender Höhe beanspruchen (BAG 31.7.1986 AP Nr. 55 zu § 37 BetrVG 1972 = NZA 1987, 528). Verrichtet das Betriebsratsmitglied außerhalb der Kurzarbeit Aufgaben, erfolgt die Vergütung nach § 37 III BetrVG (Freizeitausgleich, → Rn. 18 ff.). Ob ein Spielbankbetreiber die Lohn- und Sachkosten für den BR aus dem Tronc entnehmen darf, richtet sich nach Landesrecht (BAG 14.8.2002 AP Nr. 2 zu § 41 BetrVG 1972 = NZA 2003, 626 [verneint für SchlH]; 24.7.1991 AP Nr. 1 zu § 41 BetrVG 1972 = NZA 1991, 980 [bejaht für NRW]; zur Erstattungspflicht BAG 9.12.2003 AP Nr. 1 zu § 33 BetrVG 1972 = NZA 2004, 746). Hat ein Betriebsratsmitglied nach einer entsprechenden Vereinbarung mit dem AG an einer Betriebsratssitzung teilgenommen, ist der Tag der Sitzung nicht auf den Urlaub anzurechnen. Es hat daher für diesen Tag auch keinen Anspruch auf zusätzliches Urlaubsgeld. Das fortzuzahlende Entgelt iSv § 37 II BetrVG kann nicht tariflich abw. ausgestaltet werden (BAG 13.7.1994 AP Nr. 97 zu § 37 BetrVG 1972 = NZA 1995, 588).

b) Nicht erforderliche Amtstätigkeit. Das Betriebsratsmitglied hat grundsätzlich keinen Anspruch auf Entgeltfortzahlung, wenn es nicht erforderliche Amtstätigkeiten vornimmt. Ob die Arbeitsbefreiung überhaupt der Durchführung der Aufgaben des BR dient, ist eine **Rechtsfrage,** die allein nach objektiven Maßstäben zu beurteilen ist; ein Beurteilungsspielraum besteht insoweit nicht. Auch ein entschuldbarer Irrtum des Betriebsratsmitglieds darüber, ob eine von ihm wahrgenommene Tätigkeit zu den Aufgaben des BR gehört, kann grundsätzlich einen Vergütungsanspruch nach § 611 BGB, § 37 II BetrVG nicht begründen. Hierbei ist jedoch zu berücksichtigen, dass der BR und auch das einzelne Betriebsratsmitglied eigenverantwortlich über die Ausübung der Betriebsratstätigkeit entscheiden. Deshalb kann nicht jede Verkennung der objektiven Rechtslage nachteilige Auswirkungen für das betreffende Betriebsratsmitglied haben. Das ist nur dann der Fall, wenn bei verständiger Würdigung erkennbar ist, dass es sich bei der Tätigkeit nicht mehr um die Wahrnehmung gesetzlicher Aufgaben des BR handelt.[41] Keine Benachteiligung teilzeitbeschäftigter Betriebsratsmitglieder liegt vor, wenn der AG einen Nachweis der Erforderlichkeit der aufgewandten Arbeitszeit verlangt, die über ihre individuelle Arbeitszeit hinausgeht.[42] 14

c) Aufwendungsersatz. Nicht weiterzuzahlen ist Aufwendungsersatz, wenn die Aufwendungen während der Amtstätigkeit nicht anfallen. Hierzu können Wegegelder und Auslösungen gehören,[43] anders bei Nahauslösungen, in denen Lohnbestandteile enthalten sind.[44] Weiterzuzahlen sind indes Bergmannsprämien für versäumte Untertage-Schichten (§ 6 II BergPDV) sowie Wintergeld im Baugewerbe. 15

d) Steuern und Sozialversicherung. Da das Betriebsratsmitglied nur Anspruch auf eine Fortzahlung seiner Bruttobezüge hat, sind hiervon Steuern und Sozialversicherungsbeiträge zu 16

[41] BAG 21.6.2006 – 7 AZR 418/05; 31.5.1994 AP Nr. 98 zu § 37 BetrVG 1972 = NZA 1995, 225; aA Richardi BetrVG/*Thüsing* § 37 Rn. 16; GK-BetrVG/*Weber* § 37 Rn. 43.

[42] LAG Bln 14.7.2000 NZA-RR 2001, 313.

[43] BAG 21.6.2006 AP Nr. 143 zu § 37 BetrVG 1972 = NZA 2006, 1417; 27.7.1994 AP Nr. 14 zu § 46 BPersVG = NZA 1995, 799 (Tagespauschale); 15.7.1992 AP Nr. 19 zu § 46 BPersVG = NZA 1993, 661 (Lehrentschädigung); 28.8.1991 AP Nr. 16 zu § 46 BPersVG = NZA 1992, 709 (Streckenzulage).

[44] BAG 18.9.1991 AP Nr. 82 zu § 37 BetrVG 1972 = NZA 1992, 936 (Fernauslöse); HessLAG 31.8.1987 NZA 1988, 817; BAG 10.2.1988 AP Nr. 64 zu § 37 BetrVG 1972 = NZA 1989, 112 (Nahauslöse).

entrichten.[45] Dies gilt auch, wenn die Vergütung bei Ableistung der Arbeit steuerfrei wäre; der AG ist auch insoweit nicht zu einer Erstattung der Differenz verpflichtet.[46]

17 **e) Prozessuales.** Entgeltfortzahlungsansprüche nach § 37 II BetrVG sind – auch für freigestellte Betriebsratsmitglieder – im Urteilsverfahren zu verfolgen.[47] Die Frage der Erforderlichkeit der Arbeitsversäumnis ist als Vorfrage zu prüfen. Die Berechnung der geschuldeten Vergütung nach dem Lohnausfallprinzip erfordert eine hypothetische Betrachtung, welches Arbeitsentgelt das Betriebsratsmitglied ohne die Arbeitsbefreiung verdient hätte. Bei der Berechnung sind die Besonderheiten des jeweiligen Vergütungsbestandteils zu berücksichtigen, ggf. ist bei schwankenden Bezügen eine Schätzung (§ 287 II ZPO) vorzunehmen.[48] Für den Nachweis hypothetischer Sachverhalte genügt es, Hilfstatsachen vorzutragen, die in Verbindung mit Erfahrungsregeln einen indiziellen Schluss auf einen bestimmten Geschehensablauf zulassen.[49]

III. Freizeitausgleich (§ 37 III BetrVG)

18 **1. Voraussetzungen. a) Normzweck.** Hat ein Betriebsratsmitglied aus betriebsbedingten Gründen Betriebsratsaufgaben[50] außerhalb der Arbeitszeit durchgeführt, hat es Anspruch auf „entsprechende“ Arbeitsbefreiung unter Fortzahlung des Arbeitsentgelts (§ 37 III 1 BetrVG). Das Betriebsratsmitglied soll seine Tätigkeit während der Arbeitszeit erbringen.[51] Dies ist aber nicht immer möglich. Die Vorschrift gewährt einen Anspruch auf Freizeitausgleich, wenn das Betriebsratsmitglied aus betriebsbedingten Gründen außerhalb der Arbeitszeit Betriebsratsaufgaben wahrnimmt. Eine Ausnahme vom Lohnausfallprinzip begründet die Vorschrift nicht. Der dort geregelte Freizeitausgleich für die außerhalb der Arbeitszeit durchgeführte Betriebsratstätigkeit betrifft lediglich die Folgen einer aus betriebsbedingten Gründen notwendigen Abweichung von dem Grundsatz, dass Betriebsratstätigkeit während der Arbeitszeit stattzufinden hat. Der Anspruch besteht nach § 37 III 1 BetrVG in dem zeitlichen Umfang, in dem das Betriebsratsmitglied außerhalb der Arbeitszeit Betriebsratstätigkeiten wahrgenommen hat. Der Freizeitausgleich und die Betriebsratstätigkeit haben daher einander zu entsprechen.[52] Die Regelung geht bei der Vergütung von außerhalb der persönlichen Arbeitszeit geleisteter Betriebsratstätigkeit von einem Vorrang des Freizeitausgleichs aus. Erst wenn dieser verlangt wurde, seine Gewährung jedoch aus betrieblichen Gründen unmöglich ist, kann die Vergütung der Zeit als Mehrarbeit beansprucht werden. Betriebsratsmitglieder haben im Restmandat keinen Anspruch auf Vergütung ihrer Betriebsratstätigkeit und das damit verbundene Freizeitopfer; § 37 III 3 BetrVG ist insoweit nicht entspr. anzuwenden.[53] Für Mitglieder der SBV enthält § 179 VI SGB IX ggü. § 37 III 1 BetrVG eine identische Regelung.

19 **b) Außerhalb der Arbeitszeit.** Nach der Gesamtkonzeption des BetrVG besteht grundsätzlich kein Entgeltanspruch für die von Betriebsratsmitgliedern erbrachten Freizeitopfer. Auch § 37 III BetrVG begründet keinen Vergütungsanspruch für Betriebsratstätigkeit, sondern schafft als Korrektiv zu § 37 II BetrVG einen dahingehenden Ausgleich, dass an einem anderen Arbeitstag bezahlte Arbeitsbefreiung in entsprechendem Umfang gewährt wird. Bei den Ansprüchen nach § 37 III BetrVG handelt es sich im Ergebnis um ein zeitlich verschobenes Arbeitsentgelt für eine sonst in der persönlichen Arbeitszeit anfallende Betriebsratstätigkeit, die nur infolge eines dem AG zuzurechnenden Umstands in die Freizeit verlegt worden ist.[54] Voraussetzung ist eine Amtstätigkeit iSd § 37 II BetrVG (→ Rn. 9 f.), für die das Betriebsratsmitglied von der Arbeit hätte freigestellt werden müssen, wenn sie während der Arbeitszeit durchgeführt worden wäre. Außerhalb der Arbeitszeit liegt nur eine solche Tätigkeit, die zusätzlich zu der vertraglichen

[45] BAG 15.1.1997 AP Nr. 1 zu § 39 PersVG Rheinland-Pfalz = NZA 1997, 897.
[46] BAG 22.8.1985 AP Nr. 50 zu § 37 BetrVG 1972 = NZA 1986, 263.
[47] BAG 12.6.2018 AP Nr. 62 zu § 17a GVG = NZA 2018, 1423; 30.6.1993 AP Nr. 8 zu § 12a ArbGG 1979 = NZA 1994, 284 (Ausschluss der Kostenerstattung nach § 12a ArbGG).
[48] BAG 29.4.2015 AP Nr. 159 zu § 37 BetrVG 1972 = NZA 2015, 1328 (Jahresbonus).
[49] LAG Köln 10.5.2016 NZA-RR 2016, 486.
[50] BAG 18.9.1973 AP Nr. 3 zu § 37 BetrVG 1972 (hierzu gehört eine Bildungsveranstaltung nicht).
[51] BAG 3.12.1987 AP Nr. 62 zu § 37 BetrVG 1972 = NZA 1988, 437.
[52] BAG 26.9.2018 AP Nr. 172 zu § 37 BetrVG 1972 = NZA 2019, 259; 25.8.1999 AP Nr. 130 zu § 37 BetrVG 1972 = NZA 2000, 554.
[53] BAG 5.5.2010 AP Nr. 147 zu § 37 BetrVG 1972 = NZA 2010, 1025.
[54] BAG 26.9.2018 AP Nr. 172 zu § 37 BetrVG 1972 = NZA 2019, 259; 5.5.2010 AP Nr. 147 zu § 37 BetrVG 1972 = NZA 2010, 1025.

Arbeitszeit des Betriebsratsmitglieds geleistet wird.[55] Nimmt ein Betriebsratsmitglied an einer außerhalb seiner persönlichen Arbeitszeit stattfindenden Betriebsratssitzung teil und ist es ihm deswegen unmöglich oder unzumutbar, seine vor oder nach der Betriebsratssitzung liegende (persönliche) Arbeitszeit einzuhalten, hat es nach § 37 II BetrVG einen Anspruch auf bezahlte Arbeitsbefreiung für die ausgefallene Arbeitszeit[56] und einen solchen aus § 37 III 1 BetrVG für die Betriebsratstätigkeit außerhalb seiner Arbeitszeit. Einer bezahlten Freistellung während der Schicht vor der Betriebsratssitzung nach § 37 II BetrVG und dem späteren Freizeitausgleich nach § 37 III BetrVG liegen unterschiedliche Schutzzwecke zu Grunde, die jeweils für sich genommen den jeweiligen Anspruch rechtfertigen. Die Gewährung von Freizeitausgleich zusätzlich zu der Freistellung in der vorherigen Schicht verschafft dem Betriebsratsmitglied keinen unzulässigen Vorteil.[57] Ein Anspruch auf einen **Freizeitzuschlag** besteht für außerhalb der Arbeitszeit geleistete Zeiten nicht, insoweit ist § 37 III 2 BetrVG unabdingbar.[58]

c) Betriebsbedingte Gründe. Der Ausgleichsanspruch besteht nur, wenn betriebsbedingte 20
Gründe für die Tätigkeit während der Freizeit maßgebend waren. Hierzu gehören solche aus der Sphäre des Betriebs, nicht des BR. Betriebsbedingte Gründe iSd § 37 III 1 BetrVG liegen vor, wenn betriebliche Gegebenheiten und Sachzwänge innerhalb der Betriebssphäre dazu geführt haben, dass die Betriebsratstätigkeit nicht während der Arbeitszeit durchgeführt werden konnte. Das Betriebsratsmitglied muss dadurch zur Betriebsratstätigkeit außerhalb seiner Arbeitszeit gezwungen sein. Dazu müssen bestimmte Gegebenheiten und Sachzwänge des Betriebs die Undurchführbarkeit der Betriebsratstätigkeit während der individuellen Arbeitszeit des Betriebsratsmitglieds bedingen.[59] Betriebsbedingte Gründe können vorliegen, wenn der AN seine Arbeit in den frühen Morgenstunden zu erledigen hat und Betriebsratstätigkeit in der Normalarbeitszeit auszuüben ist. Betriebsbedingte Gründe liegen auch vor, wenn die Betriebsratstätigkeit wegen der unterschiedlichen Arbeitszeiten der Betriebsratsmitglieder nicht innerhalb der persönlichen Arbeitszeit erfolgen kann (§ 37 III 2 BetrVG). Dies ist der Fall, wenn ein in Teilzeitarbeit tätiges Betriebsratsmitglied Betriebsratsarbeit außerhalb seiner individuellen Arbeitszeit, aber innerhalb der betrieblichen Arbeitszeit verrichtet.[60] Bei AN, die ihre Arbeitszeit selbst einteilen, ist es notwendig, dass sie zuvor dem AG mitteilen, dass sie aus betriebsbedingten Gründen außerhalb der Arbeitszeit Betriebsratsaufgaben erledigen.[61] Ein Anspruch besteht – auch bei freigestellten Betriebsratsmitgliedern – nicht, wenn im BR liegende Gründe, zB dessen unrichtige Arbeitsverteilung, für die Tätigkeit während der Freizeit ausschlaggebend waren.[62] Eine zeitliche Begrenzung des Ausgleichsanspruchs auf den Umfang der persönlichen Arbeitszeit des Betriebsratsmitglieds sieht das Gesetz nicht vor. Vielmehr steht ihm ein Ausgleichsanspruch in dem Umfang der von ihm aufgewendeten Zeit zu, wenn es erforderliche Betriebsratstätigkeit ausnahmsweise aus betriebsbedingten Gründen nicht während seiner Arbeitszeit, sondern in seiner Freizeit leisten muss.[63]

d) Insbesondere: Wegezeiten. Auch Wege-, Fahrt- und Reisezeiten, die ein Betriebsrats- 20a
mitglied zur Erfüllung erforderlicher Amtstätigkeit außerhalb seiner Arbeitszeit aufwendet, können Ansprüche aus § 37 III BetrVG begründen, soweit sie mit der Durchführung der ihnen zugrunde liegenden Betriebsratstätigkeit in einem unmittelbaren sachlichen Zusammenhang stehen. Für die Bewertung von Fahrt- und Reisezeiten, die ein Betriebsratsmitglied zur Wahrnehmung von Betriebsratsaufgaben aufwendet, gelten die für Fahrtzeiten von AN bestehenden Grundsätze (→ § 45 Rn. 55). Zur Ausübung von Betriebsratstätigkeit erforderliche Fahrtzeiten können demnach dann, wenn entsprechende Fahrtzeiten von AN im Zusammenhang mit der Erfüllung der Arbeitspflicht nicht vergütungspflichtig sind, keine Ansprüche auslösen.[64] Zu ver-

[55] BAG 15.2.1989 AP Nr. 70 zu § 37 BetrVG 1972 = NZA 1990, 447.
[56] BAG 18.1.2017 AP Nr. 167 zu § 37 BetrVG 1972 = NZA 2017, 791.
[57] BAG 15.5.2019 AP Nr. 174 zu § 37 BetrVG 1972 = NZA 2019, 1497.
[58] BAG 28.9.2016 AP Nr. 165 zu § 37 BetrVG 1972 = NZA 2017, 335.
[59] BAG 19.3.2014 AP Nr. 155 zu § 37 BetrVG 1972.
[60] BAG 7.2.1985 AP Nr. 48 zu § 37 BetrVG 1972 = NZA 1985, 600; LAG Köln 17.5.1989 NZA 1989, 943; HessLAG NZA 1988, 740; zu Lehrern: BAG 3.12.1987 AP Nr. 62 zu § 37 BetrVG 1972 = NZA 1988, 437.
[61] BAG 31.10.1985 AP Nr. 52 zu § 37 BetrVG 1972.
[62] BAG 21.5.1974 AP Nr. 14 zu § 37 BetrVG 1972.
[63] BAG 28.9.2016 AP Nr. 165 zu § 37 BetrVG 1972 = NZA 2017, 335; 25.8.1999 AP Nr. 130 zu § 37 BetrVG 1972 = NZA 2000, 554.
[64] BAG 27.7.2016 AP Nr. 163 zu § 37 BetrVG 1972 = NZA 2016, 1418; 12.8.2009 NZA 2009, 1284; 16.4.2003 AP Nr. 138 zu § 37 BetrVG 1972 = NZA 2004, 171.

güten sind durch die Teilnahme an Betriebsratssitzungen bedingte Wegezeiten in der Freizeit,[65] wenn die Reise aus betriebsbedingten Gründen nicht innerhalb der Arbeitszeit erfolgen konnte. Für Fahrten zwischen Wohnung und Betriebsstätte besteht kein Anspruch auf Vergütung der Reisezeiten.[66]

21 **2. Ausgleich und Abgeltung. a) Freizeit.** Das Betriebsratsmitglied hat die Tätigkeit während der Freizeit unverzüglich anzuzeigen. Der AG hat dann die Freizeit vor Ablauf eines Monats (§§ 187 I, 188 II BGB) zu gewähren. Eine Freizeitgewährung für erst später entstehende Ansprüche ist nur bei Bestehen einer entsprechenden Vereinbarung möglich.[67] Das Betriebsratsmitglied kann sich nicht einseitig die Freizeit nehmen. Dies gilt auch, wenn die Betriebsratstätigkeit eines teilzeitbeschäftigten Betriebsratsmitglieds dessen Arbeitszeit übersteigt. Die Festlegung des AG muss billigem Ermessen (§ 315 BGB) entsprechen.[68] Die Monatsfrist ist keine Ausschlussfrist in dem Sinne, dass nach ihrem Ablauf der Anspruch erlischt. Es soll lediglich sichergestellt werden, dass das Betriebsratsmitglied zeitnah in den Genuss eines Ausgleiches kommt.

21a **b) Vergütung.** § 37 III 1, 2 BetrVG sieht einen Anspruch auf entsprechende Arbeitsbefreiung unter Fortzahlung des Arbeitsentgelts als Ausgleich für Betriebsratstätigkeit, die außerhalb der Arbeitszeit durchzuführen ist, nur dann vor, wenn die Betriebsratstätigkeit aus betriebsbedingten Gründen außerhalb der Arbeitszeit erbracht wurde. Eine Vergütung der außerhalb der Arbeitszeit aufgewendeten Zeit wie Mehrarbeit (dh ggf. mit den betrieblichen oder tarifvertraglichen Zuschlägen) setzt aber nach § 37 III 3 Hs. 2 BetrVG voraus, dass die Arbeitsbefreiung aus betriebsbedingten Gründen nicht möglich war.[69] Das Rangverhältnis zwischen dem vorrangig zu beanspruchenden Ausgleichsanspruch (§ 37 III 1, 2 BetrVG) gegenüber dem Abgeltungsanspruch (§ 37 III 3 Hs. 2 BetrVG) ist zwingend. Es unterliegt nicht der Disposition des AG oder des Betriebsratsmitglieds. Von einer Unmöglichkeit der Arbeitsbefreiung aus betriebsbedingten Gründen ist auszugehen, wenn sich der AG darauf beruft und deshalb Freizeitausgleich verweigert. Solange diese Voraussetzungen nicht gegeben sind, ist das Betriebsratsmitglied darauf angewiesen, den Freizeitausgleichsanspruch geltend zu machen und notfalls gerichtlich durchzusetzen.[70] Durch bloße Untätigkeit des AG innerhalb der Monatsfrist wandelt sich der Ausgleichsanspruch nicht in einen Abgeltungsanspruch um. Vielmehr setzt dies seine Geltendmachung voraus, die bloße Anzeige über die während der Freizeit geleistete Betriebsratstätigkeit genügt nicht.[71] Der AG kann im gerichtlichen Verfahren keine detaillierte Darlegung der Erforderlichkeit fordern, wenn er diese zuvor bei der Anzeige nicht in Abrede gestellt hat.[72] Das Betriebsratsmitglied kann als Abgeltung das Arbeitsentgelt verlangen, das es verdient hätte, wenn es keine Betriebsratstätigkeit geleistet, sondern zur selben Zeit gearbeitet hätte. Die Bemessung der nach § 37 III 3 Hs. 2 BetrVG zu zahlenden Vergütung erfordert bei der Vereinbarung eines Stücklohns eine hypothetische Betrachtung, die dem Lohnausfallprinzip am ehesten entspricht.[73]

22 **3. Rechtsschutz.** Streitigkeiten über die Notwendigkeit und den Umfang des Freizeitausgleichs sind im Urteilsverfahren auszutragen.[74]

IV. Vollständige Arbeitsfreistellung (§ 38 BetrVG)

23 **1. Voraussetzung.** Zur Vermeidung von Streitigkeiten zwischen AG und BR enthält § 38 I BetrVG eine Staffel, wonach mindestens ein oder mehrere Betriebsratsmitglieder vollständig von der Arbeit freigestellt werden müssen, wenn der Betrieb eine bestimmte Anzahl von AN regelmäßig beschäftigt. Bei der Berechnung der Zahl bleiben die in § 5 II, III BetrVG aufgezählten Personen außer Betracht. Es kommt auf die regelmäßige Zahl der AN iSd BetrVG an. Leiharbeitnehmer iSd § 7 S. 2 BetrVG werden nach § 14 II 4 AÜG berücksichtigt, wobei auf die Zahl der regelmäßig im Betrieb beschäftigten überlassenen AN abzu-

[65] Zu § 40 BetrVG: BAG 13.6.2007 AP Nr. 31 zu § 38 BetrVG 1972 = NZA 2007, 1301.
[66] BAG 27.7.2016 AP Nr. 163 zu § 37 BetrVG 1972 = NZA 2016, 1418; 13.6.2007 AP Nr. 31 zu § 38 BetrVG 1972 = NZA 2007, 1301 (zu § 38 BetrVG); 21.6.2006 AP Nr. 143 zu § 37 BetrVG 1972 = NZA 2006, 1417.
[67] Weitergehend LAG Nds 13.3.2001 ArbuR 2001, 238.
[68] BAG 15.2.2012 AP Nr. 154 zu § 37 BetrVG 1972 = NZA 2012, 1112.
[69] BAG 28.9.2016 AP Nr. 165 zu § 37 BetrVG 1972 = NZA 2017, 335.
[70] BAG 28.5.2015 AP Nr. 156 zu § 37 BetrVG 1972 = NZA 2015, 564.
[71] BAG 25.8.1999 AP Nr. 130 zu § 37 BetrVG 1972 = NZA 2000, 554.
[72] LAG Köln 16.10.2002 AiB 2002, 321.
[73] BAG 8.11.2017 AP Nr. 168 zu § 37 BetrVG 1972 = NZA 2018, 528 (Schätzung nach § 287 ZPO).
[74] BAG 12.12.1987 – 6 AZR 366/85 (PersVG); 19.7.1977 AP Nr. 29 zu § 37 BetrVG 1972.

stellen ist.[75] Ebenso zählen AN iSd § 5 I 3 BetrVG und Personen, deren Beschäftigung gem. § 16i SGB II öffentlich gefördert wird, bei der Belegschaftsstärke mit.[76] Die Vorschrift ist auf Teilfreistellungen des GBR nicht anzuwenden.[77]

2. Abweichende Staffeln. Durch Tarifvertrag oder Betriebsvereinbarung (nicht: Regelungs- 24
abrede[78]) kann die Staffel der Freizustellenden den betrieblichen Verhältnissen angepasst werden. Es kann also festgelegt werden, dass mehr oder weniger Betriebsratsmitglieder freizustellen sind, selbst wenn dies dazu führt, dass ein Angehöriger einer Minderheitsliste nicht freigestellt wird.[79] Die Betriebsvereinbarung ist nicht durch die Einigungsstelle erzwingbar. Ist eine tarifliche Regelung vorhanden, entfaltet diese nach § 77 III BetrVG Sperrwirkung.

3. Anpassung der Freistellung. Nach der in § 38 I BetrVG enthaltenen Staffel sind mindes- 25
tens die dort genannten Betriebsratsmitglieder (unzulässig: andere AN) von der Arbeit freizustellen. Erhöht oder vermindert sich während der Amtszeit des BR die Beschäftigtenzahl, ist die Zahl der Freigestellten anzupassen. Ob darüber hinaus mehr Mitglieder freizustellen sind, bestimmt sich nach der Grundnorm des § 37 II BetrVG (→ Rn. 7 ff.).[80] Der BR ist insoweit darlegungs- und beweispflichtig, dass diese Freistellung für die gesamte restliche Wahlperiode erforderlich ist, dh er also auch nicht zeitweilig durch Ausschöpfung seiner sonstigen personellen Möglichkeiten die anfallenden notwendigen Betriebsratsarbeiten verrichten kann;[81] dies kann bei einem bedeutenden Einsatz von Leiharbeitnehmern der Fall sein. Dasselbe gilt in Betrieben mit weniger als 200 Beschäftigten.[82] Der BR kann nicht einseitig – etwa in der Geschäftsordnung[83] – eine Bestimmung über die Staffel des § 38 I BetrVG vornehmen. Kommt es zu Streitigkeiten mit dem AG, ob eine größere als im Gesetz vorgesehene Zahl von AN freizustellen ist, entscheidet das Arbeitsgericht im Beschlussverfahren.[84] Sinkt die maßgebliche Arbeitnehmerzahl dauerhaft unter die Staffelgrenzen in § 38 I BetrVG, wird die Freistellung nach einer Aufforderung des AG gegenstandslos.

4. Teilweise Freistellung. Streitig war in der Vergangenheit, ob statt eines freizustellenden 26
Betriebsratsmitglieds zwei Mitglieder je halbtägig freigestellt werden müssen.[85] Diese Streitfrage ist durch das BetrVG-ReformG und die Neufassung des § 38 I BetrVG obsolet geworden. Danach sind auch Teilfreistellungen zulässig, allerdings dürfen sie insgesamt den Umfang der Freistellungen nach § 38 I 1, 2 BetrVG nicht überschreiten. Ist ein freigestelltes Betriebsratsmitglied vorübergehend an der Amtsausübung verhindert, zB infolge Urlaubs oder Krankheit, kann der BR verlangen, dass während des Verhinderungsfalls ein weiteres Betriebsratsmitglied freigestellt wird.[86] Eine bloß kurze Abwesenheit ist unzureichend, weil geringfügigen Fehlzeiten durch die Staffel Rechnung getragen wird. Für die Erforderlichkeit der Ersatzfreistellung ist der BR darlegungs- und beweispflichtig.[87] Die zeitweilige Verhinderung eines Betriebsratsmitglieds infolge Zugehörigkeit zum GBR berechtigt den BR nur unter den Voraussetzungen von § 37 II BetrVG, eine anteilige Freistellung eines weiteren Betriebsratsmitglieds zu verlangen.[88]

5. Festlegung der freizustellenden Betriebsratsmitglieder. a) Auswahl. Steht die Zahl 27
der freizustellenden Mitglieder fest, werden nach Beratung mit dem AG die freizustellenden Betriebsratsmitglieder vom BR aus seiner Mitte in geheimer Wahl und nach den Grundsätzen der Verhältniswahl gewählt (§ 38 II 1 BetrVG). Eine Freistellung nach dem Verhältnis der Geschlechter (§ 15 BetrVG) oder entsprechend der im BR vertretenen Gruppen[89] ist nicht

---

75 BAG 2.8.2017 AP Nr. 36 zu § 38 BetrVG 1972 = NZA 2017, 1343; 18.1.2017 NZA 2017, 865.
76 BAG 5.12.2012 AP Nr. 80 zu § 5 BetrVG 1972 = NZA 2013, 690.
77 BAG 26.9.2018 AP Nr. 6 zu § 51 BetrVG 1972 = NZA 2019, 117.
78 AA LAG Hamm 19.8.2009 – 10 Sa 295/09.
79 BAG 11.6.1997 AP Nr. 22 zu § 38 BetrVG 1972 = NZA 1997, 1301.
80 BAG 21.5.1974 AP Nr. 14 zu § 37 BetrVG 1972; 22.5.1973 AP Nr. 2 zu § 37 BetrVG 1972.
81 BAG 26.7.1989 AP Nr. 10 zu § 38 BetrVG 1972 = NZA 1990, 621.
82 BAG 13.11.1991 AP Nr. 80 zu § 37 BetrVG 1972 = NZA 1992, 414.
83 BAG 16.1.1979 AP Nr. 5 zu § 38 BetrVG 1972.
84 BAG 26.7.1989 AP Nr. 10 zu § 38 BetrVG 1972 = NZA 1990, 621; 9.10.1973 AP Nr. 3 zu § 38 BetrVG 1972; 22.5.1973 AP Nr. 2 zu § 38 BetrVG 1972.
85 Dazu BAG 26.6.1996 AP Nr. 17 zu § 38 BetrVG 1972 = NZA 1997, 58.
86 BAG 9.7.1997 AP Nr. 23 zu § 38 BetrVG 1972 = NZA 1998, 164; 22.5.1973 AP Nr. 2 zu § 37 BetrVG 1972; 22.5.1973 AP Nr. 1 zu § 38 BetrVG 1972.
87 BAG 9.7.1997 AP Nr. 23 zu § 38 BetrVG 1972 = NZA 1998, 164.
88 BAG 12.2.1997 AP Nr. 19 zu § 38 BetrVG 1972 = NZA 1997, 782.
89 BAG 20.6.2018 AP Nr. 40 zu § 38 BetrVG 1972 = NZA 2018, 1633 (zum PostPersG).

vorgesehen. Dem AG ist in einer Betriebsratssitzung Gelegenheit zu geben, seine Bedenken über die Auswahl vorzutragen, zB, weil er das Betriebsratsmitglied für eine Tätigkeit im Betrieb benötigt. Unzureichend ist nur eine Beratung einzelner Betriebsratsmitglieder mit dem AG.[90] Unterlässt der BR die vorgeschriebene vorherige Beratung mit dem AG, führt das weder zur Nichtigkeit noch zur Anfechtbarkeit der Freistellungswahl.[91] Ebenso muss der BR nicht vor seiner Beschlussfassung über die Freistellung darüber beschließen, ob und wie Vollfreistellungen durch Teilfreistellungen ersetzt werden sollen.[92]

28 **b) Beschluss.** Wird nur ein Wahlvorschlag gemacht, erfolgt die Wahl nach den Grundsätzen der Mehrheitswahl; ist nur ein Betriebsratsmitglied freizustellen, wird dieses mit einfacher Stimmenmehrheit gewählt. Die Wahl der freizustellenden Betriebsratsmitglieder hat bei zwei Wahlvorschlägen nach den Grundsätzen der Verhältniswahl in einem Wahlgang zu erfolgen. Der BR hat anschließend die Namen der Freizustellenden dem AG mitzuteilen, der als Gläubiger der Arbeitsverpflichtung die Freistellung vornimmt. Die Wahl der freizustellenden Betriebsratsmitglieder kann binnen zwei Wochen ab der Feststellung des Wahlergebnisses durch den BR angefochten werden, wenn gegen wesentliche Vorschriften über das Wahlrecht, die Wählbarkeit oder das Wahlverfahren verstoßen worden und eine Berichtigung nicht erfolgt ist, es sei denn, dass durch den Verstoß das Wahlergebnis nicht verändert oder beeinflusst werden konnte[93] (§ 19 BetrVG analog).

29 **c) Einwendungen.** Hält der AG den Beschluss über die Freistellung für sachlich nicht begründet, kann er innerhalb einer Frist von 2 Wochen die Einigungsstelle (→ § 232 Rn. 1) anrufen. Diese Frist beginnt mit Zugang der Mitteilung des BR (§ 187 BGB). Die Einigungsstelle entscheidet verbindlich, ob die Auswahl der freizustellenden Mitglieder sachlich begründet ist.[94] Bestätigt die Einigungsstelle die Bedenken des AG, hat sie bei der Bestimmung eines anderen freizustellenden Betriebsratsmitgliedes den Minderheitenschutz zu beachten. Ruft der AG die Einigungsstelle nicht an, gilt sein Einverständnis mit den Freistellungen nach Ablauf von zwei Wochen als erteilt. Der Spruch der Einigungsstelle kann vom Arbeitsgericht nur daraufhin überprüft werden, ob sie den Begriff „sachlich nicht vertretbar" verkannt und den Minderheitenschutz beachtet hat.

30 **6. Rechtsstellung des freigestellten Betriebsratsmitglieds.** Der Freistellung des § 38 I BetrVG liegt die Vermutung des Gesetzgebers zugrunde, dass in Betrieben der dort genannten Größenordnung erforderliche Betriebsratstätigkeit iSd § 37 II BetrVG regelmäßig in einem solchen Umfang anfällt, dass sie die Arbeitszeit eines oder mehrerer Betriebsratsmitglieder voll in Anspruch nimmt. Sie dient danach allein der Wahrnehmung anfallender Betriebsratsaufgaben. An die Stelle der Arbeitspflicht des Freigestellten tritt seine Verpflichtung, während seiner arbeitsvertraglichen Arbeitszeit im Betrieb am Sitz des BR, dem er angehört, anwesend zu sein und sich dort für anfallende Betriebsratsarbeit bereit zu halten, weil hierfür sonst an seiner Stelle zur Erledigung sonstiger Arbeiten ein anderes – nicht freigestelltes – Betriebsratsmitglied herangezogen werden müsste. Diese Pflicht tritt als gesetzliche Rechtsfolge der Freistellung des Betriebsratsmitglieds von seiner beruflichen Tätigkeit nach § 38 BetrVG ein. Es besteht daher für die nach § 38 BetrVG freigestellten Betriebsratsmitglieder grundsätzlich kein Anspruch auf Erstattung von Fahrtkosten zwischen dem Wohnort des Betriebsratsmitglieds und dem Sitz des BR in dem Betrieb, für den der BR gebildet ist (→ Rn. 20a). Die übrigen Pflichten aus dem Arbeitsverhältnis bleiben bestehen. Allerdings unterliegen freigestellte Betriebsratsmitglieder auch hinsichtlich der Lage der Arbeitszeit nicht mehr dem Direktionsrecht des AG. Besteht im Betrieb eine gleitende Arbeitszeit, wird ein freigestelltes Betriebsratsmitglied dennoch während der Stammarbeitszeit dort anwesend sein müssen und der Arbeitszeiterfassung unterliegen.[95] Es behält es den Anspruch auf die Vergütung einschl. etwaiger Mehrarbeitszuschläge,[96] die es verdient hätte, wenn es nicht freigestellt

[90] BAG 29.4.1992 AP Nr. 15 zu § 38 BetrVG 1972 = NZA 1993, 329.

[91] BAG 22.11.2017 AP Nr. 38 zu § 38 BetrVG 1972 = NZA 2018, 523.

[92] RB anhängig 7 ABR 6/20, Termin: 24.3.2021.

[93] BAG 20.4.2005 AP Nr. 30 zu § 38 BetrVG 1972 = NZA 2005, 1426; 25.4.2001 AP Nr. 8 zu § 25 BetrVG 1972 = NZA 2001, 977.

[94] BAG 22.5.1973 AP Nr. 2 zu § 38 BetrVG 1972; 22.5.1973 AP Nr. 1 zu § 38 BetrVG 1972.

[95] BAG 28.9.2016 AP Nr. 165 zu § 37 BetrVG 1972 = NZA 2017, 335 (positiver Saldo auf dem Arbeitszeitkonto); 10.7.2013 AP Nr. 32 zu § 38 BetrVG 1972 = NZA 2013, 1221.

[96] BAG 12.12.2000 AP Nr. 27 zu § 1 TVG Tarifverträge: Textilindustrie = NZA 2001, 514; LAG Hamm 11.2.1998 DB 1998, 1569; LAG Köln 21.11.1996 NZA-RR 1997, 477.

worden wäre, oder sonstige auch widerrufliche Leistungen (Gratifikationen, Zulagen);[97] die **Pauschalierung** von Zeit- oder Erschwerniszuschlägen kann zulässig sein, wenn das Betriebsratsmitglied aufgrund seiner Amtstätigkeit tatsächlich überhaupt keine Arbeitstätigkeiten und auch keine Tätigkeiten zu den zuschlagsrelevanten Zeiten leistet. Allerdings muss die Pauschale im Wesentlichen dem Durchschnitt der tatsächlichen hypothetischen Zuschlagsansprüche entsprechen.[98] Ist der Arbeitsplatz eines von der Arbeit freigestellten Betriebsratsmitglieds weggefallen, hat es Anspruch auf das Entgelt eines vergleichbaren AN, dessen Tätigkeit es auch ausüben würde.[99] Weiter zu gewähren sind auch sonstige Nebenleistungen. Hierzu kann auch ein Zusatzurlaub für die Arbeit an gefährlichen Arbeitsplätzen gehören.[100] Dagegen kann das Betriebs- oder Personalratsmitglied nicht verlangen, dass ihm ein Ausgleich für die Versteuerung gezahlt wird, weil eine Steuerpflicht eingetreten ist[101] (→ Rn. 16). Auch freigestellte Betriebsratsmitglieder können unter den Voraussetzungen des § 37 III BetrVG Ansprüche auf Freizeitausgleich erwerben (→ Rn. 18). Während der Dauer einer ärztlich attestierten Arbeitsunfähigkeit ist ein freigestelltes Betriebsratsmitglied an der Wahrnehmung seines Amts verhindert,[102] ebenso ist seine Amtspflicht während der Urlaubsgewährung insoweit suspendiert;[103] zur Ab- und Anmeldepflicht → Rn. 10.

7. Änderung der Freistellung, Nachrücken. Der BR kann jederzeit beschließen, die freizustellenden Betriebsratsmitglieder insgesamt neu zu wählen (§ 38 II 8 BetrVG); einer vorherigen Abberufung der bisher Freigestellten bedarf es dazu nicht.[104] Der entsprechende Beschluss kann von dem betroffenen Betriebsratsmitglied gerichtlich überprüft werden; jedoch unterliegt er nur der Rechts- und nicht der Zweckmäßigkeitskontrolle[105] (→ Rn. 28). Die Erhöhung der Anzahl freizustellender Betriebsratsmitglieder während der laufenden Amtszeit des BR erfordert die Neuwahl aller freizustellenden Betriebsratsmitglieder, wenn die ursprüngliche Freistellungswahl nach den Grundsätzen der Verhältniswahl erfolgt ist.[106] Wird ein freigestelltes Betriebsratsmitglied abberufen, bedarf es auch dann nicht der Neuwahl sämtlicher freizustellender Betriebsratsmitglieder, wenn die ursprüngliche Freistellungswahl nach den Grundsätzen der Verhältniswahl stattgefunden hat.[107] Scheidet ein freigestelltes Betriebsratsmitglied aus dem BR aus, ist § 25 II 1 BetrVG entsprechend anzuwenden und das freizustellende Mitglied derjenigen Vorschlagsliste zu entnehmen, der das zu ersetzende Mitglied angehört hat.[108] Nur wenn diese erschöpft ist, wird das freizustellende Mitglied durch Mehrheitswahl gewählt.[109] Auch die Freistellung des gewählten Betriebsratsmitglieds ist dem AG mitzuteilen, der hiergegen die Einwendungen aus § 38 II 4 BetrVG (→ Rn. 29) erheben kann. Ist eine Wahl nicht durchzuführen, rückt das Betriebsratsmitglied in die Freistellung auf, ohne dass es eines ausdrücklichen Betriebsratsbeschlusses bedarf.[110] Mit dem Ende der jeweiligen Amtszeit des BR endet auch die Freistellung nach § 38 BetrVG. 31

V. Schulungsveranstaltungen (§ 37 VI BetrVG)

1. Voraussetzungen. Der BR hat Anspruch auf Freistellung seiner Mitglieder zur Teilnahme an Schulungs- und Bildungsveranstaltungen, soweit diese Kenntnisse vermitteln, die für die Arbeit des BR erforderlich sind (§ 37 VI 1 BetrVG). Unerheblich ist, wer Träger der Schulungs- und Bildungsveranstaltung ist. In Betracht kommen Gewerkschaften, Arbeitgeberverbände, private Veranstalter und Arbeitnehmerkammern in Bremen und im Saarland (→ § 7 Rn. 10). Das einzelne Mitglied hat keinen eigenständigen Anspruch auf Teilnahme an einer Schulung, dieser 32

[97] BAG 21.4.1983 AP Nr. 43 zu § 37 BetrVG 1972; HessLAG 9.6.2000 ArbuR 2002, 149 (betriebliche Altersversorgung); LAG SchlH 18.6.2009 – 3 Sa 414/08 (zur Darlegungslast).
[98] BAG 29.8.2018 AP Nr. 171 zu § 37 BetrVG 1972 = NZA 2019, 253.
[99] BAG 17.5.1977 AP Nr. 28 zu § 37 BetrVG 1972.
[100] BAG 8.10.1981 AP Nr. 2 zu § 49 BAT.
[101] BAG 15.1.1997 AP Nr. 1 zu § 39 PersVG Rheinland-Pfalz = NZA 1997, 897.
[102] BAG 28.7.2020 AP Nr. 168 zu § 99 BetrVG 1972.
[103] BAG 20.8.2002 AP Nr. 27 zu § 38 BetrVG 1972 = NZA 2003, 1046.
[104] BAG 20.4.2005 AP Nr. 29 zu § 38 BetrVG 1972 = NZA 2005, 1013.
[105] LAG Düsseldorf 10.4.1975 DB 1975, 1897.
[106] BAG 20.4.2005 AP Nr. 29 zu § 38 BetrVG 1972 = NZA 2005, 1013.
[107] BAG 14.11.2001 AP Nr. 24 zu § 38 BetrVG 1972 = NZA 2002, 755; 28.10.1992 AP Nr. 16 zu § 38 BetrVG 1972 = NZA 1993, 910.
[108] BAG 21.2.2018 AP Nr. 39 zu § 38 BetrVG 1972 = NZA 2018, 951.
[109] BAG 25.4.2001 AP Nr. 8 zu § 25 BetrVG 1972 = NZA 2001, 977.
[110] AA wohl LAG Brem 22.2.2000 DB 2000, 1232.

steht dem BR als Gremium zu, das durch Beschluss über die Entsendung entscheidet zur Erstattungspflicht von Schulungskosten → § 222 Rn. 10.

33 **2. Erforderliche Kenntnisse. a) Konkreter Bezug zur Betriebsratstätigkeit.** Voraussetzung des Anspruchs ist, dass in den Schulungs- und Bildungsveranstaltungen Kenntnisse vermittelt werden, die für die Betriebsratstätigkeit konkret erforderlich sind. Dies gilt auch für die Schulung von freigestellten Mitgliedern.[111] Durch den bestimmten, konkreten, betriebsbezogenen Anlass der Schulung unterscheidet sich der Anspruch aus § 37 VI BetrVG von dem Bildungsurlaub nach § 37 VII BetrVG. Das BAG unterscheidet in ständiger Rspr. zwischen der Vermittlung von sog. **Grundkenntnissen,** durch die das Betriebsratsmitglied erst in die Lage versetzt werden soll, seine sich aus der Amtsstellung ergebenden Rechte und Pflichten ordnungsgemäß wahrzunehmen, und **anderen Schulungsveranstaltungen,** bei denen ein aktueller, betriebsbezogener Anlass für die Annahme bestehen muss, dass die auf der Schulungsveranstaltung zu erwerbenden Kenntnisse derzeit oder in naher Zukunft von dem zu schulenden Betriebsratsmitglied benötigt werden, damit der BR seine Beteiligungsrechte sach- und fachgerecht ausüben kann. Bei Schulungsveranstaltungen, auf denen das für die Ausübung des Betriebsratsamts unverzichtbare Grundwissen vermittelt wird, ist wegen der mit der Betriebsratsarbeit typischerweise verbundenen Aufgabenstellung auch ohne besondere Darlegung davon auszugehen, dass sie vom Betriebsratsmitglied entweder alsbald oder zumindest demnächst benötigt werden, um seine Betriebsratsaufgaben sachgerecht wahrnehmen zu können.[112] Eine Schulung kann nicht mit der Tätigkeit eines Betriebsratsmitglieds in der Einigungsstelle begründet werden,[113]

34 Ob die Teilnahme an gewerkschaftlichen **Betriebs-** und **Personalrätekonferenzen** erforderlich ist, muss danach entschieden werden, ob dort ein betriebs- oder betriebsratsbezogenes Wissen vermittelt wird.[114]

35 **b) Grundschulungen.** Zu den Grundschulungen zählen Schulungsveranstaltungen, bei denen Grundkenntnisse im BetrVG,[115] im allgemeinen Arbeitsrecht oder im Bereich der Arbeitssicherheit und Unfallverhütung vermittelt werden. Um keine Grundschulungen handelt es sich bei der Vermittlung von Kenntnissen zum Arbeitskampfrecht,[116] zu wirtschafts-, rechts- und gewerkschaftspolitischen Themen sowie solche zum Lohnsteuerrecht[117] bzw. der Betriebswirtschaftslehre[118] und zum Sozialversicherungsrecht.[119] Ein Schulungsbedarf ist bei den sog. Grundschulungen zum Arbeitsrecht und zum BetrVG, bei denen neu gewählten Betriebsratsmitgliedern das für ihre Amtsausübung erforderliche Grundwissen vermittelt wird, regelmäßig anzuerkennen.[120] Dies gilt auch, wenn die Schulungsveranstaltung zur Vermittlung von Grundkenntnissen erst kurz vor Ablauf der Amtszeit des BR oder dem bevorstehenden Ende des Arbeitsverhältnisses des Betriebsratsmitglieds erfolgt, sofern der BR bei seiner Beschlussfassung die Notwendigkeit der auf der Schulung vermittelten Kenntnisse nicht ausschließen konnte.[121] Die Vermittlung eines Grundwissens ist ohne besondere Darlegung für die ordnungsgemäße Betriebsratsarbeit nicht mehr als erforderlich anzusehen, wenn das zu schulende Betriebsratsmitglied aufgrund seiner bis zum Zeitpunkt des Betriebsratsbeschlusses erworbenen **Vorkenntnisse** bereits über das erforderliche Grundwissen für die Ausübung seiner sich aus dem Betriebsratsamt ergebenden Aufgaben verfügt. Zu den persönlichen Vorkenntnissen gehören insbesondere die auf vorangegangenen Schulungen vermittelten Kenntnisse und das durch langjährige Tätigkeit

[111] BAG 21.7.1978 AP Nr. 4 zu § 38 BetrVG 1972.
[112] BAG 14.1.2015 AP Nr. 158 zu § 37 BetrVG 1972 = NZA 2015, 632; 20.8.2014 AP Nr. 157 zu § 37 BetrVG 1972 = NZA 2014, 1349.
[113] BAG 20.8.2014 AP Nr. 157 zu § 37 BetrVG 1972 = NZA 2014, 1349.
[114] BAG 21.6.2006 – 7 AZR 418/05; BVerwG 1.8.1996 NZA-RR 1997, 158.
[115] Bejaht auch bei §§ 119, 120 BetrVG: LAG Köln 21.1.2008 – 14 TaBV 44/07.
[116] LAG Düsseldorf 12.6.2003 ArbuR 2003, 311.
[117] BAG 11.12.1973 AP Nr. 5 zu § 80 BetrVG 1972.
[118] LAG Köln 18.1.2002 NZA-RR 2003, 141 (Bilanzanalyse).
[119] BAG 4.6.2003 AP Nr. 136 zu § 37 BetrVG 1972 = NZA 2003, 1284.
[120] BAG 7.6.1989 AP Nr. 67 zu § 37 BetrVG 1972 = NZA 1990, 149; 16.10.1986 AP Nr. 58 zu § 37 BetrVG 1972 = NZA 1987, 643; 7.6.1984 AP Nr. 10 zu § 20 BetrVG 1972 = NZA 1985, 66 (Wahlvorstand); zur Grundschulung des PR: BVerwG 14.11.1990 AP Nr. 8 zu § 44 BPersVG = PersV 1991, 274.
[121] BAG 17.11.2010 AP Nr. 149 zu § 37 BetrVG 1972 = NZA 2011, 816; 7.5.2008 AP Nr. 145 zu § 37 BetrVG 1972 = NZA-RR 2009, 195; aA noch BAG 7.6.1989 AP Nr. 67 zu § 37 BetrVG 1972 = NZA 1990, 149.

im BR erworbene Erfahrungswissen.[122] **Wiederholungsschulungen** in Grundkenntnissen sind nicht als erforderlich anzusehen. Von einem Betriebsratsmitglied wird erwartet, dass es sein Grundwissen in der Folgezeit durch die Lektüre der dem BR zur Verfügung stehenden Kommentare und Fachzeitschriften auf dem Laufenden hält;[123] zu Schulungen von Ersatzmitgliedern → Rn. 40. Soweit erforderlich, kann ein Anspruch auf Schulung in der Muttersprache in Betracht kommen.[124]

c) Spezialkenntnisse. Eine Schulung in Spezialkenntnissen ist nur erforderlich, wenn dem **36** Betriebsratsmitglied entweder **(1)** besondere Aufgaben übertragen sind oder **(2)** ein gegenwärtiges, betriebsbezogenes Bedürfnis für den Erwerb weiterer Kenntnisse besteht. Die Vermittlung der Kenntnisse muss für die Wahrnehmung der Beteiligungsrechte des BR notwendig sein. Nicht ausreichend ist es, wenn nur nützliche Kenntnisse oder nur solche vermittelt werden, für die im BR kein aktueller Bedarf besteht.[125] Eine Schulung ist nicht notwendig, wenn die auf der Schulungsveranstaltung vermittelten Kenntnisse im BR bereits vorhanden sind.[126] Die Erforderlichkeit kann bei gegenwärtigen oder demnächst auf den BR zukommenden Aufgaben gegeben sein[127] sowie bei Gesetzesänderungen,[128] neuen Tarifverträgen[129] oder bei grundlegenden Rechtsprechungsänderungen, sofern sie sich konkret auf die Beteiligungsrechte des BR auswirken.[130] Spezialschulungen sind von der Rspr. als erforderlich angesehen worden über Fragen der für den Betrieb maßgebenden Tarifverträge,[131] der Leistungsentlohnung,[132] der Arbeitssicherheit,[133] von Suchtkrankheiten in einem größeren Betrieb,[134] zur menschengerechten Arbeitsgestaltung,[135] zu Mobbing,[136] über Arbeitnehmererfindungsrechte und Vermögensbildung, über Fragen der Datenverarbeitung, Computertechnik und des Datenschutz,[137] über Qualitätsmanagement[138] sowie zur „Protokollführung mithilfe der Textverarbeitung".[139] Schulungsveranstaltungen über die aktuelle Rspr. des BAG[140] und der LAG,[141] zur tariflichen Rechtsdurchsetzung[142] sowie zu wirtschaftlichen Rahmenbedingungen und Unternehmensstrategie[143] sind nach der hier vertretenen Auffassung regelmäßig nicht erforderlich. Nach der Erweiterung der Zuständigkeiten des BR durch das BetrVG-ReformG werden insbesondere Schulungen zum betrieblichen Umweltschutz, zu Fragen von Vereinbarkeit von Familie und Beruf sowie zur Bekämpfung von Rassismus und Fremdenfeindlichkeit im Betrieb als erforderlich anzusehen sein. Ebenso kommen Schulungen zum AGB-Recht[144] und zum AGG in Betracht. Dagegen wird die Erforderlichkeit im Allgemeinen zu verneinen sein bei Schulungen über Fragen, unter welchen Voraussetzungen ein Betriebsratsmitglied

---

[122] BAG 7.5.2008 AP Nr. 145 zu § 37 BetrVG 1972 = NZA-RR 2009, 195; 19.3.2008 – 7 ABR 2/07; 16.10.1986 AP Nr. 58 zu § 37 BetrVG 1972 = NZA 1987, 643; LAG SchlH 15.5.2007 MDR 2007, 1143.

[123] BAG 10.5.1974 AP Nr. 4 zu § 65 BetrVG 1972.

[124] ArbG Berlin 3.3.2011 EzB BetrVG § 37 Nr. 26.

[125] Nur nützlich ist zB die Schulung über ISDN-Systeme, wenn diese nicht vorhanden sind LAG SchlH 7.10.1993 DB 1994, 336.

[126] BAG 14.1.2015 AP Nr. 158 zu § 37 BetrVG 1972 = NZA 2015, 632.

[127] BAG 16.10.1986 AP Nr. 58 zu § 37 BetrVG 1972 = NZA 1987, 643; weitergehend bei Schulung über Aids: HessLAG 7.3.1991 NZA 1991, 981.

[128] Unzureichend Gesetzentwürfe: BAG 16.3.1988 AP Nr. 63 zu § 37 BetrVG 1972.

[129] BAG 9.10.1973 AP Nr. 4 zu § 37 BetrVG 1972 = DB 1974, 146.

[130] BAG 22.1.1965 AP Nr. 10 zu § 37 BetrVG.

[131] LAG Hamm 11.3.1981 DB 1981, 1678.

[132] BAG 29.1.1974 AP Nr. 9 zu § 37 BetrVG 1972; 9.10.1973 AP Nr. 4 zu § 37 BetrVG 1972; LAG Düsseldorf 31.10.1974 DB 1975, 795.

[133] BAG 15.5.1986 AP Nr. 54 zu § 37 BetrVG 1972 = NZA 1987, 63; LAG Hamm 25.6.1980 DB 1980, 2248.

[134] LAG Düsseldorf 9.8.1995 BB 1995, 2531.

[135] Vgl. BAG 14.6.1977 AP Nr. 30 zu § 37 BetrVG 1972; LAG Düsseldorf 31.10.1974 DB 1975, 795.

[136] BAG 14.1.2015 AP Nr. 158 zu § 37 BetrVG 1972 = NZA 2015, 632; enger BAG 15.1.1997 AP Nr. 118 zu § 37 BetrVG 1972 = NZA 1997, 781.

[137] LAG Düsseldorf 7.3.1990 DB 1990, 1243; LAG Nds 28.9.1979 EzA Nr. 64 zu § 37 BetrVG 1972; ArbG Stuttgart 16.3.1983 DB 1983, 1718.

[138] LAG RhPf 19.11.1996 NZA-RR 1997, 215.

[139] LAG Düsseldorf 6.2.2009 NZA-RR 2009, 306.

[140] AA BAG 18.1.2012 AP Nr. 153 zu § 37 BetrVG 1972 = NZA 2012, 813.

[141] BAG 20.12.1995 AP Nr. 113 zu § 37 BetrVG 1972 = NZA 1996, 895.

[142] ArbG Ludwigshafen 6.6.2012 ZTR 2012, 539.

[143] LAG BW 8.11.1996 NZA-RR 1997, 345.

[144] *Reinecke* JbArbR 42 (2005), 23 (44).

einen Anspruch auf Freistellung von der Arbeit hat,[145] bei Schulungsveranstaltungen über Fragen der Managementtechnik[146] sowie zur wirtschaftlichen und sozialen Situation des Unternehmens.[147] Ferner ist die Erforderlichkeit eines Seminars für Betriebsratsvorsitzende „Leid mit dem Leiten" verneint worden.[148] Bei der Teilnahme an einer Schulungsveranstaltung „schriftliche Kommunikation im Betrieb" bzw. „**Rhetorik**" muss dargelegt werden, warum der BR seine gesetzlichen Aufgaben ohne eine solche Schulung gerade des entsandten Betriebsratsmitglieds nicht erfüllen kann.[149] Dies gilt gleichermaßen bei einer Schulung über die Diskussionsführung und Verhandlungstechnik;[150] eine besondere Darlegung soll bei einer herausgehobenen Stellung des Betriebsratsmitglieds entbehrlich sein.[151] Die Kostentragungspflicht einer Schulung über den **Einsatz eines PC** kommt in Betracht, wenn aktuelle oder absehbare betriebliche bzw. betriebsratsbezogene Anlässe die Schulung des entsandten Betriebsratsmitglieds erfordern.[152] Der Schulungsanspruch kann nicht mit der Erlangung eines intellektuellen Gleichgewichts mit dem AG begründet werden.[153]

37 **d) Nur teilweise Erforderlichkeit.** Ein Vergütungsanspruch kann auch dann bestehen, wenn nur auf einem Teil der Schulungsveranstaltung erforderliche Kenntnisse vermittelt werden. Die Erforderlichkeit der Teilnahme an einer Schulungsveranstaltung ist grundsätzlich einheitlich zu bewerten. Die Aufteilung einer Schulung in einen für die Tätigkeit eines Betriebsratsmitglieds erforderlichen und einen nicht erforderlichen Teil kommt nur in Betracht, wenn die unterschiedlichen Themen so klar voneinander abgegrenzt sind, dass ein zeitweiser Besuch der Schulungsveranstaltung möglich und sinnvoll ist. Ist eine Aufteilung der Schulungsveranstaltung und ein zeitweiser Besuch praktisch nicht möglich, entscheidet über die Erforderlichkeit der Gesamtschulung, ob die erforderlichen Themen mit mehr als 50% überwiegen. Wird eine Schulungsveranstaltung nur als Ganzes zur Buchung angeboten, kann die Erforderlichkeit der Schulungsteilnahme nur einheitlich für die gesamte Schulung beurteilt werden.[154]

38 **e) Beurteilungsspielraum, Beschlussfassung.** Bei der Beurteilung, ob eine Schulungsveranstaltung notwendig und welches seiner Mitglieder zu schulen ist, hat der BR einen Beurteilungsspielraum.[155] Dem Gremium soll durch die vermittelten Kenntnisse ermöglicht werden, seine Aufgaben nach dem BetrVG zu erfüllen;[156] nicht das Betriebsratsmitglied, sondern der BR ist Träger des Anspruchs.[157] Erst aufgrund des Betriebsratsbeschlusses entsteht für das Betriebsratsmitglied der abgeleitete Individualanspruch. Dieses kann lediglich seine Wünsche ggü. dem BR äußern. Allerdings hat dieser zu berücksichtigen, dass ein Betriebsratsmitglied verpflichtet ist, den für seine Amtstätigkeit erforderlichen Wissensstand zu erwerben. Bei der Beschlussfassung über die Notwendigkeit der Schulung hat der BR im Allgemeinen die nachfolgenden Umstände zu berücksichtigen, die auch in einem evtl. gerichtlichen Verfahren dargelegt werden müssen:[158] **(1)** erfolgt die Schulung in Fragen, die zur Betriebsratstätigkeit gehören; **(2)** besteht ein gegenwärtiges, betriebsbezogenes Bedürfnis für die Schulung; **(3)** besteht Schulungsbedürftigkeit des BR und des einzelnen Betriebsratsmitglieds, insbesondere im Hinblick auf den Besuch früherer Schulungsveranstaltungen, die Dauer der bisherigen Betriebsratstätigkeit usw.; **(4)** bei Schulung in Spezialfragen über die besonderen Aufgaben des einzelnen Betriebsratsmitglieds; **(5)** den Themenplan der Schulung. Regelmäßig ist es erforderlich, dass dem BR bei der Beschlussfassung der Themenplan der

[145] LAG Bln 24.9.1973 BB 1974, 786.
[146] BAG 14.9.1994 AP Nr. 99 zu § 37 BetrVG 1972 = NZA 1995, 381.
[147] LAG Hmb 26.9.1996 NZA-RR 1997, 344.
[148] LAG SchlH 10.12.1998 NZA-RR 1999, 643.
[149] BAG 12.1.2011 AP Nr. 150 zu § 37 BetrVG 1972 = NZA 2011, 813; 15.2.1995 AP Nr. 106 zu § 37 BetrVG 1972 = NZA 1995, 1036; anders noch BAG 20.10.1993 AP Nr. 91 zu § 37 BetrVG 1972 = NZA 1994, 190.
[150] LAG Hamm 13.9.1996 NZA-RR 1997, 464.
[151] BAG 24.5.1995 AP Nr. 109 zu § 37 BetrVG 1972 = NZA 1996, 783; SächsLAG 22.11.2002 NZA-RR 2003, 420.
[152] BAG 19.7.1995 AP Nr. 110 zu § 37 BetrVG 1972 = NZA 1996, 442; LAG SchlH 3.6.2003 ArbRB 2003, 226.
[153] LAG Hamm 14.8.2009 – 10 TaBV 193/08.
[154] BAG 28.9.2016 AP Nr. 164 zu § 37 BetrVG 1972 = NZA 2017, 69.
[155] BAG 14.1.2015 AP Nr. 158 zu § 37 BetrVG 1972 = NZA 2015, 632.
[156] BAG 28.9.2016 AP Nr. 164 zu § 37 BetrVG 1972 = NZA 2017, 69.
[157] BAG 20.8.2014 AP Nr. 157 zu § 37 BetrVG 1972 = NZA 2014, 1349.
[158] BAG 14.1.2015 AP Nr. 158 zu § 37 BetrVG 1972 = NZA 2015, 632.

Schulungsveranstaltung vorliegt. Ein Beschluss über eine andere als die besuchte Schulungsveranstaltung genügt ebenso wenig, wie ein nachträglich gefasster Beschluss.[159]

3. Zeitliche Lage. Der BR hat bei der Festlegung der zeitlichen Lage der Teilnahme an Schulungs- und Bildungsveranstaltungen die betrieblichen Notwendigkeiten zu berücksichtigen (§ 37 VI 2 BetrVG). Im Allgemeinen wird daher ein Besuch von Schulungsveranstaltungen in Zeiten einer besonderen Arbeitsbelastung im Betrieb nur bei überwiegendem Interesse des BR in Betracht kommen; hieran fehlt es regelmäßig, wenn die Schulungsveranstaltung auch zu einem anderen Zeitpunkt angeboten wird. 39

4. Teilnehmeranzahl. a) Grundschulungen. Es ist der Grundsatz der Verhältnismäßigkeit zwischen den Erfordernissen des BR bzw. seiner Mitglieder und den betrieblichen Notwendigkeiten zu beachten.[160] Die Frage, ob alle oder nur einzelne Betriebsratsmitglieder zu schulen sind, ist nach der Schulungsbedürftigkeit des BR und seiner Mitglieder zu entscheiden. Eine sachgerechte Betriebsratsarbeit erfordert, dass alle Betriebsratsmitglieder einen gewissen Mindestwissensstand haben.[161] Die Schulung von Grundkenntnissen (→ Rn. 35) kann der BR daher für sämtliche Mitglieder verlangen, sofern sie nicht bereits in der Vergangenheit entsprechend geschult worden sind. Für Ersatzmitglieder kann ein Schulungsbedarf dann bestehen, wenn sie häufig oder für eine nicht unverhältnismäßig kurze Zeit in den BR nachrücken.[162] Im Allgemeinen besteht kein Schulungsanspruch bei Wirtschaftsausschussmitgliedern[163] (→ § 243 Rn. 35). 40

b) Spezialschulungen. Bei über die Vermittlung von Grundkenntnissen hinausgehenden Spezialkenntnissen (→ Rn. 36) ist eine Teilnahme aller Mitglieder an den Schulungsveranstaltungen regelmäßig nicht erforderlich;[164] es kann erwartet werden, dass sich die Betriebsratsmitglieder auch wechselseitig unterrichten. Allerdings ist der BR weder verpflichtet, die anstehenden Aufgaben auf wenige kenntnisreiche Mitglieder zu konzentrieren, noch muss er sich bei der Aufgabenerfüllung auf die Information eines einzelnen Betriebsratsmitglieds verlassen. Auch wenn ein Mitglied die Kenntnisse bereits besitzt, kann die sinnvolle Organisation der Betriebsratsarbeit es gebieten, auch andere Mitglieder mit der Aufgabenwahrnehmung zu betrauen. Es hängt dabei maßgeblich von der Größe und personellen Zusammensetzung sowie von der Geschäftsverteilung des BR ab, ob und inwieweit eines oder mehrere Mitglieder über Spezialkenntnisse verfügen müssen.[165] 41

5. Dauer. Eine Aussage zur Dauer von Schulungs- und Bildungsveranstaltungen enthält das Gesetz nicht. Die erforderliche Dauer einer Schulung richtet sich nach dem zu § 40 BetrVG entwickelten Grundsatz der Verhältnismäßigkeit.[166] Als Faustregel wurde eine Begrenzung der Teilnahme auf drei Tage,[167] fünf Tage,[168] eine Woche[169] bzw. zwei Wochen für Betriebsratsvorsitzende[170] sowie Ausschussmitglieder[171] und bei der Vermittlung von Spezialwissen (Akkordfragen)[172] oder aktueller Konfrontation zwischen AG und BR[173] angenommen. Vier Wochen für die Vermittlung von Grundwissen sind jedoch unverhältnismäßig.[174] 42

6. Mitteilung. Der BR hat dem AG die Teilnahme und die zeitliche Lage der Schulungs- und Bildungsveranstaltungen rechtzeitig bekannt zu geben (§ 37 VI 3 BetrVG), dh zu einem 43

159 BAG 8.3.2000 AP Nr. 68 zu § 40 BetrVG 1972 = NZA 2000, 838; aA BAG 28.10.1992 AP Nr. 4 zu § 29 BetrVG 1972 = NZA 1993, 466.
160 BAG 14.1.2015 AP Nr. 158 zu § 37 BetrVG 1972 = NZA 2015, 632.
161 BAG 21.11.1978 AP Nr. 35 zu § 37 BetrVG; 27.11.1973 AP Nr. 9 zu § 89 ArbGG 1953; 18.9.1973 AP Nr. 3 zu § 37 BetrVG 1972.
162 BAG 19.9.2001 AP Nr. 9 zu § 25 BetrVG 1972; 15.5.1986 AP Nr. 53 zu § 37 BetrVG 1972 = NZA 1986, 803; LAG Köln 10.2.2000 NZA-RR 2001, 142; aA HessLAG 6.12.1983 BB 1984, 1043.
163 BAG 11.11.1998 AP Nr. 129 zu § 37 BetrVG 1972 = NZA 1999, 1119; 28.4.1988 NZA 1989, 221.
164 BAG 27.11.1973 AP Nr. 9 zu § 89 ArbGG 1953; großzügiger HessLAG 29.6.1995 BB 1996, 328 (bei neuer, schwieriger Materie).
165 BAG 14.1.2015 AP Nr. 158 zu § 37 BetrVG 1972 = NZA 2015, 632.
166 BAG 28.5.1976 AP Nr. 24 zu § 37 BetrVG 1972; 27.9.1974 AP Nr. 18 zu § 37 BetrVG 1972.
167 ArbG Rendsburg 16.11.1972 DB 1973, 144.
168 BAG 27.11.1973 AP Nr. 9 zu § 89 ArbGG 1953; 6.11.1973 AP Nr. 5 zu § 37 BetrVG 1972.
169 ArbG Kassel 16.2.1973 DB 1973, 625, 831; ArbG Würzburg 23.7.1974 DB 1974, 1774.
170 BAG 8.2.1977 AP Nr. 26 zu § 37 BetrVG 1972.
171 LAG Düsseldorf 12.10.1981 LAGE § 37 BetrVG 1972 Nr. 16.
172 LAG Düsseldorf 15.4.1980 DB 1981, 119; 31.10.1974 DB 1975, 795 (teilw. überholt).
173 LAG Hamm 5.12.1974 DB 1975, 109.
174 AA LAG Nürnberg 28.5.2002 NZA-RR 2002, 641.

Zeitpunkt, in dem der AG sich auf die Abwesenheit einstellen und die Voraussetzungen des Freistellungsanspruchs noch überprüfen kann.[175] Bei der Mitteilung ist der Zeitraum, Ort der Veranstaltung und der Themenplan bekannt zu geben. Das Unterlassen der Mitteilung stellt eine Amtspflichtverletzung dar. Umstr. ist, ob ein Betriebsratsmitglied trotz verspäteter Unterrichtung an der Schulungsveranstaltung teilnehmen kann. Dies wird zu Recht mit der Begründung bejaht, dass die Unterrichtung des AG nach dem Gesetzeswortlaut keine Anspruchsvoraussetzung für die Freistellung von der Arbeitspflicht ist.[176] Hingegen besteht keine Kostentragungspflicht des AG, da diese von einer vorherigen Benachrichtigung abhängig ist (§ 37 VI 4 BetrVG).[177]

44 **7. Streitigkeiten.** Hält der AG die betrieblichen Notwendigkeiten bei der Beschlussfassung für nicht ausreichend berücksichtigt, kann er die Einigungsstelle anrufen, die verbindlich entscheidet (→ § 232 Rn. 1). Hält er die vermittelten Kenntnisse für nicht erforderlich, entscheidet hingegen das Arbeitsgericht im Beschlussverfahren, an dem der Schulungsveranstalter nicht beteiligt ist.[178] Ist im Beschlussverfahren die Notwendigkeit der Schulung anerkannt worden, hat ein derartiger Beschluss präjudizielle Wirkung für ein Verfahren nach § 37 II BetrVG. Erhebt der AG gegen die Teilnahme keine Einwendung, kann er nicht später im Prozess über die Lohnfortzahlung die Erforderlichkeit der Schulung bestreiten oder die mangelnde Berücksichtigung betrieblicher Interessen behaupten.[179] Das BetrVG enthält keine Frist, innerhalb derer der AG die Einigungsstelle anrufen muss, dennoch wird er nach Mitteilung durch den BR unverzüglich zu widersprechen haben. Die Einigungsstelle kann den Beschluss des BR bestätigen oder anderweitige Zeitpunkte bestimmen, zu denen das Betriebsratsmitglied an Schulungsveranstaltungen teilnehmen darf. Hat der AG der Teilnahme eines Betriebsratsmitglieds an einer Schulungsveranstaltung wegen nicht ausreichender Berücksichtigung der betrieblichen Belange widersprochen, ist die Entscheidung der Einigungsstelle abzuwarten.[180] Die Teilnahme an Schulungsmaßnahmen kann vom Betriebsratsmitglied nicht durch einstweilige Verfügung erzwungen werden, da für seine Freistellung keine Mitwirkungshandlung des AG erforderlich ist und es daher regelmäßig an einem Verfügungsgrund fehlt;[181] zum Freistellungsanspruch für die Schulungskosten → § 222 Rn. 25a.

45 **8. Entgeltfortzahlung. a) Lohnausfallprinzip.** Während der zulässigen Teilnahme an Schulungs- und Bildungsveranstaltungen hat das Betriebsratsmitglied Anspruch auf die Vergütung, die es verdient hätte, wenn es gearbeitet hätte (§ 37 VI 1, II BetrVG).[182] Ist es vor der Schulung regelmäßig zu Überstunden herangezogen worden, ist auch dieses Entgelt zu berücksichtigen.[183] Insoweit gelten die Ausführungen unter → Rn. 12 ff. entsprechend. Der Anspruch auf Vergütungsfortzahlung für die Teilnahme an einer Schulungsveranstaltung ist im Urteilsverfahren durchzusetzen.[184]

46 **b) Freizeitausgleich.** Aufgrund der Neufassung des § 37 VI BetrVG durch das BetrVG-ReformG ist nunmehr auch § 37 III BetrVG in Bezug genommen. Das Betriebsratsmitglied hat dementsprechend Anspruch auf Freizeitausgleich, wenn es aus betriebsbedingten Gründen außerhalb seiner Arbeitszeit an einer erforderlichen Schulungsmaßnahme teilnimmt; hiervon erfasst sind auch Reisezeiten und Pausenzeiten während der Schulungsveranstaltung.[185] Solche Gründe liegen auch dann vor, wenn wegen der Besonderheiten der betrieblichen Arbeitszeitgestaltung die Schulung außerhalb seiner Arbeitszeit erfolgt. Nach § 37 VI 2 BetrVG ist der Umfang des Freizeitausgleichsanspruchs aber pro Schulungstag auf die Arbeitszeit eines vollzeitbeschäftigten AN begrenzt. Bei unterschiedlicher betriebsüblicher Arbeitszeit ist die Arbeitszeit

---

175 BAG 18.3.1977 AP Nr. 27 zu § 37 BetrVG 1972.
176 *Fitting* BetrVG § 37 Rn. 241 f.
177 Richardi BetrVG/*Thüsing* § 37 Rn. 143.
178 BAG 28.1.1975 AP Nr. 20 zu § 37 BetrVG 1972.
179 BAG 29.1.1974 AP Nr. 8 zu § 37 BetrVG 1972; 17.9.1974 AP Nr. 6 zu § 40 BetrVG 1972.
180 BAG 18.3.1977 AP Nr. 27 zu § 37 BetrVG 1972.
181 LAG Hamm 30.5.2008 – 10 TaBV 129/07; LAG Köln 20.11.2003 DB 2004, 551; LAG Düsseldorf 6.9.1995 NZA-RR 1996, 12; aA HessLAG 5.8.2013 – 16 TaBVGa 120/13.
182 BAG 23.4.1974 AP Nr. 11 zu § 37 BetrVG 1972; 18.9.1973 AP Nr. 3 zu § 37 BetrVG 1972; vgl. auch BAG 13.11.1991 AP Nr. 17 zu § 46 BPersVG.
183 BAG 3.12.1997 AP Nr. 124 zu § 37 BetrVG 1972 = NZA 1998, 558.
184 BAG 17.9.1974 AP Nr. 17 zu § 37 BetrVG 1972; 18.6.1974 AP Nr. 16 zu § 37 BetrVG 1972; 30.1.1973 AP Nr. 1 zu § 37 BetrVG 1972.
185 BAG 10.11.2004 AP Nr. 140 zu § 37 BetrVG 1972 = NZA 2005, 704.

der AN der Abteilung oder Arbeitnehmergruppe, der der AN angehört, maßgeblich;[186] Nach § 37 III BetrVG haben auch Teilzeitbeschäftigte einen Anspruch auf Freizeitausgleich, wenn sie an einer Schulungsveranstaltung teilnehmen, die ihre Arbeitszeit übersteigt. Es ist nicht erforderlich, dass in der Abteilung des Betriebsratsmitglieds Vollzeitarbeitnehmer tätig sind. Gleiches gilt für AN, für die aufgrund der betrieblichen Arbeitszeitgestaltung der Schulungstag arbeitsfrei ist, zB aufgrund eines roulierenden Arbeitszeitsystems oder wegen einer allgemeinen Arbeitsverlegung bei Vor- bzw. Nacharbeit. Kein Freizeitanspruch besteht über die Dauer der Arbeitszeit eines vollbeschäftigten AN hinaus, selbst wenn die Schulung an diesem Tag länger dauert oder bei der Teilnahme an einem ohnehin arbeitsfreien Tag. In diesen Fällen fehlt es an der Veranlassung durch betriebsbedingte Gründe. Für die Vergütung der Reisezeiten gelten die gleichen Grundsätze wie zu § 37 III BetrVG (→ Rn. 20). Für teilzeitbeschäftigte Mitglieder von Mitarbeitervertretungen bestehen teilweise noch abweichende Regelungen.[187]

9. Gewerkschaftliche Vertrauensleute. Auf sie ist § 37 VI BetrVG nicht entsprechend anzuwenden. 47

VI. Bildungsveranstaltungen (§ 37 VII BetrVG)

1. Voraussetzungen. a) Dauer. Betriebsratsmitglieder und Jugend- und Auszubildendenvertreter (§ 65 I BetrVG) haben während der regelmäßigen Amtszeit Anspruch auf Freistellung für insgesamt drei Wochen zur Teilnahme an Schulungs- und Bildungsveranstaltungen, die von der zuständigen obersten Arbeitsbehörde des Landes nach Beratung mit den Spitzenorganisationen der Gewerkschaft und der Arbeitgeberverbände als geeignet anerkannt sind (§ 37 VII 1 BetrVG). Die Freistellungsdauer erhöht sich auf vier Wochen, wenn das Betriebsratsmitglied nicht zuvor der JAV angehört hat (§ 37 VII 2 BetrVG). Nicht anspruchsberechtigt sind sonstige Mitglieder der Betriebsverfassungsorgane oder Ersatzmitglieder, bevor sie in den BR nachgerückt sind.[188] Ist das Betriebsratsmitglied aus dem BR ausgeschieden, entfällt auch der Anspruch. Ein in den BR nachgerücktes Ersatzmitglied ist entsprechend der weiteren Amtszeit anspruchsberechtigt. Verkürzt oder verlängert sich die Amtszeit eines Betriebsratsmitgliedes (§ 21 BetrVG), verkürzt oder verlängert sich der Urlaub entsprechend.[189] Arbeitet der Betrieb in der 5-Tage-Woche, wird der Anspruch entsprechend umgerechnet, sodass ein Anspruch auf Freistellung für 15 bzw. 20 Arbeitstage besteht. Mit dem Ablauf der Amtsperiode erlischt der Anspruch. 48

b) Geeignetheit der Veranstaltung. Geeignet sind solche Kenntnisse, die einen betriebsverfassungsrechtlichen Bezug haben und der Betriebsratsarbeit dienlich und förderlich sind. Hierzu können auch staats- und gesellschaftspolitische Kenntnisse gehören, um in angemessener Weise argumentieren zu können. Als geeignet anerkannt sind Schulungen über die betriebsverfassungsrechtlichen Grundlagen des Arbeitsrechts, Mitbestimmung und das Gesellschaftsrecht, allgemeines Sozialrecht, zu wirtschaftlichen und betriebswirtschaftlichen Themen, Fragen der Arbeitsbewertung, der Arbeitswissenschaft, Versammlungspraxis, Versammlungsleitung, nicht dagegen Diskussions- und Verhandlungstechnik. Vermittelt die Bildungsveranstaltung nur teilweise für die Betriebsratstätigkeit geeignete Kenntnisse, muss entweder die Anerkennung verweigert oder durch entsprechende Nebenbestimmungen gewährleistet werden, dass die Veranstaltung in vollem Umfang geeignet ist.[190] Hat das zuständige Ministerium die Schulungsveranstaltung als geeignet anerkannt, kann der AG, der auf Fortzahlung der Vergütung für die Zeit der Teilnahme eines Mitgliedes des BR oder der JAV an einer Schulungsveranstaltung nach § 37 VII BetrVG in Anspruch genommen wird, nicht einwenden, die Veranstaltung sei nicht geeignet.[191] Träger der Schulungsveranstaltung kann jede Organisation sein. Insbesondere kommen insoweit die Gewerkschaften in Betracht. 49

c) Amtszeitende. Nimmt ein Betriebsratsmitglied unmittelbar vor dem Ende seiner Amtszeit an einer Schulungsveranstaltung nach § 37 VII BetrVG teil, muss es darlegen, aufgrund welcher besonderen Umstände des Einzelfalls eine solche Festlegung des Zeitpunkts der Schu- 50

[186] BAG 16.2.2005 AP Nr. 141 zu § 37 BetrVG 1972 = NZA 2005, 936.
[187] BAG 11.11.2008 AP Nr. 51 zu § 611 BGB Kirchendienst; KAGH 25.4.2008 ZMV 2008, 198.
[188] BAG 14.12.1994 AP Nr. 100 zu § 37 BetrVG 1972 = NZA 1995, 593.
[189] AA BAG 19.4.1989 AP Nr. 68 zu § 37 BetrVG 1972 = NZA 1990, 317.
[190] BAG 11.8.1993 AP Nr. 92 zu § 37 BetrVG 1972 = NZA 1994, 517.
[191] BAG 17.12.1981 AP Nr. 41 zu § 37 BetrVG 1972.

lungsteilnahme durch den BR noch pflichtgemäßem Ermessen entsprochen hat;[192] insoweit entspricht die Rechtslage der zu § 37 VI BetrVG (→ Rn. 41). Unerheblich ist, ob das Betriebsratsmitglied erneut kandidiert.

51 **d) Konkurrenzen.** Auch dann, wenn eine Schulungsveranstaltung nach § 37 VII BetrVG anerkannt ist, kann im Einzelfall eine nach § 37 VI BetrVG erforderliche Schulung vorliegen, was jedoch gesondert dazulegen ist. Der Anspruch aus § 37 VII BetrVG ist im Unterschied zu dem aus § 37 VI BetrVG ein individueller Anspruch des teilnehmenden Betriebsratsmitglieds und nicht der des BR.[193]

52 **2. Genehmigung.** Für die Genehmigung der Schulungs- und Bildungsveranstaltungen ist nach einer Meinung die oberste Arbeitsbehörde des Landes zuständig, in dem die Bildungsveranstaltung durchgeführt wird; nach anderer, richtiger Meinung ist das Land zuständig, in dem der Veranstalter seinen Sitz hat.[194] Die Genehmigung wird erteilt, wenn in der Veranstaltung Kenntnisse und Fähigkeiten vermittelt werden, die für die Betriebsratstätigkeit dienlich sind. Die Verwaltungsbehörde kann über einen rechtzeitig gestellten Antrag auch dann noch entscheiden, wenn die Veranstaltung inzwischen begonnen hat.[195]

53 **3. Rechtsschutz.** Für Streitigkeiten um die Anerkennung von Bildungsveranstaltungen sind nicht die Verwaltungsgerichte, sondern die Arbeitsgerichte zuständig. Antrags- und beteiligungsbefugt sind die bereits im Verwaltungsverfahren zu hörenden Spitzenorganisationen.[196] In Abweichung von seiner früheren Rechtsprechung hat das BAG entschieden, dass der einzelne AG, der auf Vergütungsfortzahlung in Anspruch genommen wird, nicht antragsbefugt ist.[197]

54 **4. Freistellung.** Für die Freistellung von Betriebsratsmitgliedern zur Teilnahme an Bildungsveranstaltungen gilt § 37 VI 2–3 BetrVG entsprechend. Es kann daher auf die Ausführungen in → Rn. 39 ff. verwiesen werden. Während des Besuchs der Bildungsveranstaltung hat das Betriebsratsmitglied Anspruch auf Vergütungsfortzahlung nach dem Grundsatz des Lohnausfallprinzips; zur Kostenerstattung → § 222 Rn. 10.

VII. Arbeitsentgelt- und Tätigkeitsschutz (§ 37 IV BetrVG)

55 **1. Zweck.** Insbesondere freigestellte Betriebsratsmitglieder können wegen ihrer Amtstätigkeit ihre berufliche Entwicklung häufig nicht mit der gleichen Intensität wie andere AN betreiben. §§ 37 IV, V, 38 IV BetrVG ergänzen das Benachteiligungsverbots aus § 78 S. 2 BetrVG.[198] Sie sollen durch einfach nachzuweisende Anspruchsvoraussetzungen sicherstellen, dass Betriebsratsmitglieder nicht benachteiligt werden.[199] Sie wollen den Amtsträgern eine berufliche Entwicklung eröffnen, wie sie ohne das Amt möglich gewesen wäre; für Ersatzmitglieder ist regelmäßig der Zeitraum ab dem erstmaligen Nachrücken in den BR maßgeblich.[200] Für Mitglieder der Schwerbehindertenvertretung gilt § 179 V SGB IX. Der Abschluss von Verfahrensvereinbarungen, die den Anspruch aus § 37 IV BetrVG konkretisieren, ist in den Grenzen des § 78 S. 2 BetrVG zulässig.[201] Die wirtschaftliche Absicherung nach § 37 IV BetrVG betrifft andere Ansprüche als § 37 II BetrVG. Während die letztgenannte Norm die Fortzahlung des vereinbarten Arbeitsentgelts für die Dauer der Arbeitsbefreiung zur Wahrnehmung betriebsverfassungsrechtlicher Aufgaben regelt, gewährt § 37 IV BetrVG einem Betriebsratsmitglied einen Anspruch auf Erhöhung seines Entgelts in dem Umfang, in dem das Entgelt vergleichbarer AN mit betriebsüblicher beruflicher Entwicklung steigt.[202]

56 **2. Wirtschaftliche Absicherung. a) Arbeitsentgelt.** Nach § 37 IV BetrVG darf das Arbeitsentgelt von Betriebsratsmitgliedern einschließlich eines Zeitraums von einem Jahr nach

[192] BAG 9.9.1992 AP Nr. 86 zu § 37 BetrVG 1972 = NZA 1993, 468.
[193] BAG 6.11.1973 AP Nr. 5 zu § 37 BetrVG 1972.
[194] BAG 5.11.1974 AP Nr. 19 zu § 37 BetrVG; 18.12.1973 AP Nr. 7 zu § 37 BetrVG 1972.
[195] BAG 11.10.1995 AP Nr. 115 zu § 37 BetrVG 1972 = NZA 1996, 934.
[196] BAG 30.8.1989 AP Nr. 73 zu § 37 BetrVG 1972 = NZA 1990, 483.
[197] BAG 2.6.1981 AP Nr. 38 zu § 37 BetrVG 1972.
[198] BAG 22.1.2020 AP Nr. 175 zu § 37 BetrVG 1972 = NZA 2020, 594.
[199] *Annuß* NZA 2018, 134; *Jacobs* NZA 2019, 1606; *Uffmann* ZfA 2018, 225 (242); zur Dienstwagennutzung *Joussen* NZA 2018, 139.
[200] BAG 21.2.2018 AP Nr. 169 zu § 37 BetrVG 1972 = NZA 2018, 1012.
[201] BAG 18.1.2017 AP Nr. 166 zu § 37 BetrVG 1972 = NZA 2017, 935; *Bayreuther* NZA 2019, 430.
[202] BAG 29.8.2018 AP Nr. 171 zu § 37 BetrVG 1972 = NZA 2019, 253.

Beendigung der Amtszeit nicht geringer bemessen werden als das Arbeitsentgelt vergleichbarer AN mit betriebsüblicher beruflicher Entwicklung.[203] Die Vorschrift stellt nur auf das Entgelt, nicht auf sonstige Vergünstigungen (tariflichen Zusatzurlaub, Reduzierung der Arbeitsmenge) ab, die aber von § 78 S. 2 BetrVG erfasst werden. Arbeitsentgelt sind nicht nur die laufende Vergütung, sondern auch allgemeine Zuwendungen, die der AG den vergleichbaren AN gewährt. Dazu zählen unabhängig von der Anspruchsgrundlage Sozialzulagen, Leistungszulagen/-prämien,[204] Gewinnbeteiligungen, anlassbezogene Gratifikationen und vermögenswirksame Leistungen. Steht fest, dass ein Betriebsratsmitglied ohne dessen Freistellung Mehrarbeit oder Arbeit mit Erschwernissen geleistet hätte wie vergleichbare AN, umfasst der Anspruch auch die dafür gewährte Vergütung.[205] Zum Entgelt zählen auch Leistungen der betrieblichen Altersversorgung,[206] nicht hingegen Leistungen von Dritten. Diese können nur Arbeitsentgelt iSv § 37 IV BetrVG darstellen, wenn der Dritte sie nach der Abrede der Arbeitsvertragsparteien anstelle oder neben dem zwischen ihnen vereinbarten Arbeitsentgelt erbringen soll.[207]

b) Vergleichbarkeit. Der Anspruch setzt die fiktive Nachzeichnung des beruflichen Werdegangs des Betriebsratsmitglieds voraus, den es ohne die Amtstätigkeit genommen hätte.[208] Dafür ist ein Vergleich des Betriebsratsmitglieds nach Fähigkeiten und Funktion im Betrieb mit einem oder mit anderen AN zu Beginn der Amtstätigkeit anzustellen (Vergleichspersonen). Vergleichbar sind AN, die im Zeitpunkt der Amtsübernahme ähnliche, im Wesentlichen gleich qualifizierte Tätigkeiten ausgeführt haben wie der Amtsträger und dafür in gleicher Weise wie dieser fachlich und persönlich qualifiziert waren.[209] Allerdings garantiert § 37 IV BetrVG einem freigestellten Betriebsratsmitglied nicht den absolut gleichen Lohn, wie ihn vergleichbare AN erhalten.[210] Ist der Amtsträger besonders qualifiziert oder hat er überdurchschnittliche Arbeitsleistungen erbracht, muss der Vergleich mit ebensolche Leistungen erbringenden AN vorgenommen werden.[211] Gleiches gilt für den umgekehrten Fall. Tatsächliche Tätigkeits- oder Qualifikationsunterschiede zu zunächst vergleichbaren AN dürfen allerdings nicht zuungunsten des Amtsträgers berücksichtigt werden, wenn sie ohne Übernahme und Ausübung des Amts nicht vorlägen, zB weil das Betriebsratsmitglied auf Grund seiner Amtstätigkeit an Fortbildungen, an denen die vergleichbaren AN teilgenommen haben, nicht hat teilnehmen können. **Maßstab** der (hypothetischen und dynamischen) Fortschreibung des Entgelts ist nicht der betroffene Amtsträger selbst, sondern die berufliche Weiterentwicklung vergleichbarer AN mit betriebsüblicher beruflicher Entwicklung.[212] Persönliche Umstände wie eine längere Erkrankung oder erfolglose Teilnahme an Fortbildungsmaßnahmen haben regemäßig außer Betracht zu bleiben. Fallen die Gehaltserhöhungen innerhalb der Vergleichsgruppe unterschiedlich aus, wird es grds. auf die Erhöhung bei der Mehrzahl der AN dieser Gruppe ankommen. Ist die Vergleichsgruppe so klein, dass sich nicht feststellen lässt, dass die Gehälter der Mehrzahl der vergleichbaren AN in gleichem Umfang erhöht wurden, kommt es auf die durchschnittliche Anhebung in der Gruppe an.[213] Hat der Betrieb nur einen vergleichbaren AN, ist für den Vergleich auf diesen abzustellen, wobei aber nicht auf die Feststellung der betriebsüblichen beruflichen Entwicklung verzichtet werden kann.[214] Gibt es keinen vergleichbaren AN, soll es auf den am ehesten vergleichbaren AN ankommen, nach zutreffender Ansicht kann das Gericht die Vergütungshöhe entspr. § 287 ZPO schätzen. Für die Vergleichbarkeit ist auf den **Zeitpunkt** abzustellen, in dem der Amtsträger zuletzt ausschließlich mit der beruflichen Tätigkeit befasst war.[215] Ist der Arbeitsplatz inzwischen weggefallen, ist auf einen solchen abzustellen, den das Betriebsratsmitglied auch hätte ausüben können. 57

[203] BAG 15.1.1992 AP Nr. 84 zu § 37 BetrVG 1972.
[204] BAG 21.4.1983 AP Nr. 43 zu § 37 BetrVG 1972.
[205] BAG 29.8.2018 AP Nr. 171 zu § 37 BetrVG 1972 = NZA 2019, 253.
[206] BAG 10.11.2015 AP Nr. 74 zu § 1 BetrAVG Gleichbehandlung.
[207] BAG 16.1.2008 AP Nr. 144 zu § 37 BetrVG 1972 = NZA 2008, 836 (Aktienoptionen).
[208] BAG 27.6.2001 AP Nr. 23 zu § 46 BPersVG = NZA 2002, 106 (Höhergruppierung); 15.1.1992 AP Nr. 84 zu § 37 BetrVG 1972 (Beförderung).
[209] BAG 22.1.2020 AP Nr. 175 zu § 37 BetrVG 1972 = NZA 2020, 594; *Bachner/Engesser Means* NZA 2020, 422.
[210] BAG 18.1.2017 AP Nr. 166 zu § 37 BetrVG 1972 = NZA 2017, 935 (AN war in der höchsten Tarifgruppe).
[211] BAG 13.11.1987 AP Nr. 61 zu § 37 BetrVG 1972 = NZA 1988, 404.
[212] BAG 17.8.2005 AP Nr. 142 zu § 37 BetrVG 1972 = NZA 2006, 448.
[213] BAG 21.2.2018 AP Nr. 169 zu § 37 BetrVG 1972 = NZA 2018, 1012; krit. *Annuß* NZA 2018, 976.
[214] BAG 13.11.1987 AP Nr. 61 zu § 37 BetrVG 1972 = NZA 1988, 404.
[215] BAG 13.11.1987 AP Nr. 61 zu § 37 BetrVG 1972 = NZA 1988, 404.

57a **c) Betriebsüblich.** Betriebsüblich ist eine Entwicklung, die vergleichbare AN bei Berücksichtigung der normalen betrieblichen und personellen Entwicklung in beruflicher Hinsicht genommen haben. Eine Üblichkeit entsteht aufgrund gleichförmigen Verhaltens des AG und einer von ihm aufgestellten Regel. Der Geschehensablauf – auf den sich das freigestellte Betriebsratsmitglied beruft – muss so typisch sein, dass aufgrund der Gegebenheiten und Gesetzmäßigkeiten zumindest in der überwiegenden Anzahl der vergleichbaren Fälle mit der jeweiligen Entwicklung gerechnet werden kann. Die bloße Vergleichbarkeit der beruflichen Entwicklung der AN in der Vergangenheit ist nicht ausreichend.[216] Eine Begünstigung des Betriebsratsmitglieds gegenüber anderen AN darf nicht erfolgen. Die Übertragung höherwertiger Tätigkeiten ist daher nur dann betriebsüblich, wenn diese dem Betriebsratsmitglied nach den betrieblichen Gepflogenheiten hätten übertragen werden müssen oder die Mehrzahl der vergleichbaren AN einen solchen Aufstieg erreicht. Nicht ausreichend ist es deshalb, dass das Betriebsratsmitglied bei der Amtsübernahme in seiner bisherigen beruflichen Entwicklung einem vergleichbaren AN vollkommen gleichgestanden hat oder die Besserstellung eines oder mehrerer vergleichbarer AN auf individuellen, nur auf diese bzw. diesen AN persönlich zugeschnittenen Gründen beruht.[217]

57b **d) Dauer und Verfahren.** Das Arbeitsentgelt des Amtsträgers ist dem vergleichbarer AN fortlaufend anzupassen. Das Betriebsratsmitglied darf keinen geringeren Stundenlohn, Akkordlohn, Prämiensatz usw. erhalten als vergleichbare AN.[218] Der Anspruch aus § 37 IV BetrVG ist zeitlich auf ein Jahr nach Beendigung der Amtstätigkeit begrenzt. Endet diese vorzeitig (Anfechtung, Ausschluss, Rücktritt), entfällt die wirtschaftliche Absicherung nicht, da Einschränkungen, wie sie § 15 KSchG für den Kündigungsschutz vorsieht, nicht bestehen. Der nachwirkende Entgeltschutz besteht hingegen nicht bei einer nichtigen Betriebsratswahl. Das Betriebsratsmitglied hat unter Berücksichtigung der ihm zugänglichen Tatsachen vorzutragen, mit welchen AN es aus seiner Sicht vergleichbar ist und aus welchen Umständen auf die hinreichende Wahrscheinlichkeit zu schließen ist, dass die Mehrzahl der mit ihm vergleichbaren AN die behauptete Gehaltsentwicklung genommen hat. Dazu hat es nach § 242 BGB einen **Auskunftsanspruch** gegen den AG über die Gehaltsentwicklung vergleichbarer AN mit betriebsüblicher beruflicher Entwicklung.[219]

58 **e) Öffentlicher Dienst.** Im öffentlichen Dienst sind Beförderungen nach dem Prinzip der Bestenauslese vorzunehmen (Art. 33 II GG). Das Personalratsmitglied hat keinen Anspruch auf Beförderung, wenn der Konkurrent die besseren Leistungen erbringt. Wird das Personalratsmitglied aber nicht befördert, weil es inzwischen wegen der Amtstätigkeit nicht mehr über das erforderliche Wissen verfügt, liegt eine personalvertretungsrechtlich bedingte Benachteiligung vor, sodass es Anspruch auf Vergütung aus der höheren Vergütungsgruppe hat.[220] Dagegen werden keine Überstunden bezahlt, die es nicht zu leisten brauchte.[221] Berufliche Entwicklungen, die bei anderen AG stattfinden, sind bei der Bemessung des Arbeitsentgelts von Personalratsmitgliedern unbeachtlich.[222]

59 **3. Tätigkeitsschutz.** Neben der entgeltmäßigen Absicherung schafft § 37 V BetrVG eine tätigkeitsbezogene Absicherung des Betriebsratsmitglieds. Diesem sind bis einschließlich eines Jahres nach Beendigung der Betriebsratstätigkeit Arbeiten zu übertragen, die denen gleichwertig sind, die vergleichbare AN ausführen. Dies gilt nicht, wenn der Übertragung zwingende betriebliche Notwendigkeiten entgegenstehen, zB, weil das Betriebsratsmitglied nicht über die erforderlichen Kenntnisse und Fähigkeiten verfügt. Ein Anspruch auf die Nichtbesetzung einer zuvor von einem freigestellten Amtsträger besetzten Stelle besteht nicht. Mit „Tätigkeit" ist die konkrete berufliche Tätigkeit gemeint. Gleichwertig ist die Tätigkeit, wenn sie unter Berücksichtigung der Umstände des Einzelfalls und der in der beteiligten Berufsgruppe herrschenden Verkehrsauffassung als gleichwertig anzusehen ist.[223] Üben vergleichbare AN inzwischen eine höherwertige Tätigkeit aus, hat das Betriebsratsmitglied Anspruch auf Zuweisung eines entspr. Arbeitsplatzes. Hat es aufgrund seiner Amtstätigkeit die notwendige Qualifikation nicht oder nicht mehr, muss der AG ihm eine entsprechende Fortbildungsmaßnahme ermöglichen. Der Anspruch besteht nicht, wenn zwingende betriebliche Notwendigkeiten der Beschäftigung entgegenstehen, zB weil ein entsprechender Arbeitsplatz fehlt oder der Amtsträger aus persönlichen Gründen nicht an den notwendigen Fortbildungsmaßnahmen teilgenommen hat. Muss er zunächst auf einem nicht vergleichbaren

---

216 BAG 17.8.2005 AP Nr. 142 zu § 37 BetrVG 1972 = NZA 2006, 448.
217 BAG 18.1.2017 AP Nr. 166 zu § 37 BetrVG 1972 = NZA 2017, 935.
218 BAG 29.8.2018 AP Nr. 171 zu § 37 BetrVG 1972 = NZA 2019, 253.
219 BAG 4.11.2015 AP Nr. 161 zu § 37 BetrVG 1972 = NZA 2016, 1339; 19.1.2005 – 7 AZR 208/04.
220 BAG 29.10.1998 AP Nr. 22 zu § 46 BPersVG = NZA 1999, 717.
221 BAG 7.2.1985 AP Nr. 3 zu § 46 BPersVG; 21.4.1983 AP Nr. 43 zu § 37 BetrVG 1972.
222 BAG 14.7.2010 AP Nr. 1 zu § 39 LPVG Bremen.
223 HessLAG 14.8.1986 DB 1987, 442.

Arbeitsplatz beschäftigt werden und wird später ein gleichwertiger Arbeitsplatz frei, besteht ein Anspruch auf die Zuweisung des gleichwertigen Arbeitsplatzes.[224] § 37 V BetrVG gewährt einen Erfüllungsanspruch und nicht nur einen Schadensersatzanspruch. Ein freigestelltes Betriebsratsmitglied ist bei einer Bewerberauswahl für einen Aufstiegsposten aber nicht deswegen zu berücksichtigen, weil es schneller als andere Bewerber hierfür abkömmlich ist.[225]

4. Bildungsmaßnahmen. In § 38 IV BetrVG ist ausdrücklich normiert, dass freigestellte 60
Betriebsratsmitglieder nicht von inner- und außerbetrieblichen Maßnahmen zur beruflichen Bildung ausgeschlossen werden dürfen. Innerhalb eines Jahres nach Beendigung der Freistellung ist ihnen im Rahmen der betrieblichen Möglichkeiten Gelegenheit zu geben, eine wegen der Freistellung unterbliebene betriebsübliche berufliche Entwicklung nachzuholen. Waren Betriebsratsmitglieder drei volle aufeinander folgende Amtsperioden freigestellt, erhöht sich die Frist auf zwei Jahre. Betriebsratsmitgliedern muss daher der Anschluss an die technische Entwicklung ermöglicht werden.

§ 222. Kosten des Betriebsrats

Übersicht

I. Personelle Kosten der Betriebsverfassung

1. Entgeltfortzahlung für Betriebsratsmitglieder. Da die Mitglieder der Betriebsverfas- 1
sungsorgane zum AG in einem Arbeitsverhältnis stehen, hat der AG die Vergütung aufgrund der bestehenden Arbeitsverträge ohnehin zu zahlen. Beruht die Nichtleistung der Arbeit auf der Wahrnehmung von erforderlicher Betriebsratstätigkeit, beseitigt die Pflicht zur Arbeitsfreistellung (§ 37 BetrVG) die Einwendung des AG, er schulde im Falle der Nichtleistung der Arbeit keine Vergütung. Anspruchsgrundlage für die Fortzahlung der Vergütung bleibt jedoch der Arbeitsvertrag (→ § 221 Rn. 12).

2. Entgeltfortzahlung bei Inanspruchnahme des Betriebsrats. Den AN des Betriebs 2
dürfen keine Verdienstausfälle infolge der Teilnahme an Betriebsversammlungen (→ § 223 Rn. 21 ff.), des Besuchs der Sprechstunde oder der sonstigen Inanspruchnahme des BR (→ § 220 Rn. 30) entstehen (§ 39 III BetrVG). Aus diesem Grund bleibt auch ihr Vergütungsanspruch bestehen.

II. Aufwendungen des Betriebsrats

1. Geschäftsführungskosten des Betriebsrats. a) Erforderlichkeit. Der AG ist nach 3
§ 40 BetrVG verpflichtet, die Kosten des BR zu tragen. Hierzu gehören entgegen dem weiter

[224] HessLAG 14.8.1986 DB 1987, 442.
[225] BAG 31.10.1985 AP Nr. 5 zu § 46 BPersVG; teilw. abw. BAG 26.9.1990 AP Nr. 4 zu § 8 BPersVG = NZA 1991, 694.

gefassten Wortlaut der Vorschrift nur die Kosten, die zur sachgerechten und ordnungsgemäßen Durchführung der Betriebsratsaufgaben erforderlich sind. Erforderlichkeit iSd § 40 I BetrVG verlangt mehr als bloße Nützlichkeit und Zweckmäßigkeit.[1] Entscheidend ist der Standpunkt eines objektiven, verständigen Betrachters (→ Rn. 25). Ansprüche auf Kostenerstattung können auch nicht durch Tarifvertrag beschränkt werden,[2] eine Pauschalierung soll jedoch statthaft sein.[3] Über die Pauschalen hinausgehende notwendige Aufwendungen sind vom AG dennoch zu erstatten.[4] Zu den Kosten iSv § 40 BetrVG gehören auch die Kosten für die Tätigkeit der Ausschüsse des BR und die des Wirtschaftsausschusses.[5] Die Kostentragungspflicht besteht auch, wenn der BR ein Rest- oder Übergangsmandat ausübt oder dessen Wahl angefochten ist oder nichtig war (Ausnahme: die Nichtigkeit war offensichtlich).[6] Daneben wird die Kostentragungspflicht durch das in § 2 I BetrVG normierte Gebot begrenzt. Der BR muss die durch seine Tätigkeit verursachten Kosten auf das notwendige Maß beschränken.[7] Die AN dürfen zu Leistungen und Beiträgen für die Tätigkeit des BR nicht herangezogen werden (→ Rn. 27 ff.). Regelmäßig nicht erstattungsfähig sind die Kosten der **persönlichen Lebensführung** eines Betriebsratsmitglieds, die von diesem selbst zu tragen sind. Nicht erstattungsfähig sind auch die Mitgliedsbeiträge in einem Mieterbund;[8] zur Durchsetzung des Anspruchs aus § 40 BetrVG → Rn. 25 ff.

4 **b) Beschluss.** Der AG hat nur diejenigen Kosten der Betriebsratstätigkeit zu tragen, die auf einen ordnungsgemäßen Betriebsratsbeschluss (→ § 220 Rn. 23 ff.) zurückgehen. Fehlt es hieran, besteht keine Kostentragungspflicht. Der BR kann jedoch einen fehlenden oder fehlerhaften Betriebsratsbeschluss bis zum Abschluss der Angelegenheit nachholen. Nach deren Beendigung kann eine rückwirkende Rechtsgrundlage für einen Kostenerstattungsanspruch des BR nicht geschaffen werden (→ Rn. 25 und → § 220 Rn. 24). Die fehlende oder fehlerhafte Beschlussfassung für eine kostenauslösende Maßnahme des BR wird nicht dadurch geheilt, dass ihr der AG nicht ausdrücklich widersprochen hat.

5 **c) Bekanntgabe.** Ob der AG die Kosten des BR im Betrieb veröffentlichen darf, ist umstritten. Nach Ansicht des BAG kann der AG über sie nur bei Bestehen eines berechtigten Interesses informieren. Außerdem darf durch die Art und Weise seiner Mitteilung die Amtsführung des BR nicht beeinträchtigt werden.[9] Berichtet der AG über die Kosten des BR im Rahmen einer Darstellung der Personal- und Sachaufwendungen, darf dies daher nur in einem Gesamtzusammenhang erfolgen; es müssen auch vergleichbare Aufwendungen (zB Reise-, Fortbildungs- und sonstige Sachkosten) anderer Arbeitnehmergruppen oder der leitenden Angestellten gleichermaßen dargestellt werden.

6 **2. Kosten der Geschäftsführung des Betriebsrats.** Zu den Geschäftsführungskosten gehören Aufwendungen, die zur Ausübung der Betriebsratsgeschäfte notwendig sind. Hierzu zählen insbesondere **Reisekosten,**[10] die für Fahrten zu Betriebsratssitzungen, zum Betrieb gehörenden Betriebsstätten oder Gerichtsverhandlungen entstehen; ihre Höhe ist regelmäßig nachzuweisen. Kosten einer nicht erforderlichen Reise des BR bzw. seiner Mitglieder sind ebenso wenig vom AG zu tragen, wie nicht erforderliche Kosten einer notwendigen Reise. Einer (vorherigen) Genehmigung der Reise durch den AG bedarf es nicht. Bei größeren Ausgaben wird sich der BR vor der Kostenverursachung aus dem Grundsatz der vertrauensvollen Zusammenarbeit (§ 2 I BetrVG) und zu seiner eigenen Absicherung vor einer gerichtlichen Auseinandersetzung mit dem AG abstimmen.[11] Der Anspruch auf die Reisekosten hängt nicht davon ab, ob die Betriebsratssitzung aus betriebsbedingten Gründen iSv § 37 III

[1] BAG 11.11.1998 AP Nr. 64 zu § 37 BetrVG 1972 = NZA 1989, 112.
[2] BAG 9.6.1999 AP Nr. 66 zu § 40 BetrVG 1972 = NZA 1999, 1292 (zu § 40 II BetrVG).
[3] BAG 9.11.1955 AP Nr. 1 zu Art. IX KRG 22.
[4] Zu § 37 IV BetrVG: LAG Köln 13.9.1984 DB 1985, 394.
[5] BAG 17.10.1990 AP Nr. 8 zu § 108 BetrVG 1972 = NZA 1991, 432.
[6] BAG 29.4.1998 AP Nr. 58 zu § 40 BetrVG 1972 = NZA 1998, 1133.
[7] BAG 24.10.2018 AP Nr. 173 zu § 37 BetrVG 1972 = NZA 2019, 407.
[8] BAG 27.9.1974 AP Nr. 8 zu § 40 BetrVG 1972.
[9] BAG 12.11.1997 AP Nr. 27 zu § 23 BetrVG 1972 = NZA 1998, 559; 19.7.1995 AP Nr. 25 zu § 23 BetrVG 1972 = NZA 1996, 332.
[10] BAG 10.8.1994 NZA 1995, 796; zu Fahrtkosten zwischen Wohnung und Betrieb: BAG 28.8.1991 AP Nr. 39 zu § 40 BetrVG 1972 = NZA 1992, 72.
[11] BAG 18.4.1967 AP Nr. 7 zu § 39 BetrVG.

BetrVG außerhalb der Arbeitszeit des Betriebsratsmitglieds stattgefunden hat.[12] Er umfasst die Fahrtkosten von der regelmäßigen Arbeitsstätte zum Ort der Betriebsratssitzung und zurück. Der AG ist daher nicht verpflichtet, einem freigestellten Betriebsratsmitglied die Kosten für die regelmäßigen Fahrten von seinem Wohnort zum Betriebsratsbüro abzüglich der ersparten Fahrtkosten vom Wohnort zum bisherigen Arbeitsort zu erstatten.[13] Etwas anderes gilt nur, wenn das Betriebsratsmitglied nur für die Sitzungsteilnahme im Betrieb erscheinen muss.[14] Fahrtkosten sind auch zu ersetzen, wenn sich das zulässigerweise Betriebsratstätigkeit ausübende Betriebsratsmitglied in Elternzeit befindet und deshalb keine Arbeitspflicht besteht.[15] Reisekosten für Auslandsreisen können erstattungsfähig sein, wenn es sich um international tätige Unternehmen handelt.[16] Ein Betriebsratsmitglied ist regelmäßig nicht verpflichtet, seinen **privaten Pkw** für die Fahrt einzusetzen. Entschließt es sich aber bei einer von mehreren Betriebsratsmitgliedern durchzuführenden Reise zur Nutzung des eigenen privaten Pkw, ist es für ihn und die anderen Betriebsratsmitglieder grundsätzlich zumutbar, eine Fahrgemeinschaft zu bilden.[17] Dies gilt nur dann nicht, wenn die Bildung einer **Fahrgemeinschaft** aufgrund besonderer, vom Betriebsratsmitglied darzulegender Umstände im Einzelfall als unzumutbar erscheint. Zu den Reisekosten kann auch der Ersatz von Sachschäden gehören, wenn das Betriebsratsmitglied zum Transport von Betriebsratsgegenständen seinen eigenen PKW eingesetzt hat und dies für erforderlich halten durfte;[18] zu Personenschäden → § 61 Rn. 14. Wenn das Betriebsratsmitglied eine Reise mit **auswärtiger Unterbringung** unternehmen muss, gehören zu den erstattungsfähigen Aufwendungen auch Kosten der angemessenen Verpflegung und Unterkunft.[19] Bestehen **Reisekostenregelungen** im Betrieb, sind diese regelmäßig auch für die Reisen von Betriebsratsmitgliedern anwendbar,[20] erforderliche höhere Kosten sind zu ersetzen.[21] Werden durch die Reise private Aufwendungen erspart, sind diese gegenzurechnen,[22] sofern nicht die betriebliche Reisekostenregelung diese bereits berücksichtigt.[23] Zu den weiteren erstattungsfähigen Kosten der Geschäftsführung können auch bei der Beschäftigung von ausländischen AN Dolmetscher- und Übersetzungskosten für Mitteilungen an die Belegschaft gehören.[24] Bei Teilzeitbeschäftigten sollen **Kinderbetreuungskosten** erstattungspflichtig sein, wenn sie wegen der Teilnahme des Betriebsratsmitglieds an Betriebsratssitzungen außerhalb der Arbeitszeit anfallen und keine andere Person für die Betreuung zur Verfügung steht;[25] zu den Kosten für Sachmittel und Räumlichkeiten → Rn. 15.

3. Rechtsverfolgungskosten. a) Betriebsrat. aa) Umfang. Zu den erstattungsfähigen Geschäftsführungskosten zählen die Aufwendungen für eine erforderliche Verfolgung oder Verteidigung der Rechte des BR; hierzu kann auch die Hinzuziehung eines Rechtsanwalts zur Erstattung einer Anzeige nach § 121 BetrVG gehören.[26] Eine Kostentragungspflicht nach § 40 I BetrVG kann auch im Verfahren vor dem BVerfG bestehen.[27] Entsprechend den auch für sonstige Geschäftsführungskosten geltenden Grundsätzen besteht keine Kostenerstattungspflicht für Aufwendungen einer nicht erforderlichen Rechtsverfolgung oder für nicht erforderliche Kosten einer notwendigen Rechtsverfolgung. Die **Rechtsverfolgung ist schon nicht erforderlich,** wenn das Verfahren ohne hinreichenden Anlass eingeleitet[28] oder ohne Aussicht auf Erfolg weitergeführt wird. Kein Anspruch aus § 40 I BetrVG besteht daher, wenn die verfahrensgegen- 7

12 BAG 16.1.2008 AP Nr. 92 zu § 40 BetrVG 1972 = NZA 2008, 546.
13 BAG 13.6.2007 AP Nr. 31 zu § 38 BetrVG 1972 = NZA 2007, 1301; LAG Nürnberg 6.5.2009 NZA-RR 2009, 590.
14 BAG 16.1.2008 AP Nr. 92 zu § 40 BetrVG 1972 = NZA 2008, 546.
15 BAG 25.5.2005 AP Nr. 13 zu § 24 BetrVG 1972 = NZA 2005, 1002.
16 LAG Nds 10.6.1992 DB 1993, 1043; ArbG München 29.8.1991 DB 1991, 2295 (EDV-System).
17 BAG 24.10.2018 AP Nr. 73 zu § 37 BetrVG 1972 = NZA 2019, 407; 28.10.1992 – 7 ABR 10/92.
18 BAG 3.3.1983 AP Nr. 8 zu § 20 BetrVG 1972; LAG Hamm 16.4.1997 BB 1997, 2007.
19 BAG 27.5.2015 AP Nr. 160 zu § 37 BetrVG 1972 = NZA 2015, 1141 (veränderte Umstände).
20 BAG 28.3.2007 – 7 ABR 33/06.
21 BAG 7.6.1984 AP Nr. 24 zu § 40 BetrVG 1972 = NZA 1984, 362.
22 BAG 17.11.2010 AP Nr. 149 zu § 40 BetrVG 1972 = NZA 2011, 816; 28.3.2007 – 7 ABR 33/06; 30.3.1994 AP Nr. 42 zu § 40 BetrVG 1972 = NZA 1995, 382; aA DKW/*Wedde* BetrVG § 40 Rn. 74.
23 BAG 30.3.1994 AP Nr. 42 zu § 40 BetrVG 1972 = NZA 1995, 382.
24 LAG Düsseldorf 30.1.1981 DB 1981, 1093; ArbG München 14.3.1974 DB 1974, 1118.
25 BAG 23.6.2010 AP Nr. 106 zu § 40 BetrVG 1972 = NZA 2010, 1298.
26 LAG SchlH 14.11.2000 NZA-RR 2001, 592; LAG Düsseldorf 12.8.1993 NZA 1994, 1052.
27 BVerfG 22.7.1998 NZA 1998, 1135.
28 BAG 29.7.2009 AP Nr. 93 zu § 40 BetrVG 1972 = NZA 2009, 1223.

ständliche Rechtsfrage bereits höchstrichterlich entschieden ist (→ § 232 Rn. 15) oder Anträge bzw. Rechtsmittel/-behelfe des BR unzulässig oder offensichtlich unbegründet sind.[29] Nicht erstattungsfähig sind Aufwendungen für eine **erforderliche Rechtsverfolgung/-verteidigung,** bei deren Höhe der Grundsatz der Verhältnismäßigkeit missachtet wird[30] oder nicht die kostenschonendste Rechtsdurchsetzung/-verteidigung gewählt wird. Letzteres kann zB die Durchführung eines Muster- bzw. Gruppenverfahrens gebieten;[31] dies gilt auch für Einigungsstellenverfahren,[32] nicht hingegen bei einem Konflikt von mehreren BR gegen den AG. Der AG hat bei einer erforderlichen Rechtsverfolgung bzw. -verteidigung auch die Auslagen für die Hinzuziehung eines Rechtsanwalts zu ersetzen, wenn der BR oder ein am Verfahren beteiligtes Betriebsratsmitglied bei verständiger Abwägung aller Umstände dessen Beauftragung für erforderlich halten durfte,[33] wobei ihm für diese Abwägung ein **Beurteilungsspielraum** zusteht. Er hat die Interessen an einer sachgerechten Ausübung seines Amts und die berechtigten (Kosten-)Interessen des AG gegeneinander abzuwägen. Er muss dabei die Maßstäbe einhalten, die er anlegen würde, wenn seine Mitglieder die Kosten tragen müssten;[34] zur Höhe → Rn. 9. Danach wird der BR nur in Ausnahmefällen gehalten sein, ein Beschlussverfahren ohne anwaltlichen Beistand durchzuführen;[35] ob der AG auf eine anwaltliche Vertretung verzichtet, ist ohne Bedeutung. Hingegen ist die Hinzuziehung eines Anwalts durch die JAV regelmäßig nicht erforderlich, selbst wenn diese am Verfahren beteiligt ist.[36] Ohne Bedeutung ist auch, ob der BR die Möglichkeit hatte, sich durch eine Gewerkschaft vertreten zu lassen.[37] Erstattungsfähig sind die Kosten, die dem BR infolge der Wahrnehmung eines Gerichtstermins und einer Besprechung mit einem Anwalt entstanden sind, wobei die Entsendung von zwei Betriebsratsmitgliedern regelmäßig nicht notwendig sein wird.[38] Der AG ist schließlich zur Kostenübernahme verpflichtet, wenn der Rechtsanwalt nur **vorgerichtlich** für den BR tätig war und die gerichtliche Auseinandersetzung aber unterblieben ist. Dies setzt regelmäßig voraus, dass der AG die Kostenübernahme oder – bei § 40 II BetrVG – die Bereitstellung der geforderten Sachmittel abgelehnt hat.[39] Nicht nach § 40 BetrVG, sondern nur nach § 80 III BetrVG sind Aufwendungen für ein anwaltliches Gutachten vom AG zu übernehmen, selbst wenn durch dieses ein gerichtliches Verfahren vermieden wurde.

7a **bb) Beschluss.** Über die Hinzuziehung eines Rechtsanwalts muss der BR vor dessen Beauftragung durch Beschluss (→ § 220 Rn. 23 ff.) entscheiden, da dieser Voraussetzung für die Kostenerstattungspflicht des AG ist. Die Beschlussfassung muss für jede Instanz gesondert erfolgen.[40] Der Anspruch auf Kostenerstattung ist ausgeschlossen, wenn die Beschlussfassung unwirksam ist oder erst nach Abschluss der jeweiligen Instanz erfolgt (→ Rn. 25a). Zusätzlich ist die Erstattungspflicht von einer ordnungsgemäßen Rechnungsstellung des Rechtsanwalts (§ 10 RVG) abhängig.[41] Die Gewährung von **Prozesskostenhilfe** mit Anwaltsbeiordnung zugunsten eines BR im Beschlussverfahren kommt trotz der Kostenerstattungspflicht in Betracht, wenn der Freistellungsanspruch gegenüber dem AG wegen der Eröffnung eines Insolvenzverfahrens voraussichtlich nicht realisiert werden kann.[42] Der AG kann in einem Beschlussverfahren den Widerantrag stellen, dass er nicht zur Kostenübernahme verpflichtet ist.

8 **b) Betriebsratsmitglied.** Umstr. ist, inwieweit der AG verpflichtet ist, dem einzelnen Betriebsratsmitglied Aufwendungen für seine Beteiligung in einem Beschlussverfahren zu erset-

[29] BAG 22.11.2017 AP Nr. 115 zu § 40 BetrVG 1972 =NZA 2018, 461.
[30] BAG 19.3.2003 AP Nr. 77 zu § 40 BetrVG 1972 = NZA 2003, 870.
[31] BAG 29.7.2009 AP Nr. 93 zu § 40 BetrVG 1972 = NZA 2009, 1223.
[32] HessLAG 1.3.2016 NZA-RR 2016, 535.
[33] BAG 16.11.2016 AP Nr. 114 zu § 40 BetrVG 1972 = NZA 2017, 514; zur Haftung des Anwalts gegenüber Dritten: BAG 24.8.2006 AP Nr. 3 zu § 276 BGB Vertragsverletzung = NZA 2007, 51.
[34] BAG 16.10.1986 AP Nr. 31 zu § 40 BetrVG 1972 = NZA 1987, 753.
[35] BAG 14.12.2016 AP Nr. 114 zu § 40 BetrVG 1972 = NZA 2017, 514 (Honorarzusage nur ausnahmsweise).
[36] BAG 18.1.2012 AP Nr. 108 zu § 40 BetrVG 1972 = NZA 2012, 683 (Verfahren nach § 78a BetrVG).
[37] BAG 4.12.1979 AP Nr. 18 zu § 40 BetrVG 1972; 3.10.1978 AP Nr. 14 zu § 40 BetrVG 1972; LAG Düsseldorf 29.10.1985 BB 1986, 1016 (Wahlvorstand).
[38] BVerwG 21.7.1982 AP Nr. 2 zu § 44 BPersVG = PersV 1983, 316.
[39] BAG 14.12.2016 AP Nr. 114 zu § 40 BetrVG 1972 = NZA 2017, 514; 18.3.2015 AP Nr. 112 zu § 40 BetrVG 1972 = NZA 2015, 954.
[40] BAG 18.3.2015 AP Nr. 112 zu § 40 BetrVG 1972 = NZA 2015, 954; 7.7.1999 AP Nr. 19 zu § 20 BetrVG 1972 = NZA 1999, 1232; enger LAG Köln 14.7.1995 NZA-RR 1996, 94 (Genehmigung möglich).
[41] OVG Hmb 11.6.2001 PersR 2002, 255.
[42] SächsLAG 25.7.2008 LAGE § 114 ZPO 2002 Nr. 9.

zen.[43] Nach § 40 I BetrVG können nur Kosten gegenüber dem AG geltend gemacht werden, wenn über Kompetenzen und Rechte, die den einzelnen Betriebsratsmitgliedern kraft Gesetzes zugewiesen sind, gestritten wird. Einzelne Mitglieder des BR können gegenüber diesem weder die Unwirksamkeit eines Beschlusses noch die Rechtswidrigkeit von Handlungen unabhängig von einem Eingriff in ihre eigene betriebsverfassungsrechtliche Rechtsposition geltend machen.[44] Der Streit muss gerade über die betriebsverfassungsrechtliche Rechtsstellung des Betriebsratsmitglieds bestehen, zB in einem Verfahren nach § 23 I BetrVG.[45] Gleiches gilt, wenn der Betriebsratsvorsitzende von der Sekretärin des BR auf Unterlassung von Äußerungen über ihre Arbeitsweise in Anspruch genommen wird.[46] Wie beim BR besteht kein Anspruch aus § 40 I BetrVG, wenn das Betriebsratsmitglied bei vernünftiger Betrachtungsweise die Aussichtslosigkeit einer Rechtsdurchsetzung/-verteidigung erkennen musste[47] oder die Höhe der Kosten nicht erforderlich war (→ Rn. 7). Keine Erstattungspflicht besteht für Aufwendungen, die aus einem Rechtsstreit im Urteilsverfahren mit dem Ziel der Durchsetzung eines Lohnanspruchs eines Betriebsratsmitglieds entstanden sind. Ebenso sind Anwaltskosten aus einem deswegen eingeleiteten Beschlussverfahren keine Kosten der Betriebsratstätigkeit.[48] Auch dann, wenn ein betriebsverfassungsrechtlicher Erstattungsanspruch besteht, ist bei seiner Verfolgung im Urteilsverfahren der Anspruch auf Erstattung erstinstanzlicher Rechtsanwaltskosten in dieser Verfahrensart nach § 12a ArbGG ausgeschlossen.[49] Allerdings ist es zulässig, dass der AG dem Betriebsratsmitglied die Kostenerstattung für ein durchgeführtes Individualverfahren zusagt.[50]

c) Zustimmungsersetzungsverfahren. Ein Kostenerstattungsanspruch für ein Mitglied des BR kann für die Hinzuziehung eines Prozessbevollmächtigten im Rahmen der Ersetzungsverfahren nach § 103 II und III BetrVG[51] sowie § 78a BetrVG in Betracht kommen, wenn der Zustimmungsersetzungsantrag rechtskräftig abgewiesen wird.[52] Ein Rechtsanwalt verstößt nicht gegen das Verbot der Vertretung widerstreitender Interessen (§ 43a IV BRAO) und hat deshalb einen Vergütungsanspruch, wenn er in einem Beschlussverfahren nach § 103 II BetrVG gleichzeitig den BR und das betroffene Betriebsratsmitglied vertritt; hält der BR nicht mehr an der Zustimmungsverweigerung fest, muss der Anwalt jedoch beide Mandate niederlegen.[53] Der AG haftet nach § 7 II RVG hinsichtlich der Gebühren, die dem Rechtsanwalt für die Vertretung des BR entstanden sind. 8a

d) Höhe. Der BR kann mit einem Rechtsanwalt nur eine Vereinbarung über die gesetzliche Vergütung abschließen, nur diese umfasst der Anspruch aus § 40 I BetrVG. Für deren Berechnung ist der nach § 33 RVG festzusetzende Gegenstandswert maßgeblich. Gegen dessen gerichtliche Festsetzung ist der AG beschwerdeberechtigt.[54] Der BR ist nicht berechtigt, mit dem Anwalt für die Durchführung eines Beschlussverfahrens eine **Honorarvereinbarung** abzuschließen;[55] jedenfalls muss eine solche Zusage der Textform (§ 3a I 1 RVG) genügen.[56] Für dessen vorgerichtliche Einschaltung kann eine solche Absprache getroffen werden, wenn der AG mit dieser einverstanden ist, in vergleichbaren Fällen die Erteilung einer solchen Zusage stets akzeptiert hat oder der Verhandlungsgegenstand eine spezielle Rechtsmaterie betrifft.[57] Fahrtkosten eines auswärtigen Anwalts können nur übernommen werden, wenn der BR keinen ortsansässigen Rechtsanwalt mit der Übernahme des Mandats betrauen konnte.[58] Von der Kostenerstattungspflicht nach § 40 I BetrVG ist auch ein Vorschuss des Rechtsanwalts (§ 9 RVG) erfasst. 9

4. Schulungs- und Bildungsveranstaltungen. a) Schulungsveranstaltungen (§ 37 Abs. 6 BetrVG). aa) Kosten der Schulungsveranstaltung. Zu den nach § 40 I BetrVG 10

[43] Dazu *Althoff* NZA 2014, 74.
[44] BAG 7.6.2016 AP Nr. 3 zu § 33 BetrVG 1972 = NZA 2016, 1350; 29.4.2015 NZA 2015, 1397.
[45] BAG 19.4.1989 AP Nr. 29 zu § 40 BetrVG 1972 = NZA 1990, 233.
[46] LAG Düsseldorf 21.2.1997 NZA-RR 1997, 383.
[47] BAG 19.4.1989 AP Nr. 29 zu § 40 BetrVG 1972 = NZA 1990, 233.
[48] BAG 14.10.1982 AP Nr. 19 zu § 40 BetrVG 1972.
[49] BAG 30.6.1993 AP Nr. 8 zu § 12a ArbGG 1979 = NZA 1994, 284.
[50] BAG 20.1.2010 AP Nr. 98 zu § 40 BetrVG 1972 = NZA 2010, 777 (Vergütungsklage).
[51] BAG 3.4.1979 AP Nr. 16 zu § 40 BetrVG 1972.
[52] BAG 5.4.2000 AP Nr. 33 zu § 40 BetrVG 1972 = NZA 2000, 1178.
[53] BAG 25.8.2004 AP Nr. 1 zu § 43a BRAO = NZA 2005, 168; *Kleine-Cosack* AnwBl. 2005, 338.
[54] LAG RhPf 9.9.2010 NZA-RR 2010, 49.
[55] BAG 20.10.1999 AP Nr. 67 zu § 40 BetrVG 1972 = NZA 2000, 556 (Einverständnis des AG).
[56] LAG SchlH 16.1.2014 LAGE § 40 BetrVG 2001 Nr. 19.
[57] BAG 14.12.2016 AP Nr. 114 zu § 40 BetrVG 1972 = NZA 2017, 514.
[58] BAG 16.10.1986 AP Nr. 31 zu § 40 BetrVG 1972 = NZA 1987, 753; großzügiger LAG Nds 23.4.2007 LAGE § 40 BetrVG 2001 Nr. 9.

vom AG zu tragenden Kosten, die durch die Betriebsratstätigkeit entstehen, gehören die Kosten, die anlässlich der Teilnahme eines Betriebsratsmitglieds an einer Schulungsveranstaltung nach § 37 VI BetrVG entstanden sind. Neben den eigentlichen Seminargebühren hat der AG auch die notwendigen Reise-, Übernachtungs- und Verpflegungskosten des Betriebsratsmitglieds zu tragen. Allerdings wird die Pflicht des AG zur Kostentragung durch das Gebot der vertrauensvollen Zusammenarbeit (§ 2 I BetrVG) begrenzt. Der BR muss die durch seine Tätigkeit verursachten Kosten auf das notwendige Maß beschränken.[59] Er bzw. die Betriebsratsmitglieder haben also eine möglichst kurze Schulungsdauer[60] und grundsätzlich zur Reduzierung von Reisekosten den nächstgelegenen Schulungsort zu wählen.[61] Allerdings muss der BR wegen des ihm zustehenden Beurteilungsspielraums nicht die kostengünstigste Schulungsveranstaltung auswählen. Dennoch darf er bei der Auswahl Kostengesichtspunkte nicht völlig außer Acht lassen. Eine erhebliche Preisdifferenz zwischen mehreren Angeboten muss er mit sachlichen Argumenten begründen können.[62] Grundsätzlich muss der für die Schulungsteilnahme erforderliche Betriebsratsbeschluss (→ § 220 Rn. 23 ff.) auf ein konkretes Betriebsratsmitglied und auf eine konkrete, nach Zeitpunkt und Ort bestimmte Schulung bezogen sein. Dagegen braucht er sich nicht darauf zu erstrecken, mit welchem Verkehrsmittel das Betriebsratsmitglied zum Schulungsort gelangt und ob es dort übernachtet oder nicht. Erfolgt dennoch eine Beschlussfassung zu diesen Punkten, ist das Betriebsratsmitglied hieran jedenfalls dann nicht gebunden, wenn sich zwischen dem Betriebsratsbeschluss und dem Beginn der Schulungsveranstaltung die für die Beurteilung der Erforderlichkeit maßgebenden Umstände gravierend ändern.[63]

10a **bb) Nebenkosten.** Zu den erstattungsfähigen Aufwendungen gehören notwendige Fahrt-,[64] Verpflegungs- und Übernachtungskosten (→ Rn. 6).[65] Ohne Darlegung besonderer Umstände ist die Übernachtung im Tagungshotel, in dem die Schulung stattfindet, nicht als erforderlich anzusehen.[66] Besteht eine betriebliche Reisekostenregelung, ist diese anzuwenden;[67] bei Fehlen anderweitiger Vereinbarungen kann auf die Sätze in den Lohnsteuerrichtlinien abgestellt werden.[68] Jedoch kann der AN nicht auf die Reisekostenrichtlinien verwiesen werden, wenn ihm höhere Aufwendungen entstehen und diese von ihm nicht beeinflusst werden können;[69] allerdings kann in diesen Fällen fraglich sein, ob der BR eine entsprechende Schulung auswählen darf. Stellt die betriebliche Reisekostenordnung auf verschiedene Gehaltsklassen ab und gehören die Betriebsratsmitglieder nach ihrer betrieblichen Stellung verschiedenen Klassen an, bedarf es bei gemeinsamen Reisen einer Vereinbarung mit dem AG, in welcher Gruppe Fahrtkosten abzurechnen sind.[70] Eine Haushaltsersparnis hat sich der AN anrechnen zu lassen.[71] Nicht erstattungsfähig sind Kosten persönlicher Lebensführung, wie Ausgaben für Getränke und dgl. bei Veranstaltungen.[72] Hat der BR ein Mitglied zu einer bestimmten Schulung entsandt und entstehen durch nachträgliche Änderungen der Veranstaltung durch den Seminarveranstalter höhere Kosten, soll der AG nicht zur Übernahme der Mehrkosten verpflichtet sein.[73] Stornokosten hat der AG nur zu tragen, wenn die Schulung erforderlich gewesen wäre[74] und die Absage durch

[59] BAG 24.10.2018 AP Nr. 73 zu § 37 BetrVG 1972 = NZA 2019, 407; 27.5.2015 NZA 2015, 1141; 30.3.1994 AP Nr. 42 zu § 40 BetrVG 1972 = NZA 1995, 382.
[60] BAG 31.10.1972 AP Nr. 2 zu § 40 BetrVG 1972.
[61] LAG Düsseldorf 21.10.1975 DB 1976, 1115.
[62] BAG 14.1.2015 AP Nr. 158 zu § 37 BetrVG 1972 = NZA 2015, 632; 19.3.2008 – 7 ABR 2/07.
[63] BAG 27.5.2015 AP Nr. 160 zu § 37 BetrVG 1972 = NZA 2015, 1141 (Übernachtungskosten).
[64] Grds. 2. Klasse: BAG 29.4.1976 AP Nr. 9 zu § 40 BetrVG 1972.
[65] BAG 27.5.2015 AP Nr. 160 zu § 37 BetrVG 1972 = NZA 2015, 1141; keine Erstattung, wenn Betriebsratsmitglied 6 km entfernt wohnt: LAG Hamm 16.9.1981 DB 1982, 907; wenn bis 11.00 Uhr angereist werden kann: LAG SchlH 14.3.1996 NZA-RR 1997, 91.
[66] BAG 17.11.2010 AP Nr. 149 zu § 40 BetrVG 1972 = NZA 2011, 816; 28.3.2007 – 7 ABR 33/06.
[67] BAG 28.3.2007 – 7 ABR 33/06; enger LAG Nürnberg 25.2.2003 ArbuR 2003, 278.
[68] LAG Köln 11.4.2002 AiB 2003, 487.
[69] BAG 7.6.1984 AP Nr. 24 zu § 40 BetrVG 1972 = NZA 1984, 362; HessLAG 6.10.1988 DB 1989, 2132.
[70] BAG 24.10.2018 AP Nr. 73 zu § 37 BetrVG 1972 = NZA 2019, 407 (Fahrgemeinschaft).
[71] BAG 17.11.2010 AP Nr. 149 zu § 40 BetrVG 1972 = NZA 2011, 816; 28.3.2007 – 7 ABR 33/06; 30.3.1994 AP Nr. 42 zu § 40 BetrVG 1972 = NZA 1995, 3822; LAG Köln 18.3.2015 NZA-RR 2015, 581; LAG Hamm 13.1.2006 NZA-RR 2006, 249; aA DKW/*Wedde* BetrVG § 40 Rn. 74.
[72] BAG 28.3.2007 – 7 ABR 33/06; 17.6.1998 AP Nr. 62 zu § 40 BetrVG 1972 = NZA 1999, 161.
[73] LAG Hamm 3.2.1993 DB 1993, 1044.
[74] LAG Köln 18.1.2002 NZA-RR 2003, 141; ähnlich ArbG Berlin 25.10.2007 AiB 2008, 613.

betriebliche Gründe veranlasst worden ist. Keine Übernahmepflicht besteht, wenn es der BR versäumt hat, rechtzeitig eine kostenfreie Stornierung der Seminarteilnahme vorzunehmen.

b) Gewerkschaftliche Schulungsveranstaltung. Wird die Schulung von einer Gewerkschaft durchgeführt, wird die Kostentragungspflicht nach § 40 I BetrVG neben dem Grundsatz der Erforderlichkeit und der Verhältnismäßigkeit noch durch koalitionsrechtliche Grundsätze begrenzt. Der AG ist auch dann nicht zur Finanzierung einer Arbeitnehmerkoalition verpflichtet, wenn diese ihre betriebsverfassungsrechtliche Unterstützungsfunktion wahrnimmt und Schulungen nach § 37 VI BetrVG durchführt. Er darf deshalb nur mit denjenigen Kosten belastet werden, die der Gewerkschaft durch die Durchführung der Schulung tatsächlich entstehen; die von ihr in Ansatz gebrachten Selbstkosten müssen deshalb nachgewiesen werden.[75] Im Jahre 1977 ist das BAG davon ausgegangen, dass bei Heimunterbringung für Verpflegungskosten ein Betrag bis 48 DM angemessen sei.[76] In späteren Entscheidungen hat es die Erstattungsfähigkeit in Höhe der steuerlichen Pauschale abgelehnt, weil diese auf Schätzungen der Verwaltung beruhten, die auch einen Gewinn der Gewerbebetriebe ermöglichen. Es hat angenommen, dass die Gewerkschaften ihre **Kosten** im Einzelnen **offenlegen** müssen. Jedenfalls dürfen sie keinen Gewinn wegen der koalitionsrechtlichen Unabhängigkeit erzielen.[77] Eine Ausnahme besteht jedoch für in den Schulungskosten enthaltene Generalkosten (Vorhaltekosten, Seminargebühr, Teilnehmermaterial, Arbeitsmaterial, Arbeitskosten, allgemeine Verwaltung) und Referentengebühren der Gewerkschaft.[78] Dagegen können Honoraraufwendungen auch für gewerkschaftseigene Referenten, zu deren arbeitsvertraglichen Pflichten nicht die Durchführung von Schulungsveranstaltungen gehört, auf die Hörer umgelegt werden. Sie sind damit erstattungsfähige Kosten.[79] Die koalitionsrechtlichen Beschränkungen gelten auch für eine Schulung durch einen gemeinnützigen Verein, bei der die Gewerkschaft kraft satzungsmäßiger Rechte und personeller Verflechtung den maßgeblichen Einfluss ausübt,[80] nicht jedoch bei paritätischer Besetzung der Leitungsorgane mit nicht gewerkschaftsnahen Vertretern. Die Gemeinnützigkeit eines gewerkschaftsnahen Veranstalters schließt die Aufschlüsselungspflicht nur aus, wenn sich dieser auf die Durchführung betriebsverfassungsrechtlicher Schulungen beschränkt. Eine Aufschlüsselungspflicht kommt in diesem Fall erst bei Verdacht einer Gegnerfinanzierung in Betracht.[81] Umstr. ist, ob auch zum Verbleib überlassene Gesetzestexte vom AG bezahlt werden müssen.[82] 11

c) Nachweis. Auf Verlangen des AG muss der BR bzw. das anspruchstellende Betriebsratsmitglied die Höhe der erstattungsfähigen Kosten nachweisen. Bis zu diesem Zeitpunkt steht dem AG gegenüber den geltend gemachten Auslagen ein Leistungsverweigerungsrecht zu. Die Teilnehmer einer Schulungsveranstaltung nach § 37 VI BetrVG haben aus dem Vertragsverhältnis mit dem Schulungsveranstalter einen Anspruch auf Ausstellung einer aufgeschlüsselten Rechnung, unabhängig davon, ob es sich um einen gewerkschaftlichen oder kommerziellen Schulungsveranstalter handelt.[83] 12

d) Bildungsveranstaltungen. Kein Kostenerstattungsanspruch besteht für Bildungsveranstaltungen nach § 37 VII BetrVG.[84] Etwas anderes gilt nur, wenn sie zugleich die Voraussetzungen des § 37 VI BetrVG erfüllen und eine entsprechende Beschlussfassung durch den BR erfolgt ist. 13

5. Ausschlussfrist, Verjährung und Verwirkung. Da der Freistellungs- und der Erstattungsanspruch ihre Grundlage in der Betriebsratstätigkeit haben, werden sie von Ausschlussfristen nicht erfasst, auch wenn nach der Verfallklausel Ansprüche aus und in Verbindung mit dem Arbeitsverhältnis verfallen.[85] Für die Verjährung gilt § 195 BGB (3 Jahre); der Anspruch kann 14

---

[75] BAG 17.6.1998 AP Nr. 63 zu § 40 BetrVG 1972 = NZA 1999, 163.
[76] BAG 8.2.1977 AP Nr. 26 zu § 37 BetrVG 1972; 8.10.1974 AP Nr. 7 zu § 40 BetrVG 1972.
[77] BAG 17.6.1998 AP Nr. 63 zu § 40 BetrVG 1972 = NZA 1999, 163; 15.1.1992 AP Nr. 41 zu § 40 BetrVG 1972 = NZA 1993, 189.
[78] BAG 28.5.1976 AP Nr. 11 zu § 40 BetrVG 1972.
[79] BAG 3.4.1979 AP Nr. 17 zu § 40 BetrVG 1972.
[80] BAG 28.6.1995 AP Nr. 48 zu § 40 BetrVG 1972 = NZA 1995, 1216; 28.6.1995 AP Nr. 47 zu § 40 BetrVG 1972 = NZA 1995, 1220.
[81] BAG 17.6.1998 AP Nr. 62 zu § 40 BetrVG 1972 = NZA 1999, 161; 17.6.1998 AP Nr. 61 zu § 40 BetrVG 1972 = NZA 1999, 220.
[82] Verneint von LAG Bln 10.10.1988 DB 1989, 683.
[83] BAG 28.6.1995 AP Nr. 47 zu § 40 BetrVG 1972 = NZA 1995, 1220; 30.3.1994 AP Nr. 42 zu § 40 BetrVG 1972 = NZA 1995, 382 (Nebenpflicht).
[84] BAG 6.11.1973 AP Nr. 6 zu § 37 BetrVG 1972; vgl. OVG Münster 2.9.1992 PersR 1993, 83.
[85] BAG 30.1.1973 AP Nr. 3 zu § 40 BetrVG 1972.

verwirkt sein, wenn seine verspätete Erhebung gegen Treu und Glauben verstößt (→ Rn. 25a).[86] Der BR kann aber nicht Freistellung von Rechtsanwaltskosten verlangen, die bereits verjährt sind oder gegenüber dem Gläubiger auf die Einrede der Verjährung verzichten.[87]

III. Überlassung von Räumen und sachlichen Hilfsmitteln an den Betriebsrat

15 **1. Räume.** Der AG hat dem BR die für die Geschäftsausübung notwendigen Räume innerhalb des Betriebs zur Verfügung zu stellen (§ 40 II BetrVG). Sie haben Arbeitsschutzvorschriften zu genügen,[88] dh ausreichend geräumig, beheizt und beleuchtet sowie optisch und akustisch abgeschirmt sowie verschließbar sein.[89] Die Zahl der zu überlassenden Räume bestimmt sich nach der Größe des BR und dessen Geschäftsumfang. Die Räumlichkeiten müssen ausreichend bemessen sein, um Betriebsratssitzungen und Besprechungen durchzuführen, Sprechstunden abzuhalten und Büroarbeiten auszuführen.[90] Ein Anspruch auf Beibehaltung oder Erhaltung eines bestimmten Raums besteht nicht. Aus einem nicht willkürlichen Grund kann der AG dem BR einen anderen Raum zuweisen.[91] Wird dem BR in Kleinbetrieben kein eigener abschließbarer Raum überlassen, ist ihm zumindest ein verschließbarer Schrank für seine Unterlagen zur Verfügung zu stellen. Innerhalb der ihm überlassenen Räumlichkeiten übt der BR das Hausrecht aus.[92] § 40 II BetrVG gilt auch für die Räumlichkeiten, in denen Betriebs- oder Abteilungsversammlungen durchgeführt werden sowie für die Zugangswege.[93]

16 **2. Hilfsmittel. a) Grundsatz.** Der AG hat die für die Betriebsratstätigkeit notwendigen sachlichen Hilfsmittel bereitzustellen (§ 40 II BetrVG). Eine gesonderte Bereitstellung für Angehörige der Minderheitenliste ist nicht erforderlich.[94] Die Prüfung, ob ein vom BR verlangtes Sachmittel zur Erledigung von Betriebsratsaufgaben erforderlich und vom AG zur Verfügung zu stellen ist, obliegt dem BR. Dieser darf seine Entscheidung nicht allein an seinen subjektiven Bedürfnissen ausrichten. Vom BR wird vielmehr verlangt, dass er bei seiner Entscheidungsfindung die betrieblichen Verhältnisse und die sich ihm stellenden Aufgaben berücksichtigt. Dabei hat er die Interessen der Belegschaft an einer sachgerechten Ausübung des Betriebsratsamts einerseits und berechtigte Interessen des AG, auch soweit sie auf eine Begrenzung der Kostentragungspflicht gerichtet sind, gegeneinander abzuwägen.[95] Dabei bestimmt sich die Erforderlichkeit nicht ausschließlich (wohl aber indiziell) am entsprechenden Ausstattungsniveau des AG, sondern an den vom BR wahrzunehmenden Aufgaben und den betrieblichen Verhältnissen. Der BR kann sich der Prüfung der Erforderlichkeit nicht mit der Begründung entziehen, ein Sachmittel gehöre zur Normalausstattung eines Büros und dürfte ihm deshalb nicht vorenthalten werden.[96] Der BR darf die Überlassung eines Sachmittels auch nicht bereits dann für erforderlich halten, wenn durch seinen Einsatz die Geschäftsführung des BR lediglich erleichtert wird oder sich rationeller gestalten lässt. Die Überlassung eines Sachmittels ist als erforderlich anzusehen, wenn er ohne dieses bestimmte Aufgaben nicht bzw. nicht ordnungsgemäß erledigen kann oder andere Aufgaben vernachlässigen müsste. Der Beschluss des BR unterliegt dabei keinen vollen, sondern nur einer eingeschränkten Kontrolle durch die Arbeitsgerichte. Dem BR sind stets verschließbare Schränke, Schreibmaterialien, ein oder mehrere PC sowie Fotokopiermöglichkeiten[97] zur Verfügung zu stellen.

17 **b) Gesetze, Bücher.** Zu den für jedes Betriebsratsmitglied bereitzustellenden Hilfsmitteln gehören insbesondere die wichtigsten arbeits- und sozialrechtlichen Gesetze.[98] Daneben sind dem

[86] BAG 18.11.2020 – 7 ABR 37/19, NZA 2021, 657 (Verjährung); 14.11.1978 AP Nr. 39 zu § 242 BGB Verwirkung.
[87] LAG SchlH 4.7.2000 NZA-RR 2000, 590.
[88] LAG SchlH 31.5.2017 NZA-RR 2017, 596.
[89] LAG Köln 19.1.2001 ArbuR 2002, 150.
[90] LAG SchlH 19.9.2007 NZA-RR 2008, 187; ArbG Frankfurt 17.2.1999 NZA-RR 1999, 420.
[91] LAG Hamm 28.5.2010 – 13 TaBV 102/09; ArbG Hamburg 11.6.1987 DB 1987, 2658.
[92] BAG 18.9.1991 AP Nr. 40 zu § 40 BetrVG 1972 = NZA 1992, 315.
[93] BAG 22.5.2012 AP Nr. 149 zu Art. 9 GG = NZA 2012, 1176.
[94] LAG Bln-Bbg 19.7.2011 AiB 2012, 474.
[95] BAG 3.9.2003 AP Nr. 79 zu § 40 BetrVG 1972 = NZA 2004, 280.
[96] BAG 16.5.2007 AP Nr. 90 zu § 40 BetrVG 1972 = NZA 2007, 1117; 12.5.1999 AP Nr. 65 zu § 40 BetrVG 1972 = NZA 1999, 1290.
[97] LAG Nds 13.12.1988 NZA 1989, 442.
[98] BAG 24.1.1996 AP Nr. 52 zu § 40 BetrVG 1972 = NZA 1997, 60; LAG Düsseldorf 12.4.1988 DB 1988, 1072 (*Kittner* „Arbeits- und Sozialordnung“); aA LAG Bln 5.10.1992 BB 1993, 725.

BR jeweils eine arbeitsrechtliche Monografie und ein Kommentar zum BetrVG zu überlassen.[99] Dabei darf er grundsätzlich die Auswahl der zu beschaffenden Bücher treffen.[100] Der BR braucht sich nicht allein von der geringsten Kostenbelastung des AG leiten zu lassen.[101] Es ist nicht zu beanstanden, wenn der BR bei Neuauflagen einen anderen als den früheren Kommentar wählt und damit eine Bücherei anlegt.[102] Ob und ggf. in welchem Umfang der BR auf die Mitbenutzung des im Betrieb vorhandenen arbeits- und sozialrechtlichen Schrifttums verwiesen werden kann, ist nach den Umständen des Einzelfalls zu entscheiden. Daneben kann der BR regelmäßig den Bezug einer Fachzeitung beanspruchen, selbst wenn ein Internetzugang zur Verfügung steht. Der Überlassungsanspruch besteht auch bei tendenzbezogenen Zeitschriften.[103] Steht dem BR bereits eine Fachzeitung zur Verfügung, die die betriebsratsnotwendige Themenstellung abdeckt, bedarf es der Darlegung besonderer Gründe, warum die Anschaffung einer zweiten Fachzeitschrift notwendig ist.[104] Zu den zur Verfügung zu stellenden Zeitschriften zählen auch die Arbeit- und Ökologie-Briefe,[105] nicht jedoch eine Computerfachzeitschrift.[106] Auch die Überlassung einer Tageszeitung kann regelmäßig nicht verlangt werden.[107] Ist der AG zur Überlassung von Büchern oder Zeitschriften verpflichtet, kann der BR einen Vorschuss zum Erwerb verlangen (§ 669 BGB).

c) Büropersonal. Dem BR ist das für die Bewältigung der internen Verwaltungsaufgaben notwendige Büropersonal zur Verfügung zu stellen.[108] In kleineren Betrieben wird der BR darauf verwiesen werden können, dass die Schreibarbeiten von einer Schreibkraft des Betriebs miterledigt werden. In mittleren bzw. größeren Betrieben sind dem BR bei entsprechendem Arbeitsanfall eine oder mehrere eigene Schreibkräfte zur Verfügung zu stellen. Ob der BR die Überlassung einer vollzeitbeschäftigten Bürokraft für erforderlich halten darf, hängt vom Umfang der beim BR anfallenden Büroarbeiten, die der Bürokraft übertragen werden sollen, ab.[109] Der BR hat bei der Auswahl der mit Schreibarbeiten betrauten Kräfte stets ein Mitspracherecht. Ein Ablehnungsrecht besteht, wenn er nachvollziehbar darlegt, dass er kein Vertrauen in die zur Verfügung gestellte Person hat.[110] Eine Bürokraft, die selbst dem BR angehört, kann auf die Zahl der Freizustellenden nicht angerechnet werden (umstr.). Die Verschwiegenheitspflicht des § 79 BetrVG gilt für das Büropersonal nicht, dieses ist jedoch aufgrund des Arbeitsvertrags zum Stillschweigen verpflichtet. Darüber hinaus kann der BR Anspruch auf Überlassung von **Hilfspersonen** haben, die er für die Vorbereitung und Abwicklung von Entscheidungen über die Wahrnehmung seiner Beteiligungsrechte benötigt.[111] 18

d) Kommunikationsmittel. aa) Telefon und Internetanschluss. In welchem Umfang dem BR moderne Kommunikationsmittel zur Verfügung gestellt werden müssen, kann nicht abschließend beurteilt werden, sondern nur bezogen auf die betrieblichen Verhältnisse. Der BR hat stets Anspruch auf eine wechselseitige **telefonische Erreichbarkeit** (eigener Telefonanschluss[112] oder über Handy/Smartphone[113]); in größeren Betrieben kann regelmäßig ein eigener Nebenanschluss verlangt werden.[114] Der GBR kann die Freischaltung der in seinem Büro und der in betriebsratslosen Betriebsstätten vorhandenen Telefone zum Zwecke der wechselseitigen Erreichbarkeit verlangen.[115] Der AG darf nach Ansicht des BAG bei Fernge- 19

[99] BVerwG 25.7.1979 AP Nr. 1 zu § 44 BPersVG; LAG Brem 3.5.1996 NZA 1996, 1288 (*Schaub* Arbeitsrechts-Handbuch); zu weit ArbG Halberstadt 17.6.1998 ArbuR 1998, 428 (2 BetrVG-Kommentare).
[100] LAG SchlH 11.4.1995 BB 1995, 1188.
[101] BAG 24.1.1996 AP Nr. 52 zu § 40 BetrVG 1972 = NZA 1997, 60.
[102] BAG 26.10.1994 AP Nr. 43 zu § 40 BetrVG 1972 = NZA 1995, 386; LAG RhPf 18.11.1999 LAGE § 40 BetrVG 1972 Nr. 64 = ArbuR 2000, 197.
[103] BAG 19.3.2014 – 7 ABN 91/13; 21.4.1983 AP Nr. 20 zu § 40 BetrVG 1972 („AiB").
[104] BAG 25.1.1995 AP Nr. 46 zu § 40 BetrVG 1972 = NZA 1995, 591.
[105] HessLAG 21.3.1991 NZA 1991, 859.
[106] LAG Düsseldorf 30.9.1997 BB 1998, 2002 („COMPUTER Fachwissen für Betriebs- und Personalräte").
[107] BAG 29.11.1998 AP Nr. 32 zu § 40 BetrVG 1972 = NZA 1990, 448 („Handelsblatt").
[108] BAG 17.10.1990 AP Nr. 8 zu § 108 BPersVG 1972 = NZA 1991, 432.
[109] BAG 20.4.2005 AP Nr. 84 zu § 40 BetrVG 1972 = NZA 2005, 1010.
[110] BAG 5.3.1997 AP Nr. 56 zu § 40 BetrVG 1972 = NZA 1997, 844.
[111] BAG 19.6.2012 AP Nr. 35 zu § 50 BetrVG 1972 = NZA 2012, 1237.
[112] BAG 20.4.2016 AP Nr. 113 zu § 40 BetrVG 1972 = NZA 2016, 1033; 9.12.2009 AP Nr. 97 zu § 40 BetrVG 1972 = NZA 2010, 662 (GBR); 27.11.2002 AP Nr. 75 zu § 40 BetrVG 1972 = NZA 2003, 803; 27.11.2002 AP Nr. 76 zu § 40 BetrVG 1972 = NZA 2003, 991.
[113] HessLAG 13.3.2017 – 16 TaBV 212/16 (Smartphone); 28.11.2011 NZA-RR 2012, 307; LAG LSA 23.6.2010 – 4 TaBV 4/10; enger LAG Hamm 20.5.2011 LAGE § 40 BetrVG 2001 Nr. 16.
[114] BAG 20.4.2016 AP Nr. 113 zu § 40 BetrVG 1972 = NZA 2016, 1033; weiter *Fitting* BetrVG § 40 Rn. 128.
[115] BAG 9.12.2010 AP Nr. 97 zu § 40 BetrVG 1972 = NZA 2010, 662.

sprächen des BR die Zielnummer registrieren[116] sowie neben den Gebühreneinheiten Zeitpunkt und Gesprächsdauer.[117] Darüber hinaus kann ein eigener Anrufbeantworter oder eigenes Telefaxgerät[118] erforderlich sein, wenn die Kommunikation des BR mit der Belegschaft oder dem AG ohne Einsatz dieser Geräte nicht gewährleistet ist.[119] Zur erforderlichen Büroausstattung gehören ein **Personal Computer/Notebook** mit Bürosoftware und Peripheriegeräten mit einem Internetzugang.[120] Anders als bei anderen Sachmitteln muss der BR die Erforderlichkeit der **Internetnutzung** nicht mehr darlegen, wenn es an entgegenstehenden Interessen des AG fehlt; dies gilt gleichermaßen bei der Einrichtung eigener E-Mail-Adressen für die Betriebsratsmitglieder.[121] Der BR ist aber berechtigt, seine Schreibarbeiten ohne PC zu erledigen, wenn er nicht zu dessen Benutzung bereit ist. Die Bereitstellung eines separaten, vom Proxy-Server des AG unabhängigen Internetzugangs sowie eines eigenen Telefonanschlusses ohne Bestehen von Anhaltspunkten für eine Überwachung durch den AG ist ohne Vorliegen von Hinderungsgründen nicht erforderlich.[122] Der BR hat regelmäßig die im Unternehmen verwandte **Software** zu benutzen;[123] auch die Überlassung eines Farbdruckers kann im Einzelfall erforderlich sein; zu weiteren Kommunikationsmedien → Rn. 20.

20 **bb) Nicht digitale Kommunikation. (1) Schwarzes Brett.** Zu den Mitteln für die Kommunikation mit der Belegschaft gehören – sofern noch zeitgemäß – ein oder mehrere **„Schwarze Bretter",** die an geeigneter, sichtbarer Stelle anzubringen sind. Die Entscheidung darüber, welche Anschläge zur Wahrnehmung seiner Aufgaben gemacht werden, obliegt dem BR.[124] Jedoch kann der AG solche Anschläge untersagen, die sich nicht im Rahmen der Betriebsratsaufgaben bewegen, durch die unsachlicher Druck ausgeübt werden soll[125] oder die offensichtlich Beleidigungen des AG enthalten.[126]

21 **(2) Sonstige nicht digitale Medien.** Der BR ist in der Kommunikation mit der Belegschaft nicht auf die Durchführung der Sprechstunden oder Betriebsversammlungen beschränkt, obwohl er nach der (älteren) Rspr. des BAG diese Vermittlungsformen vorrangig zu nutzen hat. Der BR kann auch Fragebogenaktionen durchführen, zB zur Vorbereitung von Themen, die zu seinem Aufgabenbereich gehören.[127] Ein regelmäßiges oder ein in unregelmäßigen Abständen erscheinendes Informationsblatt darf er dann herausgeben, wenn für die Belegschaft ein dringendes Informationsbedürfnis besteht, das durch Bekanntmachungen auf der nächsten Betriebsversammlung oder durch innerbetriebliche Kommunikationsmittel nicht hinreichend befriedigt werden kann, sofern sich die Kosten in Grenzen halten und dem AG nach Art und Größe des Betriebs zumutbar sind.[128] Dagegen ist der GBR nicht berechtigt, eigene Informationsblätter herauszugeben; insoweit ist die Unterrichtung durch den BR ausreichend;[129] in einem Großbetrieb kommt die Bestellung von **Beauftragten für die Kommunikation** mit der Belegschaft in Betracht.[130] Auch die vom BR herausgegebenen Werkszeitungen genießen den Schutz der Pressefreiheit.[131]

22 **cc) Digitale Kommunikation.** Je nach betrieblichem Ausstattungsniveau und Organisation können digitale Kommunikationsmittel zu überlassen bzw. der Zugang zu diesen zur Verfügung zu stellen sein.[132] Generelle Aussagen können hier kaum getroffen werden, da – wie auch bei anderen Kommunikationsformen – jeweils die betrieblichen Verhältnisse die Beurteilung der Erforderlichkeit beeinflussen. Der BR kann einen Anspruch darauf haben, Informationen über seine Tätigkeit und Beiträge in einem vom AG im Betrieb eingerichteten **Intranet** zu veröffent-

---

[116] BAG 18.1.1989 – 7 ABR 38/87; zu Recht aA *Fitting* BetrVG § 40 Rn. 129.
[117] BAG 27.5.1986 NZA 1986, 643.
[118] LAG Düsseldorf 24.6.1993 NZA 1993, 1143.
[119] BAG 15.11.2000 – 7 ABR 9/99; LAG Nds 27.5.2002 NZA-RR 2003, 250.
[120] BAG 18.7.2012 AP Nr. 109 zu § 40 BetrVG 1972 = NZA 2013, 49; 17.2.2010 AP Nr. 100 zu § 40 BetrVG 1972 = NZA-RR 2010, 413; 20.1.2010 AP Nr. 99 zu § 40 BetrVG 1972 = NZA 2010, 709; überholt BAG 23.8.2006 AP Nr. 88 zu § 40 BetrVG 1972 = NZA 2007, 337.
[121] BAG 14.7.2010 – 7 ABR 80/08.
[122] BAG 20.4.2016 AP Nr. 113 zu § 40 BetrVG 1972 = NZA 2016, 1033.
[123] LAG Köln 9.7.2010 NZA-RR 2011, 24.
[124] LAG Bln 23.6.1980 DB 1980, 1704, LAG Hmb 6.6.1977 DB 1978, 118.
[125] LAG Düsseldorf 25.5.1976 BB 1977, 294.
[126] LAG BW 10.11.1977 DB 1978, 798; auch ArbG Elmshorn 3.3.1978 DB 1978, 1695.
[127] BAG 8.2.1977 AP Nr. 10 zu § 80 BetrVG 1972.
[128] BAG 21.11.1978 AP Nr. 15 zu § 40 BetrVG 1972; LAG Hmb 6.6.1977 DB 1978, 118.
[129] BAG 21.11.1978 AP Nr. 4 zu § 50 BetrVG 1972.
[130] BAG 29.4.2015 AP Nr. 14 zu § 3 BetrVG 1972 = NZA 2015, 1397.
[131] BVerfG 8.10.1996 AP Nr. 3 zu Art. 5 Abs. 1 GG Pressefreiheit = NZA 1997, 158.
[132] *Günther/Böglmüller/Mesina* NZA 2020, 77.

lichen, wenn dieses zu den gewöhnlichen Kommunikationsformen im Betrieb zählt; dies gilt auch für ein vom AG eingerichtetes betriebsübergreifendes Intranet.[133] Hingegen bedarf die Einrichtung eines gesonderten **„social-media"** Auftritts im Internet[134] ebenso wie die eines Funktionspostfachs[135] einer besonderen Darlegung der Erforderlichkeit. Der AG kann verpflichtet sein, sein **E-Mail-System** dem BR für die Kommunikation mit der Belegschaft zur Verfügung zu stellen.[136] Seine Nutzung kommt zB in Betracht, wenn eine Information der AN durch Betriebsversammlung oder Informationsblätter wegen der zur Verfügung stehenden Zeit untunlich oder die Kommunikationsform im Unternehmen üblich ist.

3. Eigentumserwerb. Die dem BR überlassenen sächlichen Mittel verbleiben grundsätzlich im Eigentum des AG. Er verliert es an den verbrauchbaren Geschäftsmaterialien wie etwa Briefpapier, Büroklammern usw. bei entsprechender Verwendung. Wird das überlassene Geschäftspapier beschrieben, geht das Eigentum auf die Gesamtheit der Betriebsratsmitglieder über (§ 950 BGB).[137] Der AG kann daher nach Beendigung der Amtsperiode nicht die Herausgabe der Betriebsratsakten verlangen. Diese sind dem nachfolgenden BR zu übergeben, ihre Vernichtung hat zu unterbleiben, wenn sie noch zu Nachweiszwecken bedeutsam sein können. 23

IV. Prozessuale Durchsetzung

1. Entgeltfortzahlung. Ansprüche der Betriebsratsmitglieder auf Arbeitsvergütung sind vor den Arbeitsgerichten im Urteilsverfahren zu verfolgen, da sie auf dem Arbeitsvertrag beruhen.[138] Bei Obsiegen besteht wegen § 12a ArbGG kein Anspruch auf Ausgleich der erstinstanzlichen Rechtsanwaltskosten des Betriebsratsmitglieds;[139] zu Ausnahmen → Rn. 8. 24

2. Freistellungs- und Kostenerstattungsanspruch (§ 40 I BetrVG). a) Grundsatz. Der AG hat nach § 40 I BetrVG die erforderlichen Kosten der Betriebsratstätigkeit zu tragen. Die Frage der Erforderlichkeit hat der BR nicht allein nach seinen subjektiven Bedürfnissen zu beantworten. Vielmehr hat er die Interessen der Belegschaft an einer sachgerechten Ausübung des Betriebsratsamts einerseits und die berechtigten Interessen des AG andererseits gegeneinander abzuwägen. Dabei hat er auch die Kostenbelange des AG zu berücksichtigen. Die Entscheidung des BR unterliegt der arbeitsgerichtlichen Kontrolle. Diese ist auf die Prüfung beschränkt, ob die kostenauslösende Maßnahme nach den konkreten Umständen der Erledigung einer gesetzlichen Aufgabe des BR diente und der BR nicht nur die Interessen der Belegschaft berücksichtigt, sondern bei seiner Entscheidung auch berechtigten Interessen des AG, insbesondere an der Begrenzung seiner Kostentragungspflicht Rechnung getragen hat.[140] Dabei ist die Frage der Erforderlichkeit vom Zeitpunkt des Beschlusses aus zu beurteilen, der die Kosten ausgelöst hat.[141] Schuldner des Anspruchs ist derjenige, der bei Fälligkeit des Anspruchs die Arbeitgeberstellung innehat. Der Betriebserwerber und nicht der Veräußerer haftet nach § 40 I BetrVG für alle beim Übergang noch nicht erfüllten Kostenerstattungs- bzw. Freistellungsansprüche des BR.[142] 25

b) Verfahren. Der Anspruch nach § 40 I BetrVG ist regelmäßig ein Anspruch gegen den AG auf Übernahme von Kosten der Betriebsratstätigkeit. Der AG kann auch den BR ermächtigen, für ihn eine Verbindlichkeit einzugehen, der Anspruch des Gläubigers richtet sich dann direkt gegen den AG. Ist hingegen ein Betriebsratsmitglied aus dem Schuldverhältnis mit dem Gläubiger selbst verpflichtet worden, hat es im Rahmen der Erforderlichkeit aus § 40 I BetrVG 25a

---

[133] BAG 1.12.2004 AP Nr. 82 zu § 40 BetrVG 1972; 3.9.2003 AP Nr. 79 zu § 40 BetrVG 1972 = NZA 2004, 278; enger LAG RhPf 14.5.2003 NZA-RR 2004, 310; *Hilber/Frik* RdA 2002, 89 (95 f.).

[134] LAG RhPf 14.5.2003 NZA-RR 2004, 310; ArbG Paderborn 29.1.1998 DB 1998, 678; dazu *Günther/Lenz* NZA 2019, 1241.

[135] LAG SchlH 8.10.2015 NZA-RR 2016, 195; großzügiger HessLAG 8.10.2015 NZA-RR 2016, 195.

[136] *Fitting* BetrVG § 40 Rn. 133a; aA noch BAG 17.2.1993 AP Nr. 37 zu § 40 BetrVG 1972 = NZA 1993, 854.

[137] *Fitting* BetrVG § 40 Rn. 107; aA Richardi BetrVG/*Thüsing* § 40 Rn. 83; GK-BetrVG/*Weber* § 40 Rn. 209, die ein Gesamthandverhältnis ablehnen, da es sich mit den Bruchteilsverhältnissen nicht vertrage.

[138] BAG 11.5.1973 AP Nr. 2 zu § 20 BetrVG 1972.

[139] BAG 30.6.1993 AP Nr. 8 zu § 12a ArbGG 1979 = NZA 1994, 284.

[140] BAG 17.2.2010 AP Nr. 100 zu § 40 BetrVG 1972 = NZA-RR 2010, 413; 20.10.1999 AP Nr. 67 zu § 40 BetrVG 1972 = NZA 2000, 556; 9.6.1999 AP Nr. 66 zu § 40 BetrVG 1972.

[141] BAG 19.4.1989 AP Nr. 29 zu § 40 BetrVG 1972 = NZA 1990, 233.

[142] BAG 20.8.2014 AP Nr. 111 zu § 40 BetrVG 1972 = NZA 2015, 1530.

einen Freistellungsanspruch oder – wenn es die Forderung selbst erfüllt hat – einen Zahlungs-, dh Erstattungsanspruch gegen den AG. Durch die Kostentragungspflicht in einer Angelegenheit entsteht zwischen dem AG und dem BR ein vermögensrechtliches gesetzliches Schuldverhältnis, dessen Gläubiger der BR ist; nur insoweit ist er als vermögensfähig anzusehen.[143] Erforderlich für die Kostenerstattungspflicht ist stets ein ordnungsgemäßer Betriebsratsbeschluss (→ § 220 Rn. 23 ff.). Fehlt dieser und wird er bis zum Abschluss der kostenauslösenden Angelegenheit nicht nachgeholt, ist der AG nicht zu Kostenübernahme verpflichtet. Der BR kann nicht aufgrund eines sog. Vorratsbeschlusses im Vorhinein die Einleitung von Beschlussverfahren beschließen. Eine nachträgliche Beschlussfassung kann eine Kostentragungspflicht des AG nur begründen, wenn die Angelegenheit noch nicht abgeschlossen ist[144] (Beendigung einer Instanz,[145] Abschluss der Schulungsveranstaltung[146]). Insoweit wird die Rückwirkung der Beschlussfassung durch die nach § 40 BetrVG gebotene Erforderlichkeitsprüfung begrenzt.[147] Der Anspruch nach § 40 I BetrVG entsteht entweder als ein auf Zahlung an einen Dritten gerichteter (Leistungs-)Anspruch oder als ein auf Freistellung von einer Verbindlichkeit gegenüber einem Dritten gerichteter Anspruch. Der Leistungsanspruch setzt die vorherige Inanspruchnahme des BR oder seines Mitglieds durch den Dritten voraus. Erfüllt das Betriebsratsmitglied den Anspruch des Dritten (zB durch Zahlung an einen Schulungsveranstalter), wandelt sich der Freistellungsanspruch des BR in einen Zahlungsanspruch gegen den AG um.[148] Der BR kann den Freistellungsanspruch auch an den Dritten abtreten; der abgetretene Freistellungsanspruch wandelt sich dann in einen Zahlungsanspruch des Dritten gegen den AG um. Auch die Abtretung eines Freistellungsanspruchs durch den BR muss auf einem Betriebsratsbeschluss beruhen, ohne diesen erwirbt der Dritte keinen gegen den AG durchsetzbaren Anspruch.[149] Durch die Abtretung ändern sich die Anspruchsgrundlage und der Rechtscharakter der Forderung nicht.[150] Der Anspruch kann später von dem Dritten dem BR zurückabgetreten[151] oder an eine weitere Person abgetreten werden.[152] Der BR bleibt auch nach dem Ende seiner Amtszeit befugt, noch nicht erfüllte Kostenerstattungsansprüche gegen den AG weiter zu verfolgen und an den Gläubiger abzutreten;[153] zur Haftung von Betriebsratsmitgliedern → § 220 Rn. 29a. Der Anspruch des BR auf Freistellung von den Seminar-, Unterbringungs-, Verpflegungs- und Reisekosten anlässlich einer Betriebsratsschulung soll im Rahmen einer einstweiligen Verfügung durchgesetzt werden können.[154]

25b **c) Durchsetzung.** Streitigkeiten über Freistellungs- und Kostenerstattungsansprüche sind stets im Beschlussverfahren auszutragen; außerhalb des Beschlussverfahrens ergangene Vollstreckungstitel muss der AG nicht gegen sich gelten lassen.[155] Das einzelne Betriebsratsmitglied ist antragsberechtigt; in den Verfahren des BR ist es notwendig Beteiligter. Die Beteiligtenstellung besteht nicht oder endet, wenn weder der BR oder das Betriebsratsmitglied Inhaber eines Freistellungs- oder Auslagenerstattungsanspruchs sind.[156] Der BR kann die Erstattung nicht an sich, sondern im Rahmen gewillkürter Prozessstandschaft nur an seine Mitglieder verlangen.[157] Der Kostenaufwand ist durch den BR regelmäßig durch Belege nachzuweisen.[158] Trotz der im Beschlussverfahren herrschenden Offizialmaxime ist der BR für die Erforderlichkeit der Aufwendungen letztlich darlegungspflichtig. Zahlungsansprüche sind nach allgemeinen Grundsätzen bei Verzug oder Rechtshängigkeit zu verzinsen.[159] Das setzt dann allerdings voraus, dass sich der BR gegenüber seinem Vertragspartner im Verzug befunden hat bzw. befindet. Der Kostenerstat-

[143] BAG 24.10.2001 AP Nr. 71 zu § 40 BetrVG 1972 = NZA 2003, 53.
[144] BAG 10.10.2007 AP Nr. 17 zu § 26 BetrVG 1972 = NZA 2008, 369.
[145] BAG 18.3.2015 AP Nr. 112 zu § 40 BetrVG 1972 = NZA 2015, 954.
[146] BAG 8.3.2000 AP Nr. 68 zu § 40 BetrVG 1972 = NZA 2000, 838.
[147] BAG 10.10.2007 AP Nr. 17 zu § 26 BetrVG 1972 = NZA 2008, 369.
[148] BAG 13.5.1998 AP Nr. 55 zu § 80 BetrVG 1972 = NZA 1998, 900.
[149] BAG 13.5.1998 AP Nr. 55 zu § 80 BetrVG 1972 = NZA 1998, 900.
[150] BAG 15.1.1992 AP Nr. 41 zu § 40 BetrVG 1972 = NZA 1993, 189.
[151] BAG 30.3.1994 AP Nr. 42 zu § 40 BetrVG 1972 = NZA 1995, 283.
[152] BAG 25.8.2004 AP Nr. 1 zu § 43a BRAO = NZA 2005, 168.
[153] BAG 24.10.2001 AP Nr. 71 zu § 40 BetrVG 1972 = NZA 2003, 53.
[154] HessLAG 14.2.2019 – 16 TaBVGa 24/19; LAG Hmb 27.9.2018 – 8 TaBVGa 1/18; LAG Düsseldorf 5.12.2017 – 4 TaBVGa 7/17 (zweifelhaft).
[155] BAG 18.11.2020 – 7 ABR 37/19, NZA 2021, 657.
[156] BAG 15.1.1992 AP Nr. 41 zu § 40 BetrVG 1972 = NZA 1993, 189.
[157] BAG 9.9.1975 AP Nr. 6 zu § 83 ArbGG 1953.
[158] BAG 28.6.1995 AP Nr. 47 zu § 40 BetrVG 1972 = NZA 1995, 1220.
[159] BAG 18.1.1989 AP Nr. 28 zu § 40 BetrVG 1972 = NZA 1989, 641.

tungsanspruch ist nicht pfändbar (§ 850a Nr. 3 ZPO) und nur an den Gläubiger des Anspruchs aus § 40 I BetrVG abtretbar (§ 400 BGB).[160] Eine Ausnahme besteht, wenn der Abtretungsempfänger die Schuld gegenüber dem Gläubiger der Forderung ausgleicht.[161] Dem AG steht ein Anspruch gegen den Dritten aus ungerechtfertigter Bereicherung (§ 812 I 2 Alt. 1 BGB) zu, wenn er zur Abwendung der Zwangsvollstreckung aus einem vorläufig vollstreckbaren Beschluss an den Dritten zahlt und der Vollstreckungstitel später aufgehoben oder außer Kraft tritt.[162] Hat der BR den Anspruch an einem Dritten abgetreten, kann dieser nicht nach § 40 I BetrVG die Erstattung der ihm zur **Durchsetzung entstandenen Anwaltskosten** verlangen. Die Durchsetzung des vom BR abgetretenen Anspruchs stellt keine Betriebsratstätigkeit dar.[163] Auch für die Geltendmachung eines nicht bestehenden Kostenerstattungsanspruchs fehlt es an einer Anspruchsgrundlage.[164]

3. Sachkosten (§ 40 II BetrVG). a) Grundsatz. Die Prüfung, ob ein vom BR verlangtes Sachmittel zur Erledigung von Betriebsratsaufgaben erforderlich und vom AG zur Verfügung zu stellen ist, obliegt dem BR. Die Entscheidung hierüber darf der BR nicht allein an seinen subjektiven Bedürfnissen ausrichten. Von ihm wird vielmehr verlangt, dass er bei seiner Entscheidungsfindung die betrieblichen Verhältnisse und die sich ihm stellenden Aufgaben berücksichtigt. Dabei hat er die Interessen der Belegschaft an einer sachgerechten Ausübung des Betriebsratsamts einerseits und berechtigte Interessen des AG, auch soweit sie auf eine Begrenzung der Kostentragungspflicht gerichtet sind, gegeneinander abzuwägen. Die Entscheidung des BR über die Erforderlichkeit des verlangten Sachmittels unterliegt der **arbeitsgerichtlichen Kontrolle.** Diese ist auf die Prüfung beschränkt, ob das verlangte Sachmittel aufgrund der konkreten betrieblichen Situation der Erledigung der gesetzlichen Aufgaben des BR dient und dieser bei seiner Entscheidung nicht nur die Interessen der Belegschaft berücksichtigt, sondern auch berechtigten Interessen des AG Rechnung getragen hat. Dient das jeweilige Sachmittel der Erledigung betriebsverfassungsrechtlicher Aufgaben und hält sich die Interessenabwägung des BR im Rahmen seines Beurteilungsspielraums, kann das Gericht die Entscheidung des BR nicht durch seine eigene ersetzen.[165] **25c**

b) Durchsetzung. Streitigkeiten zwischen dem BR und dem AG über die Notwendigkeit und die Bereitstellung von sächlichen und personellen Mitteln sind gleichfalls im arbeitsgerichtlichen Beschlussverfahren auszutragen.[166] Der Antrag richtet sich regelmäßig auf das Überlassen eines Sachmittels bzw. das Zurverfügungstellen der für die Betriebsratsarbeit erforderlichen Arbeitshilfen. Hat der AG ein Auswahlrecht bei der Sachmittelausstattung, ist dies im Antrag zu berücksichtigen.[167] **25d**

4. Insolvenz. Vor Eröffnung des Insolvenzverfahrens begründete Ansprüche nach § 40 BetrVG sind einfache Insolvenzforderungen und beim Insolvenzverwalter schriftlich zur Tabelle anzumelden.[168] Nach Verfahrenseröffnung entstandene Ansprüche sind Masseverbindlichkeiten (§ 55 InsO). Führt der Insolvenzverwalter ein vom AG eingeleitetes und durch die Eröffnung des Insolvenzverfahrens über das Vermögen des AG nach § 240 ZPO unterbrochenes arbeitsgerichtliches Beschlussverfahren fort, sind die nach § 40 I BetrVG entstandenen Rechtsanwaltskosten Masseverbindlichkeiten[169] (§ 55 I Nr. 1 InsO). **26**

V. Umlageverbot

Die Heranziehung der AN zu Leistungen und Beiträgen für den BR ist unzulässig (§ 41 BetrVG). Leistungen und Beiträge liegen nur dann vor, wenn sie aus dem Vermögen des AN stammen.[170] Nach hM sind auch andere Sammlungen des BR für fremde Zwecke verboten, da sie nicht zu seinen Aufgaben gehören. Dies gilt insbesondere auch für den Einzug von Gewerkschaftsbeiträgen; allerdings sind Betriebsratsmitglieder nicht gehindert, für ihre Gewerk- **27**

[160] BGH 8.11.2017 NZA 2018, 126.
[161] BAG 15.1.1992 AP Nr. 41 zu § 40 BetrVG 1972 = NZA 1993, 189 (Gewerkschaft).
[162] BAG 26.1.1994 – 7 ABR 27/93.
[163] BAG 1.8.2018 AP Nr. 116 zu § 40 BetrVG 1972 = NZA 2018, 1574.
[164] BAG 22.11.2017 AP Nr. 115 zu § 40 BetrVG 1972 = NZA 2018, 461.
[165] BAG 20.4.2016 AP Nr. 113 zu § 40 BetrVG 1972 = NZA 2016, 1033.
[166] BAG 18.1.1989 AP Nr. 28 zu § 40 BetrVG 1972 = NZA 1989, 641.
[167] LAG Nürnberg 10.12.2002 NZA-RR 2003, 418 (Vollstreckung analog §§ 262 ff. BGB).
[168] BAG 9.12.2009 AP Nr. 96 zu § 40 BetrVG 1972 = NZA 2010, 461.
[169] BAG 17.8.2005 AP Nr. 10 zu § 55 InsO = NZA 2006, 109.
[170] BAG 14.7.1991 AP Nr. 1 zu § 41 BetrVG 1972 = NZA 1991, 980.

schaft das Beitragsinkasso zu übernehmen (§ 74 III BetrVG). Ob ein Spielbankbetreiber die Lohn- und Sachkosten für den BR aus dem Tronc entnehmen darf, richtet sich nach Landesrecht.[171] Vom Umlageverbot nicht betroffen werden nicht mit Aufgaben des BR zusammenhängende **Sammlungen** für einmalige betriebliche Zwecke, zB Kranzspenden, Betriebsausflüge, Geburtstags- und Jubiläumsgeschenke usw. Ein Beschluss des BR, durch den AN zu Beiträgen herangezogen werden, ist nach § 40 BetrVG iVm § 134 BGB nichtig. Hat der BR entgegen dem Umlageverbot Beiträge eingezogen, so sind jedoch die Besitzer der Beiträge nicht zur Herausgabe verpflichtet (§ 817 BGB). Der BR darf auch von dritter Seite keine **Zuwendungen** für die Betriebsratsarbeit entgegennehmen. Dies gilt insbesondere auch für die Finanzierung von Informationsblättern für die Belegschaft, da insoweit die Neutralität gefährdet sein kann.[172]

§ 223. Betriebsversammlung

Übersicht

I. Arten und Einberufung der Betriebsversammlung

1 **1. Allgemeines. a) Abgrenzung.** Die im Betrieb stattfindende Betriebsversammlung besteht aus allen AN des Betriebs. Sie ist das schwächste Organ der Betriebsverfassung. Sie hat keine Vertretungsmacht oder sonstige Funktion nach außen und kann dem BR **keine Weisungen** erteilen. Die gesetzliche Regelung der Betriebsversammlung hindert den AG nicht an der Einberufung von Belegschaftsversammlungen und an der Erörterung gemeinsam interessierender betrieblicher Fragen. Er darf die Betriebsversammlungen nur nicht aushebeln.[1] Die Belegschaftsversammlungen des AG sind keine Betriebsversammlungen im Rechtssinne und werden auf die Anzahl der Pflichtveranstaltungen nicht angerechnet. Die AN sind aufgrund ihres Arbeitsvertrags verpflichtet, an den vom AG einberufenen Belegschaftsversammlungen teilzunehmen. § 129 III BetrVG ermöglichte nur bis zum 30. Juni 2021 die audiovisuelle Durchführung von Betriebsversammlungen während einer **Pandemie.**[2]

2 **b) Teilnehmer.** An Betriebsversammlungen teilnahmeberechtigt, aber nicht verpflichtet sind die wahlberechtigten AN des Betriebs (§ 7 S. 1 und 2 BetrVG) einschließlich der nichtselbständigen Betriebsteile und Kleinstbetriebe sowie der nach § 3 I BetrVG zugeordneten Einheiten. Teilnahmeberechtigt sind auch Beschäftigte, die im Betrieb weisungsgebunden vom AG beschäftigt werden, das Bestehen eines Arbeitsverhältnisses zum Betriebsinhaber ist nicht erforderlich. Zu den teilnahmeberechtigten AN gehören daher auch Leiharbeitnehmer (§ 14 II 2 AÜG),

[171] BAG 14.8.2002 AP Nr. 2 zu § 41 BetrVG 1972 = NZA 2003, 626 (verneint für Schleswig-Holstein); 24.7.1991 AP Nr. 1 zu § 41 BetrVG 1972 = NZA 1991, 980 (bejaht für NRW).

[172] Vgl. BVerwG 10.10.1990 AP Nr. 1 zu § 41 LPVG Nordrhein-Westfalen.

[1] BAG 27.6.1989 AP Nr. 5 zu § 42 BetrVG 1972 = NZA 1990, 113; zu Versammlungen des AG BAG 13.3.2001 AP Nr. 87 zu § 87 BetrVG 1972 Arbeitszeit = NZA 2001, 976.

[2] *Klumpp/Holler* BB 2020, 1268.

zugewiesene Beamte[3] sowie Beschäftigte in Arbeitsgelegenheiten (§ 16d SGB II) sowie gekündigte AN.[4] Auszubildende eines reinen Ausbildungsbetriebs, die ihre praktische Ausbildung vollständig oder teilweise in dem Betrieb eines anderen Unternehmens des Konzerns absolvieren, sind ebenfalls berechtigt, an Betriebsversammlungen in dem Einsatzbetrieb teilzunehmen.[5] Nicht teilnahmeberechtigt sind die in § 5 II, III BetrVG genannten Personen, da auf sie das BetrVG keine Anwendung findet. Sie können jedoch als Vertreter des AG teilnehmen oder als Gäste, wenn weder BR noch AG widersprechen. Die Zeit während der Teilnahme gilt als Arbeitszeit iSd § 2 I ArbZG.[6]

c) Leitung. Die Betriebsversammlung wird vom Vorsitzenden und im Verhinderungsfall vom stellvertretenden Vorsitzenden des BR geleitet. Für die Durchführung und Befugnisse des Vorsitzenden gelten die allgemeinen parlamentarischen Grundsätze. Er hat eine Rednerliste zu führen, das Wort zu erteilen und zu entziehen, Abstimmungen zu leiten usw. Ihm steht nach hM das alleinige Hausrecht im Versammlungsraum und auf den Zugangswegen zu,[7] das indes wieder auf den AG zurückfallen soll, wenn die Betriebsversammlung unzulässige Themen (→ Rn. 15 ff.) behandelt, Unbefugte teilnehmen oder das Eigentum beschädigt wird.[8] Die Meinung ist bedenklich, da ggf. das Hausrecht wiederholt wechseln könnte und die Zulässigkeit des Themas idR auf der Betriebsversammlung nicht geklärt werden kann. Daher wird der AG nur unter den Voraussetzungen der Notwehr eingreifen dürfen. 3

d) Öffentlichkeit. Die Betriebsversammlung ist nicht öffentlich (§ 42 BetrVG). Das Gesetz enthält keine abschließende Regelung der Teilnahmeberechtigung. Zugelassen werden können – unabhängig von der originären Teilnahmeberechtigung – alle Personen, deren Teilnahme im betrieblichen Interesse sachdienlich ist. Hierzu gehören zB Mitglieder des Wirtschaftsausschusses, des GBR,[9] KBR, Aufsichtsrats, Sachverständige,[10] Gewerkschaftssekretäre, Vertreter des Arbeitgeberverbandes (→ Rn. 6), Dolmetscher. 4

e) Teil- und Abteilungsversammlungen. Kann wegen der Eigenart des Betriebs zum gleichen Zeitpunkt keine Vollversammlung aller AN stattfinden, sind Teilversammlungen durchzuführen. Die Durchführung von Teilversammlungen steht daher nicht im Ermessen des BR, sondern muss durch die Eigenart des Betriebs (zB große Arbeitnehmerzahl; Mangel eines genügend großen Raums und Untunlichkeit, einen solchen anzumieten; Schichtarbeit) bedingt sein.[11] Teilversammlungen dürfen nicht im Ausland abgehalten werden.[12] AN organisatorisch oder räumlich abgegrenzter Betriebsteile sind vom BR zu Abteilungsversammlungen zusammenzufassen, wenn dies für die Erörterung der besonderen Belange der AN erforderlich ist.[13] Die Teilversammlung wird daher aus zeitlichen, die Abteilungsversammlung aus organisatorischen Gründen durchgeführt. Die Abteilungsversammlung wird von einem durch Mehrheitsbeschluss bestimmten Mitglied des BR geleitet. Im Interesse seiner Sachnähe soll es möglichst der Abteilung angehören. Auch die Abteilungsversammlungen sind nicht öffentlich und können als Teilversammlungen durchgeführt werden (§ 42 II BetrVG). 5

2. Ordentliche Betriebsversammlung. a) Grundsatz. Der BR hat die ordentliche Betriebsversammlung in jedem Kalendervierteljahr einzuberufen, über den genauen Zeitpunkt entscheidet der BR nach pflichtgemäßem Ermessen.[14] Der **AG** ist hierzu unter Mitteilung der Tagesordnung zu laden und zur **Teilnahme verpflichtet**[15] (umstr.). Eine Stellvertretung ist wegen der Bedeutung der Betriebsversammlung und der unmittelbaren Kommunikationsmöglichkeiten aller Beteiligten nur in Ausnahmefällen möglich. Der AG 6

[3] BAG 5.5.2012 AP Nr. 81 zu § 5 BetrVG 1972 = NZA 2013, 793 (zu § 4 IV 1, 2 PostPersRG).
[4] LAG MV 30.1.2017 NZA-RR 2017, 247 (während eines Kündigungsschutzverfahrens).
[5] BAG 24.8.2011 AP Nr. 13 zu § 5 BetrVG 1972 Ausbildung = NZA 2012, 223.
[6] OVG Münster 10.5.2011 – 4 A 1403/08; *Tonikidis* AuR 2018, 284; aA *Bartz/Stratmann* NZA-RR 2013, 281.
[7] BAG 22.5.2012 AP Nr. 149 zu Art. 9 GG = NZA 2012, 1176.
[8] *Fitting* BetrVG § 42 Rn. 36; enger Richardi BetrVG/*Annuß* § 42 Rn. 26.
[9] BAG 28.11.1978 AP Nr. 2 zu § 42 BetrVG 1972.
[10] BAG 19.4.1989 AP Nr. 35 zu § 80 BetrVG 1972 = NZA 1989, 936; BVerwG 6.9.1984 NJW 1985, 2843.
[11] LAG Saarl 21.12.1960 AP Nr. 2 zu § 43 BetrVG.
[12] BAG 27.5.1982 AP Nr. 3 zu § 42 BetrVG 1972.
[13] BVerwG 5.5.1973 AP Nr. 3 zu § 46 PersVG (Teilnahme des nicht der Abteilung angehörenden BR).
[14] ArbG Bielefeld 20.4.1990 DB 1990, 1776.
[15] LAG Düsseldorf 11.2.1982 DB 1982, 1066 (Vertretung durch Personalleiter zulässig); HessLAG 27.2.2017 – 16 TaBV 76/16 (jedenfalls Teilnahmerecht des AG).

kann das Wort ergreifen und einen Vertreter seines Arbeitgeberverbands hinzuziehen (§ 43 II BetrVG). Ob ein Rechtsanwalt hinzugezogen werden kann, ist umstr. (arg. § 46 BetrVG). Zum Teil wird es aus Gründen der Waffengleichheit für nicht organisierte AG bejaht, wenn ein Gewerkschaftssekretär an der Betriebsversammlung teilnimmt.[16] Dem Verbandsvertreter ist auf Verlangen des AG das Wort zu erteilen.[17] Den Ort für die Betriebsversammlung bestimmt der AG.[18] Die **Dauer** einer ordentlichen Betriebsversammlung ist grundsätzlich nicht von vornherein begrenzt; eine Fortführung am Folgetag ist aus sachlichen Gründen möglich, zB bei Überschreiten der Arbeitszeit.[19]

7 **b) Berichte.** Mindestens einmal in jedem Kalenderjahr hat der **Arbeitgeber** über **(1)** das Personal- und Sozialwesen des Betriebs einschließlich des Stands der Gleichstellung von Frauen und Männern im Betrieb, der Integration der im Betrieb beschäftigten ausländischen AN sowie über den betrieblichen Umweltschutz und **(2)** die wirtschaftliche Lage und Entwicklung des Betriebs zu berichten (§ 43 BetrVG).[20] Der AG soll einen groben Überblick über die voraussichtliche Entwicklung, Produktions- und Investitionsvorhaben geben. Zur Möglichkeit für den AG über die Kosten der Betriebsratstätigkeit zu informieren → Rn. 18. In den Versammlungen hat der **Betriebsrat** einen Tätigkeitsbericht zu erstatten, der vom Vorsitzenden vorzutragen ist (§ 43 I BetrVG). Der BR kann aber durch Beschluss auch ein anderes Mitglied bestimmen. Die Versammlung kann zu dem Bericht Stellung nehmen und dem BR Anregungen und Hinweise erteilen. Die schriftliche Vorlage des Berichts kann nicht verlangt werden. Daher kommt auch keine Übersetzung einer schriftlichen Vorlage für ausländische AN in Betracht; lediglich eine Übersetzung in der Betriebsversammlung auf Kosten des AG ist möglich.[21]

8 **3. Außerordentliche Betriebsversammlung.** Sie kann vom BR einberufen werden. Sie ist ferner von diesem auf Wunsch des AG oder mindestens ¼ der wahlberechtigten AN einzuberufen (§ 43 III BetrVG). Von der auf Wunsch des AG stattfindenden Betriebsversammlung ist dieser rechtzeitig zu benachrichtigen (§ 43 III 2 BetrVG). Der AG kann auch an ihr teilnehmen und einen Verbandsvertreter hinzuziehen (§ 46 BetrVG).

9 **4. Einberufungspflicht.** Auf Antrag einer im Betrieb vertretenen Gewerkschaft muss der BR binnen einer Frist von zwei Wochen seit Eingang des Antrags eine Betriebsversammlung einberufen, wenn im vorherigen Kalenderhalbjahr (1.1. bis 30.6. bzw. 1.7. bis 31.12.; unzureichend vorausgegangene sechs Monate) weder eine Betriebsversammlung noch eine Abteilungsversammlung durchgeführt worden ist (§ 43 IV BetrVG). Dagegen kann sie die Einberufung nicht anstelle des BR vornehmen. Allerdings stellt das beharrliche Unterlassen der Einberufung der regulären und der von einer Gewerkschaft beantragten Betriebsversammlungen eine grobe Amtspflichtverletzung des BR dar, die zu seiner Auflösung führen kann.[22]

10 **5. Zeitpunkt. a) Innerhalb der Arbeitszeit.** Während der Arbeitszeit finden statt **(1)** die vierteljährlich regelmäßig abzuhaltenden Betriebs- und Abteilungsversammlungen, **(2)** zusätzliche Betriebsversammlungen nach § 43 I 4 BetrVG,[23] **(3)** Betriebsversammlungen zur Bestellung des Wahlvorstands, **(4)** auf Antrag des AG einberufene außerordentliche Betriebsversammlungen. Außerhalb der Arbeitszeit finden außerordentliche Betriebsversammlungen statt, die der BR auf Antrag der AN oder aus eigener Entschließung einberuft.

11 **b) Arbeitszeitformen.** Arbeitszeit des Betriebs ist die Zeit, in der möglichst viele AN im Betrieb arbeiten. Der BR kann die Betriebsversammlung daher bei gleitender Arbeitszeit in die Kernarbeitszeit legen; bei Schichtarbeit kann die Betriebsversammlung in die Schicht mit der zahlenmäßig größten Anwesenheit gelegt werden. Regelmäßig wird sie jedoch so anberaumt, dass die AN von zwei Schichten daran teilnehmen können (Schichtbeginn/-ende).[24] Bei der

[16] *Bauer* NJW 1988, 1130.
[17] BAG 27.5.1982 AP Nr. 3 zu § 43 BetrVG 1972.
[18] HessLAG 10.10.2013 – 5 TaBV 323/12.
[19] LAG BW 12.12.1985 AiB 1986, 67; *Ludwig/Forschner* DB 2019, 907.
[20] BAG 8.3.1977 AP Nr. 1 zu § 43 BetrVG 1972; LAG Hmb 15.12.1988 NZA 1989, 733 (Gemeinschaftsbetrieb).
[21] LAG Düsseldorf 30.1.1981 DB 1981, 1093.
[22] ArbG Stuttgart 24.7.2013 – 22 BV 13/13.
[23] Zu den Voraussetzungen BAG 23.10.1991 AP Nr. 5 zu § 43 BetrVG 1972 = NZA 1992, 557.
[24] Weitergehend: LAG Nds 30.8.1982 DB 1983, 1312; LAG SchlH 30.5.1991 NZA 1991, 947.

Festlegung von Tag, Zeit und Stunde der Betriebsversammlung hat der BR die Interessen des Betriebs und der AN gegeneinander abzuwägen (§ 2 I BetrVG).

c) Außerhalb der Arbeitszeit. Die oben aufgezählten Betriebsversammlungen finden außerhalb der Arbeitszeit statt, soweit die Eigenart des Betriebs eine andere Regelung zwingend erfordert. Dies ist nur der Fall, wenn besondere Umstände vorliegen, die in der technischen Organisation des Betriebs begründet sind.[25] Dagegen können die wirtschaftlichen Folgen (Produktionsausfall, vorübergehende Schließung eines Einzelhandelsgeschäfts) die Ausnahme nicht rechtfertigen, da sie dem AG zugemutet werden.[26] Zwingend erforderlich ist die Betriebsversammlung auch dann nicht außerhalb der Arbeitszeit, wenn eine große Zahl von Teilzeitbeschäftigten eine abweichende Arbeitszeit hat.[27] Dagegen ist eine Betriebsversammlung in Spitzenzeiten (Schlussverkauf) regelmäßig unzulässig.[28] Eine vorherige zeitliche Begrenzung der Betriebsversammlung ist unwirksam.[29] Tarifverträge und Betriebsvereinbarungen, die bezüglich des Zeitpunkts der Betriebsversammlung eine andere Regelung vorschreiben, sind unwirksam (§ 134 BGB). Hat der BR den Zeitpunkt der Betriebsversammlung fehlerhaft bestimmt, kann durch einstweilige Verfügung (§ 85 ArbGG) ihre Verlegung erzwungen werden.[30] 12

6. Protokoll. Sowohl der BR als auch der AG[31] können ein Protokoll der Betriebsversammlung führen. Eine heimliche Tonbandaufnahme der Betriebsversammlung durch Versammlungsteilnehmer verletzt dagegen das Persönlichkeitsrecht und kann eine außerordentliche Kündigung rechtfertigen.[32] 13

II. Aufgaben und Themen der Betriebsversammlung

1. Antragsrecht. Die Betriebsversammlung kann dem BR Anträge unterbreiten und zu seinen Beschlüssen Stellung nehmen (§ 45 BetrVG); sie hat diesem gegenüber jedoch kein Weisungsrecht. 14

2. Themen. a) Zulässige Themen. Auf Betriebs-, Teil- und Abteilungsversammlungen können alle Themen behandelt werden, die den Betrieb, das Verhältnis zum AG oder der AN untereinander betreffen. Eingeschlossen sind Themen tarif-,[33] sozial-, umweltpolitischer und wirtschaftlicher Art sowie Fragen der Förderung der Gleichstellung von Frauen und Männern und der Vereinbarkeit von Familie und Erwerbstätigkeit sowie der Integration der im Betrieb beschäftigten ausländischen AN, die den Betrieb oder seine AN unmittelbar betreffen **(Grundsatz der Betriebsbezogenheit).** Es kann daher über den Tarifinhalt, den Stand der Tarifverhandlungen und grundsätzliche Urteile zum Tarifvertrag unterrichtet werden. Zu den sozialpolitischen Themen gehören alle normativen Maßnahmen (Gesetz, Tarifvertrag usw.), die dem Schutz und der Verbesserung der Rechtsstellung des AN dienen. Hierzu gehören auch branchenbezogene Regelungen. Das Themenrecht ist insoweit eingeschränkt, als nicht zu betrieblichen Arbeitskämpfen aufgefordert oder der Betriebsablauf bzw. -frieden beeinträchtigt werden darf (§ 74 II BetrVG). Die Betriebsversammlung ist das legitime Forum zur Behandlung betrieblicher Angelegenheiten; es können also auch kritische Äußerungen an betrieblichen oder persönlichen Verhältnissen geübt werden;[34] die Grenze wird nur überschritten, wenn die Äußerungen beleidigenden oder diffamierenden Charakter haben. 15

b) Unzulässige Themen. Die Behandlung allgemeinpolitischer Fragen ist unzulässig. Zwar können sog. Spitzenpolitiker ohne Verstoß gegen das Nicht-Öffentlichkeits-Gebot zu sozialpolitischen Themen Stellung nehmen. Ihr Auftreten darf jedoch in Wahlkampfzeiten nicht zu eigenen oder parteipolitischen Werbezwecken erfolgen.[35] Die Abgrenzung ist im Einzelfall schwie- 16

[25] LAG Bln 23.4.1974 DB 1974, 1629 (Filialunternehmen); ArbG Essen 14.4.2011 NZA-RR 2011, 579.
[26] BAG 9.3.1976 AP Nr. 3 zu § 44 BetrVG 1972.
[27] BAG 27.11.1987 AP Nr. 7 zu § 44 BetrVG 1972 = NZA 1988, 661.
[28] ArbG Wuppertal 23.1.1975 DB 1975, 1084; enger BAG 9.3.1976 AP Nr. 3 zu § 44 BetrVG 1972.
[29] LAG Saarl 21.12.1960 AP Nr. 2 zu § 43 BetrVG.
[30] LAG Düsseldorf 24.10.1972 DB 1972, 2212.
[31] LAG BW 27.10.1978 DB 1979, 316; aA LAG Hamm 9.7.1986 NZA 1986, 842 (Verbot durch BR).
[32] LAG Düsseldorf 28.3.1980 DB 1980, 2396.
[33] ArbG Neumünster 25.1.1994 BB 1994, 717; ArbG Wilhelmshaven 27.10.1988 NZA 1989, 571.
[34] BAG 22.10.1964 AP Nr. 4 zu § 1 KSchG Verhaltensbedingte Kündigung.
[35] BAG 13.9.1977 AP Nr. 1 zu § 42 BetrVG 1972.

rig, ggf. kann eine vorherige Abstimmung mit dem AG Streitigkeiten vermeiden. Das BetrVG geht von dem guten Willen aller Beteiligten aus. Es ist Pflicht der die Versammlung leitenden Betriebsratsmitglieder, für die Beachtung dieser Grundsätze zu sorgen. Handeln sie dieser Verpflichtung zuwider und entsteht daraus eine Gefährdung des Betriebsfriedens, kann durch Beschluss des ArbG ein Betriebsratsausschluss (→ § 219 Rn. 19) erfolgen. Der dafür erforderliche grobe Verstoß liegt aber noch nicht bei geringfügigen Verstößen gegen die Themenwahl oder gegen das Mäßigungsverbot vor.[36]

17 **c) Haftung.** Eine Schadensersatzpflicht besteht dann, wenn Betriebsratsmitglieder das Eigentum des AG verletzen oder die Versammlungsleitung missbrauchen; dagegen haben sie nicht für das Verhalten der übrigen AN einzustehen. Werden in erheblichem Umfang unzulässige Fragen behandelt, soll nach einer Meinung ein Schadensersatzanspruch gegen die Veranstaltungsteilnehmer bestehen, die die Grenzen der zulässigen Themen überschreiten. Nach anderer Ansicht soll der Lohnanspruch sämtlicher AN für einen entsprechenden Zeitraum wegen der bestehenden Solidargemeinschaft entfallen.[37] Jedoch dürfte ein Wegfall der Vergütungspflicht erst nach einem entsprechenden Hinweis des AG auf die Unzulässigkeit der behandelten Themen in Betracht kommen.

18 **3. Kosten der Betriebsratstätigkeit.** Der AG darf bei Bestehen eines berechtigten Interesses auf einer Betriebsversammlung über die Kosten des BR informieren. Jedoch darf er durch die Art und Weise der Informationsgestaltung und -vermittlung den BR nicht in seiner Amtsführung beeinträchtigen.[38]

III. Teilnahmerecht der Gewerkschaftsvertreter

19 **1. Zugangsrecht.** An allen Betriebs- und Abteilungsversammlungen können Beauftragte der im Betrieb vertretenen Gewerkschaften teilnehmen (§ 46 BetrVG); maßgeblich ist der allgemeine Gewerkschaftsbegriff (→ § 196 Rn. 4).[39] Im Betrieb vertreten ist eine Gewerkschaft, wenn auch nur ein Belegschaftsmitglied bei ihr organisiert ist, selbst wenn es nicht an der Betriebsversammlung teilnimmt. Den Gewerkschaften sind die Tagesordnung und der Zeitpunkt der Betriebsversammlung rechtzeitig mitzuteilen (§ 46 II BetrVG). Diese haben selbst darüber zu entscheiden, welche Person sie in die Betriebsversammlung entsenden. Weder AG noch BR haben ein Vetorecht. Der AG kann die Teilnahme eines bestimmen Gewerkschaftsvertreters nicht unter Berufung auf sein Hausrecht verbieten, sondern nur dann, wenn durch die Entsendung gerade dieses Vertreters Störungen im Bereich des Betriebs ernstlich zu befürchten sind.[40] Ein Gewerkschaftsbeauftragter ist selbst dann nicht von der Teilnahme an einer Betriebsversammlung ausgeschlossen, wenn er Mitglied im Aufsichtsrat eines konkurrierenden Unternehmens ist.[41]

20 **2. Rechtsschutz.** Über das Teilnahmerecht ist im arbeitsgerichtlichen Beschlussverfahren zu entscheiden.[42] Zur Teilnahme von Vertretern des Arbeitgeberverbands → Rn. 6.

IV. Vergütungsanspruch der Versammlungsteilnehmer

21 **1. Entgeltfortzahlung. a) Ordentliche Betriebsversammlung.** Nimmt ein AN an einer Betriebsversammlung zur Bestellung des Wahlvorstands (§§ 14a, 17 BetrVG), einer ordentlichen Betriebsversammlung oder einer auf Wunsch des AG einberufenen Betriebsversammlung während der Arbeitszeit teil, hat er für die Teilnahme einschl. der zusätzlichen Wegezeiten Anspruch auf Arbeitsvergütung (§ 44 I 2 BetrVG). Der BR kann in jedem Jahr eine weitere Betriebsversammlung durchführen, wenn dies aus besonderen Gründen zweckmäßig ist (§ 43 I 4 BetrVG). Der AG ist auch insoweit zur Vergütungsfortzahlung verpflichtet. Liegen die Voraussetzungen einer weiteren Betriebsversammlung nicht vor, kommt eine

[36] LAG Düsseldorf 10.3.1981 DB 1981, 1729.

[37] LAG Düsseldorf 22.1.1963 AP Nr. 7 zu § 43 BetrVG; dagegen LAG Brem 5.3.1982 DB 1982, 1573.

[38] BAG 12.11.1997 AP Nr. 27 zu § 23 BetrVG 1972 = NZA 1998, 559; 19.7.1995 AP Nr. 25 zu § 23 BetrVG 1972 = NZA 1996, 332.

[39] BAG 19.9.2006 AP Nr. 5 zu § 2 BetrVG 1972 = NZA 2007, 518; zur Passivlegitimation des AG: BAG 22.5.2012 AP Nr. 149 zu Art. 9 GG = NZA 2012, 1176; *Röpke/Schönhöft* NZA 2020, 1377; aA *B. Schmidt* NZA 2020, 1682.

[40] Vgl. BAG 14.2.1967 AP Nr. 2 zu § 45 BetrVG; 18.3.1964 AP Nr. 1 zu § 45 BetrVG.

[41] LAG Hmb 28.11.1986 DB 1987, 1595.

[42] BAG 18.3.1964 AP Nr. 1 zu § 45 BetrVG; 8.2.1957 AP Nr. 1 zu § 82 BetrVG.

Schadensersatzpflicht oder Vertrauenshaftung des AG wegen der Entgeltansprüche nicht zustande, wenn er die Belegschaft darauf hinweist.[43] Das BAG sieht in § 44 I 2 BetrVG einen eigenen Vergütungsanspruch.[44] Hieraus folgt, dass der AN unabhängig davon Vergütungsfortzahlungsansprüche erlangt, ob er Verdienstausfälle hatte. Anspruch auf Vergütung steht ihm damit auch zu, wenn die Betriebsversammlung während des Arbeitskampfs stattfindet,[45] der AN während des Erholungsurlaubs an der Versammlung teilnimmt,[46] er ohne die Teilnahme Kurzarbeitergeld bezogen hätte[47] oder sich im Erziehungsurlaub (Elternzeit) befindet.[48] Zusätzliche Wegezeiten sind die Zeiten, die ein AN über die Wegezeit hinaus aufwenden muss, die er benötigt, um seine vertraglich geschuldete Leistung erbringen zu können. Die Vergütungsansprüche der AN sind im Urteilsverfahren zu verfolgen.[49]

b) Außerhalb der Arbeitszeit. Finden die Betriebsversammlungen wegen der Eigenart des Betriebs außerhalb der Arbeitszeit statt, besteht gleichwohl ein Vergütungsanspruch für Arbeit und Wegezeit. Fahrtkosten, die den AN durch die Teilnahme an diesen Versammlungen entstehen, sind vom AG zu erstatten (§ 44 I 3 BetrVG). Dagegen entfällt ein Vergütungsanspruch, wenn der BR die Betriebsversammlung zu Unrecht außerhalb der Arbeitszeit durchführt und der AG hiergegen widersprochen hat.[50] Für die Teilnahme an einer innerhalb oder außerhalb der Arbeitszeit stattfindenden Betriebsversammlung bestehen keine Ansprüche auf Sonntags-,[51] Über- oder Mehrarbeitszuschläge.[52] 22

c) Abwesende Arbeitnehmer. Nimmt ein AN an einer Betriebsversammlung nicht teil, bleibt aber an seinem Arbeitsplatz, behält er seinen Vergütungsanspruch. Dies gilt auch dann, wenn er nicht arbeiten kann. Der AG gerät in Annahmeverzug. 23

d) Außerordentliche Betriebsversammlungen. Sie finden außerhalb der Arbeitszeit statt; hiervon kann nur im Einvernehmen mit dem AG abgewichen werden. Eine Minderung des Arbeitsentgelts ist dann unzulässig (§ 44 II BetrVG). 24

2. Arbeitszeit. Dauert eine Betriebsversammlung über die regelmäßige Arbeitszeit hinaus, besteht nur dann dafür ein Lohnanspruch, wenn der AG ausdrücklich oder stillschweigend zu erkennen gegeben hat, er werde diese Zeit als Arbeitszeit bezahlen. 25

3. Kosten der Betriebsversammlung. Der AG trägt die Kosten der Betriebsversammlung. Zu den Kosten können auch Dolmetscherkosten gehören, wenn eine Mehrzahl von AN über keine Deutschkenntnisse verfügt oder aus einem grenzüberschreitenden Unternehmen ein Betriebsratsmitglied eines ausländischen Betriebs hinzugezogen wird.[53] Bewirtungskosten für die Versammlungsteilnehmer muss der AG nicht übernehmen.[54] 26

§ 224. Gesamtbetriebsrat

Übersicht

[43] BAG 23.10.1991 AP Nr. 5 zu § 43 BetrVG 1972 = NZA 1992, 557.
[44] BAG 5.5.1987 AP Nr. 4 zu § 44 BetrVG 1972 = NZA 1987, 853.
[45] BAG 5.5.1987 AP Nr. 4 zu § 44 BetrVG 1972 = NZA 1987, 853.
[46] BAG 5.5.1987 AP Nr. 5 zu § 44 BetrVG 1972 = NZA 1987, 712.
[47] BAG 5.5.1987 AP Nr. 6 zu § 44 BetrVG 1972 = NZA 1987, 714.
[48] BAG 31.5.1989 AP Nr. 9 zu § 44 BetrVG 1972 = NZA 1990, 449.
[49] BAG 1.10.1974 AP Nr. 2 zu § 44 BetrVG 1972.
[50] BAG 27.11.1987 AP Nr. 7 zu § 44 BetrVG 1972 = NZA 1988, 661; vgl. zu Personalversammlungen: BAG 19.4.1989 AP Nr. 1 zu § 47 LPVG NW = NZA 1990, 281 (Freizeit).
[51] BAG 1.10.1974 AP Nr. 2 zu § 44 BetrVG 1972.
[52] BAG 18.9.1973 AP Nr. 1 zu § 44 BetrVG 1972.
[53] LAG BW 16.1.1998 NZA-RR 1998, 306.
[54] LAG Nürnberg 25.4.2012 NZA-RR 2012, 524.

I. Errichtung des Gesamtbetriebsrats

1 **1. Voraussetzungen. a) Obligatorische Errichtung.** Bestehen in einem Unternehmen mehrere BR, ist ein GBR zu errichten (§ 47 I BetrVG). Die Bildung des GBR ist obligatorisch, die beteiligten BR haben insoweit keinen Ermessensspielraum. Die unterlassene Errichtung eines GBR ist für die pflichtigen Gremien eine Pflichtverletzung iSd § 23 I BetrVG.

2 **b) Unternehmen.** Der betriebsverfassungsrechtliche Unternehmensbegriff entspricht dem allgemeinen Recht. Mit ihm wird der Rechtsträger der Betriebe bezeichnet. Unternehmen ist eine organisatorische Einheit, mit der der Unternehmer wirtschaftliche oder ideelle Zwecke fortgesetzt verfolgt.[1] Ein Unternehmen muss eine eigene Rechtspersönlichkeit und eine eigene organisatorische Einheit haben.[2] BR aus Betrieben, die verschiedenen Rechtsträgern (Unternehmen) gehören, können keinen unternehmensübergreifenden GBR bilden,[3] bei Vorliegen eines Gemeinschaftsbetriebs (§ 1 II BetrVG; → § 211 Rn. 6) kann für diesen ein einheitlicher BR gebildet werden.

3 **c) Gemeinschaftsunternehmen.** Zwei oder mehr juristische Personen können sich zu einem Rechtsträger zusammenschließen und ein eigenes Unternehmen gründen, zB zur Durchführung von Forschungsaufträgen oder Erledigung eines Großauftrags. Erforderlich ist, dass dazu ein gesonderter Rechtsträger errichtet wird. Nach dem Zusammenschluss zum Gemeinschaftsunternehmen ist ein GBR zu bilden, wenn die beteiligten Unternehmen Betriebe in das Gemeinschaftsunternehmen einbringen, in denen ein BR gebildet ist. Hingegen fehlt es an dem für die Bildung eines GBR erforderlichen (einheitlichen) Rechtsträger, wenn die Unternehmen lediglich wirtschaftlich aufeinander abgestimmt zusammenarbeiten oder aneinander beteiligt sind.[4] Kein GBR, sondern ein (gemeinsamer) BR ist in einem Gemeinschaftsbetrieb (§ 1 II BetrVG; → § 211 Rn. 6) zu bilden. Nur wenn dieser noch über einen selbständigen Betriebsteil (§ 4 I BetrVG) verfügt, für den ein BR errichtet ist, ist ein GBR zu bilden.

4 **d) Mehrere Betriebsräte.** Ein GBR ist nur zu errichten, wenn mehrere BR bestehen. In einem Unternehmen mit nur einem Betrieb ist daher kein GBR zu bilden. Dies gilt gleichermaßen, wenn in einem Unternehmen mit mehreren Betrieben nur ein BR errichtet ist. Die Amtszeit eines GBR endet, wenn das Unternehmen, für das er errichtet ist, mit seinem Rechtsträger rechtlich untergeht (zB nach gesellschaftsrechtlichen Umwandlungsfällen) oder im Unternehmen nur noch ein Betrieb besteht, in dem ein BR errichtet ist. Dabei ist nach der Rspr. wie folgt zu differenzieren: der bestehende GBR bleibt im Amt, wenn sämtliche Betriebe eines Unternehmens von einem anderen arbeitnehmerlosen Unternehmen im Wege der Einzel- oder Gesamtrechtsnachfolge übernommen werden. Sein Amt endet hingegen, wenn nicht sämtliche Betriebe eines Unternehmens auf den neuen Inhaber übertragen werden oder das übernehmende Unternehmen bereits einen oder mehrere Betriebe hat und sich die betrieblichen Strukturen im übernehmenden Unternehmen durch Integration der neuen Betriebe in das Unternehmen entsprechend ändern;[5] zur Fortgeltung von

[1] BAG 23.9.1980 AP Nr. 4 zu § 47 BetrVG 1972; 5.12.1975 AP Nr. 1 zu § 47 BetrVG 1972.
[2] BAG 9.8.2000 AP Nr. 9 zu § 47 BetrVG 1972 = NZA 2001, 116; 11.12.1987 AP Nr. 7 zu § 47 BetrVG 1972.
[3] BAG 25.2.2020 AP Nr. 16 zu § 3 BetrVG 1972 = NZA 2020, 881; 17.3.2010 AP Nr. 18 zu § 47 BetrVG 1972; 13.2.2007 AP Nr. 17 zu § 47 BetrVG 1972 = NZA 2007, 825; *Hoffmann/Alles* NZA 2014, 757.
[4] BAG 29.11.1989 AP Nr. 3 zu § 10 ArbGG 1979 = NZA 1990, 615; 11.11.1987 AP Nr. 7 zu § 47 BetrVG 1972.
[5] BAG 18.9.2002 AP Nr. 93 zu § 77 BetrVG 1972 = NZA 2003, 670; 5.6.2002 AP Nr. 11 zu § 47 BetrVG 1972 = NZA 2003, 271; krit. dazu *Hohenstatt/Müller-Bonanni* NZA 2003, 766 (Beibehaltung der wesentlichen Betriebsstruktur reicht); LAG BW 28.4.2004 NZA 2004, 1116.

Gesamtbetriebsvereinbarungen → § 119 Rn. 25. Im **Ausland** gelegene Betriebe eines inländischen Unternehmens nehmen an der Bildung des GBR nicht teil, da sich das BetrVG auf sie nicht erstreckt. Hat dagegen ein ausländisches Unternehmen im Bereich des BetrVG mehrere Betriebe, ist für diese ein GBR zu bilden,[6] sofern im Inland eine betriebsübergreifende Leistungsmacht ausgeübt wird.

e) Betriebsratslose Betriebe. Zu § 50 I BetrVG aF hat die Rspr. angenommen, dass sich die Zuständigkeit des GBR nicht auf Betriebe erstreckt, in denen kein BR gebildet war, da es an einer demokratischen Legitimation fehlen sollte.[7] Nach § 50 I BetrVG idF des BetrVG-ReformG 2001 vertritt der GBR nunmehr im Rahmen seiner originären Zuständigkeit (→ Rn. 21) auch Betriebe ohne BR. Die Neuregelung soll die Gleichbehandlung der AN in überbetrieblichen Angelegenheiten im Unternehmen herstellen. Durch die Erweiterung der Zuständigkeit des GBR können diese in den Geltungsbereich der für andere Betriebe des Unternehmens anwendbaren Betriebsvereinbarungen und Regelungsabreden einbezogen werden. Dieser Gleichbehandlungs- und Teilhabezweck soll nach der gesetzlichen Regelung die fehlende demokratische Legitimation ersetzen. Jedoch ist der GBR nach wie vor nicht berechtigt, in betriebsratslosen Betrieben die Rolle des örtlichen BR zu übernehmen und rein betriebsbezogene Angelegenheiten zu regeln (BT-Drs. 14/5741, 42 f.). Eine Vertretung für Kleinstbetriebe durch den GBR kommt nicht in Betracht, da sie durch den BR des Hauptbetriebs repräsentiert werden (→ § 211 Rn. 4). 5

Nicht geregelt hat der Gesetzgeber die Frage, ob bereits durch das **Inkrafttreten des BetrVG-ReformG** die Geltung der bisher nicht für betriebsratslose Betriebe anwendbaren Gesamtbetriebsvereinbarungen auf diese erstreckt wird. Dies wird zu bejahen sein. Dem steht auch nicht der Einwand entgegen, dass zum Zeitpunkt ihres Abschlusses der AG aufgrund der bisherigen Rechtsprechung nicht mit einer Einbeziehung rechnen musste. Ein diesbezüglicher Vertrauenstatbestand hindert die Erstreckung nicht, da die erstmalige Bildung eines BR nach Abschluss der Gesamtbetriebsvereinbarung stets möglich war, was gleichfalls zur Ausweitung des Geltungsbereichs führen konnte. Allerdings kann bei Fehlen einer kurzfristigen Lösungsmöglichkeit von der abgeschlossenen Vereinbarung ein Neuverhandlungsanspruch nach den Grundsätzen des Wegfalls der Geschäftsgrundlage bestehen[8] (→ § 231 Rn. 42). 6

f) Konstituierung. Da für die Errichtung des GBR kein Wahlvorstand vorgesehen ist, hat der BR des nach der Zahl der wahlberechtigten AN größten Betriebs die beteiligten BR zur Wahl des Vorsitzenden und stellvertretenden Vorsitzenden des GBR einzuladen (§ 51 II BetrVG). Der Vorsitzende des einladenden BR hat dieselben Funktionen wie der Wahlvorstand bei der konstituierenden Sitzung des BR. Unterlässt der BR die Einladung zur konstituierenden Sitzung, stellt dies eine Amtspflichtverletzung dar. Den bisher auch für die Bildung des GBR geltenden **Gruppenschutz** (§ 47 II BetrVG aF) hat das BetrVG-ReformG aufgegeben. 7

2. Bestellung. In den GBR entsendet jeder BR mit bis zu drei Mitgliedern ein Mitglied, größere BR entsenden zwei Betriebsratsmitglieder in den GBR; die Bestellung eines nur vorübergehend nachgerückten Ersatzmitglieds ist unzulässig. Die Geschlechter sollen angemessen berücksichtigt werden (§ 47 II BetrVG). Die Wahl der Gesamtbetriebsratsmitglieder erfolgt nach den Grundsätzen der Mehrheitswahl, da eine Verhältniswahl nicht vorgesehen ist;[9] bei Bestehen von Gemeinschaftsbetrieben können auch unternehmensfremde AN aus dem Gemeinschaftsbetrieb dem GBR angehören.[10] 8

3. Ersatzmitglieder. Der BR hat für jedes Mitglied des GBR zumindest ein Ersatzmitglied zu bestellen und die Reihenfolge des Nachrückens zu bestimmen (§ 47 III BetrVG).[11] Das Ersatzmitglied tritt an die Stelle des Gesamtbetriebsratsmitglieds, wenn dessen Mitgliedschaft erlischt (§ 49 BetrVG) oder es an der Amtsausübung verhindert ist (→ § 219 Rn. 27). 9

4. Abweichende Regelung. Durch Tarifvertrag einer für alle AN des Unternehmens tarifzuständigen Gewerkschaft oder durch Betriebsvereinbarung kann die Zahl der Gesamtbetriebsratsmitglieder abweichend vom Gesetz geregelt werden (§ 47 IV BetrVG). Die Öffnungsklausel 10

[6] BAG 31.10.1975 AP Nr. 2 zu § 106 BetrVG 1972; 1.10.1974 AP Nr. 1 zu § 106 BetrVG 1972.
[7] Vgl. BAG 16.8.1983 AP Nr. 5 zu § 50 BetrVG 1972.
[8] *Däubler* DB 2001, 1669 (1670); diff. *Fitting* BetrVG § 50 Rn. 31; aA GK-BetrVG/*Kreutz* § 50 Rn. 62.
[9] BAG 21.7.2004 AP Nr. 13 zu § 47 BetrVG 1972 = NZA 2005, 170.
[10] BAG 13.2.2007 AP Nr. 17 zu § 47 BetrVG 1972 = NZA 2007, 825; *I. Schmidt* FS Küttner S. 499 (502); RB anhängig 7 ABR 41/20.
[11] BAG 4.11.2015 AP Nr. 10 zu § 29 BetrVG 1972 = NZA-RR 2016, 256.

ist im Gesetz vorgesehen, damit die Zahl der Gesamtbetriebsratsmitglieder den Verhältnissen des konkreten Unternehmens angepasst werden kann. Bei einer **Tarifkonkurrenz** wird der Tarifvertrag der Minderheitsgewerkschaft nach § 4a II 2 TVG verdrängt. Nach der gesetzlichen Konstruktion hat ein Unternehmen mit zahlreichen kleinen Betrieben einen großen GBR, während ein Großunternehmen mit nur wenigen Großbetrieben einen sehr kleinen GBR hat. Die Betriebsvereinbarung ist außer in den in → Rn. 11 dargestellten Fällen nicht erzwingbar, die abweichende Vereinbarung muss keine Verhältniswahl vorsehen.[12]

11 **5. Herabsetzung der Mitgliederzahl.** Gehören nach § 47 II BetrVG dem GBR mehr als vierzig Mitglieder an und besteht keine tarifliche Regelung über die Zahl der Gesamtbetriebsratsmitglieder, ist zwischen GBR und AG eine Betriebsvereinbarung über die Mitgliederzahl des GBR abzuschließen (§ 47 V BetrVG). Die Gesamtbetriebsvereinbarung kann erst nach der Konstituierung des GBR abgeschlossen werden.[13] Das Gesetz eröffnet eine Regelungsmöglichkeit, weil es bei größeren Gremien eine ineffiziente Vertretung befürchtet. Demgemäß ist als Inhalt der Gesamtbetriebsvereinbarung vorgesehen, dass BR mehrerer Betriebe eines Unternehmens, die regional oder durch gleichartige Interessen miteinander verbunden sind, gemeinsame Mitglieder in den GBR entsenden. Das BetrVG enthält keine Vorgaben, welche Zahl von Gesamtbetriebsratsmitgliedern als die Günstigste anzusehen ist. Vielmehr ist dies nach Zweckmäßigkeitsgesichtspunkten zu entscheiden. Kommt eine Einigung über die Gesamtbetriebsvereinbarung nicht zustande, entscheidet eine für das Gesamtunternehmen zu bildende Einigungsstelle. Deren Spruch ersetzt die Einigung zwischen AG und GBR (§ 47 VI BetrVG).

II. Organisation des Gesamtbetriebsrats

12 **1. Stimmengewichtung.** Da einem GBR Vertreter unterschiedlich großer Betriebe angehören können, trifft der Gesetzgeber durch das Prinzip der Stimmengewichtung Vorsorge dafür, dass die Interessen der größeren Betriebe hinreichend gewahrt werden. Nach § 47 VII 1 BetrVG hat jedes Gesamtbetriebsratsmitglied grundsätzlich so viele Stimmen, wie in dem Betrieb, in dem es gewählt wurde, AN in die Wählerliste eingetragen sind. Die Stimmenzahl bemisst sich nicht nach der Anzahl der wahlberechtigten AN, sondern nach deren Aufnahme in die Wählerliste. Änderungen bei der berücksichtigungsfähigen Stimmenzahl bleiben daher während der Amtszeit des Gesamtbetriebsratsmitglieds bis zur Erstellung einer neuen Wählerliste unberücksichtigt. Teilzeitbeschäftigte AN werden bei der Stimmenzahl voll gezählt.

13 **2. Stimmenverteilung.** Diese richtet sich nach folgenden Grundsätzen: **(a)** Entsendet der BR nur ein Mitglied in den GBR, stehen diesem die Stimmen der in die Wählerliste eingetragenen AN in vollem Umfang zu; **(b)** entsendet der BR mehrere Mitglieder, stehen ihnen die Stimmen anteilig zu (§ 47 VII BetrVG). Bei einer ungeraden Zahl von eingetragenen AN sind Bruchteile (0,5) zu bilden; **(c)** ist ein Mitglied des GBR für mehrere Betriebe entsandt worden, hat es so viele Stimmen, wie in diesen Betrieben wahlberechtigte AN in den Wählerlisten eingetragen sind. Mehreren Mitgliedern stehen die Stimmen anteilig zu (§ 47 VIII BetrVG); **(d)** für Mitglieder des GBR, die aus einem gemeinsamen Betrieb mehrerer Unternehmen entsandt worden sind, können durch Tarifvertrag oder Betriebsvereinbarung abweichende Regelungen über die Stimmenverteilung getroffen werden (§ 47 IX BetrVG). In dieser kann beispielsweise vereinbart werden, dass bei Abstimmungen, die nur ein Unternehmen des Gemeinschaftsbetriebs betreffen, nur dessen Stimmen berücksichtigt werden.[14] Besteht keine Vereinbarung, vertreten Gesamtbetriebsratsvertreter sämtliche AN des Gemeinschaftsbetriebs, obwohl diese ggf. von einem GBR des anderen Unternehmens ebenso vertreten werden.

14 **3. Vorsitzender.** Um nach außen eine Vertretung zu haben, hat der GBR einen Vorsitzenden sowie einen stellvertretenden Vorsitzenden zu wählen (§§ 51 I, 26 BetrVG); zur Konstituierung des GBR → Rn. 6. Die Befugnisse des Vorsitzenden des GBR entsprechen denen eines Betriebsratsvorsitzenden[15] (→ § 220 Rn. 5). Bedient sich der GBR der Posteingangsstelle des AG, ist der dort tätige Bedienstete auch für den BR Bediensteter iSv § 184 I ZPO.[16] In erforder-

[12] BAG 25.5.2005 AP Nr. 16 zu § 47 BetrVG 1972 = NZA 2006, 215.
[13] BAG 15.8.1978 AP Nr. 3 zu § 47 BetrVG 1972.
[14] BT-Drs. 14/5741, 42.
[15] BAG 20.1.1976 AP Nr. 2 zu § 47 BetrVG 1972.
[16] BAG 20.1.1976 AP Nr. 2 zu § 47 BetrVG 1972.

lichem Umfang (§ 37 II BetrVG) werden Gesamtbetriebsratsmitglieder von der Arbeit freigestellt (§ 51 I BetrVG),[17] eine § 38 I BetrVG entsprechende Regelung fehlt jedoch.

4. Gesamtbetriebsausschuss. Neben dem Vorsitzenden und seinem Stellvertreter ist ein Gesamtbetriebsausschuss zu wählen (§ 51 I 2 BetrVG). Er besteht aus dem Vorsitzenden, seinem Stellvertreter und je nach Größe des GBR aus weiteren Ausschussmitgliedern (vgl. § 51 I 2 BetrVG), die nach den Grundsätzen der Verhältniswahl gewählt werden.[18] Dies gilt auch bei einer Vergrößerung der Zahl der Mitglieder des Gesamtbetriebsausschusses aufgrund einer Erhöhung der Anzahl der Gesamtbetriebsratsmitglieder.[19] 15

5. Anwendbare Vorschriften. Für die Geschäftsführung des GBR wird weitgehend auf die Vorschriften über den BR verwiesen (§ 51 I 1 BetrVG). Über die ggf. ständig freizustellenden Mitglieder (§ 51 III iVm § 37 II BetrVG) entscheidet der GBR durch Mehrheitsbeschluss.[20] Seine Sitzungen braucht das Gremium nicht notwendig am Ort der Hauptverwaltung zu halten;[21] an Standorten, an denen kein BR gebildet ist, jedoch nur bei Bestehen eines betriebsbezogenen Anlasses. Der AG hat die Kosten des GBR zu tragen. Die Vorschriften über die Rechte und Pflichten des BR gelten entsprechend für den GBR, soweit das BetrVG keine Sonderregelung enthält (§ 51 V BetrVG). Danach hat dieser nach § 80 I Nr. 1 BetrVG die Einhaltung der für betriebsratslose Betriebe abgeschlossenen Gesamtbetriebsvereinbarungen zu überwachen.[22] Soll eine Gesamtbetriebsvereinbarung abgeschlossen werden, kann die Einigungsstelle nur vom GBR aufgrund einer vorherigen Beschlussfassung und nicht von einem Ausschuss angerufen werden;[23] dies gilt gleichermaßen für die Einleitung eines Beschlussverfahrens.[24] An allen Sitzungen des GBR kann die **Gesamtschwerbehindertenvertretung** (§ 180 SGB IX) teilnehmen (§ 52 BetrVG). 16

6. Beschlussfähigkeit. Der GBR ist beschlussfähig, wenn an seiner Sitzung mindestens die Hälfte seiner Mitglieder teilnimmt und die Teilnehmenden mindestens die Hälfte aller Stimmen vertreten. Eine Stellvertretung durch Ersatzmitglieder ist zulässig (§ 51 III 3 BetrVG). Bei Beschlüssen, die mit einfacher Mehrheit gefasst werden, ist auf die Mehrheit der Stimmen der anwesenden Mitglieder eines beschlussfähigen GBR abzustellen; bei Beschlüssen, die mit absoluter Mehrheit gefasst werden, ist die Mehrheit der Stimmengewichte sämtlicher Mitglieder notwendig. Im Gesamtbetriebsausschuss wird nicht nach der Stimmengewichtung, sondern nach der Mehrheit der Personen abgestimmt (§ 51 IV BetrVG). 17

7. Auflösung und Erlöschen des Gesamtbetriebsrats bzw. der Mitgliedschaft. Die Amtszeit des GBR ist abhängig von der der einzelnen BR. Da diese turnusmäßig in einem Vierjahresrhythmus gewählt werden müssen, endet grundsätzlich die Amtszeit des GBR ebenso. Wegen der Verkürzung oder Verlängerung der Amtszeit der einzelnen BR kann die Mitgliedschaft einzelner Gesamtbetriebsratsmitglieder über den turnusmäßigen Vierjahresrhythmus erhalten bleiben. Das Amt des GBR endet nicht schon dann, wenn die Voraussetzungen für seine Errichtung vorübergehend entfallen, sondern erst, wenn von dem dauerhaften Wegfall der Errichtungsvoraussetzungen auszugehen ist,[25] zB, weil nur noch ein Betrieb besteht (→ Rn. 4). Die Mitgliedschaft im GBR endet (§ 49 BetrVG) **(a)** mit dem Erlöschen der Mitgliedschaft im BR, weil der BR nur eigene Mitglieder in den GBR entsenden kann;[26] **(b)** durch Amtsniederlegung; **(c)** durch Ausschluss aus dem GBR (§ 48 BetrVG); davon bleibt die Mitgliedschaft im BR unberührt; anders wenn der Ausschluss aus dem BR erfolgt, oder **(d)** durch Abberufung durch den BR.[27] 18

III. Zuständigkeit des Gesamtbetriebsrats

1. Gleichrangigkeit. Der GBR und die einzelnen BR stehen gleichrangig nebeneinander (§ 50 I 2 BetrVG). Daraus folgt, dass der GBR den einzelnen BR weder Weisungen noch allgemeine Richtlinien für ihre Arbeit erteilen kann und die Zuständigkeit zwischen Einzel- 19

[17] LAG München 19.7.1990 NZA 1991, 905.
[18] BAG 21.7.2004 AP Nr. 4 zu § 51 BetrVG 1972 = NZA 2005, 173.
[19] BAG 16.3.2005 AP Nr. 5 zu § 51 BetrVG 1972 = NZA 2005, 1069.
[20] BAG 26.9.2018 AP Nr. 6 zu § 51 BetrVG 1972 = NZA 2019, 117.
[21] BAG 24.7.1979 AP Nr. 1 zu § 51 BetrVG 1972.
[22] LAG BW 30.4.2008 LAGE § 40 BetrVG 2001 Nr. 10.
[23] LAG München 29.10.2009 LAGE § 98 ArbGG 1979 Nr. 55.
[24] BAG 4.11.2015 AP Nr. 10 zu § 29 BetrVG 1972 = NZA-RR 2016, 256.
[25] BAG 15.10.2014 AP Nr. 3 zu § 16 BetrVG 1972 = NZA 2015, 1014.
[26] BAG 11.7.1990 AP Nr. 1 zu § 54 BPersVG = NZA 1990, 983 (zum BPersVG).
[27] Dazu BAG 16.3.2005 AP Nr. 14 zu § 47 BetrVG 1972.

und GBR gegeneinander abzugrenzen ist.[28] Der GBR kann sich jedoch bemühen, Einzelregelungen der BR zu koordinieren. Im Konfliktfall müssen die beteiligten BR die eigene Zuständigkeit überprüfen.[29] Auch in einem Tarifvertrag können dem GBR keine über § 50 BetrVG hinausgehenden Aufgaben übertragen werden.[30]

20 **2. Besondere Zuweisung.** Kraft besonderer gesetzlicher Zuweisung ist der GBR zB zuständig für die **(a)** Bestellung des Wahlvorstands (§§ 16 III, 17 I, 17a BetrVG), **(b)** die Errichtung eines KBR (§§ 54 ff. BetrVG), **(c)** die Errichtung des Wirtschaftsausschusses (§§ 107 II 2, 108 VI, 109 S. 4 BetrVG), **(d)** die Bestellung des Wahlvorstands für die Wahl der Aufsichtsratsmitglieder nach dem DrittelbG, dem MitbestErgG und dem MitbestG (§ 26 II WO DrittelbG; §§ 4, 5 2. WO MitbestErgG; § 4 IV, V 3. WO MitbestG; §§ 3, 4 WO MitbestErgG), **(e)** die Anfechtung der Wahl der von den AN entsandten Aufsichtsratsmitglieder (§ 22 II MitbestG), **(f)** dem Widerruf der Bestellung eines solchen Aufsichtsratsmitglieds (§ 39 I Nr. 1 WO DrittelbG 1953; § 107 2. WO MitbestG; § 108 3. WO MitbestG; § 101 WO MitbestErgG), **(g)** die Errichtung des Europäischen BR[31] (§§ 11 I, 18 II EBRG) sowie **(h)** die Bildung der Wahlgremien nach § 8 II, III SEBG und § 10 II, III MgVG.

21 **3. Zuständigkeit kraft Gesetzes. a) Grundsatz.** Das BetrVG geht von einer strikten Zuständigkeitstrennung der auf den unterschiedlichen Hierarchieebenen gebildeten BR (BR; GBR, KBR)[32] und von einer Primärzuständigkeit des Einzelbetriebsrats aus. An seine Stelle tritt der GBR nur soweit er zuständig ist.[33] Im Rahmen originärer Zuständigkeit ist entweder der BR oder der GBR zur Regelung einer betriebsverfassungsrechtlichen Angelegenheit zuständig. Originäre Beteiligungsrechte des GBR und des BR schließen sich daher gegenseitig aus. Eine Betriebsvereinbarung, die auf Arbeitnehmerseite sowohl vom örtlichen BR als auch vom GBR abgeschlossen worden ist, verstößt gegen den sich aus § 50 I BetrVG ergebenden Grundsatz der Zuständigkeitstrennung.[34] Aufgrund der Generalklausel in § 50 I BetrVG ist der GBR zuständig für die Behandlung von Angelegenheiten, die **(1)** das Gesamtunternehmen oder mehrere Betriebe betreffen und **(2)** nicht durch die einzelnen BR innerhalb ihrer Betriebe geregelt werden können. Beide Voraussetzungen müssen kumulativ vorliegen. Die Zuständigkeit des GBR besteht daher nur in Angelegenheiten, die über den natürlichen, dh den betrieblichen Zuständigkeitsbereich der einzelnen BR hinausgehen. § 51 V BetrVG regelt nicht die Zuständigkeit des GBR, sondern nach der Systematik der für ihn geltenden Vorschriften nur seine Geschäftsführung.[35] Die gesetzliche Zuständigkeitsverteilung kann weder unmittelbar noch mittelbar durch Tarifvertrag[36] oder eine (Gesamt-)Betriebsvereinbarung[37] noch durch eine Vereinbarung des GBR mit den BR geändert werden;[38] zu Konkurrenzfragen → Rn. 30 ff.

22 **b) Überbetrieblichkeit.** Der GBR ist nach § 50 I BetrVG nur zuständig für überbetriebliche Angelegenheiten, also für solche, die das Gesamtunternehmen oder zumindest mehrere Betriebe betreffen.[39] Für Angelegenheiten, die sich nur auf einen Betrieb beziehen, ist stets dessen BR zuständig; dieser kann die Zuständigkeit des GBR nur durch Delegation begründen (§ 50 II BetrVG; → Rn. 29).

23 **c) Nicht-Regeln-Können.** Das Nicht-Regeln-Können ist nach der Rspr. anzunehmen bei **(1)** objektiver oder **(2)** subjektiver Unmöglichkeit sowie **(3)** bei einem zwingenden Erfordernis für eine betriebsübergreifende Regelung. Objektive Unmöglichkeit soll vorliegen bei ausschließlich unternehmensbezogenen Maßnahmen.[40] Praktisch bedeutsamer sind die Fälle der **subjektiven Unmöglichkeit.** Diese besteht, wenn der AG in einer mehrere Betriebe betreffenden Regelungsangelegenheit die überbetriebliche Regelungsebene mitbestim-

[28] BAG 6.4.1976 AP Nr. 2 zu § 50 BetrVG 1972.
[29] BAG 14.2.1996 – 7 ABR 32/95.
[30] BAG 11.11.1998 AP Nr. 18 zu § 50 BetrVG 1972 = NZA 1999, 1056.
[31] Zur internationalen Zuständigkeit: BAG 18.4.2007 AP Nr. 1 zu § 18 EBRG = NZA 2007, 1375.
[32] BAG 19.11.2019 AP Nr. 17 zu § 3 BetrAVG = NZA 2020, 452 (BetrAV).
[33] BAG 18.10.1994 AP Nr. 70 zu § 87 BetrVG 1972 Lohngestaltung = NZA 1995, 390.
[34] BAG 19.11.2019 AP Nr. 17 zu § 3 BetrAVG = NZA 2020, 452.
[35] BAG 16.8.2011 AP Nr. 75 zu § 80 BetrVG 1972 = NZA 2012, 342.
[36] BAG 9.12.2003 AP Nr. 27 zu § 50 BetrVG 1972 = NZA 2005, 234.
[37] BAG 28.4.1992 AP Nr. 11 zu § 50 BetrVG 1972 = NZA 1993, 31.
[38] BAG 30.8.1995 AP Nr. 29 zu § 87 BetrVG 1972 Überwachung = NZA 1996, 218.
[39] BAG 26.1.1993 AP Nr. 102 zu § 99 BetrVG 1972 = NZA 1993, 714; *Werner* NZA-RR 2019, 1.
[40] BAG 21.1.2003 – 3 ABR 26/02 (betriebliche Altersversorgung).

mungsfrei vorgeben kann und auch tatsächlich vorgibt. Der AG muss die Gewährung der von ihm vorgesehenen Leistung von einer unternehmenseinheitlich oder zumindest betriebsübergreifenden Regelung abhängig machen.[41] Hauptanwendungsfälle sind teilmitbestimmte Regelungen über Leistungen, die weder auf einer vertraglichen oder einer sonstigen Rechtsgrundlage beruhen und bei denen der AG mitbestimmungsfrei über die Höhe der von ihm zur Verfügung gestellten Finanzmittel und über den Leistungszweck entscheiden kann.[42] Hingegen kann der AG in Angelegenheiten der erzwingbaren Mitbestimmung die Zuständigkeit des GBR nicht allein dadurch begründen, dass er eine betriebsübergreifende Regelung verlangt. Subjektive Unmöglichkeit liegt daher nicht vor, weil ein Tarifvertrag zur Verschlechterung seiner Leistungen lediglich freiwillige Betriebsvereinbarungen zulässt und der AG nur zum unternehmensweiten Abschluss bereit ist.[43] Ein **zwingendes Erfordernis für eine betriebsübergreifende Regelung** stellt auf eine wertende Betrachtung des jeweiligen Beteiligungsrechts ab, hier lassen sich kaum abstrahierende Aussagen treffen. Ein solches Erfordernis kann sich aus technischen oder rechtlichen Gründen ergeben, wobei Inhalt sowie Zweck des Mitbestimmungsrechts zu berücksichtigen sind. Der GBR ist zuständig, wenn sich eine unterschiedliche Regelung in den Einzelbetrieben sachlich nicht rechtfertigen lässt. Überwiegend fallen hierunter die Fälle der erzwingbaren Mitbestimmung; maßgeblich für eine fehlende betriebliche Regelungsmöglichkeit sind die Verhältnisse im Unternehmen.[44] Als unbeachtlich hat die Rspr. angesehen die Natur der Sache,[45] Zweckmäßigkeitserwägungen,[46] unternehmerisch-wirtschaftliche Interessen,[47] die Zuständigkeit der Verwaltung des Unternehmens,[48] eine vermeintliche Gleichbehandlungspflicht[49] sowie ein Ausgleich zw. den Interessen der (Einzel-)BR.[50] Regelmäßig wird entscheidend sein, ob die beabsichtigte Regelung nach den Vorstellungen des AG oder – bei Bestehen eines Initiativrechts – des GBR über den einzelnen Betrieb hinausgehen soll.[51] So ist zB beim Abschluss einer Betriebsvereinbarung darauf abzustellen sein, welchen Geltungsbereich sie haben soll, dh, ob sie nur einen oder mehrere Betriebe betrifft. Unbeachtlich ist hingegen, ob sie sich gegenwärtig nur auf einen Betrieb auswirkt.[52] Ist danach die Zuständigkeit nach § 50 I BetrVG gegeben, ist es ohne Bedeutung, ob der AG auch inhaltsgleiche Regelungen auf Betriebsebene erzielen kann.[53] Die originäre Zuständigkeit des GBR nach § 50 I 1 BetrVG bezieht sich auf die Behandlung einer Angelegenheit. Eine einheitliche mitbestimmungspflichtige Angelegenheit kann nicht aufgespalten werden in Teile, die in die Zuständigkeit des GBR fallen, und solche, für welche die örtlichen BR zuständig sind.[54] Betreffen Regelungsmaterien unterschiedliche Mitbestimmungstatbestände, folgt andererseits aus der Zuständigkeit des GBR für die eine Regelungsmaterie keine solche für die andere.[55]

d) Einzelne Beteiligungsrechte. aa) Soziale Angelegenheiten. Im Bereich der sozialen Angelegenheiten (→ § 235 Rn. 1) ist regelmäßig der BR zuständig, weil sie betriebsbezogen sind und nur selten eine zwingende sachliche Notwendigkeit für eine betriebsübergreifende Regelung besteht.[56] Dies gilt regelmäßig bei den von § 87 I Nr. 1 BetrVG erfassten Maßnahmen, zB für Regelungen über die Anzeige- und Nachweispflicht bei Krankheit,[57] oder Verhaltenspflichten bei einer Datenpanne.[58] Für die Festlegung des Beginns und des Endes der tägli- 24

[41] BAG 10.10.2006 AP Nr. 24 zu § 77 BetrVG 1972 Tarifvorbehalt = NZA 2007, 523.
[42] BAG 5.10.2010 AP Nr. 53 zu § 77 BetrVG 1972 Betriebsvereinbarung = NZA 2011, 598.
[43] BAG 19.6.2007 AP Nr. 4 zu § 58 BetrVG 1972 = NZA 2007, 1184.
[44] BAG 19.6.2012 AP Nr. 35 zu § 50 BetrVG 1972 = NZA 2012, 1237; krit. *Lunk* NZA 2013, 233.
[45] BAG 6.12.1988 AP Nr. 37 zu § 87 BetrVG 1972 Lohngestaltung = NZA 1989, 479.
[46] BAG 3.5.2006 AP Nr. 29 zu § 50 BetrVG 1972 = NZA 2007, 1245.
[47] BAG 18.5.2010 AP Nr. 34 zu § 50 BetrVG 1972 = NZA 2011, 171 (Kosten- und Koordinierungswunsch).
[48] BAG 18.10.1994 AP Nr. 70 zu § 87 BetrVG 1972 Lohngestaltung = NZA 1995, 390.
[49] BAG 23.3.2010 AP Nr. 135 zu § 87 BetrVG 1972 Lohngestaltung = NZA 2011, 642.
[50] AA BAG 16.8.1983 – 1 AZR 547/81.
[51] BAG 11.2.1992 AP Nr. 50 zu § 76 BetrVG 1972 = NZA 1992, 702.
[52] BAG 14.12.1999 AP Nr. 104 zu § 87 BetrVG 1972 Lohngestaltung = NZA 2000, 783.
[53] So aber LAG Nürnberg 29.11.2006 NZA-RR 2007, 248.
[54] BAG 19.11.2019 AP Nr. 17 zu § 3 BetrAVG = NZA 2020, 452.
[55] BAG 30.1.2019 AP Nr. 25 zu § 611 BGB Sachbezüge = NZA 2019, 1065; 18.7.2017 AP Nr. 25 zu § 87 BetrVG 1972 Gesundheitsschutz = NZA 2017, 1615; *Köhler* DB 2017, 2810; *Salamon* NZA 2018, 832.
[56] BAG 23.9.1975 AP Nr. 1 zu § 50 BetrVG 1972.
[57] BAG 23.8.2016 AP Nr. 48 zu § 87 BetrVG 1972 Ordnung des Betriebes = NZA 2016, 1483.
[58] LAG SchlH 6.8.2019 NZA-RR 2019, 647.

chen Arbeitszeit (Nr. 2) ist der GBR nur zuständig, wenn zwischen den Betrieben eine produktionstechnische Abhängigkeit besteht, die eine einheitliche Regelung zwingend erfordert.[59] Für die Einführung von Kurzarbeit (Nr. 3) ist der BR zuständig, solange nicht die Betriebe produktionstechnisch so eng miteinander verbunden sind, dass die Kurzarbeit in einem Betrieb notwendig zu Produktionseinschränkungen in einem anderen führt.[60] Auch für Zeit, Art und Ort der Auszahlung des Arbeitsentgelts (Nr. 4) inklusive der Erstattung von Kontoführungsgebühren ist regelmäßig der BR zuständig.[61] Für das Aufstellen von Urlaubsplänen (Nr. 5) kann sich die Zuständigkeit des GBR nur in Ausnahmefällen bei einer arbeitsmäßigen Verflechtung mehrerer Betriebe ergeben.[62] Bei der Einführung von technischen Einrichtungen (Nr. 6) ist der GBR zuständig, wenn unternehmenseinheitlich ein EDV-System,[63] eine Telefonvermittlungsanlage[64] oder GPS-Systeme eingeführt werden und eine unterschiedliche Ausgestaltung in den einzelnen Betrieben mit dem System unvereinbar wäre. Die Notwendigkeit einer einheitlichen Arbeitsschutzregelung (Nr. 7) folgt nicht bereits aus der gemeinsamen Unterbringung mehrerer Betriebe in einem Gebäude.[65] Für die unternehmenseinheitlichen Sozialeinrichtungen ist der GBR zuständig.[66] Für das Aufstellen von Entlohnungsgrundsätzen und die Einführung neuer Entlohnungsmethoden (§ 87 I Nr. 10 BetrVG) ist regelmäßig der BR zuständig. Ein rechtliches Erfordernis zu einer unternehmenseinheitlichen Regelung folgt nicht aus dem Gleichbehandlungsgrundsatz. Dieser begrenzt die Regelungsmacht der Betriebsparteien, vermag aber nicht deren Zuständigkeit zu begründen. Der AG kann auch nicht bindend festlegen, dass er die Vergütung von bestimmten Arbeitnehmergruppen nur unternehmenseinheitlich erbringen will; denn die Mitbestimmung nach § 87 I Nr. 10 BetrVG betrifft keine freiwilligen Leistungen, über deren Gewährung oder Zwecksetzung der AG ohne Beteiligung des BR entscheiden kann.[67] Weitere Einzelfälle: Die Zuständigkeit des GBR ist **bejaht** worden bei der Ausgestaltung der unternehmenseinheitlichen Dienstkleidungspflicht,[68] der Aufstellung von Rahmenschichtplänen für Betriebe, deren Arbeitsabläufe technisch-organisatorisch miteinander verknüpft sind,[69] unternehmenseinheitlichen Arbeitsschutzvorgaben für Montagearbeiten im Außendienst[70] und der Festsetzung von Altersgrenzen[71] sowie für Ethikrichtlinien.[72] Dagegen wurde seine Zuständigkeit **verneint** bei der Ausgestaltung von Mitarbeitergesprächen,[73] der Einführung von Torkontrollen[74] und bei der Einführung von flexiblen Arbeitszeitmodellen.[75]

25 **bb) Personelle Angelegenheiten.** Auch bei ihnen besteht idR keine Zuständigkeit des GBR (→ § 241 Rn. 3 f.). Ausnahmen können bei einer zwingenden unternehmenseinheitlichen Regelung bei der Personalplanung,[76] Personalfragebögen,[77] Mitarbeiterbefragungen,[78] Formulararbeitsverträgen, der Aufstellung von Beurteilungsgrundsätzen,[79] bei Auswahlrichtlinien[80] sowie für allgemeine Regelungen zur Durchführung von Berufsbildungsmaßnahmen im Rahmen einer unternehmenseinheitlichen Personalplanung bestehen.[81] Für das Stellenausschreibungsverlangen

---

[59] BAG 9.12.2003 AP Nr. 27 zu § 50 BetrVG 1972 = NZA 2005, 234.
[60] *Fitting* BetrVG § 50 Rn. 38; enger BAG 29.11.1978 AP Nr. 18 zu § 611 BGB Bergbau.
[61] BAG 15.1.2002 AP Nr. 23 zu § 50 BetrVG 1972 = NZA 2002, 988.
[62] Vgl. BAG 5.2.1965 AP Nr. 1 zu § 56 BetrVG Urlaubsplan.
[63] BAG 14.11.2006 AP Nr. 43 zu § 87 BetrVG 1972 Überwachung = NZA 2007, 399.
[64] BAG 11.11.1998 AP Nr. 19 zu § 50 BetrVG 1972 = NZA 1999, 947.
[65] LAG Köln 28.1.2008 BB 2008, 1113.
[66] BAG 8.12.1981 AP Nr. 1 zu § 1 BetrAVG Ablösung; 19.3.1981 AP Nr. 14 zu § 80 BetrVG 1972; 5.5.1977 AP Nr. 3 zu § 50 BetrVG 1972; 30.1.1970 AP Nr. 142 zu § 242 BGB Ruhegehalt.
[67] BAG 18.5.2010 AP Nr. 34 zu § 50 BetrVG 1972 = NZA 2011, 171; 23.3.2010 AP Nr. 135 zu § 87 BetrVG 1972 Lohngestaltung = NZA 2011, 642 unter Aufgabe von BAG 6.12.1988 AP Nr. 37 zu 87 BetrVG 1972 Lohngestaltung = NZA 1989, 479; RB anhängig 7 ABR 32/20.
[68] BAG 17.1.2012 AP Nr. 41 zu § 87 BetrVG 1972 Ordnung des Betriebes = NZA 2012, 687.
[69] BAG 19.6.2012 AP Nr. 35 zu § 50 BetrVG 1972 = NZA 2012, 1237.
[70] BAG 16.6.1998 AP Nr. 7 zu § 87 BetrVG 1972 Gesundheitsschutzschutz = NZA 1999, 49.
[71] BAG 25.3.1971 AP Nr. 5 zu § 57 BetrVG.
[72] LAG Düsseldorf 14.11.2005 NZA-RR 2006, 81.
[73] LAG RhPf 6.6.2008 AE 2008, 314.
[74] LAG Düsseldorf 14.12.1979 EzA Nr. 5 zu § 50 BetrVG 1972.
[75] BAG 9.12.2003 AP Nr. 27 zu § 50 BetrVG 1972 = NZA 2005, 234; LAG Nürnberg 29.11.2006 NZA-RR 2007, 248.
[76] BAG 12.3.2019 AP Nr. 5 zu § 92 BetrVG 1972 = NZA 2019, 1153.
[77] LAG Nürnberg 21.12.2010 NZA-RR 2011, 130.
[78] BAG 21.11.2017 AP Nr. 26 zu § 87 BetrVG 1972 Gesundheitsschutz = NZA 2018, 380 (KBR).
[79] BAG 17.3.2015 AP Nr. 11 zu § 94 BetrVG 1972 = NZA 2015, 885.
[80] Enger BAG 10.12.2002 AP Nr. 43 zu § 95 BetrVG 1972; 31.5.1983 AP Nr. 2 zu § 95 BetrVG 1972.
[81] BAG 12.11.1991 AP Nr. 8 zu § 98 BetrVG 1972 = NZA 1992, 657.

(§ 93 BetrVG) ist stets der BR zuständig.[82] Auch bei der Einstellungen und Versetzungen in einen anderen Betrieb ist der GBR nicht zuständig, selbst wenn eine Matrix-Struktur (→ § 187 Rn. 1) besteht[83] oder der AG mehrere Versetzungen in einer Personalrunde zusammenfasst, an der mehrere BR beteiligt sind.[84] Wird der AN gleichzeitig auch in einem anderen Betrieb des Unternehmens eingestellt, wird das dadurch begründete Zustimmungsrecht von dem dortigen BR wahrgenommen. Widerspricht ein AN dem Übergang seines Arbeitsverhältnisses auf den Betriebsnachfolger (→ § 118 Rn. 44), ist der GBR auch dann nicht für die Anhörung nach § 102 BetrVG zuständig, wenn kein (Einzel-)BR mehr für den widersprechenden AN zuständig ist.[85]

cc) Wirtschaftliche Angelegenheiten. Hier ist idR die Zuständigkeit des GBR für den Abschluss des Interessenausgleichs gegeben, wenn ein unternehmenseinheitliches Konzept für die Neustrukturierung (zB bei Produktionsverlagerungen innerhalb des Unternehmens, einheitliche Form der Personalanpassung[86]) vorgelegt wird. Erforderlich ist stets, dass durch die geplante unternehmerische Maßnahme mehr als ein Betrieb betroffen ist. In Zusammenhang mit Betriebsänderungen kommt die Zuständigkeit des GBR zum Abschluss eines Interessenausgleichs bereits in Betracht, wenn nach der ursprünglichen Planung des Unternehmers die Möglichkeit besteht, dass sich die betriebsändernden Maßnahmen auf mehrere Betriebe gleichermaßen auswirken können. Plant ein Unternehmen die Verlegung eines Betriebs und dessen Zusammenlegung mit einem anderen seiner Betriebe, ist daher der GBR zuständig, unabhängig davon, ob es tatsächlich zu dem Zusammenschluss kommt. Bei Zweifeln über den zuständigen Verhandlungspartner muss der AG die in Betracht kommenden Arbeitnehmervertretungen zur Klärung der Zuständigkeitsfrage auffordern[87] (Einzelheiten → § 244 Rn. 4 f.). Aus der Zuständigkeit des GBR für einen Interessenausgleich folgt nicht notwendig seine Zuständigkeit auch für den Abschluss eines Sozialplans.[88] Dessen Aufstellung zählt regelmäßig zur Zuständigkeit des (Einzel-)BR, da der Ausgleich für die zu erwartenden Nachteile von den regionalen Besonderheiten abhängig ist. Eine Ausnahme hat das BAG zugelassen, wenn die Durchführung der vereinbarten Betriebsänderung von „betriebsübergreifenden einheitlichen Kompensationsregelungen" abhängig ist.[89] Der GBR kann aber einen Rahmensozialplan für das gesamte Unternehmen abschließen.[90] Wegen des Mitbestimmungsrechts der einzelnen BR sollte zweckmäßigerweise vereinbart werden, dass der Rahmensozialplan zurücktritt, wenn die BR vor Ort Sozialpläne fordern oder abschließen. Für den Abschluss eines Interessenausgleiches mit Namensliste iSd § 125 InsO ist der GBR zuständig, wenn das Unternehmen mit einem unternehmensweiten und unternehmenseinheitlichen Konzept saniert werden soll.[91] Wird ein Interessenausgleich durch den zuständigen GBR abgeschlossen, kann eine diesen Interessenausgleich ergänzende Namensliste nicht durch den örtlichen BR abgeschlossen werden.[92] Eine umfassende Zuständigkeit des GBR zur Ablösung von Einzelbetriebsvereinbarungen besteht auch nicht bei einem **unternehmenseinheitlichen Sanierungskonzept.**[93] 26

dd) Gewerkschaften. Der bei einer Gewerkschaft gebildete GBR ist für den Abschluss von Gesamtbetriebsvereinbarungen zuständig, in denen unternehmenseinheitlich tarifersetzende Arbeitsbedingungen geregelt werden.[94] 27

e) Umwandlung. Zu den organisatorischen Fragen für den GBR bei Umwandlungsvorgängen → § 116 Rn. 28. 28

[82] BAG 29.9.2020 AP Nr. 13 zu § 93 BetrVG 1972 = NZA 2021, 68; aA ArbG Ulm 12.8.2009 NZA-RR 2010, 27.
[83] BAG 22.10.2019 AP Nr. 165 zu § 99 BetrVG 1972 = NZA 2020, 61; 12.6.2019 AP Nr. 161 zu § 99 BetrVG 1972 = NZA 2019, 1288; *Engels* NZA 2020, 699; krit. *Lingemann/Steinhauser* NZA 2020, 87.
[84] BAG 26.1.1993 AP Nr. 102 zu § 99 BetrVG 1972 = NZA 1993, 714; *Fritz* NZA-RR 2018, 304.
[85] BAG 8.5.2014 AP Nr. 205 zu § 1 KSchG 1969 Betriebsbedingte Kündigung = NZA 2015, 889; 21.3.1996 AP Nr. 81 zu § 102 BetrVG 1972 = NZA 1996, 974.
[86] BAG 20.4.1994 AP Nr. 27 zu § 113 BetrVG 1972 = NZA 1995, 89; *Röger* ZIP 2018, 2045.
[87] BAG 24.1.1996 AP Nr. 16 zu § 50 BetrVG 1972 = NZA 1996, 1107.
[88] BAG 3.5.2006 AP Nr. 29 zu § 50 BetrVG 1972 = DB 2006, 2410.
[89] BAG 23.10.2002 AP Nr. 26 zu § 50 BetrVG 1972 = NZA 2003, 1360.
[90] Weiter LAG Bln 22.6.1998 NZA-RR 1999, 34.
[91] LAG RhPf 23.2.2010 ZInsO 2010, 1149.
[92] LAG Bln-Bbg 16.7.2010 LAGE § 1 KSchG Interessenausgleich Nr. 17.
[93] BAG 15.1.2002 AP Nr. 23 zu § 50 BetrVG 1972 = NZA 2002, 988; RB anhängig 1 ABR 1/19.
[94] BAG 10.12.2013 AP Nr. 144 zu § 87 BetrVG 1972 Lohngestaltung = NZA 2014, 1040; 20.2.2001 AP Nr. 107 zu § 87 BetrVG 1972 Lohngestaltung = NZA 2001, 1204; 14.12.1999 AP Nr. 104 zu § 87 BetrVG 1972 Lohngestaltung = NZA 2000, 783; 28.4.1992 AP Nr. 11 zu § 50 BetrVG 1972 = NZA 1993, 31.

29 **4. Zuständigkeit kraft Auftrags.** Nach § 50 II BetrVG kann der einzelne BR dem GBR die Wahrnehmung von einzelnen Aufgaben übertragen. Insoweit kann er auch zum gewillkürten Prozessstandschafter für die Feststellung der Rechte der (Einzel-)BR in einem gerichtlichen Verfahren bestellt werden.[95] Zur Übertragung der Aufgaben ist die Mehrheit der Stimmen seiner Mitglieder erforderlich. Der BR kann sich jedoch die Entscheidung über die übertragenen Aufgaben vorbehalten und den GBR lediglich zu Verhandlungen ermächtigen. Die Beauftragung sowie deren Widerruf bedürfen der Schriftform; eine Begründung ist nicht erforderlich. Die Übertragung ist nur für einzelne Angelegenheiten und nicht für ganze Sachbereiche möglich.[96] Ist dem GBR eine Angelegenheit übertragen, ist er stets auch für ein erforderliches Einigungsstellenverfahren zuständig.[97] Der GBR ist **nicht** stets zur Übernahme des Auftrags **verpflichtet** (umstr.).[98] Eine Übernahmeverpflichtung wird zB nicht in Betracht kommen, wenn er der Auffassung ist, dass die Übertragung rechtsunwirksam ist bzw. ein Beteiligungsrecht nicht besteht oder sachliche Gründe für die Nichtwahrnehmung des Mandats vorliegen. Lehnt er das Mandat ab, muss er dies unverzüglich dem BR mitteilen.

30 **5. Konkurrenzfragen. a) Grundsatz.** Die Zuständigkeiten von GBR und den einzelnen BR nach § 50 I BetrVG schließen sich gegenseitig aus.[99] Nimmt der GBR eine Regelung vor, für die nach der gesetzlichen Kompetenzverteilung der BR zuständig ist, behält dieser seine Zuständigkeit. Der GBR kann jedoch Gesamtbetriebsvereinbarungen abschließen, selbst wenn er nicht nach § 50 I BetrVG zuständig ist. Diese gelten normativ und begründen für die erfassten Arbeitsverhältnisse Rechte und Pflichten. Die Gesamtbetriebsvereinbarung wird allerdings von einer vom zuständigen BR abgeschlossenen Betriebsvereinbarung verdrängt. Deren Ablösung durch eine zwischen GBR und AG geschlossene Gesamtbetriebsvereinbarung ist nicht möglich.[100] Zwischen beiden Vereinbarungen gilt nicht das Günstigkeitsprinzip. Die Gesamtbetriebsvereinbarung erlangt ihre normative Geltung erst wieder, wenn die vom BR abgeschlossene Vereinbarung beendet wird. Im umgekehrten Fall gilt dies auch, wenn der BR innerhalb der gesetzlichen Zuständigkeit des GBR eine Betriebsvereinbarung abschließt. Diese gilt bis der GBR von seinem Beteiligungsrecht Gebrauch macht. Hat der GBR außerhalb seiner gesetzlichen Zuständigkeit eine freiwillige Betriebsvereinbarung abgeschlossen, ist diese dahingehend regelmäßig auszulegen, dass sie keine Anwendung finden soll, wenn auch der (sachnähere) Einzelbetriebsrat eine freiwillige Betriebsvereinbarung abschließt.[101] Eine Gesamtbetriebsvereinbarung schließt das Überwachungsrecht des einzelnen BR nach § 80 I Nr. 1 BetrVG nicht aus,[102] hingegen kann der BR regelmäßig nicht deren Durchführung verlangen.[103]

31 **b) Untätigkeit.** Die Zuständigkeitsregel (→ Rn. 30) gilt auch, wenn der GBR in einer Angelegenheit sein Mitbestimmungsrecht nicht oder nicht abschließend wahrnimmt. Die Zuständigkeit fällt dann nicht an den (Einzel-)BR zurück (umstr.). Für die Angelegenheiten des § 50 I 1 BetrVG ist daher der BR auch nicht dann zuständig, wenn kein GBR gebildet wurde, dieser sein Beteiligungsrecht nicht oder nicht im Sinn des BR ausübt.[104] Allerdings wird zu prüfen sein, ob hier wirklich die Voraussetzungen nach § 50 I BetrVG vorliegen.

32 **c) Änderung der Umstände.** Zu einer echten Konkurrenz zwischen einer vom BR und GBR abgeschlossenen Vereinbarung kann es nur kommen, wenn nachträglich Umstände eintreten, die zu einem Wechsel der gesetzlichen Zuständigkeit führen. Dies kann etwa dann der Fall sein, wenn bisher nur in einem Betrieb eine Betriebsvereinbarung über erfolgsabhängige Vergütungsbestandteile existiert hat und diese nunmehr in einer Gesamtbetriebsvereinbarung unternehmenseinheitlich und abschließend geregelt werden.[105] Jedenfalls für die Geltungsdauer der mit dem GBR abgeschlossenen Vereinbarung ist die ursprüngliche Betriebsvereinbarung

---

[95] BAG 6.4.1976 AP Nr. 2 zu § 50 BetrVG 1972.
[96] BAG 26.1.1993 AP Nr. 102 zu § 99 BetrVG 1972 = NZA 1993, 714 („teilweise Selbstabdankung").
[97] LAG Düsseldorf 3.7.2002 NZA-RR 2003, 83.
[98] GK-BetrVG/*Kreutz* § 50 Rn. 67; Richardi BetrVG/*Annuß* § 50 Rn. 63; diff. *Fitting* BetrVG § 50 Rn. 70.
[99] BAG 14.11.2006 AP Nr. 43 zu § 87 BetrVG 1972 = NZA 2007, 399; dazu *Däubler* DB 2017, 667.
[100] BAG 11.12.2001 AP Nr. 22 zu § 50 BetrVG 1972 = NZA 2002, 688.
[101] BAG 19.4.2012 AP Nr. 218 zu § 112 BetrVG 1972 = NZA 2012, 1240.
[102] BAG 20.12.1988 AP Nr. 5 zu § 92 ArbGG 1979 = NZA 1989, 393.
[103] BAG 18.5.2010 AP Nr. 51 zu § 77 BetrVG 1972 Betriebsvereinbarung = NZA 2010, 1433.
[104] Dazu *Salamon* NZA 2019, 283; diff. DKW/*Deinert* BetrVG § 50 Rn. 14, 24, 46.
[105] Vgl. BAG 18.10.1988 AP Nr. 10 zu § 81 ArbGG 1979 = NZA 1989, 396.

nicht anzuwenden. Ein Zuständigkeitswechsel folgt auch nicht bereits aus dem Wunsch der Unternehmensleitung zu einem unternehmenseinheitlichen Sanierungskonzept.[106]

d) Arbeitnehmerzahl. Vielfach hängen Regelungskompetenzen des BR von der Zahl der im Betrieb beschäftigten AN ab. Dies gilt zB für Auswahlrichtlinien (§ 95 II BetrVG) oder die wirtschaftliche Mitbestimmung. Im Schrifttum war umstr., ob bei Zuständigkeit des GBR für die Regelungskomplexe auf die Arbeitnehmerzahl der im Unternehmen Beschäftigten abzustellen ist oder auf den konkreten Betrieb. Nach richtiger Ansicht ändert sich durch die Zuständigkeitsübertragung nichts.[107] Diese Streitfrage dürfte durch die Neufassung der §§ 99, 111 BetrVG ohnehin überholt sein. Zur Geltung der §§ 111–113 BetrVG in betriebsratslosen Betrieben → § 244 Rn. 4 f. 33

IV. Streitigkeiten

Streitigkeiten über die Errichtung, Mitgliederzahl und Zusammensetzung des GBR sowie die Stimmengewichtung und seine Zuständigkeit sind von den Arbeitsgerichten im Beschlussverfahren zu entscheiden (§ 2a ArbGG). Dasselbe gilt für den Fortbestand der Mitgliedschaft im GBR. Ein Zuständigkeitswechsel ist auch noch in den Rechtsmittelinstanzen zu berücksichtigen.[108] Im Individualprozess ist der AN regelmäßig nicht zu besonderen Ausführungen über die Zuständigkeit des GBR verpflichtet, wenn er Rechte aus einer Gesamtbetriebsvereinbarung geltend macht.[109] Etwas anderes gilt nur, wenn Umstände vorliegen oder von der Gegenseite behauptet worden sind, die Zweifel an der wirksamen Entstehung der Gesamtbetriebsvereinbarung begründen.[110] 34

§ 225. Betriebsräteversammlung

Übersicht

I. Einberufung

Die Betriebsräteversammlung ist mindestens einmal im Jahr durch den GBR einzuberufen (§ 53 I BetrVG). Ihr gehören die Vorsitzenden und stellvertretenden Vorsitzenden der BR sowie die weiteren Mitglieder der Betriebsausschüsse (→ § 220 Rn. 11 ff.) an. Der BR kann aus seiner Mitte andere Mitglieder entsenden, sofern die Zahl der Mitglieder der Betriebsräteversammlung nicht überschritten wird. Nicht vorgesehen ist die Teilnahme der SBV oder von Mitgliedern der Gesamt-JAV, gleichwohl ist ihre Teilnahme trotz der Nichtöffentlichkeit der Betriebsräteversammlung zulässig. Der GBR ist nicht verpflichtet, die Betriebsräteversammlung am Sitz der Hauptverwaltung des Unternehmens einzuberufen.[1] 1

II. Aufgaben

In der Betriebsräteversammlung hat **(1)** der GBR einen **Tätigkeitsbericht** und **(2)** der Unternehmer einen Bericht über das **Personal- und Sozialwesen** einschließlich des Stands der Gleichstellung von Frauen und Männern im Unternehmen, der Integration der im Unternehmen beschäftigten ausländischen AN, über die **wirtschaftliche Lage und Entwicklung** des Unternehmens sowie über **Fragen des Umweltschutzes** im Unternehmen, soweit dadurch nicht Betriebs- oder Geschäftsgeheimnisse gefährdet werden, zu erstatten (§ 53 II BetrVG). Der Bericht muss durch ein Leitungsorgan erfolgen, da eine Vertretung nicht vorgesehen ist.[2] Die Berichtspflicht geht über die in der Betriebsversammlung hinaus, da sie auch die wirtschaftliche Entwicklung des Unternehmens zum Gegenstand hat. Sie dient dem **Zweck,** allen, auch den nicht dem GBR angehörenden Betriebsratsmitgliedern, aus erster Hand Informationen über die 2

[106] BAG 15.1.2002 AP Nr. 23 zu § 50 BetrVG 1972 = NZA 2002, 988.
[107] Vgl. BAG 16.8.1983 AP Nr. 5 zu § 50 BetrVG 1972.
[108] BAG 18.10.1988 AP Nr. 10 zu § 81 ArbGG 1979 = NZA 1989, 396.
[109] BAG 20.2.2001 AP Nr. 15 zu § 77 BetrVG 1972 Tarifvorbehalt = NZA 2001, 903.
[110] BAG 21.1.2008 AP Nr. 40 zu § 77 BetrVG 1972 Betriebsvereinbarung = NZA 2008, 709.
[1] BAG 29.4.1998 AP Nr. 58 zu § 40 BetrVG 1972 = NZA 1998, 1133.
[2] HessLAG 26.1.1989 NZA 1989, 733 (Vorstandsmitglied).

Tätigkeit des Gesamtbetriebsrats sowie die Lage und Entwicklung des Unternehmens zu geben. Die Betriebsräteversammlung kann diese Angelegenheiten sowie solche, die in den Berichten nicht enthalten sind, erörtern, soweit sie sich auf das Unternehmen beziehen. Sie kann keine Beschlüsse fassen, die den GBR oder die BR binden.

III. Leitung

3 Die Betriebsräteversammlung wird von dem Vorsitzenden des GBR geleitet; sie ist nicht öffentlich (→ § 223 Rn. 4). Der AG ist zur Betriebsräteversammlung einzuladen und berechtigt zu sprechen. An den Betriebsräteversammlungen dürfen Vertreter der im Betrieb vertretenen Gewerkschaften beratend teilnehmen (→ § 223 Rn. 19); nimmt der AG teil, ist er berechtigt, einen Vertreter seines Arbeitgeberverbands hinzuzuziehen. Der Themenkreis der Betriebsräteversammlung entspricht im Übrigen dem der Betriebsversammlung (§ 53 III BetrVG; → § 223 Rn. 15).

§ 226. Konzernbetriebsrat

Übersicht

I. Errichtung

1 **1. Konzern. a) Konzernbegriff.** In Konzernen fallen häufig wesentliche Entscheidungen nicht auf der Unternehmens-, sondern auf der Konzernebene. Der Gesetzgeber hat daher für Konzerne die Möglichkeit eröffnet, als Repräsentation aller im Konzern beschäftigten AN einen KBR zu bilden. Durch die §§ 54 ff. BetrVG soll eine Beteiligung der Arbeitnehmerschaft im Konzern an den die Einzelunternehmen bindenden Leitungsentscheidungen des Konzerns im sozialen, personellen und wirtschaftlichen Bereich sichergestellt werden. Dies folgt dem Grundsatz des BetrVG, wonach betriebliche Mitbestimmung dort ausgeübt werden soll, wo sich unternehmerische Leitungsmacht konkret entfaltet und ausgeübt wird. Die originären Zuständigkeiten der betriebsverfassungsrechtlichen Organe werden durch das zwingende Prinzip der Zuständigkeitstrennung von KBR, GBR und BR bestimmt. Das BetrVG bestimmt nicht selbst, wann ein Konzern besteht und welche Unternehmen ihm angehören. § 54 I BetrVG verweist nur auf § 18 I AktG, ein eigenständiger betriebsverfassungsrechtlicher Konzernbegriff existiert dementsprechend nicht. Als Konzern gilt ein Rechtsgebilde, wenn **(1)** ein herrschendes und ein oder mehrere abhängige Unternehmen unter der einheitlichen Leitung eines herrschenden Unternehmens zusammengefasst sind; **(2)** bei Unternehmen, zwischen denen ein Beherrschungsvertrag besteht (§ 291 AktG) oder von denen das eine in das andere eingegliedert ist (§ 319 AktG). Durch die Verweisung auf § 18 I AktG wird nach hM klargestellt, dass ein KBR nur in einem **Unterordnungskonzern** zu bilden ist. Für die Erfüllung der gesetzlichen Voraussetzungen der § 17 I, § 18 I AktG ist es unerheblich, in welcher Rechtsform das herrschende und die abhängigen Unternehmen geführt werden (AG, GmbH, OHG, KG, GbR), da durch die Verweisung auf § 18 I AktG lediglich der Begriff des Konzerns umschrieben werden sollte.[1] Der Unternehmensbegriff wird in §§ 15 ff. AktG rechtsformneutral verwendet. Unternehmen im konzernrechtlichen Sinn kann daher auch eine natürliche Person sein.[2] In öffentl.-privatrechtl. Mischkonzernen

[1] BAG 26.8.2020 – 7 ABR 24/18, zVb; 23.5.2018 AP Nr. 19 zu § 54 BetrVG 1972 = NZA 2018, 1562; 11.2.2015 AP Nr. 18 zu § 54 BetrVG 1972; 22.11.1995 AP Nr. 7 zu § 54 BetrVG 1972 = NZA 1996, 1092.

[2] BAG 23.8.2006 AP Nr. 12 zu § 54 BetrVG 1972; 13.10.2004 AP Nr. 9 zu § 54 BetrVG 1972 = NZA 2005, 647.

kann für die privatrechtlich organisierten beherrschten Unternehmen ein KBR errichtet werden.[3] Eine Körperschaft des öffentlichen Rechts kann herrschendes Unternehmen eines Konzerns iSd § 54 I BetrVG sein, wenn sie zumindest ein in privater Rechtsform organisiertes Unternehmen beherrscht.[4] Die gesetzliche Betriebsverfassung sieht einen Sparten-Konzernbetriebsrat nicht vor.[5] Kein KBR ist zu bilden, wenn die Leitungsmacht nicht durch ein herrschendes Unternehmen, sondern durch Besetzung der **Leitungsposition** im herrschenden und abhängigen Unternehmen in **Personalunion** ausgeübt wird. Ein KBR kann auch bei einem Tochterunternehmen eines mehrstufigen, vertikal gegliederten Konzerns gebildet werden, wenn diesem ein betriebsverfassungsrechtlich relevanter Spielraum für die bei ihm und für die von ihm abhängigen Unternehmen zu treffenden Entscheidungen verbleibt **(Konzern im Konzern).**[6]

b) Voraussetzungen. Nach § 18 I 1 AktG bilden ein herrschendes und ein oder mehrere abhängige Unternehmen einen sog. Unterordnungskonzern, wenn sie unter der einheitlichen Leitung des herrschenden Unternehmens zusammengefasst sind. Das Konzernverhältnis setzt neben der Abhängigkeit die tatsächliche Einflussnahme des herrschenden Unternehmens auf wesentliche Teile der Unternehmenspolitik der abhängigen Unternehmen voraus. Von einem abhängigen Unternehmen wird nach § 18 I 3 AktG vermutet, dass es mit dem herrschenden Unternehmen einen Konzern bildet. Nach § 17 I AktG sind abhängige Unternehmen rechtlich selbständige Unternehmen, auf die ein anderes Unternehmen (herrschendes Unternehmen) unmittelbar oder mittelbar beherrschenden Einfluss ausüben kann. Der Konzerntatbestand setzt nicht voraus, dass die Konzernleitung durch unmittelbare Weisungen im Einzelfall in die Geschäftsführung der abhängigen Unternehmen eingreift. Die beherrschende Einflussnahme kann durch unterschiedliche Formen der Leitungsausübung erfolgen, zB durch informelle Einflussnahmen in Form von Wünschen, Ratschlägen, Empfehlungen oder Zielvorgaben.[7] Nach § 17 II AktG wird von einem in Mehrheitsbesitz stehenden Unternehmen vermutet, dass es von dem an ihm mit Mehrheit beteiligten Unternehmen abhängig ist. Gehört die Mehrheit der Anteile eines rechtlich selbständigen Unternehmens einem anderen Unternehmen, ist das Unternehmen nach § 16 I AktG ein in Mehrheitsbesitz stehendes Unternehmen. Die **Konzernvermutung ist widerlegt,** wenn das herrschende Unternehmen keine einheitliche Leitung ausübt. Um die Konzernvermutung zu widerlegen, müssen ohne Rücksicht auf die Abhängigkeit des untergeordneten Unternehmens Tatsachen festgestellt werden, aus denen sich ergibt, dass herrschendes und abhängiges Unternehmen nicht einheitlich geleitet werden. Dazu muss für alle wesentlichen Bereiche der Unternehmenspolitik nachgewiesen werden, dass die Unternehmensentscheidungen ohne beherrschende Einflussnahme der Mehrheitsgesellschaft getroffen werden. Es muss feststehen, dass das herrschende Unternehmen die Mittel, die die Ausübung einheitlicher Leitung ermöglichen, nicht zu diesem Zweck einsetzt und dass die Bereiche, in denen die einheitliche Leitung üblicherweise sichtbar wird, ausschließlich und nachhaltig entsprechend dem uneingeschränkten Eigeninteresse des abhängigen Unternehmens gesteuert werden. Nur vereinzelte Einflussnahmen des herrschenden Unternehmens schließen aber die Widerlegung der Konzernvermutung nicht aus.[8] Zur Widerlegung eines beherrschenden Einflusses kommen insbesondere Satzungsregelungen, eine Stimmrechtsbeschränkung aufgrund eines Stimmbindungsvertrages mit einem vom Mehrheitsaktionär unabhängigen Dritten oder ein Entherrschungsvertrag in Betracht. Entscheidend ist stets eine Gesamtschau aller Umstände.[9] Hingegen kann eine unter 50% liegende Beteiligung iVm weiteren verlässlichen Umständen rechtlicher oder tatsächlicher Art eine Abhängigkeit iSd § 17 I AktG begründen, wenn eine mögliche Einflussnahme beständig, umfassend und gesellschaftsrechtlich vermittelt ist.[10] 2

2. Faktischer Konzern. Die Bildung eines KBR ist auch in einem faktischen Konzern zulässig.[11] Ein faktischer Konzern liegt vor, wenn die Abhängigkeit eines oder mehrerer Unter- 3

[3] BAG 27.10.2010 AP Nr. 14 zu § 54 BetrVG 1972 = NZA 2011, 524.
[4] BAG 26.8.2020 – 7 ABR 24/18, zVb; 27.10.2010 AP Nr. 14 zu § 54 BetrVG 1972 = NZA 2011, 524; grundlegend BGH 13.10.1977 NJW 1978, 104.
[5] BAG 9.2.2011 AP Nr. 15 zu § 54 BetrVG 1972 = NZA 2011, 866.
[6] BAG 21.10.1980 AP Nr. 1 zu § 54 BetrVG 1972.
[7] BAG 26.8.2020 – 7 ABR 24/18, zVb.
[8] BAG 26.8.2020 – 7 ABR 24/18, zVb; 15.12.2011 AP Nr. 8 zu § 18 AktG = NZA 2012, 633.
[9] BAG 26.8.2020 – 7 ABR 24/18, zVb; 11.2.2015 AP Nr. 18 zu § 54 BetrVG 1972.
[10] BAG 11.2.2015 AP Nr. 18 zu § 54 BetrVG 1972.
[11] BAG 22.11.1995 AP Nr. 7 zu § 54 BetrVG 1972 = NZA 1996, 1092; LAG BW 6.7.2001 AiB 2002, 110 (umsatzsteuerliche Organschaft ist ausreichend).

nehmen auf dem Mehrheitsbesitz am Gesamtkapital beruht und die Unternehmensleitungen durch langfristige Liefer-, Abnahme-, Lizenzverträge oder ähnliche Beherrschungsmittel gebunden sind. Maßgeblich ist das Vorhandensein von Mitteln, mit dem das herrschende Unternehmen in den abhängigen Unternehmen seine Vorstellungen durchzusetzen vermag.[12] Dagegen liegt noch kein faktischer Konzern vor, wenn eine Bank an einem oder mehreren Unternehmen maßgeblich beteiligt ist, aber eine einheitliche Leitungsmacht nicht ausgeübt wird.

4 **3. Gemeinschaftsunternehmen.** Bei diesem liegen die Voraussetzungen für einen Konzern vor, wenn ein Unternehmen zu zwei Obergesellschaften in einem Abhängigkeitsverhältnis steht.[13] Das gilt auch, wenn die herrschenden Unternehmen paritätisch beteiligt sind und deshalb ein Unternehmen allein keinen beherrschenden Einfluss haben kann. Ein Gemeinschaftsunternehmen kann auch von mehreren gleich geordneten herrschenden Unternehmen abhängig sein, dh in einem Abhängigkeitsverhältnis zu jedem der herrschenden Unternehmen stehen (sog. mehrfache Abhängigkeit von mehreren Mutterunternehmen). Jedoch müssen die Einflussmöglichkeiten der verschiedenen Herrschaftsträger koordiniert sein. Dazu ist es ausreichend, wenn gleich gerichtete Interessen eine gemeinsame Unternehmenspolitik gewährleisten, nicht aber dass ausschließlich aus der gesellschaftsrechtlichen Beteiligung ergebende Rechte ausgeübt werden. Bei Mehrmütterschaft ist für das jeweilige Konzernverhältnis bei jedem der herrschenden Unternehmen jeweils ein KBR zu bilden.[14]

5 **4. Konzernspitze im Ausland.** Der Konzerntatbestand des § 18 I AktG erstreckt sich nicht auf Konzerne, deren Obergesellschaft ihren Sitz im Ausland hat. Ein KBR kann nach der Rspr. nur gebildet werden, wenn das herrschende Unternehmen seinen Sitz im Inland hat oder eine Teilkonzernspitze im Inland besteht.[15] Dies kann zB dann der Fall sein, wenn sich das ausländische herrschende Unternehmen eines im Inland gelegenen herrschenden Unternehmens als Teilkonzernspitze bedient; zur Unternehmensmitbestimmung → § 260 Rn. 2. Ist eine im Ausland lebende natürliche Person „Konzernspitze", ist ein KBR auch zu bilden, wenn diese von einem im Inland gelegenen Büro aus ihre Leitungsmacht ausübt.[16]

6 **5. Errichtung des Konzernbetriebsrats.** Nach § 54 I 1 BetrVG kann für einen Konzern iSv § 18 I AktG durch Beschlüsse der einzelnen GBR ein KBR errichtet werden. Dessen Errichtung erfordert die Zustimmung der GBR der Konzernunternehmen, in denen insgesamt mehr als 50% der AN der Konzernunternehmen beschäftigt sind (§ 54 I 1 BetrVG). Ein KBR in einem Unterordnungskonzern kann auch errichtet werden, wenn nur ein einziger GBR bzw. ein nach § 54 II BetrVG gleichgestellter BR besteht.[17] Für die Errichtung genügt der Beschluss eines GBR oder eines BR, sofern dieser mehr als 50% der AN der Konzernunternehmen repräsentiert. Für die Frage, ob das erforderliche Quorum erreicht ist, kommt es auf die Zahl der AN an, die im Zeitpunkt der Beschlussfassung über die Errichtung des KBR in den im Inland gelegenen Betrieben der Konzernunternehmen beschäftigt sind mit Ausnahme der leitenden Angestellten. Mitgezählt werden auch AN in betriebsratslosen Betrieben.[18] Die Initiative zur Bildung des KBR kann von jedem GBR ausgehen. Die GBR der anderen Unternehmen sind dabei zur Herbeiführung eines Beschlusses über die Bildung eines KBR aufzufordern und haben hierüber eine Abstimmung vorzunehmen. Der KBR ist wie der GBR eine **Dauereinrichtung** ohne feste Amtszeit. Er kann sich nicht selbst auflösen. Allenfalls können seine Mitglieder geschlossen ihr Amt niederlegen. In diesem Fall rücken die Ersatzmitglieder nach. Als fakultatives Organ kann er durch übereinstimmende Beschlüsse der GBR der Konzernunternehmen aufgelöst werden. Die Existenz eines KBR endet, wenn die gesetzlichen Voraussetzungen für seine Errichtung nicht nur vorübergehend

[12] BAG 11.2.2015 AP Nr. 18 zu § 54 BetrVG 1972.
[13] BAG 16.8.1995 AP Nr. 30 zu § 76 BetrVG 1972 = NZA 1996, 274; 30.10.1986 AP Nr. 1 zu § 55 BetrVG 1972.
[14] BAG 11.2.2015 AP Nr. 18 zu § 54 BetrVG 1972; 13.10.2004 AP Nr. 9 zu § 54 BetrVG 1972 = NZA 2005, 647; 30.10.1986 AP Nr. 1 zu § 55 BetrVG 1972.
[15] BAG 23.5.2018 AP Nr. 19 zu § 54 BetrVG 1972 = NZA 2018, 1562; 16.5.2007 AP Nr. 3 zu § 96a ArbGG 1979; 14.2.2007 AP Nr. 13 zu § 54 BetrVG 1972 = NZA 2007, 999; aA *Fitting* BetrVG § 54 Rn. 34; *M. Schmidt* NZA 2020, 492; *Trittin/Gilles* ArbuR 2008, 136; zur Mitbestimmung bei Auslandssachverhalten *Reiter/Sura* ZIP 2020, 252; *Zaumseil* NZA 2019, 1331; *Schumacher* NZA 2015, 587.
[16] HessLAG 20.5.2019 ZIP 2019, 2131.
[17] *Kreutz* NZA 2008, 259 (262 f.).
[18] BAG 29.7.2020 AP Nr. 20 zu § 54 BetrVG 1972 = NZA-RR 2020, 641; 11.8.1993 AP Nr. 6 zu § 54 BetrVG 1972 = NZA 1994, 326.

entfallen.[19] Hauptanwendungsfall ist die Auflösung des Konzernverhältnisses der beteiligten Unternehmen oder die Änderung der Legitimationsbasis des KBR. Der Wechsel der Mehrheitsverhältnisse oder Änderungen des Konzernverbunds berühren seinen Bestand hingegen nicht.[20] Das Fehlen oder der Wegfall der Voraussetzungen des § 54 I BetrVG kann bei Bestehen eines rechtlichen Interesses jederzeit geltend gemacht werden.[21]

II. Organisation und Zuständigkeit

1. Zusammensetzung. Die zu entsendenden Mitglieder werden durch den GBR bzw. den BR (§ 54 II BetrVG) bestimmt. Die Entsendung erfolgt durch Beschluss des GBR nach § 51 III BetrVG bzw. des BR nach § 33 BetrVG. Es bedarf eines gesonderten Beschlusses für jedes zu entsendende Mitglied. Die Mitgliedschaft im KBR wird durch die Beschlussfassung über die Entsendung und die Zustimmung des Betroffenen begründet. Weitere konstitutive Akte sind nicht erforderlich. Mit der Bekanntgabe an den Vorsitzenden des KBR ist aber eine Legitimationswirkung verbunden.[22] Für jedes Mitglied ist erneut durch Beschluss ein Ersatzmitglied zu bestellen und die Reihenfolge des Nachrückens zu bestimmen (§ 55 II BetrVG). Der in einem Gemeinschaftsbetrieb gewählte BR entsendet nicht für jedes konzernangehörige Trägerunternehmen, in dem kein weiterer BR gebildet ist, zwei seiner Mitglieder in den KBR, sondern insgesamt zwei seiner Mitglieder.[23] Durch Tarifvertrag oder Betriebsvereinbarung kann die Mitgliederzahl des KBR abweichend geregelt werden (§ 55 IV BetrVG). 7

2. Stimmengewichtung und Geschäftsführung. Jedem Mitglied des KBR stehen die Stimmen der Mitglieder des entsendenden GBR je zur Hälfte zu (§ 55 III BetrVG). Wegen der Geschäftsführung wird in § 59 II BetrVG auf entsprechende Vorschriften des GBR (→ § 224 Rn. 14) verwiesen.[24] Der KBR kann nach § 59 I, § 37 II BetrVG vom Vertragsarbeitgeber eines seiner Mitglieder dessen generelle (Teil-)Freistellung verlangen, sofern die Freistellung zur ordnungsgemäßen Durchführung der dem KBR obliegenden Aufgaben erforderlich ist.[25] Die Konzern-SBV (§ 180 II SGB IX) kann an allen Sitzungen des KBR beratend teilnehmen (§ 59a BetrVG). 8

3. Beginn und Ende der Mitgliedschaft. In den KBR können nur Mitglieder des GBR bzw. BR entsandt werden. Über die Entsendung entscheidet die entsendenden Gremien durch gesonderten Beschluss. Ein Mitglied des KBR kann wegen grober Pflichtverletzung auf Antrag vom Arbeitsgericht aus dem KBR ausgeschlossen werden (§ 56 BetrVG; → § 219 Rn. 19). Die Mitgliedschaft endet ferner, wenn die Mitgliedschaft zum GBR erlischt, durch Amtsniederlegung oder durch Abberufung durch den GBR (§ 57 BetrVG). 9

4. Zuständigkeit. a) BetrVG. aa) Grundsatz. Der KBR ist zuständig **(1)** für die Behandlung von Angelegenheiten, die den Konzern oder mehrere Konzernunternehmen betreffen und die nicht durch die einzelnen GBR geregelt werden können; seine Zuständigkeit erstreckt sich insoweit auch auf Unternehmen, die einen GBR nicht gebildet haben sowie auf Betriebe der Konzernunternehmen ohne BR (§ 58 I BetrVG); **(2)** für Angelegenheiten, die ihm vom GBR übertragen worden sind (§ 58 II BetrVG). Die Zuständigkeitsregelung ist der des GBR (→ § 226 Rn. 19 ff.) nachgebildet. Erfasst vom Mitbestimmungsrecht des KBR nach § 58 I BetrVG werden dementsprechend Angelegenheiten, bei denen (objektiv) ein zwingendes Erfordernis nach einer konzerneinheitlichen oder zumindest unternehmensübergreifenden Regelung besteht. Ein solches Erfordernis können technische oder rechtliche Umstände begründen. Allein der Wunsch des Konzernarbeitgebers nach einer konzerneinheitlichen oder unternehmensübergreifenden Regelung, sein Kosten- oder Koordinierungsinteresse sowie reine Zweckmäßigkeitsgesichtspunkte genügen nicht, um die Zuständigkeit des KBR zu begründen. Maßgeblich sind stets die konkreten Umstände des Konzerns, seiner Unternehmen und Betriebe.[26] Die Maßnahme muss stets von der Konzern- 10

[19] BAG 23.8.2006 AP Nr. 12 zu § 54 BetrVG 1972.
[20] *Kreutz* FS Birk, 495 (510 ff.); aA BAG 23.8.2006 AP Nr. 12 zu § 54 BetrVG 1972.
[21] BAG 23.8.2006 AP Nr. 12 zu § 54 BetrVG 1972.
[22] BAG 29.7.2020 AP Nr. 20 zu § 54 BetrVG 1972 = NZA-RR 2020, 641.
[23] BAG 29.7.2020 AP Nr. 20 zu § 54 BetrVG 1972 = NZA-RR 2020, 641.
[24] BAG 23.8.2006 AP Nr. 12 zu § 54 BetrVG 1972 (Kostenerstattung bei unwirksamer Errichtung des KBR).
[25] BAG 23.5.2018 AP Nr. 170 zu § 37 BetrVG 1972 = NZA 2018, 1281.
[26] BAG 22.7.2008 AP Nr. 14 zu § 87 BetrVG 1972 = NZA 2008, 1248 (Ethikrichtlinie); enger BAG 19.6.2007 AP Nr. 4 zu § 58 BetrVG 1972 = NZA 2007, 1184 zu freiwilligen Betriebsvereinbarungen.

obergesellschaft unternehmensübergreifend durchführt werden, ansonsten fehlt es an der Zuständigkeit des KBR nach § 58 I BetrVG.[27] Seine Zuständigkeit besteht nicht für Unternehmen, in denen ein BR wegen fehlender Arbeitnehmerzahl (§ 1 I 1 BetrVG) nicht errichtet werden kann. Anders als im Unternehmen (§ 4 II BetrVG) hat der Gesetzgeber keine organisatorische Vorschrift geschaffen, die eine Zusammenrechnung der Arbeitnehmerzahl mehrerer Unternehmen ermöglicht. Handelt der KBR in einer Auftragsangelegenheit für die BR und GBR der konzernangehörigen Unternehmen, ist sein Verhandlungspartner nicht die Konzernobergesellschaft, sondern die jeweiligen AG.[28] Die Leitung der Konzerngesellschaft kann in diesen Fällen nicht zum Abschluss einer Konzernbetriebsvereinbarung verpflichtet werden.[29] Die Unterscheidung zwischen verschiedenen Unternehmen eines Konzern im Rahmen einer Betriebsvereinbarung ist dann nicht am betriebsverfassungsrechtlichen **Gleichbehandlungsgrundsatz** zu messen, wenn sich die von ihr erfassten und die von ihrem Geltungsbereich ausgenommenen Unternehmen nicht in einer vergleichbaren Lage befinden.[30] In einem sog. **öffentlich-privatrechtlichen Mischkonzern** (→ Rn. 1) beschränkt sich die Zuständigkeit des KBR auf die AN und Betriebe der abhängigen privatrechtlich organisierten konzernangehörigen Unternehmen. Die Errichtung eines KBR berührt daher nicht die Mitbestimmung in Betrieben und Verwaltungen eines öffentlich-rechtlich organisierten Trägers;[31] zur Fortgeltung von Konzernbetriebsvereinbarungen bei Umstrukturierungen → § 119 Rn. 25.

11 **bb) Einzelfälle.** Das BAG hat eine Zuständigkeit nach § 58 I BetrVG angenommen für die Ausübung des Mitbestimmungsrechts bei Systemen der betrieblichen Altersversorgung, deren Wirkungskreis sich auf den Konzern erstreckt,[32] und beim Abschluss einer Betriebsvereinbarung über den Datenaustausch im Konzern.[33] Sie fehlt bei einer Videoüberwachung, bei dem nicht nur unternehmensangehörige AN, sondern – wie AN von Drittunternehmen – auch AN von anderen Konzerngesellschaften erfasst werden[34] und für Stellenausschreibungen.[35] Ob eine originäre Zuständigkeit des KBR im Zusammenhang mit Betriebsänderungen nach § 111 BetrVG in Form einer Betriebsschließung und den damit verknüpften Beteiligungsrechten überhaupt eröffnet sein kann, hat das BAG bisher nicht entschieden.[36] Der KBR ist nach § 58 I BetrVG auch zuständig für die zur Bildung eines EBR erforderlichen Maßnahmen, wenn dieser auf Konzernebene zu bilden ist. Zur Vorbereitung der Bildung eines europäischen BR ist es regelmäßig erforderlich, mit ausländischen Arbeitnehmervertretungen im Bereich der EU eine Abstimmung des Verhaltens zu versuchen.[37]

12 **b) Weitere Zuständigkeiten.** Kraft ausdrücklicher gesetzlicher Zuweisung wirkt der KBR mit: **(1)** bei der Bildung des Wahlvorstands (§ 16 III, §§ 17 I, 17a BetrVG); **(2)** bei der Bestellung des Hauptwahlvorstands für die Wahl der Aufsichtsratsmitglieder der AN des herrschenden Unternehmens im Konzern (§ 26 III WO DrittelbG, §§ 2, 4 III der 3. WO MitbestG); **(3)** bei der Entgegennahme eines Antrags auf Abberufung eines Aufsichtsratsmitglieds der AN (§ 39 I Nr. 2 WO DrittelbG, § 88 3. WO MitbestG) und der Anfechtung der Wahl von Aufsichtsratsmitgliedern der AN (§ 22 II Nr. 2 MitbestG); **(4)** bei der Wahl des Hauptwahlvorstands zur Wahl der Aufsichtsratsmitglieder der AN (§ 3 III WO MitbestErgG), bei der Entgegennahme von Anträgen auf Abberufung eines solchen Aufsichtsratsmitglieds nach § 10m MitbestErgG (§ 101 WO MitbestG) und bei der Einleitung des Abberufungsverfahrens durch Bildung eines Hauptwahlvorstands. **(5)** Nach § 1 IV Montan-MitbestG ist ein in einem Montanunternehmen,

[27] BAG 19.12.2017 AP Nr. 49 zu § 87 BetrVG 1972 Überwachung = NZA 2018, 673.
[28] BAG 17.3.2015 AP Nr. 6 zu § 58 BetrVG 1972.
[29] BAG 12.11.1997 AP Nr. 2 zu § 58 BetrVG 1972 = NZA 1998, 497.
[30] BAG 13.12.2016 – 1 AZR 148/15.
[31] BAG 26.8.2020 AP Nr. 21 zu § 54 BetrVG 1972.
[32] BAG 29.1.2008 AP Nr. 13 zu § 87 BetrVG 1972; 14.12.1993 AP Nr. 81 zu § 7 BetrAVG = NZA 1994, 554.
[33] BAG 25.9.2012 AP Nr. 5 zu § 58 BetrVG 1972 = NZA 2013, 275; 20.12.1995 AP Nr. 1 zu § 58 BetrVG 1972 = NZA 1996, 945; zur elektronischen Personalakte: *Diller/Schuster* DB 2008, 928; zu Überwachungseinrichtungen *Bachner/Rupp* NZA 2016, 207.
[34] BAG 26.1.2016 AP Nr. 46 zu § 87 BetrVG 1972 Überwachung = NZA 2016, 498; krit *Hamann/Rudnik* NZA 2016, 1368.
[35] BAG 29.9.2020 AP Nr. 13 zu § 93 BetrVG 1972 = NZA 2021, 68.
[36] Eher nicht BAG 18.7.2017 AP Nr. 58 zu § 113 BetrVG 1972 = NZA 2017, 1618; *Salamon* NZA 2018, 832.
[37] ArbG Hamburg 17.4.1997 ArbuR 1998, 42.

das herrschendes Unternehmen eines Konzerns ist, ohne unter das MitbestErgG zu fallen (§ 2 MitbestErgG), gebildeter KBR Wahlkörper iSd § 6 Montan-MitbestG für die Vertreter der AN und das der Arbeitnehmerseite zuzurechnende weitere Mitglied des Aufsichtsrats (§ 4 Ib Montan-MitbestG). Wenn ein solcher KBR besteht, können auch AN der abhängigen Unternehmen auf die der Belegschaft vorbehaltenen Sitze gewählt werden (§ 6 I Montan-MitbestG). **(6)** Nach § 335 HGB kann der KBR beim Registergericht die Festsetzung eines Zwangsgelds gegen das Unternehmen beantragen, wenn die Mitglieder des vertretungsberechtigten Organs der Konzernspitze ihrer Pflicht zur Aufstellung eines Konzernabschlusses und Konzernlageberichts nicht nachgekommen sind. **(7)** Weitere Zuständigkeiten ergeben sich aus dem EBRG (§ 11 II, 18 II, 23 II, IV EBRG) und der Bildung der Wahlgremien nach § 8 II SEBG, § 8 II SCEBG sowie § 10 II MgVG.

§ 227. Jugend- und Auszubildendenvertretung

Übersicht

I. Wahl der Jugend- und Auszubildendenvertretung

1. Errichtung. a) Wahlberechtigung. Eine **Jugend- und Auszubildendenvertretung** (JAV) ist zu wählen in allen Betrieben, in denen ein BR besteht (arg. § 63 II BetrVG) und in denen idR mindestens fünf AN (§ 5 BetrVG; → § 212 Rn. 5) beschäftigt werden, die das 18. Lebensjahr noch nicht vollendet haben oder die zu ihrer Berufsausbildung beschäftigt sind (§ 60 I BetrVG). Wahlberechtigt sind alle so beschriebenen AN (§ 60 I BetrVG) des Betriebs ohne Rücksicht auf ihre Nationalität. Nicht zum Betrieb gehören die in § 60 I BetrVG genannten AN, wenn einem Dritten nur Räumlichkeiten im Betrieb überlassen werden, in denen der Dritte seine Auszubildenden ausbilden kann und die Auszubildenden dem Weisungsrecht des Betriebsinhabers nicht unterliegen.[1] Werden in einem Konzern die Ausbildungsverträge zentral von einem Unternehmen abgeschlossen, die Ausbildung aber in verschiedenen Betrieben nach Weisung des Ausbildungszentrums durchgeführt, sind die in § 60 I BetrVG genannten AN nur zur JAV des Ausbildungszentrums wahlberechtigt.[2] Die in einem ausschließlichen Ausbildungsbetrieb beschäftigten Auszubildenden gehören nicht zu dessen Belegschaft und sind keine AN des Betriebs iSd § 5 I BetrVG. Sie haben kein Wahlrecht zum BR und zu einer JAV und werden von diesen Gremien nicht vertreten. Sie können nur nach § 51 BBiG eine „besondere Interessenvertretung" wählen.[3] 1

[1] BAG 4.4.1990 AP Nr. 1 zu § 60 BetrVG 1972 = NZA 1990, 315.
[2] BAG 13.3.1991 AP Nr. 2 zu § 60 BetrVG 1972 = NZA 1992, 223.
[3] BAG 13.6.2007 AP Nr. 12 zu § 5 BetrVG 1972 Ausbildung = NZA-RR 2008, 19; zur Mitbestimmung in einem tariflich errichteten Ausbildungsbetrieb: BAG 24.8.2004 AP Nr. 12 zu § 98 BetrVG 1972 = NZA 2005, 371.

2 **b) Wählbarkeit.** Wählbar sind alle AN bis zum vollendeten 25. Lebensjahr oder die zu ihrer Berufsausbildung beschäftigt sind (§ 61 II 1 BetrVG). Die Wählbarkeit hängt nicht von einer bestimmten Dauer der Betriebszugehörigkeit oder der deutschen Staatsangehörigkeit ab. Nicht wählbar sind Mitglieder (Ersatzmitglieder) des BR sowie AN, die infolge strafgerichtlicher Verurteilung die Fähigkeit, Rechte aus öffentlichen Wahlen zu erlangen, nicht besitzen (§ 61 II, § 8 I 3 BetrVG). Ein Mitglied der JAV, das im Laufe der Amtszeit das 25. Lebensjahr vollendet oder sein Berufsausbildungsverhältnis beendet, bleibt bis zum Ende der Amtszeit im Amt (§ 64 III BetrVG). Dagegen darf ein Ersatzmitglied, das im Zeitpunkt des Nachrückens für einen ausgeschiedenen Vertreter das 25. Lebensjahr vollendet hat, wegen seines Alters nicht mehr nachrücken.[4]

3 **2. Zahl der Jugend- und Auszubildendenvertreter.** Die JAV besteht in Betrieben mit im Zeitpunkt des Erlasses des Wahlausschreibens[5] idR bei 5–20 der in § 60 I BetrVG genannten AN aus einem, 21–50 aus drei, 51–150 aus fünf, bei 151–300 aus sieben, 301–500 aus neun, 501–700 aus elf, 701–1000 aus dreizehn und mehr als 1000 aus fünfzehn Jugend- und Auszubildendenvertretern (§ 62 I BetrVG). Ändert sich nach Erlass des Wahlausschreibens die Zahl der in § 60 I BetrVG Genannten, nehmen die neu Eingetretenen an der Wahl teil, die Ausgeschiedenen nicht mehr; die Zahl der zu Wählenden bleibt unverändert. Werden irrtümlich zu viele gewählt, so bleibt es dabei, wenn die Wahl nicht angefochten wird.[6] Die JAV soll sich möglichst aus Vertretern der verschiedenen Beschäftigungsarten und Ausbildungsberufe der im Betrieb tätigen, in § 60 I BetrVG genannten AN zusammensetzen (§ 62 II BetrVG). Die Geschlechter müssen in der JAV entsprechend ihrem zahlenmäßigen Verhältnis vertreten sein, wenn diese aus mindestens drei Mitgliedern besteht (§ 62 III BetrVG).

4 **3. Wahlgrundsätze. a) Anwendbare Vorschriften.** Die JAV wird in geheimer und unmittelbarer Wahl gewählt (§ 63 I BetrVG). Die Wahl ist an die des BR angepasst. Nach § 63 II BetrVG sind die Vorschriften des § 14 II–V BetrVG anzuwenden. Regelwahl für die JAV ist die **Verhältniswahl.** Sie erfolgt in Betrieben mit bis zu 100 AN (§§ 63 II, 14 II, 14a BetrVG) nach den Grundsätzen der Mehrheitswahl oder wenn nur ein Wahlvorschlag eingereicht ist. Das in Kleinbetrieben für die Betriebsratswahl geltende vereinfachte Wahlverfahren (§ 14a BetrVG) gilt auch für die Wahl der JAV, wenn nur ein oder drei Jugend- und Auszubildendenvertreter zu wählen sind, in Betrieben mit 101–200 der in § 60 I BetrVG genannten AN können Wahlvorstand und AG seine Anwendung vereinbaren.

5 **b) Wahlvorstand.** Spätestens acht Wochen vor Ablauf der Amtszeit der JAV bestellt der BR den Wahlvorstand und seinen Vorsitzenden (§ 63 II 1 BetrVG). Die Bestellung von Ersatzmitgliedern ist zulässig. Wird der Wahlvorstand nicht oder nicht spätestens sechs Wochen vor Ablauf der Amtszeit der JAV bestellt oder kommt ein Wahlvorstand seiner Verpflichtung nicht nach, bestellt ihn das Arbeitsgericht auf Antrag. Der Antrag kann auch von jugendlichen AN gestellt werden (§ 63 III BetrVG). Die Möglichkeit zur Bestellung eines Wahlvorstands besteht in diesem Fall auch für den GBR bzw. KBR, da § 16 III 1 BetrVG entsprechend gilt. Wird die JAV nach §§ 63 IV 1, 14a BetrVG gewählt, sind die Fristen zur Bestellung des Wahlvorstands durch den BR auf vier Wochen und im Fall seiner oder bei Untätigkeit des Wahlvorstands auf drei Wochen verkürzt (§ 63 IV 2 BetrVG).

6 **4. Amtszeit.** Die regelmäßige Amtszeit beträgt zwei Jahre beginnend mit der Bekanntgabe des Wahlergebnisses, oder wenn zu diesem Zeitpunkt noch eine JAV besteht, mit Ablauf von deren Amtszeit (§ 64 II BetrVG). Die regelmäßigen Wahlen finden alle zwei Jahre in der Zeit vom 1.10. bis 30.11. statt. Der Wahlturnus weicht von dem des BR ab, damit die Gewerkschaften entlastet werden und der jeweils neu gewählte BR den Wahlvorstand bestellen kann. Die Amtszeit einer JAV endet spätestens am 30.11. eines Jahres, in dem die regelmäßigen Wahlen stattfinden (§ 64 II BetrVG). Das Amt eines Jugend- und Auszubildendenvertreters, der gleichzeitig Ersatzmitglied des BR ist, endet mit seiner Sitzungsteilnahme für ein verhindertes Betriebsratsmitglied.[7]

[4] LAG Düsseldorf 13.10.1992 NZA 1993, 474.
[5] BAG 22.11.1984 AP Nr. 1 zu § 64 BetrVG 1972 = NZA 1985, 715.
[6] BAG 14.1.1972 AP Nr. 2 zu § 20 BetrVG Jugendvertreter.
[7] BAG 22.8.1979 AP Nr. 6 zu § 78a BetrVG 1972.

5. Wahlanfechtung. Die Wahl zur JAV kann nach § 19 BetrVG angefochten werden. Am gerichtlichen Wahlanfechtungsverfahren ist der BR zu beteiligen.[8] 7

II. Geschäftsführung der Jugend- und Auszubildendenvertretung

Die Geschäftsführung der JAV ist weitgehend in Anlehnung an die des BR geregelt (§ 65 BetrVG; → § 220 Rn. 1). Sie kann im Interesse einer größeren Effizienz ihrer Arbeit Ausschüsse (§ 28 BetrVG) bilden. Die JAV kann unmittelbar gegenüber dem AG keine wirksamen **Beschlüsse** fassen.[9] Die notwendigen **Sachkosten** der JAV sind Teil der Betriebsratskosten und vom AG zu tragen.[10] Die Kosten der Hinzuziehung eines Anwalts richten sich nach allgemeinen Grundsätzen (→ § 222 Rn. 3).[11] Kein Kostenerstattungsanspruch aus § 40 I BetrVG besteht, wenn ein Mandatsträger lediglich seine individualrechtlichen Interessen gegenüber dem AG wahrnimmt. Anwaltskosten eines Mitglieds der JAV im Verfahren nach § 78a BetrVG sind daher nicht erstattungsfähig.[12] Auch die Hinzuziehung eines Sachverständigen durch die JAV ist nicht möglich. Ein minderjähriger Jugend- und Auszubildendenvertreter ist für das Beschlussverfahren insoweit **verfahrensfähig,** wie er eigene oder Rechte der JAV wahrnimmt.[13] 8

III. Aufgaben der Jugend- und Auszubildendenvertretung

1. Aufgaben. a) Unterrichtungsrecht. Das Gesetz regelt in Anlehnung an die Betriebsratsaufgaben (§ 80 BetrVG) auch diejenigen der JAV (§ 70 BetrVG). Damit diese ihre Aufgaben sachgemäß durchführen kann, hat der BR unaufgefordert die JAV rechtzeitig und umfassend zu unterrichten und ihr auf Verlangen die erforderlichen **Unterlagen** zur Verfügung zu stellen (§ 70 II BetrVG). Die Unterrichtungspflicht bezieht sich nicht auf Betriebs- oder Geschäftsgeheimnisse, die von dem AG als geheimhaltungsbedürftig bezeichnet werden (arg. § 79 BetrVG). Die Vorlagepflicht erstreckt sich auf solche Unterlagen, die dem BR überlassen worden sind und von der JAV gebraucht werden. Hierzu gehören die erforderlichen Rechtsvorschriften, Berichte der zuständigen Behörden über die in § 60 I BetrVG genannten AN betreffende Fragen, Ausbildungspläne usw. Die Vorlagepflicht beinhaltet auch die Überlassung für vorübergehende Zeit, wenn die JAV sonst nicht angemessen arbeiten kann. Ein eigenes Informationsrecht gegenüber dem AG hat die JAV hingegen nicht. 9

b) Besondere Aufgaben. Zu den Aufgaben der JAV gehört es, **(1)** Maßnahmen, die den in § 60 I BetrVG genannten AN dienen, beim BR zu beantragen (§ 70 I Nr. 1 BetrVG); hierzu gehören zB Fragen der Arbeitszeit, besondere Sozialleistungen oder Sozialeinrichtungen (Einrichtung von Aufenthaltsräumen, Sport- und Musikabteilungen usw.), Urlaubsregelungen, Ausbildungsmaßnahmen und die **Übernahmemöglichkeiten** nach Abschluss der Ausbildung. Voraussetzung ist aber, dass der BR für die Angelegenheit zuständig ist; **(2)** Maßnahmen zur Durchsetzung der tatsächlichen **Gleichstellung** der in § 60 I BetrVG genannten AN entsprechend § 80 I Nr. 2a, 2b BetrVG beim BR zu beantragen (§ 70 I Nr. 1a BetrVG); **(3)** darüber zu wachen, dass die zugunsten der in § 60 I BetrVG genannten AN geltenden Gesetze, VO, Unfallverhütungsvorschriften, Tarifverträge und Betriebsvereinbarungen durchgeführt werden (§ 70 I Nr. 2 BetrVG). Das **Überwachungsrecht** entspricht dem des BR (§ 80 I Nr. 1 BetrVG). Die Überwachung erstreckt sich nicht nur auf die typischen „Jugendarbeitsschutzgesetze", sondern auf sämtliche Vorschriften, die auch dem Schutz der in § 60 I BetrVG genannten AN dienen. Aufgrund des Überwachungsrechts wird die JAV nicht zu einem Kontrollorgan mit eigenen Kontrollgängen und Inspektionen; vielmehr bedarf sie für die Durchführung von Kontrollmaßnahmen (Betriebsbesichtigungen) der Zustimmung des BR. Für die Zustimmung bedarf es keiner konkreten Verdachtsmomente. Sie kann nicht pauschal erteilt werden, sondern nur für den konkreten Einzelfall;[14] **(4) Anregungen** der in § 60 I BetrVG genannten AN, insbesondere in Fragen der Berufsbildung, entgegenzunehmen und, falls sie berechtigt erscheinen, beim BR auf eine Erledigung hinzuwirken. Die im Einzelnen Betroffenen der in § 60 I BetrVG genannten AN sind über den Stand und das Ergebnis der Bemühungen zu informieren. Zur Ermittlung der 10

[8] BAG 20.2.1986 AP Nr. 1 zu § 63 BetrVG 1972 = NZA 1987, 105.
[9] BAG 20.11.1973 AP Nr. 1 zu § 65 BetrVG 1972.
[10] BAG 30.3.1994 AP Nr. 42 zu § 40 BetrVG 1972 = NZA 1995, 283.
[11] BAG 18.1.2012 AP Nr. 108 zu § 40 BetrVG 1972 = NZA 2012, 683.
[12] BAG 5.4.2000 AP Nr. 33 zu § 78a BetrVG 1972 = NZA 2000, 1178.
[13] ArbG Lübeck 12.12.1996 ZBVR 1997, 12.
[14] BAG 21.1.1982 AP Nr. 1 zu § 70 BetrVG 1972.

die in § 60 I BetrVG genannten AN interessierenden Fragen können auch Fragebogenaktionen durchgeführt werden, sofern Betriebsablauf und Betriebsfrieden nicht gestört werden;[15] **(5)** die **Integration** ausländischer, in § 60 I BetrVG genannter AN im Betrieb zu fördern und entsprechende Maßnahmen beim BR zu beantragen (§ 70 I Nr. 4 BetrVG).

11 **c) Beschlussfassung.** Die JAV hat über die jeweilige Einschaltung des BR einen Beschluss zu fassen. Ist hiervon der BR unterrichtet worden, hat dieser die Angelegenheit in einer Betriebsratssitzung unter Teilnahme der JAV zu behandeln.

12 **2. Rechtsstellung.** Die JAV ist weder ein vom BR unabhängiges Mitbestimmungsorgan, noch hat sie eigene im Beschlussverfahren durchsetzbare Mitbestimmungs- oder Antragsrechte.[16] Ihr stehen vor allem Überwachungs- und Beratungsrechte zu.[17] Sie kann: **(a)** Nach Verständigung (also auch ohne Zustimmung) des BR **Sitzungen abhalten.** Für die Sitzungen gilt § 29 BetrVG, der die Einberufung der Sitzung des BR regelt, entsprechend (§ 65 II BetrVG). An den Sitzungen kann der Betriebsratsvorsitzende oder ein beauftragtes Betriebsratsmitglied teilnehmen (§ 65 II 2 BetrVG). Das Teilnahmerecht entspricht dem des Jugend- und Auszubildendenvertreters an den Betriebsratssitzungen (§ 67 I BetrVG). Durch die wechselseitige Teilnahme soll eine Koordinierung der Arbeit erreicht werden. **(b)** Zu allen Betriebsratssitzungen (dagegen nicht zu den Ausschüssen, §§ 27, 28 BetrVG) einen Vertreter entsenden (§ 67 I BetrVG). Werden Angelegenheiten behandelt, die besonders die in § 60 I BetrVG genannten AN betreffen, hat die gesamte JAV ein **Teilnahmerecht** (§ 67 I BetrVG). **Besonders betroffen** werden die in § 60 I BetrVG genannten AN, wenn Angelegenheiten behandelt werden, die für sie spezifisch sind (qualitative Betrachtungsweise). Die JAV soll die ihren besonderen Interessen dienenden Argumente oder Einwände vorbringen können, um dem BR eine umfassend abgewogene Entscheidung zu ermöglichen. Umstritten, aber zu verneinen ist, ob der BR die JAV ausschließen kann, wenn etwa das Verhältnis zur JAV zur Diskussion steht. **(c)** Das **Stimmrecht** im BR ausüben, soweit die zu fassenden Beschlüsse überwiegend die in § 60 I BetrVG genannten AN betreffen (§ 67 II BetrVG). **Überwiegend** werden die Belange dieser AN dann betroffen, wenn bei Abwägung mit den Interessen anderer Beschäftigter die Interessen der in § 60 I BetrVG genannten AN größeres Gewicht haben. Bei dieser Abwägung ist von Bedeutung, ob die jeweiligen Interessen unmittelbar oder nur mittelbar berührt sind.[18] Jedoch ist eine rein quantitative Betrachtungsweise nicht geboten. Das volle Stimmrecht wird sich vor allem auf Fragen der Ausbildung mit kollektivem Charakter erstrecken, denn nach der Vorstellung des Gesetzes soll sich die JAV vor allem auf diesem Gebiet betätigen. **(d)** Beim BR beantragen, Angelegenheiten, die besonders die in § 60 I BetrVG genannten AN betreffen, auf die nächste **Tagesordnung** zu setzen (§ 67 III BetrVG). **(e)** An **Besprechungen** des BR mit dem AG **teilnehmen,** wenn Angelegenheiten behandelt werden, die besonders die in § 60 I BetrVG genannten AN betreffen (§ 68 BetrVG). **(f)** In Betrieben mit mehr als 50 der in § 60 I BetrVG genannten AN **Sprechstunden** während der Arbeitszeit einrichten. Zeit und Ort der Sprechstunden sind mit dem AG und dem BR zu vereinbaren. Notfalls entscheidet die Einigungsstelle. An den Sprechstunden kann der Betriebsratsvorsitzende oder ein beauftragtes Betriebsratsmitglied teilnehmen (§ 69 BetrVG). **(g)** Die **Aussetzung** eines Betriebsratsbeschlusses beantragen, wenn die Mehrheit der JAV erachtet, dass durch ihn wichtige Interessen der in § 60 I BetrVG genannten AN erheblich beeinträchtigt werden (§ 66 BetrVG).

IV. Rechte der Jugend- und Auszubildendenvertreter

13 **1. Rechtsstellung.** Die Jugend- und Auszubildendenvertreter, der Wahlvorstand und die Wahlbewerber genießen wie die Betriebsratsmitglieder einen besonderen **Kündigungsschutz** (§ 15 KSchG; → § 143 Rn. 5).[19] Besonderen Kündigungsschutz genießen auch zeitweilig in die JAV nachgerückte Ersatzmitglieder oder vorzeitig ausgeschiedene Mitglieder der JAV.[20]

14 **2. Weiterbeschäftigung durch den Arbeitgeber (§ 78a I BetrVG). a) Geschützter Personenkreis.** Nach § 78a I BetrVG hat der AG wenn er einen Auszubildenden, der Mitglied der JAV, des BR, der Bordvertretung oder des Seebetriebsrats ist oder vor Ablauf eines Jahres war, nicht in ein unbefristetes Arbeitsverhältnis übernehmen will, dem Amtsträger dies drei Monate

[15] BAG 8.2.1977 AP Nr. 10 zu § 80 BetrVG 1972.
[16] BAG 21.1.1982 AP Nr. 1 zu § 70 BetrVG 1972; 8.2.1977 AP Nr. 10 zu § 80 BetrVG 1972.
[17] BAG 20.11.1973 AP Nr. 1 zu § 65 BetrVG 1972.
[18] BVerwG 8.7.1977 Buchholz 238.3A § 40 BPersVG Nr. 1.
[19] Vgl. BAG 11.12.1975 AP Nr. 1 zu § 15 KSchG 1969.
[20] BAG 15.1.1980 AP Nr. 8 zu § 78a BetrVG 1972; 21.8.1979 AP Nr. 6 zu § 78a BetrVG 1972.

vor Beendigung des Ausbildungsverhältnisses schriftlich mitzuteilen hat. Die Vorschrift findet auch Anwendung auf vorübergehend nachgerückte Ersatzmitglieder, sofern das Berufsausbildungsverhältnis innerhalb eines Jahres nach dem Vertretungsfall erfolgreich abgeschlossen wird und der Auszubildende innerhalb von drei Monaten vor der Beendigung des Ausbildungsverhältnisses seine Weiterbeschäftigung schriftlich verlangt.[21] Nicht erfasst werden Mitglieder des Wahlvorstands und erfolglose Wahlbewerber. Der Schutz nach § 78a BetrVG der ordentlichen Mitglieder beginnt mit dem Erwerb der Mitgliedschaft in der JAV, also mit dem Abschluss der Stimmauszählung;[22] dies gilt auch, wenn die Mitgliedschaft erst kurz vor dem Ende der Ausbildung erworben oder die Abschlussprüfung nach Beendigung der Ausbildungszeit abgelegt wird.[23] Der Begriff des Auszubildenden ist in § 78a BetrVG nicht ausdrücklich definiert. Die Vorschrift orientiert sich an den Begriffsbestimmungen des BBiG.[24] Sie verwendet nicht die in § 5 I BetrVG zur Bestimmung des betriebsverfassungsrechtlichen Arbeitnehmerbegriffs enthaltene Formulierung „der zu ihrer Berufsausbildung Beschäftigten". Deshalb hat der Personenkreis iSd § 5 I BetrVG nicht ohne weiteres den Schutz des § 78a BetrVG. Erforderlich ist das Vorliegen einer **Ausbildung iSd BBiG.** Allerdings ist § 78a BetrVG nicht nur auf die Berufsausbildungsverhältnisse iSv § 1 II, § 4 BBiG beschränkt; die Vorschrift ist auch auf andere Vertragsverhältnisse iSv § 26 BBiG anzuwenden, die keine Arbeitsverhältnisse sind, soweit diese aufgrund eines Tarifvertrags oder einer vertraglichen Vereinbarung eine geordnete Ausbildung von mindestens zwei Jahren vorsehen.[25] Erfasst werden daher zB Umschüler in einem anerkannten Ausbildungsberuf und Redaktionsvolontäre. Eine weitergehende Erstreckung des Geltungsbereichs auf Praktikanten und sonstige Volontäre[26] ist dagegen nicht möglich. Ein Auszubildender, der einen Ausbildungsvertrag mit einem Träger einer überbetrieblichen Ausbildung geschlossen hat, hat gegen den AG des Betriebs, in dem er ein betriebliches Praktikum absolviert hat und dort in die JAV gewählt worden ist, keinen Anspruch auf Übernahme nach § 78a BetrVG.[27]

b) Mitteilung der Nichtübernahme. Die Mitteilung des AG nach § 78a I BetrVG muss 15
drei Monate vor Ablauf der Befristung und, sofern infolge vorzeitiger Ablegung der Prüfung ein früheres Ende abzusehen ist, drei Monate vor diesem Zeitpunkt erfolgen. Zweck der Mitteilung ist es, den Auszubildenden zu veranlassen, sich rechtzeitig um eine andere Stelle zu bemühen. Bestehen in einem Betrieb Auswahlrichtlinien für die Übernahme von Auszubildenden, kann anhand dieser überprüft werden, ob die Ablehnung, rechtswirksam ist.[28] Da der Auszubildende die Ablehnungsgründe nur angemessene Zeit vor dem Ende des Ausbildungsverhältnisses einschätzen kann, darf die Zeitspanne auch nicht wesentlich länger als drei Monate sein. Unterlässt der AG die Mitteilung, wird er uU schadensersatzpflichtig. Indes geht das Ausbildungsverhältnis ohne ein ausdrückliches Weiterbeschäftigungsverlangen des Auszubildenden nicht automatisch in ein Arbeitsverhältnis über[29] (arg. § 78a V BetrVG).

3. Weiterbeschäftigungsverlangen des Auszubildenden (§ 78a II BetrVG). 16
a) Inhalt. Nach § 78a II 1 BetrVG gilt zwischen einem Auszubildenden, der Mitglied eines der in § 78a I BetrVG genannten Betriebsverfassungsorgane ist, und dem AG im Anschluss an das Berufsausbildungsverhältnis ein Arbeitsverhältnis auf unbestimmte Zeit als begründet, wenn der Auszubildende in den letzten drei Monaten vor Beendigung des Berufsausbildungsverhältnisses vom AG schriftlich die Weiterbeschäftigung verlangt. Die in § 78a BetrVG enthaltene Übernahmeverpflichtung soll die Ämterkontinuität der in § 78a I BetrVG genannten Arbeitnehmervertretungen gewährleisten und den Amtsträger vor nachteiligen Folgen bei seiner Amtsführung während des Berufsausbildungsverhältnisses schützen. Die Vorschrift stellt eine besondere gesetzliche Ausformung des betriebsverfassungsrechtlichen Benachteiligungsverbots von Amtsträgern in § 78 BetrVG dar. Für die Berechnung der Drei-Monats-Frist des § 78a II BetrVG ist auf den Zeitpunkt der Bekanntgabe des Prüfungsergebnisses der Abschlussprüfung abzustellen.[30] Das Übernahmeverlangen kann vor oder nach der Nichtver-

---

[21] BAG 13.3.1986 AP Nr. 3 zu § 9 BPersVG = NZA 1986, 836; AP Nr. 2 zu § 9 BPersVG; enger BVerwG 28.2.1990 AP Nr. 8 zu § 9 BPersVG; 25.6.1986 NJW 1987, 669.
[22] BAG 22.9.1983 AP Nr. 11 zu § 78a BetrVG 1972.
[23] LAG BW 13.10.1977 AP Nr. 4 zu § 78a BetrVG 1972.
[24] BAG 1.12.2004 NZA 2005, 779; 23.6.1983 AP Nr. 10 zu § 78a BetrVG 1972.
[25] BAG 17.6.2020 AP Nr. 58 zu § 78a BetrVG 1972 = NZA 2020, 1723 (duales Studium).
[26] BAG 1.12.2004 NZA 2005, 779.
[27] BAG 17.8.2005 – 7 AZR 553/04.
[28] BAG 5.4.1984 AP Nr. 2 zu § 17 BBiG = NZA 1985, 329.
[29] BAG 31.10.1985 AP Nr. 15 zu § 78a BetrVG 1972 = NZA 1986, 401.
[30] BAG 31.10.1985 AP Nr. 15 zu § 78a BetrVG 1972 = NZA 1986, 401.

längerungsmitteilung des AG erfolgen und bedarf keiner Begründung. Es darf allerdings nicht vor Anlauf der Drei-Monats-Frist des § 78a I 1 BetrVG gestellt werden und muss vom Auszubildenden unterschrieben werden.[31] Ein Verzicht auf die Rechte aus § 78a II BetrVG ist erst innerhalb der letzten 3 Monate möglich.[32]

17 **b) Rechtsfolge.** Stellt der Auszubildende ein wirksames Übernahmeverlangen, entsteht ein unbefristetes (gesetzliches) Vollzeitarbeitsverhältnis in seinem Ausbildungsberuf, das allerdings unter der aufschiebenden Bedingung steht, dass der Auszubildende die Abschlussprüfung besteht. Die Übernahme in ein lediglich befristetes Arbeitsverhältnis bedarf einer besonderen vertraglichen Vereinbarung.[33] Umstritten ist, ob auch ein **Minderjähriger** rechtswirksam die Begründung des Arbeitsverhältnisses verlangen kann. Da er bei Begründung des Ausbildungsverhältnisses durch seine gesetzlichen Vertreter vertreten wurde, fehlt es regelmäßig an der Ermächtigung zum Abschluss eines Arbeitsvertrags (§ 113 BGB). Allerdings kann der gesetzliche Vertreter nachträglich der Erklärung des Minderjährigen zustimmen[34] (§ 108 BGB).

18 **c) Angebot einer anderweitigen Beschäftigung.** Ist ein Auszubildender (hilfsweise) bereit, zu anderen als den sich aus § 78a BetrVG ergebenden Arbeitsbedingungen (→ Rn. 17) in ein Arbeitsverhältnis übernommen zu werden, hat er dies dem AG unverzüglich nach dessen Erklärung nach § 78a I BetrVG, spätestens mit seinem Übernahmeverlangen nach § 78a II BetrVG, mitzuteilen. Dem AG muss ausreichend Zeit für die Prüfung des Weiterbeschäftigungsverlangens und ggf. die Durchführung des Beteiligungsverfahrens nach § 99 I BetrVG verbleiben. Eine erst im Entbindungsverfahren (→ Rn. 19) abgegebene Erklärung genügt daher nicht. Die Mitteilung muss einen oder mehrere Arbeitsplätze konkret bezeichnen, sodass der AG erkennen kann, unter welchen Bedingungen der Auszubildende zu einer Weiterarbeit bereit ist; zur Entbindungsmöglichkeit des AG → Rn. 21b.

19 **4. Entbindung von der Weiterbeschäftigung (§ 78a IV BetrVG). a) Voraussetzungen.** Der AG kann nach § 78a IV BetrVG vor Beendigung des Berufsausbildungsverhältnisses Feststellung beantragen, dass ein Arbeitsverhältnis nicht begründet worden ist (Nr. 1) oder – nach bestandener Abschlussprüfung – ein bereits begründetes Arbeitsverhältnis wieder aufzulösen ist (Nr. 2). Der Antrag ist jeweils begründet, wenn Tatsachen vorliegen, aufgrund derer dem AG unter Berücksichtigung aller Umstände eine Weiterbeschäftigung nicht zugemutet werden kann. Die Vorschrift ist zwar § 626 BGB nachgebildet.[35] Die Zumutbarkeitsbegriffe in § 626 I BGB und in § 78a IV BetrVG sind aber inhaltlich nicht identisch, da die eine Norm die Nichteinhaltung der Kündigungsfrist (§ 626 I BGB) betrifft, während § 78a BetrVG die Begründung eines Arbeitsverhältnisses regelt. Bei der Auflösung des nach § 78a II 1 BetrVG entstandenen Arbeitsverhältnisses ist maßgeblich, ob dem AG die Beschäftigung des Amtsträgers in einem unbefristeten Arbeitsverhältnis zumutbar ist.[36] So wird dem AG bei einem schwerwiegenden Fehlverhalten des Auszubildenden gegen Ende seiner Ausbildungszeit vielfach eine nur noch kurzfristige Aufrechterhaltung des Ausbildungsverhältnisses eher zuzumuten sein als die Begründung eines unbefristeten Arbeitsverhältnisses. Gleichwohl ist auch bei der Übernahme nach § 78a BetrVG eine Prognoseentscheidung zu treffen. Ein auf tariflicher Grundlage entstandenes Arbeitsverhältnis kann nicht nach § 78a IV 1 Nr. 2 BetrVG aufgelöst werden.[37]

20 **b) Prüfungsmaßstab.** Die Zumutbarkeitsprüfung erfolgt in zwei Stufen. Dem AG ist die Übernahme **zumutbar,** wenn **(1)** die ausbildungsgerechte Beschäftigung[38] des ehemaligen Auszubildenden im Ausbildungsbetrieb im Rahmen eines unbefristeten[39] Vollzeitarbeitsverhältnisses[40] möglich ist. Ist dies nicht der Fall (zu den Gründen → Rn. 21 f.), kann sich der

[31] BAG 5.12.2012 AP Nr. 56 zu § 78a BetrVG 1972 = NZA-RR 2013, 241; 15.12.2011 AP Nr. 55 zu § 78a BetrVG 1972 = NZA-RR 2012, 413 (vorfristige Geltendmachung ist unwirksam).
[32] HessLAG 9.8.1974 BB 1975, 1205.
[33] BAG 24.7.1991 AP Nr. 23 zu § 78a BetrVG 1972 = NZA 1992, 174.
[34] APS/*Künzl* BetrVG § 78a Rn. 64 f.; aA *Fitting* BetrVG § 78a Rn. 26.
[35] BAG 16.1.1979 AP Nr. 5 zu § 78a BetrVG 1972.
[36] BAG 18.9.2019 AP Nr. 57 zu § 78a BetrVG 1972 = NZA 2020, 329; 6.11.1996 AP Nr. 26 zu § 78a BetrVG 1972 = NZA 1997, 783.
[37] BAG 8.9.2010 AP Nr. 54 zu § 78a BetrVG 1972 = NZA 2011, 221.
[38] Vgl. LAG Köln 28.8.1996 LAGE § 78a BetrVG 1972 Nr. 14.
[39] BAG 6.11.1996 AP Nr. 26 zu § 78a BetrVG 1972 = NZA 1997, 783; 24.7.1991 AP Nr. 23 zu § 78a BetrVG 1972 = NZA 1992, 174; 16.1.1979 AP Nr. 5 zu § 78a BetrVG 1972.
[40] BAG 13.11.1987 AP Nr. 18 zu § 78a BetrVG 1972 = NZA 1989, 439.

AG von einem durch ein form- und fristgerecht gestelltes Weiterbeschäftigungsverlangen begründetes Arbeitsverhältnis (§ 78a II BetrVG) durch einen Auflösungsantrag lösen. Ist die Weiterbeschäftigung nur zu anderen Voraussetzungen (Beschäftigung im Ausbildungsberuf, unbefristet und in Vollzeit) möglich, **(2)** hängt die Übernahmepflicht des AG von einer ordnungsgemäßen Bereitschaftserklärung des Auszubildenden ab. Die Weiterbeschäftigung zu geänderten Bedingungen ist dem AG nur zumutbar, wenn sich das Mitglied der in § 78a I BetrVG genannten Arbeitnehmervertretungen unverzüglich nach der Nichtübernahmemitteilung des AG (→ Rn. 14) ordnungsgemäß dazu bereit erklärt hat (→ Rn. 16). Ist dies der Fall, muss der AG prüfen, ob ihm die angetragene Weiterbeschäftigung zu geänderten Bedingungen möglich und zumutbar ist. Dies ist zB der Fall, wenn er andere Auszubildende in entsprechende Arbeitsverhältnisse übernimmt. Kommt nach der Bereitschaftserklärung des Auszubildenden ein Arbeitsverhältnis zustande, wird hierdurch das nach § 78a II BetrVG entstandene Arbeitsverhältnis aufgehoben. Für die Frage der Weiterbeschäftigungsmöglichkeit ist bei beiden Prüfungsschritten nur auf den Betrieb und nicht auf das Unternehmen abzustellen.[41] Übersteigt die Anzahl der Weiterbeschäftigungsverlangen die zur Verfügung stehenden Arbeitsplätze, muss der AG unter den Amtsträgern eine **Auswahlentscheidung** nach § 315 BGB treffen. Hat er dies versäumt, kann er sich im anschließenden Verfahren auf die zu geringe Anzahl der Weiterbeschäftigungsmöglichkeiten nicht berufen.[42] Bei einem gemeinsamen Betrieb ist für die Unzumutbarkeit der Weiterbeschäftigung nicht auf den Vertragspartner des Auszubildenden, sondern auf den Bereich der verbundenen Unternehmen abzustellen.[43]

c) **Personen- und verhaltensbedingte Gründe.** Die Unzumutbarkeit der Beschäftigung kann sich aus Gründen ergeben, die in der Person oder dem Verhalten des Auszubildenden liegen.[44] Die **Qualifikation des Auszubildenden** führt nur zu einer Unzumutbarkeit, wenn dieser für die in Betracht kommenden Arbeitsplätze fachlich oder persönlich nicht geeignet ist. Eine im Vergleich nur schlechtere (fachliche) Qualifikation gegenüber anderen übernommenen Auszubildenden ist nicht ausreichend. Nach Auffassung des BVerwG ist dem öffentlichen AG die Weiterbeschäftigung bereits dann unzumutbar, wenn andere Bewerber um diesen Arbeitsplatz objektiv wesentlich fähiger und geeigneter sind als der Jugend- und Auszubildendenvertreter.[45] Ein **Fehlverhalten des Auszubildenden** führt nur dann zur Unzumutbarkeit der Weiterbeschäftigung, wenn es sich als grobe Verletzung der Ausbildungspflichten darstellt, das die Befürchtung rechtfertigt, der Auszubildende werde auch in seinem Arbeitsverhältnis in grober Weise gegen seine Pflichten aus dem Arbeitsvertrag verstoßen. In Betracht kommen etwa Straftaten, Tätlichkeiten, beharrliche Arbeitsverweigerung, hartnäckige unberechtigte Arbeitsversäumnis, schwere Verstöße gegen die betriebliche Ordnung oÄ.[46] Unbeachtlich ist, wie lange diese dem AG bereits bekannt waren und warum er diese ggf. nicht zum Anlass für eine außerordentliche Kündigung des Ausbildungsverhältnisses genommen hat, insoweit findet die Frist des § 626 II BGB keine Anwendung.[47] Der Auflösung des Arbeitsverhältnisses steht nicht entgegen, dass der AG den Auszubildenden im Berufsausbildungsverhältnis wegen eines pflichtwidrigen Verhaltens bereits eine Abmahnung erteilt hatte; die Unzumutbarkeit der Weiterbeschäftigung kann vielmehr mit den abgemahnten Vorgängen begründet werden.[48] Nach dem Zweck der Vorschrift können aber nur solche Tatsachen die Ablehnung der Weiterbeschäftigung rechtfertigen, die mit der Tätigkeit in den Betriebsverfassungsorganen nicht im Zusammenhang stehen. Berücksichtigt werden können alle Tatsachen, die bis zum Abschluss des Verfahrens in der 2. Instanz eintreten.[49] 21

d) **Betriebsbedingte Gründe.** Neben personen- und verhaltensbedingten Gründen können auch betriebliche Gründe die Auflösung des kraft Gesetzes entstandenen Arbeitsverhältnisses rechtfertigen. Die Fortsetzung des nach § 78a II BetrVG begründeten Arbeitsverhältnisses ist dem AG aus betrieblichen Gründen unzumutbar, wenn er keinen andauernden Bedarf für die Beschäftigung 21a

41 BAG 15.11.2006 AP Nr. 38 zu § 78a BetrVG 1972; 12.11.1997 AP Nr. 31 zu § 78a BetrVG 1972 = NZA 1998, 1057; 6.11.1996 AP Nr. 26 zu § 78a BetrVG 1972 = NZA 1997, 783.
42 BAG 16.7.2008 AP Nr. 50 zu § 78a BetrVG 1972 = NZA 2009, 202.
43 ArbG Bayreuth 21.2.2002 ArbuR 2002, 238.
44 BAG 15.12.1983 AP Nr. 12 zu § 78a BetrVG 1972; 16.1.1979 AP Nr. 5 zu § 78a BetrVG 1972.
45 BVerwG 17.5.2000 AP Nr. 15 zu § 9 BPersVG = PersR 2000, 421; 9.9.1999 PersR 2000, 156.
46 BAG 18.9.2019 AP Nr. 57 zu § 78a BetrVG 1972 = NZA 2020, 329.
47 BAG 15.12.1983 AP Nr. 12 zu § 78a BetrVG 1972.
48 BAG 18.9.2019 AP Nr. 57 zu § 78a BetrVG 1972 = NZA 2020, 329.
49 LAG Hamm 30.3.1988 DB 1988, 2057.

eines AN hat; ein nur vorübergehender Bedarf begründet keine Unzumutbarkeit. Ob ein Beschäftigungsbedarf für den durch § 78a BetrVG geschützten Auszubildenden zur Verfügung steht, bestimmt sich nach den arbeitstechnischen Vorgaben und der Personalplanung des AG, der darüber entscheidet, welche Arbeiten im Betrieb verrichtet werden sollen und wie viele AN damit beschäftigt werden. Der AG ist nicht verpflichtet, durch organisatorische Maßnahmen unbefristete Arbeitsplätze neu zu schaffen, um die Weiterbeschäftigung zu ermöglichen. Ohne Bedeutung ist aber, ob Arbeitsaufgaben vorhanden sind, mit deren Verrichtung ein AN betraut werden könnte. Dem AG ist die Übernahme aus betrieblichen Gründen nicht allein deshalb unzumutbar, weil er sich entschließt, die in seinem Betrieb anfallenden Arbeitsaufgaben künftig Leiharbeitnehmern zu übertragen.[50] Hingegen fehlt es an dem notwendigen Beschäftigungsbedarf, wenn sich der AG entschlossen hat, eine bestimmte Arbeitsmenge nicht durch die Einrichtung eines Arbeitsplatzes, sondern durch Mehrarbeit der regelmäßig im Betrieb beschäftigten AN zu erledigen.[51] Zu den Gründen, die zur Unzumutbarkeit führen können, zählt auch eine Stellensperre[52] und eine laufende Ausschreibung als „Beförderungsstelle".[53] Von Missbrauchsfällen abgesehen ist der AG grundsätzlich auch nicht gehindert, durch eine Veränderung der Arbeitsorganisation Arbeitsplätze wegfallen zu lassen. Ist hingegen im Zeitpunkt der Beendigung des Ausbildungsverhältnisses ein freier Arbeitsplatz vorhanden, hat bei der Prüfung der Unzumutbarkeit einer Weiterbeschäftigung ein erst künftiger Wegfall von Arbeitsplätzen unberücksichtigt zu bleiben, dem AG bleibt dann nur die Möglichkeit zur Kündigung.

21b Hat der Auszubildende seine **Bereitschaft zu einer anderweitigen Beschäftigung** erklärt, muss der AG prüfen, ob ihm diese möglich und zumutbar ist. Unterlässt er die Prüfung oder verneint er zu Unrecht die Möglichkeit und die Zumutbarkeit, so kann das nach § 78a II BetrVG entstandene Arbeitsverhältnis nicht nach § 78a IV BetrVG aufgelöst werden, obwohl eine vollzeitige Beschäftigungsmöglichkeit in einem unbefristeten Arbeitsverhältnis im Ausbildungsberuf nicht besteht.[54] Der AG ist dann darauf verwiesen, die notwendige Vertragsanpassung mit individualrechtlichen Maßnahmen durchzusetzen.

21c **e) Maßgeblicher Zeitpunkt.** Bei der Feststellung der Unzumutbarkeit einer Weiterbeschäftigung iSd § 78a IV BetrVG ist auf den Zeitpunkt der Beendigung des Berufsausbildungsverhältnisses mit dem Vertragsarbeitgeber abzustellen;[55] bei einer Auflösung aus betrieblichen Gründen sind nach diesem Zeitpunkt frei werdende Arbeitsplätze nicht zu berücksichtigen.[56] Die Weiterbeschäftigung eines durch § 78a BetrVG geschützten Auszubildenden kann dem AG auch zumutbar sein, wenn er einen kurz vor der Beendigung der Berufsausbildung frei gewordenen Arbeitsplatz wieder besetzt hat, statt ihn für einen nach § 78a BetrVG geschützten Auszubildenden freizuhalten. Das gilt regelmäßig bei einer Besetzung, die innerhalb von drei Monaten vor dem vereinbarten Ende des Ausbildungsverhältnisses vorgenommen wird, da der AG innerhalb des Drei-Monats-Zeitraums des § 78a II 1 BetrVG mit einem Übernahmeverlangen rechnen muss. Diesem Verlangen muss er entsprechen, wenn nicht die Ausnahmetatbestände des § 78a IV BetrVG vorliegen. Aus diesem Grund führt ein zum Zeitpunkt der Beendigung der Ausbildung fehlender Beschäftigungsbedarf nicht zur Unzumutbarkeit der Weiterbeschäftigung, wenn der AG einen innerhalb von drei Monaten vor der vertraglich vereinbarten Beendigung des Ausbildungsverhältnisses frei gewordenen Arbeitsplatz besetzt hat und die sofortige Neubesetzung nicht durch dringende betriebliche Erfordernisse geboten war.[57] Der AG ist im Zeitraum vor der Wahl eines Auszubildenden zum Mitglied der JAV nicht gehalten, zu dessen Gunsten einen ausbildungsadäquaten Arbeitsplatz freizuhalten.[58] Die Weiterbeschäftigung ist bei Fehlen einer entsprechenden Bereitschaftserklärung (→ Rn. 16) unzumutbar, wenn dem Amtsträger bei Bestehen der

---

[50] BAG 25.2.2009 AP Nr. 52 zu § 78a BetrVG 1972 = NZA 2009, 1168; 16.7.2008 AP Nr. 50 zu § 78a BetrVG 1972 = NZA 2009, 202.
[51] BAG 8.9.2010 AP Nr. 54 zu § 78a BetrVG 1972 = NZA 2011, 221.
[52] BVerwG 30.5.2007 PersR 2007, 355 = PersV 2008, 64; 13.9.2001 AP Nr. 16 zu § 9 BPersVG = NZA-RR 2002, 388.
[53] BVerwG 17.5.2000 NZA-RR 2000, 559.
[54] BAG 15.11.2006 AP Nr. 38 zu § 78a BetrVG 1972 = NZA 2007, 1381; 6.11.1996 AP Nr. 26 zu § 78a BetrVG 1972 = NZA 1997, 783.
[55] BAG 18.9.2019 AP Nr. 57 zu § 78a BetrVG 1972 = NZA 2020, 329; 16.8.1995 AP Nr. 25 zu § 78a BetrVG 1972 = NZA 1996, 493.
[56] BVerwG 18.3.2006 AP Nr. 18 zu § 9 BPersVG = NZA-RR 2006, 501.
[57] BAG 12.11.1997 AP Nr. 30 zu § 78a BetrVG 1972 = NZA 1998, 1056.
[58] BVerwG 20.11.2007 Buchholz 250 § 9 BPersVG Nr. 29 = NZA-RR 2008, 165.

Abschlussprüfung lediglich vorübergehend ein Arbeitsplatz bereitgestellt werden kann; daran ändert sich nichts, wenn später der Wechsel auf einen Dauerarbeitsplatz in Betracht kommt.[59]

f) Gerichtliche Entscheidung. aa) Antragstellung. Die Auflösung eines zustande gekommenen Arbeitsverhältnisses kann der AG nur durch das in § 78a IV BetrVG vorgesehene Entbindungsverfahren erreichen. Ist das Ausbildungsverhältnis bei der Verfahrenseinleitung noch nicht beendet, kann der AG Feststellung beantragen, dass ein Arbeitsverhältnis wegen Unzumutbarkeit der Weiterbeschäftigung nicht begründet wird (§ 78a IV Nr. 1 BetrVG). Nach Beendigung des Berufsausbildungsverhältnisses wandelt sich ein Antrag nach § 78a IV Nr. 1 BetrVG in einen solchen nach § 78a IV Nr. 2 BetrVG um, ohne dass es einer förmlichen Antragsänderung bedarf.[60] Wird der Antrag erst nach Übergang in ein Arbeitsverhältnis gestellt, ist nur der Auflösungsantrag nach § 78a IV Nr. 2 BetrVG statthaft. 22

bb) Antragsfrist. Die Anträge (→ Rn. 22) müssen spätestens bis zum Ablauf von zwei Wochen nach Beendigung des Berufsausbildungsverhältnisses beim Arbeitsgericht gestellt werden. Bei der Frist handelt es sich um eine materielle Ausschlussfrist, deren Versäumung zum Fehlen eines Rechtsschutzinteresses für das Entbindungsverfahren führt, da nach Fristablauf aufgrund der Fiktion des § 78a II 1 BetrVG ein Arbeitsverhältnis zustande gekommen ist.[61] Dessen Beendigung ist dann nur noch durch Kündigung möglich. Ihrer Rechtsnatur nach sind die Anträge nach § 78a IV BetrVG rechtsgestaltende Auflösungsanträge;[62] zur Verfahrensart → Rn. 25. Das BVerwG verlangt für die Auflösung eines nach § 9 I BPersVG begründeten Arbeitsverhältnisses, dass bei fehlender Bekanntgabe einer organschaftlichen Vertretungsbefugnis des Prozessvertreters eine **schriftliche Vollmacht** des gesetzlichen Vertreters des öffentlichen AG für die mit der Verfahrensführung betraute Person (Bediensteter, Rechtsanwalt) im Original innerhalb der Zwei-Wochen-Frist bei Gericht eingereicht wird;[63] andernfalls könne das Gestaltungsrecht, welches mit der Antragstellung nach § 9 IV BPersVG einhergehe, nicht ausgeübt werden. Diese Rechtsprechung beruht jedoch auf Besonderheiten des öffentlichen Dienstes und ist auf die Antragsfrist nach § 78a IV BetrVG nicht übertragbar. Ausreichend ist es, dass der Vertreter zur Führung des Verfahrens befugt ist und dies ggf. nachweisen kann.[64] 23

cc) Annahmeverzug. Stellt der Jugendvertreter ein Weiterbeschäftigungsverlangen nach § 78a BetrVG, durch das zunächst ein Arbeitsverhältnis fingiert wird, liegt hierin zugleich ein tatsächliches Angebot zur Arbeitsleistung nach Abschluss seiner Ausbildung. Der AG gerät daher in Annahmeverzug, wenn er den Jugendvertreter nach bestandener Abschlussprüfung nicht beschäftigt, selbst wenn er später im Entbindungsverfahren obsiegt. Eine Ausnahme gilt nur, wenn der Beschluss vor Beendigung der Ausbildung rechtskräftig wird, was kaum je der Fall sein wird. Der sich aus dem gesetzlich zustande gekommenen Arbeitsverhältnis ergebende Beschäftigungsanspruch kann entfallen, wenn der AG keine Beschäftigungsmöglichkeit hat (→ § 109 Rn. 6). Der Annahmeverzug und die Beschäftigungspflicht des AG werden erst durch die Rechtskraft der Entscheidung nach § 78a BetrVG beendet. Ob durch das Weiterbeschäftigungsverlangen gleichzeitig zukünftige Vergütungsansprüche geltend gemacht werden und damit eine Ausschlussfrist gewahrt wird, hängt von den Anforderungen für die Anspruchserhebung ab.[65] 23a

5. Verfahrensart und Rechtsweg. a) Urteilsverfahren. Streitigkeiten über das Zustandekommen und den Inhalt der Weiterbeschäftigungspflicht des AG nach § 78a II BetrVG sind im Urteilsverfahren auszutragen. Erhobenen Vergütungsansprüchen kann der AG u.a. mit der Einwendung begegnen, dass die Voraussetzungen für einen Anspruch nach § 78a II BetrVG nicht vorgelegen haben (zB Zugehörigkeit zu den in § 78a BetrVG genannten Arbeitnehmervertretungen, form- und fristgerechte Geltendmachung des Weiterbeschäftigungsverlangens).[66] Gleichfalls im Urteilsverfahren zu verfolgen ist die Durchsetzung des sich aus dem vermeintlichen Arbeitsverhältnis ergebenden Beschäftigungsanspruchs. Dieser 24

[59] BVerwG 11.3.2008 Buchholz 250 § 9 BPersVG Nr. 30 = NZA-RR 2008, 445.
[60] BAG 11.1.1995 AP Nr. 24 zu § 78a BetrVG 1972 = NZA 1995, 647; 29.11.1989 AP Nr. 20 zu § 78a BetrVG 1972 = NZA 1991, 233; BVerwG 31.5.1990 AP Nr. 7 zu § 9 BPersVG.
[61] BAG 18.9.2019 AP Nr. 57 zu § 78a BetrVG 1972 = NZA 2020, 329.
[62] BAG 11.1.1995 AP Nr. 24 zu § 78a BetrVG 1972 = NZA 1995, 647.
[63] BVerwG 3.6.2011 NZA 2011, 819; 21.2.2011 NZA-RR 2011, 332; 18.8.2010 NZA-RR 2011, 51.
[64] BAG 18.9.2019 AP Nr. 57 zu § 78a BetrVG 1972 = NZA 2020, 329.
[65] BAG 24.8.2016 AP Nr. 149 zu § 615 BGB = NZA-RR 2017, 76; LAG Nürnberg 25.2.2000 NZA-RR 2001, 197.
[66] BAG 21.8.1979 AP Nr. 6 zu § 78a BetrVG 1972; 3.2.1976 AP Nr. 2 zu § 78a BetrVG 1972.

besteht nach den Grundsätzen des Großen Senats, wenn der Auszubildende seine Weiterbeschäftigung ordnungsgemäß verlangt hat und der Feststellungsantrag des AG offensichtlich unwirksam ist sowie bei Vorliegen einer obsiegenden erstinstanzlichen Entscheidung über den Bestand eines Arbeitsverhältnisses nach § 78a BetrVG.[67] Er kann vom AN nach allgemeinen Grundsätzen auch durch einstweilige Verfügung durchgesetzt werden.[68]

25 **b) Beschlussverfahren.** Für die Anträge nach § 78a IV Nr. 1–2 BetrVG ist das Beschlussverfahren gegeben.[69] Im Entbindungsverfahren wird nicht geprüft, ob überhaupt die tatsächlichen Voraussetzungen für einen Weiterbeschäftigungsanspruch nach § 78a II BetrVG gegeben sind.[70] Leugnet der AG den Bestand eines nach § 78a BetrVG begründeten Arbeitsverhältnisses, ist deshalb für seine Feststellungsklage auch dann ein Rechtsschutzbedürfnis gegeben, wenn er gleichzeitig nach § 78a IV BetrVG im Beschlussverfahren vorgeht.[71] Das BAG hatte bisher auch für diesen Anspruch das Urteilsverfahren als einschlägige Verfahrensart angesehen, jedoch hat es zu Recht eine Rechtsprechungsänderung angedeutet. Der Feststellungsantrag könnte dann vom AG ggf. als Hauptantrag und die Anträge nach § 78a IV Nr. 1–2 BetrVG als Hilfsanträge im Beschlussverfahren verfolgt werden.[72]

26 **c) Beteiligte.** Am Entbindungsverfahren sind die entsprechenden Betriebsverfassungsorgane beteiligt (§ 78a IV 2 BetrVG);[73] zur Kostentragung → Rn. 8.

27 **6. Arbeitsbefreiung, Schulungsteilnahme.** Für Mitglieder der JAV gelten die Grundsätze des § 37 I–IV BetrVG über die ehrenamtliche Tätigkeit, die Arbeitsbefreiung für Amtstätigkeit sowie über den Entgeltschutz entsprechend. Nicht vorgesehen und unzulässig ist für Jugend- und Auszubildendenvertreter eine völlige Freistellung von der Arbeit (§ 38 BetrVG), da ansonsten ihre Ausbildung beeinträchtigt würde. Die Jugend- und Auszubildendenvertreter haben Anspruch auf Teilnahme an Schulungs- und Bildungsveranstaltungen (§§ 65 I, 37 VI, VII BetrVG). Keinen Anspruch haben Ersatzvertreter,[74] wohl dagegen Gesamt-Jugend- und Auszubildendenvertreter sowie Mitglieder der Vertretung im Konzern. Die Teilnahme setzt in Ermangelung eigener Rechte gegenüber dem AG eine Beschlussfassung des BR, bei dem die JAV stimmberechtigt ist,[75] voraus.[76] An die Erforderlichkeit der Schulungsveranstaltung wird von der Rspr. ein strenger Maßstab angelegt.[77] Wegen des Aufgabenkreises der Jugend- und Auszubildendenvertreter muss sich die Schulung gerade auf die der JAV zugewiesenen Aufgaben beschränken.[78] Der allgemein erhöhten Schulungsbedürftigkeit wird durch den Bildungsurlaub Rechnung getragen. Ist eine Schulungsveranstaltung als geeignet iSv § 37 VII BetrVG anerkannt worden, kann der AG gegenüber einer Zahlungsklage nicht einwenden, die Veranstaltung sei nicht geeignet.[79] An einem Beschlussverfahren über die Erforderlichkeit der Schulung ist die JAV beteiligt (→ § 221 Rn. 44).

§ 228. Gesamt- und Konzern-Jugend- und Auszubildendenvertretung

Übersicht

I. Unternehmen

1 Gesamt-JAV sind zwingend für solche Unternehmen vorgeschrieben, in denen mehrere JAV bestehen (§ 72 I BetrVG). Allerdings ist die Existenz eines GBR erforderlich, da nur über ihn

[67] BAG 14.5.1987 AP Nr. 4 zu § 9 BPersVG = NZA 1987, 820.
[68] ArbG Wilhelmshaven 4.8.1978 EzB BetrVG § 78a Nr. 20; aA LAG SchlH 25.3.1985 NZA 1985, 1797.
[69] BAG 13.11.1987 AP Nr. 18 zu § 78a BetrVG 1972 = NZA 1989, 439; 5.4.1984 AP Nr. 13 zu § 78a BetrVG 1972 = NZA 1984, 333.
[70] BAG 29.11.1989 AP Nr. 20 zu § 78a BetrVG 1972 = NZA 1991, 233.
[71] BAG 13.11.1987 AP Nr. 18 zu § 78a BetrVG 1972 = NZA 1989, 439.
[72] BAG 11.1.1995 AP Nr. 24 zu § 78a BetrVG 1972 = NZA 1995, 647.
[73] BAG 23.3.1976 AP Nr. 3 zu § 78a BetrVG 1972.
[74] BAG 10.5.1974 AP Nr. 2 zu § 65 BetrVG 1972.
[75] BAG 6.5.1975 AP Nr. 5 zu § 65 BetrVG 1972.
[76] Vgl. BAG 10.5.1974 AP Nr. 3 zu § 65 BetrVG 1972; 20.11.1973 AP Nr. 1 zu § 65 BetrVG 1972.
[77] BAG 6.5.1975 AP Nr. 5 zu § 65 BetrVG 1972; 10.5.1974 AP Nr. 4 zu § 65 BetrVG 1972.
[78] BAG 10.6.1975 AP Nr. 6 zu § 65 BetrVG 1972 (Gesundheitsschutzschulung).
[79] BAG 17.12.1981 AP Nr. 41 zu § 37 BetrVG 1972.

Mitwirkungsrechte durchgesetzt werden können (→ § 227 Rn. 1, 3). In die Gesamt-JAV entsendet grundsätzlich jede JAV ein Mitglied. Durch Tarifvertrag oder Betriebsvereinbarung kann die Mitgliederzahl abweichend geregelt werden (§ 72 IV, V BetrVG). Die Gesamt-JAV ist zuständig für Angelegenheiten, die das Gesamtunternehmen oder mehrere Betriebe betreffen und nicht durch die einzelnen JAV geregelt werden können, sowie in denen ihnen durch die JAV übertragenen Aufgaben (§§ 50, 73 BetrVG; → § 224 Rn. 21). Die JAV ist der Gesamt-JAV nicht untergeordnet. Für die Abstimmung gilt das Prinzip der Stimmengewichtung (§ 72 VII BetrVG), von dem bei der Entsendung aus einem gemeinsamen Betrieb mehrerer Unternehmen durch Tarifvertrag abweichende Regelungen getroffen werden können. Für die Entsendung von Gesamt-Jugend- und Auszubildendenvertretern zu Schulungsveranstaltungen ist grundsätzlich der BR zuständig.[1] Er kann nach § 37 VI BetrVG nur in seiner Eigenschaft als Jugend- und Auszubildendenvertreter geschult werden. In gewissem Umfang gehört auch das erforderliche Wissen eines Gesamt-Jugend- und Auszubildendenvertreters hierzu. Aufgrund der Verweisung in § 73 II BetrVG kann auch die Gesamt-JAV Ausschüsse einrichten.

II. Konzern

Durch das BetrVG-ReformG ist für die in § 60 I BetrVG genannten AN die Möglichkeit der Errichtung einer Vertretung auf Konzernebene geschaffen worden. Die Bildung einer Konzern-JAV ist nicht obligatorisch, sondern vom Vorliegen einer qualifizierten Mehrheit (75%) der Gesamt-JAV der Konzernunternehmen abhängig. Die Vorschriften über die Entsendung der Mitglieder der Konzern-JAV und die Bestellung von Ersatzmitgliedern (§ 73a II BetrVG) sowie über die Möglichkeit der Festlegung einer anderweitigen Mitgliederzahl und über das Stimmengewicht ihrer Mitglieder (§ 73a III, IV BetrVG) entsprechen inhaltlich den Regelungen, die für den GBR und KBR sowie die Gesamt-JAV gelten. Ihre Sitzungen kann sie nach Verständigung mit dem KBR abhalten, dessen Vorsitzender oder ein beauftragtes Mitglied haben ein Teilnahmerecht (§ 73b I BetrVG). Für die Geschäftsführung und Zuständigkeit der Konzern-JAV und die Beendigung der Mitgliedschaft gelten aufgrund der Verweisung in § 73b II BetrVG die entsprechenden Vorschriften für den BR, GBR und KBR sowie der JAV. 2

§ 229. Jugend- und Auszubildendenversammlung

Eine Jugend- und Auszubildendenversammlung kann die Jugend- und Auszubildendenvertretung[1] vor oder nach jeder Betriebsversammlung mit der Zustimmung des BR einberufen; es muss lediglich ein zeitlicher Zusammenhang – regelmäßig am gleichen Tage – bestehen.[2] Die Festlegung eines anderen Zeitpunkts bedarf zusätzlich der Zustimmung des AG. Bei der entsprechenden Beschlussfassung im BR haben die Jugend- und Auszubildendenvertreter volles Stimmrecht (§ 67 II BetrVG). Die Leitung der Versammlung obliegt der JAV und dem BR gemeinsam (§ 71 BetrVG). Teilnahmeberechtigt sind die Wahlberechtigten zur JAV, Jugend- und Auszubildendenvertreter, AG, Betriebsratsvorsitzender und beauftragte Betriebsratsmitglieder, Beauftragte der Gewerkschaften und des Arbeitgeberverbands. Die jugendlichen AN nehmen wie alle anderen AN an den Betriebsversammlungen teil (→ § 223 Rn. 1). Die Durchführung der Jugend- und Auszubildendenversammlung richtet sich nach den für die Betriebsversammlung geltenden Grundsätzen (§ 71 S. 2 BetrVG). 1

[1] BAG 10.6.1975 AP Nr. 1 zu § 73 BetrVG 1972 = DB 1975, 2234.

[1] LAG BW 29.9.1983 DB 1984, 409 (kein Einladungsrecht des BR).

[2] BAG 15.8.1978 AP Nr. 1 zu § 23 BetrVG 1972 = DB 1978, 2275.

4. Abschnitt. Beteiligung des Betriebsrats

§ 230. Allgemeine Grundsätze der Beteiligung

Übersicht

I. Übersicht über die Beteiligungsrechte

1 **1. Einführung.** Die Beteiligungsrechte des BR werden nach ihrer Intensität in vier Gruppen unterteilt: **(a)** Unterrichtungs- und Informationsrechte, **(b)** Anhörungs-, Beratungs- und Initiativrechte, **(c)** Widerspruchs- und Zustimmungsverweigerungsrechte sowie **(d)** Mitbestimmungsrechte. Die unter (a) und (b) genannten Beteiligungsrechte werden auch als **Mitwirkungsrechte,** die unter (c) und (d) angeführten als **Mitbestimmungsrechte** bezeichnet. Bei Letzteren muss entweder ein Konsens zwischen den Betriebsparteien erzielt bzw. die Einigung durch eine Entscheidung der Einigungsstelle (→ § 232 Rn. 1) herbeigeführt oder die Zustimmung des BR durch das Arbeitsgericht ersetzt werden.

2 **2. Unterrichtungs- und Informationsrechte.** Steht der Betriebsvertretung ein Informationsrecht zu, hat der AG diese rechtzeitig und umfassend zu unterrichten und ggf. die erforderlichen Unterlagen vorzulegen. Dagegen ist der AG in diesem Fall nicht zur Beratung der Angelegenheit mit dem BR verpflichtet. Jedoch folgt aus dem Grundsatz der vertrauensvollen Zusammenarbeit (§ 2 I BetrVG) die Möglichkeit zu einer inhaltlichen Stellungnahme für den BR, die der AG auch in seine Erwägungen einbeziehen muss. Informationsrechte sind zB in den §§ 80, 85 III, 89 V und VI, §§ 90 I, 92 I 1, 99 I 1, 100 II 1, 102 I 2, 105, 106 II, 108 V, 111 BetrVG geregelt.[1] Teilweise ist das Informationsrecht auch als Vorstufe für ein weitergehendes Beteiligungsrecht vorgesehen (zB in §§ 92 I, 99, 102 und § 111 BetrVG). Die Unterrichtung kann vom BR gerichtlich erzwungen werden. Stellt die unterbliebene oder fehlerhafte Unterrichtung einen groben Verstoß dar, kann der BR gegen den AG auch nach § 23 III BetrVG vorgehen. Zudem kann ein solches Verhalten des AG in den in § 121 BetrVG genannten Fällen mit einer Geldbuße geahndet werden.

[1] Zu Informationsrechten außerhalb des BetrVG *Wirlitsch/Hablitzel* ArbRAktuell 2009, 228.

3. Anhörungs-, Beratungs- und Initiativrechte. In diesen Fällen räumt das Gesetz dem BR die Möglichkeit ein, Einwendungen gegen eine beabsichtigte Maßnahme des AG zu erheben oder eigene Vorschläge zu unterbreiten. Bei den reinen Anhörungsrechten hat der AG zunächst den BR anzuhören und sich anschließend mit seinen Anregungen und Einwendungen auseinanderzusetzen. Bei den Beratungsrechten muss der AG dem BR Gelegenheit zur Stellungnahme geben, den Verhandlungsgegenstand gemeinsam erörtern und die angesprochenen Umstände gegeneinander abwägen. Die eigentliche Entscheidung obliegt jedoch auch bei den Beratungsrechten dem AG. Bei den Initiativrechten kann die Arbeitnehmervertretung von sich aus mit Vorschlägen an den AG herantreten, die dann gemeinsam zu beraten sind. Anhörungsrechte sind zB in §§ 85 I, 102 I 1 BetrVG, Beratungsrechte in §§ 89, 90 II, 92 I 2, 96 I 2, 97 I, 106 I 2, 112 BetrVG und Initiativrechte in §§ 92 II, 93, 95 II, 96 I 3 BetrVG geregelt. 3

4. Widerspruchs- oder Zustimmungsverweigerungsrechte. Auch bei einem Widerspruchs- bzw. Zustimmungsverweigerungsrecht ist der AG im Verhältnis zu dem betroffenen AN zunächst nicht gehindert, die beabsichtigte Maßnahme (individualrechtlich) vorzunehmen. Der BR ist aber berechtigt, durch seinen Widerspruch oder seine verweigerte Zustimmung die tatsächliche Umsetzung der Maßnahme zu verhindern (sog. negatives Konsensprinzip). Ein Zustimmungsverweigerungsrecht steht dem BR zB in personellen Einzelmaßnahmen bei Einstellungen, Ein- und Umgruppierungen sowie Versetzungen zu (→ § 241 Rn. 1), während er bei der ordentlichen Kündigung (§ 102 BetrVG) durch seinen Widerspruch einen Weiterbeschäftigungsanspruch des AN (→ § 125 Rn. 1) begründen kann. Jedoch entstehen die individualrechtlichen Rechtsfolgen nur, wenn die gesetzlich vorgesehenen Widerspruchs- und Zustimmungsverweigerungsgründe (§§ 102 III, 99 II BetrVG) vorliegen und vom BR ordnungsgemäß geltend gemacht werden. 4

5. Mitbestimmungsrechte. Die stärkste Form der Beteiligung ist das Mitbestimmungsrecht des BR. Bei diesem hängt die Wirksamkeit der vom AG beabsichtigten Maßnahme von der vorherigen Zustimmung des BR ab. Dies gilt insbesondere bei einer außerordentlichen Kündigung eines Mitglieds der Betriebsvertretung (§ 103 BetrVG; → § 143 Rn. 21) sowie im Bereich der sozialen Mitbestimmung (§ 87 BetrVG; → § 235 Rn. 1). Mitbestimmungsrechte bestehen ferner nach §§ 94, 95, 98 BetrVG. Kommt eine Einigung der Betriebsparteien in diesen Fällen nicht zustande, kann die Einigungsstelle verbindlich entscheiden (→ § 232 Rn. 1). Steht dem BR ein Mitbestimmungsrecht zu, hat er regelmäßig auch ein Initiativrecht; denn nur so ist eine gleichgewichtige Stellung von AG und BR gewährleistet[2] (→ § 235 Rn. 15). 5

II. Änderung der Beteiligungsrechte

1. Einschränkung. Da das BetrVG Mindestbestimmungen über die Beteiligungsrechte des BR enthält, können diese weder durch Absprachen der Betriebsparteien noch durch **Tarifvertrag**[3] wirksam eingeschränkt werden. Der BR kann auf die Ausübung seiner Beteiligungsrechte auch nicht wirksam verzichten.[4] Dies gilt nicht nur für einen ausdrücklichen, sondern auch für den faktischen **Verzicht,** etwa durch die Nichtausübung seiner Beteiligungsrechte. Ein solches Verhalten stellt einen Verstoß gegen die Pflichten des BR dar, der zur Auflösung des BR führen kann (§ 23 I BetrVG). Selbst die langjährig fehlerhafte Anwendung der Beteiligungsrechte begründet beim AG keinen schutzwürdigen Vertrauenstatbestand,[5] der zur Beibehaltung einer solchen Praxis führen könnte. Daher ist auch eine materiell-rechtliche **Verwirkung** von Mitbestimmungsrechten durch den BR grundsätzlich ausgeschlossen[6] (→ § 215 Rn. 13). 6

2. Erweiterung. Das BetrVG regelt – von Ausnahmen (zB § 102 VI BetrVG) abgesehen – nicht, ob und in welchem Umfang die Beteiligungsrechte des BR durch Tarifvertrag, Betriebsvereinbarung oder Regelungsabrede (→ § 231 Rn. 65) erweitert werden können. Im Schrifttum ist diese Frage umstr.[7] Nach zutreffender Ansicht sind die Schaffung neuer sowie die Erweiterung 7

[2] BAG 14.11.1974 AP Nr. 1 zu § 87 BetrVG 1972.
[3] BAG 21.10.2003 AP Nr. 62 zu § 80 BetrVG 1972.
[4] Vgl. BAG 21.10.2003 AP Nr. 62 zu § 80 BetrVG 1972; 3.6.2003 AP Nr. 19 zu § 77 BetrVG 1972 Tarifvorbehalt = NZA 2003, 1155; 22.8.2017 AP Nr. 144 zu § 87 BetrVG 1972 Arbeitszeit; *Joussen* RdA 2005, 31.
[5] BAG 17.1.1978 AP Nr. 1 zu § 1 BetrVG 1972.
[6] BAG 28.8.2007 AP Nr. 53 zu § 95 BetrVG 1972 = NZA 2008, 188.
[7] Vgl. etwa *Fitting* BetrVG § 1 Rn. 337 ff.; *Lerch/Weinbrenner* NZA 2011, 664 (665).

bestehender Beteiligungsrechte des BR durch **Tarifvertrag** grundsätzlich zulässig.[8] Bei den entspr. Regelungen handelt es sich um betriebsverfassungsrechtliche Normen, die im gesamten Betrieb gelten, wenn der AG tarifgebunden ist (§ 4 I 2 TVG). Allerdings findet die tarifliche Ausweitung der Beteiligungsrechte des BR ihre Grenzen in entgegenstehenden Grundrechtspositionen des AG. Die tarifliche Regelung muss sich stets im Rahmen der durch Art. 9 III GG geschützten Tarifautonomie bewegen. Im Einzelnen ist dabei zu differenzieren: Da der BR in sozialen Angelegenheiten (→ § 235 Rn. 1, → § 236 Rn. 1) eine Allzuständigkeit besitzt, ist eine Erweiterung seiner Beteiligungsrechte in diesem Bereich möglich, wenn und soweit eine Konfliktlösung durch die Einigungsstelle (→ § 232 Rn. 1) gewährleistet ist.[9] In personellen Angelegenheiten ist eine Ausweitung der Beteiligungsrechte des BR durch Tarifvertrag gleichfalls zulässig. Auch in wirtschaftlichen Angelegenheiten kann eine Erweiterung der Beteiligungsrechte ausnahmsweise in Betracht kommen, wenn die damit einhergehende Beschränkung der durch Art. 12 GG geschützten unternehmerischen Freiheit des AG nicht unverhältnismäßig ist.[10] So können zB Tarifverträge Rationalisierungsschutzabkommen oder Besetzungsregeln[11] enthalten, die zu einer nicht zu beanstandenden Einschränkungen der Berufsfreiheit des AG führen.

8 Auch eine Erweiterung der Beteiligungsrechte des BR durch **freiwillige Betriebsvereinbarungen** (→ § 236 Rn. 9) oder **Regelungsabreden** (→ § 231 Rn. 65) ist zulässig, wenn der BR für den Abschluss derartiger Absprachen zuständig ist, die Rechte der AN dadurch nicht beschränkt werden und bei Meinungsverschiedenheiten der Betriebsparteien Konfliktlösungen vorgesehen sind. Dementsprechend kann zB die Mitbestimmung des BR in sozialen Angelegenheiten (→ § 235 Rn. 1, → § 236 Rn. 1) ausgeweitet werden,[12] sofern die Anrufung der Einigungsstelle vorgesehen ist, wenn sich die Betriebsparteien nicht einigen können. Entspr. gilt auch für die Mitbestimmungsrechte des BR in personellen Angelegenheiten. So können die Betriebsparteien zB vereinbaren, dass die Zustimmungsverweigerung nach § 99 I BetrVG nicht auf die gesetzlichen Gründe beschränkt ist. Jedoch darf der BR nicht von der Verpflichtung zur Angabe konkreter Zustimmungsverweigerungsgründe entbunden werden. Denn dies würde auch das Zustimmungsersetzungsverfahren nach § 99 IV BetrVG in unzulässiger Weise verändern, weil die gerichtliche Prüfung nicht mehr auf die vom BR rechtzeitig geltend gemachten Gründe beschränkt wäre.[13] Bei einer Kündigung können die Betriebsparteien – abweichend von § 102 V BetrVG – hingegen vereinbaren, ob im Streitfall die Einigungsstelle verbindlich entscheiden soll[14] oder das Arbeitsgericht angerufen werden kann.[15]

III. Grundsätze für die Zusammenarbeit von Arbeitgeber und Betriebsrat

9 **1. Monatsgespräch.** Nach § 74 I 1 BetrVG sollen AG und BR – ggf. der Betriebsausschuss[16] – mindestens einmal im Monat zu einer Besprechung zusammentreten. Das Monatsgespräch soll der Erörterung anstehender Probleme dienen. Das Zusammentreffen ist selbst keine Betriebsratssitzung, kann aber im Zusammenhang mit einer solchen stattfinden und formlos verabredet werden.[17] Berechtigt und verpflichtet zur Teilnahme an dem Monatsgespräch sind – wenn seine Durchführung nicht auf einen Ausschuss übertragen wurde – alle Mitglieder des BR. Zudem steht der Schwerbehindertenvertretung (§ 177 SGB IX) und der JAV unter den Voraussetzungen des § 68 BetrVG ein Recht zur Teilnahme zu. Eine Hinzuziehung von Vertre-

---

[8] Vgl. BAG 18.8.1987 AP Nr. 23 zu § 77 BetrVG 1972; 10.2.1988 AP Nr. 53 zu § 99 BetrVG 1972 = NZA 1988, 699; 24.8.2004 AP Nr. 12 zu § 98 BetrVG 1972 = NZA 2005, 371.

[9] Vgl. BAG 9.5.1995 AP Nr. 2 zu § 76 BetrVG 1972 Einigungsstelle = NZA 1996, 156; 18.8.1987 AP Nr. 23 zu § 77 BetrVG 1972; 16.7.1985 AP Nr. 17 zu § 87 BetrVG 1972 Lohngestaltung = NZA 1986, 235.

[10] Weitergehender *Fitting* BetrVG § 1 Rn. 343; *Lerch/Weinbrenner* NZA 2011, 664 (665); offengelassen in BAG 10.2.1988 AP Nr. 53 zu § 99 BetrVG 1972 = NZA 1988, 699; zum Streitstand; GK-BetrVG/*Oetker* Vor § 106 Rn. 12.

[11] Zu Besetzungsregeln BVerfG 14.11.1997 AP Nr. 46 zu § 256 ZPO 1977; BAG 17.6.1997 AP Nr. 2 zu § 3 TVG Betriebsnormen = NZA 1998, 213; 22.1.1991 AP Nr. 67 zu Art. 12 GG = NZA 1991, 675.

[12] Vgl. BAG 14.8.2001 AP Nr. 4 zu § 77 BetrVG 1972 Regelungsabrede = NZA 2002, 342.

[13] BAG 23.8.2016 AP Nr. 149 zu § 99 BetrVG 1972 = NZA 2017, 194; 18.8.2009 AP Nr. 128 zu § 99 BetrVG 1972 = NZA 2010, 112.

[14] *Richardi* ZfA-Sonderheft Mai 1972, 34.

[15] Vgl. BAG 21.6.2000 AP Nr. 121 zu § 102 BetrVG 1972 NZA 2001, 271.

[16] BAG 15.8.2012 AP Nr. 10 zu § 27 BetrVG 1972 = NZA 2013, 284 (Übertragung nach § 27 II 2 BetrVG).

[17] Zum PersVR: OVG Münster 4.10.1990 PersV 1995, 40 = ZTR 1991, 133.

tern der Gewerkschaften oder Arbeitgeberverbände ist nur mit Einverständnis der anderen Betriebspartei zulässig. Gleiches gilt für einen Rechtsanwalt des BR. Der AG kann sich vertreten lassen (→ § 212 Rn. 2) und zB leitende Angestellte zu einzelnen Punkten als Auskunfts- oder Berichtspersonen hinzuziehen. Beherrschen der AG oder einzelne Betriebsratsmitglieder die deutsche Sprache nicht hinreichend, muss ein Dolmetscher hinzugezogen werden.[18] Themen der Monatsbesprechung können auch solche sein, die nicht dem Mitbestimmungsrecht des BR unterliegen.[19] Ein Erfüllungsanspruch auf die Einberufung eines bestimmten Monatsgesprächs besteht nicht. Liegt nach übereinstimmender Auffassung kein Erörterungsbedarf vor, kann das Monatsgespräch auch entfallen. Verschließt sich jedoch eine Seite einem konkreten Erörterungsverlangen der anderen Betriebspartei, stellt dies eine Verletzung betriebsverfassungsrechtlicher Pflichten dar, die nach § 23 BetrVG sanktioniert werden kann.

2. Pflicht zur konstruktiven Zusammenarbeit. AG und BR sollen nicht nur zusammentreten, um hartnäckig ihren Standpunkt zu vertreten, sondern sie sind nach § 74 I 2 BetrVG verpflichtet, mit dem ernsten Willen zur Einigung zu verhandeln und konstruktive Vorschläge für die Beilegung von Meinungsverschiedenheiten zu machen. Es darf keine wechselseitige Obstruktion betrieben werden;[20] vielmehr sollen beide Seiten die Argumente der Gegenseite bei ihrer Entscheidung berücksichtigen. Unzulässig ist daher auch ein bloßes Anhören, ohne daraus irgendwelche Konsequenzen zu ziehen. Die Betriebsparteien sind aber nicht gehindert, ihre gegensätzlichen Interessen in angemessener Form zu verfolgen.[21] Sie sollen lediglich mit dem Willen gegenseitiger Verständigungsbereitschaft verhandeln und innerbetrieblich eine Einigung – ggf. auch im Rahmen eines Einigungsstellenverfahrens – versuchen.[22] Dementsprechend kommt die Anrufung der Einigungsstelle nur nach Ausschöpfen der innerbetrieblichen Verhandlungen in Betracht (→ § 232 Rn. 17a). 10

3. Arbeitskampfverbot. a) Inhalt. Maßnahmen des Arbeitskampfs zwischen AG und BR sind bei auftretenden Meinungsverschiedenheiten untersagt (§ 74 II 1 BetrVG). Das Arbeitskampfverbot ist Teil der betrieblichen Friedenspflicht.[23] Arbeitskampf iSd BetrVG ist jede Maßnahme, durch die der Gegner unmittelbar unter Druck gesetzt wird. Arbeitskämpfe bleiben den Koalitionen vorbehalten, die ihrerseits nicht durch das BetrVG beschränkt werden. Dies gilt selbst dann, wenn der Abschluss eines Firmentarifvertrags angestrebt wird oder Gegenstand des Arbeitskampfs eine betriebsverfassungsrechtliche Regelung ist. Für den BR gilt ein **striktes Neutralitätsgebot,** dh der BR oder einzelne seiner Mitglieder dürfen als Amtsträger nicht zum Streik oder anderen Arbeitskampfmaßnahmen (zB Dienst nach Vorschrift) aufrufen oder sie unterstützen.[24] Unzulässig ist jede Beteiligung am Arbeitskampf unter Ausnutzung der Stellung oder der Mittel des BR (zB Erstellen von Streikaufrufen mit dem BR überlassenen Sachmitteln).[25] Meinungsäußerungen von AG und BR über einen beendeten Arbeitskampf sind dagegen nicht untersagt.[26] Zudem ist der BR nicht verpflichtet, bei einem wilden Streik auf dessen Beendigung aktiv hinzuwirken.[27] Vom betriebsverfassungsrechtlichen Arbeitskampfverbot unberührt bleibt das Recht des einzelnen Betriebsratsmitglieds, sich auch führend an einem von der Gewerkschaft geführten Streik zu beteiligen (§ 74 III BetrVG).[28] Während des Arbeitskampfs bleibt das Betriebsratsamt bestehen, auch wenn das Betriebsratsmitglied am Arbeitskampf teilnimmt.[29] Allerdings sind die Mitwirkungs- und Mitbestimmungsrechte des BR eingeschränkt, soweit die beteiligungspflichtige Maßnahme durch den Arbeitskampf bedingt ist und durch die Beteiligung des BR die ernsthafte Gefahr besteht, der Arbeitskampf könne beeinflusst werden (→ § 194 Rn. 41). 11

---

[18] BAG 14.4.1988 AP Nr. 1 zu § 66 BPersVG = NZA 1989, 72.
[19] BAG 13.10.1987 AP Nr. 24 zu § 87 BetrVG 1972 Arbeitszeit = NZA 1988, 251.
[20] Vgl. BAG 12.3.2019 AP Nr. 51 zu § 23 BetrVG 1972 = NZA 2019, 843.
[21] BAG 27.11.1973 AP Nr. 4 zu § 40 BetrVG 1972; enger LAG Köln 16.11.1990 BB 1991, 1191.
[22] Vgl. BAG 12.3.2019 AP Nr. 51 zu § 23 BetrVG 1972 = NZA 2019, 843.
[23] BAG 17.12.1976 AP Nr. 52 zu Art. 9 GG Arbeitskampf; LAG Düsseldorf 5.7.1994 BB 1994, 1940.
[24] BAG 7.6.1988 AP Nr. 106 zu Art. 9 GG Arbeitskampf.
[25] LAG München 6.5.2010 – 3 TaBVGa 10/10 (Aufforderung zum Streik durch E-Mail).
[26] LAG Düsseldorf 14.12.2010 NZA-RR 2011, 132.
[27] LAG Hamm 6.11.1975 DB 1976, 343.
[28] BAG 21.2.1978 AP Nr. 1 zu § 74 BetrVG 1972; LAG Düsseldorf 5.7.1994 BB 1994, 1940.
[29] BVerfG 19.2.1975 AP Nr. 50 zu Art. 9 GG Arbeitskampf; BAG GS 21.4.1971 AP Nr. 43 zu Art. 9 GG Arbeitskampf.

12 **b) Sanktionen.** Bereits nach seinem Wortlaut normiert § 74 II 1 BetrVG keinen ausdrücklichen Unterlassungsanspruch. Systematisch stünde ein solcher auch zu den in § 23 I und III BetrVG geregelten Sanktionen für Verstöße gegen betriebsverfassungsrechtliche Pflichten in Widerspruch. Eine Verletzung der Neutralitätspflicht nach § 74 II 1 BetrVG begründet daher keinen betriebsverfassungsrechtlichen Unterlassungsanspruch.[30] Ansprüche des AG gegen einzelne Betriebsratsmitglieder können sich aber ggf. aus § 1004 I 2 BGB ergeben.[31] Diese sind im Urteilsverfahren zu verfolgen (§ 2 I Nr. 2, 3 ArbGG).

13 **4. Friedenspflicht. a) Störung des Arbeitsablaufs oder Betriebsfriedens.** Nach § 74 II 2 BetrVG haben AG und BR alle Betätigungen oder Maßnahmen zu unterlassen, durch die der Arbeitsablauf oder Betriebsfrieden beeinträchtigt wird oder durch die solche Beeinträchtigungen erfahrungsgemäß herbeigeführt werden können. Unter ungestörtem Arbeitsablauf ist die organisatorische, räumliche und zeitliche Gestaltung des Arbeitsprozesses im Zusammenwirken von Menschen und Betriebsmitteln zu verstehen. Der Begriff des Betriebsfriedens bezeichnet dagegen das störungsfreie Zusammenleben jeweils zwischen AG, BR und der Belegschaft wie auch der AN untereinander.[32] Adressaten der Vorschrift sind der AG und die einzelnen Mitglieder der Arbeitnehmervertretungen (BR, GBR, KR);[33] sie richtet sich nicht an die AN des Betriebs, jedoch folgt eine entsprechende Pflicht zur Mäßigung aus § 241 II BGB.[34] Allgemeine Meinungsäußerungen sind nur untersagt, wenn sie konkret und mit hinreichender Wahrscheinlichkeit geeignet sind, den Arbeitsablauf oder Betriebsfrieden zu gefährden. Ist eine Störung bereits eingetreten, hat der Störer die Pflicht, die nachteiligen Folgen möglichst gering zu halten bzw. zu beseitigen sowie in Zukunft Zurückhaltung zu üben. Dagegen trifft den BR keine Rechtspflicht, auf die Wahrung des Betriebsfriedens unter den AN aktiv hinzuwirken. Die Friedenspflicht steht einer in angemessener Form und innerhalb seiner Zuständigkeit durchgeführten Fragebogenaktion des BR nicht entgegen.[35] Die zwischen AG und BR bestehenden Interessengegensätze bleiben von der Friedenspflicht unberührt, insoweit besteht keine Verpflichtung, einem Vorschlag der anderen Seite zuzustimmen.[36] Im Wege des Beschlussverfahrens kann die Unterlassung genau bestimmter Handlungen begehrt werden, durch die gegen die Friedenspflicht verstoßen wird.[37]

14 **b) Parteipolitische Betätigung.** AG und BR haben jede parteipolitische Betätigung im Betrieb zu unterlassen, selbst wenn eine konkrete Gefährdung des Betriebsfriedens nicht zu befürchten ist (§ 74 II 3 BetrVG). Hierdurch sollen nicht nur der Betriebsfrieden gewahrt, sondern auch die AN vor einer Beeinflussung ihrer Meinungs- und Wahlfreiheit geschützt werden.[38] Das Verbot der parteipolitischen Betätigung richtet sich an AG und die Mitglieder der Arbeitnehmervertretungen.[39] Dagegen haben AG und BR keine Überwachungspflicht, dass die einzelnen AN die parteipolitische Neutralität einhalten. Die ursprünglich weite Auslegung des Begriffs der parteipolitischen Betätigung hat das BAG aufgegeben. Es hat dabei offengelassen, ob schon das Eintreten für oder gegen eine bestimmte politische Richtung unabhängig von einem konkreten Bezug zu einer politischen Partei unter das Verbot der parteipolitischen Betätigung fällt. Jedenfalls verbietet der Gesetzeswortlaut nicht jede Äußerung allgemeinpolitischen Inhalts. Äußerungen, die eine politische Partei, Gruppierung oder Richtung weder unterstützen noch sich gegen sie wenden, fallen daher nicht unter das Verbot des § 74 II 3 BetrVG.[40] Untersagt ist nur die „echte" parteipolitische Betätigung von AG und BR, also zB die Werbung oder der Spendenaufruf bzw. die Unterschriftensammlung für politische Parteien. Gegen ein solches Verständnis von § 74 II 3 BetrVG bestehen keine verfassungsrechtlichen Bedenken, zumal bei seiner Anwendung der Wertgehalt des Art. 5 I GG zu beachten ist;[41] entscheidend sind daher

[30] BAG 15.10.2013 AP Nr. 181 zu Art. 9 GG Arbeitskampf = NZA 2014, 319.
[31] BAG 15.10.2013 AP Nr. 181 zu Art. 9 GG Arbeitskampf = NZA 2014, 319.
[32] *Fitting* BetrVG § 74 Rn. 31.
[33] BAG 21.2.1978 AP Nr. 1 zu § 74 BetrVG 1972; 5.12.1975 AP Nr. 1 zu § 87 BetrVG 1972 Betriebsbuße.
[34] BAG 26.5.1977 AP Nr. 5 zu § 611 BGB Beschäftigungspflicht.
[35] BAG 8.2.1977 AP Nr. 10 zu § 80 BetrVG 1972; zu weit HessLAG 17.2.1997 NZA-RR 1998, 17.
[36] BAG 1.3.1966 AP Nr. 1 zu § 69 BetrVG.
[37] BAG 22.7.1980 AP Nr. 3 zu § 74 BetrVG 1972.
[38] BAG 21.2.1978 AP Nr. 1 zu § 74 BetrVG 1972; 13.9.1977 AP Nr. 1 zu § 42 BetrVG 1972.
[39] BAG 21.2.1978 AP Nr. 1 zu § 74 BetrVG 1972; 5.12.1975 AP Nr. 1 zu § 87 BetrVG 1972 Betriebsbuße.
[40] BAG 17.3.2010 AP Nr. 12 zu § 74 BetrVG 1972 = NZA 2010, 1133.
[41] BVerfG 28.4.1976 AP Nr. 2 zu § 74 BetrVG 1972; BAG 21.2.1978 AP Nr. 1 zu § 74 BetrVG 1972.

stets die konkreten Umstände.[42] Das Verbot greift allerdings ein, wenn Äußerungen objektiv einen deutlich erkennbaren Bezug zu parteipolitischen Themen enthalten.[43] Das BAG hat die Werbung mit dem Programm einer politischen Partei für zulässig gehalten, wenn dies in Zusammenhang mit einer Betriebsratswahl erfolgt.[44] Reden von Spitzenpolitikern in Wahlkampfzeiten sind unzulässig, wenn sie keinen Betriebsbezug haben.[45] Verstöße des BR gegen das Verbot parteipolitischer Betätigung begründen keinen Unterlassungsanspruch des AG gegen den BR.[46] Bei groben Verstößen des BR gegen seine Pflichten zur parteipolitischen Neutralität kann der AG nach § 23 I 1 BetrVG die Auflösung des BR beantragen.[47]

c) Behandlung tarif-, sozial-, umweltpolitischer und wirtschaftlicher Fragen. Nach § 74 II 3 BetrVG ist der BR berechtigt, tarifpolitische, sozialpolitische und wirtschaftliche Angelegenheiten, durch die der Betrieb oder seine Belegschaft unmittelbar betroffen werden, zu behandeln. Tarifpolitische Fragen sind solche, die mit den durch Tarifvertrag zu regelnden Fragen im Zusammenhang stehen. Die Sozialpolitik umfasst die Sozialversicherung, den Arbeits- und Unfallschutz, das Bildungswesen und alle den Betrieb betreffenden Steuerfragen. Der Begriff der Umweltpolitik geht über die in § 89 III BetrVG enthaltene Begriffsbestimmung zum betrieblichen Umweltschutz hinaus (→ § 236 Rn. 13). Wirtschaftliche Fragen sind sowohl allgemein den Betrieb betreffende Fragen als auch Planungen des AG. Unmittelbar ist der Betrieb betroffen, wenn sich die Maßnahmen auf den Betrieb oder seine AN auswirken. 15

5. Gewerkschaftliche Betätigung der Betriebsratsmitglieder. Der BR bzw. seine Mitglieder haben kein Recht, ihre Amtsstellung für die Mitgliederwerbung einer Gewerkschaft auszunutzen.[48] Dagegen ist den einzelnen Betriebsratsmitgliedern eine gewerkschaftliche Betätigung (zB als Vertrauensperson) nicht untersagt (§ 74 III BetrVG), sie bleiben jedoch zur neutralen Amtsführung (§ 75 I BetrVG) verpflichtet. Unzulässig ist die gewerkschaftliche Betätigung unter Ausnutzung des Betriebsratsamts, weshalb diese regelmäßig nur außerhalb der dem BR überlassenen Räume und nicht unter Ausnutzung seiner Mittel erfolgen darf.[49] Die bloße Zugehörigkeit zum BR schließt jedoch gewerkschaftliche Werbemaßnahmen nicht aus. Die Tätigkeit für die Gewerkschaft kann während der Arbeitszeit erfolgen, soweit andere, grundrechtlich geschützte Interessen des AG nicht überwiegen.[50] Der BR darf keine Begünstigung von Gewerkschaftsmitgliedern allein wegen ihrer Zugehörigkeit zur Gewerkschaft verlangen;[51] zur Stellung der Gewerkschaften im Betrieb → § 215 Rn. 1 ff. 16

IV. Grundsätze für die Behandlung der Arbeitnehmer

1. Überwachungsgebot. Nach § 75 I 1 BetrVG haben AG und BR darüber zu wachen, dass alle im Betrieb beschäftigten Personen nach den Grundsätzen von Recht und Billigkeit behandelt werden. Dieses Gebot gilt für sämtliche Mitglieder der Arbeitnehmervertretungen und bezieht sich auf alle im Betrieb Beschäftigten iSd § 5 I BetrVG ohne Rücksicht darauf, ob sie als Voll- oder Teilzeitbeschäftigte arbeiten. Es erfasst auch ausgeschiedene AN, soweit sich die Zuständigkeit des BR noch auf diese erstreckt. Die Grundsätze von Recht und Billigkeit sollen eine gerechte Entscheidung des Einzelfalls gewährleisten. Wichtigste Anwendungsfälle des § 75 I BetrVG sind der betriebsverfassungsrechtliche Gleichbehandlungsgrundsatz (→ Rn. 19), das Verbot einer Diskriminierung aus den in § 75 I BetrVG ausdrücklich genannten Gründen (→ Rn. 18) sowie das Gebot des Vertrauensschutzes[52] (→ § 231 Rn. 10). Die Betriebsparteien sind gehalten, wechselseitig auf die Einhaltung dieser Grundsätze zu achten und ihr Verhalten danach auszurichten. Beim Abschluss einer Betriebsvereinbarung sind sie zur **Wahrung der grundrechtlich geschützten Freiheitsrechte** der AN 17

[42] Vgl. ErfK/*Schmidt* GG Art. 5 Rn. 40 ff., 43.
[43] BAG 12.6.1986 AP Nr. 5 zu § 74 BetrVG 1972 (zu Aktionen gegen die Raketenstationierung).
[44] BAG 13.10.1977 AP Nr. 1 zu § 1 KSchG 1969 Verhaltensbedingte Kündigung.
[45] BAG 13.9.1977 AP Nr. 1 zu § 42 BetrVG 1972 (Wahlkampf).
[46] BAG 17.3.2010 AP Nr. 12 zu § 74 BetrVG 1972 = NZA 2010, 1133 unter Aufgabe von BAG 12.6.1986 AP Nr. 5 zu § 74 BetrVG 1972; sehr krit. *Reichold* RdA 2011, 59; abl. auch *Bauer/Willemsen* NZA 2010, 1089; *Burger/Rein* NJW 2010, 3613; LAG Düsseldorf 14.12.2010 NZA-RR 2011, 132.
[47] LAG Düsseldorf 14.12.2010 NZA-RR 2011, 132.
[48] BVerfG 26.5.1970 AP Nr. 18 zu Art. 9 GG; BAG 14.2.1967 AP Nr. 10 zu Art. 9 GG.
[49] BVerwG 22.8.1991 AP Nr. 2 zu § 28 BPersVG.
[50] BVerfG 14.11.1995 AP Nr. 80 zu Art. 9 GG.
[51] LAG Köln 29.7.2004 LAGE § 1 KSchG Soziale Auswahl Nr. 45a (Namensliste).
[52] BAG 21.2.2017 AP Nr. 61 zu § 75 BetrVG 1972 = NZA 2017, 738.

(zB Art. 2 I, Art. 12 I, Art. 14 GG) verpflichtet.[53] Die Verletzung der Grundzüge von Recht und Billigkeit durch den BR kann nach § 23 I, II BetrVG und für den AG nach § 23 III BetrVG sanktioniert werden (→ § 219 Rn. 31).

18 **2. Diskriminierungsverbote.** § 75 I BetrVG enthält nicht nur ein Überwachungsgebot, sondern verbietet AG und BR auch, AN aufgrund der dort aufgeführten Merkmale – Rasse, ethnische Herkunft, Abstammung, Nationalität, Religion, Weltanschauung, Behinderung, Alter, Geschlecht und politische oder gewerkschaftliche Betätigung oder Einstellung – zu benachteiligen. Soweit diese Merkmale sich mit den in § 1 AGG genannten Benachteiligungsgründen decken (→ § 36 Rn. 3), hat der Gesetzgeber die Diskriminierungsverbote des AGG in § 75 I BetrVG aufgenommen. Die unterschiedliche Behandlung der Betriebsangehörigen aus einem in § 1 AGG genannten Grund ist daher (nur) unter den im AGG normierten Voraussetzungen zulässig (→ § 36 Rn. 49).[54] Sind diese erfüllt, ist auch der betriebsverfassungsrechtliche Gleichbehandlungsgrundsatz (→ Rn. 19) gewahrt. Damit können Altersgrenzen in Betriebsvereinbarungen[55] ebenso zulässig sein wie nach dem Alter bemessene Leistungen in Sozialplänen (→ § 244 Rn. 66). Ein Verstoß gegen § 75 I BetrVG liegt dagegen vor, wenn die Abfindungshöhe für den Umfang der Absicherung auf den Zeitraum bis zum frühestmöglichen Wechsel der AN in die gesetzliche Rente Bezug nimmt[56] oder für die unterschiedliche Vergütungshöhe auf den Wohnsitz am 2.10.1990 (alte/neue Bundesländer) abgestellt wird.[57] Soweit § 75 I BetrVG eine Benachteiligung wegen der politischen oder gewerkschaftlichen Betätigung oder Einstellung untersagt, bezweckt dies den Schutz der Koalitionsfreiheit (Art. 9 III GG) auf betrieblicher Ebene. Kein Verstoß liegt vor, wenn der AG nur den tarifgebundenen AN das tarifliche Entgelt zahlt, dagegen den Nichttarifgebundenen einen niedrigeren Lohn.[58] Jedoch darf die Einstellung eines AN nicht von dessen Gewerkschaftsmitgliedschaft abhängig gemacht werden.[59]

19 **3. Gleichbehandlungsgebot.** Zu den Grundsätzen, die die Betriebsparteien nach § 75 I BetrVG zu beachten haben, gehört auch der (überbetrieblich geltende[60]) **betriebsverfassungsrechtliche Gleichbehandlungsgrundsatz.** Dieser zielt – wie der arbeitsrechtliche Gleichbehandlungsgrundsatz (→ § 112 Rn. 1) – darauf ab, eine Gleichbehandlung von Personen in vergleichbaren Sachverhalten sicherzustellen und eine gleichheitswidrige Regelbildung auszuschließen. Sehen AG und BR bei einer Regelung für verschiedene Gruppen von AN unterschiedliche Rechtsfolgen – insbesondere unterschiedliche Leistungen – vor, muss diese Differenzierung sachlich gerechtfertigt sein[61] (→ § 112 Rn. 14). Maßgeblich hierfür ist vor allem der mit der Regelung verfolgte Zweck. Dieser ergibt sich vorrangig aus den tatsächlichen und rechtlichen Voraussetzungen, von deren Vorliegen und Erfüllung die Leistung abhängig gemacht wird.[62] So können zB als AN beschäftigte beurlaubte Beamte in einem Sozialplan von Abfindungen ausgeschlossen werden.[63] Unzulässig sind dagegen Sozialplanregelungen, die einen generellen Anspruchsausschluss von AN vorsehen, die ihr Arbeitsverhältnis selbst gekündigt haben.[64]

20 **4. Schutz- und Förderpflichten.** § 75 II 1 BetrVG bestimmt, dass die Betriebsparteien das aus Art. 2 I, 1 I GG abgeleitete allgemeine Persönlichkeitsrecht der AN zu schützen und zu fördern haben. Dieses umfasst insbesondere die Befugnis des Einzelnen, grundsätzlich selbst zu

---

[53] Vgl. etwa BAG 21.2.2017 AP Nr. 61 zu § 75 BetrVG 1972 = NZA 2017, 738; 5.3.2013 AP Nr. 105 zu § 77 BetrVG 1972 = NZA 2013, 916; 17.7.2012 AP Nr. 61 zu § 77 BetrVG 1972 Betriebsvereinbarung = NZA 2013, 338.
[54] Vgl. BAG 9.12.2014 AP Nr. 225 zu § 112 BetrVG 1972 = NZA 2015, 365.
[55] BAG 5.3.2013 AP Nr. 105 zu § 77 BetrVG 1972 = NZA 2013, 916.
[56] BAG 28.7.2020 AP Nr. 243 zu § 112 BetrVG 1972; 16.7.2019 AP Nr. 242 zu § 112 BetrVG 1972 = NZA 2019, 1432.
[57] BAG 15.5.2001 AP Nr. 176 zu § 242 BGB Gleichbehandlung.
[58] Einschränkend zum Vorruhestand BAG 21.1.1987 AP Nr. 47 zu Art. 9 GG.
[59] BAG 28.3.2000 AP Nr. 27 zu § 99 BetrVG 1972 Einstellung = NZA 2000, 1294.
[60] BAG 18.9.2007 AP Nr. 33 zu § 77 BetrVG 1972 Betriebsvereinbarung = NZA 2008, 56.
[61] BAG 18.5.2010 AP Nr. 51 zu § 5 BetrAVG; 13.2.2007 AP Nr. 185 zu § 112 BetrVG 1972 = NZA 2007, 756; 3.5.2006 AP Nr. 17 zu § 612a BGB = NZA 2006, 1420; 22.3.2005 AP Nr. 48 zu § 75 BetrVG 1972 = NZA 2005, 773.
[62] Vgl. nur BAG 26.4.2016 AP Nr. 60 zu § 75 BetrVG 1972 = NZA 2016, 1160; 25.4.2017 AP Nr. 48 zu § 87 BetrVG 1972 Überwachung = NZA 2017, 1205.
[63] BAG 8.12.2015 AP Nr. 233 zu § 112 BetrVG 1972 = NZA 2016, 767.
[64] BAG 20.5.2008 AP Nr. 192 zu § 112 BetrVG 1972.

entscheiden, wann und innerhalb welcher Grenzen persönliche Lebenssachverhalte offenbart werden. Die Vorgaben des § 75 II 1 BetrVG sind vornehmlich beim Erlass von Ordnungsvorschriften (§ 87 I Nr. 1 BetrVG; → § 235 Rn. 30) und bei der Einführung von – vor allem auf neuen Technologien beruhenden – Überwachungseinrichtungen (§ 87 I Nr. 6 BetrVG; → § 235 Rn. 63) zu beachten.[65] Regelungen in Betriebsvereinbarung, die das allgemeine Persönlichkeitsrecht der AN unverhältnismäßig beschränken, sind unwirksam.[66] Im Hinblick auf das ebenfalls von Art. 2 I, 1 I GG geschützte informationelle Selbstbestimmungsrecht darf die Weitergabe personenbezogener Daten von Beschäftigten durch den AG an den BR nur nach Maßgabe von § 26 BDSG iVm der DS-GVO erfolgen.[67] § 75 II 1 BetrVG begründet **keinen Unterlassungsanspruch** des BR gegen den AG.[68]

21 Nach dem durch das BetrVG-ReformG eingefügten § 75 II 2 BetrVG haben AG und BR die Selbständigkeit und Eigeninitiative der AN und Arbeitsgruppen (§ 28a BetrVG) zu fördern. In Bezug auf die AN kommt diesem Förderungsgebot vor allem bei Vereinbarungen über das betriebliche Vorschlagwesen und die Ausgestaltung von Gruppenarbeit (§ 87 I Nr. 12, 13 BetrVG) Bedeutung zu. Daneben ist die Vorschrift eine Leitlinie für die Ermessensausübung der Betriebsparteien, in geeigneten Fällen Aufgaben auf Arbeitsgruppen zu übertragen. Ein durchsetzbarer Anspruch des AG bzw. BR zum Abschluss von Rahmenvereinbarungen nach § 28a BetrVG besteht jedoch nicht.

V. Störungs- und Benachteiligungsverbot (§ 78 BetrVG)

22 **1. Überblick.** Nach § 78 BetrVG ist jedermann die Störung oder Behinderung der Arbeitnehmervertretung oder ihrer Mitglieder sowie ihre Benachteiligung oder Begünstigung verboten. Geschützt ist nur die ordnungsgemäße und pflichtgemäße Amtsausübung. Vom Schutzbereich der Norm sind sowohl das kollektive Organ als auch die einzelnen Mitglieder der in § 78 S. 2 BetrVG aufgezählten Betriebsvertretungen erfasst.[69] Die Norm gewährleistet – gemeinsam mit der Strafbarkeitsandrohung in § 119 I Nr. 3 BetrVG – den von Art. 7 der RL 2002/14/EG geforderten Mindestschutz für Arbeitnehmervertreter im nationalen Recht.[70]

23 **2. Störungs- und Behinderungsverbot. a) Inhalt.** Störungen bzw. Behinderungen können in einem positiven Tun oder in einem Unterlassen bestehen, sofern eine Rechtspflicht zum Handeln besteht. In Betracht kommen alle objektiv geeigneten Maßnahmen, durch die die Tätigkeit des Organs oder des einzelnen Mitglieds erschwert oder gar unmöglich gemacht wird. Dies betrifft nicht nur die Ausübung der Beteiligungsrechte,[71] sondern jedes tatsächliche Handeln des BR innerhalb seiner Zuständigkeit. Ausreichend ist die objektive Behinderung der Tätigkeit des BR; auf ein Verschulden oder eine Absicht kommt es nicht an.[72] Der AG muss den Betriebsratsmitgliedern den Zutritt zum Betrieb zur Amtsausübung gewähren[73] und die rechtzeitige Anreise zu Sitzungen ermöglichen.[74] Als Behinderungen kommen in Betracht: die unberechtigte Drohung mit einer außerordentlichen Kündigung, die Weigerung des AG, die erforderlichen persönlichen oder sachlichen Mittel für die Betriebsratstätigkeit zur Verfügung zu stellen, Verweigerung des Zugangs zum Betrieb,[75] die Überwachung von Telefongesprächen,[76] Öffnung der Betriebsratspost, unangemessene Bekanntgabe der Kosten des BR auf einer Betriebsversammlung.[77] Keine Störung

[65] Vgl. BAG 25.4.2017 AP Nr. 48 zu § 87 BetrVG 1972 Überwachung = NZA 2017, 1205; 26.8.2008 AP Nr. 54 zu § 75 BetrVG 1972 = NZA 2008, 1187; 18.7.2006 AP Nr. 15 zu § 850 ZPO = NZS 2007, 462; 14.12.2004 AP Nr. 42 zu § 87 BetrVG 1972 Überwachung (Video).

[66] Vgl. etwa BAG 11.12.2018 AP Nr. 62 zu § 75 BetrVG 1972 = NZA 2019, 480.

[67] Vgl. *Wybitul* NZA 2017, 413.

[68] BAG 28.5.2002 AP Nr. 39 zu § 87 BetrVG 1972 Ordnung des Betriebes = NZA 2003, 166.

[69] BAG 4.12.2013 AP Nr. 13 zu § 78 BetrVG 1972 = NZA 2014, 803.

[70] BAG 5.12.2012 AP Nr. 102 zu § 14 TzBfG = NZA 2013, 515.

[71] HessLAG 26.9.2011 NZA-RR 2012, 85.

[72] BAG 4.12.2013 AP Nr. 13 zu § 78 BetrVG 1972 = NZA 2014, 803.

[73] LAG München 18.11.2009 NZA-RR 2010, 189 (freigestelltes Betriebsratsmitglied); LAG Bln-Bbg 2.9.2009 LAGE § 78 BetrVG 2001 Nr. 4 (Betriebsratsvorsitzender); ArbG Hagen 13.2.2007 NZA-RR 2007, 527 (Zustimmungsersetzungsverfahren).

[74] Zu eng daher LAG Köln 17.4.2002 BB 2002, 2680.

[75] BAG 21.9.1989 AP Nr. 72 zu § 99 BetrVG 1972 = NZA 1990, 314.

[76] BAG 1.8.1990 AP Nr. 20 zu Art. 56 ZA-Nato-Truppenstatut; 27.5.1986 AP Nr. 15 zu § 87 BetrVG 1972 Überwachung = NZA 1986, 643.

[77] BAG 12.11.1997 AP Nr. 27 zu § 23 BetrVG 1972 = NZA 1998, 559; 19.7.1995 AP Nr. 25 zu § 23 BetrVG 1972.

oder Behinderung liegt vor, wenn sich Toilettenwege infolge von Baumaßnahmen verlängern,[78] der AG sich vor einer Betriebsratswahl in angemessener Form äußert oder keine Einigungsstellenbeisitzer benennt, da die Einigungsstelle auch ohne Mitwirkung des AG tätig werden kann. Der AG kann schließlich aufgrund seines Eigentumsrechts rechtswidrige, zB beleidigende Anschläge des BR am Schwarzen Brett entfernen,[79] nicht jedoch die vom BR in das Intranet eingestellten Seiten löschen.[80] Ob in einer **Abmahnung eines Betriebsratsmitglieds** ein Verstoß gegen § 78 BetrVG liegen kann, hat das BAG offengelassen.[81] Jedenfalls darf der AG ein Betriebsratsmitglied nicht wegen einer Verletzung seiner Amtspflichten abmahnen. Wirft er einem Betriebsratsmitglied eine grobe Verletzung seiner Betriebsratspflichten vor, kann er nach § 23 I BetrVG vorgehen (→ § 219 Rn. 19) oder – bei gleichzeitigem Vorliegen einer Arbeitsvertragspflichtverletzung – außerordentlich kündigen (→ § 127 Rn. 40).[82]

24 **b) Rechtsfolgen.** Eine Rechtsfolge ist in § 78 S. 1 BetrVG nicht ausdrücklich geregelt. Nach der Rspr. stehen dem BR oder seinen Mitgliedern bei einer Störung oder Behinderung ihrer Arbeit durch den AG verschuldensunabhängige Handlungs-, Duldungs- und Unterlassungsansprüche zu;[83] zum Kündigungsschutz von Mitgliedern der Betriebsvertretungen → § 143 Rn. 1. § 78 S. 1 BetrVG gewährt aber keinen Anspruch auf Entfernung einer Abmahnung aus der Personalakte eines Betriebsratsmitglieds.[84]

25 **3. Benachteiligungs- oder Begünstigungsverbot. a) Inhalt.** § 78 S. 2 BetrVG will jede Benachteiligung oder Begünstigung tatsächlicher oder rechtlicher Art eines Mitglieds der dort genannten Interessenvertretungen gegenüber anderen AN verhindern. Die Regelung ergänzt § 37 I BetrVG, wonach die Mitglieder des BR ihr Amt unentgeltlich als Ehrenamt führen. Eine **Benachteiligung** ist jede Schlechterstellung im Vergleich zu anderen AN, die nicht auf sachlichen Gründen, sondern auf der Tätigkeit als Betriebsratsmitglied beruht. Eine Benachteiligungsabsicht ist nicht erforderlich, es genügt die objektive Schlechterstellung gegenüber Nichtbetriebsratsmitgliedern.[85] Vom Benachteiligungsverbot erfasst wird nicht nur die berufliche Tätigkeit, sondern auch das sich aus ihr ergebende Entgelt. Die Benachteiligung kann etwa in einer unterbliebenen Beförderung[86] oder Nichteinstellung,[87] der Versetzung auf einen geringer bezahlten Arbeitsplatz oder an einen anderen Arbeitsort,[88] der Zuweisung schwierigerer Arbeiten, der Verweigerung von Zusatzurlaub für freigestellte Betriebsratsmitglieder oder dem Ausschluss von Zuwendungen bzw. Vergünstigungen bestehen.[89] Die Benachteiligung muss vom AG oder von Dritten veranlasst sein.[90] Besondere Ausgestaltungen des Benachteiligungsverbots sind die Verpflichtung des AG, das Arbeitsentgelt fortzuzahlen, wenn ein Mitglied der Betriebsvertretung infolge Wahrnehmung seiner Amtspflichten an der Arbeitsleistung verhindert ist,[91] die in § 37 IV, V BetrVG normierten beruflichen Förderungs- und Entwicklungsmöglichkeiten des Betriebsratsmitglieds[92] sowie die Pflicht zur Kostentragung gegenüber einem Betriebsratsmitglied, wenn dieses in der 2.

[78] HessLAG 3.3.2014 NZA-RR 2014, 424.
[79] Vgl. BAG 22.7.1980 AP Nr. 3 zu § 74 BetrVG 1972; LAG Düsseldorf 22.2.1977 DB 1977, 1053.
[80] LAG Hamm 12.3.2004 RDV 2004, 223.
[81] BAG 4.12.2013 AP Nr. 13 zu § 78 BetrVG 1972 = NZA 2014, 803.
[82] BAG 5.12.1975 AP Nr. 1 zu § 87 BetrVG 1972 Betriebsbuße.
[83] BAG 4.12.2013 AP Nr. 13 zu § 78 BetrVG 1972 = NZA 2014, 803; 20.10.1999 – 7 ABR 37/98; 12.11.1997 AP Nr. 27 zu § 23 BetrVG 1972 = NZA 1998, 559.
[84] BAG 4.12.2013 AP Nr. 13 zu § 78 BetrVG 1972 = NZA 2014, 803.
[85] BAG 25.10.2017 AP Nr. 37 zu § 38 BetrVG 1972 = NZA 2018, 538; 18.5.2016 AP Nr. 162 zu § 37 BetrVG 1972 = NZA 2016, 1212; 10.11.2015 AP Nr. 74 zu § 1 BetrAVG Gleichbehandlung (Betriebsrente).
[86] LAG Nds 21.11.2003 NZA-RR 2004, 414 (Berücksichtigung der Amtstätigkeit).
[87] BAG 25.6.2014 AP Nr. 14 zu § 78 BetrVG 1972 = NZA 2014, 1209 (Befristung).
[88] BAG 26.7.2010 NZA-RR 2010, 641 (Umsetzung in ein Großraumbüro).
[89] BAG 29.10.1998 – 7 AZR 202/97; 26.9.1990 AP Nr. 4 zu § 8 BPersVG = NZA 1991, 694 (freigestelltes Personalratsmitglied); 9.6.1982 AP Nr. 1 zu § 107 BPersVG (Beförderung); 8.10.1981 AP Nr. 2 zu § 49 BAT (Zusatzurlaub); 13.1.1981 AP Nr. 2 zu § 46 BPersVG (höherwertige Tätigkeit); 12.5.1975 AP Nr. 1 zu § 78 BetrVG 1972 (Einstellung).
[90] BAG 18.5.2016 AP Nr. 162 zu § 37 BetrVG 1972 = NZA 2016, 1212 (Besteuerung von Nachtzulagen).
[91] BAG 23.6.2004 AP Nr. 139 zu § 37 BetrVG 1972 = NZA 2004, 1287 (Firmenfahrzeug); dazu aber auch BAG 25.2.2009 AP Nr. 146 zu § 37 BetrVG 1972 (kein Anspruch bei Überlassung als Arbeitsmittel).
[92] BAG 10.11.2015 AP Nr. 74 zu § 1 BetrAVG Gleichbehandlung; 17.8.2005 AP Nr. 142 zu § 37 BetrVG 1972 = NZA 2006, 448; 15.1.1992 AP Nr. 84 zu § 37 BetrVG 1972.

oder 3. Instanz in einem Zustimmungsersetzungsverfahren (§ 103 BetrVG) obsiegt.[93] Im Übrigen führen die Kostentragungsregeln des § 12a ArbGG zu keiner Benachteiligung wegen des Betriebsratsamts.[94] Auch hindert § 78 S. 2 BetrVG den AG nicht, ein arbeitsvertragswidriges Fehlverhalten eines Betriebsratsmitglieds abzumahnen.[95]

Eine nach § 78 S. 2 BetrVG untersagte **Begünstigung** ist jede Besserstellung im Vergleich zu anderen AN, die nicht auf sachlichen Gründen, sondern auf der Tätigkeit als Betriebsratsmitglied beruht. Nicht erforderlich ist, dass der Amtsträger zu einem bestimmten Handeln oder Unterlassen veranlasst oder im Nachhinein für ein bestimmtes Verhalten belohnt werden soll.[96] Unzulässig ist es zB, ein Mitglied des BR wegen seiner Tätigkeit höher einzugruppieren, ihm eine Zulage,[97] günstige Personalrabatte oder Darlehensbedingungen zu gewähren oder überhöhte Auslagen bzw. Reisekosten zu zahlen.[98] Auch die Vereinbarung einer pauschalen Stundenvergütung zur Abgeltung von Betriebsratstätigkeiten ist nicht erlaubt, wenn sie zu einer Verdiensterhöhung führt.[99] Kein Verstoß gegen § 78 S. 2 BetrVG liegt vor, wenn mit dem Betriebsratsmitglied ein Aufhebungsvertrag geschlossen wird, der Konditionen enthält, die einem AN ohne besonderen Kündigungsschutz nicht gewährt worden wären.[100] 26

b) Rechtsfolgen. Willenserklärungen und Absprachen, die gegen das Benachteiligungsverbot verstoßen, sind nach § 134 BGB nichtig.[101] Daneben kommen auch Handlungs-, Duldungs- oder Unterlassungsansprüche des BR bzw. seiner Mitglieder in Betracht. Ist das Betriebsratsmitglied nur infolge der Amtsübernahme nicht in eine Position mit höherer Vergütung aufgestiegen, kann es den AG unmittelbar auf Zahlung der höheren Vergütung in Anspruch nehmen.[102] Zudem können schuldhafte Verstöße gegen § 78 BetrVG deliktische Schadensersatzansprüche auslösen, da die Norm ein Schutzgesetz iSv § 823 II BGB ist.[103] Benachteiligt ein AG ein befristet beschäftigtes Betriebsratsmitglied, indem er wegen dessen Betriebsratstätigkeit die Vereinbarung eines Folgevertrags ablehnt, hat dieses Anspruch auf Abschluss eines solchen.[104] Die Darlegungs- und Beweislast trägt derjenige, der sich auf die Schutzbestimmung des § 78 BetrVG beruft. Darüber hinaus können Verstöße gegen die Vorschrift nach § 119 BetrVG strafbar sein. 27

VI. Verschwiegenheitspflicht (§ 79 BetrVG)

1. Verpflichtete. Der Verschwiegenheitspflicht unterliegen nach § 79 I 1 BetrVG sämtliche Mitglieder und Ersatzmitglieder des BR. Aufgrund der Bezugnahme in Abs. 2 gilt diese sinngemäß auch für die dort genannten Vertretungen und Personen. Durch § 80 IV BetrVG wird die Verschwiegenheitspflicht auf Auskunftspersonen und Sachverständige erstreckt. Für die Schwerbehindertenvertretung gilt daneben § 179 SGB IX, für den Vertrauensmann der Zivildienstleistenden § 28 I ZDG und für Arbeitnehmervertreter im Aufsichtsrat die besonderen gesellschaftsrechtlichen Regelungen (zB § 116 S. 2 AktG). Für Anwälte, die vom BR als Verfahrens- oder Prozessbevollmächtigte hinzugezogen werden, gilt § 203 I Nr. 3 StGB. 28

2. Inhalt und Umfang. Die Schweigepflicht erstreckt sich auf Betriebs- und Geschäftsgeheimnisse, die den Mitgliedern der Betriebsverfassungsorgane wegen ihrer Mitgliedschaft oder Hinzuziehung bekannt geworden sind **(materielles Geheimnis)**, sofern der AG sie ausdrücklich als geheimhaltungsbedürftig bezeichnet hat **(formelles Geheimnis).** Aus diesem Grund bedarf es stets zur Begründung der Schweigepflicht einer ausdrücklichen Erklärung des AG, die jedoch auch nachträglich erfolgen kann, dann aber erst ab diesem Zeitpunkt gilt. Nur ein materielles Geheimnis kann zum formellen Geheimnis erklärt werden, während ein formelles Geheimnis nur dann zur Verschwiegenheit verpflichtet, wenn zugleich die Voraussetzungen für ein materielles Geheimnis vorliegen; allein die Erklärung des AG ist 29

[93] BAG 31.1.1990 AP Nr. 28 zu § 103 BetrVG 1972 = NZA 1991, 152.
[94] LAG Bln-Bbg 2.1.2012 LAGE § 2 ArbGG 1979 Nr. 53; aA LAG BW 4.7.2012 – 13 TaBV 4/12.
[95] BAG 9.9.2015 AP Nr. 15 zu § 78 BetrVG 1972 = NZA 2016, 57.
[96] BAG 21.3.2018 AP Nr. 17 zu § 78 BetrVG 1972 = NZA 2018, 1019.
[97] LAG Köln 27.2.2002 NZA-RR 2003, 221.
[98] BAG 23.6.1975 AP Nr. 10 zu § 40 BetrVG 1972; 29.1.1974 AP Nr. 8 zu § 37 BetrVG 1972.
[99] BAG 8.11.2017 AP Nr. 168 zu § 37 BetrVG 1972 = NZA 2018, 528.
[100] BAG 21.3.2018 AP Nr. 17 zu § 78 BetrVG 1972 = NZA 2018, 1019.
[101] BAG 8.11.2017 AP Nr. 168 zu § 37 BetrVG 1972 = NZA 2018, 528.
[102] BAG 22.1.2020 AP Nr. 175 zu § 37 BetrVG 1972 = NZA 2020, 594; 4.11.2015 AP Nr. 161 zu § 37 BetrVG 1972 = NZA 2016, 1339.
[103] BAG 31.10.1985 AP Nr. 5 zu § 46 BPersVG; 9.6.1982 AP Nr. 1 zu § 107 BPersVG.
[104] BAG 25.6.2014 AP Nr. 14 zu § 78 BetrVG 1972 = NZA 2014, 1209.

nicht ausreichend. Die Schweigepflicht besteht zeitlich von ihrer Begründung durch die Erklärung des AG bis über das Ausscheiden aus dem Betriebsratsamt hinaus; bei Ersatzmitgliedern entsteht sie mit dem Nachrücken (§ 25 BetrVG). Den Betriebsratsmitgliedern ist jede Offenbarung, Verwertung oder sonstige Nutzung ihrer Kenntnis zu wirtschaftlichen Zwecken verboten. Als Betriebs- und Geschäftsgeheimnisse sind insbesondere Patente, Lizenzen, Arbeitnehmererfindungen, Fertigungsmethoden, Materialzusammensetzungen, Kundenlisten, Lohn- und Gehaltslisten als Teile der betriebswirtschaftlichen Kalkulation anzusehen[105] (→ § 53 Rn. 47), nicht jedoch geplante Personalmaßnahmen.[106]

30 **3. Ausnahmen.** Die Schweigepflicht gilt nicht gegenüber Vertretern von anderen Betriebsverfassungsorganen, die in § 79 I 3, 4 BetrVG genannt sind. Dagegen dürfen die in Abs. 1 genannten Organe keine Geheimnisse an die nur in Abs. 2 genannten Organe weitergeben. Gibt ein zur Verschwiegenheit verpflichtetes Mitglied der Betriebsvertretung eine geheimhaltungsbedürftige Sache an ein anderes Mitglied der Betriebsvertretung weiter, ist es verpflichtet, auf die Geheimhaltungsbedürftigkeit hinzuweisen. Unterlässt es diesen Hinweis, besteht für den Erklärungsadressaten keine Verschwiegenheitspflicht, es sei denn, dass dieser von der Erklärung des AG über die Geheimhaltungsbedürftigkeit Kenntnis hatte. Allerdings macht sich das weitergebende Mitglied der Betriebsvertretung schadensersatzpflichtig. Darüber hinaus kann die Verschwiegenheitspflicht auch gegenüber höherrangigen Pflichten zurücktreten. So hat das Betriebsratsmitglied kein **Zeugnisverweigerungsrecht** nach § 53 I StPO im Strafprozess.[107] Dagegen kann ihm ein Zeugnisverweigerungsrecht nach § 383 I Nr. 6 ZPO zustehen.[108] Soweit dem BR durch § 89 I 2 BetrVG ausdrücklich die Pflicht zur Auskunft gegenüber den Aufsichtsbehörden auferlegt ist, tritt seine Schweigepflicht aus § 79 BetrVG grundsätzlich zurück.[109]

31 **4. Sonstige Verschwiegenheitspflichten.** Weitergehende Verschwiegenheitspflichten für Betriebsratsmitglieder ergeben sich aus §§ 82 II 3, 83 I 3, 99 I 3, 102 II 5 BetrVG. Das zum 26.4.2019 in Kraft getretene Gesetz zum Schutz von Geschäftsgeheimnissen hat die Schweigepflicht für die Arbeitnehmervertreter nicht über den sich schon aus § 74 BetrVG ergebenden Umfang hinaus erweitert.[110] Nicht besonders geregelt ist die Verschwiegenheitspflicht der Mitglieder der Betriebsverfassungsorgane über Vorgänge in den Arbeitnehmervertretungen. Allerdings ist die Weitergabe von Interna an Dritte unzulässig, wenn dadurch die Funktionsfähigkeit des BR beeinträchtigt wird.[111] Von der betriebsverfassungsrechtlichen Schweigepflicht ist die arbeitsvertragliche Schweigepflicht (→ § 53 Rn. 47) zu unterscheiden.

32 **5. Sanktionen.** Ein Verstoß gegen die Verschwiegenheitspflicht kann nach § 120 BetrVG strafrechtlich geahndet werden. Ihre Einhaltung kann Gegenstand eines Beschlussverfahrens sein.[112] Grobe Verletzungen der Schweigepflicht berechtigen den AG, den Ausschluss aus dem BR (→ § 219 Rn. 19) zu beantragen, ggf. außerordentlich zu kündigen, wenn darin zugleich eine Arbeitsvertragsverletzung liegt, sowie Schadensersatz nach § 823 II BGB iVm § 79 BetrVG zu beanspruchen.

VII. Datenschutz (§ 79a BetrVG)

33 Mit dem durch das BRModG neu eingefügten § 79a S. 2 BetrVG will der Gesetzgeber klarstellen, dass auch im Fall einer Datenverarbeitung durch den BR der AG „Verantwortlicher" iSd DSG-VO ist. Dies war im Schrifttum und in der Rspr. bislang umstritten.[113] Die gegen die Norm erhobenen Wirksamkeitszweifel[114] dürften nicht durchgreifen. Art. 4 Nr. 7 Hs. 2 DS-GVO erlaubt den Mitgliedstaaten den Verantwortlichen „vorzusehen", wenn die Zwecke und

[105] BAG 26.2.1987 AP Nr. 2 zu § 79 BetrVG 1972 = NZA 1988, 63; 16.3.1982 AP Nr. 1 zu § 611 BGB Betriebsgeheimnis; einschränkend ArbG Mannheim 6.2.2007 AiB 2007, 542.
[106] HessLAG 20.3.2017 LAGE § 79 BetrVG 2001 Nr. 3; LAG SchlH 20.5.2015 NZA-RR 2016, 77.
[107] BVerfG 19.1.1979 NJW 1979, 1286; LG Darmstadt 3.10.1978 NJW 1979, 1286.
[108] Antw. der BReg. auf kleine Anfrage DB 1979, 1278.
[109] BAG 3.6.2003 AP Nr. 1 zu § 89 BetrVG 1972.
[110] *Preis/Seiwerth* RdA 2019, 351.
[111] BAG 5.9.1967 AP Nr. 8 zu § 23 BetrVG.
[112] BAG 26.2.1987 AP Nr. 2 zu § 79 BetrVG 1972 = NZA 1988, 63.
[113] Für Verantwortlichkeit des BR *Wybitul* NZA 2017, 413; *Maschmann* NZA 2020, 1207; LAG LSA 18.12.2018 NZA-RR 2019, 256; aA *Lücke* NZA 2019, 658; *Pötters/Gola* RDV 2017, 279; HessLAG 10.12.2018 NZA-RR 2019, 196; offengelassen von BAG 9.4.2019 AP Nr. 86 zu § 80 BetrVG 1972 = NZA 2019, 1055.
[114] *Keitel/Busch* BB 2021, 564 (567).

Mittel einer Datenverarbeitung rechtlich vorgegeben sind. Diese Voraussetzungen sind beim BR erfüllt: Die Zulässigkeit einer Datenverarbeitung wird durch dessen Aufgaben nach dem BetrVG determiniert; die von ihm eingesetzten Mittel ergeben sich aus den Vorgaben des § 40 II BetrVG und sind vom AG bereitzustellen (vgl. BR-Drs. 271/21, 19). Nach dem Wortlaut von § 79a S. 2 BetrVG besteht die Verantwortlichkeit des AG zudem nur, *soweit* der BR zur Erfüllung der in seiner Zuständigkeit liegenden Aufgaben Daten verarbeitet; eine außerhalb dieser Maßgaben liegende (zweckwidrige oder eigenmächtige) Datenverarbeitung durch BR-Mitglieder befreit diese nicht von ihrer eigenen datenschutzrechtlichen Verantwortlichkeit.[115] Damit der AG seiner Rolle als Verantwortlicher nachkommen kann und gleichzeitig die nach Vorstellung des Gesetzgebers weiterhin bestehende innerorganisatorische Selbständigkeit und Weisungsfreiheit des BR nicht eingeschränkt wird, ordnet § 79a BetrVG zum einen in S. 1 ausdrücklich an, dass der BR bei der Verarbeitung personenbezogener Daten die datenschutzrechtlichen Vorschriften einzuhalten hat;[116] zum anderen enthält S. 3 hierfür ein gegenseitiges Unterstützungsgebot beider Betriebsparteien. Damit hat der BR zwar innerhalb seines Zuständigkeitsbereichs die Datensicherheit (Art. 24, 32 DS-GVO) eigenverantwortlich durch technische und organisatorische Maßnahmen sicherzustellen. Seine institutionelle Unabhängigkeit bedingt es aber, dass er dem AG alle Informationen übermitteln muss, die dieser für die Erfüllung der ihm als verantwortliche Stelle obliegenden Pflichten benötigt. Dies betrifft zB Angaben über die im Verzeichnis nach Art. 30 DS-GVO aufzuführenden Verarbeitungstätigkeiten durch den BR, Auskünfte zur Erfüllung der Informationspflichten nach Art. 12 ff. DS-GVO oder der Betroffenenrechte aus Art. 15 ff. DS-GVO. Kommt der BR dem nicht nach, stehen dem AG auf Grundlage von § 79a S. 3 BetrVG im Beschlussverfahren durchsetzbare Auskunftsansprüche gegen den BR zu, deren Verletzung über § 23 I BetrVG sanktioniert werden kann. Da die Einordung des BR als Teil der verantwortlichen Stelle zudem zur Folge hat, dass dem – vom AG ernannten – Datenschutzbeauftragten Prüf- und Kontrollrechte nach § 39 DS-GVO gegenüber dem BR zustehen,[117] sehen § 79a S. 4 und 5 BetrVG eine Verschwiegenheitspflicht für diesen gegenüber dem AG sowohl über (auch nicht personenbezogene) Informationen vor, die Rückschlüsse auf den Meinungsbildungsprozess des BR zulassen, als auch über personenbezogene Daten, die aus der Sphäre des BR stammen (BT-Drs. 19/29819, 17).

§ 231. Betriebsvereinbarung und Regelungsabrede

Übersicht

I. Übersicht

Während das BetrVG 1952 als Oberbegriff für die Einigung zwischen AG und BR noch den 1
des Beschlusses verwendete, bezeichnet das BetrVG die Absprachen zwischen beiden alternativ

[115] Zweifelnd *Keitel/Busch* BB 2021, 564 (568).
[116] So schon vorher BAG 9.4.2019 AP Nr. 86 zu § 80 BetrVG 1972 = NZA 2019, 1055.
[117] *Schulze* ArbRAktuell 2021, 211.

mit Einigung (zB §§ 39 I, 74 I, 87 II, 94 I BetrVG), Einvernehmen (§ 44 II 2 BetrVG), Einverständnis (§ 76 II BetrVG), Interessenausgleich (§ 112 II BetrVG) oder (Betriebs-)Vereinbarung (§§ 77 I, 80 BetrVG). Als **Oberbegriff** verwendet es den Begriff der Vereinbarung (§ 77 I 1 BetrVG). Einigkeit besteht darüber, dass nicht jede Vereinbarung zwischen AG und BR die Rechtsqualität einer Betriebsvereinbarung (→ Rn. 2) hat und deren Formvorschriften unterliegt. Vielmehr sind neben der Betriebsvereinbarung auch formlose Absprachen zulässig. Diese werden entweder als betriebliche Einigung, Betriebsabsprache oder Regelungsabrede (→ Rn. 78) bezeichnet. Ein „Beitritt" zu einem vom AG geschlossenen Tarifvertrag ist den Konzern-, Gesamt- und (Einzel-)Betriebsräten mangels rechtlicher Kompetenz dagegen nicht möglich.[1]

II. Betriebsvereinbarung

2 **1. Begriff.** Begriff und Rechtsnatur der Betriebsvereinbarung sind umstr. Nach der heute ganz hM ist sie ein privatrechtlich kollektiver und objektives Recht setzender Normenvertrag der Betriebsparteien.[2] Die Betriebsparteien handeln und regeln die Angelegenheiten in ihrem Autonomiebereich im eigenen Namen. Durch § 77 IV 1 BetrVG verleiht der Staat ihren Vereinbarungen die Verbindlichkeit normativen, unabhängig vom konkreten Willen der Normadressaten geltenden Rechts.[3] Daraus folgt, dass die Betriebsparteien als Normgeber an den rechtsstaatlichen Grundsatz der Normklarheit gebunden sind.[4] Der Inhalt einer Betriebsvereinbarung muss daher bestimmt oder zumindest durch Auslegung bestimmbar sein.

3 **2. Zustandekommen. a) Überblick.** Eine Betriebsvereinbarung kommt entweder durch einen Vertragsschluss zwischen AG und BR oder den Spruch einer Einigungsstelle (→ § 232 Rn. 20) zustande. Der Gesetzgeber kann auch die Weitergeltung von Dienstvereinbarungen als Betriebsvereinbarungen anordnen.[5]

4 **b) Vertragsschluss.** Der Abschluss einer Betriebsvereinbarung vollzieht sich nur zT nach den Regeln des BGB. Die zuvor jeweils im Innenverhältnis vollzogene Willensbildung von AG und BR muss zum Gegenstand korrespondierender Willenserklärungen gemacht werden (§ 77 II 1 BetrVG). Bei deren Abgabe kann der AG ggf. durch gesetzliche Vertreter oder durch einen sonstigen Vertreter mit entspr. Vertretungsmacht handeln. Der BR wird in der Erklärung[6] idR durch seinen Vorsitzenden vertreten (§ 26 II BetrVG). Ist der Vorsitzende des BR zugleich Vorsitzender von anderen Gremien (Betriebsausschuss, GBR), ist iZw durch Auslegung zu ermitteln, für welches Gremium er die Erklärung abgegeben hat.[7] Der Abschluss einer Betriebsvereinbarung setzt einen darauf bezogenen Beschluss des BR voraus. Fehlt es bei Unterzeichnung der Betriebsvereinbarung hieran, ist die Vereinbarung nicht nur schwebend, sondern gänzlich unwirksam.[8] Hat der BR einen fehlerhaften Beschluss gefasst, ist die Betriebsvereinbarung ebenfalls nicht wirksam zustande gekommen. Die Annahme einer schwebenden Unwirksamkeit scheidet wegen ihres Normcharakters aus. Der BR kann aber nachträglich einen **wirksamen Beschluss** über den (Neu-)Abschluss der Betriebsvereinbarung fassen; sie kann dann regelmäßig auch mit Rückwirkung auf den Zeitpunkt der ersten Unterzeichnung abgeschlossen werden. Nach der Rspr. des BAG soll eine widerlegbare Vermutung bestehen, dass die Erklärung des Betriebsratsvorsitzenden auf einem entsprechenden Beschluss des BR beruht.[9] Im Individualprozess muss daher der AN Umstände vortragen, die geeignet sind, diese Vermutung zu widerlegen; ein bloßes Bestreiten mit Nichtwissen genügt dafür nicht. Die Betriebsvereinbarung kann auch

[1] BAG 26.2.2020 AP Nr. 6 zu § 1 TVG Sozialplan = NZA 2020, 1121.
[2] BAG 28.7.2020 AP Nr. 121 zu § 77 BetrVG 1972 = NZA 2020, 1548; zum Theorienstreit ausführlich GK-BetrVG/*Kreutz* § 77 Rn. 40 ff.
[3] BAG 12.12.2006 AP Nr. 94 zu § 77 BetrVG 1972 = NZA 2007, 453.
[4] BAG 29.9.2010 AP Nr. 64 zu § 1 BetrAVG; 28.11.2009 AP Nr. 47 zu § 77 BetrVG 1972 Betriebsvereinbarung.
[5] BAG 23.11.2004 AP Nr. 1 zu Art. 72 GG = NZA 2005, 833.
[6] Vgl. BAG 17.2.1981 AP Nr. 11 zu § 112 BetrVG 1972; 15.12.1961 AP Nr. 1 zu § 615 BGB Kurzarbeit.
[7] BAG 24.5.2006 AP Nr. 6 zu § 29 BetrVG 1972 = NZA 2006, 1364.
[8] BAG 9.12.2014 AP Nr. 108 zu § 77 BetrVG 1972 = NZA 2015, 368.
[9] BAG 17.3.2003 AP Nr. 77 zu § 40 BetrVG 1972 = NZA 2003, 870; zuletzt offen gelassen von BAG 9.12.2014 AP Nr. 108 zu § 77 BetrVG 1972 = NZA 2015, 368.

unter einer **aufschiebenden Bedingung** abgeschlossen werden, wenn der Eintritt der vereinbarten Bedingung für alle Beteiligten – auch für die AN – ohne Weiteres feststellbar ist.[10]

c) Einigungsstelle. Die Betriebsvereinbarung kann auch auf einem Spruch der Einigungsstelle (→ § 232 Rn. 20) beruhen. Im Rahmen der erzwingbaren Angelegenheiten (→ § 235 Rn. 1) ersetzt dieser sowohl die Willensübereinstimmung der Betriebsparteien als auch ihre entspr. Erklärungen. Bei einem freiwilligen Einigungsstellenverfahren iSd § 76 VI BetrVG bedarf es einer vorherigen – auf Seiten des BR auf entspr. Beschluss beruhenden – Unterwerfung beider Seiten unter den Spruch oder seiner nachträglichen Annahme.[11] 5

3. Funktionelle Zuständigkeit. Die jeweilige Arbeitnehmervertretung (BR/GBR/KBR), die als Vertragspartner die Betriebsvereinbarung mit dem AG abschließt (§ 77 I 1 BetrVG) oder – bei einem Spruch der Einigungsstelle (→ Rn. 5) – Beteiligter des Einigungsstellenverfahrens ist, muss für die in ihr geregelten Angelegenheiten zuständig sein. Die Zuständigkeit richtet sich nach den allgemeinen Grundsätzen (→ § 224 Rn. 19).[12] Fehlt es bei einer mitbestimmten Betriebsvereinbarung an der gesetzlichen Zuständigkeit, ist sie unwirksam, da ihr Regelungsgegenstand außerhalb der Kompetenz des abschließenden BR liegt.[13] 6

4. Form. a) Anforderungen. Die Betriebsvereinbarung muss entweder schriftlich iSv § 125 I 1 BGB oder – seit Inkrafttreten des BRModG – in elektronischer Form iSv § 126a I BGB geschlossen werden. In beiden Fällen haben AG und BR immer auf derselben Urkunde zu unterschreiben[14] oder diese qualifiziert elektronisch zu signieren. Ein Austausch nur wechselseitig unterschriebener bzw. signierter Dokumente ist unzureichend. Besteht die Betriebsvereinbarung aus mehreren schriftlichen Urkunden, müssen diese bei der Unterzeichnung entweder fest miteinander verbunden sein[15] oder von beiden Betriebsparteien einzeln unterzeichnet werden. Fehlt es hieran, ist dem Schriftformgebot nach § 77 II 2 BetrVG auch genügt, wenn sich die für die Wahrung der Schriftform erforderliche Einheit der Urkunde mit hinreichender Deutlichkeit aus den sonstigen Umständen – etwa aus einer wechselseitigen Inbezugnahme beider Schriftstücke, der grafischen Gestaltung des Textes, der fortlaufenden Seitenpaginierung, der Nummerierung einzelner Bestimmungen oder dem Verweis auf eine paraphierte Anlage – ergibt.[16] Selbst eine Bezugnahme im Text auf ein weder unterzeichnetes noch paraphiertes Schriftstück kann genügen, wenn das Bezugsobjekt eindeutig bezeichnet ist und zweifelsfrei nur eine Fassung hiervon existiert. Andernfalls lässt sich nicht zuverlässig feststellen, welche Normen für die im Betrieb Normunterworfenen gelten sollen.[17] Dementspr. kann die (Schrift-)Form gewahrt sein, wenn auf eine schriftlich niedergelegte und bekannt gemachte Gesamtzusage des AG verwiesen wird.[18] Unerheblich für die Einhaltung des Formgebots ist, wenn der AG die Betriebsvereinbarung oder eine darin in Bezug genommene Anlage entgegen § 77 II 3 BetrVG nicht oder nicht ordnungsgemäß bekannt gibt.[19] 7

b) Verstöße. Wird die vorgeschriebene Schrift- bzw. elektronische Form nicht eingehalten, ist die Betriebsvereinbarung **unwirksam;** im Ausnahmefall kann eine Umdeutung in eine Gesamtzusage nach § 140 BGB in Betracht kommen, wenn besondere Umstände die Annahme rechtfertigen, der AG habe den Willen besessen, sich unabhängig von der Betriebsvereinbarung auf jeden Fall einzelvertraglich zu verpflichten, den AN die in dieser vorgesehenen Leistungen zu gewähren.[20] Angesichts der erschwerten Lösungsmöglichkeiten kann hiervon nur ausnahmsweise ausgegangen werden. 8

---

[10] BAG 28.7.2020 AP Nr. 121 zu § 77 BetrVG 1972 = NZA 2020, 1548; 15.1.2002 EzA Nr. 1 zu § 614 BGB = NZA 2002, 1112.

[11] BAG 11.12.2018 AP Nr. 68 zu § 76 BetrVG 1972 = NZA 2019, 714.

[12] BAG 14.12.1999 AP Nr. 104 zu § 87 BetrVG 1972 Lohngestaltung = NZA 2000, 783.

[13] Vgl. BAG 12.8.1982 AP Nr. 4 zu § 77 BetrVG 1972.

[14] BAG 23.8.2016 AP Nr. 149 zu § 99 BetrVG 1972 = NZA 2017, 194.

[15] BAG 7.5.1998 AP Nr. 1 zu § 1 KSchG 1969 Namensliste; 21.8.1990 AP Nr. 19 zu § 6 BetrAVG = NZA 1991, 507; 11.11.1986 AP Nr. 4 zu § 1 BetrAVG Gleichberechtigung = NZA 1987, 449.

[16] BAG 13.8.2019 AP Nr. 27 zu § 87 BetrVG 1972 Gesundheitsschutz = NZA 2019, 1717.

[17] BAG 13.8.2019 AP Nr. 27 zu § 87 BetrVG 1972 Gesundheitsschutz = NZA 2019, 1717.

[18] Vgl. BAG 3.6.1997 AP Nr. 69 zu § 77 BetrVG 1972 = NZA 1998, 160.

[19] Vgl. BAG 18.3.2014 AP Nr. 1 zu Art. 73 LPVG Bayern = NZA 2014, 736.

[20] Vgl. BAG 23.1.2018 AP Nr. 111 zu § 77 BetrVG 1972 = NZA 2018, 871; 23.2.2016 AP Nr. 12 zu § 1 BetrAVG Betriebsvereinbarung = NZA 2016, 642; 19.6.2012 AP Nr. 4 zu § 4 TV SozSich.

9 **c) Bezugnahme.** Wird in einer Betriebsvereinbarung **statisch** auf einen Tarifvertrag oder eine andere Betriebsvereinbarung verwiesen, ist die Form für den in Bezug genommenen Tarifinhalt auch gewahrt, wenn dieser nicht wörtlich wiedergegeben oder der Betriebsvereinbarung als Anlage beigefügt ist.[21] Ist nichts anderes vereinbart, gilt die Bezugnahme auch dann weiter, wenn der Tarifvertrag geändert wird, nicht jedoch wenn er von vornherein zeitlich befristet war. Umstr. ist, ob eine Blankettverweisung auf einen jeweils anderweitig geltenden Tarifvertrag oder eine Betriebsvereinbarung wirksam ist. Im Gegensatz zum Tarifrecht (→ § 199 Rn. 17) hält das BAG eine solche **dynamische Verweisung** für unwirksam, weil sich die Betriebspartner damit in unzulässiger Weise ihrer gesetzlichen Normsetzungsbefugnis entäußern.[22] Eine unwirksame dynamische Verweisung gilt jedoch als statische Verweisung auf den bei Abschluss der Betriebsvereinbarung bestehenden Tarifvertrag, bei der jedoch § 77 III BetrVG (→ Rn. 19) zu beachten ist.

10 **5. Bekanntgabe.** Nach § 77 II 3 BetrVG sind Betriebsvereinbarungen durch den AG an geeigneter Stelle im Betrieb auszulegen und in gut leserlichem Zustand zu erhalten.[23] Die Aushangpflicht ist § 8 TVG nachgebildet, der eine entspr. Verpflichtung für Tarifverträge vorsieht (→ § 197 Rn. 25). Die Stelle muss so gewählt sein, dass sie von allen AN ohne besondere Schwierigkeiten erreichbar ist. Auch eine Veröffentlichung im Intranet genügt, wenn jeder AN darauf zugreifen kann. Eine Aushändigung der Betriebsvereinbarung an die AN ist nicht erforderlich. Jedoch muss der AG dem AN auf dessen Anforderung die Betriebsvereinbarung zur Einsichtnahme und ggf. zur Fertigung von Kopien zugänglich machen.[24] Die Verletzung der Aushangpflicht führt nicht zur Unwirksamkeit der Betriebsvereinbarung, da die Bekanntgabe keine Wirksamkeitsvoraussetzung ist.[25] Der BR kann die Pflicht zur Bekanntgabe als Bestandteil der Durchführungspflicht oder über § 23 III BetrVG im Beschlussverfahren durchsetzen; möglich sind auch vertragliche Schadensersatzansprüche der AN (umstr.);[26] zur Nachweispflicht des AG auf den Inhalt von Betriebsvereinbarungen → § 32 Rn. 37.

11 **6. Unmittelbare und zwingende Geltung.** Betriebsvereinbarungen gelten nach § 77 IV 1 BetrVG unmittelbar und zwingend. **Unmittelbare Wirkung** bedeutet, dass die Bestimmungen des normativen Teils der Betriebsvereinbarung den Inhalt der Arbeitsverhältnisse wie ein Gesetz gestalten, ohne dass es auf den Willen oder die Kenntnis der Vertragsparteien ankommt;[27] dies kann auch bei Protokollnotizen der Fall sein.[28] Die unmittelbare Geltung einer Betriebsvereinbarung steht nicht zur Disposition der Betriebsparteien; sie können diese daher weder an ein Zustimmungsquorum der Normunterworfenen AN binden noch von sonstigen weiteren Voraussetzungen – wie zB einem schriftlichen Einverständnis des AN – abhängig machen.[29] Die **zwingende Wirkung** der Betriebsvereinbarung hat zur Folge, dass ihre Bestimmungen nicht zu Lasten des AN abbedungen werden können; die Arbeitsvertragsparteien können keine wirksamen Vereinbarungen schließen, die in Widerspruch zur Betriebsvereinbarung stehen. Zudem ist der AG bei der Leistungserbringung an ihre Vorgaben gebunden.[30] Die in der Betriebsvereinbarung enthaltenen Inhaltsnormen verdrängen in ihrem zeitlichen Geltungsbereich alle zuvor getroffenen vertraglichen Abreden. Dies gilt jedoch dann nicht, wenn der einzelne Arbeitsvertrag für den AN günstigere Regelungen als die Betriebsvereinbarung enthält (Günstigkeitsprinzip). Sind die günstigen Regelungen vor dem Inkrafttreten der Betriebsvereinbarung getroffen worden, gelten sie weiter, sofern sie nicht betriebsvereinbarungsoffen ausgestaltet sind (→ Rn. 44, 46). Zudem können die Betriebsparteien in der Betriebsvereinbarung vorsehen, dass von ihr zu Lasten der AN abweichende Individualvereinbarungen zulässig sind. Eine solche Individualvertragsoffenheit kann generell, in bestimmten Fällen oder nur unter bestimmten Voraussetzungen gestattet werden.

[21] BAG 23.8.2016 AP Nr. 149 zu § 99 BetrVG 1972 = NZA 2017, 194; 18.3.2014 AP Nr. 1 zu Art. 73 LPVG Bayern = NZA 2014, 736.

[22] BAG 22.8.2006 AP Nr. 30 zu § 77 BetrVG 1972 Betriebsvereinbarung = NZA 2007, 1187; 23.6.1992 AP Nr. 55 zu § 77 BetrVG 1972 = NZA 1993, 229.

[23] Dazu *Fischer* BB 2000, 354; *ders.* BB 2000, 1143; *Spilger* BB 2000, 1573.

[24] LAG Nürnberg 9.12.2004 NZA-RR 2005, 377.

[25] BAG 17.4.2012 – 3 AZR 400/10.

[26] Vgl. *Fitting* BetrVG § 77 Rn. 26 (Fürsorgepflicht); *Fischer* BB 2000, 354 (362); aA GK-BetrVG/*Kreutz* § 77 Rn. 57; Richardi BetrVG/*Richardi* § 77 Rn. 41.

[27] BAG 21.9.1989 AP Nr. 43 zu § 77 BetrVG 1972 = NZA 1990, 351.

[28] BAG 2.10.2007 EzA Nr. 20 zu § 77 BetrVG 2001 = NZA-RR 2008, 242.

[29] BAG 28.7.2020 AP Nr. 121 zu § 77 BetrVG 1972 = NZA 2020, 1548; aA Richardi BetrVG/*Richardi* § 77 Rn. 153.

[30] BAG 12.10.2011 NZA 2012, 464 (Bonusregelung).

7. Auslegung. a) Zustandekommen. Ob es sich bei der zwischen AG und BR getroffenen Vereinbarung um eine Betriebsvereinbarung handelt, ist nach den allgemeinen Regeln über das Zustandekommen und die Auslegung schuldrechtlicher Verträge gem. §§ 133, 157 BGB zu ermitteln.[31] Das Vorliegen einer Betriebsvereinbarung kann zweifelhaft sein, wenn am Vertragsschluss auch Tarifvertragsparteien beteiligt sind.[32] Bestimmungen in gemischten, von AG, Gewerkschaft und BR gemeinsam unterzeichneten Vereinbarungen sind wegen Verstoßes gegen das **Gebot der Rechtsquellenklarheit** unwirksam, wenn sich nicht aus diesen selbst ohne Weiteres und zweifelsfrei ergibt, wer Urheber der einzelnen Regelungskomplexe ist und um welche Rechtsquellen es sich folglich handelt.[33] Entspr. gilt, wenn eine Betriebsvereinbarung unterschiedliche betriebsverfassungsrechtliche Rechtsquellen zum Inhalt hat, weil sie vom BR und GBR bzw. KBR abgeschlossen wurde. Es muss zweifelsfrei bestimmbar sein, wer von den Betriebsverfassungsorganen für welche Teile im Rahmen seiner gesetzlichen Zuständigkeit handelt.[34] 12

b) Inhalt. Steht fest, dass es sich um eine Betriebsvereinbarung handelt, ist diese wegen ihres normativen Charakters wie Tarifverträge (→ § 201 Rn. 1) und damit wie Gesetze auszulegen.[35] Es kann also nur der Wille berücksichtigt werden, der nach außen hin hinreichenden Ausdruck gefunden hat. Auszugehen bei der Auslegung ist vom Wortlaut der Bestimmungen und dem durch ihn vermittelten Wortsinn. Insbesondere bei unbestimmtem Wortsinn sind der wirkliche Wille der Betriebsparteien und der von ihnen beabsichtigte Zweck zu berücksichtigen, sofern und soweit sie im Text ihren Niederschlag gefunden haben. Abzustellen ist ferner auf den Gesamtzusammenhang und die Systematik der Regelungen. Im Zweifel gebührt derjenigen Auslegung der Vorzug, die zu einem sachgerechten, zweckorientierten, praktisch brauchbaren und gesetzeskonformen Verständnis der Bestimmung führt.[36] Auch die nachträgliche, streitlose Handhabung einer Betriebsvereinbarung kann bei zweifelhaftem Wortlaut zur Auslegung herangezogen werden.[37] Übernehmen die Betriebsparteien in einer Betriebsvereinbarung den Inhalt einer gesetzlichen Vorschrift ganz oder teilweise, ist regelmäßig davon auszugehen, dass sie deren Verständnis auch zum Inhalt der betrieblichen Regelung machen wollen, soweit sich aus der Betriebsvereinbarung nichts Gegenteiliges ergibt.[38] Eine Betriebsvereinbarung ist im Zweifel so auszulegen, dass sie auch nicht gegen einen Tarifvertrag verstößt.[39] Sind mehrere Interpretationsweisen denkbar, ist die vorzugswürdig, die dem verobjektivierten Willen der Betriebsparteien am nächsten kommt. Eine Auslegungsregel, nach der die für den AN günstigste Sichtweise vorzugswürdig ist, besteht nicht. Auch die Unklarheitenregelung des § 305c II BGB findet keine Anwendung. Haben die Betriebsparteien vereinbart, sich bei Meinungsverschiedenheiten über die Anwendung und Auslegung einer Betriebsvereinbarung zu bemühen, diese innerbetrieblich und einvernehmlich auszuräumen, sind vor den Arbeitsgerichten erhobene Anträge unzulässig, wenn das vereinbarte Verfahren unterbleibt.[40] 13

8. Geltungsbereich. a) Betrieblicher Geltungsbereich. Der Geltungsbereich einer Betriebsvereinbarung erstreckt sich regelmäßig nur auf den Betrieb, für den sie abgeschlossen ist. Hat ein Unternehmen mehrere Betriebe, kann für jeden eine andere Betriebsvereinbarung gelten. Eine Gesamtbetriebsvereinbarung gilt dagegen für alle oder zumindest mehrere Betriebe des Unternehmens ohne Rücksicht auf die Betriebsratsfähigkeit der einzelnen Betriebe; eine Konzernbetriebsvereinbarung gilt für alle oder zumindest mehrere Unternehmen des Konzerns. Zur Konkurrenz von Betriebsvereinbarung und Gesamtbetriebsvereinbarung (→ § 224 Rn. 30). 14

b) Persönlicher Geltungsbereich. Der persönliche Geltungsbereich einer Betriebsvereinbarung kann sich auf die aktiven und die später – also nach Abschluss der Vereinbarung 15

[31] BAG 15.4.2008 AP Nr. 38 zu § 1 TVG Altersteilzeit = NZA-RR 2008, 586.
[32] Vgl. BAG 7.11.2000 AP Nr. 14 zu § 77 BetrVG 1972 Tarifvorbehalt = NZA 2001, 727; einschränkend BAG 22.1.2002 AP Nr. 4 zu § 77 BetrVG 1972 Betriebsvereinbarung = NZA 2002, 1224.
[33] BAG 15.4.2008 AP Nr. 96 zu § 77 BetrVG 1972 = NZA 2008, 1074.
[34] BAG 30.1.2019 AP Nr. 25 zu § 611 BGB Sachbezüge = NZA 2019, 1065; 26.9.2017 AP Nr. 237 zu § 112 BetrVG 1972 = NZA 2018, 803.
[35] Vgl. BAG 30.9.2014 AP Nr. 141 zu § 99 BetrVG 1972 = NZA 2015, 240; 27.7.2010 AP Nr. 52 zu § 77 BetrVG 1972 Betriebsvereinbarung; 17.11.1998 AP Nr. 6 zu § 77 BetrVG 1972 Auslegung = NZA 1999, 609.
[36] StRspr, vgl. etwa BAG 27.7.2010 AP Nr. 212 zu § 242 BGB Gleichbehandlung = NZA 2010, 1369.
[37] BAG 29.5.1964 AP Nr. 24 zu § 59 BetrVG.
[38] BAG 27.7.2010 AP Nr. 52 zu § 77 BetrVG 1972 Betriebsvereinbarung.
[39] LAG Köln 9.8.2010 LAGE § 77 BetrVG 2001 Nr. 9.
[40] BAG 23.2.2016 AP Nr. 67 zu § 76 BetrVG 1972 = NZA 2016, 972.

in den Betrieb – eingetretenen AN erstrecken.[41] Differenzierungen zwischen verschiedenen Gruppen von AN sind möglich, allerdings sind dabei der betriebsverfassungsrechtliche Gleichbehandlungsgrundsatz und die Grundsätze des § 75 I BetrVG zu beachten (→ § 230 Rn. 18 f.). Nach der Rspr. des BAG können die Betriebsparteien mangels Regelungsbefugnis des BR weder die Arbeitsverhältnisse der leitenden Angestellten[42] (§ 5 III, IV BetrVG) in den Geltungsbereich einer Betriebsvereinbarung einbeziehen,[43] noch durch Betriebsvereinbarung Rechte und Pflichten der sich im Ruhestand befindlichen Mitarbeiter begründen oder modifizieren[44] (zu Sozialplänen → § 244 Rn. 44). So kann zB die Höhe einer bereits gewährten Betriebsrente nicht normativ durch Betriebsvereinbarung geändert werden.[45] Diese Auffassung bedarf der Überprüfung, da die Betriebsrente regelmäßig wegen des früheren Arbeitsverhältnisses gewährt wird. Aus diesem Grund bleibt auch die Legitimation des jeweiligen BR für Änderungen der betrieblichen Versorgungsordnung bestehen. Dies entspricht auch dem Ansatz der hM, die Sozialplanregelungen für zwischenzeitlich ausgeschiedene AN für zulässig hält, sofern sie noch zu Beginn der Betriebsänderung Betriebsangehörige waren.[46] Vor zu weitgehenden Eingriffen sind die Betriebsrentner durch die Grundsätze der Verhältnismäßigkeit und des Vertrauensschutzes geschützt.[47] Die Rspr. behilft sich, indem sie eine nach Ausscheiden aus dem Arbeitsverhältnis abgeschlossene Betriebsvereinbarung auf das Ruhestandsverhältnis zur Anwendung bringt, wenn der Arbeitsvertrag eine dynamische Verweisung auf die einschlägige Betriebsvereinbarung enthält.[48] Dieser Ansatz kann allerdings nur bei Regelungen greifen, die sich auf noch aktive AN und deren künftige Betriebsrente beziehen.

16 **9. Reichweite der Regelungsmacht. a) Grundsatz.** AG und BR besitzen grundsätzlich eine umfassende Kompetenz zur Regelung aller betrieblichen und betriebsverfassungsrechtlichen Fragen sowie des Inhalts, des Abschlusses und der Beendigung von Arbeitsverhältnissen.[49] Dies zeigt § 77 III 1 und 2 BetrVG. Der Regelung liegt die Vorstellung zugrunde, dass der Gesetzgeber dort, wo die Tarifvertragsparteien ihre Befugnis zur Regelung von Arbeitsbedingungen nicht wahrnehmen oder den Abschluss ergänzender Betriebsvereinbarungen zulassen, von einer Regelungskompetenz der Betriebsparteien ausgeht. Zudem beschränkt § 88 BetrVG – wie sich aus der Formulierung „insbesondere" ergibt – den Abschluss freiwilliger Betriebsvereinbarungen nicht auf die dort genannten Angelegenheiten (→ § 236 Rn. 1). Da die Betriebsparteien durch eine Betriebsvereinbarung nur Rechte und Pflichten entweder im Verhältnis zueinander oder gegenüber den AN begründen können, erfasst ihre Regelungsmacht nicht die Befugnis, normative Ansprüche gegenüber anderen Rechtsträgern zu begründen.[50]

17 **b) Grenzen. aa) Individueller oder außerdienstlicher Bereich der Arbeitnehmer.** Dem BR fehlt die Zuständigkeit für Regelungen, die individuelle Rechtspositionen oder den außerdienstlichen, privaten Lebensbereich des AN betreffen.[51] Dementspr. können die Betriebsparteien nicht festlegen, wofür die AN ihr Arbeitsentgelt verwenden müssen[52] oder wie sie ihre

---

[41] BAG 5.9.1960 AP Nr. 4 zu § 399 BGB; LAG BW 27.4.1977 DB 1977, 1706 (Stundung).

[42] BAG 31.1.1979 AP Nr. 8 zu § 112 BetrVG 1972.

[43] BAG GS 16.3.1956 AP Nr. 1 zu § 57 BetrVG; BAG 13.5.1997 AP Nr. 65 zu § 77 BetrVG 1972 = NZA 1998, 160; 25.10.1988 AP Nr. 1 zu § 1 BetrAVG Betriebsvereinbarung = NZA 1989, 522.

[44] BAG 13.5.1997 AP Nr. 65 zu § 77 BetrVG 1972 = NZA 1998, 160; aA 6.3.1984 AP Nr. 10 zu § 1 BetrAVG = NZA 1984, 356 (zu günstigen Regelungen).

[45] Zuletzt offen gelassen von BAG 11.7.2017 AP Nr. 76 zu § 1 BetrAVG Ablösung = NZA 2017, 1471; 28.6.2011 AP Nr. 54 zu § 1 BetrAVG Ablösung = NZA 2012, 1229; 10.2.2009 NZA 2009, 796; 19.2.2008 AP Nr. 52 zu § 1 BetrAVG = NZA-RR 2008, 597; 31.7.2007 AP Nr. 79 zu § 242 BGB Betriebliche Übung = NZA-RR 2008, 263.

[46] BAG 11.2.1998 AP Nr. 121 zu § 112 BetrVG 1972 = NZA 1998, 895; 6.8.1997 AP Nr. 116 zu § 112 BetrVG 1972 = NZA 1998, 155.

[47] Vgl. zB BAG 21.2.2017 AP Nr. 75 zu § 1 BetrAVG Ablösung = NZA 2017, 944; 30.9.2014 AP Nr. 73 zu § 2 BetrAVG = NZA 2015, 750; 21.4.2009 AP Nr. 53 zu § 1 BetrAVG Ablösung.

[48] Vgl. zB BAG 11.7.2017 AP Nr. 76 zu § 1 BetrAVG Ablösung = NZA 2017, 1471.

[49] BAG 28.7.2020 AP Nr. 50 zu § 87 BetrVG 1972 Ordnung der Betriebes = NZA 2020, 1413; 5.3.2013 AP Nr. 105 zu § 77 BetrVG 1972 = NZA 2013, 916; 12.11.2011 AP Nr. 57 zu § 75 BetrVG 1972 = NZA 2011, 989; 12.12.2006 AP Nr. 94 zu § 77 BetrVG 1972 = NZA 2007, 453; 18.8.1987 AP Nr. 23 zu § 77 BetrVG 1972 = NZA 1987, 779; *Linsenmaier* RdA 2008, 1; aA *Waltermann* RdA 2007, 257 (nur im Umfang der Mitbestimmungstatbestände); diff. *Preis/Ulber* RdA 2013, 211.

[50] BAG 11.1.2011 AP Nr. 54 zu § 77 BetrVG 1972 Betriebsvereinbarung.

[51] Vgl. BAG 18.7.2006 AP Nr. 15 zu § 850 ZPO = NZA 2007, 462.

[52] BAG 13.2.2007 AP Nr. 40 zu § 87 BetrVG 1972 Ordnung des Betriebes = NZA 2007, 640; 1.12.1992 AP Nr. 20 zu § 87 BetrVG 1972 Ordnung des Betriebes = NZA 1993, 711 (Arbeitskleidung).

Freizeit zu verbringen haben. So ist etwa eine Regelung in einer Betriebsvereinbarung über eine Bearbeitungsgebühr bei Lohn- oder Gehaltspfändungen[53] oder einen Lohnabzug für nicht in Anspruch genommene Kantinenverpflegung[54] unzulässig. Gleiches gilt für Bestimmungen in einer Betriebsvereinbarung, die den AN verpflichten, am Betriebsausflug oder an Betriebsfesten während der Arbeitszeit teilzunehmen,[55] bestimmten Organisationen beizutreten und Beiträge an diese abzuführen[56] oder die Kosten für ausschließlich betrieblich genutzte Arbeits- bzw. Schutzkleidung zu tragen.[57]

bb) Bestandsgeschützte Ansprüche. Eine Betriebsvereinbarung kann auch nicht in bereits entstandene Ansprüche und entspr. geschützte Anwartschaften eingreifen (zur betrieblichen Altersversorgung → § 274 Rn. 74).[58] Unzulässig sind daher Abreden über ein Abtretungsverbot sowie Stundung und Erlass der bereits verdienten Vergütung[59] oder die Schmälerung individueller Versorgungszusagen.[60] Eine Ausnahme besteht nur, wenn zur Zeit der Entstehung des Anspruchs hinreichende Anhaltspunkte dafür vorliegen, dass diese Ansprüche zu Lasten der AN von den Betriebsparteien geändert werden können.[61] Auch unverzichtbare gesetzliche Rechtsansprüche oder Rechtspositionen – wie zB das Widerspruchsrecht nach § 613a BGB,[62] der Anspruch auf Teilzeit nach § 8 TzBfG[63] oder der durch das KSchG vermittelte Bestandsschutz[64] – können durch Betriebsvereinbarung nicht entzogen werden. 18

cc) Koalitionstätigkeit von Gewerkschaftsmitgliedern. Die Betriebsparteien sind zudem nicht befugt, das durch Art. 9 III GG geschützte Recht gewerkschaftlich organisierter AN, sich aktiv an der koalitionsgemäßen Betätigung ihrer Gewerkschaft zu beteiligen und diese dadurch bei der Verfolgung ihrer koalitionsspezifischen Ziele zu unterstützen, auszugestalten. Die Frage, ob und wann solche AN gewerkschaftliches Informations- oder Werbematerial im Betrieb verteilen dürfen, unterliegt daher nicht der Regelungsmacht der Betriebsparteien.[65] 19

10. Tarifvorrang des § 77 III BetrVG. a) Bedeutung. Nach der Rspr. des BAG stehen AG und BR die gleichen Regelungsbefugnisse zu wie den Tarifvertragsparteien. Nur wenn und soweit Arbeitsentgelte und sonstige Arbeitsbedingungen tariflich geregelt sind, schränkt § 77 III BetrVG die Regelungskompetenz der Betriebsparteien ein. Danach sind Betriebsvereinbarungen über Arbeitsentgelte und (gemeint ist: oder) sonstige Arbeitsbedingungen, die durch Tarifvertrag geregelt sind oder üblicherweise geregelt werden, unwirksam, es sei denn, dass der Tarifvertrag den Abschluss ergänzender Betriebsvereinbarungen ausdrücklich zulässt. Die Vorschrift ist verfassungsgemäß.[66] Die Zuständigkeit des BR ist im Interesse des Schutzes der ausgeübten und aktualisierten Tarifautonomie[67] und der Funktionsfähigkeit der Koalitionen eingeschränkt. § 77 III BetrVG will verhindern, dass Gegenstände, derer sich die Tarifvertragsparteien angenommen haben, konkurrierend in Betriebsvereinbarungen geregelt werden. Eine Betriebsvereinbarung soll weder als normative Ersatzregelung für nicht organisierte AN noch als Grundlage für übertarifliche Leistungen dienen können. Ob die Betriebsvereinbarung sich auf materielle oder formelle Arbeitsbedingungen bezieht, ist unerheblich.[68] Sons- 20

[53] BAG 18.7.2006 AP Nr. 15 zu § 850 ZPO = NZA 2007, 462.
[54] BAG 11.7.2000 AP Nr. 16 zu § 87 BetrVG 1972 Sozialeinrichtung = NZA 2001, 462.
[55] BAG 4.12.1970 AP Nr. 5 zu § 7 BUrlG.
[56] BAG 10.12.1959 AP Nr. 1 zu § 399 BGB.
[57] BAG 13.2.2007 AP Nr. 40 zu § 87 BetrVG 1972 Ordnung des Betriebes = NZA 2007, 640; 1.12.1992 AP Nr. 20 zu § 87 BetrVG 1972 = NZA 1993, 711; 18.8.1982 AP Nr. 18 zu § 618 BGB.
[58] BAG 10.8.1994 AP Nr. 86 zu § 112 BetrVG 1972; 18.4.1989 AP Nr. 2 zu § 1 BetrAVG Betriebsvereinbarung = NZA 1990, 67.
[59] BAG 12.4.2011 AP Nr. 57 zu § 75 BetrVG 1972 = NZA 2011, 989; 26.1.1983 AP Nr. 1 zu § 75 LPVG Rheinland-Pfalz.
[60] BAG 18.4.1989 AP Nr. 2 zu § 1 BetrAVG Betriebsvereinbarung = NZA 1990, 67; 24.11.1977 AP Nr. 177 zu § 242 BGB Ruhegehalt.
[61] BAG 17.7.2012 AP Nr. 61 zu § 77 BetrVG 1972 Betriebsvereinbarung = NZA 2013, 338.
[62] BAG 2.10.1974 AP Nr. 1 zu § 613a BGB.
[63] BAG 20.1.2015 AP Nr. 32 zu § 8 TzBfG = NZA 2015, 816.
[64] BAG 28.4.1982 AP Nr. 4 zu § 87 BetrVG 1972 Betriebsbuße.
[65] BAG 28.7.2020 AP Nr. 50 zu § 87 BetrVG 1972 Ordnung der Betriebes = NZA 2020, 1413.
[66] BAG 13.3.2012 AP Nr. 27 zu § 77 BetrVG 1972 Tarifvorbehalt = NZA 2012, 990.
[67] BAG GS 3.12.1991 AP Nr. 51 zu § 87 BetrVG 1972 Lohngestaltung = NZA 1992, 749; 20.4.1999 AP Nr. 12 zu § 77 BetrVG 1972 Tarifvorbehalt = NZA 1999, 1059; 24.1.1996 AP Nr. 8 zu § 77 BetrVG 1972 Tarifvorbehalt = NZA 1996, 948; 18.8.1987 AP Nr. 23 zu § 77 BetrVG 1972 = NZA 1987, 779.
[68] BAG 9.4.1991 AP Nr. 1 zu § 77 BetrVG 1972 Tarifvorbehalt = NZA 1991, 734; 18.8.1987 AP Nr. 23 zu § 77 BetrVG 1972 = NZA 1987, 779.

tige Arbeitsbedingungen iSd § 77 III 1 BetrVG sind alle Regelungen, die als Gegenstand tarifvertraglicher Inhaltsnormen nach § 1 TVG den Inhalt von Arbeitsverhältnissen ordnen.[69]

21 Der Tarifvorrang hindert nicht nur von einem Tarifvertrag abweichende, sondern auch inhaltsgleiche[70] bzw. zusätzliche Vereinbarungen über Arbeitsentgelte und sonstige Arbeitsbedingungen. Insbesondere die Übernahme der einschlägigen tariflichen Regelungen in eine Betriebsvereinbarung verstößt gegen § 77 III BetrVG.[71] Dessen Sperrwirkung greift aber nur, wenn und soweit der für den AG verbindliche oder zumindest übliche Tarifvertrag eigene Regelungen zum Gegenstand der Betriebsvereinbarung enthält. Die Tarifparteien haben keine Möglichkeit, bei einer fehlenden eigenen tariflichen Regelung der Arbeitsbedingungen eine Rechtsetzung durch Betriebsvereinbarung zu unterbinden. Eine Nicht-Regelung idS liegt auch vor, wenn der Tarifvertrag unter Verzicht auf eine eigene Regelung ausdrücklich abweichende Regelungen durch Arbeitsvertrag zulässt.[72]

22 **b) Geltung.** Die Regelungssperre des § 77 III BetrVG gilt nicht für Betriebsvereinbarungen über Angelegenheiten, die der erzwingbaren Mitbestimmung des BR nach § 87 I BetrVG unterliegen. Grund hierfür ist, dass die Vorschrift zur **Mitbestimmung in sozialen Angelegenheiten** (→ § 235 Rn. 26) gegenüber § 77 III BetrVG spezieller ist. Auch der unterschiedliche Zweck beider Normen spricht für die eingeschränkte Anwendbarkeit des § 77 III BetrVG. Während die tarifliche Sperrwirkung die Funktionsfähigkeit der ausgeübten Tarifautonomie gewährleisten soll, soll nach dem Tarifvorbehalt in § 87 I Eingangshs. BetrVG (→ § 235 Rn. 11) das Mitbestimmungsrecht des BR nur dann entfallen, wenn die Arbeitnehmerinteressen bereits durch im Betrieb anwendbare tarifliche oder gesetzliche Regelungen ausreichend berücksichtigt sind. Dieser Zweck wäre vereitelt, wenn bei bloßer Tarifüblichkeit oder fehlender Tarifbindung des AG die Ausübung der Mitbestimmung durch Betriebsvereinbarung ausgeschlossen wäre.[73] Deshalb können Angelegenheiten, die der zwingenden Mitbestimmung unterliegen, auch dann durch Betriebsvereinbarung geregelt werden, wenn einschlägige tarifliche Regelungen bestehen, die beim AG mangels Tarifbindung nicht normativ gelten. Nach Ansicht der Vertreter der sog. **Zwei-Schranken-Theorie** (→ § 235 Rn. 9) gilt der Tarifvorrang des § 77 III BetrVG dagegen auch im Bereich des § 87 I BetrVG.[74] Ist nur ein Teil der Regelungen in einer Betriebsvereinbarung nach § 87 I BetrVG mitbestimmungspflichtig, hat dies nicht zur Folge, dass die Sperrwirkung eines Tarifvertrags nach § 77 III BetrVG auch für die übrigen – nicht mitbestimmungspflichtigen Regelungen – aufgehoben wird.[75]

23 Bei Sozialplänen findet § 77 III BetrVG wegen der ausdrücklichen Anordnung in § 112 I 4 BetrVG keine Anwendung Auch für die Arbeitsbedingungen von Beschäftigten einer Gewerkschaft vermag die Norm keine Sperrwirkung zu entfalten, da es an entspr. Tarifverträgen für diese AN fehlt; die Gewerkschaft kann keine Tarifverträge mit sich selbst abschließen.[76]

24 **c) Tarifbindung oder -üblichkeit.** Die Sperrwirkung nach § 77 III BetrVG erfordert, dass eine in der Betriebsvereinbarung enthaltene Angelegenheit in einem Tarifvertrag geregelt ist, der entweder für den AG kraft Tarifbindung unmittelbar und zwingend gilt oder zumindest üblicherweise für ihn gelten würde. Ein nur noch nach § 4 V TVG nachwirkender Tarifvertrag entfaltet damit keine Tarifsperre als „bestehende" Tarifregelung; die Anwendung von § 77 III BetrVG kann aber unter dem Gesichtspunkt der Tarifüblichkeit (→ Rn. 24) in Betracht kommen. Die lediglich einzelvertraglich mit den AN vereinbarte Anwendung eines Tarifvertrags vermag hingegen keine Sperrwirkung zu begründen.[77] Ohne Bedeutung für

[69] Vgl. BAG 18.3.2010 AP Nr. 228 zu § 626 BGB = NZA-RR 2011, 18; 9.4.1991 AP Nr. 1 zu § 77 BetrVG 1972 Tarifvorbehalt = NZA 1991, 734.
[70] BAG 15.5.2018 AP Nr. 113 zu § 77 BetrVG 1972 = NZA 2018, 1150.
[71] Vgl. BAG 15.5.2018 AP Nr. 113 zu § 77 BetrVG 1972 = NZA 2018, 1150.
[72] BAG 1.12.1992 AP Nr. 3 zu § 77 BetrVG 1972 Tarifvorbehalt = NZA 1993, 613; 22.1.1980 AP Nr. 3 zu § 87 BetrVG 1972 Lohngestaltung.
[73] BAG GS 3.12.1991 AP Nr. 51 zu § 87 BetrVG 1972 Lohngestaltung = NZA 1992, 749; BAG 20.8.1991 AP Nr. 2 zu § 77 BetrVG 1972 Tarifvorbehalt = NZA 1992, 317; 24.2.1987 AP Nr. 21 zu § 77 BetrVG 1972 = NZA 1987, 639.
[74] Vgl. *Fitting,* 21. Aufl., BetrVG § 77 Rn. 111 ff.
[75] BAG 22.3.2005 AP Nr. 26 zu § 4 TVG Geltungsbereich = NZA 2006, 383; 5.3.1997 AP Nr. 10 zu § 77 BetrVG 1972 Tarifvorbehalt = NZA 1997, 951.
[76] BAG 23.8.2016 AP Nr. 149 zu § 99 BetrVG 1972 = NZA 2017, 194; 10.12.2013 AP Nr. 144 zu § 87 BetrVG 1972 Lohngestaltung = NZA 2014, 1040; 14.12.1999 AP Nr. 104 zu § 87 BetrVG 1972 Lohngestaltung = NZA 2000, 783.
[77] BAG 27.1.1987 AP Nr. 42 zu § 99 BetrVG 1972 = NZA 1987, 489.

die Wirkung von § 77 III BetrVG ist, ob die geltende oder übliche Tarifregelung für die Branche repräsentativ ist; daher ist auch unerheblich, für wie viele AN der Branche der Tarifvertrag normativ oder aufgrund Bezugnahme gilt.[78] Durch die Aufgabe des Grundsatzes der Tarifeinheit überholt ist die Rspr., wonach keine Sperrwirkung eintritt, wenn der Tarifvertrag von einer bedeutungslosen Organisation abgeschlossen worden ist und keine größere Anzahl von AN von ihm erfasst wird.[79]

Für die Annahme einer **Tarifüblichkeit** kommt es maßgebend auf die bisherige Tarifpraxis an.[80] Ausreichend ist, wenn mehrere Tarifverträge hintereinander abgeschlossen werden oder ein Tarifvertrag längere Zeit besteht.[81] Bloße zeitliche Geltungslücken zwischen einem abgelaufenen und einem zu erwartenden Tarifvertrag sind unschädlich. An einer Tarifüblichkeit fehlt es, wenn die Tarifparteien lediglich ankündigen oder beabsichtigen, eine bestimmte Angelegenheit künftig tariflich zu regeln, ohne dass es in der Vergangenheit bereits einen einschlägigen Tarifvertrag gab.[82] Dies gilt selbst dann, wenn bereits Tarifverhandlungen geführt wurden.[83] Ist erkennbar, dass mit einer tariflichen Regelung nicht mehr zu rechnen ist (zB wegen entspr. Erklärungen oder Auflösung einer Tarifvertragspartei), entfällt die Tarifüblichkeit.[84] 25

Eine tarifliche Regelung von Arbeitsbedingungen iSv § 77 III 1 BetrVG liegt vor, wenn diese in einem nach seinem räumlichen,[85] fachlichen und persönlichen Geltungsbereich einschlägigen Tarifvertrag enthalten ist und der Betrieb in den Geltungsbereich dieses Tarifvertrags fällt.[86] Da die Sperrwirkung einer tariflichen Regelung nur soweit reichen kann wie deren Geltungsanspruch,[87] entfalten Regelungen in einem Firmentarifvertrag nur für die unternehmensangehörigen Betriebe Sperrwirkung.[88] Ob sich der persönliche Geltungsbereich eines mitgliedschaftsbezogenen Tarifvertrags auf potenzielle Mitglieder erstreckt oder auf aktuelle beschränkt, ist durch Auslegung zu ermitteln.[89] In einem Gemeinschaftsbetrieb hat die tarifliche Regelung oder Tarifüblichkeit für ein oder mehrere Unternehmen eines Gemeinschaftsbetriebs keine Auswirkung auf die übrigen am Betrieb beteiligten Unternehmen.[90] 26

Bestehen **mehrere Tarifverträge** mit einem identischen Regelungsgegenstand, können diese sowohl bei einem tarifgebundenen als auch bei einem nicht tarifgebundenen AG jeweils die Tarifsperre des § 77 III BetrVG auslösen. Zu einer solchen Mehrheit von Tarifverträgen kann es kommen, wenn entweder von einer oder mehreren Gewerkschaften Tarifverträge mit einem sich zumindest teilweise überschneidenden Geltungsbereich abgeschlossen werden. Ob und ggf. welche tarifliche Regelung danach „besteht" iSd § 77 III BetrVG, war vor Inkrafttreten von § 4a II 2 TVG nach den Grundsätzen der **Tarifpluralität** aufzulösen (→ § 203 Rn. 1). Eine Mehrheit von Inhalts-, Abschluss- oder Beendigungsnormen konnte dazu führen, dass Betriebsvereinbarungen nach § 77 III 1 BetrVG unwirksam waren, wenn ihr Gegenstand in irgendeinem der geltenden Tarifverträge geregelt war.[91] War nur in einem dieser Tarifverträge eine Öffnungsklausel für betriebliche Regelungen enthalten, während ein anderer für diesen Regelungsbereich keine betrieblichen Regelungen zuließ, verblieb es bei der Regelungssperre. Bei Betriebsnormen und betriebsverfassungsrechtlichen Normen konnte es zu keiner Mehrheit von Tarifverträgen kommen, da die Tarifkonkurrenz aufzulösen waren (→ § 203 Rn. 6). Diese Grundsätze galten sinngemäß auch für die Frage, ob eine tarifübliche Regelung einer Betriebsvereinbarung entgegenstand. Auch nach **Inkrafttreten des § 4a II 2 TVG** dürfte sich an diesen Maßstäben nichts geändert haben. Denn die Norm verhindert nicht die normative Geltung des Minderheitentarifvertrags, sondern dessen Anwendung auf die tarifgebundenen AN im Betrieb. Zudem ist 27

[78] *Fitting* BetrVG § 77 Rn. 79; *Franzen* RdA 2008, 193 (200).
[79] BAG 6.12.1963 AP Nr. 23 zu § 59 BetrVG.
[80] BAG 22.3.2005 AP Nr. 26 zu § 4 TVG Geltungsbereich = NZA 2006, 383.
[81] BAG 21.2.1967 AP Nr. 26 zu § 59 BetrVG; 6.12.1963 AP Nr. 23 zu § 59 BetrVG.
[82] BAG 23.10.1985 AP Nr. 33 zu § 1 TVG Tarifvertrag: Metallindustrie; 22.5.1979 AP Nr. 13 zu § 118 BetrVG 1972.
[83] BAG 26.8.2008 AP Nr. 15 zu § 87 BetrVG 1972 = NZA 2008, 1426.
[84] Vgl. LAG Bln 5.11.1980 DB 1981, 137.
[85] BAG 9.12.1997 AP Nr. 11 zu § 77 BetrVG 1972 Tarifvorbehalt = NZA 1998, 661.
[86] Vgl. etwa BAG 13.8.2019 AP Nr. 117 zu § 77 BetrVG 1972 = NZA 2020, 49; 12.3.2019 AP Nr. 116 zu § 77 BetrVG 1972 = NZA 2019, 784.
[87] BAG 22.3.2005 AP Nr. 26 zu § 4 TVG Geltungsbereich = NZA 2006, 383; 9.12.1997 AP Nr. 11 zu § 77 BetrVG 1972 Tarifvorbehalt = NZA 1998, 661.
[88] Vgl. BAG 21.3.2003 AP Nr. 1 zu § 21a BetrVG 1972 = NZA 2003, 1097.
[89] BAG 22.3.2005 AP Nr. 26 zu § 4 TVG Geltungsbereich = NZA 2006, 383.
[90] *Edenfeld* DB 2012, 575.
[91] *B. Schmidt* NZA-Beil. 4/2012, 123.

davon auszugehen, dass auch ein verdrängter Minderheitentarifvertrag zumindest eine Tarifüblichkeit iSd § 77 III BetrVG begründen kann.

28 § 77 III BetrVG greift auch ein, wenn seine Voraussetzungen erst nach Abschluss der Betriebsvereinbarung eintreten. Die Sperrwirkung der Norm entfaltet somit auch dann Wirkung, wenn entspr. Tarifbestimmungen erst später in Kraft treten.[92]

29 **d) Rechtsfolgen.** Verstößt die Betriebsvereinbarung gegen § 77 III BetrVG, ist sie – unabhängig von ihrem Inhalt – unwirksam.[93] Auf diese Weise wird vermieden, dass sie die Funktion eines „Ersatztarifvertrags" für die nicht organisierten AN des Betriebs übernimmt, durch den die tariflichen Arbeitsbedingungen auf alle Betriebsangehörigen unabhängig von ihrer Gewerkschaftszugehörigkeit erstreckt würden. Ob die Betriebsvereinbarung günstigere Regelungen als der Tarifvertrag enthält, ist unerheblich. Das Günstigkeitsprinzip findet zwischen diesen beiden Rechtsquellen keine Anwendung. Auch ein späterer Eintritt der Nachwirkung des Tarifvertrags und eine nachfolgende fehlende Tarifwilligkeit des tarifschließenden Arbeitgeberverbands vermögen die zum Zeitpunkt des Abschlusses der Betriebsvereinbarung fehlende Regelungsmacht der Betriebsparteien nicht nachträglich zu begründen.[94] Eine Umdeutung der unwirksamen Betriebsvereinbarung in eine vertragliche Einheitsregelung (Gesamtzusage oder gebündelte Vertragsangebote) entspr. § 140 BGB kommt angesichts des Schutzzwecks von § 77 III BetrVG und wegen der unterschiedlichen Änderungsmöglichkeiten von Betriebsvereinbarung und Vertragsrecht nur ganz ausnahmsweise in Betracht, wenn außerhalb der Betriebsvereinbarung liegende Umstände den Schluss auf einen entspr. Rechtsbindungswillen des AG zulassen[95] (→ Rn. 7). Denkbar ist dies allenfalls dann, wenn der AG die Betriebsvereinbarung in Kenntnis ihrer Unwirksamkeit weiter anwendet.[96] Ob § 77 III BetrVG darüber hinaus eine Grundnorm der betriebsverfassungsrechtlichen Ordnung ist, die einen Unterlassungsanspruch der Gewerkschaft gegen tarifwidrige Betriebsvereinbarungen nach § 23 III BetrVG trägt, ist zweifelhaft.[97]

30 **e) Einzelfälle.** Als unwirksam angesehen wurden Regelungen in einer Betriebsvereinbarung über Tarifentgelte und deren Höhe,[98] über die Weitergabe künftiger Tariferhöhungen,[99] zum Urlaub, die den tariflichen entsprachen,[100] über die Dauer der regelmäßigen wöchentlichen/jährlichen Arbeits- oder Ausbildungszeit, die im Widerspruch zu einem Tarifvertrag standen,[101] oder über Verfallfristen, die im Tarifvertrag enthalten waren.[102] Regelungen zur Kurzarbeit oder über eine vorübergehende Verlängerung der Arbeitszeit sind zulässig, wenn tariflich nur die regelmäßige Arbeitszeit geregelt wurde.[103] Auch die Anrechnung von Tariferhöhungen auf übertarifliche Zulagen können AG und BR vereinbaren.[104] Vereinbarungen zum Sonderurlaub können je nach tariflicher oder tarifüblicher Regelung wirksam sein.[105] Sind Fahrtzeiten eines Außendienstmitarbeiters nach dem Tarifvertrag mit der tariflichen Grundvergütung abzugelten, kann deren Vergütung nicht durch Betriebsvereinbarung gekürzt werden.[106]

31 **f) Tarifliche Öffnungsklausel.** Nach § 77 III 2 BetrVG gilt die Regelungssperre nicht, wenn ein Tarifvertrag den Abschluss ergänzender Betriebsvereinbarungen ausdrücklich

---

[92] BAG 22.3.2005 AP Nr. 26 zu § 4 TVG Geltungsbereich = NZA 2006, 383; 21.1.2003 AP Nr. 1 zu § 21a BetrVG 2002 = NZA 2003, 1097.
[93] Vgl. etwa BAG 18.3.2020 AP Nr. 62 zu § 611 BGB Arbeitszeit = NZA 2020, 868; 12.3.2019 AP Nr. 116 zu § 77 BetrVG 1972 = NZA 2019, 784.
[94] BAG 15.5.2018 AP Nr. 113 zu § 77 BetrVG 1972 = NZA 2018, 1150.
[95] Vgl. BAG 23.1.2018 AP Nr. 111 zu § 77 BetrVG 1972 = NZA 2018, 872; 26.1.2017 AP Nr. 16 zu § 626 BGB Unkündbarkeit = NZA 2017, 522.
[96] BAG 23.2.2016 AP Nr. 12 zu § 1 BetrAVG Betriebsvereinbarung = NZA 2016, 642; 19.6.2012 AP Nr. 4 zu § 4 TV SozSich; 23.1.2008 AP Nr. 40 zu § 77 BetrVG 1972 Betriebsvereinbarung = NZA 2008, 709.
[97] Offengelassen von BAG 7.6.2017 AP Nr. 152 zu Art. 9 GG = NZA 2017, 1410; 13.3.2001 AP Nr. 17 zu § 2a ArbGG 1979 = NZA 2001, 1037.
[98] BAG 23.1.2018 AP Nr. 111 zu § 77 BetrVG 1972 = NZA 2018, 871.
[99] BAG 9.12.1997 AP Nr. 11 zu § 77 BetrVG 1972 Tarifvorbehalt = NZA 1998, 661; 24.1.1996 AP Nr. 8 zu § 77 BetrVG 1972 Tarifvorbehalt = NZA 1996, 948.
[100] BAG 15.5.2018 AP Nr. 113 zu § 77 BetrVG 1972 = NZA 2018, 1150.
[101] BAG 22.6.1993 AP Nr. 22 zu § 23 BetrVG 1972 = NZA 1994, 184; 13.2.2003 AP Nr. 2 zu § 7 BBiG = NZA 2003, 984; LAG BW 16.1.1997 NZA-RR 1997, 387.
[102] BAG 9.4.1991 AP Nr. 1 zu § 77 BetrVG 1972 Tarifvorbehalt = NZA 1991, 734.
[103] BAG 3.6.2003 AP Nr. 19 zu § 77 BetrVG 1972 Tarifvorbehalt = NZA 2003, 1155.
[104] BAG 30.5.2006 AP Nr. 23 zu § 77 BetrVG 1972 = NZA 2006, 1170.
[105] LAG Hamm 8.8.1979 DB 1979, 2236.
[106] BAG 18.3.2020 AP Nr. 62 zu § 611 BGB Arbeitszeit = NZA 2020, 868.

zulässt. Dies muss nicht wörtlich geschehen, die Zulassung muss im Tarifvertrag nur deutlich zum Ausdruck kommen und nach Gegenstand und Umfang bestimmt oder hinreichend sicher bestimmbar sein.[107] Die Reichweite der tariflichen Öffnungsklausel ist ggf. durch Auslegung zu ermitteln. Eine Öffnung für nachwirkende Betriebsvereinbarung ist dabei regelmäßig ebenso wenig gewollt[108] wie die Beschränkung auf Betriebsvereinbarungen, die bereits vor Inkrafttreten des Tarifvertrags bestanden haben.[109] Soll die Tariföffnungsklausel den Betriebsparteien nicht nur eine die tariflichen Regelungen ergänzende, sondern ihnen auch eine von den tariflich geregelten Vorgaben abweichende Rechtsetzung – ggf. sogar zu Ungunsten der AN[110] – erlauben, muss dies in der Tarifnorm deutlich zum Ausdruck kommen.[111] Die Öffnungsklausel kann auch den rückwirkenden Abschluss einer Betriebsvereinbarung zulassen[112] oder rückwirkend für eine bereits abgeschlossene Betriebsvereinbarung vereinbart werden, wenn dabei die Grundsätze des Vertrauensschutzes gewahrt werden.[113] Dementspr. kann die durch einen Flächenverbandstarifvertrag bewirkte Sperrwirkung durch einen von denselben Tarifparteien geschlossenen unternehmensbezogenen Verbandstarifvertrag aufgehoben werden.[114] Die Tarifvertragsparteien können auch inhaltliche Vorgaben zum Abschluss und Inhalt der ergänzenden Betriebsvereinbarungen treffen; entspr. Regelungen sind für die Betriebsparteien verbindlich.[115] Werden sie missachtet, ist durch Auslegung zu ermitteln, ob die gesamte Betriebsvereinbarung oder nur der abweichende Teil unwirksam ist. Zudem können die Tarifvertragsparteien vereinbaren, dass die Billigung einer der Regelungssperre unterliegenden Betriebsvereinbarung ihrer Zustimmung unterliegt.[116] Eine Betriebsvereinbarung, die als Ergänzung zu einem Tarifvertrag abgeschlossen wird, ist grundsätzlich in ihrer Laufzeit auf dessen Dauer sowie ggf. Nachwirkungszeitraum beschränkt. Während der Tarifvertrag nachwirkt (→ § 208 Rn. 13), gilt die ergänzende Betriebsvereinbarung weiterhin unmittelbar und zwingend. Ist sie auch im Hinblick auf einen künftigen Tarifvertrag geschlossen, hängt ihre Weitergeltung von dessen Inhalt ab. Enthält der neue Tarifvertrag keine Tariföffnungsklausel, wird die Betriebsvereinbarung wirkungslos.[117]

g) Erstreckung auf Regelungsabreden? Die Sperrwirkung des § 77 III BetrVG erfasst nur Betriebsvereinbarungen, auf Regelungsabreden (→ Rn. 78) und andere betriebliche Absprachen ist die Norm nicht anwendbar (str.).[118] Dies folgt aus ihrem insoweit eindeutigen Wortlaut und der nur schuldrechtlichen Wirkung von Regelungsabreden. Die durch § 77 III BetrVG untersagte Konkurrenz tariflicher und betrieblicher Normsetzung kann daher nicht eintreten.[119] 32

h) Klagebefugnis der Verbände. Nach der Rspr. des BAG steht den Gewerkschaften (und Arbeitgeberverbänden) bei Eingriffen in die kollektive Koalitionsfreiheit ein Unterlassungsanspruch analog § 1004 BGB iVm Art. 9 III GG zu (→ § 207 Rn. 34). Dieser erfasst auch die Unterlassung der Durchführung von tarifwidrigen Betriebsvereinbarungen[120] und eine Beseitigung ihrer Folgen, soweit der durch Art. 9 III GG geschützte Bereich betroffen wird.[121] Der Unterlassungsanspruch ist im Beschlussverfahren geltend zu machen.[122] 33

[107] Vgl. BAG 29.10.2002 AP Nr. 18 zu § 77 BetrVG 1972 Tarifvorbehalt = NZA 2003, 393; 20.4.1999 AP Nr. 12 zu § 77 BetrVG 1972 Tarifvorbehalt = NZA 1999, 1059.
[108] BAG 5.5.2015 AP Nr. 356 zu § 1 TVG Tarifverträge: Bau.
[109] BAG 20.2.2001 AP Nr. 15 zu § 77 BetrVG 1972 Tarifvorbehalt = NZA 2001, 903.
[110] BAG 11.7.1995 AP Nr. 10 zu § 1 TVG Tarifverträge: Versicherungsgewerbe = NZA 1996, 265.
[111] BAG 12.3.2019 AP Nr. 116 zu § 77 BetrVG 1972 = NZA 2019, 784.
[112] BAG 22.5.2012 AP Nr. 104 zu § 77 BetrVG 1972 = NZA 2012, 1110.
[113] BAG 13.8.2019 AP Nr. 117 zu § 77 BetrVG 1972 = NZA 2020, 49; 20.4.1999 AP Nr. 12 zu § 77 BetrVG 1972 Tarifvorbehalt = NZA 1999, 1059.
[114] BAG 13.8.2019 AP Nr. 117 zu § 77 BetrVG 1972 = NZA 2020, 49.
[115] BAG 13.8.2019 AP Nr. 117 zu § 77 BetrVG 1972 = NZA 2020, 49; 22.12.1981 AP Nr. 7 zu § 87 BetrVG 1972 Lohngestaltung.
[116] BAG 12.3.2019 AP Nr. 116 zu § 77 BetrVG 1972 = NZA 2019, 784.
[117] BAG 25.8.1983 AP Nr. 7 zu § 77 BetrVG 1972; 14.12.1966 AP Nr. 27 zu § 59 BetrVG.
[118] BAG 21.1.2003 AP Nr. 1 zu § 21a BetrVG 2002 = NZA 2003, 1097; 20.4.1999 AP Nr. 89 zu Art. 9 GG = NZA 1999, 887; *Hromadka* DB 1987, 1993; *Waltermann* RdA 1996, 132; *Goethner* NZA 2006, 303; aA *Annuß* RdA 2000, 291; *Zachert* RdA 1991, 145.
[119] *Goethner* NZA 2006, 303 (304).
[120] BAG 20.4.1999 AP Nr. 89 zu Art. 9 GG = NZA 1999, 887; aA noch BAG 20.8.1991 AP Nr. 2 zu § 77 BetrVG 1972 = NZA 1992, 317.
[121] Dazu BAG 17.5.2011 AP Nr. 148 zu Art. 9 GG = NZA 2011, 1169.
[122] BAG 13.3.2001 AP Nr. 17 zu § 2a ArbGG 1979 = NZA 2001, 1037.

34 **11. Unwirksamkeit. a) Nichtigkeit.** Die Unwirksamkeit einer Betriebsvereinbarung kann sich sowohl aus einem Verstoß gegen das Schriftformgebot (→ Rn. 6), gegen § 77 III BetrVG (→ Rn. 19), aus der fehlenden Zuständigkeit der abschließenden Arbeitnehmervertretung (→ Rn. 6) oder der fehlenden Regelungsmacht der Betriebsparteien (→ Rn. 16) ergeben. Zudem sind die Bestimmungen einer Betriebsvereinbarung unwirksam, wenn sie gegen **höherrangiges Recht** (einseitig-zwingendes bzw. tarifdispositives Gesetzes- oder Richterrecht, RechtsVO, Unfallverhütungsvorschriften) verstoßen.[123] Nach dem Rechtsgedanken des § 139 BGB führt dies lediglich zur Unwirksamkeit der betroffenen Bestimmungen, wenn der verbleibende Teil der Betriebsvereinbarung auch ohne diese eine sinnvolle und in sich geschlossene Regelung enthält.[124] Der Normcharakter gebietet es, im Interesse der Kontinuität eine einmal gesetzte Ordnung aufrechtzuerhalten, soweit sie ihre Funktion auch ohne den unwirksamen Teil noch entfalten kann. Keine Aufrechterhaltung kommt in Betracht, wenn der nichtige Teil mit dem Übrigen in einem unlösbaren Zusammenhang steht und die Betriebsvereinbarung einen anderen Inhalt gewinnt.[125] Zur Umdeutung der nichtigen Betriebsvereinbarung in eine Gesamtzusage → Rn. 8, 29.

35 **b) Anfechtbarkeit.** Da die Betriebsvereinbarung ein Vertrag zwischen AG und BR darstellt, kann sie wegen Irrtums, Täuschung oder Drohung angefochten werden. Die wirksame Anfechtung wirkt aber nur ex nunc, da die Betriebsvereinbarung wegen ihres Normcharakters nicht rückwirkend wegfallen kann. Außerdem ist keine Abwicklung nach Bereicherungsgrundsätzen möglich.[126]

36 **c) Billigkeitskontrolle?** Nach einer älteren Rspr. des BAG sollen Betriebsvereinbarungen einer gerichtlichen Billigkeitskontrolle unterliegen, im Rahmen derer die Auswirkungen auf die regelungsbetroffenen AN „nach dem Maßstab von Treu und Glauben unter besonderer Berücksichtigung des Vertrauensschutzgedankens" geprüft werden.[127] Zur Begründung hat das BAG ursprünglich – neben der gestörten Vertragsparität zwischen AG und BR – § 75 I BetrVG und die Grundsätze über die einseitige Leistungsbestimmung (§§ 315, 317, 319 BGB) entspr. herangezogen. Die überwiegende Ansicht im Schrifttum ist dem zu Recht nicht gefolgt.[128] Auch das BAG vermeidet in neueren Entscheidungen den Begriff der Billigkeitskontrolle und unterwirft Betriebsvereinbarungen nur noch einer Kontrolle auf die Vereinbarkeit ihres Inhalts mit höherrangigem Recht.[129] Eine rechtliche Grundlage für eine weitergehende Billigkeitskontrolle besteht nicht. § 76 V 3 BetrVG betrifft lediglich auf Sprüchen von Einigungsstellen beruhende Betriebsvereinbarungen; zudem ermöglicht § 76 V 4 BetrVG nur die Überprüfung von Ermessensfehlern. Auf § 75 I BetrVG kann eine Billigkeitskontrolle ebenfalls nicht gestützt werden. Die Bestimmung setzt die Grundsätze von Recht und Billigkeit, an die sie die Betriebspartner bindet, als bekannt voraus, begründet sie aber nicht.[130] Sofern die Rspr. – insbesondere in der betrieblichen Altersversorgung – eine Überprüfung vornimmt, ob die Grundsätze des Vertrauensschutzes und der Verhältnismäßigkeit gewahrt wurden, handelt es sich nicht um eine Billigkeits-, sondern um eine Rechtskontrolle.[131] Eine weitergehende Überprüfung der Betriebsvereinbarung auf die Zweckmäßigkeit ihrer Bestimmungen ist nicht möglich. Dies zeigt auch § 310 IV 1 BGB. Danach unterliegen Betriebsvereinbarungen keiner Inhaltskontrolle am Maßstab der §§ 305 ff. BGB. Dies gilt auch, wenn eine Betriebsvereinbarung zur Verschlechterung einer zuvor geltenden – betriebsvereinbarungsoffenen – vertraglichen Einheitsregelung führt.[132]

---

[123] BAG 6.8.1991 AP Nr. 52 zu § 77 BetrVG 1972 = NZA 1992, 177 (Vertragsstrafe).

[124] Vgl. zB BAG 23.1.2018 AP Nr. 111 zu § 77 BetrVG 1972 = NZA 2018, 871; 29.4.2004 AP Nr. 3 zu § 77 BetrVG 1972 Durchführung = NZA 2004, 670; weitergehend BAG 21.1.2003 AP Nr. 1 zu § 21a BetrVG 2002 = NZA 2003, 1097.

[125] BAG 30.8.1995 AP Nr. 29 zu § 87 BetrVG 1972 Überwachung = NZA 1996, 218.

[126] BAG 15.12.1961 AP Nr. 1 zu § 615 BGB Kurzarbeit.

[127] Grundlegend dazu BAG GS 16.9.1986 AP Nr. 17 zu § 77 BetrVG 1972 = NZA 1987, 168; vgl. zB BAG 26.7.1988 AP Nr. 45 zu § 112 BetrVG 1972 = NZA 1989, 25; 25.4.1995 – 3 AZR 581/94; 16.3.1994 AP Nr. 75 zu § 112 BetrVG 1972; 14.2.1984 AP Nr. 21 zu § 112 BetrVG 1972.

[128] *Fitting* BetrVG § 77 Rn. 233; GK-BetrVG/*Kreutz* § 77 Rn. 342 ff.; *Schmidt* FS Kreutz, 451 (460); *Linsenmaier* RdA 2008, 1 (8); *Preis/Ulber* RdA 2013, 211.

[129] So ausdrücklich BAG 13.5.1997 AP Nr. 65 zu § 77 BetrVG 1972 = NZA 1998, 160.

[130] GK-BetrVG/*Kreutz* § 77 Rn. 347.

[131] Vgl. zB BAG 11.7.2017 AP Nr. 76 zu § 1 BetrAVG Ablösung = NZA 2017, 1471; 23.1.2008 AP Nr. 40 zu § 77 BetrVG 1972 Betriebsvereinbarung = NZA 2008, 709.

[132] BAG 17.7.2012 AP Nr. 61 zu § 77 BetrVG 1972 Betriebsvereinbarung = NZA 2013, 338.

12. Verzicht, Verwirkung, Ausschlussfristen und Verjährung. a) Verzicht und Verwirkung. Ein AN kann auf Rechte aus einer Betriebsvereinbarung nur mit Zustimmung des BR verzichten, andernfalls ist sein Verzicht unwirksam[133] (§ 77 IV 2 BetrVG). Die Norm erfasst auch Ansprüche, die sich aus einem Zusammenspiel mit dem betriebsverfassungsrechtlichen Gleichbehandlungsgrundsatz des § 75 I BetrVG („Anpassung nach oben") ergeben.[134] Die Zustimmung des BR kann vorab als Einwilligung oder nachträglich durch Genehmigung erteilt werden. Sie setzt jedoch stets einen entspr. Beschluss des Gremiums voraus. An die Erklärung der Zustimmung selbst sind keine besonderen Formerfordernisse geknüpft, sie kann formlos erfolgen.[135] Der BR muss aber unmissverständlich zum Ausdruck bringen, dass er im Einzelfall mit dem Verzicht einverstanden ist. Nicht ausreichend ist es, wenn er sich aus der Angelegenheit heraushalten will und eine neutrale Haltung einnimmt. Auch ein Teilverzicht ist nur unter diesen Voraussetzungen zulässig.[136] Ein individualrechtlicher Verzicht kann in einem Erlassvertrag (§ 397 BGB), einem negativen Schuldanerkenntnis (§ 780 BGB) sowie in einer Ausgleichsquittung (→ § 72 Rn. 16) enthalten sein. Zulässig ist allerdings eine Klagerücknahme oder ein Tatsachenvergleich, durch den der Streit über die Erfüllung der tatsächlichen Voraussetzungen eines sich aus der Betriebsvereinbarung ergebenden Anspruchs beseitigt wird.[137] Im Übrigen gelten die Ausführungen zu § 4 IV 1 TVG (→ § 209 Rn. 1) sinngemäß. Auch die **Verwirkung** von Rechten aus einer Betriebsvereinbarung ist nach § 77 IV 3 BetrVG ausgeschlossen. Ob dies auch eine Prozessverwirkung mit erfasst, ist bislang noch nicht höchstrichterlich geklärt.[138] 37

b) Ausschluss- und Verjährungsfristen. Ausschlussfristen (→ § 209 Rn. 7) für Rechte aus einer Betriebsvereinbarung können nur in einem Tarifvertrag oder einer Betriebsvereinbarung vereinbart werden. Dasselbe gilt für die Abkürzung von Verjährungsfristen (§ 77 IV 4 BetrVG). Nach Ansicht des BAG sind als tarifliche Ausschlussfristen nicht nur solche anzusehen, deren Geltung auf beiderseitiger Tarifgebundenheit (§§ 3 I, 4 I TVG) beruht. Auch bei einzelvertraglicher Bezugnahme auf einen Tarifvertrag kann die Ausschlussfrist iSv § 77 IV 4 BetrVG „in einem Tarifvertrag" vereinbart sein. Das BAG hat dies aber bisher nur dann angenommen, wenn der Tarifvertrag vollständig in Bezug genommen war, weil in diesem Fall davon auszugehen sei, dass die beiderseitigen Interessen durch die tarifvertragliche Regelung angemessen und ausgewogen berücksichtigt sind. Es hat offengelassen, ob diese Auslegung des § 77 IV 4 BetrVG auch bei einer auf die tarifliche Ausschlussfrist beschränkten einzelvertraglichen Bezugnahme gilt.[139] Nach zutreffender Ansicht reicht der bloße Verweis auf die Verfallfrist nicht aus. Enthält ein Tarifvertrag eine für „alle Ansprüche aus dem Arbeitsverhältnis" geltende Ausschlussfrist, erfasst diese auch Ansprüche der AN aus einer Betriebsvereinbarung.[140] 38

13. Durchführungsanspruch. a) Allgemeines. Nach § 77 I 1 BetrVG führt der AG Vereinbarungen zwischen BR und AG, auch soweit sie auf einem Spruch der Einigungsstelle beruhen, durch. Die Vorschrift grenzt nicht nur die Kompetenzen der Betriebsparteien zueinander ab, indem sie dem AG die alleinige Führung des Betriebs überlässt und einseitige Eingriffe des BR in die Betriebsführung verbietet, sondern sie verpflichtet auch den AG gegenüber dem BR, solche Vereinbarungen ihrem Inhalt entsprechend im Betrieb anzuwenden. Der BR kann daher vom AG aus der betreffenden Betriebsvereinbarung iVm § 77 I 1 BetrVG deren Durchführung im Betrieb verlangen.[141] Dies gilt gem. § 112 I 3 BetrVG gleichermaßen für Sozialpläne.[142] Zu Regelungsabreden → Rn. 82. 39

b) Voraussetzungen. Der Durchführungsanspruch des BR nach § 77 I 1 BetrVG setzt voraus, dass die Betriebsvereinbarung wirksam ist und ihre Bestimmungen im Betrieb nach § 77 40

[133] BAG 14.12.1999 – 1 AZR 81/99; 30.3.2004 AP Nr. 170 zu § 112 BetrVG 1972.
[134] BAG 16.7.2019 AP Nr. 242 zu § 112 BetrVG 1972 = NZA 2019, 1432.
[135] BAG 11.12.2007 EzA Nr. 21 zu § 77 BetrVG 2001 = NZA-RR 2008, 298; 27.1.2004 AP Nr. 166 zu § 112 BetrVG 1972 = NZA 2004, 667; 3.6.1997 AP Nr. 66 zu § 77 BetrVG 1972 = NZA 1998, 382.
[136] BAG 15.10.2013 AP Nr. 222 zu § 112 BetrVG 1972 = NZA 2014, 217.
[137] BAG 25.4.2017 AP Nr. 234 zu § 112 BetrVG 1972 = NZA 2017, 1467; 19.7.2016 AP Nr. 13 zu § 1 BetrAVG Betriebsvereinbarung = NZA 2016, 1475; 31.7.1996 AP Nr. 63 zu § 77 BetrVG 1972 = NZA 1997, 167.
[138] Offengelassen von BAG 26.4.2018 AP Nr. 18 zu § 1 BetrAVG = NZA 2018, 1066.
[139] BAG 27.1.2004 AP Nr. 166 zu § 112 BetrVG 1972 = NZA 2004, 667.
[140] BAG 27.3.1996 AP Nr. 134 zu § 1 TVG Ausschlussfristen = NZA 1996, 986; 30.11.1994 AP Nr. 88 zu § 112 BetrVG 1972 = NZA 1995, 643.
[141] BAG 24.1.2006 AP Nr. 65 zu § 80 BetrVG 1972 = NZA 2006, 1050; *Goebel,* Der betriebsverfassungsrechtliche Durchführungsanspruch, 17 ff.
[142] BAG 22.1.2013 – 1 ABR 92/11.

IV 1 BetrVG unmittelbar und zwingend gelten.[143] Eine Geltung kraft Transformation nach § 613a I 2 BGB (→ § 119 Rn. 27) reicht nicht aus. Ob dem BR ein Durchführungsanspruch auch zusteht, wenn die Normen der Betriebsvereinbarung nur noch gem. § 77 VI BetrVG nachwirken, ist höchstrichterlich nicht abschließend geklärt.[144] Hiergegen spricht, dass ihre Bestimmungen nur noch kraft gesetzlicher Anordnung gelten. Geltungsgrund im Nachwirkungszeitraum ist damit nicht mehr die den Betriebsparteien vom Gesetzgeber eingeräumte Regelungsmacht, sondern § 77 VI BetrVG.[145]

41 **c) Anspruchsinhaber.** Der Durchführungsanspruch steht aus eigenem Recht grundsätzlich nur dem BR zu, der selbst Partei der Betriebsvereinbarung ist.[146] Denn nur dieser hat zusammen mit dem AG in der Betriebsvereinbarung die Regelungen geschaffen, die nach § 77 IV 1 BetrVG für die betroffenen AN unmittelbar und zwingend gelten. Eine Ausnahme vom Gleichlauf der Aktivlegitimation für den Durchführungsanspruch mit der Regelungskompetenz besteht aber dann, wenn eine Gesamtbetriebsvereinbarung kollektivrechtlich nur noch als Einzelbetriebsvereinbarung gilt (→ § 119 Rn. 24). Zudem können der GBR/KBR einem nicht am Abschluss der Betriebsvereinbarung beteiligten BR/GBR in dieser ausdrücklich eigene Rechte gegen den AG einzuräumen, die dieser dann durchsetzen kann.[147]

42 **d) Inhalt und Durchsetzung.** Der Durchführungsanspruch erfasst nicht nur die Verpflichtung des AG, die Betriebsvereinbarung überhaupt im Betrieb anzuwenden, sondern er muss sie auch entsprechend ihrem Regelungsgehalt – also vereinbarungsgemäß – zur Anwendung bringen. Zudem resultiert aus der Durchführungspflicht ein Anspruch des BR gegen den AG auf Unterlassung betriebsvereinbarungswidriger Maßnahmen. Der Durchführungsanspruch kann sowohl im Wege eines Leistungs- als auch eines Feststellungsantrags geltend gemacht werden. Insbesondere die Frage, mit welchem Inhalt eine Betriebsvereinbarung durchzuführen ist, kann Gegenstand eines Feststellungsbegehrens sein.[148] Der Durchführungsanspruch berechtigt den BR aber nicht dazu, die durch die Betriebsvereinbarung begründeten individualrechtlichen Ansprüche der AN gegenüber dem AG durchzusetzen. Daher kann er nicht die konkrete Zahlung einer sich aus einer Betriebsvereinbarung ergebenden Leistung an bestimmte AN verlangen; hierfür fehlt ihm die Antragsbefugnis.[149] Ist der gerichtliche Antrag des BR dagegen auf die Gewährung dieser Leistung an nicht namentlich benannte AN gerichtet, ergibt die Auslegung seines Begehrens idR, dass es dem BR damit um die Durchsetzung seines Durchführungsanspruchs gegen den AG geht.[150] Dass sich der Ausgang eines solchen Verfahrens nur zugunsten einer begrenzten Anzahl von AN auswirkt, ist ebenso unerheblich wie der Umstand, dass sich die begehrte Art und Weise der Durchführung auf den Inhalt normativ begründeter Ansprüche von AN bezieht.[151]

43 **14. Verhältnis zum Arbeitsvertrag. a) Einzelarbeitsvertrag.** Für das Verhältnis zwischen (Einzel-)Arbeitsvertrag und Betriebsvereinbarung gilt das **Günstigkeitsprinzip** (→ § 207 Rn. 24). Der Inhalt eines Arbeitsvertrags kann daher grundsätzlich nicht durch eine nachfolgende – verschlechternde – Betriebsvereinbarung abgeändert werden; die Betriebsvereinbarung ist in diesem Fall jedoch nicht unwirksam, sondern wird lediglich durch die günstigere arbeitsvertragliche Regelung verdrängt.[152] Ist die einzelvertragliche Vereinbarung nicht günstiger, hat dies ebenfalls nicht deren Nichtigkeit zur Folge. Vielmehr kommt sie lediglich für die Dauer der Geltung der Betriebsvereinbarung nicht zur Anwendung, da deren Normen sie für die Zeit ihrer Wirkung verdrängen. Dies gilt unabhängig davon, ob die Vereinbarung vor oder nach Abschluss der Betriebsvereinbarung getroffen wurde.[153]

---

[143] Ausf. *Ahrendt* NZA 2011, 774 ff.

[144] Offengelassen BAG 27.10.1998 AP Nr. 99 zu § 87 BetrVG 1972 Lohngestaltung = NZA 199, 381; ohne Begründung bejahend BAG 24.2.1987 AP Nr. 21 zu § 77 BetrVG 1972 = NZA 1987, 639; 12.6.1996 AP Nr. 2 zu § 96a ArbGG 1979 = NZA 1997, 565.

[145] Vgl. *Ahrendt* NZA 2011, 774 (775); aA HessLAG 6.11.2017 – 16 TaBV 58/17; *Mittag* juris PR-ArbR 33/2018 Anm. 4.

[146] BAG 18.5.2010 AP Nr. 51 zu § 77 BetrVG 1972 Betriebsvereinbarung = NZA 2010, 1433.

[147] BAG 18.5.2010 AP Nr. 51 zu § 77 BetrVG 1972 Betriebsvereinbarung = NZA 2010, 1433.

[148] BAG 20.1.2009 AP Nr. 44 zu § 77 BetrVG 1972 Betriebsvereinbarung.

[149] BAG 17.10.1989 AP Nr. 53 zu § 112 BetrVG 1972 = NZA 1990, 441.

[150] BAG 5.10.2010 AP Nr. 53 zu § 77 BetrVG 1972 Betriebsvereinbarung = NZA 2011, 598.

[151] BAG 25.5.2020 AP Nr. 119 zu § 77 BetrVG 1972 = NZA 2020, 1128.

[152] BAG 19.7.2016 AP Nr. 13 zu § 1 BetrAVG Betriebsvereinbarung = NZA 2016, 1475.

[153] BAG 19.7.2016 AP Nr. 13 zu § 1 BetrAVG Betriebsvereinbarung = NZA 2016, 1475; 15.2.2011 AP Nr. 66 zu § 1 BetrAVG = NZA 2011, 928; 21.9.1989 AP Nr. 43 zu § 77 BetrVG 1972 = NZA 1990, 351.

44 Will ein AG verhindern, dass im Verhältnis zu einer Betriebsvereinbarung das Günstigkeitsprinzip gilt, muss er die Leistungen unter dem **Vorbehalt** einer (ablösenden) Betriebsvereinbarung gewähren. Dieser Vorbehalt muss – ebenso wie ein Widerrufs- oder Freiwilligkeitsvorbehalt – dem Transparenzgebot des § 307 I 2 BGB genügen.[154] Dies erfordert allerdings keinen Hinweis auf die zulässigen Regelungsformen einer abändernden Bestimmung.[155] Bei einer solchen **betriebsvereinbarungsoffenen Ausgestaltung** der vertraglichen Arbeitsbedingungen findet das Günstigkeitsprinzip keine Anwendung. Von einer Betriebsvereinbarungsoffenheit des Arbeitsvertrags ist auszugehen, wenn AG und AN den Inhalt einer Betriebsvereinbarung in der jeweils gültigen Fassung vereinbart oder im Arbeitsvertrag auf ihn verwiesen haben.[156] Eine solche Vereinbarung kann auch konkludent erfolgen (zu im Arbeitsvertrag enthaltenen Allgemeinen Geschäftsbedingungen → Rn. 46). Dies hat die Rspr. angenommen, wenn für die AN erkennbar ist, dass die Leistung einer kollektiven, möglicherweise auch verschlechternden Veränderung zugänglich sein soll. Hiervon soll auszugehen sein, wenn eine vertragliche Einheitsregelung in Abstimmung mit dem jeweils zuständigen BR vereinbart ist oder wenn Änderungen in der Vergangenheit unter Beteiligung des BR vorgenommen wurden. Dies soll beim Erklärungsempfänger die Folgerung nahelegen, dass die vom AG zu erbringenden Leistungen auch in Abstimmung mit dem BR umgestaltet werden können.[157] Die Arbeitsvertragsparteien können ihre vertraglichen Absprachen auch derart gestalten, dass sie einer späteren betrieblichen Regelung nur für die Dauer ihres Bestehens den Vorrang einräumen;[158] in diesem Fall lebt bei Wegfall der Betriebsvereinbarung die vertragliche Absprache wieder auf.

45 **b) Allgemeine Geschäftsbedingungen und Gesamtzusage.** Nach der Entscheidung des GS des BAG bestimmt sich das Verhältnis von Ansprüchen über freiwillige Sozialleistungen aus Gesamtzusagen oder sog. arbeitsvertraglichen Einheitsregelungen – also: Allgemeinen Geschäftsbedingungen – und Betriebsvereinbarungen ebenfalls grundsätzlich nach dem Günstigkeitsprinzip.[159] Das Günstigkeitsprinzip kann jedoch zu einem anderen Vergleichsmaßstab führen, wenn und weil die vertragliche Regelung – wie typischerweise – einen kollektiven Bezug aufweist. In diesem Fall wird die vertragliche Regelung auch dann durch eine die individuellen Ansprüche einzelner AN verschlechternde Betriebsvereinbarung abgelöst, wenn bei einem **kollektiven Günstigkeitsvergleich** die Betriebsvereinbarung insgesamt für die Belegschaft nicht ungünstiger ist als die bisherige vertragliche Regelung. Liegt diese Voraussetzung nicht vor, kann eine Ablösung der vertraglichen Ansprüche durch die verschlechternde Betriebsvereinbarung nur erfolgen, wenn die Geschäftsgrundlage für die vertragliche Regelung weggefallen ist oder wenn die Gesamtzusage ausdrücklich oder zumindest konkludent betriebsvereinbarungsoffen ausgestaltet ist.[160] Auf Gesamtzusagen oder vertragliche Einheitsregelungen, die durch eine vor der Entscheidung des Sechsten Senats vom 12.8.1982[161] abgeschlossene Betriebsvereinbarung abgelöst wurden, sind diese Grundsätze allerdings nicht anzuwenden. Bis zu diesem Zeitpunkt durften die Betriebsparteien davon ausgehen, dass eine Betriebsvereinbarung ein geeignetes rechtliches Mittel ist, diese abzulösen und die auf solchen rechtlichen Grundlagen beruhenden Leistungen insgesamt ungünstiger zu gestalten.[162] Die dargestellten Grundsätze des GS über den kollektiven Günstigkeitsvergleich sind zudem nur anwendbar auf freiwillige Sozialleistungen, die auf eine vom AG gesetzte Einheitsregelung oder Gesamtzusage zurückgehen, nicht jedoch auf andere arbeitsvertragliche Ansprüche wie das Arbeitsentgelt und andere Regelungen, die den Inhalt des Arbeitsverhältnisses bestimmen (Arbeitszeitdauer, Kündigungsfristen).[163] Durch eine Betriebsvereinbarung soll daher eine einzelvertraglich vereinbarte Altersgrenze nicht herabgesetzt werden können.[164]

---

[154] BAG 5.8.2009 AP Nr. 85 zu § 242 BGB Betriebliche Übung = NZA 2009, 1105.
[155] Vgl. BAG 17.7.2012 AP Nr. 61 zu § 77 BetrVG 1972 Betriebsvereinbarung = NZA 2013, 338.
[156] BAG 10.12.2002 AP Nr. 249 zu § 611 BGB Gratifikation = NZA 2004, 271.
[157] BAG 25.5.2016 AP Nr. 1 zu § 1 MiLoG = NZA 2016, 1327; 17.2.2015 AP Nr. 65 zu § 77 BetrVG 1972 Betriebsvereinbarung; 30.9.2014 AP Nr. 73 zu § 2 BetrAVG = NZA 2015, 750; 17.7.2012 AP Nr. 61 zu § 77 BetrVG 1972 Betriebsvereinbarung = NZA 2013, 338; vgl. LAG RhPf 24.7.2012 NZA-RR 2012, 639 (Aushang).
[158] BAG 17.2.2015 AP Nr. 65 zu § 77 BetrVG 1972 Betriebsvereinbarung.
[159] BAG GS 16.9.1986 AP Nr. 17 zu § 77 BetrVG 1972 = NZA 1987, 168.
[160] BAG 10.12.2002 AP Nr. 252 zu § 611 BGB Gratifikation = NZA 2003, 1360; 21.9.1989 AP Nr. 43 zu § 77 BetrVG 1972 = NZA 1990, 331.
[161] BAG 12.8.1982 AP Nr. 4 zu § 77 BetrVG 1972.
[162] BAG 20.11.1990 AP Nr. 14 zu § 1 BetrAVG Ablösung = NZA 1991, 477 für eine Versorgungsregelung.
[163] BAG 28.3.2000 AP Nr. 83 zu § 77 BetrVG 1972 = NZA 2001, 49.
[164] BAG GS 7.11.1989 AP Nr. 46 zu § 77 BetrVG 1972 = NZA 1990, 816.

46 Nach einer vom BAG aufgestellten Auslegungsregel sind kollektive Arbeitsbedingungen in Allgemeinen Geschäftsbedingungen oder Gesamtzusagen allerdings idR **konkludent betriebsvereinbarungsoffen** ausgestaltet.[165] Diese Auslegungsregel folgt aus den Besonderheiten des Arbeitsrechts (§ 310 IV 2 BGB). Die in Arbeitsverhältnissen geltenden Arbeitsbedingungen richten sich nicht nur nach den zwischen den Vertragsparteien bei Vertragsschluss privatautonom getroffenen Vereinbarungen, sondern gleichermaßen nach normativ wirkenden Betriebsvereinbarungen, zu deren Durchführung der AG nach § 77 I 1 BetrVG verpflichtet ist. In Betrieben mit BR kann der AG zudem zahlreiche Arbeitsbedingungen nicht alleine regeln, sondern muss das Mitbestimmungsrecht des BR nach § 87 BetrVG beachten. Angesichts dieser kollektiv-rechtlichen Rechtslage ist für den verständigen AN hinreichend deutlich, dass diejenigen Arbeitsvertragsbedingungen, die – wie Allgemeine Geschäftsbedingungen oder Gesamtzusagen – nicht individuell für sein Arbeitsverhältnis ausgehandelt wurden, sondern im Interesse einer Vereinheitlichung für die gesamte oder Teile der Belegschaft gelten, einer (möglicherweise auch verschlechternden) Änderung durch Betriebsvereinbarung zugänglich sein sollen. Nur bei Bestehen eines betriebsvereinbarungsoffenen Arbeitsvertrags kann eine Anpassung der Arbeitsbedingungen an veränderte Umstände ohne Bestandsgefährdung erfolgen. Dies liegt nicht nur im Interesse des AG, sondern auch in dem des AN, da ihm gegenüber keine Änderungskündigung ausgesprochen werden muss. Lediglich Individualabreden iSd § 305 BGB sind danach von der (verschlechternden) Abänderung durch eine Betriebsvereinbarung geschützt. Eine einzelvertraglich vereinbarte dynamische Verweisung auf einen Tarifvertrag ist allerdings regelmäßig nicht betriebsvereinbarungsoffen ausgestaltet, da die Vertragsparteien damit ihr Vertragsverhältnis insoweit einem anderen kollektiven – und ggf. nach § 77 III BetrVG vorrangigen – System unterstellen wollen.[166] Zudem kann diese Auslegungsregel wegen § 118 II BetrVG nicht bei einem mit einem kirchlichen Träger geschlossenen Arbeitsvertrag greifen.[167]

47 Sagt der AG Leistungen der **betrieblichen Altersversorgung** durch Gesamtzusage zu, ist eine solche Zusage nach der Rspr. des Dritten Senats regelmäßig betriebsvereinbarungsoffen. Da die Geltung der Regelungen auf einen längeren, unbestimmten Zeitraum angelegt ist, sind diese von vornherein auch für die AN erkennbar einem möglichen künftigen Änderungsbedarf ausgesetzt. Der AG sagt daher mit einer Gesamtzusage im Regelfall nur eine Versorgung nach den jeweils bei ihm geltenden Versorgungsregeln zu. Mit einer solchen Zusage wird daher auch die Möglichkeit für eine Ablösung auf kollektivvertraglicher Grundlage und damit durch Betriebsvereinbarung eröffnet. Soll sich die Versorgung dagegen ausschließlich nach den bei Erteilung der Gesamtzusage geltenden Versorgungsbedingungen richten, muss der AG dies in der Gesamtzusage deutlich zum Ausdruck bringen.[168] Gleiches gilt, wenn die Versorgungsregelungen kraft betrieblicher Übung gelten.[169]

48 **15. Ablösende Betriebsvereinbarung.** Wird eine Betriebsvereinbarung geschlossen, die eine ältere Betriebsvereinbarung ablösen soll, gilt nicht das Günstigkeitsprinzip, sondern die **Zeitkollisionsregel:** Die jüngere Norm ersetzt die ältere (lex posterior derogat legi priori).[170] Die Betriebsparteien können danach ihre bisherigen Regelungen für die Zukunft jederzeit durch Bestimmungen einer neuen Betriebsvereinbarung ersetzen, auch wenn diese die bisherige Rechtsposition der AN verschlechtern. Allerdings begrenzen das rechtsstaatliche Rückwirkungsverbot und die hierbei zu beachtenden Grundsätze des Vertrauensschutzes und der Verhältnismäßigkeit[171] die Zulässigkeit von verschlechternden Änderungen, wenn die

[165] BAG 30.1.2019 AP Nr. 25 zu § 611 BGB Sachbezüge = NZA 2019, 1065; 24.10.2017 AP Nr. 110 zu § 77 BetrVG 1972; 25.5.2016 AP Nr. 1 zu § 1 MiLoG = NZA 2016, 1327; 5.3.2013 AP Nr. 105 zu § 77 BetrVG 1972 = NZA 2013, 916; dagegen *Säcker* BB 2013, 2677; *Preis/Ulber* NZA 2014, 6; *Waltermann* RdA 2016, 296 (301); *Creutzfeld* NZA 2018, 1111 (1113); diff. *Hromadka* NZA-Beil. 4/2014, 136; krit. auch BAG 11.4.2018 AP Nr. 143 zu § 1 TVG Bezugnahme auf Tarifvertrag = NZA 2018, 1273.

[166] BAG 11.4.2018 AP Nr. 143 zu § 1 TVG Bezugnahme auf Tarifvertrag = NZA 2018, 1273.

[167] BAG 11.17.2019 AP Nr. 95 zu § 611 BGB Kirchendienst.

[168] BAG 21.2.2017 AP Nr. 75 zu § 1 BetrAVG Ablösung = NZA 2017, 944; 10.3.2015 AP Nr. 68 zu § 1 BetrAVG Ablösung.

[169] BAG 21.2.2017 AP Nr. 75 zu § 1 BetrAVG Ablösung = NZA 2017, 944.

[170] BAG 17.7.2012 AP Nr. 61 zu § 77 BetrVG 1972 Betriebsvereinbarung = NZA 2013, 338; 13.3.2007 AP Nr. 32 zu § 77 BetrVG 1972 Betriebsvereinbarung = NZA-RR 2007, 411; 20.2.2001 AP Nr. 107 zu § 87 BetrVG 1972 Lohngestaltung = NZA 2001, 1204; 15.11.2000 AP Nr. 84 zu § 77 BetrVG 1972 = NZA 2001, 900.

[171] BAG GS 16.9.1986 AP Nr. 17 zu § 77 BetrVG 1972 = NZA 1987, 168; BAG 23.1.2008 AP Nr. 40 zu § 77 BetrVG 1972 Betriebsvereinbarung = NZA 2008, 709; 16.7.1996 AP Nr. 21 zu § 1 BetrAVG Ablösung = NZA 1997, 533; 9.4.1991 AP Nr. 15 zu § 1 BetrAVG Ablösung = NZA 1991, 730; 22.5.1990 AP Nr. 3 zu § 1 BetrAVG Betriebsvereinbarung = NZA 1990, 813.

ablösende Betriebsvereinbarung einen Vergangenheitsbezug hat, zB weil sie rückwirkend in Kraft tritt oder bereits vor ihrem Inkrafttreten liegende Sachverhalte erfasst. Eine **echte Rückwirkung** liegt vor, wenn eine Rechtsnorm nachträglich ändernd in abgewickelte, der Vergangenheit angehörende Tatbestände eingreift. Sie ist grundsätzlich unzulässig, es sei denn, die betroffenen AN mussten mit der Rückwirkung einer verschlechternden Regelung rechnen und konnten sich hierauf einstellen.[172] Eine – regelmäßig zulässige – **unechte Rückwirkung** liegt vor, wenn eine Rechtsnorm auf gegenwärtige, noch nicht abgeschlossene Sachverhalte und Rechtsbeziehungen einwirkt und damit zugleich die betroffene Rechtsposition nachträglich entwertet. Abzuwägen sind die Änderungsgründe gegen die Bestandsschutzinteressen der betroffenen AN. Je stärker in Besitzstände eingegriffen wird, desto schwerer müssen die Änderungsgründe wiegen. Die Grenzen der Zulässigkeit sind überschritten, wenn die vom Normgeber angeordnete unechte Rückwirkung zur Erreichung des Normzwecks nicht geeignet oder nicht erforderlich ist oder wenn die Bestandsinteressen der Betroffenen die Veränderungsgründe der Neuregelung überwiegen.[173] Rechtlich ungesicherte, bloß tatsächliche Erwartungshaltungen sind aber aus Rechtsgründen nicht schutzbedürftig.[174] Konkurrieren **Einzel- und Gesamtbetriebsvereinbarungen** miteinander, ist die Zuständigkeit der jeweiligen Arbeitnehmervertretungen maßgeblich (→ § 224 Rn. 30).[175]

16. Beendigung. a) Befristung. Betriebsvereinbarungen enden mit Ablauf der Zeit, für die sie eingegangen sind. Die Betriebsvereinbarung kann zeitlich (zB bis zum 31.12. eines Kalenderjahrs) oder zweckbefristet sein, wenn die nur vorübergehende Geltung aus ihrem Regelungsgegenstand folgt. So endet zB eine Betriebsvereinbarung über die Verlegung der Arbeitszeit zwischen Weihnachten und Neujahr mit Durchführung dieser Maßnahme. Ob die Betriebsparteien die Betriebsvereinbarung befristen, steht in ihrem Regelungsermessen. Eine Rechtskontrolle der Befristung findet nicht statt. 49

b) Aufhebung. Eine Betriebsvereinbarung kann jederzeit durch die Betriebsparteien einvernehmlich aufgehoben werden.[176] Die Aufhebung kann ausdrücklich erfolgen, sich aber auch aus den Umständen ergeben, wenn eine neue Betriebsvereinbarung über denselben Regelungsgegenstand abgeschlossen wird.[177] Es gilt der Grundsatz lex posterior derogat legi priori. Die Aufhebung einer Betriebsvereinbarung bedarf wegen ihrer Normenwirkung der Schriftform (umstr.).[178] Eine formlose Vereinbarung von AG und BR hat nur die Rechtsqualität einer Regelungsabrede, die die höherrangige Betriebsvereinbarung nicht verdrängen kann. Heben die Betriebsparteien die Betriebsvereinbarung mit Rückwirkung auf, gelten die Grundsätze für ihre rückwirkende Änderung (→ Rn. 48). 50

c) Ordentliche Kündigung. aa) Kündigungserklärung. Nach § 77 V BetrVG können Betriebsvereinbarungen, soweit nichts Anderes vereinbart ist, mit einer Frist von drei Monaten gekündigt werden. Die Kündigung bedarf nach den gesetzlichen Vorgaben nicht der Schriftform. In der Kündigungserklärung braucht nicht ausdrücklich das Wort Kündigung verwendet werden. Notwendig ist aber, dass sich im Wege der Auslegung der Willenserklärung ergibt, dass die Betriebsvereinbarung beendet werden soll.[179] Kommen als möglicher Gegenstand einer Kündigung mehrere Betriebsvereinbarungen in Betracht, muss sich aus der Kündigungserklärung zweifelsfrei ergeben, welche Betriebsvereinbarung gekündigt werden soll. Hierzu ist die Kündigungserklärung ggf. nach § 133 BGB auszulegen.[180] Die Kündigung muss der anderen Betriebspartei – im Fall des BR dem Betriebsratsvorsitzenden oder seinem Stellvertreter (§ 26 III 2 BetrVG) – zugehen. 51

bb) Kündigungsfrist. Die Kündigungsfrist beträgt drei Monate, soweit die Betriebsparteien keine kürzere oder längere Kündigungsfrist vereinbaren. Die Vereinbarung längerer Kündigungs- 52

[172] BAG 22.5.2012 AP Nr. 104 zu § 77 BetrVG 1972 = NZA 2012, 1110; 15.11.2000 AP Nr. 84 zu § 77 BetrVG 1972 = NZA 2001, 900.
[173] BAG 2.10.2007 EzA Nr. 20 zu § 77 BetrVG 2001 = NZA-RR 2008, 242.
[174] BAG 23.1.2008 AP Nr. 40 zu § 77 BetrVG 1972 Betriebsvereinbarung = NZA 2008, 709.
[175] BAG 31.1.1989 AP Nr. 12 zu § 81 ArbGG 1979 = NZA 1989, 606.
[176] BAG 27.6.1985 AP Nr. 14 zu § 77 BetrVG 1972 = NZA 1986, 401.
[177] BAG 10.8.1994 AP Nr. 86 zu § 112 BetrVG 1972 = NZA 1995, 314.
[178] Vgl. dazu BAG 20.11.1990 AP Nr. 2 zu § 77 BetrVG 1972 Regelungsabrede = NZA 1991, 426; 27.6.1985 AP Nr. 14 zu § 77 BetrVG 1972 = NZA 1986, 401.
[179] BAG 6.11.2007 AP Nr. 35 zu § 77 BetrVG 1972 Betriebsvereinbarung = NZA 2008, 422.
[180] BAG 19.2.2008 AP Nr. 41 zu § 77 BetrVG 1972 Betriebsvereinbarung = NZA-RR 2008, 412.

fristen als in § 77 V BetrVG vorgesehen verstößt nicht gegen höherrangiges Recht.[181] Ein bestimmter Endtermin, zB Monatsschluss oder Quartalsschluss, ist im Gesetz nicht vorgesehen, kann jedoch von den Betriebsparteien vereinbart werden.

53 **cc) Kündigungsgründe.** Bei Ausspruch der Kündigung bedarf es keiner Angabe von Kündigungsgründen. Auch die Ausübung des Kündigungsrechts selbst bedarf keiner Rechtfertigung und unterliegt keiner inhaltlichen Kontrolle.[182] Dies gilt unabhängig vom Regelungsgegenstand, also auch dann, wenn es sich um eine freiwillige Leistung handelt.[183] Allerdings können die Betriebsparteien die Ausübung des ordentlichen Kündigungsrechts in der Betriebsvereinbarung vom Vorliegen bestimmter Voraussetzungen abhängig machen.

54 **dd) Wirkung der Kündigung.** Die Kündigung einer Betriebsvereinbarung hat zur Folge, dass ihre unmittelbare und zwingende Wirkung mit Ablauf der Kündigungsfrist endet (zur möglichen Nachwirkung → Rn. 64). Für den Bereich der betrieblichen Altersversorgung schränkt das BAG diese Wirkung durch die Grundsätze des Vertrauensschutzes und der Verhältnismäßigkeit ein (→ § 274 Rn. 74). Diese Begrenzung der Kündigungswirkung gilt auch für die Beendigung von sonstigen Betriebsvereinbarungen, aufgrund derer die AN bereits **Besitzstände** begründet haben. So kann dem AN die wegen seiner regelmäßig bestehenden Vorleistungspflicht zeitanteilig bereits erdiente synallagmatische Gegenleistung für seine Arbeit durch eine Kündigung für die Vergangenheit – dh bis zum Ablauf der Kündigungsfrist – nicht mehr entzogen werden. Leistungen, die ausschließlich in Hinblick auf den Bestand des Arbeitsverhältnisses erbracht werden und nicht durch die Arbeitsleistung der AN schon anteilig erdient wurden, können grundsätzlich mit Wirkung für die Zukunft eingestellt werden. Denn ohne Hinzutreten besonderer Umstände können die AN nicht auf den unveränderten Fortbestand von Leistungen aus betrieblichen Regelungen vertrauen.[184]

55 **ee) Ausschluss.** Die (ordentliche) Kündigung kann in der Betriebsvereinbarung ausgeschlossen sein oder an das Vorliegen bestimmter Gründe geknüpft werden.[185] Der Ausschluss kann sich auch aus dem Zweck der Betriebsvereinbarung[186] (Regelung einer einmaligen Angelegenheit) ergeben oder aus ihrer zeitlich begrenzten Laufzeit.[187] Das Kündigungsrecht ist nicht schon deshalb konkludent ausgeschlossen, weil mit der Betriebsvereinbarung individualrechtliche Rechtspositionen abgelöst wurden,[188] sie auf einem Spruch der Einigungsstelle oder auf einem gerichtlichen Vergleich beruht.[189] Wird die Betriebsvereinbarung bereits kurz nach ihrem Abschluss wieder gekündigt und gleichzeitig ihre Unwirksamkeit geltend gemacht, ist dies nicht rechtsmissbräuchlich.[190]

56 **d) Außerordentliche Kündigung.** Eine Betriebsvereinbarung kann außerordentlich gekündigt werden, wenn ein wichtiger Grund gegeben ist.[191] An dessen Vorliegen sind hohe Anforderungen zu stellen. Unzureichend sind lästige Bindungen, Kalkulationsfehler oder eine lange Kündigungsfrist. Der anderen Betriebspartei muss es vielmehr unzumutbar sein, den Ablauf der ordentlichen Kündigungsfrist abzuwarten. Im Allgemeinen wird eine solche Kündigung nur bei Wegfall der Geschäftsgrundlage in Betracht kommen.

57 **e) Änderungskündigung.** Eine – zulässige – Änderungskündigung liegt vor, wenn die Kündigung unter der Bedingung erfolgt, dass sich die andere Betriebspartei auf eine Änderung der Betriebsvereinbarung nicht einlässt, oder wenn die Kündigung unbedingt erklärt und gleichzeitig ein Angebot zum Abschluss einer geänderten Betriebsvereinbarung unterbreitet wird. Nimmt der Kündigungsgegner das Angebot an, kommt die neue (geänderte) Betriebsvereinbarung zustande und löst die vorhergehende ab, wenn die Schriftform gewahrt

[181] BAG 15.4.2014 AP Nr. 9 zu § 29 BetrVG 1972 = NZA 2014, 551.
[182] BAG 21.8.2001 AP Nr. 8 zu § 1 BetrAVG Betriebsvereinbarung = NZA 2002, 575; *Heither* BB 1992, 148; *Loritz* RdA 1991, 67.
[183] BAG 26.10.1993 AP Nr. 6 zu § 77 BetrVG 1972 Nachwirkung = NZA 1994, 572; 10.3.1992 AP Nr. 5 zu § 1 BetrAVG Betriebsvereinbarung = NZA 1993, 234.
[184] BAG 17.7.2012 AP Nr. 61 zu § 77 BetrVG 1972 Betriebsvereinbarung = NZA 2013, 338.
[185] BAG 17.1.1995 AP Nr. 7 zu § 77 BetrVG 1972 = NZA 1995, 1010; 10.3.1992 AP Nr. 5 zu § 1 BetrAVG Betriebsvereinbarung = NZA 1993, 234.
[186] BAG 22.6.1962 AP Nr. 2 zu § 52 BetrVG.
[187] BAG 24.1.1996 AP Nr. 8 zu § 77 BetrVG 1972 Tarifvorbehalt = NZA 1996, 948.
[188] BAG 23.1.2008 AP Nr. 9 zu § 87 BetrVG 1972 Leistungslohn = NZA 2008, 774.
[189] BAG 19.2.2008 AP Nr. 97 zu § 77 BetrVG 1972 = NZA 2008, 899.
[190] BAG 18.2.2003 AP Nr. 11 zu § 77 BetrVG 1972 Betriebsvereinbarung = NZA 2004, 336.
[191] BAG 28.4.1992 AP Nr. 11 zu § 50 BetrVG 1972 = NZA 1993, 31.

wurde (→ Rn. 6). Lehnt die Betriebspartei das Angebot ab, hat die Änderungskündigung die Wirkung einer Beendigungskündigung.

f) Teilkündigung. Eine Teilkündigung, mit der der Kündigende nur einzelne Regelungen einer Betriebsvereinbarung kündigen möchte, ist zulässig, wenn die Betriebsparteien eine solche ausdrücklich in der Betriebsvereinbarung vereinbart haben.[192] Fehlt es hieran, ist die Teilkündigung einer Betriebsvereinbarung idR dann möglich, wenn der gekündigte Teil einen selbständigen Regelungskomplex betrifft, der ebenso in einer eigenständigen Betriebsvereinbarung hätte geregelt werden können. Wollen die Betriebsparteien in einem solchen Fall die Teilkündigung ausschließen, müssen sie dies in der Betriebsvereinbarung deutlich zum Ausdruck bringen.[193] 58

g) Wegfall der Geschäftsgrundlage. Eine Beendigung der Betriebsvereinbarung durch Wegfall der Geschäftsgrundlage kommt nicht in Betracht. Ein Wegfall der Geschäftsgrundlage hat nur zur Folge, dass die Betriebsvereinbarung (bzw. der Sozialplan) an veränderte Umstände angepasst werden kann. Die Anpassung erfolgt nicht automatisch, sondern muss von den Betriebsparteien vorgenommen werden. Weigert sich eine Betriebspartei, auf das Anpassungsverlangen einzugehen, kann die Betriebsvereinbarung außerordentlich gekündigt und/oder die Einigungsstelle angerufen werden.[194] 59

h) Ende der Amtszeit und Wegfall des Betriebsrats. Der Bestand einer Betriebsvereinbarung ist von der Amtszeit des BR unabhängig. Sie endet daher nicht, wenn der BR neu gewählt wird. Auch der Wegfall des BR – selbst wenn dieser dauerhaft ist – oder der Verlust der Betriebsratsfähigkeit des Betriebs führen nach zutreffender Ansicht nicht zu einem Ende der Betriebsvereinbarung.[195] Der AG hat aber die Möglichkeit, diese bei Fehlen eines BR gegenüber allen betroffenen AN zu kündigen.[196] 60

i) Betriebsstilllegung. Setzen die Regelungen der Betriebsvereinbarung – zB über die Arbeitszeit oder das Entgelt – die Existenz einer betrieblichen Organisation voraus, wird die Betriebsvereinbarung gegenstandslos, wenn der Betrieb stillgelegt wird. Wird der Betrieb später wieder aufgenommen, leben die früheren Betriebsvereinbarungen nicht wieder auf. Hat die Betriebsvereinbarung hingegen noch über die Stilllegung hinaus Bedeutung – wie etwa bei Regelungen zur betrieblichen Altersversorgung – bleiben sie fortbestehen. Ein für die Betriebsstilllegung abgeschlossener Sozialplan gilt bis zur vollständigen Abwicklung der Stilllegung.[197] Auch über die Stilllegung hinaus behält der BR ein Restmandat (→ § 219 Rn. 18) für den Abschluss eines Sozialplans.[198] Ist der Betrieb nur zeitweise unterbrochen, gelten die Betriebsvereinbarungen hingegen nach dem Ende der Unterbrechung weiter. Sieht ein Sozialplan anlässlich einer Betriebsstilllegung die Übernahme der betroffenen AN in einen anderen Betrieb desselben Unternehmens vor, so soll nach der Stilllegung der BR des neuen Beschäftigungsbetriebs für eine spätere Änderung dieses Sozialplans zuständig sein.[199] 61

j) Betriebsübergang und -spaltung. Der bloße Wechsel des Betriebsinhabers hat auf den Bestand der Betriebsvereinbarung keinen Einfluss. Gleiches gilt für den **Betriebsübergang** nach § 613a I BGB, wenn die Identität des Betriebs gewahrt bleibt. Die Betriebsvereinbarung gilt normativ fort. In diesem Fall können auch Gesamtbetriebs- und Konzernbetriebsvereinbarungen als Einzelbetriebsvereinbarung beim Erwerber kollektivrechtlich weiter gelten. Zu den Einzelheiten beim Betriebs- oder Betriebsteilübergang → § 119 Rn. 22; zum Ausscheiden aus dem Geltungsbereich des BetrVG → § 119 Rn. 23. Bei einer **Betriebsspaltung** behält der BR ein Übergangsmandat nach § 21a BetrVG (→ § 219 Rn. 17). Diese Amtskontinuität spricht dafür, dass die Betriebsvereinbarung regelmäßig auch in den ab- bzw. aufgespaltenen Betriebsteilen fortgilt.[200] Werden die Betriebsteile jedoch in einen anderen Betrieb eingegliedert, in dem über 62

---

192 BAG 29.5.1964 AP Nr. 24 zu § 59 BetrVG.
193 BAG 6.11.2007 AP Nr. 35 zu § 77 BetrVG 1972 Betriebsvereinbarung = NZA 2008, 422.
194 BAG 28.7.1998 AP Nr. 4 zu § 1 BetrAVG Überversorgung = NZA 1999, 444; 23.9.1997 AP Nr. 26 zu § 1 BetrAVG Ablösung = NZA 1998, 719; 10.8.1994 AP Nr. 86 zu § 112 BetrVG 1972 = NZA 1995, 314.
195 Vgl. *Fitting* BetrVG § 77 Rn. 175; GK-BetrVG/*Kreutz* § 77 Rn. 430; *ders.* FS Kraft, 323 (337); *Kreft* FS Wißmann, 347 (349); Richardi BetrVG/*Richardi* § 77 Rn. 224.
196 *Salamon* NZA 2007, 367 (370); GK-BetrVG/*Kreutz* § 77 Rn. 430.
197 Vgl. BAG 24.3.1981 AP Nr. 12 zu § 112 BetrVG 1972.
198 BAG 17.7.1964 AP Nr. 3 zu § 80 ArbGG 1953.
199 BAG 24.3.1981 AP Nr. 12 zu § 112 BetrVG 1972.
200 Vgl. GK-BetrVG/*Kreutz* § 77 Rn. 424; *Bachner* AiB 2012, 725 (726).

denselben Regelungsgegenstand bereits eine Betriebsvereinbarung besteht, ist die des aufnehmenden Betriebs maßgebend; die andere wird gegenstandslos.[201]

63 **k) Insolvenz.** Nach § 120 I 2 InsO können Betriebsvereinbarungen, die die Masse belasten, auch dann mit einer Frist von drei Monaten gekündigt werden, wenn eine längere Frist vereinbart wurde. Zuvor sollen Insolvenzverwalter und BR über eine Herabsetzung der Leistungen verhandeln. Die Regelung gilt entspr., wenn die ordentliche Kündigung ausgeschlossen oder an bestimmte Gründe gebunden ist.[202] Unberührt bleibt das Recht zur außerordentlichen Kündigung (§ 120 II InsO).

64 **17. Nachwirkung. a) Begriff.** Nach Ablauf einer Betriebsvereinbarung gelten ihre Regelungen in Angelegenheiten, in denen ein Spruch der Einigungsstelle die Einigung zwischen AG und BR ersetzen kann, weiter, bis sie durch eine andere Abmachung ersetzt werden (§ 77 VI BetrVG). Die Nachwirkung verhindert den Eintritt eines regelungslosen Zustands nach Ablauf der Betriebsvereinbarung. Mit ihrer Beendigung verliert diese zwar ihre zwingende (normative) Wirkung für die von ihr erfassten Arbeitsverhältnisse. AG und AN können nunmehr vom Inhalt der Betriebsvereinbarung abweichende Regelungen treffen. Die Betriebsvereinbarung behält aber im Nachwirkungszeitraum ihre unmittelbare Wirkung für die bisher im Betrieb beschäftigten AN. Sie gilt auch für neu in den Betrieb eintretende AN, wenn mit diesen keine abweichende Vereinbarung getroffen worden ist. Sofern eine Nachwirkung nicht ohnehin ausdrücklich oder konkludent ausgeschlossen ist (→ Rn. 77), hängt ihr Eintritt davon ab, ob die Betriebsvereinbarung Gegenstände der erzwingbaren Mitbestimmung regelt (→ Rn. 65), ob es sich um eine freiwillige Betriebsvereinbarung handelt (→ Rn. 67) oder ob sie teilmitbestimmt ist (→ Rn. 68). Verweist eine Betriebsvereinbarung dynamisch auf eine andere Regelung, endet die Dynamik mit dem Eintritt der Nachwirkung. Die Verweisung auf das außerhalb der Betriebsvereinbarung liegende Regelwerk erfasst damit nur noch dessen bei Ablauf der Betriebsvereinbarung geltende Fassung.[203]

65 **b) Erzwingbare Mitbestimmung. aa) Grundsatz.** Nach § 77 VI BetrVG wirken die Normen der Betriebsvereinbarung nach, wenn die in ihr geregelten Angelegenheiten der erzwingbaren Mitbestimmung unterliegen,[204] dh sowohl AG wie auch der BR die Einigungsstelle anrufen können[205] (→ § 232 Rn. 5). Dies betrifft insbesondere die Tatbestände der sozialen Mitbestimmung nach § 87 I BetrVG (→ § 235 Rn. 26), selbst wenn im Konfliktfall zwischen AG und BR anstelle einer Einigungsstelle eine tarifliche Schlichtungsstelle nach § 76 VIII BetrVG entscheidet.[206] Regelt die Betriebsvereinbarung **unterschiedliche Gegenstände,** die zT der zwingenden Mitbestimmung unterliegen und zT freiwillig sind, wirken ihre Normen grundsätzlich nur hinsichtlich der Gegenstände nach, die der zwingenden Mitbestimmung unterfallen. Dies setzt allerdings voraus, dass sich die Betriebsvereinbarung sinnvoll in einen nachwirkenden und einen nachwirkungslosen Teil aufspalten lässt. Andernfalls entfaltet zur Sicherung der Mitbestimmung die gesamte Betriebsvereinbarung Nachwirkung.[207]

66 **bb) Andere Abmachung.** Da Regelungsgegenstand einer erzwingbaren Betriebsvereinbarung stets eine mitbestimmungspflichtige Angelegenheit ist, kann die andere Abmachung, die nach § 77 VI BetrVG zur Beendigung der Nachwirkung führt, nur eine mitbestimmte Abmachung sein.[208] Dabei kann eine Regelungsabrede zwischen AG und BR keine andere Abmachung iSd § 77 VI BetrVG darstellen, da sie keine normative Wirkung hat und deshalb im Verhältnis zu den AN keine unmittelbare Änderung der nachwirkenden Betriebsvereinbarung

---

[201] *Fitting* BetrVG § 77 Rn. 163; *Seel* MDR 2008, 657 (660).
[202] Str., wie hier GK-BetrVG/*Kreutz* § 77 Rn. 409; vgl. auch *Oetker/Friese* DZWIR 2000, 405; *Schrader* NZA 1997, 70 (71).
[203] BAG 29.1.2008 AP Nr. 49 zu § 4 TVG Nachwirkung = NZA 2008, 541.
[204] BAG 28.4.1998 AP Nr. 11 zu § 77 BetrVG 1972 Nachwirkung = NZA 1998, 1348; 26.10.1993 AP Nr. 6 zu § 77 BetrVG 1972 Nachwirkung = NZA 1994, 572.
[205] BAG 12.8.1982 AP Nr. 5 zu § 77 BetrVG 1972.
[206] BAG 29.9.2004 AP Nr. 16 zu § 77 BetrVG 1972 Nachwirkung = NZA 2005, 532.
[207] BAG 9.7.2013 AP Nr. 64 zu § 77 BetrVG 1972 Betriebsvereinbarung = NZA 2013, 1438; 5.10.2010 AP Nr. 53 zu § 77 BetrVG 1972 Betriebsvereinbarung = NZA 2011, 598; 26.8.2008 AP Nr. 15 zu § 87 BetrVG 1972 = NZA 2008, 1426.
[208] BAG 21.8.1990 AP Nr. 5 zu § 77 BetrVG 1972 Nachwirkung = NZA 1991, 190.

herbeiführt. In der Regelungsabrede liegt aber die erforderliche Zustimmung des BR, die den AG mitbestimmungsrechtlich befähigt, die Arbeitsbedingungen der AN – entspr. der Absprache mit dem BR – individualrechtlich zu ändern, um die Nachwirkung nach § 77 VI BetrVG zu beseitigen. Die Änderung kann der AG – je nach Vertragsinhalt – entweder durch Vertrag, Änderungskündigung oder im Wege des Direktionsrechts erreichen; insoweit gelten die Ausführungen zu § 4 V TVG (→ § 208 Rn. 17) sinngemäß. Jedoch besteht nach der Rspr. kein Vorrang für das kollektiv- oder das individualrechtliche Erfordernis. Aus diesem Grund ist eine zwar nicht mitbestimmte, aber sozial gerechtfertigte Änderung der Vertragsbedingungen durch eine Änderungskündigung nicht nach § 2 KSchG unwirksam. Der AG ist lediglich an der tatsächlichen Durchsetzung der Vertragsänderung gehindert, solange das Mitbestimmungsverfahren nicht endgültig durchgeführt ist.[209] Gleiches dürfte bei allen anderen individualrechtlichen Maßnahmen (Vertragsänderung, Ausübung des Direktionsrechts) gelten, wenn für die zugrunde liegende Maßnahme die Zustimmung des BR erforderlich ist. Erst nach deren Erteilung darf der AG die Änderung gegenüber den AN umsetzen.

c) Freiwillige Betriebsvereinbarungen. Eine Betriebsvereinbarung über freiwillige Angelegenheiten entfaltet von Gesetzes wegen keine Nachwirkung.[210] Die Betriebsparteien können allerdings die Nachwirkung ihrer Bestimmungen vereinbaren.[211] Dieser Wille muss angesichts der Regelung in § 77 VI BetrVG eindeutig in der Vereinbarung zum Ausdruck kommen. Bei nachwirkenden freiwilligen Betriebsvereinbarungen soll die Spruchkompetenz der Einigungsstelle lediglich die Beendigung der Nachwirkung umfassen.[212] 67

d) Teilmitbestimmte Regelungen. aa) Begriff. Eine teilmitbestimmte Regelung liegt vor, wenn der Regelungsgegenstand teils der erzwingbaren und teils der freiwilligen Mitbestimmung unterliegt. Dies ist zB der Fall bei Betriebsvereinbarungen über zusätzliche soziale Leistungen, Zulagen oder über betriebliche Altersversorgung. In diesen Fällen kann der AG mitbestimmungsfrei über das „Ob" der Leistung, den begünstigten Personenkreis und den Dotierungsrahmen entscheiden; jedoch bedarf die Ausgestaltung, dh der Verteilungs- und Leistungsplan, nach § 87 I Nr. 10 BetrVG der Zustimmung des BR. 68

bb) Grundsatz. Enthält eine Betriebsvereinbarung nur teilmitbestimmte Regelungen, hängt die Nachwirkung ihrer Bestimmungen ausschließlich von den nachfolgend dargestellten Grundsätzen ab (→ Rn. 70).[213] Regelt die Betriebsvereinbarung **unterschiedliche Gegenstände,** die zT der erzwingbaren Mitbestimmung unterliegen (→ Rn. 65) und zT nur teilmitbestimmt sind, richtet sich die Nachwirkung der teilmitbestimmten Regelungen ebenfalls nach den nachfolgenden Grundsätzen (→ Rn. 70), wenn es sich um voneinander unabhängige Regelungskomplexe handelt. Ansonsten tritt hinsichtlich der nur teilmitbestimmten Regelungen eine Nachwirkung auch dann ein, wenn die Auslegung der Betriebsvereinbarung ergibt, dass sich wegen der Zusammenführung beider Regelungskomplexe in einer Vereinbarung die Nachwirkung der erzwingbaren Angelegenheiten auch auf die teilmitbestimmten erstrecken soll. Dies ist zB der Fall, wenn die Betriebsvereinbarung eine erzwingbare Schichtplanregelung mit sich hierauf beziehenden Zulagen vorsieht.[214] 69

cc) Völlige Einstellung der teilmitbestimmten Leistungen. Will ein AG mit der Kündigung einer teilmitbestimmten Betriebsvereinbarung seine finanziellen Leistungen vollständig und ersatzlos einstellen, tritt keine Nachwirkung ein. Bei einer vollständigen Einstellung der Leistungen verbleiben keine Mittel, bei deren Verteilung der BR nach § 87 I Nr. 10 BetrVG mitzubestimmen hätte.[215] Der AG kann mit den Mitteln des Betriebsverfassungsrechts nicht gezwungen 70

[209] BAG 17.6.1998 AP Nr. 49 zu § 2 KSchG 1969 = NZA 1998, 1225; aA wohl noch BAG 5.5.1988 AP Nr. 1 zu § 70 LPVG NW = NZA 1989, 358.

[210] BAG 23.10.2018 AP Nr. 115 zu § 77 BetrVG 1972 = NZA 2019, 186; 11.4.2018 AP Nr. 144 zu § 1 TVG Bezugnahme auf Tarifvertrag; 17.1.1995 AP Nr. 7 zu § 77 BetrVG 1972 Nachwirkung = NZA 1995, 1010; 26.3.1993 AP Nr. 6 zu § 77 BetrVG 1972 Nachwirkung = NZA 1994, 572; 21.8.1990 AP Nr. 5 zu § 77 BetrVG 1972 Nachwirkung = NZA 1991, 190; 9.2.1989 AP Nr. 40 zu § 77 BetrVG 1972 = NZA 1989, 765.

[211] BAG 28.4.1998 AP Nr. 11 zu § 77 BetrVG 1972 Nachwirkung = NZA 1998, 1348.

[212] *Trebeck/v. Broich* NZA 2012, 1018.

[213] BAG 10.12.2013 AP Nr. 144 zu § 87 BetrVG 1972 Lohngestaltung = NZA 2014, 1040; 5.10.2010 AP Nr. 53 zu § 77 BetrVG 1972 = NZA 2011, 598; 26.8.2008 AP Nr. 15 zu § 87 BetrVG 1972 = NZA 2008, 1426.

[214] BAG 9.7.2013 AP Nr. 64 zu § 77 BetrVG 1972 Betriebsvereinbarung = NZA 2013, 1438.

[215] BAG 17.1.1995 AP Nr. 7 zu § 77 BetrVG 1972 Nachwirkung = NZA 1995, 1010.

werden, eine freiwillige Leistung länger zu erbringen, als er aufgrund der in der Betriebsvereinbarung selbst eingegangen Bindung verpflichtet ist.[216] Etwas anderes kann für Betriebsvereinbarungen über betriebliche Altersversorgung gelten. Hier können aufgrund des Versorgungscharakters dieser Leistungen die Wirkungen der Kündigung durch die Grundsätze des Vertrauensschutzes und der Verhältnismäßigkeit eingeschränkt sein (→ Rn. 54).[217]

71 **dd) Änderung des Leistungsplans.** Will der AG seine finanziellen Leistungen nicht völlig zum Erlöschen bringen, sondern mit der Kündigung einer Betriebsvereinbarung nur eine Verringerung des Volumens der insgesamt zur Verfügung gestellten Mittel und zugleich eine Veränderung des Verteilungsplans erreichen, wirkt die Betriebsvereinbarung nach. Anders als bei der vollständigen Streichung der Leistungen verbleibt in diesem Fall ein Finanzvolumen, bei dessen Verteilung der BR nach § 87 I Nr. 10 BetrVG mitzubestimmen hat. Das vom AG einmal zur Verfügung gestellte finanzielle Volumen wird dadurch nicht unabänderlich perpetuiert. Die erforderlichenfalls von ihm anzurufende Einigungsstelle muss vielmehr ihrem Spruch über den neuen Leistungsplan das vom AG noch zur Verfügung gestellte Dotierungsvolumen als mitbestimmungsfreie Vorgabe zugrunde legen.[218]

72 **ee) Reduzierung der Mittel. (1) Grundsatz.** Will der AG mit der Kündigung einer Betriebsvereinbarung lediglich das bisher zur Verfügung gestellte Finanzvolumen verringern, ohne den bisherigen Verteilungsplan zu ändern, ist die Mitbestimmung des BR nach § 87 I Nr. 10 BetrVG nicht betroffen. Wenn der AG die Verteilungsgrundsätze beibehalten und lediglich die Höhe der finanziellen Leistungen gleichmäßig absenken will, bedarf es dementsprechend zur Sicherung der Mitbestimmung des BR der Nachwirkung der Betriebsvereinbarung hinsichtlich der absoluten Höhe der Leistungen nicht. Hinsichtlich des Verteilungsplans wirkt die Betriebsvereinbarung jedoch nach. In einem solchen Fall lässt sich eine Betriebsvereinbarung aufspalten in einen nachwirkenden Teil über die Vergütungsstruktur und einen keine Nachwirkung entfaltenden Teil über die Vergütungshöhe.[219] Die Nachwirkung von teilmitbestimmten Betriebsvereinbarungen über finanzielle Leistungen stellt sich abhängig von einer Tarifbindung des AG unterschiedlich dar:

73 **(2) Tarifgebundener Arbeitgeber.** Ist ein AG tarifgebunden, beschränkt sich die Mitbestimmung des BR nach § 87 I Nr. 10 BetrVG wegen § 87 I Eingangshalbs. BetrVG auf den nicht tariflich geregelten, freiwillig geleisteten übertariflichen Teil der Vergütung. Nach § 77 III 1 BetrVG sind Betriebsvereinbarungen nur über diesen Teil des Entgelts zulässig. Dementsprechend kommt eine Nachwirkung von Betriebsvereinbarungen nach § 77 VI BetrVG auch nur hinsichtlich der übertariflichen Vergütungsbestandteile in Betracht. Werden diese durch die Kündigung einer Betriebsvereinbarung vollständig beseitigt, ist weder für eine Mitbestimmung nach § 87 I Nr. 10 BetrVG noch für eine Nachwirkung nach § 77 VI BetrVG Raum.[220]

74 **(3) Nicht tarifgebundener Arbeitgeber.** Ist der AG nicht tarifgebunden, kann er – kollektivrechtlich – das gesamte Volumen der von ihm für die Vergütung der AN bereitgestellten Mittel mitbestimmungsfrei festlegen und für die Zukunft ändern. Mangels Tarifbindung leistet er in diesem Fall sämtliche Vergütungsbestandteile „freiwillig", dh ohne hierzu normativ verpflichtet zu sein. Da das Mitbestimmungsrecht des BR nach § 87 I Nr. 10 BetrVG bei fehlender Tarifbindung des AG nicht durch den Tarifvorbehalt in § 87 I Eingangshalbs. BetrVG ausgeschlossen ist, hat der AG aber bei einer Änderung der bisher geltenden Entlohnungsgrundsätze regelmäßig die Zustimmung des BR einzuholen. Will der nicht tarifgebundene AG in Vergütungsbestandteile eingreifen, die Teil einer betrieblichen Vergütungsordnung sind, bei deren Aufstellung und Veränderung der BR nach § 87 I Nr. 10 BetrVG mitzubestimmen hat, kann eine solche Maßnahme nur mit seiner Zustimmung oder einer sie ersetzenden Entscheidung einer Einigungsstelle (§ 87 II BetrVG) getroffen werden. Eine Änderung der Vergütungsstruktur

---

[216] BAG 23.1.2008 AP Nr. 9 zu § 87 BetrVG 1972 Leistungslohn = NZA 2008, 774.

[217] BAG 19.6.2006 AP Nr. 29 zu § 77 BetrVG 1972 Betriebsvereinbarung; 11.5.1999 AP Nr. 6 zu § 1 BetrAVG Betriebsvereinbarung = NZA 2000, 322; 10.3.1992 AP Nr. 5 zu § 1 BetrAVG Betriebsvereinbarung = NZA 1993, 234; 18.4.1989 AP Nr. 2 zu § 1 BetrAVG Betriebsvereinbarung = NZA 1990, 67.

[218] BAG 18.12.2003 AP Nr. 5 zu § 77 BetrVG 1972 Nachwirkung = NZA 2004, 803; 26.10.1993 AP Nr. 6 zu § 77 BetrVG 1972 Nachwirkung = NZA 1994, 572.

[219] BAG GS 3.12.1991 AP Nr. 51 zu § 87 BetrVG 1972 Lohngestaltung; BAG 26.8.2008 AP Nr. 15 zu § 87 BetrVG 1972 = NZA 2008, 1426; 26.10.1993 AP Nr. 6 zu § 77 BetrVG 1972 Nachwirkung = NZA 1994, 572; 21.8.1990 AP Nr. 5 zu § 77 BetrVG 1972 Nachwirkung = NZA 1991, 190.

[220] BAG 26.8.2008 AP Nr. 15 zu § 87 BetrVG 1972 = NZA 2008, 1426.

liegt regelmäßig vor, wenn nur einer der mehreren Bestandteile, aus denen sich die Gesamtvergütung zusammensetzt, gestrichen, erhöht oder vermindert wird.[221]

Etwas Anderes gilt jedoch dann, wenn der nicht tarifgebundene AG mit dem BR eine **gesonderte Betriebsvereinbarung** über eine vom AG freiwillig gewährte Leistung abgeschlossen hat. Kündigt der AG diese, um mit Ablauf der Kündigungsfrist die Leistung vollumfänglich einzustellen, entfaltet die Betriebsvereinbarung keine Nachwirkung, wenn der AG die Einstellung des darin geregelten Vergütungsbestandteils in eindeutiger Form zum Ausdruck gebracht hat.[222] Aufgrund der fehlenden Bereitschaft des AG zur Fortführung dieser gesondert geregelten Leistung fehlt es an einem Vergütungsvolumen, das Gegenstand einer verteilenden und damit nach § 87 I Nr. 10 BetrVG mitbestimmungspflichtigen Entscheidung sein könnte. 75

ff) Publizitätserfordernis. Da die Nachwirkung einer teilmitbestimmten Betriebsvereinbarung ausschließlich von dem Willen des AG abhängt, die dort geregelte Leistung auch zukünftig zu erbringen, muss sich der AG gegenüber dem BR oder den begünstigten AN über seine Vorstellungen hinsichtlich der zusätzlichen Leistung festlegen. Dazu muss er eindeutig erklären, ob und ggf. in welcher Höhe nach dem Ablauf der Kündigungsfrist für den bisherigen Leistungszweck Mittel zur Verfügung stehen. Will der AG die Leistung nicht gänzlich einstellen, sondern lediglich das Finanzvolumen unter Beibehaltung des bisherigen Verteilungsplans reduzieren, hat er dies gleichermaßen mitzuteilen. Nur auf diese Weise können der BR und die betroffenen AN die Weitergeltung der bisher durch Betriebsvereinbarung gestalteten finanziellen Leistungen rechtssicher beurteilen, während andererseits der AG angehalten wird, sich mit den Auswirkungen seiner Entscheidung auf das betriebliche Zusammenleben auseinanderzusetzen. Eine Nachwirkung nach § 77 VI BetrVG tritt nicht ein oder entfällt, wenn nach den Angaben des AG ein Mitbestimmungsrecht nach § 87 I Nr. 10 BetrVG nicht in Betracht kommt. Der AG ist daher gehalten, sich entweder gegenüber dem BR oder den AN über seine Vorstellungen über das weitere Schicksal der bisher in der Betriebsvereinbarung ausgestalteten Leistung zu erklären, wenn er den Eintritt der Rechtsfolgen aus § 77 VI BetrVG vermeiden will. Diese Angaben können bereits mit der Kündigung der Betriebsvereinbarung verbunden werden. Es ist jedoch ausreichend, wenn die Mitteilung zu einem späteren Zeitpunkt erfolgt. Bis zu deren Zugang wirkt der Inhalt einer teilmitbestimmten Betriebsvereinbarung allerdings weiter.[223] 76

e) Ausschluss der Nachwirkung. Abweichend von § 77 IV BetrVG können die Betriebsparteien die Nachwirkung in der Betriebsvereinbarung auch ausdrücklich ausschließen oder sie zeitlich oder inhaltlich beschränken.[224] Auch eine entspr. nachträgliche Vereinbarung hierüber ist möglich, selbst wenn sich die Betriebsvereinbarung bereits im Nachwirkungszeitraum befindet. Darüber hinaus ist von der konkludenten Vereinbarung eines solchen Ausschlusses auszugehen, wenn er sich aus der Natur der Sache ergibt. Dies ist der Fall, wenn sich die Betriebsvereinbarung auf die Regelung eines zeitlich begrenzten Sachverhalts beschränkt, wie zB ein für eine Betriebsstilllegung abgeschlossener Sozialplan.[225] Gleiches gilt, wenn die Betriebsparteien jährlich eine Betriebsvereinbarung über eine Weihnachtsgratifikation schließen und jeweils vereinbaren, dass es sich um freiwillige Leistungen handelt, auf die für die Zukunft kein Rechtsanspruch erwächst.[226] Ist die Betriebsvereinbarung befristet abgeschlossen, ist durch Auslegung zu entscheiden, ob auch die Nachwirkung nach Fristablauf (konkludent) ausgeschlossen ist; hiervon dürfte regelmäßig auszugehen sein. Ferner tritt keine Nachwirkung ein, wenn die Betriebsvereinbarung zur Ergänzung eines Tarifvertrags abgeschlossen wurde; mit dem Ende des Tarifvertrags endet regelmäßig auch die Betriebsvereinbarung.[227] Wurde die Betriebsvereinbarung aufgrund eines wichtigen Grundes außerordentlich gekündigt, wirkt sie ebenfalls nicht nach, da in diesem Fall feststeht, dass ein weiteres Festhalten an der bisherigen Regelung nicht in Betracht kommt.[228] 77

---

[221] BAG 26.8.2008 AP Nr. 15 zu § 87 BetrVG 1972 = NZA 2008, 1426.

[222] BAG 10.12.2013 AP Nr. 144 zu § 87 BetrVG 1972 Lohngestaltung = NZA 2014, 1040; 5.10.2010 AP Nr. 53 zu § 77 BetrVG 1972 Betriebsvereinbarung = NZA 2011, 598; aA GK-BetrVG/*Kreutz* § 77 Rn. 466.

[223] BAG 5.10.2010 AP Nr. 53 zu § 77 BetrVG 1972 Betriebsvereinbarung = NZA 2011, 598.

[224] BAG 17.1.1995 AP Nr. 7 zu § 77 BetrVG 1972 Nachwirkung = NZA 1995, 1010; 9.2.1984 AP Nr. 9 zu § 77 BetrVG 1972 = NZA 1984, 96.

[225] BAG 28.4.2009 AP Nr. 99 zu § 77 BetrVG 1972.

[226] BAG 17.1.1995 AP Nr. 7 zu § 77 BetrVG 1972 Nachwirkung = NZA 1995, 1010.

[227] BAG 25.8.1983 AP Nr. 7 zu § 77 BetrVG 1972; 12.8.1982 AP Nr. 5 zu § 77 BetrVG 1972.

[228] ErfK/*Kania* BetrVG § 77 Rn. 106; GK-BetrVG/*Kreutz* § 77 Rn. 427; aA BAG 10.8.1994 AP Nr. 86 zu § 112 BetrVG 1972 = NZA 1995, 314.

III. Regelungsabrede

78 **1. Begriff.** Bei einer Regelungsabrede handelt es sich um eine schuldrechtliche Vereinbarung zwischen AG und dem BR, GBR oder KBR, durch die nur Rechte und Pflichten der Betriebsparteien untereinander begründet werden.[229]

79 **2. Zulässigkeit.** Das Gesetz setzt die Zulässigkeit betrieblicher Absprachen – neben der Betriebsvereinbarung – voraus (→ Rn. 1). Insbesondere Beteiligungsrechte bei personellen Maßnahmen werden regelmäßig nicht durch den Abschluss einer Betriebsvereinbarung wahrgenommen. Umstritten ist allein, ob und inwieweit Regelungsabsprachen statt einer Betriebsvereinbarung zulässig sind. Sie sind dann unwirksam, wenn das Gesetz eine Betriebsvereinbarung verlangt oder wenn sie gegen höherrangiges Recht verstoßen. Der Tarifvorrang des § 77 III BetrVG gilt nicht für Regelungsabreden.[230] Von der Betriebsabsprache sind (regelmäßig unwirksame) **Verträge** zu unterscheiden, die der BR für den einzelnen AN abschließt.[231]

80 **3. Abschluss und Beendigung.** Die Regelungsabrede kommt wie eine Betriebsvereinbarung zustande; auf Seiten des BR erfordert dies eine entspr. Beschlussfassung.[232] Formvorschriften sind nicht einzuhalten.[233] IdR wird die Regelungsabrede zur Regelung eines einmaligen Vorfalls eingesetzt. Die bloße Hinnahme eines mitbestimmungswidrigen Verhaltens des AG durch den BR reicht allerdings für ihren Abschluss nicht aus. Regelungsabreden sind – zumindest wenn sie einen Dauersachverhalt regeln – kündbar. Insoweit gelten die Grundsätze für die Kündigung bei Betriebsvereinbarungen sinngemäß (→ Rn. 51). Die Kündigungsfrist beträgt in den Fällen erzwingbarer Mitbestimmung drei Monate, soweit keine kürzere Frist vereinbart worden ist (analog § 77 V BetrVG).[234] Nach ihrem Ablauf wirkt die Regelungsabrede selbst dann nicht analog § 77 VI BetrVG nach, wenn sie in einer mitbestimmungspflichtigen Angelegenheit getroffen wurde.[235] Die Betriebsparteien können allerdings eine solche Nachwirkung ausdrücklich vereinbaren.[236]

81 **4. Abgrenzung.** Ob der Abschluss einer Regelungsabrede oder einer Betriebsvereinbarung gewollt war, ist in Zweifelsfällen durch Auslegung zu ermitteln (→ Rn. 12). Dabei sind zunächst die gewählte Bezeichnung der Vereinbarung und ihr Regelungsgegenstand maßgeblich.[237] So spricht es für eine Betriebsvereinbarung, wenn es jedenfalls im erkennbaren Interesse einer Betriebspartei lag, eine normativ wirkende Regelung zu schaffen. Hingegen kommt der Einhaltung der Schriftform allenfalls eine Indizwirkung zu, da auch Regelungsabreden schriftlich niedergelegt werden können.[238]

82 **5. Wirkung.** Im Gegensatz zu Betriebsvereinbarungen wirken Regelungsabreden nicht normativ, dh unmittelbar und zwingend auf die Arbeitsverhältnisse. Mit dem Abschluss einer Regelungsabrede beseitigt der AG lediglich die kollektivrechtliche Schranke für die Ausübung individualrechtlicher Gestaltungsmittel.[239] Sollen mit ihr Rechte und Pflichten für AN begründet werden, bedarf es der einzelvertraglichen Umsetzung.[240] Im Verhältnis zum AN muss er die beabsichtigte Maßnahme durch Änderungsvertrag, -kündigung oder Direktionsrecht durchset-

---

[229] Vgl. etwa BAG 8.9.2010 AP Nr. 131 zu § 99 BetrVG 1972 = NZA 2011, 934; ausf. *Benecke* RdA 2020,148 ff.
[230] BAG 21.1.2003 AP Nr. 1 zu § 21a BetrVG 2002 = NZA 2003, 1097; 20.4.1999 AP Nr. 89 zu Art. 9 GG = NZA 1999, 887.
[231] BAG 19.7.1977 AP Nr. 1 zu § 77 BetrVG 1972.
[232] BAG 23.10.2018 AP Nr. 65 zu § 99 BetrVG 1972 Eingruppierung = NZA 2019, 483.
[233] *Benecke* RdA 2020, 148 (149).
[234] BAG 10.3.1992 AP Nr. 1 zu § 77 BetrVG 1972 Regelungsabrede = NZA 1992, 952.
[235] BAG 13.8.2019 AP Nr. 164 zu § 99 BetrVG 1972 = NZA 2019, 1651 (Aufgabe von BAG 23.6.1992 AP Nr. 51 zu § 87 BetrVG 1972 Arbeitszeit); BAG GS 3.12.1991 AP Nr. 52 zu § 87 BetrVG 1972 Lohngestaltung; LAG Nürnberg 21.4.2014 LAGE § 7 BUrlG Nr. 52; *Heinze* NZA 1994, 580 (584); *Raab* SAE 1993, 171 (172); *Peterek* FS Gaul, 492.
[236] *Benecke* RdA 2020, 148 (153).
[237] BAG 28.7.2020 AP Nr. 121 zu § 77 BetrVG 1972 = NZA 2020, 1548.
[238] BAG 21.1.2003 AP Nr. 1 zu § 21a BetrVG 2002 = NZA 2003, 1097.
[239] BAG 14.2.1991 AP Nr. 4 zu § 615 BGB Kurzarbeit = NZA 1991, 607.
[240] BAG 28.7.2020 AP Nr. 121 zu § 77 BetrVG 1972 = NZA 2020, 1548.

zen. Durch eine Regelungsabrede kann eine Betriebsvereinbarung nicht abgelöst werden.[241] Ob dem BR ein **Durchführungsanspruch** (→ Rn. 39) gegen den AG auch in Beug auf Regelungsabreden zusteht, hat das BAG bislang nicht abschließend entschieden.[242] Diese Frage ist wegen des nicht auf Betriebsvereinbarungen beschränkten Gesetzeswortlauts in § 77 I BetrVG („Vereinbarungen") regelmäßig zu bejahen.[243] Ein Anspruch auf Durchführung einer noch arbeitsvertraglich umzusetzenden Regelungsabrede kann allerdings nur darauf gerichtet sein, dass der AG den AN entsprechende Vertragsangebote unterbreitet. Die Erfüllung einer weitergehenden Verpflichtung ist dem AG wegen des erforderlichen Einverständnisses der einzelnen AN unmöglich.[244]

§ 232. Einigungsstelle

Muster: Schaub ArbRFV-HdB/*Schrader* B. Rn. 150; Schaub ArbRFV-HdB/*Straube* C. Rn. 236.

Übersicht

I. Allgemeines

1. Begriff. Nach § 74 I 2 BetrVG sollen AG und BR über strittige Fragen mit dem ernsten Willen zur Einigung verhandeln. Können sie keine Einigung erzielen, bedarf es – da Maßnahmen des Arbeitskampfs zwischen den Betriebsparteien unzulässig sind (§ 74 II 1 BetrVG; → § 230 Rn. 11) – eines Verfahrens zur Beilegung ihrer Meinungsverschiedenheiten. Zu diesem Zweck eröffnet das Gesetz die Möglichkeit, bei Bedarf eine Einigungsstelle zu bilden (§ 76 I 1 BetrVG). Hierbei handelt es sich um ein „betriebsverfassungsrechtliches Hilfsorgan eigener Art",[1] das als privatrechtliche, innerbetriebliche (Zwangs-)Schlichtungs- 1

[241] BAG 20.11.1990 AP Nr. 48 zu § 77 BetrVG 1972 = NZA 1991, 426; 27.6.1985 AP Nr. 14 zu § 77 BetrVG 1972 = NZA 1986, 401.

[242] Offengelassen in BAG 18.3.2014 AP Nr. 146 zu § 87 BetrVG 1972 Lohngestaltung = NZA 2014, 984; 27.10.1998 AP Nr. 99 zu § 87 BetrVG 1972 Lohngestaltung = NZA 1999, 381.

[243] Vgl. auch *Roloff* RdA 2015, 252 (253).

[244] *Benecke* RdA 2020, 148 (154).

[1] BVerfG 18.10.1986 AP Nr. 7 zu § 87 BetrVG 1972 Auszahlung = NZA 1988, 25.

stelle zwischen den Betriebsparteien die Beteiligung der AN bei der Gestaltung der betrieblichen Ordnung gewährleisten soll. Die der Einigungsstelle gewährte Befugnis, betriebliche Pattsituationen durch Spruch aufzulösen, verhindert im Bereich der erzwingbaren Mitbestimmung die Blockade von notwendigen betrieblichen Entscheidungsprozessen. Die hiermit verbundene „Zwangsschlichtung" begegnet keinen verfassungsrechtlichen Bedenken. Da die Einigungsstelle nicht die Funktion eines Gerichts iSd Art. 92 GG hat, verstößt das im BetrVG vorgesehene Einigungsstellenverfahren auch nicht gegen das Rechtsstaatsprinzip.[2] § 76 VII BetrVG stellt ausdrücklich klar, dass der Rechtsweg durch den Spruch der Einigungsstelle nicht ausgeschlossen wird. In der Praxis werden als Alternative zu einem Einigungsstellenverfahren eine Mediation oder Verfahren der alternativen Streitschlichtung (ADR-Verfahren) diskutiert.[3]

2 **2. Regelungsstreitigkeit und Rechtsstreitigkeit.** Die Einigungsstelle trifft vor allem Entscheidungen in Regelungsstreitigkeiten, hat daneben aber auch über Rechtsstreitigkeiten zu befinden, zB beim Zeitpunkt der Teilnahme an einer Schulungs- oder Bildungsveranstaltung (§ 37 VI BetrVG) oder bei der Auskunftserteilung an den Wirtschaftsausschuss (§ 109 BetrVG).[4]

3 **3. Schlichtungsstelle.** Von der betriebsverfassungsrechtlichen Einigungsstelle sind die durch Tarifvertrag oder Betriebsvereinbarung gebildeten Schlichtungsstellen – etwa zur Beilegung von Leistungslohnstörungen – zu unterscheiden. Nach § 76 VIII BetrVG ist es den Tarifvertragsparteien erlaubt, in einem Tarifvertrag festzulegen, dass anstelle der Einigungsstelle eine **tarifliche Schlichtungsstelle** tritt.[5] Dies gilt auch, wenn Beteiligungsrechte des BR im Tarifvertrag erweitert werden oder eine tarifliche Öffnungsklausel (§ 77 III 2 BetrVG) besteht.[6] Da es sich bei einer solchen Tarifregelung um eine betriebsverfassungsrechtliche Norm (§ 3 II TVG) handelt, bedarf es nur einer Bindung des AG an den einschlägigen Tarifvertrag. Eine solche tarifliche Schlichtungsstelle verdrängt innerhalb ihres Zuständigkeitsbereichs die Einigungsstelle; ihre Zuständigkeit kann sich dabei auf den gesamten Bereich oder nur einzelne Aspekte der Zuständigkeit der Einigungsstelle erstrecken. Das Verfahren vor der Schlichtungsstelle richtet sich – wie die Gesetzesbegründung erkennen lässt[7] – grundsätzlich nach den für die betriebliche Einigungsstelle geltenden gesetzlichen Vorschriften.[8] Abgesehen von den in § 76 II und III BetrVG enthaltenen Vorgaben können die Tarifparteien es allerdings durch weitere Vereinbarungen modifizieren. So können sie zB abweichend von der gesetzlichen Regelung einen Instanzenzug einrichten.[9] Kommt keine Einigung zwischen AG und BR über den Vorsitzenden oder die Anzahl der Beisitzer zustande und enthält der Tarifvertrag hierzu keine Vorgaben, kann die Schlichtungsstelle entspr. dem in § 100 ArbGG vorgesehenen Verfahren durch die Arbeitsgerichte bestellt werden (→ Rn. 13).

II. Zuständigkeit der Einigungsstelle

4 **1. Übersicht.** Die Einigungsstelle ist vor allem in den Angelegenheiten zuständig, deren Regelung das BetrVG der zwingenden Mitbestimmung des BR unterworfen hat (→ Rn. 5). Zudem kann sich ihre Zuständigkeit (oder die einer tariflichen Schlichtungsstelle, § 76 VIII BetrVG → Rn. 3) aus einem Tarifvertrag ergeben (→ Rn. 6), wenn die Tarifvertragsparteien die Mitbestimmung des BR über das BetrVG hinaus erweitert haben (→ § 230 Rn. 7). Darüber hinaus kann auch unter bestimmten Voraussetzungen in sonstigen Fällen ein sog. freiwilliges Einigungsstellenverfahren zulässig sein (→ Rn. 7). Umstr. ist die Zuständigkeit der Einigungsstelle bei Auslegungsstreitigkeiten (→ Rn. 8).

5 **2. Angelegenheiten der erzwingbaren Mitbestimmung.** Im Bereich der zwingenden Mitbestimmung besteht in folgenden Fällen eine Zuständigkeit der Einigungsstelle:

---

[2] BVerfG 18.10.1986 AP Nr. 7 zu § 87 BetrVG 1972 Auszahlung = NZA 1988, 25.
[3] Dazu *Ehler* BB 2010, 702; Übersicht bei *Kempter/Merkel* DB 2014, 1807; *Faulenbach* NZA 2012, 953.
[4] BAG 17.12.2019 AP Nr. 23 zu § 106 BetrVG 1972 = NZA 2020, 393; 12.2.2019 AP Nr. 20 zu § 106 BetrVG 1972 = NZA 2019, 787; 11.7.2000 AP Nr. 2 zu § 109 BetrVG 1972 = NZA 2001, 402.
[5] BAG 18.8.1987 AP Nr. 23 zu § 77 BetrVG 1972 = NZA 1987, 779.
[6] BAG 14.9.2010 AP Nr. 61 zu § 76 BetrVG 1972 = NZA-RR 2011, 526; 28.2.1984 AP Nr. 4 zu § 87 BetrVG 1972 Tarifvorrang = NZA 1984, 230.
[7] Vgl. BT-Drs. VI/1786, 47.
[8] Vgl. BAG 14.9.2010 AP Nr. 61 zu § 76 BetrVG 1972 = NZA-RR 2011, 526.
[9] *Fitting* BetrVG § 76 Rn. 179; GK-BetrVG/*Kreutz/Jacobs* § 76 Rn. 183; aA *Müller* ZfA 1972, 213 (235); *Müller* FS Barz, 1974, 489 (499).

(a) Teilnahme von Mitgliedern des BR und der Jugend- und Auszubildendenvertretung an **Schulungs- und Bildungsveranstaltungen** (§§ 65 I, 37 VI BetrVG; → § 221 Rn. 32 ff., → § 227 Rn. 1);
(b) **Freistellung** von Betriebsratsmitgliedern von der Arbeit (§ 38 II BetrVG; → § 221 Rn. 23 ff.);
(c) Festlegung von Zeit und Ort der **Sprechstunden** des BR (§ 39 I BetrVG) sowie der Jugend- und Auszubildendenvertretung (§ 69 BetrVG; → § 220 Rn. 30, → § 227 Rn. 1);
(d) Herabsetzung der Zahl der **Gesamtbetriebsratsmitglieder** (§ 47 VI BetrVG; → § 224 Rn. 10) und Konzernbetriebsratsmitglieder (§ 55 IV BetrVG; → § 226 Rn. 7) sowie der Gesamt-Jugend- und Auszubildendenvertretung (§ 72 VI BetrVG; → § 228 Rn. 1);
(e) Entscheidung über **Beschwerden** der AN, sofern keine Rechtsansprüche verfolgt werden (§ 85 II BetrVG; → § 234 Rn. 24 ff.);
(f) Angelegenheiten der **sozialen Mitbestimmung** nach § 87 BetrVG (→ § 235 Rn. 26);
(g) Mitbestimmung über die **Grundsätze menschengerechter Arbeitsgestaltung** (§ 91 BetrVG; → § 237 Rn. 13 ff.);
(h) Fassung und Inhalt von **Personalfragebögen, Formularverträgen** und **Beurteilungsgrundsätzen** (§ 94 BetrVG; → § 238 Rn. 19 ff.);
(i) Richtlinien zur **Personalauswahl** (§ 95 I, II BetrVG; → § 238 Rn. 26 ff.);
(j) bestimmte Fragen der **Berufsbildung** (§§ 97 II, 98 III, IV BetrVG; → § 239 Rn. 6 ff. und 11 ff.);
(k) ggf. bei Meinungsverschiedenheiten in **Kündigungsstreitigkeiten** (§ 102 VI BetrVG; → § 124 Rn. 63);
(l) Auskunftserteilung an den **Wirtschaftsausschuss** (§ 109 BetrVG; → § 243 Rn. 33);
(m) Erstellung des **Sozialplans** (§ 112 IV BetrVG; → § 244 Rn. 57, 89);
(n) im Bereich der **Seeschifffahrt** (§ 116 III BetrVG; → § 214 Rn. 17 ff.);
(o) Bestellung und Abberufung der **Betriebsärzte** und **Fachkräfte für Arbeitssicherheit** (§ 9 III ASiG; → § 154 Rn. 42).

6 **3. Tarifliche Regelung.** Die Zuständigkeit der Einigungsstelle kann sich aus einer tariflichen Regelung ergeben, wenn durch den Tarifvertrag die Mitbestimmungsrechte des BR erweitert wurden (→ § 230 Rn. 7).[10] Da es sich hierbei um eine betriebsverfassungsrechtliche Norm (§ 3 II TVG) handelt, reicht es aus, dass der AG an diesen Tarifvertrag gebunden ist. Zu beachten ist, dass in den Angelegenheiten des § 87 BetrVG ein Tarifvertrag die Zuständigkeit der Einigungsstelle nach dessen Eingangshalbsatz auch einschränken oder ganz ausschließen kann, wenn die tarifliche Regelung abschließend ist und keinen Handlungsspielraum für die Betriebsparteien mehr enthält (→ § 235 Rn. 11).

7 **4. Freiwilliges Einigungsstellenverfahren.** Besteht keine gesetzliche oder tarifliche Zuständigkeit der Einigungsstelle, wird sie nur tätig, wenn beide Seiten es beantragen oder mit ihrem Tätigwerden einverstanden sind (§ 76 I 2 BetrVG). Der Gegenstand eines solchen freiwilligen Einigungsstellenverfahrens (→ Rn. 35) muss sich im Rahmen der allgemeinen Zuständigkeit der Betriebsparteien bewegen (→ § 231 Rn. 16). Haben sich die Betriebspartner auf ein vorgeschaltetes Einigungsstellenverfahren verständigt, ist ein unmittelbar erhobener Antrag im Beschlussverfahren zur Klärung einer betriebsverfassungsrechtlichen Meinungsverschiedenheit unzulässig.[11]

8 **5. Auslegungsstreitigkeiten.** Zwar können die Betriebsparteien nicht vereinbaren, dass Meinungsverschiedenheiten zwischen AG und AN aus der Anwendung einer Betriebsvereinbarung durch verbindlichen Spruch einer Einigungsstelle entschieden werden; denn dies stellt eine unzulässige Schiedsabrede dar.[12] Zulässig ist jedoch, wenn eine von ihnen abgeschlossene Betriebsvereinbarung vorsieht, dass zunächst eine Einigungsstelle darüber befinden soll, welchen Inhalt diese hat. In einem solchen Fall sind die Betriebsparteien vor Anrufung der Gerichte für Arbeitssachen verpflichtet, als Vorverfahren zuerst eine entspr. Entscheidung der Einigungsstelle über die streitige Rechtsfrage herbeizuführen. Eine weitergehende verbindliche Wirkung (für sie selbst oder Dritte) können die Betriebsparteien dem Einigungsstellenspruch aber nicht bei-

[10] BAG 9.5.1995 AP Nr. 2 zu § 76 BetrVG 1972 Einigungsstelle = NZA 1996, 156; 10.2.1988 AP Nr. 53 zu § 99 BetrVG 1972; 18.8.1987 AP Nr. 23 zu § 77 BetrVG 1972.
[11] BAG 23.2.2016 AP Nr. 67 zu § 76 BetrVG 1972 = NZA 2016, 972.
[12] BAG 27.10.1987 AP Nr. 22 zu § 76 BetrVG 1972 = NZA 1988, 207.

messen, da dies ebenfalls eine nach § 4 ArbGG unzulässige Schiedsgerichtsabrede darstellen würde.[13]

III. Zusammensetzung und Bildung einer Einigungsstelle

9 **1. Zusammensetzung. a) Übersicht.** Die Einigungsstelle besteht aus einer geraden Anzahl von Beisitzern, die je zur Hälfte vom AG und BR gestellt werden, sowie einem unparteiischen Vorsitzenden (§ 76 II 1 BetrVG). Damit setzt sie sich immer aus einer ungeraden Zahl von Mitgliedern zusammen. Eine unterschiedliche Zahl von Beisitzern auf AG- und BR-Seite, ist – auch mit Zustimmung aller Einigungsstellenmitglieder – unzulässig, selbst wenn vereinbart wird, dass im Fall einer Abstimmung die Anzahl der Stimmen der durch den BR entsandten Beisitzer der Anzahl der arbeitgeberseitigen Beisitzer entsprechen soll.[14]

10 **b) Beisitzer.** AG und BR sind bei der Benennung ihrer Beisitzer frei, jedoch dürfen keine offensichtlich ungeeigneten Personen benannt werden.[15] Die Beisitzer müssen nicht unparteilich sein, sondern haben sich bei ihrer Tätigkeit lediglich am Wohl der AN und des Betriebs zu orientieren, sie sind insoweit auch an Weisungen der sie entsendenden Stelle nicht gebunden.[16] Die Bestellung von Beisitzern ist nicht auf einen bestimmten Personenkreis beschränkt; beide Betriebsparteien können daher auch nicht dem Betrieb angehörende Personen – wie zB Verbandsvertreter oder Rechtsanwälte – berufen.[17] Der BR kann sogar ausschließlich externe Beisitzer bestellen, wenn er keine geeigneten betriebsangehörigen Personen seines Vertrauens findet; die Wirksamkeit der Bestellung solcher Beisitzer hängt nicht davon ab, ob ihre Benennung im Einzelnen erforderlich war.[18] Voraussetzung für die **Entsendung und Vergütung eines Beisitzers** ist auf Seiten des BR ein ordnungsgemäßer Betriebsratsbeschluss.[19] Dem externen Beisitzer ist es (ausnahmsweise) verwehrt, sich auf einen solchen Beschluss zu berufen, wenn dieser schwerwiegend gegen § 2 I BetrVG verstößt, weil er – für ihn erkennbar – auf dem offenkundig sachwidrigen Motiv beruhte, die Kosten der Einigungsstelle zu erhöhen und damit einen Einigungsdruck auf den AG auszuüben.[20] Ist das Einigungsstellenmitglied von einer möglichen Entscheidung der Einigungsstelle unmittelbar selbst betroffen, ist seine Bestellung unzulässig und seine Stimme bei einer Abstimmung ungültig. Insoweit gelten die Grundsätze über die Verhinderung eines Betriebsratsmitglieds in eigener Sache (→ § 219 Rn. 26).[21] Kein Ausschließungs- oder Verhinderungsgrund ist die Teilnahme eines Beisitzers an einem während des Einigungsstellenverfahrens stattfindenden Arbeitskampf.[22] Auch eine Bestellung von Ersatzbeisitzern ist zulässig. Über die Anzahl der Beisitzer einer Einigungsstelle müssen sich AG und BR einigen. Kommt eine Einigung nicht zustande, entscheidet das Arbeitsgericht (§ 76 II 3 BetrVG; → Rn. 13). Sämtliche Beisitzer der Einigungsstelle unterliegen der Verschwiegenheitspflicht (§ 79 I, II BetrVG; → § 230 Rn. 28).

11 **c) Vorsitzender.** Der Einigungsstellenvorsitzende muss unparteiisch sein; damit scheiden für dieses Amt nahe Angehörige des AG, Angehörige des Betriebs oder Verbandsfunktionäre regelmäßig aus. Soweit Beamte oder Richter bestellt werden, bedürfen sie für ihre Tätigkeit einer Nebentätigkeitsgenehmigung. Bei Berufsrichtern ist diese davon abhängig, dass sie von beiden Parteien oder einer unparteiischen Stelle (Arbeitsgericht) benannt werden (§ 40 DRiG). Im gerichtlichen Bestellungsverfahren darf ein Richter nur zum Vorsitzenden der Einigungsstelle bestellt werden, wenn aufgrund der Geschäftsverteilung seines Gerichts ausgeschlossen ist, dass er mit der Überprüfung, der Auslegung oder der Anwendung des Einigungsstellenspruchs befasst

---

[13] BAG 20.11.1990 AP Nr. 43 zu § 76 BetrVG 1972 = NZA 1991, 473; LAG Köln 22.4.1994 NZA 1995, 445.
[14] Vgl. LAG Bln-Bbg 18.3.2009 – 5 TaBV 2416/08; aA LAG Köln 26.7.2005 NZA-RR 2006, 197.
[15] BAG 19.11.2019 AP Nr. 71 zu § 76 BetrVG 1972 = NZA 2020, 727; 20.8.2014 AP Nr. 157 zu § 37 BetrVG 1972 = NZA 2014, 1349; 28.5.2014 AP Nr. 66 zu § 76 BetrVG 1972 = NZA 2014, 1213.
[16] BAG 15.5.2001 AP Nr. 17 zu § 87 BetrVG 1972 Prämie = NZA 2001, 1154.
[17] BAG 19.11.2019 AP Nr. 71 zu § 76 BetrVG 1972 = NZA 2020, 727; 14.12.1988 AP Nr. 30 zu § 76 BetrVG 1972 = NZA 1989, 515.
[18] BAG 19.11.2019 AP Nr. 71 zu § 76 BetrVG 1972 = NZA 2020, 727; 24.4.1996 AP Nr. 5 zu § 76 BetrVG 1972 Einigungsstelle = NZA 1996, 1171.
[19] BAG 22.11.2017 AP Nr. 24 zu § 76 BetrVG 1972 Einigungsstelle = NZA 2018, 732; 10.10.2007 AP Nr. 17 zu § 26 BetrVG 1972 = NZA 2008, 369 (zur Heilung).
[20] BAG 19.11.2019 AP Nr. 71 zu § 76 BetrVG 1972 = NZA 2020, 727.
[21] BAG 3.8.1999 AP Nr. 7 zu § 25 BetrVG 1972 = NZA 2000, 440.
[22] Dazu *Hinrichs/Boltze* DB 2013, 814.

wird (§ 100 I 5 ArbGG). Dies ist nicht nur im Rahmen eines Beschluss-, sondern auch eines Urteilsverfahrens möglich. Zwar gilt die genannte Vorschrift nur für das gerichtliche Bestellungsverfahren und nicht für eine Vereinbarung der Betriebsparteien über die Person des Einigungsstellenvorsitzenden; bei einer möglichen dienstlichen Befassung mit dem Verfahrensgegenstand dürfte aber die nach dem Dienstrecht erforderliche Nebentätigkeitsgenehmigung wegen eines entgegenstehenden dienstlichen Interesses zu versagen sein; zudem darf nach § 99 III BBG iVm § 46 DRiG eine Genehmigung für die Übernahme eines Einigungsstellenvorsitzes regelmäßig nicht erteilt werden, wenn der Gesamtbetrag der Vergütung für eine oder mehrere Nebentätigkeiten 40% des jährlichen Endgrundgehalts des Amtes des Richters übersteigt; entsprechende Regelungen können auch für Richter im Landesdienst gelten.

2. Bildung. a) Einigung der Betriebsparteien. In den Fällen, in denen der Spruch der Einigungsstelle die Einigung zwischen AG und BR ersetzt (→ Rn. 5), wird die Einigungsstelle auf Antrag einer der beiden Betriebsparteien tätig (§ 76 V 1 BetrVG). Dabei steht in einigen Fällen das Antragsrecht entweder nur dem AG (§§ 37, 38, 65, 95 I BetrVG) oder nur dem BR (§ 85 II BetrVG) zu. Ersetzt der Spruch der Einigungsstelle nicht die Einigung zwischen AG und BR (→ Rn. 7), wird die Einigungsstelle ohnehin nur tätig, wenn beide Betriebsparteien es übereinstimmend beantragen oder mit ihrem Tätigwerden einverstanden sind (§ 76 VI 1 BetrVG). Ein Tätigwerden der Einigungsstelle setzt – sofern nicht gem. § 76 I 2 BetrVG durch Betriebsvereinbarung eine ständige Einigungsstelle errichtet wurde – zuvor ihre Bildung voraus. Hierzu müssen sich AG und BR (bzw. GBR oder KBR) nicht nur über den Verfahrensgegenstand der Einigungsstelle, sondern auch über die Person des Vorsitzenden und die Anzahl der Beisitzer (nicht: die Personen) einigen (§ 76 II 1 BetrVG). Kommt keine Einigung hierüber zustande, entscheiden die Gerichte für Arbeitssachen im Verfahren nach § 100 ArbGG (→ Rn. 13). Hieraus folgt, dass die Errichtung einer ständigen oder künftigen Einigungsstelle und deren personelle Zusammensetzung nicht durch Spruch einer Einigungsstelle festgelegt werden kann.[23] Der der Einigungsstelle inhaltlich übertragene Regelungsauftrag muss hinreichend bestimmt gefasst werden, da sie nur dann die Möglichkeit hat, diesen zu erfüllen.[24] Die Anforderungen an die Bestimmtheit dürfen aber nicht überspannt werden; die Betriebsparteien haben grundsätzlich die Möglichkeit, den Regelungsgegenstand der Einigungsstelle weit zu fassen und schlagwortartig zu umschreiben. 12

b) Gerichtliches Bestellungsverfahren. aa) Mögliche Verfahrensgegenstände. Können sich AG und BR nicht über die Anzahl der Beisitzer oder die Person des Einigungsstellenvorsitzenden einigen, entscheiden hierüber die Gerichte für Arbeitssachen im Verfahren nach § 100 ArbGG. In der Praxis sind solche Streitigkeiten häufig mit der Frage verbunden, ob überhaupt eine Zuständigkeit der Einigungsstelle gegeben ist (→ Rn. 18). Zudem kann das gerichtliche Bestellungsverfahren eingeleitet werden, wenn zwischen AG und BR Streit besteht, ob über die Anzahl der Beisitzer oder die Person des Vorsitzenden eine wirksame Vereinbarung geschlossen wurde.[25] Ein (Gegen-)Antrag, mit dem die Unzuständigkeit der zu bildenden Einigungsstelle festgestellt werden soll, ist im Verfahren nach § 100 ArbGG hingegen nicht statthaft.[26] 13

bb) Zulässigkeitsanforderungen. Das Bestellungsverfahren wird nach § 81 I 1 ArbGG auf Antrag einer der Betriebsparteien eingeleitet. Soweit das BetrVG nichts Anderes vorsieht (vgl. §§ 37 VI, 38 II und 95 I BetrVG: nur der AG ist antragsbefugt; § 85 II BetrVG: nur der BR ist antragsbefugt), können beide Parteien einen solchen Antrag beim Arbeitsgericht einreichen. Der Antrag ist mangels **Rechtsschutzbedürfnisses** unzulässig, wenn die Betriebsparteien nicht zuvor den Versuch einer gütlichen Einigung unternommen, sondern sofort die Einigungsstelle angerufen haben. Der Antragsteller muss daher geltend machen, dass entweder die Gegenseite Verhandlungen über das Regelungsverlangen ausdrücklich oder konkludent verweigert hat oder mit Verständigungswillen geführte Verhandlungen gescheitert sind.[27] Die Anforderungen an die Feststellung eines Scheiterns von Verhandlungen dürfen dabei nicht überspannt werden; der 14

[23] BAG 9.7.2013 AP Nr. 130 zu § 87 BetrVG 1972 Arbeitszeit = NZA 2014, 99; 26.8.2008 AP Nr. 54 zu § 75 BetrVG 1972 = NZA 2008, 1187.
[24] BAG 19.11.2019 AP Nr. 28 zu § 87 BetrVG 1972 Gesundheitsschutz = NZA 2020, 266; 28.3.2017 AP Nr. 24 zu § 87 BetrVG 1972 Gesundheitsschutz = NZA 2017, 1132.
[25] LAG SchlH 4.9.2002 AP Nr. 13 zu § 98 ArbGG 1979 (auch Regelungsabsprache möglich).
[26] LAG Hamm 7.7.2003 NZA-RR 2003, 637.
[27] Vgl. BAG 18.3.2015 AP Nr. 112 zu § 40 BetrVG 1972 = NZA 2015, 954.

Verhandlungsanspruch (§ 74 I BetrVG) muss nicht objektiv erschöpft sein.[28] Es reicht aus, wenn eine Betriebspartei nach ihrer nicht offensichtlich unbegründeten subjektiven Einschätzung aufgrund des bisherigen Verhaltens der Gegenseite die weiteren Erörterungen für aussichtslos hält.[29] Das Rechtsschutzinteresse für die gerichtliche Bestellung entfällt nicht, wenn die Gegenseite erst während des Beschlussverfahrens überhaupt Verhandlungsbereitschaft signalisiert.[30]

15 Für die Bestimmtheit des Antrags ist es nach zutreffender Ansicht erforderlich, die Person, die nach Vorstellung des Antragsstellers den Vorsitz der Einigungsstelle übernehmen soll, namentlich zu benennen sowie die Zahl der Beisitzer zu beziffern. Die hM hält das Fehlen entspr. Angaben dagegen für unschädlich, weil diese nur eine – für das Gericht in keiner Weise bindende – Anregung darstellen sollen (→ Rn. 19).[31] Der Regelungsgegenstand der Einigungsstelle ist im Antrag so genau zu bezeichnen, dass (ggf. nach einer Auslegung des Antrags durch das Gericht) im späteren Einigungsstellenverfahren und bei einer etwaigen gerichtlichen Überprüfung des Spruchs klar ist, für welchen Regelungsauftrag sie bestellt wurde.[32]

16 **cc) Verfahren.** Für das gerichtliche Bestellungsverfahren gelten die Vorschriften über das Beschlussverfahren (§§ 80–84 ArbGG) entsprechend. Beteiligt am Bestellungsverfahren sind nur AG und BR (bzw. GBR oder KBR).[33] Ein einstweiliges Verfügungsverfahren ist nicht zulässig, da § 85 ArbGG von der Verweisung in § 100 I 3 ArbGG nicht erfasst ist.[34] Nach § 100 I 4 ArbGG können die Einlassung- und Ladungsfristen zur Verfahrensbeschleunigung auf 48 Stunden abgekürzt werden, wovon bei einer erkennbaren Dringlichkeit der Angelegenheit regelmäßig Gebrauch zu machen ist. Mit Einverständnis der Beteiligten kann das Gericht auch im schriftlichen Verfahren entscheiden (§ 83 IV 3 ArbGG). Schon wegen seiner Eilbedürftigkeit scheidet eine Aussetzung des Bestellungsverfahrens nach § 148 ZPO im Hinblick auf ein rechtshängiges Beschlussverfahren über das Bestehen eines Mitbestimmungsrechts in der Angelegenheit aus. Die eingesetzte Einigungsstelle hat vielmehr über ihre Zuständigkeit selbst zu befinden (→ Rn. 21).[35]

17 Die Entscheidung des Gerichts ergeht durch Beschluss nach mündlicher Anhörung der Beteiligten durch den Vorsitzenden ohne Mitwirkung der ehrenamtlichen Richter. Der Beschluss soll den Beteiligten innerhalb von zwei Wochen nach Eingang des Antrags zugestellt werden, eine Rechtsfolge für den Fall der Fristüberschreitung fehlt jedoch. Gegen den Beschluss des Arbeitsgerichts ist nach § 100 II ArbGG die Beschwerde an das Landesarbeitsgericht statthaft, die innerhalb einer Frist von zwei Wochen einzulegen und zu begründen ist. Eine weitere Rechtsbeschwerdemöglichkeit an das Bundesarbeitsgericht besteht nicht. Weist das Arbeitsgericht einen Antrag nach § 100 ArbGG wegen offensichtlicher Unzuständigkeit der Einigungsstelle ab (→ Rn. 18), entfaltet diese Entscheidung wegen der unterschiedlichen Verfahrensgegenstände keine **Bindungswirkung** in einem nachfolgenden Beschlussverfahren über das Bestehen eines Mitbestimmungsrechts des BR. Wird ein solches rechtskräftig festgestellt, kann bei Bedarf sogar erneut ein Verfahren nach § 100 ArbGG eingeleitet werden; die Rechtskraft des ersten Bestellungsverfahrens wird insoweit durchbrochen.[36] Für das Bestellungsverfahren ist bei einem Streit nur um den Vorsitzenden oder die Beisitzeranzahl jeweils ¼ des in § 23 III 2 RVG genannten Wertes, bei einem Streit auch über die Zuständigkeit der Einigungsstelle der gesamte Betrag (5 000,- EUR) anzusetzen.[37]

18 **dd) Gerichtliche Entscheidung. (1) Zurückweisung mangels Zuständigkeit der Einigungsstelle.** Im gerichtlichen Bestellungsverfahren hat das Arbeitsgericht grundsätzlich nicht darüber zu befinden, ob eine Zuständigkeit der Einigungsstelle für die zwischen den Betriebsparteien streitige Angelegenheit gegeben ist. Eine solche Prüfung widerspräche dem Zweck des Bestellungsverfahrens, mit dem die schnelle Bildung einer formal funktionsfähigen Einigungsstelle ermöglicht werden soll;[38] zudem hat die Einigungsstelle vor einer Sachentscheidung ihre

[28] LAG Nds 7.12.1998 LAGE § 98 BetrVG 1972 Nr. 35.
[29] LAG Düsseldorf 7.4.2020 ArbRAktuell 2020, 371; LAG Hamm 23.4.2012 – 10 TaBV 19/12, nv.
[30] LAG BW 16.10.1991 NZA 1992, 186.
[31] LAG BW 10.9.2020 – 4 TaBV 5/20, nv; LAG Düsseldorf 25.8.2014 NZA-RR 2014, 647; LAG BW 26.6.2002 NZA-RR 2002, 523.
[32] *Meyer* RdA 2018, 175.
[33] LAG Düsseldorf 25.8.2014 LAGE § 98 ArbGG 1979 Nr. 74; LAG Bln 22.6.1998 NZA-RR 1999, 34; *Lepke* BB 1977, 49 (57).
[34] ArbG Siegburg 15.11.2001 DB 2002, 278; ArbG Ludwigshafen 20.11.1996 DB 1997, 1188.
[35] BAG 16.8.1983 AP Nr. 2 zu § 81 ArbGG 1979; 24.11.1981 AP Nr. 11 zu § 76 BetrVG 1972.
[36] BAG 25.4.1989 AP Nr. 3 zu § 98 ArbGG 1979 = NZA 1989, 976.
[37] Streitwertkatalog II Nr. 4, NZA 2018, 497.
[38] BAG 24.11.1981 AP Nr. 11 zu § 76 BetrVG 1972.

Zuständigkeit selbst zu prüfen (→ Rn. 21). Daher können nach § 100 I 2 ArbGG die Gerichte für Arbeitssachen einen Antrag auf Bestellung einer Einigungsstelle wegen deren fehlender Zuständigkeit nur ablehnen, wenn diese für die Behandlung der Angelegenheit **offensichtlich unzuständig** ist. Eine solche Offensichtlichkeit verlangt, dass die Zuständigkeit der Einigungsstelle unter keinem denkbaren rechtlichen Gesichtspunkt als möglich erscheint. Grund hierfür kann sein, dass sich die zu regelnde Angelegenheit oder beizulegende Streitigkeit bei fachkundiger Beurteilung durch das Gericht ersichtlich nicht unter einen Mitbestimmungstatbestand subsumieren lässt,[39] dass nach gefestigter höchstrichterlicher Rspr. für die Angelegenheit kein Mitbestimmungsrecht besteht oder dass dieses durch § 87 I Eingangshs. BetrVG (→ § 235 Rn. 4) ausgeschlossen,[40] bereits verbraucht[41] (zB durch eine ungekündigte Betriebsvereinbarung) oder durch ein erledigendes Ereignis[42] entfallen ist. Maßgeblicher Zeitpunkt hierfür ist die letzte Anhörung der Beteiligten vor Gericht.[43] Die Einigungsstelle ist auch offensichtlich unzuständig, wenn nach dem beantragten Verfahrensgegenstand offenkundig nicht die antragstellende Arbeitnehmervertretung, sondern eine Andere (zB BR/GBR) zuständig ist.[44] Keine offensichtliche Unzuständigkeit liegt dagegen vor, wenn in Rspr. und Schrifttum umstritten ist, ob dem BR bei der Angelegenheit ein Mitbestimmungsrecht zusteht und eine höchstrichterliche Entscheidung hierüber fehlt.[45] Gleiches gilt, wenn die regelungsbedürftige Angelegenheit zwar ggf. auch einen mitbestimmungsfreien Teil enthält, dieser jedoch vom mitbestimmungspflichtigen Komplex nicht abgetrennt werden kann; dies hat die Einigungsstelle ggf. bei einem Spruch zu berücksichtigen.

(2) Bestellung des Vorsitzenden. Bei der Bestellung des Vorsitzenden ist das Arbeitsgericht zwar grundsätzlich nicht an die Anträge der Beteiligten gebunden, da nach zutreffender Auffassung § 308 I ZPO insoweit durch § 76 II 2 BetrVG verdrängt wird.[46] Dies bedeutet aber nicht, dass es sich bei dem von der antragstellenden Betriebspartei genannten Vorschlag nur um eine bloße Anregung ohne jegliche Bindungswirkung handelt und das Gericht nach freiem Ermessen auch eine andere Person zum Vorsitzenden bestellen könnte. Eine solche Annahme birgt die Gefahr in sich, dass sich insbesondere die Vorsitzenden der Landesarbeitsgerichte aus hier nicht zu erörternden Motiven wechselseitig zu Einigungsstellenvorsitzenden bestellen.[47] Ein Abweichung von der vorgeschlagenen Person ist daher nach zutreffender Ansicht nur möglich, wenn die jeweils andere Betriebspartei zumindest aus subjektiver Sicht nachvollziehbare, auf Tatsachen beruhende Einwände bzw. verifizierbare Bedenken gegen die Unparteilichkeit des Vorsitzenden oder dessen neutrale Verhandlungsführung und Entscheidungsfindung vorbringt. Eine nur schlagwortartige Ablehnung oder gar ein grundloses Nichteinverständnis einer der Beteiligten („schlichtes Nein") mit der vom Antragsteller benannten Person reicht nicht aus (umstr.).[48] Ungeachtet dessen kommt die Bestellung einer nicht vorgeschlagenen Person ohnehin nur nach Gewährung rechtlichen Gehörs in Betracht; gegen den vom Gericht angeregten Vorsitzenden dürfen von den Beteiligten keine Einwände erhoben worden sein. Das Gericht muss die Eignung des Vorsitzenden (Unparteilichkeit, Sachkunde und unverzügliche Verfügbarkeit) in seinen Gründen positiv feststellen. Im Beschwerdeverfahren ist der vom Arbeitsgericht eingesetzte Vorsitzende zu bestätigen, wenn 19

[39] Zu Sozialplänen *Lerch/Weinbrenner* NZA 2015, 1228.
[40] HessLAG 13.9.2005 ArbuR 2006, 172.
[41] HessLAG 20.5.2008 ArbuR 2009, 61; aA LAG Köln 6.9.2005 LAGE § 98 ArbGG 1979 Nr. 44a.
[42] LAG Nds 14.2.2006 LAGE § 98 ArbGG 1979 Nr. 46 (bereits durchgeführte Betriebsänderung).
[43] LAG Nürnberg 21.8.2001 NZA-RR 2002, 138.
[44] LAG Bln-Bbg 16.11.2018 FA 2019, 123.
[45] LAG Düsseldorf 25.8.2014 LAGE § 98 ArbGG 1979 Nr. 74; LAG Nds 11.11.1993 DB 1993, 2540; LAG München 13.3.1986 NZA 1987, 210; weitergehend LAG Hamm 4.6.2019 LAGE § 100 ArbGG 1979 Nr. 11.
[46] LAG Köln 4.6.2018 LAGE § 100 ArbGG 1979 Nr. 6; LAG Hamm 10.8.2015 ArbRAktuell 2015, 463; LAG Bln-Bbg 18.6.2015 AE 2015, 221.
[47] Frei nach dem Motto: „Ich gebe Dir eine Einigungsstelle, damit Du mir auch eine Einigungsstelle gibst" (*Bauer* NZA 1992, 433 (434)); für eine weitgehende Bindung an den Antrag: LAG Bln-Bbg 22.1.2010 LAGE § 98 ArbGG 1979 Nr. 56; dagegen LAG Bln-Bbg 4.6.2010 DB 2010, 1891.
[48] LAG Köln 4.6.2018 LAGE § 100 ArbGG 1979 Nr. 6; LAG Bln-Bbg 18.6.2015 AE 2015, 221; LAG Bln-Bbg 22.1.2010 BB 2010, 500; LAG Düsseldorf 29.9.2009 ArbRAktuell 2010, 510; LAG Nürnberg 2.7.2004 NZA-RR 2005, 100; HessLAG 23.6.1988 NZA 1988, 2173; aA LAG Düsseldorf 9.6.2020 ZTR 2020, 604; LAG Hmb 27.11.2019 ArbRAktuell 2020, 302; LAG Düsseldorf 25.8.2014 LAGE § 98 ArbGG 1979 Nr. 74; LAG SchlH 4.9.2002 AP Nr. 13 zu § 98 ArbGG 1979; LAG BW 26.6.2002 NZA-RR 2002, 523.

gegen dessen Bestellung keine erheblichen Gründe vorgebracht wurden.[49] Voraussetzung für eine gerichtliche Bestellung ist stets, dass der in Aussicht genommene Vorsitzende zum Entscheidungszeitpunkt sein Einverständnis zur Amtsübernahme und seine Bereitschaft zur unverzüglichen Durchführung des Einigungsstellenverfahrens erklärt hat.

20 **(3) Bestimmung der Anzahl der Beisitzer.** Die Zahl der Beisitzer richtet sich nach der Schwierigkeit der Angelegenheit sowie nach der Zumutbarkeit der für den AG mit einer höheren Zahl von Beisitzern entstehenden Kosten.[50] Die Bestellung von zwei Beisitzern auf jeder Seite ist im Regelfall als erforderlich, aber auch als ausreichend anzusehen.[51] Bei einer einfachen und überschaubaren Angelegenheit wird die Bestellung nur eines Beisitzers in Betracht kommen.[52] Eine Bestellung von mehr als zwei Beisitzern wird nur geboten sein, wenn der Verfahrensgegenstand erhebliche tatsächliche Schwierigkeiten aufweist, die Regelungsstreitigkeit einen besonderen Umfang hat oder entspr. betriebliche oder tarifliche Vereinbarungen bestehen; diese Voraussetzung ist im Verfahren nach § 100 ArbGG vom Anspruchssteller konkret zu begründen.[53] Ohne Relevanz für die Anzahl der Beisitzer sind die Bedeutung der Angelegenheit und die Betriebsgröße als solche.[54] Das Gericht darf über die im Antrag benannte Zahl der Beisitzer nach zutreffender Ansicht nicht hinausgehen, da § 308 I ZPO insoweit Anwendung findet; ein Weniger (Minus) ist hingegen zulässig.[55]

IV. Verfahren vor der Einigungsstelle

21 **1. Vorfragenkompetenz.** Die Einigungsstelle muss bei Zweifeln über ihre Zuständigkeit oder auf Antrag einer Seite als Vorfrage über ihre Zuständigkeit zur Behandlung des Verfahrensgegenstands entscheiden (sog. Vorfragenkompetenz).[56] Dies gilt auch dann, wenn ein Bestellungsverfahren nach § 100 ArbGG vorausgegangen ist, da dort nur über die offensichtliche Unzuständigkeit entschieden worden ist (→ Rn. 18). Nur wenn in einem Beschlussverfahren das Bestehen eines Mitbestimmungsrechts in der Angelegenheit für die Betriebsparteien rechtskräftig festgestellt worden ist oder diese sich in einem arbeitsgerichtlichen Vergleich entsprechend geeinigt haben, entfällt eine Entscheidung über die Zuständigkeit. Stimmt die Mehrheit der Einigungsstellenmitglieder für ihre Unzuständigkeit, ist das Verfahren vom Vorsitzenden (deklaratorisch) einzustellen. Für die Abstimmung gelten die Regelungen des § 76 III BetrVG entsprechend. Eine solche Entscheidung kann von der beteiligten Arbeitnehmervertretung nicht isoliert angefochten werden, da es an einem feststellungsfähigen Rechtsverhältnis fehlt. Ihr gerichtlicher Antrag ist vielmehr auf das Bestehen eines Mitbestimmungsrechts für eine konkret beschriebene Maßnahme zu richten.[57] Ist er erfolgreich, wird das Einigungsstellenverfahren in der ursprünglichen Besetzung fortgeführt. Hat die Einigungsstelle ihre Zuständigkeit zunächst mit der Mehrheit ihrer Mitglieder bejaht, kann sie das Verfahren wegen § 76 III 1 BetrVG nicht mehr wegen eines über ihre Zuständigkeit geführten Beschlussverfahrens aussetzen.[58] Umgekehrt kann ein schon rechtshängiges Beschlussverfahren über die „Zuständigkeit der Einigungsstelle" nicht ausgesetzt werden, bis diese entschieden hat.[59]

22 **2. Verfahrensgrundsätze.** Das Verfahren vor der Einigungsstelle ist nur unvollständig geregelt. Das Gesetz stellt lediglich heraus, dass die Einigungsstelle unverzüglich tätig werden muss und sie ihre Beschlüsse nach mündlicher Beratung fasst (§ 76 III 1, 2 BetrVG). Damit steht der

[49] LAG Düsseldorf 25.8.2014 NZA-RR 2014, 647; LAG Nürnberg 2.7.2004 NZA-RR 2005, 100.
[50] LAG BW 1.10.2020 – 3 TaBV 4/20, nv; LAG Düsseldorf 7.4.2020 ArbRAktuell 2020, 371.
[51] LAG BW 1.10.2020 – 3 TaBV 4/20, nv; HessLAG 8.11.2005 ArbuR 2006, 173 (GBR); LAG SchlH 4.2.1997 DB 1997, 832; HessLAG 29.9.1992 NZA 1993, 1008; LAG München 15.7.1991 NZA 1992, 185; LAG Hamm 8.4.1987 NZA 1988, 210; LAG RhPf 23.6.1983 DB 1984, 56.
[52] HessLAG 3.11.2009 NZA-RR 2010, 359 (Beschwerdeverfahren nach § 85 II BetrVG).
[53] LAG Nds 7.8.2007 LAGE § 98 ArbGG 1979 Nr. 49a; 13.12.2005 NZA-RR 2006, 306.
[54] Ähnlich LAG Düsseldorf 8.5.2018 – 3 TaBV 15/18, nv.
[55] Weitergehend LAG BW 10.9.2020 – 4 TaBV 5/20, nv (keine Bindung).
[56] BAG 8.3.1983 AP Nr. 14 zu § 87 BetrVG 1972 Lohngestaltung; 22.10.1981 AP Nr. 10 zu § 76 BetrVG 1972; 22.1.1980 AP Nr. 3 zu § 87 BetrVG 1972 Lohngestaltung.
[57] BAG 17.9.2013 AP Nr. 20 zu § 4 BetrVG 1972 = NZA 2014, 96; 25.9.2012 AP Nr. 5 zu § 58 BetrVG 1972 = NZA 2013, 275; 29.1.2002 AP Nr. 16 zu § 76 BetrVG 1972.
[58] LAG Düsseldorf 21.2.1979 LAGE § 76 BetrVG 1972 Nr. 19.
[59] BAG 24.11.1981 AP Nr. 11 zu § 76 BetrVG 1972; 22.10.1981 AP Nr. 10 zu § 76 BetrVG 1972.

Einigungsstelle im Interesse einer effektiven Schlichtung ein weitgehender Freiraum zu, der allerdings durch allgemein anerkannte elementare Grundsätze begrenzt ist, die sich aus dem Rechtsstaatsgebot des Grundgesetzes (Art. 20 I und III, Art. 28 I GG) und der Funktion der Einigungsstelle als eine Stelle, die typischerweise normative Regelungen setzt, ergeben.[60] Ihren Verfahrensablauf bestimmt die Einigungsstelle weitgehend selbst; inhaltliche Vorgaben durch das Arbeitsgericht sind unzulässig.[61] Dem Vorsitzenden obliegt die Verfahrensleitung. Er legt Ort sowie Zeitpunkt der Sitzungen fest und hat für die ordnungsgemäße Ladung der Beisitzer zu sorgen.[62] Eine schriftliche Vorbereitung und Darlegung der unterschiedlichen Standpunkte vor der Einigungsstellensitzung ist ebenso empfehlenswert wie die Protokollierung des Verfahrensverlaufs. Erklärungen des AG in der Einigungsstelle sollen nicht bindend sein.[63] Eine mündliche Beratung der Einigungsstellenmitglieder sieht das Gesetz nur vor der Beschlussfassung vor. Die Einigungsstelle entscheidet selbst, ob sie ihre Verhandlungen öffentlich oder nur parteiöffentlich vornehmen will. Die Gewährung rechtlichen Gehörs gegenüber dem AG und BR zählt zu den zentralen Verfahrensgrundsätzen und hat jedenfalls vor einer abschließenden Entscheidung, nicht jedoch vor jedem Verfahrensabschnitt zu erfolgen.[64] Die Einigungsstelle hat den entscheidungserheblichen Sachverhalt von Amts wegen aufzuklären. Zu diesem Zweck kann sie bei Bedarf die vom Verfahrensgegenstand betroffenen AN befragen, Zeugen vernehmen oder Sachverständige[65] (§ 109 S. 3 BetrVG analog) bzw. sachkundige AN (§ 80 II 3 BetrVG) hinzuziehen. Entspr. Beweisbeschlüsse der Einigungsstelle können nicht selbständig angefochten werden.[66] AG und BR haben bei der Sachverhaltsermittlung gemäß dem Grundsatz der vertrauensvollen Zusammenarbeit (§ 2 I BetrVG) mitzuwirken und sind zur Vorlage notwendiger Unterlagen verpflichtet. Kommen sie dem nicht nach, kann die Einigungsstelle allerdings keine Zwangsmittel verhängen. Eine Verpflichtung des AG, die zur Sachverhaltsaufklärung erforderlichen Auskünfte zu erteilen oder die notwendigen Unterlagen vorzulegen, muss der BR vielmehr im Beschlussverfahren durchsetzen. AG und BR können sich vor der Einigungsstelle durch Verbandsvertreter oder Rechtsanwälte vertreten lassen.[67] Zur Anfechtbarkeit des Einigungsstellenspruchs wegen Verfahrensmängeln → Rn. 40.

V. Spruch der Einigungsstelle

1. Beschlussfassung. a) Allgemeines. Die Regelungen zur Beschlussfassung der Einigungsstelle sind in Anlehnung an die entspr. Vorschrift für Heimarbeitsausschüsse (§ 4 III HAG) gestaltet. Die Einigungsstelle fasst ihre Beschlüsse nach **mündlicher Beratung** mit einfacher Stimmenmehrheit (§ 76 III 2 BetrVG). Eine Beschlussfassung im sog. Umlaufverfahren ist unzulässig. Es gehört zu den elementaren Grundsätzen des Einigungsstellenverfahrens, dass die Abstimmung in Abwesenheit anderer Personen als der Einigungsstellenmitglieder erfolgt.[68] Dritte, zB der AG, Betriebsratsmitglieder, Verfahrensbevollmächtigte und sonstige Anwesende (zB eine Protokollkraft) haben daher vor der Abstimmung den Sitzungsraum zu verlassen. Die Stimmabgabe ist nur geheim, wenn ein Mitglied der Einigungsstelle dies vor der Abstimmung verlangt. Bei der Beschlussfassung ist die Einigungsstelle nicht an etwaige Anträge der Betriebsparteien gebunden.[69] 23

Die Einigungsstelle kann über den Regelungsgegenstand auch in mehreren, selbständig zu überprüfenden Beschlüssen entscheiden.[70] Werden mehrere **Teilabstimmungen** durchgeführt, muss sichergestellt werden, dass der das Einigungsstellenverfahren beendende Beschluss in seiner Gesamtheit von der Mehrheit der Einigungsstellenmitglieder getragen wird.[71] Auch **vorläufige Regelungen** können mit Stimmenmehrheit getroffen werden. 24

---

[60] BAG 7.5.2019 AP Nr. 241 zu § 112 BetrVG 1972 = NZA 2019, 1295.
[61] BAG 17.9.2013 AP Nr. 63 zu § 76 BetrVG 1972 = NZA 2014, 740.
[62] BAG 27.6.1995 AP Nr. 1 zu § 76 BetrVG 1972 Einigungsstelle = NZA 1996, 161; bedenklich LAG Köln 26.7.2005 NZA-RR 2006, 197 (Mehrheit entscheidet über die Vertagung).
[63] LAG Köln 23.8.2000 LAGE § 76 BetrVG 1972 Nr. 47.
[64] BAG 7.5.2019 AP Nr. 241 zu § 112 BetrVG 1972 = NZA 2019, 1295; unpräzise BAG 11.2.1992 AP Nr. 50 zu § 76 BetrVG 1972 = NZA 1992, 702.
[65] Vgl. BAG 19.11.2019 AP Nr. 28 zu § 87 BetrVG 1972 Gesundheitsschutz = NZA 2020, 266.
[66] BAG 4.7.1989 AP Nr. 20 zu § 87 BetrVG 1972 Tarifvorrang = NZA 1990, 29.
[67] BAG 21.6.1989 AP Nr. 34 zu § 76 BetrVG 1972 = NZA 1990, 107.
[68] BAG 18.1.1994 AP Nr. 51 zu § 76 BetrVG 1972 = NZA 1994, 571.
[69] BAG 27.10.1992 AP Nr. 29 zu § 95 BetrVG 1972 = NZA 1993, 608; 30.1.1990 AP Nr. 41 zu § 87 BetrVG 1972 Lohngestaltung = NZA 1990, 571.
[70] BAG 22.1.2002 AP Nr. 16 zu § 76 BetrVG 1972 Einigungsstelle.
[71] BAG 6.11.1990 AP Nr. 94 zu § 1 TVG Tarifverträge: Metallindustrie = NZA 1991, 183; 18.4.1989 AP Nr. 34 zu § 87 BetrVG 1972 Arbeitszeit = NZA 1989, 807.

25 **b) Abstimmungsvorgang.** Haben beide Betriebsparteien Beisitzer benannt, stimmen zunächst die Beisitzer allein ab (§ 76 III 3 BetrVG). Ein Antrag ist angenommen, wenn er die einfache Stimmenmehrheit erreicht. Kommt es nicht hierzu, weil das Stimmenverhältnis entsprechend der Zahl der Beisitzer 1 : 1 oder 2 : 2 ergibt, hat die Einigungsstelle erneut zu beraten. Von der erneuten **Beratung** kann nur abgesehen werden, wenn alle Mitglieder diese nicht für erforderlich halten und dies erkennbar zum Ausdruck bringen.[72] In die zweite Abstimmung darf erst eingetreten werden, wenn über alle von den Beteiligten gestellten Anträge eine erste Abstimmung stattgefunden hat. Beschränkt sich eine Seite auf eine Antragstellung, mit der eine weitere Sachverhaltsaufklärung begehrt wird, muss über diesen Antrag nicht vor der Abstimmung über einen weitergehenden Sachantrag entschieden werden.[73]

26 Bei der **zweiten Abstimmung** stimmt der Vorsitzende mit (§ 76 III 3 BetrVG); er darf sich bei dieser nicht enthalten, denn seine Stimme soll die regelmäßig bestehende Pattsituation in der Einigungsstelle auflösen. Ein Antrag ist dann angenommen, wenn die Anzahl der Ja-Stimmen größer ist als die der Nein-Stimmen. Haben die Beisitzer mit dem Abstimmungsergebnis ihren Willen deutlich zum Ausdruck gebracht, ist das gesonderte Abfragen der Nein-Stimmen nicht mehr erforderlich.[74] Sind zwei kontradiktorische Sachanträge gestellt worden, ist vom Vorsitzenden festzustellen, wie viele Stimmen auf welchen Antrag entfallen sind und welcher Antrag angenommen ist. Eine Stimmenthaltung der Beisitzer ist möglich, sie zählt dann nicht als Ablehnung, sondern als nicht zu berücksichtigende Stimme.[75] Kommt es in diesem Fall zu einem Patt, gibt – da es an einer § 29 II MitbestG entspr. Regelung fehlt – die Stimme des Vorsitzenden nicht den Ausschlag; vielmehr ist mangels Stimmenmehrheit das Einigungsstellenverfahren fortzusetzen.[76] Eine zweite Abstimmung ist entbehrlich, wenn nur ein Antrag zur Abstimmung gestellt wird und dieser von einer Stimmenmehrheit bei der ersten Abstimmung abgelehnt wird. Das Einigungsstellenverfahren ist dann fortzusetzen, bis ein erneuter Antrag zur Beschlussfassung gestellt wird. Es ist erst abgeschlossen, wenn durch einen Spruch oder eine Einigung der Verfahrensgegenstand nicht nur teilweise, sondern umfassend erledigt ist.[77]

27 **c) Abwesenheit von Beisitzern.** Benennen AG oder BR in den Fällen, in denen der Spruch der Einigungsstelle die Einigung zwischen ihnen ersetzt (→ Rn. 5), keine Beisitzer für die Einigungsstelle oder erscheinen die benannten Beisitzer trotz ordnungsmäßiger Ladung nicht zur Sitzung,[78] findet die Beschlussfassung nur unter Beteiligung der erschienenen Beisitzer und des Vorsitzenden nach Maßgabe von § 76 III BetrVG statt. Bleibt ein Beisitzer allerdings entschuldigt der Sitzung fern oder muss er die Verhandlung vorzeitig verlassen, kann eine Abstimmung nicht durchgeführt werden.[79]

28 **2. Formelle Anforderungen an den Spruch.** Der Beschluss der Einigungsstelle ist entweder schriftlich niederzulegen, vom Vorsitzenden zu unterschreiben oder – bei elektronischer Form – vom Vorsitzenden qualifiziert elektronisch zu signieren und AG und BR unverzüglich zuzuleiten (§ 76 III 4 BetrVG). Die **Berichtigung** des Spruchs ist nur bei offenkundigen Fehlern möglich, eine nachträgliche inhaltliche Korrektur durch den Vorsitzenden ist unzulässig.[80]

29 **a) Form.** Der Spruch der Einigungsstelle ist von ihrem Vorsitzenden eigenhändig zu unterzeichnen bzw. mit einer qualifizierten elektronischen Signatur zu versehen und in dieser Form beiden Betriebsparteien zuzuleiten; die Übersendung einer Kopie genügt nicht. Einer Unterschrift bzw. Signatur der übrigen Mitglieder der Einigungsstelle bedarf es nicht. Sofern der Spruch aus mehreren Schriftstücken (ggf. Anlagen) besteht, muss er insgesamt dem gesetzlichen Formerfordernis genügen.[81] Die eigenhändige Unterzeichnung bzw. Signatur des Einigungsstellenspruchs durch den Vorsitzenden kann weder durch die Textform[82]

[72] BAG 30.1.1990 AP Nr. 41 zu § 87 BetrVG 1972 Lohngestaltung = NZA 1990, 571.
[73] BAG 29.1.2002 AP Nr. 19 zu § 76 BetrVG 1972 Einigungsstelle.
[74] BAG 11.11.1998 AP Nr. 19 zu § 50 BetrVG 1972 = NZA 1999, 947.
[75] BAG 17.9.1991 AP Nr. 59 zu § 112 BetrVG 1972 = NZA 1992, 227.
[76] *Fitting* BetrVG § 76 Rn. 85.
[77] BAG 8.6.2004 AP Nr. 20 zu § 76 BetrVG 1972 Einigungsstelle = NZA 2005, 227; 30.1.1990 AP Nr. 41 zu § 87 BetrVG 1972 Lohngestaltung = NZA 1990, 571.
[78] BAG 27.6.1995 AP Nr. 1 zu § 76 BetrVG 1972 Einigungsstelle = NZA 1996, 161.
[79] LAG Köln 26.7.2005 NZA-RR 2006, 197.
[80] LAG Bln-Bbg 16.11.2011 NZA-RR 2012, 134.
[81] BAG 13.8.2019 AP Nr. 27 zu § 87 BetrVG 1972 Gesundheitsschutz = NZA 2019, 1717; → § 231 Rn. 7.
[82] Vgl. BAG 5.10.2010 AP Nr. 23 zu § 76 BetrVG 1972 Einigungsstelle = NZA 2011, 420.

(§ 126b BGB) noch die Übersendung einer Datei im pdf-Format[83] ersetzt werden. Genügt der den Betriebsparteien zugeleitete Einigungsstellenspruch nicht dem Formgebot des § 76 III 4 BetrVG, ist er unwirksam.[84] Etwas Anderes gilt nur für einen von einer Einigungsstelle iSv § 109 BetrVG (→ § 243 Rn. 31) beschlossenen Spruch, da dieser kein im Betrieb für die AN geltendes Regelwerk schafft, sondern lediglich eine interne Angelegenheit zwischen AG und GBR/BR betrifft und damit funktional einer nicht formbedürftigen Regelungsabrede entspricht.[85]

Eine **Heilung** der Verletzung der in § 76 III 4 BetrVG bestimmten Formvorschrift ist nicht möglich, da mit Zuleitung des Spruchs an die Betriebsparteien das Einigungsstellenverfahren abgeschlossen ist.[86] Die Einigungsstelle ist für die weitere Behandlung der Angelegenheit erst nach einer gerichtlich festgestellten Unwirksamkeit des Spruchs oder einer darauf bezogenen Vereinbarung der Betriebspartner (wieder) zuständig.[87] Das BAG hat lediglich offengelassen, ob eine unverzügliche Unterzeichnung des Einigungsstellenspruchs nach seiner Zuleitung an die Betriebsparteien den Formmangel beseitigen kann. 30

b) Begründung. Eine schriftliche Begründung des Beschlusses ist gesetzlich nicht vorgeschrieben und aus rechtsstaatlichen Gründen auch nicht erforderlich.[88] Sie kann zweckmäßig sein, wenn eine gerichtliche Auseinandersetzung zu erwarten ist.[89] 31

c) Zuleitung. Der vom Vorsitzenden unterzeichnete bzw. signierte Spruch der Einigungsstelle ist den Betriebsparteien zuzuleiten. Ist eine gerichtliche Auseinandersetzung zu erwarten, sollte wegen der Frist in § 76 V 4 BetrVG eine förmliche Zustellung erfolgen, zumindest aber der Zugang beweiskräftig festgestellt werden. Durch die Zuleitung sollen AG und BR bzw. GBR/KBR über seinen Inhalt rechtssicher in Kenntnis gesetzt werden. Da der von der Einigungsstelle getroffene Spruch ihre Einigung ersetzt und damit ihr betriebsverfassungsrechtliches Rechtsverhältnis unmittelbar ausgestaltet, haben beide hieran ein berechtigtes Interesse. Der AG kann seiner Verpflichtung nach § 77 I 1 BetrVG, den Einigungsstellenspruch durchzuführen, nur genügen, wenn über seinen Inhalt ab dem Zeitpunkt seiner Zuleitung Rechtsklarheit besteht. Zudem sollen beide Betriebsparteien durch die Zuleitung des Spruchs in die Lage versetzt werden, binnen der – nach § 76 V 4 BetrVG mit seiner Zuleitung beginnenden – zweiwöchigen Frist für die gerichtliche Geltendmachung seinen Inhalt auf Ermessensfehler zu überprüfen (→ Rn. 41). Sind die von der Einigungsstelle durch Spruch getroffenen Regelungen nicht nur in einem Schriftstück, sondern in mehreren niedergelegt, müssen beiden Betriebsparteien jeweils alle Bestandteile des Spruchs zugeleitet werden. Fehlt es hieran, ist der Spruch mangels ordnungsgemäßer Zuleitung nach § 76 III 4 BetrVG unwirksam.[90] 32

3. Inhaltliche Anforderungen an den Spruch. Der von der Einigungsstelle beschlossene Spruch darf nicht außerhalb ihres Regelungsauftrags liegen. Änderungen oder Erweiterungen des Regelungsgegenstands der Einigungsstelle sind nur mit Einverständnis beider Betriebsparteien möglich.[91] Zudem muss der Spruch die mitbestimmungspflichtige Angelegenheit abschließend regeln; er darf die der Einigungsstelle zustehende Regelungsbefugnis nicht auf den AG übertragen.[92] Einigungsstellensprüche, die den Regelungsgegenstand zunächst nur abstrakt-generell regeln, Maßnahmen des AG im konkreten Einzelfall aber an eine weitere Zustimmung des BR knüpfen und für den Fall der Nichterteilung der Zustimmung ein erneutes Einigungsstellenverfahren vorsehen, sind aber möglich.[93] 33

Die Einigungsstelle hat den Beschluss unter angemessener Berücksichtigung der Belange des Betriebs und der betroffenen AN nach **billigem Ermessen** zu treffen (§ 76 V 3 BetrVG). Eine 34

[83] BAG 13.3.2012 AP Nr. 18 zu § 87 BetrVG 1972 = NZA 2012, 748.
[84] Vgl. für die Schriftform BAG 13.8.2019 AP Nr. 27 zu § 87 BetrVG 1972 Gesundheitsschutz = NZA 2019, 1717; 10.12.2013 AP Nr. 64 zu § 76 BetrVG 1972 = NZA 2014, 862; 14.9.2010 AP Nr. 61 zu § 76 BetrVG 1972 = NZA-RR 2011, 526.
[85] BAG 17.12.2019 AP Nr. 23 zu § 106 BetrVG 1972 = NZA 2020, 393.
[86] AA *Tschöpe/Geißler* NZA 2011, 545.
[87] BAG 10.12.2013 AP Nr. 64 zu § 76 BetrVG 1972= NZA 2014, 862.
[88] BVerfG 18.10.1987 AP Nr. 7 zu § 87 BetrVG 1972 Auszahlung = NZA 1988, 25; BAG 31.8.1982 AP Nr. 8 zu § 87 BetrVG 1972 Arbeitszeit; 30.10.1979 AP Nr. 9 zu § 112 BetrVG 1972.
[89] BAG 30.10.1979 AP Nr. 9 zu § 112 BetrVG 1972.
[90] BAG 13.8.2019 AP Nr. 27 zu § 87 BetrVG 1972 Gesundheitsschutz = NZA 2019, 1717.
[91] BAG 20.7.1999 AP Nr. 8 zu § 76 BetrVG 1972 Einigungsstelle = NZA 2000, 495; 28.7.1981 AP Nr. 2 zu § 87 BetrVG 1972 Urlaub.
[92] BAG 17.1.2012 AP Nr. 41 zu § 87 BetrVG 1972 Ordnung des Betriebes = NZA 2012, 687.
[93] BAG 26.8.2008 AP Nr. 54 zu § 75 BetrVG 1972 = NZA 2008, 1187.

Entscheidung nach billigem Ermessen kommt nur in Betracht, wenn diese eine Regelungsstreitigkeit betrifft. Hat die Einigungsstelle dagegen ausnahmsweise Rechtsfragen zu klären, hat sie wie ein Gericht den Tatbestand unter die Rechtsnorm zu subsumieren, also zB zu prüfen, ob ein Unterrichtungsverlangen des Wirtschaftsausschusses nach § 106 BetrVG begründet ist. Die Einigungsstelle ist bei ihrer Entscheidung im gleichen Umfang wie die Betriebsparteien an geltendes Recht gebunden. Hierzu zählen das Unionsrecht, die Grundrechte[94] sowie zwingendes Gesetzesrecht, insbesondere § 75 BetrVG und die in ihm enthaltenen Diskriminierungsverbote bei der Behandlung der Belegschaftsangehörigen. Der Spruch der Einigungsstelle muss schließlich einen etwaigen Tarifvorbehalt (vgl. § 87 I BetrVG; → § 235 Rn. 9) und – sofern er für den auszugestaltenden Regelungsgegenstand gilt – den Tarifvorrang des § 77 III BetrVG beachten (→ § 231 Rn. 22). Für eine Rückwirkung des Spruchs gelten die gleichen Beschränkungen wie für eine Betriebsvereinbarung (→ § 231 Rn. 48).[95]

VI. Besonderheiten des freiwilligen Einigungsstellenverfahrens

35 Das freiwillige Einigungsstellenverfahren (→ Rn. 7) unterscheidet sich hinsichtlich der Art und Weise der Bildung der Einigungsstelle, der Durchführung des Verfahrens – insbesondere der Voraussetzungen für eine etwaige einseitige Beschlussfassung (→ Rn. 27) –, der Regelungskompetenz der Einigungsstelle und der Wirkungsweise eines von ihr gefassten Spruchs von dem in § 76 V BetrVG für die Gegenstände der erzwingbaren Mitbestimmung (→ Rn. 5) vorgesehenen Einigungsstellenverfahren. So wird die Einigungsstelle in diesen Fällen nur tätig, wenn beide Betriebsparteien es übereinstimmend beantragen oder mit ihrem Tätigwerden einverstanden sind (§ 76 VI 1 BetrVG). Das erforderliche Einverständnis kann auch nachträglich erklärt werden; es gilt als erklärt, wenn sich beide Seiten auf eine Verhandlung vor der Einigungsstelle eingelassen haben. Sofern die Betriebsparteien nichts Anderes vereinbart haben, können sie ihr Einverständnis grundsätzlich jederzeit widerrufen.[96] Ein solcher Widerruf kann konkludent erklärt werden, etwa durch Zurückziehung der benannten Beisitzer aus der Einigungsstelle. In diesem Fall kommt das Einigungsstellenverfahren zum Erliegen; weder § 2 I BetrVG noch § 74 I 2 BetrVG zwingt die Betriebsparteien zur weiteren Durchführung eines solchen Verfahrens. Anders als im erzwingbaren Einigungsstellenverfahren kann damit eine Entscheidung der Einigungsstelle grundsätzlich nicht ergehen, wenn die Beisitzer einer Seite – trotz rechtzeitiger Ladung – bewusst der Sitzung der Einigungsstelle fernbleiben.[97]

36 Trifft die Einigungsstelle einen Spruch, muss dieser sich im Rahmen ihres Regelungsauftrags handeln (→ Rn. 7). Die Regelungskompetenz der Einigungsstelle beschränkt sich in diesem Fall nicht auf die Ausgestaltung einer mitbestimmungspflichtigen Angelegenheit. Der Spruch hat grundsätzlich bloß die Bedeutung eines unverbindlichen Einigungsvorschlags. Etwas Anderes gilt nur dann, wenn sich die Betriebsparteien dem Spruch im Voraus unterwerfen oder ihn nachträglich anerkennen (§ 76 VI 2 BetrVG). In diesen Fällen hat er dieselben Rechtswirkungen wie im verbindlichen Einigungsstellenverfahren. Es kann daher auch eine Kontrolle der Ermessensausübung stattfinden (→ Rn. 41). Die vorherige Unterwerfung bzw. die nachträgliche Annahme des Spruchs bedürfen zu ihrer Wirksamkeit einer vorherigen Beschlussfassung des BR.[98] Diese Maßstäbe gelten auch, wenn die Einigungsstelle nach dem ausdrücklich erklärten Willen der Betriebsparteien eine nur teilmitbestimmte Angelegenheit abschließend insgesamt regeln und sich damit bei der Erfüllung ihres Regelungsauftrags gerade nicht im gesetzlich mitbestimmungspflichtigen Rahmen halten soll.[99]

VII. Gerichtliche Überprüfung des Spruchs

37 **1. Feststellungsverfahren der Betriebsparteien. a) Allgemeines.** Die am Einigungsstellenverfahren beteiligten Betriebsparteien haben die Möglichkeit, den Spruch der Einigungsstelle im Rahmen eines Beschlussverfahrens vor den Gerichten für Arbeitssachen „anzufechten" (zu bloßen Zuständigkeitsbeschlüssen → Rn. 38). Da die gerichtliche Entscheidung feststellende und nicht rechtsgestaltende Wirkung hat, ist der Antrag auf die Feststellung der Unwirksamkeit

[94] BAG 5.3.1991 AP Nr. 11 zu § 87 BetrVG 1972 Auszahlung = NZA 1991, 611.
[95] BAG 19.9.1995 AP Nr. 61 zu § 77 BetrVG 1972 = NZA 1996, 386; zu Sozialplänen BAG 10.8.1994 AP Nr. 86 zu § 112 BetrVG 1972 = NZA 1995, 314.
[96] BAG 11.12.2018 AP Nr. 68 zu § 76 BetrVG 1972 = NZA 2019, 714.
[97] BAG 11.12.2018 AP Nr. 68 zu § 76 BetrVG 1972 = NZA 2019, 714.
[98] BAG 11.12.2018 AP Nr. 68 zu § 76 BetrVG 1972 = NZA 2019, 714.
[99] BAG 11.12.2018 AP Nr. 68 zu § 76 BetrVG 1972 = NZA 2019, 714.

des Spruchs zu richten und nicht auf dessen Aufhebung.[100] Eine den Spruch ersetzende Sachentscheidung darf das Arbeitsgericht nicht treffen.[101] Am Anfechtungsverfahren sind nur der AG und die zuständige Arbeitnehmervertretung beteiligt (§ 83 III ArbGG). Die Einigungsstelle hat keine eigenen betriebsverfassungsrechtlichen Rechte und ist daher im Verfahren nicht zu hören.[102] Der Streitwert eines solchen Anfechtungsverfahrens richtet sich grundsätzlich nach § 23 III 2 RVG.[103] Ergibt die gerichtliche Prüfung, dass der Spruch der Einigungsstelle teilweise unwirksam ist, kann er im Übrigen aufrecht zu erhalten sein, wenn der Rest noch ein sinnvolles Ganzes ergibt.[104] Wird rechtskräftig festgestellt, dass der Spruch insgesamt unwirksam ist, hat die Einigungsstelle ihre Tätigkeit fortzusetzen, sofern ihr Handlungsauftrag sich auf eine Regelungsstreitigkeit der Betriebsparteien bezieht.[105] Hatte die Einigungsstelle hingegen über Rechtsansprüche zu befinden (wie zB bei § 109 BetrVG), trifft das Gericht eine eigene Entscheidung.[106] Wird der Einigungsstellenspruch angefochten, wird ein ggf. noch anhängiges Beschlussverfahren über ihre Zuständigkeit oder etwaige Zwischenbeschlüsse unzulässig.[107]

Hat die Einigungsstelle lediglich ihre Zuständigkeit verneint oder bejaht (→ Rn. 38), fehlt es an einem durch die Betriebsparteien gerichtlich „anfechtbaren" Spruch. Solche Beschlüsse begründen als Entscheidungen über bloße Rechtsfragen kein Rechtsverhältnis zwischen den Betriebsparteien, weil sie keine die Einigung der Betriebsparteien ersetzende und diese bindende Regelung enthalten. Da die Zuständigkeit der Einigungsstelle jedoch abhängig ist vom Bestehen oder Nichtbestehen eines Mitbestimmungsrechts, können die Betriebsparteien (auch unabhängig von einer entspr. Beschlussfassung der Einigungsstelle) im Rahmen eines Beschlussverfahrens vor den Gerichten für Arbeitssachen diese Frage klären lassen. Ein entspr. Antrag ist auf die Feststellung des Bestehens oder Nichtbestehens eines Mitbestimmungsrechts für eine konkret zu bezeichnende Angelegenheit zu richten.[108] 38

b) Reichweite der Überprüfung. aa) Rechtsfehler. Das Gericht prüft den Spruch der Einigungsstelle in einem „Anfechtungsverfahren" der Betriebsparteien stets auf Rechtsfehler. Da diese unabhängig von der Anfechtungsfrist nach § 76 V 4 BetrVG geltend gemacht werden können, muss der Antrag auf Feststellung der Unwirksamkeit des Spruchs nicht binnen zwei Wochen beim Arbeitsgericht eingegangen sein.[109] Etwaige zur Nichtigkeit des Spruchs führende Rechtsfehler können sich daraus ergeben, dass der Spruch dem Form- und Zuleitungsgebot (→ Rn. 29, 32) nicht genügt, mangels eines Mitbestimmungsrechts des BR die Zuständigkeit der Einigungsstelle nicht gegeben war (→ Rn. 5), der Spruch sich nicht innerhalb des Regelungsauftrags der Einigungsstelle hält, die mitbestimmungspflichtige Angelegenheit nicht abschließend regelt oder gegen geltendes Recht – etwa § 75 BetrVG – verstößt. 39

bb) Verfahrensfehler. Die Unwirksamkeit des Spruchs kann sich auch aus einem Verfahrensfehler ergeben. Dies gilt etwa für die Nichtbeachtung der Abstimmungsvorgaben in § 76 III 3 BetrVG,[110] die nicht ordnungsmäße Ladung der Beisitzer,[111] die Beschlussfassung mit nicht ausreichender Stimmenmehrheit[112] sowie die mündliche Beratung und Beschlussfassung in Anwesenheit der Betriebsparteien.[113] Auch ein Verstoß gegen den rechtsstaatlichen Grundsatz des rechtlichen Gehörs kann die Nichtigkeit des Einigungsstellenbeschlusses nach sich ziehen, sofern er entscheidungserheblich war.[114] Gleiches gilt für ein von einer Betriebspartei ange- 40

---

[100] BAG 28.5.2002 AP Nr. 10 zu § 87 BetrVG 1972 Urlaub = NZA 2003, 171.
[101] BAG 27.5.1986 AP Nr. 15 zu § 87 BetrVG 1972 Überwachung.
[102] BAG 28.7.1981 AP Nr. 3 zu § 87 BetrVG 1972 Lohngestaltung; 28.4.1981 AP Nr. 1 zu § 87 BetrVG 1972 Vorschlagswesen; aA BVerwG 26.8.1987 BVerwGE 78, 72 = DVBl. 1988, 345.
[103] Streitwertkatalog Nr. II 5 (NZA 2018, 497), ggf. einzelfallbezogene Erhöhung oder Ermäßigung nach Inhalt und Bedeutung der Regelungsfrage.
[104] BAG 28.5.2002 AP Nr. 10 zu § 87 BetrVG 1972 Urlaub = NZA 2003, 171; 30.8.1995 AP Nr. 29 zu § 87 BetrVG 1972 Überwachung = NZA 1996, 218.
[105] Vgl. BAG 25.8.1983 AP Nr. 14 zu § 59 KO.
[106] Vgl. BAG 17.12.2019 AP Nr. 23 zu § 106 BetrVG 1972 = NZA 2020, 393.
[107] BAG 22.1.2002 AP Nr. 16 zu § 76 BetrVG 1972 Einigungsstelle; 16.7.1996 AP Nr. 53 zu § 76 BetrVG 1972 = NZA 1997, 337.
[108] Vgl. etwa BAG 26.9.2017 AP Nr. 142 zu § 87 BetrVG 1972 Arbeitszeit = NZA 2018, 194.
[109] BAG 27.6.1995 AP Nr. 1 zu § 76 BetrVG 1972 Einigungsstelle = NZA 1996, 16.
[110] Vgl. BAG 28.9.1988 AP Nr. 47 zu § 112 BetrVG 1972 = NZA 1989, 186.
[111] BAG 27.6.1995 AP Nr. 1 zu § 76 BetrVG 1972 Einigungsstelle = NZA 1996, 161.
[112] Vgl. BAG 17.1.1991 AP Nr. 59 zu § 112 BetrVG 1972 = NZA 1992, 227; 6.11.1990 AP Nr. 94 zu § 1 TVG Tarifverträge: Metallindustrie = NZA 1991, 193.
[113] BAG 18.11.1994 AP Nr. 51 zu § 76 BetrVG 1972 = NZA 1994, 571.
[114] Vgl. BAG 11.2.1992 AP Nr. 50 zu § 76 BetrVG 1972 = NZA 1992, 702.

brachtes Befangenheitsgesuch gegen den Vorsitzenden, das von der Einigungsstelle übergangen wurde (→ Rn. 58).[115] Auf eine lediglich mangelnde Sachverhaltsaufklärung durch übergangene Aufklärungsanträge kann eine Anfechtung hingegen nicht gestützt werden,[116] denn für die Wirksamkeit des Spruchs kommt es nur auf das letztlich gefundene Ergebnis der Einigungsstelle und nicht darauf an, von welchen Tatsachen oder Annahmen die Einigungsstelle in tatsächlicher Hinsicht ausgegangen ist.[117] Etwaige Verfahrensfehler müssen nicht innerhalb der Frist des § 76 V 4 BetrVG geltend gemacht werden.

41 **cc) Ermessensfehler.** Etwaige Ermessensfehler der Einigungsstelle bei ihrem Spruch (→ Rn. 34) können AG und BR nach § 76 V 4 BetrVG nur binnen einer Frist von zwei Wochen beim Arbeitsgericht geltend machen.

42 **(1) Anfechtungsfrist.** Bei der zweiwöchigen Anfechtungsfrist handelt es sich um eine materiell-rechtliche Ausschlussfrist. Sie beginnt am Tag nach der Zuleitung des Spruchs an die jeweiligen Beteiligten; dies gilt auch, wenn eine (ergänzende) schriftliche Begründung des Einigungsstellenspruchs vereinbart wurde. Die Frist ist gewahrt, wenn der mit Ermessensfehlern begründete Antrag binnen zwei Wochen beim Arbeitsgericht eingeht; auf den Zeitpunkt der Zustellung der Antragsschrift an die andere Betriebspartei kommt es nicht an. Bei Versäumung der Frist findet eine Wiedereinsetzung in den vorigen Stand nicht statt. In diesem Fall ist der Antrag nach § 81 I ArbGG nicht unzulässig, sondern der Prüfungsumfang des Gerichts beschränkt sich darauf, ob der Beschluss wegen Rechts- oder etwaig geltend gemachter Verfahrensfehlern unwirksam ist.[118]

43 **(2) Ergebniskontrolle.** Für die Frage, ob die Einigungsstelle die ihr gezogenen Grenzen des Ermessens eingehalten hat, kommt es nur auf den Inhalt des Spruchs, nicht jedoch darauf an, ob die diesem zugrundeliegenden Erwägungen der Einigungsstelle zutreffend sind.[119] Entscheidend ist, ob die getroffene Regelung noch als ein **billiger Ausgleich der Belange von AG und AN** gelten kann. Erforderlich ist weder eine „grobe" Ermessensüberschreitung noch eine „offenbare Unbilligkeit" des Spruchs. Andererseits genügen Zweifel an der Einhaltung der Ermessensgrenzen nicht; es bedarf vielmehr der gerichtlichen Überzeugung, dass diese Grenzen überschritten sind, wobei der Zweck des Mitbestimmungsrechts zu beachten ist.[120] Der Begriff des billigen Ermessens ist revisibel.[121] Einen Verstoß hat das BAG angenommen, wenn die Entscheidung deutlich erkennbar keine sachgerechte Interessenabwägung mehr enthält, weil zB die Einigungsstelle die Interessen der einen oder der anderen Seite überhaupt nicht berücksichtigt hat oder weil die Regelung nicht nur unzweckmäßig, sondern objektiv ungeeignet ist. So ist ein Einigungsstellenspruch zu Auswahlrichtlinien ermessensfehlerhaft, der der aktuellen Leistung des AN keine hinreichende Bedeutung beimisst,[122] der dem AG praktisch einen mitbestimmungsfreien Raum zugesteht,[123] keine verfahrensbeendende Regelung der Streitfrage vornimmt[124] oder als Ausgleich für die Einführung der bargeldlosen Lohnzahlung pauschal wöchentlich eine Stunde Freizeit einräumt.[125] Unwirksam ist ein Sozialplan, der eine einheitliche Abfindungshöhe festsetzt[126] oder Ausgleichs- und Milderungsmaßnahmen vorsieht, obwohl keine wirtschaftlichen Nachteile zu erwarten waren.[127] Haben die **Tarifvertragsparteien** eine Regelung im Bereich der erzwingbaren Mitbestimmung geschaffen und dabei den Betriebsparteien einen Gestaltungsraum vorgegeben, ist daran auch die Einigungsstelle nach § 87 I BetrVG gebunden. Ein Ermessensfehler iSd § 76 V 4 BetrVG

---

[115] BAG 29.1.2002 AP Nr. 19 zu § 76 BetrVG 1972 Einigungsstelle.
[116] BAG 7.5.2019 AP Nr. 241 zu § 112 BetrVG 1972 = NZA 2019, 1295; 29.1.2002 AP Nr. 19 zu § 76 BetrVG 1972 Einigungsstelle.
[117] BAG 10.8.1993 AP Nr. 12 zu § 87 BetrVG 1972 Auszahlung = NZA 1994, 326; 27.10.1992 AP Nr. 29 zu § 95 BetrVG 1972 = NZA 1993, 607.
[118] BAG 27.5.1989 AP Nr. 38 zu § 87 BetrVG 1972 Arbeitszeit = NZA 1989, 979; 26.5.1988 AP Nr. 26 zu § 76 BetrVG 1972 = NZA 1989, 26; 14.5.1985 AP Nr. 16 zu § 76 BetrVG 1972 = NZA 1985, 715.
[119] BAG 7.5.2019 AP Nr. 241 zu § 112 BetrVG 1972 = NZA 2019, 1295; 14.1.2014 AP Nr. 10 zu § 94 BetrVG 1972 = NZA-RR 2014, 356; 22.1.2013 AP Nr. 219 zu § 112 BetrVG 1972 = NZA-RR 2013, 409.
[120] BAG 31.8.1982 AP Nr. 8 zu § 87 BetrVG 1972 Arbeitszeit.
[121] BAG 11.3.1986 AP Nr. 14 zu § 87 BetrVG 1972 Überwachung = NZA 1986, 526; 31.8.1982 AP Nr. 8 zu § 87 BetrVG 1972 Arbeitszeit.
[122] BAG 27.10.1992 AP Nr. 29 zu § 95 BetrVG 1972 = NZA 1993, 607.
[123] BAG 26.8.2008 AP Nr. 54 zu § 75 BetrVG 1972 = NZA 2008, 1187; 17.10.1989 AP Nr. 39 zu § 76 BetrVG 1972 = NZA 1990, 399; 28.10.1986 AP Nr. 20 zu § 87 BetrVG 1972 Arbeitszeit = NZA 1987, 248.
[124] BAG 30.1.1990 AP Nr. 41 zu § 87 BetrVG 1972 Lohngestaltung = NZA 1990, 571.
[125] BAG 10.8.1993 AP Nr. 12 zu § 87 BetrVG 1972 Auszahlung = NZA 1994, 326.
[126] BAG 14.9.1994 AP Nr. 87 zu § 112 BetrVG 1972 = NZA 1995, 440.
[127] BAG 25.1.2000 AP Nr. 137 zu § 112 BetrVG 1972 = NZA 2000, 1069.

liegt regelmäßig nicht vor, wenn sich deren Entscheidung innerhalb des ihr eröffneten Entscheidungsrahmens hält.[128] Zur Anfechtung von Sozialplänen → § 244 Rn. 96.

2. Andere gerichtliche Verfahren. Die Wirksamkeit eines Einigungsstellenspruchs kann sich auch in Zusammenhang mit anderen Beschlussverfahren zwischen AG, BG und GBR/KBR stellen. Die gerichtliche Überprüfung beschränkt sich in diesem Fall auf geltend gemachte oder ersichtliche Rechtsverstöße (zB die Überschreitung der Zuständigkeit der Einigungsstelle[129] oder Verstöße gegen höherrangiges Recht). Auf etwaige Ermessenfehler kann der Spruch schon wegen des Ablaufs der Frist nach § 76 V 4 BetrVG nicht mehr überprüft werden. Auch in Individualverfahren, die den Einigungsstellenspruch zum Gegenstand haben, findet lediglich eine Rechtskontrolle statt.[130] Ermessensfehler können dort nicht gerügt werden.[131] 44

VIII. Umsetzung des Spruchs

Vereinbarungen zwischen BR und AG führt nach § 77 I BetrVG der AG durch, es sei denn, dass im Einzelfall etwas anderes vereinbart ist.[132] Dies gilt auch, wenn die Vereinbarung auf einem Spruch der Einigungsstelle beruht. Bei unberechtigter Weigerung kann der BR im Beschlussverfahren seine Durchführung verlangen (→ § 231 Rn. 39). Er kann jedoch nicht zugunsten der einzelnen AN klagen.[133] Ein auf die Feststellung der Unwirksamkeit des Einigungsstellenspruchs gerichtetes Beschlussverfahren der Betriebsparteien suspendiert die Pflicht des AG zur Durchführung des Spruchs nicht.[134] Lediglich wenn der Spruch offensichtlich rechtswidrig ist, kann der AG im Wege der einstweiligen Verfügung beantragen, dass sein Vollzug ausgesetzt wird.[135] Sofern der Spruch einer unter Beteiligung des GBR gebildeten Einigungsstelle noch nicht rechtskräftig für unwirksam erklärt worden ist, kann der BR nicht die Einsetzung einer eigenen Einigungsstelle zum selben Thema verlangen.[136] Ergeben sich aus dem Spruch der Einigungsstelle Rechtsansprüche zugunsten der einzelnen AN, sind diese im Urteilsverfahren geltend zu machen. Die Aussetzung von Individualverfahren ist zulässig und idR geboten, wenn ein von den Betriebsparteien durchgeführtes „Anfechtungsverfahren" des Spruchs für den klageweise geltend gemachten Anspruch vorgreiflich ist.[137] 45

IX. Kosten der Einigungsstelle (§ 76a BetrVG)

1. Kostentragungspflicht des Arbeitgebers. Die Kosten der Einigungsstelle trägt der AG (§ 76a I BetrVG). Die Vorschrift entspricht § 40 BetrVG (→ § 222 Rn. 1), sie hat nur klarstellende Funktion. Wie im Bereich des § 40 BetrVG ist der AG nur zur Übernahme der erforderlichen Kosten der Einigungsstelle verpflichtet, die durch deren Sitzungen oder eine besondere Aufgabenzuweisung an ihre Mitglieder veranlasst sind.[138] Der BR ist zur Abgabe einer Honorarzusage an einen Verfahrensbevollmächtigten oder einen Beisitzer nicht berechtigt.[139] Gehört ein Insolvenzverwalter der Einigungsstelle an, soll auch er der Masse eine besondere Vergütung in Rechnung stellen können.[140] 46

2. Sachkosten und Aufwendungen. Durch § 76a I BetrVG werden die Sach- und persönlichen Kosten der Einigungsstelle bzw. ihrer Mitglieder geregelt, nicht aber deren Vergütungsansprüche.[141] Zu den Sachkosten zählen zB die Aufwendungen für die Bereitstellung von Räumlichkeiten und ggf. einer Schreibkraft. Als persönliche Kosten der Einigungsstellenmitglieder 47

[128] BAG 9.11.2010 AP Nr. 126 zu § 87 BetrVG 1972 Arbeitszeit = NZA-RR 2011, 354.
[129] BAG 20.7.1999 AP Nr. 8 zu § 76 BetrVG 1972 Einigungsstelle = NZA 2000, 495.
[130] BAG 27.6.1995 AP Nr. 1 zu § 76 BetrVG 1972 Einigungsstelle = NZA 1996, 16.
[131] BAG 17.2.1981 AP Nr. 11 zu § 112 BetrVG 1972.
[132] BAG 10.11.1987 AP Nr. 24 zu § 77 BetrVG 1972 = NZA 1988, 255.
[133] BAG 17.10.1989 AP Nr. 53 zu § 112 BetrVG 1972 = NZA 1990, 441.
[134] BAG 13.8.2019 AP Nr. 27 zu § 87 BetrVG 1972 Gesundheitsschutz = NZA 2019, 1717; LAG Köln 20.4.1999 NZA-RR 2000, 311; LAG Bln 6.12.1984 BB 1985, 1199.
[135] Vgl. LAG Köln 20.4.1999 NZA-RR 2000, 311; LAG BW 7.11.1989 NZA 1990, 286; HessLAG 24.9.1987 NZA 1988, 260; LAG Bln 6.12.1984 BB 1985, 1199.
[136] LAG MV 3.2.2010 – 2 TaBV 15/09.
[137] BAG 28.8.1996 AP Nr. 104 zu § 112 BetrVG 1972 = NZA 1997, 109.
[138] BAG 14.2.1996 AP Nr. 6 zu § 76a BetrVG 1972 = NZA 1996, 1225.
[139] BAG 24.4.1996 AP Nr. 5 zu § 76 BetrVG 1972 Einigungsstelle = NZA 1996, 1171.
[140] AG Hamburg 15.10.1990 ZIP 1991, 181 (zweifelhaft).
[141] BAG 14.2.1996 AP Nr. 6 zu § 76a BetrVG 1972 = NZA 1996, 1225.

kommen Reise-, Verpflegungs- und sonstige Aufwendungen (Telefon, Fax) in Betracht. Gleiches gilt für die Kosten eines Sachverständigen, der für die Einigungsstelle tätig wird.[142] Nicht von § 76a I BetrVG erfasst werden die Honoraransprüche eines Rechtsanwalts, der den BR vor der Einigungsstelle vertritt und ihr nicht als Beisitzer angehört. Die Erstattungsfähigkeit seiner Aufwendungen richtet sich nach § 40 BetrVG.[143] Wegen des Umfangs der Kostenerstattung gelten ansonsten die gleichen Grundsätze wie zu § 40 BetrVG (→ § 222 Rn. 3).

48 **3. Honorar. a) Betriebsangehörige Beisitzer.** Die Beisitzer der Einigungsstelle, die dem BR bzw. Betrieb angehören, erhalten für ihre Tätigkeit keine besondere Vergütung, sondern lediglich Entgeltfortzahlung oder Freizeitausgleich (§ 76a II BetrVG). Insoweit folgt das Gesetz der bisherigen Rspr. des BAG.[144] Ist die Einigungsstelle zur Beilegung von Meinungsverschiedenheiten zwischen AG und GBR/KBR zu bilden, gelten dieselben Grundsätze. Streiten dagegen BR und AG miteinander, hat ein Beisitzer eines anderen Betriebes desselben Unternehmens Honoraransprüche,[145] daneben sind den Beisitzern auch Aufwendungen und Auslagen zu ersetzen, soweit sie erforderlich sind.

49 **b) Vorsitzender und externe Beisitzer. aa) Allgemeines.** Der Vorsitzende und die Beisitzer der Einigungsstelle, die nicht dem Betrieb/Unternehmen/Konzern angehören, haben gegen den AG Anspruch auf Vergütung ihrer Tätigkeit (§ 76a III 1 BetrVG). Bei den Beisitzern ist zusätzliche Voraussetzung, dass sie rechtswirksam bestellt wurden und die Bestellung angenommen haben.[146] Unerheblich für den Honoraranspruch ist, ob der BR die Benennung des betriebsfremden Beisitzers für erforderlich halten durfte.[147] Dem Vergütungsanspruch steht auch nicht entgegen, dass hauptamtliche Gewerkschaftsfunktionäre ihr Honorar an eine Gewerkschaftsstiftung abführen müssen.[148]

50 **bb) Grundlagen der Vergütungshöhe.** Solange die in § 76a IV BetrVG vorgesehene RechtsVO fehlt, richtet sich die Vergütungshöhe entweder nach einer vertraglichen Vereinbarung zwischen dem AG und dem Einigungsstellenmitglied oder – bei Fehlen einer Vereinbarung – nach der einseitigen Bestimmung der Vergütung durch das externe Einigungsstellenmitglied nach billigem Ermessen (§§ 316, 315 BGB). Übt das externe Einigungsstellenmitglied sein Leistungsbestimmungsrecht durch eine entspr. Erklärung aus, ist diese unwiderruflich.[149] Eine gerichtliche Festsetzung der Vergütungshöhe kommt erst in Betracht, wenn die vom Einigungsstellenmitglied getroffene Vergütungsbestimmung nicht der Billigkeit entspricht (§ 315 III 2 BGB).[150] In diesem Fall wird der Vergütungsanspruch erst durch die gerichtliche Bestimmung mit der Rechtskraft des Gestaltungsurteils fällig.[151]

51 **cc) Höhe.** Die Bemessung der Vergütung ist nach billigem Ermessen und unter Berücksichtigung der in § 76a IV BetrVG genannten Grundsätze zu bestimmen (§ 76a III 2 BetrVG). Das BMAS kann durch RechtsVO die Vergütung für den Vorsitzenden und die außerbetrieblichen Beisitzer regeln. Eine solche RechtsVO ist bislang jedoch nicht ergangen; eine entspr. richterliche Rechtsfortbildung hat die Rspr. bisher abgelehnt. Im Rahmen des billigen Ermessens ist der erforderliche Zeitaufwand, die Schwierigkeit der Streitigkeit sowie der Verdienstausfall zu berücksichtigen.[152] Nicht genannt hat das Gesetz die wirtschaftliche Bedeutung der Sache, weshalb die Vergütung nicht nach dem Streitwert bemessen werden kann.

52 **(1) Vorsitzender.** Für die Vergütung des Vorsitzenden ist nach Auffassung des BAG (aus dem Jahr 1996) bei mittlerer Schwierigkeit der Angelegenheit ein Stundensatz von 154 EUR angemessen.[153] Abgelehnt hat das Gericht zutreffend eine analoge Heranziehung der Regelun-

---

[142] BAG 13.11.1991 AP Nr. 1 zu § 76a BetrVG 1972 = NZA 1992, 459.
[143] BAG 21.6.1989 AP Nr. 34 zu § 76 BetrVG 1972 = NZA 1990, 107; vgl. auch 14.2.1996 AP Nr. 6 zu § 76a BetrVG 1972 = NZA 1996, 1225; denkbar ist auch seine Hinzuziehung als Sachverständiger (§ 80 III BetrVG) vgl. BAG 25.4.1978 AP Nr. 11 zu § 80 BetrVG 1972.
[144] BAG 11.5.1976 AP Nr. 2 zu § 76 BetrVG 1972.
[145] BAG 21.6.1989 AP Nr. 35 zu § 76 BetrVG 1972 = NZA 1990, 110.
[146] BAG 19.11.2019 AP Nr. 71 zu § 76 BetrVG 1972 = NZA 2020, 727; 10.10.2007 AP Nr. 17 zu § 26 BetrVG 1972 = NZA 2008, 369 (zur Heilung); 14.2.1996 AP Nr. 5 zu § 76a BetrVG 1972 = NZA 1996, 892.
[147] BAG 19.11.2019 AP Nr. 71 zu § 76 BetrVG 1972 = NZA 2020, 727.
[148] BAG 14.12.1988 AP Nr. 30 zu § 76 BetrVG 1972 = NZA 1989, 515.
[149] BAG 11.12.2019 AP Nr. 70 zu § 76 BetrVG 1972 = NZA 2020, 526.
[150] BAG 12.2.1992 AP Nr. 2 zu § 76a BetrVG 1972 = NZA 1993, 605.
[151] BAG 19.11.2019 AP Nr. 71 zu § 76 BetrVG 1972 = NZA 2020, 727.
[152] BAG 28.8.1996 AP Nr. 7 zu § 76a BetrVG 1972 = NZA 1997, 222.
[153] BAG 28.8.1996 AP Nr. 7 zu § 76a BetrVG 1972 = NZA 1997, 222.

gen in § 20 I BRAGO aF bzw. § 3 ZSEG, allerdings hat es die von ihm als ausreichend erkannte Stundensatzhöhe nicht näher begründet. Gleichwohl wird sich die Praxis auf den genannten Satz einzurichten haben. Dieser Stundensatz gilt aber nur bei Fehlen einer vertraglichen Vereinbarung und wenn die vom Vorsitzenden getroffene Festsetzung unbillig war. Üblich ist in der Praxis auch die Vereinbarung eines Festhonorars für jeden Sitzungstag. Wegen der fehlenden RechtsVO ist es für den AG stets empfehlenswert, sich vorab über die Höhe des vom Vorsitzenden beanspruchten Honorars zu informieren bzw. eine entsprechende Vereinbarung zu treffen.

(2) Beisitzer. Die Vergütung der Beisitzer ist bei fehlender Vereinbarung niedriger zu bemessen als die des Vorsitzenden. Für Beisitzer werden regelmäßig[154] 7/10 der Vergütung des Vorsitzenden als angemessen erachtet;[155] jedoch ist auch die Vereinbarung einer identischen oder höheren Vergütung zulässig.[156] Eine Orientierung am Honorar des Vorsitzenden scheidet nur aus, wenn es seinerseits unangemessen ist oder sich durch Besonderheiten erklärt, die in den Verhältnissen oder der Person des Beisitzers nicht erfüllt werden.[157] Die 7/10-Regelung gilt auch für einen Rechtsanwalt, wenn er als Beisitzer auftritt.[158] Seine Honorarvereinbarung bedarf der Schriftform[159] (§ 4 I RVG). Beratungs- und Vorbereitungstätigkeiten für die Einigungsstelle zählen zur Beisitzertätigkeit und werden von der Vergütung der Beisitzer mitumfasst. Mit dem Honorar für die Teilnahme an einem Einigungsstellenverfahren wird aber nicht die anwaltliche Tätigkeit für ein späteres Beschlussverfahren über die Wirksamkeit des Einigungsstellenspruchs abgegolten.[160] Eine unterschiedliche Vergütung der betriebsfremden Beisitzer einer Einigungsstelle ist nicht zulässig.[161] Der Vergütungsanspruch eines umsatzsteuerpflichtigen Beisitzers schließt auch die Erstattung der auf die Vergütung entfallenden Umsatzsteuer mit ein.[162] 53

dd) Abweichende Vergütungsregelungen. Von der gesetzlichen Vergütungsregelung des § 76a III BetrVG oder einer RechtsVO (§ 76a IV BetrVG) kann durch Tarifvertrag oder – wenn der Tarifvertrag eine Öffnungsklausel enthält oder überhaupt keine tarifliche Regelung besteht – durch Betriebsvereinbarung abgewichen werden. Die grundsätzliche Kostentragungspflicht des AG und die Vergütungspflicht für die Beisitzer (§ 76a I, II BetrVG) sind aber einer abweichenden Regelung entzogen. Einzelvertragliche Absprachen werden überwiegend für zulässig gehalten, soweit sie eine günstigere Vergütungsregelung für das Einigungsstellenmitglied darstellen. 54

4. Gerichtliche Durchsetzung. Während die betriebsangehörigen Beisitzer ihre Vergütungsansprüche gegen den AG nach § 76a II BetrVG im Urteilsverfahren durchsetzen müssen, können der Vorsitzende und die betriebsfremden Beisitzer ihren Honoraranspruch gegen den AG nur im arbeitsgerichtlichen Beschlussverfahren geltend machen. Gleiches gilt für die Erstattung von Sachkosten und Aufwendungen nach § 76a I BetrVG. Zu den erstattungsfähigen Kosten gehören auch sog. Honorardurchsetzungskosten; Anspruchsgrundlage ist § 286 I BGB,[163] § 12a ArbGG findet keine Anwendung.[164] Anwaltskosten sind dabei nur nach dem Streitwert erstattungsfähig, der dem Honorar entspricht, mit dem der AG in Verzug war.[165] Die auf das Honorar entfallende Mehrwertsteuer kann auch ohne besondere Vereinbarung geltend gemacht werden.[166] Der AG ist den Beisitzern wegen der Honorarzusage an den Vorsitzenden auskunftspflichtig. Honoraransprüche des Vorsitzenden sind auch dann Masseverbindlichkeiten (§ 55 InsO), wenn das Einigungsstellenverfahren zwar vor Insolvenzeröffnung begonnen, aber erst 55

---

[154] LAG Nds 25.1.2005 LAGE § 76a BetrVG 2001 Nr. 1.
[155] BAG 14.2.1996 AP Nr. 6 zu § 76a BetrVG 1972 = NZA 1996, 1225; 12.2.1992 AP Nr. 2 zu § 76a BetrVG 1972 = NZA 1993, 605; LAG Nds 25.1.2005 LAGE § 76a BetrVG 2001 Nr. 1 (Pauschalhonorar).
[156] LAG Hamm 20.1.2006 NZA-RR 2006, 323.
[157] BAG 14.2.1996 AP Nr. 6 zu § 76a BetrVG 1972 = NZA 1996, 1225; 12.2.1992 AP Nr. 2 zu § 76a BetrVG 1972; 20.2.1991 AP Nr. 44 zu § 76 BetrVG 1972 = NZA 1991, 651.
[158] BAG 20.2.1991 AP Nr. 44 zu § 76 BetrVG 1972 = NZA 1991, 651.
[159] LAG Hamm 20.1.2006 NZA-RR 2006, 323.
[160] LAG RhPf 6.8.1992 NZA 1993, 93.
[161] BAG 20.2.1991 AP Nr. 44 zu § 76 BetrVG 1972 = NZA 1991, 651.
[162] BAG 18.9.2019 AP Nr. 69 zu § 76 BetrVG 1972 = NZA 2020, 458.
[163] BAG 11.12.2019 AP Nr. 70 zu § 76 BetrVG 1972 = NZA 2020, 526; 19.11.2019 AP Nr. 71 zu § 76 BetrVG 1972 = NZA 2020, 727.
[164] BAG 27.7.1994 AP Nr. 4 zu § 76a BetrVG 1972 = NZA 1995, 545.
[165] BAG 11.12.2019 AP Nr. 70 zu § 76 BetrVG 1972 = NZA 2020, 526.
[166] BAG 14.2.1996 AP Nr. 6 zu § 76a BetrVG 1972 = NZA 1996, 1225.

nach diesem Zeitpunkt durch einen Spruch der Einigungsstelle beendet wurde.[167] Die Arbeitsgerichte sind für Honorarrückerstattungsforderungen des Insolvenzverwalters gegen die Einigungsstellenmitglieder zuständig.[168]

X. Rechtsstellung der Einigungsstellenmitglieder

56 **1. Behinderungsverbot.** Die Einigungsstellenmitglieder dürfen in der Ausübung ihrer Tätigkeit nicht gestört oder behindert werden (§ 78 BetrVG). Verboten ist sowohl die Behinderung des Organs wie der einzelnen Mitglieder. Maßnahmen, die auf die Störung oder Behinderung der Einigungsstelle oder ihrer Mitglieder hinauslaufen, sind unzulässig und – wenn es sich um Rechtsgeschäfte handelt – rechtsunwirksam (§ 134 BGB). Außerdem kann die Störung oder Behinderung zur Bestrafung nach § 119 I Nr. 2 BetrVG oder bei Verstößen des AG zum Zwangsvollstreckungsverfahren nach § 23 III BetrVG führen.

57 **2. Abberufung.** Sowohl der Vorsitzende als auch die Beisitzer der Einigungsstelle sind nicht an Weisungen gebunden.[169] Die Betriebsparteien können die von ihnen bestellten **Beisitzer** allerdings jederzeit abberufen;[170] der Widerruf der Bestellung bedarf keines Grundes. Endet das Arbeitsverhältnis eines betriebsinternen Beisitzers, führt dies nicht automatisch zur Beendigung dieser Funktion, möglich ist jedoch ebenfalls eine Abberufung.[171]

58 Das Amt eines **Vorsitzenden** endet – auch nach einer gerichtlichen Bestellung – dagegen grundsätzlich nur, wenn sich die Betriebsparteien auf dessen Abberufung verständigen. Zudem ist der Vorsitzende auf Antrag einer Partei entspr. §§ 42, 1032 ZPO vom Arbeitsgericht abzuberufen, wenn hierfür ein wichtiger Grund besteht, insbesondere wenn Tatsachen vorliegen, aus denen sich die Besorgnis der Befangenheit des Vorsitzenden ergibt.[172] Die Ablehnung wegen Besorgnis der Befangenheit ist jedoch nur wegen solcher Umstände zulässig, die nach der Bestellung bekannt geworden sind.[173] Ablehnungsgründe, die bis zur Abstimmung entstanden, jedoch nicht gerügt worden sind, können im Rahmen der Überprüfung des Spruchs nicht mehr geltend gemacht werden. Das Ablehnungsrecht steht nur AG und BR, nicht aber den einzelnen Beisitzern zu. Legt der für befangen gehaltene Vorsitzende sein Amt nicht von sich aus nieder, entscheidet danach über den Ablehnungsantrag die Einigungsstelle zunächst ohne den abgelehnten Vorsitzenden; zu einer zweiten Abstimmung mit seiner Beteiligung kommt es nicht. Findet der Ablehnungsantrag unter den Beisitzern der Einigungsstelle keine Mehrheit, entscheidet die Einigungsstelle unter Beteiligung des für befangen gehaltenen Vorsitzenden darüber, ob sie das Verfahren fortsetzt oder ggf. bis zur gerichtlichen Entscheidung über die geltend gemachten Ablehnungsgründe aussetzt.[174] Über die Ablehnung wegen Besorgnis der Befangenheit entscheidet das Arbeitsgericht im Beschlussverfahren in erster und letzter Instanz entspr. § 1037 III 1, § 1062 I Nr. 1 Alt. 2, § 1065 I 2 ZPO unter Beteiligung der ehrenamtlichen Richter. Mit dem Antrag ist gleichzeitig über die Neuberufung eines anderen unparteiischen Vorsitzenden zu entscheiden.[175] Der Vorsitzende kann sein Amt jederzeit niederlegen.

59 **3. Haftung.** Die Einigungsstellenmitglieder können dem AG auf Schadensersatz haften, wenn sie ihre Pflichten verletzen. Hierzu gehört insbesondere die Verletzung der Verschwiegenheitspflicht. Für einen ermessensfehlerhaften oder aus anderen Gründen unwirksamen Inhalt des Spruchs haften die vom BR entsandten Einigungsstellenmitglieder nur nach den Grundsätzen für Amtspflichtverletzungen (→ § 220 Rn. 29a). Eine Einstandspflicht der vom AG entsandten betriebsangehörigen Mitglieder scheidet regelmäßig aus, wenn sie für den Antrag ihrer Seite stimmen. Zwischen dem AG und dem Einigungsstellenvorsitzenden wird idR ein Schiedsgutachtervertrag mit einer konkludenten Haftungsbeschränkung (entspr. §§ 1029 ff. ZPO) auf Vor-

---

[167] BAG 11.12.2019 AP Nr. 70 zu § 76 BetrVG 1972 = NZA 2020, 526; 25.8.1983 AP Nr. 14 zu § 59 KO; 27.3.1979 AP Nr. 7 zu § 76 BetrVG 1972.

[168] LG Frankfurt 25.6.1993 NZA 1994, 96.

[169] BAG 27.6.1995 AP Nr. 1 zu § 76 BetrVG 1972 Einigungsstelle = NZA 1996, 161; 18.1.1994 AP Nr. 51 zu § 76 BetrVG 1972 = NZA 1994, 571.

[170] AA *Tschöpe* NZA 2004, 945 (948).

[171] BAG 27.3.1979 AP Nr. 7 zu § 76 BetrVG 1972 (Insolvenz).

[172] BAG 11.9.2001 AP Nr. 15 zu § 76 BetrVG 1972 Einigungsstelle = NZA 2002, 572; 9.5.1995 AP Nr. 2 zu § 76 BetrVG 1972 Einigungsstelle = NZA 1996, 156, 234; *Fitting* BetrVG § 76 Rn. 43; aA *Bertelsmann* NZA 1996, 234.

[173] BAG 9.5.1995 AP Nr. 2 zu § 76 BetrVG 1972 Einigungsstelle = NZA 1996, 156.

[174] BAG 29.1.2002 AP Nr. 19 zu § 76 BetrVG 1972 Einigungsstelle.

[175] BAG 17.11.2010 AP Nr. 62 zu § 76 BetrVG 1972 = NZA 2011, 940; aA *Deeg* RdA 2011, 221.

satz oder grobe Fahrlässigkeit geschlossen. Diese Haftungsbeschränkung betrifft aber nur die inhaltlichen Mängel des Einigungsstellenspruchs. Für formelle Mängel in seiner Tätigkeit (zB bei der Zuleitung des Spruchs) haftet der Vorsitzende hingegen uneingeschränkt.[176]

§ 233. Allgemeine Aufgaben und Informationsrechte des Betriebsrats

Muster: Schaub ArbRFV-HdB/*Thoms* B. Rn. 98.

Übersicht

I. Allgemeine Aufgaben

1. Einführung. Der BR hat das Recht und die Pflicht, die in § 80 BetrVG geregelten allgemeinen Aufgaben wahrzunehmen. Diese treten selbständig neben seinen in §§ 87–112 BetrVG besonders geregelten Beteiligungsrechten. § 80 BetrVG gibt ihm daher einen allgemeinen Handlungsrahmen. Daneben können sich noch weitere Aufgaben des BR aus anderen Gesetzen ergeben.[1] 1

2. Überwachungsaufgaben. a) Gegenstand. Nach § 80 I Nr. 1 BetrVG hat der BR darüber zu wachen, dass die zugunsten der AN geltenden Rechtsvorschriften (Gesetze, Verordnungen, Unfallverhütungsvorschriften usw.) sowie Tarifverträge und Betriebsvereinbarungen durchgeführt werden. Die Überwachungsaufgabe des BR ist sowohl gegenwarts- als auch zukunftsbezogen. Sie dient nicht der Zweckmäßigkeits-, sondern nur der **Rechtskontrolle;**[2] der AG soll veranlasst werden, sich künftig rechtskonform zu verhalten.[3] Das Überwachungsrecht ist auf die Durchführung von Arbeitnehmerschutzregelungen gerichtet, die konkrete Handlungsge- und -verbote normieren.[4] Hierzu gehören alle im Rahmen des Arbeitsverhältnisses relevanten Normen, die unmittelbare subjektive Rechte zugunsten der einzelnen AN (oder Stellenbewerber) normieren, wie etwa die Einhaltung des NachwG,[5] der §§ 305c–310 BGB[6] und der Arbeitszeitvorschriften[7] sowie entspr. Bestimmungen des AGG, des Datenschutzes[8] und des MuSchG,[9] nicht jedoch das Lohnsteuerrecht[10] oder §§ 163, 154 I SGB IX.[11] Die den AN begünstigenden Normen können auch im schuldrechtlichen oder 2

[176] Ähnl. *Fitting* BetrVG § 76 Rn. 52; für volle Haftung *Schipp* NZA 2011, 271; *Sprenger* BB 2010, 2110.
[1] Vgl. dazu *Pulte* NZA-RR 2008, 113.
[2] BAG 16.11.2005 AP Nr. 64 zu § 80 BetrVG 1972 = NZA 2006, 553.
[3] BAG 24.4.2018 AP Nr. 84 zu § 80 BetrVG 1972 = NZA 2018, 1565.
[4] Vgl. BAG 20.3.2018 AP Nr. 82 zu § 80 BetrVG 1972 = NZA 2018, 14202; 7.10.2010 AP Nr. 133 zu § 99 BetrVG 1972 = NZA 2011, 418.
[5] BAG 19.10.1999 AP Nr. 58 zu § 99 BetrVG 1972 = NZA 2000, 837.
[6] BAG 16.11.2005 AP Nr. 64 zu § 80 BetrVG 1972 = NZA 2006, 553.
[7] BAG 6.5.2003 AP Nr. 61 zu § 80 BetrVG 1972 = NZA 2003, 1348.
[8] BAG 3.6.2003 AP Nr. 1 zu § 89 BetrVG 1972; 17.3.1987 AP Nr. 29 zu § 80 BetrVG 1972; *Kort* NZA 2015, 1345.
[9] BAG 9.4.2019 AP Nr. 86 zu § 80 BetrVG 1972 = NZA 2019, 1055.
[10] BAG 11.12.1973 AP Nr. 5 zu § 80 BetrVG 1972.
[11] BAG 20.3.2018 AP Nr. 82 zu § 80 BetrVG 1972 = NZA 2018, 1420.

normativen Teil eines Tarifvertrags enthalten sein;[12] der rechtliche Grund für dessen Geltung ist unerheblich.[13] Für die Überwachungsaufgabe nach § 80 I Nr. 1 BetrVG genügt es daher, wenn der Tarifvertrag aufgrund vertraglicher Bezugnahmeklauseln im Betrieb angewendet wird. Der BR hat auch die Einhaltung des allgemeinen Gleichbehandlungsgrundsatzes zu überwachen,[14] wenn sich die – für dessen Geltung erforderliche – verteilende Entscheidung des AG auf den Betrieb beschränkt.[15] Ferner obliegt ihm die Überwachung der Durchführung von Betriebsvereinbarungen, auch wenn diese vom GBR oder KBR abgeschlossen wurden.[16] Die Überwachungsaufgabe bezieht sich nicht nur auf das Verhalten des AG, sondern auch auf das der AN. So hat der BR zB die Belegschaft auf die Beachtung der Unfallverhütungsvorschriften hinzuweisen.

3 **b) Inhalt des Überwachungsrechts.** § 80 I Nr. 1 BetrVG gewährt dem BR lediglich ein Recht zur Überwachung. Da der BR kein dem AG übergeordnetes Kontrollorgan ist, findet das Überwachungsrecht seine Schranken in dem Verbot, in die Leitung des Betriebs einzugreifen (§ 77 I 2 BetrVG), und in dem Gebot der vertrauensvollen Zusammenarbeit (§ 2 I BetrVG). Die Wahrnehmung der Überwachungsaufgabe setzt weder einen besonderen Anlass voraus – insbes. bedarf es keines Verdachtsmoments für einen Regelverstoß – noch ein spezielles Überwachungsbedürfnis.[17] Der BR kann seine Überwachungstätigkeit ohne vorherige Einwilligung der betroffenen AN[18] wahrnehmen und dazu Arbeitsplätze von einzelnen AN auch unangekündigt aufsuchen,[19] zB zur Überprüfung der Eingruppierung[20] oder der Einhaltung von Arbeitsschutzvorschriften. Er ist dabei aber an sicherheitstechnische Vorgaben oder solche von externen Kunden gebunden, die auch der AG zu beachten hat.[21] Inhalt und Umfang der Überwachungsaufgabe können Gegenstand von Beschlussverfahren sein, wobei besondere Sorgfalt auf eine hinreichend bestimmte Antragsformulierung zu verwenden ist. Zur Informationsbeschaffung des BR für die Überwachungstätigkeit → Rn. 16.

4 Bei festgestellten Durchführungsmängeln beschränkt sich die Befugnis des BR darauf, diese beim AG zu beanstanden und auf **Abhilfe** zu drängen.[22] Will der BR Behörden oder sonstige externe Stellen zur Unterstützung seiner Überwachungstätigkeit einschalten, muss er regelmäßig zunächst eine betriebsinterne Auseinandersetzung und Einigung mit dem AG versuchen[23] (vgl. § 17 ArbSchG; zum Arbeitsschutz → § 236 Rn. 11).

5 Einen weitergehenden (gerichtlich durchsetzbaren) Anspruch des BR gegen den AG auf Unterlassung,[24] Durchführung[25] oder Rückgängigmachung bestimmter Maßnahmen oder Verhaltensweisen begründet § 80 I Nr. 1 BetrVG nicht. Auch kann der BR hierauf weder die gerichtliche Feststellung von Normverstößen des AG gegenüber einzelnen AN stützen,[26] noch kann aus der Überwachungsaufgabe die Befugnis des BR abgeleitet werden, individuelle Ansprüche der AN zu deren Gunsten durchzusetzen oder sie im Prozess zu vertreten.[27] Einen Anspruch des BR gegen den AN, Aufgaben in einer bestimmten Art und Weise durchzuführen, vermittelt § 80 I Nr. 1 BetrVG ebenfalls nicht.[28]

---

12 BAG 11.7.1972 AP Nr. 1 zu § 80 BetrVG 1972.
13 BAG 6.5.2003 AP Nr. 61 zu § 80 BetrVG 1972 = NZA 2003, 1348.
14 BAG 21.10.2003 AP Nr. 62 zu § 80 BetrVG 1972 = NZA 2004, 936.
15 BAG 26.9.2017 AP Nr. 81 zu § 80 BetrVG 1972 = NZA 2018, 108.
16 BAG 24.4.2018 AP Nr. 84 zu § 80 BetrVG 1972 = NZA 2018, 1565; 16.8.2011 AP Nr. 75 zu § 80 BetrVG 1972 = NZA 2012, 342; aber keine Normenkontrolle BAG 5.3.2013 AP Nr. 63 zu § 81 ArbGG 1979.
17 BAG 14.1.2014 AP Nr. 77 zu § 80 BetrVG 1972 = NZA 2014, 738.
18 BAG 7.2.2012 AP Nr. 4 zu § 84 SGB IX = NZA 2012, 744.
19 BAG 15.10.2014 AP Nr. 79 zu § 80 BetrVG 1972 = NZA 2015, 560 (Leiharbeitnehmer).
20 BAG 17.1.1989 AP Nr. 1 zu § 2 LPVG NW = NZA 1989, 938.
21 BAG 13.6.1989 AP Nr. 36 zu § 80 BetrVG 1972 = NZA 1989, 934 (Bewachungsunternehmen).
22 BAG 13.3.2007 AP Nr. 52 zu § 95 BetrVG 1972 = NZA-RR 2007, 581.
23 Offengelassen von BAG 3.6.2003 AP Nr. 1 zu § 89 BetrVG 1972; *Wiebauer* NZA 2015, 22.
24 BAG 17.5.2011 AP Nr. 73 zu § 80 BetrVG 1972.
25 BAG 18.5.2010 AP Nr. 51 zu § 77 BetrVG 1972 Betriebsvereinbarung = NZA 2010, 1433; 20.5.2008 AP Nr. 4 zu § 81 BetrVG 1972 = NZA-RR 2009, 102; 9.12.2003 AP Nr. 1 zu § 33 BetrVG 1972 = NZA 2004, 746.
26 BAG 28.5.2002 AP Nr. 39 zu § 87 BetrVG 1972 Ordnung des Betriebes = NZA 2003, 166.
27 Vgl. BAG 20.5.2008 AP Nr. 4 zu § 81 BetrVG 1972 = NZA-RR 2009, 102; 5.5.1992 AP Nr. 97 zu § 99 BetrVG 1972 = NZA 1992, 1044; 17.10.1989 AP Nr. 53 zu § 112 BetrVG 1972 = NZA 1990, 441; 24.2.1987 AP Nr. 28 zu § 80 BetrVG 1972 = NZA 1987, 674.
28 BAG 10.2.1987 AP Nr. 27 zu § 80 BetrVG 1972 = NZA 1987, 385; 10.6.1986 AP Nr. 26 zu § 80 BetrVG 1972 = NZA 1987, 28.

3. Allgemeines Antragsrecht. Nach § 80 I Nr. 2 BetrVG hat der BR Maßnahmen, die dem Betrieb und der Belegschaft dienen, beim AG zu beantragen. Dieses Recht besteht in allen sozialen, personellen und wirtschaftlichen Angelegenheiten und unabhängig von einem Mitbestimmungsrecht.[29] Voraussetzung ist allein, dass die Anregungen dem Betrieb und seiner Belegschaft oder Teilen davon nützlich sein können. Eine Möglichkeit, die Anregung auch durchzusetzen, hat der BR nicht.[30] Der Grundsatz der vertrauensvollen Zusammenarbeit (§ 2 I BetrVG) verpflichtet den AG jedoch, sich mit den Anregungen des BR inhaltlich zu befassen und sich zu ihnen zu äußern. 6

4. Schutz- und Förderpflichten. a) Gleichstellung sowie Vereinbarkeit von Familie und Erwerbstätigkeit. Der BR hat gem. § 80 I Nr. 2a, b BetrVG die Durchsetzung der tatsächlichen Gleichbehandlung von Frauen und Männern – insbesondere bei der Einstellung, Beschäftigung, Aus-, Fort- und Weiterbildung sowie dem beruflichen Aufstieg – zu fördern. Quotenregelungen zugunsten des unterrepräsentierten Geschlechts sind zulässig, nicht jedoch ein Automatismus bei personellen Maßnahmen.[31] Daneben hat der BR die Vereinbarkeit von Familie und Beruf zu fördern, die zu den wichtigsten Voraussetzungen für die tatsächliche Gleichstellung der Geschlechter im Erwerbsleben zählt. Der BR kann dem AG geeignete Maßnahmen zur Förderung der Gleichstellung, zB die Vereinbarung von Gleichstellungsförderplänen vorschlagen (§ 92 III BetrVG), die ggf. als Auswahlrichtlinien (§ 95 BetrVG) vereinbart oder auch unter den Voraussetzungen des § 95 II BetrVG erzwungen werden können (Muster: Schaub ArbRFV-HdB/*Thoms* B. Rn. 101). 7

b) Eingliederung schutzbedürftiger Personen. Nach § 80 I Nr. 4 BetrVG hat der BR die Eingliederung von schwerbehinderten Menschen und sonstigen besonders schutzbedürftigen Personen zu fördern. Hierzu zählen insbesondere der Abschluss von Inklusionsvereinbarungen (§ 166 SGB IX; → § 180 Rn. 16) und Hilfen für körperlich, geistig oder seelisch behinderte Menschen. 8

c) Förderung älterer Arbeitnehmer. Nach § 80 I Nr. 6 BetrVG obliegt es dem BG ferner, die Beschäftigung älterer AN im Betrieb zu fördern. Grund hierfür ist, dass dieser Personenkreis typischerweise auf dem Arbeitsmarkt schwerer vermittelbar ist. Die Förderpflicht umfasst mehr als die Überwachung der Einhaltung gesetzlicher Vorschriften; der BR soll Initiativen entwickeln, wie den Belangen dieses Personenkreises Rechnung getragen wird; ein besonderes Benachteiligungsverbot wegen des Alters folgt aus § 75 I BetrVG iVm § 7 AGG[32] (→ § 36 Rn. 15). 9

d) Integration ausländischer Arbeitnehmer. Zu den Aufgaben des BR zählt nach § 80 I Nr. 7 BetrVG auch die Integration ausländischer AN in den Betrieb. Der BR soll das Verständnis zwischen ihnen und den deutschen AN fördern, insbesondere darüber wachen, dass sie entsprechend den gesetzlichen Vorschriften behandelt werden und auf den Abbau von Vorurteilen hinwirken. Daneben hat er ggf. geeignete Maßnahmen zur Bekämpfung von Rassismus und Fremdenfeindlichkeit beim AG zu beantragen. Diese müssen betrieblich veranlasst sein; ein allgemein-pädagogisches Mandat hat der BR nicht. In Betracht kommt etwa der Abschluss von freiwilligen Betriebsvereinbarungen über den Abbau von Sprachbarrieren, von Aktivitäten, die der gegenseitigen Toleranz der AN untereinander dienen, zB über Räumlichkeiten, in denen die ausländischen AN in den Pausen ungestört ihre Religion ausüben können (Muster: Schaub ArbRFV-HdB/*Thoms* B. Rn. 105). Über den Stand der Integration ausländischer AN hat der AG in der Betriebsversammlung zu berichten (§ 43 II 3 BetrVG). Konkrete Beteiligungsrechte stehen dem BR zur Abwehr von fremdenfeindlichen AN nach den §§ 99 II Nr. 6, 104 BetrVG zu (→ § 241 Rn. 51, → § 242 Rn. 1). 10

e) Beschäftigungsförderung und -sicherung. Dem BR obliegt es, die Beschäftigung der AN zu fördern und zu sichern (§ 80 I Nr. 8 BetrVG). Zu diesem Zweck sind ihm in den §§ 92a, 97 II, 112 V Nr. 2a BetrVG konkrete Beteiligungsrechte verliehen worden. Mit Beschäftigungssicherung ist die Vermeidung von Entlassungen, dh der Erhalt der bestehenden Arbeitsplätze gemeint. Die Beschäftigungsförderung umfasst die Verbesserung der Beschäftigungsmöglichkeiten bzw. -bedingungen für die im Betrieb beschäftigten AN, nicht hingegen die Ausweitung 11

[29] BAG 27.6.1989 AP Nr. 37 zu § 80 BetrVG 1972 = NZA 1989, 929.
[30] BAG 16.7.1985 AP Nr. 17 zu § 87 BetrVG 1972 Lohngestaltung.
[31] EuGH 11.11.1997 AP Nr. 14 zu EWG-Richtlinie Nr. 76/207 = NZA 1997, 1337.
[32] BAG 23.3.2010 AP Nr. 55 zu § 75 BetrVG 1972 = NZA 2010, 774.

der Beschäftigtenzahl. Unzulässig ist es daher, vorübergehende Überstunden unter Hinweis auf mögliche befristete Einstellungen abzulehnen.

12 **f) Arbeitsschutz und betrieblicher Umweltschutz.** Zudem ist der BR für die betrieblichen Belange des Arbeitsschutzes und des betrieblichen Umweltschutzes zuständig (§ 80 I Nr. 9 BetrVG). Der Umweltschutz im Betrieb und Unternehmen zählt zu den wirtschaftlichen Angelegenheiten (§ 106 Nr. 5a BetrVG) und ist obligatorischer Gegenstand des Berichts des AG bzw. Unternehmers in der Betriebs- und Betriebsräteversammlung (§§ 43 II 3, 53 II BetrVG); zu den Beteiligungsrechten im Einzelnen → § 236 Rn. 11, 16.

13 **g) Betreuung der Jugend- und Auszubildendenvertretung.** Der BR hat nach § 80 I Nr. 5 BetrVG die JAV zu betreuen. Er hat deren Wahl vorzubereiten und durchzuführen (→ § 227 Rn. 1) sowie zur Förderung der Belange der Jugendlichen und Auszubildenden mit dieser zusammenzuarbeiten (vgl. §§ 65–71 BetrVG). Der BR kann in Angelegenheiten der Jugendlichen und Auszubildenden Vorschläge und Stellungnahmen der JAV anfordern.

14 **5. Bearbeitung von Anregungen.** Der BR hat Anregungen der AN und der JAV (→ § 227 Rn. 1) entgegenzunehmen, sie zu prüfen und im Falle ihrer Berechtigung auf eine Erledigung beim AG hinzuwirken (§ 80 I Nr. 3 BetrVG). Die JAV kann nicht selbst an den AG herantreten.[33] Die Anregungen des einzelnen AN können sich auf sämtliche betrieblichen Angelegenheiten beziehen. Von den Anregungen des AN zu unterscheiden sind seine Beschwerden, die nach §§ 84, 85 BetrVG zu behandeln sind (→ § 234 Rn. 16, 24). Der BR – nicht der AG – hat den AN bzw. die JAV über den Stand und das Ergebnis der Verhandlungen zu unterrichten.

15 **6. Aufgabenkatalog außerhalb des BetrVG.** Auch in zahlreichen anderen Gesetzen sind dem BR Aufgaben übertragen worden.[34] Hierzu gehören zB Aufgaben im Zusammenhang mit der Überlassung von AN (→ § 120 Rn. 99), bei der Anzeige der Insolvenzeröffnung und der Beantragung von Kurzarbeitergeld (→ § 48 Rn. 1), im Rahmen des EntgelttranspG (→ § 37 Rn. 38) sowie bei der Durchführung eines betrieblichen Eingliederungsmanagements nach § 167 II SGB IX (→ § 137 Rn. 7).

II. Informationsrechte gegenüber dem Arbeitgeber

16 **1. Auskunftsanspruch (§ 80 II 1 BetrVG). a) Allgemeines.** Der AG hat den BR nach § 80 II 1 BetrVG über sämtliche Angelegenheiten, die zu seinem Aufgabenbereich zählen, rechtzeitig und umfassend in deutscher Sprache[35] zu unterrichten. Mit der Verpflichtung des AG korrespondiert ein entsprechender Auskunftsanspruch des BR. Darüber hinaus können sich spezielle Unterrichtungsansprüche des BR aus den §§ 90, 92 I, 99 I, 100 II, 102 I, 105, 106, 108, 111 BetrVG ergeben. Der allgemeine Auskunftsanspruch besteht unabhängig von den in § 80 II 2 BetrVG geregelten Ansprüchen des BR auf Vorlage von Unterlagen (→ Rn. 24) und auf Einsicht in die Bruttoentgeltlisten (→ Rn. 28).

17 **b) Voraussetzungen.** Die Unterrichtungspflicht nach § 80 II 1 BetrVG soll dem BR ermöglichen, in eigener Verantwortung zu prüfen, ob sich für ihn gesetzliche Aufgaben ergeben und ob er zu ihrer Wahrnehmung tätig werden muss.[36] Daher setzt der Auskunftsanspruch des BR nicht voraus, dass besondere Beteiligungs- oder Mitbestimmungsrechte bereits feststehen oder aktuell sind. Ausreichend ist, dass eine gewisse Wahrscheinlichkeit dafür besteht, dass eine Aufgabe des BR gegeben ist; zu diesen zählen auch die allgemeinen Aufgaben aus dem Katalog des § 80 I BetrVG (→ Rn. 2).[37] Die Grenzen des Auskunftsanspruchs liegen dort, wo ein Beteiligungsrecht offensichtlich nicht in Betracht kommt.[38] Anspruchsvoraussetzung ist damit zum einen, dass überhaupt eine Aufgabe des BR gegeben ist, und zum anderen, dass im Einzelfall die begehrte Information zur Wahrnehmung dieser Aufgabe

[33] BAG 21.1.1982 AP Nr. 1 zu § 70 BetrVG 1972.

[34] Dazu *Pulte* NZA-RR 2008, 113; *Engels* ArbuR 2009, 10 (65); zu Informationsansprüchen außerhalb des BetrVG *Wirlitsch/Hablitzel* ArbRAktuell 2009, 228.

[35] HessLAG 19.8.1993 NZA 1995, 285.

[36] BAG 10.10.2006 AP Nr. 68 zu § 80 BetrVG 1972 = NZA 2007, 99; 6.5.2003 AP Nr. 61 zu § 80 BetrVG 1972 = NZA 2003, 1348.

[37] BAG 14.4.2015 AP Nr. 143 zu § 99 BetrVG 1972 = NZA 2015, 1077.

[38] BAG 17.9.2013 AP Nr. 76 zu § 80 BetrVG 1972 = NZA 2014, 269 (Vorlage von Abmahnungen); 19.10.1999 AP Nr. 58 zu § 80 BetrVG 1972 = NZA 2000, 837; 8.6.1999 AP Nr. 57 zu § 80 BetrVG 1972 = NZA 1999, 1345.

erforderlich ist.[39] Da § 80 II 1 BetrVG strikt aufgabengebunden ist und in seiner Reichweite durch das Erforderlichkeitsprinzip bestimmt wird, hat der BR – will er seinen Auskunftsanspruch gerichtlich durchsetzen – konkret darzulegen, welche Aufgabe er wahrnehmen will und dass die verlangte Auskunft zur Wahrnehmung dieser Aufgabe auch notwendig ist. Allein anhand dieser Angaben hat das Gericht zu prüfen, ob sein Verlangen begründet ist.[40] Beruft sich der BR etwa auf eine Überwachungsaufgabe iSv § 80 I Nr. 1 BetrVG, muss deren Inhalt – zB die ins Auge gefasste Arbeitsschutzvorgabe – genau benannt werden.[41] Stützt er sein Auskunftsbegehren auf ein mögliches Mitbestimmungsrecht nach § 87 I Nr. 7 BetrVG iVm § 3 I ArbSchG, muss er festgestellte Gefährdungen darlegen, denn erst diese begründen eine Handlungspflicht des AG, die das Mitbestimmungsrecht auslöst.[42] Einen generellen Anspruch darauf, dass der AG den BR über betriebliche Vorgänge informiert und ihm insoweit den gleichen Kenntnisstand vermittelt, gewährt das Gesetz nicht.[43]

c) Verfahren. Der BR hat nach pflichtgemäßem Ermessen zu entscheiden, wann und wie er sein Auskunftsbegehren gegenüber dem AG geltend macht. Eines besonderen Anlasses hierfür bedarf es nicht.[44] Der BR kann daher von sich aus an den AG herantreten und die Gegenstände der Auskunft bestimmen, sich aber auch selbst Informationen verschaffen, zB durch Betriebs- oder einzelne Arbeitsplatzbegehungen.[45] Zudem kann er auch Auskünfte von AN verwerten. Die AN sind allerdings nicht zur Informationsübermittlung an den BR verpflichtet und bei vertraulichen Informationen auch nicht berechtigt. Besteht eine Unterrichtungspflicht des AG, kann dieser den BR regelmäßig nicht darauf verweisen, sich die benötigten Informationen selbst zu beschaffen, selbst wenn der BR dazu in der Lage wäre.[46] 18

d) Umfang. Der Umfang der zu gewährenden Auskunft hängt von der geltend gemachten Aufgabe ab. Der Anspruch auf Auskunft reicht umso weiter, je weniger der BR über die zur Wahrnehmung seines Beteiligungsrechts oder zu Durchführung seiner Aufgaben notwendigen Kenntnisse verfügt.[47] Der AG kann zur Unterrichtung über Gegenstände, die dem Überwachungsrecht des BR nach § 80 I Nr. 1 BetrVG unterliegen, auch dann verpflichtet sein, wenn er die erforderliche Information hierüber selbst bislang noch nicht besitzt; ansonsten liefe das Überwachungsrecht leer.[48] Der Unterrichtungsanspruch besteht daher nicht nur dann, wenn der AG über die entspr. Daten schon tatsächlich verfügt, sondern auch, wenn er sie zur Kenntnis nehmen und sich damit verschaffen kann. Da die Überwachungsaufgabe nach § 80 I Nr. 1 BetrVG gegenwarts- und zukunftsbezogen ausgestaltet ist, kann der BR eine Auskunft über vergangenheitsbezogene Vorgänge nur verlangen, wenn diese für die Ausübung von Beteiligungsrechten noch von Bedeutung sein kann. Könnte der BR aus den gewünschten Informationen für sein Handeln keine sachgerechten Folgerungen mehr ziehen, besteht kein Anspruch.[49] 19

Die Pflicht zur Unterrichtung erstreckt sich nach § 80 II 1 Hs. 2 BetrVG auch auf die Beschäftigung von Personen, die nicht in einem Arbeitsverhältnis zum AG stehen **(Drittpersonaleinsatz).** Hierzu zählen nicht nur LeihAN, sondern auch sonstiges Fremdpersonal, also im Betrieb tätige freie Mitarbeiter oder dort eingesetzte Erfüllungsgehilfen von Werk- und Dienstleistungsunternehmen.[50] Die Vorschrift dient allein der Klarstellung des Personenkreises, auf den sich 20

[39] BAG 24.4.2018 AP Nr. 84 zu § 80 BetrVG 1972 = NZA 2018, 1565; 7.2.2012 AP Nr. 4 zu § 84 SGB IX = NZA 2012, 744; 30.9.2008 AP Nr. 71 zu § 80 BetrVG 1972 = NZA 2009, 502.

[40] BAG 9.4.2019 AP Nr. 86 zu § 80 BetrVG 1972 = NZA 2019, 1055; 24.4.2018 AP Nr. 84 zu § 80 BetrVG 1972 = NZA 2018, 1565; 20.3.2018 AP Nr. 82 zu § 80 BetrVG 1972 = NZA 2018, 1420.

[41] BAG 9.4.2019 AP Nr. 86 zu § 80 BetrVG 1972 = NZA 2019, 1055.

[42] BAG 24.4.2018 AP Nr. 84 zu § 80 BetrVG 1972 = NZA 2018, 1565.

[43] BAG 20.1.2015 AP Nr. 80 zu § 80 BetrVG 1972 = NZA 2015, 696; 23.3.2010 AP Nr. 72 zu § 80 BetrVG 1972.

[44] BAG 9.4.2019 AP Nr. 86 zu § 80 BetrVG 1972 = NZA 2019, 1055; 19.2.2008 AP Nr. 69 zu § 80 BetrVG 1972 = NZA 2008, 1078.

[45] BAG 13.6.1989 AP Nr. 36 zu § 80 BetrVG 1972 = NZA 1989, 9341.

[46] BAG 21.10.2003 AP Nr. 62 zu § 80 BetrVG 1972 = NZA 2004, 936; 6.5.2003 AP Nr. 61 zu § 80 BetrVG 1972 = NZA 2003, 1348; 24.1.2006 AP Nr. 65 zu § 80 BetrVG 1972 = NZA 2006, 1050.

[47] Vgl. BAG 19.10.1999 AP Nr. 58 zu § 80 BetrVG 1972 = NZA 2000, 837.

[48] BAG 6.5.2003 AP Nr. 61 zu § 80 BetrVG 1972 = NZA 2003, 1348 (Angaben über Arbeitszeit); LAG Nds 8.11.2004 LAGE § 80 BetrVG 2001 Nr. 2.

[49] BAG 24.4.2018 AP Nr. 84 zu § 80 BetrVG 1972 = NZA 2018, 1565; 21.10.2003 AP Nr. 62 zu § 80 BetrVG 1972 = NZA 2004, 936.

[50] BAG 15.12.1998 AP Nr. 56 zu § 80 BetrVG 1972 = NZA 1999, 722 (freie Mitarbeiter); 12.3.2019 AP Nr. 85 zu § 80 BetrVG 1972 = NZA 2019, 850; 31.1.1989 AP Nr. 33 zu § 80 BetrVG 1972 = NZA 1989, 932 (Fremdfirmen).

die Unterrichtungsverpflichtung bezieht. Sie relativiert weder die Voraussetzungen für einen Auskunftsanspruch noch erweitert sie die Zuständigkeit des BR auf das im Betrieb eingesetzte Fremdpersonal. Daher besteht ein auf sonstiges Fremdpersonal bezogener Unterrichtungsanspruch nur, wenn eine Aufgabe des BR in Bezug auf die betriebszugehörigen AN in Betracht kommt.[51] Will der BR nur Auskunft über die Beschäftigung von LeihAN, kann auch eine hierauf bezogene Aufgabe gegeben sein.[52]

21 Bei der Wahl der Informationsmittel und der Form der Auskunft ist der AG grundsätzlich frei; bei umfangreichen oder komplexen Informationen wird aber regelmäßig eine schriftliche Unterrichtung geboten sein.[53] Da das Verfahren nach § 80 II BetrVG zur Beilegung der Auseinandersetzung über das sich aus § 80 I BetrVG ergebende Beteiligungsrecht zwischen den Betriebsparteien beitragen soll, ist der BR aus dem Grundsatz der vertrauensvollen Zusammenarbeit verpflichtet, von sich aus initiativ zu werden und an den AG heranzutreten, sofern er dessen bisherige Unterrichtung für ungenügend hält. Macht er seinen Anspruch aus § 80 II 2 BetrVG ohne triftigen Grund nicht geltend, liegt hierin eine unzureichende Erschließung einer innerbetrieblichen Erkenntnisquelle, die zugleich der Beauftragung eines externen Sachverständigen (→ Rn. 30) entgegensteht. Ohne das Hinzutreten besonderer Umstände darf der BR die angebotene Informationsvermittlung durch Mitarbeiter des AG nicht ablehnen.[54]

22 Begehrt der BR die Erteilung schriftlicher Informationen über Löhne und Gehälter, sind die sich aus § 80 II 2 Hs. 2 BetrVG ergebenden Einschränkungen hinsichtlich der Form der Unterrichtung zu beachten (→ Rn. 29); diese dürfen nicht umgangen werden. Kommt daher eine – sachlich begründete – schriftliche Auskunft im Bereich der Entgelte inhaltlich einer Bruttolohn- und -gehaltsliste gleich, ist § 80 II 1 BetrVG teleologisch auf den Umfang des Einsichtsrechts zu reduzieren. Der AG muss daher lediglich dem zuständigen Ausschuss, ggf. dem Vorsitzenden des BR, Einblick in die schriftlich gefassten Angaben ermöglichen.[55]

23 Das BDSG iVm der DS-GVO steht dem Informationsanspruch des BR grundsätzlich nicht entgegen. § 26 I 1 BDSG erlaubt die Übermittlung **personenbezogener Daten,** wenn dies für die Erfüllung der sich aus dem Gesetz ergebenden Rechte der Interessenvertretung erforderlich ist.[56] Hat der Betriebsrat nach § 80 II 1 BetrVG einen Anspruch darauf, dass ihm bestimmte Daten von AN mitgeteilt werden, sind diese Voraussetzungen gegeben. Für die Übermittlung **besonderer Kategorien personenbezogener Daten** iSv Art. 9 I DS-GVO gelten allerdings nach § 26 III BDSG weitergehende Anforderungen. Die Datenverarbeitung muss nicht nur zur Erfüllung einer rechtlichen Pflicht aus dem Arbeitsrecht erforderlich sein – was bei Vorliegen der Voraussetzungen des § 80 II 1 BetrVG gegeben ist –, sondern es muss auch kein Grund zur Annahme bestehen, dass das schutzwürdige Interesse der betroffenen AN am Ausschluss der Verarbeitung überwiegt. Dies ist der Fall, wenn die Anforderungen des § 22 II BDSG erfüllt sind. Der BR muss daher darlegen, dass er zur Wahrung der Interessen der von der Datenverarbeitung betroffenen AN angemessene und spezifische Schutzmaßnahmen getroffen hat. Fehlen sie oder sind sie unzulänglich, steht das seinem Auskunftsanspruch entgegen.[57] Die Informationspflicht erstreckt sich grundsätzlich auch auf **Betriebsgeheimnisse,** wenn dies für die Aufgabenerfüllung notwendig ist.[58] Etwas anderes gilt, wenn trotz der Schweigepflicht des BR eine Gefährdung der Betriebs- und Geschäftsgeheimnisse zu befürchten ist (vgl. die Wertung in § 106 II BetrVG).

24 **2. Vorlage von Unterlagen (§ 80 II 2 Hs. 1 BetrVG). a) Voraussetzungen.** Auf Verlangen des BR sind ihm die zur Durchführung seiner Aufgaben notwendigen Unterlagen nach § 80 II 2 Hs. 1 BetrVG vom AG zur Verfügung zu stellen. Die Regelung verschafft dem BR einen Anspruch auf Vorlage solcher Unterlagen, die für die Erledigung seiner Aufgaben erforderlich sind. Der Informationsbeschaffungsanspruch unterliegt denselben Voraussetzungen wie der

---

[51] BAG 12.3.2019 AP Nr. 85 zu § 80 BetrVG 1972 = NZA 2019, 850.

[52] Vgl. etwa BAG 15.10.2014 AP Nr. 79 zu § 80 BetrVG 1972 = NZA 2015, 560 (Überwachungsaufgabe); 22.10.2019 AP Nr. 145 zu § 87 BetrVG 1972 Arbeitszeit = NZA 2020, 123 (§ 87 I Nr. 2 BetrVG); 7.6.2016 AP Nr. 23 zu § 87 BetrVG 1972 Gesundheitsschutz = NZA 2016, 1420 (§ 87 I Nr. 7 BetrVG).

[53] BAG 7.2.2012 AP Nr. 4 zu § 84 SGB IX = NZA 2012, 744; 10.10.2006 AP Nr. 68 zu § 80 BetrVG 1972 = NZA 2007, 99.

[54] BAG 16.11.2005 AP Nr. 64 zu § 80 BetrVG 1972 = NZA 2006, 553.

[55] BAG 30.9.2008 AP Nr. 71 zu § 80 BetrVG 1972 = NZA 2009, 502; 10.10.2006 AP Nr. 68 zu § 80 BetrVG 1972 = NZA 2007, 99.

[56] Vgl. zur alten Rechtslage auch BAG 19.10.1999 AP Nr. 58 zu § 80 BetrVG 1972 = NZA 2000, 837.

[57] BAG 9.4.2019 AP Nr. 86 zu § 80 BetrVG 1972 = NZA 2019, 1055.

[58] BAG 5.2.1991 AP Nr. 10 zu § 106 BetrVG 1972 = NZA 1991, 645; 5.2.1991 AP Nr. 89 zu § 613a BGB = NZA 1991, 639.

allgemeine Auskunftsanspruch nach § 80 II 1 BetrVG (→ Rn. 17). Es ist daher immer zu prüfen, ob überhaupt eine Aufgabe des BR gegeben ist und ob im Einzelfall die Vorlage der begehrten Unterlagen erforderlich ist.[59] Die Unterlagen müssen auch dann überlassen werden, wenn keine konkreten Verdachtsmomente dafür bestehen, dass der AG seine Pflichten nicht eingehalten hat.[60] Der Anspruch entfällt nur, wenn das Bestehen einer gesetzlichen Aufgabe offensichtlich nicht in Betracht kommt oder das Verlangen als rechtsmissbräuchlich anzusehen ist. Aus diesem Grund hat der BR ohne konkrete Verdachtsmomente kein Einsichtsrecht in einzelne Formulararbeitsverträge, wenn diese zuvor mit ihm abgestimmt worden sind.[61]

b) Inhalt. Der BR kann verlangen, dass ihm die erforderlichen Unterlagen zumindest in Kopie und für eine bestimmte Zeit überlassen werden. Er ist berechtigt, von den Unterlagen Ablichtungen zu fertigen. Zu den **Unterlagen** iSv § 80 II 2 BetrVG zählen zB schriftliche Aufzeichnungen, Fotos oder Datenträger;[62] ggf. hat der BR auch einen Anspruch auf einen Ausdruck oder eine Übersetzung in die deutsche Sprache. Zu überlassen sind nur vorhandene Unterlagen; der BR kann nicht deren Herstellung verlangen. So hat er zB keinen Anspruch darauf, dass erst Lärmmessgeräte installiert und dann abgelesen werden.[63] Begehrt der BR Angaben aus einer bestimmten elektronischen Datei, kann der AG seiner Vorlagepflicht auch durch das Einräumen einer stichtagsbezogenen Leseberechtigung genügen, wenn er – etwa durch Gewährung eines Online-Zugriffs – sicherstellt, dass die betroffene Datei in diesem Zustand dem BR für die Ausübung seines Überwachungsrechts zugänglich bleibt.[64] Eine Vorlagepflicht besteht auch für interne Vermerke bzw. Gutachten des AG, wenn diese dem BR bei der Beurteilung des beteiligungspflichtigen Tatbestands dienen können.[65] 25

Werden im Betrieb des AG freie Mitarbeiter, **Leiharbeitnehmer** oder sonstige AN fremder Firmen beschäftigt, kann der BR verlangen, dass ihm die Verträge mit den freien Mitarbeitern bzw. Fremdfirmen zur Verfügung gestellt werden (§ 80 II 3 BetrVG). Da die Vertragsgestaltung Auskunft darüber gibt, ob die Vertragsfirmen Dienst- oder Werkleistungen zur Ausführung übernommen haben oder eine verdeckte Arbeitnehmerüberlassung vorliegt, ist die Vorlage im Hinblick auf die Überwachungsaufgaben des BR (§ 80 I Nr. 1 BetrVG) und sein Beteiligungsrecht nach § 99 BetrVG erforderlich.[66] Ferner hat er Anspruch auf Überlassung der Listen, aus denen sich die Einsatztage und -zeiten der Leiharbeitnehmer ergeben.[67] 26

Nicht von § 80 II 2 Hs. 1 BetrVG erfasst wird das Recht auf Einsicht in die **Personalakte** der AN; dieses ist in § 83 BetrVG besonders geregelt. Allerdings kann der AG durch die Aufnahme einzelner Urkunden in die Personalakten nicht die Vorlagepflicht vereiteln; die entspr. Schriftstücke sind dem BR daher bei Vorliegen des Voraussetzungen des § 80 II 2 Hs. 1 BetrVG gesondert zu überlassen.[68] Dagegen hat der BR keinen Anspruch darauf, dass ihm mitgeteilt wird, welche AN eine Nebentätigkeitsgenehmigung haben.[69] Spezielle Vorlagepflichten in Zusammenhang mit der Beschäftigung Schwerbehinderter regeln auch § 163 II und III SGB IX; bestehen in einem Unternehmen mehrere Betriebe, ist für deren Geltendmachung der GBR zuständig.[70] 27

3. Einsicht in Bruttoentgeltlisten. § 80 II 2 Hs. 2 BetrVG räumt dem Betriebsausschuss oder einem nach § 28 BetrVG gebildeten Ausschuss das Recht auf Einsichtnahme in die beim AG vorhandenen Listen über die Bruttolöhne und -gehälter ein. In kleineren Betrieben ohne Betriebsausschuss steht das Einsichtsrecht dem Betriebsratsvorsitzenden, seinem Stellvertreter oder einem anderen beauftragten Mitglied des BR, dem die Führung der laufenden Geschäfte 28

---

[59] Vgl. BAG 19.10.1999 AP Nr. 58 zu § 80 BetrVG 1972 = NZA 2000, 837.
[60] BAG 10.2.1987 AP Nr. 27 zu § 80 BetrVG 1972 = NZA 1987, 385.
[61] BAG 19.10.1999 AP Nr. 58 zu § 80 BetrVG 1972 = NZA 2000, 837 (Nachweisgesetz).
[62] BAG 17.3.1983 AP Nr. 18 zu § 80 BetrVG 1972.
[63] BAG 7.8.1986 AP Nr. 25 zu § 80 BetrVG 1972 = NZA 1987, 134.
[64] BAG 16.8.2011 AP Nr. 75 zu § 80 BetrVG 1972 = NZA 2012, 342.
[65] BAG 16.11.2005 AP Nr. 64 zu § 80 BetrVG 1972 = NZA 2006, 553.
[66] BAG 31.1.1989 AP Nr. 33 zu § 80 BetrVG 1972 = NZA 1989, 932; vgl. auch BAG 15.12.1998 AP Nr. 56 zu § 80 BetrVG 1972 = NZA 1999, 722 (freie Mitarbeiter).
[67] BAG 31.1.1989 AP Nr. 33 zu § 80 BetrVG 1972 = NZA 1989, 932; vgl. auch BAG 15.12.1998 AP Nr. 56 zu § 80 BetrVG 1972 = NZA 1999, 722 (freie Mitarbeiter).
[68] BAG 20.12.1988 AP Nr. 5 zu § 92 BetrVG 1972 = NZA 1989, 393.
[69] LAG Köln 11.1.1995 NZA 1995, 443.
[70] BAG 20.3.2018 AP Nr. 82 zu § 80 BetrVG 1972 = NZA 2018, 1420.

nicht übertragen sein muss, zu.[71] Das Einblicksrecht setzt – wie der Anspruch nach § 80 II 2 Hs. 1 BetrVG – voraus, dass die Einsichtnahme in die Bruttoentgeltlisten für die Durchführung von Aufgaben des BR erforderlich ist.[72] Ein solcher Aufgabenbezug ergibt sich idR daraus, dass der BR nach § 80 I Nr. 1 BetrVG darüber zu wachen hat, dass die zugunsten der AN geltenden Gesetze und Tarifverträge durchgeführt werden. Hierzu gehört auch die aus § 75 I BetrVG folgende Verpflichtung des AG zur Beachtung des allgemeinen Gleichbehandlungsgrundsatzes.[73] Die Tendenzeigenschaft eines Unternehmens steht der Anwendung von § 80 II 2 Hs. 2 BetrVG nicht entgegen.[74] Zum Einsichtsrecht nach § 13 II EntgelttranspG → § 37 Rn. 39.

29 Das Einsichtsrecht bezieht sich auf diejenigen Listen, die der AG – zumindest in elektronischer Form – **tatsächlich führt.**[75] Der Norm lassen sich keine Mindestanforderungen an eine Bruttoentgeltliste entnehmen, denen eine vom AG geführte und als solche bezeichnete Unterlage genügen müsste, um den Anspruch des BR auf Einsichtnahme zu erfüllen. Reichen die dort aufgeführten Daten für die Erfüllung der vom BR geltend gemachten Aufgaben nicht aus, kann sich ein weitergehender Informationsanspruch aus § 80 II 2 Hs. 1 BetrVG ergeben (→ Rn. 17). Typischerweise erfasst eine Bruttoentgeltliste alle Lohn- und Gehaltsbestandteile einschließlich der tariflichen und der über- oder außertariflichen Entgeltbestandteile.[76] Ob es sich hierbei um einmalige oder wiederkehrende Leistungen des AG handelt oder diese kollektiv- oder einzelvertraglich vereinbart sind, ist unerheblich. Das Einsichtsrecht bezieht sich nur auf die Brutto-, nicht auf etwaige Nettoentgeltlisten. Ein besonderer Anlass für dessen Ausübung ist nicht erforderlich. Datenschutzrechtliche Belange der AN stehen dem Anspruch nicht entgegen. Die mit der Einblicksberechtigung verbundene Verarbeitung personenbezogener Daten ist nach § 26 I 1 BDSG erlaubt; der AG darf die vorhandenen Listen daher nicht namentlich anonymisieren.[77]

29a § 80 II 2 Hs. 2 BetrVG vermittelt dem BR nur einen Anspruch auf **Einsichtnahme,** nicht aber auf Überlassung der Listen in Kopie oder als elektronische Datei.[78] Der Betriebsratsvorsitzende darf deren Inhalt auch nicht abschreiben, er kann sich jedoch Notizen machen; eine Überwachung des BR durch den AG während der Einsicht ist unzulässig.[79] Die Vollstreckung eines zugunsten des BR titulierten Einsichtsrechts erfolgt nach § 888 ZPO. In einem entspr. Beschlussverfahren über die Rechte des BR aus § 80 II 2 BetrVG auf Einsicht und auf Vorlage von Unterlagen[80] sind die von der Auskunft betroffenen AN nicht zu beteiligen.

III. Hinzuziehung von Sachverständigen

30 **1. Allgemeines.** Wegen der Vielfalt der dem BR zustehenden Aufgaben kann dieser nach § 80 III 1 BetrVG auch Sachverständige hinzuziehen, wenn dies zur ordnungsgemäßen Erfüllung seiner Aufgaben erforderlich ist. Die Hinzuziehung setzt eine Vereinbarung mit dem AG voraus. Die Vorgaben von § 80 III 1 BetrVG und das dort bestimmte Verfahren gelten auch für die Inanspruchnahme von Sachverständigen durch den GBR, den KBR und den Wahlvorstand.[81] Der Sachverständige unterliegt derselben Verschwiegenheitspflicht wie der BR (§ 80 IV BetrVG).

---

[71] BAG 14.1.2014 AP Nr. 77 zu § 80 BetrVG 1972 = NZA 2014, 738; 16.8.1995 AP Nr. 53 zu § 80 BetrVG 1972 = NZA 1996, 330; 30.4.1981 AP Nr. 13 zu § 80 BetrVG 1972.

[72] BAG 7.4.2019 AP Nr. 87 zu § 80 BetrVG 1972 = NZA 2019, 1218.

[73] BAG 14.1.2014 AP Nr. 77 zu § 80 BetrVG 1972 = NZA 2014, 738.

[74] BAG 30.6.1981 AP Nr. 15 zu § 80 BetrVG 1972; 22.5.1979 AP Nr. 12 zu § 118 BetrVG 1972; 30.4.1974 AP Nr. 1 zu § 118 BetrVG 1972.

[75] BAG 7.4.2019 AP Nr. 87 zu § 80 BetrVG 1972 = NZA 2019, 1218; 30.9.2008 AP Nr. 71 zu § 80 BetrVG 1972 = NZA 2009, 502.

[76] Vgl. BAG 14.1.2014 AP Nr. 77 zu § 80 BetrVG 1972 = NZA 2014, 738; 13.2.2007 AP Nr. 81 zu § 118 BetrVG 1972 = NZA 2007, 1121 (Künstlergagen); 10.2.1987 AP Nr. 27 zu § 80 BetrVG 1972 = NZA 1987, 385 (individuelle Gehaltsbestandteile); 17.3.1983 AP Nr. 18 zu § 80 BetrVG 1972 (EDV-Liste/Prämie); 3.12.1981 AP Nr. 16 zu § 80 BetrVG 1972 (AT-Angestellte).

[77] Vgl. BAG 11.12.2018 AP Nr. 87 zu § 80 BetrVG 1972 = NZA 2019, 1218; vgl. auch BAG 14.1.2014 AP Nr. 77 zu § 80 BetrVG 1972 = NZA 2014, 738.

[78] BAG 28.7.2020 NZA 2020, 1251; 3.12.1981 AP Nr. 17 zu § 80 BetrVG 1972; 15.6.1976 AP Nr. 9 zu § 80 BetrVG 1972.

[79] BAG 16.8.1995 AP Nr. 53 zu § 80 BetrVG 1972 = NZA 1996, 330; 10.2.1987 AP Nr. 27 zu § 80 BetrVG 1972 = NZA 1987, 385.

[80] BAG 17.5.1983 AP Nr. 19 zu § 80 BetrVG 1972.

[81] BAG 11.11.2009 AP Nr. 23 zu § 20 BetrVG 1972 = NZA 2010, 353.

2. Voraussetzungen. a) Sachverständige. Sachverständige sind Personen, die dem BR die diesem fehlenden fachlichen Kenntnisse mündlich oder schriftlich vermitteln.[82] Hierzu kann auch ein Rechtsanwalt gehören, wenn er dem BR spezielle Rechtskenntnisse vermitteln soll, die in der konkreten Situation, in der der BR seine Aufgaben zu erfüllen hat, als erforderlich anzusehen sind.[83] 31

b) Erforderlichkeit. Die Inanspruchnahme eines Sachverständigen setzt voraus, dass der BR nicht über das notwendige Fachwissen verfügt, um in der konkreten Situation eine ihm zugewiesene Aufgabe ordnungsgemäß wahrnehmen zu können. Eine Zuziehung kommt zB in Betracht bei der Analyse des Geschäftsberichts, versicherungsmathematischen Gutachten in der betrieblichen Altersversorgung, der elektronischen Datenverarbeitung oder Fragen der Arbeitswissenschaft. Hingegen kann der BR nicht verlangen, dass ihm die Neubewertung des Anlagevermögens und die Aufnahme eines neuen Gesellschafters durch einen Sachverständigen erläutert werden, da diese Vorgänge nicht der Beteiligung des BR unterliegen.[84] Die Inanspruchnahme eines Sachverständigen kann auch erforderlich sein, um zu beurteilen, ob überhaupt ein Mitbestimmungstatbestand besteht. Ist allerdings der Bestand eines Beteiligungsrechts zwischen den Betriebsparteien umstritten, muss der BR einen Rechtsanwalt auf der Grundlage von § 40 I BetrVG beauftragen, der im Rahmen dieses Mandats dann das Bestehen und den Umfang des in Betracht kommenden Mitbestimmungsrechts prüft; ein Rückgriff auf § 80 II BetrVG kommt nicht in Betracht.[85] Muss der BR zur Durchführung seiner gesetzlichen Aufgaben nach dem BetrVG die Einführung oder Anwendung von KI beurteilen, ist – nach der Änderung des § 80 III BetrVG durch das BRModG – die Hinzuziehung eines Sachverständigen jedenfalls dem Grunde nach als erforderlich anzusehen. Die Betriebsparteien können für solche Fälle auch den jederzeitigen Einsatz eines Sachverständigen vereinbaren (§ 80 III 3 BetrVG). Von einer näheren Bestimmung des schillernden Begriffs der „Künstlichen Intelligenz“ hat das Gesetz unverständlicherweise abgesehen. 32

Nicht erforderlich ist die Hinzuziehung eines externen Sachverständigen, wenn sich der BR die fehlende Sachkunde **kostengünstiger** verschaffen kann. Nach § 2 I BetrVG ist der BR verpflichtet, zum Erwerb des notwendigen Fachwissens zunächst die innerbetrieblichen Erkenntnisquellen zu erschließen, ehe er die mit Kosten verbundene Beauftragung eines Sachverständigen als erforderlich ansehen kann. Die Betriebsratsmitglieder haben sich um die selbständige Aneignung der notwendigen Kenntnisse zu bemühen und ggf. weitere, ihnen vom AG gebotene Möglichkeiten der Unterrichtung durch sachkundige AN des Betriebs oder Unternehmens (→ Rn. 36) zu nutzen;[86] auf die Teilnahme an einer Schulungsveranstaltung muss der BR sich allerdings nicht verweisen lassen. 33

c) Vereinbarung mit dem Arbeitgeber. Die Kosten des Sachverständigen trägt nach § 80 III BetrVG der AG. Die Kostentragungspflicht besteht nur, wenn die Kostenübernahme mit dem AG vereinbart oder seine Zustimmung durch das Gericht ersetzt worden ist. In der Vereinbarung sind der Gegenstand, zu dem der Sachverständige hinzugezogen werden soll, die voraussichtlichen Kosten und die Person des Sachverständigen festzulegen.[87] Hält sich der Sachverständige im Rahmen des mit dem AG vereinbarten Gegenstands, kann dieser später nicht geltend machen, die Hinzuziehung sei nicht erforderlich gewesen; Einwendungen gegenüber der aufgewandten Zeit sind aber möglich. Kommt es nicht zu einer Vereinbarung, kann bei Vorliegen der weiteren Voraussetzungen des § 80 III BetrVG das Arbeitsgericht im Beschlussverfahren – ggf. durch einstweilige Verfügung – die Zustimmung des AG ersetzen.[88] Eine Kostentragungspflicht besteht selbst dann, wenn der Sachverständige zunächst gegen den Willen des AG hinzugezogen, dessen Zustimmung aber erst später ersetzt worden ist.[89] 34

[82] BAG 13.5.1998 AP Nr. 55 zu § 80 BetrVG 1972 = NZA 1998, 900; 19.4.1989 AP Nr. 35 zu § 80 BetrVG 1972 = NZA 1989, 936.
[83] BAG 25.6.2014 AP Nr. 78 zu § 80 BetrVG 1972 = NZA 2015, 629.
[84] BAG 25.7.1989 AP Nr. 38 zu § 80 BetrVG 1972 = NZA 1990, 33.
[85] BAG 25.6.2014 AP Nr. 78 zu § 80 BetrVG 1972 = NZA 2015, 629.
[86] BAG 25.6.2014 AP Nr. 78 zu § 80 BetrVG 1972 = NZA 2015, 629; 16.11.2005 AP Nr. 64 zu § 80 BetrVG 1972 = NZA 2006, 553; 26.2.1992 AP Nr. 48 zu § 80 BetrVG 1972 = NZA 1993, 86; 4.6.1987 AP Nr. 30 zu § 80 BetrVG 1972 = NZA 1988, 208.
[87] BAG 19.4.1989 AP Nr. 35 zu § 80 BetrVG 1972 = NZA 1989, 936.
[88] BAG 18.7.1978 AP Nr. 1 zu § 108 BetrVG 1972; 25.4.1978 AP Nr. 11 zu § 80 BetrVG 1972; LAG Hamm 15.3.1994 LAGE § 80 BetrVG 1972 Nr. 12.
[89] BAG 25.4.1978 AP Nr. 11 zu § 80 BetrVG 1972; aA HessLAG 11.11.1986 DB 1987, 1440.

35 **3. Kosten.** Durch die Vereinbarung zwischen AG und BR (→ Rn. 33) entsteht zwischen beiden ein gesetzliches Schuldverhältnis, aufgrund dessen der BR einen Kostenerstattungsanspruch gegen den AG erwirbt. Der Anspruch richtet sich auf Zahlung an den Sachverständigen oder auf Freistellung von einer Verbindlichkeit gegenüber diesem. Gerichtlich ist der Anspruch im Beschlussverfahren geltend zu machen; der Sachverständige ist hieran nicht nach § 83 III ArbGG beteiligt. Der BR kann seinen Freistellungsanspruch an den Sachverständigen abtreten mit der Folge, dass dieser sich in einen – gegen den AG durchsetzbaren – Zahlungsanspruch umwandelt. Die Abtretung ist nur wirksam, wenn der BR diese zuvor ordnungsgemäß beschlossen hat.[90] Wird nach der Hinzuziehung des Sachverständigen das Insolvenzverfahren über das Vermögen des AG eröffnet und dauert dessen Tätigkeit bis nach der Insolvenzeröffnung an, sind die Honoraransprüche für die bis zur Insolvenzeröffnung erbrachten Beratungsleistungen keine Masseverbindlichkeiten, sondern Insolvenzforderungen.[91] Zur Übernahme von Rechtsanwaltskosten → § 222 Rn. 7 und zur Hinzuziehung von Sachverständigen bzw. eines Beraters bei Betriebsänderungen → § 244 Rn. 25.

IV. Hinzuziehung von sachkundigen Arbeitnehmern

36 Nach § 80 II 4 BetrVG hat der AG dem BR sachkundige AN als **Auskunftspersonen** zur Verfügung zu stellen, soweit es zur ordnungsgemäßen Erfüllung der Aufgaben des BR erforderlich ist; er hat hierbei die Vorschläge des BR zu berücksichtigen, soweit betriebliche Notwendigkeiten nicht entgegenstehen. Die durch das BetrVG-ReformG angefügte Vorschrift begründet einen – ggf. im Beschlussverfahren durchsetzbaren – Anspruch des BR gegen den AG, ihm innerbetrieblichen Sachverstand zur Verfügung zu stellen, wenn er ansonsten nicht zu einer ordnungsgemäßen Aufgabenerfüllung in der Lage ist. Bietet der AG dem BR die Nutzung von innerbetrieblichem Sachverstand an, kann dies der Erforderlichkeit weiterer kostenauslösender Maßnahmen (zB § 80 III BetrVG) entgegenstehen[92] (→ Rn. 33).

37 Beim sachkundigen AN handelt es sich um Betriebsangehörige, die den BR durch ihre Kenntnisse in seinem gesetzlichen Aufgabenbereich unterstützen sollen. Zieht der GBR bzw. KBR einen AN nach § 80 II 3 BetrVG hinzu, muss dieser Beschäftigter des Unternehmens bzw. Konzerns sein. Nach der Gesetzesbegründung soll die Einbeziehung von sachkundigen AN u.a. im Rahmen von Arbeitskreisen zur Qualifizierung, Beschäftigungssicherung oder zum Gesundheitsschutz in Betracht kommen (BT-Drs. 14/5741, 46 ff.). Soweit erforderlich, kann der BR auch mehrere Personen als sachkundige AN hinzuziehen. Der Kreis der sachkundigen AN ist nicht auf die wahlberechtigten AN (§ 5 I BetrVG) beschränkt; der BR kann sich auch des Sachverstands eines leitenden Angestellten bedienen (str.).[93] Bei der **Auswahl** der Person kann der BR Vorschläge äußern, eine Ablehnung des Vorgeschlagenen kann nur aus sachlichen Gründen erfolgen. Die Hinzuziehung setzt einen entspr. Betriebsratsbeschluss und eine Absprache mit dem AG voraus. Der BR ist berechtigt, die sachkundigen AN in Abwesenheit des AG oder der von diesem bestimmten Personen zu befragen. Der AG kann, um die Auskunft auf den mit dem BR vereinbarten Sachverhalt zu beschränken, Gegenstand und Umfang der zu erteilenden Auskünfte bestimmen. Diese binden den AN bei der Beantwortung der ihm vom BR gestellten Fragen.[94]

38 Die Wahrnehmung der Aufgaben einer Auskunftsperson gegenüber dem BR gehört regelmäßig zu den arbeitsvertraglichen Aufgaben, die der AG kraft seines Direktionsrechts (§ 106 S. 1 GewO) gegenüber dem AN anordnen kann.[95] Da der AN die Auskünfte nicht in eigener Angelegenheit erteilt, kann er diese gegenüber dem BR verweigern.[96] Die Zeit, in der der AN dem BR zur Verfügung steht, ist als Arbeitszeit – uU als Mehrarbeit – zu vergüten.[97]

[90] BAG 13.5.1998 AP Nr. 55 zu § 80 BetrVG 1972 = NZA 1998, 900.
[91] BAG 9.12.2009 AP Nr. 96 zu § 40 BetrVG 1972 = NZA 2010, 461.
[92] BAG 16.11.2005 AP Nr. 64 zu § 80 BetrVG 1972 = NZA 2006, 553.
[93] Richardi BetrVG/*Thüsing* § 80 Rn. 99; aA *Hanau* RdA 2001, 65; *Oetker* NZA 2003, 1233 (1235).
[94] BAG 20.1.2015 AP Nr. 80 zu § 80 BetrVG 1972 = NZA 2015, 696.
[95] BAG 20.1.2015 AP Nr. 80 zu § 80 BetrVG 1972 = NZA 2015, 696.
[96] *Oetker* NZA 2003, 1225; *Natzel* NZA 2001, 872; aA *Löwisch* BB 2001, 1225.
[97] *Löwisch* BB 2001, 1225.

5. Abschnitt. Betriebsverfassungsrechtliche Grundrechte

§ 234. Rechte der Arbeitnehmer in der Betriebsverfassung

Muster: Schaub ArbRFV-HdB/*Thoms* B. Rn. 83 ff.

Übersicht

I. Einführung

Das BetrVG räumt in den §§ 81–85 auch den einzelnen AN **Individualrechte** ein. Die Vorschriften gelten auch in Betrieben, in denen kein BR besteht oder gebildet werden kann.[1] Auf leitende Angestellte finden sie keine Anwendung, da diese durch § 5 III BetrVG vom Geltungsbereich des Gesetzes ausgenommen werden. Für den Bereich des öffentlichen Dienstes fehlen im BPersVG inhaltsgleiche Vorschriften. Die Individualrechte nach §§ 81–85 BetrVG sind nur wegen ihres betriebsbezogenen Charakters im BetrVG geregelt. Sie resultieren aber aus dem Arbeitsverhältnis und sind im Urteilsverfahren zu verfolgen (§ 2 I Nr. 3 ArbGG). 1

Das ebenfalls in den §§ 81 ff. BetrVG geregelte Recht des AN auf **Einsichtnahme in die Personalakte** (§ 83 BetrVG) wird an anderer Stelle dargestellt (→ § 148 Rn. 1; Muster: Schaub ArbRFV-HdB/*Thoms* B. Rn. 132). Dem BR steht kein eigenes Einsichtsrecht zu, jedoch kann sich aus § 80 II 2 Hs. 1 BetrVG ein Recht auf Vorlage von in der Personalakte enthaltenen Unterlagen ergeben (→ § 233 Rn. 27).[2] Zum Vorschlagsrecht der AN gegenüber dem BR nach § 86a BetrVG → § 220 Rn. 23. 2

Neben den in § 81 BetrVG vorgesehenen individuellen Unterrichtungsrechten sieht das BetrVG in bestimmten Fällen auch vor, dass die AN als Teil der Belegschaft über bestimmte Themen informiert werden müssen. So ist nach § 43 II 3 BetrVG im Rahmen der **Betriebs- oder Abteilungsversammlung** über das Personal- und Sozialwesen des Betriebs und über die wirtschaftliche Lage und Entwicklung des Betriebs zu unterrichten. § 110 BetrVG ordnet an, dass der AG die AN in Unternehmen mit in der Regel mehr als 1 000 AN schriftlich und in Unternehmen mit mehr als 20 wahlberechtigten AN, aber weniger als 1 000 AN mündlich über die **wirtschaftlichen Angelegenheiten des Unternehmens** zu informieren hat. Die schriftliche Unterrichtung wird zweckmäßig durch das Intranet, Werkzeitung, einen Anschlag am Schwarzen Brett oder in sonst geeigneter Form erfolgen. 3

II. Unterrichtungsrechte

1. Aufgaben, Verantwortung und Tätigkeit. Nach § 81 I BetrVG hat der AG den einzelnen AN über dessen Aufgabe und Verantwortung sowie die Art seiner Tätigkeit und ihrer Einordnung in den Arbeitsablauf des Betriebs zu unterrichten. Hierdurch soll das Interesse des 4

[1] *Fitting* BetrVG § 81 Rn. 2.

[2] BAG 19.10.1999 AP Nr. 58 zu § 80 BetrVG 1972 = NZA 2000, 837 (Arbeitsverträge); 8.6.1999 AP Nr. 57 zu § 80 BetrVG 1972 = NZA 1999, 1345 (Betriebsumfrage).

AN an seinem Arbeitsplatz und allen hiermit in Zusammenhang stehenden Fragen geweckt, erhalten und gefördert und ihm die Möglichkeit gegeben werden, sich über seine Einbindung in die Gesamtzusammenhänge des Betriebs zu informieren. Die Unterrichtung muss vor Aufnahme der Tätigkeit erfolgen und darf sich nicht in allgemeinen Ausführungen erschöpfen. Sie muss dem AN einen **präzisen Kenntnisstand** über seine Arbeitsumgebung (zB über seine Arbeitsgeräte oder die EDV-Technik), die Arbeitsabläufe und bestehende Verantwortlichkeiten verschaffen, soweit diese für die Tätigkeit des AN von Bedeutung sind. Die Unterrichtung kann durch den jeweiligen Vorgesetzten, also denjenigen, der Arbeitsanweisungen zu erteilen hat, erfolgen. Seine sich aus § 81 I BetrVG ergebene Pflicht kann der AG auch durch die Übergabe einer Arbeitsplatzbeschreibung erfüllen, wenn in dieser die notwendigen Angaben enthalten sind. Die Abgrenzung der allgemeinen Unterweisung (§ 81 I BetrVG) von der mitbestimmungspflichtigen Vermittlung von Kenntnissen im Rahmen der Berufsbildung (§ 96 BetrVG) kann im Einzelfall schwierig sein. Die Einweisung setzt voraus, dass der AN die für die Ausübung der Tätigkeit an diesem Arbeitsplatz erforderlichen beruflichen Kenntnisse und Erfahrungen besitzt, während es bei der Berufsbildung erst um deren Vermittlung geht.[3]

5 **2. Unfall- und Gesundheitsgefahren.** Nach § 81 I 2 BetrVG hat der AG den AN vor Beginn seiner Beschäftigung über die hiervon ausgehenden Unfall- und Gesundheitsgefahren sowie die vorhandenen Schutzmaßnahmen und Einrichtungen zu belehren. Hierzu zählt insbesondere die Bekanntgabe derjenigen AN, die Aufgaben der Ersten Hilfe, Brandbekämpfung und Evakuierung wahrnehmen. Die Vorschriften sind durch die §§ 9, 10, 12, 17 ArbSchG erheblich erweitert worden. Nach § 12 ArbSchG hat der AG die Beschäftigten über Sicherheit und Gesundheitsschutz bei der Arbeit ausreichend und angemessen zu unterweisen. Die Unterweisungspflicht wird durch eine Reihe von RechtsVO (Übersicht → § 154 Rn. 21 ff.) konkretisiert. Daneben enthält die Unfallverhütungsvorschrift „Grundsätze der Prävention" (DGUV Vorschrift 1) eine generelle Pflicht zur Unterweisung der AN. Ausländische AN sind bei mangelnden Sprachkenntnissen notfalls in ihrer Heimatsprache zu unterrichten.[4] Die Unterrichtung dient dem Schutz des AN. Unterbleibt sie ganz oder erfolgt sie nur unzureichend und entsteht dem AN deswegen ein Schaden, macht sich der AG sowohl wegen Verletzung seiner sich aus § 81 I 2 BetrVG ergebenden arbeitsvertraglichen Nebenpflicht als auch nach § 823 II BGB iVm § 81 I 2 BetrVG schadensersatzpflichtig. Allerdings kann der Schadensersatzanspruch nach §§ 104 ff. SGB VII ausgeschlossen sein (→ § 61 Rn. 55). Bis zur Unterrichtung hat der AN ein Zurückbehaltungsrecht (→ § 50 Rn. 1). Bei einer nicht ordnungsgemäßen Unterrichtung kann seine Verantwortlichkeit zum Schadensersatz gegenüber dem AG (→ § 59 Rn. 1) entweder ausgeschlossen oder zumindest gemindert werden, während der AG bei Personenschäden gegenüber der Berufsgenossenschaft schadensersatzpflichtig werden kann (§ 110 SGB VII).

6 **3. Änderungen im Arbeitsbereich.** Ist erkennbar, dass sich der Arbeitsbereich eines AN – auch nur vorübergehend – ändern wird, ist er hierüber rechtzeitig zu unterrichten (§ 81 II BetrVG). Mit dieser Unterrichtungspflicht soll der AN vor der überraschenden Änderung des Arbeitsablaufs und den damit verbundenen Einarbeitungsschwierigkeiten bewahrt werden. Die Änderungen können räumlicher, technischer oder funktioneller Natur sein. Der AN ist daher zu informieren, wenn beabsichtigt ist, andere Materialien zu verarbeiten, die Arbeitsorganisation zu verändern oder andere Arbeitsmethoden einzuführen (zB Einführung von Schicht- bzw. Gruppenarbeit). Die Unterrichtung hat so rechtzeitig zu erfolgen, dass sich der AN hierauf einrichten kann. Welche Zeitspanne angemessen ist, kann nur im Einzelfall entschieden werden. Die Veränderung des Arbeitsbereichs kann, muss aber nicht notwendigerweise zu einer Versetzung (§ 95 BetrVG) führen, da der Versetzungsbegriff enger ist.[5] Die Veränderung des Arbeitsbereichs kann eine erneute Sicherheitsbelehrung (§ 12 ArbSchG) erforderlich machen.

7 **4. Planung von Änderungen.** Der AG hat den AN nach § 81 IV 1 BetrVG über die aufgrund einer Planung von technischen Anlagen, von Arbeitsverfahren und Arbeitsabläufen oder der Arbeitsplätze vorgesehenen Maßnahmen und ihre Auswirkungen auf seinen Arbeitsplatz, die Arbeitsumgebung sowie auf Inhalt und Art seiner Tätigkeit zu unterrichten. Technische Anlagen sind alle Anlagen, die zur Fabrikation oder Verwaltung gehören. Mit dem Begriff

[3] BAG 23.4.1991 AP Nr. 7 zu § 98 BetrVG 1972 = NZA 1991, 817; 10.2.1988 AP Nr. 5 zu § 98 BetrVG 1972 = NZA 1988, 549.
[4] LAG BW 1.12.1989 AiB 1990, 313; auch LAG Hamm 4.1.1979 NJW 1979, 2488.
[5] BAG 2.4.1996 AP Nr. 34 zu § 95 BetrVG 1972 = NZA 1997, 112.

des Arbeitsplatzes ist die räumliche Ausgestaltung des Orts gemeint, an dem die Arbeit verrichtet wird. Die Unterrichtung hat sich auf alle Umstände zu beziehen, die für den einzelnen AN von Interesse sind. Besteht ein BR, wird sie im Allgemeinen zeitlich nach der Unterrichtung des BR erfolgen, da sie erst sinnvoll ist, wenn sich konkrete Maßnahmen abzeichnen. Der AN kann zur Erörterung ein **Betriebsratsmitglied** hinzuziehen (§ 81 IV 3 BetrVG). Zum Erörterungsrecht des AN bei feststehenden Tätigkeitsänderungen → Rn. 11.

III. Anhörungsrechte

1. Betriebliche Angelegenheiten. Über das Unterrichtungsrecht hinaus eröffnet § 81 I 1 BetrVG dem AN die Möglichkeit, in allen betrieblichen – dh nicht ausschließlich privaten – Angelegenheiten, die ihn persönlich oder seinen Arbeitsplatz betreffen, von der nach Maßgabe des organisatorischen Aufbaus des Betriebes hierfür zuständigen Person während der Arbeitszeit gehört zu werden (§ 82 I BetrVG). Das Arbeitsentgelt ist weiterzuzahlen.[6] Dagegen ist er nicht berechtigt, sich zum Anwalt Dritter zu machen. Insoweit kann er sich nur an den BR wenden, der ggf. nach § 80 I Nr. 3 BetrVG tätig werden kann. Zuständige Person ist diejenige, die für die Maßnahme verantwortlich zeichnet. Allerdings wird der AN den Dienstweg einzuhalten und sich zunächst an seinen Vorgesetzten (Meister, Abteilungsleiter) zu wenden haben. 8

Der AN hat über das Anhörungsrecht (→ Rn. 8) hinaus zudem die Befugnis, gegenüber dem AG zu Maßnahmen, die ihn betreffen, Stellung zu nehmen und Vorschläge für die Gestaltung des Arbeitsplatzes und des Arbeitsablaufes zu machen (§ 82 I 2 BetrVG). Zu Äußerungen gegenüber Dritten berechtigt die Vorschrift nicht. 9

2. Sicherheit und Gesundheit. Für **Betriebe ohne BR** und **Kleinstbetriebe** sieht § 81 III BetrVG ausdrücklich vor, dass der AG die AN zu allen Maßnahmen hören muss, die Auswirkungen auf die Sicherheit und Gesundheit der AN haben können. Diese Regelung beruht auf den Vorgaben der Arbeitsschutzrahmenrichtlinie 89/391/EWG vom 12.6.1989 (ABl. EG L 183, 1; dazu → § 154 Rn. 2). Das Anhörungsrecht besteht für alle AN des Betriebs, unabhängig von der ausgeübten Tätigkeit und deren Gefährlichkeit. 10

IV. Erörterungsrechte

1. Gegenstände und Anlässe. a) Tätigkeitsänderung bei fehlenden Kenntnissen. Steht fest, dass sich die Tätigkeit des AN ändern wird und seine beruflichen Kenntnisse und Fähigkeiten zur Erfüllung seiner Aufgaben nicht ausreichen, hat der AG mit dem AN nach § 81 IV 2 BetrVG zu erörtern, wie dessen berufliche Kenntnisse und Fähigkeiten im Rahmen der betrieblichen Möglichkeit den künftigen Erfordernissen angepasst werden. Erörterungspflichtig ist der AG durch seine zuständige Stelle. Dies wird in größeren Betrieben idR die Personalabteilung oder ein Vorgesetzter sein. Der AG hat mit dem AN Umschulungs- und Fortbildungsmaßnahmen zu besprechen. Dagegen hat der AN keinen Anspruch darauf, umgeschult oder fortgebildet zu werden. Im Rahmen der Beratung des Gesetzes sind die Worte „im Rahmen der betrieblichen Möglichkeit" eingefügt worden (BT-Drs. 11/2503, 35; 11/3618, 9). Versäumt der AG die Erörterung, ist dem AN ein längerer Anpassungszeitraum einzuräumen, bevor eine personenbedingte Kündigung ausgesprochen werden kann. 11

b) Arbeitsentgelt. Bereits nach § 108 GewO hat der AN Anspruch auf Erteilung einer Gehalts- oder Lohnabrechnung. Darüber hinaus räumt ihm § 82 II 1 BetrVG einen Anspruch auf Erläuterung der Berechnung und Zusammensetzung seines Arbeitsentgelts ein. Arbeitsentgelt iSd § 82 II 1 Alt. 1 BetrVG ist die Vergütung, die der AN aus Anlass des Arbeitsverhältnisses erhält oder zu beanspruchen hat. Deren Höhe hat der AG nach Maßgabe der getroffenen Vereinbarungen für den jeweiligen Zeitabschnitt zu berechnen, sofern die Vergütung im Arbeitsvertrag nicht betragsmäßig bestimmt ist. Dies gilt nicht nur für die leistungsbezogenen Vergütungsbestandteile, sondern gleichermaßen für die Grundvergütung des AN. Die Pflicht zur Erläuterung des Arbeitsentgelts betrifft die für den Vergütungsanspruch des AN maßgeblichen rechtlichen und tatsächlichen Grundlagen. Dieser soll die Berechnung und Zusammensetzung seines Arbeitsentgelts, über dessen Höhe der AG nach § 108 I GewO eine Abrechnung in Textform zu erstellen hat, auch inhaltlich nachvollziehen können. Daher wird 12

[6] *Fitting* BetrVG § 82 Rn. 2; GK-BetrVG/*Franzen* § 82 Rn. 3.

auch eine Tätigkeitsbeschreibung von § 82 II 1 Alt. 1 BetrVG erfasst, wenn diese Grundlage der Entgeltfindung ist.[7]

13 **c) Leistungsbeurteilung.** Der AN kann verlangen, dass mit ihm die Beurteilung seiner Leistungen sowie die Möglichkeiten seiner beruflichen Entwicklung erörtert werden (§ 82 II 1 Alt. 2, 3 BetrVG). Der AN soll die Möglichkeit haben zu erfahren, wie seine Leistungen eingeschätzt werden und welche Entwicklungschancen er im Betrieb hat. Zugleich erhält er die Gelegenheit, etwaigen Fehlbeurteilungen entgegenzutreten und seine eigenen beruflichen Entscheidungen an der Bewertung seiner Leistungen und den betrieblichen Aufstiegschancen zu orientieren. Auch Personalgespräche über den Abschluss eines Aufhebungsvertrags können unter § 82 II 1 BetrVG fallen.[8] Der AN kann bei der Erörterung ein Mitglied des BR hinzuziehen (→ Rn. 14). Hat der AG die vorgenannten Entscheidungen einer Kommission übertragen, hat die Erörterung mit dieser zu erfolgen.[9] Für zukünftige Veränderungen der Arbeitsumgebung aufgrund technischer Veränderungen gilt § 81 IV BetrVG.

14 **2. Hinzuziehung des Betriebsrats.** Bei der Ausübung der Erörterungsrechte nach § 81 IV 2 und § 82 II BetrVG kann der AN ein Mitglied des BR hinzuziehen (§ 81 IV 3, § 82 II 2 BetrVG).[10] Dieses soll dem AN unterstützend und beratend zur Seite stehen. Durch dessen Teilnahme am Gespräch will der Gesetzgeber ein etwa vorhandenes intellektuelles Übergewicht des AG ausgleichen oder zumindest verringern. Zudem kann dem Betriebsratsmitglied eine wichtige Kontroll- und Korrektur- sowie ggf. spätere Zeugenfunktion zukommen.[11] Für das Hinzuziehungsrecht kommt es nicht darauf an, wer den Anlass für das Gespräch gegeben oder dieses verlangt hat. Die Befugnis besteht auch, wenn der AG die Erörterung mit dem AN sucht. Für den Anspruch nach § 82 II 1 BetrVG genügt es, wenn die Gesprächsgegenstände zumindest zT identisch mit den in Satz 1 genannten Themen (→ Rn. 12 f.) sind.[12] Nach dem gesetzlichen Leitbild hängt es vom Willen des AN ab, ob und wen er hinzuziehen will. Der BR kann daher weder durch Beschluss festlegen, wer von seinen Mitgliedern am Gespräch teilnimmt, noch dürfen die Betriebsparteien eine ohne Einwilligung des AN erfolgende Einladung des BR zum Gespräch vereinbaren.[13] Das Mitglied des BR hat über den Inhalt der Verhandlungen Stillschweigen – auch gegenüber den übrigen Betriebsverfassungsorganen bzw. deren Mitgliedern – zu bewahren, soweit es nicht im Einzelfall vom AN von der Schweigepflicht entbunden wird.

15 Ein darüber hinausgehender – genereller – Anspruch des AN auf Hinzuziehung eines Betriebsratsmitglieds zu **jedem mit dem AG geführten Gespräch** gewährt das BetrVG nicht. Die § 81 IV 3, § 82 II 2, § 83 I 2 und § 84 I 2 BetrVG stellen lediglich auf bestimmte Gegenstände und Anlässe bezogene Sondervorschriften für die Einbeziehung eines Betriebsratsmitglieds dar.[14] Auch der BR selbst hat keinen Anspruch darauf, bei Gesprächen zwischen AG und AN hinzugezogen zu werden.[15]

V. Beschwerderecht gegenüber dem Arbeitgeber

16 **1. Allgemeines.** Der AN hat das Recht, sich bei der zuständigen Stelle des Betriebs zu beschweren, wenn er sich vom AG oder von AN des Betriebs, dh von Vorgesetzten oder Arbeitskollegen, benachteiligt, ungerecht behandelt oder in sonstiger Weise beeinträchtigt fühlt (§ 84 I 1 BetrVG). Eine Beschwerde wegen der Amtstätigkeit des BR ist nach dem Gesetzeswortlaut nicht vorgesehen. Die Beschwerde setzt ein Vorbringen des AN voraus, mit dem dieser auf eine Benachteiligung, ungerechte Behandlung oder eine sonstige Beeinträchtigung durch den AG oder andere AN des Betriebs hinweist und Abhilfe des belastenden Zustands begehrt.[16] An eine bestimmte Form oder Frist ist die Ausübung des Beschwerderechts nach dem BetrVG nicht gebunden. Jedoch können die Einzelheiten des Beschwerde-

[7] BAG 20.4.2010 AP Nr. 4 zu § 82 BetrVG 1972 = NZA 2010, 1307.
[8] BAG 16.11.2004 AP Nr. 3 zu § 82 BetrVG 1972 = NZA 2005, 416.
[9] HessLAG 11.4.2016 NZA-RR 2016, 533.
[10] BAG 24.4.1979 AP Nr. 1 zu § 82 BetrVG 1972.
[11] BAG 16.11.2004 AP Nr. 3 zu § 82 BetrVG 1972 = NZA 2005, 416.
[12] BAG 20.4.2010 AP Nr. 4 zu § 82 BetrVG 1972 = NZA 2010, 1307.
[13] Vgl. BAG 11.12.2018 NZA 2019, 480.
[14] BAG 20.4.2010 AP Nr. 4 zu § 82 BetrVG 1972 = NZA 2010, 1307 (Tätigkeitsbeschreibung); 16.11.2004 AP Nr. 3 zu § 82 BetrVG 1972 = NZA 2005, 416 (Aufhebungsvertrag).
[15] BAG 23.2.1984 AP Nr. 2 zu § 82 BetrVG 1972 = NZA 1985, 128.
[16] BAG 22.11.2005 AP Nr. 2 zu § 85 BetrVG 1972 = NZA 2006, 803.

verfahrens durch Tarifvertrag oder Betriebsvereinbarung geregelt werden. So können zB bestimmte Formvorschriften für die Erhebung der Beschwerde (schriftliche Einreichung, mündliche Verhandlung über die Beschwerde, Anhörung der Beteiligten usw.) näher geregelt werden (§ 86 BetrVG).

Durch das AGG wurde ein spezielles Beschwerdeverfahren eingeführt (§ 13 AGG; → § 36 Rn. 141; zur Mitbestimmung → § 235 Rn. 32), insoweit ist § 84 BetrVG nicht anwendbar. Für nach Ansicht des AN nicht ausreichende Arbeitsschutzmaßnahmen gilt § 17 II ArbSchG. 17

2. Beschwerdegegenstand. Die Beschwerde kann sich auf alle Maßnahmen beziehen, durch die der AN in seiner Stellung im Rahmen der Betriebsgemeinschaft tatsächlich oder rechtlich beeinträchtigt wird (zB gegen eine Versetzung auf einen anderen Arbeitsplatz). Insbesondere kann mit der Beschwerde eine Verletzung des § 75 BetrVG gerügt werden. Eine Beschwerde kommt aber auch in Betracht bei Auseinandersetzungen unter Arbeitskollegen, Mobbing, Rauchverboten,[17] ausländerfeindlichem Verhalten oder bei sexueller Belästigung (→ § 36 Rn. 46). Eine Beschwerde kann sich auch gegen eine zur Personalakte des AN genommene Verwarnung oder Abmahnung richten. Jedoch muss der Beschwerdeführer stets selbst betroffen sein; eine Popularbeschwerde ist nicht zulässig. 18

3. Beschwerdeverfahren. a) Adressat. Die Beschwerde ist idR an die Personalabteilung des AG zu richten, zB wenn der AN durch eine unsachgemäße Ausübung des Direktionsrechts seines unmittelbaren Vorgesetzten in seiner tatsächlichen oder rechtlichen Stellung beeinträchtigt wird. Es ist aber auch denkbar – etwa bei Arbeitsanweisungen, mit denen der AN nicht einverstanden ist – dass Beschwerdeadressat die für diese Weisungen zuständige Stelle ist. 19

b) Hinzuziehung des Betriebsrats. Der AN kann bei Erhebung der Beschwerde an den AG ein Mitglied des BR zur Unterstützung oder Vermittlung hinzuziehen (§ 84 I 2 BetrVG). Das Betriebsratsmitglied ist jedoch nicht verpflichtet, die Beschwerde des AN vorbehaltlos zu unterstützen. Vielmehr kann der BR die Förderung der Beschwerde davon abhängig machen, dass er sie für begründet hält. Ist das nicht der Fall, sollte er den AN hierauf hinweisen. Eine besondere Verschwiegenheitspflicht des hinzugezogenen Betriebsratsmitglieds besteht nach dem Gesetz nicht, jedoch wird dessen Befugnis zu Äußerungen gegenüber Dritten durch § 75 II BetrVG, Art. 2 I, Art. 1 I GG iVm § 26 I und III BDSG begrenzt. 20

c) Behandlung der Beschwerde. Der AG hat den AN über die Behandlung der Beschwerde zu bescheiden und – soweit er sie für berechtigt erachtet – ihr abzuhelfen. Bei längerer Bearbeitungsdauer hat er einen Zwischenbescheid zu erteilen. Er hat sich also in jedem Fall auf die Beschwerde hin zu äußern und darf sie nicht einfach übergehen. Etwas Anderes kann nur dann gelten, wenn derselbe Sachverhalt bereits Gegenstand einer Beschwerde gewesen ist. In diesen Fällen kann der AG auf seine frühere Entscheidung verweisen, sofern nicht neue Gesichtspunkte in der Beschwerde vorgetragen werden. Erkennt der AG die Berechtigung der Beschwerde an, kann in seiner Erklärung im Fall der Anerkennung von Ansprüchen ggf. ein deklaratorisches Schuldanerkenntnis oder eine vertragliche Zusage zur Behebung der Beanstandung liegen. Hilft der AG der Beschwerde nicht ab, kann der AN, wenn es sich um Rechtsansprüche handelt, Klage erheben;[18] im Übrigen kann er die Beschwerde an den BR richten. In diesem Fall richtet sich das weitere Verfahren nach § 85 BetrVG (→ Rn. 24). 21

Die Einlegung einer Beschwerde hat grundsätzlich keine **aufschiebende Wirkung** gegenüber Maßnahmen des AG. Der AN muss also etwaigen Anordnungen zunächst einmal nachkommen, es sei denn, dass er ein Zurückbehaltungsrecht hat (→ § 50 Rn. 1). Durch die Beschwerde wird der Ablauf etwaiger gesetzlicher Klagefristen (vgl. § 4 KSchG) oder vertraglicher bzw. tariflicher Ausschlussfristen nicht gehemmt. Allerdings kann in der Beschwerde ggf. die fristwahrende Geltendmachung eines Anspruchs gegenüber dem AG liegen (→ § 209 Rn. 7). 22

4. Nachteilsverbot. Dem AN dürfen wegen der Erhebung der Beschwerde keine Nachteile entstehen (§ 84 III BetrVG). Unzulässig ist jede Maßregelung des AN, die im Zusammenhang mit der Erhebung der Beschwerde steht. Dies gilt auch, wenn sich die Beschwerde als ungerechtfertigt herausstellt. Jedoch kann eine Kündigung gerechtfertigt sein, wenn völlig haltlose schwere Anschuldigungen gegen den AG oder den Vorgesetzten erhoben werden.[19] 23

---

[17] LAG München 27.11.1990 NZA 1991, 521.
[18] BAG 28.6.1984 AP Nr. 1 zu § 85 BetrVG 1972 = NZA 1985, 189.
[19] BAG 11.3.1982 – 2 AZR 798/79; LAG Hamm 11.2.2004 FA 2004, 155.

VI. Beschwerde an den Betriebsrat

24 **1. Allgemeines.** Der AN kann unter den Voraussetzungen von § 84 I 1 BetrVG (→ Rn. 18) beim BR Beschwerde einlegen, auch wenn er zuvor eine Beschwerde beim AG eingelegt hat. Das in § 85 BetrVG geregelte Beschwerdeverfahren ergänzt das Beschwerderecht des AN nach § 84 BetrVG (→ Rn. 16). Der AN kann die Beschwerde jederzeit zurücknehmen; in diesem Fall ist der Anrufung der Einigungsstelle durch den BR die Rechtsgrundlage entzogen, das Verfahren ist einzustellen.

25 **2. Befassung des Betriebsrats.** Der BR hat über die Berechtigung der Beschwerde zu beschließen. Hält er sie für unbegründet, hat er den AN hiervon zu unterrichten. Der AN hat dann keinen Anspruch mehr darauf, dass sich der BR weiter mit seinen Einwänden befasst. Hält der BR die Beschwerde für begründet, hat er beim AG nach § 85 I BetrVG auf Abhilfe hinzuwirken. Auch die vom BR an den AG weitergeleitete Beschwerde kann eine Geltendmachung iSd vertraglichen oder tariflichen Verfallfristen enthalten. Einigen sich AG und BR, dass die Beschwerde berechtigt oder unberechtigt ist, ist der AN hierüber zu unterrichten; das Beschwerdeverfahren ist dann beendet (vgl. § 85 II BetrVG). Einer berechtigten Beschwerde dürfte in der Folge regelmäßig abgeholfen werden. Unabhängig davon hat der AN – wenn es sich um Rechtsansprüche handelt – die Möglichkeit, Klage zu erheben.

26 **3. Einigungsstellenverfahren.** Kommt keine Einigung zwischen AG und BR über die Berechtigung oder Nichtberechtigung der Beschwerde zustande, kann der BR die Einigungsstelle bzw. betriebliche Beschwerdestelle (§ 86 S. 2 BetrVG) anrufen, wenn Gegenstand der Beschwerde kein Rechtsanspruch des AN ist. Der Spruch der Einigungsstelle ersetzt die Einigung zwischen AG und BR (§ 85 II 2 BetrVG). Ihr Spruch kann vor den Arbeitsgerichten im Beschlussverfahren nachgeprüft werden. Ob der BR die Einigungsstelle auch bei einem Streit über Rechtsansprüche des AN anrufen kann, ist umstr. Nach zutreffender Ansicht kann es in diesem Fall nur zu einem freiwilligen Einigungsstellenverfahren (→ § 232 Rn. 7, 38) kommen;[20] ein Antrag nach § 100 ArbGG ist daher bei fehlendem Einverständnis des AG abzuweisen. Die Einigungsstelle befindet nur über die Berechtigung oder Nichtberechtigung der Beschwerde. Ihr Spruch muss erkennen lassen, auf welche konkreten tatsächlichen Umstände er sich bezieht. Über Abhilfemaßnahmen des AG darf die Einigungsstelle nicht entscheiden.[21] Für eine Einigungsstelle nach § 85 II BetrVG ist ein Beisitzer auf jeder Seite ausreichend.[22]

[20] BAG 28.6.1984 AP Nr. 1 zu § 85 BetrVG 1972 = NZA 1985, 189; LAG Köln 2.9.1999 NZA-RR 2000, 26; LAG München 6.3.1997 NZA-RR 1998, 70; LAG SchlH 21.12.1989 NZA 1990, 703; aA HessLAG 15.9.1992 NZA 1994, 96; LAG Düsseldorf 21.12.1993 NZA 1994, 767 (Arbeitsüberlastung).
[21] BAG 22.11.2005 AP Nr. 2 zu § 85 BetrVG 1972 = NZA 2006, 803.
[22] HessLAG 3.11.2009 NZA-RR 2010, 359.

6. Abschnitt. Mitbestimmung in sozialen Angelegenheiten

§ 235. Die erzwingbare soziale Mitbestimmung

Übersicht

A. Grundsätze der Mitbestimmung

I. Allgemeines

1 **1. Normzweck.** Der Kernbereich der Beteiligungsrechte des BR liegt im Bereich der sozialen Mitbestimmung. Bei den in § 87 BetrVG aufgezählten Angelegenheiten kann der AG Maßnahmen nur treffen, wenn er hierüber zuvor mit dem BR eine Einigung gefunden hat oder diese durch den Spruch der Einigungsstelle ersetzt wurde (§ 87 II BetrVG). Durch die erzwingbare Mitbestimmung sollen die AN vor einseitigen Anordnungen des AG geschützt werden und die Möglichkeit erhalten, über ihre Interessenvertreter an der gleichberechtigten Ausgestaltung der wichtigsten sie betreffenden Gegenstände beteiligt zu werden. § 87 I BetrVG schränkt wegen der sozialen Abhängigkeit der AN und im Hinblick auf den Teilhabegedanken die Handlungsmöglichkeiten des AG bei der Vertragsgestaltung und der Ausübung seines Direktionsrechts ein.[1] Eine dadurch ggf. bedingte Beeinträchtigung seiner unternehmerischen Entscheidungsfreiheit führt nicht dazu, dass die Mitbestimmungsrechte des BR begrenzt werden. Das Recht auf unternehmerische Betätigung ist nicht schrankenlos gewährleistet; seine Beschränkung ist gerade die im Gesetz angelegte Folge des Bestehens von Mitbestimmungsrechten.[2] Dies ist verfassungsrechtlich nicht zu beanstanden.[3]

2 **2. Abschließende Angelegenheiten.** Die Aufzählung der mitbestimmungspflichtigen Angelegenheiten in § 87 BetrVG ist abschließend. Fällt eine Maßnahme nicht unter die Norm, kann – sofern kein sonstiges Mitbestimmungsrecht greift (etwa § 95 I und II BetrVG) – nur eine freiwillige Betriebsvereinbarung (§ 88 BetrVG) geschlossen werden. Auch Verstöße des AG gegen betriebsverfassungsrechtliche Pflichten (zB § 75 II BetrVG) vermögen keine weiteren Mitbestimmungsrechte zu begründen.[4] Umgekehrt kann der AG ein Mitbestimmungsrecht des BR nicht dadurch ausschließen, dass er unter Umgehung des BR entspr. einzelvertragliche Vereinbarungen mit den AN trifft.[5] Ohne Bedeutung für das Mitbestimmungsrecht nach § 87 BetrVG ist, ob die vom AG beabsichtigte Maßnahme individualrechtlich zulässig ist.[6] Zur Einschränkung und Erweiterung der Beteiligungsrechte → § 230 Rn. 6.

3 **3. Kollektive Tatbestände.** Das Mitbestimmungsrecht des BR besteht idR nur bei Tatbeständen mit kollektiven Bezug.[7] Lediglich in den Fällen des § 87 I Nr. 5 (Urlaub für einzelne AN) und Nr. 9 BetrVG (Kündigung von Wohnräumen) sieht das Gesetz ausdrücklich ein Mitbestimmungsrecht bei einer Maßnahme gegenüber einem einzelnen AN vor. Ein kollektiver Tatbestand ist gegeben, wenn sich eine Regelungsfrage stellt, die über eine ausschließlich einzelfallbezogene Rechtsausübung hinausgeht und kollektive Interessen der AN des Betriebs berührt. Entscheidend ist, ob voraussichtlich mehrere AN von der beabsichtigten Maßnahme betroffen sind oder berührt werden.[8] Regelungen über das Tragen von Dienstkleidung, die Verteilung der

[1] BAG 18.10.2011 AP Nr. 141 zu § 87 BetrVG 1972 Lohngestaltung = NZA 2012, 392; 3.12.1991 AP Nr. 51 zu § 87 BetrVG 1972 Lohngestaltung = NZA 1992, 749.
[2] BAG 22.8.2017 AP Nr. 144 zu § 87 BetrVG 1972 Arbeitszeit; 26.10.2004 AP Nr. 113 zu § 87 BetrVG 1972 Arbeitszeit = NZA 2005, 538; 31.8.1982 AP Nr. 8 zu § 87 BetrVG 1972 Arbeitszeit.
[3] Vgl. BVerfG 18.12.1985 AP Nr. 15 zu § 87 BetrVG 1972 Arbeitszeit.
[4] BAG 8.6.1999 AP Nr. 31 zu § 87 BetrVG 1972 Ordnung des Betriebes = NZA 1999, 1288.
[5] BAG 24.4.2007 AP Nr. 124 zu § 87 BetrVG 1972 Arbeitszeit = NZA 2007, 818; 10.11.1992 AP Nr. 58 zu § 87 BetrVG 1972 Lohngestaltung = NZA 1993, 570.
[6] BAG 30.6.2015 – 1 ABR 71/13; 22.7.2008 AP Nr. 14 zu § 87 BetrVG 1972 = NZA 2008, 1248.
[7] Vgl. BAG 28.7.2020 AP Nr. 148 zu § 87 BetrVG 1972 Arbeitszeit; 12.3.2019 AP Nr. 51 zu § 23 BetrVG 1972 = NZA 2019, 843; 5.5.2015 AP Nr. 147 zu § 87 BetrVG 1972 Lohngestaltung = NZA 2015, 1207; 18.3.2014 AP Nr. 21 zu § 87 BetrVG 1972 Gesundheitsschutz = NZA 2014, 855; 24.4.2007 AP Nr. 124 zu § 87 BetrVG 1972 = NZA 2007, 818; 3.12.1991 AP Nr. 51, 52 zu § 87 BetrVG 1972 Lohngestaltung = NZA 1992, 749; 27.6.1989 AP Nr. 35 zu § 87 BetrVG 1972 Arbeitszeit = NZA 1990, 35.
[8] BAG 29.2.2000 AP Nr. 105 zu § 87 BetrVG 1972 Lohngestaltung = NZA 2000, 1066 (Indiz).

regelmäßigen Arbeitszeit oder die Vorlage von Arbeitsunfähigkeitsbescheinigungen haben danach unzweifelhaft einen kollektiven Bezug.[9] Ein solcher kann aber auch bei Maßnahmen gegeben sein, die sich unmittelbar nur gegen einen einzigen AN richten. So liegt bei einer Überstundenanordnung ein kollektiver Bezug vor, wenn eine Auswahl unter mehreren zur Verfügung stehenden AN zu treffen ist. Auch die Zuordnung eines AN zu einem Dienstplan stellt einen kollektiven Tatbestand dar, da sie die Frage betrifft, welche AN zu welcher Zeit mit welchen anderen AN ihre Arbeitsleistung erbringen.[10] Ob eine Maßnahme einen kollektiven Charakter hat, ist nicht nach der äußeren Form, sondern nach ihrem Inhalt und ihren Auswirkungen zu beurteilen. Ohne Belang ist, ob es sich um eine einmalige oder dauerhafte Maßnahme handelt.

4. Formelle und materielle Arbeitsbedingungen. Unter der Geltung des BetrVG 1952 hatte der BR nur bei den formellen Arbeitsbedingungen, die die Ordnung des Betriebs und das Zusammenleben der AN im Betrieb betrafen, mitzubestimmen. Betraf die Angelegenheit die im Gegenseitigkeitsverhältnis stehenden Pflichten aus dem Arbeitsverhältnis – sog. materielle Arbeitsbedingungen – sollte das Mitbestimmungsrecht entfallen,[11] wenn keine tarifliche Öffnungsklausel (§ 59 BetrVG 1952) bestand. Diese Unterscheidung ist im Rahmen des BetrVG 1972 bedeutungslos geworden. So sieht das Gesetz etwa in § 87 I Nr. 3–5, 8–11 BetrVG Mitbestimmungsrechte in Angelegenheiten vor, die (auch) die materiellen Arbeitsbedingungen der AN betreffen. Die Mitbestimmungsrechte des BR stehen auch nicht unter dem allgemeinen Vorbehalt, dass durch sie nicht in die unternehmerische Entscheidungsfreiheit eingegriffen werden darf.[12] 4

5. Eil- und Notfälle. a) Eilfälle. Ein Eilfall liegt vor, wenn eine Maßnahme oder Regelung möglichst umgehend getroffen werden muss. Die bloße Eilbedürftigkeit einer mitbestimmungspflichtigen Angelegenheit lässt das Mitbestimmungsrecht des BR nach § 87 BetrVG nicht entfallen. Denn anders als in §§ 100, 115 VII Nr. 4 BetrVG sieht das Gesetz für die soziale Mitbestimmung nicht vor, dass der AG wegen der Dringlichkeit der Angelegenheit vorläufige Maßnahmen treffen darf.[13] Aus diesem Grund müssen die Betriebsparteien für eilbedürftige Angelegenheiten entspr. Vorsorge treffen, etwa durch Rahmen- oder Verfahrensregelungen.[14] Den betrieblichen Bedürfnissen im Fall eines kurzfristigen Überstundenbedarfs oder einer kurzfristigen Änderung der Personaleinsatzplanung kann in einer Betriebsvereinbarung auch dadurch Rechnung getragen werden, dass das Vorliegen einer (Vorab-)Zustimmung des BR für eng begrenzte, hinreichend konkret beschriebene und ggf. häufig auftretende Fallgestaltungen festgelegt wird.[15] Entspr. Regelungen können vom AG auch durch die Einigungsstelle erzwungen werden.[16] Eine gerichtliche Ersetzung der fehlenden Zustimmung des BR zu solchen Maßnahmen im Wege einer einstweiligen Verfügung (§ 85 II ArbGG) scheidet dagegen aus.[17] 5

b) Notfälle. In sog. Notfällen ist das Mitbestimmungsrecht des § 87 BetrVG im Hinblick auf den Grundsatz der vertrauensvollen Zusammenarbeit (§ 2 I BetrVG) hingegen eingeschränkt.[18] Ein Notfall liegt vor, wenn unvorhergesehen sofort gehandelt werden muss, um von den AN oder dem Betrieb erhebliche Schäden abzuwenden und entweder der BR nicht erreichbar ist 6

---

9 LAG Bln-Bbg 19.6.2012 RDV 2012, 254.
10 BAG 22.8.2017 AP Nr. 143 zu § 87 BetrVG 1972 Arbeitszeit = NZA 2018, 191.
11 Vgl. BAG 21.2.1967 AP Nr. 25 zu § 59 BetrVG.
12 BAG 31.8.1982 AP Nr. 8 zu § 87 BetrVG 1972 Arbeitszeit.
13 BAG 17.11.1998 AP Nr. 79 zu § 87 BetrVG 1972 Arbeitszeit = NZA 1999, 662; 19.2.1991 AP Nr. 42 zu § 87 BetrVG 1972 Arbeitszeit = NZA 1991, 609; 12.1.1988 AP Nr. 8 zu § 81 ArbGG 1979 = NZA 1988, 517.
14 BAG 8.12.2015 AP Nr. 139 zu § 87 BetrVG 1972 Arbeitszeit; 19.7.2013 AP Nr. 130 zu § 87 BetrVG 1972 Arbeitszeit = NZA 2014, 99; 17.11.1998 AP Nr. 79 zu § 87 BetrVG 1972 Arbeitszeit = NZA 1999, 662.
15 BAG 22.10.2019 AP Nr. 145 zu § 87 BetrVG 1972 Arbeitszeit = NZA 2020, 123; 12.1.1988 AP Nr. 8 zu § 81 ArbGG 1979 = NZA 1988, 517; ähnl. schon BAG 26.7.1988 AP Nr. 6 zu § 87 BetrVG 1972 Provision = NZA 1989, 109.
16 Vgl. BAG 17.11.1998 AP Nr. 79 zu § 87 BetrVG 1972 Arbeitszeit = NZA 1999, 662.
17 So aber Richardi BetrVG/*Richardi* § 87 Rn. 61.
18 BAG 12.3.2018 AP Nr. 185 zu Art. 9 GG Arbeitskampf = NZA 2018, 1081; 19.1.2010 AP Nr. 47 zu § 23 BetrVG 1972 = NZA 2010, 659; 17.11.1998 AP Nr. 79 zu § 87 BetrVG 1972 Arbeitszeit = NZA 1999, 662.

oder keinen ordnungsgemäßen Beschluss fassen kann (zB Naturkatastrophen, Brand, Überschwemmung, Unfälle).[19] In diesen Fällen kann der AG die erforderlichen Anordnungen vorläufig ohne vorheriges Einverständnis mit dem BR treffen, allerdings muss er ihn – wenn möglich – hierüber unverzüglich unterrichten und die Beteiligung nach Durchführung der Maßnahme nachholen.[20] Kein Notfall ist gegeben, wenn (lediglich) unvorhergesehen kurzfristig Mehrarbeit von AN erforderlich ist, da die Betriebsparteien in der Lage sind, für diesen Fall entspr. Regelungen zu vereinbaren (→ Rn. 5).

7 **6. Arbeitskampf.** Die Mitbestimmungsrechte nach § 87 I BetrVG sind während eines Arbeitskampfs wegen des aus Art. 9 III GG folgenden Grundsatzes der Kampfparität (→ § 194 Rn. 41) eingeschränkt, wenn bei ihrer vollständiger Aufrechterhaltung die ernsthafte Gefahr besteht, dass der BR eine dem AG sonst mögliche Arbeitskampfmaßnahme verhindert und dadurch zwangsläufig zu dessen Nachteil in das Kampfgeschehen eingreift.[21] Maßgebend ist, ob durch die Ausübung des Mitbestimmungsrechts die Arbeitskampffreiheit des AG ernsthaft beeinträchtigt wird. Dies ist der Fall, wenn der AG an der Durchführung einer kampfbedingten Maßnahme zumindest vorübergehend gehindert wird und auf diese Weise zusätzlich Druck auf ihn ausgeübt wird. Die Mitbestimmungsrechte können dabei nicht nur für Maßnahmen zur Abwehr bereits eingetretener Folgen andauernder Arbeitsniederlegungen suspendiert sein, sondern auch bei Vorbereitungshandlungen des AG zur Beschränkung drohender Folgen konkret bevorstehender Streiks.[22]

8 So bedarf der AG während eines Arbeitskampfs in seinem Betrieb keiner Zustimmung des BR nach § 87 I Nr. 3 BetrVG, wenn er aufgrund dessen **Kurzarbeit** einführen will. Wird infolge eines Arbeitskampfs die Einführung von Kurzarbeit in einem Drittbetrieb notwendig, ist das Mitbestimmungsrecht des dortigen BR eingeschränkt, wenn hierdurch unmittelbar oder mittelbar das Kräfteverhältnis der Kampfparteien beeinflusst werden kann (sog. Paritätsrelevanz). Unerheblich ist, ob der Arbeitskampf innerhalb oder außerhalb des gleichen Tarifgebiets stattfindet und die arbeitskampfbedingte Störung auf einem Streik oder einer Abwehraussperrung beruht. Dem BR steht in diesem Fall ein Mitbestimmungsrecht lediglich hinsichtlich der Umsetzung (Modalitäten), nicht aber hinsichtlich des „Ob" und der Dauer der Arbeitszeitverkürzung zu.[23] Kein Mitbestimmungsrecht nach § 87 I Nr. 3 BetrVG besteht, wenn der AG während eines Arbeitskampfs für arbeitswillige, einem gewerkschaftlichen Kampfaufruf nicht Folge leistende AN aus streikbedingten Gründen vorübergehend die betriebsübliche **Arbeitszeit verlängern** will.[24] Allerdings wird die Mitbestimmung nicht suspendiert, wenn der AG gegenüber allen dienstplanmäßig eingeteilten AN Mehrarbeit zur Aufarbeitung streikbedingter Arbeitsrückstände nach Beendigung der Arbeitsniederlegung anordnet. Gleiches gilt, wenn mit der Mehrarbeit einem durch Warnstreiks verursachten Streikdruck vorgebeugt werden soll und der AG nicht deutlich macht, dass sich die Anordnung auf arbeitswillige AN beschränkt.[25]

II. Vorbehalt von Gesetz oder Tarifvertrag

9 **1. Grundsatz.** Nach dem Eingangshs. von § 87 I BetrVG hat der BR in sozialen Angelegenheiten nur ein erzwingbares Mitbestimmungsrecht, soweit eine gesetzliche oder tarifliche Regelung nicht besteht. Dieser Vorbehalt beruht auf der Erwägung, dass für die Erreichung des Mitbestimmungszwecks kein Raum mehr verbleibt, wenn ein Gesetz oder ein Tarifvertrag schon eine den AG bindende Ausgestaltung der Angelegenheit vorsieht und damit den berechtigten Interessen und Schutzbedürfnissen der AN hinreichend Rechnung getragen worden ist.[26] Ver-

---

[19] Vgl. nur BAG 12.3.2018 AP Nr. 185 zu Art. 9 GG Arbeitskampf = NZA 2018, 1081.

[20] BAG 19.2.1991 AP Nr. 42 zu § 87 BetrVG 1972 Arbeitszeit = NZA 1991, 609; 13.7.1977 AP Nr. 2 zu § 87 BetrVG 1972 Kurzarbeit; offengelassen von BAG 2.3.1982 AP Nr. 6 zu § 87 BetrVG 1972 Arbeitszeit.

[21] BAG 13.12.2011 AP Nr. 176 zu Art. 9 GG Arbeitskampf = NZA 2012, 571; 10.10.2002 AP Nr. 59 zu § 80 BetrVG 1972 = NZA 2004, 223; 14.2.1978 AP Nr. 57 zu Art. 9 GG Arbeitskampf.

[22] Vgl. BAG 20.3.2018 = AP Nr. 185 zu Art. 9 GG Arbeitskampf = NZA 2018, 1081; 30.8.1994 AP Nr. 132 zu Art. 9 GG Arbeitskampf = NZA 1995, 183; 10.2.1988 AP Nr. 5 zu § 98 BetrVG 1972 = NZA 1988, 549.

[23] BAG 22.12.1980 AP Nr. 70 zu Art. 9 GG Arbeitskampf; AP Nr. 71 zu Art. 9 GG Arbeitskampf.

[24] BAG 24.4.1979 AP Nr. 63 zu Art. 9 GG Arbeitskampf.

[25] BAG 20.3.2018 = AP Nr. 185 zu Art. 9 GG Arbeitskampf = NZA 2018, 1081.

[26] Vgl. etwa BAG 12.11.2013 AP Nr. 131 zu § 87 BetrVG 1972 Arbeitszeit = NZA 2014, 557; 10.10.2011 AP Nr. 141 zu § 87 BetrVG 1972 Lohngestaltung = NZA 2012, 392; 24.2.1987 AP Nr. 21 zu § 77 BetrVG 1972 = NZA 1987, 629.

bleibt dem AG dagegen trotz geltender normativer Regelung noch ein Gestaltungsspielraum, ist ein darauf bezogenes Mitbestimmungsrecht des BR eröffnet; ein Zurücktreten der Beteiligungsrechte nach § 87 I BetrVG erfolgt nur, *soweit* die gesetzlichen oder tariflichen Vorgaben abschließend und zwingend sind (→ Rn. 14). Der Gesetzes- und Tarifvorbehalt des § 87 I Eingangshs. BetrVG gilt nicht für **freiwillige Betriebsvereinbarungen** (§ 88 BetrVG). Diese können abgeschlossen werden, soweit sie günstiger als das (einseitig-zwingende) Gesetz sind und der Tarifvorrang (§ 77 III BetrVG; → § 231 Rn. 19) nicht eingreift.

2. Gesetzliche Regelung. Gesetz iSd Eingangshs. von § 87 I BetrVG ist nicht nur ein formelles Gesetz, sondern jede materielle Rechtsnorm. Hierzu zählen auch nationale[27] und unionsrechtliche Verordnungen[28] sowie das Satzungsrecht[29] öffentlicher Körperschaften und Anstalten. Dem Gesetz gleichgestellt werden Verwaltungsakte und sonstige, auf der Grundlage eines Gesetzes erlassene behördliche Anordnungen, die dem AG keine rechtlichen Wahlmöglichkeiten lassen, wie er sich verhalten soll;[30] bei einem nur faktischen Zwang bleibt das Mitbestimmungsrecht hingegen bestehen. Kein Gesetz in diesem Sinne sind der SARS-CoV-2-Arbeitsschutzstandard des BMAS sowie die SARS-CoV-2-Arbeitsschutzregel.[31] Die Sperre des Eingangshalbsatzes von § 87 I BetrVG wird nur durch **zwingendes Gesetzesrecht** ausgelöst, nicht aber durch dispositives[32] oder durch gesetzesvertretendes Richterrecht.[33] Dass die gesetzlichen Bestimmungen Schutznormen für den AN sind, ist nicht erforderlich. Ausländische Vorschriften schließen die Mitbestimmung nach § 87 I BetrVG nicht aus, wenn es an einer Transformation in das nationale Recht fehlt.[34] Sieht ein Gesetz eine – zu Lasten des AN abweichende – Regelungsmöglichkeit durch Tarifvertrag vor (zB in § 7 ArbZG, § 13 BUrlG; § 622 IV BGB; § 4 III EFZG, § 17 BetrAVG), gilt diese nicht für die Betriebsparteien.[35] 10

3. Tarifliche Regelung. a) Tarifbindung des Arbeitgebers. Eine tarifliche Regelung iSd Eingangshs. von § 87 I BetrVG besteht nur, wenn der AG an den Tarifvertrag gebunden (§ 3 I TVG) oder dieser allgemeinverbindlich (§ 5 TVG) ist und der Betrieb in den räumlichen, fachlichen und betrieblichen Geltungsbereich dieses Tarifvertrags fällt.[36] Unerheblich ist, ob AN des Betriebs tarifgebunden sind.[37] Die alleinige Tarifbindung des AG ist daher nicht nur bei betrieblichen und betriebsverfassungsrechtlichen Fragen (§ 3 II TVG; → § 200 Rn. 28, 34), sondern auch bei Inhalts-, Abschluss- und Beendigungsnormen für die Sperrwirkung ausreichend.[38] In Betrieben eines nicht tarifgebundenen AG spielt der Tarifvorbehalt des § 87 I Eingangshs. BetrVG dagegen keine Rolle. Dies gilt auch, wenn ein solcher AG die tarifliche Regelungen aufgrund vertraglicher Vereinbarungen anwendet.[39] Ein nicht tarifgebundener AG kann in den Angelegenheiten des § 87 I BetrVG daher selbst dann wirksam Betriebsvereinbarungen schließen, wenn im Tarifgebiet ein einschlägiger Flächentarifvertrag besteht. Zwar räumt § 77 III BetrVG den Koalitionen zur Wahrung der Tarifautonomie einen Vorrang bei der Regelung von Arbeitsbedingungen ein; diese Norm gilt jedoch nach zutreffender Ansicht nicht im Bereich der erzwingbaren Mitbestimmung des § 87 I BetrVG (→ § 231 Rn. 22).[40] Schließen die Betriebsparteien trotz Tarifbindung des AG hingegen 11

[27] BAG 22.7.2014 AP Nr. 19 zu § 87 BetrVG 1972 = NZA 2014, 1151.

[28] BAG 7.2.2012 AP Nr. 42 zu § 87 BetrVG 1972 Ordnung des Betriebes = NZA 2012, 685.

[29] BAG 25.5.1982 AP Nr. 53 zu § 611 BGB Dienstordnungs-Angestellte.

[30] BAG 11.12.2012 AP Nr. 44 zu § 87 BetrVG 1972 Ordnung des Betriebes = NZA 2013, 913; 9.7.1991 AP Nr. 19 zu § 87 BetrVG 1972 Ordnung des Betriebes = NZA 1992, 126.

[31] *Sagan/Brockfeld* NZA 2020, 15 (23); *Müller-Bonnani/Bertke* NJW 2020, 1617 (1620).

[32] BAG 29.3.1977 AP Nr. 1 zu § 87 BetrVG 1972 Provision.

[33] *Fitting* BetrVG § 87 Rn. 33; *Buschmann* FS Wissmann, 2005, 251 (255); *Wolter* AuR 1979, 333 (336); aA GK-BetrVG/*Wiese* § 87 Rn. 58; Richardi BetrVG/*Richardi* § 87 Rn. 145.

[34] BAG 22.7.2008 AP Nr. 14 zu § 87 BetrVG 1972 = NZA 2008, 1248; aA *Boemke* DB 2010, 843.

[35] BAG 17.1.1974 AP Nr. 3 zu § 1 BUrlG.

[36] Vgl. BAG 14.2.1989 AP Nr. 8 zu § 87 BetrVG 1972 Akkord = NZA 1989, 648; 24.2.1987 AP Nr. 21 zu § 77 BetrVG 1972 = NZA 1987, 639.

[37] BAG 20.2.2018 AP Nr. 155 zu § 87 BetrVG 1972 Lohngestaltung = NZA 2018, 954; 10.8.1993 AP Nr. 12 zu § 87 BetrVG 1972 Auszahlung = NZA 1994, 326; 30.1.1990 AP Nr. 78 zu § 99 BetrVG 1972 = NZA 1990, 493; 24.2.1987 AP Nr. 21 zu § 77 BetrVG 1972 = NZA 1987, 639; aA GK-BetrVG/*Wiese* § 87 Rn. 67 f.

[38] Vgl. BAG 20.2.2018 AP Nr. 155 zu § 87 BetrVG 1972 Lohngestaltung = NZA 2018, 954; 18.10.2011 AP Nr. 141 zu § 87 BetrVG 1972 Lohngestaltung = NZA 2012, 392; aA *Salamon* NZA 2012, 899.

[39] BAG 26.9.2017 AP Nr. 142 zu § 87 BetrVG 1972 Arbeitszeit = NZA 2018, 194.

[40] BAG GS 3.12.1991 AP Nr. 51 zu § 87 BetrVG 1972 Lohngestaltung = NZA 1992, 749; 3.12.1991 AP Nr. 52 zu § 87 BetrVG 1972 Lohngestaltung; BAG 24.11.1987 AP Nr. 6 zu § 87 BetrVG 1972 Auszahlung = NZA 1988, 405; 24.2.1987 AP Nr. 21 zu § 77 BetrVG 1972 = NZA 1987, 639.

eine Betriebsvereinbarung über eine Angelegenheit iSv § 87 I Nr. 1–13 BetrVG, die der Tarifvertrag bereits abschließend und zwingend ausgestaltet, ist diese – mangels Bestehens eines Mitbestimmungsrechts nach § 87 I BetrVG – wegen Verstoßes gegen § 77 III BetrVG unwirksam.[41] Ist der AG an mehrere Tarifverträge gebunden, wird das Mitbestimmungsrecht durch jeden von ihnen ausgeschlossen.[42]

12 Die Tarifbindung des AG beginnt – bei einem bereits in Kraft getretenen Tarifvertrag – mit seinem Beitritt zum Arbeitgeberverband[43] oder der Allgemeinverbindlichkeit des Tarifvertrags. Vor diesem Zeitpunkt abgeschlossene betriebliche Regelungen bleiben nur dann wirksam, wenn der nunmehr geltende Tarifvertrag diesen nicht entgegensteht; dies ist durch Auslegung des Tarifvertrags zu ermitteln (→ § 201 Rn. 1). Die Sperrwirkung endet mit Wegfall der zwingenden Wirkung des Tarifvertrags. Bei einem Verbandsaustritt des AG ist dies das Ende des Nachbindungszeitraums (§ 3 III TVG; → § 204 Rn. 27); im Fall der Beendigung des Tarifvertrags durch Kündigung ist dies der Ablauf der Kündigungsfrist. Ein bloß nachwirkender Tarifvertrag (§ 4 V TVG) stellt keine tarifliche Regelung iSd Eingangshs. von § 87 I BetrVG dar, da es an seiner zwingend normativen Bindung des AG fehlt.[44] Die Betriebsparteien können eine Betriebsvereinbarung auch schon vor dem Zeitpunkt des Ablaufs der Tarifsperre schließen, sofern sie erst danach in Kraft treten soll.[45]

13 **b) Öffnungsklausel.** Der Tarifvorrang des § 87 I Eingangshs. BetrVG greift nicht, wenn und soweit die Tarifvertragsparteien den Betriebsparteien im Tarifvertrag die Möglichkeit eröffnet haben, von der tariflichen Regelung durch eine betriebliche Regelung abzuweichen.[46] Die Reichweite einer solchen Tariföffnungsklausel muss ggf. durch Auslegung ermittelt werden. Sieht etwa ein Tarifvertrag vor, dass eine Regelung nur durch „freiwillige" Betriebsvereinbarungen zulässig ist, erlaubt dies nur solche, die auf einer Einigung der Betriebsparteien, nicht aber einem Spruch der Einigungsstelle beruhen (§ 87 II BetrVG). Wird eine – durch Tariföffnungsklausel erlaubte – abweichende Betriebsvereinbarung gekündigt, ist idR davon auszugehen, dass mit Ablauf der Kündigungsfrist die geltende tarifliche Regelung wieder auflebt, da die Betriebsvereinbarung ihre zwingende Wirkung verliert.[47]

14 **4. Abschließende Regelung.** Die Sperrwirkung eines Gesetzes oder Tarifvertrags iSd Einleitungssatzes von § 87 I BetrVG besteht nur, soweit diese eine abschließende Regelung enthalten, die dem AG keine einseitige Regelungsmöglichkeit mehr belässt. Ob dies der Fall ist, muss ggf. durch Auslegung ermittelt werden. An einer abschließenden Regelung fehlt es, wenn die Tarif- oder Gesetzesnorm den AG nur zur Durchführung einer Maßnahme ermächtigt[48] oder ihm einen Handlungsrahmen vorgibt. In einem solchen Fall besteht mangels Regelungsspielraums zwar kein Mitbestimmungsrecht für das „Ob" der Maßnahme, allerdings bleibt hinsichtlich des „Wie" – also der Art und Weise, wie sie durchgeführt werden soll – Raum für die betriebliche Mitbestimmung.[49] Die Betriebsparteien haben sich bei ihrer Regelung innerhalb der tariflichen oder gesetzlichen Vorgaben zu halten.[50] Das Mitbestimmungsrecht des § 87 I BetrVG kann durch Tarifvertrag nicht ausgeschlossen werden, ohne dass dieser selbst eine ausreichende Regelung trifft;[51] eine bloße „Nichtregelung" sperrt die Mitbestimmung nicht. Die Tarifnorm darf sich deshalb auch nicht darauf beschränken, dem AG lediglich ein einseitiges Bestimmungsrecht zuzuweisen.[52]

---

[41] BAG 22.10.2019 AP Nr. 81 zu § 1 BetrAVG Ablösung.
[42] BAG 23.8.2016 AP Nr. 148 zu § 99 BetrVG 1972 = NZA 2017, 74; 14.4.2015 AP Nr. 143 zu § 99 BetrVG 1972 = NZA 2015, 1077.
[43] BAG 20.12.1988 AP Nr. 9 zu § 87 BetrVG 1972 Auszahlung = NZA 1989, 564.
[44] BAG 24.2.1987 AP Nr. 21 zu § 77 BetrVG 1972 = NZA 1987, 639.
[45] BAG 27.11.2002 AP Nr. 34 zu § 87 BetrVG 1972 Tarifvorrang.
[46] BAG 9.12.2003 AP Nr. 27 zu § 50 BetrVG 1972 = NZA 2005, 234.
[47] Vgl. BAG 5.5.2015 AP Nr. 356 zu § 1 TVG Tarifverträge: Bau; 12.8.1982 AP Nr. 5 zu § 77 BetrVG 1972.
[48] LAG RhPf 24.10.2000 NZA-RR 2001, 369 (Tarifvertrag).
[49] Vgl. BAG 6.11.1990 AP Nr. 4 zu § 3 AZO Kr = NZA 1991, 355; 26.5.1988 AP Nr. 14 zu § 87 BetrVG 1972 Ordnung des Betriebes = NZA 1988, 811; 23.4.1985 AP Nr. 12 zu § 87 BetrVG 1972 Überwachung = NZA 1986, 671.
[50] Vgl. BAG 9.11.2010 AP Nr. 126 zu § 87 BetrVG 1972 Arbeitszeit = NZA-RR 2011, 354.
[51] BAG 9.11.2010 AP Nr. 126 zu § 87 BetrVG 1972 Arbeitszeit = NZA-RR 2011, 354; 17.11.1998 AP Nr. 79 zu § 87 BetrVG 1972 Arbeitszeit = NZA 1999, 662; 18.4.1989 AP Nr. 18 zu § 87 BetrVG 1972 Tarifvorrang = NZA 1989, 887.
[52] BAG 12.11.2013 AP Nr. 131 zu § 87 BetrVG 1972 Arbeitszeit = NZA 2014, 557; 3.5.2006 AP Nr. 119 zu § 87 BetrVG 1972 Arbeitszeit.

III. Durchführung der Mitbestimmung

15 **1. Zuständige Arbeitnehmervertretung.** Der AG muss die zuständige Arbeitnehmervertretung einschalten, wenn er eine Maßnahme zu einem mitbestimmungspflichtigen Gegenstand durchführen will. Zuständig für die Ausübung des Mitbestimmungsrechts ist im Allgemeinen der BR; es kann allerdings auch die Zuständigkeit des GBR oder des KBR in Betracht kommen, wenn eine betriebs- oder unternehmensübergreifende Regelung notwendig oder beabsichtigt ist.[53] Zur Abgrenzung der Zuständigkeiten → § 224 Rn. 19. In größeren Betrieben kann der BR die Wahrnehmung der Mitbestimmungsrechte einem Ausschuss übertragen (§ 28 I, III BetrVG).[54]

16 **2. Einigung der Betriebsparteien.** Mitbestimmung iSv § 87 I BetrVG bedeutet, dass der AG mit der zuständigen Arbeitnehmervertretung eine Einigung über die mitbestimmungsbedürftige Angelegenheit erzielen muss. Die Betriebsparteien können diese durch Betriebsvereinbarung (→ § 231 Rn. 1) regeln oder hierüber eine Regelungsabrede (→ § 231 Rn. 78) treffen.[55] Ausreichend ist es auch, wenn der BR der beabsichtigten Maßnahme lediglich ausdrücklich zustimmt. Gibt das zuständige Betriebsverfassungsorgan nur zu erkennen, es halte eine Angelegenheit nicht für mitbestimmungspflichtig, liegt keine Einigung vor.[56] Auch ein bloßes Schweigen des BR oder die Duldung der Maßnahme durch diesen genügen nicht; denn § 87 BetrVG enthält keine § 99 III 2 BetrVG vergleichbare Frist, nach deren fruchtlosem Ablauf das Einverständnis des BR wirksam fingiert wird.[57] Das Einverständnis des BR gegenüber dem AG kann jedoch konkludent erklärt worden sein.[58]

16a Die wirksame Ausübung der Mitbestimmung erfordert stets, dass das zuständige Gremium einen entspr. (wirksamen) **Beschluss** hierüber gefasst hat. Dies gilt auch für eine konkludent erteilte Zustimmung des BR. Hat der Vorsitzende des BR bzw. sein Stellvertreter gegenüber dem AG eine Zustimmungserklärung abgegeben, ohne dass der BR dies zuvor beschlossen hatte, kann der BR das vollmachtlose Handeln durch nachträglichen Beschluss nach § 184 I BGB genehmigen, solange der AG die Maßnahme noch nicht durchgeführt hat.[59] Auch eine ohne (wirksamen) Betriebsratsbeschluss abgeschlossene Betriebsvereinbarung kann – ebenso wie eine Regelungsabrede – vom BR durch eine spätere (ordnungsgemäße) Beschlussfassung nachträglich genehmigt werden.[60]

17 Kommt eine Einigung zwischen AG und der zuständigen Arbeitnehmervertretung über die mitbestimmungspflichtige Angelegenheit nicht zustande, können beide Seiten nach § 87 II BetrVG die Einigungsstelle anrufen (→ § 232 Rn. 1). Hierbei kann dem BR ggf. eine Mitwirkungspflicht nach § 74 I 2 iVm § 2 I BetrVG obliegen, wenn die Mitbestimmung eine Angelegenheit betrifft, die – wie etwa die Festlegung der Arbeitszeit – für die Durchführung oder Aufrechterhaltung des auch im Allgemeininteresse liegenden Geschäftsbetriebs des AG (zB Krankenhaus) unerlässlich ist.[61] Entscheidet die Einigungsstelle durch Spruch, ersetzt dieser nach § 87 II BetrVG die fehlende Einigung; damit liegt die erforderliche Mitbestimmung des BR vor.

18 **3. Umsetzung der Maßnahme.** Haben AG und BR eine Einigung über die beabsichtigte Maßnahme erzielt oder wurde diese durch einen Spruch der Einigungsstelle ersetzt, kann der AG die Maßnahme durchführen. Die erforderliche Einigung der Betriebsparteien beseitigt zunächst nur die kollektivrechtliche Schranke des § 87 I BetrVG. Wurde eine – unmittelbar und zwingend wirkende – Betriebsvereinbarung geschlossen, kann der AG die Maßnahme idR auf dieser Grundlage zulässigerweise auch gegenüber dem AN umsetzen, es sei denn, der Arbeitsvertrag enthält eine günstigere Vereinbarung, die nicht betriebsvereinbarungsoffen ist (→ § 231 Rn. 44, 46). Schießen die Betriebsparteien zB für die nach § 87 I Nr. 3 BetrVG mitbestimmungspflichtige Anordnung von Kurzarbeit im Betrieb eine Betriebsvereinbarung, schafft diese

[53] BAG 18.10.1994 AP Nr. 70 zu § 87 BetrVG 1972 Lohngestaltung = NZA 1995, 390; 11.2.1992 AP Nr. 50 zu § 76 BetrVG 1972 = NZA 1992, 702.
[54] BAG 26.7.1988 AP Nr. 6 zu § 87 BetrVG 1972 Provision = NZA 1989, 109.
[55] BAG 10.3.1992 AP Nr. 1 zu § 77 BetrVG 1972 Regelungsabrede = NZA 1992, 952; 20.11.1990 AP Nr. 2 zu § 77 BetrVG 1972 Regelungsabrede = NZA 1991, 426.
[56] BAG 29.1.2008 AP Nr. 13 zu § 87 BetrVG 1972 = NZA-RR 2008, 469.
[57] BAG 9.7.2013 AP Nr. 130 zu § 87 BetrVG 1972 Arbeitszeit = NZA 2014, 99; 29.1.2008 AP Nr. 13 zu § 87 BetrVG 1972 = NZA-RR 2008, 469.
[58] BAG 10.11.1992 AP Nr. 58 zu § 87 BetrVG 1972 Lohngestaltung = NZA 1993, 570.
[59] Vgl. BAG 10.10.2007 AP Nr. 17 zu § 26 BetrVG 1972 = NZA 2008, 369.
[60] BAG 9.12.2014 AP Nr. 108 zu § 77 BetrVG 1972 = NZA 2015, 368.
[61] Vgl. BAG 12.3.2019 AP Nr. 51 zu § 23 BetrVG 1972 = NZA 2019, 843.

die erforderliche Rechtsgrundlage dafür, dass der AG die vertraglich vereinbarte Wochenarbeitszeit im Verhältnis zum AN vorübergehend reduzieren darf. Wurde das Mitbestimmungsrecht des BR hingegen durch den Abschluss einer Regelungsabrede (→ § 231 Rn. 78) ausgeübt, entfaltet diese keine normative Wirkung.[62] Der AG kann die Maßnahme in diesem Fall individualvertraglich nur durchsetzen, wenn ihm insoweit ein vertragliches Direktionsrecht (→ § 45 Rn. 13) gegenüber den AN zusteht; denkbar ist auch, dass es hierzu einer Änderung des Arbeitsvertrags bedarf. Gleiches gilt, wenn der BR der Maßnahme lediglich zustimmt.

IV. Initiativrecht des Betriebsrats

19 **1. Begriff.** Da ein erzwingbares Mitbestimmungsrecht schon begrifflich beiden Betriebsparteien gleiche Rechte einräumt, hat der BR im Rahmen von § 87 I BetrVG grundsätzlich das Recht, selbst initiativ zu werden.[63] Er kann daher dem AG die Durchführung von mitbestimmungspflichtigen Maßnahmen oder die Regelung solcher Angelegenheiten – etwa in Form einer Betriebsvereinbarung – vorschlagen. Kommt keine Einigung zwischen AG und BR hierüber zustande, kann der BR nach § 87 II BetrVG die Einigungsstelle anrufen und damit ggf. die Durchsetzung seiner Vorschläge gegen den Willen des AG erzwingen.[64] Die unternehmerische Entscheidungsfreiheit des AG steht einem solchen Initiativrecht nicht entgegen. Aus diesem Grund kann der BR zur Vermeidung betriebsbedingter Kündigungen zB die Einführung von Kurzarbeit vom AG verlangen.[65]

20 **2. Grenzen.** Grenzen des Initiativrechts ergeben sich lediglich aus dem Gegenstand der Mitbestimmung nach § 87 I BetrVG.[66] So besteht nach Ansicht des BAG kein Initiativrecht zur Einführung von technischen Kontrolleinrichtungen (§ 87 I Nr. 6 BetrVG; → Rn. 64).[67] Gleiches hat das BVerwG für die Einführung von Mehrarbeit (§ 87 I Nr. 3 BetrVG) angenommen, da Zweck des Beteiligungsrechts der Schutz der AN vor den typischerweise hiermit zusammenhängenden Belastungen sei.[68] Dem ist nur eingeschränkt zuzustimmen, da das Mitbestimmungsrecht nicht nur vor Belastungen schützen, sondern auch die gerechte Verteilung der sich aus der Mehrarbeit ergebenden Belastung und Verdienstmöglichkeiten gewährleisten soll. Zulässig dürfte es auch sein, wenn der BR an den AG herantritt und die Vereinbarung von Rahmenregelungen oder Verfahrensweisen für nicht vorhersehbare mitbestimmungspflichtige Situationen verlangt. Erschöpft sich das Mitbestimmungsrecht in einem Mitbeurteilungsrecht (zB bei § 87 I Nr. 7 BetrVG; → Rn. 78), ist es verbraucht, wenn der BR der ursprünglichen Entscheidung des AG zugestimmt hat. Ein Initiativrecht entsteht erst wieder, wenn ein neuer Sachverhalt vorliegt oder der AG eine neue Entscheidung trifft. Kein Initiativrecht besteht, soweit der AG ohne Zustimmung des BR Entscheidungen treffen kann, zB über die Bereitstellung von freiwilligen Leistungen bei den Mitbestimmungstatbeständen der § 87 I Nr. 8, 9, 10, 11 BetrVG.[69]

V. Rechtsfolgen mangelnder Mitbestimmung

21 **1. Betriebsparteien.** Verletzt der AG ein Mitbestimmungsrecht aus § 87 I BetrVG, hat der BR unabhängig von den Voraussetzungen des § 23 III BetrVG einen **allgemeinen Unterlassungsanspruch;**[70] dieser zielt auf die Unterbindung künftiger Verletzungshandlungen.[71] Der Anspruch, der auch im einstweiligen Verfügungsverfahren geltend gemacht werden kann,[72] steht

---

[62] BAG 28.7.2020 AP Nr. 121 zu § 77 BetrVG 1972 = NZA 2020, 1548.
[63] BAG 13.8.2019 AP Nr. 164 zu § 99 BetrVG 1972 = NZA 2019, 1651; 22.3.2016 AP Nr. 5 zu § 84 SGB IX = NZA 2016, 1283; 23.3.2010 AP Nr. 135 zu § 87 BetrVG 1972 Lohngestaltung = NZA 2011, 642; 21.7.2009 AP Nr. 1 zu § 13 AGG = NZA 2009, 1049.
[64] BAG 28.11.1989 AP Nr. 4 zu § 87 BetrVG 1972 Initiativrecht = NZA 1990, 406; 8.8.1989 AP Nr. 3 zu § 87 BetrVG 1972 Initiativrecht = NZA 1990, 322.
[65] BAG 4.3.1986 AP Nr. 3 zu § 87 BetrVG 1972 Kurzarbeit = NZA 1986, 224.
[66] BAG 21.7.2009 AP Nr. 1 zu § 13 AGG = NZA 2009, 1049.
[67] BAG 28.11.1989 AP Nr. 4 zu § 87 BetrVG 1972 Initiativrecht = NZA 1990, 406.
[68] BVerwG 6.10.1992 AP Nr. 1 zu § 79 LPVG Berlin = NVwZ-RR 1993, 309.
[69] BAG 13.9.1983 AP Nr. 3 zu § 87 BetrVG 1972 Prämie; 8.12.1981 AP Nr. 1 zu § 87 BetrVG 1972 Prämie.
[70] Grundlegend BAG 3.5.1994 AP Nr. 23 zu § 23 BetrVG 1972 = NZA 1995, 40.
[71] BAG 28.7.2020 AP Nr. 148 zu § 87 BetrVG 1972 Arbeitszeit.
[72] Vgl. etwa BAG 20.3.2018 AP Nr. 185 zu Art. 9 GG Arbeitskampf = NZA 2018, 1081; 23.7.1996 AP Nr. 68 zu § 87 BetrVG 1972 Arbeitszeit = NZA 1997, 274; 3.5.1994 AP Nr. 23 zu § 23 BetrVG 1972 = NZA 1995, 40.

allein der Arbeitnehmervertretung zu, die Träger des konkreten Mitbestimmungsrechts ist.[73] Als Tatbestandsvoraussetzungen erfordert er sowohl eine Verletzungshandlung als auch eine Wiederholungsgefahr. Letztere folgt idR schon aus dem erstmaligen Verstoß gegen § 87 I BetrVG in einem konkreten betrieblichen Anlassfall. Dieser begründet eine entspr. tatsächliche Vermutung, es sei denn besondere Umstände machen einen neuen Verstoß unwahrscheinlich oder schließen ihn aus.[74] Will der BR erreichen, dass der AG künftig keine mitbestimmungspflichtigen Maßnahmen (zB die Überstundenleistung durch AN) mehr duldet, richtet sich sein Anspruch auf eine Pflicht des AG, Handlungen zur Beseitigung des Duldungszustands zu ergreifen. Hat der AG diese ergriffen, besteht eine Wiederholungsgefahr nur, wenn die Gegenmaßnahmen ersichtlich ungeeignet waren oder wenn es danach erneut zu einer Duldung durch den AG gekommen ist.[75] Dauert der mitbestimmungswidrige Zustand noch an (zB Anwendung von Überwachungsgeräten), kann dem BR ein **Beseitigungsanspruch** zustehen, der aber nur auf die Beendigung dieses Zustands (nicht weitergehender Folgen) gerichtet ist.[76] Weil der Unterlassungsanspruch nicht der Aufrechterhaltung einer betriebsverfassungswidrigen, sondern der Sicherung einer betriebsverfassungsgemäßen Situation dient, kann der BR dem AG nicht aufgeben lassen, mitbestimmungspflichtige Maßnahmen – ggf. nur zeitweise oder vorläufig – ohne seine Beteiligung weiter fortzuführen oder umzusetzen. Dies ist zB der Fall, wenn der BR den AG dazu anhalten will, nicht mitbestimmte Änderungen von schon zuvor nicht mitbestimmten Dienstplänen zu unterlassen; dies hätte zur Folge, dass der AG letztlich Dienstpläne durchführen müsste, die unter Verstoß gegen § 87 I Nr. 2 BetrVG aufgestellt wurden.[77] Der allgemeine Unterlassungsanspruch erfordert kein Verschulden des AG; dieser kann sich deshalb nicht auf einen etwaigen unvermeidbaren Rechtsirrtum berufen.[78] In besonders schwerwiegenden und eng begrenzten Ausnahmefällen kann dem Anspruch der Einwand der unzulässigen Rechtsausübung nach § 2 I BetrVG entgegenstehen, wenn der BR den aus der Verletzung des Mitbestimmungsrechts folgenden Anspruch unter grobem Verstoß gegen seine aus § 74 I 2 iVm § 2 I BetrVG folgenden Mitwirkungspflichten bei der Durchführung der Mitbestimmung erlangt hat.[79]

Hält der AG sich nicht an eine im Rahmen von § 87 I BetrVG bereits abgeschlossene Betriebsvereinbarung, kann der BR – neben einem ggf. auf § 23 III BetrVG stützbaren Anspruch – nach § 77 I BetrVG die **Durchführung** derselben im Beschlussverfahren erzwingen → § 231 Rn. 31.[80] Der aus § 87 BetrVG folgende allgemeine Unterlassungsanspruch wegen nicht ausgeübter Mitbestimmung besteht in diesem Fall nicht, weil (und wenn) die betreffende Angelegenheit schon mitbestimmt wurde.[81] Bei vorsätzlichen Verstößen des AG gegen § 87 I BetrVG kommt auch eine Ahndung wegen einer Behinderung der Betriebsratstätigkeit (§ 119 I Nr. 2 BetrVG) in Betracht. 21a

2. Arbeitsvertragsparteien. Individualrechtlich ergeben sich die Rechtsfolgen bei einem mitbestimmungswidrigen Verhalten des AG aus der **Theorie der Wirksamkeitsvoraussetzungen,** die das BAG in stRspr vertritt.[82] Diese ist entwickelt worden, um zu verhindern, dass der AG dem Einigungszwang mit dem BR durch einen Rückgriff auf arbeitsvertragliche Gestaltungsmöglichkeiten (Änderungsverträge, Maßnahme im Rahmen des Direktionsrechts) ausweicht. Danach sind arbeitsvertragliche Maßnahmen des AG und individualrechtliche Abreden mit den AN grundsätzlich unwirksam, wenn **(1)** der AG das Mitbestimmungsrecht des BR verletzt hat und **(2)** sie zu einer Belastung des AN führen.[83] Letzteres ist der Fall, wenn die Maßnahme oder Abrede eine bereits bestehende Rechtsposition des AN schmä- 22

[73] BAG 17.5.2011 AP Nr. 73 zu § 80 BetrVG 1972.

[74] BAG 28.7.2020 AP Nr. 149 zu § 87 BetrVG 1972 Arbeitszeit = NZA 2020, 1491; 20.3.2018 AP Nr. 185 zu Art. 9 GG Arbeitskampf = NZA 2018, 1081; 22.8.2017 AP Nr. 144 zu § 87 BetrVG 1972 Arbeitszeit; 29.2.2000 AP Nr. 105 zu § 87 BetrVG 1972 Lohngestaltung = NZA 2000, 1066.

[75] Vgl. BAG 28.7.2020 AP Nr. 148 zu § 87 BetrVG 1972 Arbeitszeit.

[76] Vgl. BAG 16.6.1998 AP Nr. 7 zu § 87 BetrVG 1972 Gesundheitsschutz = NZA 1999, 49.

[77] BAG 12.3.2019 AP Nr. 51 zu § 23 BetrVG 1972 = NZA 2019, 843.

[78] BAG 20.3.2018 AP Nr. 185 zu Art. 9 GG Arbeitskampf = NZA 2018, 1081.

[79] BAG 12.3.2019 AP Nr. 51 zu § 23 BetrVG 1972 = NZA 2019, 843.

[80] BAG 28.7.2020 AP Nr. 148 zu § 87 BetrVG 1972 Arbeitszeit; 10.11.1987 AP Nr. 24 zu § 77 BetrVG 1972 = NZA 1988, 255; 13.10.1987 AP Nr. 2 zu § 87 BetrVG 1972 Auslegung = NZA 1988, 253.

[81] Vgl. BAG 28.7.2020 AP Nr. 148 zu § 87 BetrVG 1972 Arbeitszeit; 12.3.2019 AP Nr. 51 zu § 23 BetrVG 1972 = NZA 2019, 843.

[82] BAG 3.9.2014 AP Nr. 219 zu § 242 BGB Gleichbehandlung.

[83] Grundsatzkritik bei *Lobinger* RdA 2011, 76; *Wiebauer* RdA 2013, 364; Richardi BetrVG/*Richardi* § 87 Rn. 104.

lert.[84] Die fehlende Einigung mit dem BR vermag allerdings keine individualrechtlichen Rechtspositionen zu begründen, die ohne die Verletzung des Mitbestimmungsrechts nicht bestanden hätten.[85] Der AN erhält daher bei einem solchen Verstoß keinen Erfüllungsanspruch auf Leistungen, die von den bestehenden Vertragsgrundlagen nicht umfasst sind;[86] zur Missachtung des Mitbestimmungsrechts im Bereich von § 87 I Nr. 10 BetrVG → Rn. 114.

23 Ordnet der AG ohne Zustimmung des BR zB vorzeitig die Rückkehr von Wechselschicht zu Normalarbeit an, hat er die bei Wechselschicht fälligen Zeitzuschläge daher in der Regel wegen Annahmeverzugs fortzuzahlen.[87] Gleiches gilt für die Anordnung von Kurzarbeit, wenn der BR zuvor nicht beteiligt wurde. Hat der AG unter Verstoß gegen die Mitbestimmungsrechte des BR Tariflohnerhöhungen anrechnen wollen, ist diese Anrechnung unwirksam;[88] auch die Ablösung einer bestehenden Betriebsvereinbarung durch eine unter Verstoß gegen das Mitbestimmungsrecht des BR zustande gekommene Vergütungsordnung erfolgt nicht.[89] Demgegenüber geht der 2. Senat des BAG für den Bereich der betrieblichen Lohngestaltung (§ 87 I Nr. 10 BetrVG) davon aus, dass eine zum Zweck der Änderung des Lohngefüges ausgesprochene **Änderungskündigung** wirksam ist, selbst wenn der BR zum Kündigungszeitpunkt der Änderung der Entlohnungsgrundsätze noch nicht zugestimmt hat. Der AG sei bis zur Zustimmung des BR lediglich an der tatsächlichen Umsetzung der durch die Änderungskündigung geschaffenen individualrechtlichen Rechtsposition gehindert, insoweit werde die Unwirksamkeitsfolge auf die tatsächliche Durchsetzung der Maßnahme beschränkt.[90] Diese Einschränkung ist angesichts des Schutzzwecks von § 87 I BetrVG sachlich nicht geboten.[91]

24 Trifft der AG unter Verstoß gegen das Mitbestimmungsrecht eine Maßnahme, die die AN **begünstigt,** bleibt er hingegen an diese gebunden. Aus Gründen des Vertrauensschutzes kann er sich gegenüber den AN nicht auf die von ihm verursachte Verletzung des Mitbestimmungsrechts berufen, um sich dadurch seiner vertraglichen Pflichten zu entledigen.[92] Dies gilt sogar dann, wenn der BR der Maßnahme nachträglich zustimmt.[93] So ist zB eine ohne Mitbestimmung eingeführte bargeldlose Lohnzahlung für ihn bindend. Ebenso behalten die AN auch den Anspruch auf Vergütung der geleisteten Überstunden, selbst wenn der AG diese einseitig angeordnet hat. Eine Korrektur der zunächst mitbestimmungswidrig vorgenommenen Anrechnung einer Tariflohnerhöhungen kann aber auch für die Vergangenheit noch durch eine nachträgliche Vereinbarung mit dem BR erfolgen, soweit nicht ausnahmsweise Gründe des Vertrauensschutzes auf Seiten der AN eingreifen.[94]

25 Beruft sich der AN auf die Mitbestimmungswidrigkeit der ihm gegenüber angeordneten Maßnahme, obliegt ihm die **Darlegungs- und Beweislast** dafür, dass die Maßnahme mitbestimmungspflichtig war und der BR nicht zugestimmt hat. Allerdings ist die Darlegungslast wegen des Grundsatzes der Sachnähe abgestuft.[95]

B. Gegenstände der zwingenden Mitbestimmung (§ 87 I BetrVG)

I. Ordnung des Betriebs und Verhalten der Arbeitnehmer im Betrieb (Nr. 1)

Muster: Schaub ArbRFV-HdB/*Schrader* B. Rn. 156.

26 **1. Normzweck.** Nach § 87 I Nr. 1 BetrVG besteht ein Mitbestimmungsrecht des BR in Fragen **(1)** der Ordnung des Betriebs und **(2)** des Verhaltens der AN. Zweck des Mitbestim-

[84] BAG 19.7.2005 AP Nr. 42 zu § 1 BetrAVG.
[85] BAG 28.9.1994 AP Nr. 68 zu § 87 BetrVG 1972 Lohngestaltung = NZA 1995, 277; 20.8.1991 AP Nr. 50 zu § 87 BetrVG 1972 Lohngestaltung = NZA 1992, 225.
[86] BAG 25.2.2015 AP Nr. 137 zu § 87 BetrVG 1972 Arbeitszeit = NZA 2015, 442; 11.6.2002 AP Nr. 113 zu § 87 BetrVG 1972 Lohngestaltung = NZA 2003, 570.
[87] BAG 18.9.2002 AP Nr. 99 zu § 615 BGB.
[88] BAG GS 3.12.1991 AP Nr. 51 zu § 87 BetrVG 1972 Lohngestaltung = NZA 1992, 749; 9.7.1996 AP Nr. 86 zu § 87 BetrVG 1972 Lohngestaltung = NZA 1997, 277.
[89] BAG 24.4.2001 – 1 ABR 37/00 (Vergütungsanspruch bleibt bestehen).
[90] BAG 17.6.1998 AP Nr. 49 zu § 2 KSchG 1969 = NZA 1998, 1225.
[91] Ebenfalls abl. *Fitting* BetrVG § 87 Rn. 599.
[92] BAG 14.6.1972 AP Nr. 54 zu §§ 22, 23 BAT.
[93] *Fitting* BetrVG § 87 Rn. 603; GK-BetrVG/*Wiese* § 87 Rn. 100.
[94] Offengelassen von BAG 19.9.1995 AP Nr. 61 zu § 77 BetrVG 1972 = NZA 1996, 386.
[95] BAG 24.1.2006 AP Nr. 15 zu § 3 BetrAVG = NZA 2007, 278; 8.6.2004 AP Nr. 124 zu § 87 BetrVG 1972 Lohngestaltung = NZA 2005, 66.

mungsrechts ist die Gewährung einer gleichberechtigten Teilhabe der AN an der Gestaltung des betrieblichen Zusammenlebens.[96] Kraft seiner Leitungsmacht kann der AG Verhaltensregeln oder sonstige Maßnahmen vorgeben, die das Verhalten der Belegschaft im Betrieb steuern sollen. Bei solchen Maßnahmen soll der BR mitbestimmen, um die die betriebliche Ordnung betreffende Regelungsmacht des AG einzuschränken.

2. Gegenstand. a) Überblick und Abgrenzung. Gegenstand dieses Mitbestimmungsrechts ist das betriebliche Zusammenleben und -wirken der AN, das der AG aufgrund seines Direktionsrechts oder seiner Organisationsbefugnis beeinflussen und koordinieren kann;[97] auf die Rechtswirksamkeit der Maßnahme kommt es nicht an. Obwohl der Wortlaut von § 87 I Nr. 2 BetrVG an sich alle Maßnahmen des AG erfasst, die sich auf das Verhalten der AN im Betrieb beziehen, beschränkt sich der Mitbestimmungstatbestand aufgrund seines Normzwecks nur auf Maßnahmen des AG, die das betriebliche Miteinander bzw. die betriebliche Ordnung betreffen. Dagegen sind Regeln und Weisungen des AG, die sich auf das Arbeitsverhalten der AN beziehen, mitbestimmungsfrei. Ob eine Anordnung das **mitbestimmungspflichtige Ordnungsverhalten** (→ Rn. 30) oder das **mitbestimmungsfreie Arbeitsverhalten** (→ Rn. 29) betrifft, beurteilt sich nicht nach den subjektiven Vorstellungen des AG, sondern nach dem objektiven Regelungszweck, der sich nach dem Inhalt der Maßnahme und der Art des zu beeinflussenden betrieblichen Geschehens bestimmt.[98] Der Umstand, dass mit der Anordnung eine Standardisierung des Verhaltens der AN erreicht werden soll, reicht für ihre Zuordnung zum Ordnungsverhalten nicht aus.[99] Wirkt sich eine Maßnahme zugleich auf das Ordnungs- und das Arbeitsverhalten aus, kommt es darauf an, welcher Regelungszweck überwiegt. Verhaltensvorschriften können sowohl nach § 87 I Nr. 1 BetrVG mitbestimmungspflichtige als auch mitbestimmungsfreie Regelungen oder Vorgaben für die AN enthalten,[100] zB wenn der AG verschiedene Ethik- oder Compliance-Richtlinien[101] bzw. Social-Media-Guidelines[102] in einem Handbuch oder einem Katalog zusammenfasst. Dies hat nicht zur Folge, dass das Gesamtwerk mitbestimmungsrechtlich nur einheitlich behandelt werden kann. Vielmehr ist hinsichtlich der Beteiligungspflicht nach dem Inhalt der einzelnen Regelungen zu differenzieren.[103] Denn im Regelfall kann nicht angenommen werden, einzelne Verlautbarungen und Vorgaben seien unauflösbar in einer Weise verknüpft, die dazu führten, die Mitbestimmungspflicht hinsichtlich einzelner Teile habe zwangsläufig die Mitbestimmungspflicht hinsichtlich des Gesamtwerks zur Folge.[104] Auch für die **Überwachung** der AN trennt das BAG zwischen der Überwachung der Arbeitsleistung, die es außerhalb des Tatbestands des § 87 I Nr. 6 BetrVG (→ Rn. 72) als mitbestimmungsfrei ansieht, und derjenigen des Ordnungsverhaltens, die dem Beteiligungsrecht des BR unterliegt. 27

Nicht unter § 87 I Nr. 1 BetrVG fällt das **außerdienstliche Verhalten** der AN, denn die Betriebsparteien dürfen nicht in die private Lebensführung der AN eingreifen (→ § 231 Rn. 17). Anderes gilt, wenn der AG wegen des betrieblichen Bezugs das private Verhältnis von Vorgesetzten und Untergebenen rechtlich ausgestalten will.[105] Ein Mitbestimmungsrecht besteht auch, wenn es um das Verhalten der AN etwa gegenüber Kunden und Lieferanten geht.[106] Dagegen berechtigt § 87 I Nr. 1 BetrVG die Betriebsparteien weder, Regelungen zur Übernahme von Kosten durch die AN bzw. zur Beteiligung an Kosten des AG zu treffen,[107] noch 28

[96] BAG 11.12.2018 AP Nr. 51 zu § 87 BetrVG 1972 Überwachung = NZA 2019, 1009; 18.4.2000 AP Nr. 33 zu § 87 BetrVG 1972 Überwachung = NZA 2000, 1176.
[97] BAG 27.1.2004 AP Nr. 40 zu § 87 BetrVG 1972 Überwachung = NZA 2004, 556.
[98] BAG 11.6.2002 AP Nr. 38 zu § 87 BetrVG 1972 Ordnung des Betriebes = NZA 2002, 1299.
[99] Vgl. BAG 25.9.2012 AP Nr. 43 zu § 87 BetrVG 1972 Ordnung des Betriebes = NZA 2013, 219.
[100] BAG 23.2.2016 AP Nr. 47 zu § 87 BetrVG 1972 Ordnung des Betriebes = NZA 2016, 838.
[101] *Steffen/Stöhr* RdA 2017, 43 (47); *Reinhard* NZA 2016, 1233; *Hohmuth* BB 2014, 3061; *Neufeld/Knitter* BB 2013, 821.
[102] Vgl. dazu *de Beauregard/Gleich* DB 2012, 2044; *Wortmann* ArbRB 2013, 375.
[103] BAG 22.7.2008 AP Nr. 14 zu § 87 BetrVG 1972 = NZA 2008, 1248 (Ethikrichtlinien).
[104] BAG 23.2.2016 AP Nr. 47 zu § 87 BetrVG 1972 Ordnung des Betriebes = NZA 2016, 838; 22.7.2008 AP Nr. 14 zu § 87 BetrVG 1972 NZA 2008, 1248.
[105] BAG 22.7.2008 AP Nr. 14 zu § 87 BetrVG 1972 = NZA 2008, 1248 (Ethikrichtlinien).
[106] BAG 27.1.2004 AP Nr. 40 zu § 87 BetrVG 1972 Überwachung = NZA 2004, 556; 28.5.2002 AP Nr. 39 zu § 87 BetrVG 1972 Ordnung des Betriebes = NZA 2003, 166 (Wertpapierbesitz, Nebentätigkeiten).
[107] BAG 13.2.2007 AP Nr. 40 zu § 87 BetrVG 1972 Ordnung des Betriebes = NZA 2007, 640 (Dienstkleidung); 18.7.2006 AP Nr. 15 zu § 850 ZPO = NZA 2007, 462 (Kosten für Lohnpfändungen).

die verfassungsrechtlich geschützte Koalitionstätigkeit von betriebszugehörigen Gewerkschaftsmitgliedern auszugestalten.[108]

29 **b) Arbeitsverhalten.** Das mitbestimmungsfreie Arbeitsverhalten betrifft alle Weisungen, mit denen die Arbeitspflicht unmittelbar konkretisiert und abgefordert wird.[109] Es wird berührt, wenn der AG kraft seiner Organisations- und Leitungsmacht näher bestimmt, welche Arbeiten auszuführen sind und in welcher Weise das geschehen soll. Unschädlich ist, dass es sich um generelle Anweisungen an alle oder eine Vielzahl von AN handelt.[110] Eine Meldepflicht, die Pflichtenverstöße von AN beim Arbeitsverhalten zum Gegenstand hat, unterliegt als solche nicht der Mitbestimmung nach § 87 I Nr. 1 BetrVG.[111] Auch die Überprüfung der Arbeitsleistung der AN – etwa durch sog. Schaltertests in einer Bank – ist mitbestimmungsfrei, da im Vordergrund einer solchen Maßnahme die ordnungsgemäße Erfüllung der Arbeitspflicht steht.[112] Allerdings kann sich bei dem Einsatz von sog. Testkäufern ein Beteiligungsrecht aus § 99 I BetrVG ergeben, wenn diese dem Weisungsrecht des AG unterliegen.[113] Das BAG hält zudem sog. Ehrlichkeitskontrollen nach § 87 I Nr. 1 BetrVG für mitbestimmungsfrei, weil es dem AG lediglich um die Feststellung gehe, dass sich die AN entsprechend ihren Arbeitspflichten „ehrlich" verhalten.[114] Eine derartiges Verständnis vom Begriff des Arbeitsverhaltens steht nicht im Einklang mit der Beteiligungspflicht des BR bei Torkontrollen.[115] Es macht keinen Unterschied, ob die „individuelle Ehrlichkeit" am Arbeitsplatz oder beim Verlassen des Werksgeländes konkret oder nach abstrakten Kriterien überprüft wird.[116]

30 **c) Ordnungsverhalten.** Anordnungen des AG, die dazu dienen, das sonstige Verhalten der AN zu koordinieren, betreffen die Ordnung des Betriebs.[117] Hierzu zählen Verhaltensregeln zur Durchsetzung, Sicherung und Bewahrung eines ungestörten Arbeitsablaufs oder einer betrieblichen Ordnung und des reibungslosen Zusammenlebens und -wirkens der AN im Betrieb.[118] Dabei kann es sich auch um Regelungen zur Schaffung von Anreizen für ihre Beachtung,[119] zur Überwachung ihrer Einhaltung[120] oder zu Sanktionen bei Verstößen handeln.[121] Die bloße Standardisierung des Arbeitsverhaltens bewirkt keine Zuordnung zum Ordnungsverhalten.[122]

31 **d) Betriebsbußen.** Die Einführung von Betriebsbußen und Ordnungsstrafen (→ § 58 Rn. 1) ist nach hM grundsätzlich zulässig, unterliegt jedoch der Mitbestimmung des BR nach § 87 I Nr. 1 BetrVG, soweit ein Verstoß gegen die betriebliche Ordnung geahndet werden soll.[123] Das Mitbestimmungsrecht bezieht sich nicht nur auf die Aufstellung der Bußordnung mit ihren Bußtatbeständen, sondern auch auf die Verhängung der Buße im Einzelfall, da sie der Durchsetzung der betrieblichen Ordnung dient.[124] Die rechtswirksame Verhängung von Bußen setzt voraus: **(a)** eine wirksam geschaffene und bekannt gemachte Bußordnung, **(b)** klar und eindeutig gefasste, eine Buße auslösende Tatbestände und zulässige Bußen, **(c)** die Einhaltung eines rechtsstaatlichen und ordnungsgemäßen Verfahrens, **(d)** die Gewährung rechtlichen Gehörs

---

[108] BAG 28.7.2020 AP Nr. 50 zu § 87 BetrVG 1972 Ordnung des Betriebes = NZA 2020, 1413.
[109] BAG 15.4.2014 AP Nr. 45 zu § 87 BetrVG 1972 Ordnung des Betriebes; 27.1.2004 AP Nr. 40 zu § 87 BetrVG 1972 Überwachung = NZA 2004, 556.
[110] BAG 8.6.1999 AP Nr. 31 zu § 87 BetrVG 1972 Ordnung des Betriebes = NZA 1999, 1288.
[111] BAG 22.7.2008 AP Nr. 14 zu § 87 BetrVG 1972 = NZA 2008, 1248.
[112] BAG 18.4.2000 AP Nr. 33 zu § 87 BetrVG 1972 Überwachung = NZA 2000, 1176.
[113] BAG 13.3.2001 AP Nr. 34 zu § 99 BetrVG 1972 Einstellung = NZA 2001, 1262.
[114] BAG 18.11.1999 AP Nr. 32 zu § 626 BGB Verdacht strafbarer Handlung = NZA 2000, 418; 26.3.1991 AP Nr. 21 zu § 87 BetrVG 1972 Ordnung des Betriebes = NZA 1991, 729.
[115] BAG 15.4.2014 AP Nr. 9 zu § 29 BetrVG 1972 = NZA 2014, 551.
[116] BAG 12.8.1999 AP Nr. 28 zu § 626 BGB Verdacht strafbarer Handlung = NZA 2000, 421.
[117] BAG 25.1.2000 AP Nr. 34 zu § 87 BetrVG 1972 Ordnung des Betriebes = NZA 2000, 665; 8.6.1999 AP Nr. 31 zu § 87 BetrVG 1972 Ordnung des Betriebes = NZA 1999, 1288; 21.1.1997 AP Nr. 27 zu § 87 BetrVG 1972 Ordnung des Betriebes = NZA 1997, 785.
[118] BAG 23.10.1984 AP Nr. 8 zu § 87 BetrVG 1972 Ordnung des Betriebes = NZA 1985, 224; 9.12.1980 AP Nr. 2 zu § 87 BetrVG 1972 Ordnung des Betriebes; HessLAG 3.3.2014 NZA-RR 2014, 424 (Damentoilette).
[119] BAG 24.3.1981 AP Nr. 2 zu § 87 BetrVG 1972 Arbeitssicherheit (Sicherheitswettbewerb).
[120] BAG 10.11.1987 AP Nr. 24 zu § 77 BetrVG 1972 = NZA 1990, 193 (Alkoholverbot).
[121] BAG 17.10.1989 AP Nr. 12 zu § 87 BetrVG 1972 Betriebsbuße = NZA 1990, 193.
[122] BAG 25.9.2012 AP Nr. 43 zu § 87 BetrVG 1972 Ordnung des Betriebes = NZA 2013, 467.
[123] BAG 30.1.1979 AP Nr. 2 zu § 87 BetrVG 1972 Betriebsbuße; zweifelnd zuletzt BAG 17.10.1989 AP Nr. 12 zu § 87 BetrVG 1972 Betriebsbuße = NZA 1990, 193.
[124] BAG 7.4.1992 AP Nr. 4 zu § 75 LPVG Niedersachsen = NZA 1992, 1144; 5.12.1975 AP Nr. 1 zu § 87 BetrVG 1972 Betriebsbuße.

und die Zulassung einer Vertretung, (e) die Mitbestimmung des BR. Möglich ist die Verhängung der Betriebsbuße durch einen paritätisch besetzten Ausschuss (§ 28 III BetrVG). Die Ahndung eines Verhaltens, das gleichzeitig einen Straftatbestand erfüllt, ist nur hinsichtlich des Verstoßes gegen die betriebliche Ordnung zulässig. Das staatliche Strafverfahren wird hierdurch nicht ausgeschlossen. Von der Betriebsbuße zu unterscheiden sind individualrechtliche Mittel wie die Abmahnung,[125] Versetzung, Kündigung oder eine vereinbarte Vertragsstrafe.[126] Ob eine Betriebsbuße (zB Missbilligung, Verweis) oder eine individualrechtliche Maßnahme (Abmahnung) vorliegt, ist im Zweifelsfall durch Auslegung zu ermitteln.[127] Eine Betriebsbuße ist im Unterschied zur Abmahnung gegeben, wenn sie einen über den Warnzweck hinausgehenden Sanktionscharakter zur Sicherung der kollektiven Ordnung hat.[128] Durch die Verhängung einer Betriebsbuße kann zwingendes Kündigungsschutzrecht nicht umgangen werden.[129] Auch eine Ahndung betriebsverfassungswidrigen Handelns durch eine Betriebsbuße ist unzulässig, da diese nur bei Verstößen gegen die betriebliche Ordnung in Betracht kommt, nicht aber bei Verletzung betriebsverfassungsrechtlicher Pflichten.[130]

3. Einzelfälle. Danach sind nach § 87 I Nr. 1 BetrVG **mitbestimmungspflichtig:** Vorschriften über **Torkontrollen** (BAG 15.4.2014 AP Nr. 9 zu § 29 BetrVG 1972 = NZA 2014, 551), **Werksausweise** (BAG 27.1.2004 AP Nr. 40 zu § 87 BetrVG Überwachung = NZA 2004, 556, anders bei codierten Ausweiskarten mit reiner „Schlüsselfunktion": BAG 10.4.1984 AP Nr. 7 zu § 87 BetrVG 1972 Ordnung des Betriebes") oder **Taschenkontrollen** (BAG 15.4.2014 AP Nr. 9 zu § 29 BetrVG 1972 = NZA 2014, 551); Regelungen über das **Verlassen des Betriebs** während der Ruhepausen (BAG 21.8.1990 AP Nr. 17 zu § 87 BetrVG 1972 Ordnung des Betriebes = NZA 1991, 154); **Kleiderordnungen** (BAG 30.9.2014 AP Nr. 46 zu § 87 BetrVG 1972 Ordnung des Betriebes = NZA 2015, 121; 17.1.2012 AP Nr. 41 zu § 87 BetrVG 1972 Ordnung des Betriebes = NZA 2012, 687; 13.2.2007 AP Nr. 40 zu § 87 BetrVG 1972 Ordnung des Betriebes = NZA 2007, 640, zur Kostentragungspflicht → Rn. 28 und → § 82 Rn. 19); das Tragen von **Namensschildern** für Fahrpersonal (BAG 11.6.2002 AP Nr. 38 zu § 87 BetrVG 1972 Ordnung des Betriebes = NZA 2002, 1299); Vorschriften für das **Radiohören** im Betrieb (BAG 14.1.1986 AP Nr. 10 zu § 87 BetrVG 1972 Ordnung des Betriebes = NZA 1986, 435; LAG SchlH 24.8.1988 NZA 1989, 690); Anordnung zur Duldung von **polizeilichen Kontrolluntersuchungen** (BAG 17.8.1982 AP Nr. 5 zu § 87 BetrVG 1972 Ordnung des Betriebes); **Rauchverbote** (BAG 19.1.1999 AP Nr. 28 zu § 87 BetrVG 1972 Ordnung des Betriebes = NZA 1999, 546; → § 53 Rn. 34); **Alkoholverbote** (BAG 10.11.1987 AP Nr. 24 zu § 77 BetrVG 1972 = NZA 1988, 255; 23.9.1986 AP Nr. 20 zu § 75 BPersVG = NZA 1987, 250); die Zuweisung von **Betriebsparkplätzen** (BAG 7.2.2012 AP Nr. 42 zu § 87 BetrVG 1972 Ordnung des Betriebes = NZA 2012, 685); **Parkplatzordnungen** (BAG 22.2.1960 AP Nr. 36 zu § 611 BGB Fürsorgepflicht; BVerwG 9.12.1992 AP Nr. 41 zu § 75 BPersVG; LAG Düsseldorf 12.5.1977 DB 1977, 1754); **Mitarbeitergespräche** mit Zielvereinbarungen (VGH Mannheim 9.5.2000 AP Nr. 10 zu § 79 LPVG Baden-Württemberg); Vorgaben zur **Sicherung eingebrachter Sachen** (BAG 1.7.1965 AP Nr. 75 zu § 611 BGB Fürsorgepflicht) und zum **Bei-Sich-Führen von Bargeld** im Betrieb (Hess LAG 15.1.2004 NZA-RR 2004, 411) sowie zur **Verwendung von privaten Mobiltelefonen/MP3-Playern** (ArbG München 18.11.2015 – 9 BVGa 52/15; LAG Köln 18.8.2010 NZA-RR 2011, 85; aA LAG RhPf 30.10.2009 ZTR 2010, 549); Verbote zur Benutzung **privater TV-, Video- oder DVD-Geräte** (LAG Köln 12.4.2006 NZA-RR 2007, 80); Regelungen zur Benutzung des **betrieblichen Telefons und für Telefonkontrollen** (BAG 30.8.1995 AP Nr. 29 zu § 87 BetrVG 1972 Ordnung des Betriebes = NZA 1996, 218; 27.5.1986 AP Nr. 15 zu § 87 BetrVG 1972 Überwachung); Benutzerordnung für **Wasch- und Umkleideräume** (*Fitting* BetrVG § 87 Rn. 71); Art und Weise der Nutzung (nicht das „Ob") des **Internets** oder des **E-Mail-Programms** für private Zwecke (*Sassenberg/Mantz* BB 2013, 889); Essensverbot am 32

[125] BAG 7.11.1979 AP Nr. 3 zu § 87 BetrVG 1972 Betriebsbuße.
[126] BAG 17.10.1989 AP Nr. 12 zu § 87 BetrVG 1972 Betriebsbuße = NZA 1990, 193; 5.2.1986 AP Nr. 12 zu § 339 BGB = NZA 1986, 782.
[127] BAG 22.10.1985 AP Nr. 18 zu § 87 BetrVG 1972 Lohngestaltung = NZA 1986, 384; LAG Köln 12.5.1995 NZA-RR 1996, 204; *Schaub* NJW 1990, 872.
[128] BAG 7.11.1979 AP Nr. 3 zu § 87 BetrVG 1972 Betriebsbuße.
[129] BAG 28.4.1982 AP Nr. 4 zu § 87 BetrVG 1972 Betriebsbuße; vgl. BAG 25.2.1998 AP Nr. 69 zu § 611 BGB Dienstordnungs-Angestellte = NZA 1998, 1182.
[130] BAG 13.5.1997 AP Nr. 119 zu § 37 BetrVG 1972 = NZA 1997, 1062.

Arbeitsplatz (LAG Bln-Bbg 12.7.2016 LAGE § 87 BetrVG 2001 Betriebliche Ordnung Nr. 14); **Sicherungswettbewerbe** zur Senkung der Unfallzahlen im Betrieb (BAG 24.3.1981 AP Nr. 2 zu § 87 BetrVG 1972 Arbeitssicherheit); Anweisung sich biometrischen Zugangskontrollen (Fingerabdruckerfassung) beim Kunden zu unterziehen (BAG 27.4.2004 AP Nr. 40 zu § 87 BetrVG 1972 Überwachung = NZA 2004, 556). Die Erfüllung der in § 13 AGG enthaltenen Verpflichtung zur Einrichtung einer **Beschwerdestelle** unterliegt als solche nicht dem Beteiligungsrecht des BR, während die Ausgestaltung des Verfahrens über die Behandlung der eingehenden Beschwerden und eine mögliche Abhilfe von § 87 I Nr. 1 BetrVG erfasst sein können (BAG 21.7.2009 AP Nr. 1 zu § 13 AGG = NZA 2009, 1049; zu einem Einigungsstellenspruch: NZA 2008, 95); **Krankengespräche,** mit denen der AG aufklären will, worauf die hohen Krankenstände einer Abteilung beruhen (BAG 8.11.1994 AP Nr. 24 zu § 87 BetrVG 1972 Ordnung des Betriebes = NZA 1995, 857; aA LAG BW 5.3.1991 LAGE § 87 BetrVG 1972 Betriebliche Ordnung Nr. 9 = NZA 1992, 184); Einführung von **Formularen für den Arztbesuch** (BAG 21.1.1997 AP Nr. 27 zu § 87 BetrVG 1972 Ordnung des Betriebes = NZA 1997, 785; aA Richardi BetrVG/*Richardi* § 87 Rn. 181); Regelungen über die **Vorlage der ärztlichen Arbeitsunfähigkeitsbescheinigung** bereits am ersten Tag (BAG 23.8.2016 AP Nr. 48 zu § 87 BetrVG 1972 Ordnung des Betriebes = NZA 2016, 1483; 25.1.2000 AP Nr. 34 zu § 87 BetrVG 1972 Ordnung des Betriebes = NZA 2000, 665); Ausgestaltung des **betrieblichen Eingliederungsmanagements** (→ § 131 Rn. 6) nach § 167 II 1 SGB IX (BAG 22.3.2016 AP Nr. 5 zu § 84 SGB IX = NZA 2016, 1283; 13.3.2012 AP Nr. 18 zu § 87 BetrVG 1972 = NZA 2012, 748; aA *Fitting* BetrVG § 87 Rn. 72; *Namendorf/Natzel* DB 2005, 1794), nicht aber die Information der AN über Ablauf und Inhalt des bEM (BAG 22.3.2016 AP Nr. 5 zu § 84 SGB IX = NZA 2016, 1283); Anweisungen zum **Aufräumen des Arbeitsplatzes,** der Entsorgung technischen Equipments und die **Benutzung separater Abfallbehälter** (aA LAG Nürnberg 14.12.2016 – 4 TaBV 38/16); Vorgaben zum Platzieren privater Gegenstände am eigenen Arbeitsplatz (LAG Nürnberg 14.12.2016 – 4 TaBV 38/16); Anordnung zur Nutzung der **Corona-Warn-App** während der Arbeitszeit (vgl. *Köllmann* NZA 2020, 831 (836)); Einführung eines **betrieblichen Hygienekonzepts** zur Eindämmung von **COVID-19.**

33 **Nicht** nach § 87 I Nr. 1 BetrVG **mitbestimmungspflichtig** sind: **Abmahnungen** (BAG 30.1.1979 AP Nr. 2 zu § 87 BetrVG 1972 Betriebsbuße; 6.8.1981 AP Nr. 39 zu § 37 BetrVG 1972); **Informationen oder Informationsveranstaltungen** des AG (BAG 15.4.2014 AP Nr. 45 zu § 87 BetrVG 1972 Ordnung des Betriebes; 22.3.2016 AP Nr. 5 zu § 84 SGB IX = NZA 2016, 1283 [Über Ablauf und Inhalt des bEM]); **Anweisungen,** in welcher Reihenfolge Arbeiten zu verrichten sind; das Ausfüllen von **Lochkarten** zu Kalkulationszwecken (BAG 24.11.1981 AP Nr. 3 zu § 87 BetrVG 1972 Ordnung des Betriebes); das Ausfüllen von **Formularen zur Zeiterfassung** für die Überstundenberechnung (BAG 4.8.1981 AP Nr. 1 zu § 87 BetrVG 1972 Tarifvorrang; 9.12.1980 AP Nr. 2 zu § 87 BetrVG 1972 Ordnung des Betriebes) bzw. für die Überprüfung der Anwesenheit (LAG Bln-Bbg 22.3.2017 – 23 TaBVGa 292/17); die Einführung von **Quittungen** über den Erhalt von Arbeitsgeräten (BAG 25.9.2012 AP Nr. 43 zu § 87 BetrVG 1972 Ordnung des Betriebes = NZA 2013, 467); die Einführung **formalisierter Tätigkeitsberichte** (BAG 24.11.1987 AP Nr. 3 zu§ 87 BetrVG 1972 Ordnung des Betriebes); **Dienstreiseordnungen** (BAG 23.7.1996 AP Nr. 26 zu § 87 BetrVG 1972 Ordnung des Betriebes = NZA 1997, 216); **Spesenregelungen** (BAG 27.10.1998 AP Nr. 99 zu § 87 BetrVG 1972 Lohngestaltung = NZA 1999, 381); Festlegungen zur betrieblichen **Kommunikationssprache** (aA LAG Köln 9.3.2009 LAGE § 98 ArbGG 1979 Nr. 53); Regelungen über die **Verschwiegenheitspflicht** und zur Abgabe von standardisierten Verschwiegenheitserklärungen (BAG 10.3.2009 AP Nr. 16 zu § 87 BetrVG 1972 = NZA 2010, 180); die Anordnung, den Vornamen in **Geschäftsbriefen** zu verwenden (BAG 8.6.1999 AP Nr. 31 zu § 87 BetrVG 1972 Ordnung des Betriebes = NZA 1999, 1288); das Verbot der privaten Nutzung des Internet- und E-Mail-Verkehrs (LAG Hamm 7.4.2006 NZA-RR 2007, 20); der Erlass von **Führungsrichtlinien** (BAG 23.10.1984 AP Nr. 8 zu § 87 BetrVG 1972 Ordnung des Betriebes = NZA 1985, 224); Vorgaben für Vorgesetzte zur Gestaltung, Dokumentation und Durchführung von Mitarbeiterjahresgesprächen zum Zwecke der Leistungsbewertung (BAG 17.3.2015 AP Nr. 11 zu § 94 BetrVG 1972 = NZA 2015, 885); Regelungen über die **Dienstwagennutzung** (*Moll/Roebers* DB 2010, 2672; *Oelkers* NJW-Spezial 2009, 514); die Einführung von **Standesregeln** für Wirtschaftsredakteure (BAG 28.5.2002 AP Nr. 39 zu § 87 BetrVG 1972 Ordnung des Betriebes = NZA 2003, 166); Tests zur **Überprüfung der Beratungsqualität** in einer Bank (BAG 18.4.2000 AP Nr. 33 zu § 87 BetrVG 1972 Überwachung = NZA 2000, 1176); **Verhaltensre-**

geln für Vorgesetzte bei der An- und Abmeldung von Betriebsratsmitgliedern (BAG 13.5.1997 AP Nr. 119 zu § 37 BetrVG 1972 = NZA 1997, 1062); **Einsatz von Privatdetektiven** (BAG 26.3.1991 AP Nr. 21 zu § 87 BetrVG 1972 Überwachung = NZA 1991, 729); Selbstverpflichtung des AG, wonach mit der Ausgabe mobiler Arbeitsmittel keine Erwartung verbunden ist, diese auch in der Freizeit zu dienstlichen Zwecken zu nutzen (BAG 22.8.2017 AP Nr. 49 zu § 87 BetrVG 1972 Ordnung des Betriebes = NZA 2018, 50).

II. Beginn und Ende der täglichen Arbeitszeit (Nr. 2)

Muster: Schaub ArbRFV-HdB/*Schrader* B. Rn. 180 ff.

1. Normzweck. Nach § 87 I Nr. 2 BetrVG hat der BR (idR nicht der GBR[131]) ein erzwingbares Mitbestimmungsrecht bei der Festlegung von Beginn und Ende der täglichen Arbeitszeit, der Verteilung der Wochenzeit auf die Wochentage und den Pausen. Das Mitbestimmungsrecht zielt darauf ab, die Interessen der AN an der Lage ihrer Arbeitszeit und damit zugleich ihrer freien und für die Gestaltung ihres Privatlebens nutzbaren Zeit zur Geltung zu bringen. Die einzelnen Angelegenheiten, die nach § 87 I Nr. 2 BetrVG der Mitbestimmung unterliegen, greifen dabei regelmäßig ineinander. Wird zB tariflich die Arbeitszeit herabgesetzt, hat der BR nicht nur bei der Verteilung der Lage der reduzierten Arbeitszeit auf die einzelnen Wochentage mitzubestimmen (selbst wenn das Verteilungsschema beibehalten werden kann); ihm steht auch ein Mitbestimmungsrecht bei der Festlegung von Anfang und Ende der täglichen Arbeitszeit einschließlich der Pausen zu. Das Mitbestimmungsrecht nach § 87 I Nr. 2 BetrVG besteht auch, wenn hierdurch in die unternehmerische Entscheidungsfreiheit des AG (zB beim Ladenschluss) eingegriffen wird.[132] Diese ist jedoch bei der Ausübung der Mitbestimmung durch den BR und ggf. der Einigungsstelle zu berücksichtigen. Soweit AN – wie bei einer **Personalgestellung** oder im Rahmen der **Arbeitnehmerüberlassung** – in einem anderen Betrieb als dem ihres Vertragsarbeitgebers eingegliedert sind, begründet der Normzweck von § 87 I Nr. 2 BetrVG die Zuständigkeit eines dort bestehenden BR, da der AG des Einsatzbetriebs Beginn und Ende der Arbeitszeit auch für die gestellten oder überlassenen AN festlegen kann.[133] Etwas Anderes gilt nur dann, wenn sich der Vertragsarbeitgeber im Gestellungs- bzw. Überlassungsvertrag ausnahmsweise konkrete Weisungsrechte hinsichtlich des zeitlichen Einsatzes der AN vorbehalten hat. 34

2. Gegenstand. a) Arbeitszeit. Der betriebsverfassungsrechtliche Begriff der Arbeitszeit iSv § 87 I Nr. 2 und Nr. 3 BetrVG ist nicht gänzlich deckungsgleich mit dem Begriff der vergütungspflichtigen oder arbeitsschutzrechtlichen Arbeitszeit.[134] Nach dem Zweck des Mitbestimmungsrechts (→ Rn. 34) ist dies vielmehr diejenige Zeit, während derer der AN die von ihm vertraglich geschuldete Arbeitsleistung tatsächlich erbringen soll. Dabei beinhaltet die Arbeitsleistung grundsätzlich alle fremdnützigen Tätigkeiten, also solche, die der Befriedigung eines fremden Bedürfnisses – dem des AG – dienen.[135] § 87 I Nr. 2 erfasst gleichermaßen Voll- wie auch Teilzeitbeschäftigte[136] (zB bei der Verteilung der nach § 8 TzBfG reduzierten Arbeitszeit), Jobsharing- bzw. Arbeit-auf-Abruf-Modelle, sofern ein kollektiver Bezug (→ Rn. 3) vorliegt, Telearbeiter (→ § 164 Rn. 1), **Leiharbeitnehmer** (→ Rn. 34) und zivile AN bei den alliierten Streitkräften.[137] Nicht unter das Mitbestimmungsrecht fallen dagegen Zuweisungen der von den AN zu verrichtenden Tätigkeiten[138] oder Vergütungsregelungen.[139] 35

[131] BAG 23.9.1975 AP Nr. 1 zu § 50 BetrVG 1972; Ausnahme zB BAG 19.6.2012 AP Nr. 35 zu § 50 BetrVG 1972 = NZA 2012, 1237.

[132] BAG 13.10.1987 AP Nr. 24 zu § 87 BetrVG 1972 Arbeitszeit = NZA 1988, 251; 31.8.1982 AP Nr. 8 zu § 87 BetrVG 1972 Arbeitszeit; dazu BVerfG 18.12.1985 AP Nr. 15 zu § 87 BetrVG 1972 Arbeitszeit.

[133] BAG 26.9.2017 AP Nr. 142 zu § 87 BetrVG 1972 Arbeitszeit = NZA 2018, 194; 18.7.2017 AP Nr. 140 zu § 87 BetrVG 1972 Arbeitszeit = NZA 2017, 1542; 15.12.1992 AP Nr. 7 zu § 14 AÜG = NZA 1993, 513.

[134] BAG 14.11.2006 AP Nr. 121 zu § 87 BetrVG 1972 Arbeitszeit = NZA 2007, 458; 23.7.1996 AP Nr. 26 zu § 87 BetrVG 1972 Ordnung des Betriebes = NZA 1997, 216.

[135] BAG 22.10.2019 AP Nr. 146 zu § 87 BetrVG 1972 Arbeitszeit = NZA 2020, 325; 30.6.2015 – 1 ABR 71/13; 15.4.2008 AP Nr. 70 zu § 80 BetrVG 1972 = NZA-RR 2009, 98.

[136] BAG 23.7.1996 AP Nr. 68 zu § 87 BetrVG 1972 Arbeitszeit = NZA 1997, 274; 28.9.1988 AP Nr. 29 zu § 87 BetrVG 1972 Arbeitszeit = NZA 1989, 184.

[137] Einschränkend: BAG 22.10.1991 AP Nr. 14 zu Art. 56 ZA-Nato-Truppenstatut = NZA 1992, 378.

[138] BAG 29.9.2004 AP Nr. 112 zu § 87 BetrVG 1972 Arbeitszeit = NZA 2005, 313.

[139] BAG 10.12.2013 AP Nr. 132 zu § 87 BetrVG 1972 Arbeitszeit = NZA 2014, 675.

36 Auch **Umkleidezeiten** gehören – ebenso wie Zeiten für die Entgegennahme und Abgabe von arbeitsnotwendigen Betriebsmitteln – zur vertraglich geschuldeten Arbeitsleistung, wenn sie einem fremden Bedürfnis dienen und nicht zugleich ein eigenes Bedürfnis erfüllen. Dies ist bei einer besonders auffälligen Dienstkleidung der Fall. Um eine solche handelt es sich, wenn die AN im öffentlichen Raum aufgrund der Ausgestaltung ihrer Kleidungsstücke ohne Weiteres als Angehörige ihres AG erkannt werden können.[140] Hingegen ist das Ankleiden mit vorgeschriebener Dienstkleidung nicht lediglich fremdnützig und damit keine Arbeitszeit, wenn sie zu Hause angelegt und – ohne besonders auffällig zu sein – auch auf dem Weg zur Arbeitsstätte getragen werden kann. An der ausschließlichen Fremdnützigkeit fehlt es zudem, wenn es dem AN gestattet ist, eine an sich auffällige Dienstkleidung außerhalb der Arbeitszeit zu tragen und er sich entscheidet, diese nicht im Betrieb an- und abzulegen.[141]

36a Der zeitliche Aufwand für das selbstbestimmte Zurücklegen von **Wegen** zwischen der Wohnung des AN zur Arbeitsstelle und zurück, ist keine Arbeitszeit iSv § 87 I Nr. 2 BetrVG. Dies gilt auch, wenn der AN währenddessen Arbeitsmittel bei sich führt oder Dienstkleidung trägt. Solche – durch die individuellen Entscheidungen des einzelnen AN bestimmten und damit zwangsläufig variierenden – Wegezeiten gehören zum außerdienstlichen Bereich privater Lebensführung und sind keiner Pauschalierung zugänglich.[142]

37 **b) Dauer der Arbeitszeit.** Die Mitbestimmung über den Umfang der geschuldeten wöchentlichen Arbeitszeit wird von § 87 I Nr. 2 BetrVG nicht erfasst. Auch wenn sich aus der Festlegung der Arbeitstage einer Woche sowie von Beginn und Ende der Arbeitszeit an diesen Tagen rechnerisch die Dauer der wöchentlichen Arbeitszeit ergibt, besteht weitgehend Einigkeit darüber, dass der Umfang des – nur mitbestimmt zu *verteilenden* – Arbeitszeitvolumens nicht der Mitbestimmung des BR unterliegt.[143] Die entspr. schuldrechtliche Verpflichtung des AN ist vielmehr Bestandteil des arbeitsvertraglichen Synallagmas. Die Dauer der individuellen Arbeitszeit kann sich aus Unionsrecht,[144] Gesetz, Tarifvertrag, Einzelarbeitsvertrag oder ggf. einer freiwilligen Betriebsvereinbarung ergeben. Auch die dauerhafte Erhöhung der regelmäßigen wöchentlichen Arbeitszeit unterliegt nicht der Mitbestimmung des BR nach § 87 I Nr. 2 BetrVG.[145]

38 **c) Verteilung der Arbeitszeit.** Mitbestimmungspflichtig ist die Verteilung der von den AN geschuldeten Arbeitszeit auf die einzelnen Wochentage und damit auch auf die Tage eines Monats oder Jahres, wenn eine Monats- bzw. Jahresarbeitszeitvereinbarung besteht. Da § 87 I Nr. 2 BetrVG die Lage der Grenze zwischen Arbeitszeit und Freizeit betrifft, müssen die Betriebsparteien die gesamte betriebsübliche Arbeitszeit verteilen.[146] Der BR hat sowohl bei der Einführung der 5- oder 4-Tage-Woche (→ § 160 Rn. 1)[147] und der Aufstellung und Änderung von Dienstplänen[148] als auch bei der Einführung und Ausgestaltung betrieblicher Arbeitszeitmodelle bzw. -konten mitzubestimmen. Bei Letzteren besteht eine Regelungskompetenz bei der Festlegung eines Ausgleichszeitraums für die Einhaltung der Wochenarbeitszeit, von Zeitgutschriften und deren Auf- und Abbau sowie dem Umfang der Schwankungsbreite eines Arbeitszeitkontos.[149] Mitbestimmungspflichtig sind zB roulierende Freizeitsysteme im Einzelhandel,[150] die Einführung von Sonntagsarbeit,[151] die Gewährung von Freizeitausgleich[152] und eine Arbeits-

[140] BAG 17.11.2015 AP Nr. 138 zu § 87 BetrVG 1972 Arbeitszeit = NZA 2016, 247.
[141] BAG 12.11.2013 AP Nr. 131 zu § 87 BetrVG 1972 Arbeitszeit = NZA 2014, 557; 10.11.2009 AP Nr. 125 zu § 87 BetrVG 1972 Arbeitszeit = NZA-RR 2010, 301; *Fischer* NZA-RR 2015, 169.
[142] BAG 22.10.2019 AP Nr. 146 zu § 87 BetrVG 1972 Arbeitszeit = NZA 2020, 325.
[143] Vgl. BAG 22.10.2019 AP Nr. 146 zu § 87 BetrVG 1972 Arbeitszeit = NZA 2020, 325; 15.5.2007 AP Nr. 30 zu § 1 BetrVG 1972 Gemeinsamer Betrieb = NZA 2007, 1240; 24.1.2006 AP Nr. 8 zu § 3 ArbZG = NZA 2006, 862; 26.10.2004 AP Nr. 113 zu § 87 BetrVG 1972 Arbeitszeit = NZA 2005, 538; 22.7.2003 AP Nr. 108 zu § 87 BetrVG 1972 Arbeitszeit = NZA 2004, 507.
[144] BAG 14.1.2014 AP Nr. 134 zu § 87 BetrVG 1972 Arbeitszeit = NZA 2014, 910.
[145] BAG 15.5.2007 AP Nr. 30 zu § 1 BetrVG 1972 Gemeinsamer Betrieb = NZA 2007, 1240.
[146] BAG 30.6.2015 – 1 ABR 71/13; 25.2.2015 AP Nr. 137 zu § 87 BetrVG 1972 Arbeitszeit = NZA 2015, 442; 18.11.2006 AP Nr. 121 zu § 87 BetrVG 1972 Arbeitszeit = NZA 2007, 458.
[147] BAG 31.1.1989 AP Nr. 31 zu § 87 BetrVG 1972 = NZA 1989, 646.
[148] BAG 8.12.2015 AP Nr. 139 zu § 87 BetrVG 1972 Arbeitszeit; 9.7.2013 AP Nr. 130 zu § 87 BetrVG 1972 Arbeitszeit = NZA 2014, 99.
[149] BAG 26.9.2017 AP Nr. 142 zu § 87 BetrVG 1972 Arbeitszeit = NZA 2018, 194; 9.11.2010 AP Nr. 126 zu § 87 BetrVG 1972 Arbeitszeit.
[150] BAG 25.7.1989 AP Nr. 38 zu § 87 BetrVG 1972 Arbeitszeit = NZA 1989, 979.
[151] BAG 25.2.1997 AP Nr. 72 zu § 87 BetrVG 1972 Arbeitszeit = NZA 1997, 957; 4.5.1993 AP Nr. 1 zu § 105a GewO = NZA 1993, 856.
[152] BAG 26.4.2005 AP Nr. 118 zu § 87 BetrVG 1972 Arbeitszeit = NZA 2005, 884.

zeitverlegung[153] sowie das Nichtabrufen von genehmigten Überstunden.[154] Der Mitbestimmungstatbestand ist bereits dann erfüllt, wenn der AG tatsächliche Maßnahmen in Bezug auf die Festlegung der Arbeitszeit trifft (etwa mit der Bekanntgabe von Dienstplänen).[155] Eine – ebenfalls mitbestimmungspflichtige – Änderung der Arbeitszeitlage liegt vor, wenn der AN seine Arbeit außerhalb eines schon festgelegten Zeitraums erbringt oder erbringen soll.[156]

d) Beginn und Ende der täglichen Arbeitszeit. Das Mitbestimmungsrecht besteht auch 39 bei der Festsetzung von Beginn und Ende der täglichen Arbeitszeit. Dies betrifft die Einführung, Ausgestaltung und Abschaffung der gleitenden bzw. flexiblen Arbeitszeit.[157] Es entfällt nicht deshalb, weil der Unternehmer aus Wettbewerbsgründen oder wegen einer vertraglichen Vereinbarung zur Öffnung seines Ladengeschäfts verpflichtet ist.[158] Das Beteiligungsrecht umfasst auch die Frage, ob und auf welche Weise die tägliche Arbeitszeit der AN erfasst werden soll.[159] Hingegen besteht kein Mitbestimmungsrecht nach § 87 I Nr. 2 BetrVG bei Reisezeiten ohne Arbeitsleistung[160] sowie bei Arbeitszeitregelungen ohne unmittelbaren Bezug auf die Arbeitszeitlage.[161] Wird tariflich die Arbeitszeit herabgesetzt, hat der BR bei der Verteilung der Lage der reduzierten Arbeitszeit mitzubestimmen, selbst wenn das Verteilungsschema beibehalten werden kann.

e) Pausen. Pausen sind im Voraus feststehende Unterbrechungen der Arbeit, in denen der 40 AN weder Arbeit zu leisten noch sich dafür bereitzuhalten hat und frei über die Nutzung des Zeitraums bestimmen kann. § 87 I Nr. 2 BetrVG umfasst neben der Lage der gesetzlichen Pausen auch die Festlegung von zusätzlich unbezahlten Pausen, die über das in § 4 ArbZG geregelte Mindestmaß hinausgehen. Von Nr. 2 wird daher auch die Frage erfasst, ob die Arbeit an einem Arbeitstag zusammenhängend oder in mehreren Teilabschnitten, die durch größere Pausenzeiten unterbrochen sind, geleistet wird.[162] Mitbestimmungspflichtig sind Beginn, Ende und Dauer der Pausen. Zur Arbeitszeit und nicht zu den Pausen zählen die Erholungszeiten beim Akkord.[163] Das Mitbestimmungsrecht bezieht sich nur auf die unbezahlten Pausen. Bezahlte Arbeitsunterbrechungen oder vergütete Zeitgutschriften für besondere Erschwernisse können vom BR nicht erzwungen werden. Ist die Pause nach anderen Regelungen vergütungspflichtig, schließt dies ein Mitbestimmungsrecht nicht aus.[164] Gewährt der AG mitbestimmt festgelegte Pausen nicht, stellt diese keine erneut mitbestimmungspflichtige Festsetzung von Pausenzeiten dar.[165]

f) Bereitschaftsdienst und Rufbereitschaft. Mitbestimmungspflichtig ist die Ausgestaltung 41 (nicht die Einführung) von Bereitschaftsdiensten und Rufbereitschaft (→ § 45 Rn. 48).[166] Zwar erbringt der AN während der Rufbereitschaft als solcher keine Arbeitsleistung, da er lediglich erreichbar sein muss, seinen Aufenthaltsort jedoch frei bestimmen und daher seine arbeitsfreie Zeit grundsätzlich gestalten kann. Der Umstand, dass er jederzeit mit einer Arbeitsaufnahme rechnen und sich dafür bereithalten muss, rechtfertigt allerdings die Einräumung eines Mitbestimmungsrechts.[167] Kein Mitbestimmungsrecht besteht hingegen bei der Festlegung, inwieweit diese Zeiten zu vergüten sind bzw. als Arbeitszeit gelten.[168]

g) Schichtarbeit und Dienstplangestaltung. Der BR hat schließlich bei der Schichtarbeit 42 mitzubestimmen. Das Mitbestimmungsrecht bei der Erstellung von Schichtplänen schützt das Interesse der AN an einer sinnvollen Abgrenzung zwischen Arbeitszeit und der für die Gestal-

---

[153] BAG 26.10.2004 AP Nr. 113 zu § 87 BetrVG 1972 Arbeitszeit = NZA 2005, 538.
[154] BAG 18.9.2002 AP Nr. 99 zu § 615 BGB.
[155] BAG 12.3.2019 AP Nr. 51 zu § 23 BetrVG 1972 = NZA 2019, 843.
[156] BAG 14.11.2006 AP Nr. 121 zu § 87 BetrVG 1972 Arbeitszeit = NZA 2007, 458.
[157] BAG 18.12.1990 AP Nr. 98 zu § 1 TVG Tarifverträge: Metallindustrie = NZA 1991, 484.
[158] BAG 13.10.1987 AP Nr. 24 zu § 87 BetrVG 1972 Arbeitszeit = NZA 1988, 251; 31.8.1982 AP Nr. 8 zu § 87 BetrVG 1972 Arbeitszeit; dazu BVerfG 18.12.1985 AP Nr. 15 zu § 87 BetrVG 1972 Arbeitszeit.
[159] BAG 9.11.2010 AP Nr. 126 zu § 87 BetrVG 1972 Arbeitszeit = NZA-RR 2011, 354.
[160] BAG 18.11.2006 AP Nr. 121 zu § 87 BetrVG 1972 = NZA 2007, 458.
[161] BAG 25.9.2012 AP Nr. 129 zu § 87 BetrVG 1972 Arbeitszeit = NZA 2013, 159.
[162] BAG 25.2.2015 AP Nr. 137 zu § 87 BetrVG 1972 Arbeitszeit = NZA 2015, 442.
[163] BAG 28.7.1981 AP Nr. 3 zu § 87 BetrVG 1972 Arbeitssicherheit.
[164] BAG 1.7.2003 AP Nr. 107 zu § 87 BetrVG 1972 Arbeitszeit = NZA 2004, 620.
[165] BAG 12.3.2019 AP Nr. 51 zu § 23 BetrVG 1972 = NZA 2019, 843.
[166] BAG 23.1.2001 AP Nr. 78 zu § 75 BPersVG = NZA 2001, 741; 29.2.2000 AP Nr. 81 zu § 87 BetrVG 1972 Arbeitszeit = NZA 2000, 1243; 21.12.1982 AP Nr. 9 zu § 87 BetrVG 1972 Arbeitszeit.
[167] BAG 14.11.2006 AP Nr. 121 zu § 87 BetrVG 1972 Arbeitszeit = NZA 2007, 458; 23.7.1996 AP Nr. 26 zu § 87 BetrVG 1972 Ordnung des Betriebes = NZA 1997, 216.
[168] BAG 22.7.2003 AP Nr. 108 zu § 87 BetrVG 1972 Arbeitszeit = NZA 2004, 507.

tung des Privatlebens verfügbaren Zeit. Es dient hingegen nicht dem Schutz vor einer erhöhten Arbeitsbelastung. Mitbestimmungspflichtig ist nicht nur die Frage, ob im Betrieb in mehreren Schichten gearbeitet werden soll, sondern auch die Festlegung der zeitlichen Lage der einzelnen Schichten sowie des Personenkreises, der Schichtarbeit zu leisten hat.[169] Dies gilt gleichermaßen für die Einführung von Schichtarbeit, die Aufstellung eines Schichtplans[170] und dessen nähere Ausgestaltung bis hin zur Zuordnung der AN zu den einzelnen Schichten (einschl. der erstmaligen Zuordnung neu eingestellter (Leih-)AN)[171] sowie eine ersatzlose Streichung von vorgesehenen Schichten.[172] § 87 I Nr. 2 BetrVG umfasst zudem den Abbau von Schichtarbeit,[173] die Einrichtung von einzelnen Schichten und Umsetzung der AN in den Schichten,[174] die Festlegung einer Ankündigungsfrist bei einer geänderten Schichteinteilung und von Freischichten aus Anlass der närrischen Zeit[175] (Karneval, Fastnacht) sowie die Abweichung von bereits aufgestellten Schichtplänen.[176] Kein Mitbestimmungsrecht besteht bei der Festlegung von Zeitgutschriften aus Anlass eines Betriebsausflugs.[177] Die Betriebsparteien sind frei in der Entscheidung, ob sie sich auf eine Regelung über die Grundsätze der Schichtplanung beschränken, oder ob sie jeden einzelnen Schichtplan selbst aufstellen wollen.[178] Wird der Arbeitszeitbedarf in einem Dienstplan festgelegt, ist das Mitbestimmungsrecht verbraucht, wenn der AN gelegentlich über den Dienstplan hinaus arbeitet.[179] Legen AG und BR fest, nach welchen Kriterien und Grundsätzen der einzelne Schichtplan aufzustellen ist, ist es zulässig, dessen Aufstellung nach diesen Vorgaben einseitig dem AG zu überlassen.[180] Nur wenn der Schichtplan von den Vorgaben abweicht, hat der BR einen Unterlassungsanspruch. Ordnet der AG ohne Zustimmung des BR eine Schichtplanänderung an, kann er ggf. zur Fortzahlung der Vergütung für die ausgefallenen Schichten aus Annahmeverzug verpflichtet sein.[181]

43 **3. Ausübung der Mitbestimmung.** Soweit es sich bei den Regelungsgegenständen des § 87 I Nr. 2 BetrVG um dauerhafte oder regelmäßig wiederkehrende Tatbestände handelt, sollte die Mitbestimmung grundsätzlich durch eine Betriebsvereinbarung ausgeübt werden, für deren Abschluss der BR ein Initiativrecht hat.[182] Die Regelungen in der Betriebsvereinbarung gelten dann für die AN unmittelbar und zwingend. Haben AG und AN bei Abschluss des Arbeitsvertrags die zu diesem Zeitpunkt geltende Regelung über Beginn und Ende der täglichen Arbeitszeit einschließlich deren Verteilung auf die einzelnen Wochentage vereinbart, liegt darin keine individuelle Arbeitszeitvereinbarung, die gegenüber einer späteren Betriebsvereinbarung Vorrang hätte.[183] Sind die Arbeits- und Pausenzeiten in einer Betriebsvereinbarung festgelegt, kann der BR nach § 77 I BetrVG (→ § 231 Rn. 39) bzw. § 23 III BetrVG vom AG verlangen, es zu unterlassen, während der festgelegten Pausenzeiten für die betreffenden Mitarbeiter Arbeit anzuordnen[184] oder außerhalb der zulässigen Arbeitszeiten Arbeitsleistungen entgegenzunehmen.[185]

---

[169] BAG 8.12.2015 AP Nr. 139 zu § 87 BetrVG 1972 Arbeitszeit; 9.7.2013 AP Nr. 130 zu § 87 BetrVG 1972 Arbeitszeit = NZA 2014, 99.

[170] BAG 19.6.2012 AP Nr. 35 zu § 50 BetrVG 1972 = NZA 2012, 1237.

[171] BAG 28.7.2020 AP Nr. 149 zu § 87 BetrVG 1972 Arbeitszeit = NZA 2020, 1491; 2.10.2019 AP Nr. 145 zu § 87 BetrVG 1972 Arbeitszeit; 22.8.2017 AP Nr. 143 zu § 87 BetrVG 1972 Arbeitszeit = NZA 2018, 191.

[172] BAG 22.8.2017 AP Nr. 143 zu § 87 BetrVG 1972 Arbeitszeit = NZA 2018, 191; 1.7.2003 AP Nr. 102 zu § 87 BetrVG 1972 Arbeitszeit = NZA 2003, 1209.

[173] BAG 26.3.1991 AP Nr. 32 zu § 75 BPersVG = NZA 1991, 783 (Alliierte Streitkräfte); 18.4.1989 AP Nr. 34 zu § 87 BetrVG 1972 Arbeitszeit = NZA 1989, 807; 28.10.1986 AP Nr. 20 zu § 87 BetrVG 1972 Arbeitszeit = NZA 1987, 248.

[174] BAG 19.2.1991 AP Nr. 8 zu § 98 BetrVG 1972 = NZA 1992, 657.

[175] LAG Köln 9.2.1991 NZA 1991, 396; OVG NRW 8.2.1991 NZA 1991, 396.

[176] BAG 8.12.2015 AP Nr. 139 zu § 87 BetrVG 1972 Arbeitszeit; 3.5.2006 AP Nr. 119 zu § 87 BetrVG 1972 Arbeitszeit (Schichtbeginn); 29.9.2004 AP Nr. 111 zu § 87 BetrVG 1972 Arbeitszeit.

[177] BAG 27.1.1998 AP Nr. 14 zu § 87 BetrVG 1972 Sozialeinrichtung = NZA 1998, 836.

[178] BAG 9.7.2013 AP Nr. 130 zu § 87 BetrVG 1972 Arbeitszeit = NZA 2014, 99.

[179] BAG 23.3.1999 AP Nr. 80 zu § 87 BetrVG 1972 Arbeitszeit = NZA 1999, 1230.

[180] BAG 8.12.2015 AP Nr. 139 zu § 87 BetrVG 1972 Arbeitszeit; 28.5.2002 AP Nr. 96 zu § 87 BetrVG 1972 Arbeitszeit = NZA 2003, 1352.

[181] BAG 18.9.2002 AP Nr. 99 zu § 615 BGB.

[182] BAG 26.10.2004 AP Nr. 113 zu § 87 BetrVG 1972 Arbeitszeit = NZA 2005, 538; BVerfG 18.12.1985 AP Nr. 15 zu § 87 BetrVG 1972 Arbeitszeit.

[183] BAG 23.6.1992 AP Nr. 1 zu § 611 BGB Arbeitszeit = NZA 1993, 89.

[184] BAG 7.2.2012 AP Nr. 128 zu § 87 BetrVG 1972 Arbeitszeit = NZA-RR 2012, 359.

[185] BAG 10.12.2013 AP Nr. 132 zu § 87 BetrVG 1972 Arbeitszeit = NZA 2014, 675; 29.4.2004 AP Nr. 3 zu § 77 BetrVG 1972 Durchführung = NZA 2004, 670.

III. Vorübergehende Verkürzung oder Verlängerung der betriebsüblichen Arbeitszeit (Nr. 3)

Muster: Schaub ArbRFV-HdB/*Schrader* B. Rn. 184 ff.

1. Normzweck. Nach § 87 I Nr. 3 BetrVG ist die vom AG einseitig angeordnete oder mit dem AN vereinbarte vorübergehende Verkürzung oder Verlängerung der betriebsüblichen Arbeitszeit mitbestimmungspflichtig. Das Mitbestimmungsrecht erfasst die Fragen, ob ein geringerer bzw. zusätzlicher Arbeitsbedarf durch eine temporäre Veränderung des regelmäßigen Arbeitszeitvolumens der AN abgedeckt werden soll und welche AN hiervon zu welchen Zeiten und in welchem Umfang betroffen sein sollen.[186] Durch die Mitbestimmung des BR soll sichergestellt werden, dass die mit einer solchen Arbeitszeitänderung verbundenen Belastungen oder Vorteile angemessen verteilt werden.[187] Zudem zielt die Norm bei der Einführung von Kurzarbeit (→ Rn. 48) auf eine Verdienstsicherung der AN und die Vermeidung eines möglichen Arbeitskräfteabbaus ab.[188] 44

2. Gegenstand. a) Vorübergehende Änderung der Arbeitszeitdauer. Das Mitbestimmungsrecht nach § 87 I Nr. 3 BetrVG erfasst nur die vorübergehende Änderung der Dauer der Arbeitszeit. Dies ist der Fall, wenn für einen überschaubaren Zeitraum vom allgemein geltenden Zeitvolumen abgewichen wird, um anschließend zum betriebsüblichen Umfang zurückzukehren.[189] Maßgeblich ist die zum Zeitpunkt der Arbeitszeitänderung bestehende Planung des AG.[190] Der temporäre Charakter kann sich daraus ergeben, dass der AG die Abweichung bis zu einem bestimmten Zeitpunkt oder bis zur Erreichung eines bestimmten Zwecks befristet. Bei einer dauerhaften Erhöhung des Umfangs der wöchentlichen Arbeitszeit eines AN hat der BR nicht mitzubestimmen.[191] § 87 I Nr. 3 BetrVG betrifft zudem nur die Dauer der Arbeitszeit, nicht aber die damit zusammenhängenden Entgeltfragen; für diese kann ein Mitbestimmungsrecht nach den Nrn. 10 und 11 bestehen. Das Beteiligungsrecht besteht unabhängig davon, auf welcher rechtlichen Grundlage eine Änderung der Arbeitszeitdauer individualrechtlich gegenüber dem AN vorgenommen werden kann; auch dessen Einverständnis mit einer solchen Maßnahme lässt die Mitbestimmung nicht entfallen.[192] Regelungen über den Arbeitszeitbedarf, die sich nicht unmittelbar auf die Arbeitszeitdauer der AN auswirken, fallen dagegen nicht unter § 87 I Nr. 2 BetrVG.[193] Das Mitbestimmungsrecht ist nur bei Vorliegen eines Notfalls (→ Rn. 6) ausgeschlossen, es besteht hingegen in Eilfällen[194] (→ Rn. 7). Bei **Leiharbeitnehmern** ist regelmäßig der BR im Entleiherbetrieb für Arbeitszeitfragen nach § 87 I Nr. 3 BetrVG zuständig; nur wenn der Einsatz eine vorübergehende Veränderung der betriebsüblichen Arbeitszeit im Verleiherbetrieb erforderlich macht, ist insoweit der BR des Verleiherbetriebs regelungsbefugt.[195] 45

b) Betriebsübliche Arbeitszeit. Dies ist die im Betrieb regelmäßig geleistete Arbeitszeit.[196] Sie ist nicht gänzlich deckungsgleich mit dem Begriff der vergütungspflichtigen Arbeitszeit. Aus diesem Grund ist es ohne Bedeutung, ob es sich bei der betriebsüblichen Arbeitszeit zugleich um solche im vergütungsrechtlichen und/oder arbeitsschutzrechtlichen Sinn handelt.[197] Die 46

---

[186] BAG 22.8.2017 AP Nr. 141 zu § 87 BetrVG 1972 Arbeitszeit = NZA 2018, 115; 14.1.2014 AP Nr. 134 zu § 87 BetrVG 1972 Arbeitszeit = NZA 2014, 910; 24.4.2007 AP Nr. 124 zu § 87 BetrVG 1972 Arbeitszeit = NZA 2007, 818; 19.6.2001 AP Nr. 1 zu § 87 BetrVG 1972 Leiharbeitnehmer = NZA 2001, 1263.

[187] BAG 1.7.2003 AP Nr. 103 zu § 87 BetrVG 1972 Arbeitszeit = NZA 2003, 1209.

[188] BAG 23.7.1996 AP Nr. 26 zu § 87 BetrVG 1972 Ordnung des Betriebes = NZA 1997, 216.

[189] BAG 9.7.2013 AP Nr. 130 zu § 87 BetrVG 1972 Arbeitszeit = NZA 2014, 99; 24.4.2007 AP Nr. 124 zu § 87 BetrVG 1972 Arbeitszeit = NZA 2007, 818; 3.5.2006 AP Nr. 119 zu § 87 BetrVG 1972 Arbeitszeit.

[190] BAG 24.4.2007 AP Nr. 124 zu § 87 BetrVG 1972 Arbeitszeit = NZA 2007, 818.

[191] BAG 15.5.2007 AP Nr. 30 zu § 1 BetrVG 1972 Gemeinsamer Betrieb = NZA 2007, 1240.

[192] BAG 24.4.2007 AP Nr. 124 zu § 87 BetrVG 1972 Arbeitszeit = NZA 2007, 818; 27.11.1990 AP Nr. 41 zu § 87 BetrVG 1972 Arbeitszeit = NZA 1991, 382.

[193] BAG 25.9.2012 AP Nr. 129 zu § 87 BetrVG 1972 Arbeitszeit = NZA 2013, 159.

[194] BAG 17.11.1998 AP Nr. 79 zu § 87 BetrVG 1972 Arbeitszeit = NZA 1999, 662.

[195] BAG 19.6.2001 AP Nr. 1 zu § 87 BetrVG 1972 Leiharbeitnehmer = NZA 2001, 1263.

[196] BAG 24.4.2007 AP Nr. 124 zu § 87 BetrVG 1972 Arbeitszeit = NZA 2007, 818; 26.4.2004 AP Nr. 113 zu § 87 BetrVG 1972 Arbeitszeit = NZA 2005, 538.

[197] BAG 15.4.2008 AP Nr. 70 zu § 80 BetrVG 1972 = NZA-RR 2009, 98.

betriebsübliche Arbeitszeit muss auch nicht einheitlich im Betrieb für alle AN oder eine Mehrzahl gelten, sondern kann für einzelne AN oder Gruppen von Beschäftigten unterschiedlich sein (zB für Teilzeitbeschäftigte).[198] Maßgeblich ist der vertraglich geschuldete regelmäßige zeitliche Umfang der Arbeitsleistung und die für ihn erfolgte Verteilung auf einzelne Zeitabschnitte.[199] Als „Betriebsüblich" sind daher diejenigen Arbeitszeiten anzusehen, die jeweils individualrechtlich als die üblichen vereinbart wurden.[200] Eine tarifliche Jahresarbeitszeit ist in der Regel nicht gleichbedeutend mit der betriebsüblichen Arbeitszeit iSd § 87 I Nr. 3 BetrVG. Das Überschreiten der Jahresarbeitszeit als solches löst deshalb regelmäßig nicht das Mitbestimmungsrecht des BR aus.[201]

47 **c) Vorübergehende Arbeitszeitverkürzung.** Mitbestimmungspflichtig sind die Einführung und Ausgestaltung von **Kurzarbeit.** Diese bedarf einer kollektivrechtlichen Rechtsgrundlage, sofern der AG nicht mit jedem betroffenen AN eine einzelvertragliche Vereinbarung schließen will. Hier bietet sich der Abschluss einer (normativ wirkenden) Betriebsvereinbarung an. Um wirksam sein zu können, müssen die sich daraus ergebenden Rechte und Pflichten der AN so deutlich geregelt sein, dass sie für die AN zuverlässig zu erkennen sind. Erforderlich sind mindestens die Bestimmung von Beginn und Dauer der Kurzarbeit, eine Regelung zur Lage und Verteilung der Arbeitszeit sowie zur Auswahl der betroffenen AN.[202] Die Vereinbarung einer Regelungsabrede der Betriebsparteien ist hingegen unzweckmäßig, da der AG die Kurzarbeit bei fehlendem Einverständnis des AN mit einer Vertragsänderung nur mit einer Änderungskündigung umsetzen kann; auf der Grundlage des Direktionsrecht kann er die Beschäftigungs- und Vergütungspflicht nicht wirksam einschränken.[203] Ordnet der AG dennoch (einseitig) Kurzarbeit an, behalten die AN ihren Vergütungsanspruch nach § 615 BGB, wenn sie zumindest gegen die Anordnung protestieren. Nicht unter Nr. 3 fällt die Frage, wie die infolge der Kurzarbeit eingetretenen Entgeltminderungen auszugleichen sind.[204] Zur Gewährung von **Kurzarbeitergeld** nach §§ 95 ff. SGB III → § 48 Rn. 1. Auch die infolge veränderter Auftragslage früher als zunächst vorgesehen erfolgende Rückkehr zur früheren betrieblichen Arbeitszeit ist nicht mitbestimmungspflichtig.[205] Legt der AG den Betrieb nach der Einführung der Kurzarbeit still, kann die Geschäftsgrundlage für die hierüber getroffene Einigung mit dem BR entfallen.

48 § 87 I Nr. 3 BetrVG erfasst zudem die Einführung von Feierschichten und ihre Ausgestaltung. Die Verteilung der verringerten Arbeitszeit auf die einzelnen Tage sowie die Festlegung von Arbeitsbeginn und Ende sind nach § 87 I Nr. 2 BetrVG mitbestimmungspflichtig. Kein Mitbestimmungsrecht nach § 87 I Nr. 3 BetrVG besteht bei der **Freistellung** einzelner AN von der Arbeitspflicht.[206]

49 **d) Vorübergehende Arbeitszeitverlängerung.** Eine vorübergehende Verlängerung der betriebsüblichen Arbeitszeit liegt vor, wenn das für einen bestimmten Wochentag regulär festgelegte Arbeitszeitvolumen überschritten wird.[207] Damit fallen vor allem die Anordnung und Ausgestaltung von **Überstunden** bzw. **Mehrarbeit** unter § 87 I Nr. 2 BetrVG.[208] Hierzu zählt auch ein Überstundenkontingent bei Vertretungen.[209] Mitbestimmungsfrei ist allerdings die Anordnung von Überstunden für leitende Angestellte.[210] Auch wenn nur einzelne AN angewiesen werden sollen, Überstunden zu leisten, hat der BR hierbei idR mitzubestimmen.[211] Der hierfür erforderliche kollektive Bezug ist gegeben, wenn ein zusätzlicher Arbeitskräftebedarf regelmäßig auftritt oder für die Heranziehung zu Überstunden mehrere AN in Betracht kommen.

---

198 BAG 14.1.2014 AP Nr. 134 zu § 87 BetrVG 1972 Arbeitszeit = NZA 2014, 910; 24.4.2007 AP Nr. 124 zu § 87 BetrVG 1972 Arbeitszeit = NZA 2007, 818.
199 BAG 12.3.2019 AP Nr. 51 zu § 23 BetrVG 1972 = NZA 2019, 843.
200 BAG 24.4.2007 AP Nr. 124 zu § 87 BetrVG 1972 Arbeitszeit = NZA 2007, 818; 16.7.1991 AP Nr. 44 zu § 87 BetrVG Arbeitszeit 1972 = NZA 1992, 70.
201 BAG 11.12.2001 AP Nr. 93 zu § 87 BetrVG 1972 Arbeitszeit.
202 BAG 18.11.2015 AP Nr. 142 zu § 615 BGB = NZA 2016, 565.
203 Vgl. BAG 18.10.1994 AP Nr. 11 zu § 615 BGB Kurzarbeit = NZA 1995, 1064.
204 *Fitting* BetrVG § 87 Rn. 153; LAG Köln 14.6.1989 NZA 1989, 939.
205 BAG 21.11.1978 AP Nr. 2 zu § 87 BetrVG 1972 Arbeitszeit; aA *Fitting* BetrVG § 87 Rn. 151.
206 LAG Hamm 20.9.2002 NZA-RR 2003, 422.
207 BAG 28.7.2020 AP Nr. 148 zu § 87 BetrVG 1972 Arbeitszeit; 14.11.2006 AP Nr. 121 zu § 87 BetrVG 1972 Arbeitszeit = NZA 2007, 458.
208 BAG 15.4.2008 AP Nr. 70 zu § 80 BetrVG 1972 = NZA-RR 2009, 98 (Fortbildungsveranstaltung).
209 BAG 13.6.1989 AP Nr. 36 zu § 87 BetrVG 1972 Arbeitszeit = NZA 1989, 934.
210 BAG 10.6.1986 AP Nr. 18 zu § 87 BetrVG 1972 Arbeitszeit = NZA 1986, 840.
211 BAG 18.11.1980 AP Nr. 3 zu § 87 BetrVG 1972 Arbeitszeit; zur Rufbereitschaft: BAG 10.6.1986 AP Nr. 18 zu § 87 BetrVG 1972 Arbeitszeit = NZA 1986, 840.

Die Betriebsparteien können den AG in einer Betriebsvereinbarung nicht wirksam pauschal zur Anordnung von Mehrarbeit ermächtigen. Vielmehr sind sie gehalten, die Voraussetzungen für die Verlängerung der Arbeitszeit in der Vereinbarung selbst inhaltlich auszugestalten.[212] Einem kurzfristig auftretenden Überstundenbedarf kann jedoch dadurch Rechnung getragen werden, dass die Betriebsparteien das Vorliegen einer (Vorab-)Zustimmung des BR für eng begrenzte, hinreichend konkret beschriebene und ggf. häufig auftretende Fallgestaltungen in einer Betriebsvereinbarung festlegen.[213] Entspr. Regelungen können vom AG auch durch die Einigungsstelle erzwungen werden.[214] Nicht nach § 87 I Nr. 3 BetrVG mitbestimmungspflichtig ist die Entscheidung des AG, für geleistete Überstunden keinen tariflich vorrangig vorgesehenen Freizeitausgleich zu gewähren, sondern diese zu vergüten.[215] Eine tarifliche Regelung, wonach Mehrarbeit nur diejenige Arbeitszeit sein soll, die über die regelmäßige Arbeitszeit vergleichbarer Vollzeitbeschäftigter hinausgeht, schließt das Mitbestimmungsrecht nach § 87 I Nr. 2 BetrVG für Teilzeitbeschäftigte nicht aus.[216] **50**

Von § 87 I Nr. 3 BetrVG erfasst wird nicht nur die Anordnung, sondern auch die **Duldung** von geleisteten Überstunden seitens des AG, sofern ein kollektiver Tatbestand vorliegt;[217] auf die Zahl der betroffenen AN kommt es dabei nicht an.[218] Eine solche Duldung kann sich aus verschiedenen Einzelfallumständen ergeben. IdR liegt sie vor, wenn der AG in Kenntnis der Überstundenleistungen durch AN untätig bleibt und diese über einen längeren Zeitraum hinnimmt oder sogar bezahlt. Gleiches gilt, wenn betrieblich-organisatorische Gründe es notwendig machen, dass AN häufig über das mitbestimmt festgelegte Schichtende hinaus arbeiten.[219] Da einer Duldung typischerweise ein zeitliches Moment immanent ist, vermögen einzelne oder besonderen einmaligen Umständen geschuldete Überschreitungen der betriebsüblichen Arbeitszeit durch AN alleine noch nicht dafür zu sprechen, dass der AG diese hinnimmt. Dagegen ist von einer Duldung auszugehen, wenn der AG positive Kenntnis von den Überstundenleistungen durch AN hat und keine Gegenmaßnahmen ergreift. Überstunden, die der AG – trotz entspr. Möglichkeit – nicht zur Kenntnis nimmt oder sogar ignoriert, unterfallen dann § 87 I Nr. 3 BetrVG, wenn hinreichende Anhaltspunkte für das Fehlen gebotener Gegenmaßnahmen durch den AG bestehen, um seine Untätigkeit als ein Hinnehmen werten zu können.[220] **50a**

e) Einzelfälle. Ordnet der AG eine außerplanmäßige Dienstreise an, die Reisezeiten außerhalb der normalen Arbeitszeit des AN erforderlich machen, soll hierin nach der Rspr. des BAG keine gem. § 87 I Nr. 3 BetrVG mitbestimmungspflichtige Verlängerung der betriebsüblichen Arbeitszeit liegen.[221] Dies verkennt jedoch, dass auch Reisezeiten fremdnützig und damit Arbeitszeit sind. Dementspr. ist auch die zeitliche Lage von Mitarbeiterversammlungen mitbestimmungspflichtig, wenn sie außerhalb der betriebsüblichen Arbeitszeit stattfinden und die AN zur Teilnahme verpflichtet sind.[222] § 87 I Nr. 3 BetrVG erfasst zudem die Regelungsfrage, ob die notwendigen Mehrarbeiten von einem Subunternehmer erledigt werden,[223] sowie eine vorübergehende Verschiebung des täglichen Schichtbeginns bei gleichbleibendem Schichtende.[224] Mitbestimmungsfrei ist dagegen die Beendigung einer bisher praktizierten Arbeitsfreistellung am Karnevalsdienstag.[225] Wird in einem Betrieb zur Beseitigung bestimmter, **51**

---

[212] Vgl. BAG 17.11.1998 AP Nr. 79 zu § 87 BetrVG 1972 Arbeitszeit = NZA 1999, 662; 13.7.1977 AP Nr. 2 zu § 87 BetrVG 1972 Kurzarbeit; 5.3.1974 AP Nr. 1 zu § 87 BetrVG 1972 Kurzarbeit; LAG Köln 3.8.2000 AP Nr. 85 zu § 87 BetrVG 1972 Arbeitszeit.

[213] BAG 22.10.2019 AP Nr. 145 zu § 87 BetrVG 1972 Arbeitszeit = NZA 2020, 123; 12.1.1988 AP Nr. 8 zu § 81 ArbGG 1979 = NZA 1988, 517; ähnl. schon BAG 26.7.1988 AP Nr. 6 zu § 87 BetrVG 1972 Provision = NZA 1989, 109.

[214] Vgl. BAG 17.11.1998 AP Nr. 79 zu § 87 BetrVG 1972 Arbeitszeit = NZA 1999, 662.

[215] BAG 22.8.2017 AP Nr. 141 zu § 87 BetrVG 1972 Arbeitszeit = NZA 2018, 115.

[216] BAG 23.7.1996 AP Nr. 68 zu § 87 BetrVG 1972 Arbeitszeit = NZA 1997, 274.

[217] BAG 28.7.2020 AP Nr. 148 zu § 87 BetrVG 1972 Arbeitszeit; 24.4.2007 AP Nr. 124 zu § 87 BetrVG 1972 Arbeitszeit = NZA 2007, 818; 27.11.1990 AP Nr. 41 zu § 87 BetrVG 1972 Arbeitszeit = NZA 1991, 382.

[218] BAG 11.11.1986 AP Nr. 21 zu § 87 BetrVG 1972 Arbeitszeit = NZA 1987, 207; 10.6.1986 AP Nr. 18 zu § 87 BetrVG 1972 Arbeitszeit = NZA 1986, 840.

[219] BAG 28.7.2020 AP Nr. 148 zu § 87 BetrVG 1972 Arbeitszeit; 22.2.1983 AP Nr. 2 zu § 23 BetrVG 1972.

[220] BAG 28.7.2020 AP Nr. 148 zu § 87 BetrVG 1972 Arbeitszeit.

[221] BAG 18.11.2006 AP Nr. 121 zu § 87 BetrVG 1972 Arbeitszeit = NZA 2007, 458; 23.7.1996 AP Nr. 68 zu § 87 BetrVG 1972 Arbeitszeit = NZA 1997, 274.

[222] BAG 13.3.2001 AP Nr. 87 zu § 87 BetrVG 1972 Arbeitszeit = NZA 2001, 976.

[223] BAG 22.10.1991 AP Nr. 48 zu § 87 BetrVG 1972 Arbeitszeit = NZA 1992, 376.

[224] BAG 3.5.2006 AP Nr. 119 zu § 87 BetrVG 1972 Arbeitszeit.

[225] BAG 26.10.2004 AP Nr. 113 zu § 87 BetrVG 1972 Arbeitszeit = NZA 2005, 538.

immer wieder auftretender technischer Störungen aus einer Gruppe von AN bei jeder Störung jeweils einer dieser AN zu einem mit Mehrarbeit verbundenen Sondereinsatz außerhalb der üblichen Arbeitszeit herangezogen, unterfällt dies § 87 I Nr. 3 BetrVG.[226] Sieht der für den AG geltende Tarifvertrag eine in einem bestimmten Ausgleichszeitraum durchschnittlich zu leistende wöchentliche Arbeitszeit vor, können einzelne Abweichungen vom Dienstplan nur dann zu einer Verlängerung oder Verkürzung der betriebsüblichen Arbeitszeit führen, wenn im Dienstplan bereits das gesamte nach dem Tarifvertrag zu leistende Arbeitszeitvolumen der betroffenen AN verplant ist und für die ausgefallene oder zusätzlich geleistete Arbeit innerhalb des jeweiligen Ausgleichszeitraums nicht an einem anderen Tag ein entsprechender Ausgleich gewährt wird.[227]

52 **3. Ausübung der Mitbestimmung.** Das Mitbestimmungsrecht nach § 87 I Nr. 3 BetrVG wird idR durch den Abschluss einer unmittelbar und zwingend wirkenden Betriebsvereinbarung ausgeübt. Bei der Festlegung des Umfangs der Abweichung von der betriebsüblichen Arbeitszeit haben die Betriebsparteien die gesetzlichen und ggf. tariflichen Höchstarbeitszeitgrenzen zu beachten (§ 87 I Einleitungssatz BetrVG).[228] Tarifliche Regelungen über den Umfang der Arbeitszeit verdrängen das Mitbestimmungsrecht regelmäßig nicht vollständig, da sie idR keine abschließenden Regelungen über die Veränderungen der Arbeitszeit enthalten. Soweit sich in ihnen jedoch einzelne Vorgaben (zB zur Ankündigungsfrist) finden, sind die Betriebsparteien wegen des Tarifvorbehalts an sie gebunden und abweichende Vereinbarungen insoweit unwirksam.[229]

IV. Zeit, Ort und Art der Auszahlung des Arbeitsentgelts (Nr. 4)

Muster: Schaub ArbRFV-HdB/*Schrader* B. Rn. 188.

53 **1. Gegenstand. a) Grundsatz.** Nach § 87 I Nr. 4 BetrVG hat der BR ein Mitbestimmungsrecht bei der Zeit, dem Ort und der Art der Auszahlung des Arbeitsentgelts. Zum Arbeitsentgelt iSd Nr. 4 zählen neben der eigentlichen Vergütung (§ 611 I BGB) alle Geldleistungen und Sachbezüge ohne Rücksicht auf ihre Bezeichnung, die der AG aus Anlass des Arbeitsverhältnisses erbringt (→ Rn. 100). Die Mitbestimmung nach Nr. 4 kann neben andere Mitbestimmungstatbestände treten (zB § 87 I Nrn. 8, 10, 11 BetrVG). Zudem hat der BR nach § 11 III des 5. VermBG (→ § 80 Rn. 10) bei der Festlegung des Termins, zu dem die einmalige Anlage von vermögenswirksamen Leistungen verlangt werden kann, ein erzwingbares Mitbestimmungsrecht.

54 **b) Beteiligungspflichtige Maßnahmen.** Der Mitbestimmungstatbestand des § 87 I Nr. 4 BetrVG erfasst die Umstände bei der Auszahlung des Arbeitsentgelts. Dazu gehören – neben dem Ort (vgl. § 39 II SeeArbG) und der Art seiner Auszahlung – die Festlegung der Auszahlungszeit und des Auszahlungszeitraums. Die Auszahlungszeit meint den Zeitpunkt, zu dem die (Arbeits-)Vergütung fällig und damit zu entrichten ist;[230] soweit § 614 BGB einen Fälligkeitstermin benennt, ist dieser abdingbar und damit nicht zwingend.[231] Für den gesetzlichen Mindestlohnanspruch ist die Fälligkeit in § 2 MiLoG allerdings bereits abschließend geregelt. Mitbestimmungspflichtig ist auch der Auszahlungszeitraum, also die Festlegung der Zeitabschnitte, in denen gezahlt wird (täglich, wöchentlich, monatlich). Unter dem Ort der Zahlung ist der räumliche Punkt zu verstehen, an dem der AN die Zahlung in Empfang nimmt (Betrieb/-steil oder an einem anderen Ort). Die Art der Zahlung betrifft die Modalitäten der Entgeltzahlung, dh nach welchen Grundsätzen zB Abschlagszahlungen oder die Auszahlung des Arbeitsentgelts bei Betriebsgruppen sowie die Wahl der Währung, in der die Auszahlung zu erfolgen hat. Unter Nr. 4 fällt auch die Einführung der bargeldlosen Entgeltzahlung,[232] des hierbei anzuwendenden

[226] BAG 2.3.1982 AP Nr. 6 zu § 87 BetrVG 1972 Arbeitszeit.
[227] BAG 12.3.2019 AP Nr. 51 zu § 23 BetrVG 1972 = NZA 2019, 843.
[228] Vgl. BAG 26.6.1985 AP Nr. 4 zu TVAL II; 25.11.1981 AP Nr. 3 zu TVAL II.
[229] BAG 12.10.1994 AP Nr. 66 zu § 87 BetrVG 1972 Arbeitszeit = NZA 1995, 641.
[230] BAG 28.9.2016 – 5 AZR 220/16; 25.5.2016 AP Nr. 1 zu § 1 MiLoG = NZA 2016, 1327; 22.7.2014 AP Nr. 19 zu § 87 BetrVG 1972 = NZA 2014, 1151.
[231] BAG 15.1.2002 NZA 2002, 1112.
[232] BAG 31.1.1969 AP Nr. 5 zu § 56 BetrVG Entlohnung; 21.2.1967 AP Nr. 25 zu § 59 BetrVG.

Verfahrens und der Kostentragung.[233] Nicht erfasst sind hingegen die Voraussetzungen, unter denen der Entgeltanspruch untergeht.[234]

2. Einzelfälle. Nach Auffassung des BAG gehört zur Regelung über die bargeldlose Auszahlung des Arbeitsentgelts (→ § 70 Rn. 7) als notwendiger Annex auch eine solche über die Zahlung von **Kontoführungsgebühren** und über eine Arbeitsbefreiung, um Geld abheben zu können („Kontostunde").[235] Die Vereinbarung einer Kostenpauschalierung ist zulässig. Ohne besondere kollektivrechtliche Vereinbarung trägt der AG keine Kosten.[236] Der Spruch einer Einigungsstelle, der den AG zum Ausgleich der bargeldlosen Lohnzahlung verpflichtet, alle AN monatlich eine Stunde von der Arbeit freizustellen, überschreitet die Grenzen billigen Ermessens, wenn die AN für die Empfangnahme des Arbeitsentgelts keine Freizeit aufwenden müssen.[237] Regelt ein Tarifvertrag nachträglich die bargeldlose Lohnzahlung, werden bestehende Betriebsvereinbarungen nicht automatisch unwirksam.[238] Eine Betriebsvereinbarung, die ausschließlich eine Stundung des Entgelts der aus einem Not leidenden Betrieb ausgeschiedenen AN enthält, überschreitet die Grenzen der Regelungsbefugnis[239] ebenso wie ein Lohnabtretungsverbot[240] oder die Übernahme von Kosten für Gehaltspfändungen durch die AN.[241] 55

V. Aufstellung allgemeiner Urlaubsgrundsätze und des Urlaubsplans (Nr. 5)

Muster: Schaub ArbRFV-HdB/*Schrader* B. Rn. 191.

1. Normzweck. Nach § 87 I Nr. 5 BetrVG hat der BR bei der Aufstellung allgemeiner Urlaubsgrundsätze und des Urlaubsplans sowie bei der zeitlichen Lage des Urlaubs für einzelne AN mitzubestimmen, wenn zwischen dem AG und den beteiligten AN kein Einverständnis erzielt wird. Das Mitbestimmungsrecht betrifft einerseits kollektive Tatbestände – Urlaubsgrundsätze, Urlaubsplan –, andererseits aber auch individuelle Streitigkeiten zwischen dem AG und einzelnen AN bei der Urlaubsgewährung. Die Beteiligung des BR soll dazu dienen, Interessenskonflikte zu lösen, die dadurch entstehen können, dass entweder die betrieblichen Interessen des AG bei der Urlaubsgewährung nicht mit den individuellen Urlaubswünschen der AN oder aber die Urlaubswünsche der AN untereinander nicht harmonieren.[242] Kein Beteiligungsrecht nach § 87 I Nr. 5 BetrVG besteht hingegen bei der Urlaubsdauer,[243] dem Urlaubsentgelt sowie einem etwaigen Urlaubsgeld. 56

2. Gegenstand. a) Begriff des Urlaubs. § 87 I Nr. 2 BetrVG erfasst nicht nur den Erholungsurlaub iSd § 1 BUrlG (→ § 104 Rn. 1) und den Zusatzurlaub für Schwerbehinderte,[244] sondern jede andere bezahlte oder unbezahlte Freistellung des AN von der Arbeit,[245] weil auch in diesen Fällen ggf. gegensätzliche Interessen auszugleichen sind. Auch Sonderurlaub (str.),[246] sog. Sabbaticals und Bildungsurlaub[247] fallen daher unter § 87 I Nr. 5 BetrVG. Kein Urlaub 57

---

[233] BVerfG 18.10.1987 AP Nr. 7 zu § 87 BetrVG 1972 Auszahlung; BAG 5.3.1991 AP Nr. 11 zu § 87 BetrVG 1972 Auszahlung = NZA 1991, 611; 24.11.1987 AP Nr. 6 zu § 87 BetrVG 1972 Auszahlung = NZA 1988, 405.
[234] BAG 12.4.2011 AP Nr. 57 zu § 75 BetrVG 1972 = NZA 2011, 989.
[235] BAG 10.8.1993 AP Nr. 12 zu § 87 BetrVG 1972 Auszahlung = NZA 1994, 326; 20.12.1988 AP Nr. 9 zu § 87 BetrVG 1972 Auszahlung = NZA 1989, 564; 8.3.1977 AP Nr. 1 zu § 87 BetrVG 1972 Auszahlung; aA GK-BetrVG/*Wiese* § 87 Rn. 459.
[236] BAG 31.7.1984 AP Nr. 1 zu § 26a BMT-G II; 11.1.1983 AP Nr. 5 zu § 36 BAT.
[237] BAG 10.8.1993 AP Nr. 12 zu § 87 BetrVG 1972 Auszahlung = NZA 1994, 326.
[238] BAG 20.12.1988 AP Nr. 9 zu § 87 BetrVG 1972 Auszahlung = NZA 1989, 564; 5.5.1988 AP Nr. 1 zu § 70 LPVG NRW = NZA 1989, 358; 31.8.1982 AP Nr. 2 zu § 87 BetrVG 1972 Auszahlung.
[239] LAG BW 27.4.1977 DB 1977, 1706.
[240] BAG 26.1.1983 AP Nr. 1 zu § 75 LPVG Rheinland-Pfalz.
[241] BAG 18.7.2006 AP Nr. 15 zu § 850 ZPO = NZA 2007, 462.
[242] BAG 28.5.2002 AP Nr. 10 zu § 87 BetrVG 1972 Urlaub = NZA 2003, 171.
[243] BAG 14.1.1992 AP Nr. 5 zu § 3 BUrlG = NZA 1992, 759; LAG Hamm 12.12.2001 – 10 TaBV 87/11.
[244] *Baunack/Middel* AiB 2016, 18.
[245] Vgl. BAG 17.11.1977 AP Nr. 8 zu § 9 BUrlG.
[246] Vgl. BAG 18.6.1974 AP Nr. 1 zu § 87 BetrVG 1972 Urlaub: wenn er im Zusammenhang mit dem Erholungsurlaub gewährt wird; wie hier GK-BetrVG/*Wiese* § 87 Rn. 468.
[247] BAG 28.5.2002 AP Nr. 10 zu § 87 BetrVG 1972 Urlaub = NZA 2003, 171.

ist hingegen die Suspendierung von der Arbeitspflicht während der Kündigungsfrist oder die Beurlaubung von Beamten nach § 4 III Post PersRG.[248]

58 **b) Urlaubsgrundsätze.** Hierbei handelt es sich um allgemeine Richtlinien, nach denen dem einzelnen AN vom AG Urlaub zu gewähren oder zu versagen[249] ist. Die Betriebsparteien können abstrakte Kriterien festgelegen, anhand derer die Verteilung des Urlaubs innerhalb eines oder mehrerer Urlaubsjahre vorzunehmen ist[250] (zB AN mit schulpflichtigen Kindern während der Schulferien, wechselnde Urlaubserteilung in günstigen und ungünstigeren Monaten, Rücksicht auf den Urlaub von berufstätigen Ehegatten, Teilbarkeit des Urlaubs iRd § 7 II BUrlG, Vertretung im Betrieb). Auch die Fragen, ob es **Betriebsferien** geben soll, wie lang und wann diese sein sollen[251] und ob die AN in dieser Zeit Urlaub nehmen,[252] unterliegen der Mitbestimmung. Dem BR steht ein Initiativrecht zur Einführung von Betriebsferien zu (str.).[253] Legt der AG eine Quote fest, wie viele AN in einem bestimmten Zeitraum Urlaub beantragen und/oder bewilligt erhalten können, bedarf dies ebenfalls der Mitbestimmung.[254]

59 **c) Urlaubsplan.** Der Urlaubsplan iSd § 87 I Nr. 5 BetrVG enthält die Festlegung des Urlaubs der einzelnen AN in einer bestimmten Zeit und damit idR die Verteilung der verschiedenen Urlaubszeiten im Urlaubsjahr. Hiervon zu trennen ist die sog. Urlaubsliste, in der die AN ggf. ihre Urlaubswünsche für das Urlaubsjahr einzutragen haben; idR wird erst aufgrund einer solchen Liste der Urlaubsplan aufgestellt. Haben sich AG und BR inhaltlich auf den Urlaubsplan geeinigt, ist dieser für AG und die AN verbindlich. Eine Änderung von den Festlegungen des Urlaubsplans ist nur mit Zustimmung der Betriebsparteien möglich, wobei der BR ein Initiativrecht hat. Die Zulässigkeit eines etwaigen Widerrufs des einzelnen Urlaubs richtet sich nach urlaubsrechtlichen Grundsätzen (→ § 104 Rn. 1); der Widerruf unterliegt nicht der Mitbestimmung des BR.[255]

60 **d) Festlegung des Urlaubs für einzelne Arbeitnehmer.** Der AG hat nach den Vorgaben des § 7 I BUrlG Erholungsurlaub zu gewähren. Erzielen AG und AN kein Einverständnis über die zeitliche Lage des Urlaubs, hat der BR nach § 87 I Nr. 5 BetrVG ein Mitbestimmungsrecht. Dieses beschränkt sich auf ein Mitbeurteilungsrecht über die Richtigkeit der vom AG getroffenen Entscheidung.[256] Das Mitbestimmungsrecht setzt nicht voraus, dass durch die Entscheidung noch zumindest ein weiterer AN betroffen ist, zB weil auch die Lage seines Urlaubs hiervon beeinflusst wird (str.).[257]

61 **3. Ausübung der Mitbestimmung.** Sowohl die Betriebsparteien als auch eine Einigungsstelle haben bei der Aufstellung der Urlaubsgrundsätze sowie der Festlegung des konkreten Urlaubs im Fall von Meinungsverschiedenheiten von den in § 7 I BUrlG vorgesehenen Grundsätzen auszugehen. Die berechtigten Urlaubswünsche des AN, die betrieblichen Belange und die berechtigten Urlaubswünsche anderer Mitarbeiter sind gegeneinander abzuwägen.[258] Unabhängig davon kann der einzelne AN Klage auf Urlaubserteilung erheben (vgl. § 76 VII BetrVG). Die Klageerhebung setzt nicht voraus, dass zunächst der BR eingeschaltet wurde. Die Klage dürfte aber erfolglos sein, wenn AG und BR bzw. die Einigungsstelle die Grundsätze von § 7 BUrlG eingehalten haben. Im Wege einer Betriebsvereinbarung oder Regelungsabrede kann nicht die Urlaubserteilung im Vorgriff auf das kommende Jahr erfolgen.[259] Wohl können aber im Wege einer Betriebsvereinbarung die Betriebsferien gleich für mehrere Jahre geregelt werden.[260]

---

[248] BAG 10.12.2002 AP Nr. 42 zu § 95 BetrVG 1972.
[249] BAG 18.6.1974 AP Nr. 1 zu § 87 BetrVG 1972 Urlaub.
[250] BAG 12.10.1961 AP Nr. 84 zu § 611 BGB Urlaubsrecht.
[251] LAG RhPf 19.2.2009 – 11 TaBV 29/08.
[252] BAG 31.5.1988 AP Nr. 57 zu § 1 FeiertagslohnzahlungsG = NZA 1988, 889; 28.7.1981 AP Nr. 2 zu § 87 BetrVG 1972.
[253] *Fitting* BetrVG § 87 Rn. 198; ArbG Osnabrück 1.2.1984 AuR 1984, 380; aA Richardi BetrVG/*Richardi* § 87 Rn. 466; GK-BetrVG/*Wiese* § 87 Rn. 481.
[254] LAG Nds 30.11.2017 AiB 2018, 47.
[255] GK-BetrVG/*Wiese* § 87 Rn. 468; aA LAG München 23.3.1988 BB 1988, 2175.
[256] *Fitting* BetrVG § 87 Rn. 204.
[257] *Fitting* BetrVG § 87 Rn. 206; aA GK-BetrVG/*Wiese* § 87 Rn. 469.
[258] BAG 4.12.1970 AP Nr. 5 zu § 7 BUrlG.
[259] BAG 17.1.1974 AP Nr. 3 zu § 1 BUrlG.
[260] BAG 28.7.1981 AP Nr. 2 zu § 87 BetrVG 1972 Urlaub.

VI. Technische Überwachungseinrichtungen (Nr. 6)

Muster: Schaub ArbRFV-HdB/*Schrader* B. Rn. 203.

1. Normzweck. Nach dem – sprachlich missverständlich formulierten – § 87 I Nr. 6 BetrVG hat der BR bei der Einführung und Anwendung von technischen Einrichtungen, die dazu bestimmt sind, das Verhalten oder die Leistung der AN zu überwachen, mitzubestimmen. Das Mitbestimmungsrecht soll die AN vor solchen Beeinträchtigungen ihres Persönlichkeitsrechts durch den Einsatz technischer Überwachungseinrichtungen bewahren, die nicht durch schützenswerte Belange des AG zu rechtfertigen oder unverhältnismäßig sind. Die auf technischem Weg erfolgende Ermittlung und Aufzeichnung von Informationen über AN bei der Erbringung ihrer Arbeitsleistung bergen die Gefahr in sich, dass sie zum Objekt einer Überwachungstechnik gemacht werden, die anonym personen- oder leistungsbezogene Informationen erhebt, speichert, verknüpft und sichtbar macht.[261] Die Möglichkeiten, Einzelangaben über eine Person zu erheben, sie zu speichern sowie jederzeit abzurufen, ist zudem geeignet, bei den betroffenen AN einen psychischen Anpassungsdruck zu erzeugen, durch den sie in ihrer Freiheit, ihr Handeln aus eigener Selbstbestimmung zu planen und zu gestalten, wesentlich gehemmt werden.[262] Den davon ausgehenden Gefährdungen des Persönlichkeitsrechts soll das Mitbestimmungsrecht entgegenwirken.[263] 62

2. Gegenstand. a) Allgemeines. Nach § 87 I Nr. 6 BetrVG sind Eingriffe in den Persönlichkeitsbereich der AN durch Verwendung anonymer technischer Kontrolleinrichtungen nur bei gleichberechtigter Mitbestimmung des BR zugelassen. Werden Daten über die AN auf technischem Weg – häufig sogar anonym – erhoben oder aufgezeichnet, besteht die Gefahr, dass in Persönlichkeitsbereiche der AN eingedrungen wird, die einer technischen Überwachung nicht zugänglich sein sollen, und der AN zum Objekt einer Überwachungstechnik gemacht wird, der er sich nicht entziehen kann. Das Mitbestimmungsrecht des BR unterfällt deshalb in ein **Mitbeurteilungsrecht,** ob der beabsichtigte Eingriff in das Persönlichkeitsrecht überhaupt rechtlich zulässig ist, und ggf. in ein **echtes Mitbestimmungsrecht** bei der Auswahl, Ausgestaltung und dem Einsatz der Kontrolleinrichtung. Dies schließt eine Beurteilung der Verhältnismäßigkeit des Eingriffs ein.[264] 63

Der BR hat ein Mitbestimmungsrecht sowohl bei **Einführung** als auch bei der **Anwendung** der technischen Kontrolleinrichtung. Dies umfasst auch Regelungen über die Datenerhebung, die Datennutzung – einschließlich des Verwendungszwecks der erhobenen Leistungs- und Verhaltensdaten – und die Datenlöschung.[265] Die **Abschaffung** einer Kontrolleinrichtung wird dagegen nicht von § 87 I Nr. 6 BetrVG erfasst. Nach Ansicht des BAG besteht kein **Initiativrecht** des BR zur Einführung von technischen Kontrolleinrichtungen.[266] Dies erscheint überdenkenswert. Es sind zB Situationen denkbar, in denen die Einführung einer Kontrolleinrichtung ein milderes Mittel gegenüber repressiven Maßnahmen darstellen oder dazu dienen kann, einen anderweitig bestehenden Überwachungsdruck zu verhindern oder zu verringern. 64

Das Mitbestimmungsrecht entfällt nach § 87 I Eingangshs. BetrVG, soweit die technische Kontrolleinrichtung **gesetzlich vorgeschrieben** ist, zB ein Fahrtenschreiber (§ 57a StVZO).[267] Dies gilt nicht, wenn der AG Fahrtenschreiber über die gesetzliche Zweckbestimmung hinaus einsetzt, zB für Verhaltens- oder Leistungskontrollen, oder auch in Fahrzeugen anbringt, für die ihre Verwendung nicht vorgeschrieben ist.[268] 65

b) Überwachung durch technische Einrichtung. „Überwachung" iSd § 87 I Nr. 6 BetrVG ist ein Vorgang, durch den individualisierte oder individualisierbare Daten über das 66

[261] BAG 25.4.2017 AP Nr. 48 zu § 87 BetrVG 1972 Überwachung = NZA 2017, 1205; 13.12.2016 AP Nr. 47 zu § 87 BetrVG 1972 Überwachung = NZA 2017, 657.
[262] BAG 25.4.2017 AP Nr. 48 zu § 87 BetrVG 1972 Überwachung = NZA 2017, 1205; 26.8.2008 AP Nr. 54 zu § 75 BetrVG 1972 = NZA 2008, 1187.
[263] BAG 13.12.2016 AP Nr. 47 zu § 87 BetrVG 1972 Überwachung = NZA 2017, 657; 10.12.2013 AP Nr. 45 zu § 87 BetrVG 1972 Überwachung = NZA 2014, 439; 30.8.1995 AP Nr. 29 zu § 87 BetrVG 1972 Überwachung = NZA 1996, 218.
[264] BAG 26.8.2008 AP Nr. 54 zu § 75 BetrVG 1972 = NZA 2008, 1187 (Videoüberwachung).
[265] *Ludwig/Ramcke* BB 2016, 2293.
[266] BAG 28.11.1989 AP Nr. 4 zu § 87 BetrVG 1972 Initiativrecht = NZA 1990, 406; aA LAG Bln-Bbg 22.1.2015 LAGE § 87 BetrVG 2001 Kontrolleinrichtung Nr. 5; *Byers* RdA 2014, 37.
[267] BAG 10.7.1979 AP Nr. 3 zu § 87 BetrVG 1972 Überwachung.
[268] GK-BetrVG/*Wiese* § 87 Rn. 576.

Verhalten oder die Leistung des AN erhoben und – jedenfalls in der Regel – aufgezeichnet werden, um sie auch späterer Wahrnehmung zugänglich zu machen. Ob der AG die Daten auswerten oder zu Reaktionen auf festgestellte Verhaltens- oder Leistungsweisen verwenden will, ist unerheblich. Überwachung ist nicht erst das Auswerten oder die weitere Verarbeitung schon vorliegender Informationen, sondern bereits das Sammeln derselben.[269]

67 Die Überwachung muss **durch die technische Einrichtung** selbst bewirkt werden. Die Informationen über das Verhalten der AN müssen damit auf technische Weise ermittelt oder dokumentiert werden, sodass sie zumindest für eine gewisse Dauer verfügbar bleiben und vom AG herangezogen werden können. Dieses Erfordernis ist gegeben, wenn die technische Einrichtung die Daten über bestimmte Vorgänge erhebt, verarbeitet, ordnet, auswertet, zueinander in Bezug setzt oder sammelt. Dementspr. besteht ein Mitbestimmungsrecht, wenn entweder die Informationen technisch festgestellt und festgehalten[270] oder ausgewertet werden (zB durch automatisierte Personalinformationssysteme).[271] Ausreichend ist es, wenn lediglich ein Teil des Überwachungsvorgangs (→ Rn. 66) mittels einer technischen Einrichtung erfolgt. § 87 I Nr. 6 BetrVG setzt nicht voraus, dass die Daten über das Verhalten oder die Leistung der AN durch die technische Einrichtung selbst und „automatisch" generiert werden.[272] Daher ist § 87 I Nr. 6 BetrVG auch erfüllt, wenn die Daten zwar manuell eingegeben, von der technischen Einrichtung aber weiter verwertet[273] oder gesammelt oder gespeichert und damit einer zeitlich unbegrenzten Zugriffsmöglichkeit zugeführt werden.[274]

68 Keine Überwachung durch eine technische Einrichtung liegt vor, wenn die **Überwachung durch Personen** erfolgt. § 87 I Nr. 6 BetrVG ist daher nicht einschlägig bei der Kontrolle von Arbeitsleistung und Arbeitsablauf durch Vorgesetzte oder Testkunden; auch der Einsatz von Detektiven, die ein Fehlverhalten des AN aufklären sollen, erfüllt den Tatbestand von Nr. 6 nicht.[275] Die technische Einrichtung muss eine eigenständige Kontrollwirkung entfalten; unzureichend sind daher eine (Stopp-)Uhr oder einfaches Schreibgerät, da auch hier die Kontrolle durch Menschen stattfindet. Entspr. nicht mitbestimmungspflichtig sind Anordnungen des AG, Tätigkeitsberichte zu erstellen oder Arbeitsbücher[276] zu führen. Betreibt ein Dritter die technische Kontrolleinrichtung und verfügt der AG über keinen rechtlichen oder tatsächlichen Einfluss auf deren Aufzeichnungen, ist Nr. 6 BetrVG ebenfalls nicht erfüllt.[277]

69 **c) Geeignetheit.** Zur Überwachung „bestimmt" iSd § 87 I Nr. 6 BetrVG sind technische Einrichtungen schon dann, wenn sie objektiv geeignet sind, Verhaltens- oder Leistungsinformationen der AN zu erheben, aufzuzeichnen oder zu speichern; auf die subjektive Überwachungsabsicht des AG kommt es nicht an.[278] Nicht notwendig ist, dass die gespeicherten Daten schon eine abschließende Beurteilung des Verhaltens oder der Leistung der AN erlauben. Es genügt, dass diese Daten in Verbindung mit weiteren gewonnenen Erkenntnissen eine Beurteilung ermöglichen.[279] Das Mitbestimmungsrecht entfällt nicht, wenn der AN die Überwachungseinrichtung abschalten kann.[280]

---

[269] BAG 11.12.2018 AP Nr. 51 zu § 87 BetrVG 1972 Überwachung = NZA 2019, 1009; 13.12.2016 AP Nr. 47 zu § 87 BetrVG 1972 Überwachung = NZA 2017, 657; 14.11.2012 AP Nr. 5 zu § 58 BetrVG 1972 = NZA 2013, 275; 14.11.2006 AP Nr. 43 zu § 87 BetrVG 1972 = NZA 2007, 399.

[270] BAG 6.12.1983 AP Nr. 7 zu § 87 BetrVG 1972 Überwachung.

[271] BAG 11.3.1986 AP Nr. 14 zu § 87 BetrVG 1972 Überwachung.

[272] BAG 13.12.2016 AP Nr. 47 zu § 87 BetrVG 1972 Überwachung = NZA 2017, 657; 23.4.1985 AP Nr. 11 zu § 87 BetrVG 1972 Überwachung = NZA 1985, 669; 14.9.1984 AP Nr. 9 zu § 87 BetrVG 1972 Überwachung = NZA 1985, 28.

[273] BAG 13.12.2016 AP Nr. 47 zu § 87 BetrVG 1972 Überwachung = NZA 2017, 657; 23.4.1985 AP Nr. 11 zu § 87 BetrVG 1972 Überwachung = NZA 1985, 669.

[274] BAG 11.12.2018 AP Nr. 51 zu § 87 BetrVG 1972 Überwachung = NZA 2019, 1009; 13.12.2016 AP Nr. 47 zu § 87 BetrVG 1972 Überwachung = NZA 2017, 657 (Bereitstellung der Funktion „Besucher-Beiträge" bei einer Facebookseite); zust. *Klebe* AuR 2017, 309; aA *Jacobs/Frieling* JZ 2017, 961.

[275] BAG 26.3.1991 AP Nr. 21 zu § 87 BetrVG 1972 = NZA 1991, 729; 18.4.2000 AP Nr. 33 zu § 87 BetrVG 1972 Überwachung = NZA 2000, 1176; 27.6.1989 AP Nr. 37 zu § 80 BetrVG 1972 = NZA 1989, 929.

[276] BAG 24.11.1981 AP Nr. 3 zu § 87 BetrVG 1972 Ordnung des Betriebes; 9.12.1980 AP Nr. 2 zu § 87 BetrVG 1972 Ordnung des Betriebes; HessLAG 27.1.1987 NZA 1987, 678.

[277] LAG Bln-Bbg 15.12.2009 LAGE § 87 BetrVG 2001 Kontrolleinrichtung Nr. 1; weiter BAG 15.2.2005 AP Nr. 15 zu § 612a BGB = NZA 2005, 1117.

[278] BAG 10.12.2013 AP Nr. 45 zu § 87 BetrVG 1972 Überwachung = NZA 2014, 439; LAG MV 12.11.2014 NZA-RR 2015, 196 (Attrappe einer Videokamera).

[279] BAG 13.12.2016 AP Nr. 47 zu § 87 BetrVG 1972 Überwachung = NZA 2017, 657; 11.3.1986 AP Nr. 14 zu § 87 BetrVG 1972 Überwachung = NZA 1986, 526.

[280] BAG 14.5.1974 AP Nr. 1 zu § 87 BetrVG 1972 Überwachung.

d) Leistung oder Verhalten der Arbeitnehmer. Die Überwachung muss sich auf die Leistung oder das Verhalten des AN beziehen. Leistung ist die vom AN in Erfüllung seiner Verpflichtung erbrachte Arbeit;[281] Verhalten ist jedes Tun oder Unterlassen im betrieblichen und außerbetrieblichen Bereich, das für das Arbeitsverhältnis erheblich werden kann. Dementsprechend ist der auf elektronischen Weg durchgeführte Abgleich von Namen der AN mit den auf Grundlage der sog. Anti-Terror-Verordnungen der Europäischen Union erstellten Namenslisten, nicht mitbestimmungspflichtig, da keine Aussage über ein Verhalten mit Bezug zum Arbeitsverhältnis getroffen wird.[282] Gleiches dürfte für eine Anwendung der Corona-Warn-App auf dem Diensthandy gelten.[283] § 87 I Nr. 6 BetrVG erfasst zudem nur solche Überwachungsmaßnahmen, die einem bestimmten AN zugeordnet werden können,[284] selbst wenn dies erst zeitlich versetzt oder aufgrund weiterer Informationsmittel möglich ist, zB aufgrund von Anwesenheitslisten.[285] Nicht mitbestimmungspflichtig sind daher Filmaufnahmen, auf denen die AN nicht zu erkennen sind oder die Daten nur einer nicht individualisierbaren Gruppe zugeordnet werden können[286] (zB alle AN benutzen denselben Code, um ein Gerät in Betrieb zu nehmen). Dies kann anders zu beurteilen sein, wenn durch die Maßnahme des AG ein Überwachungs- oder Kontrolldruck auf die Gruppenmitglieder entsteht.[287] Kein Mitbestimmungsrecht besteht, wenn reine Betriebsdaten über den Arbeitsablauf oder Statusdaten des AN (Geschlecht, Ausbildung, Anschrift, usw.) ohne Verknüpfungsmöglichkeit mit anderen Daten gespeichert werden.[288] Soweit technische Einrichtungen ausschließlich für die Kontrolle von Maschinen in Betracht kommen, ist ihre Anwendung ebenfalls mitbestimmungsfrei (zB Warnlampen, Druckmesser, Stückzähler, Drehzahlmesser).[289] 70

3. Einzelfälle. Als **mitbestimmungspflichtig** sind danach anzusehen: Die Einführung von Stechuhren (BVerwG 13.8.1992 AP Nr. 39 zu § 75 BPersVG), Zugangskontrollgeräten (BAG 27.1.2004 AP Nr. 40 zu § 87 BetrVG 1972 Überwachung = NZA 2004, 556), Video- bzw. Multimomentkameras (BAG 26.8.2008 AP Nr. 54 zu § 75 BetrVG 1972 = NZA 2008, 1187; 29.6.2004 AP Nr. 41 zu § 87 BetrVG 1972 Überwachung = NZA 2004, 1278), Fernsehmonitoren (BAG 26.1.2016 AP Nr. 46 zu § 87 BetrVG 1972 Überwachung = NZA 2016, 498), GPS-Geräten (BAG 10.12.2013 AP Nr. 45 zu § 87 BetrVG 1972 Überwachung = NZA 2014, 439; ArbG Dortmund 12.3.2013 NZA-RR 2013, 473 [Fleetboard]), Mikrofonen oder sonstigen Geräten zum Mithören von Gesprächen der AN sowie von Produktografen, wenn sie zugleich eine Überwachung der Leistung oder des Verhaltens der AN ermöglichen (BAG 9.9.1975 AP Nr. 2 zu § 87 BetrVG 1972 Überwachung); Gesprächsaufzeichnungen in Call-Centern (*Jordan/Bissels/Löw* BB 2008, 2626); Einführung von gesetzlich nicht vorgeschriebenen Fahrtenschreibern (BAG 12.1.1988 AP Nr. 23 zu § 75 BPersVG = NZA 1988, 621), Zeitmessgeräten sowie Geräten zur automatischen Erfassung von Telefondaten- oder gebühren (BAG 13.1.1987 AP Nr. 3 zu § 23 BDSG = NZA 1987, 515); Telefonanlagen mit Kontrollmöglichkeit (BAG 30.8.1995 AP Nr. 29 zu § 87 BetrVG 1972 Überwachung = NZA 1996, 218); Personalverwaltungssysteme (BAG 25.9.2012 AP Nr. 5 zu § 58 BetrVG 1972 = NZA 2013, 275); Krankenhausinformationssysteme (LAG Bln-Bbg 8.3.2018 – 5 TaBV 1475/17); die Einrichtung eines Gruppenkalenders in **Outlook** (LAG Nürnberg 21.2.2017 NZA-RR 2017, 302) sowie der Funktion „Besucher-Beiträge" (sog. Postings) auf einer vom AG betriebenen **Facebookseite** (BAG 13.12.2016 AP Nr. 47 zu § 87 BetrVG 1972 Überwachung = NZA 2017, 657); die Überwachung der Einhaltung des Mindestabstands mittels Kameras zur Eindämmung der Ausbreitung von **COVID-19** im Betrieb (vgl. ArbG Wesel 24.4.2020 WM 2020, 1223). 71

4. Ausübung der Mitbestimmung. Die Zuständigkeit der Arbeitnehmervertretung (BR/GBR/KBR) richtet sich nach allgemeinen Grundsätzen[290] (→ § 224 Rn. 19, → § 226 Rn. 1). 72

[281] BAG 11.3.1986 AP Nr. 14 zu § 87 BetrVG 1972 Überwachung = NZA 1986, 526; 18.2.1986 AP Nr. 13 zu § 87 BetrVG 1972 Überwachung = NZA 1986, 488.
[282] BAG 19.12.2017 AP Nr. 49 zu § 87 BetrVG 1972 Überwachung = NZA 2018, 673.
[283] Ebenso *Köllmann* NZA 2020, 831 (836).
[284] BAG 6.12.1983 AP Nr. 7 zu § 87 BetrVG 1972 Überwachung.
[285] BAG 23.4.1985 AP Nr. 11 zu § 87 BetrVG 1972 Überwachung = NZA 1985, 669.
[286] BAG 6.12.1983 AP Nr. 7 zu § 87 BetrVG 1972 Überwachung.
[287] BAG 26.7.1994 AP Nr. 26 zu § 87 BetrVG 1972 = NZA 1995, 186; 18.2.1986 AP Nr. 13 zu § 87 BetrVG 1972 Überwachung = NZA 1986, 488.
[288] BAG 22.10.1986 AP Nr. 2 zu § 23 BDSG = NZA 1987, 415.
[289] Vgl. BAG 9.9.1975 AP Nr. 2 zu § 87 BetrVG 1972 Überwachung.
[290] BAG 25.9.2012 AP Nr. 5 zu § 58 BetrVG 1972 = NZA 2013, 275 (Datenaustausch im Konzern); 11.11.1998 AP Nr. 19 zu § 50 BetrVG 1972 = NZA 1999, 947 (Telefonanlage).

Die Mitbestimmung nach § 87 I Nr. 6 BetrVG kann durch den Abschluss einer **Betriebsvereinbarung** erfolgen. Nach § 26 IV 1 BDSG sind die Erhebung, Verarbeitung oder Nutzung von personenbezogenen Daten (Datenverarbeitung) für Zwecke des Beschäftigungsverhältnisses u.a. auf der Grundlage einer Betriebsvereinbarung zulässig. Nach dem Willen des Gesetzgebers soll die Regelung in Umsetzung von Art. 88 I DS-GVO klarstellen, dass Betriebsvereinbarungen weiterhin die Rechtsgrundlage für Regelungen zum Datenschutz bilden können. Die Bestimmung soll ua. den Betriebsparteien die Ausgestaltung eines auf die betrieblichen Bedürfnisse zugeschnittenen Beschäftigtendatenschutzes ermöglichen (vgl. BT-Drs. 18/11325, 98). Überwiegend wird davon ausgegangen, dass Betriebsvereinbarungen damit weiterhin eine eigenständige Regelungsfunktion als datenschutzrechtlicher Erlaubnistatbestand zukommen kann.[291] Bei deren inhaltlichen Ausgestaltung müssen die Betriebsparteien nach § 26 VI 2 BDSG aber die Vorgaben in Art. 88 II Verordnung (EU) 2016/679 beachten und angemessene Maßnahmen zur Wahrung der berechtigten Interessen und Grundrechte der betroffenen AN sowie im Hinblick auf die Transparenz der Verarbeitung vereinbaren. Zudem müssen AG und BR nach § 75 II BetrVG darauf achten, dass das Persönlichkeitsrecht der betroffenen AN nicht unverhältnismäßig eingeschränkt wird. Sieht eine Betriebsvereinbarung zB dauerhaft die Erfassung, Speicherung und Auswertung einzelner Arbeitsschritte und damit des wesentlichen Arbeitsverhaltens der AN anhand quantitativer Kriterien während der gesamten Arbeitszeit vor, ist sie unwirksam.[292] Ein **Sach- oder Beweisverwertungsverbot** für die erhobenen Leistungs- oder Verhaltensdaten können die Betriebsparteien ebenfalls nicht wirksam vereinbaren; hierfür fehlt ihnen die Regelungsmacht. Sie können lediglich eine Regelung treffen, wonach der AG einen bestimmten Sachverhalt nicht zum Anlass für arbeitsrechtliche Maßnahmen nehmen darf. Um zu verhindern, dass technische Einrichtungen auch zur Berechnung von Entgeltbestandteilen verwandt werden, kann dies in der Betriebsvereinbarung ausgeschlossen werden.

73 Unabhängig vom Abschluss einer Betriebsvereinbarung kann die nach § 87 I Nr. 6 BetrVG mitbestimmungspflichtige Datenverarbeitung auch auf der **Grundlage von § 26 I 1 BDSG** erfolgen.[293] In diesem Fall genügt zur Ausübung der Mitbestimmung auch eine Regelungsabrede oder eine Zustimmungserklärung des BR. Nach § 26 I 1 BDSG dürfen personenbezogene Daten der AN verarbeitet werden, wenn dies für die Entscheidung über die Begründung, Durchführung oder Beendigung eines Beschäftigungsverhältnisses oder zur Ausübung oder Erfüllung der sich aus einem Gesetz, einem Tarifvertrag oder einer Betriebsvereinbarung ergebenden Rechte und Pflichten des BR, GBR oder KBR erforderlich ist. Da zur Durchführung des Arbeitsverhältnisses auch die Überwachung der Leistung und des Verhaltens der AN gehört, ermöglicht § 26 I 1 BDSG auch die Erhebung personenbezogener Leistungsdaten. Ausweislich der Gesetzesbegründung sind im Rahmen des Erforderlichkeitsprüfung die widerstreitenden Grundrechtspositionen abzuwägen und die Interessen des AG an der Datenverarbeitung und das Persönlichkeitsrecht der AN zu einem schonenden Ausgleich zu bringen (BT-Drs. 18/11325, 97). Dies erfordert eine Verhältnismäßigkeitsprüfung.[294] Zudem erlaubt § 26 I 2 BDSG bei Vorliegen der von ihm aufgestellten Anforderungen die verdeckte Erhebung und Verwendung von Daten der AN zum Zwecke der Aufdeckung einer Straftat.

74 **5. Rechtsfolgen mangelnder Mitbestimmung.** Wird die technische Kontrolleinrichtung ohne Zustimmung des BR eingeführt, kann dieser ihre Beseitigung bzw. die Unterlassung ihrer Benutzung verlangen. Die AN sind vor der erteilten oder ersetzten Zustimmung nicht zur Arbeitsleistung an der Kontrolleinrichtung verpflichtet, insoweit besteht ein Leistungsverweigerungsrecht. Dasselbe gilt, wenn trotz Zustimmung des BR in das Persönlichkeitsrecht der AN in unzulässiger Weise eingegriffen wird. Wird das Mitbestimmungsrecht des BR nach Nr. 6 verletzt, führt dies jedoch weder zu einem **Beweisverwertungsverbot** der mitbestimmungswidrig erlangten Beweismittel noch zu einem Verbot, den zugrunde liegenden Sachverhalt im gerichtlichen Verfahren zum Gegenstand des eigenen Sachvortrags zu machen **(Sachvortragsverwertungsverbot)**; dies gilt, auch wenn er nicht bestritten wird.[295] Das BAG hat ein Beweis-

[291] *Wurzberger* ZD 2017, 258; *Wybitul* ZD 2016, 203 (207); *ders.* NZA 2017, 1488; *Klösel/Mahnhold* NZA 2017, 1428 (1429); *Düwell/Brink* NZA 2016, 665 (666); *Körner* NZA 2016, 1383 (1385).

[292] BAG 25.4.2017 AP Nr. 48 zu § 87 BetrVG 1972 Überwachung = NZA 2017, 1205.

[293] Vgl. zur Vorgängerregelung § 32 BDSG idF bis zum 24.5.2018 etwa BAG 27.7.2017 AP Nr. 263 zu § 626 BGB = NZA 2017, 1327; 29.6.2017 AP Nr. 262 zu § 626 BGB = NZA 2017, 1179; 20.10.2016 AP Nr. 260 zu § 626 BGB = NZA 2017, 443.

[294] Ebenso *Kort* NZA 2018, 1097 (1098); *Kramer* NZA 2018, 637 (638); *Chanda-Hoppe* NZA 2018, 614 (617); *Kainer/Weber* BB 2017, 270 (274); *Benkert* NJW-Spezial 2018, 562.

[295] BAG 22.9.2016 AP Nr. 259 zu § 626 BGB = NZA 2017, 112; 13.12.2007 AP Nr. 210 zu § 626 BGB = NZA 2008, 1008.

verwertungsverbot für eine Videoaufzeichnung jedenfalls dann verneint, wenn der BR der Verwendung des Beweismittels und der darauf gestützten Kündigung zustimmt und die Beweisverwertung nach allgemeinen Grundsätzen gerechtfertigt war.[296] Auch darüber hinaus ist der Einsatz eines mitbestimmungswidrig erworbenen Beweismittels aber stets zulässig, sofern dessen Verwendung nach allgemeinen prozessualen Grundsätzen erlaubt ist. Soweit die Beteiligungsrechte den Schutz von Persönlichkeitsrechten der AN gewährleisten sollen, stimmen deren Normzwecke und die zivilprozessualen Grundsätze über ein mögliches (Beweis-)Verwertungsverbot überein. Ist danach eine Beweisverwertung nach allgemeinen Grundsätzen zulässig, besteht grundsätzlich auch kein darüber hinausgehendes Verwertungsverbot bei Missachtung des Mitbestimmungsrechts. Wird demgegenüber das Persönlichkeitsrecht der betroffenen AN in erheblicher Weise verletzt, kann dies zu einem Sachvortragsverwertungs- oder Beweiserhebungsverbot führen.[297]

VII. Gesundheitsschutz (Nr. 7)

Muster: Schaub ArbRFV-HdB/*Schrader* B. Rn. 219.

1. Normzweck. Das BetrVG räumt dem BR in § 87 I Nr. 7 BetrVG ein Mitbestimmungsrecht bei Regelungen zur Verhütung von Arbeitsunfällen und Berufskrankheiten sowie über den Gesundheitsschutz im Rahmen der gesetzlichen Vorschriften oder der Unfallverhütungsvorschriften ein. Ziel der Regelung ist es, durch eine Beteiligung des BR im Interesse der betroffenen AN eine möglichst effiziente Umsetzung des gesetzlichen Arbeitsschutzes im Betrieb zu gewährleisten.[298] Bei LeihAN ist der BR des Entleiherbetriebs zuständig.[299] 75

2. Gegenstand. a) Rahmenvorschrift. Das Mitbestimmungsrecht nach § 87 I Nr. 7 BetrVG setzt voraus, dass eine Regelung oder die Maßnahme des AG im Rahmen einer **gesetzlichen Vorschrift** oder einer **Unfallverhütungsvorschrift** ergehen muss. Eine solche Rahmenvorschrift zeichnet sich dadurch aus, dass sie zwar Maßnahmen zur Gewährleistung des Gesundheitsschutzes der AN erfordert, sie aber nicht selbst im Einzelnen benennt, sondern dem AG lediglich ein zu erreichendes Schutzziel vorgibt, so dass ihm ein Handlungsspielraum verbleibt.[300] Die entspr. Vorschrift muss zumindest mittelbar der Unfallverhütung bzw. dem Gesundheitsschutz des AN dienen.[301] Inhalt und Grenzen der Mitbestimmung nach § 87 I Nr. 7 BetrVG ergeben sich damit aus der jeweiligen arbeitsschutzrechtlichen Rahmenbestimmung.[302] Kein Raum für eine Mitbestimmung besteht dagegen, wenn bereits eine konkrete Regelung vorgeschrieben und ein ausfüllungsfähiger und -bedürftiger Handlungsrahmen für den AG nicht vorhanden ist.[303] Der Begriff des Gesundheitsschutzes entspricht dem in § 1 I ArbSchG. Gesetzliche Vorschriften idS sind vor allem die Rahmenvorschriften der § 5, § 3 I 1 und 2, § 3 II, §§ 6 und 12 ArbSchG (→ Rn. 78). Den gesetzlichen Vorschriften stehen Unfallverhütungsvorschriften gleich. Da die Aufzählung in § 87 I Nr. 7 BetrVG abschließend ist, stellen weder die Verwaltungsvorschriften der Arbeitsschutzbehörden noch die Durchführungsanweisungen, Richtlinien, Sicherheitsregeln oder Merkblätter der Berufsgenossenschaften eine ausfüllungsbedürfte Rahmenvorschrift dar.[304] Auch aus einem Tarifvertrag kann sich keine Vorschrift iSv § 87 I Nr. 7 BetrVG ergeben.[305] Gleiches gilt für die arbeitsschutzrechtlichen Richtlinien der EU (→ § 154 Rn. 2); diese sind lediglich im Rahmen der Auslegung des nationalen Rechts zu berücksichti- 76

[296] BAG 27.3.2003 AP Nr. 36 zu § 87 BetrVG 1972 Überwachung = NZA 2003, 1193.
[297] Vgl. etwa BAG 27.7.2017 AP Nr. 263 zu § 626 BGB = NZA 2017, 1327.
[298] BAG 30.6.2014 AP Nr. 22 zu § 87 BetrVG 1972 Gesundheitsschutz = NZA 2015, 314; 8.6.2004 AP Nr. 13 zu § 87 BetrVG 1972 Gesundheitsschutz = NZA 2004, 1175; 15.1.2002 AP Nr. 12 zu § 87 BetrVG 1972 Gesundheitsschutz = NZA 2002, 995.
[299] BAG 7.6.2016 AP Nr. 23 zu § 87 BetrVG 1972 Gesundheitsschutz = NZA 2016, 1420.
[300] BAG 18.3.2014 AP Nr. 21 zu § 87 BetrVG 1972 Gesundheitsschutz = NZA 2014, 855; *Ahrendt* JbArbR, Bd 57, S. 21 (22).
[301] BAG 11.2.2014 AP Nr. 20 zu § 87 BetrVG 1972 Gesundheitsschutz = NZA 2014, 989; 26.4.2005 AP Nr. 118 zu § 87 BetrVG 1972 Arbeitszeit = NZA 2005, 884; 16.6.1998 AP Nr. 7 zu § 87 BetrVG 1972 Gesundheitsschutz = NZA 1999, 49; 6.12.1983 AP Nr. 7 zu § 87 BetrVG 1972 Überwachung; 28.7.1981 AP Nr. 3 zu § 87 BetrVG 1972 Arbeitssicherheit.
[302] *Ahrendt* JbArbR, Bd 57, S. 21 (23).
[303] Zur Asbestsanierung: BVerwG 29.1.1996 NZA-RR 1996, 435; 2.10.1995 NZA-RR 1996, 438.
[304] *Fitting* BetrVG § 87 Rn. 269; Richardi BetrVG/*Richardi* § 87 Rn. 563.
[305] BAG 11.12.2012 AP Nr. 19 zu § 87 BetrVG 1972 Gesundheitsschutz.

gen.[306] Darüber hinaus erfasst § 87 I Nr. 7 BetrVG keine Rechtsnormen, die ausschließlich dem Schutz Dritter, dh nicht dem Betrieb angehörender AN dienen.

77 **b) Handlungspflicht des Arbeitgebers.** Die bloße Existenz einer dem Arbeits- und Gesundheitsschutz der AN dienenden gesetzlichen Rahmenvorschrift begründet nicht schon für sich genommen ein Mitbestimmungsrecht des BR nach § 87 I Nr. 7 BetrVG. Vielmehr ist erforderlich, dass der AG aufgrund dieser Norm gehalten sein muss, tätig zu werden; es muss eine „Handlungspflicht" des AG bestehen.[307] Auf dessen subjektive Handlungs- oder Regelungsbereitschaft kommt es ebenso wenig an, wie auf die Frage, welchen Weg oder welche Mittel die dem Gesundheitsschutz dienende Rahmenvorschrift vorgibt.[308] Der AG muss nach der Norm lediglich **objektiv verpflichtet** sein, eine Maßnahme oder betriebliche Regelung zu treffen, um das vom Gesetz vorgegebene Ziel des Arbeits- und Gesundheitsschutzes zu erreichen.[309] Anknüpfungspunkt für die Mitbestimmung des BR bildet der für den AG bestehende Spielraum bei der Umsetzung bzw. der Erfüllung seiner gesetzlichen Handlungspflicht.[310] Erfasst werden alle Maßnahmen, die dazu dienen, die physische und psychische Integrität des AN zu erhalten, der arbeitsbedingten Beeinträchtigungen ausgesetzt ist, die zu medizinisch feststellbaren Verletzungen oder Erkrankungen führen oder führen können. Hierzu gehören natürlich auch Maßnahmen vorbeugender Art.[311] Räumt die Vorschrift dem AG ein Wahlrecht unter mehreren geeigneten Möglichkeiten zur Herstellung eines bestimmten Sicherheitsstandards ein, hat der BR uneingeschränkt mit zu entscheiden. Ein solcher Handlungsspielraum besteht regelmäßig bei den arbeitsschutzrechtlichen Generalklauseln (→ Rn. 79).

78 **c) Einzelne Rahmenvorschriften.** Die in § 5 ArbSchG vorgesehene Verpflichtung des AG, durch eine Beurteilung der für die Beschäftigten mit ihrer Arbeit verbundenen Gefährdungen zu ermitteln, welche Maßnahmen des Arbeitsschutzes erforderlich sind **(Gefährungsbeurteilung),** ist eine Rahmenvorschrift iSd § 87 I Nr. 7 BetrVG.[312] Denn das Gesetz gibt nicht vor, wie der AG diese durchzuführen hat; auch die auf der Grundlage von § 18 ArbSchG erlassenen Arbeitsschutzverordnungen legen – soweit sie entsprechende Vorgaben enthalten[313] – deren Durchführung ebenfalls nicht abschließend fest, sondern konkretisieren nur die gefährdungsspezifischen Anforderungen an die vorzunehmende Beurteilung der Arbeitsbedingungen. Der von den Betriebsparteien auszufüllende Regelungsspielraum[314] umfasst – neben der Klärung, inwieweit die Arbeitsbedingungen mehrerer AN gleichartig sind und deshalb die Beurteilung eines Arbeitsplatzes nach § 5 II 2 ArbSchG ausreicht[315] – vor allem die Festlegung der Methoden und Verfahren sowohl zur Ermittlung von Gefährdungen[316] als auch für deren Bewertung in Bezug auf Eintrittswahrscheinlichkeit und Ausmaß eines möglichen Schadens.[317] Ferner sind Vorgaben darüber zu treffen, welche allgemeinen Beurteilungskriterien bei der Eruierung von Gefährdungen zugrunde zu legen sind.[318] Der den Betriebsparteien durch § 5 ArbSchG eröffnete Regelungsspielraum erstreckt sich zudem auf die Festlegung der anzuwendenden Methodik für die

[306] BAG 2.4.1996 AP Nr. 5 zu § 87 BetrVG 1972 Gesundheitsschutz = NZA 1996, 998.
[307] BAG 13.8.2019 AP Nr. 27 zu § 87 BetrVG 1972 Gesundheitsschutz = NZA 2019, 1717; 18.7.2017 AP Nr. 25 zu § 87 BetrVG 1972 Gesundheitsschutz = NZA 2017, 1615; 28.3.2017 AP Nr. 24 zu § 87 BetrVG 1972 Gesundheitsschutz = NZA 2017, 1132; 30.9.2014 AP Nr. 22 zu § 87 BetrVG 1972 Gesundheitsschutz = NZA 2015, 314; 13.3.2012 AP Nr. 18 zu § 87 BetrVG 1972 = NZA 2012, 748; 8.6.2004 AP Nr. 13 zu § 87 BetrVG 1972 Gesundheitsschutz = NZA 2004, 1175; 11.6.2002 AP Nr. 70 zu § 256 ZPO 1977; 15.1.2002 AP Nr. 12 zu § 87 BetrVG 1972 Gesundheitsschutz = NZA 2002, 995.
[308] *Ahrendt* JbArbR, Bd 57, S. 21 (23).
[309] BAG 13.8.2019 AP Nr. 27 zu § 87 BetrVG 1972 Gesundheitsschutz = NZA 2019, 1717; 18.7.2017 AP Nr. 25 zu § 87 BetrVG 1972 Gesundheitsschutz = NZA 2017, 1615; 18.8.2009 AP Nr. 16 zu § 87 BetrVG 1972 Gesundheitsschutz = NZA 2009, 1434; 15.1.2002 AP Nr. 12 zu § 87 BetrVG 1972 Gesundheitsschutz = NZA 2002, 995.
[310] *Ahrendt* JbArbR, Bd 57, S. 21 (24).
[311] BAG 18.3.2014 AP Nr. 21 zu § 87 BetrVG 1972 Gesundheitsschutz = NZA 2014, 855.
[312] BAG 19.11.2019 AP Nr. 28 zu § 87 BetrVG 1972 Gesundheitsschutz = NZA 2020, 266; 13.8.2019 AP Nr. 27 zu § 87 BetrVG 1972 Gesundheitsschutz = NZA 2019, 1717; 8.6.2004 AP Nr. 13 zu § 87 BetrVG 1972 Gesundheitsschutz = NZA 2004, 1175.
[313] Vgl. § 3 BetrSichV; § 3 OStrV; § 6 GefStoffV; § 3 LärmVibrationsV; § 4 BioStoffV.
[314] Dazu ausf. *Ahrendt* JbArbR, Bd 57, S. 21 (24 ff.).
[315] BAG 13.8.2019 AP Nr. 27 zu § 87 BetrVG 1972 Gesundheitsschutz = NZA 2019, 1717; 8.6.2004 AP Nr. 13 zu § 87 BetrVG 1972.
[316] BAG 19.11.2019 AP Nr. 28 zu § 87 BetrVG 1972 Gesundheitsschutz = NZA 2020, 266.
[317] Vgl. 19.11.2019 AP Nr. 28 zu § 87 BetrVG 1972 Gesundheitsschutz = NZA 2020, 266; 13.8.2019 AP Nr. 27 zu § 87 BetrVG 1972 Gesundheitsschutz = NZA 2019, 1717.
[318] BAG 8.6.2004 AP Nr. 13 zu § 87 BetrVG 1972 Gesundheitsschutz = NZA 2004, 1175.

erforderliche Prüfung, ob der AG an sich Schutzmaßnahmen zu treffen hat, sowie die Bewertung der Dringlichkeit eines etwaigen Handlungsbedarfs.[319] Auch ist zu regeln, in welchen regelmäßigen Abständen die Beurteilung der Arbeitsbedingungen anlassunabhängig erneut vorzunehmen ist.[320]

Auch § 3 I 1 ArbSchG, wonach der AG **erforderliche Maßnahmen des Arbeitsschutzes** 79 zu treffen hat, stellt – ebenso wie die Bestimmungen in § 3 I 4 ArbStättV, § 3 I 7 OStrV, § 7 LärmVibrationsV, § 3 I BetrSichV – eine ausfüllungsbedürftige Rahmenvorschrift iSd § 87 I Nr. 7 BetrVG dar.[321] Da die Vorschriften sehr weit gefasste Generalklauseln enthalten, besteht aus systematischen Gründen eine die Mitbestimmung des BR auslösende Handlungspflicht des AG nur, wenn eine **Gefährdung** der AN im Rahmen einer durchgeführten Gefährdungsbeurteilung festgestellt wurde oder nach Ansicht der Betriebsparteien unstreitig gegeben ist.[322] Hieraus folgt, dass einer Einigungsstelle nach § 87 II BetrVG kein gleichzeitiger Regelungsauftrag nach § 5 und § 3 I ArbSchG erteilt werden kann, wenn zwischen den Betriebsparteien Streit über das Vorhandensein oder das Ausmaß von Gefährdungen der AN besteht. Der Einigungs- oder Bestellungsgegenstand einer Einigungsstelle kann vielmehr nur rahmenvorschriftbezogen (also entweder § 5 ArbSchG oder § 3 I ArbSchG) festgelegt und bei Bedarf nach den zu gestaltenden Konstellationen (zB personen- oder arbeitsplatzbezogen) weiter konkretisiert werden.[323] Das Mitbestimmungsrecht des BR im Rahmen von § 3 I 1 ArbSchG bezieht sich auf die Entscheidung, welche von mehreren möglichen Maßnahmen umgesetzt werden soll, um eine Gefährdung der AN zu vermeiden oder eine Gefährdungslage gering zu halten.[324] Erforderlich ist hierbei, dass verschiedene Handlungsoptionen in Betracht kommen; bei der Festlegung und Ausgestaltung der Maßnahmen sind § 4 I Nr. 1–6 ArbSchG zu beachten.

Weitere Rahmenvorschriften sind § 3 I 2 ArbSchG zur Wirksamkeitskontrolle ergriffener 80 Maßnahmen,[325] § 6 ArbSchG (Dokumentation),[326] § 3 II ArbSchG,[327] § 12 ArbSchG (Unterweisung der AN)[328] sowie die Bestimmungen in §§ 4, 5 und 6 BetrSichV zur Verwendung und Zurverfügungstellung von Arbeitsmitteln.[329] Legt das Gesetz dem AG die Pflicht zur Auswahl und Bereitstellung von Schutzausrüstungen auf, hat der BR ebenfalls nach § 87 I Nr. 7 BetrVG mitzubestimmen, wenn dem AG bei der Auswahl ein Spielraum verbleibt.[330] Da der AG die Schutzausrüstung zu stellen und ihre Kosten zu tragen hat (§ 3 III ArbSchG),[331] kann den AN keine Kostenbeteiligung auferlegt werden. Unter § 87 I Nr. 7 BetrVG fällt – bei Fehlen einer tariflichen Regelung – auch die Frage, ob ein Ausgleich für Nachtarbeit nach § 6 V ArbZG durch bezahlte freie Tage oder einen angemessenen Entgeltzuschlag zu gewähren ist.[332] Keine Rahmenvorschriften sind der **SARS-CoV-2-Arbeitsschutzstandard** des BMAS sowie die **SARS-CoV-2-Arbeitsschutzregel;**[333] will der AG diese innerbetrieblich umsetzen, kann aber im Rahmen der Generalklausel des § 3 I ArbSchG ein Mitbestimmungsrecht des BR gegeben sein.[334]

Beim **betrieblichen Eingliederungsmanagement** (§ 167 II 1 SGB IX) besteht ein Mitbe- 81 stimmungsrecht für das Verfahren zur Klärung der Möglichkeiten, eine bestehende Arbeitsunfä-

[319] BAG 19.11.2019 AP Nr. 28 zu § 87 BetrVG 1972 Gesundheitsschutz = NZA 2020, 266; 13.8.2019 AP Nr. 27 zu § 87 BetrVG 1972 Gesundheitsschutz = NZA 2019, 1717.

[320] BAG 13.8.2019 AP Nr. 27 zu § 87 BetrVG 1972 Gesundheitsschutz = NZA 2019, 1717.

[321] Vgl. für § 3a ArbStättV: BAG 18.7.2017 AP Nr. 25 zu § 87 BetrVG 1972 Gesundheitsschutz = NZA 2017, 1615; 28.3.2017 AP Nr. 24 zu § 87 BetrVG 1972 Gesundheitsschutz = NZA 2017, 1132; *Ahrendt* JbArbR, Bd 57, S. 21 (32).

[322] BAG 21.11.2017 AP Nr. 26 zu § 87 BetrVG 1972 Gesundheitsschutz = NZA 2018, 380; 18.7.2017 AP Nr. 25 zu § 87 BetrVG 1972 Gesundheitsschutz = NZA 2017, 1615; 28.3.2017 AP Nr. 24 zu § 87 BetrVG 1972 Gesundheitsschutz = NZA 2017, 1132.

[323] BAG 19.11.2019 AP Nr. 28 zu § 87 BetrVG 1972 Gesundheitsschutz = NZA 2020, 266.

[324] BAG 19.11.2019 AP Nr. 28 zu § 87 BetrVG 1972 Gesundheitsschutz = NZA 2020, 266.

[325] BAG 13.8.2019 AP Nr. 27 zu § 87 BetrVG 1972 Gesundheitsschutz = NZA 2019, 1717.

[326] BAG 13.8.2019 AP Nr. 27 zu § 87 BetrVG 1972 Gesundheitsschutz = NZA 2019, 1717.

[327] BAG 18.3.2014 AP Nr. 21 zu § 87 BetrVG 1972 Gesundheitsschutz = NZA 2014, 855.

[328] BAG 30.6.2014 AP Nr. 22 zu § 87 BetrVG 1972 Gesundheitsschutz = NZA 2015, 314; 8.11.2011 AP Nr. 18 zu § 87 BetrVG 1972 Gesundheitsschutz.

[329] BAG 28.3.2017 AP Nr. 24 zu § 87 BetrVG 1972 Gesundheitsschutz = NZA 2017, 1132.

[330] BAG 7.6.2016 AP Nr. 23 zu § 87 BetrVG 1972 Gesundheitsschutz = NZA 2016, 1420.

[331] BAG 21.8.1985 AP Nr. 19 zu § 618 BGB = NZA 1986, 324; 18.8.1982 AP Nr. 18 zu § 618 BGB.

[332] BAG 17.1.2012 AP Nr. 127 zu § 87 BetrVG 1972 Arbeitszeit = NZA 2012, 513; 26.4.2005 AP Nr. 118 zu § 87 BetrVG 1972 Arbeitszeit = NZA 2005, 884; 26.8.1997 AP Nr. 74 zu § 87 BetrVG 1972 Arbeitszeit = NZA 1998, 441.

[333] Vgl. ArbG Hamm 4.5.2020 AE 2020, 224.

[334] *Sagan/Brockfeld* NZA 2020, 17 (23).

higkeit zu überwinden, erneuter Arbeitsunfähigkeit vorzubeugen und eine möglichst dauerhafte Fortsetzung des Beschäftigungsverhältnisses zu fördern; die Mitbestimmung bezieht sich dagegen nicht auf die Umsetzung konkreter Maßnahmen.[335] Auch eine Mitarbeiterbefragung fällt nicht unter § 87 I Nr. 7 BetrVG, da es sich nicht um eine Maßnahme des Arbeitsschutzes handelt.[336]

82 **3. Sonstige Beteiligungsrechte.** Neben dem Mitbestimmungsrecht nach § 87 I Nr. 7 BetrVG können sich im Bereich des Arbeits- und Gesundheitsschutzes auch aus anderen Regelungen Beteiligungsrechte des BR ergeben. So hat der BR nach §§ 90, 91 BetrVG Mitwirkungs- und Mitbestimmungsrechte bei der Gestaltung von Arbeitsplätzen, Arbeitsablauf und Arbeitsumgebung (→ § 237 Rn. 1). Auch in diesen Fällen geht es im weitesten Sinne um einen „Unfallschutz". Zudem schreibt § 89 BetrVG eine Zusammenarbeit mit staatlichen Stellen zur Verhütung von Arbeitsunfällen vor. Aus § 9 ASiG folgt die Verpflichtung des BR zur Zusammenarbeit mit Betriebsärzten und Fachkräften für Arbeitssicherheit. Daneben hat der BR noch entsprechende Antrags- (§ 80 I Nr. 2 BetrVG) und Überwachungsrechte (§ 80 I Nr. 1 BetrVG). Die Beteiligungsrechte des BR beim Arbeitsschutz nach dem ASiG (→ § 154 Rn. 47 f.) sind im Zusammenhang mit den Erläuterungen zu diesem Gesetz dargestellt.

VIII. Sozialeinrichtungen (Nr. 8)

Muster: Schaub ArbRFV-HdB/*Schrader* B. Rn. 224.

83 **1. Normzweck.** Nach § 87 I Nr. 8 BetrVG hat der BR ein erzwingbares Mitbestimmungsrecht bei Form, Ausgestaltung und Verwaltung von Sozialeinrichtungen, deren Wirkungsbereich auf den Betrieb, das Unternehmen oder den Konzern beschränkt ist. Zweck dieses Mitbestimmungsrechts ist die Sicherung der innerbetrieblichen Verteilungsgerechtigkeit und die Sicherstellung der Transparenz.[337] Besteht die Sozialeinrichtung für das Unternehmen, ist der GBR (→ § 224 Rn. 1), bezieht sie sich auf einen (Unterordnungs-)Konzern, ist der KBR (→ § 226 Rn. 1) zuständig.[338]

84 **2. Gegenstand. a) Begriff der Sozialeinrichtung.** Eine Sozialeinrichtung ist ein zweckgebundenes Sondervermögen, das der Verwaltung bedarf.[339] Die Sozialeinrichtung muss vom AG für die AN eines Betriebs, Unternehmens oder Konzerns errichtet und ihre Organisation auf eine bestimmte Dauer angelegt sein.[340] Die vom AG für die Zuwendung aus sozialen Gründen vorgesehenen Mittel müssen von den laufenden, anderen Zwecken dienenden Betriebsmitteln abgrenzbar sein und einer gesonderten Bewirtschaftung unterliegen. Dies erfordert regelmäßig eine äußerlich erkennbare, auf Dauer gerichtete Organisation.[341] Die Sozialeinrichtung darf nach dem vom AG bestimmten Zweck nicht einem unbestimmten Personenkreis zur Verfügung stehen. Ihr Wirkungsbereich muss auf den Betrieb, das Unternehmen oder den Konzern des AG beschränkt sein.[342] Keine Sozialeinrichtungen sind deshalb Unterstützungskassen, die für einen Gewerbezweig oder für eine Mehrzahl nicht konzernverbundener AG[343] errichtet sind (zu den Beteiligungsrechten des BR bei der betrieblichen Altersversorgung → § 272 Rn. 48). Dagegen ist das Bestehen einer Sozialeinrichtung nicht bereits dann zu verneinen, wenn ihr auch dritte Personen als Gäste angehören können[344] oder zu ihrem Benutzerkreis zählen, soweit der Charakter als Sozialeinrichtung erhalten bleibt.

85 **b) Form, Ausgestaltung und Verwaltung.** Soweit sich das Mitbestimmungsrecht auf die **Form** der Sozialeinrichtung bezieht, ist damit die Rechtsform der Einrichtung angesprochen.[345]

---

[335] BAG 19.11.2019 AP Nr. 1 zu § 167 SGB IX 2018 = NZA 2020, 389; 22.3.2016 AP Nr. 5 zu § 84 SGB IX = NZA 2016, 1283.
[336] BAG 21.11.2017 AP Nr. 26 zu § 87 BetrVG 1972 Gesundheitsschutz = NZA 2018, 380.
[337] *Fitting* BetrVG § 87 Rn. 333.
[338] Richardi BetrVG/*Richardi* § 87 Rn. 671, 672; *Fitting* BetrVG § 87 Rn. 376.
[339] BAG 8.11.2011 AP Nr. 22 zu § 87 BetrVG 1972 Sozialeinrichtung = NZA 2012, 462; 9.7.1985 AP Nr. 16 zu § 75 BPersVG.
[340] BAG 27.1.1998 AP Nr. 14 zu § 87 BetrVG 1972 Sozialeinrichtung = NZA 1998, 835.
[341] BAG 8.11.2011 AP Nr. 22 zu § 87 BetrVG 1972 Sozialeinrichtung = NZA 2012, 462.
[342] BAG 10.2.2009 AP Nr. 21 zu § 87 BetrVG 1972 Sozialeinrichtung = NZA 2009, 562.
[343] BAG 22.4.1986 AP Nr. 13 zu § 87 BetrVG 1972 Altersversorgung = NZA 1986, 574.
[344] BAG 10.2.2009 AP Nr. 21 zu § 87 BetrVG 1972 Sozialeinrichtung = NZA 2009, 562.
[345] GK-BetrVG/*Wiese* § 87 Rn. 745; *Fitting* BetrVG § 87 Rn. 357.

Der BR hat daher auch mit zu entscheiden, ob diese in den Betrieb oder das Unternehmen eingegliedert werden soll oder eine eigene Rechtspersönlichkeit erhält.[346]

Die **Ausgestaltung** iSv Nr. 8 meint die Festlegung allgemeiner Grundsätze u.a. für die Arbeitsweise der Einrichtung, ihre Benutzung durch die AN, die Verteilung etwaiger Mittel an die AN und die Erhebung von Kostenbeiträgen. Entspr. hat der BR über den Inhalt einer Satzung der Einrichtung, einer Geschäftsordnung oder sonstiger Regelungen, Verfahrensvorschriften oder Richtlinien, die ihre Organisation ausgestalten, mitzubestimmen.[347] Von Nr. 8 erfasst sind zB die Aufstellung von Leistungsplänen für eine Unterstützungskasse[348] und die Erhöhung der Kantinenpreise oder der Arbeitnehmerbeiträge zum Betriebskindergarten.[349] Auch die Frage, wer ggf. Betreiber der Sozialeinrichtung sein soll, unterliegt der Mitbestimmung. 86

Der Begriff **„Verwaltung“** iSd Nr. 7 erfasst nicht nur die Aufstellung allgemeiner Verwaltungsrichtlinien und Leistungspläne, sondern auch alle einzelnen Verwaltungsmaßnahmen, sofern für deren Durchführung nicht abstrakte Vorgaben von AG und BR vereinbart wurden. Die Verwaltung kann auch dergestalt durchgeführt werden, dass der BR jeweils der Verwaltungsmaßnahme zustimmt oder dass diese durch gemeinsam besetzte Ausschüsse (§ 28 III BetrVG) erfolgt.[350] Dem BR kann die Verwaltung einer Sozialeinrichtung überlassen werden; eine Haftung der handelnden Betriebsratsmitglieder ist jedoch ausgeschlossen.[351] 87

c) Errichtung, Schließung und Dotierungsrahmen. Weder die Errichtung noch die Schließung[352] einer Sozialeinrichtung sind mitbestimmungspflichtig. Entspr. können sie vom BR auch nicht erzwungen werden.[353] Der BR hat daher nicht darüber mitzubestimmen, ob der AG eine betriebliche Altersversorgung einführt[354] oder Parkplätze in einer von ihm errichteten, aber verpachteten Parkgarage zur Verfügung stellt. Zur mitbestimmungsfreien Errichtung gehört auch die abstrakte Festlegung des Benutzerkreises. Die Auswahl der begünstigten AN im Einzelfall betrifft hingegen die Verwaltung und unterfällt damit § 87 I Nr. 8 BetrVG. Das Mitbestimmungsrecht bezieht sich auch nicht auf den Dotierungsrahmen und damit auf die Höhe der finanziellen Zuwendungen des AG an die Sozialeinrichtung.[355] Wird die Dotierung einer Unterstützungskasse gekürzt, unterliegt die Aufstellung eines neuen Leistungsplans jedoch der Mitbestimmung des BR.[356] 88

3. Einzelfälle. Als **mitbestimmungspflichtige Sozialeinrichtung** werden angesehen: Unterstützungs- und Pensionskassen (BAG 26.4.1988 AP Nr. 16 zu § 87 BetrVG 1972 Sozialeinrichtung = NZA 1989, 219), Kantinen (BAG 15.9.1987 AP Nr. 9 zu § 87 BetrVG 1972 Sozialeinrichtung = NZA 1988, 1046), Erholungsheime für die AN (BAG 3.6.1975 AP Nr. 3 zu § 87 BetrVG 1972 Werkmietwohnung), Betriebswohnheime (BVerwG 24.4.1992 AP Nr. 1 zu § 78 LPVG Baden-Württemberg), Betriebskindergärten und -tagesstätten (BAG 10.2.2009 AP Nr. 21 zu § 87 BetrVG 1972 Sozialeinrichtung = NZA 2009, 562; LAG Hamm 27.11.1975 DB 1976, 201), Werksbüchereien (BGH 10.3.1972 AP Nr. 1 zu § 27 UrhG), Parkplätze (vgl. ArbG Wuppertal 7.1.1975 BB 1975, 561), betriebliche Sportanlagen (*Steinau-Steinrück/Ziegler* NJW-Spezial 2009, 770) sowie ein Werksverkehr mit Bussen, soweit eine eigenständige Organisation[357] besteht; ggf. auch Beschäftigungs- und Qualifizierungsgesellschaften (BAG 23.9.2001 ZIP 2001, 2059 zu § 2 I Nr. 4 b ArbGG). 89

Nicht zu den Sozialeinrichtungen zählen Werkszeitungen (LAG Hmb 6.6.1977 DB 1978, 118; aA LAG Düsseldorf 11.8.1976 DB 1976, 2021), Betriebskrankenkassen als gesetzliche Träger der Sozialversicherung, die Gewährung von Arbeitgeberdarlehen (BAG 9.12.1980 AP Nr. 5 90

[346] BAG 9.5.1989 AP Nr. 18 zu § 87 BetrVG 1972 Altersversorgung = NZA 1989, 889.
[347] BAG 26.4.1988 AP Nr. 16 zu § 87 BetrVG 1972 Altersversorgung = NZA 1989, 219.
[348] BAG 9.5.1989 AP Nr. 18 zu § 87 BetrVG 1972 Altersversorgung = NZA 1989, 889; 26.4.1988 AP Nr. 16 zu § 87 BetrVG 1972 Altersversorgung = NZA 1989, 219.
[349] LAG Hamm 27.11.1975 DB 1976, 201.
[350] BAG 26.5.1981 AP Nr. 6 zu § 242 BGB Ruhegehalt und Zusatzversorgung; 13.7.1978 AP Nr. 5 zu § 87 BetrVG 1972 Altersversorgung.
[351] BAG 24.4.1986 AP Nr. 7 zu § 87 BetrVG 1972 Sozialeinrichtung = NZA 1987, 100.
[352] BAG 26.4.1988 AP Nr. 16 zu § 87 BetrVG 1972 Altersversorgung = NZA 1989, 219; 13.3.1973 AP Nr. 1 zu § 87 BetrVG 1972 Werkmietwohnungen.
[353] BAG 3.6.1975 AP Nr. 3 zu § 87 BetrVG 1972 Werkmietwohnungen.
[354] BAG 12.6.1975 AP Nr. 1 zu § 87 BetrVG 1972 Altersversorgung.
[355] BAG 12.6.1975 AP Nr. 3 zu § 87 BetrVG 1972 Altersversorgung.
[356] BAG 9.5.1989 AP Nr. 18 zu § 87 BetrVG 1972 Altersversorgung = NZA 1989, 889; 26.4.1988 AP Nr. 16 zu § 87 BetrVG 1972 Altersversorgung = NZA 1989, 219.
[357] BAG 9.7.1985 AP Nr. 16 zu § 75 BPersVG.

zu § 87 BetrVG 1972 Lohngestaltung), ein Busverkehr durch Dritte (LAG SchlH 17.3.1983 BB 1984, 140), ein Personalverkauf (BAG 8.11.2011 AP Nr. 22 zu § 87 BetrVG 1972 Sozialeinrichtung = NZA 2012, 462), ein Betriebsausflug oder eine Betriebsfeier (BAG 27.1.1998 AP BetrVG § 87 Sozialeinrichtung Nr. 14), die Ausgabe von Essensmarken (BAG 15.1.1987 AP Nr. 21 zu § 75 BPersVG) oder ein Personalrabatt (vgl. BAG 18.5.1965 AP Nr. 26 zu § 56 BetrVG). Jedoch kann in diesen Fällen ein Mitbestimmungsrecht des BR nach § 87 I Nr. 10 BetrVG in Betracht kommen.

IX. Werkwohnungen (Nr. 9)

91 **1. Normzweck.** Nach § 87 I Nr. 9 BetrVG hat der BR bei der Zuweisung und Kündigung von Wohnräumen, die den AN mit Rücksicht auf das Bestehen eines Arbeitsverhältnisses vermietet werden, sowie bei der allgemeinen Festlegung der Nutzungsbedingungen für solche Wohnräume mitzubestimmen. Die Beteiligung des BR sollen die gerechte Verteilung des Wohnraums und angemessene Mietbedingungen gewährleisten. Zur besseren Wahrnehmung seiner Rechte nach Nr. 9 kann der BR nicht Mitglied eines Mietervereins werden.[358]

92 **2. Gegenstand. a) Allgemeines.** § 87 I Nr. 9 BetrVG erfasst nur funktionsgebundene und sonstige **Werkmietwohnungen** (→ § 81 Rn. 2), nicht jedoch **Werkdienstwohnungen** (→ § 81 Rn. 4), da diese aufgrund des Arbeitsvertrags überlassen werden.[359] Das Mitbestimmungsrecht setzt voraus, dass ein Mietvertrag über Wohnraum abgeschlossen wird oder werden soll. Kein Mitbestimmungsrecht nach Nr. 9 besteht bei unentgeltlicher Überlassung von Wohnräumen[360] oder beim Abschluss von Pachtverträgen. Werden die Werkwohnungen als Sozialeinrichtung errichtet und verwaltet, folgt das Mitbestimmungsrecht bereits aus § 87 I Nr. 8 BetrVG. Als eine Sozialeinrichtung wird die Überlassung von Wohnraum dann anzusehen sein, wenn dieser zu einem zweckgebundenen Sondervermögen mit einheitlicher Verwaltung zusammengefasst ist und die Einräumung der Nutzungsmöglichkeit einen Vorteil für die AN darstellt.

93 **Wohnraum** iSv § 87 I Nr. 9 BetrVG sind alle Räume, die zur Beherbergung von Menschen dienen, also abgeschlossene Wohnungen, einzelne Zimmer, Massenunterkünfte und sonstige Schlafstätten.[361] Das Mitbestimmungsrecht bezieht sich auf alle Wohnungen, die im Eigentum des AG stehen oder für die er ein Belegungsrecht hat. Ist der AG nicht Eigentümer bzw. Vermieter der Wohnungen, besteht das Mitbestimmungsrecht des BR nur so weit, wie der AG selbst Rechte bei der Begründung und/oder Durchführung der Mietverträge des Dritten hat.[362] Es entfällt für Wohnraum, den der AG von vornherein nicht zur Vermietung an AN iSd § 5 I BetrVG, sondern anderen Personen (zB leitende Angestellte, Organvertreter, Gäste oder sonstige Dritte) zur Verfügung stellt. Nur wenn die Vergabe aus einem einheitlichen Wohnungsbestand ohne feste Zuordnung sowohl an AN als auch an Dritte erfolgt, ist auch die Zuweisung an die vom BR nicht repräsentierten Personen mitbestimmungspflichtig.[363]

94 **b) Zuweisung und Kündigung.** Der Begriff **„Zuweisung"** meint die Entscheidung über die Person des Begünstigten, nicht dagegen den Abschluss des Mietvertrags. Insoweit scheidet ein Mitbestimmungsrecht ohnehin aus, wenn dem AG nur ein Belegungsrecht zusteht. Hieraus folgt, dass ein unter Umgehung des Mitbestimmungsrechts abgeschlossener Mietvertrag wirksam ist;[364] der BR kann aber verlangen, dass der AG alles unternimmt – ggf. auch kündigt –, damit der Wohnraum wieder geräumt wird.

95 Nach § 87 I Nr. 8 BetrVG bedarf die **Kündigung** des Mietvertrags während des Arbeitsverhältnisses der Zustimmung des BR; andernfalls ist sie unwirksam. Dies gilt auch bei gleichzeitiger Kündigung des Arbeitsvertrags, allerdings kann hier der BR aufgrund seines Initiativrechts

---

[358] BAG 27.9.1974 AP Nr. 8 zu § 40 BetrVG 1972.

[359] BAG 28.7.1992 AP Nr. 7 zu § 87 BetrVG 1972 Werkmietwohnungen = NZA 1993, 272; 3.6.1975 AP Nr. 3 zu § 87 BetrVG 1972 Werkmietwohnungen.

[360] AA *Fitting* BetrVG § 87 Rn. 382.

[361] BAG 21.6.1979 AP Nr. 1 zu § 87 BetrVG 1972 Sozialeinrichtung; teilw. einschränkend BAG 3.6.1975 AP Nr. 3 zu § 87 BetrVG 1972 Werkmietwohnungen.

[362] BAG 18.7.1978 AP Nr. 4 zu § 87 BetrVG 1972 Werkmietwohnungen.

[363] BAG 23.3.1993 AP Nr. 8 zu § 87 BetrVG Werkmietwohnungen = NZA 1993, 767; 28.7.1992 AP Nr. 7 zu § 87 BetrVG 1972 Werkmietwohnungen = NZA 1993, 272.

[364] *Fitting* BetrVG § 87 Rn. 393; Richardi BetrVG/*Richardi* § 87 Rn. 746; GK-BetrVG/*Wiese* § 87 Rn. 810 f.

eine Kündigung erzwingen, um den Wohnraum weiterhin an Betriebsangehörige zu vermieten. Da das Mitbestimmungsrecht objektbezogen ist und sich auf den vom AG für AN zur Verfügung gestellten Wohnraum erstreckt, hat der BR auch dann mitzubestimmen, wenn die Kündigung erst nach Ende des Arbeitsverhältnisses erklärt werden soll (str.).[365] Unabhängig von den Vorgaben und dem Verfahren nach § 87 I Nr. 9 BetrVG ist der AN uU berechtigt, sich gegenüber dem AG auf den besonderen Mietkündigungsschutz zu berufen. Löst der AG die Sozialeinrichtung „Werkswohnungen" auf, ist die mitbestimmungsrechtliche Rechtslage ebenfalls umstritten. Nach § 87 I Nr. 8 BetrVG hat der BR bei der Auflösung einer Sozialeinrichtung nicht mitzubestimmen. Entspr. unterliegt auch die Kündigung nach § 87 I Nr. 9 BetrVG insoweit keinem Mitbestimmungsrecht, wenn sie mit dem Ziel erfolgt, über den Kündigungstermin hinaus keinen Wohnraum mehr zur Verfügung zu stellen. Will der AG jedoch nur die Anzahl der Wohneinheiten reduzieren, steht dem BR hinsichtlich der Auswahl der von einer Kündigung betroffenen AN ein Mitbestimmungsrecht zu. **Mitbestimmungsfrei** sind dagegen die Entscheidung des AG, ob er überhaupt Wohnraum zur Verfügung stellen will, die Höhe des entspr. **Dotierungsrahmens** und die Festlegung des begünstigten Personenkreises.[366]

c) Nutzungsbedingungen. Mitbestimmungspflichtig sind die generellen Regelungen aller **96**
mit dem Mietverhältnis zusammenhängenden Fragen, u.a. der Entwurf eines Mustermietvertrags, die Hausordnung sowie die generelle Festsetzung oder Änderung des Mietzinses und der Mietnebenkosten.[367] Der BR kann also mitbestimmen, welcher qm-Preis idR für eine Wohnung in bestimmter Lage und Ausstattung bezahlt werden soll. Mitbestimmungsfrei ist die Festsetzung im Einzelfall. Der AG kann aber nicht gezwungen werden, die Zuschüsse für die Werkmietwohnungen zu erhöhen; insoweit muss die Festlegung den zur Verfügung gestellten Dotierungsrahmen beachten. Deshalb ist Gegenstand der Mitbestimmung im Wesentlichen die Frage, ob die auf die Mieter umzulegenden Mittel gleichmäßig verteilt oder ob nach sozialen Gesichtspunkten gestaffelte Mieten eingeführt werden und nach welchen Kriterien diese zu bemessen sind. Nicht zu den Nutzungsbedingungen gehört die Lieferung von Heizgas, wenn der AG nur die Wohnräume einschließlich einer Heizgelegenheit zur Verfügung zu stellen hat und dem Mieter die Beschaffung von Heizmaterial überlassen bleibt.[368]

X. Betriebliche Lohngestaltung (Nr. 10)

Muster: Schaub ArbRFV-HdB/*Schrader* B. Rn. 228.

1. Normzweck. Nach § 87 I Nr. 10 BetrVG hat der BR in Fragen der betrieblichen **97**
Lohngestaltung, insbesondere bei der Aufstellung und Änderung von Entlohnungsgrundsätzen und der Einführung und Anwendung von neuen Entlohnungsmethoden sowie deren Änderung, mitzubestimmen. Das Beteiligungsrecht soll die AN vor einer einseitig an den Interessen des AG orientierten Lohngestaltung schützen. Zugleich soll die Einbeziehung des BR zur Wahrung der innerbetrieblichen Lohngerechtigkeit sowie zur Sicherung der Angemessenheit und Durchsichtigkeit des Lohngefüges beitragen.[369] Der Begriff der Lohngerechtigkeit umfasst dabei das Verhältnis zwischen den AN untereinander. Allerdings können im Betrieb mehrere unterschiedliche Vergütungssysteme bestehen, wenn hierfür sachliche Gründe existieren; der BR kann in diesem Fall eine Angleichung nicht über § 87 I Nr. 10 BetrVG erzwingen.[370] Dies gilt auch in einem Gemeinschaftsbetrieb.[371]

[365] BAG 28.7.1992 AP Nr. 7 zu § 87 BetrVG 1972 Werkmietwohnungen = NZA 1993, 272; aA OLG Frankfurt 14.8.1992 AP Nr. 6 zu § 87 BetrVG 1972 Werkmietwohnungen.

[366] *Fitting* BetrVG § 87 Rn. 387 ff.; ErfK/*Kania* BetrVG § 87 Rn. 86; offengelassen von BAG 23.3.1993 AP Nr. 8 zu § 87 BetrVG Werkmietwohnungen = NZA 1993, 767.

[367] BAG 13.3.1973 AP Nr. 1 zu § 87 BetrVG 1972 Werkmietwohnungen; BVerwG 15.3.1995 NZA-RR 1996, 76.

[368] BAG 22.10.1985 AP Nr. 5 zu § 87 BetrVG 1972 Werkmietwohnungen.

[369] Vgl. etwa BAG 18.3.2014 AP Nr. 146 zu § 87 BetrVG 1972 Lohngestaltung = NZA 2014, 922; demgegenüber sieht *Annuß* RdA 2014, 193 (202) den Normzweck der Vorschrift nur in der Beschränkung der einseitigen Gestaltungsmacht des AG.

[370] BAG 18.11.2003 AP Nr. 15 zu § 77 BetrVG 1972 Nachwirkung = NZA 2004, 803.

[371] BAG 12.12.2006 AP Nr. 41 zu § 83 ArbGG 1979 = NZA 2007, 712.

98 **2. Gegenstand. a) Entlohnungsgrundsätze und -methoden.** Entlohnungsgrundsätze sind abstrakt-generelle Grundätze zur Entgeltfindung der betriebsangehörigen AN.[372] Sie stellen das System dar, nach welchem das Arbeitsentgelt für die Belegschaft oder Teile der Belegschaft ermittelt oder bemessen werden soll. Zu ihnen zählen neben der Grundentscheidung für eine Vergütung nach Zeit oder nach Leistung die daraus folgenden Entscheidungen über die Ausgestaltung des jeweiligen Systems.[373] Gegenstand von Entlohnungsgrundsätzen ist deshalb die Frage, ob die betriebsangehörigen AN nach bestimmten Zeitabschnitten (Stundenlohn/Monatsvergütung) oder im Leistungslohn (Akkord) bezahlt werden. Mischformen von beiden Vergütungsformen stellen gleichermaßen Entlohnungsgrundsätze dar. Zu den nach § 87 I Nr. 10 BetrVG mitbestimmungspflichtigen Maßnahmen gehören auch die sich an die Wahl des Vergütungssystems anschließenden Entscheidungen über dessen Detailregelungen.[374] Näher auszugestalten sind die Entscheidungen über die einzelnen Vergütungsbestandteile und die Festlegung ihrer Anspruchsvoraussetzungen. Dies betrifft die abstrakte Regelung, ob und welcher Personenkreis unter welchen Voraussetzungen in welchem Umfang anspruchsberechtigt ist. Hiervon erfasst sind – wenn die Vergütung für eine Arbeitsleistung erfolgen soll, die im Zeitlohn erbracht wird – die Grundvergütung, etwaige Zuschläge und Zulagen sowie leistungsabhängige Entgeltbestandteile (Boni, Tantiemen). Unerheblich für das Bestehen von Entlohnungsgrundsätzen ist der Geltungsgrund der geldwerten Leistung (Tarifvertrag, Betriebsvereinbarung, einzelvertragliche Abrede oder Zusage des AG). Das Beteiligungsrecht aus § 87 I Nr. 10 BetrVG entsteht bereits, wenn die Leistung einen kollektiven Tatbestand betrifft. Dies hat das BAG zB angenommen, wenn der AG für die Leistung an eine Mehrzahl von AN ein bestimmtes Budget vorsieht.[375] Die Festlegung einer längeren Wochenarbeitszeit bei gleichbleibender Vergütung ist keine Aufstellung eines Entlohnungsgrundsatzes,[376] ebenso die Bewertung bzw. Zuordnung von Beamtendienstposten.[377] Mitbestimmungspflichtig sind die Einführung und Anwendung von neuen Entlohnungsmethoden sowie deren Änderung. Die Mitbestimmung nach der Nr. 10 bezieht sich nicht auf die Anwendung der Regeln im Einzelfall, sondern auf die Aufstellung, Anwendung und Änderung des allgemeinen Regelwerks der Entlohnungsmethode.

99 **b) Erfasste Leistungen. aa) Grundsatz.** Die betriebliche Lohngestaltung iSv § 87 I Nr. 10 BetrVG betrifft die Festlegung abstrakter Kriterien zur Bemessung der (Gegen-)Leistung des AG, die dieser zur Abgeltung der Arbeitsleistung des AN oder sonst mit Rücksicht auf das Arbeitsverhältnis insgesamt erbringt. Vom Mitbestimmungstatbestand erfasst werden **alle Geld- oder geldwerten Leistungen,** die der AG den AN auf der Grundlage eines zukünftigen, bestehenden oder beendeten Arbeitsverhältnisses gewährt. Das Mitbestimmungsrecht ist daher nicht beschränkt auf die im Synallagma stehenden Entgeltbestandteile, sondern betrifft alle Formen der Vergütung, die nach bestimmten Grundsätzen oder nach einem System geleistet werden.[378] Durch die Leistungsgewährung muss eine – zumindest mittelbare – Vermögensmehrung auf Seiten der AN erfolgen; der AG muss dem Vermögen der AN etwas zuwenden.[379] Ohne Bedeutung für das Mitbestimmungsrecht ist die Bezeichnung der Geld- oder geldwerten Leistung.[380] Regelungen über die Erstattung von tatsächlichen **Auslagen** aus Anlass des Arbeitsverhältnisses zählen nicht zum Arbeitsentgelt; sie mehren nicht dessen Vermögen, sondern gleichen nur eine beim AN zuvor im Hinblick auf das Arbeitsverhältnis entstandene Vermögenseinbuße wieder aus.

100 **bb) Einzelfälle.** Lohn iSv § 87 I Nr. 10 BetrVG ist zB die **Arbeitsvergütung,** die der AN als Stunden-, Tages-, Wochen- oder Monatslohn bzw. Gehalt erhält (BAG 22.1.1980 AP Nr. 3 zu § 87 BetrVG 1972 Lohngestaltung). Für das Eingreifen des Mitbestimmungsrechts ist es ohne Bedeutung, ob die aus Anlass des Arbeitsverhältnisses gewährte vermögenswerte Zuwendung als Geld- oder Sachleistung bzw. als sonstige Vergünstigung (BAG 8.11.2011 AP Nr. 22 zu § 87 BetrVG 1972 Sozialeinrichtung = NZA 2012, 462 [Personalverkauf]) erbracht wird. Ebenso ist unerheblich, ob sie nur einmalig oder nachträglich für Leistungen des AN

[372] Vgl. BAG 27.4.2016 EzA Nr. 34 zu § 87 BetrVG 2001 Betriebliche Lohngestaltung; 22.6.2010 AP Nr. 136 zu § 87 BetrVG 1972 Lohngestaltung = NZA 2010, 1243.
[373] BAG 5.5.2015 AP Nr. 147 zu § 87 BetrVG 1972 Lohngestaltung = NZA 2015, 1207.
[374] BAG 2.3.2004 AP Nr. 31 zu § 3 TVG = NZA 2004, 852; *Kreft* FS Kreutz, 263 (265).
[375] BAG 10.10.2006 AP Nr. 69 zu § 80 BetrVG 1972, 99 = NZA 2007, 99 (Summe für Abteilung).
[376] BAG 30.10.2001 AP Nr. 26 zu § 99 BetrVG 1972 Eingruppierung.
[377] BAG 28.3.2006 AP Nr. 128 zu § 87 BetrVG 1972 Lohngestaltung = NZA 2006, 1367.
[378] BAG 18.3.2014 AP Nr. 146 zu § 87 BetrVG 1972 Lohngestaltung = NZA 2014, 984.
[379] BAG 31.5.2005 AP Nr. 125 zu § 87 BetrVG 1972 Lohngestaltung = NZA 2006, 56.
[380] BAG GS 16.9.1986 AP Nr. 17 zu § 77 BetrVG 1972 = NZA 1987, 168.

(BAG 23.6.2009 AP Nr. 45 zu § 77 BetrVG 1972 Betriebsvereinbarung = NZA 2009, 1159) gewährt wird (BAG 29.2.2000 AP Nr. 105 zu § 87 BetrVG 1972 Lohngestaltung = NZA 2000, 1066). Zum Lohn gehören alle Formen der **Leistungsvergütung** (Leistungs- [BAG 22.10.1985 AP Nr. 3 zu § 87 BetrVG 1972 Leistungslohn = NZA 1986, 296], Erschwernis- [BAG 22.12.1981 AP Nr. 7 zu § 87 BetrVG 1972 Lohngestaltung], Auslands- [BAG 30.1.1990 AP Nr. 41 zu § 87 BetrVG 1972 Lohngestaltung = NZA 1990, 571] oder Nachtzulagen [BAG 26.8.1997 AP Nr. 74 zu § 87 BetrVG 1972 Arbeitszeit = NZA 1998, 441] sowie Provisionen [BAG 16.7.1991 AP Nr. 49 zu § 87 BetrVG 1972 Lohngestaltung = NZA 1992, 178; 17.10.1989 AP Nr. 39 zu § 76 BetrVG 1972 = NZA 1990, 399]); beim **Akkord** ist nach § 87 I Nr. 10 BetrVG mitbestimmungspflichtig, ob im Einzel- oder Gruppenakkord gearbeitet werden soll. Bei einem **Prämienlohnsystem** besteht unabhängig von der Zwecksetzung durch den AG eine Beteiligungspflicht für den Verlauf der Prämienkurve (progressiv oder degressiv, BAG 16.12.1986 AP Nr. 8 zu § 87 BetrVG 1972 Prämie = NZA 1987, 568). Zum Entgelt zählen **Sonderzuwendungen** wie zB Weihnachtsgratifikationen, Einmalzahlungen (BAG 14.1.2014 AP Nr. 145 zu § 87 BetrVG 1972 Lohngestaltung = NZA 2014, 922), Jahresabschlussvergütungen, Boni (BAG 12.4.2011 AP Nr. 57 zu § 75 BetrVG 1972 = NZA 2011, 989), Treueprämien, Jubiläumsgelder, Anwesenheits- oder Wettbewerbsprämien (BAG 30.3.1982 AP Nr. 10 zu § 87 BetrVG 1972 Lohngestaltung), die bestimmt sind, den AN zu einer höheren Leistung zu motivieren sowie eine Sonderzahlung, mit der ein besonderes Engagement in einer Ausnahmesituation nachträglich honoriert werden soll (BAG 29.2.2000 AP Nr. 105 zu § 87 BetrVG 1972 Lohngestaltung = NZA 2000, 1066). Vom Begriff „Lohn" iSd § 87 I Nr. 10 BetrVG werden erfasst **übertarifliche Zulagen** (BAG GS 3.12.1991 AP Nr. 51 zu § 87 BetrVG 1972 Lohngestaltung = NZA 1992, 749), Urlaubsentgelt (BAG 3.12.2002 AP Nr. 57 zu § 11 BUrlG = NZA 2003, 1219), Zuwendungen aus einem vom AG gebildeten Liquidationspool (BAG 16.6.1998 AP Nr. 92 zu § 87 BetrVG 1972 Lohngestaltung = NZA 1998, 1185), Zeitgutschriften auf einem Arbeitszeitkonto (BAG 18.3.2014 AP Nr. 146 zu § 87 BetrVG 1972 Lohngestaltung = NZA 2014, 984), Altersteilzeitleistungen (BAG 10.12.2013 AP Nr. 144 zu § 87 BetrVG 1972 Lohngestaltung = NZA 2014, 1040), Trinkgelder (BAG 24.7.1991 AP Nr. 1 zu § 41 BetrVG 1972 = NZA 1991, 980) und Leistungen der betrieblichen Altersversorgung (BAG 10.3.2015 AP Nr. 68 zu § 1 BetrAVG Ablösung = NZA-RR 2015, 371). Das Mitbestimmungsrecht besteht auch, wenn der AG einer Mehrzahl von AN einheitlich eine übertarifliche Vergütung iHd halben Differenz zwischen der maßgebenden und der nächst höheren Tarifgruppe (sog. Halbgruppen) gewährt (BAG 18.10.1994 AP Nr. 70 zu § 87 BetrVG 1972 Lohngestaltung = NZA 1995, 390). Nicht zum Lohn zählt die Entgeltumwandlung (→ § 272 Rn. 43). Zu den **Sachbezügen** können gehören zB der unentgeltliche Werksverkehr (BAG 9.7.1985 AP Nr. 16 zu § 75 BPersVG), Aktienoptionen (LAG Nürnberg 22.1.2002 NZA-RR 2002, 247; *Otto/Mückl* DB 2009, 1594), Belegschaftsaktien (BAG 28.11.1989 AP Nr. 6 zu § 88 BetrVG 1972 = NZA 1990, 559), die Abgabe verbilligter Flugscheine (BAG 22.10.1985 AP Nr. 18 zu § 87 BetrVG 1972 Lohngestaltung = NZA 1986, 299) bzw. die private Nutzung von Bonusmeilen (*Bauer/Krets* BB 2002, 2066) oder einer Firmenkreditkarte (*Lunk/Hinrichs* DB 2007, 2144), die Lieferung verbilligten Heizgases (BAG 22.10.1985 AP Nr. 18 zu § 87 BetrVG 1972 Lohngestaltung = NZA 1986, 299), verbilligte Kindergartenbeiträge (BAG 22.10.1981 AP Nr. 10 zu § 76 BetrVG 1972), Mietzuschüsse, die Vermietung von verbilligtem Wohnraum, die Gewährung von zinsgünstigen Darlehen (BAG 9.12.1980 AP Nr. 5 zu § 87 BetrVG 1972 Lohngestaltung), die Übernahme von Fahrtkosten (BAG 10.6.1986 AP Nr. 22 zu § 87 BetrVG 1972 Lohngestaltung = NZA 1987, 30), die Privatnutzung von Firmenfahrzeugen (*Oelkers* NJW-Spezial 2009, 514; *Yakhloufi/Klingenberg* BB 2013, 2102; enger *Moll/Roebers* DB 2010, 2672) wie überhaupt die unentgeltliche bzw. vergünstigte Nutzung von Gegenständen oder Einrichtungen des AG. Ein Beteiligungsrecht besteht nicht, wenn der AG jedem AN in gleicher Weise die Möglichkeit eines Sachleistungsbezugs einräumt (BAG 8.11.2011 AP Nr. 22 zu § 87 BetrVG 1972 Sozialeinrichtung = NZA 2012, 462 [Warenabgabe]). Kein Lohn sind **Aufwendungsersatz** (→ § 82 Rn. 1), Reisekosten und dgl. Aus diesem Grund unterliegt eine Reisekosten- und Spesenordnung nicht der Mitbestimmung des BR (BAG 27.10.1998 AP Nr. 99 zu § 87 BetrVG 1972 Lohngestaltung = NZA 1999, 381; 8.12.1981 AP Nr. 6 zu § 87 BetrVG 1972 Lohngestaltung). Auch die Zuweisung eines eigenen Büros an Außendienstmitarbeiter fällt nicht unter Nr. 10 (BAG 31.5.2005 AP Nr. 125 zu § 87 BetrVG 1972 Lohngestaltung = NZA 2006, 56). Dies gilt auch dann, wenn die Pauschbeträge die Steuerfreibeträge überschreiten, es sei denn, sie enthalten eine versteckte Vergütung.

101 **c) Entgelthöhe und vertraglich vereinbarte Lohnbestandteile.** Nach der Rspr. des BAG erstreckt sich das Mitbestimmungsrecht nach § 87 I Nr. 10 BetrVG nicht auf die konkrete Höhe des Entgelts.[381] Andernfalls hätte der BR die Möglichkeit, über einen Spruch der Einigungsstelle (§ 87 II BetrVG) den AG zu einer bestimmten Entgelthöhe zu zwingen. Nicht ausgeschlossen sind allerdings mittelbare Einwirkungen auf die Vergütungshöhe. Den Betriebsparteien fehlt aber grundsätzlich eine Regelungskompetenz für die arbeitsvertraglich vereinbarten Entgelte. Der BR hat keine Einflussmöglichkeit auf den Inhalt der Vergütungsabrede zwischen AG und AN sowie die Auszahlung des zwischen ihnen vereinbarten Entgelts. Eine Betriebsvereinbarung, nach der die Vereinbarung oder die Auszahlung eines einzelvertraglich vereinbarten Gehaltsbestandteils von der Zustimmung des BR abhängt, ist daher unzulässig.[382] Gleiches gilt für in Betriebsvereinbarungen geregelte Höchstgrenzen für das vereinbarte Arbeitsentgelt.[383] Weichen allerdings die einzelvertraglich getroffenen Vergütungsabreden von den betrieblichen Entlohnungsgrundsätzen ab, können sich ggf. für die AN weitere Zahlungsansprüche ergeben. Eine Ausgestaltungsmöglichkeit der Betriebsparteien in Bezug auf die vertraglichen Entgeltbestandteile kommt jedoch in Betracht, wenn der Arbeitsvertrag insoweit betriebsvereinbarungsoffen gestaltet ist (→ § 231 Rn. 44, 56). Das **Günstigkeitsprinzip** beschränkt die Mitbestimmung nach § 87 I Nr. 10 BetrVG nicht. Bei diesem handelt es sich um eine Kollisionsregel für die Fälle, in denen Betriebsvereinbarungen und individualrechtliche Absprachen denselben Gegenstand unterschiedlich regeln. Es führt daher nicht zur Unwirksamkeit der kollektiven Regelung, sondern nur dazu, dass sich der AN trotz des Bestehens einer unmittelbar und zwingend wirkenden Regelung auf eine ihm günstigere einzelvertragliche Abrede berufen kann.[384]

102 **d) Vergütungsordnung.** Nach der Rspr. des BAG gehört zu der vom Mitbestimmungsrecht nach § 87 I Nr. 10 BetrVG umfassten Einführung und Änderung von Entlohnungsgrundsätzen die **Ausgestaltung einer betrieblichen Vergütungsordnung.** Diese betrifft die Leistungsbeziehung von AG und AN aus dem Arbeitsverhältnis. Es handelt sich um einen Teil des Vergütungs-/Entgeltsystems für die im Zeitlohn beschäftigten AN im Betrieb. Die Betriebsparteien bewerten die jeweiligen auszuübenden Tätigkeiten und legen – in Bezug auf die vom AG gewährte Gegenleistung – deren Verhältnis zueinander in Vergütungsgruppen fest. Eine solche betriebliche Vergütungsordnung ist – wie diejenige eines Tarifvertrags (→ § 64 Rn. 16) – Ausdruck einer Entscheidung über die Wertigkeit der jeweiligen Tätigkeiten im Verhältnis zueinander.[385] Zu den mitbestimmungspflichtigen Bestandteilen einer betrieblichen Vergütungsordnung gehören die Struktur und die Anzahl der Entgeltgruppen sowie die Festlegung der jeweiligen Anforderungen für die Zuordnung der Tätigkeit eines AN in die jeweilige Vergütungs-/Entgeltgruppe. Vom Mitbestimmungsrecht umfasst ist auch die Festsetzung des Abstands zwischen den einzelnen Gruppen. Die für diese geltenden Steigerungen können zB entweder prozentual beschrieben oder in absoluten Beträgen bemessen werden. Zulässig sind auch sog. Gehaltsbänder, dh Spannen, innerhalb derer sich die Vergütung für eine Vergütungs-/Entgeltgruppe bewegen muss. Bei Gehaltsbändern kann die konkrete Festlegung der individuellen Vergütung – je nach Ausgestaltung der Vergütungsordnung – entweder von den Betriebsparteien gemeinsam vorgenommen oder – bei verhältnismäßig geringen Spannen – dem AG überlassen werden. Haben die Betriebsparteien eine Vergütungsordnung vereinbart, hat der BR gegenüber dem AG einen auf die Festsetzung der **Ausgangs-/Grundvergütung** gerichteten Anspruch. Gewährt der AG – wozu er betriebsverfassungsrechtlich berechtigt ist – anderen AN eine Vergütung, die über derjenigen liegt, die sich aus den betrieblichen Entlohnungsgrundsätzen und seiner darauf bezogenen Festsetzung des Ausgangswerts ergibt, erbringt er einen Entgeltbestandteil, zu dessen Gewährung er nicht normativ verpflichtet ist. Bei Bestehen eines kollektiven Tatbestands kann dessen Ausgestaltung dann dem Mitbestimmungsrecht des BR nach § 87 I Nr. 10 BetrVG unterliegen.[386]

103 **3. Mitbestimmung beim tarifgebundenen Arbeitgeber. a) Grundsatz.** Ist der AG kraft Tarifgebundenheit oder Allgemeinverbindlichkeit an ein Tarifwerk gebunden, wird das Mitbestimmungsrecht des BR bei der Einführung und Änderung von Entlohnungsgrundsät-

[381] BAG 5.5.2015 AP Nr. 147 zu § 87 BetrVG 1972 Lohngestaltung = NZA 2015, 1207; 17.5.2011 AP Nr. 138 zu § 87 BetrVG 1972 Lohngestaltung = NZA-RR 2011, 644.
[382] BAG 18.11.2014 – 1 ABR 18/13.
[383] BAG 30.10.2012 AP Nr. 143 zu § 87 BetrVG 1972 Lohngestaltung = NZA 2013, 522.
[384] BAG 14.1.2014 AP Nr. 145 zu § 87 BetrVG 1972 Lohngestaltung = NZA 2014, 922.
[385] BAG 4.5.2011 AP Nr. 55 zu § 99 BetrVG 1972 Eingruppierung = NZA 2011, 1239.
[386] BAG 30.10.2012 AP Nr. 143 zu § 87 BetrVG 1972 Lohngestaltung = NZA 2013, 522.

zen nach dem Eingangshs. von § 87 I BetrVG in dem normativ geltenden Umfang ausgeschlossen. Eine Mitgliedschaft der AN in der abschließenden Gewerkschaft ist für das Eingreifen des Tarifvorbehalts nicht erforderlich. Aus diesem Grund werden unmittelbar nur die Mitglieder der tarifvertragsschließenden Gewerkschaft geschützt. Nur diese können sich (individualrechtlich) gegenüber dem AG gem. § 4 I 1 TVG auf zwingende tarifliche Regelungen berufen. Die Vergütung der nicht- oder andersorganisierten AN hängt von der Ausgestaltung in den (regelmäßig vom AG gestellten) vertraglichen Vereinbarungen ab. Den durch den Eingangshalbsatz in § 87 I BetrVG bewirkten Ausschluss der betrieblichen Mitbestimmung hat das BAG im Bereich der Nr. 10 durch die betriebsverfassungsrechtliche Verpflichtung des AG kompensiert, die in einer tariflichen Vergütungsordnung enthaltenen Entlohnungsgrundsätze, soweit sie ohne den Tarifvorbehalt dem Beteiligungsrecht des BR unterliegen würden, im Betrieb – und damit auch in Bezug auf die nicht tarifgebundenen AN – anzuwenden; die im Tarifvertrag enthaltenen Entlohnungsgrundsätze stellen damit zugleich die im Betrieb geltenden dar.[387] Ob der AN einen vertrag- oder tarifrechtlichen Anspruch auf Anwendung des Tarifvertrags hat, ist unerheblich.[388] Tritt der AG während der Laufzeit eines Tarifvertrags aus seinem Verband aus, bleibt das Mitbestimmungsrecht des BR bis zur Beendigung der jeweiligen Tarifverträge weiterhin nach dem Eingangshs. von § 87 I BetrVG ausgeschlossen. Die Tarifverträge gelten bis zu ihrer Beendigung kraft **Nachbindung** (§ 3 III TVG) normativ weiter. Zur Situation bei anschließender **Nachwirkung** → Rn. 108. Geht der Betrieb eines tarifgebundenen AG im Wege eines **Betriebsübergangs** auf einen anders tarifgebundenen AG über, so bildet der Tarifvertrag des Erwerbes – betriebsverfassungsrechtlich gesehen – nunmehr die maßgebende mitbestimmungsgemäß eingeführte Vergütungsordnung. Durch die Anwendung dieses Tarifvertrags verletzt der AG nicht das Mitbestimmungsrecht des BR nach § 87 I Nr. 10 BetrVG.[389]

b) Außertarifliche Angestellte. Beim tarifgebundenen AG besteht für die AT-Angestellten wegen der insoweit fehlenden Sperre durch den Tarifvorbehalt das Mitbestimmungsrecht nach Nr. 10. AG und BR haben daher für diese Personen in einer Entgeltordnung die unterschiedlichen Vergütungsgruppen auszugestalten und deren Verhältnis zueinander festzulegen.[390] Aus diesem Grund können beim tarifgebundenen AG ein tarifliches und ein originär betriebliches Vergütungssystem (für die nicht vom Tarifvertrag erfassten AN) nebeneinander bestehen.[391] Darüber hinaus kann bei AT-Angestellten auch ein aufgrund von Zielvereinbarungen gezahltes Entgelt durch Betriebsvereinbarung ausgestaltet werden.[392] Ist das (betriebliche) Entgeltsystem für AT-Angestellte wie die tariflichen Vergütungsgruppen tätigkeitsbezogen ausgestaltet, umfasst das Mitbestimmungsrecht aus § 87 I Nr. 10 BetrVG entsprechend seinem Normzweck zugleich die Festlegung des Abstands zwischen der höchsten tariflichen Vergütungsgruppe und der niedrigsten Vergütungsgruppe der für AT-Angestellte geltenden Regelung.[393] Die gegenteilige Annahme des BAG vermag nicht zu überzeugen. Nur auf die vorstehende Weise wird den Anforderungen an eine gerechte Verteilung der im Betrieb gewährten Vergütung sowie eine umfassende Transparenz genügt. Dies kann anders zu beurteilen sein, wenn sich die Zugehörigkeit zu dem Vergütungssystem für AT-Angestellte ausschließlich nach der vertraglich vereinbarten Vergütung bemisst, während die tarifliche Vergütungsordnung auf die auszuübende Tätigkeit abstellt. 104

c) Tarifpluralität. Wegen der Einordnung der in Tarifverträgen enthaltenen Entlohnungsgrundsätze als Inhaltsnormen, die nur im Verhältnis zwischen dem AG und den tarifgebundenen AN unmittelbar und zwingend anzuwenden sind, liegt bei normativer Geltung von zwei, sich in ihrem Geltungsbereich überschneidenden Vergütungsordnungen keine Tarifkonkurrenz vor, 105

[387] BAG 13.8.2019 AP Nr. 164 zu § 99 BetrVG 1972 = NZA 2019, 1651; 21.3.2018 AP Nr. 155 zu § 99 BetrVG 1972 = NZA 2018, 1090; 20.2.2018 AP Nr. 155 zu § 87 BetrVG 1972 Lohngestaltung = NZA 2018, 954; 28.3.2017 AP Nr. 152 zu § 87 BetrVG 1972 Lohngestaltung = NZA 2017, 1137; 23.8.2016 AP Nr. 148 zu § 99 BetrVG 1972 = NZA 2017, 74.

[388] BAG 23.8.2016 AP Nr. 148 zu § 99 BetrVG 1972 = NZA 2017, 74.

[389] BAG 20.2.2018 AP Nr. 155 zu § 87 BetrVG 1972 Lohngestaltung = NZA 2018, 954.

[390] BAG 21.1.2003 AP Nr. 117 zu § 87 BetrVG 1972 Lohngestaltung = NZA 2003, 810; 28.9.1994 AP Nr. 68 zu § 87 BetrVG 1972 Lohngestaltung = NZA 1995, 277.

[391] Zuständig ist der örtliche BR: BAG 18.5.2010 AP Nr. 34 zu § 50 BetrVG 1972 = NZA 2011, 171; 23.3.2010 AP Nr. 135 zu § 87 BetrVG 1972 Lohngestaltung = NZA 2011, 642.

[392] Dazu *Linck/Koch* FS Bepler, 2012, 357.

[393] Wie hier *Fitting* BetrVG § 87 Rn. 491; *Koch* SR 2016, 131; aA BAG 21.8.1990 NZA 1991, 434; ErfK/*Kania* BetrVG § 87 Rn. 106.

bei der einer der miteinander konkurrierenden Tarifverträge verdrängt wird. Die Existenz von zwei tariflichen Vergütungsordnungen führt vielmehr zu einer Tarifpluralität, bei der die jeweiligen Tarifnormen unabhängig voneinander auf die jeweils tarifgebundenen AN Anwendung finden. Endet bei vormaliger Geltung die zwingende Wirkung eines Tarifvertrags, hat der AG – individualrechtlich – einen Tarifvertrag kraft Tarifbindung (§ 3 I TVG) und einen weiteren kraft Nachwirkung (§ 4 V TVG) anzuwenden.[394] Eine Änderung oder Aufhebung der in den Tarifverträgen enthaltenen betrieblichen Entlohnungsgrundsätze auf der Grundlage von § 87 I Nr. 10 BetrVG scheidet aus. Denn der Tarifvorbehalt des Eingangshs. von § 87 I BetrVG sperrt bei normativer Geltung des verbleibenden Tarifvertrags in seinem Geltungsbereich nach wie vor das Mitbestimmungsrecht nach Nr. 10. Eine Änderung der betrieblichen Entlohnungsgrundsätze durch die Betriebsparteien kommt erst dann in Betracht, wenn nur noch beide Tarifverträge nachwirken.

106 **4. Mitbestimmung beim nicht tarifgebundenen Arbeitgeber. a) Einführung von Entlohnungsgrundsätzen.** Beim nicht tarifgebundenen AG haben die Betriebsparteien eine umfassende Regelungsmacht. Diese korrespondiert mit ihrer Pflicht, für sämtliche gewährten Vergütungsbestandteile Entlohnungsgrundsätze iSd § 87 I Nr. 10 BetrVG aufzustellen. Hieraus folgt nicht, dass sie das gesamte Vergütungsvolumen des Betriebs verteilen müssen. Sie sind aber mitbestimmungsrechtlich gehalten, die **Anspruchsvoraussetzungen für die Gewährung der einzelnen Vergütungsbestandteile** (zB Grundgehalt, Zuschläge und Zulagen, Sonderzuwendungen, Provisionen) festzulegen. Über die Höhe der von ihm zur Verfügung gestellten Finanzmittel und über den Leistungszweck kann der nicht tarifgebundene AG mitbestimmungsfrei entscheiden. An diese Festlegungen ist nicht nur der BR, sondern im Konfliktfall auch die Einigungsstelle (§ 87 II, § 76 V 3 BetrVG) gebunden.[395] Der BR kann daher den AG nicht über sein Initiativrecht zwingen, für andere Zwecke Mittel zur Verfügung zu stellen. Allerdings entfällt das Mitbestimmungsrecht für die Ausgestaltung der Leistung nicht deshalb, weil der AG mit einer Leistung bestimmte Leistungszwecke verfolgen will.[396] Die Leistung kann auch nicht gegen den Willen des BR gewährt werden.[397] Das Mitbestimmungsrecht bezieht sich bei solchen Leistungen nur auf die Festlegung der einzelnen Anspruchsvoraussetzungen in dem vom AG mitbestimmungsfrei festgelegten Dotierungsrahmen. Dieser kann in verschiedener Weise festgesetzt werden. Der AG kann die Gesamtsumme bestimmen, die er für die Leistungen zur Verfügung stellt. In vielen Fällen wird aber der Dotierungsrahmen nicht von vornherein feststehen (zB bei Leistungszulagen). Lehnt der BR die Einführung der beabsichtigten Leistung ab, muss der AG dessen Zustimmung durch die Einigungsstelle ersetzen lassen. Da sich das Mitbestimmungsrecht nicht auf die vertraglich vereinbarten Entgelte erstreckt, kann der AG diese unabhängig von einer Entscheidung der Einigungsstelle zunächst an die AN auszahlen

107 **b) Änderung der Entlohnungsgrundsätze.** Eine nach § 87 I Nr. 10 BetrVG mitbestimmungspflichtige Änderung der im Betrieb geltenden Entlohnungsgrundsätze liegt regelmäßig vor, wenn nur einer der mehreren Bestandteile, aus denen sich die Gesamtvergütung zusammensetzt, gestrichen, erhöht oder vermindert wird[398] und durch diese Maßnahme die Verteilung der Gesamtvergütung auf die betriebsangehörigen AN verändert wird. Mitbestimmungsfrei bleibt eine Änderung des betrieblichen Vergütungsgefüges nur, wenn die finanzielle Leistung, die Gegenstand des Entlohnungsgrundsatzes ist, ausschließlich in ihrer absoluten Höhe betroffen ist und die bisherigen Verteilungsgrundsätze unverändert bleiben.[399] Eine gleichmäßige prozentuale Absenkung ist allerdings stets mitbestimmungspflichtig, wenn die Entlohnungsgrundsätze die Zahlung zumindest eines festen, betragsmäßig bestimmten Vergütungsbestandteils (zB Zuschläge, Zulagen) umfassen, da sich dann der relative Abstand der (Gesamt-)Vergütungen zueinander verändert.[400] Nach den vorstehenden Grundsätzen unterliegt auch eine Änderung des Vergütungsgefüges regelmäßig der Mitbestimmung nach § 87 I Nr. 10 BetrVG, wenn der

[394] BAG 23.8.2016 AP Nr. 148 zu § 99 BetrVG 1972 = NZA 2017, 74.
[395] BAG 5.10.2010 AP Nr. 53 zu § 77 BetrVG 1972 Betriebsvereinbarung = NZA 2011, 598.
[396] BAG 13.3.1984 AP Nr. 4 zu § 87 BetrVG 1972 Provision (Verkaufssteuerung).
[397] Umstr., wie hier GK-BetrVG/*Wiese* § 87 Rn. 867; aA wohl *Thüsing* DB 1997, 1130 (1133).
[398] BAG 5.10.2010 AP Nr. 53 zu § 77 BetrVG 1972 Betriebsvereinbarung = NZA 2011, 598; 26.8.2008 AP Nr. 15 zu § 87 BetrVG 1972 = NZA 2008, 1426.
[399] BAG 15.4.2008 AP Nr. 133 zu § 87 BetrVG 1972 Lohngestaltung = NZA 2008, 888; 2.3.2004 AP Nr. 31 zu § 3 TVG = NZA 2004, 852; abl. *Reichold* Anm. AP Nr. 31 zu § 3 TVG.
[400] BAG 17.5.2011 AP Nr. 138 zu § 87 BetrVG 1972 Lohngestaltung = NZA-RR 2011, 644; 22.6.2010 AP Nr. 136 zu § 87 BetrVG 1972 Lohngestaltung = NZA 2010, 1243; 15.8.2008 AP Nr. 133 zu § 87 BetrVG 1972 Lohngestaltung = NZA 2008, 888.

AG nur die neu eingestellten AN nach einer geänderten Vergütungsordnung behandeln will.[401] Damit beschränkt er den persönlichen Geltungsbereich der bisherigen Vergütungsordnung.[402] Sieht der Entlohnungsgrundsatz die Gewährung einer Sonderzahlung vor, deren Höhe in das billige Ermessen (§ 315 BGB) des AG gestellt ist, ändert er bei deren Festsetzung diesen Grundsatz nicht, sondern macht nur von ihm Gebrauch.[403]

Für das Beteiligungsrecht des BR kommt es nicht darauf an, auf welcher **rechtlichen Grundlage** die Anwendung der bisherigen Entlohnungsgrundsätze im Betrieb erfolgt ist (Betriebsvereinbarung, einzelvertragliche Absprachen oder eine vom AG einseitig praktizierte Vergütungsordnung). Nach der Konzeption des § 87 I Nr. 10 BetrVG hängt das Mitbestimmungsrecht nicht vom Geltungsgrund der Entgeltleistung, sondern nur vom Vorliegen eines kollektiven Tatbestands ab.[404] Eine Änderung der Entlohnungsgrundsätze liegt daher idR auch vor, wenn der – früher tarifgebundene – AG nach Eintritt der **Nachwirkung eines Tarifvertrags** (§ 4 V TVG) die in diesem enthaltenen abstrakt-generellen Vorgaben zur Entgeltfindung modifizieren oder diese nicht mehr auf neu eingestellte AN zur Anwendung bringen will. Endet die unmittelbare und zwingende Wirkung eines Tarifvertrags, bleiben die Grundsätze der betreffenden tariflichen Vergütungsordnung auch während des Nachwirkungszeitraums das für den Betrieb maßgebliche kollektive Entgeltschema. Bis zu einem wirksamen Änderungsakt sind sie grundsätzlich betriebsverfassungsrechtlich weiter gültig.[405] Will der AG die dort enthaltenen Entlohnungsgrundsätze ändern, bedarf es daher der Mitbestimmung des BR nach Nr. 10.[406] Da der AG nach dem Wegfall der Tarifbindung sämtliche Vergütungsbestandteile leistet, ohne hierzu tarifrechtlich verpflichtet zu sein,[407] hat der BR in diesem Fall ein umfassendes Mitbestimmungsrecht bei der Ausgestaltung der zukünftigen betrieblichen Entgeltordnung. 108

Gleiches gilt, wenn ein Betrieb oder Betriebsteil unter Wahrung seiner bisherigen Identität durch Rechtsgeschäft auf einen nicht tarifgebundenen Betriebserwerber übergeht. In diesem Fall ist der Betriebserwerber, der betriebsverfassungsrechtlich an die Stelle des früheren Betriebsinhabers getreten ist, zur Weiterführung der im Betrieb geltenden Vergütungsordnung verpflichtet. Beruhte die Geltung der tariflichen Vergütungsordnung vor dem **Betriebsübergang** auf der normativen Tarifbindung des Veräußerers, ist der nicht tarifgebundene Erwerber betriebsverfassungsrechtlich gehalten, das im Betrieb geltende tarifliche Entgeltschema mit dem im Zeitpunkt des Betriebsübergangs bestehenden Inhalt fortzuführen. Will er es ändern, bedarf dies der Mitbestimmung des BR nach § 87 I Nr. 10 BetrVG. 109

c) Gesonderte Ausgestaltung von Entlohnungsgrundsätzen. Nach der Rspr. des BAG ist es für das Bestehen eines Mitbestimmungsrechts nach § 87 I Nr. 10 BetrVG von Bedeutung, ob die im Betrieb geltenden Entlohnungsgrundsätze einheitlich in einer Regelung zusammengefasst sind oder ob die Betriebsparteien sie gesondert ausgestaltet haben. Über die Einbindung der Entlohnungsgrundsätze in das System der betrieblichen Lohngestaltung können AG und BR frei bestimmen. Sie dürfen festlegen, ob sie die Entlohnungsgrundsätze als Einheit verstanden wissen wollen oder von der Trennbarkeit der einzelnen Vergütungsbestandteile ausgehen. Die Wahl der Regelungsform hat Konsequenzen für das Mitbestimmungsrecht nach der Kündigung einer Betriebsvereinbarung. Das BAG geht bei einer fehlenden ausdrücklichen Regelung davon aus, dass die in einer Betriebsvereinbarung zusammengefassten Entlohnungsgrundsätze nur rechtlich einheitlich geändert werden können. Will der AG die dort (zusammengefasst) geregelten Entgeltbestandteile nicht mehr oder nur noch in geänderter Form gewähren, muss er die gesamte Betriebsvereinbarung kündigen. Nach Ablauf der Kündigungsfrist kommt die Weitergeltung der in der Betriebsvereinbarung enthaltenen Entlohnungsgrundsätze kraft Nachwirkung (→ § 231 Rn. 68) in Betracht. Der BR hat ein Mitbestimmungsrecht bei der veränderten Leistungsgewährung. Nur wenn die Entlohnungsgrundsätze in gesonderten Betriebsvereinbarungen geregelt und nicht zu einem Gesamtvergütungssystem zusammengefasst sind, kann der AG durch die Kündigung der jeweiligen Betriebsvereinbarung und die Erklärung, zukünftig für den bishe- 110

[401] BAG 17.5.2011 AP Nr. 138 zu § 87 BetrVG 1972 Lohngestaltung = NZA-RR 2011, 644.
[402] BAG 14.4.2010 AP Nr. 44 zu § 99 BetrVG 1972 Eingruppierung = NZA-RR 2011, 83; 8.12.2009 AP Nr. 380 zu § 613a BGB = NZA 2010, 404.
[403] BAG 23.8.2017 AP Nr. 307 zu § 611 BGB Gratifikation = NZA 2018, 44.
[404] BAG 17.5.2011 AP Nr. 138 zu § 87 BetrVG 1972 Lohngestaltung = NZA-RR 2011, 644.
[405] BAG 13.8.2019 AP Nr. 164 zu § 99 BetrVG 1972 = NZA 2019, 1651; 23.8.2016 AP Nr. 148 zu § 99 BetrVG 1972 = NZA 2017, 74; 15.4.2008 AP Nr. 133 zu § 87 BetrVG 1972 Lohngestaltung = NZA 2008, 888.
[406] Vgl. BAG 15.4.2008 AP Nr. 133 zu § 87 BetrVG 1972 Lohngestaltung = NZA 2008, 888; 2.3.2004 AP Nr. 31 zu § 3 TVG = NZA 2004, 852; aA *Wiese* RdA 2012, 332.
[407] BAG 26.8.2008 AP Nr. 15 zu § 87 BetrVG 1972 = NZA 2008, 1426.

rigen Leistungszweck keine Mittel mehr bereit zu stellen, deren Nachwirkung vermeiden[408] (→ § 231 Rn. 75). Aufgrund der unterschiedlichen normativen Regelung ist regelmäßig anzunehmen, dass die für die jeweiligen Leistungen festgelegten Entlohnungsgrundsätze nicht untrennbarer Teil eines umfassenden betrieblichen Vergütungssystems werden. Entschließt sich der nicht tarifgebundene AG daher dazu, eine in einer gesonderten Betriebsvereinbarung ausgebrachte Leistung mit Ablauf ihrer Kündigungsfrist vollumfänglich einzustellen, stehen für den von ihm einseitig vorgegebenen Zweck keine Mittel mehr zur Verfügung, über deren Verteilung der BR mitbestimmen könnte. Ein Mitbestimmungsrecht aus § 87 I Nr. 10 BetrVG bei der Beendigung des gesondert ausgestalteten Entlohnungsgrundsatzes besteht in diesem Fall nicht, weshalb die Betriebsvereinbarung keine Nachwirkung entfaltet.[409]

111 Diese Grundsätze müssen auch nach Wegfall der zwingenden Wirkung von **tariflichen Entlohnungsgrundsätzen** gelten, wenn diese in unterschiedlichen Tarifverträgen einer Tarifvertragspartei geregelt sind (Vergütungsgruppentarifvertrag, Tarifvertrag über eine Sonderzuwendung bzw. betriebliche Altersversorgung). Die sich aus ihnen ergebenden (betrieblichen) Entlohnungsgrundsätze sind dann nicht miteinander verknüpft.

112 **5. Anrechnung von übertariflichen Zulagen. a) Grundsatz.** Der AG kann den Dotierungsrahmen für Leistungen verringern, die er ohne normative Verpflichtung erbringt. Eine solche Maßnahme liegt bei der Anrechnung von übertariflichen Zulagen auf eine tarifliche Entgelterhöhung vor. Der AG ist grundsätzlich berechtigt, die übertariflichen Zulagen bei einer Tariflohnerhöhung individualrechtlich auf den Tariflohn anzurechnen, sofern dem AN die Zulage nicht vertraglich als selbständiger Entgeltbestandteil neben dem jeweiligen Tarifentgelt zugesagt war (→ § 35 Rn. 83).[410] Die Anrechnung erfordert eine ausdrückliche oder konkludente Erklärung des AG. Unerheblich ist, ob der übertarifliche Bestandteil als Zulage neben dem Tariflohn ausgewiesen ist.[411] Die Anrechnungsentscheidung kann allerdings dem Mitbestimmungsrecht des BR unterliegen. Nach der Entscheidung des Großen Senats des BAG gelten dafür die folgenden Grundsätze.[412] Der BR hat bei der Anrechnung einer Tariflohnerhöhung auf übertarifliche Zulagen mitzubestimmen, wenn **(1)** ein kollektiver Tatbestand[413] vorliegt, **(2)** sich durch die Anrechnung die bisher bestehenden Verteilungsrelationen ändern und **(3)** für die Neuregelung innerhalb des vom AG mitbestimmungsfrei vorgegebenen Dotierungsrahmens ein Gestaltungsspielraum besteht.[414]

113 **b) Einzelfälle.** Für das Mitbestimmungsrecht des BR nach § 87 I Nr. 10 BetrVG bei der Anrechnung übertariflicher Zulagen bestehen folgende Fallgruppen: **(1)** Wird die Tariferhöhung im Rahmen des rechtlich und tatsächlich Möglichen vollständig und gleichmäßig auf die übertariflichen Zulagen angerechnet, werden die Verteilungsgrundsätze nicht geändert. Es besteht daher kein Mitbestimmungsrecht.[415] **(2)** Mitbestimmungsfrei ist auch die Streichung sämtlicher übertariflicher Zulagen.[416] **(3)** Führt dagegen die völlige oder teilweise Anrechnung der Tariflohnerhöhungen zu einer Änderung der Verteilungsgrundsätze, ist eine derartige Änderung mitbestimmungspflichtig.[417]

---

408 BAG 5.10.2010 AP Nr. 53 zu § 77 BetrVG 1972 Betriebsvereinbarung = NZA 2011, 598.

409 BAG 10.12.2013 AP Nr. 144 zu § 87 BetrVG 1972 Lohngestaltung = NZA 2014, 1040 (Zuschuss zum Aufstockungsbetrag bei Altersteilzeit); 5.10.2010 AP Nr. 53 zu § 77 BetrVG 1972 Betriebsvereinbarung = NZA 2011, 598; aA GK-BetrVG/*Kreutz* § 77 Rn. 445.

410 BAG 1.3.2006 AP Nr. 3 zu § 308 BGB = NZA 2006, 746; 21.1.2003 AP Nr. 118 zu § 87 BetrVG 1972 Lohngestaltung = NZA 2003, 1056; 25.6.2002 AP Nr. 36 zu § 4 TVG Übertariflicher Lohn und Tariflohnerhöhung = NZA 2002, 1216; 16.4.2002 AP Nr. 38 zu § 4 TVG Übertariflicher Lohn und Tariflohnerhöhung = NZA 2003, 224 (jew. zu Pauschal- bzw. Einmalzahlungen); 31.10.1995 AP Nr. 80 zu § 87 BetrVG 1972 Lohngestaltung = NZA 1996, 613.

411 BAG 22.9.1992 AP Nr. 55 zu § 87 BetrVG 1972 Lohngestaltung = NZA 1993, 668.

412 BAG GS 3.12.1991 AP Nr. 51 zu § 87 BetrVG 1972 Lohngestaltung = NZA 1992, 749; 3.12.1991 AP Nr. 52 zu § 87 BetrVG 1972 Lohngestaltung.

413 BAG 23.3.1993 AP Nr. 64 zu § 87 BetrVG 1972 Lohngestaltung = NZA 1993, 904; 27.10.1992 AP Nr. 61 zu § 87 BetrVG 1972 Lohngestaltung = NZA 1993, 561; 22.9.1992 AP Nr. 60 zu § 87 BetrVG 1972 Lohngestaltung = NZA 1993, 568.

414 BAG 24.10.2017 AP Nr. 154 zu § 87 BetrVG 1972 Lohngestaltung = NZA 2018, 957; 10.3.2009 AP Nr. 134 zu § 87 BetrVG 1972 Lohngestaltung = NZA 2009, 684; 8.6.2004 AP Nr. 124 zu § 87 BetrVG 1972 Lohngestaltung = NZA 2005, 66.

415 BAG 27.8.2008 AP Nr. 36 zu § 307 BGB = NZA 2009, 49; 8.6.2004 AP Nr. 124 zu § 87 BetrVG 1972 Lohngestaltung = NZA 2005, 66 (zur Darlegungslast).

416 Bei Anrechnung der ersten Stufe eines zweistufigen Tarifvertrags: BAG 14.2.1995 AP Nr. 72 zu § 87 BetrVG 1972 Lohngestaltung = NZA 1995, 795; wenn zunächst irrtümlich teilweise unterblieben: BAG 31.10.1995 AP Nr. 80 zu § 87 BetrVG 1972 Lohngestaltung = NZA 1996, 613; bei Unterschieden zu leitenden Angestellten: BAG 19.9.1995 AP Nr. 81 zu § 87 BetrVG 1972 Lohngestaltung = NZA 1996, 484.

417 BAG 10.3.2009 AP Nr. 134 zu § 87 BetrVG 1972 Lohngestaltung = NZA 2009, 684.

(4) Schließlich soll das Mitbestimmungsrecht auch dann entfallen, wenn sich der AG eine Kürzung oder den Widerruf vorbehalten hat, er aber aus Gründen des Individualrechts daran gehindert ist, den Dotierungsrahmen zu verändern.[418] In jedem Fall bleibt das Mitbestimmungsrecht bestehen, wenn der verbleibende Dotierungsrahmen anderweitig verteilt werden kann.[419] Hiervon ist auszugehen, wenn der AG Geldleistungen, die aus Anlass des Arbeitsverhältnisses gewährt wurden, nur noch in geänderter Form weiter gewähren will und dazu vertragliche Regelungen mit den AN anstrebt.[420] Sieht ein Tarifvertrag eine Lohnerhöhung in zwei Stufen vor, sind die vollständige Anrechnung bzw. Nichtanrechnung der ersten und die Nichtanrechnung bzw. die vollständige Anrechnung der zweiten Stufe auf übertarifliche Zulagen nur mitbestimmungspflichtig, wenn sie auf einer einheitlichen Entscheidung des AG beruhen.[421] Hierfür kann insbesondere ein enger zeitlicher Zusammenhang zwischen den Anrechnungsvorgängen sprechen.[422] Das Mitbestimmungsrecht kann nicht dadurch umgangen werden, dass zunächst voll angerechnet und dann ein neues Zulagensystem geschaffen wird.[423] An dem erforderlichen kollektiven Tatbestand fehlt es, wenn der AG im Einzelfall eine Tariflohnerhöhung wegen einer niedriger zu bewertenden Arbeitsaufgabe anrechnet.[424] Das BAG hat ein Mitbestimmungsrecht des BR bei folgenden anlassbezogenen Anrechnungsentscheidungen bejaht: Erhöhungen des tariflichen Entgelts aus Anlass von tariflichen Alterssprüngen innerhalb einer Tarifgruppe, Umgruppierungen in eine höhere Tarifgruppe und Anhebungen der tariflichen Leistungszulage auf die übertarifliche Zulage des Mitarbeiters.[425] Mitbestimmungspflichtig ist schließlich die Anrechnung einer Ballungs-[426] oder besonderen Erschwerniszulage für Schichtarbeit.[427]

6. Verletzungen des Mitbestimmungsrechts. a) Betriebsrat. Der BR hat bei einem nicht tarifgebundenen AG kollektivrechtlich einen Anspruch auf Durchführung der im Betrieb geltenden Entlohnungsgrundsätze. Anspruchsgrundlage für einen Erfüllungsanspruch ist bei deren Ausgestaltung durch Betriebsvereinbarung § 77 I 1 BetrVG iVm der geschlossenen Vereinbarung (→ § 231 Rn. 39). Nach zutreffender Ansicht besteht ein solcher Anspruch auch, wenn die Betriebsparteien nur eine Regelungsabrede abgeschlossen haben (→ § 231 Rn. 82). Allerdings setzt der Durchführungsanspruch eine entsprechende mit dem AG getroffene (wirksame) Vereinbarung voraus. Die bloße Hinnahme eines mitbestimmungswidrigen Verhaltens des AG reicht hierfür nicht.[428] 114

Ist der AG zwingend an einen **Tarifvertrag gebunden,** kann der BR nur die Festsetzung der Ausgangsvergütung sowie die Anwendung der im Tarifvertrag enthaltenen Entlohnungsgrundsätze verlangen. Für einen Durchführungsanspruch wie beim nicht tarifgebundenen AG fehlt es an einer darauf bezogenen Vereinbarung zwischen den Betriebsparteien. Dies schließt die gerichtliche Durchsetzung der Verpflichtung des AG aber nicht aus. Jedenfalls nach § 23 III BetrVG kann der BR in diesem Fall die Einhaltung der normativ geltenden Entlohnungsgrundsätze verlangen. Überlegenswert ist zur Vermeidung von Wertungswidersprüchen gegenüber der Rechtsstellung des BR beim nicht tarifgebundenen AG die Annahme eines Erfüllungsanspruchs sui generis ohne das Erfordernis der „groben Pflichtverletzung" iSd § 23 III BetrVG. 115

b) Arbeitnehmer. aa) Einhaltung der Entlohnungsgrundsätze. Das BAG hält den AG im Bereich des § 87 I Nr. 10 BetrVG in Fortführung der Theorie der Wirksamkeitsvoraussetzungen (→ Rn. 22) für verpflichtet, den betriebsangehörigen AN (mindestens) eine Vergütung zu gewähren, die den im Betrieb geltenden Entlohnungsgrundsätzen entspricht.[429] Die im Arbeits- 116

[418] BAG 22.9.1992 AP Nr. 54 zu § 87 BetrVG 1972 Lohngestaltung = NZA 1993, 232.
[419] BAG 21.9.1999 NZA 2000, 898; 26.5.1998 AP Nr. 98 zu § 87 BetrVG 1972 Lohngestaltung = NZA 1998, 1292; 14.2.1995 AP Nr. 72 zu § 87 BetrVG 1972 Lohngestaltung = NZA 1995, 792; 11.8.1992 AP Nr. 53 zu § 87 BetrVG 1972 Lohngestaltung = NZA 1993, 418.
[420] BAG 29.1.2008 AP Nr. 13 zu § 87 BetrVG 1972 = NZA-RR 2008, 469.
[421] BAG 24.1.2017 AP Nr. 149 zu § 87 BetrVG 1972 Lohngestaltung = NZA 2017, 661; 8.6.2004 AP Nr. 124 zu § 87 BetrVG 1972 Lohngestaltung = NZA 2005, 66.
[422] BAG 10.3.2009 AP Nr. 134 zu § 87 BetrVG 1972 Lohngestaltung = NZA 2009, 684.
[423] BAG 17.1.1995 AP Nr. 71 zu § 87 BetrVG 1972 Lohngestaltung = NZA 1995, 792.
[424] LAG BW 10.12.1996 NZA 1997, 1125.
[425] BAG 22.4.1997 AP Nr. 88 zu § 87 BetrVG 1972 Lohngestaltung = NZA 1997, 1059.
[426] BAG 25.7.1996 AP Nr. 8 zu § 27 BAT = NZA 1997, 620.
[427] LAG Köln 25.1.2001 ArbuR 2001, 238.
[428] BAG 18.3.2014 AP Nr. 146 zu § 87 BetrVG 1972 Lohngestaltung = NZA 2014, 984.
[429] BAG 25.4.2017 AP Nr. 153 zu § 87 BetrVG 1972 Lohngestaltung = NZA 2017, 1346; 5.5.2015 AP Nr. 147 zu § 87 BetrVG 1972 Lohngestaltung = NZA 2015, 1207; 18.10.2011 AP Nr. 141 zu § 87 BetrVG 1972 Lohngestaltung = NZA 2012, 392; aA *Annuß* RdA 2014, 193 (203); *Bauer/Günther* DB 2009, 620 ff.; *Jacobs* FS Säcker, 2011, 201 ff.; *Lobinger* ZfA 2009, 319 (441 f.); *ders.* RdA 2011, 76 (87 f.); *Reichold* Anm. AP Nr. 31 zu § 3 TVG; *ders.* FS Konzen, 2006, 763 (768 ff.); *ders.* FS Picker, 2010, 1079 (1082 ff.); *Wiese* RdA 2012, 332 (335).

vertrag getroffene Vereinbarung über die Vergütungshöhe wird danach von Gesetzes wegen insoweit ergänzt. Zur Begründung hat das Gericht auf die aus seiner Sicht damit bewirkte Sicherung des Mitbestimmungsrechts aus § 87 I Nr. 10 BetrVG verwiesen. Sie soll den AN vor Verstößen des AG gegen die kollektivrechtlich geltenden Entlohnungsgrundsätze schützen. Für deren Änderung hat der Gesetzgeber das in § 87 II BetrVG bestimmte Beteiligungsverfahren vorgesehen. Dieser gesetzlich vorgesehene Einigungszwang wird durch die individualrechtliche Sanktion gesichert. Die Fortführung der Theorie der Wirksamkeitsvoraussetzung begründet keinen Anspruch auf eine Vergütung nach mitbestimmungswidrig geänderten Entlohnungsgrundsätzen. Sie ist – wie im Verhältnis zwischen AG und BR (→ Rn. 106) – nicht Anspruchsgrundlage zur Durchsetzung mitbestimmungswidrigen Verhaltens. Zur Begründung eines auf § 611 BGB iVm mit den geltenden Entlohnungsgrundsätzen gestützten Anspruchs bedarf es daher der Darlegung, dass die für dessen Begründung herangezogenen Entlohnungsgrundsätze, deren weitere Anwendung der AN begehrt, mitbestimmungsgemäß eingeführt wurden. Eine mitbestimmungsgemäße Einführung liegt vor, wenn die Entlohnungsgrundsätze entweder auf einer Betriebsvereinbarung oder einer Regelungsabrede zwischen AG und BR beruhen, der BR ihnen bei der Einführung oder zumindest später zugestimmt hat, sie auf einem für den AG oder seinem Rechtsvorgänger früher normativ wirkenden Tarifvertrag beruhen oder der AG sie einseitig zu einem Zeitpunkt in den Betrieb eingeführt hat, zu dem noch kein BR bestand.[430] Nicht ausreichend ist es hingegen, wenn der AN lediglich geltend macht, der AG habe die Entlohnungsgrundsätze einseitig, dh ohne Zustimmung des BR im Betrieb tatsächlich durchgeführt.[431] Wurde in einem Beschlussverfahren ein Mitbestimmungsrecht des BR nach § 87 I Nr. 10 BetrVG rechtskräftig verneint, kann der AN aufgrund der präjudiziellen Bindungswirkung des Beschlusses seinen Anspruch nicht auf die Theorie der Wirksamkeitsvoraussetzung stützen.

117 **bb) Konkurrenzen.** Der Vergütungsanspruch aus § 611 BGB iVm mit den geltenden Entlohnungsgrundsätzen ist vielfach aus Sicht der betroffenen AN nur eine Mindestvergütung. Für ein mögliches Konkurrenzverhältnis gelten die nachfolgenden Grundsätze. Gilt ein Tarifvertrag normativ, dh kraft Tarifgebundenheit für das Arbeitsverhältnis, haben auch tarifgebundene AN zwar einen individualrechtlichen Anspruch auf eine Vergütung nach den im Betrieb geltenden Entlohnungsgrundsätzen. Aufgrund des Günstigkeitsprinzips (§ 4 III Alt. 2 TVG) behalten sie jedoch ihren Anspruch auf den (regelmäßig höheren) Tariflohn. Dies gilt auch für tarifungebundene AN, wenn der TV für allgemeinverbindlich erklärt wurde, sowie sinngemäß für die Anspruchskonkurrenz[432] im Nachwirkungszeitraum (§ 4 V TVG). Im Übrigen haben nicht oder anders tarifgebundene AN während der normativen Geltung des Tarifvertrags sowie im Nachwirkungszeitraum neben ihrer vertraglichen Abrede einen damit konkurrierenden Anspruch aus § 611 BGB iVm mit den Entlohnungsgrundsätzen. Dies gilt gleichermaßen für die erst im Nachwirkungszeitraum in den Betrieb eintretenden AN. Für diese findet der beendete Tarifvertrag zwar keine Anwendung kraft Nachwirkung (§ 4 V TVG), wohl aber die in ihm enthaltenen Entlohnungsgrundsätze, dh seine Vergütungsordnung.

118 **cc) Anrechnung auf übertarifliche Zulagen.** Die Verletzung des Mitbestimmungsrechts bei der Anrechnung übertariflicher Zulagen auf eine Tariferhöhung (→ Rn. 104) kann bei einer entsprechenden individualrechtlichen Verpflichtung des AG zur Beibehaltung der übertariflichen Zulage in der bisherigen Höhe führen. Beachtet der AG bei der Anrechnung das Mitbestimmungsrecht aus § 87 I Nr. 10 BetrVG nicht, führt dies individualrechtlich zur Unwirksamkeit der einseitig vorgenommenen Anrechnung. Ohne Bedeutung ist insoweit, dass der AG mitbestimmungsfrei entscheiden kann, ob und inwieweit er die für die Zulage insgesamt zur Verfügung gestellten Mittel verringern will.[433] Das Mitbestimmungsrecht sowie der Grundsatz vertrauensvoller Zusammenarbeit (§ 2 I BetrVG) werden verletzt, wenn der AG eigene Verteilungsgrundsätze vorgibt, über die er keine Verhandlungen zulässt, sondern für den Fall abweichender Vorstellungen des BR von vornherein eine mitbestimmungsfreie Vollanrechnung

[430] BAG 23.8.2017 AP Nr. 307 zu § 611 BGB Gratifikation = NZA 2018, 44; 24.1.2017 AP Nr. 151 zu § 87 BetrVG 1972 Lohngestaltung = NZA 2017, 931.

[431] BAG 5.5.2015 AP Nr. 147 zu § 87 BetrVG 1972 Lohngestaltung = NZA 2015, 1207; 28.9.1994 AP Nr. 68 zu § 87 BetrVG 1972 Lohngestaltung = NZA 1995, 277.

[432] BAG 23.2.2016 AP Nr. 148 zu § 87 BetrVG 1972 Lohngestaltung = NZA 2016, 906 (Anrechnung einer Tariferhöhung).

[433] Dagegen *Annuß* RdA 2014, 193; *Reichold* RdA 2011, 311; *ders.* AP Nr. 31 zu § 3 TVG. BAG 9.7.1996 AP Nr. 86 zu § 87 BetrVG 1972 Lohngestaltung = NZA 1997, 277; 11.8.1992 AP Nr. 53 zu § 87 BetrVG 1972 Lohngestaltung = NZA 1993, 418.

vorsieht;[434] auch insoweit ist die Anrechnung individualrechtlich unzulässig. Trifft der AG ohne Beteiligung des BR im Hinblick auf künftige Tariflohnerhöhungen zwei unterschiedliche Entscheidungen zur Anrechnung auf eine übertarifliche Zulage, von denen die eine mitbestimmungsfrei, die andere nur mit Zustimmung des BR möglich ist, werden Mitbestimmungsrechte nicht verletzt, wenn sich nur die mitbestimmungsfrei mögliche Entscheidung realisiert.[435]

XI. Mitbestimmungsrecht bei Leistungsentgelten (Nr. 11)

Muster: Schaub ArbRFV-HdB/*Schrader* B. Rn. 228.

1. Normzweck. Nach § 87 I Nr. 11 BetrVG hat der BR ein Mitbestimmungsrecht bei der Festsetzung der Akkord- und Prämiensätze und vergleichbarer leistungsbezogener Entgelte einschl. der Geldfaktoren. Die Regelung der Leistungsentlohnung gehört bereits zur betrieblichen Lohngestaltung (§ 87 I Nr. 10 BetrVG). Die Einbeziehung des BR bei der Festsetzung der Leistungslohnsätze soll die AN gegen eine Benachteiligung durch zu hoch angesetzte Leistungssätze schützen, aber auch gleichzeitig gewährleisten, dass der AN nicht zu einer zu hohen und gesundheitsschädigenden Arbeitsleistung angehalten wird.[436] Aus diesem Grund wird das Mitbestimmungsrecht des BR durch § 87 I Nr. 11 BetrVG hinsichtlich des Geldfaktors erweitert. 119

2. Gegenstand. a) Akkord. aa) Formen. Das Mitbestimmungsrecht des § 87 I Nr. 11 BetrVG 1972 erfasst zunächst den Akkord (→ § 63 Rn. 11 ff.). Akkordvergütung ist eine Lohnform, bei der sich die Höhe der Arbeitsvergütung unmittelbar nach der Arbeitsmenge richtet. Dabei ist unerheblich, ob es sich um einen Geld- oder Zeitakkord handelt. Beim Geldakkord ergibt sich die Arbeitsvergütung durch Multiplikation der Arbeitsmenge × Geldfaktor (→ § 64 Rn. 35). Beim Zeitakkord wird für eine bestimmte Arbeitsmenge eine Zeit (Vorgabezeit) vorgegeben. Die Höhe der Zeitakkordvergütung ergibt sich demnach aus der Multiplikation von Arbeitsmenge × Vorgabezeit × Akkordrichtsatz (→ § 63 Rn. 43). Dem Akkord sind vergleichbar das Gedinge im Bergbau sowie der Stückakkord des Heimarbeiters. 120

bb) Leistungsansatz. Das Mitbestimmungsrecht des BR erstreckt sich zunächst darauf, nach welchem arbeitswissenschaftlichen System (Refa, Bédaux, MTM) die Leistungsansätze erfolgen. Haben sich die Betriebsparteien für ein System der wissenschaftlichen Ermittlung der Vorgabezeiten entschieden, ist damit das Beteiligungsrecht nach § 87 I Nr. 11 BetrVG bei der Festsetzung der Vorgabezeiten noch nicht ausgeschöpft.[437] Es bezieht sich auch auf die Zeitaufnahme; insoweit hat der BR ein Mitbeurteilungsrecht.[438] Mitbestimmungspflichtig ist auch die Festsetzung der Erholungszeiten und ob diese zu Kurzpausen zusammengefasst werden.[439] Dies gilt unabhängig davon, nach welcher Methode die Vorgabezeit ermittelt wird. Die Änderung von Vorgabezeiten ist in gleicher Weise mitbestimmungspflichtig wie deren erste Festsetzung. Kein Mitbestimmungsrecht hat der BR aber bei der Festsetzung der Bandgeschwindigkeit. 121

cc) Geldfaktor. Mitbestimmungspflichtig ist zudem der Geldfaktor. Dies ist der Faktor, der für die Leistungslohnhöhe maßgebend ist. Er ergibt sich aus dem Akkordrichtsatz oder dem Prämienausgangslohn.[440] Dem Mitbestimmungsrecht steht nicht entgegen, dass dem BR damit ein Einfluss auf die Höhe des Arbeitsentgelts eingeräumt wird. Sind Akkordrichtsatz oder Prämienausgangslohn tariflich geregelt, ist allerdings nach § 87 I Eingangshs. BetrVG insoweit kein Raum für eine Mitbestimmung. 122

b) Prämien. Nach der Rspr. des BAG soll mit der Prämie eine zusätzliche Leistung des AN vergütet werden, wobei die Prämie neben der Grundvergütung gezahlt wird.[441] Der Prämienlohn iSd Nr. 11 setzt daher eine Bezugsgröße voraus, mit der die Arbeitsleistung des AN vergli- 123

[434] BAG 26.5.1998 AP Nr. 98 zu § 87 BetrVG 1972 Lohngestaltung = NZA 1998, 1292.
[435] BAG 1.11.2005 AP Nr. 16 zu § 33 BAT.
[436] BAG 13.9.1983 AP Nr. 3 zu § 87 BetrVG 1972 Prämie; zu Nr. 11 *Gründel/Butz* BB 2014, 2747.
[437] BAG 16.4.2002 AP Nr. 9 zu § 87 BetrVG 1972 Akkord.
[438] BAG 24.2.1987 AP Nr. 21 zu § 77 BetrVG 1972 = NZA 1987, 639.
[439] BAG 24.11.1987 AP Nr. 6 zu § 87 BetrVG 1972 Akkord = NZA 1988, 320; 24.2.1987 AP Nr. 21 zu § 77 BetrVG 1972 = NZA 1987, 639.
[440] BAG 14.2.1989 AP Nr. 8 zu § 87 BetrVG 1972 Akkord = NZA 1989, 648 (Wartezeit); 13.9.1983 AP Nr. 3 zu § 87 BetrVG 1972 Prämie; aA Richardi BetrVG/*Richardi* § 87 Rn. 904 ff.
[441] BAG 28.7.1981 AP Nr. 2 zu § 87 BetrVG 1972 Provision.

chen wird.[442] Hieran fehlt es, wenn die Leistung in einem bestimmten Zeitraum lediglich als Berechnungsgrundlage für die Vergütungshöhe in einem nachfolgenden Zeitraum dient.[443] Die zusätzliche Leistung kann in einer größeren Arbeitsmenge, einer besonderen Arbeitsqualität, in der Ersparnis von Material oder Energie liegen. Das Mitbestimmungsrecht nach Nr. 11 besteht hinsichtlich der Ermittlung und Festsetzung des leistungsabhängigen Prämienentgelts im gleichen Umfang wie beim Akkord (→ Rn. 113).

124 **c) Vergleichbare leistungsbezogene Entgelte.** Für diese Vergütungsform reicht es nicht aus, wenn sich das Entgelt des AN nach seiner Leistung bestimmt. Erforderlich ist vielmehr, dass diese Leistung gemessen, zu einer Bezugsleistung („Normalleistung") in Beziehung gesetzt wird und erst das Verhältnis der Leistungen des AN zur Bezugsleistung das Leistungsentgelt in seiner Höhe bestimmt.[444] Eine **Provision** ist danach keine mit dem Akkord oder der Prämie vergleichbare Vergütung, da es für die Arbeitsleistung des AN regelmäßig an einer Bezugsgröße fehlen wird. Sie richtet sich zwar nach dem Arbeitserfolg, hängt aber nicht unmittelbar von der Arbeitsleistung des AN ab. Ein schlechtes Produkt lässt sich trotz großer Anstrengung nicht verkaufen. Aus diesem Grund sind von der Rspr. bisher Abschluss-[445] sowie Anteils- oder Leistungsprovisionen[446] nicht als nach Nr. 11 mitbestimmungspflichtig angesehen worden. Auch bei einer Leistungszulage,[447] einer Anwesenheits- und Treueprämie, Bedienungsgeldern sowie Gewinn- und Ergebnisbeteiligungen fehlt es im Allgemeinen an einer Bezugsgröße, die Voraussetzung für die Mitbestimmungspflicht nach § 87 I Nr. 11 BetrVG ist.

XII. Vorschlagswesen (Nr. 12)

Muster: Schaub ArbRFV-HdB/*Schrader* B. Rn. 238.

125 Durch die erzwingbare Mitbestimmung über die Grundsätze des betrieblichen Vorschlagswesens soll der Abschluss von Betriebsvereinbarungen (§ 20 II ArbNErfG) erleichtert werden[448] (→ § 114 Rn. 41). Dem BR steht ein Initiativrecht zu, sobald für eine allgemeine Regelung ein betriebliches Bedürfnis besteht.[449] Die Betriebsparteien dürfen zur verbindlichen Beurteilung eingereichter Verbesserungsvorschläge paritätische Kommissionen einrichten, deren Entscheidungen nur beschränkt gerichtlich überprüfbar sind.[450] Vom Mitbestimmungsrecht nicht gedeckt ist eine Regelung, die dem BR ein Mitbestimmungsrecht einräumen soll bei der Bestellung des jeweiligen Beauftragten für das betriebliche Vorschlagswesen, bei der Entscheidung über die Annahme eines einzelnen Verbesserungsvorschlags und bei der Entscheidung über die Höhe der Prämien im Einzelfall.[451] Nach § 21 ArbNErfG werden die Erfinderberater durch Übereinkunft von AG und BR bestellt.

XIII. Gruppenarbeit (Nr. 13)

126 **1. Normzweck.** Nach dem durch das BetrVG-ReformG neu eingefügten § 87 I Nr. 13 BetrVG hat der BR bei der Einführung und Änderung der Grundsätze über die Durchführung der Gruppenarbeit mitzubestimmen. Durch das Mitbestimmungsrecht soll einerseits die Selbständigkeit und Eigeninitiative der AN bei der Ausgestaltung der Gruppenarbeit gefördert und andererseits verhindert werden, dass der Gruppendruck zu einer Selbstausbeutung der Gruppenmitglieder und Ausgrenzung leistungsschwächerer AN führt (BT-Drs. 14/5741, 47).

127 **2. Gegenstand. a) Allgemeines.** § 87 I Nr. 13 BetrVG beschränkt das Mitbestimmungsrecht auf die Ausgestaltung der Gruppenarbeit; mitbestimmungsfrei ist die Entscheidung des AG, ob und ggf. in welchem Umfang Gruppenarbeit eingeführt wird. Auch ihre Beendigung

[442] BAG 13.3.1984 AP Nr. 4 zu § 87 BetrVG 1972 Provision = NZA 1984, 296; 28.7.1981 AP Nr. 2 zu § 87 BetrVG 1972 Provision.
[443] BAG 15.5.2001 AP Nr. 17 zu § 87 BetrVG 1972 Prämie = NZA 2001, 1154.
[444] BAG 13.3.1984 AP Nr. 4 zu § 87 BetrVG 1972 Provision = NZA 1984, 296.
[445] BAG 26.7.1988 AP Nr. 6 zu § 87 BetrVG 1972 Provision = NZA 1989, 109; 13.3.1984 AP Nr. 4 zu § 87 BetrVG 1972 Provision = NZA 1984, 296.
[446] BAG 28.7.1981 AP Nr. 2 zu § 87 BetrVG 1972 Provision.
[447] BAG 22.10.1985 AP Nr. 3 zu § 87 BetrVG 1972 Leistungslohn = NZA 1986, 296.
[448] Vgl. zu entspr. Betriebsvereinbarungen *Sander* FA 2020, 104.
[449] BAG 28.4.1981 AP Nr. 1 zu § 87 BetrVG 1972 Vorschlagswesen; *Schwab* NZA-RR 2015, 225.
[450] BAG 20.1.2004 AP Nr. 3 zu § 87 BetrVG 1972 Vorschlagswesen.
[451] BAG 16.3.1982 AP Nr. 2 zu § 87 BetrVG 1972 Vorschlagswesen.

unterliegt nicht der Mitbestimmung des BR. Gleiches gilt für die mit der Durchführung der Gruppenarbeit verbundenen arbeitstechnischen bzw. -organisatorischen Fragen. Insoweit hat der BR nach allgemeinen Grundsätzen auch kein Initiativrecht (→ Rn. 19).

b) Gruppenarbeit. Das Mitbestimmungsrecht wird durch § 87 I Nr. 13 BetrVG nicht auf jede Form der Gruppenarbeit erstreckt, sondern nur auf die sog. teilautonomen Arbeitsgruppen (→ § 181 Rn. 1 ff.). Die Vorschrift stellt nicht auf die gemeinschaftliche Verantwortlichkeit für das Gruppenergebnis, sondern die Leistung der Gruppe ab. Dieser muss eine gemeinsam zu erledigende Arbeitsaufgabe übertragen worden sein, wobei es sich sowohl um gleichförmige wie auch nacheinander gelagerte Tätigkeiten handeln kann. Ihre Bewältigung muss entspr. den vertraglichen Vorgaben eigenverantwortlich erfolgen, dh weitgehend ohne Ausübung von Weisungsrechten durch den AG. Der Gruppe müssen daher auch Vorgesetztenkompetenzen übertragen sein (BT-Drs. 14/5741, 48), über deren weitere Delegation auf eine oder mehrere Personen und Ausübung sie selbst entscheidet. Fehlt es an Entscheidungskompetenzen für die Planung und Ausführung der zu erbringenden Arbeitsleistung, liegt keine Gruppenarbeit vor.[452] Agile Arbeitsmethoden (**Scrum**) können die Voraussetzungen von Nr. 13 erfüllen.[453] **128**

c) Grundsätze der Durchführung. Bereits vor dem Inkrafttreten von § 87 I Nr. 13 BetrVG führte die Gruppenarbeit zu Beteiligungsrechten des BR. Im Bereich der sozialen Mitbestimmung waren regelmäßig die Tatbestände der § 87 I Nrn. 1, 3, 6, 7, 10, 11 BetrVG betroffen; diese Beteiligungsrechte bleiben unberührt. Nach der Gesetzesbegründung sollen spezifische Gegenstände des Mitbestimmungsrechts nach Nr. 13 die Wahl eines Gruppensprechers, dessen Stellung und Aufgaben, Verfahren zur Kommunikation, Meinungsbildung, Zusammenarbeit und Konfliktlösung innerhalb der Gruppe und Grundsätze über die Berücksichtigung leistungsschwächerer AN sein (BT-Drs. 14/5741, 47). Weiterhin werden in diesem Zusammenhang Regelungen über die Zusammensetzung der Gruppe und die Unterrichtung des AG über ihre Organisation sowie Weitergabe von Leistungseinschätzungen der Gruppenmitglieder genannt.[454] **129**

XIV. Ausgestaltung von mobiler Arbeit (Nr. 14)

1. Normzweck. Durch das BRModG wurde ein neuer Tatbestand in § 87 I BetrVG eingeführt. Danach hat der BR bei der Ausgestaltung mobiler Arbeit, die mittels Informations- und Kommunikationstechnik erbracht wird, mitzubestimmen. Die Regelung zielt darauf ab, den Einsatz mobiler Arbeit zu fördern, indem hierfür im Interesse und zum Schutz der betroffenen AN ein einheitlicher und auf den Betrieb zugeschnittener verbindlicher Rechtsrahmen geschaffen wird; zugleich sollen dadurch die mit mobiler Arbeit verbundenen Gefahren – insbes. die Entgrenzung von Arbeits- und Privatleben – reduziert werden (BR-Drs. 271/21, 2, 7, 11). Das Mitbestimmungsrecht bildet nach Vorstellung des Gesetzgebers einen Auffangtatbestand für alle Regelungen, mit denen mobile Arbeit ausgestaltet werden kann; bereits bestehende Beteiligungsrechte nach anderen Vorschriften sollen unverändert weitergelten (BR-Drs. 271/21, 20). Dies kann nur dahin verstanden werden, dass auch § 87 I Nr. 14 BetrVG hinsichtlich der von anderen Mitbestimmungstatbeständen erfassten Angelegenheiten (etwa den Arbeitsschutz nach § 87 I Nr. 7 BetrVG) nur insoweit greift, wie die hierfür jeweils erforderlichen gesetzlichen Voraussetzungen erfüllt sind. **130**

2. Gegenstand. Das Mitbestimmungsrecht bezieht sich nur auf die Ausgestaltung („wie") von mobiler Arbeit; die Entscheidung, „ob" im Betrieb derart gearbeitet werden soll, kann der AG mitbestimmungsfrei treffen; auch ein Initiativrecht des BR besteht hierfür nicht. Mobile Arbeit soll nach der Gesetzesbegründung vorliegen, wenn AN die geschuldete Arbeitsleistung unter Verwendung von Informations- und Kommunikationstechnik außerhalb der Betriebsstätte erbringen. Keine mobile Arbeit iSv § 87 I Nr. 14 BetrVG ist hingegen gegeben, wenn die AN ihre geschuldete Arbeitsleistung aufgrund von deren Eigenart (Produktion, Labor etc.) ortsgebunden erbringen müssen. Das Mitbestimmungsrecht erfasst sowohl regelmäßige als auch anlassbezogene mobile Arbeit. Sein Gegenstand sollen Regelungen über den zeitlichen Umfang mobiler Arbeit, Beginn und Ende der täglichen Arbeitszeit bei mobiler Arbeit, über den Ort, von welchem aus mobil gearbeitet werden kann und darf, sowie über die Ausstattung sein. Regelbar ist damit zB eine Bindung des Arbeitsorts an die Wohnung des AN (Homeoffice), der generelle **131**

[452] *Preis/Elert* NZA 2001, 371 (373), die ausdrücklich reine Akkordgruppen ausnehmen.
[453] Vgl. *Günther/Böglmüller* NZA 2019, 417 (422).
[454] *Fitting* BetrVG § 87 Rn. 575; *Löwisch* BB 2001, 1790 (1792); vgl. auch *Federlin* NZA-Sonderheft 2001, 24 (27).

Verzicht auf Bestimmung eines Aufenthaltsorts (Mobile Working) oder die Möglichkeit einer Anordnung kurzzeitiger Präsenz im Betrieb (Rooming-In).[455] Nach der Vorstellung des Gesetzgebers können auch Festlegungen zu konkreten Anwesenheitspflichten in der Betriebsstätte, zur Erreichbarkeit, zum Umgang mit Arbeitsmitteln der mobilen Arbeit und über einzuhaltende Sicherheitsaspekte getroffen werden (BR-Drs. 271/21, 20). Von Nr. 14 wird nur die mobile Arbeit erfasst, die *mittels* Informations- und Kommunikationstechnik erbracht wird. Damit will das Gesetz zum Ausdruck bringen, dass Tätigkeiten, die – wie beim Handelsvertreter, Boten, Fahrer, Außendienstmonteur – per se nicht im Betrieb erbracht werden können, nicht unter diesen Tatbestand fallen (BR-Drs. 271/21, 20).

§ 236. Freiwillige Mitbestimmung in sozialen Angelegenheiten; Beteiligung beim Arbeits- und betrieblichen Umweltschutz

Übersicht

I. Freiwillige Mitbestimmung in sozialen Angelegenheiten (§ 88 BetrVG)

Muster: Schaub ArbRFV-HdB/*Thoms* B. Rn. 241.

1 **1. Freiwillige Mitbestimmung.** Während § 87 BetrVG die Gegenstände abschließend aufzählt, in denen der BR ein erzwingbares Mitbestimmungsrecht in sozialen Angelegenheiten hat, eröffnet § 88 BetrVG eine Regelungskompetenz für den BR, aufgrund derer er mit dem AG freiwillige Betriebsvereinbarungen abschließen kann. Einen durchsetzbaren Anspruch auf Abschluss einer solchen Betriebsvereinbarung hat er nicht. Im Unterschied zu § 87 BetrVG enthält § 88 BetrVG keinen abschließenden Katalog der Regelungskompetenz, sondern lediglich einige Beispiele, wie sich aus der Formulierung „können insbesondere" ergibt. Unzureichend sind im Rahmen des § 88 BetrVG allerdings bloße Regelungsabreden (→ § 231 Rn. 78).

2 **2. Regelungsbereiche und -schranken.** Die Befugnis der Betriebsparteien zum Abschluss freiwilliger Betriebsparteien beschränkt sich nicht auf die sozialen Angelegenheiten. Vielmehr geht das BetrVG – wie § 88 und § 77 III BetrVG zeigen – von einer Allzuständigkeit des BR für die Regelung der Arbeitsbedingungen aus (→ § 231 Rn. 16). Durch Betriebsvereinbarung können dementsprechend alle formellen und materiellen Arbeitsbedingungen geregelt werden, die Gegenstand des normativen Teils eines Tarifvertrags sein können (→ § 200 Rn. 10). Allerdings haben die Betriebsparteien hierbei den Tarifvorbehalt in § 77 III BetrVG zu beachten (→ § 231 Rn. 20). Weiterhin gelten für freiwillige Betriebsvereinbarungen im Rahmen des § 88 BetrVG die allgemeinen Beschränkungen für den Abschluss von Betriebsvereinbarungen; die Betriebsparteien sind dabei nicht auf Regelungen zugunsten der AN beschränkt[1] (→ § 231 Rn. 17). Allerdings dürfen weder höherrangiges und zwingendes Recht (→ § 231 Rn. 34) noch die Vorgaben des § 75 I BetrVG (→ § 230 Rn. 17) verletzt werden; bei der Ausübung und Ausgestaltung ihrer Regelungsbefugnis müssen AG und BR daher die Freiheitsrechte der AN sowie die Grundsätze der Verhältnismäßigkeit und des Vertrauensschutzes beachten. Regelmäßig

[455] *Möllenkamp* DB 2021, 1198 (1201).
[1] AA *Waltermann* RdA 2007, 257 (keine Kompetenz); dagegen zu Recht *Linsenmaier* RdA 2008, 1.

unverhältnismäßig sind zB freiwillige Betriebsvereinbarungen über eine nicht vorgesehene Kostenbeteiligung der AN.[2]

3. Gegenstände der freiwilligen Mitbestimmung. a) Angelegenheiten nach § 88 Nr. 1–5 BetrVG. aa) Unfallverhütung. Nach § 88 Nr. 1 BetrVG können durch freiwillige Betriebsvereinbarungen zusätzliche Maßnahmen zur Verhütung von Arbeitsunfällen und Gesundheitsschädigungen vereinbart werden. Die Vorschrift ergänzt § 87 I Nr. 7 BetrVG (→ § 235 Rn. 75). Es kommen generelle Regelungen in Betracht über Maschinenschutzvorrichtungen, Belüftungs-, Beheizungs-, Beleuchtungs-, Wasch- und Entstaubungsanlagen, Vorsorgeuntersuchungen, Schutzkleidung, Maßnahmen für die Verbesserung der Arbeitsumgebung oder der sanitären Anlagen sowie über eine höhere Zahl von Betriebsärzten. 3

bb) Betrieblicher Umweltschutz. Durch freiwillige Betriebsvereinbarungen können Maßnahmen des betrieblichen Umweltschutzes geregelt werden (§ 88 Nr. 1a BetrVG). Zu den Beteiligungsrechten des BR im Bereich des betrieblichen Umweltschutzes → Rn. 16. Durch Vereinbarungen nach § 88 BetrVG kann eine darüber hinausgehende Beteiligung des BR in Umweltfragen vereinbart werden, zB ein Informationsrecht über den Stand von Planungs- und Genehmigungsverfahren, die Bildung von gemeinsamen Umweltausschüssen (§ 28 III BetrVG) oder Arbeitsgruppen (§ 28a BetrVG) und deren Zusammenarbeit mit Behörden oder Umweltorganisationen. Gegenstand einer freiwilligen Betriebsvereinbarung kann auch die Durchführung von Bildungsmaßnahmen für die AN auf dem Gebiet des Umweltschutzes sein. Die vereinbarten Regelungen müssen sich aber immer auf Umweltfragen beziehen, die einen konkreten betrieblichen Bezug haben. 4

cc) Sozialeinrichtungen. Freiwillige Betriebsvereinbarungen können über die Errichtung von Sozialeinrichtungen, deren Wirkungsbereich auf den Betrieb, das Unternehmen oder den Konzern beschränkt ist, abgeschlossen werden (§ 88 Nr. 2 BetrVG, zum Mitbestimmungsrecht → § 235 Rn. 83). 5

dd) Vermögensbildung. Nach § 88 Nr. 3 BetrVG können die Betriebsparteien auch Maßnahmen zur Förderung der Vermögensbildung vereinbaren. Das BetrVG knüpft insoweit an die Vorschriften des 5. VermBG an, wonach Betriebsvereinbarungen über zusätzliche vermögenswirksame Leistungen des AG bzw. eine Ergebnisbeteiligung der AN zulässig sind (→ § 80 Rn. 1). Daneben soll den Betriebsparteien die Möglichkeit eröffnet werden, zusätzliche oder andere Vermögensbildungspläne zu vereinbaren. Hierzu gehört auch die Ausgabe von Aktien für Mitarbeiter[3] (→ § 80 Rn. 5). 6

ee) Integration und Bekämpfung von Rassismus. Schließlich sind in § 88 Nr. 4 BetrVG freiwillige Betriebsvereinbarungen zur Integration von ausländischen AN und Bekämpfung von Rassismus genannt. Als mögliche Gegenstände solcher Regelungen kommen Sprachunterricht für ausländische AN und Aufklärungsaktionen im Betrieb in Betracht.[4] 7

ff) Eingliederung Schwerbehinderter. Auch Maßnahmen zur Eingliederung schwerbehinderter Menschen können Gegenstand einer freiwilligen Betriebsvereinbarung sein (§ 88 Nr. 5 BetrVG). Die Vorschrift wurde durch Art. 18 I 1 Nr. 2 des Bundesteilhabegesetzes vom 23.12.2016 eingefügt und ist zum 30.12.2016 in Kraft getreten. 8

b) Weitere Angelegenheiten. Außer zu den in § 88 BetrVG genannten Bereichen können freiwillige Betriebsvereinbarungen u.a. zulässig sein über: **Altersgrenzen** (BAG GS 7.11.1989 AP Nr. 46 zu § 77 BetrVG 1972 = NZA 1990, 816; 21.2.2107 AP Nr. 61 zu § 75 BetrVG 1972 = NZA 2017, 738; 5.3.2013 AP Nr. 105 zu § 77 BetrVG 1972 = NZA 2013, 916), Arbeitsentgelt (BAG 12.4.2011 AP Nr. 57 zu § 75 BetrVG 1972 = NZA 2011, 989), **Arbeitszeitdauer** (BAG 18.8.1987 AP Nr. 23 zu § 77 BetrVG 1972 = NZA 1987, 779), einschließlich der Pausen, Ausschlussfristen (BAG 25.2.2015 AP Nr. 129 zu § 1 TVG Bezugnahme auf Tarifvertrag = NZA 2015, 943; 9.4.1991 AP Nr. 1 zu § 77 BetrVG 1972 Tarifvorbehalt = NZA 1992, 177; enger BAG 12.12.2006 AP Nr. 94 zu § 77 BetrVG 1972 = NZA 2007, 453), Gehaltserhöhung (BAG 27.4.2016 EzA Nr. 34 zu § 87 BetrVG 2001 Betriebliche Lohngestaltung), betriebliche Schiedsstellen, freiwillige Sozialpläne (BAG 26.8.1998 AP Nr. 11 zu § 77 BetrVG 1972 Nachwirkung = NZA 2007, 1348), Kündigungen, Lohnabtretungs- und Nebenbeschäfti- 9

---

[2] Vgl. BAG 12.12.2006 AP Nr. 94 zu § 77 BetrVG 1972 = NZA 2007, 453; vgl. *Wiese* FS Richardi, 817.
[3] BAG 28.11.1989 AP Nr. 6 zu § 88 BetrVG 1972 = NZA 1990, 559; Muster: Schaub ArbRFV-HdB/*Schrader* B. Rn. 234 (Zielvereinbarung).
[4] *Löwisch* BB 2001, 1790 (1794).

gungsverbote, sog. Turboprämien (BAG 31.5.2005 AP Nr. 175 zu § 112 BetrVG 1972 = NZA 2005, 997), Urlaub, **Vertragsstrafen** (BAG 6.8.1991 AP Nr. 52 zu § 77 BetrVG 1972 = NZA 1992, 177) sowie Wiedereinstellungsansprüche (BAG 24.4.2013 AP Nr. 63 zu § 77 BetrVG 1972 Betriebsvereinbarung = NZA-RR 2014, 532; 14.3.2012 AP Nr. 60 zu § 77 BetrVG 1972 Betriebsvereinbarung). Gegenstand freiwilliger Betriebsvereinbarungen können auch betriebsverfassungsrechtliche Regelungen (→ § 230 Rn. 8) oder prozedurale Bestimmungen sein, die das Verfahren zur Ausübung der Mitbestimmung flankieren sollen,[5] nicht hingegen Vereinbarungen über gesellschaftsrechtlicheThemen[6] oder von Art. 9 III GG erfasste, koalitionsspezifische Tätigkeiten.[7]

10 **4. Streitigkeiten.** Kommt es zwischen AG und BR im Bereich des § 88 BetrVG nicht zu einer Einigung über den Abschluss einer Betriebsvereinbarung, kann diese nicht über das Einigungsstellenverfahren erzwungen werden (§ 76 BetrVG; → § 232 Rn. 1 ff.). Die **Einigungsstelle** wird nur tätig, wenn beide Seiten es beantragen oder mit ihrem Tätigwerden einverstanden sind (§ 77 VI BetrVG; → § 232 Rn. 7). Streitigkeiten über Bestand und Durchführung einer Betriebsvereinbarung entscheidet das **Arbeitsgericht** im Beschlussverfahren. Macht dagegen ein einzelner AN Ansprüche aus einer freiwillig abgeschlossenen Betriebsvereinbarung geltend, entscheidet es im Urteilsverfahren.

II. Arbeitsschutz

Muster: Schaub ArbRFV-HdB/*Schrader* B. Rn. 219.

11 **1. Allgemeines.** Durch § 89 BetrVG werden die Beteiligungsrechte des BR auf dem Gebiet des Arbeitsschutzes verstärkt. Die Vorschrift ergänzt insoweit das allgemeine Überwachungs- und Antragsrecht des BR (§ 80 I Nr. 1, 2 BetrVG; → § 233 Rn. 2) und das Mitbestimmungsrecht nach § 87 I Nr. 7 BetrVG (→ § 235 Rn. 75). Der BR ist nicht nur zu Maßnahmen auf dem Gebiet des Arbeitsschutzes berechtigt, sondern auch zur Bekämpfung der den AN drohenden Gefahren verpflichtet. Letztlich verantwortlich für die Einhaltung der Arbeitsschutzbestimmungen bleibt jedoch der AG. Soweit der BR zur Zusammenarbeit mit Arbeitsschutzbehörden verpflichtet ist, ist die Pflicht zur Verschwiegenheit (§ 79 BetrVG) eingeschränkt.

12 **2. Inhalt des Beteiligungsrechts. a) Unterrichtung.** Nach § 89 I BetrVG hat sich der BR dafür einzusetzen, dass im Betrieb die Vorschriften über den Arbeitsschutz und die Unfallverhütung (→ § 235 Rn. 76) durchgeführt werden. Zu diesem Zweck hat ihn der AG über die getroffenen Anordnungen und Auflagen der für den Arbeitsschutz und die Unfallverhütung zuständigen Behörden unverzüglich zu unterrichten (§ 89 II 2 BetrVG). Zu den Vorschriften über den Arbeitsschutz zählen auch entspr. Betriebsvereinbarungen.

13 **b) Unterstützung der zuständigen Behörden. aa) Begriff.** Der BR hat bei der Bekämpfung von Unfall- und Gesundheitsgefahren die für den Arbeitsschutz zuständigen Behörden, die Träger der gesetzlichen Unfallversicherungen und die sonstigen in Betracht kommenden Stellen durch Anregung, Beratung und Auskunft zu unterstützen (§ 89 I 2 BetrVG). Zu diesen zählen die Gewerbeaufsichtsbehörden, Gesundheitsämter, Baubehörden, die für den Brandschutz zuständigen Stellen, die amtlich anerkannten Sachverständigen, der technische Überwachungsverein und die Berufsgenossenschaften, Fachkräfte für Arbeitssicherheit und die Betriebsärzte. Zur Zusammenarbeit verpflichtet ist der BR auch mit den für den betrieblichen Arbeits- und Gefahrenschutz bestellten Personen. Dagegen obliegt dem BR keine unmittelbare Verpflichtung, polizeiliche Ermittlungsbehörden (etwa bei Arbeitsunfällen) zu unterstützen.

14 **bb) Mitteilungen an Arbeitsschutzbehörden.** Der BR kann gegenüber den zuständigen Arbeitsschutzbehörden in geeigneter Form Mitteilungen über die aus seiner Sicht bestehenden Mängel auf dem Gebiet des Arbeitsschutzes machen, wenn er zuvor vom AG erfolglos die Beseitigung des beanstandeten Zustands verlangt und eine Mitteilung an die zuständige Behörde angekündigt hat.[8]

---

[5] BAG 23.10.2018 AP Nr. 115 zu § 77 BetrVG 1972 = NZA 2019, 186.
[6] BAG 16.8.2005 AP Nr. 24 zu § 1 TVG Altersteilzeit.
[7] BAG 28.7.2020 AP Nr. 50 zu § 87 BetrVG 1972 Ordnung des Betriebes = NZA 2020, 1413.
[8] Dazu *Wiebauer* NZA 2015, 22.

c) Hinzuziehung des Betriebsrats. Der AG muss den BR zu allen mit dem Arbeitsschutz und der Unfallverhütung in Zusammenhang stehenden Fragen und Besichtigungen sowie bei Unfalluntersuchungen hinzuziehen und ihm die entspr. Niederschriften hierüber aushändigen (§ 89 II 2, V BetrVG). Gleiches gilt für Besprechungen mit dem Sicherheitsbeauftragten nach § 22 II SGB VII. Das Hinzuziehungsrecht bei Unfällen beinhaltet eine Konsultation des BR bei allen – ggf. auch von ihm anzuregenden – Aufklärungsmaßnahmen (zB bei einer Befragung von Verunfallten, bei Zeugenvernehmungen, bei einer Anhörung von Sachverständigen und bei der Begehung eines Unfallorts); es ermächtigt den BR aber nicht zu eigenständigen Ermittlungen.[9] Der AG hat nach § 89 V BetrVG seine gem. § 193 V SGB VII vom BR ebenfalls zu unterschreibenden Unfallanzeigen (nicht die von Dritten) dem BR auszuhändigen. Dies betrifft nur tatsächlich erstattete Anzeigen; einen Anspruch auf Durchsetzung der unfallversicherungsrechtlichen Pflicht zur Anzeigenerstattung begründet § 89 V BetrVG nicht.[10] 15

III. Betrieblicher Umweltschutz

Muster: Schaub ArbRFV-HdB/*Siebert* A. Rn. 413.

1. Allgemeines. Vor Inkrafttreten des BetrVG-ReformG waren die Mitwirkungsrechte des BR auf dem Gebiet des Umweltschutzes nur schwach ausgebildet. Nunmehr hat der Gesetzgeber dem BR die Förderung von Maßnahmen des betrieblichen Umweltschutzes ausdrücklich als Aufgabe übertragen (§ 80 I Nr. 9 BetrVG). Daneben ist der betriebliche Umweltschutz Gegenstand der Berichte des AG bzw. Unternehmers in der Betriebs- bzw. Betriebsräteversammlung (§§ 43 II, 53 II Nr. 2 BetrVG); allgemein umweltpolitische Fragen können zudem Thema einer Betriebs- oder Abteilungsversammlung sein (§ 45 S. 1 BetrVG). 16

2. Inhalt des Beteiligungsrechts. Eine Begriffsbestimmung des betrieblichen Umweltschutzes enthält § 89 III BetrVG. Hierunter fallen alle personellen und organisatorischen Maßnahmen sowie sämtliche die betrieblichen Bauten, Räume und technische Anlagen, Arbeitsverfahren, Arbeitsabläufe und Arbeitsplätze betreffenden Maßnahmen, die dem Umweltschutz dienen. Der Begriff des Umweltschutzes wird hingegen vom Gesetz nicht näher definiert. Hierunter ist jede Handlung zu verstehen, die den vorhandenen Bestand an Sach-, Natur- und Kulturgütern, an Landschaft und Naturhaushalt sowie das zwischen ihnen bestehende Wirkungsgefüge bewahrt oder stärkt.[11] Trotz dieser weit gefassten Definition hat der BR kein allgemeines, sondern lediglich ein **betriebsbezogenes Mandat auf dem Gebiet des Umweltschutzes** (BT-Drs. 14/5741, 48). Daneben wird vertreten, dass sich die Beteiligungsrechte lediglich auf soziale Angelegenheiten beziehen, da die §§ 88, 89 BetrVG in den Dritten Abschnitt des BetrVG aufgenommen worden sind.[12] Daran ist richtig, dass Betriebsvereinbarungen über den betrieblichen Umweltschutz nach § 88 Nr. 1a BetrVG nur soziale Angelegenheiten zum Gegenstand haben können. Da die Zuständigkeit des BR und seine Fähigkeit zum Abschluss von Betriebsvereinbarungen aber umfassend sind, sind freiwillige Betriebsvereinbarungen zum betrieblichen Umweltschutz auch im Bereich der personellen und wirtschaftlichen Mitbestimmung zulässig. 17

3. Verfahren. Nach § 89 I BetrVG hat sich der BR dafür einzusetzen, dass die Vorschriften über den Umweltschutz eingehalten werden. Dies gilt jedoch nur, soweit durch deren Inhalt (auch) die AN geschützt werden. Daneben verpflichtet § 89 II 2, III BetrVG den AG, **(a)** den BR zu allen mit dem betrieblichen Umweltschutz in Zusammenhang stehenden Besichtigungen und Fragen hinzuzuziehen, **(b)** ihm unverzüglich die entsprechenden Auflagen und Anordnungen der zuständigen Stellen mitzuteilen und **(c)** die entsprechenden Niederschriften auszuhändigen. Ein eigenständiges Unterstützungsrecht gegenüber den Umweltbehörden hat der BR aber nicht, da § 89 I 2 BetrVG nur für den Arbeitsschutz gilt. 18

4. Beauftragte. Berührungspunkte zum Arbeits- bzw. Umweltschutz bestehen im Rahmen der personellen Mitbestimmung nach § 99 BetrVG (→ § 241 Rn. 8) insbesondere bei der Bestellung der Fachkraft für Arbeitssicherheit (§ 5 ASiG), den Beauftragten nach § 10 II ArbSchG, einem Immissionsschutz- und Störfallbeauftragten (§ 53, §§ 58a ff. BImSchG), einem 19

---

[9] BAG 12.3.2019 AP Nr. 85 zu § 80 BetrVG 1972 = NZA 2019, 850.
[10] BAG 12.3.2019 AP Nr. 85 zu § 80 BetrVG 1972 = NZA 2019, 850.
[11] *Fitting* BetrVG § 89 Rn. 9.
[12] *Löwisch* BB 2001, 1790 (1793), der auch verfassungsrechtliche Bedenken äußert.

Betriebsbeauftragten für Abfall (§§ 59 ff. KrWG), Gewässerschutzbeauftragten (§§ 64 ff. WHG), einem Beauftragten für biologische Sicherheit (§ 3 Nr. 9, § 6 IV GenTG, §§ 29 ff. GenTSV), einem kerntechnischen Sicherheitsbeauftragten (§§ 2 II, 4 II AtSMV), einem Strahlenschutzbeauftragten (§§ 45 ff. StrlSchV), einem Sicherheitsbeauftragten (§ 22 SGB VII) und den Gefahrgutbeauftragten (§ 3 I 1 Nr. 14 GGBefG, § 3 GbV). Schließlich ergeben sich aus der Anlage 1 der VO (EG) Nr. 1221/2009 vom 25. November 2009 über die freiwillige Teilnahme von Organisationen an einem Gemeinschaftssystem für Umweltmanagement und Umweltbetriebsprüfung – EMAS III – (ABl. EG L 342, 1, 27) Beteiligungsrechte für den BR bzw. GBR (zB aus § 80 I Nr. 2, § 89 II 2, § 90 I Nr. 3, §§ 96 ff. BetrVG).

7. Abschnitt. Gestaltung von Arbeitsplatz, Arbeitsablauf und Arbeitsumgebung

§ 237. Beteiligungsrechte bei der Gestaltung von Arbeitsplatz, Arbeitsablauf und Arbeitsumgebung

Muster: Schaub ArbRFV-HdB/*Thoms* B. Rn. 112.

Übersicht

I. Normzweck

Zweck der durch das BetrVG 1972 neu geschaffenen §§ 90, 91 BetrVG ist es, die Betriebsverfassung in den Dienst der Humanisierung der Arbeitswelt zu stellen. Bei der Einrichtung und Organisation von Produktion und Betrieb sollen nicht nur Rentabilitätsgesichtspunkte, sondern auch arbeitswissenschaftliche Erkenntnisse berücksichtigt werden. Während der gesetzliche Arbeitsschutz und damit auch das Mitbestimmungsrecht des § 87 I Nr. 7 BetrVG der Abwehr und Reduktion von Gesundheitsgefährdungen dienen, zielen die §§ 90, 91 BetrVG auf die Herstellung möglichst positiver und humaner Bedingungen für die Erbringung der Arbeitsleistung einschließlich der Schaffung einer menschenwürdigen Arbeitswelt ab (autonomer Arbeitsschutz).[1] Die Rechte des BR nach den §§ 90, 91 BetrVG können mit denen aus §§ 106 ff. BetrVG konkurrieren, da verschiedene Zwecke verfolgt werden. 1

II. Unterrichtungs- und Beratungsrechte des Betriebsrats

1. Allgemeines. Dem BR steht bei den in § 90 I BetrVG genannten Vorhaben des AG bereits im Planungsstadium ein umfassendes Unterrichtungs- und Beratungsrecht zu. Die Aufzählung der beteiligungspflichtigen Tatbestände ist abschließend. Streitigkeiten, ob eine mitwirkungspflichtige Maßnahme vorliegt, entscheidet das Arbeitsgericht im Beschlussverfahren (§ 2a ArbGG). Der BR kann auch von sich aus Vorschläge für unterrichtungspflichtige Maßnahmen machen; erzwingen kann er ihre Durchführung aber nicht.[2] 2

2. Tatbestände. a) Neu-, Um- und Erweiterungsbauten von Betriebsstätten. Beteiligungspflichtig sind Bauvorhaben in Bezug auf Fabrikations-, Verwaltungs- und sonstige betriebliche Räume. Hierzu gehören nicht nur die Produktionsstätten und Verwaltungsgebäude, sondern auch Sozialräume (zB Aufenthaltsräume, Kantine, Waschräume). Nicht erfasst werden ausschließliche Abbruch- oder bloße Sanierungs- und Reparaturarbeiten. Hingegen sind selbst geringfügige Bauvorhaben beteiligungspflichtig, sofern sie mit einer Änderung des Bausubstanz verbunden sind (str).[3] 3

b) Technische Anlagen. Der Begriff erfasst sämtliche technischen Einrichtungen im Fabrikations- und Verwaltungsbereich wie zB Montage- und Transferbänder oder Maschinen. Auch EDV-Anlagen, Geräte zum computerunterstützten Konstruieren (CAD) oder Fertigen (CAM) sowie etwaige Roboter fallen hierunter. Dem Beratungsrecht des BR soll die Einrichtung und 4

---

[1] *Fitting* BetrVG § 90 Rn. 2.
[2] BAG 6.12.1983 AP Nr. 7 zu § 87 BetrVG 1972 Überwachung.
[3] GK-BetrVG/Wiese § 90 Rn. 10; aA *Fitting* BetrVG § 90 Rn. 18a.

Aufstellung solcher technischen Anlagen unterliegen, die auf das Arbeitsleben des AN von besonderem Einfluss sein können. Bei bestehenden technischen Anlagen setzt das Beteiligungsrecht erst bei ihrer Änderung oder Neubeschaffung, nicht aber bei ihrer Reparatur oder Ersatzbeschaffung ein. Keine technischen Anlagen sind einfache Werkzeuge und das Büromobiliar.

5 **c) Arbeitsverfahren, Arbeitsabläufe, Einsatz von KI.** Der Begriff des Arbeitsverfahrens ist weitgehend identisch mit dem der Fabrikationsmethoden in § 106 III Nr. 5 BetrVG sowie den Fertigungsverfahren in § 111 Nr. 5 BetrVG. Hierzu zählen Faktoren, die organisatorisch, räumlich und zeitlich den Arbeitsprozess gestalten, wie zB der Einsatz körperlicher Arbeit oder technischer Hilfsmittel (zB digitaler Helfer)[4] oder der Grad der Automation. Arbeitsablauf ist die räumliche und zeitliche Abfolge des Zusammenwirkens von AN, Arbeitsmitteln, Materialien, Energie und Information in einem Arbeitssystem. Im Einzelnen ist zu unterrichten über die Einführung von Fließband- oder Gruppenarbeit (→ § 181 Rn. 1), Lean production, Just-in-time Produktion, Qualitätsmanagementsystemen sowie Umweltmanagementprogramme und -systeme. Zudem hat der AG den BR über den geplanten Einsatz von KI (ohne diese näher zu bestimmen) zu informieren. Unerheblich ist, ob die KI-basierten Systeme rein softwarebasiert sind, in der virtuellen Welt agieren oder in Hardwaregeräte eingebettet sind (BR-Drs. 271/21, 20).

6 **d) Arbeitsplätze.** Davon werden die einzelnen Arbeitsplätze der AN hinsichtlich ihrer Ausgestaltung, wie zB der räumlichen Anordnung und Gestaltung (Einzel-/Großraumbüro, Ergonomie), der technischen Ausstattung sowie der Arbeitsumgebung erfasst.

7 **3. Beteiligung. a) Zeitpunkt und Inhalt der Unterrichtung.** Der AG muss den BR unter Vorlage der erforderlichen Unterlagen rechtzeitig über die Planung der künftigen Maßnahmen bzw. Vorhaben unterrichten. Die Pflicht zur Unterrichtung durch den AG setzt bereits in einem **frühen Planungsstadium** ein, denn nur dann kann der Zweck der in § 90 II BetrVG vorgesehenen Beratung (→ Rn. 8) erreicht werden. Diese soll ihrerseits so frühzeitig erfolgen, dass der AG die Vorschläge und Bedenken des BR zu den ins Auge gefassten Maßnahmen in seine weitere Planung einbeziehen und sie berücksichtigen kann. Nur dann wird es dem BR ermöglicht, auf die Willensbildung des AG Einfluss zu nehmen und seine Erwägungen im weiteren Planungs- und Entscheidungsprozess einzubringen.[5] Eine Unterrichtungsplicht besteht dagegen noch nicht, wenn der AG nur Handlungsbedarfe eruiert, die ggf. Vorhaben auslösen können;[6] auch reine Denkmodelle muss der AG noch nicht vorstellen. Haben die beteiligten Stellen im Unternehmen sich schon abschließend über die Maßnahme geeinigt, ist die Unterrichtung verspätet. Im Allgemeinen wird der AG den BR informieren müssen, wenn technisch und wirtschaftlich durchführbare Lösungsalternativen entwickelt worden sind. In zeitlicher Hinsicht können die Unterrichtung und Beratung mit dem BR über das beabsichtigte Vorhaben und seine Auswirkungen auf die AN in mehrere Teilschritte aufgegliedert sein und sachlich ineinandergreifen.

8 Bei der Unterrichtung hat der AG dem BR von sich aus „erforderliche" **Unterlagen** vorzulegen. Dies sind Unterlagen, die sich auf die Planungen beziehen, aus denen sich also deren Inhalt oder Umfang ergibt (zB technische Zeichnungen, Baupläne, Beschreibung etwaiger Vorhaben); einer Anforderung durch den BR bedarf es nicht. Die Unterlagen sind dem BR bis zum endgültigen Abschluss der Planungen zu überlassen.[7]

9 **b) Beratung.** AG und BR haben die vorgesehenen Maßnahmen und ihre Auswirkungen auf die Art der Arbeit und die Anforderungen an die AN rechtzeitig zu beraten. Die Beratung muss zu einem Zeitpunkt erfolgen, zu dem Vorschläge und Bedenken des BR bei der Planung noch berücksichtigt werden können.[8] Die Betriebsparteien sind gehalten, bei den Planungen die gesicherten **arbeitswissenschaftlichen Erkenntnisse über die menschengerechte Gestaltung der Arbeit** zu berücksichtigen (§ 90 II 2 BetrVG). Zur Erfüllung dieser Aufgabe wird der BR wegen der notwendigen Spezialkenntnisse auf diesem Gebiet sinnvollerweise einen Betriebsausschuss bilden und diesem die Aufgaben übertragen (§ 28 BetrVG; → § 220 Rn. 15).

---

[4] *Kleinebrink* DB 2017, 1713.

[5] BAG 11.12.1991 AP Nr. 2 zu § 90 BetrVG 1972 = NZA 1992, 850.

[6] BAG 12.3.2019 AP Nr. 5 zu § 92 BetrVG 1972 = NZA 2019, 1153.

[7] Vgl. *Fitting* BetrVG § 90 Rn. 12; siehe auch BAG 27.6.1989 AP Nr. 37 zu § 80 BetrVG 1972 = NZA 1989, 929.

[8] BAG 11.12.1991 AP Nr. 2 zu § 90 BetrVG 1972 = NZA 1992, 850.

Zudem ist die Hinzuziehung eines Sachverständigen oder von sachkundigen AN unter den Voraussetzungen von § 80 II, III BetrVG möglich (→ § 233 Rn. 21, 24).

10 Da die Arbeitswissenschaft keine abgegrenzte Wissenschaft ist, meint der entspr. Begriff in § 90 II 2 BetrVG die arbeitswissenschaftlichen Erkenntnisse der unterschiedlichen wissenschaftlichen Fachbereiche, die sich mit den Aspekten der Humanisierung der Arbeit beschäftigen. Hierzu zählen zB die Arbeitsmedizin, Arbeitsphysiologie und -psychologie sowie Arbeitssoziologie und Arbeitspädagogik. Gesichert sind solche Erkenntnisse nur, wenn sie von der Mehrheit der Wissenschaftler des jeweiligen arbeitswissenschaftlichen Fachgebiets als richtig anerkannt werden.[9] Regelmäßig enthalten die ArbStättV mit den dazu ergangenen Arbeitsstättenrichtlinien (→ § 154 Rn. 34) Mindeststandards, die den gesicherten arbeitswissenschaftlichen Erkenntnissen entsprechen. Gleiches dürfte für die Sicherheitsregeln der Berufsgenossenschaften, den technischen Normen und Regeln der Normenorganisationen (DIN, VDE, VDI) sowie anderer vergleichbarer Wirtschafts-, Berufs- bzw. Fachverbände gelten, wobei für die Letztgenannten nur eine widerlegbare Vermutung besteht, dass sie den arbeitswissenschaftlichen Erkenntnissen entsprechen. Entsprechen die vom AG angewandten Normen den gesicherten Erkenntnissen, scheiden Rechte des BR nach § 91 BetrVG (→ Rn. 13) aus;[10] es können allerdings Überwachungsrechte nach den §§ 80, 89 BetrVG bestehen.

11 **4. Zuständige Arbeitnehmervertretung.** Zu unterrichten ist regelmäßig der BR des betroffenen Betriebs, selbst wenn die Planungen vom Unternehmen oder der Konzernspitze durchgeführt werden. Etwas anderes gilt nur, wenn der BR insoweit seine Befugnisse delegiert hat (→ § 224 Rn. 29, → § 226 Rn. 11). Zweckmäßigerweise wird der BR für die Unterrichtung einen Ausschuss bilden oder eine gemeinsame Kommission mit dem AG.

12 **5. Verstöße.** Unterrichtet der AG den BR nicht rechtzeitig, gibt er unzutreffende oder unvollständige Auskünfte, legt er erforderliche Unterlagen nicht vor oder weigert er sich, mit dem BR zu beraten, kann der BR seine Ansprüche auf Unterrichtung, Vorlage von Unterlagen und Beratung nach § 90 I und II BetrVG gerichtlich – bei Dringlichkeit vorzugsweise im Wege einer einstweiligen Verfügung – geltend machen. Vom AG dennoch getroffene Maßnahmen sind zwar nicht unwirksam, jedoch begeht er eine Ordnungswidrigkeit (§ 121 BetrVG). Das Beteiligungsrecht nach § 90 BetrVG gewährt dem BR dagegen keinen Unterlassungsanspruch gegen den AG auf Durchführung der Maßnahme.[11] Umstr. ist, ob der BR eine gleichzeitige Betriebsänderung durch eine einstweilige Verfügung untersagen lassen kann (→ § 244 Rn. 29). Verletzt der AG bei der Änderung der Arbeitsplätze, des Arbeitsablaufs oder der Arbeitsumgebung gesicherte arbeitswissenschaftliche Erkenntnisse, hat der BR zum Ausgleich der Auswirkungen ein erzwingbares Mitbestimmungsrecht nach § 91 BetrVG (→ Rn. 13).

III. Korrigierendes Mitbestimmungsrecht

13 **1. Allgemeines.** Werden die AN durch Änderungen der Arbeitsplätze, des Arbeitsablaufs oder der Arbeitsumgebung, die den gesicherten arbeitswissenschaftlichen Erkenntnissen über die menschengerechte Gestaltung der Arbeit offensichtlich widersprechen, in besonderer Weise belastet, so kann der BR vom AG nach § 91 BetrVG angemessene Maßnahmen zur Abwendung, Milderung oder zum Ausgleich der Belastung verlangen. Die Norm gewährt dem BR lediglich ein sog. korrigierendes Mitbestimmungsrecht, das ihn – unter eng begrenzten Voraussetzungen – in die Lage versetzen soll, Arbeitsbedingungen an gesicherte arbeitswissenschaftliche Erkenntnisse heranzuführen. Dieses Recht besteht unabhängig davon, ob der AG den BR über das Vorhaben rechtzeitig unterrichtet, dieses mit ihm beraten oder ob der BR ihm zugestimmt hat. Die tatsächliche Umsetzung der in § 90 I BetrVG aufgezählten Maßnahmen ist dagegen nicht mitbestimmungspflichtig.

14 **2. Voraussetzungen.** Nach § 91 BetrVG steht dem BR ein Anspruch auf Durchführung belastungsabwendender, -mildender oder -ausgleichender Maßnahmen nur bei Vorliegen folgender Anforderungen zu: **(a)** Der AG muss eine Änderungen der Arbeitsplätze (→ Rn. 6), des Arbeitsablaufs (→ Rn. 5) oder der Arbeitsumgebung durchgeführt haben;[12] die Arbeitsumge-

[9] LAG Nds 25.3.1982 DB 1982, 2039; LAG BW 18.2.1981 DB 1981, 1781; enger *Fitting* BetrVG § 90 Rn. 43 (Methode der Erkenntnisgewinnung).

[10] Rechtsbeschwerde anhängig 1 ABR 31/16; *Weller* DB 2016, 1942.

[11] Vgl. *Fitting* BetrVG § 90 Rn. 48.

[12] Vgl. BAG 28.7.1981 AP Nr. 3 zu § 87 BetrVG 1972 Arbeitssicherheit.

bung meint den Gesamtzustand der Arbeitsumwelt, innerhalb derer der AN die Arbeit zu verrichten hat.[13] Kein Mitbestimmungsrecht ist hiernach gegeben, wenn schon bestehende betriebliche Einrichtungen gegen die Grundsätze der menschengerechten Gestaltung der Arbeitswelt verstoßen;[14] insoweit kann aber ein Mitbestimmungsrecht nach § 87 I Nr. 7 BetrVG (→ § 235 Rn. 75) in Betracht kommen. **(b)** Die Änderungen müssen der menschengerechten Gestaltung der Arbeit offensichtlich widersprechen; ein offensichtlicher Widerspruch ist dann gegeben, wenn er für jeden mit den Verhältnissen des Betriebs und den arbeitswissenschaftlichen Erkenntnissen Vertrauten leicht erkennbar ist. Zudem müssen **(c)** die AN durch die Maßnahmen in besonderer Weise belastet werden. Nicht als Belastung gelten die nach dem Stand der Technik unvermeidbaren Auswirkungen. Besondere Belastungen sind zB Umwelteinflüsse (Lärm, Vibration, Nässe, Lichtmangel usw.) oder negative Beanspruchungen durch die Arbeit wie Tempo, Takt, Zwangshaltung usw.

15 **3. Abhilfemaßnahmen.** Der BR kann angemessene Maßnahmen zur Abwendung, Milderung oder zum Ausgleich der Belastung verlangen. Eine Rückgängigmachung der Maßnahme kann nicht beansprucht werden. Angemessen sind die technisch und organisatorisch oder wirtschaftlich erforderlichen und geeigneten Maßnahmen, um die Belastung zu beheben oder zu mildern. Bei der Beurteilung, ob eine Maßnahme angemessen ist, sind die Interessen der AN und die des AG, insbesondere die wirtschaftliche Belastbarkeit des Unternehmens und der Stand der Technik gegeneinander abzuwägen. Insoweit gilt der Verhältnismäßigkeitsgrundsatz. Die möglichen Maßnahmen sind in einer Stufenfolge zu prüfen: Zunächst ist eine Abwendung der Belastung für die AN anzustreben, nur wenn dies technisch oder wirtschaftlich nicht vertretbar erscheint, kommt eine Milderung bzw. ein Ausgleich in Betracht. Allerdings kann auch bei einer bloßen Milderung eine Entschädigung gewährt werden. Als Maßnahmen nach § 91 BetrVG kommen die Änderung des Arbeitstakts bzw. der Bandgeschwindigkeiten, die Einführung von Lärmschutzvorkehrungen oder die Gewährung von Kurzpausen oder zusätzlichen Erholungszeiten in Betracht. Als Ausgleichsleistung ist die zusätzliche Gewährung von Freizeit oder Zulagen möglich. Bei der Festsetzung der Leistungen haben sowohl die Betriebsparteien wie auch die Einigungsstelle den Tarifvorbehalt des § 77 III BetrVG zu beachten. Der BR kann bei der Wahrnehmung seiner Rechte gem. § 80 III BetrVG Sachverständige hinzuziehen (→ § 233 Rn. 30).

16 **4. Einigungsstelle.** Kommt eine Einigung zwischen AG und BR über Maßnahmen zur Abwendung, Milderung oder zum Ausgleich der Belastungen nicht zustande, entscheidet nach § 91 S. 2, 3 BetrVG die Einigungsstelle. Ihr Spruch ersetzt die Einigung zwischen AG und BR (→ § 232 Rn. 1).

---

13 *Fitting* BetrVG § 91 Rn. 10.
14 BAG 28.7.1981 AP Nr. 3 zu § 87 BetrVG 1972 Arbeitssicherheit.

8. Abschnitt. Beteiligung des Betriebsrats in personellen Angelegenheiten

§ 238. Beteiligung in allgemeinen personellen Angelegenheiten

Übersicht

I. Übersicht

Das BetrVG 1972 hat die allgemeinen personellen Angelegenheiten dem Mitwirkungsrecht des BR unterstellt. Damit soll verhindert werden, dass der BR bei personellen Einzelmaßnahmen durch frühe Grundsatzentscheidungen überrascht wird, die seinen Spielraum bei der Mitwirkung im Rahmen von personellen Einzelmaßnahmen (→ § 240 Rn. 1) einengen. Inhaltlich bezieht sich die Beteiligung des BR auf den Bereich der Personalplanung (→ Rn. 2), besondere Fördermaßnahmen (→ Rn. 11), die Beschäftigungssicherung (→ Rn. 12), Stellenausschreibungen (→ Rn. 14), Personalfragebögen (→ Rn. 19), Formularverträge und Beurteilungsgrundsätze (→ Rn. 23) sowie Auswahlrichtlinien (→ Rn. 26). 1

II. Personalplanung (§ 92 I und II BetrVG)

Muster: Schaub ArbRFV-HdB/*Thoms* B. Rn. 123.

1. Normzweck. Nach § 92 BetrVG hat der AG den BR über die Personalplanung anhand von Unterlagen zu unterrichten und mit ihm erforderliche Maßnahmen zu beraten. Zudem kann der BR dem AG Vorschläge für die Einführung einer Personalplanung und ihre Durchführung machen (§ 92 II BetrVG). Zweck der Beteiligung des BR an der Personalplanung ist es, diesem frühzeitig Einfluss auf die personellen Grundsatzentscheidungen des AG einzuräumen. Damit soll eine bessere Objektivierung und Durchschaubarkeit der Personalwirtschaft und der personellen Einzelmaßnahmen erreicht werden.[1] Die Unterrichtungspflicht nach § 92 I 1 BetrVG hat nicht zur Folge, dass die Unterrichtungspflicht des AG bei personellen Einzelmaßnahmen nach § 99 I 1 BetrVG erweitert wird.[2] 2

2. Personalplanung. Dem Begriff der „Personalplanung“ liegt – wie die Formulierung „insbesondere“ in § 92 I BetrVG zeigt – ein weites Verständnis zugrunde. Er umfasst jede 3

[1] BT-Drs. VI/1786, 50.
[2] BAG 27.10.2010 AP Nr. 133 zu § 99 BetrVG 1972 = NZA 2011, 418.

Planung, die sich auf den gegenwärtigen und künftigen Personalbedarf in quantitativer und qualitativer Hinsicht und dessen Deckung in zeitlicher und örtlicher Hinsicht, also auf den abstrakten Einsatz der personellen Kapazität im weitesten Sinn, bezieht. Dazu gehören die **(1)** Personalbedarfsplanung, **(2)** Personaldeckungsplanung (Personalbeschaffung bzw. -abbau), **(3)** Personalentwicklungsplanung (Fortbildung der AN) und **(4)** Personaleinsatzplanung.[3] Zudem fällt hierunter auch die im betriebswirtschaftlichen Sinn zur Personalplanung gehörende **(5)** Personalkostenplanung (umstr.).[4] Die „Planung", an die § 92 I BetrVG anknüpft, beschreibt den Prozess des Festlegens von Zielen und des Formulierens von Methoden, Strategien und Vorgehensweisen, um diese zu erreichen.[5] Typischerweise erfordert eine solche Planung einen kontinuierlichen Soll/Ist-Vergleich der Planungsziele mit den vorhandenen personellen Ressourcen und den zu erwartenden Veränderungen. Die Beteiligungspflicht des BR besteht für alle Bereiche der Personalplanung.

4 **3. Inhalt des Beteiligungsrechts. a) Unterrichtungspflicht.** Nach § 92 I 1 BetrVG hat der AG den BR über seine Personalplanung insbesondere über den gegenwärtigen und künftigen Personalbedarf sowie über die sich daraus ergebenden personellen Maßnahmen – einschließlich der geplanten Beschäftigung von Personen, die nicht in einem Arbeitsverhältnis zum AG stehen – umfassend und rechtzeitig zu informieren. Die Pflicht zur Unterrichtung bezieht sich nur auf eine vorhandene Personalplanung; erfolgt im Unternehmen keinerlei Personalplanung, entfällt das Beteiligungsrecht nach § 92 I BetrVG. In diesem Fall greift aber das Vorschlagsrecht nach § 92 II BetrVG (→ Rn. 8). Zudem hat der AG – auch wenn keine vollständige Personalplanung existiert – zumindest über Grob- oder Teilplanungen zu unterrichten. Eine umfassende Unterrichtung verlangt, dass der AG den BR über die gesamte Planung zu informieren hat. Hierzu muss der AG dem BR alle Tatsachen mitteilen, auf die er die jeweilige Personalplanung stützt, damit dieser die Überlegungen des AG nachvollziehen kann. Die Unterrichtungspflicht erfasst auch die Methoden der Personalplanung sowie die Frage, ob die im Betrieb anfallenden Arbeiten von eigenen AN, LeihAN oder durch Fremdfirmen ausgeführt werden sollen.[6] Über das von ihm verwendete **Personalinformationssystem** muss der AG dagegen nicht ohne Weiteres informieren. Dies gilt auch, soweit der AG den BR über die Methoden der Personalplanung in Kenntnis zu setzen hat.[7] Jedoch ist der AG bei Verwendung eines solchen Systems zur Erläuterung seiner entsprechenden Auswahlüberlegungen und Vorlage der mit seiner Hilfe erstellten Unterlagen verpflichtet, da die Überlegungen des AG für den BR regelmäßig nur auf diese Weise nachvollziehbar sind. In **Tendenzbetrieben** ist die Verpflichtung zur Unterrichtung des BR nicht eingeschränkt, selbst wenn die Personalplanung Tendenzträger zum Gegenstand hat.[8]

5 In **zeitlicher Hinsicht** setzt die Unterrichtungspflicht ein, wenn Überlegungen des AG das Stadium der Planung (→ Rn. 3) erreicht haben. Damit soll der BR zu einem möglichst frühen Zeitpunkt informiert werden; nicht zu unterrichten ist aber über bloße Planspiele. Erkundet der AG nur Möglichkeiten einer Personalreduzierung oder -erweiterung, braucht er den BR hierüber noch nicht zu informieren.[9] Die Informationen über die Personalplanung sind gegenüber dem BR in dem Umfang fortzuschreiben, wie auch der AG seine Planung aktualisiert. Für abgeschlossene Zeiträume besteht keine Unterrichtungspflicht.[10]

6 Die Unterrichtung ist vom AG **anhand von Unterlagen** vorzunehmen. Hierbei handelt es sich um diejenigen Unterlagen, die der AG selbst seiner Personalplanung zugrunde legt (zB Stellenpläne,[11] Personalbedarfsmeldungen).[12] In welchem Zusammenhang diese Daten erhoben oder festgestellt wurden, ist ebenso unerheblich wie der Umstand, dass der AG mit diesen neben

[3] BAG 12.3.2019 AP Nr. 5 zu § 92 BetrVG 1972 = NZA 2019, 1153; 8.11.2016 AP Nr. 4 zu § 92 BetrVG 1972 = NZA 2017, 942; 23.3.2010 AP Nr. 72 zu § 80 BetrVG 1972 = NZA 2011, 811.

[4] *Fitting* BetrVG § 92 Rn. 20; aA GK-BetrVG/*Raab* § 92 Rn. 19; offengelassen von BAG 12.3.2019 AP Nr. 5 zu § 92 BetrVG 1972 = NZA 2019, 1153.

[5] Vgl. BAG 12.3.2019 AP Nr. 5 zu § 92 BetrVG 1972 = NZA 2019, 1153.

[6] BT-Drs. 18/9232, 32.

[7] GK-BetrVG/*Raab* § 92 Rn. 30; weitergehend *Fitting* BetrVG § 92 Rn. 25.

[8] BAG 6.11.1990 AP Nr. 3 zu § 92 BetrVG 1972 = NZA 1991, 358.

[9] BAG 6.11.1990 AP Nr. 3 zu § 92 BetrVG 1972 = NZA 1991, 358; 27.6.1989 AP Nr. 37 zu § 80 BetrVG 1972 = NZA 1989, 929; 31.1.1989 AP Nr. 33 zu § 80 BetrVG 1972 = NZA 1989, 932.

[10] BAG 8.11.2016 AP Nr. 4 zu § 92 BetrVG 1972 = NZA 2017, 942.

[11] BAG 14.1.2014 AP Nr. 10 zu § 94 BetrVG 1972 = NZA-RR 2014, 356.

[12] BAG 8.11.2016 AP Nr. 4 zu § 92 BetrVG 1972 = NZA 2017, 942; 19.6.1984 AP Nr. 2 zu § 92 BetrVG 1972 = NZA 1984, 329.

einer Personalplanung noch andere Zwecke verfolgt.[13] Zu den Unterlagen können daher auch solche gehören, die bei Produktions-, Investitions- oder Rationalisierungsentscheidungen erstellt wurden. Der Vorlageanspruch umfasst aber keine Daten, die für die Personalplanung nicht genutzt werden. Die Unterlagen sind dem BR nach der Information durch den AG zu überlassen, da der BR nur so auf die vorgetragenen Informationen reagieren kann. Eine dauerhafte Überlassung bedarf einer besonderen Begründung.

b) Beratungspflicht. Der AG hat mit dem BR nach § 92 I 2 BetrVG über Art und Umfang der erforderlichen Maßnahmen und über die Vermeidung von Härten zu beraten, also seine Anregungen und Bedenken entgegenzunehmen. Das Beratungsrecht des BR ist schon nach dem Wortlaut der Norm enger als das Informationsrecht. Es besteht nur hinsichtlich der mit der Personalplanung verbundenen personellen Maßnahmen. Beschränkt sich die Personalplanung des AG (zunächst) nur auf eine Personalbedarfsplanung, so ist der AG daher nicht gehalten, hierüber mit dem BR zu beraten; erst wenn aus der Personalbedarfsplanung im Rahmen der Personaldeckungsplanung konkrete Maßnahmen folgen (sollen), muss der AG diese mit dem BR beraten.[14] 7

c) Vorschlagsrecht. Der BR kann von sich aus an den AG herantreten und ihm Vorschläge für die Einführung und Durchführung einer Personalplanung machen (§ 92 II BetrVG). Das Initiativrecht ist dem BR aus wirtschafts- und sozialpolitischen Erwägungen im Interesse einer vorausschauenden Personalplanung verliehen worden. Gegenstand des Vorschlagsrechts kann auch die Änderung einer bestehenden und vom AG praktizierten Personalplanung sein. Allerdings gehört es nicht zu den Aufgaben des BR, gleichberechtigt neben dem AG „eine originäre" Personalplanung durchzuführen.[15] Der AG hat dem BR für die Ausübung des Vorschlagsrechts nach § 80 II 2 BetrVG (→ § 233 Rn. 24) die erforderlichen Unterlagen zur Verfügung zu stellen.[16] 8

4. Zuständigkeiten. Das Beteiligungsrecht bezieht sich auf die Personalplanung der vom BR vertretenen AN und erfasst damit auch Auszubildende und außertarifliche Angestellte,[17] leitende Angestellte hingegen nur, soweit ihr Verhältnis zu sonstigen AN in Rede steht. Erfasst wird auch der Einsatz von Beschäftigten in Arbeitsgelegenheiten (§ 16d SGB II). Das Mitwirkungsrecht besteht ohne Rücksicht auf die Betriebsgröße. Besteht ein Unternehmen aus mehreren Betrieben und erfolgt die Personalplanung betriebsübergreifend, ist insoweit der **GBR** zuständig (→ § 224 Rn. 1). Entsprechendes gilt für den KBR, ansonsten bleibt es bei der Zuständigkeit des BR. 9

5. Verstöße. Der BR kann seinen Unterrichtungs- und Vorlageanspruch nach § 92 I BetrVG im Beschlussverfahren durchsetzen. Verletzt der AG das Informationsrecht des BR, sind besondere Sanktionen, abgesehen von § 121 BetrVG, im BetrVG nicht vorgesehen. Bei groben Verstößen kommt ein Verfahren gegen den AG nach § 23 III BetrVG in Betracht. 10

III. Besondere Fördermaßnahmen (§ 92 III BetrVG)

Der AG muss den BR auch über Maßnahmen zur Förderung der tatsächlichen Gleichstellung von Frauen und Männern und der Vereinbarkeit von Familie und Erwerbstätigkeit sowie zur Eingliederung schwerbehinderter Menschen unterrichten. Der durch das BetrVG-ReformG eingefügte § 93 III 1 BetrVG ergänzt – ebenso wie der durch das Bundesteilhabegesetz vom 23.12.2016 hinzugefügte Satz 2 – die Vorschriften in § 80 I Nr. 2a, b und 4 BetrVG (→ § 233 Rn. 7) und gibt dem BR die Möglichkeit, entsprechende vom AG beabsichtigte Maßnahmen mit diesem zu beraten. Der BR kann nach § 92 II BetrVG auch entsprechende besondere Fördermaßnahmen anregen. Der AG ist dann zur inhaltlichen Befassung mit den Vorschlägen, nicht aber zu ihrer Umsetzung verpflichtet. Dementspr. kann der BR etwa die Aufstellung und Ausgestaltung von Förderplänen für das unterrepräsentierte Geschlecht vorschlagen. 11

IV. Beschäftigungssicherung (§ 92a BetrVG)

1. Vorschlagsrecht. § 92a BetrVG ergänzt § 80 I Nr. 8 BetrVG, wonach die Sicherung und Förderung der Beschäftigung zu den Aufgaben des BR zählt (→ § 233 Rn. 11). Zu 12

[13] BAG 8.11.2016 AP Nr. 4 zu § 92 BetrVG 1972 = NZA 2017, 942; 6.11.1990 AP Nr. 3 zu § 92 BetrVG 1972 = NZA 1991, 358.
[14] BAG 6.11.1990 AP Nr. 3 zu § 92 BetrVG 1972 = NZA 1991, 358; aA *Fitting* BetrVG § 92 Rn. 35.
[15] BAG 8.11.2016 AP Nr. 4 zu § 92 BetrVG 1972 = NZA 2017, 942.
[16] BAG 8.11.2016 AP Nr. 4 zu § 92 BetrVG 1972 = NZA 2017, 942; 15.12.1998 AP Nr. 56 zu § 80 BetrVG 1972 = NZA 1999, 722.
[17] BAG 6.11.1990 AP Nr. 3 zu § 92 BetrVG 1972 = NZA 1991, 358.

diesem Zweck kann der BR dem AG Maßnahmen vorschlagen. In § 92a I 2 BetrVG werden beispielhaft die Arbeitszeitflexibilisierung, Einführung von Teilzeit- und Altersteilzeitmodellen, Neugestaltung oder Änderung von Arbeitsorganisation bzw. Arbeitsablauf und -verfahren sowie die Durchführung von Qualifizierungsmaßnahmen genannt. Daneben kann der BR dem AG Alternativen zum Outsourcing und zur Drittvergabe von Arbeiten aufzeigen und Vorschläge für andere Produktions- und Investitionsprogramme machen. Nicht erforderlich ist, dass ein Abbau von Arbeitsplätzen konkret bevorsteht oder bereits absehbar ist. Das Vorschlagsrecht des BR ist betriebsbezogen; sollen betriebs- oder unternehmensübergreifende Vorschläge gemacht werden, ist insoweit der GBR bzw. KBR zuständig. Aus § 92a BetrVG folgt keine Erweiterung der Informationsrechte des BR. Seine Vorschläge kann er nur auf der Grundlage der ihm bekannten wirtschaftlichen Situation des Betriebs, Unternehmens oder Konzerns machen. Das Verfahren nach § 92a BetrVG ist gegenüber Interessenausgleichsverhandlungen nach § 112 BetrVG nicht vorgreiflich; Betriebsänderungen können daher nicht über ein vorgeschaltetes Verfahren nach § 92a BetrVG verzögert oder blockiert werden.[18]

13 **2. Beratung und Ablehnung.** Der AG hat die Vorschläge mit dem BR zu beraten, dh, es hat eine inhaltliche Auseinandersetzung über die mögliche Verwirklichung zu erfolgen. Zu den Beratungen können beide Parteien einen Vertreter der Arbeitsverwaltung hinzuziehen. Hält der AG die Anregungen nach der Beratung aus wirtschaftlichen oder rechtlichen Gründen für ungeeignet, hat er seine Ansicht gegenüber dem BR zu begründen; in Betrieben mit mehr als 100 AN ist er zur schriftlichen Ablehnung verpflichtet (§ 92a II BetrVG). Die Begründung muss erkennen lassen, dass sich der AG mit den Vorschlägen ernsthaft auseinandergesetzt hat. Genügt sie diesen Anforderungen, sind die Rechte aus § 92a BetrVG verbraucht; der BR hat keinen Anspruch auf eine weitergehende inhaltliche Befassung mit seinen Vorschlägen. Verweigert der AG eine Aussprache über die Vorschläge oder lehnt er sie ohne nähere Begründung ab, kann der BR die Rechte aus § 92a BetrVG im Beschlussverfahren durchsetzen. Verstöße des AG gegen § 92a II BetrVG wirken sich nicht im Verhältnis zum einzelnen AN aus, insbesondere haben sie nicht die Unwirksamkeit einer etwaigen Kündigung zur Folge.[19]

V. Stellenausschreibung (§ 93 BetrVG)

Muster: Schaub ArbRFV-HdB/*Thoms* B. Rn. 124.

14 **1. Normzweck.** Der BR kann nach § 93 BetrVG verlangen, dass Arbeitsplätze, die besetzt werden sollen, allgemein oder für bestimmte Arten von Tätigkeiten vor ihrer Besetzung innerhalb des Betriebs ausgeschrieben werden. Die Ausschreibung ist Teil der Personalbeschaffungsplanung (→ Rn. 3). Die Vorschrift gewährt ausschließlich dem BR – nicht dem GBR oder KBR – einen **Rechtsanspruch,** der durch Vereinbarungen der Unternehmens- oder Konzernbetriebsparteien nicht eingeschränkt werden kann.[20] Durch die Bekanntmachung der freien und dem Betrieb räumlich und funktional zugeordneten Beschäftigungsmöglichkeiten soll im Interesse der vom BR vertretenen Belegschaft der innerbetriebliche Arbeitsmarkt aktiviert werden. Die im Betrieb beschäftigten AN sollen Gelegenheit erhalten, sich auf die zu besetzenden Arbeitsplätze zu bewerben. Daneben soll einer Verärgerung der Belegschaft über die Hereinnahme Außenstehender trotz im Betrieb vorhandener personeller Ressourcen entgegengewirkt werden.[21]

15 **2. Inhalt des Rechts. a) Voraussetzungen.** § 93 BetrVG gibt dem AG eine Ausschreibung von Arbeitsplätzen nicht generell vor. Eine Verpflichtung hierzu besteht nur, wenn der BR die Ausschreibung zuvor verlangt hat. Das **Verlangen,** das eine entspr. Beschlussfassung des BR erfordert, kann nur allgemein – also für alle Arbeitsplätze im Betrieb – oder für bestimmte Arten von Tätigkeiten (zB für Arbeitsplätze der Meister oder Konstrukteure) ausgeübt werden. Eine Beschränkung auf einen einzelnen Arbeitsplatz ist ebenso unzulässig, wie seine Erstreckung auf Arbeitsplätze von leitenden Angestellten (§ 5 II, III BetrVG). Hat der BR ein entspr. Verlangen gegenüber dem AG geltend gemacht, ist dieser hieran gebunden.

---

[18] LAG Hamm 20.3.2009 – 10 TaBV 17/09.
[19] BAG 8.10.2006 NZA 2007, 552.
[20] BAG 29.9.2020 ArbR 2020, 662; 1.2.2011 AP Nr. 9 zu § 93 BetrVG 1972 = NZA 2011, 703.
[21] BAG 29.9.2020 ArbR 2020, 662; 1.2.2011 AP Nr. 9 zu § 93 BetrVG 1972 = NZA 2011, 703.

Es bedarf also keiner weiteren Vereinbarung über die Stellenausschreibung.[22] AG und BR können aber bei einem generellen Ausschreibungsverlangen einvernehmlich für einzelne oder bestimmte Stellen von der Ausschreibungspflicht absehen. Die Neuausschreibung einer bereits ausgeschriebenen und unbesetzt gebliebenen Stelle kann regelmäßig erst nach Ablauf von sechs Monaten verlangt werden.[23]

Da § 93 BetrVG der Besetzung von Stellen im Betrieb und nicht der Schaffung neuer dient, muss sich das Ausschreibungsverlangen des BR auf im Betrieb vorhandene „Arbeitsplätze" beziehen. Der Begriff meint dabei die Beschäftigung in örtlich-räumlicher und zugleich in funktionaler Hinsicht. Er ist durch Art, Ort und Umfang der Tätigkeit gekennzeichnet.[24] Ausreichend ist es, wenn der AG Arbeitsplätze aus einem anderen Betrieb in den des Anspruch stellenden BR verlagert. § 93 BetrVG greift auch in Tendenzbetrieben, selbst wenn sich die Ausschreibung auf einen Tendenzträger bezieht,[25] bei der Ausschreibung von Stellen freier Mitarbeiter[26] sowie für Stellen, die dauerhaft oder vorübergehend mit LeihAN besetzt werden sollen.[27] Ob Letzteres auch für einen nur kurzfristigen Einsatz gilt, hat das BAG bislang offengelassen.[28] 16

b) Stellenausschreibung. Das Gesetz enthält keine ausdrücklichen Bestimmungen dazu, welche Anforderungen an Inhalt, Form und Frist einer Ausschreibung sowie deren Bekanntmachung zu stellen sind. Die konkrete Ausgestaltung obliegt daher dem AG, allerdings muss er gewisse **Mindestanforderungen an Inhalt und Form** der Ausschreibung – die sich aus ihrem Zweck ergeben – beachten. So muss aus der Ausschreibung hervorgehen, um welchen Arbeitsplatz es sich handelt und welche Anforderungen ein Bewerber erfüllen muss. Außerdem hat die Bekanntmachung so zu erfolgen, dass alle als Bewerber in Betracht kommenden AN des Betriebs die Möglichkeit haben, von der Ausschreibung Kenntnis zu nehmen;[29] eine Frist von zwei Wochen ist im Regelfall ausreichend. Die Bekanntmachung muss zudem in betriebsüblicher Weise erfolgen, in Betracht kommt etwa die Bekanntmachung durch Aushang am Schwarzen Brett, durch Aufnahme in eine Betriebszeitung, durch Veröffentlichung im Intranet oder durch Rundschreiben per E-Mail oder auf dem Postweg.[30] Ist in der Ausschreibung ein Datum für die Besetzung angegeben, ist regelmäßig keine erneute Ausschreibung erforderlich, wenn zwischen diesem Datum und dem tatsächlichen Besetzungszeitpunkt nicht mehr als sechs Monate vergangen sind.[31] Die Betriebsparteien können weitergehende Einzelheiten zur Stellenausschreibung auch in einer freiwilligen Betriebsvereinbarung regeln; ein erzwingbares Mitbestimmungsrecht hat der BR insoweit aber nicht. Unabhängig von der innerbetrieblichen Stellenausschreibung kann der AG die Stelle auch außerhalb des Betriebs ausschreiben (Zeitungsinserate usw.). Sind die dort gestellten Anforderungen geringer als in der betrieblichen Stellenausschreibung nach § 93 BetrVG, war diese nicht ordnungsgemäß.[32] Das Auswahlrecht des AG bei der Stellenvergabe wird durch die Pflicht zur Ausschreibung nicht eingeschränkt.[33] 17

3. Verstöße. Der BR kann seinen Rechtsanspruch aus § 93 BetrVG im Beschlussverfahren durchsetzen. Zudem ist er berechtigt, wenn der AG entgegen § 93 BetrVG eine Stellenausschreibung nicht vorgenommen hat, bei einer Einstellung oder Versetzung die Zustimmung zu verweigern (§ 99 II Nr. 5 BetrVG); dies gilt auch bei Tendenzträgern[34] (→ § 241 Rn. 50). Voraussetzung ist aber, dass der BR die Ausschreibung vor dem Zustimmungsantrag des AG verlangt hat oder diese entspr. vereinbart wurde.[35] Der AG kann die Ausschreibung nachholen und im Rah- 18

---

[22] BAG 1.2.2011 AP Nr. 9 zu § 93 BetrVG 1972 = NZA 2011, 703.
[23] BAG 30.4.2014 AP Nr. 11 zu § 93 BetrVG 1972 = NZA 2015, 698.
[24] BAG 12.6.2019 AP Nr. 161 zu § 99 BetrVG 1972 = NZA 2019, 1288.
[25] BAG 1.2.2011 AP Nr. 9 zu § 93 BetrVG 1972 = NZA 2011, 703.
[26] BAG 27.7.1993 AP Nr. 3 zu § 93 BetrVG 1972 = NZA 1994, 92.
[27] BAG 7.6.2016 AP Nr. 12 zu § 93 BetrVG 1972 = NZA 2016, 1226; 15.10.2013 AP Nr. 10 zu § 93 BetrVG 1972 = NZA 2014, 214; 1.6.2011 AP Nr. 136 zu § 99 BetrVG 1972.
[28] BAG 15.10.2013 AP Nr. 10 zu § 93 BetrVG 1972 = NZA 2014, 214.
[29] BAG 6.10.2010 AP Nr. 132 zu § 99 BetrVG 1972 = NZA 2011, 360; 10.3.2009 AP Nr. 127 zu § 99 BetrVG 1972 = NZA 2009, 622; 17.6.2008 AP Nr. 46 zu § 99 BetrVG 1972 Versetzung = NZA 2008, 1139.
[30] BAG 6.10.2010 AP Nr. 132 zu § 99 BetrVG 1972 = NZA 2011, 360.
[31] BAG 30.4.2014 AP Nr. 11 zu § 93 BetrVG 1972 = NZA 2015, 698.
[32] BAG 23.2.1988 AP Nr. 2 zu § 93 BetrVG 1972 = NZA 1988, 551; großzügiger HessLAG 5.4.2016 – 15 TaBV 153/15.
[33] Vgl. BAG 18.11.1980 AP Nr. 1 zu § 93 BetrVG 1972.
[34] AA HessLAG 3.9.1996 NZA 1997, 671.
[35] BAG 14.12.2004 AP Nr. 121 zu § 99 BetrVG 1972 = NZA 2005, 424.

men eines neuen Verfahrens nach § 99 BetrVG an seinem ursprünglichen Bewerber festhalten. Ein mehrfaches Absehen von einer Ausschreibung kann für den AG einen Verstoß nach § 23 III BetrVG darstellen.

VI. Personalfragebogen (§ 94 I BetrVG)

Muster: Schaub ArbRFV-HdB/*Thoms* B. Rn. 124.

19 **1. Normzweck.** Personalfragebögen sollen den AG über die persönlichen Verhältnisse des AN, seine Eigenschaften und Fähigkeiten unterrichten. Das entspr. Beteiligungsrecht des BR bei der Aufstellung und Ausgestaltung derselben dient daher dem präventiven Schutz des Persönlichkeitsrechts der AN.[36] Durch die Einschaltung des BR soll sichergestellt werden, dass die Fragebögen auf die Gegenstände und den Umfang beschränkt bleiben, für die ein berechtigtes Auskunftsbedürfnis des AG besteht. Der AG muss nach Beendigung des Arbeitsverhältnisses oder Abbruch der Vertragsverhandlungen mit einem Stellenbewerber den Fragebogen vernichten, es sei denn, er hat an dessen Verwahrung noch ein berechtigtes Interesse.[37]

20 **2. Begriff.** Personalfragebögen sind formularmäßig zusammengefasste Zusammenstellungen, die Aufschluss über die Personalien,[38] Kenntnisse und Fähigkeiten sowie Leistung und Verhalten des AN (oder von Stellenbewerbern) geben sollen. Unerheblich ist, ob der AN den Fragebogen selbst oder der AG diesen aufgrund von Antworten des AN ausfüllt;[39] auch eine Erhebung durch E-Mail bzw. im Intranet genügt.[40] Zu den Personalfragebögen gehören auch standardisierte Checklisten[41] und Formulare mit Angaben zu früheren Tätigkeiten. Dasselbe gilt für Fragebögen zu sog. Jahresgesprächen der Vorgesetzten mit Mitarbeitern.[42] Den Personalfragebögen sind **Testbögen** (insbesondere für psychologische Eignungstests), anhand derer die Eignung des AN festgestellt werden soll, gleichzustellen. Auch die Einführung und Ausgestaltung eines **Assessment-Centers,** also eines systematischen Verfahrens, das zur Erfassung von Verhaltensleistungen sowie Potenzialen und Defiziten von AN dient, ist nach § 94 II BetrVG mitbestimmungspflichtig. Nicht unter die Norm fallen dagegen strikt freiwillige[43] oder anonyme Mitarbeiterbefragungen sowie die Fragebögen der Werksärzte zur medizinischen Untersuchung. Zudem besteht kein Mitbestimmungsrecht bei Sicherheitsüberprüfungen, wenn die Angaben nicht vom AG, sondern von der Aufsichtsbehörde[44] oder von einer Drittfirma erhoben werden, sofern eine Weitergabe der Ergebnisse an den AG nur in anonymisierter Form erfolgt.[45]

21 **3. Inhalt des Beteiligungsrechts.** Personalfragebögen bedürfen der Zustimmung des BR. Zustimmungspflichtig sind die Einführung und Änderung der Fragebögen, die einzelnen Fragen und der Verwendungszweck der Antworten. Auch die Frage, ob der AN der Verarbeitung seiner Daten in einem solchen Verfahren zustimmt, unterliegt dem Zustimmungsrecht des BR. Hat der BR der Einführung oder Änderung eines Personalfragebogens formlos zugestimmt, ist das Mitbestimmungsrecht verbraucht.[46]

22 Ob Personalfragebögen überhaupt zum Einsatz kommen, entscheidet allein der AG; dem BR steht insoweit kein Initiativrecht zu. Das gilt auch in Tendenzbetrieben.[47] Kommt eine Einigung zwischen AG und BR über den Inhalt des Fragebogens nicht zustande, entscheidet die Einigungsstelle. Deren Entscheidung ersetzt die Einigung zwischen AG und BR (§ 94 I BetrVG). Fehlt die Zustimmung des BR zu dem Fragebogen und wird sie auch durch die Einigungsstelle nicht ersetzt, steht dem AN ein Leistungsverweigerungsrecht bei seiner Beantwortung zu. Die fehlende Zustimmung des BR zum Personalfragebogen nimmt dem AG jedoch nicht das Recht,

[36] BAG 21.11.2017 AP Nr. 26 zu § 87 BetrVG 1972 Gesundheitsschutz = NZA 2018, 380.
[37] BAG 6.6.1984 AP Nr. 7 zu § 611 BGB Persönlichkeitsrecht = NZA 1984, 321.
[38] BVerwG 22.12.1993 AP Nr. 2 zu § 85 LPVG Berlin; OVG Bautzen 30.9.1997 PersR 1998, 471.
[39] BAG 21.9.1993 AP Nr. 4 zu § 94 BetrVG 1972 = NZA 1994, 375; 9.7.1991 AP Nr. 19 zu § 87 BetrVG 1972 Ordnung des Betriebs = NZA 1992, 126.
[40] HessLAG 5.7.2001 DB 2001, 2254.
[41] ArbG Köln 3.3.1989 ArbuR 1989, 387.
[42] LAG Köln 21.4.1997 NZA-RR 1997, 481.
[43] BAG 11.12.2018 AP Nr. 51 zu § 87 BetrVG 1972 Überwachung = NZA 2019, 1009; 21.11.2017 AP Nr. 26 zu § 87 BetrVG 1972 Gesundheitsschutz = NZA 2018, 380.
[44] BAG 9.7.1991 AP Nr. 19 zu § 87 BetrVG 1972 Ordnung des Betriebs = NZA 1992, 126.
[45] AA ArbG Bonn 31.10.2003 PersR 2004, 190.
[46] HessLAG 8.1.1991 DB 1992, 534.
[47] BAG 21.9.1993 AP Nr. 4 zu § 94 BetrVG 1972 = NZA 1994, 375.

bei wahrheitswidriger Beantwortung einer zulässigen Frage den Arbeitsvertrag des AN wegen arglistiger Täuschung anzufechten oder zu kündigen.[48] Etwas anders gilt, wenn der BR einem Personalfragebogen zustimmt, der unzulässige Fragen enthält; für den AG besteht dann wegen des objektiv unzulässigen Eingriffs in das Persönlichkeitsrecht des AN keine Anfechtungs- oder Kündigungsmöglichkeit. Dies folgt aus den von der Rspr. erarbeiteten Grundsätzen zur Anfechtung, wonach diese nur berechtigt ist, wenn der AN eine zulässig gestellte Frage (→ § 26 Rn. 14) falsch beantwortet. Dem Arbeitsgericht unterliegt im Rahmen des Prozesses eines AN die Rechtskontrolle über die Fragebögen.

VII. Formularverträge und Beurteilungsgrundsätze (§ 94 II BetrVG)

1. Formularverträge. Der BR hat ein erzwingbares Mitbestimmungsrecht über den Inhalt der im Betrieb verwandten schriftlichen Arbeitsverträge, die sich auf die persönlichen Verhältnisse des AN beziehen. § 94 II BetrVG will verhindern, dass der AG das erzwingbare Mitbestimmungsrecht des BR bei der Aufstellung von Fragebögen durch Aufnahme der Fragen in einen schriftlichen Arbeitsvertrag umgeht. Das Beteiligungsrecht bezieht sich nicht auf die Verwendung von Arbeitsvertragsformularen als solches, sondern nur auf **persönliche Angaben** in solchen Formularen. Der BR kann daher nicht die Unterlassung von Arbeitsvertragsformularen insgesamt verhindern.[49] Daneben besteht kein Mitbestimmungsrecht über die sonstige inhaltliche Gestaltung der Arbeitsverträge, also zB auf Klauseln zur Widerruflichkeit tariflicher Zulagen. Hinsichtlich der individualrechtlichen Sanktionen bei falschen Angaben des AN in einem Formularvertrag gelten die Ausführungen zu den Personalfragebögen entsprechend (→ Rn. 22). Das Beteiligungsrecht des BR ist auf ein Mitbeurteilungsrecht über die rechtliche Zulässigkeit des Inhalts des Formularvertrags beschränkt. Fehlt ihm die zur Beurteilung notwendige Sachkunde, kann er ggf. einen Sachverständigen (§ 80 III BetrVG; → § 233 Rn. 30) hinzuziehen.[50] Verwendet der AG mit dem BR abgestimmte Formulararbeitsverträge, hat Letzterer im Rahmen des § 80 II 1 BetrVG nur Anspruch auf Vorlage der ausgefüllten Arbeitsverträge, wenn er konkrete Anhaltspunkte für die Erforderlichkeit weiterer Informationen darlegt.[51] 23

2. Beurteilungsgrundsätze. a) Begriff. Der erzwingbaren Mitbestimmung unterliegt auch die Aufstellung allgemeiner Beurteilungsgrundsätze (§ 94 II BetrVG). Die sind Regelungen, die eine Bewertung des Verhaltens oder der Leistung der AN objektivieren oder vereinheitlichen und an Kriterien ausrichten sollen, die für die Beurteilung jeweils erheblich sind. Beurteilungsgrundsätze sind stets auf die Person eines oder mehrerer bestimmter AN bezogen. Gegenstand des Mitbestimmungsrechts ist die Frage, nach welchen abstrakt-generellen Gesichtspunkten und aufgrund welchen Verfahrens[52] AN insgesamt oder in Teilen ihrer Leistung oder ihres Verhaltens beurteilt werden sollen. Mit solchen Grundsätzen soll ein einheitliches Vorgehen bei der Beurteilung und ein Bewerten nach einheitlichen Maßstäben ermöglicht und so erreicht werden, dass die Beurteilungsergebnisse miteinander vergleichbar sind.[53] Dem Mitbestimmungsrecht unterfallen auch die für Zielvereinbarungen (→ § 77 Rn. 1) maßgeblichen abstrakten Beurteilungsgrundsätze.[54] Nicht hierhin gehören analytische Arbeitsplatzbewertungen, Beurteilungsformulare, Erfassungsbögen zu Kalkulationszwecken,[55] Führungsrichtlinien, nach denen die Beurteilungen auszuführen sind,[56] Funktions- bzw. Stellenbeschreibungen,[57] unangemeldete nicht technische Leistungskontrollen,[58] Auskünfte an externe Organisationsgutachter[59] oder Qualitäts- 24

[48] BAG 2.12.1999 AP Nr. 16 zu § 79 BPersVG = NZA 2001, 107.
[49] LAG Nürnberg 21.12.2010 NZA-RR 2011, 130.
[50] BAG 16.11.2005 AP Nr. 64 zu § 80 BetrVG 1972 = NZA 2006, 553.
[51] BAG 19.10.1999 AP Nr. 58 zu § 80 BetrVG 1972 = NZA 2000, 837.
[52] BAG 17.3.2015 AP Nr. 11 zu § 94 BetrVG 1972 = NZA 2015, 885 (Mitarbeitergespräche).
[53] BAG 11.12.2018 AP Nr. 51 zu § 87 BetrVG 1972 Überwachung = NZA 2019, 1009; 14.1.2014 AP Nr. 10 zu § 94 BetrVG 1972 = NZA-RR 2014, 356; 18.4.2000 AP Nr. 33 zu § 87 BetrVG 1972 Überwachung = NZA 2000, 1176.
[54] Dazu *Annuß* NZA 2007, 290; *Däubler* NZA 2005, 793.
[55] BAG 24.11.1981 AP Nr. 3 zu § 87 BetrVG 1972.
[56] BAG 23.10.1984 AP Nr. 8 zu § 87 BetrVG 1972 Ordnung des Betriebes = NZA 1985, 224.
[57] BAG 14.1.1986 AP Nr. 21 zu § 87 BetrVG 1972 Lohngestaltung = NZA 1986, 531.
[58] BVerwG 11.12.1991 AP Nr. 4 zu § 79 LPVG Baden-Württemberg.
[59] ArbG Nürnberg 4.1.2013 NZA-RR 2013, 363.

überprüfungen, deren Ergebnisse nicht in Bezug zu den AN gesetzt werden können.[60] Umstr. ist, ob auch Beurteilungsgrundsätze für Bewerber mitbestimmungspflichtig sind. Dies ist mit Rücksicht auf die systematische Stellung und den Zweck der Vorschrift zu bejahen. Zuständig ist bei einer betriebsübergreifenden Personalplanung der GBR, ansonsten der BR.[61]

25 **b) Inhalt.** Im Vordergrund der Beurteilung werden Grundsätze zur Bewertung der geleisteten Arbeit, der Fähigkeiten, des Erfolgs und der weiteren Entwicklung (Aufstiegsmöglichkeiten!) des AN stehen. Bei entgeltbezogenen Leistungsbeurteilungen hat der BR auch im Einzelfall nach § 80 II BetrVG Anspruch auf Vorlage der Unterlagen, die zur Leistungsbeurteilung herangezogen worden sind. Es ist auch zulässig, Grundsätze zur Beurteilung der Führungsqualitäten aufzustellen. Dem AG ist durch das Mitbestimmungsrecht nicht verwehrt, seine AN nach Eignung, Befähigung und sachlicher Leistung zu beurteilen.[62] Das Mitbestimmungsrecht bezieht sich nicht auf die Beurteilung im Einzelfall. Sind Beurteilungsgrundsätze bereits vor der erstmaligen Wahl des BR aufgestellt worden, muss der AG initiativ werden, wenn er diese weiter verwenden will, da dem BR kein Initiativrecht zusteht.[63]

VIII. Auswahlrichtlinien (§ 95 BetrVG)

Muster: Schaub ArbRFV-HdB/*Thoms* B. Rn. 127.

26 **1. Begriff.** Auswahlrichtlinien sind Grundsätze, die allgemein oder für bestimmte Arten von Tätigkeiten oder Arbeitsplätze festlegen, welche Voraussetzungen für die Ausübung der Tätigkeit oder die Besetzung des Arbeitsplatzes vorliegen müssen oder nicht vorliegen dürfen. Durch die Vereinbarung von Auswahlrichtlinien soll eine weitgehende Transparenz der bei personellen Maßnahmen angewandten Grundsätze und deren Objektivierung erreicht werden. Das Gesetz sieht Auswahlrichtlinien nur für Einstellungen, Versetzungen, Umgruppierungen und Kündigungen vor. Auswahlrichtlinien für Eingruppierungen werden nicht erwähnt, da diese nur deklaratorischen Charakter haben; dh, die Eingruppierung richtet sich nach der Art der vom AN verrichteten Arbeit (→ § 64 Rn. 10). Auswahlrichtlinien sind stets generelle Regelungen, selbst wenn sie nur auf einen AN anwendbar sind.[64] Die Beteiligungspflicht besteht auch bei einem Punkteschema für die soziale Auswahl (§ 1 III KSchG), wenn es der AG nicht generell auf alle künftigen betriebsbedingten Kündigungen, sondern nur auf konkret bevorstehende Kündigungen anwenden will.[65] Gleiches gilt (nach der Einfügung von § 95 IIa BetrVG durch das BRModG), wenn bei der Aufstellung der Auswahlrichtlinie KI zum Einsatz kommt, etwa indem eine KI-Anwendung die Richtlinie eigenständig oder innerhalb eines vorgegebenen Rahmens aufstellt (BR-Drs. 271/21, 20). Kein Beteiligungsrecht ist gegeben, wenn der AG keine Auswahlkriterien aufstellt, sondern nur die Voraussetzungen festgelegt, unter denen die betreffende Maßnahme durchgeführt wird.[66]

27 Eine Auswahlrichtlinie liegt dagegen vor, wenn für den schriftlichen Teil einer Eignungsfeststellung Testproben erstellt und in diesen Punktzahlen bestimmt werden, die ein Bewerber für die Zulassung zur mündlichen Prüfung erreichen muss.[67] Zu ihnen zählen auch die Entnahme von Blut- und Urinproben bei Einstellungsuntersuchungen[68] sowie sog. Negativkataloge, in denen festgelegt wird, welche Umstände bei der Durchführung personeller Einzelmaßnahmen nach Ablauf bestimmter Zeiten nicht mehr berücksichtigt werden sollen. Werden Daten von AN technisch verarbeitet, so können sich mitbestimmungspflichtige Auswahlrichtlinien dann ergeben, wenn Daten zur Fähigkeit und Eignung gespeichert werden und diese durch Verknüpfung mit anderen Datenbanken automatisch zum Ausscheiden bestimmter AN führen.[69] Als Auswahlrichtlinie angesehen worden sind auch abstrakte Kriterien für sog. Insichbeurlaubungen

[60] BAG 18.4.2000 AP Nr. 33 zu § 87 BetrVG 1972 Überwachung = NZA 2000, 1176.
[61] BAG 17.3.2015 AP Nr. 11 zu § 94 BetrVG 1972 = NZA 2015, 885.
[62] BAG 10.3.1982 AP Nr. 1 zu § 13 BAT; 28.3.1979 AP Nr. 3 zu § 75 BetrVG 1972.
[63] HessLAG 6.3.1990 DB 1991, 1027.
[64] Enger LAG Nds 18.10.1994 DB 1995, 2375.
[65] BAG 26.7.2005 AP Nr. 43 zu § 95 BetrVG 1972 = NZA 2005, 1372; zu kündigungsrechtl. Folgen *Rossa/Salamon* NJW 2008, 1991; *Hidalgo/Häberle-Haug/Stubbe* DB 2007, 914; *Bengelsdorf* ZfA 2007, 277.
[66] BAG 31.5.2005 AP Nr. 125 zu § 87 BetrVG 1972 Lohngestaltung = NZA 2006, 56.
[67] LAG Nds 18.10.1994 LAGE § 95 BetrVG 1972 Nr. 15.
[68] LAG BW 13.12.2002 NZA-RR 2003, 417.
[69] *Fitting* BetrVG § 95 Rn. 11.

von Beamten.[70] Keine Auswahlrichtlinien sind dagegen Anforderungsprofile für bestimmte Arbeitsplätze[71] und Stellen-[72] bzw. Funktionsbeschreibungen.[73] Gleiches gilt für die Festlegung der Kriterien für die Zuweisung von Planstellen an die einzelnen Betriebe.[74]

2. Inhalt des Beteiligungsrechts. Die Anwendung von generellen Auswahlgrundsätzen durch den AG unterliegt in den in § 95 I BetrVG genannten Fällen stets der Mitbestimmung des BR. Ohne Bedeutung ist, ob sie schriftlich niedergelegt oder vom AG überhaupt bekannt gegeben werden. Auch die Betriebsgröße ist nur für das Initiativrecht des BR relevant. Daher unterliegen zB bei einer Sozialauswahl[75] alle Auswahlmerkmale fachlicher, persönlicher und sozialer Art der Mitbestimmung. In § 95 II 1 BetrVG wird aber ausdrücklich hervorgehoben, dass Gegenstand von Auswahlrichtlinien nur die persönlichen und fachlichen Voraussetzungen sein können.[76] Damit ist ausgeschlossen, dass der BR Arbeitsplatz- oder Stellenbeschreibungen[77] oder die Übertragung der personellen Maßnahmen auf einen paritätisch besetzten Ausschuss erzwingen kann. 28

3. Initiativrecht. Ob der AG Auswahlrichtlinien aufstellt bzw. verwendet, steht grundsätzlich in seinem Ermessen. Kommt es nicht zu einer Einigung zwischen AG und BR, kann der AG die Einigungsstelle anrufen oder von der Aufstellung von Auswahlrichtlinien absehen. Der BR kann erst in Betrieben (nicht Unternehmen) mit mehr als 500 AN ihre Aufstellung verlangen (§ 95 II BetrVG); in diesem Fall kann auch er die Einigungsstelle anrufen und Auswahlrichtlinien gegen den Willen des AG erzwingen. Maßgebend für die Arbeitnehmerzahl ist der durchschnittliche Personalbestand ohne die leitenden Angestellten (§ 5 III BetrVG). 29

4. Beendigung und Nachwirkung. Auswahlrichtlinien können generell als Dauerregelung oder nur für eine einzelne Personalmaßnahme (Betriebsänderung) abgeschlossen werden (→ Rn. 26). Ist Letzteres der Fall, können sie unabhängig von der Form ihrer Vereinbarung grundsätzlich nicht ordentlich gekündigt werden. Werden Auswahlrichtlinien als Dauerregelungen in Form einer Betriebsvereinbarung abgeschlossen, richtet sich ihre Beendigung bei Fehlen einer anderen Vereinbarung nach § 77 V BetrVG. Nach Ablauf der Kündigungsfrist wirken Auswahlrichtlinien in Betrieben mit mehr als 500 AN nach. In kleineren Betrieben (§ 95 I BetrVG) kommt es nur zu einer Nachwirkung, wenn dies vereinbart worden ist oder der AG weiterhin Auswahlgrundsätze – unabhängig davon, ob in identischer oder veränderter Form – anwendet. Verzichtet er hierauf, entfällt die Nachwirkung. Werden die Auswahlgrundsätze durch Regelungsabrede vereinbart, kann diese jederzeit ohne Nachwirkung beendet werden. 30

5. Auswahlgesichtspunkte. Auswahlrichtlinien müssen rechtmäßig sein, insbesondere den Voraussetzungen von § 75 BetrVG genügen und die allgemeinen Rechtsgrundsätze des Arbeitsrechts beachten. Der Regelungsspielraum ist für die einzelnen Personalmaßnahmen unterschiedlich. **(a)** Bei Einstellungen besteht ein verhältnismäßig weiter Ermessensspielraum. Einschränkungen können sich vor allem bei der Einstellung von Angehörigen eines Minderheitengeschlechts (→ § 36 Rn. 7) oder in Tendenzbetrieben ergeben (→ § 214 Rn. 16). **(b)** Bei Versetzungen müssen die Grundsätze billigen Ermessens beachtet werden (→ § 45 Rn. 17). Punktesysteme können hier beispielsweise bezüglich der zu den berücksichtigenden sozialen Kriterien vereinbart werden.[78] **(c)** Bei Umgruppierungen ergibt sich kaum ein Regelungsspielraum, da die Vergütung regelmäßig der geleisteten Arbeit folgt. **(d)** Bei Kündigungen kommen Auswahlrichtlinien regelmäßig nur für die soziale Auswahl[79] in Betracht (→ § 135 Rn. 52). 31

6. Streitigkeiten und Rechtsschutz. Streitigkeiten zwischen AG und BR über Auswahlrichtlinien werden im Beschlussverfahren ausgetragen.[80] Durch Spruch der Einigungsstelle auf- 32

---

[70] BAG 10.12.2002 AP Nr. 43 zu § 95 BetrVG 1972.
[71] BAG 31.5.1983 AP Nr. 2 zu § 95 BetrVG 1972.
[72] BAG 31.1.1984 AP Nr. 3 zu § 95 BetrVG 1972 = NZA 1984, 51.
[73] BAG 1.4.1986 AP Nr. 21 zu § 87 BetrVG 1972 Lohngestaltung = NZA 1986, 531.
[74] BAG 28.3.2006 AP Nr. 128 zu § 87 BetrVG 1972 Lohngestaltung = NZA 2006, 1367.
[75] BAG 15.6.1989 AP Nr. 18 zu § 1 KSchG 1969 Soziale Auswahl = NZA 1990, 226.
[76] BAG 11.3.1976 AP Nr. 1 zu § 95 BetrVG 1972.
[77] BAG 14.1.1986 AP Nr. 21 zu § 87 BetrVG 1972 Lohngestaltung = NZA 1986, 531; 31.1.1984 NZA 1984, 51.
[78] BAG 27.10.1992 AP Nr. 29 zu § 95 BetrVG 1972 = NZA 1993, 608.
[79] BAG 23.11.2000 AP Nr. 114 zu § 1 KSchG 1969 Betriebsbedingte Kündigung = NZA 2001, 601 (Altersgruppenbildung); 15.6.1989 AP Nr. 18 zu § 1 KSchG 1969 Soziale Auswahl = NZA 1990, 226; 20.1.1983 AP Nr. 13 zu § 1 KSchG 1969 Betriebsbedingte Kündigung.
[80] BAG 3.5.1984 AP Nr. 5 zu § 95 BetrVG 1972 (zur Antragstellung).

gestellte Auswahlrichtlinien unterliegen sowohl hinsichtlich der Einhaltung des Ermessensspielraums wie auch hinsichtlich der Vereinbarkeit mit höherrangigem Recht der arbeitsgerichtlichen Kontrolle (§ 76 V, VII BetrVG). Ist die Auswahlrichtlinie unter Verstoß gegen billiges Ermessen (§ 76 V BetrVG) durch die Einigungsstelle festgesetzt worden, wird sie nach Ablauf der Anfechtungsfrist bindend; nicht hingegen, wenn sie mit höherrangigen Recht unvereinbar ist. Weicht der AG von den Vorgaben einer Auswahlrichtlinie ab, kann der BR einer personellen Einzelmaßnahme nach §§ 99 II Nr. 2 BetrVG oder einer betriebsbedingten Kündigung nach § 102 III Nr. 2 BetrVG widersprechen; auch der AN kann sich im Rahmen seiner Kündigungsschutzklage auf die unzutreffende Anwendung der Auswahlrichtlinie oder ihre Unwirksamkeit berufen. Eine mitbestimmungswidrig verwendete Auswahlrichtlinie führt für sich allein noch nicht zur Fehlerhaftigkeit einer Sozialauswahl (→ § 135 Rn. 1), da nicht der Weg, sondern das Ergebnis derselben der gerichtlichen Kontrolle unterliegt.

§ 239. Berufsbildung

Muster: Schaub ArbRFV-HdB/*Thoms* B. Rn. 128.

Übersicht

I. Förderung der Berufsbildung (§ 96 BetrVG)

1 **1. Allgemeines.** Wegen der sich ständig ändernden beruflichen Anforderungen verpflichtet § 96 I BetrVG AG und BR, im Rahmen der betrieblichen Personalplanung und in Zusammenarbeit mit den für die Berufsbildung und den für die Förderung der Berufsbildung zuständigen Stellen (→ § 173 Rn. 16) die Berufsbildung der AN zu fördern. Maßnahmen der Berufsbildung stellen einen Beitrag zur Steigerung der Wettbewerbsfähigkeit der Unternehmen dar und tragen zum Arbeitsplatzerhalt bei bzw. eröffnen den AN berufliche Aufstiegsmöglichkeiten. Allerdings gewährt die Norm dem einzelnen AN keinen Anspruch auf eine bestimmte berufliche Aus- oder Fortbildung. Namentlich im Bereich der beruflichen Bildung sind die Verpflichtungen des AG durch das BBiG und die zu seiner Durchführung ergangenen Bestimmungen vorgegeben (→ § 173 Rn. 1). Zudem kann sich ein Anspruch des AN auf Freistellung für Bildungsmaßnahmen aus den Arbeitnehmerweiterbildungsgesetzen der Länder ergeben.

2 **2. Begriff der Berufsbildung und Abgrenzung.** Der Begriff der Berufsbildung iSd §§ 96 ff. BetrVG ist weit auszulegen. Er geht über § 1 I BBiG hinaus und erfasst damit nicht nur die Ausbildungsvorbereitung, die Ausbildung sowie die berufliche Fortbildung und Umschulung,[1] sondern alle Maßnahmen, die AN in systematischer, lehrplanartiger Weise Kenntnisse und Erfahrungen vermitteln, die diese zu ihrer beruflichen Tätigkeit im Allgemeinen befähigen und sie in die Lage zu versetzen, eine konkrete betriebliche Tätigkeit auszuüben.[2] Die betriebliche Berufsbildung ist von der mitbestimmungsfreien Unterrichtung des AN nach § 81 BetrVG (→ § 234 Rn. 4) abzugrenzen. Diese erschöpft sich in der Einweisung eines AN in einen konkreten Arbeitsplatz; sie setzt voraus, dass der AN die für die Ausübung der Tätigkeit an diesem Arbeitsplatz erforderlichen beruflichen Kenntnisse und Erfahrungen bereits besitzt.[3] Berufsbil-

[1] BAG 23.4.1991 AP Nr. 7 zu § 98 BetrVG 1972 = NZA 1991, 817.
[2] BAG 24.8.2004 AP Nr. 12 zu § 98 BetrVG 1972 = NZA 2005, 371; 18.4.2000 AP Nr. 9 zu § 98 BetrVG 1972 = NZA 2001, 167; 5.11.1985 AP Nr. 2 zu § 98 BetrVG 1972 = NZA 1986, 535.
[3] BAG 28.1.1992 AP Nr. 1 zu § 96 BetrVG 1972 = NZA 1992, 707; 23.4.1991 AP Nr. 7 zu § 98 BetrVG 1972 = NZA 1991, 817; 10.2.1988 AP Nr. 5 zu § 98 BetrVG 1972 = NZA 1988, 549.

dung liegt dagegen bei einer Vermittlung dieser Kenntnisse vor. Zu den in Betracht kommenden Maßnahmen der Berufsbildung zählen insbesondere Lehrgänge, Bildungsprogramme und Seminare.[4] Nicht hierunter fallen Maßnahmen, die lediglich auf die Hebung des Erscheinungsbilds des Personals abzielen, wie zB die Freundlichkeit gegenüber Kunden.[5]

3. Inhalt des Beteiligungsrechts. Zweck des § 96 BetrVG ist es, AG und BR zur Förderung der Berufsbildung anzuhalten. Hierzu verpflichtet § 96 I 2 BetrVG den AG zunächst, auf Verlangen des BR den Berufsbildungsbedarf der vom BR vertretenen AN zu ermitteln. Der Bedarf wird vom AG regelmäßig durch eine Ist-Analyse und ein Soll-Konzept darzustellen sein; eine besondere Form ist hierfür nicht vorgesehen. Die **Ermittlungspflicht** besteht nur, wenn der BR ein entspr. Verlangen an den AG stellt. In diesem Fall muss der AG den Bildungsbedarf auch dann eruieren, wenn er selbst hierfür kein Erfordernis sieht. Zudem hat der AG – ebenfalls nur auf Verlangen des BR – mit diesem alle Fragen zu beraten, die die Berufsbildung der AN betreffen; hierzu gehört ein zuvor ermittelter Bildungsbedarf. Das **Beratungsrecht** des BR wird in § 96 I 3 BetrVG durch ein **Initiativrecht** des BR ergänzt. Er kann dem AG geeignete Maßnahmen der Berufsbildung vorschlagen. Kommt eine Einigung der Betriebsparteien über konkrete Maßnahmen der Berufsbildung nicht zustande, können AG und BR nach dem durch das BRModG neu eingefügten § 96 Ia BetrVG die Einigungsstelle zum Zwecke der Vermittlung anrufen; diese kann aber nicht durch Spruch entscheiden. Die Pflichten von AG und BR werden in § 96 II BetrVG dahingehend konkretisiert, dass die Betriebsparteien unter Wahrung der betrieblichen Notwendigkeiten die Teilnahme der AN, insbesondere der älteren, an Maßnahmen der inner- oder außerbetrieblichen Berufsbildung zu fördern haben. Hierzu zählt der Besuch von Berufs- und Fachschulen, Verwaltungs- und Wirtschaftsakademien, Lehrgängen der Arbeitsverwaltung sowie der Verbände. Aus den §§ 96 ff. BetrVG ergibt sich für Mitglieder des BR kein eigenständiges Teilnahmerecht an den Berufsbildungsmaßnahmen.[6] 3

II. Einrichtungen und Maßnahmen der Berufsbildung (§ 97 BetrVG)

1. Beratungsrecht. a) Gegenstand. Nach § 97 I BetrVG hat der AG mit dem BR die Errichtung und Ausstattung betrieblicher Einrichtungen zur Berufsbildung, die Einführung betrieblicher Bildungsmaßnahmen und die Teilnahme an außerbetrieblichen Bildungsmaßnahmen zu beraten. Der Begriff der **betrieblichen Berufsbildung** ist nicht räumlich, sondern funktional zu verstehen. Eine Maßnahme der betrieblichen Berufsbildung liegt vor, wenn der AG die Maßnahme selbst veranstaltet oder trägt; er muss diese entweder allein durchführen oder – wenn er sie gemeinsam mit einem Dritten durchführt – zumindest auf ihren Inhalt und ihre Durchführung rechtlich oder tatsächlich einen beherrschenden Einfluss haben. Zudem muss die Bildungsmaßnahme regelmäßig für die „eigenen" – also die beim AG angestellten – AN durchgeführt werden; zumindest müssen sie bei der Beteiligung Vorrang haben.[7] Führen mehrere AG zusammen eine Berufsbildungsmaßnahme durch, ohne dass einer von ihnen einen beherrschenden Einfluss hat, handelt es sich nicht um eine betriebliche, sondern um eine außerbetriebliche Maßnahme.[8] Der Tatbestand der Errichtung einer betrieblichen Bildungseinrichtung umfasst auch die Einrichtung einer betrieblichen Ausbildungsstätte (zB Lehr- und Umschulungswerkstatt); der Begriff der Ausstattung meint die technische und finanzielle Versorgung einer solchen Einrichtung. Zur Einführung betrieblicher Bildungsmaßnahmen zählt die Einrichtung von Ausbildungs- und Fortbildungskursen sowie von Workshops.[9] 4

b) Reichweite. § 97 I BetrVG gewährt dem BR lediglich ein Beratungsrecht hinsichtlich der von der Norm erfassten Gegenstände. Der BR kann daher die Errichtung betrieblicher Einrichtungen oder – außerhalb des Anwendungsbereichs von § 97 II BetrVG – die Durchführung betrieblicher Bildungsmaßnahmen nicht erzwingen. Allerdings hat der BR die Möglich- 5

[4] BAG 23.4.1991 AP Nr. 7 zu § 98 BetrVG 1972 = NZA 1991, 817.
[5] BAG 28.1.1992 AP Nr. 1 zu § 96 BetrVG 1972 = NZA 1992, 707.
[6] BAG 5.11.1985 AP Nr. 2 zu § 98 BetrVG 1972 = NZA 1986, 535.
[7] Vgl. BAG 26.4.2016 AP Nr. 16 zu § 98 BetrVG 1972 = NZA 2016, 1036; 24.8.2004 AP Nr. 12 zu § 98 BetrVG 1972 = NZA 2005, 371; 18.4.2000 AP Nr. 9 zu § 98 BetrVG 1972 = NZA 2001, 167; 12.11.1991 AP Nr. 8 zu § 98 BetrVG 1972 = NZA 1992, 657; 4.12.1990 AP Nr. 1 zu § 97 BetrVG 1972 = NZA 1991, 388.
[8] Vgl. für § 98 BetrVG: BAG 18.4.2000 AP Nr. 9 zu § 98 BetrVG 1972 = NZA 2001, 167.
[9] LAG Düsseldorf 9.10.2008 – 15 TaBV 96/07.

keit, Vorschläge zu unterbreiten, mit denen sich der AG auseinander zu setzen hat. Das Beratungsrecht bei der Teilnahme an außerbetrieblichen Berufsbildungsmaßnahmen erstreckt sich sowohl auf die Auswahl der überbetrieblichen Bildungseinrichtungen als auch auf die Auswahl der AN des Betriebs. Der AG kann von einer geplanten Bildungsmaßnahme auch wieder Abstand nehmen.[10] Die Ausübung des Beratungsrechts gehört nicht zu den laufenden Geschäften des BR (§ 27 III, IV BetrVG).

6 **2. Mitbestimmungsrecht bei Qualifikationsverlust. a) Normzweck.** Nach § 97 II BetrVG hat der BR ein Mitbestimmungsrecht bei der Einführung von Maßnahmen der betrieblichen Berufsbildung, wenn **(1)** der AG Maßnahmen geplant oder durchgeführt hat, die dazu führen, dass sich **(2)** die Tätigkeit der betroffenen AN ändert und **(3)** ihre beruflichen Kenntnisse und Fähigkeiten nicht mehr ausreichen. Das Mitbestimmungsrecht soll den BR in die Lage versetzen, dem drohenden Arbeitsplatzverlust durch geeignete Qualifizierungsmaßnahmen entgegenzuwirken. Die gesetzliche Regelung ist aber unvollständig. Ein besonderes **Informationsrecht** des BR über die Veränderung von Arbeitsabläufen ist nicht vorgesehen. Der BR ist daher bei der Ausübung seines Rechts auf die Unterrichtung im Rahmen der Beteiligung nach den §§ 90, 91, 92, 96 I 2, 106, 111 BetrVG beschränkt.

7 **b) Voraussetzungen und Inhalt.** Das Beteiligungsrecht setzt bereits bei der Planung des AG ein, wenn absehbar ist, dass die ins Auge gefasste Veränderung für die betroffenen AN zu einer veränderten Tätigkeit führt. Der Begriff der Änderung ist weit auszulegen und nicht auf die Maßnahmen iSd § 90 I BetrVG beschränkt.[11] Die Änderungen müssen die Ursache dafür sein, dass der AN die neue Tätigkeit mit seinen bisherigen Kenntnissen und Fähigkeiten voraussichtlich nicht mehr ausüben kann.[12] Dem Mitbestimmungsrecht unterliegt daher **(1)** die Beurteilung, ob es voraussichtlich zu einem konkreten[13] Qualifikationsdefizit kommen wird und **(2)** ob bzw. in welcher Weise dieses ggf. durch betriebliche Bildungsmaßnahmen ausgeglichen werden kann. Steht fest, dass die Bildungsmaßnahme nicht bis zum Wirksamwerden der geänderten Anforderungen an den Arbeitsplatz des betroffenen AN abgeschlossen werden kann, ist kein Raum mehr für eine Mitbestimmung. Gleiches gilt, wenn der AN nicht zur Durchführung einer Qualifikation bereit ist. Kein Beteiligungsrecht nach § 97 II BetrVG besteht zudem, wenn Maßnahmen nach § 81 I 2 BetrVG ausreichend sind.

8 Bei der Ausübung der Mitbestimmung haben die Betriebsparteien die **Regelungssperre** des § 77 III BetrVG (→ § 231 Rn. 20) zu beachten (umstr.).[14] Der Abschluss von Betriebsvereinbarungen ist daher nur möglich, wenn und soweit ein einschlägiger Tarifvertrag entweder keine entspr. Qualifizierungsregelungen enthält oder zumindest eine Öffnungsklausel für betriebliche Regelungen vorsieht. Die in den erzwingbaren Angelegenheiten nach § 87 I BetrVG geltende Vorrangtheorie (→ § 231 Rn. 22) findet vorliegend schon aus systematischen Gründen keine Anwendung, da sie maßgebend auf der Regelung des – in § 97 II BetrVG gerade nicht enthaltenen – Tarifvorbehalts in § 87 I Eingangshs. BetrVG beruht.[15] Ob die Betriebsparteien in einer auf Grundlage von § 97 II BetrVG getroffenen Regelung auch eine solche zur Kostentragung vereinbaren müssen oder ob sie dazu überhaupt befugt sind, ist umstr.[16]

9 Als erzwingbares Mitbestimmungsrecht gewährt § 97 II BetrVG dem BR auch ein **Initiativrecht.** Damit kann er bei Vorliegen der im Gesetz genannten Voraussetzungen die Einführung betrieblicher Bildungsmaßnahmen erzwingen.[17] Wie der Vergleich mit § 97 I BetrVG zeigt, umfasst das Mitbestimmungsrecht allerdings weder die Errichtung und Ausstattung betrieblicher Einrichtungen der Berufsbildung noch die Einführung von außerbetrieblichen Bildungsmaßnahmen.

10 **c) Streitigkeiten.** Der BR kann die Durchführung von Maßnahmen zur betrieblichen Berufsbildung bei Vorliegen der Voraussetzungen des § 97 II BetrVG über die Einigungsstelle durchsetzen (§ 97 II 2 BetrVG). Will der AG eine betriebliche Bildungsmaßnahme unter Verstoß gegen § 97 II 1 BetrVG ohne Zustimmung des BR durchführen, steht dem BR zur Sicherung seines erzwingbaren Mitbestimmungsrechts ein **Unterlassungsanspruch** zu. Individualrechtliche Maßnahmen (Kündigungen, Versetzungen unter den Voraussetzungen des § 100 BetrVG),

[10] LAG RhPf 12.12.1988 NZA 1989, 943.
[11] *Franzen* NZA 2001, 865.
[12] LAG Hamm 9.2.2009 ArbuR 2009, 278.
[13] LAG Hamm 8.11.2002 NZA-RR 2003, 543.
[14] *Löwisch* BB 2001, 1790 (1795); aA *Franzen* NZA 2001, 865 (870).
[15] Ebenso *Fitting* BetrVG § 97 Rn. 19a.
[16] Vgl. *Fitting* BetrVG § 97 Rn. 30.
[17] *Konzen* RdA 2001, 76; *Franzen* 2001, 865; *Reichold* NZA 2001, 857.

die bei einer Veränderung des Arbeitsablaufs erforderlich sind, bedürfen nicht der Zustimmung des BR. Soweit eine Kündigung nicht nach § 1 II 3 KSchG unwirksam ist, fehlt es daher an einer wirksamen individualrechtlichen Sanktion, die den AG zur Beachtung des Beteiligungsrechts zwingt. Auch § 113 III BetrVG dürfte nicht entsprechend anzuwenden sein. Aus diesem Grund kommt ein zeitlich begrenzter vorbeugender Unterlassungsanspruch des BR hinsichtlich der beabsichtigten personellen Maßnahmen in Betracht, wenn das Mitbestimmungsrecht des BR nach § 97 II BetrVG ansonsten gegenstandslos werden würde.[18]

III. Durchführung betrieblicher Bildungsmaßnahmen (§ 98 BetrVG)

1. Erzwingbare Mitbestimmung. Während der BR bei der Errichtung und Einrichtung von betrieblichen Bildungsmaßnahmen weitgehend nur ein Beratungsrecht hat (Ausnahme § 97 II BetrVG), unterliegt die Durchführung der **betrieblichen Maßnahmen zur Aus-, Fortbildung oder Umschulung** der erzwingbaren Mitbestimmung (§ 98 I BetrVG). Betroffen sind nur Maßnahmen der betrieblichen Berufsbildung (zum Begriff → Rn. 4). Gegenstand des Mitbestimmungsrechts ist nicht die Frage, ob eine berufsbildende Maßnahme durchzuführen ist; diese kann der BR nicht verhindern.[19] Zur Durchführung gehören sämtliche Maßnahmen, die für den geordneten Ablauf der betrieblichen Bildung notwendig sind;[20] die Ausstattung von AN mit aktuellen Informationen und neuem Arbeitsmaterial genügt dazu nicht.[21] Da die Berufsausbildung im Sinne des BBiG gesetzlich geregelt ist, kann sich das Mitbestimmungsrecht nur auf die Anpassung an die betrieblichen Verhältnisse (Verkürzung der Ausbildungszeit,[22] Festlegung betrieblicher Durchlaufpläne, allgemeine Regeln über Führung und Überwachung von Berichtsheften, Grundsätze über betriebliche Beurteilungen[23] usw.) und auf sonstige betriebliche Ausbildungen sowie bei Fortbildung und Umschulung auf die materiellen Inhalte der Bildungsmaßnahmen erstrecken.[24] Mitbestimmungspflichtig sind stets die formellen Bestimmungen über den Bildungsablauf einschl. betrieblicher Prüfungen,[25] Inhalt und Umfang des vermittelten Stoffs, die Methoden der Wissensvermittlung, die Dauer und zeitliche Lage der Bildungsmaßnahme und ihr Zweck. Bei Streitigkeiten entscheidet die Einigungsstelle (§ 98 IV BetrVG). 11

Das Mitbestimmungsrecht bezieht sich nicht auf individuelle Weisungen gegenüber den zu bildenden AN (zB die Frage, welcher Auszubildende einem bestimmten Ausbilder zuzuteilen ist).[26] Wollen mehrere AG gemeinsam eine Berufsbildungsmaßnahme durchführen, auf die keiner von ihnen einen beherrschender Einfluss hat, steht den BR der betroffenen Betriebe nach der Rspr. des BAG analog § 98 I BetrVG nur ein Mitbestimmungsrecht bei Abschluss der Vereinbarung über die Zusammenarbeit der AG zu, sofern darin Regelungen über die zukünftige Durchführung von Bildungsmaßnahmen getroffen werden.[27] Von § 98 BetrVG nicht erfasst ist die **Errichtung einer Bildungseinrichtung.** Die Mitbestimmung des BR erstreckt sich nur auf die Durchführung und Teilnehmerauswahl (→ Rn. 12) einer solchen Einrichtung. Liegen die Voraussetzungen des § 97 II BetrVG (→ Rn. 7) nicht vor, kann daher der AG die Ziele der Berufsbildungsmaßnahmen, die abstrakte Festlegung der von Bildungsmaßnahmen begünstigten AN, ihre Anzahl und die finanzielle Dotierung der Berufsbildungsmaßnahmen nach Beratung mit dem BR (§ 97 I BetrVG) einseitig festlegen. Er kann also zB bestimmen, dass nur Facharbeiter an Fortbildungsmaßnahmen teilnehmen. 12

2. Teilnehmerauswahl. Führt der AG betriebliche Bildungsmaßnahmen durch, kann der BR bei der Auswahl der Teilnehmer Vorschläge machen. Dasselbe Recht steht ihm zu, wenn der AG für außerbetriebliche Bildungsmaßnahmen AN mit oder ohne Zahlung einer Vergütung freistellt oder wenn er die durch die Bildungsmaßnahmen entstehenden Kosten ganz oder teilweise trägt 13

---

[18] *Franzen* 2001, 865; aA *Rieble* NZA-Sonderheft 2001, 48 (55).
[19] BAG 23.4.1991 AP Nr. 7 zu § 98 BetrVG 1972 = NZA 1991, 817.
[20] BAG 10.2.1988 AP Nr. 5 zu § 98 BetrVG 1972 = NZA 1988, 549; 5.11.1985 AP Nr. 2 zu § 98 BetrVG 1972 = NZA 1986, 535.
[21] HessLAG 8.11.2005 ArbuR 2006, 173.
[22] BAG 24.8.2004 AP Nr. 12 zu § 98 BetrVG 1972 = NZA 2005, 371.
[23] LAG Köln 12.3.1983 EzA Nr. 1 zu § 98 BetrVG 1972.
[24] BAG 28.9.1983 AP Nr. 2 zu § 1 TVG Seniorität.
[25] BAG 5.11.1985 AP Nr. 2 zu § 98 BetrVG 1972 = NZA 1986, 535; zu Workshops: LAG Düsseldorf 9.10.2008 – 15 TaBV 96/07.
[26] *Fitting* BetrVG § 98 Rn. 7.
[27] BAG 18.4.2000 AP Nr. 9 zu § 98 BetrVG 1972 = NZA 2001, 167.

(§ 98 III BetrVG). Der BR hat bei der Auswahl – nicht aber bei der Festlegung der Anzahl der Teilnehmer – ein **echtes Mitbestimmungsrecht.**[28] Das Recht dient der Wahrung der Chancengleichheit und damit letztlich des Gleichbehandlungsgrundsatzes (§ 75 BetrVG). Sind die Voraussetzungen des § 98 III BetrVG hinsichtlich der Bildungsmaßnahme nicht erfüllt (zB fehlende Freistellung oder Kostentragung), verbleibt dem BR jedoch das Beratungsrecht bei der Teilnehmerauswahl nach § 97 I BetrVG (→ Rn. 4). Das Mitbestimmungsrecht nach § 98 III BetrVG setzt voraus, dass der BR zuvor eigene Vorschläge für die Person(en) der Teilnehmer gemacht hat und diese zu einer Teilnahme bereit sind. Der BR kann sich nicht darauf beschränken, der vom AG getroffenen Auswahl zu widersprechen.[29] Bei einer vom AG errichteten Bildungseinrichtung ist der BR – ebenso wie die Einigungsstelle – an die abstrakten Vorgaben des AG zum Teilnehmerkreis gebunden. Schlagen AG und BR insgesamt mehr AN zur Teilnahme vor, als Teilnehmerplätze zur Verfügung stehen, und kommt zwischen ihnen keine Einigung zustande, ist eine Entscheidung der Einigungsstelle über die Besetzung der Teilnehmerplätze erforderlich.[30] Deren Übergehung kann einen groben Verstoß gegen die betriebsverfassungsrechtlichen Pflichten des AG darstellen;[31] daneben kommt ein vorbeugender Unterlassungsanspruch des BR zur Sicherung seines Mitbestimmungsrechts in Betracht. Umstr., aber zu bejahen ist, ob sich das Vorschlagsrecht auch auf solche Personen bezieht, die zu leitenden Angestellten fortgebildet werden sollen. Hingegen besteht kein Mitbestimmungsrecht nach § 98 III BetrVG bei Tendenzträgern.[32] Sind von einem Vorschlag Jugendliche oder sonstige in § 60 I BetrVG genannte Personen betroffen, hat die JAV ein Teilnahme- und Stimmrecht im BR (§§ 67, 70 BetrVG).

14 **3. Ausbildungspersonen.** Die Effektivität der Bildungsmaßnahmen hängt entscheidend von den Personen ab, die mit der Durchführung der Bildungsmaßnahmen beauftragt sind. Daher räumt § 98 II BetrVG dem BR (unter Beteiligung der JAV §§ 67, 70 BetrVG) ein **Widerspruchs- bzw. Abberufungsrecht** in Bezug auf die mit der Durchführung der betrieblichen Berufsbildung beauftragten inner- oder außerbetrieblichen[33] Personen ein. Die JAV kann entsprechende Anträge nur beim BR stellen (§ 70 I Nr. 1 BetrVG).

15 Das Widerspruchs- und Abberufungsrecht ist an die in § 98 II BetrVG enumerativ aufgezählten Voraussetzungen geknüpft. Diese Rechte stehen dem BR zu, wenn die mit der Durchführung der Bildungsmaßnahme beauftragten Personen nicht die persönlichen oder fachlichen Voraussetzungen besitzen (vgl. §§ 29, 30 BBiG, §§ 21, 22 HwO; → § 174 Rn. 18) oder ihre Aufgaben vernachlässigen.[34] Zu den persönlichen Voraussetzungen gehören alle charakterlichen oder intellektuellen Eigenschaften einer Person; zu den fachlichen die Befähigung, insbesondere die berufs- und arbeitspädagogische Eignung. Die beharrliche Vernachlässigung setzt einen nachhaltigen, fortdauernden Verstoß voraus. Der BR hat für sein Verlangen Tatsachen vorzutragen. Das Widerspruchs- oder Abberufungsverlangen kann zugleich eine personelle Maßnahme nach §§ 99, 100 BetrVG erforderlich machen.

16 Streiten die Parteien über die Berechtigung des Widerspruchs oder des Abberufungsverlangens des BR, kann dieser beim Arbeitsgericht beantragen, dem AG aufzugeben, die Bestellung zu unterlassen oder die Abberufung vorzunehmen (§ 98 V BetrVG). Da das Widerspruchsrecht an genau umrissene Tatbestandsvoraussetzungen geknüpft ist, handelt es sich um eine **Rechts- und keine Regelungsstreitigkeit.** Wird dem Begehren des BR stattgegeben, bleibt hiervon die personelle Mitwirkung des BR im Einzelfall (§§ 99 ff., 102 BetrVG) unberührt. Besteht für eine abberufene Person keine andere Beschäftigungsmöglichkeit, kommt – je nach zugrunde liegendem Vorwurf – der Ausspruch einer verhaltens- oder personenbedingten Kündigung in Betracht. Der Durchsetzung des rechtskräftigen Beschlusses dienen Ordnungsgelder bis zu 10 000 EUR, die vom Arbeitsgericht in einem dem § 888 ZPO nachgebildeten Vollstreckungsverfahren verhängt werden. Erhebt der BR Widerspruch, kann auch der AG gerichtlich feststellen lassen, ob dieser begründet ist, insoweit ist § 98 V BetrVG nicht als abschließend anzusehen.[35]

---

[28] BAG 10.2.1988 AP Nr. 5 zu § 98 BetrVG 1972 = NZA 1988, 549; zur Teilzeit: BAG 15.4.2008 AP Nr. 70 zu § 80 BetrVG 1972 = NZA-RR 2009, 98.
[29] BAG 20.4.2010 AP Nr. 9 zu Art. 5 Abs. 1 GG Pressefreiheit = NZA 2010, 902.
[30] BAG 23.4.1991 AP Nr. 7 zu § 98 BetrVG 1972 = NZA 1991, 817; 8.12.1987 AP Nr. 4 zu § 98 BetrVG 1972 = NZA 1988, 401.
[31] BAG 18.3.2014 AP Nr. 48 zu § 23 BetrVG 1972 = NZA 2014, 987.
[32] BAG 20.4.2010 AP Nr. 9 zu Art. 5 Abs. 1 GG Pressefreiheit = NZA 2010, 902; 30.5.2006 AP Nr. 80 zu § 118 BetrVG 1972 = NZA 2006, 1291.
[33] BAG 5.3.2013 AP Nr. 15 zu § 98 BetrVG 1972.
[34] Dazu LAG BW 20.10.2017 – 15 TaBV 2/17 (fehlende Eignung im Rahmen einer Verbundausbildung).
[35] Vgl. LAG Bln 6.1.2000 NZA-RR 2000, 370.

4. Sonstige Bildungsmaßnahmen. Zwar werden AG und BR in erster Linie an Einrichtung und Durchführung beruflicher betrieblicher Bildungsmaßnahmen interessiert sein. Nach § 98 VI BetrVG gelten die unter → Rn. 11–16 dargestellten Grundsätze aber entsprechend, wenn sonstige Bildungsmaßnahmen im Betrieb durchgeführt werden. Gedacht ist etwa an die Einführung von Erste-Hilfe-Kursen oder allgemein-staatsbürgerlichen Bildungsmaßnahmen im Betrieb. Eine Einschränkung für Tendenzträger besteht insoweit nicht.[36] 17

§ 240. Die Beteiligung des Betriebsrats bei Einstellung, Eingruppierung, Umgruppierung und Versetzung

Übersicht

I. Allgemeines

1. Zweck des Beteiligungsrechts. Bei Einstellungen, Eingruppierungen, Umgruppierungen sowie bei Versetzungen steht dem BR in Unternehmen mit in der Regel mehr als 20 wahlberechtigten AN ein Beteiligungsrecht zu. Die Mitwirkungsrechte des BR nach § 99 BetrVG dienen sowohl dem Schutz der Interessen der Belegschaft wie auch dem Schutz des einzelnen, von der personellen Maßnahme, insbesondere einer Versetzung, betroffenen AN.[1] 1

[36] BAG 30.5.2006 AP Nr. 80 zu § 118 BetrVG 1972 = NZA 2006, 1291.
[1] BAG 20.9.1990 AP Nr. 84 zu § 99 BetrVG 1972 = NZA 1991, 195.

2 **2. Betrieblicher und persönlicher Geltungsbereich.** Das Beteiligungsrecht verlangt die regelmäßige Beschäftigung von mehr als 20 wahlberechtigten AN (zum Begriff § 7 BetrVG; → § 217 Rn. 11 ff.). Für die unternehmensbezogene Berechnung der Arbeitnehmerzahl ist die durchschnittliche Beschäftigtenzahl (ohne AN nach § 5 II, III BetrVG, → § 212 Rn. 10, 15) im Zeitpunkt der Durchführung der personellen Einzelmaßnahme maßgebend. AN in nicht betriebsratsfähigen Betriebsstätten zählen stets mit. Insoweit gelten für die Berechnung die gleichen Grundsätze wie bei dem Beteiligungsrecht bei Betriebsänderungen (→ § 244 Rn. 22). Steigt die Beschäftigtenzahl über 20 AN, entsteht ein Beteiligungsrecht nach § 99 BetrVG für den Betriebsobmann. Es entfällt, wenn die Beschäftigtenzahl dauernd unter 20 sinkt. Führen mehrere Unternehmen mit jeweils weniger als 20 wahlberechtigten AN gemeinsam einen Betrieb, in dem insgesamt mehr als zwanzig wahlberechtigte AN beschäftigt sind, ist die Vorschrift des § 99 BetrVG auf Versetzungen in diesem Betrieb analog anwendbar.[2] In kleineren Betrieben können die §§ 99 ff. BetrVG im Tarifvertrag oder in einer Betriebsvereinbarung für anwendbar erklärt werden. Jedenfalls ist der BR dort nach § 80 BetrVG zu informieren. Kein Beteiligungsrecht hat der BR bei **leitenden Angestellten** (→ § 212 Rn. 15). Ihm sind insoweit personelle Veränderungen nur rechtzeitig mitzuteilen (§ 105 BetrVG).[3] Verletzt der AG die Informationspflicht, kann der BR die Aufhebung der Maßnahme nicht in entspr. Anwendung von § 101 BetrVG erzwingen. Ob ein AN leitender Angestellter ist, kann als Vorfrage in Verfahren nach §§ 99 ff. BetrVG geprüft werden.[4] Ebenso besteht kein Beteiligungsrecht der Betriebsvertretung von Stationierungsstreitkräften bei personellen Einzelmaßnahmen des zivilen Gefolges.[5]

3 **3. Betriebs- und unternehmensübergreifende Versetzungen. a) Mehrere Beteiligungsrechte.** Wechselt ein AN im Rahmen eines Unternehmens oder Konzerns die Stelle oder wird er in einen anderen Betrieb desselben Unternehmens oder Konzerns versetzt, können die Beteiligungsrechte des BR nach §§ 102 ff. BetrVG und §§ 99 ff. BetrVG nebeneinander anwendbar sein. Dabei gelten folgende Grundsätze:

3a **b) Direktionsrecht.** Kann der AG eine betriebsübergreifende Versetzung im Wege des Direktionsrechts (→ § 45 Rn. 22) durchführen, hat der **BR des aufnehmenden Betriebs** unter dem Gesichtspunkt der Einstellung (→ Rn. 11) stets ein Mitwirkungsrecht.[6] Die Beteiligungspflicht des **BR des abgebenden Betriebs** ist von dem **Einverständnis** des AN mit der beabsichtigten personellen Maßnahme abhängig. Dieser BR ist grundsätzlich unter dem Gesichtspunkt der Versetzung (§ 95 III BetrVG) um seine Zustimmung zu ersuchen. Die Beteiligungspflicht des AG entfällt jedoch, wenn der AN spätestens bis zum Wirksamwerden der Maßnahme sein Einverständnis mit dieser erklärt hat.[7] Das BAG begründet diese Sichtweise damit, dass die Arbeitsvertragsparteien die Versetzung auch ohne Beteiligung des BR des abgebenden Betriebs durch den (mitbestimmungsfreien) Abschluss eines Aufhebungsvertrags und die gleichzeitige Neubegründung eines Arbeitsverhältnisses im aufnehmenden Betrieb erreichen können.[8] Das Einverständnis des AN muss nicht ausdrücklich oder unter Beachtung einer bestimmten Form erklärt werden. Allein der Verzicht auf die Geltendmachung von gerichtlichem Rechtsschutz genügt jedoch nicht für den Schluss auf das Vorliegen eines Einverständnisses des AN.[9] Das Beteiligungsrecht des BR des abgebenden Betriebs entfällt auch, wenn ausnahmsweise die Voraussetzungen des § 95 III BetrVG nicht vorliegen, etwa die Maßnahme nicht mit einer erheblichen Änderung der Umstände verbunden ist, unter denen die Arbeit zu leisten ist.[10] Soll nur eine vorübergehende Abordnung in einen anderen Betrieb erfolgen, der AN aber demnächst wieder zurückkehren, liegt eine einheitliche Maßnahme vor.[11] Hiervon besteht wieder eine Ausnahme für die Versetzung von AN aus einem bereits endgültig stillgelegten Betrieb. Dessen

---

[2] BAG 29.10.2004 AP Nr. 40 zu § 99 BetrVG 1972 Versetzung = NZA 2005, 420.
[3] BAG 19.1.1980 AP Nr. 24 zu § 5 BetrVG 1972; 8.2.1977 AP Nr. 16 zu § 5 BetrVG 1972.
[4] BAG 8.2.1977 AP Nr. 16 zu § 5 BetrVG 1972.
[5] BAG 23.7.1981 AP Nr. 5 zu Art. 56 ZA-Nato-Truppenstatut.
[6] BAG 16.12.1986 AP Nr. 40 zu § 99 BetrVG 1972 = NZA 1987, 424; dazu *Schwab/Weicker* DB 2012, 976; zu Konzernfragen *Lambrich/Schwab* DB 2012, 1928; *dies.* NZA-RR 2013, 169.
[7] BAG 26.1.1993 AP Nr. 102 zu § 99 BetrVG 1972 = NZA 1993, 714; 20.9.1990 AP Nr. 84 zu § 99 BetrVG 1972 = NZA 1991, 195.
[8] BAG 22.11.2005 AP Nr. 7 zu § 117 BetrVG 1972 = NZA 2006, 389.
[9] BAG 2.4.1996 AP Nr. 9 zu § 99 BetrVG 1972 Versetzung = NZA 1997, 219.
[10] BAG 26.1.1993 AP Nr. 102 zu § 99 BetrVG 1972 = NZA 1993, 714; 16.12.1986 AP Nr. 40 zu § 99 BetrVG 1972 = NZA 1987, 424; 18.2.1986 AP Nr. 33 zu § 99 BetrVG 1972 = NZA 1986, 616.
[11] BAG 14.11.1989 AP Nr. 76 zu § 99 BetrVG 1972 = NZA 1990, 357; 18.10.1988 AP Nr. 56 zu § 99 BetrVG 1972 = NZA 1989, 402; 18.2.1986 AP Nr. 33 zu § 99 BetrVG 1972 = NZA 1986, 616.

BR ist nicht im Rahmen seines Restmandats nach §§ 99 I 1, 95 III 1 BetrVG zu beteiligen, wenn der AG einem AN eine Tätigkeit in einem anderen Betrieb des Unternehmens zuweist.[12] Zu beteiligen ist lediglich der BR des aufnehmenden Betriebs unter dem Gesichtspunkt der Einstellung.

c) Änderungskündigung. Kann der AG die Versetzung nur im Wege der Änderungskündigung (→ § 137 Rn. 1) durchführen, finden die §§ 99, 102 BetrVG nebeneinander Anwendung. Beabsichtigt der AG eine Versetzung des AN iSv § 95 III BetrVG, die er ohne eine Änderungskündigung auf der Grundlage des bestehenden Vertrags bzw. seines Direktionsrechts nicht durchsetzen kann, muss er zu der Änderungskündigung den BR nach § 102 BetrVG anhören, für die Versetzung ist darüber hinaus nach § 99 BetrVG zusätzlich die Zustimmung des BR erforderlich.[13] Soll der AN durch die Maßnahme des AG auch in einen anderen Betrieb eingegliedert werden, ist schließlich der BR des aufnehmenden Betriebs gleichfalls nach § 99 BetrVG zur Einstellung zu beteiligen. Ist die Zustimmung des BR nach § 99 BetrVG nicht erteilt oder ersetzt, führt dies nicht zur Unwirksamkeit der Änderungskündigung.[14] Der AG kann aber die geänderten Vertragsbedingungen nicht durchsetzen, solange das Verfahren nach § 99 BetrVG nicht ordnungsgemäß durchgeführt worden ist; die vom AG ohne die erforderliche Zustimmung des BR ausgesprochene Versetzung ist bis zu diesem Zeitpunkt individualrechtlich unwirksam. Der AN ist dann in seinem bisherigen Arbeitsbereich weiterzubeschäftigen, der ihm nicht wirksam entzogen worden ist.[15] Der AG kann aber ein erneutes Zustimmungsverfahren nach § 99 I BetrVG durchführen und die Beschäftigung zu den änderten Bedingungen unter den Voraussetzungen des § 100 I BetrVG vorläufig durchführen (→ Rn. 60); zur Versetzung eines betriebsverfassungsrechtlichen Mandatsträgers nach § 103 BetrVG → Rn. 41. 4

4. Personelle Maßnahmen bei privatisierten Unternehmen. a) Besonderheiten. Die Rechtslage bei privatisierten Unternehmen im Bereich der Bundesverwaltung und bei der Personalgestellung von öffentlichen Dienstherren ist nicht einheitlich. Betriebsverfassungsrechtliche Besonderheiten bestehen bei der Deutschen Bahn AG und den Postnachfolgeunternehmen. Die bei der DB AG und in den privatisierten Postunternehmen beschäftigten Beamten gelten nach ihrer Eingliederung in die jeweiligen Betriebe als AN iSd BetrVG (§ 19 DBGrG, § 24 PostPersRG, → Rn. 6 ff.). Dies gilt gleichermaßen für die AN der DFS Deutsche Flugsicherungs-GmbH, der Deutschen Genossenschaftsbank, der Deutschen Siedlungs- und Rentenbank sowie der Finanzagentur GmbH und AN der Bundeswehr. Die Beteiligungsrechte des BR beziehen sich – unbeschadet möglicher fortwirkender Beteiligungsrechte des beim Dienstherrn gebildeten PR – damit auch auf die zugewiesenen Beamten.[16] Bei personellen Maßnahmen greifen wegen der beamtenrechtlichen Grundsätze aus Art. 33 V GG Sonderregeln ein. Für die Beteiligung des BR bei der Einstellung und Versetzung von AN, die von einem Dienstherrn aus dem Bereich des BPersVG oder der PersVG der Länder einem AG gestellt werden, für den das BetrVG gilt, richtet sich uneingeschränkt nach §§ 99 ff. BetrVG. Nach § 5 I 3 BetrVG gelten diese als AN des aufnehmenden Betriebs (→ § 212 Rn. 9). Daher ist dessen BR bei ihrer Eingliederung und weiteren Versetzungen im Betrieb zu beteiligen. Die Beendigung der Gestellung unterliegt nur der Beteiligung des PR der abgebenden Dienststelle; dies gilt auch, wenn der gestellte AN im übernehmenden Betrieb in den BR gewählt worden ist. 5

b) Bahn. Durch das Eisenbahnneuordnungsgesetz (ENeuOG) vom 27.12.1993 (BGBl. I 2378) wurden zum 1.1.1994 die bisherigen Sondervermögen Deutsche Bundesbahn und Deutsche Reichsbahn zu dem vom Bund verwalteten Sondervermögen Bundeseisenbahnvermögen (BEV) zusammengeführt (§ 1). Dieses Sondervermögen ist Rechtsnachfolger der Deutschen Reichsbahn und der Deutschen Bundesbahn und damit Dienstherrin ihrer früheren Beamten. Zu Beginn des Jahres 1994 ist gleichzeitig die Deutsche Bahn AG gegründet worden; auf sie wurden die Betriebe und Betriebsteile übertragen, die zur Erbringung von Eisenbahnverkehrsdienstleistungen und zum Betreiben der Eisenbahninfrastruktur erforderlich sind. Zur Wahrnehmung der verbleibenden hoheitlichen Aufgaben wurde zusätzlich das Eisenbahn-Bundesamt errichtet. Die Arbeitsverhältnisse der AN in den übertragenen Betrieben bestehen seit 1994 zur 6

[12] BAG 8.12.2009 AP Nr. 129 zu § 99 BetrVG 1972 = NZA 2010, 665.
[13] BAG 30.9.1993 AP Nr. 33 zu § 2 KSchG 1969 = NZA 1994, 615.
[14] BAG 18.5.2017 – 2 AZR 606/16; 22.4.2010 AP Nr. 145 zu § 2 KSchG 1969 = NZA 2010, 1235.
[15] BAG 30.9.1993 AP Nr. 33 zu § 2 KSchG 1969 = NZA 1994, 615.
[16] BAG 4.5.2011 AP Nr. 138 zu § 99 BetrVG 1972.

Deutschen Bahn AG; sie wählen BR nach dem BetrVG. Die Beamten, die nicht im BEV oder kraft Einzelentscheidung anderweitig verwendet werden, sind per Gesetz seit dem 5.1.1994 der DB AG zur Verwendung zugewiesen (§ 12 Deutsche Bahn AG Gründungsgesetz – DBGrG vom 27.12.1993, BGBl. I 2378, 2386); Dienstherr bleibt jedoch das BEV. Zur Wahrnehmung ihrer Interessen gegenüber dem BEV wählen sie besondere Personalvertretungen nach dem BPersVG (§ 17 DBGrG). Gleichzeitig haben diese Beamten zur Wahrnehmung ihrer Rechte gegenüber der DB AG das Wahlrecht zu den Betriebsräten der DB AG (Prinzip der Doppelrepräsentanz, § 19 DBGrG). Öffentlicher Dienstherr der Beamten der ehemaligen Bundesbahn ist das Bundeseisenbahnvermögen. Nach § 17 DBGrG hat zunächst die dort gebildete Personalvertretung bei der Zuweisung zu den Bahnunternehmen Mitwirkungsrechte. Daneben besteht eine weitere Zuständigkeit des BR, in dessen Betrieb der Beamte tätig ist bzw. tätig sein soll. Wird ein Beamter der DB AG zur Dienstleistung zugewiesen, hat der BR des jeweiligen Betriebs des DB AG-Konzerns ein Mitbestimmungsrecht nach § 99 BetrVG 1972, auch wenn der PR des Bundeseisenbahnvermögens (BEV) zugestimmt hat.[17] Gleiches gilt für eine Versetzung iSd § 95 III BetrVG, sofern diese nach § 99 BetrVG auch bei einem AN zustimmungspflichtig wäre. Die tarifliche Bewertung von Arbeitsplätzen, die mit Beamten besetzt sind, dient nur der Personalkostenabrechnung mit dem Bundeseisenbahnvermögen und ist keine mitbestimmungspflichtige Eingruppierung.[18]

7 **c) Post.** Durch das Postneuordnungsgesetz – PTNeuOG vom 14.9.1994 (BGBl. I 2325) wurden die bisherigen drei Unternehmen der Deutschen Bundespost (Postdienst, Postbank und Telekom) zum 1.1.1995 jeweils in Aktiengesellschaften umgewandelt. Die dort beschäftigten AN unterfallen seither dem BetrVG. Die beim Vorgängerunternehmen beschäftigten Beamten werden nunmehr bei der entsprechenden Aktiengesellschaft beschäftigt (§ 2 Postpersonalrechtsgesetz – PostPersRG vom 14.9.1994, BGBl. I 2325, 2353). Diese Beamten bleiben Beamte des Bundes und müssen ihre Rechte auch gegenüber dem Bund geltend machen. Gleichzeitig sind die Aktiengesellschaften ermächtigt, die dem Dienstherrn obliegenden Rechte und Pflichten gegenüber den Beamten wahrzunehmen. Daher findet hier eine einheitliche Interessenvertretung der Beamten gegenüber dem privaten AG durch die Beteiligung bei der Bildung von BR statt (§ 24 PostPersRG). In diesen bilden die Beamten eine eigene Gruppe, insoweit ist das nach der Reform des Betriebsverfassungsgesetzes 2001 ansonsten aufgegebene Gruppenprinzip nicht nur teilweise erhalten geblieben, sondern um den in § 15 II BetrVG enthaltenen Minderheitenschutz ergänzt worden. Ähnlich wie bei der Entscheidung über gemeinsame Wahl im Personalvertretungsrecht kann die Gruppe der Beamten in einer Vorabstimmung auf die Bildung einer Gruppe im BR verzichten (§ 26 PostPersRG). In den personellen Angelegenheiten der Beamten haben diese im BR nach Erörterung im Plenum das alleinige Stimmrecht (§ 28 PostPersRG). Die Zuständigkeiten für die Ausübung der dienstrechtlichen Befugnisse für die in den Aktiengesellschaften beschäftigten Beamten ergeben sich aus der Anordnung zur Übertragung dienstrechtlicher Befugnisse im Bereich der Deutschen Post AG (DPAGBefugAnO) v. 12.11.2015 (BGBl. I 2006). Nach § 28 I PostPersRG ist das Mitbestimmungsrecht des BR aus § 99 BetrVG auch für Beamte gegeben, soweit nicht im Einzelfall die Voraussetzungen eines Mitbestimmungsrechts nach § 76 I BPersVG vorliegen.[19] Es besteht kein Mitbestimmungsrecht des BR der Deutschen Telekom AG bei Abschluss von befristeten Arbeitsverträgen mit Beamten, damit diese durch Abfindung ausscheiden, da sich an ihrer bisherigen Eingliederung nichts ändert.[20] Die Aufstellung von Kriterien für sog. Insichbeurlaubungen von Beamten (§ 4 III PostPersRG) unterliegt aber nach § 95 I, II BetrVG der Beteiligung des BR.[21] Bei der Versetzung von Beamten, die bei einem der Nachfolgeunternehmen der Deutschen Bundespost beschäftigt sind, richtet sich das Mitbestimmungsrecht des BR ausschließlich nach den §§ 28, 29 PostPersRG, wenn die Maßnahme von § 76 I BPersVG erfasst wird. Zählt eine Versetzung nicht hierzu, erfüllt sie aber die Merkmale des § 95 III BetrVG, besteht ein Mitbestimmungsrecht des BR nach § 99 BetrVG.[22] Die Entscheidung der Telekom, in den Bereichen Fernsprechauskunft und Auslandsvermittlung die Dienstposten nicht mehr als Beamtendienstposten, sondern als Angestellten-

[17] BAG 12.12.1995 AP Nr. 8 zu § 99 BetrVG 1972 Versetzung = NZA 1996, 667.
[18] BAG 12.12.1995 AP Nr. 6 zu § 99 BetrVG 1972 Eingruppierung = NZA 1996, 837.
[19] BAG 10.10.2012 AP Nr. 51 zu § 99 BetrVG 1972; 15.8.2012 PersV 2013, 145 = NZA-RR 2013, 161.
[20] LAG Bln 8.1.1997 NZA-RR 1998, 447.
[21] BAG 10.12.2002 AP Nr. 43 zu § 95 BetrVG 1972.
[22] BAG 10.10.2012 AP Nr. 51 zu § 99 BetrVG 1972 Versetzung (Beschäftigungsanspruch); 12.8.1997 AP Nr. 15 zu § 99 BetrVG 1972 Versetzung = NZA 1998, 273; zum Rechtsweg BAG 16.6.1999 AP Nr. 65 zu § 2 ArbGG 1979 = NZA 1999, 1008.

dienstposten auszuweisen, ist ein Organisationsakt und keine Eingruppierung, soweit für die betroffenen AN keine vergütungsrechtlichen Konsequenzen entstehen.[23]

d) Sonstige Privatisierungen. Bereits 1993 wurde die **Bundesanstalt für Flugsicherung** aufgelöst; ihre Aufgaben nimmt seitdem die bundeseigene DFS Deutsche Flugsicherungs-GmbH wahr. Soweit die Beamten der Bundesanstalt für Flugsicherung an ihrem Beamtenverhältnis festgehalten haben, wurden sie Beamte des Luftfahrtbundesamtes. Sie sind der DFS Deutschen Flugsicherungs-GmbH zur Dienstleistung zugewiesen. Anders als die späteren Gesetze bei der Privatisierung von Post und Bahn gibt es keine ausdrücklichen Regelungen zur personalvertretungsrechtlichen Interessenvertretung der zugewiesenen Beamten. Zutreffend ist wohl die Annahme einer Doppelvertretung der Beamten durch PR gegenüber dem Dienstherrn sowie durch Beteiligung der AN an den Betriebsräten; die Fragen sind umstr.[24] Weitere Privatisierungen mit Regelungen zur Arbeitnehmervertretung betrafen die Deutsche Genossenschaftsbank (DG Bank-UmwandlungsG v. 13.8.1998, BGBl. I 2102), die Deutsche Siedlungs- und Landesrentenbank (DSL Bank-UmwandlungsG v. 16.12.1999, BGBl. I 2441) sowie die gesetzliche Zuordnung der Bundesverbände der Krankenkassen zum Privatrecht (§ 213 II SGB V). Die personellen Maßnahmen der Privatisierung von Dienstleistungen der **Bundeswehr** richtet sich nach dem Kooperationsgesetz der Bundeswehr (BwKoopG) v. 30.7.2004 (BGBl. I 2027).[25] Nach § 2 BwKoopG behalten die Beschäftigten, die den privaten Unternehmen zugewiesen werden, auf Dauer ihr aktives Wahlrecht in ihrer bisherigen Dienststelle. Nach § 6 BwKoopG erhalten sie zusätzlich das Wahlrecht zum BR in dem privaten Unternehmen; dies gilt auch für die Beamten, die insoweit als AN gelten und daher keine eigene Gruppe im BR bilden. Die Beteiligungsrechte des BR beziehen sich – unbeschadet möglicher fortwirkender Beteiligungsrechte des beim Dienstherrn gebildeten PR – damit auch auf die zugewiesenen Beamten.[26] – Ähnliche Zuordnungsprobleme wie bei Post und Bahn können auftreten, wenn ehemals kommunale Eigenbetriebe nunmehr in privater Rechtsform fortgeführt werden. Die in den privatisierten Betrieben weiter verwendeten Beamten sind nunmehr durch § 5 I 3 BetrVG (→ § 212 Rn. 9) in die Betriebsverfassung integriert.[27] Nach §§ 4 ff. BWpVerwPG (BGBl. 2006 I 1466) erhalten die Beamten, die dem Bundesamt für zentrale Dienste und offene Vermögensfragen zugeordnet und der Finanzagentur GmbH zugewiesen sind, eine doppelte Interessenvertretung und ein doppeltes Wahlrecht sowohl zum PR beim Bundesamt wie zum BR bei der Finanzagentur. 7a

5. Abdingbarkeit. Eine Erweiterung oder Einschränkung der Rechte aus den §§ 99 ff. BetrVG durch Tarifvertrag[28] (→ § 230 Rn. 7; → Rn. 36a) oder Betriebsvereinbarung ist nur begrenzt möglich. Regelungen, die zu Eingriffen in das arbeitsgerichtliche Verfahren führen, sind unzulässig. AG und BR können zB nicht vereinbaren, dass die Zustimmung des BR als verweigert gilt, wenn zwischen ihnen bis zum Ablauf der Äußerungsfrist des § 99 III 1 BetrVG kein Einvernehmen über eine vom AG beantragte personelle Maßnahme erzielt wird.[29] Ebenso muss der BR stets einen konkreten Zustimmungsverweigerungsgrund angeben, weil dessen Vorliegen Grundlage des Verfahrens nach § 99 IV BetrVG ist. Hingegen können die gesetzlichen Zustimmungsverweigerungsgründe des § 99 II BetrVG erweitert werden,[30] soweit dies nicht zulasten anderer Belegschaftsmitglieder geht. 8

6. Arbeitskampf. Während eines Arbeitskampfs erlischt das Betriebsratsamt nicht (→ § 219 Rn. 9). Die Mitwirkungsrechte des BR aus den §§ 99 ff. BetrVG werden durch den Arbeitskampf eingeschränkt, soweit es sich um arbeitskampfrelevante Maßnahmen handelt (→ § 194 Rn. 41). 9

7. Besondere gesetzliche Regelungen für Beauftragte des Arbeitgebers. Nach § 9 III ASiG bedarf es zur Bestellung und Abberufung der Betriebsärzte, Sicherheitsingenieure und Fachkräfte für Arbeitssicherheit der Zustimmung des BR. Wird eine entspr. Person eingestellt, hat der BR ein Mitwirkungsrecht nach den §§ 99 ff. BetrVG. Zur Entscheidung der Frage, ob 10

23 LAG RhPf 21.4.1997 NZA-RR 1997, 296.
24 Dazu Lorenzen/*Faber* BPersVG (Vorbearbeitung) § 1 Rn. 73.
25 *Lorse* PersV 2010, 204.
26 BAG 4.5.2011 AP Nr. 138 zu § 99 BetrVG 1972 = PersV 2012, 60; *Albrecht* AiB 2012, 223.
27 Zur alten Rechtslage vgl. BAG 28.3.2001 AP Nr. 5 zu § 7 BetrVG 1972 = NZA 2002, 1294.
28 BAG 10.2.1988 AP Nr. 53 zu § 99 BetrVG 1972 = NZA 1988, 699.
29 BAG 23.8.2016 AP Nr. 149 zu § 99 BetrVG 1972 = NZA 2017, 194; 18.8.2009 AP Nr. 128 zu § 99 BetrVG 1972 = NZA 2010, 112.
30 BAG 23.8.2016 AP Nr. 149 zu § 99 BetrVG 1972 = NZA 2017, 194 (Versetzung).

ein Angestellter oder freiberuflicher Arzt bzw. ein überbetrieblicher Dienst in Anspruch genommen wird, steht dem BR nach hM ein Mitbestimmungsrecht nach § 87 I Nr. 7 BetrVG zu.[31] Die Bestellung eines betriebsangehörigen AN zum **Datenschutzbeauftragten** nach § 5 I, § 38 I BDSG ist als solche nicht mitbestimmungspflichtig. Jedoch kann sich aufgrund der Bestellung seine Tätigkeit derart ändern, dass die Voraussetzungen für eine Versetzung (§ 95 III BetrVG) vorliegen und dadurch das Mitbestimmungsrecht ausgelöst wird.[32] Ein Zustimmungsverweigerungsgrund für die Bestellung kann vorliegen, wenn die Person nicht über die nach § 5 III BDSG erforderliche Fachkunde verfügt (§ 99 II Nr. 1 BetrVG). Wird ein leitender Angestellter zum Datenschutzbeauftragten bestellt, ist der BR nicht nach § 99 BetrVG zu beteiligen. Mitbestimmungspflichtig kann jedoch die Bestellung einer externen Person zum Datenschutzbeauftragten unter dem Gesichtspunkt der Einstellung sein. Unter den gleichen Voraussetzungen wie bei der Bestellung zum Datenschutzbeauftragten kommen Mitwirkungsrechte des BR bei der Bestellung von AN zu besonderen Beauftragten in Betracht, zB bei den Beauftragten im **Bereich des Arbeits- und Umweltschutzes** (→ § 236 Rn. 16), zum **Beauftragten für Schwerbehindertenangelegenheiten** (§ 181 SGB IX), zum Tierschutzbeauftragten (§ 5 TierSchG) und zum **Compliance-Beauftragten** (Art. 22 II VO [EU] Nr. 2017/565 iVm § 87 V WpHG; Anhang I Abschnitt A (6 b) VO [EG] Nr. 1060/2009; §§ 1 ff. WpHGMaAnzV).

II. Die personellen Einzelmaßnahmen

11 **1. Einstellung. a) Eingliederung.** Das BAG hatte zunächst angenommen, dass Einstellung sowohl der Abschluss des Arbeitsvertrags als auch die Beschäftigung im Betrieb sei.[33] In späteren Entscheidungen hat es unter Einstellung nur noch die **tatsächliche Beschäftigung** des AN oder anderer Personen im Betrieb verstanden. Eine Einstellung iSv § 99 I 1 BetrVG setzt **nicht** notwendig die **Begründung eines Arbeitsverhältnisses** zum Betriebsinhaber voraus. Eine Einstellung liegt vor, wenn eine Person aufgrund einer Absprache mit dem AG oder mit dessen Willen bzw. Duldung in dem Betrieb tätig wird, um zusammen mit den dort schon beschäftigten AN dessen arbeitstechnischen Zweck durch weisungsgebundene Tätigkeit zu verwirklichen (sog. Eingliederung, → § 212 Rn. 6). Die für eine Einstellung erforderliche Eingliederung in die Betriebsorganisation erfordert nicht, dass der AN seine Arbeiten auf dem Betriebsgelände oder innerhalb der Betriebsräume verrichtet. Entscheidend ist nach neuerer Rspr. vorrangig, ob der AG mit Hilfe des AN den arbeitstechnischen Zweck des jeweiligen Betriebs verfolgt; hinzutreten muss eine vertraglich vereinbarte Weisungsbefugnis von Unternehmensangehörigen gegenüber dem eingegliederten AN;[34] die weisungsberechtigten Personen können daher auch einem anderen Betrieb des Unternehmens angehören.[35] Eine nur aufgrund eines Dienstvertrags tätige Person kann nicht „eingestellt" werden, selbst wenn sie nach dem Dienstvertrag den betriebsangehörigen AN Weisungen erteilen darf. Die Ausübung der Befugnis durch einen Nicht-AN ist gegenüber den AN unwirksam (§ 106 GewO), da weisungsbefugt stets nur unternehmensangehörige Personen sein können. Unerheblich für die Annahme einer Eingliederung ist zudem, wie häufig die zur Verwirklichung des Betriebszwecks durchgeführten Tätigkeiten erfolgen oder wieviel Zeit sie in Anspruch nehmen.[36] Eine Eingliederung in den Betrieb ist auch bei AN von Drittfirmen möglich, die aufgrund eines Dienst- oder Werkvertrags mit weisungsgebundenen Tätigkeiten im Betrieb beauftragt werden, falls der Betriebsinhaber und nicht der beauftragte Unternehmer das für ein Arbeitsverhältnis typische Weisungsrecht innehat und die Entscheidung über den Einsatz nach Zeit und Ort trifft. Die Frage der Eingliederung in eine fremde Arbeitsorganisation hängt letztlich von der Eigenart der jeweiligen Tätigkeit ab;[37] zur Einstellung bei einer Matrix-Struktur → § 187 Rn. 12.

[31] BAG 10.4.1979 AP Nr. 1 zu § 87 BetrVG 1972 Arbeitssicherheit.

[32] BAG 22.3.1994 AP Nr. 4 zu § 99 BetrVG 1972 Versetzung = NZA 1994, 1049; *Kort* NZA 2015, 1345.

[33] BAG 18.7.1978 AP Nr. 7 zu § 99 BetrVG 1972; 14.5.1974 AP Nr. 2 zu § 99 BetrVG 1972.

[34] BAG 22.10.2019 AP Nr. 165 zu § 99 BetrVG 1972 = NZA 2020, 61 (Übertragung der Personalverantwortung gegenüber betriebsangehörigen AN reicht aus); 12.6.2019 AP Nr. 161 zu § 99 BetrVG 1972 = NZA 2019, 1288; dazu *Engels* ArbuR 2021, 63; *Lingemann/Steinhauser* NZA 2020, 87; zuvor BAG 18.1.1989 AP Nr. 1 zu § 9 BetrVG 1972 = NZA 1989, 724 („abhängige Arbeitsleistungen").

[35] In BAG 22.10.2019 AP Nr. 165 zu § 99 BetrVG 1972 = NZA 2020, 61 heißt es noch „betroffener AN".

[36] BAG 22.10.2019 AP Nr. 165 zu § 99 BetrVG 1972 = NZA 2020, 61.

[37] BAG 13.12.2016 AP Nr. 66 zu § 99 BetrVG 1972 = NZA 2017, 525; 8.11.2016 AP Nr. 152 zu § 99 BetrVG 1972 = NZA-RR 2017, 134; 13.5.2014 AP Nr. 65 zu § 99 BetrVG 1972 Einstellung = NZA 2014, 1149.

b) Einzelfälle. aa) Erfasste Beschäftigungsformen. Beteiligungspflichtig sind danach sämtliche tatsächlichen (weisungsabhängigen) Beschäftigungen, also unbefristete, befristete Beschäftigungen, zur Probe, zur Aushilfe, zur Ausbildung (BAG 30.9.2008 NZA 2009, 112), die Weiterbeschäftigung als AN nach vorangegangener Ausbildung (BAG 3.10.1989 AP Nr. 73 zu § 99 BetrVG 1972 = NZA 1990, 366), die Beschäftigung von Propagandisten (ArbG Wesel 13.10.1989 ArbuR 1991, 219), Honorarlehrkräften (BAG 3.7.1990 AP Nr. 81 zu § 99 BetrVG 1972 = NZA 1990, 903) oder sonstigen, aufgrund eines Werkvertrags im Betrieb eingesetzten Personals, das weisungsgebundene Arbeiten verrichtet (BAG 8.11.2016 AP Nr. 152 zu § 99 BetrVG 1972 = NZA-RR 2017, 134 [Empfangsdienst]; 13.5.2014 AP Nr. 65 zu § 99 BetrVG 1972 Einstellung = NZA 2014, 1149 [Fahrpersonal]; 13.3.2001 AP Nr. 34 zu § 99 BetrVG 1972 Einstellung = NZA 2001, 1262 [Testkäufer]), der Einsatz von Beschäftigten in Arbeitsgelegenheiten (§ 16d SGB II, BAG 2.10.2007 AP Nr. 54 zu § 99 BetrVG 1972 Einstellung = NZA 2008, 244), von ehrenamtlichen DRK-Mitgliedern in Krankenwagen (BAG 12.11.2002 AP Nr. 43 zu § 99 BetrVG 1972 Einstellung), von DRK-Schwestern aufgrund eines Gestellungsvertrags (BAG 21.2.2017 AP Nr. 67 zu § 99 BetrVG 1972 Einstellung = NZA 2017, 662), Strafgefangenen (aA BAG 3.10.1978 AP Nr. 18 zu § 5 BetrVG 1972) und der Antrag auf Zuweisung von Zivildienstleistenden durch das Bundesamt für den Zivildienst (BAG 19.6.2001 AP Nr. 35 zu § 99 BetrVG 1972 Einstellung). **Keine Einstellung** ist die Beschäftigung von freien Mitarbeitern und Handelsvertretern (BAG 30.8.1994 AP Nr. 6 zu § 99 BetrVG 1972 Einstellung = NZA 1995, 649), der Einsatz von Schülern im Rahmen der schulischen Ausbildung (BAG 8.5.1990 AP Nr. 80 zu § 99 BetrVG 1972 = NZA 1990, 896) oder von AN eines Werkunternehmers, wenn nur dieser das Direktionsrecht gegenüber seinen AN ausübt (BAG 18.10.1994 AP Nr. 5 zu § 99 BetrVG 1972 Einstellung = NZA 1995, 281). 11a

bb) Mitbestimmungspflichtige Einstellungen. Nach § 99 BetrVG sind als beteiligungspflichtig angesehen worden: **(1)** die **Umwandlung eines befristeten in ein unbefristetes Arbeitsverhältnis** (BAG 13.4.1994 AP Nr. 9 zu § 72 LPVG NW = NZA 1994, 1099); dies gilt gleichermaßen bei einer Weiterbeschäftigung von zugewiesenen beurlaubten Beamten über das mit diesen vereinbarte Fristende des Arbeitsverhältnisses hinaus (BAG 23.6.2009 AP Nr. 59 zu § 99 BetrVG 1972 Einstellung = NZA 2009, 1162). Kein erneutes Beteiligungsrecht nach § 99 I 1 BetrVG besteht bei der Umwandlung eines befristeten Probearbeitsverhältnisse in ein unbefristetes Arbeitsverhältnis, wenn der BR schon bei der befristeten Einstellung entsprechend beteiligt worden ist (BAG 7.8.1990 AP Nr. 82 zu § 99 BetrVG 1972 = NZA 1991, 150); **(2)** die **Verlängerung eines** zeit- oder zweckbefristeten (LAG Hmb 23.1.1997 NZA-RR 1997, 292), auflösend bedingten oder eines auf eine bestimmte Altersgrenze **befristeten Arbeitsverhältnisses** (BAG 10.3.1992 AP Nr. 96 zu § 99 BetrVG 1972 = NZA 1992, 992); **(3)** die **Übernahme eines Auszubildenden** in ein Arbeitsverhältnis nach Vollendung des Berufsausbildungsverhältnisses (BAG 12.11.1997 NZA 1998, 1013), es sei denn, dass die Voraussetzungen nach § 78a BetrVG vorliegen; **(4)** die Übernahme einer AN in eine befristete **Teilzeitbeschäftigung während ihrer Elternzeit** (BAG 28.4.1998 AP Nr. 22 zu § 99 BetrVG 1972 Einstellung = NZA 1998, 1352); **(5)** die Begründung eines **mittelbaren Arbeitsverhältnisses** (BAG 18.4.1989 AP Nr. 65 zu § 99 BetrVG 1972 = NZA 1989, 804) sowie **(6)** die nach Dauer und Umfang nicht unerheblichen **Erhöhung der regelmäßigen wöchentlichen Arbeitszeit;** diese Grenze liegt bei mindestens zehn Wochenstunden (BAG 9.12.2008 AP Nr. 58 zu § 99 BetrVG 1972 Einstellung = NZA-RR 2009, 260 [Anlehnung an § 12 I 3 TzBfG aF]; BVerwG 23.3.1999 AP Nr. 73 zu § 75 BPersVG); die 10-Stunden-Grenze gilt auch nach der Änderung des § 12 I 3 TzBfG weiter.[38] Ein Beteiligungsrecht besteht auch, wenn **(7)** ein bereits tatsächlich aus dem Betrieb ausgeschiedener AN aufgrund eines Wiedereinstellungsanspruchs erneut beschäftigt wird (BAG 5.4.2001 AP Nr. 174 zu § 626 BGB = NZA 2001, 893). Bei **(8)** einem Betriebsübergang endet die bisherige Eingliederung des betroffenen AN bis zum Ablauf der Widerspruchsfrist des § 613a VI BGB nicht; widerspricht er fristgemäß dem Betriebsübergang, ist der BR des Veräußererbetriebs nicht unter dem Gesichtspunkt der Einstellung zu beteiligen (aA *Rieble* NZA 2002, 706 [709]). Eine Einstellung liegt auch vor, wenn eine Fluggesellschaft Piloten einer anderen Fluggesellschaft ausbildet, um diesen den Erwerb der Musterberechtigung zu ermöglichen (aA LAG Köln 22.3.1995 NZA-RR 1996, 254) oder bei der Bestellung eines in einem anderen Betrieb beschäftigten Mitarbeiters zum Vorgesetzten von AN des Betriebs (BAG 12.6.2019 AP Nr. 161 zu § 99 BetrVG 1972 = NZA 2019, 1288). 12

[38] Dazu *Schreckling-Kreuz/Kreuz* ArbuR 2020, 504.

13 **cc) Mitbestimmungsfreie Maßnahmen.** Dagegen bestehen keine Mitwirkungsrechte, wenn die Entstehung oder Fortsetzung des Arbeitsverhältnisses nicht von einem Willensentschluss des AG abhängt, also bei Fortsetzung des Arbeitsverhältnisses mit dem Betriebserwerber im Fall der Betriebsnachfolge dem. § 613a BGB (BAG 7.11.1975 AP Nr. 3 zu § 99 BetrVG 1972); bei Wiederaufnahme eines ruhenden Arbeitsverhältnisses (BAG 5.4.2001 AP Nr. 174 zu § 626 BGB = NZA 2001, 893) oder der Fortsetzung eines gekündigten Arbeitsverhältnisses, das noch nicht rechtlich beendet war (HessLAG 12.5.1987 BB 1987, 2093), die Weiterarbeit auf dem ursprünglichen Arbeitsplatz nach einer gerichtlichen Entscheidung gem. § 100 BetrVG (BAG 15.4.2014 AP Nr. 140 zu § 99 BetrVG 1972 = NZA 2014, 920) oder bei der Wiederaufnahme der Arbeit nach lösender Aussperrung (BAG GS 21.4.1971 AP Nr. 43 zu Art. 9 GG Arbeitskampf). Auch in der freiwilligen Arbeitszeitreduzierung nach § 8 TzBfG liegt keine Einstellung des bisher vollzeitbeschäftigten AN als Teilzeitbeschäftigten (BAG 25.5.2005 AP Nr. 114 zu § 87 BetrVG 1972 Arbeitszeit = NZA 2005, 945), ebenso beim Übergang in ein Altersteilzeitverhältnis (BVerwG 12.6.2001 NZA 2001, 1091). Kein Zustimmungsverweigerungsrecht, sondern nur Informationspflichten des AG bestehen bei der Einstellung von Redakteuren in **Tendenzbetrieben** (BAG 1.9.1987 AP Nr. 11 zu § 101 BetrVG 1972 = NZA 1988, 97).

14 **c) Leiharbeitnehmer.** Nach § 14 III AÜG, § 99 BetrVG ist auch die Beschäftigungsaufnahme von Leiharbeitnehmern mitbestimmungspflichtig (BAG 21.2.2017 AP Nr. 67 zu § 99 BetrVG 1972 Einstellung = NZA 2017, 662, → § 120 Rn. 100). Das Beteiligungsrecht besteht jedoch erst für einen konkreten Einsatz im Entleiherbetrieb (BAG 23.1.2008 AP Nr. 14 zu § 14 AÜG = NZA 2008, 603). Wird zwischen dem Entleiher und dem Leiharbeitnehmer das Arbeitsverhältnis nach § 10 AÜG fingiert, bleibt gleichwohl das Mitwirkungsrecht nach § 99 BetrVG unter dem Gesichtspunkt der Einstellung erhalten. Allerdings wird die Willensbildung des AG durch das Gesetz ersetzt; er hat jedoch den BR zu unterrichten und notfalls seine Zustimmung gerichtlich ersetzen zu lassen. Die Zuordnung von neu eingestellten Leiharbeitnehmern zu festgelegten Schichten nach einer Betriebsvereinbarung unterfällt als Festlegung der konkreten Lage und der Verteilung der Arbeitszeit sowie der Pausen dem Mitbestimmungsrecht des BR nach § 87 I Nr. 2 BetrVG.[39]

15 **2. Ein- und Umgruppierung. a) Grundsatz.** Das Mitbestimmungsrecht des BR besteht in Fällen der Ein- und Umgruppierung nur in einem Recht auf Mitbeurteilung der Rechtslage und nicht in der Mitwirkung bei einer rechtsgestaltenden Maßnahme des AG.[40] Die Zuordnung der AN in eine bestimmte Entgeltgruppe richtet sich nach der auszuübenden Tätigkeit (→ § 64 Rn. 10). Die korrekte Einreihung des AN in eine im Betrieb geltende Vergütungsordnung ist keine in das Ermessen des AG gestellte rechtsgestaltende Maßnahme, sondern Rechtsanwendung. Daher reicht das Mitbeurteilungsrecht nach § 99 BetrVG nicht weiter als die Notwendigkeit zur Rechtsanwendung durch den AG. Eine Eingruppierung ist die (erstmalige) Einreihung eines AN in eine betriebliche Vergütungsordnung. Eine Umgruppierung ist jede Änderung dieser Einreihung.[41] Das im Betrieb geltende kollektive Entgeltschema muss mindestens zwei Vergütungsgruppen enthalten und eine Zuordnung der AN zu einer der Vergütungsgruppen nach bestimmten, generell beschriebenen Merkmalen vorsehen.[42] Eine solche Vergütungsordnung ist Ausdruck einer Entscheidung über die Wertigkeit der jeweiligen Arbeitnehmertätigkeiten im Verhältnis zueinander, die sich im relativen Abstand der mit den jeweiligen Vergütungsgruppen verbundenen konkreten Entgeltsätze niederschlägt. Auf den rechtlichen Geltungsgrund der Vergütungsordnung (zB Allgemeinverbindlichkeit, Tarifbindung, Betriebsvereinbarung, vertraglicher Bezugnahme oder **einseitige Praxis des AG**) kommt es nicht an.[43] Die Geltung des Entgeltschemas kann auch auf der Nachwirkung von tariflichen (§ 4 V TVG) oder betrieblichen (§ 77 VI BetrVG) Normen beruhen.[44] Das für die Eingruppierung maßgebliche Entgeltschema ändert sich nicht dadurch, dass der AG die bisherigen Leistungen mitbestimmungswidrig nicht mehr erbringt.[45] Gelten im Betrieb zwei sich in ihrem Geltungsbereich überschneidende Vergü-

[39] BAG 28.7.2020 AP Nr. 149 zu § 87 BetrVG 1972 Arbeitszeit = NZA 2020, 1491.
[40] BAG 12.6.2019 AP Nr. 163 zu § 99 BetrVG 1972.
[41] BAG 13.5.2020 AP Nr. 109 zu § 1 TVG Tarifverträge Einzelhandel = NZA 2020, 1258.
[42] BAG 26.10.2004 AP Nr. 29 zu § 99 BetrVG 1972 Eingruppierung = NZA 2005, 367.
[43] BAG 14.8.2013 AP Nr. 62 zu § 99 BetrVG 1972 Eingruppierung; 4.5.2011 AP Nr. 55 zu § 99 BetrVG 1972 Eingruppierung = NZA 2011, 1239; 8.12.2009 AP Nr. 380 zu § 613a BGB = NZA 2010, 404.
[44] LAG Düsseldorf 4.6.2008 ZTR 2009, 43.
[45] BAG 28.4.2009 AP Nr. 40 zu § 99 BetrVG 1972 Eingruppierung = NZA 2009, 1102.

tungsordnungen, muss der AG die AN den Entgeltgruppen von beiden Vergütungsordnungen zuzuordnen.[46]

16 **b) Ein- und Umgruppierungsentscheidung. aa) Notwendigkeit.** Besteht ein betriebliches Entgeltschema, muss der AG grundsätzlich bei allen AN eine arbeitsplatzbezogene Bewertung vornehmen. Eines Zustimmungsersuchens bedarf es auch, wenn der AG zu dem Ergebnis kommt, dass die zu bewertende Tätigkeit Anforderungen stellt, die von der Vergütungsordnung nicht erfasst werden, zB, weil sie die Qualifikationsmerkmale der obersten Vergütungsgruppe übersteigt (zB bei AT-Angestellten).[47] Fehlt hingegen im Betrieb eine Vergütungsordnung oder ist sie mangels Regelungscharakters unverbindlich, kann auch keine Eingruppierung erfolgen.[48] Gilt sie nur für einen Teil der beschäftigten AN (zB nach einem Betriebsübergang), sind nur diese einzugruppieren.[49] Weist der AG dem bereits eingruppierten AN im Wege der Versetzung eine veränderte Tätigkeit zu, ist er gehalten, die Übereinstimmung mit der bisherigen Eingruppierung zu überprüfen. Gelangt er dabei zum Ergebnis, dass der AN aufgrund der geänderten Tätigkeit einer anderen Vergütungsgruppe zuzuordnen ist, handelt es sich um eine Umgruppierung. Ergibt die Prüfung die Richtigkeit der bisherigen Eingruppierung auch für die neue Tätigkeit, handelt es sich um eine erneute Eingruppierung. In solchen Fällen ist nicht nur die Umgruppierung, sondern auch das Beibehalten der bisherigen Eingruppierung eine neue personelle Einzelmaßnahme, die das Mitbestimmungsrecht des BR auslöst.[50] Keine Ein- oder Umgruppierungsentscheidung ist erforderlich, wenn die **Tarifvertragsparteien** als Urheber der maßgebenden Vergütungsordnung selbst die betreffende Stelle endgültig und mit bindender Wirkung in ihr abstraktes Entgeltgruppenverzeichnis eingeordnet haben[51] oder bei einer Entfristung des Arbeitsvertrags, wenn die Tätigkeit und die maßgebende Vergütungsordnung unverändert blieben.[52] Beteiligungspflichtig sind sowohl Maßnahmen zugunsten wie zulasten des AN.

17 **bb) Einzelfälle.** Beteiligungspflichtig sind die Übertragung einer geringwertigen Tätigkeit (BAG 16.2.1966 AP Nr. 6 zu § 1 TVG Tarifverträge: BAVAV auch bei unveränderter Vergütung), die Zuordnung der bisherigen Tätigkeit bei Änderungen der Vergütungsordnung (BAG 18.1.1994 AP Nr. 1 zu § 99 BetrVG 1972 Eingruppierung = NZA 1994, 901), die Zuordnung von AN zu den Entgeltgruppen des ERA-TV (BAG 12.1.2011 AP Nr. 52 zu § 99 BetrVG 1972 Eingruppierung = NZA 2011, 1297), die Eingruppierung geringfügig Beschäftigter (BAG 18.6.1991 AP Nr. 15 zu § 99 BetrVG 1972 Eingruppierung = NZA 1991, 903), die Einreihung in die Fallgruppen bzw. Lebensaltersstufen einer Vergütungsgruppe, wenn damit unterschiedliche Rechtsfolgen verbunden sein können (zB zu den Stufen in § 16 II TV-L, BAG 7.4.2011 AP Nr. 135 zu § 99 BetrVG 1972), die Zuordnung von Heimarbeitern in ein Entgeltschema (BAG 20.9.1990 AP Nr. 83 zu § 99 BetrVG 1972 = NZA 1991, 244) und zum NV Bühne bei einem AN, der überwiegend künstlerisch tätig sein soll (BAG 27.10.2010 AP Nr. 56 zu § 99 BetrVG 1972 Eingruppierung). **Keine Eingruppierung** ist hingegen die abstrakte Bewertung eines Arbeitsplatzes oder einer Tätigkeit (BAG 26.4.2017 AP Nr. 17 zu § 1 TVG Tarifverträge Versicherungsgewerbe = NZA-RR 2017, 408; 17.11.2010 AP Nr. 47 zu § 99 BetrVG 1972 Eingruppierung = NZA 2011, 531), die bloße Umkategorisierung von Beamtendienstposten (BAG 12.8.1997 AP Nr. 14 zu § 99 BetrVG 1972 = NZA 1998, 378), gleichfalls wird von § 99 BetrVG nicht erfasst die einzelvertragliche Vereinbarung der Vergütung eines außertariflichen Angestellten sowie von übertariflichen Zulagen (BAG 31.5.1983 AP Nr. 27 zu § 118 BetrVG 1972). Eine vom AG beabsichtigte Einreihung in ein für den Betrieb nicht verbindliches Entgeltschema ist nicht beteiligungspflichtig (BAG 22.11.2017 – 4 ABR 54/15).

---

46 BAG 27.9.2017 AP Nr. 154 zu § 99 BetrVG 1972 = NZA 2018, 533.

47 BAG 31.10.1995 AP Nr. 5 zu § 99 BetrVG 1972 Eingruppierung = NZA 1996, 890; 23.11.1993 AP Nr. 111 zu § 99 BetrVG 1972 = NZA 1994, 461; 18.6.1991 AP Nr. 92 zu § 99 BetrVG 1972 = NZA 1991, 903; zum PersVG: BAG 21.3.1995 AP Nr. 4 zu § 99 BetrVG 1972 Eingruppierung = NZA-RR 1996, 76; 28.1.1992 AP Nr. 36 zu § 75 BPersVG = NZA 1992, 805.

48 BAG 20.12.1988 AP Nr. 62 zu § 99 BetrVG 1972 = NZA 1989, 518.

49 BAG 12.12.2006 AP Nr. 27 zu § 1 BetrVG 1972 Gemeinsamer Betrieb; 23.9.2003 AP Nr. 28 zu § 99 BetrVG 1972 Eingruppierung.

50 BAG 16.3.2016 – 4 ABR 8/14.

51 BAG 26.9.2018 AP Nr. 157 zu § 99 BetrVG 1972 = NZA 2019, 181; 21.10.2009 AP Nr. 42 zu § 99 BetrVG 1972 Eingruppierung.

52 BAG 1.7.2009 AP Nr. 39 zu § 99 BetrVG 1972 Eingruppierung = NZA 2010, 290.

18 **c) Eingruppierung.** Eine Eingruppierung iSv § 99 I 1 BetrVG besteht in der rechtlichen Beurteilung des AG, dass der AN aufgrund seiner Tätigkeit einer bestimmten Vergütungsgruppe einer im Betrieb geltenden Vergütungsordnung zuzuordnen ist. Sie ist die erstmalige, eine Umgruppierung die erneute Einreihung eines AN in eine im Betrieb geltende Vergütungsordnung. Sie besteht in der Zuordnung der verrichteten Tätigkeit eines AN zu einer bestimmten Gruppe der Vergütungsordnung nach Maßgabe der dafür gültigen Kriterien.[53] Eine Eingruppierungsentscheidung des AG ist danach erforderlich **(1)** anlässlich einer Einstellung bei der erstmaligen Zuweisung einer Tätigkeit oder **(2)** der erstmaligen Einführung einer Entgeltordnung. Eine Neueinstellung ist nur dann nicht mit einer Eingruppierung verbunden, wenn keine neue Tätigkeit aufgenommen wird und die maßgebende Vergütungsordnung unverändert geblieben ist.[54] Ist der AG zur Vornahme einer Ein- oder Umgruppierung verpflichtet, kann die Maßnahme vom BR auch gerichtlich erzwungen werden (→ § 241 Rn. 12). Ist die Eingruppierungsentscheidung jedoch einmal unter Beteiligung des BR getroffen worden, hat dieser kein Initiativrecht zu einer Korrektur, selbst wenn er der Auffassung ist, die ursprünglich für richtig erkannte Eingruppierung sei nun nicht mehr zutreffend.[55] Eine mitbestimmungspflichtige Einstellung (zB nach Ablauf eines vorherigen befristeten Arbeitsvertrags) erfordert nur eine erneute Eingruppierung, wenn sich die Tätigkeit mit der Fortsetzung des Arbeitsverhältnisses ändert. Bleibt sie unverändert, bedarf es keines neuen Beteiligungsverfahrens hinsichtlich der Eingruppierung.[56] Mitwirkungspflichtig ist auch die nur vorübergehende Übertragung einer höherwertigen Tätigkeit.[57] Zu den Auswirkungen des Mitbestimmungsverfahrens auf den Vergütungsanspruch des AN → Rn. 54a. Keine Beteiligungspflicht unter dem Gesichtspunkt der Eingruppierung besteht bei dem Einsatz von **Leiharbeitnehmern** für den BR des Entleiherbetriebs, da § 14 III 1 AÜG wegen der Beteiligung nur auf die Beschäftigungsaufnahme abstellt;[58] insoweit verbleibt die Zuständigkeit für eine Eingruppierung stets beim BR im Verleihbetrieb (→ § 120 Rn. 104).

19 **d) Umgruppierung.** Einer Umgruppierung iSd § 99 BetrVG liegt die Feststellung des AG zugrunde, dass die aktuelle Tätigkeit des AN nicht oder nicht mehr den Tätigkeitsmerkmalen derjenigen Vergütungsgruppe entspricht, in die er bisher eingruppiert worden ist. Anlass für diese Feststellung kann **(1)** eine tatsächliche Änderung der Tätigkeit sein, zB bei einer Versetzung (§ 95 III BetrVG), wobei die Entscheidung des AG auch darin bestehen kann, dass durch die Versetzung eine Änderung der bisherigen Entgeltgruppe nicht eintritt oder der AN nunmehr außertariflich eingruppiert ist,[59] **(2)** eine Änderung des Vergütungsschemas,[60] wenn darüber neu zu entscheiden ist, welchen der neuen Tätigkeitsmerkmale die von den AN auszuübenden Tätigkeiten entsprechen oder **(3)** eine veränderte Einschätzung der Rechtslage durch den AG,[61] zB bei einer korrigierenden Rückgruppierung (→ § 64 Rn. 82).[62] Der BR hat nach § 99 I 1 BetrVG ein Mitbeurteilungsrecht bei der Frage, ob ein bislang außertariflich vergüteter Angestellter nach einer Versetzung weiterhin außertariflich eingruppiert ist oder nunmehr unter eine tarifliche Vergütungsordnung fällt.[63] Wächst ein AN aus einer tariflichen Vergütungsordnung heraus und besteht ein gestuftes außertarifliches Vergütungssystem, ist eine Umgruppierung erst mit der Eingruppierung in die außertarifliche Vergütungsordnung vollständig vorgenommen.[64] Eine **Stufenänderung** stellt eine Umgruppierung dar, weil sich daraus ein unterschiedliches Entgelt im Vergleich zur niedrigeren Stufe ergibt.[65] Keine mitwirkungspflichtige Umgruppie-

[53] BAG 3.7.2019 AP Nr. 250 zu § 1 TVG Tarifverträge: Metallindustrie.
[54] BAG 13.8.2019 AP Nr. 164 zu § 99 BetrVG 1972 = NZA 2019, 1651.
[55] BAG 18.6.1991 AP Nr. 105 zu § 99 BetrVG 1972 = NZA 1991, 852.
[56] BAG 15.12.2011 AP Nr. 57 zu § 99 BetrVG 1972 Eingruppierung.
[57] BAG 28.1.1992 AP Nr. 36 zu § 75 BPersVG = NZA 1992, 805.
[58] BAG 17.6.2008 AP Nr. 34 zu § 99 BetrVG 1972 Eingruppierung.
[59] BAG 17.6.2008 AP Nr. 126 zu § 99 BetrVG 1972; 12.12.2006 AP Nr. 32 zu § 99 BetrVG 1972 Eingruppierung = NZA 2007, 348; 26.10.2004 AP Nr. 29 zu § 99 BetrVG 1972 Eingruppierung = NZA 2005, 367.
[60] BAG 19.10.2016 AP Nr. 153 zu § 99 BetrVG 1972; 12.1.2011 AP Nr. 52 zu § 99 BetrVG 1972 Eingruppierung = NZA 2011, 1297 (ERA-TV); 22.4.2009 AP Nr. 38 zu § 99 BetrVG 1972 Eingruppierung = NZA 2009, 1286 (Überleitung in das Entgeltsystem des TVöD).
[61] BAG 2.4.1996 AP Nr. 7 zu § 99 BetrVG 1972 Eingruppierung = NZA 1996, 1105.
[62] BAG 6.8.1997 AP Nr. 7 zu § 12 AVR Diakonisches Werk = NZA 1998, 263; 8.8.1996 AP Nr. 46 zu §§ 22, 23 BAT Lehrer = NZA-RR 1997, 76; 30.5.1990 AP Nr. 31 zu § 75 BPersVG = NZA 1990, 899.
[63] BAG 12.12.2006 AP Nr. 32 zu § 99 BetrVG 1972 Eingruppierung = NZA 2007, 348.
[64] BAG 26.10.2004 AP Nr. 29 zu § 99 BetrVG 1972 Eingruppierung = NZA 2005, 367.
[65] BAG 29.1.2020 AP Nr. 167 zu § 99 BetrVG 1972 = NZA 2020, 813.

rung ist gegeben bei der Überführung in ein neues Entgeltschema durch Tarifvertrag, wenn dem AG kein Entscheidungsspielraum zusteht,[66] bei einer linearen Absenkung der Vergütung[67] oder bei der Gewährung einer **Zulage,** die ohne Rücksicht auf die Zuordnung zu einer bestimmten Vergütungsgruppe generell für bestimmte Erschwernisse oder allen derselben Fallgruppe einer Vergütungsgruppe zugeordneten AN gezahlt wird, ohne dass es noch auf weitere Voraussetzungen ankäme[68] sowie bei der Gewährung tätigkeitsbezogener Zulagen.[69] Hingegen unterliegt die Einführung einer Zwischenstufe zwischen Vergütungsgruppen seinem Beteiligungsrecht.[70] Keine Umgruppierung stellt der Wegfall eines Familien- bzw. Ortszuschlags dar. Auch bei der Umgruppierung hat der BR kein Initiativrecht.

3. Versetzung. a) Begriff. Das Mitbestimmungsrecht des BR bei einer Versetzung dient neben dem Schutz der Belegschaft dem Schutz des von der Maßnahme betroffenen AN. Der AN ist beim Fehlen der Zustimmung des BR berechtigt, die Arbeit zu den geänderten Bedingungen zu verweigern.[71] Es sind der **arbeitsvertragliche** und **betriebsverfassungsrechtliche Versetzungsbegriff** zu unterscheiden. Arbeitsvertraglich ist Versetzung die Zuweisung einer anderen als der vereinbarten Tätigkeit; unerheblich ist, ob die Art der Arbeit oder der Ort der Arbeit geändert wird (→ § 45 Rn. 14). Der betriebsverfassungsrechtliche Versetzungsbegriff ergibt sich aus § 95 III BetrVG. Das Beteiligungsrecht bei der Versetzung knüpft ausschließlich an die tatsächliche Zuweisung eines neuen Arbeitsbereichs als Realakt an. Unerheblich ist hingegen, ob der AG individualrechtlich im Verhältnis zum betroffenen AN zur Versetzung befugt ist.[72] Versetzung ist danach die Zuweisung eines anderen Arbeitsbereichs (→ Rn. 21), die **(1)** voraussichtlich die Dauer von einem Monat überschreitet oder **(2)** mit einer erheblichen Änderung der Umstände verbunden ist, unter denen die Arbeit zu leisten ist (→ Rn. 22a). Versetzung ist deshalb **alternativ** die Veränderung des Arbeitsbereichs von mehr als einem Monat oder eine erhebliche Veränderung der Umstände, unter denen die Arbeit zu leisten ist, unabhängig von der Zeitdauer.[73] § 95 III BetrVG gilt auch für Veränderungen der Arbeitsbereiche bei Berufsausbildungsverhältnissen[74] und von Leiharbeitnehmern.[75] Keine Versetzung liegt vor bei der Zuweisung eines anderen Arbeitsbereichs nach vorheriger Betriebsstilllegung, da § 95 III BetrVG den Wechsel zwischen zwei Arbeitsbereichen voraussetzt.[76] Bei einer Versetzung hat der AG den BR stets nach § 99 I BetrVG unter dem Gesichtspunkt der Ein- bzw. Umgruppierung zu beteiligen.[77] 20

b) Arbeitsbereich. Der „Arbeitsbereich“ iSv § 95 III 1 BetrVG wird in § 81 BetrVG durch die Aufgabe und Verantwortung des AN sowie die Art seiner Tätigkeit und ihre Einordnung in den Arbeitsablauf des Betriebs umschrieben. Der Begriff ist demnach räumlich und funktional zu verstehen. Er umfasst neben dem Ort der Arbeitsleistung auch die Art der Tätigkeit und den gegebenen Platz in der betrieblichen Organisation.[78] Maßgeblich sind die tatsächlich ausgeübten Tätigkeiten.[79] Dem AN wird durch den AG ein anderer Arbeitsbereich zugewiesen, wenn sich durch dessen Weisung das Gesamtbild seiner bisherigen Tätigkeit so verändert, dass sich die neue Tätigkeit vom Standpunkt eines mit den betrieblichen Verhältnissen vertrauten Beobachters als eine „andere“ darstellt.[80] Dafür müssen sich nicht nur weitere Umstände ändern als nur die, die 21

[66] BAG 3.5.2006 AP Nr. 31 zu § 99 BetrVG 1972 Eingruppierung = NZA 2007, 47.
[67] LAG BW 9.12.2003 – 17 TaBV 2/03.
[68] BAG 19.10.2011 AP Nr. 58 zu § 99 BetrVG 1972 Eingruppierung = NZA-RR 2012, 250.
[69] BAG 24.6.1986 AP Nr. 37 zu § 99 BetrVG 1972 = NZA 1987, 31 (Erschwerniszulage).
[70] BAG 21.3.2018 AP Nr. 155 zu § 99 BetrVG 1972 = NZA 2018, 1090; 2.4.1996 AP Nr. 7 zu § 99 BetrVG 1972 Eingruppierung = NZA 1996, 1105.
[71] BAG 22.4.2010 AP Nr. 145 zu § 2 KSchG 1969 = NZA 2010, 1235.
[72] BAG 29.9.2020 NZA 2021, 213.
[73] BAG 8.8.1989 AP Nr. 18 zu § 95 BetrVG 1972 = NZA 1990, 198; 26.5.1988 AP Nr. 13 zu § 95 BetrVG 1972 = NZA 1989, 438.
[74] BAG 3.12.1985 AP Nr. 8 zu § 95 BetrVG 1972 = NZA 1986, 532 (Personalgestellung).
[75] BAG 9.10.2013 AP Nr. 54 zu § 99 BetrVG 1972 Versetzung = NZA 2014, 795.
[76] Offengelassen von BAG 8.12.2009 AP Nr. 129 zu § 99 BetrVG 1972 = NZA 2010, 665 (allerdings hat das Gericht eine Beteiligungspflicht des BR des stillgelegten Betriebs verneint).
[77] BAG 12.12.2006 AP Nr. 32 zu § 99 BetrVG 1972 Eingruppierung = NZA 2007, 348; 26.10.2004 AP Nr. 29 zu § 99 BetrVG 1972 Eingruppierung = NZA 2005, 367.
[78] BAG 12.6.2019 AP Nr. 162 zu § 99 BetrVG 1972 = NZA 2019, 1292; 8.11.2016 AP Nr. 151 zu § 99 BetrVG 1972; 17.6.2008 AP Nr. 47 zu § 99 BetrVG 1972 Versetzung.
[79] BAG 13.3.2007 AP Nr. 52 zu § 95 BetrVG 1972 = NZA-RR 2007, 581.
[80] BAG 8.11.2016 AP Nr. 151 zu § 99 BetrVG 1972; 10.10.2012 AP Nr. 51 zu § 99 BetrVG 1972 Versetzung; 28.3.2000 AP Nr. 39 zu § 95 BetrVG 1972 = NZA 2000, 1355; RB anhängig 7 ABR 13/20.

schon für den „Arbeitsbereich" kennzeichnend sind; ihre Veränderung muss daneben „erheblich" iSv § 95 III BetrVG sein.[81] Dies kann der Fall sein, wenn **(1)** der Arbeitsort sich ändert, der AN aus einer betrieblichen Einheit herausgenommen und einer anderen zugewiesen wird[82] oder **(2)** sich die Umstände ändern, unter denen die Arbeit zu leisten ist. Neben dem räumlichen Bezug und der Arbeitsaufgabe kann der Arbeitsbereich durch weitere Elemente gekennzeichnet sein, die sich insbes. aus der mit der Aufgabe verbundenen Verantwortung, besonderen Belastungsfaktoren, der Einbindung in eine bestimmte betriebliche Einheit oder Gruppe und der Notwendigkeit der Zusammenarbeit mit anderen Personen ergeben können.[83] Maßgeblich für die Beurteilung der Änderung des Arbeitsbereichs und der Arbeitsumstände ist der Zeitpunkt der tatsächlichen und nicht nur einer „buchmäßigen" Vornahme der Maßnahme, zukünftige Entwicklungen sind nur zu berücksichtigen, wenn sie zu diesem Zeitpunkt bereits feststehen.[84] Der Wechsel von der Tätigkeit in einer Betriebsstätte zu einer solchen im Homeoffice stellt regelmäßig eine Versetzung dar. Hingegen ist die Änderung der Betriebsstruktur bei unveränderter Tätigkeit keine Versetzung.[85]

22 **c) Arbeitsort.** Der AN wird regelmäßig in einem anderen (räumlichen) Arbeitsbereich tätig, wenn er in einer anderen Betriebsstätte (Betrieb/-steil) eingesetzt wird.[86] Abordnungen in Niederlassungen von weniger als einem Monat sind für AN nur dann eine Versetzung, wenn deren Arbeitsleistung mit einer erheblichen Änderung der Umstände verbunden ist. Eine Abordnung an einen anderen Ort führt immer zu Änderungen der Umstände; ob sie erheblich sind, hängt zB von der Entfernung der Arbeitsstelle vom Wohnort oder der Beschaffenheit des Arbeitswegs ab.[87] Unerheblich ist, ob der AN später wieder an seinen alten Arbeitsplatz zurückkehren soll.[88] Keine Änderung des Arbeitsbereichs liegt vor, wenn sich nur die räumliche Lage des Arbeitsplatzes innerhalb des Betriebsgeländes ändert, weil die Arbeit in einem anderen Büro oder in einem anderen Gebäude verrichtet werden muss[89] oder der Betrieb, in dem der AN tätig ist, verlegt wird,[90] zB bei einem Umzug des Betriebs oder eines räumlich gesonderten Betriebsteils um wenige Kilometer innerhalb einer politischen Gemeinde.[91] Daraus resultierende wirtschaftliche Nachteile können aber unter den Voraussetzungen des § 111 S. 3 Nr. 2 BetrVG durch einen Sozialplan auszugleichen oder abzumildern sein.

22a **d) Arbeitsumstände.** Unter Änderung der Umstände der Arbeitsleistung werden die Art und der Ort der Arbeitsleistung verstanden. Gemeint sind die äußeren Rahmenbedingungen, unter denen die Arbeit zu leisten ist.[92] Eine Versetzung kann bei ihrer Änderung gegeben sein, wenn diese für den Arbeitsbereich so bestimmend sind, dass bei ihrer Änderung das Gesamtbild der Tätigkeit ein anderes wird.[93] Sie liegt nur vor, wenn die Änderung aus objektiver Sicht bedeutsam und für den betroffenen AN gravierend ist.[94] Versetzung kann daher die nicht nur unwesentliche quantitative oder qualitative Veränderung der bisherigen Arbeits-

[81] BAG 11.12.2007 AP Nr. 45 zu § 99 BetrVG 1972 Versetzung = NZA-RR 2008, 353; 13.3.2007 AP Nr. 52 zu § 95 BetrVG 1972 = NZA-RR 2007, 581.
[82] BAG 9.4.2019 AP Nr. 160 zu § 99 BetrVG 1972.
[83] BAG 22.4.1997 AP Nr. 14 zu § 99 BetrVG 1972 Versetzung = NZA 1997, 1358; 26.5.1988 AP Nr. 13 zu § 95 BetrVG 1972 = NZA 1989, 438; aA BAG 10.4.1984 AP Nr. 4 zu § 95 BetrVG 1972 = NZA 1984, 233.
[84] BVerwG 18.12.1996 AP Nr. 12 zu § 72 LPVG NW = NZA-RR 1997, 367.
[85] LAG Bln-Bbg 2.9.2020 – 15 TaBVGa 883/20; LAG München 9.1.2020 – 3 TaBV 30/19.
[86] BAG 19.2.1991 AP Nr. 26 zu § 95 BetrVG 1972 = NZA 1991, 565; 14.11.1989 AP Nr. 76 zu § 99 BetrVG 1972 = NZA 1990, 357; 8.8.1989 AP Nr. 18 zu § 95 BetrVG 1972 = NZA 1990, 198.
[87] BAG 19.2.1991 AP Nr. 26 zu § 95 BetrVG 1972 = NZA 1991, 565; 1.8.1989 AP Nr. 17 zu § 95 BetrVG 1972 = NZA 1990, 196; 18.10.1988 AP Nr. 56 zu § 99 BetrVG 1972 = NZA 1989, 402.
[88] BAG 20.9.1990 AP Nr. 84 zu § 99 BetrVG 1972 = NZA 1991, 195.
[89] BAG 29.2.2000 AP Nr. 36 zu § 95 BetrVG 1972 = NZA 2000, 1357; 10.4.1984 AP Nr. 4 zu § 95 BetrVG 1972 = NZA 1984, 233.
[90] LAG Bln 22.11.1991 NZA 1992, 854.
[91] BAG 27.6.2006 AP Nr. 47 zu § 95 BetrVG 1972 = NZA 2006, 1289.
[92] BAG 26.5.1988 AP Nr. 13 zu § 95 BetrVG 1972 = NZA 1989, 438.
[93] BAG 10.10.2012 AP Nr. 51 zu § 99 BetrVG 1972 Versetzung; 22.4.1997 AP Nr. 14 zu § 99 BetrVG 1972 Versetzung = NZA 1997, 1358; 23.11.1993 AP Nr. 33 zu § 95 BetrVG 1972 = NZA 1994, 718; LAG Köln 4.5.1994 NZA 1994, 911 (Bodenpersonal); HessLAG 5.3.1991 NZA 1992, 232 (Check- u. Trainingskapitän); LAG Düsseldorf 28.1.1987 NZA 1988, 69 (Abteilungswechsel).
[94] BAG 29.9.2020 AP Nr. 58 zu § 99 BetrVG 1972 Versetzung = NZA 2021, 213 (halbstündiger Aushilfseinsatz).

aufgaben sein, zB der Entzug bislang wahrgenommener Aufgaben,[95] die Zuweisung qualitativ höherwertiger Arbeit[96] oder die künftige Tätigkeit in einer vom AG vorgehaltenen Personalreserve. Keine Veränderung des Arbeitsbereichs liegt vor bei Änderung von materiellen Arbeitsbedingungen oder der Arbeitszeit, also ob die Arbeiten in Voll- oder Teilzeitarbeit, Zeit- oder Leistungsentgelt, in Früh- oder Spätschicht geleistet werden, bei der Umsetzung in eine andere Schicht[97] oder bei der Verlängerung oder Verkürzung der Wochenarbeitszeit.[98] Etwas anderes kann aber gelten, wenn dem AN Arbeiten zugewiesen werden, die er nicht mehr im Einzel-, sondern Gruppenakkord verrichten muss.[99] Keine Versetzung ist auch die **vollständige Freistellung** von der Arbeitsleistung, zB in Zusammenhang mit dem Kündigungsausspruch, da dem AN kein neuer Aufgabenbereich zugewiesen wird; wohl aber die Zuordnung zu einer Qualifizierungseinheit, da der AN dort dem Weisungsrecht des AG unterliegt.[100] Bei **Dienstreisen** ist zu differenzieren. Dauert die Dienstreise länger als einen Monat, stellt sie regelmäßig eine Versetzung dar, es sei denn, die Voraussetzungen des § 95 III 2 BetrVG liegen vor. Andererseits führt eine oder vereinzelte auswärtige Übernachtungen nicht zu einer erheblichen Änderung der Umstände, unter denen die Arbeit zu leisten ist. Aus diesem Grund kommt sind nach Ansicht des BAG stets die Umstände des Einzelfalls maßgebend.[101] Die Teilnahme an einer innerbetrieblichen Bildungsmaßnahme stellt regelmäßig keine Versetzung dar.[102]

e) Wechselnder Einsatz. Eine Versetzung liegt nicht vor, wenn AN nach der Eigenart ihres Arbeitsverhältnisses üblicherweise nicht ständig an einem bestimmten Arbeitsplatz beschäftigt werden (§ 95 III 2 BetrVG). Dies gilt selbst dann, wenn die Versetzung im Arbeitsvertrag nicht besonders vereinbart ist. Für die Prüfung ist auf das Arbeitsverhältnis des konkret betroffenen AN abzustellen.[103] Nicht ständig an einem Arbeitsort werden zB Monteure, Außendienstangestellte, AN des Baugewerbes, deren Beschäftigungsort mit der Baustelle wechselt, sog. Springer sowie Leiharbeitnehmer beschäftigt, aber auch Auszubildende, soweit der planmäßige Ortswechsel des Arbeitsplatzes üblich und zur Erreichung des Ausbildungsziels erforderlich ist.[104] Hat sich der AG die Versetzung nur im Arbeitsvertrag vorbehalten, zB mit einem Filialleiter, entfällt das Beteiligungsrecht nach den §§ 99, 95 III BetrVG nicht, weil es nur auf die bisherige tatsächliche Handhabung und nicht auf die rechtliche Möglichkeit zum Wechsel der Tätigkeit ankommt. 23

f) Einverständnis des Arbeitnehmers. Die Versetzung beginnt mit der ersten Aufgabeneinschränkung.[105] Entspricht die Versetzung dem Wunsch des betreffenden AN, entfällt das Beteiligungsrecht. Nach anderer Ansicht ist der BR jedenfalls gehindert, die Zustimmung wegen ungerechtfertigter Benachteiligung des AN zu verweigern.[106] Allein der Verzicht auf die Erhebung einer Klage genügt jedoch nicht, um auf einen solchen Wunsch schließen zu lassen.[107] Zum Nebeneinander von §§ 99, 102 BetrVG → Rn. 3 f. Andererseits kann sich der einzelne AN gegen eine Versetzung individualrechtlich wehren, auch wenn der BR ihr zugestimmt hat (→ § 45 Rn. 65). In Tendenzbetrieben bedarf die Versetzung eines **Tendenzträgers** nicht der Zustimmung des BR. Dieser ist jedoch zuvor von ihr zu unterrichten, andernfalls muss die Maßnahme wieder aufgehoben werden.[108] 24

[95] BAG 2.4.1996 AP Nr. 34 zu § 95 BetrVG 1972 = NZA 1997, 112 (25% der Aufgaben).
[96] LAG BW 12.1.1999 LAGE § 99 BetrVG 1972 Versetzung Nr. 3.
[97] BAG 23.11.1993 AP Nr. 33 zu § 95 BetrVG 1972 = NZA 1994, 718; 19.2.1991 AP Nr. 25 zu § 95 BetrVG 1972 = NZA 1991, 601.
[98] BAG 16.7.1991 AP Nr. 28 zu § 95 BetrVG 1972 = NZA 1992, 180.
[99] BAG 22.4.1997 AP Nr. 14 zu § 99 BetrVG 1972 Versetzung = NZA 1997, 1358; LAG Köln 26.7.1996 NZA 1997, 280 (Einführung von Gruppenarbeit).
[100] BAG 9.4.2019 AP Nr. 160 zu § 99 BetrVG 1972 (mögl. aber § 95 III 2 BetrVG).
[101] BAG 21.9.1999 AP Nr. 21 zu § 99 BetrVG 1972 Versetzung = NZA 2000, 781.
[102] BAG 28.8.2007 AP Nr. 53 zu § 95 BetrVG 1972 = NZA 2008, 188.
[103] BAG 2.11.1993 AP Nr. 32 zu § 95 BetrVG 1972 = NZA 1994, 627.
[104] BAG 3.12.1985 AP Nr. 8 zu § 95 BetrVG 1972 = NZA 1986, 532.
[105] BAG 2.4.1996 AP Nr. 34 zu § 95 BetrVG 1972 = NZA 1997, 112; anders bei geringfügigen Änderungen: BAG 27.3.1980 AP Nr. 26 zu § 611 BGB Direktionsrecht.
[106] BAG 30.9.1993 AP Nr. 33 zu § 2 KSchG 1969 = NZA 1994, 615; 14.11.1989 AP Nr. 76 zu § 99 BetrVG 1972 = NZA 1990, 357; 26.5.1988 AP Nr. 13 zu § 95 BetrVG 1972 = NZA 1989, 438.
[107] BAG 2.4.1996 AP Nr. 9 zu § 99 BetrVG 1972 Versetzung = NZA 1997, 219.
[108] BAG 1.9.1987 AP Nr. 10 zu § 101 BetrVG 1972 = NZA 1988, 99.

III. Das Zustimmungsverfahren (§ 99 I BetrVG)

Muster: Schaub ArbRFV-HdB/*Thoms* B. Rn. 133.

25 **1. Unterrichtung des Betriebsrats. a) Grundsatz.** Der AG hat den BR nach § 99 I 1, 2 BetrVG **vor** jeder geplanten Einstellung, Ein- bzw. Umgruppierung oder Versetzung zu unterrichten und die Zustimmung zu der beabsichtigten Maßnahme einzuholen. Dazu ist es grundsätzlich erforderlich, dass die Beteiligung des BR zu einer Zeit erfolgt, zu der noch keine abschließende und endgültige Entscheidung getroffen worden ist oder doch eine solche noch ohne Schwierigkeiten revidiert werden kann.[109] Der AG hat den BR über die **Person** (Name und Alter), den Zeitpunkt für das Wirksamwerden der personellen Einzelmaßnahme und den Arbeitsplatz sowie die Zuordnung des in Aussicht genommenen AN zu einer bestehenden Vergütungsordnung (→ Rn. 15) zu informieren und ihm über die Auswirkungen der Einstellung auf den Betrieb Auskunft zu geben.[110] Die Unterrichtungs- und Vorlagepflicht dienen dazu, dem BR die Informationen zu verschaffen, die er benötigt, um sein Recht zur Stellungnahme nach § 99 II BetrVG sachgerecht ausüben zu können. Erforderlich, aber auch ausreichend ist eine Unterrichtung, die es dem BR ermöglicht, aufgrund der mitgeteilten Tatsachen zu prüfen, ob einer der in § 99 II BetrVG genannten Zustimmungsverweigerungsgründe gegeben ist.[111] Der Umfang der vom AG geforderten Unterrichtung des BR bestimmt sich damit nach dem Zweck der Beteiligung an der jeweiligen personellen Maßnahme.[112] Gegenstand der Unterrichtung sind nur die wesentlichen Tatsachen und Einschätzungen des AG, die ihn zu der getroffenen Entscheidung bestimmt haben.[113] Die Unterrichtungspflicht besteht auch, wenn der Bewerber oder der die personelle Maßnahme auslösende Sachverhalt dem BR **bekannt** ist;[114] der AG kann dann aber auf die dem BR bekannten Tatsachen Bezug nehmen. Etwaige **unvollständige Angaben** kann der AG auf entsprechende Rüge des BR nachträglich und auch noch im gerichtlichen Verfahren **ergänzen.**[115] Wird die personelle Einzelmaßnahme (zB die Einstellung) zeitlich vorgezogen, ist eine erneute Unterrichtung entbehrlich, wenn der AG annehmen kann, dass der BR gegen den früheren Termin keine ernsthaften Einwendungen geltend machen wird.[116] Allerdings trägt der AG insoweit das Risiko, dass der BR nachträglich seine Beteiligungspflicht reklamiert und die Aufhebung der Maßnahme nach § 101 BetrVG begehrt.[117] Allein die fehlerhafte Unterrichtung begründet keinen Zustimmungsverweigerungsgrund nach § 99 II Nr. 1 BetrVG.[118]

25a **b) Verfahren.** Für den Antrag des AG auf Zustimmung zu einer der in § 99 I 1 BetrVG bezeichneten personellen Maßnahmen sieht das Gesetz keine besondere **Form** vor; sie kann daher mündlich oder schriftlich erfolgen, zu Beweiszwecken sollte zweckmäßigerweise die Schriftform gewählt werden. Fehlt es an einem ausdrücklichen Zustimmungsersuchen, ist es ausreichend, wenn der BR der Mitteilung des AG entnehmen kann, dass er um die Zustimmung zu einer personellen Maßnahme iSd § 99 I 1 BetrVG angegangen wird. Deshalb kann auch ein ausdrücklicher Antrag auf Zustimmung entbehrlich sein.[119] Maßgeblich sind insoweit die für die Auslegung von Willenserklärungen geltenden Grundsätze (§§ 133, 157 BGB). Dies gilt auch, wenn der AG die Zustimmung des BR zu mehreren personellen Maßnahmen (zB Einstellung/Eingruppierung oder Versetzung/Umgruppierung) einholen will; die gebündelte Antragstellung

---

[109] BAG 21.11.2018 AP Nr. 158 zu § 99 BetrVG 1972 = NZA 2019, 711.

[110] BAG 7.11.1975 AP Nr. 3 zu § 99 BetrVG 1972.

[111] BAG 28.7.2020 AP Nr. 168 zu § 99 BetrVG 1972; 30.9.2014 AP Nr. 144 zu § 99 BetrVG 1972 = NZA 2015, 370; 17.6.2008 AP Nr. 46 zu § 99 BetrVG 1972 Versetzung = NZA 2008, 1139.

[112] BAG 27.10.2010 AP Nr. 133 zu § 99 BetrVG 1972 = NZA 2011, 418.

[113] BAG 14.4.2015 AP Nr. 146 zu § 99 BetrVG 1972 = NZA 2015, 1081.

[114] BAG 30.9.2014 AP Nr. 144 zu § 99 BetrVG 1972 = NZA 2015, 370.

[115] BAG 21.11.2018 AP Nr. 158 zu § 99 BetrVG 1972 = NZA 2019, 711; 21.3.2018 AP Nr. 155 zu § 99 BetrVG 1972 = NZA 2018, 1090.

[116] BAG 18.12.1990 AP Nr. 85 zu § 99 BetrVG 1972 = NZA 1991, 482.

[117] BAG 21.11.2018 AP Nr. 158 zu § 99 BetrVG 1972 = NZA 2019, 711.

[118] BAG 1.6.2011 AP Nr. 139 zu § 99 BetrVG 1972 (zur Eingruppierung).

[119] BAG 21.11.2018 AP Nr. 158 zu § 99 BetrVG 1972 = NZA 2019, 711 (verneint bei bloßem Antrag nach § 105 BetrVG).

muss hinreichend deutlich werden.[120] **Adressat** der Unterrichtung ist der Betriebsratsvorsitzende bzw. im Verhinderungsfall sein Stellvertreter, entsprechendes gilt, wenn ein besonderer Ausschuss gebildet ist (§ 28 BetrVG). Eine **Frist** für die Unterrichtung vor Durchführung der Maßnahme sieht das Gesetz nicht vor. Der AG wird jedoch in seinem wie im Interesse des Bewerbers die Unterrichtung mindestens eine Woche vor Durchführung der Maßnahme durchführen, da der BR für die Erteilung der Zustimmung eine Woche Zeit hat und dem AG ohne die Zustimmung des BR ihre Durchführung untersagt ist;[121] zur Unterrichtung in Eilfällen → Rn. 60.

c) Unterrichtung bei Einstellung und Versetzung. Der AG muss bei der Einstellung den 26
BR über die Beschäftigung von solchen Personen unterrichten, die bislang noch nicht in den Betrieb eingegliedert waren (→ Rn. 11). Hierzu zählen auch AN, die aus einem anderen Betrieb des Unternehmens oder Konzerns versetzt werden (→ Rn. 3). Bei einer Einstellung und einer Versetzung (→ Rn. 20) sind insbesondere der vorgesehene Arbeitsplatz oder der vorgesehene Einsatzbereich mitzuteilen. Das betrifft nicht nur den räumlichen Ort, an dem die Arbeit geleistet werden soll, sondern auch die Funktion, in die der einzustellende AN in den jeweiligen Betrieb eingegliedert werden soll, also den Arbeitsbereich (→ Rn. 21). Bei der Übernahme eines **Leiharbeitnehmers** zur Arbeitsleistung ist dessen Name,[122] nicht aber das Entgelt der beim Entleiher als Stamm- und als Leiharbeitnehmer beschäftigten Mitarbeiter anzugeben.[123] Der AG ist bei der befristeten Einstellung von AN nicht verpflichtet, dem BR mitzuteilen, ob die Befristung mit oder ohne Sachgrund sowie ggf. mit welchem erfolgen soll.[124] Der BR hat keinen Anspruch auf eine Teilnahme an den Einstellungsgesprächen;[125] seine Einbeziehung kann aber vereinbart werden.[126] Der AG muss bei einer Einstellung und Versetzung angeben, ob sich der Arbeitsplatz für einen Teilzeiteinsatz eignet (§ 7 I TzBfG). Hingegen ist er bei der Übernahme eines Leiharbeitnehmers nicht zur Angabe verpflichtet, welche teilzeitbeschäftigten Mitarbeiter aufgrund ihres angezeigten Wunsches nach § 9 TzBfG für die zu besetzende Stelle grundsätzlich in Betracht gekommen wären.[127]

d) Ein- und Umgruppierungen. Bei Eingruppierungen sind neben den allgemeinen Anga- 27
ben über den AN (→ Rn. 24) über das Vergütungssystem (→ Rn. 13) und die vom AG vorgenommene Zuordnung der beabsichtigten Tätigkeit zu einer der Vergütungsgruppen zu unterrichten. Sind persönliche Qualifikationsanforderungen ein- oder umgruppierungsrelevant, sind diese ebenfalls mitzuteilen.[128] Dagegen hat der BR keinen Anspruch auf Informationen über die konkrete Entgelthöhe.[129] Übertarifliche Entgeltbestandteile brauchen daher nicht mitgeteilt zu werden. Ist ein AN nicht in ein Vergütungsschema eingestuft (AT-Angestellte), genügt die Angabe der Tatsachen, aus denen sich die außertarifliche Vergütung des AN ergibt, zB weshalb er nicht mehr dem Geltungsbereich eines Tarifvertrags unterfällt. Bei Umgruppierungen gehört zu einer vollständigen Unterrichtung die Angabe der bisherigen und der vorgesehenen Vergütungsgruppe sowie die Erläuterung der Gründe, weshalb der AN anders als bisher einzureihen ist. Grundsätzlich hat der AG auch über alle ihm bekannten Umstände zu informieren, welche die Wirksamkeit der Vergütungsordnung betreffen.[130]

2. Auskunft über andere Bewerber. Der AG hat dem BR bei Einstellungen und Verset- 28
zungen Auskunft über die Person sämtlicher Beteiligter zu geben, also zB auch die von der Arbeitsverwaltung vorgeschlagenen Bewerber.[131] Dies sind nur solche Personen, die ihr Interesse für einen konkreten Arbeitsplatz bekunden.[132] Wird die Einstellung durch einen Dritten vorbereitet und ist dieser mit der Vorauswahl betraut, hat der AG den BR nur über die Bewer-

[120] BAG 10.11.2009 AP Nr. 43 zu § 99 BetrVG 1972 Eingruppierung = NZA-RR 2010, 416; *Wollwert* DB 2012, 2518 (2519).
[121] BAG 21.11.2018 AP Nr. 158 zu § 99 BetrVG 1972 = NZA 2019, 711.
[122] BAG 9.3.2011 AP Nr. 63 zu § 99 BetrVG 1972 Einstellung = NZA 2011, 871.
[123] BAG 1.6.2011 AP Nr. 64 zu § 99 BetrVG 1972 Einstellung = NZA 2011, 1435.
[124] BAG 27.10.2010 AP Nr. 133 zu § 99 BetrVG 1972 = NZA 2011, 418.
[125] BAG 14.4.2015 AP Nr. 146 zu § 99 BetrVG 1972 = NZA 2015, 1081.
[126] LAG Bln 11.2.1985 NZA 1985, 604.
[127] BAG 1.6.2011 AP Nr. 64 zu § 99 BetrVG 1972 Einstellung = NZA 2011, 1435.
[128] BAG 9.3.2011 AP Nr. 51 zu § 99 BetrVG 1972 Eingruppierung.
[129] BAG 3.10.1989 AP Nr. 74 zu § 99 BetrVG 1972 = NZA 1990, 231.
[130] BAG 5.5.2010 AP Nr. 130 zu § 99 BetrVG 1972.
[131] BAG 14.12.2004 AP Nr. 122 zu § 99 BetrVG 1972 = NZA 2005, 827.
[132] BAG 1.6.2011 AP Nr. 64 zu § 99 BetrVG 1972 Einstellung = NZA 2011, 1435.

ber zu informieren, die ihm selbst benannt werden;[133] entsprechende Beschränkungen gelten nicht für ein von einer zentralen Personalabteilung durchgeführtes Auswahlverfahren.[134] Erfolgen die Bewerbungen für eine bestimmte ausgeschriebene Stelle, sind nur die Bewerbungsunterlagen derjenigen Bewerber vorzulegen, die sich auf diese Stelle beworben haben; es ist unschädlich, wenn der AG dem BR die Unterlagen der Personen nicht vorlegt, die sich um andere Arbeitsplätze beworben haben, die andere Fähigkeiten erfordern.[135] Eine darüber hinausgehende Vorauswahl ist unzulässig, es sei denn, dass einzelne Bewerber ihre Bewerbung zurückgenommen haben oder sie offensichtlich nicht die notwendige Qualifikation für den Arbeitsplatz haben.[136] Die Auskünfte über ihre Person haben sich sowohl auf die Namen und die Personalia im engeren Sinne als auch auf die fachlichen und persönlichen Voraussetzungen für den in Aussicht genommenen Arbeitsplatz zu erstrecken, die für die Entscheidung des BR notwendig sind[137] (zB eine vereinbarte Befristungsdauer[138] bzw. Beschäftigungsdauer bei Leiharbeitnehmern sowie Lage und Dauer der Arbeitszeit bei Teilzeitbeschäftigten).[139] Beruht die Auswahlentscheidung des AG für einen von mehreren Stellenbewerbern maßgeblich auf zuvor geführten Vorstellungsgesprächen, so gehört zur Auskunft über die Person der Beteiligten nach § 99 I 1 BetrVG, dass der AG den BR über den für seine Entscheidung bedeutsamen Inhalt dieser Gespräche unterrichtet.[140] Der AG braucht keine Informationen zu beschaffen, die er selbst nicht hat und wegen derer der Bewerber keine Offenbarungspflicht hat. Eine Schwerbehinderteneigenschaft hat der AG stets mitzuteilen, eine Schwangerschaft nur, wenn ein Beschäftigungsverbot der Tätigkeitsaufnahme entgegenstehen kann.[141] Vorstrafen des Bewerbers sind dem BR mitzuteilen, wenn sie für die Beurteilung der persönlichen oder fachlichen Eignung von Bedeutung sind.[142]

29 **3. Bewerbungsunterlagen.** Der AG hat der Unterrichtung unaufgefordert die erforderlichen Bewerbungsunterlagen beizufügen. Bewerbungsunterlagen sind sämtliche vom Bewerber zur Person gemachten Angaben sowie beigebrachte Unterlagen (Zeugnisse, Lebenslauf, Lichtbild usw.). **Erforderlich** sind sämtliche Unterlagen, die der BR benötigt, um eine sachliche und betriebsbezogene Entscheidung zu fällen, also insbesondere Unterlagen, die für das Widerspruchsrecht nach § 99 II BetrVG oder für seine Überwachungsaufgaben nach § 80 BetrVG von Bedeutung sein können. Der BR kann sein Recht, für die zu treffende Auswahl Anregungen zu geben, sachangemessen nur ausüben, wenn er die vom AG ermittelten und von diesem für auswahlrelevant gehaltenen Daten und Unterlagen kennt.[143] Vorzulegen sind die Unterlagen aller Bewerber, über die eine Unterrichtungspflicht besteht.[144] Zu den dem BR **vorzulegenden Bewerbungsunterlagen** nach § 99 I 1 BetrVG gehören auch solche Unterlagen, die der AG anlässlich der Bewerbung über die Person des Bewerbers erstellt hat;[145] dazu zählen etwa Personalfragebögen, schriftliche Auskünfte von dritter Seite und Ergebnisse von Tests oder Einstellungsprüfungen.[146] Bedeutungslose Aufzeichnungen müssen dem BR nicht vorgelegt werden.[147] **Nicht hierzu** zählen der Arbeitsvertrag bzw. ein vom Bewerber unterbreiteter Vorschlag[148] oder das Ergebnis einer ärztlichen Einstellungsuntersuchung.[149] Beim Einsatz von Leiharbeitnehmern ist gleichfalls der Arbeitsvertrag zwischen

[133] BAG 18.12.1990 AP Nr. 85 zu § 99 BetrVG 1972 = NZA 1991, 482.
[134] BAG 21.10.2014 AP Nr. 142 zu § 99 BetrVG 1972 = NZA 2015, 311.
[135] BAG 10.11.1992 AP Nr. 100 zu § 99 BetrVG 1972 = NZA 1993, 376.
[136] BAG 21.10.2014 AP Nr. 142 zu § 99 BetrVG 1972 = NZA 2015, 311.
[137] BAG 28.6.2005 AP Nr. 49 zu § 99 BetrVG 1972 Einstellung = NZA 2006, 111.
[138] BAG 20.12.1988 AP Nr. 62 zu § 99 BetrVG 1972 = NZA 1989, 518.
[139] HessLAG 18.11.1986 NZA 1987, 499.
[140] BAG 28.6.2005 AP Nr. 49 zu § 99 BetrVG 1972 Einstellung = NZA 2006, 111.
[141] Weitergehend *Fitting* BetrVG § 99 Rn. 175b; GK-BetrVG/*Raab* § 99 Rn. 145; einschränkend hinsichtlich der Schwangerschaft Richardi BetrVG/*Thüsing* § 99 Rn. 164.
[142] Nur insoweit hat der AG ein Fragerecht, dazu → § 26 Rn. 16 ff.
[143] BAG 14.4.2015 AP Nr. 146 zu § 99 BetrVG 1972 = NZA 2015, 1081.
[144] BAG 19.5.1981 AP Nr. 18 zu § 118 BetrVG 1972; 18.7.1978 AP Nr. 7 zu § 99 BetrVG 1972.
[145] BAG 14.12.2004 AP Nr. 122 zu § 99 BetrVG 1972 = NZA 2005, 827.
[146] BAG 17.6.2008 AP Nr. 46 zu § 99 BetrVG 1972 Versetzung = NZA 2008, 1139; 28.6.2005 AP Nr. 49 zu § 99 BetrVG 1972 Einstellung = NZA 2006, 111.
[147] BAG 14.4.2015 AP Nr. 146 zu § 99 BetrVG 1972 = NZA 2015, 1081; 17.6.2008 AP Nr. 46 zu § 99 BetrVG 1972 Versetzung = NZA 2008, 1139.
[148] BAG 3.10.1989 AP Nr. 74 zu § 99 BetrVG 1972 = NZA 1990, 231; 18.10.1988 AP Nr. 57 zu § 99 BetrVG 1972 = NZA 1989, 355.
[149] AA *Fitting* BetrVG § 99 Rn. 174.

dem Verleiher und dem Leiharbeitnehmer nicht vorzulegen,[150] wohl aber der zwischen dem AG und dem Verleiher geschlossene Arbeitnehmerüberlassungsvertrag (§ 12 AÜG).[151] Daneben kann der AG zur Mitteilung von Informationen und Erkenntnissen über die für die Einstellung maßgeblichen Tatsachen wie zB die fachliche Qualifikation der Bewerber verpflichtet sein, wenn er diese in Gesprächen erfragt hat.[152] Hat ein Bewerber um Vertraulichkeit gebeten, wird der AG von der sich aus § 99 BetrVG ergebenden Vorlagepflicht gegenüber dem BR nicht befreit, womit der Bewerber bei Abgabe seiner Bewerbung rechnen muss. Hat der Bewerber ausdrücklich um die Nichtvorlage bestimmter Unterlagen an den BR gebeten, wird der AG diesen jedoch vor einer Weitergabe an den BR entsprechend hinweisen müssen. Der BR ist nicht berechtigt, über den AG zusätzliche, nicht erforderliche Unterlagen vom Bewerber zu verlangen. Ebenso wenig kann der BR bei Bewerbung eines Betriebsangehörigen Einsichtnahme in die Personalakte verlangen.[153] Diese dürfen nur im Einverständnis des Bewerbers vorgelegt werden (§ 83 BetrVG).

4. Auswirkungen. Der AG hat unter Vorlage der erforderlichen Unterlagen Auskunft über die Auswirkungen der geplanten Maßnahme zu geben und die Zustimmung des BR einzuholen. Im Unterschied zu den vorzulegenden Bewerbungsunterlagen erstreckt sich die Vorlage der Unterlagen des AG auch auf den in Aussicht genommenen Arbeitsplatz. Er ist gehalten, etwa bei einer Einstellung die betrieblichen Auswirkungen zu erläutern, zB wenn infolge der Einstellung bestimmte Arbeitsplätze wegfallen oder Überstunden abgebaut werden. 30

5. Arbeitsplatz. Bei Einstellungen und Versetzungen hat der AG den in Aussicht genommenen Arbeitsplatz und die vorgesehene Eingruppierung mitzuteilen. Arbeitsplatz ist nicht nur der räumliche Ort, an dem die Arbeit geleistet werden soll, sondern die betriebliche Stellung des AN (Arbeitsbereich, → Rn. 21).[154] Die Mitteilung der Eingruppierung dient sowohl zur Wahrung der Rechte des BR aus § 99 II BetrVG wie aus § 80 BetrVG. Zur Versetzung im Rahmen eines Unternehmens oder Konzerns → Rn. 3 f. 31

6. Einsichtnahme. Der BR ist berechtigt, in die ihm vorzulegenden Urkunden (§ 99 I BetrVG) Einsicht zu nehmen, auch wenn dies anders als bei §§ 106 II, 108 III BetrVG nicht besonders erwähnt ist. Dies folgt aus dem Zweck der Vorlagepflicht, eine sachgemäße Entscheidung des BR zu gewährleisten. Nach der Rspr. des BAG sind dem BR die Unterlagen auszuhändigen und bis zur Beschlussfassung, längstens für eine Woche zu belassen.[155] Der BR ist nicht berechtigt, Abschriften zu fertigen. Dem BR soll nur eine Überwachungsfunktion zukommen und nicht der separate Aufbau einer Personalverwaltung. 32

7. Verschwiegenheit. Die Mitglieder des BR sind verpflichtet, über die ihnen im Rahmen der personellen Maßnahmen bekannt gewordenen persönlichen Verhältnisse und Angelegenheiten der AN oder nicht eingestellten Bewerber, die ihrer Bedeutung oder ihrem Inhalt nach einer vertraulichen Behandlung bedürfen, Stillschweigen zu bewahren. Dies gilt auch dann, wenn der AG die persönlichen Verhältnisse und Angelegenheiten der AN nicht ausdrücklich als vertraulich bezeichnet hat (arg. § 79 I 1 BetrVG). Die Schweigepflicht besteht nicht gegenüber den im § 79 I 2–4 BetrVG aufgezählten Betriebsverfassungsorganen, wenngleich kaum jemals ein berechtigter Grund der Weitergabe von Personalinformationen an den GBR oder KBR bestehen dürfte. Die Schweigepflicht ist dem BR auch im Interesse der Bewerber auferlegt. Hieraus folgt, dass § 99 I 3 BetrVG Schutzgesetz iSv § 823 II BGB ist. Bei Verletzung der Schweigepflicht können sich der BR bzw. seine Mitglieder gegenüber dem Bewerber schadensersatzpflichtig machen. 33

IV. Die Zustimmungsverweigerung durch den Betriebsrat (§ 99 II BetrVG)

1. Entscheidungsalternativen des Betriebsrats. Hat der AG den BR ordnungsgemäß unterrichtet und um Zustimmung zur Einstellung ersucht, kann der BR **(a)** seine Zustimmung ausdrücklich erteilen, **(b)** die Widerspruchsfrist verstreichen lassen – in diesem Fall wird seine Zustimmung vom Gesetz fingiert – oder **(c)** der personellen Maßnahme unter 34

[150] BAG 6.6.1978 AP Nr. 6 zu § 99 BetrVG 1972.
[151] AA LAG Nds 28.2.2006 – 13 TaBV 56/05.
[152] LAG Hamm 26.9.2003 NZA-RR 2004, 305.
[153] LAG Hamm 5.12.1974 DB 1975, 360.
[154] BAG 3.10.1989 AP Nr. 74 zu § 99 BetrVG 1972 = NZA 1990, 231.
[155] BAG 3.12.1985 AP Nr. 29 zu § 99 BetrVG 1972 = NZA 1986, 335.

Angabe von Gründen innerhalb einer Woche nach Unterrichtung schriftlich widersprechen. Das Gesetz ist ähnlich strukturiert wie bei der Anhörung des BR (§ 102 BetrVG; → § 124 Rn. 1). Der AG braucht den BR bei der Unterrichtung nicht ausdrücklich zur Erteilung der Zustimmung aufzufordern (→ Rn. 25). Bei Rechtsmängeln im Rahmen des Verfahrens um Zustimmung des BR zur Einstellung ist wie beim Anhörungsverfahren vor Kündigungen (§ 102 BetrVG) nach Bereichen zu unterscheiden (→ § 124 Rn. 50). Unwirksamkeitsgründe aus der Sphäre des BR gehen nicht zulasten des AG.

35 **2. Zustimmung.** Hat der BR gegen eine personelle Maßnahme keine Bedenken, kann er dies, namentlich bei Einstellungen, dem AG unverzüglich mitteilen, um den Einstellungsvorgang zu beschleunigen. Dies liegt nicht nur im betrieblichen Interesse, sondern auch in dem des Bewerbers. Eine Rücknahme der gegenüber dem AG erklärten Zustimmung ist nicht möglich, selbst wenn die Wochenfrist noch nicht abgelaufen ist. Grundsätzlich kann die Einstellung nur zu dem vorgesehenen Termin erfolgen; indes braucht kein neues Zustimmungsverfahren eingeleitet werden, wenn der Einstellungstermin nur geringfügig vorverlegt wird (→ Rn. 26). Bei einem gebündelten Zustimmungsersuchen des AG (→ Rn. 25; Einstellung/Eingruppierung oder Versetzung/Umgruppierung) kann der BR seine Zustimmung auf eine Maßnahme beschränken und gegenüber der anderen unter Angabe von Gründen seine Zustimmung verweigern;[156] empfehlenswert sind zur Rechtsklarheit gesonderte Stellungnahmen.

36 **3. Frist- und formgerechte Zustimmungsverweigerung. a) Formale Anforderungen.** Die Verweigerung der Zustimmung des BR auf ein ordnungsgemäßes Zustimmungsersuchen des AG nur wirksam erfolgt, wenn sie **(1)** innerhalb der Wochenfrist (§ 99 III 1 BetrVG) dem AG zugeht, **(2)** unter Angabe der Gründe erfolgt und **(3)** die erforderliche Form wahrt. Daneben gelten für die Zustimmungsverweigerung die allgemeinen Grundsätze über die Willensbildung des BR, dh die Äußerung muss auf einem zuvor gefassten Beschluss des Betriebsratsgremiums beruhen (§ 33 BetrVG). Eine Beschlussfassung ist hingegen für die nach § 99 III 1 BetrVG mitzuteilenden Zustimmungsverweigerungsgründe nicht erforderlich. Die Abfassung des entsprechenden Schreibens ist allein Sache des Betriebsratsvorsitzenden.[157] Der BR kann eine Zustimmungsverweigerung jederzeit zurücknehmen, mit dem Zugang der entsprechenden Erklärung gilt die Zustimmung zu der beantragten Maßnahme dann als erteilt. Allerdings setzt eine Zustimmungsfiktion stets ein betriebsverfassungsrichtiges Handeln des AG voraus. Eine erst nach Aufnahme der tatsächlichen Beschäftigung im Betrieb bzw. erfolgten Versetzung erfolgte Unterrichtung des BR bzw. ein verspätet gestellter Zustimmungsantrag ist nicht fristgerecht und damit nicht ordnungsgemäß iSv § 99 I BetrVG. Nach Auffassung des BAG kann deshalb die Zustimmungsfiktion nach § 99 III 2 BetrVG selbst bei einem nicht form- bzw. fristgerechten Widerspruch des BR nicht eintreten.[158]

36a **b) Äußerungsfrist.** Für die Berechnung der Frist des § 99 III 1 BetrVG gelten die §§ 187 ff. BGB. Der Tag, an dem die Mitteilung des AG dem Betriebsratsvorsitzenden bzw. einer empfangsberechtigten Person zugeht (sog. Ereignistag, § 187 I BGB), wird nicht mitgezählt. Die Äußerungsfrist endet spätestens mit Ablauf des 7. (Kalender-)Tags um 24.00 Uhr des letzten Tages, nicht bereits mit Dienstschluss der Personalverwaltung.[159] Der Einwurf einer schriftlichen Stellungnahme nach Arbeitsende in den Posteingang der Personalabteilung reicht zur Fristwahrung am letzten Tag des Anhörungsverfahrens nicht mehr aus, da dieser das Schreiben erst am nächsten Tag zugeht. In diesen Fällen muss der BR für den Zugang seiner Stellungnahme bis zum Fristablauf selbst sorgen. Ist der letzte Tag der Frist ein Samstag, Sonntag oder ein gesetzlicher Feiertag, ist der Eingang der Stellungnahme bis zum Ablauf des nächsten Werktags ausreichend (§ 193 BGB). AG und BR können die Wochenfrist verlängern, sofern sie noch nicht abgelaufen ist.[160] Andernfalls tritt die Zustimmungsfiktion nach § 99 III 2 BetrVG ein, deren Wirkungen auch einvernehmlich nicht beseitigt werden können.[161] Bei einer Verlängerung der Wochenfrist muss das Fristende anhand der getroffenen Abreden eindeutig bestimmt oder zumindest bestimmbar sein. Eine Ausweitung des Zeitraums für die Stellungnahme des BR kommt zB in Betracht, wenn aus Anlass eines neuen Entgelttarifvertrags zahlreiche Umgruppie-

[156] BAG 13.5.2014 AP Nr. 55 zu § 99 BetrVG 1972 = NZA-RR 2015, 23.
[157] BAG 30.9.2014 AP Nr. 144 zu § 99 BetrVG 1972 = NZA 2015, 370.
[158] BAG 21.11.2018 AP Nr. 158 zu § 99 BetrVG 1972 = NZA 2019, 711.
[159] BAG 12.12.1996 RzK III 1 e Nr. 2; aA LAG Hamm 11.2.1992 DB 1992, 2640.
[160] BAG 17.5.1983 AP Nr. 18 zu § 99 BetrVG 1972.
[161] BAG 29.6.2011 AP Nr. 137 zu § 99 BetrVG 1972 = NZA-RR 2012, 18.

rungen notwendig werden;[162] allerdings kann eine zu lange Fristverlängerung unwirksam sein. Eine einvernehmliche (nicht: einseitige) Verkürzung der Wochenfrist ist gleichfalls möglich, da der BR das Zustimmungsverfahren auch durch die Erteilung seiner Zustimmung beenden kann. Die Betriebsparteien können nicht vereinbaren, dass die Zustimmung des BR als verweigert gilt, wenn zwischen ihnen bis zum Ablauf der Äußerungsfrist des § 99 III 1 BetrVG kein Einvernehmen über eine vom AG beantragte Umgruppierung erzielt wird.[163]

c) Beginn. aa) Ordnungsgemäße Unterrichtung. Der AG muss den BR so unterrichten, dass dieser aufgrund der mitgeteilten Tatsachen in die Lage versetzt wird zu prüfen, ob einer der in § 99 II BetrVG genannten Zustimmungsverweigerungsgründe vorliegt.[164] Die Wochenfrist beginnt nur bei betriebsverfassungsgemäßem Verhalten des AG zu laufen und setzt die ordnungsgemäße Unterrichtung des BR voraus.[165] Sie wird grundsätzlich auch dann nicht in Lauf gesetzt, wenn der BR es unterlässt, den AG auf die offenkundige Unvollständigkeit der Unterrichtung hinzuweisen.[166] Das gilt auch, wenn der BR zum Zustimmungsersuchen in der Sache Stellung nimmt und seine Zustimmung mit Bezug auf Gründe nach § 99 II BetrVG verweigert.[167] Durfte der AG allerdings davon ausgehen, den BR vollständig unterrichtet zu haben, kann es wiederum Sache des BR sein, innerhalb der Wochenfrist um Vervollständigung der Auskünfte zu bitten.[168] Hat zB der AG dem BR anlässlich einer geplanten Einstellung oder Versetzung Angaben zur Person der Beteiligten, zum vorgesehenen Arbeitsplatz und zur Auswirkung der geplanten Maßnahme gemacht, ggf. die Bewerbungsunterlagen der Beteiligten vorgelegt und um die Zustimmung des BR gebeten, muss dieser innerhalb der Wochenfrist dem AG schriftlich mitteilen, wenn er für eine abschließende Stellungnahme ergänzende Auskünfte benötigt. Andernfalls gilt mit Ablauf der Wochenfrist seine Zustimmung als erteilt.[169] Hingegen kann eine offensichtlich unvollständige Unterrichtung niemals den Lauf der Wochenfrist auslösen.[170] 36b

bb) Ergänzung der Informationen. Erhebt der BR die berechtigte Rüge, dass die Unterrichtung unvollständig geblieben ist, beginnt die Frist des § 99 III 1 BetrVG erst ab dem Zeitpunkt der Vervollständigung der Unterrichtung zu laufen.[171] Holt der AG die Vervollständigung der Informationen im Rahmen des Zustimmungsersetzungsverfahrens nach, wird die Frist des § 99 III 1 BetrVG nur dann erneut in Lauf gesetzt, wenn der AG gegenüber dem BR deutlich macht, dass er mit der nachgereichten oder zusätzlichen Information seiner Verpflichtung zur vollständigen Unterrichtung des BR genügen will und er diese Verpflichtung nunmehr als erfüllt ansieht.[172] Gleiches gilt, wenn **(1)** der AG dem BR mitteilt, dass er seine bisherigen Angaben für ausreichend hält bzw. eine Ergänzung der angeforderten Unterlagen verweigert und **(2)** seine ursprüngliche Unterrichtung objektiv ausreichend war. Dann muss der BR unter Beachtung des zweiten Fristlaufs form- und fristgerecht widersprechen. War die Unterrichtung hingegen unvollständig, beginnt eine (zweite) Wochenfrist bei einer zuvor erfolgten form- und fristgerechten Anzeige des BR nicht erneut zu laufen, auch wenn der BR inzwischen sichere Kenntnis von den maßgeblichen Tatsachen hat.[173] 36c

d) Fristversäumnis. Versäumt der BR die Wochenfrist, gilt seine Zustimmung zur geplanten personellen Maßnahme als erteilt (§ 99 III 2 BetrVG). Den Eintritt der Fiktion hat das ArbG auch ohne ausdrücklich darauf gerichteten Antrag festzustellen.[174] Eine erst nach Aufnahme der tatsächlichen Beschäftigung im Betrieb bzw. erfolgten Versetzung erfolgte Unterrichtung des 37

[162] BAG 5.5.2010 AP Nr. 130 zu § 99 BetrVG 1972.
[163] BAG 18.8.2009 AP Nr. 128 zu § 99 BetrVG 1972 = NZA 2010, 112.
[164] BAG 28.7.2020 AP Nr. 168 zu § 99 BetrVG 1972; 30.9.2014 AP Nr. 144 zu § 99 BetrVG 1972 = NZA 2015, 370; 17.6.2008 AP Nr. 46 zu § 99 BetrVG 1972 Versetzung = NZA 2008, 1139.
[165] BAG 28.1.1986 AP Nr. 34 zu § 99 BetrVG 1972 = NZA 1986, 490.
[166] BAG 9.4.2019 AP Nr. 160 zu § 99 BetrVG 1972; 13.3.2013 – 7 ABR 39/11.
[167] BAG 14.12.2004 AP Nr. 122 zu § 99 BetrVG 1972 = NZA 2005, 827.
[168] BAG 9.4.2019 AP Nr. 160 zu § 99 BetrVG 1972; 13.3.2013 – 7 ABR 39/11.
[169] BAG 14.3.1989 AP Nr. 64 zu § 99 BetrVG 1972 = NZA 1989, 639.
[170] BAG 28.6.2005 AP Nr. 49 zu § 99 BetrVG 1972 Einstellung = NZA 2006, 111.
[171] BAG 13.3.2013 AP Nr. 61 zu § 99 BetrVG 1972 Eingruppierung.
[172] BAG 29.6.2011 AP Nr. 137 zu § 99 BetrVG 1972 = NZA-RR 2012, 18; 1.6.2011 AP Nr. 136 zu § 99 BetrVG 1972; 5.5.2010 AP Nr. 130 zu § 99 BetrVG 1972.
[173] BAG 10.8.1993 NZA 1994, 187.
[174] BAG 13.5.2014 AP Nr. 55 zu § 99 BetrVG 1972 = NZA-RR 2015, 23.

BR ist nicht fristgerecht und damit nicht ordnungsgemäß iSv § 99 I BetrVG, weshalb keine Zustimmungsfiktion eintritt.[175]

38 **e) Angabe von Gründen. aa) Grundsatz.** Der BR hat in seinem Widerspruch die Gründe für seine Zustimmungsverweigerung anzugeben. Er kann beliebige Einwendungen gegen die beabsichtigte personelle Einzelmaßnahme erheben. Die Zustimmung gilt aber nur als wirksam verweigert, wenn der BR seine Zustimmungsverweigerung auf einen der in § 99 II BetrVG genannten Gründe stützt. Die Aufzählung ist abschließend. **Unbeachtlich** ist daher ein Widerspruch, wenn **(1)** die Gründe sich so weit vom Katalog entfernen, dass sie sich keinem der Tatbestände des § 99 II BetrVG zuordnen lassen oder **(2)** die Gründe nur pauschal vorgetragen sind. Ausreichend ist eine Begründung, wenn diese es als möglich erscheinen lässt, dass einer der in § 99 II BetrVG genannten Gründe geltend gemacht wird. Ob diese tatsächlich bestehen, ist für die Wirksamkeit der Zustimmungsverweigerung unbeachtlich.[176] Konkrete Tatsachen und Gründe müssen nur für eine auf § 99 II Nrn. 3, 6 BetrVG gestützte Verweigerung angegeben werden.[177] Hat **(3)** der BR aus anderen als den in § 99 II BetrVG genannten Gründen widersprochen, kann der AG gleichfalls die personelle Maßnahme durchführen. Er wird allein unter Berücksichtigung des Gebots der vertrauensvollen Zusammenarbeit (§ 2 I BetrVG) bei seiner Entscheidung die Bedenken des BR berücksichtigen müssen.

39 **bb) Nachschieben von Gründen.** Der BR muss alle Gründe, mit denen er seine Zustimmung zu einer vom AG geplanten personellen Einzelmaßnahme verweigern will, innerhalb einer Woche dem AG mitteilen. Die vom BR gewählte Begründung der Zustimmungsverweigerung konkretisiert den Gegenstand des vom AG einzuleitenden Zustimmungsersetzungsverfahrens (→ Rn. 57). Dieser muss sich nur mit den von dem BR bezeichneten Verweigerungsgründen auseinandersetzen. Mit nicht fristgereicht vorgebrachten Gründen ist der BR im weiteren Verfahren ausgeschlossen. Ein Nachschieben von Zustimmungsverweigerungsgründen nach Ablauf der Wochenfrist des § 99 III 1 BetrVG ist im Verfahren nach § 99 IV BetrVG unzulässig;[178] dies gilt auch, wenn die nachgeschobenen Gründe bereits im Zeitpunkt des Widerspruchs bestanden haben.[179] Der AG soll davor geschützt werden, sich im Zustimmungsersetzungsverfahren mit immer neuen Lebenssachverhalten auseinandersetzen zu müssen. Das Verbot des Nachschiebens gilt nicht für rechtliche Argumente, sondern nur für Gründe tatsächlicher Art sowie für die Einführung anderer, bisher nicht genannter Widerspruchsgründe.[180] Eine Ausnahme gilt schließlich, wenn auch der AG im Zustimmungsersetzungsverfahren für die Begründung seines Antrags neue Tatsachen eingeführt oder eine zunächst unvollständige Unterrichtung nachgeholt hat. Dann kann auch der BR erstmals oder weitere Zustimmungsverweigerungsgründe geltend machen.[181]

40 **f) Schriftform.** Das Gesetz fordert für den Widerspruch die Schriftform. Ein nur mündlich erhobener Widerspruch ist unwirksam. Hiervon gilt nur dann eine Ausnahme, wenn der AG den BR von der Einhaltung der Schriftform treuwidrig (§ 242 BGB) abgehalten hat. Eine solche Situation kann etwa vorliegen, wenn der AG oder der Personalleiter bei einer mündlichen Unterredung gegenüber dem Betriebsratsvorsitzenden erklärt, es bedürfe keiner besonderen schriftlichen Stellungnahme mehr. Das Schriftformerfordernis des § 99 III 1 BetrVG ist nicht nur dann gewahrt, wenn der Widerspruch vom Betriebsratsvorsitzenden gem. § 126 BGB eigenhändig mit Namensunterschrift versehen wurde. Schriftlich ist er auch, wenn das Schreiben der Textform des § 126b BGB genügt. Dafür reicht es aus, dass die Erklärung in dauerhaft lesbarer Weise abgegeben, die Person des Erklärenden genannt und der Abschluss des Textes erkennbar ist.[182] Dies ist der Fall, wenn der Name des Erklärenden

[175] BAG 21.11.2018 AP Nr. 158 zu § 99 BetrVG 1972 = NZA 2019, 711.
[176] BAG 10.10.2012 AP Nr. 51 zu § 99 BetrVG 1972 Versetzung (keine Schlüssigkeit erforderlich).
[177] BAG 27.9.2017 AP Nr. 154 zu § 99 BetrVG 1972 = NZA 2018, 533; 19.4.2012 AP Nr. 60 zu § 99 BetrVG 1972 Eingruppierung; 21.7.2009 AP Nr. 4 zu § 3 AÜG = NZA 2009, 1156.
[178] BAG 23.1.2019 AP Nr. 66 zu § 99 BetrVG 1972 Eingruppierung; 17.11.2010 AP Nr. 50 zu § 99 BetrVG 1972 Versetzung = NZA-RR 2011, 415.
[179] BAG 18.9.2002 AP Nr. 31 zu § 99 BetrVG 1972 Versetzung = NZA 2003, 622.
[180] BAG 28.4.1998 AP Nr. 18 zu § 99 BetrVG 1972 Eingruppierung = NZA 1999, 52.
[181] BAG 20.12.1988 AP Nr. 62 zu § 99 BetrVG 1972 = NZA 1989, 518.
[182] BAG 1.6.2011 AP Nr. 139 zu § 99 BetrVG 1972; 9.12.2008 AP Nr. 36 zu § 99 BetrVG 1972 Eingruppierung = NZA 2009, 627.

angegeben wird. Vollständigkeit und inhaltlicher Abschluss der Erklärung lassen sich durch die Anbringung einer Grußformel, die maschinenschriftliche Namenswiedergabe oder Ähnliches unmissverständlich kenntlich machen. Der vom Betriebsratsvorsitzenden bzw. seinem Stellvertreter unterzeichnete Widerspruch kann daher auch durch Telefax übermittelt werden.[183] Für die Erfüllung des Schriftlichkeitsgebots des § 99 III 1 BetrVG genügt schließlich eine Mitteilung per E-Mail, wenn diese den Erfordernissen der Textform nach § 126b BGB entspricht.[184]

4. Versetzung eines Betriebsratsmitglieds. Nach § 103 III BetrVG bedarf die Versetzung eines der in § 103 I BetrVG genannten Mandatsträger (→ § 143 Rn. 5) der Zustimmung des BR. Die durch das BetrVG-ReformG eingefügte Vorschrift korrigiert die frühere Rspr. des BAG, die dem Betriebsratsmitglied einen entsprechenden Schutz verwehrt hatte.[185] Das Beteiligungsverfahren nach § 103 III BetrVG geht demjenigen zur Versetzung nach § 99 I, IV BetrVG im abgebenden Betrieb als das speziellere vor.[186] Die Zustimmung ist jedoch nur erforderlich, wenn **(a)** der Mandatsträger nicht mit der Versetzung einverstanden ist, **(b)** die Versetzung zu einem Mandatsverlust führen würde und **(c)** nicht zugleich mit dem Ausspruch einer Änderungskündigung verbunden ist. Letzteres ergibt sich nicht ausdrücklich aus dem Gesetzeswortlaut, folgt jedoch aus dem Zustimmungserfordernis für Kündigungen von Mandatsträgern in § 103 I BetrVG. Ein Mandatsverlust tritt durch die Versetzung ein, wenn das Betriebsratsmitglied vollständig[187] in einen anderen Betriebsteil oder Betrieb des Unternehmens wechseln soll, der von dem BR, dem es angehört, nicht vertreten wird. Die Zustimmung ist vom Arbeitsgericht zu ersetzen, wenn die Versetzung auch unter Berücksichtigung der betriebsverfassungsrechtlichen Stellung des Mandatsträgers aus dringenden betrieblichen Gründen notwendig ist. Als solche gelten nicht nur betriebsbedingte;[188] auch verhaltens- und personenbedingte Gründe können eine Versetzung in einen anderen Betrieb rechtfertigen. In Betracht kommen überhaupt alle Tatsachen, die den Ausspruch einer außerordentlichen (→ § 143 Rn. 15) oder ordentlichen Kündigung wegen einer Betriebsstilllegung rechtfertigen können (→ § 143 Rn. 39). Eine Versetzung ist auch nach einer entsprechenden Interessenabwägung möglich, wenn nach einem Arbeitsplatzwegfall ein anderer, mit dem Betriebsratsmitglied vergleichbarer (zB tariflich unkündbarer) AN als schutzwürdiger erscheint. Keine Zustimmungspflicht nach § 103 III BetrVG besteht für den aufnehmenden Betrieb; gegenüber einem dort gebildeten BR ist nur das Beteiligungsverfahren nach § 99 BetrVG durchzuführen (→ Rn. 3). Für das Verfahren gelten die Ausführungen unter → § 143 Rn. 23 sinngemäß; eine ohne Zustimmung des BR ausgesprochene Versetzung ist unwirksam. 41

V. Die einzelnen Widerspruchsgründe

1. Zustimmungserfordernis. Der BR kann die Zustimmung nur aus den in § 99 II BetrVG abschließend aufgezählten Gründen verweigern. Das Zustimmungserfordernis entfällt in Tendenzbetrieben für Tendenzträger[189] (→ § 214 Rn. 17). 42

2. Verstoß gegen Gesetz, Tarifvertrag usw. (§ 99 II Nr. 1 BetrVG). a) Grundsatz. Ein Zustimmungsverweigerungsrecht besteht, wenn die personelle Maßnahme gegen ein Gesetz, eine Verordnung, eine Unfallverhütungsvorschrift oder gegen eine Bestimmung in einem Tarifvertrag oder in einer Betriebsvereinbarung oder gegen eine gerichtliche Entscheidung oder eine behördliche Anordnung verstößt (§ 99 II Nr. 1 BetrVG). Ein solcher Verstoß stellt nur einen Zustimmungsverweigerungsgrund dar, wenn die personelle Maßnahme als solche gegen ein Gesetz oder eine der genannten Kollektivvereinbarungen verstößt. Die Verletzung der Unterrichtungspflicht nach § 99 I BetrVG stellt für sich allein genommen keinen Verstoß gegen ein Gesetz dar, auf die der BR seine Zustimmungsverweigerung wirksam stützen könnte.[190] 43

[183] BAG 11.6.2002 AP Nr. 118 zu § 99 BetrVG 1972 = NZA 2003, 226.
[184] BAG 10.3.2009 AP Nr. 127 zu § 99 BetrVG 1972 = NZA 2009, 622.
[185] So BAG 11.7.2000 AP Nr. 44 zu § 103 BetrVG 1972 = NZA 2001, 516.
[186] BAG 27.7.2016 AP Nr. 60 zu § 103 BetrVG 1972 = NZA 2017, 200.
[187] LAG Köln 22.10.2013 LAGE § 78 BetrVG 2001 Nr. 7a.
[188] BAG 27.7.2016 AP Nr. 60 zu § 103 BetrVG 1972 = NZA 2017, 200.
[189] BAG 19.5.1981 AP Nr. 21 zu § 118 BetrVG 1972.
[190] BAG 12.1.2011 AP Nr. 50 zu § 99 BetrVG 1972 Eingruppierung = NZA-RR 2011, 574; 10.8.1993 NZA 1994, 187.

43a **b) Einstellung und Versetzung. aa) Gesetz.** Die Zustimmungsverweigerung ist begründet, wenn bei einer Einstellung oder Versetzung die mit ihr verbundene beabsichtigte **tatsächliche Beschäftigung** gegen ein Gesetz oder eine der genannten Kollektivvereinbarungen verstößt. Unerheblich ist, ob einzelne Bestimmungen des Arbeitsvertrags nicht in Einklang mit normativen Vorschriften stehen. Als gesetzliche Vorschriften iSd Nr. 1 kommen zB in Betracht: Beschäftigungsverbote für weibliche AN (§§ 3–6, 16 MuSchG), Kinder und Jugendliche (§§ 5, 22 ff. JArbSchG), ausländische AN[191] (§ 4 AufenthG), Fehlen der Voraussetzung des § 16d SGB II,[192] Einsatzbeschränkungen bei gefährlichen Arbeiten nach der GefStoffV und dem Satzungsrecht der Berufsgenossenschaften,[193] Arbeitszeitbestimmungen (§ 9 ArbZG), der Gleichbehandlungsgrundsatz sowie das betriebsverfassungsrechtliche Benachteiligungs- bzw. Begünstigungsverbot[194] (§ 78 BetrVG). Der BR kann nach der Neufassung des AÜG der Einstellung eines Leiharbeitnehmers mit der Begründung widersprechen, es handele sich nicht um eine vorübergehende Überlassung[195] (→ § 120 Rn. 96). Bei einem Datenschutzbeauftragten kann die Zustimmung zur Versetzung mit der Begründung verweigert werden, dieser besitze nicht die notwendige Zuverlässigkeit.[196] Gesetzesverstoß kann auch ein eindeutiger Verstoß gegen Treu und Glauben (§ 242 BGB) sein. Kein Zustimmungsverweigerungsgrund besteht, wenn einer befristeten Einstellung mit der Begründung widersprochen wird, es läge ein Verstoß gegen § 14 I, II TzBfG vor,[197] denn nicht die Einstellung, sondern allenfalls die vereinbarte Befristung wäre rechtswidrig.[198] Gleiches gilt, wenn nur einzelne Bestimmungen des Arbeitsvertrags nichtig sind, da hiervon der übrige Arbeitsvertrag regelmäßig unberührt bleibt.[199] Soll der AN zu untertariflichen Bedingungen eingestellt werden, kann der BR der Einstellung nicht unter Berufung auf § 99 II Nr. 1 oder Nr. 3 BetrVG die Zustimmung verweigern (→ Rn. 49). Vielmehr muss der AN selbst mögliche Ansprüche nach der Einstellung gegen den AG durchsetzen.[200] Schließlich kann der BR einer Einstellung oder Versetzung seine Zustimmung nicht versagen, wenn er nur die vorgesehene **Vergütung für fehlerhaft** hält;[201] in diesem Fall kann er allenfalls die Zustimmung zu der Ein- bzw. Umgruppierung verweigern. Soweit sich der BR auf einen Verstoß gegen Rechtsvorschriften iSv § 99 II Nr. 1 BetrVG stützen will, muss er diese nicht ausdrücklich benennen. Es reicht, wenn er darauf mit hinreichender Deutlichkeit Bezug nimmt. Der Inhalt der Rechtsvorschriften, gegen die der AG nach Ansicht des BR bei der personellen Einzelmaßnahme verstoßen soll, muss zumindest angedeutet werden.[202]

44 **bb) Tarifvertrag und Betriebsvereinbarung.** Ein Tarifvertrag berechtigt nur zur Zustimmungsverweigerung, wenn dieser allgemeinverbindlich (§ 5 TVG) ist, Tarifbindung (§ 3 I TVG) besteht oder der Tarifvertrag allgemein im Betrieb angewandt wird.[203] Bei der Einstellung oder Versetzung kommt ein Verstoß gegen einen Tarifvertrag nur in Betracht, wenn dieser entweder ein Abschluss- oder Beschäftigungsverbot enthält.[204] Letzteres ist bei einem Abweichen von den tariflichen Arbeitszeitvorgaben regelmäßig nicht der Fall,[205] zB wenn ein Tarifvertrag die Beschäftigung von AN mit einer Arbeitszeit von weniger als 20 Stunden untersagt, da die Tarifvertragsparteien regelmäßig nicht die Beschäftigung verhindern, sondern nur eine bestimmte (Mindest-)Stundenzahl vorgegeben wollen.[206] Tarifliche Abschluss- und Beschäftigungsverbote iSd § 99 II Nr. 1 BetrVG oder solche in Betriebsvereinbarungen müssen daher in eindeutiger

[191] BAG 22.1.1991 AP Nr. 86 zu § 99 BetrVG 1972 = NZA 1991, 569.
[192] *Engels* NZA 2007, 8 (11 f.).
[193] ArbG Berlin 15.3.1988 AiB 1988, 292.
[194] LAG Brem 12.8.1982 AP Nr. 15 zu § 99 BetrVG 1972.
[195] BAG 30.9.2014 AP Nr. 141 zu § 99 BetrVG 1972 = NZA 2015, 240.
[196] BAG 22.3.1994 AP Nr. 4 zu § 99 BetrVG 1972 Versetzung = NZA 1994, 1049; dies gilt gleichermaßen für die betrieblichen Arbeitsschutz- und/oder Umweltschutzbeauftragten, ebenso *Fitting* BetrVG § 99 Rn. 204.
[197] BAG 28.6.1994 AP Nr. 4 zu § 99 BetrVG 1972 Einstellung = NZA 1995, 387; 16.7.1985 AP Nr. 21 zu § 99 BetrVG 1972 (Besonderheiten bei behauptetem tariflichen Verbot).
[198] BAG 27.10.2010 AP Nr. 133 zu § 99 BetrVG 1972 = NZA 2011, 418.
[199] Vgl. BAG 8.10.1985 AP Nr. 22 zu § 99 BetrVG 1972.
[200] BAG 1.6.2011 AP Nr. 64 zu § 99 BetrVG 1972 Einstellung = NZA 2011, 1435; 28.3.2000 AP Nr. 27 zu § 99 BetrVG 1972 Einstellung = NZA 2000, 1294.
[201] BAG 8.10.1985 AP Nr. 22 zu § 99 BetrVG 1972; 10.2.1976 AP Nr. 4 zu § 99 BetrVG 1972.
[202] BAG 30.9.2014 AP Nr. 144 zu § 99 BetrVG 1972 = NZA 2015, 370.
[203] BAG 27.1.1987 AP Nr. 42 zu § 99 BetrVG 1972 = NZA 1987, 598.
[204] BAG 18.3.2008 AP Nr. 56 zu § 99 BetrVG 1972 Einstellung = NZA 2008, 832.
[205] BAG 27.10.2010 AP Nr. 61 zu § 99 BetrVG 1972 Einstellung = NZA 2011, 527.
[206] BAG 28.1.1992 AP Nr. 95 zu § 99 BetrVG 1972 = NZA 1992, 606; LAG Düsseldorf 29.8.2000 NZA-RR 2001, 540 (Öffnungsklausel).

Form getroffen werden. Ein Verstoß gegen eine Quotenregelung in einer Betriebsnorm berechtigt regelmäßig nicht zu einem Widerspruch gegen eine personelle Einzelmaßnahme.[207] Der Widerspruch nach Nr. 1 kann nicht auf einen Verstoß gegen eine **Regelungsabrede** gestützt werden.[208]

cc) Besondere Beschäftigungspflichten und Diskriminierungsverbote. Berechtigt ist die Zustimmungsverweigerung, wenn die Einstellung eines AN gegen ein Einstellungsgebot aufgrund Gesetzes, Tarifvertrags oder Betriebsvereinbarung verstößt, durch das Dritte begünstigt werden. Die Einstellung eines nicht schwerbehinderten AN verstößt gegen eine gesetzliche Vorschrift iSv § 99 II Nr. 1 BetrVG, wenn der AG vor der Einstellung nicht gem. § 164 I SGB IX geprüft hat, ob der freie Arbeitsplatz mit einem schwerbehinderten AN besetzt werden kann;[209] dies gilt auch dann, wenn der AG beabsichtigt, einen frei werdenden oder neu geschaffenen Arbeitsplatz mit einem Leiharbeitnehmer zu besetzen.[210] Ein Gesetzesverstoß liegt vor, wenn der AG die durch § 75 I BetrVG bzw. das AGG geschützten AN bei personellen Einzelmaßnahmen benachteiligt[211] oder entgegen § 7 I TzBfG nicht geprüft hat, ob sich der Arbeitsplatz für einen Teilzeiteinsatz eignet.[212] Zu den Widerspruchsgründen nach Nr. 1 bei der Einstellung zählt nicht der Verstoß gegen das Gleichstellungsgebot in § 9 I Nr. 2, § 8 AÜG.[213] 45

dd) Gerichtliche Entscheidung und behördliche Verbote. Ein Verstoß gegen gerichtliche Entscheidungen kommt in Betracht, wenn ein hinreichend vollstreckbares Beschäftigungsurteil[214] oder eine Entscheidung nach § 100 BetrVG ergangen ist, behördliche Anordnungen können auf Verboten aufgrund der §§ 27 ff. BBiG sowie der §§ 23, 24 HwO beruhen; sofern eine Zuwiderhandlung gegen Unfallverhütungsvorschriften vorliegt, ist § 15 SGB VII einschlägig. Kein Verstoß gegen gesetzliche Vorschriften liegt vor, wenn der BR bei Vornahme der personellen Einzelmaßnahme nicht beteiligt worden ist, da die Nichteinhaltung des Verfahrens nicht unter die Nr. 1 fällt.[215] 46

c) Ein-/Umgruppierung. Bei Ein- bzw. Umgruppierungen kann der BR eine Zustimmungsverweigerung regelmäßig nur auf einen Verstoß gegen Tarifvertrag oder Betriebsvereinbarung stützen. Er kann dabei in Abrede stellen, **(1)** ob die Anwendung der Vergütungsordnung (→ Rn. 15), zB bei Tarifpluralität/-spezialität[216] oder mitbestimmungswidriger Änderung durch den AG (→ § 235 Rn. 114) zutreffend ist,[217] nicht aber, ob diese mit höherrangigem Recht in Einklang steht,[218] oder **(2)** die aus Sicht des BR unzutreffende Anwendung der Vergütungsgruppe bei der Bestimmung der Vergütungs- und ggf. Fallgruppe[219] im Einzelfall. Die Zustimmungsverweigerung erstreckt sich auf die Ein-/Umgruppierung in ihrer Gesamtheit (Anwendbarkeit einer Vergütungsordnung und konkrete Einreihung).[220] Der BR kann einer Eingruppierung auch mit der Begründung widersprechen, nur die niedrigere Vergütungsgruppe sei zutreffend.[221] 46a

3. Auswahlrichtlinie (§ 99 II Nr. 2 BetrVG). Die Zustimmungsverweigerung ist begründet, wenn die Einstellung oder Versetzung gegen eine Auswahlrichtlinie nach § 95 I, II BetrVG verstößt (→ § 238 Rn. 28), unerheblich ist, ob sie auf einer Betriebsvereinbarung oder Regelungsabrede beruht oder der BR ihren Abschluss erzwingen konnte. Eine Aus- 47

207 BAG 17.6.1997 AP Nr. 2 zu § 3 TVG Betriebsnormen = NZA 1998, 213.
208 BAG 13.8.2019 AP Nr. 164 zu § 99 BetrVG 1972 = NZA 2019, 1651.
209 BAG 17.6.2008 AP Nr. 46 zu § 99 BetrVG 1972 Versetzung = NZA 2008, 1139; 10.11.1992 AP Nr. 100 zu § 99 BetrVG 1972; 14.11.1989 AP Nr. 77 zu § 99 BetrVG 1972 = NZA 1990, 368.
210 BAG 23.6.2010 AP Nr. 17 zu § 81 SGB IX = NZA 2010, 1361.
211 ArbG Frankfurt 16.12.1974 DB 1975, 2329 (ältere AN).
212 *Herber/Hix* DB 2002, 2377.
213 Zum AÜG aF: BAG 21.7.2009 AP Nr. 4 zu § 3 AÜG = NZA 2009, 1156; 25.1.2005 AP Nr. 48 zu § 99 BetrVG 1972 Einstellung = NZA 2005, 1199.
214 BAG 26.10.2004 AP Nr. 41 zu § 99 BetrVG 1972 Versetzung = NZA 2005, 535.
215 BAG 15.4.1986 AP Nr. 36 zu § 99 BetrVG 1972 = NZA 1986, 755; 28.1.1986 AP Nr. 34 zu § 99 BetrVG 1972 = NZA 1986, 490.
216 BAG 27.9.2017 AP Nr. 154 zu § 99 BetrVG 1972 = NZA 2018, 533; 23.8.2016 AP Nr. 148 zu § 99 BetrVG 1972 = NZA 2017, 74; 14.4.2015 AP Nr. 143 zu § 99 BetrVG 1972 = NZA 2015, 1077.
217 BAG 21.3.2018 AP Nr. 155 zu § 99 BetrVG 1972 = NZA 2018, 1090.
218 BVerwG 14.6.1995 AP Nr. 1 zu § 76 LPVG Baden-Württemberg.
219 BAG 27.7.1993 AP Nr. 110 zu § 99 BetrVG 1972 = NZA 1994, 952.
220 BAG 27.6.2000 AP Nr. 23 zu § 99 BetrVG 1972 Eingruppierung = NZA 2001, 626.
221 BAG 28.4.1998 AP Nr. 18 zu § 99 BetrVG 1972 Eingruppierung = NZA 1999, 52.

wahlrichtlinie liegt auch bei einseitig vom AG aufgestellten Auswahlgrundsätzen vor.[222] Der BR muss den Verstoß des AG näher bezeichnen, um diesem die Überprüfung seiner Auswahlentscheidung zu ermöglichen. Für Ein- und Umgruppierungen hat die Nr. 2 keine Bedeutung.

48 **4. Besorgnis der Benachteiligung (§ 99 II Nr. 3 BetrVG). a) Voraussetzungen.** Ein Widerspruchsrecht nach Nr. 3 besteht, wenn die durch konkrete Tatsachen erhärtete Besorgnis besteht, dass infolge der personellen Maßnahme **(1)** im Betrieb beschäftigten AN gekündigt wird oder sie sonstige Nachteile erleiden, **(2)** ohne dass diese aus betrieblichen oder sachlichen Gründen gerechtfertigt ist. Der befürchtete Nachteil muss unmittelbare Folge der geplanten Maßnahme sein.[223] Sonstige Nachteile sind nicht unerhebliche Verschlechterungen in der tatsächlichen oder rechtlichen Stellung eines AN. Dazu muss entweder ein Rechtsanspruch oder zumindest eine rechtlich erhebliche Anwartschaft auf die erstrebte Veränderung bestehen. Der Verlust einer Chance oder die Nichterfüllung der bloßen Erwartung eines AN, selbst den anderweit besetzten Arbeitsplatz zu erhalten, genügen nicht.[224] Sonstige Nachteile können auch (tatsächliche) Verschlechterungen der Arbeitsbedingungen von nicht unerheblichem Gewicht sein; insbes. auch solche durch Leistungsverdichtungen. So kann zB eine Erschwernis gegeben sein, wenn ein Schichtleiter versetzt wird und sich der Verantwortungsbereich des verbleibenden Schichtleiters ausweitet.[225] Mit der Zustimmungsverweigerung kann der BR nicht die **Einstellung** eines abgelehnten Bewerbers erzwingen.[226] Er kann einer beabsichtigten Einstellung die Zustimmung verweigern, wenn es zu einem Personalüberhang kommt, weil dann regelmäßig die Besorgnis besteht, dass der AG bewährte Arbeitskräfte entlässt. Der BR kann nach Nr. 3 mit der Begründung widersprechen, der Einstellung stünden Aufstockungsverlangen nach § 9 TzBfG entgegen[227] oder der Arbeitsplatz müsse für einen gekündigten AN freigehalten werden.[228] Ebenso begründet die **Versetzung** eines AN auf einen noch besetzten Arbeitsplatz regelmäßig die Gefahr einer Kündigung für den Arbeitsplatzinhaber. Eine solche Maßnahme ist aber gerechtfertigt, wenn nach den Grundsätzen der sozialen Auswahl gerade dem gegenwärtigen Arbeitsplatzinhaber gekündigt werden muss.[229] Mindestvoraussetzung für eine beachtliche Zustimmungsverweigerung ist die Angabe von besorgnisbegründenden „Tatsachen". Zwar kommt es auf deren Richtigkeit nicht an, es genügt aber nicht, dass der BR lediglich Vermutungen anstellt.[230] Bei **Ein- und Umgruppierungen** kann ein Widerspruch nicht auf die Nr. 3 gestützt werden, da durch diese Maßnahmen andere AN nicht benachteiligt werden.

48a **b) Befristet Beschäftigte.** Wird ein befristet beschäftigter AN bei einer unbefristeten Einstellung nicht berücksichtigt, kann der BR die Zustimmung verweigern, wenn sich der befristet beschäftigte AN auf den Arbeitsplatz beworben hat und die fachlichen und persönlichen Anforderungen in gleichem Umfang wie der (interne oder externe) Bewerber erfüllt (§ 99 II Nr. 3 Hs. 2 BetrVG).[231] Hierdurch soll der BR die Möglichkeit erhalten, bereits befristet beschäftigten AN den Wechsel in ein Dauerarbeitsverhältnis zu ermöglichen. Ohne Bedeutung ist die bisherige Beschäftigungszeit des betriebsangehörigen Bewerbers. Ist der Bewerber des AG besser geeignet, gilt die Nichtberücksichtigung des befristet beschäftigten AN nicht als Nachteil, dh ein auf die Nr. 3 gestützter Widerspruch scheidet ohne weitere Interessenabwägung aus. Selbst wenn die Besorgnis eines Personalabbaus oder von sonstigen Nachteilen besteht, muss die Einstellung oder Versetzung hingenommen werden, wenn sie aus betrieblichen oder persönlichen Gründen gerechtfertigt sind. Dies kann der Fall sein, wenn ein höher qualifizierter AN gewonnen werden konnte oder im Betrieb beschäftigte AN nicht hinreichend qualifiziert sind.

---

222 BAG 26.7.2005 AP Nr. 43 zu § 95 BetrVG 1972 = NZA 2005, 1372.

223 BAG 22.10.1991 – 1 ABR 13/91 (Kündigung); 7.11.1977 AP Nr. 1 zu § 100 BetrVG 1972.

224 BAG 9.10.2013 AP Nr. 52 zu § 99 BetrVG 1972 Versetzung = NZA 2014, 156; 17.6.2008 AP Nr. 46 zu § 99 BetrVG 1972 Versetzung = NZA 2008, 1139.

225 BAG 22.10.1991 – 1 ABR 13/91; 15.9.1987 AP Nr. 46 zu § 99 BetrVG 1972 = NZA 1988, 101.

226 BAG 19.5.1981 AP Nr. 18 zu § 118 BetrVG 1972.

227 BAG 1.6.2011 AP Nr. 64 zu § 99 BetrVG 1972 Einstellung = NZA 2011, 1435; LAG BW 21.3.2013 LAGE § 99 BetrVG 2001 Nr. 18a.

228 ArbG Hameln 23.11.1983 BB 1984, 1616.

229 BAG 2.4.1996 AP Nr. 9 zu § 99 BetrVG 1972 Versetzung = NZA 1997, 219; 30.8.1995 AP Nr. 5 zu § 99 BetrVG 1972 Versetzung = NZA 1996, 496.

230 BAG 11.6.2002 AP Nr. 118 zu § 99 BetrVG 1972 = NZA 2003, 226.

231 Ausführlich dazu *Oetker* NZA 2003, 937.

5. Nachteile (§ 99 II Nr. 4 BetrVG). Nach § 99 II Nr. 4 BetrVG besteht ein Widerspruchsrecht, wenn **(a)** der betroffene AN durch die personelle Maßnahme benachteiligt wird, **(b)** ohne dass dies aus betrieblichen oder in der Person des AN liegenden Gründen gerechtfertigt ist.[232] Betroffen ist nur derjenige AN, auf den sich die personelle Maßnahme unmittelbar auswirkt; bei nur mittelbarer Berührung kann aber § 99 II Nr. 3 BetrVG einschlägig sein.[233] Die der personellen Maßnahme zugrunde liegende unternehmerische Entscheidung (zB die Verlagerung von Arbeitsplätzen) kann durch den BR nicht in Frage gestellt werden.[234] Die Benachteiligung kann in der Verschlechterung der äußeren Arbeitsbedingungen liegen (Schmutz, Lärm, längerer Arbeitsweg), aber auch in einem Verstoß gegen den Gleichbehandlungsgrundsatz.[235] Der BR kann einer Einstellung nicht mit der Begründung widersprechen, die vereinbarten Arbeitsbedingungen seien tarif- und/oder gesetzeswidrig[236] oder unangemessen,[237] selbst wenn der Bewerber oder mit einer gegenüber den bisherigen Beschäftigten erhöhten Wochenarbeitszeit bei gleicher Vergütung bezahlt werden soll.[238] Ein auf die Nr. 4 gestützter Widerspruch scheidet bei Versetzungen aus, mit denen der AN einverstanden ist. Es reicht jedoch nicht aus, dass er sie nur hinnimmt.[239] Fallen mehrere vergleichbare Arbeitsplätze weg und stehen lediglich für einen Teil der betroffenen AN andere gleichwertige Arbeitsplätze zur Verfügung, kann der BR die Zustimmung zur Versetzung eines AN auf einen niedriger einzustufenden Arbeitsplatz gem. § 99 II Nr. 4 BetrVG mit der Begründung verweigern, der AG habe soziale Auswahlkriterien nicht oder unzutreffend berücksichtigt. Die zutreffende **Ein- oder Umgruppierung** in eine tarifliche oder betriebliche Vergütungsordnung ist kein „Nachteil" des betroffenen AN iSv § 99 II Nr. 4 BetrVG; eine unzutreffende Einreihung wird ausschließlich von dem Zustimmungsverweigerungsgrund in Nr. 1 erfasst.[240] 49

6. Ausschreibung (§ 99 II Nr. 5 BetrVG). Der Widerspruch ist begründet, wenn entgegen dem Verlangen des BR eine ordnungsgemäße Stellenausschreibung im Betrieb (→ § 238 Rn. 13) unterblieben ist;[241] dies gilt auch für mit Leiharbeitnehmern oder freien Mitarbeitern zu besetzende Arbeitsplätze.[242] Die Zustimmungsverweigerung setzt voraus, dass der BR die Ausschreibung vor dem Zustimmungsersuchen verlangt oder mit dem AG eine Vereinbarung über die Ausschreibung zu besetzender Arbeitsplätze getroffen hat.[243] Unrichtige, aber nicht offensichtlich falsche Angaben über die tarifliche Vergütung in einer betrieblichen Stellenausschreibung berechtigen den BR nicht, die Zustimmung zur Einstellung eines Bewerbers nach § 99 II Nr. 5 BetrVG zu verweigern.[244] Die auf Nr. 5 gestützte Zustimmungsverweigerung ist auch unbegründet, wenn offensichtlich ist, dass kein betriebsangehöriger AN für die Stelle in Betracht kommt.[245] Ist die Ausschreibung unter Verletzung der §§ 7, 11 AGG erfolgt, steht dieser Umstand einer fehlenden Stellenausschreibung gleich.[246] Der AG bleibt in der Auswahl der Bewerber frei. Hat der AG entschieden, dass sich ein Arbeitsplatz nicht für eine Teilzeitbeschäftigung eignet (§ 7 I TzBfG), kann der BR seine Zustimmung nicht nach § 99 II Nr. 5 BetrVG verweigern, wenn er anderer Auffassung ist; etwas anders gilt, wenn der AG offensichtlich einen Einsatz für Teilzeitbeschäftigte nicht in Erwägung gezogen hat.[247] Für Ein- und Umgruppierungen hat die Nr. 5 keine Bedeutung. 50

[232] LAG BW 7.5.2014 NZA-RR 2014, 542 (keine individuelle Abwägung erforderlich).
[233] BAG 6.10.1978 AP Nr. 10 zu § 99 BetrVG 1972.
[234] BAG 10.10.2012 AP Nr. 51 zu § 99 BetrVG 1972 Versetzung; 16.1.2007 AP Nr. 52 zu § 99 BetrVG 1972 Einstellung; 10.8.1993 NZA 1994, 187.
[235] BAG 3.12.1985 AP Nr. 1 zu § 74 BAT.
[236] BAG 1.6.2011 AP Nr. 64 zu § 99 BetrVG 1972 Einstellung = NZA 2011, 1435; 21.7.2009 AP Nr. 4 zu § 3 AÜG = NZA 2009, 1156; 28.3.2000 AP Nr. 27 zu § 99 BetrVG 1972 Einstellung = NZA 2000, 1294; 9.7.1996 AP Nr. 9 zu § 99 BetrVG 1972 Einstellung = NZA 1997, 447.
[237] BAG 1.2.1989 AP Nr. 63 zu § 99 BetrVG 1972 = NZA 1989, 814 (Absenkungserlass).
[238] BAG 28.6.2006 AP Nr. 30 zu § 99 BetrVG 1972 Eingruppierung = NZA-RR 2006, 648.
[239] BAG 9.10.2013 AP Nr. 52 zu § 99 BetrVG 1972 Versetzung = NZA 2014, 156; 2.4.1996 AP Nr. 9 zu § 99 BetrVG 1972 Versetzung = NZA 1997, 219.
[240] BAG 6.8.2002 AP Nr. 27 zu § 99 BetrVG 1972 Eingruppierung = NZA 2003, 386.
[241] BAG 30.4.2014 AP Nr. 11 zu § 93 BetrVG 1972 = NZA 2015, 698.
[242] BAG 15.10.2013 AP Nr. 10 zu § 93 BetrVG 1972 = NZA 2014, 214.
[243] BAG 14.12.2004 AP Nr. 121 zu § 99 BetrVG 1972 = NZA 2005, 424.
[244] BAG 10.3.2009 AP Nr. 127 zu § 99 BetrVG 1972 = NZA 2009, 622.
[245] Ähnlich LAG Düsseldorf 12.4.2019 BB 2019, 2490; LAG Köln 14.9.2012 – 5 TaBV 18/12; LAG Bln-Bbg 14.1.2010 – 26 TaBV 1954/09.
[246] HessLAG 13.7.1999 NZA-RR 1999, 641; aA zum AGG: *Besgen* BB 2007, 213 (217).
[247] Weitergehender *Herber/Hix* DB 2002, 2377.

51 **7. Entfernung eines Arbeitnehmers aus dem Betrieb (§ 99 II Nr. 6 BetrVG).** Schließlich ist ein Widerspruch aus denselben Gründen berechtigt, aus denen der BR auch die Entfernung eines betriebsstörenden AN begehren könnte (→ § 242 Rn. 1). Hierzu zählt insbesondere eine rassistische und fremdenfeindliche Betätigung. Die Voraussetzungen der Nr. 6 liegen vor, wenn die objektiv durch Tatsachen abgesicherte Prognose gerechtfertigt ist, dass der Bewerber oder der AN den Betriebsfrieden gerade dadurch stört, dass er sich gesetzwidrig verhalten wird oder gegen die in § 75 I BetrVG enthaltenen Grundsätze verstoßen wird; eine mögliche Störung des Betriebsfriedens aus anderen Gründen genügt nicht.[248] Für Ein- und Umgruppierungen hat die Nr. 6 keine Bedeutung.

VI. Rechtsfolgen des Widerspruchs

Muster: Schaub ArbRFV-HdB/*Straube* C. Rn. 224.

52 **1. Auswirkungen auf den Arbeitsvertrag. a) Personelle Einzelmaßnahme.** Führt ein AG eine personelle Einzelmaßnahme durch, ohne dass der BR zugestimmt hat, ergeben sich folgende Auswirkungen auf den Arbeitsvertrag der von der personellen Maßnahme betroffenen AN:

53 **b) Einstellung und Versetzung.** Bei einer **Einstellung** wird die zivilrechtliche Wirksamkeit des abgeschlossenen Arbeitsvertrags durch die fehlende Zustimmung bei der Einstellung nicht berührt.[249] Eine § 102 I 3 BetrVG entsprechende Vorschrift fehlt; § 101 BetrVG sieht nur die Verpflichtung zur Aufhebung der Maßnahme vor. Der AG ist aber nicht verpflichtet, ein Zustimmungsersetzungsverfahren (→ Rn. 57) durchzuführen, wenn der BR die Zustimmung zur Einstellung des AN verweigert.[250] Eine **Versetzung,** die ohne Zustimmung des BR oder ohne gerichtliche Zustimmungsersetzung erfolgt, ist dem AN gegenüber unwirksam. Das BAG leitet diese Rechtsfolge aus einer analogen Anwendung des § 134 BGB her, da das Mitbestimmungsrecht des BR insoweit auch dem Schutz des von der Versetzung betroffenen AN dienen soll.[251] Dies hat zur Folge, dass der AN zu den bisherigen Arbeitsbedingungen weiterzubeschäftigen ist. Dies gilt aber nur dann, wenn der BR sich auf die Verletzung seines Mitbestimmungsrechts beruft und die Aufhebung der Versetzung verlangt.[252] Widersetzt sich ein AN einer ohne Beteiligung des BR ausgesprochenen Versetzung, stellt dies kein böswilliges Unterlassen iSd § 11 Nr. 2 KSchG, § 615 S. 2 BGB dar.[253] Der im Verfahren nach den §§ 100, 101 BetrVG die Zustimmung des BR ersetzende Beschluss hat keine präjudizielle Wirkung zulasten des betroffenen AN;[254] zum Verhältnis von Versetzung und Änderungskündigung → Rn. 3.

54 **c) Ein- und Umgruppierungen.** Bei Ein- bzw. Umgruppierungen kommt der Mitwirkung nur eine Richtigkeitskontrolle zu, hier folgt der Vergütungsanspruch aus der ausgeübten bzw. auszuübenden Tätigkeit (sog. Tarifautomatik). Überträgt der AG einem AN eine höherwertige Tätigkeit auf Dauer oder rechtsmissbräuchlich nur vorübergehend, hat der AN einen entsprechenden Vergütungsanspruch, auch wenn der BR nicht beteiligt worden ist.[255] Der BR hat nur Anspruch auf nachträgliche Einholung seiner Zustimmung,[256] unabhängig davon, ob der AG das Verfahren nach § 99 BetrVG nicht oder nur fehlerhaft durchgeführt hat. Ist der AG im Ersetzungsverfahren erfolglos geblieben, hat der AN nach der Rspr. – unabhängig von der Tarifautomatik – Anspruch auf diejenige Vergütung, die sich aus dem Ersetzungsverfahren ergibt.[257] Jedoch ist er nicht daran gehindert sein, gegenüber dem AG eine günstigere als die im Beschlussverfahren angenommene Eingruppierung geltend zu machen.

[248] BAG 16.11.2004 AP Nr. 44 zu § 99 BetrVG 1972 Einstellung = NZA 2005, 775.
[249] BAG 5.4.2001 NZA 2001, 893; 2.7.1980 AP Nr. 5 zu § 101 BetrVG 1972.
[250] BAG 21.2.2017 AP Nr. 68 zu § 99 BetrVG 1972 Einstellung = NZA 2017, 740.
[251] BAG 26.1.1988 AP Nr. 50 zu § 99 BetrVG 1972 = NZA 1988, 476.
[252] BAG 5.4.2001 AP Nr. 174 zu § 626 BGB = NZA 2001, 893.
[253] BAG 7.11.2002 AP Nr. 98 zu § 615 BGB.
[254] SächsLAG 17.1.2001 ZTR 2001, 328.
[255] BAG 16.1.1991 AP Nr. 3 zu § 24 MTA = NZA 1991, 490.
[256] BAG 3.5.1994 AP Nr. 2 zu § 99 BetrVG 1972 Eingruppierung = NZA 1995, 484; 9.2.1993 AP Nr. 103 zu § 99 BetrVG 1972 = NZA 1993, 664; 24.6.1986 AP Nr. 37 zu § 99 BetrVG 1972 = NZA 1987, 31.
[257] BAG 3.5.1994 AP Nr. 2 zu § 99 BetrVG 1972 Eingruppierung = NZA 1995, 484; 28.8.2008 AP Nr. 140 zu § 2 KSchG 1969 = NZA 2009, 505 (Bindungswirkung ggü. Änderungskündigung).

2. Durchführung vor Ablauf der Wochenfrist. Hat der AG die personelle Einzelmaßnahme vor Äußerung des BR und vor Ablauf der Wochenfrist durchgeführt, gilt die Zustimmung des BR als erteilt, wenn er nicht widerspricht. In diesem Fall bleibt das betriebsverfassungswidrige Verhalten des AG ohne Auswirkung. Verweigert der BR form- und fristgemäß die Zustimmung, richtet sich das weitere Vorgehen des AG nach den sogleich darzustellenden Grundsätzen. 55

3. Durchführung nach Widerspruch des Betriebsrats. Widerspricht der BR der personellen Einzelmaßnahme rechtzeitig (→ Rn. 36) und unter ordnungsgemäßer Angabe von Gründen (→ Rn. 38), hat der AG die Wahl, ob er weiter an ihr festhält oder nicht. Verzichtet er auf ihre weitere Durchführung, ist das Zustimmungsverfahren erledigt, ein bereits eingeleitetes gerichtliches Zustimmungsersetzungsverfahren ist wegen Erledigung oder nach einer Antragsrücknahme einzustellen.[258] Ansonsten ist der AG zur Durchführung des Verfahrens nach § 99 IV BetrVG (→ Rn. 57) verpflichtet. Führt der AG die Maßnahme durch, obwohl der BR widersprochen hat, kann der BR nach §§ 100, 101 BetrVG vorgehen (→ § 241 Rn. 1, 10). 56

4. Zustimmungsersetzungsverfahren (§ 99 IV BetrVG). a) Voraussetzungen. Verweigert der BR form- und fristgerecht seine Zustimmung zu der beantragten Maßnahme, kann der AG beim ArbG deren gerichtliche Ersetzung beantragen (§ 99 IV BetrVG). Das Gericht hat die Zustimmung zu ersetzen, wenn der AG den BR über die personelle Maßnahme iSd § 99 I 1 BetrVG ordnungsgemäß unterrichtet hat und keiner der unter den → Rn. 42–51 aufgezählten Zustimmungsverweigerungsgründe gegeben ist. Der AG hat im Verfahren die ordnungsgemäße Unterrichtung des BR über die beantragte Maßnahme sowie die Umstände darzulegen, aus denen sich die Unbegründetheit der Zustimmungsverweigerung ergibt. Hingegen ist es Sache des BR, die form- und fristgemäße Zustimmungsverweigerung darzulegen, hierzu gehören auch die von ihm angeführten Gründe; zum Nachschieben von Gründen → Rn. 39. Ist bereits die Verfahrenseinleitung fehlerhaft, weil es an einer personellen Maßnahme oder an einer ordnungsgemäßen Unterrichtung des BR fehlt, ist der Antrag abzuweisen. Hat der BR die Zustimmungsverweigerung nicht ordnungsgemäß erklärt oder liegt ein sie rechtfertigender Grund nicht vor, ist der Antrag begründet und die Zustimmung des BR vom ArbG zu ersetzen. Der von der personellen Einzelmaßnahme betroffene AN hat keinen Anspruch auf Einleitung des Verfahrens nach § 99 IV BetrVG.[259] Eine Ausnahme kann bei der Durchsetzung eines Beschäftigungsanspruchs von schwerbehinderten Menschen bestehen[260] (§ 164 IV Nr. 1 SGB IX; → § 178 Rn. 48). Vor der Rechtshängigkeit eines Verfahrens nach § 99 IV BetrVG darf der BR die darauf bezogene Bestellung eines Verfahrensbevollmächtigten nicht iSd § 40 I BetrVG für erforderlich halten.[261] 57

b) Verfahrensgegenstand. Gegenstand des Verfahrens nach § 99 IV BetrVG ist die Frage, ob die beabsichtigte personelle Maßnahme aufgrund des konkreten Zustimmungsersuchens angesichts der vom BR vorgebrachten Verweigerungsgründe gegenwärtig und zukünftig als endgültige Maßnahme zulässig ist.[262] Verfahrensgegenstand ist nicht, ob die Maßnahme im Zeitpunkt der Antragstellung durch den AG zulässig war, was nach Maßgabe der Rechtslage im Zeitpunkt der gerichtlichen Entscheidung zu beantworten ist.[263] Ein Zustimmungsersetzungsverfahren ist als erledigt einzustellen, wenn die beantragte Maßnahme nicht mehr aufrecht erhalten wird, zB weil sie der AG nicht mehr durchführen will,[264] ein weiteres Verfahren nach § 99 I, IV BetrVG eingeleitet hat,[265] der AN zwischenzeitlich aus dem Betrieb ausgeschieden ist,[266] ihm eine andere Tätigkeit übertragen wurde[267] oder er übereinstimmend erneut ein- bzw. 58

[258] BAG 12.6.2019 AP Nr. 162 zu § 99 BetrVG 1972 = NZA 2019, 1292; 28.2.2006 AP Nr. 51 zu § 99 BetrVG 1972 Einstellung = NZA 2006, 1178.
[259] BAG 21.2.2017 AP Nr. 68 zu § 99 BetrVG 1972 Einstellung = NZA 2017, 740.
[260] BAG 3.12.2002 AP Nr. 2 zu § 81 SGB IX = NZA 2003, 1215.
[261] BAG 29.7.2009 AP Nr. 93 zu § 40 BetrVG 1972 = NZA 2009, 1223.
[262] BAG 12.6.2019 AP Nr. 162 zu § 99 BetrVG 1972 = NZA 2019, 1292 (zum TV PV); 23.1.2008 AP Nr. 10 zu § 83a ArbGG 1979 = NZA 2008, 841.
[263] BAG 16.1.2007 AP Nr. 52 zu § 99 BetrVG 1972 Einstellung.
[264] BAG 28.2.2006 AP Nr. 51 zu § 99 BetrVG 1972 Einstellung = NZA 2006, 1178.
[265] BAG 12.6.2019 AP Nr. 162 zu § 99 BetrVG 1972 = NZA 2019, 1292.
[266] BAG 1.8.2018 AP Nr. 15 zu § 83a ArbGG 1979 = NZA 2018, 1640; 10.2.1999 AP Nr. 5 zu § 83a ArbGG 1979 = NZA 1999, 1225.
[267] BAG 10.2.1999 AP Nr. 6 zu § 83a ArbGG 1979 = NZA 1999, 1226.

umgruppiert worden ist.[268] Der AG kann den BR ggf. mehrmals hintereinander um Zustimmung zu einer personellen Einzelmaßnahme ersuchen.[269] Zulässig ist es, mit dem neuen Zustimmungsersuchen die Rücknahme des ersten Antrags zu verbinden; dies muss aber ausdrücklich erklärt werden.[270] Fehlt es an einer Antragsrücknahme, kann der AG beide Zustimmungsersuchen gerichtlich anhängig machen oder weiterverfolgen. Diese haben trotz des gleichen Rechtsschutzziels prozessual unterschiedliche Gegenstände;[271] zur Bindungswirkung → Rn. 59.

59 **c) Rechtskraftfragen und Prozessuales.** Der AG kann sich nach rechtskräftigem Unterliegen im Verfahren nach § 99 IV BetrVG entschließen, die auf das gleiche Ziel gerichtete personelle Maßnahme erneut nach Maßgabe von § 99 I 1 BetrVG vornehmen und – bei erneuter Ablehnung ggf. die gerichtliche Ersetzung der Zustimmung des BR beantragen. Durch die rechtskräftige Ablehnung der Zustimmungsersetzung in einem vorangegangenen Verfahren ist der Ausgang eines weiteren Ersetzungsverfahrens bei Einstellungen und Versetzungen regelmäßig nicht präjudiziert.[272] Gerichtliche Entscheidungen über die Zustimmung des BR zu Ein- bzw. Umgruppierungen entfalten bei gleichbleibender Tätigkeit und Vergütungsordnung jedoch Bindungswirkung für nachfolgende Verfahren.[273] Der betroffene AN ist am Ersetzungsverfahren nicht beteiligt.[274] Das Verfahren wird durch die Eröffnung des Insolvenzverfahrens über das Vermögen des AG unterbrochen.[275] Die Betriebsparteien können vereinbaren, sich der erstinstanzlichen arbeitsgerichtlichen Entscheidung zu unterwerfen und hiergegen kein Rechtsmittel einzulegen.[276]

§ 241. Vorläufige personelle Maßnahmen und Aufhebungsanspruch des Betriebsrats

Übersicht

I. Die vorläufige personelle Maßnahme (§ 100 BetrVG)

1 **1. Voraussetzungen.** Der AG kann die personellen Maßnahmen iSd § 99 I BetrVG (→ § 240 Rn. 11–24) vorläufig durchführen, bevor **(a)** der BR **ordnungsgemäß informiert** wird, **(b)** er sich geäußert hat, **(c)** die Wochenfrist abgelaufen ist oder **(d)** nachdem der BR seine Zustimmung verweigert hat, wenn dies aus sachlichen Gründen dringend erforderlich ist (§ 100 I BetrVG). Vorläufige Maßnahmen können nur bei Einstellungen und Versetzungen erfolgen, weil die Ein- bzw. Umgruppierung nur ein Mitbeurteilungsrecht des BR auslöst, ihnen aber keine tatsächlich vollzogene Maßnahmen zugrunde liegen. Für die

[268] BAG 11.9.2013 AP Nr. 63 zu § 99 BetrVG 1972 Eingruppierung = NZA 2014, 388.
[269] BAG 9.10.2013 AP Nr. 52 zu § 99 BetrVG 1972 Versetzung = NZA 2014, 156.
[270] LAG Köln 29.1.2014 LAGE § 99 BetrVG 2001 Nr. 24.
[271] BAG 16.1.2007 AP Nr. 52 zu § 99 BetrVG 1972 Einstellung.
[272] BAG 22.4.2010 AP Nr. 145 zu § 2 KSchG 1969 = NZA 2010, 1235 (unterschiedliche Gegenstände).
[273] BAG 20.3.2014 AP Nr. 160 zu § 2 KSchG 1969 = NZA 2014, 1415; zum Verfahren *Eylert/Kreutzberg-Kowalczyk* ZfA 2019, 320 (357 ff).
[274] BAG 31.5.1983 AP Nr. 27 zu § 118 BetrVG 1972; 22.3.1983 AP Nr. 6 zu § 101 BetrVG 1972; 17.5.1983 AP Nr. 18 zu § 99 BetrVG 1972; 27.5.1980 AP Nr. 3 zu § 80 ArbGG 1979.
[275] LAG Bln-Bbg 23.5.2012 ZIP 2012, 1479.
[276] BAG 8.9.2010 AP Nr. 131 zu § 99 BetrVG 1972 = NZA 2011, 934.

Rechtfertigung der Eilmaßnahme müssen Gründe vorliegen, die einen verständig urteilenden AG zum vorzeitigen Handeln veranlassen. Ein solches dringendes Erfordernis ist noch nicht bei einem allgemeinen Interesse an einer zeitnahen Arbeitsaufnahme gegeben. Vielmehr muss ein **besonderes betriebliches Interesse** bestehen. Dazu sind jeweils die Notwendigkeit der strikten Wahrung der Beteiligungsrechte des BR einerseits und das besondere Interesse des AG an der vorläufigen Durchführung der Maßnahme andererseits, gegeneinander abzuwägen. Maßgebender Beurteilungszeitpunkt ist der Zeitpunkt der Durchführung der Maßnahmen; unerheblich ist dagegen, wenn das dringende betriebliche Erfordernis später entfällt.[1] Beispiele für ein betriebliches Interesse sind die Erledigung unaufschiebbarer betrieblicher Arbeiten,[2] ein Interesse an der sofortigen Verpflichtung eines Spezialisten, die Ersatzeinstellung aufgrund der Absage eines Bewerbers[3] sowie der krankheitsbedingte Ausfall von AN. Umstände in der Person des Bewerbers bzw. betriebsangehörigen AN können kein dringendes betriebliches Interesse begründen. Bei einer Versetzung scheiden soziale Auswahlgesichtspunkte aus.[4] Kein dringendes betriebliches Interesse liegt bei einer Beschlussunfähigkeit des BR oder dessen Nichterreichbarkeit vor. Der AG kann eine Einstellung oder eine Versetzung zunächst ohne die Zustimmung des BR vornehmen. Hierfür ist neben der Aufklärung des AN über die Sach- und Rechtslage (§ 100 I 2 BetrVG; → Rn. 3) lediglich die unverzügliche Unterrichtung des BR über die vorläufige Durchführung (§ 100 II 1 BetrVG; → Rn. 4) erforderlich. Mit dieser Regelung wird dem Interesse des AG an der Vornahme einer dringend notwendigen personellen Einzelmaßnahme ausreichend Rechnung getragen.[5] eine Information des BR ist auch dann erforderlich, wenn die personelle Maßnahme nicht seiner Zustimmung unterliegt.[6]

2. Durchführung von vorläufigen Maßnahmen. a) Voraussetzungen. Will der AG eine vorläufige personelle Maßnahme durchführen, hat er **(1)** den betroffenen AN über die Sach- und Rechtslage aufzuklären (§ 100 I 2 BetrVG; → Rn. 3) und **(2)** den BR unverzüglich (dh ohne schuldhaftes Zögern § 121 BGB) zu unterrichten. Hingegen unterliegt die Beendigung einer vorläufigen personellen Maßnahme nicht der Zustimmung des BR, dieser ist hierüber nur vom AG nur zu informieren;[7] ein Unterlassungsanspruch ggü. einer gegen § 100 II BetrVG verstoßenden vorläufigen personellen Maßnahme besteht nicht.[8] 2

b) Unterrichtung des Arbeitnehmers. Der AG muss den betroffenen AN darüber unterrichten, dass die Zustimmung des BR zur personellen Maßnahme noch nicht vorliegt, aus welchen Gründen er die Maßnahme vorläufig durchführen will und die Beendigung des Arbeitsverhältnisses in Betracht kommt, wenn der BR nicht zustimmt oder seine Zustimmung nicht ersetzt werden kann. Die Unterrichtung des AN ist keine Wirksamkeitsvoraussetzung für das Verfahren nach § 100 BetrVG, eine laufende Unterrichtung des AN und seine Einbeziehung in das Zustimmungsersetzungsverfahren als Beteiligter sieht das Gesetz anders als bei § 103 II BetrVG nicht vor. Der AG ist seinerseits ggü. dem von der personellen Maßnahme betroffenen AN nicht zur Durchführung eines Verfahrens nach § 99 IV BetrVG verpflichtet.[9] Ebenso ist der Arbeitsvertragsschluss unter der Bedingung der Zustimmung des BR zulässig.[10] Unterlässt der AG die Unterrichtung des AN, kann er diesem gegenüber schadensersatzpflichtig werden, da der AG uU nach rechtskräftiger Zustimmungsverweigerung zur Beendigung der personellen Einzelmaßnahme gezwungen werden kann (§ 100 III 1 BetrVG).[11] Der Schadensersatzanspruch ist auf das positive Interesse gerichtet. Er kann infolge Mitverschuldens des AN gemindert sein. 3

c) Unterrichtung des Betriebsrats. Die Unterrichtungspflicht gegenüber dem BR dient dazu, diesen über die Entscheidung des AG zur Durchführung einer vorläufigen personellen Maßnahme zu unterrichten und ihm ein zeitnahes Einschreiten zu ermöglichen. Der AG sollte bei der Unterrichtung des BR diesen zweckmäßigerweise darüber aufklären, aus welchen Grün- 4

[1] BAG 6.10.1978 AP Nr. 10 zu § 99 BetrVG 1972.
[2] BAG 7.11.1977 AP Nr. 1 zu § 100 BetrVG 1972.
[3] LAG Bln 27.9.1982 DB 1983, 776.
[4] BAG 7.11.1977 AP Nr. 1 zu § 100 BetrVG 1972.
[5] BAG 19.1.2010 AP Nr. 47 zu § 23 BetrVG 1972 = NZA 2010, 659.
[6] BAG 15.4.2014 AP Nr. 140 zu § 99 BetrVG 1972 = NZA 2014, 920 (Versetzung in Drittbetrieb).
[7] BAG 15.4.2014 AP Nr. 140 zu § 99 BetrVG 1972 = NZA 2014, 920.
[8] BAG 23.6.2009 AP Nr. 48 zu § 99 BetrVG 1972 Versetzung = NZA 2009, 1430.
[9] BAG 21.2.2017 AP Nr. 68 zu § 99 BetrVG 1972 Einstellung = NZA 2017, 740.
[10] *Fitting* BetrVG § 100 Rn. 7.
[11] BAG 14.6.1972 AP Nr. 54 zu §§ 22, 23 BAT.

den die vorläufige Maßnahme durchgeführt worden ist. Denn nur dann kann der BR beurteilen, ob er die Maßnahme als vorläufige hinnehmen oder bekämpfen will. Unterlässt der AG die unverzügliche Unterrichtung des BR oder hat er den BR nicht ordnungsgemäß nach § 99 I BetrVG unterrichtet, ist die Vorschrift des § 101 BetrVG zwar nicht unmittelbar, aber doch entsprechend anzuwenden, da die Interessenlage der in § 101 BetrVG geregelten entspricht.

5 **3. Stellungnahme des Betriebsrats.** Hat der AG dem BR die vorläufige Durchführung einer personellen Maßnahme mitgeteilt, kann der BR **(a)** sowohl der vorläufigen Maßnahme wie auch ggf. der personellen Maßnahme überhaupt zustimmen bzw. die Frist nach § 99 III BetrVG verstreichen lassen. In diesen Fällen gilt seine Zustimmung als erteilt; **(b)** der vorläufigen Maßnahme widersprechen, aber der endgültigen Maßnahme zustimmen bzw. die Frist nach § 99 III BetrVG verstreichen lassen. In diesen Fällen wird der Widerspruch gegen die vorläufige Maßnahme wegen der Zustimmung bzw. Zustimmungsfiktion gegenstandslos; **(c)** sowohl der vorläufigen (§ 100 II 2 BetrVG) wie der endgültigen Maßnahme widersprechen (§ 99 III BetrVG). In diesen Fällen hat der AG, wenn er nicht nachgeben will, das Zustimmungsersetzungsverfahren einzuleiten (→ Rn. 7); **(d)** die vorläufige Maßnahme hinnehmen, dagegen der endgültigen Maßnahme die Zustimmung nach § 99 III BetrVG verweigern. Dann darf der AG die vorläufige Maßnahme durchführen. Wegen der endgültigen Maßnahme hat er dagegen das Zustimmungsersetzungsverfahren durchzuführen (→ § 240 Rn. 25).

6 **4. Widerspruch gegen vorläufige Maßnahmen.** Will der BR die vorläufige personelle Maßnahme nicht hinnehmen, hat er den AG nach einem entsprechenden Beschluss unverzüglich, dh ohne schuldhaftes Zögern (§ 121 BGB), darüber zu unterrichten, dass er die Notwendigkeit der vorläufigen Maßnahme bestreitet. Dieser Widerspruch kann mündlich oder schriftlich erfolgen. Sinnvollerweise wird der BR aber auch hier die Schriftform einhalten, um nicht in Beweisnot zu geraten. Eine Begründung des Widerspruchs ist nicht notwendig. Widerspricht der BR nicht unverzüglich, kann der AG die vorläufige Maßnahme durchführen.

7 **5. Aufrechterhaltung der personellen Maßnahme.** Im Falle des Widerspruchs gegen eine vorläufige Maßnahme darf der AG diese nur aufrechterhalten, wenn er binnen einer Frist von drei Kalendertagen (§§ 187, 193 BGB) beim Arbeitsgericht beantragt, **(a)** die Zustimmung des BR zur Einstellung zu ersetzen (§ 99 IV BetrVG) und **(b)** festzustellen, dass die vorläufige personelle Maßnahme dringend erforderlich war (§ 100 II 3 BetrVG). Beide Anträge können miteinander verbunden und in einem Verfahren verhandelt werden.[12] War der Antrag zu (a) schon erhoben, bedarf es nur einer Antragserweiterung in Bezug auf den Antrag zu (b). Hat der BR nur der Maßnahme, aber nicht der Eilbedürftigkeit widersprochen (→ Rn. 5), muss nur die Zustimmungsersetzung (§ 99 IV BetrVG, Antrag [a]) beantragt werden. Hat der AG beide Anträge fristgerecht gestellt, darf er die Maßnahme bis zum Ablauf von zwei Wochen nach einer rechtskräftigen Entscheidung des Gerichts aufrechtzuerhalten, mit der entweder der Zustimmungsersetzungsantrag abgewiesen oder festgestellt wird, dass offensichtlich die Maßnahme aus sachlichen Gründen nicht dringend erforderlich war (§ 100 III 1 BetrVG).[13] Die 3-Tages-Frist berechnet sich nach §§ 187 ff. BGB. Ist der letzte Tag der Frist ein Sonnabend, Sonntag oder Feiertag, verlängert sich die Frist bis zum darauffolgenden Werktag. Versäumt der AG die Frist, muss die vorläufige Maßnahme wieder aufgehoben werden; eine Wiedereinsetzung in den vorigen Stand ist nicht möglich. Der AG kann aber die bisherige Maßnahme beenden und sie erneut vornehmen. In diesem Fall muss er allerdings das Verfahren nach § 99 BetrVG erneut durchführen und die Zustimmung des BR beantragen. Auch an dem Verfahren nach § 100 II 3 BetrVG ist der AN nicht beteiligt (→ § 240 Rn. 59).

8 **6. Entscheidung des Arbeitsgerichts. a) Verfahren.** Das ArbG hat vorab über die Dringlichkeit des Antrags des AG nach § 100 II 3 BetrVG zu entscheiden (umstr.). In Bezug auf diesen Antrag hat das Gericht nur zu prüfen, ob die vorläufige Durchführung der personellen Maßnahme aus sachlichen Gründen dringend erforderlich ist oder nicht. Wegen des beschränkten Prüfungsumfangs ist eine Entscheidung über den Antrag nach § 100 II 3 BetrVG regelmäßig innerhalb kurzer Zeit und ohne besondere Sachverhaltsaufklärung möglich. Eine gemeinsame Entscheidung über die Zustimmungsersetzung und die Dringlichkeit der vorläufigen personellen Maßnahme darf nicht erfolgen, wenn über den Zustimmungsverweigerungsgrund nicht unver-

---

[12] BAG 7.11.1977 AP Nr. 1 zu § 100 BetrVG 1972.
[13] BAG 18.10.1988 AP Nr. 4 zu § 100 BetrVG 1972 = NZA 1989, 183.

züglich entschieden werden kann.[14] Wird dessen ungeachtet über die Anträge gemeinsam entschieden, sind grundsätzlich vier Alternativen denkbar: das Arbeitsgericht kann **(1)** einen Grund zur Zustimmungsverweigerung verneinen und feststellen, dass die Maßnahme dringlich war, die Zustimmung des BR ist dann ersetzt; **(2)** einen Grund zur Zustimmungsverweigerung anerkennen und die Dringlichkeit verneinen, der AG muss von der weiteren Durchführung der personellen Maßnahme Abstand nehmen; **(3)** sowohl einen Zustimmungsverweigerungsgrund wie auch die Dringlichkeit bejahen. Wird die Entscheidung über die Zustimmungsersetzung rechtskräftig, gilt das zu (2) Erwähnte. Wird ein Rechtsmittel eingelegt, kann die vorläufige Maßnahme aufrechterhalten bleiben; **(4)** sowohl einen Zustimmungsverweigerungsgrund wie auch die Dringlichkeit verneinen. Die gerichtliche Entscheidung über einen Antrag nach § 99 IV BetrVG setzt die rechtliche Existenz eines BR im Zeitpunkt der letzten Anhörung voraus. Gibt es den BR, dessen Zustimmung gerichtlich ersetzt werden soll, nicht (mehr), kann der AG die personelle Einzelmaßnahme endgültig durchführen.[15]

b) Beschlussalternativen. Streitgegenstand eines Feststellungsantrags des AG nach § 100 II 3 BetrVG ist seine Befugnis, eine personelle Maßnahme solange vorläufig durchzuführen, bis über die Berechtigung zu ihrer dauerhaften Durchführung gerichtlich entschieden ist. Dieser Streit ist objektiv erledigt, sobald eine rechtskräftige Entscheidung über die Befugnis zur endgültigen Durchführung vorliegt. Einer Entscheidung über diesen Antrag bedarf es dann daher nicht mehr, wenn rechtskräftig über den Zustimmungsersetzungsantrag entschieden worden ist. Er ist nur auf eine vorübergehende Regelung gerichtet und auf die Dauer des Verfahrens über den Zustimmungsersetzungsantrag befristet. Ist dieses durch eine rechtskräftige Entscheidung beendet, endet dann automatisch auch die Rechtshängigkeit des Feststellungsantrags.[16] **(1)** Ersetzt das Gericht die Zustimmung des BR zu der betreffenden personellen Einzelmaßnahme rechtskräftig, steht damit fest, dass der AG die Maßnahme nicht mehr nur vorläufig, sondern dauerhaft durchführen darf. Auf die Frage, ob schon ihre vorläufige Vornahme gerechtfertigt war, kommt es nicht mehr an. Selbst wenn eine vorläufige Durchführung nicht aus sachlichen Gründen dringend geboten gewesen sein sollte, hat sich der AG nicht betriebsverfassungswidrig verhalten. Er durfte die Maßnahme bei Einhaltung des Verfahrens gem. § 100 II BetrVG bis zu einer gerichtlichen Entscheidung in jedem Fall aufrechterhalten. **(2)** Weist das Gericht den Zustimmungsersetzungsantrag hingegen rechtskräftig ab, steht nach § 100 III BetrVG zugleich fest, dass die Maßnahme selbst als vorläufige nach Ablauf von zwei Wochen nicht länger aufrechterhalten werden darf. Auch hierfür bedarf es keiner Bescheidung des Feststellungsantrags nach § 100 II 3 BetrVG. Nach § 100 III 1 BetrVG endet die vorläufige Maßnahme mit Ablauf von zwei Wochen nach **Rechtskraft** der Entscheidung. 9

II. Aufhebungsanspruch des Betriebsrats (§ 101 BetrVG)

1. Zukunftsbezogene Sicherung der Mitbestimmung. Das Mitbestimmungsrecht bei den personellen Maßnahmen ist durch § 101 BetrVG gesichert. Eine auf Aufhebung der vorläufigen personellen Maßnahme gerichtete einstweilige Verfügung ist unzulässig.[17] § 101 BetrVG verdrängt auch das Zwangsgeldverfahren nach § 888 ZPO; zur Zulässigkeit einer einstweiligen Verfügung gegenüber einer personellen Maßnahme und der Vereinbarung einer Vertragsstrafe → Rn. 14. Der Aufhebungsantrag des BR nach § 101 S. 1 BetrVG dient der Beseitigung eines betriebsverfassungswidrigen Zustands, der dadurch eingetreten ist, dass der AG eine konkrete personelle Einzelmaßnahme ohne die erforderliche Zustimmung des BR durchführt oder aufrechterhält. Mit der Rechtskraft eines dem Antrag nach § 101 S. 1 BetrVG stattgebenden Beschlusses wird der AG verpflichtet, den betriebsverfassungswidrigen Zustand durch Aufhebung der personellen Einzelmaßnahme zu beseitigen. Entscheidungen im Aufhebungsverfahren nach § 101 S. 1 BetrVG haben damit nur Wirkung für die Zukunft; es geht nicht darum, ob die Maßnahme bei ihrer Vornahme betriebsverfassungsrechtlich zulässig war. Ein Antrag nach § 101 S. 1 BetrVG wird daher unbegründet, wenn die im Antrag bezeichnete personelle Einzelmaßnahme etwa durch Zeitablauf geendet hat[18] oder der AG eine bislang nicht ordnungsgemäße Unterrichtung des BR ergänzt hat **und** die Zustimmung des BR nach § 99 II 3 BetrVG als 10

[14] BAG 18.10.1988 AP Nr. 4 zu § 100 BetrVG 1972 = NZA 1989, 183.
[15] BAG 19.2.2008 AP Nr. 11 zu § 83a ArbGG 1979 = NZA-RR 2008, 490.
[16] BAG 14.12.2004 AP Nr. 122 zu § 99 BetrVG 1972 = NZA 2005, 827; 26.10.2004 AP Nr. 41 zu § 99 BetrVG 1972 Versetzung = NZA 2005, 535.
[17] Offen gelassen von HessLAG 15.12.1987 NZA 1989, 232.
[18] BAG 25.4.2018 AP Nr. 156 zu § 99 BetrVG 1972 = NZA 2018, 1094; 11.9.2013 AP Nr. 63 zu § 99 BetrVG 1972 Eingruppierung = NZA 2014, 388.

fingiert gilt. Der Gesetzgeber hat den Schutz bei Einstellungen daher nicht lückenlos vorgesehen.[19] Der AG kann eine ohne bzw. nicht rechtzeitige Beteiligung des BR und damit betriebsverfassungswidrig durchgeführte Einstellung oder Versetzung nicht heilen und deren Aufhebung nach § 101 S. 1 BetrVG dadurch verhindern, dass er hinsichtlich dieser bereits erfolgten Einstellung nur das Beteiligungsverfahren nachholt, ohne zuvor die Einstellung aufzuheben und ggf. ein neues Besetzungsverfahren zu betreiben. Bei einer Einstellung muss der AG dazu die Beschäftigung des AN aussetzen, einen neuen Stellungsbesetzungsvorgang einleiten und den BR zur neuen Einstellung um Zustimmung ersuchen.[20]

11 **2. Geltendmachung. a) Einstellung und Versetzung.** Der BR kann bei Einstellungen und Versetzungen die Aufhebung einer personellen Einzelmaßnahme beantragen, wenn **(1)** der AG sie ohne seine Zustimmung durchgeführt hat (§ 99 I 1 BetrVG). Dies ist dann der Fall, wenn der AG die Zustimmung überhaupt nicht eingeholt hat, diese nicht wegen Frist- oder Formversäumnis als erteilt gilt (§ 99 III BetrVG) oder durch das Arbeitsgericht ersetzt worden ist (§ 99 IV BetrVG); **(2)** der AG eine personelle Maßnahme aufrechterhält, ohne den BR über die Vorläufigkeit zu unterrichten oder innerhalb von drei Tagen seit Bestreiten des BR ein Verfahren nach den §§ 99 IV, 100 BetrVG einzuleiten, **(3)** der AG den AN noch länger als zwei Wochen nach rechtskräftigem Unterliegen im Verfahren nach § 99 IV BetrVG weiter beschäftigt. Dies gilt gleichermaßen, wenn **(4)** rechtskräftig festgestellt worden ist, dass die personelle Maßnahme aus sachlichen Grüßen offensichtlich nicht dringend erforderlich war (§ 100 III 1 BetrVG). Der Beseitigungsanspruch ist nur begründet, wenn der AG tatsächlich eine Einstellung oder Versetzung iSv § 99 I 1 BetrVG vorgenommen hat, bei der ein Beteiligungsrecht des BR besteht.[21] Der Aufhebungsantrag kann vom BR als Widerantrag bereits im Zustimmungsersetzungsverfahren für den Fall der Rechtskraft gestellt werden.[22] Er wird nicht dadurch unbegründet, dass der Grund, auf den die Zustimmungsverweigerung gestützt wird, später wegfällt.[23] Dem Antrag des BR kann der AG nicht seinerseits mit einem Gegenantrag begegnen, dass es an einem Grund zur Zustimmungsverweigerung gefehlt habe.[24] Der Aufhebungsanspruch unterliegt der Verwirkung, wenn er längere Zeit nicht ausgeübt wird.[25] Der BR kann bei Einstellungen und Versetzungen nur deren Aufhebung verlangen. Unzulässig ist es, den AG zu verpflichten, die Zustimmung nach § 99 BetrVG nachträglich einzuholen.[26] Jedoch kann eine Feststellung über das Bestehen und den Umfang des Beteiligungsrechts aus § 99 BetrVG beantragt werden, wenn dieses zwischen den Beteiligten streitig und zu erwarten ist, dass entsprechende Streitfälle auch künftig im Betrieb auftreten werden.[27]

12 **b) Ein- und Umgruppierung.** Der BR kann im Verfahren nach § 101 BetrVG bei unzutreffenden Ein- bzw. Umgruppierungen nicht deren „Aufhebung" verlangen, da diese keine tatsächlichen Maßnahmen sind, sondern nur ein Akt der Rechtsanwendung des AG. Dieser muss aber nach § 99 IV BetrVG die verweigerte Zustimmung des BR auch zu einer Ein- bzw. Umgruppierung im Zustimmungsersetzungsverfahren durch das Arbeitsgericht ersetzen lassen. Unterlässt er dies oder führt er die Ein- bzw. Umgruppierung ohne Zustimmung des BR durch, kann dieser zur Sicherung seines Mitbeurteilungsrechts nach § 101 BetrVG beantragen, dem AG aufzugeben, eine Eingruppierungsentscheidung vorzunehmen und ihn um Zustimmung zu ersuchen, falls der AG die gebotene Eingruppierung unterlässt. Voraussetzung ist, dass der BR für den Betrieb des AG überhaupt zuständig ist und die im Betrieb bestehende Vergütungsordnung für den AN gilt.[28] Gleiches gilt, wenn der AG bereits in einem Verfahren nach § 99 IV BetrVG erfolglos geblieben ist. Das Beteiligungsverfahren nach § 99 BetrVG ist bei Ein- bzw. Umgruppierungen erst abgeschlossen, wenn der BR seine Zustimmung erteilt hat oder diese

[19] Zutreffend LAG SchlH 10.5.2016 NZA-RR 2016, 589.
[20] BAG 21.11.2018 AP Nr. 158 zu § 99 BetrVG 1972 = NZA 2019, 711.
[21] BAG 8.12.2009 – 1 ABR 37/09.
[22] *Fitting* BetrVG § 101 Rn. 6; aA LAG Hamm 23.1.2015 – 13 TaBV 44/14.
[23] BAG 20.11.1990 AP Nr. 47 zu § 118 BetrVG 1972 = NZA 1991, 513.
[24] BAG 16.7.1985 AP Nr. 21 zu § 99 BetrVG 1972 = NZA 1986, 163; 21.11.1978 AP Nr. 3 zu § 101 BetrVG 1972; 21.11.1978 AP Nr. 1 zu § 101 BetrVG 1972.
[25] HessLAG 24.1.1984 BB 1984, 1684; RB anhängig 1 ABR 5/18.
[26] BAG 20.2.2001 AP Nr. 23 zu § 101 BetrVG 1972 = NZA 2001, 1033.
[27] BAG 2.3.2004 AP Nr. 87 zu § 256 ZPO 1977.
[28] BAG 12.12.2006 AP Nr. 27 zu § 1 BetrVG 1972 Gemeinsamer Betrieb; 26.10.2004 AP Nr. 29 zu § 99 BetrVG 1972 Eingruppierung = NZA 2005, 367.

vom Gericht ersetzt wird, es ist hingegen einzustellen, wenn die Maßnahme vom AG nicht mehr durchgeführt wird (→ § 240 Rn. 58).[29]

3. Zwangsgeld. Hebt der AG entgegen einer rechtskräftigen gerichtlichen Entscheidung die personelle Maßnahme nicht auf, ist auf Antrag des BR vom Arbeitsgericht zu erkennen, dass der AG zur Aufhebung durch Zwangsgeld anzuhalten ist (§ 101 S. 2 BetrVG). Das Verfahren ist § 888 ZPO nachgebildet und schließt die Vollstreckung nach dem 8. Buch der ZPO aus. § 101 BetrVG steht aber dem Anspruch des BR auf künftige Beachtung seiner Mitbestimmungsrechte nach § 23 III BetrVG nicht entgegen. Die Vorschrift enthält lediglich eine Sonderregelung hinsichtlich der Folgen einer Verletzung von Mitbestimmungsrechten bei der Vornahme einer konkreten personellen Einzelmaßnahme, nur insoweit wird § 23 III BetrVG verdrängt.[30] Ein Zwangsgeld kann daher auch festgesetzt werden, wenn den AG kein Verschulden trifft. Andererseits ist seine Feststellung unzulässig, wenn der AG die Anordnung inzwischen vollzogen hat. Ein Vollstreckungstitel des BR wird gegenstandslos, wenn der AG bezüglich desselben AN ein neues Verfahren gem. §§ 99 IV, 100 II BetrVG durchführt. Die Zwangsvollstreckung findet nur aus rechtskräftigen Beschlüssen statt. Einer vorhergehenden Androhung des Zwangsgeldes bedarf es nicht. Das Arbeitsgericht entscheidet nach Anhörung des Antragsgegners ohne erneute Sachprüfung durch Beschluss. Eine Anhörung der Beteiligten ist nicht notwendig (§ 85 I ArbGG, § 891 ZPO). Die Entscheidung kann daher durch den Vorsitzenden allein ergehen (§ 53 ArbGG). Die Vollstreckung erfolgt nach vorheriger Zustellung nach Eintritt der Rechtskraft durch das Gericht. Das Zwangsgeld nach § 101 S. 3 BetrVG wird für jeden Tag der Zuwiderhandlung mit dem Ziel festgesetzt, den AG anzuhalten, die mitbestimmungswidrig durchgeführte personelle Maßnahme jedenfalls für die Zukunft aufzuheben. Es beträgt für jeden Tag und jeden Fall der Zuwiderhandlung bis zu 250 EUR und kann mehrfach festgesetzt werden. Die Beträge verfallen zugunsten der Staatskasse. Die Anordnung von Zwangshaft ist unzulässig. 13

4. Unterlassungsanspruch und Vertragsstrafe. Neben dem Antrag nach § 101 S. 1 BetrVG ist auch ein vorbeugender Unterlassungsantrag unter den Voraussetzungen des § 23 III BetrVG (→ § 219 Rn. 31) zulässig. Seine Begründetheit richtet sich nach den allgemeinen Grundsätzen, insbesondere ist eine konkrete Beschreibung der betreffenden Maßnahme sowie eine vorangegangene grobe Verletzung betriebsverfassungsrechtlicher Pflichten durch den AG erforderlich. Ob es daneben gegen die betriebsverfassungswidrige Beschäftigung einen allgemeinen und verschuldensunabhängigen Unterlassungsanspruch gibt, war umstr. Nach Auffassung des BAG steht dem BR kein allgemeiner, von den Voraussetzungen des § 23 III BetrVG unabhängiger Unterlassungsanspruch zur Seite, um eine gegen § 99 I 1 BetrVG oder § 100 II 2 BetrVG verstoßende personelle Einzelmaßnahme zu verhindern.[31] Das Gericht hält es jedoch für möglich, dass der BR den sich aus § 101 S. 1 BetrVG ergebenden Aufhebungsanspruch durch eine einstweilige (Leistungs-)Verfügung durchsetzen kann. Eine Vereinbarung zwischen AG und BR, wonach der AG bei der Verletzung von Beteiligungsrechten nach §§ 99 f. BetrVG an einen Dritten eine **Vertragsstrafe** zu zahlen hat, ist unwirksam. Das Vertragsstrafeversprechen zielt nicht auf die Wiederherstellung eines betriebsverfassungsgemäßen Zustands, sondern hat reinen Strafcharakter. Es ist anders als das nach § 101 S. 2 und 3 BetrVG vom Arbeitsgericht festzusetzende Zwangsgeld nicht geeignet und auch nicht darauf gerichtet, einen betriebsverfassungswidrigen Zustand zu beseitigen.[32] 14

III. Streitwerte

Bei Streitigkeiten über personelle Einzelmaßnahmen handelt es sich um nichtvermögensrechtliche Angelegenheiten; entscheidend sind die Einzelfallumstände, zB. die Dauer und Bedeutung der Maßnahme und ihre wirtschaftlichen Auswirkungen, die zur Erhöhung oder Verminderung des Wertes führen können. Bei der **Einstellung** ist entweder der Hilfswert aus § 23 III 2 RVG oder der Wert nach § 42 II 1 GKG (iHd 2-fachen Monatsverdienstes) anzusetzen. Bei befristeten Maßnahmen sind Abschläge vorzunehmen.[33] **Versetzung:** Je nach Bedeutung der Maßnahme Hilfswert oder Bruchteil davon bzw. 1 bis 2 Monatsgehälter. **Eingruppierung/Umgruppie-** 15

[29] BAG 11.9.2013 AP Nr. 63 zu § 99 BetrVG 1972 Eingruppierung = NZA 2014, 388 unter teilweiser Aufgabe von BAG 3.5.1994 AP Nr. 2 zu § 99 BetrVG 1972 Eingruppierung = NZA 1995, 484.
[30] BAG 17.3.1987 AP Nr. 7 zu § 23 BetrVG 1972 = NZA 1987, 786.
[31] BAG 23.6.2009 AP Nr. 48 zu § 99 BetrVG 1972 Versetzung = NZA 2009, 1430.
[32] BAG 19.1.2010 AP Nr. 49 zu § 99 BetrVG 1972 Versetzung = NZA 2010, 592.
[33] LAG Düsseldorf 21.9.2020 NZA-RR 2021, 43; LAG Hamm 21.8.2014 NZA-RR 2015, 49.

rung: maßgeblich ist der Wert aus § 42 II 2 GKG (75% der 36-fachen Monatsdifferenz).[34] Das Verfahren nach § 100 BetrVG wird mit dem halben Wert des Verfahrens nach § 99 IV BetrVG und das Verfahren nach § 101 BetrVG als eigenständiges Verfahren wie dasjenige nach § 99 IV BetrVG bzw. § 100 BetrVG bewertet. Als kumulativer Antrag in einem Verfahren mit halbem Wert des Verfahrens nach § 99 IV bzw. § 100 BetrVG. Bei Massenverfahren mit wesentlich gleichem Sachverhalt (einheitliche unternehmerische Maßnahme, parallelen Zustimmungsverweigerungsgründen und/oder vergleichbaren Eingruppierungsmerkmalen) erfolgt ein linearer Anstieg des Gesamtwertes, wobei als Anhaltspunkt folgende Staffelung für eine Erhöhung angewendet wird: beim 2. bis 20. Fall wird für jeden AN der für den Einzelfall ermittelte Ausgangswert mit 25% bewertet, beim 21. bis 50. Fall wird für jeden AN der für den Einzelfall ermittelte Ausgangswert mit 12,5% bewertet und ab dem 51. Fall wird für jeden AN der Ausgangswert mit 10% bewertet.[35]

§ 242. Entfernung betriebsstörender Arbeitnehmer

Übersicht

I. Entfernungs- oder Versetzungsanspruch

1 **1. Bedeutung des Antragsrechts.** Der BR kann nach § 104 S. 1 BetrVG vom AG die Entlassung oder Versetzung eines AN aus dem Betrieb, einer Betriebsabteilung oder von seinem Arbeitsplatz verlangen, wenn dieser durch gesetzwidriges Verhalten oder durch grobe Verletzung der in § 75 I BetrVG enthaltenen Grundsätze den Betriebsfrieden wiederholt ernstlich gestört hat (→ Rn. 3). Die Vorschrift begründet einen eigenen betriebsverfassungsrechtlichen Anspruch des BR gegen den AG auf Entlassung oder Versetzung des AN, schafft aber keinen eigenständigen Kündigungsgrund für den AG. Dieser kann eine individualrechtliche Maßnahme ggü. dem AN nur auf die Vorschrift stützen, wenn ein Verlangen des BR auf (fristgerechte) Kündigung oder Versetzung des AN an ihn herangetragen wird. Liegen die Voraussetzungen des § 104 BetrVG vor, kann dies ohne ein Verlangen des BR idR nur eine verhaltens- oder personenbedingte Kündigung iSd § 1 II 1 KSchG rechtfertigen.[1]

2 **2. Anspruchsvoraussetzungen. a) Überblick.** Das Entlassungsverlangen des BR ist begründet, wenn der AN durch gesetzwidriges Verhalten oder durch grobe Verletzung der in § 75 I BetrVG enthaltenen Grundsätze (→ § 230 Rn. 20) den Betriebsfrieden wiederholt ernstlich gefährdet hat. Keine AN sind die in § 5 II, III BetrVG genannten Personen[2] (→ § 212 Rn. 10, 15), das Verlangen nach § 104 S. 1 BetrVG kann sich auch nicht auf den AG bzw. Mitglieder seines Vertretungsorgans beziehen.[3] In Bezug auf eine Störung des Betriebsfriedens durch externe Personen besteht nur ein Antragsrecht des BR nach § 80 I Nr. 2 BetrVG. Zu den im Gesetz besonders erwähnten Pflichtverletzungen zählen rassistische oder fremdenfeindliche Betätigungen. Hierzu gehören Handlungen und Äußerungen, mit denen die in Art. 1 I GG als unantastbar geschützte Menschenwürde verletzt wird.[4] Die Voraussetzungen entsprechen ansonsten denjenigen, aus denen der BR der Einstellung eines

[34] AA LAG BW 23.5.2019 NZA-RR 2019, 551; LAG SchlH 21.5.2015 NZA-RR 2015, 664; SächsLAG 18.11.2014 NZA-RR 2015, 96; zur Antragshäufung LAG Köln 28.10.2014 NZA-RR 2015, 99.

[35] Streitwertkatalog vom 9.2.2018 NZA 2018, 497 (unter II Nr. 14); LAG Düsseldorf 21.9.2020 NZA-RR 2021, 43.

[1] BAG 28.3.2017 AP Nr. 2 zu § 104 BetrVG 1972 = NZA 2017, 985; dagegen *Raab* JbArbR 55 (2018), 69.

[2] LAG Nürnberg 22.1.2002 NZA-RR 2002, 524 (Erteilung der Prokura erst nach Rechtshängigkeit).

[3] LAG Hamm 2.8.2016 – 7 TaBV 11/16; *Kliemt/Weth* BB 2016, 2944.

[4] BVerfG 2.11.2020 AP Nr. 278 zu § 626 BGB = NZA 2020, 1704.

Bewerbers widersprechen kann (§ 99 II Nr. 6 BetrVG; → § 240 Rn. 51). Eine Erweiterung der tatbestandlichen Voraussetzungen durch Betriebsvereinbarung oder Tarifvertrag ist nicht zulässig, da § 104 BetrVG einen eigenständigen Grund für die soziale Rechtfertigung einer Kündigung schafft (→ Rn. 7, 9).

b) Gesetzwidriges Verhalten oder grober Verstoß gegen die Grundsätze des § 75 I BetrVG. Gesetzwidrig ist ein Verhalten, das nicht im Einklang mit der Rechtsordnung steht. In Betracht kommen nicht nur Straftaten, sondern auch Verstöße gegen das Verbot der sexuellen Belästigung (→ § 36 Rn. 46). Für die Voraussetzungen des § 104 S. 1 BetrVG ist ein Verhalten nicht relevant, wenn es keine Auswirkungen auf den Betriebsfrieden hat. Dieser kann auch durch **außerbetriebliches Fehlverhalten, insbesondere durch strafbare Handlungen** gefährdet werden, zB bei Eigentumsdelikten oder Verletzungen der körperlichen bzw. persönlichen Integrität. Während bei einem Gesetzesverstoß bereits jede objektive Verletzung der jeweiligen Norm ausreichend ist, rechtfertigt ein **Verstoß gegen die Grundsätze des § 75 I BetrVG** ein Entfernungsverlangen nur, wenn der Verstoß „grob" ist. Kein solcher Verstoß ist die kritische Stellung zum BR sowie das Sammeln von Unterschriften für eine Antragstellung nach § 23 I, II BetrVG. Auch der Verstoß gegen die Grundsätze des § 75 I BetrVG muss nicht während der Arbeitszeit oder auf dem Betriebsgelände erfolgt sein, ausreichend ist, wenn er im Betrieb bekannt wird und zu Störungen des Betriebsfriedens führt. Das gesetzwidrige Verhalten oder die Verletzung der in § 75 BetrVG genannten Grundsätze müssen grundsätzlich **schuldhaft erfolgt** sein; ausreichend ist ein fahrlässiges Handeln. Nicht erforderlich ist es, dass es sich um einen wiederholten Verstoß handelt; auch ein einmaliger grober Verstoß ist ausreichend.[5] Allerdings ist das Verlangen des BR unbegründet, wenn feststeht, dass keine Wiederholungsgefahr mehr besteht. 3

c) Ernstliche Störung des Betriebsfriedens. Durch das betriebsgemeinschaftsfeindliche Handeln (→ Rn. 2) muss der Betriebsfrieden **wiederholt** ernstlich gestört sein.[6] Der AN muss regelmäßig zumindest zweimal (nicht notwendigerweise gleichartige) Handlungen begangen haben, bevor der BR seine Entfernung verlangen kann. Zwischen den gemeinschaftsfeindlichen Handlungen und der Störung des Betriebsfriedens muss ein **Kausalzusammenhang** bestehen. Die Störung des Betriebsfriedens muss schwerwiegend und nachhaltig sein. Sie liegt noch nicht dann vor, wenn über einen Fall lediglich im Betrieb gesprochen wird. Etwas anderes gilt bei ernstzunehmenden Reaktionen der Belegschaft oder großer Teile von ihr. 4

II. Antrag auf Entlassung oder Versetzung

1. Beschluss. Der BR hat nach pflichtgemäßem Ermessen zu beschließen, ob er eine Versetzung oder Entlassung verlangt. Hat der BR die Behandlung sämtlicher Personalangelegenheiten auf einen Ausschuss (§ 27 III, § 28 BetrVG) übertragen, kann auch der Ausschuss das Verlangen stellen. Nach dem Grundsatz der Verhältnismäßigkeit ist nur das Begehren berechtigt, das den Interessen der Belegschaft hinreichend genügt. Reicht also eine Versetzung des störenden AN aus, kann keine Entlassung verlangt werden. 5

2. Prüfung des Arbeitgebers. Der AG hat die Voraussetzungen des Verlangens des BR zu prüfen und ggf. die Versetzung oder Entlassung vorzunehmen. Verlangt der BR vom AG, einem bestimmten AN zu kündigen bzw. ihn zu versetzen, und entschließt sich der AG, dem Wunsch des BR aus den von diesem angegebenen Gründen zu entsprechen, ist, auch wenn kein Fall des § 104 S. 1 BetrVG vorliegt, eine erneute Beteiligung des BR nach §§ 102, 103, 99 BetrVG nicht mehr erforderlich. In dem Kündigungs- bzw. Versetzungsverlangen des BR liegt dann bereits dessen Zustimmung zur ordentlichen Kündigung bzw. Versetzung.[7] Etwas anderes gilt dann, wenn der BR lediglich die Versetzung des AN verlangt hat, der AG sich dagegen zur Kündigung entschließt. Der BR kann jedoch nicht die Versetzung des AN an einen bestimmten Arbeitsplatz verlangen, insoweit obliegt die Auswahl dem AG. Jedoch kann der BR gem. § 80 I Nr. 2 BetrVG einen bestimmten Arbeitsplatz vorschlagen. Soll der AN in einen anderen Betrieb des Unternehmens tätig werden, ist auch der BR, in dessen Betrieb der AN versetzt werden soll, einzuschalten. Dessen Beteiligungsrechte werden durch ein Verlangen nach § 104 S. 1 BetrVG nicht berührt. Stimmt dieser der Übernahme des AN nicht zu, muss der AG kein Verfahren nach § 99 IV BetrVG durchführen. 6

---

[5] AA LAG Hamm 23.10.2009 – 10 TaBV 39/09.
[6] LAG Köln 15.10.1993 NZA 1994, 431.
[7] BAG 15.5.1997 AP Nr. 1 zu § 104 BetrVG 1972 = NZA 1997, 1106.

7 **3. Entscheidung des Arbeitgebers. a) Vornahme der Maßnahme.** Der AG kann sich entschließen, dem Versetzungs- oder Entlassungsverlangen **nachzukommen.** Bei einer auf die Gründe aus § 104 S. 1 BetrVG gestützten Kündigung hat er die Kündigungsfrist einzuhalten und erforderliche behördliche Zustimmungen (zB bei schwerbehinderten Menschen) einzuholen; der AG kann davon unabhängig unter den Voraussetzungen des § 626 BGB außerordentlich kündigen. Der betroffene AN kann bei einer Entlassung Kündigungsschutzklage (→ § 136 Rn. 1) oder einer Versetzung, soweit hierzu eine Änderungskündigung notwendig ist, eine Änderungsschutzklage (→ § 137 Rn. 1) erheben, ansonsten kann er sich gegen eine im Rahmen des Direktionsrechts vorgenommene Versetzung gerichtlich zur Wehr setzen. Das ArbG hat im Rahmen des Kündigungsschutzprozesses das **Vorliegen der Gründe des § 104 S. 1 BetrVG voll nachzuprüfen;** entsprechendes gilt bei einer auf Versetzung des AN gerichteten Maßnahme nach § 104 BetrVG. Wird der Klage entsprochen, kann dennoch der BR ein Beschlussverfahren einleiten, da er am Individualverfahren nicht beteiligt war und daher das dort ergangene Urteil ihm gegenüber keine prozessuale Wirkung entfaltet. Der AG kann das Verlangen des BR auch zum Anlass für eine Druckkündigung (→ § 127 Rn. 89; → § 133 Rn. 25) nehmen.

8 **b) Einleitung eines Beschlussverfahrens.** Entschließt sich der AG, dem Versetzungs- oder Entlassungsverlangen **nicht nachzugeben,** kann der BR im Wege des Beschlussverfahrens beim ArbG beantragen, dem AG die Versetzung oder Entlassung aufzugeben.[8] Beteiligte des Beschlussverfahrens sind der BR, der AG und der betroffene AN. Eine **Frist** für die Einleitung des Beschlussverfahrens ist im Gesetz nicht vorgesehen. Wartet der BR längere Zeit nach der Weigerung des AG, seinem Begehren zu folgen, bevor er das Beschlussverfahren anhängig macht, kann ihm die tatsächliche Grundlage entzogen sein, wenn zB der Betriebsfrieden wieder hergestellt ist.

9 **4. Entscheidung des Arbeitsgerichts im Beschlussverfahren. a) Erkenntnisverfahren.** Das ArbG kann den Antrag des BR abweisen. In diesen Fällen wird die Rechtsstellung des AN nicht berührt. Dagegen sind die Beschwerde und – soweit zugelassen – die Rechtsbeschwerde statthaft. Der BR kann aufgrund eines geänderten Sachverhalts ein erneutes Beschlussverfahren einleiten und sich unterstützend auf die bereits früher vorgetragenen Gründe berufen. Gibt das ArbG **dem Antrag** des BR rechtskräftig **statt,** muss der AG die Versetzung oder Entlassung vorzunehmen. Die arbeitsgerichtliche Entscheidung begründet für den AG ein dringendes betriebliches Erfordernis iSd § 1 II 1 KSchG für eine ordentliche Kündigung; eine fristlose Beendigung des Arbeitsverhältnisses des betroffenen AN kann der BR nicht nach § 104 S. 1 BetrVG verlangen. Der AG genügt einer Verpflichtung zur „Entlassung" des AN, wenn er zeitnah nach Rechtskraft der zuvor im Beschlussverfahren ergangenen Entscheidung eine Beendigung des Arbeitsverhältnisses unter Beachtung der maßgeblichen Kündigungsfristen – bei einer Unkündbarkeit des AN durch eine außerordentliche Kündigung mit Auslauffrist – vornimmt. Der **betroffene AN** kann die Wirksamkeit der Kündigung gerichtlich überprüfen lassen. Die inhaltliche Richtigkeit der im Beschlussverfahren ergangenen rechtskräftigen Entscheidung ist allerdings nicht mehr Gegenstand des Kündigungsschutzverfahrens; die dortige Entscheidung entfaltet allen Beteiligten gegenüber Bindungswirkung.[9] Kann die Versetzung im Wege des Direktionsrechts vorgenommen werden, hat dies entsprechend zu geschehen; anderenfalls ist eine Änderungskündigung auszusprechen.

10 **b) Zwangsvollstreckung.** Führt der AG einen rechtskräftigen Beschluss des ArbG nicht durch, so ist aus ihm die Zwangsvollstreckung zulässig. Das ArbG kann den AG nach vorheriger Anhörung durch Festsetzung von Zwangsgeld zur Durchführung anhalten. Das Höchstmaß des Zwangsgelds beträgt für jeden Tag der Zuwiderhandlung 250,– EUR. Für die Festsetzung ist der Vorsitzende des ArbG zuständig, da es sich um eine Maßnahme der Zwangsvollstreckung handelt, die ohne mündliche Verhandlung ergehen kann (§ 53 ArbGG).

---

[8] Die hM empfiehlt einen Feststellungsantrag, „festzustellen, dass das Verlangen vom … berechtigt ist". Nach richtiger Auffassung enthält das Verlangen des BR jedoch ein vollstreckungsfähiges Leistungsbegehren.

[9] BAG 28.3.2017 AP Nr. 2 zu § 104 BetrVG 1972 = NZA 2017, 985; dagegen *Raab* JbArbR 55 (2018), 69.

9. Abschnitt. Beteiligung des Betriebsrats in wirtschaftlichen Angelegenheiten

§ 243. Unterrichtung in wirtschaftlichen Angelegenheiten

Übersicht

I. Überblick

1 Das BetrVG schränkt die unternehmerische Entscheidungsfreiheit grundsätzlich nicht ein. Andererseits will es gewährleisten, dass die Belegschaft und vor allem der BR über die wirtschaftlichen Verhältnisse des Unternehmens unterrichtet sind. Diesem Zweck dienen umfassende Informationsrechte. Der Unternehmer hat **(a)** die Betriebsversammlung über das Personal- und Sozialwesen (§ 43 II 3 BetrVG; → § 223 Rn. 1), **(b)** die Belegschaft nach § 110 BetrVG über die wirtschaftliche Lage des Unternehmens (→ Rn. 43), **(c)** den BR nach § 92 BetrVG über die Personalplanung (→ § 238 Rn. 2) und **(d)** über Betriebsänderungen (§ 111 BetrVG; → § 244 Rn. 1) sowie **(e)** den Wirtschaftsausschuss nach §§ 106 ff. BetrVG (→ Rn. 2) zu unterrichten. Obwohl die §§ 106–110 BetrVG nur mit geringer Intensität in das Direktionsrecht, die Vertragsfreiheit und die sonstigen unternehmerischen Dispositionen des AG eingreifen,[1] finden sie keine Anwendung in tendenzgeschützten Unternehmen (§ 118 I 1 Nr. 1 BetrVG; → § 214 Rn. 4).[2]

II. Wirtschaftsausschuss

1. Aufgaben. Der Wirtschaftsausschuss hat die Aufgabe, die Zusammenarbeit von Unternehmer und BR zu fördern und letzteren über die wirtschaftliche Lage des Unternehmens zu informieren.[3] Damit kommt ihm eine Doppelfunktion zu: Einerseits soll er die wirtschaftlichen Angelegenheiten im Rahmen regelmäßiger Sitzungen (§ 108 I BetrVG) mit dem Unternehmer beraten, andererseits aber auch den BR/GBR hierüber in Kenntnis setzen (§ 106 I 2 iVm § 108 IV BetrVG). Mitbestimmungsrechte stehen dem Wirtschaftsausschuss hingegen nicht zu. 2

2. Bildung, Zusammensetzung und Amtszeit. a) Voraussetzung der Errichtung. aa) Arbeitnehmerzahl. Ein Wirtschaftsausschuss ist in allen **Unternehmen** mit idR mehr als 100 ständig beschäftigten AN zu bilden. Es ist auf die Zahl der AN sämtlicher Betriebe des Unternehmens und nicht nur auf die Wahlberechtigten abzustellen (§ 106 I 1 BetrVG). Ob in den einzelnen Betrieben ein BR gewählt ist, ist unerheblich. Für die Begriffe „der AN" und der „ständigen Beschäftigung" gelten die Ausführungen zu → § 217 Rn. 24 entspr.[4] Da es auf die Anzahl der AN im Unternehmen ankommt, sind auch Personen zu berücksichtigen, deren 3

---

[1] BVerfG 30.4.2015 AP Nr. 88 zu § 118 BetrVG 1972 = NZA 2015, 820.

[2] BAG 19.11.2019 AP Nr. 21 zu § 106 BetrVG 1972 = NZA 2020, 598; 22.7.2014 AP Nr. 87 zu § 118 BetrVG 1972 = NZA 2014, 1417; 22.5.2012 AP Nr. 85 zu § 118 BetrVG 1972.

[3] BAG 25.6.1987 AP Nr. 6 zu § 108 BetrVG 1972 = NZA 1988, 167.

[4] Vgl. dazu LAG Bln 6.12.1989 DB 1990, 538 (AB-Maßnahmen); 25.4.1988 LAGE § 106 BetrVG 1972 Nr. 1; LAG Köln 21.2.2001 ArbuR 2001, 281.

Tätigkeit nur dem arbeitstechnischen Zweck des Unternehmens dient. Mitzuzählen sind deshalb auch leitende Angestellte[5] (umstr.), Beschäftigte nach § 16d SGB II[6] sowie Auszubildende und Arbeitsplätze, auf denen regelmäßig LeihAN beschäftigt werden.[7] Zum Gemeinschaftsbetrieb → Rn. 6. Ein Wirtschaftsausschuss im **Konzern** ist im BetrVG nicht vorgesehen. Der KBR kann daher nur bei einer entspr. Vereinbarung mit der Konzernspitze einen Wirtschaftsausschuss bilden.[8]

4 **bb) Ausland.** Da der Wirtschaftsausschuss für im Ausland gelegene Betriebe nicht zuständig ist, werden die dort beschäftigten AN bei der Ermittlung der Arbeitnehmerzahl nicht mitgezählt.[9] Andererseits ist ein Wirtschaftsausschuss wegen der gesetzlichen Regelung immer dann zu bilden, wenn ein BR besteht, dh auch dann, wenn sich die Unternehmensleitung im Ausland befindet.[10]

5 **cc) Klein- und Gemeinschaftsbetriebe.** Hat das Unternehmen nicht mindestens 101 AN, braucht ein Wirtschaftsausschuss nicht errichtet zu werden. Die Rechte aus den §§ 106 ff. BetrVG fallen in diesem Fall nicht dem BR zu; auch aus Art. 4 II lit. a und lit. b der Richtlinie 2002/14/EG kann er keine entspr. Ansprüche auf Anhörung und Unterrichtung ableiten, da die Richtlinie keine Verpflichtungen für private AG begründet.[11] Etwaige Auskunftsansprüche des BR können sich jedoch ggf. aus § 80 II I BetrVG ergeben (→ § 233 Rn. 16).[12] Zudem sieht § 109a BetrVG vor, dass in Unternehmen, in denen kein Wirtschaftsausschuss besteht, der BR über eine mit einem Kontrollerwerb verbundene Übernahme des Unternehmens iSv § 106 III Nr. 9a BetrVG (→ Rn. 29) zu unterrichten und diese mit ihm zu beraten ist. Ein Wirtschaftsausschuss kann auch freiwillig gebildet werden, jedoch müssen dann die Kompetenzen des Gremiums besonders vereinbart werden.

6 Betreiben mehrere Unternehmen einen **Gemeinschaftsbetrieb** mit idR mehr als 100 AN, ist nach der Rspr. des BAG bei den diesen Betrieb beteiligten Unternehmen analog § 106 BetrVG ein Wirtschaftsausschuss zu errichten, wenn jedes Unternehmen für sich weniger als 100 AN hat.[13] In einer solchen Situation liegt eine Gesetzeslücke vor, die im Hinblick auf den Zweck der §§ 106 ff. BetrVG zu deren entspr. Anwendung führt; diese hat zur Folge, dass die Unternehmen, die den Gemeinschaftsbetrieb führen, letztlich als einheitlicher Rechtsträger behandelt werden und die Anzahl ihrer AN zusammengezählt wird. Keine Anwendung findet diese Rspr. jedoch, wenn es sich bei dem Gemeinschaftsbetrieb um den einzigen Betrieb eines idR mehr als 100 AN beschäftigenden Unternehmens und eines in dessen alleinigen Eigentum stehenden abhängigen Unternehmens (§ 17 I AktG) mit weniger als 100 AN handelt. In diesem Fall ist der Wirtschaftsausschuss nach § 106 I 1 BetrVG beim herrschenden Unternehmen zu bilden. Für eine Analogie besteht mangels Gesetzeslücke kein Raum. Das herrschende Unternehmen ist aufgrund seines beherrschenden Einflusses auf das abhängige Unternehmen zugleich in der Lage, den bei ihm gebildeten Wirtschaftsausschuss auch über die wirtschaftlichen Angelegenheiten der abhängigen Gesellschaft zu unterrichten.[14] Beschäftigen die Unternehmen, die – als einzigen Betrieb – einen Gemeinschaftsbetrieb unterhalten, jeweils für sich genommen mehr als 100 AN, erfolgt die Bildung des Wirtschaftsausschusses durch den BR des Gemeinschaftsbetriebs ebenfalls grundsätzlich in den einzelnen Unternehmen und nicht betriebsbezogen.[15] Genießt in diesem Fall eines der beteiligten Unternehmen **Tendenzschutz,** kann der BR des Gemeinschaftsbetriebs einen Wirtschaftsausschuss nur im tendenzfreien Unternehmen errichten; gegenüber dem Tendenzunternehmen stehen dem Wirtschaftsausschuss dann keine Rechte zu.[16] Wird der Gemeinschaftsbetrieb von einem Tendenzunternehmen und einem tendenzfreien Unternehmen geführt und verfügt nur das erste idR über mehr als 100 ständig beschäftigte AN, scheidet die Errichtung eines Wirtschaftsausschusses in analoger Anwendung von § 106 BetrVG

[5] AA *Fitting* BetrVG § 106 Rn. 15; Richardi BetrVG/*Annuß* § 106 Rn. 11.
[6] Zu § 19 BSHG: BAG 5.10.2000 AP Nr. 69 zu § 118 BetrVG 1972 = NZA 2001, 849.
[7] LAG Nds 27.11.1984 NZA 1985, 332.
[8] BAG 23.8.1989 AP Nr. 7 zu § 106 BetrVG 1972 = NZA 1990, 863.
[9] *Fitting* BetrVG § 106 Rn. 19; Richardi BetrVG/*Annuß* § 106 Rn. 13.
[10] BAG 31.10.1975 AP Nr. 2 zu § 106 BetrVG 1972; 1.10.1974 AP Nr. 1 zu § 106 BetrVG 1972.
[11] Vgl. BAG 19.11.2019 AP Nr. 21 zu § 106 BetrVG 1972 = NZA 2020, 598; 5.2.1991 AP Nr. 10 zu § 106 BetrVG 1972 = NZA 1991, 645.
[12] BAG 5.2.1991 AP Nr. 10 zu § 106 BetrVG 1972 = NZA 1991, 645; GK-BetrVG/*Oetker* § 106 Rn. 45.
[13] BAG 19.11.2019 AP Nr. 21 zu § 106 BetrVG 1972 = NZA 2020, 598; 22.3.2016 AP Nr. 19 zu § 106 BetrVG 1972 = NZA 2016, 969; 1.8.1990 AP Nr. 8 zu § 106 BetrVG 1972 = NZA 1991, 643.
[14] BAG 22.3.2016 AP Nr. 19 zu § 106 BetrVG 1972 = NZA 2016, 969; *Salamon* NZA 2017, 891.
[15] Vgl. BAG 26.2.2020 AP Nr. 24 zu § 106 BetrVG 1972 = NZA 2020, 960.
[16] BAG 26.2.2020 AP Nr. 24 zu § 106 BetrVG 1972 = NZA 2020, 960.

nach § 118 I 2 BetrVG aus, sofern beide Unternehmen in dem Betrieb überwiegend tendenzgeschützte Zwecke verfolgen.[17] Da die Gruppe der Trägerunternehmen faktisch wie ein juristischer Rechtsträger zu behandeln ist, beurteilt sich der Tendenzschutz für solche Gemeinschaftsbetriebe nach den für Mischunternehmen entwickelten Grundsätzen (→ § 214 Rn. 6).

b) Zusammensetzung. Der Wirtschaftsausschuss besteht aus mindestens drei und höchstens sieben Mitgliedern, die dem Unternehmen angehören müssen, darunter mindestens ein Betriebsratsmitglied (§ 107 I 1 BetrVG). Innerhalb dieser Grenzen kann der BR bzw. der GBR die Zahl der Mitglieder frei bestimmen. Der Ausschuss ist nicht paritätisch besetzt, da ihm nur Informationsrechte zukommen und dem AG freisteht, welche seiner Mitarbeiter er zusätzlich zu den Sitzungen mit dem Wirtschaftsausschuss hinzuzieht. Die Mitglieder sollen die zur Erfüllung ihrer Aufgaben erforderliche fachliche und persönliche Eignung besitzen (§ 107 I 3 BetrVG). Fachlich geeignet ist, wer zur sachgemäßen Beurteilung wirtschaftlicher und technischer Angelegenheiten in der Lage ist. Die Beurteilung obliegt allein dem BR. Um die Erfahrungen und Kenntnisse der leitenden Angestellten für den BR bzw. den GBR nutzbar zu machen, können auch diese zu Mitgliedern des Wirtschaftsausschusses ernannt werden (§ 107 I 2 BetrVG), nicht dagegen die Unternehmensrepräsentanten (§ 5 II Nrn. 1, 2 BetrVG). Zur Übernahme eine solchen Funktion sind die leitenden Angestellten allerdings nicht verpflichtet; andererseits haben sie auch keinen Anspruch darauf, im Wirtschaftsausschuss vertreten zu sein. 7

c) Bestellung der Mitglieder. Die Mitglieder des Wirtschaftsausschusses werden vom BR oder – sofern das Unternehmen aus mehreren Betrieben besteht – vom obligatorisch zu errichtenden GBR mit einfacher Stimmenmehrheit gewählt (§ 107 II 1, 2 BetrVG). In letzterem Fall ist der Wirtschaftsausschuss auch für solche Betriebe zuständig, die über keinen BR verfügen.[18] Ist im Unternehmen kein GBR gebildet, obwohl die Voraussetzungen für seine Errichtung gegeben sind, kann ein Wirtschaftsausschuss nicht errichtet werden. Ist dagegen nur in einem der Betriebe des Unternehmens ein BR gewählt, bestellt dieser die Mitglieder des Wirtschaftsausschusses.[19] Zum Gemeinschaftsbetrieb → Rn. 6. Die Mitglieder des Wirtschaftsausschusses können jederzeit von dem sie bestellenden Organ ohne Angabe von Gründen abberufen werden.[20] Für die **Abberufung** gelten die für die Wahl geltenden Grundsätze entsprechend (§ 107 II 3 BetrVG). 8

d) Amtszeit. Werden die Mitglieder des Wirtschaftsausschusses vom BR bestimmt, endet deren Amtszeit mit der Amtszeit des BR (→ § 219 Rn. 5). Die Amtszeit der Gesamtbetriebsratsmitglieder ist nicht notwendig identisch mit der Amtszeit der einzelnen BR (→ § 224 Rn. 35). Wird ein Wirtschaftsausschuss durch den GBR bestellt, endet seine Amtszeit daher, wenn die Amtszeit der Mehrheit der Mitglieder des GBR abgelaufen ist (§ 107 II 2 BetrVG). Entscheidend ist die Kopfzahl und nicht das Stimmengewicht (hM). Die Amtszeit des Wirtschaftsausschusses endet zudem, wenn die Mitarbeiterzahl des Unternehmens unter 101 AN sinkt; im Übrigen ist eine Verringerung der Arbeitnehmerzahl ohne Bedeutung für seine Existenz.[21] Verfügt der BR des einzigen Unternehmens nur noch über ein Restmandat (→ § 219 Rn. 18), entfällt der Wirtschaftsausschuss.[22] 9

e) Streitigkeiten. Streitigkeiten über die Errichtung, Zusammensetzung und Amtszeit des Wirtschaftsausschusses entscheidet das Arbeitsgericht im Beschlussverfahren (§ 2a ArbGG).[23] An einem solchen Verfahren ist ein bereits gebildeter Wirtschaftsausschuss nicht beteiligt.[24] 10

3. Aufgabenübertragung auf Ausschüsse. Hat der BR die Mitglieder des Wirtschaftsausschusses zu bestimmen, kann er mit der absoluten Mehrheit seiner Mitglieder beschließen, dessen Aufgaben einem vom BR gebildeten **Ausschuss** iSv § 28 BetrVG (nicht: dem BR) zu übertragen (§ 107 III 1 BetrVG). Da nach § 107 III 2 BetrVG die Zahl der Mitglieder dieses Ausschusses nicht größer sein darf als die Zahl der Mitglieder des Betriebsausschusses, setzt eine solche 11

[17] BAG 19.11.2019 AP Nr. 21 zu § 106 BetrVG 1972 = NZA 2020, 598.
[18] BAG 9.5.1995 AP Nr. 12 zu § 106 BetrVG 1972 = NZA 1996, 55.
[19] *Fitting* BetrVG § 107 Rn. 21; Richardi BetrVG/*Annuß* § 106 Rn. 12.
[20] *Fitting* BetrVG § 107 Rn. 15; aA ArbG Hamburg 11.9.1975 DB 1975, 2331.
[21] BAG 7.4.2004 AP Nr. 17 zu § 106 BetrVG 1972 = NZA 2005, 311.
[22] AA LAG Bln-Bbg 23.7.2015 – 26 TaBV 857/15.
[23] BAG 22.5.2012 AP Nr. 85 zu § 118 BetrVG 1972 = NZA-RR 2013, 78.
[24] BAG 26.2.2020 AP Nr. 24 zu § 106 BetrVG 1972 = NZA 2020, 960; 15.3.2006 AP Nr. 79 zu § 118 BetrVG 1972 = NZA 2006, 1422; 8.3.1983 AP Nr. 26 zu § 118 BetrVG 1972.

Übertragung die Pflicht des BR zur Bildung eines Betriebsausschusses nach § 27 BetrVG voraus (→ § 220 Rn. 15).[25] Die Anzahl der Mitglieder des Ausschusses kann bis zur genannten Höhe frei bestimmt werden, sie muss nicht ungerade sein. Die Mitglieder des Ausschusses müssen Mitglied im BR sein; der BR darf aber darüber hinaus weitere AN einschließlich der leitenden Angestellten (§ 5 III BetrVG) bis zur Zahl der Ausschussmitglieder kooptieren (§ 107 III 3 BetrVG). Hierdurch soll die Sachkunde von Personen, die nicht dem BR angehören, nutzbar gemacht werden. Durch die Kooptation kann in großen Betrieben der „Wirtschaftsausschuss" auf bis zu 22 Mitglieder erweitert werden. Die kooptierten Mitglieder des Wirtschaftsausschusses unterliegen wie die Ausschussmitglieder der Schweigepflicht (§ 79 iVm § 107 III 4 BetrVG). Für die Abänderung und den Widerruf der Beschlüsse sind dieselben Stimmenverhältnisse wie für die Bestellung erforderlich (§ 107 III 5 BetrVG).

12 Auch in Betrieben, in denen wegen ihrer Größe kein Betriebsausschuss nach § 27 BetrVG gebildet werden kann, ist der BR nicht befugt, durch Beschluss die Aufgaben des Wirtschaftsausschusses selbst zu übernehmen; er hat jedoch die Möglichkeit, alle seine Mitglieder in den Wirtschaftsausschuss zu berufen und dadurch faktisch dessen Aufgaben wahrzunehmen.[26] Die Möglichkeit der Kooptation nach § 107 III 3 BetrVG besteht in dem Fall jedoch nicht.

13 Ist der GBR für die Errichtung des Wirtschaftsausschusses zuständig, kann dieser gleichfalls dessen Aufgaben einem Ausschuss des GBR übertragen. Die Anzahl der Mitglieder dieses Ausschusses darf die des Gesamtbetriebsausschusses nach § 51 I 2 BetrVG nicht übersteigen. Die Beschlüsse des GBR bedürfen – wie beim BR – der absoluten Mehrheit (§ 47 IV BetrVG); im Übrigen gelten die unter → Rn. 11 dargestellten Grundsätze sinngemäß.

14 Sind einem Ausschuss die Aufgaben des Wirtschaftsausschusses übertragen, hat der AG diesen nach § 106 II BetrVG über die wirtschaftlichen Angelegenheiten zu unterrichten (→ Rn. 15) und mit diesem hierüber zu beraten. Das Einsichtsrecht in die vom AG vorzulegenden Unterlagen (→ Rn. 16) steht in diesem Fall den Mitgliedern des Ausschusses zu (§ 108 III, VI BetrVG). Der Jahresabschluss ist nach § 108 V iVm VI BetrVG gegenüber dem Ausschuss zu erläutern (→ Rn. 35); einer Hinzuziehung des gesamten BR bedarf es hierbei nicht. Der Ausschuss hat über jede Sitzung mit dem AG unverzüglich den BR bzw. GBR zu unterrichten (→ Rn. 36). Auch die sonstigen Regelungen zur Geschäftsführung des Wirtschaftsausschusses (→ Rn. 37) gelten für den Ausschuss entsprechend.

15 **4. Unterrichtungs- und Vorlagepflicht des Unternehmers. a) Unterrichtung.** Der Unternehmer hat den Wirtschaftsausschuss rechtzeitig und umfassend über die wirtschaftlichen Angelegenheiten (→ Rn. 18) – insbesondere über die in § 106 III BetrVG aufgezählten (→ Rn. 19) – unter Vorlage der erforderlichen Unterlagen zu unterrichten (§ 106 II BetrVG). Rechtzeitig ist die Unterrichtung, wenn sie zu einem Zeitpunkt erfolgt, in dem der Wirtschaftsausschuss noch mit dem Unternehmer über die jeweilige Angelegenheit beraten und der BR eingeschaltet werden kann (→ Rn. 2). Die Pflicht zur Unterrichtung setzt weder voraus, dass der Wirtschaftsausschuss darlegt, wofür er die begehrten Informationen benötigt,[27] noch hängt sie davon ab, ob den AN aus den wirtschaftlichen Angelegenheiten Nachteile erwachsen können. Die wirtschaftlichen Angelegenheiten müssen lediglich von einiger Wichtigkeit sein und die Interessen der Belegschaft berühren; daher besteht keine Unterrichtungspflicht über laufende, gewöhnliche Geschäfte.[28] Zudem muss der Unternehmer über die Auswirkungen der wirtschaftlichen Angelegenheiten auf die Personalplanung (§ 92 BetrVG) informieren (→ § 238 Rn. 2), etwa wenn infolge von Rationalisierungsmaßnahmen AN entlassen werden müssen.

16 **b) Vorlage von Unterlagen.** Die Unterrichtung des Wirtschaftsausschusses hat unter Vorlage der „erforderlichen" Unterlagen zu erfolgen. Welche dies sind, liegt nicht im Ermessen des AG. § 106 II 1 BetrVG verpflichtet ihn vielmehr, eine Unterrichtung des Wirtschaftsausschusses anhand geeigneter und damit aussagekräftiger Unterlagen vorzunehmen; einer weitergehenden Erforderlichkeitsprüfung bedarf es ebenso wenig[29] wie eines vorherigen Verlangens des Wirtschaftsausschusses. Zu den Unterlagen in diesem Sinne gehören zB der Jahresabschluss[30] – dh Bilanz sowie Gewinn- und Verlustrechnung (§ 242 HGB) –, Analysen, Berichte, monatliche

[25] *Fitting* BetrVG § 107 Rn. 31; Richardi BetrVG/*Annuß* § 107 Rn. 36.
[26] *Fitting* BetrVG § 107 Rn. 32; Richardi BetrVG/*Annuß* § 107 Rn. 37.
[27] BAG 17.12.2019 AP Nr. 23 zu § 106 BetrVG 1972 = NZA 2020, 393.
[28] BAG 1.10.1974 AP Nr. 1 zu § 106 BetrVG; 21.1.1962 AP Nr. 2 zu § 72 BetrVG.
[29] BAG 17.12.2019 AP Nr. 23 zu § 106 BetrVG 1972 = NZA 2020, 393.
[30] BAG 8.8.1989 AP Nr. 6 zu § 106 BetrVG 1972 = NZA 1990, 150.

Erfolgsrechnungen (Betriebsabrechnungsbögen,[31] Kostenstellenübersichten),[32] Vorschläge von internen und externen Gutachtern oder Beratungsfirmen, Pläne, Studien,[33] Organisations- und Rationalisierungspläne sowie der Wirtschaftsprüfungsbericht.[34] Bei einer Unternehmensübernahme iSv § 106 Nr. 9a BetrVG (→ Rn. 29) bezieht sich die Vorlagepflicht nach zutreffender Ansicht zudem auf den Veräußerungsvertrag über den Gesellschafterwechsel.[35] Der Begriff der Unterlage erfasst auch elektronische Dateien. Der AG muss die Unterlagen nach dem Gesetz nur vorlegen, nicht dauerhaft überlassen. Um eine gleichberechtigte Beratung zu ermöglichen, müssen umfangreiche Aufstellungen etc. aber bereits vor der Sitzung des Wirtschaftsausschusses in Kopie oder in elektronischer Form zur Verfügung gestellt werden (umstr.).[36] Werden die Unterlagen nicht mehr benötigt, können sie nach der Sitzung wieder eingesammelt werden. Die Mitglieder des Wirtschaftsausschusses dürfen in alle vorzulegenden Urkunden oder Dateien **Einsicht** nehmen (§ 108 III BetrVG) und sich schriftliche Aufzeichnungen machen. Ohne Zustimmung des AG dürfen jedoch keine Kopien gefertigt werden.[37]

c) Geschäftsgeheimnis. Die Pflicht des AG zur Unterrichtung und Vorlage erforderlicher Unterlagen besteht nicht, soweit dadurch – auch unter Berücksichtigung der Schweigepflicht der Mitglieder des Wirtschaftsausschusses (§§ 79, 107 III BetrVG) – eine Gefährdung der Betriebs- oder Geschäftsgeheimnisse eintreten würde.[38] Hierbei kann es sich auch um vertraglich geheim zu haltende Geschäftsgeheimnisse von Geschäftspartnern handeln. Bloß vertrauliche Angaben dürfen dem Wirtschaftsausschuss hingegen nicht verweigert werden. An diesen Grundsätzen hat sich durch das GeschGehG nichts geändert (§ 1 III Nr. 4 GeschGehG). Besteht Streit über die Frage, ob eine Gefährdung der Betriebs- oder Geschäftsgeheimnisse anzunehmen ist, hat hierüber immer zunächst die Einigungsstelle nach § 109 BetrVG zu entscheiden (§ 109 BetrVG; → Rn. 33).[39] 17

d) Wirtschaftliche Angelegenheiten. aa) Allgemeines. Das Gesetz zählt die Angelegenheiten, in denen der Wirtschaftsausschuss zu unterrichten ist, nicht abschließend auf. Es geht vielmehr davon aus, dass der Ausschuss umfassend über die wirtschaftlichen Verhältnisse informiert werden soll, wie es verständigen, am Unternehmen interessierten Partnern entspricht. Der Katalog an Gegenständen und Situationen, auf die sich die Unterrichtungspflicht bezieht, ist – wie die Formulierung „insbesondere" zeigt – in § 106 III BetrVG nur beispielhaft. Hierzu gehören auch die unter → § 244 Rn. 12 erörterten Maßnahmen der Betriebsänderung. Im Einzelnen erfasst der Begriff der wirtschaftlichen Angelegenheiten zumindest Folgendes: 18

bb) Wirtschaftliche und finanzielle Lage. Zu den wirtschaftlichen Angelegenheiten gehört sowohl die wirtschaftliche als auch die finanzielle Lage des Unternehmens (§ 106 III Nr. 1 BetrVG). Gemeint ist damit nur das Unternehmen, in dem der Wirtschaftsausschuss gebildet ist. Die Norm gewährt keinen Anspruch – auch nicht im Wege einer Analogie – auf eine Unterrichtung über die wirtschaftliche und die finanzielle Lage des dieses beherrschenden Unternehmens, selbst wenn beide eng miteinander verflochten sind. Aus der Richtlinie 2002/14/EG folgt nichts Anderes.[40] Zur wirtschaftlichen Lage gehören Verluste, Gewinne, die Wettbewerbslage des Unternehmens, bestehende Risiken und Schwierigkeiten in der Produktion, die konjunkturelle Lage usw. Anders als nach dem BetrVG 1952 besteht auch eine Unterrichtungspflicht über die finanzielle Lage, also über die Kapitalausstattung, das Verhältnis von Forderungen und Verbindlichkeiten, die Liquidität und Kreditwürdigkeit, eine drohende Insolvenz usw. In diesem Zusammenhang können auch monatliche Erfolgsrechnungen (Betriebsabrechnungsbögen) vorzulegen sein.[41] Umstr. ist, ob auch über die Preisgestaltung und deren Kalkulationsgrundlage zu unterrichten ist.[42] 19

[31] BAG 17.9.1991 AP Nr. 13 zu § 106 BetrVG 1972 = NZA 1992, 418.
[32] ArbG Offenbach 19.11.1987 ZIP 1988, 803.
[33] HessLAG 19.3.1996 LAGE § 87 BetrVG 1972 Arbeitszeit Nr. 25.
[34] BAG 8.8.1989 AP Nr. 6 zu § 106 BetrVG 1972 = NZA 1990, 150.
[35] *Fitting* BetrVG § 106 Rn. 125; aA BAG 22.1.1991 AP Nr. 9 zu § 106 BetrVG 1972 = NZA 1991, 649 (vor Einfügung der Nr. 9a).
[36] BAG 8.8.1989 AP Nr. 6 zu § 106 BetrVG 1972 = NZA 1990, 150; 20.11.1984 AP Nr. 3 zu § 106 BetrVG 1972 = NZA 1985, 432.
[37] BAG 20.11.1984 AP Nr. 3 zu § 106 BetrVG 1972 = NZA 1985, 432.
[38] BAG 11.7.2000 AP Nr. 2 zu § 109 BetrVG 1972 = NZA 2001, 402.
[39] BAG 17.12.2019 AP Nr. 23 zu § 106 BetrVG 1972 = NZA 2020, 393.
[40] BAG 17.12.2019 AP Nr. 22 zu § 106 BetrVG 1972 = NZA 2020, 531.
[41] BAG 17.9.1991 AP Nr. 13 zu § 106 BetrVG 1972 = NZA 1992, 418.
[42] Bejahend: *Fitting* BetrVG § 106 Rn. 53; aA *Stück/Wein* DB 2005, 334.

20 **cc) Produktions- und Absatzlage.** Zur Produktions- und Absatzlage iSv § 106 III Nr. 2 BetrVG gehört die Kapazität des Unternehmens, deren Ausnutzung, der Auftragsbestand und die Absatzmöglichkeiten. Die insoweit bestehende Unterrichtungspflicht obliegt nicht nur Produktions-, sondern auch Dienstleistungsunternehmen.

21 **dd) Produktions- und Investitionsprogramm.** Gegenstand der Unterrichtungspflicht ist zudem das Produktions- und Investitionsprogramm (§ 106 III Nr. 3 BetrVG). Das Produktionsprogramm erfasst die Planung über die Gütererzeugung; das Investitionsprogramm die Planung über den Einsatz von Kapital zur Schaffung, Ergänzung und Erneuerung der Produktionsausrüstung.

22 **ee) Rationalisierungsvorhaben.** Rationalisierungsvorhaben iSv § 106 III Nr. 4 BetrVG sind vor allem Maßnahmen zur Hebung der Leistung des Betriebs durch Herabsetzung des Bedarfs an menschlicher Arbeitskraft, Unkosten und Kapital. Hierzu gehören daher die Typisierung der Produkte und des Arbeitsablaufs, die Einführung arbeitssparender oder qualitätsverbessernder Technologien (zB Einsatz von EDV-Anlagen, Mikroprozessoren, Robotern usw.) sowie betriebsorganisatorische Maßnahmen.

23 **ff) Fabrikations- und Arbeitsmethoden.** Eine Unterrichtungspflicht besteht über die Fabrikations- und Arbeitsmethoden, insbesondere die Einführung neuer Arbeitsmethoden (§ 106 III Nr. 5 BetrVG). Die Vorschrift entspricht § 111 S. 3 Nr. 5 BetrVG. Daher konkurriert die Informationspflicht gegenüber dem Wirtschaftsausschuss mit der Unterrichtungspflicht des BR nach § 111 BetrVG (→ § 244 Rn. 3). Fabrikations- oder Fertigungsmethode ist die Bestimmung des Ablaufs des Fertigungsprozesses; Arbeitsmethode meint, in welcher Art und Weise die einzelnen AN im Rahmen des Produktionsablaufs die Arbeitsleistung zu erbringen haben. Über technische Kontrolleinrichtungen ist zu informieren, sofern sie Teil des Fertigungsprozesses sind.

24 **gg) Betrieblicher Umweltschutz.** Durch die Aufnahme als Nr. 5a in den Katalog des § 106 III BetrVG erklärt das Gesetz auch den betrieblichen Umweltschutz zu den wirtschaftlichen Angelegenheiten; zum Begriff → § 236 Rn. 16. Gegenstand der Unterrichtung dürften dabei u.a. die Festlegung der Umweltpolitik und -ziele des Unternehmens, Umweltvorsorge bei Einführung neuer Fertigungsverfahren und Produktlinien sowie deren Auswirkungen auf die Arbeitsplätze sein.[43]

25 **hh) Einschränkung oder Stilllegung.** Der Wirtschaftsausschuss ist nach § 106 III Nr. 6 BetrVG über die beabsichtigte Einschränkung (Herabsetzung der Leistung des Betriebs bei unverändertem Betriebszweck) und Stilllegung (Aufgabe des Betriebszweckes) von Betrieben oder Betriebsteilen in Kenntnis zu setzen. Die Regelung entspricht insoweit § 111 S. 3 Nr. 1 BetrVG, der eine Pflicht zur Unterrichtung des BR vorsieht (→ § 244 Rn. 25). Unerheblich ist, ob es sich um wesentliche Betriebsteile handelt oder in dem stillzulegenden Betrieb ein BR besteht.[44] Keine Stilllegung iSv § 106 BetrVG ist die Übernahme des Betriebs durch einen neuen Inhaber.[45] Ein Betriebsübergang oder eine Aufgabenverlagerung kann aber nach Nr. 10 (→ Rn. 31) zur Unterrichtungspflicht führen.

26 **ii) Verlegung von Betrieben.** Der Wirtschaftsausschuss ist nach § 106 III Nr. 7 BetrVG über die Verlegung eines Betriebs oder von (auch kleineren) Betriebsteilen zu informieren. Verlegung ist die räumliche Verlagerung des Standpunkts des Betriebs oder eines Betriebsteils.

27 **jj) Zusammenschluss oder Spaltung.** Zu den wirtschaftlichen Angelegenheiten zählt nach § 106 III Nr. 8 BetrVG auch ein geplanter Zusammenschluss oder eine Spaltung von Unternehmen oder Betrieben. Die Norm entspricht § 111 S. 3 Nr. 3 BetrVG. Ein Zusammenschluss von Betrieben ist gegeben, wenn zwei oder mehrere Betriebe miteinander verschmolzen werden oder der eine den/die anderen aufnimmt. Eine Spaltung kann insbesondere nach den Vorgaben des UmwG erfolgen (→ § 116 Rn. 1). Aus §§ 5 I Nr. 9, 126 I Nr. 11, 136, 176, 177, 194 I Nr. 7 UmwG folgen weitere Unterrichtungspflichten.

28 **kk) Änderung der Betriebsorganisation oder des Betriebszwecks.** Während nach § 111 S. 3 Nr. 4 BetrVG der BR nur über grundlegende Änderungen der Betriebsorganisation oder des Betriebszwecks zu unterrichten ist, hat der Wirtschaftsausschuss ein Unterrichtungsrecht über jede Änderung (§ 106 III Nr. 9 BetrVG). Die unterschiedliche Formulierung beruht darauf,

[43] Vgl. BT-Drs. 14/5741, 51.
[44] BAG 9.5.1995 AP Nr. 12 zu § 106 BetrVG 1972 = NZA 1996, 56.
[45] Vgl. BAG 29.10.1975 AP Nr. 2 zu § 613a BGB.

dass der BR in der Lage sein soll, Nachteile für die Belegschaft abzuwenden, während der Wirtschaftsausschuss über die Lage des Unternehmens in allen Phasen unterrichtet werden soll. Änderung der Betriebsorganisation ist die Veränderung der Aufgabenverteilung innerhalb des Betriebs, die des Betriebszwecks eine Veränderung der arbeitstechnischen Zwecksetzung.[46]

ll) Kontrollerwerb durch Unternehmensübernahme. (1) Begriff. Nach der durch das Risikobegrenzungsgesetz vom 12.8.2008 (BGBl. I 1666) eingefügten Nr. 9a zählt zu den wirtschaftlichen Angelegenheiten die Übernahme des Unternehmens, wenn hiermit der Erwerb der Kontrolle verbunden ist. Durch die entspr. Pflicht zur Unterrichtung des Wirtschaftsausschusses (und hilfsweise des BR nach § 109a BetrVG) soll die Information der Mitarbeiter über einen solchen Vorgang auch in nicht börsennotierten Unternehmen sichergestellt werden.[47] Ein Kontrollerwerb iSd § 106 II Nr. 9a BetrVG ist gegeben, wenn zumindest 30% der Stimmrechte am Unternehmen gehalten werden; diese Grenze gilt für börsennotierte und nicht börsennotierte Unternehmen gleichermaßen.[48] Damit wird der Wirtschaftsausschuss mit den Plänen eines Investors doppelt befasst; zunächst bei der beabsichtigten Unternehmensübernahme und anschließend bei der Umsetzung der Pläne. Wird die Kontrolle über die Konzernmuttergesellschaft erworben, erfüllt dies in Bezug auf die Tochtergesellschaften nicht den Tatbestand der Nr. 9a; die Regelung erfasst nur den direkten Kontrollerwerb.[49] Werden die Pflichten aus der Nr. 9a durch den Unternehmer verletzt, begründet dies keinen Unterlassungsanspruch im Hinblick auf die beabsichtigte Übernahme; es kann nur eine Geldbuße von bis zu 10 000 EUR verhängt werden. 29

(2) Erforderliche Angaben. § 106 II 2 BetrVG zählt die Unterlagen auf, die dem Wirtschaftsausschuss in den Fällen der Nr. 9a stets vorzulegen sind. Bei börsennotierten Unternehmen sind die geforderten Angaben im Übernahmeangebot (§ 11 II, § 39 WpÜG) enthalten. Sofern diese bei nicht börsennotierten Unternehmen nicht vorhanden sind, müssen sie entweder vom Unternehmen oder vom Erwerber erstellt werden.[50] Danach sind insbesondere Angaben erforderlich über die potenziellen Erwerber (Gesellschaften, die ein Gebot abgegeben haben oder mit denen Vertragsverhandlungen geführt werden), die für die Übernahme angebotene Gegenleistung und die Stellungnahme nach § 27 WpÜG. Zu den Unterlagen gehört auch der Vertrag zur Veräußerung der Gesellschaftsanteile.[51] Noch nicht geklärt ist, ob bei konzernverbundenen Unternehmen ein „Informationsdurchgriff" auf die Konzernobergesellschaft in Betracht kommt.[52] 30

(3) Zeitpunkt. Die Unterrichtung des Wirtschaftsausschusses ist nur rechtzeitig, wenn sie zu einem Zeitpunkt erfolgt, zu dem noch keine bindenden Vereinbarungen zur Übernahme getroffen oder sonstige nicht mehr zu beseitigende Eckpfeiler[53] in die Welt gesetzt wurden. Ansonsten ginge sein Beratungsrecht ins Leere. Dies erfordert insbesondere bei beabsichtigten freundlichen Unternehmensübernahmen eine Unterrichtung des Wirtschaftsausschusses vor dem eigentlichen Bieterverfahren. Erklärt sich die Zielgesellschaft zu einer Analyse ihrer Unternehmenstätigkeit bereit (Due-Diligence-Prüfung), ist nach deren positivem Abschluss regelmäßig auch der Wirtschaftsausschuss zu unterrichten. Weder § 14 II 2 WpÜG[54] – der eine vorzeitige Bekanntgabe der Bieterunterlagen vor deren Veröffentlichung untersagt – noch § 33 WpÜG stehen dem entgegen.[55] 31

mm) Sonstige Vorgänge und Vorhaben. § 106 III Nr. 10 BetrVG enthält eine **(beschränkte) Generalklausel,** nach der der Wirtschaftsausschuss über alle Vorgänge und Vorhaben zu unterrichten ist, durch welche die Interessen der AN wesentlich berührt werden können. Die Vorschrift erfasst alle nicht bereits in § 106 III Nrn. 1–9a BetrVG (→ Rn. 19–31) aufgeführten Fragen, die das wirtschaftliche Leben des Unternehmens in entscheidenden Punkten betreffen, dies jedoch stets unter der Voraussetzung, dass die Interessen der AN des Unternehmens wesentlich berührt wer- 32

[46] BAG 17.12.1985 AP Nr. 15 zu § 111 BetrVG 1972 = NZA 1986, 804.
[47] Dazu *Brems/Croonenbroock* DB 2017, 1513; *Fleischer* ZfA 2009, 787; *Hey/Claßmann* BB 2015, 3061.
[48] *Fitting* BetrVG § 106 Rn. 86.
[49] *Lieber/Erren/Weiß* NZA 2009, 1063 (1065); *Simon/Dobel* BB 2008, 1955 (1956).
[50] *Fitting* BetrVG § 106 Rn. 115.
[51] *Fitting* BetrVG § 106 Rn. 125; aA *Löw* DB 2008, 758 (760); *Schröder/Falter* NZA 2008, 1097.
[52] Dies hält LAG Nds 3.11.2009 NZA-RR 2010, 142 für möglich.
[53] *Fitting* BetrVG § 106 Rn. 105 (präjudizierende Wirkung von Handlungen der Geschäftsleitung).
[54] *Fitting* BetrVG § 106 Rn. 109.
[55] AA *Thüsing* ZIP 2008, 106 (107).

den können.[56] Das kann zB ein Betriebsinhaberwechsel oder ein Unternehmenszusammenschluss sein. Unter Nr. 10 fallen auch grundlegende Veränderungen des Unternehmens oder seiner strategischen Ausrichtung am Markt.

33 **e) Streitigkeiten. aa) Primärzuständigkeit der Einigungsstelle.** Nach § 109 S. 1 BetrVG entscheidet auf Antrag des AG oder der Betriebsvertretung die Einigungsstelle (→ § 232 Rn. 1), wenn eine (konkrete gegenwarts- oder zukunftsbezogene) Auskunft über wirtschaftliche Angelegenheiten des Unternehmens entgegen dem Verlangen des Wirtschaftsausschusses nicht, nicht rechtzeitig oder nur ungenügend erteilt wird und hierüber nach Einschaltung des BR bzw. GBR keine Einigung zustande kommt. Die Norm begründet eine sog. Primärzuständigkeit der Einigungsstelle; bei Konflikten über ein Auskunftsverlangen des Wirtschaftsausschusses soll das Einigungsstellenverfahren als vorgeschaltetes Verfahren den Betriebsparteien die Möglichkeit einer raschen Einigung auf betrieblicher Ebene eröffnen. Aus diesem Grund ist ein von AG oder BR/GBR im arbeitsgerichtlichen Beschlussverfahren angebrachtes Begehren, das in die Zuständigkeit der Einigungsstelle fällt, nur dann zulässig, wenn das in § 109 BetrVG vorgesehene Einigungsstellenverfahren zuvor durchgeführt wurde.[57] Die Einigungsstelle ist für alle Auseinandersetzungen der (Gesamt)Betriebsparteien über Grund, Umfang und Modalitäten (zB Form oder Zeitpunkt) der Unterrichtungs- und Vorlagepflicht des Unternehmers nach § 106 II BetrVG zuständig.[58] Dies betrifft auch Streitigkeiten über die Frage, ob bei einer Unterrichtung Betriebs- oder Geschäftsgeheimnisse gefährdet sind,[59] und über die Geheimhaltungsbedürftigkeit der vom AG erteilten Informationen.[60] Die Einigungsstelle kann, wenn es für ihre Entscheidung notwendig ist, **Sachverständige** hinzuziehen (§ 109 S. 3 BetrVG); über deren Hinzuziehung bedarf es keiner Einigung mit dem AG. Kommt zwischen AG und BR/GBR keine Einigung über das Auskunftsverlangen des Wirtschaftsausschusses zustande, entscheidet die Einigungsstelle durch Spruch; dieser ersetzt die Einigung der Betriebsparteien. Wahrt ein solcher Spruch die Form des § 76 III 4 BetrVG (mangels Unterschrift oder qualifizierter elektronischer Signatur) nicht, hat dies nicht seine Unwirksamkeit zur Folge (→ § 232 Rn. 29).[61] Eine Spruchkompetenz der Einigungsstelle besteht nur, wenn das Verlangen des Wirtschaftsausschusses – über das die Betriebsparteien streiten – hinreichend bestimmt auf die Erteilung einer Auskunft, die Vorlage bestimmter Unterlagen, deren jeweilige Zeitpunkte oder deren sonstige Modalitäten gerichtet ist.[62] Das an den Unternehmer gerichtete Verlangen des Wirtschaftsausschusses kann auch eine regelmäßig wiederkehrende Auskunft über eine bestimmte wirtschaftliche Angelegenheit zum Gegenstand haben.[63] Für die Zuständigkeit der Einigungsstelle kommt es nicht darauf an, ob der Wirtschaftsausschuss über sein Verlangen zuvor einen (ordnungsgemäßen) Beschluss gefasst hat.[64]

34 **bb) Rechtsweg.** Sind die Betriebsparteien mit dem Spruch der Einigungsstelle nicht einverstanden, steht ihnen der Weg zu den Gerichten für Arbeitssachen offen. Da dem Spruch nach § 109 S. 2 BetrVG keine rechtsgestaltende Wirkung zukommt, sondern die Einigungsstelle über die Berechtigung eines vom Wirtschaftsausschuss geltend gemachten Verlangens und damit über den Inhalt gesetzlich definierter Ansprüche befindet, unterliegt ihre Entscheidung einer umfassenden Rechtskontrolle.[65] Der im Beschlussverfahren anzubringende Antrag ist – je nach Antragsteller (AG oder BR/GBR; nicht: der Wirtschaftsausschuss) – sowohl auf die Feststellung der Unwirksamkeit des Spruchs als auch auf die Feststellung zu richten, dass (k)eine Pflicht zur

[56] BAG 11.7.2000 AP Nr. 2 zu § 109 BetrVG 1972 = NZA 2001, 402.
[57] BAG 17.12.2019 AP Nr. 23 zu § 106 BetrVG 1972 = NZA 2020, 393; 12.2.2019 AP Nr. 20 zu § 106 BetrVG 1972 = NZA 2019, 787.
[58] BAG 17.12.2019 AP Nr. 23 zu § 106 BetrVG 1972 = NZA 2020, 393; 12.2.2019 AP Nr. 20 zu § 106 BetrVG 1972 = NZA 2019, 787.
[59] BAG 17.12.2019 AP Nr. 23 zu § 106 BetrVG 1972 = NZA 2020, 393.
[60] LAG Köln 14.1.2004 AP Nr. 18 zu § 106 BetrVG 1972.
[61] Vgl. für die Schriftform BAG 17.12.2019 AP Nr. 23 zu § 106 BetrVG 1972 = NZA 2020, 393.
[62] BAG 17.12.2019 AP Nr. 23 zu § 106 BetrVG 1972 = NZA 2020, 393.
[63] BAG 17.12.2019 AP Nr. 22 zu § 106 BetrVG 1972 = NZA 2020, 531.
[64] BAG 17.12.2019 AP Nr. 23 zu § 106 BetrVG 1972 = NZA 2020, 393; aA LAG SchlH 24.11.2016 – 4 TaBV 40/16; LAG Düsseldorf 26.2.2016 – 4 TaBV 8/16; LAG Hamm 2.11.2015 – 13 TaBV 70/15.
[65] BAG 17.12.2019 AP Nr. 23 zu § 106 BetrVG 1972 = NZA 2020, 393; 17.12.2019 AP Nr. 22 zu § 106 BetrVG 1972 = NZA 2020, 531; 15.3.2006 AP Nr. 79 zu § 118 BetrVG 1972 = NZA 2006, 1422; 11.7.2000 AP Nr. 2 zu § 109 BetrVG 1972 = NZA 2001, 402; offen BAG 8.8.1989 AP Nr. 6 zu § 106 BetrVG 1972 = NZA 1990, 150.

Unterrichtung oder Vorlage von bestimmten Unterlagen besteht.[66] BR/GBR können insoweit auch einen Leistungsantrag auf Vorlage von Unterlagen oder auf Erteilung von Informationen stellen. Am Verfahren ist der Wirtschaftsausschuss nicht beteiligt.[67]

5. Erläuterung des Jahresabschlusses. Dem Wirtschaftsausschuss ist nach § 108 V BetrVG unter Beteiligung des BR der Jahresabschluss, also die Handelsbilanz und die Gewinn- und Verlustrechnung (§ 242 HGB), zu erläutern.[68] Die Ausschussmitglieder dürfen sich Notizen und Aufzeichnungen machen. Die Unterlagen sind vorzulegen; dagegen wird eine Aushändigung nur bejaht, soweit sie zu veröffentlichen sind.[69] Bei Streitigkeiten über die Pflicht zur Erläuterung des Jahresabschlusses hat zunächst die Einigungsstelle zu entscheiden (→ Rn. 33). 35

6. Unterrichtung der Betriebsvertretung. Der Wirtschaftsausschuss hat den BR bzw. GBR nach jeder Sitzung unverzüglich zu unterrichten (§§ 106 I 2, 108 IV BetrVG). Hierzu können Letztere auch **sachkundige AN** (§ 80 II BetrVG) hinzuziehen, die zB die betrieblichen Auswirkungen der mitgeteilten wirtschaftlichen Vorgänge verdeutlichen. Eine Schweigepflicht der Mitglieder des Wirtschaftsausschusses gegenüber dem BR bzw. GBR besteht nicht.[70] 36

7. Geschäftsführung des Wirtschaftsausschusses. a) Sitzung. Der Wirtschaftsausschuss soll monatlich einmal zusammentreten (§ 108 I BetrVG); er hat je nach Bedarf in kürzeren oder längeren Abständen zu tagen. Zur Sicherung des Geschäftsablaufs wird der Wirtschaftsausschuss in seiner konstituierenden Sitzung einen Vorsitzenden wählen, der die Einberufung vorzunehmen und die Tagung zu leiten hat; zwingend vorgeschrieben ist es nicht. Die Sitzung ist nicht öffentlich. Die Schwerbehindertenvertretung ist teilnahmeberechtigt (umstr.).[71] 37

Der **Unternehmer** oder sein Vertreter hat an den Sitzungen des Wirtschaftsausschusses teilzunehmen (§ 108 II 1 BetrVG). Es muss sich um eine Person handeln, die den Unternehmer allgemein oder für den zu erörternden Bereich vertritt und die Entscheidung des Unternehmens maßgeblich vorbereitet. Ansonsten läuft das Beratungsrecht leer. Neben dem Arbeitsdirektor (§ 33 MitbestG; § 13 Montan-MitbestG) können auch andere Vorstandsmitglieder für ihren Bereich (zB Finanzvorstand) die Unterrichtung vornehmen. Dem Unternehmer ist überlassen, wie viele AN einschließlich der leitenden Angestellten (§ 5 III BetrVG) er zu seiner Unterstützung zu den Sitzungen hinzuzieht. Der Wirtschaftsausschuss kann darüber hinaus auch ohne den Unternehmer zusammentreten und eine Wirtschaftsausschusssitzung vorbereiten.[72] 38

Der Wirtschaftsausschuss ist berechtigt, den Repräsentant einer im Betrieb vertretenen **Gewerkschaft** zur Teilnahme an den Sitzungen des Wirtschaftsausschusses einzuladen.[73] Da auch ein Betriebsausschuss die Rechte des Wirtschaftsausschusses übernehmen und dieser nach § 31 BetrVG einen Gewerkschaftsvertreter hinzuziehen kann, steht dieses Recht auch dem Wirtschaftsausschuss zu. Die Teilnahme darf aber nicht generell für alle Sitzungen des Wirtschaftsausschusses, sondern nur jeweils für eine konkret bestimmte Sitzung beschlossen werden.[74] Der Unternehmer kann einen Verbandsvertreter hinzuziehen (§ 29 IV 2 BetrVG analog).[75] 39

b) Kosten. Der AG hat dem Wirtschaftsausschuss die sächlichen und personellen Mittel zur Verfügung zu stellen, die für die Geschäftsführung notwendig sind (§ 40 BetrVG). Dagegen ist der Wirtschaftsausschuss nicht berechtigt, gegen den Willen des AG ein Mitglied des BR zur Protokollführung hinzuzuziehen.[76] 40

c) Sachverständige. Sowohl der Unternehmer als auch der Wirtschaftsausschuss können Sachverständige hinzuziehen. Deren Aufgabe ist es, dem Wirtschaftsausschuss die ihm zur Beur- 41

---

66 Vgl. BAG 17.12.2019 AP Nr. 23 zu § 106 BetrVG 1972 = NZA 2020, 393; 17.12.2019 AP Nr. 22 zu § 106 BetrVG 1972 = NZA 2020, 531.
67 BAG 11.7.2000 AP Nr. 2 zu § 109 BetrVG 1972 = NZA 2001, 402.
68 BAG 18.7.1978 AP Nr. 1 zu § 108 BetrVG 1972.
69 *Fitting* BetrVG § 108 Rn. 36.
70 Vgl. BAG 9.11.1971 AP Nr. 1 zu § 67 BetrVG.
71 BAG 4.6.1987 AP Nr. 2 zu § 22 SchwbG = NZA 1987, 861.
72 BAG 16.3.1982 AP Nr. 3 zu § 108 BetrVG 1972.
73 BAG 11.7.2000 AP Nr. 2 zu § 109 BetrVG 1972 = NZA 2001, 402 (Tarifkommission); 25.6.1987 AP Nr. 6 zu § 108 BetrVG 1972 = NZA 1988, 167; 18.11.1980 AP Nr. 2 zu § 108 BetrVG 1972.
74 BAG 25.6.1987 AP Nr. 6 zu § 108 BetrVG 1972 = NZA 1988, 167.
75 BAG 18.11.1980 AP Nr. 2 zu § 108 BetrVG 1972.
76 BAG 17.10.1990 AP Nr. 8 zu § 108 BetrVG 1972 = NZA 1991, 432.

teilung einer konkreten aktuellen Frage fehlenden fachlichen Kenntnisse zu vermitteln. Die Zuziehung eines Sachverständigen bedarf einer Vereinbarung zwischen Unternehmer und Wirtschaftsausschuss (§ 108 II 3 BetrVG);[77] im Streitfall entscheidet das Arbeitsgericht im Beschlussverfahren über die Notwendigkeit einer Hinzuziehung. Im Allgemeinen ist davon auszugehen, dass der Wirtschaftsausschuss die notwendigen Kenntnisse besitzt. Die Kosten des Sachverständigen trägt der Unternehmer. Der Sachverständige unterliegt der Verschwiegenheitspflicht (§ 108 II 3 BetrVG).

42 **8. Rechtsstellung der Ausschussmitglieder.** Die Ausschussmitglieder unterliegen einer besonderen Schweigepflicht (§ 107 III 4 BetrVG). Dagegen genießen sie keinen besonderen Kündigungsschutz. Für sie gilt allein das Benachteiligungsverbot des § 78 BetrVG. Eine Kündigung, die erklärt wird, um ein Ausschussmitglied zu bewegen, von der Wahrnehmung seiner Aufgaben abzusehen, ist nichtig (§ 134 BGB). Aus dem Benachteiligungsverbot folgt zudem, dass der AG für die Tätigkeit im Ausschuss einschl. der erforderlichen Vorbereitungszeit die Vergütung fortzuzahlen hat und die sächlichen Aufwendungen der Ausschusssitzungen trägt[78] (§§ 37 II, 40 BetrVG entspr.). Dagegen haben die Ausschussmitglieder nach Ansicht des BAG keinen originären Freistellungsanspruch zur Teilnahme an Bildungsveranstaltungen.[79] Eine Ausnahme soll nur gelten, wenn der BR völlig neu gewählt wurde oder er keinen AN findet, der die erforderliche fachliche und persönliche Eignung besitzt. Wirtschaftsausschussmitglieder können danach lediglich als Betriebsratsmitglieder an Schulungsveranstaltungen teilnehmen. Die Rspr. verkennt jedoch, dass Schulungsveranstaltungen selbst bei ursprünglich bestehender Eignung jedenfalls zu deren Erhalt und Anpassung an sich ändernde rechtliche und wirtschaftliche Vorgaben notwendig sein können. Darüber hinaus entsprechen die gesetzlichen Vorgaben in § 107 I 3 BetrVG vor allem in kleineren und mittleren Betrieben nicht der Wirklichkeit. Schließlich werden die Rechte des Wirtschaftsausschusses beeinträchtigt, wenn dem – regelmäßig besonders geschulten – Personal des Unternehmers, das seine Kenntnisse auch durch externe Fortbildung erwirbt oder erweitert, Arbeitnehmervertreter gegenübersitzen, die ihre Kenntnisse im Selbststudium vorrangig erwerben und aktualisieren müssen.

III. Unterrichtung der Arbeitnehmer über wirtschaftliche Angelegenheiten (§ 110 BetrVG)

43 In Betrieben mit idR mehr als 1 000 AN hat der Unternehmer mindestens einmal im Kalendervierteljahr nach vorheriger Abstimmung mit dem Wirtschaftsausschuss (→ Rn. 2) oder dem Ausschuss, der dessen Funktionen wahrnimmt (→ Rn. 11), sowie dem BR die AN schriftlich über die wirtschaftliche Lage des Unternehmens zu unterrichten (§ 110 I BetrVG). Zweckmäßigerweise erfolgt die Unterrichtung durch E-Mail oder im Intranet. In Unternehmen, die weniger als 1 000 AN, aber mehr als 20 zum BR wahlberechtigte AN beschäftigen, kann die Unterrichtung mündlich durchgeführt werden (§ 110 II BetrVG).

§ 244. Beteiligungsrechte des Betriebsrats bei Betriebsänderungen

Übersicht

[77] BAG 18.7.1978 AP Nr. 1 zu § 108 BetrVG 1972.
[78] BAG 17.10.1990 AP Nr. 8 zu § 108 BetrVG 1972 = NZA 1991, 432.
[79] BAG 11.11.1998 AP Nr. 129 zu § 37 BetrVG 1972 = NZA 1999, 1119; 28.4.1988 NZA 1989, 221; 6.11.1973 AP Nr. 5 zu § 37 BetrVG 1972; aA LAG Hmb 12.11.1996 NZA-RR 1997, 348 (SBV).

I. Einführung

1 **1. Überblick.** Die Beteiligungsrechte des BR bei Betriebsänderungen sind mehrstufig aufgebaut: In Unternehmen, in denen idR mehr als 20 AN beschäftigt werden (→ Rn. 3), hat der AG den BR zunächst über geplante Betriebsänderungen (→ Rn. 11) rechtzeitig und umfassend zu unterrichten und hierüber mit ihm zu beraten. Hinsichtlich der **unternehmerischen Entscheidung** über die Betriebsänderung hat der BR nur **Unterrichtungs- und Beratungsrechte** (→ Rn. 26). Verständigen sich die Betriebsparteien nicht auf einen **Interessenausgleich** (→ Rn. 41), muss die Einigungsstelle angerufen werden. Diese kann aber lediglich eine Einigung versuchen; ihr Spruch ersetzt nicht die Einigung zwischen BR und Unternehmer. Auch durch Tarifvertrag oder Betriebsvereinbarung können die Beteiligungsrechte des BR insoweit nicht erweitert werden.[1] Hinsichtlich der **sozialen Auswirkungen** der unternehmerisch-wirtschaftlichen Entscheidungen besitzt der BR dagegen ein echtes **Mitbestimmungsrecht.** Die wirtschaftlichen und ideellen Nachteile der Betriebsänderung sollen durch einen **Sozialplan** (→ Rn. 53) ausgeglichen oder abgemildert werden. Einigen sich die Betriebsparteien nicht auf einen Sozialplan, entscheidet die Einigungsstelle hierüber verbindlich. Etwaige tarifliche Rationalisierungsschutzabkommen verdrängen die §§ 111 ff. BetrVG nicht; sie enthalten allein eine Regelung der sozialen Folgen von Rationalisierungsmaßnahmen.

2 **2. Einheitliches Verfahren.** Trotz der unterschiedlichen Beteiligungsrechte beim Abschluss von Interessenausgleich und Sozialplan erfolgen in der Praxis die Beratungen über die unternehmerische Entscheidung und ihre Auswirkungen regelmäßig in einem einheitlichen Verfahren. Der BR kann sich wegen der bestehenden Interessengegensätze kaum darauf einlassen, nur über einen Interessenausgleich zu verhandeln. Eine getrennte Verhandlung von Interessenausgleich und Sozialplan ist aber gleichermaßen zulässig. Möglich ist auch die (teilweise) Verbindung der Verfahren nach §§ 111, 112 BetrVG mit dem Konsultationsverfahren nach § 17 II KSchG (→ § 142 Rn. 16).[2]

[1] BAG 24.4.2007 AP Nr. 2 zu § 1 TVG Sozialplan = NZA 2007, 987 (Erstreikbarkeit), → § 192 Rn. 7.
[2] BAG 26.2.2015 AP Nr. 47 zu § 17 KSchG 1969 = NZA 2015, 881.

II. Allgemeine Voraussetzungen der Beteiligungsrechte

3 **1. Unternehmensgröße.** Beteiligungsrechte des BR nach §§ 111 ff. BetrVG bestehen nur, wenn im Unternehmen in der Regel mehr als 20 wahlberechtigte AN beschäftigt sind. Dadurch sollen kleinere Unternehmen vor einer zu starken finanziellen Belastung durch Sozialpläne geschützt werden. Erreicht das Unternehmen keine 21 AN, kann ein Interessenausgleich und Sozialplan lediglich im Wege einer freiwilligen Betriebsvereinbarung vereinbart werden.

4 **a) Zeitpunkt.** Nach der Rspr. des BAG ist für die Ermittlung der Größe des Unternehmens der Zeitpunkt maßgeblich, zu dem die Planung für die Durchführung der betreffenden Betriebsänderung abgeschlossen ist und damit der verbindliche Beschluss hierüber getroffen wurde. Bei einer Betriebsstilllegung ist dies der Zeitpunkt des Stilllegungsbeschlusses. Allerdings ist für die Bestimmung der regelmäßigen Beschäftigtenzahl nicht entscheidend, wie viele AN dem Unternehmen zufällig zu dieser Zeit angehören. Vielmehr ist auf die normale Zahl der Beschäftigten (nach der Kopfzahl) abzustellen, also auf die Personalstärke, die für das Unternehmen im Allgemeinen kennzeichnend ist. Dies erfordert regelmäßig sowohl einen **Rückblick** als auch eine **Prognose.**[3] Im Fall der Stilllegung des einzigen Betriebs kann allerdings im Allgemeinen nur ein Rückblick auf die bisherige Belegschaftsstärke in Betracht kommen.[4] Geht der Betriebsstilllegung ein Personalabbau über einen längeren Zeitraum voraus, wird differenziert: Erweist sich im Zeitpunkt des Stilllegungsbeschlusses die Personalreduzierung rückblickend als Vorstufe der Betriebsstilllegung, ist auf die ursprüngliche Zahl der AN abzustellen. Sollte die Personalverminderung dagegen eine Fortführung des Betriebs ermöglichen und hat sie für eine nicht unerhebliche Zeit zu einer Stabilisierung der Belegschaftsstärke auf niedrigerem Niveau geführt, ist die Belegschaftsstärke während der Zwischenstufe maßgeblich.[5]

5 **b) Vorübergehende Beschäftigung.** Werden AN nicht ständig, sondern lediglich zeitweilig beschäftigt, kommt es für die Frage der regelmäßigen Beschäftigung darauf an, ob sie normalerweise während des größten Teils des Jahres tätig werden. Dies erfordert idR eine arbeitsplatzbezogene Betrachtung. Dies gilt auch für Saisonunternehmen, die jeweils für einige Wochen oder Monate im Jahr einen erhöhten Arbeitskräftebedarf haben. Die für diese Zeit vorübergehend eingestellten AN zählen nicht zu den in der Regel Beschäftigten. Etwas Anderes gilt lediglich für Unternehmen, die überhaupt nur während eines Teils des Jahres arbeiten. In diesem Fall ist die Beschäftigtenzahl während ihrer Arbeitsphase maßgebend.[6]

6 **c) Arbeitnehmer.** Aufgrund der identischen Formulierungen gelten für den Begriff der AN in § 111 S. 1 BetrVG die zu § 9 BetrVG entwickelten Grundsätze (→ § 217 Rn. 24); leitende Angestellte (§ 5 III BetrVG) und jugendliche AN iSd § 60 I BetrVG bleiben bei der Ermittlung der Unternehmensgröße unberücksichtigt. Hingegen sind gestellte AN iSd § 5 I 3 BetrVG ebenso mitzuzählen wie LeihAN, die länger als drei Monate im Unternehmen eingesetzt sind.[7] Es macht bei der am Normzweck des Beteiligungsrechts ausgerichteten Betrachtung keinen Unterschied, ob die weisungsgebundene Tätigkeit im Rahmen eines Arbeitsverhältnisses mit dem Betriebsinhaber oder aufgrund einer Weisungsbefugnis ausgeübt wird, die auf einem Arbeitnehmerüberlassungsvertrag beruht. In die Berechnung einzubeziehen sind auch solche AN, die dem Übergang auf einen Teilbetriebserwerber widersprochen haben und deshalb gekündigt werden müssen.[8]

7 **d) Gemeinschaftsbetrieb.** Bilden mehrere Unternehmen einen Gemeinschaftsbetrieb, ist für die Frage, ob regelmäßig mehr als zwanzig AN beschäftigt werden, nach zutreffender Ansicht nicht auf die Gesamtzahl aller AN im Gemeinschaftsbetrieb abzustellen (umstr.).[9] Die entspr. Rspr.[10] ist durch die Neufassung des § 111 S. 1 BetrVG und das Abstellen auf das Unternehmen obsolet geworden. Maßgeblich ist vielmehr, ob in den einzelnen Unternehmen, die den

---

[3] BAG 10.12.1996 AP Nr. 37 zu § 111 BetrVG 1972 = NZA 1997, 733.

[4] BAG 10.12.1996 AP Nr. 110 zu § 112 BetrVG 1972 = NZA 1997, 898.

[5] BAG 9.5.1995 AP Nr. 33 zu § 111 BetrVG 1972 = NZA 1996, 166.

[6] BAG 16.11.2004 AP Nr. 58 zu § 111 BetrVG 1972; 10.12.1996 AP Nr. 37 zu § 111 BetrVG 1972 = NZA 1997, 733.

[7] BAG 18.10.2011 AP Nr. 70 zu § 111 BetrVG 1972 = NZA 2012, 221.

[8] BAG 10.12.1996 AP Nr. 32 zu § 113 BetrVG 1972 = NZA 1997, 787.

[9] *Annuß* NZA 2001, 367 (369); *Schubert* ZfA 2004, 253 (275); *Löwisch* BB 2001, 1790 (1797); *Reichold* NZA 2001, 864 f. AA LAG Brem 23.1.2003 NZA-RR 2003, 477; *Däubler* ArbuR 2001, 285 (291); *Hanau* ZIP 2001, 1981 (1986); GK-BetrVG/*Oetker* § 111 Rn. 16; diff. nach Interessenausgleich und Sozialplan *Fitting* BetrVG § 111 Rn. 23.

[10] BAG 11.11.1997 AP Nr. 42 zu § 111 BetrVG 1972 = NZA 1998, 723.

Gemeinschaftsbetrieb führen, jeweils mehr als zwanzig AN beschäftigt sind. Erreicht keines dieser Unternehmen diesen Grenzwert, stehen dem BR des Gemeinschaftsbetriebs keine Beteiligungsrechte nach §§ 111 ff. BetrVG zu. Sind am Gemeinschaftsbetrieb sowohl Unternehmen beteiligt, bei denen idR mehr als 20 AN tätig sind, als auch solche, die die Mindestarbeitnehmerzahl nicht erreichen, finden die §§ 111 ff. BetrVG nur für die mehr als 20 AN beschäftigende Unternehmen Anwendung.[11] Einer anderweitigen Auslegung von § 111 S. 1 BetrVG steht nicht nur der insoweit eindeutige Wortlaut der Norm, sondern auch ihr Zweck entgegen. Für die wirtschaftlichen Beteiligungsrechte des BR soll es auf die Leistungsfähigkeit des Unternehmens, nicht des von der Betriebsänderung betroffenen Betriebs ankommen.

2. Bestehen eines Betriebsrats. Besteht in einem von einer Betriebsänderung betroffenen Betrieb kein BR, entfällt grundsätzlich das Beteiligungsverfahren nach den §§ 111, 112 BetrVG[12] und damit auch die Möglichkeit der AN, einen Anspruch auf Nachteilsausgleich nach § 113 BetrVG geltend zu machen (→ § 245 Rn. 1). Etwas Anderes gilt, wenn im Unternehmen ein GBR gebildet ist und dieser aufgrund der betriebsübergreifenden Planung des Unternehmens für die Beteiligung an der Betriebsänderung und den Sozialplanabschluss nach § 50 I BetrVG zuständig ist (→ Rn. 38).[13] Da die Anforderungen nach § 50 I BetrVG jeweils gesondert für die Interessenausgleichsverhandlungen und den Sozialplan erfüllt sein müssen, wird eine Zuständigkeit des GBR in einem solchen Fall allerdings idR nur für die Mitwirkung am Abschluss eines Interessenausgleichs, nicht hingegen für den Sozialplan gegeben sein. Wird der BR erst während der Durchführung einer Betriebsänderung gewählt, stehen ihm keine Beteiligungsrechte nach §§ 111 ff. BetrVG – auch nicht für den Abschluss eines späteren Sozialplans zu –, sofern die Betriebsänderung nach dem unternehmerischen Gesamtplan bereits eingeleitet wurde.[14] Besteht im Betrieb ein BR und wurde die Betriebsratswahl nicht angefochten, kann sich der AG nicht darauf berufen, Beteiligungsrechte nach den §§ 111, 112 BetrVG hätten wegen der fehlerhaften Betriebsratswahl nicht bestanden.[15] 8

3. Tendenzunternehmen. Nach § 118 I 2 BetrVG sind die §§ 111–113 BetrVG in Tendenzunternehmen nur insoweit anzuwenden, als sie den **Ausgleich oder die Milderung wirtschaftlicher Nachteile für die AN infolge von Betriebsänderungen** regeln. Der Tendenzunternehmer ist daher selbst bei einer Betriebsstilllegung nicht verpflichtet, einen Interessenausgleich mit dem BR zu versuchen. Weder trifft ihn eine Obliegenheit zur Anrufung der Einigungsstelle (→ Rn. 48), noch hat er die Möglichkeit zur Einschaltung der Arbeitsverwaltung (→ Rn. 47). Allerdings bleibt der Tendenzunternehmer dennoch nach § 111 S. 1 BetrVG gehalten, den BR so rechtzeitig und umfassend über die geplante Betriebsänderung zu unterrichten, dass dieser eigene Vorstellungen über den Sozialplan entwickeln und unterbreiten kann, um über die sozialen Folgen der Maßnahme zu beraten.[16] Führt der AG die Betriebsänderung durch, ohne dieser Pflicht nachgekommen zu sein, kommt ein Anspruch der AN auf Nachteilsausgleich (→ § 245 Rn. 1) in Betracht. 9

4. Insolvenz. Wie die §§ 121 ff. InsO zeigen, finden die Bestimmungen in §§ 111–113 BetrVG auch während eines Insolvenzverfahrens Anwendung.[17] Die Mitwirkungs- und Mitbestimmungsrechte des BR nach §§ 111, 112 BetrVG entfallen selbst dann nicht, wenn die geplante Betriebsänderung zwangsläufige Folge der die Eröffnung des Insolvenzverfahrens bedingenden wirtschaftlichen Situation ist.[18] Allerdings löst allein der Antrag auf Eröffnung eines Insolvenzverfahrens noch keine Beteiligungsrechte nach §§ 111 ff. BetrVG aus; da dieser die Betriebsorganisation nicht verändert, liegt hierin keine Betriebsänderung (→ Rn. 11). Erst wenn der Insolvenzverwalter plant, den (oder einen) Betrieb des insolventen Unternehmens stillzulegen oder diesen in veränderter Weise ganz oder teilweise fortzuführen, greifen die §§ 111 ff. BetrVG ein.[19] 10

[11] Richardi BetrVG/*Annuß* § 111 Rn. 26.
[12] BAG 28.10.1992 AP Nr. 63 zu § 112 BetrVG 1972 = NZA 1993, 420.
[13] BAG 16.8.1983 AP Nr. 5 zu § 50 BetrVG 1972 (zu § 50 I BetrVG aF).
[14] BAG 28.10.1992 AP Nr. 63 zu § 112 BetrVG 1972 = NZA 1993, 420; 20.4.1982 AP Nr. 15 zu § 112 BetrVG 1972.
[15] BAG 8.6.1999 AP Nr. 47 zu § 111 BetrVG 1972 = NZA 1999, 1168; 19.1.1999 AP Nr. 37 zu § 113 BetrVG 1972 = NZA 1999, 949.
[16] BAG 27.10.1998 AP Nr. 65 zu § 118 BetrVG 1972 = NZA 1999, 328.
[17] BAG 18.11.2003 AP Nr. 162 zu § 112 BetrVG 1972.
[18] BAG GS 13.12.1978 AP Nr. 6 zu § 112 BetrVG 1972.
[19] BAG 7.11.2017 AP Nr. 59 zu § 113 BetrVG 1972 = NZA 2018, 464; 11.11.1997 AP Nr. 42 zu § 111 BetrVG 1972 = NZA 1998, 723.

III. Betriebsänderung

11 **1. Begriff.** Die Beteiligungsrechte des BR nach §§ 111 ff. BetrVG knüpfen an die **(a)** Planung einer **(b)** Betriebsänderung an, die **(c)** wesentliche Nachteile für die Belegschaft oder erhebliche Teile der Belegschaft zur Folge haben kann (§ 111 S. 1 BetrVG). Eine **Betriebsänderung** ist grundsätzlich jede tatsächliche Änderung der betrieblichen Organisation, der Struktur, des Tätigkeitsbereichs, der Arbeitsweise, der Fertigung oder des Standorts.[20] § 111 S. 3 BetrVG enthält eine Aufstellung von Tatbeständen, die als Betriebsänderung iSd Satzes 1 gelten. Liegt einer dieser Tatbestände vor, ist nicht mehr gesondert festzustellen, ob nachteilige Folgen für die Belegschaft oder erhebliche Teile der Belegschaft zu erwarten sind. Diese werden in den dort genannten Fällen vom Gesetz fingiert.[21] Der tatsächliche Eintritt von ausgleichspflichtigen Nachteilen ist erst bei der Aufstellung eines Sozialplans zu prüfen.[22] Die in § 111 S. 3 BetrVG aufgezählten Fälle sind nach zutreffender Ansicht nicht abschließend (umstr.).[23] Für die Praxis dürfte dieser Streit weitgehend irrelevant sein, da die bedeutsamen Fälle einer Betriebsänderung durch die Tatbestände in § 111 S. 3 BetrVG erfasst werden. Sollte eine Betriebsänderung dennoch einmal nicht unter die dortige Aufzählung fallen, bestehen Beteiligungsrechte des BR nach §§ 111 ff. BetrVG nur, wenn konkret festgestellt wird, dass diese Maßnahme **wesentliche Nachteile** für die Belegschaft oder erhebliche Teile derselben zur Folge haben kann. Ausreichend ist die Möglichkeit eines Eintritts solcher Nachteile.[24] Diese können zB in einer Änderung der Arbeitsumstände, einer Minderung des Arbeitsverdiensts, längeren Wegezeiten, erhöhten Fahrtkosten oder einer doppelten Haushaltsführung bestehen. Zu den Nachteilen gehören auch eine geringere Haftungsmasse beim Betriebserwerber oder dessen vorübergehende Befreiung von der Sozialplanpflicht.[25] Ob erhebliche Teile der Belegschaft von Nachteilen betroffen sind, richtet sich nach § 17 I KSchG, wobei in Großbetrieben mindestens 5% der Belegschaft betroffen seine müssen.[26] Für die Frage, ob die vom AG ins Auge gefasste Maßnahme eine beteiligungspflichtige Betriebsänderung darstellt, kommt es auf dessen Planung an (→ Rn. 26).

12 **2. Abgrenzung. a) Betriebsübergang.** Der Übergang eines Betriebs **als Ganzes** nach § 613a BGB (→ § 117 Rn. 1) stellt als solcher keine Betriebsänderung iSd § 111 BetrVG dar. In diesem Fall erfolgt lediglich ein Arbeitgeberwechsel; die Arbeitsverhältnisse gehen auf den Erwerber über, die betriebliche Organisation wird beibehalten.[27] Etwas Anderes gilt, wenn die unternehmerische Planung sich nicht allein in einem Wechsel des Betriebsinhabers erschöpft, sondern gleichzeitig Maßnahmen ergriffen werden sollen, die eines oder mehrere der Tatbestandsmerkmale des § 111 BetrVG erfüllen.[28] Dies kann zB der Fall sein, wenn entweder Veräußerer oder Erwerber vor oder nach Betriebsübergang Rationalisierungsmaßnahmen oder sonstige grundlegende Organisationsänderungen durchführen und dabei eine erhebliche Zahl der Belegschaftsmitglieder abbauen wollen.[29] Auch eine Betriebsübertragung zum Zwecke der Stilllegung kann den Versuch eines Interessenausgleichs erfordern.[30] Wird nur ein **Teil des Betriebs** auf einen Dritten übertragen, liegt eine Betriebsänderung in Form einer Betriebsspaltung vor (→ Rn. 22).

13 **b) Umwandlung.** Der Zusammenschluss von Unternehmen (Fusion) und die Umwandlung juristischer Personen (→ § 116 Rn. 1) stellen – für sich genommen – ebenfalls noch keine Betriebsänderung dar, da sich diese Vorgänge auf der Unternehmensebene vollziehen. Für die

[20] Vgl. BAG 22.3.2016 AP Nr. 71 zu § 111 BetrVG 1972 = NZA 2016, 894.
[21] BAG 9.11.2010 AP Nr. 69 zu § 111 BetrVG 1972 = NZA 2011, 466; 17.12.1985 AP Nr. 15 zu § 111 BetrVG 1972 = NZA 1986, 804; 23.4.1985 AP Nr. 26 zu § 112 BetrVG 1972 = NZA 1985, 671.
[22] BAG 25.1.2000 AP Nr. 137 zu § 112 BetrVG 1972 = NZA 2000, 1069.
[23] *Fitting* BetrVG § 111 Rn. 44; aA Richardi BetrVG/*Annuß* § 111 Rn. 41 f.
[24] Vgl. BAG 23.4.1985 AP Nr. 26 zu § 112 BetrVG 1972 = NZA 1985, 628.
[25] BAG 10.12.1996 AP Nr. 110 zu § 112 BetrVG 1972 = NZA 1997, 898.
[26] BAG 27.6.2002 NZA 2002, 1304; 22.1.1980 AP Nr. 7 zu § 111 BetrVG 1972.
[27] BAG 25.1.2000 AP Nr. 137 zu § 112 BetrVG 1972 = NZA 2000, 1069; 16.6.1987 AP Nr. 19 zu § 111 BetrVG 1972 = NZA 1987, 671; 17.3.1987 AP Nr. 18 zu § 111 BetrVG 1972 = NZA 1987, 523.
[28] BAG 14.4.2015 AP Nr. 56 zu § 113 BetrVG 1972 = NZA 2015, 1147; 14.4.2015 AP Nr. 57 zu § 113 BetrVG 1972 = NZA 2015, 1212.
[29] BAG 25.1.2000 AP Nr. 137 zu § 112 BetrVG 1972 = NZA 2000, 1069; 16.6.1987 AP Nr. 19 zu § 111 BetrVG 1972 = NZA 1987, 671; 17.3.1987 AP Nr. 18 zu § 111 BetrVG 1972 = NZA 1987, 523.
[30] BAG 21.11.1998 AP Nr. 186 zu § 613a BGB = NZA 1999, 310; 17.3.1987 AP Nr. 18 zu § 111 BetrVG 1972 = NZA 1987, 523.

Beteiligungsrechte nach §§ 111 ff. BetrVG kommt es darauf an, ob die umwandlungsrechtlichen Vorgänge mit Änderungen der Betriebsstrukturen oder der betrieblichen Organisation einhergehen oder verbunden sind. Bleiben die Betriebe und ihre Strukturen unverändert, greifen die §§ 111 ff. BetrVG nicht ein. Wirken sich die Maßnahmen auch auf den Betrieb aus, kann einer der Tatbestände des § 111 S. 3 BetrVG erfüllt sein. So kann etwa bei einer Unternehmensspaltung (→ § 116 Rn. 6) ein Teil des Unternehmens juristisch verselbständigt und dadurch ein bislang einheitlicher Betrieb aufgespalten werden.[31] Gleiches gilt, wenn infolge einer Verschmelzung (→ § 116 Rn. 5) oder Vermögensübertragung nach dem UmwG (→ § 116 Rn. 7) Betriebe zusammengelegt werden. Zur Spaltung des Unternehmens in eine Anlage- und eine Betriebsgesellschaft → § 116 Rn. 20.

3. Tatbestände des § 111 S. 3 BetrVG. a) Betriebsstilllegung und -einschränkung (Nr. 1). Nach § 111 S. 3 Nr. 1 BetrVG liegt eine Betriebsänderung vor, wenn der ganze Betrieb oder Betriebsteile stillgelegt oder eingeschränkt werden. Hierunter fällt auch die Betriebseinschränkung durch bloßen **Personalabbau** (→ Rn. 18). 14

aa) Betriebsstilllegung. Eine Betriebsstilllegung ist gegeben, wenn der Betriebszweck unter gleichzeitiger Auflösung der Betriebsorganisation für unbestimmte, nicht nur vorübergehende Zeit aufgegeben wird.[32] Der Unternehmer muss endgültig entschlossen sein, den Betrieb stillzulegen. Für die Annahme einer Stilllegung des von einer juristischen Person geführten Betriebs kommt es nicht darauf an, ob das für die Auflösung einer Gesellschaft zuständige Organs einen entspr. Beschlusses gefasst hat.[33] Der Stilllegungsentschluss kann auch von einem Pächter des Betriebs gefasst werden.[34] Die bloße Weiterbeschäftigung einzelner AN mit Abwicklungsarbeiten steht einer Betriebsstilllegung nicht entgegen.[35] Für den Begriff des Betriebs kommt es nicht nur auf die § 1 I BetrVG zugrunde liegende Organisationseinheit, sondern auch auf die nach § 3 I Nrn. 1–3 BetrVG gebildeten Einheiten an (§ 3 V 1 BetrVG). Keine Betriebsstilllegung ist gegeben, wenn der Betrieb als Ganzes auf einen Erwerber übergeht (→ Rn. 12)[36] oder die AN des Betriebs wegen erheblicher Lohnrückstände selbst kündigen; etwas anderes kann gelten, wenn die Kündigungen vom AG veranlasst worden sind.[37] Auch der Wegfall einer rechtlichen Betriebszulassungsvoraussetzung löst für sich gesehen die Pflichten nach § 111 S. 1 BetrVG ebenso wenig aus wie tatsächliche, eine Einstellung der betrieblichen Tätigkeit bedingende äußere Zwänge.[38] Kein mitbestimmungspflichtige Stilllegung soll zudem vorliegen, wenn der Betrieb von vornherein nur für eine begrenzte Zeit (Verwertung von gelieferter Ware im Insolvenzverfahren) gegründet worden ist.[39] 15

bb) Stilllegung von Betriebsteilen. Die beteiligungspflichtige Betriebsänderung kann auch in einer Stilllegung von Betriebsteilen bestehen. Der Begriff des Betriebsteils ist nicht mit dem einer Abteilung gleichzusetzen; ausreichend ist eine organisatorisch abgegrenzte Organisation. Diese muss allerdings für den Betrieb **wesentlich** sein. Dies ist zumindest dann der Fall, wenn in ihm ein erheblicher Teil der Gesamtbelegschaft beschäftigt wird (quantitative Betrachtung). Maßgeblich sind insoweit die Zahlenwerte des § 17 Abs. 1 KSchG, wobei aber mindestens 5% der Gesamtbelegschaft dort tätig sein müssen.[40] Ob ein Betriebsteil unabhängig von der Zahl der dort beschäftigten AN auch aufgrund anderer Umstände – insbesondere seiner wirtschaftlichen oder sonstigen Bedeutung für den Betrieb – als wesentlich angesehen werden kann (qualitative Betrachtung), ist höchstrichterlich nicht abschließend geklärt.[41] 16

---

[31] BAG 10.12.1996 AP Nr. 110 zu § 112 BetrVG 1972 = NZA 1997, 898; vgl. dazu *Scharff* BB 2016, 437.
[32] BAG 27.6.1995 AP Nr. 7 zu § 4 BetrVG 1972 = NZA 1996, 164; 19.6.1991 AP Nr. 53 zu § 1 KSchG 1969 Betriebsbedingte Kündigung = NZA 1991, 891.
[33] BAG 5.4.2001 AP Nr. 117 zu § 1 KSchG 1969 Betriebsbedingte Kündigung = NZA 2001, 949; 11.3.1998 AP Nr. 43 zu § 111 BetrVG 1972 = NZA 1998, 879.
[34] BAG 26.2.1987 AP Nr. 59 zu § 613a BGB = NZA 1987, 419.
[35] BAG 14.10.1982 AP Nr. 1 zu § 1 KSchG 1969 Konzern; 23.4.1980 AP Nr. 8 zu § 15 KSchG 1969.
[36] BAG 28.4.1988 AP Nr. 74 zu § 613a BGB = NZA 1989, 265.
[37] BAG 4.7.1989 AP Nr. 27 zu § 111 BetrVG 1972.
[38] BAG 7.11.2017 AP Nr. 59 zu § 113 BetrVG 1972 = NZA 2018, 464.
[39] LAG München 15.2.1989 NZA 1990, 288.
[40] BAG 9.11.2010 AP Nr. 69 zu § 111 BetrVG 1972 = NZA 2011, 466; 27.6.2002 EzA § 1 KSchG Betriebsbedingte Kündigung Nr. 119; 19.1.1999 AP Nr. 37 zu § 113 BetrVG 1972 = NZA 1999, 949; 7.8.1990 AP Nr. 34 zu § 111 BetrVG 1972 = NZA 1991, 113.
[41] BAG 28.3.2006 AP Nr. 12 zu § 112a BetrVG 1972 = NZA 2006, 932; 7.8.1990 AP Nr. 34 zu § 111 BetrVG 1972 = NZA 1991, 113; 6.12.1988 AP Nr. 26 zu § 111 BetrVG 1972 = NZA 1989, 399; in diesem Sinne allerdings BAG 19.1.1999 AP Nr. 37 zu § 113 BetrVG 1972 = NZA 1999, 949.

17 **cc) Betriebs- oder Betriebsteileinschränkung.** Hierunter ist eine Herabsetzung der Leistungsfähigkeit des Betriebs zu verstehen, die sowohl durch eine Verringerung der sächlichen Betriebsmittel als auch durch eine Einschränkung der Zahl der Arbeitsplätze bedingt sein kann; dies gilt auch im Insolvenzverfahren.[42] Keine Betriebseinschränkung ist gegeben, wenn die Betriebsanlagen nur vorübergehend geringer genutzt werden (etwa durch Verkürzung der Arbeitszeit oder geringere Schichtzahl), ohne dass es zu einer Entlassung von AN kommt.[43] Auch typische personelle Schwankungen in Saisonbetrieben fallen nicht unter § 111 S. 3 Nr. 1 BetrVG. Die Einschränkung kann sich auch auf einen **Betriebsteil** beziehen, sofern dieser für den gesamten Betrieb wesentlich ist. Dies ist jedenfalls dann der Fall, wenn in ihm ein erheblicher Teil der Gesamtbelegschaft beschäftigt wird (quantitative Betrachtung). Maßgeblich sind die Zahlenwerte des § 17 I KSchG, wobei mindestens 5% der Gesamtbelegschaft dort tätig sein müssen.[44] Zur Betriebs- und Betriebsteileinschränkung durch bloßen Personalabbau → Rn. 18.

18 **dd) Bloßer Personalabbau. (1) Personenanzahl und -kreis.** Eine Betriebsänderung kann auch durch bloßen Personalabbau unter Beibehaltung der sächlichen Betriebsmittel erfolgen, sofern hiervon ein erheblicher Teil der Belegschaft betroffen ist. Diese Annahme hat der Gesetzgeber durch die Einfügung des § 112a I BetrVG bestätigt. Ob ein erheblicher Teil der Belegschaft betroffen ist, richtet sich nach den Zahlen und Prozentangaben in § 17 I KSchG.[45] Für größere Betriebe wird diese Staffel eingeschränkt; dort ist eine Betriebseinschränkung iSd § 111 S. 3 Nr. 1 BetrVG erst bei einem Personalabbau von 5% der Gesamtbelegschaft gegeben.[46] Auch durch die Einfügung von § 112a BetrVG hat sich hieran nichts geändert. Aus dieser Norm ergibt sich lediglich, wann im Fall eines Personalabbaus ein Sozialplan erzwingbar ist. Da § 17 KSchG allerdings erst Betriebe ab 20 AN erfasst, sind für die kleineren Betriebe die Rechengrößen des § 112a I BetrVG maßgeblich. Eine wesentliche Betriebseinschränkung liegt bei diesen daher nur dann vor, wenn die Mindestzahl des § 112a I 1 Nr. 1 BetrVG – sechs AN – erreicht wird.[47] Diese Vorgaben gelten auch, wenn sich der geplante Personalabbau unter Beibehaltung der sächlichen Betriebsmittel nur auf einen wesentlichen Betriebsteil (→ Rn. 17) bezieht. Zur Vermeidung von Wertungswidersprüchen können in diesem Fall die Zahlenwerte des § 17 I KSchG nicht bezogen auf den Betriebsteil zugrunde gelegt werden. Die Voraussetzungen von § 111 S. 3 Nr. 1 BetrVG liegen vielmehr auch dann nur vor, wenn die Maßnahme Nachteile für erhebliche Teile der Belegschaft des **gesamten Betriebs** zur Folge haben kann, ohne dass es darauf ankommt, ob die von den Nachteilen betroffenen AN solche des eingeschränkten Betriebsteils sind oder in anderen Teilen des Betriebs beschäftigt werden.[48] Bei der Ermittlung der von der Personalreduzierung Betroffenen sind alle AN mitzuzählen, die aus betriebsbedingten Gründen und auf Veranlassung des AG ausscheiden bzw. vorzeitig ausscheiden.[49] Auf die Form der Beendigung des Arbeitsverhältnisses (Kündigung, Aufhebungsvertrag, Eigenkündigung) kommt es nicht an. Unerheblich ist auch, ob die AN in Voll- oder Teilzeit arbeiten. Keine Betriebsänderung ist die lediglich widerrufliche Freistellung betriebsangehöriger AN.[50] Maßgebender Anknüpfungspunkt für die Beteiligungsrechte des BR nach §§ 111 ff. BetrVG ist die unternehmerische Entscheidung, aus der sich ergibt, wie viele Arbeitsplätze abgebaut werden. Der Personalabbau muss auf einer einheitlichen Planung beruhen.

19 **(2) Stufenweiser Personalabbau.** Auch bei einem Abbau der Belegschaft in mehreren Stufen, kann es sich um eine mitbestimmungspflichtige Betriebsänderung handeln. Entscheidend hierfür ist, dass die stufenweisen Entlassungen auf einen einheitlichen Entschluss des Unterneh-

---

[42] BAG GS 13.12.1978 AP Nr. 6 zu § 112 BetrVG 1972.
[43] *Fitting* BetrVG § 111 Rn. 72.
[44] BAG 9.11.2010 AP Nr. 69 zu § 111 BetrVG 1972 = NZA 2011, 466; 27.6.2002 EzA § 1 KSchG Betriebsbedingte Kündigung Nr. 119; 19.1.1999 AP Nr. 37 zu § 113 BetrVG 1972 = NZA 1999, 949; 7.8.1990 AP Nr. 34 zu § 111 BetrVG 1972 = NZA 1991, 113.
[45] BAG 7.11.2010 AP Nr. 69 zu § 111 BetrVG 1972 = NZA 2011, 466; 28.6.2006 AP Nr. 12 zu § 112a BetrVG 1972 = NZA 2006; 22.1.2004 AP BetrVG 1972 § 112 Namensliste Nr. 1; 10.12.1996 AP BetrVG 1972 § 113 Nr. 32 = NZA 1997, 787; 22.5.1979 AP Nr. 4 zu § 111 BetrVG 1972.
[46] BAG 17.3.2016 AP Nr. 26 zu § 1 KSchG 1969 Namensliste = NZA 2016, 1072.
[47] BAG 9.11.2010 AP Nr. 69 zu § 111 BetrVG 1972 = NZA 2011, 466.
[48] BAG 7.11.2010 AP Nr. 69 zu § 111 BetrVG 1972 = NZA 2011, 466.
[49] LAG Nürnberg 21.8.2001 ArbuR 2002, 37.
[50] BAG 18.7.2017 AP Nr. 58 zu § 113 BetrVG 1972 = NZA 2017, 1618.

mers zurückgehen.[51] Ist dies der Fall, ist es ohne Bedeutung, ob sie innerhalb eines Monats vorgenommen werden. Wesentliches Indiz für eine von Anfang an einheitliche Planung kann ein enger zeitlicher Zusammenhang zwischen mehreren Entlassungswellen sein;[52] zwingend ist dies jedoch nicht, da diese auch auf jeweils eigenen Planungen beruhen können. Dies gilt insbesondere, wenn nach der ersten Entlassungswelle neue, vom AG ursprünglich nicht vorgesehene und eingeplante Umstände eingetreten sind. Plant der AG zunächst nur Entlassungen, die nach ihrer Zahl noch keine Betriebseinschränkung iSv § 111 S. 3 Nr. 1 BetrVG darstellen, entstehen keine Beteiligungsrechte des BR nach §§ 111 ff. BetrVG. Dies gilt jedoch nicht, wenn der AG vor Durchführung der Maßnahme seine Planung ändert und nun weitere Entlassungen beabsichtigt, die unter Zusammenrechnung mit den bereits geplanten, aber noch nicht durchgeführten Entlassungen die Grenzwerte des § 17 I KSchG überschreiten. Es handelt sich dann um einen einheitlichen Vorgang, der zum Zeitpunkt der Planungsänderung die Mitbestimmungsrechte des BR nach §§ 111 ff. BetrVG auslöst. Führt der AG dagegen zunächst die – nicht beteiligungspflichtigen – Entlassungen durch und fasst er erst danach aufgrund neuer Umstände den Entschluss zu einem weiteren Personalabbau, erfolgt keine Zusammenrechnung.[53]

b) Verlegung von Betrieb oder Betriebsteilen (Nr. 2). Eine Betriebsänderung in Form einer Verlegung nach § 111 S. 3 Nr. 2 BetrVG ist jede nicht nur geringfügige Veränderung der örtlichen Lage des Betriebs oder wesentlicher (zu den Anforderungen → Rn. 16) Betriebsteile.[54] Maßgebend ist, ob die Ortsveränderung mit nicht ganz unerheblichen Erschwernissen für die Arbeitnehmerschaft verbunden ist. Anerkannt wurde dies für eine Verlegung an einen 4,3 km entfernten Ort.[55] Keine Betriebsverlegung ist dagegen gegeben, wenn der Betrieb nur auf die andere Straßenseite umzieht. Das Mitbestimmungsrecht bezieht sich nur auf Betriebsverlegungen ortsgebundener Betriebe; nicht erfasst ist etwa der Wechsel von Baustellen. Kann infolge der Betriebsverlegung an dem neuen Ort die Belegschaft ganz oder teilweise nicht weiterbeschäftigt werden, so kann eine Betriebsstilllegung verbunden mit einer Neueröffnung vorliegen. Dies kann auch im Rahmen einer Betriebsveräußerung vorkommen, wenn zB ein Betrieb verkauft und nach Südfrankreich verlegt wird.[56] 20

c) Zusammenschluss und Spaltung von Betrieben (Nr. 3). Nach § 111 S. 3 Nr. 3 BetrVG sind – unabhängig von der Anzahl betroffener AN – auch ein Zusammenschluss mit anderen Betrieben oder die Spaltung des Betriebs beteiligungspflichtig. Der **Zusammenschluss** kann in der Weise erfolgen, dass zwei oder mehr Betriebe zu einer neuen Einheit zusammengefasst werden oder der eine Betrieb einen/die anderen aufnimmt. Keine Betriebsänderung nach Nr. 3 ist der Verlust der organisatorische Selbständigkeit durch einen Beschluss nach § 4 I BetrVG,[57] jedoch können hinsichtlich der von der Maßnahme betroffenen Einheiten die Tatbestände des § 111 S. 3 Nr. 1 bzw. Nr. 4 BetrVG in Betracht kommen. Schließen sich mehrere Unternehmen zusammen, führt dies nicht notwendig auch zu einem Zusammenschluss ihrer Betriebe (→ Rn. 13). 21

Eine **Betriebsspaltung** kann sowohl durch eine Aufspaltung des Betriebs als auch durch die Abspaltung von Betriebsteilen erfolgen. Bei einer Aufspaltung wird der Ursprungsbetrieb aufgelöst; der BR erhält dann unter den Voraussetzungen des § 21a I 1 BetrVG ein zeitlich befristetes Übergangsmandat (→ § 219 Rn. 17) in den Betriebsteilen und behält nach § 21b BetrVG ein Restmandat (→ § 219 Rn. 18) für den Ursprungsbetrieb (→ Rn. 37). Bei einer Abspaltung besteht der Ursprungsbetrieb fort; sein BR bleibt im Amt und hat hinsichtlich der Abspaltung nach §§ 111 ff. BetrVG mitzubestimmen (→ Rn. 37). Für die abgespaltenen Teile hat er – sofern die Voraussetzungen des § 21a I 1 BetrVG vorliegen – ein zeitlich befristetes Übergangsmandat (→ § 219 Rn. 17).[58] Die Betriebsspaltung kann sich sowohl innerhalb eine Unternehmens vollziehen als auch mit der Veräußerung eines Betriebsteils an einen Dritten (Betriebsübergang) verbunden sein. Anders als bei § 111 S. 3 Nr. 1 BetrVG kommt es nicht darauf an, dass es sich hierbei um einen „wesentlichen" Betriebsteil handelt.[59] Eine Betriebsspaltung ist allerdings nur 22

---

[51] BAG 17.3.2016 AP Nr. 26 zu § 1 KSchG 1969 Namensliste = NZA 2016, 1072; *Gillen* NZA 2005, 1385.
[52] BAG 22.1.2004 AP Nr. 1 zu § 112 BetrVG 1972 Namensliste.
[53] BAG 28.3.2006 AP Nr. 12 zu § 112a BetrVG 1972 = NZA 2006, 932.
[54] BAG 17.8.1982 AP Nr. 11 zu § 111 BetrVG 1972.
[55] BAG 17.8.1982 AP Nr. 11 zu § 111 BetrVG 1972.
[56] BAG 12.2.1987 AP Nr. 67 zu § 613a BGB = NZA 1988, 170.
[57] *Fitting* BetrVG § 111 Rn. 85; diff. Richardi BetrVG/*Annuß* § 111 Rn. 105 f.
[58] BAG 18.3.2008 AP Nr. 66 zu § 111 BetrVG 1972 = NZA 2008, 957.
[59] BAG 18.3.2008 AP Nr. 66 zu § 111 BetrVG 1972 = NZA 2008, 957.

gegeben, wenn zumindest zwei neue Einheiten entstehen. Dieses Erfordernis ist auch erfüllt, wenn ein abgespaltener Betriebsteil anschließend in einen anderen Betrieb – desselben AG oder eines Betriebsteilerwerbers – eingegliedert wird und dabei untergeht. Die bloße Stilllegung eines Betriebsteils ist dagegen keine Spaltung.[60]

23 **d) Grundlegende Änderung der Betriebsorganisation, des Betriebszwecks oder der Betriebsanlagen (Nr. 4).** Die Betriebsänderung kann auch in einer grundlegenden Änderung der Betriebsorganisation, des -zwecks oder der -anlagen (§ 111 S. 3 Nr. 4 BetrVG) bestehen, auch soweit sie auf einer Veränderung der Marktlage beruht. Eine Änderung der **Betriebsorganisation** liegt vor, wenn der Betriebsaufbau, insbesondere hinsichtlich Zuständigkeiten und Verantwortung, umgewandelt wird.[61] Keine Änderung der Betriebsorganisation ist gegeben, wenn ein Warenhaus seine Gaststätte auf Selbstbedienung umstellt.[62] Mit dem **Betriebszweck** ist nicht der wirtschaftliche, sondern der arbeitstechnische Zweck gemeint. Eine Änderung kann auch in der Hinzufügung eines weiteren Betriebszwecks liegen.[63] Grund der Regelung ist, dass infolge der Veränderung des Betriebszwecks eine Arbeitserschwernis eintreten kann oder die Arbeitsplätze gefährdet werden können. Keine Änderung des Betriebszwecks stellt es dar, wenn in einem Schlachthof, in dem früher mehrere Tierarten geschlachtet wurden, nur noch Schweine geschlachtet werden.[64] Eine Änderung der **Betriebsanlagen** liegt vor, wenn die technische Ausrüstung des Betriebs geändert wird, dagegen nicht, wenn abgenutzte Maschinen durch neue ersetzt werden.[65] Hierzu kann zB die Einführung eines neuen EDV-Systems oder der Bau einer neuen Werkhalle gehören. In allen Fällen muss es sich um eine **grundlegende Änderung** handeln, dh sie muss sich auf den Betriebsablauf in erheblicher Weise auswirken. Maßgeblich dafür ist der Grad der Veränderung. Es kommt entscheidend darauf an, ob die Änderung einschneidende Auswirkungen auf den Betriebsablauf, die Arbeitsweise oder die Arbeitsbedingungen der AN hat. Die Änderung muss in ihrer Gesamtschau von erheblicher Bedeutung für den gesamten Betriebsablauf sein.[66] Dies ist zB der Fall, wenn der Betrieb vollständig umorganisiert wird oder wichtige Betriebsabteilungen aufgelöst werden. Hierunter kann auch der Übergang von Einzel- zu Großraumbüros oder – bezogen auf den Betriebszweck – die vollständige Änderung der Produktionspalette gehören (nicht dagegen eine bloße Erweiterung). Bei den Betriebsanlagen kommt es darauf an, ob diese in ihrer technischen Struktur nachhaltig verändert werden.[67] Übersteigt die Zahl der von den Maßnahmen betroffenen AN die Grenzen in § 17 KSchG, hat dies im Zweifel indizielle Bedeutung für das Vorliegen einer grundlegenden Änderung.[68]

24 **e) Einführung grundlegend neuer Arbeitsmethoden und Fertigungsverfahren (Nr. 5).** Auch die Einführung grundlegend neuer Arbeitsmethoden und Fertigungsverfahren (§ 111 S. 3 Nr. 5 BetrVG) stellt eine Betriebsänderung dann. Dies gilt selbst dann, wenn die Arbeitsmethode nur dem technischen Fortschritt angepasst wird. Im Gegensatz zu § 111 S. 3 Nr. 4 BetrVG betrifft die Änderung hier unmittelbar die inhaltliche Gestaltung der Arbeit.[69] **„Arbeitsmethode"** bezeichnet die jeweilige Art, eine Arbeit systematisch abzuwickeln. Darunter fallen die Strukturierung des Arbeitsablaufs der einzelnen AN (zB deren Handgriffe, Bewegungsabläufe) sowie zwischen den AN (zB Einzel-[70] oder Gruppenarbeit) und der Einsatz technischer Hilfsmittel (zB von Maschinen,[71] Werkzeugen und sonstigen Vorrichtungen). Gemeint sind letztlich alle konzeptionellen Regeln, welche hinter dem mehr oder weniger in viele einzelne, unselbständige Arbeitsvorgänge gegliederten Arbeitsablauf stehen. Es geht um die Festlegung, auf welchem Bearbeitungsweg und mit welchen Arbeitsmitteln durch welche Beschäftigten die Aufgabe erfüllt werden soll. Der Begriff der **„Fertigungsverfahren"** ist identisch mit dem der Fabrikationsmethode in § 106 III Nr. 5 BetrVG. Er bezieht sich auf das technische

60 BAG 18.3.2008 AP Nr. 66 zu § 111 BetrVG 1972 = NZA 2008, 957.
61 BAG 18.3.2008 AP Nr. 66 zu § 111 BetrVG 1972 = NZA 2008, 957.
62 LAG Hamm 10.10.1984 NZA 1985, 129.
63 Vgl. BAG 17.12.1985 AP Nr. 15 zu § 111 BetrVG 1972 = NZA 1986, 804 (Casino).
64 BAG 28.4.1993 AP Nr. 32 zu § 111 BetrVG 1972 = NZA 1993, 1142.
65 BAG 26.10.1982 AP Nr. 10 zu § 111 BetrVG 1972.
66 BAG 22.3.2016 AP Nr. 71 zu § 111 BetrVG 1972 = NZA 2016, 894; 18.3.2008 AP Nr. 66 zu § 111 BetrVG 1972 = NZA 2008, 957.
67 LAG Hamm 26.2.2007 NZA-RR 2007, 469.
68 BAG 7.8.1990 AP Nr. 34 zu § 111 BetrVG 1972 = NZA 1991, 113; 26.10.1982 AP Nr. 10 zu § 111 BetrVG 1972.
69 Richardi BetrVG/*Annuß* § 111 Rn. 119.
70 BAG 7.8.1990 AP Nr. 34 zu § 111 BetrVG 1972 = NZA 1991, 113 (Vorfertigung).
71 LAG Nds 5.5.2009 NZA-RR 2009, 531 (Selbstbedienungskassen).

Verfahren bei der Verfolgung des arbeitstechnischen Zwecks. Auch bei § 111 S. 3 Nr. 5 BetrVG ist Voraussetzung, dass es um die Einführung **grundlegend** neuer Arbeitsmethoden und Fertigungsverfahren geht. Das erfordert prinzipiell eine qualitative Bewertung, wobei sich der bedeutsame Charakter einer neuen Arbeitsmethode oder eines neuen Fertigungsverfahrens auch aus der Zahl der von ihr betroffenen AN oder dem Gewicht der Auswirkungen auf diese ergeben kann.[72] Unter Nr. 5 kann auch die Umstellung der Arbeitsabläufe aufgrund einer umfassenden Digitalisierung fallen.

4. Streitigkeiten. Streitigkeiten zwischen AG und BR über das Vorliegen einer Betriebsänderung sind im Beschlussverfahren auszutragen. Die gerichtliche Entscheidung entfaltet Bindungswirkung auch für einen Rechtsstreit zwischen AG und AN über einen Nachteilsausgleich nach § 113 III BetrVG.[73] 25

IV. Unterrichtungs- und Beratungsrecht

1. Zeitpunkt. Nach § 111 S. 1 BetrVG hat der Unternehmer den BR über eine geplante Betriebsänderung **rechtzeitig** und umfassend zu unterrichten und diese mit ihm zu beraten. Dadurch soll dem BR zum einen die Beurteilung ermöglicht werden, ob er überhaupt initiativ werden will, und zum anderen die Möglichkeit gewährt werden, auf die Durchführung der Maßnahme noch inhaltlich Einfluss zu nehmen. Um dieses Ziel zu erreichen, müssen Unterrichtung und Beratung in einem Stadium erfolgen, in dem der Plan zur Betriebsänderung noch nicht – auch nicht teilweise – verwirklicht wurde. Die Unterrichtung ist daher nicht mehr rechtzeitig, wenn der AG mit der Durchführung der Betriebsänderung schon begonnen und dadurch unumkehrbare Tatsachen geschaffen hat.[74] Andererseits besteht noch keine Unterrichtungspflicht, wenn der Unternehmer nur Planspiele durchführt, selbst wenn diese bis ins Kleinste ausgearbeitet werden. Art und Umfang der ins Auge gefassten Betriebsänderung müssen bekannt und konkretisiert sein. Der Abschluss eines **vorsorglichen Interessenausgleichs** (→ Rn. 41) für eine noch nicht feststehende Betriebsänderung ist nicht zulässig, da sich der BR hierdurch seiner (Mit-)Gestaltungsmöglichkeiten bei der Betriebsänderung begeben würde.[75] War die ursprünglich angedachte Maßnahme nicht beteiligungspflichtig, sondern erst die geänderte, werden die Mitbestimmungsrechte des BR nach §§ 111 ff. BetrVG erst zum Zeitpunkt der Planungsänderung auslöst. Führt der AG eine nicht beteiligungspflichtige Maßnahme durch und fasst er erst danach aufgrund neuer Umstände den Entschluss für eine Betriebsänderung iSd § 111 S. 1 bzw. S. 3 BetrVG, greifen die Beteiligungsrechte des BR erst zu diesem Zeitpunkt ein. 26

2. Verpflichteter. Die Pflichten zur Unterrichtung und Beratung nach §§ 111 ff. BetrVG richten sich an den **Unternehmer.** Dies ist der Rechtsträger des Betriebs. Dies gilt auch bei einer (abhängigen) Konzerngesellschaft. Da in einem Konzern das einzelne Konzernunternehmen seine rechtliche Selbständigkeit behält, ist bei einer das Unternehmen betreffenden Betriebsänderung dieses – und nicht das herrschende oder ein anderes konzernangehöriges Unternehmen – zur Einhaltung der Beteiligungsrechte des BR nach § 111 S. 1 BetrVG verpflichtet.[76] Nach Eröffnung des Insolvenzverfahrens obliegen diese Pflichten dem Insolvenzverwalter. Bei einem Gemeinschaftsbetrieb müssen alle beteiligten Unternehmen die Mitbestimmungsrechte des BR nach §§ 111 ff. BetrVG sicherstellen.[77] Sozialplanansprüche können für die AN allerdings wohl nur gegenüber dem jeweiligen Vertragsarbeitgeber erzwungen werden.[78] 27

3. Inhalt der Unterrichtung. Die Unterrichtung muss **umfassend** sein. Der Unternehmer hat den BR nicht nur über den Inhalt der ins Auge gefassten Maßnahmen, sondern auch über deren Gründe und die Auswirkungen auf die AN – insbesondere über die sozialen Folgen[79] – zu informieren. Die beabsichtigte Betriebsänderung als solche (nicht deren Gründe) und der Kreis der betroffenen AN stellen kein Betriebs- oder Geschäftsgeheimnis iSd § 79 I BetrVG 28

[72] BAG 22.3.2016 AP Nr. 71 zu § 111 BetrVG 1972 = NZA 2016, 894.
[73] BAG 10.11.1987 AP Nr. 15 zu § 113 BetrVG 1972 = NZA 1988, 287.
[74] Vgl. BAG 18.7.2017 AP Nr. 58 zu § 113 BetrVG 1972 = NZA 2017, 1618.
[75] BAG 19.1.1999 AP Nr. 37 zu § 113 BetrVG 1972 = NZA 1999, 949; anders bei einem vorsorglichen Sozialplan: BAG 26.8.1997 AP Nr. 117 zu § 112 BetrVG 1972 = NZA 1998, 216.
[76] BAG 14.4.2015 AP Nr. 56 zu § 113 BetrVG 1972 = NZA 2015, 1147.
[77] BAG 20.11.2002 AP Nr. 155 zu § 112 BetrVG 1972 = NZA 2003, 676.
[78] Vgl. BAG 20.11.2002 AP Nr. 155 zu § 112 BetrVG 1972 = NZA 2003, 676.
[79] BAG 30.3.2004 AP Nr. 47 zu § 113 BetrVG 1972 = NZA 2004, 931.

dar.[80] Die Unterrichtung kann auch mündlich erfolgen. Eine Information des Wirtschaftsausschusses genügt nicht. Etwaige Unterlagen zur Betriebsänderung sind dem BR nach Maßgabe von § 80 II 2 BetrVG (→ § 233 Rn. 24) auszuhändigen. Keinen Anspruch hat der BR dagegen auf Mitteilung solcher Daten, die für die Planung des AG keine Rolle gespielt haben.[81]

29 **4. Beratung.** Gegenstand der Beratung zwischen AG und BR ist zum einen die Frage, ob und wie die geplante Betriebsänderung durchgeführt werden soll (Interessenausgleich → Rn. 41); zum anderen müssen die Betriebsparteien erörtern, ob und in welchem Umfang durch die Maßnahme bedingte Nachteile der AN ausgeglichen oder gemildert werden (Sozialplan → Rn. 53). Die Beratungen haben mit dem ernsten Willen zur Verständigung zu erfolgen (§ 74 I BetrVG) und dürfen vom BR nicht mutwillig verzögert werden. Der BR hat nach § 111 S. 2 BetrVG (→ Rn. 34), im Übrigen nach § 80 III BetrVG (→ § 233 Rn. 30) die Möglichkeit zu den Verhandlungen über die Betriebsänderung einen Berater hinzuziehen. Das Verfahren über beschäftigungssichernde Maßnahmen (§ 92a BetrVG; → § 238 Rn. 12) ist gegenüber den Interessenausgleichsverhandlungen nicht vorgreiflich. Betriebsänderungen können daher nicht durch die Einleitung eines solchen Verfahrens verzögert oder blockiert werden.[82]

30 **5. Rechtsschutz.** Streitigkeiten, ob der BR vom AG an einer geplanten Maßnahme zu beteiligen ist, entscheidet das Arbeitsgericht im Beschlussverfahren. Verfahrensgegenstand ist, ob ein Mitwirkungsrecht besteht, nicht dagegen, ob eine Betriebsänderung schon durchgeführt wurde. Ist diese bereits abgeschlossen, kann das Rechtsschutzinteresse für das Beschlussverfahren fehlen, es sei denn, dass eine Wiederholungsgefahr für ähnliche Fälle besteht.[83] Die Einigungsstelle (→ § 232 Rn. 1) hat ggf. als Vorfrage zu entscheiden, ob eine Betriebsänderung vorliegt.

31 **6. Unterlassungsanspruch. a) Streitstand.** Umstr. ist, ob der BR gegen den AG einen Anspruch auf Unterlassung hat, die Betriebsänderung durchzuführen und etwaige Kündigungen auszusprechen, bevor die Beteiligungsrechte des BR ausgeschöpft sind.[84] Diese Frage wird im Bereich der §§ 111, 112 BetrVG äußerst kontrovers diskutiert. Teilweise wird ein solcher Unterlassungsanspruch unter Hinweis auf den ansonsten eintretenden Verlust der Beteiligungsrechte des BR bejaht,[85] während er von der Gegenauffassung wegen der nur eingeschränkten Mitwirkungsrechte bei der Durchführung der Betriebsänderung und der aus ihrer Sicht abschließenden Sanktion des § 113 BetrVG verneint wird.[86]

32 **b) Sicherung des Unterrichtungs- und Beratungsrechts.** Nach zutreffender Auffassung kann der BR verlangen, dass die der geplanten Betriebsänderung zugrunde liegenden organisatorischen und personellen Maßnahmen des AG (zB Abbau von Produktionsanlagen sowie Kündigungen) so lange unterbleiben, bis seine Informations- und Beratungsrechte aus den §§ 111, 112 BetrVG erfüllt sind.[87] Dies folgt aus einer am Zweck der Beteiligungsrechte orientierten Auslegung und einem unionskonformen Verständnis der §§ 111, 112 BetrVG. Art. 8 der RL 2002/14/EG zur Festlegung eines allgemeinen Rahmens für die Unterrichtung und Anhörung der AN verlangt ein Verfahren für eine Konsultation mit den Arbeitnehmervertretern vor der grundlegenden Änderung der Beschäftigungssituation der AN. Zu dieser zählt zweifelsfrei der drohende Verlust der bisherigen Beschäftigung. Zur Sicherung dieses Anspruchs muss das nationale Recht ein gesondertes und effektives Verfahren zur Verfügung stellen. Es ist daher Aufgabe der nationalen Gerichte, einen entsprechenden Anspruch des BR verfahrensmäßig abzusichern. Die Regelungen über den Nachteilsausgleich (§ 113 III BetrVG) schließen den Unterlassungsanspruch nicht aus, da sie die Rechte des BR nicht ausreichend absichern.[88] Es handelt sich um

[80] LAG SchlH 20.5.2015 NZA-RR 2016, 77.
[81] Vgl. LAG Hamm 3.5.1986 NZA 1986, 651.
[82] LAG Hamm 20.3.2009 – 10 TaBV 17/09.
[83] LAG Nürnberg 21.8.2001 LAGE § 98 ArbGG 1979 Nr. 37.
[84] Ausführlich dazu *Walker* ZfA 2004, 501 (527 f.); *Lobinger* ZfA 2004, 101 (176 ff.).
[85] LAG Hmb 5.2.1986 DB 1986, 598; HessLAG 6.4.1993 DB 1994, 2635.
[86] LAG Düsseldorf 19.11.1996 NZA-RR 1997, 297; LAG Köln 30.4.2004 NZA-RR 2005, 199; LAG Nds 27.3.1997 ZIP 1997, 1201.
[87] LAG Bln-Bbg 19.6.2014 – 7 TaBVGa 1219/14; LAG Hamm 17.2.2015 NZA-RR 2015, 247; LAG SchlH 15.12.2010 DB 2011, 714; HessLAG 19.1.2010 NZA-RR 2010, 187; LAG Nds 4.5.2007 LAGE § 111 BetrVG 2001 Nr. 7; wohl auch LAG SchlH 20.7.2007 NZA-RR 2008, 244; *Kothe* FS Richardi, 601 (612); Richardi BetrVG/*Annuß* § 111 Rn. 166 ff.; *Fauser/Nacken* NZA 2006, 1136 (1142 f.); *Gruber* NZA 2011, 1011; dagegen LAG BW 21.10.2009 – 20 TaBVGa 1/09; LAG Nürnberg 9.3.2009 ZTR 2009, 554; LAG RhPf 27.8.2014 NZA-RR 2015, 197.
[88] LAG Hamm 28.6.2010 ArbuR 2011, 79; aA *Völksen* RdA 2010, 354 (360 ff.).

individuelle Ansprüche der AN, bei denen zum Zeitpunkt, in dem der Unternehmer gegen das Beteiligungsrecht verstößt, nicht feststeht, ob und ggf. in welcher Höhe sie von den AN geltend gemacht werden. Daneben verlangt das Unionsrecht einen eigenständigen Anspruch, mit dem die Arbeitnehmervertretung selbst ihr Beteiligungsrecht durchsetzen kann.

Ein solcher Unterlassungsanspruch ist nicht auf die gänzliche Untersagung der Betriebsände- 33
rung gerichtet, sondern nur auf ein **vorübergehendes Verbot** der mit ihr im Zusammenhang stehenden personellen und betriebsmittelbezogenen Maßnahmen.[89] Diese haben aber nur insoweit zu unterbleiben, als durch ihre Durchführung der Beratungs- und Verhandlungsanspruch des BR obsolet werden würde. Dies betrifft Maßnahmen, die Teil der mitbestimmungspflichtigen Betriebsänderung sind oder die bezüglich des Ob und des Wie der Betriebsänderung vollendete Tatsachen schaffen, die aufgrund der Verhandlungen über den Interessenausgleich nicht mehr revidiert werden könnten. Nicht erfasst werden reine Vorbereitungsmaßnahmen.[90] Ein Unterlassungsanspruch entfällt dementspr., wenn die Betriebsänderung bereits durchgeführt ist.[91] Besteht ein Unterlassungsanspruch, kann dieser durch eine einstweilige Verfügung gem. § 940 ZPO gesichert werden.[92] Der Zeitraum für die Abwicklung des Beratungs- und Verhandlungsanspruchs ist in den Tenor mit aufzunehmen, er wird regelmäßig 2 Monate nicht überschreiten. Die RL 2002/14/EG erfordert allerdings nicht, dass ein Unterlassungsanspruch bis zum Abschluss eines Sozialplans besteht.[93] An einem Verfügungsgrund fehlt es bei einem verhandlungsbereiten AG, solange dieser nicht mit unumkehrbaren Maßnahmen zur Umsetzung der geplanten Betriebsänderung beginnt.[94] Dies gilt gleichermaßen, wenn der BR das Verfahren nach § 112 I BetrVG verzögert.[95] Kein Unterlassungsanspruch besteht in einem Tendenzunternehmen.[96]

V. Hinzuziehung eines Beraters

1. Allgemeines. In Unternehmen mit mehr als 300 AN kann der BR nach § 111 S. 2 34
BetrVG zu seiner Unterstützung bei den Verhandlungen über einen Interessenausgleich (nicht: über den Sozialplan) für sein Beteiligungsrecht aus § 111 S. 1 BetrVG einen Berater hinzuziehen. Hierdurch soll der BR in die Lage versetzt werden, die Auswirkungen einer geplanten Betriebsänderung rasch zu erfassen und fundierte Alternativvorschläge so rechtzeitig zu erarbeiten, dass er auf die Entscheidung des AG noch Einfluss nehmen kann. In kleineren Betrieben kommt insoweit nur die Inanspruchnahme eines Sachverständigen nach Maßgabe von § 80 III BetrVG in Betracht (→ § 233 Rn. 30).

2. Begriff. Der Begriff des Beraters wird im Gesetz nicht näher definiert; § 120 I Nr. 3a 35
BetrVG führt ihn lediglich neben dem Sachverständigen (§ 80 III BetrVG; → § 233 Rn. 30) und der Auskunftsperson (§ 80 II 3 BetrVG; → § 233 Rn. 36) als weiteren zur Verschwiegenheit Verpflichteten auf. Beim Berater handelt es sich um eine Person, die den BR bei der Beurteilung der den §§ 111, 112 BetrVG zugrundeliegenden wirtschaftlichen Sachverhalten aufgrund seiner externen Fachkompetenz unterstützt.[97] Seine Aufgabe ist es, die fehlende Sachkunde des BR zu ersetzen, ihn also hinsichtlich konkreter Fragestellungen zu beraten, um ihn in die Lage zu versetzen, die Verhandlungen mit dem AG sachkundig führen zu können; nicht zu seinen Aufgaben gehört dagegen die Vertretung des BR und dessen Verhandlungsführung gegenüber dem AG.[98] Mögliche Berater des BR können etwa Angehörige der steuer-, wirtschafts- und rechtsberatenden Berufe oder Gewerkschaftssekretäre sein.[99] Zulässig ist auch die Beauftragung einer juristischen Person (Rechtsanwalts-/Steuerberatungsgesellschaft). Vom Gesetzeswortlaut nicht umfasst ist die Hinzuziehung mehrerer Berater.[100]

---

[89] LAG Bln-Bbg 12.12.2013 – 17 TaBVGa 2058/13 (Kündigungsverbot).
[90] HessLAG 19.1.2010 NZA-RR 2010, 187.
[91] LAG RhPf 13.10.2016 LAGE § 111 BetrVG 2001 Nr. 15; LAG Hamm 17.2.2015 NZA-RR 2015, 247.
[92] LAG Bln 7.9.1995 AP Nr. 36 zu § 111 BetrVG 1972 = NZA 1996, 1284; LAG Hmb 26.6.1997 LAGE § 113 BetrVG 1972 Nr. 6 = NZA-RR 1997, 296; ArbG Nürnberg 20.3.1996 NZA-RR 1996, 411; LAG Thür 18.8.2003 LAGE § 111 BetrVG 2001 Nr. 1.
[93] So aber ArbG Berlin 21.2.2006 NZA 2006, 739.
[94] LAG RhPf 5.2.2010 ArbRAktuell 2010, 252; LAG Köln 27.5.2009 ZInsO 2010, 591.
[95] LAG Köln 5.3.2009 LAGE § 111 BetrVG 2001 Nr. 8.
[96] LAG Nds 29.11.2002 BB 2003, 1337.
[97] Vgl. BT-Drs. 14/5741, 52.
[98] BAG 14.12.2016 AP Nr. 114 zu § 40 BetrVG 1972 = NZA 2017, 514.
[99] Zur Haftung BAG 24.8.2006 AP Nr. 3 zu § 276 BGB Vertragsverletzung = NZA 2007, 51.
[100] GK-BetrVG/*Oetker* § 111 Rn. 216; aA *Däubler* ArbuR 2001, 285 (286).

36 **3. Verfahren.** Die Hinzuziehung des Beraters bedarf abweichend von § 80 III BetrVG keiner vorherigen Vereinbarung mit dem AG.[101] Dies gilt auch, wenn über das Vorliegen einer Betriebsänderung zwischen den Beteiligten Streit besteht. Obwohl der Wortlaut von § 111 BetrVG dies nicht ausdrücklich erwähnt, muss die Tätigkeit des Beraters **erforderlich** sein (str.).[102] Eine zeitliche Grenze für die Hinzuziehung des Beraters besteht nicht; diese ist daher bis zum erfolgreichen Abschluss eines Interessenausgleichs oder dem endgültigen Scheitern desselben in der Einigungsstelle möglich.[103] Der Berater ist zum Betreten des Betriebsgeländes sowie zur Teilnahme an Betriebsratssitzungen und an Verhandlungen mit dem AG berechtigt. Die **Kosten** des Beraters hat der AG nach § 40 I BetrVG zu tragen, insoweit gelten die hierzu von der Rspr. entwickelten Grundsätze (→ § 222 Rn. 3), insbesondere muss die Hinzuziehung auf einem ordnungsgemäßen Betriebsratsbeschluss beruhen und die durch seine Tätigkeit entstehenden Kosten müssen erforderlich sein;[104] eine Honorarzusage, die zu höheren als den gesetzlichen Gebühren führt, darf der BR – wie bei § 40 I BetrVG – nicht für erforderlich halten.[105] Der BR kann dem Berater als Gegenleistung für seine Tätigkeit kein bestimmtes Honorar, sondern nur die Abtretung seines Freistellungsanspruchs versprechen.[106] Hat der BR vor der Eröffnung eines Insolvenzverfahrens über das Vermögen des AG einen Berater hinzugezogen und dauerte dessen Tätigkeit bis nach der Insolvenzeröffnung an, sind dessen Honoraransprüche für die bis zur Insolvenzeröffnung erbrachten Beratungsleistungen keine Masseverbindlichkeiten, sondern Insolvenzforderungen.[107]

VI. Zuständige Arbeitnehmervertretung

37 **1. Abgrenzung.** Für die Ausübung der Beteiligungsrechte nach §§ 111 ff. BetrVG ist in erster Linie der **BR** zuständig. Im Fall einer vollständigen Betriebsstilllegung behält er nach Vollzug derselben zur Wahrnehmung seiner Beteiligungsrechte nach § 21b BetrVG ein **Restmandat** (→ § 219 Rn. 18), das sich auf alle sich im Zusammenhang mit dieser Maßnahme ergebenden Mitbestimmungs- und Mitwirkungsrechte erstreckt. Erfasst ist davon auch die Änderung eines noch nicht vollständig abgewickelten Sozialplans (→ Rn. 53) sowie die Führung von Beschlussverfahren im Zusammenhang mit der Betriebsänderung.[108]

38 Eine Zuständigkeit des **GBR** für den Interessenausgleich (→ Rn. 41) besteht hingegen nur, wenn dieser entweder nach § 50 II BetrVG von den BR der betroffenen Betriebe ermächtigt ist oder die unternehmerische Planung mehrere Betriebe betrifft und eine einheitliche Regelung erfordert (§ 50 I BetrVG).[109] In diesem Fall kann er sogar einen Interessenausgleich mit Namensliste (§ 1 V KSchG, § 125 InsO) schließen.[110] Liegen die Voraussetzungen des § 50 I BetrVG vor, erstreckt sich die Zuständigkeit des GBR auch auf Betriebe ohne BR. Aus der Zuständigkeit des GBR für den Interessenausgleich folgt allerdings nicht, dass er damit auch für den **Abschluss des Sozialplans** zuständig ist (→ Rn. 53). Die Voraussetzungen des § 50 BetrVG sind insoweit gesondert zu prüfen.[111] Eine Zuständigkeit nach § 50 I BetrVG erfordert, dass die Regelung des Ausgleichs oder der Abmilderung der durch die Betriebsänderung entstehenden Nachteile zwingend unternehmenseinheitlich oder betriebsübergreifend erfolgen muss. Der Umstand, dass die für den Sozialplan erforderlichen Mittel von ein und demselben AG zur Verfügung zu stellen sind, reicht hierfür nicht.[112] Der GBR ist allerdings zuständig, wenn die erfolgreiche Durchführung des Interessenausgleichs von betriebsübergreifend einheitlichen Kompensationsregelungen

[101] BAG 14.12.2016 AP Nr. 114 zu § 40 BetrVG 1972 = NZA 2017, 514; HessLAG 19.2.2004 LAGE § 40 BetrVG 2001 Nr. 5.

[102] *Reichold* NZA 2001, 857 (865); *Oetker* NZA 2002, 465 (469); Richardi BetrVG/*Annuß* § 111 Rn. 53; aA *Däubler* ArbuR 2001, 285 (286).

[103] Anders LAG München 24.6.2010 – 2 TaBV 121/09 (nur bis zur Einsetzung der Einigungsstelle).

[104] HessLAG 18.11.2009 LAGE § 111 BetrVG 2001 Nr. 9; ArbG Hannover 16.1.2009 NZA-RR 2009, 309.

[105] Zu § 40 I BetrVG: BAG 14.12.2016 AP Nr. 114 zu § 40 BetrVG 1972 = NZA 2017, 514.

[106] Abwegig BGH 25.10.2012 NZA 2012, 1382; → § 220 Rn. 29a.

[107] BAG 9.12.2009 AP Nr. 96 zu § 40 BetrVG 1972 = NZA 2010, 461.

[108] BAG 5.10.2000 AP Nr. 141 zu § 112 BetrVG 1972 = NZA 2001, 849; 12.1.2000 AP Nr. 5 zu § 24 BetrVG 1972 = NZA 2000, 669.

[109] BAG 15.1.2002 AP Nr. 23 zu § 50 BetrVG 1972 = NZA 2002, 988; 8.6.1999 AP Nr. 47 zu § 111 BetrVG 1972 = NZA 1999, 1168; 24.1.1996 AP Nr. 16 zu § 50 BetrVG 1972 = NZA 1996, 1107.

[110] BAG 19.7.2012 AP Nr. 23 zu § 1 KSchG 1969 Namensliste = NZA 2013, 333.

[111] BAG 3.5.2006 AP Nr. 29 zu § 50 BetrVG 1972 = NZA 2007, 1245; 23.10.2002 AP Nr. 26 zu § 50 BetrVG 1972 = NZA 2003, 1360; 11.12.2001 AP Nr. 22 zu § 50 BetrVG 1972 = NZA 2002, 688.

[112] BAG 3.5.2006 AP Nr. 29 zu § 50 BetrVG 1972 = NZA 2007, 1245.

in dem noch abzuschließenden Sozialplan abhängt,[113] etwa weil das unternehmensbezogene Sanierungskonzept nur auf der Grundlage eines bestimmten Sozialplanvolumens realisiert werden kann.[114] Maßgeblich für die Abgrenzung der Zuständigkeiten ist die jeweilige Planung des Unternehmers. Schließt der AG mit dem nicht zuständigen GBR einen Sozialplan, ist dieser nicht unwirksam; vielmehr handelt es sich hierbei um einen freiwilligen Sozialplan.[115] Da die den Betriebsverfassungsorganen zugewiesene gesetzliche Regelungszuständigkeit durch den Abschluss freiwilliger Vereinbarungen nicht aufgehoben werden kann,[116] hindert ein solcher Sozialplan den BR nicht, seine Beteiligungsrechte nach § 112 BetrVG geltend zu machen; eine etwaige Kumulation von Ansprüchen der AN ist – sofern sie nicht selbst ausdrücklich von den Betriebsparteien geregelt wurde (zB durch Anrechnungsklausel) – ggf. im Wege einer Auslegung der Bestimmungen zu lösen.[117] Hat der AG mit dem GBR einen **vorsorglichen Sozialplan** für eine Vielzahl künftig möglicher, noch nicht geplanter Betriebsänderungen geschlossen, beansprucht dieser wegen seiner typischen Auffangfunktion regelmäßig nur in den Fällen Geltung, in denen der BR im Fall einer konkreten Betriebsänderung vom Abschluss einer eigenen Ausgleichsregelung absieht und keinen Sozialplan vereinbart.[118]

Eine Zuständigkeit des **KBR** für die Beteiligungsrechte nach §§ 111 ff. BetrVG könnte nach § 58 I BetrVG allenfalls bei unternehmensübergreifenden Umstrukturierungen und Ausgleichsmaßnahmen in Betracht kommen; Verhandlungspartner ist in diesem Fall die Konzernspitze, bei der ein KBR errichtet ist. Ob eine originäre Zuständigkeit des KBR nach § 58 I 1 BetrVG bei einer Betriebsänderung in Form einer Betriebsschließung eröffnet sein kann, hat das BAG ausdrücklich offengelassen.[119] 39

2. Initiativlast des Arbeitgebers. Für den AG ist es vor allem wegen etwaiger Nachteilsausgleichsansprüche der AN nach § 113 BetrVG (→ § 245 Rn. 1) von Bedeutung, dass er mit der zuständigen Arbeitnehmervertretung verhandelt; andernfalls besteht die Gefahr, dass er keinen Interessenausgleich versucht hat. Nach der Rspr. des BAG obliegt dem AG insoweit die Initiativlast für die Wahl der zuständigen Arbeitnehmervertretung. Bei bestehenden Zweifeln muss er die in Betracht kommenden Gremien zur wechselseitigen Klärung der Zuständigkeitsfrage auffordern. Einigen sich diese auf die Zuständigkeit eines Gremiums (BR oder GBR) und verhandelt der AG mit dieser Arbeitnehmervertretung, liegt hierin regelmäßig zumindest ein § 113 III BetrVG genügender Versuch eines Interessenausgleichs. Das Gleiche gilt, wenn sich die Arbeitnehmervertretungen nicht einigen und der AG daraufhin eine Entscheidung trifft, die unter Berücksichtigung der Entscheidungssituation nachvollziehbar erscheint. Weist er jedoch eine Arbeitnehmervertretung zurück, trägt er das Risiko, dass sein Verhandlungsgesuch als unzureichend gewertet wird.[120] 40

VII. Mitbestimmung über die unternehmerische Entscheidung der Betriebsänderung (Interessenausgleich)

Muster: Schaub ArbRFV-HdB/*Thoms* B. Rn. 266.

1. Interessenausgleich. a) Inhalt. Über die geplante Betriebsänderung soll ein Interessenausgleich zwischen dem Unternehmer und dem BR stattfinden (§ 112 I 1 BetrVG). Dessen Ziel ist es, einen Ausgleich zwischen den Interessen des Unternehmers, der eine möglichst weitgehende Rationalisierung anstrebt, und denen der AN, die an der Erhaltung ihres Arbeitsplatzes interessiert sind, zu erreichen. Gegenstand des Interessenausgleichs ist die Frage, ob, wann und wie eine Betriebsänderung durchgeführt wird. Sein Inhalt betrifft die organisatorische Umsetzung der Betriebsänderung und die mit ihrer Durchführung verbundenen personellen Maßnahmen (zB zu welchem Zeitpunkt und in welcher Weise der Betrieb stillgelegt wird, wie ggf. die Personalplanung und der -einsatz erfolgt[121] oder in welchem Umfang bzw. in welcher Form der Betriebsablauf umorganisiert wird). Zum Interessenausgleich 41

[113] BAG 23.10.2002 AP Nr. 26 zu § 50 BetrVG 1972 = NZA 2003, 1360.
[114] BAG 11.12.2001 AP Nr. 22 zu § 50 BetrVG 1972 = NZA 2002, 688.
[115] BAG 25.2.2020 AP Nr. 119 zu § 77 BetrVG 1972 = NZA 2020, 1128.
[116] BAG 17.4.2012 AP Nr. 218 zu § 112 BetrVG 1972 = NZA 2012, 1240.
[117] Vgl. auch BAG 17.4.2012 AP Nr. 218 zu § 112 BetrVG 1972 = NZA 2012, 1240.
[118] BAG 17.4.2012 AP Nr. 218 zu § 112 BetrVG 1972 = NZA 2012, 1240.
[119] BAG 18.7.2017 AP Nr. 58 zu § 113 BetrVG 1972 = NZA 2017, 1618.
[120] BAG 24.1.1996 AP Nr. 16 zu § 50 BetrVG 1972 = NZA 1996, 1107.
[121] BAG 27.10.1987 AP Nr. 41 zu § 112 BetrVG 1972 = NZA 1988, 203.

gehört daher, ob AN entlassen, versetzt oder umgeschult werden. Die Betriebsparteien können im Interessenausgleich auch Abreden über Sachverhalte treffen, deren Regelungsbedürftigkeit nicht unmittelbar auf die Betriebsänderung zurückgeht, sondern deren mittelbare Folge sind **(Folgeregelungen).** Diese betreffen nicht die nachteiligen Wirkungen der Betriebsänderung, sondern andere Beteiligungssachverhalte. Hierzu zählen etwa Vereinbarungen über die Auswirkungen der geänderten Betriebsstruktur auf die Personalplanung, die Besetzung von neu geschaffenen Arbeitsplätzen und das darauf bezogene Auswahlverfahren.[122] Zudem kann nach § 1 V KSchG, § 125 InsO im Interessenausgleich zwischen AG bzw. Insolvenzverwalter und dem BR eine **Namensliste** für die soziale Auswahl vereinbart werden → § 136 Rn. 1.

42 **b) Form.** Ein Interessenausgleich kommt nach § 112 I 1 BetrVG nur wirksam zustande, wenn er entweder schriftlich niedergelegt und vom Unternehmer und BR unterschrieben oder in elektronischer Form gefasst und von beiden qualifiziert elektronisch signiert wurde. Ein lediglich mündlich vereinbarter Interessenausgleich ist unwirksam. Die Einhaltung der **Schrift-** bzw. elektronischen Form dient der Rechtssicherheit und Rechtsklarheit und ist daher Wirksamkeitsvoraussetzung für die Einigung.[123] Zu den Anforderungen des Formgebots → § 231 Rn. 7.[124] Für den BR muss – nach entspr. Beschlussfassung über den Interessenausgleich im Gremium (§ 33 BetrVG) – die Einigung vom Betriebsratsvorsitzenden oder im Fall seiner Verhinderung von seinem Stellvertreter unterschrieben werden.[125] Der Betriebsausschuss (→ § 220 Rn. 9) wird für den Interessenausgleich regelmäßig nicht zuständig sein, da dieser zumeist im Zusammenhang mit dem Sozialplan steht und er keine Betriebsvereinbarungen abschließen kann. Kommt zwischen den Betriebsparteien kein den gesetzlichen Formvorgaben genügender Interessenausgleich zustande, muss der AG vor der tatsächlichen Durchführung der Betriebsänderung ggf. die Einigungsstelle anrufen, selbst wenn der BR mit der Maßnahme einverstanden ist.[126]

43 **c) Rechtscharakter und Wirkungen.** Der Interessenausgleich ist keine Betriebsvereinbarung, sondern eine **kollektivrechtliche Vereinbarung besonderer Art,**[127] deren Rechtsqualität nicht abschließend geklärt ist. Das BAG hat eher beiläufig und ohne nähere Begründung angenommen, der BR habe aus dem Interessenausgleich keinen **Erfüllungsanspruch** gegen den AG.[128] Nach zutreffender Auffassung kann jedoch ein solcher – im Beschlussverfahren, ggf. durch einstweilige Verfügung durchsetzbarer – Anspruch des BR bei entspr. Ausgestaltung des Interessenausgleichs gegeben sein,[129] da auch dieser eine Vereinbarung iSv § 77 I 1 BetrVG darstellt. Dem steht nicht entgegen, dass die Beteiligungsrechte des BR in wirtschaftlichen Angelegenheiten eingeschränkt sind. Entscheidend ist, dass sich der Unternehmer durch den Abschluss des Interessenausgleichs – ohne hierzu verpflichtet zu sein – rechtlich gebunden hat. Liegen zwingende Gründe für das Abweichen vom Interessenausgleich iSv § 113 I BetrVG vor, besteht allerdings keine Pflicht des Unternehmens zur Durchführung der vereinbarten Maßnahmen. In diesem Fall kann eine Pflicht des BR zur Neuverhandlung des Interessenausgleichs mit dem AG in Betracht kommen. Folgt man der Ansicht des BAG wird möglicherweise nur die ausdrückliche Vereinbarung des Interessenausgleichs „als (freiwillige) Betriebsvereinbarung" oder eines eigenständigen Erfüllungsanspruchs des BR zu einer im Beschlussverfahren durchsetzbaren Pflichtenstellung des AG führen können.

44 Für die **Einzelarbeitsverhältnisse** kommt dem Interessenausgleich keine unmittelbare und zwingende Wirkung zu. Dies ergibt sich im Umkehrschluss aus §§ 112 I 3, 77 IV BetrVG.[130] Die Betriebsparteien haben jedoch die Möglichkeit, ihn als freiwillige Betriebsvereinbarung abzuschließen und dadurch unmittelbar Rechte und Pflichten für die AN zu begründen (zB Kündigungsverbote, Bevorzugung von internen Bewerbern bei künftigen Stellenbesetzungen).[131] Zudem kann nach § 1 V KSchG, § 125 InsO im Interessenausgleich zwischen dem AG

[122] BAG 22.1.2013 EzA § 113 BetrVG 2001 Nr. 9.
[123] BAG 9.7.1985 AP Nr. 13 zu § 113 BetrVG 1972 = NZA 1986, 100 (für die Schriftform).
[124] Dazu auch BAG 7.5.1998 AP Nr. 1 zu § 1 KSchG 1969 Namensliste.
[125] BAG 24.2.2000 AP Nr. 7 zu § 1 KSchG 1969 Namensliste = NZA 2000, 785 (Einigungsstelle).
[126] Vgl. BAG 26.10.2004 AP Nr. 49 zu § 113 BetrVG 1972 = NZA 2005, 237.
[127] BAG 14.11.2006 AP Nr. 181 zu § 112 BetrVG 1972 = NZA 2007, 339.
[128] BAG 28.8.1991 AP Nr. 2 zu § 85 ArbGG 1979 = NZA 1992, 41; Richardi BetrVG/*Annuß* § 112 Rn. 47; diff. GK-BetrVG/*Oetker* §§ 112, 112a Rn. 73, 79 (Bindungswirkung nur bei bes. Anhaltspunkten).
[129] LAG München 16.7.1997 LAGE § 112 Interessenausgleich Nr. 1; *Zwanziger* BB 1998, 478.
[130] *Fitting* BetrVG §§ 112, 112a Rn. 46.
[131] BAG 14.11.2006 AP Nr. 181 zu § 112 BetrVG 1972 = NZA 2007, 339; 26.8.1997 AP Nr. 117 zu § 112 BetrVG 1972.

bzw. Insolvenzverwalter und dem BR eine Namensliste für die **soziale Auswahl** vereinbart werden. Diese hat zur Folge, dass die nachfolgenden Kündigungen nur eingeschränkt gerichtlich überprüfbar sind; zu Einzelheiten → § 136 Rn. 1. Daneben kann auch außerhalb des Insolvenzverfahrens in einem Interessenausgleich eine Auswahlrichtlinie (§ 95 BetrVG, § 1 IV KSchG; → § 135 Rn. 52) für die soziale Auswahl der von Kündigung betroffenen AN vereinbart werden, die mithilfe eines Punkteschemas erfolgen kann.[132]

Der Unternehmer ist aufgrund des Interessenausgleichs befugt, die dort vereinbarte Betriebsänderung entspr. vorzunehmen, ohne eine Inanspruchnahme auf Nachteilsausgleich nach § 113 III BetrVG (→ § 246 Rn. 1) befürchten zu müssen. Erfüllt er den Interessenausgleich nicht oder weicht er ohne zwingenden Grund von seinem Inhalt ab, kommen als individualrechtliche Sanktion Nachteilsausgleichsansprüche nach § 113 I BetrVG in Betracht. 45

d) Beendigung. Da sich der Inhalt des Interessenausgleichs regelmäßig auf eine konkrete Betriebsänderung bezieht, ist er mit deren Abschluss beendet. Eine Kündigungsmöglichkeit muss besonders vereinbart werden, ansonsten ist sie ausgeschlossen, da der Interessenausgleich die Betriebsänderung insgesamt gestalten soll. Eine Anwendung der für Betriebsvereinbarungen geltenden Regelungen über die ordentliche Kündigung und die Nachwirkung (§ 77 V, VI BetrVG) scheidet aus. Dagegen ist seine außerordentliche Kündigung bei Vorliegen eines wichtigen Grundes möglich, ebenso der Wegfall der Geschäftsgrundlage (§ 1 V 2 KSchG, § 125 S. 2 InsO). 46

2. Verfahren. a) Vermittlungsversuch der Arbeitsverwaltung. Können sich Unternehmer und BR im Rahmen ihrer Verhandlungen nicht auf einen Interessenausgleich einigen, kann jeder der Betriebsparteien die Arbeitsverwaltung um Vermittlung ersuchen (§ 112 II 1 BetrVG). Nur im Rahmen eines Insolvenzverfahrens muss ein solches Vermittlungsgesuch von Insolvenzverwalter und BR gemeinsam erfolgen (§ 121 InsO). Zuständig ist nach § 112 II 1 BetrVG der Vorstand der BA. Ist diese zur Übernahme der Vermittlungstätigkeit bereit, kann sie hiermit einen ihrer Beschäftigten beauftragen. Für die jeweils andere Betriebspartei besteht zwar kein Einlassungszwang auf eine Vermittlung durch die BA, aus § 2 I BetrVG folgt aber eine Verpflichtung, sich an einem derartigen Vermittlungsversuch zu beteiligen.[133] Während der Vermittlungstätigkeit der BA kann eine Einigungsstelle noch nicht tätig werden; eine vorsorgliche Vereinbarung über ihre Bildung oder die Einleitung eines Verfahrens nach § 100 ArbGG ist aber zulässig.[134] Jede Seite kann das Vermittlungsverfahren abbrechen, wenn sie keine Verständigungsmöglichkeiten sieht und auf diese Weise die Tätigkeit der Einigungsstelle initiieren.[135] Eine verbindliche Entscheidung durch den Vermittler ist selbst dann unzulässig, wenn AG und BR diesen vorher ermächtigen; eine solche „vorherige Unterwerfung" unter den Vorschlag des Vermittlers sieht das Gesetz nicht vor.[136] 47

b) Einigungsstelle. aa) Einlassungszwang. Wird von einer Einschaltung der BA abgesehen oder bleibt ihr Vermittlungsversuch ergebnislos, können sowohl der Unternehmer als auch der BR nach § 112 II 2 BetrVG die Einigungsstelle (→ § 232 Rn. 1) anrufen. Trotz der Regelung in § 76 VI BetrVG besteht für die jeweils andere Seite Einlassungszwang. AG und BR haben der Einigungsstelle ihre Vorstellungen über einen Interessenausgleich zu unterbreiten (§ 112 III 1 BetrVG). Der BR wird im Rahmen der Verhandlungen der Einigungsstelle versuchen, eine Vereinbarung über einen Interessenausgleich herbeizuführen, in dem seine Vorstellungen zumindest teilweise berücksichtigt sind. Der Unternehmer ist faktisch gezwungen, die Einigungsstelle einzuschalten, um nicht mit Nachteilsausgleichsansprüchen von AN nach § 113 III BetrVG (→ § 246 Rn. 1) belastet zu werden. Denn der hierfür maßgebende „Versuch eines Interessenausgleichs" setzt nach der Rspr. voraus, dass der AG – falls keine Einigung mit dem BR möglich ist und dieser nicht selbst die Initiative ergreift – die **Einigungsstelle anruft, um dort einen Interessenausgleich zu versuchen.**[137] Nicht ausreichend ist es, wenn der BR erklärt, keine Verhandlungen über einen Interessenausgleich führen zu wollen.[138] Das in §§ 111, 112 BetrVG vorgesehene Verfahren einschließlich des Versuchs eines Interessenausgleichs muss zur Vermeidung von Ansprüchen aus § 113 III BetrVG zudem zu einer Zeit abgewickelt werden, in dem mit den betriebsändernden Maß- 48

[132] BAG 23.11.2000 AP Nr. 114 zu § 1 KSchG 1969 Betriebsbedingte Kündigung = NZA 2001, 601.
[133] Richardi BetrVG/*Annuß* § 112 Rn. 220.
[134] LAG Hamm 15.12.2003 FA 2004, 121; LAG Brem 20.9.1983 ArbuR 1984, 91.
[135] LAG Nds 30.1.2007 AE 2008, 114.
[136] AA Richardi BetrVG/*Annuß* § 112 Rn. 222.
[137] BAG 7.11.2017 AP Nr. 59 zu § 113 BetrVG 1972 = NZA 2018, 464 („Obliegenheit").
[138] BAG 26.10.2004 AP Nr. 49 zu § 113 BetrVG 1972 = NZA 2005, 237.

nahmen in noch nicht unumkehrbarer Art und Weise begonnen wurde. Diese Grundsätze gelten auch in der Insolvenz.[139]

49 **bb) Einigung.** Die Einigungsstelle kann von sich aus Einigungsvorschläge machen (§ 112 III 2 BetrVG). Um die Erfahrungen der Arbeitsverwaltung zu nutzen, kann ein Vertreter der BA auf Ersuchen des Vorsitzenden der Einigungsstelle an ihrer Verhandlung teilnehmen. Kommt es während des Einigungsstellenverfahrens zu einer Einigung, über die der BR einen Beschluss zu fassen hat[140] (§ 33 BetrVG), ist diese schriftlich niederzulegen und von den Betriebsparteien sowie dem Vorsitzenden der Einigungsstelle, zu unterschreiben (→ Rn. 42).[141] Der BR kann seine Zustimmung zu einem Interessenausgleich von dem Abschluss eines Sozialplans abhängig machen[142] und hierüber vorab einen Beschluss fassen, mit dem der Betriebsratsvorsitzende in die Verhandlung der Einigungsstelle entsandt wird.

50 **cc) Scheitern der Verhandlungen.** Können sich AG und BR nicht auf einen Interessenausgleich einigen, kann die Einigungsstelle hierüber keinen verbindlichen Spruch beschließen; § 112 BetrVG sieht insoweit nicht vor, dass der Spruch der Einigungsstelle eine Einigung zwischen BR und Unternehmer ersetzt.[143] Ergeht dennoch ein Spruch, bindet dieser die Betriebsparteien nicht. Sind die Verhandlungen zwischen den Betriebsparteien gescheitert, reicht es, wenn der Vorsitzende der Einigungsstelle dies im Protokoll feststellt.[144] Einer förmlichen Entscheidung der Einigungsstelle durch Beschluss bedarf es hierüber nicht.[145] Der Unternehmer kann nach dem Scheitern des Interessenausgleichs die Maßnahmen durchführen, ohne Nachteilsausgleichsansprüche (§ 113 BetrVG) befürchten zu müssen. Auch wenn kein Interessenausgleich zustande gekommen ist, kann der BR noch einen Sozialplan erzwingen.[146] Hat der AG die Betriebsänderung in unumkehrbarer Art und Weise durchgeführt, bevor das Scheitern der Verhandlungen festgestellt wurde, hat die Einigungsstelle ihre Tätigkeit einzustellen.

51 **c) Streitigkeiten.** Ist umstr., ob die Einigungsstelle überhaupt zuständig ist, muss sie hierüber vorab entscheiden.[147] Parallel dazu kann von den Betriebsparteien ein Beschlussverfahren eingeleitet werden, in dem geklärt wird, ob dem BR bei einer Angelegenheit Beteiligungsrechte nach §§ 111 ff. BetrVG zustehen. Der Unternehmer kann sich auch zunächst am Einigungsstellenverfahren beteiligen, dessen Ausgang abwarten und erst im Nachhinein einen etwaigen Spruch über einen Sozialplan (→ Rn. 53) mit der Begründung anfechten, die Voraussetzungen der §§ 111, 112 BetrVG seien nicht gegeben. Wird der Spruch angefochten, soll für ein zuvor eingeleitetes Beschlussverfahren über die „Zuständigkeit der Einigungsstelle" kein Rechtsschutzinteresse mehr bestehen.[148]

52 **3. Beteiligungsrechte bei nachfolgenden Einzelmaßnahmen.** Vom Abschluss eines Interessenausgleichs unberührt bleiben die Beteiligungsrechte des BR, die sich aus den betrieblichen Maßnahmen ergeben, die im Interessenausgleich genannt werden. Selbst wenn der BR der unternehmerischen Entscheidung zugestimmt hat, unterliegen zB die danach notwendigen personellen Einzelmaßnahmen stets seinen Beteiligungsrechten (zB §§ 99, 102 BetrVG). Auf die Ausübung dieser Mitwirkungsrechte kann der BR auch nicht im Voraus verzichten, zulässig ist nur eine Verbindung der einzelnen Verfahren. Allerdings ergeben sich für den BR aus § 2 I BetrVG Einschränkungen bei der Ausübung seiner Rechte. Haben sich AG und BR in einem Interessenausgleich über die Durchführung einer Betriebsänderung geeinigt, darf sich der BR bei der Erhebung von Einwendungen gegen die nachfolgend beantragten personellen Einzelmaßnahmen nicht in Widerspruch zu der von ihm zuvor abgeschlossenen Vereinbarung setzen. Das Verbot des widersprüchlichen Verhaltens (venire contra factum proprium) findet über das Gebot der vertrauensvollen Zusammenarbeit auch Anwendung bei der Ausübung von Mitwirkungsrechten. Je detaillierter sich die Betriebsparteien über die Durchführung der Betriebsänderung geeinigt haben, desto mehr sind beide Seiten bei ihren Entscheidungen nachfolgend gebunden. Keine Bindung des BR besteht, wenn dieser die beabsichtigte Betriebsänderung nur zur

[139] BAG 22.7.2003 AP Nr. 42 zu § 113 BetrVG 1972 = NZA 2004, 93.
[140] Dazu BAG 24.2.2000 AP Nr. 7 zu § 1 KSchG 1969 Namensliste = NZA 2000, 785.
[141] BAG 9.7.1985 AP Nr. 13 zu § 113 BetrVG 1972 = NZA 1986, 100.
[142] Richardi BetrVG/*Annuß* § 112 Rn. 24; *Hanau* ZfA 1974, 89 (111).
[143] BAG 17.9.1991 AP Nr. 59 zu § 112 BetrVG 1972 = NZA 1992, 227.
[144] BAG 16.8.2011 AP Nr. 55 zu § 113 BetrVG 1972.
[145] BAG 16.8.2011 AP Nr. 55 zu § 113 BetrVG 1972.
[146] LAG Hamm 1.3.1972 AP Nr. 1 zu § 112 BetrVG 1972.
[147] BAG 18.3.1975 AP Nr. 1 zu § 113 BetrVG 1972.
[148] BAG 16.7.1996 AP Nr. 53 zu § 76 BetrVG 1972 = NZA 1997, 337.

Kenntnis genommen hat und ein Interessenausgleich gescheitert ist oder der Interessenausgleich vom GBR abgeschlossen wurde. In diesem Fall kann der BR zB einem Personalabbau durch Ausübung seines Initiativrechts bei der Einführung von Kurzarbeit begegnen (§ 87 I Nr. 3 BetrVG) oder uneingeschränkt von seinen Zustimmungsverweigerungs- bzw. Widerspruchsrechten (§§ 99 II, 102 III BetrVG) Gebrauch machen.

VIII. Mitbestimmung über die sozialen Folgen einer Betriebsänderung (Sozialplan)

Muster: Schaub ArbRFV-HdB/*Thoms* B. Rn. 276.

1. Einführung. Der BR hat unabhängig davon, ob ein Interessenausgleich versucht, abgeschlossen, gescheitert, überhaupt unterblieben oder die Betriebsänderung bereits durchgeführt worden ist,[149] ein **erzwingbares Mitbestimmungsrecht** für die Aufstellung eines Sozialplans zum Ausgleich oder zur Milderung der wirtschaftlichen Nachteile, die den AN infolge einer Betriebsänderung entstehen (§ 112 I 2 BetrVG). Voraussetzung hierfür ist – neben der erforderlichen Unternehmensgröße (→ Rn. 3) – das Vorliegen einer Betriebsänderung iSv § 111 BetrVG (→ Rn. 11) und das Entstehen von ausgleichsfähigen Nachteilen. Da bereits die Möglichkeit eines Eintritts ausgleichfähiger Nachteile ausreicht, kann der AG den Abschluss eines Sozialplans nicht mit der Begründung verweigern, den AN würden keine Nachteile entstehen. Wirtschaftliche Nachteile können etwa der Eintritt von Arbeitslosigkeit nach einer Kündigung, der Verlust des Kündigungsschutzes, Erschwerungen bei der Arbeitssuche, eine schlechtere Bezahlung oder geänderte Anfahrtswege sein. Der AG ist verpflichtet, dem BR die Informationen zur Verfügung zu stellen, die er zur Aufstellung des Sozialplans benötigt.[150] Im Interesse der Planungssicherheit kann der AG mit dem BR/GBR/KBR auch für noch nicht geplante, aber in groben Umrissen schon abschätzbare Betriebsänderungen einen vorsorglichen Sozialplan in Form einer freiwilligen Betriebsvereinbarung abschließen.[151] 53

2. Zweck. a) Ausgleichs- und Überbrückungsfunktion. Der Sozialplan zielt weder darauf ab, die AN für einen Verlust ihres Arbeitsplatzes zu entschädigen, noch ihnen ein zusätzliches Entgelt für in der Vergangenheit erbrachte Dienste zu gewähren. Vielmehr kommt ihm eine zukunftsbezogene Ausgleichs- und Überbrückungsfunktion zu. Mit Hilfe seiner Leistungen sollen die wirtschaftlichen Folgen, die den AN durch die Betriebsänderung voraussichtlich entstehen – insbesondere ein etwaiger Arbeitsplatzverlust –, ausgeglichen oder zumindest abgemildert werden. Die Betriebsparteien können diese Nachteile aufgrund ihres Beurteilungs- und Gestaltungsspielraums (→ Rn. 55) in typisierter und pauschalierter Form ausgleichen. Der Sozialplan soll mit dem verfügbaren Volumen möglichst allen von einer Entlassung betroffenen AN eine verteilungsgerechte Überbrückungshilfe bis zu einem ungewissen neuen Arbeitsverhältnis oder längstens bis zum Bezug einer Altersrente ermöglichen.[152] Beide Zwecke können miteinander kombiniert werden. Die Zukunftsbezogenheit des Sozialplans erlaubt Differenzierungen bei der Entschädigungshöhe im Hinblick auf die künftig zu erwartenden Nachteile, die bei einer ausschließlich vergangenheitsbezogenen Sichtweise nicht zulässig wären. 54

b) Beurteilungs- und Gestaltungsspielraum. Die Betriebsparteien sind wegen des ihnen zustehenden Beurteilungs- und Gestaltungsspielraums bei der Vereinbarung eines Sozialplans frei in ihrer Entscheidung, welche Nachteile der von einer Betriebsänderung betroffenen AN in welchem Umfang ausgeglichen oder gemildert werden sollen. Sie müssen nicht alle denkbaren Nachteile ausgleichen und können auch nach deren Vermeidbarkeit unterscheiden.[153] Zulässig kann es sogar sein, bestimmte Gruppen von AN ganz von Sozialplanleistungen auszunehmen.[154] 55

[149] BAG 15.10.1979 AP Nr. 5 zu § 111 BetrVG 1972.
[150] BAG 30.3.2004 AP Nr. 47 zu § 113 BetrVG 1972 = NZA 2004, 931.
[151] Vgl. BAG 17.4.2012 AP Nr. 218 zu § 112 BetrVG 1972 = NZA 2012, 1240; 26.8.1997 AP Nr. 117 zu § 112 BetrVG 1972 = NZA 1998, 216.
[152] BAG 26.9.2017 AP Nr. 236 zu § 112 BetrVG 1972; 8.12.2015 AP Nr. 233 zu § 112 BetrVG 1972 = NZA 2016, 767; 9.12.2014 AP Nr. 225 zu § 112 BetrVG 1972 = NZA 2015, 365; dazu *Willemsen* RdA 2013, 166.
[153] BAG 7.5.2019 AP Nr. 241 zu § 112 BetrVG 1972 = NZA 2019, 1295; 24.8.2004 AP Nr. 174 zu § 112 BetrVG 1972 = NZA 2005, 302.
[154] BAG 7.5.2019 AP Nr. 241 zu § 112 BetrVG 1972 = NZA 2019, 1295; 9.12.2014 AP Nr. 225 zu § 112 BetrVG 1972 = NZA 2015, 365; 11.11.2008 AP Nr. 196 zu § 112 BetrVG 1972 = NZA 2009, 210.

Ein **Beurteilungsspielraum** besteht hinsichtlich der tatsächlichen Einschätzung der mit der Betriebsänderung für die betroffenen AN verbundenen wirtschaftlichen Folgen, die sich regelmäßig nicht in allen Einzelheiten sicher vorhersagen lassen, sondern nur Gegenstand einer Prognose sein können. Eine pauschalierende und typisierende Bewertung der wirtschaftlichen Nachteile ist daher zumeist unumgänglich.[155] Der **Gestaltungsspielraum** der Betriebsparteien betrifft die Frage, ob, in welchem Umfang und wie sie die prognostizierten wirtschaftlichen Nachteile ausgleichen oder abmildern. Auch hierbei können die Betriebsparteien einen typisierenden Maßstab zugrunde legen. Sie sind nicht verpflichtet, eine anlässlich einer Betriebsänderung zwischen den Tarifvertragsparteien getroffene Sozialplanvereinbarung in einen betrieblichen Sozialplan zu übernehmen.[156]

56 **3. Form.** Der einvernehmlich zwischen AG und BR vereinbarte Sozialplan ist nach § 112 I BetrVG schriftlich niederzulegen und von beiden – dh für den BR vom Betriebsratsvorsitzenden – zu unterschreiben (§ 112 I BetrVG). Alternativ kann er in elektronischer Form gefasst und von den Betriebsparteien qualifiziert elektronisch signiert werden. Die Unterschrift bzw. Signatur erfordert eine Beschlussfassung des BR über den Abschluss des Sozialplans (§ 33 BetrVG). Das Formerfordernis des § 112 I 2 BetrVG dient nicht dem Übereilungsschutz, sondern soll Zweifel über den Inhalt der vereinbarten Norm ausschließen. Dafür genügt die Verweisung auf zum Zeitpunkt des Vertragsabschlusses vorliegende und genau bezeichnete andere schriftliche Regelungen.[157] Ein den gesetzlichen Formvorgaben (→ § 231 Rn. 7) nicht entsprechender Sozialplan ist unwirksam; dies gilt gleichermaßen, wenn es an einem Beschluss des BR fehlt. Der Sozialplaninhalt kann wie eine formnichtige Betriebsvereinbarung (→ § 231 Rn. 8) nur in Ausnahmefällen als betriebliche Übung oder Gesamtzusage aufrechterhalten werden.[158]

57 **4. Verfahren.** Können sich die Betriebsparteien im Rahmen ihrer Verhandlungen nicht auf einen Sozialplan einigen, kann jede Seite die Arbeitsverwaltung um Vermittlung ersuchen (§ 112 II 1 BetrVG). Lediglich nach Eröffnung eines Insolvenzverfahrens muss ein solches Vermittlungsgesuch durch Insolvenzverwalter und BR gemeinsam erfolgen (§ 121 InsO). Im Übrigen gelten die Ausführungen zu → Rn. 47 sinngemäß. Wird von einer Einschaltung der BA abgesehen oder bleibt ihr Vermittlungsversuch ergebnislos, können sowohl der Unternehmer als auch der BR nach § 112 II 2 BetrVG die Einigungsstelle (→ § 232 Rn. 1) anrufen. Im Rahmen des Einigungsstellenverfahrens haben die Beteiligten weiterhin die Möglichkeit, sich einvernehmlich auf den Abschluss eines Sozialplans zu einigen. Gelingt ihnen dies nicht, entscheidet die Einigungsstelle durch Spruch; dieser ersetzt die Einigung zwischen AG und BR (§ 112 IV 2 BetrVG). Bei ihrer Entscheidung hat die Einigungsstelle die in § 112 V BetrVG aufgeführten Vorgaben zu beachten (→ Rn. 89). Besteht die Betriebsänderung allein in der Entlassung von AN, kann ein Spruch nur ergehen, wenn die in § 112a I BetrVG genannten Anforderungen erfüllt sind (→ Rn. 103). An einer Erzwingbarkeit des Sozialplans fehlt es zudem in Unternehmen, deren Gründung noch keine 4 Jahre her ist (→ Rn. 105). Zum Einigungsstellenverfahren → § 232 Rn. 1.

58 **5. Wirkung.** Der Sozialplan hat (auch wenn er auf einem Spruch beruht) die Wirkung einer Betriebsvereinbarung.[159] Damit begründet er regelmäßig unmittelbare Rechtsansprüche der einzelnen AN. Deren **Angemessenheit** ist ebenso wie die Sozialplandotierung im Individualprozess nicht nachprüfbar.[160] Darüber hinaus steht dem BR – wie bei Betriebsvereinbarungen – gegen den AG ein Anspruch auf Durchführung des Sozialplans zu (→ § 231 Rn. 39).[161] Solange der Sozialplan angefochten ist (→ Rn. 96), kann der BR allerdings nicht die Zahlung von Abfindungen an die AN durchsetzen.[162]

59 **6. Geltungsbereich.** Der persönliche Geltungsbereich eines Sozialplans kann sich regelmäßig nur auf AN des Betriebs (§ 5 I BetrVG) erstrecken, die von der Betriebsänderung betroffen sind. Zu diesen gehören auch Beschäftigte, die die Wartezeit (§ 1 I KSchG) noch nicht erfüllt

155 Vgl. BAG 7.5.2019 AP Nr. 241 zu § 112 BetrVG 1972 = NZA 2019, 1295.
156 BAG 15.4.2015 AP Nr. 57 zu § 3 TVG = NZA 2015, 1388.
157 BAG 14.11.2006 AP Nr. 181 zu § 112 BetrVG 1972 = NZA 2007, 339.
158 Zu weitgehend allerdings ArbG Berlin 23.9.1992 BB 1993, 141 = DB 1993, 1528.
159 BAG 15.5.2018 AP Nr. 114 zu § 77 BetrVG 1972; 29.6.2017 AP Nr. 236 zu § 112 BetrVG 1972.
160 BAG 17.2.1981 AP Nr. 11 zu § 112 BetrVG 1972.
161 Vgl. etwa BAG 25.2.2020 AP Nr. 119 zu § 77 BetrVG 1972 = NZA 2020, 1128.
162 BAG 17.10.1989 AP Nr. 53 zu § 112 BetrVG 1972 = NZA 1990, 441.

haben oder einer betriebsorganisatorisch eigenständigen Einheit (§ 175 I Nr. 2 SGB III aF) angehören.[163] Der Geltungsbereich eines Sozialplans kann auch bereits aufgrund der Betriebsänderung ausgeschiedene AN erfassen.[164] Regelungen für leitende Angestellte können im Sozialplan nicht vorgesehen werden, da der BR für diese nicht zuständig ist.[165] Ein Sozialplan für einen Gemeinschaftsbetrieb gilt hinsichtlich etwaiger Abfindungen nur im Verhältnis des Vertragsarbeitgebers zu seinen AN.[166] Befristet beschäftigte AN können vom Geltungsbereich des Sozialplans ausgeschlossen werden, wenn ihr Arbeitsverhältnis nicht gekündigt wird, sondern aufgrund der Befristung endet.[167] Dies gilt gleichermaßen für beurlaubte Beamte, deren Beamtenverhältnis nach Wirksamwerden der Kündigung wieder auflebt.[168]

7. Inhalt. a) Keine Regelungssperre. Während die Betriebsparteien beim Abschluss einer 60
Betriebsvereinbarung die Regelungssperre des § 77 III BetrVG beachten müssen (→ § 231 Rn. 20), gelten diese Vorgaben für einen erzwingbaren Sozialplan nicht (§ 112 I 4 BetrVG). Soweit Tarifverträge daher Bestimmungen enthalten, deren Gegenstände auch im Sozialplan geregelt sind, ist dies unschädlich. Durch Auslegung ist zu ermitteln, ob die Leistungen den gleichen Zweck verfolgen; in diesem Fall sind sie anzurechnen. Denkbar ist auch, dass der Tarifvertrag bei Bestehen eines betrieblichen Sozialplans zurücktritt. Für einen freiwilligen Sozialplan gilt die Ausnahme von der Regelungssperre des § 77 III 1 BetrVG jedoch nicht.[169]

b) Formen von Sozialplanleistungen. Welche Maßnahmen zum Ausgleich oder zur Mil- 61
derung der wirtschaftlichen Nachteile erforderlich sind, kann nur nach den Umständen des Einzelfalls entschieden werden. In Betracht kommen zB Abfindungen, Lohnausgleich für die Zuweisung einer anderen Tätigkeit und die Erstattung von Fahrtkosten oder Umzugskosten. Darüber hinaus können auch andere materielle Arbeitsbedingungen Gegenstand eines Sozialplans sein. Hierzu zählen etwa die Belassung von Werkwohnungen und vergünstigter Arbeitgeberdarlehen, die Gewährung einer Erfolgsprämie[170] oder die Einführung versicherungsmathematischer Abschläge bei flexibler Altersgrenze, wenn die AN zwischen einer Abfindung und einem vorzeitigen Pensionierungsprogramm wählen können.[171] Regelmäßig werden im Sozialplan auch sog. Härtefonds vorgesehen. Besteht die Möglichkeit, dass ein AN in einen anderen Betrieb des Unternehmens versetzt wird, kann der AG im Sozialplan – neben den Fahrt- und Umzugskosten – auch Beihilfen für die Wohnungseinrichtung und Nachhilfekosten bei einem Schulwechsel der Kinder ganz oder teilweise übernehmen; zulässig ist dabei die Vereinbarung einer Rückzahlungsklausel in einem Sozialplan, nach der die Leistungen zurück zu gewähren sind, wenn der AN vor Ablauf eines bestimmten Zeitraums aufgrund seines Verschuldens aus dem Unternehmen ausscheidet.[172]

c) Bemessung von Abfindungen. aa) Grundsatz: Gestaltungsspielraum. Bei Ent- 62
lassungen werden üblicherweise Abfindungen vereinbart, die regelmäßig zumindest nach Bruttomonatsentgelt, Lebensalter und Betriebszugehörigkeit gestaffelt werden. Die Betriebsparteien sind aber nicht verpflichtet, Sozialplanleistungen stets nach einer bestimmten Formel zu bemessen. Sie können diese auch individuell festlegen und sich an den ihnen bekannten Verhältnissen der betroffenen AN orientieren.[173] Bei der Abfindungshöhe sind die Betriebsparteien nicht an § 10 KSchG gebunden.[174] In der Praxis haben sich für die Berechnung der Abfindung verschiedene Formen herausgebildet. AG und BR müssen sich innerhalb eines Sozialplans allerdings nicht auf eine Berechnungsformel beschränken. Vielmehr gehört es zu ihren Gestaltungsmöglichkeiten, verschiedene Formeln miteinander zu kombinieren.[175] Eine

[163] AA *Rieble/Klumpp* NZA 2003, 1169.
[164] BAG 11.2.1998 AP Nr. 121 zu § 112 BetrVG 1972 = NZA 1998, 895; 10.8.1994 AP Nr. 86 zu § 112 BetrVG 1972 = NZA 1995, 314.
[165] BAG 16.7.1985 AP Nr. 32 zu § 112 BetrVG 1972 = NZA 1986, 713.
[166] BAG 12.11.2002 AP Nr. 155 zu § 112 BetrVG 1972 = NZA 2003, 676.
[167] LAG BW 19.2.2014 LAGE § 112 BetrVG 2001 Nr. 10.
[168] BAG 8.12.2015 AP Nr. 233 zu § 112 BetrVG 1972 = NZA 2016, 767.
[169] BAG 14.11.2006 AP Nr. 181 zu § 112 BetrVG 1972 = NZA 2007, 339.
[170] BAG 26.8.2008 AP Nr. 195 zu § 112 BetrVG 1972.
[171] BAG 25.2.1986 AP Nr. 13 zu § 6 BetrAVG = NZA 1987, 199.
[172] BAG 9.11.1994 EzA Nr. 81 zu § 112 BetrVG 1972.
[173] BAG 12.2.1985 AP Nr. 25 zu § 112 BetrVG 1972 = NZA 1985, 717.
[174] Vgl. BAG 27.10.1981 AP Nr. 41 zu § 112 BetrVG 1972 = NZA 1988, 203; aA LAG BW 29.10.1984 ZIP 1985, 703.
[175] BAG 16.7.2019 AP Nr. 242 zu § 112 BetrVG 1972 = NZA 2019, 1432; 26.5.2009 – 1 AZR 212/08; 20.1.2009 AP Nr. 198 zu § 112 BetrVG 1972 = NZA 2009, 495.

dabei eintretende Ungleichbehandlung von AN muss sich freilich an den rechtlichen Vorgaben des § 75 I BetrVG messen lassen und darf insbesondere nicht gegen ein etwaiges Diskriminierungsverbot nach §§ 1, 7 AGG verstoßen (→ Rn. 72).[176]

63 **bb) Standardformel.** Überwiegend werden Abfindungen in Sozialplänen nach einer festgelegten Formel berechnet, die im Sozialplan vereinbart wird. Häufig ist dabei für den Grundabfindungsbetrag folgende Berechnung anzutreffen:

$$\frac{\text{Bruttomonatsverdienst} \times \text{Lebensalter} \times \text{Betriebszugehörigkeit}}{[\text{Divisor}]}$$

64 Die Höhe der Abfindung hängt in diesem Fall vor allem von der Definition der Bruttomonatsvergütung und dem Divisor ab. Je größer der Divisor gewählt wird, umso kleiner wird die Abfindung. Wird der Bruttomonatsverdienst aus dem Jahresdurchschnittsverdienst errechnet, folgt daraus regelmäßig eine höhere Abfindung als bei einem Abstellen auf den Monatsverdienst. Wird Letzterer zugrunde gelegt, erhalten Besserverdienende in aller Regel eine geringere Abfindung. Die dargestellte Formel wird gelegentlich dadurch vereinfacht, dass die Betriebszugehörigkeit und/oder das Lebensalter mit einem Grundwert berechnet werden, der sich in bestimmten Stufen erhöht. Die Stufeneinteilung ist dann abhängig von der sozialpolitischen Zwecksetzung der Betriebsparteien.

65 **cc) Festes Sozialplanvolumen.** Die jeweilige Abfindungshöhe kann auch ausgehend vom insgesamt zur Verfügung stehenden Sozialplanvolumen bemessen werden. Um die für die Abfindungen zur Verfügung stehende Gesamtdotierung nicht zu überschreiten, erhalten alle unter den Sozialplan fallenden AN entspr. ihrer persönlichen Verhältnisse (zB Lebensalter, Beschäftigungszeit, Unterhaltsverpflichtungen, Schwerbehinderung) eine bestimmte Punktzahl. Die Abfindung ergibt sich dann durch Division der Gesamtdotierung durch die Zahl aller Punkte. Von dem Gesamtdotierungsrahmen kann vorab ein Härtefonds abgezogen werden. Ist ein AN zu Unrecht bei der Verteilung unberücksichtigt geblieben oder unter Verstoß gegen die Grundsätze des § 75 I BetrVG benachteiligt worden, hat er dennoch Anspruch auf Sozialplanleistungen, selbst wenn der zur Verfügung gestellte Rahmen dann nach oben anzupassen ist. Zur Anfechtung wegen ungenügender Gesamtdotierung → Rn. 94, 96. Ist keine Regelung über eine Nachtragsverteilung vorgesehen, muss der AG die nicht ausgeschöpften Mittel nicht anderweitig auszahlen.[177]

66 **dd) Berücksichtigung des Lebensalters. (1) Zulässigkeit.** Nach § 10 S. 3 Nr. 6 AGG sind auf dem Lebensalter beruhende Ungleichbehandlungen bei Sozialplanleistungen zulässig. Die Norm enthält **zwei Tatbestände:** Die 1. Alt. lässt die an das Alter anknüpfende Berechnung der Sozialplanabfindung zu. Nach § 10 S. 3 Nr. 6 Alt. 2 AGG ist es zulässig, Sozialplanleistungen für AN auszuschließen, wenn diese ggf. nach dem Bezug von Alg. I rentenberechtigt sind. Damit eröffnet § 10 S. 3 Nr. 6 AGG den Betriebsparteien einen Gestaltungs- und Beurteilungsspielraum, der es ihnen ermöglicht, das Lebensalter als Bemessungskriterium für eine Sozialplanabfindung heranzuziehen. Dem liegt ein berechtigtes Ziel zugrunde: Es entspricht einem allgemeinen sozialpolitischen Interesse, dass Sozialpläne danach unterscheiden können, welche wirtschaftlichen Nachteile den AN drohen, die durch eine Betriebsänderung ihren Arbeitsplatz verlieren. Die Gewährung eines Ausgleichs für die Zukunft entsprechend den Bedürfnissen der betroffenen AN, die der Notwendigkeit einer gerechten Verteilung der für einen Sozialplan nur begrenzt zur Verfügung stehenden Mittel Rechnung trägt, stellt auch nach der Rspr. des EuGH ein legitimes Ziel iSv Art. 6 I UAbs. 2 der Richtlinie 2000/78/EG dar.[178] Die Ausgestaltung des Gestaltungs- und Beurteilungsspielraums unterliegt allerdings einer weiteren Verhältnismäßigkeitsprüfung nach § 10 S. 2 AGG. Die jeweilige Sozialplangestaltung muss geeignet sein, das mit § 10 S. 3 Nr. 6 AGG verfolgte (legitime) Ziel zu fördern, und darf die Interessen der benachteiligten Altersgruppe nicht unverhältnismäßig stark vernachlässigen.

67 Mit § 10 S. 3 Nr. 6 Alt. 1 AGG wollte der Gesetzgeber die bisherige Sozialplanpraxis bestätigen. Die Berücksichtigung der Merkmale Alter und Betriebszugehörigkeit bei der Abfindungs-

[176] Vgl. BAG 16.7.2019 AP Nr. 242 zu § 112 BetrVG 1972 = NZA 2019, 1432; 23.4.2013 – 1 AZR 25/12; 26.3.2013 AP Nr. 221 zu § 112 BetrVG 1972 = NZA 2013, 921; 12.4.2011 AP Nr. 215 zu § 112 BetrVG 1972 = NZA 2011, 985; 12.4.2011 AP Nr. 56 zu § 75 BetrVG 1972 = NZA 2011, 1302.

[177] LAG Brem 15.6.1990 LAGE § 112 BetrVG 1972 Nr. 17.

[178] EuGH 6.12.2012 AP Nr. 27 zu Richtlinie 2000/78/EG = NZA 2012, 1435.

berechnung führt zu einer überproportionalen Begünstigung älterer AN, da diese regelmäßig längere Betriebszugehörigkeitszeiten als jüngere AN aufweisen. Zur Korrektur können **Höchstgrenzen** für die Sozialplanabfindung vereinbart werden.[179] Die Berücksichtigung des Merkmals „Alter" ist nach § 10 S. 3 Nr. 6 Alt. 1 AGG gemessen am zukunftsgerichteten Zweck des Sozialplans zulässig. Nach der gegenwärtigen Arbeitsmarktsituation bleiben ältere AN typischerweise länger arbeitslos oder können in neuen Beschäftigungsverhältnissen ihren bisherigen Verdienst nicht mehr erzielen.[180] Auch der EuGH hat die Berechnung der Abfindung nach der Standardformel nicht beanstandet.[181] Dennoch sollte die Praxis die Kombination der Merkmale Alter und Betriebszugehörigkeit bei der Berechnung der Sozialplanabfindung mit Augenmaß verwenden.

(2) Rentenberechtigte Arbeitnehmer und rentennahe Jahrgänge. Die nach § 10 S. 3 Nr. 6 Alt. 2 AGG bestehende Möglichkeit, ältere AN von Sozialplanleistungen auszuschließen,[182] verstößt nicht gegen das Verbot der Altersdiskriminierung im Recht der EU.[183] Die betroffenen AN müssen entweder unmittelbar nach dem Ausscheiden oder im Anschluss an den Bezug von Alg. I durch den Bezug einer Altersrente wirtschaftlich abgesichert sein; dies erfasst nicht nur AN, die nach Ablauf von Alg. I einen Anspruch auf Gewährung einer Altersrente wegen Erreichens der Regelaltersrente haben, sondern auch solche, die die Möglichkeit haben, eine (für alle AN gleichermaßen geltende) Altersrente vorzeitig und damit mit Abschlägen in Anspruch zu nehmen.[184] § 10 S. 3 Nr. 6 Alt. 2 AGG bestimmt allerdings nur das legitime Ziel iSv Art. 6 I 1 der RL 2000/78/EG und eröffnet den Betriebsparteien einen Gestaltungs- und Beurteilungsspielraum. Dessen Ausgestaltung unterliegt stets einer weiteren **Verhältnismäßigkeitsprüfung** nach § 10 S. 2 AGG. Die Sozialplangestaltung muss geeignet sein, das mit § 10 S. 3 Nr. 6 Alt. 2 AGG verfolgte Ziel tatsächlich zu fördern, und darf die Interessen der benachteiligten (Alters-)Gruppe nicht unverhältnismäßig stark vernachlässigen.[185] Bei den rentennahen Jahrgängen dürfen die Betriebsparteien davon ausgehen, dass diese bei fortbestehender Arbeitslosigkeit nach dem Bezug von Alg. I durch den Bezug einer vorgezogenen Altersrente typischerweise weitgehend wirtschaftlich abgesichert sind. Von einer vergleichbaren Absicherung können die Betriebsparteien bei rentenfernen Jahrgängen nicht ausgehen. Damit kann der vollständige Ausschluss rentennaher AN von Abfindungsleistungen sogar dann angemessen sein, wenn diese nur die Möglichkeit haben, eine Altersrente mit Abschlägen in Anspruch zu nehmen.[186] Gleiches gilt, wenn die betroffenen AN eine Weiterbeschäftigung abgelehnt haben.[187] Zur vorgezogenen Altersrente gehört nicht die Altersrente für schwerbehinderte Menschen;[188] anderslautende Sozialpläne sind – soweit möglich – rechtskonform auszulegen. Über seinen unmittelbaren Wortlaut hinaus ist § 10 S. 3 Nr. 6 Alt. 2 AGG zudem anwendbar, wenn die betroffenen AN zwar nicht unmittelbar nach dem Bezug von Alg. I rentenberechtigt sind, die Sozialplanleistungen aber ausreichend bemessen sind, um die wirtschaftlichen Nachteile auszugleichen, die sie in der Zeit nach der Erfüllung ihres Arbeitslosengeldanspruchs bis zum frühestmöglichen Bezug einer – für alle AN gleichermaßen geltenden – Altersrente erleiden;[189] für die Zeiten außerhalb des Alg. I-Bezugs muss dann ein (ggf. pauschalierter) Nettolohnausgleich erfolgen.[190] 68

(3) Bildung von Altersstufen. Bei der Bemessung der Sozialplanleistungen dürfen die Betriebsparteien auch Altersstufen bilden. Deren konkrete Ausgestaltung unterliegt nach § 10 S. 2 AGG einer Verhältnismäßigkeitsprüfung: Sie muss geeignet und erforderlich sein, das von § 10 S. 3 Nr. 6 AGG verfolgte Ziel tatsächlich zu fördern, und darf die Interessen der 69

[179] BAG 21.7.2009 AP Nr. 202 zu § 112 BetrVG 1972 = NZA 2009, 1107; 19.10.1999 AP Nr. 135 zu § 112 BetrVG 1972 = NZA 2000, 732; 23.8.1988 AP Nr. 46 zu § 112 BetrVG 1972 = NZA 1989, 28.
[180] BAG 12.4.2011 AP Nr. 216 zu § 112 BetrVG 1972 = NZA 2011, 988.
[181] EuGH 6.12.2012 AP Nr. 27 zu Richtlinie 2000/78/EG = NZA 2012, 1435.
[182] BAG 7.5.2019 AP Nr. 241 zu § 112 BetrVG 1972 = NZA 2019, 1295; 26.5.2009 AP Nr. 200 zu § 112 BetrVG 1972 = NZA 2009, 849; 20.1.2009 AP Nr. 198 zu § 112 BetrVG 1972 = NZA 2009, 495.
[183] BAG 26.3.2013 AP Nr. 221 zu § 112 BetrVG 1972 = NZA 2013, 921; 23.3.2010 AP Nr. 55 zu § 75 BetrVG 1972 = NZA 2010, 774; 26.5.2009 AP Nr. 200 zu § 112 BetrVG 1972 = NZA 2009, 849.
[184] BAG 7.5.2019 AP Nr. 241 zu § 112 BetrVG 1972 = NZA 2019, 1295.
[185] BAG 7.5.2019 AP Nr. 241 zu § 112 BetrVG 1972 = NZA 2019, 1295.
[186] Vgl. BAG 7.5.2019 AP Nr. 241 zu § 112 BetrVG 1972 = NZA 2019, 1295.
[187] BAG 9.12.2014 AP Nr. 225 zu § 112 BetrVG 1972 = NZA 2015, 365.
[188] EuGH 6.12.2012 AP Nr. 27 zu Richtlinie 2000/78/EG = NZA 2012, 1435; BAG 16.7.2019 AP Nr. 242 zu § 112 BetrVG 1972 = NZA 2019, 1432; 17.11.2015 AP Nr. 232 zu § 112 BetrVG 1972 = NZA 2016, 501; aA noch BAG 11.11.2008 AP Nr. 196 zu § 112 BetrVG 1972 = NZA 2009, 210.
[189] BAG 23.3.2010 AP Nr. 55 zu § 75 BetrVG 1972 = NZA 2010, 774.
[190] BAG 26.3.2013 AP Nr. 221 zu § 112 BetrVG 1972 = NZA 2013, 921.

benachteiligten Altersgruppen nicht unangemessen vernachlässigen. Dabei haben die Betriebsparteien zunächst zu beurteilen, ob sich die Arbeitsmarktchancen zwischen den Gruppen typischerweise unterscheiden. Ist dies der Fall, dürfen sie gemessen an dem Sozialplanvolumen maßvolle Abfindungsstufen für die gebildeten Altersgruppen vornehmen.[191]

70 **ee) Festlegung der Abfindungsparameter.** Welche Zeiten als **Betriebszugehörigkeitszeiten** gelten, kann der Sozialplan ebenso wie die Berechnung des maßgeblichen **Bruttomonatsentgelts**[192] selbst bestimmen. Trifft er hinsichtlich der Betriebszugehörigkeit keine ausdrückliche Regelung, ist grundsätzlich nur die Dauer des rechtlichen Bestands des jeweiligen Arbeitsverhältnisses mit dem AG berücksichtigungsfähig. Frühere Beschäftigungszeiten werden nur mitgerechnet, wenn die Voraussetzungen für die Zusammenrechnung nach § 1 I KSchG gegeben sind oder ausdrücklich eine Berücksichtigung im Sozialplan erfolgt. Die auf einer einzel- oder kollektivvertraglichen Vereinbarung beruhende Anrechnung einer früheren Beschäftigungszeit bindet die Betriebsparteien nicht.[193] Die Nichtberücksichtigung der Elternzeit bei der Betriebszugehörigkeitszeit ist unzulässig.[194] Betriebszugehörigkeit und **Lebensalter** werden bei fehlender Vereinbarung im Sozialplan nicht nur nach vollen Jahren, sondern auch darüber hinaus nach Bruchteilen anteilig berücksichtigt. **Unterhaltspflichten** können im Sozialplan abfindungserhöhend berücksichtigt werden, regelmäßig erfolgt dies in Form bestimmter Zuschläge auf den Grundabfindungsbetrag. Maßgeblich sind die tatsächlich bestehenden Unterhaltspflichten, die Betriebsparteien können insoweit die Zahlung des Zuschlags von einem geeigneten Nachweis abhängig machen; die Lohnsteuermerkmale sind kein sicheres Nachweiskriterium mehr.[195] Bei **Schwerbehinderungen** kann aus Praktikabilitätsgründen an die förmliche Anerkennung zu einem bestimmten Zeitpunkt als Voraussetzung für die Zahlung eines Pauschalbetrags angeknüpft werden.[196] Sozialpläne können bestimmen, dass sich die Abfindungshöhe nach der zuletzt bezogenen Monatsvergütung richtet. Es ist daher zulässig, bei **Teilzeitbeschäftigten** die Abfindung sowie etwaige Erhöhungsbeträge[197] entsprechend ihrer persönlichen Arbeitszeit zum Zeitpunkt der Beendigung des Arbeitsverhältnisses im Verhältnis zur tariflichen Arbeitszeit[198] oder nach einer Durchschnittsberechnung zu berechnen.[199] Für die Abfindungsparameter können im Sozialplan Stichtage festgesetzt werden, die für ihre Berechnung maßgeblich sind.

71 **ff) Erhöhungsbeträge.** Häufig sehen Sozialpläne Sockelbeträge für alle AN vor, die um bestimmte – nach sozialen Indikatoren festgelegte – Beträge aufgestockt werden. Üblicherweise handelt es sich hierbei um Zuschläge für schwerbehinderte Menschen, für Kinder und für sonstige unterhaltsberechtigte Familienangehörige. Bei der Höhe dieser Zuschläge steht den Betriebsparteien ein Regelungsermessen zu. Selbst mit Blick auf eine Schwerbehinderung sind sie nicht zu einem vollständigen Ausgleich aller damit verbundenen wirtschaftlichen Nachteile verpflichtet.[200]

72 **gg) Bindung an geltendes Recht. (1) Benachteiligungs- und Diskriminierungsverbote.** Inhaltliche Grenzen bei der Festsetzung der Abfindungskriterien ergeben sich für AG und BR aus der Bindung des Sozialplans an höherrangiges Gesetzesrecht, insbesondere an das Gleichbehandlungsgebot des § 75 I BetrVG. Nach dieser Vorschrift haben die Betriebsparteien bei ihrer Regelung die betroffenen AN nach den Grundsätzen von Recht und Billigkeit zu behandeln, dabei müssen sie insbesondere den **betriebsverfassungsrechtlichen Gleichbehandlungsgrundsatz** (→ § 230 Rn. 19) und die im AGG genannten **Dis-**

[191] BAG 12.4.2011 AP Nr. 216 zu § 112 BetrVG 1972 = NZA 2011, 988; 12.4.2011 AP Nr. 215 zu § 112 BetrVG 1972 = NZA 2011, 985.
[192] BAG 26.9.2017 AP Nr. 236 zu § 112 BetrVG 1972.
[193] BAG 13.3.2007 AP Nr. 183 zu § 112 BetrVG 1972 = NZA 2008, 190; 30.3.1994 AP Nr. 76 zu § 112 BetrVG 1972 = NZA 1995, 88.
[194] BAG 21.10.2003 AP Nr. 163 zu § 112 BetrVG 1972 = NZA 2004, 559; 12.11.2002 AP Nr. 159 zu § 112 BetrVG 1972 = NZA 2003, 1287; aA EuGH 8.6.2004 AP Nr. 19 zu EWG-Richtlinie Nr. 75/117.
[195] BAG 13.10.2015 AP Nr. 230 zu § 112 BetrVG 1972 = NZA-RR 2016, 585; LAG Düsseldorf 2.9.2015 – 12 Sa 543/15; aA BAG 12.3.1997 AP Nr. 111 zu § 112 BetrVG 1972 = NZA 1997, 1058.
[196] BAG 19.4.1983 AP Nr. 124 zu Art. 3 GG.
[197] LAG Brem 27.4.2006 NZA-RR 2007, 68.
[198] BAG 13.2.2007 AP Nr. 13 zu § 4 TzBfG = NZA 2007, 860; 14.8.2001 AP Nr. 4 zu § 77 BetrVG 1972 Regelungsabrede = NZA 2002, 451.
[199] BAG 22.9.2009 AP Nr. 204 zu § 112 BetrVG 1972.
[200] BAG 7.5.2019 AP Nr. 241 zu § 112 BetrVG 1972 = NZA 2019, 1295.

kriminierungsverbote beachten (→ § 230 Rn. 18). Die unterschiedliche Behandlung der Betriebsangehörigen aus einem in § 1 AGG genannten Grund ist daher nur unter den im AGG normierten Voraussetzungen zulässig (→ § 36 Rn. 1). So bewirkt etwa eine Sozialplanregelung, die zur Berechnung der Höhe einer Abfindung auf den „frühestmöglichen" Bezug einer gesetzlichen Rente abstellt, eine nicht gerechtfertigte mittelbare Benachteiligung schwerbehinderter Menschen und verstößt damit gegen das Verbot der Benachteiligung wegen einer **Behinderung** nach §§ 1, 7 I AGG;[201] gleiches gilt für eine Regelung, die bei der Ermittlung eines als Abfindung zu zahlenden „fiktiven Differenzbetrags" in einem Faktor auf den „frühestmöglichen Renteneintritt" des AN abstellt.[202] Dem schwerbehinderten AN steht in diesem Fall eine Abfindung in der Höhe zu, wie sie ihm ohne eine Schwerbehinderung zu gewähren gewesen wäre; zur Berücksichtigung des Lebensalters bei den Sozialplanleistungen → Rn. 66. Der betriebsverfassungsrechtliche Gleichbehandlungsgrundsatz ist auch anwendbar, wenn der AG Abfindungen zahlt, ohne hierzu verpflichtet zu sein.[203]

(2) Nachteilsbezogene Differenzierungen. Mit dem betriebsverfassungsrechtlichen Gleichbehandlungsgrundsatz nach § 75 I BetrVG vereinbar ist es, wenn erhöhte Sozialplanleistungen nicht allen gekündigten AN, sondern nur solchen gewährt werden, die tatsächlich ihren Arbeitsplatz verlieren[204] oder die ein unzumutbares Arbeitsangebot innerhalb einer Erprobungszeit angenommen haben.[205] Eine Regelung, die für die Gewährung von Leistungen danach differenziert, ob einem aufgrund der Betriebsänderung gekündigten AN noch während der Kündigungsfrist von einem Betriebserwerber ein neues Arbeitsverhältnis zu ungünstigeren Bedingungen angeboten wird, steht ebenfalls im Einklang mit § 75 I BetrVG.[206] Gleiches gilt für eine Sozialplanbestimmung, wonach AN, denen ein neuer Arbeitsplatz vermittelt werden kann, nur dann eine Abfindung erhalten, wenn das neue Arbeitsverhältnis während der Probezeit durch den neuen AG gekündigt wird.[207] Zum Ausschluss bei Bestehen einer zumutbaren Weiterbeschäftigungsmöglichkeit bzw. bei einem Betriebsübergang → Rn. 90. Auch eine typisierende Beurteilung, wonach AN, die während laufender Verhandlungen über Art und Ausmaß von Umstrukturierungsmaßnahmen auf eigene Veranlassung das Arbeitsverhältnis beenden, ohne den Abschluss eines Sozialplans abzuwarten, keine oder sehr viel geringere ausgleichsfähige Nachteile drohen als den verbleibenden AN, ist zulässig.[208] Schließen die Betriebsparteien für verschiedene Betriebsbereiche (zB Verwaltung und Produktion) unterschiedliche Sozialpläne ab, verstößt die darin liegende unterschiedliche Behandlung ebenfalls nicht gegen den betriebsverfassungsrechtlichen Gleichbehandlungsgrundsatz, wenn hierfür sachliche Gründe bestehen.[209] Zur Berücksichtigung des Lebensalters bei Abfindungen → Rn. 66. 73

(3) Ansprüche aus der Sozialversicherung. Bei der Bemessung der Abfindung können Ansprüche des AN gegen die Sozialversicherungsträger berücksichtigt werden, insbesondere ein möglicher oder in absehbarer Zeit bevorstehender Bezug von Altersrente → Rn. 66.[210] Darin liegt kein Verstoß gegen den betriebsverfassungsrechtlichen Gleichbehandlungsgrundsatz.[211] Es ist nicht zu beanstanden, wenn die Versorgungsnachteile, die den AN durch eine vorgezogene Inanspruchnahme der Altersrente entstehen, nicht oder nur teilweise ausgeglichen werden. Wegen der zukunftsbezogenen Ausgleichsfunktion des Sozialplans wird die Abfindungshöhe nicht durchgängig linear ansteigen, sondern muss bei rentennahen AN abnehmen. AN können von Sozialplanleistungen gänzlich ausgenommen werden, wenn sie wegen des Bezugs einer befristeten vollen **Erwerbsminderungsrente** nicht beschäftigt sind und mit der Wiederherstel- 74

[201] BAG 16.7.2019 AP Nr. 242 zu § 112 BetrVG 1972 = NZA 2019, 1432.
[202] BAG 28.7.2020 AP Nr. 243 zu § 112 BetrVG 1972.
[203] BAG 25.11.1993 AP Nr. 114 zu § 242 BGB Gleichbehandlung = NZA 1994, 788.
[204] BAG 8.11.1988 AP Nr. 48 zu § 112 BetrVG 1972 = NZA 1989, 401.
[205] BAG 18.4.2010 AP Nr. 208 zu § 112 BetrVG 1972 = NZA 2010, 1018.
[206] BAG 22.11.2005 AP Nr. 176 zu § 112 BetrVG 1972 = NZA 2006, 220.
[207] BAG 8.12.2009 AP Nr. 206 zu § 112 BetrVG 1972 = NZA 2010, 351.
[208] BAG 1.2.2011 AP Nr. 211 zu § 112 BetrVG 1972.
[209] LAG Düsseldorf 5.5.1998 NZA-RR 1998, 404 = NZA 1999, 166.
[210] BAG 20.1.2009 AP Nr. 198 zu § 112 BetrVG 1972 = NZA 2009, 495; 31.7.1996 AP Nr. 103 zu § 112 BetrVG 1972 = NZA 1997, 165; 26.7.1988 AP Nr. 45 zu § 112 BetrVG 1972 = NZA 1989, 25; 14.2.1984 AP Nr. 21 zu § 112 BetrVG 1972 = NZA 1984, 201.
[211] BAG 11.11.2008 AP Nr. 196 zu § 112 BetrVG 1972 = NZA 2009, 210; 30.9.2008 AP Nr. 197 zu § 112 BetrVG 1972 = NZA 2009, 386 (jeweils zu § 75 I BetrVG aF).

lung ihrer Arbeitsfähigkeit auch nicht zu rechnen ist.[212] Eine Sozialplanregelung, die bei der Berechnung der Höhe einer Abfindung auf den „frühestmöglichen" Bezug einer gesetzlichen Rente abstellt, bewirkt dagegen ebenso eine mit dem AGG nicht zu vereinbarende Benachteiligung schwerbehinderter Menschen[213] (→ Rn. 72).

75 **(4) Stufenweise durchgeführte Betriebsänderung.** Der Gleichbehandlungsgrundsatz gilt auch in zeitlicher Hinsicht, insbesondere wenn eine Betriebsstilllegung in mehreren Stufen erfolgt, weil zunächst nur eine Betriebseinschränkung beabsichtigt war, diese dann aber scheitert. Maßgeblich ist der Entschluss des Unternehmers, auf dem die jeweiligen organisatorischen Maßnahmen beruhen. Liegt ein einheitlich zu betrachtendes wirtschaftliches Gesamtgeschehen vor, dürfen die Leistungen aus den Sozialplänen nicht unterschiedlich hoch bemessen werden. Vielmehr müssen die zur Verfügung stehenden Mittel für die bereits ausgeschiedenen AN nachträglich erhöht werden, wenn diese wegen der zunächst beabsichtigten Fortführung geringer bemessen waren.[214] Ein früherer, besser dotierter Sozialplan kann daher gleichermaßen „nach unten" anzupassen sein. Keine Gleichbehandlungspflicht besteht dagegen bei einer weiteren und von der vorangegangenen unabhängigen Betriebsänderung. Die Beschränkung des persönlichen Geltungsbereichs im zweiten Sozialplan verstößt in diesem Fall nicht gegen § 75 I BetrVG, da zwei verschiedene betriebsverfassungsrechtliche Angelegenheiten unterschiedlich geregelt werden können.[215]

76 **(5) Stichtagsregelung.** Auch eine mit Stichtagsregelungen in Sozialplänen verbundene Gruppenbildung darf nicht gegen den betriebsverfassungsrechtlichen Gleichbehandlungsgrundsatz verstoßen.[216] An Stichtage anknüpfende Differenzierungen bei Grund und Höhe von Abfindungsansprüchen müssen nach dem Sozialplanzweck sachlich gerechtfertigt sein.[217] Stichtage sind insbesondere für Eigenkündigungen der AN von Bedeutung. Die Betriebsparteien können zur Herstellung von Rechtssicherheit ein Verfahren oder einen Stichtag bestimmen und auf diese Weise festlegen, ob eine Eigenkündigung durch die konkrete Betriebsänderung veranlasst wurde oder nicht → Rn. 77.[218] Kein Verstoß gegen den Gleichbehandlungsanspruch liegt vor, wenn die Beendigung des Arbeitsverhältnisses nicht mehr in zeitlichem Zusammenhang mit der Betriebsänderung erfolgt ist, etwa wenn die AN bereits geraume Zeit zuvor ausgeschieden sind.[219] Es kann daher nicht zu beanstanden sein, wenn die Betriebsparteien grundsätzlich nur die AN in den Geltungsbereich des Sozialplans einbeziehen, die zum Zeitpunkt seines Inkrafttretens (noch) in einem Arbeitsverhältnis zum AG stehen.[220] Das Bestehen von Abfindungsansprüchen kann auch daran geknüpft werden, dass der AN zu einem bestimmten Zeitpunkt in einem ungekündigten Arbeitsverhältnis steht.[221] Als ein solcher Stichtag ist auf den Zeitpunkt abzustellen, an dem die Betriebsänderung insgesamt noch nicht zu erwarten war oder der AN noch nicht abschätzen konnte, ob er überhaupt von der Betriebseinschränkung betroffen sein würde.[222] Es ist daher nicht willkürlich, wenn die Betriebsparteien bei den Ausgleichsregelungen in zeitlicher Hinsicht an das Scheitern des Interessenausgleichs anknüpfen.[223]

77 **(6) Eigenkündigung und Aufhebungsvertrag.** Mit dem Gebot der Gleichbehandlung nach § 75 I BetrVG ist es nicht vereinbar, wenn die Betriebsparteien den Ausgleich der wirtschaftlichen Nachteile aus einer Betriebsänderung von der **rechtsgeschäftlichen Form der**

---

212 BAG 7.6.2011 AP Nr. 217 zu § 112 BetrVG 1972 = NZA 2011, 1370; zur Anspruchsminderung LAG Hamm 14.4.2003 ZInsO 2003, 820.
213 BAG 28.7.2020 AP Nr. 243 zu § 112 BetrVG 1972; 16.7.2019 AP Nr. 242 zu § 112 BetrVG 1972 = NZA 2019, 1432.
214 BAG 11.2.1998 AP Nr. 121 zu § 112 BetrVG 1972 = NZA 1998, 895; 9.12.1981 AP Nr. 14 zu § 112 BetrVG 1972; LAG RhPf 19.9.1997 LAGE § 112 BetrVG 1972 Nr. 43.
215 BAG 23.3.2010 AP Nr. 207 zu § 112 BetrVG 1972 = NZA 2010, 1144.
216 BAG 17.4.1996 AP Nr. 101 zu § 112 BetrVG 1972 = NZA 1996, 1113.
217 BAG 19.2.2008 AP Nr. 191 zu § 112 BetrVG 1972 = NZA 2008, 719.
218 BAG 17.11.2015 AP Nr. 231 zu § 112 BetrVG 1972; 12.4.2011 AP Nr. 56 zu § 75 BetrVG 1972 = NZA 2011, 1302.
219 BAG 8.3.1995 AP Nr. 123 zu § 242 BGB Gleichbehandlung = NZA 1995, 675 (Betriebsverlegung).
220 Vgl. BAG 14.12.2010 AP Nr. 210 zu § 112 BetrVG 1972 = NZA-RR 2011, 182.
221 BAG 30.11.1994 AP Nr. 89 zu § 112 BetrVG 1972 = NZA 1995, 492.
222 LAG Köln 10.8.1995 NZA-RR 1996, 292.
223 BAG 17.11.2015 AP Nr. 231 zu § 112 BetrVG 1972; 12.4.2011 AP Nr. 56 zu § 75 BetrVG 1972 = NZA 2011, 1302.

Beendigung des Arbeitsverhältnisses abhängig machen. Ein Sozialplan soll die Nachteile, die der Belegschaft in Folge der Betriebsänderung entstehen, mildern oder ausgleichen. Dieser Unterstützung bedarf ein AN, der aus Anlass der Betriebsänderung selbst kündigt oder einen Aufhebungsvertrag abschließt, regelmäßig in gleicher Weise wie ein AN, der vom AG gekündigt wird. Eine Sozialplanregelung, die den generellen Ausschluss aller AN vorsieht, die ihr Arbeitsverhältnis selbst gekündigt haben, verstößt daher gegen § 75 I BetrVG.[224] Zur Wahrung der gebotenen Gleichbehandlung sind die Betriebsparteien gehalten, AN, die auf Grund eines vom AG veranlassten Aufhebungsvertrags oder einer von ihm veranlassten Eigenkündigung ausscheiden, mit denjenigen gleich zu behandeln, deren Arbeitsverhältnis vom AG gekündigt wird.[225] Eine vom AG **veranlasste Beendigung** liegt vor, wenn er den AN in Hinblick auf eine konkrete Betriebsänderung zur Vertragsbeendigung bestimmt, um so eine sonst notwendig werdende Kündigung zu vermeiden.[226] Der AG muss – etwa durch eine entspr. Mitteilung[227] – beim AN die berechtigte Annahme hervorgerufen haben, für ihn bestehe nach Durchführung der Betriebsänderung keine Beschäftigungsmöglichkeit mehr und er komme mit der eigenen Kündigung einer sonst auszusprechenden betriebsbedingten Kündigung nur zuvor.[228] Ob diese Voraussetzungen vorliegen, ist eine Frage des Einzelfalls; entscheidend sind dabei die den AN bekannten Umstände im Zeitpunkt des Ausspruchs ihrer Kündigung.[229] Ein bloßer Hinweis des AG auf eine unsichere Lage des Unternehmens, auf notwendig werdende Betriebsänderungen oder der Rat, sich eine neue Stelle zu suchen, genügen nicht.[230] Er muss einen AN, dessen Ausscheiden er nicht selbst veranlasst, auch nicht über einen Anspruchsverlust aufklären: der AN muss sich vielmehr vor einer Eigenkündigung oder einem Aufhebungsvertrag selbst über die rechtlichen Folgen seines Schritts Klarheit verschaffen.[231] Nicht mehr von einer Betriebsänderung veranlasst ist die Eigenkündigung eines AN idR dann, wenn der AG die Durchführung einer zunächst beabsichtigten Betriebsänderung vollständig oder jedenfalls hinsichtlich des diesen AN betreffenden Teils endgültig aufgegeben und den AN hiervon in Kenntnis gesetzt hat.[232] Gleiches gilt, wenn der Arbeitsplatz des AN nicht von der Betriebsänderung betroffen ist.[233] Auch eine typisierende Beurteilung, wonach AN, die während laufender Verhandlungen über Art und Ausmaß von Umstrukturierungsmaßnahmen auf eigene Veranlassung das Arbeitsverhältnis beenden, ohne den Abschluss eines Sozialplans abzuwarten, keine oder sehr viel geringere ausgleichsfähige Nachteile drohen als den verbleibenden AN, ist zulässig.[234] Die Voraussetzungen, bei denen von einer vom AG veranlassten Vertragsbeendigung auszugehen ist, können im Sozialplan näher bestimmt werden.[235] So können die Betriebsparteien festlegen, dass der Sozialplan im Fall der Eigenkündigung eines AN nur dann gilt, wenn der AG dieser nicht binnen einer bestimmten Frist widerspricht.[236]

(7) Kündigungsschutzklage. Die Zahlung einer Abfindung darf nicht davon abhängig gemacht werden, dass die wegen der Betriebsänderung entlassenen AN gegen ihre Kündigung keine gerichtlichen Schritte unternehmen. Finanzielle Anreize, die dazu dienen, dass der AN die Kündigung des AG akzeptiert, sind mit dem Zweck eines Sozialplans unvereinbar. Dieser zielt nicht darauf ab, die individualrechtlichen Risiken des AG bei der Durchführung der Betriebsänderung zu reduzieren oder zu beseitigen.[237] Die Betriebsparteien sind bei der Verknüpfung einer Abfindungszahlung mit dem Verzicht auf die Erhebung einer Kündigungsschutz- **78**

---

[224] BAG 20.5.2008 AP Nr. 192 zu § 112 BetrVG 1972 = NZA-RR 2008, 636.
[225] BAG 15.5.2007 ZIP 2007, 1575; 19.7.1995 AP Nr. 96 zu § 112 BetrVG 1972 = NZA 1996, 271.
[226] BAG 13.2.2007 AP Nr. 185 zu § 112 BetrVG 1972 = NZA 2007, 756 (unzumutbares Angebot); 19.7.1995 AP Nr. 96 zu § 112 BetrVG 1972 = NZA 1996, 271.
[227] BAG 15.3.2011 AP Nr. 214 zu § 112 BetrVG 1972.
[228] BAG 20.5.2008 AP Nr. 192 zu § 112 BetrVG 1972 = NZA-RR 2008, 636; 15.5.2007 ZIP 2007, 1575; 13.2.2007 AP Nr. 185 zu § 112 BetrVG 1972 = NZA 2007, 756; 25.3.2003 EzA § 112 BetrVG 2001 Nr. 6.
[229] BAG 20.5.2008 AP Nr. 192 zu § 112 BetrVG 1972 = NZA-RR 2008, 636; 15.5.2007 ZIP 2007, 1575.
[230] BAG 15.5.2007 ZIP 2007, 1575; 22.7.2003 AP Nr. 160 zu § 112 BetrVG 1972; 29.10.2002 NZA 2003, 879; 19.7.1995 AP Nr. 96 zu § 112 BetrVG 1972 = NZA 1996, 271; 20.4.1994 AP Nr. 77 zu § 112 BetrVG 1972 = NZA 1995, 489.
[231] LAG SchlH 29.8.2002 DB 2002, 2552.
[232] BAG 26.10.2004 AP Nr. 171 zu § 112 BetrVG 1972.
[233] BAG 15.10.2013 AP Nr. 222 zu § 112 BetrVG 1972 = NZA 2014, 217.
[234] BAG 1.2.2011 AP Nr. 211 zu § 112 BetrVG 1972.
[235] Vgl. BAG 16.4.2002 AP Nr. 153 zu § 112 BetrVG 1972.
[236] BAG 6.8.2002 AP Nr. 154 zu § 112 BetrVG 1972 = NZA 2003, 449.
[237] BAG 31.5.2005 AP Nr. 175 zu § 112 BetrVG 1972 = NZA 2005, 997.

klage daher stärkeren Beschränkungen unterworfen als die Tarifvertragsparteien.[238] Das BAG hält jedoch den Abschluss einer **freiwilligen Betriebsvereinbarung** (§ 88 BetrVG) für zulässig, in der den AN ein Anspruch auf einen weiteren Abfindungsbetrag versprochen wird, wenn sie von der Erhebung der Kündigungsschutzklage Abstand nehmen.[239] Dies setzt voraus, dass **(a)** der Sozialplan eine angemessene Milderung der wirtschaftlichen Nachteile der durch die Betriebsänderung entstehenden Nachteile enthält und **(b)** keine greifbaren Anhaltspunkte für die Annahme bestehen, dass dem „an sich" für den Sozialplan zur Verfügung stehenden Finanzvolumen zum Nachteil der von der Betriebsänderung betroffenen AN Mittel entzogen und funktionswidrig im „Bereinigungsinteresse" des AG eingesetzt worden sind.[240] Darüber hinaus ist der AG auch außerhalb einer entspr. Vereinbarung mit dem BR berechtigt, die Zahlung einer freiwilligen Abfindung davon abhängig zu machen, dass der AN gegen die Kündigung nicht gerichtlich vorgeht. Ein solches Vorgehen verstößt weder gegen den arbeitsrechtlichen Gleichbehandlungsgrundsatz noch gegen das Maßregelungsverbot.[241] Wegen des Gewinns an Planungssicherheit hat der AG hieran ein legitimes Interesse, welches der Gesetzgeber durch § 1a KSchG anerkannt hat. Keine Bedenken begegnen im Übrigen Regelungen im Sozialplan, mit denen die **Fälligkeit der Abfindung** auf den Zeitpunkt des rechtskräftigen Abschlusses eines Kündigungsrechtsstreits hinausgeschoben[242] oder bestimmt wird, dass eine Abfindung nach § 1a KSchG bzw. §§ 9, 10 KSchG auf die Sozialplanabfindung anzurechnen ist.[243] Gleiches gilt für eine Vereinbarung, die eine Anrechnung von Leistungen nach § 113 BetrVG umfasst (→ § 246 Rn. 1).

79 **(8) Sonstige betriebliche Interessen.** Ein Verstoß gegen § 75 I BetrVG liegt vor, wenn die Betriebsparteien im Sozialplan eine Gruppenbildung vornehmen, die dazu dienen sollen, dem AG eine eingearbeitete und qualifizierte Belegschaft zu erhalten. Betriebliche Interessen an der Beibehaltung der Belegschaft oder von Teilen derselben sind nicht geeignet, Differenzierungen bei der Höhe von Sozialplanabfindungen zu rechtfertigen.[244] Derartige Ziele kann der AG allerdings gemeinsam mit dem BR in einer freiwilligen Betriebsvereinbarung nach § 88 BetrVG verfolgen. In ihr können die Betriebsparteien auch Vereinbarungen treffen, die dazu dienen, das arbeitgeberseitige Interesse an einem zügigen Personalabbau durch einvernehmliche Beendigungsvereinbarungen mit den AN – etwa durch Gewährung einer sog. **Turboprämie** – zu verwirklichen.

80 **8. Auslegung.** Sozialpläne sind inhaltlich wie Betriebsvereinbarungen auszulegen[245] (→ § 231 Rn. 12). Bei Verwendung von gesetzlichen Begriffen ist davon auszugehen, dass sie mit der allgemeinen Bedeutung verwandt werden. Knüpft ein Sozialplan für die Berechnung der Abfindung an die Arbeitsvergütung vor dem Kündigungstermin an, ist im Allgemeinen davon auszugehen, dass der Tag des Ablaufs der Kündigungsfrist gemeint ist.[246] Sieht ein Sozialplan Abfindungen bei betriebsbedingten Kündigungen vor, so erhalten auch solche AN eine Abfindung, die dem Übergang ihres Arbeitsverhältnisses widersprochen haben und deshalb gekündigt werden, wenn nicht ausdrücklich etwas anderes bestimmt ist.[247] Ein Streit über die Auslegung eines Sozialplans kann nicht mit Wirkung gegenüber den AN durch einen verbindlichen Spruch einer Einigungsstelle entschieden werden.[248]

81 **9. Inkrafttreten und Beendigung.** Die Betriebsparteien können den Zeitpunkt, zu dem der Sozialplan in Kraft treten soll, selbst bestimmen. Fehlt es hieran, gilt der Sozialplan ab Unterzeichnung. Ist der Sozialplan befristet abgeschlossen, endet er durch Zeitablauf, ansonsten mit seiner Zweckerreichung, dh mit Abschluss der Betriebsänderung. Ein für eine bestimmte Betriebsänderung vereinbarter Sozialplan kann, soweit nichts Gegenteiliges bestimmt ist, nicht ordentlich gekündigt werden. Enthält der Sozialplan Dauerleistungen, kann er hingegen ohne besondere Vereinbarung ordentlich gekündigt werden. Ob ein Sozial-

[238] BAG 8.12.2015 AP Nr. 233 zu § 112 BetrVG 1972 = NZA 2016, 767 (beurlaubte Beamte); 3.5.2006 AP Nr. 17 zu § 612a BGB = NZA 2006, 1420.
[239] BAG 9.12.2014 AP Nr. 227 zu § 112 BetrVG 1972 = NZA 2015, 438.
[240] BAG 31.5.2005 AP Nr. 175 zu § 112 BetrVG 1972 = NZA 2005, 997.
[241] BAG 15.2.2005 AP Nr. 15 zu § 612a BGB = NZA 2005, 1117.
[242] BAG 11.11.2008 AP Nr. 196 zu § 112 BetrVG 1972 = NZA 2009, 210.
[243] Zu § 1a KSchG: BAG 19.6.2007 AP Nr. 4 zu § 1a KSchG 1969 = NZA 2007, 1357; zu §§ 9, 10 KSchG: BAG 20.6.1985 AP Nr. 33 zu § 112 BetrVG 1972 = NZA 1986, 258.
[244] Vgl. BAG 31.5.2005 AP Nr. 175 zu § 112 BetrVG 1972 = NZA 2005, 997.
[245] BAG 9.12.2014 AP Nr. 228 zu § 112 BetrVG 1972 = NZA 2005, 557.
[246] BAG 17.11.1998 AP Nr. 6 zu § 77 BetrVG 1972 Auslegung = NZA 1999, 609.
[247] BAG 15.12.1998 AP Nr. 126 zu § 77 BetrVG 1972 = NZA 1999, 667.
[248] BAG 27.10.1987 AP Nr. 22 zu § 76 BetrVG 1972 = NZA 1988, 207.

plan aus wichtigem Grund außerordentlich gekündigt werden kann, hat das BAG bisher offengelassen.[249] Die Frage ist zu bejahen, da entweder § 626 I BGB insoweit analog anzuwenden ist oder § 314 BGB unmittelbar für den Sozialplan gilt. Weder durch eine ordentliche noch außerordentliche **Kündigung** können jedoch die bis zum Zeitpunkt ihres Wirksamwerdens entstandenen Rechte der AN beseitigt werden. Bei einer zulässigen ordentlichen Kündigung eines Sozialplans wirken seine Regelungen nach, bis sie durch eine neue Regelung ersetzt werden; bei einer wirksamen außerordentlichen Kündigung entfällt die Nachwirkung (→ § 231 Rn. 77).

10. Änderung. a) Einvernehmlich. Die Betriebsparteien können einen Sozialplan jederzeit einvernehmlich mit Wirkung für die Zukunft abändern; zum Restmandat (→ § 219 Rn. 18) des BR nach einer Betriebsstilllegung → Rn. 37. Bereits entstandene Rechte sind ihrer Regelungsmacht aber nach den Grundsätzen des Vertrauensschutzes und der Verhältnismäßigkeit entzogen.[250] Bei unklarer Rechtslage sind klarstellende Änderungen möglich.[251] Ist der Betrieb stillgelegt und sind die AN nach dem Sozialplan in einen anderen Betrieb übernommen worden, ist auch der BR des übernehmenden Betriebs zu einer Änderung befugt.[252] Der Sozialplan verliert seine normative Wirkung nicht, wenn die AN in einen anderen Betrieb des AG übernommen werden.[253] 82

b) Wegfall der Geschäftsgrundlage. Ist die Geschäftsgrundlage eines Sozialplans weggefallen und ist daher einer Betriebspartei das Festhalten am Sozialplan mit dem bisherigen Inhalt nach Treu und Glauben nicht mehr zuzumuten, können die Betriebsparteien nach Auffassung des BAG die Regelungen des Sozialplans den veränderten tatsächlichen Umständen anpassen. Verweigert die andere Betriebspartei die Anpassung, entscheidet die **Einigungsstelle** über die Voraussetzungen des § 314 BGB und eine mögliche Neuregelung verbindlich. Die anpassende Regelung soll anders als bei einer außerordentlichen Kündigung sogar schon entstandene Ansprüche der AN zu deren Ungunsten abändern können.[254] Hier ist aber noch vieles ungeklärt. So ist fraglich, auf wessen Vorstellungen es beim Abschluss des Sozialplans aufseiten des BR ankommt, wann im Einzelnen die Geschäftsgrundlage weggefallen ist, ob der Wegfall binnen einer Frist geltend gemacht werden muss und wie er sich auf die in der Vergangenheit abgeschlossenen individual- und kollektivrechtlichen Vereinbarungen auswirkt. Hat der AG andererseits mit der Durchführung einer geplanten Betriebsstilllegung durch Kündigung aller Arbeitsverhältnisse begonnen, entfällt die Geschäftsgrundlage des für die Betriebsstilllegung vereinbarten Sozialplans, wenn alsbald nach Ausspruch der Kündigungen der Betrieb von einem Dritten übernommen wird, der sich bereit erklärt, alle Arbeitsverhältnisse zu den bisherigen Bedingungen fortzuführen. In einem solchen Fall ist der Sozialplan, der allein für den Verlust der Arbeitsplätze Abfindungen vorsah, den veränderten Umständen anzupassen.[255] 83

11. Ansprüche aus dem Sozialplan. a) Vererblichkeit. Ansprüche der AN aus dem Sozialplan sind vererblich, wenn der Anspruch bereits entstanden ist. Dies ist nicht der Fall, wenn der AN vor Fälligkeit des Abfindungsanspruchs verstirbt.[256] Die Betriebsparteien können aber vereinbaren, dass bei einem vorzeitigen Ableben des gekündigten AN den Erben die Abfindung ganz oder teilweise gezahlt wird; dies gilt gleichermaßen bei Abschluss eines Aufhebungsvertrags. 84

b) Ausschluss- und Verjährungsfristen. Nach § 77 IV 4 Hs. 1 BetrVG sind Ausschlussfristen für die Geltendmachung von Rechten aus einer Betriebsvereinbarung nur insoweit zulässig, als sie in einem Tarifvertrag[257] oder einer Betriebsvereinbarung vereinbart werden. Dies gilt auch für Sozialpläne. Zu den Einzelheiten → § 231 Rn. 38. Die tarifliche Verfallfrist muss den Sozialplananspruch in gegenständlicher Hinsicht erfassen. Dies ist der Fall, wenn sie sich auf „alle Ansprüche aus dem Arbeitsverhältnis" bezieht. Unerheblich ist dabei, ob der Sozialplan 85

---

[249] BAG 10.8.1994 AP Nr. 86 zu § 112 BetrVG 1972 = NZA 1995, 314.
[250] BAG 19.2.2008 AP Nr. 191 zu § 112 BetrVG 1972 = NZA 2008, 719; 22.11.2005 AP Nr. 176 zu § 112 BetrVG 1972 = NZA 2006, 220.
[251] BAG 2.10.2007 NZA-RR 2008, 242.
[252] BAG 24.3.1981 AP Nr. 12 zu § 112 BetrVG 1972.
[253] BAG 28.3.2007 AP Nr. 184 zu § 112 BetrVG 1972 = NZA 2007, 1066.
[254] BAG 28.8.1996 AP Nr. 104 zu § 112 BetrVG 1972 = NZA 1997, 109; 10.8.1994 AP Nr. 86 zu § 112 BetrVG 1972 = NZA 1995, 314.
[255] BAG 28.8.1996 AP Nr. 104 zu § 112 BetrVG 1972 = NZA 1997, 109.
[256] BAG 27.6.2006 AP Nr. 180 zu § 112 BetrVG 1972 = NZA 2006, 1238; 25.9.1996 AP Nr. 106 zu § 112 BetrVG 1972 = NZA 1997, 163.
[257] BAG 30.11.1994 AP Nr. 88 zu § 112 BetrVG 1972 = NZA 1995, 643.

bereits vor oder erst nach Beendigung des Arbeitsverhältnisses abgeschlossen wurde. Betrifft die Ausschlussfrist hingegen nur „vertragliche Ansprüche“,[258] wird eine Sozialplanabfindung von ihr nicht erfasst. Durch die Erhebung der Kündigungsschutzklage (§ 4 KSchG) wird die Fälligkeit einer Sozialplanabfindung regelmäßig nicht hinausgeschoben, dementspr. läuft die Ausschlussfrist regelmäßig mit der Entlassung, dh dem tatsächlichen Ausscheiden aus dem Arbeitsverhältnis. Das BAG hat Ausschlussfristen auf Sozialplanleistungen nicht angewandt, wenn diese Leistungen der betrieblichen Altersversorgung gleichstehen.[259] Die Sozialplanabfindung unterliegt der regelmäßigen dreijährigen **Verjährungsfrist** des § 195 BGB;[260] zur Verrechnung mit Ansprüchen auf Nachteilsausgleich (§ 113 BetrVG) → § 246 Rn. 12.

86 **c) Verzicht.** AN können ohne Zustimmung des BR nicht auf Sozialplanansprüche verzichten (§ 77 IV BetrVG; → § 231 Rn. 37);[261] die Betriebsparteien können aber Voraussetzungen für einen wirksamen Verzicht im Sozialplan regeln.[262] Ausnahmen bestehen für sog. Tatsachenvergleiche, in denen wegen der tatsächlichen Voraussetzungen des Anspruchs ein Nachgeben vereinbart wird. Will der AG dem Beendigungswunsch eines AN nicht im Wege stehen, obwohl er diesen weiterhin benötigt, kann er diesem den Abschluss eines Aufhebungsvertrags unter der Bedingung anbieten, dass der BR einem (Teil-)Verzicht auf einen Sozialplanabfindungsanspruch gem. § 77 IV 2 BetrVG zustimmt.[263]

87 **d) Verhältnis zum Nachteilsausgleich.** Der Anspruch auf Zahlung einer Abfindung aus einem Sozialplan und der Nachteilsausgleich nach § 113 III BetrVG (→ § 246 Rn. 1) stehen nicht beziehungslos nebeneinander und können nicht kumulativ verlangt werden.[264] Zwischen ihnen besteht insoweit Zweckidentität, als sie beide dem Ausgleich wirtschaftlicher Nachteile dienen. Zahlt der AG den gesetzlichen Nachteilsausgleich, kommt dieser Zahlung daher insoweit materiell-rechtliche Erfüllungswirkung iSv § 362 I BGB (auch) hinsichtlich der Sozialplanforderung zu.[265]

88 **e) Nachbesserungsklausel.** Schließen die Arbeitsvertragsparteien im Hinblick auf eine geplante Betriebsänderung einen Aufhebungsvertrag unter Zahlung einer Abfindung und vereinbaren sie, dass der AN Leistungen aus einem noch abzuschließenden Sozialplan bekommen soll, falls dieser günstiger ist, hat eine solche Nachbesserungsklausel regelmäßig den Sinn, dem AN einen Anspruch auf Sozialplanleistungen gerade für den Fall einzuräumen, dass der AN vom zeitlichen Geltungsbereich des Sozialplans wegen seines frühzeitigen Ausscheidens nicht mehr erfasst wird. Wird der AN vom Geltungsbereich des Sozialplans erfasst, läuft die Nachbesserungsklausel leer, da er nach § 77 IV BetrVG einen unmittelbaren und unabdingbaren Anspruch auf die ggf. höheren Leistungen aus dem Sozialplan hat.[266]

89 **12. Ermessensrichtlinien der Einigungsstelle (§ 112 V BetrVG). a) Bedeutung.** Kommt eine Einigung zwischen AG und BR über den Sozialplan nicht zustande, entscheidet über dessen Aufstellung die Einigungsstelle. Diese hat bei ihrem Spruch sowohl die sozialen Belange der betroffenen AN zu berücksichtigen als auch auf die wirtschaftliche Vertretbarkeit ihrer Entscheidung für den Unternehmer zu achten (§ 112 V 1 BetrVG). Für die Ausübung des billigen Ermessens sind durch das BeschFG 1985 Ermessensrichtlinien in das Gesetz eingefügt worden,[267] denen der Einigungsstellenspruch genügen muss. Überschreitet er die Ermessensgrenzen, kann der Spruch nach § 76 V BetrVG angefochten werden (→ Rn. 96). Diese Vorgaben gelten **nicht,** wenn der Sozialplan zwischen AG und BR außerhalb eines Einigungsstellenverfahrens ausgehandelt worden ist oder die Einigungsstelle den Abschluss des Sozialplans nur vermittelt hat, er also nicht auf einem Spruch der Einigungsstelle beruht.

[258] BAG 13.2.2007 AP Nr. 17 zu § 47 BetrVG 1972 = NZA 2007, 825.
[259] BAG 3.4.1990 EzA Nr. 94 zu § 4 TVG Ausschlussfristen.
[260] BAG 30.10.2001 AP Nr. 145 zu § 112 BetrVG 1972 = NZA 2002, 449.
[261] BAG 15.10.2013 AP Nr. 222 zu § 112 BetrVG 1972 = NZA 2014, 217; 31.7.1996 AP Nr. 63 zu § 77 BetrVG 1972 = NZA 1997, 167 (Ausgleichsquittung).
[262] BAG 11.12.2007 NZA-RR 2008, 298; 27.1.2004 AP Nr. 166 zu § 112 BetrVG 1972 = NZA 2004, 667.
[263] BAG 15.10.2013 AP Nr. 222 zu § 112 BetrVG 1972 = NZA 2014, 217; 25.3.2003 – 1 AZR 169/02.
[264] BAG 18.12.1984 AP Nr. 11 zu § 113 BetrVG 1972 = NZA 1985, 400; 13.6.1989 AP Nr. 19 zu § 113 BetrVG 1972 = NZA 1989, 894.
[265] BAG 12.2.2019 AP Nr. 240 zu § 112 BetrVG 1972 = NZA 2019, 719.
[266] BAG 6.8.1997 AP Nr. 116 zu § 112 BetrVG 1972 = NZA 1998, 155; dazu LAG RhPf 19.9.1997 NZA-RR 1998, 546.
[267] BAG 26.5.1988 AP Nr. 26 zu § 76 BetrVG 1972 = NZA 1989, 26.

b) Einzelfallbetrachtung (Nr. 1). Nach § 112 V 2 Nr. 1 BetrVG soll die Einigungsstelle beim Ausgleich oder der Milderung der wirtschaftlichen Nachteile den Gegebenheiten des Einzelfalls Rechnung tragen. Das Gesetz zählt einzelne Nachteile auf wie Einkommensminderung, Wegfall von Sozialleistungen, Verlust von Anwartschaften auf betriebliche Altersversorgung, Umzugskosten oder erhöhte Fahrtkosten. Der Katalog ist nicht abschließend („insbesondere"). Nach der Gesetzesbegründung war bezweckt, dass die Einigungsstelle nicht von vornherein pauschalierte Abfindungen festsetzt, sondern den tatsächlich entstandenen oder abzusehenden Nachteilen Rechnung trägt.[268] In diesem Rahmen lassen sich zwar Pauschalen nicht vermeiden, die regelmäßig auf den Grundfaktoren Betriebszugehörigkeit, Lebensalter und Unterhaltspflichten beruhen werden. Die Einigungsstelle überschreitet aber die Grenzen ihres Ermessens, wenn sie für alle infolge einer Betriebsänderung entlassenen AN ohne Unterschiede Abfindungen festsetzt, deren Höhe sich allein nach dem Monatseinkommen und der Dauer der Betriebszugehörigkeit bemisst.[269] Ermessensfehlerhaft ist es auch, allein wegen eines längeren Anfahrwegs (30 km) eine Weiterbeschäftigung als unzumutbar anzusehen und deshalb ausschließlich Abfindungszahlungen vorzusehen.[270] 90

c) Aussichten auf dem Arbeitsmarkt und Weiterbeschäftigungsmöglichkeit (Nr. 2). aa) Unterscheidung. Nach § 112 V 2 Nr. 2 BetrVG hat die Einigungsstelle die Aussichten der betroffenen AN auf dem Arbeitsmarkt zu berücksichtigen. Hierüber wird sie regelmäßig eine Stellungnahme der Arbeitsverwaltung einholen, es sei denn, sie kann die Lage am Arbeitsmarkt zumindest pauschalierend selbst einschätzen.[271] Zudem soll die Einigungsstelle regelmäßig solche AN vom Leistungsbezug ausschließen, die in einem zumutbaren Arbeitsverhältnis im selben Betrieb oder einem anderen Betrieb des Unternehmens oder Konzerns weiterhin beschäftigt werden können und die Weiterbeschäftigung ablehnen.[272] Es ist danach grundsätzlich zulässig, Abfindungsansprüche auszuschließen oder zu kürzen, wenn das Arbeitsverhältnis nach § 613a I 1 BGB auf einen Betriebs- oder Betriebsteilerwerber übergeht,[273] bei einem Widerspruch gegen den Betriebsübergang ohne anerkennenswerten Grund[274] oder wenn der AN durch Vermittlung des AG einen anderen Arbeitsplatz erhält bzw. erhalten kann.[275] Eine unterschiedliche Behandlung bei der Abfindungshöhe ist auch bei rentennahen Jahrgängen zulässig[276] und geboten (→ Rn. 68). 91

bb) Unzumutbarkeit. Die Einigungsstelle kann festlegen, unter welchen Umständen die Ablehnung eines Arbeitsplatzes unzumutbar ist.[277] Die Zumutbarkeitsregelungen des § 140 SGB III sind zwar nicht direkt anwendbar, können aber als Orientierungshilfe herangezogen werden.[278] Zumutbar sind gleichwertige Arbeitsbedingungen entspr. der beruflichen Qualifikation und Vergütung des AN, die Anrechnung der Vordienstzeiten durch den neuen AG ist nicht erforderlich. Das Stellenangebot ist nicht bereits deswegen unzumutbar, weil Überstunden wegfallen oder die Arbeitsaufnahme mit einem Ortswechsel verbunden ist. Da es auf eine Gesamtabwägung ankommt, kann ein Ortswechsel nur im Einzelfall zur Unzumutbarkeit führen, wenn beim AN besondere Umstände hinzutreten, die einem Ortswechsel entgegenstehen[279] (Schwerbehinderung, Pflegeleistungen für Angehörige, dagegen wohl nicht Schulwechsel der Kinder, allenfalls in den letzten beiden Schuljahren). 92

d) Berücksichtigung von Fördermöglichkeiten (Nr. 2a). Nach § 112 V Nr. 2a BetrVG soll die Einigungsstelle insbesondere die in § 110 SGB III enthaltenen Fördermöglichkeiten bei der Ausgestaltung von Sozialplänen zur Vermeidung von Arbeitslosigkeit berücksichtigen 93

---

[268] Vgl. BAG 12.2.1985 AP Nr. 25 zu § 112 BetrVG 1972 = NZA 1985, 717; 14.2.1984 AP Nr. 21 zu § 112 BetrVG 1972 = NZA 1984, 201.
[269] BAG 14.9.1994 AP Nr. 87 zu § 112 BetrVG 1972 = NZA 1995, 440.
[270] HessLAG 9.12.1997 NZA-RR 1999, 140.
[271] BAG 19.10.1999 AP Nr. 135 zu § 112 BetrVG 1972 = NZA 2000, 732.
[272] BAG 6.11.2007 AP Nr. 90 zu § 112 BetrVG 1972 = NZA 2008, 232 (Kürzung); 28.9.1988 AP Nr. 47 zu § 112 BetrVG 1972 = NZA 1989, 186; 27.10.1987 AP Nr. 41 zu § 112 BetrVG 1972 = NZA 1988, 203; LAG Bln 9.1.1998 NZA-RR 1998, 407.
[273] BAG 12.7.2007 NZA 2008, 425; 22.11.2005 AP Nr. 176 zu § 112 BetrVG 1972 = NZA 2006, 220.
[274] BAG 12.7.2007 NZA 2008, 425; 5.2.1997 AP Nr. 112 zu § 112 BetrVG 1972 = NZA 1998, 158.
[275] BAG 8.12.2009 AP Nr. 206 zu § 112 BetrVG 1972 = NZA 2010, 351; 22.3.2005 NZA 2005, 831; 19.6.1996 AP Nr. 102 zu § 112 BetrVG 1972 = NZA 1997, 562.
[276] BAG 19.10.1999 AP Nr. 135 zu § 112 BetrVG 1972 = NZA 2000, 732 (Höchstbetrag).
[277] BAG 28.9.1988 AP Nr. 47 zu § 112 BetrVG 1972 = NZA 1989, 186.
[278] Enger BAG 6.11.2007 AP Nr. 190 zu § 112 BetrVG 1972 = NZA 2008, 232.
[279] BAG 6.11.2007 AP Nr. 90 zu § 112 BetrVG 1972 = NZA 2008, 232; 12.7.2007 NZA 2008, 425.

(→ § 245 Rn. 1). Der Vorstellung des Gesetzgebers zufolge soll der Sozialplan nicht mehr als Abfindungsinstrument, sondern vorrangig zur Schaffung neuer Beschäftigungsperspektiven genutzt werden (BT-Drs. 14/5741, 52). Die Einigungsstelle hat daher vor ihrer Entscheidung aufzuklären, ob eine Förderung des Sozialplans in Betracht kommt; allerdings können nur AG und BR einen Antrag auf Transferleistungen stellen (§ 323 II 1, 2 SGB III). Werden Fördermittel zur Verfügung gestellt, dürfte deren Nichtberücksichtigung bei der Ausgestaltung des Sozialplans regelmäßig ermessensfehlerhaft sein und ein etwaiger Spruch bei einer darauf gestützten Anfechtung aufzuheben sein. Gleiches gilt, wenn die Einigungsstelle die Einbeziehung von Fördermitteln entgegen der Anregung eines Beteiligten nicht in Betracht gezogen hat. Die Einrichtung einer externen **Transfergesellschaft** kann wegen des damit verbundenen Zwangs des AG zum Vertragsschluss mit einem Dritten nicht durch einen Einigungsstellenspruch erfolgen.[280]

94 **e) Angemessenheit des Dotierungsrahmens (Nr. 3). aa) Vertretbarkeit.** Die Einigungsstelle hat bei der Bemessung des Gesamtbetrags der Sozialplanleistungen darauf zu achten, dass der Fortbestand des Unternehmens oder die nach der Durchführung der Betriebsänderung verbleibenden Arbeitsplätze nicht gefährdet werden (§ 112 V 2 Nr. 3 BetrVG). Bei Zweifeln über die in Nr. 3 genannten Kriterien muss sie ggf. einen Sachverständigen hinzuzuziehen. Der wirtschaftlichen Vertretbarkeit des Sozialplans kommt eine Korrekturfunktion zu. Allerdings fehlen außerhalb des Insolvenzverfahrens (vgl. § 123 InsO; → Rn. 110) abstrakte Grenzen für die Bestimmung eines zulässigen Dotationsrahmens ebenso wie entsprechende Obergrenzen für Abfindungen. § 10 KSchG ist auf in Sozialplänen vereinbarte Abfindungen weder direkt noch analog anwendbar.[281] Der **AG** kann den Sozialplan anfechten, wenn dieser entweder **über einen Ausgleich der voraussichtlichen entstehenden wirtschaftlichen Nachteile** der AN **hinausgeht** oder **das Sozialplanvolumen für das Unternehmen nicht mehr wirtschaftlich vertretbar** ist. Dass die Ertragskraft des Unternehmens einschneidend belastet wird, ist nicht ausreichend.[282] Die Einigungsstelle hat von dem beabsichtigten Ausgleich der wirtschaftlichen Nachteile abzusehen, wenn dieser den Fortbestand des Unternehmens gefährden würde. Die wirtschaftliche Vertretbarkeit ihrer Entscheidung stellt damit für sie eine Grenze der Ermessensausübung dar.[283] Ihr Überschreiten ist vom anfechtenden AG konkret anhand der vorhandenen Vermögenswerte zum Zeitpunkt der Betriebsänderung darzulegen.[284] Wegen einer zu **geringen Dotierung** kann ein Sozialplan vom **BR** nur angefochten werden, wenn der Sozialplan noch nicht einmal eine substanzielle Milderung der wirtschaftlichen Nachteile vorsieht. In diesem Fall sind die sozialen Belange der AN iSd § 112 V 1 BetrVG nicht hinreichend berücksichtigt. Wo genau diese Untergrenze für Sozialplanleistungen verläuft, kann nur mit Rücksicht auf die Verhältnisse im Einzelfall – insbesondere das Gewicht der die AN treffenden Nachteile – festgestellt werden.[285]

95 **bb) Konzernverbund.** Wegen der Vermögensverhältnisse ist grundsätzlich auf das Unternehmen abzustellen. Ausnahmsweise können für die Beurteilung einer wirtschaftlichen Vertretbarkeit auch die Vermögensverhältnisse eines anderen Konzernunternehmens maßgeblich sein, wenn dieses für einen etwaigen durch die sozialplanbedingten Verbindlichkeiten entstehenden Verlust einzustehen hat. Dies ist der Fall, wenn ein Beherrschungs- oder ein Gewinnabführungsvertrag (§ 302 I AktG) besteht oder – bei Unternehmensumstrukturierungen – ein Fall des § 134 UmwG vorliegt.[286] Ein missbräuchlicher, kompensationsloser Eingriffe in das der Zweckbindung zur vorrangigen Befriedigung der Gesellschaftsgläubiger dienende Gesellschaftsvermögen führt demgegenüber nicht zu einem Bemessungsdurchgriff. Rechtsfolge einer solchen Pflichtverletzung ist lediglich ein Schadenersatzanspruch der Gesellschaft gegenüber ihrem Gesellschafter nach § 826 BGB unter dem Gesichtspunkt der **Existenzvernichtungshaftung,** der nach der Rspr. des BGH ohnehin nur dann in Betracht kommt, wenn der Vermögensentzug

[280] AA LAG Bln-Bbg 1.3.2016 BB 2016, 180; zum Streitstand *Schütte* NZA 2013, 249.
[281] BAG 23.8.1988 AP Nr. 46 zu § 112 BetrVG 1972 = NZA 1989, 28.
[282] BAG 17.10.1989 AP Nr. 29 zu § 11 BetrVG 1972 = NZA 1990, 443.
[283] BAG 15.3.2011 AP Nr. 212 zu § 112 BetrVG 1972 = NZA 2011, 1112.
[284] BAG 22.1.2013 AP Nr. 219 zu § 112 BetrVG 1972 = NZA-RR 2013, 409; weiterführend *Gaul/B. Schmidt* DB 2014, 300; *Löwisch* ZIP 2015, 209; *C. Schubert* FS v. Hoyningen-Huene, 2014, 441.
[285] BAG 7.5.2019 AP Nr. 241 zu § 112 BetrVG 1972 = NZA 2019, 1295; 24.8.2004 AP Nr. 174 zu § 112 BetrVG 1972 = NZA 2005, 302.
[286] BAG 15.3.2011 AP Nr. 212 zu § 112 BetrVG 1972 = NZA 2011, 1112; überholt daher BAG 15.1.1991 AP Nr. 21 zu § 113 BetrVG 1972.

zugunsten des Gesellschafters oder eines Dritten erfolgte[287] und dadurch die Insolvenz des Unternehmens verursacht oder vertieft wurde.[288] In diesem Fall kann ein solcher Anspruch – seine Verwertbarkeit vorausgesetzt – als Vermögen der Gesellschaft bei der Dotierung des Sozialplans berücksichtigt werden (zum Sozialplan in der Insolvenz → Rn. 110).[289] Auch § 2 I BetrVG rechtfertigt keinen Bemessungsdurchgriff.[290] Im Übrigen kann auf die Vermögensverhältnisse anderer verbundener Unternehmen nicht schon deshalb zurückgegriffen werden, weil diese über keine wirtschaftliche Eigenständigkeit verfügen. Auch die Teilnahme an einem sog. Cash-Pool-Verfahren reicht nicht.[291] Der in die Stellung eines Kommanditisten gewechselte ehemalige Komplementär haftet nicht persönlich für Ansprüche der AN aus einem Sozialplan, der nach Veränderung seiner Gesellschafterstellung abgeschlossen wurde.[292]

13. Überschreitung des Ermessenspielraums. a) Anfechtung. Überschreitet die Einigungsstelle den ihr in § 112 V BetrVG gezogenen Ermessensrahmen, kann die Unwirksamkeit des Spruchs sowohl vom AG als auch vom BR im Beschlussverfahren vor den Gerichten für Arbeitssachen binnen einer Frist von 2 Wochen – vom Tage der Zuleitung des Beschlusses an gerechnet – geltend gemacht werden (§ 76 V BetrVG; → § 232 Rn. 42). Im Beschlussverfahren kann nur die Unwirksamkeit des Sozialplans festgestellt werden, nicht hingegen seine Änderung, zB auf ein höheres Volumen. Es ist daher zu beantragen, „festzustellen, dass der Sozialplan vom [Datum] rechtsunwirksam ist“. Macht der AG eine Überdotierung geltend, dann entspricht der Gegenstandswert eines solchen Verfahrens der vollen Differenz zwischen dem festgesetzten Volumen und der vom AG als angemessen erachteten Dotierung. Beruft sich der anfechtende BR nur auf eine Unterdotierung, finden für die Verfahrensgegenstandsbemessung die Grundsätze von § 23 III 2 RVG Anwendung.[293] 96

b) Überprüfung. Ein Ermessensfehler liegt nicht schon dann vor, wenn ein Sozialplan anderen Inhalts lediglich eine bessere oder vernünftigere Regelung darstellen würde. Erforderlich ist vielmehr, dass die Einigungsstelle den Ermessensrahmen verkannt, also entweder die sozialen Belange der AN oder die wirtschaftliche Vertretbarkeit ihrer Entscheidung für den Unternehmer außer Acht gelassen hat **(Ermessensüberschreitung)** oder eine Entscheidung trifft, die mit dem Zweck des Sozialplans nicht mehr im Zusammenhang steht **(Ermessensmissbrauch).** Die Gerichte für Arbeitssachen haben den Spruch der Einigungsstelle nur hinsichtlich seines Ergebnisses zu überprüfen (→ § 232 Rn. 43). Daher ist es für eine Ermessensüberschreitung der Einigungsstelle unerheblich, ob der AG zu Beginn der Sozialplanverhandlungen noch von einem höheren Ausgleichsbedarf der AN ausgegangen ist. Auch insoweit kommt es nur auf das Verhandlungsergebnis – mithin den Inhalt des Spruchs – und nicht auf den Verlauf der Verhandlungen in der Einigungsstelle und etwaige frühere Sozialplanentwürfe an.[294] 97

c) Teilunwirksamkeit. Die Teilunwirksamkeit eines Sozialplans führt wegen seines Normencharakters grundsätzlich nicht zu einer Gesamtnichtigkeit. Etwas Anderes gilt nur, wenn der verbleibende Teil ohne den unwirksamen Teil keine sinnvolle und in sich geschlossene Regelung mehr darstellt. Dies wird regelmäßig dann der Fall sein, wenn sich der Ermessensfehler auf die Gesamtdotierung auswirkt, nicht dagegen, wenn es aufgrund von Individualverfahren infolge unzulässiger Differenzierungen bei der Leistungshöhe zu einer Erhöhung des Sozialplanvolumens kommt und die finanzielle Mehrbelastung des AG im Verhältnis zum Gesamtvolumen des Sozialplans nicht „ins Gewicht fällt“.[295] 98

d) Einzelfälle. Für **zulässig** wurde angesehen, dass einem AN nur dann Ansprüche zustehen, wenn eine Versetzung auf einen zumutbaren Arbeitsplatz nicht möglich ist und über die Zumutbarkeit eine Kommission entscheidet.[296] Gleiches gilt für eine Bestimmung, wonach die Umwandlung einer Versorgungs- in eine Versichertenrente nach der VBL besonders auszuglei- 99

[287] BGH 6.11.2018 NJW 2019, 589.
[288] Dazu BGH 26.4.2008 NJW 2008, 2437 (Gamma); 16.7.2007 NJW 2007, 2689 (Trihotel).
[289] *Ahrendt* RdA 2012, 340.
[290] RB anh. 1 ABR 7/19.
[291] *Schweibert* NZA 2016, 321; ausf. zum Durchgriff *Wutte* ZfA 2016, 261.
[292] BAG 24.3.1992 AP Nr. 10 zu § 161 HGB = NZA 1992, 1100.
[293] Nr. II.6. des Streitwertkatalogs der Arbeitsgerichtsbarkeit NZA 2018, 497.
[294] BAG 7.5.2019 AP Nr. 241 zu § 112 BetrVG 1972 = NZA 2019, 1295.
[295] BAG 21.10.2003 AP Nr. 163 zu § 112 BetrVG 1972 = NZA 2004, 559; 25.1.2000 AP Nr. 137 zu § 112 BetrVG 1972 = NZA 2000, 1069.
[296] BAG 28.9.1988 AP Nr. 47 zu § 112 BetrVG 1972 = NZA 1989, 186.

chen war.[297] Auch der Umstand, dass der Spruch der Einigungsstelle keine Regelung zur betrieblichen Altersversorgung der ausscheidenden AN vorsieht, führt nicht zu dessen Ermessensfehlerhaftigkeit; die Einigungsstelle muss nicht die Nachteile sämtlicher Kategorien ausgleichen.[298]

100 **Unzulässig** sind Regelungen, wenn lediglich Versorgungsansprüche beseitigt oder abgefunden[299] werden, Erstattungsansprüche der Arbeitsverwaltung (§ 147a SGB III aF) allein auf die Abfindungen der AN angerechnet[300] oder Abfindungen nur nach der Dauer der Betriebszugehörigkeit und der Höhe des Monatseinkommens festgesetzt werden.[301] Soll durch eine Teilstilllegung die Sanierung eines Unternehmens erfolgen, erweist sich jedoch in der Folgezeit, dass diese nicht verwirklicht werden kann, sind die bereits bei der ersten Stilllegung betroffenen AN beim zweiten Sozialplan zu berücksichtigen, wenn die Mittel des ersten Sozialplans erheblich geringer waren.[302]

101 **e) Prüfungsmaßstab im Urteilsverfahren und Bindungswirkung.** Der einzelne AN kann im Urteilsverfahren nur Rechtsfehler des Sozialplans geltend machen. Hierzu gehört zB ein Verstoß gegen den Gleichbehandlungsgrundsatz oder das Diskriminierungsverbot (§ 75 BetrVG; → Rn. 72). Dagegen kann er nicht erreichen, dass der Sozialplan vom Gericht auf billiges Ermessen überprüft wird, ob also die Ausgleichsleistungen im Einzelfall ausreichend sind oder nicht.[303] Eine zwischen den Betriebspartnern ergangene rechtskräftige gerichtliche Entscheidung über den Sozialplaninhalt oder das Vorliegen einer Betriebsänderung wirkt auch gegenüber den anspruchsberechtigten AN.[304] Unberührt bleibt das Recht des Insolvenzverwalters, einen Sozialplan nach den Vorschriften der InsO anzufechten. Eine Abfindung, die der Unterhaltsschuldner für den Verlust seines Arbeitsplatzes erhält, ist bei der Feststellung seiner unterhaltsrechtlichen Leistungsfähigkeit zu berücksichtigen.[305]

102 **f) Aussetzung von Individualstreitigkeiten.** Wird ein Sozialplan gem. § 76 V BetrVG im Beschlussverfahren angefochten, können die Rechtsstreitigkeiten der AN, die aufgrund des Sozialplans Ansprüche geltend machen, unter den Voraussetzungen von § 148 ZPO ausgesetzt werden.[306] Allerdings kann es wegen des Beschleunigungsgrundsatzes ggf. vorzugswürdig sein, die Verfahren zum Abschluss zu bringen und vorher ggf. die vorläufige Vollstreckbarkeit auszuschließen.

IX. Personalabbau und Neugründungen (§ 112a BetrVG)

103 **1. Erzwingbarer Sozialplan.** § 112a BetrVG schränkt die Erzwingbarkeit eines Sozialplans im Fall eines bloßen Personalabbaus und bei neu gegründeten Unternehmen ein. Die Betriebsparteien sind zwar jeweils berechtigt, die Einigungsstelle anzurufen, wenn ihnen keine Einigung über den Sozialplan gelingt. Diese darf jedoch nicht durch Spruch über den Sozialplan entscheiden, wenn sich die Betriebsparteien auch im Laufe des Einigungsstellenverfahrens nicht einvernehmlich auf dessen Abschluss einigen können. Das Verfahren ist dann als gescheitert anzusehen und damit beendet.

104 **2. Ausschließlicher Personalabbau.** Besteht die geplante Betriebsänderung ausschließlich in einer Personalreduzierung, kann der BR nach § 112a I BetrVG einen Sozialplan nur erzwingen, wenn die Maßnahme die in der Vorschrift genannten Größenordnungen übersteigt. Die Vorschrift ist auch anwendbar, wenn zu dem Personalabbau weitere Maßnahmen des AG hinzukommen, es sei denn diese stellen allein oder zusammen mit dem Personalabbau eine Betriebsänderung iSv § 111 S. 3 BetrVG dar.[307]

297 BAG 29.11.1978 AP Nr. 7 zu § 112 BetrVG 1972.
298 BAG 7.5.2019 AP Nr. 241 zu § 112 BetrVG 1972 = NZA 2019, 1295.
299 BAG 30.10.1980 AP Nr. 3 zu § 1 BetrAVG.
300 BAG 26.6.1990 AP Nr. 56 zu § 112 BetrVG 1972 = NZA 1991, 111; vgl. aber BAG 25.1.2000 AP Nr. 3 zu § 128 AFG = NZA 2000, 886.
301 BAG 14.9.1994 AP Nr. 87 zu § 112 BetrVG 1972 = NZA 1995, 440.
302 BAG 9.12.1981 AP Nr. 14 zu § 112 BetrVG 1972.
303 BAG 26.7.1988 AP Nr. 45 zu § 112 BetrVG 1972 = NZA 1989, 25.
304 BAG 17.2.1992 AP Nr. 1 zu § 84 ArbGG 1979 = NZA 1992, 999 (Sozialplan); 10.11.1987 AP Nr. 15 zu § 113 BetrVG 1972 = NZA 1988, 287 (Betriebsänderung); LAG Bln-Bbg 19.3.2013 – 7 Sa 1713/12.
305 BGH 18.4.2012 NJW 2012, 1868 (1873); *Schunder* FS v. Hoyningen-Huene, 2014, 461.
306 BAG 28.8.1996 AP Nr. 104 zu § 112 BetrVG 1972 = NZA 1997, 109.
307 BAG 28.3.2006 AP Nr. 12 zu § 112a BetrVG 1972 = NZA 2006, 932.

3. Neugründungen. § 112a II BetrVG zielt darauf ab, zusätzliche Beschäftigungsmöglichkeiten zu schaffen, indem im Betrieb eines neu gegründeten Unternehmens Betriebsänderungen durchgeführt werden können, ohne dass ein Sozialplan aufgestellt werden muss. Auf diese Weise soll Unternehmen die schwierige Anfangsphase des Aufbaus erleichtert werden. Das Gesetz will zum Engagement in neue Unternehmen ermutigen, indem das mit einem Misserfolg verbundene Sozialplanrisiko aufgehoben wird. Maßgeblich ist die Gründung des Unternehmens, nicht die des Betriebs. Dementspr. sind länger als vier Jahre bestehende Unternehmen auch dann nicht privilegiert, wenn sie neue Betriebe errichten.[308] Um Streitigkeiten über den Zeitpunkt der Gründung auszuschließen, bestimmt § 112a II 3 BetrVG, dass wegen des Zeitpunkts auf den der Aufnahme einer nach § 138 AO mitteilungspflichtigen Erwerbstätigkeit abzustellen ist. Keine Neugründung ist bei wirtschaftlicher Umstrukturierung von Unternehmen oder Konzernen gegeben (§ 112a II 2 BetrVG). Dies ist zB der Fall, wenn zwei Unternehmen einzelne Betriebe einem neu gegründeten Unternehmen übertragen, das die Betriebstätigkeit fortführt. Wird dieser Betrieb innerhalb von vier Jahren nach der Gründung des Unternehmens stillgelegt, ist er nicht von der Sozialplanpflicht befreit.[309] Gleiches gilt, wenn der alleinige Gesellschafter und Geschäftsführer der Komplementär-GmbH einer KG eine neue GmbH gründet und diese von der KG einen Betrieb übernimmt.[310] 105

X. Sozialplanansprüche im Insolvenzverfahren

1. Allgemeines. Die §§ 123, 124 InsO enthalten Vorschriften über den Sozialplan in der Insolvenz. Zu unterscheiden ist zwischen Sozialplänen, die vor Eröffnung des Insolvenzverfahrens, und solchen, die danach abgeschlossen werden. Die §§ 123, 124 InsO gelten nur für Sozialpläne iSd § 112 BetrVG; eine analoge Anwendung auf andere Vereinbarungen mit dem AG bzw. Insolvenzverwalter und den AN kommt nicht in Betracht.[311] Tarifliche Ausschlussfristen finden in der Insolvenz grundsätzlich Anwendung (→ § 209 Rn. 39). Dies gilt jedoch nicht für Insolvenzforderungen; diese müssen nur nach den Vorschriften der InsO angemeldet werden.[312] 106

2. Sozialplan vor Insolvenzeröffnung. a) Übersicht. Für Sozialpläne, die vor Eröffnung des Insolvenzverfahrens abgeschlossen werden, gilt § 124 InsO. Danach kann ein Sozialplan, der vor der Eröffnung des Insolvenzverfahrens, jedoch nicht früher als drei Monate vor dem Eröffnungsantrag, aufgestellt worden ist, sowohl vom Insolvenzverwalter als auch vom BR widerrufen werden (§ 124 I InsO). Bei einem **Widerruf** können die begünstigten AN bei der Aufstellung eines neuen Sozialplans berücksichtigt werden (§ 124 II InsO). Sie werden also denjenigen AN gleichgestellt, für die erst nach Eröffnung des Insolvenzverfahrens ein Sozialplan aufgestellt worden ist. Es kann damit der schwierigen wirtschaftlichen Lage Rechnung getragen werden, während andererseits die Leistungen aus dem neu abgeschlossenen Sozialplan aus der Insolvenzmasse gezahlt werden. Der BR kann nach Insolvenzeröffnung auf sein Widerrufsrecht verzichten.[313] Unzulässig – wegen eines Verstoßes gegen die Wertung aus den §§ 123 f. InsO – ist allerdings eine auflösende Bedingung in einem vor Eröffnung des Insolvenzverfahrens abgeschlossenen Sozialplan, wonach dieser gegenstandslos wird, wenn vor seiner vollständigen Abwicklung das Insolvenzverfahren eröffnet wird.[314] Leistungen, die an AN vor der Eröffnung des Verfahrens aus dem widerrufenen Sozialplan gezahlt worden sind, können nach § 124 III 1 InsO im Interesse der Rechtssicherheit nicht wegen des Widerrufs zurückgefordert werden. Bei der Aufstellung eines neuen Sozialplans sind derartige Leistungen an einen von der Entlassung betroffenen AN bei der Berechnung des Gesamtbetrags der Sozialplanforderungen nach § 123 I InsO bis zur Höhe von 2½ Monatsverdiensten abzusetzen. 107

b) Rang der Sozialplanansprüche. Abfindungsansprüche aus einem vor Insolvenzeröffnung aufgestellten Sozialplan sind Insolvenzforderungen (§ 38 InsO; → § 92 Rn. 2) und nehmen daher am Verteilungsverfahren nach §§ 174 ff. InsO teil. Etwas Anderes gilt, wenn der 108

[308] BAG 27.6.2006 AP Nr. 14 zu § 112a BetrVG 1972 = NZA 2007, 106 (Rechtsmissbrauch); 22.2.1995 AP Nr. 8 zu § 112a BetrVG 1972 = NZA 1995, 697; BT-Drs. 10/2102, 28.
[309] BAG 22.2.1995 AP Nr. 8 zu § 112a BetrVG 1972 = NZA 1995, 697.
[310] BAG 22.2.1995 AP Nr. 7 zu § 112a BetrVG 1972 = NZA 1995, 699.
[311] BAG 21.9.1999 AP Nr. 1 zu § 1 SozplKonkG = NZA 2000, 662.
[312] BAG 18.12.1984 AP Nr. 88 zu § 4 TVG Ausschlußfristen = NZA 1985, 396.
[313] LAG Köln 17.10.2002 AP Nr. 1 zu § 124 InsO = NZA-RR 2003, 489.
[314] LAG Nds 20.4.2009 ZInsO 2010, 780.

Sozialplan von einem vorläufigen Insolvenzverwalter mit Verwaltungs- und Verfügungsbefugnis (§§ 21 II Nr. 2, 22 InsO, sog. starker Insolvenzverwalter) abgeschlossen wurde; in diesem Fall handelt es sich um Masseverbindlichkeiten (§ 55 II InsO).[315]

109 **c) Durchsetzung.** Eine Zwangsvollstreckung in die Masse wegen einer Sozialplanforderung ist stets unzulässig (vgl. § 123 III 2 InsO). Richtige Klageart ist daher die Feststellungsklage, eine gleichwohl erhobene Leistungsklage ist wegen des fehlenden Rechtsschutzbedürfnisses unzulässig.[316]

110 **3. Sozialplan nach Insolvenzeröffnung. a) Obergrenze.** Für einen Sozialplan, der nach der Eröffnung des Insolvenzverfahrens aufgestellt wird, gilt eine doppelte Obergrenze.[317] Für den Ausgleich oder die Milderung der wirtschaftlichen Nachteile, die den AN infolge der geplanten Betriebsänderung entstehen, kann maximal ein Gesamtbetrag bis zu 2½ Monatsverdiensten (§ 10 III KSchG) der von einer Entlassung betroffenen AN vorgesehen werden (**absolute Obergrenze** der Sozialplanleistungen). Daneben besteht nach § 123 II 2 InsO eine **relative Obergrenze.**[318] Kommt ein Sozialplan zustande, darf für die Berichtigung der Sozialplanforderungen nicht mehr als ein Drittel der Masse verwendet werden, die ohne einen Sozialplan für die Verteilung an die Insolvenzgläubiger zur Verfügung gestanden hat. Etwas Anderes gilt nur, wenn ein Insolvenzplan zustande kommt.[319] Übersteigt der Gesamtbetrag aller Sozialplanforderungen diese Grenze, sind die einzelnen Forderungen anteilig zu kürzen. Die tatsächliche Höhe der Sozialplanansprüche kann also erst dann festgestellt werden, wenn alle anderen Masseverbindlichkeiten berichtigt sind, denn erst dann lässt sich ein Drittel aus der fiktiven Teilungsmasse berechnen. Die absolute Obergrenze besagt nicht, dass in der Regel jeder von einer Entlassung betroffene AN einen Betrag von 2½ Monatsverdiensten als Sozialplanleistung erhalten soll. Vielmehr ist nach § 112 V BetrVG stets die Situation des einzelnen AN zu berücksichtigen. Namentlich dann, wenn eine Sanierung des Unternehmens in Betracht kommt, werden geringere Abfindungen festzusetzen sein. Die relative Obergrenze erfasst auch die Fälle, in denen im Insolvenzverfahren zeitlich nacheinander mehrere Sozialpläne aufgestellt werden. Auch in diesem Fall darf die Gesamtsumme aller Forderungen aus diesen Sozialplänen die relativen Grenzen nicht übersteigen. Wegen der ungeklärten Folgen bei Überschreiten der absoluten Obergrenze kann es für Insolvenzverwalter und BR zweckmäßig sein, für diesen Fall eine Nachbesserungsklausel zu vereinbaren.

111 **b) Rang.** Die Verbindlichkeiten aus einem nach Eröffnung des Insolvenzverfahrens abgeschlossenen Sozialplan sind Masseverbindlichkeiten (§ 123 II 1 InsO; → § 92 Rn. 5). Die gilt auch für einen nach Eröffnung des Insolvenzverfahrens abgeschlossenen Sozialplan, der die Nachteile aus einer noch von der Insolvenzschuldnerin geplanten Betriebsänderung ausgleichen soll.[320] Durch § 123 II 1 InsO wird die Rechtsstellung der AN formell gegenüber dem bisherigen Recht verbessert. Gleichwohl hat die formelle Verbesserung nur geringe Bedeutung. Die relative Obergrenze bewirkt, dass die Sozialplangläubiger nur dann befriedigt werden, wenn die übrigen Massegläubiger voll befriedigt werden. Insoweit stehen die Masseforderungen im Nachrang zu den herkömmlichen Masseforderungen. Andererseits hat die Einordnung einer Sozialplanforderung als Masseforderung für die AN den Vorteil, dass sie diese nicht zur Insolvenztabelle anmelden müssen. Wegen § 123 III 2 InsO kann die Forderung gerichtlich nur im Wege einer Feststellungsklage verfolgt werden; eine Leistungsklage ist unzulässig.[321]

112 **c) Masseunzulänglichkeit und Abschlagszahlungen.** Besteht Masseunzulänglichkeit, können die Sozialplanforderungen nicht berichtigt werden: die Verjährungsfrist beginnt zunächst nicht zu laufen.[322] Durch § 123 III 1 InsO wird gewährleistet, dass die AN möglichst frühzeitig Abschlagszahlungen auf ihre Sozialplanforderungen erhalten. Die Zustimmung des Insolvenzge-

[315] BAG 31.7.2002 AP Nr. 1 zu § 38 InsO = NZA 2002, 1332.
[316] Vgl. BAG 31.7.2002 AP Nr. 1 zu § 38 InsO = NZA 2002, 1332; 11.12.2001 AP Nr. 1 zu § 209 InsO = NZA 2002, 975.
[317] HessLAG 31.5.2011 – 4 TaBV 153/10 (Insolvenz eines im Inland ansässigen ausländischen AG).
[318] Zu Konzernsachverhalten *Schwarzburg* NZA 2009, 176; *Roden* NZA 2009, 659.
[319] Dazu *Sessig/Fischer* ZInsO 2010, 561; *Niering* NZI 2010, 285.
[320] LAG Hamm 30.4.2010 ZInsO 2010, 1899.
[321] BAG 22.7.2010 ZInsO 2010, 2193; 22.11.2005 AP Nr. 176 zu § 112 BetrVG 1972 = NZA 2006, 220.
[322] LAG Düsseldorf 10.10.2013 NZI 2014, 183 = ZInsO 2014, 514.

richts ist vorgesehen, damit die Befriedigung anderer Gläubiger nicht durch zu hohe Abschlagszahlungen an die Sozialplanberechtigten gefährdet wird. Eine gerichtliche Durchsetzung ihrer Forderung im Wege einer Leistungsklage ist den AN weiterhin verwehrt. Das Zwangsvollstreckungsverbot des § 123 III 2 InsO gilt selbst dann, wenn der Insolvenzverwalter den Sozialplan erst nach Anzeige der Masseunzulänglichkeit vereinbart hat.[323]

§ 245. Förderung durch Transfermaßnahmen und Transferkurzarbeitergeld bei Betriebsänderungen

Muster: Schaub ArbRFV-HdB/*Thoms* B. Rn. 281.

Übersicht

I. Allgemeines

Mit Inkrafttreten von „Hartz III" sind die vormaligen Regelungen über die Zuschüsse zu Sozialplänen (§§ 254 ff. SGB III aF) entfallen, ebenso das vormalige Strukturkurzarbeitergeld für AN in einer betriebsorganisatorisch eigenständigen Einheit. An ihre Stelle sind ab dem 1.1.2004 die Förderung von Transfermaßnahmen (§ 110 SGB III) und das Transferkurzarbeitergeld (§ 111 SGB III) getreten.[1] Beide Leistungen dienen der Eingliederung der aufgrund einer Betriebsänderung von Arbeitslosigkeit bedrohten AN. Die genannten Regelungen ergänzen das Informations- und Beratungsangebot der Arbeitsverwaltung bei der Bewältigung der arbeitsmarktpolitischen Folgen von Betriebsänderungen. Auf die Förderung besteht ein Rechtsanspruch. Die BA berät AG und BR über die Fördermöglichkeiten (§ 110 I Nr. 1, § 111 I Nr. 4 SGB III), wenn diese an die Arbeitsverwaltung herantreten. Die Förderung durch die Arbeitsverwaltung steht im Einklang mit dem Beihilferecht der Europäischen Union.[2] Die Förderung wird ergänzt durch § 111a SGB III, wonach AN, die einen Anspruch auf Transferkurzarbeitergeld nach § 111 SGB III haben, bei Teilnahme an Maßnahmen der beruflichen Weiterbildung, die während des Bezugs von Transferkurzarbeitergeld enden, unter den in der Vorschrift genannten Voraussetzungen durch Übernahme der Weiterbildungskosten gefördert werden können.[3] 1

II. Förderung von Transfermaßnahmen

1. Normzweck. Aus arbeitsmarktpolitischen Gründen ist es wünschenswert, wenn in Sozialplänen nicht mehr die Abfindungsleistung für den Verlust von Arbeitsplätzen im Mittelpunkt 2

[323] BAG 22.7.2010 ZInsO 2010, 2193; 21.1.2010 AP Nr. 4 zu § 123 InsO = NZA 2010, 413.
[1] Dazu *Kania* NZS 2020, 878.
[2] *Soltész/Winzer* DB 2013, 105; zu den Änderungen ab 1.4.2012 *Voelzke* NZA 2012, 177.
[3] Zum Transformationskurzarbeitergeld *Bieback* SozSich 2019, 37; *Göpfert/Lausberg* ZIP 2019, 1270.

der Regelungen steht, sondern der Transfer der AN in eine neue Beschäftigung oder in die Selbständigkeit erleichtert werden soll; diesem Zweck dient der sog. Transfersozialplan. Er enthält bestimmte Qualifizierungs- und Transferleistungen, die den von einem Arbeitsplatzverlust betroffenen AN neue Beschäftigungschancen eröffnen sollen. Transfermaßnahmen sind alle Maßnahmen zur Eingliederung von AN in den Arbeitsmarkt, an deren Finanzierung sich AG angemessen beteiligen.

3 **2. Anspruchsvoraussetzungen.** Die Teilnahme an Transfermaßnahmen wird für die von einem Arbeitsplatzverlust bedrohten AN in Zusammenhang mit einer Betriebsänderung gefördert, wenn **(a)** sich die Betriebsparteien im Vorfeld der Entscheidung über die Einführung von Transfermaßnahmen, insbesondere im Rahmen ihrer Verhandlungen über einen die Integration der AN fördernden Interessenausgleich oder Sozialplan nach § 112 BetrVG, durch die Arbeitsverwaltung beraten lassen, **(b)** die Maßnahme von einem Dritten durchgeführt wird, **(c)** die vorgesehene Maßnahme der Eingliederung der AN in den Arbeitsmarkt dienen soll, **(d)** die Durchführung der Maßnahme gesichert ist (§ 110 I 1 SGB III). Die Förderung ist ausgeschlossen, wenn die Maßnahme dazu dient, den AN auf eine Anschlussbeschäftigung im selben Betrieb, Unternehmen oder in einem anderen Konzernunternehmen vorzubereiten (§ 110 III 1 SGB III).

4 **3. Beratungspflicht.** Die seit dem 1.1.2011 obligatorische Beratung durch die Arbeitsverwaltung bezweckt, die Betriebsparteien frühzeitig über arbeitsmarktpolitisch sinnvolle Maßnahmen zur Eingliederung der von Arbeitslosigkeit bedrohten AN zu informieren. Die frühzeitige Beratung soll auch dazu beitragen, dass die Fördervoraussetzungen nach § 110 SGB III im Interessenausgleich und Sozialplan berücksichtigt werden können. Darüber hinaus sollen AG und BR über die Leistungshöhe sowie das Verfahren informiert werden. Im Rahmen der frühzeitigen Arbeitsuchendmeldung nach § 38 SGB III (→ § 23 Rn. 24) erfolgt dann die Potenzialanalyse durch die AA.

5 **4. Betriebsänderung.** Der Begriff der Betriebsänderung ist inhaltsgleich mit dem in § 111 BetrVG (→ § 244 Rn. 7); nicht erforderlich ist aber, dass die in der Vorschrift genannte Arbeitnehmerzahl im Unternehmen erreicht wird. Damit können Transferleistungen auch an AN in Kleinunternehmen gewährt werden, wenn in diesen Betrieben eine der Betriebsänderung vergleichbare Maßnahme durchgeführt wird. Die Ursache der Betriebsänderung ist für die Förderung ohne Bedeutung. Die Gewährung von Transferleistungen an AN in Betrieben der öffentlichen Hand scheidet hingegen aus, wenn für sie die PersVG des Bundes oder der Länder gelten (§ 110 III 3 SGB III).

6 **5. Bedrohung von Arbeitslosigkeit.** Die Förderung von Transfermaßnahmen erfolgt nur für AN, die von Arbeitslosigkeit bedroht (§ 17 SGB III) sind. Dies ist der Fall, wenn der AN noch versicherungspflichtig beschäftigt ist, demnächst mit der Beendigung der Beschäftigung rechnen muss und voraussichtlich nach Beendigung des Beschäftigungsverhältnisses arbeitslos wird. Eine Weiterbeschäftigungsmöglichkeit im selben Betrieb, Unternehmen oder Konzern schließt die Förderung aus, ebenso wenn eine Vermittlungsmöglichkeit in ein anderes Beschäftigungsverhältnis besteht. Die Voraussetzungen des § 17 SGB III müssen für die gesamte Förderungsdauer vorliegen, ansonsten wird der Zuschuss nur anteilig gewährt. Bei tariflich oder durch Betriebsvereinbarung kündigungsbeschränkten AN geht die Arbeitsverwaltung davon aus, dass diese nicht von Arbeitslosigkeit bedroht sind, wenn die zugrunde liegende Vereinbarung keine Öffnungsklausel enthält.

7 **6. Transfermaßnahmen.** Transfermaßnahmen sind alle arbeitsmarktlich zweckmäßigen Maßnahmen zur Eingliederung von AN, an deren Finanzierung sich der AG angemessen (zumindest mit 50%) beteiligt (§ 110 I 2 SGB III). Durch die Förderung darf der AG nicht von bestehenden Verpflichtungen entlastet werden (§ 110 III 2 SGB III). Die Förderung ist auch ausgeschlossen, wenn die Maßnahmekosten durch eine finanzielle Beteiligung Dritter und die Zuschussgewährung abgedeckt werden würden. Förderfähig sind Maßnahmen **(a)** zur Feststellung der Leistungsfähigkeit, der Arbeitsmarktchancen und des Qualifikationsbedarfs der AN (zB Profiling, Bewerbungstraining, Stellensuche), **(b)** zur Fortführung einer bereits begonnenen Berufsausbildung, **(c)** zur beruflichen Weiterbildung, **(d)** zur Beschäftigungsaufnahme (zB durch Mobilitätshilfen, Einstellungszuschüsse) **(e)** eine Outplacementsberatung und **(f)** eine Existenzgründungsberatung. Die Teilnahme an Maßnahmen, die über das Ende des Beschäftigungsverhältnisses hinausgehen, wird nicht (auch nicht anteilig) gefördert, da es gerade Sinn und Zweck der Neuregelung ist, den direkten Transfer aus dem alten in ein neues Beschäftigungsverhältnis zu erleichtern.

7. Durchführung. a) Übertragung auf Dritte. Der AG darf die Transfermaßnahmen nicht selbst durchführen, sondern muss sie einem Dritten übertragen. Dies trifft nicht nur auf Profiling, Outplacement und Kurzqualifizierungen zu, sondern gilt für sämtliche Maßnahmearten. Die Auswahl des Dritten kann im Sozialplan oder in sonstiger Weise zwischen AG und BR vereinbart werden. Die Förderung ist ausgeschlossen, wenn zu Beginn der Maßnahme nicht mit hinreichender Sicherheit davon ausgegangen werden kann, dass die Eingliederungsmaßnahme bis zu ihrem geplanten Ende durchgeführt wird. Der Träger der Maßnahme hat daher zu erklären, dass die für die Durchführung notwendigen Voraussetzungen in räumlicher und personeller Hinsicht vorliegen und bis zum Ende der geplanten Eingliederungsmaßnahme aufrechterhalten werden. 8

b) Qualifikation. Die Maßnahmen dürfen nur von einem nach § 178 SGB III zugelassenen Maßnahmeträger durchgeführt werden. Dessen Zulassung setzt **(1)** das Vorhandensein der erforderlichen Leistungsfähigkeit und Zuverlässigkeit voraus, **(2)** die Fähigkeit, durch eigene Bemühungen die berufliche Eingliederung von Teilnehmenden in den Arbeitsmarkt zu unterstützen, **(3)** das Vorhandensein einer Leitung sowie von geeigneten Lehr- und Fachkräften, **(4)** die Anwendung eines Qualitätssicherungssystems und **(5)** die Vereinbarung von angemessenen Bedingungen mit den teilnehmenden AN insbesondere über Rücktritts- und Kündigungsrechte. 9

8. Förderung. Die Förderung wird als einmaliger Zuschuss gewährt; dieser beträgt 50% der erforderlichen und angemessenen Maßnahmekosten, jedoch höchstens 2 500 EUR je gefördertem AN (§ 110 II SGB III). Der Gesamtzuschuss für eine Transfermaßnahme richtet sich nach den jeweiligen Maßnahmeinhalten, die den Teilnehmern vermittelt werden, der Maßnahmedauer und den daraus individuell entstehenden Kosten sowie der entsprechenden Teilnehmerzahl. Es sind daher die jeweiligen Kostensätze je Teilnehmer zugrunde zu legen, die Zuschüsse je Teilnehmer zu ermitteln und zu einem Gesamtzuschuss zu addieren. Zuschussfähig sind nur die dem AG tatsächlich entstandenen Kosten, Zuschüsse von Dritten sind in Abzug zu bringen. Nicht zu den Maßnahmekosten zählen Verwaltungskosten des AG (zB für Räume oder Personal), Beiträge zur Unfallversicherung und allgemeine Lebenshaltungskosten der Teilnehmer während der Maßnahme. Umsatz- und Mehrwertsteuerbeträge werden nicht gefördert, wenn der AG vorsteuerabzugsberechtigt ist. 10

9. Antragstellung. Die Leistungen nach § 110 SGB III werden nur auf Antrag erbracht. Sie sind vom AG schriftlich oder elektronisch unter Beifügung einer Stellungnahme der Betriebsvertretung zu beantragen; daneben ist auch der BR antragsberechtigt (§ 323 II 1, 2 SGB III). Mit dem Antrag hat der AG die Voraussetzungen für die Leistungen nachzuweisen (§ 320 IVa SGB III). Der Antrag muss innerhalb einer Ausschlussfrist von drei Monaten gestellt werden. Die Frist beginnt mit Ablauf des Monats, in dem die zu fördernde Maßnahme beginnt (§§ 324 I, 325 V SGB III). Zuständig ist die AA, in deren Bezirk der Betrieb des AG liegt (§ 327 III 3 SGB III). 11

10. Auszahlung, Abschlagszahlungen. Die Leistungen zur Förderung der Teilnahme an Transfermaßnahmen werden in der Regel nach Vorlage der Nachweise über die tatsächlich entstandenen Maßnahmekosten und der Teilnahme der betroffenen AN ausgezahlt. Die Zuschüsse können auch anteilig ab Beginn der Förderung in monatlichen Abschlägen mit Entstehen der Zahlungsverpflichtung des AG gewährt werden. 12

11. Verhältnis zu anderen Leistungen der Arbeitsförderung. Während der Teilnahme an Transfermaßnahmen sind andere Leistungen der aktiven Arbeitsförderung mit gleichartiger Zielsetzung ausgeschlossen (§ 110 IV SGB III). Das Doppelförderungsverbot schließt bis zur Beendigung der geförderten Maßnahme sowohl den Bezug von individuellen Leistungen der Arbeitsförderung wie auch von Transferkurzarbeitergeld (§ 111 SGB III) während des Förderungszeitraums aus. 13

III. Transferkurzarbeitergeld

1. Normzweck. Das Transferkurzarbeitergeld (§ 111 SGB III) ist eine beitragsfinanzierte Entgeltersatzleistung für den durch den Arbeitsausfall erlittenen Entgeltverlust. Seine Funktion besteht in der Überbrückung des arbeitsausfallbedingten Nettoentgeltausfalls. Dem entsprechend wird die Höhe des Transferkurzarbeitergelds durch den Leistungssatz (§§ 111 IX, 14

105 SGB III) und die Nettoentgeltdifferenz als berücksichtigungsfähiger Entgeltausfall bestimmt.[4]

15 **2. Voraussetzungen.** Anspruch auf Transferkurzarbeitergeld haben AN, **(a)** wenn und solange sie von einem dauerhaften nicht vermeidbaren Arbeitsausfall mit Entgeltausfall betroffen sind, die **(b)** betrieblichen bzw. **(c)** persönlichen Voraussetzungen erfüllt sind und **(d)** sich die Betriebsparteien im Vorfeld der Entscheidung über die Inanspruchnahme von Transferkurzarbeitergeld, insbesondere im Rahmen ihrer Verhandlungen über einen die Integration der AN fördernden Interessenausgleich oder Sozialplan, durch die Agentur für Arbeit beraten lassen und **(e)** der dauerhafte Arbeitsausfall der Arbeitsverwaltung angezeigt worden ist (§ 111 I SGB III). Für die Anzeige des Arbeitsausfalls wird in § 111 VI SGB III auf § 99 I, II 1 und III SGB III verwiesen. Die Anzeige hat bei der Arbeitsagentur zu erfolgen, in deren Bezirk der personalabgebende Betrieb seinen Sitz hat.

16 **3. Dauerhafter nicht vermeidbarer Arbeitsausfall.** Ein dauerhafter Arbeitsausfall liegt vor, wenn infolge einer Betriebsänderung (→ § 244 Rn. 7) die Beschäftigungsmöglichkeiten für die AN nicht nur vorübergehend entfallen. Der dauerhafte Arbeitsausfall ist nicht vermeidbar, wenn für den einzelnen Kurzarbeiter infolge der Betriebsänderung der Arbeitsplatz weggefallen ist, dh im Betrieb keine Beschäftigungsmöglichkeiten für den AN mehr bestehen. Der dauerhafte nicht vermeidbare Arbeitsausfall iSd § 111 II SGB III muss mit einem nicht notwendigerweise gänzlichen Entgeltausfall verbunden sein.

17 **4. Betriebliche Voraussetzungen, betriebsorganisatorisch eigenständige Einheit. a) Betriebliche Voraussetzungen.** Die betrieblichen Voraussetzungen für die Gewährung von Transferkurzarbeitergeld sind erfüllt, wenn **(1)** in einem Betrieb Personalanpassungsmaßnahmen aufgrund einer Betriebsänderung durchgeführt und **(2)** die von dem Arbeitsausfall betroffenen AN zur Vermeidung von Entlassungen und zur Verbesserung ihrer Eingliederungschancen in einer betriebsorganisatorisch eigenständigen Einheit (beE) zusammengefasst werden (§ 111 III SGB III). Das Merkmal der Vermeidung von Entlassungen ist auch dann erfüllt, wenn gekündigte AN während oder nach Ablauf der Kündigungsfrist in eine beE eintreten; die Förderung ist aber ausgeschlossen, wenn zwischenzeitlich das Arbeitsverhältnis gekündigt wird. Von einer Verbesserung der Eingliederungschancen der in die beE eintretenden AN ist dann auszugehen, wenn ihre sofortige Vermittlung in ein versicherungspflichtiges Beschäftigungsverhältnis nicht möglich ist oder Vermittlungshemmnisse bestehen. Daneben muss **(3)** die Organisation und Mittelausstattung der beE den angestrebten Integrationserfolg erwarten lassen und **(4)** bei Durchführung der Maßnahme durch den bisherigen AG ein System zur Sicherung der Qualität angewendet werden; ansonsten muss ein nach § 78 SGB III zugelassener Träger (→ Rn. 9) beauftragt werden. Durch die mit dem Beschäftigungschancengesetz angefügten Nrn. 3 und 4 wollte der Gesetzgeber sicherstellen, dass der beauftragte Transferanbieter oder die beE die organisatorische und finanzielle Gewähr für eine erfolgreiche Eingliederungsarbeit bietet. Nach seiner Auffassung ist hierzu u.a. eine angemessene Infrastruktur des Trägers zur Umsetzung des Eingliederungskonzepts (Betreuungsschlüssel von 1:50, der Einsatz von qualifizierten Beratern oder die Anwendung von Anreizsystemen zur frühzeitigen Arbeitsaufnahme) notwendig (BT-Drs. 17/1945, 15).

18 **b) Bildung der beE.** Die beE wird üblicherweise nicht vom bisherigen AG, sondern von einem neuen Rechtsträger mit eigener Rechtspersönlichkeit und einer Zulassung nach § 178 SGB III gebildet (sog. Beschäftigungs- und Qualifizierungsgesellschaften bzw. Transfergesellschaften). Zulässig ist aber auch die Bildung einer (unselbständigen) beE im bisherigen Unternehmen. Allerdings muss dann eine eindeutige Trennung zwischen den AN der beE und den anderen AN des Betriebs vorgenommen werden. AN, die in einer unselbständigen beE beschäftigt werden, haben entgegen § 98 I Nr. 2 SGB III auch dann Anspruch auf Transferkurzarbeitergeld, wenn ihr Arbeitsverhältnis gekündigt worden ist. Wird die beE nicht innerhalb des Unternehmens gebildet, erfolgt der Eintritt der AN in die Transfergesellschaft regelmäßig durch einen 3-seitigen Vertrag mit dem abgebenden Unternehmen und der aufnehmenden Transfergesellschaft. In diesem wird das bisherige Arbeitsverhältnis beendet und gleichzeitig ein neues befristetes Arbeitsverhältnis zur Transfergesellschaft begründet. Im Rahmen der 3-seitigen Vereinbarung wird regelmäßig auf die Einhaltung der Kündigungsfrist ganz oder teilweise verzichtet. Die

[4] BAG 16.12.2015 AP Nr. 28 zu § 611 BGB = NZA 2016, 438.

vom AG dadurch eingesparten Lohnzahlungen werden zur Finanzierung der Remanenzkosten (Beiträge zur Sozialversicherung der Bezieher von Kurzarbeitergeld, Verwaltungskosten des Dritten) verwandt. Eine selbständige beE kann auch unter Mitwirkung von mehreren AG gebildet werden (zB von mehreren Kleinbetrieben).

c) Arbeitsbedingungen. Die Bedingungen für die Verweildauer in der beE können zwischen den Betriebsparteien im Sozialplan bzw. in einer anderen Vereinbarung oder in einem Tarifvertrag zwischen Gewerkschaft und Transfergesellschaft geregelt werden; auch eine arbeitsvertragliche Ausgestaltung ist möglich. Inhalt der Vereinbarungen wird regelmäßig die Dauer des befristeten Beschäftigungsverhältnisses, das Einverständnis des AN mit der zumeist auf „Null" verkürzten Arbeitszeit sowie zur Aufnahme einer Beschäftigung bei einem anderen AG sein. 19

5. Persönliche Voraussetzungen. Die persönlichen Voraussetzungen für den Bezug von Transferkurzarbeitergeld sind erfüllt, wenn der AN **(a)** von Arbeitslosigkeit bedroht ist (→ Rn. 6), **(b)** nach Beginn des Arbeitsausfalls eine versicherungspflichtige Beschäftigung fortsetzt bzw. im Anschluss an die Beendigung eines Berufsausbildungsverhältnisses aufnimmt, **(c)** nicht vom Kurzarbeitergeldbezug ausgeschlossen ist und **(d)** sich vor der Überleitung in die beE aus Anlass der Betriebsänderung bei der AA Arbeit suchend meldet (§ 38 SGB III; → § 23 Rn. 24) und an einer arbeitsmarktlich zweckmäßigen Maßnahme zur Feststellung der Eingliederungsaussichten teilgenommen hat (§ 111 IV SGB III). Der Anspruch ist **ausgeschlossen** bei AN, die das für den Bezug einer Regelaltersrente erforderliche Lebensjahr vollendet haben, während der Zeit, für die ihnen eine Rente wegen voller Erwerbsminderung oder eine vergleichbare Leistung eines ausländischen Leistungsträgers zuerkannt ist, die in einer geringfügigen Beschäftigung (§ 8 SGB IV) stehen, die eine unständige Beschäftigung berufsmäßig ausüben, die als Teilnehmer an einer beruflichen Weiterbildungsmaßnahme Alg. I bei beruflicher Weiterbildung oder Übergangsgeld beziehen, wenn diese Leistung nicht für eine neben der Beschäftigung durchgeführte Teilzeitmaßnahme gezahlt wird oder während der Zeit, in der sie Krankengeld beziehen. 20

6. Beratung, Anzeige des Arbeitsausfalls. Die vorherige Beratung durch die Arbeitsverwaltung ist Anspruchsvoraussetzung für das Transferkurzarbeitergeld. Der Gesetzgeber wollte hierdurch erreichen, dass die Arbeitsverwaltung die Betriebsparteien so früh wie möglich über die Fördermöglichkeiten und Fördervoraussetzungen nach § 111 SGB III beraten. Der Anspruch setzt schließlich voraus, dass der Arbeitsausfall der AA angezeigt worden ist (§ 111 I Nr. 5 SGB III). 21

7. Bezugsdauer und Höhe. Nach § 111 I 2 SGB III beträgt die Höchstbezugsdauer für das Transferkurzarbeitergeld 12 Monate; eine Verlängerungsmöglichkeit ist nicht vorsehen. Dabei hat der Gesetzgeber die Tatsache berücksichtigt, dass die Eingliederungschancen der Bezieher von Kurzarbeitergeld in einer beE nach einer Bezugsdauer von 12 Monaten erheblich abnehmen. Das Kurzarbeitergeld beträgt **(a)** für AN, die beim Arbeitslosengeld die Voraussetzungen für den erhöhten Leistungssatz erfüllen würden, 67%, **(b)** für die übrigen AN 60% der Nettoentgeltdifferenz im Anspruchszeitraum (§ 111 IX, § 105 SGB III). 22

8. Vermittlungsvorrang. Der geförderte AN hat während des Bezugs von Transferkurzarbeitergeld die Vermittlungsangebote der Arbeitsverwaltung wahrzunehmen, da der Bezug von Kurzarbeitergeld gegenüber der Vermittlung in Arbeit nachrangig ist (§ 4 II, § 98 IV 2 SGB III). Der Vermittlungsvorrang wird auch nicht durch die in § 111 VII SGB III enthaltene Verpflichtung des AG eingeschränkt, den geförderten AN Vermittlungsvorschläge zu unterbreiten. Nach § 98 III 1 SGB III sind AN vom Leistungsbezug ausgeschlossen, wenn und solange sie bei einer Vermittlung nicht in der von der AA verlangten und gebotenen Weise mitwirken. Schließlich sind für den Bezug von Transferkurzarbeitergeld die für das Alg. geltenden Vorschriften über die Sperrzeit (→ § 23 Rn. 49) anzuwenden. Tritt eine Sperrzeit ein, ruht der Leistungsanspruch für die in § 159 SGB III genannte Dauer (3, 6 bzw. 12 Wochen). 23

9. Qualifizierungsangebote. Nach § 111 VII 2 SGB III soll der AG dem AN einer beE zur Verbesserung der Eingliederungsaussichten Qualifizierungsangebote unterbreiten. Grundlage für das Angebot ist das Ergebnis des Profilings. Wird nach seiner Durchführung festgestellt, dass der Kurzarbeiter Qualifizierungsdefizite aufweist, ist der AG regelmäßig verpflichtet, geeignete Maßnahmen zur Verbesserung der Eingliederungsaussichten anzubieten. Die Qualifizierung kann auch durch die zeitlich begrenzte Beschäftigung eines Kurzarbeiters bei einem anderen AG erfolgen, der Anspruch auf Transferkurzarbeitergeld bleibt bestehen, wenn der Kurzarbeiter kein 24

Arbeitsentgelt bezieht und die Beschäftigung 6 Monate nicht überschreitet (§ 111 VI 3 Nr. 2 SGB III).

25 **10. Förderungsausschluss.** Der Anspruch ist ausgeschlossen, wenn die AN nur vorübergehend in der beE zusammengefasst werden, um anschließend einen anderen Arbeitsplatz in dem gleichen oder einem anderen Betrieb des Unternehmens oder, falls das Unternehmen einem Konzern angehört, in einem Betrieb eines anderen Konzernunternehmens des Konzerns zu besetzen (§ 111 VIII SGB III).

26 **11. Verfahren.** Die Ausführungen zum Antragserfordernis, der Ausschlussfrist und Zuständigkeit innerhalb der Arbeitsverwaltung bei Transferleistungen (→ Rn. 11) gelten entsprechend für das Transferkurzarbeitergeld. Zuständig ist die AA am Sitz des personalabgebenden Betriebs, der Sitz einer externen Transfergesellschaft ist ohne Bedeutung. Ansonsten gelten nach § 111 IX SGB III im Wesentlichen die allgemeinen Regelungen über das Kurzarbeitergeld (→ § 48 Rn. 1); die Verweisung gilt auch für die steuerliche Behandlung (§ 3 Nr. 2 EStG). Aufstockungsbeträge zum Transferkurzarbeitergeld, die auf der Grundlage eines Transfer-Arbeitsverhältnisses und mit Rücksicht auf dieses von der Transfergesellschaft geleistet werden, sind regelmäßig laufender Arbeitslohn iSd § 19 EStG.[5]

§ 246. Nachteilsausgleich bei Betriebsänderungen (§ 113 BetrVG)

Übersicht

I. Allgemeines

1 Weicht der Unternehmer von einem Interessenausgleich über eine geplante Betriebsänderung ohne zwingenden Grund ab, können diejenigen AN, die infolge der Abweichung entlassen werden, Klage auf Zahlung einer Abfindung erheben (§ 113 I BetrVG; → Rn. 2). Dieselbe Rechtsfolge ordnet Abs. 3 für das Unterbleiben eines Versuchs über einen Interessenausgleich an (→ Rn. 6). Die Norm knüpft Ansprüche des einzelnen AN an Versäumnisse des AG bei der Beteiligung des BR vor und während der Durchführung von Betriebsänderungen. Andererseits enthält § 113 BetrVG keine bußgeldähnliche Verpflichtung mit Strafcharakter. Während Sozialplanleistungen konkrete Nachteile ausgleichen sollen, die dem AN infolge der durchgeführten Betriebsänderung entstehen, verfolgt der Anspruch auf Nachteilsausgleich das Ziel, ein bestimmtes betriebsverfassungswidriges Verhalten des AG durch die Zahlung von pauschaliert berechneten Abfindungen individualrechtlich zu sanktionieren[1] (zur wechselseitigen Verrechnung → Rn. 10). Ungeachtet dessen setzt der Anspruch auf Nachteilsausgleich nach § 113 BetrVG nicht voraus, dass ein Sozialplan erzwungen werden kann (→ § 244 Rn. 103).[2] Zur Geltung des § 113 BetrVG in **Tendenzunternehmen** → Rn. 2 und → § 244 Rn. 9.

---

[5] BFH 12.3.2019 NJW 2019, 2119 = NZA-RR 2019, 450.

[1] BAG 19.1.1999 AP Nr. 37 zu § 113 BetrVG 1972 = NZA 1999, 949; 10.12.1996 AP Nr. 32 zu § 113 BetrVG 1972 = NZA 1997, 787.

[2] BAG 8.11.1988 AP Nr. 18 zu § 113 BetrVG 1972 = NZA 1989, 278.

II. Abweichung vom Interessenausgleich

2 **1. Interessenausgleich.** Ein Anspruch auf Nachteilsausgleich nach § 113 I, II BetrVG kann dem AN nur zustehen, wenn zwischen den Betriebsparteien ein Interessenausgleich zustande gekommen ist (→ § 244 Rn. 41). Erforderlich ist eine Einigung über das Ob und Wie einer geplanten Betriebsänderung oder eines Teils derselben, die schriftlich festgehalten ist und in dieser Urkunde mit ausreichender Deutlichkeit sichtbar wird. Unerheblich ist, ob die Betriebsparteien diese ausdrücklich als Interessenausgleich bezeichnet haben oder ob die Übereinkunft im Sozialplan enthalten ist.[3] Zum betriebsratslosen Betrieb → § 244 Rn. 8; zur Zuständigkeit des GBR → § 244 Rn. 38. Bislang ungeklärt ist, ob § 113 I, II BetrVG auch in Tendenzunternehmen bei einem freiwillig abgeschlossenen Interessenausgleich anzuwenden ist.[4] Diese Frage wird trotz der fehlenden Möglichkeit zur Erweiterung der Beteiligungsrechte in wirtschaftlichen Angelegenheiten zu bejahen sein. Durch die selbst übernommene Bindung des AG bei der Durchführung der Betriebsänderung und die sich aus § 113 BetrVG ergebende Ausgleichspflicht wird der Tendenzschutz nicht beeinträchtigt. Allerdings kann wegen der Freiwilligkeit die Nachteilsausgleichspflicht ausdrücklich oder konkludent ausgeschlossen werden.

3 **2. Abweichen ohne zwingenden Grund.** Der Unternehmer ist grundsätzlich zur Einhaltung des Interessenausgleichs verpflichtet. Weicht er davon ab, sind die getroffenen organisatorischen und individualrechtlichen Maßnahmen nicht unwirksam. Der Unternehmer wird jedoch zur Zahlung eines Nachteilsausgleichs an die infolge der Abweichung entlassenen AN verpflichtet, es sei denn, er hatte für die Abweichung einen zwingenden Grund. **Zwingende Gründe** sind nur solche, die nach Abschluss des Interessenausgleichs eingetreten sind und die nach Abwägung der Interessen des Unternehmers und der Belegschaft die Abweichung zur Abwendung unmittelbar drohender Gefahren erforderlich machen.[5] Die Gründe können rechtlicher, wirtschaftlicher, technischer oder organisatorischer Art sein. Ob ein zwingender Grund vorliegt, ist inzidenter im Rechtsstreit über den Nachteilsausgleich zu klären; ein darauf bezogenes Beschlussverfahren ist nicht zulässig, da es insoweit an einem feststellungsfähigen Rechtsverhältnis der Betriebsparteien fehlt.[6] Nicht nachteilsausgleichpflichtig ist es, wenn der AG lediglich von im Interessenausgleich enthaltenen sog. **Folgeregelungen** – also Abreden über Sachverhalte, die nur mittelbare Folge der Betriebsänderung sind (→ § 244 Rn. 41) – abweicht. Da ein derartiges Vorgehen die in § 113 BetrVG vorgesehene Sanktion nicht auszulösen vermag, steht hiervon betroffenen AN kein Anspruch nach § 113 I, II BetrVG zu.[7]

4 **3. Kausalität.** Die Entlassung (Kündigung) des AN muss kausal auf der Abweichung beruhen. Hieran fehlt es, wenn der AN ohnehin zum gleichen Zeitpunkt entlassen worden wäre. Eine Abweichung vom Interessenausgleich wird nur bei einer betriebsbedingten Kündigung in Betracht kommen. Kündigt der AG dagegen aus personen- oder verhaltensbedingten Gründen, wird dies regelmäßig mit der Abweichung vom Interessenausgleich nichts zu tun haben. Eine Entlassung nach § 113 I BetrVG setzt die tatsächliche Beendigung des Arbeitsverhältnisses voraus. Eine solche liegt nicht vor, wenn der AN nach dem Entlassungstermin weiterbeschäftigt oder das Fortbestehen des Arbeitsverhältnisses rechtskräftig festgestellt wird.[8] Greift er die Kündigung nicht an und scheidet mit dem Kündigungsendtermin aus, gilt dies hingegen als Entlassung, da der Begriff in der Rechtssprache regelmäßig an das tatsächliche Ausscheiden anknüpft. Nicht ausreichend ist es dagegen, wenn der AG – im Einvernehmen mit dem AN – die Kündigung später „zurücknimmt“.[9] Der AN kann im Wege der subjektiven Klagehäufung vorrangig auf Feststellung der Unwirksamkeit der Kündigung und hilfsweise auf Zahlung einer Abfindung nach § 113 I, II BetrVG klagen. Die Vorschrift ist entspr. anzuwenden, wenn das Arbeitsverhältnis nicht aufgrund einer arbeitgeberseitigen Kündigung, sondern eines vom AG veranlassten Aufhebungsvertrags oder einer Eigenkündigung des AN geendet hat.[10]

---

[3] BAG 19.1.1999 AP Nr. 37 zu § 113 BetrVG 1972 = NZA 1999, 949; 20.4.1994 AP Nr. 27 zu § 113 BetrVG 1972 = NZA 1995, 89.

[4] Offengelassen BAG 27.10.1998 AP Nr. 65 zu § 118 BetrVG 1972 = NZA 1999, 328; enger ArbG Frankfurt 22.3.2001 NZA-RR 2001, 646; vgl. auch *Rinsdorf* ZTR 2001, 197.

[5] Vgl. BAG 23.1.1979 AP Nr. 4 zu § 113 BetrVG 1972; 17.9.1974 AP Nr. 1 zu § 113 BetrVG 1972.

[6] Vgl. schon BAG 23.1.1979 AP Nr. 4 zu § 113 BetrVG 1972; 18.3.1975 AP Nr. 1 zu § 111 BetrVG 1972.

[7] BAG 22.1.2013 EzA § 113 BetrVG 2001 Nr. 9.

[8] BAG 14.12.2004 NZA 2005, 818; 31.10.1995 AP Nr. 29 zu § 72 ArbGG 1979 = NZA 1996, 499.

[9] Vgl. für § 113 III BetrVG: BAG 14.12.2004 NZA 2005, 818.

[10] Vgl. BAG 8.11.1988 AP Nr. 18 zu § 113 BetrVG 1972 = NZA 1989, 278; 23.8.1988 AP Nr. 17 zu § 113 BetrVG 1972 = NZA 1989, 31.

5 **4. Sonstige Nachteile.** Nach § 113 II BetrVG erwerben AN auch dann Ausgleichsansprüche, wenn sie infolge der Abweichung vom Interessenausgleich zwar nicht entlassen werden, aber sonstige wirtschaftliche Nachteile erleiden. Diese können zB eine Entgeltminderung oder Arbeitserschwernisse sein. Der Ausgleich ist auf die Dauer von 12 Monaten beschränkt. Einen Rahmen für den Ausgleich stellt das Gesetz nicht auf. Die Nachteile sind in Geld zu berechnen und notfalls gem. § 287 ZPO zu schätzen. Der Nachteilsausgleich ist Arbeitslohn. Er unterliegt daher grundsätzlich der Versteuerung, es sei denn, dass es sich um Fahrtkosten- oder Umzugskostenersatz handelt.

III. Unterlassen eines Interessenausgleichs

6 **1. Durchführung einer Betriebsänderung.** Nach § 113 III BetrVG ist der Unternehmer zur Zahlung von Abfindungen verpflichtet, wenn er eine geplante Betriebsänderung durchführt, ohne einen Interessenausgleich mit dem BR versucht zu haben, und infolge der Maßnahme AN entlassen werden oder andere wirtschaftliche Nachteile erleiden. Der Anspruch nach § 113 III BetrVG erfordert kein Verschulden des AG; er entsteht, sobald dieser mit der Durchführung der Betriebsänderung begonnen hat, ohne bis dahin einen Interessenausgleich mit dem BR versucht zu haben.[11] Maßgeblich sind nur vom Unternehmer getroffene Maßnahmen, dies gilt auch bei den das Unternehmen betreffenden Entscheidungen eines herrschenden Unternehmens.[12] Nach der Rspr. des BAG beginnt der Unternehmer erst dann mit der Durchführung einer Betriebsänderung, wenn er **unumkehrbare Maßnahmen** ergreift und damit vollendete Tatsachen schafft. Bei einer Betriebsstillegung – also der Aufgabe des Betriebszwecks unter gleichzeitiger Auflösung der Betriebsorganisation für unbestimmte, nicht nur vorübergehende Zeit – liegen unumkehrbare Maßnahmen zur Auflösung der betrieblichen Organisation jedenfalls dann vor, wenn der AG die bestehenden Arbeitsverhältnisse kündigt.[13] Gleiches kann gelten, wenn der AG durch die Veräußerung der sächlichen Betriebsmittel bereits mit der Auflösung der betrieblichen Organisation beginnt; die bloße Vergabe eines Versteigerungsauftrags reicht allerdings noch nicht.[14] Entscheidend ist, ob eine endgültige Zerschlagung der betrieblichen Organisation gegeben ist, die einer Wiederaufnahme der betrieblichen Tätigkeit entgegenstehen würde.[15] Keine unumkehrbaren Maßnahmen stellen die Beschlussfassung über die Betriebsstillegung, die bloße tatsächliche Einstellung der betrieblichen Tätigkeit, die Nichtbeschäftigung der AN sowie ihre widerrufliche Freistellung, die Einleitung eines Verfahrens einer nach § 102 BetrVG beabsichtigten Kündigung, die Erstattung einer Massenentlassungsanzeige nach § 17 KSchG oder die Kündigung von Mieträumen dar.[16] Auch die Kündigung von Ausbildungsverhältnissen reicht (sofern es sich nicht um einen reinen Ausbildungsbetrieb handelt) – trotz Unumkehrbarkeit dieser Maßnahme – nicht aus, da die Weiterverfolgung des Betriebszwecks regelmäßig nicht von deren Fortbestand abhängig ist.[17] Gleiches gilt, wenn die betriebliche Tätigkeit wegen einer untersagenden ordnungsbehördlichen Verfügung oder wegen des Wegfalls einer besonders geregelten Zulassungsvoraussetzung eingestellt werden musste.[18]

7 **2. Kein Versuch eines Interessenausgleichs.** Die Ansprüche nach § 113 III, I BetrVG werden ausgelöst, wenn der Unternehmer einen gebotenen Interessenausgleich überhaupt nicht oder erst nach Beginn der Durchführung der Betriebsänderung versucht hat. In Letzterem Fall ist maßgebend, ob der Versuch eines Interessenausgleichs erst zu einem Zeitpunkt stattfand, zu dem bereits unumkehrbare Maßnahmen ergriffen worden waren. Der Versuch eines Interessenausgleichs setzt grundsätzlich eine Verhandlung mit der zuständigen Arbeitnehmervertretung voraus[19] (→ § 244 Rn. 40). Zudem muss der AG – auch in der Insolvenz – das Verfahren zur

[11] BAG 22.11.2005 AP Nr. 5 zu § 615 BGB Anrechnung = NZA 2006, 736; 23.9.2003 AP Nr. 43 zu § 113 BetrVG 1972 = NZA 2004, 440.
[12] BAG 14.4.2015 AP Nr. 56 zu § 113 BetrVG 1972 = NZA 2015, 1147.
[13] BAG 7.11.2017 AP Nr. 59 zu § 113 BetrVG 1972 = NZA 2018, 464; 14.4.2015 AP Nr. 56 zu § 113 BetrVG 1972 = NZA 2015, 1147; 16.5.2007 AP Nr. 64 zu § 111 BetrVG 1972 = NZA 2007, 1296; 23.9.2003 AP Nr. 43 zu § 113 BetrVG 1972 = NZA 2004, 440.
[14] Vgl. BAG 30.5.2006 AP Nr. 5 zu § 209 InsO = NZA 2006, 1122.
[15] BAG 14.4.2015 AP Nr. 57 zu § 113 BetrVG 1972 = NZA 2015, 1112.
[16] BAG 18.7.2017 AP Nr. 58 zu § 113 BetrVG 1972 = NZA 2017, 1618; 14.4.2015 AP Nr. 57 zu § 113 BetrVG 1972 = NZA 2015, 1112; 30.5.2006 AP Nr. 5 zu § 209 InsO = NZA 2006, 1122; 22.11.2005 AP Nr. 5 zu § 615 BGB Anrechnung = NZA 2006, 736; *Salamon/Stechow* NZA 2016, 85.
[17] BAG 30.5.2006 AP Nr. 5 zu § 209 InsO = NZA 2006, 1122.
[18] BAG 7.11.2017 AP Nr. 59 zu § 113 BetrVG 1972 = NZA 2018, 464.
[19] BAG 24.1.1996 AP Nr. 16 zu § 50 BetrVG 1972 = NZA 1996, 1107.

Herbeiführung einer Einigung vollständig ausschöpfen, dh die Einigungsstelle **muss angerufen worden sein** (→ § 244 Rn. 48).[20] Kein hinreichender Versuch liegt vor, wenn der BR erklärt hat, keine Verhandlungen über einen Interessenausgleich führen zu wollen,[21] oder lediglich angekündigt hat, selbst das Einigungsstellenverfahren einzuleiten.[22] Ob an deren Sitzung ein Vertreter der BA teilgenommen hat, ist dagegen für einen Anspruch nach § 113 III BetrVG unerheblich.[23] Da § 113 III BetrVG nur an ein objektiv betriebsverfassungswidriges Verhalten des AG anknüpft, ist ein Verschulden des AG nicht erforderlich.[24] Kommt ein aufschiebend bedingter Interessenausgleich zwischen den Betriebsparteien zustande, ist ein Interessenausgleich iSv § 113 III BetrVG zumindest „versucht".[25] Gleiches gilt, wenn der Interessenausgleich wegen eines fehlenden Betriebsratsbeschlusses unwirksam ist. Auch ein bloßer Verstoß gegen § 17 III KSchG löst selbst im Hinblick auf die Massenentlassungsrichtlinie 98/59/EG des Rates vom 20.7.1998 (ABl. EG L 225, 16 v. 12.8.1998) keine Nachteilsansprüche aus.[26] Der AG kann gegen einen Anspruch auf Nachteilsausgleich nach § 113 III BetrVG nicht mit Erfolg geltend machen, der Interessenausgleich sei nicht erforderlich gewesen, da ein zwingender Grund iSv § 113 I BetrVG die (sofortige) Durchführung der Betriebsänderung bedingt hätte. § 113 III BetrVG greift auch, wenn zwingende Gründe für die Betriebsänderung gegeben sind. Soweit die Norm auf die vorherigen Absätze verweist, handelt es sich lediglich um eine Rechtsfolgenverweisung.[27] Etwas Anderes soll aber dann gelten, wenn das weitere Hinausschieben einer Betriebsstillegung zum Zwecke des Versuchs eines Interessenausgleichs den betroffenen AN nur weitere Nachteile hätte bringen können.[28]

3. Entlassung. Eine Entlassung im Sinne von § 113 III BetrVG liegt nur vor, wenn das Arbeitsverhältnis im Zusammenhang mit der Betriebsänderung rechtlich beendet worden ist. 8
Der damit einhergehende Verlust des Arbeitsplatzes ist der wirtschaftliche Nachteil, der nach § 113 III, I BetrVG durch eine Abfindung ausgeglichen werden soll.[29] Kein Anspruch besteht daher, wenn die Beendigung des Arbeitsverhältnisses auf einer Eigenkündigung beruht, für die das Unterlassen eines Interessenausgleichs nicht ursächlich geworden ist[30] oder das Arbeitsverhältnis nach dem Kündigungsausspruch einvernehmlich fortgesetzt wird.[31]

IV. Nachteilsausgleich

1. Höhe und Berechnungsfaktoren. In § 113 I BetrVG wird wegen der Abfindungshöhe 9
auf § 10 KSchG verwiesen (→ § 141 Rn. 1). Bei ihrer Bemessung ist auf die Umstände des Einzelfalls abzustellen, wie Dauer der Betriebszugehörigkeit, Lebensalter des AN, Familienstand, Folgen der Entlassung für den AN, wirtschaftliche Lage des Unternehmens, ideeller Nachteil wie Verlust des Arbeitsplatzes. Daneben ist das Ausmaß des betriebsverfassungswidrigen Verhaltens des AG bei der Höhe der Abfindung zu berücksichtigen.[32] Unbeachtlich sind dagegen die finanzielle Leistungsfähigkeit und die individuelle Leistungsbereitschaft des AG. Deshalb hat das Gericht bei der Festsetzung der Höhe des Nachteilsausgleichs die wirtschaftlichen Verhältnisse des AG – auch in der Insolvenz – außer Acht zu lassen.[33] Eine Begrenzung des Nachteilsausgleichs nach § 113 III BetrVG in der Insolvenz auf 2½ Monatsverdienste findet nicht statt. Für den Nachteilsausgleich nach § 113 II BetrVG gibt es abgesehen von seiner Begrenzung auf ein Jahr keine Bewertungsmaßstäbe. Seine **Höhe** richtet sich nach den Nachteilen des AN. Nach der Rspr. des BAG kann die in § 1a II KSchG festgelegte Höhe des gesetzlichen Abfindungsan-

[20] Vgl. nur BAG 7.11.2017 AP Nr. 59 zu § 113 BetrVG 1972 = NZA 2018, 464.
[21] BAG 26.10.2004 AP Nr. 49 zu § 113 BetrVG 1972 = NZA 2005, 237.
[22] BAG 7.11.2017 AP Nr. 59 zu § 113 BetrVG 1972 = NZA 2018, 464.
[23] BAG 22.9.2016 AP Nr. 52 zu § 17 KSchG 1969 = NZA 2017, 175.
[24] BAG 29.11.1983 AP Nr. 10 zu § 113 BetrVG 1972; 14.9.1976 AP Nr. 2 zu § 113 BetrVG 1972.
[25] BAG 21.7.2005 AP Nr. 50 zu § 113 BetrVG 1972 = NZA 2006, 162.
[26] BAG 14.4.2015 AP Nr. 56 zu § 113 BetrVG 1972 = NZA 2015, 1147; 30.3.2004 AP Nr. 47 zu § 113 BetrVG 1972 = NZA 2004, 931.
[27] BAG 18.12.1984 AP Nr. 11 zu § 113 BetrVG 1972 = NZA 1985, 400.
[28] BAG 23.1.1979 AP Nr. 4 zu § 113 BetrVG 1972.
[29] BAG 31.10.1995 AP Nr. 29 zu § 72 ArbGG 1979 = NZA 1996, 499.
[30] LAG Bln 1.9.1986 DB 1987, 181.
[31] BAG 11.12.2004 AP Nr. 32 zu § 611 BGB Haftung des AG = NZA 2005, 818.
[32] BAG 7.11.2017 AP Nr. 59 zu § 113 BetrVG 1972 = NZA 2018, 464; 4.12.2002 AP Nr. 2 zu § 38 InsO = NZA 2003, 665; 20.11.2001 AP Nr. 39 zu § 113 BetrVG 1972 = NZA 2002, 992.
[33] BAG 7.11.2017 AP Nr. 59 zu § 113 BetrVG 1972 = NZA 2018, 464; 22.7.2003 AP Nr. 42 zu § 113 BetrVG 1972 = NZA 2004, 93; aA HessLAG 25.7.2002 AiB 2003, 41 (bei Existenzgefährdung).

spruchs nach § 1a I KSchG wegen der hierin ausgedrückten gesetzgeberischen Wertung als Berechnungsgrundlage beim Nachteilsausgleich herangezogen werden.[34]

10 **2. Verhältnis zur Sozialplanabfindung.** Sind Ansprüche nach § 113 BetrVG entstanden, werden diese auch durch den nachträglichen Abschluss eines Sozialplans nicht berührt.[35] Allerdings stehen der Anspruch des AN auf Zahlung einer Abfindung aus einem Sozialplan und der Nachteilsausgleich nicht beziehungslos nebeneinander, da beide dem Ausgleich wirtschaftlicher Nachteile dienen und deshalb insoweit Zweckidentität besteht. Beide können somit nicht uneingeschränkt kumulativ geltend gemacht werden. Zahlt der AG dem AN die Sozialplanabfindung oder einen Nachteilsausgleich, kommt dieser Leistung vielmehr auch für den jeweils anderen Anspruch (insoweit) Erfüllungswirkung nach § 361 I BGB zu[36] (→ § 244 Rn. 87). Ein solche Verrechnung findet selbst dann statt, wenn der AG den sich aus Art. 2 RL 98/59/EG (Massenentlassungsrichtlinie v. 20.7.1998; → § 142 Rn. 2) ergebenden Konsultationspflichten nicht genügt hat.[37]

11 **3. Pfändungsschutz, Steuer- und Sozialversicherungsrecht.** Die Abfindungen nach § 113 BetrVG sind steuer-,[38] sozialversicherungs- und pfändungsrechtlich[39] wie Abfindungen nach §§ 9, 10 KSchG zu behandeln (→ § 141 Rn. 50 ff.). Kommt es infolge des Progressionsvorbehalts zu Steuererhöhungen, braucht der AG diese nicht auszugleichen.[40] Abfindungen können bei Nichteinhaltung der Kündigungsfrist nach § 158 SGB III zum Ruhen des Anspruchs auf Arbeitslosengeld führen, nicht jedoch zu einer Sperrfrist, da die Voraussetzungen des § 159 I Nr. 1 SGB III bei betriebsbedingten Kündigungen nicht gegeben sind.

12 **4. Haftung.** Für die Abfindung haftet der Unternehmer bzw. AG. Das ist diejenige Rechtsperson, die Inhaber des Betriebs ist, für die eine Betriebsänderung geplant ist. Für den Nachteilsausgleich eines in einem Gemeinschaftsbetrieb beschäftigten AN haftet nicht nur dessen Vertragsarbeitgeber, sondern auch die anderen an ihm beteiligten AG, da der Anspruch auf das betriebsverfassungswidrige Verhalten der im Gemeinschaftsbetrieb verbundenen AG abstellt.[41]

13 **5. Durchsetzung.** Abfindungs- und Nachteilsausgleichsansprüche sind vom AN im Urteilsverfahren zu verfolgen. Für die Klageerhebung bestehen keine Fristen. Soll zugleich eine Kündigungsschutzklage erhoben werden, ist die Frist des § 4 KSchG einzuhalten; der Antrag auf Zahlung eines Nachteilsausgleichs ist dann hilfsweise geltend zu machen. Die Zahlungsklage kann unbeziffert erhoben und die Höhe der Abfindung in das Ermessen des Gerichts gestellt werden, wenn die für die Bemessung der Abfindung maßgebenden Umstände in der Klageschrift mitgeteilt werden.[42] Der AN kann auf seinen Nachteilsausgleichsanspruch verzichten.[43] Zudem kann ein solcher Anspruch den vertraglichen und tariflichen **Verfallfristen** unterliegen.[44] Deren Frist beginnt regelmäßig mit dem tatsächlichen Ausscheiden des AN aus dem Arbeitsverhältnis zu laufen, selbst wenn über die Kündigung noch ein Kündigungsschutzprozess anhängig ist;[45] deren Erhebung wahrt die Verfallfrist für Nachteilsausgleichsansprüche nicht.

14 **6. Insolvenz.** Der Insolvenzverwalter muss die Beteiligungsrechte bei Betriebsänderungen auch dann beachten, wenn der BR erst nach Eröffnung des Insolvenzverfahrens gewählt worden ist.[46] Ansprüche auf Nachteilsausgleich sind im Insolvenzverfahren **Masseverbindlichkeiten** iSd § 55 I Nr. 1 Alt. 1 InsO, wenn der Insolvenzverwalter nach Verfahrenseröffnung von einem Interessenausgleich über die geplante Betriebsänderung ohne zwingenden Grund abweicht oder

---

[34] BAG 7.11.2017 AP Nr. 59 zu § 113 BetrVG 1972 = NZA 2018, 464.
[35] BAG 14.9.1976 AP Nr. 2 zu § 113 BetrVG 1972.
[36] BAG 12.2.2019 AP Nr. 240 zu § 112 BetrVG 1972 = NZA 2019, 719; 20.11.2001 AP Nr. 39 zu § 113 BetrVG 1972 = NZA 2002, 992; 13.6.1989 AP Nr. 19 zu § 113 BetrVG 1972 = NZA 1989, 894; 18.12.1984 AP Nr. 11 zu § 113 BetrVG 1972 = NZA 1985, 400; 13.12.1978 AP Nr. 6 zu § 112 BetrVG 1972.
[37] BAG 12.2.2019 AP Nr. 240 zu § 112 BetrVG 1972 = NZA 2019, 719; 13.6.1989 AP Nr. 19 zu § 113 BetrVG 1972 = NZA 1989, 894; enger BAG 16.5.2007 AP Nr. 64 zu § 111 BetrVG 1972 = NZA 2007, 1296.
[38] BFH 18.9.1991 AP Nr. 2 zu § 34 EStG.
[39] BAG 13.11.1991 AP Nr. 13 zu § 850 ZPO = NZA 1992, 384; 12.9.1979 AP Nr. 10 zu § 850 ZPO.
[40] LAG Hamm 2.2.1989 ZIP 1990, 326.
[41] Offengelassen BAG 14.12.2004 NZA 2005, 818.
[42] BAG 22.2.1983 AP Nr. 7 zu § 113 BetrVG 1972.
[43] BAG 23.9.2003 AP Nr. 43 zu § 112 BetrVG 1972 = NZA 2004, 440.
[44] BAG 18.12.1984 AP Nr. 11zu § 113 BetrVG 1972; 29.11.1983 AP Nr. 10 zu § 113 BetrVG 1972.
[45] BAG 3.8.1982 AP Nr. 5 zu § 113 BetrVG 1972; 20.6.1978 AP Nr. 3 zu § 113 BetrVG 1972.
[46] BAG 18.11.2003 AP Nr. 162 zu § 112 BetrVG 1972 = NZA 2004, 220.

eine nach § 111 BetrVG geplante Betriebsänderung durchführt, ohne über diese einen Interessenausgleich mit dem BR versucht zu haben. Maßgebend für den Anspruch nach § 113 III BetrVG ist die Durchführung der geplanten Betriebsänderung, nicht der Zeitpunkt ihrer Beschlussfassung. Die Höhe des Anspruchs ist weder nach § 123 I InsO analog zu begrenzen noch ist eine besondere Insolvenzsituation zugunsten des nachteilsverpflichteten Verwalters zu berücksichtigen.[47] Hat der Insolvenzschuldner dagegen schon vor Insolvenzeröffnung mit der Durchführung der Betriebsänderung ohne hinreichenden Versuch eines Interessenausgleichs begonnen, ist die Forderung eine einfache **Insolvenzforderung,**[48] selbst wenn die Kündigungen unter Beteiligung des vorläufigen Insolvenzverwalters ausgesprochen worden sind.[49] Begründet der Insolvenzverwalter nach Anzeige der Masseunzulänglichkeit durch betriebsverfassungswidriges Verhalten Ansprüche auf Nachteilsausgleich nach § 113 III BetrVG, handelt es sich um Neumasseverbindlichkeiten (§ 209 I Nr. 2 InsO), die regelmäßig im Wege der Leistungsklage verfolgt werden können.[50] Für Insolvenzforderungen gelten tarifliche Ausschlussfristen nicht, die Forderung muss nur nach den Vorschriften der InsO angemeldet werden.[51]

---

[47] BAG 7.11.2017 AP Nr. 59 zu § 113 BetrVG 1972 = NZA 2018, 464.

[48] BAG 3.4.1990 AP Nr. 20 zu § 113 BetrVG 1972 = NZA 1990, 619; 13.6.1989 AP Nr. 19 zu § 113 BetrVG 1972 = NZA 1989, 894.

[49] BAG 4.12.2002 AP Nr. 2 zu § 38 InsO = NZA 2003, 665.

[50] BAG 30.5.2006 AP Nr. 5 zu § 209 InsO = NZA 2006, 1122.

[51] BAG 18.12.1984 AP Nr. 88 zu § 4 TVG Ausschlussfristen = NZA 1985, 396.

XXII. Buch. Sprecherausschussverfassung

1. Abschnitt. Organisationsrecht

§ 247. Grundlagen und Geltungsbereich des SprAuG

Übersicht

I. Grundlagen

1 **1. Gesetzeszweck, Geltungsbereich und Abdingbarkeit.** Durch § 5 III BetrVG werden die leitenden Angestellten von dem persönlichen Geltungsbereich des BetrVG ausgenommen. Das SprAuG und die in ihm enthaltene Mitwirkung des Sprecherausschusses sollen **(a)** die ausreichende Information der leitenden Angestellten über ihren eigenen Tätigkeitsbereich bzw. **(b)** angemessene Arbeitsbedingungen gewährleisten, soweit die leitenden Angestellten von Regelungen mit kollektivem Charakter betroffen werden und **(c)** die besonderen Kenntnisse und Einsichten der leitenden Angestellten von den organisatorischen und wirtschaftlichen Zusammenhängen im Unternehmen in die Entscheidungsprozesse einbringen (BT-Drs. 11/2503, 26). Das SprAuG **gilt** persönlich für alle leitenden Angestellten iSd § 5 III, IV BetrVG (→ § 212 Rn. 15 ff.) und räumlich für alle in der Bundesrepublik gelegenen Betriebe (Territorialitätsprinzip → § 213 Rn. 1). Die Abgrenzung der Geltungsbereiche in § 1 III SprAuG zum öffentlichen Dienst und den Religionsgemeinschaften entspricht der des BetrVG (→ § 211 Rn. 20). Im Übrigen enthält das SprAuG nur im Zusammenhang mit wirtschaftlichen Angelegenheiten besondere Vorschriften für Tendenzbetriebe und Tendenzunternehmen (§ 32 I 2 SprAuG). Das SprAuG regelt die Errichtung und Organisation von Sprecherausschüssen für leitende Angestellte und deren Befugnisse **abschließend.** Tarifvertragliche Regelungen über die Ausweitung der Beteiligungsrechte von Sprecherausschüssen sind in gleichem Umfang wirksam, wie auch die Erweiterung der Mitbestimmung des BR möglich ist (→ § 230 Rn. 7 f.).

2 **2. Beteiligungsrechte.** Das SprAuG sieht keine eigenen Mitwirkungs- und Mitbestimmungsrechte vor. Die Mitwirkung des Sprecherausschusses erfolgt vor allem durch Information und Beratung. Der Sprecherausschuss kann Richtlinien und Vereinbarungen mit dem AG abschließen, die die Arbeitsverhältnisse der leitenden Angestellten regeln. Der Inhalt der Richtlinien hat nur unmittelbare und zwingende Wirkung, wenn AG und Sprecherausschuss dies vereinbaren.

II. Vertrauensvolle Zusammenarbeit

3 **1. Verpflichtete.** Nach § 2 I 1 SprAuG haben der Sprecherausschuss und seine Mitglieder vertrauensvoll unter Beachtung der geltenden Tarifverträge zum Wohl der leitenden Angestellten und des Betriebs mit dem AG zusammenzuarbeiten. § 2 I 1 SprAuG ist § 2 I BetrVG nachgebildet (→ § 215 Rn. 11). Die unterbliebene Aufnahme einer korrespondierenden Verpflichtung für den AG im Gesetzeswortlaut beruht auf einem Versehen des Gesetzgebers; auch der AG ist zur vertrauensvollen Zusammenarbeit mit dem Sprecherausschuss verpflichtet, insoweit stellt

§ 2 I 2 SprAuG nur eine Konkretisierung dieses Grundsatzes dar. Im Unterschied zum BetrVG (vgl. §§ 2 II, III, 74 BetrVG) haben die **Verbände der leitenden Angestellten** keine Hilfsfunktion in der Sprecherausschussverfassung, da sie im SprAuG nicht erwähnt werden. Unberührt bleiben jedoch deren Rechte aus Art. 9 III GG (→ § 190 Rn. 1). Die Zusammenarbeit hat zum Wohl der leitenden Angestellten und des Betriebs zu erfolgen. Sprecherausschuss und AG haben die zwingende Verpflichtung, Gesetz, Recht und Tarifverträge einzuhalten. Für den Sprecherausschuss bedeutet vertrauensvolle Zusammenarbeit vor allem, dass er sich bemüht, den Interessen des Betriebs gerecht zu werden. Er bzw. seine Mitglieder dürfen nicht in die Betriebsführung des AG eingreifen oder den Betriebsfrieden verletzen. Das Amt des Sprecherausschussmitglieds ist ein **Ehrenamt.** Wegen der Vergütung und des Aufwendungsersatzes gelten dieselben Grundsätze wie für Betriebsratsmitglieder (→ § 221 Rn. 1).

4 **2. Verhältnis zum Arbeitgeber.** Für den AG ist die Verpflichtung zur vertrauensvollen Zusammenarbeit in § 2 I 2 SprAuG konkretisiert. Insbesondere hat der AG vor Abschluss einer Betriebsvereinbarung oder einer sonstigen Vereinbarung mit dem BR, die rechtliche Interessen der leitenden Angestellten berührt, den **Sprecherausschuss rechtzeitig zu hören.** Berührt werden die Interessen der leitenden Angestellten, wenn die Vereinbarung Regelungen enthält, die sich auf die leitenden Angestellten auswirken. Dies kann der Fall sein bei Regelungen, die notwendig betriebseinheitlich sind (zB Einführung von Verhaltensregeln, Arbeitszeit, Datenverarbeitung). Verletzt der AG die Anhörungsverpflichtung, sind die Betriebsvereinbarungen und sonstigen Vereinbarungen mit dem BR gleichwohl wirksam, da eine ausdrückliche Rechtsfolge im SprAuG fehlt. Bei unterbliebener Beteiligung kommt allein eine Behinderung des Sprecherausschusses in Betracht, die nach § 34 I 2 SprAuG jedoch vorsätzliches Handeln voraussetzt.

5 **3. Verhältnis zum Betriebsrat.** Die Bildung eines Sprecherausschusses neben dem BR führt zur Existenz zweier Vertretungsorgane. Dies nimmt der Gesetzgeber bewusst in Kauf. Er bemüht sich lediglich durch ein besonderes Zuordnungsverfahren (§ 18a BetrVG iVm § 5 III BetrVG und § 1 I SprAuG; → § 217 Rn. 5) eine Abgrenzung zwischen BR und Sprecherausschuss bei der Vertretung der AN zu erreichen. Eine ausdrückliche Verpflichtung zur vertrauensvollen Zusammenarbeit zwischen BR und Sprecherausschuss enthalten weder § 2 BetrVG noch § 2 SprAuG. Jedoch ergibt sich aus §§ 78, 119 I Nr. 2 BetrVG und §§ 2 III 1, 34 I Nr. 2 SprAuG, dass sich beide Vertretungsorgane nicht wechselseitig behindern dürfen. BR und Sprecherausschuss können sich wechselseitig oder ihren Mitgliedern gestatten, an ihren Sitzungen teilzunehmen (§ 2 II SprAuG). Darüber hinaus sollen sie einmal im Kalenderjahr eine gemeinsame Besprechung abhalten, deren Durchführung jedoch nicht erzwungen werden kann. Nicht vorgesehen, aber dennoch zulässig sind **gemeinsame Besprechungen** zwischen AG, BR und Sprecherausschuss.

III. Allgemeine Grundsätze für die Zusammenarbeit und die Amtsführung

6 **1. Behinderungs-, Benachteiligungs- und Begünstigungsverbot.** Nach § 2 III 1 SprAuG dürfen Mitglieder des Sprecherausschusses in der Ausübung ihrer Tätigkeit nicht gestört oder behindert werden. Gesetzliche Konkretisierung des Behinderungsverbots ist die bezahlte Freistellung zur Amtsausübung (§ 14 I SprAuG). Das Behinderungsverbot sichert dem Sprecherausschussmitglied vor allem den Zugang zum Betrieb für seine Amtstätigkeit; dies gilt auch dann, wenn ihm gekündigt ist und die Wirksamkeit der Kündigung im Streit ist. Das Behinderungsverbot richtet sich **gegen jedermann** Dritte (→ § 230 Rn. 22). Nach § 2 III 2 SprAuG dürfen die Sprecherausschussmitglieder schließlich wegen ihrer Tätigkeit nicht benachteiligt oder begünstigt werden (vgl. § 78 S. 2 BetrVG; → § 230 Rn. 25). Zwar fehlen im SprAuG den §§ 37 IV, V, 38 IV BetrVG entspr. Vorschriften, jedoch müssen Mitglieder des Sprecherausschusses bei ihrer Gehalts- bzw. Berufsentwicklung vergleichbaren leitenden Angestellten gleichgestellt werden. Aus dem Behinderungs- und Benachteiligungsverbot lässt sich kein absoluter Kündigungsschutz für die Mitglieder des Sprecherausschusses ableiten. Sprecherausschussmitglieder sind in § 15 KSchG nicht erwähnt. Sie genießen nur einen **relativen Kündigungsschutz.** Kündigungen, die wegen der Tätigkeit im Sprecherausschuss erfolgen, stellen eine Behinderung und eine Benachteiligung des Sprecherausschussmitglieds dar. Die Kündigung ist wegen eines Verstoßes gegen ein Verbot unwirksam (§ 134 BGB). Das Sprecherausschussmitglied ist wegen des Kausalzusammenhangs darlegungs- und beweispflichtig. Für ihn kann jedoch der Beweis des ersten Anscheins sprechen. Zur Geltendmachung der Unwirksamkeit der Kündigung muss die Klagefrist des § 4 KSchG eingehalten werden.

2. Friedenspflicht, politische Betätigung und Verschwiegenheit. AG und Sprecherausschuss haben Betätigungen zu unterlassen, durch die der Arbeitsablauf oder der Betriebsfrieden beeinträchtigt wird. Sprecherausschussmitglieder haben jede politische Betätigung im Betrieb zu **unterlassen** (§ 2 IV 2 SprAuG). Die Vorschrift entspricht § 74 II 2, 3 BetrVG (→ § 230 Rn. 15). Ebenso wie dem BR kann sich auch der Sprecherausschuss mit Angelegenheiten von tarifpolitischer, sozialpolitischer und wirtschaftlicher Art, die den Betrieb oder die leitenden Angestellten unmittelbar betreffen, befassen (§ 2 IV 2 SprAuG; § 74 II 3 BetrVG). Die Mitglieder und Ersatzmitglieder des Sprecherausschusses sind verpflichtet, **Betriebs- oder Geschäftsgeheimnisse,** die ihnen wegen ihrer Zugehörigkeit zum Sprecherausschuss bekannt geworden und vom AG ausdrücklich als geheimhaltungsbedürftig bezeichnet worden sind, nicht zu offenbaren und zu verwerten. Dies gilt auch nach dem Ausscheiden aus dem Sprecherausschuss (§ 29 I SprAuG). Die Verschwiegenheitspflicht gilt auch für Ersatzmitglieder des Gesamtsprecherausschusses, des Unternehmenssprecherausschusses und des Konzernsprecherausschusses. Die Vorschrift ist § 79 BetrVG nachgebildet (→ § 230 Rn. 28). Auch für den Begriff des Betriebs- oder Geschäftsgeheimnisses gelten gegenüber dem BetrVG keine Besonderheiten (→ § 53 Rn. 47, → § 233 Rn. 23). Keine Betriebs- oder Geschäftsgeheimnisse sind die Personaldaten der übrigen leitenden Angestellten. Sind diese dem Sprecherausschussmitglied im Rahmen der personellen Mitwirkung oder bei einer Einsichtnahme in die Personalakte eines leitenden Angestellten bekannt geworden, besteht aber eine Verschwiegenheitspflicht nach § 31 III bzw. § 26 II 3 SprAuG. Die letztgenannte Vorschrift ist analog anzuwenden auf die im Rahmen einer Beratungstätigkeit leitender Angestellter bekannt gewordenen persönlichen Umstände, auch über sie ist das Sprecherausschussmitglied zur Verschwiegenheit verpflichtet. Die **Verschwiegenheitspflicht** des einzelnen Sprecherausschussmitglieds besteht grundsätzlich gegenüber jedermann. Sie gilt jedoch nicht gegenüber anderen Mitgliedern des Sprecherausschusses, des Gesamtsprecherausschusses, des Unternehmenssprecherausschusses, des Konzernsprecherausschusses und den Arbeitnehmervertretern im Aufsichtsrat (§ 29 I SprAuG). Die Einhaltung der Verschwiegenheitspflicht kann im Wege der einstweiligen Verfügung gesichert werden.[1] Ihre Verletzung kann zum Ausschluss aus dem Sprecherausschuss führen (§§ 9, 17 SprAuG) und ist nach § 35 SprAuG strafbewehrt. 7

3. Grundsätze für die Behandlung der leitenden Angestellten. AG und Sprecherausschuss haben darüber zu wachen, dass alle leitenden Angestellten des Betriebs nach den **Grundsätzen von Recht und Billigkeit** behandelt werden (§ 27 I SprAuG). Die Vorschrift entspricht § 75 I BetrVG (→ § 230 Rn. 17) und enthält eine Aufzählung solcher Umstände, zu deren Beachtung AG und Sprecherausschuss verpflichtetet sind (→ § 230 Rn. 18). Die Verpflichtung zur Behandlung von Recht und Billigkeit obliegt sowohl dem AG als auch dem Sprecherausschuss. **Verstöße des AG** nach § 27 SprAuG stellen keine Ordnungswidrigkeiten dar. Eine § 23 III BetrVG entspr. Vorschrift ist nicht vorhanden. Zuwiderhandlungen des Sprecherausschusses können eine grobe Verletzung der gesetzlichen Pflichten des Sprecherausschusses sein und zum Ausschluss einzelner Mitglieder bzw. zu seiner Auflösung führen (§§ 9 I, 17 I, 10 IV, 22 I SprAuG). Der leitende Angestellte kann bei Verstößen des AG gegen § 27 SprAuG keine Individualrechte geltend machen; diese können sich aber aus vertraglichen Nebenpflichten ergeben. AG und Sprecherausschuss haben die **freie Entfaltung der Persönlichkeit** der leitenden Angestellten des Betriebs zu schützen und zu fördern (§ 27 II SprAuG). Die Vorschrift entspricht § 75 II BetrVG (→ § 230 Rn. 20) und gilt insbesondere für **Vereinbarungen** und **Richtlinien** nach § 28 SprAuG. 8

§ 248. Organisatorische Vorschriften über den Sprecherausschuss

Übersicht

[1] BAG 26.2.1987 AP Nr. 2 zu § 79 BetrVG 1972 = NZA 1988, 63.

I. Sprecherausschussfähige Betriebe

1 **1. Grundsatz.** Sprecherausschüsse können gewählt werden **(a)** in Betrieben mit idR mind. 10 leitenden Angestellten (§ 1 I SprAuG), **(b)** in Betrieben mit idR weniger als 10 leitenden Angestellten; die leitenden Angestellten gelten als leitende Angestellte des räumlich nächstgelegenen Betriebs (§ 1 II SprAuG), **(c)** in Unternehmen mit mehreren Betrieben mit insgesamt mind. 10 leitenden Angestellten als Unternehmenssprecherausschuss, wenn dies die Mehrheit der leitenden Angestellten verlangt (§ 20 I SprAuG). Maßgebend ist die **Anzahl** der leitenden Angestellten, die allgemein bei normalem Betriebsverlauf für den Betrieb kennzeichnend ist[1] (→ § 211 Rn. 10). Da eine § 3 BetrVG entsprechende Vorschrift im SprAuG fehlt, sind abweichende Vereinbarungen über die Organisation nicht möglich, selbst wenn solche für die AN iSd BetrVG bestehen. Für den Begriff des Betriebs ist der allgemeine Betriebsbegriff maßgebend (→ § 211 Rn. 1). Im Gegensatz zum BetrVG fehlt im SprAuG eine Regelung über die Zuordnung von Betriebsteilen. Jedoch ist § 4 BetrVG entsprechend anzuwenden, da für eine abweichende Beurteilung des Betriebsbegriffs im BetrVG und SprAuG keine Veranlassung besteht. In Betriebsteilen mit weniger als 10 leitenden Angestellten können daher eigene Sprecherausschüsse gebildet werden, wenn sie entweder räumlich weit vom Hauptbetrieb entfernt sind oder durch Aufgabenbereich und Organisation eigenständig sind.[2] Die Zurechnung zum nächstgelegenen Betrieb erfolgt dann nicht, wenn ein Unternehmenssprecherausschuss errichtet wird. Haben mehrere Unternehmen einen gemeinsamen Betrieb gebildet, erfolgt die Bildung von Sprecherausschüssen nach dem für das BetrVG geltenden Grundsätzen (→ § 211 Rn. 6).

2 **2. Besonderer Unternehmenssprecherausschuss.** In Unternehmen mit mehreren Betrieben, von denen keiner oder nur einzelne die Voraussetzungen eines Sprecherausschusses erfüllen, soll durch die Errichtung eines Unternehmenssprecherausschusses die Bildung von Sprecherausschüssen erleichtert werden (§ 20 SprAuG). Voraussetzung ist, dass die leitenden Angestellten mit der Mehrheit der Stimmen aller leitenden Angestellten die Errichtung des Unternehmenssprecherausschusses beschließen. Vor seiner erstmaligen Errichtung muss deshalb zunächst eine Entscheidung über die Form des Vertretungsorgans ergehen. Ist im Unternehmen bislang ein Sprecherausschuss nicht vorhanden, kann die Entscheidung, ob überhaupt ein Sprecherausschuss errichtet wird (→ Rn. 5), mit der Entscheidung, einen Unternehmenssprecherausschuss zu errichten, verbunden werden (§§ 20 I, 7 II SprAuG). Bestehen dagegen in einem Unternehmen bereits Sprecherausschüsse, hat auf Antrag der **Mehrheit der leitenden Angestellten** des Unternehmens der Sprecherausschuss der Hauptverwaltung oder, sofern ein solcher nicht besteht, der Sprecherausschuss des nach der Zahl der leitenden Angestellten größten Unternehmens einen Unternehmenswahlvorstand für die Wahl des Unternehmenssprecherausschusses zu bestellen. Die Wahl findet zum ordentlichen Wahltermin statt (§ 20 II SprAuG). Ist ein Unternehmenssprecherausschuss gebildet, können die leitenden Angestellten mehrheitlich erstmals oder erneut **betriebliche Sprecherausschüsse errichten** (§ 20 III SprAuG).

II. Wahl des Sprecherausschusses

3 **1. Wahlvorstand.** Zur Durchführung der Wahl des Sprecherausschusses muss zunächst ein Wahlvorstand bestellt werden. Für die Bestellung sind zwei Verfahren vorgesehen. **(a)** Spätestens 10 Wochen vor Ablauf seiner Amtszeit bestellt der Sprecherausschuss einen aus drei oder einer höheren ungeraden Zahl von leitenden Angestellten bestehenden Wahlvorstand und einen von ihnen als Vorsitzenden (§ 7 I SprAuG). **(b)** Besteht in einem Betrieb, der die Voraussetzungen des § 1 SprAuG erfüllt, kein Sprecherausschuss, wird in einer Versammlung von der Mehrheit der anwesenden leitenden Angestellten des Betriebs ein Wahlvorstand gewählt. Zu dieser Versammlung können drei leitende Angestellte des Betriebs einladen und Vorschläge für die Zusammensetzung des Wahlvorstands machen. Der Wahlvorstand hat ohne schuldhaftes Zögern eine Abstimmung darüber herbeizuführen, ob ein Sprecherausschuss gewählt werden soll. Der Sprecherausschuss wird gewählt, wenn dies die Mehrheit der leitenden Angestellten beschließt (§ 7 II SprAuG). Die **Wahl des Wahlvorstands** in der Versammlung braucht nicht geheim abgehalten

[1] Zum BetrVG: BAG 12.10.1976 AP Nr. 1 zu § 8 BetrVG 1972; ErfK/*Oetker* SprAuG § 1 Rn. 4.
[2] AA *Bauer* SprAuG § 1 Anm. III; *Löwisch* SprAuG § 1 Rn. 34.

zu werden. Vielmehr wird jeder einzelne Kandidat des Wahlvorstands mit der Mehrheit der Anwesenden gewählt. Nicht notwendig ist auch, dass die Mehrheit der leitenden Angestellten an der Wahl teilnimmt. Der Wahlvorstand hat dann unverzüglich die **Grundabstimmung** vorzunehmen, ob überhaupt ein Sprecherausschuss gewählt werden soll. Da das Zuordnungsverfahren nach § 18a BetrVG erst nach der Wahl des Sprecherausschusses durchgeführt wird, enthält § 7 III SprAuG formale Kriterien, wer an der Versammlung zur Bestellung des Wahlvorstands teilnehmen kann.

2. Wahlberechtigung, Wählbarkeit und Wahlvorschriften. Wahlberechtigt sind alle leitenden Angestellten des Betriebs (§ 3 I SprAuG), ein Mindestalter ist nicht vorgesehen. Wählbar sind alle leitenden Angestellten, die sechs Monate dem Betrieb, auch als nicht leitende Angestellte angehören. Auf die 6-monatige Betriebszugehörigkeit werden Zeiten angerechnet, in denen der leitende Angestellte unmittelbar vorher einem anderen Betrieb oder Unternehmen oder Konzern als Beschäftigter angehört hat (§ 3 II SprAuG). Ist das Unternehmen neu gegründet worden, entfällt das Erfordernis einer vorherigen Beschäftigungszeit. Nicht wählbar sind die in § 3 II 2 SprAuG aufgezählten Personen; dies sind vor allem solche, die mit dem Sprecherausschuss verhandeln müssen, um eine Interessenkollision zu vermeiden. Der Sprecherausschuss wird in **geheimer und unmittelbarer Wahl** gewählt. Die Wahl erfolgt nach den Grundsätzen der Verhältniswahl; wird nur ein Wahlvorschlag eingereicht, erfolgt die Wahl nach den Grundsätzen der Mehrheitswahl (§ 6 SprAuG). Besteht der Sprecherausschuss aus einer Person, wird diese mit einfacher Stimmenmehrheit gewählt (§ 6 III SprAuG). Zur Durchführung der Wahl ist gem. § 38 SprAuG eine Wahlordnung zum Sprecherausschussgesetz vom 28.9.1989 (BGBl. I 1798) ergangen. Die Vorschrift über die Wahlanfechtung, den Wahlschutz und die Wahlkosten (§ 8 SprAuG) ist §§ 19, 20 BetrVG nachgebildet, sodass zur Erläuterung auf die entspr. Vorschriften des BetrVG verwiesen werden kann (→ § 218 Rn. 1). Wie überhaupt im Wahlverfahren stehen den Gewerkschaften auch bei der Wahlanfechtung keine Rechte zu. 4

3. Amtszeit und Zusammensetzung. Amtszeit und Zeitpunkt der Wahl zum Sprecherausschuss ergeben sich aus § 5 SprAuG. Die regelmäßigen Wahlen des Sprecherausschusses finden alle vier Jahre in der Zeit vom 1.3. bis 31.5. statt. Sie sind zugleich mit den regelmäßigen Betriebsratswahlen nach § 13 BetrVG einzuleiten (→ § 217 Rn. 27). Außerhalb dieses Zeitraumes ist ein Sprecherausschuss zu wählen, wenn **(a)** im Betrieb ein Sprecherausschuss nicht besteht, **(b)** der Sprecherausschuss durch eine gerichtliche Entscheidung aufgelöst ist, **(c)** die Wahl des Sprecherausschusses mit Erfolg angefochten worden ist oder **(d)** der Sprecherausschuss mit der Mehrheit seiner Mitglieder seinen Rücktritt beschlossen hat (§ 5 II SprAuG). Haben außerhalb des regelmäßigen Wahltermins Wahlen stattgefunden, gewährleistet § 5 III SprAuG die Überleitung in die regelmäßigen Wahltermine (→ § 217 Rn. 28). Die regelmäßige Amtszeit des Sprecherausschusses beträgt vier Jahre (§ 5 IV SprAuG). Mindestens ¼ der leitenden Angestellten oder der AG können beim Arbeitsgericht den Ausschluss eines Mitgliedes aus dem Sprecherausschuss oder seine Auflösung wegen grober Verletzung seiner gesetzlichen Pflichten beantragen. Der Ausschluss eines Mitgliedes kann auch vom Sprecherausschuss beantragt werden (§ 9 I SprAuG). Die Vorschrift entspricht § 23 I BetrVG, jedoch sind die Gewerkschaften nicht antragsberechtigt (→ § 219 Rn. 19). Das Amt des Sprecherausschusses erlischt unter den in § 9 II SprAuG genannten Voraussetzungen. Die Vorschrift entspricht § 24 BetrVG (→ § 219 Rn. 9). Der Sprecherausschuss besteht in Betrieben mit idR 10 bis 20 leitenden Angestellten aus einer Person, 21 bis 100 leitenden Angestellten aus drei Mitgliedern, bei 101 bis 300 leitenden Angestellten aus fünf Mitgliedern und über 300 leitenden Angestellten aus sieben Mitgliedern. Männer und Frauen sollen entspr. ihrem zahlenmäßigen Verhältnis im Sprecherausschuss vertreten sein (§ 4 SprAuG). Die Vorschrift über Ersatzmitglieder (§ 10 SprAuG) entspricht § 25 BetrVG (→ § 219 Rn. 26). 5

III. Geschäftsführung des Sprecherausschusses

1. Vorsitzender und Stellvertreter. Entspr. § 26 I 1 BetrVG wählt der Sprecherausschuss aus seiner Mitte den Vorsitzenden und dessen Stellvertreter (§ 11 I SprAuG). Die Wahlen haben grundsätzlich in der konstituierenden Sitzung des Sprecherausschusses zu erfolgen, die der Wahlvorstand vor Ablauf einer Woche nach dem Wahltag zum Sprecherausschuss einzuberufen hat (§ 12 I SprAuG). Bis zur Wahl des Vorsitzenden braucht der AG den Sprecherausschuss nicht zu beteiligen.[3] Die Wahl zum Vorsitzenden bzw. Stellvertreter gilt grund- 6

[3] BAG 23.8.1984 AP Nr. 36 zu § 102 BetrVG 1972 = NZA 1985, 566.

sätzlich für die gesamte Amtsperiode. Jedoch können der Vorsitzende oder sein Stellvertreter durch Mehrheitsbeschluss des Sprecherausschusses abberufen werden. Der Vorsitzende ist im Rahmen der gefassten Beschlüsse zur aktiven und passiven Vertretung des Sprecherausschusses befugt. Im Falle seiner Verhinderung wird er durch seinen Stellvertreter vertreten (§ 11 II SprAuG). Der Sprecherausschuss kann die laufenden Geschäfte auf den Vorsitzenden oder andere Mitglieder des Sprecherausschusses übertragen (§ 11 III SprAuG).

7 **2. Sonstige Geschäftsführungsvorschriften.** Der AG hat die **Kosten des Sprecherausschusses** zu tragen (§ 14 II SprAuG). Insoweit gelten die gleichen Grundsätze wie beim BR (→ § 222 Rn. 1). Die Vorschriften über die Sitzung des Sprecherausschusses (§§ 12, 13 SprAuG) sind § 29 BetrVG, § 34 BPersVG nachgebildet (→ § 220 Rn. 17); sie können unter den in § 12 VI SprAuG bestimmten Voraussetzungen im Rahmen einer Video- bzw. Telefonkonferenz abgehalten werden (→ § 220 Rn. 26a), die Regelung gilt entsprechend für den Gesamt- und Konzernsprecherausschuss (§ 19 II 3, § 24 II 3 SprAuG). Mitglieder des Sprecherausschusses sind von ihrer **beruflichen Tätigkeit** ohne Minderung des Arbeitsentgeltes zu befreien, wenn und soweit es nach Umfang und Art des Betriebs zur ordnungsgemäßen Durchführung ihrer Aufgaben erforderlich ist (§ 14 I SprAuG). Insoweit gilt dasselbe wie für Betriebsratsmitglieder (→ § 221 Rn. 7 ff.). Für Tätigkeiten des Sprecherausschussmitglieds außerhalb der Arbeitszeit gibt es allerdings weder **Freizeitausgleich** noch Mehrarbeitsvergütung. Nicht vorgesehen ist eine generelle Freistellung. Für Mitglieder des Sprecherausschusses ist auch eine allgemeine **Freistellung von der Arbeit für Bildungs- und Schulungsveranstaltungen** im SprAuG nicht vorgesehen. Die Mitglieder des Sprecherausschusses sind daher für ihre Fortbildung regelmäßig auf ihre Freizeit angewiesen. Nur wenn die Teilnahme an einer Schulungsveranstaltung für die ordnungsgemäße Amtsausübung unerlässlich ist, folgt aus § 14 I SprAuG ein Anspruch auf Freistellung und aus § 14 II 1 SprAuG auf Kostenübernahme der durch den Besuch der Veranstaltung entstandenen notwendigen Kosten.[4] Stellt der AG darüber hinaus ein Mitglied des Sprecherausschusses für eine Bildungs- oder Schulungsveranstaltung frei, hat er nach § 14 II SprAuG die mit dem Besuch der Veranstaltung verbundenen Kosten zu tragen.

§ 249. Versammlung der leitenden Angestellten

1 Der Sprecherausschuss soll **einmal im Kalenderjahr** eine Versammlung der leitenden Angestellten einberufen und in ihr einen Tätigkeitsbericht erstatten (§ 15 I 1 SprAuG). Die ordentliche Versammlung soll es dem Sprecherausschuss ermöglichen, die leitenden Angestellten zu informieren und mit diesen einen Meinungsaustausch zu pflegen (vgl. BT-Drs. 11/2503, 39). Da der Sprecherausschuss den Tätigkeitsbericht zu erstellen hat, ist über ihn zuvor im Gremium ein Beschluss zu fassen. Der Tätigkeitsbericht wird vom Vorsitzenden in der Versammlung mündlich vorgetragen. Auf Antrag des AG oder eines Viertels der leitenden Angestellten hat der Sprecherausschuss eine Versammlung der leitenden Angestellten einzuberufen und den beantragten Beratungsgegenstand auf die Tagesordnung zu setzen (§ 15 I 2 SprAuG). Sowohl die ordentliche wie die außerordentliche Versammlung der leitenden Angestellten sollen während der **Arbeitszeit** stattfinden (§ 15 II 1 SprAuG). Dagegen heißt es in § 44 BetrVG, dass die regelmäßigen Betriebsversammlungen während der Arbeitszeit stattfinden, soweit nicht die Eigenart des Betriebs eine andere Regelung zwingend erfordert. Da die Versammlung der leitenden Angestellten während der Arbeitszeit stattfinden soll, hat der AG das **Arbeitsentgelt fortzuzahlen.** Nicht geregelt ist dagegen die Erstattung der Reisekosten der leitenden Angestellten, wenn sie von auswärts anreisen. Auf ihre Erstattung besteht jedoch in analoger Anwendung des § 14 II SprAuG ein Anspruch des leitenden Angestellten.[1] Die Leitung der Versammlung und die damit verbundene Ausübung des Hausrechts obliegen dem Vorsitzenden des Sprecherausschusses und im Falle seiner Verhinderung seinem Vertreter. Die Versammlung ist nicht öffentlich (§ 15 II 3 SprAuG); ein Teilnahmerecht für Verbandsvertreter besteht nicht. Nach § 39 II SprAuG konnte während der COVID-19-Pandemie die Versammlung mittels audiovisueller Einrichtungen durchgeführt werden, wenn sichergestellt war, dass nur teilnahmeberechtigte Personen Kenntnis von dem Inhalt der Versammlung nehmen können. Eine Aufzeichnung war unzulässig.

2 Der **AG** ist zu der Versammlung der leitenden Angestellten unter Mitteilung der Tagesordnung einzuladen (§ 15 III 1 SprAuG). Während sich der AG nach § 43 II 3 BetrVG in der Betriebsversammlung durch einen AN des Betriebs vertreten lassen kann, ist eine solche Vertre-

[4] ErfK/*Oetker* SprAuG § 14 Rn. 3 f.; aA *Löwisch* SprAuG § 14 Rn. 1.
[1] ErfK/*Oetker* SprAuG § 15 Rn. 11; *Löwisch* SprAuG § 15 Rn. 15 (Aufwendungsersatz).

tung in § 15 III SprAuG nicht vorgesehen. Allerdings kann sich der AG auch in der Versammlung vertreten lassen, was sich letztlich aus § 3 II 3 Nr. 1 SprAuG ergibt. Nach dem Wortlaut von § 15 SprAuG ergibt sich nicht zwingend eine Verpflichtung des AG, an der Versammlung der leitenden Angestellten teilzunehmen. Gleichwohl wird hiervon auszugehen sein, da den AG eine Berichtspflicht trifft. Diese lässt sich aber nur realisieren, wenn auch eine Teilnahmeverpflichtung besteht. Der AG hat in der Versammlung der leitenden Angestellten über die sie betreffenden Angelegenheiten und die wirtschaftliche Lage und Entwicklung des Betriebes zu **berichten,** soweit dadurch nicht Betriebs- oder Geschäftsgeheimnisse gefährdet werden. Hierzu gehören Fragen der Vergütungsgestaltung, Neueinstellungen, Versetzungen, Personalabbau, Beförderung usw. Nicht hierzu gehören Fragen der Geschäftsführung und der Aufgabenverteilung. Die leitenden Angestellten können ergänzende Fragen stellen; diese braucht der AG nicht zu beantworten, wenn dadurch Betriebs- oder Geschäftsgeheimnisse verletzt werden.

§ 250. Gesamt- und Konzernsprecherausschuss

Übersicht

I. Gesamtsprecherausschuss

1 **1. Errichtung, Zusammensetzung und Geschäftsführung.** Bestehen in einem Unternehmen mehrere Sprecherausschüsse, ist ein Gesamtsprecherausschuss zu errichten (§ 16 I SprAuG). Die **Errichtung** ist nicht von einem Antrag der einzelnen Sprecherausschüsse abhängig, sondern **zwingend vorgeschrieben.** Der Gesetzgeber ist davon ausgegangen, dass für ein Unternehmen mit mehreren Betrieben wichtige Entscheidungen für alle Betriebe bei der Unternehmensleitung getroffen werden (BT-Drs. 11/2503, 40). In den Gesamtsprecherausschuss entsendet jeder Sprecherausschuss eines seiner Mitglieder. Die Zusammensetzung des Gesamtsprecherausschusses kann durch Vereinbarung mit dem AG verändert werden; sie kann vergrößert oder verkleinert werden (§ 16 II SprAuG). Die Änderung der Zusammensetzung soll sich nach den Bedürfnissen im Unternehmen richten. Der Gesamtsprecherausschuss hat keine besondere Amtszeit. Vielmehr endet die Mitgliedschaft grundsätzlich mit Beendigung der Amtszeit im Sprecherausschuss oder bei Wegfall der Voraussetzungen für die Errichtung eines Gesamtsprecherausschusses. Der jeweilige Sprecherausschuss ist allerdings durch Beschluss zur Abberufung berechtigt; ein besonderer Grund braucht für die Abberufung nicht zu bestehen. Für jedes Mitglied des Gesamtsprecherausschusses ist ein Ersatzmitglied zu bestellen (§ 16 III SprAuG).

2 Nach § 17 I SprAuG kann ein **Mitglied** aus dem Gesamtsprecherausschuss **ausgeschlossen** werden. Die Vorschrift ist § 48 BetrVG nachgebildet (→ § 224 Rn. 35). Mit dem Ausschluss aus dem Gesamtsprecherausschuss ist nicht gleichzeitig der Ausschluss aus dem Sprecherausschuss verbunden. Jedoch kann ein Verfahren nach § 17 I SprAuG mit einem solchen nach § 9 SprAuG (→ § 248 Rn. 5) verbunden werden. Die Mitgliedschaft im Gesamtsprecherausschuss endet mit dem Erlöschen der Mitgliedschaft im Sprecherausschuss, durch Amtsniederlegung, durch Ausschluss aus dem Gesamtsprecherausschuss aufgrund einer gerichtlichen Entscheidung oder Abberufung durch den Sprecherausschuss (§ 17 II SprAuG). Die Aufzählung ist abschließend und in Anlehnung an § 9 II SprAuG geregelt.

3 Die **Geschäftsführung im Gesamtsprecherausschuss** ist durch Verweisung auf die Geschäftsführung im Sprecherausschuss geregelt (§ 19 I SprAuG). Der Gesamtsprecherausschuss hat daher einen Vorsitzenden und seinen Stellvertreter zu wählen (§ 11 SprAuG). Der Gesamtsprecherausschuss hat über jede Sitzung eine Niederschrift anzufertigen (§ 13 III SprAuG), seine Mitglieder haben jederzeit das Recht, in die Unterlagen des Gesamtsprecherausschusses Einsicht zu nehmen (§ 13 IV SprAuG). Er kann sich eine Geschäftsordnung geben, die er mit der Mehrheit der Stimmen seiner Mitglieder beschließt (§ 13 V SprAuG). Der Gesamtsprecherausschuss ist nur beschlussfähig, wenn mindestens die Hälfte seiner Mitglieder an der Beschlussfassung teilnimmt und die Teilnehmenden mindestens die Hälfte aller Stimmen vertreten. Stellvertretung durch Ersatzmitglieder ist zulässig (§ 19 III SprAuG). Bei der Beschlussfassung sind die Besonderheiten der Stimmengewichtung zu berücksichtigen. Jedes **Mitglied** des Gesamtsprecheraus-

schusses hat so viele **Stimmen,** wie in dem Betrieb, in dem es gewählt wurde, leitende Angestellte in die Wählerliste eingetragen sind (§ 16 IV 1 SprAuG). Im Falle der Vergrößerung oder Verkleinerung des Gesamtsprecherausschusses stehen den Entsandten die Stimmen anteilig zu (§ 16 IV 3 SprAuG). Ist ein Mitglied für mehrere Betriebe bestellt, hat es so viele Stimmen, wie leitende Angestellte in den es entsendenden Betrieben vorhanden sind. Auch insoweit gelten die gleichen Grundsätze wie beim GBR (→ § 224 Rn. 19).

4 **2. Zuständigkeit.** Die Zuständigkeitsregelung (§ 18 SprAuG) entspricht teilweise der des GBR (§ 51 BetrVG). Der Gesamtsprecherausschuss ist zuständig für die Behandlung von Angelegenheiten, die das Unternehmen oder mehrere Betriebe des Unternehmens betreffen und nicht durch die einzelnen Sprecherausschüsse innerhalb ihres Betriebs verhandelt werden können. Hierzu gehören vor allem unternehmenseinheitliche Richtlinien für die Gewährung von Sozialleistungen an die leitenden Angestellten, Beurteilungsrichtlinien usw. Dagegen werden die personellen Mitwirkungsrechte stets durch den einzelnen Sprecherausschuss wahrgenommen. Der Sprecherausschuss kann mit der Mehrheit der Stimmen seiner Mitglieder den Gesamtsprecherausschuss schriftlich beauftragen, eine Angelegenheit für ihn zu behandeln. Der Sprecherausschuss kann sich jedoch die Entscheidungsbefugnis vorbehalten, also nur die Durchführung der Verhandlung übertragen (BT-Drs. 11/2503, 40). Für den Widerruf gelten die Grundsätze der Beauftragung entsprechend (§ 18 II SprAuG). Der Gesamtsprecherausschuss ist den einzelnen Sprecherausschüssen nicht über- oder untergeordnet (§ 18 I 2 SprAuG). Vielmehr nimmt jeder die Aufgabe im Rahmen seines Zuständigkeitsbereichs wahr. Für die Zuständigkeit des Gesamtsprecherausschusses bedarf es jeweils einer besonderen Rechtsgrundlage. Ist der Gesamtsprecherausschuss zuständig, ist er gleichwohl nicht zur Vertretung von leitenden Angestellten solcher Betriebe berechtigt, in denen ein Sprecherausschuss nicht gewählt worden ist, eine § 50 I 1 BetrVG (→ § 224 Rn. 19) entsprechende Vorschrift fehlt im SprAuG.

II. Konzernsprecherausschuss

5 Für einen Konzern kann durch Beschlüsse der einzelnen Gesamtsprecherausschüsse ein Konzernsprecherausschuss errichtet werden. Für den Beschluss ist die Zustimmung der Gesamtsprecherausschüsse notwendig, in denen insgesamt 75% der leitenden Angestellten der Konzernunternehmen beschäftigt werden. Besteht in einem Konzern nur ein Sprecherausschuss oder ein Unternehmenssprecherausschuss, tritt dieser an die Stelle des Gesamtsprecherausschusses und nimmt dessen Funktion wahr. Die Vorschrift entspricht im Grundsatz § 54 BetrVG; zum Konzernbegriff → § 226 Rn. 1. Auch für den Konzernsprecherausschuss gilt das Prinzip der Stimmengewichtung (§ 21 IV SprAuG; → Rn. 3). Nach §§ 22 ff. SprAuG gelten für die Zusammensetzung, Geschäftsführung (→ § 248 Rn. 7) und Zuständigkeit vergleichbare Grundsätze wie für den Gesamtsprecherausschuss.

2. Abschnitt. Mitwirkungsrechte des Sprecherausschusses

§ 251. Allgemeine Mitwirkungsrechte

Übersicht

I. Allgemeines

1 Nach § 25 I SprAuG vertritt der Sprecherausschuss nur die kollektiven Belange der leitenden Angestellten des Betriebs. Die Wahrnehmung der individuellen Belange der einzelnen leitenden Angestellten ist dem Sprecherausschuss verwehrt. Insoweit kann das Gremium allein nach § 26 SprAuG tätig werden. Seine Vertretungsbefugnis erstreckt sich nur auf die leitenden Angestellten. Für AN, die noch nicht zu den leitenden Angestellten aufgerückt sind, ist der BR zuständig, auch wenn diesen AN bereits bei Einstellung das Aufrücken in Aussicht gestellt worden ist. Anders als das BetrVG in den §§ 77 III, 87 I BetrVG enthält das SprAuG keinen **Tarifvorrang** bzw. **-vorbehalt.** Die Befugnisse des Sprecherausschusses entfallen daher nicht, wenn eine tarifvertragliche Regelung besteht. Jedoch muss er sich im Rahmen der höherrangigen Rechtsquellen halten. Hierzu gehört zwingendes Recht in Gesetzen, Tarifverträgen bzw. Richterrecht. Das SprAuG enthält keine Vorschrift über die Hinzuziehung von Sachverständigen oder sachkundigen AN. Insoweit unterscheidet es sich von § 80 II, III BetrVG. Hieraus ist zu folgern, dass die Hinzuziehung von externem Sachverstand nicht in Betracht kommt. Vielmehr muss sich der Sprecherausschuss selbst die notwendigen Kenntnisse verschaffen. Rechtsstreitigkeiten über den Umfang und den Inhalt der Rechte des Sprecherausschusses werden im Beschlussverfahren nach § 2a ArbGG ausgetragen.

II. Überwachungs-, Unterrichtungs- und Informationsrechte

2 Der Sprecherausschuss hat ebenso wie der BR nach § 80 BetrVG (→ § 233 Rn. 1) darüber **zu wachen,** dass die zugunsten der leitenden Angestellten geltenden arbeitsrechtlichen Vorschriften und Grundsätze eingehalten werden. Im konkreten Einzelfall kann der Sprecherausschuss im Beschlussverfahren die entsprechende Verletzung feststellen lassen. Jedoch hat der Sprecherausschuss keine Befugnis, die Einhaltung auch von einzelvertraglichen Vereinbarungen zu überwachen. Der Sprecherausschuss ist zur Durchführung seiner Aufgaben nach dem SprAuG rechtzeitig und umfassend vom AG zu **unterrichten.** Auf Verlangen sind ihm die erforderlichen Unterlagen jederzeit zur Verfügung zu stellen (§ 25 II SprAuG; → § 233 Rn. 24). Zu seinen Aufgaben gehören die allgemeinen Angelegenheiten nach § 25 SprAuG sowie die besonders ausgestalteten Mitwirkungsrechte. Die Unterrichtung muss rechtzeitig erfolgen; dh zu einem Zeitpunkt, in dem der Sprecherausschuss noch auf den AG einwirken kann. Der Sprecherausschuss ist nicht berechtigt, sich die notwendigen Informationen selbst zu verschaffen, obwohl es ihm bei den leitenden Angestellten vielfach möglich sein würde. Jedoch bleibt es ihm unbenommen, bei den leitenden Angestellten Umfragen durchzuführen oder sie um Meinungsäußerungen zu bitten. **Kein Informationsrecht** hat der Sprecherausschuss wegen solcher AN, die **keine leitenden Angestellten** sind. Insoweit fehlt ihm die Zuständigkeit. Dies gilt auch dann, wenn zweifelhaft ist, ob ein AN leitender Angestellter ist. Die Zweifel sind in Zusammenhang mit einem Wahlverfahren durch das Zuordnungsverfahren nach § 18a BetrVG, im Übrigen durch ein Beschlussverfahren nach § 2a ArbGG zu klären.

III. Hinzuziehung eines Sprecherausschussmitglieds und Einsichtsrecht in Personalakten

3 Der leitende Angestellte kann bei der Wahrnehmung seiner Belange gegenüber dem AG ein Mitglied des Sprecherausschusses zur Unterstützung und Vermittlung hinzuziehen (§ 26 I SprAuG). Dagegen sieht das BetrVG die Hinzuziehung eines Betriebsratsmitglieds nur in

bestimmten, konkreten Einzelfällen vor (§§ 82 II, 83 I, 84 I BetrVG). Das SprAuG hat die Unterrichtungs-, Anhörungs- und Erörterungsrechte des BetrVG nicht übernommen (§§ 81 ff. BetrVG). Diese stehen dem leitenden Angestellten jedoch als vertragliche Nebenrechte aus dem Arbeitsvertrag zu. Der AG hat die Hinzuziehung eines Sprecherausschussmitglieds zu dulden. Das Recht des AN zur Vertretung gegenüber dem AG auch durch dritte Personen (zB Rechtsanwälte) wird durch § 26 I SprAuG nicht eingeschränkt. **Eigene Belange** des leitenden Angestellten sind jegliche Interessen, die mit seinem Arbeitsverhältnis im Zusammenhang stehen, zB bei der Änderung oder Beendigung des Arbeitsvertrags, bei Streit um dessen Inhalt oder bei einem beruflichen Aufstieg. Das Sprecherausschussmitglied darf nur auf Verlangen des leitenden Angestellten tätig werden. Das Verlangen ist formlos wirksam. Der Sprecherausschuss kann statt des in Anspruch genommenen Mitglieds kein anderes bestimmen. Der leitende Angestellte hat keinen Anspruch darauf, dass das Sprecherausschussmitglied in einem bestimmten Sinne tätig wird. Es muss nur überhaupt in Verhandlungen gegenüber dem AG tätig werden. Die Vertretung umfasst nicht die gerichtliche oder außergerichtliche Vertretung, sondern nur die Vertretung in Verhandlungen mit dem AG. Das Sprecherausschussmitglied ist über die persönlichen Angelegenheiten des AN zur Verschwiegenheit verpflichtet.

4 Der leitende Angestellte hat das Recht, in die über ihn geführten **Personalakten** Einsicht zu nehmen (§ 26 II 1 SprAuG, zum Begriff der Personalakte → § 148 Rn. 1 und zum Einsichtsrecht → § 148 Rn. 7). Das Akteneinsichtsrecht aus § 26 II 1 SprAuG begründet keinen Anspruch auf die Aktenherausgabe.[1] Der leitende Angestellte hat auch das Recht, Erläuterungen zum Inhalt der Personalakte abzugeben. Sie sind dieser beizufügen (§ 26 II 4 SprAuG). Er kann also zB zu Abmahnungen und Beurteilungen Stellung nehmen. Er hat daneben auch das Recht, Beseitigung oder Entfernung von Vorgängen aus der Personalakte zu verlangen. Der leitende Angestellte kann schließlich bei der Einsichtnahme ein Mitglied des Sprecherausschusses hinzuziehen (§ 26 II 2, 3 SprAuG). Dieses hat über den Inhalt Stillschweigen zu bewahren, sofern es nicht durch den leitenden Angestellten hiervon entbunden wird. Die Verletzung der Schweigepflicht ist bußgeldbewehrt (§ 35 II SprAuG) und kann zu Schadensersatzansprüchen führen. Unberührt bleibt das Recht des leitenden Angestellten, auch andere Personen zur Einsichtnahme hinzuziehen. Streitigkeiten über Umfang und Grenzen des Einsichtsrechts zwischen AN und AG sind im Urteilsverfahren zu entscheiden.

§ 252. Vereinbarungen und Richtlinien

Übersicht

I. Gegenstand und Vereinbarungsbefugnis

1 **1. Gegenstand der Richtlinien.** AG und Sprecherausschuss können Richtlinien über den Inhalt, den Abschluss oder die Beendigung von Arbeitsverhältnissen der leitenden Angestellten schriftlich vereinbaren (§ 28 I SprAuG).[1] Gegenstand der Richtlinien können immer nur abstrakte Regelungen sein. Nicht zum Regelungsgegenstand einer Richtlinie gehören wirtschaftliche Angelegenheiten. Der Sprecherausschuss hat keine Kompetenz zum Abschluss eines Interessenausgleichs. Denkbar ist aber, dass im Rahmen einer Beendigungsrichtlinie für die Fälle der Betriebsänderung Form, Rechtsfolge und soziale Auswahl bei den erforderlichen Kündigungen geregelt werden.

[1] BAG 16.11.2010 AP Nr. 4 zu § 611 BGB Personalakte = NZA 2011, 453; *Kort* NZA-RR 2015, 113.
[1] *Wollenberg,* Die Regelungsbefugnis von AG und Sprecherausschuss nach § 28 SprAuG, 1999.

Die Richtlinien können sich auf alle Gegenstände beziehen, die Inhalt eines Arbeitsverhältnisses eines leitenden Angestellten sein können. Hierzu gehören Richtlinien über die Vergütung, Haftungsfragen, Wettbewerbsverbote und Verschwiegenheitspflichten, Versorgungseinrichtungen und Beförderungsgrundsätze. Richtlinien über den **Abschluss** von Arbeitsverhältnissen mit leitenden Angestellten können Vorschriften über die Ausschreibung von Arbeitsplätzen, Qualifikationsmerkmale, Förderprogramme für das Geschlecht in der Minderheit, Einholung von Referenzen und grafologischen Gutachten usw. enthalten. Sie können alle Rechtsfragen umfassen, die mit der Begründung des Arbeitsvertrags und einer Beförderung zum leitenden Angestellten im Zusammenhang stehen. **Beendigungsrichtlinien** sind Regelungen über die Form der Kündigungen, die einzuhaltenden Kündigungsfristen, Einzelheiten beim Abschluss von Aufhebungsverträgen, Einschränkungen der Kündigungsmöglichkeiten nach bestimmter Dauer des Arbeitsverhältnisses. 2

2. Grenzen der Vereinbarungsbefugnis. Die vom AG und Sprecherausschuss vereinbarten Richtlinien müssen sich im Rahmen der dem Sprecherausschuss zugewiesenen **Kompetenzen** halten. Ist dies nicht der Fall, sind die von ihm abgeschlossenen Richtlinien unwirksam.[2] Für die Richtlinien gilt der **Vorbehalt** von Gesetz und zwingendem Tarifrecht (→ § 235 Rn. 4). Tarifliche Normen über betriebliche Regelungen gelten bereits dann, wenn lediglich der AG tarifgebunden ist (§ 3 II TVG). Im Wesentlichen gilt dies für Arbeitszeitfragen. Voraussetzung ist aber immer, dass der persönliche Geltungsbereich des Tarifvertrags (→ § 203 Rn. 20) auch die leitenden Angestellten erfasst. 3

3. Auslegung und Billigkeitskontrolle. Für die Auslegung der Richtlinien gelten dieselben Grundsätze wie bei der Betriebsvereinbarung[3] (→ § 231 Rn. 12). Wie diese sind auch Richtlinien in ihrer Regelungsmacht begrenzt[4] (→ § 231 Rn. 16). Prüfungsumfang ist dabei nicht nur die Einhaltung der in § 27 SprAuG genannten Grundsätze, sondern auch, ob der Gleichbehandlungsgrundsatz gewahrt und dem Vertrauensschutz ausreichend Rechnung getragen worden ist. Die Überprüfung der Richtlinie kann im Beschlussverfahren, aber auch inzident im Urteilsverfahren erfolgen. 4

II. Wirkung der Richtlinien

1. Schuldrechtliche Richtlinien. Nach § 28 II 1 SprAuG gilt der Inhalt der Richtlinie unmittelbar und zwingend, soweit dies zwischen AG und Sprecherausschuss vereinbart ist. Normative Wirkung erlangt eine Richtlinie daher erst durch eine entsprechende Vereinbarung. Welche Wirkung einer Richtlinie ohne die Vereinbarung einer normativen Wirkung zukommt, ist nur im Einzelfall durch ihre Auslegung zu ermitteln. Richtlinien nach § 28 I SprAuG können lediglich eine unverbindliche Handlungsmaxime für den AG enthalten, nach welchen Grundsätzen er in der Behandlung der leitenden Angestellten verfahren soll. Daneben können sie auch eine Verpflichtung des AG gegenüber dem Sprecherausschuss enthalten, die leitenden Angestellten entsprechend der Richtlinie zu behandeln. Widerspricht ein Einzelarbeitsvertrag diesen Richtlinien oder wird ein richtlinienwidriger Einzelarbeitsvertrag abgeschlossen, so ist der Vertrag wirksam, der Sprecherausschuss kann aber im Wege des Beschlussverfahrens (§ 2a ArbGG) die Einhaltung der Richtlinien gegenüber dem AG durchsetzen (→ § 231 Rn. 39).[5] In beiden Fällen besteht kein individualrechtlicher Anspruch des leitenden Angestellten auf Einhaltung der Richtlinien. Jedoch können sie zumindest mittelbare Wirkung auf die Arbeitsverhältnisse der leitenden Angestellten entfalten. Werden die in den Richtlinien enthaltenen Grundsätze einheitlich im Betrieb angewandt, darf der AG wegen des Gleichbehandlungsgrundsatzes nicht willkürlich einzelne leitende Angestellte schlechter behandeln. 5

2. Unmittelbare und zwingende Richtlinien. a) Vereinbarung. AG und Sprecherausschuss können vereinbaren, dass die Richtlinien unmittelbar und zwingend gelten (§ 28 II SprAuG). Dann wirken die Richtlinien, ohne dass es noch einer Transformation bedürfte, normativ auf die Arbeitsverhältnisse der leitenden Angestellten ein. Eine Vereinbarung nach § 28 II 1 SprAuG muss nicht notwendig gesondert getroffen oder in einer von der Vereinba- 6

[2] *Löwisch* SprAuG § 28 Rn. 1–3.
[3] BAG 17.1.2012 AP Nr. 30 zu § 1 BetrAVG Auslegung.
[4] BAG 23.4.2013 AP Nr. 40 zu § 1 BetrAVG Auslegung (zur betrieblichen Altersversorgung).
[5] *Kaiser*, Sprecherausschüsse für leitende Angestellte, Rn. 223; *Löwisch* SprAuG § 28 Rn. 6.

rung nach § 28 I SprAuG getrennten Urkunde niedergelegt werden. Der gemeinsame Wille von Sprecherausschuss und AG, die unmittelbare und zwingende Wirkung einer Richtlinie herbeizuführen, muss sich aber aus der geschlossenen Vereinbarung deutlich und zweifelsfrei ergeben.[6] Aus dem Prinzip der Unmittelbarkeit folgt, dass die Richtlinien unmittelbar das Arbeitsverhältnis beherrschen. Aus der zwingenden Natur der Richtlinie ergibt sich, dass entgegenstehende Bestimmungen in den Einzelarbeitsverträgen verdrängt werden (→ § 231 Rn. 43). Unmittelbare und zwingende Wirkungen können bei den einzelnen Arten der Richtlinien (→ Rn. 1) von **unterschiedlichem Gewicht** sein. Bei Inhaltsrichtlinien werden entgegenstehende Einzelabreden verdrängt. Bei Abschlussrichtlinien können für betriebsangehörige leitende Angestellte Schadensersatzansprüche entstehen, wenn sie verletzt werden. Dagegen werden nicht dem Betrieb angehörende Bewerber regelmäßig keine Einstellungsansprüche erlangen. Bei Beendigungsrichtlinien werden richtlinienwidrige Kündigungen vielfach unwirksam sein (§ 134 BGB).

7 **b) Günstigkeitsprinzip.** In § 28 II 2 SprAuG ist zwischen Richtlinien und Arbeitsvertrag das Günstigkeitsprinzip normiert. Danach kann zugunsten des leitenden Angestellten von den unmittelbaren und zwingenden Wirkungen der Richtlinien abgewichen werden (→ § 231 Rn. 43). Dabei ist zwischen den jeweiligen Regelungsmaterien ein Vergleich anzustellen. Zu vergleichen sind sämtliche Bestimmungen über die Arbeitsvergütung in Richtlinien und Arbeitsverträgen. Dagegen wird bei der verschlechternden Richtlinie überwiegend ein kollektiver Günstigkeitsvergleich abgelehnt (→ § 207 Rn. 19), da im Sprecherausschussgesetz die Individualrechte betont werden.[7] Jedoch können die Individualverträge dergestalt ausgestaltet werden, dass sie sich nach den jeweiligen Richtlinien richten. Beruht eine Verpflichtung zur bAV auf einer vertraglichen Einheitsregelung mit kollektivem Bezug, die Allgemeine Geschäftsbedingungen (§ 305 I 1 BGB) enthält, ist dem AN damit im Regelfall nur eine Versorgung nach den jeweils beim AG geltenden Versorgungsregeln zugesagt. Eine solche Einheitsregelung ist offen für eine – auch verschlechternde – Ablösung sowohl durch eine Betriebs- oder Sprecherausschussvereinbarung als auch durch eine Gesamtzusage.[8]

III. Abschluss und Beendigung von Richtlinien

8 **1. Abschluss.** Die Vereinbarungen nach § 28 SprAuG werden zwischen dem AG und dem zuständigen Sprecherausschuss (Unternehmens-, Gesamt-Konzernsprecherausschuss) abgeschlossen. Der AG kann sich nach den allgemeinen Grundsätzen **vertreten** lassen. Ausreichend sind Prokura oder Handlungsvollmacht des Vertreters. Der allgemeine Verhandlungsauftrag nach § 3 II 3 Nr. 1 SprAuG beinhaltet nicht ohne Weiteres eine Vertretungsmacht zum Abschluss von Richtlinien, kann jedoch mit ihm verbunden werden. Aufseiten des Sprecherausschusses bedarf der Abschluss der Richtlinie eines entsprechenden Beschlusses, da der Vorsitzende diesen nur im Rahmen der gefassten Beschlüsse vertritt (§ 11 II 1 SprAuG). Die Vereinbarungen nach § 28 SprAuG bedürfen der **Schriftform** (→ § 231 Rn. 7); werden sie in elektronischer Form geschlossen, haben AG und Sprecherausschuss dasselbe Dokument zu signieren (§ 28 I SprAuG). Mündliche Vereinbarungen sind zwar wirksam, entfalten aber nicht die Rechtswirkungen des § 28 SprAuG. Die Vereinbarungen können nach den allgemeinen Vorschriften des BGB **nichtig** oder **anfechtbar** sein (→ § 231 Rn. 4).

9 **2. Beendigung und Änderung der Vereinbarungen.** Vereinbarungen nach § 28 II 1 SprAuG können, soweit nichts anderes vereinbart ist, mit einer Frist von drei Monaten **gekündigt** werden (§ 28 II 4 SprAuG). Die Frist kann verlängert oder abgekürzt werden. Die Kündigung kann formlos erfolgen, erforderlich ist bei einer vom Sprecherausschuss ausgesprochenen Kündigung ein entsprechender Beschluss des Gremiums. Kündbar sind Richtlinien, die die Arbeitsverhältnisse unmittelbar und zwingend regeln. Mit Ablauf der Kündigungsfrist verliert die unmittelbar und zwingend wirkende Richtlinie ihre Wirkung. Eine Nachwirkung ist im Unterschied zu Betriebsvereinbarungen nicht vorgesehen (§ 77 VI BetrVG, § 28 SprAuG). Auch Vereinbarungen, die keine Richtlinie für den Inhalt des

[6] BAG 10.2.2009 AP Nr. 1 zu § 28 SprAuG = NZA 2009, 970.

[7] *Kaiser,* Sprecherausschüsse für leitende Angestellte, Rn. 227; *Löwisch* SprAuG § 28 Rn. 16; aA *Oetker* BB 1990, 2181; dazu auch *Nebel* DB 1990, 1512.

[8] BAG 11.12.2018 AP Nr. 78 zu § 1 BetrAVG Ablösung = NZA 2019, 1082; *Schmitt-Rolfes* AuA 2019, 511.

Arbeitsverhältnisses enthalten oder keine unmittelbare oder zwingende Wirkung entfalten, können gekündigt werden. Ist eine Kündigungsfrist in ihnen nicht geregelt, sind sie mit sofortiger Wirkung kündbar.[9] Vereinbarungen nach § 28 SprAuG können **einvernehmlich** von AG und Sprecherausschuss jederzeit **geändert** oder aufgehoben werden. Dabei gilt der Grundsatz, dass eine spätere Vereinbarung regelmäßig die frühere verdrängt (lex posterior derogat legi priori). Durch eine Richtlinie nach § 28 II SprAuG begründete Rechtsansprüche können jedoch nur unter Beachtung des Vertrauensgrundsatzes verschlechtert oder beseitigt werden (→ § 231 Rn. 48).

3. Betriebsnachfolge und Betriebsstilllegung. Das SprAuG enthält keine Regelung, was aus Vereinbarungen und Richtlinien bei einer Betriebsnachfolge wird. Sind die Rechte und Pflichten aus einem Arbeitsvertrag durch Rechtsnormen einer Betriebsvereinbarung geregelt, werden sie nach Maßgabe von § 613a I 2–4 BGB zum Inhalt des Arbeitsvertrags (→ § 119 Rn. 1). Insoweit besteht für Richtlinien und Vereinbarungen nach dem SprAuG eine Regelungslücke, aus diesem Grund ist die Vorschrift auf Richtlinien nach § 28 SprAuG entsprechend anzuwenden. Die Regelung in § 613a I 2–4 BGB beruht auf den Vorgaben der EG-Richtlinie vom 14.2.1977, durch die die Umsetzung von Kollektivrecht im Fall der Betriebsnachfolge geregelt werden sollte. Das trifft auch für die Vereinbarungen nach dem Sprecherausschussgesetz zu. Allerdings können die Richtlinien nach dem SprAuG nicht weiter übergehen als dies bei Betriebsvereinbarungen der Fall ist. Es werden daher nur Inhaltsrichtlinien übergehen. Entfaltet die Richtlinie nach § 28 I SprAuG hingegen nur schuldrechtliche Wirkung, endet sie mit dem Betriebsübergang. Im Falle einer Stilllegung enden auch die Richtlinien. Etwas anderes gilt nur dann, wenn die Richtlinien gerade für den Fall nach Beendigung des Arbeitsverhältnisses geschlossen worden sind. Dies kann zB für Ruhegeldrichtlinien[10] oder sozialplanähnliche Vereinbarungen nach §§ 28 II, 32 II 2 SprAuG der Fall sein. 10

§ 253. Personelle Maßnahmen

Übersicht

I. Einstellung und personelle Veränderung

1. Allgemeines. Dem Sprecherausschuss ist die beabsichtigte Einstellung oder eine personelle Veränderung eines leitenden Angestellten rechtzeitig mitzuteilen (§ 31 I SprAuG). Ferner ist er vor jeder Kündigung zu hören (§ 31 II SprAuG). Mit der Beteiligung des Sprecherausschusses an einer personellen Maßnahme werden kollektivrechtliche Zwecke verfolgt, nach denen der Sprecherausschuss die Interessen der leitenden Angestellten gegenüber dem AG verfolgen kann, sowie individualrechtliche, nach denen der leitende Angestellte sich zur Unterstützung an den Sprecherausschuss wenden kann (→ § 247 Rn. 8). Neben der Beteiligung des Sprecherausschusses nach § 31 SprAuG kann der BR nach § 105 BetrVG zu informieren sein. Die **Verletzung der Mitteilungspflicht** hat außerhalb des Kündigungsausspruchs keine Auswirkungen auf die Wirksamkeit der personellen Maßnahme. Sie stellt jedoch eine Ordnungswidrigkeit dar (§ 36 SprAuG). Streitigkeiten über den Umfang der Mitteilungspflicht sind im Beschlussverfahren auszutragen (§ 2a ArbGG). 1

2. Einstellung. Der Begriff ist der gleiche wie bei §§ 99 ff. BetrVG (→ § 240 Rn. 11). Nach Auffassung des BAG ist dies die Eingliederung in den Betrieb, dagegen nicht der Abschluss des Arbeitsvertrags. Einstellung ist auch die vorübergehende Eingliederung in den Betrieb, wenn zB ein leitender Angestellter von der Konzernmutter vorübergehend in ein Tochterunternehmen 2

[9] *Hromadka/Sieg* SprAuG § 28 Rn. 38; aA *Oetker* ZfA 1990, 80.
[10] Dazu *Löwisch* BetrAV 1990, 222.

entsandt wird. Als Einstellung sind auch die Beförderung eines AN zum leitenden Angestellten und dessen Weiterarbeit über eine vereinbarte Altersgrenze anzusehen.

3 **3. Personelle Veränderung.** Dies ist jede Veränderung der Position des leitenden Angestellten, durch die seine eigenen oder die Interessen der übrigen leitenden Angestellten berührt werden. Die eigenen Interessen des leitenden Angestellten werden berührt im Fall einer Versetzung, der Zuweisung eines anderen Arbeitsbereichs, Veränderung der Umstände, unter denen die Arbeit zu leisten ist, oder Entziehung bestimmter handelsrechtlicher Vollmachten (zB Prokura). Die Interessen werden nicht berührt, wenn der Aufgabenbereich nicht nennenswert verkleinert oder vergrößert wird. Eine personelle Veränderung ist entspr. der gesetzgeberischen Zielsetzung dann gegeben, wenn kollektive Interessen der leitenden Angestellten berührt werden. Dies kann etwa bei Beförderungen der Fall sein, wenn dem leitenden Angestellten andere unterstellt werden.

4 **4. Ausscheiden aus dem Betrieb.** Zu den personellen Veränderungen gehört das Ausscheiden des leitenden Angestellten aus dem Betrieb. Der Sprecherausschuss ist daher rechtzeitig zu informieren, wenn der leitende Angestellte aus dem Betrieb versetzt wird, das Arbeitsverhältnis infolge Anfechtung, Kündigung oder Erreichen der Altersgrenze beendet wird. Umstr. ist die Rechtslage bei **Aufhebungsverträgen.** Zum Teil wird die Auffassung vertreten, der Sprecherausschuss sei bereits vor dem Abschluss zu informieren,[1] während im Übrigen eine nachträgliche Information für ausreichend gehalten wird.[2] Der zweiten Meinung ist zu folgen, da eine personelle Veränderung schon begrifflich keine Aufhebung des Arbeitsverhältnisses darstellen kann.[3] Darüber hinaus ist der Sprecherausschuss in den Individualschutz nur dann eingeschaltet, wenn es der leitende Angestellte wünscht. Da die Beteiligung des Sprecherausschusses bei Kündigungen ausdrücklich geregelt ist, kann nicht angenommen werden, dass dem Sprecherausschuss ein weitergehender Individualschutz bei Aufhebungsverträgen übertragen werden sollte. Auch dem BR steht insoweit kein Beteiligungsrecht zu. Die Pflichten des AG bei der **Kündigung des Arbeitsverhältnisses** eines leitenden Angestellten sind unter → § 124 Rn. 69 dargestellt.

II. Beteiligungsverfahren

5 **1. Zeitpunkt der Mitteilung.** Der AG hat dem Sprecherausschuss eine beabsichtigte Einstellung oder personelle Veränderung rechtzeitig mitzuteilen. Eine Frist ist im Gesetz nicht genannt; sie ist nach den Umständen des Einzelfalls zu bemessen. Ihre Länge muss ausreichend sein, damit der Sprecherausschuss über die beabsichtigte personelle Maßnahme zusammentreten und beraten kann. Denkbar ist, dass der leitende Angestellte und der Sprecherausschuss gleichzeitig von personellen Maßnahmen unterrichtet werden, aber auch, dass der eine vor dem anderen unterrichtet wird. Die Unterrichtung des leitenden Angestellten wird so zu erfolgen haben, dass dieser noch die Unterstützung des Sprecherausschusses einholen kann.

6 **2. Unterrichtung.** Im Allgemeinen ist der Sprecherausschuss oder der Unternehmenssprecherausschuss zu unterrichten. Dagegen werden die Voraussetzungen einer Unterrichtung des Gesamt- oder Konzernsprecherausschusses kaum jeweils gegeben sein. Der Sprecherausschuss ist zu unterrichten über **(a)** die Person des von der personellen Maßnahme betroffenen leitenden Angestellten, **(b)** die vorgesehenen personellen Maßnahmen und ihre Auswirkungen auf die übrigen leitenden Angestellten, **(c)** Tatsachen, die der Sprecherausschuss benötigt, um die Zielsetzungen seiner Beteiligung (→ Rn. 1) überhaupt durchführen zu können. Insoweit können Anhaltspunkte für Inhalt und Umfang der Unterrichtung aus § 99 I BetrVG entnommen werden (→ § 240 Rn. 25). Der Sprecherausschuss hat über die personellen Maßnahmen nach § 31 III SprAuG Stillschweigen zu bewahren. Der AG braucht den Sprecherausschuss nur zu unterrichten, dagegen hat dieser keine Beratungsrechte. Aus dem Gebot der vertrauensvollen Zusammenarbeit (§ 2 SprAuG) folgt jedoch, dass der Sprecherausschuss vor Wirksamwerden der personellen Maßnahme wenigstens Bedenken vortragen können muss.

---

[1] ErfK/*Oetker* SprAuG § 31 Rn. 4; *Löwisch* SprAuG § 31 Rn. 6.
[2] *Hromadka/Sieg* SprAuG § 31 Rn. 9.
[3] Vgl. auch BAG 16.5.2000 AP Nr. 15 zu § 125 BGB = NZA 2000, 939.

§ 254. Wirtschaftliche Angelegenheiten

Übersicht

I. Unterrichtung in wirtschaftlichen Angelegenheiten

1. Unterrichtungspflicht. Der Unternehmer hat den Sprecherausschuss mindestens einmal 1
im Kalenderhalbjahr über die wirtschaftlichen Angelegenheiten des Betriebs und des Unternehmens iSd § 106 III BetrVG zu unterrichten, soweit dadurch nicht Betriebs- oder Geschäftsgeheimnisse des Unternehmens gefährdet werden (→ § 243 Rn. 14). Eine bestimmte Mindestzahl von leitenden Angestellten ist darüber hinaus nicht vorgesehen. Durch die Unterrichtungspflicht will der Gesetzgeber gewährleisten, dass der Sprecherausschuss auch über den Tätigkeitsbereich der leitenden Angestellten hinaus unterrichtet wird (BT-Drs. 11/2503, 26). Wegen des Umfanges der Unterrichtungspflicht wird auf § 106 III BetrVG verwiesen (→ § 243 Rn. 12). Anders als in § 106 III BetrVG, der die Unterrichtungspflicht lediglich auf das Unternehmen beschränkt, nennt § 32 I SprAuG daneben noch den Betrieb. Jedoch bestehen insoweit keine Unterschiede im Umfang der Unterrichtungspflicht.[1] In § 32 I SprAuG ist die Unterrichtung nicht ausdrücklich auf die Mitteilung und Erläuterung der **Jahresbilanz** und der Gewinn- und Verlustrechnung (§ 108 V BetrVG) erstreckt. Gleichwohl sind hieraus keine Schlussfolgerungen gegen eine entspr. Unterrichtung zu ziehen. Vielmehr gehört diese zur Unterrichtung über die wirtschaftliche und finanzielle Lage des Unternehmens.[2] Bei Personenhandelsgesellschaften und Einzelkaufleuten kann die Unterrichtung auf die sog. Betriebsbilanz beschränkt werden.[3] Streitigkeiten über Umfang und Grenzen der Unterrichtung in wirtschaftlichen Angelegenheiten werden im arbeitsgerichtlichen Beschlussverfahren (§ 2a ArbGG) zwischen Sprecherausschuss und AG ausgetragen.

2. Durchführung der Unterrichtung. Die Unterrichtung hat gegenüber dem Sprecher- 2
ausschuss oder, falls ein solcher gebildet ist, dem Unternehmenssprecherausschuss zu erfolgen. Anders als nach §§ 106 ff. BetrVG ist ein Wirtschaftsausschuss nicht vorgesehen. Keine besondere Unterrichtungspflicht ist gegenüber dem Gesamt- oder Konzernsprecherausschuss vorgesehen. Sie kommt nach dem allgemeinen Zuständigkeitsbestimmungen (→ § 250 Rn. 4) nur in Betracht, wenn die Entgegennahme der Unterrichtung an den Gesamt- oder Konzernsprecherausschuss delegiert ist. Die Unterrichtung muss einmal im Kalenderhalbjahr erfolgen. Die nähere Festlegung des Zeitpunkts steht im Ermessen des AG. Der Sprecherausschuss hat anders als der Wirtschaftsausschuss nach § 106 I BetrVG kein Beratungsrecht. Aus dem Gebot der vertrauensvollen Zusammenarbeit folgt jedoch, dass der AG eine Stellungnahme des Sprecherausschusses entgegennehmen muss. Anders als in § 106 BetrVG ist in § 32 I SprAuG die **Vorlage von Unterlagen** nicht ausdrücklich vorgesehen. Teilweise wird vertreten, dass die Überlassung im Rahmen der allgemeinen Unterrichtungspflicht nach § 25 II 2 SprAuG verlangt werden kann,[4] während die Gegenauffassung zutreffend § 106 II BetrVG entsprechend anwendet. Auf § 25 II 2 SprAuG kann nicht zurückgegriffen werden, da in diesem Fall die Unterlagen dauerhaft zur Verfügung zu stellen wären, was über die Verpflichtung des Unternehmers in § 106 II BetrVG hinausgehen würde. Da jedoch die Unterrichtung über die wirtschaftlichen Angelegenheiten ohne Vorlage von Unterlagen vielfach für den Sprecherausschuss nicht verständlich sein wird, sind ihm diese entsprechend der Regelung in § 106 II BetrVG ggf. zur Vorbereitung und für die Sitzung zur Verfügung zu stellen. Die Unterrichtungspflicht besteht nicht für Unternehmen und Betriebe iSd § 118 I BetrVG, wenn diese den geschützten **Tendenzen** unmittelbar dienen (→ § 214 Rn. 5).

---

[1] ErfK/*Oetker* SprAuG § 32 Rn. 6.
[2] *Hromadka/Sieg* SprAuG § 32 Rn. 9.
[3] *Löwisch* SprAuG § 32 Rn. 4.
[4] *Hromadka/Sieg* SprAuG § 32 Rn. 47; *Löwisch* SprAuG § 32 Rn. 32.

II. Mitwirkung bei Betriebsänderungen

3 **1. Betriebsänderung.** Der Unternehmer hat den Sprecherausschuss über geplante Betriebsänderungen iSd § 111 BetrVG, die auch wesentliche Nachteile für leitende Angestellte zur Folge haben können, rechtzeitig und umfassend zu unterrichten (§ 31 II 1 SprAuG).[5] Der Begriff der Betriebsänderung ist durch Verweisung auf § 111 BetrVG bestimmt (→ § 244 Rn. 3). Die Verweisung erfasst jedoch nur den Begriff der Betriebsänderung, unbeachtlich für das Entstehen des Beteiligungsrechts ist die Beschäftigtenzahl im Unternehmen, da § 32 II SprAuG auf die Belange der leitenden Angestellten abstellt.[6] Über Unternehmensveränderungen ist nur dann zu unterrichten, wenn diese zugleich den Tatbestand der Betriebsänderung erfüllen. Eine Unterrichtungspflicht besteht, wenn die Betriebsänderungen wesentliche Nachteile für die Belegschaft oder erhebliche Teile der Belegschaft zur Folge haben können. Nachteile sind alle wirtschaftlichen Verschlechterungen der Stellung eines leitenden Angestellten. Ein wesentlicher Nachteil ist immer anzunehmen, wenn die Voraussetzungen von § 111 S. 2 BetrVG vorliegen. Insoweit gelten auch die Ausführungen in → § 244 Rn. 7 entsprechend. Darüber hinaus fordert aber § 32 II 1 SprAuG, dass die Betriebsänderung auch wesentliche Nachteile für die leitenden Angestellten zur Folge haben kann. Dieser Umstand wird anders als nach dem BetrVG nicht zu vermuten sein. Bei Änderung der Produktions- und Fertigungsmethoden ist sogar durchaus denkbar, dass hiervon keine Nachteile für die leitenden Angestellten ausgehen.

4 **2. Unterrichtungspflicht.** Inhaber des Unterrichtungsanspruchs ist der Sprecherausschuss bzw. der Unternehmenssprecherausschuss. Ist für einen Betrieb kein Sprecherausschuss gebildet, entfällt der Unterrichtungsanspruch. Dies gilt auch dann, wenn im Unternehmen im Übrigen ein Unternehmenssprecherausschuss besteht. Der Sprecherausschuss hat noch ein **Restmandat,** wenn ein Betrieb stillgelegt worden ist (§ 21b BetrVG analog; → § 219 Rn. 18). Zur Unterrichtung verpflichtet ist der **Unternehmer.** Ist über das Unternehmen das Insolvenzverfahren eröffnet, ist der Insolvenzverwalter zur Unterrichtung verpflichtet. Die Unterrichtung muss bereits im **Planungsstadium** erfolgen. Noch keine Unterrichtungspflicht besteht bei Vorüberlegungen oder Planspielen. Andererseits dürfen die Planungen nicht soweit vorgeschritten sein, dass dem Sprecherausschuss keine Einflussnahme mehr verbleibt. Die Unterrichtung muss umfassend sein und sich auf den Umfang und Auswirkungen der geplanten Betriebsänderung beziehen. Die Vorlage von Unterlagen muss nach § 25 II 2 SprAuG erfolgen, soweit dies zum Verständnis der geplanten Betriebsänderung notwendig ist. Der Sprecherausschuss hat gegenüber dem Unternehmer keinen Anspruch auf Beratung der eigentlichen Betriebsänderung und Abschluss eines **Interessenausgleichs.** Aus dem Grundsatz der vertrauensvollen Zusammenarbeit (§ 2 SprAuG) folgt allein, dass sich der AG mit dem Sprecherausschuss auseinandersetzen muss.

5 **3. Wirtschaftliche Nachteile.** Entstehen leitenden Angestellten infolge der geplanten Betriebsänderung wirtschaftliche Nachteile, hat der Unternehmer mit dem Sprecherausschuss über Maßnahmen zum Ausgleich oder zur Milderung dieser Nachteile zu beraten. Das Beratungsrecht setzt zunächst das Bestehen wirtschaftlicher Nachteile voraus. Der Sprecherausschuss hat nur ein **Beratungsrecht** über Maßnahmen zum Ausgleich oder Milderung dieser Nachteile. Dagegen hat er **keinen Anspruch auf Abschluss eines Sozialplans.** Allerdings kann eine Vereinbarung oder eine Richtlinie nach § 28 SprAuG für den Inhalt der Arbeitsverhältnisse der leitenden Angestellten geschlossen werden und diese auch für verbindlich erklärt werden (→ § 252 Rn. 6). Gegenstand dieser Richtlinie können alle Maßnahmen und Ausgleichsleistungen der wirtschaftlichen Nachteile sein, also zB auch Abfindungen. Die Vereinbarungen und Richtlinien über den Sozialplan sind an höherrangige Rechtsquellen gebunden. Durch den Sozialplan kann die soziale Auswahl bei Kündigungen nicht verändert werden. Die Richtlinien unterliegen der Billigkeitskontrolle (→ § 252 Rn. 4). Bei einer nur geringen Anzahl von betroffenen leitenden Angestellten wird es rechtlich geboten sein, die Abfindungen möglichst individuell zu bemessen.[7] Verträge zugunsten der leitenden Angestellten zwischen

[5] Zur Beteiligung des Sprecherausschusses bei Restrukturierungsmaßnahmen *Schubert/Fischer* DB 2020, 785.

[6] ErfK/*Oetker* SprAuG § 32 Rn. 16; aA *Hromadka/Sieg* SprAuG § 32 Rn. 51; *Löwisch* SprAuG § 32 Rn. 38 (Beschäftigtenzahl maßgeblich).

[7] BAG 14.9.1994 AP Nr. 87 zu § 112 BetrVG 1972 = NZA 1995, 440.

BR und AG über die Zahlung von Abfindungen bei Stilllegungen sind unwirksam, da dem BR insoweit die Regelungskompetenz fehlt.[8] Ansprüche der einzelnen leitenden Angestellten aus einer für verbindlich erklärten Vereinbarung werden im arbeitsgerichtlichen Urteilsverfahren geltend gemacht.

[8] BAG 31.1.1979 AP Nr. 8 zu § 112 BetrVG 1972.

XXIII. Buch. Der Europäische Betriebsrat

§ 255. Organisation des Europäischen Betriebsrats

Übersicht

I. Voraussetzungen für die Bildung eines EBR

1. Allgemeines. Durch das Gesetz über Europäische Betriebsräte (Europäische Betriebsräte-Gesetz – EBRG) vom 28.10.1996 (BGBl. I 1548), ber. 9.12.1996 (BGBl. I 2022) ist die Richtlinie über Europäische Betriebsräte in nationales Recht umgesetzt worden. Durch das EBR-Anpassungsgesetz vom 22.12.1999 (BGBl. I 2809) sind der bis zum 31.12.1999 geltende Ausschluss für das Vereinigte Königreich aufgehoben und die Regelungen über die Mitgliederzahl des EBR in § 22 EBRG entsprechend angepasst. Der Gesetzgeber hat dem Anpassungsbedarf durch die RL 2009/38/EG Rechnung getragen und das EBRG durch das am 14.6.2011 verkündete EBRG-Änderungsgesetz geändert.[1] Allerdings hat er es nach wie vor unterlassen, eine Regelung über die Ausgestaltung von Vereinbarungen des EBR aufzunehmen. Dennoch ist der EBR zum Abschluss von Vereinbarungen mit der Zentralen Leitung befugt, die sich auf seinen eigenen Wirkungskreis beschränken.[2] 1

2. Inlandsbezug. a) Unternehmenssitz. Das Gesetz findet Anwendung auf Unternehmen mit Sitz in Deutschland, die in den EU-Mitgliedstaaten und den EWR-Mitgliedstaaten (Island, Liechtenstein und Norwegen) mindestens 1 000 AN insgesamt und davon jeweils mindestens 150 AN in zwei Mitgliedstaaten haben (§§ 2, 3 EBRG). Auf eine Unternehmensgruppe findet das EBRG Anwendung, wenn gemeinschaftsweit 1 000 AN beschäftigt und ihr zumindest zwei Unternehmen mit Sitz in verschiedenen Mitgliedstaaten angehören. Bei der Feststellung der Arbeitnehmerzahl ist auf den Durchschnitt der letzten beiden Jahre vor der Antragstellung oder der Initiative der Zentralen Leitung abzustellen (§ 4 EBRG). Die leitenden Angestellten werden nicht mitgerechnet, dagegen aber alle AN, die zur Berufsausbildung Beschäftigten sowie AN in befristeten oder Teilzeitarbeitsverhältnissen; zum Arbeitnehmerbegriff (→ Rn. 6). 2

b) Zentrale Leitung in anderem Mitglied- oder Drittstaat. Befindet sich die zentrale Leitung in einem anderen Mitgliedstaat, ist dessen Recht anwendbar. Für die in § 2 IV EBRG genannten Bereiche (zB Arbeitnehmerbegriff, Beschäftigtenzahlen, Auskunftsanspruch, Bestimmung des herrschenden Unternehmens, Bestellung der inländischen Arbeitnehmervertreter, Schutzbestimmungen) gilt allerdings deutsches Recht, selbst wenn der Sitz der Zentralen Leitung nicht in der Bundesrepublik liegt. Befindet sich die zentrale Leitung nicht in einem EU- bzw. EWR-Mitgliedstaat (sog. **Drittstaat**), besteht jedoch eine nachgeordnete Leitung für die in den Mitgliedstaaten liegenden Betriebe oder Unternehmen, findet das Gesetz Anwendung, wenn sich die nachgeordnete Leitung in Deutschland befindet. Besteht keine nachgeordnete Leitung, ist das EBRG anwendbar, wenn die zentrale Leitung einen Betrieb oder ein Unternehmen im Inland als ihren Vertreter benennt. Geschieht dies nicht, ist das Gesetz anzuwenden, wenn der Betrieb oder das Unternehmen mit der größten Arbeitnehmerzahl der Mitgliedstaaten im Inland liegt (§ 2 II EBRG). In dem letztgenannten Fall fingiert das Gesetz, dass sich die zentrale Leitung in Deutschland befindet. 3

---

[1] Zum Übergangsrecht *Giesen* NZA 2009, 1174.

[2] Dazu *Rehberg* NZA 2013, 73; *Zimmer* EuZA 2013, 459.

4 **3. Arbeitnehmer.** Der persönliche Geltungsbereich ergibt sich aus §§ 2, 3 EBRG. Der Arbeitnehmerbegriff richtet sich mangels unionsrechtlicher Vorgaben zwar nach nationalem Recht (§ 5 BetrVG); Leitende Angestellte gelten dementsprechend nicht als AN. Sie können aber nach § 11 IV EBRG zu Mitgliedern des Besonderen Verhandlungsgremiums bestellt werden. Daneben kann ein leitender Angestellter vom Sprecherausschuss bestimmt werden, der an den Sitzungen des EBR teilnimmt (§ 23 VI EBRG). AN in anderen als den EU- bzw. EWR-Mitgliedstaaten (sog. **Drittstaaten**) werden weder bei der Berechnung der maßgeblichen Arbeitnehmerzahlen berücksichtigt, noch sind sie von den Beteiligungsrechten erfasst. Ihre Einbeziehung kann durch eine Vereinbarung zwischen der Zentralen Leitung und dem Besonderen Verhandlungsgremium erfolgen (§§ 1 II, 14 EBRG).

5 **4. Zentrale Leitung.** Auf Arbeitgeberseite ist die zentrale Leitung Gesprächs- und Verhandlungspartner der AN. Der Begriff wird in § 1 VI EBRG näher definiert. Ein Unternehmen, das zu einer gemeinschaftsweit tätigen Unternehmensgruppe gehört, ist herrschendes Unternehmen, wenn es unmittelbar oder mittelbar einen beherrschenden Einfluss auf ein anders Unternehmen derselben Gruppe ausüben kann (§ 6 I EBRG). Eine Zusammenfassung von herrschendem und abhängigem Unternehmen unter einer einheitlichen Leitungsmacht ist nicht erforderlich. Ein beherrschender Einfluss wird unter den in § 6 II EBRG genannten Voraussetzungen vermutet. Gemeinschaftsunternehmen sind regelmäßig in die Unternehmensgruppen der jeweiligen Muttergesellschaften nicht einzubeziehen, wenn ein beherrschender Einfluss nicht festgestellt werden kann.

II. Bildung des Europäischen Betriebsrats

6 **1. Bestehende Vereinbarungen.** Ist vor dem 22.9.1996 in den in §§ 2, 3 EBRG genannten Unternehmen und Unternehmensgruppen eine Vereinbarung über grenzübergreifende Unterrichtung und Anhörung geschlossen worden, sind die Bestimmungen des EBRG nicht anwendbar, solange die Vereinbarung wirksam ist. Diese gilt fort. Nach § 41 II EBRG steht der Fortgeltung nicht entgegen, dass die Vereinbarung aufseiten der AN nur von einer im BetrVG vorgesehenen Vertretung geschlossen worden ist und nicht von den durch das EBRG vorgesehenen Gremien. In § 41 III–V EBRG sind Nachbesserungs-, Strukturanpassungs- und Verlängerungsklauseln für freiwillige Vereinbarungen vorgesehen. Besteht **keine freiwillige Vereinbarung** und liegen die Voraussetzungen einer gemeinschaftsweiten Tätigkeit vor, richtet sich die Verpflichtung zur Bildung und Tätigkeit des EBR nach dem **EBRG.** Auf Arbeitnehmerseite ist zunächst ein Besonderes Verhandlungsgremium zu bilden. Nach §§ 17 ff. EBRG können zwischen der Unternehmensleitung und dem Besonderen Verhandlungsgremium Vereinbarungen über die Bildung des EBR und über das Verfahren zur grenzübergreifenden Unterrichtung und Anhörung geschlossen werden. Werden sie nicht geschlossen, ist ein EBR kraft Gesetzes nach §§ 21 ff. EBRG zu bilden.[3]

7 **2. Besonderes Verhandlungsgremium. a) Aufgabe.** Das Besondere Verhandlungsgremium hat die Aufgabe, mit der Zentralen Leitung eine Vereinbarung über eine grenzübergreifende Unterrichtung und Anhörung der AN abzuschließen (§ 8 I EBRG). Die Bildung des Besonderen Verhandlungsgremiums ist von den AN oder ihren Vertretern schriftlich bei der Zentralen Leitung zu beantragen oder erfolgt auf Initiative der Zentralen Leitung (§ 9 I EBRG). Der Antrag ist wirksam gestellt, wenn er von mindestens 100 AN oder ihren Vertretern aus mindestens zwei Betrieben oder Unternehmen, die in verschiedenen Mitgliedstaaten liegen, unterzeichnet ist und der Zentralen Leitung zugeht (§ 9 II EBRG). Die Zentrale Leitung hat die Antragsteller, die örtlichen Betriebs- oder Unternehmensleitungen, die dort bestehenden Arbeitnehmervertretungen sowie die in inländischen Betrieben vertretenen Gewerkschaften über die Bildung eines Besonderen Verhandlungsgremiums zu unterrichten (§ 9 III EBRG).

8 **b) Zusammensetzung.** Die Zusammensetzung des Besonderen Verhandlungsgremiums richtet sich nach § 10 I EBRG. Danach wird für jeden Anteil der in einem Mitgliedstaat beschäftigten AN, der 10% der Gesamtzahl der in allen Mitgliedstaaten beschäftigten AN der gemeinschaftsweit tätigen Unternehmen oder Unternehmensgruppen oder einen Bruchteil davon beträgt, ein Mitglied aus diesem Mitgliedstaat in das Besondere Verhandlungsgremium entsandt;[4]

[3] Dazu *Kunz* FS Klebe, 2018, 260.

[4] **Beispiel:** Beschäftigt zB eine gemeinschaftsweit tätige Unternehmensgruppe insgesamt 4 500 AN, davon 2 000 in Deutschland, 1 100 in Italien, 900 in Frankreich und 500 in Polen, entfallen 44,4% auf Deutschland, 24,4% auf Italien, 20% auf Frankreich und 11,1% auf Polen. Damit besteht das Besondere Verhandlungsgremium aus insgesamt zwölf Mitgliedern, davon fünf aus Deutschland, drei aus Italien, zwei aus Frankreich und zwei aus Polen (BT-Drs. 17/4808, 10).

diese Berechnung gilt auch für den kraft Gesetzes gebildeten EBR (§ 22 II EBRG). Ersatzmitglieder können bestellt werden. Problematisch ist die Rechtslage für **vertretungslose Betriebe.** Nach § 5 IIa RL 2009/38/EG soll es in Betrieben und/oder Unternehmen, in denen unabhängig vom Willen der AN keine Arbeitnehmervertreter vorhanden sind, dazu führen, dass die AN selbst Vertreter wählen. Diese Vorgaben hat der Gesetzgeber nicht umgesetzt.

c) Geschäftsführung. Die Mitglieder des Besonderen Verhandlungsgremiums sind der Zentralen Leitung mitzuteilen (§ 12 EBRG). Die Zentrale Leitung lädt unverzüglich nach Benennung der Mitglieder zur konstituierenden Sitzung des Besonderen Verhandlungsgremiums ein (§ 13 I 1 EBRG). § 13 I 2 EBRG verpflichtet die Zentrale Leitung zur Unterrichtung der Gewerkschaften und Arbeitgeberverbände über den Beginn der Verhandlungen und die Zusammensetzung des Besonderen Verhandlungsgremiums und bestimmt ein Teilnahmerecht von Sachverständigen und Gewerkschaftsvertretern an dessen Sitzungen (§ 13 IV EBRG). Kommen die Zentrale Leitung und das Besondere Verhandlungsgremium überein, die nach § 17 EBRG auszuhandelnde Vereinbarung auf nicht in einem Mitgliedstaat (Drittstaat) beschäftigte AN zu erstrecken, können sie vereinbaren, Arbeitnehmervertreter aus diesen Drittstaaten in das Besondere Verhandlungsgremium einzubeziehen (§ 14 EBRG). Andererseits kann das Besondere Verhandlungsgremium auch mit mindestens zwei Dritteln seiner Stimmen beschließen, die Verhandlungen zu beenden oder abzubrechen (§ 15 I EBRG). 9

d) Vereinbarungen über Beteiligungsrechte. Die Zentrale Leitung und das Besondere Verhandlungsgremium können frei vereinbaren, wie die grenzüberschreitende Unterrichtung und Anhörung der AN ausgestaltet wird. Sie haben einen breiten Ermessensspielraum (§ 17 EBRG). Die Vorschriften des EBRG gelten nicht. Nach § 17 S. 3 EBRG können sich die Parteien verständigen, ob die grenzübergreifende Unterrichtung und Anhörung durch die Errichtung eines EBR oder mehrerer EBR oder durch ein Verfahren zur Unterrichtung nach § 19 EBRG erfolgen soll. In jedem Fall müssen von der Vereinbarung alle AN in den Mitgliedstaaten erfasst werden (§ 17 S. 2 EBRG). Die Vereinbarung ist **schriftlich** zu treffen. In ihr müssen die in § 18 EBRG aufgezählten Gegenstände geregelt werden. § 18 I 2 Nr. 3 EBRG stellt klar, dass durch die Bildung des Besonderen Verhandlungsgremiums die Rechte der nationalen Arbeitnehmervertretungen nicht beeinträchtigt werden dürfen, während § 18 I 2 Nr. 5 EBRG eine Vereinbarung über die Einrichtung eines Ausschusses des EBR vorgibt. 10

3. Gesetzlicher Europäischer Betriebsrat. a) Voraussetzungen. Ein gesetzlicher EBR (§§ 22, 23 EBRG) ist zu errichten, wenn **(a)** die Zentrale Leitung (→ Rn. 5) innerhalb von sechs Monaten nach der Antragstellung die Aufnahme von Verhandlungen verweigert oder untätig bleibt, **(b)** innerhalb von drei Jahren nach Antragstellung keine Vereinbarung nach den §§ 18, 19 EBRG zustande kommt oder **(c)** die Zentrale Leitung und das Besondere Verhandlungsgremium (→ Rn. 7) das vorzeitige Scheitern der Verhandlungen erklären. Gleiches gilt, wenn die Bildung des Besonderen Verhandlungsgremiums auf Initiative der Zentralen Leitung erfolgt (§ 21 I EBRG). Die Regelung, dass auch eine Initiative der Zentralen Leitung zur Bildung eines gesetzlichen EBR führen kann, geht über die RL 2009/38/EG hinaus. Allerdings werden von der Zentralen Leitung regelmäßig keine Initiativen zur Bildung eines Besonderen Verhandlungsgremiums zu erwarten sein. 11

b) Auskunftsanspruch. aa) Umfang. Zur Vorbereitung der Bildung eines EBR hat die Zentrale Leitung (→ Rn. 5) einer Arbeitnehmervertretung auf deren Verlangen Auskünfte über die durchschnittliche Gesamtzahl der AN und ihre Verteilung auf die Mitgliedstaaten, die Unternehmen und Betriebe sowie über die Struktur des Unternehmens oder der Unternehmensgruppe zu erteilen. Die Zentrale Leistung ist zur Erhebung der insoweit notwendigen Daten verpflichtet (§ 5 I EBRG). Der in Deutschland gebildete BR oder GBR kann den Auskunftsanspruch gegenüber der örtlichen Betriebs- oder Unternehmensleitung geltend machen (§ 5 II EBRG). Vom Auskunftsanspruch umfasst ist auch die Frage, ob ein Unternehmen herrschend (§ 6 EBRG) ist. Die Auskunftspflicht besteht für die Tatsachen, die zur Aufnahme von Verhandlungen zur Errichtung eines EBR oder Schaffung eines Verfahrens zur länderübergreifenden Unterrichtung und Anhörung der AN erforderlich sind. Ausreichend ist, dass eine gewisse Wahrscheinlichkeit für das Vorliegen der Voraussetzungen des EBRG gegeben ist.[5] 12

[5] EuGH 29.3.2001 AP Nr. 2 zu EWG-Richtlinie Nr. 94/95 = NZA 2001, 506 – Bofrost; BAG 30.3.2004 AP Nr. 3 zu § 5 EBRG = NZA 2004, 863; LAG Düsseldorf 25.10.2001 NZA-RR 2002, 196; 21.1.1999 NZA-RR 1999, 476; dazu *Klocke/Hass* ZESAR 2018, 364.

13 **bb) Drittstaat.** Problematisch ist die Durchsetzung des Auskunftsanspruchs, wenn sich die Zentrale Leitung (→ Rn. 5) nicht in einem Mitglieds-, sondern in einem Drittstaat befindet. Ihr gegenüber besteht weder aus nationalem noch aus Unionsrecht ein Auskunftsanspruch. In diesem Fall fingiert das EBRG das Bestehen einer Zentralen Leitung im Inland. Sofern die Voraussetzungen für die Fiktion vorliegen, tritt die fingierte Zentrale Leitung in die Pflichtenstellung des EBRG. Sie ist insbesondere anstelle der Zentralen Leitung zur Auskunftserteilung über die Tatsachen verpflichtet, die zur Aufnahme der Verhandlungen zur Einrichtung eines EBR unerlässlich sind. Stellt die Zentrale Leitung der fingierten Zentralen Leitung im Inland die notwendigen Informationen nicht zur Verfügung, so ist die fingierte Leitung verpflichtet, von den anderen in der Gemeinschaft ansässigen Unternehmen der Gruppe die Auskünfte zu verlangen, die zur Aufnahme der Verhandlungen zur Einrichtung eines EBR unerlässlich sind. Die anderen Unternehmen mit Sitz in einem Mitgliedstaat sind zur Auskunftserteilung verpflichtet, wenn ihnen die entsprechenden Tatsachen bekannt sind oder von ihnen beschafft werden können.[6] Diese sich aus der Richtlinie ergebene Verpflichtung der fingierten Zentralen Leitung kann der BR auch im Vollstreckungsverfahren durchsetzen.

14 **c) Zusammensetzung.** Die Zusammensetzung des EBR ähnelt der des Besonderen Verhandlungsgremiums (→ Rn. 8). Für jeden Anteil der in einem Mitgliedstaat beschäftigten AN, der 10% der Gesamtzahl der in allen Mitgliedstaaten beschäftigten AN der gemeinschaftsweit tätigen Unternehmen oder Unternehmensgruppen oder einen Bruchteil davon beträgt, wird ein Mitglied aus diesem Mitgliedstaat in den EBR entsandt (§ 22 II EBRG). Die fakultative Bestellung von Ersatzmitgliedern ist möglich. Das Bestellungsrecht steht dem (Gesamt-, Konzern-)Betriebsrat zu (§ 23 EBRG).[7] Nach Art. 7 der Richtlinie ist allerdings auch eine Bestellung durch die Belegschaft vorgesehen, insoweit fehlt es an einer Umsetzung im nationalen Recht. Die **Geschlechter** sollen entsprechend ihrem zahlenmäßigen Verhältnis bestellt werden (§ 23 V EBRG), zur Beteiligung der leitenden Angestellten § 23 VI EBRG. Der EBR ist eine Dauereinrichtung und hat keine Amtszeit. Nach § 32 EBRG beträgt die Dauer der Mitgliedschaft im EBR vier Jahre, wenn sie nicht durch Abberufung oder aus anderen Gründen vorzeitig beendet wird. Die **Mitgliedschaft** beginnt mit der Bestellung. Das entsendende Gremium kann die Bestellung durch einen erneuten Beschluss jederzeit widerrufen.[8] Die Zentrale Leitung hat alle zwei Jahre zu überprüfen, ob sich die Belegschaftszahlen verändert haben (§ 32 II EBRG).

15 **d) Geschäftsführung.** Für diese sind die §§ 25 ff. EBRG maßgeblich. Die Zentrale Leitung lädt unverzüglich nach Benennung der Mitglieder zur konstituierenden Sitzung ein. Der EBR wählt aus seiner Mitte den Vorsitzenden (§ 25 EBRG). Besteht der EBR aus neun oder mehr Mitgliedern, bildet er aus seiner Mitte einen Ausschuss, dem der Vorsitzende und zwei zu wählende Mitglieder angehören (§ 26 EBRG). Der EBR hat im Zusammenhang der Unterrichtung eine Sitzung abzuhalten und zu ihr einzuladen (§ 28 EBRG). Die Beschlüsse werden grundsätzlich mit der Mehrheit der Stimmen der anwesenden Mitglieder gefasst (§ 28 EBRG); die Durchführung einer Sitzung und eine Beschlussfassung mittels neuer Informations- und Kommunikationstechnologien ist nur für abwesende Besatzungsmitglieder vorgesehen (§ 41a EBRG);[9] Sonderregelungen bestanden während der COVID-19-Pandemie (§ 41b EBRG). Der EBR kann Sachverständige hinzuziehen (§ 39 II EBRG), nicht hingegen anderen Personen ein ständiges Teilnahmerecht einräumen.[10] Die Kosten des EBR und seines Ausschusses trägt die Zentrale Leitung (§ 39 I EBRG).

16 **e) Umstrukturierung des Unternehmens.** § 37 EBRG ermöglicht die Aufnahme von Verhandlungen über die Errichtung eines neuen EBR bei wesentlichen Strukturänderungen des Unternehmens oder der Unternehmensgruppe.[11] Nach § 37 I 1 EBRG kann bei einer wesentlichen Strukturänderung das Antrags- oder Initiativrecht (§ 9 I EBRG) ausgeübt werden, sofern eine Anpassungsklausel nicht besteht. Die nicht abschließende Aufzählung in § 37 S. 2 EBRG enthält Beispiele für wesentliche Strukturänderungen (Zusammenschluss, Spaltung, Verlegung und Stilllegung von Unternehmen oder Unternehmensgruppen sowie die Verlegung oder Stilllegung von Betrieben, soweit sie Auswirkungen auf die Zusammensetzung des EBR haben können).

---

[6] EuGH 13.1.2004 AP Nr. 3 zu EWG-Richtlinie Nr. 94/45 = NZA 2004, 160; nachfolgend zur Reichweite der Durchsetzungspflicht: BAG 29.6.2004 AP Nr. 6 zu § 5 EBRG = NZA 2005, 118.
[7] ArbG Hamburg 14.4.1997 ArbuR 1998, 42 (Reisekosten zur Vorbereitung der EBR-Bildung).
[8] AA offenbar LAG Düsseldorf 31.10.2007 – 12 TaBV 80/07.
[9] *Hayen* ArbuR 2017, 394.
[10] LAG BW 23.12.2014 – 11 TaBV 6/14 (Gewerkschaftsvertreter).
[11] Dazu *Hey/Schröder* BB 2012, 3014; *Hohenstatt/Kröpelin/Bertke* NZA 2011, 1313.

§ 256. Beteiligungsrechte des Europäischen Betriebsrats

Übersicht

I. Zuständigkeit

1. Übergreifende Angelegenheiten. Der EBR hat nur Unterrichtungs- und Anhörungsrechte; dagegen bestehen keine Mitbestimmungsrechte (→ Rn. 3). Seine Funktion ähnelt damit dem Wirtschaftsausschuss nach §§ 106 ff. BetrVG. Der EBR ist für die in §§ 29, 30 EBRG genannten Angelegenheiten (→ Rn. 2) zuständig, die das gemeinschaftsweit tätige Unternehmen oder die gemeinschaftsweit tätige Unternehmensgruppe insgesamt oder mindestens zwei Betriebe oder zwei Unternehmen in verschiedenen Mitgliedstaaten (grenzübergreifenden Angelegenheiten) betreffen. Bei Unternehmen und Unternehmensgruppen nach § 2 II EBRG ist der EBR nur in solchen Angelegenheiten zuständig, die sich auf das Hoheitsgebiet der Mitgliedstaaten erstrecken, soweit kein größerer Geltungsbereich vereinbart wird. 1

2. Zuständigkeit nach §§ 29, 30 EBRG. a) Wirtschaftliche Angelegenheiten. Die Zentrale Leitung hat den EBR nach § 29 I EBRG einmal im Kalenderjahr über die Entwicklung der Geschäftslage und die Perspektiven des gemeinschaftsweit tätigen Unternehmens oder der gemeinschaftsweit tätigen Unternehmensgruppe unter rechtzeitiger Vorlage der erforderlichen Unterlagen zu unterrichten (§ 1 IV EBRG) und ihn dabei anzuhören (§ 1 V EBRG). Der Gegenstand der Unterrichtungspflicht ergibt sich im Einzelnen aus dem Wortlaut von § 29 II EBRG. Über außergewöhnliche Umstände oder Entscheidungen, die erhebliche Auswirkungen auf die Interessen der AN haben, hat die Zentrale Leitung den EBR rechtzeitig unter Vorlage der erforderlichen Unterlagen zu unterrichten und auf Verlangen anzuhören. Als außergewöhnliche Umstände gelten bei grenzübergreifenden Angelegenheiten (§ 1 II EBRG) insbesondere **(a)** die Verlegung oder Stilllegung von Unternehmen, Betrieben oder wesentlichen Betriebsteilen[1] sowie **(b)** Massenentlassungen (§ 30 II EBRG). Die Begrifflichkeiten (Betrieb, -steil [§ 111 S. 3 Nrn. 1, 2 BetrVG], Massenentlassung [§ 17 I KSchG]) richten sich nach nationalem Recht.[2] Besteht ein Ausschuss, ist dieser anstelle des EBR nach § 26 EBRG zu beteiligen. Auf Tendenzunternehmen finden die §§ 29, 30 EBRG nur begrenzt Anwendung, zu Einzelheiten § 31 EBRG. 2

b) Beteiligungsrechte. aa) Unterrichtung. Nach § 1 IV EBRG bezeichnet **Unterrichtung** die Übermittlung von Informationen durch die Zentrale Leitung oder eine andere geeignete Leitungsebene an die Arbeitnehmervertreter, um ihnen Gelegenheit zur Kenntnisnahme und Prüfung der behandelten Frage zu geben. Die Unterrichtung erfolgt zu einem Zeitpunkt, in einer Weise und in einer inhaltlichen Ausgestaltung, die dem Zweck angemessen sind und es den Arbeitnehmervertretern ermöglichen, die möglichen Auswirkungen eingehend zu bewerten und gegebenenfalls Anhörungen mit dem zuständigen Organ des gemeinschaftsweit tätigen Unternehmens oder der gemeinschaftsweit tätigen Unternehmensgruppe vorzubereiten. Im Unterschied zu § 106 BetrVG ist in § 1 IV EBRG zwar nicht vorgeschrieben, dass die Unterrichtung umfassend sein muss. Angesichts des Normzwecks müssen die dem EBR mitgeteilten Tatsachen aber so bemessen sein, dass dieser die beabsichtigte Maßnahme beurteilen und sich mit den betroffenen nationalen Arbeitnehmervertretungen darüber austauschen kann. 3

bb) Anhörung. Die Anhörung bezeichnet den Meinungsaustausch und die Einrichtung eines Dialogs zwischen den Arbeitnehmervertretern und der Zentralen Leitung oder einer anderen geeigneten Leitungsebene zu einem Zeitpunkt, in einer Weise und in einer inhaltlichen 4

---

[1] Dazu *Lelley/Feindura* DB 2014, 2771; *Maiß/Pauken* BB 2013, 1589.

[2] AKRR/*Kühn* EBRG § 30 Rn. 7 ff.; GK-BetrVG/*Oetker* EBRG § 29 Rn. 23 (zu § 17 KSchG).

Ausgestaltung, die es den Arbeitnehmervertretern auf der Grundlage der erhaltenen Informationen ermöglichen, innerhalb einer angemessenen Frist zu den vorgeschlagenen Maßnahmen, die Gegenstand der Anhörung sind, eine Stellungnahme abzugeben, die innerhalb des gemeinschaftsweit tätigen Unternehmens oder der gemeinschaftsweit tätigen Unternehmensgruppe berücksichtigt werden kann. Die Anhörung muss den Arbeitnehmervertretern gestatten, mit der Zentralen Leitung in einer gemeinsamen Sitzung zusammenzukommen und eine mit Gründen versehene Antwort auf ihre etwaige Stellungnahme zu erhalten. Die Verpflichtung zur Anhörung entspricht damit mehr einem entsprechenden Beratungsrecht des EBR. Die grenzübergreifende Unterrichtung und Anhörung der AN erstreckt sich in einem Unternehmen auf alle in einem Mitgliedstaat liegenden Betriebe sowie in einer Unternehmensgruppe auf alle Unternehmen, die ihren Sitz in einem Mitgliedstaat haben, soweit kein größerer Geltungsbereich vereinbart wird (§ 1 III EBRG). Die Pflicht zur Unterrichtung und Anhörung ist bei Betriebs- bzw. Geschäftsgeheimnissen (§ 35 I EBRG) eingeschränkt. Auch nach der Anpassung des EBRG an die RL 2009/38/EG hat der Gesetzgeber als Sanktion für die nicht ordnungsgemäße Beteiligung des EBR die Verhängung eines Bußgelds vorgesehen (§ 45 EBRG).[3] Dennoch wird – wie im Recht der Betriebsänderung (→ § 244 Rn. 31 f.) – ein zeitlich beschränkter **Unterlassungsanspruch** zur Sicherung der Beteiligungsrechte des EBR in Betracht zu ziehen sein.[4]

5 **3. Unterrichtung der örtlichen Vertretung.** Der EBR und der Ausschuss haben die örtlichen Arbeitnehmervertreter über die Unterrichtung und Anhörung zu unterrichten. Besteht ein Sprecherausschuss, geschieht dies auf einer gemeinsamen Sitzung. Besteht keine Vertretung, sind die AN zu unterrichten (§ 36 EBRG). Das Unterrichtungsrecht des EBR wird durch den Grundsatz der Erforderlichkeit beschränkt. Ein Anspruch auf unmittelbare (mündliche) Kommunikation mit den AN der einzelnen Unternehmen besteht nicht.[5]

II. Sonstige Bestimmungen

6 **1. Zusammenarbeit und Schutzvorschriften.** Zentrale Leitung und EBR arbeiten vertrauensvoll zum Wohl der AN und des Unternehmens oder der Unternehmensgruppe zusammen (§ 34 EBRG). Nach § 35 I EBRG bestehen besondere Verschwiegenheitspflichten wegen Betriebs- und Geschäftsgeheimnissen. Sind diese den Mitgliedern des EBR von der Zentralen Leitung ausdrücklich als geheimhaltungsbedürftig bezeichnet worden, besteht ein Offenbarungs- und Verwertungsverbot (§ 35 II EBRG). Gleiches gilt für Ersatzmitglieder, Arbeitnehmervertreter im Rahmen eines Verfahrens zur Unterrichtung, Dolmetscher und Sachverständige sowie die örtlichen Arbeitnehmervertreter (§ 35 III EBRG). Für die Mitglieder des EBR, die im Inland beschäftigt sind, gelten nach § 40 EBRG die **Schutzvorschriften** des § 37 I–V BetrVG (→ § 221 Rn. 1) sowie der **Kündigungsschutz** der Betriebsvertretungsmitglieder (→ § 143 Rn. 1) entsprechend. Diese Schutzvorschriften werden durch Straf- und Bußgeldvorschriften ergänzt (§§ 42 ff. EBRG). Weitere Regelungen betreffen die Fortbildung (§§ 38, 40 I EBRG) der Arbeitnehmervertreter und die Ausstattung des EBR (§ 39 EBRG).

7 **2. Prozessuales.** Nach § 2a I Nr. 3b, II ArbGG sind die ArbG im Beschlussverfahren für die Angelegenheiten aus dem EBRG international zuständig. Die Zuständigkeit gilt auch für die Überprüfung der ordnungsgemäßen Wahl der inländischen Vertreter eines in einem außerhalb der Bundesrepublik Deutschland ansässigen EBR.[6] Die örtliche Zuständigkeit im Inland richtet sich nach dem Sitz des herrschenden Unternehmens (§ 82 II 1 ArbGG). Für die Begründung der internationalen Zuständigkeit sowie der Zuständigkeit der ArbG (§ 2a I Nr. 3b ArbGG) und der örtlichen Zuständigkeit (§ 82 II 1 ArbGG) genügt die bloße Rechtsbehauptung der Zuständigkeit, wenn über die Passivlegitimation gestritten wird, also ob es sich bei einem Unternehmen um den richtigen Ansprechpartner handelt.[7]

---

[3] Deren Änderung war Gegenstand eines erfolglos gebliebenen Änderungsantrags (BT-Drs. 17/5184).
[4] *Klocke/Haas* ZESAR 2018, 364 (367 f.); *Forst* ZESAR 2013, 15; aA LAG BW 12.10.2015 NZA-RR 2016, 358; LAG Köln 8.9.2011 ZIP 2011, 2121; ArbG Köln 25.5.2012 AiB 2012, 688; AKRR/*Kühn* EBRG § 29 Rn. 21; *Oetker* EWiR 2016, 187; *Monz/Sittard* NZA-RR 2016, 362.
[5] LAG BW 2.10.2014 – 11 TaBV 5/14.
[6] BAG 18.4.2007 AP Nr. 1 zu § 18 EBRG = NZA 2007, 1375.
[7] ArbG Wiesbaden 13.6.2018 NZA-RR 2018, 444; dazu *Kurzböck/Weinbeck* BB 2020, 2421.

XXIV. Buch. Grundzüge der Unternehmensmitbestimmung

§ 257. Übersicht über die Formen der Unternehmensmitbestimmung

Übersicht

I. Einführung

1 Die Mitbestimmung ist in vier gesetzlichen Regelungen enthalten, **(1)** Gesetz über die Mitbestimmung der Arbeitnehmer (Mitbestimmungsgesetz – MitbestG) vom 4.5.1976 (BGBl. I 1153; → § 260 Rn. 1); **(2)** Gesetz über die Mitbestimmung der Arbeitnehmer in den Aufsichtsräten und Vorständen der Unternehmen des Bergbaus und der Eisen und Stahl erzeugenden Industrie (Montan-MitbestG) vom 21.5.1951 (BGBl. I 347; → § 259 Rn. 1); **(3)** Gesetz zur Ergänzung des Gesetzes über die Mitbestimmung der Arbeitnehmer in den Aufsichtsräten und Vorständen der Unternehmen des Bergbaus und der Eisen und Stahl erzeugenden Industrie (MitbestErgG) vom 7.8.1956 (BGBl. I 707; → § 259 Rn. 3) und **(4)** Drittelbeteiligungsgesetz (DrittelbG) vom 18.5.2004 (BGBl. I 974; → § 258 Rn. 1), das ab dem 1.7.2004 das bislang weiter geltende BetrVG 1952 abgelöst hat. **Ergänzende Regelungen** bestehen im Saarland. Durch das G. Nr. 560 über die Einführung der Mitbestimmung der Arbeitnehmer in den Aufsichtsräten und Vorständen der Unternehmen des Bergbaues und der eisen- und stahlerzeugenden Industrie vom 22.12.1956 (ABl. 1703) ist das Montan-MitbestG modifiziert. Ferner ergeben sich Mitbestimmungsrechte aus dem Vertrag über deutsch-schweizerische Grenzkraftwerke, ratifiziert durch G. vom 15.5.1957 (BGBl. II 262). Die mitbestimmungsrechtlichen Regelungen bei **Auslandsbezug** sind in → § 261 Rn. 1 dargestellt.[1]

2 Zwischenzeitliche **Reformbemühungen** im Recht der Unternehmensmitbestimmung sind bislang an einem offenbar unüberbrückbaren Interessengegensatz zwischen der Unternehmenseigner- und Arbeitnehmerseite gescheitert.[2] Die gesetzlichen Regelungen über die Mitwirkung der Arbeitnehmervertreter im Aufsichtsrat sind zwingendes Recht und können weder durch die Satzung des Unternehmens noch durch Tarifnormen oder Betriebsvereinbarung geändert werden, zu privatautonomen Regelungen → Rn. 7.

II. Einzelne Mitbestimmungsmodelle

3 **1. MitbestG.** Das MitbestG 1976 (→ § 260 Rn. 1) gilt für Unternehmen, die die in § 1 I Nr. 1 MitbestG umschriebene Rechtsform haben und die idR mehr als 2 000 AN[3] beschäftigen (§ 1 MitbestG). Unerheblich ist, ob die verfolgten Unternehmensziele kommerzieller Natur sind. Mitbestimmungspflichtig sind nur Kapitalgesellschaften und die in § 4 I MitbestG genannten Kommanditgesellschaften, also AktG, KGaA, GmbH, eGmbH sowie GmbH & Co. KG wie AktG und Co. KG. Mitbestimmungspflichtig sind auch in der **Rechtsform** von Kapitalgesellschaften betriebene Regiebetriebe der Gemeinden, nicht dagegen Eigenbetriebe, Sparkassen usw. Keine Anwendung findet das Gesetz auf VVaG, selbst wenn diese mehr als 2 000 AN beschäftigen; insoweit gilt das DrittelbG.

[1] Zur Sicherung der Funktionsfähigkeit der Unternehmensmitbestimmung während der COVID-19-Pandemie *Krois/Wendler* DB 2020, 1009.

[2] Dazu *Biedenkopf/Streeck/Wißmann,* Europäische Mitbestimmung, Mitbestimmung 2007, Nr. 3, S. 28; Kongressbericht ZIP 2009, 885; *Henssler* ZfA 2018, 174; *Bauer* NZA-Beil. 3/2017, 85.

[3] Zur Berechnung der Arbeitnehmerzahl OLG Düsseldorf 9.12.1994 DB 1995, 277; OLG Frankfurt 7.6.1985 EWiR 1985, 607; LG Nürnberg 11.6.1982 BB 1982, 1625.

4 **2. Übrige Unternehmen.** Die Mitbestimmung der AN in den Aufsichtsräten nach dem DrittelbG besteht bei bestimmten Unternehmen und Konzernen mit mehr als 500, aber weniger als 2 001 AN (→ § 258 Rn. 1).

5 **3. Montanindustrie.** Die Mitbestimmung im Montanbereich nach dem Montan-MitbestG und Montan-MitbestErgG gilt für Unternehmen des Bergbaus und der Eisen und Stahl erzeugenden Industrie sowie deren abhängige Tochterunternehmen (→ § 259 Rn. 1).

6 **4. Mitbestimmungs-Beibehaltungsgesetz.** Durch das Gesetz zur Beibehaltung der Mitbestimmung beim Austausch von Anteilen und der Einbringung von Unternehmensteilen der Gesellschaften verschiedener Mitgliedstaaten der Europäischen Union (Mitbestimmungs-Beibehaltungsgesetz – MitbestBeiG) vom 23.8.1994 (BGBl. I 2228) soll die Mitbestimmung im Europäischen Raum gesichert werden. Wenn ein deutsches Unternehmen Betriebe, Betriebsteile oder Tochtergesellschaften an ein Unternehmen im Ausland abgibt und damit unter die maßgebliche Beschäftigtenzahl fällt, kann es steuerliche Erleichterungen nur in Anspruch nehmen, wenn es die Mitbestimmung beibehält (→ § 261 Rn. 1).

III. Privatautonome Regelungen

7 **1. Bedeutung.** Neben den gesetzlichen Regelungen können privatautonome Regelungen der Mitbestimmung für Unternehmen mit weniger als 2 000 AN oder von kommunalen Eigenbetrieben von Bedeutung sein. Solche Regelungen werden in der Form von nichttarifvertraglichen Vereinbarungen getroffen, die den Erhalt oder den Ausbau der Mitbestimmung zum Ziel haben. Dabei kann es sich um Absprachen handeln, durch die **(a)** in einem nicht unter das Mitbestimmungsrecht fallenden Unternehmen eine Arbeitnehmerbeteiligung eingeführt oder über die Vorgaben des Gesetzes ausgestaltet wird, **(b)** zusätzliche, nicht im Gesetz vorgeschriebene Organe errichtet werden oder **(c)** die konzernorganisatorische Maßnahmen betreffen, mit denen die Voraussetzungen für die Anwendung eines bestimmten gesetzlichen Mitbestimmungsstatuts geschaffen werden.[4] Entsprechende Vereinbarungen, die nicht in den zwingenden Bereich der Unternehmensmitbestimmung eingreifen, werden überwiegend als zulässig angesehen.

8 **2. Stimmbindungsverträge.** Die Beteiligung von Vertretern der AN kann daneben durch Stimmbindungsverträge gesichert werden, nach denen eine Wahl von Arbeitnehmervertretern als Vertreter der Anteilseigner zulässig ist. Stimmt ein Aktionär anders als vereinbart, ist die Abstimmung gültig; jedoch kann sich der Aktionär schadensersatzpflichtig machen. Eine Erfüllungsklage aus dem Stimmbindungsvertrag ist ausgeschlossen. Ein Stimmbindungsvertrag ist nichtig, wenn er gegen die guten Sitten verstößt oder einem Grundsatz des Aktienrechts zuwiderläuft oder beinhaltet, nach den Weisungen des Vorstands oder Aufsichtsrats zu stimmen. Gegen die Zulässigkeit der Stimmbindungsverträge wurde zu Unrecht eingewandt, sie verstießen gegen §§ 96, 101 I AktG iVm § 76 BetrVG 1952. Auch die aufgrund des Stimmbindungsvertrags gewählten Aufsichtsratsmitglieder der AN sind vom Aufsichtsrat gewählt.[5] Eine Inkompatibilität der Mitgliedschaft im Aufsichtsrat mit anderen Funktionen im Unternehmen kennt das Gesetz, abgesehen von den Fällen des § 105 AktG,[6] nicht. Vorschriften des Kommunalverfassungsrechts stehen einer entsprechenden Handhabung bzw. Vereinbarung gleichfalls dann nicht entgegen, wenn der Letztentscheid der Gemeinde/n gesichert ist.[7] Auch die aufsichtsratspflichtige GmbH kann daher über das DrittelbG hinaus die paritätische Mitbestimmung einführen.[8] Bei Stimmbindungsverträgen handelt es sich nicht um einen unzulässigen Stimmenkauf (§ 405 III Nr. 6 AktG). Zu den besonderen Vorteilen gehört nicht die Wahl selbst.

---

[4] MHdB ArbR/*Wißmann*, 3. Aufl., § 278 Rn. 10.

[5] Dazu OLG Hamburg 5.5.1972 AG 1972, 183; BGH 3.7.1975 AP Nr. 1 zu § 96 AktG = NJW 1975, 1657.

[6] VG Gelsenkirchen 14.12.1974 NJW 1974, 378.

[7] Zutreffend MHdB ArbR/*Wißmann*, 3. Aufl., § 278 Rn. 11 unter Hinweis auf das Demokratieprinzip.

[8] OLG Bremen 22.3.1977 NJW 1977, 1153.

§ 258. Mitbestimmung nach dem Drittelbeteiligungsgesetz

Übersicht

I. Anwendungsbereich

Das Gesetz über die Drittelbeteiligung der Arbeitnehmer im Aufsichtsrat (DrittelbG) vom 18.5.2004 (BGBl. I 974) hat ab dem 1.7.2004 die noch fortgeltenden §§ 76 ff. BetrVG 1952 abgelöst, ohne dass sich die Rechtslage allerdings inhaltlich wesentlich geändert hat. Mit Inkrafttreten des DrittelbG ist zugleich die ergänzende WO von der Bundesregierung erlassen und die bisherige WO aufgehoben worden. Die Aufsichtsräte einer Aktiengesellschaft, Kommanditgesellschaft auf Aktien, GmbH, Versicherungsvereinen auf Gegenseitigkeit und Erwerbs- und Wirtschaftsgenossenschaften müssen zu einem Drittel aus Vertretern der AN bestehen, sofern diese mehr als 500 AN beschäftigen (§§ 1, 4 I DrittelbG); diese Anzahl über einen Referenzzeitraum hinweg zu ermitteln.[1] AN eines Gemeinschaftsbetriebs sind bei der Berechnung der Schwellenwerte jedem der Betriebsträger in vollem Umfang zuzurechnen.[2] Gleiches gilt für **Leiharbeitnehmer** nach einer Einsatzzeit vom sechs Monaten (§ 14 III 5, 6 AÜG);[3] werden sie in einer Überlassungsform nach § 1 III AÜG eingesetzt, sind sie gleichermaßen mitzuzählen.[4] Durch Satzung, Tarifvertrag oder Betriebsvereinbarung kann diese Quote nicht geändert werden, jedoch steht es der Hauptversammlung frei, mehr AN als ihre Vertreter zu wählen. Die Mitbestimmung gilt für Unternehmen mit dem Sitz in der BRD, nicht jedoch für inländische Betriebe von Unternehmen mit Sitz im **Ausland.** Nach ausländischem Recht errichtete Gesellschaften unterliegen auch dann nicht dem DrittelbG, wenn sie ihren tatsächlichen Verwaltungssitz in die Bundesrepublik verlegen.[5] Ein Mitbestimmungsrecht im Aufsichtsrat besteht auch in einer Aktiengesellschaft mit in der Regel weniger als 500 AN, aber zumindest fünf AN,[6] die vor dem 10.8.1994 eingetragen worden ist und keine Familiengesellschaft ist.[7] Als Familiengesellschaften gelten solche AktG, deren Aktionär eine einzelne natürliche Person ist oder deren Aktionäre untereinander iSv § 15 AO verwandt oder verschwägert sind. Ferner sind ausgenommen die sog. Tendenzbetriebe[8] sowie Religionsgemeinschaften und ihre karitativen und erzieherischen Einrichtungen unbeschadet deren Rechtsform (§ 1 II 1 Nr. 2, 2 DrittelbG). Nach § 1 II 1 Nr. 1 DrittelbG ist das Gesetz schließlich nicht anzuwenden, wenn die Gesellschaft von der Mitbestimmung nach dem MitbestG oder der Montanmitbestimmung erfasst wird. 1

II. Wahlverfahren und Rechtsstellung

1. Wahlberechtigung und Wählbarkeit. Nach § 2 I DrittelbG nehmen an der Wahl der Aufsichtsratsmitglieder der AN des herrschenden Unternehmens eines Konzerns auch die AN der übrigen Konzernunternehmen teil.[9] Es gilt der Konzernbegriff des AktG.[10] Im Ausland beschäftigte 2

[1] BAG 4.11.2015 AP Nr. 2 zu § 9 MitbestG = NZA 2016, 559; BGH 17.4.2018 – II ZR 277/16.
[2] BAG 14.8.2013 AP Nr. 2 zu § 5 DrittelbG; 13.3.2011 AP Nr. 1 zu § 5 DrittelbG = NZA 2013, 853.
[3] Zu § 1 I Nr. 2 MitbestG BGH 25.6.2019 NZA 2019, 1232 (arbeitsplatzbezogene Mindesteinsatzdauer); dazu *Boehmke* ZfA 2021, 100.
[4] Oetker NZA 2017, 29 (34); Abend DB 2017, 607 (609); aA Löwisch/Wegmann BB 2017, 373 (377).
[5] ErfK/*Oetker* DrittelbG Einleitung Rn. 4; *Teichmann* ZIP 2010, 874; *Hellwig/Brehme* ZIP 2010, 871.
[6] BGH 7.2.2012 NZA 2012, 580.
[7] Verfassungsmäßigkeit bejaht von BVerfG 9.1.2014 ZIP 2014, 464.
[8] Nur bei unmittelbarer karitativer Tätigkeit LG Düsseldorf 30.4.2013 ZIP 2013, 1626 (Blutspendedienst).
[9] Zur Sicherung der Funktionsfähigkeit der Unternehmensmitbestimmung während der COVID-19-Pandemie *Krois/Wendler* DB 2020, 1009.
[10] BAG 15.12.2011 AP Nr. 8 zu § 18 AktG = NZA 2012, 633.

AN eines deutschen Konzerns sind nicht wahlberechtigt.[11] Der Betriebsbegriff ist in § 3 II DrittelbG für das gesamte DrittelbG durch Bezugnahme auf das BetrVG definiert.[12] Die Aufsichtsratsmitglieder werden nach den Grundsätzen der Mehrheitswahl in allgemeiner, geheimer, gleicher und unmittelbarer Wahl für die Zeit gewählt, die im Gesetz oder in der Satzung auch für die von der Hauptversammlung zu wählenden Aufsichtsratsmitglieder bestimmt ist (§ 5 I DrittelbG). Die Wahlberechtigung entspricht den Regelungen zum BetrVG (→ § 217 Rn. 11).[13] Auch Leiharbeitnehmer sind nach einer Einsatzzeit von drei Monaten wahlberechtigt (§ 14 III 5 AÜG, § 7 S. 2 BetrVG). Die Aufsichtsratsmitglieder der AN, die AN des Unternehmens sind, müssen das 18. Lebensjahr vollendet haben und ein Jahr dem Unternehmen angehören. Sind nur ein oder zwei Arbeitnehmervertreter zu wählen, müssen diese als AN im Unternehmen beschäftigt sein; sind mehr als zwei Aufsichtsratsmitglieder der AN zu wählen, müssen unter diesen zumindest zwei im Unternehmen beschäftigt sein (§ 4 II DrittelbG). Unter den Aufsichtsratsmitgliedern der AN sollen Frauen und Männer entsprechend ihrem zahlenmäßigen Verhältnis im Unternehmen vertreten sein (§ 4 IV DrittelbG).

3 **2. Wahlverfahren.** Dieses ist in den §§ 1 ff. WO vom 23.6.2004 (BGBl. I 1393) zum DrittelbG geregelt. Zunächst hat das gesetzliche Vertretungsorgan der Gesellschaft dem BR – oder wenn ein solcher nicht besteht – die AN über die Zahl der zu entsendenden AN und deren Amtszeit zu informieren (§ 1 WO). Anschließend ist entweder vom BR oder durch eine Betriebsversammlung ein Wahlvorstand zu bilden, der das Wahlausschreiben zu erlassen hat. Jeder im Betrieb gebildete BR, der GBR und der KBR[14] und die AN können Wahlvorschläge machen. Diese müssen von mindestens 1/10 der wahlberechtigten AN der Betriebe des Unternehmens oder von mindestens 100 wahlberechtigten AN unterzeichnet sein (§ 6 S. 2 DrittelbG).[15] Die Einzelheiten über die Wahlvorschläge regeln die §§ 7–12 WO.[16] Nach § 7 DrittelbG kann zusammen mit jedem Bewerber für diesen ein Ersatzmitglied vorgeschlagen werden; dieses ist gewählt, wenn der mit ihm vorgeschlagene Bewerber gewählt ist. Die Wahl findet als Gemeinschaftswahl aller wahlberechtigten AN statt, gewählt ist/sind der/die Bewerber, der/die die meisten Stimmen erhalten hat. Die Bekanntmachung regelt § 8 DrittelbG, die Veröffentlichung im elektronischen Bundesanzeiger ist für den Lauf der Anfechtungsfrist (§ 11 II 2 DrittelbG) von Bedeutung. Besteht das Unternehmen aus mehreren Betrieben, bestellt der GBR zusätzlich einen Unternehmenswahlvorstand (§ 24 WO). Soll die Wahl der Arbeitnehmervertreter für den Aufsichtsrat eines herrschenden Konzernunternehmens erfolgen, nehmen auch die AN der Betriebe der übrigen Konzerntöchter teil (§ 2 DrittelbG);[17] in diesem Fall ist zusätzlich ein Hauptwahlvorstand (§ 25 WO) zu bestellen. Die Wahl im Konzern erfolgt nach den gleichen Grundsätzen;[18] die Möglichkeit einer Delegiertenwahl sieht das DrittelbG nicht mehr vor.

4 **3. Wahlanfechtung.** Die Wahl eines Aufsichtsratsmitglieds oder eines Ersatzmitglieds der AN kann beim Arbeitsgericht angefochten werden, wenn gegen wesentliche Vorschriften über das Wahlrecht, die Wählbarkeit oder das Wahlverfahren verstoßen worden und eine Berichtigung nicht erfolgt ist, es sei denn, dass durch den Verstoß das Wahlergebnis nicht geändert oder beeinflusst werden konnte.[19] Anfechtungsberechtigt sind **(a)** mindestens drei Wahlberechtigte (→ Rn. 3), **(b)** die Betriebsräte und **(c)** das zur gesetzlichen Vertretung des Unternehmens befugte Organ. Die Anfechtung ist nur binnen einer Frist von zwei Wochen, vom Tag der Veröffentlichung im elektronischen Bundesanzeiger an gerechnet, zulässig (§ 11 DrittelbG). Haben drei wahlberechtigte AN die Wahl der Arbeitnehmervertretung im Aufsichtsrat angefochten und fällt einer dieser AN während des Wahlanfechtungsverfahrens fort, kann an seiner Stelle nicht ein anderer AN die Anfechtung weiter betreiben. Jeder anfechtende AN kann in der 1. Instanz seinen Antrag allein zurücknehmen.[20] Am Verfahren beteiligt sind das Unternehmen, die GBR/BR, gewählten Arbeitnehmervertreter und Gewerkschaften, letztere jedoch nur, sofern sie die Wahl selbst auch angefochten haben.[21]

---

[11] LG Stuttgart 1.2.2018 AG 2018, 287; LG Frankfurt 21.12.2017 NZA-RR 2018, 192; diese Auslegung ist unionsrechtskonform EuGH 18.7.2017 AP Nr. 1 zu Art. 45 AEUV = NZA 2017, 1000 (Erzberger).
[12] Zu § 3 II MitbestG: BAG 21.4.2020 – 7 ABN 78/19.
[13] Vgl. zur Wahl BAG 7.8.1990 AP Nr. 1 zu § 80 BGB.
[14] Enger ErfK/*Oetker* DrittelbG § 6 Rn. 3 nur bei Teilnahme von AN abhängiger Konzernunternehmen.
[15] Zum Vorschlagsrecht einer Vertretung nach § 117 BetrVG: BVerfG 12.2.2014 NZA 2014, 981.
[16] Zur Markierung eines Wahlzettels mit einem „Smiley" BAG 28.4.2021 – 7 ABR 20/20, zVb.
[17] Zum Konzernbegriff: BAG 16.8.1995 AP Nr. 30 zu § 76 BetrVG; ErfK/*Oetker* DrittelbG § 2 Rn. 3.
[18] BAG 6.2.1968 AP Nr. 16 zu § 76 BetrVG 1952 (Wahlordnung).
[19] HessLAG 5.8.2010 – 9 TaBV 26/10.
[20] BAG 12.2.1985 AP Nr. 27 zu § 76 BetrVG 1972 = NZA 1985, 786.
[21] BAG 27.1.1993 AP Nr. 29 zu § 76 BetrVG 1972 = NZA 1993, 949.

4. Rechtsstellung der Arbeitnehmervertreter im Aufsichtsrat. Die Vertreter der AN im Aufsichtsrat unterliegen einer besonderen Verschwiegenheitspflicht. Für sie gilt ein Behinderungs-, Benachteiligungs- und Begünstigungsverbot (§ 9 DrittelbG), jedoch haben sie allein aufgrund ihrer Aufsichtsratstätigkeit keinen besonderen Kündigungsschutz, da sie in § 15 KSchG nicht genannt werden. Gewerkschaftsmitglieder können sich verpflichten, einen Teil der Aufsichtsratsvergütung an eine Stiftung abzuführen.[22] Ihr Amt endet vorzeitig **(a)** bei erfolgreicher Wahlanfechtung mit der Rechtskraft der gerichtlichen Entscheidung, **(b)** mit der Auflösung der Gesellschaft oder **(c)** bei Wegfall der Errichtungsvoraussetzungen sechs Monate nach der entsprechenden Bekanntmachung durch den Vorstand bzw. gerichtlichen Entscheidung (§§ 97 ff. AktG). Das Amt endet darüber hinaus bei vorzeitiger Niederlegung, Wegfall der Voraussetzungen für seine Wählbarkeit (Ausscheiden aus dem Arbeitsverhältnis),[23] gerichtliche Abberufung (§ 103 AktG) sowie nach § 12 DrittelbG auf Antrag eines BR oder mindestens einem Fünftel der wahlberechtigten AN durch Beschluss (vgl. §§ 32 ff. WO). 5

§ 259. Mitbestimmung in der Montanindustrie

Übersicht

I. Montanindustrie

1. Geltungsbereich. Durch das Gesetz über die Mitbestimmung der Arbeitnehmer in den Aufsichtsräten und Vorständen der Unternehmen des Bergbaus und der Eisen und Stahl erzeugenden Industrie vom 21.5.1951 (BGBl. I 347) wird die Mitbestimmung in der Montanindustrie geregelt. Dem Montan-MitbestG unterfallen nach dessen § 1 I Unternehmen, wenn **(1)** der überwiegende Zweck in der Förderung von Stein- und Braunkohle oder Eisenerzen sowie in der Aufbereitung, Verkokung, Verschwelung oder Brikettierung dieser Grundstoffe liegt und ihre Betriebe unter der Aufsicht der Bergbehörden stehen; ferner **(2)** Unternehmen der Eisen und Stahl erzeugenden Industrie, die im alliierten Entflechtungsgesetz vom 16.5.1950 (AHK-Gesetz Nr. 27) namentlich aufgeführt sind und als Einheitsgesellschaften oder in anderer Form weiterbetrieben werden; schließlich **(c)** deren Konzernunternehmen, wenn sie sich mit der Förderung und Aufbereitung der Grundstoffe befassen oder überwiegend Eisen und Stahl erzeugen. Eine Erstreckung des Montan-MitbestG auf später gegründete Unternehmen ist zulässig, wenn sie dieselben sachlichen Merkmale wie die in § 1 I 1b Montan-MitbestG genannten Unternehmen aufweisen.[1] Die Herstellung von Walzwerkerzeugnissen einschl. Walzdraht, Röhren, Walzen, rollendem Eisenbahnmaterial, Freiformschmiedestücken und Gießereierzeugnissen aus Eisen oder Stahl ist als Erzeugung von Eisen und Stahl iSv § 1 I 1b, c Montan-MitbestG anzusehen in Unternehmen, die am 1.7.1981 mitbestimmungspflichtig waren. Diese Gesetzesänderung war dadurch bedingt, dass mehrere Unternehmen aus dem Montan-MitbestG herausgewachsen waren. Nach § 1 III Montan-MitbestG ist das Gesetz erst dann nicht mehr anzuwenden, wenn in dem Unternehmen in sechs aufeinander folgenden Geschäftsjahren die Voraussetzungen des § 1 I, II Montan-MitbestG (Unternehmenszweck oder Arbeitnehmerzahl) nicht mehr vorliegen.[2] 1

2. Aufsichtsrat und Vorstand. Der Aufsichtsrat der dem Montan-MitbestG unterfallenden Gesellschaften besteht aus 11 Mitgliedern, davon je 4 Vertretern der Anteilseigner und der AN und je einem weiteren Mitglied sowie einem weiteren Mitglied (§ 4 Montan-MitbestG). Das weitere Mitglied der AN oder Anteilseigner darf nicht zu Repräsentanten der Gewerkschaften oder der Arbeitgeberverbände gehören oder sonst bestimmenden Einfluss ausüben (vgl. § 4 II 2

[22] OLG Frankfurt 18.12.2018 ZIP 2019, 570; BAG 21.5.2015 NZA 2015, 1319.

[23] Zur Altersteilzeit BAG 25.10.2000 NZA 2001, 461; zur Kündigung eines AN nach § 76 II 3 BetrVG 1952 BGH 21.2.1963 AP Nr. 12 zu § 76 BetrVG 1952.

[1] BGH 28.2.1983 NJW 1983, 1617; OLG Düsseldorf 27.7.1988 DB 1988, 1943.

[2] Die Regelung wird überwiegend als verfassungsmäßig angesehen, obwohl sie seinerzeit auf einen konkreten Einzelfall (Mannesmann) bezogen war, vgl. ErfK/*Oetker* Montan-MitbestG § 1 Rn. 23 ff.; dazu auch BVerfG 7.5.1969 AP Nr. 1 zu § 16 MitbestErgG.

Montan-MitbestG); § 5a Montan-MitbestG soll für börsennotierte Gesellschaften die gleichberechtigte Teilhabe von Frauen und Männern an Führungspositionen sicherstellen. Bei Gesellschaften mit einem Nennkapital von mehr als 10 Mio. EUR kann durch Satzung der Aufsichtsrat auf 15, bei solchen mit mehr als 25 Mio. EUR auf 21 Mitglieder unter Berücksichtigung des Beteiligungsverhältnisses der AN erweitert werden (§ 9 Montan-MitbestG). Als gleichberechtigtes Mitglied des zur gesetzlichen Vertretung berufenen Organs (Vorstand, Geschäftsführung) wird ein Arbeitsdirektor bestellt. Seine Bestellung und Abberufung kann nicht gegen die Stimmen der Mehrheit der gewählten Aufsichtsratsmitglieder der Arbeitnehmerseite erfolgen (§ 13 I Montan-MitbestG). Der Arbeitsdirektor hat seine Aufgaben (Personalangelegenheiten) im engsten Einvernehmen mit dem Gesamtorgan auszuüben (§ 13 II Montan-MitbestG).

II. Montan-Mitbestimmungsergänzungsgesetz

3 **1. Aufsichtsrat.** Das Montan-MitbestG wird ergänzt durch das Montan-MitbestErgG vom 7.8.1956 (BGBl. I 707). Es dient zur **Sicherung der Mitbestimmung** der AN in den Aufsichtsräten in den Konzernen, die durch die Verringerung der Montanquote der Konzern- und abhängigen Unternehmen aus der Montanmitbestimmung herausgewachsen sind. Ihm unterfallen Aktiengesellschaften und GmbH, die nicht unter das Montan-MitbestG fallen, aber aufgrund eines Organschaftsvertrags ein oder mehrere Unternehmen beherrschen, in denen das Montan-MitbestG gilt. Hier besteht der Aufsichtsrat aus 15 Mitgliedern, davon je 7 Vertreter der Anteilseigner und der AN sowie 1 weiteres Mitglied; § 5a Montan-MitbestErgG bestimmt eine quotenmäßige Zusammensetzung nach Geschlechtern. Unter den Arbeitnehmervertretern müssen sich 5 aus den Konzernunternehmen und zwei Vertreter von Gewerkschaften befinden. Besteht der Aufsichtsrat aus 21 Mitgliedern, müssen sich auch unter den Aufsichtsratsmitgliedern der AN sieben AN von Konzernunternehmen und drei Vertreter der Gewerkschaften befinden (§ 6 Montan-MitbestErgG). Die Arbeitnehmervertreter werden im Wahlmännerverfahren gewählt. Dieses ist in der WO zum MitbestErgG vom 10.10.2005 (BGBl. I 2927) geregelt. Weiterhin ist ein Arbeitsdirektor zu bestellen (§ 13 Montan-MitbestErgG).

4 **2. Konzernobergesellschaften.** Für bisher nicht montanmitbestimmte Konzernobergesellschaften findet das Montan-MitbestErgG erst Anwendung, wenn der Umsatz der von ihr beherrschten Montanunternehmen in sechs aufeinander folgenden Geschäftsjahren mehr als 50% des Gesamtumsatzes des Konzerns ausmacht (§ 16 I Nr. 1 Montan-MitbestErgG), die Anzahl der in den beherrschten Unternehmen beschäftigten AN ist nach der Neufassung der Vorschrift hingegen unerheblich. Das Montan-Mitbestimmungssicherungsgesetz von 1988 sieht in § 3 I Montan-MitbestErgG vor, dass ihm die Konzernobergesellschaften unterfallen, wenn der Konzernzweck durch Konzernunternehmen geprägt wird, die dem Montan-MitbestG unterliegen. Dieser wird durch die dem Montan-MitbestG unterfallenden Unternehmen geprägt, wenn in den Konzernunternehmen ein Fünftel der Umsätze aus dem Montanbereich anfallen oder dort in der Regel ein Fünftel der AN sämtlicher Konzernunternehmen und abhängigen Unternehmen beschäftigt werden (§ 3 II Montan-MitbestErgG). Nach § 16 Montan-MitbestErgG ist das Gesetz erst anzuwenden, wenn in sechs aufeinander folgenden Jahren der Umsatzanteil nach § 3 mehr als die Hälfte ausmacht oder das Montan-MitbestG nicht mehr anwendbar ist. Die in § 3 iVm § 16 Montan-MitbestErgG festgelegten unterschiedlichen Umsatzquoten für den Verbleib in der und den Eintritt in die Montan-Mitbestimmung sind mit Art. 3 I GG vereinbar.[3]

§ 260. Mitbestimmungsgesetz

Übersicht

[3] BVerfG 2.3.1999 AP Nr. 2 zu § 3 MitbestErgG = NJW 1999, 1535; Vorlagebeschluss OLG Düsseldorf 8.1.1991 AP Nr. 1 zu § 3 MitbestErgG = NJW 1991, 1136; zur Zusammensetzung des Aufsichtsrats bei der Mannesmann AG nunmehr OLG Düsseldorf 29.4.1999 BB 1999, 1398.

I. Anwendungsbereich

1. Überblick. Das MitbestG modifiziert in seinem Kern die Zusammensetzung des Aufsichtsrats und zT auch des Vorstands abweichend vom bisherigen Gesellschafts- und Unternehmensrecht und überträgt eine Reihe von zwingenden Vorschriften des AktG über den Aufsichtsrat auf die übrigen Gesellschaftsformen.[1] Es ergänzt das ansonsten geltende Gesellschafts- und Unternehmensrecht. Unberührt durch das MitbestG bleiben allerdings die Befugnisse der Anteilseignerversammlung über die Grundfragen des Unternehmens, zB die Änderung des Unternehmensgegenstands, Auflösung des Unternehmens, Sitzverlegung, Maßnahmen der Kapitalbeschaffung und -herabsetzung, Fusion mit anderen Unternehmen, Umwandlung des Unternehmens und Satzungsänderungen. Im Aufsichtsrat einer nach dem MitbestG mitbestimmten Gesellschaft besteht keine echte Parität, da die Anteilseignerseite die Arbeitnehmervertreter überstimmen kann. Ferner sind die Befugnisse der Gewerkschaften gegenüber denen im Montan-MitbestG zurückgeblieben und das Wahlverfahren anders ausgestaltet. Die erweiterte Mitbestimmung ist verfassungsgemäß.[2] 1

2. Erfasste Unternehmen. Das MitbestG gilt für Unternehmen, die die in § 1 I Nr. 1 MitbestG umschriebene Rechtsform haben und die idR mehr als 2 000 AN beschäftigen (§ 1 MitbestG). Seine Geltung ist von der Rechtsform der Unternehmen abhängig. Erfasst werden nach § 1 I Nr. 1 MitbestG AG,[3] KGaA, GmbH und Genossenschaften, nicht aber VVaG. Unternehmen, die nach ausländischem Recht gegründet sind, fallen nicht unter das MitbestG. Das gilt auch für sog. Scheinauslandsgesellschaften,[4] dh Unternehmen mit einem Satzungssitz in einem Mitgliedstaat der EU, die aber ihren Verwaltungssitz und zumindest den Großteil ihrer Betriebe in Deutschland haben. Für Unternehmen mit einem Satzungssitz außerhalb der Europäischen Union kann die Wahl einer solchen Konstruktion mitbestimmungsrechtlich zur Geltung der nationalen Mitbestimmungsgesetze führen, da sie sich nicht auf die Niederlassungsfreiheit des Art. 49 AEUV berufen können. § 5 II MitbestG enthält eine Sonderregelung für den Fall, dass eine Kapitalgesellschaft & Co KG herrschendes Konzernunternehmen ist. Hier erfolgt die Zurechnung der AN der beherrschten Konzernunternehmen zur Komplementär-Kapitalgesellschaft der KG. Nach § 1 II MitbestG sind Unternehmen, die unter das Montan-MitbestG oder unter das MitbestErgG fallen, von der Anwendung des MitbestG ausgenommen. § 1 IV MitbestG nimmt schließlich Tendenzunternehmen (→ § 214 Rn. 4) sowie Religionsgemeinschaften und deren Einrichtungen (→ § 214 Rn. 2) von der Anwendung des MitbestG aus (→ Rn. 4). Nach § 3 II 1 MitbestG sind Betriebe iSd MitbestG solche des BetrVG. Damit ist der Betriebsbegriff für das gesamte MitbestG durch Bezugnahme auf das BetrVG definiert.[5] 1a

3. Konzern im Konzern, Gemeinschaftsunternehmen. Innerhalb eines Konzerns können weitere Konzernverhältnisse bestehen, bei denen ein beherrschtes Konzernunternehmen seinerseits gegenüber anderen abhängigen Konzernunternehmen als herrschendes Konzernunternehmen anzusehen ist (Konzern im Konzern). Voraussetzung ist, dass die inländische Teilkonzernspitze tatsächlich gegenüber den ihr nachgeordneten Unternehmen wesentliche Entscheidungsspielräume hat.[6] Diese Anforderung ist nicht erfüllt, wenn sie nur eine Übermittlungsstelle für Entscheidungen der Konzernspitze ist. Bei Gemeinschaftsunternehmen besteht zwischen dem Gemeinschaftsunternehmen und jedem der herrschenden Unternehmen ein Konzernver- 1b

[1] Zur Sicherung der Funktionsfähigkeit der Unternehmensmitbestimmung während der COVID-19-Pandemie *Krois/Wendler* DB 2020, 1009.
[2] BVerfG 1.3.1979 AP Nr. 1 zu § 1 MitbestG.
[3] OLG Düsseldorf 4.6.2018 NJW-RR 2018, 1055 (Holdinggesellschaft).
[4] *Behme* ZIP 2008, 351; *Eberspächer* ZIP 2008, 1951; *Stehle* Jura 2009, 8.
[5] Zu § 10 MitbestG: BAG 21.4.2020 – 7 ABN 78/19.
[6] OLG München 19.11.2008 NZG 2009, 112.

hältnis, wenn die Obergesellschaften aufgrund gemeinsamer Willensbildung tatsächlich Leitungsmacht über das Gemeinschaftsunternehmen ausüben.[7] Die Zurechnung erfolgt – nach dem DrittelbG (→ § 258 Rn. 2) – sowohl bei der Ermittlung der Arbeitnehmerzahl der herrschenden Unternehmen als auch für die Ausübung des Wahlrechts jeweils mit der vollen Zahl, also nicht etwa nur entsprechend der Höhe des Kapitalanteils des jeweiligen herrschenden Unternehmens am Gemeinschaftsunternehmen.[8]

2 **4. Konzernspitze außerhalb des MitbestG.** § 5 III MitbestG enthält eine Sonderregelung für die Fälle, in denen eine Zurechnung zur Konzernspitze nicht möglich ist, weil das herrschende Unternehmen nicht unter das MitbestG fällt. Diese Regelung eröffnet den AN eine Mitbestimmung auf der nächstmöglichen Ebene, wenn die Konzernobergesellschaft in Form eines Einzelkaufmanns, einer Personengesellschaft oder einer ausländischen Gesellschaft[9] (auch einer „SE") verfasst ist. Daneben werden Gesellschaften, deren Konzernobergesellschaft in öffentlich-rechtlicher Form verfasst ist, sowie Tochterunternehmen von Tendenzunternehmen von § 5 III MitbestG erfasst, nicht hingegen Unternehmen, bei denen das herrschende Unternehmen unter das Montan-MitbestG oder das MitbestErgG fällt. Die Zurechnung erfolgt danach jeweils zu demjenigen Unternehmen, über das die Konzernleitung andere Konzernunternehmen beherrscht, wobei es dafür ausreichend ist, wenn über das betreffende Konzernunternehmen der Leitungsweg von der Konzernspitze zu einem oder mehreren anderen beherrschten Unternehmen führt. Wird über verschiedene auf derselben Stufe der Konzernhierarchie stehende Unternehmen jeweils die Leitung für einen Teil des Konzerns ausgeübt, findet nach § 5 III MitbestG die Zurechnung für den jeweiligen „Teilkonzern" zu dessen nach § 5 III MitbestG fingiertem Spitzenunternehmen statt.[10] Die Vorschrift ist auch auf Unternehmen der Energiewirtschaft anzuwenden.[11] Zur **Widerlegung der Konzernvermutung** muss der Nachweis erbracht sein, dass das herrschende Unternehmen von den Mitteln, welche die Ausübung einer einheitlichen Leitung möglich machen, überhaupt keinen oder allenfalls punktuellen Gebrauch macht und dass die Bereiche, in denen die einheitliche Leitung üblicherweise sichtbar werden, ausschließlich und nachhaltig nach dem uneingeschränkten Eigeninteresse des abhängigen Unternehmens gesteuert werden. Dies ist der Fall, wenn es an der Ausübung jeglicher konzernaler Leitungsmacht auf die Untergesellschaft fehlt.[12]

3 **5. Arbeitnehmer.** Nach § 5 I MitbestG werden AN der Konzernunternehmen bei der Berechnung der Arbeitnehmerzahl des herrschenden Konzernunternehmens mitgezählt;[13] die Vorschrift erfasst nur Unterordnungskonzerne, auf einen Gleichordnungskonzern iSv § 18 II AktG ist sie nicht anwendbar. Das herrschende Konzernunternehmen kann danach über weniger als 2 000 AN verfügen. Die nach § 1 I Nr. 2 MitbestG erforderliche Arbeitnehmerzahl muss nur im Konzern erreicht werden. AN werden „in der Regel" beschäftigt, wenn sie üblicherweise zur Bewältigung des normalen, während der überwiegenden Zeit des Jahres anfallenden Arbeitsvolumens beschäftigt werden. Für die Berechnung der Beschäftigtenzahl kommt es auf die Zahl der den Unternehmenszweck realisierenden AN an,[14] da das Gesetz insoweit auf die Größe und wirtschaftliche Bedeutung des Unternehmens abgestellt. Dementsprechend sind auch leitende Angestellte, Teilzeitbeschäftigte, unabhängig von ihrer wöchentlichen Arbeitszeit und – nach einer Einsatzzeit von sechs Monaten – auch die Arbeitsplätze von Leiharbeitnehmer mitzuzählen (§ 14 III 5, 6 AÜG);[15] werden sie in einer Überlassungsform nach § 1 III AÜG eingesetzt, sind sie gleichermaßen mitzuzählen.[16] Entsprechendes gilt für den Schwellenwert in § 4 I 1 MitbestG. Nicht berücksichtigungsfähig sind aufgrund einer dienst- oder werkvertraglichen Verpflichtung

---

[7] BAG 16.8.1995 AP Nr. 30 zu § 76 BetrVG 1952 = NZA 1996, 274; für das BetrVG: BAG 14.2.2007 AP Nr. 13 zu § 54 BetrVG 1972 = NZA 2007, 999; 13.10.2004 AP Nr. 9 zu § 54 BetrVG 1972 = NZA 2005, 647; 30.10.1986 AP Nr. 1 zu § 55 BetrVG 1972.

[8] MHdB ArbR/*Wißmann*, 3. Aufl., § 279 Rn. 16.

[9] OLG Frankfurt 21.4.2008 ZIP 2008, 878 (880); OLG Düsseldorf 30.10.2006 ZIP 2006, 2375; OLG Stuttgart 30.3.1995 ZIP 1995, 1004.

[10] ArbG Offenbach 22.8.2012 – 10 BV 6/11; MHdB ArbR/*Wißmann*, 3. Aufl., § 279 Rn. 17.

[11] OLG Düsseldorf 19.8.2011 ZIP 2011, 1712.

[12] OLG Düsseldorf 4.7.2013 ZIP 2014, 517; offen KG Berlin 21.12.2015 NZG 2016, 349.

[13] Dazu LG Dortmund 25.3.2010 ZIP 2010, 2152.

[14] BAG 4.11.2015 AP Nr. 2 zu § 9 MitbestG = NZA 2016, 559.

[15] BGH 25.6.2019 NJW 2019, 2856 = NZA 2019, 1232.

[16] *Oetker* NZA 2017, 29 (34); *Abend* DB 2017, 607 (609); aA *Löwisch/Wegmann* BB 2017, 373 (377).

Beschäftigte und die dauerhaft außerhalb der EU tätigen AN. Im Ausland beschäftigte AN eines deutschen Konzerns sind nicht wahlberechtigt.[17]

6. Tendenzunternehmen. Das Gesetz ist nicht anzuwenden auf sog. Tendenzunternehmen (§ 1 IV MitbestG; → § 214 Rn. 4); das sind solche, die unmittelbar und überwiegend politischen, koalitionspolitischen, konfessionellen, karitativen, erzieherischen, wissenschaftlichen oder künstlerischen Bestimmungen oder Zwecken der Berichterstattung oder Meinungsäußerung, auf die Art. 5 I 2 GG anzuwenden ist, dienen.[18] Eine unmittelbare Tendenzverfolgung erfordert, dass der Unternehmenszweck selbst auf diese ausgerichtet ist und das Unternehmen nicht lediglich die Tendenzverfolgung durch andere wirtschaftlich fördern soll. Überwiegend ist die Tendenzverfolgung, wenn sie quantitatives Übergewicht hat.[19] Ein Unternehmen, das in der Rechtsform einer AG betrieben wird und als Unternehmensgegenstand den Betrieb von Krankenhäusern hat, ist nur dann ein Tendenzunternehmen mit karitativer Bestimmung, wenn diese Betätigung nach der Satzung ohne Gewinnerzielungsabsicht erfolgt.[20] Die herrschende Konzerngesellschaft ist nicht nach § 1 IV Nr. 1 MitbestG privilegiert, wenn es sich weder bei ihr selbst noch bei den sonstigen Konzerngesellschaften um ein unmittelbar und überwiegend karitativen Bestimmungen dienendes Unternehmen handelt, und damit die von der Gesellschaft ausgeübte Leitungsmacht sich überwiegend nicht auf tendenzgeschützte Gesellschaften bezieht.[21] 4

II. Wahlverfahren

1. Zusammensetzung des Aufsichtsrats. Die Aufsichtsräte nach dem MitbestG 1976 werden mit der gleichen Zahl von Aufsichtsratsmitgliedern der Anteilseigner und der AN besetzt, und zwar in Unternehmen bis zu 10 000 AN im Verhältnis 6 : 6, in Unternehmen mit 10 000 bis 20 000 AN im Verhältnis 8 : 8 und in solchen mit mehr als 20 000 AN im Verhältnis 10 : 10; Leiharbeitnehmer sind dabei nach einer Einsatzzeit von sechs Monaten zu berücksichtigen.[22] In Unternehmen der unteren Größenklassen kann bestimmt werden, dass der Aufsichtsrat aus 16 bzw. 20 Mitgliedern besteht (§§ 6, 7 MitbestG); § 7 III, § 18a MitbestG sollen für börsennotierte Gesellschaften die gleichberechtigte Teilhabe von Frauen und Männern an Führungspositionen sicherstellen. Die im Unternehmen vertretenen Gewerkschaften haben in Unternehmen bis zu 20 000 AN 2 und in größeren 3 Sitze im Aufsichtsrat.[23] Die übrigen 4, 6 bzw. 7 Sitze müssen mit AN des Unternehmens besetzt werden, wobei dem Aufsichtsrat ein leitender Angestellter (§ 15 I 2 MitbestG) angehören muss. Das Gruppenprinzip (§ 15 II MitbestG aF) ist wie im BetrVG aufgegeben worden. Prokuristen des Unternehmens dürfen dann nicht Mitglied des Aufsichtsrats sein, wenn sie dem Vorstand unmittelbar unterstellt sind und im Innenverhältnis zur Ausübung der Prokura für den gesamten Geschäftsbereich aller Vorstandsmitglieder ermächtigt sind (§ 105 I AktG, § 6 II MitbestG). Da die AN von Konzerntochtergesellschaften als AN des herrschenden Unternehmens gelten, ist bei ihrer Wahl unerheblich, ob sie in einem herrschenden oder Tochterunternehmen beschäftigt sind. Durch das MitbestG nicht geregelt ist Bildung, Zusammensetzung und Organisation von Ausschüssen (dazu → Rn. 10). Durch Satzung kann nicht bestimmt werden, dass der Aufsichtsrat neben zwanzig stimmberechtigten Aufsichtsratsmitgliedern aus weiteren Mitgliedern mit beratender Funktion besteht.[24] 5

2. Beschluss. Die Aufsichtsratsmitglieder der AN werden entweder in Urwahl oder durch Delegierte gewählt. In Unternehmen bis zu 8 000 AN ist die Urwahl, in den anderen die Delegiertenwahl die Regel. Die Belegschaft kann jedoch **beschließen,** dass statt der Urwahl die Delegiertenwahl und umgekehrt durchgeführt wird (§ 9 MitbestG); bei der Berechnung sind Leiharbeitnehmer unabhängig von ihrer Wahlberechtigung und einer Einsatzzeit mitzuzählen (§ 14 III 5 AÜG).[25] 6

---

[17] OLG Frankfurt 25.5.2018 DB 2018, 1457; OLG München 6.3.2018 DB 2018, 1461; diese Auslegung ist unionsrechtskonform EuGH 18.7.2017 AP Nr. 1 zu Art. 45 AEUV = NZA 2017, 1000 (Erzberger).

[18] LG Hamburg 24.6.1999 NZA-RR 2000, 209 (Musical).

[19] OLG München 9.5.2019 AG 2019, 697.

[20] BayObLG 10.8.1995 AP Nr. 1 zu § 4 MitbestG = NZA-RR 1996, 10; LG Meiningen 30.4.2013 MedR 2013, 795.

[21] OLG Brandenburg 5.2.2013 ZIP 2013, 1623; OLG Dresden 15.4.2010 NZG 2011, 462.

[22] BGH 25.6.2019 NJW 2019, 2856 = NZA 2019, 1232.

[23] BAG 15.5.2019 AP Nr. 3 zu § 22 MitbestG = NZA 2019, 1595 (Folgen der fehlenden Tariffähigkeit einer „Gewerkschaft").

[24] BGH 30.1.2012 ZIP 2012, 472.

[25] *Oetker* NZA 2017, 29 (34).

7 **3. Delegiertenwahl.** Im Falle der Delegiertenwahl wird die Zahl der Delegierten aufgrund einer Schlüsselzahl bestimmt (§ 11 I MitbestG). Unter den Delegierten müssen in jedem Betrieb die AN und die leitenden Angestellten entsprechend ihrem zahlenmäßigen Verhältnis vertreten sein (§ 11 II MitbestG). Die Regelung über die erforderlichen Stützunterschriften zur Wahl der Delegierten in § 12 MitbestG ist verfassungsgemäß.[26] Der Betriebsbegriff,[27] die Wahlberechtigung und Wählbarkeit der Delegierten (§ 10 II, III MitbestG) entsprechen der Regelung im BetrVG (§§ 7, 8 BetrVG). Aus diesem Grund nehmen auch Leiharbeitnehmer unter den Voraussetzungen des § 7 S. 2 BetrVG an der Wahl der Arbeitnehmervertreter teil. Der Hauptwahlvorstand hat jedem Delegierten spätestens zwei Wochen vor dem Tag der Delegiertenversammlung Ort, Tag und Zeit ihrer Durchführung sowie der öffentlichen Stimmauszählung mitzuteilen.[28] Die Delegierten werden anschließend nach den Grundsätzen der Verhältniswahl gewählt (§ 10 I MitbestG). Die **Delegierten** der AN und der leitenden Angestellten **wählen** dann in getrennten Wahlen **jeweils ihre Aufsichtsratsmitglieder** (§ 15 II MitbestG). Wird nur ein Wahlvorschlag gemacht, findet eine Mehrheitswahl statt (§ 15 III MitbestG). Die Vertreter der Gewerkschaften werden aufgrund von Wahlvorschlägen der im Unternehmen vertretenen Gewerkschaften von den Delegierten in geheimer Wahl nach den Grundsätzen der Verhältniswahl gewählt (§ 16 I, II MitbestG). Für die Wahl von Ersatzmitgliedern gilt § 17 MitbestG.

8 **4. Urwahl.** Bei der Urwahl wählen die wahlberechtigten AN die auf sie entfallenden unternehmensangehörigen Aufsichtsratsmitglieder (§§ 18, 15, 10 I MitbestG).[29] Die Wahl findet nach den Grundsätzen der Verhältniswahl statt. Ansonsten gelten die §§ 15–17 MitbestG mit der Maßgabe, dass an die Stelle der Delegierten die wahlberechtigten AN (zB beim Aufstellen von Wahlvorschlägen) treten.

9 **5. Wahldurchführung und -anfechtung.** Die Einzelheiten des Wahlverfahrens sind in der 1., 2., 3. WO zum MitbestG vom 27.5.2002 (BGBl. I 1682, 1708, 1741) geregelt.[30] Ein **Wahlanfechtungsantrag** nach § 22 I MitbestG kann auf einzelne Aufsichtsratsmitglieder der Arbeitnehmervertreter beschränkt werden, wenn sich der Wahlverstoß ausschließlich bei dem einzelnen Arbeitnehmervertreter auswirkt und die Rechtmäßigkeit der übrigen Aufsichtsratsmitglieder einschließlich der Ersatzmitglieder unberührt lässt.[31] Für die Einhaltung der zweiwöchigen Anfechtungsfrist des § 22 II 2 MitbestG ist der Eingang der Antragsschrift beim ArbG maßgeblich.[32] Dazu ist regelmäßig ihre namentliche Benennung in der Antragsschrift erforderlich. Die Anfechtung der Delegierten eines Betriebs für die Wahl der Aufsichtsratsmitglieder der AN nach dem MitbestG wird unzulässig, wenn der Betrieb nicht mehr besteht.[33] Wird die Wahl nicht rechtzeitig durchgeführt, kommt eine **gerichtliche Bestellung** von Aufsichtsratsmitgliedern in Betracht.[34]

III. Unternehmensorgane

10 **1. Aufsichtsratsvorsitzender/-ausschüsse.** Die innere Ordnung des Aufsichtsrats bestimmt sich nach § 25 MitbestG.[35] Der Aufsichtsratsvorsitzende und sein Stellvertreter werden mit ⅔ Mehrheit gewählt. Wird dieses Quorum nicht erreicht, wählen die Anteilseignervertreter den Vorsitzenden und die AN-Vertreter den Stellvertreter (§ 27 I, II MitbestG). Die Bestellung eines Arbeitnehmervertreters zum Aufsichtsratsvorsitzenden ist zulässig.[36] Muss im Aufsichtsrat wegen Stimmengleichheit eine Abstimmung wiederholt werden, und ergibt auch sie Stimmengleichheit, hat der Aufsichtsratsvorsitzende zwei Stimmen (§ 29 II MitbestG). Nach § 107 III AktG kann der Aufsichtsrat aus seiner Mitte Ausschüsse bilden, die Bildung eines Ausschusses und die Bestellung seiner Mitglieder erfolgt durch Beschluss des Aufsichtsrats mit einfacher Stimmenmehrheit. Nicht erforderlich ist es, dass die Arbeitnehmervertreter entsprechend ihrer Stärke im Aufsichtsrat auch in den Ausschüssen vertreten sind. Werden den Ausschüssen Entscheidungskompetenzen übertragen, führt jedoch die Nichtberücksichtigung der Arbeitnehmervertreter

---

[26] BAG 13.5.1998 AP Nr. 1 zu § 12 MitbestG = NZA 1999, 158.
[27] BAG 21.4.2020 – 7 ABN 78/19.
[28] BAG 17.5.2017 AP Nr. 2 zu § 22 MitbestG = NZA 2017, 1405.
[29] BAG 25.8.1981 AP Nr. 2 zu § 83 ArbGG 1979 (Eintragung in die Wählerliste).
[30] BAG 24.2.2021 – 7 ABR 38/19, zVb (zur Anwesenheitspflicht des Wahlvorstands).
[31] BAG 11.6.1997 AP Nr. 1 zu § 22 MitbestG zur Berichtigungsbefugnis des HWV.
[32] BAG 17.5.2017 AP Nr. 2 zu § 22 MitbestG = NZA 2017, 1405.
[33] BAG 13.5.1998 AP Nr. 1 zu § 21 MitbestG = NZA 1999, 276.
[34] LG Hof 17.11.1992 BB 1993, 138.
[35] Hierzu BGH 25.2.1982 AP Nr. 2 zu § 25 MitbestG; 25.2.1982 AP Nr. 1 zu § 25 MitbestG.
[36] OLG Köln 9.5.2019 NZG 2019, 866.

bei der Besetzung dieser Ausschüsse zu einer faktischen Beeinträchtigung ihres gesetzlichen Mitwirkungsrechts. Aus diesem Grund ist es zumindest bei beschließenden Personalausschüssen des Aufsichtsrats als missbräuchliche Diskriminierung der Arbeitnehmervertreter anzusehen, wenn sie ohne sachlichen Grund aus grundsätzlichen Erwägungen von jeder Mitarbeit in dem Ausschuss ausgeschlossen werden.[37] Gewerkschaftsmitglieder können sich verpflichten, einen Teil der Aufsichtsratsvergütung an eine Stiftung abzuführen.[38]

2. Vorstand. Die Mitglieder des Vorstands werden vom Aufsichtsrat mit ⅔ Mehrheit bestellt. 11
In der mitbestimmten GmbH ist der Aufsichtsrat auch für Abschluss, Änderung und Aufhebung der Anstellungsverträge des Vorstands und die dazu notwendigen Entscheidungen zuständig.[39] Wird das erforderliche Quorum für die Wahl der Mitglieder des Vorstandes nicht erreicht, hat der Vermittlungsausschuss einen Bestellungsvorschlag zu machen. Der Vermittlungsausschuss ist unmittelbar nach der Wahl des Aufsichtsratsvorsitzenden und seines Stellvertreters als permanenter Ausschuss zu bilden. Ihm gehören der Aufsichtsratsvorsitzende, sein Stellvertreter und je ein weiterer Vertreter der Anteilseigner und der AN an (§ 27 III MitbestG). Über den Vorschlag des Vermittlungsausschusses hat der Aufsichtsrat mit der Mehrheit der Stimmen seiner Mitglieder zu beschließen. Wird auch in einer zweiten Abstimmung keine Mehrheit erreicht, so gibt die zweite Stimme des Aufsichtsratsvorsitzenden den Ausschlag (§ 31 MitbestG).

3. Arbeitsdirektor. Als gleichberechtigtes Mitglied gehört dem Vorstand ein Arbeitsdirektor 12
an. Seine Bestellung wie Abberufung erfolgt nach den gleichen Regeln wie bei den übrigen Vorstandsmitgliedern.[40] Der Arbeitsdirektor ist in den Vorstand als gleichberechtigtes Organ eingebunden. Indes liegt in der Natur der Sache, dass er vom Vertrauen der Arbeitnehmerseite getragen sein muss. In einem der Mitbestimmung unterliegenden Unternehmen ist es mit Rücksicht auf die Rechtsstellung des Arbeitsdirektors unzulässig, dem Vorsitzenden der Geschäftsführung ein allgemeines Vetorecht einzuräumen.[41]

§ 261. Unternehmensmitbestimmung bei Auslandsbezug

Übersicht

I. Sitztheorie

Nach der lange Zeit vorherrschenden „Sitztheorie“ mussten in Deutschland ansässige Unter- 1
nehmen nach deutschem Recht verfasst sein. Dieser Auffassung hat der EuGH in einer Reihe von Entscheidungen zur Reichweite der innerhalb der Mitgliedstaaten durch Art. 43 EG (jetzt: Art. 49 AEUV) gewährten Niederlassungsfreiheit die Grundlage entzogen.[1] Nach seiner Ansicht darf bei einer grenzüberschreitenden Sitzverlegung innerhalb der Gemeinschaft die Anwendung der Sitztheorie nicht dazu führen, dass dieser Gesellschaft die Rechts- und Parteifähigkeit abgesprochen wird, die ihr nach dem Recht des Gründungsstaats zugekommen ist. Unternehmen, die nach dem Recht eines anderen Mitgliedstaats verfasst sind, können ihren Verwaltungssitz

[37] BGH 17.5.1993 AP Nr. 4 zu § 25 MitbestG; grundlegend 25.2.1982 AP Nr. 2 zu § 25 MitbestG; ähnlich OLG München 27.1.1995 NJW-RR 1995, 1249 (Präsidialausschuss).
[38] OLG Frankfurt 18.12.2018 NZG 2019, 945; BAG 21.5.2015 NZA 2015, 1319.
[39] BGH 14.11.1983 NJW 1984, 733.
[40] AA *Henssler* FS Säcker, 365.
[41] BGH 14.11.1983 NJW 1984, 733.
[1] Zur Freizügigkeit EuGH 25.10.2017 NJW 2017, 3639 – Polbud; 12.9.2006 NZG 2006, 835 – Cadbury Schweppes; 5.11.2002 EuZW 2002, 754 – Überseering; 9.3.1999 NZG 1999, 298 – Centros.

und sämtliche betriebliche Aktivitäten nach Deutschland verlagern, ohne dadurch ihre Rechtsfähigkeit zu verlieren. Da die deutsche Unternehmensmitbestimmung an die Rechtsform anknüpft, sind die einzelnen Mitbestimmungsgesetze auf ausländische Kapitalgesellschaften mit einer inländischen Niederlassung nicht anzuwenden, wenn diese nicht in einer Rechtsform geführt werden, die in den jeweiligen Mitbestimmungsgesetzen genannt ist. Die analoge Anwendung des nationalen Mitbestimmungsrechts auf ausländische Gesellschaften ist nicht statthaft. Ob der nationale Gesetzgeber im Interesse der AN die in einem anderen Mitgliedstaat gegründete Gesellschaft bei einer Sitzverlegung dem deutschen Mitbestimmungsrecht unterwerfen darf oder ob eine solche Regelung gegen Unionsrecht verstößt, ist umstritten.[2]

II. Unionsrechtliche Gesellschaftsformen

2 **1. Überblick.** Als Alternative für die in Deutschland ansässigen Unternehmen ermöglichen das Unionsrecht und die zu seiner Umsetzung ergangenen nationalen Vorschriften die Wahl der Rechtsformen der Europäischen Aktiengesellschaft (Societas Europaea – SE) bzw. die der Europäischen Genossenschaft (SCE) und die Übernahme der für diese Gesellschaften geltenden Vorgaben über die Mitbestimmung der AN. Die Europäische Gesellschaft ist eine Rechtsform für Aktiengesellschaften in der Europäischen Union und im Europäischen Wirtschaftsraum. Die Unternehmensverfassung kann dabei – wie im deutschen Recht – dualistisch (Vorstand/Aufsichtsrat) oder monistisch ausgestaltet sein, dh Geschäftsführung und Kontrolle werden durch ein Organ (Verwaltungsrat, Board) wahrgenommen. Die für die SE und SCE geltenden Mitbestimmungsformen knüpfen nicht an bestimmte für das Unternehmen geltende Merkmale wie die Rechtsform, die Arbeitnehmerzahl (MitbestG, DrittelbG) oder den Unternehmensgegenstand (Montan-MitbestG) an. Sie enthalten auch keine verbindliche Ausgestaltung der Beteiligung der Arbeitnehmervertreter an den Entscheidungen in den entsprechenden Gremien, sondern überlassen diese – wie bei den Regelungen über den EBR – vorrangig einer Vereinbarungslösung. Erst bei deren Scheitern greift eine Auffanglösung, die sich an dem bisherigen Mitbestimmungsstatus orientiert. Diese Grundsätze gelten auch für nationale Gesellschaften, die aus einer grenzüberschreitenden Verschmelzung hervorgegangen sind. Gescheitert sind die Vorhaben, für kleine und mittlere Unternehmen die Gesellschaftsform einer „Europäischen Privatgesellschaft" (SPE) sowie einer **„Europäischen Gesellschaft mit beschränkter Haftung mit einem einzigen Gesellschafter"** (SUP) einzuführen.[3]

3 **2. Europäische Gesellschaft. a) Rechtsgrundlagen.** Die Beteiligung der AN in einer SE regelt das Gesetz über die Beteiligung der AN in einer Europäischen Gesellschaft (SE-Beteiligungsgesetz – SEBG) vom 22.12.2004 (BGBl. I 3675, 3686), die Gegenstand der Verordnung (EG) Nr. 2157/2001 des Rates vom 8.10.2001 über das Statut der Europäischen Gesellschaft (SE-VO, ABl. EG L 294, 1) ist. Ziel des Gesetzes ist es, in einer SE die erworbenen Rechte der AN auf Beteiligung an Unternehmensentscheidungen zu sichern. Die maßgeblichen Rechtsvorschriften für die Ausgestaltung der SE sind danach die nach Art. 288 II AEUV unmittelbar geltende SE-VO und bei Fehlen einer Regelung in der SE-VO nach Art. 9 I SE-VO das SE-Ausführungsgesetz v. 22.12.2004 (SEAG, BGBl. I 3675), das SEBG, die für Aktiengesellschaften deutschen Rechts maßgeblichen Vorschriften und schließlich die Satzung der SE. Über Streitigkeiten aus dem SEBG und damit zugleich über die Wirksamkeit einer Änderung einer Beteiligungsvereinbarung gem. § 21 SEAG entscheidet das Arbeitsgericht im Beschlussverfahren (§ 2a I Nr. 3d ArbGG),[4] die örtliche Zuständigkeit richtet sich nach § 82 IV ArbGG. In einem Statusverfahren (§ 98 AktG) ist den Zivilgerichten die Prüfung der Wirksamkeit einer für die Unternehmensmitbestimmung maßgebenden Beteiligungsvereinbarung nach dem SEBG verwehrt.

4 **b) Erfasste Unternehmen.** SE können nach Art. 2 SE-VO nur von bestimmten Kapitalgesellschaften gegründet werden. Es besteht ein numerus clausus[5] von Gründungsformen: die Verschmelzung der Gründer (Art. 2 I SE-VO), die Gründung einer gemeinsamen Holding (Art. 2 II SE-VO) oder Tochtergesellschaft (Art. 2 III SE-VO), die Umwandlung einer AG nationalen Rechts (Art. 2 IV SE-VO) sowie die Gründung als Tochtergesellschaft einer SE (Art. 3 II SE-VO). Das SEBG gilt für die Gründung einer SE mit Sitz in der BRD. Es

[2] Dafür zB *Franzen* RdA 2004, 257 ff.; aA *Röder/Rolf* FS Löwisch, 2007, 249 (255 ff.).
[3] Die Kommission hat den Richtlinienvorschlag zur SUP zurückgenommen (ABl. 2018/C 233/05).
[4] BAG 18.8.2021 AP Nr. 1 zu § 21 SEBG; aA OLG Stuttgart 11.8.2020 NZG 2021, 31; OLG München 26.3.2020 NZG 2020, 783.
[5] MHdB ArbR/*Wißmann*, 3. Aufl., § 287 Rn. 5.

gilt unabhängig vom Sitz der SE auch für AN einer SE, die im Inland beschäftigt sind sowie für beteiligte Gesellschaften, betroffene Tochtergesellschaften und betroffene Betriebe mit Sitz im Inland (§ 3 I SEBG). Nach § 39 SEBG findet das Gesetz auf Tendenzunternehmen nur eingeschränkt Anwendung. Die Anwendung anderer deutscher Gesetze über die Arbeitnehmervertretung im Aufsichtsrat ist ausgeschlossen (§ 47 I Nr. 1 SEBG).

c) Ausgestaltung der Beteiligung. Die Sicherung der grenzüberschreitenden Beteiligungsrechte der AN richtet sich vorrangig nach einer Vereinbarung über die Beteiligung der AN in der SE (§ 21 SEBG). Durch § 15 V, § 21 VI SEBG wird sichergestellt, dass die qualitativ prägenden Komponenten der bisherigen Mitbestimmung beibehalten werden. Diese Elemente sind auf der Grundlage des hierfür maßgebenden nationalen Rechts festzustellen. Zwar ordnet § 21 VI 1 SEBG keine vollständige Aufrechterhaltung der in der umzuwandelnden Gesellschaft vorhandenen Verfahren und des dort bestehenden Rechtszustands an. Die Verfahrenselemente, die die Einflussnahme der Arbeitnehmervertreter in der umzuwandelnden Gesellschaft maßgebend kennzeichnen, müssen aber in der für die SE geltenden Beteiligungsvereinbarung in qualitativ gleichwertigem Maß gewährleistet sein.[6] Dazu gehören der proportionale Anteil von AN im Aufsichtsrat,[7] die absolute Zahl der Arbeitnehmervertreter sowie die Mitwirkung externer Gewerkschaftsvertreter und leitender Angestellter.[8] Kommt es nicht zu einer Vereinbarung, wird die Beteiligung der AN in der SE durch eine gesetzliche Auffanglösung sichergestellt (§ 1 II SEBG). In diesem Fall richtet sich die Mitbestimmung der AN im Aufsichts- oder Verwaltungsrat der SE grundsätzlich nach dem höchsten Anteil der Arbeitnehmervertreter in den Gründungsgesellschaften. Die Arbeitnehmerbeteiligung ist entbehrlich, wenn weder bei der zu gründenden SE noch bei den Gründungsgesellschaften AN beschäftigt sind und dieser Tatbestand gegenüber dem Registergericht versichert wird. Eine solche Vorratsgründung ist zulässig, allerdings ist das Arbeitnehmerbeteiligungsverfahren in entspr. Anwendung des § 18 III SEBG nachzuholen, sobald die SE AN beschäftigt.[9] Beschäftigt jedoch eine der an einer Verschmelzung beteiligten Gesellschaften AN, sind Verhandlungen über die Arbeitnehmerbeteiligung durchzuführen.[10] 5

d) Besonderes Verhandlungsgremium. Das Besondere Verhandlungsgremium ist aufgrund einer schriftlichen Aufforderung der Leitungen zu bilden. Es hat die Aufgabe, mit den Leitungen eine schriftliche Vereinbarung über die Beteiligung der AN in der SE abzuschließen (§ 4 I SEBG).[11] Die Einzelheiten über die Bildung, Zusammensetzung und Wahl der Mitglieder des Besonderen Verhandlungsgremiums sind in den §§ 4–10 SEBG geregelt, Vorschriften über die Geschäftsführung des Gremiums, zu denen auch die Kostentragungsregelung zählt, enthalten die §§ 12–15, 17 und 19 SEBG. Die Amtszeit des Besonderen Verhandlungsgremium erlischt daher mit dem Abschluss der Mitbestimmungsvereinbarung, ist diese unwirksam hat es seine Tätigkeit fortzusetzen. 6

e) Vereinbarung. Ist ein Besonderes Verhandlungsgremium gebildet, schließen sich hieran Verhandlungen mit der Leitung der SE über den Abschluss einer schriftlichen Vereinbarung über die Beteiligung der AN in der SE an (§ 13 I SEBG). Hierzu sind dem Besonderen Verhandlungsgremium rechtzeitig alle erforderlichen Auskünfte zu erteilen und die erforderlichen Unterlagen zur Verfügung zu stellen (§ 13 II SEBG). Zu den Verhandlungen kann das Besondere Verhandlungsgremium Sachverständige seiner Wahl hinzuziehen (§ 14 I 1 SEBG). Für die Beschlussfassung besteht ein differenziertes System von Mehrheitserfordernissen, das bestehende Mitbestimmungsrechte von (Teil-)Belegschaften der SE schützen soll (§ 15 II–IV SEBG). Das Besondere Verhandlungsgremium kann beschließen, keine Verhandlungen aufzunehmen oder bereits aufgenommene Verhandlungen abzubrechen (§ 16 I SEBG). Ein Beschluss nach § 16 I SEBG beendet zwar das Verfahren zum Abschluss einer Vereinbarung nach § 21 SEBG, führt jedoch nicht zur Anwendung der gesetzlichen Auffangregelung. Die Wiederaufnahme der Verhandlungen ist erst nach Ablauf von zwei Jahren zulässig (§ 18 I SEBG), eine Ausnahme besteht bei strukturellen 7

[6] BAG 18.8.2020 AP Nr. 1 zu § 21 SEBG = NZA 2021, 287.

[7] *Forst* ZESAR 2014, 383; *Kiefner/Friebel* NZG 2010, 537; aA LG Nürnberg-Fürth 8.2.2010 BB 2010, 1113.

[8] Das BAG hat den EuGH zur Klärung des Verhältnisses von § 21 I SEBG zu Art. 4 IV RL 2001/86/EG um eine Vorabentscheidung ersucht, BAG 18.8.2021 AP Nr. 1 zu § 21 SEBG = NZA 2021, 287.

[9] OLG Düsseldorf 30.3.2009 AG 2009, 629; dagegen *Luke* NZA 2013, 941; RB anhängig 1 ABR 37/20 (nachträgliche Sitzverlegung nach Gründung in London).

[10] *C. Schubert* RdA 2012, 146.

[11] Überblick bei *Löw/Stolzenberg* NZA 2016, 1489.

Änderungen.[12] Kommt eine Vereinbarung zustande, so muss diese nach § 21 I, II SEBG zumindest Bestimmungen u.a. über einen SE-BR oder ein stattdessen einzurichtendes Verfahren zur Anhörung und Unterrichtung der AN enthalten. Der Zeitraum für die Verhandlungen über eine Mitbestimmungsvereinbarung beträgt 6 Monate ab Einsetzung des Besonderen Verhandlungsgremiums, er kann einvernehmlich auf ein Jahr verlängert werden (§ 20 SEBG).

8 **f) Gesetzliche Auffangregelung.** Die gesetzliche Ausgestaltung der Beteiligung der AN in der SE finden ab dem Zeitpunkt der Eintragung der SE Anwendung, wenn **(1)** die Parteien dies vereinbaren oder **(2)** binnen 6 Monaten oder eines anderen vereinbarten Zeitraums (§ 20 SEBG) keine Vereinbarung nach § 21 SEBG zustande gekommen ist und kein Beschluss nach § 16 SEBG gefasst worden ist. In der SE ist ein BR zu errichten, der sich aus AN der SE, ihrer Tochtergesellschaften und Betriebe zusammensetzt (§ 22 SEBG). Im Fall der Gründung durch Umwandlung (§ 34 I Nr. 1 SEBG) bleibt es nach § 35 I SEBG beim bisherigen Mitbestimmungsstatut. Hierdurch wird jedoch nicht die vollständige Beibehaltung der bisherigen rechtlich gebotenen Mitbestimmungsregelung, sondern lediglich der von ihr vorgegebene Anteil der Arbeitnehmervertreter im Aufsichtsrat bzw. Verwaltungsrat der SE und die Fortgeltung der gesetzlichen Vorgaben über die Größe des mitbestimmten Aufsichtsrats vorgeschrieben.[13] Insoweit gilt – wie bei § 21 VI SEBG – das sog. „Vorher-Nachher-Prinzip", wonach die Aufrechterhaltung des bisherigen Mitbestimmungsniveaus als Status quo zum Schutz der AN auch in der SE gewährleistet wird. Für die nach der SE-Gründung eingetretenen Veränderungen sind die nationalen Mitbestimmungsgesetze nicht mehr relevant. Ungeklärt ist die Rechtslage, wenn die Zusammensetzung des Aufsichtsrats in der Gründungsgesellschaft zum Zeitpunkt der Umwandlung nicht den nationalen Mitbestimmungsgesetzen entsprach, weil zB trotz Überschreitens der maßgeblichen Schwellenwerte keine Vertretung der AN in den Aufsichtsorganen bestand. Eine Korrekturmöglichkeit nimmt der BGH bisher nur dann an, wenn ein Statusverfahren (§ 98 AktG) bereits vor dem Vollzug der Umwandlung anhängig gemacht worden ist.[14]

9 Entsteht eine SE durch Verschmelzung oder als Holding- oder Tochter-SE, richtet sich die Beibehaltung der Mitbestimmung nach § 35 II iVm § 34 I Nr. 2, 3, II SEBG. Die Größe des Aufsichtsrats/Verwaltungsrats bestimmt sich nach der Satzung der SE (Art. 40 III, Art. 43 II SE-VO). Die Sitze der AN sind nach § 36 I SEBG (Art. 7 iVm Anh. Teil 3 lit. b SE-RL) vom SE-BR auf die einzelnen Mitgliedstaaten entspr. den Zahlen der dort vorhandenen AN der SE und ihrer Tochtergesellschaften zu verteilen. Die Besetzung der auf die einzelnen Mitgliedstaaten entfallenden Sitze richtet sich nach deren jeweiligem Recht. Die Wahl der inländischen Vertreter und die Berücksichtigung von Vertretern der Gewerkschaften und leitenden Angestellten sind in § 36 III, § 38 III SEBG geregelt. Die Anfechtung der Wahl und die Abberufung der gewählten Arbeitnehmervertreter richten sich nach § 37 SEBG. Die Grundsätze der Zusammenarbeit und Schutzbestimmungen für die Arbeitnehmervertreter sind in den §§ 40 ff. SEBG enthalten und regeln die Verpflichtung zur vertrauensvollen Zusammenarbeit, Verschwiegenheit, ein Benachteiligungs- und Begünstigungsverbot sowie ein allgemeines Missbrauchsverbot, wonach die Bildung einer SE nicht dazu benutzt werden darf, den AN Beteiligungsrechte zu entziehen oder vorzuenthalten (§ 43 SEBG). „Strukturelle Änderungen" der SE, die zur Minderung der Beteiligungsrechte der AN geeignet sind, lösen u.a. auf Initiative des SE-BR erneute Verhandlungen über eine Mitbestimmungsvereinbarung aus, die im Fall des Scheiterns die Anwendung der gesetzlichen Auffanglösung zur Folge haben (§ 18 III SEBG).[15]

10 **g) Beteiligungsrechte.** Der SE-Betriebsrat ist zuständig für die Angelegenheiten, die die SE selbst, eine ihrer Tochtergesellschaften oder einen ihrer Betriebe in einem anderen Mitgliedstaat betreffen oder die über die Befugnisse der zuständigen Organe auf der Ebene des einzelnen Mitgliedstaats hinausgehen (§ 27 SEBG). Seine Beteiligungsrechte sind als Unterrichtungs- und Anhörungsrechte (§§ 28, 29 SEBG) sowie als Mitbestimmungsrechte der vom SE-Betriebsrat in das Aufsichts- oder Verwaltungsorgans der SE entsandten Arbeitnehmervertreter (§§ 34–38 SEBG) ausgestaltet.[16] Die Zahl dieser Arbeitnehmervertreter bemisst sich nach dem höchsten Anteil an Arbeitnehmervertretern, der in den Organen der beteiligten Gesellschaften vor der Eintragung der SE bestanden hat (§ 35 II SEBG).

---

[12] Dazu *Löw/Stolzenberg* BB 2017, 245 (zur Frauenquote, Brexit und EuGH-Entscheidungen).
[13] BGH 23.7.2019 NJW-RR 2019, 1254.
[14] BGH 23.7.2019 NJW-RR 2019, 1254; dazu *Kurzböck/Caliebe* BB 2020, 244.
[15] Dazu *Nagel* ZIP 2011, 2047.
[16] Zum zeitlich beschränkten Unterlassungsanspruch des SE-BR *Schmeisser/Ladenburger* NZA 2018, 761.

3. Europäische Genossenschaft. Die Beteiligungsrechte der AN in der Europäischen Genossenschaft sind durch das Gesetz über die Beteiligung der AN und Arbeitnehmerinnen in einer Europäischen Genossenschaft (SCE-Beteiligungsgesetz – SCEBG) vom 14.8.2006 (BGBl. I 1911, 1917) in gegenüber der SE vergleichbarer Weise ausgestaltet. Maßgebliche Rechtsvorschriften sind neben dem SCEBG – entsprechend der bei der SE verwandten Regelungstechnik (→ Rn. 3) – die VO (EG) 1435/2003 über das Statut der Europäischen Genossenschaft vom 22.7.2003 (SCE-VO, ABl. EG L 207, 1), die RL 2003/72/EG zur Ergänzung des Statuts der Europäischen Genossenschaft hinsichtlich der Beteiligung der AN v. 22.7.2003 (SCE-RL, ABl. EG L 207, 25), das SCE-Ausführungsgesetz vom 14.8.2006 (SCEAG, BGBl. I 1911) und das GenG. Die SCE kann – anders als die SE – auch durch natürliche Personen (Art. 2 I SCE-VO) gegründet werden. 11

III. Grenzüberschreitende Verschmelzungen

1. Normzweck. Das Gesetz über die Mitbestimmung der AN bei einer grenzüberschreitenden Verschmelzung (MgVG) vom 21.12.2006 (BGBl. I 3332) regelt die Mitbestimmung der AN in den Unternehmensorganen der aus einer grenzüberschreitenden Verschmelzung hervorgehenden Gesellschaft. Ziel des Gesetzes ist es, die in den an der Verschmelzung beteiligten Gesellschaften erworbenen Mitbestimmungsrechte der AN zu sichern (§ 1 I MgVG). Der Gesetzgeber hat mit dem MgVG Art. 16 der RL 2005/56/EG über die Verschmelzung von Kapitalgesellschaften aus verschiedenen Mitgliedstaaten vom 26.10.2005 (ABl. EU L 310, 1) umgesetzt. Bei einer grenzüberschreitenden Verschmelzung zur Aufnahme in eine bereits bestehende SE finden die §§ 122a ff. UmwG Anwendung. Über Streitigkeiten aus dem MgVG entscheidet das Arbeitsgericht im Beschlussverfahren (§ 2a Nr. 3f ArbGG), die örtliche Zuständigkeit richtet sich nach § 82 V ArbGG. Die Kommission hat im April 2018 einen Entwurf zur Änderung der Richtlinie (EU) 2017/1132 im Hinblick auf die grenzüberschreitende Umwandlung, Verschmelzung und Spaltung von Unternehmen vorgelegt.[17] 12

2. Grenzüberschreitende Verschmelzung. Das Gesetz gilt für eine aus einer grenzüberschreitenden Verschmelzung hervorgehende Gesellschaft mit Sitz im Inland. Es gilt unabhängig vom Sitz dieser Gesellschaft auch für im Inland beschäftigte AN der aus einer grenzüberschreitenden Verschmelzung hervorgehenden Gesellschaft sowie für inländische beteiligte Gesellschaften, betroffene Tochtergesellschaften und betroffene Betriebe (§ 3 I MgVG). Es sieht zur Sicherung der im bisherigen Unternehmen bestehenden Unternehmensmitbestimmung die Sicherstellung der bisherigen Mitbestimmung der AN kraft Gesetzes vor, sofern nicht eine Vereinbarung über die Mitbestimmung der AN in der aus einer grenzüberschreitenden Verschmelzung hervorgehenden Gesellschaft getroffen wird (§ 1 II MgVG). Das MgVG findet Anwendung, wenn die aus der grenzüberschreitenden Verschmelzung entstehende Gesellschaft ihren Sitz in einem Mitgliedstaat oder einem Staat des EWR-Wirtschaftsraums hat (§ 3 II MgVG). 13

3. Erfasste Unternehmen. Das MgVG gilt zunächst nur für die aus einer grenzüberschreitenden (Hinein-)Verschmelzung hervorgehende Gesellschaft mit Sitz im Inland. Eine in der Bundesrepublik ansässige Kapitalgesellschaft unterfällt der für ihre Rechtsform geltenden Regelung der deutschen Unternehmensmitbestimmung (Sitzlandprinzip). Eine aus der grenzüberschreitenden Verschmelzung hervorgegangene SE unterliegt den Vorschriften des SEBG. War die Gesellschaft bereits vor der Verschmelzung in der Rechtsform einer SE verfasst, gilt dies gleichermaßen (umstr.).[18] Die in § 4 MgVG formulierte Regel, wonach sich die Regelungen über die Mitbestimmung der AN in den Unternehmensorganen nach dem Recht des Mitgliedstaats richten, in dem die aus der Verschmelzung hervorgehende Gesellschaft ihren Sitz hat, wird unter den in § 5 MgVG enthaltenen Voraussetzungen eingeschränkt. Liegen diese vor, kann die gesetzliche Unternehmensmitbestimmung einer in der Bundesrepublik ansässigen und durch grenzüberschreitende Verschmelzung entstandenen Gesellschaft entweder durch Vereinbarung oder die Übernahme des im Herkunftsland geltenden Mitbestimmungsstatus verändert werden. 14

4. Voraussetzungen für die Veränderung der Mitbestimmung. Nach § 5 Nrn. 1–3 MgVG gilt das Sitzlandprinzip nicht, wenn **(a)** zumindest eine der an der grenzüberschreitenden (Hinein-)Verschmelzung beteiligten Gesellschaften durchschnittlich mehr als 500 AN iSd § 2 I MgVG beschäftigt und in dieser Gesellschaft die Arbeitnehmervertreter in den Aufsichtsgremien vertreten sind, **(b)** das für die aus der Verschmelzung hervorgehende Gesellschaft maßgebende 15

[17] Dazu *Mückl/Götte* BB 2018, 2036; *Bungert/Wandsleben* DB 2018, 2094.
[18] AKRR/*Annuß* MgVG § 4 Rn. 2 (§ 18 III SEBG); aA *Grambow/Stadler* BB 2010, 977 (979 f.).

innerstaatliche Recht nicht mindestens den gleichen Umfang an Mitbestimmung der AN vorsieht, wie er in den jeweiligen an der Verschmelzung beteiligten Gesellschaften bestanden hat (Minderung der Mitbestimmung) oder **(c)** das für die aus der Verschmelzung hervorgehende Gesellschaft maßgebende innerstaatliche Recht für die dort beschäftigten AN nicht den gleichen Anspruch auf Ausübung von Mitbestimmung vorsieht, wie sie den AN in demjenigen Mitgliedstaat gewährt werden, in dem die aus der grenzüberschreitenden Verschmelzung hervorgehende Gesellschaft ihren Sitz hat (Benachteiligung von ausländischen AN). Die Tatbestände des § 5 MgVG stehen alternativ zueinander.[19] Für die Arbeitnehmerzahl iSd Nr. 1 ist auf die unmittelbar an der Verschmelzung beteiligten Gesellschaften abzustellen, AN von deren Tochterunternehmen bleiben unberücksichtigt. Bei Nr. 2 erfolgt der Vergleich der Mitbestimmung formal nach der Kopfzahl der Arbeitnehmervertreter in den mitbestimmten Gremien. Voraussetzung für die Anwendung von § 5 Nr. 3 MgVG ist, dass die aufnehmende Gesellschaft vor der Verschmelzung mitbestimmt war oder für die in den ausländischen Betrieben beschäftigten AN ein Mitbestimmungsstatut anwendbar war (umstr.).[20]

16 **5. Formen der Mitbestimmung.** Wird eine Vereinbarung über die Unternehmensmitbestimmung nach der Verschmelzung getroffen, ist diese maßgeblich (§ 22 MgVG). Insoweit entspricht die Rechtslage dem EBRG. Die §§ 6 ff. MgVG enthalten besondere Vorschriften über die Bildung, Zusammensetzung und Geschäftsführung des Besonderen Verhandlungsgremiums. Wird eine Vereinbarung nicht getroffen, richtet sich die Beteiligung der AN in den Aufsichtsgremien nach den §§ 23 ff. MgVG. Die Leitungen der beteiligten Gesellschaften können Verhandlungen über eine Mitbestimmungsvereinbarung vermeiden, indem sie die Anwendung der gesetzlichen Auffangregelung beschließen (§ 23 I 1 Nr. 3 MgVG). Nach § 24 I 1 MgVG haben die AN der aus der Verschmelzung hervorgehenden Gesellschaft, ihrer Tochtergesellschaften und Betriebe oder ihr Vertretungsorgan das Recht, einen Teil der Mitglieder des Aufsichts- oder Verwaltungsorgans der aus der Verschmelzung hervorgehenden Gesellschaft zu wählen oder zu bestellen oder deren Bestellung zu empfehlen oder abzulehnen. § 24 I 2 MgVG regelt die Anzahl der Arbeitnehmervertreter in den Aufsichtsgremien. Zur Vermeidung von Missbräuchen wird das nach der grenzüberschreitenden Fusion maßgebliche Mitbestimmungsniveau für den Fall nachfolgender innerstaatlicher Verschmelzungen für drei Jahre durch eine entsprechende Anwendung der Vorschriften über das Verhandlungsverfahren einschließlich der gesetzlichen Auffangregelung geschützt (§ 30 MgVG).

17 **6. Rechte der Arbeitnehmervertreter.** Sie sind in den §§ 31 ff. MgVG geregelt. Die Arbeitnehmervertreter sind zur Verschwiegenheit verpflichtet (§ 31 MgVG). Ein etwaiger vor der Verschmelzung bestehender Kündigungsschutz bleibt erhalten (§ 32 MgVG), daneben besteht ein § 78 BetrVG vergleichbares Behinderungs- und Begünstigungsverbot (§ 33 MgVG).

§§ 262–271 in dieser Auflage unbesetzt

[19] EuGH 20.6.2013 AG 2013, 592; AKRR/*Annuß* MgVG § 5 Rn. 2; dagegen *Forst* AG 2013, 588.
[20] *Drinhausen/Keinath* AG 2010, 398; *Lunk/Hinrichs* NZA 2007, 774; aA AKRR/*Annuß* MgVG § 5 Rn. 12.

XXV. Buch. Betriebliche Altersversorgung

§ 272. Grundlagen der betrieblichen Altersversorgung

Übersicht

I. Begriff und Rechtsnatur der betrieblichen Altersversorgung

1. Begriff. a) Legaldefinition des § 1 I 1 BetrAVG. Betriebliche Altersversorgung sind 1
gem. § 1 I 1 BetrAVG aus Anlass eines Arbeitsverhältnisses zugesagte Leistungen der Alters-, Invaliditäts- oder Hinterbliebenenversorgung.[1] Die **Legaldefinition** ist in Anlehnung an Rspr. und Schrifttum formuliert (BT-Drs. VII/1281, 22):

Betriebliche Altersversorgung liegt vor, wenn 2

- die Zusage einem Versorgungszweck dient,
- die Leistungspflicht nach dem Inhalt der Zusage durch ein in § 1 I 1 BetrAVG genanntes biologisches Ereignis (Alter, Invalidität oder Tod) ausgelöst wird und
- die Zusage aus Anlass eines Arbeitsverhältnisses erklärt wurde (oder § 17 I 2 BetrAVG eingreift).

In der Rspr. war bereits vor Inkrafttreten des BetrAVG am 22.12.1974 die betriebliche Altersver- 3
sorgung definiert worden als **freiwillige Maßnahme des AG** für die Altersversorgung der Mitarbeiter in Anerkennung längerer Betriebszugehörigkeit und in Erwartung weiterer Betriebstreue, die die gesetzliche und private Vorsorge für das Alter ergänzen soll.[2] Sie setzt ebenso wie das gesetzliche Rentenversicherungsrecht die Übernahme bestimmter biometrischer Risiken voraus, nämlich des **(1)** „Langlebigkeitsrisikos", des **(2)** Todesfallrisikos (Hinterbliebenenversorgung) und des **(3)** Invaliditätsrisikos.[3] Die Versorgung muss an eines dieser Ereignisse (Alter, Invalidität, Tod) anknüpfen.[4] Die Risikoübernahme muss eine Versorgung darstellen, dh in einer Leistung bestehen, die den Lebensstandard des AN oder seiner Hinterbliebenen im Versorgungsfall verbessern soll.[5] Auf die Bezeichnung der Leistung kommt es nicht an, ebenso wenig wie darauf, aus welchen Gründen und aus welchem Anlass die Versorgungsleistung versprochen wurde. Entscheidend ist

[1] Zur Verbreitung der betrieblichen Altersversorgung s. BT-Drs. 18/11286, 31; Ergänzender Bericht der Bundesregierung zum Rentenversicherungsbericht 2016, BT-Drs.18/10571, 97 ff.

[2] BAG 10.3.1972 AP Nr. 156 zu § 242 BGB Ruhegehalt; BGH 28.9.1981 AP Nr. 12 zu § 7 BetrAVG; 17.9.2008 AP Nr. 114 zu § 7 BetrAVG = NZA 2009, 440.

[3] Vgl. BAG 14.2.2012 NZA 2012, 824 (LS) = DB 2012, 2527; 12.12.2006 AP Nr. 45 zu § 1 BetrAVG = DB 2007, 2043.

[4] BAG 16.3.2010 AP Nr. 116 zu § 7 BetrAVG = NZA-RR 2011, 146.

[5] BAG 26.6.2019 AP Nr. 74 zu § 1 BetrAVG = BetrAV 2019, 755.

allein, welches Ereignis die Versorgung auslöst.[6] Unerheblich ist ferner, ob die Leistung nur zeitlich befristet gewährt wird oder sich sogar in einer einmaligen Kapitalleistung erschöpft.[7] Es kommt für die Qualifizierung als betriebliche Altersversorgung auch nicht darauf an, ob die Versorgungsregelung den Bestimmungen des BetrAVG entspricht.[8] Der Kreis der möglichen Hinterbliebenen bei der Hinterbliebenenversorgung ist nicht auf die Ehepartner und Kinder begrenzt. Voraussetzung für die Anerkennung einer Hinterbliebeneneigenschaft ist aber, dass dem AN bezogen auf die begünstigte Person bei typisierender Betrachtung ein Versorgungsinteresse unterstellt werden kann.[9] Sieht eine Versorgungsordnung sowohl Leistungen vor, die an die von § 1 I 1 BetrAVG erfassten biometrischen Risiken anknüpfen als auch Leistungen, für die das nicht gilt, ist das BetrAVG insoweit anzuwenden, als die Regelung Leistungen der betrieblichen Altersversorgung betrifft.[10]

4 **b) Leistungen der betrieblichen Altersversorgung.** Leistungen der betrieblichen Altersversorgung sind idR Geldleistungen in Form laufender Renten und/oder einmaliger Kapitalzahlungen[11] bzw. ratenweise ausgezahlter Kapitalleistungen[12] sowie Sach- und Nutzungsleistungen.[13] Nutzungsrechte oder Sachleistungen sind aber nur dann betriebliche Altersversorgungsleistungen, wenn ein beim Betriebsrentner[14] erwartungsgemäß bestehender Bedarf gedeckt wird. Es kommt nicht darauf an, ob diese Leistungen auch aktiven AN gewährt werden. Ferner ist es unschädlich, wenn in einer Regelung neben Leistungen, die ein biometrisches Risiko iSd Betriebsrentengesetzes abdecken, weitere Ansprüche oder Anwartschaften vorgesehen sind, die gegen andere Risiken sichern.[15] Zu den Sachleistungen der betrieblichen Altersversorgung können gehören Kohlendeputate („Hausbrand"),[16] Wohnrechte bei Werkswohnungen, Barabgeltungen von Deputaten.[17] Solche Leistungen können in ihrer Höhe von der Höhe der zuletzt im aktiven Arbeitsverhältnis bezogenen Leistungen abhängig gemacht werden, also „endbezugsbezogen" sein.[18]

5 **c) Sonstige Sozialleistungen.** Von den Leistungen der betrieblichen Altersversorgung sind sonstige Sozialleistungen zu unterscheiden, die nicht der Versorgung der AN dienen und damit auch nicht insolvenzgeschützt sind. Die Abgrenzung wird sich im Allgemeinen durch die Auslegung des Versorgungsvertrags ergeben. Zu den sonstigen Sozialleistungen gehören Leistungen, die nicht freiwillig aus Anlass des Arbeitsverhältnisses gewährt werden, sondern zur Abgeltung vertraglicher Ansprüche (zB Kaufpreisrenten, Ausgleichsleistungen nach § 89b HGB) dienen, Versorgungsleistungen Dritter, Leistungen, die nicht durch den Eintritt eines Versorgungsfalles bedingt sind oder nicht der Altersversorgung dienen. Leistungen, die nicht an den Eintritt in den Ruhestand anknüpfen, sondern an den Arbeitsplatzverlust (zB aufgrund von Strukturanpassungen im Bergbau), decken nicht das Langlebigkeitsrisiko ab sondern das Risiko der Arbeitslosigkeit und stellen deshalb keine betriebliche Altersversorgung dar.[19] Zu den vom BetrAVG

---

[6] BAG 14.2.2012 NZA 2012, 824 (LS) = DB 2012, 2527.

[7] BAG 20.9.2016 AP Nr. 118 zu § 7 BetrAVG = NZA 2017, 258; 28.10.2008 AP Nr. 56 zu § 1 BetrAVG = NZA 2009, 844.

[8] BAG 16.3.2010 AP Nr. 116 zu § 7 BetrAVG = NZA-RR 2011, 146; 19.2.2008 AP Nr. 52 zu § 1 BetrAVG = NZA-RR 2008, 597.

[9] BAG 18.11.2008 AP Nr. 54 zu § 1 BetrAVG = NZA-RR 2009, 153.

[10] BAG 16.3.2010 AP Nr. 116 zu § 7 BetrAVG = NZA-RR 2011, 146.

[11] BAG 30.9.1986 AP Nr. 16 zu § 1 BetrAVG = NZA 1987, 456; LAG Hamm 13.8.1996 DB 1996, 1986 = BB 1996, 2412; zur Einbeziehung von Kapitalleistungen in die Beitragspflicht zur Sozialversicherung: *Reiserer/Barth* DB 2006, 714.

[12] *Höfer/Küpper* DB 2006, 2064 (2065).

[13] BAG 24.10.1979 AP Nr. 4 zu § 611 BGB Deputat; 12.12.2006 AP Nr. 45 zu § 1 BetrAVG = DB 2007, 2043 (verbilligter Strombezug); 14.12.2010 BetrAV 2011, 106 (LS) (Erstattung von Energiekosten); LAG Düsseldorf 5.5.1977 DB 1977, 2054.

[14] Nicht bei seinem Ehepartner, vgl. BAG 26.6.2019 AP Nr. 74 zu § 1 BetrAVG = BetrAV 2019, 755.

[15] BAG 26.6.2019 AP Nr. 74 zu § 1 BetrAVG = BetrAV 2019, 755; 30.1.2019 AP Nr. 25 zu § 611 BGB Sachbezüge = NZA 2019, 1065; 16.3.2010 AP Nr. 116 zu § 7 BetrAVG = NZA-RR 2011, 146; vgl. Merkblatt des PSVaG 300/M 4, Stand 01.21, Ziff. 1.2 (http://www.psvag.de).

[16] BAG 16.3.2010 AP Nr. 116 zu § 7 BetrAVG = NZA-RR 2011, 146; vgl. auch BAG 24.10.1979 AP Nr. 4 zu § 611 BGB Deputat; 12.12.2006 AP Nr. 45 zu § 1 BetrAVG = DB 2007, 2043 (verbilligter Strombezug); 14.12.2010 BetrAV 2011, 106 (LS) (Erstattung von Energiekosten); LAG Düsseldorf 5.5.1977 DB 1977, 2054.

[17] BAG 11.8.1981 AP Nr. 11 zu § 16 BetrAVG = NJW 1982, 957; 2.12.1986 AP Nr. 9 zu § 611 BGB Deputat.

[18] BAG 26.6.2019 AP Nr. 74 zu § 1 BetrAVG = BetrAV 2019, 755; 30.1.2019 AP Nr. 26 zu § 611 BGB Sachbezüge = NZA 2019, 1076.

[19] BAG 14.2.2012 AP Nr. 68 zu § 1 BetrAVG = DB 2012, 2527; 16.3.2010 AP Nr. 116 zu § 7 BetrAVG = NZA-RR 2011, 146; 10.2.2009 AP Nr. 58 zu § 1 BetrAVG = NZA 2010, 248 (LS); vgl. auch 25.4.2017 AP Nr. 59 zu § 1 BetrAVG Auslegung = NZA-RR 2017, 498.

erfassten biometrischen Risiken zählt auch nicht das Krankheitsrisiko, auch sozialversicherungsrechtlich handelt es sich insoweit um einen anderen, eigenständigen Versicherungszweig.[20] Ebenfalls nicht unter das BetrAVG fallen Übergangsgelder,[21] Anpassungsleistungen wegen Umstrukturierungen,[22] Gnadenbezüge, Treueprämien, Jubiläumszuwendungen, Zuschüsse zu Krankengeldern, Beihilfen im Krankheitsfall,[23] bei Geburten,[24] Kuren, Operationen, Todesfällen (Sterbegeld),[25] Weihnachtsgelder, Abfindungen.[26] Durch solche Leistungen soll regelmäßig nicht der Wegfall von Arbeitseinkommen nach Eintritt des Versorgungsfalls kompensiert werden. Ausnahmen können bei Weihnachtsgeldern bestehen, wenn sie für Rentner vorgesehen sind und Versorgungswert haben,[27] sowie bei Gewinnbeteiligungen, wenn sie der Altersversorgung dienen, grundsätzlich erst bei Eintritt des Versorgungsfalles auszahlbar werden und durch die Gewinnbeteiligung die Betriebstreue des AN abgegolten werden soll.[28] Eine Leistung der betrieblichen Altersversorgung liegt auch vor, soweit der AG während der ersten sechs Monate des Ruhestandes einen „Übergangszuschuss" in Höhe eines Monatsentgelts unter Anrechnung der Betriebsrente zahlt.[29] Versorgungsleistungen können ferner vorliegen, wenn der Witwe eines Gesellschafters ein lebenslanger Vorweggewinn zugewandt wird.[30] Gehaltsumwandelnde Lebensversicherungsverträge sind Leistungen der betrieblichen Altersversorgung;[31] in § 1 II Nr. 3 BetrAVG ist die Entgeltumwandlung ausdrücklich in das Gesetz aufgenommen (→ § 274 Rn. 51 ff.). Werden Organvertretern juristischer Personen bei ihrem Ausscheiden Leistungen zugesichert, kann ihnen Versorgungswert mit Erreichen der Altersgrenze zukommen.[32]

d) Biologisches Ereignis. Betriebliche Altersversorgung liegt nur vor, wenn sie wegen eines bestimmten **biologischen Vorgangs** erbracht wird, also bei Erreichen der Altersgrenze, Eintritt der Invalidität oder des Todes des Versorgungsberechtigten im Rahmen der Hinterbliebenenversorgung.[33] Ferner stellt das BAG auf den **(Versorgungs-)Zweck** der Leistungen ab.[34] Der Begriff des Hinterbliebenen ist nicht eng auszulegen. Hinterbliebene kann auch ein/e Lebensgefährte/in sein.[35] 6

e) Zusage aus Anlass eines Arbeitsverhältnisses. Das Arbeitsverhältnis (Dienstverhältnis) muss für die Zusage **kausal** sein, die Zusage muss aus Anlass des Arbeitsverhältnisses vom AG erteilt sein. Das Betriebsrentengesetz legt keinen eigenständigen Arbeitgeberbegriff zugrunde. Nach den allgemeinen Grundsätzen ist AG derjenige, der die Dienstleistungen vom AN kraft des Arbeitsvertrags fordern kann. Daher ist AG nicht eine andere Konzerngesellschaft, für die der AN keine Arbeitsleistung erbringt, auch wenn dieser die Arbeitsleistung wirtschaftlich zu Gute kommt.[36] In diesen Fällen kann aber eine Umgehung des BetrAVG vorliegen; das gilt insbes. dann, wenn die Kosten der Altersversorgung konzernintern erstattet werden.[37] Nicht 7

[20] BAG 21.4.2009 AP Nr. 20 zu § 1 BetrAVG Beamtenversorgung = NZA-RR 2010, 168 (LS).
[21] BAG 26.4.1988 AP Nr. 45 zu § 7 BetrAVG = NZA 1989, 182 (LS); 5.2.1981 AP Nr. 188 zu § 242 BGB Ruhegehalt.
[22] BAG 16.3.2010 AP Nr. 116 zu § 7 BetrAVG = NZA-RR 2011, 146; LAG Köln 25.6.2010 – 11 Sa 1289/09.
[23] BAG 10.2.2009 AP Nr. 57 zu § 1 BetrAVG (LS) = NZA 2009, 796; 12.12.2006 AP Nr. 45 zu § 1 BetrAVG = DB 2007, 2043.
[24] BAG 10.2.2009 AP Nr. 57 zu § 1 BetrAVG (LS) = NZA 2009, 796.
[25] BAG 18.2.2020 AP Nr. 128 zu § 16 BetrAVG = VersR 2020, 1401; 10.12.2019 AP Nr. 12 zu § 16 BetrAVG = NZA 2020, 931; 10.2.2009 AP Nr. 57 zu § 1 BetrAVG (LS) = NZA 2009, 796; aA *Diller/Herrmann* NZA 2020, 1525.
[26] BAG 28.1.1986 AP Nr. 18 zu § 59 KO = NZA 1987, 126.
[27] BAG 19.5.1981 AP Nr. 13 zu § 16 BetrAVG = NJW 1982, 350.
[28] BAG 18.3.2003 AP Nr. 108 zu § 7 BetrAVG = NZA 2004, 848; 30.9.1986 AP Nr. 16 zu § 1 BetrAVG = NZA 1987, 456; 30.10.1980 AP Nr. 4 zu § 1 BetrAVG mAnm *Hilger* = NJW 1981, 1470; zum Steuerrecht: BFH 30.1.1974 BFHE 112, 125 = DB 1974, 1267; 8.2.1973 BFHE 108, 227 = DB 1973, 601; 29.11.1972 BFHE 107, 509 = BB 1973, 230.
[29] BAG 20.3.2018 AP Nr. 121 zu § 7 BetrAVG = NZA 2018, 1139.
[30] BGH 10.4.1989 AP Nr. 12 zu § 128 HGB = NJW-RR 1989, 866.
[31] BAG 26.6.1990 AP Nr. 11 zu § 1 BetrAVG Lebensversicherung = NZA 1991, 144.
[32] BGH 28.9.1981 AP Nr. 12 zu § 7 BetrAVG; 16.3.1981 AP Nr. 7 zu § 10 BetrAVG = NJW 1981, 2410.
[33] BAG 26.4.1988 AP Nr. 45 zu § 7 BetrAVG = NZA 1989, 182 (LS) mwN.
[34] Vgl. BAG 25.10.1994 AP Nr. 31 zu § 1 BetrAVG = NZA 1995, 373; 10.8.1993 AP Nr. 41 zu § 1 BetrAVG Zusatzversorgungskasse = NZA 1994, 757; 26.6.1990 AP Nr. 11 zu § 1 BetrAVG Lebensversicherung = NZA 1991, 144; 8.5.1990 AP Nr. 58 zu § 7 BetrAVG = NZA 1990, 931.
[35] Vgl. BAG 1.4.1965 AP Nr. 28 zu § 133 BGB.
[36] BAG 20.5.2014 NZA 2015, 225.
[37] Vgl. hierzu *Diller/Beck* NZA 2015, 274 (275).

erforderlich ist, dass die Zusage in Erwartung einer zukünftigen oder in Anerkennung einer erbrachten Betriebstreue ausgesprochen wird und im Hinblick auf die Begründung oder die Verlängerung des Arbeitsverhältnisses erfolgt; auch eine nach Beendigung des Arbeitsverhältnisses versprochene Rente kann daher betriebliche Altersversorgung sein.[38] Es ist eine Kausalitätsprüfung vorzunehmen, die alle Umstände des Einzelfalles berücksichtigt.[39] Keine betriebliche Altersversorgung ist gegeben, wenn die Zusage aus verwandtschaftlichen, freundschaftlichen oder ähnlichen Beziehungen erfolgt.[40] Erteilt eine GmbH der als Geschäftsführerin angestellten Ehefrau des beherrschenden Gesellschafters unmittelbar nach der Anstellung eine unverfallbare Versorgungszusage, so ist dies in aller Regel durch das Gesellschaftsverhältnis veranlasst.[41] Ein solches Indiz ergibt sich ferner daraus, dass ein Unternehmen allen Gesellschaftern und nur ihnen ein Versorgungsversprechen gegeben hat.[42]

8 **2. Voraussetzungen und Rechtsnatur. a) Motive für die Zusage.** Die betriebliche Altersversorgung wird vom AG freiwillig nach Eintritt eines Versorgungsfalles zur Sicherung eines angemessenen Lebensstandards und zur Abgeltung erbrachter Betriebstreue gewährt. Im Allgemeinen werden die Leistungen der betrieblichen Altersversorgung zur Ergänzung einer anderweitig vom AN erzielten Versorgung für den Eintritt eines Versorgungsfalles gewährt. Im Schrifttum wird insoweit von der **Ergänzungsfunktion** der betrieblichen Altersversorgung gesprochen. Begriffsnotwendig ist das nicht. Denkbar sind auch Versorgungssysteme, in denen der AG die volle Versorgung des AN übernimmt.

9 **b) Freiwilligkeit.** Die Gewährung von Leistungen der betrieblichen Altersversorgung beruht auf einem freien, **nicht erzwingbaren Entschluss** des AG. Etwas anderes kann dann gelten, wenn ein Tarifvertrag eine betriebliche Altersversorgung vorsieht und der AG tarifgebunden oder der Tarifvertrag für allgemeinverbindlich erklärt worden ist. Eine weitere Ausnahme besteht im Rahmen der Entgeltumwandlung (§ 1a I 1 BetrAVG; → § 273 Rn. 51 ff.). Der AG kann grundsätzlich frei entscheiden, ob er eine betriebliche Altersversorgung einführt, welchen Durchführungsweg er wählt, welche Personenkreise er in die Altersversorgung aufnimmt[43] und welche Leistungen er nach von ihm aufgestellten Leistungsvoraussetzungen erbringt, insbes. welche Mittel er aufwenden will.[44] Zu beachten sind dabei insbes. der Gleichbehandlungsgrundsatz, die Mindestnormen des BetrAVG sowie die Mitbestimmungsrechte des BR.

10 Ob der AN nach erteilter Versorgungszusage einen Anspruch auf einen bestimmten **Durchführungsweg** der betrieblichen Altersversorgung hat, richtet sich nach dem Inhalt der Versorgungszusage.[45] Allein aus der Tatsache, dass der AN keinen Anspruch auf Begründung einer Versorgungszusage in einem bestimmten Durchführungsweg hat, folgt nicht, dass die einmal getroffene Festlegung dann unverbindlich ist und dem AG in jedem Fall ein Leistungsbestimmungsrecht nach § 315 BGB zusteht.[46] Problematisch ist es auch, darauf abzustellen, ob der Wechsel für den AN sogar vorteilhaft ist, jedenfalls aber für ihn keine (nennenswerten) Nachteile mit sich bringt.[47] Denn Vor- und Nachteile des Durchführungsweges lassen sich häufig schwierig feststellen und unterliegen zudem einem langfristig nicht immer vorhersehbaren Wandel (zB durch Änderung der steuer-, sozial- oder insolvenzrechtlichen Rahmenbedingungen). Ein Wechsel des Durchführungsweges, zB auf einen externen Träger, ist bei einer erfolgten Festle-

[38] BAG 8.5.1990 AP Nr. 58 zu § 7 BetrAVG = NZA 1990, 931.
[39] BAG 11.11.2014 AP Nr. 41 zu § 17 BetrAVG = NZA-RR 2015, 208; 19.1.2010 AP Nr. 40 zu § 17 BetrAVG = NZA 2010, 1066; 19.1.2010 AP Nr. 61 zu § 1 BetrAVG = NZA 2010, 1200 (LS) (jew. für GmbH-Gesellschafter).
[40] BGH 28.9.1981 AP Nr. 12 zu § 7 BetrAVG; BAG 8.5.1990 AP Nr. 58 zu § 7 BetrAVG = NZA 1990, 931; LAG Köln 19.7.2002 NZA-RR 2003, 259 = LAGE § 7 BetrAVG Nr. 14; vgl. auch BFH 27.6.1989 BFHE 157, 405 = NJW 1990, 1686.
[41] BFH 16.12.1992 BFHE 170, 175 = BB 1993, 918 = BetrAV 1993, 226.
[42] BAG 11.11.2014 AP Nr. 41 zu § 17 BetrAVG = NZA-RR 2015, 208.
[43] BAG 12.6.1975 AP Nr. 1 zu § 87 BetrVG 1972 Altersversorgung; vgl. auch BAG 11.11.1986 AP Nr. 4 zu § 1 BetrAVG Gleichberechtigung = NZA 1987, 449.
[44] BAG 10.3.1972 AP Nr. 156 zu § 242 BGB Ruhegehalt; 12.6.1975 AP Nr. 1 zu § 87 BetrVG 1972 Altersversorgung.
[45] BAG 19.3.2019 AP Nr. 79 zu § 1 BetrAVG Ablösung = NZA 2020, 1031; 12.6.2007 AP Nr. 47 zu § 1 BetrAVG = NZA-RR 2008, 537; s. hierzu *Grüsing/Granetzny* BetrAV 2009, 485; *Reinecke* DB 2010, 2392 (2393); *v. Buddenbrock/Manhart* BB 2011, 2293 (2297); abl. *Löwisch/Diller* BetrAV 2010, 411 ff.
[46] So aber *Löwisch/Diller* BetrAV 2010, 411 (413 f.).
[47] So Höfer BetrAVG I/*Höfer/Reinhard* Kap. 9 Rn. 152; *v. Buddenbrock/Manhart* BB 2011, 2293 (2297).

gung daher nur möglich, wenn sich der AG dies vorbehalten hat, wobei dieser Vorbehalt auch konkludent vereinbart sein kann. Eine Vermutung für eine Regelung, dass dem AG das Recht zustehen soll, den Durchführungsweg einseitig zu ändern, gibt es nicht. Dem stünde im Übrigen bei AGB auch § 305c II BGB entgegen.[48] Teilweise wird ein Zustimmungserfordernis des AN aus einer analogen Anwendung von § 415 I 1 BGB abgeleitet.[49] Auch wenn das Vereinheitlichungsinteresse des AG für sich genommen noch keinen Eingriff in bestehende Anwartschaften rechtfertigt,[50] kann der AG bei gleichbleibendem Dotierungsrahmen nach Ansicht des BAG allerdings berechtigt sein, den Durchführungsweg für die Zukunft zu ändern, wenn er sich entschließt, die unterschiedlichen Versorgungssysteme im Unternehmen zu vereinheitlichen.[51] Ein Wechsel des Durchführungsweges kann aufgrund der gesetzlichen Bestimmungen im Rahmen eines Versorgungsausgleichs vorgeschrieben sein, wenn der AG den Durchführungsweg für den geschiedenen Ehepartner nicht beschreiten kann. Sieht der vorgesehene Durchführungsweg für den AN einen Eigenbeitrag vor, ändert sich hieran allerdings aufgrund des Wechsels des Durchführungsweges nichts.[52]

c) Umfassungszusage/reine Beitragszusage. Eine betriebliche Altersversorgung liegt nach der am 1.7.2002 in Kraft getretenen Bestimmung des § 1 II Nr. 4 BetrAVG auch dann vor, wenn der AN Beiträge aus seinem Arbeitsentgelt zur Finanzierung von Leistungen der betrieblichen Altersversorgung an einen Pensionsfonds, eine Pensionskasse oder eine Direktversicherung leistet und die Zusage des AG auch die Leistungen aus diesen Beiträgen umfasst. Es muss also ausdrücklich oder durch konkludente Erklärung deutlich werden, dass der AG auch für die aus den Beiträgen der AN resultierenden Leistungen einzustehen hat; beweispflichtig hierfür ist der AN.[53] § 1 II Nr. 4 BetrAVG gilt auch für vor dem Inkrafttreten der Bestimmung erteilte Versorgungszusagen.[54] Bei solchen Zusagen sind allerdings an die Annahme, die Zusage des AG umfasse auch die auf Beiträgen des AN beruhenden Leistungen, erhöhte Anforderungen zu stellen.[55] Nach der zum 1.1.2018 eingeführten Bestimmung in § 1 II Nr. 2a BetrAVG liegt ferner auch dann eine betriebliche Altersversorgung vor, wenn der AG durch Tarifvertrag oder auf Grund eines Tarifvertrages in einer Betriebs- oder Dienstvereinbarung verpflichtet wird, Beiträge zur Finanzierung der betrieblichen Altersversorgung an einen Pensionsfonds, eine Pensionskasse oder eine Direktversicherung zu zahlen (reine Beitragszusage). 11

d) Rechtscharakter. Unter den Schlagworten **Fürsorgetheorie, Entgelttheorie** und **Mischtheorie**[56] wird diskutiert, ob die betriebliche Altersversorgung aus Fürsorge oder zur Abgeltung der Dienste des AN geleistet wird. Der Prinzipienstreit ist nicht abstrakt zu entscheiden; vielmehr ist im Wege der Auslegung der einzelnen Versorgungszusage zu ermitteln, welches Prinzip im Vordergrund steht (Mischtheorie). Eine Versorgungsordnung, die für einen AN ohne Wartezeit Versorgungsleistungen vorsieht, hat stark fürsorgerischen Charakter; eine solche, die die Versorgungsleistungen nach Dienstdauer und Vergütungshöhe orientiert, stärker Entgeltcharakter. Der Fürsorgecharakter spiegelt sich noch am stärksten in Gesamtversorgungszusagen, deren Bedeutung in der Praxis aber stark zurückgegangen ist. Das BAG ist zu Recht davon ausgegangen, dass die Versorgung sowohl Fürsorge- als auch Entgeltcharakter hat. Der Entgeltcharakter kommt vor allem zum Ausdruck bei der Unverfallbarkeit, da nach längerer Dienstdauer die Erwartung des AN, eine Versorgung zu erhalten, nicht mehr enttäuscht werden kann,[57] in den Entscheidungen zur Ruhegeldanpassung,[58] zum Widerruf der Ruhegeldleistungen wegen Treuebruchs[59] und vor allem auch in den Entscheidungen über die Mitbestimmung des BR.[60] Der Fürsorgecharakter manifestiert sich zB durch Leistungen an Hinterbliebene. Auch nach Auffassung des BGH hat die betriebliche Altersversorgung (für Vorstandsmitglieder und 12

[48] *Reinecke* DB 2010, 2392 (2394).
[49] *Völp* DB 2018, 2242.
[50] BAG 22.10.2019 AP Nr. 81 zu § 1 BetrAVG Ablösung = BetrAV 2020, 249.
[51] BAG 19.3.2019 AP Nr. 79 zu § 1 BetrAVG Ablösung = NZA 2020, 1031; *de Groot* SAE 2020, 71 (77 f.).
[52] BAG 22.10.2019 AP Nr. 77 zu § 1 BetrAVG = NZA 2019, 1715.
[53] BAG 13.12.2016 AP Nr. 14 zu § 1 BetrAVG Pensionskasse = NZA 2017, 1263.
[54] BAG 15.3.2016 AP Nr. 13 zu § 1 BetrAVG = NZA 2016, 1205.
[55] BAG 21.3.2017 AP Nr. 15 zu § 1 BetrAVG = NZA 2018, 104.
[56] BRO/*Rolfs* Einl. Rn. 25 ff. mwN.
[57] BAG 10.3.1972 AP Nr. 156 zu § 242 Ruhegehalt.
[58] BAG 17.1.1980 AP Nr. 7 zu § 16 BetrAVG; 17.1.1980 AP Nr. 8 zu § 16 BetrAVG; stRspr.
[59] S. die Nachw. → § 277 Rn. 4.
[60] S. zB BAG 12.6.1975 AP Nr. 1 zu § 87 BetrVG 1972 Altersversorgung; stRspr.

Geschäftsführer juristischer Personen) Fürsorge- und Entgeltcharakter.[61] Jedenfalls sind Leistungen der betrieblichen Altersversorgung immer auch Gegenleistung für eine Arbeitsleistung des AN, weil sie nicht allein vom Bestehen des Arbeitsverhältnisses oder den persönlichen Lebensumständen des AN abhängig sind, sondern immer auch von einem Leisten von Arbeit.[62]

13 **e) Keine Schenkung.** Wird die betriebliche Altersversorgung (auch) zur **Abgeltung erbrachter Betriebstreue** gewährt, so folgt daraus gleichzeitig, dass sie grundsätzlich **keine Schenkung** darstellt,[63] auch wenn die Zusage erst nach Eintritt des Pensionsfalles oder an die Witwe des AN[64] erteilt wird. Ein formbedürftiges Schenkungsversprechen (§ 518 BGB) ist sie nur dann, wenn sie überwiegend mit Rücksicht auf familiäre Verhältnisse[65] erfolgt. Die Ruhegeldzusage unterscheidet sich vom **Leibrentenversprechen** (§§ 759 ff. BGB); sie ist kein abstraktes Versprechen, sondern wird wegen eines Arbeitsverhältnisses erteilt.[66]

II. Gesetzliche Regelung durch das BetrAVG

14 **1. Allgemeines.** Eine umfassende gesetzliche Regelung der betrieblichen Altersversorgung besteht nicht; vielmehr sind ihre **wesentlichen Rechtsgrundsätze** von der Rspr. und dem Schrifttum entwickelt worden. Das Gesetz zur Verbesserung der betrieblichen Altersversorgung vom 19.12.1974 (Betriebsrentengesetz, BGBl. I 3610, zuletzt geändert am 22.12.2020, BGBl. I 3256) enthält keine umfassende Kodifikation der betrieblichen Altersversorgung, sondern Mindestregelungen, die nicht unterschritten werden dürfen. Es war durch Art. 33 des RRG 1999 geändert worden. Durch die Änderung sollte ein Ausgleich für das Abschmelzen der gesetzlichen Sozialversicherung geschaffen und den AG ein Anreiz gegeben werden, Versorgungszusagen zu erteilen. Durch Art. 9 AVmG wurde ein Anspruch der AN auf Entgeltumwandlung eingeführt, die Versorgung durch einen Pensionsfonds geschaffen und eine neue Systematik des Gesetzesaufbaus vorgenommen. Weiter ergeben sich zahlreiche Änderungen durch das Hüttenknappschaftliches Zusatzversicherungs-Neuregelungs-Gesetz (HZvNG) vom 21.6.2002 (BGBl. I 2167). Weitere Änderungen, die im Wesentlichen ab dem 1.1.2018 in Kraft traten, ergeben sich aus dem Gesetz zur Umsetzung der EU-Mobilitätsrichtlinie (EUMobRLUmsG v. 21.12.2015, BGBl. I 2553), durch das die RL 2014/50/EU umgesetzt wird. Das Gesetz sieht insbes. eine weitere Verkürzung der Unverfallbarkeitsfristen, eine Erweiterung der Informationspflichten sowie eine Einschränkung der Abfindung von Kleinstanwartschaften bei einem grenzüberschreitenden Arbeitgeberwechsel innerhalb der EU vor. Weitreichende Änderungen sind ferner mit Betriebsrentenstärkungsgesetz vom 17.8.2017 (BetrRStärkG, BGBl. I 3214) erfolgt, das insbes. die reine Beitragszusage regelt. Weitere Änderungen, insbes. im Bereich des Insolvenzschutzes sind durch das Siebte Gesetz zur Änderung des Vierten Buches Sozialgesetzbuch und anderer Gesetze vom 12.6.2020 (BGBl. I 1248) eingeführt worden.

15 **2. Persönlicher Geltungsbereich.** Die Vorschriften der §§ 1–16 BetrAVG gelten für **AN** (→ § 8 Rn. 1 ff.); gem. § 17 I 1 BetrAVG sind das sind **Arbeiter** und **Angestellte einschließlich der zu ihrer Berufsausbildung Beschäftigten.** Die genannten Vorschriften sind nach § 17 I 2 BetrAVG entsprechend anzuwenden auf Personen, die nicht AN sind, wenn ihnen Leistungen der betrieblichen Altersversorgung aus Anlass ihrer Tätigkeit für ein Unternehmen gewährt werden. Aus der Methodik des Gesetzes ergibt sich, dass nicht sämtliche Personen, denen Leistungen der Altersversorgung gewährt werden, von § 17 I 2 BetrAVG erfasst sind. Wäre dies gesetzlich beabsichtigt gewesen, wäre es überflüssig gewesen, die Vorschrift in zwei Sätze zu gliedern. Es bestand von vornherein Einigkeit darüber, dass § 17 I 2 BetrAVG zu weit gefasst ist (→ Rn. 17 ff.).[67] Nach § 17 I 3 BetrAVG besteht ein Anspruch

---

[61] BGH 7.1.1971 BGHZ 55, 274 = AP Nr. 151 zu § 242 BGB Ruhegehalt; 28.5.1973 BGHZ 61, 31 = AP Nr. 6 zu § 242 BGB Ruhegehalt – Geldentwertung; 23.10.1977 BGHZ 65, 190 = BB 1975, 1502, 1239; 4.5.1981 AP Nr. 9 zu § 1 BetrAVG Wartezeit = NJW 1981, 2409; 28.9.1981 AP Nr. 12 zu § 7 BetrAVG.

[62] Vgl. auch BVerfG 29.2.2012 NZA 2012, 788; 19.10.1983 BVerfGE 65, 196 = AP Nr. 2 zu § 1 BetrAVG Unterstützungskassen; BAG 13.11.2012 AP Nr. 14 zu § 1 BetrAVG Treuebruch = NZA 2013, 1279; BGH 20.9.2006 BGHZ 169, 22 = NJW 2006, 3774; *Schlewing* FS Wank, 2014, 513 (516 f.).

[63] Zur Abgrenzung: vgl. BAG 19.6.1959 AP Nr. 2 zu § 518 BGB = NJW 1959, 1746; BFH 27.6.1989 BFHE 157, 405 = NJW 1990, 1686.

[64] BAG 13.9.1965 AP Nr. 102 zu § 242 BGB Ruhegehalt.

[65] BAG 19.6.1959 AP Nr. 2 zu § 518 BGB.

[66] Vgl. BAG 8.5.1990 AP Nr. 58 zu § 7 BetrAVG = NZA 1990, 931.

[67] Grundlegend BGH 28.4.1980 BGHZ 77, 94 = AP Nr. 1 zu § 17 BetrAVG = NJW 1980, 2254.

auf Entgeltumwandlung gem. § 1a I BetrAVG nur für AN, die in der gesetzlichen Rentenversicherung pflichtversichert sind. Hierzu gehören auch die geringfügig Beschäftigten, auch wenn sie auf die Versicherung verzichtet haben.

Der Arbeitnehmerbegriff wird in § 17 I 1 BetrAVG nicht wirklich definiert. Das BetrAVG hat vielmehr den allgemeinen arbeitsrechtlichen Arbeitnehmerbegriff übernommen[68] (→ § 8 Rn. 1 ff.). Ferner werden erfasst die zur Berufsausbildung beschäftigten Personen. Für den Begriff der für ihre Berufsausbildung beschäftigten Personen gilt ebenfalls die allgemeine arbeitsrechtliche Begriffsbestimmung (→ § 174 Rn. 1 ff.). Zur Arbeitnehmereigenschaft von Volontären und Praktikanten → § 15 Rn. 7 ff. 16

Nach § 17 I 2 BetrAVG unterliegen dem Schutzbereich des Gesetzes aber auch **sonstige Personen,** die persönlich für ein Unternehmen tätig werden und ähnlich wie ein AN sozial schutzbedürftig sind. Hierzu gehören die arbeitnehmerähnlichen Personen (→ § 10 Rn. 1 ff.),[69] insbes. Heimarbeiter, Zwischenmeister und Hausgewerbetreibende (→ § 163 Rn. 1 ff.)[70] sowie die sog. Einfirmenvertreter im Sinne von § 92a HGB.[71] Über den Kreis der arbeitnehmerähnlichen Personen hinaus werden vom Schutzbereich des Gesetzes aber auch sonstige Selbständige erfasst, die aus Anlass ihrer Tätigkeit für ein Unternehmen Versorgungszusagen erhalten haben. Regelmäßig können diese Personenkreise auf die Geschicke des Unternehmens keinen Einfluss nehmen und sind von fremdem Risiko abhängig.[72] Hierzu gehören[73] selbständige Handwerker, Architekten, Ingenieure, Statiker, Ärzte, Unternehmensberater, freie Mitarbeiter, Rechtsanwälte,[74] Wirtschaftsprüfer, Steuerberater und Handelsvertreter. Auch Franchisenehmer können erfasst sein.[75] Voraussetzung ist aber stets, dass die Zusage **aus Anlass** der Tätigkeit für ein Unternehmen erfolgt. Die Tätigkeit muss also ebenso wie bei einem AN **kausal** sein (→ Rn. 7). Sie muss aufgrund einer **vertraglichen Beziehung** zu dem Unternehmen erbracht werden; es reicht nicht aus, wenn die Tätigkeit dem Unternehmen lediglich wirtschaftlich zugute kommt.[76] Aus anderen Gründen erteilte Zusagen, bei denen es sich um Unternehmerlohn handelt (zB verdeckte Gewinnausschüttungen), werden durch das BetrAVG nicht geschützt.[77] Versorgungszusagen werden daher insoweit nicht erfasst, als dem Berechtigten aus Gründen, die außerhalb des Dienstverhältnisses liegen, Vergünstigungen eingeräumt werden, die deutlich über das Maß dessen hinausgehen, was unter vergleichbaren Verhältnissen Fremdkräften im Rahmen des Üblichen zugebilligt worden wäre.[78] Ist ein AN oder Beschäftigter iSv § 17 I 2 BetrAVG zugleich Gesellschafter, ist Indiz für einen Zusammenhang der Leistungen mit der Gesellschafterstellung, wenn ein Unternehmen allen Gesellschaftern und nur ihnen ein Versorgungsversprechen gegeben hat.[79] 17

Umstr. war insbesondere, inwieweit **Organmitglieder juristischer Personen** und **Unternehmergeschäftsleute** in den Schutzbereich des Gesetzes einbezogen werden. Nach der Rspr. des BGH gelten hierfür folgende Grundsätze:[80] Entscheidend für die Abgrenzung ist der Vergleich mit einem sozial unabhängigen und selbst verantwortlichen Einzelkaufmann, der mit seinen Entnahmen für Unterhalt und Versorgung keine Einkünfte aus einer fremden Tätigkeit, sondern die Früchte seines Kapitaleinsatzes und seiner Tätigkeit für das eigene Unternehmen zieht. Daher unterfallen solche Personen nicht § 17 I 2 BetrAVG, die vermögens- und einflussmäßig mit dem Unternehmen, für das sie arbeiten, so stark verbunden sind, dass sie es wirtschaftlich als ihr eigenes betrachten können, und zwar gleichgültig, wie ihr Dienstverhältnis steuer- oder sozialversicherungsrechtlich (→ § 14 Rn. 26 ff.) zu beurteilen sein mag.[81] Hieraus folgt im Einzelnen: 18

[68] BAG 25.1.2001 AP Nr. 38 zu § 1 BetrAVG = NZA 2001, 959.
[69] Höfer BetrAVG I/*Höfer* § 17 Rn. 61; BRO/*Rolfs* BetrAVG § 17 Rn. 67 ff.
[70] ErfK/*Steinmeyer* BetrAVG § 17 Rn. 6.
[71] Höfer BetrAVG I/*Höfer* § 17 Rn. 68.
[72] Vgl. Merkblatt des PSVag 300/M 1 Stand 06.20. (http://www.psvag.de).
[73] Höfer BetrAVG I/*Höfer* § 17 Rn. 70; BRO/*Rolfs* BetrAVG § 17 Rn. 77.
[74] BGH 13.7.2006 DB 2006, 1951 = ZIP 2006, 1786.
[75] Hierzu *Timmermann* BB 2012 388.
[76] BAG 20.5.2014 NZA 2015, 225; 20.4.2004 AP Nr. 33 zu § 17 BetrAVG = NZA 2005, 927.
[77] BAG 11.11.2014 AP Nr. 41 zu § 17 BetrAVG = NZA-RR 2015, 208.
[78] BGH 28.9.1981 AP Nr. 7 zu § 17 BetrAVG; BAG 25.1.2001 AP Nr. 38 zu § 1 BetrAVG = NZA 2001, 959.
[79] BAG 11.11.2014 AP Nr. 41 zu § 17 BetrAVG = NZA-RR 2015, 208; 19.1.2010 AP Nr. 40 zu § 17 BetrAVG = NZA 2010, 1066.
[80] Vgl. hierzu *Horn/Vogel* BetrAV 2010, 640 ff.
[81] BGH 1.4.2015 NJW 2015, 1599; 16.1.2015 NJW-RR 2014, 449; 28.4.1980 BGHZ 77, 94 = AP Nr. 1 zu § 17 BetrAVG = NJW 1980, 2254; 9.6.1980 AP Nr. 4 zu § 17 BetrAVG = WM 1980, 822; BAG 14.7.1980 AP Nr. 3 zu § 17 BetrAVG = DB 1980, 1993.

19 **Einzelunternehmer** scheiden aus dem Schutzzweck des BetrAVG aus, weil sie sich selbst keine Versorgungszusage erteilen können. Außerdem verträgt sich ihre Einbeziehung nicht mit der Eigenverantwortlichkeit für Kapital und Arbeitseinsatz.[82]

20 In **Personengesellschaften** fallen persönlich haftende Gesellschafter mit organschaftlicher Geschäftsführungs- und Vertretungsbefugnis unabhängig von ihrer Beteiligung wegen ihrer unbeschränkten persönlichen Haftung nicht unter § 17 I 2 BetrAVG und nehmen deswegen nicht am Insolvenzschutz teil.[83] Eine Ausnahme kann dann gelten, wenn der Gesellschafter im Innenverhältnis nur angestellter Gesellschafter ist, worauf eine fehlende oder geringfügige Kapitalbeteiligung in Verbindung mit einer Haftungsfreistellung hindeuten kann. Bei 10% Beteiligung hat der BGH aber bereits eine Ausnahme verneint.[84] Ein Kommanditist ist dagegen nur dann wie ein Unternehmer zu behandeln, wenn er eine mehrheitliche Kapitalbeteiligung besitzt und eine entsprechende Leitungsmacht hat.[85]

21 In einer **Kapitalgesellschaft** fallen Allein- oder Mehrheitsgesellschafter nicht unter § 17 I 2 BetrAVG.[86] Als Mehrheitsgesellschafter gilt, wer zumindest über 50% der Kapitalanteile verfügt.

22 **Minderheitsgesellschafter** einer Kapitalgesellschaft ohne Leitungsmacht unterstehen grundsätzlich § 17 BetrAVG.[87] Etwas anderes gilt für einen Minderheitsgesellschafter, der zusammen mit einem oder mehreren Organvertretern über die Mehrheit verfügt, wenn keiner der Organvertreter eine Minderheitsbeteiligung besitzt. In diesem Fall können die Organvertreter eine gemeinsame Leitungsmacht ausüben und der Gesellschaft ihre Dienstleistung aufzwingen.[88] Ist dies nicht der Fall, ist selbst ein Minderheitsgesellschafter mit einem beträchtlichen Kapitalanteil insolvenzgeschützt.[89] Dagegen genießt er dann nicht den Schutz des Gesetzes, wenn er zusammen mit einem anderen Gesellschafter über eine institutionell gefestigte Mehrheitsmacht verfügt. Daher fällt ein Gesellschafter-Geschäftsführer einer GmbH, der mit anderen Gesellschafter-Geschäftsführern 50% der Geschäftsanteile hält, nicht unter § 17 I 2 BetrAVG.[90] Verwandtschaftliche Beziehungen allein sind unschädlich, weil es keinen Erfahrungssatz gibt, dass Familienangehörige stets gleichgerichtete Interessen verfolgen.[91]

23 Ebenso kann ein **Vorstandsmitglied oder Geschäftsführer** in den Schutzbereich des § 17 I 2 BetrAVG einbezogen sein.[92] Diese Personen sind zwar keine AN (→ § 14 Rn. 2 ff.), ihre Versorgungsbezüge haben aber existenzsichernde Funktion.[93] Sie unterfallen dagegen nicht § 17 I 2 BetrAVG, wenn sie über die Kapital- und Stimmenmehrheit verfügen oder Vorzugsaktien besitzen, die ihnen bei Satzungsänderungen mehr als 50% der Stimmen im Aufsichtsrat oder in der Gesellschaftsversammlung[94] gewährleisten. Die Altersversorgung ist aber dann nicht aus Anlass der Tätigkeit für ein Unternehmen iSv § 17 I 2 BetrVG gewährt, wenn eine GmbH nur ihren Gesellschaftern Altersversorgung gewährt und wenn deren Art und Höhe bei Beschäftigten, die nicht Gesellschafter sind, wirtschaftlich nicht vertretbar wäre.[95] Für Vorstandsmitglieder

---

[82] BGH 25.9.1989 BGHZ 108, 330 = AP Nr. 19 zu § 17 BetrAVG = NJW 1990, 49; 29.6.1980 BGHZ 77, 233 = AP Nr. 2 zu § 17 BetrAVG = NJW 1980, 2257; 8.4.1980 BGHZ 77, 94 = AP Nr. 1 zu § 17 BetrAVG = NJW 1980, 2254.

[83] BGH 4.5.1981 AP Nr. 9 zu § 1 BetrAVG Wartezeit = NJW 1981, 2409; 9.6.1980 BGHZ 77, 233 = AP Nr. 2 zu § 17 BetrAVG = NJW 1980, 2257; 9.6.1980 AP Nr. 4 zu § 17 BetrAVG.

[84] BGH 2.4.1990 NJW-RR 1990, 800; 1.6.1981 AP Nr. 7 zu § 17 BetrAVG; 9.6.1980 BGHZ 77, 233 = AP Nr. 2 zu § 17 BetrAVG = NJW 1980, 2257.

[85] Vgl. BGH 1.2.1999 NJW 1999, 1263; 4.5.1981 AP Nr. 9 zu § 1 BetrAVG Wartezeit = NJW 1981, 2409; 28.4.1980 BGHZ 77, 94 = AP Nr. 1 zu § 17 BetrAVG = NJW 1980, 2254.

[86] BGH 6.4.1981 AP Nr. 12 zu § 16 BetrAVG = NJW 1981, 2059; 9.6.1980 AP Nr. 4 zu § 17 BetrAVG; 28.4.1980 BGHZ 77, 94 = AP Nr. 1 zu § 17 BetrAVG = NJW 1980, 2254.

[87] BAG 16.4.1997 AP Nr. 25 zu § 17 BetrAVG = NZA 1998, 101; BGH 2.6.1997 AP Nr. 26 zu § 17 BetrAVG = NZA 1997, 1055.

[88] BGH 9.6.1980 BGHZ 77, 233 = AP Nr. 2 zu § 17 BetrAVG = NJW 1980, 2257; BAG 14.7.1980 AP Nr. 3 zu § 17 BetrAVG; BGH 9.3.1981 AP Nr. 6 zu § 17 BetrAVG; 16.3.1981 AP Nr. 7 zu § 10 BetrAVG = NJW 1981, 2410; 25.9.1989 BGHZ 108, 330 = AP Nr. 19 zu § 17 BetrAVG = NJW 1990, 49; 1.10.2019 NZA 2020, 120.

[89] BGH 28.4.1980 BGHZ 77, 94 = AP Nr. 1 zu § 17 BetrAVG = NJW 1980, 2254.

[90] BGH 1.10.2019 NZA 2020, 120.

[91] BGH 16.3.1981 AP Nr. 7 zu § 10 BetrAVG = NJW 1981, 2410; 28.4.1980 BGHZ 77, 94 = AP Nr. 1 zu § 17 BetrAVG = NJW 1980, 2254; zur Treuhandstellung für Ehefrau: BGH 28.1.1991 DB 1991, 1231 = NJW-RR 1991, 746.

[92] OLG Hamm 14.6.2007 – 27 U 178/06, OLGR Hamm 2008, 288.

[93] BGH 2.6.1997 AP Nr. 26 zu § 17 BetrAVG = NZA 1997, 1055.

[94] BGH 16.3.1981 AP Nr. 7 zu § 10 BetrAVG = NJW 1981, 2410; BAG 16.4.1997 AP Nr. 25 zu § 17 BetrAVG = NZA 1998, 101.

[95] BAG 25.1.2000 AP Nr. 38 zu § 1 BetrAVG = NZA 2001, 959.

einer Aktiengesellschaft soll unter den Voraussetzungen des § 87 II AktG eine Herabsetzung der Versorgungsleistungen erfolgen.

Bei einer **GmbH & Co. KG** kommt es, sofern die GmbH keinen eigenen Geschäftsbetrieb entfaltet, auf die wirtschaftliche Einheit von GmbH und KG an.[96] Für die Mehrheit wird auf die zusammengerechneten unmittelbaren und mittelbaren Beteiligungen an der KG abgestellt, soweit es um die Geschäftsführung und Insolvenzsicherung geht. Unerheblich ist, ob zur umfassenden Leitungsmacht noch die Bestellung zum Prokuristen in der KG hinzukommt.[97] Der Minderheitsgesellschafter einer GmbH & Co. KG verliert den Insolvenzschutz nicht bereits deshalb, weil seine Ehefrau Geschäftsführerin der GmbH ist.[98] Ist für die Tätigkeit in der GmbH noch eine besondere Versorgung gewählt worden, kommt es darauf an, ob die Tätigkeit Ausfluss der Tätigkeit für die KG ist oder nicht. Führen GmbH und KG deutlich getrennte Unternehmen, kann der Geschäftsführer einer GmbH unter § 17 I 2 BetrAVG fallen. 24

War der Mitarbeiter während des Beschäftigungszeitraums **zeitweise AN** und übte er **zeitweise Tätigkeiten iSv § 17 I 2 BetrAVG** aus, ist die Gesamttätigkeit für den Betriebsrentenanspruch, insbesondere für die Unverfallbarkeit, zusammenzurechnen und nicht etwa in verschiedene Zeitabläufe aufzuspalten.[99] Ist ein Versorgungsberechtigter **teilweise unternehmerisch und zeitweise als AN** (oder gem. § 17 I 2 BetrAVG) tätig geworden, dann ergibt sich der insolvenzgesicherte Rentenanteil aus einer Gegenüberstellung des Zeitraumes vom Beginn der Betriebszugehörigkeit bis zum Eintritt des Versorgungsfalles mit der Summe der als AN verbrachten Zeiten (→ § 278 Rn. 9). Entsprechendes gilt für die Einbeziehung in den Versorgungsausgleich.[100] Ist die Versorgungszusage mit Rücksicht auf die Gesellschaftertätigkeit höher festgesetzt, kann ein Abschlag angemessen sein.[101] 25

Steuerlich kann die Versorgungszusage an einen Geschäftsführer eine verdeckte Gewinnausschüttung sein.[102] Die Erteilung einer Pensionszusage an den Gesellschafter-Geschäftsführer einer Kapitalgesellschaft setzt im Allgemeinen die Einhaltung einer Probezeit voraus, um die Leistungsfähigkeit des neu bestellten Geschäftsführers beurteilen zu können; ansonsten ist eine verdeckte Gewinnausschüttung anzunehmen. Handelt es sich um eine neu gegründete Kapitalgesellschaft, ist die Zusage erst dann zu erteilen, wenn die künftige wirtschaftliche Entwicklung der Gesellschaft abgeschätzt werden kann.[103] 26

3. Zeitlicher Geltungsbereich. Der zeitliche Geltungsbereich des BetrAVG ergibt sich aus §§ 26 ff. BetrAVG. Wegen der durch das RRG 1999 und des AVmG eingeführten Neuregelungen gelten lange Übergangsfristen, die jeweils im Zusammenhang erläutert sind. 27

4. Örtlicher Geltungsbereich. Örtlich galt das BetrAVG zunächst für den Bereich der **Altbundesländer.** Nach Art. 8 iVm Anl. I Kap. VIII, Sachgebiet A, Abschn. III Nr. 16 trat das BetrAVG am 1.1.1992 in den **neuen Bundesländern** in Kraft. Es gilt für alle Versorgungszusagen, die nach dem 31.12.1991 erteilt werden. Erteilt ist eine Zusage, wenn Ansprüche auf Leistungen der betrieblichen Altersversorgung einzelvertraglich begründet werden oder kollektivrechtlich entstehen.[104] Erforderlich ist eine neue Verpflichtung. Nicht ausreichend ist daher das bloße Weitergewähren von Leistungen,[105] die bloße Erfüllung einer 28

---

[96] BGH 25.9.1989 BGHZ 108, 330 = AP Nr. 19 zu § 17 BetrAVG = NJW 1990, 49; 28.4.1980 BGHZ 77, 94 = AP Nr. 1 zu § 17 BetrAVG = NJW 1980, 2254.

[97] BGH9.6.1980 BGHZ 77, 233 = AP Nr. 2 zu § 17 BetrAVG = NJW 1980, 2257; 28.4.1980 BGHZ 77, 94 = AP Nr. 1 zu § 17 BetrAVG = NJW 1980, 2254.

[98] OLG Köln 22.9.1988 AP Nr. 16 zu § 17 BetrAVG.

[99] BAG 25.4.2017 AP Nr. 42 zu § 17 BetrAVG = NZA 2017, 1392; 31.7.2007 NZA-RR 2008, 32; 21.8.1990 AP Nr. 1 zu § 1 BetrAVG Unverfallbarkeit = NZA 1991, 311.

[100] BGH 15.7.2020 NJW-RR 2020, 1201 = BetrAV 2020, 555; 16.1.2014 NJW-RR 2014, 449.

[101] BGH 28.4.1980 BGHZ 77, 94 = AP Nr. 1 zu § 17 BetrAVG = NJW 1980, 2254; 9.6.1980 BGHZ 77, 233 = AP Nr. 2 zu § 17 BetrAVG = NJW 1980, 2257; BAG 14.7.1980 AP Nr. 3 zu § 17 BetrAVG; BGH 16.2.1981 AP Nr. 5 zu § 17 BetrAVG; 4.5.1981 AP Nr. 9 zu § 1 BetrAVG Wartezeit = NJW 1981, 2409.

[102] Vgl. BFH 24.1.1996 BFHE 180, 272 = DB 1996, 1853 = BetrAV 1996, 284; 15.10.1997 BFHE 184, 444 = NJW 1998, 1887 = BetrAV 1998, 88; 29.10.1997 BFHE 184, 487 = NJW 1998, 2079 = BetrAV 1998, 92; 23.7.2003 BFHE 203, 114 = NJW 2004, 391 = BetrAV 2004, 87 (Versorgungsfall 70. Lebensjahr); dazu *Otto* BetrAV 1998, 280.

[103] BFH 24.4.2002 BFHE 199, 144 = DB 2002, 1973 = BetrAV 2003, 160.

[104] BAG 21.1.2008 AP Nr. 11 zu Einigungsvertrag Anl. I Kap. VIII = NZA-RR 2008, 426.

[105] BAG 24.3.1998 AP Nr. 39 zu § 16 BetrAVG = NZA 1998, 1059; LAG Köln 13.4.2000 NZA-RR 2001, 159.

Rechtspflicht oder die Beschreibung der Folgen einer Rechtslage.[106] Das gilt auch für Verträge, die nach der Einheit (3.10.1990) aber vor dem 1.1.1992 abgeschlossen wurden.[107] Ausreichend ist aber die Bestätigung einer vor dem 1.1.1992 begründeten Versorgungszusage.[108] Verspricht der Erwerber eines Betriebes aus dem Beitrittsgebiet einem dort beschäftigten AN nach dem 31.12.1991 Leistungen der betrieblichen Altersversorgung, so sind bei der Prüfung der Unverfallbarkeit auch Beschäftigungszeiten im übernommenen Betrieb vor dem 3.10.1990 zu berücksichtigen.[109]

29 In der **ehemaligen DDR** galt die „Anordnung zur Einführung einer Zusatzrentenversorgung für die Arbeiter und Angestellten in den wichtigsten volkseigenen Betrieben" vom 9.3.1954 (GBl. DDR I 301) (AO 54), die für AN in Schlüsselwirtschaftszweigen eine zusätzliche Altersversorgung vorsah.[110] Es war umstr., ob diese Zusatzversorgung eine Sozialversicherungsleistung darstellt oder eine besondere Form der betrieblichen Altersversorgung. Das BAG hat seine Zuständigkeit für Streitigkeiten nach der AO 54 und die Eigenschaft als betriebliche Altersversorgung bejaht.[111] Nach den Bestimmungen des Einigungsvertrags behält der AN die bis zum 31.12.1991 erworbenen Ansprüche. Dagegen kann er neue nicht mehr erwerben.[112] Hat er bis dahin keinen Anspruch, erwirbt er weder einen Voll- noch Teilrentenanspruch.[113] Insbesondere genügt es nicht, wenn der AN zum Stichtag Übergangsgeld oder (nach DDR-Recht) Vorruhestandsgeld bezogen hat; notwendig ist vielmehr, dass er zu diesem Zeitpunkt in den Ruhestand getreten war.[114] Die einzelnen Ruhegeldraten unterfallen der kurzen Verjährungsfrist von drei Jahren (§ 18a S. 2 BetrAVG iVm § 195 BGB).[115] Die Treuhandanstalt hat Versorgungen nach der AO 54 abgefunden. Für die Zeit nach dem 31.12.1991 konnte ohne Verstoß gegen höherrangiges Recht auf Leistungen nach der AO 54 verzichtet werden.[116]

30 Das BSG hat angenommen, dass für Streitigkeiten über die Anordnung über die berufsbezogene Zuwendung an Ballettmitglieder in **staatlichen Einrichtungen der DDR** nicht der Rechtsweg zu den Gerichten der Sozialgerichtsbarkeit, sondern derjenige zu den Gerichten für Arbeitssachen eröffnet ist.[117] Seit dem 1.1.1992 bestehen jedoch keine Ansprüche und Anwartschaften mehr. Sie wurden durch den Einigungsvertrag aufgehoben.[118]

31 Die Anwendbarkeit des BetrAVG für **Arbeitsverhältnisse mit Auslandsberührung** richtet sich nach den Bestimmungen des internationalen Arbeitsrechts (→ § 6 Rn. 1 ff.). Umstr. ist, in welchem Umfang der Insolvenzschutz des BetrAVG für solche AN gilt, die im Ausland bei ausländischen Unternehmen arbeiten (auch → § 278 Rn. 11).

32 **5. Schein- und Umgehungsgeschäfte.** Steuerliche Anreize zur Gewährung von Versorgungsleistungen können zu Schein- und Umgehungsgeschäften führen. Dies gilt insbesondere für Mitgesellschafter, geschäftsführende Gesellschafter usw. Das BAG hat Vereinbarungen der Mitgesellschafter untereinander oder der Geschäftsführer untereinander keine Bedeutung im Verhältnis zur Gesellschaft beigemessen.[119]

---

[106] BAG 19.1.2010 AP Nr. 61 zu § 1 BetrAVG = NZA 2010, 1200; 21.1.2008 AP Nr. 11 zu Einigungsvertrag Anlage I Kap VIII = NZA-RR 2008, 426.

[107] BAG 21.1.2008 AP Nr. 11 zu Einigungsvertrag Anl. I Kap. VIII = NZA-RR 2008, 426; aA Höfer BetrAVG I/*Höfer* Kap. 11 Rn. 44.

[108] BAG 24.3.1998 AP Nr. 39 zu § 16 BetrAVG = NZA 1998, 1059; BGH 19.1.2010 ZIP 2010, 1663 = NZA 2010, 1200 (LS); 25.7.2005 AP Nr. 35 zu § 17 BetrAVG = NZA-RR 2006, 534; LAG Köln 27.2.2009 ZIP 2009, 1877.

[109] BAG 19.12.2000 AP Nr. 10 zu § 1 BetrAVG Unverfallbarkeit = NZA 2002, 615.

[110] Ausführlich Höfer BetrAVG I/*Höfer* Kap. 11 Rn. 1 ff.

[111] BAG 29.4.1994 AP Nr. 26 zu § 2 ArbGG 1979 = NZA 1994, 962; 27.2.1996 AP Nr. 4 zu Einigungsvertrag Anl. II Kap. VIII = NZA 1996, 978; aA LAG Bln 26.8.1992 AuA 1993, 62 = NZA 1993, 476 (LS).

[112] BAG 27.2.1996 AP Nr. 4 zu Einigungsvertrag Anl. II Kap. VIII = NZA 1996, 978; vgl. auch BAG 14.9.1999 AP Nr. 9 zu Einigungsvertrag Anl. II Kap. VIII = NZA 2000, 595.

[113] BAG 27.2.1996 AP Nr. 4 zu Einigungsvertrag Anl. II Kap. VIII = NZA 1996, 978; 17.12.1996 AP Nr. 5 zu Einigungsvertrag Anl. II Kap. VIII = NZA 1997, 767; 29.7.1997 AP Nr. 6 zu Einigungsvertrag Anl. II Kap. VIII = NZA-RR 1998, 175.

[114] BAG 29.7.1997 AP Nr. 6 zu Einigungsvertrag Anl. II Kap. VIII = NZA-RR 1998, 175; 14.9.1999 AP Nr. 9 zu Einigungsvertrag Anl. II Kap. VIII = NZA 2000, 595.

[115] Vgl. BAG 25.1.2000 AP Nr. 10 zu Einigungsvertrag Anl. II Kap. VIII = NZA 2001, 504.

[116] BAG 11.5.1999 AP Nr. 8 zu Einigungsvertrag Anl. II Kap. VIII = NZA 2000, 99; SächsLAG 25.3.1998 NZA-RR 1998, 552.

[117] BSG 24.8.1994 AP Nr. 27 zu § 2 ArbGG 1979.

[118] BAG 24.3.1998 AP Nr. 7 zu Einigungsvertrag Anl. II Kap. VIII = NZA 1998, 99.

[119] BAG 9.1.1990 AP Nr. 6 zu § 35 GmbHG = NZA 1990, 525.

III. Formen der betrieblichen Altersversorgung

1. Durchführungswege. Durchführungswege der betrieblichen Altersversorgung sind gem. § 1 I 2, § 1b II–IV BetrAVG 33

- Direktzusage
- Direktversicherung
- Pensionskasse
- Pensionsfonds
- Unterstützungskasse.
- Reine Beitragszusage

Welche Form der Altersversorgung der AG wählt, hängt von dem angestrebten Versorgungsziel, aber auch von betriebswirtschaftlichen und steuerrechtlichen Erwägungen ab. Für den AN ist von Interesse, bei geringster Einschränkung seiner Mobilität eine möglichst hohe Versorgung zu erzielen. Zunächst galt in Ermangelung einer gesetzlichen Regelung im Wesentlichen Richterrecht, erst im Jahre 1974 ist mit dem BetrAVG eine gesetzliche Regelung in Kraft getreten, die allerdings nicht als umfassende Kodifizierung des Altersversorgungsrechts angelegt ist. 34

2. Höherversicherung. Sie war im System der gesetzlichen Rentenversicherung eine Versicherung eigener Art. Die Höherversicherung wurde mit Ablauf des 31.12.1991 durch das RRG 1999 vom 16.12.1997 (BGBl. I 2998), geändert am 19.12.1998 (BGBl. I 3843) abgeschafft. Nach § 234 SGB VI aF blieb jedoch auch nach diesem Zeitpunkt weiterhin zur Höherversicherung berechtigt, wer vor dem 1.1.1992 von dem Recht der Höherversicherung Gebrauch gemacht hat oder vor dem 1.1.1942 geboren ist und damit bei Inkrafttreten des SGB VI bereits das 50. Lebensjahr vollendet hat. Eine Beitragszahlung war bis Ende 1997 möglich (vgl. § 280 SGB VI). 35

3. Direktversicherung. Versicherungsverträge mit Lebensversicherungsgesellschaften können vom AG zugunsten einzelner oder mehrerer AN oder der gesamten Belegschaft abgeschlossen werden (Einzel- oder Gruppenversicherungsverträge). Einzelheiten → § 275 Rn. 37 ff. Der AN kann an den Versicherungsprämien beteiligt werden; im Falle seiner Beteiligung ist dem AN ein nicht entziehbares Anwartschaftsrecht einzuräumen. Kapitallebensversicherungen werden vor allem gewählt, um Anpassungsverpflichtungen nach § 16 BetrAVG zu vermeiden. Zur Abdeckung innerbetrieblicher Ruhegelder werden häufig **Rückdeckungsversicherungen** (→ § 275 Rn. 23, → § 278 Rn. 2) abgeschlossen. Die Rückdeckungsversicherung selbst ist kein Durchführungsweg der betrieblichen Altersversorgung.[120] Wird diese später aufgelöst, so bleibt hiervon die Ruhegeldverpflichtung unberührt.[121] Gelegentlich tritt der AG die Ansprüche aus der Rückdeckungsversicherung an den AN ab oder verpfändet die Bezugsrechte zur Sicherung der Versorgungsanwartschaften.[122] Bei einer Abtretung an den AN wird aus der Rückdeckungsversicherung eine Direktversicherung. Das gilt auch im Hinblick auf die steuerliche Behandlung, dh die Beiträge sind dann Arbeitslohn.[123] 36

4. Überbetriebliche Einrichtungen. Überbetriebliche Einrichtungen können von mehreren AG aufgrund vertraglicher Vereinbarung geschaffen werden, um AN eine zusätzliche Altersversorgung zu gewähren. Größere Bedeutung haben überbetriebliche Einrichtungen aufgrund von §§ 1, 4 II TVG. Hier stehen zwei Gestaltungsformen zur Verfügung. Es wird entweder eine gemeinsame Einrichtung der Unternehmen für die Zusatzversorgung (ZV) vereinbart oder es wird eine gemeinsame Einrichtung geschaffen, um die Sicherstellung der ZV durch die angeschlossenen AG zu gewährleisten. Die Ausgestaltung der ZV für den AN kann versicherungsrechtlich, aber auch nur verwaltungsmäßig erfolgen. Bei der versicherungsrechtlichen Ausgestaltung wird tariflich eine ZV-Kasse geschaffen, die von Beiträgen der AG [und AN] gespeist wird. Der Beitragssatz besteht zumeist in einem Prozentsatz der Bruttolohnsumme. Gleichzeitig erhalten die AN einen Rechtsanspruch auf die Leistungen der Kasse. 37

Bei der verwaltungsmäßigen Konstruktion, die gewählt wird, um die Finanzmittel im Unternehmen zu halten und die staatliche Aufsicht auszuschließen, werden der gemeinsamen Einrichtung nur verwaltungsmäßige Aufgaben zugewiesen. Der AN erlangt nur Ansprüche gegen seinen AG. Nach diesem System arbeiten der Bochumer, Duisburger und Essener Verband, die gemein- 38

[120] BAG 17.1.2012 AP Nr. 33 zu § 1 BetrAVG Lebensversicherung = BetrAV 2012, 368.
[121] BAG 14.7.1972 AP Nr. 2 zu § 242 BGB Ruhegehalt-Lebensversicherung = DB 1972, 2068.
[122] *Blomeyer* BetrAV 1999, 293 = VersR 1999, 653.
[123] BFH 5.7.2012 BFHE 238, 408 = NZA-RR 2013, 207.

same Richtlinien für die Versorgung höherer Bergbauangestellten, Angestellten des Speditionsgewerbes wie auch der Eisen- und Stahlindustrie herausgeben.

39 **5. Direktzusage.** Beim innerbetrieblichen Ruhegeld verspricht der AG ein Ruhegeld aus seinen Mitteln. Er haftet für die Erfüllung der Zusage nicht nur mit dem Betriebs-, sondern seinem gesamten Vermögen. Beim deckungslosen Zahlungsverfahren erfolgt die Zahlung aus dem laufenden Betriebsgewinn. Regelmäßig erfolgen jedoch Rückstellungen in der Bilanz; beim **Kapitaldeckungsverfahren** erfolgt die Rückstellung bei Ausscheiden des AN; beim **Anwartschaftsdeckungsverfahren** werden laufend Rückstellungen nach versicherungsmathematischer Berechnung vorgenommen. Welche dieser Formen gewählt wird, hängt von der Betriebsliquidität und steuerrechtlichen Erwägungen ab. Das innerbetriebliche Ruhegeld stand in der Vergangenheit im Vordergrund der betrieblichen Altersversorgung, da die Rückstellungen im Betrieb des AG verbleiben und zur Eigenfinanzierung verwandt werden können. Es ist jedoch wegen der langfristigen Belastung insbesondere für Kleinbetriebe wenig geeignet. Zu Rückdeckungsversicherungen → Rn. 36.

40 **6. Pensionskassen.** Pensionskassen sind **rechtsfähige Versorgungseinrichtungen,** die betriebliche Altersversorgung gewähren und dem AN oder seinen Hinterbliebenen auf ihre Leistungen einen Rechtsanspruch einräumen (§ 1b III 1 BetrAVG). Sie werden in der Privatwirtschaft meist als Versicherungsvereine auf Gegenseitigkeit (VVaG), im öffentlichen Dienst als Versicherungsanstalten des öffentlichen Rechts betrieben. Nach dem Geschäftsumfang werden Firmen- (Betriebs-), Konzern- und Gruppenpensionskassen unterschieden. Die Pensionskassen betreiben ein Versicherungsgeschäft und unterliegen der Versicherungsaufsicht der Bundesanstalt für Finanzdienstleistungen (§ 1 VAG). Rechtlich besteht ein Dreiecksverhältnis. Der AN kann freiwillig Mitglied der Pensionskasse werden; er kann jedoch auch durch den Arbeitsvertrag zum Beitritt verpflichtet werden. Er gehört ihr grundsätzlich nur während des Bestehens des Arbeitsverhältnisses an. Das Rechtsverhältnis des AN zur Pensionskasse wird durch das VAG und besondere Satzungen und Richtlinien geregelt. Die Leistungen der Pensionskasse werden zumeist vom AG finanziert; es kann aber auch eine Beteiligung der AN erfolgen. Die Mittel der Pensionskasse müssen unter Berücksichtigung der Vorschriften des VAG angelegt werden. Sie scheiden daher aus dem Unternehmen aus und die Anlage unterliegt der Versicherungsaufsicht. Zwischen AG und AN ist der Arbeitsvertrag maßgebend. Der AG ist verpflichtet, dem AN den Zugang zur Pensionskasse zu verschaffen; ihm obliegen Beratungs- und Aufklärungspflichten. Für Leistungen haftet grundsätzlich die Pensionskasse. Den AG kann eine Einstandspflicht treffen (→ § 275 Rn. 27 ff.).

41 **Keine Pensionskassen** sind die gemeinsamen Einrichtungen, die lediglich einheitliche Versorgungsrichtlinien gewährleisten wollen (→ Rn. 38), sowie Umlage- oder Ausgleichskassen, die dem AG die von ihm gewährten Leistungen ersetzen.

42 **7. Unterstützungskassen.** Unterstützungskassen sind rechtsfähige Versorgungseinrichtungen, die auf ihre Leistungen keinen Rechtsanspruch einräumen (§ 1b IV BetrAVG). Sie werden idR als eingetragener Verein (e. V.), GmbH und seltener als Stiftung errichtet. Durch den Ausschluss des Rechtsanspruchs unterscheiden sie sich von den Pensionskassen. Der historisch bedingte Ausschluss des Rechtsanspruchs (→ § 275 Rn. 4) bewirkt, dass sie nicht der Versicherungsaufsicht unterliegen (§ 1 I, II VAG). Je nach ihrem Wirkungsbereich werden Firmen-, Konzern und Gruppen-Unterstützungskassen unterschieden. Auch bei der Leistungsgewährung durch eine Unterstützungskasse besteht ein Dreiecksverhältnis (→ § 275 Rn. 2 ff.).

43 **8. Entgeltumwandlung.** Durch die Rspr. sind gehaltsumwandelnde Lebensversicherungen als Form der betrieblichen Altersversorgung zugelassen worden. Bei ihr wurden Gehaltsbestandteile des AN auf Direktzusagen eingezahlt. Diese Versorgungsform ist durch Art. 8 Rentenreformgesetz 1999 zum 1.1.1999 in das BetrAVG eingefügt worden. Nach § 1 V BetrAVG idF RRG 1999 liegt betriebliche Altersversorgung auch vor, wenn künftige Entgeltansprüche in eine wertgleiche Anwartschaft auf Versorgungsleistungen umgewandelt werden (Entgeltumwandlung). Die Begriffsbestimmung der Entgeltumwandlung ist durch das Altersvermögensgesetz vom 26.6.2001 (AVmG BGBl. I 1310) nach § 1 II Nr. 3 BetrAVG übernommen worden. Der Insolvenzschutz für ab 1999 eingetretene Sicherungsfälle wurde gem. §§ 7 III, 31 BetrAVG pro Monat grundsätzlich auf das Dreifache der monatlichen Bezugsgröße gem. § 18 SGB IV eingeschränkt, um den Pensions-Sicherungs-Verein vor Missbrauch zu schützen. Die Obergrenze beträgt 2021 in den alten Bundesländern 9 8709 EUR und in den neuen Bundesländern 9 445 EUR. Der Vorteil der Entgeltumwandlung für den AG liegt darin, dass sich die Liquidität des Unternehmens bei der Entgeltumwandlung über unmittelbare Versorgungszusagen mit Pen-

sionsrückstellungsbildung oder über Unterstützungskassen verbessert, da bei diesen Durchführungswegen Finanzierungseffekte entstehen. Dagegen sind Direktversicherungen und Pensionskassenzusagen liquiditätsneutral, weil Versicherungsprämien zu zahlen sind. Um den Effekt auszugleichen, der durch das Einsparen von Sozialversicherungsbeiträgen entsteht, wurde nunmehr zum 1.1.2018 eine Verpflichtung des AG eingeführt, 15% des umgewandelten Entgelts als zusätzlichen Arbeitgeberzuschuss an den Pensionsfonds, die Pensionskasse oder die Direktversicherung weiterzuleiten, soweit er durch die Entgeltumwandlung Sozialversicherungsbeiträge einspart (§ 1a Ia BetrAVG); diese Regelung ist allerdings nach § 19 I BetrAVG tarifdispositiv. Für den AN kann die Entgeltumwandlung attraktiv sein, weil er auf Einkommensteile, die einer höheren Steuer und Sozialabgabe unterliegen, verzichtet und dafür Betriebsrente erlangt. Diese wird im Allgemeinen mit einer geringeren Steuer und nur noch mit Beiträgen zur Krankenversicherung der Rentner und der Pflegeversicherung belastet sein. Entgegen der ursprünglichen Planung ist die sozialversicherungsrechtliche Beitragsfreiheit der mittels Entgeltumwandlung geleisteten Beiträge (in Höhe eines Betrages von 4% der jährlichen Beitragsbemessungsgrenze, vgl. § 14 I 2 SGB IV) über den 31.12.2008 erhalten geblieben. Durch das AVmG ist § 1a in das BetrAVG eingefügt worden. Hiernach kann der AN vom AG verlangen, dass von seinen künftigen Entgeltansprüchen bis zu 4% der jeweiligen Beitragsbemessungsgrenze in der Rentenversicherung der Arbeiter und Angestellten durch Entgeltumwandlung für seine Altersversorgung verwendet werden. Einzelheiten → § 273 Rn. 51 ff.

9. Beitragsorientierte Leistungszusage. Nach § 1 II Nr. 1 BetrAVG liegt betriebliche 44
Altersversorgung auch vor, wenn der AG sich verpflichtet, bestimmte Beiträge in eine Anwartschaft auf Alters-, Invaliditäts- und Hinterbliebenenversorgung umzuwandeln (beitragsorientierte Leistungszusage). Diese Zusage ist dadurch gekennzeichnet, dass dem AN nicht nur die spätere Versorgungszusage gegeben wird, sondern auch der Beitrag genannt wird, den der AG zur Finanzierung der Versorgung aufwendet. Wird die Versorgung über eine Direktversicherung oder eine Pensionskasse als Durchführungsweg abgewickelt, wird der Beitrag an die Lebensversicherung oder die Pensionskasse abgeführt. Bei der unmittelbaren Versorgungszusage oder der Unterstützungskasse ist die Beitragszusage nur ein kalkulatorischer Wert. Bei der beitragsorientierten Zusage wird nur der AG belastet, weil der AN nicht auf Entgeltbestandteile verzichtet. Allerdings begrenzt die Zusage im Gegensatz zu den herkömmlichen Versorgungsformen den Aufwand des AG. Einzelheiten zur beitragsorientierten Leistungszusage → § 275 Rn. 62 ff.

Durch § 1 II Nr. 2 BetrAVG wurde die **Beitragszusage mit Mindestleistung** in das Gesetz 45
eingefügt. Bei ihr verpflichtet sich der AG, Beiträge zur Finanzierung von Leistungen der betrieblichen Altersversorgung an einen Pensionsfonds, eine Pensionskasse oder eine Direktversicherung zu zahlen und für Leistungen zur Altersversorgung das planmäßig zuzurechnende Versorgungskapital auf der Grundlage der gezahlten Beiträge (Beiträge und die daraus erzielten Erträge), mindestens die Summe der zugesagten Beiträge, soweit sie nicht rechnungsmäßig für einen biometrischen Risikoausgleich verbraucht wurden, hierfür zur Verfügung zu stellen (§ 1 II Nr. 2 BetrAVG). Einzelheiten → § 275 Rn. 65 ff.

10. Reine Beitragszusage. Eine reine Beitragszusage unterfiel bisher nicht dem BetrAVG. 46
Es handelte sich nicht um eine betriebliche Altersversorgung, weil der AG keine künftige Versorgungsleistung verspricht.[124] Durch das **Betriebsrentenstärkungsgesetz** vom 17.8.2017 (BetrRStärkG, BGBl. I 3214) hat der Gesetzgeber nunmehr zum 1.1.2018 die reine Beitragszusage in den §§ 21 ff. BetrAVG als weiteres Modell der betrieblichen Altersversorgung eingeführt. Der AG garantiert dabei keine Rente in einer bestimmten Höhe. Im Rahmen eines Sozialpartnermodells können ausschließlich durch **Tarifvertrag** entsprechende Regelungen eingeführt werden. Nach § 23 I BetrAVG soll ein Sicherungsbeitrag des AG vereinbart werden. Und nach § 23 II BetrAVG muss der Tarifvertrag bei einer reinen Beitragszusage in Form einer Entgeltumwandlung einen Arbeitgeberzuschuss iHv 15% des umgewandelten Entgelts an die Versorgungseinrichtung weiterleiten, um eine Kompensation für die eingesparten Sozialversicherungsbeiträge zu erreichen. Einzelheiten → § 275 Rn. 72 ff.

11. Pensionsfonds. Die Rechtsgrundlagen des Pensionsfonds ergeben sich aus dem VAG. 47
Der Pensionsfonds ist eine rechtsfähige Versorgungseinrichtung, die im Wege des Kapitaldeckungsverfahrens je nach Ausgestaltung der zu Grunde liegenden Pensionspläne beitragsbezogen mit der Zusage einer Mindestleistung oder leistungsbezogen ausschließlich Altersversorgungsleistungen für einen oder mehrere AG zu Gunsten von AN erbringt, die Höhe der Altersversor-

[124] BAG 19.6.2012 AP Nr. 9 zu § 1 BetrAVG Pensionskasse = DB 2012, 2818; 7.9.2004 AP Nr. 15 zu § 1 BetrAVG Gleichberechtigung = NZA 2005, 1239; aA *Höfer* DB 2013, 288.

gungsleistungen oder die Höhe der für diese Leistungen zu entrichtenden Beiträge nicht für alle im Pensionsplan vorgesehenen Leistungsfälle durch versicherungsförmige Garantien zusagt, den AN einen eigenen Anspruch auf Leistung gegen den Pensionsfonds einräumt und verpflichtet ist, die Altersversorgungsleistung als lebenslange Zahlung oder als Einmalkapitalzahlung zu erbringen (§ 236 I 1 VAG, s. auch § 1b III BetrAVG). Pensionsfonds bedürfen zum Geschäftsbetrieb der Erlaubnis der Aufsichtsbehörde (§ 236 V VAG) Die Erlaubnis zum Betreiben einer Pensionskasse kann nur Aktiengesellschaften einschließlich der Europäischen Gesellschaft und Pensionsfondsvereinen auf Gegenseitigkeit erteilt werden (§ 237 III 1 VAG). Die Versorgungsverpflichtung aus einem Pensionsfonds ist beim Trägerunternehmen nicht in der Handels- und Steuerbilanz auszuweisen. Es wird damit die Möglichkeit geschaffen, durch Auslagerung der Pensionsverpflichtung die Handels- und Steuerbilanz zu verbessern. Der Pensionsfonds hat temporär eine größere Freiheit bei der Vermögensanlage als die Pensionskasse und eine Direktversicherung. Das Bundesfinanzministerium ist ermächtigt, Richtlinien für die Vermögensanlage zu erlassen (§ 240 I VAG). Die Eigenkapitalausstattung wird aufsichtsbehördlich überwacht. Da es sich um eine versicherungsförmige Durchführungsform der betrieblichen Altersversorgung handelt, ist die Aufsicht der Bundesanstalt für Finanzdienstleistungen übertragen. Die Verpflichtung zur Beitragsleistung ergibt sich aus Pensionsplänen. Das Kursrisiko der Anlage liegt daher beim AN. Im Falle der Leistungszusage besteht für den AN im Versorgungsfall ein Rechtsanspruch auf die vom AG zugesagte Versorgungsleistung. Soweit sich die Pensionsfondsbeiträge als nicht ausreichend erweisen, sind sie anzupassen. Etwaige Nachschüsse sind als Betriebsausgaben nach § 4e EStG abzugsfähig. Einzelheiten → § 275 Rn. 84 ff.

IV. Mitbestimmung des Betriebsrats

48 **1. Rechtsgrundlagen.** Mitbestimmungsrechte des BR können sich im Rahmen der betrieblichen Altersversorgung aus § 87 I Nr. 8 und Nr. 10 BetrVG ergeben.[125] Mangels einer Sozialeinrichtung scheidet ein Mitbestimmungsrecht bei Direktzusagen und Versicherungen nach § 87 I Nr. 8 BetrVG aus.[126] Dieses Mitbestimmungsrecht erfasst die betriebliche Altersversorgung vielmehr nur dann, wenn sie über eine Pensions- oder Unterstützungskasse abgewickelt wird, deren Wirkungsbereich auf den Betrieb, das Unternehmen oder den Konzern beschränkt ist.[127] Soweit Mitbestimmungsrechte bestehen, stehen diese unter dem Vorbehalt des Gesetzes und des Tarifvertrags (→ § 235 Rn. 9 ff.). Zuständig ist jeweils der BR desjenigen Betriebes, für den Regelungen zur Altersversorgung getroffen werden sollen. Eine Zuständigkeit des GBR gem. § 50 BetrVG (hierzu → § 224 Rn. 21 ff.) kommt in Betracht, wenn der AG eine einheitliche Regelung für das Gesamtunternehmen einführen will.[128] Entsprechendes gilt für die Zuständigkeit des KBR nach § 58 I BetrVG.

49 **2. Mitbestimmung nach § 87 I Nr. 10 BetrVG.** Das BAG hat in drei grundlegenden Entscheidungen vom 12.6.1975[129] zum Mitbestimmungsrecht des BR bei **Direktzusagen und Versicherungen** Stellung genommen. **Mitbestimmungsfrei** ist demnach, **(a)** ob der AG überhaupt Mittel für die betriebliche Altersversorgung einsetzen, sie einschränken oder aufheben will. Diese Entscheidungsfreiheit beinhaltet – vorbehaltlich des Gleichbehandlungsgrundsatzes – auch das Recht zu bestimmen, inwieweit noch Versorgungsleistungen im Rahmen neu begründeter Arbeitsverhältnisse gewährt werden. In jedem Fall müssen jedoch die einzelnen Rechtsbegründungsakte der Versorgungszusagen entsprechend geändert werden; **(b)** in welchem Umfang er Mittel einsetzen will; **(c)** welche Form der Versorgungszusage er wählt; **(d)** wie der AG den Kreis der begünstigten AN abstrakt abgrenzen will. Bei der Durchführung der Altersversorgung sind AG und BR nach § 75 BetrVG an die Grundsätze von Recht und Billigkeit gebunden und müssen die freie Entfaltung der im Betrieb beschäftigten AN schützen.

50 Entsprechendes gilt für die **Einstellung** von Versorgungsleistungen.[130] Macht der AG von seinem Kündigungsrecht nach § 77 V BetrVG Gebrauch, bedarf es hierfür an sich keiner Recht-

---

[125] *Schnitker/Sittard* NZA 2011, 331; *v. Buddenbrock/Manhart* BB 2011, 2293.

[126] BAG 25.9.2018 AP Nr. 73 zu § 1 BetrAVG = BetrAV 2019, 83; 18.3.1976 AP Nr. 4 zu § 87 BetrVG 1972 Altersversorgung.

[127] BAG 27.6.2006 AP Nr. 49 zu § 1 BetrAVG Ablösung = NZA 2006, 1285.

[128] *Schnitker/Sittard* NZA 2011, 331 (332).

[129] BAG 12.6.1975 AP Nr. 1 zu § 87 BetrVG 1972 Altersversorgung; AP Nr. 2 zu § 87 BetrVG 1972 Altersversorgung; AP Nr. 3 zu § 87 BetrVG 1972 Altersversorgung; so auch die weitere stRspr des BAG, vgl. BAG 15.2.2011 AP Nr. 13 zu § 1 BetrAVG Auslegung = NZA-RR 2011, 541 mwN; s. auch *Schnitker/Sittard* NZA 2011, 331; *v. Buddenbrock/Manhart* BB 2011, 2293.

[130] BAG 15.2.2011 AP Nr. 13 zu § 1 BetrAVG Auslegung = NZA-RR 2011, 541; 9.12.2008 AP Nr. 22 zu § 9 BetrAVG = NZA 2009, 1341.

fertigung.[131] Sofern er allerdings gleichzeitig eine Änderung der Verteilungsgrundsätze anstrebt, ist das mitbestimmungspflichtig. Außerdem greift insoweit die Nachwirkung nach § 77 VI BetrVG. Die Möglichkeiten des AG, durch eine Kündigung einer bestehenden Betriebsvereinbarung auf die bestehenden Versorgungsanwartschaften der AN einzuwirken, können nach den Grundsätzen von Vertrauensschutz und der Verhältnismäßigkeit nicht weiter gehen als die Möglichkeiten der Betriebspartner im Rahmen von Aufhebungs- oder Änderungsvereinbarungen[132] (hierzu im Einzelnen → § 274 Rn. 74 ff.). Insofern sind die Wirkungen einer Kündigung zu begrenzen. Soweit eine wirksame Kündigung der Betriebsvereinbarung erfolgt ist, scheidet wegen der nicht mitbestimmungspflichtigen Regelungen auch eine Nachwirkung nach § 77 VI BetrVG aus.[133] Bei einer tarifvertraglichen **Anpassungsregelung,** die eine gleichmäßige Erhöhung nach bestimmten Kriterien vorsieht, unterliegt die danach erfolgte Anpassungsentscheidung des AG nicht der Mitbestimmung des BR nach § 87 I Nr. 10 BetrVG, weil die mitbestimmungspflichtigen Verteilungsgrundsätze nicht berührt werden.[134]

Nach § 87 I Nr. 10 BetrVG hat der BR mitzubestimmen bei der Aufstellung von **Versorgungsgrundsätzen** und Einführung, Anwendung und Änderung von **Versorgungsmethoden** (→ § 235 Rn. 97 ff.). Mitbestimmungspflichtig ist die **Gestaltung des Leistungsplans,**[135] soweit nicht in den Dotierungsrahmen des AG eingegriffen wird. Will der BR eine Änderung des Leistungsplanes erreichen, so hat er regelmäßig darzulegen, an welcher anderen Stelle Leistungen gekürzt werden können. Insoweit hat der BR ein Initiativrecht; es kann notfalls das erzwingbare Einigungsstellenverfahren durchgeführt werden (→ § 232 Rn. 1 ff.). Daher ist der BR nach § 80 I BetrVG über geplante Maßnahmen des AG wegen der betrieblichen Altersversorgung vorab zu unterrichten, um zu überprüfen, inwieweit seine Mitbestimmungsrechte betroffen sind.[136] Das Mitbestimmungsrecht des BR wird nicht dadurch ausgeschöpft, dass die grundlegenden Fragen der betrieblichen Altersversorgung im Wege der Betriebsvereinbarung geregelt werden, dagegen die Ausarbeitung der Einzelgrundsätze einem Beratungsinstitut für betriebliche Altersversorgung übertragen wird. Die Einzelgrundsätze sind dann unwirksam, ohne dass regelmäßig ein Vertrauenstatbestand für die AN erwächst.[137] Teilungsregeln für den Versorgungsausgleich (→ § 274 Rn. 199 ff.) unterfallen regelmäßig nicht der Mitbestimmung, weil sie nicht die Gestaltung des Leistungsplanes betreffen.[138] 51

Besteht nur **teilweise ein Mitbestimmungsrecht** des BR, so ist zu differenzieren. Soweit es sich um mitbestimmungspflichtige Gegenstände handelt, hat der BR ein Mitbestimmungsrecht, wenn dem AG ein Regelungsspielraum zusteht. Ist ein Teil der Betriebsvereinbarung wegen fehlender Mitbestimmung unwirksam, so ist nicht gem. § 138 BGB zwingend die ganze Betriebsvereinbarung unwirksam.[139] 52

Bezogen auf die **einzelnen Fallgruppen** unterliegt das Mitbestimmungsrecht des BR engeren Grenzen. Kein Mitbestimmungsrecht besteht, wenn **(a)** der AG nur in Einzelfällen Ruhegeldzusagen erteilt hat, **(b)** es sich um Ruhegeldzusagen für leitende Angestellte (§ 5 BetrVG) handelt. Ob die Ruhegeldansprüche der Ruheständler der Gestaltungsbefugnis durch Betriebsvereinbarungen unterliegen, ist problematisch (hierzu → § 274 Rn. 72 f.). 53

Beruht die Ruhegeldordnung auf einer **arbeitsvertraglichen Einheitsregelung** oder einer **Gesamtzusage,** so unterliegt die erstmalige Einführung nicht der erzwingbaren Mitbestimmung. Umstr. ist, ob bei der Freiheit des AG, welche Gruppen er in die Altersversorgung einbezieht, das Mitbestimmungsrecht des BR so weit geht, dass er eine anderweitige Verteilung der Mittel auf die einzelnen Gruppen durchsetzen kann. Nach richtiger Ansicht ist die Verteilung der Mittel auf die einzelnen Gruppen mitbestimmungspflichtig, da nicht die Frage des „Ob der Einbeziehung", sondern des „Einsatzes der Mittel" zur Entscheidung steht. Soll dagegen eine bereits bestehende Ruhegeldordnung geändert werden, so ergeben sich weitere Schranken des Mitbestimmungsrechts. Ist der AN mit einer unverfallbaren Versorgungsanwartschaft aus dem 54

[131] *v. Buddenbrock/Manhart* BB 2011, 2293 (2295).

[132] BAG 15.2.2011 AP Nr. 13 zu § 1 BetrAVG Auslegung = NZA-RR 2011, 541; 11.5.1999 AP Nr. 6 zu § 1 BetrAVG Betriebsvereinbarung = NZA 2000, 322; *v. Buddenbrock/Manhart* BB 2011, 2293 (2295).

[133] BAG 5.10.2010 AP Nr. 53 zu § 77 BetrVG 1972 Betriebsvereinbarung = NZA 2011, 598; *Schnitker/Sittard* NZA 2011, 331 (333).

[134] BAG 25.9.2018 AP Nr. 73 zu § 1 BetrAVG = BetrAV 2019, 83.

[135] BAG 12.6.1975 AP Nr. 1 zu § 87 BetrVG 1972 Altersversorgung; AP Nr. 2 zu § 87 BetrVG 1972 Altersversorgung; AP Nr. 3 zu § 87 BetrVG 1972 Altersversorgung; *Schnitker/Sittard* NZA 2011, 331.

[136] *v. Buddenbrock/Manhart* BB 2011, 2293 (2294).

[137] BAG 4.5.1982 AP Nr. 6 zu § 87 BetrVG 1972 Altersversorgung = NJW 1983, 2159.

[138] Näher hierzu *Reichenbach/Cramer* BetrAV 2010, 620 ff.

[139] BAG 26.9.2000 DB 2000, 2075 = BB 2000, 2159.

Betrieb ausgeschieden, so bleiben nach § 2 V BetrAVG Änderungen der Versorgungsregelung und der Bemessungsgrundlage außer Betracht. Das Mitbestimmungsrecht kann sich daher nur auf Versorgungsanwartschaften noch im Betrieb befindlicher AN beziehen. Einzelvertragliche Ruhegeldzusagen ohne Widerrufsvorbehalte können nur im Wege des Änderungsvertrags oder des Widerrufs geändert oder beseitigt werden (→ § 277 Rn. 1 ff.), Ruhegeldzusagen mit Widerrufsvorbehalt können einseitig ebenfalls nur in Ausnahmefällen geändert werden (→ § 277 Rn. 13 ff.). Zur Abänderung arbeitsvertraglicher Einheitsregelungen durch Betriebsvereinbarung → § 274 Rn. 65 ff.

55 Ist die betriebliche Altersversorgung durch eine **Direktversicherung** geregelt, so hat der BR bei Ausübung seiner Mitbestimmungsrechte nicht nur sein Verhältnis zum AG und die Rechte der einzelnen AN, sondern auch die Rechtsbeziehung zwischen AG und Versicherung zu beachten. Mitbestimmungspflichtig sind der Leistungsplan und die Regelungen über die Heranziehung der AN zu Versicherungsbeiträgen. Nicht mitbestimmungspflichtig ist die Auswahl des Versicherungsunternehmens, mit dem der AG die Versicherungsverträge abschließt.[140]

56 Streitig ist, ob Mitbestimmungsrechte des BR bei einer nach **§ 1a BetrAVG** erzwingbaren betrieblichen Altersversorgung aus **Entgeltumwandlung** bestehen.[141] Da es sich hierbei gem. § 1 II Nr. 3 BetrAVG um eine betriebliche Altersversorgung handelt, dürften insoweit prinzipiell die allgemeinen Grundsätze (→ Rn. 48 ff.) gelten. Dem BR steht daher ein (Teil-)Mitbestimmungsrecht wegen der Gestaltung des Leistungsplanes zu. Insgesamt besteht jedoch nur ein geringer Spielraum für Mitbestimmungsrechte des BR. Kein Mitbestimmungsrecht kommt im Hinblick auf den einzubeziehenden Personenkreis in Betracht, weil § 1a BetrAVG in diesem Punkt eine zwingende gesetzliche Regelung enthält. Wegen des Durchführungsweges sind zudem die Vorgaben nach § 1a I 2 u. 3 BetrAVG zu beachten, wobei allerdings auch eine Betriebsvereinbarung als Vereinbarung über die Durchführung des Anspruchs iSv § 1a S. 2 BetrAVG anzusehen ist.[142] Ferner scheiden Mitbestimmungsrechte gem. § 87 I BetrVG insoweit aus, als die Entgeltumwandlung tariflich geregelt ist, der Tarifvertrag also mehr als eine bloße Öffnungsklausel (§ 17 V BetrAVG) enthält.

57 **3. Mitbestimmung nach § 87 I Nr. 8 BetrVG. a) Sozialeinrichtungen.** Wird die betriebliche Altersversorgung durch **Pensions-** oder **Unterstützungskassen** (auch → § 275 Rn. 26; → § 275 Rn. 36) bzw. **Pensionsfonds** durchgeführt, so hat der BR ein erzwingbares Mitbestimmungsrecht nach § 87 I Nr. 8 BetrVG. Die Kassen sind Sozialeinrichtungen (→ § 235 Rn. 83 ff.).

58 **b) Ein- oder zweistufige Lösung.** Das Mitbestimmungsrecht des BR kann in der sog. ein- oder zweistufigen Lösung verwirklicht werden.[143] Das Mitbestimmungsrecht besteht bei Sozialeinrichtungen nicht gegenüber der Sozialeinrichtung, sondern gegenüber dem AG. Übt der BR ein Mitbestimmungsrecht aus, so muss der AG dafür sorgen, dass die Sozialeinrichtung dem nachkommt (zweistufige Lösung).[144] Dies kann erhebliche organisatorische und verwaltungsmäßige Schwierigkeiten bereiten. Im Rahmen der einstufigen Lösung werden die Organe paritätisch von BR und AG besetzt. Der BR überträgt seinen Organmitgliedern (mind. 3) als Betriebsausschuss die Regelung der betrieblichen Altersversorgung (§§ 28, 27 BetrVG). Der Ausschuss nimmt dann die Rechte des BR wahr (→ § 220 Rn. 9 ff.). In der Praxis hat sich ferner ein Modell herausgebildet, wonach der AG die Organe der Sozialeinrichtung besetzt, deren Handlungen aber an die Zustimmung eines Betriebsausschusses gebunden werden.

59 **c) Gemeinsame Unterstützungskasse mehrerer Unternehmen.** Betreiben mehrere Trägerunternehmen eine gemeinsame Unterstützungskasse, besteht kein Mitbestimmungsrecht der Betriebsräte nach § 87 I Nr. 8 BetrVG. Bestimmen die satzungsgemäßen Organe der Gruppenunterstützungskasse über Form, Ausgestaltung und Verwaltung, so haben die Betriebsräte der einzelnen Unternehmen ein Mitbestimmungsrecht bei der Abstimmung in den Organen (auch → § 275 Rn. 26).[145] Werden die Mitbestimmungsrechte verletzt, so ist der Widerruf zur Änderung eines Leistungsplanes unwirksam.

---

[140] BAG 29.7.2003 AP Nr. 18 zu § 87 BetrVG 1972 Sozialeinrichtung = NZA 2004, 1344; 16.2.1993 AP Nr. 19 zu § 87 BetrVG 1972 Altersversorgung = NZA 1993, 953.

[141] Näher hierzu Höfer BetrAVG I/*Höfer/Reinhard* Kap. 8 Rn. 95 ff.

[142] Höfer BetrAVG I/*Höfer/Reinhard* Kap. 8 Rn. 89.

[143] BAG 13.7.1978 AP Nr. 5 zu § 87 BetrVG 1972 Altersversorgung = NJW 1979, 2534.

[144] Vgl. BAG 10.9.2002 AP Nr. 37 zu § 1 BetrAVG Ablösung = DB 2003, 1525.

[145] BAG 9.5.1989 AP Nr. 18 zu § 1 BetrVG 1972 Altersversorgung = NZA 1989, 889; 22.4.1986 AP Nr. 13 zu § 1 BetrVG 1972 Altersversorgung = NZA 1986, 574.

§ 273. Die Ruhegeldverpflichtung

Betriebliche Altersversorgung im Internet:

- http://www.aba-online.de: Website der Arbeitsgemeinschaft für betriebliche Altersversorgung e.V.
- http://www.deutsche-rentenversicherung.de: Informationen der Deutschen Rentenversicherung
- http://www.ipv.de: Website des Industrie-Pensions-Vereins e.V.
- http://www.gdv.de: Website des Gesamtverbandes der Deutschen Versicherungswirtschaft e.V.
- http://www.psvag.de: Website des Pensions-Sicherungs-Vereins
- http://www.arbeitgeber.de: Website der Bundesvereinigung der Deutschen Arbeitgeberverbände

Übersicht

I. Begründung der Ruhegeldverpflichtung

1. Grundsatz. Grundsätzlich besteht keine gesetzliche Verpflichtung für den AG, seinen AN Ruhegeld zu zahlen.[1] Entschließt er sich zur Leistungsgewährung, kann er sich unmittelbar verpflichten; er kann aber auch einen rechtlich selbständigen Versorgungsträger einschalten (Unterstützungs-, Pensionskasse, Pensionsfonds oder Lebensversicherung). Die grundsätzliche Freiheit des AG, ob er eine betriebliche Altersversorgung begründet, ist durch das Altersvermögensgesetz vom 26.6.2001 (BGBl. I 1310) eingeschränkt worden: ab 1.1.2002 haben AN (nicht die in § 17 I 2 BetrAVG genannten Personen, s. § 17 I 3 BetrAVG) gem. § 1a I BetrAVG einen Anspruch auf betriebliche Altersversorgung durch Entgeltumwandlung. Der AN kann verlangen, dass von seinem Gehalt bis zu maximal 4% der Beitragsbemessungsgrenze der Rentenversicherung zu Gunsten von Aufwendungen für betriebliche Altersversorgung eingesetzt werden. Der AG ist aber nicht verpflichtet, den AN auf den Anspruch auf Entgeltumwandlung hinzuweisen.[2] Ein Anspruch auf eine betriebliche Altersversorgung kann sich außerdem aus dem **Gleichbehandlungsgebot** des § 8 I **AÜG** (→ § 120 Rn. 41 ff.) ergeben.[3] Weil der AN kein Arbeitsverhältnis mit dem Verleiher hat, kann er nicht in ein bei diesem bestehendes Versorgungswerk eingegliedert werden, so dass sein Anspruch auf die Verschaffung einer wertgleichen Altersver- 1

[1] BGH 18.12.1954 AP Nr. 1 zu § 242 BGB Ruhegehalt = NJW 1955, 501; BAG 12.6.1975 AP Nr. 1 zu § 87 BetrVG 1972 Altersversorgung; Höfer BetrAVG I/*Höfer* Kap. 2 Rn. 40.
[2] BAG 21.1.2014 AP Nr. 3 zu § 1a BetrAVG = NZA 2014, 903.
[3] Hierzu *Giese/Orth* BB 2017, 693.

sorgung gerichtet ist.[4] In der Praxis werden Ansprüche aber wegen des vorübergehenden Einsatzes regelmäßig an dem fehlenden Eintritt der Unverfallbarkeit oder dem Nicht-Erfüllen einer Wartezeit scheitern. Zudem enthält § 8 AÜG eine über § 19 BetrAVG hinausgehende Tariföffnungsklausel.

2 Der Grundsatz, dass es dem AG freisteht, ob er Versorgungsleistungen erbringen will, gilt erst recht bei der Versorgung von **Organmitgliedern juristischer Personen,** also Geschäftsführern und Vorständen.[5] Sie haben anders als AN gem. § 17 I 3 BetrAVG keinen Anspruch auf eine Altersversorgung durch Entgeltumwandlung.

3 Als **Rechtsgrundlagen für eine Ruhegeldverpflichtung** kommen in Betracht:

- Einzelvertrag (→ Rn. 4 ff.)
- Gesamtzusage, arbeitsvertragliche Einheitsregelung (→ Rn. 7 f.)
- Betriebliche Übung (→ Rn. 9 ff.)
- Gleichbehandlungsgrundsatz (→ Rn. 13 ff.)
- Tarifvertrag (→ Rn. 15 ff.)
- Betriebsvereinbarung (→ Rn. 18 ff).

4 **2. Einzelvertrag.** Der Anspruch bzw. eine Anwartschaft auf Ruhegeld kann im Wege des Einzelvertrags ausdrücklich oder konkludent begründet werden. Insoweit gelten die **allgemeinen Regeln des Vertragsrechts** (§§ 145 ff. BGB). Eine einzelvertragliche Versorgungszusage setzt ein **Vertragsangebot** des AG voraus. Das Angebot braucht nicht bis in alle Einzelheiten konkretisiert zu sein. Ausreichend ist eine sog. Blankettzusage. Es muss aber eine wirkliche Zusage und nicht nur ein unverbindliches Angebot oder eine Ankündigung vorliegen.[6] Es ist durch Auslegung zu ermitteln, ob der AG eine Zusage lediglich in Aussicht stellt oder bereits einen rechtsgeschäftlichen Bindungswillen hat. Gewährt der AG Leistungen der betrieblichen Altersversorgung aufgrund eines mit dem AN zu schließenden Versorgungsvertrags, ist er nach der ihm obliegenden Fürsorgepflicht gehalten, dem AN den Abschluss des Vertrags zum frühestmöglichen Zeitpunkt anzubieten.[7] Im Allgemeinen ist davon auszugehen, dass eine **Vertragsannahme** durch die AN auch ohne ausdrückliche Erklärung vorliegt, da die Zusage regelmäßig günstige Sozialleistungen zum Inhalt hat (§ 151 BGB).[8] Das Versorgungsversprechen ist zu seiner Wirksamkeit nach dem BetrAVG nicht formbedürftig,[9] es kann also auch konkludent erteilt werden. Da es sich wegen des Zusammenhangs mit dem Arbeits- oder Dienstverhältnis (→ § 272 Rn. 7, 17) auch nicht etwa um eine Schenkung handelt, ergibt sich eine Formbedürftigkeit auch nicht aus § 518 I BGB. Nach § 6a I Nr. 3 EStG ist zur Erlangung der Steuervorteile allerdings die Schriftform notwendig; dies hat aber vertragsrechtlich wegen der Rechtsnatur der Versorgungszusage keine Bedeutung.[10]

5 Für die **Auslegung** der Versorgungszusagen gelten die allgemeinen Grundsätze. Im Interesse des Arbeitnehmerschutzes kann der AG bei mehrdeutigen Verträgen an einer für ihn ungünstigen Auslegung festgehalten werden, wenn er bei seinen AN das Vertrauen in eine bestimmte Regelung erweckt hat (Unklarheitenregel).[11] Bei mehreren möglichen Auslegungen ist derjenigen der Vorzug zu geben, bei welcher der Vertragsnorm eine tatsächliche Bedeutung zukommt.[12] Die **Unklarheitenregel** folgt bei allgemeinen Geschäftsbedingungen aus § 305c II BGB. Verspricht der AG die Versorgung wie bei einem AN des öffentlichen Dienstes, so haftet er unabhängig von der Versicherungsmöglichkeit bei der VBL.[13] Verspricht der AG, eine Lebensversicherung nach einer Betriebszugehörigkeit von zB 10 Jahren abzuschließen, so erteilt

[4] *Brandl/Haberkorn/Veit* NZA 2014, 1167 (1168); Höfer BetrAVG I/*Höfer* Kap. 6 Rn. 101.
[5] BGH 18.12.1954 AP Nr. 1 zu § 242 BGB Ruhegehalt = NJW 1955, 501.
[6] Vgl. BAG 13.3.1975 AP Nr. 167 zu § 242 BGB Ruhegehalt = DB 1975, 1563.
[7] LAG Hamm 13.7.1999 NZA-RR 1999, 658 = DB 2000, 327.
[8] Vgl. BAG 10.12.2002 AP Nr. 252 zu § 611 BGB Gratifikation = NZA 2003, 1360 (LS); 13.3.1975 AP Nr. 167 zu § 242 BGB Ruhegehalt= DB 1975, 1563; 12.6.1957 AP Nr. 24 zu § 242 BGB Ruhegehalt.
[9] BGH 20.12.1993 AP Nr. 5 zu § 1 BetrAVG Unverfallbarkeit = NZA 1994, 367.
[10] Vgl. BAG 10.3.1972 AP Nr. 156 zu § 242 BGB Ruhegehalt; Höfer BetrAVG I/*Höfer/Reinhard* Kap. 4 Rn. 14.
[11] BAG 25.5.1973 AP Nr. 160 zu § 242 BGB Ruhegehalt; 27.1.1998 AP Nr. 38 zu § 1 BetrAVG Unterstützungskasse = NZA 1999, 267; 23.9.2003 AP Nr. 93 zu § 77 BetrVG 1972 = NZA 2005, 72 (LS).
[12] BGH 18.5.1998 NJW 1998, 2966.
[13] BAG 22.12.2009 AP Nr. 7 zu § 1 BetrAVG Auslegung = NZA-RR 2010, 541; 29.7.1986 AP Nr. 16 zu § 1 BetrAVG Zusatzversorgungskassen; 15.5.1975 AP Nr. 7 zu § 242 BGB Ruhegehalt-VBL.

er damit eine Versorgungszusage.[14] Wird in einer Versorgungszusage ausdrücklich oder stillschweigend auf generelle Versorgungsgrundsätze verwiesen, so werden diese auch dann zum Inhalt des Arbeitsvertrags, wenn sie der AN nicht zur Kenntnis nimmt.[15] Verlangt eine Versorgungsordnung eine schriftliche Versorgungszusage, ist dies nicht als konstitutive Voraussetzung auszulegen. Die „Zusage einer Zusage" ist bereits eine Versorgungszusage gem. § 1 I BetrAVG.[16]

Bei einer sog. **Blankettzusage** behält sich der AG das Recht vor, die Einzelheiten einseitig zu bestimmen. Der AG hat die vollständigen Vertragsbedingungen dann gem. § 315 I BGB nach billigem Ermessen festzulegen. Die Bestimmung unterliegt der gerichtlichen Billigkeitskontrolle.[17] Bei der Ausfüllung der Blankettzusage ist maßgebend, welche Vorstellungen und Erwartungen durch die Zusage erweckt wurden.[18] Bestimmt der AG die Voraussetzungen nicht, so erfolgt die Bestimmung durch Urteil (§ 315 III 2 BGB). 6

3. Ruhegeldordnung (Pensionsordnung, Gesamtzusage, arbeitsvertragliche Einheitsregelung). Der AG kann seinen Willen, unter bestimmten Voraussetzungen Ruhegeld zu gewähren, durch eine einseitige Erklärung an die Belegschaft zum Ausdruck bringen (Gesamtzusage) oder durch Abschluss zahlreicher Einzelverträge nach vorausbestimmtem Plan (arbeitsvertragliche Einheitsregelung, gebündelte Einzelverträge). Unstreitig ist, dass hierdurch der AG verpflichtet wird. Umstr. ist die dogmatische Begründung des Versprechens. Teilweise wird die Gesamtzusage als Ausübung eines Gestaltungsrechts qualifiziert, mit der der AG seine vertragliche Fürsorgepflicht konkretisiert.[19] In einer älteren Entscheidung hat das BAG in der Gesamtzusage einen kraft Gewohnheitsrechts wirksamen einseitigen Verpflichtungstatbestand gesehen.[20] Richtigerweise bedeutet eine Gesamtzusage ein Vertragsangebot an jeden einzelnen AN.[21] Es gilt daher nur für Personen, die zum Zeitpunkt der Zusage oder ihrer Erneuerung in einem Arbeitsverhältnis stehen.[22] Eine Gesamtzusage wird nur wirksam, wenn das Leistungsversprechen gegenüber der Belegschaft bekanntgegeben wird. Ein bloßer Akt einer inneren Willensbildung reicht dagegen nicht aus.[23] Wird die Zusage durch Aushang am schwarzen Brett veröffentlicht oder durch sonstige Mitteilungen (zB im Intranet), werden alle zum Zeitpunkt der erneuten oder aufrechterhaltenen Mitteilung Beschäftigten erfasst. Der AN kann dieses Vertragsangebot ausdrücklich annehmen, zB mit einer Bestätigung auf der Ruhegeldordnung. Die Annahme kann aber auch konkludent erfolgen. Da die Gesamtzusage ihm nur Vorteile bringt, ist eine Annahmeerklärung nicht erforderlich (§ 151 BGB; → Rn. 4).[24] Weil es sich bei der Gesamtzusage um einen vertraglichen Anspruch handelt, gelten dieselben Grundsätze bezüglich der Einhaltung der Formerfordernisse, der Auslegung des Blankettangebotes. Nur wegen der Änderung von Gesamtzusagen und arbeitsvertraglichen Einheitsregelungen bestehen Besonderheiten (→ § 274 Rn. 61 ff.). Dabei können dem BR erzwingbare Mitbestimmungsrechte zustehen (→ § 272 Rn. 48 ff.; → § 235 Rn. 1 ff.). Zur – eingeschränkten – Geltung des AGB-Rechts (§§ 305 ff. BGB) → Rn. 13. 7

Erfolgt die Zusage einer Leistung bei einer Gesamtzusage widerruflich, kann auch der Widerruf in derselben Form erfolgen. Erforderlich ist hierbei eine Verlautbarung in einer Form, die die den einzelnen AN typischerweise in die Lage versetzt, von der Erklärung Kenntnis zu nehmen; eine tatsächliche Kenntnisnahme ist nicht erforderlich.[25] Eine abweichende Vereinbarung ist nach § 307 I BGB ausgeschlossen.[26] 8

---

[14] BAG 19.4.1983 AP Nr. 1 zu § 1 BetrAVG Lebensversicherung.

[15] BAG 9.11.1978 AP Nr. 179 zu § 242 BGB Ruhegehalt.

[16] BAG 22.9.2020 AP Nr. 82 zu § 1 BetrAVG = NZA 2021, 577.

[17] BAG 19.11.2002 NZA 2003, 1424 (LS) = EzA Nr. 85 zu § 1 BetrAVG; 2.2.1988 AP Nr. 25 zu § 5 BetrAVG; 23.11.1978 AP Nr. 181 zu § 242 BGB Ruhegehalt; 13.3.1975 AP Nr. 167 zu § 242 BGB Ruhegehalt = DB 1975, 1563; 17.5.1966 AP Nr. 110 zu § 242 BGB Ruhegehalt; zur Gewährung nach billigem Ermessen: BAG 25.4.1995 AP Nr. 1 zu § 2 RuhegeldG Hamburg = NZA 1996, 427.

[18] BAG 19.7.2005 AP Nr. 42 zu § 1 BetrAVG = DB 2006, 343; 23.11.1978 AP Nr. 181 zu § 242 BGB Ruhegehalt.

[19] *Söllner,* Einseitige Leistungsbestimmungen im Arbeitsverhältnis, 1966, 32 ff., 100 ff.; *Bötticher* Anm. zu AP Nr. 110 zu § 242 BGB Ruhegehalt.

[20] BAG 12.3.1963 AP Nr. 90 zu § 242 BGB Ruhegehalt.

[21] BAG 24.1.2006 AP Nr. 1 zu § 313 BGB = DB 2006, 1621.

[22] *Löwisch/Diller* BB 2007, 830.

[23] BAG 22.12.2009 AP Nr. 7 zu § 1 BetrAVG Auslegung = NZA-RR 2010, 541.

[24] BAG 24.1.2006 AP Nr. 1 zu § 313 BGB = DB 2006, 1621.

[25] BAG 9.12.2008 AP Nr. 22 zu § 9 BetrAVG = NZA 2009, 1341; 14.12.1993 AP Nr. 81 zu § 7 BetrAVG = NZA 1994, 554.

[26] BAG 24.1.2006 AP Nr. 1 zu § 313 BGB = DB 2006, 1621.

9 **4. Betriebliche Übung** (→ § 110 Rn. 1 ff.).[27] **a) Ruhegeldzahlung.** Zahlt der AG bei Versetzung seiner AN in den Ruhestand Ruhegelder, so wird zumeist im Zeitpunkt der Pensionierung eine **Ruhegeldzusage** erteilt. Die Zusage kann ausdrücklich oder konkludent erfolgen. Eine konkludente Zusage wird häufig in der Aufnahme der Zahlungen zu sehen sein. Das Ruhestandsverhältnis richtet sich nach der ausdrücklich oder konkludent erteilten Zusage, so dass eine betriebliche Übung zur Anspruchsbegründung insoweit ausscheidet.

10 **b) Anspruchsbegründung.** Die betriebliche Übung ist nunmehr in **§ 1b I 4 BetrAVG** als Begründungstatbestand ausdrücklich anerkannt. Als Anspruchsbegründung kommt sie vor allem in Betracht, wenn der AG – ohne besondere Zusage im Zeitpunkt der Pensionierung – unter bestimmten Voraussetzungen jedem oder einer bestimmten Gruppe von AN bei ihrem Ausscheiden Ruhegeld zahlt und ein verständiger AN nach Treu und Glauben mit Rücksicht auf die Verkehrssitte aus dem Verhalten des AG schließen durfte, auch er werde Ruhegeld erhalten.[28] Dasselbe gilt, wenn der AG ein in der Versorgungsordnung nicht vorgesehenes 13. Ruhegehalt oder ein Weihnachtsgeld zahlt.[29] Als ausreichend hat das BAG bei laufenden Rentenzahlungen einen Zeitraum von fünf bzw. acht Jahren angesehen.[30] Anspruchsgrundlage für eine bestimmte Leistung kann eine Betriebsübung allerdings nur insoweit sein, als es für den Leistungsanspruch keine andere kollektiv- oder individualrechtliche Grundlage gibt.[31] Der AG muss aus Sicht der AN bzw. Versorgungsempfänger eine überobligatorische Leistung erbringen wollen.[32] Nicht entscheidend ist, ob der betroffene AN selbst schon in die Leistungsgewährung einbezogen wurde.[33] Aus betrieblicher Übung können sich auch Ansprüche auf eine bestimmte Berechnungsweise der Betriebsrente[34] oder auf eine Anpassung der Rente über § 16 BetrAVG hinaus[35] ergeben. Tritt ein AG einem Verband bei, dessen satzungsgemäßes Ziel es ist, einheitliche Ruhegeldrichtlinien festzusetzen und deren Durchführung zu überwachen und hat er den Beitritt seinen AN bekannt gegeben, so erwächst hieraus die Verpflichtung gegenüber den AN, auch nach den Verbandsrichtlinien zu verfahren.[36] Ob der AG einen Verpflichtungswillen für die Zukunft hatte, ist für die Entstehung einer betrieblichen Übung grundsätzlich unerheblich. Entscheidend ist allein, ob die AN bzw. die Betriebsrentner aus dem Verhalten des AG schließen durften, ihnen werde eine entsprechende Leistung auch künftig gewährt. Der Wille des AG braucht nur darauf gerichtet zu sein, freiwillige, dh nicht aufgrund einer anderen Rechtsgrundlage geschuldete, Zahlungen zu erbringen. Da die betriebliche Übung zu typisierten Leistungsbedingungen führt, ist das Verhalten des AG nach objektiven Kriterien auszulegen und es kommt nicht auf die speziellen Kenntnisse des einzelnen Versorgungsanwärters oder -empfängers an.[37] Der AG kann das Entstehen einer betrieblichen Übung nach stRspr des BAG durch einen sog. Freiwilligkeitsvorbehalt verhindern, mit dem er deutlich macht, dass für die Zukunft kein Rechtsbindungswille besteht[38] (hierzu → § 35 Rn. 101 ff.). Will der AG erkennbar nur eine irrtümlich angenommene Verpflichtung erfüllen, weil er glaubt, zur Leistung verpflichtet zu

[27] Ausf. *Reinecke* BB 2004, 1625; *Gehlhaar* BB 2008, 835.

[28] BAG 25.6.2002 AP Nr. 50 zu § 16 BetrAVG = NZA 2003, 875; 29.10.1985 AP Nr. 2 zu § 1 BetrAVG Betriebliche Übung = NZA 1986, 786; 5.2.1971 AP Nr. 10 zu § 242 BGB Betriebliche Übung; 18.7.1968 AP Nr. 8 zu § 242 BGB Betriebliche Übung; BGH 17.2.1969 AP Nr. 137 zu § 242 BGB Ruhegehalt.

[29] BAG 30.10.1984 AP Nr. 1 zu § 1 BetrAVG Betriebliche Übung mAnm *Hromadka* = NJW 1985, 531; 12.12.2006 AP Nr. 77 zu § 242 BGB Betriebliche Übung = DB 2007, 2435; 31.7.2007 AP Nr. 79 zu § 242 BGB Betriebliche Übung = NZA-RR 2008, 263; 16.2.2010 BetrAV 2010, 589 = BB 2010, 566 (LS); 16.2.1010 AP Nr. 11 zu § 1b BetrAVG = NZA 2011, 104; 10.12.2013 NZA-RR 2014, 375.

[30] BAG 15.5.2012 AP Nr. 13 zu § 1b BetrAVG = NZA 2012, 1279; 19.8.2008 AP Nr. 82 zu § 242 BGB Betriebliche Übung = NZA 2009, 196; 30.10.1984 AP Nr. 1 zu § 1 BetrAVG Betriebliche Übung = NZA 1985, 531; 23.4.1963 AP Nr. 26 zu § 611 BGB Gratifikation = BB 1963, 938.

[31] BAG 10.12.2013 NZA-RR 2014, 375; 23.8.2011 AP Nr. 10 zu § 1 BetrAVG Betriebliche Übung = NZA 2012, 37; 15.2.2011 AP Nr. 13 zu § 1 BetrAVG Auslegung = NZA-RR 2011, 541; 20.6.2007 NZA 2007, 1293.

[32] BAG 10.12.2013 NZA-RR 2014, 375.

[33] BAG 15.5.2012 AP Nr. 13 zu § 1b BetrAVG = NZA 2012, 1279; ausf. hierzu *Bieder* RdA 2014, 53 ff.

[34] BAG 19.7.2005 AP Nr. 42 zu § 1 BetrAVG = DB 2006, 343.

[35] Vgl. BAG 20.6.2000 – 3 AZR 842/98; 29.4.2003 NZA 2004, 1182 (LS).

[36] BAG 5.12.1961 AP Nr. 80 zu § 242 BGB Ruhegehalt.

[37] BAG 23.8.2011 AP Nr. 10 zu § 1 BetrAVG Betriebliche Übung = NZA 2012, 37; 17.11.2009 AP Nr. 88 zu § 242 BGB Betriebliche Übung = NZA-RR 2010, 293; 31.7.2007 AP Nr. 79 zu § 242 BGB Betriebliche Übung = NZA-RR 2008, 263.

[38] BAG 19.5.2005 AP Nr. 71 zu § 242 BGB Betriebliche Übung = NZA 2005, 889 mwN; aA *Gehlhaar* BB 2008, 835 (836 ff.).

sein, erwächst keine betriebliche Übung.[39] Das gilt zB, wenn der AG in die Berechnung des Ruhegeldes entgegen dem Wortlaut der Versorgungszusage das tarifliche Urlaubsgeld einbezieht, aber jeweils ausdrücklich auf die Versorgungszusage Bezug nimmt.[40] Für den öffentlichen Dienst gilt insoweit die Auslegungsregel, dass sich der öffentliche AG nur verpflichten will, die tariflich und gesetzlich geschuldeten Leistungen zu erbringen (→ § 110 Rn. 22).[41] Hat der Vorstand einer Anstalt des öffentlichen Rechts aber in einem internen Beschluss festgelegt, dass jeder AN von einer bestimmten Eingruppierung an nach vierjähriger Beschäftigung eine Versorgungszusage erhält und hat er sich acht Jahre daran gehalten, so erwächst ein Anspruch aus betrieblicher Übung.[42] Eine betriebliche Übung kann für die Zukunft durch eine nicht formbedürftige Erklärung des AG beendet werden; bereits entstandene Rechte sind hiervon aber nicht betroffen (→ § 110 Rn. 27 ff.). Im Falle einer Betriebsübung kann der AG mangels Einhaltung der Schriftform (§ 6a I Nr. 3 EStG) keine steuerlichen Vergünstigungen geltend machen.

c) Rechtsgrundlage. Der **Verpflichtungstatbestand bei betrieblicher Übung** ist dogmatisch umstr. (→ § 110 Rn. 3 ff.). Teilweise wird sie als schuldrechtlicher Verpflichtungstatbestand, teilweise als Vertrauenshaftung qualifiziert. Es ist nicht zwischen einer Betriebsübung auf Erteilung einer Versorgungszusage und einer solchen auf Ruhegeldgewährung zu unterscheiden ist. Für den Beginn der Bindungswirkung ist es nicht von Bedeutung, ob die Betriebsübung darauf gerichtet ist, dem AN zu einem bestimmten Zeitpunkt (zB nach Ablauf einer Wartezeit) eine Rente zu gewähren oder ausschließlich darauf, eine Zahlung im Ruhestand zu leisten.[43] Die Unverfallbarkeitsfrist läuft seit dem Zeitpunkt, in dem der AG nicht mehr die Wahl hat, ob er Ruhegeldleistungen erbringen will.[44] 11

Aus einer betrieblichen Übung, die sich auf die Altersversorgung abhängiger AN erstreckt, erwächst einem **Organmitglied einer juristischen Person** kein Anspruch.[45] 12

5. Gleichbehandlung. (auch → Rn. 28 ff.; → § 112 Rn. 1 ff.). Der Gleichbehandlungsgrundsatz als Begründungstatbestand von Ruhegeldansprüchen ist nunmehr in **§ 1b I 4 BetrAVG** ausdrücklich anerkannt. Er hat kraft Gesetzes anspruchsbegründende Wirkung.[46] Hieraus resultiert ein Anspruch, wenn der AG ein **typisiertes Verhalten** an den Tag gelegt hat, er werde allen oder einer Gruppe von AN Ruhegeld gewähren. Dann darf er einen einzelnen AN, auch leitenden Angestellten oder eine Gruppe von AN nicht aus sachfremden Gründen von der Ruhegeldgewährung ausschließen.[47] Ob ein typisiertes Verhalten des AG vorliegt, ist **nach den Umständen des Einzelfalls zu beurteilen.** Gewährt ein AG einer Anzahl von AN betriebliche Invaliditätsrente, die die allgemeine Versorgungsordnung nicht vorsieht und macht ein einzelner AN wegen des Gleichbehandlungsgrundsatzes Ansprüche geltend, so muss der AG darlegen, wie er die Begünstigten abgegrenzt hat und warum der Klagende nicht dazu gehört.[48] Nicht verboten ist die Besserstellung einzelner AN (→ § 112 Rn. 4). Ein typisiertes Verhalten liegt nicht vor, wenn der AG einzelnen AN aus besonderem Anlass Ruhegeld gewährt und die anderen ausschließt, zB wenn besondere Dienste, Verbesserungsvorschläge usw. honoriert werden sollen.[49] Soweit es um Regelungen in einer Gesamtzusage oder einzelvertraglichen Einheitsregelung geht, kommt daneben auch eine Anwendung des AGB-Rechts (§§ 305 ff. BGB) in 13

---

[39] Vgl. BAG 23.8.2011 AP Nr. 10 zu § 1 BetrAVG Betriebliche Übung = NZA 2012, 37; 21.1.2003 AP Nr. 63 zu § 1 BetrAVG Zusatzversorgungskassen = NZA 2004, 1119 (LS); 22.1.2002 AP Nr. 4 zu § 77 BetrVG 1972 Betriebsvereinbarung = NZA 2002, 1224; 7.8.1967 AP Nr. 121 zu § 242 BGB Ruhegehalt; auch → § 110 Rn. 12.

[40] BAG 23.4.2002 AP Nr. 22 zu § 1 BetrAVG Berechnung = DB 2002, 2603.

[41] BAG 15.5.2012 AP Nr. 13 zu § 1b BetrAVG = NZA 2012, 1279.

[42] BAG 16.7.1996 AP Nr. 7 zu § 1 BetrAVG Betriebliche Übung = NZA 1997, 664.

[43] BRO/*Rolfs* BetrAVG Anh § 1 Rn. 28.

[44] BAG 19.6.1980 AP Nr. 8 zu § 1 BetrAVG Wartezeit; 29.10.1985 AP Nr. 2 zu § 1 BetrAVG Betriebliche Übung = NZA 1986, 786; hierzu auch → § 274 Rn. 12 ff.

[45] BGH 17.2.1969 AP Nr. 137 zu § 242 BGB Ruhegehalt; s. auch BGH 20.12.1993 AP Nr. 5 zu § 1 BetrAVG Unverfallbarkeit = NZA 1994, 367.

[46] BAG 3.6.2020 AP Nr. 78 zu § 1 BetrAVG Gleichbehandlung = NZA 2021, 347.

[47] BAG 17.2.1998 AP Nr. 37 zu § 1 BetrAVG Gleichbehandlung = NZA 1998, 762; 9.12.1997 AP Nr. 40 zu § 1 BetrAVG Gleichbehandlung = NZA 1998, 1173; 25.4.1995 AP Nr. 25 zu § 1 BetrAVG Gleichbehandlung = NZA 1996, 84; 20.7.1993 AP Nr. 11 zu § 1 BetrAVG Gleichbehandlung = NZA 1994, 125.

[48] BAG 12.11.1991 AP Nr. 17 zu § 1 BetrAVG Gleichbehandlung = NZA 1992, 837; 12.6.1990 AP Nr. 25 zu § 1 BetrAVG = NZA 1990, 973.

[49] BAG 28.7.1992 AP Nr. 18 zu § 1 BetrAVG Gleichbehandlung = NZA 1993, 215; 11.11.1986 AP Nr. 4 zu § 1 BetrAVG Gleichberechtigung = NZA 1987, 449.

Betracht. Der arbeitsrechtliche Gleichbehandlungsgrundsatz als privatrechtliche Ausprägung des Gleichheitssatzes des Art. 3 I GG beinhaltet aber ein gegenüber dem AGB-Recht spezielleres und abgeschlossenes Regelungs- und Rechtsfolgenkonzept und bildet eine im Arbeitsrecht geltende Besonderheit iSv § 310 IV 2 Hs. 1 BGB. Seine Spezialität, seine Voraussetzungen und Rechtsfolgen sind angemessen zu beachten, was bei einer Unwirksamkeit der benachteiligenden Regelung der Gesamtzusage nach den Regelungen des AGB-Rechts nicht möglich wäre. Jedenfalls im Betriebsrentenrecht geht der Gleichbehandlungsgrundsatz daher als gem. § 1b I 4 BetrAVG im Arbeitsrecht geltende Besonderheit iSv § 310 IV 2 Hs. 1 BGB der Inhaltskontrolle nach§§ 307 ff. BGB und den Rechtsfolgen des § 306 BGB im Fall von gleichheitswidrigen Regelungen vor.[50]

14 Eine Differenzierung ist sachfremd, wenn es für sie keine billigenswerte Gründe gibt. Billigenswert sind Gründe, die auf vernünftigen, einleuchtenden Erwägungen beruhen und gegen keine verfassungsrechtlichen oder sonstigen übergeordneten Wertentscheidungen verstoßen.[51] Ob der AG die zweckmäßigste oder gerechteste Lösung gewählt hat, ist dagegen nicht zu überprüfen.[52] Der Ausschluss einer Gruppe von AN ist nur dann mit dem Gleichbehandlungsgrundsatz vereinbar, wenn er nach dem **Zweck der Leistung** gerechtfertigt ist.[53] Der Leistungszweck ist dabei aufgrund der Besonderheiten der jeweiligen Versorgungsleistungen zu ermitteln.[54] Er muss nicht ausdrücklich in der Versorgungsordnung festgelegt werden; es reicht vielmehr aus, dass sich aus dem Kontext der Regelung Anhaltspunkte für den mit der Differenzierung verfolgten Zweck ergeben.[55] Bildet der AG Gruppen von begünstigten und benachteiligten AN, muss diese **Gruppenbildung** sachlichen Kriterien entsprechen.[56] Der Differenzierungsgrund darf der Versorgungsordnung nicht widersprechen.[57] Problematisch ist, ob die Unterscheidungsmerkmale für eine Gruppenbildung nur zu berücksichtigen sind, soweit sie den AN erkennbar waren oder rechtzeitig – dh spätestens, wenn der AN Gleichbehandlung verlangt – vom AG **offen gelegt** worden sind.[58] Die Frage ist zu verneinen,[59] weil es für das objektive Vorliegen einer sachgerechten Differenzierung auch nur auf die objektiven Umstände ankommen kann.[60] Eine nicht erfolgte Offenlegung kann allenfalls Schadensersatzansprüche des AN (zB auf Ersatz ansonsten unnötiger Prozesskosten) rechtfertigen.[61] Darlegungs- und beweispflichtig für die Differenzierungsgründe ist der AG.[62]

15 **6. Tarifvertrag. a) Tarifvertragliche Regelungen.** Tarifliche Ruhegeldregelungen gibt es sowohl in Firmentarifverträgen als auch in Branchentarifverträgen. Nimmt ein AN eine Arbeit außerhalb des örtlichen Geltungsbereichs eines Tarifvertrags auf, kann damit der Anspruch auf

[50] BAG 3.6.2020 AP Nr. 78 zu § 1 BetrAVG Gleichbehandlung = NZA 2021, 347.
[51] BAG 10.12.2002 AP Nr. 56 zu § 1 BetrAVG Gleichbehandlung = NZA 2004, 321.
[52] BAG 18.9.2001 AP Nr. 179 zu § 242 BGB Gleichbehandlung = NZA 2002, 148.
[53] BAG 20.7.1993 AP Nr. 11 zu § 1 BetrAVG Gleichbehandlung = NZA 1994, 125.
[54] BAG 19.6.2001 AP Nr. 50 zu § 1 BetrAVG Gleichbehandlung = NZA 2002, 557.
[55] BAG 30.11.2010 AP Nr. 72 zu § 16 BetrAVG = NZA-RR 2011, 593 unter Hinweis auf die Rspr. des EuGH zu Art. 6 I RL 2000/78/EG, EuGH 16.10.2007 AP Nr. 8 zu Richtlinie 2000/78/EG = NZA 2007, 1219 – Palacios.
[56] BAG 17.2.1998 AP Nr. 37 zu § 1 BetrAVG Gleichbehandlung = NZA 1998, 762; 25.4.1995 AP Nr. 25 zu § 1 BetrAVG Gleichbehandlung = NZA 1996, 84.
[57] BAG 9.12.1997 AP Nr. 40 zu § 1 BetrAVG Gleichbehandlung = NZA 1998, 1173.
[58] So BAG (3. Senat) 22.12.1970 AP Nr. 2 zu § 305 BGB Billigkeitskontrolle; BAG (5. Senat) 5.3.1980 AP Nr. 44 zu § 242 Gleichbehandlung = NJW 1980, 2374; BAG (3. Senat) 20.7.1993 AP Nr. 11 zu § 1 BetrAVG Gleichbehandlung = NZA 1994, 125; offen gelassen bei BAG (10. Senat) 8.3.1995 AP Nr. 184 zu § 611 BGB Gratifikation = NZA 1996, 418; BAG (10. Senat) 21.5.2003 AP Nr. 251 zu § 611 BGB Gratifikation = NZA 2003, 1274; BAG (2. Senat) 3.7.2003 AP Nr. 73 zu § 2 KSchG 1969 = DB 2004, 655.
[59] So jetzt auch der 3. Senat des BAG: BAG 18.9.2012 AP Nr. 58 zu § 1 BetrAVG Ablösung = NZA-RR 2013, 651; 21.8.2007 AP Nr. 60 zu § 1 BetrAVG Gleichbehandlung = NZA-RR 2008, 649; ebenso BAG (5. Senat) 23.2.2011 AP Nr. 213 zu § 242 BGB Gleichbehandlung = NZA 2011, 693.
[60] HzA/*Lipke* Gruppe 3 Rn. 167 unter Hinweis auf die Rspr. zum Nachschieben von Kündigungsgründen; vgl. auch die Rspr. zum Befristungsgrund nach § 14 TzBfG, der grundsätzlich auch dann berücksichtigt werden kann, wenn er im Vertrag nicht offengelegt wird: BAG 15.8.2001 AP Nr. 5 zu § 21 BErzGG = NZA 2002, 85; 26.7.2000 AP Nr. 4 zu § 1 BeschFG 1996 = NJW 2001, 532; auch das BVerfG stellt für die Frage der Verfassungsgemäßheit einer Norm nicht auf die subjektive Willkür des Gesetzgebers, sondern auf die objektive (Un-)Angemessenheit der Norm ab, s. BVerfG 26.4.1978 BVerfGE 48, 227 = DB 1978, 1356.
[61] So *Krebs* SAE 1999, 289 (290).
[62] BAG 12.10.2005 AP Nr. 259 zu § 611 BGB Gratifikation = NZA 2005, 1418.

Altersversorgung entfallen.[63] Dasselbe gilt, wenn der fachliche Geltungsbereich wechselt.[64] Eine große Rolle spielen tarifliche Ruhegeldregelungen im öffentlichen Dienst. Grundsätzlich können nur die der Tarifbindung unterliegenden AN (→ § 204 Rn. 1 ff.) Ansprüche aus dem Tarifvertrag herleiten. Im öffentlichen Dienst werden die Versorgungstarifverträge aber nahezu ausnahmslos vertraglich in Bezug genommen. Tarifverträge, die für AN in den neuen Bundesländern geringere Beiträge und Versorgungsleistungen vorsehen, verstoßen derzeit noch nicht gegen Art. 3 I GG, weil die diesen Regelungen zugrunde liegenden wirtschaftlichen Unterschiede in den alten und neuen Bundesländern noch nicht vollständig entfallen sind.[65] Eine Entgeltumwandlung bei tariflichen Vergütungsansprüchen kommt gem. § 17 V BetrAVG nur in Betracht, wenn der Tarifvertrag das zulässt. Bei Fehlen einer Öffnungsklausel können nur außer- und übertarifliche Leistungen umgewandelt werden. Tarifverträge können auch den Ausschluss bestimmter Personengruppen vorsehen, wenn hierfür sachliche Gründe bestehen.[66] Zur Auslegung von Tarifverträgen → § 201 Rn. 1 ff. Verweist ein Arbeitsvertrag wegen der betrieblichen Altersversorgung auf Regelungen eine Tarifvertrags, ist dies regelmäßig als ein dynamischer Verweis auf das jeweils geltende Tarifrecht anzusehen.[67]

b) Allgemeinverbindlicherklärung. Die Allgemeinverbindlicherklärung von Versorgungstarifverträgen ist zulässig. Sie geschieht regelmäßig im Baugewerbe. Hier wird die zusätzliche Altersversorgung über Zusatzversorgungskassen gezahlt. Die Tarifverträge gelten mit unmittelbarer und zwingender Wirkung für das Verhältnis der Einrichtung zu den tarifgebundenen AG und AN. Verschmelzen mehrere Unternehmen zu einer neuen Gesellschaft, die nicht unter den betrieblichen Geltungsbereich des Baugewerbes fallen, so erlischt die Mitgliedschaft in der Zusatzversorgungskasse.[68] 16

c) Zusammentreffen mit individualvertraglichen Zusagen. Besondere Probleme können erwachsen, wenn bei bestehenden individualvertraglichen Zusagen eine tarifliche Altersversorgung eingeführt wird. Der Tarifvertrag kann vorsehen, dass er hinter den individualvertraglichen Leistungen zurücktritt,[69] tarifliche Leistungen auf individualvertragliche Leistungen angerechnet werden.[70] Die Individualpartner können jedoch auch eine Anpassung vornehmen.[71] 17

7. Betriebsvereinbarung. Als Rechtsgrundlage der betrieblichen Altersversorgung kann auch eine Betriebsvereinbarung in Betracht kommen. Auf den Abschluss einer Betriebsvereinbarung hat der BR keinen Anspruch; die Einführung der betrieblichen Altersversorgung gehört zur freiwilligen Mitbestimmung (§ 88 BetrVG). Lediglich wegen der Verteilungsgrundsätze bei einer eingeführten Altersversorgung kann ein erzwingbares Mitbestimmungsrecht bestehen (§ 87 I Nr. 8, 10, 11 BetrVG; dazu → § 272 Rn. 48 ff.). In der Betriebsvereinbarung muss der Grundsatz der Gleichbehandlung beachtet werden;[72] zulässig ist es einzelne Entgeltbestandteile (zB Provisionen von Außendienstmitarbeitern) aus der Berechnung des rentenfähigen Arbeitsverdienstes herauszunehmen, wenn es hierfür sachliche Gründe gibt.[73] Die Betriebsvereinbarung erfasst das Arbeitsverhältnis normativ (→ § 231 Rn. 11). Im Verhältnis zwischen einzelvertraglichen Vereinbarungen und einer Betriebsvereinbarung gilt das Günstigkeitsprinzip.[74] Einzelvertragliche Versorgungsabsprachen gehen einer Betriebsvereinbarung vor, sofern sie günstiger sind (→ § 231 Rn. 43 f.). Ist die einzelvertragliche Regelung ungünstiger, so wird diese durch die Betriebsvereinbarung verdrängt. Im Rahmen des Günstigkeitsvergleichs ist ein Vergleich nach Sachgruppen vorzunehmen, wobei die Günstigkeit im Voraus zu ermitteln ist und damit unabhängig von den konkreten Bedingungen des jeweiligen Einzelfalles.[75] Kann keine Rückabwicklung der ungünstigeren individualrechtlichen Versorgungszusage erfolgen, sind die nach dieser 18

[63] Vgl. BAG 24.4.2001 AP Nr. 243 zu § 1 TVG Tarifverträge: Bau = NZA 2002, 912.
[64] Vgl. BAG 9.11.1999 AP Nr. 5 zu § 3 TVG Verbandsaustritt = NZA 2000, 730.
[65] BAG 12.11.2013 AP Nr. 69 zu § 1 BetrAVG Gleichbehandlung = NZA-RR 2014, 315.
[66] BAG 19.3.2002 AP Nr. 53 zu § 1 BetrAVG Gleichbehandlung = DB 2002, 2731.
[67] BAG 27.6.2006 AP Nr. 49 zu § 1 BetrAVG Ablösung = NZA 2006, 1285.
[68] BAG 5.10.1993 AP Nr. 42 zu § 1 BetrAVG Zusatzversorgungskassen = NZA 1994, 848.
[69] BAG 6.4.1982 AP Nr. 7 zu § 242 BGB Ruhegehalt-Zusatzversorgung = BAGE 38, 244.
[70] BAG 11.2.1992 AP Nr. 33 zu § 1 BetrAVG Zusatzversorgungskasse = NZA 1992, 1042; 19.7.1983 AP Nr. 1 zu § 1 BetrAVG Zusatzversorgungskassen = NJW 1984, 751.
[71] BAG 25.2.1986 AP Nr. 15 zu § 1 BetrAVG Zusatzversorgungskassen.
[72] BAG 10.2.2009 NZA 2009, 796; 20.7.1993 AP Nr. 11 zu § 1 BetrAVG Gleichbehandlung = NZA 1994, 125.
[73] BAG 17.2.1998 AP Nr. 38 zu § 1 BetrAVG Gleichbehandlung = NZA 1998, 782.
[74] Vgl. etwa BAG 19.11.2019 AP Nr. 17 zu § 3 BetrAVG = NZA 2020, 452.
[75] BAG 19.11.2019 AP Nr. 9 zu § 1 BetrAVG Gesamtversorgung = NZA 2020, 522.

Vereinbarung zu gewährenden Leistungen auf die nach der Betriebsvereinbarung zustehenden Versorgungsleistungen anzurechnen.[76] Verweist ein Arbeitsvertrag wegen der betrieblichen Altersversorgung auf Regelungen durch Betriebsvereinbarung, ist dies im Zweifel als ein dynamischer Verweis auf die jeweils geltenden Betriebsvereinbarungen auszulegen.[77] Ist über die betriebliche Altersversorgung ein Tarifvertrag geschlossen oder ist er üblich, so entfaltet dieser, unabhängig davon, ob er günstiger oder ungünstiger ist, Sperrwirkung für Betriebsvereinbarungen (§ 77 III BetrVG; dazu → § 231 Rn. 20 ff.). Keine Sperrwirkung besteht, wenn ein Firmentarifvertrag pauschal auf zwischen dem Unternehmer und einem Versicherungsunternehmen ausgehandelte Versicherungsrichtlinien verweist.[78] Betriebsvereinbarungen werden wie Tarifverträge ausgelegt (→ § 231 Rn. 13).[79] Erteilt ein AG seinen außertariflichen Angestellten über eine konzerneinheitlich bestehende Versorgungsordnung individuelle Versorgungszusagen, die über die Konzernbetriebsvereinbarung hinausgehen, so hat der BR ein Auskunftsrecht über die angewandten Grundsätze. Für den Abschluss einer Zusatzbetriebsvereinbarung ist der (Gesamt-)Betriebsrat des betreffenden Unternehmens zuständig, solange nicht der Konzernbetriebsrat von seinem Mitbestimmungsrecht Gebrauch macht.[80] Zur Nachwirkung → § 274 Rn. 82 sowie → § 231 Rn. 64. Eine unwirksame Betriebsvereinbarung kann entsprechend § 140 BGB in eine vertragliche Einheitsregelung umgedeutet werden, wenn besondere Umstände die Annahme rechtfertigen, dass der AG sich unabhängig von der Betriebsvereinbarung auf jeden Fall verpflichten wollte, seinen AN die in dieser vorgesehenen Leistungen zu erbringen, zumal sich die Möglichkeiten des AG, sich von einer Gesamtzusage zu lösen, nicht wesentlich von den Lösungsmöglichkeiten bei einer Betriebsvereinbarung unterscheiden.[81] Der entsprechende Rechtsbindungswille kann aber nicht aus den in der Betriebsvereinbarung selbst getroffenen Regelungen geschlossen werden, sondern muss sich aus außerhalb der Betriebsvereinbarung liegenden Umständen ergeben und auf einen Verpflichtungswillen des AG losgelöst von der Betriebsvereinbarung und gegenüber allen oder einer Gruppe von AN gerichtet sein.[82]

II. Allgemeine inhaltliche Grenzen der Ruhegeldregelungen

19 **1. Vertragsfreiheit.** Aus dem Grundsatz der Vertragsfreiheit folgt, dass die inhaltliche Ausgestaltung der Ruhegeldzusage grundsätzlich den vertragsschließenden Parteien überlassen bleibt. Der BR kann ein erzwingbares Mitbestimmungsrecht nach § 87 I Nr. 8, 10, 11 BetrVG haben (→ § 272 Rn. 48 ff.). Die Versorgungsordnungen unterliegen jedoch der gerichtlichen Rechts- und Billigkeitskontrolle.[83] Das BAG bezieht arbeitsvertragliche Einheitsregelungen,[84] Betriebsvereinbarungen (→ § 231 Rn. 1 ff.) und Satzungen[85] in die **Billigkeitskontrolle** ein. Mit Inkrafttreten des Schuldrechtsmodernisierungsgesetzes sind die **§§ 305 ff. BGB** anzuwenden, soweit es sich um vertragliche Einheitsregelungen und Satzungen handelt.[86] Ungeklärt ist die Frage, ob eine Befristung der (Beitrags)Zusage des AG möglich ist bzw. ob diese an eine Bedingung geknüpft werden kann.[87]

20 **2. Richtlinie 2000/78/EG.** Weil die betriebliche Altersversorgung naturgemäß immer **Altersdifferenzierungen** enthält, stellt sich regelmäßig die Frage der **Vereinbarkeit** der Regelungen des **BetrAVG mit Art. 6 RL 2000/78/EG.** Nunmehr ist eine Altersdiskriminierung auch durch **Art. 21 I GRCh** verboten. Bereits die Rentengewährung knüpft an ein bestimmtes Lebensalter an. Das ist in Anbetracht des Zwecks der betrieblichen Altersversorgung nicht problematisch, sondern sogar zwingend geboten. Zur Rechtmäßigkeit des Unverfallbarkeitsalters nach §§ 1b, 30f BetrAVG → § 274 Rn. 22, zur Rechtmäßigkeit der ratierlichen Berechnung der Anwartschaft nach § 2 I BetrAVG → § 274 Rn. 90.

[76] BAG 19.7.2016 AP Nr. 13 zu § 1 BetrAVG Betriebsvereinbarung = NZA 2016, 1475.
[77] BAG 27.6.2006 AP Nr. 49 zu § 1 BetrAVG Ablösung = NZA 2006, 1285.
[78] BAG 18.3.1976 AP Nr. 4 zu § 87 BetrVG 1972 Altersversorgung.
[79] S. Nachw. bei → § 231 Rn. 13.
[80] BAG 19.3.1981 AP Nr. 14 zu § 80 BetrVG 1972.
[81] BAG 23.2.2016 AP Nr. 12 zu § 1 BetrAVG Betriebsvereinbarung = NZA 2016, 642.
[82] BAG 23.1.2018 AP 111 zu § 77 BetrVG 1972 = NZA 2018, 871; vgl. hierzu *Moll* RdA 2019, 229.
[83] BAG 18.12.1975 AP Nr. 170 zu § 242 BGB Ruhegehalt; 26.10.1973 AP Nr. 161 zu § 242 BGB Ruhegehalt.
[84] BAG 6.6.1974 AP Nr. 165 zu § 242 BGB Ruhegehalt.
[85] BAG 14.11.1974 AP Nr. 1 zu § 242 BGB Ruhegehalt-Zusatzversorgung.
[86] *Schaub* FS Blomeyer, 2003, 335.
[87] Hierzu *Diller* BetrAV 2020, 596.

3. AGG.[88] § 2 II 2 des am 18.8.2006 in Kraft getretenen Allgemeinen Gleichbehandlungsgesetzes (AGG)[89] stellt klar, dass die auf Grundlage des BetrAVG geregelten **Benachteiligungsverbote** gelten. Daraus folgt aber nicht gleichzeitig, dass die im AGG geregelten Benachteiligungsverbote im Bereich der betrieblichen Altersversorgung nicht anwendbar sind.[90] Die Bestimmung ist bereits vom Wortlaut her nicht hinreichend klar, um anzunehmen, dass sie eine Bereichsausnahme für das Betriebsrentenrecht enthält. Vielmehr enthält sie eine Kollisionsregel: Soweit das BetrAVG Aussagen hinsichtlich bestimmter Unterscheidungen enthält, die einen Bezug zu den in § 1 AGG erwähnten Merkmalen aufweisen, hat das AGG gegenüber diesen Bestimmungen keinen Vorrang. Es bleibt vielmehr bei den Regelungen des BetrAVG, zB soweit sie an das Alter anknüpfen.[91] 21

Die Vorschriften des arbeitsrechtlichen Teils des AGG gelten aber nicht für die von § 17 I 2 BetrAVG erfassten selbständigen und Organmitglieder, weil § 6 I Nr. 3 AGG nur arbeitnehmerähnliche Personen erfasst[92] und § 6 III AGG nur die Bedingungen für den Zugang zur Erwerbstätigkeit sowie den beruflichen Aufstieg betrifft. 22

Der Inhalt der **Versorgungszusagen** ist daher an den Bestimmungen des AGG zu messen. In zeitlicher Hinsicht reicht es hierfür aus, dass bei Inkrafttreten des AGG ein Rechtsverhältnis zwischen dem Versorgungsschuldner und dem Versorgungsberechtigten bestand. Erfasst werden also nicht lediglich in diesem Zeitpunkt bestehende Arbeitsverhältnisse sondern auch die Rechtsverhältnisse der mit einer Anwartschaft ausgeschiedenen AN sowie der Betriebsrentner.[93] 23

Aufgrund der Regelung in § 10 S. 3 Nr. 4 AGG sind **Altersgrenzen** als Voraussetzung für Betriebsrentenleistungen grundsätzlich zulässig (hierzu auch → § 274 Rn. 39). Durch diese Bestimmung hat der Gesetzgeber zum Ausdruck gebracht, dass die Festsetzung von Altersgrenzen für den Zugang zu betrieblichen Systemen der sozialten Sicherheit grundsätzlich als ein von einem legitimen Ziel getragenes Mittel iSv § 10 S. 1 und 2 AGG zulässig sein soll. Diese Regelung ist zudem mit Art. 6 RL 2000/78/EG vereinbar.[94] 24

§ 10 S. 3 Nr. 4 AGG regelt die **Zulässigkeit von Altersgrenzen** allerdings nicht abschließend; eine Benachteiligung aufgrund einer Altersgrenze kann daneben nach § 10 S. 1 u. 2 AGG gerechtfertigt sein; legitime Ziele iSv § 10 S. 1 AGG sind nach den in Art. 6 Richtlinie 2000/78/EG genannten Beispielsfälle „Beschäftigungspolitik, Arbeitsmarkt oder berufliche Bildung" entsprechende sozialpolitische Ziele.[95] Das mit der Regelung verfolgte Ziel muss dabei zwar nicht ausdrücklich benannt werden, auch aus dem Regelungskontext können sich entsprechende Anhaltspunkte ergeben.[96] Entgegen seiner früheren Rechtsprechung (→ § 274 Rn. 160) wendet das BAG § 10 S. 3 Nr. 4 AGG nunmehr auch auf die Hinterbliebenenversorgung an, sofern sich deren Höhe an der Höhe der Altersversorgung oder einer zugesagten Invaliditätsversorgung orientiert.[97] Dies ändert aber nichts daran, dass nach Ansicht des BAG nach deutschem Recht ein Verstoß gegen §§ 1, 3 I 1, 7 AGG anzunehmen ist, wenn die Ungleichbehandlung nicht objektiv und angemessen und durch ein legitimes Ziel gerechtfertigt ist, weil der deutsche Gesetzgeber an die von § 10 AGG erfassten Ungleichbehandlungen weiter gehende Anforderungen als nach Unionsrecht erforderlich stellen wollte.[98] Sofern die Voraussetzungen des § 10 S. 3 Nr. 4 AGG erfüllt sind, ist die unterschiedliche Behandlung danach grundsätzlich, aber nicht immer zulässig. 25

Für den AG besteht bei der Einführung einer Altersversorgung als zusätzliche freiwillige Leistung ein **Gestaltungs- und Ermessensspielraum,** der grundsätzlich auch altersabhängige Zugangsvoraussetzungen erlaubt, der AG darf dabei aber die berechtigten Belange der betroffenen AN nicht außer Acht lassen, zumal die betriebliche Altersversorgung (auch) Entgeltcharakter hat. Eine Regelung, die dazu führt, dass die hiervon betroffenen AN während 26

[88] Ausf. hierzu *Ahrendt* RdA 2016, 129.
[89] BT-Drs. 16/1780, 32.
[90] *Preis* BetrAV 2010, 513 bezeichnet § 2 II 2 AGG als „gegenstandsloses nullum".
[91] BAG 11.12.2007 AP Nr. 1 zu § 2 AGG = NZA 2008, 532; *Rolfs* NZA 2008, 553; *Preis/Temming* NZA 2008, 1209; *Thum* BB 2008, 2291.
[92] *Cisch/Böhm* BB 2007, 602 (603).
[93] BAG 17.4.2012 AP Nr. 5 zu § 7 AGG = NZA 2012, 929; 20.4.2010 AP Nr. 26 zu § 1 BetrAVG Hinterbliebenenversorgung = NZA 2011, 1092; 15.9.2009 AP Nr. 317 zu Art. 3 GG = NZA 2010, 216.
[94] BAG 18.3.2014 AP Nr. 6 zu § 10 AGG = NZA 2014, 606; 17.9.2013 AP Nr. 4 zu § 10 AGG = NZA 2014, 33; 12.2.2013 AP Nr. 3 zu § 10 AGG = NZA 2013, 733.
[95] BAG 14.11.2017 AP Nr. 37 zu § 1 BetrAVG Hinterbliebenenversorgung = NZA 2018, 453.
[96] BAG 20.2.2018 AP Nr. 39 zu § 1 BetrAVG Hinterbliebenenversorgung = NZA 2018, 712.
[97] BAG 14.11.2017 AP Nr. 37 zu § 1 BetrAVG Hinterbliebenenversorgung = NZA 2018, 453.
[98] BAG 26.9.2017 AP Nr. 12 zu § 10 AGG = NZA 2018, 315; krit. hierzu unter Hinweis auf § 2 II 2 AGG BeckOK ArbR/*Roloff* AGG § 10 Rn. 18.

eines beträchtlichen Teils eines typischen Erwerbslebens keine Versorgungsanwartschaften erwerben können, ist daher nicht wirksam (näher → § 274 Rn. 39).[99] Höchstbegrenzungen des Versorgungsanspruchs, die sich aus (altersunabhängigen) Begrenzungen der für die Rentenberechnung maximal anrechenbaren Dienstzeit ergeben, sind daher grundsätzlich als zulässig anzusehen.[100] Hierin könnte allerdings eine mittelbare Benachteiligung wegen des Alters liegen, weil die Regelung dazu führt, dass Beschäftigungsjahre, die in einem höheren Lebensalter zurückgelegt werden, mit größerer Wahrscheinlichkeit für die Berechnung der Rente unberücksichtigt bleiben.[101] Eine solche mittelbare Benachteiligung wäre jedoch gem. § 3 II AGG als angemessen und durch ein legitimes Ziel gerechtfertigt anzusehen. Sie dient nämlich dazu, die mit der Versorgung übernommenen Risiken zu begrenzen und die Betriebstreue zu honorieren. Die Betriebstreue wird aber nicht nur durch die Dauer der Betriebszugehörigkeit definiert sondern auch dadurch, in welchem Umfang der AN die in seinem Fall erreichbare Betriebstreue tatsächlich erreicht hat, wie lange vor der Regelaltersgrenze er also aus dem Arbeitsverhältnis ausgeschieden ist. Ferner kann es nach § 10 S. 1 u. 2 AGG gerechtfertigt sein, die Gewährung von Versorgungsbeiträgen auf die Zeit bis zur Vollendung des 60. Lebensjahres zu begrenzen, sofern der überwiegende Teil der AN mit Vollendung des 60. Lebensjahres sein Erwerbsleben im Unternehmen beendet, die Versorgungsregelungen generell auf ein solches früheres Ausscheiden ausgerichtet sind und den AN bereits vor Erreichen der Regelaltersgrenze der gesetzlichen Rentenversicherung eine Altersversorgung oberhalb des gesetzlichen Rentenniveaus ermöglichen.[102]

27 Zur Berücksichtigung von Partnern einer eingetragenen Lebensgemeinschaft → § 274 Rn. 158, zu Spätehenklauseln → § 274 Rn. 160 und zu Altersabstandklauseln → § 274 Rn. 161. Zur Frage unterschiedlicher Tarife für Frauen und Männern bei Direktversicherungen → § 275 Rn. 43.

28 **4. Gleichbehandlung.** (auch → Rn. 13 f., → § 112 Rn. 1 ff.). Alle Ruhegeldregelungen müssen die Grundrechte beachten. Dies folgt für kollektivvertragliche Regelungen aus deren Normencharakter[103] bzw. § 75 I BetrVG, für individualrechtliche Gestaltungsformen aus der Drittwirkung der Grundrechte, zumindest aber aus deren Geltung im Rahmen von § 138 BGB.[104] Hieraus folgt, dass in Ruhegeldregelungen weibliche AN,[105] Gewerkschaftsmitglieder[106] oder ausländische AN[107] nicht schlechter behandelt werden dürfen, als die übrigen AN. Auch eine mittelbare Diskriminierung ist verboten. Aus verfassungsrechtlicher Sicht ist es nicht zu beanstanden, dass ein Gericht Einbußen im Bereich der betrieblichen Altersversorgung bei einem AN billigt, der eine schwerwiegende Pflichtverletzung im Arbeitsverhältnis (rechtskräftige Verurteilung wegen geheimdienstlicher Tätigkeit) begangen hat.[108] Aus Art. 3 GG (Art. 157 AEUV, vormals Art. 119 bzw. 141 EG) ergeben sich vor allem folgende Probleme:

29 Der Ausschluss männlicher Hinterbliebener von einer bestehenden Hinterbliebenenversorgung stellt eine Lohndiskriminierung der Frau dar. Alle Tatbestände, durch die männliche Hinterbliebene von der Hinterbliebenenversorgung ausgeschlossen werden oder deren Versorgung unter erschwerten Voraussetzungen erfolgt,[109] sind daher unwirksam (§ 134 BGB). Die entstandene Regelungslücke wird dergestalt geschlossen, dass auch Männer versorgungsberechtigt sind; da die Gleichberechtigung seit Inkrafttreten des GG und des EG-Vertrags, jetzt AEUV gilt, bleibt nach Auffassung des BAG kein Raum für Übergangs- und Anpassungsfristen.[110]

---

99 BAG 18.3.2014 AP Nr. 6 zu § 10 AGG = NZA 2014, 606.
100 BAG 11.12.2012 AP Nr. 68 zu § 2 BetrAVG = NZA 2013, 564.
101 Verneinend *Preis* BetrAV 2010, 513 (514).
102 BAG 26.4.2018 AP Nr. 15 zu § 10 AGG = NZA 2018, 1006.
103 Für Tarifverträge BAG 19.1.2011 AP Nr. 7 zu § 3 AGG = NZA 2011, 860; 17.10.1995 AP Nr. 132 zu § 242 Gleichbehandlung = NZA 1996, 656.
104 Vgl. BAG 25.1.1963 AP Nr. 77 zu Art. 3 GG; für Einheitsregelung: BAG 18.7.1972 AP Nr. 158 zu § 242 BGB Ruhegehalt.
105 Vgl. BAG 28.3.1958 AP Nr. 28 zu Art. 3 GG; 6.4.1982 AP Nr. 1 zu § 1 BetrAVG Gleichbehandlung = NJW 1982, 2013.
106 Vgl. BAG 29.11.1967 AP Nr. 13 zu Art. 9 GG.
107 Vgl. Art. 48 II EWG-Vertrag; Übereinkommen Nr. 111 der Internationalen Arbeitsorganisation, sowie § 75 BetrVG.
108 BVerfG 28.6.2000 NZA 2000, 999 = DB 2001, 339.
109 BAG 19.11.2002 AP Nr. 13 zu § 1 BetrAVG Gleichberechtigung = NZA 2003, 380.
110 BAG 5.9.1989 AP Nr. 8 zu § 1 BetrAVG Hinterbliebenenversorgung = NZA 1990, 271; vgl. EuGH 17.5.1990 AP Nr. 20 zu Art. 119 EWG-Vertrag = NZA 1990, 775 – Barber.

Das BAG hat im Anschluss an das **Barber-Urteil des EuGH**[111] angenommen, dass **unterschiedliche Altersgrenzen** gegen Art. 119 EG (jetzt Art. 157 AEUV) verstoßen.[112] Ebenfalls unzulässig ist es, nur für Männer einen versicherungsmathematischen Abschlag bei vorgezogener Inanspruchnahme der Rente vorzusehen.[113] Auf Art. 157 AEUV kann sich ein Mann nur berufen, soweit bei der Berechnung der Betriebsrente Zeiten nach dem Erlass des Barber-Urteils vom 17.5.1990 zu berücksichtigen sind. Der Wert der unverfallbaren Versorgungsanwartschaft nach § 2 BetrAVG (→ § 274 Rn. 88) ist für Beschäftigungszeiten vor und nach dem 17.5.1990 unterschiedlich zu ermitteln.[114] Bleibt ein männlicher AN aber länger als bis zur für Frauen geltenden Altersgrenze (zB Vollendung des 60. Lebensjahres) betriebstreu, ist bei der Berechnung der auf die Beschäftigungszeit bis zum 17.5.1990 entfallenden Teilrente die tatsächliche Beschäftigungszeit bis zu diesem Stichtag fiktiv um die Zeit, die der AN nach Vollendung des 60. Lebensjahres noch im Arbeitsverhältnis gestanden hat, zu erhöhen; bei der Berechnung der auf die Beschäftigungszeit nach dem 17.5.1990 (Nach-Barber-Zeit) entfallenden Teilrente findet dieser Zeitraum dagegen keine Berücksichtigung.[115] Es ist ferner statthaft, wenn eine Versorgungsordnung zwar eine einheitliche Altersgrenze vorsieht, für Frauen aber – bezogen auf den Zeitraum bis zum 17.5.1990 – einen niedrigeren versicherungsmathematischen Abschlag regelt.[116] Soweit ein Betriebsrentenanspruch auf Zeiten vor dem 17.5.1990 beruht, ist ein AG nicht aus Gründen der Gleichbehandlung verpflichtet, einem schwerbehinderten AN ebenso wie einer Arbeitnehmerin die Möglichkeit zu geben, betriebliche Altersrente mit Vollendung des 60. Lebensjahres ohne Abschläge in Anspruch zu nehmen.[117] Die Anhebung der Altersrente für Frauen kann im Rahmen der zulässigen Eingriffe in bestehende Versorgungsanwartschaften (→ § 274 Rn. 65 ff.) eine Anpassung der Versorgungsregelung auch zum Nachteil von Frauen rechtfertigen,[118] nicht dagegen die Einführung versicherungsmathematischer Abschläge für alle AN für den Fall der vorgezogenen Inanspruchnahme der Betriebsrente.[119] Nach Inkrafttreten des SGB VI wurden die Altersgrenzen zunächst stufenweise vereinheitlicht. Inzwischen ist die Altersgrenze einheitlich. Für bestimmte Jahrgänge gelten aber gem. § 237a SGB VI Übergangsfristen. 30

In der Ten Oever-Entscheidung[120] hat der EuGH auch die **Hinterbliebenenversorgung** zum Entgelt gezählt und darüber hinaus klargestellt, dass die Gleichbehandlung auf dem Gebiet der betrieblichen Renten nur für Leistungen geltend gemacht werden kann, die für Beschäftigungszeiten nach dem 17.5.1990, dem Tage des Erlasses des Barber-Urteils, geschuldet werden, vorbehaltlich der Ausnahme, die für AN oder deren anspruchsberechtigte Angehörige vorgesehen ist, die vor diesem Zeitpunkt nach dem anwendbaren innerstaatlichen Recht Klage erhoben oder einen entsprechenden Rechtsbehelf eingelegt haben. 31

Im **zweiten Protokoll zu Art. 119 (später Art. 141 EG, jetzt Art. 157 AEUV) des Vertrags zur Gründung der EG** vom 7.2.1992 (BGBl. II 1253) heißt es: „I. S. des Artikels 119 EG-Vertrag gelten Leistungen aufgrund eines betrieblichen Systems der sozialen Sicherheit nicht als Entgelt, sofern und soweit sie auf Beschäftigungszeiten vor dem 17.5.1990 zurückgeführt werden können, außer im Fall von AN oder deren anspruchsberechtigten Angehörigen, die vor diesem Zeitpunkt eine Klage bei Gericht oder ein gleichwertiges Verfahren nach geltendem einzelstaatlichen Recht anhängig gemacht haben." 32

In Art. 6 des Abkommens zwischen den Mitgliedstaaten der EG mit Ausnahme des Vereinigten Königreiches Großbritannien und Nordirland über die Sozialpolitik hat Art. 119 (jetzt Art. 157 AEUV) eine veränderte Fassung erhalten. Art. 119 ist ein Abs. 3 angefügt worden (jetzt Art. 157 IV AEUV), wonach die Mitgliedstaaten nicht daran gehindert sind, zur Erleichterung der Berufstätigkeit des unterrepräsentierten Geschlechts oder zur Verhinderung bzw. zum Aus- 33

[111] EuGH 17.5.1990 AP Nr. 20 zu Art. 119 EWG-Vertrag = NZA 1990, 775 – Barber; vgl. auch EuGH 7.10.2019 AP Nr. 20 zu Art. 141 EG = NZA 2020, 33 – Safeway.

[112] BAG 18.3.1997 AP Nr. 32 zu § 1 BetrAVG = NZA 1997, 824; 3.6.1997 AP Nr. 35 zu § 1 BetrAVG Gleichbehandlung = NZA 1997, 1043.

[113] BAG 19.8.2008 AP Nr. 18 zu Art. 141 EG = NZA 2009, 785.

[114] BAG 29.2.2010 AP Nr. 62 zu § 2 BetrAVG = DB 2011, 540 (LS); 3.6.1997 AP Nr. 35 zu § 1 BetrAVG Gleichbehandlung = NZA 1997, 1043; näher zur Berechnung Höfer BetrAVG I/*Höfer/Reinhard* Kap. 6 Rn. 117 ff.

[115] LAG Nds 10.11.2006 LAGE § 2 BetrAVG Nr. 12.

[116] BAG 23.9.2003 AP Nr. 14 zu § 1 BetrAVG Gleichberechtigung = DB 2004, 2645.

[117] BAG 23.5.2000 AP Nr. 47 zu § 1 BetrAVG Gleichbehandlung = NZA 2001, 47.

[118] Vgl. BAG 30.9.2014 AP Nr. 73 zu § 2 BetrAVG = NZA 2015, 750.

[119] BAG 13.10.2016 BB 2016, 2611 (LS).

[120] EuGH 6.10.1993 AP Nr. 49 zu Art. 119 EWG-Vertrag = NZA 1993, 1125; vgl. *Borchardt* BetrAV 1993, 259; *Kollatz* NJW 1996, 1658.

gleich von Benachteiligungen in der beruflichen Laufbahn spezifische Vergünstigungen beizubehalten oder zu beschließen.

34 Die **Nichtberücksichtigung von Vordienstzeiten** bei demselben AG stellt keine mittelbare Diskriminierung von Frauen dar, auch wenn Frauen möglicherweise statistisch sehr viel häufiger aus familiären Gründen aus einem früheren Arbeitsverhältnis ausscheiden, um dann später bei demselben AG ein neuerliches Arbeitsverhältnis zu begründen.[121] Die Nichtanrechnung ist jedenfalls sachlich gerechtfertigt, weil sie der Wertung des BetrAVG entspricht (→ § 274 Rn. 29) und weil für die Betroffenen schon in Anbetracht der Regelungen des BErzGG kein zwingender Grund bestand, das Arbeitsverhältnis – zwischenzeitlich – zu beenden.[122]

35 **Keine sachlich gerechtfertigten Differenzierungsmerkmale** zwischen einzelnen AN oder Arbeitnehmergruppen sind die in Art. 3 GG, § 75 BetrVG aufgezählten Eigenschaften. Hieraus folgt, dass es sachfremd ist, bei Versorgungszusagen zwischen Männern und Frauen zu unterscheiden (auch → Rn. 28 ff.), bei ihnen unterschiedliche Regelungen für die Anrechnung von Dienstjahren zu schaffen, das Alter für die Aufnahme in ein Versorgungswerk unterschiedlich festzusetzen.[123] Sachlich ungerechtfertigt ist, einen der beschäftigten Ehepartner von der Versorgung auszuschließen, weil der andere eine betriebliche Altersversorgung mit einer Hinterbliebenenversorgung erwirbt,[124] oder einen AN auszuschließen, der noch in einem zweiten Arbeitsverhältnis steht.[125] Um eine mittelbare Diskriminierung von Frauen auszuschließen, kann der AG gehalten sein, bestimmte Regelungen Frauen nicht entgegenzusetzen.[126] Unabhängig von Art. 3 GG, § 75 BetrVG können sich **Differenzierungsverbote** aus allgemeinen Grundsätzen des Arbeitsrechts ergeben (→ § 112 Rn. 1 ff.). Grundsätzlich nicht möglich ist eine Differenzierung zwischen **Voll- und Teilzeitbeschäftigten** (s. § 4 I 1 TzBfG; hierzu auch → § 274 Rn. 171)[127] oder zwischen Teilzeitkräften mit unterschiedlicher Arbeitszeit.[128] Zur Herausnahme von **geringfügig Beschäftigten** aus einer als Gesamtversorgung ausgestalteten Zusatzversorgung des öffentlichen Dienstes → Rn. 46.

36 Eine Differenzierung kann insbesondere bei einem unterschiedlichen Interesse an der Fortdauer der Betriebstreue der betroffenen Arbeitnehmergruppen[129] sowie bei einem typischerweise unterschiedlichen Versorgungsbedarf[130] in Betracht kommen. Im Einzelnen ist eine Differenzierung als **sachlich gerechtfertigt** angesehen worden bei unterschiedlicher Ruhegeldgewährung an AN verschiedener Betriebe[131] oder wegen der Refinanzierbarkeit der Versorgung nur für eine Gruppe von AN,[132] wenn AN von früher selbständigen Unternehmen nach der Übernahme differenziert behandelt werden,[133] ABM-Arbeitskräfte mit einem auf ein Jahr befristeten Arbeitsvertrag ausgeschlossen werden,[134] gem. § 613a BGB übernommenen AN bei der Gewährung von Versorgungsleistungen aufgrund der eigenen Versorgungsordnung nur die Dienstjahre seit Übernahme angerechnet werden,[135] nur AN, die angeworben werden sollen, Ruhegelder gezahlt werden.[136] Leistungen einer betrieblichen Altersversorgung dürfen ferner davon abhängig gemacht werden, ob für den Beschäftigungsbetrieb des jeweiligen AN eine Betriebsvereinbarung über Regelungen zur flexiblen Gestaltung der Arbeitszeit gilt.[137] Der AG kann auch eine Anreizfunktion für das

---

[121] BAG 19.1.2011 AP Nr. 7 zu § 3 AGG = NZA 2011, 860.
[122] *Rolfs* SAE 2011, 241 (244).
[123] BAG 6.4.1982 AP Nr. 1 zu § 1 BetrAVG Gleichbehandlung = NJW 1982, 2013.
[124] BAG 10.1.1989 AP Nr. 5 zu § 1 BetrAVG Hinterbliebenenversorgung = NZA 1989, 683.
[125] BAG 22.11.1994 AP Nr. 24 zu § 1 BetrAVG Gleichbehandlung = NZA 1995, 733.
[126] BAG 14.10.1986 AP Nr. 11 zu Art. 119 EWG-Vertrag = NZA 1987, 445.
[127] BAG 6.4.1982 AP Nr. 1 zu § 1 BetrAVG Gleichbehandlung; 28.7.1992 AP Nr. 18 zu § 1 BetrAVG Gleichbehandlung = NZA 1993, 215; 7.3.1995 AP Nr. 26 zu § 1 BetrAVG Gleichbehandlung = NZA 1996, 48; 16.1.1996 AP Nr. 222 zu Art. 3 GG = NZA 1996, 607.
[128] Vgl. BAG 7.3.1995 AP Nr. 26 zu § 1 BetrAVG Gleichbehandlung = NZA 1996, 48; 28.7.1992 AP Nr. 18 zu § 1 BetrAVG Gleichbehandlung = NZA 1993, 215; BVerfG 27.11.1997 AP Nr. 2 zu § 3 RuhegeldG Hamburg = NZA 1998, 247.
[129] BAG 20.7.1993 AP Nr. 11 zu § 1 BetrAVG Gleichbehandlung = NZA 1994, 125; 11.11.1986 AP Nr. 4 zu § 1 BetrAVG Gleichberechtigung = NZA 1987, 449.
[130] BAG 22.11.1994 AP Nr. 24 zu § 1 BetrAVG Gleichbehandlung = NZA 1995, 733.
[131] BAG 5.12.1957 AP Nr. 13 zu § 242 BGB Gleichbehandlung; auch → § 112 Rn. 11.
[132] BAG 19.6.2001 AP Nr. 50 zu § 1 BetrAVG Gleichbehandlung = NZA 2002, 557.
[133] Vgl. BAG 25.8.1976 AP Nr. 41 zu § 242 BGB Gleichbehandlung; dazu *Wiese* RdA 1979, 432; vgl. auch BAG 19.1.2010 AP Nr. 49 zu § 77 BetrVG 1972 Betriebsvereinbarung = NZA-RR 2010, 356.
[134] BAG 13.12.1994 AP Nr. 23 zu § 1 BetrAVG Gleichbehandlung = NZA 1995, 886.
[135] BAG 30.8.1979 AP Nr. 16 zu § 613a BGB.
[136] BAG 9.12.1997 AP Nr. 40 zu § 1 BetrAVG Gleichbehandlung = NZA 1998, 1173; 20.11.1996 AP Nr. 31 zu § 1 BetrAVG Gleichbehandlung = NZA 1997, 312.
[137] BAG 18.9.2007 AP Nr. 33 zu § 77 BetrVG 1972 Betriebsvereinbarung = NZA 2008, 56.

Ausscheiden von älteren AN schaffen und deshalb nur diesen zusätzliche Leistungen versprechen.[138] AN, denen individuell Leistungen zugesagt wurden, dürfen von Leistungen eines kollektiven Versorgungswerks ausgenommen werden, sofern die Betriebspartner im Rahmen des ihnen zustehenden Beurteilungsspielraums davon ausgehen durften, dass die individuelle Zusage zumindest annähernd gleichwertige Versorgungsansprüche gewährt.[139] Die Herausnahme von **befristet beschäftigten AN** ist gem. § 4 II 1 TzBfG sachlich gerechtfertigt, weil die betriebliche Altersversorgung (unter anderem) die Förderung der Betriebstreue bezweckt, woran der AG bei nur vorübergehender Beschäftigung nicht interessiert ist.[140]

Eine Ungleichbehandlung bei der betrieblichen Altersversorgung, die allein an den Status von **Arbeitern und Angestellten** anknüpft, ist unwirksam. Der unterschiedliche Status stellt für sich genommen kein sachlich gerechtfertigtes Differenzierungsmerkmal dar. Hierauf kann für eine Differenzierung nur dann abgestellt werden, wenn damit gleichzeitig an einen Lebenssachverhalt angeknüpft wird, der geeignet ist, gemessen am Differenzierungsgrund die sich hieraus ergebenden unterschiedlichen Rechtsfolgen zu tragen. Das ist am Regelungszweck und dem hieraus folgenden Differenzierungsgrund zu messen.[141] Insbesondere darf der AG einem **unterschiedlichen Versorgungsbedarf** der einzelnen Arbeitnehmergruppen Rechnung tragen, weil dies mit den Zwecken der Altersversorgung übereinstimmt. Er ist daher in der Lage, nur geringer Verdienenden Versorgungsleistungen zuzuwenden, weil die anderen Eigenvorsorge betreiben können.[142] Versorgungsschuldner konnten jedoch bis einschließlich 30.6.1993 darauf vertrauen, eine allein an den unterschiedlichen Status von Arbeitern und Angestellten anknüpfende Differenzierung sei noch zulässig.[143] Der Gleichbehandlungsgrundsatz greift aber auch bei der Differenzierung zwischen Arbeitern und Angestellten nur ein, soweit es um gestaltende Entscheidungen des AG geht, nicht dagegen bei einem bloßen Normenvollzug. Das gilt insbesondere bei Anwendung von Tarifverträgen, auch wenn diese lediglich aufgrund einer arbeitsvertraglichen Inbezugnahme gelten.[144] 37

Das BAG lässt eine Differenzierung zwischen **Außendienst- und Innendienstmitarbeitern** bei der betrieblichen Altersversorgung nur zu, wenn dies nach dem Zweck der Leistung gerechtfertigt ist. Allein der höhere Verdienst von Außendienstmitarbeitern ist kein hinreichender Differenzierungsgrund,[145] ebenso wenig wie die Unterschiede in der Art der Arbeitsleistung und in der Vergütungsstruktur[146] wohl aber die Absicht, eine der Gruppen enger an das Unternehmen zu binden.[147] 38

Zulässig ist eine Differenzierung **zwischen Mitarbeitern mit leitenden Aufgaben und sonstigen Mitarbeitern.** Dem AG bleibt es unbenommen, einen bestimmten Personenkreis wegen seiner Bedeutung für das Unternehmen in besonderem Maße zu entlohnen.[148] 39

Häufig wird zwischen AN bzw. Arbeitnehmergruppen durch **Stichtage** differenziert, beispielsweise werden Versorgungserhöhungen nur nach einem bestimmten Stichtag gewährt, nur nach einem Stichtag eingetretene AN überhaupt versorgt oder nach einem bestimmten Stichtag eingestellte AN nicht mehr versorgt. Insoweit lässt das BAG eine Differenzierung nach Stichtagen zu, wenn hierfür ein sachlich gerechtfertigter Grund besteht.[149] Finanzielle Erwägungen 40

---

[138] BAG 18.9.2001 AP Nr. 179 zu § 242 BGB Gleichbehandlung = NZA 2002, 148.

[139] BAG 19.7.2016 AP Nr. 13 zu § 1 BetrAVG Betriebsvereinbarung = NZA 2016, 1475.

[140] BAG 15.1.2013 – 3 AZR 4/11; 19.4.2005 AP Nr. 7 zu § 1 TVG Tarifverträge: Deutsche Post = NZA 2005, 840 (LS); 20.8.2002 AP Nr. 9 zu § 1 BetrAVG Überversorgung = NZA 2003, 1112 (LS); s. hierzu auch *Ars/Teslau* NZA 2006, 297.

[141] BAG 10.11.2015 AP Nr. 75 zu § 1 BetrAVG Gleichbehandlung = NZA-RR 2016, 201; 10.11.2015 AP Nr. 76 zu § 1 BetrAVG Gleichbehandlung = DB 2016, 659 (LS); 17.6.2014 AP Nr. 70 zu § 1 BetrAVG Gleichbehandlung = DB 2014, 2292; 16.2.2010 AP Nr. 50 zu § 77 BetrVG 1972 Betriebsvereinbarung = NZA 2010, 701; 10.12.2002 AP Nr. 56 zu § 1 BetrAVG Gleichbehandlung = NZA 2004, 321; s. hierzu auch *Schrader* RdA 2010, 308 ff.

[142] BAG 10.12.2002 AP Nr. 56 zu § 1 BetrAVG Gleichbehandlung = NZA 2004, 321; 9.12.1997 AP Nr. 40 zu § 1 BetrAVG Gleichbehandlung = NZA 1998, 1173.

[143] BAG 10.12.2002 AP Nr. 56 zu § 1 BetrAVG Gleichbehandlung = NZA 2004, 321.

[144] BAG 22.12.2009 AP Nr. 319 zu Art. 3 GG = NZA 2010, 521.

[145] BAG 17.2.1998 AP Nr. 37 zu § 1 BetrAVG Gleichbehandlung = NZA 1998, 762.

[146] BAG 9.12.1997 AP Nr. 40 zu § 1 BetrAVG Gleichbehandlung = NZA 1998, 1173.

[147] BAG 17.2.1998 AP Nr. 37 zu § 1 BetrAVG Gleichbehandlung = NZA 1998, 762; 20.7.1993 AP Nr. 11 zu § 1 BetrAVG Gleichbehandlung = NZA 1994, 125.

[148] BAG 17.2.1998 AP Nr. 37 zu § 1 BetrAVG Gleichbehandlung = NZA 1998, 762; 11.11.1986 AP Nr. 4 zu § 1 BetrAVG Gleichberechtigung = NZA 1987, 449.

[149] BAG 10.12.2019 AP Nr. 79 zu § 1 BetrAVG = BetrAV 2020, 263; 11.9.1980 AP Nr. 187 zu § 242 BGB Ruhegehalt; 8.12.1977 AP Nr. 176 zu § 242 BGB Ruhegehalt; 6.6.1974 AP Nr. 165 zu § 242 BGB Ruhegehalt.

können es rechtfertigen, einen Stichtag festzulegen, ab dem eine Altersversorgung eingeführt wird, um so das Inkrafttreten einer Versorgungsordnung und den Kreis der Begünstigten festzulegen.[150] Ferner kann ein Stichtag festgelegt werden, ab dem bei einer neu eingeführten Versorgung bereits zurückgelegte Beschäftigungszeiträume anzurechnen sind.[151] Bei der Berücksichtigung von bestimmten Beschäftigungszeiten kann zwischen Betriebsrentnern und Rentenanwärtern unterschieden werden, weil der Eintritt des Versorgungsfalles eine entscheidende Zäsur darstellt und daher grundsätzlich einen sachgerechten Anknüpfungspunkt darstellen kann.[152] Sachlich gerechtfertigt kann es auch sein, AN, die ein bestimmtes Lebensalter bei Begründung des Arbeitsverhältnisses überschritten haben, von der Versorgung auszuschließen (näher → Rn. 26, → § 274 Rn. 39). Eine Stichtagsregelung kann im Einzelfall als Härte empfunden werden. Allein die Tatsache, dass ein AN mit seinen Ansprüchen nur ganz knapp an der Stichtagsgrenze scheitert, führt aber nicht zu einer Unanwendbarkeit der Regelung.[153]

41 Umstr. war, in welchem Umfang **Teilzeitbeschäftigte** von der betrieblichen Altersversorgung ausgeschlossen werden dürfen. Das BAG ging in seiner Rspr. bis 1978 zunächst davon aus, dass Teilzeitbeschäftigte grundsätzlich von der betrieblichen Altersversorgung ausgenommen werden dürfen.[154]

42 Nach Art. 157 AEUV (vormals Art. 141 EG), §§ 3 I, 7 EntgTranspG gilt für Männer und Frauen jedoch der **Grundsatz der Lohngleichheit.** Lohn iSv Art. 157 AEUV ist auch die betriebliche Altersversorgung. Damit sind alle Regelungen unwirksam, durch die Personen eines Geschlechtes schlechter behandelt werden als Personen des anderen Geschlechtes. Der EuGH hat angenommen, dass der Ausschluss von Teilzeitbeschäftigten von der betrieblichen Altersversorgung eine Frauendiskriminierung darstellen kann. Sind sie ausgeschlossen gewesen, so können sie eine Nachversicherung rückwirkend bis zum Tag der Verkündung des Urteils Defrenne II (8.4.1976) verlangen.[155] In aller Regel sind Teilzeitbeschäftigte nämlich Frauen. Nach Art. 157 AEUV ist auch die mittelbare Diskriminierung unwirksam. Hieraus folgt, wenn Teilzeitbeschäftigte von der betrieblichen Altersversorgung ausgeschlossen sind, ist festzustellen, **(a)** ob von dem Ausschluss vor allem Personen eines Geschlechtes erfasst werden, **(b)** ob diese wegen ihrer biologischen oder funktionalen Verhältnisse erfasst werden, **(c)** ob für deren Ausschluss objektivierbare, wirtschaftliche Gründe bestehen, **(d)** ob der Ausschluss verhältnismäßig und erforderlich ist. Ist das nicht der Fall, ist der Ausschluss unwirksam.

43 Inzwischen ist der **Gleichbehandlungsgrundsatz in § 4 TzBfG** konkretisiert. Das unterschiedliche Arbeitspensum der Voll- und Teilzeitbeschäftigten rechtfertigt allein keinen Ausschluss der Teilzeitbeschäftigten von der betrieblichen Altersversorgung. Die für den Ausschluss maßgeblichen Gründe müssen anderer Art sein, etwa die Arbeitsleistung, die Qualifikation, Berufserfahrung oder unterschiedliche Anforderungen.[156] Teilzeitbeschäftigte können nicht von der Zusatzversorgung des öffentlichen Dienstes ausgeschlossen werden. Das gilt auch dann, wenn sich die Tarifvertragsparteien einer Regelung der Rechtsverhältnisse der Teilzeitbeschäftigten enthalten.[157] Das BVerfG hat entschieden, dass die Rückwirkung der Rspr. des BAG keinen Vertrauensschutz der AG verletzt; diese hätten nicht auf die Wirksamkeit diskriminierender Regelungen vertrauen können.[158] Zulässig ist dagegen, dass Teilzeitbeschäftigten nur entsprechend ihrer Arbeitsleistung Ruhegeldleistungen erbracht werden. Eine solche Pro-rata-temporis-Berechnung entspricht § 4 I 2 TzBfG.[159] Das BVerfG hat ferner entschieden, dass unterhalbzeitig beschäftigte AN nicht von der zusätzlichen Altersversorgung nach dem Hamburger Ruhegeldgesetz ausgeschlossen werden dürfen.[160]

---

[150] BAG 11.9.1980 AP Nr. 187 zu § 242 BGB Ruhegehalt = NJW 1981, 2773.

[151] BAG 16.8.2005 AP Nr. 8 zu § 1 TVG Gleichbehandlung = NZA-RR 2006, 253.

[152] BAG 14.11.2017 AP Nr. 77 zu § 1 BetrAVG Gleichbehandlung = NZA 2018, 367.

[153] LAG SchlH 23.2.2012 ArbRAktuell 2012, 332 (LS).

[154] Vgl. BAG 1.6.1978 BB 79, 1403 = BetrAV 1979, 200.

[155] EuGH 10.2.2000 AP Nr. 14 zu § 1 BetrAVG Teilzeit = NZA 2000, 313 – Deutsche Telekom, zuvor Deutsche Bundespost/Lilli Schröder; ebenso Sievers und Schrage/Deutsche Post AG; vgl. auch *Lörcher* ArbuR 2000, 168.

[156] BAG 25.10.1994 AP Nr. 40 zu § 2 BeschFG 1985 = NZA 1995, 730; 28.7.1992 AP Nr. 18 zu § 1 BetrAVG Gleichbehandlung = NZA 1993, 215.

[157] BAG 29.8.1989 AP Nr. 6 zu § 2 BeschFG 1985 = NZA 1990, 37.

[158] BVerfG 28.9.1992 AP Nr. 15 zu Art. 20 GG = NZA 1993, 213; 5.8.1998 AP Nr. 56 zu Art. 101 GG = NZA 1998, 1245; 19.5.1999 NZA 1999, 815 = DB 1999, 1611.

[159] BAG 19.4.2016 NZA 2016, 820; 28.5.2013 AP Nr. 17 zu § 1 BetrAVG Teilzeit (LS); 25.10.1994 AP Nr. 40 zu § 2 BeschFG 1985 = NZA 1995, 730; 27.9.1983 AP Nr. 9 zu § 1 BetrAVG.

[160] BVerfG 27.11.1997 BVerfGE 97, 35 = AP Nr. 2 zu § 3 RuhegeldG Hamburg = NZA 1998, 247.

Für den Ausschluss **geringfügig beschäftigter Teilzeitbeschäftigter** von der betrieblichen Altersversorgung gelten folgende Rechtsgrundsätze: Der EuGH hat für den Bereich der Sozialversicherung entschieden, dass Art. 4 I RL 79/7/EWG einer nationalen Regelung, die Beschäftigungen mit regelmäßig weniger als 15 Stunden in der Woche und einem Arbeitsentgelt, das ein Siebtel der monatlichen Bezugsgröße nicht übersteigt, von der gesetzlichen Rentenversicherung ausschließt, nicht entgegensteht, selbst wenn sie erheblich mehr Frauen als Männer trifft, da der nationale Gesetzgeber annehmen durfte, dass diese Regelung erforderlich war, um ein sozialpolitisches Ziel zu erreichen, das mit einer Diskriminierung aufgrund des Geschlechtes nichts zu tun hat.[161] 44

Nicht mit der Richtlinie vereinbar ist eine Regelung, aufgrund der Teilzeitbeschäftigte (bei denen es sich überwiegend um Frauen handelt) proportional längere Beitragszeiten zurücklegen müssen, um einen Anspruch auf eine beitragsbezogene Rente zu haben, deren Höhe außerdem proportional zur Arbeitszeit herabgesetzt ist.[162] 45

Die Herausnahme von **geringfügig Beschäftigten** aus einer als Gesamtversorgung ausgestalteten Zusatzversorgung des öffentlichen Dienstes hat das BAG für rechtmäßig erklärt.[163] Ob das auch noch nach der Neuregelung der geringfügigen Beschäftigungsverhältnisse ab dem 1.4.1999 gilt, ist fraglich, weil der Differenzierungsgrund der vollständig fehlenden rentenrechtlichen Grundsicherung nunmehr entfallen ist.[164] Inzwischen sind auch die geringfügig Beschäftigten in den Geltungsbereich der Zusatzversorgung des öffentlichen Dienstes einbezogen. 46

Soweit bestimmte Arbeitnehmergruppen, zB Frauen oder Teilzeitbeschäftigte zu Unrecht von der betrieblichen Altersversorgung ausgeschlossen worden sind, steht ihnen ein **Erfüllungsanspruch** zu. Dabei ist zwischen der arbeitsrechtlichen **Grundverpflichtung** auf Gewährung einer Altersversorgung und dem **Durchführungsweg** zu unterscheiden. Kann die geschuldete Altersversorgung nicht auf dem vorgesehenen Durchführungsweg erbracht werden, so hat der AG aufgrund seiner Einstandspflicht erforderlichenfalls selbst die Versorgungsleistungen zu erbringen.[165] 47

Besteht ein Ruhegeldversprechen, so führt der Gleichbehandlungsgrundsatz zur gleichmäßigen Ausgestaltung der Höhe der Leistungsansprüche. Voraussetzung ist aber auch hier, dass wirklich gleich gelagerte Fälle vorliegen. Der AG kann wegen jeden sachlich vernünftigen Anknüpfungspunkts eine differierende Ausgestaltung des Ruhegeldversprechens vornehmen. Er kann grundsätzlich Stichtagsregelungen einführen (→ Rn. 40). 48

5. Bindung an billiges Ermessen. Hat der AG eine Ruhegeldzusage erteilt, ohne darin eine konkrete Leistungsbestimmung vorzunehmen, so erfolgt diese gem. § 315 BGB durch eine Vertragspartei (→ Rn. 6).[166] Zur Billigkeitskontrolle bei der Anrechnung anderweitiger Versorgung → § 274 Rn. 186. 49

6. Pflichtmitgliedschaft in einem Betriebsrentenfonds. Arbeitgeber- und Arbeitnehmerorganisationen können die Pflichtmitgliedschaft in einem Betriebsrentenfonds vorschreiben. Ein derartiger Tarifvertrag kann auch für allgemeinverbindlich erklärt werden.[167] 50

III. Entgeltumwandlung

1. Begriff.[168] Durch das RRG 1999 war § 1 V BetrAVG eingefügt worden. Eine entsprechende Vorschrift ist nunmehr in § 1 II Nr. 3 BetrAVG idF des AVmG enthalten. Nach der 51

[161] EuGH 14.12.1995 – C-317/93, AP Nr. 48 zu § 2 BeschFG 1985 = NZA 1996, 129 – Nolte; 14.12.1995 – C-444/93, NZA 1996, 131 = DB 1996, 43 – Megner u.a.

[162] EuGH 22.11.2012 – C-385/11, NZA 2012, 1425 – Elbal Moreno.

[163] BAG 27.2.1996 AP Nr. 28 zu § 1 BetrAVG Gleichbehandlung = NZA 1996, 992; vgl. *Fodor* DB 1999, 800.

[164] Höfer BetrAVG I/*Höfer/Reinhard* Kap. 6 Rn. 78 f.

[165] BAG 14.12.1999 AP Nr. 54 zu § 1 BetrAVG Zusatzversorgungskassen = NZA 2000, 1348; 7.3.1995 AP Nr. 26 zu § 1 BetrAVG = NZA 1996, 48.

[166] Vgl. BAG 19.11.2002 NZA 2003, 1424 (LS) = EzA Nr. 85 zu § 1 BetrAVG; 23.11.1978 AP Nr. 181 zu § 242 BGB Ruhegehalt; 13.3.1975 AP Nr. 167 zu § 242 BGB Ruhegehalt; 17.5.1966 AP Nr. 110 zu § 242 BGB Ruhegehalt zur Gewährung nach billigem Ermessen: BAG 25.4.1995 AP Nr. 1 zu § 2 RuhegeldG Hamburg = NZA 1996, 427.

[167] EuGH 21.9.1999 – C-115/17 u.a., AP Nr. 2 zu Art. 85 EG-Vertrag = NZA 2000, 201 – Brentjens Handelsonderneming BV/Stichting Betriebspensionsfonds.

[168] Teilweise findet sich auch die Bezeichnung „Barlohnverzicht", „Gehaltsumwandlung" oder „Deferred Compensation".

Legaldefinition liegt betriebliche Altersversorgung auch vor, wenn künftige Entgeltansprüche in eine wertgleiche Anwartschaft auf Versorgungsleistungen umgewandelt werden. Zugleich wurde ein Anspruch des AN auf Entgeltumwandlung eingeführt (§ 1a BetrAVG; auch → § 272 Rn. 43). Diese Regelung verstößt nicht gegen Art. 12 I, Art. 3 II GG sowie das Entgeltgleichheitsgebot des Art. 157 AEUV (vormals Art. 141 EG).[169] Auch für die AN des öffentlichen Dienstes besteht gem. § 1a BetrAVG ein Anspruch auf Entgeltumwandlung. Insoweit gelten die von den Tarifvertragsparteien abgeschlossenen Tarifverträge. Bei der Entgeltumwandlungsvereinbarung handelt es sich um einen Schuldänderungsvertrag, durch den der schuldrechtliche Anspruch auf Zahlung des Entgelts in einen anderen Anspruch geändert wird.[170]

52 **2. Anspruch auf Entgeltumwandlung.** Der AN kann vom AG verlangen (er ist nicht verpflichtet), dass von seinen künftigen Entgeltansprüchen bis zu **4%** der jeweiligen Beitragsbemessungsgrenze in der gesetzlichen Rentenversicherung der Arbeiter und Angestellten (2021: 85 200 EUR) durch Entgeltumwandlung für seine betriebliche Altersversorgung verwendet werden (§ 1a I 1 BetrAVG). Insoweit ist für das gesamte Bundesgebiet die Beitragsbemessungsgrenze West maßgeblich (auch → Rn. 54).[171] Gem. § 1a I 3 BetrVG kann der AG den AN auf die Möglichkeit einer reinen Beitragszusage (§ 22 BetrAVG) verweisen.

53 Es ist eine gesetzliche Höchstgrenze, von der im Wege der Vereinbarung abgewichen werden kann. AN iSd § 1a BetrAVG sind nur Personen, die aufgrund der Beschäftigung oder Tätigkeit bei dem AG, gegen den sich der Anspruch richtet, in der gesetzlichen Rentenversicherung pflichtversichert sind (§ 17 I 3 BetrAVG). Geringfügig Beschäftigte (§ 5 SGB VI), die auf die Versicherungsfreiheit verzichtet haben, sind in der gesetzlichen Rentenversicherung pflichtversichert; sie sind also anspruchsberechtigt. Haben sie nicht verzichtet, haben sie auch keinen Anspruch auf Entgeltumwandlung. Soweit die Pflichtversicherung gegeben ist, zählen hierzu alle Formen des Arbeitsverhältnisses (Voll- und Teilzeit usw.). Der Anspruch besteht, auch wenn keine staatliche Förderung geltend gemacht wird. Verpflichtet ist der konkrete AG; dies können mehrere sein. Das BetrAVG kennt keine Kleinbetriebsklausel. Der Anspruch ist ausgeschlossen, soweit eine durch Entgeltumwandlung finanzierte betriebliche Altersversorgung besteht (§ 1a II BetrAVG). Damit ist gleichzeitig gesagt, dass andere Formen der Altersversorgung dem Anspruch nicht entgegenstehen. Der AG kann auch zum **rückwirkenden Abschluss** eines entsprechenden Vertrags verurteilt werden.[172] Nach Inkrafttreten des Schuldrechtsmodernisierungsgesetzes ab dem 1.1.2002 ist der rückwirkende Abschluss eines Vertrags gem. § 275 I BGB (anders als nach § 306 BGB aF)[173] nicht mehr von vornherein nichtig.[174] Der AG ist nicht verpflichtet, den AN von sich aus auf den gesetzlichen Anspruch auf eine Entgeltumwandlung nach § 1a BetrAVG **hinzuweisen.**[175] Auch bei finanziellen Schwierigkeiten des AN besteht grundsätzlich keine **Pflicht des AG** gem. § 241 II BGB **zur Kündigung** eines im Rahmen der Entgeltumwandlung geschlossenen Versicherungsvertrages, damit der Rückkaufswert zur Tilgung von Verbindlichkeiten ausgezahlt werden kann; offengelassen hat das BAG, ob bei einer aktuellen Notlage, etwa der drohenden Zwangsversteigerung des selbst genutzten Wohneigentums, etwas anderes gilt.[176]

54 Macht der AN den Anspruch geltend, muss er **jährlich einen Betrag** in Höhe von mindestens einem Hundertsechzigstel der Bezugsgröße nach § 18 I SGB IV für seine betriebliche Altersversorgung verwenden. Das sind 2021 (37 380 : 160 =) 246,75 EUR. Da der Gesetzgeber neben der Bezugsgröße nicht auch die Bezugsgröße Ost genannt hat, folgt aus der Systematik des SGB IV, dass eine einheitliche Bezugsgröße gilt. AG und AN können einvernehmlich den Mindestbetrag unterschreiten. Soweit der AN Teile seines regelmäßigen Entgelts für betriebliche Altersversorgung verwendet, kann der AG verlangen, dass während eines laufenden Kalenderjahres gleich bleibende monatliche Beträge verwendet werden (§ 1a I 5 BetrAVG).

---

[169] BAG 12.6.2007 AP Nr. 1 zu § 1a BetrAVG = NZA-RR 2007, 650.
[170] *Koch* DB 2019, 1327.
[171] Höfer BetrAVG I/*Höfer* § 1a Rn. 21.
[172] BAG 12.6.2007 AP Nr. 1 zu § 1a BetrAVG = NZA-RR 2007, 650.
[173] S. zB BAG 28.6.2000 AP Nr. 6 zu § 1 KSchG 1969 Wiedereinstellung = NZA 2000, 1097; LAG Hamm 23.2.2001 DB 2001, 1890.
[174] BAG 27.4.2004 AP Nr. 12 zu § 8 TzBfG = NZA 2004, 1225.
[175] BAG 21.1.2014 AP Nr. 3 zu § 1a BetrAVG = NZA 2014, 903; generell zu den Informationspflichten des AG bei der Entgeltumwandlung *Biedlingmeier* BetrAV 2019, 701.
[176] BAG 26.4.2018 AP Nr. 4 zu § 1a BetrAVG = NZA 2018, 1315; *Wilhelm* BB 2013, 640; weitergehend LAG Brem 22.6.2011 BB 2013, 635.

Soweit Entgeltansprüche auf einem **Tarifvertrag** beruhen, kann für diese eine Entgeltumwandlung nur vorgenommen werden, soweit dies durch Tarifvertrag vorgesehen oder durch Tarifvertrag zugelassen ist (§ 20 I BetrAVG). Durch Tarifvertrag vorgesehen oder zugelassen bedeutet, dass der Tarifvertrag die Entgeltumwandlung zulässt oder eine Öffnungsklausel für Betriebsvereinbarungen enthält. Der Tarifvorrang greift nur ein, wenn AG und AN tarifgebunden sind (→ § 204 Rn. 1 ff.). Ausreichend ist eine Tarifbindung kraft Allgemeinverbindlichkeit (→ § 205 Rn. 1 ff.). Gilt ein Tarifvertrag nur kraft arbeitsvertraglicher Inbezugnahme (→ § 206 Rn. 1 ff.), so beruht der Entgeltanspruch nicht auf tariflicher Grundlage.[177] Dasselbe gilt für übertarifliche Entgeltbestandteile, auch sie können für die Entgeltumwandlung genutzt werden. Der Tarifvorbehalt in § 20 I BetrAVG gilt nach § 30h BetrAVG nur für Zusagen, die nach dem 29.6.2001 erteilt worden sind. Sofern danach eine Entgeltumwandlung nicht zulässig ist, sind abweichende Vereinbarungen, durch die tarifliche Mindestentgelte umgewandelt werden, gem. 134 BGB nichtig. Das Günstigkeitsprinzip nach § 4 III TVG ist insoweit unanwendbar. Eine wirksame Entgeltumwandlungsvereinbarung liegt daher nicht vor und der AN behält den vollen Nettoentgeltanspruch ausgehend von der tariflichen Vergütung. 55

Der Anspruch auf Entgeltumwandlung ist nach § 19 I BetrAVG **tarifdispositiv.** Er kann auch durch Tarifvertrag ausgeschlossen oder inhaltlich umgestaltet werden. Die abweichenden Bestimmungen gelten nach § 19 II BetrAVG auch für nichttarifgebundene AN und AG, wenn sie die Anwendung des einschlägigen Tarifvertrages vereinbart haben. Eine einschlägige tarifliche Regelung ist aber nur eine solche, die für die Arbeitsvertragsparteien bei bestehender Tarifbindung gegolten hätte. Die Bezugnahme muss sich daher auf den räumlich, zeitlich, fachlich und persönlich einschlägigen Tarifvertrag richten. Diese Einschränkung gilt auch dann, wenn es einen einschlägigen Tarifvertrag in diesem Sinne in für den Betrieb nicht gibt, aber für alle AN einheitlich ein bestimmter Tarifvertrag angewendet wird.[178] 56

3. Durchführung. Die Durchführung des Anspruchs auf Entgeltumwandlung wird durch **Vereinbarung** geregelt (§ 1a I 2 BetrAVG). Es kann sich um einen Tarifvertrag, eine Betriebsvereinbarung oder eine Einzelvereinbarung handeln. Zweckmäßig wird derselbe **Durchführungsweg** gewählt, wie er der bisherigen Altersversorgung zu Grunde lag. Kommt eine Vereinbarung nicht zustande, erfolgt die Durchführung über eine Pensionskasse oder einen Pensionsfonds, wenn der AG dazu bereit ist. Der AG ist berechtigt, den Versorgungsträger zu bestimmen. Ist er dazu nicht bereit, kann der AN verlangen, dass der AG für ihn eine Direktversicherung abschließt (§ 1a I 3 Hs. 2 BetrAVG). Verlangt der AN den Abschluss einer Direktversicherung, ist der AG zur Auswahl berechtigt.[179] Der AN ist nicht berechtigt, den Versicherungsträger auszuwählen.[180] Die tariflichen Regelungen für den öffentlichen Dienst sehen vor, dass die Entgeltumwandlung nur bei denjenigen Versorgungskassen möglich ist, die auch Träger der arbeitgeberfinanzierten Altersversorgung sind. Diese Regelungen (für die Beschäftigten im kommunalen Dienst) sind jedoch nach einer Entscheidung des EuGH vergaberechtswidrig.[181] Gleichwohl enthält auch der Tarifvertrag für die Entgeltumwandlung für die Beschäftigten des Bundes und der Länder vom 25.5.2011 eine Festlegung auf die VBL.[182] In der Praxis fanden sich schon bisher häufig Regelungen, die eine automatische Teilnahme der AN an der Entgeltumwandlung vorsehen mit der Möglichkeit, binnen einer bestimmten Frist zu erklären, hieran nicht teilnehmen zu wollen **(Opting-Out).** Solche Regelungen in Arbeitsverträgen und Tarifverträgen wurden als zulässig angesehen.[183] Ob das auch für Betriebsvereinbarungen galt, war umstritten. Jedenfalls konnte eine Bindung aber erst nach Ablauf der Erklärungsfrist eintreten und setzte eine entsprechende Information des AN voraus.[184] Nunmehr wurde den Tarifvertragsparteien durch die mit dem Betriebsrentenrechtsstärkungsgesetz (BetrRStärkG) zum 1.1.2018 eingeführten Regelung des § 20 II BetrAVG ausdrücklich die Möglichkeit eingeräumt, sog. **Optionssysteme** oder Opting-Out-Systeme einzuführen.[185] Allerdings gilt § 20 II BetrAVG gem. § 30j BetrAVG nicht für vor dem 1.6.2017 eingeführte Optionssysteme; entschei- 57

[177] BRO/*Rolfs* BetrAVG § 120 Rn. 1; Höfer BetrAVG I/*Höfer* § 1a Rn. 17.
[178] BAG 19.4.2011 AP Nr. 2 zu § 1a BetrAVG = NZA 2011, 982.
[179] BT-Drs. 14/4595, 162 vom 14.11.2000.
[180] BAG 19.7.2005 NZA-RR 2003, 372 = DB 2005, 2252.
[181] EuGH 15.7.2010 AP Nr. 1 zu Richtlinie 2004/18/EG = NZA 2011, 568; hierzu *Wagner/Weber* BB 2010, 2499; *Ax/Schneider/Ottenströer* BetrAV 2010, 579; *Buschmann* ArbuR 2010, 522; *Schwintowski/Ortlieb* BetrAV 2010, 522.
[182] Krit. hierzu *Frank* ZTR 2012, 135.
[183] Vgl. Höfer BetrAVG I/*Höfer* Kap. 7 Rn. 37.
[184] Ausf. *Neufeld/Knitter* BB 2014, 2421.
[185] Ausf. hierzu *Frank* DB 2019, 1140.

dend ist dabei der Zeitpunkt der jew. Vereinbarung. In einem Tarifvertrag oder auf Grund eines Tarifvertrages in einer Betriebs- oder Dienstvereinbarung kann geregelt werden, dass der AG für alle AN oder für eine Gruppe von AN des Unternehmens oder einzelner Betriebe eine automatische Entgeltumwandlung einführt. Dabei kann in einem Flächentarifvertrag (trotz der möglicherweise bestehenden Einstandspflicht des AG nach § 1 I 3 BetrAVG) ein externer Versorgungsträger verbindlich festgelegt werden.[186] Dem AN ist ein Widerspruchsrecht einzuräumen, das er ohne Begründung ausüben kann. Das Angebot des AG auf Entgeltumwandlung gilt nach § 20 II 2 BetrAVG als angenommen, wenn es in Textform (§ 126b BGB) und mindestens drei Monate vor der Fälligkeit des ersten umzuwandelnden Entgelts geltend gemacht worden ist; in diesem Fall wird der Abschluss einer Umwandlungsvereinbarung fingiert. Weitere Voraussetzung ist, dass das Angebot deutlich darauf hinweist, dass der AN ohne Angaben von Gründen innerhalb einer Frist von einem Monat nach dem Zugang des Angebots widersprechen und die Entgeltumwandlung mit einer Frist von höchstens einem Monat beenden kann. Der Widerspruch des AN kann formlos, also auch mündlich erklärt werden; insoweit kann im TV auch nichts Abweichendes (etwa Schriftform) geregelt werden.[187] Gem. § 20 II 3 BetrAVG können auch **nicht tarifgebundene AG** ein entsprechendes tarifvertragliches Optionssystem anwenden oder aufgrund eines einschlägigen Tarifvertrags durch Betriebs- oder Dienstvereinbarung die Einführung eines Optionssystems regeln. Die Bezugnahme in einer Betriebs- oder Dienstvereinbarung muss sich auf einen einschlägigen, also räumlich, zeitlich, betrieblich-fachlich und persönlich anwendbaren Tarifvertrag beziehen. Der Begriff dürfte im Interesse des Gesetzesziels einer größeren Verbreitung der betrieblichen Altersversorgung weit auszulegen sein, so dass etwa auch Unternehmen, die Neben- oder Hilfsbetriebe branchenzugehöriger Unternehmen betreiben oder reine Dienstleistungsunternehmen die Tarifregelungen der für sie repräsentativen Branche übernehmen können.[188] Ungeklärt ist, was bei mehreren in Betracht kommenden Tarifverträgen gilt, insbesondere, ob eine analoge Anwendung der gesetzlichen Kollisionsregelungen in § 4a TVG oder § 1 Ib 7 AÜG[189] in Betracht kommt. Gegenüber nicht tarifgebundenen AN folgt die Anwendung eines Tarifvertrags über ein Optionssystem daraus, dass die entsprechenden Tarifvorschriften als Betriebsnorm iSv § 3 II TVG einzuordnen sind.[190] Aufgrund der Regelung in § 20 II 3 BetrAVG ist dagegen eine Betriebsvereinbarung als alleinige Grundlage eines Optionssystems ausgeschlossen.[191]

58 **4. Arbeitgeberzuschuss.** Nach § 1a Ia BetrAVG muss der AG 15% des umgewandelten Entgelts als Arbeitgeberzuschuss zusätzlich an den Pensionsfonds, die Pensionskasse oder die Direktversicherung weiterleiten, soweit er durch die Entgeltumwandlung Arbeitgeberbeiträge einspart. Dabei sind die Beiträge zur Unfallversicherung wegen der insoweit geltenden abweichenden Berechnungsmethode im nachträglichen Umlageverfahren sowie der strukturellen Unterschiede gegenüber anderen Sozialversicherungszweigen (→ § 61 Rn. 3) nicht zu berücksichtigen.[192] Für eine Entgeltumwandlung in einen anderen Durchführungsweg gilt § 1a Ia BetrAVG nicht.[193] Die Zuschusspflicht besteht allerdings nach dem Wortlaut und der Gesetzessystematik des § 1a BetrAVG nur, **soweit ein Anspruch** auf eine Altersversorgung durch Entgeltumwandlung gegeben ist (→ Rn. 52 f.). Sie scheidet also aus, soweit keine Pflichtversicherung in der gesetzlichen Rentenversicherung besteht, und gilt auch nicht für den Teil der Entgeltumwandlung, der 4% der Beitragsbemessungsgrenze in der allgemeinen Rentenversicherung übersteigt.[194] Aus der Formulierung „soweit" folgt, dass der Zuschuss auf die **tatsächliche Ersparnis** begrenzt ist und bis zu 15% betragen kann.[195] Die Zuschusspflicht gilt allerdings gem. § 26a BetrAVG für vor dem 1.1.2019 geschlossene kollektivrechtliche Entgeltumwandlungsvereinbarungen erst ab dem 1.1.2022. Kollektive Vereinbarungen sind dabei Tarifverträge oder Betriebsvereinbarungen, nicht aber Gesamtzusagen oder vertragliche Einheitsregelungen; diese haben lediglich einen kollektiven Bezug, sind ihrer Rechtsnatur nach aber einzelvertragli-

[186] *Frank* BB 2019, 1140 (1140 f.).
[187] *Frank* BB 2019, 1140 (1141).
[188] *Koch* NZA 2018, 1035 (1036).
[189] So *Koch* NZA 2018, 1035 (1037).
[190] BRO/*Rolfs* BetrAVG § 20 Rn. 23; *Frank* BB 2019, 1140 (1145).
[191] *Wilhelm* BB 2017, 1850 (1852); *Koch* NZA 2018, 1035 (1038); *Rolfs* NZA 2017, 1225 (1229).
[192] *Beck/Groß* ArbRAktuell 2018, 621 (622); *Bepler* RdA 2019, 12 (13/14); *May* BetrAV 2019, 322 (325).
[193] *Schipp* ArbRB 2017, 213 (214).
[194] *May* BetrAV 2019, 322 (323).
[195] *Höfer* DB 2017, 2481; *Schipp* ArbRB 2018, 343 (344); *Beck/Groß* ArbRAktuell 2018, 621 (622); *May* BetrAV 2019, 322 (323); zweifelnd *Bepler* RdA 2019, 12 (14/15); *Koch* DB 2019, 1327 (131).

che Vereinbarungen.[196] Maßgebend für das Abschlussdatum nach § 26a BetrAVG ist insoweit das Datum der Regelung über die Durchführung des Anspruchs auf Entgeltumwandlung – auch in Form einer Gesamtzusage – und nicht das Datum der auf dieser Grundlage mit dem einzelnen AN getroffenen Entgeltumwandlungsvereinbarung.[197] Eine bloße Änderung einer bereits vor dem 1.1.2019 bestehenden Entgeltumwandlungsvereinbarung löst keine Zuschusspflicht vor dem 1.1.2022 aus.[198] Umstr. ist, ob vor dem Inkrafttreten von § 1a Ia BetrVG geschlossene Tarifverträge, die eine geringere Zuschussleistung regeln, ihre Wirksamkeit behalten.[199] Unklar ist ferner, ob sich die Verpflichtung zur Zahlung des Arbeitgeberzuschusses auch auf vor dem 1.1.2002 (dem Inkrafttreten von § 1a BetrAVG) erteilte Zusagen erstreckt.[200] Bereits aufgrund eines bestehenden Entgeltumwandlungssystems zu gewährende Zuschüsse sind anzurechnen.[201] Der Arbeitgeberzuschuss **kann durch TV ausgeschlossen werden** (§ 19 I BetrAVG); das gilt auch im Rahmen eines Tarifvertrags zu Optionssystemen. Enthält der TV insoweit keine Bestimmung, ist der Arbeitgeberzuschuss zu zahlen.[202]

5. Entgelt. Aus dem BetrAVG ergibt sich kein besonderer Begriff des Entgelts. Da in den Geltungsbereich des BetrAVG auch sonstige Personengruppen einbezogen worden sind (§ 17 BetrAVG), geht der Begriffsumfang über den rein arbeitsrechtlichen Entgeltbegriff hinaus. Ein Entgelt iSv § 1 II Nr. 3 BetrAVG liegt daher auch vor, wenn ein AN, Freiberufler oder Organmitglied die für seine Dienste erbrachte Gegenleistung in eine Versorgungszusage umtauscht. Dagegen kommt es für den Anspruch auf Entgeltumwandlung auf den rein arbeitsrechtlichen Entgeltbegriff an, da gem. § 17 I 3 iVm § 1a I BetrAVG nur versicherungspflichtig Beschäftigte anspruchsberechtigt sind. Entgelt können **Geld-, Sach- und Nutzungsleistungen** sein.[203] Eine Entgeltumwandlung ist deshalb auch in der Form möglich, dass der AN auf eine mietfreie Werkswohnung verzichtet und hierfür ein Versorgungsversprechen erhält. 59

Es können **nur künftige Ansprüche** umgewandelt werden. Ein künftiger Anspruch ist dann gegeben, wenn er dem Grunde nach schon besteht, aber noch nicht fällig ist. Die Beschränkung auf künftige Ansprüche hat steuerrechtliche Gründe. Sobald das Entgelt dem AN zugeflossen ist, wird es steuerpflichtig. Entgeltumwandlung ist auch möglich, wenn eine geplante und objektiv vorauszusehende Entgelterhöhung in eine Versorgungsleistung umgewandelt wird. Im Umwandlungszeitpunkt muss bereits eine Rechtsgrundlage für den betroffenen Entgeltanspruch bestanden haben; bloße Chancen auf einen höheren Verdienst genügen dagegen nicht.[204] Entgeltumwandlung kann ferner vorliegen, wenn der AN bei der Einstellung gegen Versorgungsleistung auf einen Teil des Entgelts verzichtet. Nach dem Wortlaut ist zweifelhaft, ob ein bereits fälliger, aber noch nicht ausgezahlter Entgeltbestandteil in eine Versorgungsleistung umgewandelt werden kann. Das ist bei zweckgerichteter Auslegung zu bejahen.[205] 60

6. Wertgleichheit. Nach § 1 II Nr. 3 BetrAVG müssen der **Entgeltverzicht** und die **Anwartschaft auf Versorgungsleistungen** wertgleich sein. Der Wertvergleich ist zwischen dem Bruttoentgelt des AN und der Versorgungsleistung anzustellen.[206] Dagegen ist ein Abstellen auf das Nettoentgelt unzulässig, weil dies von den individuellen Verhältnissen des AN geprägt ist, die von der erbrachten Gegenleistung unabhängig sind (zB die Steuerklasse). Andererseits braucht der AG das Bruttoentgelt nicht um eingesparte Sozialversicherungsbeiträge aufzustocken. Jedoch ist es möglich, dass der AG überproportionale Versorgungsleistungen erbringt. Durch das BetrAVG soll die Altersversorgung nicht erschwert, sondern erleichtert werden. Sagt der AG eine zu geringe Versorgungsleistung zu, erwächst für den AN ein Ergänzungsanspruch.[207] Die Wertgleichheit ist aber keine Tatbestandsvoraussetzung für das Vorliegen einer betrieblichen Altersversorgung und damit die Anwendbarkeit des BetrAVG.[208] 61

---

[196] *May* BetrAV 2019, 322 (326).

[197] *Bader* DB 2018, 1665 (1666 f.); aA *Langohr-Plato* BetrAV 2017, 465 (466); BRO/*Rolfs* BetrAVG § 26a Rn. 1; *May* BetrAV 2019, 322 (325).

[198] *Bader* DB 2018, 1665 (1666 f.); *Höfelich* ArbRB 2018, 16 (18 f.); *May* BetrAV 2029, 322 (325).

[199] Bejahend *Thüsing/Beden* BetrAV 2018, 5; aA *Bepler* BetrAV 2019, 432; *May* BetrAV 2019, 322 (323).

[200] So *Wilhelm* BetrAV 2017, 659 (663).

[201] HWK/*Schipp* BetrAVG § 21 Rn. 3; *Höfelich* ArbRB 2018, 16 (19); diff. *Bepler* RdA 2019, 12 (16); *May* BetrAV 2019, 322 (328).

[202] *Frank* BB 2019, 1140 (1142); *Kalmbach/Koch* NZA 2018, 1594 (1599).

[203] *Rieble* BetrAV 2001, 584 (586).

[204] BAG 8.6.1999 AP Nr. 26 zu § 1 BetrAVG Lebensversicherung = NZA 1999, 1103.

[205] *Heither* Diss. 1998, 74; Höfer BetrAVG I/*Höfer* § 1 Rn. 76; aA *Blomeyer* BetrAV 2001, 430 (435).

[206] Höfer BetrAVG I/*Höfer* § 1 Rn. 78.

[207] *Dötsch/Förster/Rühmann* DB 1998, 258 (259).

[208] *Bepler* BetrAV 2000, 19 (25); *Hartsoe* BetrAV 2005, 629.

62 Das Gesetz definiert den **Begriff** der Wertgleichheit nicht näher. Bei der Direktversicherung und der Pensionskassenversorgung ist der Verzichtsbetrag zur Höhe der Beitragsleistung an den Versicherer in Relation zu setzen. Dabei müssen dem AN auch die Überschussanteile zugute kommen, weil er diese durch den Entgeltverzicht erworben hat (§ 1b V 1 Nr. 1 BetrAVG). Lebensversicherungsverträge sind zumeist so gestaltet, dass mit den eingezahlten Beiträgen zunächst die Versicherungs- und Abschlusskosten getilgt werden, bevor sie dann zu einem Aufbau eines Deckungskapitals für die Altersversorgung führen **(Zillmerung).** Das führt dazu, dass die garantierte Rückzahlungsleistung bei Kündigung bzw. Kapitalabfindung in den ersten Jahren nicht die Summe der eingezahlten Beiträge erreicht. Dies verstößt nicht gegen das Gebot der Wertgleichheit nach § 1 II Nr. 3 BetrAVG sowie gegen die Grundgedanken der ab dem 1.1.2005 geltenden Portabilitätsregelungen gem. § 4 BetrAVG (→ § 274 Rn. 122 ff.)[209] Nach der Rspr. des BGH ist ein Mindestrückkaufswert in Höhe der Hälfte des mit den Rechnungsgrundlagen der Prämienkalkulation berechneten ungezillmerten Deckungskapitals als ausreichend anzusehen.[210] Da das ungezillmerte Deckungskapital idR bei 80–90% der Beitragssumme liegt, beträgt die Untergrenze für die Wertgleichheit ca. 45% der aufgewendeten Beiträge.[211] Eine Zillmerungsregelung, aufgrund der die Abschluss- und Vertriebskosten dagegen vollständig auf die ersten Beiträge verrechnet werden, stellt eine unangemessene Benachteiligung gem. § 307 BGB dar.[212] Bei einer unzulässigen Zillmerung ist nicht von einer Unwirksamkeit der Vereinbarung, sondern von einem Erfüllungsanspruch auf eine wertgleiche Leistung auszugehen.[213] Hierfür sprechen auch die gesetzlichen Wertungen in § 1a III BetrAVG iVm §§ 10a, § 82 II EStG, § 1 S. 1 Nr. 8 AltZertG, die eine Förderung bei einer Verteilung der Abschluss- und Vertriebskosten über einen Zeitraum von 5 Jahren zulassen. Dem Versicherungsnehmer steht jedenfalls als Rückkaufswert oder als beitragsfreie Versicherungssumme die Hälfte des ungezillmerten Deckungskapitals als Mindestleistung zu.[214] Ausgleichsansprüche setzen aber voraus, dass der Vertrag tatsächlich vorzeitig beendet wurde.[215] Nunmehr schreibt § 169 III VVG in der ab dem 1.1.2008 geltenden Fassung (s. Art. 4 II EGVVG) eine Gleichverteilung der Abschluss- und Vertriebskosten auf 5 Jahre vor.[216] Bei einer derartigen Gestaltung ist eine Zillmerung als zulässig anzusehen.[217] Die Unwirksamkeit der Vereinbarung führt daher nicht zur Unwirksamkeit der Vereinbarung und zu einem Wiederaufleben des Entgeltanspruchs, sondern zu einem Anspruch des AN auf eine höhere betriebliche Altersversorgung.[218] Bei Direktzusagen und Unterstützungskassen ist die Ermittlung der Wertgleichheit ebenfalls umstritten. Überwiegend wird im Schrifttum eine versicherungsmathematische Ermittlung der Wertgleichheit verlangt.[219] Zum Teil wird aus der Entstehungsgeschichte gefolgert, dass der Gesetzgeber nicht von den Grundsätzen der Versicherungsmathematik ausgegangen sei, weil ein entsprechender Hinweis im Gesetzgebungsverfahren zum RRG gestrichen worden sei.[220] Nach richtiger Ansicht wird ein Vergleich nach versicherungsmathematischen Grundsätzen notwendig sein; die im Gesetzgebungsverfahren vorgenommene Streichung diente lediglich der „Vereinfachung"[221] und wird nur die Bedeutung haben, dass ein Rückgriff auf § 3 II BetrAVG ausgeschlossen werden sollte. Der dabei zugrunde zu legende Mindestrechnungszinsfuß wird am Kapitalmarktzins auszurichten sein. Stattdessen kann auch eine Mindestversorgungsleistung vereinbart werden verbunden mit der Zusage, alternativ an der möglicherweise besseren Entwicklung eines Wirtschaftsgutes (zB von Wertpapieren) teilzuhaben.[222]

---

209 BAG 15.9.2009 AP Nr. 60 zu § 1 BetrAVG = NZA 2010, 164; s. hierzu auch *Reinecke* DB 2006, 555 (562); *Hopfner* DB 2007, 1810; *Döring/Grau* BB 2007, 1564; *Veit* VersR 2008, 324 (326); *Huber* BetrAV 2008, 33; aA LAG München 15.3.2007 NZA 2007, 813 = LAGE § 1 BetrAVG Nr. 24.

210 BGH 12.10.2005 BGHZ 164, 297 = NJW 2005, 3559; vgl. BVerfG 26.7.2005 BVerfGE 114, 1 = NJW 2005, 2363; dazu *Knappmann* NJW 2005, 2892.

211 *Kollroß/Frank* DB 2007, 1146 (1147).

212 BGH 25.7.2012 NJW 2012, 3032 (für die bis 2007 verwendeten Versicherungsbedingungen); so auch BGH 17.10.2012 NJW-RR 2013, 146 = BetrAV 2012, 704; BGH 14.11.2012 VersR 2013, 1116; zu den Anforderungen nach dem Transparenzgebot des § 307 I 2 BGB: BGH 26.6.2013 NJW 2013, 3580.

213 *Döring/Grau* BB 2007, 1564 (1566 f.); BRO/*Rolfs* BetrAVG § 1 Rn. 185.

214 BGH 26.6.2013 NJW 2013, 3580; 11.9.2013 BGHZ 198, 195 = NJW 2013, 3240.

215 BAG 15.9.2009 AP Nr. 60 zu § 1 BetrAVG = NZA 2010, 164; s. hierzu auch *Falkner* BB 2011, 2488.

216 Zur Neuregelung *Frank* VersR 2008, 298 (309 f.).

217 *Veit* VersR 2008, 324 (326).

218 BAG 15.9.2009 AP Nr. 60 zu § 1 BetrAVG = NZA 2010, 164; zust. *Walter* AuA 2010, 232; iErg zust. *Uckermann/Fuhrmanns* NZA 2010, 550 (554).

219 *Blomeyer* NZA 2000, 281 (283); *Hartsoe* BetrAV 2005, 629 (631); Höfer BetrAVG I/*Höfer* § 1 Rn. 93.

220 *Dötsch/Förster/Rühmann* DB 1998, 258.

221 So *Blomeyer* NZA 2000, 281 (283) unter Hinweis auf BT-Drs. 13/8671, 148.

222 Höfer BetrAVG I/*Höfer* § 1 Rn. 95.

Zu der Frage, ob trotz der höheren Lebenserwartung von Frauen **geschlechtsneutrale Rechnungsgrundlagen („Unisex-Tarife")** zugrunde gelegt werden *müssen,* → Rn. 43; auf jeden Fall *dürfen* sie im Interesse der Lohngleichheit zugrunde gelegt werden.[223] 63

7. Unverfallbarkeit. a) Sofortige Unverfallbarkeit. Nach **§ 1b V BetrAVG** werden die Versorgungsanwartschaften sofort unverfallbar. Das gilt seit dem 1.1.2018 auch für den vom AG gezahlten Zuschuss nach § 1a Ia BetrAVG, nicht aber für einen hierüber hinausgehenden Betrag.[224] Die Unverfallbarkeitsregelung in § 1b V BetrAVG gilt nach § 30f I BetrAVG für alle nach dem 1.1.2001 erteilten Versorgungszusagen. Bei Versorgungszusagen vor dem 1.1.2001 waren nach der Rspr. die Zusagen bei einer Entgeltumwandlung vertraglich sofort unverfallbar (→ § 275 Rn. 47). Die vertragliche Unverfallbarkeit löste keinen Insolvenzschutz aus. Dieser musste durch eine Versicherung geschaffen werden. Dies geschah überwiegend durch Abschluss einer Rückdeckungsversicherung und Verpfändung der Rückdeckungsversicherung an den AN. 64

b) Aufstockung. Wird die Entgeltumwandlung später aufgestockt, so ist wegen des Laufs der Unverfallbarkeitsfrist zu unterscheiden. Liegen zwei getrennte Entgeltumwandlungszusagen vor, so läuft für jede die Unverfallbarkeitsfrist gesondert. Wird dagegen die erste Zusage nur aufgestockt, so läuft die Unverfallbarkeitsfrist ab der ersten Zusage. Ob das eine oder andere gewollt ist, muss durch Auslegung anhand der Umstände des Einzelfalles entschieden werden (→ § 275 Rn. 56 sowie → § 274 Rn. 25 ff.). 65

c) Mehrere Versorgungszusagen. Hat der AG eine Versorgungszusage erteilt und erfolgt daneben eine Entgeltumwandlung, so wird für jede Zusage im Zweifel eine **eigene Unverfallbarkeitsfrist** laufen. Dies ergibt sich aus der Bewertung der Interessenlage, weil der AG nur bei der Entgeltumwandlung keine eigenen Mittel aufwendet.[225] 66

d) Vorzeitiges Ausscheiden. Scheidet der AN bei einer Entgeltumwandlung vorzeitig aus dem Arbeitsverhältnis aus, so wird die ratierlich berechnete Versorgungsanwartschaft nach **§ 2 V BetrAVG** ersetzt. An deren Stelle tritt die vom Zeitpunkt der Zusage auf betriebliche Altersversorgung bis zum Ausscheiden des AN erreichte Anwartschaft auf Leistungen aus den bis dahin umgewandelten Entgeltteilen. Das bedeutet, dass bei vorzeitigem Ausscheiden die durch Entgeltumwandlung erworbene Anwartschaft dem Kapitalbetrag entspricht, der durch die tatsächlich geleisteten Beiträge einschließlich Zinsen und Zinseszinsen entstanden ist. Die Bestimmung des § 2 V (bis 31.12.2017 § 2 Va) BetrAVG ist nach § 30g II 1 BetrAVG nur auf Anwartschaften anwendbar, die nach dem 31.12.2000 erteilt worden sind. Für Altzusagen gilt die ratierliche Berechnungsmethode. Im Einvernehmen zwischen AN und AG kann § 2 V BetrAVG aber auf ältere Zusagen angewandt werden; das Einvernehmen kann sich auch aus dem vertraglichen Verweis auf eine Versorgungsordnung ergeben, die eine von § 2 V BetrAVG abweichende Regelung enthält.[226] Eine entsprechende Betriebsvereinbarung reicht aber nicht aus.[227] Abweichende Regelungen in einem Tarifvertrag sind dagegen nach § 19 I BetrAVG unabhängig vom Vorliegen der Voraussetzungen des § 30g II BetrAVG möglich. Eine solche abweichende Regelung ist zB anzunehmen, wenn ein nach dem 31.12.2000 geschlossener Tarifvertrag zur Berechnung der unverfallbaren Anwartschaft eines vorzeitig aus dem Arbeitsverhältnis ausgeschiedenen AN auf die Regelungen des BetrAVG verweist.[228] Bei der Berechnung des Unverfallbarkeitsbetrages ist nach Ansicht des BAG der Zinsertrag, der in der Zeit nach dem Ausscheiden aus dem Betrieb bis zum Eintritt des Versorgungsfalls anfällt, nicht zu berücksichtigen.[229] 67

8. Anpassungspflicht bei Entgeltumwandlung. Soweit die betriebliche Altersversorgung durch Entgeltumwandlung finanziert wurde, ist der AG verpflichtet, die laufenden Leistungen um mindestens 1% zu erhöhen. Werden die Leistungen über eine Direktversicherung oder eine Pensionskasse ausgezahlt, ist der AG verpflichtet, sämtliche Überschussanteile und nicht nur die auf den Rentenbestand entfallenden zur Erhöhung der laufenden Renten zu verwenden (§ 16 V BetrAVG). Die Übergangsregelung ergibt sich aus § 30c BetrAVG. 68

9. Entgeltumwandlung und Abfindung von Anwartschaften. Eine nach § 1b BetrAVG unverfallbare Versorgungsanwartschaft kann im Fall der Beendigung des Arbeitsverhältnisses nur 69

---

223 Höfer BetrAVG I/*Höfer* § 1 Rn. 101.

224 Höfer BetrAVG I/*Höfer* § 1b Rn. 422.

225 Zur Rechtslage bei einem vom AG gezahlten Zuschuss: ArbG Würzburg 18.6.2013 BetrAV 2013, 655; *Walthierer* DB 2013, 2390.

226 BAG 23.1.2018 AP Nr. 119 zu § 7 BetrAVG = BetrAV 2018, 514.

227 Offengelassen von BAG 23.1.2018 AP Nr. 119 zu § 7 BetrAVG = BetrAV 2018, 514.

228 BAG 20.2.2018 AP Nr. 79 zu § 2 BetrAVG = NZA 2018, 728.

229 BAG 23.1.2018 AP Nr. 119 zu § 7 BetrAVG = BetrAV 2018, 514; aA *Höfer/Küpper* DB 2018, 2499.

unter den Voraussetzungen des § 3 BetrAVG abgefunden werden. § 3 BetrAVG ist im Interesse der Aufrechterhaltung der Versorgungsanwartschaft eine Verbotsnorm, die zur Unwirksamkeit der Abfindungsregelung führt. Von der Verbotsnorm nicht erfasst wird die Abfindung bei fortbestehendem Arbeitsverhältnis oder die Abfindung von Rentenleistungen (im Einzelnen → § 274 Rn. 114 ff.). Aus § 241 II BGB folgt keine Verpflichtung des AG, eine zugunsten des AN bestehende Direktversicherung zu kündigen, damit dieser das angesparte Kapital für das Begleichen von Verbindlichkeiten verwenden kann.[230]

70 **10. Insolvenzschutz.** Der gesetzliche Insolvenzschutz ist durch das HZvNG dadurch erweitert worden, dass gem. § 7 V 3 Hs. 2 BetrAVG (in der Fassung nach dem AltEinkG nunmehr § 7 V 3 Nr. 1) für die Entgeltumwandlung die Zweijahresfrist (unwiderlegbare Missbrauchsvermutung, → § 278 Rn. 50) für nach dem 1.1.2002 gegebene Zusagen ausnahmsweise nicht gilt.

71 **11. Mitbestimmung.** Zu der Frage, inwieweit der BR ein erzwingbares Mitbestimmungsrecht bei betrieblicher Altersversorgung aus Entgeltumwandlung hat, → § 272 Rn. 56.

72 **12. Staatliche Förderung der Entgeltumwandlung. a) Anspruch des Arbeitnehmers.** Der AN kann gem. § 1a III BetrAVG verlangen, dass die Voraussetzungen für eine Förderung nach §§ 10a, 82 II EStG erfüllt werden, wenn die betriebliche Altersversorgung über einen Pensionsfonds, eine Pensionskasse oder eine Direktversicherung durchgeführt wird. Förderungsfähig sind nur die genannten Durchführungswege. Es besteht daher kein Anspruch, wenn der Durchführungsweg der Direktzusage oder Unterstützungskasse gewählt wird. Der Anspruch auf Förderung besteht nur, wenn der AN einen Anspruch auf Entgeltumwandlung nach § 1a I BetrAVG hat. Hieraus folgt im Umkehrschluss, dass ältere Verträge der Gehaltsumwandlung nicht gefördert werden.

73 **b) Beschränkung der Förderung.** Nach §§ 10a I 1, 79 EStG ist die staatliche Förderung grundsätzlich beschränkt auf die in der deutschen gesetzlichen Rentenversicherung Pflichtversicherten. Kein Anspruch besteht bei Auslandstätigkeit und dortiger Versicherung. Es besteht also teilweise Übereinstimmung mit dem in § 1a I 1 und § 17 I 3 BetrAVG genannten Personenkreis. Es sollen die durch die Absenkung der gesetzlichen Renten Betroffenen gefördert werden. Der AN kann verlangen, dass die Beiträge zur Entgeltumwandlung aus individuell versteuertem Entgelt geleistet werden (§§ 10a, 82 II EStG, § 1 I 1 Nr. 4 AltZertG), für das Beiträge entrichtet wurden. Voraussetzung für die steuerliche Förderung ist, dass eine lebenslange Altersversorgung iSv § 1 I 1 Nr. 4 AltZertG vorliegt. Der AN kann wählen, ob er nach § 3 Nr. 63 EStG die Lohnsteuerfreiheit oder die staatliche Förderung beansprucht. Was günstiger ist, kann nur im Einzelfall unter Berücksichtigung der individuellen Verhältnisse beurteilt werden.

§ 274. Der Ruhegeldanspruch

Betriebliche Altersversorgung im Internet:

- http://www.aba-online.de: Website der Arbeitsgemeinschaft für betriebliche Altersversorgung e.V.
- http://www.deutsche-rentenversicherung.de: Informationen der Deutschen Rentenversicherung
- http://www.ipv.de: Website des Industrie-Pensions-Vereins e.V.
- http://www.gdv.de: Website des Gesamtverbandes der Deutschen Versicherungswirtschaft e.V.
- http://www.psvag.de: Website des Pensions-Sicherungs-Vereins
- http://www.arbeitgeber.de: Website der Bundesvereinigung der Deutschen Arbeitgeberverbände

Übersicht

[230] BAG 26.4.2018 AP Nr. 4 zu § 1a BetrAVG = NZA 2018, 1315.

I. Voraussetzungen des Ruhegeldanspruchs

1. Allgemeines. Die Ruhegeldregelung kann vorsehen, dass das Ruhegeld gezahlt wird, obwohl der AN noch tätig ist. Im Allgemeinen wird der Anspruch auf Ruhegeld jedoch an **Bedingungen** geknüpft, nämlich: **(a)** dass das Arbeitsverhältnis im Zeitpunkt des Versorgungsfalles noch besteht (→ Rn. 3 ff.), bzw. dass beim Ausscheiden eine unverfallbare Anwartschaft besteht; **(b)** der AN in den Ruhestand versetzt wird (→ Rn. 36 ff.); **(c)** er eine gewisse Wartezeit zurückgelegt hat (→ Rn. 39 ff.); **(d)** er die Altersgrenze erreicht hat (→ Rn. 41); **(e)** bzw. er dienst-, arbeits-, erwerbs- oder berufsunfähig bzw. vermindert erwerbsfähig ist (→ Rn. 42 ff.). 1

Sind die Bedingungen der Ruhegeldzahlung nicht eingetreten, so schuldet der AG grundsätzlich keine Zahlungen. Vor Eintritt sämtlicher Bedingungen spricht man von einer **Ruhegeldanwartschaft** (→ Rn. 55 ff.). 2

2. Bestand des Arbeitsverhältnisses im Versorgungsfall/unverfallbare Anwartschaft. 3
a) Rechtslage vor Inkrafttreten des BetrAVG. Ältere Versorgungsordnungen enthielten gelegentlich die Bestimmung, dass der AN nur dann Leistungen der betrieblichen Altersversorgung erhält, wenn das Arbeitsverhältnis bei Eintritt in den Ruhestand noch besteht. Derartige Bestimmungen sind zumeist unwirksam.

Das **BAG** hat in einer grundlegenden Entscheidung vom 10.3.1972[1] ausgesprochen, dass einem AN, der mehr als 20 Jahre einem Betrieb angehört hat und dem vor dem 65. Lebensjahr 4

[1] BAG 10.3.1972 AP Nr. 156 zu § 242 BGB Ruhegehalt mAnm *Weitnauer.*

vom AG ordentlich gekündigt wird, die bis zu seinem Ausscheiden erdiente Anwartschaft erhalten bleibt. Es hat in der Folgezeit die **Unverfallbarkeitslehre** weiter ausgebaut. Nach ihr war die Versorgungsanwartschaft auch dann aufrechtzuerhalten, wenn der AN selbst gekündigt hatte oder das Arbeitsverhältnis im gegenseitigen Einvernehmen beendet worden war.[2] Jedoch ist es bei dem Grundsatz verblieben, dass sich nur solche AN auf die Unverfallbarkeit berufen konnten, die nach dem 1.1.1969 von ihrem AG unmissverständlich die Aufrechterhaltung der Versorgungsanwartschaft verlangt hatten oder solche, die – auch ohne entsprechendes Verlangen – nach dem 10.3.1972 ausgeschieden waren.[3] Bei vor Inkrafttreten des BetrAVG idF von 1974 abgegebenen Zusagen war es zulässig, für die Unverfallbarkeit der Anwartschaft neben einer 12-jährigen Betriebszugehörigkeit zu verlangen, dass die Versorgungszusage drei Jahre bestanden hat.[4] Das Gleiche galt, wenn die zugesagte Unverfallbarkeit an die Vollendung des 45. Lebensjahres und eine zwanzigjährige Betriebszugehörigkeit geknüpft war.[5]

5 Die beschriebene frühere Rspr. kann auf die Renten nach der AO 54 in der ehemaligen DDR (→ § 272 Rn. 29) nicht angewandt werden.[6]

6 **b) Unverfallbarkeit nach dem BetrAVG.** Durch das **Gesetz zur Verbesserung der betrieblichen Altersversorgung** vom 19.12.1974 (BGBl. I 3610 m. spät. Änd.) wurde die **Unverfallbarkeit** gesetzlich geregelt. Aus ihr ergibt sich, unter welchen Voraussetzungen eine Versorgungsanwartschaft unverfallbar wird, nicht aber, wann sie verfällt.[7] Für den AN günstigere Vereinbarungen sind daher möglich.[8] Die **gesetzliche Regelung über die Unverfallbarkeit** (§§ 1–4 BetrAVG) gilt für alle Fälle, in denen der AN nach dem Inkrafttreten des Gesetzes aus den Diensten seines AG ausgeschieden ist (§ 26 BetrAVG). Besonderheiten bestehen insoweit nach § 18 II BetrAVG für den Bereich des öffentlichen Dienstes; diese Regelungen wurden im Anschluss an die Rspr. des BVerfG zur Verfassungswidrigkeit der früheren Bestimmungen zum 1.1.2001 neu gefasst.[9] Da dem Gesetz keine echte Rückwirkung zukommt, blieb es für Altfälle bei den im Wege der richterlichen Rechtsfortbildung entwickelten Rechtsgrundsätzen (→ Rn. 4) über die Unverfallbarkeit.[10]

7 Durch das AVmG ist die Unverfallbarkeit mit Wirkung vom 1.1.2002 neu geregelt worden. Ein AN, dem Leistungen der Alters-, Invaliditäts- oder Hinterbliebenenversorgung aus Anlass seines Arbeitsverhältnisses (betriebliche Altersversorgung) zugesagt worden sind, behielt (vor Inkrafttreten des AVmG) seine Anwartschaft, wenn sein Arbeitsverhältnis vor Eintritt des Versorgungsfalles endete, sofern er in diesem Zeitpunkt mindestens das 35. Lebensjahr vollendet hatte und entweder die Versorgungszusage für ihn mindestens zehn Jahre bestanden hat oder der Beginn der Betriebszugehörigkeit mindestens zwölf Jahre zurücklag und die Versorgungszusage für ihn mindestens 3 Jahre bestanden hat (§ 1 I 1 BetrAVG). Diese Voraussetzungen galten auch für die Unverfallbarkeit von Invaliditätsrenten.[11] Auf die Dauer der Betriebszugehörigkeit wurden Zeiten eines Berufsausbildungsverhältnisses angerechnet (§ 17 I BetrAVG). Nach Inkrafttreten des AVmG blieb einem AN, dem Leistungen aus der betrieblichen Altersversorgung zugesagt worden sind, die Anwartschaft erhalten, wenn das Arbeitsverhältnis vor Eintritt des Versorgungsfalls, jedoch nach Vollendung des 30. Lebensjahres endete und die Versorgungszusage zu diesem Zeitpunkt mindestens fünf Jahre bestanden hat (unverfallbare Versorgungsanwartschaft; § 1b I 1 BetrAVG). Ist die Versorgungszusage bereits vor dem 1.1.2001 erteilt, so enthält § 30f BetrAVG eine Übergangsregelung.[12] Die Anwartschaft bleibt erhalten, wenn das Arbeitsverhältnis vor Eintritt des Versorgungsfalles, jedoch nach Vollendung des 35. Lebensjahres endet und die Versorgungszusage zu diesem Zeitpunkt **(1)** mindestens zehn Jahre oder **(2)** bei mindestens zwölfjähriger Betriebszugehörigkeit mindestens drei Jahre bestanden hat; in diesen Fällen bleibt die Anwartschaft auch erhalten, wenn die Zusage ab dem 1.1.2001 fünf Jahre bestanden hat und bei

---

[2] Vgl. BAG AP Nr. 2–14 zu § 242 BGB Ruhegehalt-Unverfallbarkeit.
[3] Vgl. BAG 13.10.1976 AP Nr. 15 zu § 242 BGB Ruhegehalt-Unverfallbarkeit.
[4] BAG 12.6.1990 AP Nr. 25 zu § 1 BetrAVG = NZA 1990, 973.
[5] BAG 11.12.2001 AP Nr. 11 zu § 1 BetrAVG Unverfallbarkeit = DB 2002, 2335.
[6] BAG 27.2.1996 AP Nr. 4 zu Einigungsvertrag Anl. II Kap. VIII = NZA 1996, 978.
[7] HessLAG 21.8.1996 NZA-RR 1997, 218.
[8] BRO/*Rolfs* BetrAVG § 1b Rn. 5; Höfer BetrAVG I/*Höfer* § 1b Rn. 22; s. zu verschiedenen Gestaltungsmöglichkeiten: *Vogel/Vieweg* BetrAV 2005, 144.
[9] BVerfG 15.7.1998 BVerfGE 98, 365 = AP Nr. 26 zu § 18 BetrAVG = NZA 1999, 194.
[10] Vgl. BAG 13.2.1975 AP Nr. 9 zu § 242 BGB Ruhegehalt-Unverfallbarkeit; 20.5.1976 AP Nr. 12 zu § 242 BGB Ruhegehalt-Unverfallbarkeit.
[11] BAG 24.6.1998 AP Nr. 11 zu § 1 BetrAVG Invaliditätsrente = NZA 1999, 318; anders zuvor LAG Hamm 11.2.1997 DB 1997, 985 = LAGE § 1 BetrAVG Invalidität Nr. 1.
[12] Zur Verfassungsgemäßheit BVerfG 15.5.2014 NZA 2014, 734.

Beendigung des Arbeitsverhältnisses das 30. Lebensjahr vollendet ist. Weil es ausreicht, dass die Unverfallbarkeitsfrist bei Beendigung des Arbeitsverhältnisses erreicht ist, gilt dies auch, wenn das Arbeitsverhältnis zum 31.12.2005 beendet worden ist.[13] Für die Fristberechnung gelten die §§ 187 II 1, 188 II Hs. 2 BGB.[14] Die Übergangsregelung findet gem. § 30f I 2 BetrAVG keine Anwendung bei einer Entgeltumwandlung nach § 1b V BetrAVG.

Seit dem 1.1.2009 galt eine **neue Altersgrenze,** nämlich die **Vollendung des 25. Lebensjahres** (→ Rn. 22 ff.).[15] Gleichzeitig wurde eine Übergangsregelung für in dem Zeitraum vom 1.1.2001 bis zum 31.12.2008 erteilte Zusagen eingefügt (§ 30f II BetrAVG). Eine weitere Herabsetzung der Altersgrenze sowie des erforderlichen Bestands der Versorgungszusage gilt **seit dem 1.1.2018** aufgrund der Neuregelung durch das **EUMobRLUmsG.** Danach wird die Anwartschaft unverfallbar, wenn die Versorgungszusage bei Ausscheiden des AN **drei Jahre bestanden** hat und der AN das **21. Lebensjahr** vollendet hat. Nach der Übergangsregelung in § 30f III BetrAVG bleibt es für vor dem 1.1.2018 erteilte Zusagen bei der bisherigen Rechtslage, durch den letzten Halbsatz des § 30f III BetrAVG wird aber sichergestellt, dass AN mit Altzusagen, die in die neue Regelung „hineinwachsen", gegenüber AN mit Neuzusagen nicht schlechter behandelt werden;[16] in diesen Fällen bleibt die Anwartschaft auch dann erhalten, wenn die Zusage ab dem 1.1.2018 drei Jahre bestanden hat und bei Beendigung des Arbeitsverhältnisses das 21. Lebensjahr vollendet ist. 8

In den **neuen Bundesländern** ist das BetrAVG erst am 1.1.1992 für solche Zusagen in Kraft getreten, die danach erteilt wurden (→ § 272 Rn. 28). 9

c) Leistungen der Alters-, Invaliditäts- oder Hinterbliebenenversorgung. Leistungen der Alters-, Invaliditäts- oder Hinterbliebenenversorgung im Sinne der Unverfallbarkeitsregeln sind sämtliche geldwerten Leistungen, die dem AN oder seinen Hinterbliebenen zur Sicherung des Unterhalts bei Eintritt des Versorgungsfalles zugesagt werden (→ § 272 Rn. 1 ff.). 10

d) Zusage aus Anlass des Arbeitsverhältnisses. Damit die Regelungen des BetrAVG über die Unverfallbarkeit gelten, muss die Versorgungszusage aus Anlass des Arbeitsverhältnisses erteilt sein, bei Nichtarbeitnehmern im Sinne von § 17 I 2 BetrAVG aus Anlass der Tätigkeit für das Unternehmen. Die Versorgungszusage muss ihren Grund im Arbeits-/Dienstverhältnis haben (→ § 272 Rn. 7, 17). 11

e) Zeitpunkt der Zusageerteilung. Für den Lauf der Unverfallbarkeitsfrist ist entscheidend, **wann** die **Versorgungszusage erteilt** worden ist. Der Begriff der Versorgungszusage im Sinne des BetrAVG ist dabei nicht identisch mit dem des Rechtsbegründungsaktes (Einzelzusage, Gesamtzusage, Tarifvertrag, Betriebsvereinbarung usw.). Bei den kollektivrechtlichen Begründungstatbeständen fehlt eine Zusage nach § 145 BGB (hierzu → Rn. 20 f.). Versorgungszusage iSv § 1 BetrAVG sind alle Tatbestände, die zu einer Verpflichtung des AG oder seines Versorgungswerkes führen, Leistungen der betrieblichen Altersversorgung zu erbringen. 12

(1) Eine **Einzelzusage** ist erteilt, wenn der AG dem AN ein Angebot gemacht hat, Leistungen der betrieblichen Altersversorgung zu erbringen, und der AN dieses Angebot ausdrücklich oder konkludent angenommen hat (→ § 273 Rn. 4). Besondere Probleme ergeben sich, wenn der AG Leistungen der betrieblichen Altersversorgung lediglich in Aussicht gestellt hat. Hier sind verschiedene Fallgestaltungen zu unterscheiden.[17] 13

(a) Der AG stellt dem AN die Gewährung von betrieblichen Versorgungsleistungen nur **in Aussicht.** Er bleibt aber frei, ob und wann er eine Zusage erteilt.[18] Eine Versorgungszusage kommt erst dann zustande, wenn dem AG keine Entscheidungsfreiheit mehr verbleibt. 14

(b) Der AG erklärt gegenüber dem AN, dass er ihm nach Ablauf einer **Vorschaltzeit** oder unter der Bedingung, dass das Arbeitsverhältnis nach Ablauf einer bestimmten Zeit noch besteht, eine Versorgungszusage erteilt. In diesem Falle hat der AG seine Freiheit verloren, ob und wann er eine Versorgungszusage gewährt. Das Erstarken einer Anwartschaft zum Vollrecht hängt nur noch vom Fortbestand des Arbeitsverhältnisses und vom Eintritt des Versorgungsfalles ab. Die 15

---

[13] BAG 14.1.2009 AP Nr. 17 zu § 1 BetrAVG Unverfallbarkeit = NZA 2009, 226.

[14] BAG 26.5.2009 AP Nr. 61 zu § 2 BetrAVG = NZA-RR 2010, 95; 14.1.2009 AP Nr. 17 zu § 1 BetrAVG Unverfallbarkeit = NZA 2010, 226.

[15] Eingeführt durch das Gesetz zur Förderung der zusätzlichen Altersvorsorge und zur Änderung des Dritten Buchs Sozialgesetzbuch vom 10.12.2007 (BGBl. I 2838).

[16] BT-Drs. 18/6283, 14.

[17] Höfer BetrAVG I/*Höfer* § 1b Rn. 74 ff.

[18] LAG Hamm 2.12.1980 DB 1981, 945 = BetrAV 1981, 57 = LAGE § 1 BetrAVG Nr. 1; Höfer BetrAVG I/*Höfer* § 1b Rn. 77.

Unverfallbarkeitsfrist läuft nach ständiger Rspr. des BAG ab Inaussichtstellung der Gewährung von Altersversorgungsleistungen.[19]

16 **(c)** Hiervon zu unterscheiden sind **aufschiebend bedingte Zusagen,** bei denen dem AG ein Entscheidungsspielraum bleibt. Das ist dann anzunehmen, wenn die Bedingung der Ruhegeldgewährung an Umstände anknüpft, die zur freien Disposition des AG stehen. In diesen Fällen hängt der Eintritt der Bedingung nicht nur vom bloßen Fortbestand des Arbeitsverhältnisses ab.[20] Ruhegeld wird also zB unter der Bedingung zugesagt, dass der AN zum Prokuristen ernannt wird, in den Außen- oder Innendienst einer Versicherung versetzt wird usw. In diesen Fällen läuft die Unverfallbarkeitsfrist erst dann, wenn die Bedingung eintritt, § 158 I BGB. Denkbar sind auch Bedingungen, die nicht in der Person des Begünstigten liegen, zB das Erreichen eines bestimmten Betriebsergebnisses oder das Zustandekommen einer geplanten Unternehmensänderung.[21] Wird die Gewährung der Altersversorgung von der Bedingung abhängig gemacht, dass dem AN ein Text der Versorgungsordnung ausgehändigt wird, so läuft die Unverfallbarkeitsfrist grundsätzlich erst ab Aushändigung. Soweit in einer derartigen Regelung eine rechtsgeschäftliche Schriftformvereinbarung nach § 127 BGB zu sehen ist, kann diese allerdings mündlich oder auch konkludent wieder aufgehoben werden.[22] Zudem kann sich aus dem Grundsatz der Gleichbehandlung (→ § 273 Rn. 13) ergeben, dass der AG die Freiheit verloren hat, die Ruhegeldordnung zurückzuhalten. Dies ist zB der Fall, wenn er die Ruhelohnordnung unterschiedslos nach Ablauf bestimmter Fristen aushändigt.

17 **(2)** Bei **Gesamtzusagen** (arbeitsvertraglichen Einheitsrichtlinien, gebündelten Vertragszusagen) ist die die Unverfallbarkeitsfrist in Lauf setzende Versorgungszusage erteilt, wenn sie der AG im Betrieb bekannt gemacht hat. Ist ein AN in diesem Zeitpunkt noch nicht im Betrieb beschäftigt, so gilt die Zusage als erteilt, wenn der AN eingestellt wird. Auch bei Gesamtzusagen kann die Situation eintreten, dass der AG Versorgungsleistungen nur in Aussicht stellt, indem er zB erklärt, dass für die Altersversorgung etwas getan werde. Gewährt dann der AG in der Folgezeit Ruhegeldleistungen, so kann sich eine Ruhegeldzusage evtl. aus dem Gleichbehandlungsgrundsatz ergeben. Ist in der Gesamtzusage nur eine bestimmte Gruppe von AN berücksichtigt, dann gilt die Zusage erst dann als erteilt, wenn der AN die Gruppenvoraussetzungen erfüllt.[23] Wird dagegen in der Gesamtzusage die Gewährung von Versorgungsleistungen davon abhängig gemacht, dass das Arbeitsverhältnis eine bestimmte Zeit bestanden hat, so hat der AG keinen Entscheidungsspielraum mehr, so dass die Unverfallbarkeitsfrist sofort läuft.[24] Entsprechendes gilt bei Gewährung von Versorgungsleistungen über eine Unterstützungskasse[25] (hierzu auch → § 275 Rn. 8). Bislang nicht entschieden hat das BAG zu Vorschaltzeiten bei Abwicklung der Altersversorgung über Pensionskassen und Lebensversicherungen. Hier müssen die vorstehenden Grundsätze entsprechend gelten.

18 **(3)** Bei **betrieblichen Übungen** ist nicht zu unterscheiden zwischen Übungen auf Erteilung einer Versorgungszusage und der Gewährung von Versorgungsleistungen (→ § 273 Rn. 9 f.). Die Unverfallbarkeitsfrist läuft, wenn der AG nicht mehr frei ist, ob er Leistungen erbringen will.[26] Besteht die Betriebsübung bei Eintritt des AN, ist Zusagezeitpunkt im Zweifel der Beginn des Arbeitsverhältnisses.[27]

19 **(4)** Bei Versorgungsleistungen aufgrund des **Gleichbehandlungsgrundsatzes** beginnt die Unverfallbarkeitsfrist, wenn der AG aus unsachlichen Gründen differenziert hat, also sobald die Zusage unter Beachtung des Gleichbehandlungsgrundsatzes hätte erteilt werden müssen.[28]

20 **(5)** Bei **Betriebsvereinbarungen** ist die Versorgungszusage mit Abschluss der Betriebsvereinbarung oder, sofern der AN dann noch nicht beschäftigt war, mit dem Eintritt in den Betrieb erteilt. Etwas anderes kann dann gelten, wenn in der Betriebsvereinbarung nur bestimmte Grup-

---

19 BAG 24.2.2004 AP Nr. 2 zu § 1b BetrAVG = NZA 2004, 789; 21.8.1980 AP Nr. 7 zu § 1 BetrAVG Wartezeit = NJW 1981, 1855; 13.7.1978 AP Nr. 4 zu § 1 BetrAVG Wartezeit; 7.7.1977 AP Nr. 3 zu § 1 BetrAVG Wartezeit.

20 BAG 20.4.1982 AP Nr. 12 zu § 1 BetrAVG Wartezeit = NJW 1983, 414.

21 Höfer BetrAVG I/*Höfer* § 1b Rn. 81.

22 Höfer BetrAVG I/*Höfer* § 1b Rn. 86 f.

23 Vgl. BAG 20.4.1982 AP Nr. 12 zu § 1 BetrAVG Wartezeit = NJW 1983, 414; 7.7.1977 AP Nr. 3 zu § 1 BetrAVG Wartezeit.

24 BAG 7.7.1977 AP Nr. 3 zu § 1 BetrAVG Wartezeit.

25 BAG 21.8.1980 AP Nr. 7 zu § 1 BetrAVG Wartezeit = NJW 1981, 1855; 20.3.1980 AP Nr. 5 zu § 1 BetrAVG Wartezeit = NJW 1980, 2428; 13.7.1978 AP Nr. 4 zu § 1 BetrAVG Wartezeit.

26 BAG 19.6.1980 AP Nr. 8 zu § 1 BetrAVG Wartezeit.

27 Höfer BetrAVG I/*Höfer* § 1b Rn. 108.

28 BRO/*Rolfs* BetrAVG § 1b Rn. 135; Höfer BetrAVG I/*Höfer* § 1b Rn. 110.

pen von AN bedacht sind. In diesen Fällen ist die Versorgungszusage erst erteilt, wenn bzw. sobald der AN den begünstigten Gruppen angehört. Wird eine Betriebsvereinbarung rückwirkend in Kraft gesetzt, so läuft für bestehende Arbeitsverhältnisse die Unverfallbarkeitsfrist seit Beginn der Betriebsvereinbarung.[29] Wird dagegen die Betriebsvereinbarung erst zu einem späteren Zeitpunkt in Kraft gesetzt, so beginnt auch erst ab diesem Zeitpunkt die Unverfallbarkeitsfrist.

(6) Für **Tarifverträge** gilt das Gleiche wie für Betriebsvereinbarungen. Dies gilt auch, soweit Tarifabschluss und Zeitpunkt des Inkrafttretens auseinander fallen.[30] 21

f) Altersgrenze (Vollendung des 25. Lebensjahres). Voraussetzung für den Eintritt der Unverfallbarkeit ist ab dem 1.1.2009 die Vollendung des 25. Lebensjahres, ab dem 1.1.2018 die Vollendung des 21. Lebensjahres (bis zum 31.12.2008: des 30. Lebensjahres, §§ 1b I 1, 30f BetrAVG[31]). Die vor Inkrafttreten des AVmG am 1.1.2002 geltende Altersgrenze des 35. Lebensjahres wirkte sich gegenüber Frauen benachteiligend aus, weil sie zumeist vor Gründung einer Familie keine unverfallbaren Versorgungsanwartschaften erlangen konnten. Das BAG sieht aber keine hinreichenden tatsächlichen Anhaltspunkte für eine mittelbare Diskriminierung.[32] Darüber hinaus wäre eine mittelbare Benachteiligung durch sachliche einleuchtende Gründe, die nichts mit der Geschlechtszugehörigkeit zu tun haben, gerechtfertigt.[33] Damit ist die Neuregelung der Altersgrenze erst recht als wirksam anzusehen. Insoweit liegt auch kein Verstoß gegen die Richtlinie 2000/78/EG vor, weil Art. 6 II der Richtlinie Altersgrenzen für die Mitgliedschaft in betrieblichen Systemen der sozialen Sicherheit ausdrücklich zulässt.[34] Entsprechendes gilt auch gem. § 10 I 3 Nr. 4 AGG. Für die Fristberechnung gilt § 187 II 2 iVm § 188 II BGB. 22

Das Gesetz hat eine Altersgrenze aus **steuerrechtlichen Erwägungen** vorausgesetzt. Nach § 6a II Nr. 1 EStG kann der AG erst von einem bestimmten Lebensalter des AN an Rückstellungen vornehmen. Infolge der Altersgrenzen kann der AG wenigstens teilweise vor Eintritt der Unverfallbarkeit die Anwartschaft durch regelmäßige Rückstellungen vorfinanzieren. 23

g) 5-jähriger Bestand der Versorgungszusage. Die betriebliche Altersversorgung wird unverfallbar, wenn die Versorgungszusage fünf Jahre bestanden hat; seit dem 1.1.2018 gilt eine Frist von drei Jahren. Das Gesetz beruht auf der Erwägung, dass nach einer Vertragsdauer von mehreren Jahren das Vertrauen des AN, eine Altersversorgung erdient zu haben, nicht mehr enttäuscht werden darf. Die Verkürzung der Frist durch das EUMobRLUmsG auf drei Jahre soll dazu dienen, dass mehr Betriebsrentenanwartschaften als bisher erhalten bleiben, was insbes. jungen mobilen AN zu Gute kommen soll.[35] Die Frist muss im Zeitpunkt des Ausscheidens des AN zurückgelegt sein. Für die Unverfallbarkeit unerheblich ist, ob der betreffende Mitarbeiter die erforderliche Beschäftigungszeit als AN iSv § 17 I 1 BetrAVG oder durch eine unter § 17 I 2 BetrAVG fallende Tätigkeit (nicht aber als nicht § 17 I 2 BetrAVG unterfallender Unternehmer[36]) für das Unternehmen erreicht hat. Daher ist ein Statuswechsel von einem Arbeitsverhältnis zu einem Rechtsverhältnis nach § 17 I 2 BetrAVG für den Lauf der Frist unschädlich.[37] Ausreichend ist eine Tätigkeit für ein- und denselben Vertragspartner (bzw. einen Rechtsnachfolger)[38] Zeiträume mit einer Teilzeitbeschäftigung zählen unabhängig vom Umfang uneingeschränkt mit.[39] Für den Lauf der Unverfallbarkeitsfrist kommt es allein auf den rechtlichen Bestand des Arbeitsverhältnisses an, unerheblich ist, ob das Arbeitsverhältnis auch tatsächlich vollzogen wurde.[40] Zeiten der Elternzeit sind daher anzurechnen (→ Rn. 29). Die Unverfallbarkeitsfrist kann auch noch ablaufen, wenn der 24

[29] BAG 6.3.1984 AP Nr. 10 zu § 1 BetrAVG.
[30] Höfer BetrAVG I/*Höfer* § 1b Rn. 124; aA BRO/*Rolfs* BetrAVG § 1b Rn. 41.
[31] Zur Zulässigkeit dieser Altersgrenze BAG 28.5.2013 NZA 2014, 547.
[32] BAG 18.10.2005 AP Nr. 13 zu § 1 BetrAVG Unverfallbarkeit = NZA 2006, 1159.
[33] BAG 18.10.2005 AP Nr. 13 zu § 1 BetrAVG Unverfallbarkeit = NZA 2006, 1159; LAG Hamm 19.12.1989 DB 1990, 590 = BetrAV 1990, 84 = LAGE § 1 BetrAVG Nr. 13.
[34] BAG 15.10.2013 AP Nr. 18 zu § 1b BetrAVG = NZA-RR 2014, 87; aA *Preis* BetrAV 2010, 513 (514).
[35] BT-Drs. 18/6283, 11.
[36] BGH 24.9.2013 BetrAV 2014, 284 = ZIP 2014, 191.
[37] BAG 25.4.2017 AP Nr. 42 zu § 17 BetrAVG = NZA 2017, 1392.
[38] BAG 19.1.2010 AP Nr. 61 zu § 1 BetrAVG = NZA 2010, 1200 (LS).
[39] Vgl. BAG 6.4.1982 AP Nr. 1 zu § 1 BetrAVG Gleichbehandlung = NJW 1982, 2013.
[40] BAG 20.2.2001 AiB 2003, 123 = EzA Nr. 2 zu § 1 BetrAVG Wartezeit.

Insolvenzverwalter das Arbeitsverhältnis fortsetzt.[41] Die Fristberechnung richtet sich nach §§ 187 ff. BGB. Vor Ablauf der Frist wird die Versorgungsanwartschaft nicht unverfallbar, auch wenn nur wenige Tage fehlen. Eine Ausnahme gilt dann, wenn der AN aufgrund einer Vorruhestandsregelung nach dem VRG[42] ausgeschieden und ohne das vorherige Ausscheiden die Wartezeit und die sonstigen Voraussetzungen für den Bezug von Leistungen der betrieblichen Altersversorgung hätte erfüllen können (§ 1b I 2 BetrAVG). Diese Ausnahmeregelung kann auf Beendigungsvereinbarungen außerhalb des VRG nicht übertragen werden.[43]

25 Nach § 1b I 3 BetrAVG wird der Ablauf der Fünf-Jahresfrist nicht durch eine **Änderung der Versorgungszusage** oder durch eine **Übernahme** durch eine andere Person unterbrochen. Die Vorschrift galt entspr. auch für die Drei-Jahresfrist der 2. Fallgestaltung, die durch das AVmG beseitigt worden ist. Insoweit lag lediglich ein Redaktionsversehen vor.[44]

26 **Änderung der Versorgungszusage** ist jede Erhöhung oder Herabsetzung oder einseitige Beeinflussung des Inhalts der Versorgungszusage. Für den Lauf der Unverfallbarkeitsfrist ist deshalb unerheblich, ob später noch eine Zusage auf Hinterbliebenenversorgung erteilt wird, Rentenleistungen auf Kapitalleistungen umgestellt werden usw.

27 Problematisch ist, ob auch dann die Unverfallbarkeitsfrist ab „Erstzusage" läuft, wenn später, etwa im Zusammenhang mit Beförderungen, **weitere Versorgungszusagen** erteilt werden. Das BAG hat dies bejaht, wenn der AG sukzessive mehrere Direktversicherungen für den AN abschließt[45] oder in der Versorgungsordnung vorgesehen ist, dass der AG unter bestimmten zeitlichen Voraussetzungen genau bezeichnete Einzelzusagen zu erteilen hat.[46] Dasselbe gilt für die Fälle, in denen der Rechtsbegründungsakt der Versorgungszusage geändert wird oder neben die bisherige Versorgung eine weitere Versorgung gesetzt wird. Ebenfalls problematisch ist die Rechtslage, wenn neben die ursprüngliche Versorgung eine weitere in einem anderen Durchführungsweg tritt, wenn also zB neben die Versorgung über eine Unterstützungskasse eine weitere Direktzusage des AG tritt. Auch in diesem Falle hat das BAG keinen unterschiedlichen Zeitpunkt für den Beginn der Unverfallbarkeitsfrist angenommen.[47] Etwas anderes gilt aber, wenn eine neue, weitere Zusage erteilt wird und kein sachlicher Zusammenhang der Neuzusage mit der Altzusage vorliegt; es ist daher möglich, für einen AN verschiedene Versorgungszusagen mit unterschiedlichen Unverfallbarkeitsfristen zu erteilen.[48]

28 Die Frist wird gem. § 1b I 3 BetrAVG ferner nicht unterbrochen, wenn ein anderer AG im Wege der **Gesamt- oder Einzelrechtsnachfolge** in die Versorgungsverpflichtung eintritt.[49] Diese Rechtslage ergibt sich bereits aus den Grundsätzen über die Rechtsnachfolge (insbes. § 613a BGB), so dass der Vorschrift in diesen Fällen nur deklaratorische Bedeutung zukommt. Eigenständige Bedeutung hat sie für die Fälle der Schuld- und Vertragsübernahme.[50]

29 Die **Fünf-Jahresfrist (bzw. ab 1.1.2018 die Drei-Jahres-Frist) wird unterbrochen,** wenn das Arbeitsverhältnis beendet wird.[51] Wird im Anschluss daran ein neues Arbeitsverhältnis begründet, so muss die Frist bis zum Eintritt der Unverfallbarkeit grundsätzlich erneut zurückgelegt werden. Es kann aber vertraglich vereinbart werden, dass eine vorausgegangene Zusagedauer angerechnet werden muss, das Arbeitsverhältnis also so behandelt werden soll, als ob es niemals unterbrochen gewesen wäre.[52] Dies ist aufgrund der Vertragsfreiheit möglich. Bei einem Beendigungsvergleich mit Wiedereinstellungsvereinbarung kann sich das sogar im Wege einer ergänzen-

---

41 BAG 15.12.1987 AP Nr. 18 zu § 1 BetrAVG = NZA 1988, 397.
42 Das VRG war befristet und ist für die Zeit ab dem 1.1.1989 nur noch anzuwenden, wenn die Voraussetzungen für den Anspruch erstmals vor diesem Zeitpunkt vorgelegen haben; s. hierzu Höfer BetrAVG I/*Höfer* § 1b Rn. 36 ff.
43 LAG Köln 11.11.2005 NZA-RR 2006, 266.
44 BAG 12.2.1981 AP Nr. 5 zu § 1 BetrAVG = NJW 1982, 463.
45 BAG 12.2.1981 AP Nr. 5 zu § 1 BetrAVG = NJW 1982, 463; dazu *Abt* BB 1980, 1054.
46 BAG 15.12.1981 AP Nr. 10 zu § 1 BetrAVG Wartezeit mAnm *Blomeyer.*
47 BAG 28.4.1981 AP Nr. 11 zu § 1 BetrAVG Wartezeit mAnm *Höfer* u.a.
48 BAG 28.4.92 BetrAV 1992, 229; zust. *Diefenbach* BB 1993, 1445 (1452) sowie BetrAV 1993, 161 (168); krit. Höfer BetrAVG I/*Höfer* § 1b Rn. 132 ff.
49 BAG 20.7.1993 AP Nr. 4 zu § 1 BetrAVG Unverfallbarkeit = NZA 1994, 121; 8.2.1983 AP Nr. 35 zu § 613a BGB = NJW 1984, 1254.
50 BRO/*Rolfs* BetrAVG § 1b Rn. 131.
51 BAG 9.3.1982 AP Nr. 13 zu § 1 BetrAVG Wartezeit; 14.8.1980 AP Nr. 6 zu § 1 BetrAVG.
52 S. die in der vorigen Fn. genannten Entscheidungen des BAG; vgl. auch BGH 15.6.1994 NJW 1994, 2960 = BetrAV 1994, 275; zur Vertragsauslegung: BAG 29.9.1987 AP Nr. 17 zu § 1 BetrAVG = NZA 1988, 311.

den Vertragsauslegung ergeben.[53] Die erwachsenen Versorgungsanwartschaften und Ansprüche sind allerdings nur in besonderen Fällen insolvenzgeschützt (→ § 278 Rn. 19). Es verstößt gegen den Grundsatz der Freizügigkeit nach Art. 45 AEUV, wenn eine tarifliche Regelung vorsieht, dass die bei einer anderen Betriebsstätte desselben AG zurückgelegten Beschäftigungszeiten bei der Berechnung der Unverfallbarkeitsfrist nicht berücksichtigt werden.[54] Zeiten der gesetzlichen Elternzeit lassen den Bestand des Arbeitsverhältnisses unberührt. Sie führen nur zum Ruhen. Hieraus folgt für die betriebliche Altersversorgung, dass Zeiten der Elternzeit die Unverfallbarkeitsfristen nicht unterbrechen. Jedoch können Zeiten der Elternzeit von Steigerungen einer Anwartschaft ausgenommen werden.[55]

h) 12-jähriges Zurückliegen der Betriebszugehörigkeit. Die Versorgungszusage wurde 30 unverfallbar (§ 30f I BetrAVG), wenn der Beginn der **Betriebszugehörigkeit mindestens zwölf Jahre zurücklag** und die **Versorgungszusage** mindestens **drei Jahre bestanden** hat. Auch die dreijährige Zusagefrist wurde nicht unterbrochen, wenn die Zusage geändert wurde.[56] Betriebszugehörigkeit ist die Eingliederung des AN in den Betrieb des AG; für die Betriebszugehörigkeit unerheblich ist, in welcher Rechtsstellung der AN dem Betrieb angehört hat (Auszubildender, leitender Angestellter usw.). Die weiteren Einzelheiten sind inzwischen nicht mehr von Bedeutung.[57]

Nach einer Reihe von Gesetzen ist der AG verpflichtet, bei der **Bemessung der Betriebszugehörigkeit** solche Zeiten zu berücksichtigen, in denen der AN im Interesse der Allgemeinheit oder aus sonstigen schützenswerten Interessen einer Erwerbstätigkeit nicht nachgehen konnte. Die Anrechnung kann in den Altfällen noch von Bedeutung sein. Eine Verpflichtung zur Anrechnung der Betriebszugehörigkeit kann sich ergeben aus dem ArbPlSchG, dem Soldatenversorgungsgesetz, den Gesetzen über den Bergmannsversorgungsschein in NRW und im Saarland,[58] dem Eignungsübungsgesetz, dem MuSchG und dem Abgeordnetengesetz. Wird ein AN unerlaubt zur Arbeitsleistung überlassen, so kann die Überlassungszeit anzurechnen sein.[59] 31

Die Parteien können **vertraglich die Anrechnung von Vordienstzeiten** vereinbaren. Insoweit gilt das zur Fünfjahresfrist Ausgeführte (→ Rn. 29). Anzurechnen können auch Zeiten bei einer Vorgründungsgesellschaft einer GmbH (→ § 16 Rn. 12 ff.) sein.[60] Zu den Auswirkungen der Anrechnung von früheren Betriebszugehörigkeitszeiten auf den Insolvenzschutz (§ 7 BetrAVG) → § 278 Rn. 19. Eine gesetzliche Verpflichtung zur Anrechnung besteht aber nicht, und zwar auch nicht unter dem Gesichtspunkt einer mittelbaren Diskriminierung von Frauen. 32

Haben die Parteien die Anrechnung von Vordienstzeiten vereinbart, so stellt sich die Frage, ob die Berücksichtigung der Vordienstzeiten nur **im Rahmen der Bemessung der Höhe der Altersversorgung** gewollt ist oder auch bei der Berechnung der **Unverfallbarkeitsfrist.** Vor allem dann, wenn die Versorgungszusage bereits vor der Rspr. über die Unverfallbarkeit oder dem Inkrafttreten des BetrAVG erteilt worden ist, war vielfach für den AG nicht erkennbar, welche Bedeutung die Anrechnung erlangen konnte. Das BAG hat die infolge der Änderung der Rechtslage erwachsene Vertragslücke im Wege ergänzender Vertragsauslegung geschlossen.[61] Es hat den Grundsatz aufgestellt, dass anzurechnende Beschäftigungszeiten, die von einer Versorgungszusage begleitet waren, in aller Regel auch als Zeiten der Betriebszugehörigkeit für die Unverfallbarkeit zu bewerten sind. Ist einem AN eine Versorgung nach beamtenrechtlichen Grundsätzen zugesagt, so hat die Festsetzung des Dienstalters im Allgemeinen nur Bedeutung für die Wartezeit und die Steigerungssätze, dagegen bei rückwirkender Festsetzung nicht für die Unverfallbarkeitsfrist.[62] 33

---

[53] BAG 14.8.1980 AP Nr. 6 zu § 1 BetrAVG Wartezeit.
[54] EuGH 10.3.2011 – C-379/09, NZA 2011, 561 – Casteels.
[55] BAG 15.2.1994 AP Nr. 12 zu § 1 BetrAVG Gleichberechtigung = NZA 1994, 794; zur Vereinbarkeit mit Art. 9 I lit. g der Richtlinie 2006/54/EG: *Rolfs* NZA 2008, 553 (554).
[56] BAG 12.2.1981 AP Nr. 5 zu § 1 BetrAVG = NJW 1982, 463; zu Sonderprobleme bei Altzusagen vor Inkrafttreten des BetrAVG: BAG 12.6.1990 AP Nr. 25 zu § 1 BetrAVG = NZA 1990, 973.
[57] S. noch 9. Aufl. § 81 Rn. 101.
[58] Die Rspr. hierzu ist in der 11. Aufl. in § 180 erläutert; vgl. insbesondere BAG AP Nr. 13–16, 22–24 zu § 9 BergmannsVersorgScheinG NRW; AP Nr. 26 zu § 9 BergmannsVersorgScheinG NRW = NZA 1989, 302; AP Nr. 27 zu § 9 BergmannsVersorgScheinG NRW = NZA 1989, 301.
[59] BAG 18.2.2003 AP Nr. 5 zu § 13 AÜG = DB 2003, 2181.
[60] BAG 21.8.1990 AP Nr. 1 zu § 1 BetrAVG Unverfallbarkeit = NZA 1991, 311.
[61] BAG 16.3.1982 AP Nr. 6 zu § 1 BetrAVG; 29.6.1982 AP Nr. 7 zu § 1 BetrAVG; 25.1.1979 AP Nr. 2 zu § 1 BetrAVG.
[62] BAG 23.4.1986 AP Nr. 7 zu § 1 BetrAVG Vordienstzeiten = NZA 1986, 468.

34 **i) Vereinbarte Wartefrist.** Der AN kann die in der Versorgungszusage vorgesehenen Wartefristen (→ Rn. 39) auch dann noch erfüllen, wenn die **Unverfallbarkeitsfristen abgelaufen** sind (§ 1b I 5 BetrAVG). Der Zweck des Gesetzes besteht darin zu verhindern, dass der AG durch lange materielle Wartezeiten die Unverfallbarkeit unterläuft. Das gilt auch dann, wenn das Arbeitsverhältnis wegen Erwerbsunfähigkeit des AN vorzeitig beendet wurde, eine betriebliche Invalidenrente jedoch mit Rücksicht auf die nicht erfüllte Wartezeit ausscheidet. Bei Erreichen der Altersgrenze entsteht dann eine zeitanteilig gekürzte Altersrente.[63] Unverfallbarkeitsfrist und Wartefrist sind daher streng zu unterscheiden. Die Parteien sind durch das BetrAVG nicht begrenzt, welche Wartezeiten sie als Voraussetzung für die Erbringung von Versorgungsleistungen vereinbaren. Einschränkungen ergeben sich jedoch aus den Regelungen des AGG, wenn eine Wartezeit mit einer Altersgrenze kombiniert wird (→ Rn. 39). Wenn noch eine Wartezeit erfüllt werden muss, können Versorgungsanwartschaften im **Versorgungsausgleich** dennoch gem. § 2 III VersAusglG auszugleichen sein. Ist die Anwartschaft aber nach dem BetrAVG noch verfallbar, ist mangels Ausgleichsreife gem. §§ 19, 20 VersAusglG regelmäßig nur eine Teilung im Wege des schuldrechtlichen Ausgleichs vorzunehmen.

35 **j) Beurteilungszeitpunkt.** Für die Beurteilung der Unverfallbarkeit im Rahmen der Ermittlung des Versorgungsausgleichs ist auf den **Zeitpunkt der letzten mündlichen Verhandlung** in den Tatsacheninstanzen abzustellen.[64]

36 **3. Versetzung in den Ruhestand. a) Beendigung des Arbeitsverhältnisses.** Im Allgemeinen tritt der AN bei Eintritt des Versorgungsfalles nicht automatisch in den Ruhestand. Sofern eine auflösende Befristung oder Bedingung des Arbeitsverhältnisses nicht erfolgt ist,[65] bedarf es zur Versetzung in den Ruhestand einer **Einigung der Parteien** oder einer **Kündigung.**[66] Bei einer Gesamtversorgung ist regelmäßig anzunehmen, dass die Betriebsrente erst gezahlt werden soll, sobald gleichzeitig eine Rente aus der gesetzlichen Rentenversicherung bezogen wird.[67] Zulässig sind Regelungen in Betriebsvereinbarungen, wonach das Arbeitsverhältnis mit Erreichen der Regelaltersgrenze endet.[68] Zu den Beschränkungen nach § 41 SGB VI → § 40 Rn. 47. Ist in einer Ruhegeldregelung vorgesehen, dass „Ruhegeld nach Vollendung des 65. Lebensjahres gezahlt wird", so ist darin regelmäßig keine Befristung des Arbeitsverhältnisses zu sehen. Das Gesetz verlangt für den Rentenbezug nicht zwingend die Beendigung des Arbeitsverhältnisses. Zumeist wird aber die Auslegung der Versorgungszusage ergeben, dass die Ruhegeldzahlung nur dann einsetzen soll, wenn der AN in den Ruhestand tritt. Setzt eine Versorgungszusage ein Ausscheiden aus dem Erwerbsleben voraus, entsteht ein Rentenanspruch nicht, wenn der AN einen Antrag auf Arbeitslosengeld stellt und damit zum Ausdruck bringt, dass er dem Arbeitsmarkt noch zur Verfügung steht.[69] Es kommt jedoch auf die Umstände des Einzelfalles an. Haben die Parteien vereinbart, das Arbeitsverhältnis solle vor Vollendung des 65. Lebensjahres enden, wenn der AN eine Rente wegen Alters beantragen kann, so kann er nach § 41 SGB VI lediglich die Fortführung bis zum Erreichen der Regelaltersgrenze verlangen.[70]

37 **b) Berufs- oder Erwerbsunfähigkeit.** Gerade in älteren Versorgungsordnungen ist häufig vorgesehen, dass der AN mit Eintritt der Berufs- oder Erwerbsunfähigkeit in den Ruhestand tritt. In der gesetzlichen Rentenversicherung sind die Begriffe durch den der verminderten Erwerbsfähigkeit abgelöst (→ Rn. 42). Die teilweise und volle verminderte Erwerbsfähigkeit stimmt aber in Voraussetzungen und Rechtsfolgen nicht mit den früheren Begriffen der Berufs- und Erwerbsunfähigkeit überein. Es ist daher fiktiv festzustellen, ob Berufs oder Erwerbsunfähigkeit besteht. Auch insoweit bedurfte es vor Inkrafttreten des AVmG der Auslegung der Versorgungsordnung, ob die Festsetzung des Eintritts der Berufs- oder Erwerbsunfähigkeit durch den

---

[63] BAG 18.3.1986 AP Nr. 16 zu § 1 BetrAVG Wartezeit = NZA 1986, 715.

[64] BGH 29.9.1982 NJW 1983, 37 = DB 1982, 2627.

[65] Diese kann in einer kollektivvertraglichen Regelung vorgesehen sein: BAG 21.4.1977 AP Nr. 1 zu § 60 BAT; 25.3.1971 AP Nr. 5 zu § 57 BetrVG; → § 40 Rn. 46.

[66] Zur Rechtmäßigkeit von Regelungen, die (in Übereinstimmung mit § 10 S. 3 Nr. 5 AGG) eine automatische Beendigung des Arbeitsverhältnisses mit Erreichen des Rentenalters vorsehen: EuGH 12.10.2010 – C-45/09, AP Nr. 18 zu Richtlinie 2000/78/EG = NZA 2010, 1167 – Rosenbladt; näher hierzu → § 40 Rn. 51 ff.

[67] BAG 12.12.2017 – 3 AZR 370/16; 13.1.2015 AP Nr. 54 zu § 1 BetrAVG Auslegung = NZA 2015, 1192.

[68] BAG 5.3.2013 AP Nr. 105 zu § 77 BetrVG 1972 = NZA 2013, 916.

[69] LAG Köln 3.8.2009 – 5 Sa 370/09.

[70] BAG 18.2.2003 AP Nr. 15 zu § 41 SGB VI = NJW 2003, 3005.

gesetzlichen Rentenversicherungsträger den Versorgungsfall auslöst. Dies wird zumeist nicht der Fall sein, da der gesetzliche Rentenversicherungsträger den wirklichen Eintritt der Berufs- oder Erwerbsunfähigkeit nicht überprüft. Zumeist wird eine Auslegungsregel bestehen, dass es einer Versetzung in den Ruhestand bedarf. Die Versorgungsordnung kann vorgesehen, dass Versorgungsfall nicht schon der Eintritt der Berufs- oder Erwerbsunfähigkeit ist, sondern dass darüber hinaus die Versetzung in den Ruhestand, also eine Beendigung des Arbeitsverhältnisses erforderlich ist.[71] In diesem Fall kann eine vorgeschriebene Warte- oder Rentensteigerungszeit auch von berufs- und erwerbsunfähigen AN noch bis zur Beendigung des Arbeitsverhältnisses erfüllt werden.[72] Andererseits erhält der AN auch während der Dauer des Arbeitsverhältnisses kein Ruhegeld, selbst wenn er fortlaufend krank ist.[73] Die Betriebsrente wird bei vorzeitigem Ausscheiden nach § 2 BetrAVG berechnet. Das kann dazu führen, dass die zwischen Versorgungsfall und fester Altersgrenze fehlende Betriebstreue zweifach anspruchsmindernd berücksichtigt wird.[74]

c) Pflicht zur Vertragsbeendigung. Der AG kann verpflichtet sein, den AN in den Ruhestand zu versetzen, also das Arbeitsverhältnis zu beenden, wenn die AN betriebsüblich mit **Erreichen der Altersgrenze** in den Ruhestand treten. Die Versorgungsordnung kann vorsehen, dass bei einer rückwirkenden Zuerkennung einer Rente wegen Eintritts der Erwerbsunfähigkeit (jetzt: Rente wegen (teilweiser) Erwerbsminderung) insoweit keine Ansprüche auf Zahlung einer Betriebsrente bestehen, als der AN für diesen Zeitraum vom AG Zuschüsse zum Krankengeld erhalten hatte.[75] 38

4. Wartezeit, Unverfallbarkeitsfrist, Altersgrenze. Es ist zwischen der Wartezeit und der Unverfallbarkeitsfrist zu unterscheiden. Nach der Regelung über eine Wartezeit oder Wartefrist richtet sich, ob überhaupt ein Anspruch auf betriebliche Altersversorgung erwächst; nach der Unverfallbarkeitsfrist richtet sich, ob die Anwartschaft bei einer vorzeitigen Beendigung des Arbeitsverhältnisses erhalten bleibt.[76] Regelmäßig wird Ruhegeld nur dann gezahlt, wenn der AN gewisse Mindestdienstzeiten zurückgelegt hat. Das gilt auch bei einer Rente wegen (teilweiser) Erwerbsminderung.[77] Wartezeiten sind gem. § 10 S. 3 Nr. 4 AGG an sich zulässig. Die gewählte Altersgrenze muss aber angemessen iSv § 10 S. 2 AGG sein und darf zu keiner mittelbaren Benachteiligung von Frauen führen.[78] Üblich sind Wartezeiten von 5 bzw. 15 Jahren. Aber auch Wartezeiten von 20 Jahren wurden bisher nicht als unbillig angesehen.[79] Das BAG hat in einer späteren Entscheidung eine Wartezeit von 15 Jahren akzeptiert, aber gleichzeitig offengelassen, ob auch eine 20-jährige Wartezeit zulässig wäre.[80] Kann der AN die Wartezeit bei Begründung des Arbeitsverhältnisses nicht mehr zurücklegen, so erwächst keine Versorgungsanwartschaft. Im Zweifel ist aber nicht anzunehmen, dass die Wartezeit bis zum Erreichen der Altersgrenze zurückgelegt sein muss.[81] Ist die Wartefrist länger als die Unverfallbarkeitsfrist, so kann der AN die Wartezeit auch dann noch zurücklegen, wenn er nach Ablauf der Unverfallbarkeitsfrist ausscheidet,[82] und zwar auch dann, wenn das Arbeitsverhältnis wegen Erwerbsunfähigkeit beendet wurde, die Voraussetzungen für eine betriebliche Invalidenrente aber (wegen der nicht erfüllten Wartezeit) noch nicht vorlagen.[83] Ist die Wartezeit kürzer als die Unverfallbarkeitsfrist und scheidet der Versorgungsberechtigte mit Ablauf der Wartezeit aus, so ist die Anwartschaft noch verfallbar. Verlangt eine Versorgungszusage zB für den Rentenanspruch eine Dienstzeit von mindestens fünf Jahren und verweist wegen der Unverfallbarkeit auf die gesetzlichen Bestimmungen, so werden damit nicht die gesetzlichen Verfallbarkeitsfristen abgekürzt.[84] Auf die Wartezeit werden gelegentlich Dienstzeiten vor Erreichen eines bestimmten Lebensal- 39

[71] BAG 5.6.1984 AP Nr. 3 zu § 1 BetrAVG Invaliditätsrente; auch → Rn. 43.
[72] BAG 9.1.1990 AP Nr. 23 zu § 1 BetrAVG Wartezeit = NZA 1990, 526; 14.1.1986 AP Nr. 6 zu § 1 BetrAVG Invaliditätsrente; 15.10.1985 AP Nr. 4 zu § 1 BetrAVG Invaliditätsrente = NZA 1986, 608; *Höfer/Küpper* Anm. zu AP Nr. 2 u. 3 zu § 1 BetrAVG Invaliditätsrente, unter 2. c).
[73] LAG Köln 15.3.1994 EWiR § 7 SGB IV Nr. 1/94 = BB 1994, 1640 (LS).
[74] BAG 21.8.2001 AP Nr. 36 zu § 2 BetrAVG = NZA 2002, 1395; auch → Rn. 53 f.
[75] BAG 26.3.1991 AP Nr. 29 zu § 1 BetrAVG Unterstützungskassen = NZA 1991, 849.
[76] Vgl. BGH 25.1.1993 DB 1993, 873.
[77] Vgl. BAG 19.12.2000 AP Nr. 24 zu § 1 BetrAVG Wartezeit = DB 2002, 226.
[78] BAG 12.2.2013 AP Nr. 3 zu § 10 AGG = NZA 2013, 733.
[79] BAG 9.3.1982 AP Nr. 13 zu § 1 BetrAVG Wartezeit; LAG Frankfurt 20.4.88 DB 1988, 2650 (25 Jahre).
[80] BAG 12.2.2013 AP Nr. 3 zu § 10 AGG = NZA 2013, 733.
[81] BAG 3.5.1983 AP Nr. 4 zu § 128 HGB = NJW 1983, 2283.
[82] BAG 28.2.1989 AP Nr. 16 zu § 6 BetrAVG = NZA 1989, 935.
[83] BAG 18.3.1986 AP Nr. 16 zu § 1 BetrAVG Wartezeit = NZA 1986, 715.
[84] BGH 25.1.1993 DB 1993, 873 = BB 1993, 679 = BetrAV 1993, 217.

ters[85] bzw. nach Vollendung des 65. Lebensjahres,[86] des 60. Lebensjahres[87] oder während der Berufsausbildung nicht angerechnet. Dies ist nicht zu beanstanden.[88] Grundsätzlich sind solche Altersgrenzen nach § 10 S. 3 Nr. 4 AGG zulässig; Voraussetzung ist allerdings, dass die jeweilige Altersgrenze angemessen und erforderlich ist, um ein legitimes Ziel iSv § 10 S. 1 AGG zu erreichen.[89] Unangemessen ist eine Regelung, mit der eine Begrenzung und Kalkulierbarkeit von Versorgungsansprüchen bezweckt wird, die dabei aber allein an ein bestimmtes Lebensalter anknüpft und damit jüngere AN mit vergleichbar hoher Betriebsrente nicht erfasst.[90] Unzulässig ist es, zwischen Männern und Frauen zu differenzieren, so dass zB Frauen wegen ihrer früheren Pensionierung die Wartezeit nach Vollendung des 50. Lebensjahres, Männer dagegen nach Vollendung des 55. Lebensjahres nicht mehr zurücklegen können.[91] Dienstzeiten, die bei einem anderen AG zurückgelegt worden sind, werden grundsätzlich nur dann berücksichtigt, wenn dies in der Ruhegeldregelung vorgesehen oder aufgrund gesetzlicher Vorschriften vorgeschrieben ist, vgl. die Rechtslage bei den Unverfallbarkeitsfristen → Rn. 32 f. Es kann tariflich geregelt werden, ob frühere Dienstzeiten als freier Mitarbeiter zu berücksichtigen sind oder nicht.[92] Zulässig ist ferner, nur tatsächlich geleistete Dienstzeiten zu berücksichtigen (qualifizierte Wartezeit).[93] Versorgungsordnungen sehen außerdem häufig **Höchstaltersgrenzen** für die Aufnahme in ein Versorgungswerk vor.[94] Derartige Regelungen verstoßen nicht gegen das Diskriminierungsverbot wegen des Alters gem. § 7 I iVm § 1 AGG (bzw. Art. 6 RL 2000/78/EG). Vielmehr lässt § 10 I 3 Nr. 4 AGG sie ausdrücklich zu (→ § 273 Rn. 24 ff.). Der AG hat grundsätzlich bei der Gewährung von freiwilligen Leistungen einen erheblichen Gestaltungs- und Ermessensspielraum. Allerdings ist eine Angemessenheitsprüfung gem. § 10 S. 2 AGG vorzunehmen.[95] Dem hält eine Höchstaltersgrenze von 50 Jahren noch stand. Sie hat nicht zur Folge, dass während eines beträchtlichen Teils eines typischen Erwerbslebens keine Versorgungsanwartschaften erworben werden können und stellt auch keine mittelbare Benachteiligung von Frauen dar.[96] Etwas anderes gilt aber für Regelungen, die im Ergebnis eine Höchstaltersgrenze von 45 Jahren normieren. Bisher hielt es das BAG allerdings für zulässig, zB eine Mindestbetriebszugehörigkeit von 20 Jahren bis zum 65. Lebensjahr als Anspruchsvoraussetzung zu normieren, mit dem Ergebnis, dass AN, die bei Einstellung das 45. Lebensjahr vollendet hatten, keine Ansprüche erwerben konnten.[97] Nunmehr hat das BAG seine bisherige Rspr. aufgegeben und entschieden, dass ein Ausschluss von AN, die bei Erfüllung einer 10-jährigen Wartezeit das 55. Lebensjahr vollendet haben, nicht zulässig ist. Eine solche Regelung führt dazu, dass AN, die bei Beginn des Arbeitsverhältnisses 45 Jahre alt sind, keine Ansprüche mehr erwerben können. Hierin liegt eine unmittelbare Benachteiligung wegen des Alters gem. §§ 1, 7 AGG, die nicht nach § 10 AGG sachlich gerechtfertigt ist. Zwar besteht für den AG bei der Einführung einer Altersversorgung ein Gestaltungs- und Ermessensspielraum, der grundsätzlich auch altersabhängige Zugangsvoraussetzungen erlaubt (→ § 274 Rn. 27), der AG darf dabei aber die berechtigten Belange der betroffenen AN nicht außer Acht lassen, zumal die betriebliche Altersversorgung (auch) Entgeltcharakter hat. Eine Regelung, die dazu führt, dass die hiervon betroffenen AN während eines beträchtlichen Teils eines typischen Erwerbslebens keine Versorgungsanwartschaften erwerben können, ist daher nicht wirksam.[98] Ein Ausschluss von AN, die bei Einstellung 45 Jahre alt sind, bedeutet einen

[85] Vgl. BAG 14.1.1986 AP Nr. 5 zu § 1 BetrAVG Gleichbehandlung = NZA 1987, 23; für eine Altersgrenze vor der Vollendung des 17. Lebensjahres BAG 26.9.2017 AP Nr. 12 zu § 10 AGG = NZA 2018, 315.
[86] BAG 7.7.1977 AP Nr. 2 zu § 1 BetrAVG Wartezeit; 8.12.1972 AP Nr. 5 zu § 242 BGB Ruhegehalt-Unterstützungskassen.
[87] Vgl. BAG 17.10.2017 AP Nr. 13 zu § 10 AGG = NZA 2018, 376.
[88] Vgl. BAG 14.1.1986 AP Nr. 5 zu § 1 BetrAVG Gleichbehandlung = NZA 1987, 23; 9.3.1982 AP Nr. 13 zu § 1 BetrAVG Wartezeit.
[89] BAG 14.11.2017 AP Nr. 37 zu § 1 BetrAVG Hinterbliebenenversorgung = NZA 2018, 453; 17.10.2017 AP Nr. 13 zu § 10 AGG = NZA 2018, 376; 26.9.2017 AP Nr. 12 zu § 10 AGG = NZA 2018, 315.
[90] BAG 17.10.2017 AP Nr. 14 zu § 10 AGG = DB 2018, 904 (LS).
[91] BAG 31.8.1978 AP Nr. 1 zu § 1 BetrAVG Gleichberechtigung; LAG Frankfurt 29.6.1984 DB 1985, 286.
[92] BAG 18.2.2003 AP Nr. 39 zu § 1 TVG Tarifverträge: Rundfunk = NZA-RR 2004, 97.
[93] BAG 20.2.2001 AiB 2003, 123 = EzA Nr. 2 zu § 1 BetrAVG Wartezeit.
[94] Zur Zulässigkeit vgl. BAG 31.8.1978 AP Nr. 1 zu § 1 BetrAVG Gleichberechtigung.
[95] BAG 12.11.2013 AP Nr. 5 zu § 10 AGG = NZA 2014, 848; 12.2.2013 AP Nr. 3 zu § 10 AGG = NZA 2013, 733.
[96] BVerfG 23.7.2019 AP Nr. 76 zu § 1 BetrAVG = NZA 2019, 1270; BAG 12.11.2013 AP Nr. 5 zu § 10 AGG = NZA 2014, 848; vgl. *Thum* BB 2008, 2291 (2292 f.); eine Höchstaltersgrenze von 50 Jahren abl. dagegen: LAG Düsseldorf 29.2.2012 – 12 Sa 1430/11.
[97] BAG 7.7.1977 AP Nr. 2 zu § 1 BetrAVG Wartezeit; 14.1.1986 AP Nr. 5 zu § 1 BetrAVG Gleichbehandlung.
[98] BAG 18.3.2014 AP Nr. 6 zu § 10 AGG = NZA 2014, 606.

Ausschluss von der Möglichkeit zum Erwerb von Versorgungsanwartschaften für die Hälfte der Dauer eines typischen Erwerbslebens von 40 Jahren. Das kann nicht mehr als angemessen iSv § 10 II AGG angesehen werden.[99] Zulässig sind Regelungen, die eine Überführung der Altersversorgung in ein neues System regeln und dabei AN ausnehmen, die zum Zeitpunkt des Inkrafttreten das 63. Lebensjahr vollendet haben.[100] Eine Regelung, wonach Dienstzeiten erst ab Vollendung des 30. Lebensjahres berücksichtigt werden, entwertet zwar einen Teil des Arbeitsverhältnisses, weil für diesen keine Versorgungsanwartschaften erworben werden, und führt zu einer Benachteiligung wegen des Alters gem. § 3 II AGG. Eine solche Regelung ist aber dann angemessen und erforderlich iSv § 10 S. 3 Nr. 4 S. 1 u. 2 AGG, wenn gleichzeitig die ersten 10 Beschäftigungsjahre einen erheblichen überdurchschnittlichen Wert gegen über den folgenden Beschäftigungsjahren haben, so dass der Wertverlust für die Zeit bis zur Vollendung des 30. Lebensjahres kompensiert wird.[101]

Da während der **Elternzeit** das Arbeitsverhältnis nicht beendet wird, sondern ruht, kann 40 auch in dieser Zeit die Wartezeit weiterlaufen.[102] Dasselbe gilt für Ruhegehaltssteigerungen. Es stellt jedoch nach Ansicht des BAG keine Diskriminierung von Frauen dar, wenn die Zeiten der Elternzeit aus den Steigerungen einer Anwartschaft auf Leistungen der Altersversorgung[103] oder aus der Wartezeit[104] herausgerechnet werden. Hierin liegt kein Verstoß gegen EU-Recht oder Verfassungsrecht, weil das Ruhen des Arbeitsverhältnisses zum vorübergehenden Wegfall der beiderseitigen Hauptpflichten aus dem Arbeitsverhältnis führt und der AG für den betreffenden Zeitraum weder direkt noch indirekt zusätzliche Leistungen erbringen muss.[105]

5. Altersgrenze.[106] Regelmäßig bestand ein Ruhegeldanspruch dann, wenn männliche AN 41 nach Vollendung des 65. und weibliche AN nach Vollendung des 60. Lebensjahres aus dem Dienst ausschieden. Zur Unzulässigkeit der unterschiedlichen Altersgrenzen → § 273 Rn. 30 ff. Ein Verstoß gegen das Gleichberechtigungsgebot kann insbes. auch darin liegen, dass Frauen nicht die Möglichkeit gegeben wird, auch über die für sie vorgesehene niedrigere Altersgrenze hinaus tätig zu bleiben und die entsprechende Dienstzeit angerechnet zu erhalten.[107] In der gesetzlichen Rentenversicherung sind die Altersgrenzen inzwischen vereinheitlicht. Es gelten aber Übergangsregelungen (→ § 273 Rn. 30).[108] Vereinbarungen, die eine Beendigung des Arbeitsverhältnisses auf das 65. Lebensjahr vorsehen, können jetzt uU als auf die Regelaltersgrenze abgeschlossen anzusehen sein (→ Rn. 92 ff.). Eine Ruhegeldordnung kann für Personen beiderlei Geschlechtes eine niedrigere Altersgrenze als in der gesetzlichen Rentenversicherung vorsehen. Die in einer Versorgungszusage enthaltene feste Altersgrenze kann zwar durch einen Aufhebungsvertrag oder eine aus Anlass der Beendigung des Arbeitsverhältnisses getroffene Vereinbarung geändert werden, diese Vereinbarung entfaltet aber keine Wirkung gegenüber dem PSVaG.[109] Sofern es sich um Personen handelt, die üblicherweise über dieses Alter hinaus arbeiten, wird es sich bei entsprechenden Bezügen regelmäßig nicht um betriebliche Altersversorgung, sondern um Übergangsgelder handeln, die keinen Insolvenzschutz genießen.[110] Zulässig ist die Vereinbarung, dass Ruhegeld schon während des Bestandes des Arbeitsverhältnisses gezahlt wird. Zur flexiblen Altersgrenze → Rn. 47.

6. Invalidität. Nach den meisten Ruhegeldregelungen wird Ruhegeld auch dann gezahlt, 42 wenn der AN zur Arbeitsleistung nicht mehr in der Lage ist. Eine dem BetrAVG unterfallende Invaliditätsversicherung ist anzunehmen, wenn sie aus Anlass eines Arbeitsverhältnisses erteilt

---

99 BAG 18.3.2014 AP Nr. 6 zu § 10 AGG = NZA 2014, 606.

100 BAG 17.9.2013 AP Nr. 4 zu § 10 AGG = NZA 2014, 33.

101 BAG 8.12.2020 – 3 AZR 437/18.

102 *Doetsch* DB 1992, 1239 (1242).

103 BAG 15.2.1994 AP Nr. 12 zu § 1 BetrAVG Gleichberechtigung = NZA 1994, 794; *Hoppach* DB 1992, 1672; *Oster* BetrAV 1992, 246.

104 Höfer BetrAVG I/*Höfer* § 1b Rn. 214 unter Hinweis auf die Rspr. des BAG zu tariflichen Sonderzahlungen, s. BAG 28.9.1994 AP Nr. 165 zu § 611 BGB Gratifikation = NZA 1995, 176.

105 BAG 20.4.2010 AP Nr. 3 zu § 15 BEEG = NZA 2010, 1188.

106 *Blomeyer* NZA 1991, 449; *Eichenhofer* ZAS 1991, 145.

107 EuGH 13.11.2010 AP Nr. 38 zu EWG-Richtlinie Nr. 76/207 = NZA 2010, 1401 – Kleist.

108 Zur Anpassung betrieblicher Versorgungsregelungen an die neuen Altersgrenzen in der Rentenversicherung *Reichenbach/Grüneklee* DB 2006, 2234; *Cisch/Kruip* BB 2007, 1162; *Höfer/Witt/Kuchem* BB 2007, 1445.

109 BAG 17.9.2008 AP Nr. 114 zu § 7 BetrAVG = NZA 2009, 440.

110 Vgl. BGH 24.6.1986 AP Nr. 33 zu § 7 BetrAVG = NZA 1987, 309; 28.9.1981 AP Nr. 12 zu § 7 BetrAVG; 16.3.1981 AP Nr. 10 zu § 7 BetrAVG = NJW 1981, 2410; BAG 2.8.1983 AP Nr. 19 zu § 7 BetrAVG; vgl. auch BAG 6.3.1986 AP Nr. 1 zu § 620 BGB Altersgrenze.

wurde, einem Versorgungszweck dient, durch das biometrische Risiko „Invalidität“ ausgelöst wird und der Sicherung des Lebensstandards des AN nach seinem Ausscheiden aus dem Berufs- und Erwerbsleben dienen soll.[111] Die Ruhegeldregelungen verwenden regelmäßig die Begriffe Erwerbs- und Berufsunfähigkeit, verminderte Erwerbsfähigkeit, Invalidität, Arbeits- und Dienstunfähigkeit. Was mit diesen Begriffen gemeint ist, muss nach den Umständen des Einzelfalles bestimmt werden. Im Allgemeinen wird man die Begriffe Erwerbs- und Berufsunfähigkeit im Sinne der Sozialversicherungsgesetze vor Inkrafttreten des AVmG ab dem 1.1.2001 (§§ 43, 44 SGB VI) auslegen können.[112] Bei einer Verwendung der sozialversicherungsrechtlichen Begriffe ist im Zweifel von einer dynamischen Verweisung auf die jeweils maßgeblichen sozialversicherungsrechtlichen Begriffe auszugehen.[113] Sofern Versorgungsordnungen unverändert die Vorlage eines entsprechenden Bescheides des Sozialversicherungsträgers als Anspruchsvoraussetzung verlangen, kann der AN dieses Erfordernis nicht mehr erfüllen. Damit wird die Versorgungsordnung lückenhaft und ist dahin ergänzend auszulegen, dass der AN seine Invalidität im Sinne des früheren Rechts der Berufs- und Erwerbsunfähigkeit auf andere Weise nachzuweisen hat (zB durch amtsärztliches Zeugnis).[114] Verwenden neuere Versorgungsordnungen nach wie vor die alten Begriffe, spricht wegen des typischerweise gewollten Gleichklangs von gesetzlichen und betrieblichen Leistungsvoraussetzungen[115] grundsätzlich Einiges dafür, den Begriff „Erwerbsunfähigkeit“ im Sinne von voller Erwerbsminderung und den Begriff „Berufsunfähigkeit“ im Sinne von teilweiser Erwerbsminderung auszulegen.[116] Unproblematisch ist das bei einer Rente wegen voller Erwerbsminderung. Diese entspricht im Wesentlichen der bisherigen Erwerbsunfähigkeitsrente,[117] auch wenn jetzt zunächst regelmäßig gem. § 102 II SGB VI nur eine Bewilligung auf Zeit erfolgt. Eine befristete Bewilligung dürfte für einen Anspruch auf eine betriebliche Invalidenversorgung zumindest dann ausreichen, wenn sie für die gesetzliche Höchstdauer von drei Jahren erfolgt.[118] „Arbeits- bzw. Dienstunfähigkeit“ wird dagegen bereits dann vorliegen, wenn der AN die geschuldete oder eine ihm zumutbare andere betriebliche Arbeitsleistung nicht mehr erbringen kann. In diesen Fällen wird zumeist, aber nicht notwendig Berufsunfähigkeit/verminderte Erwerbsfähigkeit vorliegen. Voraussetzungen und Inhalt der Rente wegen teilweise Erwerbsminderung unterscheiden sich dagegen erheblich von der Berufsunfähigkeit iSd früheren sozialversicherungsrechtlichen Regelungen (insbes. der Rentenartfaktor ist mit 0,5 erheblich niedriger gegenüber 0,6667). Eine Auslegung einer Versorgungsordnung dahin, dass beide Begriffe gleichzusetzen seien, ist daher problematisch.[119]

43 Die Parteien können in einem **Versorgungsvertrag** die Voraussetzungen näher bestimmen, unter denen eine Erwerbs- oder Berufsunfähigkeitsrente – jetzt: Rente wegen verminderter Erwerbsfähigkeit – entsteht. Der Versorgungsfall kann wirksam mit einem Lebensalter gekoppelt sein. Wirksam sind also Bedingungen, dass eine Rente nur dann gezahlt wird, wenn die Berufs- und Erwerbsunfähigkeit nach einem bestimmten Lebensalter eintritt[120] (zur Zulässigkeit von Altersgrenzen → § 273 Rn. 24 ff.). So ist eine Regelung zulässig, die für eine Invalidenrente voraussetzt, dass der AN bei Eintritt des Versorgungsfalles das 50. Lebensjahr vollendet hat.[121] Versorgungsordnungen, die voraussetzen, dass der AN im Dienst Invalide wird, stehen Ansprüchen von AN, die mit einer unverfallbaren Anwartschaft vor Eintritt der Invalidität ausgeschieden sind, nicht entgegen. Hierdurch würde nämlich die Unverfallbarkeit des Rentenanspruchs entgegen § 19 III BetrAVG abbedungen.[122] Zulässig ist dagegen eine Regelung, die einen vollen Anspruch auf die Invaliditätsrente davon abhängig macht, dass der AN wegen Invalidität ausscheidet und gleichzeitig für den Fall einer Vertragsbeendigung vor Eintritt des Versorgungsfalles Invalidität lediglich einen Anspruch in Höhe der unverfallbaren Anwartschaft vorsieht (auch

[111] BAG 25.4.2017 AP Nr. 59 zu § 1 BetrAVG Auslegung = NZA-RR 2017, 498 für eine sog. „Loss-of-Licence“-Versicherung bei Piloten.
[112] Vgl. BAG 14.12.1999 AP Nr. 12 zu § 1 BetrAVG Invaliditätsrente = NZA 2001, 326; 24.6.1998 AP Nr. 11 zu § 1 BetrAVG Invaliditätsrente = NZA 1999, 318; 19.4.1983 AP Nr. 6 zu § 6 BetrAVG.
[113] BAG 19.5.2016 AP Nr. 40 zu § 1 BetrAVG Berechnung = BetrAV 2016, 635.
[114] BAG 16.3.2010 AP Nr. 116 zu § 7 BetrAVG = DB 2010, 1834.
[115] *Reinecke* DB 2010, 2167.
[116] Höfer BetrAVG I/*Höfer* Kap. 7 Rn. 86 f.; anders LAG Köln 25.3.2010 BB 2011, 128 (LS).
[117] BAG 11.10.2011 DB 2012, 1820; 19.1.2011 AP Nr. 15 zu § 1 BetrAVG Invaliditätsrente = NZA 2012, 566.
[118] *Reinecke* DB 2010, 2167 (2168).
[119] *Reinecke* DB 2010, 2167.
[120] BAG 20.10.1987 AP Nr. 7 zu § 1 BetrAVG Invaliditätsrente = NZA 1988, 394.
[121] BAG 10.12.2013 AP Nr. 17 zu § 1 BetrAVG Invaliditätsrente = NZA 2015, 50.
[122] BAG 20.11.2001 AP Nr. 13 zu § 1 BetrAVG Invaliditätsrente = DB 2002, 1510; 24.6.1998 AP Nr. 11 zu § 1 BetrAVG Invaliditätsrente = NZA 1999, 318; *Reinecke* DB 2010, 2167 (2169).

→ Rn. 46). Die Rente kann davon abhängig gemacht werden, dass das **Arbeitsverhältnis beendet** ist, um so Doppelleistungen des AG (Zuschuss zum Krankengeld/Rente) auszuschließen.[123] Eine Vertragsbeendigung kann für den AN allerdings nach der neuen Rechtslage bei den gesetzlichen Invalidenrenten, die grundsätzlich nur zeitlich befristet geleistet werden, problematisch sein.[124] Es verstößt nicht gegen den Gleichbehandlungsgrundsatz, wenn ein Tarifvertrag den Versorgungsfall bei von der gesetzlichen Rentenversicherung befreiten AN anders als bei den übrigen Begünstigten nicht an den vom gesetzlichen Rentenversicherer genannten Tag des Versicherungsfalles knüpft, sondern an das Ende des Arbeitsverhältnisses.[125] Die Zahlung einer Berufsunfähigkeitsrente/Rente wegen verminderter Erwerbsfähigkeit kann ferner davon abhängig gemacht werden, dass die Ansprüche des AN auf Vergütungsfortzahlung im Krankheitsfalle[126] oder auf Zahlung eines Zuschusses zum Krankengeld[127] erschöpft sind. Ob die Invaliditätsrente weiter zu gewähren ist oder ob eine Umstellung in eine Altersrente erfolgt, wenn der Versorgungsfall „Alter" eintritt, ist durch Auslegung der Versorgungsordnung zu ermitteln. Für eine Umstellung spricht es, wenn für die Gewährung der Invaliditätsrente die Vorlage eines entsprechenden Bescheides der gesetzlichen Rentenversicherung erforderlich ist und die Invaliditätsrente nur solange zu leisten ist, wie ein entsprechender Bescheid vorgelegt werden kann.[128] Der Anspruch kann davon abhängig gemacht werden, dass der AN einen **Antrag** stellen muss, um den Rentenbezug in Lauf zu setzen, sofern an die Art und Weise der Antragstellung keine unangemessen hohen Anforderungen gestellt werden.[129] Unwirksam ist allerdings eine Regelung, die für die Frage der Abgrenzung eines bis zum Eintritt des Versorgungsfalles betriebszugehörigen AN von einem vorzeitig ausgeschiedenen AN entgegen §§ 1 I 1, 1b I BetrAVG auf den Zeitpunkt der Antragstellung abstellt; das gilt gem. § 19 I, III BetrAVG auch für einen Tarifvertrag.[130]

Sieht eine Ruhegeldordnung vor, dass ein Ruhegehalt gezahlt wird, wenn ein AN **infolge Erwerbsunfähigkeit ausscheidet,** so besteht auch dann ein Anspruch, wenn dem AN wegen Arbeitsunfähigkeit gekündigt wird und diese in die Erwerbsunfähigkeit/verminderte Erwerbsfähigkeit einmündet.[131] Dasselbe gilt, wenn wegen betriebsbedingter Gründe gekündigt wird, die Erwerbsunfähigkeit/verminderte Erwerbsfähigkeit aber später **rückwirkend** auf einen Zeitpunkt vor der Kündigung festgestellt wird[132] oder der AN aus gesundheitlichen Gründen ausscheidet und später (rückwirkend) die Berufsunfähigkeit/verminderte Erwerbsfähigkeit festgestellt wird.[133] Dabei kommt es auf die **Form der Vertragsbeendigung** nicht an. Stimmt ein schwerbehinderter AN einem Auflösungsvertrag zu, weil er sich nicht mehr ausreichend leistungsfähig fühlt und führt sein Leiden schließlich zur Anerkennung der Berufsunfähigkeit, so sind damit die Voraussetzungen der betrieblichen Invaliditätsrente erfüllt.[134] 44

Zur Erfüllung der **Wartezeit** bei rückwirkender Feststellung der Berufs- und Erwerbsunfähigkeit → Rn. 44. Anspruchsberechtigt kann auch ein AN werden, der mangels Ablauf der Wartezeit keinen Anspruch auf Berufs- oder Erwerbsunfähigkeitsrente/Rente wegen verminderter Erwerbsfähigkeit hat, bei dem aber die Wartezeit bei Bezug des vorgezogenen Altersruhegeldes abgelaufen ist. 45

Für die **Berechnung** der Invalidenrente kommt es in erster Linie auf die getroffenen Vereinbarungen an. Diese können von den Bestimmungen zur Berechnung der Altersrente abweichen, weil der AG in seiner Entscheidung frei ist, welche Risiken er im Rahmen der betrieblichen Altersversorgung abdecken will und in welchem Umfang er das tut. Häufig wird allerdings für die Invaliditätsleistung an die vorgesehene Altersleistung angeknüpft. In diesen Fällen ist die Invaliditätsrente bei einem vor Eintritt des Versorgungsfalls Invalidität ausgeschiedenen AN nach § 2 I BetrAVG zu berechnen. Die fehlende Betriebstreue wird dabei im Falle einer aufsteigend 46

[123] BAG 5.6.1984 AP Nr. 3 zu § 1 BetrAVG Invaliditätsrente; LAG Nds 10.12.2019 NZA-RR 2020, 316; allerdings offengelassen von BAG 23.3.2021 AP Nr. 18 zu § 1 BetrAVG Invaliditätsrente = NZA 2021, 783.

[124] Regelungsvorschläge bei Höfer BetrAVG I/*Höfer* Kap. 7 Rn. 64.

[125] BAG 18.9.2007 AP Nr. 62 zu § 1 BetrAVG Gleichbehandlung = NZA-RR 2008, 156.

[126] BAG 6.6.1989 AP Nr. 8 zu § 1 BetrAVG Invaliditätsrente.

[127] Vgl. BAG 26.3.1991 AP Nr. 69 zu § 1 BetrAVG Unterstützungskassen = NZA 1991, 849.

[128] BAG 19.5.2016 AP Nr. 40 zu § 1 BetrAVG Berechnung = BetrAV 2016, 635.

[129] BAG 21.2.2017 AP Nr. 75 zu § 1 BetrAVG Ablösung = NZA 2017, 944.

[130] BAG 23.1.2018 AP Nr. 20 zu § 1b BetrAVG = BB 2018, 1212.

[131] BAG 30.6.1972 AP Nr. 4 zu § 242 BGB Ruhegehalt-Unterstützungskassen.

[132] LAG Hamm 27.1.1975 DB 1975, 1754 = BetrAV 1975, 227.

[133] BAG 14.8.1990 AP Nr. 10 zu § 1 BetrAVG Invaliditätsrente = NZA 1991, 147.

[134] BAG 13.7.1982 AP Nr. 1 zu § 1 BetrAVG Invaliditätsrente = NJW 1983, 359; vgl. auch BAG 14.8.1990 AP Nr. 10 zu § 1 BetrAVG Invaliditätsrente = NZA 1991, 147.

berechneten Rente mehrfach anspruchsmindernd berücksichtigt, und zwar einmal, weil die Rente nur bis zum Eintritt des Versorgungsfalls aufsteigend berechnet wird und zum anderen weil sie bezogen auf das Erreichen der Regelaltersgrenze ratierlich gekürzt wird.[135] Die Rente berechnet sich aus der Versorgungsleistung, die der AN bei andauernder Betriebszugehörigkeit zum Zeitpunkt der Invalidität erhalten hätte, gekürzt um das Verhältnis der tatsächlichen zur möglichen Betriebszugehörigkeit bis zur festen Altersgrenze.[136] Der Mindestanspruch ist gem. § 2 I 2 BetrAVG begrenzt auf den Betrag, der zu zahlen gewesen wäre, wenn der Versorgungsfall im Zeitpunkt des Ausscheidens eingetreten wäre.[137] Unanwendbar ist § 2 I BetrAVG aber bei einem Ausscheiden mit Eintritt der Invalidität. Hier hat das Arbeitsverhältnis bis zum Eintritt des Versorgungsfalles der Invalidität fortbestanden.[138] Abweichendes gilt generell dann, wenn die Versorgungsregelung eine andere Berechnungsweise vorsieht. Aus der Festlegung einer aufsteigenden Berechnung der Vollrente folgt aber noch nicht, dass auch die Rente des vorzeitig Ausgeschiedenen ohne ratierliche Kürzung nur aufsteigend zu berechnen ist. Hierdurch wird nur die Rente desjenigen festgelegt, der bis zum Versorgungsfall im Betrieb bleibt, ohne damit aber gleichzeitig eine Regelung über die Berechnung der Rente im Falle des vorzeitigen Ausscheidens zu treffen.[139]

47 **7. Flexible Altersgrenze.**[140] **a) Betriebsrentenanspruch.** Nach **§ 6 S. 1 BetrAVG** ist als flankierende Maßnahme zur flexiblen Altersgrenze vorgesehen, dass allen AN, die das Altersruhegeld aus der gesetzlichen Rentenversicherung (auch vor Erreichen der Regelaltersgrenze) als Vollrente in Anspruch nehmen, auf ihr Verlangen die Leistungen der betrieblichen Altersversorgung zu gewähren sind, wenn die **Wartezeit** (→ Rn. 39) erfüllt ist und die **Anspruchsvoraussetzungen** der Ruhegeldgewährung im Übrigen vorliegen. Gemeint sind die Renten nach §§ 36–40 SGB VI. Kein Anspruch nach § 6 BetrAVG besteht, wenn nur eine Teilrente nach § 42 SGB VI bezogen wird. § 6 S. 1 BetrAVG ist nicht entsprechend anzuwenden, wenn der AN von der gesetzlichen Rentenversicherung befreit ist.[141] In der Praxis werden diese AN aber häufig in gleicher Weise wie Pflichtversicherte behandelt.[142]

48 Anspruchsberechtigt sind auch solche AN, deren Versorgungsanwartschaft bei ihrem Ausscheiden aufrechterhalten wurde[143] oder die einen Versorgungsanspruch haben, auch wenn die Wartezeit noch nicht abgelaufen ist.[144] Wird die Betriebsrente über Unterstützungs- oder Pensionskassen gewährt, so hat der AG dafür Sorge zu tragen, dass die Kassen der flexiblen Altersgrenze Rechnung tragen.

49 Kein Altersruhegeld aus der **gesetzlichen Rentenversicherung** sind die Bergmannsrente (§ 45 II SGB VI), die als Sonderform der Berufsunfähigkeitsrente/Rente wegen verminderter Erwerbsfähigkeit gewährt wird, die Überbrückungsgelder der Seemannskasse und die Leistungen aus einer befreienden Lebensversicherung.[145] Zu den Leistungen der gesetzlichen Rentenversicherung gehören die gesetzlichen Renten des SGB VI, also das flexible Altersruhegeld, das allen Versicherten ab dem 63. Lebensjahr und schwerbehinderten Menschen ab dem 60. Lebensjahr sowie nach früherem Recht Frauen ab dem 60. Lebensjahr[146] und Arbeitslosen ab dem 60. Lebensjahr gewährt wird.

50 Darüber hinaus müssen die sonstigen Voraussetzungen der Ruhegeldgewährung erfüllt sein. Nur der AN kann den Antrag auf vorgezogenes Altersruhegeld stellen. Eine auflösende Bedingung, nach der das Arbeitsverhältnis endet, wenn der AN vorgezogenes Altersruhegeld beanspruchen kann, ist nach § 41 SGB VI unwirksam (→ Rn. 36).

---

[135] BAG 11.10.2011 DB 2012, 1820; 21.8.2001 AP Nr. 36 zu § 2 BetrAVG = NZA 2002, 1395.

[136] Ausf. zu den verschiedenen Berechnungsmöglichkeiten und entsprechenden Vereinbarungen BRO/*Rolfs* BetrAVG § 6 Rn. 90 ff.

[137] Krit. zu dieser Regelung Höfer BetrAVG I/*Höfer* § 2 Rn. 102 ff.

[138] BAG 19.1.2011 AP Nr. 15 zu § 1 BetrAVG Invaliditätsrente = NZA 2012, 566.

[139] BAG 15.2.2005 AP Nr. 31 zu § 1 BetrAVG Berechnung = NZA-RR 2005, 671 (LS).

[140] Zur Berechnung der Betriebsrente: *Berenz* DB 2001, 2346 (Leistungen des PSVaG); *Blomeyer* ZIP 2001, 225; *Grabner/Bode* BB 2001, 2425; *Höfer* DB 2001, 2045; *ders.* BetrAV 2001, 454; *Löwisch* BetrAV 2000, 439; *Schipp* NZA 2002, 1113.

[141] LAG RhPf 24.7.1990 NZA 1991, 939 = BetrAV 1991, 44; Höfer BetrAVG I/*Höfer* § 6 Rn. 65; BRO/*Rolfs* BetrAVG § 6 Rn. 22, 38 ff.

[142] BRO/*Rolfs* BetrAVG § 6 Rn. 40.

[143] BAG 21.6.1979 AP Nr. 2 zu § 6 BetrAVG = DB 1979, 1945; zur Berechnung des Anwartschaftswertes: BAG 12.3.1991 AP Nr. 9 zu § 1 BetrAVG Besitzstand = NZA 1991, 771; krit. *Benzig/Neumann* ArbuR 1992, 78.

[144] BAG 28.2.1989 AP Nr. 16 zu § 6 BetrAVG = NZA 1989, 935.

[145] Einzelheiten bei Höfer BetrAVG I/*Höfer* § 6 Rn. 63 ff.

[146] BAG 25.10.1988 AP Nr. 15 zu § 6 BetrAVG = NZA 1989, 299.

b) Wegfall des Anspruchs. Die betriebliche Altersversorgung fällt weg, sobald die Altersrente aus der gesetzlichen Rentenversicherung wieder wegfällt oder auf einen Teilbetrag beschränkt wird. Die Altersrente aus der gesetzlichen Rentenversicherung fällt weg (ruht), wenn der AN in einem Umfang gegen Entgelt tätig wird, der die gesetzlichen Hinzuverdienstgrenzen (§ 34 SGB VI) überschreitet. Nimmt der AN nach Überschreiten der Hinzuverdienstgrenzen die gesetzliche Altersrente wieder in vollen Umfang in Anspruch, ist ihm auf sein Verlangen auch wieder die volle betriebliche Altersversorgung zu gewähren. Durch das Rentenreformgesetz 1992 ist ein gleitender Übergang in den Ruhestand ermöglicht worden, indem ein AN eine Teilrente beansprucht. Nach § 6 S. 2 BetrAVG kann die vorzeitige betriebliche Altersleistung eingestellt werden, wenn die gesetzliche Altersrente auf einen Teilbetrag beschränkt wird. Der Bezug einer Teilrente berechtigt den AN nicht zum Bezug der vorzeitigen betrieblichen Altersversorgung, so dass folgerichtig der Bezug der Teilrente zum Wegfall führt. Die betriebliche Altersversorgung entfällt jedoch nicht mehr, wenn der AN nach Erreichen der Regelaltersgrenze Teilrente beansprucht, weil § 6 BetrAVG auf den vorzeitigen Bezug abstellt. 51

Der ausgeschiedene AN ist verpflichtet, die Aufnahme oder Ausübung einer Tätigkeit gegen Entgelt dem AG bzw. der Versorgungseinrichtung **mitzuteilen** (§ 6 S. 3 BetrAVG). Bei Verletzung dieser Nebenpflicht wird er schadensersatzpflichtig und kann dem Schadensersatzanspruch nicht die Einrede der Entreicherung (§ 818 III BGB) entgegenhalten.[147] Dies gilt auch, wenn er seine Pflicht nur fahrlässig verletzt hat. Zur Kontrolle kann der AG mit dem AN vereinbaren, dass dieser verpflichtet ist, die jeweiligen Rentenbescheide vorzulegen. 52

c) Kürzung der Betriebsrente. Beansprucht der AN das vorgezogene Altersruhegeld, so wird er Versorgungsbezüge in aller Regel nicht nur **vorzeitig,** sondern **auch länger** als ein erst mit Erreichen der Regelaltersgrenze ausscheidender AN erhalten. Das BetrAVG enthält keine Vorschrift über die Höhe des vorgezogenen Altersruhegeldes. Maßgebend sind die in den Versorgungsordnungen enthaltenen besonderen Berechnungsvorschriften.[148] Wegen der kürzeren Dienstzeit kann eine Kürzung nach der **ratierlichen Methode** erfolgen und wegen des längeren Bezugszeitraumes stattdessen bei einer entsprechenden Regelung in der Versorgungsregelung auch ein **versicherungsmathematischer Abschlag.** Der AG hat ein Gestaltungsermessen, wie er dem vorzeitigen und längeren Bezug Rechnung tragen will; dessen Ausübung muss nur der Billigkeit entsprechen, transparent sein und vor Versetzung des AN in den Ruhestand erfolgen.[149] Auf den Grund des Ausscheidens kommt es dabei nicht an.[150] Im Allgemeinen wird wegen des vorzeitigen Ausscheidens und längeren Bezugs der Versorgungsleistungen ein versicherungsmathematischer Abschlag von 0,4 bis 0,5% je Monat,[151] teilweise auch bis 0,7%[152] für zulässig gehalten. Unangemessen ist jedenfalls ein monatlicher Kürzungsbetrag von 1,07%.[153] Ergibt sich aus der Versorgungsordnung, dass wegen des vorzeitigen Rentenbezugs eine versicherungsmathematischer Abschlag vorzunehmen ist, ohne aber die Höhe dieses Abschlags festzulegen, wird ein Abschlag in Höhe von 0,5% pro Monat (jedenfalls bei einem Eintritt des Versorgungsfalls bis zum Jahr 2002) als angemessen und üblich angesehen, wie es auch der Handhabung durch den PSVaG entspricht.[154] Die Grundsätze zur Berechnung der Betriebsrente bei vorgezogener Inanspruchnahme nach vorzeitigem Ausscheiden aus dem Arbeitsverhältnis gelten auch für Versorgungszusagen, die eine einmalige Kapitalleistung vorsehen.[155] 53

Hat der AG vor Versetzung des AN in den Ruhestand dem vorzeitigen Ausscheiden in der Versorgungsordnung keine Rechnung getragen, so ist er wegen des vorzeitigen Rentenbezuges regelmäßig nur zur **Kürzung der Versorgungsbezüge** nach der ratierlichen Berechnungsmethode (→ Rn. 88) berechtigt.[156] Zunächst ist daher jeweils zu prüfen, ob die Versorgungsord- 54

---

[147] BAG 27.3.1990 AP Nr. 1 zu § 1 BetrAVG Überzahlung = NZA 1990, 776.
[148] BAG 28.5.2002 AP Nr. 29 zu § 6 BetrAVG = ArbuR 2002, 437 (LS); 29.7.1997 AP Nr. 23 zu § 6 BetrAVG = NZA 1998, 543; 29.7.1997 AP Nr. 24 zu § 6 BetrAVG = NZA 1998, 544; 8.5.1990 AP Nr. 18 zu § 6 BetrAVG = NZA 1991, 15.
[149] BAG 28.5.2002 AP Nr. 29 zu § 6 BetrAVG = ArbuR 2002, 437 (LS).
[150] BAG 17.9.2008 EzA Nr. 31 zu § 2 BetrAVG = DB 2009, 296 (LS).
[151] Vgl. BAG 13.10.2016 BB 2017, 116 (LS); 29.4.2008 AP Nr. 58 zu § 2 BetrAVG = NZA 2008, 1417 – bei einem Verzicht auf eine ratierliche Kürzung analog § 2 I BetrAVG: 0,6%.
[152] Vgl. BRO/*Rolfs* BetrAVG § 6 Rn. 118 ff.
[153] BAG 28.5.2002 AP Nr. 29 zu § 6 BetrAVG.
[154] BAG 8.3.2011 AP Nr. 14 zu § 1 BetrAVG Auslegung = NZA-RR 2011, 591; 29.9.2010 NZA 2011, 206; 20.4.1982 AP Nr. 4 zu § 6 BetrAVG = NJW 1983, 1015.
[155] BAG 25.6.2013 AP Nr. 69 zu § 2 BetrAVG = NZA 2013, 1421.
[156] BAG 12.12.2006 AP Nr. 32 zu § 1 BetrAVG Berechnung = NZA-RR 2007, 434; 24.7.2001 AP Nr. 27 zu § 6 BetrAVG = NZA 2002, 672 („unechter versicherungsmathematischer Abschlag"); 13.3.1990 AP

nung wegen der vorgezogenen Inanspruchnahme der Rente eine eigenständige, abschließende Regelung enthält.[157] Besonderheiten gelten dann, wenn der AG insolvent geworden ist. In diesem Fall ist nach Ansicht des BAG anstelle der ratierlichen Kürzung auch eine Kürzung nach versicherungsmathematischen Grundsätzen (0,4 bis 0,5% monatlich) zulässig.[158] Folgt der Anspruch auf vorgezogene Altersrente aus einer unverfallbaren Versorgungsanwartschaft und sieht die Versorgungsordnung keine Bestimmung über die Höhe des vorgezogenen Altersruhegeldes vor, so ist daher eine **doppelte Kürzung** möglich. Zum einen erfolgt eine ratierliche Kürzung wegen der **vorzeitigen Beendigung des Arbeitsverhältnisses** (dazu → Rn. 88). Die Kürzung aufgrund der fehlenden Betriebstreue folgt bei einem vorzeitigen Ausscheiden mit einer unverfallbaren Anwartschaft aus § 2 BetrAVG, bei einem Ausscheiden zum Zeitpunkt der vorgezogenen Inanspruchnahme der Altersrente aus dem Rechtsgedanken dieser Vorschrift.[159] Zum anderen erfolgt eine Kürzung wegen des **vorzeitigen Bezuges des Ruhegeldes.** Dabei ist zunächst die erreichbare Vollrente zu ermitteln. Hierbei gelten Veränderungssperre und Festschreibeeffekt. Festzustellen ist daher nicht die bei Eintritt des Versorgungsfalls tatsächlich erreichte oder erreichbare Altersversorgung, sondern eine fiktive. Auf die Verhältnisse zum Zeitpunkt des Versorgungsfalles kommt es nicht an. Zugrunde zu legen sind vielmehr zum einen die bei Ausscheiden geltende Versorgungsordnung und zum anderen die Bemessungsgrundlagen bezogen auf den Zeitpunkt des Ausscheidens. Wegen der Einzelheiten → Rn. 104. Diese doppelte Kürzung stellt weder eine unmittelbare noch eine mittelbare Benachteiligung schwerbehinderter Menschen iSv §§ 1, 7 AGG dar.[160] Der arbeitsrechtliche Gleichbehandlungsgrundsatz verpflichtet einen AG nicht, dieselbe Rentenberechnung vorzunehmen, wenn ein AN von der flexiblen Altersrente Gebrauch macht oder mit einer unverfallbaren Versorgungsanwartschaft ausscheidet und dann von der flexiblen Altersrente Gebrauch macht.[161] Verweist eine Versorgungsordnung für alle Einzelheiten auf das Beamtenversorgungsrecht, enthält aber keine Regelung für den Fall, dass der AN von der Möglichkeit der flexiblen Altersgrenze Gebrauch macht, so ergibt die Auslegung, dass AN, die bereits die Höchstpension erreicht haben, keine Kürzungen mehr hinnehmen müssen. Alle anderen AN verlieren durch das vorzeitige Ausscheiden allein die noch fehlenden Steigerungsbeträge.[162] Die Versorgungsordnung kann eine abweichende Berechnung der vorgezogen in Anspruch genommenen Altersrente eines vorzeitig ausgeschiedenen AN vorsehen.[163] Allerdings folgt allein aus einer in der Versorgungsordnung vorgesehenen aufsteigenden Berechnung des Vollanspruchs noch nicht, dass die Rente vorzeitig ausgeschiedener AN auf diese Weise zu berechnen ist. Vielmehr muss sich aus der Versorgungsordnung ergeben, dass diese Berechnung auch die für die vorgezogene Inanspruchnahme der Rente nach vorzeitigem Ausscheiden gelten soll.[164]

II. Ruhegeldanwartschaft

55 **1. Begriff.** Vor Eintritt der Bedingungen, von denen die Ruhegeldzahlung abhängig ist, besteht eine **Ruhegeldanwartschaft.** Sie ist ein aufschiebend bedingter Versorgungsanspruch, der mit Eintritt der Bedingung zum Vollrecht erstarkt.

56 Eine Versorgungsanwartschaft kann **geändert** werden. Die Änderung zugunsten der AN kann durch dieselben Rechtsakte wie die Begründung erfolgen. Insbesondere kann eine Rechtsänderung zugunsten der AN eintreten durch Einzelzusage, betriebliche Übung oder Erweckung eines sonstigen Vertrauenstatbestandes, aufgrund dessen die AN darauf vertrauen können, im Versorgungsfall eine höhere Leistung zu erhalten. Ein verbesserndes Vertragsangebot nimmt der AN an, ohne dass es einer besonderen Annahmeerklärung bedarf (§ 151 BGB; → § 273 Rn. 4).

57 Zweifelhaft ist, ob der AN auf eine Versorgungsanwartschaft **verzichten,** sie erlassen oder zu seinem Nachteil abändern kann. Zwar ist eine Vereinbarung über einen Verzicht auf Versor-

Nr. 17 = NZA 1990, 692; 24.6.1986 AP Nr. 12 zu § 6 BetrAVG = NZA 1987, 200; 11.9.1980 AP Nr. 3 zu § 6 BetrAVG; 1.6.1978 AP Nr. 1 zu § 6 BetrAVG = NJW 1979, 124; dazu *Blomeyer* ZIP 2001, 225; *Heubeck/Oster* BetrAV 2001, 230.

157 Vgl. BAG 19.4.2011 AP Nr. 63 zu § 2 BetrAVG = NZA 2011, 1120 (LS).

158 BAG 20.4.1982 AP Nr. 4 zu § 6 BetrAVG = NJW 1983, 1015; Höfer BetrAVG I/*Höfer* § 6 Rn. 260; krit. BRO/*Rolfs* BetrAVG § 6 Rn. 186.

159 BAG 24.7.2001 AP Nr. 27 zu § 6 BetrAVG = NZA 2002, 672.

160 LAG Nürnberg 14.11.2013 LAGE § 2 BetrAVG Nr. 13 = DB 2014, 432 (LS).

161 BAG 23.1.2001 AP Nr. 26 zu § 6 BetrAVG = DB 2002, 1168.

162 BAG 10.1.1984 AP Nr. 8 zu § 6 BetrAVG = BB 1984, 1620.

163 BAG 11.11.2014 AP Nr. 75 zu § 2 BetrAVG.

164 BAG 10.12.2013 AP Nr. 35 zu § 1 BetrAVG Berechnung = NZA-RR 2014, 654; 10.12.2013 NZA-RR 2014, 375.

gungsansprüche (§ 397 ZPO) nicht grundsätzlich ausgeschlossen, dieser setzt aber eine unmissverständliche Willenserklärung des AN voraus.[165] Soweit die Versorgungsanwartschaft auf **Tarifvertrag oder Betriebsvereinbarung** beruht, kann sie allerdings nicht durch Individualvertrag erlassen oder verschlechtert werden (§ 4 TVG, § 77 BetrVG). Allerdings kann der AN gem. § 77 IV 2 BetrVG mit Zustimmung des BR auf Rechte aus einer Betriebsvereinbarung verzichten. Die Zustimmung kann formlos erteilt werden.[166] Nach § 17 III 3 BetrAVG kann von den Vorschriften des BetrAVG nicht zum Nachteil des AN abgewichen werden. Hieraus lässt sich ein allgemeines Verschlechterungsverbot oder Aufhebungsverbot nicht ableiten. Dagegen leitet das BAG Verschlechterungs- und Aufhebungsverbote aus § 3 BetrAVG ab. Versorgungsanwartschaften, die nicht abgefunden werden dürfen, können auch nicht wirksam erlassen werden (→ Rn. 120). Versorgungsanwartschaften sind **nicht pfändbar.**[167] Die Arbeitgeberleistungen zur betrieblichen Altersversorgung sind vollstreckungsrechtlich nicht dem Beschäftigten zuzurechnen und daher auch nicht Teil des pfändbaren Arbeitseinkommens gem. § 850 II ZPO, und zwar auch dann nicht, wenn sie auf einer Entgeltumwandlung beruhen. Eine Ausnahme gilt aber, wenn die Entgeltumwandlung nach § 242 BGB nicht zu berücksichtigen ist, weil sie nur zu dem Zweck abgeschlossen wurde, sich bestehenden Unterhaltsverpflichtungen zu entziehen.[168] Ebenfalls nicht Teil des pfändbaren Einkommens sind Beiträge des AN aus dem Nettoentgelt für eine sog. Riester-Rente (→ § 275 Rn. 97 ff.).[169]

Dagegen ist die Rspr. stets davon ausgegangen, dass Versorgungszusagen auch zum **Nachteil der AN geändert** werden können. Versorgungszusagen und Versorgungsordnungen laufen idR Jahrzehnte; sie bedürfen daher der Anpassung an wirtschaftliche und rechtliche Eckdaten. Die Rspr. hat eine Änderung von Versorgungszusagen zum Nachteil der AN nicht zugelassen, wenn ein Eingriff in Besitzstände vorlag; im Übrigen hat sie die Änderung einer gerichtlichen Billigkeitskontrolle unterzogen. Sie hat eine Änderung zum Nachteil stets nur für zulässig erachtet, wenn hierfür ein sachlich gerechtfertigter Grund bestand.[170] Der rechtstechnische Weg der Änderung ist bei den einzelnen Rechtsbegründungsakten der Versorgung unterschiedlich.[171] 58

Bei Änderungen von Versorgungszusagen zum Nachteil der AN ist jeweils in zwei Schritten zu **prüfen,** 59

(1) auf welche Weise Änderungen möglich sind (Regelungstechnik) und
(2) ob und in welchem Ausmaß inhaltliche Änderungen zulässig sind (Regelungsinhalt).

2. Einzelvertragliches Anwartschaftsrecht. Beruht die Anwartschaft auf einer vorbehaltlos erteilten Einzelzusage, so kann sie im Wege einer einvernehmlichen Vertragsänderung (§ 311 BGB) jederzeit geändert oder – (zumindest solange sie noch abfindbar ist (→ Rn. 57, 114 ff.) – aufgehoben werden. Zum Nachteil des AN kann aber nicht in bereits erdiente Besitzstände (→ Rn. 75, 88) eingegriffen werden (§§ 3 I, 17 III 3 BetrAVG).[172] Arbeitet ein AN auf die Erklärung des AG, er wolle die Ruhegeldvereinbarung aufheben oder ändern, weiter, so kann hierin regelmäßig noch keine konkludente Zustimmung gesehen werden.[173] Etwas Anderes gilt dann, wenn besondere Umstände vorliegen, die nach Treu und Glauben einen ausdrücklichen Widerspruch erwarten lassen, wie zB bei einem Personalleiter, der die vorgeschlagene Änderung selbst im Betrieb vertritt und durchsetzen soll.[174] Stimmt der AN einer Änderung nicht zu, so kann eine Änderung der Anwartschaft nur im Wege der Änderungskündigung (→ § 137 Rn. 1 ff.) erzwungen werden, für die jedoch der allgemeine oder besondere Kündigungsschutz 60

165 BAG 22.9.2020 AP Nr. 82 zu § 1 BetrAVG = BetrAV 2021, 80.
166 BAG 3.6.1997 AP Nr. 69 zu § 77 BetrVG 1972 = NZA 1998, 382.
167 *Schmidt* BetrAV 2010, 340 (341); Höfer BetrAVG I/*Höfer* Kap. 7 Rn. 272.
168 BAG 17.2.1998 AP Nr. 14 zu § 850 ZPO = NZA 1998, 707; Höfer BetrAVG I/*Höfer* Kap. 7 Rn. 265.
169 LAG RhPf 3.11.2006 – 3 Sa 414/06; krit. *Bengelsdorf* FA 2009, 376.
170 BAG 30.1.1970 AP Nr. 142 zu § 242 BGB Ruhegehalt = NJW 1970, 1620; 17.1.1980 AP Nr. 185 zu § 242 BGB Ruhegehalt = NJW 1980, 1976; 21.8.1980 AP Nr. 7 zu § 1 BetrAVG Wartezeit = NJW 1981, 1855; 19.6.1980 AP Nr. 8 zu § 1 BetrAVG Wartezeit = DB 1981, 431; 30.10.1980 AP Nr. 3 zu § 1 BetrAVG = NJW 1981, 1632.
171 Vgl. den Überblick bei *Zwanziger* ArbuR 2020, 392.
172 BAG 22.9.1987 AP Nr. 13 zu § 17 BetrAVG = NZA 1988, 470; aA LAG Köln 19.2.1986 NZA 1986, 718 = DB 1986, 1344.
173 Zur konkludenten Änderung → § 32 Rn. 14; s. insbes. BAG 8.7.1960 AP Nr. 2 zu § 305 BGB; 17.7.1965 AP Nr. 101 zu § 242 BGB Ruhegehalt; 21.8.1967 AP Nr. 122 zu § 242 BGB Ruhegehalt; 10.5.1971 AP Nr. 152 zu § 242 BGB Ruhegehalt; 12.2.1985 AP Nr. 12 zu § 1 BetrAVG.
174 BAG 12.2.1985 AP Nr. 12 zu § 1 BetrAVG; 17.7.1965 AP Nr. 101 zu § 242 BGB Ruhegehalt.

gilt. Eine Teilkündigung wegen der Versorgungsanwartschaft ist nicht möglich (→ § 123 Rn. 9 ff.). Durch Tarifvertrag oder Betriebsvereinbarung kann eine einzelvertragliche Anwartschaft grundsätzlich weder zum Nachteil des AN geändert noch aufgehoben werden, weil kollektivrechtliche Vereinbarungen nur Mindestbedingungen setzen.[175]

61 **3. Gesamtvertragliches Anwartschaftsrecht. a) Zusage als Inhalt des Arbeitsvertrags.** Beruht die Anwartschaft auf einer vorbehaltlos erteilten **Gesamtzusage,** so kann der AG die Zusage nicht einseitig ändern, da sie zum **Inhalt des Arbeitsvertrags** geworden ist. Dem AG stehen zur Änderung der Ruhegeldordnung dieselben Möglichkeiten wie bei dem einzelvertraglichen Anwartschaftsrecht zu. Nach der neueren Rspr. des BAG sind Gesamtzusagen, die eine Versorgungszusage nach den jeweils geltenden Versorgungsbedingungen enthalten, als dynamisch anzusehen, es sei denn, mit der Zusage wird etwas Abweichendes zum Ausdruck gebracht.[176] Dadurch besteht grundsätzlich auch die Möglichkeit einer Ablösung durch kollektive Regelungen (→ Rn. 65).[177] Dies gilt nicht nur bei Zusagen in Form einer Gesamtzusage, sondern auch bei einer Zusage in Form einer vertraglichen Einheitsregelung.[178]

62 **b) Änderung durch Tarifvertrag oder Betriebsvereinbarung.** In der älteren Lit. und Rspr. ist angenommen worden, nach den Grundsätzen des Ordnungsprinzips sei auch eine Änderung von Gesamtzusagen und arbeitsvertraglichen Einheitsregelungen durch Tarifvertrag und Betriebsvereinbarung möglich. Nach der früheren Rspr. konnten Gesamtzusagen und arbeitsvertragliche Einheitsregelungen (gebündelte Verträge) auch durch Betriebsvereinbarung zum Nachteil der AN geändert werden.[179] Die Betriebsvereinbarungen wurden dabei einer gerichtlichen Billigkeitskontrolle unterzogen.[180] In betriebsverfassungsrechtlichen Organstreitigkeiten (BR/AG) unterschied das BAG zwischen einer strukturellen Billigkeitskontrolle, bei der also ähnlich wie bei einem Normenkontrollverfahren überprüft wird, ob die Gesamtversorgung der Billigkeit entspricht. In Individualstreitigkeiten um die Zulässigkeit der Änderung wurde neben der strukturellen Überprüfung eine individuelle Prüfung angestellt und untersucht, ob die Änderungen im Einzelfall zu Härten führen, die durch die Änderung nicht beabsichtigt waren. Insoweit mussten die Betriebsvereinbarungen Besitzstandsregelungen oder Härteklauseln zum Ausgleich enthalten.

63 Diese Rechtsgrundsätze wurden durch **Entscheidungen des 6. Senats** in Frage gestellt. Der 6. Senat hatte zunächst entschieden, die Auslegung ergebe, dass eine Betriebsvereinbarung eine Gesamtzusage oder arbeitsvertragliche Einheitsregelung nur dann ändern könne, wenn sie das deutlich sage.[181] In einer weiteren Entscheidung hat er einer ändernden Betriebsvereinbarung nur in den Fällen der erzwingbaren Mitbestimmung Wirkungen beigemessen.[182] Hierauf haben der 5., 2. und 3. Senat eine Entscheidung des Großen Senats zu der Frage herbeigeführt, in welchem Umfang arbeitsvertragliche Einheitsregelungen durch Betriebsvereinbarung geändert werden können.

64 Der Große Senat hat 1986 zunächst auf die Vorlage des 5. Senats entschieden.[183] Die Entscheidung betrifft nur die Frage, auf welche Weise Änderungen möglich sind, also die rechtlich mögliche **Regelungstechnik,** nicht dagegen das Problem, in welchem Ausmaß Änderungen zulässig sind, also die Zulässigkeit des **Regelungsinhalts.** Kommt eine verschlechternde Ablösung an sich in Betracht, ist auf einer zweiten Stufe weiter zu prüfen, ob die Neuregelung bei der Ablösung der durch die Gesamtzusage geschaffenen Ordnung die Gebote des Vertrauensschutzes und der Verhältnismäßigkeit wahrt.[184]

---

175 BAG 24.11.1977 AP Nr. 177 zu § 242 BGB Ruhegehalt = NJW 1978, 1969.

176 BAG 13.10.2020 – 3 AZR 410/19, BB 2021, 563 (LS); 18.2.2020 AP Nr. 82 zu § 1 BetrAVG Ablösung = NZA 2020, 956; 11.12.2018 – 3 AZR 380/17; 10.3.2015 AP Nr. 68 zu § 1 BetrAVG Ablösung = NZA-RR 2015, 371; 13.1.2015 AP Nr. 54 zu § 1 BetrAVG Auslegung = NZA 2015, 1192.

177 BAG 10.3.2015 AP Nr. 68 zu § 1 BetrAVG Ablösung = NZA-RR 2015, 371.

178 BAG 11.12.2018 AP Nr. 78 zu § 1 BetrAVG Ablösung = NZA 2019, 1082.

179 BAG 30.1.1970 AP Nr. 142 zu § 242 BGB Ruhegehalt = NJW 1970, 1620; 5.2.1971 AP Nr. 10 zu § 242 BGB Betriebliche Übung = NJW 1971, 1422; 25.3.1971 AP Nr. 5 zu § 57 BetrVG = NJW 1971, 1629; 8.12.1981 AP Nr. 1 zu § 1 BetrAVG Ablösung; 8.12.1981 AP Nr. 1 zu § 1 BetrAVG Unterstützungskasse = NJW 1982, 1773.

180 BAG 30.1.1970 AP Nr. 142 zu § 242 BGB Ruhegehalt = NJW 1970, 1620; 8.12.1981 AP Nr. 1 zu § 1 BetrAVG Ablösung; 8.12.1981 AP Nr. 1 zu § 1 BetrAVG Unterstützungskasse = NJW 1982, 1773.

181 BAG 4.3.1982 AP Nr. 3 zu § 77 BetrVG 1972.

182 BAG 12.8.1982 AP Nr. 4 zu § 77 BetrVG 1972 = NJW 1983, 68.

183 BAG GS 16.9.1986 AP Nr. 17 zu § 77 BetrVG 1972 = NZA 1987, 168.

184 BAG 24.1.2006 AP Nr. 50 zu § 1 BetrAVG Ablösung = NZA-RR 2007, 595; 17.6.2003 AP Nr. 44 zu § 1 BetrAVG Ablösung = NZA 2004, 1110.

Im Hinblick auf die **Regelungstechnik** gilt danach Folgendes (auch → § 231 Rn. 43 ff.): Vertragliche Ansprüche aufgrund einer Einheitsregelung oder einer Gesamtzusage können durch eine nachfolgende Betriebsvereinbarung beschränkt werden, wenn die Neuregelung **bei kollektiver Betrachtung** insgesamt **nicht ungünstiger** ist. Ist die Regelung für die Belegschaft insgesamt nicht ungünstiger, ist es unschädlich wenn einzelne AN schlechter gestellt werden.[185] Für die AN ungünstigere Regelungen sind zulässig, soweit der AG wegen eines vorbehaltenen Widerrufs oder Wegfalls der Geschäftsgrundlage die Kürzung oder Streichung einer Sozialleistung verlangen kann. Darüber hinaus kann die arbeitsvertragliche Vereinbarung einen **Vorbehalt** enthalten, wonach spätere betriebliche Regelungen den Vorrang haben sollen. Dieser Vorbehalt kann ausdrücklich erfolgen, zB durch einen arbeitsvertraglichen Verweis auf die jeweils geltenden Betriebsvereinbarungen.[186] Bei entsprechenden Begleitumständen kann er aber auch stillschweigend erfolgen.[187] Ein **stillschweigender Vorbehalt** wird vor allem dann vorliegen, wenn die vertragliche Einheitsregelung nicht schriftlich abgefasst worden ist und sich aus den Umständen, wie es zu dieser Regelung gekommen ist, ergibt, dass eine etwaige Ablösung durch kollektivrechtliche Regelungen möglich sein soll. Es muss für die Mitarbeiter **erkennbar** werden, dass die gewährten Leistungen nur unter dem Vorbehalt der Ausübung des Mitbestimmungsrechts, also einer Betriebsvereinbarung, gewährt werden sollen.[188] Ein derartiger **Änderungsvorbehalt** kann sich vornehmlich dann aus den Umständen ergeben, wenn bei der Bekanntgabe der vertraglichen Einheitsregelung darauf hingewiesen wird, dass diese auf einer mit dem BR abgestimmten Regelung beruht und die Leistungsgewährung im Einvernehmen mit dem BR beschlossen wurde.[189] Ein konkludenter Änderungsvorbehalt ist nach neuerer Rspr. des BAG außerdem regelmäßig anzunehmen, wenn der Vertragsgegenstand in **Allgemeinen Geschäftsbedingungen** enthalten ist und einen kollektiven Bezug hat, weil Allgemeine Geschäftsbedingungen ebenso wie Betriebsvereinbarungen auf eine Vereinheitlichung der Regelungsgegenstände gerichtet seien.[190] Diese Rspr. ist in der Literatur teilweise auf deutliche Kritik gestoßen.[191] Jedenfalls muss jeweils im Einzelfall aufgrund der konkreten Vereinbarung und der Begleitumstände geprüft werden, ob tatsächlich ein kollektiver Bezug angenommen werden kann. Der 3. Senat des BAG stellt in seiner neueren Rspr. darauf ab, dass **Gesamtzusagen,** mit denen der AG eine Versorgung nach den jeweils bei ihm geltenden Versorgungsregeln zusagt, **im Zweifel als dynamisch anzusehen** sind (→ Rn. 61). Umstritten ist, in welchem Umfang der AG Vertrauensschutz in die vor 1986 bestehenden Änderungsmöglichkeiten besitzt. Das BAG hat jedenfalls den Vertrauensschutz bis zu dem Zeitraum bejaht, in dem die Entscheidung des 6. Senats vom 12.8.1982[192] bekannt wurde.[193] Im Hinblick auf den zulässigen **Regelungsinhalt** gelten die für ändernde Betriebsvereinbarungen geltenden Grundsätze[194] (→ Rn. 74 ff.). 65

c) Störung der Geschäftsgrundlage. Hat ein AG ein Versorgungswerk durch Gesamtzusage errichtet und will dieser eine verschlechternde Neuregelung schaffen, weil die **Geschäftsgrundlage** (§ 313 BGB) weggefallen ist, so ist für die Neuregelung die **Möglichkeit einer Betriebsvereinbarung** gegeben. Der BR kann die Mitwirkung an einer Neuregelung nicht verweigern; notfalls entscheidet die Einigungsstelle. Geschäftsgrundlage sind die nicht zum eigentlichen Vertragsinhalt erhobenen, bei Vertragsschluss aber zutage getretenen gemeinsamen Vorstellungen der Vertragsparteien vom Vorhandensein oder dem künftigen Eintritt gewisser Umstände, wenn der Geschäftswille der Parteien auf diesen Vorstellungen aufbaut; dem steht die Vorstellung einer Partei gleich, sofern sie für die andere Partei erkennbar war und nicht von ihr 66

---

[185] BAG 17.6.2003 AP Nr. 44 zu § 1 BetrAVG Ablösung = NZA 2004, 1110.
[186] BAG 18.9.2012 AP Nr. 58 zu § 1 BetrAVG Ablösung = NZA-RR 2013, 651; 24.1.2006 AP Nr. 50 zu § 1 BetrAVG Ablösung = NZA-RR 2007, 595.
[187] BAG GS 16.9.1986 AP Nr. 17 zu § 77 BetrVG 1972 = NZA 1987, 168.
[188] BAG 21.4.2009 AP Nr. 53 zu § 1 BetrAVG Ablösung = NZA-RR 2009, 2386.
[189] BAG 15.2.2011 AP Nr. 13 zu § 1 BetrAVG Auslegung = NZA-RR 2011, 541; 10.12.2002 AP Nr. 249 zu § 611 BGB Gratifikation = NZA 2004, 271; 10.12.2002 AP Nr. 252 zu § 611 BGB Gratifikation = NZA 2003, 1360 (LS); 23.10.2001 AP Nr. 33 zu § 1 BetrAVG Ablösung = NZA 2003, 986; 3.11.1987 AP Nr. 25 zu § 77 BetrVG 1972 = NZA 1988, 509.
[190] BAG 5.3.2013 AP Nr. 105 zu § 77 BetrVG 1972 = NZA 2013, 916; 30.1.2019 AP Nr. 25 zu § 611 BGB Sachbezüge = NZA 2019, 1065.
[191] ZB *Preis/Ulber* NZA 2014, 6; *Hromadka* NZA 2014, 1061; *Creutzfeldt* NZA 2018, 1111; zust. *Meinel/Kiehn* NZA 2014, 509.
[192] BAG 12.8.1982 AP Nr. 4 zu § 77 BetrVG 1972 = NJW 1983, 68.
[193] BAG 20.11.1990 AP Nr. 14 zu § 1 BetrAVG Ablösung = NZA 1991, 477; hierzu *Heither* BB 1992, 145 ff.
[194] BAG 24.1.2006 AP Nr. 50 zu § 1 BetrAVG Ablösung.

beanstandet wurde. Wird die Anpassung einer Versorgungsregelung dagegen auf Umstände gestützt, die nicht die Geschäftsgrundlage der Versorgungsordnung, sondern ihren Inhalt darstellen, liegt kein Fall von § 313 BGB vor.[195] Eine Störung der Geschäftsgrundlage einer Versorgungszusage ist anzunehmen, wenn sich die zugrunde gelegte Rechtslage nach der Erteilung der Zusage ganz wesentlich und unerwartet geändert hat und dies beim AG zu erheblichen Mehrbelastungen führt (Äquivalenzstörung).[196] Dabei muss es sich nicht um einen einzigen gesetzgeberischen Eingriff handeln. Die Geschäftsgrundlage kann auch durch eine Vielzahl von nicht oder nicht in diesem Umfang vorhersehbaren Verschiebungen gestört sein.[197] Die Änderung von bilanzrechtlichen Bestimmungen rechtfertigt keine Anpassung wegen Störung der Geschäftsgrundlage.[198] Ungeklärt ist, inwieweit das derzeitige Niedrigzinsniveau eine Rechtfertigung für Eingriffe bei einer kapitalgedeckten Altersversorgung darstellen kann.[199] Bei Gesamtversorgungszusagen ist ein Festhalten an der Zusage nicht mehr zumutbar und kann eine Anpassung wegen Äquivalenzstörung verlangt werden, wenn der ursprüngliche Dotierungsrahmen aufgrund von Änderungen der Rechtslage um mehr als 50% überschritten wird.[200] Dabei ist bei Gesamtzusagen auf die Entwicklung der wirtschaftlichen Belastung in der Zeit zwischen der Schaffung des Versorgungssystems und der verlangten Anpassung gem. § 313 BGB abzustellen.[201] Die Geschäftsgrundlage ist auch gestört, wenn die unveränderte Versorgungszusage zu einer gegenüber dem ursprünglichen Versorgungsziel zu einer planwidrigen Überversorgung führt (näher hierzu → § 277 Rn. 12).[202]

67 **d) Jeweiligkeitsklausel.** Der AG kann eine einmal erteilte Ruhegeldzusage nicht einseitig ändern. Ist der AN in den Ruhestand getreten, so wird er nach Ansicht des BAG selbst von Änderungen der Ruhegeldordnung aufgrund von Betriebsvereinbarungen nicht mehr erfasst (→ Rn. 72). Um einerseits deren Versteinerung zu verhindern, andererseits aber auch dem Vereinheitlichungsinteresse des AG zu dienen, wurden als besondere Art der Widerrufsvorbehalte die sog. Jeweiligkeitsklauseln entwickelt. Sie sollen dazu dienen, eine einheitliche Ruhegeldordnung für aktive AN und Ruheständler aufrechtzuerhalten.[203] Die Jeweiligkeitsklausel kann ausdrücklich oder konkludent enthalten sein. Nach der neueren Rspr. des BAG sind Gesamtzusagen allerdings im Zweifel als dynamisch anzusehen. Sie bedeuten also eine Versorgungszusage nach den jeweils geltenden Versorgungsbedingungen, es sei denn, mit der Zusage wird etwas Abweichendes zum Ausdruck gebracht.[204] Sagt der AG eine Leistung nach den jeweils bei ihm geltenden Versorgungsregelungen zu, gehören hierzu nicht nur vom AG einseitig erstellte Versorgungsordnungen, sondern auch Betriebsvereinbarungen; dies gilt auch für Versorgungsregelungen aufgrund betrieblicher Übung.[205] Eine Jeweiligkeitsklausel ist insbesondere anzunehmen, wenn auf eine Versorgungsregelung für einen ganzen Wirtschaftszweig (Bochumer Verband, auch → § 274 Rn. 10) verwiesen ist[206] oder wenn in einer Leistungsordnung aktive AN und Pensionäre (wegen eines Weihnachtsgeldes) in gleicher Weise bedacht werden.[207] Soweit die Arbeitsvertragsparteien auf bestimmte Versorgungsordnungen, wie zB Richtlinien einer Unterstützungskasse, Bezug nehmen, handelt es sich in der Regel um eine dynamische

---

195 BAG 8.12.2020 AP Nr. 16 zu § 1 BetrAVG Überversorgung = NZA 2021, 344; 8.12.2020 – 3 AZR 64/19.
196 BAG 8.12.2020 AP Nr. 16 zu § 1 BetrAVG Überversorgung = NZA 2021, 344; 19.2.2008 AP Nr. 5 zu § 313 BGB = NZA-RR 2008, 600; 23.9.1997 AP Nr. 26 zu § 1 BetrAVG Ablösung = NZA 1998, 719; 9.7.1985 AP Nr. 6 zu § 1 BetrAVG Ablösung = NZA 1986, 517.
197 BAG 19.2.2008 AP Nr. 5 zu § 313 BGB = NZA-RR 2008, 600; 25.7.2000 BetrAV 2003, 466.
198 BAG 8.12.2020 – 3 AZR 64/19.
199 Hierzu *Thüsing/Rawe* NZA 2016, 1169; *Bader/Hartloff* DB 2016, 1437; *Reichenbach/Teckentrup* BB 2016, 390.
200 BAG 19.2.2008 AP Nr. 5 zu § 313 BGB = NZA-RR 2008, 600.
201 BAG 19.2.2008 AP Nr. 5 zu § 313 BGB = NZA-RR 2008, 600; auch → Rn. 314.
202 BAG 23.9.1997 AP Nr. 26 zu § 1 BetrAVG Ablösung = NZA 1998, 719; 28.7.1998 AP Nr. 4 zu § 1 BetrAVG Überversorgung = NZA 1999, 444.
203 BAG 20.2.2001 ZTR 2002, 92 = NZA 2002, 54 (LS); 23.9.1997 AP Nr. 23 zu § 1 BetrAVG Ablösung = NZA 1998, 541.
204 BAG 13.10.2020 – 3 AZR 410/19, BB 2021, 563 (LS); 18.2.2020 AP Nr. 82 zu § 1 BetrAVG Ablösung = NZA 2020, 956; 10.3.2015 AP Nr. 68 zu § 1 BetrAVG Ablösung = NZA-RR 2015, 371; 13.1.2015 AP Nr. 54 zu § 1 BetrAVG Auslegung = NZA 2015, 1192.
205 BAG 21.2.2017 AP Nr. 75 zu § 1 BetrAVG Ablösung = NZA 2017, 944.
206 Vgl. BAG 10.8.1982 AP Nr. 7 zu § 5 BetrAVG.
207 LAG Nds 26.10.2000 LAGE § 611 BGB Gratifikation Nr. 64; zur Vereinbarkeit mit dem AGB-Recht BAG 18.9.2012 AP Nr. 57 zu § 1 BetrAVG Ablösung = NZA 2013, 210.

Verweisung.[208] Es ist ausreichend, wenn die Jeweiligkeitsklausel in eine Gesamtzusage oder kollektivvertragliche Regelung aufgenommen wird. In diesen Fällen hat der Ruheständler Rechte nur unter dem Vorbehalt der Klausel erworben. Hat sich ein Ruheständler vertraglich einer Jeweiligkeitsklausel unterworfen, so muss er auch Änderungen kraft Betriebsvereinbarungen hinnehmen.[209] Ist in einer Betriebsvereinbarung auf einen Tarifvertrag verwiesen, so entfalten auch Tarifänderungen Wirksamkeit.[210] Die Dynamik des Verweises auf einen Tarifvertrag endet mit dem Außerkrafttreten und Beginn der nach § 5 V TVG statischen Nachwirkung des Tarifvertrages, sodass Änderungen der im Tarifvertrag in Bezug genommenen Satzung (hier der VBL) von der Verweisungsklausel nicht erfasst werden.[211] Eine betriebliche Altersversorgung, die sich nach tarifvertraglichen Vorschriften richtet, steht in der Regel auch dann unter dem Vorbehalt einer Änderung des Tarifvertrags, wenn der Versorgungsfall bereits eingetreten ist. Die Jeweiligkeitsklausel gilt im Zweifel über das Ende des Arbeitsverhältnisses hinaus auch noch nach dem Eintritt des AN in den Ruhestand.[212] Zum ausdrücklichen oder stillschweigenden Änderungsvorbehalt durch nachfolgende Betriebsvereinbarung → Rn. 65.

e) Ausgeschiedene Arbeitnehmer, Versorgungsberechtigte. Gleichwohl ist eine Jeweiligkeitsklausel nicht schrankenlos zulässig. Problematisch ist die Wirksamkeit gerade bei AN, die mit einer unverfallbaren Versorgungsanwartschaft ausgeschieden sind (§§ 17 II, 2a (bis 31.12.2017 § 2 V) BetrAVG) oder bereits im Ruhestand leben. Für die Wirksamkeit spricht, dass Jeweiligkeitsklauseln auch noch nach Eintritt in den Ruhestand gelten. Im Übrigen unterliegt die aufgrund der Jeweiligkeitsklausel herbeigeführte Änderung der gerichtlichen Billigkeitskontrolle.[213] Eine Unterwerfung unter unbekannte spätere Regelungen deckt nur solche Bedingungen, mit deren Aufstellung billiger- und gerechterweise gerechnet werden konnte. Es gelten die **Grundsätze der Verhältnismäßigkeit und des Vertrauensschutzes,** nicht aber das dreistufige Prüfungsschema für Eingriffe in Versorgungsanwartschaften.[214] Stets muss ein innerer Zusammenhang zwischen der Neuregelung und den Gründen hierfür bestehen. Auch geringfügige Eingriffe erfordern sachlich nachvollziehbare, Willkür ausschließende Gründe. Für weitergehende Eingriffe müssen darüber hinaus gehende Gründe bestehen. Diese müssen die jeweilige Verschlechterung der Versorgungsordnung ausnahmsweise unter Berücksichtigung des durch die Arbeitsleistung des AN erworbenen Bestandsinteresses einerseits und der Schwere des Eingriffs andererseits aufgrund ganz erheblich überwiegender Interessen des AG rechtfertigen. Ob die Eingriffe geringfügig sind, ist anhand der Nachteile zu beurteilen, die dem Versorgungsberechtigten durch die konkrete Änderung entstehen. Mehr als geringfügig sind solche Eingriffe, die dem Versorgungsempfänger – hätte er mit ihnen gerechnet – während des noch bestehenden Arbeitsverhältnisses vernünftigerweise hätten veranlassen können, sie durch eine weiter gehende private Absicherung auszugleichen.[215] Nach Eintritt des Versorgungsfalls können – auch für **Hinterbliebene** (→ Rn. 155) – aus Vertrauensschutzgesichtspunkten regelmäßig nur noch geringfügige Verschlechterungen gerechtfertigt sein.[216] Ist eine planwidrige Überversorgung (→ § 277 Rn. 12) eingetreten, kann der AG die zulässigen Anpassungsregelungen einer Betriebsvereinbarung auch den mit einer unverfallbaren Versorgungsanwartschaft ausgeschiedenen AN entgegenhalten.[217] 68

f) Änderung durch Tarifvertrag. Tarifverträge gehen einzel- oder gesamtvertraglich begründeten Anwartschaftsrechten vor, soweit sie günstiger sind. Dies folgt aus deren Unabdingbarkeit. Dagegen können Tarifverträge einzel- oder gesamtvertragliche Anwartschaftsrechte grundsätzlich wegen des bestehenden Günstigkeitsprinzips nicht verschlechtern. Soweit die 69

---

208 BAG 12.10.2004 NZA 2005, 1320 (LS); 11.12.2001 AP Nr. 36 zu § 1 BetrAVG Ablösung = NZA 2003, 1414; 23.9.1997 AP Nr. 23 zu § 1 BetrAVG Ablösung = NZA 1998, 541; 21.1.1992 AP Nr. 24 zu § 1 BetrAVG Ablösung = NZA 1992, 659.

209 BAG 23.9.1997 AP Nr. 23 zu § 1 BetrAVG Ablösung = NZA 1998, 541.

210 BAG 30.11.1973 AP Nr. 164 zu § 242 BGB Ruhegehalt.

211 BAG 21.3.2017 AP Nr. 36 zu § 1 BetrAVG Hinterbliebenenversorgung = NZA 2017, 939.

212 BAG 18.9.2012 AP Nr. 58 zu § 1 BetrAVG Ablösung = NZA-RR 2013, 651; 20.2.2001 ZTR 2002, 92 = NZA 2002, 54 (LS); 23.9.1997 AP Nr. 23 zu § 1 BetrAVG Ablösung = NZA 1998, 541; 24.8.1993 AP Nr. 19 zu § 1 BetrAVG Ablösung = NZA 1994, 807.

213 BAG 8.12.1981 AP Nr. 1 zu § 1 BetrAVG Unterstützungskassen = NJW 1982, 1773; 8.12.1981 AP Nr. 1 zu § 1 BetrAVG Ablösung; 8.10.1991 AP Nr. 38 zu § 5 BetrAVG = NZA 1992, 655; → Rn. 72 f.

214 BAG 11.7.2017 AP Nr. 76 zu § 1 BetrAVG Ablösung = NZA 2017, 1471.

215 BAG 11.7.2017 AP Nr. 76 zu § 1 BetrAVG Ablösung = NZA 2017, 1471.

216 BAG 12.10.2004 AP Nr. 23 zu § 1 BetrAVG Hinterbliebenenversorgung = NZA 2005, 580.

217 BAG 28.7.1998 AP Nr. 4 zu § 1 BetrAVG Überversorgung = NZA 1999, 444.

Tarifpartner eine betriebliche Altersversorgung einführen, können sie wegen der bestehenden Versorgungsansprüche verschiedene Anrechnungsmethoden regeln (→ § 273 Rn. 17).

70 **4. Betriebliche Übung und Gleichbehandlungsgrundsatz.** Auf Grund betrieblicher Übung bzw. des Gleichbehandlungsgrundsatzes bestehende Anwartschaftsrechte gehören zum individualvertraglichen Bereich. Sie können unter den gleichen Voraussetzungen widerrufen werden wie ausdrücklich einzelvertraglich zugesagte Betriebsrenten.[218] Das gilt auch für eine Abänderung durch eine Betriebsvereinbarung (→ Rn. 62 ff.).[219] Zur Beseitigung der Betriebsübung im Ganzen → § 110 Rn. 27 ff.

71 **5. Betriebsvereinbarung. a) Abänderbarkeit durch nachfolgende Betriebsvereinbarung.** Ruhegeldanwartschaften aus Betriebsvereinbarungen sind wegen deren Unabdingbarkeit (§ 77 IV BetrVG) zum Nachteil des AN einzelvertraglich nicht änderbar, solange die Betriebsvereinbarung besteht. Dagegen stehen sie grundsätzlich zur Disposition einer **nachfolgenden Betriebsvereinbarung,** da sie nicht einzelvertraglich Bestandteil der Arbeitsverhältnisse geworden sind. Eine neue Betriebsvereinbarung löst eine ältere grundsätzlich auch dann ab, wenn die Neuregelung für die AN ungünstiger ist.[220] Es gilt der Grundsatz lex posterior derogat legi priori.

72 Die Frage, ob eine **Regelungskompetenz auch für bereits ausgeschiedene AN** besteht, hängt davon ab, ob eine **Jeweiligkeitsklausel** (→ Rn. 67 f.) vereinbart wurde. Für die Fälle, in denen eine solche Klausel nicht vereinbart ist, hat das BAG bisher keine Regelungskompetenz angenommen,[221] diese Frage zwischenzeitlich in mehreren Entscheidungen ausdrücklich offengelassen.[222] Bei einigen neueren Entscheidungen hat es allerdings erkennen lassen, dass es an seiner ursprünglichen, eine Regelungskompetenz verneinenden Rspr. festhalten dürfte. Zur Begründung führt das BAG aus, dass sich mit dem Ausscheiden die Rechtsgrundlage für die Leistung ändere und der Ruheständler einen schuldrechtlichen Anspruch erwerbe.[223] Ob ändernde Betriebsvereinbarungen die Anwartschaften bereits ausgeschiedener AN auch dann erfassen, wenn die Versorgungszusage keine sogenannte Jeweiligkeitsklausel enthält, ist aber nach wie vor umstritten. Die Literatur spricht sich zunehmend für eine solche Änderungsbefugnis der Betriebspartner bzw. für die Annahme einer stillschweigenden Jeweiligkeitsklausel aus.[224] Problematisch ist dies allerdings deshalb, weil ausgeschiedene AN auf die Zusammensetzung des BR keinen Einfluss mehr haben.[225] Andererseits beruhen die Leistungen auf einem früheren Arbeitsverhältnis, für das eine Regelungsbefugnis der Betriebspartner zumindest in der Vergangenheit bestand. Ihnen liegt eine kollektive Ordnung zugrunde, die gerade auch die Rechtsbeziehungen nach dem Ausscheiden (Rentenansprüche) regelt. Es erschiene auch wenig sachgerecht, den Betriebspartnern allein eine Änderungsbefugnis für noch aktive AN einzuräumen. Etwaige wirtschaftliche Einschränkungen müssten dann ausschließlich zu deren Lasten gehen. Der Schutz der Betriebsrentner und der mit einer unverfallbaren Anwartschaft Ausgeschiedenen wird zudem durch die Grundsätze des Vertrauensschutzes und der Verhältnismäßigkeit gewährleistet.[226] Daher ist mit der wohl überwiegenden Ansicht in der Literatur von einer Änderungsbefugnis auszugehen. Damit ist aber nur die Frage der Reglungstechnik beantwortet.

73 Im Hinblick auf den Regelungsinhalt gilt **nach Eintritt des Versorgungsfalles** Folgendes: Regelmäßig können – auch für Hinterbliebene (→ Rn. 155) – nach den **Grundsätzen des Vertrauensschutzes und der Verhältnismäßigkeit** nur noch geringfügige Verschlechterun-

[218] BAG 18.3.2002 AP Nr. 41 zu § 1 BetrAVG Ablösung = NZA 2004, 1099; 30.10.1984 AP Nr. 1 zu § 1 BetrAVG Betriebliche Übung = NZA 1985, 531.

[219] BAG 5.2.1971 AP Nr. 10 zu § 242 BGB Betriebliche Übung = NJW 1971, 1422.

[220] BAG 13.10.2020 ArbRAktuell 2020, 571.

[221] BAG 16.3.1956 AP Nr. 1 zu § 57 BetrVG; 25.8.1988 AP Nr. 1 zu § 1 BetrAVG Betriebsvereinbarung = NZA 1989, 522.

[222] Vgl. etwa BAG 11.7.2017 AP Nr. 76 zu § 1 BetrAVG Ablösung = NZA 2017, 1471; 28.6.2011 AP Nr. 54 zu § 1 BetrAVG Ablösung = NZA 2012, 1229; 28.7.1998 AP Nr. 9 zu § 79 LVPG Baden-Württemberg = NZA 1999, 780; 18.11.2008 DB 2009, 1080 = NZA 2009, 1112 (LS); 10.2.2009 AP Nr. 57 zu § 1 BetrAVG = NZA 2009, 796.

[223] BAG 14.12.2010 BetrAV 2011, 106 (LS); vgl. auch BAG 28.6.2011 AP Nr. 54 zu § 1 BetrAVG Ablösung = NZA 2012, 1229.

[224] *Fitting* BetrVG § 77 Rn. 39 mwN; Höfer BetrAVG I/*Höfer* Kap. 5 Rn. 91; *Dieterich* NZA 1994, 273 (277 f.); *Schnitker/Sittard* NZA 2011, 331 (332); offengelassen bei BRO/*Rolfs* BetrAVG Anh. § 1 Rn. 100.

[225] BAG 25.10.1988 AP Nr. 1 zu § 1 BetrAVG Betriebsvereinbarung = NZA 1989, 522; krit. BRO/*Rolfs* BetrAVG Anh. § 1 Rn. 100 mwN; einschränkend für Beihilfen im Krankheitsfall: BAG 13.5.1997 AP Nr. 65 zu § 77 BetrVG 1972 = NZA 1998, 160.

[226] *Fitting* BetrVG § 77 Rn. 39.

gen gerechtfertigt sein.[227] Schon hierfür bedarf es sachlich nachvollziehbarer, Willkür ausschließender Gründe. Liegt ein mehr als geringfügiger Eingriff vor, erfordert das eine weiter gehende Rechtfertigung. Die Verschlechterung der Versorgungsbezüge und damit ein Eingriff in die durch die Arbeitsleistung erworbenen Bestandsinteressen sind nur zulässig, wenn dies aufgrund ganz erheblich überwiegender Interessen des AG gerechtfertigt ist. Denn der AN hat die ihm obliegende Gegenleistung ja bereits vollständig erbracht und hat keine Möglichkeit mehr, eine entstehende Versorgungslücke durch Eigenvorsorge zu schließen.[228] Eine abändernde Betriebsvereinbarung, mit der die Anpassungs- und Überprüfungspflicht gem. § 16 I und II BetrAVG durch eine jährliche 1-%ige Anpassung ersetzt, kann insoweit zudem gegen § 30c I BetrAVG verstoßen.[229] Ist eine **planwidrige Überversorgung** (→ § 277 Rn. 12) eingetreten, kann der AG die zulässigen Anpassungsregelungen einer Betriebsvereinbarung auch den mit einer unverfallbaren Versorgungsanwartschaft ausgeschiedenen AN entgegenhalten.[230]

b) Regelungsinhalt. aa) Grundsätze. Ändernde Betriebsvereinbarungen, die in bestehende **Anwartschaften** eingreifen, unterliegen der gerichtlichen Rechtskontrolle. Sie müssen die Maßstäbe der **Verhältnismäßigkeit** und des **Vertrauensschutzes** beachten. Das gilt in gleicher Weise auch für die Ablösung einer betriebsvereinbarungsoffenen vertraglichen Einheitsregelung (→ Rn. 65)[231] sowie für die Kündigung bestehender Betriebsvereinbarungen.[232] Bei mehreren aufeinanderfolgenden Ablösungen muss jede dieser Ablösungen auf ihre Wirksamkeit geprüft werden. Maßgeblicher Zeitpunkt für die Überprüfung im Rahmen der Rechtskontrolle ist der Zeitpunkt, zu dem die ablösende Betriebsvereinbarung in Kraft tritt.[233] Die hierzu entwickelten Rechtsgrundsätze gelten auch dann, wenn im Fall eines **Betriebsübergangs** die beim bisherigen AG bestehende Betriebsvereinbarung nach § 613a I 3 BGB durch eine beim neuen Inhaber bestehende Betriebsvereinbarung abgelöst wird; § 613a I 3 BGB ist insoweit teleologisch zu reduzieren.[234] Der Eingriff muss umso milder sein, je weniger der AN noch einen anderweitigen Ausgleich erzielen kann. Der AG muss die Änderungsgründe im Prozess quantifizieren. Das BAG hat hierfür ein **dreistufiges Prüfungsschema** entwickelt. Dies gilt unabhängig davon, ob die erworbenen Anwartschaften bereits unverfallbar sind oder nicht.[235] Es gilt auch bei der Einführung eines versicherungsmathematischen Abschlags.[236] Nicht anwendbar ist das dreistufige Prüfungsschema, wenn kein Eingriff in der Höhe der Versorgungsanwartschaften vorliegt, etwa bei der Einführung eines Antragserfordernisses für das In-Lauf-Setzen des Bezugs einer Berufsunfähigkeitsrente; insoweit gelten die allgemeinen Grundsätze des Vertrauensschutzes und der Verhältnismäßigkeit.[237] Dasselbe gilt für Veränderungen der Anpassungsregelungen in einer Versorgungsordnung.[238] Da es sich bei dem dreistufigen Prüfungsschema um eine Konkretisierung der Grundsätze des Vertrauensschutzes und der Verhältnismäßigkeit handelt, sind abweichend hiervon Eingriffe zulässig, soweit kein schutzwürdiges Vertrauen entstanden ist, etwa weil zur Zeit der Entstehung des Anspruchs hinreichende Anhaltspunkte dafür vorlagen, dass diese Ansprüche zu Lasten der AN geändert würden.[239] Besonderheiten gelten aber für steuerbefreite Berufsverbände, die nicht am Markt zur Gewinnerzielung tätig sind und denen im Wesentlichen nur Beiträge ihrer Mitglieder als Einkünfte zur Verfügung stehen, insbesondere für Gewerkschaften (→ Rn. 77). Grundsätzlich unterscheidet das BAG bei **Einschränkun-** 74

[227] BAG 14.12.2010 BetrAV 2011, 106 (LS); 12.10.2004 AP Nr. 23 zu § 1 BetrAVG Hinterbliebenenversorgung = NZA 2005, 580.
[228] BAG 28.6.2011 AP Nr. 54 zu § 1 BetrAVG Ablösung = NZA 2012, 1229.
[229] BAG 18.9.2012 AP Nr. 58 zu § 1 BetrAVG Ablösung = NZA-RR 2013, 651.
[230] BAG 28.7.1998 AP Nr. 4 zu § 1 BetrAVG Überversorgung = NZA 1999, 444.
[231] BAG 21.4.2009 AP Nr. 53 zu § 1 BetrAVG Ablösung = NZA-RR 2009, 2386.
[232] BAG 8.12.2020 – 3 ABR 44/19; 25.2.2020 AP Nr. 120 zu § 77 BetrVG 1972 = NZA 2020, 875; 11.5.1999 AP Nr. 6 zu § 1 BetrAVG Betriebsvereinbarung = NZA 2000, 322.
[233] BAG 19.3.2019 AP Nr. 79 zu § 1 BetrAVG Ablösung = NZA 2020, 1031.
[234] BAG 22.10.2019 AP Nr. 81 zu § 1 BetrAVG Ablösung = BetrAV 2020, 249; *Witschen* RdA 2020, 370 (374); abl. *Diller* BetrAV 2020, 192; *Frank* BB 2020, 628 (631).
[235] BAG 10.3.2015 AP Nr. 68 zu § 1 BetrAVG Ablösung = NZA-RR 2015, 371; 15.1.2013 AP Nr. 60 zu § 1 BetrAVG Ablösung = NZA 2013, 1028.
[236] BAG 13.10.2016 AP Nr. 74 zu § 1 BetrAVG Ablösung = BB 2016, 2611 (LS); anders noch BAG 23.2.2016 AP Nr. 73 zu § 1 BetrAVG Ablösung = NZA 2016, 961.
[237] BAG 21.2.2017 AP Nr. 75 zu § 1 BetrAVG Ablösung = NZA 2017, 944.
[238] BAG 13.10.2020 – 3 AZR 410/19, BB 2021, 563 (LS); 11.7.2017 AP Nr. 77 zu § 1 BetrAVG Ablösung = BB 2017, 2422 (LS).
[239] BAG 21.4.2009 AP Nr. 53 zu § 1 BetrAVG Ablösung = NZA-RR 2009, 2386.

gen von **Versorgungsanwartschaften drei Arten von Eingriffen** und ordnet ihnen je nach ihrer Intensität die für ihre Wirksamkeit erforderlichen Rechtfertigungsgründe zu.[240]

75 **bb) Erdiente Besitzstände.** In den zum Zeitpunkt der Neuregelung erdienten und nach § 2 I BetrAVG zu errechnenden Teilbetrag (erdiente Besitzstände) kann nur ausnahmsweise bei ganz zwingenden Gründen, eingegriffen werden. Solche Gründe liegen vor, wenn sich die Geschäftsgrundlage der ursprünglichen Versorgungsregelung wesentlich geändert hat oder gänzlich weggefallen ist. Darüber hinaus sind Kürzungen möglich, soweit eine **planwidrig eingetretene Überversorgung** abgebaut werden soll;[241] für die Beurteilung, ob dies vorliegt, ist auf den in der Versorgungsordnung angestrebten Versorgungsgrad abzustellen.[242] Wird im Rahmen der Ablösung einer früheren Versorgungsordnung ein bestimmter Besitzstand garantiert, gilt dies auch bei einem späteren vorzeitigen Ausscheiden des AN. Das ist jedenfalls dann anzunehmen, wenn sich die Besitzstandsrente auch nach den Kriterien des § 2 I und § 2a BetrAVG ergäbe und diese zum Zeitpunkt der Ablösung bereits unverfallbar war.[243]

76 **cc) Erdiente Dynamik.** Für einen Eingriff in geschützte Zuwächse, die sich dienstzeitunabhängig allein aus variablen Berechnungsfaktoren ergeben und die zum Zeitpunkt der Neuregelung bereits anteilig erdient waren (erdiente Dynamik), bedarf es triftiger Gründe. Diese bestimmt das BAG ähnlich wie die wirtschaftlichen Gründe, die es dem AG erlauben, eine Anpassung der laufenden Betriebsrenten gem. § 16 BetrAVG zu verweigern (→ § 276 Rn. 28 ff.). Ein Eingriff ist möglich, wenn ein Fortbestand der bisherigen Versorgungsregelung den Bestand des Unternehmens des Versorgungsschuldners langfristig gefährdet. Das ist dann anzunehmen, wenn unveränderte Versorgungsverbindlichkeiten voraussichtlich nicht aus den Erträgen des Unternehmens finanziert werden können und für deren Ausgleich auch keine ausreichenden Wertzuwächse des Unternehmens zur Verfügung stehen.[244] Wirtschaftlich triftige Gründe fehlen, wenn bereits nach der vereinbarten Dynamisierungsregelung bei einer langfristigen Substanzgefährdung des Unternehmens eine Erhöhung der Versorgungsanwartschaften unterbleiben darf.[245] Als triftige Gründe kommen auch grundlegende Veränderungen in den gesellschaftlichen und rechtlichen Wertungen in Betracht, wenn etwa bisher nicht vorgesehene Versorgungsleistungen durch Gerichtsentscheidungen erzwungen werden, wie etwa eine Witwerversorgung oder eine Einbeziehung bestimmter Teilzeitkräfte in ein Versorgungswerk.[246]

77 **dd) Dienstzeitabhängige Steigerungsbeträge.** Eingriffe in dienstzeitabhängige, also noch nicht erdiente Zuwachsraten (dienstzeitabhängige Steigerungsbeträge) können aus **sachlich-proportionalen Gründen** erfolgen. Unter sachlich-proportionalen Gründen sind willkürfreie, nachvollziehbare und anerkennenswerte Gründe zu verstehen, die auf einer **(1) wirtschaftlich ungünstigen Entwicklung des Unternehmens** oder einer **(2) Fehlentwicklung der betrieblichen Altersversorgung** oder auf **(3) anerkennenswerten geänderten Vorstellungen der Betriebsparteien** beruhen können.[247] **(1)** Für das Vorliegen einer wirtschaftlich ungünstigen Entwicklung ist eine unzureichende Eigenkapitalverzinsung oder langfristige Substanzgefährdung erforderlich. Daher liegen sachliche Gründe nicht erst dann vor, wenn die Wettbewerbsfähigkeit des Unternehmens konkret gefährdet ist. Erst recht bedarf es zur Rechtfertigung des Eingriffs in die betriebliche Altersversorgung nicht der Feststellung einer insolvenznahen Lage. Beruft sich der AG auf wirtschaftliche Schwierigkeiten, erfordert dies nach der neuen Rspr. des BAG[248] vielmehr, dass wirtschaftliche Schwierigkeiten vorliegen, auf die ein vernünftiger Unternehmer reagieren darf, und der Eingriff in die betriebliche Altersversorgung in der eingetretenen wirtschaftlichen Situation nicht unverhältnismäßig ist. Verhältnismäßig

[240] Vgl. etwa BAG 17.4.1985 AP Nr. 4 zu § 1 BetrAVG Unterstützungskassen = NZA 1986, 57; 16.7.1996 AP Nr. 21 zu § 1 BetrAVG Ablösung = NZA 1997, 533; krit. zum Drei-Stufen-Schema *Diller/Günther* DB 2017, 908; *Thüsing* FS Übelhack, 2019, 467.

[241] BAG 22.10.2002 AP Nr. 10 zu § 1 BetrAVG Überversorgung; 28.7.1998 AP Nr. 4 zu § 1 BetrAVG Überversorgung = NZA 1999, 444; 9.4.1991 AP Nr. 15 zu § 1 BetrAVG Ablösung = NZA 1991, 730; 23.10.1990 AP Nr. 13 zu § 1 BetrAVG Ablösung = NZA 1991, 242.

[242] BAG 28.7.1998 AP Nr. 4 zu § 1 BetrAVG Überversorgung = NZA 1999, 444.

[243] BAG 19.5.2016 AP Nr. 40 zu § 1 BetrAVG Berechnung = BetrAV 2016, 635.

[244] BAG 11.12.2001 AP Nr. 36 zu § 1 BetrAVG Ablösung = NZA 2003, 1414; zur Frage der Berücksichtigung steuerlicher Auswirkungen der Anpassung des Versorgungswerks *Cisch/Weppler* BB 2016, 2806.

[245] BAG 21.8.2001 AP Nr. 8 zu § 1 BetrAVG Betriebsvereinbarung = NZA 2002, 575.

[246] BAG 10.9.2002 AP Nr. 37 zu § 1 BetrAVG Ablösung = DB 2003, 1525.

[247] Vgl. etwa BAG 13.10.2020 ArbRAktuell 2020, 571.

[248] BAG 10.11.2015 AP Nr. 72 zu § 1 BetrAVG Ablösung = BetrAV 2016, 154; 9.12.2014 AP Nr. 67 zu § 1 BetrAVG Ablösung = NZA 2015, 1198.

ist der Eingriff dann, wenn er sich in ein auf eine Verbesserung der wirtschaftlichen Lage zur Beseitigung der wirtschaftlichen Schwierigkeiten ausgerichtetes Gesamtkonzept einpasst und die Ausgestaltung des Gesamtkonzepts plausibel ist. Das ist dann anzunehmen, wenn die Neuregelung nicht weiter in die künftigen dienstzeitunabhängigen Zuwächse eingreift, als ein vernünftiger Unternehmer dies zur Kosteneinsparung in der konkreten wirtschaftlichen Situation für geboten erachten durfte. Eines ausgewogenen, die Sanierungslasten angemessen verteilenden Sanierungsplans bedarf es nicht.[249] Nicht erforderlich ist, dass andere Maßnahmen zur Kosteneinsparung ausgeschöpft sind. Dabei steht dem AG und insbes. den Betriebsparteien eine Einschätzungsprärogative zu. Sachlich proportionale Gründe liegen bereits dann vor, wenn ein unabhängiger Sachverständiger Feststellungen getroffen hat, die einen dringenden Sanierungsbedarf begründen.[250] **(2)** Der sachliche Grund der Fehlentwicklung liegt vor, wenn eine erhebliche, zum Zeitpunkt der Schaffung des Versorgungswerks unvorhersehbare Mehrbelastung eingetreten ist, die auf Änderungen im Recht der gesetzlichen Rentenversicherung oder im Steuerrecht beruht. Die Ermittlung des Anstiegs der Kosten ist anhand eines Barwertvergleichs festzustellen, der bezogen auf den Ablösestichtag einerseits und den Tag der Schaffung des Versorgungswerks andererseits vorzunehmen ist. Einzubeziehen ist ein identischer Personenbestand, nämlich die Gesamtheit der anwartschaftsberechtigten AN, denen zum Ablösestichtag eine Versorgung nach den Regeln zugesagt war, die verändert werden sollen. Maßgebend für die Durchführung des Barwertvergleichs sind die Rechnungsgrundlagen und anerkannten Regeln der Versicherungsmathematik. Für den Vergleich ist der aktuelle Barwert, dh der Barwert der Pensionsverpflichtungen aus dem anzupassenden Versorgungswerk nach der sozialversicherungs- und steuerrechtlichen Rechtslage zum Ablösestichtag, dem Ausgangsbarwert, dh dem Barwert der Pensionsverpflichtungen aus dem Versorgungswerk nach der bei dessen Schaffung maßgeblichen Rechtslage gegenüberzustellen.[251] Zu den in Betracht kommenden Änderungen gehören zB die Einführung einer vorgezogenen Altersgrenze, Änderungen des gesetzlichen Insolvenzschutzes,[252] uU Änderungen des Sozialversicherungsrechts.[253] Ungeklärt ist, inwieweit das derzeitige Niedrigzinsniveau und eine damit verbundene ungünstige wirtschaftliche Entwicklung eines externen Versorgungsträgers mit der Folge einer eventuellen Einstandspflicht des AG nach § 1 S. 3 BetrAVG Eingriffe bei einer kapitalgedeckten Altersversorgung rechtfertigen kann.[254] Rechtfertigungsgründe können außerdem eine angestrebte Vereinheitlichung der Altersversorgung mehrerer Betriebe im Unternehmen oder eines Konzerns[255] sowie die Verwirklichung des Gleichbehandlungsgrundsatzes sein.[256] Allerdings liefert eine angestrebte Vereinheitlichung im Konzern nicht ohne Weiteres einen ausreichenden Eingriffsgrund. Ein Indiz für einen Eingriffsgrund kann es dabei darstellen, wenn gerade von den AN eine vereinheitlichende Neuordnung gefordert wird. Das Vereinheitlichungsinteresse ist durch die Regelung in § 613a I 3 BGB zwar grundsätzlich gesetzlich anerkannt.[257] Es rechtfertigt allerdings nicht etwa eine Anpassung auf das geringste Niveau.[258] Überhaupt rechtfertigt das Vereinheitlichungsinteresse des AG (insbes. nach einem erfolgten Betriebsübergang) für sich genommen noch keinen Eingriff in bestehende Anwartschaften; es müssen vielmehr weitere Voraussetzung für einen Sachgrund gegeben sein.[259] Teilweise wird weitergehend die Ansicht vertreten, jedenfalls die Eröffnung des Insolvenzverfahrens über das Vermögen des Betriebsveräußerers vor dem Betriebsübergang sei generell als sachlich-proportionaler Grund für Eingriffe auf der dritten Stufe anzuerkennen.[260] In jedem Fall

[249] BAG 15.2.2011 AP Nr. 13 zu § 1 BetrAVG Auslegung = NZA-RR 2011, 541; 19.4.2005 AP Nr. 9 zu § 1 BetrAVG Betriebsvereinbarung = NZA-RR 2005, 598.

[250] BAG 9.12.2014 AP Nr. 67 zu § 1 BetrAVG Ablösung = NZA 2015, 1198; 18.9.2001 AP Nr. 34 zu § 1 BetrAVG Ablösung = NZA 2002, 1164; zur Ablösung eines Rentnerweihnachtsgeldes: BAG 18.2.2003 AP Nr. 38 zu § 1 BetrAVG Ablösung = NZA 2004, 98.

[251] BAG 10.11.2015 AP Nr. 72 zu § 1 BetrAVG Ablösung = BetrAV 2016, 154.

[252] Höfer BetrAVG I/*Höfer/Küpper* Kap. 5 Rn. 338.

[253] Einschränkend aber BAG 18.2.2003 AP Nr. 38 zu § 1 BetrAVG Ablösung = NZA 2004, 98 (für sich genommen nicht ausreichend sind die Belastungen auf Grund des Rentenreformgesetzes 1992).

[254] Hierzu *Thüsing/Rawe* NZA 2016, 1169; *Bader/Hartloff* DB 2016, 1437; *Reichenbach/Teckentrup* BB 2016, 390; *Frank* BB 2020, 628 (633 f.).

[255] BAG 8.12.1981 AP Nr. 1 zu § 1 BetrAVG Ablösung.

[256] BAG 26.8.1997 AP Nr. 14 zu § 1 BetrAVG Besitzstand = NZA 1998, 605.

[257] BAG 29.7.2003 AP Nr. 45 zu § 1 BetrAVG Ablösung; einschränkend aber BAG 22.10.2019 AP Nr. 81 zu § 1 BetrAVG Ablösung = BetrAV 2020, 249.

[258] LAG Nds 25.5.2018 – 3 Sa 1334/16 B.

[259] BAG 22.10.2019 AP Nr. 81 zu § 1 BetrAVG Ablösung = BetrAV 2020, 249; abl. *Diller* BetrAV 2020, 192.

[260] *Witschen* RdA 2020, 370 (375).

muss die inhaltliche Ausgestaltung der Neuregelung mit den Änderungsgründen im Einklang stehen. Entschließt sich der AG, die unterschiedlichen Versorgungssysteme im Unternehmen zu vereinheitlichen, kann er bei gleichbleibendem Dotierungsrahmen allerdings berechtigt sein, den Durchführungsweg für die Zukunft zu ändern.[261] Beabsichtigt der AG eine Verringerung des Versorgungsaufwandes, müssen Gründe vorliegen, die sich auf die wirtschaftliche Belastbarkeit der betreffenden Unternehmen beziehen. Der Eingriff in künftige Zuwächse muss stets in einem angemessenen Verhältnis zum Eingriffsgrund stehen.[262] Anderweitige Sanierungsmaßnahmen müssen zumindest erwogen werden und es muss plausibel sein, warum sie nicht ergriffen wurden. Der Eingriff in die Versorgung muss außerdem verhältnismäßig sein und sich in ein auf eine Verbesserung der wirtschaftlichen Lage ausgerichtetes Gesamtkonzept einpassen.[263] Besonderheiten gelten aber für steuerbefreite Berufsverbände, die nicht am Markt zur Gewinnerzielung tätig sind und denen im Wesentlichen nur Beiträge ihrer Mitglieder als Einkünfte zur Verfügung stehen. Das gilt insbesondere für Gewerkschaften, die unter dem verfassungsrechtlichen Schutz der Koalitionsfreiheit nach Art. 9 III GG stehen. Hier ist es den Gerichten untersagt, die Verwendung der Einkünfte im Einzelnen zu überprüfen und zu bewerten; daher reichen bei Eingriffen in noch nicht erdiente, dienstzeitabhängige Zuwächse sachliche Gründe aus; auf die Proportionalität des Eingriffs kommt es nicht an.[264] **(3)** Der sachliche Grund der anerkennenswerten geänderten Vorstellungen der Betriebsparteien beruht darauf, dass bei langfristig wirkenden Betriebsvereinbarungen über die betriebliche Altersversorgung eine Situation eintreten kann, in der diese den späteren Gegebenheiten und veränderten Wertvorstellungen nicht mehr entsprechen. Die Betriebsparteien müssen daher im Rahmen ihres Gestaltungsauftrags nach§ 87 I Nr. 8 und 10 BetrVG die Möglichkeit haben, auf solche Änderungen für die Zukunft zu reagieren. Voraussetzung ist allerdings, dass der Dotierungsrahmen im Wesentlichen zumindest gleich hoch bleibt und der Eingriff für die nachteilig betroffene Arbeitnehmergruppe zumutbar ist.[265] Unter dieser Bedingung ist es auch durch sachlich-proportionale Gründe gerechtfertigt, einen vorliegenden Verstoß gegen den Grundsatz der Entgeltgleichheit von Männern und Frauen durch eine Anhebung der Altersgrenzen für Frauen zu beseitigen.[266]

78 **ee) Abgrenzung.** Die Abgrenzung zwischen den Eingriffen auf der zweiten und dritten Stufe kann im Einzelfall Probleme bereiten: Versorgungszusagen knüpfen häufig für Festlegung des Rentenanspruchs an die Zahl der Dienstjahre und das zuletzt gezahlte Gehalt an. Dabei wird auch für die Bewertung der früheren Beschäftigungszeiträume nicht das damals erzielte (niedrigere), sondern das zuletzt erzielte Entgelt zugrunde gelegt. Erdiente Dynamik ist hier die Aussicht auf Aufwertung der Vergangenheit (früherer Beschäftigungszeiträume) für den Fall künftiger Gehaltssteigerungen.[267] Die bis zur Neuregelung zeitanteilig erdiente Quote des Endgehalts ist dann eine erdiente Dynamik. Zweck einer solchen Steigerung ist nicht die proportionale Vergütung der späteren, fortdauernden Betriebszugehörigkeit sondern die Erfassung des sich wandelnden Versorgungsbedarfs und die Anpassung des Lebensstandard bis zum Eintritt des Versorgungsfalls, wie er durch die Höhe des Arbeitsentgelts (mit) geprägt wird.[268] Weniger schutzbedürftig sind dagegen rein dienstzeitabhängige Bemessungsfaktoren, wie zB ein jährlich zu erdienender Festbetrag oder ein jährlich anzurechnender Prozentsatz von einem anderen Faktor, zB dem Endgehalt.[269] Für die Frage, ob ein Eingriff in die erdiente Dynamik vorliegt, kommt es auf die tatsächliche Entwicklung bei den dynamischen Berechnungsfaktoren an; die tatsächliche Betriebsrente ist mit dem geschützten Besitzstand zu vergleichen, wobei die tatsächliche betriebliche Rente um solche Aspekte zu bereinigen ist, die nichts mit den üblichen dynamischen Berechnungsfaktoren zu tun haben (zB eine Veränderung der vereinbarten Arbeitszeit – insbes. aufgrund einer Altersteilzeitvereinbarung – oder eine vorgezogene Inanspruch-

[261] BAG 19.3.2019 AP Nr. 79 zu § 1 BetrAVG Ablösung = NZA 2020, 1031.
[262] BAG 24.1.2006 AP Nr. 50 zu § 1 BetrAVG Ablösung = NZA-RR 2007, 595.
[263] BAG 15.2.2011 AP Nr. 13 zu § 1 BetrAVG Auslegung = NZA-RR 2011, 541; 17.8.1999 AP Nr. 79 zu § 77 BetrVG 1972 = NZA 2000, 498.
[264] BAG 2.9.2014 AP Nr. 65 zu § 1 BetrAVG Ablösung; 12.2.2013 AP Nr. 62 zu § 1 BetrAVG Ablösung = BetrAV 2013, 637.
[265] BAG 13.10.2016 AP Nr. 74 zu § 1 BetrAVG Ablösung.
[266] BAG 30.9.2014 AP Nr. 73 zu § 2 BetrAVG = NZA 2015, 750.
[267] *Neef* FS 50 Jahre BAG, 81 (85 f.); vgl. BAG 18.9.2012 AP Nr. 56 zu § 1 BetrAVG; 15.1.2013 AP Nr. 59 zu § 1 BetrAVG Ablösung = NZA-RR 2013, 376.
[268] BAG 10.3.2015 AP Nr. 68 zu § 1 BetrAVG Ablösung = NZA-RR 2015, 371; BAG 15.1.2013 AP Nr. 59 zu § 1 BetrAVG Ablösung = NZA-RR 2013, 376.
[269] *Griebeling/Griebeling*, Betriebliche Altersversorgung, 2003, Rn. 845; *Langohr-Plato* BB 2000, 1885 (1887).

nahme der Betriebsrente).[270] Eine endgültige Feststellung der Eingriffsstufe lässt sich dabei uU – etwa bei endgehaltsbezogenen Versorgungszusagen – erst bei Ausscheiden des AN mit Sicherheit treffen.[271] Allein die Veränderung des Berechnungsfaktors Endgehalt, das zB auf einen bestimmten Zeitpunkt festgeschrieben wird, bedeutet nicht in allen Fällen einen Eingriff in die erdiente Dynamik, wenn zB zwar in den Faktor „Endgehalt" verschlechternd eingegriffen wird, gleichzeitig jedoch die Möglichkeit eröffnet wird, nach anderen Berechnungsmaßstäben (zB über eine festbetrags- oder beitragsorientierte Zusage bzw. Rentenbausteine) Zuwächse zu erwerben.[272] Wird auf das jeweilige Endgehalt bei Ausscheiden abgestellt, liegt regelmäßig kein Eingriff in die erdiente Dynamik vor, weil auch künftige Gehaltssteigerungen bei Berechnung des Besitzstandes berücksichtigt werden.[273] Auch die Einführung eines versicherungsmathematischen Abschlags kann einen Eingriff in künftige, dienstzeitabhängige Steigerungsbeträge darstellen, mit der Folge, dass es für damit verbundene Eingriffe sachlich-proportionaler Gründe bedarf.[274] Der Besitzstand aus einer erdienten Dynamik ist bereits dann aufrechterhalten, wenn der AN im Versorgungsfall zumindest den Betrag erhält, den er zu einem bestimmten Stichtag bei Aufrechterhaltung der Dynamik der betreffenden Bemessungsfaktoren erreicht hatte, bzw. wenn er jedenfalls nicht weniger erhält, als er bis zum Ablösungsstichtag unter Berücksichtigung seines tatsächlich erworbenen Endgehalts erworben hat, also berechnet nach § 2 I BetrAVG ohne entsprechende Anwendung der Abänderungssperre des § 2a I BetrAVG.[275] Entsprechende Grundsätze gelten für eine Hinterbliebenenversorgung, wenn diese in Abhängigkeit von der Altersversorgung berechnet wird.[276]

ff) „Beinahe-Pensionäre". Soweit das BAG eine Verschlechterung zum Nachteil der AN bei sog. Beinahe-Pensionären nicht zugelassen hat,[277] ist diese Rspr. überholt. 79

gg) Umstellung auf eine Kapitalleistung. Einer Rechtfertigung bedarf es auch für die **Umstellung von einer Rentenanwartschaft auf eine Kapitalleistung.** Zwar handelt es sich hierbei um gleichwertige Formen der betrieblichen Altersversorgung. Laufende Rentenleistungen, mit denen der AG auch das sog. Langlebigkeitsrisiko übernimmt, haben aber für den AN eine besondere Wertigkeit. Dies kommt auch durch die gesetzgeberische Wertung in § 3 BetrAVG (Abfindungsverbot) zum Ausdruck, der den AN hindert, seinen Rentenanspruch zu kapitalisieren (→ Rn. 114). Außerdem sind laufende Renten in anderer Weise vor Pfändungen geschützt (s. §§ 851c, 850i ZPO). Wirtschaftlich weniger belastend wirkt sich der Umstand aus, dass nur laufende Zahlungen einer Anpassungspflicht nach § 16 BetrAVG unterliegen, weil bei einer Kapitalleistung insoweit ein Ausgleich der Geldentwertung durch evtl. Anlageerträge erzielt werden kann. Ob die Umstellung gerechtfertigt ist, beurteilt sich nach den **Grundsätzen des Vertrauensschutzes und der Verhältnismäßigkeit.** Nicht auf diese Fälle übertragbar ist das dreistufige Prüfungsschema für Eingriffe in Versorgungsanwartschaften (→ Rn. 74 ff.). Bei der vorzunehmenden Interessenabwägung sind das Interesse des AN am Fortbestand des Anspruchs auf eine Rentenzahlung und das Interesse des AG an der Umstellung auf eine Kapitalleistung gegeneinander abzuwägen. Eine Umstellung setzt ein erheblich überwiegendes Interesse des AG voraus. Dabei können wirtschaftliche Gründe ausschlaggebend sein, etwa wenn der AG nicht mehr in der Lage ist, die Kosten des bisherigen Versorgungswerks einschließlich der Anpassungsverpflichtung nach § 16 BetrAVG aufzubringen. Berücksichtigungsfähig sind ferner Vorteile im Hinblick auf die Bilanzierung und Finanzierung der Versorgungsverpflichtungen. Außerdem sind evtl. Leistungsverbesserungen durch eine Erhöhung des Dotierungsrahmens in die Betrachtung einzubeziehen.[278] 80

---

[270] BAG 19.3.2019 AP Nr. 79 zu § 1 BetrAVG Ablösung = NZA 2020, 1031.

[271] BAG 9.12.2014 AP Nr. 67 zu § 1 BetrAVG Ablösung = NZA 2015, 1198; 15.1.2013 AP Nr. 59 zu § 1 BetrAVG Ablösung = NZA-RR 2013, 376; 15.5.2012 AP Nr. 55 zu § 1 BetrAVG Ablösung = NZA-RR 2012, 433; 11.12.2001 AP Nr. 36 zu § 1 BetrAVG Ablösung = NZA 2003, 1414; 11.12.2001 AP Nr. 43 zu § 1 BetrAVG Unterstützungskassen = NZA 2003, 1407; vgl. auch BAG 19.4.2005 AP Nr. 9 zu § 1 BetrAVG Betriebsvereinbarung = NZA-RR 2005, 598.

[272] Vgl. BAG 15.5.2012 AP Nr. 55 zu § 1 BetrAVG Ablösung = NZA-RR 2012, 433.

[273] Vgl. LAG SchlH 23.2.2012 ArbRAktuell 2012, 332 (LS).

[274] BAG 13.10.2016 AP Nr. 74 zu § 1 BetrAVG Ablösung = BB 2016, 2611 (LS); anders noch BAG 23.2.2016 AP Nr. 73 zu § 1 BetrAVG Ablösung = NZA 2016, 961; 30.9.2014 AP Nr. 73 zu § 2 BetrAVG = NZA 2015, 750.

[275] BAG 11.12.2001 AP Nr. 36 zu § 1 BetrAVG Ablösung = NZA 2003, 1414; 11.12.2001 AP Nr. 43 zu § 1 BetrAVG Unterstützungskassen = NZA 2003, 1407.

[276] BAG 19.3.2019 AP Nr. 79 zu § 1 BetrAVG Ablösung = NZA 2020, 1031.

[277] BAG 26.10.1962 AP Nr. 87 zu § 242 BGB Ruhegehalt.

[278] BAG 15.5.2012 AP Nr. 55 zu § 1 BetrAVG Ablösung = NZA-RR 2012, 433.

81 **hh) Günstigere Regelungen.** Betriebsvereinbarungen können durch eine **Gesamtversorgungszusage** abgelöst werden, soweit diese günstiger ist.[279]

82 **c) Kündigung, Nachwirkung.** Betriebsvereinbarungen sind nach § 77 V BetrVG kündbar. Der AG kann auch eine Betriebsvereinbarung über Leistungen der betrieblichen Altersversorgung gem. § 77 V BetrVG kündigen, ohne dass es hierfür eines rechtfertigenden Grundes bedarf. Eine uneingeschränkt ausgesprochene Kündigung kann dabei nicht nur bewirken, dass das Versorgungswerk für nach dem Kündigungstermin eintretende AN geschlossen wird. Auch AN, die zum Zeitpunkt der Kündigung durch die Betriebsvereinbarung begünstigt werden, können von der Kündigung betroffen sein.[280] Insoweit als Versorgungsbesitzstände durch die Kündigung unangetastet bleiben, ist deren Rechtsgrundlage weiterhin die gekündigte Betriebsvereinbarung.[281] Sofern der Regelungstatbestand der erzwingbaren Mitbestimmung unterliegt, entfaltet die Betriebsvereinbarung gem. § 77 VI BetrVG an sich Nachwirkung, dh ihre Normen gelten fort, bis sie durch eine nachfolgende, auch individualvertragliche Abmachung ersetzt werden. Dagegen entfalten freiwillige Betriebsvereinbarungen keine Nachwirkung. In diesem Zusammenhang ist aber zu beachten, dass das vom BAG entwickelte System des Anwartschaftsschutzes (→ Rn. 74 ff.) abschließend ist. Eines weiteren Schutzes der AN über eine Nachwirkung gekündigter Betriebsvereinbarungen nach § 77 VI BetrVG bedarf es daher nicht.[282]

83 **d) Änderung durch Tarifvertrag.** Ob ein (Firmen-)Tarifvertrag eine günstigere Betriebsvereinbarung abändern kann, ist umstritten, wird aber zumeist abgelehnt (→ § 207 Rn. 21 ff.). Eine Änderung ist möglich, wenn die Betriebsvereinbarung auf einen Tarifvertrag verweist.[283]

84 **6. Tarifvertrag.** Ruhegeldanwartschaften aus einem Tarifvertrag können während des Bestandes des Tarifvertrags wegen dessen Unabdingbarkeit nach § 4 III TVG nicht zum Nachteil des AN beseitigt werden.[284] Nach Ablauf oder Aufhebung des Tarifvertrags entfaltet dieser Nachwirkung (§ 4 V TVG).

85 Der Versorgungstarifvertrag selbst kann auch durch einen nachfolgenden Tarifvertrag zum Nachteil der AN geändert werden, und zwar auch im Hinblick auf die Versorgungsanwartschaften bereits ausgeschiedener AN (vgl. § 19 I, bis 31.12.2017: § 17 III BetrAVG). Die Regelungsbefugnis der Tarifvertragsparteien erstreckt sich zudem grundsätzlich auch auf Betriebsrentner, zumal für sie eine Teilhabe am innergewerkschaftlichen Entscheidungsprozess garantiert ist (vgl. auch § 18 AGG).[285]

86 Die Änderung unterliegt nicht der gerichtlichen Billigkeitskontrolle. Vielmehr ist der Tarifvertrag nur darauf zu überprüfen, ob er gegen höherrangiges Recht verstößt (→ § 201 Rn. 21). Eine Kontrolle nach Maßgabe des dreistufigen Prüfungsschemas (→ Rn. 74 ff.) wie bei Betriebsvereinbarungen findet aufgrund der verfassungsrechtlich geschützten Tarifautonomie (Art. 9 III GG) nicht statt.[286] Wäre nach diesen Grundsätzen allerdings eine entsprechende Umstellung durch Betriebsvereinbarung möglich, muss das erst recht für eine tarifliche Regelung gelten.[287] Vorhandene Besitzstände dürfen aber nicht völlig unberücksichtigt gelassen werden. Eingriffe müssen den aus dem Rechtsstaatsprinzip (Art. 20 III GG) folgenden Grundsätzen der **Verhältnismäßigkeit** und des **Vertrauensschutzes** Rechnung tragen.[288] Das gilt auch für die

---

279 LAG Hamm 2.7.1991 DB 1991, 2091 = LAGE § 77 BetrVG 1972 Nr. 13.

280 BAG 8.12.2020 AP Nr. 14 zu § 1 BetrAVG Betriebsvereinbarung = BetrAV 2021, 168; 25.2.2020 AP Nr. 120 zu § 77 BetrVG 1972 = NZA 2020, 875; 11.5.1999 AP Nr. 6 zu § 1 BetrAVG Betriebsvereinbarung = NZA 2000, 322.

281 BAG 21.8.2001 AP Nr. 8 zu § 1 BetrAVG Betriebsvereinbarung = NZA 2002, 575; 17.8.1999 AP Nr. 79 zu § 77 BetrVG 1972 = NZA 2000, 498; 11.5.1999 AP Nr. 6 zu § 1 BetrAVG Betriebsvereinbarung = NZA 2000, 322.

282 *Schlewing* NZA 2010, 532 (533); aA *Heither* DB 2008, 2705.

283 BAG 30.1.1973 AP Nr. 164 zu § 242 BGB Ruhegehalt.

284 Zur Änderung durch einen verschlechternden Tarifvertrag: BAG 1.6.1970 AP Nr. 143 zu § 242 BGB Ruhegehalt.

285 BAG 11.8.2009 AP Nr. 139 zu Art. 9 GG = NZA 2010, 408; 17.6.2008 AP Nr. 136 zu Art. 9 GG = NZA 2008, 1244; 21.8.2007 AP Nr. 69 zu § 1 BetrAVG Zusatzversorgungskassen = NZA 2008, 182; 27.3.2007 AP Nr. 68 zu § 1 BetrAVG Zusatzversorgungskassen = NZA-RR 2008, 82; 27.2.2007 AP Nr. 44 zu § 1 BetrAVG = NZA 2007, 1371.

286 BAG 31.7.2018 AP Nr. 40 zu § 1 BetrAVG Hinterbliebenenversorgung = NZA 2019, 59; 20.9.2016 AP Nr. 7 zu § 1 BetrAVG Gesamtversorgung = NZA 2017, 64; 17.6.2008 AP Nr. 136 zu Art. 9 GG = NZA 2008, 1244; 21.8.2007 AP Nr. 69 zu § 1 BetrAVG Zusatzversorgungskassen = NZA 2008, 182.

287 *v. Buddenbrock/Kühn* BB 2017, 2997 (3000 f.).

288 BAG 18.2.2020 AP Nr. 82 zu § 1 BetrAVG Ablösung = NZA 2020, 956; 22.10.2019 AP Nr. 81 zu § 1 BetrAVG Ablösung = BetrAV 2020, 249; 31.7.2018 AP Nr. 40 zu § 1 BetrAVG Hinterbliebenenversor-

Überprüfung tariflicher Eingriffe in Versorgungsanwartschaften bereits ausgeschiedener AN.[289] Wie gewichtig die einen Eingriff legitimierenden Gründe sein müssen, hängt dabei von der Intensität der für die Versorgungsberechtigten entstehenden Nachteile ab.[290] Unter diesen Voraussetzungen sind auch tarifliche Eingriffe in laufende Betriebsrenten für die Zukunft denkbar. Da die Tarifvertragsparteien grundsätzlich nicht in bereits entstandene Ansprüche eingreifen dürfen,[291] können sie in die zum Zeitpunkt des Versorgungsfalls geschuldete Ausgangsrente (die bei Beendigung des Arbeitsverhältnisses erdiente Rente) nur verschlechtern soweit bereits vor Entstehung des Anspruchs Anhaltspunkte dafür bestanden, dass die Tarifvertragsparteien verschlechternd eingreifen würden.[292] Nach Eintritt des Versorgungsfalls „Alter" können nach den Grundsätzen der Verhältnismäßigkeit und des Vertrauensschutzes allenfalls geringfügige Verschlechterungen der zugesagten Hinterbliebenenversorgung gerechtfertigt sein, nicht aber ein vollständiger, ersatzloser Wegfall einer bei oder nach Eintritt des Versorgungsfalls „Alter" noch bestehenden Hinterbliebenenversorgung.[293] Wird dagegen nicht in einen erdienten Besitzstand eingegriffen und sind die Nachteile nicht schwerwiegend, reichen sachliche Gründe (zB Eindämmung von Überversorgungen, veränderte Gerechtigkeitsvorstellungen oder Veränderungen im Sozialversicherungsrecht) aus.[294] Das gilt zB für eine Regelung, die eine Abkoppelung der künftigen Anpassungen von den tarifvertraglichen Gehaltserhöhung vornimmt, dabei aber mindestens eine jährliche Anpassung von 1% regelt.[295] Ist ein Tarifvertrag danach unwirksam und erwächst damit eine Tariflücke, so ist eine solche Ergänzungsauslegung zu wählen, die dem Regelungssystem am nächsten kommt und keine ergänzende oder zweckändernde rechtspolitische Entscheidung erforderlich macht.[296]

Die Versorgungstarifverträge, die eine sog. **planmäßige Überversorgung** im öffentlichen Dienst beseitigt haben, sind wirksam.[297] Entsprechendes gilt für den Abbau einer planmäßigen Überversorgung in einer Dienstvereinbarung, sofern die Regelung den Grundsätzen des Vertrauensschutzes und der Verhältnismäßigkeit entspricht.[298] Eine planmäßige Überversorgung liegt vor, wenn die Versorgungsberechtigten mehr erhalten als eine volle Sicherung ihres Lebensstandards, wobei den Tarifvertragsparteien im Rahmen der Festlegung der maßgeblichen Vollversorgung, die nicht etwa 100% des fiktiven Nettoeinkommens betragen muss, einen Beurteilungs- und Bewertungsspielraum haben.[299] Bei der Beurteilung einer Gesamtzusage ist insoweit auf den Zeitpunkt der Zusageerteilung und nicht etwa auf den Beginn des Arbeitsverhältnisses abzustellen.[300] 87

7. Wert der unverfallbaren Versorgungsanwartschaft. a) Quotierungsverfahren. In § 2 BetrAVG ist geregelt, mit welchem Wert die Versorgungsanwartschaft mindestens[301] aufrecht zu erhalten ist, wenn der AN nach dem Eintritt ihrer Unverfallbarkeit aus den Diensten des AG scheidet. Auf den Grund des Ausscheidens kommt es dabei nicht an.[302] Der Wert ergibt sich im Wege des Quotierungsverfahrens. Zuvor ist in einem ersten Rechenschritt diejenige Versorgungsleistung zu ermitteln, die der AN nach der Versorgungsordnung bei unterstellter Betriebstreue bis zur Altersgrenze erreicht hätte. Diese Versorgungsleistung ist dann in einem zweiten Rechenschritt nach dem Quotierungsverfahren zu kürzen. Dieses ist auch dann anzuwenden, wenn der AN bei vorzeitiger Beendigung des Arbeitsverhältnisses nach der konkreten Versor- 88

gung = BetrAV 2018, 658; 18.9.2012 AP Nr. 56 zu § 1 BetrAVG Ablösung; 28.7.2005 AP Nr. 47 zu § 1 BetrAVG Ablösung = NZA 2006, 335.

[289] BAG 13.12.2005 AP Nr. 49 zu § 2 BetrAVG = DB 2006, 1013.
[290] BAG 18.2.2020 AP Nr. 82 zu § 1 BetrAVG Ablösung = NZA 2020, 956.
[291] BAG 11.10.2006 AP Nr. 24 zu § 1 TVG Rückwirkung = NZA 2007, 634.
[292] BAG 21.8.2007 AP Nr. 69 zu § 1 BetrAVG Zusatzversorgungskassen = NZA 2008, 182; 27.2.2007 AP Nr. 44 zu § 1 BetrAVG = NZA 2007, 1371.
[293] BAG 31.7.2018 AP Nr. 40 zu § 1 BetrAVG Hinterbliebenenversorgung = NZA 2019, 59.
[294] BAG 18.9.2012 AP Nr. 56 zu § 1 BetrAVG Ablösung; 27.6.2006 AP Nr. 12 zu § 1 BetrAVG Überversorgung = DB 2007, 2491; 28.7.2005 AP Nr. 47 zu § 1 BetrAVG Ablösung = NZA 2006, 335.
[295] BAG 18.2.2020 AP Nr. 82 zu § 1 BetrAVG Ablösung = NZA 2020, 956.
[296] BAG 14.12.1982 AP Nr. 1 zu § 1 BetrAVG Besitzstand.
[297] BAG 3.9.1991 AP Nr. 3 zu § 1 BetrAVG Überversorgung = NZA 1992, 515; vgl. auch BAG 24.8.1993 AP Nr. 19 zu § 1 BetrAVG Ablösung = NZA 1994, 807.
[298] BAG 13.10.2020 –3 AZR 410/19, BB 2021, 564 (LS).
[299] BAG 27.3.2007 AP Nr. 68 zu § 1 BetrAVG Zusatzversorgungskassen = NZA-RR 2008, 82; 27.6.2006 AP Nr. 12 zu § 1 BetrAVG Überversorgung = DB 2007, 2491; 25.5.2004 AP Nr. 11 zu § 1 BetrAVG Überversorgung = DB 2005, 1801 (LS).
[300] BAG 13.11.2007 AP Nr. 3 zu § 313 BGB = NZA-RR 2008, 520.
[301] BAG 21.6.1979 AP Nr. 1 zu § 2 BetrAVG; BGH 18.3.1982 NJW 1982, 2873.
[302] BAG 17.9.2008 EzA Nr. 31 zu § 2 BetrAVG = NZA 2009, 1439.

gungsordnung bereits die Höchstpension verdient hat.[303] Der Quotient entspricht dem Verhältnis der bis zum Ausscheidezeitpunkt erreichten Betriebszugehörigkeit zu der bis zur festen Altersgrenze theoretisch erreichbaren Betriebszugehörigkeit. Bei der Berechnung kann auf volle Monate gerundet werden.[304] Änderungen der Versorgungsregelung oder der Bemessungsgrundlagen, die nach dem Ausscheiden des AN eintreten, bleiben gem. § 2a I BetrAVG unberücksichtigt. Grundsätzlich ist das Quotierungsverfahren für alle Durchführungsformen der betrieblichen Altersversorgung gleich. Bei Direktversicherungen und Pensionskassen können jedoch Ersatzverfahren stattfinden. Das Quotierungsverfahren gilt auch für Versorgungszusagen, die eine Gesamtversorgungsobergrenze vorsehen. Offengelassen hat das BAG bisher die Frage, ob es ebenfalls für Gesamtversorgungssysteme sowie für Versorgungszusagen gilt, die eine einmalige Kapitalzahlung regeln.[305] Besonderheiten gelten gem. § 18 II BetrAVG für die Zusatzrente im öffentlichen Dienst für AN, bei denen der Versorgungsfall vor dem 2. Januar 2002 eingetreten ist. Eine weitere Sonderregelung enthält § 18 IX BetrAVG u.a. für AN des öffentlichen Dienstes, die in der gesetzlichen Rentenversicherung gem. § 5 I 1 Nr. 2 SGB VI versicherungsfrei sind. Danach darf der nach § 2 I S. 1 und S. 2 BetrAVG zu berechnende Anspruch auf Versorgungsleistungen nicht hinter dem Rentenanspruch zurückbleiben, der sich ergeben hätte, wenn der AN für die Zeit der nach § 5 I S. 1 Nr. 2 SGB VI versicherungsfreien Beschäftigung als Dienstordnungsangestellter in der gesetzlichen Rentenversicherung nachversichert worden wäre. Bei der Berechnung des fiktiven gesetzlichen Rentenanspruchs kann insoweit nur die Beschäftigungszeit in dem versicherungsfreien Dienstordnungsangestelltenverhältnis zugrunde gelegt werden, in dem die unverfallbare Versorgungsanwartschaft erworben wurde.[306]

89 Die Berechnungsformel, dargestellt am Beispiel eines im 25. Lebensjahr eingetretenen und im 45. Lebensjahr ausgeschiedenen AN bei fester Altersgrenze mit Eintritt des 65. Lebensjahres lautet:[307]

$$\frac{45\text{–}25}{65\text{–}25} = \frac{\text{Erreichte Betriebszugehörigkeit}}{\text{erreichbare Betriebszugehörigkeit}} = \frac{20}{40} = \frac{1}{2}$$

90 Mit diesem Quotienten werden die für den Versorgungsfall zustehenden Leistungen gekürzt, auch wenn sich nach dem Ausscheiden das Todes- oder Invaliditätsrisiko erhöht. Die Methode wird als **ratierliche Methode, pro rata temporis Methode,** oder **m/n-tel Prinzip** bezeichnet. Diese Berechnungsmethode führt dazu, dass jüngere AN bei ansonsten gleichen Voraussetzungen geringere Rentenanwartschaften erwerben als solche, die erst in einem höheren Lebensalter eingestellt werden, wenn gleichzeitig nach der maßgeblichen Versorgungsordnung die Voraussetzungen der Höchstrente bereits erfüllt werden können, bevor die feste Altersgrenze erreicht ist. Das verstößt nicht gegen das unionsrechtliche Verbot der Diskriminierung wegen Alters gem. Art. 21 I GRCh und Art. 2 Richtlinie 2000/78/EG. Hierin liegt zwar eine mittelbare Benachteiligung wegen des (geringeren) Lebensalters. Diese ist aber gem. Art. 2 II lit. b der Richtlinie 2000/78/EG gerechtfertigt. Das BAG führt insoweit an, dass es Ziel der gesetzlichen Regelung ist, im Interesse des sozialpolitischen Ziels der Verbreitung der betrieblichen Altersversorgung für die Berechnung der Anwartschaft bei vorzeitigem Ausscheiden eine Regelung zu finden, die dem verbreiteten Verständnis des Betriebsrentenrechts gerecht wird, wie es den üblichen Versorgungsordnungen zugrunde liegt.[308] Ein jüngerer AN enttäuscht die Erwartung einer längeren Betriebstreue bei seinem Ausscheiden zudem in einem höheren Maße und hat in höherem Maße die Möglichkeit, weitere Rentenansprüche zu erwerben.[309]

91 Vom Quotierungsverfahren kann **zugunsten der AN** abgewichen werden. Die abweichende Vereinbarung, für deren Vorliegen der AN darlegungs- und beweispflichtig ist, muss deutlich,[310]

---

303 BAG 12.3.1985 AP Nr. 9 zu § 2 BetrAVG = NZA 1986, 135.

304 BAG 20.11.2001 AP Nr. 12 zu § 3 BetrAVG = DB 2002, 2333; 22.2.1983 AP Nr. 15 zu § 7 BetrAVG = NJW 1984, 996.

305 BAG 19.6.2012 BB 2012, 2828 (LS); 23.1.2001 AP Nr. 16 zu § 1 BetrAVG Berechnung = NZA 2002, 93.

306 BAG 19.6.2012 AP Nr. 32 zu § 18 BetrAVG = NZA 2013, 433.

307 Vgl. BAG 12.11.1991 AP Nr. 26 zu § 2 BetrAVG = NZA 1992, 466; zur Vereinbarkeit mit dem Europarecht BVerfG 29.5.2012 NZA 2013, 164.

308 BAG 19.7.2011 AP Nr. 65 zu § 2 BetrAVG = NZA 2012, 155 mzustAnm *Höfer;* insoweit bestand keine Pflicht nach Art. 101 I 2 GG zur Vorlage an den EuGH, s. BVerfG 29.5.2012 (Nichtannahmebeschluss) NZA 2013, 164; vgl. auch BAG 11.12.2012 AP Nr. 68 zu § 2 BetrAVG = NZA 2013, 564.

309 *Cisch/Böhm* BB 2007, 602 (608 f.); *Rolfs* NZA 2008, 553 (555 f.); s. auch *Diller* NZA 2011, 725; krit. *Rengier* NZA 2006, 1251 (1256); aA bei Versorgungszusagen mit einer Höchstbegrenzung der anrechnungsfähigen Dienstjahre *Preis* BetrAV 2010, 513 (515).

310 BAG 4.10.1994 AP Nr. 22 zu § 2 BetrAVG = NZA 1995, 788.

nicht aber unbedingt ausdrücklich[311] getroffen werden. Allerdings ergibt sich allein aus einer in der Versorgungsordnung vorgesehenen aufsteigenden Berechnung des Vollanspruchs noch nicht, dass die Rente vorzeitig ausgeschiedener AN lediglich aufsteigend und nicht ratierlich zu berechnen ist.[312]

b) Altersgrenze. Der **Teilwert der Versorgungsanwartschaft** ist abhängig von der festen Altersgrenze. Der Begriff der **festen Altersgrenze** ist im Gegensatz zu dem der **flexiblen Altersgrenze** gedacht. Er war vom Gesetz auf das 65. Lebensjahr festgesetzt. Nunmehr gelten die Änderungen aufgrund des RV-Altersgrenzenanpassungsgesetzes. 92

Sofern vor dem 1.1.2008 geschaffene Versorgungsordnungen generell auf die gesetzlichen Altersgrenzen verweisen, gelten nunmehr die neuen Altersgrenzen.[313] Entsprechendes gilt aber regelmäßig auch bei Regelungen, die ausdrücklich eine „feste Altersgrenze" mit Vollendung des 65. Lebensjahres normieren. Denn auch solche Regelungen wollten erkennbar auf die (seit 1916) geltende Altersgrenze nach gesetzlichen Rentenrecht abstellen; auch hier war eine Parallelität von gesetzlichen und betrieblichen Leistungsvoraussetzungen beabsichtigt.[314] Enthält die Versorgungsordnung keine feste Altersgrenze, ergibt sich die Maßgeblichkeit der neuen Regelaltersgrenze unmittelbar aus der gesetzlichen Regelung des § 2 I 1 BetrAVG,[315] die nicht mehr auf die Vollendung des 65. Lebensjahres abstellt, sondern auf die „Regelaltersgrenze in der gesetzlichen Rentenversicherung". An die Stelle der Regelaltersgrenze tritt nach § 2 I 1 2. Hs. BetrAVG ein früherer Zeitpunkt, wenn dieser in der Versorgungsregelung als feste (von der Regelaltersgrenze abweichende) Altersgrenze vorgesehen ist,[316] spätestens der Zeitpunkt, in dem der AN ausscheidet und gleichzeitig eine Altersrente aus der gesetzlichen Rentenversicherung für besonders langjährig Versicherte (§§ 38, 236b SGB VI) in Anspruch nimmt. Die Inanspruchnahme dieser gesetzlichen Rente führt aber nicht dazu, dass auch eine vorzeitig in Anspruch genommene Betriebsrente ohne Abschlag zu gewähren ist.[317] Häufig wird für Frauen eine feste Altersgrenze (vorgezogen) auf das 60. Lebensjahr festgesetzt.[318] Diese verstößt nicht zum Nachteil der Frauen gegen den Gleichberechtigungsgrundsatz, wenn diese in den Ruhestand treten können, aber nicht müssen.[319] Eine Versorgungsordnung, die für Frauen eine Altersgrenze mit 60 Jahren vorsieht, kann uU dahingehend ausgelegt werden, dass für Frauen damit keine feste, sondern eine flexible Altersgrenze gilt und der Bezug einer Altersrente aus der gesetzlichen Rentenversicherung vorausgesetzt wird.[320] Dagegen liegt insoweit eine Benachteiligung der Männer vor (→ Rn. 41). Zu den Auswirkungen bei der Berechnung der Anwartschaft → § 273 Rn. 30. Im SGB VI wurde die Altersgrenze zunächst stufenweise angeglichen. 93

Inzwischen gelten gleiche Altersgrenzen, und eine Begünstigung besteht nur für ältere Jahrgänge. Die feste Altersgrenze wird noch nicht dadurch verschoben, dass AN zu einem früheren Zeitpunkt als dem 65. Lebensjahr oder der sonst festgesetzten Grenze Ruhegeld verlangen können. Kann ein AN die geforderte Wartezeit erst nach Erreichen der Regelaltersgrenze vollenden, so ist bei seinem vorzeitigen Ausscheiden zur Berechnung des Teilwertes nicht auf das Erreichen der Regelaltersgrenze, sondern auf den Ablauf der Wartezeit abzustellen.[321] 94

Sieht eine Versorgungsordnung vor, dass die Betriebsrente zusammen mit der Sozialversicherungsrente eine bestimmte Obergrenze nicht übersteigen darf, so hängt vom Sinn und Zweck 95

[311] BGH 13.1.2003 NJW 2003, 2908 = DB 2003, 881.

[312] BAG 15.2.2005 AP Nr. 48 zu § 2 BetrAVG; s. auch BAG 10.12.2013 AP Nr. 35 zu § 1 BetrAVG Berechnung = NZA-RR 2014, 654; 10.12.2013 NZA-RR 2014, 375.

[313] *Rolfs* NZA 2011, 540.

[314] Höfer BetrAVG I/*Höfer* § 2 Rn. 65 ff.; *Höfer/Witt/Kuchem* BB 2007, 1445 (1450); ebenso BAG 15.5.2012 AP Nr. 55 zu § 1 BetrAVG Ablösung = NZA-RR 2012, 433; hierzu *Reichenbach* BB 2012, 2634; *Frank* BB 2013, 757; *Frank* BB 2013, 757; aA *Cisch/Kruip* BB 2007, 1162 (1163); *Reichenbach/Grüneklee* DB 2006, 2234; *Rolfs* NZA 2011, 540 (541); ErfK/*Steinmeyer* BetrAVG § 2 Rn. 3; wohl auch *Baumeister/Merten* DB 2007, 1306 (1308 f.); zu den Folgen bei einer Disposition der Parteien über die Anwartschaft in der Annahme, es bleibe beim Rentenbeginn mit 65: *Diller/Beck* DB 2012, 2398; näher zu den Auswirkungen ferner *Walddörfer/Wilhelm* DB 2012, 3137; zu den Folgen für den Versorgungsausgleich *dies.* DB 2013, 1053; für Gesamtzusagen: BAG 13.1.2015 AP Nr. 54 zu § 1 BetrAVG Auslegung mAnm *Veit* = NZA 2015, 1192.

[315] *Höfer/Witt/Kuchem* BB 2007, 1445 (1450).

[316] Zur Zulässigkeit BAG 17.9.2008 AP Nr. 114 zu § 7 BetrAVG = NZA 2009, 440.

[317] *Reinhard/Hoffmann-Remy* NZA 2015, 1159.

[318] Vgl. BAG 21.8.1990 AP Nr. 19 zu § 6 BetrAVG = NZA 1991, 507; 25.10.1988 AP Nr. 15 zu § 6 BetrAVG = NZA 1989, 299.

[319] BAG 12.1.1985 AP Nr. 2 zu § 1 BetrAVG Gleichberechtigung = NZA 1986, 607.

[320] BAG 13.1.2015 AP Nr. 54 zu § 1 BetrAVG Auslegung = NZA 2015, 1192.

[321] BAG 3.5.1983 AP Nr. 4 zu § 128 HGB = NJW 1983, 2283.

der **Höchstbegrenzungsklausel** ab, wie sie sich bei vorzeitigem Ausscheiden des AN auf die Berechnung der Teilrente auswirkt. Nach Ansicht des BAG ist die Gesamtversorgung an der Höchstgrenze zu messen und der entsprechend geminderte Betrag zeitanteilig zu kürzen, wenn es sich um ein Gesamtversorgungssystem wie bei einer beamtenähnlichen Versorgung handelt. In diesen Fällen wird demnach die bei Erreichen der Altersgrenze zu erdienende Betriebsrente durch die Höchstbegrenzungsklausel beschnitten und dann zeitanteilig gekürzt. Stellt dagegen die Höchstbegrenzungsklausel einen reinen Berechnungsfaktor zur Vermeidung von Überversorgungen dar, so wird die bei Erreichen der Altersgrenze erreichbare Rente quotiert und erst danach die Höchstbegrenzungsklausel angewandt.[322] Das BAG ging bisher von einer Auslegungsregel aus, dass Voll- und Teilrenten im Zweifel zunächst ohne die Höchstbegrenzungsklausel zu berechnen sind und erst danach die Höchstbegrenzungsklausel angewandt wird.[323] Diese Rspr. hat das BAG inzwischen aufgegeben und ausgeführt, Höchstbegrenzungsklauseln dienten nicht oder jedenfalls nicht vorwiegend dazu, eine Überversorgung zu verhindern. Sie könnten auch eine Aussage darüber treffen, welche Höchstrente bei Betriebstreue bis zur festen Altersgrenze angemessen sein solle; dann seien sie Teil der Definition der Vollrente und daher schon bei der Berücksichtigung des Ausgangspunktes für Kürzungen wegen vorzeitigen Ausscheidens und vorzeitiger Inanspruchnahme von Betriebsrenten heranzuziehen.[324] Es ist also jeweils im Wege der Auslegung zu ermitteln, ob die Höchstgrenze Teil der Berechnung der erreichbaren Vollrente oder Obergrenze auch für die Teilrente sein soll. In keinem Fall können für die Bewertung der Sozialversicherungsrente und der Betriebsrente unterschiedliche Zeitpunkte festgesetzt werden.[325]

96 **c) Vorzeitige Leistungsfälle.** In § 2 I 2 BetrAVG ist das **Quotierungssystem** bei vorzeitigen Leistungsfällen **begrenzt.** Es soll vermieden werden, dass ein ausgeschiedener AN im Fall einer später eingetretenen Invalidität (bzw. seine Hinterbliebenen im Falle seines Todes) vor Erreichen der Altersgrenze eine höhere betriebliche Versorgungsleistung erhält als ein AN, der den entsprechenden Versorgungsfall als Betriebsangehöriger erleidet (bzw. dessen Hinterbliebene).[326] Das Gesetz fingiert daher in diesen Fällen den Versorgungsfall auf den Zeitpunkt des Ausscheidens.

97 **d) § 2 II–VI, § 2a BetrAVG.** In § 2 II–VI u. § 2a BetrAVG wird die Wertberechnung der unverfallbaren Versorgungsanwartschaft an die Rechtslage bei **Direktversicherungen, Pensions- und Unterstützungskassen, Pensionsfonds, Entgeltumwandlung und Beitragszusage mit Mindestleistung** angepasst.

98 Bei der **Direktversicherung** kann sich ergeben, dass der Wert der Versorgungsanwartschaft hinter dem nach dem Quotierungsverfahren zu errechnenden Wert zurückbleibt. Namentlich bei geringerer Laufzeit des Versicherungsvertrags sind die ratierlichen Ansprüche häufig noch nicht ausfinanziert, zumal die Abschluss- und Verwaltungskosten des Versicherers gedeckt werden müssen. Die Versicherung kann nicht gezwungen werden, den Wert der ratierlichen Ansprüche zu finanzieren. Der AN erlangt einen **Ergänzungsanspruch** gegen den AG (§ 2 II 1 BetrAVG). Die Ansprüche des vorzeitig ausscheidenden AN sind nach Maßgabe von § 2 II 2 BetrAVG auf die von dem Versicherer aufgrund des Versicherungsvertrags zu erbringende Versicherungsleistung beschränkt.[327] Das bis zum 23.6.2020 bestehende Wahlrecht des AG, das keinen inhaltlichen Vorgaben unterlag,[328] ist entfallen. Die **Beschränkung** gilt, wenn **(1)** spätestens nach drei Monaten seit dem Ausscheiden des AN das Bezugsrecht unwiderruflich ist und eine Abtretung oder Beleihung des Rechts aus dem Versicherungsvertrag durch den AG und Beitragsrückstände nicht vorhanden sind, **(2)** vom Beginn der Versicherung, frühestens jedoch vom Beginn der Betriebszugehörigkeit an, nach dem Versicherungsvertrag die Überschussanteile nur zur Verbesserung der Versicherungsleistung zu verwenden sind und **(3)** der ausgeschiedene AN nach dem Versicherungsvertrag das Recht zur Fortsetzung mit eigenen Beiträgen hat. Gem.

[322] BAG 28.7.1998 AP Nr. 4 zu § 1 BetrAVG Überversorgung = NZA 1999, 444; 12.11.1991 AP Nr. 26 zu § 2 BetrAVG = NZA 1992, 466; 8.5.1990 AP Nr. 18 zu § 6 BetrAVG = NZA 1991, 15; 24.6.1986 AP Nr. 12 zu § 6 BetrAVG = NZA 1987, 200; 10.1.1984 AP Nr. 4 zu § 2 BetrAVG = NZA 1984, 354; 25.10.1983 AP Nr. 2 zu § 2 BetrAVG.

[323] BAG 24.6.1986 AP Nr. 12 zu § 6 BetrAVG = NZA 1987, 200; 8.5.1990 AP Nr. 18 zu § 6 BetrAVG = NZA 1991, 15.

[324] BAG 21.3.2006 AP Nr. 51 zu § 2 BetrAVG = NZA 2006, 1220.

[325] BAG 20.3.1984 AP Nr. 15 zu § 5 BetrAVG.

[326] BT-Drs. 7/1281, 25.

[327] BAG 29.7.1986 AP Nr. 3 zu § 1 BetrAVG Lebensversicherung = NZA 1987, 349.

[328] BAG 12.2.2013 AP Nr. 67 zu § 2 BetrAVG.

§ 2 II 3 BetrAVG bleibt die Einstandspflicht des AG nach § 1 I 3 BetrAVG (vgl. → § 275 Rn. 60, 64) unberührt.

Nach der **ersten sozialen Auflage** müssen die Rechte aus dem Versicherungsvertrag nach Erfüllung der Unverfallbarkeitsfristen unwiderruflich dem AN zustehen. Etwaige Beleihungen des Versicherungsvertrags müssen rückgängig gemacht werden. Die Bezugsrechtsgestaltung erfolgt durch Erklärung des AG gegenüber dem Unternehmen der Versicherungswirtschaft und dem AN. Die Erklärung muss dem Versicherungsunternehmen spätestens drei Monate nach dem Ausscheiden des AN zugegangen sein. Die Dreimonatsfrist wird nach §§ 187 ff. BGB berechnet. **99**

Nach der **zweiten sozialen Auflage** müssen die Überschussanteile der Versicherung vom Versicherungsbeginn, frühestens jedoch vom Beginn der Betriebszugehörigkeit an zur Leistungserhöhung verwandt werden. Auf Grund des aufsichtsrechtlich vorgeschriebenen Rechnungszinsfußes von 3,5% können die Überschussanteile beträchtlich sein, weil die Versicherungen zum Teil bis zu 7,5% erwirtschaften. **100**

Nach der **dritten sozialen Auflage** muss dem AN nach dem Versicherungsvertrag das Recht eingeräumt sein, die Versicherung nach seinem Ausscheiden mit eigenen Beiträgen fortzuführen. Ausreichend ist, wenn dieses Recht dem AN mit seinem Ausscheiden eingeräumt ist. Der Vorteil des AN liegt darin, dass er die bisherige Versorgungsplanung fortsetzen kann und Abschluss- und Verwaltungskosten für einen neuen Versicherungsvertrag spart. Darüber hinaus führt die Aufrechterhaltung zu einer günstigeren Prämienkalkulation. **101**

Der AG kann sein Verlangen nur **innerhalb von drei Monaten seit dem Ausscheiden** des AN diesem und dem Versicherer mitteilen (§ 2 II 3 BetrAVG; → § 275 Rn. 57). Der AN ist in der Verfügung über die Versicherung beschränkt (vgl. § 2 II 4–6 BetrAVG; → § 275 Rn. 58). Werden die sozialen Auflagen nicht erfüllt, steht dem AG ein Wahlrecht nicht zu und es bleibt bei der ratierlichen Berechnungsmethode nebst Ergänzungsanspruch. **102**

Die **Rechtslage bei Pensionskassen** (§ 2 III BetrAVG) entspricht im Wesentlichen derjenigen bei Direktversicherungen. Auch bei **Pensionsfonds** richtet sich der Ergänzungsanspruch gegen den AG (§ 2 IIIa BetrAVG). Bei einer unverfallbaren Anwartschaft aus **Entgeltumwandlung** tritt an die Stelle der ratierlichen Berechnungsmethode der Wert der bis zum Ausscheiden umgewandelten Entgeltbestandteile. Entsprechendes gilt bei der beitragsorientierten Leistungszusage (§ 2 V BetrAVG). An die Stelle der ratierlichen Berechnungsmethode tritt bei einer **Beitragszusage mit Mindestleistung** das dem AN planmäßig zuzurechnende Versorgungskapital auf der Grundlage der bis zu seinem Ausscheiden geleisteten Beiträge (§ 2 VI BetrAVG). Wegen der Einzelheiten s. insoweit die Spezialliteratur.[329] **103**

e) Berücksichtigung künftiger Entwicklungen (§ 2a I BetrAVG). Nach § 2a I (bis 31.12.2017 § 2 V) BetrAVG sind bei der Berechnung des Teilanspruchs eines mit unverfallbarer Versorgungsanwartschaft ausgeschiedenen AN nach § 2 BetrAVG die Versorgungsordnung und die Bemessungsgrundlagen im Zeitpunkt des Ausscheidens zugrunde zu legen; **Veränderungen, die nach dem Ausscheiden eintreten, bleiben außer Betracht.** Dies gilt auch für die Bemessungsgrundlagen und die maßgebenden rechtlichen Grundlagen[330] anderweitiger bei der Berechnung zu berücksichtigender Versorgungsbezüge. Veränderungen von Regelungen über versicherungsmathematische Abschläge bei vorzeitiger Inanspruchnahme der Betriebsrente werden ebenfalls erfasst, und zwar unabhängig davon, ob die Abschläge erhöht oder abgesenkt werden.[331] Es wird also gleichsam der Wert der Versorgungsanwartschaft auf den Zeitpunkt des Ausscheidens festgeschrieben. Dabei sind die zum Zeitpunkt des Ausscheidens bestehenden Bemessungsgrundlagen auf den Zeitpunkt des Versorgungsfalls hochzurechnen. Eine solche Hochrechnung kommt aber nur dann in Betracht, wenn die künftige Entwicklung bestimmter Faktoren durch die bei Ausscheiden bereits vorhandenen Berechnungsgrundlagen feststeht, wie zB bei einer Versorgungsordnung, die pro Jahr der Beschäftigung einen festen Steigerungsbetrag vorsieht. Dagegen kann bei einer gehaltsabhängigen Versorgung, die auf das Tarifgehalt bei Ausscheiden abstellt, keine Hochrechnung erfolgen, weil die weitere Entwicklung durch Tariferhöhungen im Ausscheidenszeitpunkt nicht vorhersehbar ist. Insoweit greift der Festschreibeeffekt.[332] AG wie AN sollen möglichst bald den Wert der Anwartschaft erkennen. Ist im Rahmen einer **Gesamtversorgung** die Rente aus der gesetzlichen Rentenversicherung anzurechnen, ist diese auf den Zeitpunkt der Altersgrenze hochzurechnen, und zwar gem. der Regelung in § 2a I BetrAVG auf Grundlage des letzten Einkommens vor dem Ausscheiden, sofern dies nicht **104**

[329] BRO/*Rolfs* BetrAVG § 2 Rn. 301 ff.; Höfer BetrAVG I/*Höfer* § 2 Rn. 249 ff., 460 ff.
[330] BAG 21.3.2006 AP Nr. 51 zu § 2 BetrAVG = NZA 2006, 1220.
[331] BAG 17.8.2004 AP Nr. 46 zu § 2 BetrAVG = DB 2005, 563.
[332] BAG 29.9.2010 AP Nr. 62 zu § 2 BetrAVG = DB 2011, 540 (LS); Höfer BetrAVG I/*Höfer* § 2 Rn. 314.

ausnahmsweise für das sozialversicherungspflichtige Entgelt des AN untypisch ist.[333] Das gilt aber dann nicht, wenn die Versorgungsordnung eine eigenständige Regelung über die Berechnung enthält, die keine Anrechnung einer fiktiven, auf die feste Altersgrenze hochgerechneten Rente aus der gesetzlichen Rentenversicherung vorsieht und einer entsprechenden Anwendung von § 2 I BetrAVG entgegensteht.[334]

105 Besondere Schwierigkeiten können sich ergeben, wenn eine Rente aus der gesetzlichen Sozialversicherung bei **Anrechnungs- oder Maximierungsklauseln** zu berücksichtigen ist. In diesen Fällen ist für die gesetzliche Rente eine fiktive Hochrechnung auf die feste Altersgrenze vorzunehmen.[335] Nach § 2a III (vor dem 1.1.2018 § 2 V 2) BetrAVG ist dabei ein vereinfachtes Berechnungsverfahren (**Näherungsverfahren**) entspr. den Erlassen der obersten Finanzbehörden der Länder betreffend die Anrechnung der Sozialversicherungsrenten bei der Berechnung von Pensionsrückstellungen vorgesehen, und zwar zuletzt BMF-Schreiben vom 16.12.2005 (BStBl. I 1056 = BB 2006, 321).[336] § 2a III BetrAVG räumt dem AG ein Wahlrecht ein.[337] Das Wahlrecht entfällt, wenn der AN die für die individuelle Berechnung erforderlichen sozialversicherungsrechtlichen Daten bekannt gibt.[338] Bei der individuellen Berechnung der Sozialversicherungsrente sind Zeiten bis zum Ausscheiden des AN nach der tatsächlichen Rentenbiographie und fiktive Zeiten bis zur festen Altersgrenze grundsätzlich nach dem letzten Einkommen beim Ausscheiden zu berechnen.[339] Seit der Rentenreform 1992 orientiert sich die Sozialversicherungsrente nach den persönlichen Entgeltpunkten und dem aktuellen Rentenwert. Das Näherungsverfahren geht von folgender Grundformel aus: Sozialrente = $EP_x \cdot AR \cdot ZF_x$.

106 EP_x sind die im Alter maßgebenden Entgeltpunkte, AR der am Bilanzstichtag aktuelle Rentenwert und ZF_x der im Alter x maßgebende Zugangsfaktor.

107 Als **maßgebende Bezüge** gelten die für die Beitragsbemessung in der Sozialversicherung maßgebenden Bruttobezüge. Gemeint ist das dem Grunde nach beitragspflichtige Entgelt in der gesetzlichen Rentenversicherung. Begrenzt sind die maßgebenden Bezüge durch die Beitragsbemessungsgrenze.[340]

108 Die **Versicherungsjahre** berücksichtigen sowohl die mit Beitragszahlung belegten Zeiten als auch Ersatzzeiten und andere anrechnungsfähige Zeiten ohne oder mit geminderter Beitragszahlung. Zum **aktuellen Rentenwert** in der gesetzlichen Rentenversicherung s. § 68 SGB VI.

109 Gem. **§ 2a II 1 BetrAVG** in der ab dem 1.1.2018 geltenden Fassung sind nunmehr Veränderungen der Versorgungsregelung und der Bemessungsgrundlagen zu berücksichtigen, wenn ansonsten ein ausgeschiedener AN hinsichtlich des Werts seiner unverfallbaren Anwartschaft schlechter gestellt würde als beim AG verbliebene vergleichbare AN. Insoweit gilt allerdings die Übergangsregelung in § 30g I BetrAVG, wonach dies nicht für Beschäftigungszeiten vor dem 1.1.2018 gilt und für spätere Beschäftigungszeiten dann nicht, wenn das Versorgungssystem vor dem 20.5.2014 (dem Inkrafttreten der Mobilitätsrichtlinie, RL 2014/50/EU) für neue AN geschlossen war. „Geschlossen" iSv § 30g I BetrAVG sind auch solche Systeme, die zwar keine neuen Anwärter mehr aufnehmen, in denen aber bestehende Anwartschaften weiterhin dotiert werden.[341] Eine Benachteiligung gilt aber (entsprechend Art. 5 IIa RL 2014/50/EU) in den in § 2a II 2 BetrAVG aufgeführten Fällen als ausgeschlossen. Hierdurch werden solche Anwartschaften von einer möglichen Anpassungsverpflichtung ausgenommen, deren Wertentwicklung zum Zeitpunkt der Zusage bereits berücksichtigt worden ist und die einen mit entsprechender Quotierung vorzeitig ausscheidenden AN nicht gegenüber dem im Unternehmen verbleibenden benachteiligen.[342] Dabei greift die Regelung teilweise die Vermutungstatbestände auf, wie sie in § 16 II u. III BetrAVG für die Anpassung laufender Betriebsrenten gelten. Nicht von der Ausnahmeregelung erfasst werden demnach so genannte endgehaltsbezogene Zusagen, die eine unbestimmte Eigendynamik enthalten, indem sich die spätere Gehaltsentwicklung erhöhend auf

---

333 BAG 19.5.2016 – 3 AZR 131/15; 11.11.2014 AP Nr. 74 zu § 2 BetrAVG; 12.8.2014 AP Nr. 71 zu § 2 BetrAVG; 10.12.2013 NZA-RR 2014, 375.

334 BAG 11.11.2014 AP Nr. 75 zu § 2 BetrAVG.

335 BAG 21.3.2006 AP Nr. 51 zu § 2 BetrAVG = NZA 2006, 1220.

336 *Schmidt/Alt* BB 2006, 296; *Bruggemann/Kasper* BetrAV 2006, 16.

337 Vgl. BAG 9.12.1997 AP Nr. 27 zu § 2 BetrAVG = NZA 1998, 1171; 12.11.1991 AP Nr. 26 zu § 2 BetrAVG = NZA 1992, 466.

338 BAG 9.12.1997 AP Nr. 27 zu § 2 BetrAVG = NZA 1998, 1171; 21.3.2006 AP Nr. 51 zu § 2 BetrAVG = NZA 2006, 1220.

339 BAG 21.3.2006 AP Nr. 51 zu § 2 BetrAVG = NZA 2006, 1220.

340 BMF-Schreiben vom 16.12.2005 Rn. 9 (BStBl. I 1056 = BB 2006, 321).

341 BT-Drs. 18/6283, 14.

342 Näher hierzu *Walldörfer/Wilhelm* DB 2016, 1935 (1937 f.); *Rolfs/Kunisch* BetrAV 2016, 383 (385 ff.).

den Rentenanspruch auswirkt.[343] Demgegenüber liegt ein nominales Anrecht iSv § 2a II 2 Nr. 1. lit. a BetrAVG vor, wenn ein fester Geldbetrag pro Dienstjahr festgelegt ist oder die Zusage zwar keinen konkreten Betrag nennt, aber eine Geldsumme bereits beim Erwerb der Anwartschaft ermittelt werden kann (zB „pro Dienstjahr 2% des Jahreseinkommens").[344] Sofern der AG das nominale Anrecht später rückwirkend für die aktiven AN erhöht, wirkt sich das für den ausgeschiedenen AN nicht aus; dies ändert nichts daran, dass für diesen der Nominalwert gesichert ist.[345] § 2a BetrAVG gilt allerdings nur für gesetzliche unverfallbare Anwartschaften. Für lediglich vertraglich unverfallbare Anwartschaften kann hiervon abgewichen werden.[346] Den PSVaG trifft gem. § 7 II 6 BetrAVG generell keine Pflicht zur Anpassung von Versorgungsanwartschaften.

8. Dokumentation der unverfallbaren Ruhegeldanwartschaft. Der AN hat gegen den AG bzw. seinen sonstigen Versorgungsträger gem. § 4a BetrAVG (ab dem 1.1.2018 in der Fassung nach dem EUMobRLUmsG) einen einklagbaren **Anspruch auf Auskunft.**[347] Hierdurch soll der AN über den Wert seiner Versorgungsanwartschaft informiert werden. Die Bestimmung dient aber nicht dazu, einen Streit über den Inhalt des Versorgungsanspruchs zu beseitigen. Daher kann der AN auch nicht etwa auf Erteilung einer Auskunft mit einem bestimmten Inhalt klagen.[348] **110**

Die Vorgängerregelung in § 2 VI BetrAVG regelte nur einen Auskunftsanspruch des ausgeschiedenen AN. Daher ergab sich hieraus kein Anspruch bei einem Betriebsübergang, weil das Arbeitsverhältnis in diesem Fall ja mit dem Übernehmer fortbesteht.[349] Es konnte aber gem. § 242 BGB ein Auskunftsanspruch gegenüber dem Veräußerer bestehen, wenn es nicht oder nicht ohne besondere Erschwernisse möglich ist, beim Erwerber eine zuverlässige Auskunft zu erhalten und der Veräußerer die Auskunft ohne größeren Aufwand erteilen kann.[350] Auskunftsansprüche nach § 242 BGB bestehen nach wie vor für Rentner sowie für versorgungsberechtigte Hinterbliebene eines verstorbenen AN.[351] **111**

Nunmehr normiert **§ 4a I BetrAVG** einen Anspruch auch für noch im Unternehmen tätige AN, ein berechtigtes Interesse hierfür verlangt das Gesetz in der seit dem 1.1.2018 geltenden Fassung nicht mehr. Der AG oder der Versorgungsträger müssen dem AN auf Verlangen mitteilen, (Nr. 1) ob und wie eine Anwartschaft auf betriebliche Altersversorgung erworben wird, (Nr. 2) wie hoch der Anspruch auf betriebliche Altersversorgung aus der bisher erworbenen Anwartschaft ist und bei Erreichen der in der Versorgungsregelung vorgesehenen Altersgrenze voraussichtlich sein wird, (Nr. 3) wie sich eine Beendigung des Arbeitsverhältnisses auf die Anwartschaft auswirkt und (Nr. 4) wie sich die Anwartschaft nach einer Beendigung des Arbeitsverhältnisses entwickeln wird. Für die Information nach § 4a I Nr. 1 BetrAVG ist die Mitteilung erforderlich, ob der AN von einer bestimmten Versorgungsregelung grundsätzlich erfasst ist und welche Bedingungen gegebenenfalls noch zu erfüllen sind, um eine Anwartschaft entstehen zu lassen.[352] § 4a I Nr. 2 BetrAVG differenziert nicht danach, ob die Anwartschaft unverfallbar ist oder nicht. Mitzuteilen sind die Leistungen wegen Alters, nicht etwaige Invaliditätsleistungen oder an Hinterbliebene zu zahlende Leistungen. Dabei ist entweder auf den Zeitpunkt der Auskunftserteilung oder auf einen anzunehmenden (nächstmöglichen) Ausscheidetermin abzustellen. Die Auskunftspflicht bezieht sich regelmäßig nur auf die feste Altersgrenze der Versorgungsregelung, also ohne Berücksichtigung eines nach § 6 BetrAVG möglichen vorgezogenen Bezugs.[353] Die Auskunft über die bei Erreichen der in der Versorgungsregelung vorgesehenen Altersgrenze voraussichtlich bestehenden Ansprüche beinhaltet eine Information über die erwarteten Veränderungen der bereits erdienten Anwartschaft sowie über die erwarteten Wertveränderungen aufgrund weiterer Beiträge und auch künftiger Entgeltsteigerungen oder Veränderungen anderer maßgeblicher Bemessungsgrößen. Die Auskunft **112**

---

343 BT-Drs. 18/6283, 11 f.

344 BT-Drs. 18/6283, 12.

345 *Rolfs/Kunisch* BetrAV 2016, 383 (385).

346 *Rolfs/Kunisch* BetrAV 2016, 383 (384).

347 Der BR hat keinen Anspruch auf eine Abschrift, BRO/*Rolfs* BetrAVG § 4a Rn. 16; aA LAG BW 23.1.1991 DB 1991, 2495 = BB 1991, 2227 (LS).

348 BAG 23.8.2011 AP Nr. 1 zu § 4a BetrAVG = NZA-RR 2012, 268.

349 BAG 22.5.2007 AP Nr. 5 zu § 1 BetrAVG Auskunft = NZA 2007, 1285, auch abl. wegen eines Anspruchs auf Grund des § 613a V BGB.

350 BAG 22.5.2007 AP Nr. 1 zu § 613a BGB Unterrichtung = NZA 2007, 1283.

351 BRO/*Rolfs* BetrAVG § 4a Rn. 13.

352 *Hainz* BB 2019, 1973.

353 *Hainz* BB 2019, 1973.

nach § 4a I Nr. 3 BetrAVG betrifft die Beendigung des Arbeitsverhältnisses – zu einem vom AN angegebenen Beendigungstermin oder der Beendigung bei ordentlicher Kündigung zum nächstmöglichen Termin – ohne gleichzeitigen Eintritt eines Versorgungsfalls.[354] Die Auskunftsverpflichtung nach § 4a I Nr. 4 BetrAVG nimmt Bezug auf die Regelung in § 2a II BetrAVG und verlangt neben der Erläuterung der Dynamisierung der Leistung eine Darlegung der nach § 2a II BetrAVG maßgeblichen Maßstäbe.[355] Dabei ist insbes. mitzuteilen, ob überhaupt eine Dynamisierung erfolgt und welches Anpassungsverfahren ggf. angewandt wird. Darüber hinaus bestehen jetzt zusätzliche Auskunftspflichten mit Blick auf die in § 4 BetrAVG geregelte Übertragungsmöglichkeit der Altersversorgung (Portabilität). Der AN kann gem. § 4a II 1 BetrAVG Auskunft verlangen, wie hoch der Übertragungswert bei einer Übertragung nach § 4 III BetrAVG ist. Außerdem besteht gem. § 4a II 2 BetrAVG ein Anspruch gegen den neuen AG bzw. dem Versorgungsträger auf Mitteilung, in welcher Höhe aus dem Übertragungswert ein Anspruch auf Altersversorgung und ob eine Invaliditäts- oder Hinterbliebenenversorgung bestehen würde. Dieser Auskunftsanspruch bezieht sich ebenfalls allein auf die in § 4 III BetrAVG genannten versicherungsförmigen Versorgungszusagen,[356] und zwar sowohl für bereits abgeschlossene Verträge als auch für potentiell durch den neuen AG abzuschließende Verträge, bei denen der Übertragungswert eingesetzt werden könnte.[357] Außerdem regelt § 4a III 1 BetrAVG auch für ausgeschiedene AN einen Anspruch auf Mitteilung, wie hoch ihre Anwartschaft auf betriebliche Altersversorgung ist und wie sich die Anwartschaft künftig entwickeln wird. Der Anspruch besteht nach § 4a III 2 BetrAVG auch für die Hinterbliebenen. Nach § 4a IV BetrAVG muss die Auskunft **verständlich,** in **Textform** (§ 126b BGB) und **in angemessener Frist** erteilt werden. Um die Voraussetzung „in Textform" zu erfüllen, kann die Information zum Beispiel auch per E-Mail übermittelt werden; nicht ausreichend ist es dagegen, die Information auf einer Internetseite zur Verfügung zu stellen.[358] Wegen der Beurteilung der Verständlichkeit ist auf den Empfängerhorizont abzustellen,[359] dh auf die Sicht eines durchschnittlich gebildeten Laien. Der Begriff der Angemessenheit der Frist wird nicht näher erläutert. Was angemessen ist, hängt von den Umständen des Einzelfalls ab, insbes. davon, inwieweit komplexe Berechnungen anzustellen sind.[360] Von der in Art. 6 IV RL 2014/50/EU vorgesehenen Möglichkeit, die Anzahl der Auskunftsverlangen auf ein Auskunftsverlangen pro Jahr zu beschränken, hat der Gesetzgeber keinen Gebrauch gemacht.

113 Die Auskunft selbst stellt **kein abstraktes oder deklaratorisches Schuldanerkenntnis** dar,[361] insoweit gelten die gleichen Grundsätze wie zur Vorgängerregelung in § 2 VI BetrAVG. Der AG ist nicht an den Inhalt der Auskunft gebunden.[362] Er kann sich aber gem. § 280 I BGB schadensersatzpflichtig machen, wenn er eine fehlerhafte Auskunft gibt und diese vom AN zur Grundlage weiterer Dispositionen gemacht wird.[363] Hat der AG eine fehlerhafte Auskunft gegeben, so ist der Auskunftsanspruch gleichwohl erfüllt. Der AN muss dann auf Feststellung klagen, in welcher Höhe ihm ein Versorgungsanspruch zusteht.[364]

114 **9. Abfindung der unverfallbaren Versorgungsanwartschaft. a) Grundsätzliches Abfindungsverbot (§ 3 I BetrAVG).** Die Abfindung unverfallbarer Versorgungsanwartschaften ist durch das Alterseinkünftegesetz neu geregelt worden. Zum 1.1.2018 ist die Bestimmung zudem durch das EUMobRLUmsG zur Umsetzung von Art. 5 II RL 2014/50/EU dahin ergänzt worden, dass die Abfindung auch von Kleinstanwartschaften bei einem grenzüberschreitenden Arbeitgeberwechsel innerhalb der EU stets der Zustimmung des AN bedarf (§ 3 II 3 BetrAVG nF). Bis auf diese Regelung sind die Bestimmungen des § 3 BetrAVG tarifdispositiv (§ 19 I BetrAVG); das gilt auch bei einer vertraglich vereinbarten Tarifgeltung und auch für die von § 17 I 2 BetrAVG erfassten Personen.[365] Bei durch

354 *Hainz* BB 2019, 1973 (1974).
355 ErfK/*Steinmeyer* BetrAVG § 4a Rn. 5.
356 Höfer BetrAVG I/*Höfer* § 4a Rn. 38.1.
357 Höfer BetrAVG I/*Höfer* § 4a Rn. 39.
358 BT-Drs. 18/6283, 13.
359 BT-Drs. 18/6283, 13; *Walddöfer/Herrmann* DB 2016, 1935, 1939.
360 Vgl. Höfer BetrAVG I/*Höfer* § 4a Rn. 121.
361 BAG 23.8.2011 NZA-RR 2012, 268; 9.12.1997 AP Nr. 27 zu § 2 BetrAVG = NZA 1998, 1171; 12.3.1991 ZIP 1991, 1446; 8.11.1983 AP Nr. 3 zu § 2 BetrAVG.
362 BAG 23.8.2011 NZA-RR 2012, 268.
363 BAG 8.11.1983 AP Nr. 3 zu § 2 BetrAVG = DB 1984, 836, unter II 3 c der Gründe; vgl. auch BAG 23.8.2011 AP Nr. 1 zu § 4a BetrAVG = NZA-RR 2012, 268.
364 BAG 9.12.1997 AP Nr. 27 zu § 2 BetrAVG = NZA 1998, 1171.
365 Hierzu BGH 23.5.2017 DB 2017, 1769; *Rein* DB 2017, 2236.

Betriebsvereinbarung begründeten Ansprüchen ist § 77 IV 2 BetrVG zu beachten; kollektive Abfindungsregelungen sind zudem gem. § 87 I Nr. 8 bzw. Nr. 10 BetrVG mitbestimmungspflichtig.[366] Eine Abfindung ist der Verzicht auf eine Versorgungszusage Zug um Zug gegen Zahlung einer Entschädigung durch einen Einmalbetrag, auch wenn dieser in mehreren Raten gezahlt werden soll.[367] Keine Abfindung ist die Übernahme einer Direktversicherung durch den AN. Nach § 3 I BetrAVG kann eine nach § 1b BetrAVG unverfallbare Versorgungsanwartschaft nur nach Maßgabe der Absätze 2 bis 6 abgefunden werden. Im Wege des Umkehrschlusses ergibt sich, dass **grundsätzlich ein Abfindungsverbot** besteht. Dies gilt allerdings nicht, soweit die Versorgungsanwartschaft (zB bei einer Direktversicherung) auf Eigenbeträgen des AN beruht, es sei denn es handelt sich um Leistungen iSv § 1 II Nr. 4 BetrAVG, die von der Zusage des AG gedeckt sind.[368] Von § 3 BetrAVG erfasst sind nur Abfindungsvereinbarungen im Zusammenhang mit der Beendigung des Arbeitsverhältnisses und nicht etwa Vereinbarungen mit aktiven AN ohne Zusammenhang mit einem vorzeitigen Ausscheiden aus dem Arbeitsverhältnis.[369] Nach Ansicht des LAG Hamm soll aber eine dauerhafte Einstellung des Austauschs der wechselseitigen Hauptleistungspflichten aus dem Arbeitsverhältnis dessen rechtlicher Beendigung insoweit gleichstehen.[370]

Nicht von § 3 BetrAVG betroffen sind Vereinbarungen, die dem AN bis zum Eintritt des Versorgungsfalles ein **Wahlrecht** einräumen, ob er eine Kapitalzahlung oder eine laufende Leistung in Anspruch nehmen will. Das muss auch für ein Wahlrecht gelten, das nach der Vereinbarung nach Eintritt des Versorgungsfalls ausgeübt werden kann.[371] Entscheidet sich der AN hier für eine Kapitalzahlung, erfüllt der AG mit der Auszahlung den entsprechenden Anspruch.[372] Dasselbe gilt für ein Wahlrecht, das (auch) dem AG eingeräumt wurde. Das Abfindungsverbot gilt ferner nicht für Anwartschaften, die zwar gesetzlich noch nicht unverfallbar sind, für die aber eine Unverfallbarkeit vertraglich vereinbart wurde.[373] Nach früherem Recht betraf das gesetzliche Abfindungsverbot nur das Stadium der Anwartschaft und nicht die Zeit nach Eintritt des Versorgungsfalles.[374] Nach der Neufassung des § 3 BetrAVG gilt das Abfindungsverbot auch für **laufende Betriebsrenten,** die ab dem 1.1.2005 erstmals gezahlt werden (s. § 30g II BetrAVG). Nicht vom Abfindungsverbot erfasst ist dagegen der Zeitraum vom Ausscheiden des AN (mit einer unverfallbaren Anwartschaft) bis zum Beginn der Rente.[375] Das Abfindungsverbot gilt außerdem nicht für die Umgestaltung der betrieblichen Altersversorgung, wenn die neuen Versorgungsleistungen wirtschaftlich gleichwertig sind[376] (zur Zulässigkeit einer Umgestaltung → Rn. 80). Auch die bloße Umgestaltung des vereinbarten **Anpassungsmechanismus** bedeutet noch keine Abfindung, weil sie für sich genommen noch nicht zu einer Minderung des Wertes der unverfallbaren Anwartschaft führt.[377] Zulässig ist ferner ein Vergleich über die tatsächlichen Voraussetzungen eines Rentenanspruchs, wenn die Parteien hierüber gestritten haben (sog. **Tatsachenvergleich**).[378] Unzulässig ist dagegen die Verrechnung künftiger Rentenansprüche mit einer Abfindung für den Verlust des Arbeitsplatzes.[379] Dem AG kann in diesem Fall aber ein bereicherungsrechtlicher Anspruch auf Rückzahlung der Abfindung zustehen, dem § 817 S. 2 BGB nicht entgegensteht.[380] Das Abfindungsverbot gilt für den AG, nicht für Dritte. 115

366 Hierzu *Neufeld* BB 2018, 2356 (2359 ff.).
367 *Diller* NZA 2011, 1021 (1022).
368 Höfer BetrAVG I/*Höfer* § 3 Rn. 12; BRO/*Rolfs* BetrAVG § 3 Rn. 17.
369 BAG 14.6.2005 AP Nr. 14 zu § 3 BetrAVG = DB 2006, 959; Höfer BetrAVG I/*Höfer* § 3 Rn. 23; BRO/*Rolfs* BetrAVG § 3 Rn. 24.
370 LAG Hamm 19.2.2014 – 4 Sa 1384/13.
371 *Powietzka/de Groot* DB 2013, 400 (403).
372 BGH 28.9.2009 BetrAV 2010, 89; HessLAG 23.9.1998 NZA-RR 1999, 497; LAG Nds 9.12.2008 – 11 Sa 1580/07; OLG Hamm 18.4.2018 ZIP 2018, 1445; *Förster/Cisch* BB 2004, 2126 (2132); *Langohr-Plato/Teslau* NZA 2004, 1297 (1300); BRO/*Rolfs* BetrAVG § 3 Rn. 35; *Powietzka/de Groot* DB 2013, 400.
373 *Diller* NZA 2011, 1021 (1022) mwN.
374 BAG 21.3.2000 AP Nr. 9 zu § 3 BetrAVG = NZA 2001, 1308 mwN.
375 *Diller* NZA 2011, 1021 (1023); *Powietzka/de Groot* DB 2013, 400 (403).
376 BAG 20.11.2001 AP Nr. 12 zu § 3 BetrAVG = DB 2002, 2333.
377 BAG 19.11.2019 AP Nr. 17 zu § 3 BetrAVG = NZA 2020, 452.
378 BAG 23.8.1994 AP Nr. 3 zu § 3 BetrAVG = NZA 1995, 421; 18.12.1984 AP Nr. 8 zu § 17 BetrAVG = NZA 1986, 95; weitergehend OLG Frankfurt 22.2.2007 NZA-RR 2007, 317.
379 BAG 17.10.2000 AP Nr. 10 zu § 3 BetrAVG = NZA 2001, 963; 24.3.1998 AP Nr. 8 zu § 3 BetrAVG = NZA 1998, 1280.
380 BAG 17.10.2000 AP Nr. 10 zu § 3 BetrAVG = NZA 2001, 963; Höfer BetrAVG I/*Höfer* § 3 Rn. 83; aA BRO/*Rolfs* BetrAVG § 3 Rn. 43.

Für Unternehmen der Lebensversicherung sowie für Pensionskassen und Pensionsfonds gilt § 2 II 5 u. 6 BetrAVG, wobei § 2 II 7 BetrAVG klarstellt, dass unter den Voraussetzungen des § 3 BetrAVG eine Abfindung der Anwartschaft oder des Anspruchs möglich ist. Rechtsfolge des Verstoßes gegen das Abfindungsverbot ist, dass die Versorgungsverbindlichkeit als nicht erfüllt anzusehen ist. Die Versorgungsanwartschaft besteht unverändert fort.[381]

116 **b) Abfindung von Bagatellansprüchen (§ 3 II BetrAVG).** Der AG kann eine Versorgungsanwartschaft gem. § 3 II BetrAVG **ohne Zustimmung des AN** abfinden, wenn der Monatsbetrag der aus der Anwartschaft resultierenden laufenden Leistung bei Erreichen der vorgesehenen Altersgrenze eins vom Hundert der monatlichen Bezugsgröße, bei Kapitalleistungen zwölf Zehntel der monatlichen Bezugsgröße nach § 18 SGB IV nicht übersteigen würde. Der Grenzwert beträgt 2021 in den alten Bundesländern 32,90 EUR (1% von 3 290 EUR) und in den neuen Bundesländern 31,15 EUR (1% von 3 115 EUR).[382] Entsprechendes gilt für die Abfindung einer laufenden Leistung (§ 3 II 2 BetrAVG). Seit dem 1.1.2018 bedarf aber eine Abfindung auch von Kleinstanwartschaften bei einem grenzüberschreitenden Arbeitgeberwechsel innerhalb der EU stets der Zustimmung des AN, sofern der AN seinem bisherigen AG innerhalb von drei Monaten nach Beendigung des Arbeitsverhältnisses mitteilt, dass er sein solches neues Arbeitsverhältnis begründet hat (§ 3 II 3 BetrAVG nF). Ansprüche gegen denselben AG aus verschiedenen Versorgungszusagen (auch mit verschiedenen Durchführungswegen) sind zusammenzurechnen.[383] Das nach § 3 I 2 BetrAVG in der Fassung vor dem Alterseinkünftegesetz geltende Abfindungsrecht des AN besteht nicht mehr. Unklar ist nach dem Gesetzeswortlaut, zu welchem Zeitpunkt die Bemessungsgrößen anzuwenden sind. Nach richtiger Auffassung wird auf den Zeitpunkt des Ausscheidens abzustellen sein, weil sonst eine Manipulationsmöglichkeit eröffnet würde. Unzulässig ist die Abfindung gem. § 3 II 4 BetrAVG, wenn der AN von seinem Recht auf Übertragung der Anwartschaft Gebrauch macht. Das Recht des AN auf Portabilität nach § 4 III BetrAVG (→ Rn. 127) geht der Abfindung vor.[384] Die Regelung in § 3 II 3 BetrAVG kann gem. § 19 I BetrAVG auch durch Tarifvertrag nicht abbedungen werden.

117 **c) Abfindung auf Verlangen des Arbeitnehmers (§ 3 III BetrAVG).** Nach § 3 III BetrAVG ist die Anwartschaft auf Verlangen des AN abzufinden, wenn die Beiträge zur gesetzlichen Rentenversicherung erstattet worden sind. Die Voraussetzungen hierfür sind in § 210 SGB VI geregelt. Ein Einverständnis des AG ist anders als nach der Vorgängerregelung des § 3 I 3 Nr. 3 aF BetrAVG nicht erforderlich. Die Vorschrift betrifft vornehmlich ausländische AN, die in ihr Heimatland zurückkehren, keinen Anspruch auf eine freiwillige Versicherung (vgl. § 30 I SGB I) haben und sich von der deutschen Rentenversicherung auszahlen lassen.[385] Die praktische Bedeutung ist allerdings eher gering, zumal für EU-Bürger nach der VO (EG) 883/2004[386] das Recht zur freiwilligen Weiterversicherung besteht und die Bundesrepublik mit zahlreichen anderen Staaten Sozialversicherungsabkommen abgeschlossen hat, die ausländischen AN, die in ihre Heimat zurückgekehrt sind, ein Recht zur freiwilligen Versicherung einräumen.

118 **d) Während eines Insolvenzverfahrens erdiente Anwartschaften (§ 3 IV BetrAVG).** Gem. § 3 IV BetrAVG kann der Teil der (unverfallbaren, § 3 I BetrAVG) Anwartschaft, der während eines Insolvenzverfahrens erdient worden ist, ohne Zustimmung des AN abgefunden werden, wenn die Betriebstätigkeit vollständig eingestellt und das Unternehmen liquidiert worden ist; eine bloße Schließung eines oder einzelner Betriebe reicht nicht.[387] § 3 IV BetrAVG gilt unabhängig vom Durchführungsweg und auch insoweit, als die Altersversorgung durch eine Entgeltumwandlung finanziert ist.[388] Eine vollständige Einstellung liegt vor, wenn die Verfolgung des Betriebszwecks durch die Gemeinschuldnerin endgültig aufgegeben wird.[389] Eine Fortführung des Betriebes oder Betriebsteils im Wege des Betriebsübergangs gem. § 613a BGB steht dem Abfindungsrecht des Insolvenzverwalters nicht entgegen.[390] Kommt es nach Insol-

381 Vgl. BAG 24.3.1998 AP Nr. 8 zu § 3 BetrAVG = NZA 1998, 1280.
382 Sozialversicherungs-RechengrößenVO 2021 (SVReGrV 2021, BGBl. 2020 I 2612): zur Unterscheidung zwischen den alten und den neuen Bundesländern Höfer BetrAVG I/*Höfer* § 3 Rn. 31.
383 *Diller* NZA 2011, 1021 (1023).
384 BT-Drs. 15/2150, 52.
385 Gem. Gesetz zur Förderung der Rückkehrbereitschaft von Ausländern vom 28.11.1983 (BGBl. I 1377).
386 Vormals VO (EWG) 1408/71.
387 *Huth* BetrAV 2014, 110 (112).
388 *Hinrichs/Plitt* ZInsO 2011, 2109 (2110).
389 LAG BW 3.7.2007 NZA-RR 2008, 153 = LAGE § 3 BetrAVG Nr. 3.
390 BAG 22.12.2009 AP Nr. 16 zu § 3 BetrAVG = NZA 2010, 568; so auch die Vorinstanz LAG BW 3.7.2007 NZA-RR 2008, 153 = LAGE § 3 BetrAVG Nr. 3.

venzeröffnung zu einem Betriebsübergang, können auch die Anwartschaften solcher AN abgefunden werden, die von dem Betriebsübergang nicht erfasst werden (etwa weil sie vorher ausgeschieden sind oder weil sie dem Betriebsübergang widersprochen haben).[391] Die Bagatellgrenzen des § 3 II BetrAVG gelten im Falle des § 3 IV BetrAVG nicht. Zumeist wird es in diesen Fällen ohnehin um nur geringe Teilanwartschaften gehen. Die Ausübung des Abfindungsrechts ist nicht auf eine (Un-)Billigkeit zu überprüfen. § 315 BGB findet auf die Ersetzungsbefugnis des Insolvenzverwalters nach § 3 IV BetrAVG keine Anwendung.[392] Die Regelung in § 3 IV BetrAVG gilt nur für die Abwicklung im Rahmen eines Insolvenzverfahrens. Sie kann nicht auf Liquidationsfälle ohne Insolvenz übertragen werden.[393]

e) Berechnung der Abfindung. Für die Berechnung der Abfindung verweist § 3 V BetrAVG auf die Bestimmung des § 4 V BetrAVG für die Berechnung des Übertragungswertes.[394] 119

f) Erlassvertrag. Eine Abfindung über die Voraussetzungen nach § 3 BetrAVG hinaus ist unzulässig. Hieraus folgt, dass auch Erlassverträge im Zusammenhang mit der Beendigung des Arbeitsverhältnisses sowie ein sonstiger Verzicht unwirksam sind (→ Rn. 57).[395] Da § 3 BetrAVG Abfindungen von Anwartschaften nur verbietet, wenn sie in einem Zusammenhang mit einer **Beendigung** des Arbeitsverhältnisses stehen, bleiben Erlassverträge während des bestehenden Arbeitsverhältnisses unberührt.[396] Es ist aber mit dem Schutzzweck des § 613a I 1 BGB unvereinbar, wenn AN allein aus Gründen des **Betriebsübergangs** ein Verzicht auf Anwartschaften zugemutet wird; hierin liegt eine Umgehung des § 613a I 1 BGB.[397] Eine Abfindung einer unverfallbaren Versorgungsanwartschaft ist steuerpflichtig.[398] 120

10. Erlöschen der verfallbaren Anwartschaft. Die verfallbare Versorgungsanwartschaft erlischt mit dem Ausscheiden des AN aus dem Unternehmen. Dies gilt auch, wenn die Versorgungsordnung eine Härteklausel enthält.[399] Unterlag das Arbeitsverhältnis dem Bestandsschutz des KSchG, so kann der Wert der verfallbaren Anwartschaft im Rahmen der Abfindungsbemessung nach §§ 9, 10 KSchG berücksichtigt werden.[400] Ist eine solche Abfindung zuerkannt worden, scheidet daneben ein Schadensersatzanspruch gem. § 628 II oder § 280 I BGB aus.[401] Ansprüche des AN nach § 812 BGB kommen generell nicht in Betracht, wie sich schon § 1b BetrAVG ergibt.[402] 121

11. Übertragung von Anwartschaften und Ruhegeldverbindlichkeiten (Portabilität). 122
a) Einheitliche Betriebsrentenansprüche. In Anbetracht der veränderten wirtschaftlichen Rahmenbedingungen mit geänderten Erwerbsbiografien besteht ein zunehmendes Bedürfnis, trotz häufigerer Arbeitsplatzwechsel einheitliche Betriebsrentenansprüche zu gewährleisten, um eine Zerstückelung der Versorgungsansprüche zu vermeiden.[403]

b) § 4 BetrAVG. § 4 BetrAVG enthält eine **Ausnahme** von dem Grundsatz, dass der AG oder seine Versorgungseinrichtung bei Ausscheiden des AN die unverfallbare Versorgungsanwartschaft aufrechterhalten muss. Durch das Alterseinkünftegesetz vom 5.7.2004 (BGBl. I 1427) sind die Mitnahmemöglichkeiten von Versorgungsanwartschaften bei einem Arbeitgeberwechsel erheblich erweitert worden. Grundsätzlich sind Anwartschaften zum Schutz der AN und des Pensions-Sicherungs-Vereins aG gem. § 4 I BetrAVG nach wie vor nicht beliebig übertragbar. Für beide soll die Haftungsmasse erhalten bleiben.[404] Die Regelung des § 4 BetrAVG schränkt 123

391 BAG 22.12.2009 AP Nr. 16 zu § 3 BetrAVG = NZA 2010, 568.
392 BAG 22.12.2009 AP Nr. 16 zu § 3 BetrAVG = NZA 2010, 568.
393 *Huth* BetrAV 2014, 110 (112).
394 Näher hierzu sowie zu den steuerrechtlichen Auswirkungen: *Huth* BetrAV 2014, 110 (113 f.).
395 BAG 17.6.2014 AP Nr. 16 zu § 1 BetrAVG Treuebruch = DB 2014, 2534; 22.9.1987 AP Nr. 13 zu § 17 BetrAVG = NZA 1988, 470.
396 BAG 14.6.2005 AP Nr. 14 zu § 3 BetrAVG = DB 2006, 959; 21.1.2003 AP Nr. 13 zu § 3 BetrAVG = NZA 2004, 331; 14.8.1990 AP Nr. 4 zu § 3 BetrAVG = NZA 1991, 174.
397 BAG 12.5.1992 AP Nr. 14 zu § 1 BetrAVG Betriebsveräußerung = NZA 1992, 1080.
398 BFH 24.4.1991 BFHE 164, 279 = DB 1991, 1500.
399 BAG 29.3.1983 AP Nr. 8 zu § 1 BetrAVG = DB 1983, 1879.
400 BAG 12.6.2003 AP Nr. 16 zu § 628 BGB = BB 2003, 2747; 31.3.1969 AP Nr. 1 zu § 242 BGB Ruhegehalt-Lebensversicherung; 28.11.1968 AP Nr. 19 zu § 1 KSchG Betriebsbedingte Kündigung.
401 BAG 12.6.2003 AP Nr. 16 zu § 628 BGB.
402 Vgl. LAG Düsseldorf 11.11.1976 DB 1977, 683 = BetrAV 1977, 167.
403 BT-Drs. 15/2150, 51.
404 BAG 24.2.2011 AP Nr. 42 zu § 620 BGB Aufhebungsvertrag = NZA-RR 2012, 148; 17.3.1987 AP Nr. 4 zu § 4 BetrAVG = NZA 1988, 21.

die wirksame Vereinbarung befreiender Schuldübernahmen im Betriebsrentenrecht zwingend ein.[405] Von dem Grundsatz der Nichtübertragbarkeit lässt das Gesetz in § 4 II–IV BetrAVG Ausnahmen zu. Die Regelung betrifft nur den Übergang von Versorgungsverpflichtungen im Wege der Einzelrechtsnachfolge und dient nicht dazu, die Regelungen des UmwG über die Wirkungen der Gesamtrechtsnachfolge zu begrenzen.[406] Die Beschränkungen des § 4 BetrAVG gelten nicht für einen Schuldbeitritt, weil der AN hier lediglich einen zusätzlichen Versorgungsschuldner erhält.[407]

124 Nach § 4 II BetrAVG kann nach Beendigung eines Arbeitsverhältnisses eine Übertragung im **Einvernehmen** zwischen AN sowie altem und neuem AG stattfinden. Das gilt für alle Durchführungswege. Um die Vor- und Nachteile der Geltendmachung einer Übertragung einschätzen zu können, hat der AN einen Auskunftsanspruch nach § 4a I Nr. 2 BetrAVG. Für eine Übernahme bestehen zwei alternative Möglichkeiten:

125 **(1)** Gem. § 4 II Nr. 1 BetrAVG kann der neue AG die bestehende Zusage mit **unverändertem Leistungsinhalt** übernehmen. Hierbei handelt es sich um eine schuldbefreiende Übernahme gem. §§ 414, 415 BGB. Diese Möglichkeit dürfte wohl nur bei konzerninternen Arbeitgeberwechseln von Bedeutung sein, weil der AG sonst ein „fremdes" Versorgungssystem übernehmen müsste.[408] Soweit dadurch der Inhalt der Versorgungszusage nicht geändert wird, kann zur Erfüllung auch ein anderer Durchführungsweg gewählt werden.[409] Ungeklärt ist, ob die Versorgungsverpflichtung mit Zustimmung des Versorgungsberechtigten generell dahingehend abgeändert werden kann, dass die übernommene Versorgungsverpflichtung sich künftig nach einer anderen Versorgungszusage des neuen AG richtet.[410] Jedenfalls nach Abschluss der Übernahme ist aber eine entsprechende Vereinbarung möglich. Nach der Übernahme werden die beim neuen AG erzielten Zuwächse der Anwartschaft sofort unverfallbar.

126 **(2)** § 4 II Nr. 2 BetrAVG ermöglicht die **Übertragung des kapitalisierten Anwartschaftswerts.** Übertragen wird nicht die Versorgungszusage als solche, sondern lediglich der Wert der unverfallbaren Anwartschaft. Die Anwartschaft ist hierfür zunächst in einen bezifferbaren Kapitalbetrag umzurechnen, und zwar nach Maßgabe des § 4 V BetrAVG (→ Rn. 130). Anschließend übernimmt der neue AG den Wert der Anwartschaft, indem er gegenüber dem AN eine wertgleiche Versorgungszusage erteilt. Auch hierin liegt für den alten AG eine schuldbefreiende Übernahme gem. §§ 414, 415 BGB. Die zeitliche Grenze von einem Jahr gem. § 4 III 1 BetrAVG gilt hier nicht. Regelmäßig wird vereinbart werden, dass der neue AG dem früheren AG den Übertragungswert erstattet, Wirksamkeitsvoraussetzung für die Übertragung ist das aber nicht.[411] Indem das Gesetz in § 4 II Nr. 2 Hs. 2 BetrAVG für die übertragene Anwartschaft auf die entsprechende Geltung der Vorschriften über die Entgeltumwandlung verweist, wird klargestellt, dass die übertragene Versorgungsanwartschaft beim neuen AG unverfallbar bleibt (§ 1b V BetrAVG) und dass grundsätzlich eine jährliche Rentenanpassung von mindestens einem Prozent erfolgen muss (§ 16 V iVm III Nr. 1 BetrAVG). Zweifelhaft ist, ob die zweite Rechtsfolge wirklich beabsichtigt war oder ob insoweit sogar eine teleologische Reduktion geboten ist.[412] Ungeklärt ist, ob im Fall des § 4 II Nr. 2 (und § 4 III) BetrAVG die beim neuen AG nach der Übernahme erzielten Zuwächse der Anwartschaft sofort unverfallbar werden, soweit der neue AG mit dem AN gleichzeitig über die Zusage der Höhe des Übertragungswertes hinausgehende Vereinbarungen wegen der Altersversorgung trifft.[413] Für die nach § 4 II BetrAVG übernommene Versorgungsanwartschaft besteht grundsätzlich sofort Insolvenzschutz, der allerdings ausnahmsweise nach § 7 V BetrAVG (→ § 278 Rn. 47) begrenzt sein kann.[414] Auf die Fälle des Betriebsübergangs nach **§ 613a BGB** ist § 4 II BetrAVG nicht anzuwenden,[415] da es hier gerade nicht zu einer Beendigung des Arbeitsverhältnisses kommt. Der Übertragungsanspruch muss innerhalb eines Jahres nach Beendigung des Arbeitsverhältnisses gegenüber dem bisherigen AG geltend gemacht werden.

405 BAG 7.6.2016 BetrAV 2016, 639.
406 BAG 11.3.2008 AP Nr. 1 zu § 131 UmwG = NZA 2009, 790.
407 Höfer BetrAVG I/*Höfer* § 4 Rn. 24.
408 *Höfer* DB 2004, 1426 (1427); *Reichel/Volk* DB 2005, 886 (887).
409 *Schnitker/Grau* NJW 2005, 10 (11); Höfer BetrAVG I/*Höfer* § 4 Rn. 37; ErfK/*Steinmeyer* BetrAVG § 4 Rn. 6; aA BRO/*Rolfs* BetrAVG § 4 Rn. 73.
410 Bejahend *Reichenbach/Jocham* BB 2008, 1786; abl. *Reinsch/Novara/Stratmann* NZA 2011, 10 (11).
411 *Höfer* DB 2004, 1426 (1427).
412 *Schnitker/Grau* NJW 2005, 10 (12).
413 S. hierzu näher *Reinsch/Novara/Stratmann* NZA 2011, 10 (12).
414 BAG 24.2.2011 AP Nr. 42 zu § 620 BGB Aufhebungsvertrag = NZA-RR 2012, 148.
415 Für eine analoge Anwendung: *Schnitker/Grau* NJW 2005, 10 (12).

Gem. **§ 4 III BetrAVG** besteht für den AN ein **Anspruch** auf Mitnahme des bei dem ehemaligen AG bzw. dessen Versorgungseinrichtung aufgebauten Betriebsrentenkapitals zu einem neuen AG bzw. dessen Versorgungseinrichtung, seit dem 1.1.2018 insbesondere auch zu einer Versorgungseinrichtung nach § 22 BetrAVG (reine Beitragszusage). Dieser Anspruch gilt gem. § 30b BetrAVG aber nur für nach dem 31.12.2004 erteilte Zusagen. Darüber hinaus bezieht er sich nur auf Zusagen, die über einen **Pensionsfonds,** eine **Pensionskasse** oder eine **Direktversicherung** durchgeführt worden sind (§ 4 III 1 Nr. 1 BetrAVG). Der Anspruch ist innerhalb eines Jahres nach Beendigung des Arbeitsverhältnisses mit dem ehemaligen AG auszuüben. Und der Übertragungswert darf nach § 4 III 1 Nr. 2 BetrAVG die Beitragsbemessungsgrenze in der allgemeinen Rentenversicherung nicht übersteigen (2019: 80 400 EUR, 2020: 82 800 EUR, 2021: 85 200 EUR).[416] Bei einem höheren Übertragungswert besteht auch kein Anspruch auf eine teilweise Mitnahme der Anwartschaft, weil das zu einer Zerstückelung der betrieblichen Altersversorgung führen würde.[417] Der neue AG kann die Versorgung auch bei dem Versorgungsträger des ehemaligen AG fortführen. Im Fall einer versicherungsförmigen Lösung (Direktversicherung, Pensionskasse) richtet sich der Anspruch auf Übertragung gem. § 4 III 2 BetrAVG gegen den Versorgungsträger. In § 4 III 4 BetrAVG verweist das Gesetz – ebenso wie im Fall des § 4 II Nr. 2 BetrAVG (→ Rn. 126) – auf die Regelungen über die Entgeltumwandlung. Nach § 4 III 5 BetrAVG kann der neue AG den AN auf eine Durchführung der Versorgung nach § 22 BetrAVG (reine Beitragszusage) verweisen; in diesem Fall trifft den neuen AG keine Einstandspflicht.[418] 127

Um die Übertragung nicht zu behindern, bestimmt § 3 Nr. 55 EStG, dass aus der Übertragung nach § 4 II Nr. 2 und III BetrAVG keine steuerlichen Folgen gezogen werden und stellt den vom bisherigen AG gezahlten Übertragungswert steuerfrei, wenn die betriebliche Altersversorgung beim ehemaligen und neuen AG über einen Pensionsfonds, eine Pensionskasse oder eine Direktversicherung durchgeführt wird. 128

Beibehalten wurde die bisherige Regelung in § 4 III (jetzt § 4 IV) BetrAVG, durch die eine **Unternehmensliquidation** erleichtert werden soll, um sog. Rentnergesellschaften zu verhindern. Die Regelung gilt jetzt **für alle Durchführungswege** der betrieblichen Altersversorgung. Voraussetzung der Übernahme ist, dass die Betriebstätigkeit eingestellt und das Unternehmen liquidiert wird. Auf den Grund hierfür kommt es nicht an. Im Unterschied zu der Regelung für das Insolvenzverfahren (§ 7 I 3 Nr. 3 BetrAVG) wird keine vollständige Einstellung der Betriebstätigkeit verlangt, weil die Übernahme noch im Abwicklungsstadium erfolgen muss. Nach § 4 IV 1 BetrAVG muss sichergestellt sein, dass die Überschussanteile ab Rentenbeginn entsprechend § 16 III Nr. 2 BetrAVG verwendet werden. Bei einer Pensionskasse muss sichergestellt sein, dass im Zeitpunkt der Übernahme der in der Rechtsverordnung zu § 235 I Nr. 4 VAG in der jeweils geltenden Fassung festgesetzte Höchstzinssatz zur Berechnung der Deckungsrückstellung nicht überschritten wird (§ 4 IV 2 BetrAVG); auf diese Weise soll die Wahrscheinlichkeit künftiger Leistungskürzungen verringert werden.[419] Liegen die Voraussetzungen der Übernahme nach § 4 III BetrAVG vor, verzichtet das Gesetz auf die allgemeinen schuldrechtlichen Voraussetzungen der §§ 414 ff. BGB. Die Übernahme setzt damit keine Zustimmung des AN voraus. Übernommen wird die Versorgungsverpflichtung grundsätzlich so, wie sie beim AG bestand. Allerdings kann zB eine Unterstützungskassenzusage nicht ohne weiteres inhaltsgleich auf ein Versicherungsunternehmen übertragen werden. Daher dürfte ein Anspruch des Übernehmenden auf eine Vertragsanpassung bestehen, solange die Versorgung wertgleich ist.[420] Außerdem kann eine Rentenanpassung wegen des Ausfalls des bisherigen AG nicht gem. § 16 I u. II BetrAVG vorgenommen werden. Vielmehr erfolgt sie nach § 16 III Nr. 2 BetrAVG. Gem. § 4 IV 3 iVm § 2 II 4 BetrAVG darf der AN die Ansprüche aus dem Vertrag weder abtreten noch beleihen. Steuerrechtlich flankiert wird die Regelung durch § 3 Nr. 65 S. 1 lit. b EStG, wonach die an die Pensionskasse oder das Versicherungsunternehmen gezahlten Beiträge steuerfrei sind. Für den Leistungsempfänger folgt die Steuerneutralität aus § 3 Nr. 65 S. 2 EStG. 129

Der für die Übertragung nach § 4 II Nr. 2 und III BetrAVG zugrunde zulegende **Übertragungswert** ist in § 4 V BetrAVG festgelegt. Bei einer Direktzusage oder einer Unterstützungskassenzusage entspricht er dem Barwert der nach § 2 BetrAVG bemessenen künftigen Versor- 130

[416] Dieser Wert gilt für die neuen Bundesländer; bei der Beitragsbemessungsgrenze soll hier generell nicht zwischen den alten und neuen Bundesländern unterschieden werden, s. BT-Drs. 15/2150, 53.
[417] BT-Drs. 15/2150, 53; *Förster/Cisch* BB 2004, 2126 (2128); *Merten* BetrAV 2004, 18 (21).
[418] Vgl. BT-Drs. 18/11286, 43.
[419] BT-Drs. 19/19037, 56.
[420] Höfer BetrAVG I/*Höfer* § 4 Rn. 106 ff.

gungsleistung im Zeitpunkt der Übertragung.[421] Bei einer über einen Pensionsfonds, eine Pensionskasse oder eine Direktversicherung durchgeführten Altersversorgung entspricht der Übertragungswert dem gebildeten Kapital im Zeitpunkt der Übertragung.[422]

131 Mit der vollständigen Übertragung erlischt die Zusage des ehemaligen AG (§ 4 VI BetrAVG). Für diese Wirkung ist nicht die vollständige Leistung des Übertragungswertes erforderlich. Es reicht vielmehr aus, dass der neue AG dem AN vertraglich eine Versorgung zusagt, die der Zusage des ehemaligen AG entspricht.[423]

132 **c) Schuldübernahme.** Problematisch ist, inwieweit neben § 4 BetrAVG weitere Möglichkeiten der Schuldübernahme bestehen.

133 **Verfallbare Versorgungsanwartschaften** können von jedem Träger ohne die Beschränkungen des § 4 BetrAVG übernommen werden. Dasselbe gilt für solche Versorgungsanwartschaften, die nur kraft vertraglicher Vereinbarung unverfallbar geworden sind. Allerdings ist auch in diesen Fällen die Zustimmung des AN erforderlich. Übernimmt ein neuer Versorgungsträger eine verfallbare oder vertraglich unverfallbare Versorgungsanwartschaft, so muss er die bisherigen Dienstjahre anrechnen.

134 Für **bereits erwachsene Ruhegeldverbindlichkeiten** hat das BAG hat entschieden, dass diese auch mit Zustimmung des Ruheständlers nur übernommen werden können, wenn sich der Träger der gesetzlichen Insolvenzsicherung (PSVaG) einverstanden erklärt. § 4 BetrAVG diene der Sicherung der Haftungsmasse und dem Schutz des PSVaG vor unerwünschten Haftungsrisiken.[424] In einer weiteren Entscheidung hat es ausgeführt, dass jedenfalls eine nicht insolvenzgeschützte Ruhegeldverbindlichkeit oder Ruhegeldanwartschaft übernommen werden kann.[425]

135 **12. Betriebsübergang, Ausgliederung nach dem UmwG.** Für die Auswirkungen eines **Betriebsübergangs nach § 613a BGB** kommt es darauf an, ob das Arbeitsverhältnis zu diesem Zeitpunkt noch bestand oder bereits beendet war. Ansprüche ausgeschiedener AN, und zwar sowohl Rentenansprüche als auch Rentenanwartschaften, gehen nicht über (→ Rn. 137). Der Betriebserwerber tritt vielmehr lediglich in die Pflichten aus noch **bestehenden Arbeitsverhältnissen** ein. Mit dem Betriebsübergang wird er gegenüber den zum Zeitpunkt des Betriebsübergangs betriebsangehörigen AN an Stelle des bisherigen AG Anwartschaftsverpflichteter. Er haftet uneingeschränkt für die Erfüllung der bereits entstandenen und weiter anwachsenden Anwartschaften.[426] Der bisherige AG haftet daneben gem. § 613a II 1 BGB nur für Betriebsrentenansprüche, die innerhalb eines Jahres nach dem Betriebsübergang fällig werden.[427] Der Lauf der gesetzlichen Unverfallbarkeitsfristen wird durch den Betriebsübergang nicht unterbrochen (klarstellend § 1b I 3 BetrAVG).[428] Kann der Betriebserwerber die übernommenen AN nicht weiter in der bisherigen Form versichern, muss er gleichwertige Leistungen erbringen.[429] Das kann bei einer Direktversicherung erforderlich werden, weil die Versicherungsnehmerstellung nicht gem. § 613a BGB auf den Erwerber übergeht (→ § 275 Rn. 38).[430] Wird die Privatisierung eines öffentlichen AG im Wege des Betriebsüberganges nach § 613a BGB vollzogen, muss der private AG in die Arbeitsverträge nach § 613a I 1 BGB eintreten. Er haftet für die entstandenen und die weiter entstehenden Anwartschaften. Gem. § 613a I 1 und 2 BGB gelten die anzuwendenden Tarifverträge weiter. Nach § 613a I 3 BGB tritt diese Rechtsfolge allerdings dann nicht ein, wenn die Rechte und Pflichten bei dem neuen Inhaber durch Rechtsnormen eines anderen Tarifvertrags oder durch eine andere Betriebsvereinbarung geregelt werden. Im Fall einer Betriebsvereinbarung ist § 613a I 3 BGB allerdings teleologisch zu reduzieren. Insoweit tritt die beim neuen Inhaber geltende Betriebsvereinbarung nur an die Stelle der beim bisherigen AG geltenden Regelung, sofern dies dem vom BAG entwickelten dreistufigen Prüfungsschema

[421] Näher *Höfer* DB 2004, 1426 (1428, 1429).
[422] Näher Höfer BetrAV/*Höfer* § 4 Rn. 130 ff.
[423] So *Reinsch/Novara/Stratmann* NZA 2011, 10 (13); Höfer BetrAVG I/*Höfer* § 4 Rn. 152.
[424] BAG 17.3.1987 AP Nr. 4 zu § 4 BetrAVG = NZA 1988, 21; weitergehend noch BAG 26.6.1980 AP Nr. 1 zu § 4 BetrAVG = NJW 1981, 189.
[425] BAG 4.8.1981 AP Nr. 2 zu § 4 BetrAVG.
[426] BAG 12.5.1992 AP Nr. 14 zu § 1 BetrAVG Betriebsveräußerung = NZA 1992, 1080; 22.6.1978 AP Nr. 12 zu § 613a BGB; 24.3.1977 AP Nr. 6 zu § 613a BGB = NJW 1977, 1791.
[427] BAG 21.2.2006 AP Nr. 58 zu § 16 BetrAVG = NZA 2007, 931; BGH 19.3.2009 AP Nr. 365 zu § 613a BGB = NZA 2009, 848.
[428] BAG 20.7.1993 AP Nr. 4 zu § 1 BetrAVG Unverfallbarkeit = NZA 1994, 121; 8.2.1983 AP Nr. 35 zu § 613a BGB = NJW 1984, 1254.
[429] BAG 15.2.2011 AP Nr. 66 zu § 1 BetrAVG = NZA 2011, 928; 13.11.2007 AP Nr. 336 zu § 613a BGB = NZA 2008, 600; 18.9.2001 AP Nr. 230 zu § 613a BGB = NZA 2002, 1391.
[430] Höfer BetrAVG I/*Höfer/Reinhard* Kap. 9 Rn. 123.

für Eingriffe in bestehende Anwartschaften (→ Rn. 74 ff.) entspricht.[431] Allein das Interesse des AG, unterschiedliche Versorgungsordnungen zu vereinheitlichen, reicht als Sachgrund für einen Eingriff auf der Ebene der dienstzeitunabhängigen Steigerungsbeträge (→ Rn. 77) nicht aus.[432] Im Allgemeinen werden die tariflichen Versorgungsregelungen in das Arbeitsverhältnis zwischen dem privaten AG und dem übernommenen AN übertragen. Der private AG haftet daher in dem Umfang, wie der AN bislang Anspruch auf Versorgung hatte. Andererseits hat er wegen der Versorgungsansprüche kein Deckungskapital und kann sich nur unter besonderen Voraussetzungen an der Zusatzversorgungseinrichtung beteiligen; insoweit gelten die Regelungen in §§ 19 II, 20 III VBLS. Wenn infolge des Betriebsübergangs die Möglichkeit entfällt, den vorgesehenen Durchführungsweg (Versicherung bei der VBL) einzuhalten, muss der Erwerber die zugesagten Versorgungsansprüche durch Erbringen gleichwertiger Leistungen erfüllen. Insoweit ist zwischen Grundverpflichtung und Durchführungsweg zu unterscheiden[433] (hierzu auch → § 273 Rn. 47). Zu den Auswirkungen eines Betriebsübergangs auf eine reine Beitragszusage → § 275 Rn. 75; zur Unterstützungskasse → § 275 Rn. 21, zum Pensionsfonds → § 275 Rn. 95. Eine Vereinbarung, wonach der Veräußerer alleiniger Schuldner aller Versorgungsverpflichtungen bleibt, ist unwirksam.[434] Zum Anwartschaftsverzicht beim Betriebsübergang → Rn. 120. Beim Veräußerer tariflich geregelte Ansprüche auf eine Altersversorgung können nicht gem. § 613a I 3 BGB im Wege der sog. Über-Kreuz-Ablösung durch eine beim Erwerber bestehende Betriebsvereinbarung abgelöst werden;[435] hierfür fehlt es schon an der erforderlichen Kongruenz beim Umfang der erzwingbaren Regelungsmacht der Tarifpartner einerseits und der Betriebspartner andererseits.[436] Erfolgt der Betriebsübergang während des bestehenden Arbeitsverhältnisses, tritt der Erwerber auch in die Anpassungsverpflichtung nach § 16 BetrAVG ein.[437] Wird das Arbeitsverhältnis nach der Insolvenzeröffnung **vom Insolvenzverwalter fortgeführt,** ist der in diesem Zeitraum erdiente Teil der Versorgungsanwartschaft Masseforderung.[438] Zur Frage der Abfindungsmöglichkeit nach § 3 IV BetrAVG → Rn. 118. Erfolgt ein **Betriebsübergang im Rahmen eines Insolvenzverfahrens,** sind die bis zur Insolvenzeröffnung erdienten Anwartschaften im Rahmen der Insolvenz geltend zu machen. Insoweit muss der PSVaG eintreten. Der Erwerber haftet hierfür nicht. Soweit nämlich der haftungsrechtliche Teil des § 613a BGB mit den auf eine gleichmäßige Gläubigerbefriedigung gerichteten Grundsätzen des Insolvenzverfahrens nicht vereinbart werden kann, ist eine teleologische Reduktion geboten, weil die Aufrechterhaltung der Ansprüche auf betriebliche Altersversorgung ansonsten zu Lasten der übrigen Insolvenzgläubiger ginge.[439] Für die nach Betriebsübergang erdienten sowie die in dem Zeitraum zwischen Insolvenzeröffnung und Betriebsübergang erdienten Anwartschaften haftet nach § 613a II BGB nur der Betriebserwerber.[440] Zur Vereinbarkeit mit Art. 8 RL 2008/94/EG und sich aus dem Unionsrecht ergebenden Mindestschutz → § 278 Rn. 3. Versorgungsverpflichtungen können durch eine **umwandlungsrechtliche Ausgliederung** (hierzu → § 116 Rn. 1 ff.) übertragen werden, und zwar auch auf eine sog. **Rentnergesellschaft** (→ § 276 Rn. 14). Hierzu bedarf es keiner Zustimmung der Versorgungsempfänger.[441] Der versorgungsverpflichtete AG hat die arbeitsvertragliche Nebenpflicht, die Gesellschaft, auf die Versorgungsverbindlichkeiten ausgegliedert werden sollen, so auszustatten, dass nicht nur die laufenden Betriebsrenten sondern auch die Anpassungen nach § 16 BetrAVG geleistet werden können. Eine unzureichende Ausstattung der Rentnergesellschaft, auf die im Wege der Ausgliederung nach dem UmwG Versorgungsverbindlichkeiten übertragen werden, führt zwar nicht zur Unwirksamkeit der partiellen Gesamtrechtsnachfolge, kann aber Schadensersatzansprüche gegenüber dem übertragenden Rechtsträger auslösen.[442]

---

[431] BAG 22.10.2019 AP Nr. 81 zu § 1 BetrAVG Ablösung = BetrAV 2020, 249; abl. *Diller* BetrAV 2020, 192.
[432] BAG 22.10.2019 AP Nr. 81 zu § 1 BetrAVG Ablösung = BetrAV 2020, 249.
[433] BAG 15.2.2011 AP Nr. 66 zu § 1 BetrAVG = NZA 2011, 928.
[434] Vgl. BAG 14.7.1981 AP Nr. 27 zu § 613a BGB = NJW 1982, 1607.
[435] BAG 6.11.2007 AP Nr. 337 zu § 613a BGB = NZA 2008, 542.
[436] BAG 13.11.2007 AP Nr. 336 zu § 613a BGB = NZA 2008, 600.
[437] BAG 21.2.2006 AP Nr. 58 zu § 16 BetrAVG = NZA 2007, 931.
[438] BAG 15.12.1987 AP Nr. 18 zu § 1 BetrAVG = NZA 1988, 397.
[439] BAG 26.1.2021 DB 2021, 1207; 26.1.2021 DB 2021, 1211; 17.1.1980 AP Nr. 18 zu § 613a BGB = NJW 1980, 1124.
[440] BAG 22.12.2009 AP Nr. 16 zu § 3 BetrAVG = NZA 2010, 568; 19.5.2005 AP Nr. 283 zu § 613a BGB = NZA-RR 2006, 373; *Neufeld* BB 2008, 2346 (2349); aA *Moll* Anm. zu BAG AP Nr. 148 zu § 613a BGB.
[441] BAG 11.3.2008 AP Nr. 1 zu § 131 UmwG = NZA 2009, 790; zust. *Witteler* SAE 2009, 75.
[442] BAG 11.3.2008 AP Nr. 1 zu § 131 UmwG = NZA 2009, 790; *Arnold* DB 2008, 986; *Roth* NZA 2009, 1400; *Schlewing* RdA 2010, 364 (368 f.).

III. Ruhegeldberechtigte, Ruhegeldverpflichtete

136 **1. Allgemeines, insbesondere Haftungsfragen auch in Gesellschaften. a) Versorgungsschuldner.** Der AG hat die **Hauptpflicht,** die versprochene Versorgung zu erbringen. Schuldner ist derjenige, der die Ruhegeldgewährung zugesagt hat. Er haftet mit seinem gesamten[443] und nicht nur dem Betriebsvermögen.

137 Im Falle einer **Betriebsnachfolge**[444] tritt der Übernehmer nicht in bereits **bestehende Ruhestandsverhältnisse** ein.[445] Etwas anderes kann dann gelten, wenn der Betriebsübernehmer bestehende Schulden übernimmt (§§ 414 ff. BGB; → Rn. 134) oder eine Firmennachfolge (§ 25 HGB)[446] vorliegt. Bei einem Erwerb vom Insolvenzverwalter ist § 25 HGB allerdings nicht anzuwenden.[447] Dagegen tritt der Betriebsnachfolger generell in bestehende **Versorgungsanwartschaften** ein (→ Rn. 135). Zu Besonderheiten bei der Unterstützungskasse → § 275 Rn. 21.

138 **b) Haftung ausgeschiedener Gesellschafter.** Umstr. war die **Haftung eines ausgeschiedenen Gesellschafters einer Personengesellschaft.** Inzwischen ist das Nachhaftungsbegrenzungsgesetz erlassen, so dass die richterliche Nachhaftungsbegrenzung überholt ist. Wegen der früher geltenden Rechtsgrundsätze wird auf die 11. Aufl. verwiesen (dort § 81 Rn. 191).

139 Die **Nachhaftungsbegrenzung** ergibt sich aus dem Nachhaftungsbegrenzungsgesetz vom 18.3.1994 (BGBl. I 560).

140 In § 159 HGB ist die Nachhaftungsbegrenzung im Falle der **Auflösung der Gesellschaft** geregelt. Das Gesetz sieht hier keine Enthaftung sondern nur eine Verjährung in fünf Jahren vor, weil den Gläubigern in diesem Fall die Gesellschaft selbst nicht als Haftungsobjekt verbleibt. Gehen die Gesellschaftsanteile ohne Liquidation auf eine Person über, so haftet der Übernehmer für die Schulden der Gesellschaft nicht nur als früherer Gesellschafter, sondern auch als neuer Schuldner der Gesellschaftsgläubiger.[448]

141 Die **bisherige Enthaftungsrechtsprechung** bezog sich auch nicht auf die Auflösung einer Gesellschaft, sondern nur auf das Ausscheiden eines Gesellschafters.

142 In § 160 I HGB ist die Nachhaftung im Falle des **Ausscheidens eines Gesellschafters** geregelt. Scheidet ein Gesellschafter aus der Gesellschaft aus, so haftet er für ihre bis dahin begründeten Verbindlichkeiten, wenn sie vor Ablauf von fünf Jahren nach dem Ausscheiden fällig werden und daraus Ansprüche gegen ihn gerichtlich geltend gemacht sind;[449] bei öffentlich-rechtlichen Verbindlichkeiten genügt zur Geltendmachung der Erlass eines Verwaltungsaktes. In § 160 I HGB ist eine Ausschlussfrist und nicht eine bloße Verjährung geregelt. Nach Ablauf der Fünfjahresfrist erlischt die Verbindlichkeit. Die Ausschlussfrist gilt für alle Gesellschaftsverbindlichkeiten, auch wenn sie auf unerlaubten Handlungen zB des ausscheidenden Gesellschafters beruhen. Die Fünfjahresfrist beginnt mit dem Ende des Tages, an dem das Ausscheiden in das Handelsregister des für den Sitz der Gesellschaft zuständigen Gerichtes eingetragen wird (§ 160 I 2 HGB).[450] Hierdurch kann es zu Härten für den Gläubiger kommen, wenn die Forderungen erst kurz vor Ablauf der Fünfjahresfrist fällig werden. Diesen versucht § 160 I 3 HGB durch die Verweisung auf die Hemmungs- und Unterbrechungsvorschrift des Verjährungsrechts Rechnung zu tragen. Einer gerichtlichen Geltendmachung bedarf es nicht, wenn der Gesellschafter die Forderungen schriftlich anerkennt. Für die Wahrung der Fünfjahresfrist ist die Inanspruchnahme des Gesellschafters und nicht der Gesellschaft maßgebend. Klage und Urteil gegen die Gesellschaft wahrt nicht die Frist gegen die Gesellschafter.

---

443 BAG 13.3.1975 AP Nr. 167 zu § 242 BGB Ruhegehalt; 8.7.1972 AP Nr. 157 zu § 242 BGB Ruhegehalt; 5.11.1965 AP Nr. 104 zu § 242 BGB Ruhegehalt.

444 Hierzu: *Hambach* NZA 2000, 291.

445 BAG 17.6.2014 AP Nr. 100 zu § 16 BetrAVG = BetrAV 2014, 667; 23.3.2004 AP Nr. 265 zu § 613a BGB = DB 2004, 1324; 24.3.1987 AP Nr. 1 zu § 26 HGB = NZA 1988, 246; 24.3.1977 AP Nr. 6 zu § 613a BGB = NJW 1977, 1791; auch → Rn. 135.

446 BAG 24.3.1987 AP Nr. 1 zu § 26 HGB = NZA 1988, 246; 24.3.1977 AP Nr. 6 zu § 613a BGB = NJW 1977, 1791; vgl. auch BAG 23.3.2004 AP Nr. 265 zu § 613a BGB = DB 2004, 1324.

447 StRspr des BAG, s. BAG 20.9.2006 AP Nr. 1 zu § 25 HGB = NZA 2007, 335; 21.2.1990 AP Nr. 85 zu § 613a BGB = NZA 1990, 567; ebenso BGH 11.4.1988 BGHZ 104, 161 = NJW 1988, 1912.

448 BGH 10.12.1990 BGHZ 113, 132 = AP Nr. 1 zu § 27 HGB; BAG 24.3.1998 AP Nr. 16 zu § 128 HGB = NZA 1999, 145.

449 Vgl. auch LAG Düsseldorf 14.12.2000 NZA-RR 2001, 406 = LAGE § 259 ZPO Nr. 2.

450 Anders (mit der Kenntnis des Gläubigers vom Ausscheiden) *Altmeppen* NJW 2000, 2529 (2536); s. hierzu *Hofmeister* NJW 2003, 93 ff.

143 Die **Enthaftung des auch geschäftsleitenden Kommanditisten** ergibt sich aus § 160 III HGB. Wird der Komplementär einer KG Kommanditist, so gilt die Nachhaftungsbegrenzung des § 160 I, II HGB entsprechend. Im Unterschied zur Nachhaftungsrechtsprechung gilt die Enthaftung aber auch dann, wenn er in der Gesellschaft oder einem ihrer als Gesellschafter angehörenden Unternehmen geschäftsführend tätig wird (§ 160 II 2 HGB).

144 Wird eine **Handelsgesellschaft** unter Lebenden erworben und haftet der Erwerber für die früheren Geschäftsverbindlichkeiten, so haftet der frühere Geschäftsinhaber für diese Verbindlichkeiten nur, wenn sie vor Ablauf von fünf Jahren fällig und daraus Ansprüche gegen ihn geltend gemacht sind. Bei öffentlich-rechtlichen Verbindlichkeiten genügt zur Geltendmachung der Erlass eines Verwaltungsaktes (§ 26 I HGB). Die Fünfjahresfrist beginnt gem. § 26 I 2 HGB im Falle des § 25 I HGB mit dem Ende des Tages, an dem der neue Inhaber die Firma in das Handelsregister des Gerichtes der Hauptniederlassung eingetragen wird, im Falle des § 25 III HGB mit dem Ende des Tages, an dem die Übernahme kundgemacht wird.

145 Tritt jemand als persönlich haftender Gesellschafter oder als Kommanditist in das Geschäft eines Einzelkaufmanns ein, haftet die Gesellschaft unabhängig davon, ob sie das Geschäft fortführt, für alle im Betrieb des Geschäfts entstandenen Verbindlichkeiten des früheren Geschäftsinhabers (§ 28 I HGB). Tritt der frühere Geschäftsinhaber als **Kommanditist** in eine KG ein, indem er sein bisheriges Geschäft als Einzelkaufmann in die Gesellschaft einbringt, so ist für die Begrenzung seiner Haftung § 26 HGB entsprechend mit der Maßgabe anzuwenden, dass die in § 26 I HGB bestimmte Frist mit dem Ende des Tages beginnt, an dem die Gesellschaft in das Handelsregister eingetragen wird. Hier liegt kein Anwendungsfall des § 160 BGB vor sondern ein Fall des § 28 III HGB.[451] Insoweit gilt allerdings für die Fälle, in denen die Verbindlichkeit vor dem 26.3.1994 entstanden ist, die Übergangsregelung des Art. 37 I EGHGB. Entstehenszeitpunkt ist dabei die Erteilung der Versorgungszusage, unabhängig davon, wann der Versorgungsanspruch erdient wurde. Für Versorgungsansprüche ist Art. 37 II EGHGB nicht anwendbar, weil es sich nicht um Ansprüche aus einem fortbestehenden Arbeitsverhältnis handelt.[452]

146 In § 736 II BGB ist die Nachhaftungsbegrenzung für **Gesellschafter einer BGB-Gesellschaft** geregelt. Das Gesetz verweist sinngemäß auf die Regelungen für die OHG, insbes. § 160 HGB. In der amtlichen Begründung wird darauf verwiesen, dass die GbR noch in erheblichem Umfang als Unternehmensträgerin für Zusammenschlüsse der freiberuflich Tätigen und der minderkaufmännisch Tätigen verwendet wird (BT-Drs. 12/6559, 13).

147 Umgekehrt haftet, wer in eine bürgerlich-rechtliche Gesellschaft eintritt, für vorher begründete Verbindlichkeiten nur kraft besonderer Vereinbarung mit dem Gläubiger.[453] Die Haftung für Verbindlichkeiten der Gesellschaft kann nicht durch einen Namenszusatz oder einen anderen, den Willen, nur beschränkt für diese Verpflichtungen einzustehen, verdeutlichenden Hinweis beschränkt werden, sondern nur durch eine individualvertragliche Vereinbarung ausgeschlossen werden.[454]

148 **c) Haftung im Konzern.** Problematisch ist die Haftung für Versorgungsansprüche im Konzern. Die Muttergesellschaft wird die Haftung für Versorgungsschulden konzernangehöriger Unternehmen dann übernehmen müssen, wenn ein Beherrschungs- und Gewinn- und Verlustabführungsvertrag besteht (Vertragskonzern)[455] oder die Konzernobergesellschaft das abhängige Unternehmen dauernd und umfassend führt.[456] Es galten insoweit bisher die Grundsätze des qualifizierten faktischen Konzerns.[457] Voraussetzung war, dass das herrschende Unternehmen die Konzernleitung in einer Weise ausübt, die keine Rücksicht auf die Belange der abhängigen Gesellschaft nimmt, ohne dass sich die dadurch zugefügten Nachteile durch andere Maßnahmen kompensieren ließen. In diesen Fällen wird im Allgemeinen davon auszugehen sein, dass der Versorgungsschuldner keine angemessenen Rücklagen hat ansammeln können. Nach der neueren Rspr. des BGH gelten aber nunmehr für die Haftung der **Gesellschafter** die Grundsätze über die **Ausfallhaftung wegen existenzvernichtenden Eingriffs** (hierzu → § 18 Rn. 3 ff.; zur Rentenanpassung nach § 16 BetrAVG → § 276 Rn. 11).

---

[451] BAG 27.6.2006 AP Nr. 4 zu § 1 BetrAVG Auskunft = NZA-RR 2008, 35.

[452] BAG 27.6.2006 AP Nr. 4 zu § 1 BetrAVG Auskunft = NZA-RR 2008, 35.

[453] BGH 30.4.1979 BGHZ 74, 240 = NJW 1979, 1821.

[454] BGH 27.9.1999 BGHZ 142, 315 = NJW 1999, 3438.

[455] Vgl. BAG 19.5.1981 AP Nr. 13 zu § 16 BetrAVG = NJW 1982, 350.

[456] BAG 26.5.2009 AP Nr. 67 zu § 16 BetrAVG = NZA 2010, 641; 6.10.1992 AP Nr. 5 zu § 1 BetrAVG Konzern = NZA 1993, 316.

[457] BGH 16.9.1985 BGHZ 95, 330 = NJW 1986, 188; 23.9.1991 BGHZ 115, 187 = NJW 1991, 3142; BAG 1.8.95 AP Nr. 8 zu § 303 AktG = NZA 1996, 311; 8.3.1994 AP Nr. 6 zu § 303 AktG = NZA 1994, 931.

149 Erteilt die Muttergesellschaft eines Konzerns dem AN einer beherrschten Tochtergesellschaft eine Versorgungszusage, so kann diese gehalten sein, im Falle der Liquidation der Muttergesellschaft die Versorgungslasten zu übernehmen.[458] Zum Insolvenzschutz → § 278 Rn. 11.

150 Wird eine Aktiengesellschaft in eine GmbH umgewandelt, können die Betriebsrentner keine Sicherheitsleistung nach dem UmwG verlangen, wenn der Insolvenzschutz erhalten bleibt.[459]

151 **2. Nebenpflichten, insbesondere Auskunfts- und Informationspflichten.** Neben der Hauptpflicht können Nebenpflichten bestehen, etwa Aufklärungs- und Belehrungspflichten (auch → § 106 Rn. 28, → § 122 Rn. 9 f.),[460] zB wenn für die Ruhegeldzahlung besondere Anträge usw. notwendig sind.[461] Dabei hat der AG die im Zusammenhang mit dem Arbeitsverhältnis stehenden Interessen des AN so zu wahren, wie dies unter Berücksichtigung der Interessen und Belang beider Vertragsparteien nach Treu und Glauben verlangt werden kann. Den AG trifft aber keine allgemeine Pflicht, die Vermögensinteressen des AN wahrzunehmen.[462] Der Umfang des Informationsbedürfnisses hängt insbesondere von der Schwierigkeit der Materie sowie dem Ausmaß der drohenden Nachteile und deren Vorhersehbarkeit ab.[463] Informationspflichten bestehen insbes. dann, wenn der Vertragsschluss im Interesse und auf Initiative des AG zustande kommt, denn damit kann der AG den Eindruck erwecken, dass er den AN nicht ohne ausreichende Aufklärung atypischen Vertragsrisiken aussetzt. Ferner kann eine Ausklärungspflicht wegen vom AN benötigter Informationen generell dann bestehen, wenn der AG über eine größere Informationsnähe verfügt, weil er die Information besitzt oder sich diese – anders als der AN – ohne Schwierigkeiten beschaffen kann. Das kann auch die Pflicht des AG beinhalten, den AN auf Änderungen der Sach- und Rechtslage hinzuweisen.[464] Aufgrund der Komplexität des Gesamtversorgungssystems des öffentlichen Dienstes wird der öffentliche AG selbst hierzu meist keine fundierten Auskünfte erteilen können. Er kann den AN an die VBL verweisen, muss ihn aber über die gebotene Ausgestaltung des an die VBL zu richtenden Auskunftsersuchens unterrichten.[465] Ein AG muss neu eingestellte AN über **bestehende Versorgungsmöglichkeiten** belehren.[466] Er muss auf die Vorteile einer rückwirkenden Versicherung hinweisen.[467] Die Belehrungspflicht erstreckt sich dagegen nicht auf die Zweckmäßigkeit der Versorgungsauswahl. Auf eine bestimmte mögliche Rechtsauffassung, die der AG aufgrund eines von ihm eingeholten Gutachtens für unzutreffend hält, muss er nicht hinweisen.[468] Der AG ist ferner nicht verpflichtet, den AN von sich aus auf den gesetzlichen Anspruch auf eine Entgeltumwandlung nach § 1a BetrAVG hinzuweisen.[469] Tatsächlich erteilte Informationen müssen – unabhängig von der Frage, ob eine Informationspflicht bestand – richtig, eindeutig und vollständig sein.[470] Das gilt insbes. dann, wenn der AG den AN bei dessen Versorgungsplanung berät, andernfalls kann er sich schadensersatzpflichtig machen.[471] Führt der AG Modellrechnungen durch, welche Zusatzversorgung am günstigsten für den AN ist, haftet er auf Schadensersatz, wenn er sich verrechnet.[472] Der AG muss darauf hinweisen, wenn ein Tarifvertrag wegen fehlenden Geltungsbereichs nicht mehr anwendbar ist.[473] Erteilt der AG **fehlerhafte Auskünfte** über

---

[458] BAG 13.7.1973 AP Nr. 1 zu § 242 BGB Ruhegehalt-Konzern.
[459] BAG 30.7.1996 AP Nr. 1 zu § 374 AktG = NZA 1997, 436.
[460] *Reinecke* RdA 2005, 129; *ders.* NZA 2015, 1153; *Uckermann* NZA 2010, 552; *Jeske* ZTR 1988, 292; ausf. zu den Informationspflichten des AG bei der Entgeltumwandlung *Biedlingmeier* BetrAV 2019, 701.
[461] Bei unterlassener Aufklärung: BAG 17.12.1991 AP Nr. 32 zu § 1 BetrAVG Zusatzversorgungskassen = NZA 1992, 973; BGH 5.7.1973 BGHZ 61, 118 = NJW 1973, 1688; *Hofmann* NJW 1974, 1641.
[462] BAG 15.12.2016 AP Nr. 209 zu § 4 TVG Ausschlussfristen = NZA 2017, 528.
[463] BAG 15.11.2016 AP Nr. 31 zu § 1 BetrAVG Beamtenversorgung = NZA 2017, 1058.
[464] BAG 18.2.2020 AP Nr. 8 zu § 1 BetrAVG Auskunft = NZA 2020, 860.
[465] BAG 14.1.2009 AP Nr. 7 zu § 1 BetrAVG Auskunft = NZA 2010, 63 (LS).
[466] Vgl. BAG 22.11.1963 AP Nr. 6 zu § 611 BGB Öffentlicher Dienst.
[467] BAG 17.12.1991 AP Nr. 32 zu § 1 BetrAVG Zusatzversorgungskassen = NZA 1992, 973; 13.12.1988 AP Nr. 22 zu § 1 BetrAVG Zusatzversorgungskassen = NZA 1989, 690 (LS) = BB 1989, 1274; vgl. zur gesetzlichen Sozialversicherung LSG Nds 24.1.1990 NZA 1990, 456 (LS).
[468] BAG 15.11.2016 AP Nr. 31 zu § 1 BetrAVG Beamtenversorgung = NZA 2017, 1058.
[469] BAG 21.1.2014 AP Nr. 3 zu § 1a BetrAVG = NZA 2014, 903; Höfer BetrAVG I/*Höfer/Reich* Kap. 13 Rn. 37.
[470] BAG 18.2.2020 AP Nr. 8 zu § 1 BetrAVG Auskunft = NZA 2020, 860.
[471] BAG 13.12.1988 AP Nr. 23 zu § 1 BetrAVG Zusatzversorgungskassen = NZA 1989, 512; 15.10.1985 AP Nr. 12 zu § 1 BetrAVG Zusatzversorgungskassen; 18.12.1984 AP Nr. 3 zu § 1 BetrAVG Zusatzversorgungskassen = NZA 1985, 459 (LS); 24.5.1974 AP Nr. 6 zu § 242 BGB Ruhegehalt-VBL; 17.4.1984 AP Nr. 2 zu § 1 BetrAVG Zusatzversorgungskassen = NZA 1985, 184 (LS).
[472] BAG 21.11.2000 AP Nr. 1 zu § 1 BetrAVG Auskunft = NZA 2002, 618.
[473] LAG Köln 18.1.2001 – 6 Sa 657/00, EzA-SD 2001, 7 (LS).

die Höhe des Ruhegeldes und wählt der AN daraufhin eine für ihn objektiv ungünstigere Versorgungsalternative, muss der AG den AN so stellen, als habe er die günstigere Variante gewählt.[474] Dagegen braucht der AG den AN im Falle der **Beendigung eines Arbeitsverhältnisses** vor Eintritt eines Versorgungsfalles im Allgemeinen nicht über die Auswirkungen zu belehren, weil jeder Vertragspartner grundsätzlich selbst für die Wahrnehmung seiner Rechte zu sorgen hat.[475] Der jeder Partei zuzubilligende Eigennutz findet aber seine Grenzen am schutzwürdigen Lebensbereich des Vertragspartners. Daher bestehen Aufklärungspflichten nach § 242 BGB dann, wenn der AG die Beendigung des Arbeitsverhältnisses veranlasst hat und für den AN ein Vertrauenstatbestand erwachsen ist, der AG werde sich um die Versorgung kümmern bzw. auch die Interessen des AN wahren.[476] In diesen Fällen darf der AG den AN zwar für detaillierte Auskünfte an den Träger einer Zusatzversorgung verweisen, er muss aber wenigstens das Problembewusstsein des AN insbes. für außergewöhnliche Risiken wecken (also auf etwaige hohe Einbußen bei der Rente hinweisen) und ihn so beraten, dass er sich sachgerecht erkundigen kann.[477]

Verstößt der AG gegen bestehende Aufklärungs- und Hinweispflichten, kann er sich gem. **152**
§ 280 I BGB **schadensersatzpflichtig** machen; der AN ist gem. § 249 BGB so zu stellen, als sei die Hinweis- und Aufklärungspflicht nicht verletzt. UU kann auch ein **Mitverschulden** des AN zu berücksichtigen sein, wenn er Maßnahmen unterlassen hat, die zu einer Begrenzung des Rentenschadens geführt hätten.[478] Eine Verletzung der besonderen Informationspflichten für Pensionskassen und Pensionsfonds nach §§ 234k ff., § 237 I1 VAG[479] kann Schadensersatzansprüche gegen diese, nicht aber (auch) gegen den AG auslösen.

Eine etwaige falsche Information oder Beratung hat der AN darzulegen und zu beweisen.[480] **153**
Macht er eine pflichtwidrig unterlassene Aufklärung geltend, muss der AN die Tatsachen beweisen, aus denen sich die Informationspflicht ergibt. Besteht eine solche Informationspflicht, muss der AG beweisen, dass er sie erfüllt hat.[481] Darlegungs- und beweispflichtig für die haftungsausfüllende Kausalität ist der AN. Nach der Rspr. des BAG ist aber anzunehmen, dass der AN bei sachgerechter Belehrung seine Interessen in vernünftiger Weise gewahrt und sich nicht rentenschädigend verhalten hätte.[482] Das entbindet den AN allerdings nicht von seiner **Darlegungslast.** Er muss also darlegen, warum die unterlassene Aufklärung für den eingetretenen Schaden ursächlich ist.[483] Im Hinblick auf die **Beweislast** hat das BAG offengelassen, ob es sich bei dieser **Vermutung eines „aufklärungsrichtigen" Verhaltens** um eine Umkehr der Beweislast handelt oder um einen Beweis des ersten Anscheins.[484] Der BGH nimmt bei einem Verstoß gegen eine Aufklärungsverpflichtung, zB bei einer Kapitalanlageberatung, eine Beweislastumkehr an,[485] während er zB bei der Anwaltshaftung den Anscheinsbeweis anwendet.[486] Die Unterstellung eines „aufklärungsrichtigen" Verhaltens sollte nach der früheren Rspr. des BGH aber nur für die Fälle gelten, in denen es für den Aufzuklärenden vernünftigerweise nur eine Möglichkeit der Reaktion gibt, nicht dagegen, wenn die vollständige und richtige Auskunft einen Entschei-

---

[474] BAG 21.11.2000 AP Nr. 1 zu § 1 BetrAVG Auskunft = NZA 2002, 618; HessLAG 22.8.2001 MDR 2002, 650 = NZA-RR 2002, 323 (LS).

[475] BAG 11.12.2001 AP Nr. 2 zu § 1 BetrAVG Auskunft = NZA 2002, 1150; 17.10.2000 AP Nr. 116 zu § 611 BGB Fürsorgepflicht = NZA 2001, 206; 3.7.1990 AP Nr. 24 zu § 1 BetrAVG = NZA 1990, 971; 23.5.1989 AP Nr. 28 zu § 1 BetrAVG Zusatzversorgungskassen; 13.11.1984 AP Nr. 5 zu § 1 BetrAVG Zusatzversorgungskassen = NZA 1985, 712 (LS); 18.9.1984 AP Nr. 6 zu § 1 BetrAVG Zusatzversorgungskassen = NZA 1985, 712 (LS).

[476] BAG 17.10.2000 AP Nr. 116 zu § 611 BGB Fürsorgepflicht = NZA 2001, 206; 3.7.1990 AP Nr. 24 zu § 1 BetrAVG = NZA 1990, 971; 23.5.1989 AP Nr. 28 zu § 1 BetrAVG Zusatzversorgungskassen.

[477] BAG 17.10.2000 AP Nr. 116 zu § 611 BGB Fürsorgepflicht = NZA 2001, 206.

[478] BAG 12.12.2002 AP Nr. 25 zu § 611 BGB Haftung des Arbeitgebers = NZA 2003, 687 (LS).

[479] Hierzu *Friedrich/Hinrichs* DB 2020, 505.

[480] BAG 17.10.2000 AP Nr. 116 zu § 611 BGB Fürsorgepflicht = NZA 2001, 206; 9.7.1991 ZTR 1992, 116; *Reinecke* DB 2006, 555 (559).

[481] BAG 17.10.2000 AP Nr. 116 zu § 611 BGB Fürsorgepflicht = NZA 2001, 206; 22.11.1963 AP Nr. 6 zu § 611 BGB Öffentlicher Dienst; vgl. auch BAG 15.10.1985 AP Nr. 12 zu § 1 BetrAVG Zusatzversorgungskassen.

[482] BAG 14.1.2009 AP Nr. 7 zu § 1 BetrAVG Auskunft = NZA 2010, 63 (LS); 17.10.2000 AP Nr. 116 zu § 611 BGB Fürsorgepflicht = NZA 2001, 206.

[483] Vgl. BAG 20.4.2011 AP Nr. 333 zu § 1 TVG Tarifverträge: Bau = NZA 2011, 1173; 5.11.2003 AP Nr. 7 zu § 2 NachwG = NZA 2005, 64 (jew. zu § 2 I 2 Nr. 10 NachwG).

[484] BAG 14.1.2009 AP Nr. 7 zu § 1 BetrAVG Auskunft = NZA 2010, 63 (LS); 21.11.2000 AP Nr. 1 zu § 1 BetrAVG Auskunft = NZA 2002, 618.

[485] BGH 8.5.2012 NJW 2012, 2427.

[486] Vgl. zB BGH 7.2.2008 NJW 2008, 2041 mwN; näher hierzu *Schwab* NJW 2012, 3274.

dungskonflikt verursacht hätte.[487] Diese Rspr. hat der BGH nunmehr aufgegeben und geht bei einem Verstoß gegen eine Aufklärungsverpflichtung generell aufgrund des Schutzzwecks von einer Beweislastumkehr und damit von einer Kausalitätsvermutung aus.[488] Diese Grundsätze lassen sich auf den Bereich des Betriebsrentenrechts übertragen. Sofern wegen betriebsrentenrechtlicher Ansprüche Aufklärungspflichten bestehen, bezwecken diese nämlich nicht lediglich, den AN vor Versorgungsschäden zu bewahren, sondern auch ihm die Beweisnot für ein aufklärungsrichtiges Verhalten zu ersparen.[489] Insoweit muss dasselbe gelten wie im Rahmen des § 2 I 2 Nr. 10 NachwG, wo das BAG von einer tatsächlichen Vermutung ausgeht.[490] Besonderheiten bestehen aber dort, wo es bei bestehenden Entscheidungsalternativen um prognostische Fragen geht, etwa bei einem Wechsel zu einem anderen Konzernunternehmen mit einem anderen Versorgungssystem. Hier lassen sich künftige Umstände, zB die weitere wirtschaftliche Entwicklung der betroffenen Unternehmen, nicht vorhersagen. Welche Entscheidung – Verbleib beim bisherigen AG oder Wechsel zu einem anderen Konzernunternehmen – längerfristig wirtschaftlich, auch im Hinblick auf Betriebsrentenansprüche, besser gewesen wäre, lässt sich meist erst im Nachhinein feststellen.

154 **3. Erfüllungsort, Erfüllungszeit.** Der AG hat das Ruhegeld an den Berechtigten zu zahlen. **Erfüllungsort** für die Verpflichtung des AG ist grundsätzlich der Ort, an dem die Arbeitsleistung zu erbringen war, weil Betriebsrentenansprüche auf dem Arbeitsverhältnis beruhen[491] (auch → § 70 Rn. 8). Grundsätzlich wird der AG keine Überweisung ins Ausland vorzunehmen haben.[492] Der **Zeitpunkt der Auszahlung** richtet sich nach der Versorgungsordnung. Für die Umstellung des Zahlungstermins einer Betriebsrente vom Anfang auf das Ende des Monats genügen sachliche Gründe.[493]

155 **4. Ruhegeldberechtigte, Hinterbliebenenversorgung.** Oft sehen Versorgungszusagen eine **Hinterbliebenenversorgung**[494] vor. Insoweit handelt es sich um einen Vertrag zugunsten Dritter gem. §§ 328 ff. BGB. Der Kreis der möglichen Hinterbliebenen ist dabei betriebsrentenrechtlich nicht auf die Ehepartner und Kinder begrenzt. Voraussetzung für die Anerkennung einer Hinterbliebeneneigenschaft ist aber, dass dem AN bezogen auf die begünstigte Person bei typisierender Betrachtung ein Versorgungsinteresse unterstellt werden kann. Der AG, der einen Versorgungszuge macht, ist nicht verpflichtet, eine Hinterbliebenenversorgung vorzusehen. Daher ist es ihm erst recht unbenommen, den Kreis der berechtigten Hinterbliebenen gegenüber dem gesetzlich Möglichen einzuschränken.[495] Grundsätzlich hat der AG ein berechtigtes Interesse, das mit einer Hinterbliebenenversorgung einhergehende finanzielle Risiko zu begrenzen. Dabei muss die Risikobegrenzung aber an sachliche Erwägungen und nicht etwa an bloße Zufälligkeiten anknüpfen.[496] Die anspruchsbegründenden oder anspruchsausschließenden Merkmale müssen einer Rechtskontrolle, insbes. aufgrund der europarechtlichen Diskriminierungsverbote und des Gleichheitsgrundsatzes standhalten. Wird einem AN eine Hinterbliebenenversorgung zugesagt, so ist das insoweit ein Vertrag zugunsten eines Dritten. Nach dem Tod des AN ist der Hinterbliebene nach § 328 I BGB berechtigt, die Versorgung zu verlangen.[497] Gibt es (aufgrund der Regelungen einer anderen Rechtsordnung) mehr als eine Witwe, wird eine Versorgungsordnung regelmäßig ergänzend dahin auszulegen sein, dass der Rentenanspruch nach Kopfteilen aufzuteilen ist.[498]

156 Soweit nur eine Witwen- und Waisenversorgung geregelt ist, verstößt das gegen Art. 3 GG, Art. 157 AEUV (vormals Art. 119, 141 EG) (→ § 273 Rn. 29), so dass eine Anpassung der

---

487 BGH 9.6.1998 DB 1998, 1710; 10.5.1994 NJW 1994, 2541.

488 BGH 8.5.2012 NJW 2012, 2427.

489 Vgl. *Schwab* NJW 2012, 3274 (3275).

490 BAG 30.10.2019 AP Nr. 98 zu § 611 BGB Kirchendienst = NZA 2020, 379; 20.4.2011 AP Nr. 333 zu § 1 TVG Tarifverträge: Bau = NZA 2011, 1173; 17.4.2002 AP Nr. 6 zu § 2 NachwG = NZA 2002, 1096.

491 BAG 20.4.2004 AP Nr. 21 zu § 38 ZPO Internationale Zuständigkeit = NZA 2005, 297; 26.9.2000 AP Nr. 61 zu § 72a ArbGG 1979 Grundsatz = NZA 2001, 286.

492 LAG Köln 2.2.1983 DB 1983, 779.

493 BAG 23.9.1997 AP Nr. 23 zu § 1 BetrAVG Ablösung = NZA 1998, 541.

494 Ausf. *Reinecke* BB 2012, 1025.

495 BAG 18.11.2008 AP Nr. 54 zu § 1 BetrAVG = NZA-RR 2009, 153.

496 BAG 21.2.2017 AP Nr. 35 zu § 1 BetrAVG Hinterbliebenenversorgung = NZA 2017, 723.

497 BAG 21.10.1966 AP Nr. 116 zu § 242 BGB Ruhegehalt; 5.9.1972 AP Nr. 159 zu § 242 BGB Ruhegehalt; vgl. auch BAG 19.7.2011 AP Nr. 27 zu § 1 BetrAVG Hinterbliebenenversorgung = NZA 2011, 1214.

498 BGH 10.7.2013 NZA-RR 2013, 659.

Versorgungszusagen erfolgen muss. Ansonsten ist der Ausschluss der Witwerversorgung unwirksam (§ 134 BGB). Im Wege ergänzender Vertragsauslegung wird die Versorgungslücke dahin geschlossen, dass auch der Witwer Versorgungsleistungen erhält. Das Vertrauen des AG auf die Wirksamkeit des Ausschlusses ist nicht schutzwürdig.[499]

Die Hinterbliebenenversorgung kann davon abhängig gemacht werden, dass der Hinterbliebene das 50. Lebensjahr vollendet hat.[500] Einschränkungen der Hinterbliebenenversorgung durch nachfolgende Betriebsvereinbarungen müssen sich an den Grundsätzen des Vertrauensschutzes und der Verhältnismäßigkeit messen lassen. Das vom BAG entwickelte 3-Stufen-Schema (→ Rn. 74 ff.) gilt hier nicht.[501] Allein die Umstrukturierung der bestehenden betrieblichen Altersversorgung rechtfertigt es nicht, Leistungen nur noch im Fall des Todes eines Versorgungsanwärters („Anwärtertod") und nicht mehr beim Tod eines Betriebsrentners („Rentnertod") zu gewähren.[502] Für den Ausschluss von Hinterbliebenen, die den AN erst nach dessen Eintritt in den Ruhestand geheiratet haben, reichen sachliche Gründe aus.[503] Das gilt auch für eingetragene Lebenspartner nach dem LPartG, und zwar auch dann, wenn es vor der Pensionierung des verstorbenen AN rechtlich noch nicht möglich war, eine Lebenspartnerschaft einzugehen. Insoweit hat das LPartG keine rückwirkende Vergleichbarkeit von eingetragener Lebenspartnerschaft und Ehe hergestellt.[504] **157**

Ist nach der Satzung eines berufsständischen Versorgungswerks den Angehörigen eines Mitglieds nach dessen Tode eine Hinterbliebenenrente zu gewähren, so sollte nach Ansicht des BVerwG nicht aus Art. 3 GG folgen, dass ein entsprechender Anspruch auch dem Partner einer gleichgeschlechtlichen Lebensgemeinschaft zusteht.[505] Dasselbe hatte das BVerwG für die Satzung eines ärztlichen Versorgungswerkes angenommen, die Partnern einer eingetragenen Lebensgemeinschaft nach dem **LPartG** keine Hinterbliebenenrente zuerkannte, und dabei auch einen Verstoß gegen § 7 AGG verneint.[506] Auch der BGH hatte entschieden, dass keine Benachteiligung wegen der sexuellen Identität vorliege, wenn Lebenspartner nach dem LPartG gem. der Satzung der Versorgungsanstalt des Bundes und der Länder anders als Verheiratete von einer Hinterbliebenenversorgung ausgeschlossen sind.[507] Der EuGH hat aber inzwischen in seiner **Maruko**-Entscheidung[508] festgestellt, dass die Herausnahme von Lebenspartnerschaften nach dem LPartG aus der Hinterbliebenenversorgung im Rahmen eines berufsständischen Pflichtversorgungssystems gegen Art. 1 iVm Art. 2 RL 2000/78/EG verstößt, sofern die Lebenspartnerschaft nach nationalem Recht Personen des gleichen Geschlechts in eine Situation versetzt, die in Bezug auf die Hinterbliebenenversorgung mit der Situation von Ehepartnern vergleichbar ist. In diesem Fall nimmt der EuGH eine unmittelbare Diskriminierung wegen der sexuellen Ausrichtung an.[509] Aus den gleichen Gründen ist ferner eine Differenzierung bei der Leistungshöhe nicht zulässig.[510] Auch das BVerfG hat ausdrücklich entschieden, dass der Schutz der Ehe gem. Art. 6 I GG eine Privilegierung der Ehe und Benachteiligung anderer Lebensformen nicht rechtfertigt, sofern diese der Ehe hinsichtlich des Lebenssachverhaltes und der Regelungsziele vergleichbar sind.[511] Damit ist eine generelle Herausnahme von Lebenspartnerschaften aus einer Hinterbliebenenversorgung allein aufgrund der formellen Unterscheidung zwischen Ehe und Lebenspartnerschaft nicht mehr zulässig,[512] zumal das LPartG den gleichgeschlechtlichen Lebenspartner dem Ehepartner weitgehend gleichgestellt hat und Lebenspartner seit dem 1.1.2005 auch in der gesetzlichen Rentenversicherung gem. § 46 IV SGB IV nicht mehr von Leistungen der Hinterbliebenenversorgung ausgeschlossen sind. Zwar bindet die Richtlinie 2000/78/EG private AG nicht unmittelbar, sondern bedarf der Umsetzung in nationales Recht (→ § 4 Rn. 12 ff.). Diese ist aber mit dem AGG nunmehr erfolgt, so dass jetzt von einem **158**

---

499 BAG 5.9.1989 AP Nr. 8 zu § 1 BetrAVG Hinterbliebenenversorgung = NZA 1990, 271.
500 BAG 19.2.2002 AP Nr. 22 zu § 1 BetrAVG Hinterbliebenenversorgung = NZA 2002, 2339.
501 BAG 26.8.1997 AP Nr. 27 zu § 1 BetrAVG Ablösung = NZA 1998, 817.
502 BAG 21.11.2000 AP Nr. 21 zu § 1 BetrAVG Hinterbliebenenversorgung = NZA 2002, 851.
503 BAG 26.8.1997 AP Nr. 27 zu § 1 BetrAVG Ablösung = NZA 1998, 817.
504 BAG 15.9.2009 AP Nr. 318 zu Art. 3 GG = DB 2010, 231.
505 BVerwG 29.2.2000 NJW 2000, 2038.
506 BVerwG 25.5.2007 BVerwGE 129, 129 = NJW 2008, 246.
507 BGH 14.2.2007 NJW-RR 2007, 1441.
508 EuGH 1.4.2008 – C-267/06, AP Nr. 9 zu Richtlinie 2000/78/EG = NZA 2008, 459 – Maruko; s. auch EuGH 24.11.2016 – C-443/15, AP Nr. 35 zu Richtlinie 2000/78/EG = NZA 2017, 233 – Parris.
509 So auch schon *Rolfs* NZA 2008, 553 (559); aA zB *Rengier* BB 2005, 2574 (2577), der eine mittelbare Diskriminierung annimmt.
510 EuGH 10.5.2011 AP Nr. 20 zu Richtlinie 2000/78/EG = NZA 2011, 557 – Römer.
511 BVerfG 7.7.2009 BVerfGE 124, 199 = NJW 2010, 1439; hierzu *Spiolek* BB 2011, 2169.
512 BAG 22.1.2019 AP Nr. 44 zu § 1 BetrAVG Hinterbliebenenversorgung = NZA 2019, 991.

Verstoß gegen § 7 I iVm § 1 AGG auszugehen ist,[513] für die Zeit vor Inkrafttreten des AGG folgt dies aus dem Gleichbehandlungsgrundsatz.[514] Rechtsfolge ist gem. der in § 2 I Nr. 2 und § 8 II AGG enthaltenen Wertung ein Anspruch des Lebenspartners auf die vorenthaltene Leistung.[515] Anspruchsvoraussetzung ist dabei aber, dass am 1.1.2005 noch ein Rechtsverhältnis zwischen dem Versorgungsberechtigten und dem Versorgungsschuldner bestand. Hierfür genügt es, wenn der AN mit Betriebsrentenansprüchen oder unverfallbaren Versorgungsanwartschaften ausgeschieden ist; ein Arbeitsverhältnis muss am Stichtag nicht bestehen.[516] Zumindest sind Ansprüche aber dann ausgeschlossen, wenn der AN vor dem 1.1.2005 verstorben ist. Zulässig sind Regelungen, die die Rückwirkung eines sich aufgrund der gebotenen Gleichstellung mit Ehepartnern ergebenden Nachzahlungsanspruchs für Partner einer Lebenspartnerschaft zeitlich begrenzen.[517]

159 Eine Bestimmung, wonach die Bezüge des verstorbenen AN für den Rest des Sterbemonats und weitere drei Monate vorrangig an die unterhaltsberechtigten Kinder zu zahlen sind, die mit dem Verstorbenen in einem Haushalt lebten, verstößt weder gegen das Verbot der Benachteiligung nichtehelicher Kinder (Art. 6 V GG) noch gegen den allgemeinen Gleichheitssatz.[518]

160 Als grundsätzlich zulässig betrachtete das BAG sog. **Spätehenklauseln.**[519] Durch diese sollen erheblich jüngere Ehepartner (25 Jahre jüngere Ehefrau) oder erst nach Eintritt des Ruhestandes[520] bzw. nach Beendigung des Arbeitsverhältnisses[521] bzw. nach Beginn des Leistungsbezuges[522] (vgl. auch § 19 I 2 Nr. 2 BeamtVG) geheiratete Ehepartner von der Versorgung ausgeschlossen werden. Bei der Beurteilung, ob solche Regelungen gegen das AGG verstoßen, ist auf die Person des AN und nicht auf den Hinterbliebenen abzustellen.[523] Klauseln, die unmittelbar auf ein bestimmtes Lebensalter abstellen, können eine Altersdiskriminierung nach §§ 1, 3 I 1, 7 AGG darstellen. Dabei nahm das BAG zunächst an, dass die Benachteiligung nicht gem. § 10 S. 3 Nr. 4 AGG gerechtfertigt werden könne, weil diese Bestimmung allein die Risiken „Alter" und „Invalidität" betreffe. Eine Klausel, nach der eine Witwen- oder Witwerversorgung nur gewährt wird, wenn der AN die Ehe vor seinem 60. Geburtstag geschlossen hat, bewirke eine mittelbare Benachteiligung, die nicht nach § 10 S. 1 u. 2 AGG gerechtfertigt sei, weil diese Altersgrenze zur Erreichung der Ziele, nämlich der verlässlichen Kalkulierbarkeit des Versorgungsaufwandes, nicht angemessen sei. Durch den vollständigen Ausschluss der Witwer- bzw. Witwenversorgung gehe sie über das hinaus, was zur Erreichung dieses Ziels erforderlich sei. Allein die späte Eheschließung lasse auch nicht den Rückschluss auf eine sog. „Versorgungsehe" (vgl. § 46 IIa SGB VI, § 19 I 2 Nr. 1 BeamtVG) zu.[524] Insoweit hat das BAG seine frühere Rspr. aufgegeben.[525] Demgegenüber hat der EuGH entschieden, dass eine Regelung, nach der eine Hinterbliebenenrente für Lebenspartner nur gewährt wird, wenn die Partnerschaft vor dem 60. Lebensjahr geschlossen wurde, nicht gegen das Verbot der Diskriminierung wegen der sexuellen Ausrichtung nach Art. 2 RL 2000/78/EG verstößt, auch wenn es nach nationalem Recht nicht möglich war, vor Erreichen dieser Altersgrenze die Lebenspartnerschaft zu schließen, weil diese Möglichkeit erst später eingeführt wurde.[526] Dabei nimmt der EuGH – anders als das

---

[513] Höfer BetrAVG I/*Höfer* Kap. 7 Rn. 139.

[514] So auch BAG 14.1.2009 AP Nr. 315 zu Art. 3 GG = NZA 2009, 489; für Dienstordnungsangestellte BAG 11.12.2012 DB 2013, 1063.

[515] Vgl. BAG 22.1.2019 AP Nr. 44 zu § 1 BetrAVG Hinterbliebenenversorgung = NZA 2019, 991.

[516] BAG 15.9.2009 AP Nr. 317 zu Art. 3 GG = NZA 2009, 216; weitergehend *Bruns* NZA 2009, 596 ff.

[517] BGH 10.9.2014 FamRZ 2015, 51.

[518] BAG 20.8.2002 AP Nr. 55 zu § 1 BetrAVG Gleichbehandlung = NZA 2003, 1044.

[519] BAG 18.7.1972 AP Nr. 158 zu § 242 BGB Ruhegehalt = NJW 1972, 2327; 9.11.1978 AP Nr. 179 zu § 242 BGB Ruhegehalt; dazu BVerfG 11.9.1979 AP Nr. 182 zu § 242 BGB Ruhegehalt; aA *Preis* BetrAV 2010, 515 (516).

[520] BAG 26.8.1997 AP Nr. 27 zu § 1 BetrAVG Ablösung = NZA 1998, 817; LAG Hamm 15.2.2011 NZA-RR 2011, 374; zu Altersgrenzen der Witwe: BAG 19.2.2002 AP Nr. 22 zu § 1 BetrAVG Hinterbliebenenversorgung = NZA 2002, 2339.

[521] BAG 15.10.2014 AP Nr. 29 zu § 1 BetrAVG Hinterbliebenenversorgung = NZA 2014, 308; 20.10.2010 AP Nr. 26 zu § 1 BetrAVG Hinterbliebenenversorgung = NZA 2011, 1092; *Ahrendt* RdA 2016, 129 (134).

[522] BAG 15.10.2013 AP Nr. 31 zu § 1 BetrAVG Hinterbliebenenversorgung = NZA 2014, 1203.

[523] BAG 14.11.2017 AP Nr. 37 zu § 1 BetrAVG Hinterbliebenenversorgung = NZA 2018, 453; BGH 10.9.2014 FamRZ 2015, 51.

[524] BAG 4.8.2015 AP Nr. 33 zu § 1 BetrAVG Hinterbliebenenversorgung = NZA 2015, 1447 mzustAnm *Schubert*; abl. *Bauer/Krieger* NZA 2016, 22.

[525] BAG 20.4.2010 AP Nr. 26 zu § 1 BetrAVG Hinterbliebenenversorgung = NZA 2011, 1092; zu § 307 I 1 BGB: 15.10.2013 AP NR. 31 zu § 1 BetrAVG Hinterbliebenenversorgung = NZA 2014, 1203.

[526] EuGH 24.11.2016 AP Nr. 35 zu Richtlinie 2000/78/EG = NZA 2017, 233 – Parris.

BAG[527] – an, dass Art. 6 II RL 2000/78/EG auch eine Ungleichbehandlung im Rahmen von Hinterbliebenenversorgungen rechtfertigen kann, weil es sich auch hierbei um eine Form der Altersrente handele. Daraufhin hat das BAG seine abweichende Auslegung von § 10 S. 3 Nr. 4 AGG aufgegeben und wendet diese Bestimmung nunmehr auch auf die Hinterbliebenenversorgung an, sofern sich deren Höhe an der Höhe der Altersversorgung oder einer zugesagten Invaliditätsversorgung orientiert.[528] Dies ändert allerdings nichts daran, dass nach Ansicht des BAG nach deutschem Recht ein Verstoß gegen §§ 1, 3 I 1, 7 AGG anzunehmen ist, wenn die Ungleichbehandlung nicht objektiv und angemessen und durch ein legitimes Ziel gerechtfertigt ist, weil der deutsche Gesetzgeber an die von § 10 AGG erfassten Ungleichbehandlungen weiter gehende Anforderungen als nach Unionsrecht erforderlich stellen wollte.[529] Zulässig ist eine Regelung, die eine Hinterbliebenenversorgung ausschließt, wenn der AN bei der Eheschließung 65 Jahre oder älter war.[530] Ein Ausschluss ist ferner möglich für Fälle, in denen die Ehe erst nach Vollendung des 62. Lebensjahres des AN geschlossen wurde. Voraussetzung ist aber, dass dabei an ein betriebsrentenrechtliches Strukturprinzip, wie etwa das Erreichen der festen Altersgrenze der Versorgungsordnung, den Eintritt eines Versorgungsfalles oder das Ende des Arbeitsverhältnisses angeknüpft wird.[531] Dem wird in der Lit. teilweise entgegenhalten, dass insoweit auch Umstände jenseits des Wortlauts und der Systematik der Versorgungsregelungen zu beachten seien, wie etwa die Systematik in der gesetzlichen Rentenversicherung und dem tatsächlichen Ausscheideverhalten der AN.[532] Eine Versorgungsregelung kann vorsehen, dass kein Anspruch auf eine Hinterbliebenenversorgung besteht, wenn die Ehe nach der Pensionierung des AN geschlossen wurde, wenn eine solche Pensionierung schon ab der Vollendung des 50. Lebensjahres erfolgen konnte und die Pension wegen des frühzeitigen Bezuges nicht gekürzt wird; in einem solchen Fall wird der Nachteil wegen der Hinterbliebenenversorgung durch die Ausgestaltung des Rentenbezugs für den AN kompensiert.[533] Soweit eine Spätehenklausel nach der früheren Rechtlage nicht als gleichheitswidrig angesehen wurde, folgt hieraus kein schutzwürdiges Interesse des AG, dass eine einmal als wirksam erachtete Klausel weiterhin als zulässig bewertet wird; der Allgemeine Gleichbehandlungsgrundsatz entfaltet Rückwirkung.[534] Die Hinterbliebenenversorgung konnte nach der bisherigen Rspr. grundsätzlich ferner davon abhängig gemacht werden, dass die Ehe eine bestimmte Mindestzeit bestanden hat.[535] Eine Klausel in AGB, die eine **Mindestehedauer** von 10 Jahren im Zeitpunkt des Todes des Versorgungsberechtigten verlangt, stellt jedoch eine unangemessene Benachteiligung nach § 307 I 1 BGB dar, weil es sich hierbei um eine willkürlich gegriffene Zeitspanne handelt, die keinen inneren Zusammenhang mit dem Arbeitsverhältnis und mit dem mit der Klausel verfolgten Zweck aufweist.[536] Wirksam sind sog. **Getrenntlebendklauseln,** nach denen getrennt lebende Ehegatten von der Versorgung ausgeschlossen werden. Im Zweifel ist dabei für den Begriff des Getrenntlebens auf die gesetzliche Regelung in § 1567 BGB abzustellen und der Anspruchsausschluss jedenfalls bei Vorliegen der Voraussetzungen des § 1566 BGB anzunehmen.[537]

Problematisch ist die Zulässigkeit von **Altersabstandsklauseln.** Im Fall einer Versorgungs- **161**
ordnung, die eine Hinterbliebenenversorgung ausschließt, wenn der Ehepartner mehr als 15 Jahre jünger ist als der verstorbene ehemalige AN, hat das BAG angenommen, es sei angesichts der Mangold-Entscheidung des EuGH[538] zweifelhaft, ob eine solche Regelung mit der

[527] BAG 4.8.2015 AP Nr. 33 zu § 1 BetrAVG Hinterbliebenenversorgung = NZA 2015, 1447.
[528] BAG 14.11.2017 AP Nr. 37 zu § 1 BetrAVG Hinterbliebenenversorgung = NZA 2018, 453.
[529] BAG 26.9.2017 AP Nr. 12 zu § 10 AGG = NZA 2018, 315; krit. hierzu unter Hinweis auf § 2 II 2 AGG BeckOK ArbR/*Roloff* AGG § 10 Rn. 18.
[530] BAG 14.11.2017 AP Nr. 37 zu § 1 BetrAVG Hinterbliebenenversorgung = NZA 2018, 453.
[531] BAG 19.2.2019 AP Nr. 45 zu § 1 BetrAVG Hinterbliebenenversorgung = NZA 2019, 997; 19.2.2019 AP Nr. 46 zu § 1 BetrAVG Hinterbliebenenversorgung = NZA 2019, 1016 (LS); 22.1.2019 AP Nr. 44 zu § 1 BetrAVG Hinterbliebenenversorgung = NZA 2019, 991.
[532] *Cish/Börner* Anm. zu BAG AP Nr. 46 zu § 1 BetrAVG Hinterbliebenenversorgung.
[533] BAG 3.6.2020 AP Nr. 1 zu § 1 BetrAVG Hinterbliebenenversorgung = NZA 2020, 1397.
[534] BAG 19.2.2019 AP Nr. 45 zu § 1 BetrAVG Hinterbliebenenversorgung = NZA 2019, 997.
[535] BAG 11.8.1987 AP Nr. 4 zu § 1 BetrAVG Hinterbliebenenversorgung = NZA 1988, 158; LAG Hamm 17.12.1991 DB 1992, 535 = LAGE § 1 BetrAVG Hinterbliebenenversorgung Nr. 2; vgl. zu einem berufsständischen Versorgungswerk BVerwG 27.5.2009 BVerwGE 134, 99 = NJW 2009, 3316.
[536] BAG 19.2.2019 AP Nr. 43 zu § 1 BetrAVG Hinterbliebenenversorgung = NZA 2019, 918.
[537] BAG 28.3.1995 AP Nr. 14 zu § 1 BetrAVG Hinterbliebenenversorgung = NZA 1995, 1032; 6.9.1979 AP Nr. 183 zu § 242 BGB Ruhegehalt; dazu BVerfG 29.2.1980 – 1 BvR 1231/79; *Diller* BetrAV 2016, 469, 473; aA LAG Düsseldorf 18.3.1976 DB 1976, 1068.
[538] EuGH 22.11.2005 – C-144/04, AP Nr. 1 zu Richtlinie 2000/78/EG = NZA 2005, 1345 – Mangold, zu § 14 III TzBfG.

Richtlinie 2000/78/EG vereinbar sei und einen Vorlagebeschluss an den EuGH erlassen.[539] Der EuGH hat entschieden, dass es sich bei den zugrunde liegenden Versorgungsrichtlinien nicht um eine Maßnahme zu Umsetzung der RL 2000/78/EG handele und die Umsetzungsfrist zum Todeszeitpunkt des AN noch nicht abgelaufen gewesen sei, so dass der Anwendungsbereich des Gemeinschaftsrechts nicht betroffen sei.[540] Nunmehr sind derartige Bestimmungen an § 10 des am 18.8.2006 in Kraft getretenen AGG zu messen.[541] Zulässig sind danach zur Erreichung eines legitimen Zieles erforderliche und angemessene Differenzierungen. Ehepartner, die erheblich jünger sind als der ehemalige AN, befinden sich im Allgemeinen nicht in einer mit etwa gleichaltrigen Ehepartnern vergleichbaren wirtschaftlichen Situation, weil sie typischerweise eher in der Lage sein werden, nach dem Tod des Ehepartners selbst für den Unterhalt aufzukommen. Fraglich ist aber, ob das Interesse des AG an einer zeitlichen Begrenzung der finanziellen Belastungen jeweils einen völligen Leistungsausschluss rechtfertigt oder nur eine nach dem Altersabstand gestaffelte Leistungsminderung.[542] Ein völliger Leistungsausschluss ist jedenfalls bei einem Altersabstand von 15 Jahren nach § 10 S. 1 u. 2 AGG zulässig.[543] Eine **Kombination von Spätehenklausel und Altersabstandsklausel,** wonach die Ehe mindestens 10 Jahre bestanden haben muss, wenn sie nach Vollendung des 50. Lebensjahres des verstorbenen Ehepartners geschlossen wurde, ist nach der bisherigen Rspr. des BAG zulässig und verstößt nicht gegen die Richtlinie 2000/78/EG.[544] Sie dürfte gem. § 10 S. 1, 2 und 3 Nr. 4 AGG auch nicht gegen das Diskriminierungsverbot des AGG[545] verstoßen, weil hierfür einleuchtende Risikoerwägungen vorliegen.[546] Ebenfalls zulässig dürfte eine Klausel sein, die eine Altersabstandklausel enthält, gleichzeitig aber Ausnahmen vorsieht für den Fall, dass die Ehe bei der Pensionierung schon 15 Jahre bestand oder aus der Ehe Kinder hervorgegangen sind. Zulässig ist ferner eine Klausel, die für mehr als 15 oder 10 Jahre jüngere Hinterbliebene für jedes weitere Jahr Altersunterschied einen Rentenabschlag von 5% und damit einen vollständigen Ausschluss der Rente erst bei einem Altersabstand von 35[547] bzw. 30 Jahren[548] vorsieht. Eine solche Regelung ist angemessen iSv § 10 S. 2 AGG. Denn bei einem Altersabstand von 10 bzw. 15 Jahren und mehr ist der gemeinsame Lebenszuschnitt der Ehepartner von vornherein darauf angelegt, dass der Hinterbliebene einen größeren Teil seines Lebens ohne den versorgungsberechtigten AN und deshalb ohne die mit dessen Einkommenssituation verbundenen Versorgungsmöglichkeiten verbringt. Wirksam sind auch Klauseln, bei denen ein Versorgungsausschluss bei Verdacht der **Versorgungsehe** besteht (vgl. für die gesetzliche Rente § 46 IIa SGB VI). In solchen Fällen kann ein Anspruch auch dann ausgeschlossen werden, wenn der AN bei Rentenbeginn geschieden war und später denselben Ehepartner erneut heiratet.[549] Darlegungs- und beweispflichtig ist der AG; jedoch kann der Versorgungsberechtigte den Verdacht erschüttern.[550] Bei Dienstordnungsangestellten wird zumeist auf die Regelung in § 19 I 2 Nr. 2 BeamtVG verwiesen, wonach bei einer Dauer der Ehe von unter einem Jahr widerlegbar vermutet wird, dass eine Versorgungsehe vorlag.[551]

162 Eine Regelung, die die Hinterbliebenenversorgung davon abhängig macht, dass der Verstorbene den Unterhalt überwiegend bestritten hat **(„Haupternährerklausel"),** stellt dann, wenn diese Einschränkung nur für Witwer, nicht aber für Witwen gilt, eine nach §§ 3 I, 7 EntgTranspG/Art. 157 AEUV unzulässige Entgeltdiskriminierung wegen des Geschlechts dar und verstößt zudem gegen die Regelung des § 7 iVm § 1 AGG. Bei AGB kann zudem – unabhängig

[539] BAG 27.6.2006 AP Nr. 6 zu § 16 BetrAVG = NZA 2006, 1276; hierzu *Thüsing* BetrAV 2006, 704 (707).
[540] EuGH 23.9.2008 NZA 2008, 1119 – Bartsch; krit. hierzu *Rolfs* EuZA 2009, 235.
[541] Zur Frage des zeitlichen Anwendungsbereichs *Bauer/Arnold* NJW 2008, 3377 (3380 ff.), die auf den Erwerb der Versorgungsanwartschaften abstellen.
[542] Offen gelassen von BAG 4.8.2015 AP Nr. 33 zu § 1 BetrAVG Hinterbliebenenversorgung = NZA 2015, 1447; s. hierzu auch *Preis/Temming* NZA 2008, 1209 (1215 f.); *Bauer/Arnold* NJW 2008, 3377 (3380); *Preis* BetrAV 2010, 513 (515); *Ahrendt* RdA 2016, 129 (135 f.).
[543] BAG 20.2.2018 AP Nr. 39 zu § 1 BetrAVG Hinterbliebenenversorgung = NZA 2018, 712.
[544] BAG 28.7.2005 AP Nr. 25 zu § 1 BetrAVG Hinterbliebenenversorgung = DB 2006, 2018.
[545] Zur Anwendbarkeit des AGG auf die betriebliche Altersversorgung: BAG 11.12.2007 AP Nr. 1 zu § 2 AGG = NZA 2008, 532; *Cisch/Böhm* BB 2007, 602; *Reichenbach/Grüneklee* BetrAV 2006, 708; *Rengier* NZA 2006, 1251; *Thüsing* BetrAV 2006, 704; auch → § 274 Rn. 27.
[546] *Rolfs* NZA 2008, 553 (558).
[547] BAG 16.10.2018 AP Nr. 41 zu § 1 BetrAVG Hinterbliebenenversorgung = NZA 2019, 176.
[548] BAG 11.12.2018 AP Nr. 42 zu § 1 BetrAVG Hinterbliebenenversorgung = NZA 2019, 537.
[549] LAG Hamm 15.2.2011 NZA-RR 2011, 374 (zur Leistungsordnung des Essener Verbandes).
[550] BAG 4.7.1989 AP Nr. 7 zu § 1 BetrAVG Hinterbliebenenversorgung = NZA 1990, 273.
[551] S. hierzu: BVerwG 27.10.1966 BVerwGE 25, 221 = MDR 1967, 326; OVG Hamburg 28.10.2004 NVwZ-RR 2006, 196; LAG Nds 25.11.2005 – 3 Sa 667/05B mwN.

von der Differenzierung zwischen Witwen und Witwern – ein Verstoß gegen das Transparenzgebot des § 307 I 2 BGB vorliegen.[552] Die Leistungen sind ohne diese Einschränkung zu gewähren.[553] Das gilt erst recht für eine Regelung, die für Witwen früherer AN ohne weitere Voraussetzungen betriebliche Witwenrente, für Witwer früherer Arbeitnehmerinnen aber nur dann Witwerrente in Aussicht stellt, wenn diese den Unterhalt bestritten haben.[554] Gilt die Voraussetzung, dass der AN den Unterhalt überwiegend bestritten hat, dagegen für Witwen- und für Witwerrente in gleicher Weise, dürfte hierin zwar eine mittelbare Benachteiligung wegen des Geschlechts liegen, weil Frauen typischerweise seltener Hauptternährer sind. Diese Benachteiligung könnte aber gerechtfertigt sein, weil das Versorgungsinteresse höher ist, wenn der Hinterbliebene nicht in der Lage ist, den Unterhalt für sich oder seine Familie selbst zu bestreiten.[555] Zulässig sind aber Klauseln, die einem geschiedenen Ehepartner Ansprüche nur gewähren, wenn der verstorbene AN zu dessen Lebensunterhalt beigetragen hat.[556]

Wiederverheiratungsklauseln hält das BAG für wirksam, und zwar auch dann, wenn die Versorgungsordnung für den Fall der Scheidung der zweiten Ehe kein Wiederaufleben der Leistungsansprüche vorsieht.[557] Insoweit bestehen nach § 46 SGB IV auch in der gesetzlichen Rentenversicherung keine Ansprüche der Hinterbliebenen. Zulässig ist ferner die Anrechnung einer Hinterbliebenenversorgung auf eine eigene Betriebsrente im Rahmen der Versorgung durch eine einheitliche Unterstützungskasse, sofern das nicht zum völligen Wegfall einer Betriebsrente führt.[558] **163**

Zweifelhaft ist, ob der Versorgungsberechtigte, wenn er ein **Bestimmungsrecht** bei seiner Hinterbliebenenversorgung hat, auch einen mit ihm in **eheähnlicher Gemeinschaft** lebenden Partner bedenken kann. Im Allgemeinen wird dies lediglich bei Lebensversicherungen möglich sein, weil in Direktzusagen regelmäßig nur der Versorgungsberechtigte, sein Ehegatte oder die Kinder als Berechtigte vorgesehen sind. Ein Bestimmungsrecht des Versorgungsberechtigten hat das BAG dann verneint, wenn dadurch die Ansprüche eines noch lebenden Ehepartners im Rahmen der Hinterbliebenenversorgung beeinträchtigt werden.[559] Hat der Verstorbene nicht rechtzeitig die Scheidung der Ehe durchgesetzt, kann dies nicht zur Schädigung des AG führen. **164**

Ein die Hinterbliebenenversorgung auslösender Versorgungsfall ist der Tod des AN; dies auch dann, wenn der Versorgungsberechtigte **Selbstmord** begangen hat.[560] Teilweise bestimmen Versorgungszusagen für den Fall des Suizids einen Wegfall der Hinterbliebenenleistungen. Die Zulässigkeit derartiger „Selbstmordklauseln" ist zweifelhaft[561] und jedenfalls für einen auf eine Erkrankung (zB eine Depression) zurückzuführenden Suizid zu verneinen.[562] Die Versorgungsordnung kann vorsehen, dass Ansprüche nicht bestehen, wenn der Hinterbliebene schuldhaft den **Tod des AN herbeiführt.** Fehlt eine solche Regelung (wie sie zB auch § 105 SGB VI für die gesetzliche Rente enthält), kann dem Hinterbliebenen bei einer vorsätzlichen Tötung der Einwand des Rechtsmissbrauchs entgegengehalten werden.[563] **165**

Zweifelhaft ist, ob in einer allgemeinen Versorgungsordnung vorgesehen werden kann, dass solchen AN keine Hinterbliebenenversorgung gewährt wird, die vor Eintritt eines Versorgungs- **166**

---

552 BAG 30.9.2014 AP Nr. 32 zu § 1 BetrAVG Hinterbliebenenversorgung = NZA 2015, 231.

553 BAG 19.11.2002 AP Nr. 13 zu § 1 BetrAVG Gleichberechtigung = NZA 2003, 380; *Rolfs* NZA 2008, 553 (555); *Reinecke* BB 2012, 1025 (1027); anders noch: BAG 5.9.1989 AP Nr. 8 zu § 1 BetrAVG Hinterbliebenenversorgung = NZA 1990, 271 unter II 1 c der Gründe; LAG Hamm 8.12.1998 NZA-RR 1999, 431 = DB 1999, 915; zweifelnd (und für eine Gesamtbetrachtung): BAG 26.9.2000 VersR 2001, 1308 = NZA 2002, 54 (LS).

554 BAG 11.12.2007 AP Nr. 1 zu § 2 AGG = NZA 2008, 532; 19.11.2002 AP Nr. 13 zu § 1 BetrAVG Gleichberechtigung = NZA 2003, 380.

555 *Frank* DB 2019, 2296 (2299), abw. ErfK/*Steinmeyer* BetrAVG § 1 Rn. 8, der eine solche Regelung nur für zulässig hält, wenn es sich um eine arbeitgeberfinanzierte Zusage handelt.

556 So die Regelung in § 6 III der Leistungsordnung 1997 „A" des Essener Verbandes, s. hierzu BAG 15.7.2008 AP Nr. 25 zu § 1 BetrAVG Hinterbliebenenversorgung = DB 2009, 1192 (LS).

557 BAG 16.4.1997 AP Nr. 16 zu § 1 BetrAVG Hinterbliebenenversorgung = DB 1997, 1575; so auch BGH 13.4.2011 NJW-RR 2011, 801.

558 LAG Bln-Bbg NZA-RR 2007, 29.

559 BAG 16.8.1983 AP Nr. 2 zu § 1 BetrAVG Hinterbliebenenversorgung = NJW 1984, 1712 (LS).

560 Vgl. BAG 29.1.1991 AP Nr. 13 zu § 1 BetrAVG Hinterbliebenenversorgung; 12.2.1975 AP Nr. 22 zu § 1 TVG Tarifverträge: Bau.

561 Bejahend LAG Nürnberg 25.1.1996 – 8 Sa 349/94; LAG RhPf 16.9.1996 DB 1997, 1140 = BetrAV 1997, 286.

562 Höfer BetrAVG I/*Höfer* Kap. 7 Rn. 122; krit. auch *Diller* BetrAV 2016, 469 (473).

563 Auf Grund der besonderen Umstände des konkreten Falls verneinend: LAG Düsseldorf 8.9.1989 DB 1991, 234 = LAGE § 1 BetrAVG Rechtsmissbrauch Nr. 2.

falles mit einer unverfallbaren Versorgungsanwartschaft ausscheiden. Eine derartige Bedingung wird wegen Verstoßes gegen den Gleichbehandlungsgrundsatz unwirksam sein. Zudem wird der Grundsatz der Unverfallbarkeit ausgehöhlt.[564] Ist in der Versorgungszusage die versorgungsberechtigte Witwe namentlich benannt, so soll eine andere Frau, die der AN nach dem Tode oder nach Scheidung von der benannten Frau geheiratet hat, nicht versorgungsberechtigt sein. Ist dagegen die erste Frau nicht namentlich benannt, sondern nur eine Hinterbliebenenversorgung zugesagt, so ist auch der Ehepartner, der im Zeitpunkt des Todes des Versorgungsberechtigten gelebt hat, bedacht.[565] Eine Klausel in AGB, wonach nur die **„jetzige Ehefrau",** also die Person, mit der die Ehe zum Zeitpunkt der Erteilung der Versorgungszusage besteht, oder nur eine **namentlich benannte Person** Leistungen erhalten soll, ist aber gem. § 307 I 1 BGB unwirksam; eine entsprechende Klausel ist dahingehend ergänzend auszulegen, dass eine Hinterbliebenenversorgung nur geschuldet ist, wenn die Ehe bereits während des laufenden Arbeitsverhältnisses bestand.[566]

167 In der gesetzlichen Rentenversicherung ist es verfassungsrechtlich nicht zu beanstanden, wenn Erwerb- oder Erwerbsersatzeinkommen auf die gesetzliche Hinterbliebenenrente angerechnet werden.[567] Das Gleiche gilt auch in der betrieblichen Altersversorgung. Es verstößt allerdings gegen den Gleichheitssatz des Art. 3 I GG, wenn eine Versorgungsordnung bestimmt, dass nur ein eigenes Arbeitseinkommen bei demselben AG anzurechnen ist, nicht aber ein Arbeitseinkommen aufgrund einer Tätigkeit bei einem anderen AG. Für eine derartige Differenzierung gibt es keinen aus dem Versorgungszweck abzuleitenden sachlichen Grund. Die betroffenen Hinterbliebenen haben in diesem Fall einen Anspruch auf Zahlung der ungekürzten Rente.[568] Unzulässig ist ferner eine Regelung, wonach eine Hinterbliebenenrente auf eigene Rentenansprüche des Hinterbliebenen dann angerechnet wird, wenn beide Renten von derselben Unterstützungskasse gewährt werden.[569] Eine Regelung, wonach eine betragsmäßig niedrigere Versorgungsleistung ruht, solange ein AN einen Anspruch auf ein Ruhegeld aufgrund einer von seinem Ehepartner abgeleiteten Hinterbliebenenversorgung hat, kann eine mittelbare Diskriminierung wegen des Geschlechts iSv Art. 157 AEUV darstellen.[570]

168 Ist ein AN **nach Eintritt der Unverfallbarkeit** aus dem Arbeitsverhältnis **ausgeschieden,** so haben auch seine Hinterbliebenen Anspruch auf Hinterbliebenenversorgung. Deren Ansprüche werden unter den Voraussetzungen des § 1b BetrAVG unverfallbar. Die Höhe der Hinterbliebenenversorgung richtet sich nach dem Versorgungswerk. Fehlen hierzu Vereinbarungen, ist eine ratierliche Kürzung nach § 2 BetrAVG zulässig.[571]

169 Zur **Besteuerung der Hinterbliebenenversorgung** vgl. BVerfG 9.11.1988 AP Nr. 6 zu § 1 BetrAVG Hinterbliebenenversorgung.

IV. Art und Höhe des Ruhegeldes

170 **1. Ruhegeldleistung.** Art und Höhe des Ruhegeldes richten sich grundsätzlich nach der Versorgungszusage. Rechtlich zulässig sind eine einmalige Kapitalzahlung im Zeitpunkt des **Versorgungsfalles** sowie die Gewährung laufender Renten. Die Bemessung der Renten kann erfolgen **(a)** nach festen Beträgen, **(b)** nach Prozentsätzen des letzten Einkommens, wobei zusätzlich die Prozentsätze entsprechend der Betriebszugehörigkeit gestaffelt sind (halbdynamische Ruhegeldzusage), **(c)** nach Prozentsätzen des Einkommens eines vergleichbaren noch aktiven AN, wobei gleichfalls die Prozentsätze entsprechend der Betriebszugehörigkeit gestaffelt werden können (dynamische Ruhegeldzusage), **(d)** nach der Höhe der gebildeten Rückstellungen, dem erwirtschafteten Betriebsergebnis usw. Bei Bemessung des Ruhegeldes in Prozentsätzen des letzten Einkommens usw. ist klarzustellen, welche Einkommensbestandteile berücksichtigt werden sollen.[572] Richtet sich die Betriebsrente nach

[564] Vgl. BAG 21.11.2000 AP Nr. 21 zu § 1 BetrAVG Hinterbliebenenversorgung = NZA 2002, 851.
[565] BAG 7.9.1956 AP Nr. 17 zu § 242 BGB Ruhegehalt; LAG Hamm 29.7.1997 BB 1997, 1928 = LAGE § 1 BetrAVG Hinterbliebenenversorgung Nr. 5.
[566] BAG 21.2.2017 AP Nr. 35 zu § 1 BetrAVG Hinterbliebenenversorgung = NZA 2017, 723; vgl. auch BAG 18.2.2020 AP Nr. 47 zu § 1 BetrAVG Hinterbliebenenversorgung = BetrAV 2020, 271.
[567] BVerfG 18.2.1998 BVerfGE 97, 271 = NJW 1998, 3109.
[568] BAG 19.7.2011 AP Nr. 27 zu § 1 BetrAVG Hinterbliebenenversorgung = NZA 2011, 1214.
[569] LAG Bln-Bbg 23.2.2010 BB 2010, 1596 (LS).
[570] BAG 26.9.2017 AP Nr. 38 zu § 1 BetrAVG Hinterbliebenenversorgung = BB 2018, 179 (LS) zu einer Altersversorgung nach dem Hamburger Zusatzversorgungsgesetz.
[571] BAG 15.12.1998 AP Nr. 17 zu § 1 BetrAVG Hinterbliebenenversorgung = NZA 1999, 488.
[572] Vgl. bei Wechsel von Voll- und Teilzeitarbeit: BAG 3.11.1998 AP Nr. 41 zu § 1 BetrAVG Gleichbehandlung = NZA 1999, 999; 27.9.1983 AP Nr. 9 zu § 1 BetrAVG; zu Beitragsleistungen: BAG 14.12.1982

dem monatlichen Durchschnittsverdienst, ist der Durchschnitt nur aus Zeiten mit Entgelt zu bilden.[573] Dabei muss die Versorgungszusage nicht alle Entgeltkomponenten in die Berechnung der Versorgungsbezüge einbeziehen.[574] Es ist vielmehr zulässig, im Rahmen der Zusage einer betrieblichen Altersversorgung nur an bestimmte Entgeltbestandteile, insbes. das Grundgehalt anzuknüpfen. Wenn das jedoch dazu führt, dass in Fällen, in denen AN „auf Abruf" regelhaft und verstetigt über ihre Grundarbeitszeit hinaus tätig werden und somit Zusatzarbeit bis hin zur Vollzeit leisten, die Vergütung hierfür aber nicht rentenwirksam wird, werden die Betroffenen gegenüber vergleichbaren AN mit fest vereinbarter Arbeitszeit ohne rechtfertigenden Grund schlechter behandelt, mit der Folge eines Anspruchs der betroffenen AN auf die vorenthaltende Vergünstigung.[575] Ist die Festlegung des betriebsrentenfähigen Einkommens in AGB enthalten, stellt die Herausnahme bestimmter Entgeltbestandteile keine Benachteiligung des AN iSv § 307 I BGB dar.[576] Erhält der AN einen Prozentsatz seines Einkommens als Ruhegehalt, so dürfen allerdings solche Einkommensbestandteile nicht außer Acht gelassen werden, für die er Beiträge zu einer Versorgungseinrichtung geleistet hat.[577] Ob die Überlassung eines Geschäftswagens zur Privatnutzung zu berücksichtigen ist, hängt von der Auslegung der Versorgungszusage ab.[578] Zur Berechnung einer Invalidenrente → Rn. 46, zur Ruhegeldanpassung → § 276 Rn. 1 ff.

Bei einer **Teilzeitbeschäftigung** ist aufgrund der Regelung in § 4 I TzBfG eine dem Beschäftigungsgrad entsprechende Teilversorgung zu gewähren. Stellt eine Versorgung allein auf das Endgehalt ab, ist die zuletzt geltende Arbeitszeit bezogen auf die gesamte Beschäftigungszeit wegen des Wechsels von einer Vollzeit- zu einer Teilzeitbeschäftigung häufig nicht repräsentativ. Insoweit kann eine ergänzende Vertragsauslegung geboten sein, die dann zu einer Durchschnittsberechnung führt.[579] Zulässig ist eine Regelung, wonach Zeiten einer Teilzeitbeschäftigung lediglich anteilig berücksichtigt werden.[580] Daher kann auch vorgesehen werden, dass das Ruhegeld auf der Basis des Endgehalts in den letzten Jahren des Arbeitsverhältnisses, ausgehend von der Regelarbeitszeit, aber gekürzt nach dem durchschnittlichen Beschäftigungsgrad während des gesamten Arbeitsverhältnisses, gewährt wird; dies gilt auch in Kombination mit einer sog. „gespaltenen Rentenformel" (→ Rn. 173).[581] Zulässig ist ferner eine Regelung, nach der eine Höchstgrenze des Altersruhegelds bei Teilzeitbeschäftigten entsprechend dem Teilzeitgrad während des Beschäftigungsverhältnisses zu kürzen ist.[582] Nach Ansicht des LAG Düsseldorf soll eine Versorgungsordnung mit einer Höchstversorgung, die nach 25 Dienstjahren erreicht ist, nicht mit den Grundsätzen des Vertrauensschutzes vereinbar sein und zudem eine Altersdiskriminierung darstellen, wenn die Weiterarbeit in Teilzeit im Anschluss an 25 Dienstjahre zu einem kontinuierlichen Sinken des Teilzeitgrades führt.[583] Dem ist nicht zuzustimmen. Denn die weiteren Dienstzeiten führen deshalb nicht zu einer Verringerung der Rente. Mit dem Erreichen der Höchstversorgung von 25 Jahren steht die Höhe der Rente nicht fest. Sie ist vielmehr von dem weiteren Bestand des Arbeitsverhältnisses und dem Zeitpunkt der Inanspruchnahme der Rente abhängig. Außerdem erscheint es auch nicht zwingend geboten, AN deshalb einen weitergehenden Schutz zuzuerkennen, weil die vorübergehende Teilzeitarbeit in der zweiten Hälfte und nicht in den ersten 25 Jahren der Beschäftigung geleistet wurde, auch wenn eine solche Privilegierung rechtlich wohl möglich wäre.[584] 171

Die Auswirkungen einer **Altersteilzeit** nach dem ATZ (→ § 83 Rn. 1 ff.) auf die Betriebsrente sind nicht gesetzlich geregelt. Insbes. verlangen weder die Bestimmunen des BetrAVG noch § 4 I 172

AP Nr. 1 zu § 1 BetrAVG Besitzstand; Jahreszuwendungen, Sonderzuwendungen: BAG 30.10.1984 AP Nr. 7 zu § 1 BetrAVG Zusatzversorgungskassen = NZA 1985, 625 (LS); Bruttoarbeitsentgelt und Arbeitnehmererfindungen: BAG 9.7.1985 AP Nr. 10 zu § 2 BetrAVG; zu vermögenswirksamen Leistungen: LAG Hamm 6.4.1982 DB 1982, 1523.

573 HessLAG 26.1.2000 NZA-RR 2000, 656 = DB 2000, 1923.

574 BAG 10.12.2019 AP Nr. 79 zu § 1 BetrAVG = BetrAV 2020, 262; 19.7.2016 AP Nr. 41 zu § 1 BetrAVG Berechnung = NZA-RR 2016, 604.

575 Für tarifvertragliche Regelung BAG 23.2.2021 – 3 AZR 618/19.

576 BAG 10.12.2019 AP Nr. 79 zu § 1 BetrAVG = BetrAV 2020, 262.

577 BAG 30.11.1970 AP Nr. 148 zu § 242 BGB Ruhegehalt.

578 BAG 21.8.2001 AP Nr. 10 zu § 77 BetrVG 1972 Auslegung = NZA 2002, 394; 14.8.1990 AP Nr. 12 zu § 1 BetrAVG Berechnung = NZA 1991, 104.

579 Vgl. BAG 3.11.1998 AP Nr. 41 zu § 1 BetrAVG Gleichbehandlung = NZA 1999, 999; BRO/*Rolfs* BetrAVG § 2 Rn. 414.

580 BAG 23.3.2021 – 3 AZR 24/20.

581 BAG 3.6.2020 AP Nr. 19 zu § 1 BetrAVG Teilzeit = NZA 2020, 1245 für eine entsprechende Betriebsvereinbarung.

582 BAG 23.3.2021 – 3 AZR 24/20.

583 LAG Düsseldorf 28.5.2014 BB 2014, 2867 (LS).

584 Vgl. BAG 28.5.2013 AP Nr. 17 zu § 1 BetrAVG Teilzeit.

TzBfG, dass Altersteilzeit bei der Berechnung der Rente wie Vollzeitarbeit berücksichtigt wird.[585] Die betriebsrentenrechtlichen Auswirkungen der Altersteilzeit werden häufig in der Altersteilzeitvereinbarung geregelt. Ist das nicht der Fall, ergeben sich regelmäßig Auslegungsfragen bei älteren Versorgungsregelungen, die vor Inkrafttreten des ATZ geschaffen wurden.[586] Jeweils entscheidend ist dabei das für die Rentenermittlung gewählte Berechnungsmodell. Häufig ist Anknüpfungspunkt für die Ermittlung der Rente das vom AN zuletzt oder in einem bestimmten Zeitabschnitt (zB den letzten fünf Jahren) erzielte Entgelt. Solche Versorgungsregelungen verfolgen das Ziel, einen bestimmten erreichten Lebensstandard des Versorgungsempfängers zu gewährleisten. Stellt eine Versorgungszusage auf den Durchschnitt der zuletzt (zB der letzten fünf Jahre) erzielten Vergütung ab, ohne eine Regelung zur Berücksichtigung von Zeiträumen einer Teilzeitbeschäftigung zu treffen, wird damit der Wechsel von langjähriger Vollzeit in Teilzeit (insbes. Altersteilzeit) regelmäßig nicht erfasst. Die Zusage ist dann insoweit lückenhaft und dahingehend ergänzend auszulegen, dass der Rentenbetrag entsprechend der Teilzeitquote (bezogen auf die gesamte Beschäftigungsdauer) ermittelt wird.[587] Ist nach der Versorgungsordnung eine Teilzeitquote zu ermitteln, muss untersucht werden, wie Altersteilzeitverhältnisse zu bewerten sind. Nach Ansicht des BAG ist bei Versorgungsregelungen, die einen bestimmten, an den Arbeitsverdienst anknüpfenden Lebensstandard erhalten wollen, bei der Auslegung davon auszugehen, dass der Lebensstandard bei der Altersteilzeit nicht durch die Teilzeittätigkeit geprägt wird, weil das Einkommen durch gesetzliche, tarifliche oder vertragliche Aufstockungsleistungen dem bei einer Vollzeitbeschäftigung angenähert ist.[588] Denkbar wäre es allerdings auch, für die Rentenberechnung die Aufstockungsleistungen bei der Ermittlung des maßgeblichen Entgelts zu berücksichtigen, etwa in der Weise, dass ein Prozentsatz des (Brutto-)Entgelts in Ansatz gebracht wird, wie er dem Prozentsatz des Nettoentgelts einschließlich Aufstockungsbeträgen im Verhältnis zum Vollzeitnettoentgelt entspricht. Regelt eine Versorgungsordnung dagegen, dass sich Zeiten einer Teilzeitbeschäftigung während der gesamten Dauer des Arbeitsverhältnisses in gleicher Weise auf den Teilzeitquotienten auswirken sollen und enthält sie gleichzeitig eine Bestimmung, wonach für die Höhe des zugrunde zu legenden Entgelts jeweils auf ein (hypothetisches) Vollzeitentgelt abzustellen ist, wird dadurch auch eine Altersteilzeitvereinbarung erfasst. Eine ergänzende Vertragsauslegung scheidet hier aus, weil durch eine solche Gestaltung überproportionale Minderungen bei der Altersversorgung aufgrund einer Altersteilzeit vermieden werden.

173 Teilweise enthalten Versorgungsordnungen auch eine sog. **„gespaltene Rentenformel“**, die für den Teil des Einkommens oberhalb der Beitragsbemessungsgrenze höhere Leistungen vorsieht als für den Teil bis zur Beitragsbemessungsgrenze. Zweck dieser Differenzierung ist regelmäßig, den im Einkommensbereich oberhalb der Beitragsbemessungsgrenze bestehenden erhöhten Versorgungsbedarf über die hierfür vorgesehene Leistung abzudecken, weil dieser Teil der Bezüge nicht durch eine gesetzliche Altersrente abgesichert ist. Dieser Zweck stellt einen sachlichen Grund für die Differenzierung dar. Obwohl sie damit Teilzeitbeschäftigte regelmäßig benachteiligt, verstößt sie daher weder gegen §§ 1, 3 II, 7 AGG[589] noch gegen Art. 4 RL 2006/54/EG.[590] Für solche Versorgungsordnungen nahm das BAG an, dass sie durch die außerplanmäßige Erhöhung der Beitragsbemessungsgrenze um 500 EUR im Jahr 2003 (gem. § 275c SGB VI) regelmäßig lückenhaft geworden seien. In diesem Jahr hatte der Gesetzgeber das seit 1924 bestehende System der jährlichen Anpassung entsprechend der Entwicklung der Löhne und Gehälter erstmals durchbrochen. Derartige Versorgungsregelungen sollten entsprechend dem Zweck der Differenzierung dahin zu ergänzen sein, dass sich die Betriebsrente ohne Berücksichtigung der außerordentlichen Anhebung der Beitragsbemessungsgrenze errechnet und von dem so errechneten Betrag die Beträge abzuziehen sind, um die sich die gesetzliche Rente aufgrund der höheren Beitragszahlungen erhöht.[591] Diese Rspr. hat das BAG jetzt nach erheblicher Kritik der Instanzgerichte und der Literatur aufgegeben.[592] Selbst wenn man eine nachträglich eingetretene Regelungslücke annähme, gäbe es jedenfalls mehrere rechtlich zulässige und interessenge-

585 BAG 21.1.2020 AP Nr. 80 zu § 1 BetrAVG = NZA 2020, 449.

586 Vgl. hierzu *Langohr-Plato* BetrAV 2016, 95.

587 LAG Düsseldorf 3.6.2009 NZA-RR 2010, 96; vgl. auch zur ergänzenden Auslegung einer tarifvertraglichen Regelung BAG 3.11.1998 AP Nr. 41 zu § 1 BetrAVG Gleichbehandlung = NZA 1999, 999.

588 BAG 17.4.2012 AP Nr. 34 zu § 1 BetrAVG Auslegung = NZA-RR 2012, 489.

589 BAG 11.12.2012 AP Nr. 16 zu § 1 BetrAVG Teilzeit = NZA 2013, 572.

590 EuGH 13.7.2017 – C-354/16, AP Nr. 3 zu Richtlinie 2006/54/EG = NZA 2017, 1047 – Kleinsteuber.

591 BAG 21.4.2009 NZA 2010, 572; 21.4.2009 AP Nr. 1 zu § 159 SGB VI = DB 2009, 2164 (LS); hierzu *Weber* DB 2010, 1642; krit. *Böhm/Ulbrich* BB 2010, 1341 ff.; aA HessLAG 28.3.2012 – 8 Sa 1292/11; 5.10.2011 – 8 Sa 181/11; 22.6.2011 BetrAV 2011, 667; LAG RhPf 2.2.2012 – 2 Sa 566/11; *Diller* NZA 2012, 22.

592 BAG 23.4.2013 NZA-RR 2013, 542; zust. *Höfer* DB 2013, 2150; zu den Auswirkungen auf zwischenzeitliche Vereinbarungen und Entscheidungen nach Maßgabe der früheren Rspr. *Diller/Beck/Zeh* BetrAV 2014, 105.

rechte Möglichkeiten zur Schließung einer dieser Regelungslücke.[593] Erst recht scheidet eine Anpassung dann aus, wenn die Betriebsparteien in einer Betriebsvereinbarung eine eigenständige Lückenschließung vorgenommen haben.[594] Ein Anspruch auf eine höhere Betriebsrente kann sich demnach nur nach den Regeln über die Störung der Geschäftsgrundlage ergeben.[595] Die Geschäftsgrundlage muss infolge der „außerplanmäßigen" Anhebung der Beitragsbemessungsgrenzen durch § 275c SGB VI so schwerwiegend gestört sein, dass dem AN ein Festhalten an der ursprünglichen Vereinbarung nicht mehr zugemutet werden kann. Das BAG hat offengelassen, ob entsprechend der Rspr. zu Widerrufsvorbehalten (hierzu → § 35 Rn. 130) eine Grenze von 25% (bei Leistungen, die eine unmittelbare Gegenleistung für die Arbeitsleistung darstellen) oder 30% (bei Leistungen, die einen Ausgleich von Aufwendungen darstellen) angenommen werden kann.[596] Eine Versorgungseinbuße von 20% hat es jedenfalls nicht als ausreichend angesehen.[597] Bei einer tarifvertraglichen Regelung kann eine Anpassung darüber hinaus nur durch die tarifschließende Gewerkschaft als Vertragspartner verlangt werden[598] und bei einer Betriebsvereinbarung nur durch den BR.[599]

174 **Darlegungs- und beweispflichtig** für die Höhe des Rentenanspruchs ist der Ruhegeldberechtigte als Anspruchsteller. Er kann aber von seinem AG nach den allgemeinen Rechtsgrundsätzen der §§ 241, 242 BGB eine **nachprüfbare Rentenberechnung** verlangen. Verlangt er dann Zahlung gem. der vom AG erstellten Berechnung, hat er seiner Darlegungspflicht Genüge getan. Es ist dann Sache des AG, der sich an der Berechnung nicht festhalten lassen will, darzulegen, warum seine eigene Berechnung unrichtig sein soll.[600]

175 **2. Wertsicherungs- und Spannenklauseln. a) Zweck.** Wertsicherungs- und Spannenklauseln[601] sollen dem veränderten Lohn/Preisgefüge im Zeitpunkt des Versorgungsfalles Rechnung tragen.

176 **b) Wertsicherungsklauseln.** Wertsicherungsklauseln liegen dann vor, wenn die Höhe des Ruhegeldes vom Preis oder Wert andersartiger Güter oder Leistungen abhängig sein soll. Wertsicherungsklauseln aus der Zeit vor der Währungsreform wurden mit dem 1.7.1947 unwirksam.[602] Neue Wertsicherungsklauseln bedurften nach § 3 WährG der Zustimmung der für die Erteilung von Devisengenehmigungen zuständigen Stelle (§ 49 II AWG).

177 Durch das **EuroEG** ist § 3 WährG aufgehoben worden. Das **Indexierungsverbot** war bis zum 13.9.2007 in § 2 PreisAngG enthalten. Seit dem 14.9.2007 gilt das Preisklauselgesetz (PrKG).[603] Gem. § 1 I PrKG sind nur automatische Wertsicherungsklauseln verboten. Zulässig sind dagegen die in § 1 II PrKG aufgezählten Klauseln. Nach § 3 I Nr. 1 lit. a PrKG sind ferner Klauseln zulässig, die wiederkehrende Zahlungen auf Lebenszeit des Gläubigers betreffen, sofern der geschuldete Betrag durch die Änderung eines von dem Statistischen Bundesamt oder einem Statistischen Landesamt ermittelten Preisindexes für die Gesamtlebenshaltung oder eines vom Statistischen Amt der Europäischen Gemeinschaft ermittelten Verbraucherpreisindexes bestimmt werden soll. § 3 II PrKG erlaubt hierfür außerdem Klauseln, nach denen der geschuldete Betrag von der künftigen Einzel- oder Durchschnittsentwicklung von Löhnen, Gehältern, Ruhegehältern oder Rentenabhängig abhängt. Die durch das Bundesamt für Wirtschaft und Ausfuhrkontrolle nach § 2 des bis zum 13.9.2007 geltenden PreisAngG erteilten Genehmigungen gelten gem. § 9 PrKG fort.

178 Für die **ehemalige DDR** waren im Staatsvertrag vom 18.5.1990 besondere Regelungen enthalten (Art. 3 der Anlage I). Auf Grund des EV galt diese Regelung, die im Wesentlichen mit § 3 WährG übereinstimmt, nach dem 3.10.1990 weiter.[604] Inzwischen gelten keine Besonderheiten mehr.

179 **c) Spannenklauseln.** Spannenklauseln (oder Spannungsklauseln) sind solche, die an gleichartige Leistungen, also an vergleichbare Beamten- oder Angestelltengehälter und Pensionen sowie

593 BAG 18.3.2014 AP Nr. 46 zu § 1 BetrAVG Auslegung = NZA 2014, 843; 23.4.2013 NZA-RR 2013, 542.
594 BAG 17.6.2014 AP Nr. 51 zu § 1 BetrAVG Auslegung.
595 BAG 23.4.2013 NZA 2013, 1275.
596 BAG 20.5.2014 AP Nr. 50 zu § 1 BetrAVG Auslegung.
597 BAG 20.5.2014 – 3 AZR 209/12.
598 BAG 23.4.2013 NZA-RR 2013, 542.
599 BAG 18.3.2014 AP Nr. 46 zu § 1 BetrAVG Auslegung = NZA 2014, 843.
600 BAG 27.6.2006 NZA-RR 2008, 35.
601 Ausführliche Darstellung bei *Elbel,* Zur Verwendung der Preisindizes für die Lebenshaltung in Wertsicherungsklauseln, NJW-Beil. 1999 zu Heft 48.
602 Vgl. Ergänzungsgesetze zu MRG 51 sowie § 16 UmstG; BGH 3.11.1966 AP Nr. 120 zu § 242 BGB Ruhegehalt.
603 S. hierzu *Kirchhoff* DNotZ 2007, 913.
604 Hierzu *Dürkes* BB 1992, Heft 16.

Altersrenten aus der Sozialversicherung anknüpfen.[605] Sie waren nach dem WährG genehmigungsfrei, wenn die Gleichläufigkeit gewährleistet war, sich also nicht nur Erhöhungen, sondern auch Kürzungen der Vergleichsgröße auswirken sollten.[606] Ansonsten konnte sich der AG nicht schlechthin auf die Unwirksamkeit der Spannenklausel berufen. Vielmehr konnte der AN verlangen, dass die Gleichläufigkeit noch nachträglich hergestellt wird. Erwies sich die Spannungsklausel wegen überproportionaler Steigerung der Vergleichsbezüge als ungeeignet, so konnte nach den Grundsätzen über den Wegfall der Geschäftsgrundlage eine Anpassung verlangt werden.[607] Verweisen Spannenklauseln auf beamtenrechtliche Versorgungs- oder Besoldungsregeln, so sind diese nach der Rspr. des BGH bis zu der Grenze heranzuziehen, von der ab ihre Anwendung auf Nichtbeamte sinnwidrig wird.[608] Soll durch die Verweisung die Versorgung der beamtenrechtlichen angenähert werden, so schuldet der AG neben der monatlichen Rente die dem Beamten zustehende jährliche Sonderzuwendung. Dies gilt insbesondere, wenn der AN nach der Klausel Ruhegeld nach den jeweils für Beamte maßgebenden Grundsätzen erhalten soll.[609]

180 Das PrKG definiert **Spannungsklauseln** als Klauseln, bei denen die in ein Verhältnis zueinander gesetzten Güter oder Leistungen im Wesentlichen gleichartig oder zumindest vergleichbar sind (§ 1 II Nr. 2 PrKG). Für sie gilt das Verbot in § 1 I PrKG nicht. Zulässig ist daher weiterhin insbesondere das Abstellen auf die Gehälter vergleichbarer Personengruppen, die Beamtenbesoldung, die Beamtenversorgung oder die Sozialversicherungsrenten.

181 **3. Verdeckte Anrechnung der Sozialversicherungsrenten.** Ein betriebliches Ruhegeld kann in der Weise zugesagt werden, dass nur ein solcher Versorgungssatz zu zahlen ist, der zusammen mit der durchschnittlich zu erwartenden Sozialversicherungsrente eine bestimmte Gesamtversorgung ergibt. Es wird also eine durchschnittliche Versorgungslücke geschätzt. Eine derartige Berechnung entspricht dem Entgeltprinzip am ehesten, weil bei Staffelung der betrieblichen Rente nach der Dauer der Betriebszugehörigkeit diese dem länger Beschäftigten voll zugute kommt. Sie trägt auch der Abkopplungstheorie bei der Anpassung weitgehend Rechnung. Allerdings ist die verdeckte Anrechnung wenig elastisch, weil sie bei Änderungen der Sozialversicherungsrente nicht ohne weiteres eine Anpassung der betrieblichen Ruhegelder erlaubt. Im Zusammenhang mit der Rentenreform von 1957 kam es zu einer Überversorgung der Ruheständler, so dass sich die Frage der Begrenzung der Gesamtversorgung ergab.[610] Macht der AG von seinem Recht Gebrauch, die Anrechnung anderweitiger Versorgungsbezüge zu bestimmen, so ist er an die einmal getroffene Bestimmung gebunden, bis sich die Verhältnisse ändern.[611]

182 **4. Offene Anrechnung der Sozialversicherungsrenten.** Eine offene Anrechnung ist dann gegeben, wenn ein Ruhegeld in Höhe einer angestrebten Gesamtversorgung zugesagt wird und auf dieses anderweitige Versorgungsbezüge angerechnet werden.[612] Eine Anrechnung ist nur möglich, wenn sie in der Versorgungsordnung vorgesehen ist.[613] Die Berechnungsweise entspricht dem Versorgungsprinzip, da uU einem Ruheständler mit langer Betriebszugehörigkeit geringere betriebliche Leistungen zufließen können als einem nur kürzer Beschäftigten, der nur eine geringe anzurechnende Sozialversicherungsrente aus Vordienstzeiten besitzt. Die Sozialversicherungsrenten werden im Zweifel nach ihrem Bruttobetrag angerechnet. Wenn bei einer

[605] BAG 10.4.1970 AP Nr. 1 zu § 3 WährG; BGH 24.11.1951 BB 1952, 88 = LM Nr. 2 zu § 133 (A) BGB; 17.9.1954 BGHZ 14, 306 = WM 1955, 74; 17.3.1970 AP Nr. 3 zu § 3 WährG; 17.12.1973 NJW 1974, 273 = DB 1974, 229; zur Auslegung von Spannenklauseln: BGH 28.10.1996 NJW 1997, 261 = DB 1997, 152; vgl. auch *Boysen* BetrAV 1999, 263; *Mittenzwei* BB 1991, 829; *Rieble* BB 2001, 2578.

[606] BGH 17.9.1954 BGHZ 14, 306 = WM 1955, 74; BAG 10.4.1970 AP Nr. 1 zu § 3 WährG.

[607] BGH 17.12.1973 NJW 1974, 273 = DB 1974, 229.

[608] Vgl. BGH 16.10.1975 AP Nr. 4 zu § 242 BGB Ruhegehalt-Beamtenversorgung.

[609] BAG 16.10.1975 AP Nr. 4 zu § 242 BGB Ruhegehalt-Beamtenversorgung; BGH 8.10.1979 AP Nr. 6 zu § 242 BGB Ruhegehalt-Beamtenversorgung = NJW 1980, 1741.

[610] Mit der Anpassung infolge der Rentenreform beschäftigen sich: äußerste Gesamtversorgungsgrenze bei 85% des vergleichbaren Bruttoarbeitseinkommens: BAG 10.4.1962 AP Nr. 83 zu § 242 BGB Ruhegehalt = NJW 1962, 1740; keine Anpassung nach zweijähriger Untätigkeit: BAG 21.11.1961 AP Nr. 82 zu § 242 BGB Ruhegehalt = NJW 1962, 885; bei Kapitalzahlungen auf Grund teilweise eigener Beitragszahlung der AN: BAG 26.10.1962 AP Nr. 87 zu § 242 BGB Ruhegehalt; bei einer Lebensversicherung: BAG 9.6.1964 AP Nr. 93 zu § 242 BGB Ruhegehalt; Rechtslage bei Anpassungsvorbehalt: BAG 11.8.1964 AP Nr. 98 zu § 242 BGB Ruhegehalt; bei freiwilligen Ruhegeldern: BAG 11.11.1960 AP Nr. 55 zu § 242 BGB Ruhegehalt = NJW 1961, 334.

[611] BAG 21.6.1971 AP Nr. 13 zu § 315 BGB.

[612] Zur Anpassung von Gesamtversorgungssystemen bei sinkendem Rentenniveau in der gesetzlichen Rentenversicherung *Steinmeyer* RdA 2002, 345.

[613] BAG 16.8.1988 AP Nr. 29 zu § 5 BetrAVG = NZA 1989, 180; 5.9.1989 AP Nr. 32 zu § 5 BetrAVG = NZA 1990, 269.

Gesamtversorgungsobergrenze nicht die Brutto-, sondern die Nettoversorgung maßgebend sein soll, muss dies in der Versorgungsordnung Ausdruck finden.[614] Eine offene Anrechnung von Sozialversicherungsrenten (vgl. § 53 SGB I iVm §§ 394, 400 BGB) ist zulässig, denn der AG rechnet nicht mit der Sozialversicherungsrente des AN auf, sondern berücksichtigt sie nur bei der Bemessung seiner Leistungen.[615] Im Rahmen eines Gesamtversorgungssystems kann die gesetzliche Altersrente auch angerechnet werden, soweit sie auf Kindererziehungszeiten beruht.[616] Angerechnet werden können bei dem AG oder einem früheren AG verdiente Sozialversicherungsrenten.[617] Allerdings kann auch vorgesehen sein, dass zB nur im öffentlichen Dienst erdiente Sozialversicherungsrenten angerechnet werden.[618] Zur Berücksichtigung der Minderung der gesetzlichen Rente ihm Rahmen eines Versorgungsausgleichs → Rn. 193.

Im Falle von **Nachzahlungen** aus der Sozialversicherung sind die Anrechnungsklauseln im Zweifel dahin auszulegen, dass diese bis zu deren Erschöpfung auf das laufende betriebliche Ruhegeld anzurechnen sind.[619] Ist eine Anrechnung in der Ruhegeldordnung vorgesehen, so haben aus Gründen der wechselseitigen vertraglichen Rücksichtspflicht Ruheständler und AG gemeinsam das Erforderliche zu unternehmen, wenn der Rentenversicherungsträger die Bewilligung einer Rente nach Ansicht des AG zu Unrecht abgelehnt hat.[620] 183

Der Ruheständler ist über die Höhe der anderweitigen Bezüge **auskunftspflichtig.** Verletzt er seine Auskunftspflicht, erwächst für den AG ein Rückzahlungsanspruch nach § 812 BGB und uU ein Schadensersatzanspruch. 184

5. Maximierungs- oder Höchstbegrenzungsklauseln. Maximierungs- oder Höchstbegrenzungsklauseln bestimmen, dass die Gesamtversorgung des Ruheständlers einen bestimmten Prozentsatz des letzten Einkommens oder das eines vergleichbaren AN nicht überschreiten darf.[621] Eine Maximierungsklausel bewirkt, dass das betriebliche Ruhegeld um den Betrag gekürzt wird, um den die Summe von Sozialversicherungsrente und Ruhegeld die Klausel übersteigt.[622] Bei einer Gesamtversorgung dürfen die Leistungen der betrieblichen Altersversorgung wegen der Anpassung der Sozialversicherungsrente auch dann nicht den bei der Pensionierung festgesetzten Betrag unterschreiten, wenn die Gesamtversorgung selbst dynamisiert ist.[623] Maximierungsklauseln können mit der offenen oder verdeckten Anrechnung der Sozialversicherungsrente kombiniert werden. Zur Berechnung bei vorzeitigem Ausscheiden und vorgezogener Inanspruchnahme von Betriebsrenten → Rn. 95. 185

6. Anrechnungsverbot. Nach dem BetrAVG bleibt die Vereinbarung aller **Anrechnungsmethoden** (→ Rn. 181) weiterhin zulässig. Das BetrAVG hat wegen der Vielgestaltigkeit der Formen nur einzelne Anrechnungsarten verhindert. Die Regelung geht der Kontrolle nach §§ 307 ff. BGB als Spezialregelung vor. Nach **§ 5 II 1 BetrAVG** dürfen Leistungen der betrieblichen Altersversorgung durch Anrechnung oder Berücksichtigung anderer Versorgungsbezüge nicht gekürzt werden, soweit sie auf eigenen Beiträgen des Versorgungsempfängers beruhen. Der Zweck des Anrechnungsverbotes geht dahin, den AG nicht durch die Eigenvorsorge des AN zu entlasten. Insoweit wurde die Rspr. des BAG übernommen.[624] Von dem gesetzlichen Anrechnungsverbot bestehen gem. § 5 II 2 BetrAVG zwei Ausnahmen. Es gilt nicht für Renten aus der gesetzlichen Rentenversicherung, soweit diese auf Pflichtbeiträgen beruhen und nicht für sonstige Versorgungsbezüge, die mindestens zur Hälfte auf Beiträgen oder Zuwendungen des AG beruhen. Häufig verweisen Versorgungsregelungen insoweit auf das Beamtenversorgungsrecht, so dass **§ 55 BeamtVG** anzuwenden ist. Diese Bestimmung bezweckt neben einer Vermeidung von Doppelzahlungen aus öffentlichen Kassen auch die Vermeidung einer Doppelversorgung von Systemwechslern aus einem Angestelltenverhältnis in ein Beamtenverhältnis.[625] Sie 186

614 BAG 14.12.1999 AP Nr. 12 zu § 1 BetrAVG Invaliditätsrente = NZA 2001, 326; 5.10.1999 AP Nr. 51 zu § 1 BetrAVG Zusatzversorgungskassen = NZA 2000, 839; 10.3.1992 AP Nr. 39 zu § 5 BetrAVG = NZA 1992, 935.

615 BAG 18.3.1966 AP Nr. 108 zu § 242 BGB Ruhegehalt = NJW 1966, 1238 mwN.

616 BAG 5.12.1995 AP Nr. 40 zu § 5 BetrAVG.

617 BAG 17.5.1988 AP Nr. 27 zu § 5 BetrAVG = NZA 1988, 692.

618 BAG 16.8.1988 AP Nr. 29 zu § 5 BetrAVG = NZA 1989, 180.

619 BAG 18.3.1966 AP Nr. 108 zu § 242 BGB Ruhegehalt = NJW 1966, 1238.

620 BAG 13.8.1970 AP Nr. 146 zu § 242 BGB Ruhegehalt.

621 Bei den Maximierungsklauseln kommt es in besonderer Weise darauf an, den Begriff des Arbeitseinkommens zu definieren; zur Anrechnung, wenn der Pensionär schon früher eine Rente bezogen hat: BAG 27.6.1966 AP Nr. 114 zu § 242 Ruhegehalt.

622 BAG 12.11.1991 AP Nr. 26 zu § 2 BetrAVG = NZA 1992, 466.

623 BAG 13.7.1978 AP Nr. 2 zu § 5 BetrAVG = NJW 1979, 831.

624 S. zB BAG 26.10.1973 AP Nr. 161 zu § 242 Ruhegehalt = DB 1972, 294 mwN.

625 BAG 18.9.2007 NZA-RR 2008, 320.

sieht eine Anrechnung vor, wenn der Dienstherr brutto (ohne Berücksichtigung etwaiger steuerlicher Auswirkungen)[626] mindestens die Hälfte der Beiträge oder Zuschüsse in dieser Höhe geleistet hat. Entscheidend ist dabei allein, ob der AG mindestens die Hälfte der Beiträge gezahlt hat. Hierunter fallen auch Leistungen, die nicht aufgrund einer gesetzlichen oder vertraglichen Verpflichtung erbracht wurden, freiwillige Zuschüsse genügen.[627] Zur Anrechnung anderweitiger Bezüge auf eine **Hinterbliebenenrente** → Rn. 167.

187 § 5 II 1 BetrAVG enthält nur einzelne **Anrechnungsverbote.**[628] Das BAG geht daher von einer Regelungslücke des Gesetzes aus. Es leitet weitere Anrechnungsverbote aus dem Grundsatz der Gleichbehandlung ab. Eine Anrechnung anderweitiger Versorgungsleistungen ist dann unzulässig, wenn sich der AG aus sachfremden Gründen anderweitige Versorgungsleistungen zunutze macht. Sachlich gerechtfertigt ist im Allgemeinen die Anrechnung solcher Versorgungsleistungen, mit denen das gleiche Versorgungsziel wie bei den Arbeitgeberleistungen verfolgt wird. Dies gilt dann nicht, wenn sie der AN durch Eigenleistungen erkauft hat.[629] Zur Anrechnung einer Hinterbliebenenrente auf eigene Rentenansprüche des Hinterbliebenen → Rn. 167. Jedenfalls darf die Anrechnung anderweitiger Bezüge bei der Leistungsberechnung nicht zu einer unverhältnismäßigen wirtschaftlichen Entwertung der betrieblichen Altersversorgung führen. Dies widerspricht dem Versorgungszweck und dem Charakter als Entgelt für eine erbrachte Arbeitsleistung. Eine Entwertung des anderweitigen Bezuges um mehr als 80% ist daher (entsprechend der Wertung in §§ 53 V 1, 54 III u. IV BeamtVG) unzulässig. Dem Versorgungsberechtigten müssen noch 20% des anderweitigen Bezuges verbleiben, die sich nicht auf die Berechnung der vollen Leistung der Altersversorgung auswirken. Eine darüber hinaus gehende Anrechnungsregelung ist auf das zulässige Maß zu reduzieren.[630]

188 Das Anrechnungsverbot betrifft nur in einer Versorgungszusage enthaltene Anrechnungsklauseln. **Nicht vereinbarte Anrechnungen** sind ohnehin unzulässig.[631] Ist die Anrechnung vorgesehen, so ist im Zweifel die Bruttorente anzurechnen; der Krankenversicherungsbeitrag bleibt unberücksichtigt.[632]

189 Darüber hinaus gibt es **gesetzliche Bestimmungen,** die die Anrechnung bestimmter Leistungen kraft Gesetzes verbieten. Hierzu gehören § 83 BVG, § 206 SGB IX,[633] § 2 II 2 SGB XII.[634]

190 **Versorgungsbezüge** iSv § 5 II BetrAVG sind die Einkünfte des Versorgungsempfängers, die den in § 1 I BetrAVG genannten Versorgungszwecken dienen, die also zum Bestreiten seines Lebensunterhaltes während der Zeit dienen, während der Arbeitseinkünfte infolge von Alter oder Invalidität nicht oder nur verringert zur Verfügung stehen.[635] Hierzu gehören nicht Leistungen der Krankenversicherungsträger, weil sie einen Ersatz für das Arbeitseinkommen des AN darstellen.[636] Auch eine Anrechnung von Einkünften aus selbständiger oder unselbständiger Tätigkeit des Versorgungsberechtigten fällt nicht unter das Verbot des § 5 II 1 BetrAVG,[637] ebenso wie eine Karenzentschädigung aus einem Wettbewerbsverbot.[638] Von einer **eigenen Beitragsleistung** des AN ist dann auszugehen, wenn ihm die Aufwendungen wirtschaftlich zuzurechnen sind. Sind sie durch Dritte finanziert worden, so sind sie dem AN nicht zuzuweisen. Andere Versorgungsbezüge, die auf eigenen Beiträgen des Versorgungsempfängers beruhen, sind Versorgungsleistungen von Berufsverbänden, Zusatzversorgungskassen, Versorgungskassen

---

626 BVerwG 28.11.1990 NVwZ 1991, 681; BAG 21.11.2006 AP Nr. 18 zu § 1 BetrAVG Beamtenversorgung = NZA 2007, 832 (LS).

627 BAG 21.11.2006 AP Nr. 18 zu § 1 BetrAVG Beamtenversorgung = NZA 2007, 832 (LS); 22.2.2000 AP Nr. 13 zu § 1 BetrAVG Beamtenversorgung = NZA 2001, 541.

628 BT-Drs. 7/2843, 8.

629 BRO/*Rolfs* BetrAVG § 5 Rn. 167.

630 BAG 18.5.2010 AP Nr. 52 zu § 5 BetrAVG =NZA 2011, 581; 18.5.2010 AP Nr. 51 zu § 5 BetrAVG = NZA 2011, 176 (LS).

631 BAG 10.8.1993 AP Nr. 41 zu § 1 BetrAVG Zusatzversorgungskassen = NZA 1994, 757; 5.9.1989 AP Nr. 32 zu § 5 BetrAVG = NZA 1990, 269; 10.8.1982 AP Nr. 6 zu § 5 BetrAVG; 16.8.1988 AP Nr. 29 = NZA 1989, 180.

632 BAG 10.3.1992 AP Nr. 39 zu § 5 BetrAVG = NZA 1992, 935.

633 Vgl. BAG 30.10.1974 AP Nr. 1 zu § 33 SchwBeschG 1961; 10.5.1978 AP Nr. 1 zu § 42 SchwbG.

634 *Blomeyer* BetrAV 1980, 144.

635 BRO/*Rolfs* BetrAVG § 5 Rn. 61; anders BAG 25.10.1983 AP Nr. 14 zu § 5 BetrAVG = NZA 1984, 229: „alle Einnahmen des AN, die Versorgungsfunktion haben und durch Leistungen der betrieblichen Altersversorgung ergänzt werden können"; ähnlich Höfer BetrAVG I/*Höfer* § 5 Rn. 21.

636 BAG 25.10.1983 AP Nr. 14 zu § 5 BetrAVG = NZA 1984, 229.

637 BAG 21.10.2003 ZTR 2004, 386; 9.7.1991 AP Nr. 37 zu § 5 BetrAVG = NZA 1992, 65.

638 BAG 26.2.1985 AP Nr. 30 zu § 611 BGB Konkurrenzklausel = NZA 1985, 809.

eines früheren AG, Lebensversicherungen, freiwillige Höher- oder Weiterversicherung. Anrechnungsfähig sind dagegen Versorgungsbezüge nach dem Beamtengesetz,[639] dem Regelungsgesetz,[640] die Abgeordnetenversorgung[641] oder anderweitige Versorgungsleistungen.[642] Wird in einer Versorgungsordnung die Anrechnung von Bezügen nachträglich eingeführt, so darf nicht in bereits erdiente Besitzstände (→ Rn. 75) eingegriffen werden.[643] Ist einem AN (leitender Arzt) eine Gesamtversorgung unter Anrechnung anderweitiger Einkünfte zugesagt worden, so sind jedenfalls auf die Gesamtversorgung solche Versorgungsleistungen nicht anrechenbar, die er aus dem Liquidationsrecht im Krankenhaus erzielt hat.[644]

191 Das Anrechnungsverbot des § 5 II 1 BetrAVG wird durch die Regelung in **§ 5 II 2 BetrAVG** für Renten aus der gesetzlichen Rentenversicherung, soweit sie auf Pflichtbeiträgen beruhen, und für sonstige Versorgungsbezüge, die mindestens zur Hälfte auf Beiträgen oder Zuschüssen des AG beruhen, eingeschränkt; diese Bestimmung enthält dagegen keine eigenständigen Anrechnungsverbote.[645] Kein Anrechnungsverbot besteht gem. § 5 II 2 1. Alt. BetrAVG für Renten aus der **gesetzlichen Rentenversicherung,** soweit sie auf Pflichtbeiträgen beruhen. Renten der gesetzlichen Rentenversicherung sind solche der Arbeiter-, Angestellten- und Knappschaftsversicherung[646] wegen Berufs-, Erwerbsunfähigkeit/verminderter Erwerbsfähigkeit oder Alters sowie ausländische Renten.[647] Pflichtbeiträge sind alle Beiträge, die aufgrund gesetzlicher Verpflichtung geleistet werden; dies gilt auch dann, wenn der AN die Möglichkeit hatte, sich von der gesetzlichen Pflichtversicherung befreien zu lassen, aber die Pflichtversicherung gewählt hat. Unerheblich ist, in welchem Arbeitsverhältnis die Beiträge geleistet sind, ob die Beiträge also auch in früheren Arbeitsverhältnissen mit anderen AG entrichtet wurden,[648] oder ob erst durch freiwillige Beiträge die Wartezeit für die Rente erfüllt wurde.[649] Besondere Berechnungsschwierigkeiten können sich ergeben, wenn die Rente aus der gesetzlichen Rentenversicherung teilweise auf freiwilligen Beiträgen beruht. Dann sind die entsprechenden Rententeile herauszurechnen.[650] Sieht eine Versorgungsordnung vor, dass Kürzungen der (teilweise anrechenbaren) gesetzlichen Rente wegen vorzeitigen Eintritts in den Ruhestand durch den AG nicht ausgeglichen werden und zu Lasten des AN gehen sollen, kann der AG bei Berechnung der Betriebsrente die abschlagsfreie gesetzliche Rente zugrunde legen, die der AN bei Erreichen der Regelaltersgrenze erhalten hätte.[651] Die Anrechnung sonstiger Versorgungsbezüge nach § 5 II 2 Alt. 2 BetrAVG ist nur dann möglich, wenn der Beitrag des AG hierzu auch mindestens zur Hälfte dem AN oder Versorgungsträger tatsächlich zufließt. Dabei können auch fiktive Bezüge (auch der gesetzlichen Höherversicherungsrente) rentenmindernd berücksichtigt werden, wenn es dem AN möglich ist, durch eine eigene Beteiligung Ansprüche zu erwerben, deren Anrechnung nach § 5 II 2 Alt. 2 BetrAVG zulässig ist, er von einer solchen Beteiligungsmöglichkeit aber keinen Gebrauch macht. Derjenige AN, der keine gesetzlichen Rentenansprüche erwirbt, obwohl ihm die Geldmittel entsprechend zweckgebunden überlassen werden, kann nicht bessergestellt werden als derjenige, der sich dem Leistungszweck entsprechend verhält.[652]

192 Anrechenbar ist auch der Anteil der gesetzlichen Rentenversicherung, der auf Anerkennung von **Kindererziehungszeiten** beruht (§§ 56, 249 SGB VI).[653]

193 Hat sich die Rente aufgrund eines durchgeführten **Versorgungsausgleichs** (→ Rn. 199 ff.) vermindert, so wird im Allgemeinen von der Rente auszugehen sein, die ohne den Versorgungsausgleich erzielt worden wäre. Sieht ein Gesamtversorgungssystem die Berücksichtigung der gesetzlichen Rente vor, ist die vom AN erdiente und nicht die in Folge des Versorgungsaus-

---

639 BAG 10.8.1982 AP Nr. 6 zu § 5 BetrAVG; 27.4.1978 AP Nr. 1 zu § 5 BetrAVG.
640 BAG 10.8.1982 AP Nr. 6 zu § 5 BetrAVG; 10.8.1982 AP Nr. 7 zu § 5 BetrAVG.
641 BAG 23.9.2003 AP Nr. 46 zu § 5 BetrAVG = NZA 2004, 850.
642 BAG 20.11.1990 AP Nr. 36 zu § 5 BetrAVG = NZA 1991, 850.
643 BAG 9.5.1989 AP Nr. 24 zu § 1 BetrAVG Unterstützungskassen.
644 BAG 8.3.1988 AP Nr. 6 zu § 1 BetrAVG Beamtenversorgung = NZA 1989, 104.
645 BAG 11.12.2018 AP Nr. 53 zu § 5 BetrAVG = NZA 2019, 471.
646 Zu Leistungszuschlägen (Hauerzulage): BAG 8.4.1986 AP Nr. 22 zu § 5 BetrAVG.
647 BAG 24.4.1990 AP Nr. 41 zu § 5 BetrAVG = NZA 1990, 936; 27.11.1984 AP Nr. 19 zu § 5 BetrAVG = NZA 1985, 665 (LS); anders BGH 9.4.1986 NJW-RR 1986, 940.
648 St. Rspr des BAG, vgl. BAG 11.12.2018 AP Nr. 53 zu § 5 BetrAVG = NZA 2019, 471; 17.5.1988 AP Nr. 27 zu § 5 BetrAVG = NZA 1988, 692 mwN.
649 BAG 24.4.1990 AP Nr. 41 zu § 5 BetrAVG = NZA 1990, 936; 19.2.1976 AP Nr. 171 zu § 242 BGB Ruhegehalt.
650 Vgl. BAG 24.4.1990 AP Nr. 41 zu § 5 BetrAVG = NZA 1990, 936.
651 BAG 30.11.2010 AP Nr. 10 zu § 1 BetrAVG Auslegung = NZA 2011, 748.
652 BAG 8.12.2020 AP Nr. 54 zu § 5 BetrAVG = NZA 2021, 647; 16.12.1986 – 3 AZR 631/84.
653 BAG 5.12.1995 AP Nr. 40 zu § 5 BetrAVG.

gleichs geminderte oder erhöhte gesetzliche Rente anzurechnen.[654] Regelt eine Versorgungszusage, dass die betriebliche Rente sowie die gesetzliche Rente einen bestimmten Betrag nicht überschreiten dürfen, ist für die Berechnung der gesetzlichen Rente grundsätzlich nicht auf eine infolge eines Versorgungsausgleichs gezahlte geminderte Rente abzustellen, sondern auf die Rente, die der AN ohne den Versorgungsausgleich bezogen hätte.[655]

194 **Nicht angerechnet werden dürfen** das Altersgeld für Landwirte,[656] der frühere Kinderzuschuss (§ 1262 RVO, § 39 AVG),[657] der Kindergeld-Ausgleichsbetrag und die auf eigenen Beiträgen beruhende Krankentagegeldversicherung.[658] Angerechnet werden können dagegen die in der Sozialversicherung enthaltenen Beitragsteile zur Krankenversicherung,[659] Verletzten- und Krankengelder.[660]

195 **Angerechnet werden dürfen** Versorgungsbezüge, soweit sie zur Hälfte auf Beiträgen oder Zuschüssen des AG beruhen. Hierzu gehören vor allem Renten aus befreienden Lebensversicherungen.[661] Ist die befreiende Lebensversicherung auf einen Kapitalbetrag abgeschlossen, so kann deren Umrechnung auf Rentenbeträge vereinbart werden. Es ist aber wohl auch wirksam, wenn in diesen Fällen die Anrechnung einer fiktiven Sozialversicherungsrente vereinbart wird. Sofern die Versorgungsbezüge allerdings weniger als zur Hälfte auf Beiträgen des AG beruhen, scheidet eine Anrechnung insgesamt aus.[662] Bei der Anrechnungsprüfung ist zwischen verschiedenen Beitragszeiten zu unterscheiden; das gilt allerdings nur, sofern die gezahlten Beiträge (auch bezogen auf die jeweils geleisteten AN- und AG-Beiträge) den daraus resultierenden Rentenansprüchen zugerechnet werden können.[663]

196 Das BAG hat zunächst die Auffassung vertreten, dass **Unfallrenten** auf die betriebliche Altersversorgung nicht angerechnet werden dürfen. Eine Anrechnung verstoße gegen das Gleichbehandlungsgebot, weil der Unfallgeschädigte ein Sonderopfer erbracht habe.[664] In der Folgezeit hat das BAG diese Rspr. zunächst bei Maximierungsklauseln und schließlich überhaupt[665] eingeschränkt. Danach darf die Unfallrente angerechnet werden, soweit sie dazu bestimmt ist, Verdienstminderungen zu ersetzen. Anrechnungsfrei bleibt sie dagegen, soweit sie immaterielle Schäden und sonstige Opfer ausgleicht. Enthält die Versorgungsordnung insoweit keine Aufteilung, ist ein Aufteilungsschlüssel im Wege ergänzender Auslegung zu gewinnen. In solchen Fällen ist anrechnungsfrei derjenige Teil der **Verletztenrente,** der der Grundrente eines Versorgungsberechtigten nach dem BVG bei vergleichbarer Minderung der Erwerbsfähigkeit entspricht.[666] Dieser Betrag ist dem AN aber dann nicht zu belassen, wenn der AG neben dem Ruhegehalt einen Unfallausgleich entsprechend § 35 BeamtVG gewährt, der in seiner Höhe dem anrechnungsfreien Betrag der Unfallrente entspricht.[667] Das BAG hat aber auch andere Aufteilungsschlüssel zugelassen, zB dass die Hälfte der Unfallrente anrechnungsfrei bleibt, sofern es hierdurch nicht zu unbilligen Ergebnissen kommt.[668] Dagegen sind **Hinterbliebenenrenten** aus der gesetzlichen Unfallversicherung in vollem Umfang anrechenbar.[669] Sieht die Versorgungszusage eine Versorgung wie für Landesbeamte vor, so schließt dies die Anrechnung einer gesetzlichen Unfallrente auf die Gesamtversorgung auch dann nicht aus, wenn die einschlägigen Beamtengesetze eine solche Anrechnung nicht regeln.[670]

---

[654] BAG 20.3.2001 AP Nr. 3 zu § 1 BetrAVG Gesamtversorgung = NZA 2002, 273; Höfer BetrAVG I/*Höfer* § 5 Rn. 56.
[655] LAG Nds 25.10.2002 NZA-RR 2004, 41 = LAGE § 1 BetrAVG Nr. 23.
[656] Vgl. BAG 5.9.1989 AP Nr. 32 zu § 5 BetrAVG = NZA 1990, 269; Höfer BetrAVG I/*Höfer* § 5 Rn. 75.
[657] BAG 21.8.1980 AP Nr. 5 zu § 5 BetrAVG; diff. BAG 16.8.1988 AP Nr. 28 = NZA 1989, 314.
[658] BAG 25.10.1983 AP Nr. 14 zu § 5 BetrAVG = NZA 1984, 229.
[659] BAG 22.9.1969 AP Nr. 140 zu § 242 BGB Ruhegehalt.
[660] BAG 19.7.1983 AP Nr. 9 zu § 5 BetrAVG.
[661] Vgl. zum HambRGG: BAG 3.7.1990 AP Nr. 1 zu § 26 RuhegeldG Hamburg = NZA 1991, 66.
[662] BAG 11.12.2018 AP Nr. 53 zu § 5 BetrAVG = NZA 2019, 471.
[663] BAG 11.12.2018 AP Nr. 53 zu § 5 BetrAVG = NZA 2019, 471.
[664] BAG 17.1.1980 AP Nr. 3 zu § 5 BetrAVG = NJW 1980, 1975; dazu BVerfG 15.7.1980 AP Nr. 4 zu § 5 BetrAVG.
[665] BAG 24.3.1987 AP Nr. 24 zu § 5 BetrAVG = NZA 1988, 57 mwN.
[666] BAG 19.7.1983 AP Nr. 8 zu § 5 BetrAVG = NJW 1984, 83; 19.7.1983 AP Nr. 9 zu § 5 BetrAVG; 8.11.1983 AP Nr. 12 zu § 5 BetrAVG; 24.3.1987 AP Nr. 24 zu § 5 BetrAVG = NZA 1988, 57; 2.2.1988 AP Nr. 25 zu § 5 BetrAVG = NZA 1988, 611; 23.2.1988 AP Nr. 26 = NZA 1988, 609; 6.6.1989 AP Nr. 30 = NZA 1990, 274; die gegen diese Rspr. gerichteten Verfassungsbeschwerden hat das BVerfG nicht zur Entscheidung angenommen: BVerfG 9.2.1990 – 1 BvR 1349/83 sowie 1 BvR 1169/83.
[667] BAG 19.3.2002 AP Nr. 45 zu § 5 BetrAVG = DB 2003, 246.
[668] BAG 10.4.1984 AP Nr. 17 zu § 5 BetrAVG.
[669] BAG 6.8.1985 AP Nr. 21 zu § 5 BetrAVG = NZA 1986, 748.
[670] BAG 19.3.2002 AP Nr. 45 zu § 5 BetrAVG = DB 2003, 246.

7. Ruhegeldauszehrung. Hierzu kann es dann kommen, wenn die betriebliche Altersversorgung bei der offenen Anrechnung der Sozialversicherung oder auch den Maximierungsklauseln (→ Rn. 182, 185) in Höhe eines Prozentsatzes des letzten Einkommens zugesagt ist und infolge der Dynamisierung der Sozialversicherungsrenten diese den Prozentsatz des letzten Einkommens erreichen.[671] Nach § 5 I BetrAVG dürfen die bei Eintritt des Versorgungsfalles festgesetzten Leistungen der betrieblichen Altersversorgung nicht mehr dadurch gemindert oder entzogen werden, dass Beträge, um die sich andere Versorgungsbezüge nach diesem Zeitpunkt durch Anpassung an die wirtschaftliche Entwicklung erhöhen, angerechnet oder bei Maximierungsklauseln berücksichtigt werden.[672] Ausgezehrt werden dürfen daher nicht die betrieblichen Versorgungsleistungen, die aus Anlass des Versorgungsfalles festgesetzt werden. Eine Auszehrung liegt vor, wenn die Betriebsrente unter den bei Eintritt des Versorgungsfalles festgesetzten Betrag sinkt. Dabei sind mehrere von demselben AG zugesagten Renten in der Regel als Einheit zu werten, auch wenn sie auf verschiedene Versorgungsformen verteilt sind.[673] Schwierigkeiten entstehen dann, wenn etwa bei Gewährung eines Ruhegeldes aus Anlass von teilweiser oder voller Erwerbsminderung diese später wegfällt oder ein 2. Versorgungsfall (Erwerbsminderung, Altersruhegeld) hinzutritt. Bei Wegfall der Erwerbsminderung (zB durch Umschulungsmaßnahmen) wird idR auch die betriebliche Altersversorgung eingestellt, so dass für die Auszehrung auf den 2. Versorgungsfall abzustellen ist. Etwas anderes kann dann gelten, wenn die betriebliche Altersversorgung während der Erwerbsminderung nicht mehr gesteigert wurde. In diesem Fall wird ebenso wie bei dem Eintritt eines zusätzlichen Versorgungsfalls auf jeden Versorgungsfall separat abgestellt werden müssen. Die betriebliche Altersversorgung darf nicht durch solche Steigerungen anderweitiger Versorgungsbezüge gemindert werden, die auf der wirtschaftlichen Entwicklung beruhen. Dagegen sind Steigerungen aufgrund von Änderungen des anderweitigen Versorgungssystems anrechnungsfähig. Unzulässig ist deshalb die Berücksichtigung von Rentenanpassungen. Dies gilt auch dann, wenn durch die betriebliche Altersversorgung und Sozialversicherungsrente das frühere Nettoeinkommen überschritten wird. Das Auszehrungsverbot ist tarifdispositiv (§ 19 I BetrAVG).[674] 197

8. Herabsetzung. Der AG ist nicht zur Herabsetzung des Ruhegeldes berechtigt, weil er die Gesamtversorgung für übersetzt hält. Er kann nicht einseitig Anrechnungs- oder Maximierungsklauseln einführen. Auf Grund und im Rahmen gerichtlicher Billigkeitskontrolle kann eine Herabsetzung von übersetzten Ruhegeldern nicht erfolgen. Die Billigkeitskontrolle hat ihren Rechtsgrund in der Möglichkeit einseitiger Leistungsbestimmung durch den AG. Dann darf sie aber nicht zum Nachteil des AN eingesetzt werden.[675] Im Wege der Vereinbarung kann eine Überversorgung abgebaut werden.[676] 198

9. Versorgungsausgleich. Der Versorgungsausgleich dient dem Ziel, eine gleichmäßige Beteiligung des geschiedenen Ehegatten an den während der Ehe erworbenen Versorgungsanwartschaften zu erreichen, also den Gedanken des Zugewinnausgleichs auch wegen der Versorgungsanwartschaften und Aussichten sicherzustellen. Die entsprechenden Regelungen gelten gem. § 20 LPartG in gleicher Weise für eingetragene Lebenspartnerschaften nach dem LPartG. Für vor dem 1.1.2005 geschlossene Lebenspartnerschaften findet der Versorgungsausgleich nur statt, wenn die Partner bis zum 31.12.2005 eine Erklärung nach § 21 IV LPartG abgegeben haben. Der Versorgungsausgleich erfolgt unabhängig davon, ob Unterhaltsansprüche bestehen. Es besteht die Auslegungsregel, dass der AG weder die Nachteile des Versorgungsausgleichs ausgleichen will noch mögliche Vorteile ausnutzt (hierzu auch → Rn. 193). 199

Ausgleichspflichtig sind Anrechte, die durch Arbeit oder Vermögen (zB aufgrund der Umwandlung einer Abfindung[677]) geschaffen oder aufrechterhalten wurden (§ 2 II Nr. 1 VersAusglG), der Absicherung bei Alter oder Invalidität dienen (§ 2 II Nr. 2 VersAusglG) und auf eine Rente gerichtet sind (§ 2 II Nr. 3 VersAusglG). Dabei können auch Ansprüche für der Betriebszugehörigkeit arbeitsvertraglich gleichgestellte Zeiten berücksichtigungsfähig sein.[678] Erfasst werden auch Ansprüche auf eine Hinterbliebenenversorgung, wobei str. ist, ob das auch 200

[671] Vgl. BAG 5.10.1999 AP Nr. 51 zu § 1 BetrAVG Zusatzversorgungskassen = NZA 2000, 839.
[672] BAG 13.7.1978 AP Nr. 2 zu § 5 BetrAVG = NJW 1979, 831; vgl. zur Auszehrung: BAG 6.6.1968 AP Nr. 131 zu § 242 BGB Ruhegehalt; 19.7.1968 AP Nr. 129 zu § 242 BGB Ruhegehalt; 18.12.1975 AP Nr. 170 zu § 242 BGB Ruhegehalt; 1.7.1976 AP Nr. 174 zu § 242 BGB Ruhegehalt.
[673] BAG 13.12.2011 AP Nr. 29 zu § 1 BetrAVG Auslegung = NZA-RR 2012, 316.
[674] BAG 5.10.1999 AP Nr. 51 zu § 1 BetrAVG Zusatzversorgungskassen = NZA 2000, 839.
[675] BAG 10.5.1971 AP Nr. 152 zu § 242 BGB Ruhegehalt.
[676] BAG 9.11.1999 AP Nr. 8 zu § 1 BetrAVG Überversorgung = NZA 2001, 98.
[677] OLG Schleswig 10.9.2012 FamRZ 2013, 218.
[678] Näher hierzu BGH 21.11.2013 NJW 2014, 463.

für eine isolierte Hinterbliebenenversorgung (die ausschließlich Ansprüche für Hinterbliebene vorsieht) gilt.[679] Anders als nach der früheren Rechtslage[680] werden auch betriebsrentenrechtliche **Anwartschaften** (sowie Ansprüche aus einer privaten, nach dem AltZertG zertifizierten Versicherung) erfasst, die auf eine Kapitalleistung gerichtet sind (§ 2 II Nr. 3 Hs. 2 VersAusglG).[681] Auf diese Weise werden Umgehungsmöglichkeiten durch Ausübung eines Kapitalwahlrechts abgeschnitten. Sach- und Nutzungsleistungen (zB Stromdeputate, Hausbrand, → § 273 Rn. 3) fallen nach Ansicht des BGH dagegen nicht in den Versorgungsausgleich.[682]

201 Wenn eine dem Versorgungsausgleich unterfallende Versorgungsanwartschaft fehlerhaft nicht ausgeglichen wird, weil sie dem Gericht nicht bekannt war oder von diesem übersehen wurde, erwächst eine ergangene familiengerichtliche Entscheidung auch insoweit in Rechtskraft, als keine weiteren als die berücksichtigten Anrechte auszugleichen sind.[683] Nach § 221 II FamFG muss das Familiengericht das Verfahren aussetzen, wenn ein Rechtsstreit über Bestand oder Höhe eines in den Versorgungsausgleich einzubeziehenden Anrechts anhängig ist. Streiten die Parteien über ein Anrecht, ohne dass insoweit bereits ein Rechtsstreit anhängig ist, kann das Familiengericht das Verfahren aussetzen und einem oder beiden Ehegatten eine Frist zur Erhebung der Klage setzen. Wird diese Klage nicht oder nicht rechtzeitig erhoben, kann das Gericht das Vorbringen unberücksichtigt lassen, das mit der Klage hätte geltend gemacht werden können (§ 221 III FamFG). Eine rechtskräftige familiengerichtliche Entscheidung über die **interne Teilung** entfaltet **Bindungswirkung** in einem nachfolgenden arbeitsgerichtlichen Verfahren zwischen dem Versorgungsberechtigten und dem am Versorgungsausgleichsverfahren beteiligten Versorgungsträger über die Höhe des sich hieraus ergebenden Kürzungsbetrags der Versorgung sowohl des Ausgleichsberechtigten als auch des ausgleichspflichtigen Ehepartners.[684] Der BGH hat sich kritisch zu dieser Rspr. des BAG geäußert und ferner angenommen, dass das Familiengericht jedenfalls berechtigt ist zu prüfen, ob die Vorschriften in der Teilungsordnung über den Vollzug des Versorgungsausgleichs in Bezug auf den Ausgleichspflichtigen mit dem Halbteilungsgrundsatz vereinbar sind.[685] Sowohl nach der Rechtsprechung des BGH als auch der des BAG entfalten familiengerichtliche Entscheidungen, mit denen im Versorgungsausgleich eine **externe Teilung** durchgeführt wird, keine Bindungswirkung im gerichtlichen Verfahren zwischen dem versorgungsberechtigten ausgleichspflichtigen Ehegatten und dem Versorgungsverpflichteten.[686] Ein Beschluss des Familiengerichts über den Versorgungsausgleich wegen der in der Ehezeit erworbenen Anteile von Anrechten entfaltet keine materielle Rechtskraft wegen der Frage, ob und in welchem Umfang dem ausgleichspflichtigen Ehegatten gegen seinen AG oder einen externen Versorgungsträger künftige Ansprüche auf Leistungen der betrieblichen Altersversorgung zustehen.[687]

V. Pflichten des Arbeitnehmers aus dem Ruhestandsverhältnis

202 **1. Hauptpflichten.** Nach Beendigung des Arbeitsverhältnisses hat der Ruheständler keine Hauptpflichten mehr; das Ruhegeld hat er bereits während des Bestandes des Arbeitsverhältnisses verdient.

203 **2. Nebenpflichten.** Sie obliegen dem Ruheständler dagegen ebenso wie dem aktiven AN. Insbesondere hat er **Anzeige- und Auskunftspflichten** wegen der Höhe seiner Sozialversicherungsrente; vor allem muss er die Sozialversicherungsrente bei offener Anrechnung beantragen (→ Rn. 182), wenn ihm der AG, zB bei Dienstunfähigkeit, vorab Ruhegeld bewilligt hat.[688]

204 Bezieht der Ruheständler eine Unfallrente, muss er einen etwaigen **Schadensersatzanspruch** gegen einen Dritten, der den Eintritt des Versorgungsfalles verursacht hat, nach den

[679] Bejahend *Höfer* DB 2010, 1010; aA *Merten/Baumeister* DB 2009, 957 (958); s. auch BT-Drs. 16/10144, 46.
[680] S. hierzu BGH 5.2.2003 BGHZ 153, 393 = NJW 2003, 1320; 9.11.1983 BGHZ 88, 386 = NJW 1984, 299 sowie die 13. Aufl. § 83 Rn. 218.
[681] BGH 16.7.2014 NJW-RR 2014, 1217; 5.2.2003 BGHZ 153, 393 = NJW 2003, 1320; 9.11.1983 BGHZ 88, 386 = NJW 1984, 299; für Leistungen an Personen, die nicht unter das BetrAVG fallen, gilt das nicht: BGH 1.4.2015 NJW 2015, 1599.
[682] BGH 4.9.2013 NJW-RR 2014, 323; *Wick* BetrAV 2011, 131.
[683] BGH 25.6.2014 NJW-RR 2014, 1094.
[684] BAG 10.11.2015 AP Nr. 2 zu § 1 BetrAVG Versorgungsausgleich = NZA 2016, 304.
[685] BGH 7.3.2018 NJW 2018, 1961 = BetrAV 2018, 312.
[686] BGH 7.3.2018 NJW 2018, 1961 = BetrAV 2018, 312; BAG 13.10.2020 – 3 AZR 130/20.
[687] BAG 26.4.2018 AP Nr. 18 zu § 1 BetrAVG Treuebruch = NZA 2018, 1066.
[688] BAG 13.8.1970 AP Nr. 146 zu § 242 BGB Ruhegehalt.

Grundsätzen der Drittschadensliquidation an den AG abtreten, und zwar bis zur Höhe der ausgelösten Versorgungsleistungen.[689]

Verletzt der Ruheständler seine Auskunfts- und Informationspflicht und kommt es dadurch zu einer Überzahlung, so wird er schadensersatzpflichtig. Gegenüber dem Schadensersatzanspruch kann er sich nicht auf die Einrede der Entreicherung (§ 818 III BGB) berufen.[690] 205

3. Wettbewerbsverbot.[691] Grundsätzlich unterliegt der AN nach Beendigung des Arbeitsverhältnisses keinen Wettbewerbsbeschränkungen. Eine Unterlassung des Wettbewerbs kann der AG vom Ruheständler oder Anwartschaftsberechtigten nur verlangen, wenn er mit ihm ein Wettbewerbsverbot vereinbart hat.[692] Die Anrechnung der Betriebsrente auf eine Karenzentschädigung ist nur dann möglich, wenn dies vereinbart ist.[693] § 60 I HGB ist auf das **Ruhestandsverhältnis** nicht, auch nicht entsprechend anwendbar. Die Verpflichtung des Ruheständlers zur Wettbewerbsenthaltung kann sich aber aus der Rücksichtnahmepflicht ergeben. Dasselbe gilt bei aufrechterhaltener Ruhegeldanwartschaft (hierzu → § 55 Rn. 3). Hiervon zu trennen ist die Frage, ob der AG das zugesagte Ruhegeld im Falle einer Wettbewerbstätigkeit während des Ruhestandsverhältnisses widerrufen kann (→ § 277 Rn. 4 ff.). 206

VI. Ruhegeldforderung

1. Pfändung. Ruhegelder genießen denselben Pfändungsschutz wie sonstiges Arbeitseinkommen (§ 850 II ZPO). Durch das am 31.3.2007 in Kraft getretene Gesetz zum Pfändungsschutz der Altersvorsorge (BGBl. I 683) hat der Gesetzgeber in den neu eingefügten §§ 851c und 851d ZPO auch für die private Altersvorsorge Selbständiger einen Pfändungsschutz geregelt (näher hierzu → § 90 Rn. 21). Der Pfändungsschutz bezieht sich nur auf das angesparte Deckungskapital und die zu zahlende Rente, nicht dagegen auf die zum Aufbau des Deckungskapitals zu leistenden Beiträge.[694] Sozialversicherungsrenten sind nur in Ausnahmefällen pfändbar (§§ 54 ff. SGB I). Leistungen nach dem SGB (Sozialversicherungsrenten) und betriebliches Ruhegeld sind unter den Voraussetzungen von § 850e Nr. 2a ZPO zusammenzurechnen (→ § 89 Rn. 29). Erhält der AN im Rahmen einer Gesamtversorgung zu den Leistungen einer rechtlich selbständigen Pensionskasse einen Zuschuss des AG, sind beide Leistungen ohne Zusammenrechnungsbeschluss des Vollstreckungsgerichts zusammenzurechnen.[695] 207

2. Abtretung, Verpfändung, Aufrechnung. Soweit Ruhegeld unpfändbar ist, kann es nicht abgetreten oder verpfändet werden (§§ 400, 1274 II BGB). Insoweit ist auch eine Aufrechnung durch den AG unzulässig (§ 394 S. 1 BGB), es sei denn, dass dieser mit einer Schadensersatzforderung wegen vorsätzlicher Nachteilszufügung aufrechnet (→ § 73 Rn. 12). Es ist anhand der Umstände des Einzelfalles zu entscheiden, ob und inwieweit der den gesetzlichen Aufrechnungsgrenzen zu entnehmende Sozialschutz gegenüber den schützenswerten Interessen des Geschädigten zurücktreten muss. Hierbei sind die Interessen des Versorgungsberechtigten und seiner Angehörigen sowie die Interessen der Allgemeinheit auf der einen und das Ausgleichsinteresse des geschädigten AG auf der anderen Seite gegeneinander abzuwägen. Die individuellen Interessen des Schädigers müssen jedenfalls zurücktreten, wenn der vorsätzlich verursachte Schaden so hoch ist, dass er ihn unter normalen Verhältnissen nicht ausgleichen kann. Im Interesse der Allgemeinheit ist im Allgemeinen die Grenze aus § 850d ZPO zu entnehmen.[696] Die Aufrechnung gegen noch nicht fällige Ruhegelder ist beschränkt auf die bereits fälligen sowie die in den nächsten sechs Monaten fällig werdenden Ansprüche, weil der Ruhegeldberechtigte Vorauszahlungen regelmäßig nur bis zu einem halben Jahr anzunehmen hat.[697] Von der Aufrechnung ist die Verrechnung von Vorschüssen (→ § 70 Rn. 12) zu unterscheiden. 208

3. Überzahlung. Hat der AG das Ruhegeld überzahlt, ist der AN nach § 812 BGB zur Rückzahlung verpflichtet. 209

---

689 Höfer BetrAVG I/*Höfer* Kap. 7 Rn. 219; anders: LAG Hamm 31.5.1977 DB 1978, 213.

690 BAG 27.3.1990 AP Nr. 1 zu § 1 BetrAVG Überzahlung = NZA 1990, 776.

691 Hierzu *Bauer/Diller* BB 1997, 990; *Gaul* BB 1980, 57; *ders.* BB 1984, 346; *Götz* FS Schiedermair, 1976, 203 ff.; *Schaub* BB 1972, 223.

692 Vgl. BAG 7.5.1966 AP Nr. 109 zu § 242 BGB Ruhegehalt = NJW 1966, 1985; 26.2.1976 AP Nr. 172 zu § 242 BGB Ruhegehalt.

693 BAG 26.2.1985 AP Nr. 30 zu § 611 BGB Konkurrenzklausel = NZA 1985, 809.

694 BGH 12.5.2011 NJW-RR 2011, 1617 = DB 2011, 1390.

695 BAG 14.8.1990 AP Nr. 10 zu § 1 BetrAVG Invaliditätsrente = NZA 1990, 147.

696 BAG 18.3.1997 AP Nr. 30 zu § 394 HGB = NZA 1997, 1108.

697 BGH 28.10.1971 AP Nr. 1 zu § 387 BGB = NJW 1972, 154; BAG 16.12.1986 AP Nr. 1 zu § 8 BetrAVG; BGH 15.3.2006 NJW-RR 2006, 1185 = DB 2006, 1206.

210 **4. Insolvenz.** Zur Sicherung bei Insolvenz des AG → § 277 Rn. 1 ff.

211 **5. Fälligkeit, Verjährung, Verwirkung, Verfallfristen, Verzicht.** Betriebsrenten werden nach Zeitabschnitten geleistet. Sie werden daher nach dem Rechtsgedanken des § 614 BGB – wie Entgeltansprüche – im Zweifel erst nach Ablauf der einzelnen Zeitabschnitte **fällig.**[698] Erst ab diesem Zeitpunkt tritt Verzug ein und beginnt der Lauf der Verjährungsfrist. Die einzelnen Ruhegeldforderungen der AN **verjähren** in drei Jahren (§ 195 BGB iVm § 18a S. 2 BetrAVG).[699] Für das Ruhegeldstammrecht gilt eine Verjährungsfrist von 30 Jahren (§ 18a S. 1 BetrAVG). Das gilt auch für einen Anspruch auf Einhaltung eines bestimmten Durchführungsweges.[700] Zum Ruhegeld gehören auch Ansprüche aus der AO 54 (→ § 272 Rn. 29).[701] Der auf die Ruhegeldrate entfallende Anpassungsbetrag verjährt auch dann in drei Jahren, wenn der AG die Anpassungsentscheidung nicht mitgeteilt hat.[702] Eine **Verwirkung** (näher hierzu → § 72 Rn. 23 ff.) des Stammrechts kommt nur in Ausnahmefällen in Betracht, wenn der Ruheständler den Eindruck erweckt hat, er werde seine Rechte endgültig nicht mehr geltend machen.[703] Vor Eintritt des Versorgungsfalles fehlt es schon an dem erforderlichen Zeitmoment, weil der AN nicht verpflichtet ist, seine Rentenansprüche oder deren Höhe bereits während des Arbeitsverhältnisses (durch eine Feststellungsklage) geltend zu machen.[704] Bei tariflichen Ansprüchen sowie Ansprüchen aus einer Betriebsvereinbarung ist die Verwirkung gem. § 4 IV 2 TVG bzw. § 77 IV 2 BetrVG ohnehin ausgeschlossen. Die Auslegung wird im Allgemeinen ergeben, dass **Verfallfristen** das Ruhegeldstammrecht nicht erfassen.[705] Auch die einzelne Rate wird nur ausnahmsweise dann erfasst werden, wenn das im Tarifvertrag deutlich zum Ausdruck gebracht wird. Im Zweifel erfassen tarifliche Ausschlussfristen die Ansprüche auf Leistungen der betrieblichen Altersversorgung nicht.[706] Die Fälligkeit tritt nämlich erst nach Beendigung des Arbeitsverhältnisses ein, während die Verfallfristen auf Ansprüche aus dem Arbeitsverhältnis zugeschnitten sind.[707] Der Zweck der Verfallfristen, Ansprüche aus dem Arbeitsverhältnis schnell zu bereinigen, trifft weder auf das Stammrecht noch auf die einzelnen Raten zu. Daher erfassen Ausschlussfristen regelmäßig auch nicht einen Anspruch auf Einhaltung eines bestimmten Durchführungsweges.[708] Eine Vereinbarung über einen **Verzicht** auf Versorgungsansprüche (§ 397 ZPO) ist zwar grundsätzlich nicht ausgeschlossen, dies setzt aber eine unmissverständliche Willenserklärung des AN voraus.[709]

212 **6. Aufhebungsvertrag, Vergleich.** Rechtliche Bedenken gegen den Erlass oder den Vergleich über bereits erwachsene Ruhegeldforderungen bestehen grundsätzlich nicht. Nach § 19 III BetrAVG sind die Schutznormen des BetrAVG zum Nachteil des AN zwar unabdingbar. Hieraus sind aber Einwendungen gegen einen Erlassvertrag nicht abzuleiten. Nach § 3 BetrAVG ist die Abfindung von Ruhegeldanwartschaften nur in Ausnahmefällen möglich (→ Rn. 57,

---

[698] BAG 31.7.2007 NZA 2008, 320 (LS) = DB 2008, 1505.

[699] Nach früherem Recht galt die 2-jährige Verjährungsfrist des § 196 I Nr. 8 BGB aF, s. BAG 29.7.1966 AP Nr. 115 zu § 242 BGB Ruhegehalt; 25.1.2000 NZA 2001, 504 = DB 2000, 1234; für Organmitglieder juristischer Personen galt gem. § 197 BGB aF eine Verjährungsfrist von 4 Jahren, vgl. auch BGH 7.12.1961 BGHZ 36, 142 = NJW 1962, 340; 14.5.1964 NJW 1964, 1620 = BetrAV 1964, 132.

[700] BAG 12.6.2007 AP Nr. 47 zu § 1 BetrAVG = NZA-RR 2008, 537.

[701] BAG 25.1.2000 NZA 2001, 504 = DB 2000, 1234.

[702] LAG Hamm 19.3.1991 NZA 1991, 938.

[703] Vgl. BAG 24.1.2006 AP Nr. 15 zu § 3 BetrAVG = NZA 2007, 278; 18.3.2002 AP Nr. 5 zu § 13 AÜG = DB 2003, 2181; 10.12.1965 AP Nr. 105 zu § 242 BGB Ruhegehalt 5.11.1965 AP Nr. 103 zu § 242 BGB Ruhegehalt; *Schumann* DB 2010, 1591 (1592).

[704] BAG 28.6.2011 AP Nr. 64 zu § 1 BetrAVG Gleichbehandlung; 18.9.2001 AP Nr. 230 zu § 613a BGB = NZA 2002, 1391.

[705] BAG 27.2.1990 AP Nr. 107 zu § 4 TVG Ausschlussfristen = NZA 1990, 627; 18.12.1984 AP Nr. 3 zu § 1 BetrAVG Zusatzversorgungskassen; 19.7.1983 AP Nr. 1 zu § 1 BetrAVG Zusatzversorgungskassen = NJW 1984, 751; 13.7.1982 AP Nr. 1 zu § 1 BetrAVG Invaliditätsrente = NJW 1983, 359; 29.11.1979 AP Nr. 3 zu § 242 BGB Ruhegehalt-Zusatzversorgung; 13.7.1978 AP Nr. 4 zu § 1 BetrAVG Wartezeit; 15.5.1975 AP Nr. 7 zu § 242 BGB Ruhegehalt-VBL; 24.5.1974 AP Nr. 6 zu § 242 BGB Ruhegehalt-VBL; 12.1.1974 AP Nr. 5 zu § 242 BGB Ruhegehalt-VBL.

[706] BAG 22.9.2020 AP Nr. 82 zu § 1 BetrAVG = NZA 2021, 577.

[707] BAG 19.7.2011 AP Nr. 27 zu § 1 BetrAVG Hinterbliebenenversorgung = NZA 2011, 1214; 27.2.1990 AP Nr. 107 zu § 4 TVG Ausschlussfristen = NZA 1990, 627; 19.4.1983 AP Nr. 6 zu § 6 BetrAVG; 29.3.1983 AP Nr. 11 zu § 70 BAT; LAG Hamm 15.6.1999 NZA-RR 1999, 600 = DB 1999, 1806; anders noch BAG 19.7.1983 AP Nr. 1 zu § 1 BetrAVG Zusatzversorgungskassen = NJW 1984, 751; noch weitergehend Höfer BetrAVG I/*Höfer* Kap. 7 Rn. 249, der Ausschlussfristen gem. § 17 III 3 BetrAVG (jetzt § 19 III BetrAVG) generell für unzulässig hält.

[708] BAG 12.6.2007 AP Nr. 47 zu § 1 BetrAVG = NZA-RR 2008, 537.

[709] BAG 22.9.2020 AP Nr. 82 zu § 1 BetrAVG = BetrAV 2021, 80.

114 ff.). Hieraus folgt, dass auch ein Erlass oder ein Vergleich über die Versorgungsanwartschaft im Zusammenhang mit der Beendigung des Arbeitsverhältnisses unwirksam ist. Vereinbarungen zwischen AG und AN über die Verrechnung künftiger Rentenansprüche mit Ansprüchen auf eine Abfindung nach §§ 9, 10 KSchG sind nichtig (§ 3 BetrAVG, § 134 BGB).[710] Dagegen kann während des fortbestehenden Arbeitsverhältnisses auch eine Versorgungsanwartschaft erlassen werden (→ Rn. 120). Wirksam sind ferner sog. **Tatsachenvergleiche,** bei denen sich die Vertragspartner über die Voraussetzungen eines Ruhegeldanspruches einigen.[711] Dagegen hat der BGH entschieden, dass unverfallbare Versorgungsansprüche eines Sparkassendirektors nicht durch eine Vertragsklausel entzogen werden können, wonach er alle Versorgungsansprüche verliert, wenn er seine Wiederbestellung ablehnt.[712] Ein Vergleich, der die Abfindung einer Versorgungsanwartschaft durch einen Kapitalbetrag vorsieht, kann gegen die guten Sitten verstoßen und damit unwirksam sein, wenn ein grobes Missverhältnis des beiderseitigen Nachgebens besteht.[713] Ruhegeldanwartschaften und Ruhegelder werden von **Ausgleichsquittungen** nicht erfasst, es sei denn, dass sie ausdrücklich in Bezug genommen werden.[714] Die Auslegungsregel, wonach allgemeine Ausgleichsklauseln im Zweifel Ansprüche auf betriebliche Altersversorgung nicht mit umfassen, ist auch dann anzuwenden, wenn der Verzicht auf einen als Schadensersatz geschuldeten Versorgungsverschaffungsvertrag in Rede steht.[715]

7. Sozialversicherungsrechtliche und steuerrechtliche Behandlung von Abfindungen. Die Spitzenverbände der Kranken- und Rentenversicherungsträger vertreten die Auffassung, dass die beitragsrechtliche Beurteilung von Abfindungen von der **Anspruchsgrundlage** abhängt. Kapitalleistungen (allgemeine Abfindungen für bereits erworbene Ansprüche von Betriebsrenten) stellen keine beitragspflichtigen Versorgungsbezüge dar. Anders ist es dagegen bei laufenden Rentenzahlungen (vgl. § 229 SGB V).[716] 213

Nach § 24 Nr. 1a EStG gehören zu den **Einkünften** des § 2 I EStG auch Entschädigungen, die als Ersatz entgangener oder entgehender Einnahmen gewährt werden. Zahlungen, die nicht an die Stelle weggefallener Einkommen treten, sondern arbeitsrechtlich Erfüllungsleistungen sind, gehören nicht zu den Entschädigungen. Demgemäß muss an die Stelle der bisherigen Entgelteinnahmen tretende Ersatzleistung auf einer neuen Rechtsgrundlage beruhen.[717] 214

§ 275. Besondere Durchführungswege

Übersicht

[710] BAG 24.3.1998 AP Nr. 8 zu § 3 BetrAVG = NZA 1998, 1280.
[711] BAG 18.12.1984 AP Nr. 8 zu § 17 BetrAVG = NZA 1986, 95; 23.8.1994 AP Nr. 3 zu § 3 BetrAVG = NZA 1995, 421.
[712] BGH 29.5.2000 NZA 2001, 266 = BetrAV 2000, 488.
[713] BAG 30.7.1985 AP Nr. 39 zu § 138 BGB = NZA 1986, 519.
[714] BAG 20.4.2010 AP Nr. 63 zu § 1 BetrAVG = NZA 2010, 883; 27.2.1990 AP Nr. 13 zu § 1 BetrAVG Vordienstzeiten = NZA 1990, 689; 9.11.1973 AP Nr. 163 zu § 242 BGB Ruhegehalt; LAG Hamm 24.11.1998 DB 1999, 491 = LAGE § 1 BetrAVG Nr. 19.
[715] BAG 17.10.2000 AP Nr. 56 zu § 1 BetrAVG Zusatzversorgungskassen = NZA 2001, 203.
[716] Vgl. hierzu BAG 12.12.2006 AP Nr. 1 zu § 256 SGB V = NZA 2007, 1105.
[717] BFH 25.8.1993 BFHE 172, 338 = NJW 1994, 1752 mwN.

I. Unterstützungskassen

1 **1. Begriff.** Unterstützungskassen sind **rechtsfähige Versorgungseinrichtungen,** die an Angehörige des Trägerunternehmens einmalige und/oder laufende Leistungen der betrieblichen Altersversorgung (→ § 272 Rn. 42) ohne Rechtsanspruch gewähren (§ 1b IV BetrAVG). Zumeist wird die Unterstützungskasse als eingetragener Verein oder als GmbH gegründet, seltener als Stiftung. Gründung, Satzung und die Rechtsverhältnisse der Unterstützungskasse im Innen- und Außenverhältnis richten sich nach BGB, HGB und GmbHG. Empfehlenswert ist, die Rechtsverhältnisse der Kasse in der **Satzung,** dagegen Voraussetzungen und Umfang der Leistungen in einer besonderen **Leistungsordnung (Leistungsplan)** zu regeln. Träger der Unterstützungskasse können ein oder mehrere AG sein; möglich ist, dass die Unternehmen verbunden (Konzernkasse) oder auch unabhängig sind (Gruppenunterstützungskasse). Zuwendungsempfänger der Leistungen müssen die AN der Trägerunternehmen sein. Charakteristisch für die Leistungen der Unterstützungskasse ist der Ausschluss des Rechtsanspruches der Versorgungsberechtigten. Hierdurch soll zum einen erreicht werden, dass sie nicht der Versicherungsaufsicht des Bundesaufsichtsamtes für das Versicherungswesen unterliegen und zum anderen die Mittel wieder im Trägerunternehmen angelegt werden können.

2 Bei der Unterstützungskasse ist zwischen **drei Rechtsbeziehungen** zu unterscheiden, nämlich zwischen **(1)** AN und Unterstützungskasse (Leistungsverhältnis), **(2)** AN und AG (Versorgungsverhältnis, Valutaverhältnis), **(3)** Unterstützungskasse und AG/Trägerunternehmen (Deckungsverhältnis). Was der AG im Verhältnis zum Versorgungsträger *kann,* weicht möglicherweise von dem ab, was er im Verhältnis zum AN *darf.*

3 Diese Unterscheidung führt in der Insolvenz des AG dazu, dass der Insolvenzverwalter die Rechte im Deckungsverhältnis ausüben kann, ohne dass dadurch Aussonderungsrechte des AN nach § 47 InsO entstehen.[1]

4 **2. Rechtsverhältnis Arbeitnehmer/Unterstützungskasse (Leistungsverhältnis). a) Ausschluss des Rechtsanspruchs.** Der AN hat gegen die Unterstützungskasse nach dem Wortlaut des § 1b IV 1 BetrAVG keinen Rechtsanspruch auf Leistungsgewährung. Aus historischen Gründen und zur Vermeidung der Versicherungsaufsicht ist der **Rechtsanspruch ausgeschlossen.** Gleichwohl sind die Versorgungsaussichten der AN nicht ungeschützt. Nach § 1b IV BetrAVG werden sie unverfallbar; nach § 2 VersAusglG werden sie auch im Rahmen des

[1] BAG 29.9.2010 AP Nr. 46 zu § 1 BetrAVG Unterstützungskassen = NZA-RR 2011, 208.

Versorgungsausgleiches berücksichtigt. Nach der Rspr. des BAG kommt dem Ausschluss des Rechtsanspruches nur die Bedeutung eines an sachliche Gründe gebundenen **Widerrufsrechts** zu.[2] Diese Einschränkung folgt aus dem Entgeltcharakter der Altersversorgung; in älteren Entscheidungen stellte das BAG insoweit auf den Vertrauensschutz ab. Hieraus ergibt sich, dass ein einzelner AN nicht vom Leistungsbezug ausgeschlossen werden kann.[3] Er hat sowohl einen Anspruch gegen den AG als auch gegen die Unterstützungskasse. Das gilt auch für solche Ansprüche, die sich nicht aus dem Wortlaut der Versorgungsordnung, sondern dem Gleichbehandlungsgrundsatz ergeben.[4] Diese Auslegung der Ausschlussklausel ist verfassungsgemäß.[5]

b) Widerrufsvorbehalt. Der AG war nach der früheren Rspr. des BAG lediglich bei Beste- 5
hen allgemeiner Widerrufsgründe (→ § 277 Rn. 4 ff.) berechtigt, die Leistungen zu widerrufen und die Versorgung unter Mitwirkung des BR veränderten wirtschaftlichen Verhältnissen anzupassen.[6] Diese Rspr. hielt das BVerfG in einer Entscheidung vom 19.10.1983 teilweise für zu weitgehend,[7] weil ein unverhältnismäßiger Eingriff in die Vertragsfreiheit vorliege, wenn ein Widerruf unverfallbarer Versorgungsanwartschaften aus der Zeit vor Inkrafttreten des BetrAVG nur unter den strengen Voraussetzungen des BetrAVG zugelassen werde. Das BAG hat seine Rspr. daraufhin modifiziert; dabei hat es zwischen den sog. Alt- und Neufällen unterschieden. In den Altfällen, in denen die Versorgungsanwartschaft nach den Grundsätzen der Rspr. (→ § 274 Rn. 4)[8] unverfallbar geworden ist, war ein Widerruf der Versorgungsleistungen bereits dann wirksam, wenn hierfür ein triftiger Grund vorlag.[9] Der Widerruf war damit bereits vor Eintritt einer wirtschaftlichen Notlage gerechtfertigt. Ein triftiger Grund war dann gegeben, wenn die ungekürzten Versorgungsleistungen langfristig die Substanz des Trägerunternehmens gefährden könnten und mildere Mittel zur Sanierung des Unternehmens nicht ausreichen. In den sog. Neufällen hat das BAG eine **Stufentheorie** (im Einzelnen → § 275 Rn. 74 ff.) entwickelt.[10] **(1)** In den erdienten und nach § 2 I BetrAVG zu errechnenden Teilbetrag **(erdiente Besitzstände)** kann nur ausnahmsweise bei ganz zwingenden Gründen, eingegriffen werden. **(2)** Die gehaltsabhängigen, jährlichen Steigerungssätze sind bereits erdient; sie können nur aus triftigem Grund widerrufen werden; **(3)** die zeitabhängigen Steigerungen können dagegen aus sachlich-proportionalen Gründen widerrufen werden.[11] Solche Gründe sind noch nicht dann gegeben, wenn die Unterstützungskasse selbst kein hinreichendes Vermögen besitzt. Insoweit sind die Vermögensverhältnisse des Trägerunternehmens maßgebend.[12] Bei fehlender Dotierung muss die Unterstützungskasse auf den Träger einzuwirken versuchen. Diese Rspr. ist für Neufälle verfassungsgemäß, für Altfälle ist sie durch Entscheidung des BVerfG vom 14.1.1987 teilweise für verfassungswidrig erklärt worden.[13] Das BVerfG hat angenommen, dass das BAG für diese Fälle zu strenge Anforderungen an den Widerruf von Versorgungsleistungen gestellt und dem Vertrauen des AG auf die Widerrufsmöglichkeit nicht hinreichend Rechnung getragen hat. Der Widerruf von Leistungen einer Unterstützungskasse in Versorgungsfällen, die zwar unter Geltung des BetrAVG eingetreten seien, deren tatsächliche und rechtliche Grundlagen aber vor Inkrafttreten des BetrAVG gelegt worden seien, setze keine wirtschaftliche Notlage iSv § 7 I 3

[2] Vgl. BAG 19.1.2019 – 3 AZR 9/18; 12.11.2013 AP Nr. 5 zu § 10 AGG = NZA 2014, 848; 16.2.2010 AP Nr. 50 zu § 77 BetrVG 1972 Betriebsvereinbarung = NZA 2010, 701; krit. *Ulbrich* BetrAV 2015, 546 (550 ff.).

[3] BAG 31.10.1969 AP Nr. 1 zu § 242 BGB Ruhegehalt-Unterstützungskassen = NJW 1970, 1145.

[4] BAG 16.2.2010 AP Nr. 50 zu § 77 BetrVG 1972 Betriebsvereinbarung = NZA 2010, 701.

[5] BVerfG 14.1.1987 BVerfGE 74, 129 = AP Nr. 11 zu § 1 BetrAVG Unterstützungskassen; 19.10.1983 BVerfGE 65, 196 = AP Nr. 2 zu § 1 BetrAVG Unterstützungskassen.

[6] BAG 8.12.1981 AP Nr. 1 zu § 1 BetrAVG Ablösung.

[7] BVerfG 19.10.1983 BVerfGE 65, 196 = AP Nr. 2 zu § 1 BetrAVG Unterstützungskassen = NJW 1984, 476.

[8] Grundlegend BAG 10.3.1972 AP Nr. 156 zu § 242 BGB Ruhegehalt.

[9] BAG 5.6.1984 AP Nr. 3 zu § 1 BetrAVG Unterstützungskassen = NZA 1985, 22; 23.4.1985 AP Nr. 6 zu § 1 BetrAVG Unterstützungskassen = NZA 1986, 60.

[10] Vgl. zB BAG 17.4.1985 AP Nr. 4 zu § 1 BetrAVG Unterstützungskassen = NZA 1986, 57; 22.4.1986 AP Nr. 8 zu § 1 BetrAVG Unterstützungskassen = NZA 1986, 746; 11.9.1990 AP Nr. 8 zu § 1 BetrAVG Besitzstand = NZA 1991, 176; 11.12.2001 AP Nr. 43 zu § 1 BetrAVG Unterstützungskassen = NZA 2003, 1407; 16.2.2010 BetrAV 2010, 691 = DB 2010, 1833 (LS); 30.9.2014 AP Nr. 73 zu § 2 BetrAVG = NZA 2015, 750.

[11] BAG 9.12.2008 AP Nr. 22 zu § 9 BetrAVG = NZA 2009, 1341.

[12] BAG 5.7.1977 AP Nr. 9 zu § 242 BGB Ruhegehalt-Unterstützungskassen = NJW 1980, 79; 28.4.1977 AP Nr. 7 zu § 242 BGB Ruhegehalt-Unterstützungskassen; 10.11.1977 AP Nr. 8 zu § 242 BGB Ruhegehalt-Unterstützungskassen.

[13] BVerfG 14.1.1987 BVerfGE 74, 129 = AP Nr. 11 zu § 1 BetrAVG Unterstützungskassen.

Nr. 5 (aF) BetrAVG voraus.[14] Erforderlich war aber in den Altfällen eine vorherige Einschaltung des PSVaG.[15]

6 Auch wenn nach der Rspr. des BAG der Ausschluss des Rechtsanspruches nur noch einen **Widerrufsvorbehalt** darstellt, ändert sich auch steuerrechtlich nichts an dem Begriff der Unterstützungskasse.[16]

7 **c) Einschränkungen des Anspruchs.** Wegen der Leistungseinschränkungen durch die Regelung von Wartezeiten und Altersgrenzen gelten die allgemeinen Grundsätze (→ § 274 Rn. 39). Die Unterstützungskasse darf ihre Leistungen nicht deswegen widerrufen, weil ein Träger der Sozialhilfe diese zum teilweisen Ausgleich für von ihm getragene Pflegeleistungen in Anspruch nimmt.[17] Eine Unterstützungskasse muss die in ihrer Satzung vorgesehene Versorgung bei Invalidität auch dann gewähren, wenn der AN mit einer unverfallbaren Versorgungsanwartschaft ausgeschieden und der Versorgungsfall bei einem Folgearbeitgeber eingetreten ist.[18]

8 **d) Unverfallbarkeit.** Da die Unterstützungskasse auf ihre Leistungen keinen Rechtsanspruch gewährt, bedurfte die Unverfallbarkeitsregelung einer besonderen konstruktiven Ausgestaltung. Nach Eintritt der Unverfallbarkeitsvoraussetzungen werden die ausgeschiedenen AN denjenigen gleichgestellt, die im Betrieb verblieben sind (§ 1b IV 1 BetrAVG). Das Gesetz vermeidet hier wegen des formalen Ausschlusses des Rechtsanspruchs (→ Rn. 5) den Begriff der Anwartschaft. Faktisch wird aber die bis zum Ausscheiden erworbene Anwartschaft aufrecht erhalten. Da der AN regelmäßig nicht zur Unterstützungskasse angemeldet wird, bestimmt **§ 1b IV 2 BetrAVG** für die Berechnung der Unverfallbarkeitsfrist, dass die Versorgungszusage in dem Zeitpunkt als erteilt gilt, von dem an der AN zum Kreis der Begünstigten der Kasse gehört. Die Unverfallbarkeitsfrist kann durch Vorschaltzeiten nicht verändert werden.[19] Wegen der Berechnung des Wertes der Versorgungsanwartschaft ist nach § 2 IV BetrAVG zunächst darauf abzustellen, was ein im Betrieb verbliebener AN erhält. Danach ist entsprechend der ratierlichen Berechnungsmethode der Wert der Anwartschaft zu bestimmen.

9 **e) Anpassungsverpflichtung.** Auch bei Leistungen durch Unterstützungskassen ist nach § 16 BetrAVG die Versorgung **veränderten Verhältnissen anzupassen.**

10 **f) Widerruf.** Bei der **verschlechternden Änderung** einer Unterstützungskassenversorgung wirken sich die verschiedenen Rechtsbeziehungen wiederum aus.

11 Da der Ausschluss des Rechtsanspruches die Bedeutung eines Widerrufsvorbehaltes hat (→ Rn. 4 f.), kann die Versorgungsordnung an sich **widerrufen** und durch eine andere ersetzt werden oder zum Nachteil des Versorgungsberechtigten geändert werden. Denn die Versorgungsrichtlinien der Unterstützungskasse sind bei diesem Durchführungsweg zumindest konkludent in Bezug genommen, so dass die AN schon wegen des Ausschlusses eines Rechtsanspruchs stets mit einer Abänderung der Versorgungsordnung durch eine neue rechnen müssen.[20] Der (Teil-)Widerruf muss dem AN nicht zugehen, für die Wirksamkeit reicht es aus, wenn die Änderungen im Betrieb oder Unternehmen allgemein bekannt gemacht werden und der betroffene AN die Möglichkeit hat, hiervon Kenntnis zu nehmen.[21] Wird die Versorgungsordnung widerrufen und durch eine andere ersetzt, so hat der BR ein erzwingbares Mitbestimmungsrecht nach § 87 I Nr. 8 BetrVG, da es einer neuen Verteilung der Ruhegelder bedarf.[22] Bei Widerruf aus wirtschaftlichen Gründen nach altem Recht[23] war zuvor der PSVaG einzuschalten.[24]

12 Der **Eingriff in die Versorgungsansprüche und in die Versorgungsanwartschaften** ist aber nicht beliebig zulässig. Vielmehr bedarf es dazu eines Grundes. Auf Seiten des AG ist zu

[14] Zur Abschaffung dieses Widerrufsgrundes → § 280 Rn. 11.
[15] BAG 24.1.1989 AP Nr. 15 zu § 7 BetrAVG Widerruf = NZA 1989, 682.
[16] BFH 5.11.1992 BFHE 169, 369 = DB 1993, 663 = BetrAV 1993, 220.
[17] BAG 10.7.1980 AP Nr. 11 zu § 242 BGB Ruhegehalt-Unterstützungskassen = NJW 1981, 840.
[18] BAG 14.8.1980 AP Nr. 12 zu § 242 BGB Ruhegehalt-Unterstützungskassen.
[19] BAG 21.8.1980 AP Nr. 7 zu § 1 BetrAVG Wartezeit = NJW 1981, 1855; 20.3.1980 AP Nr. 5 zu § 1 BetrAVG Wartezeit = NJW 1980, 2428; 13.7.1978 AP Nr. 4 zu § 1 BetrAVG Wartezeit.
[20] BAG 30.9.2014 AP Nr. 73 zu § 2 BetrAVG = NZA 2015, 750; 16.2.2010 AP Nr. 10 zu § 1b BetrAVG = NZA 2011, 42; 18.4.1989 AP Nr. 23 zu § 1 BetrAVG Unterstützungskassen = NZA 1989, 845.
[21] BAG 9.10.2012 AP Nr. 47 zu § 1 BetrAVG Unterstützungskassen; 9.12.2008 AP Nr. 22 zu § 9 BetrAVG = NZA 2009, 1341; 14.12.1993 AP Nr. 81 zu § 7 BetrAVG = NZA 1994, 554.
[22] BAG 13.7.1978 AP Nr. 5 zu § 87 BetrVG 1972 Altersversorgung; 8.12.1981 AP Nr. 1 zu § 1 BetrAVG Unterstützungskassen; 5.6.1984 AP Nr. 3 zu § 1 BetrAVG Unterstützungskassen = NZA 1985, 22; 26.4.1988 AP Nr. 16 zu § 87 BetrVG 1972 Altersversorgung = NZA 1989, 219.
[23] → § 277 Rn. 8; zum neuen Recht → § 277 Rn. 11.
[24] BAG 24.1.1989 AP Nr. 15 zu § 7 BetrAVG Widerruf = NZA 1989, 682.

berücksichtigen, ob sich die Verhältnisse, die im Zeitpunkt der Zusage bestanden, verändert haben. Auf Seiten der AN ist der Stärke der rechtlichen Position der Rentner und Anwartschaftsberechtigten Rechnung zu tragen. Das BAG hat für die Rechtskontrolle der Änderung ein Dreistufenmodell entwickelt (→ Rn. 5) und dies systematisch unter Berücksichtigung der Rspr. des BVerfG fortgeschrieben.

g) Befreiung von der Leistungspflicht. Die Unterstützungskasse wird von ihrer Leistungspflicht befreit, wenn die entsprechenden Ansprüche des AN gegen den AG erloschen sind, zB aufgrund eines Vergleichs (auch → § 274 Rn. 212).[25] 13

3. Rechtsverhältnis Arbeitgeber/Arbeitnehmer (Valutaverhältnis). a) Versorgungszusage. Für das Rechtsverhältnis zwischen AG und AN ist die Versorgungszusage maßgeblich. Die Versorgungszusage kann eine **Einzel-** oder **Gesamtzusage** sowie eine **Beitragszusage** sein und auf einer betrieblichen Übung (→ § 273 Rn. 9 ff.) oder dem Gleichbehandlungsgrundsatz (→ § 273 Rn. 13 ff.) beruhen. Für die Auslegung der Versorgungszusage gilt die sog. Unklarheitenregelung (§ 305c BGB). Bleiben nach Auslegung der Bestimmungen zum Geltungsbereich der Versorgungsrichtlinie Zweifel, welches von mehreren Auslegungsergebnissen gilt, muss sich der AG an der für ihn ungünstigeren Auslegung festhalten lassen.[26] Neben den Individualzusagen kommt eine Betriebsvereinbarung oder ein Tarifvertrag in Betracht. Im Allgemeinen wird die Versorgungszusage zum Inhalt haben, dass der AN nach Maßgabe der Richtlinien der Unterstützungskasse versorgt wird. Bei einer **dynamischen Verweisung auf die Versorgungsrichtlinien der Unterstützungskasse** handelt es sich daher nicht um eine überraschende Klausel gem. § 305c I BGB. Weil sie einer üblichen Regelungstechnik entspricht und den Interessen beider Parteien dient, ist sie auch nicht wegen eines Verstoßes gegen das Transparenzgebot nach § 307 I 2 oder gem. §§ 307 I u. II, 308 Nr. 4 BGB unwirksam[27] (zu den materiellen Voraussetzungen für eine verschlechternde Änderung → Rn. 5). Sagt der AG eine geringere Versorgung zu, so wird die Zusage zumeist wegen Verstoßes gegen den Gleichbehandlungsgrundsatz unwirksam sein; sagt er eine höhere Versorgung zu, so haftet er für die Anteile der betrieblichen Altersversorgung, die über die Richtlinien hinausgehen, selbst. 14

b) Anspruchsgegner. Da der AG Versorgung durch eine Unterstützungskasse zusagt, muss der AN sich grundsätzlich zunächst an die Unterstützungskasse halten.[28] Weigert sich die Unterstützungskasse zu zahlen, so hat das BAG zunächst angenommen, dass der AG in entspr. Anwendung von §§ 437 I, 440 I, 325 I BGB aF haftet.[29] Diese Begründung findet sich in neueren Urteilen nicht mehr.[30] Die Gewährleistungstheorie ist durch die sog. **Einheitstheorie** abgelöst worden. Nach ihr ist die Unterscheidung zwischen Unterstützungskasse und AG nur deklaratorisch. AG und Unterstützungskasse werden als eine wirtschaftliche Einheit behandelt. Die Unterstützungskasse ist nur der verlängerte Arm, durch den die Unterstützungsleistungen erbracht werden.[31] Zutreffenderweise dürfte darauf abzustellen sein, dass der AG die Versorgung zugesagt hat und aufgrund der Versorgungszusage **für die Leistung einzustehen** hat, wie sich auch aus § 1 I 3 BetrAVG ergibt. Die Verpflichtung des AG, wegen des nicht ausreichenden Vermögens einer Unterstützungskasse für den Ausfall von Versorgungsleistungen gegenüber seinen AN einstehen zu müssen, erfüllt nicht die Voraussetzungen für eine Pensionsrückstellung nach § 6a EStG. Das gilt auch für die Versorgungsverpflichtungen des Erwerbers eines Betriebes, auf den die Arbeitsverhältnisse mit den durch eine Unterstützungskasse begünstigten AN übergegangen sind.[32] 15

[25] HessLAG 8.3.1989 NZA 1989, 638.
[26] BAG 27.1.1998 AP Nr. 38 zu § 1 BetrAVG Unterstützungskassen = NZA 1999, 267.
[27] BAG 16.2.2010 AP Nr. 5 zu § 151 BGB = NZA 2010, 808.
[28] BAG 5.9.1972 AP Nr. 159 zu § 242 BGB Ruhegehalt; 31.5.1968 AP Nr. 127 zu § 242 BGB Ruhegehalt; 31.8.1956 AP Nr. 16 zu § 242 BGB Ruhegehalt.
[29] BAG 12.2.1971 AP Nr. 3 zu § 242 BGB Ruhegehalt-Unterstützungskassen; 25.7.1969 AP Nr. 2 zu § 242 BGB Ruhegehalt-Unterstützungskassen; vgl. auch BAG 27.6.1969 AP Nr. 2 zu § 242 BGB Ruhegehalt-VBL = NJW 1969, 2165.
[30] Vgl. zB BAG 25.1.2000 EzA Nr. 12 zu § 1 BetrAVG Unterstützungskasse; 27.1.1998 AP Nr. 38 zu § 1 BetrAVG Unterstützungskassen = NZA 1999, 267.
[31] BAG 5.6.1984 AP Nr. 3 zu § 1 BetrAVG Unterstützungskassen = NZA 1985, 22; 5.7.1979 AP Nr. 9 zu § 242 BGB Ruhegehalt-Unterstützungskassen = NJW 1980, 79; 10.11.1977 AP Nr. 8 zu § 242 BGB Ruhegehalt-Unterstützungskassen; 28.4.1977 AP Nr. 7 zu § 242 BGB Ruhegehalt-Unterstützungskassen; 17.5.1973 AP Nr. 6 zu § 242 BGB Ruhegehalt-Unterstützungskassen = NJW 1973, 1946; zu Ansprüchen des AN bei einer Kündigung der Mitgliedschaft durch den AG LAG Düsseldorf 17.12.2014 – 12 Sa 580/14.
[32] BFH 16.12.2002 BFHE 201, 201 = DB 2003, 914.

16 Der AN kann seine Ansprüche gegenüber der Unterstützungskasse geltend machen. Zumindest insoweit als diese die Leistung verweigert, kann er aber aufgrund des arbeitsrechtlichen Grundverhältnisses **auch den AG in Anspruch nehmen** und beide als Gesamtschuldner verklagen.[33] Das BVerfG hat die Rspr. des BAG gebilligt, nach der der AG für die Leistungen der Unterstützungskasse einstehen muss.[34] Die Haftung des AG erstreckt sich auch auf Prozesskosten, die in Rechtsstreitigkeiten zwischen dem AN und der Unterstützungskasse erwachsen sind.[35] Auch evtl. Ansprüche gegen den PSVaG als Träger der Insolvenzversicherung schließen eine Inanspruchnahme des AG nicht aus.[36]

17 **c) Aufklärungspflichten.** Der AG ist verpflichtet, den AN über die Versorgungsmöglichkeiten aufzuklären. Bei einer Verletzung von Aufklärungspflichten kann der AG **schadensersatzpflichtig** sein. Er trägt die Beweislast dafür, dass ein etwaiger Schaden auch bei hinreichender Aufklärung entstanden wäre.[37] Es gilt die Vermutung, dass der AN sich bei zutreffender Aufklärung interessengerecht verhalten hätte,[38] also von der Versorgungsmöglichkeit Gebrauch gemacht hätte (näher hierzu → § 274 Rn. 153).

18 **4. Rechtsverhältnis Unterstützungskasse/Trägerunternehmen (Deckungsverhältnis). a) Dotierung.** Hauptinhalt der Rechtsbeziehungen zwischen Unterstützungskasse und Trägerunternehmen ist die Gewährung von Zuwendungen an die Kasse, damit diese ihre satzungsmäßigen Zwecke erfüllen kann. Im Allgemeinen werden zwischen AG und Unterstützungskasse besondere **Vereinbarungen** über die Dotierung bestehen. Die Satzung der Unterstützungskasse kann einen Verzicht auf Rückforderungsansprüche des Trägerunternehmens regeln.[39] Sie kann die Rückgewähr von geleisteten Dotierungsmitteln ferner auf Fälle der irrtümlichen Leistung beschränken und damit auch gesetzliche Rückforderungsansprüche ausschließen.[40] Soweit die Satzung für den Fall der Beendigung der Mitgliedschaft aus wichtigem Grund keine Übertragung des segmentierten Kassenvermögens auf andere Versorgungseinrichtungen regelt, dürfte eine solche Übertragungsmöglichkeit regelmäßig aus einer ergänzenden Satzungsauslegung abzuleiten sein.[41]

19 Die Zuwendungen an die Unterstützungskasse sind gem. § 4d EStG im Rahmen bestimmter Höchstbeträge als Betriebsausgaben abzugsfähig.

20 Zumeist bestimmt die Satzung, dass einer ihrer Organvertreter vom AG ernannt wird, der Leistungsplan der Zustimmung des AG bedarf und das Kassenvermögen im Unternehmen des Kassenträgers anzulegen ist.

21 **b) Betriebsnachfolge.** Geht ein Betrieb nach § 613a BGB auf einen Betriebsnachfolger über, so **geht nicht gleichzeitig die Unterstützungskasse über.**[42] Nach § 613a I 1 BGB tritt der neue Inhaber in die Rechte und Pflichten aus den im Zeitpunkt des Übergangs bestehenden Arbeitsverhältnissen ein. Hieraus folgt: **(1)** Sind im Zeitpunkt des Betriebsüberganges die Versorgungsberechtigten bereits ausgeschieden, so haftet der Betriebsveräußerer weiter.[43] Eine Haftungsübertragung ist nach Maßgabe von § 4 II BetrAVG möglich (→ § 274 Rn. 122 ff.). Dagegen muss der Betriebserwerber in die Versorgungsanwartschaften der noch aktiven AN eintreten. **(2)** Umstr. ist das Rechtsverhältnis AN/Unterstützungskasse im Falle der Betriebsnachfolge. Wird die Unterstützungskasse nicht an den Betriebsnachfolger veräußert, so behalten die im Zeitpunkt des Betriebsüberganges bereits ausgeschiedenen AN ihre Versorgungsansprüche gegen die Unterstützungskasse. Die aktive Belegschaft ist dagegen auf den Betriebserwerber übergegangen; der Betriebsveräußerer wird nach § 613a II BGB von der Haftung frei. Nach der Rspr. des

---

[33] BAG 18.11.2008 BetrAV 2009, 264; 31.7.2007 AP Nr. 27 zu § 7 BetrAVG Widerruf = BetrAV 2008, 416.

[34] BVerfG 16.2.1987 AP Nr. 12 zu § 1 BetrAVG Unterstützungskassen; 16.2.1987 AP Nr. 13 zu § 1 BetrAVG Unterstützungskassen = BetrAV 1987, 425.

[35] LAG Hamm 20.7.1983 BB 1983, 1923 = BetrAV 1983, 236.

[36] OVG Koblenz 23.9.2010 VersR 2011, 285.

[37] BAG 17.10.2000 AP Nr. 116 zu § 611 BGB Fürsorgepflicht = NZA 2001, 206.

[38] Vgl. BAG 10.2.2004 AP Nr. 15 zu § 119 BGB = NZA 2004, 606; 17.4.2002 AP Nr. 6 zu § 2 NachwG = NZA 2002, 1096.

[39] Näher hierzu BAG 21.3.2018 AP Nr. 49 zu § 1 BetrAVG Unterstützungskassen = NZA 2017, 990; BGH 8.12.2016 NJW-RR 2017, 496.

[40] BAG 16.10.2018 AP Nr. 50 zu § 1 BetrAVG Unterstützungskassen = BetrAV 2019, 91.

[41] BAG 16.10.2018 AP Nr. 50 zu § 1 BetrAVG Unterstützungskassen = BetrAV 2019, 91.

[42] BAG 5.5.1977 AP Nr. 7 zu § 613a BGB.

[43] StRspr d. BAG, vgl. BAG 11.11.1986 AP Nr. 61 zu § 613a BGB = NZA 1987, 559 mwN; 28.2.1989 AP Nr. 20 zu § 1 BetrAVG Unterstützungskassen = NZA 1989, 681.

BAG wird die Unterstützungskasse zum gleichen Zeitpunkt und in gleichem Umfang frei;[44] das muss nach der Einheitstheorie so sein (→ Rn. 15). Wird die Unterstützungskasse dagegen veräußert, muss sie für die Ansprüche der Ausgeschiedenen wie der übergegangenen weiterhaften.[45]

c) Gruppenunterstützungskasse. Verlässt ein AG eine Gruppenunterstützungskasse, so muss er die laufenden Rentenzahlungen der AN übernehmen. Die Unterstützungskasse wird von der Haftung frei.[46] Wenn eine Unterstützungskasse **mehrere Trägerunternehmen** hat (Konzern- oder Gruppenkassen) und nur bei einem der Trägerunternehmen ein Versicherungsfall iSv § 7 I BetrAVG eintritt, genießen nur die AN dieses Trägerunternehmens Insolvenzschutz.[47] 22

5. Rückgedeckte Unterstützungskasse. AG und Unterstützungskassen treffen bereits in der Anwartschaftszeit auf betriebliche Altersversorgung Vorsorge für die späteren Versorgungsleistungen. Eine Rückdeckungsversicherung wird vom AG oder der Unterstützungskasse mit dem Versicherungsunternehmen abgeschlossen, um die Risiken der betrieblichen Altersversorgung abzusichern. Die Definition der kongruenten Rückdeckungsversicherung ergibt sich aus § 4 IV BetrAVG in der bis zum 31.12.1999 geltenden Fassung. Eine **kongruent rückgedeckte Unterstützungskasse** ist eine Versorgungseinrichtung, die sich die Mittel für ihre Versorgungsleistungen, die einem Leistungsempfänger oder Leistungsanwärter in Aussicht gestellt werden, in voller Höhe durch Abschluss einer Versicherung verschafft. Der AN ist Versicherter. Er oder seine Hinterbliebenen erlangen kein Bezugsrecht gegen das Versicherungsunternehmen. Bezugsberechtigter ist das Unternehmen bzw. die Unterstützungskasse. Es liegt damit kein Durchführungsweg der betrieblichen Altersversorgung in Form einer Direktversicherung sondern ein reines Finanzierungsinstrument vor.[48] Der AN hat nur Ansprüche aus der Versorgungszusage. Wenn Versicherungsnehmer allein die Unterstützungskasse ist, stehen nur ihr Rechte aus dem Versicherungsvertrag zu und nicht dem AG. Daher kann der Insolvenzverwalter im Fall einer Insolvenz des AG auch nicht die Auskehrung des Rückkaufswertes der Rückdeckungsversicherung verlangen.[49] 23

Der AG kann die Rückdeckungsversicherung an den AN **verpfänden.**[50] Insoweit liegt eine privatrechtliche Insolvenzsicherung für den AN vor. Aber auch im Falle der Verpfändung bleibt der AG nach Maßgabe der Pfandvorschriften Bezugsberechtigter. Die Verpfändung ist grundsätzlich insolvenzfest.[51] Ohne das Hinzutreten weiterer Umstände ist sie nicht als Gläubigerbenachteiligung zu werten. Die Pfandrechtsbestellung kann nur dann nach § 133 I InsO angefochten werden, wenn sie gezielt im Hinblick auf eine drohende Insolvenz vorgenommen wurde und wenn kein Anspruch auf die Verpfändung bestand.[52] 24

Eine Regelung über die **rückgedeckte Unterstützungskasse** fand sich in § 4 III, IV BetrAVG in der bis zum 31.12.1999 geltenden Fassung. Hatte ein Unternehmer eine Versorgungszusage erteilt, war es in der Vergangenheit nur schwer möglich, das Unternehmen stillzulegen. Dem sollte durch die durch das RRG eingeführten Vorschriften Rechnung getragen werden. Wurde die Betriebstätigkeit eingestellt und das Unternehmen liquidiert, konnte eine Versorgungsleistung aufgrund einer Zusage oder einer unverfallbaren Anwartschaft oder eine Versorgungsleistung, die durch eine Unterstützungskasse zu erbringen ist, von einer durch ein Unternehmen der Lebensversicherung oder eine Pensionskasse kongruent gedeckten Unterstützungskasse ohne Zustimmung des Versorgungsberechtigten übernommen werden. Nunmehr gelten auch für die rückgedeckte Unterstützungskasse die Regelungen des § 4 II, IV BetrAVG nF (→ § 274 Rn. 125 ff.). 25

6. Mitbestimmung. Der BR hat ein Mitbestimmungsrecht bei Form, Ausgestaltung und Verwaltung der Sozialeinrichtung (§ 87 I Nr. 8 BetrVG). Mitbestimmungsfrei ist die Entschei- 26

---

[44] BAG 15.3.1979 AP Nr. 15 zu § 613a BGB = NJW 1979, 2533.

[45] BAG 28.2.1989 AP Nr. 20 zu § 1 BetrAVG Unterstützungskassen = NZA 1989, 681; *Schaub* NZA 1987, 1 (2).

[46] BAG 25.1.2000 EzA Nr. 12 zu § 1 BetrAVG Unterstützungskasse; 11.2.1992 AP Nr. 32 zu § 1 BetrAVG Unterstützungskassen = NZA 1992, 931; 22.10.1991 AP Nr. 17 zu § 7 BetrAVG Widerruf = NZA 1992, 934; 3.2.1987 AP Nr. 17 zu § 1 BetrAVG Unterstützungskassen = NZA 1989, 22.

[47] BAG 24.1.1980 AP Nr. 10 zu § 242 BGB Ruhegehalt-Unterstützungskassen.

[48] BAG 19.5.2016 AP Nr. 19 zu § 16 BetrAVG = NZA-RR 2016, 550.

[49] BAG 29.9.2010 AP Nr. 46 zu § 1 BetrAVG Unterstützungskassen = NZA-RR 2011, 208.

[50] Zur Anfechtung in der Insolvenz vgl. HessLAG 5.10.2010 – 13 Sa 1841/09.

[51] Zur KO BGH 10.7.1997 BGHZ 136, 220 = NJW 1998, 312.

[52] Vgl. hierzu LAG Frankfurt 5.10.2010 – 13 Sa 1841/09.

dung des AG, ob und in welcher Form er eine Altersversorgung einführen will, welche finanziellen Mittel (Dotierungsrahmen) er bereitstellt, welche Zwecke er verfolgt und welchen Arbeitnehmerkreis er begünstigen will.[53] Dagegen bezieht es sich nicht auf die Einrichtung. Insoweit kann nur eine freiwillige Betriebsvereinbarung abgeschlossen werden (§ 88 Nr. 2 BetrVG), der damit auch keine Nachwirkung nach § 77 VI BetrVG zukommen kann.[54] Der AG kann die Mittel, die er für die Altersversorgung zur Verfügung stellt, mitbestimmungsfrei kürzen und ein Versorgungswerk teilweise schließen. Das kann allerdings dazu führen, dass über die verbleibenden Mittel ein neuer Verteilungsplan aufgestellt werden muss, der der Mitbestimmung unterliegt.[55] Bei Gruppenkassen, deren satzungsmäßige Organe über Form, Ausgestaltung und Verwaltung mehrheitlich entscheiden, haben die Betriebsräte kein Mitbestimmungsrecht nach § 87 I Nr. 8 BetrVG, weil kein BR nach seinem Zuständigkeitsbereich die Gruppenkasse erfassen kann. Die BR haben jedoch nach § 87 I Nr. 10 BetrVG Mitbestimmungsrechte, soweit das Abstimmungsverhalten ihres Unternehmens bei Beschlüssen der satzungsmäßigen Unterstützungskassen-Organe über Fragen des Leistungsplanes festzulegen ist (auch → § 272 Rn. 57). Wird der BR eines Unternehmens übergangen, so führt dies nicht zur Unwirksamkeit der Beschlüsse der Organe der Gruppenkasse.[56] Im Verhältnis zwischen AG und AN hat die Entscheidung der Unterstützungskasse nur dann keine Bedeutung, wenn sich feststellen lässt, dass die Beachtung des Mitbestimmungsrechts für die Betroffenen eine nachteilige Änderung der Leistungsrichtlinien ganz oder teilweise verhindert hätte. Insoweit trifft den AG eine Ausfallhaftung.[57]

II. Pensionskassen

27 **1. Rechtsnatur.** Die Pensionskasse ist eine rechtlich selbständige Versorgungseinrichtung, die dem AN oder seinen Hinterbliebenen auf ihre Leistungen einen Rechtsanspruch gewährt (§ 1b III 1 BetrAVG, § 232 I VAG). Sie kann von einem oder mehreren Unternehmern getragen werden.

28 Wie bei den Unterstützungskassen werden **Betriebs-, Konzern- und Gruppenkassen** unterschieden (→ § 272 Rn. 40). Sie sind unter staatlicher Aufsicht stehende Lebensversicherungsunternehmen (s. die gesetzliche Definition der Pensionskasse in § 232 I VAG), die in der Rechtsform einer AG, zumeist aber in der eines VVaG gegründet werden (§ 171 VAG). Das VAG unterscheidet zwischen **deregulierten und regulierten** Pensionskassen nach § 233 VAG. Deregulierte Pensionskassen unterliegen den gleichen Anforderungen an den Rechnungszins und die sonstigen Kalkulationen wie Lebensversicherer. Anders als regulierte Pensionskassen, unterfallen sie aber auch der Deckungsrückstellungsverordnung und dürfen im Neugeschäft nur mit Tarifen arbeiten, die mit dem jeweils zulässigen Höchstrechnungszins kalkuliert wurden. Sie müssen ihre Bedingungen und Tarife mitsamt ihren Kalkulationsgrundlagen sowie ihre Solvabilität (Zahlungsfähigkeit) gegenüber der BaFin zur Prüfung vorlegen. Regulierte Kassen dürfen dagegen nur mit ihren einmal zugelassenen Tarifen arbeiten, diese aber auch bei zwischenzeitlich niedrigerem gesetzlich vorgegebenem Höchstrechnungszins weiterhin im Neugeschäft anbieten, solange ihr Aktuar oder die BaFin keine Solvabilitäts-Probleme sehen. Für den öffentlichen Dienst sind Pensionskassen zumeist als Anstalten öffentlichen Rechts errichtet und werden dann als Zusatzversorgungsanstalt bezeichnet. In der Privatwirtschaft sind es wegen ihres begrenzten Wirkungskreises häufig kleinere Vereine (§ 53 VAG), für die rechtliche Erleichterungen gelten.

29 Der **Bestand des Deckungsstocks** und das übrige gebundene Vermögen eines Versicherungsunternehmens (gebundenes Vermögen) sind unter Berücksichtigung der Art der betriebenen Versicherungsgeschäfte und der Unternehmensstruktur so anzulegen, dass möglichst große Sicherheit und Rentabilität bei jederzeitiger Liquidität des Versicherungsunternehmens unter Wahrung angemessener Umschau und Streuung erreicht wird. Das gebundene Vermögen darf nur nach Maßgabe des § 54 VAG im Gebiet der Mitgliedstaaten der Vertragsstaaten des EU angelegt werden. Von der Körperschaftssteuer sind Pensionskassen befreit, wenn die Voraussetzungen des KStG sowie der KStD vorliegen.

[53] BAG 15.2.2011 AP Nr. 13 zu § 1 BetrAVG Auslegung = NZA-RR 2011, 541.
[54] BAG 9.12.2008 AP Nr. 22 zu § 9 BetrAVG = NZA 2009, 1341.
[55] BAG 15.2.2011 AP Nr. 13 zu § 1 BetrAVG Auslegung = NZA-RR 2011, 541; 9.12.2008 AP Nr. 22 zu § 9 BetrAVG = NZA 2009, 1341; 10.3.1992 AP Nr. 34 zu § 1 BetrAVG Unterstützungskassen = NZA 1992, 949.
[56] BAG 9.5.1989 AP Nr. 18 zu § 1 BetrVG 1972 Altersversorgung = NZA 1989, 889; 22.4.1986 AP Nr. 13 zu § 87 BetrVG 1972 Altersversorgung = NZA 1986, 574.
[57] BAG 9.5.1989 AP Nr. 18 zu § 1 BetrVG 1972 Altersversorgung = NZA 1989, 889.

2. Rechtsverhältnis Arbeitnehmer/Pensionskasse. a) Bestehende Rechte und Pflichten. Der AN kann zu Beiträgen an die Pensionskasse herangezogen werden. Diese sind **aus dem versteuerten Einkommen**[58] zu entrichten. Die Beiträge, die der AG an die Pensionskasse entrichtet, sind aber gem. § 3 Nr. 63 EStG bis zu 4% der Beitragsbemessungsgrenze in der allgemeinen Rentenversicherung lohnsteuerfrei. Die Mitgliedschaft in der Pensionskasse kann vom Bestand eines Arbeitsverhältnisses zum Trägerunternehmen abhängig gemacht werden. Ohne besondere Satzungsbestimmungen werden die Mitgliedschaften aufgrund von aufeinander folgenden Arbeitsverhältnissen zu mehreren Mitgliedern einer Gruppenpensionskasse nicht zusammengerechnet.[59] Die Satzung kann vorsehen, dass die Mitgliedschaft unabhängig von dem Eintritt der Unverfallbarkeit aufrechterhalten werden kann.[60] Zulässig ist es ferner, wenn die Satzung regelt, dass die Mitgliedschaft (und damit die Möglichkeit in der Mitgliederversammlung mitzuwirken) mit dem Eintritt des Versorgungsfalls endet.[61] Die Satzung kann zwischen Ansprüchen aufgrund eigenfinanzierter und vom AG finanzierter Anwartschaften differenzieren; dies entspricht den Wertungen in § 1 II Nr. 3 u. 4 BetrAVG und verstößt nicht gegen Art. 3 I GG.[62] Ein Verlust auch der verfallbaren Versorgungsanwartschaft ist generell ausgeschlossen, soweit sie auf eigenen Beiträgen des AN beruht. In den Versicherungsbedingungen einer Pensionskasse kann das Recht des Versicherungsnehmers ausgeschlossen sein, die Versicherung zu kündigen und Auszahlung der Prämienreserve zu verlangen; eine solche Regelung verstößt nicht gegen Art. 2 und Art. 12 GG.[63] Mit Eintritt des Versorgungsfalles erlangt der AN einen **Rechtsanspruch** auf Versorgungsleistungen.[64] Dabei ist die Pensionskasse nach dem Versicherungsprinzip und aufgrund der Finanzierung durch Beiträge nicht zu Leistungen verpflichtet, die über die Bestimmungen der Satzung hinausgehen[65] (zur Eintrittspflicht des AG → Rn. 34). **Begrenzungsklauseln** (→ § 274 Rn. 181 ff.) sind allerdings insoweit unzulässig, wie sie den Teil der Kassenrente beschneiden, der auf Beiträgen der versicherten AN beruht.[66] Sieht die Satzung vor, dass der AN Ruhegeld entspr. der jeweiligen Satzung erhalten soll, so unterliegen spätere Satzungsänderungen der gerichtlichen Billigkeitskontrolle.[67] Ob eine Betriebsvereinbarung in das Versicherungsverhältnis eingreifen kann, ist zweifelhaft,[68] wird vom BAG allerdings für die Fälle der erzwingbaren Mitbestimmung bejaht.[69] Verneint hat das BAG die Anwendung von § 9 III BergmannsversorgungsscheinG NRW, nach dem Betriebszugehörigkeitszeiten angerechnet werden müssen.[70] Das BAG hat den EuGH angerufen, ob Art. 141 EG (jetzt Art. 157 AEUV) dahin ausgelegt werden kann, dass Pensionskassen als AG anzusehen sind und **Gleichbehandlung** von Mann und Frau bei Leistungen der betrieblichen Altersversorgung schulden, obwohl den benachteiligten AN gegenüber ihren unmittelbaren Versorgungsschuldnern, den AG als Parteien der Arbeitsverträge, ein insolvenzgeschützter, die Diskriminierung ausschließender Anspruch zusteht. Auf ein Vorabentscheidungsersuchen des BAG[71] hat der EuGH entschieden, dass Art. 119 EG-Vertrag (jetzt Art. 157 AEUV) dahin auszulegen ist, dass auch Pensionskassen die Gleichbehandlung von Männern und Frauen sicherzustellen haben, auch wenn insoweit ein unmittelbarer Anspruch gegen den AG besteht.[72] Dem ist das BAG gefolgt.[73] Die sich danach ergebenden Ansprüche richten sich also sowohl gegen die Pensionskasse als auch gegen den AG (§ 1 I 3 BetrAVG).[74] 30

b) Unverfallbarkeit. Sind die Unverfallbarkeitsvoraussetzungen (→ § 274 Rn. 6 ff.) erfüllt, darf die Versorgungsanwartschaft nicht mehr verfallen. Die Pensionskasse hat daher bei Eintritt 31

[58] Zur Beitragsbemessung: BAG 30.11.1970 AP Nr. 148 zu § 242 BGB Ruhegehalt.
[59] OLG Köln 11.4.1994 DB 1995, 463 = BB 1994, 1640 (LS).
[60] BAG 4.5.1993 AP Nr. 1 zu § 1 BetrAVG Pensionskasse = NZA 1994, 361.
[61] BAG 18.11.2008 AP Nr. 6 zu § 242 BGB Ruhegehalt = DB 2009, 1414.
[62] BAG 21.3.2017 AP Nr. 15 zu § 1 BetrAVG = NZA 2018, 104.
[63] BAG 13.5.1997 AP Nr. 2 zu § 1 BetrAVG Pensionskasse = NZA 1998, 482.
[64] Insoweit sind die ordentlichen Gerichte zuständig: BAG 5.12.2013 AP Nr. 98 zu § 2 ArbGG 1979 = NZA 2014, 221.
[65] Vgl. BAG 23.3.2004 AP Nr. 28 zu § 1 BetrAVG Berechnung = NZA 2005, 375 (LS).
[66] BAG 17.1.1969 AP Nr. 1 zu § 242 BGB Ruhegehalt-Pensionskassen.
[67] BAG 14.11.1974 AP Nr. 1 zu § 242 BGB Ruhegehalt-Zusatzversorgung.
[68] Offen gelassen für Tarifverträge von BGH 23.2.1977 AP Nr. 8 zu § 242 BGB Ruhegehalt-VBL.
[69] BAG 26.5.1981 AP Nr. 6 zu § 242 BGB Ruhegehalt-Zusatzversorgung.
[70] BAG 23.3.1999 AP Nr. 3 zu § 1 BetrAVG Pensionskasse = NZA 1999, 1213.
[71] BAG 23.3.1999 AP Nr. 4 zu § 1 BetrAVG Pensionskasse = NZA 2000, 90.
[72] EuGH 9.10.2001 AP Nr. 4 zu § 1 BetrAVG Pensionskasse = NZA 2001, 1301 – Barmer Ersatzkasse/Menauer.
[73] BAG 19.11.2002 AP Nr. 13 zu § 1 BetrAVG Gleichberechtigung = NZA 2003, 380.
[74] BAG 7.9.2004 AP Nr. 15 zu § 1 BetrAVG Gleichberechtigung = NZA 2005, 1239.

der Leistungsvoraussetzungen Leistungen zu erbringen. Als Zeitpunkt des Beginns der Berechnung der Unverfallbarkeitsfrist gilt der Versicherungsbeginn,[75] frühestens jedoch der Beginn der Betriebszugehörigkeit (§ 1b III 2 BetrAVG). Hierdurch soll, etwa bei Stellenwechslern, die bei derselben Pensionskasse versichert waren, die rückwirkende Versicherung beibehalten und gleichzeitig verhindert werden, dass sogleich eine unverfallbare Versorgungsanwartschaft erwächst.

32 **c) Wert der Versorgungsanwartschaft.** Wegen der **Berechnung** des Wertes der Versorgungsanwartschaft (§ 2 III BetrAVG) gelten die Ausführungen zu Lebensversicherungen (→ Rn. 57 ff.) sinngemäß.

33 **d) Anpassung nach § 16 BetrAVG.** Auch bei Leistungsgewährung durch Pensionskassen besteht eine Anpassungsverpflichtung für den AG nach § 16 BetrAVG. Hierzu können auch etwaige Überschüsse verwandt werden bzw. sind diese, wenn sie den AN zustehen, zu berücksichtigen. Maßgeblich ist insoweit die wirtschaftliche Lage des AG, nicht die der Pensionskasse. Wegen der Besonderheiten nach Art. 8 RRG → § 276 Rn. 35 ff.

34 **3. Rechtsverhältnis Arbeitgeber/Arbeitnehmer.** Zwischen AG und AN kann zB aufgrund des Gleichbehandlungsgrundsatzes (→ § 273 Rn. 13 ff., → Rn. 28 ff.) die Verpflichtung des AG bestehen, den AN zur Pensionskasse anzumelden. Allein aus dem Beitritt des AG zur Pensionskasse folgt aber noch keine solche Verpflichtung.[76] Im Übrigen bestehen wegen der Gewährung der Versorgungsbezüge keine unmittelbaren Rechtsbeziehungen.[77] Etwas anderes kann dann gelten, wenn der AG die Voraussetzungen des Anspruches durch treu- oder pflichtwidrige Maßnahmen vereitelt oder den Anschein erweckt hat, er werde notfalls selbst Leistungen erbringen.[78] Bei fehlenden gegenteiligen Anhaltspunkten kann der AN seine Anmeldung zur Pensionskasse und Zahlung der Beiträge als konkludente Erteilung einer Versorgungszusage verstehen.[79] Verpflichtet sich der AG, einen AN bei der Pensionskasse anzumelden, und wird er dann Mitglied der Pensionskasse, an die Beiträge abzuführen sind, damit der AN einen Versorgungsanspruch erwerben kann, liegt darin ebenfalls regelmäßig eine Versorgungszusage iSv § 1 II Nr. 1 BetrAVG und keine bloße Beitragszusage.[80] Eine Eigenbeitragszusage des AN kann dabei nach § 1 II Nr. 4 BetrAVG betriebliche Altersversorgung darstellen, sofern die Zusage des AG auch die auf den Eigenbeträgen des AN beruhenden Leistungen erfassen soll.[81] Eine solche Umfassungszusage liegt allerdings nicht schon in dem Verweis auf die jeweils gültige Satzung einer Pensionskasse, die eine Co-Finanzierung zulässt.[82] Bei Zusagen, die bis zum Inkrafttreten des § 1 I Nr. 4 BetrAVG zum 1. Juli 2002 erteilt wurden, sind zudem erhöhte Anforderungen an das Vorliegen einer Umfassungszusage zu stellen, denn rechtsgeschäftliche Erklärungen sind vor dem Hintergrund der gesetzlichen Rechtslage zu verstehen, weil es vor Inkrafttreten dieser Regelung keine gesetzliche Bestimmung gab, wonach die Zusage auch den arbeitnehmerfinanzierten Teil des Leistungsversprechens umfassen konnte.[83] Hat der AG die Versorgung wie bei einem AN des öffentlichen Dienstes versprochen, so haftet er unabhängig von der Versicherungsmöglichkeit bei der VBL.[84] Wenn eine Pensionskasse von ihrem satzungsmäßigen Recht Gebrauch macht, Fehlbeträge durch Herabsetzung ihrer Leistungen auszugleichen, hat der AN, dem eine Versorgung über eine Pensionskasse zugesagt wurde, in Höhe der Kürzung gem. § 1 I 3 BetrAVG einen Leistungsanspruch gegen den AG. Der AG kann sich von dieser Einstandspflicht nicht durch vertragliche Abreden, insbes. auch nicht durch einen Verweis auf die Satzung der Pensionskasse befreien.[85] Zur Insolvenzsicherung → § 278 Rn. 22. Sofern sich die Versorgungszusage nicht auf den Teil der Pensionskassenrente bezieht, der auf eigenen Beiträgen des

---

[75] Abw. Höfer BetrAVG I/*Höfer* § 1b Rn. 384, der auf den Zeitpunkt der Abrede über die Pensionskassenzusage abstellt.

[76] Vgl. BAG 12.7.1968 AP Nr. 128 zu § 242 BGB Ruhegehalt; zur Beweislast bei Schadensersatzansprüchen bei Nichtanmeldung BAG 28.7.1972 AP Nr. 7 zu § 282 BGB.

[77] BAG 18.5.1961 AP Nr. 21 zu § 63 RegelungsG; 31.8.1956 AP Nr. 16 zu § 242 BGB Ruhegehalt.

[78] Vgl. BAG 12.7.1968 AP Nr. 128 zu § 242 BGB Ruhegehalt.

[79] BAG 12.5.2020 AP Nr. 17 zu § 1 BetrAVG Pensionskasse = NZA 2020, 1189.

[80] BAG 21.7.2020 AP Nr. 18 zu § 1 BetrAVG Pensionskasse = BetrAV 2020, 770.

[81] BAG 21.7.2020 AP Nr. 18 zu § 1 BetrAVG Pensionskasse = BetrAV 2020, 770.

[82] BAG 12.5.2020 AP Nr. 16 zu § 1 BetrAVG Pensionskasse.

[83] BAG 10.12.2019 AP Nr. 127 zu § 16 BetrAVG = NZA 2020, 931.

[84] BAG 15.5.1975 AP Nr. 7 zu § 242 BGB Ruhegehalt-VB; auch → § 274 Rn. 47.

[85] BAG 15.3.2016 NZA 2016, 1205; 30.9.2014 AP Nr. 10 zu § 1 BetrAVG Pensionskasse = NZA 2015, 544; 19.6.2012 AP Nr. 9 zu § 1 BetrAVG = NZA-RR 2013, 426; hierzu *Bader* BB 2016, 3061; aA *Jaeger* BetrAV 2010, 190.

AN beruht, gilt allerdings nur insoweit, als die Rente auf Beiträgen des AG beruht. Dies folgt aus der zum 1. Juli 2002 eingefügten Regelung in § 1 II Nr. 4 BetrAVG, die auch für vor dem 1.7.2002 erteilte Zusagen gilt.[86] Bleiben bei einem vorzeitigen Ausscheiden des AN die von der Pensionskasse satzungsgemäß zu erbringenden Leistungen hinter dem nach § 2 I BetrAVG errechneten arbeitgeberfinanzierten Teilanspruch zurück, ist der AG gem. § 2 III 1 BetrAVG verpflichtet, den Differenzbetrag in Ergänzung zu den von der Pensionskasse erbrachten Leistungen zu zahlen, sofern er nicht die versicherungsförmige Lösung gem. § 2 III 2 u. 3 BetrAVG (→ Rn. 57) verlangt hat.[87]

4. Rechtsverhältnis Trägerunternehmen, Beteiligungsunternehmen/Pensionskasse. Als Trägerunternehmen bezeichnet man allgemein die Unternehmen, die die Pensionskasse errichtet haben; sie sind regelmäßig in der Satzung benannt. Unternehmen, denen lediglich die Möglichkeit eingeräumt ist, ihre Mitarbeiter über die Pensionskasse zu versichern, bezeichnet man als Beteiligungsunternehmen. Das Trägerunternehmen ist zumeist verpflichtet, regelmäßig genau festgelegte Leistungen an die Pensionskasse zu erbringen oder den sich aus der versicherungstechnischen Bilanz ergebenden Fehlbetrag zu ersetzen. Als Betriebsausgaben abzugsfähig sind nach § 4c EStG nur solche Beträge, auf die die Pensionskasse einen Anspruch hat. Das Rechtsverhältnis ist als Auftrag gem. §§ 662 ff. BGB zu charakterisieren.[88] Dessen Kündigung durch ein Beteiligungsunternehmen, also ein solches Unternehmen, dem satzungsgemäß die Möglichkeit eingeräumt wurde, ihre Mitarbeiter über die Pensionskasse zu versichern, richtet sich daher nach der – allerdings abdingbaren – Regelung des § 671 BGB. Trägerunternehmen, die nach der Satzung besondere Verpflichtungen (insbesondere zur Finanzierung der Pensionskasse) treffen, haben ein solches Kündigungsrecht dagegen nicht.[89] 35

5. Mitbestimmung. Die Verwaltung von Betriebs-, Unternehmens- oder Konzernkassen unterliegt der erzwingbaren Mitbestimmung des BR (§ 87 I Nr. 8 BetrVG; → § 272 Rn. 56, → § 235 Rn. 83 ff.). 36

III. Direktversicherung

1. Begriff. Eine **Direktversicherung** liegt nach § 1b II 1 BetrAVG vor, wenn der AG auf das Leben des AN eine Lebensversicherung abgeschlossen hat und der AN oder seine Hinterbliebenen wegen der Leistung des Versicherers ganz oder teilweise bezugsberechtigt sind. Die Begriffsbestimmung ist etwas zu eng.[90] Betriebliche Altersversorgung liegt auch dann vor, wenn sie auf das Leben der Hinterbliebenen abgeschlossen wird oder als Unfallzusatz-, Invaliditätszusatzversicherung sowie selbständige Berufsunfähigkeits-/verminderte Erwerbsfähigkeits- oder Unfallversicherung abgeschlossen wird.[91] **Beteiligte der Versicherung** sind **(a)** der Versicherungsnehmer, **(b)** der Versicherte, **(c)** der Bezugsberechtigte aus der Versicherung und **(d)** der Versicherer. Wird die Lebensversicherung zur betrieblichen Altersversorgung eingesetzt, so ist der AG Versicherungsnehmer und der AN bzw. seine Hinterbliebenen Versicherte und ein Versicherungsunternehmen Versicherer. 37

Es ist zwischen dem Rechtsverhältnis des AG und Versicherungsnehmers zum Versicherer **(Deckungsverhältnis)** auf der einen Seite und dem Rechtsverhältnis zwischen dem AN und dem AG **(Versorgungsverhältnis, Valutaverhältnis)** auf der anderen Seite zu unterscheiden. Das Rechtsverhältnis des AG zum Versicherer richtet sich ausschließlich nach dem Versicherungsvertrag. Soweit ihm die Rechte aus dem Versicherungsvertrag zustehen, ist der AG gem. § 952 BGB Eigentümer des Versicherungsscheins. Das Rechtsverhältnis zwischen AG und AN im Hinblick auf die sich aus der Versicherung ergebenden Rechte und Pflichten richtet sich nach dem zwischen den Arbeitsvertragsparteien geltenden Rechtsbeziehungen.[92] Bei einem **Betriebsübergang** tritt der Erwerber zwar in die arbeitsvertraglichen Pflichten 38

[86] BAG 13.12.2016 AP Nr. 14 zu § 1 BetrAVG Pensionskasse = NZA 2017, 1263; 15.3.2016 AP Nr. 13 zu § 1 BetrAVG Pensionskasse = NZA 2016, 1205; s. hierzu auch *Hinrichs/Hansen* NZA 2016, 1183.
[87] BAG 18.2.2014 AP Nr. 39 zu § 1 BetrAVG Berechnung = NZA 2014, 1142.
[88] *Diller/Günther* NZA 2016, 1181.
[89] *Diller/Günther* NZA 2016, 1181 (1182).
[90] Höfer BetrAVG I/*Höfer* Kap. 3 Rn. 21.
[91] Höfer BetrAVG I/*Höfer* Kap. 3 Rn. 26.
[92] BAG 19.4.2011 AP Nr. 32 zu § 1 BetrAVG Lebensversicherung = NZA-RR 2012, 92; 31.7.2007 NZA-RR 2008, 32; 8.6.1999 AP Nr. 26 zu § 1 BetrAVG Lebensversicherung = NZA 1999, 1103; 26.2.1991 AP Nr. 15 zu § 1 BetrAVG Lebensversicherung = NZA 1991, 845.

ein, die Versicherungsnehmerstellung geht allerdings nicht nach § 613a BGB auf den Erwerber über. Wenn sie nicht vertraglich eingeräumt wird, muss der Erwerber gem. § 1 I 3 BetrAVG unmittelbar für den Versorgungsanspruch einstehen.[93]

39 Daher kann die Wahrnehmung von Rechten aufgrund des Versicherungsvertrags wirksam sein, obwohl der AG diese Rechte aufgrund des Versorgungsverhältnisses nicht ausüben dürfte. Dies kann zu arbeitsvertraglichen Schadensersatzansprüchen führen.[94] Die Überschussanteile stehen im Verhältnis zur Versicherung regelmäßig dem AG zu. Für die Frage, ob diese im Innenverhältnis dem AG oder dem AN zugute kommen sollen, kommt es auf den Inhalt der Versorgungszusage an.[95]

40 **Keine betriebliche Altersversorgung** ist gegeben, wenn der AN den Versicherungsvertrag abschließt, auch wenn ihm der AG die Beiträge erstattet[96] oder wenn eine reine Beitragszusage vorliegt, der AG also nur zusätzliche Zahlungen während des aktiven Arbeitslebens erbringen will.[97]

41 Ebenfalls liegt keine betriebliche Altersversorgung vor, wenn der AG eine **Rückdeckungsversicherung** abschließt, um das Risiko der von ihm selbst eingegangenen Versorgungsverpflichtung auf eine Versicherung auszulagern.[98]

42 Gem. § 150 II 1 VVG ist eine Lebensversicherung, die auf das Leben eines Dritten abgeschlossen werden soll, nur mit schriftlicher Einwilligung des Dritten wirksam, soweit die vereinbarte Leistung den Betrag der gewöhnlichen Beerdigungskosten übersteigt. Hierdurch sollen Spekulationen auf das Leben Dritter verhindert werden.[99] Das Einwilligungserfordernis gilt allerdings seit dem 1.1.2018 nicht mehr für Lebensversicherungen im Bereich der betrieblichen Altersversorgung (§ 150 II 1 Hs. 2 VVG), unabhängig davon, ob es sich um Gruppenversicherungsverträge handelt. Nach § 179 II VVG gilt bei einer Unfallversicherung dagegen generell das Erfordernis einer schriftlichen Einwilligung.

43 **2. Beitragszahlung. a) Beitragshöhe.** Der AG ist Versicherungsnehmer des Versicherungsvertrags. Er schuldet dem Versicherer die Beiträge (vgl. § 1 II Nr. 2 BetrAVG). Zum Betriebsübergang → Rn. 38. Wegen der unterschiedlichen Lebenserwartung von Männern und Frauen sind die **Beiträge regelmäßig unterschiedlich hoch.** Die Verwendung je nach Geschlecht unterschiedlicher versicherungsmathematischer Faktoren im Rahmen der durch Kapitalansammlung erfolgenden Finanzierung von betrieblichen Versorgungssystemen mit feststehenden Leistungen fällt nicht in den Anwendungsbereich von Art. 157 AEUV (vormals Art. 141 EG).[100] Auch das am 18.8.2006 in Kraft getretene Allgemeine Gleichbehandlungsgesetz (AGG) enthielt in § 20 II 1 für Prämien und Leistungen eine Ausnahme von dem Verbot der unterschiedlichen Behandlung wegen des Geschlechts nach § 19 I Nr. 2 AGG, sofern die Berücksichtigung des Geschlechts bei einer auf relevanten und genauen versicherungsmathematischen und statistischen Daten beruhenden Risikobewertung ein bestimmender Faktor ist. Diese auf den Vorgaben gem. Art. 5 II der Richtlinie 2004/113/EG **(Unisex-Richtlinie)**[101] beruhende Regelung ist aber zum 21.12.2012 entfallen. Denn nach der Rspr. des EuGH verstoßen unterschiedliche Tarife für Männer und Frauen gegen Art. 21 und 23 der Charta der Grundrechte der europäischen Union (in Kraft getreten am 1.12.2009) und Art. 5 II RL 2004/113/EG ist mWv 21.12.2012 ungültig.[102] Allerdings gilt diese Richtlinie nicht im Bereich von Beschäftigung und Beruf. Die Grundsätze der EuGH-Entscheidung dürften aber auch auf diesen Bereich übertragbar sein.[103]

[93] Höfer BetrAVG I/*Höfer/Reinhard* Kap. 9 Rn. 123.
[94] BAG 19.4.2011 AP Nr. 32 zu § 1 BetrAVG Lebensversicherung = NZA-RR 2012, 92; 8.6.1993 AP Nr. 3 zu § 1 BetrAVG Unverfallbarkeit = NZA 1994, 507; BGH 19.6.1996 AP Nr. 25 zu § 1 BetrAVG Lebensversicherung = NJW 1996, 2731.
[95] BAG 16.2.2010 NZA-RR 2010, 601.
[96] BAG 10.3.1992 AP Nr. 17 zu § 1 BetrAVG Lebensversicherung = NZA 1993, 25.
[97] BAG 13.11.2007 AP Nr. 49 zu § 1 BetrAVG; 7.9.2004 AP Nr. 15 zu § 1 BetrAVG Gleichberechtigung = NZA 2005, 1239.
[98] BAG 17.1.2012 AP Nr. 33 zu § 1 BetrAVG Lebensversicherung = BetrAV 2012, 368.
[99] Vgl. BGH 9.12.1998 BGHZ 140, 167 = NJW 1999, 950; 7.5.1997 NJW 1997, 2381.
[100] EuGH 22.12.1993 – C-152/91, DB 1994, 484 = BetrAV 1994, 23 – Neath; 28.9.1994 – C-200/91, AP Nr. 57 zu Art. 119 EWG-Vertrag = NZA 1994, 1073 – Coloroll.
[101] Richtlinie zur Anwendung des Grundsatzes der Gleichbehandlung von Frauen und Männern beim Zugang zu Gütern und Dienstleistungen und bei der Versorgung mit diesen (Unisex-Richtlinie) vom 13.12.2004, Richtlinie 2004/113/EG; zu Unisex-Tarifen s. auch *Steinmeyer* NZA 2004, 1257 ff.
[102] EuGH 1.3.2011 NJW 2011, 907 – Test-Achats.
[103] *Höfer* DB 2011, 1334 (1335); *Körner* AuR 2011, 333 (334); *Jurk/Wilhelm* BB 2012, 381 (382); *Birk* BetrAV 2012, 7 (8); aA *Ulbrich* DB 2011, 2775 (2777); hierzu auch *Krönung* BetrAV 2013, 89.

Damit müssen neue Verträge ab diesem Zeitpunkt gleiche Prämien und Leistungen für Männer und Frauen vorsehen. Das gilt für alle versicherungsförmigen Durchführungswege der betrieblichen Altersversorgung.[104] Ungeklärt ist, ob auch Altverträge ab diesem Zeitpunkt umzustellen sind.[105] Jedenfalls dürften vor dem 22.12.2007 (dem Inkrafttreten der Unisex-Richtlinie) geschlossene Verträge mit einer geschlechtsspezifischen Differenzierung wirksam bleiben.[106] Da § 3 Nr. 63 EStG lediglich auf § 1 I Nr. 4 und nicht auch auf § 1 I Nr. 2 AltZertG verweist, sind Unisex-Tarife (anders als bei der Riester-Rente) keine Voraussetzung für eine steuerliche Förderung. Es verstößt nicht gegen den Gleichbehandlungsgrundsatz, wenn eine Sozialeinrichtung der Post nur ehemaligen Beamten die Prämien für die Direktversicherung zahlt, anderen AN aber nicht.[107]

b) Einstellung der Beitragszahlung/Verfügung über die Deckungsmittel. Der AG kann als Versicherungsnehmer nach §§ 174 ff. VVG die Beitragszahlung **einstellen.** Ob er auch gegenüber dem AN hierzu berechtigt ist, beurteilt sich nach dem zwischen ihm und dem AN bestehenden Versorgungsvertrag. Regelmäßig wird bei Abschluss des Versicherungsvertrags ausdrücklich oder konkludent eine Versorgungszusage erteilt.[108] Gem. § 166 IV iVm § 38 VVG muss der Versicherer den AN über die Präminenrückstände informieren. Der AG kann die in der Versicherung angesammelten Deckungsmittel **abtreten, verpfänden** oder **beleihen.** Liegen die Voraussetzungen für eine Unverfallbarkeit vor, ist er aber gem. § 1b II 3 BetrAVG bei Eintritt des Versicherungsfalles verpflichtet, den AN so zu stellen, als ob die Abtretung und Beleihung nicht erfolgt wäre. Dieser Anspruch ist allerdings nicht insolvenzgesichert (→ § 278 Rn. 21). Außerdem hat der AG nach § 1 I 3 BetrAVG für die Erfüllung der von ihm zugesagten Leistungen auch dann einzustehen, wenn die Durchführung nicht unmittelbar über ihn erfolgt. Löst der AG die für den AN abgeschlossene Lebensversicherung auf und lässt sich deren Rückkaufswert auszahlen, folgt hieraus kein Anspruch des AN auf Auszahlung dieses Betrages. Vielmehr besteht nur die Pflicht, dem AN die Altersversorgung in der zugesagten Höhe zu verschaffen. Ansonsten käme es wirtschaftlich zu einer gem. § 3 BetrAVG grundsätzlich verbotenen Auszahlung einer Abfindung.[109] 44

c) Verzug/Insolvenz. Gerät der AG mit der Beitragszahlung in **Verzug,** so schuldet er dem AN Schadensersatz nach § 286 BGB. Der **Insolvenzschutz** richtet sich nach § 7 I 2 Nr. 1 und II 1 Nr. 2 BetrAVG. Der Schutz setzt aber voraus, dass der AG die Ansprüche aus dem Versicherungsvertrag abgetreten oder beliehen hat. Wird der AG während des Verzugs insolvent und hat die Versicherung die Direktversicherung ruhend gestellt, so genießt der AN keinen Insolvenzschutz.[110] Der AG hat den AN zu benachrichtigen, damit dieser – aus dem Insolvenzgeld – selbst die Beiträge entrichten kann.[111] Vor Kündigung der Direktversicherung mit unwiderruflicher Bezugsberechtigung des AN ist der Versicherer gem. § 242 BGB verpflichtet, den AN rechtzeitig über den Prämienverzug des AG zu unterrichten, damit er die Möglichkeit hat, den Versicherungsschutz durch eigene Beitragsleistungen zu erhalten.[112] 45

d) Prämien als Teil des Arbeitslohns. Die vom AG getragenen Prämien gehören zum Arbeitslohn und sind daher vom AN zu **versteuern.** Tariflich kann bestimmt werden, dass die Beiträge für Zeiten ohne Entgeltansprüche vom AN zu zahlen sind.[113] 46

e) Beiträge des Arbeitnehmers. Selbst wenn der AG Versicherungsnehmer ist, kann der **AN zu Beiträgen herangezogen werden.** Dies setzt § 2 II 1 BetrAVG voraus, wenn dort allein auf die Beiträge des AG abgestellt wird. Soweit der AN an der Versicherung beteiligt ist, handelt es sich um eine Eigenvorsorge, die im Falle des Stellenwechsels nicht verfallen kann und 47

---

[104] *Höfer* BetrAV 2011, 586 (588).

[105] So die Schlussanträge der Generalanwältin vom 30.9.2010 unter Ziff. 81 f., BetrAV 2010, 677 (684); *Birk* DB 2011, 819 (820); anders die hM: *Höfer* DB 2011, 1334 (1335); *Kahler* NJW 2011, 894 (896); *Rolfs/Binz* VersR 2011, 714; *Jurk/Wilhelm* BB 2012, 381 (382); *Mönnich* VersR 2011, 1092; *Ulbrich* DB 2011, 2775 (2778); diff. (danach, ob die Prämienzahlung über den 21.12.2012 fortdauert): *Bepler* FS Höfer, 2011, 1 (8).

[106] *Beyer* VersR 2013, 1219.

[107] BAG 20.11.1996 AP Nr. 31 zu § 1 BetrAVG Gleichbehandlung = NZA 1997, 312.

[108] Zur Zusage nach Vorschaltzeit: BAG 19.4.1983 AP Nr. 1 zu § 1 BetrAVG Lebensversicherung.

[109] BAG 26.5.2009 AP Nr. 61 zu § 2 BetrAVG = NZA-RR 2010, 95.

[110] BAG 17.11.1992 AP Nr. 1 zu § 7 BetrAVG Lebensversicherung = NZA 1993, 843; BRO/*Rolfs* BetrAVG § 7 Rn. 58; aA Höfer BetrAVG I/*Höfer/Reich* § 7 Rn. 114, 116.

[111] BAG 17.11.1992 AP Nr. 1 zu § 7 BetrAVG Lebensversicherung = NZA 1993, 843.

[112] OLG Düsseldorf 17.12.2002 NJW-RR 2003, 1539 = BB 2003, 2019.

[113] BAG 15.12.1998 AP Nr. 25 zu § 1 TVG Tarifverträge: Lufthansa = NZA 1999, 834.

die vom AG nicht nach § 16 BetrAVG anzupassen ist. Vielfach vereinbaren AN und AG, dass Teile der Arbeitsvergütung des AN zur Beitragszahlung in einer Lebensversicherung verwandt werden (sog. **gehaltsumwandelnde Lebensversicherung**). Umstr. war, ob derartige Lebensversicherungen noch zur betrieblichen Altersversorgung gehörten und damit Insolvenzschutz genossen.[114] Das BAG hat dies zu Recht bejaht.[115] Inzwischen enthält das Gesetz insoweit in § 1 II Nr. 4 BetrAVG eine Klarstellung. Bei gehaltsumwandelnden Lebensversicherungen ist im Zweifel anzunehmen, dass der AG dem AN von vornherein ein unentziehbares Bezugsrecht zuwendet.[116] Dies ist nunmehr durch § 1b V BetrAVG ausdrücklich klargestellt (→ § 273 Rn. 64). Haben die Arbeitsvertragsparteien die ursprüngliche Entgeltvereinbarung dahin geändert, dass in Zukunft anstelle eines Teiles des monatlichen Barlohns vom AG eine Versicherungsprämie auf einen Lebensversicherungsvertrag zugunsten des AN gezahlt werden soll, entstehen insoweit keine pfändbaren Ansprüche auf Arbeitseinkommen.[117] Zu Entgeltumwandlungszusagen → § 273 Rn. 51 ff.

48 **f) Sonderzuwendungen.** Werden Sonderzuwendungen des AG ganz oder zum Teil für eine Direktversicherung verwandt, so sind sie nicht beitragspflichtig zur Kranken-, Pflege- und Rentenversicherung sowie zur Arbeitsförderung.[118] Kapitalauszahlung aus befreiender Lebensversicherung führt nicht zum Ruhen des Arbeitslosengeldanspruches.[119]

49 **3. Bezugsberechtigung. a) Vereinbarungsalternativen.** Dem AN oder seinen Hinterbliebenen kann aufgrund des Versicherungsvertrags ein widerrufliches oder unwiderrufliches Bezugsrecht zustehen. Hierüber entscheidet der AG. Hiervon zu unterscheiden ist jedoch die Verpflichtung des AG gegenüber dem AN aufgrund des Versorgungsvertrags.

50 **b) Widerrufliches Bezugsrecht.** Bei einem widerruflichen Bezugsrecht erwirbt der AN das Recht auf die Leistung des Versicherers erst mit dem Eintritt des Versicherungsfalles (§ 159 II VVG). Bis dahin besteht lediglich eine ungesicherte Anwartschaft, also eine bloße Hoffnung auf die Versicherungsleistung. Hat der AG ein widerrufliches Bezugsrecht bestellt und dieses vor Eintritt des Versicherungsfalles widerrufen, so erlangt der AN aufgrund des Versicherungsvertrags keine Ansprüche gegen den Versicherer. Nach einer Auslegungsregel kann jede Verpfändung, Beleihung oder Abtretung den Widerruf der Versicherungsberechtigung bedeuten.[120] Die Widerrufsmöglichkeit aus dem Versicherungsvertrag kann durch die zwischen AG und AN bestehende Versorgungszusage eingeschränkt sein. Nach §§ 1b II 1, 2 BetrAVG ist der Widerruf des Bezugsrechts bzw. seine auflösende Bedingung gegenüber dem AN relativ unwirksam. Hieraus folgt: Der AG kann zwar versicherungsrechtlich über die Bezugsberechtigung verfügen; er haftet jedoch wegen des Widerrufs auf Schadensersatz (§ 1 I 3 BetrAVG) und muss dem AN im Wege der Naturalrestitution eine beitragsfreie Versicherungsanwartschaft verschaffen, deren Wert dem widerrufenen Bezugsrecht bei Beendigung des Arbeitsverhältnisses entspricht.[121] Der Widerruf hat Verfügungscharakter.[122] Hat der AG ein widerrufliches Bezugsrecht widerrufen, so fällt es im Falle seines Ablebens in seinen Nachlass.[123]

51 **c) Unwiderrufliches Bezugsrecht.** Der AG kann dem AN die **Bezugsberechtigung** aus dem Versicherungsvertrag **unwiderruflich zuwenden.** In diesem Fall erwirbt der AN die Rechte aus dem Versicherungsvertrag bereits aufgrund der Bezeichnung als Bezugsberechtigter (§ 159 III VVG). Hier kann der AG weder versicherungsrechtlich noch arbeitsrechtlich die Bezugsberechtigung widerrufen. Eine Beleihung kann im Allgemeinen nur mit Zustimmung des AN erfolgen.[124] Der AN erlangt ein unwiderrufliches Bezugsrecht, das er auch wirtschaftlich durch Beleihung, Verpfändung usw., nutzen kann. Dies wird allerdings idR vertraglich ausgeschlossen sein, da dadurch die Zielsetzung einer betrieblichen Altersversorgung unterlaufen

---

[114] S. die Nachweise bei Höfer BetrAVG I/*Höfer* § 1 Rn. 68.
[115] BAG 26.6.1990 AP Nr. 11 zu § 1 BetrAVG Lebensversicherung = NZA 1991, 144.
[116] BAG 8.6.1993 AP Nr. 3 zu § 1 BetrAVG Unverfallbarkeit = NZA 1994, 507; vgl. OLG Düsseldorf 6.3.1992 NJW-RR 1992, 798.
[117] BAG 17.2.1998 AP Nr. 14 zu § 850 ZPO = NZA 1998, 707.
[118] Vgl. die arbeits- und sozialversrechtlichen Hinweise in BB 1998, 2215; DB 1998, 2017 u. 2221.
[119] BSG 24.4.1997 BetrAV 1998, 229 = BB 1998, 1011 (LS).
[120] Prölss/Martin/*Reiff/Schneider* ALB 2019 § 9 Rn. 19; einschränkend bei Sicherungsabtretung: BGH 18.10.1989 BGHZ 109, 67 = NJW 1990, 256.
[121] BAG 28.7.1987 AP Nr. 4 zu § 1 BetrAVG Lebensversicherung = NZA 1988, 159; zur Insolvenz dagegen → Rn. 54.
[122] BGH 28.9.1988 NJW-RR 1989, 21.
[123] BGH 8.5.1996 NJW 1996, 2230.
[124] BGH 19.6.1996 AP Nr. 25 zu § 1 BetrAVG Lebensversicherung = NJW 1996, 2731.

würde. Die Einräumung eines unwiderruflichen Bezugsrechts an einen Gesellschafter/Geschäftsführer kann eine anfechtbare Rechtshandlung in der Insolvenz sein.[125] Denkbar ist auch, dass der AG die Rechte aus dem Versicherungsvertrag an den AN abtritt. Eine solche Abtretung kann in einer Übersendung des Versicherungsscheins „zur weiteren Verwendung" zu sehen sein. Der Versicherungsvertrag kann allerdings vorsehen, dass eine solche Abtretung erst mit der Anzeige an den Versicherer wirksam wird.[126]

d) Eingeschränkt unwiderrufliches Bezugsrecht. Von einem eingeschränkt unwiderruf- 52
lichen Bezugsrecht wird dann gesprochen, wenn der AG ein unwiderrufliches Bezugsrecht zuwendet, sich aber bis zum Eintritt der Unverfallbarkeit für bestimmte Fälle den Widerruf vorbehält. Insoweit findet keine Billigkeitskontrolle statt.[127] Das eingeschränkt widerrufliche Bezugsrecht dient dazu, die Verpflichtung des AG zur Entrichtung eines Insolvenzsicherungsbeitrages zu begrenzen (vgl. § 10 III Nr. 2 BetrAVG).[128] Es steht dem uneingeschränkt widerruflichen Bezugsrecht in wirtschaftlicher und rechtlicher Hinsicht nur gleich, sofern die Voraussetzungen für einen Vorbehalt des Widerrufs nicht erfüllt sind. Sind die Voraussetzungen des Vorbehalts dagegen gegeben, kann das Bezugsrecht widerrufen werden.[129] Die Beleihung des Bezugsrechts durch den AG ist möglich.[130] Der BGH hat allerdings angenommen, die in den Versicherungsbedingungen getroffene Vereinbarung eines Widerrufsrechts bei „vorzeitigem Ausscheiden" des AN bedeute, dass sich der AG der weiteren Betriebstreue des AN vergewissern wolle. Erfasst würden danach nur solche Beendigungsgründe, die neben der freiwilligen Aufgabe des Arbeitsplatzes auch sonst auf die Person oder das betriebliche Verhalten des AN zurückzuführen seien. Insolvenzbedingte Betriebseinstellungen würden nicht erfasst, so dass das Bezugsrecht, auch wenn die Voraussetzungen der Unverfallbarkeit noch nicht vorlägen, in der **Insolvenz** des AG zum Vermögen des Bezugsberechtigten gehöre.[131] Die Rspr. des BGH führt zu einer Privilegierung der Direktversicherung gegenüber anderen Durchführungswegen in der Insolvenz. Die vorgenommene Auslegung der Vertragsklauseln mag allenfalls für eine insolvenzbedingte Kündigung zutreffen, zweifelhaft ist aber, ob bei derartigen Vertragsklauseln generell angenommen werden kann, dass der Widerruf in allen Fällen der arbeitgeberseitigen Kündigung ausgeschlossen sein soll. Vielmehr geht es dem AG gerade darum, bei einer vorzeitigen Vertragsbeendigung vor Eintritt der Unverfallbarkeitsvoraussetzungen auch die Möglichkeit zu wahren, zusätzliche Liquidität aus dem Rückkaufswert der Lebensversicherung zu erlangen.[132] Das BetrAVG differenziert bei der Frage der Unverfallbarkeit der Ansprüche gerade nicht nach dem Beendigungsgrund für das Arbeitsverhältnis. Das BAG ist dieser Rspr. des BGH nicht gefolgt und hat die Frage dem gemeinsamen Senat der obersten Gerichthöfe zur Entscheidung vorgelegt. Zu einer Entscheidung des gemeinsamen Senats ist es nach einer klarstellenden Stellungnahme des IV. Zivilsenats des BGH nicht mehr gekommen. Das BAG hat inzwischen entschieden, dass es auf die Auslegung des im Versicherungsvertrag geregelten Widerrufsvorbehalts ankommt, wobei auf die betriebsrentenrechtlichen Wertungen abzustellen ist.[133] Der BGH neigt allerdings nach wie vor zu einer eher einschränkenden Auslegung von Widerrufsklauseln.[134]

e) Aufgespaltene Bezugsberechtigung. Die Bezugsberechtigung kann zwischen AG und 53
AN aufgespalten sein; dies kommt vor allem wegen der Überschussanteile der Versicherung vor. Insoweit kann vereinbart sein, dass dem AN zwar ein unentziehbares Bezugsrecht wegen der Versicherungsleistung, nicht aber wegen der Überschussanteile zustehen soll.[135] Im Zweifel ist aber davon auszugehen, dass dem AN auch die Überschussanteile zustehen sollen, wenn ihm die Kapitalleistung zusteht und die Überschussanteile und Sondergewinne zur Erhöhung der Versicherungssumme verwendet werden sollen.[136] Schließlich ist eine Aufspaltung denkbar,

---

125 OLG Düsseldorf 5.7.1996 BetrAV 1996, 286 = ZIP 1996, 1476.
126 BAG 19.4.2011 AP Nr. 32 zu § 1 BetrAVG Lebensversicherung = NZA-RR 2012, 92.
127 BAG 23.10.1990 AP Nr. 14 zu § 1 BetrAVG Lebensversicherung = NZA 1991, 848.
128 BAG 23.10.1990 AP Nr. 14 zu § 1 BetrAVG Lebensversicherung = NZA 1991, 848.
129 Vgl. BAG 22.5.2007 AP Nr. 8 zu § 1b BetrAVG = NZA 2007, 1169.
130 BAG 17.10.1995 AP Nr. 2 zu § 7 BetrAVG Lebensversicherung = NZA 1996, 880; BGH 19.6.1996 AP Nr. 25 zu § 1 BetrAVG Lebensversicherung = NJW 1996, 2731.
131 BGH 8.6.2005 NJW-RR 2005, 1412 = BetrAV 2005, 786; 3.5.2006 DB 2006, 1488 = VersR 2006, 1059.
132 OLG Hamm 24.1.2006 NZA-RR 2006, 428 = ZIP 2006, 719.
133 BAG 15.6.2010 AP Nr. 31 zu § 1 BetrAVG Lebensversicherung = NZA-RR 2011, 260; ausf. hierzu *Reinecke* DB 2011, 995.
134 Vgl. BGH 22.1.2014 NZA 2015, 235; 6.6.2012 NZI 2012, 762.
135 BAG 29.7.1986 AP Nr. 37 zu § 1 BetrAVG Lebensversicherung = NZA 1987, 349.
136 BAG 29.7.1986 AP Nr. 37 zu § 1 BetrAVG Lebensversicherung = NZA 1987, 349; LAG Hamm 10.11.1987 AP Nr. 5 zu § 1 BetrAVG Lebensversicherung; 20.1.1998 NZA 1998, 825.

wenn der AN an den Beitragsleistungen beteiligt ist, soweit die Versicherungsleistung auf den eigenen Beitragsleistungen beruht. Eine Beteiligung des AN an den Beitragsleistungen ist rechtlich möglich, sofern nur der AG Versicherungsnehmer bleibt. Das Gesetz setzt die Wirksamkeit der Beteiligung des AN voraus, wenn es in § 2 II 1 BetrAVG ausdrücklich von dem vom AG zu finanzierenden Beitragsanteil spricht.

54 **f) Insolvenz des Arbeitgebers.** Die Bezugsberechtigung kann von besonderer Bedeutung in der Insolvenz des AG werden. **(1)** Nach § 168 I VVG kann der Versicherungsnehmer das Versicherungsverhältnis jederzeit für den Schluss der laufenden Versicherungsperiode kündigen oder nach § 165 I 1 VVG verlangen, dass es in eine präminenfreie Versicherung umgewandelt wird, sofern die dafür vereinbarte Mindestversicherungsleistung erreicht wird. Das Verlangen wird nach Insolvenzeröffnung durch den Insolvenzverwalter ausgeübt (§§ 80 I, 148 InsO). **(2)** Die Ansprüche des Versicherungsnehmers aus Versicherungsverträgen (Kündigungsrecht, Rückkaufwert, Widerruf einer Drittbegünstigung usw.) gehören bei Insolvenz über das Vermögen grundsätzlich zur Masse. Dies gilt auch im Rahmen der betrieblichen Altersversorgung[137] und bei der Gehaltsumwandlung.[138] Für die Wirksamkeit des Widerrufs und damit für die Frage, ob die Rechte aus der Direktversicherung in der Insolvenz des AG der Masse zustehen, oder ob der AN ein Aussonderungsrecht nach § 47 InsO hat, kommt es allein auf das **Rechtsverhältnis zwischen Versicherung und Versicherungsnehmer** (AG) an; verstößt der Widerruf gegen die im Verhältnis AN/AG geltenden Regeln, ergibt sich hieraus lediglich ein Schadensersatzanspruch des AN,[139] der jedoch nicht zur Aussonderung nach § 47 InsO berechtigt. Der Insolvenzverwalter wird daher regelmäßig widerrufliche Bezugsrechte für die Insolvenzmasse ausnützen müssen und haftet hierfür nicht etwa nach § 60 InsO.[140] **(3)** Nicht zur Insolvenzmasse gehören jedoch Rechte aus Lebensversicherungen mit (gemäß den Regelungen des Versicherungsverhältnisses) unwiderruflicher Drittbegünstigung.[141] Hier stehen die Rechte aus dem Versicherungsvertrag von vornherein mit dinglicher Wirkung dem AN zu.[142] Das gilt auch für ein eingeschränkt widerrufliches Bezugsrecht, sofern die tatbestandlichen Voraussetzungen des Widerrufsvorbehalts nicht eingetreten sind[143] bzw. wegen der Unverfallbarkeit der Anwartschaft nicht mehr eintreten können.[144] Hierzu auch → Rn. 52. Nach § 170 I 1 VVG kann der Versicherungsberechtigte in den Versicherungsvertrag eintreten, wenn über das Vermögen des Versicherungsnehmers das Insolvenzverfahren eröffnet worden ist oder wenn sonstige Vollstreckungsmaßnahmen vorgenommen werden. Vielfach werden im Rahmen der betrieblichen Altersversorgung unwiderrufliche Bezugsrechte eingeräumt, die durch Vorbehalte eingeschränkt sind (eingeschränkt unwiderrufliche Bezugsrechte, → Rn. 52). **(4)** Der Versorgungsvertrag kann auch so ausgestaltet sein, dass im Falle der Beendigung des Arbeitsverhältnisses der Versicherungsvertrag auf den AN übergeht. Dies gilt auch im Falle der Insolvenz des AG. Nach den allgemeinen Bedingungen für Lebensversicherungen ist der Eintritt des AN gegenüber der Versicherung nur wirksam, wenn dieser die Abtretung der Rechte aus der Versicherung angezeigt worden sind; bis zur Anzeige kann sie mit befreiender Wirkung an den bisherigen Versicherungsnehmer zahlen.[145]

---

137 BAG 26.2.1991 AP Nr. 15 zu § 1 BetrAVG Lebensversicherung = NZA 1991, 845; 28.3.1995 AP Nr. 22 zu § 1 BetrAVG Lebensversicherung = NZA 1996, 36; BGH 20.12.2018 NJW 2019, 999.

138 BAG 8.6.1999 AP Nr. 26 zu § 1 BetrAVG Lebensversicherung = NZA 1999, 103; 17.10.1995 AP Nr. 23 zu § 1 BetrAVG Lebensversicherung = NZA-RR 1996, 343; BGH 18.7.2002 NJW 2002, 3253 = DB 2002, 2104.

139 BAG 18.9.2012 ZIP 2012, 2269 = BetrAV 2012, 716; 8.6.1999 AP Nr. 26 zu § 1 BetrAVG Lebensversicherung = NZA 1999, 103; BGH 9.10.2014 NZA-RR 2015, 40.

140 BAG 28.3.1995 AP Nr. 23 zu § 1 BetrAVG Lebensversicherung = NZA-RR 1996, 343; 26.2.1991 AP Nr. 15 zu § 1 BetrAVG Lebensversicherung = NZA 1991, 845; BGH 4.3.1993 NJW 1993, 1994 = BetrAV 1993, 219; OLG Hamm 15.11.1990 ZIP 1990, 1603 = BetrAV 1991, 47 (LS); soll auch bei gehaltsumwandelnder Lebensversicherung gelten: LAG München 22.7.1987 AP Nr. 6 zu § 1 BetrAVG Lebensversicherung = ZIP 1988, 1070; zu einem Sonderfall, dass der AG das Geld verwahrt: LAG Köln 19.8.1994 NZA 1995, 427 = BetrAV 1995, 227 (LS); zu den lohnsteuerrechtlichen Folgen BFH 5.7.2007 BFHE 218, 320 = NZA-RR 2008, 81.

141 BAG 15.6.2010 AP Nr. 31 zu § 1 BetrAVG Lebensversicherung = NZA-RR 2011, 260; 22.5.2007 AP Nr. 8 zu § 1b BetrAVG = NZA 2007, 1169; 26.6.1990 AP Nr. 10 zu § 1 BetrAVG Lebensversicherung = NZA 1991, 60; BGH 17.2.1966 BGHZ 45, 162 (165) = NJW 1966, 1071.

142 BAG 18.9.2012 ZIP 2012, 2269 = BetrAV 2012, 716 BGH 9.10.2014 NZA-RR 2015, 40.

143 BAG 31.7.2007 NZA-RR 2008, 32; 15.6.2010 DB 2010, 2814; BGH 9.10.2014 NZA-RR 2015, 40.

144 BGH 3.5.2006 DB 2006, 1488 = VersR 2006, 1059; BAG 22.5.2007 AP Nr. 8 zu § 1b BetrAVG = NZA 2007, 1169.

145 KG Berlin 29.1.1988 BetrAV 1988, 224 = NJW-RR 1989, 539.

g) Bestimmung des Bezugsberechtigten für den Todesfall. Dem AN kann die Bestimmung des Bezugsberechtigten für den Fall seines vorzeitigen Versterbens übertragen sein. Nach § 160 VVG ergeben sich Auslegungsregeln für die Bestimmung des Bezugsberechtigten. Je nach Ausgestaltung des Versicherungsvertrags kann nur die derzeitige Ehefrau des Versicherungsberechtigten bezugsberechtigt sein.[146] Der AN kann – bei einer entsprechenden Vereinbarung – auch einen Lebenspartner nach dem LPartG oder eine/n Lebensgefährtin/en benennen.[147] 55

4. Unverfallbarkeit. a) Frist. Die Unverfallbarkeitsfrist läuft **ab dem Zeitpunkt der Versorgungszusage.** Als Erteilung der Versorgungszusage gilt der Versicherungsbeginn, frühestens jedoch der Beginn der Betriebszugehörigkeit (§ 1b II 4 BetrAVG). Die Parteien können die Anrechnung von Vordienstzeiten vereinbaren. Insolvenzschutz besteht aber in diesen Fällen nur, wenn die frühere Betriebszugehörigkeit von einer Versorgungszusage begleitet war und die Betriebszugehörigkeit beim vorhergehenden AG an die Betriebszugehörigkeit beim neuen AG heranreicht (→ § 278 Rn. 19). In diesen Fällen gehören die Ansprüche im Fall der Insolvenz des AG zum Vermögen des Bezugsberechtigten und nicht zur Masse.[148] Zögert der AG den Abschluss des Versicherungsvertrags hinaus, so läuft nach dem Wortlaut von § 1b II 4 BetrAVG die Unverfallbarkeitsfrist nicht. Das BAG hat jedoch darauf hingewiesen, dass der AG eine vom Gesetzeszweck nicht gedeckte Bindung des AN nicht erreichen soll. Es gibt in diesen Fällen einen unmittelbaren Anspruch gegen den AG selbst.[149] Hat der AG zugunsten des AN eine Lebensversicherung abgeschlossen und erhöht er diese oder schließt er auch in unregelmäßigen Abständen weitere Versicherungen ab, so läuft die Unverfallbarkeitsfrist im Allgemeinen ab erster Versicherung (§ 1b I 3 BetrAVG; → § 274 Rn. 25 ff.).[150] Sind die **Unverfallbarkeitsvoraussetzungen** eingetreten (→ § 274 Rn. 6 ff.), so ist der AG verpflichtet, das Bezugsrecht des Versorgungsberechtigten nicht mehr zu widerrufen. Ein gleichwohl erfolgter Widerruf ist zwar wirksam. Der AG kann sich hierdurch aber schadensersatzpflichtig machen. Durch diese Konstruktion soll gewährleistet werden, dass die Direktversicherung weiter betrieblichen Finanzierungen nutzbar gemacht werden kann. 56

b) Wertberechnung. Für die Berechnung des Wertes der unverfallbaren Versorgungsanwartschaft stehen zwei verschiedene Methoden zur Verfügung. **(1)** Mit der Beendigung des Arbeitsverhältnisses wird im Allgemeinen das Versicherungsverhältnis beendet. Aus dem Versicherungsvertrag ergibt sich ein bestimmter Anwartschaftswert. Andererseits wird nach § 2 II 1 BetrAVG der Anwartschaftswert nach dem **Quotierungsverfahren** (→ § 274 Rn. 88) berechnet. Dabei kann sich ergeben, dass der Versicherungswert geringer ist als der nach dem BetrAVG zu berechnende Anwartschaftswert. In diesen Fällen haftet der AG auf einen Ergänzungsanspruch. Die Anwendung des Quotierungsverfahrens bereitet dann Schwierigkeiten, wenn dem AN nach dem Arbeitsvertrag auch die Überschussanteile der Versicherung zustehen sollen. Insoweit hat das BAG die Auffassung vertreten, dass diese dem AN nach Zuweisung der Versicherung zustehen.[151] **(2)** Der AG kann sich durch Erfüllung bestimmter, in § 2 II 2 BetrAVG genannter sozialer Auflagen von diesem Ergänzungsanspruch befreien (sog. **versicherungsförmige Lösung**). Hierzu gehört vor allem, dass die Bezugsberechtigung unwiderruflich ist (bzw. unwiderruflich gestellt ist), dem AN die Überschussanteile zustehen und er nach dem Versicherungsvertrag das Recht zur Fortsetzung der Versicherung mit eigenen Beiträgen hat (→ § 274 Rn. 98 ff.). Der AG hat insoweit ein Wahlrecht und ist nicht an Billigkeits- oder Günstigkeitsgesichtspunkte gebunden.[152] Für die Erklärung gilt gem. § 2 II 3 BetrAVG eine Frist von drei Monaten nach Ausscheiden des AN. Die Erklärung kann auch bereits vor Beendigung des Arbeitsverhältnisses wirksam abgegeben werden, wenn zum Zeitpunkt ihres Zugangs beim AN und beim Versicherer ein sachlicher und zeitlicher Zusammenhang mit der bevorstehenden Beendigung des Arbeitsverhältnisses besteht.[153] Die rechtzeitige Erklärung gegenüber dem AN hat konstitutive Bedeu- 57

---

146 BGH 29.1.1981 AP Nr. 4 zu § 242 BGB Ruhegehalt-Lebensversicherung = NJW 1981, 984.

147 Vgl. Höfer BetrAVG I/*Höfer* Kap. 3 Rn. 22; Kap. 7 Rn. 135 ff.

148 BAG 15.6.2010 AP Nr. 12 zu § 16 BetrAVG = DB 2010, 2678.

149 BAG 19.4.1983 AP Nr. 1 zu § 1 BetrAVG Lebensversicherung; 7.7.1977 AP Nr. 3 zu § 1 BetrAVG Wartezeit = DB 1977, 1704.

150 BAG 12.2.1981 AP Nr. 5 zu § 1 BetrAVG = NJW 1982, 463; dazu BVerfG 15.3.1982 AP Nr. 5a zu § 1 BetrAVG.

151 BAG 29.7.1986 AP Nr. 3 zu § 1 BetrAVG Lebensversicherung = NZA 1987, 349.

152 BAG 19.5.2016 AP Nr. 40 zu § 1 BetrAVG Berechnung = BetrAV 2016, 635; 12.2.2013 AP Nr. 67 zu § 2 BetrAVG; Höfer BetrAVG I/*Höfer* § 2 Rn. 172.

153 BAG 19.5.2016 AP Nr. 78 zu § 2 BetrAVG = BB 2016, 2236.

tung; str. ist, ob das auch für die Erklärung gegenüber der Versicherung gilt.[154] Wird die Frist nicht gewahrt, ist nach § 2 II 1 BetrAVG zu verfahren. Hat der AN die Versicherungsnehmerstellung übernommen und vereinbart er später mit einem neuen AG, dass die Versicherungsnehmerstellung auf diesen übergehen soll, kann der Versicherer die erforderliche Zustimmung zur Übernahme nur in Ausnahmefällen verweigern, und zwar nur dann, wenn er hierdurch in erheblichem Umfang in seinen Interessen beeinträchtigt wird. Er kann nicht verlangen, dass die Altersversorgung in eine Beitragszusage mit Mindestleistung gem. § 2 II Nr. 2 BetrAVG umgewandelt wird.[155]

58 **c) Verfügungsbeschränkungen.** Um zu gewährleisten, dass die Versicherung gem. dem Versorgungszweck verwendet wird, regelt das Gesetz in **§ 2 II 4–6 BetrAVG** Verfügungsbeschränkungen für den ausgeschiedenen AN. Auf diese Weise soll möglichst gewährleistet werden, dass die bestehende Anwartschaft für den Versorgungszweck erhalten bleibt; es soll verhindert werden, dass der AN die Anwartschaft liquidiert und für andere Zwecke verwendet. Soweit der wirtschaftliche Wert der Direktversicherung auf Beiträgen des AG beruht, kann der AN ihn nicht abtreten, beleihen oder den Rückkaufswert in Anspruch nehmen (§ 2 II 4 BetrAVG). Das gilt auch für den Anspruch auf Überschussbeteiligung.[156] Diese Beschränkungen gelten dagegen nicht insoweit, als der AN selbst die Beiträge zur Direktversicherung gezahlt hat.[157] Im Falle der Kündigung wird die Versicherung in eine prämienfreie Versicherung umgewandelt (§ 2 II 5 Hs. 2 BetrAVG). Abweichend von § 169 I VVG darf der Versicherer den Rückkaufswert nicht auszahlen (§ 2 II 6 BetrAVG). Die Beschränkung des § 2 II 5 BetrAVG für die Inanspruchnahme des Rückkaufswertes durch den AN gilt nicht, wenn die Kündigungserklärung des Versicherungsnehmers und AG dem Versicherer noch während des Bestehens des Arbeitsverhältnisses zugeht und nicht auf einer nach § 3 BetrAVG unzulässigen Abfindungsvereinbarung zwischen den Arbeitsvertragsparteien beruht.[158] Die Verfügungsbeschränkungen gem. § 2 II 2–4 BetrAVG stellen ein gesetzliches Verbot iSv § 134 BGB dar und führen nach § 851 ZPO zur Unpfändbarkeit.[159] Im Insolvenzverfahren über das Vermögen des AN kann der Rückkaufswert der Versicherung nicht zur Masse gezogen werden.[160] Leistet der Versicherer gleichwohl an den AN, ist er gem. § 812 I 1 Alt. 1 BGB zur Rückforderung berechtigt. § 817 S. 2 BGB steht nicht entgegen, weil sich das Verbot gegen den AN und nicht gegen die Versicherung richtet.[161] Weil § 2 II 4 BetrAVG nicht mehr gilt, wenn die Versorgungsanwartschaft zum Vollrecht erstarkt ist, ist der (zukünftige) Anspruch auf Auszahlung der Versicherungssumme dagegen pfändbar; § 2 II 4 BetrAVG steht auch einer Vorausabtretung des Anspruchs auf Auszahlung der Versicherungssumme durch den mit unverfallbarer Anwartschaft ausgeschiedenen AN nicht entgegen.[162] Soweit gem. § 3 BetrAVG ausnahmsweise eine Abfindung der Anwartschaft zulässig ist (→ § 274 Rn. 114 ff.), geht diese Regelung als lex specialis den Einschränkungen in § 2 II 4–6 BetrAVG vor (s. jetzt § 2 II 7 BetrAVG).[163]

59 **5. Anpassung.** Auch für die laufenden Leistungen einer Direktversicherung gilt die Anpassungspflicht nach § 16 BetrAVG. Die Anpassungsüberprüfungspflicht entfällt aber für ab dem 1.1.1999 beginnende Rentenzahlungen gem. § 16 III Nr. 2 BetrAVG, wenn ab Rentenbeginn sämtliche auf den Rentenbeginn entfallenden Überschussanteile zur Erhöhung der laufenden Leistungen verwendet werden. Umstr. war, ob dies auch schon vor Inkrafttreten des RRG galt. Inzwischen ist diese Frage gesetzlich geregelt (§ 30c Ia BetrAVG; hierzu → § 276 Rn. 41).

60 **6. Einstandspflicht des Arbeitgebers.** Erbringt die Lebensversicherung keine Leistungen, so kann der AG dafür einstehen müssen, wenn die versicherungsrechtlichen Bestimmungen mit der Versorgungszusage des AG nicht übereinstimmen (§ 1 I 3 BetrAVG; s. auch → Rn. 64).

61 **7. Mitbestimmung des Betriebsrats.** Ein Mitbestimmungsrecht des BR kann nach **§ 87 I Nr. 10 BetrVG** bestehen. Mitbestimmungspflichtig sind der Leistungsplan und die Heranzie-

[154] So BRO/*Rolfs* BetrAVG § 2 Rn. 240; aA Höfer BetrAVG I/*Höfer* § 2 Rn. 176.
[155] Vgl. OLG Karlsruhe 17.2.2006 NZA-RR 2006, 318 = NJW-RR 2006, 817.
[156] LG Tübingen 7.5.1996 NZA-RR 1997, 148.
[157] OLG Karlsruhe 24.10.2013 VersR 2014, 614.
[158] BGH 8.6.2016 BetrAV 2016, 523; vgl. hierzu auch *Mathießen* DB 2016, 2060.
[159] Vgl. OLG Stuttgart 8.6.2000 NJW-RR 2001, 150; LG Stuttgart 6.8.2009 JurBüro 2010, 155.
[160] BGH 5.12.2013 NZA 2014, 203.
[161] ErfK/*Steinmeyer* BetrAVG § 2 Rn. 25; *Blomeyer* BetrAV 1979, 110; abw. Höfer BetrAVG I/*Höfer* § 2 Rn. 247.
[162] BGH 20.5.2020 NZA 2020, 1027; 11.11.2010 NJW-RR 2011, 283; näher hierzu *Schmidt* JurBüro 2011, 284; krit. *Rolfes* NJW 2020, 2446.
[163] Höfer BetrAVG I/*Höfer* § 2 Rn. 234.

hung der AN zu Beiträgen. Nicht mitbestimmungspflichtig ist dagegen die Auswahl der Versicherungsunternehmen (→ § 272 Rn. 55).

IV. Beitragsorientierte Leistungszusage

1. Begriff. Im angelsächsischen Sprachraum werden Leistungszusagen als defined benefit und Beitragszusagen als defined contribution unterschieden. Die beitragsorientierte Leistungszusage ist durch das RRG 1999 gleichzeitig mit der Regelung zur Entgeltumwandlung in das Betriebsrentenrecht eingeführt worden (§ 1 VI BetrAVG). Sie findet sich nunmehr nach der Änderung durch das AVmG in § 1 II Nr. 1 BetrAVG.[164] Trotz des geringfügig unterschiedlichen Wortlauts ergibt sich hierdurch keine Änderung der Rechtslage. Bei der **beitragsorientierten Leistungszusage** verpflichtet sich der AG, bestimmte Beiträge in eine Anwartschaft auf Alters-, Invaliditäts- oder Hinterbliebenenversorgung umzuwandeln. § 1 II Nr. 1 BetrAVG enthält dabei nicht lediglich eine Definition für den Begriff der beitragsorientierten Leistungszusage, sondern stellt auch inhaltliche Anforderungen an diese auf. Insbes. muss zum Zeitpunkt der Umwandlung unmittelbar feststehen, welche Anwartschaft auf künftige Leistungen der AN durch die Beitragsumwandlung erwirbt.[165] Eine reine Direktzusage ist gegeben, wenn der AG dem AN im Versorgungsfall eine Rente in Höhe von x EUR zusagt. Eine beitragsorientierte Zusage ist gegeben, wenn er auch seinen Versorgungsaufwand verspricht. Die beitragsorientierte Zusage des § 1 II Nr. 1 BetrAVG gehört noch zum defined benefit; sie ist noch keine reine Beitragszusage, wie sich aus der Legaldefinition ergibt. Wenn eine Versorgungsordnung bestimmt, dass Zuführungen an eine Vermögensmasse erbracht werden und die spätere Versorgungsleistungen auch durch die Summe der Zuführung bestimmt wird, handelt es sich um eine beitragsorientierte Versorgungszusage und nicht etwa um eine bloße Beitragszusage.[166] Ungeklärt ist, ob im Rahmen einer beitragsorientierten Leistungszusage Vereinbarungen zulässig sind, bei denen die vertraglich garantierten Leistungen nach Abzug der Kosten geringer sind als die aufgewendeten Beträge.[167] Diese Frage stellt sich gerade aufgrund des derzeitigen abgesenkten Höchstrechnungszinses bei Lebensversicherungen. Wie sich aus der Regelung über die reine Beitragszusage (hierzu → Rn. 72 ff.) ergibt, dürfte eine solche Vereinbarung jedenfalls aufgrund einer tariflichen Regelung zulässig sein.[168] Sofern eine (nicht auf einem Tarifvertrag beruhende) Entgeltumwandlung vorliegt, besteht schon aufgrund des Erfordernisses der Wertgleichheit (→ § 273 Rn. 61 ff.) ein Anspruch auf eine Mindestleistung entsprechend den Regelungen über die Beitragszusage mit Mindestleistung (→ Rn. 65).[169] 62

2. Geltung des BetrAVG. Auf die beitragsorientierte Leistungszusage sind die **Vorschriften des BetrAVG** in vollem Umfang anzuwenden. Sie ist **bei allen Durchführungswegen,** also der Direktzusage, der Unterstützungskassenversorgung, der Direktversicherung und der Pensionskasse rechtlich möglich. Bei der Direktversicherung und der Pensionskasse war schon bisher eine Beitragszusage üblich. Bei der Direktzusage und der Unterstützungskassenversorgung ist der dem AN mitgeteilte Beitrag nur ein kalkulatorischer Wert, der zB dem Betrag entspricht, den der AG bei Einkauf in eine Versicherung aufzuwenden hätte. Gleichwohl gibt es kein gesetzliches Wertgleichheitsgebot; der AG kann den Beitrag und die diesem entsprechende Leistung frei kalkulieren. 63

3. Einstandspflicht. Den AG trifft sowohl bei der Direktzusage wie bei der Unterstützungskassenversorgung, der Pensionskasse sowie der Direktversicherung eine **Einstandspflicht** für die Leistungen. Der AN hat nach der Rspr. des BAG einen **Erfüllungsanspruch** auf Leistung.[170] Nunmehr folgt dies für alle Durchführungswege aus § 1 I 3 BetrAVG. Danach hat der AG für die Erfüllung der von ihm zugesagten Leistungen auch dann einzustehen, wenn die 64

---

[164] Zur Abgrenzung von der Beitragszusage mit Mindestleistung *Langohr-Plato* BetrAV 2018, 444.
[165] BAG 30.8.2016 AP Nr. 58 zu § 1 BetrAVG Auslegung = DB 2017, 254; ausf. hierzu *Karst* BB 2017, 2164; s. auch *Reinecke* BetrAV 2017, 390.
[166] BAG 30.8.2016 AP Nr. 58 zu § 1 BetrAVG Auslegung = DB 2017, 254.
[167] Näher hierzu *Reinecke* BetrAV 2017, 390; *Langohr-Plato* BetrAV 2018, 444; *Doetsch* BetrAV 2018, 340; *Biedlingmeier* BetrAV 2020, 591.
[168] *Hanau/Arteaga* DB 2019, 127 (129).
[169] *Reinecke* BetrAV 2017, 390 (391); *Hanau/Arteaga* DB 2019, 127 (131).
[170] S. zB BAG 18.9.2001 AP Nr. 230 zu § 613a BGB = NZA 2002, 1391; 29.8.2000 AP Nr. 55 zu § 1 BetrAVG Zusatzversorgungskassen = NZA 2001, 163; 7.3.1995 AP Nr. 26 zu § 1 BetrAVG Gleichbehandlung = NZA 1996, 48.

Durchführung der betrieblichen Altersversorgung nicht unmittelbar über ihn erfolgt. Der Verschaffungsanspruch richtet sich darauf, eine Lücke zu schließen, die sich zwischen der Versorgungszusage einerseits und der Ausgestaltung des Durchführungswegs andererseits ergeben kann. Er betrifft die Fälle, in denen die für die Durchführung der Versorgungszusage getroffene Regelung hinter den Verpflichtungen des AG zurückbleibt oder der externe Versorgungsträger die Betriebsrentenansprüche aus anderen Gründen nicht erfüllt. Auf diese Weise wird sichergestellt, dass bei Schwierigkeiten im Durchführungsweg im Versorgungsfall gleichwohl der Versorgungszusage entsprechende Leistungen erbracht werden. Eine Einstandspflicht besteht aber dann nicht, wenn der AG die vom externen Versorgungsträger durchgeführte Umgestaltung der Leistungsordnung bei einer Direktzusage selbst hätte wirksam vornehmen können.[171] Die Einstandspflicht nach § 1 I 3 BetrAVG kommt zudem erst bei Eintritt des Versorgungsfalles in Betracht; erst ab diesem Zeitpunkt ist die Versorgungszusage zu erfüllen.[172]

65 **4. Beitragszusage mit Mindestleistung. a) Begriff.** Bei der zum 1.1.2002 durch das AVmG in das BetrAVG aufgenommenen Beitragszusage mit Mindestleistung (§ 1 II Nr. 2 BetrAVG) ist der **AG verpflichtet,** Beiträge zur Finanzierung von Leistungen der betrieblichen Altersversorgung an einen Pensionsfonds, eine Pensionskasse oder eine Direktversicherung zu zahlen.[173] Erforderlich ist also ein versicherungsförmiger Durchführungsweg. Direktzusagen sind nach dem Gesetzeswortlaut nicht erfasst, weil die genannten Durchführungsformen nicht beispielhaft, sondern abschließend aufgezählt sind.[174] Der AG ist verpflichtet, für Leistungen zur Altersversorgung das planmäßig zuzurechnende Versorgungskapital auf der Grundlage der gezahlten Beiträge (Beiträge und die daraus erzielten Erträge), mindestens die Summe der zugesagten Beiträge, soweit sie nicht rechnungsmäßig für einen biometrischen Risikoausgleich (abgesichert ist nur das Altersrisiko) verbraucht wurden, zur Verfügung zu stellen. Die Beitragszusage mit Mindestleistung ist eine Mischform;[175] sie ist Beitragszusage und wegen der Mindestleistung Leistungszusage.

66 **b) Rechtsverhältnis Arbeitgeber/Arbeitnehmer.** Das Rechtsverhältnis zwischen AG und AN ist nur unvollkommen geregelt. Das gilt insbes. für die Verpflichtung des AG zur **Beitragsleistung.** Kommt der AG mit der Beitragsleistung in Verzug, so stellt sich die Frage, ob die Beiträge einklagbar sind oder ob sich die Verschaffungspflicht auf das sich aus den Beiträgen ergebende Versorgungskapital (vgl. § 1 I 3 BetrAVG) beschränkt. Die vom AG erteilte Zusage der Versorgung, die Bestandteil des Arbeitsverhältnisses geworden ist, spricht für eine Einklagbarkeit. Für die Mindestleistung muss der AG eine Garantiehaftung übernehmen, obwohl er auf das Verhalten des externen Versorgungsträgers nicht einwirken kann. Bei der Versorgung durch Lebensversicherungen und Pensionskassen kommt es auf das versicherungsmathematisch berechnete Deckungskapital und nicht auf die Summe der zugesagten Beiträge an. Insoweit fehlt der Verwaltungskostenanteil. Die Beitragszusage mit Mindestleistung kann mit einer Entgeltumwandlung verbunden werden. Zwar ist die Aufzählung der beitragsorientierten Leistungszusage und die Entgeltumwandlung in § 1 II BetrAVG mit dem Wort „oder" verbunden. Aber die Berechnungsvorschrift des § 2 VI BetrAVG nimmt ausdrücklich die in § 2 V BetrAVG geregelte Entgeltumwandlung in Bezug und auch § 16 III Nr. 3 Hs. 2 iVm § 16 V BetrAVG setzen die Kombination voraus.[176]

67 **c) Rechtsverhältnis Arbeitnehmer/Versorgungsträger.** Auch die Regelung des Rechtsverhältnisses zwischen AN und Versorgungsträger weist Lücken auf. Bei der Versorgung durch Lebensversicherungen und Pensionskassen ist ein Anspruch des AN nicht ausdrücklich geregelt. Es ist wohl davon auszugehen, dass in dem Vertrag des AG mit dem Versorgungsträger ein Vertrag zu Gunsten Dritter enthalten ist. Scheidet ein AN vorzeitig aus dem Betrieb aus, beschränkt sich der Anspruch auf die Berechnung der Anwartschaft nach § 2 VI BetrAVG. Das Gesetz enthält keine Regelungen, wie sich die Anwartschaft weiter entwickelt.

68 **d) Unverfallbarkeit.** Eine Regelung der Unverfallbarkeit wäre an sich entbehrlich, weil bei der Beitragszahlung an einen externen Versorgungsträger mit der Zahlung ein unentziehbares Anwartschaftsrecht entsteht. In § 1b BetrAVG erscheint denn auch die Beitragszusage mit Min-

[171] BAG 20.8.2019 AP Nr. 76 zu § 1 BetrAVG Zusatzversorgungskassen = NZA 2020, 943.
[172] BAG 12.5.2020 AP Nr. 17 zu § 1 BetrAVG Pensionskasse = NZA 2020, 1189.
[173] Zur Abgrenzung von der beitragsorientierten Leistungszusage *Langohr-Plato* BetrAV 2018, 444.
[174] BAG 23.1.2018 AP Nr. 119 zu § 7 BetrAVG = BetrAV 2018, 514; *Karst/Paulweber* BB 2005, 1498 (1501, 1502); aA Höfer BetrAVG I/*Höfer* § 1 Rn. 53 ff.
[175] *Reinecke* NJW 2001, 3511 (3512).
[176] *Höfer* DB 2001, 1145 (1146); *Reinecke* NJW 2001, 3511 (3514).

destleistung nicht. Gleichwohl enthält § 2 VI **BetrAVG** eine **Berechnungsvorschrift.** Danach tritt an Stelle der ratierlich berechneten Anwartschaft das dem AN planmäßig zuzurechnende Versorgungskapital auf der Grundlage der bis zu seinem Ausscheiden geleisteten Beiträge (Beiträge und die bis zum Eintritt des Versorgungsfalles erzielten Erträge), mindestens die Summe der bis dahin zugesagten Beiträge, soweit sie nicht rechnungsmäßig für einen biometrischen Risikoausgleich verbraucht wurden. Die Regelung ersetzt die ratierliche Berechnungsmethode. Sie hat zur Folge, dass bei vorzeitigem Ausscheiden der unverfallbare Teil der Versorgungsanwartschaft nicht zu ermitteln ist.

e) Anpassung. Die Verpflichtung zur Anpassung **entfällt** bei Beitragszusagen mit Mindestleistung (§ 16 III Nr. 3 BetrAVG). Diese Regelung beruht darauf, dass das planmäßig zuzurechnende Versorgungskapital Ertragschancen bietet. Die Erträge des Versorgungskapitals müssen zur Verbesserung der laufenden Leistungen verwendet werden.[177] Die Vorschrift gilt gem. § 16 III Nr. 3 Hs. 2 iVm § 16 V BetrAVG unabhängig davon, ob es sich um eine vom AG finanzierte Zusage oder um eine Entgeltumwandlung handelt.[178] Die Anpassung ist auch dann ausgeschlossen, wenn das Versorgungskapital auf die Mindestleistung zurückfällt. 69

f) Vorzeitiger Rentenbezug. Bei einem vorzeitigen Rentenbezug stellt sich die Frage, in welchem Umfang **Abschläge** vorgenommen werden können. Da das Haftungsvolumen sich nur auf die Summe der gezahlten bzw. zugesagten Beiträge und die daraus erzielten Erträge bezieht, werden versicherungsmathematische Abschläge möglich sein.[179] 70

5. Insolvenz. Der Insolvenzschutz richtet sich nach der gewählten Durchführungsform (Pensionsfonds, Pensionskasse oder Direktversicherung). 71

V. Reine Beitragszusage

1. Begriff. Bei der reinen Beitragszusage verspricht der AG keine bestimmte Versorgungsleistung. Eine solche Zusage war zwar bisher rechtlich möglich, sie unterfiel aber nicht dem BetrAVG, weil es sich hierbei wegen des fehlenden Versprechens einer künftigen Versorgungsleistung nicht um eine betriebliche Altersversorgung handelte.[180] Durch das **Betriebsrentenstärkungsgesetz** vom 17.8.2017 (BetrRStärkG, BGBl. I 3214) hat der Gesetzgeber nunmehr zum 1.1.2018 die reine Beitragszusage in den §§ 21 ff. BetrAVG als weiteres Modell der betrieblichen Altersversorgung eingeführt. Der Begriff wird in § 1 II Nr. 2a Hs. 1 BetrAVG definiert. Voraussetzung für die Anwendung des BetrAVG ist danach, dass der AG durch Tarifvertrag oder auf Grund eines Tarifvertrages in einer Betriebs- oder Dienstvereinbarung verpflichtet wird, Beiträge zur Finanzierung der betrieblichen Altersversorgung **an einen Pensionsfonds, eine Pensionskasse oder eine Direktversicherung** zu zahlen. Dabei kann es sich sowohl um eine Altersrente als auch eine Invaliditäts- oder Hinterbliebenenrente handeln. Der AG garantiert dabei keine Rente in einer bestimmten Höhe. Die Regelungen verstoßen nicht gegen das Grundrecht auf negative Koalitionsfreiheit gem. Art. 9 III GG.[181] Das folgt bereits daraus, dass das Gesetz in §§ 21 III 1, 24 BetrAVG auch für Nichttarifgebundene die Möglichkeit der Teilhabe an entsprechenden Versorgungssystemen vorsieht. 72

2. Kapitalmarktrisiken. Dieser Verzicht auf eine garantierte Rentenhöhe ermöglicht eine weniger konservative Anlage, wobei die sich hieraus ergebenden höheren Kapitalmarktrisiken durch die Regelungen in den §§ 244a–244d VAG und §§ 33–42 der Pensionsfonds-Aufsichts-VO teilweise aufgefangen werden, indem Bestimmungen zur Trennung der Kapitalanlage, zur Ermittlung und Anpassung der Rente, zum Risikomanagement sowie Informations- und Berichtspflichten (gegenüber der Aufsichtsbehörde) normiert sind.[182] 73

3. Vereinbarung. Die reine Beitragszusage kann nur durch die **Tarifvertragsparteien** vereinbart werden. Die Einführung kann dabei entweder unmittelbar durch tarifliche Regelungen oder auf Grund eines Tarifvertrages in einer Betriebs- oder Dienstvereinbarung erfolgen (§ 1 II Nr. 2a Hs. 1 BetrAVG). Die Tarifvertragsparteien „sollen" nach § 21 II 1 BetrAVG bereits bestehende Betriebsrentensysteme „angemessen berücksichtigen." Hieraus folgt kein generelles Ver- 74

---

177 *Rolfs* BetrAV 2015, 198 (201) mwN.

178 *Friedrich/Kovac/Werner* DB 2007, 1557 (1559).

179 Vgl. Höfer BetrAVG I/*Höfer* § 6 Rn. 168; BRO/*Rolfs* BetrAVG § 6 Rn. 172 ff.

180 BAG 19.6.2012 AP Nr. 9 zu § 1 BetrAVG Pensionskasse = DB 2012, 2818; 7.9.2004 AP Nr. 15 zu § 1 BetrAVG Gleichberechtigung = NZA 2005, 1239; aA *Höfer* DB 2013, 288.

181 ErfK/*Steinmeyer* BetrAVG § 21 Rn. 1; aA *Schobert* BetrAV 2017, 473.

182 Näher hierzu *Friedrich* BetrAV 2017, 469.

bot, ein bisheriges Versorgungssystem durch eine reine Beitragszusage abzulösen. Insoweit gelten allerdings die Grundsätze des Vertrauensschutzes und der Verhältnismäßigkeit (→ § 274 Rn. 86), wobei der Verlust der Leistungsgarantie und des Insolvenzschutzes in die Bewertung mit einbezogen werden muss.[183] § 21 III 1 BetrAVG schreibt ferner vor, dass die Tarifvertragsparteien nichttarifgebundenen AG und AN den Zugang zur durchführenden Versorgungseinrichtung nicht verwehren „sollen." Beide Sollvorschriften enthalten allerdings keine Sanktion für den Fall ihrer Nichtbeachtung.[184] Nichttarifgebundene AG und AN können gem. § 24 BetrAVG die Anwendung der einschlägigen tariflichen Regelung vereinbaren. Die Bezugnahme muss sich dabei auf einen einschlägigen, also räumlich, zeitlich, betrieblich-fachlich und persönlich anwendbaren Tarifvertrag beziehen.[185]

75 Die Tatsache, dass die durchführenden Versorgungseinrichtungen nach § 22 BetrAVG keine Pflicht trifft, mit nichttarifgebundenen AG eine Beteiligung zu vereinbaren, kann zu Problemen bei einem Betriebsübergang führen.[186] Zwar werden die entsprechenden tariflichen Regelungen nach § 613a I 2 BGB Bestandteil des Arbeitsverhältnisses. Ein nichttarifgebundener neuer Inhaber könnte aber eine reine Beitragszusage nicht fortführen, wenn ihm der Zugang zu der Einrichtung nach § 22 BetrAVG nicht eröffnet ist. Er könnte also die reine Beitragszusage nur außerhalb der Regelungen des BetrAVG erfüllen (vgl. zu dieser Möglichkeit → Rn. 72) und müsste hierfür einen Träger finden. In diesem Fall trifft ihn aber gleichwohl die Verpflichtung nach § 23 I BetrAVG auf Zahlung eines Sicherungsbeitrages, ebenso wie die Pflicht zur Zahlung eines Arbeitgeberzuschusses nach § 23 II BetrAVG (die im Fall einer Entgeltumwandlung zudem aus § 1a Ia BetrAVG folgt). Darüber hinaus bestünde in diesem Fall für den AN ein Verschaffungsanspruch nach § 1 I 3 BetrAVG. Daneben gibt es für den AN die Möglichkeit, die reine Beitragszusage gem. § 22 III Nr. 1a BetrAVG fortzuführen.

76 Gem. § 21 I BetrAVG müssen die Tarifvertragsparteien sich an der Durchführung und Steuerung beteiligen. Damit haben sie auch einen Überwachungsauftrag. Die Beteiligung kann zB im Rahmen gemeinsamer Einrichtungen nach dem TVG erfolgen, muss es aber nicht.[187] Es reicht auch aus, wenn die Sozialpartner in bestehenden Einrichtungen der betrieblichen Altersversorgung (Pensionskassen, Pensionsfonds, Direktversicherungen) Möglichkeiten erhalten, auf die Durchführung der betrieblichen Altersversorgung einzuwirken.[188] Die Anforderung ist daher zum Beispiel auch dann erfüllt, wenn die Sozialpartner im Aufsichtsrat der durchführenden Versorgungseinrichtung vertreten sind oder wenn sie durch eine Vertretung in spezifischen Gremien der Versorgungseinrichtung hinreichende Einflussmöglichkeiten auf das Betriebsrentensystem haben bzw. dieses mit steuern können. Die Tarifvertragsparteien können dabei Dritte beauftragen, die sie bei der Erfüllung der Beteiligungspflicht vertreten.[189]

77 **4. Verpflichtung des Arbeitgebers.** Die Verpflichtung des AG beschränkt sich darauf, die Beiträge an den Pensionsfonds, die Pensionskasse oder die Direktversicherung zu leisten. Insoweit handelt es sich um eine **einklagbare** tarifliche **Verpflichtung.**[190] Die Regelungen in § 1 I 3 BetrAVG über die Einstandspflicht des AG sowie §§ 1b–6 u. 16 BetrAVG gelten nicht (§ 4a u. § 6 gelten allerdings gem. § 22 III Nr. 2 u. 3 BetrAVG gegenüber der Versorgungseinrichtung entsprechend); ferner besteht **keine Insolvenzsicherungspflicht** über den PSVaG (§ 1 II Nr. 2a Hs. 2 BetrAVG).[191] Die Versorgungseinrichtung muss nach § 22 I 1 BetrAVG eine **lebenslange Zahlung der Altersversorgung** auf der Grundlage des planmäßig zuzurechnenden Versorgungskapitals vorsehen; damit ist die **Zahlung eines einmaligen Versorgungskapitals** (abgesehen von dem Fall des § 22 IV 3 Hs. 2 BetrAVG) sowie einer befristeten Rente **ausgeschlossen.**[192] Diese Einschränkung gilt aber nur für **Altersleistungen,** nicht im Hinblick auf Invaliditäts- und Hinterbliebenenversorgungen.[193] Zur Absicherung der reinen Beitragszusage „soll" gem. § 23 I BetrAVG im Tarifvertrag ein einmaliger **Sicherungsbeitrag** vereinbart wer-

[183] ErfK/*Steinmeyer* BetrAVG § 21 Rn. 3; Höfer BetrAVG I/*Höfer* § 21 Rn. 20 ff.; *v. Buddenbrock/Kühn* BB 2017, 2997; einen Systemwechsel ausschließend BRO/*Rolfs* BetrAVG § 21 Rn. 29.

[184] Vgl. hierzu Höfer BetrAVG I/*Höfer* § 21 Rn. 33, der § 21 III 1 BetrAVG als Mussvorschrift auffasst.

[185] BT-Drs. 18/11286, 47; ausf. zu diesem Erfordernis *Koch* NZA 2018, 1035; vgl. auch → § 273 Rn. 57.

[186] Näher hierzu HWK/*Schipp* BetrAVG § 21 Rn. 5.

[187] *Rolfs* NZA 2017, 1225 (1228).

[188] BT-Drs. 18/11286, 32; näher hierzu *Diller* BetrAV 2018, 601.

[189] BT-Drs. 18/11286, 45.

[190] BT-Drs. 18/11286, 42; *Reinecke* AuR 2017, 432 (433).

[191] Ungeklärt ist, inwieweit dies mit der Richtlinie 2008/94/EG vereinbar ist.

[192] BT-Drs. 18/11286, 45; *Rolfs* NZA 2017, 1225 (1227); *Reinecke* AuR 2017, 432 (433); *Ulbrich* BB 2017, 2423 (2425).

[193] *Rolfs* NZA 2017, 1225 (1227).

den. Eine Nichtregelung hat aber keine Auswirkungen auf die Wirksamkeit des Tarifvertrags und keine Haftungsfolgen für die tarifschließenden Parteien.[194] Der Sicherungsbeitrag ist nach § 3 Nr. 63a EStG steuerfrei und unterliegt nicht der Beitragspflicht in der Sozialversicherung.

Demgegenüber darf die Höhe der Leistungen nicht garantiert werden (§ 22 I 2 BetrAVG). 78
Dieses Verbot richtet sich sowohl an die Tarifvertragsparteien als auch an die Versorgungsträger.[195]

Für den AG besteht keine Einstandspflicht nach § 1 I 3 BetrAVG (§ 1 II Nr. 2a Hs. 2 79
BetrAVG). Das stellt ihn allerdings nicht von jeder Haftung frei. Aus der Zusage einer betrieblichen Altersversorgung können ihn Pflichten treffen, deren Verletzung Schadensersatzansprüche auslösen kann, insbesondere Pflichten bei der Auswahl des Versorgungsträgers oder bei der Information des AN. Außerdem kann sich aus dem Gleichbehandlungsgrundsatz uU sogar ein Anspruch auf Verschaffung einer betrieblichen Altersversorgung ergeben.[196]

Wie sich aus § 23 II BetrAVG ergibt, kann die reine Beitragszusage auch für eine **Entgeltum-** 80
wandlung vorgesehen werden. In diesem Fall muss der AG nach § 23 II BetrAVG 15% des umgewandelten Entgelts zusätzlich als **Arbeitgeberzuschuss** an die Versorgungseinrichtung weiterleiten, soweit er durch die Entgeltumwandlung Sozialversicherungsbeiträge einspart (→ § 273 Rn. 58).

5. Anwartschaft. Die auf einer reinen Beitragszusage beruhende Anwartschaft ist nach § 22 81
II 1 BetrAVG **sofort unverfallbar.** Dies gilt allerdings nur für Anwartschaften auf **Altersleistungen,** nicht für Anwartschaften auf Invaliditäts- und Hinterbliebenenversorgungen.[197] Anwartschaften ausgeschiedener AN dürfen nicht schlechter behandelt werden als die der aktiven Beschäftigten (Art. 5 II RL 2014/50/EU, Mobilitätsrichtlinie); daher müssen die Erträge der Versorgungseinrichtung gem. § 23 II 2 BetrAVG auch den ausgeschiedenen AN zugutekommen. Die Anwartschaft ist nicht übertragbar, nicht beleihbar und nicht veräußerbar (§ 22 IV 1 BetrAVG). Sie darf gem. § 22 IV 2, 3 BetrAVG nur bis zur Wertgrenze des § 3 II BetrAVG (→ § 274 Rn. 116) vorzeitig verwertet werden.

6. Rechte des Arbeitnehmers. Gem. § 22 III Nr. 1 BetrAVG hat der AN nach Beendigung 82
des Arbeitsverhältnisses gegenüber der Versorgungseinrichtung das Recht, die Versorgung **mit eigenen Beiträgen fortzusetzen,** wobei die Höhe der zu entrichtenden Beiträge für diesen Fall nicht geregelt ist.[198] Ein Recht der Fortsetzung der Versicherung mit eigenen Beiträgen besteht ferner bei einer Insolvenz des AG gem. § 8 III 1 u. 3 BetrAVG. Danach kann der AN in dem Fall, dass die Versorgungszusage auf die Leistungen einer **Rückdeckungsversicherung** verweist, unmittelbar die Versorgung der Rückdeckungsversicherung verlangen und als Versicherungsnehmer in die Versicherung eintreten. Außerdem kann der AN das gebildete Versorgungskapital innerhalb eines Jahres nach Beendigung des Arbeitsverhältnisses auf eine neue Versorgungseinrichtung im Rahmen einer reinen Versorgungszusage **übertragen.** Die Übertragung auf ein anderes Modell der betrieblichen Altersversorgung ist damit ausgeschlossen, wodurch die **Portabilität** erheblich eingeschränkt ist.

Der AN hat einen **Auskunftsanspruch** nach § 4a BetrAVG (§ 22 III Nr. 2 BetrAVG). Dane- 83
ben bestehen die Auskunftspflichten nach § 144 VAG und § 41 der Pensionsfonds-Aufsichts-VO. Ferner kann der AN entsprechend § 6 BetrAVG vorzeitige Altersleistungen in Anspruch nehmen (§ 22 III Nr. 3 BetrAVG). Diese Ansprüche richten sich aber nicht gegen den AG, sondern nur gegen die Versorgungseinrichtung.

VI. Pensionsfonds

1. Begriff. Durch das AVmG wurde ab dem 1.1.2002 der Pensionsfonds als neuer Durchfüh- 84
rungsweg eingeführt, um die Auslagerung von Pensionsverpflichtungen zu erleichtern. Der Begriff des Pensionsfonds ergibt sich aus § 236 I 1 VAG (→ § 272 Rn. 47). Der Pensionsfonds ist wie die Pensionskasse, die Unterstützungskasse und der Lebensversicherer (bei der Direktversicherung) ein externer Versorgungsträger im Sinne von § 1 I 2 BetrAVG. Pensionsfonds können mit einer Leistungs- oder mit einer Beitragszusage verbunden werden. Sie lassen sich auch mit einer Entgeltumwandlung durchführen.[199]

---

[194] BT-Drs. 18/11286, 46.
[195] BRO/*Rolfs* BetrAVG § 22 Rn. 12.
[196] *Ulbrich* BB 2017, 2423 (2424).
[197] *Rolfs* NZA 2017, 1225 (1228).
[198] Zu den Gestaltungsmöglichkeiten vgl. Höfer BetrAVG I/*Höfer* § 22 Rn. 59.
[199] *Blomeyer* BetrAV 2001, 430 (433).

85 Der Pensionsfonds **unterscheidet sich von der Pensionskasse** insoweit, als Versicherung und Kapitalanlage auch durch Dritte erfolgen können, und durch die Liberalisierung der Anlageschutzregelungen (→ § 272 Rn. 47). Er unterscheidet sich von der **fondsgebundenen Lebensversicherung;** diese ist Versicherung mit Übernahme des Erlebensfallrisikos und des Lebensrisikos. Andererseits trägt der Versicherte das Risiko der Performance.

86 Die Versorgung über einen Pensionsfonds kann mit einer **beitragsorientierten Zusage** oder mit einer **Leistungszusage** verbunden werden (→ Rn. 62 ff.). Die Leistungszusage wird in der Praxis kaum vorkommen, weil der AG das Anlagerisiko trägt, wenn der Pensionsfonds die Leistungen nicht erwirtschaftet. Ferner ist eine Beteiligung des AN im Wege der Entgeltumwandlung (→ § 273 Rn. 51 ff.) möglich.

87 **2. Tarifvertraglich vorgeschriebene Mitgliedschaft.** Die **Tarifvertragsparteien** können die Mitgliedschaft in einem Pensionsfonds verbindlich vorschreiben. Ein derartiger Tarifvertrag kann auch für allgemeinverbindlich erklärt werden.[200]

88 **3. Rechtsverhältnis Arbeitnehmer/Arbeitgeber. a) Versorgungsvereinbarung.** Der Pensionsfondszusage liegt eine Versorgungsvereinbarung zwischen den Arbeitsvertragsparteien zugrunde. Die Versorgung wird mit Abführung der Beiträge an den Pensionsfonds unverfallbar. Für die Berechnung des Werts der unverfallbaren Versorgungsanwartschaft muss die ratierliche Berechnungsmethode gelten, da in § 2 III BetrAVG nur die Pensionskasse und nicht der Pensionsfonds erwähnt ist. Wegen des Ergänzungsanspruchs bestimmt § 2 IIIa BetrAVG, dass sich der zu finanzierende Teilanspruch, soweit er über die aufgrund des Pensionsplans erforderliche Deckungsrückstellung hinausgeht, gegen den AG richtet.

89 **b) Abfindung.** Die Abfindung der Versorgungsanwartschaft ist in § 3 BetrAVG nicht besonders erwähnt. Es gelten daher die unter → § 274 Rn. 114 ff. dargestellten Grundsätze.[201]

90 **c) Übertragung.** Wegen der Übertragung der Versorgungsanwartschaft gilt § 4 BetrAVG. Insbes. ist § 4 III BetrAVG anwendbar, der eine Übertragung auf Verlangen des AN vorsieht (→ § 274 Rn. 122 ff.).

91 **4. Rechtsverhältnis Arbeitgeber/Pensionsfonds. a) Beitragspflicht.** Der AG ist zu Beiträgen an den Pensionsfonds verpflichtet. Das gilt sowohl für den beitrags- wie den leistungsorientierten Pensionsfonds. Nach § 240 VAG kann das Bundesfinanzministerium Einzelheiten regeln, um die dauernde Erfüllbarkeit (Solvabilität) zu gewährleisten. Die dauernde Erfüllbarkeit kann auch bei einer dauernden Unterdeckung gewährleistet sein, wenn diese 5% des Betrags der Rückstellungen nicht übersteigt und die Belange der Versorgungsanwärter und Empfänger gewährleistet sind (§ 239 III VAG). Hieraus ist zu folgern, dass über die Beitragsausgestaltung Vereinbarungen möglich sind und dass in einer gewissen Bandbreite durch Nachschüsse eine gewisse Flexibilität erreicht werden kann.

92 **b) Bilanzielle Ausweisung.** Die Versorgungsverpflichtung aus einer Pensionsfondszusage wird nach den Grundsätzen ordnungsgemäßer Buchführung **nicht in der Handels- und Steuerbilanz** ausgewiesen. Für den Fall einer Ausfallhaftung des AG besteht für Kapitalgesellschaften lediglich eine Ausweispflicht der mittelbaren Verpflichtung im Anhang des handelsrechtlichen Jahresabschlusses. Namentlich Unternehmen, die sich am internationalen Kapitalmarkt finanzieren, können über die Auslagerung von Pensionsverpflichtungen eine verbesserte Eigenkapitalquote erreichen.

93 **5. Rechtsverhältnis Arbeitnehmer/Pensionsfonds.** Die Vereinbarung zwischen AG und Pensionsfonds ist ein Vertrag zugunsten Dritter gem. § 328 I BGB. Der AN ist Berechtigter der Leistungen des Pensionsfonds. Diese richten sich nach dem Leistungsplan. Der Leistungsanspruch ist in § 236 I 1 Nr. 3 VAG festgeschrieben.

94 **6. Mitbestimmung des Betriebsrats.** → § 272 Rn. 47 ff.

95 **7. Betriebsübergang.** Bei einem Betriebsübergang haftet der Veräußerer weiterhin für die Erfüllung der Versorgungszusage gegenüber den bereits ausgeschiedenen AN. Der Erwerber tritt gem. § 613a BGB nur in das Versorgungsverhältnis mit den noch betriebsangehörigen AN ein, sofern sie dem Betriebsübergang nicht widersprechen. Ist die Erfüllung der Versorgungszusage mit dem bisherigen Versorgungsträger nicht möglich, etwa weil die Belegschaft nicht mehr dem

[200] EuGH 21.9.1999 AP Nr. 1 zu Art. 85 EG-Vertrag = DB 2000, 826 – Albany.

[201] Näher zur Vereinbarung von ratenweisen Kapitalzahlungen oder Einmalkapitalzahlungen: *Höfer* DB 2014, 540 (541 f.).

satzungsmäßigen Geltungsbereich eines Versicherungsvereins a. G. angehört, kann der Erwerber die Versorgung mit Zustimmung der AN über einen anderen Versorgungsträger durchführen. Der Anspruch des AN gegen den Pensionsfonds bleibt vom Betriebsübergang unberührt.[202] Zumeist wird der Betriebsübernehmer neuer Träger der Kasse. Ist das nicht möglich, kann der Betriebsveräußerer seinen Vertrag mit dem Pensionsfonds gem. § 237 VAG iVm §§ 168 I, 165 I 1 VVG kündigen oder beitragsfrei stellen.[203]

8. Insolvenz. Zum Insolvenzschutz des § 7 BetrAVG → § 278 Rn. 14, 22. 96

VII. Kapitalgedeckte Altersversorgung

1. Grundlage. Wegen der Absenkung der Leistungen der gesetzlichen Rentenversicherung 97 ist durch das AVmG vom 26.6.2001 (BGBl. I 1310) die kapitalgedeckte Altersversorgung zum Ausgleich der Renteneinbußen (sog. **Riester-Rente**) eingeführt worden. Sie ist eine Kombination aus Zulage und Steuerbefreiung. Dabei kommt immer die günstigere Variante zum Zuge. Gefördert werden Anlageformen, die im Alter eine ergänzende lebenslange Rente (sog. Leibrente) zahlen und als Mindestleistung wenigstens die eingezahlten Beiträge garantieren. Die Förderung ist unabhängig davon, ob die zusätzliche Altersvorsorge im Rahmen der betrieblichen Altersvorsorge oder der privaten Altersvorsorge aufgebaut wird. Die Tarifvertragsparteien können im Rahmen tariflicher Regelungen diese Altersversorgung mitgestalten.

2. Geförderter Personenkreis. Der Kreis der Begünstigten ist in § 10a I EStG aufgeführt. 98 Hierzu gehören insbes. alle Personen, die Pflichtbeiträge zur gesetzlichen Rentenversicherung zahlen.

3. Grundsätze der Förderung. In Art. 7 AVmG ist das Gesetz über die Zertifizierung von 99 Altersvorsorgeverträgen (Altersvorsorgeverträge-Zertifizierungsgesetz – AltZertG) enthalten. Zertifizierungsstelle ist das Bundeszentralamt für Steuern (§ 3 I AltZertG). Die Zertifizierungsstelle prüft nicht die Qualität der angebotenen Verträge (§ 2 III AltZertG). Das Zertifikat bescheinigt lediglich, dass die Voraussetzungen der Förderung gegeben sind. Die Zertifizierungsvoraussetzungen ergeben sich aus § 1 AltZertG. Grundsätzlich müssen die Anlagen bis zum 62. Lebensjahr oder bis zum Beginn der Altersrente gebunden sein, die Anlageformen müssen ab Auszahlungsbeginn eine lebenslange steigende oder gleich bleibende Leibrente zusichern, zu Beginn der Auszahlungsphase müssen mindestens die eingezahlten Beiträge und während der Auszahlungsphase die laufenden monatlichen Zahlungen zugesagt sein.[204]

4. Förderfähige Anlageformen. Förderfähig ist die betriebliche Altersversorgung in Form 100 von Direktversicherungen, Pensionskassen- und Pensionsfondsversorgung sowie als private kapitalgedeckte Altersversorgung durch Fonds- und Banksparpläne. Fonds- und Banksparpläne müssen mit Auszahlungsplänen und einer Restverrentungspflicht versehen sein.

5. Wohneigentum. Der Zulageberechtigte kann das in einem Altersvorsorgevertrag gebil- 101 dete und nach § 10a oder §§ 79 ff. EStG geförderte Kapital nach Maßgabe des § 92a EStG unmittelbar für die Anschaffung oder Herstellung (bis zum Beginn der Auszahlungsphase auch Entschuldung) einer zu eigenen Wohnzwecken dienenden Wohnung in einem im Inland gelegenen Haus oder einer im Inland gelegenen, zu eigenen Wohnzwecken dienenden eigenen Eigentumswohnung verwenden (Altersvorsorge-Eigenheimbetrag). Einzelheiten §§ 92a, 92b EStG.

6. Förderkonzept. Der Altersvorsorgeaufwand setzt sich aus Eigenbeiträgen und Zulagen 102 zusammen. Der Berechtigte braucht nur seine Eigenbeiträge zu zahlen. Die staatliche Zulage wird vom zuständigen Finanzamt nach Antrag des Berechtigten auf amtlichen Vordruck auf den begünstigten Vertrag gutgeschrieben (§§ 89, 90 EStG). Die Höhe der Zulage ist abhängig vom Familienstand (§§ 83–85 EStG). Bei höheren Einkommen oder Eigenbeiträgen, die Mindesteigenbeträge übersteigen, kann es günstiger sein, den Altersversorgungsaufwand im Rahmen des Sonderabgabenabzugs geltend zu machen. Ist der Sonderabgabenabzug für den Steuerpflichtigen günstiger als der Anspruch auf die Zulage nach §§ 79 ff. EStG, so wird dies vom Finanzamt im Rahmen eines Günstigkeitsvergleichs überprüft. Die Differenz wird dem Konto gutgeschrieben. Als Sonderausgabenabzug können bis zu 2 100 EUR geltend gemacht werden (§ 10a I 1 EStG). Der Aufbau der Altersversorgung erfolgt aus nicht versteuertem Einkommen. Daher unterliegen die späteren Auszahlungen

[202] *Diller* BetrAV 2011, 348 (350).
[203] Näher zu den Gestaltungsmöglichkeiten beim Betriebsübergang *Diller* BetrAV 2011, 348.
[204] Zur Zulässigkeit der Verteilung der Abschluss- und Vertriebskosten auf die ersten fünf Laufzeitjahre BGH 7.11.2012 NJW 2013, 368.

der Steuerpflicht. Seit dem 1.1.2018 sind betriebliche Riester-Renten gem. § 229 I Nr. 5 Hs. 2 SGB V nicht mehr als Versorgungsbezug beitragspflichtig zur Krankenversicherung.

103 **7. Höhe der Zulage.** Die Zulage setzt sich zusammen aus einer Grundzulage und einer Kinderzulage. Die **Grundzulage** beträgt jährlich 175 EUR (§ 84 EStG). Die **Kinderzulage** beträgt für jedes Kind, für das dem Zulageberechtigten Kindergeld ausgezahlt wird, jährlich 185 EUR (§ 85 EStG), für nach dem 31.12.2007 geborene Kinder 300 EUR. Die Zulage wird gekürzt, wenn der Zulageberechtigte nicht den Mindesteigenbetrag leistet. Dieser beträgt jährlich 4% der Vorjahresbezüge, jedoch nicht mehr als der in § 10a I 1 EStG genannte Höchstbetrag (2.100 EUR), vermindert um die Zulage nach den §§ 84 und 85 EStG (§ 86 EStG).

104 **8. Sonderausgabe.** Der Sonderausgabenabzug ist in § 10a EStG geregelt. Zur Durchführung ist die Altersvorsorge-Durchführungsverordnung (AltvDV) vom 17.12.2002 (BGBl. I 4544), neugefasst am 28.2.2005 (BGBl. I 487), zuletzt geändert durch Gesetz vom 17.8.2017 (BGBl. I 3214), ergangen.

§ 276. Ruhegeldanpassung

Übersicht

I. Begriff

1 Von Ruhegeldanpassung wird dann gesprochen, wenn der AG verpflichtet oder berechtigt ist, das Ruhegeld veränderten wirtschaftlichen Verhältnissen anzugleichen. Eine ruhegeldsteigernde Anpassung kommt in Betracht, wenn das allgemeine Einkommensniveau erheblich gestiegen oder im Zeitpunkt des Pensionsfalles ein erheblicher Währungsverlust eingetreten ist. Umgekehrt kann aber auch eine ruhegeldmindernde Anpassung bei grundlegender Veränderung der wirtschaftlichen Lage des Unternehmens in Frage kommen (→ § 277 Rn. 8 ff.).

2 Bei Dauerschuldverhältnissen besteht die Gefahr, dass eine Geldsummenschuld durch den **Geldwertschwund** entwertet wird. Dies hat die Rspr. bis zum Jahre 1973 hingenommen. In diesem Jahr hat das BAG entschieden, dass der AG zur Anpassung von Ruhgeldverbindlichkeiten verpflichtet ist, wenn die Lebenshaltungskosten um 40% (Opfergrenze) gestiegen sind und ihm die Anpassung zumutbar ist.[1] Dieser Rspr. hat sich der BGH angeschlossen.[2]

3 Durch das **BetrAVG** ist zum 22.12.1974 eine gesetzliche Regelung (§ 16 BetrAVG) eingeführt worden. Grundtatbestand für die Rentenanpassung ist nach wie vor die Regelung in § 16 I BetrAVG, die regelmäßige Anpassungen in einem Turnus von drei Jahren vorsieht (→ Rn. 6).

[1] BAG 30.3.1973 AP Nr. 4 zu § 242 BGB Ruhegehalt-Geldentwertung = NJW 1973, 959; 30.3.1973 AP Nr. 5 zu § 242 BGB Ruhegehalt-Geldentwertung = BetrAV 1973, 137 = NJW 1973, 1296 (LS).

[2] BGH 28.5.1973 BGHZ 61, 31 = AP Nr. 6 zu § 242 BGB Ruhegehalt-Geldentwertung = NJW 1973, 1599.

Durch das RRG (1999) wurden die Absätze II bis IV neu gefasst. Danach ist der AG in bestimmten Fällen von der Anpassungspflicht entbunden (→ Rn. 35 ff.); außerdem ist die nachholende Anpassung geregelt (→ Rn. 42 ff.). Mit dem AVmG (2001) wurden in § 16 V BetrAVG Regelungen über die Entgeltumwandlung aufgenommen (→ Rn. 47). Weitere Änderungen erfolgten aufgrund des HZvNG (2002; → § 272 Rn. 14) sowie des EUMobRLUmsG (→ Rn. 37). Aufgrund der verschiedenen Änderungen des § 16 BetrAVG bestehen mehrere Anpassungsmodelle. § 16 BetrAVG findet gem. § 18 I BetrAVG für bei der VBL pflichtversicherten AN keine Anwendung. Die Betriebsrente wird gem. § 39 VBLS (s. auch § 111 I ATV) jeweils um 1% ihres Betrages erhöht. Die Zusatzrente für vorzeitig ausgeschiedene AN ist gem. § 18 IV BetrAVG anzupassen, wenn auch die Versorgungsrenten für das jeweilige Jahr angepasst wurden.

II. Dynamisierung des Ruhegeldes

4 Soll das Ruhegeld in **Prozentsätzen des letzten Einkommens** berechnet werden, so wird die **Ruhegeldanwartschaft** gestiegenem Einkommen angepasst **(Halbdynamisierung).** Wird es jeweils in Prozentsätzen des Einkommens eines vergleichbaren noch aktiven AN berechnet, so ist auch das **Ruhegeld** dynamisiert. Zulässig sind auch Regelungen, nach denen die Entwicklung der Betriebsrenten an die Einkommensentwicklung der aktiv Beschäftigten geknüpft wird. Das gilt jedenfalls dann, wenn das Entgelt tariflich geregelt ist. Solche Bestimmungen entsprechen der Wertung des § 16 II Nr. 2 BetrAVG. Nicht mit der gesetzlichen Wertung vereinbar sind aber Regelungen, die eine Beeinträchtigung des bei Eintritt des Versorgungsfalles erdienten Versorgungsniveaus ermöglichen.[3] Eine Anpassungspflicht kann sich auch aufgrund einer betrieblichen Übung ergeben, insbes. wenn der AG schon vor Inkrafttreten von § 16 BetrAVG in regelmäßigen Abständen eine Anpassung der Versorgungsverpflichtung vorgenommen hat.[4] Es ist aber jeweils zum einen zu prüfen, ob es aufgrund der Regelhaftigkeit des Verhaltes des AG ein Vertrauenstatbestand erweckt wurde und zum anderen, wie weit die Übung inhaltlich reicht.[5] Sind nähere Einzelheiten der Verpflichtung zur Anpassung in einer solchen Zusage nicht enthalten, so bestimmt der AG Maßstab, Umfang und Zeitpunkt der Ruhegelderhöhung. Denkbar ist aber auch eine Übung, die darauf gerichtet ist, unabhängig von § 16 BetrAVG eine Anpassung nach bestimmten Bezugsgrößen vorzunehmen. Auf Grund betrieblicher Übung erwachsene Anpassungsverpflichtungen werden jedoch regelmäßig nicht über die gesetzliche Verpflichtung hinausgehen, also im Zweifel keinen Anspruch unabhängig von der wirtschaftlichen Belastbarkeit des Unternehmens begründen.[6] Allerdings unterliegt die Bestimmung des AG gem. § 315 BGB der Billigkeitskontrolle (→ § 273 Rn. 19). Erhöht der AG die Betriebsrenten, obwohl er aufgrund der wirtschaftlichen Daten hierzu nicht verpflichtet gewesen wäre, begründet dies nicht ohne weiteres eine betriebliche Übung dahin, dass stets angepasst werden müsste. Bei seiner Ermessenentscheidung ist der AG nicht gehindert, über die Verpflichtungen nach § 16 BetrAVG hinauszugehen und dabei auch andere Aspekte zu berücksichtigen, etwa das Ansehen des Unternehmens und die Auswirkungen auf die Kreditwürdigkeit.[7]

Zulässig ist ein dynamischer **Verweis auf das Beamtenversorgungsrecht.**[8] Eine Vereinbarung, wonach bei einem AN, der eine Vergütung entsprechend der eines Beamten erhielt, auch die Berechnung des Ruhegehalts und der Hinterbliebenenbezüge in sinngemäßer Anwendung des Beamtenrechts erfolgen soll, erfasst auch die Anpassungsnorm in § 70 BeamtVG, sofern Beihilfeansprüche bestehen, Krankenvergütung nach beamtenrechtlichen Grundsätzen gewährt wurde und eine durchgängige Befreiung von der Rentenversicherungspflicht (§ 5 I 1 Nr. 2 SGB VI) galt.[9] In diesem Fall sind keine Anpassungen nach § 16 BetrAVG geschuldet. Eine solche Klausel im Arbeitsvertrag ist nicht überraschend iSv § 305c I BGB. Ein AN, dessen Vergütung sich nach beamtenrechtlichen Vorschriften richtet, muss damit rechnen, dass auch 5

[3] BAG 26.10.2010 AP Nr. 65 zu § 1 BetrAVG = NZA 2011, 595.
[4] BAG 3.12.1985 AP Nr. 18 zu § 16 BetrAVG = NZA 1986, 787.
[5] BAG 3.2.1987 AP Nr. 20 zu § 16 BetrAVG = NZA 1987, 666.
[6] BAG 25.4.2006 NZA-RR 2007, 310; 3.2.1987 AP Nr. 20 zu § 16 BetrAVG = NZA 1987, 666; 3.12.1985 AP Nr. 18 zu § 16 BetrAVG = NZA 1986, 787.
[7] BAG 15.4.2014 NZA-RR 2015, 147.
[8] BAG 14.12.2010 AP Nr. 12 zu § 1 BetrAVG Auslegung = NZA 2011, 576; 21.10.2003 AP Nr. 17 zu § 1 BetrAVG Beamtenversorgung; 16.10.1975 AP Nr. 4 zu § 242 BGB Ruhegehalt-Beamtenversorgung = DB 1976, 199.
[9] BAG 17.9.2013 AP Nr. 26 zu § 1 BetrAVG Beamtenversorgung = NZA 2015, 106; 30.11.2010 AP Nr. 22 zu § 1 BetrAVG Beamtenversorgung = NZA-RR 2011, 255.

das Ruhegehalt nach beamtenversorgungsrechtlichen Bestimmungen in ihrer jeweils geltenden Fassung berechnet wird. Gem. § 307 III 1 BGB findet nur eine eingeschränkte Inhaltskontrolle statt, weil die Höhe der Versorgungsleistung im Anwartschafts- und Versorgungsverhältnis eine Regelung der Hauptleistungspflicht darstellt. § 308 Nr. 4 BGB ist nicht einschlägig. Der Ruhegehaltsberechtigte wird durch den Verweis auf das Beamtenversorgungsrecht zudem ausreichend vor einer Auszehrung der Betriebsrente infolge des Kaufpreisverlustes geschützt. Insoweit ist eine teleologische Reduktion von § 17 III 3 BetrAVG vorzunehmen.[10] Anders kann allerdings eine Regelung zu beurteilen sein, die nur teilweise auf eine „beamtenmäßige" Versorgung abstellt und wegen einzelner Fragen daneben eigenständige, vom Beamtenrecht abweichende Bestimmungen enthält.[11]

III. Anpassungsverpflichtung nach § 16 I BetrAVG

6 **1. Allgemeines.** Nach § 16 I BetrAVG hat der AG **alle drei Jahre** eine Anpassung der laufenden Leistungen der betrieblichen Altersversorgung zu prüfen und hierüber nach billigem Ermessen zu entscheiden; dabei sind insbesondere die Belange des Versorgungsempfängers und die wirtschaftliche Lage des AG zu berücksichtigen. Der AG kann vertragliche Verpflichtungen eingehen, die zugunsten der Versorgungsempfänger von der gesetzlichen Regelung abweichen. Insbesondere kann vereinbart werden, dass der AG unabhängig von der Belastbarkeit des Unternehmens zum vollen Ausgleich des Geldwertverlustes verpflichtet sein soll. Eine eigenständige konkludente Anpassungsvereinbarung ist in einer Regelung zu sehen, die für die Berechnung des Ruhegehalts auf die jeweils für Beamte geltenden Regelungen abstellt.[12] Die Annahme einer eigenständigen Anpassungsverpflichtung aufgrund einer betrieblichen Übung ist aber nur möglich, wenn das Verhalten des AG deutlich auf einen entsprechenden Verpflichtungswillen hinweist.[13] Gem. § 19 I BetrAVG kann die Anpassungsverpflichtung **durch Tarifvertrag abbedungen** werden. Voraussetzung hierfür ist aber, dass die Tarifvertragsparteien von ihrer Befugnis zur Regelung der betrieblichen Altersversorgung Gebrauch machen. Sie können dies nicht nur den Betriebspartnern oder dem AG überlassen und lediglich eine zugunsten des AG von § 16 BetrAVG abweichende Regelung normieren.[14] Ferner kann die Anpassungsverpflichtung für Organmitglieder abbedungen werden. Das Betriebsrentenrecht ist nämlich für Organmitglieder generell insoweit dispositiv, als den Tarifvertragsparteien für AN Abweichungen erlaubt sind. Ansonsten würde für diese Gruppe ein weitergehender Schutz gelten als für AN.[15]

7 In den **neuen Bundesländern** sind laufende Betriebsrenten nur anzupassen, wenn die Zusagen auf Leistungen der betrieblichen Altersversorgung nach dem 31.12.1991 erteilt wurden. Für die bis zum 31.12.1991 erteilten Zusagen schließt der Einigungsvertrag sowohl eine auf § 16 BetrAVG als auch eine auf § 242 BGB gestützte Anpassung aus (→ § 272 Rn. 28).[16]

8 **2. Anzupassende Leistungen.** Der AG hat allein **laufende Leistungen** der betrieblichen Altersversorgung (→ § 272 Rn. 1 ff.) anzupassen. Bezugsobjekt der Anpassung ist die Ausgangsrente, also die Betriebsrente in der Höhe, in der sie nach dem Inhalt der Versorgungsregelung bei Eintritt des Versorgungsfalles vom Versorgungsschuldner zu zahlen ist und nicht etwa eine Gesamtversorgung, die sich auch aus anderen Leistungen Dritter zusammensetzt.[17] Unerheblich ist, ob der Versorgungsfall während der Beschäftigungszeit oder nach ihrer Beendigung bei aufrechterhaltenen unverfallbaren Versorgungsanwartschaften eingetreten ist und ob es Alters- oder Invaliditätsrenten sind.[18] Nicht anzupassen sind **Versorgungsanwartschaften,** auch wenn sie nach § 1 BetrAVG unverfallbar geworden sind.[19] Während der Anwartschaftszeit eingetretene

[10] BAG 30.11.2010 AP Nr. 22 zu § 1 BetrAVG Beamtenversorgung = NZA-RR 2011, 255.
[11] BAG 17.9.2013 AP Nr. 26 zu § 1 BetrAVG Beamtenversorgung = NZA 2015, 106.
[12] BAG 30.11.2010 AP Nr. 22 zu § 1 BetrAVG Beamtenversorgung = NZA-RR 2011, 255; LAG Köln 18.6.2008 NZA-RR 2009, 95.
[13] BAG 25.4.2006 NZA-RR 2007, 310.
[14] BAG 18.9.2012 AP Nr. 57 zu § 1 BetrAVG Ablösung = NZA 2013, 210.
[15] BAG 21.4.2009 AP Nr. 20 zu § 1 BetrAVG Beamtenversorgung = NZA-RR 2010, 168 (LS); BGH 23.5.2017 DB 2017, 1769.
[16] BAG 24.3.1998 AP Nr. 39 zu § 16 BetrAVG = NZA 1998, 1059.
[17] BAG 3.6.2020 AP Nr. 130 zu § 16 BetrAVG = NZA 2020, 1333; 19.11.2019 AP Nr. 126 zu § 16 BetrAVG = NZA 2020, 248; 14.2.2012 AP Nr. 85 zu § 16 BetrAVG = NZA-RR 2012, 593.
[18] Bei Dienstnehmern: BGH 23.5.1977 AP Nr. 8 zu § 242 BGB Ruhegehalt-Geldentwertung; 6.4.1981 AP Nr. 12 zu § 16 BetrAVG = NJW 1981, 2059.
[19] BAG 15.9.1977 AP Nr. 5 zu § 16 BetrAVG = NJW 1977, 2370; allgA in der Lit. vgl. BRO/*Rolfs* BetrAVG § 16 Rn. 43 mwN; aA anscheinend BGH 23.5.1977 AP Nr. 8 zu § 242 BGB Ruhegehalt-Geldentwertung.

Entwertungen sind nach Beginn der Rentenzahlungen nicht zu berücksichtigen.[20] Laufende Leistungen sind regelmäßig wiederkehrende, lebenslänglich oder temporär laufende Leistungen. Keine Anpassungspflicht besteht bei **einmaligen Kapitalzahlungen,** auch wenn sie in Raten erbracht werden. Insoweit kann der AN dem Währungsverfall durch die Anlage des Kapitals Rechnung tragen. Bei der Abgrenzung von laufenden Leistungen und Kapitalzahlungen können sich Schwierigkeiten ergeben. Laufende Leistungen werden immer dann gegeben sein, wenn sie vorübergehend zur Unterhaltsdeckung verwandt werden sollen, Kapitalzahlungen dagegen, wenn sie über den Unterhaltsbedarf hinaus zur Ansammlung von Kapital dienen. Werden laufende Leistungen kapitalisiert, so müssen sämtliche Einflussfaktoren berücksichtigt werden. Hierzu gehört auch eine mögliche Anpassung an den Geldwertschwund.[21] Werden Einmalzahlungen bei Tariflohnerhöhungen vereinbart, kommt es auf den Wortlaut des Tarifvertrags an, ob eine Anpassungspflicht besteht.[22] Nicht anpassungspflichtig sind in **Naturalien** zu leistende Renten, da durch § 16 BetrAVG der Geldwertverfall ausgeglichen werden soll. Das gilt auch dann, wenn der Wert der Naturalleistung gemessen an anderen Realwerten relativ an Wert verliert.[23] Die Anpassungsverpflichtung entsteht jedoch, wenn die Naturalleistung in eine Geldleistung umgewandelt wird.[24] Nicht als laufende Leistungen gelten dagegen gem. § 16 VI BetrAVG[25] monatliche Raten im Rahmen eines **Auszahlungsplans,** also einer Ratenzahlungsvereinbarung über eine bestimmte Kapitalsumme. Erst recht keine laufende Leistungen sind viertel- oder halbjährliche Raten eines Auszahlungsplans. Umstr. ist, ob § 16 VI BetrAVG nur Auszahlungspläne im Sinne des § 1 I 1 Nr. 4 AltZertG (Pläne, die eine Auszahlung bis zur Vollendung des 85. Lebensjahres in gleich bleibenden oder steigenden Raten vorsehen) erfasst.[26] Teilweise wird vertreten, dass eine Anpassungsüberprüfungspflicht außerhalb eines Auszahlungsplans im Sinne des § 1 I 1 Nr. 4 AltZertG dann besteht, wenn die Ratenzahlungen über einen Zeitraum von mehr als zehn Jahren gestreckt werden.[27] Werden **mehrere Versorgungsleistungen** nebeneinander gewährt, hängt die Frage, ob sie bei der Anpassung einheitlich oder getrennt zu behandeln sind, von der Auslegung der Versorgungszusagen und der ihnen zugrundeliegenden Versorgungsregelungen ab (hierzu auch → § 274 Rn. 27 für den Lauf der Unverfallbarkeitsfrist); § 16 BetrAVG verbietet es jedenfalls grundsätzlich nicht, mehrere Versorgungsleistungen zusammenzufassen und als Einheit zu betrachten.[28]

3. Erfasste Versorgungsformen. Die Anpassungsverpflichtung besteht **bei allen Formen der betrieblichen Altersversorgung** (§ 1 BetrAVG).[29] Ausgenommen sind gem. § 16 III Nr. 3 BetrAVG lediglich die Beitragszusage mit Mindestleistung sowie gem. § 1 II Nr. 2a Hs. 2 BetrAVG die reine Beitragszusage. Nach der Definition von § 1 I 1 BetrAVG gehört auch die Höherversicherung in der gesetzlichen Rentenversicherung zur Altersversorgung. Der Gesetzgeber hat hierfür keine Regelungen getroffen, weil ihre Rentenleistungen ohnehin nicht verfallbar sind. Andererseits waren sie nicht dynamisiert. Nach richtiger Auffassung wird der AG sie anpassen müssen; es besteht kein rechtfertigender Grund, den AG bei Erbringung laufender Leistungen über eine Lebensversicherung zur Anpassung zu verpflichten, nicht aber, wenn er dasselbe Ergebnis über die gesetzliche Sozialversicherung erzielt.[30] 9

4. Anpassungsverpflichteter. Die Anpassungsverpflichtung trifft dasjenige Unternehmen, das als AG die Versorgungszusage erteilt hat oder die Verpflichtungen hieraus im Wege der Rechtsnachfolge übernommen hat. Maßgebend ist der rechtliche Arbeitgeberbegriff (→ § 16 Rn. 1 ff.). § 16 BetrAVG gilt auch für solche privatrechtlichen AG, die sich ausschließlich in öffentlicher Hand befinden, sofern sie nach ihrem Unternehmenszweck darauf ausgerichtet sind, auch Gewinne zu erwirtschaften.[31] Im Übrigen sind öffentliche AG gem. § 18 BetrAVG ausgenommen. Die Anpassungspflicht gilt auch für gemeinnützige oder auf staatliche Förderung angewiesene Unternehmen.[32] AG iSv § 16 BetrAVG ist der Partner des Arbeitsverhältnisses, den die Pflichten aus der 10

[20] BAG 1.7.1976 AP Nr. 2 zu § 16 BetrAVG.
[21] Zu Schadensersatzrenten BGH 8.1.1981 BGHZ 97, 187 = NJW 1981, 818.
[22] BAG 11.12.2001 AP Nr. 21 zu § 1 BetrAVG Berechnung = NZA 2002, 1348.
[23] Höfer BetrAVG I/*Höfer* § 16 Rn. 44.
[24] BAG 11.8.1981 AP Nr. 11 zu § 16 BetrAVG = NJW 1982, 957.
[25] Eingefügt durch das AVmG (2001) und geändert durch das HZvNG (2002); auch → § 272 Rn. 14.
[26] So Höfer BetrAVG I/*Höfer* § 16 Rn. 463; aA BRO/*Rolfs* BetrAVG § 16 Rn. 332.
[27] *Höfer/Küpper* DB 2006, 2064 (2065).
[28] BAG 30.8.2005 AP Nr. 56 zu § 16 BetrAVG = DB 2006, 732.
[29] BRO/*Rolfs* BetrAVG § 16 Rn. 20; Höfer BetrAVG I/*Höfer* § 16 Rn. 38 ff.
[30] *Schaub* RdA 1980, 155 (159); Höfer BetrAVG I/*Höfer* § 16 Rn. 42.
[31] BAG 15.3.2016 AP Nr. 13 zu § 1 BetrAVG Pensionskasse = NZA 2016, 1205.
[32] BAG 11.7.2017 AP Nr. 121 zu § 16 BetrAVG = NZA 2017, 1388.

Versorgungszusage treffen.[33] Hieran ändert auch die Übertragung von Vermögenswerten auf einen Pension-Trust (CTA; → § 278 Rn. 2) nichts, wenn sich aus den im Treuhandvertrag getroffenen Vereinbarungen ergibt, dass die auf den Treuhänder übertragenen Vermögenswerte einem direkten Zugriff des AG entzogen sind und der Treuhänder nicht die Verpflichtung übernommen hat, mit dem Planvermögen und seinen Erträgen im Rahmen der Anpassungsprüfung des AG nach § 16 I und II BetrAVG einzustehen.[34] Bei einem Betriebsübergang nach § 613a BGB tritt der Erwerber in die Anpassungsverpflichtung ein, sofern das Arbeitsverhältnis im Zeitpunkt des Übergangs noch bestand.[35] Für die Arbeitgebereigenschaft kommt es auf den Durchführungsweg der Altersversorgung nicht an, so dass bei der Zahlung durch einen selbständigen Versorgungsträger, zB eine Unterstützungskasse, nicht auf deren wirtschaftliche Lage sondern auf die des AG abzustellen ist.[36] Im Rahmen von sog. **Konditionenkartellen,** die im Interesse einer Koordinierung der Bedingungen und Vereinheitlichung der Versorgungsleistungen für ihre Mitglieder einheitliche Versorgungsbedingungen aufstellen, an die der AG gebunden ist (Bochumer Verband, Essener Verband), wird die Anpassungsprüfung und -entscheidung durch den Verband gebündelt für die Mitgliedsunternehmen getroffen. Zulässig sind Klauseln, wonach die reallohnbezogene Obergrenze sowie die wirtschaftliche Lage branchenweit zu betrachten sind.[37] Möglich sind aber auch Differenzierungen nach verschiedenen Branchen.[38] Änderungen der Satzung, die eine branchenweite Bindungswirkung von Anpassungsentscheidungen zu Lasten der Versorgungsempfänger einschränken, bedürfen aber eines branchenbezogenen triftigen Grundes.[39] Die gebündelte Anpassungsentscheidung muss billigem Ermessen gem. § 315 BGB entsprechen. Damit ist es nicht vereinbar, einen biometrischen Faktor zur Begrenzung des Anpassungsbedarfs zu berücksichtigen.[40]

11 Gehört der AG einem **Konzern** an, so ist grundsätzlich die wirtschaftliche Lage des Versorgungsschuldners maßgebend. Ein Konzern ist lediglich eine wirtschaftliche Einheit ohne eigene Rechtspersönlichkeit und kann demnach nicht Schuldner der Betriebsrentenanpassung sein. Die Konzernverbindung ändert für sich genommen weder etwas an der Selbständigkeit der beteiligten juristischen Personen noch an der Trennung der jeweiligen Vermögensmassen.[41] Nur ausnahmsweise kann auf andere konzernangehörige Unternehmen abgestellt werden (auch → § 274 Rn. 148, → § 18 Rn. 1 ff.).[42] Zum einen gilt das bei einer entsprechenden Vereinbarung in der Versorgungszusage, wenn sich dies zugunsten der AN auswirkt.[43] Zum anderen ist es nach der Rspr. des BAG dann der Fall, wenn der AG infolge von **Beherrschungsverträgen** abhängig ist (Vertragskonzern).[44] Dabei verlangte das BAG zunächst keine weiteren Voraussetzungen mehr.[45] Nunmehr nimmt das BAG an, dass das Bestehen eines Beherrschungsvertrages eine Gefahrenlage für das durch § 16 I BetrAVG geschützte Interesse der Betriebsrentner am Werterhalt laufender Altersversorgungsleistungen darstellt. Dies rechtfertigt einen Berechnungsdurchgriff auf die wirtschaftliche Lage des herrschenden Unternehmens, wenn sich die durch den Beherrschungsvertrag für die Versorgungsempfänger begründete Gefahrenlage verwirklicht hat. Beweispflichtig dafür, dass dies nicht der Fall ist, ist der AG, sofern der AN das Bestehen eines Beherrschungsvertrages darlegt und ggf. beweist.[46] Ein bloßer

---

[33] BAG 15.4.2014 NZA-RR 2015, 147; 28.7.2005 AP Nr. 59 zu § 16 BetrAVG = NZA 2006, 1008 (LS).

[34] BAG 2.9.2014 AP Nr. 101 zu § 16 BetrAVG; 15.4.2014 NZA-RR 2015, 147; *Neufeld* BB 2017, 1661 (1664).

[35] BAG 17.6.2014 AP Nr. 100 zu § 16 BetrAVG = BetrAV 2014, 667; 21.2.2006 AP Nr. 58 zu § 16 BetrAVG = NZA 2007, 931.

[36] BAG 25.4.2006 NZA-RR 2007, 310.

[37] BAG 9.11.1999 AP Nr. 30 zu § 1 BetrAVG Ablösung = NZA 2001, 221; 30.9.2014 NZA 2015, 227.

[38] BAG 19.2.2002 AP Nr. 40 zu § 1 BetrAVG Unterstützungskassen = NZA-RR 2004, 368; 9.11.1999 AP Nr. 30 zu § 1 BetrAVG Ablösung = NZA 2001, 221; 27.8.1996 AP Nr. 22 zu § 1 BetrAVG Ablösung = NZA 1997, 535; zur Unwirksamkeit einer Satzungsänderung: BAG 25.7.2000 AP Nr. 31 zu § 1 BetrAVG Ablösung = DB 2002, 2444 (LS).

[39] BAG 25.7.2000 AP Nr. 31 zu § 1 BetrAVG Ablösung = DB 2002, 2444 (LS).

[40] BAG 30.9.2014 NZA 2015, 227.

[41] BAG 21.2.2017 AP Nr. 120 zu § 16 BetrAVG = NZA-RR 2018, 200.

[42] BAG 19.5.1981 AP Nr. 13 zu § 16 BetrAVG = NJW 1982, 350; zu Auswirkungen von wirtschaftlichen Problemen des Konzerns auf Tochterunternehmen BAG 10.2.2009 AP Nr. 68 zu § 16 BetrAVG = NZA 2010, 95.

[43] *Diller/Beck* DB 2011, 1052.

[44] BAG 17.6.2014 AP Nr. 100 zu § 16 BetrAVG = BetrAV 2014, 667; 26.5.2009 AP Nr. 67 zu § 16 BetrAVG = NZA 2010, 641; 28.4.1992 AP Nr. 25 zu § 16 BetrAVG = NZA 1993, 72; 14.2.1989 AP Nr. 22 zu § 16 BetrAVG = NZA 1989, 844.

[45] BAG 26.5.2009 AP Nr. 67 zu § 16 BetrAVG = NZA 2010, 641; 17.6.2014 BetrAV 2014, 667; krit. *Cish/Kruip* NZA 2010, 540 (542); *Schäfer* ZIP 2010, 2025 (2026); *Rolfs/Heikel* NZA 2014, 1161 ff.

[46] BAG 10.3.2015 AP Nr. 112 zu § 16 BetrAVG = NZA 2015, 1187; so auch BGH 27.9.2016 NZA 2016, 1470.

Ergebnis- bzw. Gewinnabführungsvertrag dürfte dagegen nicht ausreichen.[47] Ein Berechnungsdurchgriff setzt zudem einen Gleichlauf von Zurechnung und Innenhaftung voraus. Wird der Versorgungsschuldner in Anspruch genommen, weil ihm die wirtschaftliche Lage eines anderen (Konzern-)Unternehmens zuzurechnen ist, muss für ihn die Möglichkeit bestehen, die sich hieraus ergebende höhere Belastung an das andere (Konzern-)Unternehmen weiterzugeben. Ansonsten müssten nämlich Rentenanpassungen aus der Vermögenssubstanz erbracht werden.[48] Ferner wurde ein Berechnungsdurchgriff dann für möglich gehalten, wenn das herrschende Unternehmen das beherrschte Unternehmen wie in einem qualifizierten faktischen Konzern dauernd und umfassend geführt und die Leitungsmacht in einer Weise ausgeübt hat, die keine angemessene Rücksicht auf die eigenen Belange der abhängigen Gesellschaft nimmt.[49] Nunmehr hat das BAG sich der geänderten Rspr. des BGH[50] zur **Durchgriffshaftung bei existenzgefährdenden Eingriffen** angeschlossen.[51] Danach knüpft die Existenzvernichtungshaftung an die missbräuchliche Schädigung des im Gläubigerinteresse zweckgebundenen Gesellschaftervermögens an. Die Haftung ergibt sich aus einer besonderen Fallgruppe der sittenwidrigen vorsätzlichen Schädigung gem. § 826 BGB als schadensersatzrechtliche Innenhaftung gegenüber der Gesellschaft. Voraussetzung der Haftung sind ein Entzug von Vermögenswerten, die fehlende Kompensation oder Rechtfertigung des Vermögensentzugs und die dadurch hervorgerufene Insolvenz bzw. deren Vertiefung (→ § 18 Rn. 6). Zuwächse bei Tochtergesellschaften eines Vereins können dann bei der Prüfung der wirtschaftlichen Lage nach § 16 I BetrAVG zu berücksichtigen sein, wenn aus einer (Vereins-)Satzung derartig enge Verflechtungen zwischen Verein und Tochtergesellschaften folgen, dass diese als eine wirtschaftliche Einheit zu betrachten sind.[52] Ist wegen der Versorgungsverbindlichkeiten ein **Schuldbeitritt** eines Dritten erfolgt, haftet dieser zwar für die Rentenzahlungspflicht; das ändert aber nichts daran, dass für die Anpassung nach § 16 I BetrAVG auf die wirtschaftliche Lage des AG abzustellen ist, sofern sich nicht aus dem Inhalt des Schuldbeitritts etwas anderes ergibt (atypischer Schuldbeitritt).[53] Eine Berücksichtigung der wirtschaftlichen Lage einer anderen Gesellschaft kann außerdem aus **Rechtsscheinhaftung** in Betracht kommen, wenn der Rechtsschein durch Erklärungen oder Verhaltensweisen begründet wurde, die dieser Gesellschaft zugerechnet werden können.[54]

Eine Einbeziehung der wirtschaftlichen Lage der Konzernobergesellschaft kann sich ferner aus einer (harten) **Patronatserklärung**[55] ergeben, bei der die Obergesellschaft eine rechtsverbindliche Verpflichtung eingeht, das Tochterunternehmen finanziell in einer bestimmten Weise auszustatten oder für die Erfüllung deren betriebsrentenrechtlichen Verpflichtungen einzustehen. Voraussetzung ist zum einen, dass die Erklärung gerade Ansprüche auf die Betriebsrentenanpassung absichert (und nicht lediglich die Aufrechterhaltung des Geschäftsbetriebes)[56] und zum anderen, dass es sich nicht um eine bloß konzernexterne Patronatserklärung handelt. Die Tochtergesellschaft muss aus der Patronatserklärung eigene Ansprüche gegen die Patronin geltend machen können. Bei einer konzernexternen Patronatserklärung, also einer solchen, die nur gegenüber einem dritten Gläubiger (zB dem PSVaG) abgegeben wurde, handelt es sich nämlich im Verhältnis zur Tochtergesellschaft nur um einen unechten Vertrag zugunsten Dritter (§ 329 BGB), aus dem diese keine Rechte gegenüber der Obergesellschaft ableiten kann.[57] 12

Übernimmt eine Konzernobergesellschaft sämtliche Geschäftsanteile eines notleidenden Unternehmens, so muss sich die Obergesellschaft in einem angemessenen Umfang an der Sanierung beteiligen. Sie wird in der Regel die Hauptlast der Sanierung zu tragen haben. Das führt 13

[47] BAG 17.6.2014 AP Nr. 100 zu § 16 BetrAVG = BetrAV 2014, 667; *Vogt* NZA 2013, 1250 (1252); *Rolfs/Heikel* NZA 2014, 1161 (1166).

[48] BAG 21.10.2014 AP Nr. 105 zu § 16 BetrAVG = NZA-RR 2015, 90; 17.6.2014 AP Nr. 100 zu § 16 BetrAVG = BetrAV 2014, 667.

[49] BAG 4.10.1994 AP Nr. 32 zu § 16 BetrAVG = NZA 1995, 368; 14.12.1993 AP Nr. 29 zu § 16 BetrAVG = NZA 1994, 551; 28.4.1992 AP Nr. 25 zu § 16 BetrAVG = NZA 1993, 72.

[50] BGH 16.7.2007 BGHZ 173, 246 = NJW 2007, 2689 („Trihotel"); vgl. auch schon BAG 17.10.2001 BGHZ 149, 10 = NJW 2001, 3622; 24.6.2002 BGHZ 151, 181 = NJW 2002, 3024; das BAG hatte sich dieser Rspr. bereits auf anderen Gebieten angeschlossen, s. BAG 14.12.2004 AP Nr. 32 zu § 611 BGB Haftung des Arbeitgebers = NZA 2005, 818; 28.5.2005 AP Nr. 59 zu § 16 BetrAVG = NZA 2006, 1008 (LS).

[51] BAG 15.1.2013 AP Nr. 89 zu § 16 BetrAVG = NZA 2014, 87; krit. *Matthießen* DB 2017, 2417.

[52] BAG 23.2.2021 – 3 AZR 15/20 (für Gewerkschaften).

[53] BAG 15.9.2015 AP Nr. 118 zu § 16 BetrAVG = NZA 2016, 235.

[54] BAG 15.9.2015 AP Nr. 118 zu § 16 BetrAVG = NZA 2016, 235.

[55] Zum Begriff: BGH 20.9.2010 NJW 2010, 3442; *von Rosenberg/Kruse* BB 2003, 641; *Kiethe* ZIP 2005, 646.

[56] BAG 21.10.2014 AP Nr. 105 zu § 16 BetrAVG = NZA-RR 2015, 90.

[57] BAG 29.9.2010 AP Nr. 73 zu § 16 BetrAVG = NZA 2011, 1416; *Diller/Beck* DB 2011, 1052.

aber nicht dazu, dass die Obergesellschaft bis zur eigenen wirtschaftlichen Erschöpfung Finanzierungsbeiträge leisten muss.[58] Bei einer Sanierung durch **Unternehmensverschmelzung** sind nicht etwa noch solange unterschiedliche Anpassungsentscheidungen zu treffen, wie die Leistungsbeiträge der Ursprungsunternehmen noch voneinander unterschieden werden können. Ferner beschränkt sich die Anpassungsverpflichtung nach Ansicht des BAG nicht auf den Drei-Jahres-Zeitraum seit dem Wirksamwerden der Verschmelzung.[59] Bei einer Verschmelzung während des für die Prognose maßgeblichen repräsentativen Zeitraums kommt es auch auf die wirtschaftliche Entwicklung der beiden ursprünglich selbständigen Unternehmen bis zur Verschmelzung an.[60] Das gilt unabhängig davon, ob ein wirtschaftlich gesundes Unternehmen auf ein wirtschaftlich schwaches Unternehmen verschmolzen wurde oder umgekehrt.[61] Hat ein anderes Konzernunternehmen die Produktion übernommen, so erwächst nicht ohne weiteres das Vertrauen der Rentner, es habe auch die Anpassungsverpflichtung übernommen werden sollen.[62]

14 Eine Anpassungsverpflichtung besteht auch bei einer späteren, zum Anpassungsstichtag noch nicht absehbaren Betriebsstilllegung.[63] Anpassungsverpflichtet ist auch ein Unternehmen, das liquidiert wurde und dessen einzig verbleibender Gesellschaftszweck die Abwicklung einer Versorgungsverpflichtung ist (**Rentnergesellschaft,** → Rn. 30, → § 274 Rn. 135).[64] Auch die Abwicklungsgesellschaft braucht nicht in die Vermögenssubstanz einzugreifen.[65] Wenn der Versorgungsschuldner durch Ausgliederung des operativen Geschäfts zur Rentnergesellschaft wird („abgeleitete Rentnergesellschaft"), kann er sich nach Ansicht des BAG (anders als bei einer Umwandlung → § 274 Rn. 135) auch dann auf eine für die Betriebsrentenanpassung nicht ausreichende Leistungsfähigkeit berufen, wenn die Rentnergesellschaft nicht so ausgestattet wurde, dass sie auch zur Anpassung der laufenden Renten in der Lage ist.[66] Eine Anpassung ohne Rücksicht auf die wirtschaftliche Lage der Rentnergesellschaft kommt aber in Betracht, wenn die Voraussetzungen des § 826 BGB vorliegen.[67] Innerhalb eines Konzerns kann zudem ein Berechnungsdurchgriff in Betracht kommen (hierzu → Rn. 11). Die Verpflichtung zur Anpassungsprüfung trifft auch einen **Erben,** wenn der Erblasser seinen Betrieb stillgelegt und nicht mehr am Wirtschaftsverkehr teilgenommen hat. Ein Eingriff in die Vermögenssubstanz ist dem Erben allerdings nicht zumutbar (s. auch → Rn. 28).[68] Da bei einem **Betriebsübergang** gem. § 613a BGB nur die bestehenden Arbeitsverhältnisse übergehen, trifft die Rentenzahlungspflicht und damit auch die Rentenanpassungspflicht den Übernehmer nur dann, wenn der Betriebsübergang vor Beendigung des Arbeitsverhältnisses stattfindet.[69]

15 Wird die Versorgung über eine **selbständige Versorgungseinrichtung** (Pensionskasse, Unterstützungskasse,[70] Lebensversicherung) erbracht, so kann der AG den Anpassungsbedarf entweder unmittelbar decken oder den Versorgungsträger zur Anpassung durch höhere Dotierung befähigen. Nach § 3 BetrAVG kann eine unverfallbare Versorgungsanwartschaft ausnahmsweise durch eine einmalige **Abfindung** abgelöst werden (→ § 274 Rn. 114 ff.). Ist die Abfindung erfolgt, so besteht keine Anpassungsverpflichtung mehr, da der Barwert dem AN zugeflossen ist und dem AG nicht zugemutet werden kann, den Währungsverfall auszugleichen. Ist die Versorgung gem. **§ 4 BetrAVG übernommen** worden (→ § 274 Rn. 122 ff.), so wird damit auch die Anpassungsverpflichtung übernommen. Im öffentlichen Dienst (vgl. § 18 BetrAVG) wurden Gesamtversorgungsrenten gezahlt, deren Höhe vom dynamisierten versorgungsfähigen Entgelt und der Beschäftigungszeit abhing. War dagegen der AN mit einer unver-

---

[58] BAG 16.3.1993 AP Nr. 18 zu § 7 BetrAVG Widerruf = NZA 1993, 941.
[59] BAG 31.7.2007 AP Nr. 65 zu § 16 BetrAVG = DB 2008, 135, anders noch die Vorinstanz: LAG Nds 11.11.2005 NZA-RR 2006, 152 = LAGE § 16 BetrAVG Nr. 10; BRO/*Rolfs* BetrAVG § 16 Rn. 163.
[60] BAG 15.4.2014 NZA-RR 2015, 147; 20.8.2013 AP Nr. 91 zu § 16 BetrAVG = BetrAV 2013, 721; 31.7.2007 AP Nr. 65 zu § 16 BetrAVG = DB 2008, 135.
[61] BAG 15.4.2014 NZA-RR 2015, 147; 28.5.2013 AP Nr. 90 zu § 16 BetrAVG = NZA-RR 2013, 598.
[62] BAG 25.6.2002 AP Nr. 51 zu § 16 BetrAVG = BetrAV 2003, 271 = NZA 2003, 520 (LS).
[63] BAG 17.10.1995 AP Nr. 34 zu § 16 BetrAVG = NZA 1996, 1038; vgl. auch BAG 25.6.2002 AP Nr. 51 zu § 16 BetrAVG = BetrAVG 2003, 271 = NZA 2003, 520 (LS).
[64] BAG 23.10.1996 AP Nr. 36 zu § 16 BetrAVG = NZA 1997, 1111.
[65] BAG 9.11.1999 AP Nr. 40 zu § 16 BetrAVG = NZA 2000, 1057; 25.6.2002 AP Nr. 51 zu § 16 BetrAVG = BetrAVG 2003, 271 = NZA 2003, 520 (LS).
[66] BAG 15.9.2015 AP Nr. 118 zu § 16 BetrAVG = NZA 2016, 235; 17.6.2014 AP Nr. 100 zu § 16 BetrAVG = BetrAV 2015, 667; aA Höfer BetrAVG I/*Höfer* § 16 Rn. 272.1 ff.
[67] BAG 15.9.2015 AP Nr. 118 zu § 16 BetrAVG = NZA 2016, 235.
[68] BAG 9.11.1999 AP Nr. 40 zu § 16 BetrAVG = NZA 2000, 1057.
[69] BAG 21.2.2006 AP Nr. 58 zu § 16 BetrAVG = BetrAV 2006, 684; 28.7.2005 AP Nr. 59 zu § 16 BetrAVG = NZA 2006, 1008 (LS).
[70] S. hierzu BAG 25.4.2006 NZA-RR 2007, 310.

fallbaren Versorgungsanwartschaft aus dem öffentlichen Dienst ausgeschieden, so konnte er allein Anspruch auf eine nicht dynamisierte Versichertenrente haben.[71] Die Anpassungsverpflichtung kann **durch Tarifvertrag abbedungen** werden (§ 19 I BetrAVG; → Rn. 6).

Für den **PSVaG** besteht eine Anpassungsverpflichtung, sofern sie bereits in der Ruhegeldzusage enthalten ist.[72] Im Übrigen ist aber eine Anpassungsverpflichtung nach § 16 I BetrAVG zu verneinen, weil § 16 BetrAVG nur den AG als Anpassungspflichtigen bezeichnet.[73] Dies gilt auch, wenn die Zusage von variablen Größen abhängt.[74] Es ergäben sich Wertungswidersprüche, wenn ein notleidender Betrieb nicht anzupassen vermag, andererseits im Insolvenzfall der PSVaG anpassen müsste. Der PSVaG refinanziert sich durch Beiträge. Er wäre also immer wirtschaftlich zur Anpassung in der Lage. Eine Anpassungspflicht des PSVaG kann allerdings ausnahmsweise dann in Betracht kommen, wenn für den Pensionär bei erheblichem Geldwertschwund die Opfergrenze überschritten ist. Insoweit wird die frühere Rspr. des BAG vor Inkrafttreten des BetrAVG zu § 242 BGB (→ Rn. 2) weitergelten.[75] 16

5. Drei-Jahresrhythmus. Der AG hat alle drei Jahre eine Anpassung zu prüfen und hierüber nach billigem Ermessen zu entscheiden. Das Anpassungsverfahren ist damit in zwei Abschnitte zerlegt, die **Anpassungsprüfung** und die **Anpassungsentscheidung.** 17

Der **Drei-Jahresrhythmus** begann mit dem Inkrafttreten des Gesetzes (am 22.12.1974), dh hatte der AG innerhalb der Letzten drei Jahre vor Inkrafttreten des BetrAVG eine Anpassung nicht vorgenommen, war unmittelbar nach Inkrafttreten des Gesetzes die Überprüfung vorzunehmen.[76] Wurde die Überprüfung nicht vorgenommen, so hatte sie unverzüglich zu erfolgen. Der weitere Drei-Jahresrhythmus begann dann mit der Überprüfung. 18

Sind Versorgungszahlungen nach dem 1.1.1975 aufgenommen worden, so beginnt die Drei-Jahresfrist mit dem Tag, von dem ab erstmals laufende Leistungen beansprucht werden konnten, mindestens jedoch mit dem Tage, an dem alle Leistungsvoraussetzungen erfüllt waren. Ist der AN zu diesem Zeitpunkt noch nicht in den Ruhestand versetzt worden, so läuft auch nicht die Drei-Jahresfrist. Der Drei-Jahresrhythmus zwingt nicht zu starren, individuellen Prüfungsterminen. Der AG kann die in einem Jahr fälligen Anpassungsprüfungen **gebündelt** zu einem bestimmten Zeitpunkt innerhalb oder am Ende des Jahres vornehmen.[77] Denkbar ist auch, die Anpassung für alle AN in demselben Kalenderjahr vorzunehmen. Das wird für einzelne AN zu einer Vorverlegung des ersten Anpassungstermins führen, was diese nicht benachteiligt. Sofern der erste Anpassungstermin dadurch nach hinten verschoben wird, ist das zulässig.[78] Allerdings gilt auch insoweit die generelle Einschränkung, dass die Bündelung der Anpassungstermine nur zu einer Verzögerung der ersten Anpassung um höchstens sechs Monate führen darf.[79] Das gilt auch, wenn der Versorgungsberechtigte sich mit einer Verzögerung der ersten Anpassung einverstanden erklärt hat. Zudem muss in der Folgezeit der Drei-Jahres-Zeitraum eingehalten werden.[80] Wegen der Auswirkungen der Anpassungsüberprüfung auf die Bilanzen wird häufig ein Zeitpunkt im Zusammenhang mit dem Bilanzabschlusstermin gewählt. Der Prüfungstermin kann verkürzt werden; allerdings darf dadurch eine Benachteiligung der AN nicht eintreten. Dies kann zB der Fall sein, wenn die Anpassungsprüfung wegen der schlechten wirtschaftlichen Verhältnisse des Unternehmens vorgezogen wird, sich aber bereits eine Besserung der Lage abzeichnet. 19

---

[71] Vgl. BAG 1.7.1976 AP Nr. 1 zu § 18 BetrAVG; 5.2.1981 AP Nr. 2 zu § 18 BetrAVG.

[72] BAG 22.3.1983 AP Nr. 14 zu § 16 BetrAVG = NJW 1983, 2902; 30.8.1979 AP Nr. 3 zu § 7 BetrAVG.

[73] BAG 5.10.1993 AP Nr. 28 zu § 16 BetrAVG = NZA 1994, 459; 22.3.1983 AP Nr. 14 zu § 16 BetrAVG = NJW 1983, 2902; LAG Köln 15.6.1988 BB 1989, 357 = BetrAV 1989, 200; vgl. Antwort der BReg. auf die Anfrage des Abg. *Blüm* DB 1976, 2019.

[74] BAG 4.4.2000 AP Nr. 32 zu § 2 BetrAVG.

[75] BAG 30.3.1973 AP Nr. 4 zu § 242 BGB Ruhegehalt-Geldentwertung = NJW 1973, 959; 30.3.1973 AP Nr. 5 zu § 242 BGB Ruhegehalt-Geldentwertung = BetrAV 1973, 137.

[76] BAG 1.7.1976 AP Nr. 1 zu § 16 BetrAVG = NJW 1976, 1861; 1.7.1976 AP Nr. 2 zu § 16 BetrAVG; 16.12.1976 AP Nr. 4 zu § 16 BetrAVG = NJW 1977, 828.

[77] BAG 30.8.2005 AP Nr. 56 zu § 16 BetrAVG = DB 2006, 732; 10.9.2002 AP Nr. 52 zu § 16 BetrAVG = NZA 2003, 880 (LS); 21.8.2001 AP Nr. 47 zu § 16 BetrAVG = NZA 2003, 561; 23.5.2000 AP Nr. 43 zu § 16 BetrAVG = NZA 2002, 554; 28.4.1992 AP Nr. 24 zu § 16 BetrAVG = NZA 1993, 69.

[78] BAG 11.12.2012 AP Nr. 88 zu § 16 BetrAVG = NZA 2013, 864 (LS); 11.10.2011 AP Nr. 75 zu § 16 BetrAVG = NZA 2012, 337; 30.8.2005 AP Nr. 56 zu § 16 BetrAVG = NZA-RR 2006, 485.

[79] BAG 11.11.2014 NZA 2015, 1076; 14.2.2012 AP Nr. 85 zu § 16 BetrAVG = NZA-RR 2012, 593; 11.10.2011 AP Nr. 81 zu § 16 BetrAVG = NZA 2012, 454; 30.11.2010 AP Nr. 72 zu § 16 BetrAVG = NZA-RR 2011, 593; 25.4.2006 NZA-RR 2007, 310.

[80] BAG 8.12.2015 BetrAV 2016, 255.

20 Die Anpassungsüberprüfung hat alle drei Jahre zu erfolgen, ohne Rücksicht darauf, ob auch eine **materielle Opfergrenze,**[81] also ein bestimmter Inflationsindex überschritten ist. Insoweit ist die frühere Rspr.[82] überholt; der Kaufkraftverlust ist durch den Dreijahresrhythmus ersetzt.

21 **6. Preisindex.** Der **Ermittlung des Anpassungsbedarfs** legte das BAG zunächst den Preisindex zu Grunde,[83] der für die Lebenshaltung von Vier-Personen-Arbeitnehmerhaushalten mit mittlerem Einkommen vom Statistischen Bundesamt ermittelt und veröffentlicht wird.[84] Es hat diese frühere Rspr. nur dahin modifiziert, dass nicht mehr von dem Basisjahr 1962, sondern von dem Basisjahr 1970, später 1985 und zuletzt 1995 auszugehen war. Wurde der Anpassungsbedarf anhand des Preisindexes ermittelt, so war entgegen der teilweise in der Lit. vertretenen Auffassung[85] kein Abschlag von 1 bis 2% wegen Voraussehbarkeit der Geldentwertung vorzunehmen.[86] Mit Wirkung vom 1.1.2003 ist an die Stelle des Preisindexes für die Lebenshaltung von 4-Personen-Arbeitnehmerhaushalten der **Verbraucherpreisindex für Deutschland** getreten (hierzu → Rn. 35).

22 Bei der Ermittlung des Anpassungsbedarfs unberücksichtigt bleibt der bis zum Versorgungsfall eingetretene Geldwertschwund, da andernfalls die Versorgungsanwartschaften dynamisiert würden.[87]

23 **7. Entscheidung nach billigem Ermessen.** Steht aufgrund der Anpassungsprüfung fest, dass ein Anpassungsbedarf besteht, so hat der AG nach § 16 I BetrAVG die **Anpassungsentscheidung nach billigem Ermessen** zu treffen. Entscheidend ist immer nur, ob die Anpassungsentscheidung des AG **im Ergebnis** billigem Ermessen entspricht. Eine unzulängliche Berechnungsmethode macht die Entscheidung für sich genommen noch nicht fehlerhaft.[88] Die wirtschaftliche Lage des AG wird zukunftsbezogen beurteilt, weil der Geldabfluss erst in der Zukunft erfolgt und die Chancen des Unternehmens in die Betrachtung einbezogen werden sollen.[89] Bei der **Berücksichtigung der Belange des Versorgungsempfängers** sind nicht die individuellen Verhältnisse, sondern abstrahierend die Entwicklung der Lebenshaltungskosten zu berücksichtigen. BAG[90] und BGH[91] lassen daher auch grundsätzlich die Vermögens- und Einkommensverhältnisse des Ruheständlers außer Acht. Hieraus folgt, dass bei aufrechterhaltenen Versorgungsanwartschaften nach Eintritt des Pensionsfalles jeder einzelne AG im Falle des früheren Stellenwechsels für sich den Anpassungsbedarf zu prüfen hat.

24 **8. Berücksichtigung der Sozialversicherungsrente.** Umstr. war, inwieweit der AG bei der Anpassungsentscheidung die Entwicklung der Sozialversicherungsrente berücksichtigen darf. Das Schrifttum hat die Auffassung vertreten, dass der betrieblichen Altersversorgung Ergänzungsfunktion zur Sozialversicherungsrente zukomme. Zweck der Anpassung könne nur sein, den Betriebsrentner davor zu bewahren, dass die Gesamtversorgung durch Verteuerung an Kaufkraft verliere. Steige die Gesamtversorgung durch die gesetzlich vorgeschriebene Anpassung der Sozialversicherungsrente stärker als die Verteuerung, verlange die Billigkeit keine Anpassung der Betriebsrenten. Dieser Meinung ist das BAG nicht gefolgt.[92] Es geht von der sog. **Abkopplungstheorie** aus, nach der die Sozialversicherungsrente grundsätzlich unberücksichtigt bleibt. Um zu verhindern, dass die

---

[81] BAG 6.12.1976 AP Nr. 4 zu § 16 BetrAVG.

[82] BAG 30.3.1973 AP Nr. 4 zu § 242 BGB Ruhegehalt-Geldentwertung = NJW 1973, 959; 30.3.1973 AP Nr. 5 zu § 242 BGB Ruhegehalt-Geldentwertung = BetrAV 1973, 137 = NJW 1973, 1296 (LS).

[83] BAG 6.12.1976 AP Nr. 4 zu § 16 BetrAVG = NJW 1977, 828; 15.9.1977 AP Nr. 5 zu § 16 BetrAVG = NJW 1977, 2370; 17.1.1980 AP Nr. 7 zu § 16 BetrAVG = NJW 1980, 1181; 17.1.1980 AP Nr. 8 zu § 16 BetrAVG; 25.9.1980 AP Nr. 10 zu § 16 BetrAVG = NJW 1981, 190; zust. BGH 5.10.1978 AP Nr. 6 zu § 16 BetrAVG.

[84] Veröffentlichungen des Stat. Bundesamtes: Fachserie 17 Reihe 7. Sie können im Internet unter http://www.destatis.de oder telefonisch (0611/75–24 05) bestellt werden.

[85] S. die Nachweise bei BAG 6.12.1976 AP Nr. 4 zu § 16 BetrAVG = NJW 1977, 828.

[86] BAG 6.12.1976 AP Nr. 4 zu § 16 BetrAVG = NJW 1977, 828.

[87] BAG 15.9.1977 AP Nr. 5 zu § 16 BetrAVG = NJW 1977, 2370.

[88] BAG 30.8.2005 AP Nr. 56 zu § 16 BetrAVG = DB 2006, 732; 20.5.2003 AP Nr. 1 zu § 1 BetrAVG Auslegung = NZA 2004, 944 (LS).

[89] BAG 23.4.1985 AP Nr. 16 zu § 16 BetrAVG = NZA 1985, 499.

[90] BAG 31.1.1984 AP Nr. 15 zu § 16 BetrAVG = NZA 1984, 357; so auch schon die Rspr. des BAG vor Inkrafttreten des BetrAVG: BAG 30.3.1973 AP Nr. 4 zu § 242 BGB Ruhegehalt-Geldentwertung = NJW 1973, 959 unter V. 5. der Gründe.

[91] BGH 28.5.1973 AP Nr. 6 zu § 242 BGB Ruhegehalt-Geldentwertung = NJW 1973, 1599.

[92] BAG 15.9.1977 AP Nr. 5 zu § 16 BetrAVG = NJW 1977, 2370; 11.8.1981 AP Nr. 11 zu § 16 BetrAVG = NJW 1982, 957 jew. mN zur Lit.

Summe von Sozialversicherungsrente und Betriebsrente über das Einkommen der noch aktiven AN ansteigt, sind im Schrifttum die sog. absolute und relative Obergrenze entwickelt worden. Absolute Versorgungsobergrenze ist das Einkommen eines vergleichbaren AN. Relative Versorgungsobergrenze ist dagegen das sich im Zeitpunkt der Versetzung in den Ruhestand ergebende Verhältnis zwischen der sich aus Betriebsrente und Sozialversicherungsrente ergebenden Gesamtversorgung und dem letzten Gehalt. Das BAG hat beide Begrenzungen verworfen.[93]

9. Reallohnbezogene Obergrenze. Das BAG hat demgegenüber eine sog. reallohnbezo- **25**
gene Obergrenze bejaht.[94] Es hat ausgeführt, dass dann, wenn sogar die aktive Belegschaft, auf deren Arbeitskraft das Unternehmen dringend angewiesen ist, keinen vollen Teuerungsausgleich erhält, auch die Betriebsrentner sich mit einer entsprechend geringeren Anpassungsrate begnügen müssen.[95] Für die Ermittlung der reallohnbezogenen Obergrenze kommt es ebenso wie beim Anpassungsbedarf auf die Entwicklung vom Rentenbeginn bis zum Anpassungsstichtag an; für beide gilt derselbe Prüfungszeitraum.[96] Das gilt nach Ansicht des BAG auch nach der ab dem 1.1.1999 geltenden Fassung des § 16 BetrAVG.[97]

Bei dem Vergleich ist auf die Netto-Durchschnittsverdienste innerhalb eines Unternehmens oder **26**
eines typischen Teils der Belegschaft abzustellen. Bei der **Gruppenbildung** hat der AG einen weitgehenden **Entscheidungsspielraum.** Der AG darf u.a. die Gesamtkonzeption des Versorgungswerkes, die Praktikabilität der in Betracht kommenden Modelle und den mit ihnen jeweils verbundenen Verwaltungsaufwand berücksichtigen, muss jedoch auch den Interessen der Versorgungsberechtigten Rechnung tragen; insbesondere müssen klare, verdienstbezogene Abgrenzungskriterien die Gruppenbildung als sachgerecht erscheinen lassen.[98] Ermessensfehlerhaft ist aber, wenn für die Anpassungsprüfung bei außertariflichen Angestellten auf eine aus tariflichen Angestellten gebildete Vergleichsgruppe abgestellt wird.[99] Bei der Ermittlung der Nettolöhne vergleichbarer AN ist auf die typischerweise den aktiven Beschäftigten zum Leben verbleibenden Nettobeträge abzustellen. Dabei kann der AG typisierend die Steuerklasse III ohne Kinderfreibetrag sowie die Kirchensteuer und eine Mitgliedschaft in der AOK zugrunde legen.[100]

Durch die Regelung in **§ 16 II Nr. 2 BetrAVG** nF (hierzu auch Rn. → 36) ist der Gestal- **27**
tungsspielraum des AG nicht etwa eingeschränkt worden.[101] Die Bestimmung verlangt nicht generell ein Abstellen auf den Anstieg der Nettolöhne vergleichbarer Arbeitnehmergruppen im Unternehmen. Der AG kann auch eine andere Berechnungsart wählen. In diesem Fall ist aber noch eine Billigkeitskontrolle erforderlich, die Fiktion des § 16 II Nr. 2 BetrAVG nF greift nicht.[102] § 16 II Nr. 2 BetrAVG nF steht daher auch nicht einer konzernweit ermittelten, einheitlichen reallohnbezogenen Obergrenze entgegen.[103] Im Rahmen von sog. **Konditionenkartellen** (Bochumer Verband, Essener Verband, → Rn. 10) sind Klauseln zulässig, wonach die reallohnbezogene Obergrenze branchenweit zu betrachten ist.[104] Durch Arbeitszeitverkürzungen ohne Lohnausgleich kann die Reallohngrenze absinken.[105] Das wirkt sich dann bei der Anpassungsentscheidung auch auf die Betriebsrentner aus. Erfolgt dagegen ein voller Lohnausgleich,

---

93 Zur absoluten Versorgungsobergrenze: BAG 17.1.1980 AP Nr. 7 zu § 16 BetrAVG = NJW 1980, 1181; 17.1.1980 AP Nr. 8 zu § 16 BetrAVG; 11.8.1981 AP Nr. 11 zu § 16 BetrAVG = NJW 1982, 957; zur relativen Versorgungsobergrenze: BAG 25.9.1980 AP Nr. 10 zu § 16 BetrAVG = NJW 1981, 190; 11.8.1981 AP Nr. 11 zu § 16 BetrAVG = NJW 1982, 957.

94 BAG 18.3.2014 AP Nr. 93 zu § 16 BetrAVG = NZA 2014, 1026; 19.6.2012 AP Nr. 86 zu § 16 BetrAVG = NZA 2012, 1291; 21.8.2001 AP Nr. 47 zu § 16 BetrAVG = NZA 2003, 561; 14.2.1989 AP Nr. 23 zu § 16 BetrAVG = NZA 1989, 675; 11.6.1981 AP Nr. 11 zu § 16 BetrAVG = NJW 1982, 957.

95 BAG 21.8.2001 AP Nr. 47 zu § 16 BetrAVG = NZA 2003, 561.

96 BAG 21.8.2001 AP Nr. 47 zu § 16 BetrAVG = NZA 2003, 561.

97 BAG 30.8.2005 AP Nr. 56 zu § 16 BetrAVG = DB 2006, 732; aA *Neef* FS Richardi, 2007, 305 (310 ff.).

98 BAG 19.6.2012 AP Nr. 86 zu § 16 BetrAVG = NZA 2012, 1291; 23.5.2000 AP Nr. 44 zu § 16 BetrAVG = NZA 2001, 1076; ebenso für die ab dem 1.1.1999 geltende Fassung des § 16 BetrAVG: BAG 30.8.2005 AP Nr. 56 zu § 16 BetrAVG = DB 2006, 732.

99 Vgl. BAG 30.8.2005 AP Nr. 56 zu § 16 BetrAVG = NZA-RR 2006, 485; LAG BW 18.11.2009 – 2 Sa 42/09.

100 BAG 10.12.2019 AP Nr. 127 zu § 16 BetrAVG = NZA 2020, 931.

101 BAG 30.8.2005 AP Nr. 56 zu § 16 BetrAVG = NZA-RR 2006, 485.

102 BAG 9.11.1999 AP Nr. 30 zu § 1 BetrAVG Ablösung = NZA 2001, 221; 20.5.2003 AP Nr. 1 zu § 1 BetrAVG Auslegung = NZA 2004, 944 (LS); 30.8.2005 AP Nr. 56 zu § 16 BetrAVG = NZA-RR 2006, 485.

103 BAG 30.8.2005 AP Nr. 56 zu § 16 BetrAVG = NZA-RR 2006, 485.

104 BAG 9.11.1999 AP Nr. 30 zu § 1 BetrAVG Ablösung = NZA 2001, 221; 30.9.2014 AP Nr. 108 zu § 16 BetrAVG = NZA 2015, 227.

105 *Gumpert* BB 1984, 1688; *Ahrend* u.a. Teil I Rn. 706.

kommt dies auch den Betriebsrentnern zugute. Nicht in die Berechnung einzubeziehen sind karrierebedingte Anteile von Gehaltssteigerungen.[106] Zu berücksichtigen sind jeweils nur die **Nettoentgelte,** nicht etwa Versorgungsanwartschaften, weil sie den Lebensstandard des aktiven AN nicht erhöhen und die Kaufkraft nicht beeinflussen.[107] Auf § 16 II Nr. 2 BetrAVG kann sich der AG auch hilfsweise berufen, wenn er in erster Linie geltend machen will, überhaupt nicht zur Anpassung verpflichtet zu sein.[108]

28 **10. Wirtschaftliche Lage des Arbeitgebers.** Bei der Anpassung ist die wirtschaftliche Lage des AG zu berücksichtigen. Hierbei handelt es sich um eine **zukunftsbezogene Größe.** Sie umschreibt die künftige Belastbarkeit des AG und setzt eine Prognose voraus. Beurteilungsgrundlage für die insoweit zum Anpassungsstichtag zu erstellende Prognose ist grundsätzlich die bisherige wirtschaftliche Entwicklung des Unternehmens vor dem Anpassungsstichtag, soweit daraus Schlüsse für dessen weitere Entwicklung gezogen werden können.[109] Der AG darf bei der Anpassungsentscheidung die für seine wirtschaftliche Lage maßgebenden Kriterien wie Gewinn, Umsatz, Rendite, Auftragslage, Beschäftigungsstand und Investitionsbedarf gewichten und in seine Betrachtung einbeziehen. Bei AG, die dem Essener oder Bochumer Verband angehören (sog. Konditionenkartelle) und bei denen auf Verbandsebene die Anpassung geregelt ist, bedarf es zur Einschränkung der Anpassung einer entsprechenden Satzungsänderung.[110] Das BAG hat erstmals in Entscheidungen vom 23.4.1985 zur wirtschaftlichen Lage des AG ausführlich Stellung genommen.[111] Danach ist der Begriff der wirtschaftlichen Lage nicht mit dem der wirtschaftlichen Notlage identisch.[112] In jedem Fall haben die Erhaltung des Betriebes und die Sicherung der Arbeitsplätze den Vorrang vor der Befriedigung des Anpassungsbedarfs.[113] Die Substanz des Unternehmens muss erhalten bleiben; seine Wettbewerbsfähigkeit darf nicht gefährdet werden.[114] Die Wettbewerbsfähigkeit wird dann beeinträchtigt, wenn **keine angemessene Eigenkapitalverzinsung** erwirtschaftet wird oder wenn das Unternehmen **nicht mehr über genügend Eigenkapital verfügt,** mit der Folge, dass verlorene Vermögenssubstanz wieder aufgebaut werden muss.[115] Die Arbeitsplätze dürfen nicht durch langfristige Auszehrung gefährdet werden.[116] Eine übermäßige, die Anpassung ausschließende Belastung ist dann gegeben, wenn der Teuerungsausgleich nicht aus dem **Wertzuwachs des Unternehmens und dessen Erträgen** in der Zeit nach dem Anpassungsstichtag aufzubringen ist. Dabei sind aber auch die Vorteile zu berücksichtigen, die das Unternehmen aufgrund der Rückstellungen in der Bilanz erzielt. Es muss eine **angemessene Eigenkapitalverzinsung** erhalten bleiben.[117] Diese besteht aus einem Basiszins, der der Umlaufrendite öffentlicher Anleihen entspricht,[118] sowie einem für alle aktiven Unternehmen einheitlichen Risikozuschlag von 2%.[119] Dieser Risikozuschlag gilt aber nicht für sog. Rentnergesellschaften sowie für Abwicklungsgesellschaften (→ Rn. 30). Ebenso gilt er nicht bei einem Erben, der den Betrieb stillgelegt hat und nicht mehr am Wirtschaftsverkehr teilnimmt.[120] Wertzuwächse sind nur zu berücksichtigen, wenn sie zu bilanzieren sind.[121]

[106] BAG 17.4.2008 AP Nr. 55 zu § 16 BetrAVG = NZA-RR 2005, 672 (LS); 23.5.2000 AP Nr. 44 zu § 16 BetrAVG = NZA 2001, 1076.
[107] LAG Nds 16.2.2012 LAGE § 16 BetrAVG Nr. 13; LAG SchlH 22.3.2012 NZA-RR 2012, 373.
[108] BAG 10.12.2019 AP Nr. 127 zu § 16 BetrAVG = NZA 2020, 931.
[109] BAG 21.2.2017 AP Nr. 120 zu § 16 BetrAVG = NZA-RR 2018, 200.
[110] BAG 25.7.2000 AP Nr. 31 zu § 1 BetrAVG Ablösung = DB 2000, 1624.
[111] AP Nr. 16 zu § 16 BetrAVG = NZA 1985, 499; AP Nr. 17 zu § 16 BetrAVG = NZA 1985, 496.
[112] So schon BAG 19.5.1981 AP Nr. 13 zu § 16 BetrAVG = NJW 1982, 350; 31.1.1984 AP Nr. 15 zu § 16 BetrAVG = NZA 1984, 357.
[113] BAG 19.5.1981 AP Nr. 13 zu § 16 BetrAVG = NJW 1982, 350; vgl. auch BAG 17.1.1980 AP Nr. 8 zu § 16 BetrAVG; 19.5.1981 AP Nr. 15 zu § 16 BetrAVG = NZA 1984, 357; 14.12.1993 AP Nr. 29 zu § 16 BetrAVG = NZA 1994, 551.
[114] BAG 18.2.2003 AP Nr. 53 zu § 16 BetrAVG = DB 2003, 2606.
[115] BAG 21.10.2014 AP Nr. 105 zu § 16 BetrAVG = NZA-RR 2015, 90; 11.12.2012 AP Nr. 88 zu § 16 BetrAVG = NZA 2013, 864 (LS).
[116] BAG 23.1.2001 AP Nr. 46 zu § 16 BetrAVG = NZA 2002, 560; 9.11.1999 AP Nr. 40 zu § 16 BetrAVG = NZA 2000, 1057; 28.4.1992 AP Nr. 24 zu § 16 BetrAVG = NZA 1993, 69; 14.2.1989 AP Nr. 22 zu § 16 BetrAVG = NZA 1989, 844.
[117] BAG 23.5.2000 AP Nr. 45 zu § 16 BetrAVG = NZA 2001, 1251; 23.5.2000 AP Nr. 43 zu § 16 BetrAVG = NZA 2002, 554.
[118] Krit. zu dieser Anknüpfung *Höfer* DB 2015, 2207.
[119] BAG 23.1.2001 AP Nr. 46 zu § 16 BetrAVG = NZA 2002, 560; 23.5.2000 AP Nr. 45 zu § 16 BetrAVG = NZA 2001, 1251.
[120] BAG 9.11.1999 AP Nr. 40 zu § 16 BetrAVG = NZA 2000, 1057.
[121] BAG 18.2.2003 AP Nr. 53 zu § 16 BetrAVG = DB 2003, 2606.

Bei der Berechnung der Eigenkapitalverzinsung ist zum einen auf die Höhe des Eigenkapitals und zum anderen auf das erzielte Betriebsergebnis abzustellen. Beide Bemessungsgrundlagen sind ausgehend von dem in den **handelsrechtlichen Jahresabschlüssen** (nicht in den nach den Rechnungslegungsregelungen der IFRS bzw. IAS erstellten Abschlüssen[122]) ausgewiesenen Zahlenwerk zu bestimmen.[123] Diese bieten einen geeigneten Einstieg für die Ermittlung der Daten. Ein AG, der nicht zum Erstellen von Jahresabschlüssen nach dem HGB verpflichtet ist, muss die für die geltend gemachte schlechte wirtschaftliche Lage iSv § 16 I BetrAVG maßgebenden Berechnungsfaktoren anhand der von der Rechtsprechung entwickelten Kriterien zu den handelsrechtlichen Abschlüssen nachvollziehbar darlegen und erläutern, auf welche Weise er sein Zahlenwerk ermittelt hat.[124] Generell sind die Betriebssteuern zu berücksichtigen, nicht aber die Steuern auf Einkommen und Ertrag.[125] Steuererstattungen für Vorjahre bleiben ebenfalls außer Betracht.[126] Das gleiche gilt für in den Geschäftsabschlüssen ausgewiesene aktive latente Steuern gem. § 274 I 2 HGB (verborgene zukünftige, aber bereits verursachte Steuerlasten oder -vorteile).[127] UU sind betriebswirtschaftlich gebotene Korrekturen vorzunehmen; in den Bilanzen enthaltene Scheingewinne oder betriebswirtschaftliche überhöhte Abschreibungen sind herauszurechnen. Das Gleiche gilt für wirtschaftliche Daten, die nicht repräsentativ sind, weil sie auf Entwicklungen oder Umständen beruhen, die nicht fortwirken und sich voraussichtlich nicht wiederholen werden.[128] Sonstige Maßnahmen im Rahmen der Unternehmenspolitik, etwa besondere Bonuszahlungen, hohe Sponsorenzahlungen, hohe Werbeaufwendungen, erlauben demgegenüber regelmäßig keinen zuverlässigen Rückschluss auf die wirtschaftliche Belastbarkeit.[129] Ein Anpassungsbedarf kann auch dann unbefriedigt bleiben, wenn der AG der aktiven Belegschaft unverändert Weihnachtsgratifikationen zahlt.[130] Ebenso wenig lassen Pensionsrückstellungen einen Schluss auf eine wirtschaftliche Leistungsfähigkeit zu, weil sie lediglich ein Instrument der Innenfinanzierung darstellen und vor allem einen Steuerstundungseffekt haben sollen.[131] Das Eigenkapital, das sich während des Geschäftsjahres laufend verändert, ist im Rahmen der Prüfung als Durchschnittswert des Geschäftsjahres zu ermitteln.[132] Entscheidend ist die tatsächliche wirtschaftliche Lage des Versorgungsschuldners, auf die fiktive Situation, die bestanden hätte, wenn unternehmerische Entscheidungen anders getroffen worden wären, kann nicht abgestellt werden.[133] Eine konzernexterne (harte) **Patronatserklärung** (→ Rn. 12), durch die eine Konzernmutter sich gegenüber einem Gläubiger verpflichtet, unter Umständen für Verpflichtungen der Konzerntochtergesellschaft einzustehen, ist kein eigenständiger wirtschaftlicher Wert an sich und muss daher bei der Prüfung, ob das Tochterunternehmen zur Rentenanpassung verpflichtet ist, nicht berücksichtigt werden.[134] Für die Beurteilung der wirtschaftlichen Lage ist auf die voraussichtliche künftige Belastbarkeit in den nächsten drei Jahren ab dem Anpassungsstichtag abzustellen. Die wirtschaftliche Entwicklung in der Zeit vor dem Anpassungsstichtag liefert aber die benötigten Anhaltspunkte für die vom AG langfristig zu erstellende **Prognose.**[135] Maßgeblicher Prognosezeitpunkt ist der Anpassungsstichtag. Für eine zuverlässige Prognose muss die bisherige Entwicklung über einen repräsentativen Zeitraum ausgewertet werden. Dieser Zeitraum muss mindestens drei Jahre betragen; es kann aber ausnahmsweise geboten sein, auf einen längeren Zeitraum abzustellen. Das gilt vornehmlich dann, wenn die spätere Entwicklung 29

[122] BAG 12.12.2017 AP Nr. 122 zu § 16 BetrAVG = BB 2018, 1203 (LS); 15.4.2014 NZA-RR 2015, 147.
[123] BAG 8.12.2015 BetrAV 2016, 364;11.12.2012 AP Nr. 88 zu § 16 BetrAVG = NZA 2013, 864 (LS); 17.4.1996 AP Nr. 35 zu § 16 BetrAVG = NZA 1977, 155.
[124] BAG 12.12.2017 AP Nr. 122 zu § 16 BetrAVG = BB 2018, 1203 (LS).
[125] BAG 20.8.2013 AP Nr. 91 zu § 16 BetrAVG = BetrAV 2013, 721.
[126] BAG 15.4.2014 NZA-RR 2015, 147.
[127] BAG 21.2.2017 AP Nr. 120 zu § 16 BetrAVG = NZA-RR 2018, 200; zust. *Neufeld* BB 2017, 1661 (1663).
[128] BAG 8.12.2015 BetrAV 2016, 364; 15.4.2014 NZA-RR 2015, 147; 11.12.2012 AP Nr. 88 zu § 16 BetrAVG = NZA 2013, 864 (LS).
[129] BAG 15.4.2014 NZA-RR 2015, 147.
[130] BAG 19.5.1981 AP Nr. 13 zu § 16 BetrAVG = NJW 1982, 350.
[131] BAG 17.6.2014 AP Nr. 100 zu § 16 BetrAVG = BetrAV 2014, 667; 15.4.2014 NZA-RR 2015, 147.
[132] BAG 8.12.2015 BetrAV 2016, 364; 20.8.2013 AP Nr. 91 zu § 16 BetrAVG = BetrAV 2013, 721.
[133] BAG 17.6.2014 AP Nr. 100 zu § 16 BetrAVG = BetrAV 2014, 667; 20.8.2013 AP Nr. 91 zu § 16 BetrAVG = BetrAV 2013, 721.
[134] LAG Nds 28.3.2008 BB 2008, 1850 (LS); vgl. auch BAG 29.9.2010 AP Nr. 73 zu § 16 BetrAVG = NZA 2011, 1416.
[135] BAG 18.2.2003 AP Nr. 53 zu § 16 BetrAVG = DB 2003, 2606; 23.1.2001 AP Nr. 46 zu § 16 BetrAVG = NZA 2002, 560; 17.4.1996 AP Nr. 35 zu § 16 BetrAVG = NZA 1997, 155; 23.4.1985 AP Nr. 17 zu § 16 BetrAVG = NZA 1985, 496.

der wirtschaftlichen Lage zu berechtigten Zweifeln an der Prognose des AG führt.[136] Wirtschaftliche Daten nach dem Anpassungsstichtag sind aber nur insoweit von Bedeutung, als sie eine frühere Prognose bestätigen oder entkräften. Insoweit sind diese Daten im Prozess bis zur letzten Tatsachenverhandlung zu berücksichtigen.[137] Nicht vorhersehbare, veränderte Rahmenbedingungen und sonstige unerwartete spätere zum Anpassungsstichtag noch nicht absehbare spätere Veränderungen der wirtschaftlichen Verhältnisse bleiben unberücksichtigt.[138] Das gilt auch für lediglich geplante Umstrukturierungsmaßnahmen mit langfristigen Auswirkungen.[139] Bei der Erstellung der Prognose steht dem AG ein **gewisser Beurteilungsspielraum** zu. Für seine Einschätzung der zukünftigen Entwicklung muss aber eine durch Tatsachen gestützte Wahrscheinlichkeit sprechen. Die Prognose muss realitätsgerecht und vertretbar sein.[140] Besonderheiten gelten für **Gewerkschaften,** weil sie nicht am Markt zur Gewinnerzielung tätig sind und ihnen als Einkünfte im Wesentlichen lediglich Mitgliedsbeiträge zur Verfügung stehen. Daher kann ein Mitgliederrückgang ein starkes Indiz für erhebliche wirtschaftliche Schwierigkeiten und die Erforderlichkeit von Einsparungen darstellen. Aufgrund des Schutzes der Koalitionsfreiheit gem. Art. 9 III GG ist es den Gerichten zudem verwehrt, die Verwendung der Einkünfte im Einzelnen zu überprüfen oder zu bewerten.[141] Gewerkschaften dürfen bis zur Willkürgrenze festlegen, welchen Anteil ihrer laufenden Einnahmen sie einem Streikfonds zuführen. Der Streikfonds und seine Erträge stehen für Rentenerhöhungen nicht zur Verfügung. Das setzt allerdings ein separiertes Streikvermögen voraus, wobei diese Voraussetzung aus Gründen des Vertrauensschutzes allerdings nur für Anpassungsentscheidungen ab dem 1.1.2022 gilt.[142]

30 Eine Anpassungsverpflichtung besteht auch für sog. **Rentnergesellschaften** und **Abwicklungsgesellschaften** (→ Rn. 14). Für sie gelten dieselben Grundsätze für die Beurteilung der wirtschaftlichen Leistungsfähigkeit. Auch für sie begründet § 16 BetrAVG keine Pflicht zum Eingriff in die Vermögenssubstanz. Ein Risikozuschlag von 2%, wie bei werbenden Unternehmen (→ Rn. 28), ist hier aber nicht zu berücksichtigen, weil hier das investierte Eigenkapital keinem erhöhten Marktrisiko ausgesetzt ist.[143] Es besteht die Pflicht, eine Rentnergesellschaft, auf die die Versorgungspflichten ausgegliedert werden, finanziell ausreichend auszustatten. Ein Verstoß hiergegen führt aber nicht dazu, dass sich die Rentnergesellschaft nicht darauf berufen kann, ihre finanzielle Lage lasse eine Anpassung nach § 16 BetrAVG nicht zu. Vielmehr kann sich insoweit lediglich ein Schadensersatzanspruch gegen den übertragenden Rechtsträger nach §§ 280 I 1, 241 II, 31, 278 BGB ergeben.[144] Die wirtschaftliche Lage von Unternehmen, die als **institutionelle Zuwendungsempfänger** gemeinnützige und damit nicht in erster Linie eigenwirtschaftliche und auf Gewinnerzielung ausgerichtete, sondern öffentliche Zwecke verfolgen, ist weitgehend durch die Förderung der öffentlichen Hand geprägt. Bei der Beurteilung der wirtschaftlichen Lage im Rahmen von § 16 I BetrAVG ist daher der durch das Haushaltsrecht vorgegebene Rahmen zu beachten. Bei einer Fehlbedarfsfinanzierung ist zu berücksichtigen, dass die beim AG entstehenden Kosten grundsätzlich auf die fördernde öffentliche Körperschaft abgewälzt werden können. Die im Zuwendungsbescheid festgelegte Höchstgrenze muss aber auch nach einer ggf. durchgeführten Betriebsrentenanpassung eingehalten sein. Anderenfalls liefe der institutionelle Zuwendungsempfänger Gefahr, zu einem Eingriff in die Vermögenssubstanz verpflichtet zu werden.[145] Daneben ist auch die wirtschaftliche Lage des dahinterstehenden staatlichen Förderers zu beachten. Die wirtschaftliche Leistungsfähigkeit von Bund und Ländern zeigt sich u.a. daran, welche Tarifabschlüsse in ihrem Bereich erfolgen. Dies wirkt sich auch im Rahmen der Ermittlung der reallohnbezogenen Obergrenze gem. § 16 II Nr. 2 BetrAVG aus.

---

[136] BAG 8.12.2015 BetrAV 2016, 364; 15.4.2014 AP Nr. 113 zu § 16 BetrAVG = NZA 2015, 1216 (LS).

[137] BAG 14.7.2015 AP Nr. 117 zu § 16 BetrAVG = NZA-RR 2015, 539; 11.12.2012 AP Nr. 88 zu § 16 BetrAVG = NZA 2013, 864 (LS); 11.10.2011 AP Nr. 81 zu § 16 BetrAVG = NZA 2012, 454; 23.1.2001 AP Nr. 46 zu § 16 BetrAVG = NZA 2002, 560.

[138] BAG 17.4.1996 AP Nr. 35 zu § 16 BetrAVG = NZA 1997, 155; 17.11.1995 AP Nr. 34 zu § 16 BetrAVG = NZA 1996, 1038.

[139] BAG 26.4.2018 AP Nr. 123 zu § 16 BetrAVG = NZA 2018, 863.

[140] BAG 25.4.2006 NZA-RR 2007, 310; 23.5.2000 AP Nr. 43 zu § 16 BetrAVG = NZA 2002, 554.

[141] BAG 13.12.2005 AP Nr. 57 zu § 16 BetrAVG = NZA 2007, 39.

[142] BAG 23.2.2021 – 3 AZR 15/20.

[143] BAG 11.7.2017 AP Nr. 121 zu § 16 BetrAVG = NZA 2017, 1388; 7.6.2016 BetrAV 2016, 639; 17.6.2014 AP Nr. 100 zu § 16 BetrAVG = BetrAV 2014, 667; 15.1.2013 AP Nr. 89 zu § 16 BetrAVG = NZA 2014, 87; 26.10.2010 AP Nr. 71 zu § 16 BetrAVG = BB 2011, 700; aA *Hinrichs/Menzel* NZA 2014, 350 (355).

[144] BAG 17.6.2014 AP Nr. 100 zu § 16 BetrAVG = BetrAV 2014, 667; 11.3.2008 AP Nr. 1 zu § 131 UmwG = NZA 2009, 790.

[145] BAG 18.2.2020 AP Nr. 129 zu § 16 BetrAVG = NZA 2021, 39.

Zudem ist das haushaltsrechtliche Besserstellungsverbot zu beachten, wonach institutionelle Zuwendungen nur mit der Auflage bewilligt werden dürfen, dass der Zuwendungsempfänger seine Beschäftigten nicht besserstellt als vergleichbare Versorgungsempfänger der öffentlich-rechtlichen Körperschaft. Für diese gilt jedoch allgemein nach § 39 der VBL-Satzung eine jährliche Erhöhung um 1%. Diese Besonderheiten bei der Prüfung der wirtschaftlichen Lage derartiger Zuwendungsempfänger gelten aber nur solange, wie das Unternehmen noch im öffentlichen Interesse liegende und entsprechend geförderte Aufgaben wahrnimmt und daher nicht mehr von dem Zeitpunkt an, zu dem die staatliche Förderung eingestellt und das Unternehmen deshalb in der Folge liquidiert wird.[146]

Bei der Anpassungsprüfung ist nicht allein auf die Belastung aufgrund einer Erhöhung der Rente des AN abzustellen, der eine Anpassung begehrt, maßgeblich ist Mehraufwand, der sich infolge einer für alle betroffenen Betriebsrentner vorzunehmende Anpassung ergibt.[147] 31

11. Nachholende und nachträgliche Anpassung. Umstritten war die Rechtslage bei der sog. nachholenden und nachträglichen Anpassung. Die nachholende Anpassung betrifft die Höhe des Anpassungsbedarfs; der AG hat nicht nur die Teuerung der letzten drei Jahre, sondern den Kaufkraftverlust seit Rentenbeginn auszugleichen.[148] Die Nachholung führt zur Erhöhung der künftig laufenden Leistungen, nicht dagegen der vor der Anpassungsverpflichtung fälligen Rentenzahlungen. Davon zu unterscheiden ist die nachträgliche Anpassung. Diese muss dann erfolgen, wenn der AN eine Anpassungsentscheidung des AG mit Erfolg angreift und der AG daher ab dem Stichtag rückwirkend höhere Rentenleistungen erbringen muss. Durch eine nachträgliche Anpassung soll die Betriebsrente, bezogen auf einen früheren Anpassungsstichtag unter Berücksichtigung der damaligen wirtschaftlichen Lage des Unternehmens erhöht werden.[149] Hält der Versorgungsempfänger die Anpassungsentscheidung des AG für unrichtig, muss er das grundsätzlich vor dem nächsten Anpassungsstichtag gegenüber dem AG geltend machen. Der Anspruch erlischt also nach einer Frist von drei Jahren nach dem Anpassungsstichtag.[150] Die Rüge kann formlos erfolgen und bedarf keiner näheren Begründung.[151] Im Rahmen eines sog. Konditionenkartells genügt auch die Rüge durch eine Interessenvertretung der betroffenen (ehemaligen) AN.[152] Ohne eine solche **rechtzeitige Rüge** erlischt der Anspruch auf nachträgliche Anpassungsentscheidung, und zwar unabhängig davon, warum die Anpassung versagt worden ist.[153] Die Anpassungsentscheidung hat eine Befriedungsfunktion und streitbeendenden Charakter. Etwas anderes gilt, falls der AG keine Anpassungsentscheidung getroffen hat. Sein Schweigen gilt als Erklärung, nicht anpassen zu wollen. Diese Erklärung gilt als nach drei Jahren als abgegeben und kann daher bis zum übernächsten Anpassungstermin noch gerügt werden.[154] Die Frist läuft mit Ablauf des Tages ab, der dem folgenden maßgeblichen Anpassungsstichtag vorausgeht. Für die Rügefrist gilt die Bestimmung des § 167 ZPO nicht. Eine Klageerhebung wirkt also nur als Rüge zum Zeitpunkt der Zustellung an den AG und nicht bereits mit dem Zeitpunkt ihrer Einreichung.[155] Hat der Versorgungsberechtigte die Anpassungsentscheidung des AG nach § 16 BetrAVG rechtzeitig gerügt, muss er grundsätzlich bis zum Ablauf des nächsten auf die Rügefrist folgenden Anpassungszeitraum Klage erheben (insoweit gilt dann § 167 ZPO[156]). Anderenfalls **verwirkt** das 32

[146] BAG 18.2.2020 AP Nr. 129 zu § 16 BetrAVG = NZA 2021, 39; 11.7.2017 AP Nr. 121 zu § 16 BetrAVG = NZA 2017, 1388.

[147] BAG 15.12.1976 AP Nr. 3 zu § 16 BetrAVG.

[148] BAG 1.7.1976 AP Nr. 1 zu § 16 BetrAVG = NJW 1976, 1861; 28.4.1992 AP Nr. 24 zu § 16 BetrAVG = NZA 1993, 69; 28.4.1992 AP Nr. 25 zu § 16 BetrAVG = NZA 1993, 72 (die hiergegen eingelegte Verfassungsbeschwerde war erfolglos: BVerfG 12.2.1993 AP Nr. 25a zu § 16 BetrAVG); BAG 28.4.1992 AP Nr. 26 zu § 16 BetrAVG = NZA 1993, 74; 17.4.1996 AP Nr. 35 zu § 16 BetrAVG = NZA 1997, 155; 21.8.2001 AP Nr. 47 zu § 16 BetrAVG = NZA 2003, 561.

[149] BAG 17.4.1996 AP Nr. 35 zu § 16 BetrAVG = NZA 1997, 155.

[150] BAG 17.6.2014 AP Nr. 100 zu § 16 BetrAVG = BetrAV 2014, 667; 25.4.2006 AP Nr. 60 zu § 16 BetrAVG = NZA-RR 2007, 374; 17.4.1996 AP Nr. 35 zu § 16 BetrAVG = NZA 1997, 155.

[151] BAG 21.10.2014 AP Nr. 106 zu § 16 BetrAVG = BetrAV 2015, 277.

[152] BAG 14.5.2019 AP Nr. 125 zu § 16 BetrAVG = NZA 2020, 1266.

[153] BAG 14.5.2019 AP Nr. 125 zu § 16 BetrAVG = NZA 2020, 1266; 21.10.2014 AP Nr. 106 zu § 16 BetrAVG = BetrAV 2015, 277; 10.2.2009 AP Nr. 58 zu § 1 BetrAVG = NZA 2010, 248 (LS); 21.8.2007 NZA-RR 2008, 198; 17.8.2004 AP Nr. 55 zu § 16 BetrAVG = NZA-RR 2005, 672 (LS); 17.4.1996 AP Nr. 35 zu § 16 BetrAVG = NZA 1997, 155.

[154] BAG 21.10.2014 AP Nr. 106 zu § 16 BetrAVG = BetrAV 2015, 277; 17.6.2014 AP Nr. 100 zu § 16 BetrAVG = BetrAV 2014, 667; 25.4.2006 AP Nr. 60 zu § 16 BetrAVG = NZA-RR 2007, 374; 17.4.1996 AP Nr. 35 zu § 16 BetrAVG = NZA 1997, 155.

[155] BAG 21.10.2014 AP Nr. 106 zu § 16 BetrAVG = BetrAV 2015, 277.

[156] Offengelassen bei BAG 21.10.2014 AP Nr. 106 zu § 16 BetrAVG = BetrAV 2015, 277.

Klagerecht.[157] Die Grundsätze über die rechtzeitige Rüge und Verwirkung des Klagerechts gelten auch gegenüber AG, die einem sog. **Konditionenkartell** (Essener oder Bochumer Verband) angehören und bei denen die Anpassung auf Verbandsebene geregelt ist. Hierbei sind aber die jeweils dort geregelten (jährlichen) Anpassungsprüfungsrhythmen zu berücksichtigen.[158] Das vom BAG zu § 16 BetrAVG entwickelte Fristenregime gilt dagegen grundsätzlich nicht für die Anpassung laufender Leistungen der betrieblichen Altersversorgung aufgrund vertraglicher Anpassungsregelungen (→ Rn. 4 f.), auf diese ist es nur dann anzuwenden, wenn sich die Regelungen des Versorgungswerks insoweit nach Wortlaut und Inhalt an § 16 BetrAVG anlehnen und zur Anpassung entsprechende ausdrückliche Regelungen enthalten.[159] Das RRG 1999 hat die **nachholende Anpassung durch Einfügung von § 16 IV BetrAVG wegen der Höhe des Anpassungsbedarfs weitgehend eingeschränkt** (→ Rn. 42 ff.).

33 **12. Haftung des Arbeitgebers.** Nach der Rspr. des BAG haftet der AG für die Erfüllung der Ruhegeldverpflichtungen nicht nur mit dem Betriebsvermögen (→ § 274 Rn. 136). Das gilt grundsätzlich auch für die Anpassung. Werden die Erben eines ehemals einzelkaufmännisch tätigen früheren AG in Anspruch genommen, kommt es aber für die Bewertung der Leistungsfähigkeit nur auf die Erträge und Wertzuwächse des dem Unternehmen gewidmeten Vermögens an.[160]

34 **13. Erste Anpassung nach Inkrafttreten des BetrAVG/Hälftelungsprinzip.** Für die erste Anpassung nach **§ 16 BetrAVG** hat das BAG[161] ausgeführt, dass zahlreiche AG mit Rücksicht auf die im Schrifttum vertretene Gesamtversorgungstheorie zu einer O-Anpassung gekommen seien. Es hat daher eine erneute Anpassungsprüfung postuliert. Insoweit hat es aber ausgeführt, dass es wegen der Zahl der Anpassungsfälle, der vielfach bedrängten wirtschaftlichen Lage der AG und der bedrückenden arbeitsmarktpolitischen Situation seit 1975 billigem Ermessen entspreche, wenn der Kaufkraftverlust lediglich zur Hälfte ausgeglichen werde. Das Hälftelungsprinzip habe ursprünglichen Gerechtigkeitsgehalt und komme in §§ 420, 426 I, 920 I BGB, § 736 I 2 HGB zum Ausdruck und sei auch im Rahmen von § 16 BetrAVG zu berücksichtigen. Für die Folgeanpassungen hat das BAG dagegen im Allgemeinen die Zulässigkeit des Hälftelungsprinzips verneint.[162]

IV. Anpassung nach Art. 8 RRG 1999[163]

35 **1. § 16 II BetrAVG.** Nach § 16 II BetrAVG **gilt die Anpassungsverpflichtung** nach § 16 I BetrAVG **als erfüllt,** wenn die Anpassung nicht geringer ist als der Anstieg **(1)** des Preisindexes für die Lebenshaltung von 4-Personen-Haushalten von Arbeitern und Angestellten mit mittlerem Einkommen (Fassung bis zum 31.12.2002) oder **(2)** der Nettolöhne vergleichbarer Arbeitnehmergruppen des Unternehmens im Prüfungszeitraum. Zweck dieser Regelung ist, eine weitere Rechtsfortbildung durch die Rspr., insbesondere eine höhere Anpassung, zu verhindern und den Anpassungsmaßstab zu konkretisieren. Mit Wirkung vom 1.1.2003 ist an die Stelle des Preisindexes für die Lebenshaltung von 4-Personen-Haushalten von Arbeitern und Angestellten mit mittlerem Einkommen der **Verbraucherpreisindex für Deutschland** (§ 16 II Nr. 1 BetrAVG) getreten. Maßgebend ist die aktuelle statistische Grundlage,[164] wie sie im gesetzlich vorgesehenen Anpassungsstich-

157 BAG 14.5.2019 AP Nr. 125 zu § 16 BetrAVG = NZA 2020, 1266; 17.6.2014 AP Nr. 100 zu § 16 BetrAVG = BetrAV 2014, 667; 10.2.2009 AP Nr. 58 zu § 1 BetrAVG = NZA 2010, 248 (LS); 25.4.2006 AP Nr. 60 zu § 16 BetrAVG = BetrAV 2007, 89.

158 BAG 14.5.2019 AP Nr. 125 zu § 16 BetrAVG = NZA 2020, 1266.

159 BAG 8.12.2020 AP Nr. 132 zu § 16 BetrAVG = NZA 2021, 591.

160 BAG 9.11.1999 AP Nr. 40 zu § 16 BetrAVG = NZA 2000, 1057.

161 BAG 15.9.1977 AP Nr. 5 zu § 16 BetrAVG = NJW 1977, 2370; ausf. Höfer BetrAVG I/*Höfer* § 16 Rn. 132 ff.

162 BAG 17.1.1980 AP Nr. 7 zu § 16 BetrAVG = NJW 1980, 1181.

163 Vgl. *Heubeck* BB 1996, 955; *Höfer* BB 1998, 2362 = BetrAV 1998, 269.

164 Zur Teuerungsanpassung s. *Petersen/Bechtoldt/Krazeisen,* Teuerungsanpassung der Betriebsrenten 2010, DB 2010, 278; *dies.,* Teuerungsanpassung der Betriebsrenten in 2011, DB 2011, 238; *Petersen/Bechtoldt/Birkel,* Teuerungsanpassung der Betriebsrenten in 2012, DB 2012, 230; *dies.,* Teuerungsanpassung der Betriebsrenten in 2013, DB 2013, 175; *Bechtold/Birkel* Teuerungsanpassung der Betriebsrenten in 2014, DB 2014, 180; *Bechtold/Kelwing,* Teuerungsanpassung der Betriebsrenten in 2015, DB 2015, 435; *dies.,* Teuerungsanpassung der Betriebsrenten in 2016, DB 2016, 291; *Kelwing/Ringwald,* Teuerungsanpassung der Betriebsrenten in 2017, DB 2017, 307; *dies.,* Teuerungsanpassung der Betriebsrenten in 2018, DB 2018, 317; *dies.,* Teuerungsanpassung der Betriebsrenten 2019, DB 2019, 305; dies. Teuerungsanpassung der Betriebsrenten 2020, DB 2020, 336; dies. Teuerungsanpassung der Betriebsrenten 2021, DB 2021, 396.

tag vom Statistischen Bundesamt veröffentlicht ist.[165] Der AG hat unwiderlegbar seine Anpassungsverpflichtung erfüllt, wenn er einen der beiden Prüfungsmaßstäbe wählt, sofern er überhaupt zur Anpassung verpflichtet ist. Die Möglichkeit, die Anpassung wegen der wirtschaftlichen Verhältnisse zu verweigern, hat nicht ausgeschlossen werden sollen. Mit der ursprünglichen Gesetzesformulierung Preisindex für die Lebenshaltung von 4-Personen-Arbeitnehmerhaushalten ist die bisherige Rspr. des BAG bestätigt worden. Aufgrund der Übergangsregelung in § 30c IV BetrAVG bleibt es für die Prüfungszeiträume vor dem 1.1.2003 bei dem bisherigen Preisindex (→ Rn. 21).[166] Umfasst der Prüfungszeitraum sowohl Zeiträume vor dem 1.1.2003 als auch danach, ist nach wie vor der Anpassungsbedarf vom Rentenbeginn bis zum Anpassungsstichtag zu ermitteln. Das BAG wendet hierbei die sog. Rückrechnungsmethode[167] an. Danach wird der Verbraucherpreisindex für Zeiten vor dem 1.1.2003 in dem Verhältnis umgerechnet, in dem sich dieser Index und der bisherige Preisindex nach altem Recht im Dezember 2002 gegenüberstanden. Zunächst ist also der Preisindex Stand Dezember 2002 ins Verhältnis zu setzen zum Verbraucherpreisindex nach neuem Recht, ebenfalls Stand Dezember 2002. Anschließend ist der Verbraucherpreisindex für den Monat vor Rentenbeginn zu ermitteln und mit dem im ersten Rechenschritt ermittelten Faktor zu multiplizieren. Der sich danach ergebende Wert ist dann in einem dritten Rechenschritt ins Verhältnis zu setzen zum Preisindex für den Monat vor dem Anpassungsstichtag.[168]

Die Anpassungsverpflichtung gilt ferner als erfüllt, wenn die Nettolöhne vergleichbarer 36 Arbeitnehmergruppen des Unternehmens überschritten werden (**reallohnbezogene Obergrenze,** § 16 II Nr. 2 BetrAVG hierzu → Rn. 25 ff.). Es ist damit auf durchschnittliche Nettolohnentwicklungen abzustellen. Unklar ist der Begriff des Prüfungszeitraumes. Nach dem Wortlaut kann man zu dem Ergebnis kommen, dass dies der Dreijahreszeitraum vor dem jeweiligen Prüfungsstichtag ist. Die Gesetzesmaterialien stützen dieses Auslegungsergebnis nicht.[169] Nach der Rspr. zur nachholenden Anpassung war jeweils auf die Entwicklung vom Rentenbeginn bis zum Anpassungsstichtag abzustellen (→ Rn. 32). Da die Neuregelung § 16 IV BetrAVG, die den AG unter bestimmten Voraussetzungen von einer nachholenden Anpassung befreit, als Ausnahmetatbestand konzipiert ist, muss der Gesetzgeber in § 16 II BetrAVG von dem Prüfungszeitraum vom Rentenbeginn bis zur Anpassung ausgegangen sein. Sonst hätte es der Ausnahme nicht bedurft.[170] Daher reicht der Prüfungszeitraum auch nach der Neufassung des § 16 BetrAVG zum 1.1.1999 sowohl für den Anpassungsbedarf als auch für die reallohnbezogene Obergrenze vom Rentenbeginn bis zum Anpassungsstichtag.[171]

2. § 16 III BetrAVG. Nach § 16 III BetrAVG **entfällt die Anpassungsverpflichtung** nach 37 § 16 I BetrAVG, wenn **(1)** der AG sich verpflichtet, die laufenden Leistungen jährlich um wenigstens eins vom Hundert anzupassen, oder **(2)** die betriebliche Altersversorgung über eine Direktversicherung oder über eine Pensionskasse durchgeführt wird und ab Rentenbeginn sämtliche auf den Rentenbestand entfallende Überschussanteile zur Erhöhung der laufenden Leistungen verwendet werden. Die bisherige weitere Einschränkung, wonach zur Berechnung der garantierten Leistung der nach § 65 I Nr. 1 lit. a VAG festgesetzte Höchstzinssatz[172] zur Berechnung der Deckungsrückstellung nicht überschritten werden darf, ist durch das EUMobRLUmsG mWv 31.12.2015 weggefallen. **(3)** Die Verpflichtung zur Anpassung entfällt, wenn eine Beitragszusage mit Mindestleistung erteilt worden ist (§ 16 III Nr. 3 BetrAVG). **(4)** Eine Anpassungsverpflichtung scheidet außerdem bei einer reinen Beitragszusage aus (§ 1 I Nr. 2a Hs. 2 BetrAVG).

Die **Abwahl der Anpassungsverpflichtung** nach § 16 III Nr. 1 BetrAVG, die bei allen 38 Durchführungswegen möglich ist, kann durch einzelvertragliche Regelung, arbeitsvertragliche Einheitsregelung oder Gesamtzusage erfolgen. Die jährliche Anpassung um 1% nach § 16 III Nr. 1 BetrAVG ist davon unabhängig, ob der AG sie aus den Erträgen erwirtschaften kann. Hat

[165] BAG 3.6.2020 AP Nr. 131 zu § 16 BetrAVG = NZA 2020, 1477; 14.2.2012 AP Nr. 85 zu § 16 BetrAVG = NZA-RR 2012, 593; 11.10.2011 AP Nr. 75 zu § 16 BetrAVG = NZA 2012, 337; 28.6.2011 AP Nr. 74 zu § 16 BetrAVG = NZA 2011, 1285; abw. *Cish/Hufer* BetrAV 2009, 13.

[166] BAG 11.10.2011 AP Nr. 81 zu § 16 BetrAVG = NZA 2012, 454.

[167] Denkbar wäre auch eine Berechnung nach der sog. Splittingmethode, s. *Huber* in Kemper/Kisters-Kölkes/Berenz/Huber BetrAVG § 16 Rn. 42.

[168] BAG 17.6.2014 AP Nr. 100 zu § 16 BetrAVG = BetrAV 2014, 667; 20.8.2013 AP Nr. 91 zu § 16 BetrAVG = BetrAV 2013, 721; 19.6.2012 BB 2012, 2828 (LS); 11.10.2011 AP Nr. 81 zu § 16 BetrAVG = NZA 2012, 454.

[169] Vgl. BT-Drs. 13/8011, 207.

[170] Höfer BetrAVG I/*Höfer* § 16 Rn. 110.

[171] BAG 30.8.2005 AP Nr. 56 zu § 16 BetrAVG = DB 2006, 732; für den Bochumer Verband: BAG 25.4.2006 DB 2006, 2639; aA *Neef* FS Richardi, 2007, 305 (312 ff.).

[172] Aufgrund der Deckungsrückstellungverordnung (DeckRV).

der AG die Abwahl gewählt, muss er auch dann anpassen, wenn er sonst nicht zur Anpassung verpflichtet wäre. Für den AG kann die Anpassungspflicht gem. § 16 III Nr. 1 BetrAVG nur bei einer wirtschaftlichen Notlage entfallen.[173] Da § 16 III Nr. 1 BetrAVG eine **Mindestanpassung** regelt, können die Parteien auch einen höheren Prozentsatz festlegen. Ist die Ruhegeldzusage in einer Betriebsvereinbarung enthalten, bedarf es einer ablösenden Betriebsvereinbarung; unzureichend ist dagegen eine individualvertragliche Ablösung der Betriebsvereinbarung, da die pauschale Anpassung nicht günstiger zu sein braucht. Für den Fall künftiger höherer Inflationsraten stellt sich die Frage, ob uU nicht doch gem. § 242 oder § 313 BGB (Störung der Geschäftsgrundlage) ausnahmsweise eine zusätzliche Anpassung geboten sein kann. Inflationsrisiken waren dem Gesetzgeber bei Einführung des § 16 II Nr. 1 BetrAVG aber bewusst. Außerdem schließt die Norm umgekehrt auch die Berücksichtigung wirtschaftlicher Probleme des AG aus. Eine zusätzliche Anpassung zugunsten des AN wird daher ebenso wie eine Verweigerung der Mindestanpassung durch den AG allenfalls in extremen Situationen in Betracht kommen.

39 Wird die Anpassungsverpflichtung durch eine Mindestanpassung vereinbart, so gilt die Abwahl ab dem Zeitpunkt der Vereinbarung. Wird die Mindestanpassung für die Zeit vor der Neuregelung vereinbart, so hat sie nicht die Wirkungen einer Abwahl, sondern nur einer Mindestverpflichtung des AG. Den Anpassungszeitpunkt innerhalb der Jahresfrist regelt das Gesetz nicht. Ausgehend von einer jährlichen Anpassungspflicht dürfte die erste Erhöhung grundsätzlich nach 12-monatigem Rentenbezug vorzunehmen sein. Der AG wird aber ebenso wie bei der Anpassung gem. § 16 I BetrAVG (→ Rn. 19) berechtigt sein, im Interesse einer Reduzierung des Verwaltungsaufwands für alle betroffenen AN einen einheitlichen Anpassungsstichtag innerhalb des Kalenderjahres festzulegen.[174]

40 Die **Mindestanpassung** gilt nur für laufende Leistungen, die auf Zusagen beruhen, die nach dem 31.12.1998 erteilt sind (§ 30c BetrAVG). Maßgebend ist das Datum der Versorgungszusage, nicht etwa einer Vereinbarung über eine Rentenanpassung um 1%.[175] Ferner gilt die Mindestanpassung, falls zwar die Zusage vor dem 1.1.1999 erteilt wurde, das Arbeitsverhältnis aber erst nach diesem Zeitpunkt beginnt.[176] Dies gilt für alle Durchführungswege der betrieblichen Altersversorgung und beruht auf fiskalpolitischen Gründen, weil ein sofortiger Rückstellungsbedarf erwächst, der zu erheblichen Steuerausfällen geführt hätte. Eine Neuzusage ist nicht schon dann gegeben, wenn der Durchführungsweg der Versorgung geändert wird oder eine bestehende Zusage bestätigt wird (→ § 274 Rn. 25). Eine abändernde Betriebsvereinbarung, mit der die Anpassungs- und Überprüfungspflicht gem. § 16 I und II BetrAVG durch eine jährliche 1-%ige Anpassung ersetzt, verstößt daher bei Altzusagen gegen § 30c I BetrAVG.[177]

41 Wird die Abwahl gem. **§ 16 III Nr. 2 BetrAVG** durch eine Überschussverwendung vorgenommen, so braucht der AG dann nicht mehr bei Direktversicherungen oder Pensionskassenversorgungen einen Teuerungsausgleich zu erbringen. Vielmehr hat er seine Pflichten durch die Prämienzahlung erfüllt. Das gilt unabhängig davon, ob der AG die Überschussverwendung gerade zum Zweck der Abwahl der Anpassungsverpflichtung vereinbart hat. § 16 III Nr. 2 BetrAVG ändert nichts daran, dass die Pensionskasse berechtigt ist, Überschüsse nach § 194 I 1 VAG zunächst der Verlustrücklage zuzuführen.[178] Ist der AG danach von seiner Anpassungsprüfungs- und -Entscheidungspflicht gem. § 16 I BetrAVG befreit, steht dem Versorgungsempfänger ein Anspruch auf Anpassungsprüfung auch nicht etwa nach § 1 I 3 BetrAVG zu; denn der Fall einer Einstandspflicht des AG iSv § 1 I 3 BetrAVG ist auch dann nicht gegeben, wenn die Anpassung der Pensionskassenrente mangels zu verteilender Überschussanteile unterbleibt.[179] Für das Erfüllen der Voraussetzungen von § 16 III Nr. 2 BetrAVG ist eine entsprechende Vereinbarung zwischen einer Pensionskasse und dem AG ausreichend, weil es sich hierbei um einen Vertrag zugunsten des AN handelt. Etwaige Änderungsvorbehalte in Versorgungsregelungen zwischen AG und Pensionskasse stehen dem nicht entgegen, solange gewährleistet ist, dass die Voraussetzungen von § 16 III Nr. 2 BetrAVG gesichert bleiben.[180] Nach Ansicht des BAG soll dagegen eine entsprechende praktische Handhabung durch die Pensionskasse nicht ausreichend sein.[181] Soweit sich das BAG dabei auf die Wendung „ab

---

[173] Höfer BetrAVG I/*Höfer* § 16 Rn. 375.
[174] Höfer BetrAVG I/*Höfer* § 16 Rn. 378.
[175] BAG 28.6.2011 AP Nr. 74 zu § 16 BetrAVG = NZA 2011, 1285; 28.6.2011 AP Nr. 54 zu § 1 BetrAVG Ablösung = NZA 2012, 1229.
[176] BRO/*Rolfs* BetrAVG § 16 Rn. 288.
[177] BAG 18.9.2012 AP Nr. 58 zu § 1 BetrAVG Ablösung = NZA-RR 2013, 651.
[178] BAG 3.6.2020 AP Nr. 131 zu § 16 BetrAVG = NZA 2020, 1477.
[179] BAG 3.6.2020 AP Nr. 131 zu § 16 BetrAVG = NZA 2020, 1477.
[180] BAG 10.12.2019 AP Nr. 127 zu § 16 BetrAVG = NZA 2020, 931.
[181] BAG 3.6.2020 AP Nr. 131 zu § 16 BetrAVG = NZA 2020, 1477; 18.2.2020 AP Nr. 128 zu § 16 BetrAVG = VersR 2020, 1401; 10.12.2019 AP Nr. 127 zu § 16 BetrAVG = NZA 2020, 931; BRO/Rolfs BetrAVG § 16 Rn. 306; aA Höfer BetrAVG I/*Höfer* § 16 Rn. 397; ErfK/*Steinmeyer* BetrAVG § 16 Rn. 56.

Rentenbeginn" in § 16 III Nr. 2 BetrAVG stützt, ist das allerdings nicht zwingend. Denn diese Formulierung bezieht sich nicht auf die Vereinbarung, sondern auf die Verwendung der Überschussanteile. § 16 II Nr. 2 BetrAVG setzt voraus, dass ab Rentenbeginn sämtliche auf den Rentenbestand entfallenden Überschussanteile zur Erhöhung der laufenden Leistungen verwendet werden. Entscheidend ist dabei, ob für den betreffenden Rentner eine entsprechende Überschussverwendung erfolgt, nicht dagegen, ob das für alle Versorgungsberechtigten gilt.[182] Demgegenüber verlangt das BAG, dass die auf den Rentenbestand entfallenden Überschussanteile dem Betriebsrentner zustehen müssen. Entscheidend soll danach sein, welche Überschussanteile auf den Bestand entfallen.[183] Das erfordert nach der Rspr. des BAG eine sachgemäße Zusammenfassung der Versicherungsverträge, denen die Überschussanteile zugeordnet sind, und innerhalb der Zuordnung eine sachgemäße Zuschreibung von Überschussanteilen auf den einzelnen Vertrag. Es setzt weiter voraus, dass innerhalb dieser Versicherungsverträge die Überschussanteile tatsächlich dem Rentenbestand, also den Betriebsrentnern, und nicht dem Anwärterbestand, also den AN oder den mit einer unverfallbaren Anwartschaft ausgeschiedenen ehemaligen AN als Anwärtern, zugeordnet werden.[184] Dabei ist es zulässig, mehrere Versicherungsverträge zu Abrechnungs- oder Gewinnverbänden bzw. Bestandsgruppen zusammenzufassen, denen jeweils Überschussanteile zugerechnet sind. Die Zusammenfassung muss verursachungsorientiert im versicherungsrechtlichen Sinn erfolgen und eine Zuschreibung des Überschussanteils auf den einzelnen Vertrag sichergestellt sein, die dessen rechnerischem Anteil am zusammengefassten Bestand entspricht. Überschüsse entfallen daher dann auf den Rentenbestand iSv § 16 III Nr. 2 BetrAVG, wenn sie in einer der Bestimmung entsprechenden Weise sachgemäß mit anderen Versicherungsverträgen hinsichtlich der Zuordnung von Überschussanteilen zusammengefasst und die Anteile dem einzelnen Vertrag sachgemäß zugeschrieben sind. Dies erfordert, dass sie nach den rechtlichen Verpflichtungen (auch zu Abrechnungs- oder Gewinnverbänden bzw. Bestandsgruppen) nach anerkannten versicherungsmathematischen Grundsätzen zu Bestandsgruppen und Gewinnverbänden verursachungsorientiert zusammengefasst sind (iSv § 153 II 1 Hs. 1 VVG) und innerhalb eines Bestandes dem Vertrag entsprechend seinem rechnerischen Anteil zugeschrieben werden.[185] Ferner müssen innerhalb des Bestandes Betriebsrentner und Anwärter gleichbehandelt werden. Der ehemalige AG ist von der Prüfung einer Rentenanpassung nur dann entbunden, wenn die Pensionskasse ihre Leistungen dauerhaft erhöht; eine nur vorübergehende Erhöhung der Pensionskassenrente reicht dagegen nicht aus. Weitere Voraussetzung ist, dass sich die Überschussanteile auf die laufenden Leistungen erhöhend auswirken. Daher genügt eine Regelung, dass die Überschussanteile für ein Sterbegeld zu verwenden sind, den Anforderungen nach § 16 II Nr. 2 BetrAVG nicht, weil es sich hierbei nicht um eine Leistung der betrieblichen Altersversorgung handelt (→ § 272 Rn. 5).[186] Der Anspruch auf Gleichbehandlung folgt aus § 138 II VAG. Hieraus folgt ein unmittelbar gegen die Pensionskasse durchsetzbarer Rechtsanspruch.[187] Weil bestehende Rechte auf eine laufende Betriebsrente Eigentumsschutz nach Art. 14 GG genießen, sind Betriebsrentner, deren betriebliche Altersversorgung durch eine Pensionskasse durchgeführt wird und denen als Versicherte dort Überschussanteile zustehen, berechtigt, eine ordnungsgemäße Berechnung gegenüber der Pensionskasse – wie ein Versicherungsnehmer – geltend zu machen.[188] Die dargestellten Grundsätze zu § 16 III Nr. 2 BetrAVG gelten auch dann, wenn die Versorgungszusage vor dem Inkrafttreten der Neufassung des VVG am 1.1.2008 erteilt wurde.[189] Die Regelung in § 16 III Nr. 2 BetrAVG lässt sich nicht analog auf andere Durchführungswege (Pensionsfonds, Unterstützungskassen) übertragen.[190] Sie differenziert nicht danach, in welcher Rechtsform die Pensionskasse betrieben wird und ob sie reguliert oder dereguliert (→ § 276 Rn. 28) ist. Weil es keine Stichtagsregelung wie etwa in § 30c I BetrAVG (für § 16 I BetrAVG) gibt, ist § 16 II Nr. 2 BetrAVG auch auf vor dem 1.1.1999 erteilte Zusagen anwendbar. Allerdings folgte nach Ansicht des BAG aus dem Verweis auf den nach § 65 I lit. a VAG (aF) festgesetzten Höchstzinssatz, dass § 16 III Nr. 2 BetrAVG nicht für laufende Versorgungsleistungen

---

[182] Höfer BetrAVG I/*Höfer* § 16 Rn. 404; ErfK/*Steinmeyer* BetrAVG § 16 Rn. 57.
[183] BAG 18.2.2020 AP Nr. 128 zu § 16 BetrAVG = VersR 2020, 1401; BRO/*Rolfs* BetrAVG § 16 Rn. 307.
[184] BAG 18.2.2020 AP Nr. 128 zu § 16 BetrAVG = VersR 2020, 1401.
[185] BAG 18.2.2020 AP Nr. 128 zu § 16 BetrAVG = VersR 2020, 1401; 10.12.2019 AP Nr. 127 zu § 16 BetrAVG = NZA 2020, 931.
[186] BAG 18.2.2020 AP Nr. 128 zu § 16 BetrAVG = VersR 2020, 1401.
[187] BAG 18.2.2020 AP Nr. 128 zu § 16 BetrAVG = VersR 2020, 1401; 10.12.2019 AP Nr. 127 zu § 16 BetrAVG = NZA 2020, 931.
[188] BAG 3.6.2020 AP Nr. 131 zu § 16 BetrAVG = NZA 2020, 1477.
[189] BAG 18.2.2020 AP Nr. 128 zu § 16 BetrAVG = VersR 2020, 1401; 10.12.2019 AP Nr. 127 zu § 16 BetrAVG = NZA 2020, 931.
[190] BRO/*Rolfs* BetrAVG § 16 Rn. 304 ff.

anwendbar sein sollte, die auf Zusagen beruhen, die vor dem 16.5.1996, dem Inkrafttreten der Verordnung über Rechnungsgrundlagen für die Deckungsrückstellungsverordnung vom 6.5.1996 (DeckRV), erteilt wurden.[191] Als Reaktion auf diese Rechtsprechung hat der Gesetzgeber den Verweis auf den nach § 65 I lit. a VAG (aF) festgesetzten Höchstzinssatz – sowohl für künftige als auch für bestehende Zusagen[192] – durch das EUMobRLUmsG mWv 31.12.2015 gestrichen und damit die vor dem 1.1.1999 erteilten Versorgungszusagen einbezogen. Rückwirkung für vor dem 31.12.2015 vorzunehmende Anpassungsüberprüfungen sollte die Regelung aber nach Ansicht des BAG nicht entfalten.[193] Nunmehr hat der Gesetzgeber dies in § 30c Ia BetrAVG abweichend geregelt;[194] lediglich vor dem 1.1.2016 bereits erfolgte Anpassungen oder unterbliebene Anpassungen, gegen die der Versorgungsberechtigte vor dem 1.1.2016 Klage erhoben hat, bleiben unberührt. Wenn sich ein Versorgungsempfänger daher vor dem 31.12.2015 gerichtlich gegen eine unterbliebene Anpassung der von einer Pensionskasse erbrachten Leistungen gewandt hat, ist für ihn insoweit § 16 III Nr. 2 BetrAVG in der bis zum 30.12.2015 geltenden Fassung anzuwenden.[195]

42 **3. § 16 IV BetrAVG.** Nach § 16 IV 1 BetrAVG ist der AG nicht verpflichtet, die Anpassung zu einem späteren Zeitpunkt nachzuholen, wenn nach § 16 I BetrAVG die Anpassung zu Recht (→ Rn. 23 ff.) unterblieben oder nicht in vollem Umfang durchgeführt worden ist (zu Recht unterbliebene Anpassung). Durch die Vorschrift wird die Rspr. zur **nachholenden Anpassung** begrenzt. Sowohl der damalige Anstieg des Verbraucherpreisindex als auch die damals zu verzeichnenden Reallohnerhöhungen dürfen bei den späteren Anpassungsentscheidungen unberücksichtigt bleiben.[196] **Prüfungszeitraum** für die Ermittlung des Anpassungsbedarfs bleibt auch hier weiterhin die Zeit vom Rentenbeginn bis zum Prüfungsstichtag.[197] Von dem sich danach ergebenden Anpassungsbetrag ist der Absolutbetrag der zu Recht unterbliebenen, nachholenden Anpassungen abzuziehen.[198] Die Vorschrift gilt nach **§ 30c II BetrAVG** nicht für vor dem 1.1.1999 zu Recht unterbliebene Anpassungen. Daher ist die bisherige Rspr. für frühere Zusagen noch von Belang. § 16 IV 1 BetrAVG erfasst zudem nur die Fälle, in denen der AG die Rente wegen der wirtschaftlichen Lage nicht oder nicht in vollem Umfang angepasst hat, nicht dagegen eine auf die Reallohnobergrenze gestützte (teilweise) unterbliebene Anpassung.[199] Im Hinblick auf eine etwaige **nachträgliche Anpassung** und der etwaigen **Verwirkung des Klagerechts** bleibt es bei den allgemeinen Grundsätzen, insbesondere bei der zeitlichen Begrenzung gem. der Rspr. des BAG (→ Rn. 32). § 16 IV BetrAVG regelt lediglich die Höhe des Anpassungsbedarfs, nicht aber die Verwirkung des Klagerechts.[200]

43 Die Anpassung **gilt nach § 16 IV 2 BetrAVG auch dann als zu Recht unterblieben,** wenn **(1)** der AG dem AN die wirtschaftliche Lage des Unternehmens schriftlich darlegt, **(2)** der Versorgungsempfänger nicht binnen drei Kalendermonaten nach Zugang der Mitteilung schriftlich widersprochen hat, **(3)** er auf die Rechtsfolgen eines nicht fristgemäßen Widerspruchs hingewiesen worden ist. § 16 IV 2 BetrAVG enthält eine unwiderlegliche gesetzliche Fiktion.[201]

44 Der AG muss die **wirtschaftliche Lage schriftlich darlegen.** Nach dem Zweck der Vorschrift muss die unzureichende Lage so dargelegt werden, dass der Versorgungsempfänger die Entscheidung nachvollziehen kann. Die Darlegung muss eine Prognose der künftigen wirtschaftlichen Lage gemessen an der Ertragslage und einer angemessenen Eigenkapitalverzinsung enthalten. Die Fiktion des § 16 IV 2 BetrAVG tritt nur ein, wenn die schriftliche Information des AG erkennen lässt, aufgrund welcher Umstände anzunehmen ist, dass das Unternehmen voraussichtlich nicht in der Lage sein wird, die Anpassungen zu leisten. Die Darstellung der wirtschaftlichen Lage muss so detailliert sein, dass der AN in die Lage versetzt wird, die Entscheidung des AG

---

[191] BAG 30.9.2014 AP Nr. 10 zu § 1 BetrAVG Pensionskasse = NZA 2015, 544.
[192] BT-Drs. 18/6283, 13.
[193] BAG 11.7.2017 AP Nr. 121 zu § 16 BetrAVG = NZA 2017, 1388; 13.12.2016 AP Nr. 14 zu § 1 BetrAVG Pensionskasse = NZA 2017, 1263; *Rolfs/Kunisch* BetrAV 2016, 383 (388); *Schreckling-Kreuz/Kreuz* AuR 2016, 399; aA *Diller/Zeh* NZA 2016, 75; *Kaufmann/Herrmann* DB 2016, 2603; *Döring* BB 2016, 2933; *Greiner/Bitzenhofer* NJW 2016, 1176.
[194] Zur Frage der Zulässigkeit dieser Rückwirkungsanordnung *Kielkowski/Schmalz* BB 2019, 2420.
[195] BAG 18.2.2020 AP Nr. 129 zu § 16 BetrAVG = NZA 2021, 39.
[196] BAG 20.8.2013 AP Nr. 91 zu § 16 BetrAVG = BetrAV 2013, 721; 28.5.2013 AP Nr. 90 zu § 16 BetrAVG = NZA-RR 2013, 598; 30.8.2005 AP Nr. 56 zu § 16 BetrAVG = NZA-RR 2006, 485.
[197] Höfer BetrAVG I/*Höfer* § 16 Rn. 426.
[198] Höfer BetrAVG I/*Höfer* § 16 Rn. 427.
[199] BAG 19.6.2012 AP Nr. 86 zu § 16 BetrAVG = NZA 2012, 1291.
[200] BAG 17.6.2014 AP Nr. 100 zu § 16 BetrAVG = BetrAV 2014, 667.
[201] BAG 11.10.2011 AP Nr. 75 zu § 16 BetrAVG = NZA 2012, 337; abw. *Vienken* DB 2003, 994 (995), der eine unwiderlegliche Vermutung annimmt.

auf ihre Plausibilität hin zu überprüfen.[202] Eine unzureichende Begründung des AG verhindert zwar das Eintreten der Fiktionswirkung, sie führt aber für sich genommen nicht dazu, dass die Entscheidung des AG als unbillig anzusehen ist.[203] Macht der AG irreführende Angaben, die geeignet sind, den AN von einem Widerspruch abzuhalten, greift die Vermutung nicht ein. Die Schriftform ist aus Beweisgründen festgelegt. Eine mündliche Erklärung kann die Fiktion nicht begründen.[204] Die Schriftform bedingt aber nach dem Gesetzeswortlaut keine Präklusionswirkung. Der AG kann sich also in einem Prozess wegen der Rentenanpassung nicht nur auf die in der schriftlichen Darlegung genannten Gründe stützen.[205]

Für die Berechnung der **Widerspruchsfrist** gilt § 188 II BGB.[206] Versäumt der AN die Widerspruchsfrist, muss er die Verfristung hinnehmen. An den Inhalt des Widerspruchs stellt das Gesetz keine besonderen Anforderungen. Daher ist eine Begründung nicht erforderlich.[207] Hiermit wäre der AN, der die wirtschaftliche Situation des AG zumeist nicht beurteilen kann, auch überfordert. 45

Der AG kann sich auf den Ausschluss der nachholenden Anpassung im Fall des § 16 IV 2 BetrAVG nur dann berufen, wenn er den Rentner schriftlich[208] über die Rechtsfolgen eines nicht fristgemäßen Widerspruchs belehrt hat. 46

V. Anpassung nach dem AVmG

Soweit betriebliche Altersversorgung durch **Entgeltumwandlung** finanziert wird, ist der AG verpflichtet, die Leistungen mindestens um 1% anzupassen oder im Fall der Durchführung über eine Direktversicherung oder eine Pensionskasse sämtliche Überschussanteile, also nicht nur die auf den Rentenbestand entfallenden, zur Erhöhung der laufenden Renten zu verwenden (§ 16 V BetrAVG). Der AG kann die Anpassung nicht bei unzureichender wirtschaftlicher Lage verweigern. Die Regelung gilt nach § 30c III BetrAVG nur für nach dem 31.12.2000 erteilte Zusagen. 47

VI. Durchführung der Anpassung

Der AG wird die Anpassung regelmäßig durch eine **Erklärung** gegenüber den Versorgungsberechtigten bekannt geben. Für die Anpassungsbeschlüsse des Bochumer Verbandes gilt die Unklarheitenregel gem. § 305c II BGB entsprechend, bestehende Unklarheiten gehen also zu Lasten der AG.[209] Leistungsbescheide des Bochumer Verbandes können ein deklaratorisches Schuldanerkenntnis darstellen.[210] 48

VII. Anpassungsklage

Hat der AG keine oder eine unbillige Anpassungsentscheidung getroffen, so kann der Pensionär hiergegen Klage erheben. Zur Verwirkung des Klagerechts, wenn die Klage nicht bis zum übernächsten auf die gerügte Anpassungsentscheidung folgenden Anpassungsstichtag erhoben wird, → Rn. 32. Das Gesetz verlangt eine Billigkeitsentscheidung des AG, die in entsprechender Anwendung des § 315 II und III BGB zu treffen und durch die Gerichte zu überprüfen ist.[211] Ansprüche des AN auf eine höhere Anpassung bestehen nicht schon dann, wenn die vom AG angewandte Berechnungsmethode fehlerhaft ist. Entscheidend ist allein, ob das Berechnungsergebnis der Billigkeit entspricht.[212] Bei einer Anpassungsklage ist kein bezifferter Leistungsantrag notwendig. Dem Bestimmtheitsgrundsatz des § 253 II Nr. 2 ZPO ist genügt, wenn der Kläger 49

---

202 BAG 11.10.2011 AP Nr. 75 zu § 16 BetrAVG = NZA 2012, 337.
203 BAG 23.2.2021 – 3 AZR 15/20.
204 Höfer BetrAVG I/*Höfer* § 16 Rn. 437.
205 Höfer BetrAVG I/*Höfer* § 16 Rn. 438.
206 AA *Vienken* DB 2003, 994 (996); BRO/*Rolfs* BetrAVG § 16 Rn. 102, der auf den letzten Tag des dritten Monats nach Zugang der Mitteilung abstellt.
207 BRO/*Rolfs* BetrAVG § 16 Rn. 104; aA Höfer BetrAVG I/*Höfer* § 16 Rn. 443; ErfK/*Steinmeyer* BetrAVG § 16 Rn. 49.
208 ErfK/*Steinmeyer* BetrAVG § 16 Rn. 47; Höfer BetrAVG I/*Höfer* § 16 Rn. 440; BRO/*Rolfs* BetrAVG § 16 Rn. 101; abw. *Vienken* DB 2003, 994, 996, der die Einhaltung der Schriftform nicht als Wirksamkeitsvoraussetzung ansieht.
209 BAG 21.8.2007 NZA-RR 2008, 198; 12.6.2007 AP Nr. 8 zu § 305c BGB = NZA-RR 2008, 616 (LS).
210 BAG 28.10.2008 NZA-RR 2009, 499.
211 BAG 10.9.2002 AP Nr. 52 zu § 16 BetrAVG = NZA 2003, 880 (LS); 23.4.1985 AP Nr. 17 zu § 16 BetrAVG = NZA 1985, 496; 6.12.1976 AP Nr. 4 zu § 16 BetrAVG = NJW 1977, 828.
212 BAG 17.9.2013 AP Nr. 26 zu § 1 BetrAVG Beamtenversorgung = ZTR 2014, 178; 30.8.2005 AP Nr. 56 zu § 16 BetrAVG = DB 2006, 732.

den anspruchsbegründenden Sachverhalt und einen Mindestbetrag der Anpassung angibt.[213] Der AN kann aber auch unmittelbar einen Zahlungsantrag stellen. Ist die Anpassung über den ersten Drei-Jahreszeitraum verzögert worden, kann auch eine rückwirkende Anpassung in Betracht kommen.[214] Bei dem Anspruch auf Anpassung und Zahlung einer höheren Betriebsrente zum Anpassungsstichtag handelt es sich um einen einheitlichen, nicht teilbaren Anspruch. Daher ist ein Teilurteil über eine Begrenzung durch die reallohnbezogene Obergrenze unter Offenlassen der Frage, ob überhaupt eine Anpassungsverpflichtung besteht, von vornherein ausgeschlossen.[215] Die Fälligkeit der Forderung tritt bei einer gerichtlichen Bestimmung mit Rechtskraft des Urteils ein. Erst ab diesem Zeitpunkt entsteht ein Anspruch auf Zinsen,[216] es sei denn die Versorgungsordnung sieht eine Pflicht zur Anpassung nicht nach billigem Ermessen, sondern nach anderen Kriterien (zB an die Inflationsrate) vor.[217] Gerät der AG mit der Anpassungsentscheidung in Verzug, muss er gem. § 280 I u. II iVm §§ 286, 287 BGB Schadensersatz leisten. Dieser umfasst auch die durch eine Nachzahlung eintretenden steuerlichen Nachteile.[218]

VIII. Darlegungs- und Beweislast

50 Darlegungs- und beweispflichtig für alle die Anpassungsentscheidung beeinflussenden Umstände ist der AG.[219] Er hat darzulegen und zu beweisen, dass seine Anpassungsentscheidung billigem Ermessen entspricht und sich in den Grenzen des § 16 BetrAVG hält.[220] Das erfordert eine konkrete Darlegung der wirtschaftlichen Verhältnisse, die eine Anpassung ausschließen. Nicht ausreichend ist die bloße Mitteilung von Verlusten, die sich aus Handelsbilanzen oder Betriebsergebnisberechnungen ergeben, vielmehr bedarf es der Vorlage von Bilanzen und Gewinn- und Verlustrechnungen. Macht der AG im Prozess ein berechtigtes Interesse an der **Geheimhaltung** geltend, ist ihm die Möglichkeit einzuräumen, die entsprechenden Unterlagen unter Wahrung der Vertraulichkeit vorzulegen. Für die Dauer der Erörterung von Geschäftsgeheimnissen, Betriebsgeheimnissen, Erfindungs- oder Steuergeheimnissen ist gem. § 52 S. 2 ArbGG, § 172 Nr. 2 GVG auf Antrag die Öffentlichkeit auszuschließen.[221] Ferner kommt nach § 52 S. 4 ArbGG, § 173 III GVG die Verhängung eines strafbewehrten (§ 353d Nr. 2 StGB) Schweigegebotes an die Prozessbeteiligten in Betracht.

§ 277. Beendigung des Ruhestandsverhältnisses

Übersicht

213 BAG 17.10.1995 AP Nr. 34 zu § 16 BetrAVG = NZA 1996, 1038.
214 Vgl. BAG 17.4.1996 AP Nr. 35 zu § 16 BetrAVG = NZA 1997, 155.
215 BAG 18.3.2014 AP Nr. 96 zu § 16 BetrAVG = NZA-RR 2014, 490.
216 BAG 20.8.2013 AP Nr. 91 zu § 16 BetrAVG = BetrAV 2013, 721; 19.6.2012 NZA 2012, 1291; 11.10.2011 AP Nr. 81 zu § 16 BetrAVG = NZA 2012, 454; 28.6.2011 AP Nr. 74 zu § 16 BetrAVG = NZA 2011, 1285; einschränkend: (nur bei einer eigenen Ermessensentscheidung des Gerichts und nicht zB bei Wahl eines falschen Prüfungszeitraumes) *Eberle* DB 2012, 404; *Feudner* DB 2014, 2347 (2351).
217 BAG 19.6.2012 AP Nr. 86 zu § 16 BetrAVG = NZA 2012, 1291.
218 BAG 28.10.2008 NZA-RR 2009, 499.
219 BAG 20.8.2013 AP Nr. 91 zu § 16 BetrAVG = BetrAV 2013, 721; 11.10.2011 AP Nr. 81 zu § 16 BetrAVG = NZA 2012, 454; 20.5.2003 AP Nr. 1 zu § 1 BetrAVG Auslegung = NZA 2004, 944 (LS).
220 BAG 31.7.2007 AP Nr. 65 zu § 16 BetrAVG = DB 2008, 135.
221 Vgl. BAG 23.4.1985 AP Nr. 16 zu § 16 BetrAVG = NZA 1985, 499; für die Güteverhandlung vor dem ArbG kann die Öffentlichkeit nach § 52 S. 3 ArbGG auch aus bloßen Zweckmäßigkeitsgründen ausgeschlossen werden; vgl. Schaub ArbRFV-HdB/*Vogelsang* C. Rn. 264 ff.

I. Einzelvertrag, Gesamtzusage

Mit dem Eintritt in den Ruhestand hat der AN seine Hauptpflichten aus dem Arbeitsverhältnis erfüllt. Da die Ruhegeldzusage der Alterssicherung des Versorgungsberechtigten dient, ergibt sich im Wege der Auslegung, dass das Ruhestandsverhältnis auf die Lebenszeit des AN bzw. der sonstigen Versorgungsberechtigten befristet ist. Hieraus folgt wiederum, dass eine **ordentliche Kündigung** des Ruhestandsverhältnisses ausgeschlossen ist.[1] In Ausnahmefällen ist aber ein Widerruf der Versorgungszusage möglich (→ Rn. 4). 1

II. Kollektivvertragliche Rechtsgrundlage

Beruht die Versorgungsverpflichtung auf einer kollektivrechtlichen Rechtsgrundlage, so ist wegen der zwingenden Wirkung von Tarifverträgen und Betriebsvereinbarungen (→ § 207 Rn. 1 ff., → § 231 Rn. 11) während des Bestandes des Arbeitsverhältnisses eine einzelvertragliche Aufhebung der Versorgungszusage nicht möglich. Dies gilt aber auch noch nach Beendigung des Arbeitsverhältnisses. Allerdings ist umstr., wie dies zu begründen ist. Für Tarifverträge wird eine offene Rechtsfortbildung bejaht.[2] Bei Betriebsvereinbarungen verneint das BAG für Ruheständler die Regelungszuständigkeit der Betriebspartner (hierzu → § 274 Rn. 72). Meist wird durch kollektivrechtliche Regelungen ein Ruhegeldanspruch schon deswegen nicht aufgehoben werden können, weil hierdurch in Besitzstände eingegriffen würde. Zu der Frage, wie weit die Partner von Kollektivregelungen Ruhegeld und Versorgungsanwartschaften abändern können, → § 274 Rn. 55. 2

III. Widerrufserklärung

Der Widerruf ist eine einseitige empfangsbedürftige Willenserklärung.[3] Zum Zugang des Widerrufs bei einer Gesamtzusage → § 273 Rn. 8. Eine Widerrufsfrist gilt nicht. Das Widerrufsrecht unterliegt lediglich der Verwirkung. Ein Hinauszögern des Widerrufs nach Bekanntwerden der Gründe kann aber bei der Abwägung zu berücksichtigen sein und dafür sprechen, dass der Versprechende die Verfehlungen als nicht so schwerwiegend angesehen hat.[4] Der BR hat bei der Ausübung eines kollektiven Widerrufs ein Mitbestimmungsrecht, wenn der Dotierungsrahmen verändert wird (→ § 272 Rn. 48 ff.). Dagegen besteht kein Mitbestimmungsrecht bei Widerruf wegen grober Treuwidrigkeit. In diesen Fällen regelt das BetrVG auch keine Anhörungspflicht. 3

IV. Widerruf wegen Konkurrenztätigkeit oder sonstiger Treuepflichtverletzungen[5]

1. Voraussetzungen. Vor Inkrafttreten des BetrAVG am 22.12.1974 hat das BAG einen **Widerruf der Versorgungsanwartschaft oder der Versorgung** zugelassen, wenn der Versorgungsberechtigte in grober Weise (wichtiger Grund) gegen seine Verpflichtungen versto- 4

[1] BGH 13.12.1999 NJW 2000, 1197 = DB 2000, 1328; 2.11.1967 DB 1968, 271 = BB 1968, 129.
[2] Vgl. *Wiedemann,* 7. Aufl., TVG § 1 Rn. 400.
[3] BRO/*Rolfs* BetrAVG Anh. § 1 Rn. 489; Höfer BetrAVG I/*Höfer* Kap. 5 Rn. 114; anders BAG 25.1.2000 – 3 AZR 871/98, wonach die Regeln über empfangsbedürftige Willenserklärungen entsprechend anzuwenden seien.
[4] BGH 13.12.1999 NJW 2000, 1197 = DB 2000, 1328.
[5] Hierzu *Schlewing* FS Wank, 2014, 513; *Blomeyer* ZIP 1991, 1113; *Rose* DB 1993, 1286 (für leitende Angestellte und Organmitglieder); zur Verfassungsgemäßheit vgl. BVerfG 28.6.2000 = NZA 2000, 999.

ßen hatte und die Beanspruchung von Versorgung gegen Treu und Glauben verstieß.[6] Der BGH legte schon zu dieser Zeit einen höheren Bewertungsmaßstab bei Pflichtverletzungen der Dienstnehmer an und verlangte, dass der Versorgungsberechtigte seine Pflichten in so grober Weise verletzt hat, dass sich die in der Vergangenheit bewiesene Betriebstreue nachträglich als wertlos oder zumindest erheblich entwertet herausstellt.[7] Nach Inkrafttreten des BetrAVG hat das BAG seine Rspr. nicht mehr aufrechterhalten und in Anlehnung an die Rspr. des BGH angenommen, dass der AG Versorgungsansprüche nur noch dann widerrufen kann, wenn die Verfehlungen so schwer wiegen, dass die Berufung auf die Versorgungszusage arglistig erscheint.[8] Der Widerruf einer Versorgungszusage darf nicht zu dem einfachsten und schnellsten Mittel gemacht werden, einen etwaigen Schadensersatzanspruch des AG zu befriedigen.[9] Weitergehende vertragliche Vorbehalte sind unwirksam.[10] In neueren Entscheidungen[11] lässt das BAG einen Widerruf in zwei Fallkonstellationen zu: **(1)** Der Einwand des Rechtsmissbrauchs kann zum einen gerechtfertigt sein, wenn der AN die Unverfallbarkeit seiner Versorgungsanwartschaft nur durch das Vertuschen schwerer Verfehlungen erschlichen hat. Das soll anzunehmen sein, wenn eine rechtzeitige Entdeckung zu einer fristlosen Kündigung geführt hätte, bevor die Versorgungsanwartschaft unverfallbar wurde und der AN den AG durch das Vertuschen seines Fehlverhaltens daran gehindert hat, noch vor Eintritt der Unverfallbarkeit zu kündigen.[12] **(2)** Zum anderen kann der Anspruch nach § 242 BGB ausgeschlossen sein, wenn der AN dem AG durch grobes Fehlverhalten einen nicht behebbaren, insbesondere durch Ersatzleistungen nicht wieder gutzumachenden schweren Schaden zugefügt hat. Voraussetzung ist hierbei aber, dass der AN seine Pflichten in grober Weise verletzt und dem AG hierdurch einen existenzgefährdenden Schaden zugefügt hat. Diese Grundsätze greifen auch dann ein, wenn die groben Pflichtverletzungen, die einen existenzgefährdenden Schaden verursachen, im Rahmen eines anderen Rechtsverhältnisses mit dem ehemaligen AG (zB als Organmitglied) begangen worden sind.[13] Sieht eine Betriebsvereinbarung vor, dass ein von Seiten des AG und des BR paritätisch besetzter Beirat über den Widerruf der Versorgungszusage und damit auch über den Rechtsmissbrauchseinwand entscheiden soll, ist dessen Entscheidung durch die Gerichte in vollem Umfang und nicht etwa nur gem. §§ 317, 319 BGB auf grobe Unbilligkeit überprüfbar.[14]

5 Es dürfte allerdings Einiges dafür sprechen, mit der Rspr. des BGH einen Widerruf nur dann für möglich zu halten, wenn der AN über lange Zeit seine Pflichten aus dem Arbeitsverhältnis verletzt hat und sich seine erbrachte **Betriebstreue rückschauend betrachtet** als **wertlos** oder zumindest erheblich entwertet erweist[15] (zB weil der AN seine Stellung jahrelang dazu missbraucht hat, dem AG einen existenzgefährdenden Schaden zuzufügen). Denn die betriebliche Altersversorgung ist immer auch Gegenleistung für eine erbrachte Arbeitsleistung des AN (→ § 272 Rn. 12). An dem Erbringen der Arbeitsleistung in der Vergangenheit ändert sich aber grundsätzlich noch nichts dadurch, dass der AN gegen Vertragspflichten verstoßen hat. Auch das Erschleichen der Unverfallbarkeit führt nicht dazu, dass die im Anschluss geleistete Arbeit nicht entgeltpflichtig wird. Objektiv bestand das Arbeitsverhältnis fort und der AN

[6] BAG 7.5.1966 AP Nr. 109 zu § 242 BGB Ruhegehalt; 10.2.1968 AP Nr. 2 zu § 119 BGB; 3.4.1970 AP Nr. 141 zu § 242 BGB Ruhegehalt; so auch die aktuelle Rspr. BGH 2.7.2019 NZA-RR 2019, 491.

[7] BGH 7.1.1971 AP Nr. 151 zu § 242 BGB Ruhegehalt = BGHZ 55, 274 = NJW 1971, 1127; so auch BGH 11.3.2002 DB 2002, 1207; 17.12.2001 NZA 2002, 511.

[8] BAG 18.10.1979 AP Nr. 1 zu § 1 BetrAVG Treuebruch = NJW 1980, 1127; 19.6.1980 AP Nr. 2 zu § 1 BetrAVG Treuebruch = NJW 1981, 188; 11.5.1982 AP Nr. 4 zu § 1 BetrAVG Treuebruch; 8.2.1983 AP Nr. 5 zu § 1 BetrAVG Treuebruch; 8.2.1983 AP Nr. 7 zu § 1 BetrAVG Treuebruch = NJW 1984, 141.

[9] BAG 8.5.1990 AP Nr. 10 zu § 1 BetrAVG Treuebruch = NZA 1990, 807; 8.2.1983 AP Nr. 7 zu § 1 BetrAVG Treuebruch = NJW 1984, 141; 19.6.1980 AP Nr. 2 zu § 1 BetrAVG Treuebruch = NJW 1981, 188.

[10] BAG 8.5.1990 AP Nr. 10 zu § 1 BetrAVG Treuebruch = NZA 1990, 807; 8.2.1983 AP Nr. 7 zu § 1 BetrAVG Treuebruch = NJW 1984, 141.

[11] BAG 26.4.2018 AP Nr. 18 zu § 1 BetrAVG Treuebruch = NZA 2018, 1066; 17.6.2014 AP Nr. 16 zu § 1 BetrAVG Treuebruch = DB 2014, 2534; 12.11.2013 AP Nr. 15 zu § 1 BetrAVG Treuebruch = NZA 2014, 780; 13.11.2012 AP Nr. 14 zu § 1 BetrAVG Treuebruch = NZA 2013, 1279.

[12] So auch schon BAG 18.10.1979 AP Nr. 1 zu § 1 BetrAVG Treuebruch = NJW 1980, 1127; 19.6.1980 AP Nr. 2 zu § 1 BetrAVG Treuebruch = NJW 1981, 188; 8.2.1983 AP Nr. 5 zu § 1 BetrAVG Treuebruch.

[13] BAG 20.9.2016 BetrAV 2017, 104.

[14] BAG 26.4.2018 AP Nr. 18 zu § 1 BetrAVG Treuebruch = NZA 2018, 1066.

[15] So BGH 11.3.2002 DB 2002, 1207; 17.12.2001 NZA 2002, 511; 13.12.1999 NJW 2000, 1197 = DB 2000, 1328.

hat seine Leistung erbracht, so dass ihm auch der Anspruch auf die Gegenleistung, zu der auch die Altersversorgung zählt, zusteht. Eine außerordentliche Kündigung beseitigt nicht den Entgeltanspruch für die zuvor erbrachte Arbeitsleistung. Das muss erst recht für eine nur hypothetische Kündigung gelten. Insoweit kommt auch eine ratierliche Kürzung der Rente bezogen auf den Zeitraum nach dem Vertragsverstoß und einer hypothetischen Kündigung nicht in Betracht.[16] Zwar ist die honorierte Betriebstreue in der ersten Fallkonstellation arglistig erschlichen, aber auch die Betriebstreue iS eines Bestehens des Arbeitsverhältnisses ist niemals für sich genommen Grund für die Betriebsrentengewährung, sondern die im Rahmen der Betriebstreue erwarteten Leistungen. Eine Entgeltpflicht besteht im Übrigen uU sogar für Arbeitsleistungen, die trotz Nichtigkeit des Arbeitsvertrages im Rahmen eines fehlerhaften Arbeitsverhältnisses (oft als faktisches Arbeitsverhältnis bezeichnet, hierzu → § 34 Rn. 51) erbracht werden. Ein Wegfall des Versorgungsanspruchs käme ausgehend hiervon nur in Betracht, wenn die Verfehlungen so schwerwiegend sind, dass die Arbeitsleistung weitgehend wertlos ist, mit der Folge, dass von einem Erbringen der vertraglich geschuldeten Leistung nicht mehr gesprochen werden kann. Dabei ist weder eine Schädigung als solche noch die Schadenshöhe für sich genommen entscheidend; es ist vielmehr eine Gesamtwürdigung aller Vorgänge erforderlich, die zu dem Schaden geführt haben.[17] Ein wichtiger Grund iSv § 626 BGB, der dem AG das Recht zur außerordentlichen Kündigung geben würde, reicht jedenfalls noch nicht ohne weiteres aus, den Widerruf zu rechtfertigen.[18]

2. Wettbewerbsverstoß. Wegen einer **Konkurrenztätigkeit** des **Anwartschaftsberechtigten** kann der AG die Anwartschaft oder den Anspruch nicht widerrufen.[19] Ansonsten würde das Mitnahmerecht bei unverfallbaren Versorgungsanwartschaften eingeschränkt. Bei der Konkurrenztätigkeit eines **Betriebsrentners** ist ein Widerruf der Versorgungszusage dagegen möglich, sofern die Voraussetzungen eines Rechtsmissbrauchs vorliegen.[20] Es macht einen Unterschied, ob ein Versorgungsanwartschaftsberechtigter Konkurrenz treibt oder ein Versorgungsberechtigter bereits Versorgungsbezüge erhält, aber gleichwohl seinem AG Konkurrenz macht. Das BAG stellt auf die Umstände des Einzelfalles ab. Berechtigt ist ein Widerruf bei ruinösem Wettbewerb,[21] wenn die Versorgungsleistungen hoch sind, unberechtigt dagegen, wenn der AN nur gemaßregelt werden soll oder die Versorgungsleistungen minimal sind, also weit unter einer Karenzentschädigung liegen.[22] Zur Aufrechnung mit Schadensersatzforderungen → § 274 Rn. 208. 6

3. Teilwiderruf. Das BAG hat zunächst angenommen, dass ein Widerruf, der die o.g. Voraussetzungen noch nicht erfülle, gleichwohl eine **beschränkte Wirkung** entfalten könne; es könnten die Zeiträume bei der Berechnung der Betriebsrente außer Betracht bleiben, in denen ein AN seine Stellung missbraucht habe, dem AG Schaden zuzufügen.[23] Später hat das BAG Zweifel geäußert, ob hieran festzuhalten sei[24] und diese Rspr. später aufgegeben.[25] Eine solche teilweise Aufrechterhaltung eines unwirksamen Widerrufs wäre kaum praktikabel und gäbe ihm einen disziplinarischen Charakter. Nicht ausgeschlossen ist es dagegen, wenn der AG die Versorgungszusage nur **teilweise widerruft,** obwohl die Voraussetzungen für einen (vollständigen) Widerruf vorliegen, zumal der AG ja nicht verpflichtet ist, überhaupt von seinem Widerrufsrecht Gebrauch zu machen. Für einen solchen Teilwiderruf gelten aber keine geringeren Anforderungen als für den vollständigen Widerruf des Versorgungsversprechens.[26] 7

---

[16] Vgl. BRO/*Rolfs* BetrAVG Anh. § 1 Rn. 534a.

[17] Vgl. BAG 8.5.1990 AP Nr. 10 zu § 1 BetrAVG Treuebruch = NZA 1990, 807; 11.5.1982 AP Nr. 4 zu § 1 BetrAVG Treuebruch; 13.11.2012 AP Nr. 14 zu § 1 BetrAVG Treuebruch = NZA 2013, 1279.

[18] BAG 8.2.1983 AP Nr. 7 zu § 1 BetrAVG Treuebruch = NJW 1984, 141.

[19] BAG 26.2.1976 AP Nr. 172 zu § 242 BGB Ruhegehalt.

[20] BGH 7.1.1971 BGHZ 55, 274 = AP Nr. 151 zu § 242 BGB Ruhegehalt = NJW 1971, 1127; BAG 3.4.1990 AP Nr. 9 zu § 1 BetrAVG Treuebruch = NZA 1990, 808; weitergehend die frühere Rspr. des BAG: BAG 14.11.1961 AP Nr. 1 zu § 139 BGB; 10.6.1965 AP Nr. 100 zu § 242 BGB Ruhegehalt; 7.5.1966 AP Nr. 109 zu § 242 BGB Ruhegehalt; 22.10.1969 AP Nr. 31 zu § 133 BGB.

[21] BAG 24.4.1990 ZIP 1990, 1615; BGH 7.1.1971 BGHZ 55, 274 = AP Nr. 151 zu § 242 BGB Ruhegehalt = NJW 1971, 1127.

[22] BAG 3.4.1990 AP Nr. 9 zu § 1 BetrAVG Treuebruch = NZA 1990, 808 (34,50 DM Monatsrente).

[23] BAG 19.6.1980 AP Nr. 2 zu § 1 BetrAVG Treuebruch = NJW 1981, 188.

[24] BAG 8.2.1983 AP Nr. 7 zu § 1 BetrAVG Treuebruch = NJW 1984, 141.

[25] BAG 12.11.2013 AP Nr. 15 zu § 1 BetrAVG Treuebruch = NZA 2014, 780.

[26] BAG 12.11.2013 AP Nr. 15 zu § 1 BetrAVG Treuebruch = NZA 2014, 780; *Schlewing* FS Wank, 2014, 513 (529); abw. die Rspr. des BGH: BGH 19.12.1983 NJW 1984, 1529; 19.6.1980 AP Nr. 2 zu § 1 BetrAVG Treuebruch = NJW 1981, 188.

V. Widerruf wegen wirtschaftlicher Schwierigkeiten des Arbeitgebers[27]

8 **1. Allgemeines.** Der AG hat regelmäßig die Ruhegeldgewährung in der Erwartung zugesagt, hierzu wirtschaftlich in der Lage zu sein. Andererseits hat sich der AN auf das Ruhegeld eingestellt und kann dessen Verlust nicht mehr ausgleichen.

9 **2. Frühere Rechtsprechung.** Die frühere Rspr. hat eine **Einstellung oder Kürzung** wegen wirtschaftlicher Schwierigkeiten nach folgenden Grundsätzen für möglich gehalten: **(1)** Der AG musste sich den Widerruf vertraglich vorbehalten haben. **(2)** Der allgemeine Vorbehalt **(Steuervorbehalt),** die zugesagten Leistungen zu kürzen oder einzustellen, wenn die wirtschaftliche Lage des Unternehmens sich nachhaltig verschlechtert, enthielt nur den Hinweis auf Kürzungs- oder Widerrufsmöglichkeiten wegen Wegfalls der Geschäftsgrundlage. **(3)** Bei Wegfall der Geschäftsgrundlage war der Widerruf allgemein anerkannt. **(4)** Der Wegfall der Geschäftsgrundlage wegen wirtschaftlicher Schwierigkeiten war gleichbedeutend mit dem Sicherungsfall der wirtschaftlichen Notlage nach § 7 I 3 Nr. 5 BetrAVG aF.[28]

10 Zur früheren Rspr. zum Widerruf wegen wirtschaftlicher Notlage s. die 15. Aufl. § 85 Rn. 309 ff.

11 **3. Rechtslage ab 1.1.1999.** Mit dem Wegfallen des Sicherungsfalles der wirtschaftlichen Notlage sowie der Eintrittspflicht des PSVaG in § 7 I 3 Nr. 5 BetrAVG aF aufgrund des **RRG 1999** hat der Gesetzgeber klargestellt, dass das von der Rspr. aus den Grundsätzen über den Wegfall der Geschäftsgrundlage entwickelte **Recht zum Widerruf** insolvenzgeschützter betrieblicher Versorgungsrechte **wegen wirtschaftlicher Notlage** für ab dem 1.1.1999 eingetretene Sicherungsfälle (§ 31 BetrAVG) **nicht mehr besteht.**[29] Ein solches Recht kann auch nicht auf die in einer Versorgungsordnung aufgenommenen steuerunschädlichen Vorbehalte gestützt werden.[30] Daher kann ein bloßer schlechter Verlauf eines Geschäftsjahres erst recht nicht zum Widerruf laufender Betriebsrenten oder der Änderung einer Anpassungsregelung berechtigen.[31] Für Vorstandsmitglieder einer Aktiengesellschaft normiert § 87 II 1 AktG die Pflicht, bei einer Verschlechterung der Lage der Gesellschaft unter bestimmten Voraussetzungen auch eine Herabsetzung der Versorgungsleistungen vorzunehmen.

VI. Überversorgung

12 Ein Widerruf von Ruhegeldern wegen Überversorgung wird im Allgemeinen nicht in Betracht kommen. Dies gilt insbesondere dann, wenn die Überversorgung auf der unterschiedlichen steuerlichen Belastung von Ruheständlern und aktiven AN beruht (→ § 279 Rn. 1 ff.). Etwas anderes gilt bei planwidrigen Überversorgungen, wenn eine Störung der Geschäftsgrundlage gem. § 313 BGB vorliegt.[32] Die Anwendung von § 313 BGB ist nicht dadurch ausgeschlossen, dass die Versorgungsregelung einen sog. steuerunschädlichen Vorbehalt (→ Rn. 14) enthält.[33] Eine Störung der Geschäftsgrundlage liegt vor, wenn sich die zugrunde liegende Rechtslage nach Schaffung des Versorgungswerks wesentlich und unerwartet geändert hat und dies beim AG zu erheblichen Mehrbelastungen führt **(Äquivalenzstörung).**[34] Wird die Anpassung einer Versorgungsregelung allerdings auf Umstände gestützt, die nicht die Geschäftsgrundlage der Versorgungsordnung, sondern ihren Inhalt darstellen (wie etwa eine Gehaltsdynamik bzw. eine vereinbarte Rentenanpassung und darauf zurückzuführende erhöhte Rückstellungen), liegt kein Fall von § 313 BGB vor.[35] Ferner werden Fallkonstellationen erfasst, in denen der

---

[27] S. hierzu *Boemke* BetrAV 2010, 205 sowie RdA 2010, 10.

[28] Zusammenfassend BAG 26.4.1988 AP Nr. 3 zu § 1 BetrAVG Geschäftsgrundlage = NZA 1989, 305; dazu *Blomeyer* ArbuR 1989, 189.

[29] Für laufende Betriebsrenten bzw. unverfallbare Anwartschaften: BAG 18.11.2008 DB 2009, 1079 = BetrAV 2009, 264; 31.7.2007 AP Nr. 27 zu § 7 BetrAVG Widerruf = BetrAV 2008, 416; die eingetretene Rückwirkung für vorher erteilte Versorgungszusagen ist verfassungsrechtlich nicht zu beanstanden, s. BVerfG 29.2.2012 (Nichtannahmebeschluss) NZA 2012, 788.

[30] BAG 17.6.2003 AP Nr. 24 zu § 7 BetrAVG Widerruf = DB 2004, 324; krit. *Boemke* BetrAV 2010, 205.

[31] BAG 8.12.2020 AP Nr. 16 zu § 1 BetrAVG Überversorgung = NZA 2021, 344.

[32] Vgl. BAG 28.7.1998 AP Nr. 4 zu § 1 BetrAVG Überversorgung = NZA 1999, 444; 12.3.1996 AP Nr. 1 zu § 3 RuhegeldG Hamburg = NZA-RR 1997, 99; vgl. hierzu auch *Schipp* RdA 2007, 340.

[33] BAG 17.1.2012 AP Nr. 14 zu § 1 BetrAVG Überversorgung = NZA 2012, 942 (LS).

[34] BAG 8.12.2020 AP Nr. 16 zu § 1 BetrAVG Überversorgung = NZA 2021, 344; 17.1.2012 AP Nr. 14 zu § 1 BetrAVG Überversorgung = NZA 2012, 942 (LS).

[35] BAG 8.12.2020 AP Nr. 16 zu § 1 BetrAVG Überversorgung = NZA 2021, 344.

Versorgungszweck dadurch verfehlt wird, dass die Versorgungsberechtigten mehr erhalten als eine volle Sicherung ihres Lebensstandards, also bei einem Überschreiten der sog. Vollversorgung. In diesem Fall tritt eine **Zweckverfehlung** ein.[36] Maßstab ist der in der Versorgungsregelung angestrebte Versorgungszweck. Bei der Festlegung der maßgeblichen Vollversorgung besteht ein Beurteilungsspielraum. Für die Beurteilung einer Gesamtzusage ist insoweit auf den Zeitpunkt der Zusageerteilung und nicht etwa auf den Beginn des Arbeitsverhältnisses abzustellen.[37] Eine Störung der Geschäftsgrundlage löst ein Leistungsbestimmungsrecht des AG aus, das er nach billigem Ermessen auszuüben hat. Der AG darf in die geltende Vereinbarung nur soweit eingreifen, als dies durch die Anpassung an die Grundlagen der ursprünglichen Vereinbarung geboten ist.[38] Eine Vertragsanpassung kommt nur insoweit in Betracht, als einem Teil unter Berücksichtigung aller Umstände des Einzelfalls, insbes. der vertraglichen oder gesetzlichen Risikoverteilung, das Festhalten an der unveränderten Regelung nicht mehr zugemutet werden kann.[39] Nicht zu beanstanden ist dabei eine Festlegung, die den ursprünglich gewollten Versorgungsgrad wieder herstellt.[40] Die Versorgung darf aber nicht auf ein noch geringeres Maß zurückgeführt werden. Auch eine Umstrukturierung der Versorgungsordnung scheidet aus.[41] Zur Änderung von Versorgungsanwartschaften, auch → § 274 Rn. 55 ff. Bei einem Eingriff in laufende Betriebsrenten ist das für den Eingriff in Versorgungsanwartschaften entwickelte dreistufige Prüfungsschema (→ § 274 Rn. 74 ff.) nicht übertragbar. Vielmehr gelten allein die Grundsätze des § 313 BGB, wobei zu berücksichtigen ist, dass ausgeschiedene AN bereits ihre vollständige Arbeitsleistung (Gegenleistung) erbracht haben. Soweit es um einen Eingriff in ein komplexes Versorgungssystem geht, ist eine gerichtliche Bestimmung nach § 313 III BGB nicht möglich, sondern nur eine Überprüfung der getroffenen Anpassungsentscheidung.[42]

VII. Besonderheiten einer Ruhegeldzusage mit Widerrufsvorbehalt

1. Allgemeines. Der AG behält sich bei Ruhegeldzusagen häufig den jederzeitigen Widerruf vor oder schließt einen Rechtsanspruch aus, um seine Zusage der Veränderung wirtschaftlicher Verhältnisse anzupassen. Sein Interesse kollidiert mit dem des AN, eine möglichst sichere Erwartung für die Altersversorgung zu erhalten. Man unterscheidet allgemeine und spezielle Widerrufsvorbehalte sowie solche nach freiem Belieben oder billigem Ermessen. Die Formulierung der Widerrufsvorbehalte wird zumeist auch von steuerrechtlichen Überlegungen beeinflusst; steuerbegünstigte Rückstellungen sind gem. § 6a I Nr. 2 EStG nur bei bestimmten Vorbehalten zulässig. Der Widerruf unterliegt nach § 308 I Nr. 3, 4 BGB der AGB-Kontrolle. 13

2. Begriff allgemeiner oder spezieller Widerrufsvorbehalte. Von **allgemeinen Widerrufsvorbehalten** wird gesprochen, wenn keine fest umrissenen Widerrufstatbestände geschaffen werden, sondern dem AG ganz allgemein ein Widerrufsrecht eingeräumt ist. **Spezielle Vorbehalte** sind demgegenüber solche, bei denen die Voraussetzungen des Widerrufes näher umschrieben sind. In der Praxis finden sich regelmäßig nur noch die in den EStR enthaltenen Mustervorbehalte, da diese in jedem Fall steuerunschädlich sind. Derartige Widerrufsvorbehalte werden von der Rspr. aber allein noch dahin ausgelegt, dass sie einen Hinweis auf den Wegfall der Geschäftsgrundlage enthalten.[43] 14

3. Inhalt des allgemeinen Widerrufsvorbehalts. In allgemeinen Vorbehalten kann dem AG der Widerruf nach **freiem Belieben** oder nach **billigem Ermessen** vorbehalten sein. Welche dieser Vertragsgestaltungen gewollt ist, muss im Wege der Auslegung ermittelt werden. Zumeist indizieren folgende Formulierungen einen Vorbehalt nach freiem Belieben: „Ein Rechtsanspruch auf die Leistungen besteht nicht, freiwillig und ohne Rechtsanspruch; jederzei- 15

[36] BAG 19.2.2008 AP Nr. 5 zu § 313 BGB = NZA-RR 2008, 600; 23.9.1997 AP Nr. 26 zu § 1 BetrAVG Ablösung = NZA 1998, 719.

[37] BAG 17.1.2012 AP Nr. 14 zu § 1 BetrAVG Überversorgung; 13.11.2007 AP Nr. 3 zu § 313 BGB = NZA-RR 2008, 520.

[38] BAG 17.1.2012 AP Nr. 14 zu § 1 BetrAVG Überversorgung = NZA 2012, 942 (LS); 28.7.1998 AP Nr. 9 zu § 79 LPVG Baden-Württemberg = NZA 1999, 780; 18.2.2003 AP Nr. 15 zu § 41 SGB VI = NJW 2003, 3005.

[39] BAG 8.12.2020 AP Nr. 16 zu § 1 BetrAVG Überversorgung = NZA 2021, 344; 16.10.2018 AP Nr. 50 zu § 1 BetrAVG Unterstützungskassen = BetrAV 2019, 91.

[40] BAG 13.11.2007 AP Nr. 3 zu § 313 BGB = NZA-RR 2008, 520.

[41] BAG 17.1.2012 AP Nr. 14 zu § 1 BetrAVG Überversorgung = NZA 2012, 942 (LS); 13.11.2007 AP Nr. 3 zu § 313 BGB = NZA-RR 2008, 520.

[42] BAG 13.11.2007 AP Nr. 3 zu § 313 BGB = NZA-RR 2008, 520.

[43] BAG 26.4.1988 AP Nr. 3 zu § 1 BetrAVG Geschäftsgrundlage = NZA 1989, 305.

tiger Widerruf vorbehalten; die Leistungen sind unverbindlich." Die Rspr. wendet auf die Widerrufsvorbehalte § 315 BGB analog an. Danach ist im Zweifel die Leistung nach billigem Ermessen zu bestimmen; dh im Zweifel ist nur von einem nach billigem Ermessen auszuübenden Vorbehalt auszugehen.[44] Für einen weitergehenden Vorbehalt trägt der AG die Darlegungs- und Beweislast. Dieser wird im Allgemeinen aber § 308 BGB widersprechen.

16 **4. Widerruf nach freiem Belieben.** Hat sich der AG den Widerruf nach freiem Belieben vorbehalten, so heißt dies nicht, dass er einfach seine Leistungen einstellen oder eine Zusage widerrufen kann. Dies ist mit dem Gedanken einer Altersversorgung unvereinbar. Schon aus allgemeinen Rechtsgründen folgt, dass ein Widerruf nicht rechtsmissbräuchlich oder willkürlich erfolgen darf.[45] Darüber ist die Rspr. aber hinausgegangen. So lässt sie einen Widerruf nur noch bei sachlich begründetem Anlass zu.[46] Dem Widerrufsvorbehalt nach freiem Belieben kommt damit rechtlich keine Bedeutung mehr zu.

17 **5. Widerruf nach billigem Ermessen.** Bei einem Widerrufsvorbehalt nach billigem Ermessen hat sich der AG „gleichsam wie ein Unparteiischer seine Interessen und die Belange des AN zu vergegenwärtigen, sie gegeneinander abzuwägen und danach seine Entscheidung zu treffen".[47] Auch insoweit ist im Laufe der Zeit der Widerruf eingeschränkt worden auf die Fälle der wirtschaftlichen Notlage (zum Wegfall dieses Widerrufsgrundes → Rn. 11), der groben Treuwidrigkeit oder des Wettbewerbs, so dass auch diesem Widerrufsrecht kaum Bedeutung zukommt.

18 **6. Wirkung des allgemeinen Widerrufsvorbehalts.** Der allgemeine Widerrufsvorbehalt beinhaltet rechtlich im Allgemeinen nur den Vorbehalt, unter den Voraussetzungen des Wegfalls der Geschäftsgrundlage eine Versorgungsordnung zu ändern. Dies gilt vor allem, wenn der AN inzwischen in den Ruhestand getreten ist.[48] Dies hat seinen Grund darin, dass der AN im Vertrauen auf die Zusage beim AG geblieben ist und dieser den Verlust nicht mehr ausgleichen kann. Daher kam im Allgemeinen ein Widerruf nur wegen wirtschaftlicher Schwierigkeiten des Unternehmers in Betracht (→ Rn. 9 ff.). Inzwischen ist aber auch diese Widerrufsmöglichkeit weggefallen (→ Rn. 11).

19 **7. Spezielle Vorbehalte.** Der in speziellen Vorbehalten vorgesehene Widerruf ist nur dann möglich, wenn seine Tatbestandsvoraussetzungen vorliegen. Die in den EStR vorgesehenen allgemeinen und speziellen Mustervorbehalte haben nur deklaratorische Bedeutung.[49] Der Widerruf ist in diesen Fällen auch ohne Vorbehalt aus allgemeinen Rechtsgründen zulässig.

20 **8. Widerrufsvorbehalt bei Unterstützungskassen.** Dem Widerrufsvorbehalt kommt bei Unterstützungskassen etwas größere Bedeutung zu, nachdem das BVerfG die frühere Rspr. des BAG insoweit als zu weitgehend angesehen hat (→ § 275 Rn. 5).

21 **9. Widerrufserklärung.** Sie ist eine einseitige, empfangsbedürftige, rechtsgestaltende Willenserklärung (→ Rn. 3). Sie ist formlos gültig. Zum Zugang des Widerrufs bei einer Gesamtzusage → § 273 Rn. 8.

§ 278. Insolvenzschutz

Übersicht

[44] BAG 17.5.1973 AP Nr. 6 zu § 242 BGB Ruhegehalt-Unterstützungskassen = NJW 1973, 1946; 23.10.1962 AP Nr. 86 zu § 242 BGB Ruhegehalt; 14.12.1956 AP Nr. 18 zu § 242 BGB Ruhegehalt.
[45] BAG 14.12.1956 AP Nr. 18 zu § 242 BGB Ruhegehalt.
[46] Vgl. bei Unterstützungskassen BAG 5.7.1979 AP Nr. 9 zu § 242 BGB Ruhegehalt-Unterstützungskassen = NJW 1980, 79; bei Hinterbliebenenversorgung BAG 8.6.1982 AP Nr. 1 zu § 1 BetrAVG Hinterbliebenenversorgung.
[47] BAG 14.12.1956 AP Nr. 18 zu § 242 BGB Ruhegehalt.
[48] Vgl. BAG 21.7.1964 AP Nr. 97 zu § 242 BGB Ruhegehalt.
[49] BAG 25.4.1988 AP Nr. 3 zu § 1 BetrAVG Geschäftsgrundlage = NZA 1989, 305.

I. Sicherungsbedürfnis

1 Der Nachteil der betrieblichen Altersversorgung bestand darin, dass die Versorgungsberechtigten die Leistungen verloren, wenn der AG notleidend wurde. Wegen rückständiger Versorgungsansprüche sind Leistungsempfänger einfache Insolvenzgläubiger nach § 38 InsO. Durch das Gesetz zur Verbesserung der betrieblichen Altersversorgung vom 19.12.1974 (BGBl. I 3610) wurde in den §§ 7–15 ein Insolvenzschutz eingeführt. Durch Art. 91 des Einführungsgesetzes zur Insolvenzordnung (EGInsO) vom 5.10.1994 (BGBl. I 2911) wurde der Insolvenzschutz umfassend geändert. Das EGInsO ist am 1.1.1999 in Kraft getreten. Weitere Änderungen erfolgten durch das Rentenreformgesetz 1999 (BGBl. 1997 I 2998, 3026) und durch das AVmG.

2 Neben der gesetzlichen Insolvenzsicherung nach dem BetrAVG werden in der Praxis weitere Sicherungsinstrumente genutzt. Häufig werden **Rückdeckungsversicherungen** zur Finanzierung der Zusage abgeschlossen und zur Sicherung des Versorgungsanspruchs an den Versorgungsberechtigten verpfändet.[1] Zunehmend wird außerdem eine Sicherung mittels **Contractual Trust Arrangements (CTA)** vorgenommen.[2] Bei dieser Treuhandkonstruktion überträgt der AG Unternehmenswerte auf einen Treuhänder, der das Treuhandvermögen für den AG verwaltet. Zur Insolvenzsicherung wird ein Sicherungsrecht begründet. Das erfolgt entweder durch Verpfändung des Rückübertragungsanspruchs am Treuhandvermögen bzw. des Treuhandvermögens an die Versorgungsberechtigten (Pfandrechtsmodell) oder durch Vereinbarung einer zusätzlichen und von der Verwaltungstreuhand grundsätzlich unabhängigen Sicherungstreuhand

[1] Zur Anfechtung in der Insolvenz vgl. HessLAG 5.10.2010 – 13 Sa 1841/09.

[2] Zu den Auswirkungen und Vertragsgestaltungen bei Unternehmenstransaktionen *Wonnenberg/Birkel* DB 2014, 2858.

(Treuhandmodell). Bei dem Treuhandmodell vereinbaren der AG (Treugeber) und der Treuhänder eine Sicherungstreuhand, aufgrund der der Treuhänder das ihm übertragene Vermögen nur zur Sicherung der Versorgungsansprüche hält und verwenden darf. Gleichzeitig wird den Versorgungsberechtigten ein unwiderrufliches Leistungsrecht gegen den Treuhänder auf Erfüllung des Versorgungsanspruchs (aus dem Treuhandvermögen) eingeräumt. Insoweit handelt es sich um einen Vertrag zugunsten Dritter gem. § 328 I BGB. Durch eine solche **Doppeltreuhand** kann auch ein entsprechender Anpassungsbedarf für den Fall der Insolvenz des AG gesichert werden.[3] Die Vereinbarung eines eigenen Forderungsrechts der AN gegenüber dem Treuhänder führt in der Insolvenz des AG zu einem Absonderungsrecht des Treuhänders nach § 51 Nr. 1 InsO und nicht zu einem Aussonderungsrecht nach § 47 InsO.[4]

II. Rechtsgrundlagen

3 Rechtsgrundlagen der gesetzlichen Insolvenzsicherung sind §§ 7–15 BetrAVG, das VVG sowie die Vorschriften des PSVaG. Die §§ 7–15 BetrAVG gelten allerdings nicht für die in § 17 II BetrAVG aufgeführten juristischen Personen des öffentlichen Rechts (→ Rn. 56). Zur Geltung in den neuen Bundesländern → § 272 Rn. 28. Tarifverträge oder Betriebsvereinbarungen können weder zum Nachteil noch zum Vorteil von §§ 7–15 BetrAVG abweichen. **Unionsrechtlich** gilt die **Richtlinie 2008/94/EG.** Im 3. Erwägungsgrund der Richtlinie ist ausgeführt, dass die Mitgliedstaaten eine Einrichtung schaffen sollten, die die Befriedigung der nicht erfüllten Arbeitnehmeransprüche garantiert. Aus Art. 8 RL 2008/94/EG, der die notwendigen Maßnahmen zum Insolvenzschutz für Leistungen bei Alter – auch im Rahmen der Hinterbliebenenversorgung – vorschreibt, folgt nach der Rechtsprechung des EuGH eine individuelle Schutzgarantie für jeden einzelnen AN, aufgrund der gewährleistet sein muss, dass dem AN bei Zahlungsunfähigkeit seines AG ein Ausgleich garantiert wird, der mindestens 50% des Werts seiner erworbenen Ansprüche aus einer betrieblichen Zusatzversorgungseinrichtung entspricht.[5] Das BAG hat dem EuGH nach Art. 267 AEUV u.a. die Frage vorgelegt, ob Art. 8 RL 2008/94 EG auch die Verpflichtung zur Absicherung von bei Eröffnung des Insolvenzverfahrens noch nicht unverfallbaren Versorgungsanwartschaften erfasst.[6] Der EuGH hat daraufhin entschieden, dass im Fall eines Betriebsübergangs nach der Insolvenz der Teil des Betrags der Leistungen bei Alter aus einer betrieblichen Zusatzversorgungseinrichtung, den nicht der Erwerber zu tragen hat, so abgesichert sein muss, dass das Schutzniveau des Art. 8 RL 2008/94/EG während des gesamten Ruhestandszeitraums nicht unterschritten wird. Jeder ehemalige AN muss im Fall der Zahlungsunfähigkeit seines AG eine Entschädigung erhalten, die mindestens der Hälfte seiner in einer betrieblichen Zusatzversorgungseinrichtung erworbenen Ansprüche entspricht. Der Mindestschutz verbietet nach Ansicht des EuGH darüber hinaus eine offensichtlich unverhältnismäßige Kürzung der Leistungen der betrieblichen Altersversorgung eines AN, die seine Fähigkeit, den Lebensunterhalt zu bestreiten, schwerwiegend beeinträchtigt – etwa, wenn der ehemalige AN wegen der Kürzung unterhalb der vom Statistischen Amt der Europäischen Union (Eurostat) für den betreffenden Mitgliedstaat ermittelten Armutsgefährdungsschwelle leben müsste. Es ist nicht mit Art. 8 RL 2008/94/EG vereinbar, wenn die Nichtberücksichtigung verfallbarer Anwartschaften und die Festschreibung der Bruttovergütung auf den Zeitpunkt der Eröffnung des Insolvenzverfahrens bei der Berechnung der vom Träger der Insolvenzsicherung zu übernehmenden Versorgungsverpflichtung zu einer Unterschreitung des Mindestschutzes führt.[7] Da es sich bei dem PSVaG um eine zum Staat gehörende oder ihm gleichgestellte Einrichtung iSd Unionsrechts handelt, folgen aus dem Unionsrecht unmittelbare Ansprüche der AN gegen diesen.[8] Damit bleibt die Aufteilung von Betriebsrentenanwartschaften bei einem Betriebsübergang in der Insolvenz (→ § 274 Rn. 135) zwar grundsätzlich bestehen. Der Teil, für den nicht der PSV oder der Erwerber haften, ist aber daraufhin zu überprüfen, ob der Ausfall durch die Insolvenz den Betriebsrentenanspruch des AN soweit schmälert, dass der Verlust mehr als die

---

[3] BAG 22.9.2020 AP Nr. 123 zu § 7 BetrAVG = BetrAV 2021, 71; *Hölscher/Kaiser* DB 2021, 845.

[4] BAG 22.9.2020 AP Nr. 123 zu § 7 BetrAVG = BetrAV 2021, 71; 18.7.2013 AP Nr. 8 zu § 8a ATG = NZA 2013, 1440; hierzu auch → § 83 Rn. 15 f.; ausf. zur Insolvenzfestigkeit der CTA *Lüder* ZInsO 2017, 1708; zu den Auswirkungen der Insolvenz des AG s. auch *Hölscher/Birkel* BetrAV 2019, 148.

[5] EuGH 6.9.2018 – C-17/17, DB 2018, 2646 – Hampshire; 24.11.2016 – C-454/15, NZA 2016, 1558 – Webb-Sämann.

[6] BAG 16.10.2018 BetrAV 2018, 661.

[7] EuGH 9.9.2020 – C-674/18 u. C-675/18, NZA 2020, 1531 – TMD Friction.

[8] EuGH 9.9.2020 – C-674/18 u. C-675/18, NZA 2020, 1531 – TMD Friction; vgl. insoweit auch die Vorlagebeschlüsse des BAG 20.2.2018 NZA 2018, 1142 u. 16.10.2018 BetrAV 2018, 661.

Hälfte des gesamten Betriebsrentenanspruchs ausmacht oder das Einkommen des AN unter die vom Statistischen Amt der Europäischen Union (Eurostat) für den betreffenden Mitgliedstaat ermittelten Armutsgefährdungsschwelle sinken lässt.

Die Satzung des PSVaG und die von ihm erlassenen allgemeinen Versicherungsbedingungen für die Insolvenzsicherung der betrieblichen Altersversorgung (AIB)[9] sind gegenüber dem Gesetzesrecht nachrangiges Recht. Die Merkblätter des PSVaG informieren in allgemeiner Form über die Insolvenzsicherung aufgrund des BetrAVG. Sie haben nicht den Rechtscharakter von Verwaltungsrichtlinien. 4

III. Insolvenzschutz von Versorgungsansprüchen

1. Grundvoraussetzungen. Nach § 7 I 1 BetrAVG haben Versorgungsempfänger, deren Ansprüche aus einer unmittelbaren Versorgungszusage des AG nicht erfüllt werden, weil über das Vermögen des AG oder über seinen Nachlass das Insolvenzverfahren eröffnet worden ist, und ihre Hinterbliebenen gegen den Träger der Insolvenzsicherung einen **Anspruch** in Höhe der Leistung, die der AG aufgrund der Versorgungszusage zu erbringen hätte, wenn das Insolvenzverfahren nicht eröffnet worden wäre. 5

Der Insolvenzschutz hängt von **zwei Voraussetzungen** ab: **(1)** Es muss sich um Versorgungsansprüche eines AN oder einer gleichgestellten Person handeln; **(2)** die Versorgungsansprüche müssen Leistungen der betrieblichen Altersversorgung sein. 6

Deren Legaldefinition ergibt sich aus § 1 BetrAVG (→ § 272 Rn. 1 ff.). Nicht gesichert sind sonstige Leistungen wie Übergangsgelder[10] oder Leistungen eines Vorstandsmitgliedes bei Nichtverlängerung von Dienstverträgen oder Leistungen vor einer normalen Altersgrenze.[11] Die Vereinbarung einer festen Altersgrenze von 60 Jahren ist aber regelmäßig unproblematisch.[12] Ein Gleichklang des Leistungsfalles mit dem Recht der gesetzlichen Rentenversicherung ist nicht erforderlich.[13] Ebenso wenig kommt es darauf an, ob die Altersversorgungsregelungen durchweg mit dem BetrAVG vereinbar sind.[14] 7

2. Entstandene Ansprüche. Ein Versorgungsanspruch ist dann gegeben, wenn **sämtliche Bedingungen für die Entstehung des Anspruches** eingetreten sind. Unerheblich ist, ob die Versorgungsleistungen bereits fällig geworden sind. Auch ein Anspruch auf künftige Leistungen kann ein Anspruch sein, der wegen der Insolvenz nicht erfüllt wird. Entscheidend ist, dass das Vollrecht entstanden ist.[15] Unerheblich ist, ob der Versorgungsfall vor oder nach Eintritt des Sicherungsfalls eingetreten ist. Der PSVaG haftet nach § 7 I 1 BetrAVG auch für bei Eintritt des Sicherungsfalls bereits entstandene Ansprüche.[16] Eine Begrenzung enthält insoweit allerdings § 7 Ia 3 BetrAVG (→ Rn. 35). Insolvenzgesichert sind daher auch Versorgungsansprüche solcher AN und gleichgestellter Personen (§ 17 BetrAVG), die die Altersgrenze erreicht haben oder bei denen ein sonstiger Versorgungsfall eingetreten ist, die aber das Arbeits-/Dienstverhältnis fortsetzen.[17] Kein Versorgungsanspruch besteht, wenn der Versorgungsberechtigte die Möglichkeit hat, vorgezogenes Altersruhegeld zu beziehen, aber dieses noch nicht in Anspruch genommen hat. Insolvenzgesichert sind auch die Versorgungsansprüche von Hinterbliebenen (→ Rn. 9). 8

3. Gesicherte Versorgungsberechtigte. Gesicherte Versorgungsberechtigte sind AN, denen aufgrund einer unmittelbaren Versorgungszusage (Direktzusage) Leistungen der betriebli- 9

---

[9] S. http://www.psvag.de: Website des Pensions-Sicherungs-Vereins.

[10] BAG 3.11.1998 AP Nr. 36 zu § 1 BetrAVG = NZA 1999, 594; 26.4.1988 AP Nr. 45 zu § 7 BetrAVG.

[11] BGH 28.9.1981 AP Nr. 12 zu § 7 BetrAVG; 16.3.1981 AP Nr. 10 zu § 7 BetrAVG = NJW 1981, 2410; BAG 24.6.1986 AP Nr. 33 zu § 7 BetrAVG = NZA 1987, 309, 2.8.1983 AP Nr. 19 zu § 7 BetrAVG.

[12] BAG 28.10.2008 AP Nr. 56 zu § 1 BetrAVG = NZA 2009, 844; 17.9.2008 AP Nr. 114 zu § 7 BetrAVG = NZA 2009, 440.

[13] BAG 16.3.2010 AP Nr. 116 zu § 7 BetrAVG = NZA-RR 2011, 146.

[14] BAG 16.3.2010 AP Nr. 116 zu § 7 BetrAVG = NZA-RR 2011, 146; 19.2.2008 AP Nr. 52 zu § 1 BetrAVG = NZA-RR 2008, 597.

[15] BAG 20.2.2018 AP Nr. 120 zu § 7 BetrAVG = NZA 2018, 716; 20.9.2016 AP Nr. 118 zu § 7 BetrAVG = NZA 2017, 258.

[16] BAG 20.9.2016 AP Nr. 118 zu § 7 BetrAVG = NZA 2017, 258.

[17] BAG 26.1.1999 AP Nr. 91 zu § 7 BetrAVG = NZA 1999, 711; 5.10.1982 AP Nr. 13 zu § 7 BetrAVG; BGH 28.9.1981 AP Nr. 12 zu § 7 BetrAVG; 9.6.1980 BGHZ 77, 233 = AP Nr. 2 zu § 17 BetrAVG = NJW 1980, 2257.

chen Altersversorgung zugesagt worden sind, sowie deren Hinterbliebene, wenn eine Hinterbliebenenversorgung zugesagt war. Der Insolvenzschutz der Hinterbliebenen richtet sich nach § 7 I 1 BetrAVG, wenn bereits ein Versorgungsempfänger vorhanden ist, von dem sich die Rechte ableiten. Verstirbt der Anspruchsberechtigte, bevor er Versorgungsbezüge beziehen konnte, richtet sich der Insolvenzschutz der Hinterbliebenen nach den Grundsätzen des Insolvenzschutzes bei Versorgungsanwartschaften. Der Versorgungsanspruch der Hinterbliebenen beruht auf dem Rentenstammrecht des AN und teilt auch im Rahmen des Insolvenzschutzes das rechtliche Schicksal der Hauptrente.[18] Gesichert sind weiter Personen, denen aus Anlass ihrer Tätigkeit für ein Unternehmen Leistungen der betrieblichen Altersversorgung zugesagt worden sind. Hierzu gehören insbesondere GmbH-Gesellschafter-Geschäftsführer, soweit sie keinen beherrschenden Einfluss haben (→ § 272 Rn. 15). Hat der Status zwischen AN, geschütztem Dienstnehmer bzw. Unternehmer gewechselt, so ist die Versorgungszusage entsprechend der Dauer der Versorgungszusage aufzuteilen.[19] Insolvenzschutz besteht nur für den Anteil, der dem Status als AN bzw. nach § 17 BetrAVG gleichgestelltem Rechtsverhältnis entspricht. Außerdem ist zu prüfen, inwieweit Art und Höhe der bei einem Wechsel in ein Arbeitsverhältnis vereinbarten Versorgung ersichtlich durch die ehemalige Unternehmerstellung bedingt sind. Geht die Versorgungszusage über das hinaus, was bei einem AN ohne frühere Unternehmerstellung üblich wäre, ist dies bei der Frage des Insolvenzschutzes nach § 7 BetrAVG zu berücksichtigen.[20] Daneben kommt auch eine Umgehung iSv § 7 V BetrAVG in Betracht. Liegen die Voraussetzungen für den Insolvenzschutz nach § 7 BetrAVG nicht vor, ändert sich hieran auch nichts dadurch, dass eine Versorgungszusage beim PSVaG gemeldet und eine Betragsfestsetzung erfolgt ist; entscheidend ist allein das objektive Vorliegen der Voraussetzungen für den Insolvenzschutz.[21]

IV. Gesicherte Versorgungsleistungen

10 **1. Sicherungsbedarf.** In § 7 BetrAVG sind die gesicherten Versorgungsleistungen enumerativ aufgezählt. Der Gesetzgeber ist von der Vorstellung ausgegangen, dass ein Sicherungsbedarf nur dann besteht, wenn nach einer abstrakt typischen Abgrenzung mit einem Ausfall der Versorgungsleistungen zu rechnen ist. Erfasst sind lediglich die Formen der betrieblichen Altersversorgung, bei denen der AN und seine Hinterbliebenen für ihre Versorgung ausschließlich Rechtsansprüche gegen den AG besitzen. Nur in diesem Falle ist es angemessen, den AG mit Beiträgen zur Insolvenzsicherung zu belasten. Diese Differenzierung ist mit Art. 3 I GG vereinbar.[22]

11 Problematisch kann die Rechtslage in **konzerngebundenen Unternehmen** sein. Vor allem in der Exportwirtschaft werden vielfach AN von Mutterunternehmen unter Auflösung des Arbeitsvertrags zu einem Tochterunternehmen versetzt. Allein die Versorgungslasten sollen weiterhin unter Anrechnung der Dienstzeiten beim Tochterunternehmen von Mutterunternehmen erbracht werden. Das BAG hat bei solchen Fallgestaltungen immer dann einen Insolvenzschutz bejaht, wenn noch arbeitsrechtliche Restbeziehungen zwischen Mutterunternehmen und AN bestehen.[23]

12 **2. Direktzusage.** Insolvenzgesichert sind die **Ansprüche aus einer unmittelbaren Versorgungszusage** des AG (§ 7 I 1 BetrAVG). AG ist derjenige, der die Versorgungszusage abgegeben hat und die Versorgungsleistungen erbringt. Ist nach der Versorgungszusage die Versorgungsverpflichtung auf einen Dritten übergegangen, so ist ein Insolvenzschutz nur dann gegeben, wenn der Betrieb im Wege der Betriebsnachfolge (§ 613a BGB) auf einen Dritten übergegangen ist, oder der Dritte die Versorgungsverpflichtung nach § 4 BetrAVG wirksam übernommen hat (→ § 274 Rn. 122).

13 **3. Direktversicherung.** Leistungen aus einer Direktversicherung sind **teilweise insolvenzgeschützt.** Tritt der Versorgungsfall ein, so erlangt der AN einen unmittelbaren Leistungsanspruch gegen den Versicherer (§ 335 BGB). Insoweit bedarf es keines Insolvenzschut-

[18] BAG 12.6.1990 AP Nr. 10 zu § 1 BetrAVG Hinterbliebenenversorgung = NZA 1991, 20.
[19] BGH 9.6.1980 BGHZ 77, 233 = AP Nr. 2 zu § 17 BetrAVG = NJW 1980, 2257.
[20] BAG 20.9.2016 BetrAV 2017, 104.
[21] BAG 11.11.2014 AP Nr. 41 zu § 17 BetrAVG = NZA-RR 2015, 208; 20.5.2014 AP Nr. 117 zu § 7 BetrAVG = NZA 2015, 225.
[22] OVG Hamburg 14.1.2010 ZIP 2010, 1509 = DB 2010, 908 (LS).
[23] BAG 20.5.2014 NZA 2015, 225; 25.10.1988 AP Nr. 46 zu § 7 BetrAVG = NZA 1989, 177; 6.8.1985 AP Nr. 24 zu § 7 BetrAVG; vgl. LAG BW 23.10.2012 ArbRAktuell 2013, 168 (LS); LAG Köln 25.6.1999 NZA-RR 2000, 42 = LAGE § 7 BetrAVG Nr. 11; *Diller/Beck* NZA 2015, 274.

zes. Notwendig ist dieser nur, wenn der AG Ansprüche aus der Direktversicherung abgetreten oder beliehen hat und seiner Verpflichtung, diese nach Eintritt der Unverfallbarkeit wieder herzustellen, wegen des Insolvenzverfahrens nicht nachkommt (§ 7 I 2 Nr. 1 BetrAVG). Ansprüche aus einer Direktversicherung des AN sind daher nur dann gesichert, wenn der AG sie vor Eintritt des Versicherungsfalles durch Abtretung, Beleihung, Verpfändung in irgendeiner Form beeinträchtigt hat. Wird der mit der Beitragszahlung in Verzug (auch → § 275 Rn. 45) geratene AG insolvent und hat die Versicherung die Direktversicherung ruhend gestellt, so genießt der AN keinen Insolvenzschutz.[24] Das BAG hat bei einem sog. eingeschränkt unwiderruflichem Bezugsrecht aus einer Direktversicherung (→ § 275 Rn. 52) angenommen, dass der AN den Insolvenzschutz noch nicht verliert, weil er der Beleihung zugestimmt hat. Das BAG versagt den Insolvenzschutz nur dann, wenn ein Missbrauchsfall des § 7 V BetrAVG vorliegt.[25] Nicht gesichert sind Forderungen nach Eintritt des Versicherungsfalles. Insoweit hat der Versorgungsberechtigte einen unmittelbaren Anspruch erworben, über den der AG versicherungsrechtlich nicht verfügen kann. Schutzbedürftig ist der Versorgungsberechtigte ferner dann nicht, wenn er ein unwiderrufliches Bezugsrecht hat, über das der AG einseitig nicht verfügen kann.

4. Unterstützungskasse/Pensionsfonds. Insolvenzgesichert sind Leistungen einer Unterstützungskasse, wenn diese die nach ihrer Versorgungsregelung vorgesehene Versorgung nicht erbringen, weil über das Vermögen oder den Nachlass eines AG, der der Unterstützungskasse oder dem Pensionsfonds Zuwendungen leistet (Trägerunternehmen), das Insolvenzverfahren eröffnet worden ist (§ 7 I 2 Nr. 2 BetrAVG). Bei Gruppenunterstützungskassen ist die Insolvenz des jeweiligen AG des Anspruchsberechtigten maßgeblich.[26] Entsprechendes gilt nach § 7 I 2 Nr. 3 Hs. 1 BetrAVG, wenn über das Vermögen oder den Nachlass des AG, dessen Versorgungszusage von einem Pensionsfonds durchgeführt wird, das Insolvenzverfahren eröffnet worden ist und soweit der Pensionsfonds die nach der Versorgungszusage des AG vorgesehene Leistung nicht erbringt. 14

5. Pensionskasse. Kein Insolvenzschutz bestand bisher für Leistungen der Pensionskasse. Umstr. war, ob eine etwaige Einstandsverpflichtung des AG bei einer Herabsetzung der Leistungen der Pensionskasse (→ § 275 Rn. 34) – anders als der Erfüllungsanspruch gegen den AG wegen unterlassener Prämienzahlungen an eine Direktversicherung (→ Rn. 21) – trotz fehlender Beitragspflicht durch den PSVaG gesichert ist.[27] Das BAG ging vom Nichtbestehen einer Insolvenzsicherung durch PSVaG aus und hat dem EuGH gem. Art. 267 AEUV die Frage vorgelegt, ob dies mit Art. 8 RL 2008/94/EG vereinbar ist.[28] Der EuGH hat daraufhin entschieden, dass Art. 8 RL 2008/94/EG dahin auszulegen ist, dass eine wegen der Zahlungsunfähigkeit seines ehemaligen AG erfolgte Kürzung der einem ehemaligen AN gezahlten Leistungen der betrieblichen Altersversorgung als offensichtlich unverhältnismäßig angesehen wird, obwohl der Betroffene mindestens die Hälfte der sich aus seinen erworbenen Rechten ergebenden Leistungen erhält, wenn dieser ehemalige AN wegen dieser Kürzung bereits unterhalb der von Eurostat für den betreffenden Mitgliedstaat ermittelten Armutsgefährdungsschwelle lebt oder künftig leben müsste.[29] Der Gesetzgeber hat diese Vorgaben durch die am 24.6.2020 in Kraft getretene Änderung von § 7 BetrAVG und die Regelungen in § 30 II und III BetrAVG umgesetzt. Nach § 7 I 2 Nr. 3 Hs. 1 BetrAVG besteht ein Insolvenzschutz, wenn über das Vermögen oder den Nachlass des AG, dessen Versorgungszusage von einer Pensionskasse durchgeführt wird, das Insolvenzverfahren eröffnet worden ist und soweit die Pensionskasse die nach der Versorgungszusage des AG vorgesehene Leistung nicht erbringt. Ein Anspruch gegen den Träger der Insolvenzsicherung besteht nicht, wenn eine Pensionskasse einem Sicherungsfonds nach dem 3. Teil des VAG (§§ 221 ff. VAG, Sicherungsfonds Protektor) angehört oder in Form einer gemeinsamen Einrichtung nach § 4 TVG organisiert ist (§ 7 I 2 Nr. 3 Hs. 2 BetrAVG); in diesen Fällen ist nach Ansicht des Gesetzgebers eine zusätzliche Absicherung der Betriebsrenten über den PSV nicht erforderlich bzw. wird davon ausge- 15

[24] BAG 17.11.1992 AP Nr. 1 zu § 7 BetrAVG Lebensversicherung = NZA 1993, 843; BRO/*Rolfs* BetrAVG § 7 Rn. 57; aA Höfer BetrAVG I/*Höfer/Reich* § 7 Rn. 114, 116.
[25] BAG 17.10.1995 AP Nr. 2 zu § 7 BetrAVG Lebensversicherung = NZA 1996, 880.
[26] BAG 24.1.1980 AP Nr. 10 zu § 242 BGB Ruhegehalt-Unterstützungskassen.
[27] Bejahend LAG Köln 2.10.2015 – 10 Sa 4/15; *Höfer* DB 2016, 2843; aA *Cisch/Lämpe* BB 2016, 2167 (2168).
[28] BAG 20.2.2018 NZA 2018, 1142.
[29] EuGH 19.12.2019 – C-168/19 AP Nr. 4 zu Richtlinie 2008/94/EG = NZA 2020, 107 – Pensions-Sicherungs-Verein.

gangen, dass die Sozialpartner bei tarifvertraglichen Versorgungszusagen ausreichende Schutzvorkehrungen treffen.[30] Nach § 18 I 2 BetrAVG finden die Vorschriften über die Insolvenzsicherung der betrieblichen Altersversorgung ferner keine Anwendung für die Versorgungsanstalten des öffentlichen Dienstes, die Pensionskassen sind, und zwar auch dann, wenn ihnen AG angeschlossen sind, die nicht unter § 17 II BetrAVG fallen. Nicht dem Insolvenzschutz durch den PSVaG unterliegen Ansprüche und Anwartschaften, die von der Pensionskasse über die arbeitsvertragliche Zusage hinaus versprochen oder die vom AN ohne Umfassungszusage des AG iSv § 1 II Nr. 4 BetrAVG oder nach seinem Ausscheiden aus dem Unternehmen durch eigene Beiträge aufgebaut worden sind.[31] Der Insolvenzschutz nach § 7 I 2 Nr. 3 BetrAVG gilt nach § 30 II BetrAVG ferner nur, wenn der Sicherungsfall nach dem 31. Dezember 2021 eingetreten ist. Ist der Sicherungsfall nach § 30 II BetrAVG vor dem 1. Januar 2022 eingetreten, besteht ein Anspruch gegen den Träger der Insolvenzsicherung, wenn die Pensionskasse die nach der Versorgungszusage des AG vorgesehene Leistung um mehr als die Hälfte kürzt oder das Einkommen des ehemaligen AN wegen einer Kürzung unter die von Eurostat für Deutschland ermittelte Armutsgefährdungsschwelle[32] fällt (§ 30 III 1 BetrAVG).[33] Leistungen werden gem. § 30 III 2 BetrAVG nur auf Antrag und nicht rückwirkend erbracht; sie können mit Nebenbestimmungen versehen werden, mit denen die versicherungsrechtlichen Obliegenheiten des Betriebsrentners bzw. seiner Hinterbliebenen (insbes. aus § 31 II VVG) konkretisiert werden; möglich ist ferner eine zeitliche Begrenzung.[34] Die Kosten, die dem Träger der Insolvenzsicherung insofern entstehen, werden vom Bund übernommen; Einzelheiten werden in einer Verwaltungsvereinbarung zwischen dem Träger der Insolvenzsicherung und dem BMAS im Einvernehmen mit dem BMF geregelt (§ 30 III 4 BetrAVG).

16 Der Insolvenzschutz setzt nach dem Gesetzeswortlaut voraus, dass die Unterstützungskasse oder der Pensionsfonds bzw. die Pensionskasse die nach der Versorgungsregelung vorgesehenen Versorgungsleistungen nicht erbringt, weil über das Vermögen oder den Nachlass des AG, der der Unterstützungskasse oder Pensionsfonds Zuwendungen leistet, ein Insolvenzfall eingetreten ist. Das BAG legt § 7 I BetrAVG jedoch erweiternd aus. Eine den Insolvenzschutz auslösende Beeinträchtigung der Versorgungsansprüche sei schon dann gegeben, wenn die zweckbestimmte Verwendung vorhandener Mittel aus Rechtsgründen nicht gewährleistet sei, auch wenn die Unterstützungskasse über ausreichendes Vermögen verfüge.[35] Auch in der Lit. wird die Ansicht vertreten, aus dem Gesetzeszusammenhang mit § 8 Ia, § 9 III und IIIa BetrAVG ergebe sich, dass die Leistungspflicht des PSVaG in der Insolvenz des AG auch dann einsetze, wenn die Unterstützungskasse oder der Pensionsfonds voll leiste.[36] Der PSVaG müsse die Leistungspflicht bei einem Pensionsfonds dann auf diesen übertragen.[37]

17 **6. Widerrufenes Bezugsrecht.** Nach dem Wortlaut von § 7 I BetrAVG sind nicht gesichert Versorgungsberechtigte, deren Bezugsrecht der AG vor Eintritt des Versicherungs- bzw. Versorgungsfalles **widerrufen** hat. War der Widerruf wegen Fehlens der Widerrufsvoraussetzungen unwirksam, kann dieser am Insolvenzschutz nichts ändern. War der Widerruf wegen Eintritt der Unverfallbarkeitsvoraussetzungen im Versorgungsverhältnis mit dem AN vertragswidrig, so erlangt dieser einen Schadensersatzanspruch (→ § 275 Rn. 50), der aus dem Vermögen des AG zu befriedigen ist. Er steht der unmittelbaren Versorgungszusage gleich und unterliegt dem Insolvenzschutz.[38]

V. Insolvenzsicherung von Versorgungsanwartschaften

18 **1. Leistungsvoraussetzungen.** Personen, die bei Eröffnung des Insolvenzverfahrens oder eines gleichgestellten Sicherungsfalles eine nach § 1b BetrAVG unverfallbare Versorgungsanwartschaft haben, und ihre Hinterbliebenen erhalten bei Eintritt eines Versorgungsfalles einen **Anspruch gegen den Träger der Insolvenzsicherung,** wenn die Anwartschaft auf einer

[30] BT-Drs. 19/19037, 56; *Baumeister/Schwindt* DB 2020, 1624 (1625).
[31] *Rolfs* NZA 2020, 1144 (1146).
[32] https://europa.eu/eurostat/de/home; hierzu *Rolfs* NZA 2020, 1144 (1147).
[33] Vgl. BAG 21.7.2020 AP Nr. 18 zu § 1 BetrAVG Pensionskasse = BetrAV 2020, 770.
[34] *Baumeister/Schwindt* DB 2020, 1624 (1626).
[35] BAG 12.2.1991 AP Nr. 13 zu § 9 BetrAVG = NZA 1991, 723.
[36] Höfer BetrAVG I/*Höfer/Reich* § 7 Rn. 140, 93, 150; wohl auch BRO/*Rolfs* BetrAVG § 7 Rn. 68.
[37] Höfer BetrAVG I/*Höfer/Reich* § 7 Rn. 150.
[38] ErfK/*Steinmeyer* BetrAVG § 7 Rn. 16.

unmittelbaren Versorgungszusage oder einer wegen der Leistungen widerruflichen Direktversicherung beruht. Diesen Personen gleichgestellt sind diejenigen Personen, die eine Versorgungsaussicht gegen eine Unterstützungskasse oder eine Versorgungsanwartschaft gegen einen Pensionsfonds haben. Die **Leistungsvoraussetzungen** bei Eintritt eines Versorgungsfalles sind also **(1)** eine gesetzlich unverfallbare Versorgungsanwartschaft, **(2)** eine gesicherte Leistungsanwartschaft und **(3)** der Eintritt eines Sicherungsfalles.

2. Unverfallbarkeit. Insolvenzgesichert sind nur nach dem Gesetz **unverfallbare Versorgungsanwartschaften.** Es müssen die Voraussetzungen der Unverfallbarkeit (jetzt: § 1b BetrAVG) vorliegen (→ § 274 Rn. 6 ff.).[39] Zur Vereinbarkeit mit dem Unionsrecht → Rn. 3. Auch die aufgrund der Rspr. des BAG unverfallbaren Versorgungsanwartschaften aufgrund des Gesetzes werden erfasst, weil die Unverfallbarkeit aus allgemeinen Rechtsgrundsätzen abgeleitet worden ist.[40] Endet das Arbeitsverhältnis durch eine Eigenkündigung und beginnt nach drei Monaten ein neues Arbeitsverhältnis, so sind die gesetzlichen Unverfallbarkeitsfristen unterbrochen, auch wenn eine Rückkehrvereinbarung geschlossen worden ist.[41] Entscheidend ist allein die rechtliche Beendigung des Arbeitsverhältnisses, während das Ruhen des Arbeitsverhältnisses nicht schadet.[42] **Nicht gesichert** sind die **aufgrund Vertrags unverfallbaren Versorgungsanwartschaften.**[43] Dies folgt aus Wortlaut, Gesetzesgeschichte und Normzweck. Eine erweiternde Auslegung ist ausgeschlossen, da das zur Belastung eines Dritten, nämlich der Solidargemeinschaft der AG führen würde. Auf Grund Vertrags unverfallbar sind auch solche Anwartschaften, die wegen der Anrechnung von Vordienstzeiten unverfallbar geworden sind.[44] Von diesem Rechtsgrundsatz besteht jedoch nach der Rspr. dann eine Ausnahme, wenn angerechnete Vordienstzeiten von einer Versorgungszusage begleitet waren und an das Arbeitsverhältnis heranreichen, das eine neue Versorgungsanwartschaft begründet.[45] Vereinbarungen, aufgrund derer Dienstzeiten nach Beendigung des Arbeitsverhältnisses berücksichtigt werden sollen (Nachdienstzeitenvereinbarungen), binden den PSVaG nur in Ausnahmefällen, etwa bei einer Regelung, die einem ruhend gestellten Arbeitsverhältnis gleichkommt.[46] Wegen der Veränderungssperre gem. § 7 II 6 BetrAVG besteht kein Insolvenzschutz für eine vertraglich zugesagte Dynamisierung von Versorgungsleistungen, wenn der Insolvenzfall eingetreten ist, als nur eine Versorgungsanwartschaft bestand.[47] 19

3. Versorgungsanwärter. Gesichert sind Versorgungsanwärter. Das sind solche AN, die in den Diensten des AG verblieben sind und die Fristen für den Eintritt der Unverfallbarkeit zurückgelegt haben. Bei der Berechnung der Versorgungsanwartschaft ist von dem bis zur festen Altersrente erreichbaren Versorgungsanspruch auszugehen. Eine Weiterarbeit über die feste Altersgrenze hinaus kann den Versorgungsanspruch nicht mindern.[48] 20

4. Direktversicherung. Gesichert sind Versorgungsanwartschaften, wenn sie auf einer Direktversicherung beruhen und der AN hinsichtlich der Leistungen widerruflich bezugsberechtigt ist oder die Ansprüche aus dem Versicherungsvertrag durch den AG beliehen oder an Dritte abgetreten sind. Insoweit gilt dasselbe wie im Rahmen des § 7 I 2 Nr. 1 BetrAVG (→ Rn. 13). Ein Sicherungsbedürfnis besteht nur bei widerruflichen Bezugsrechten. Aber auch insoweit ist 21

[39] BAG 20.4.2004 AP Nr. 33 zu § 17 BetrAVG = NZA 2005, 927.
[40] BGH 16.6.1980 AP Nr. 7 zu § 7 BetrAVG = NJW 1980, 2471; 16.3.1981 AP Nr. 10 zu § 7 BetrAVG = NJW 1981, 2410; 7.7.1986 AP Nr. 34 zu § 7 BetrAVG; BAG 16.10.1980 AP Nr. 8 zu § 7 BetrAVG; 20.1.1987 AP Nr. 38 zu § 7 BetrAVG = NJW 1988, 1044; zur Verfassungsgemäßheit BVerfG 10.3.1988 AP Nr. 38a–c zu § 7 BetrAVG.
[41] BAG 21.1.2003 AP Nr. 1 zu § 1b BetrAVG = NZA 2004, 152.
[42] BAG 25.4.2006 AP Nr. 111 zu § 7 BetrAVG = NZA 2007, 408 (LS).
[43] BAG 28.3.1995 AP Nr. 84 zu § 7 BetrAVG = NZA 1996, 258; 22.11.1994 AP Nr. 83 zu § 7 BetrAVG = NZA 1995, 887; 3.8.1978 AP Nr. 1 zu § 7 BetrAVG = NJW 1979, 446.
[44] BAG 22.2.2000 AP Nr. 9 zu § 1 BetrAVG Unverfallbarkeit = NZA 2001, 1310.
[45] BAG 15.6.2010 AP Nr. 12 zu § 1b BetrAVG = NZA 2010, 1448 (LS); 22.2.2000 AP Nr. 9 zu § 1 BetrAVG Unverfallbarkeit = NZA 2001, 1310; 28.3.1995 AP Nr. 84 zu § 7 BetrAVG = NZA 1996, 258; 26.9.1989 AP Nr. 54 zu § 7 BetrAVG = NZA 1990, 348; 26.9.1989 AP Nr. 53 = NZA 1990, 189; 11.1.1983 AP Nr. 17 zu § 7 BetrAVG = NJW 1984, 1199; BGH 24.10.1996 NZA-RR 1997, 263; BRO/*Rolfs* BetrAVG § 7 Rn. 139; abl. Höfer BetrAVG I/*Höfer* § 1b Rn. 63 ff.
[46] BAG 10.3.1992 AP Nr. 73 zu § 7 BetrAVG = NZA 1992, 932; 30.5.2006 AP Nr. 54 zu § 2 BetrAVG = DB 2007, 1987.
[47] BAG 4.4.2000 AP Nr. 32 zu § 2 BetrAVG = DB 2000, 774 (LS).
[48] BAG 14.12.1999 AP Nr. 95 zu § 7 BetrAVG = NZA 2000, 1001.

der Träger der Insolvenzsicherung dann nicht zur Leistung verpflichtet, wenn das Bezugsrecht des Versorgungsberechtigten weder vor noch im Insolvenzverfahren widerrufen worden ist.[49] In diesem Fall erlangt der Versorgungsberechtigte die Leistungen vom Versicherer. Kein Sicherungsbedürfnis besteht bei unwiderruflichen Bezugsrechten, da der AG ohne Zustimmung des AN nicht darüber verfügen kann.[50] In § 7 II BetrAVG nicht besonders erwähnt ist der gegen den AG gerichtete Ergänzungsanspruch des § 2 II BetrAVG, wenn der Deckungsstock des Versicherers hinter der ratierlichen Versorgungskurve zurückbleibt. Er wird einem Versorgungsanspruch aufgrund unmittelbarer Versorgungszusagen gleichstehen. Er ist also als solcher insolvenzgesichert.[51] Nicht insolvenzgesichert ist der Erfüllungsanspruch gegen den AG wegen unterlassener Prämienzahlungen an eine Direktversicherung.[52]

22 **5. Unterstützungskasse/Pensionsfonds.** Insolvenzgesichert sind Versorgungsaussichten gegenüber Unterstützungskassen und Versorgungsanwartschaften gegen Pensionsfonds, wenn ein Versorgungsfall bei einem Trägerunternehmen eintritt (§ 7 II Nr. 3 u. 4 BetrAVG). Grund hierfür ist, dass der Pensionsfonds einen weitergehenden Spielraum bei der Vermögensanlage hat, womit ein höheres Verlustrisiko verbunden ist (auch → Rn. 54). Für den Pensionsfonds gilt aber nach § 10 III Nr. 4 BetrAVG eine Privilegierung wegen der Beitragshöhe. Bei Gruppenunterstützungskassen kommt es auf die Insolvenz bei demjenigen Trägerunternehmen an, bei dem der AN tätig ist (→ Rn. 14). Für die Höhe des Anspruchs gilt § 7 IIa BetrAVG.

23 **6. Pensionskasse.** Kein Insolvenzschutz bestand für Versorgungsanwartschaften gegen Pensionskassen. Nunmehr besteht insoweit nach § 7 II Nr. 4 BetrAVG – ebenso wie bei Unterstützungskassen und Pensionsfonds – auch für Versorgungsanwartschaften gegen Pensionskassen ein Insolvenzschutz. Soweit der AG nach einer Insolvenz keine weiteren Beiträge an die Pensionskasse zahlt, steht dem AN kein Aussonderungsrecht nach § 47 InsO an ausstehenden Beiträgen zu, weil es keine Aussonderung aufgrund eines bloßen Geldsummenanspruchs gibt.[53]

VI. Sicherungsfälle

24 Die eine Einstandspflicht des Trägers der Insolvenzsicherung auslösenden Sicherungsfälle sind enumerativ in **§ 7 I, II BetrAVG** aufgezählt. Die Vorschrift enthält keine Generalklausel. In anderen Fällen ist ein Insolvenzschutz nicht gegeben. Ob ein Versorgungsberechtigter bereits Versorgungsempfänger (§ 7 I BetrAVG) ist oder noch Anwartschaftsberechtigter (§ 7 II BetrAVG), hängt davon ab, ob bereits ein Anspruch auf Betriebsrente entstanden ist oder nicht; auf die Fälligkeit oder einen tatsächlichen Zahlungsbeginn kommt es nicht an.[54] Es gibt zwei Gruppen von Sicherungsfällen. Die erste Gruppe umfasst Sicherungsfälle, in denen das Unternehmen liquidiert wird, also zumeist bei Eröffnung des Insolvenzverfahrens und Abweisung des Insolvenzverfahrens mangels Masse. Die zweite Gruppe umfasst die Sicherungsfälle, bei denen das Unternehmen fortgeführt wird. Die Eröffnung des Insolvenzverfahrens setzt voraus, dass ein Eröffnungsgrund gegeben ist (§ 16 InsO). Allgemeiner Eröffnungsgrund ist die Zahlungsunfähigkeit (§ 17 InsO). Beantragt der Schuldner die Eröffnung des Insolvenzverfahrens, ist ferner die drohende Zahlungsunfähigkeit Eröffnungsgrund (§ 18 InsO). Bei juristischen Personen ist ferner die Überschuldung Eröffnungsgrund (§ 19 InsO).

25 Der Sicherungsfall muss **beim AG** eingetreten sein. Es gilt der allgemeine Arbeitgeberbegriff (→ § 16 Rn. 1 ff.). AG ist demnach derjenige, der die Dienstleistungen vom AN kraft Arbeitsvertrags fordern kann.[55] Dagegen begründet die bloße Stellung als herrschende Konzernobergesellschaft keine Arbeitgeberstellung gegenüber den AN der Tochtergesellschaft.[56] Es reicht nicht aus, wenn die Arbeitsleistung einem bestimmten Unternehmen lediglich wirtschaftlich zugutekommt. AG im Sinne des BetrAVG können alle Personen sein, für die eine der in § 17 BetrAVG genannten Personen tätig wird. Insoweit muss der Arbeitgeberbegriff spiegelbildlich zu § 17 BetrAVG ausgelegt werden. Ferner kann derjenige AG sein, der **Ver-**

[49] Vgl. OLG Düsseldorf 30.1.2001 NZA-RR 2001, 601.
[50] BAG 10.3.1992 AP Nr. 73 zu § 7 BetrAVG.
[51] Höfer BetrAVG I/*Höfer* § 2 Rn. 166.
[52] Hierzu BAG 17.11.1992 AP Nr. 1 zu § 7 BetrAVG Lebensversicherung = NZA 1993, 843.
[53] BAG 21.3.2017 AP Nr. 2 zu § 47 InsO = NZA 2017, 948.
[54] BAG 20.2.2018 AP Nr. 120 zu § 7 BetrAVG = NZA 2018, 716; 20.9.2016 AP Nr. 118 zu § 7 BetrAVG = NZA 2017, 258.
[55] BAG 20.5.2014 AP Nr. 117 zu § 7 BetrAVG = NZA 2015, 225.
[56] BAG 20.5.2014 AP Nr. 117 zu § 7 BetrAVG = NZA 2015, 225.

sorgungspflichten übernommen hat (§ 4 BetrAVG, § 613a BGB). Erbringt bei einem **Schuldbeitritt** (zB gem. § 38 III HGB) der Mithaftende aufgrund seiner Insolvenz keine Leistungen, muss sich der Versorgungsberechtigte an seinen früheren AG halten. Erst wenn dieser insolvent ist, muss der PSVaG eintreten.[57] Nur bei einer **gesetzlichen Enthaftung** des früheren AG kann § 7 I BetrAVG erweiternd ausgelegt werden mit der Folge, dass der gesetzlich ausschließlich haftende Versorgungsschuldner als AG iSv § 7 I BetrAVG anzusehen ist. Das Gesetz eröffnet dagegen nicht die Möglichkeit, durch eine Haftungsbegrenzung in einer Betriebsvereinbarung oder einer individualrechtlichen Vereinbarung den Insolvenzschutz zulasten des PSVaG zu erhöhen.[58] AG im Sinne von § 7 BetrAVG können zudem nur Rechtssubjekte sein, über deren Vermögen ein Insolvenzverfahren eröffnet werden kann. Dies sind natürliche und juristische Personen sowie Handelsgesellschaften. In § 11 II InsO sind die Sicherungsfälle erweitert. Ein Insolvenzverfahren kann auch über das Vermögen einer Gesellschaft des bürgerlichen Rechts eröffnet werden. Gleichwohl wird hierdurch kein Sicherungsfall gegen den Träger der Insolvenzsicherung ausgelöst. AG bei einer Gesellschaft bürgerlichen Rechts sind alle Gesellschafter. Der Träger der Insolvenzsicherung braucht daher erst dann einzutreten, wenn alle Gesellschafter insolvent geworden sind.

VII. Einzelne Sicherungsfälle

Sicherungsfälle sind: 26

(1) die Eröffnung des Insolvenzverfahrens
(2) die Abweisung des Antrags auf Eröffnung eines Insolvenzverfahrens mangels Masse
(3) der außergerichtliche Vergleich
(4) die vollständige Beendigung der Betriebstätigkeit (falls ein Insolvenzantrag offensichtlich mangels Masse nicht in Betracht kommt).

1. Eröffnung des Insolvenzverfahrens. Sicherungsfall ist die Eröffnung des Insolvenzverfahrens **(§ 7 I 1, II 1 BetrAVG).** Diese setzt einen entsprechenden Antrag voraus. Die Antragsberechtigten ergeben sich aus §§ 13–15 InsO. Das Insolvenzverfahren wird aber nur eröffnet, wenn das Vermögen des Schuldners voraussichtlich ausreicht, die Kosten des Verfahrens zu decken, ansonsten wird der Antrag gem. § 26 InsO mangels Masse abgewiesen. Der Zeitpunkt der Insolvenzeröffnung ergibt sich aus dem Eröffnungsbeschluss des Insolvenzgerichtes (§ 27 II Nr. 3 InsO). Ist die Stunde der Eröffnung nicht angegeben, so gilt als Zeitpunkt der Eröffnung die Mittagsstunde des Tages, an dem der Beschluss erlassen worden ist (§ 27 III InsO). 27

2. Abweisung des Antrags auf Insolvenzeröffnung. Sicherungsfall ist ferner die Abweisung des Antrages auf Eröffnung des Insolvenzverfahrens mangels Masse **(§ 7 I 3 Nr. 1 BetrAVG).** Nach § 26 InsO weist das Insolvenzgericht den Antrag auf Eröffnung des Insolvenzverfahrens zurück, wenn das Vermögen des Schuldners voraussichtlich nicht ausreichen wird, um die in § 54 InsO aufgezählten Kosten des Verfahrens zu decken. Der Sicherungsfall tritt mit Verkündung des Beschlusses ein (§ 26 InsO). 28

3. Außergerichtlicher Vergleich. Sicherungsfall ist außerdem der außergerichtliche Vergleich (Stundungs-, Quoten- oder Liquidationsvergleich) des AG mit seinen Gläubigern zur Abwendung eines Insolvenzverfahrens, wenn ihm der Träger der Insolvenzsicherung zustimmt (§ 7 I 3 Nr. 2 BetrAVG). Im Unterschied zum bisherigen Recht ist die Eröffnung des Vergleichsverfahrens zur Abwendung des Konkurses nicht mehr erwähnt (§ 7 I 3 Nr. 2 BetrAVG aF). Das war nicht notwendig, weil das gerichtliche Vergleichsverfahren im Insolvenzverfahren aufgegangen ist. Ferner sind die Worte „nach vorausgegangener Zahlungseinstellung" durch die „zur Abwendung eines Insolvenzverfahrens" ersetzt. Die bisherige Regelung war den Bedürfnissen der Praxis nicht gerecht geworden (RegEntw. BT-Drs. 12/3808 zu Art. 94 Nr. 2 EG InsO). Das Gesetz geht davon aus, dass ein außergerichtlicher Vergleich, der aus einer Vielzahl von Einzelverträgen mit den Gläubigern besteht, nur zustande kommt, wenn vor dem Zeitpunkt der Zahlungseinstellung eine Vereinbarung unter Einbeziehung des Trägers der Insolvenzsicherung zustande kommt. Der PSVaG ist aber nicht gesetzlicher Vertreter der AN und kann nicht für diese handeln.[59] Ein Stundungsvergleich wird im Allgemeinen nur eine geringe Rolle spielen, 29

[57] BAG 23.1.1990 AP Nr. 56 zu § 7 BetrAVG = NZA 1990, 685.
[58] BAG 27.6.2006 NZA-RR 2008, 35.
[59] BAG 9.11.1999 AP Nr. 96 zu § 7 BetrAVG = NZA 2000, 1290.

weil er nicht die zur Abwendung des Insolvenzverfahrens notwendige finanzielle Entlastung bringt. Ein Liquidationsvergleich kommt in Betracht, wenn mit einer hohen Quote zu rechnen ist oder weil Gesellschafter und Dritte freiwillige Zuwendungen leisten. Der Quotenvergleich kommt in Betracht, wenn die Reorganisation des Unternehmens bewirkt werden soll.

30 Die **Zustimmung des PSVaG** ist eine rechtsgeschäftliche Erklärung an den Versorgungsschuldner, Leistungen der betrieblichen Altersversorgung zu übernehmen. Die Erklärung erfolgt nicht gegenüber den Versorgungsgläubigern. Ein Rechtsanspruch auf Zustimmung des PSVaG besteht nicht.[60] Etwas Anderes ergibt sich auch nicht aus der Streichung des Widerrufsgrunds der wirtschaftlichen Notlage (§ 7 I 3 Nr. 5 BetrAVG in der bis zum 31.12.1998 geltenden Fassung). Auch hier bestand kein Rechtsanspruch des Versorgungsschuldners gegen den PSVaG auf Zustimmung. Das BAG hat vor Ausübung des Widerrufs wegen wirtschaftlicher Notlage eine Klage gegen den Träger der Insolvenzsicherung für notwendig gehalten, wenn dieser eine wirtschaftliche Notlage nicht anerkennen wollte. Dies ist aber nur geschehen, um zu verhindern, dass der Versorgungsberechtigte seine Ansprüche gegen den AG nicht durchsetzen konnte, weil dieser sich auf die wirtschaftliche Notlage berief; der Träger der Insolvenzsicherung aber nicht leistete, weil er die wirtschaftliche Notlage verneinte.[61]

31 **4. Vollständige Beendigung der Betriebstätigkeit.** Weiterer Sicherungsfall ist die vollständige Beendigung der Betriebstätigkeit im Geltungsbereich des BetrAVG, wenn ein Antrag auf Eröffnung des Insolvenzverfahrens nicht gestellt worden ist und ein Insolvenzverfahren **offensichtlich mangels Masse** nicht in Betracht kommt (§ 7 I 3 Nr. 3 BetrAVG).

32 Dieses Tatbestandsmerkmal entspricht § 165 I 1 Nr. 3 SGB III. Unter den gleichen Voraussetzungen werden der Anspruch auf Insolvenzgeld und der Sicherungsfall gegenüber dem PSVaG ausgelöst. **Offensichtlich** ist ein Sachverhalt, wenn er ohne weitere Nachprüfung erkennbar ist. Auf die Kenntnis des AN oder des PSVaG kommt es nicht an.[62]

33 Die **Beendigung der Betriebstätigkeit** muss **vollständig** sein. Träger der betrieblichen Altersversorgung ist nicht der Betrieb sondern der AG. Sicherungsfall ist nicht die Beendigung der Betriebstätigkeit eines von mehreren Betrieben, sondern die Einstellung der unternehmerischen Tätigkeit durch den konkreten AG.[63] Dagegen ist die Betriebsstilllegung nicht Voraussetzung für die Gewährung von Insolvenzgeld. Denkbar ist also, dass der Sicherungsfall auch dann gegeben ist, wenn der Betrieb nach einem Inhaberwechsel fortgeführt wird. Eine vollständige Beendigung der Betriebstätigkeit kann auch dann gegeben sein, wenn der Betrieb stillgelegt und noch Erhaltungs- und Abwicklungsarbeiten gemacht werden. Erhaltungsarbeiten dienen der Erhaltung von Betriebsanlagen. Abwicklungsarbeiten sind solche, die der Auflösung des Betriebes, aber nicht mehr der Durchführung des Betriebszweckes dienen, also zB das Räumen der Werkstatt. Solange aber noch Aufträge abgewickelt werden, ist eine vollständige Einstellung der Betriebstätigkeit nicht gegeben.

34 **5. Wirtschaftliche Notlage.** Das Tatbestandsmerkmal der wirtschaftlichen Notlage (§ 7 I 3 Nr. 5 BetrAVG in der bis zum 31.12.1998 geltenden Fassung) ist **nach § 7 I BetrAVG nF nicht übernommen.** Durch die Rspr. des BAG war der Widerruf wegen wirtschaftlicher Notlage praktisch zu einem außergerichtlichen Vergleich entwickelt worden.[64] Der Widerrufsgrund ist damit praktisch in § 7 I 3 Nr. 2 BetrAVG nF aufgegangen.

VIII. Versicherungsanspruch gegen den Träger der Insolvenzsicherung

35 **1. Entstehen.** Nach § 7 I 1 BetrAVG entsteht ein Versicherungsanspruch gegen den Träger der Insolvenzsicherung in Höhe der Leistung, die der AG aufgrund der Versorgungszusage zu erbringen hätte, wenn das Insolvenzverfahren nicht eröffnet worden wäre. Nach § 7 I 2 BetrAVG gilt dies entsprechend, **(1)** wenn Leistungen aus einer Direktversicherung aufgrund der in § 1b II 3 BetrAVG genannten Tatbestände nicht gezahlt werden und der AG seiner Verpflichtung

---

60 BRO/*Rolfs* BetrAVG § 7 Rn. 103; Höfer BetrAVG I/*Höfer*§ 7 Rn. 68; aA *Diller* ZIP 1997, 768; s. zu den Entscheidungskriterien des PSVaG, PSVaG-Merkblatt 110/M 1, Stand 1.18, im Internet unter http://www.psvag.de.

61 S. zB BAG 6.12.1979 AP Nr. 4 zu § 7 BetrAVG = NJW 1980; 2598; 20.1.1987 AP Nr. 12 zu § 7 BetrAVG Widerruf = NZA 1987, 664; 16.4.1997 AP Nr. 19 zu § 7 BetrAVG Widerruf = NZA 1998, 255.

62 BAG 9.12.1997 AP Nr. 90 zu § 7 BetrAVG = NZA 1998, 941.

63 BRO/*Rolfs* BetrAVG § 7 Rn. 111; Höfer BetrAVG I/*Höfer* § 7 Rn. 82.

64 Vgl. BAG 6.12.1979 AP Nr. 4 zu § 7 BetrAVG = NJW 1980, 2598; 20.1.1987 AP Nr. 12 zu § 7 BetrAVG Widerruf = NZA 1987, 664; 16.4.1997 AP Nr. 19 zu § 7 BetrAVG Widerruf = NZA 1998, 255.

nach§ 1b II 3 BetrAVG wegen der Eröffnung des Insolvenzverfahrens nicht nachkommt, **(2)** wenn eine Unterstützungskasse die nach ihrer Versorgungsregelung vorgesehene Versorgung nicht erbringt, weil über das Vermögen oder den Nachlass eines AG, der der Unterstützungskasse Zuwendungen leistet, das Insolvenzverfahren eröffnet worden ist und **(3)** wenn über das Vermögen oder den Nachlass des AG, dessen Versorgungszusage von einem Pensionsfonds oder einer Pensionskasse durchgeführt wird, das Insolvenzverfahren eröffnet worden ist und soweit der Pensionsfonds oder die Pensionskasse die nach der Versorgungszusage des AG vorgesehene Leistung nicht erbringt (für Pensionskassen gilt dies nach § 30 II BetrAVG nur für nach dem 31. Dezember 2021 eingetretene Sicherungsfälle, ansonsten gilt § 30 III BetrAVG, → Rn. 15); ein Anspruch gegen den PSVaG besteht nicht, wenn eine Pensionskasse einem Sicherungsfonds nach dem Dritten Teil des VAG angehört oder in Form einer gemeinsamen Einrichtung nach § 4 TVG organisiert ist. Eine Einstandspflicht des PSVaG scheidet aus, soweit Rentenansprüche gegen den AG rechtskräftig abgewiesen worden sind, weil es dann an der nach § 7 I BetrAVG erforderlichen Ursächlichkeit fehlt.[65] Der Anspruch gegen den Träger der Insolvenzsicherung entsteht mit Beginn des Kalendermonats, der auf den Eintritt des Sicherungsfalles folgt (§ 7 Ia BetrAVG). Der Anspruch endet nicht mit dem Tod des Begünstigten, sondern erst mit Ablauf seines Sterbemonats, wenn die Versorgungszusage nichts anderes bestimmt (§ 7 Ia 2 BetrAVG). Die durch das RRG zum 1.1.1999 eingeführte Vorschrift soll der Verwaltungsvereinfachung dienen, weil Ruhegelder idR ungeteilt für einen ganzen Monat zu zahlen sind (Begr. zu Art. 8 Nr. 8 RegEntw. BT-Drs. 13/8011, 199). Bei den Sicherungsfällen des § 7 I 1 (Insolvenz) sowie § 7 I 3 Nr. 1 und 3 (Abweisung des Insolvenzeröffnungsantrags mangels Masse, außergerichtlicher Vergleich) erfasst der Anspruch gegen den PSVaG gem. § 7 Ia 3 BetrAVG auch rückständige Versorgungsleistungen, soweit sie bis zu zwölf Monate vor Entstehung der Leistungspflicht des PSVaG entstanden sind. Insoweit hat das Gesetz die Rspr. des BGH aufgenommen.[66] Diese Einschränkung gilt nicht für Leistungen, die nach der Versorgungsordnung nicht als periodische Leistungen, sondern als Kapitalleistung zu erbringen sind.[67] Der Anspruch auf rückständige Versorgungsleistungen besteht auch dann, wenn der Versorgungsberechtigte vor Eintritt des Sicherungsfalls, aber innerhalb des insolvenzgesicherten Zeitraums nach § 7 Ia BetrAVG verstirbt.[68]

36 **2. Höhe.** Die Versorgungsempfänger haben Anspruch in Höhe der Leistung, **die der AG** aufgrund der Versorgungszusage **zu erbringen hätte,** wenn das Insolvenzverfahren nicht eröffnet worden wäre (§ 7 I 1 BetrAVG). Der PSVaG wird im Allgemeinen diejenigen Leistungen weiter zu zahlen haben, die der AG zuvor erbracht hat. Der PSVaG ist auch verpflichtet, vorgezogene Altersleistungen zu erbringen (§ 6 BetrAVG). Dagegen ist wegen der **Anpassungsverpflichtung** nach § 16 BetrAVG zu unterscheiden. Besteht lediglich eine Anpassungsverpflichtung nach § 16 BetrAVG, so ist der PSVaG nicht zur Anpassung verpflichtet.[69] Das gilt auch bei einer Absicherung durch ein Contractual Trust Arrangement (CTA), bei der auch die Steigerungen der Betriebsrente von der Treuhand erfasst sind (→ Rn. 2).[70] Durch eine solche Vertragsgestaltung werden nur Ansprüche gegen den CTA begründet; auf die Verpflichtungen des PSVaG wirkt sich dies nicht aus. Als Anpassungsverpflichteter ist nur der AG in § 16 BetrAVG angesprochen. Ist die wirtschaftliche Lage des AG schlecht, braucht er nicht anzupassen. Dann kann erst recht keine Anpassungsverpflichtung bestehen, wenn der Träger der Insolvenzsicherung wegen eines Sicherungsfalles einspringen muss. Sagt der AG eine dynamische Rente zu, ist also bereits in der Versorgungszusage eine Anpassung der Versorgungsleistung nach bestimmten Kriterien unabhängig von § 16 BetrAVG vorgesehen, so ist auch der Träger der Insolvenzsicherung verpflichtet, diese Anpassung vorzunehmen.[71] Für die Ansprüche gegen den PSVaG gelten

[65] BAG 23.3.1999 AP Nr. 29 zu § 322 ZPO = NZA 1999, 652.

[66] BGH 14.7.1980 BGHZ 78, 73 = AP Nr. 5 zu § 7 BetrAVG = NJW 1980, 2468; zur Verfassungsgemäßheit s. BVerfG 10.4.1981 AP Nr. 11 zu § 7 BetrAVG.

[67] BAG 20.9.2016 AP Nr. 118 zu § 7 BetrAVG = NZA 2017, 258.

[68] Zutreffend ArbG Köln 14.12.2012 LAGE § 7 BetrAVG Nr. 16 = BetrAV 2013, 653.

[69] BAG 22.9.2020 AP Nr. 123 zu § 7 BetrAVG = BetrAV 2021, 71; 3.12.1987 AP Nr. 20 zu § 16 BetrAVG = NZA 1987, 666; 22.3.1983 AP Nr. 14 zu § 16 BetrAVG = NJW 1983, 2902.

[70] BAG 22.9.2020 AP Nr. 123 zu § 7 BetrAVG = BetrAV 2021, 71.

[71] BAG 22.9.2020 AP Nr. 123 zu § 7 BetrAVG = BetrAV 2021, 71; 8.6.1999 AP Nr. 92 zu § 7 BetrAVG = NZA 1999, 1215; 26.1.1999 AP Nr. 91 zu § 7 BetrAVG = NZA 1999, 711; 15.2.1994 AP Nr. 82 zu § 7 BetrAVG = NZA 1994, 943; 3.12.1987 AP Nr. 20 zu § 16 BetrAVG = NZA 1987, 666; 3.12.1985 AP Nr. 18 zu § 16 BetrAVG = NZA 1986, 787; 22.3.1983 AP Nr. 14 zu § 16 BetrAVG = NJW 1983, 2902; 30.8.1979 AP Nr. 3 zu § 7 BetrAVG.

dieselben Regeln wie für die Leistungen des AG (→ § 274 Rn. 207), zB auch im Hinblick auf die Verjährung.[72]

37 **3. Nichtarbeitnehmer.** Für Nichtarbeitnehmer iSv § 17 BetrAVG bedarf der Umfang der Versorgungsleistungen uU einer Korrektur. Nach der Rspr. des BGH werden unangemessen hohe Versorgungsleistungen als verdeckte Gewinnausschüttungen behandelt und auf ein angemessenes Maß reduziert.[73] Zum Statuswechsel → Rn. 9.

38 **4. Übertragung der Leistungspflicht (§ 8 BetrAVG).** Nach **§ 8 I BetrAVG** besteht kein Anspruch gegen den PSVaG auf Leistungen nach § 7 BetrAVG, wenn ein Unternehmen der Lebensversicherung sich dem Träger der Insolvenzsicherung gegenüber verpflichtet, diese Leistungen zu erbringen, und die Berechtigten ein unmittelbares Recht erwerben, die Leistungen zu fordern. Insoweit haben die Unternehmen der Lebensversicherung ein Konsortium in der Form einer GbR gebildet. Nach § 2 II der Satzung des PSVaG versichert dieser übernommene Rentenansprüche nach Maßgabe von § 8 I BetrAVG bei dem Konsortium von Lebensversicherungsunternehmen für den PSVaG gemäß dem Rahmenvertrag von 13./18.2.1975 bei Unternehmen der Lebensversicherung oder bei Pensionskassen. Eine Befreiung nach § 8 I BetrAVG tritt nur ein, sofern sich die Lebensversicherer gegenüber dem PSVaG verpflichten, die Leistung zu erbringen. Insoweit handelt es sich um eine Schuldübernahme iSv § 415 I BGB, die aber aufgrund der Regelung in § 8 I BetrAVG keiner Genehmigung des Gläubigers bedarf. Die zum 1.1.2018 eingeführte Regelung in **§ 8 II BetrAVG** (bis 23.6.2020 § 8 III) gibt dem AN im Fall der Insolvenz des AG zudem das Recht, stattdessen eine auf sein Leben abgeschlossene Rückdeckungsversicherung fortzusetzen, wenn die Versorgungszusage auf die Leistungen der Rückdeckungsversicherung verweist, dem Berechtigten also danach die Möglichkeit eingeräumt ist, die Rückdeckungsversicherung in Anspruch zu nehmen. Dadurch besteht für ihn die Möglichkeit, die Versicherung mit eigenen Beiträgen fortzusetzen oder aufzustocken. Das Wahlrecht nach § 8 II 1 BetrAVG besteht nicht, sofern die Rückdeckungsversicherung in die Insolvenzmasse des AG fällt oder die Aufsichtsbehörde das Vermögen nach § 9 IIIa oder IIIb BetrAVG nicht auf den Träger der Insolvenzsicherung überträgt (§ 8 II 2 BetrAVG). Die Nutzung darf also nicht den insolvenzrechtlichen Verteilungsregelungen widersprechen.[74] Damit der Berechtigte das Wahlrecht ausüben kann, muss ihn der PSVaG über sein Wahlrecht nach Satz 1 und über die damit verbundenen Folgen für den Insolvenzschutz informieren (§ 8 II 4 BetrAVG).[75] Die Unterrichtungspflicht erfasst dabei die Höhe der insolvenzgesicherten Leistungen, abgesicherte biometrische Risiken, Anpassungen nach Eintritt des Leistungsfalls sowie etwaige leistungsmindernde Prämienrückstände.[76] Gem. § 8 II 5 BetrAVG erlischt das Wahlrecht des Berechtigten sechs Monate nach Information durch den PSVaG.

IX. Versicherungsanspruch bei Versorgungsanwartschaften

39 Nach § 7 II BetrAVG (in der seit dem 24.6.2020 geltenden Fassung) haben Personen, die bei Eröffnung des Insolvenzverfahrens oder bei Eintritt der nach § 7 I 4 BetrAVG gleichstehenden Voraussetzungen (Sicherungsfall) eine nach § 1b BetrAVG unverfallbare Versorgungsanwartschaft haben, und ihre Hinterbliebenen bei Eintritt des Versorgungsfalls einen Anspruch gegen den PSVaG, wenn die Anwartschaft beruht **(1)** auf einer unmittelbaren Versorgungszusage des AG, **(2)** auf einer Direktversicherung und der AN hinsichtlich der Leistungen des Versicherers widerruflich bezugsberechtigt ist oder die Leistungen auf Grund der in § 1b II 3 BetrAVG genannten Tatbestände nicht gezahlt werden und der AG seiner Verpflichtung aus § 1b II 3 BetrAVG wegen der Eröffnung des Insolvenzverfahrens nicht nachkommt, **(3)** auf einer Versorgungszusage des AG, die von einer Unterstützungskasse durchgeführt wird, oder **(4)** auf einer Versorgungszusage des AG, die von einem Pensionsfonds oder einer Pensionskasse nach § 7 I 2 Nr. 3 BetrAVG durchgeführt wird, soweit der Pensionsfonds oder die Pensionskasse

[72] LAG Köln 4.11.1998 BB 1999, 591 = ARSt. 1999, 163 (LS).
[73] BGH 28.4.1980 BGHZ 77, 94 = AP Nr. 1 zu § 17 BetrAVG = NJW 1980, 2254; 9.6.1980 BGHZ 77, 233 = AP Nr. 2 zu § 17 BetrAVG = NJW 1980, 2257; 14.7.1980 AP Nr. 3 zu § 17 BetrAVG; 16.2.1981 AP Nr. 5 zu § 17 BetrAVG; 16.3.1981 AP Nr. 10 zu § 7 BetrAVG = NJW 1981, 2410; BAG 4.5.1981 AP Nr. 9 zu § 1 BetrAVG Wartezeit = NJW 1981, 2409; BGH 28.9.1981 AP Nr. 12 zu § 7 BetrAVG.
[74] Ausf. hierzu *Schu* BetrAV 2017, 569.
[75] Näher *Simpfendörfer* BetrAV 2020, 35.
[76] HWK/*Schipp* BetrAVG § 8 Rn. 5.

die nach der Versorgungszusage des AG vorgesehene Leistung nicht erbringt. Der Anspruch wird der Höhe nach so berechnet, als ob der Anwartschaftsberechtigte im Zeitpunkt des Insolvenzverfahrens ausgeschieden wäre. Für die Berechnung der insolvenzgesicherten Rente ist daher nur die Betriebszugehörigkeit bis zum Eintritt des Sicherungsfalles zu berücksichtigen, auch wenn der AN danach noch weiterbeschäftigt wird (§ 7 IIa 2 BetrAVG).[77] Insoweit realisiert das Gesetz eine Gleichstellung zwischen den ausgeschiedenen und noch aktiven AN. Abweichende günstigere Versorgungsvereinbarungen sind nicht möglich, weil das Gesetz keine entsprechende Öffnungsklausel enthält.[78]

Ist ein AN bei **Eintritt des Insolvenzverfahrens** bereits aus dem Arbeitsverhältnis **ausgeschieden,** so ist die gesetzlich unverfallbare Versorgungsanwartschaft, wie sie nach § 1b I, V BetrAVG aufrechtzuerhalten war, insolvenzgesichert. Grundsätzlich kein Insolvenzschutz besteht für vertragliche, tarifliche oder betriebsverfassungsrechtliche Verbesserungen der Unverfallbarkeit (→ Rn. 19). Steht der AN noch in Diensten des AG, so berechnet das Gesetz den insolvenzgesicherten Teil der Versorgungsanwartschaft, als ob der AN zum Insolvenzstichtag ausgeschieden wäre. Der Versicherungsanspruch gegen den Träger der Insolvenzsicherung besteht in **Höhe des Unterschiedsbetrages** zwischen der sich nach dem Versicherungsbetrag ergebenden **Sollversicherung** und der **Istversicherung.** Nach § 7 IIa 2 BetrAVG ist die Sollversicherung auf den Insolvenzstichtag zurückzurechnen. Ist ein AN mit einer unverfallbaren Versorgungsanwartschaft ausgeschieden, so ist der Ergänzungsanspruch nach § 2 II 1 BetrAVG nicht insolvenzgesichert.[79] Dieser ist in der Verweisungskette in § 7 IIa auf § 2 II BetrAVG nicht in Bezug genommen. 40

Für die Fälle des § 7 II BetrAVG ist die Höhe der Leistungen in § 7 IIa BetrAVG geregelt. Danach richtet diese sich **(1)** bei unmittelbaren Versorgungszusagen, Unterstützungskassen und Pensionsfonds nach § 2 I BetrAVG, **(2)** bei Direktversicherungen nach§ 2 II 2 BetrAVG und **(3)** bei Pensionskassen nach § 2 III 2 BetrAVG. Nach § 30 IV BetrAVG gelten bei einer betrieblichen Altersversorgung, die über einen Pensionsfonds durchgeführt wird, für Sicherungsfälle, die vor dem 1. Januar 2022 eingetreten sind, die §§ 7, 8 und 9 BetrAVG in der am 31. Dezember 2019 geltenden Fassung. Diese Berechnungsgrundsätze stehen nicht zur Disposition der Arbeitsvertragsparteien, der Betriebspartner oder der Tarifvertragsparteien. Ein Verzicht auf eine zeitratierliche Kürzung bindet den PSVaG nicht.[80] Das gleiche gilt für eine aus Anlass der Beendigung des Arbeitsverhältnisses getroffene Vereinbarung oder eine Regelung in einen Aufhebungsvertrag, durch die die in der Versorgungszusage enthaltene feste Altersgrenze geändert wird.[81] Unberücksichtigt bleiben ferner Vereinbarungen, die den Begriff der Betriebszugehörigkeit abweichend vom gesetzlichen Modell regeln, und zwar unabhängig davon, ob sie eine längere oder kürzere Betriebszugehörigkeit normieren.[82] Nach § 7 IIa 4 Hs. 1 BetrAVG gelten auch insoweit die Grundsätze der Veränderungssperre und des Festschreibeeffekts.[83] Die Pflicht zur Anpassung von Versorgungsanwartschaften nach der zum 1.1.2018 in Kraft tretenden Regelung des § 2a II 1 BetrAVG trifft den PSVaG gem. § 7 IIa 4 Hs. 2 BetrAVG generell nicht. 41

X. Anspruchsbeschränkungen

1. Überblick. Das Gesetz enthält eine Reihe von Regelungen, durch die der Anspruch des AN gegenüber dem PSVaG eingeschränkt oder ganz aufgehoben wird. Anspruchsbeschränkungen bestehen in folgenden Fällen: 42

2. Höchstgrenzen. Im Falle von **laufenden Versorgungsleistungen** ist der Anspruch gem. § 7 III 1 BetrAVG auf das Dreifache der im Zeitpunkt der ersten Fälligkeit geltenden monatlichen Bezugsgröße gem. § 18 SGB IV (für die alten Bundesländer damit: 2021: 43

[77] BAG 20.2.2018 AP Nr. 120 zu § 7 BetrAVG = NZA 2018, 716 (zur Vorgängerregelung in § 7 II 6 BetrAVG).
[78] BAG 15.7.2008 AP Nr. 115 zu § 7 BetrAVG = NZA 2009, 1439 (LS).
[79] Vgl. BAG 12.3.1991 AP Nr. 68 zu § 7 BetrAVG = NZA 1992, 132.
[80] BAG 15.7.2008 AP Nr. 115 zu § 7 BetrAVG = NZA 2009, 1439 (LS); 14.12.1999 AP Nr. 97 zu § 7 BetrAVG = NZA 2001, 33.
[81] BAG 17.9.2008 AP Nr. 114 zu § 7 BetrAVG = NZA 2009, 440.
[82] BAG 28.10.2008 AP Nr. 9 zu § 264 ZPO = NZA-RR 2009, 327.
[83] BAG 20.2.2018 AP Nr. 120 zu § 7 BetrAVG = NZA 2018, 716 (zur Vorgängerregelung in § 7 II 6 Hs. 1 BetrAVG).

9 870 EUR, für die neuen Bundesländer: 2021: 9 345 EUR[84]) beschränkt.[85] Höhere Versorgungsbezüge erschienen dem Gesetzgeber nicht mehr sozial schutzbedürftig. Maßgebend ist nicht die Fälligkeit der Versorgungsansprüche sondern der Zeitpunkt, in dem der Anspruch gegen den PSVaG erstmals fällig wird.[86] Bei Versorgungsanwartschaften fallen erste Fälligkeit und erstmalige Leistungspflicht des PSVaG zusammen. Im Falle von **Kapitalzahlungen** gilt die Begrenzung der Insolvenzsicherung mit der Maßgabe, dass 10% des Kapitalbetrages als Jahresbetrag einer laufenden Leistung angesehen werden (§ 7 III 2 BetrAVG). Die Höchstgrenze der **Hinterbliebenenrente** bemisst sich nach dem gem. Versorgungszusage auszuzahlenden Betrag (meist ein bestimmter Prozentsatz der Arbeitnehmerrente) und nicht etwa dem (nach § 7 III BetrAVG gekürzten) Pensionsanspruch des verstorbenen AN.[87] Im Falle einer **Entgeltumwandlung** (§ 1 II Nr. 3 BetrAVG) behält der AN seine Versorgungsanwartschaft nach § 1b V BetrAVG. Nach § 7 II 1 BetrAVG besteht Insolvenzschutz. Der Insolvenzschutz tritt aber erst nach zwei Jahren ein (vgl. § 7 V 3 BetrAVG), es sei denn, dass die Grenzwerte (§ 7 V 3 Nr. 1 BetrAVG) beachtet sind (→ Rn. 50).

44 **3. Berücksichtigung erbrachter Leistungen.** Der Anspruch gegen den Insolvenzträger vermindert sich in dem Umfang, in dem der AG und der sonstige Träger der Versorgung noch **Leistungen erbringt** (§ 7 IV 1 BetrAVG). Das gilt auch insoweit, als der Anspruch aufgrund einer wirksam erklärten Aufrechnung erlischt, weil auch hierdurch eine Erfüllung eintritt.[88] Nach Übergang des Anspruchs auf den PSVaG (§ 9 II BetrAVG) kann der AN aber nicht mehr wirksam aufrechnen. Wird im Insolvenzverfahren ein Insolvenzplan bestätigt, vermindert sich der Anspruch auf Leistungen gegen den Träger der Insolvenzsicherung insoweit, als nach dem Insolvenzplan der AG oder sonstige Träger der Versorgungen einen Teil der Leistungen selbst zu erbringen hat (§ 7 IV 2 BetrAVG, sog. vertikale Aufteilung). Das Gesetz ermöglicht eine Fortführung der betrieblichen Altersversorgung mittels Durchführung eines Insolvenzplans in Form der Aufteilung der Verpflichtungen zwischen dem weiter existierenden AG und dem PSVaG.[89] Sieht der Insolvenzplan vor, dass der AG oder sonstige Träger der Versorgung die Leistungen der betrieblichen Altersversorgung von einem bestimmten Zeitpunkt selbst zu erbringen hat, entfällt der Anspruch auf Leistungen gegen den Träger der Insolvenzsicherung von diesem Zeitpunkt an (§ 7 IV 3 BetrAVG, sog. horizontale Aufteilung). Hierdurch werden die Interessen des Trägers der Insolvenzsicherung berücksichtigt, der an einer richtigen Verteilung der Masse interessiert ist. Ferner wird den Interessen des Insolvenzsichereres dadurch genügt, dass gem. § 7 IV 5 BetrAVG eine Besserungsklausel in den Insolvenzplan aufgenommen werden soll, wonach die Leistungen bei einer nachhaltigen Besserung der wirtschaftlichen Lage des AG wieder von diesem bzw. einem sonstigen Versorgungsträger übernommen werden sollen.

45 Die Regelungen in § 7 IV 2 und 3 BetrAVG gelten gem. § 7 IV 4 BetrAVG für den außergerichtlichen Vergleich (§ 7 I 3 Nr. 2 BetrAVG) entsprechend.

46 Im Allgemeinen wird der Insolvenzverwalter nach Eintritt des Insolvenzfalles die Arbeitsverhältnisse der AN kündigen. Damit enden auch Versorgungsanwartschaften. Denkbar ist jedoch, dass der Insolvenzverwalter das Unternehmen mit der Belegschaft fortführt. Geschieht das aufgrund derselben Arbeitsverträge, so wachsen die Versorgungsanwartschaften weiter an. Insoweit erwachsen **Masseschulden,** die aus der Insolvenzmasse befriedigt werden müssen.[90] Kommt es später zu einem Betriebsübergang, tritt der Erwerber in die Anwartschaften ein.[91]

47 **4. Versicherungsmissbrauch. Kein Anspruch** gegen den Träger der Insolvenzsicherung besteht, wenn nach den Umständen des Falles die Annahme gerechtfertigt ist, dass es der alleinige oder überwiegende Zweck der Versorgungszusage oder ihrer Verbesserung oder der für die Direktversicherung in § 1 II 3 BetrAVG genannten Tatbestände gewesen ist,

---

[84] Zur Differenzierung zwischen den alten und neuen Bundesländern: Höfer BetrAVG I/*Höfer/Reich* § 7 Rn. 229.

[85] Zu der Frage der Geltung der Höchstgrenze für Betriebsrenten aus vor dem 1.1.1999 eingetretenen Sicherungsfällen *Cisch/Börner* BB 2016, 1466.

[86] BGH 21.3.1983 AP Nr. 16 zu § 7 BetrAVG = NJW 1984, 980.

[87] BGH 20.10.2008 NZA 2009, 497; 11.10.2004 AP Nr. 110 zu § 7 BetrAVG = NZA 2005, 113; Höfer BetrAVG I/*Höfer/Reich* § 7 Rn. 220 f.; BRO/*Rolfs* BetrAVG § 7 Rn. 268.

[88] BRO/*Rolfs* BetrAVG § 7 Rn. 271; Höfer BetrAVG I/*Höfer* § 7 Rn. 239.

[89] Näher hierzu *Bremer* DB 2011, 875.

[90] BAG 20.10.1987 AP Nr. 6 zu § 1 BetrAVG Besitzstand = NZA 1988, 396; 15.12.1987 AP Nr. 18 zu § 1 BetrAVG = NZA 1988, 397.

[91] BAG 19.5.2005 AP Nr. 283 zu § 613a BGB = NZA-RR 2006, 373.

den Träger der Insolvenzsicherung in Anspruch zu nehmen. Da in vielen Fällen dem Insolventräger ein derartiger Nachweis nicht gelingen wird, stellt das Gesetz zwei Vermutungen auf:

Nach § 7 V 2 BetrAVG ist die Annahme insbesondere dann gerechtfertigt, wenn bei Erteilung oder Verbesserung der Versorgungszusage wegen der wirtschaftlichen Lage des AG zu erwarten war, dass die Zusage nicht erfüllt wird.[92] Dabei kommt es auf die objektive Beurteilung der wirtschaftlichen Lage des AG im Zeitpunkt der Zusage an.[93] Der AG hat bei der Beurteilung seiner wirtschaftlichen Verhältnisse, insbesondere im Falle der Anpassungsüberprüfung nach § 16 BetrAVG einen Beurteilungsspielraum.[94] § 7 V 2 BetrAVG begründet eine widerlegbare Vermutung, die der AN im Rahmen des § 7 V 1 BetrAVG entkräften kann. Da der AN den Insolvenzschutz nur dann verliert, wenn er an der missbräuchlichen Maßnahme des AG beteiligt war,[95] kann er darlegen (und ggf. beweisen), dass er den missbilligten Zweck der Maßnahme nicht erkennen konnte.[96] 48

Demgegenüber begründet § 7 V 3 BetrAVG eine unwiderlegbare Vermutung.[97] Danach werden Zusagen und Verbesserungen von Zusagen aus den beiden letzten Jahren vor dem Eintritt des Insolvenzfalles grundsätzlich nicht berücksichtigt. In der bis zum 31.12.2005 geltenden Fassung galt die Vermutung nach dem Gesetzeswortlaut nur für Zusagenverbesserungen. Das BAG hat aber angenommen, dass die Vermutung erst recht bei einer erstmaligen Erteilung einer Versorgungszusage gelten müsse.[98] Insoweit hat sich also durch die Neufassung des § 7 V BetrAVG keine materielle Änderung ergeben. 49

Nicht übertragbar sind die Vermutungsregelungen in § 7 V 2 u. 3 BetrAVG dagegen auf die Beleihung einer Direktversicherung und die Zustimmung des AN hierzu.[99] Ausnahmen von der Vermutung gelten bei in den letzten zwei Jahren vor Eintritt des Sicherungsfalles erfolgten Zusagen und Übertragungen für ab dem 1.1.2002 gegebene Entgeltumwandlungszusagen im Rahmen der gesetzlichen Höchstgrenzen nach § 1a I BetrAVG (§ 7 V 3 Nr. 1 BetrAVG) sowie für im Rahmen von Übertragungen (§ 4 BetrAVG) gegebene Zusagen, soweit der Übertragungswert die Beitragsbemessungsgrenze (für die alten Bundesländer 2021: 85 200, für die neuen Bundesländer 2021: 80 400) in der gesetzlichen Rentenversicherung nicht übersteigt (§ 7 V 3 Nr. 2 BetrAVG). Ein diesen Grenzwert übersteigender Mehrwert kann nur vertraglich insolvenzgeschützt werden.[100] Zunächst hatte das BAG angenommen, dass der PSVaG gem. § 7 V BetrAVG auch nicht an eine Rentenanpassung nach § 16 BetrAVG aufgrund einer gerichtlichen Entscheidung gebunden sei.[101] Für die ab dem 1.1.1999 bis zum 21.12.2004 geltende Fassung des § 7 V 3 BetrAVG hat das BAG entschieden, dass eine „vereinbarte" Verbesserung nicht angenommen werden könne, wenn eine Betriebsrentenanpassung gem. § 16 BetrAVG durch streitiges Urteil erfolgt sei.[102] Nachdem die Formulierung „vereinbart" sich in der ab dem 1.1.2005 geltenden Fassung von § 7 V 3 BetrAVG nicht mehr findet, gilt wieder die ursprüngliche Rechtslage, so dass auch durch gerichtliches Urteil erfolgte Anpassungen generell unter den Anwendungsbereich des § 7 V BetrAVG fallen.[103] Nach Ansicht des LAG Köln soll dies allerdings nicht gelten, wenn der Anpassungszeitpunkt außerhalb des Zweijahreszeitraums des § 7 V 3 BetrAVG liegt.[104] 50

5. Leistungseinschränkung im Katastrophenfall. Schließlich können die Leistungen des Insolvenzträgers **eingeschränkt** werden, wenn der Insolvenzfall auf kriegerische Ereignisse, Naturkatastrophen oder Kernenergie zurückzuführen ist (§ 7 VI BetrAVG). 51

---

[92] BAG 19.11.2003 AP Nr. 1 zu § 129 InsO = NZA 2000, 208; 19.2.2002 AP Nr. 4 zu § 7 BetrAVG Missbrauch = NZA 2003, 282.
[93] BAG 8.5.1990 AP Nr. 58 zu § 7 BetrAVG = NZA 1990, 93.
[94] BAG 29.11.1988 AP Nr. 21 zu § 16 BetrAVG = NZA 1989, 426.
[95] BAG 17.10.1995 AP Nr. 2 zu § 7 BetrAVG Lebensversicherung = NZA 1996, 880; 26.6.1990 AP Nr. 11 zu § 1 BetrAVG Lebensversicherung = NZA 1991, 144.
[96] BAG 19.2.2002 AP Nr. 4 zu § 7 BetrAVG Missbrauch = NZA 2003, 282.
[97] BAG 21.7.2020 AP Nr. 18 zu § 1 BetrAVG Pensionskasse = BetrAV 2020, 770; 24.11.1998 AP Nr. 3 zu § 7 BetrAVG Missbrauch = NZA 1999, 650; 24.6.1986 AP Nr. 33 zu § 7 BetrAVG = NZA 1987, 309.
[98] BAG 24.11.1998 AP Nr. 3 zu § 7 BetrAVG Missbrauch = NZA 1999, 650.
[99] BAG 19.1.2010 AP Nr. 61 zu § 1 BetrAVG = NZA 2010, 1200 (LS).
[100] BAG 24.2.2011 AP Nr. 42 zu § 620 BGB Aufhebungsvertrag = NZA-RR 2012, 148.
[101] BAG 26.4.1994 AP Nr. 30 zu § 16 BetrAVG = NZA 1995, 73.
[102] BAG 18.3.2003 AP Nr. 105 zu § 7 BetrAVG = DB 2004, 84.
[103] BAG 21.7.2020 AP Nr. 18 zu § 1 BetrAVG Pensionskasse = BetrAV 2020, 770; vgl. auch *Cisch/Lämpe* BB 2016, 2167.
[104] LAG Köln 2.10.2015 – 10 Sa 4/15.

XI. Leistungsbescheid/Vertrauensschutz

52 Problematisch ist, in welchem Umfang Versorgungs- und Anwartschaftsberechtigte Vertrauensschutz genießen, wenn der PSVaG zu Unrecht seine Leistungs- und Einstandspflicht bejaht hat.[105] „Leistungsbescheide" des PSVaG nach § 9 I BetrAVG sind keine Verwaltungsakte. Sie stellen auch kein Schuldversprechen oder Schuldanerkenntnis (§§ 780, 781 BGB) dar, sondern lediglich eine Wissenserklärung, aus der keine Ansprüche abgeleitet werden können. Der PSVaG kann seine Leistungen einstellen. Das durch den Leistungsbescheid für die Zukunft begründete Vertrauen ist grundsätzlich nicht schutzwürdig. Eine Ausnahme gilt nur, wenn der Versorgungsempfänger im Vertrauen auf die Richtigkeit des Leistungsbescheides Vermögensdispositionen getroffen oder unterlassen hat, die für die Zukunft entweder nicht oder nur unter unzumutbaren Nachteilen rückgängig gemacht oder nachgeholt werden können.[106]

XII. Träger der Insolvenzsicherung

53 Dies ist der vom Bundesverband Deutscher Arbeitgeberverbände, dem Bundesverband der Deutschen Industrie und dem Verband der Lebensversicherungsunternehmen im Jahr 1974 gegründete **Pensions-Sicherungs-Verein,** Versicherungsverein auf Gegenseitigkeit (PSVaG) mit Sitz in 50996 Köln, Bahnstraße 6.[107] Nach Erteilung der Erlaubnis zur Aufnahme des Geschäftsbetriebes durch das Bundesaufsichtsamt für Versicherungswesen in Berlin ist er rechtsfähig (§ 15 VAG). Seine **Organe** sind die Mitgliederversammlung, der Aufsichtsrat und der Vorstand. Daneben ist noch ein Beirat vorgesehen, der sich zu je ⅓ aus Vertretern der Mitgliedsbetriebe, der AN von Mitgliedsbetrieben und von Lebensversicherern zusammensetzt. Für den Fall, dass der Pensions-Sicherungs-Verein aufgelöst oder ihm die Erlaubnis zum Geschäftsbetrieb entzogen wird, trifft § 14 II BetrAVG Vorsorge dafür, dass ein Ersatzträger vorhanden ist. Auf den PSVaG finden die Vorschriften des Vereinsrechts des BGB Anwendung, soweit nicht im VAG auf abschließende Regelungen des Aktien- oder Genossenschaftsrechts verwiesen wird. Sofern AG Mitglied des PSVaG sind, ist dieses Mitgliedsverhältnis privatrechtlicher Natur.[108]

XIII. Mittel zur Insolvenzsicherung

54 **1. Beitragspflicht des Arbeitgebers.** Die Mittel zur Insolvenzsicherung werden von denjenigen AG aufgebracht, die Versorgungsleistungen gewähren, die durch die Insolvenzsicherung abgesichert sind (§ 10 I BetrAVG).[109] Beitragspflichtig ist der AG, der Versorgungsträger kann aber die Beiträge für die sie tragenden oder ihr angeschlossenen AG übernehmen, § 10 I 2 BetrAVG. Der Begriff der Versorgungsleistungen ist in § 1 I 1 BetrAVG definiert (→ § 273 Rn. 1 ff.) und umfasst auch Sachleistungen.[110] Unmittelbare Versorgungszusagen und Unterstützungskassenzusagen unterfallen der Beitragspflicht auch dann, wenn sie durch Abschluss einer Rückdeckungsversicherung und die Verpfändung des Versicherungsanspruchs an den Versorgungsberechtigten oder durch ein Contractual Trust Arrangement (CTA; → Rn. 2) gesichert sind.[111] Eine Beitragsermäßigung analog § 10 III Nr. 4 BetrAVG kommt in diesen Fällen ebenfalls nicht in Betracht.[112] Die Beitragspflicht entsteht mit dem Vorliegen der gesetzlichen Voraussetzungen; § 10 II 4 BetrAVG normiert nicht die Entstehung der Pflicht mit dem Ende des Kalenderjahres, sondern stellt ein bloße Fälligkeitsregelung dar.[113] Übernimmt ein Unternehmen im Insolvenzverfahren einen Betrieb, ist er nur beitragspflichtig in Höhe der Anwartschaften, für die er haftet.[114] Nunmehr besteht nach Maßgabe

---

[105] Für eine Erfüllungshaftung *Nassall* BB 1986, 588 (590).

[106] BGH 3.2.1986 AP Nr. 4 zu § 9 BetrAVG; BAG 29.9.2010 DB 2011, 247; BRO/*Rolfs* BetrAVG § 9 Rn. 16; Höfer BetrAVG I/*Höfer* § 9 Rn. 6.

[107] Internetadressen: http://www.ipv.de und http://www.psvag.de.

[108] BGH 23.4.2013 DB 2013, 1548 = BetrAV 2013, 554.

[109] Zur Vereinbarkeit der Beitragspflicht mit dem GG BVerfG 16.7.2012 NZA 2013, 193; BVerwG 12.12.2011 NZA 2012, 378; 25.8.2010 DB 2011, 181; 25.8.2010 ArbRAktuell 2010, 610 = DB 2011, 184 (LS); zweifelnd: *Thum/Bitsch* BB 2010, 2695 ff; zur Rechtmäßigkeit der Beitragsfestsetzung für das Jahr 2009 VG München 19.1.2012 – M 17 K 11.603 mwN aus der Rspr. der VGe.

[110] BVerwG 20.7.2016 NVwZ 2017, 636.

[111] Zur Verfassungsgemäßheit der Differenzierung in § 10 I BetrAVG aufgrund des Durchführungsweges sowie der Differenzierung bei der Beitragsbemessung nach § 10 III BetrAVG s. BVerwG 12.3.2014 BVerwGE 149, 170 = NZA-RR 2014, 554.

[112] BVerwG 25.8.2010 DB 2011, 181; 25.8.2010 ArbRAktuell 2010, 610 = DB 2011, 184 (LS).

[113] BVerwG 28.10.2009 NZA 2010, 582.

[114] OVG Münster 30.9.1997 NZA 1998, 764 = BetrAV 1998, 54 (LS).

von § 30 II BetrAVG auch eine Beitragspflicht des AG, der betriebliche Altersversorgung über eine Pensionskasse durchführt. Diese Beitragspflicht beginnt im Jahr 2021; der Beitrag beträgt in diesem Jahr 3‰ der Beitragsbemessungsgrundlage nach § 10 III Nr. 4 BetrAVG (§ 30 II 2 BetrAVG). Nach § 30 II 3 BetrAVG wird zusätzlich zum Beitrag nach § 10 II 1 BetrAVG für die betriebliche Altersversorgung über eine Pensionskasse für die Jahre 2022 bis 2025 ein Beitrag in Höhe von 1,5‰ der Beitragsbemessungsgrundlage nach§ 10 III Nr. 4 BetrAVG erhoben; die Beiträge sind zum Ende des jeweiligen Kalenderjahres fällig. Bei einer Direktversicherung mit unwiderruflichen Bezugsrecht bzw. nach eingetretenem Versorgungsfall besteht eine Beitragspflicht dann, wenn die Voraussetzungen nach § 7 I 2 Nr. 1 bzw. II 1 Nr. 2 BetrAVG vorliegen, der AG also die Ansprüche abgetreten oder beliehen hat (§ 10 I BetrAVG; auch → Rn. 13).[115] Zum 1.1.2007 wurde das Finanzierungsverfahren vom Rentenrestumlageverfahren auf vollständige Kapitaldeckung umgestellt und die Finanzierung der bislang nicht ausfinanzierten unverfallbaren Anwartschaften geregelt (s. § 10 II BetrAVG sowie die Übergangsregelung in § 30i BetrAVG).[116] Bei einer Altersversorgung über einen Pensionsfonds können AG die Beitragsbemessungsgrundlage für die Beitragsjahre 2020 bis 2022 gem. § 30 IV BetrAVG nach § 10 III Nr. 4 BetrAVG in der am 31. Dezember 2019 geltenden Fassung ermitteln.

2. Informationspflichten. Um die lückenlose Erfassung der betreffenden AG zu gewährleis- 55
ten, haben sämtliche, entsprechend gesicherte Versorgungsbezüge gewährende AG nach § 11 I BetrAVG innerhalb von drei Monaten seit Gewährung von Neuzusagen den **PSVaG zu informieren.**[117] Ferner bestehen Auskunftsverpflichtungen nach § 11 I 2 BetrAVG. **Benachrichtigungspflichten** sind außerdem normiert für Kammern und Berufsverbände, denen AG angehören müssen (§ 11 VI BetrAVG). Schließlich sind auch die Finanzämter in die Erfassung eingeschaltet (§ 11 VIII BetrAVG). Die Auskünfte und Informationen sind im Interesse der Verwaltungsvereinfachung auf **Vordrucken** des Pensions-Sicherungs-Vereins zu erteilen. Von besonderer Bedeutung ist die jeweilige Angabe der Betriebsnummer, unter der der Betrieb des AG beim Arbeitsamt im Zusammenhang mit dem Meldeverfahren nach der DEÜV geführt wird.

3. Juristische Personen des öffentlichen Rechts. Nach § 17 II BetrAVG sind **nicht insol- 56
venzfähige** juristische Personen des öffentlichen Rechts von der Beitragspflicht ausgenommen.[118] Dasselbe gilt für juristische Personen, deren Zahlungsfähigkeit kraft Gesetzes durch eine Gebietskörperschaft abgesichert ist.[119] Hierunter fallen zB die Träger der Rentenversicherung (vgl. § 214 SGB VI) sowie die Berufsgenossenschaften (vgl. § 120 SGB VII). Die gesetzlichen Krankenkassen sind dagegen nach § 171b SGB V insolvenzfähig. Industrie- und Handelskammern werden von der Regelung in § 17 II BetrAVG nicht erfasst.[120] Die Zahlungsfähigkeit eines kommunalen Unternehmens, das in der Rechtsform des privaten Rechts geführt wird, wird nicht iSd § 17 II BetrAVG gesichert, wenn die Gewährsträgerhaftung der Kommune in einer kündbaren rechtsgeschäftlichen Vereinbarung festgelegt ist.[121] Wandelt eine Kommune einen Eigenbetrieb in eine Aktiengesellschaft um, erwächst auch die Beitragspflicht zum PSVaG.[122] Ebenfalls von der Beitragspflicht ausgenommen sind öffentlich-rechtlich verfasste **kirchliche AG,**[123] weil sie nicht insolvenzfähig sind.[124]

115 Näher hierzu: Höfer BetrAVG I/*Höfer* § 10 Rn. 177 f.

116 G zur Änderung des Betriebsrentengesetzes und anderer Gesetze v. 2.12.2006 (BGBl. I 2742); s. hierzu *Hoppenrath/Berenz* BetrAV 2007, 630; *Rolfs/de Groot* DB 2009, 61; zur Verfassungsgemäßheit der Erhebung eines Einmalbeitrages durch den PSVaG BVerwG 15.9.2010 NZA 2011, 49; *Powietzka* BB 2008, 1292; *Rolfs/de Groot* DB 2009, 61; zur Heranziehung solcher AG, deren Rechtsbeziehungen zum PSVaG vor Inkrafttreten des § 30i BetrAVG geendet haben, s. *Wenderoth* DB 2007, 2713; zur Verfassungsgemäßheit des Beitragssystems (in Anbetracht der erhöhten Beitragssätze in den jüngsten Beitragsbescheiden) BVerwG 12.3.2014 BVerwGE 149, 170 = NZA-RR 2014, 554; *Joussen* BB 2010, 1469 ff.; *Schnitker/Sittard* RdA 2010, 295 ff.

117 Vgl. Merkblatt 210/M 21 (Stand: 1.18) sowie Merkblatt 210/M 21a (Stand 1.18); im Internet unter http://www.psvag.de.

118 Zur Beitragspflicht einer Rechtsanwaltskammer: VG Düsseldorf 15.9.1978 BB 1979, 216; einer Rundfunkanstalt: BVerwG 15.1.1987 BVerwGE 75, 318 = NJW 1987, 3017; BVerfG 18.4.1994 NJW 1994, 2348 = BB 1995, 412 (keine Beitragspflicht); nach Beendigung der Sicherungspflicht für in der davorliegende Zeiträume: VG Schleswig-Holstein 10.10.1990 AP Nr. 2 zu § 10 BetrAVG = BetrAV 1991, 50 (LS).

119 Keine rückwirkende Befreiung bei Absicherung durch Landesgesetz: BVerwG 18.12.1986 BVerwGE 75, 292 = NJW-RR 1987, 1313.

120 BVerwG 10.12.1981 BVerwGE 64, 248 = NJW 1983, 59.

121 BVerwG 16.4.1980 ZIP 1980, 466; vgl. OVG Brem 20.5.1980 ZIP 1980, 467 (Kreditanstalt).

122 BVerwG 13.7.1999 AP Nr. 5 zu § 10 BetrAVG = NZA 1999, 1217.

123 Vgl. BVerwG 17.8.1995 BVerwGE 99, 101 = NJW 1996, 1073; BRO/*Rolfs* BetrAVG § 17 Rn. 140.

124 BVerfG 13.12.1983 BVerfGE 66, 1 = NJW 1984, 2401; aA *Janssen* BetrAV 2019, 34.

57 **4. Öffentlich-rechtliches Rechtsverhältnis.** Obwohl der PSVaG eine juristische Person des Privatrechts darstellt, ist sein **Verhältnis zum einzelnen AG** (nicht im Verhältnis zu seinen Mitgliedern, → Rn. 53) **öffentlich-rechtlich konzipiert.** Er gehört zu den sog. mit öffentlichen Befugnissen ausgestatteten beliehenen Personen. Er erlässt daher Beitragsbescheide und erklärt sie für vollstreckbar.[125] Auch die Auferlegung von Auskunftspflichten nach § 11 I 2 BetrAVG kann durch Verwaltungsakt erfolgen.[126] Die Verwaltungsakte richten sich nach dem VwVfG. Gegen seine Bescheide hat der AG den Rechtsweg zu den **Verwaltungsgerichten.**

58 **5. Verzinsung, Säumniszuschläge, Verjährung.** Sowohl die **Beiträge**[127] als auch **Erstattungsansprüche** bei erfolgreicher Anfechtung des Bescheides[128] waren nach der Rspr. des BVerwG bei Streit um die Versicherungspflichtigkeit und verspäteten Entrichtungen nicht zinspflichtig. Mit Wirkung vom 1.1.1999 ist § 10a BetrAVG eingefügt worden, der nunmehr neben **Zinsverpflichtungen** (§ 10a II und III BetrAVG) auch **Säumniszuschläge** bei Verstößen gegen die Meldepflicht (§ 10a I BetrAVG) normiert. Nach der Rspr. des BVerwG betrug die **Verjährungsfrist** für die Beiträge entsprechend § 269 II Nr. 2 AO vier Jahre[129] und für Erstattungsansprüche entsprechend § 228 AO fünf Jahre.[130] Nunmehr verjähren beide Ansprüche gem. § 10a IV 1 BetrAVG in sechs Jahren; die Verjährungsfrist beginnt mit Ablauf des Kalenderjahres, in dem die Beitragspflicht entstanden bzw. der Erstattungsanspruch fällig geworden ist (§ 10a IV 2 BetrAVG). Gem. § 10a IV 3 BetrAVG gelten für die Verjährung die Vorschriften des BGB (s. §§ 203 ff. BGB).

XIV. Melde-, Auskunfts- und Mitteilungspflichten[131]

59 Im Insolvenzfalle bestehen für AG, Versorgungsträger und Insolvenzverwalter weitgehende **Aufklärungspflichten** gegenüber dem Pensions-Sicherungs-Verein (§ 11 III–V BetrAVG). Er kann die Auskunftspflichten im Wege des Verwaltungsaktes konkretisieren.[132]

60 Der PSVaG wird weitgehend durch Streitverkündungen in bestehende Rechtsstreitigkeiten einbezogen.[133]

61 Damit der PSVaG bei der Abwicklung der einzelnen Versorgungsfälle die Erfahrung von Lebensversicherungsunternehmen oder Pensionskassen ausnutzen kann, wird er von den Leistungsverpflichtungen gegenüber den Versorgungsberechtigten frei, wenn sich ihm gegenüber ein Lebensversicherer verpflichtet, dem Versorgungsberechtigten die Leistungen an Stelle des insolvent gewordenen AG bzw. seiner Versorgungseinrichtung zu erbringen (§ 8 BetrAVG).

62 Der PSVaG teilt den Versorgungsberechtigten gem. § 9 I 1 BetrAVG bei Eintritt des Versicherungsfalles von Amts wegen die Ansprüche oder Anwartschaften mit. Zweck der Mitteilung ist es, Ansprüche und Anwartschaften nach dem Eintritt der Insolvenz möglichst zügig festzustellen. Daher sind die Ansprüche und Anwartschaften nicht nur dem Grunde sondern auch der Höhe nach mitzuteilen.[134] Unterbleibt die Mitteilung, so hat der Versorgungsberechtigte seine Ansprüche binnen Jahresfrist anzumelden (§ 9 I 2 BetrAVG). Hat der Berechtigte einen Anwartschaftsausweis erhalten, ist der PSVaG nur durch die Verjährungsvorschriften für lange zurückliegende Zeiten geschützt.[135]

XV. Forderungsübergang/Vermögensübergang auf den PSVaG

63 **1. § 9 II BetrAVG.** Im Falle des **Eintritts des Versicherungsfalles** gehen die Ansprüche des Versorgungsberechtigten gegen den AG bzw. Versorgungsträger insoweit auf den PSVaG

[125] BVerwG 22.11.1994 BVerwGE 97, 117 = NZA 1995, 374; 10.12.1981 BVerwGE 64, 248 = NJW 1983, 59; zur Beitragsberechnung: BVerwG 14.3.1991 BVerwGE 88, 79 = ZIP 1991, 668; 28.6.1994 VersR 1995, 940.

[126] VG Hamburg 1.10.2009 BetrAV 2009, 2604; zust. *Lackner* DB 2009, 2601.

[127] BVerwG 27.9.1990 ZIP 1991, 179 = ZTR 1991, 211 (LS).

[128] BVerwG 4.5.1994 NJW 1994, 3116 = ZIP 1994, 1127; 22.11.1994 BVerwGE 107, 304 = NJW 1999, 1201; s. auch OVG NRW 30.9.1997 BB 1998, 377 (LS).

[129] BVerwG 4.10.1994 BVerwGE 97, 1 = NJW 1995, 1913.

[130] BVerwG 17.8.1995 BVerwGE 99, 101 = NJW 1996, 1073.

[131] Vgl. Merkblatt 210/M 21 (Stand: 1.18) sowie Merkblatt 210/M 21a (Stand 1.18); im Internet unter http://www.psvag.de.

[132] BVerwG 22.11.1994 BVerwGE 97, 117 = NZA 1995, 374.

[133] Vgl. BAG 16.9.1986 AP Nr. 4 zu § 67 ZPO; 15.1.1985 AP Nr. 3 zu § 67 ZPO.

[134] BAG 28.6.2011 AP Nr. 24 zu § 9 BetrAVG = BetrAV 2011, 662.

[135] BAG 21.3.2000 AP Nr. 19 zu § 9 BetrAVG = NZA 2000, 835.

über, wie dieser zu leisten verpflichtet ist (§ 9 II 1 BetrAVG). Der Übergang tritt mit Eröffnung des Insolvenzverfahrens kraft Gesetzes ein, ansonsten, wenn der PSVaG dem Berechtigten die Ansprüche mitgeteilt hat (§ 9 II BetrAVG). Danach kann der Versorgungsberechtigte seine Ansprüche nur noch gegen den PSVaG geltend machen.[136] Hierdurch soll gewährleistet werden, dass der PSVaG an etwaigen Insolvenzverfahren teilnimmt und die Ansprüche verfolgen kann. Der PSVaG kann den AN ermächtigen, diese Ansprüche im Wege der gewillkürten Prozessstandschaft geltend zu machen.[137] Stellt sich der PSVaG auf den Standpunkt, er brauche nach § 7 BetrAVG nicht zu leisten, muss er die Forderung zurückübertragen.[138] Der Versorgungsberechtigte kann in diesem Fall alternativ die Erteilung einer Ermächtigung zur Prozessführung im eigenen Namen (Prozessstandschaft) geltend machen.[139] Mit der Forderung gehen etwaige Sicherungsrechte über (§§ 412, 401 BGB).[140] In analoger Anwendung von §§ 412, 401 BGB gehen auch andere akzessorischen Sicherungsrechte, die nur der Verstärkung einer Forderung dienen, auf den PSVaG über. Das gilt zB für Rechte aufgrund eines Schuldbeitritts[141] sowie für Ansprüche der AN gem. § 28 I 1 HGB gegen den früheren Einzelunternehmer.[142] Dasselbe gilt für Ansprüche aufgrund einer Sicherung durch Contractual Trust Arrangements (CTA; → Rn. 2).[143] Ferner geht auch die gesamtschuldnerische Mithaftung des abgespaltenen Unternehmens für Leistungen der betrieblichen Altersversorgung nach § 133 I 1 iVm III UmwG auf den PSVaG über, weil die gesamtschuldnerische Mithaftung in erster Linie der Sicherung der Betriebsrentenansprüche dient.[144] Die mit Eröffnung des Insolvenzverfahrens übergegangenen Anwartschaften werden im Insolvenzverfahren als unbestimmte Forderungen nach § 45 InsO geltend gemacht. Es sind ausschließlich zivilrechtliche Forderungen, die nicht durch Leistungsbescheid erhoben werden können.[145] Da sie vorzeitig sofort fällig werden, muss der PSVaG eine Abzinsung der Forderung hinnehmen. Das BAG hat eine solche von 5,5% nicht beanstandet; jedenfalls hat es die steuerrechtliche Abzinsung nicht übernommen.[146] Die kapitalisierten Ansprüche unterliegen der 30-jährigen Verjährung (s. jetzt § 18a S. 1 BetrAVG).[147]

Nach § 9 II 2 BetrAVG kann der Übergang **nicht zum Nachteil des Berechtigten** gel- 64
tend gemacht werden. Dies bezieht sich auch und gerade auf die nach §§ 412, 411 BGB übergegangenen Forderungen im Rahmen eines Contractual Trust Arrangements (CTA). Der Forderungsübergang ist ausgeschlossen, soweit er die beim Versorgungsberechtigten verbleibenden Ansprüche und Anwartschaften gefährdet oder mindert. Eine solche Kollision liegt dann vor, wenn der Forderungsübergang dazu führt, dass der PSVaG seine ggf. gem. § 9 II 3 BetrAVG sofort fälligen Forderungen gegenüber dem Sicherungsfonds durchsetzen kann, während es für die Versorgungsberechtigten ungewiss ist, ob für ihre eigenen zukünftigen Forderungen das verbleibende Sicherungsvermögen noch ausreicht. Ein Übergang von Ansprüchen und Anwartschaften auf den PSVaG ist aber dann nicht nachteilig für die Versorgungsberechtigten, wenn die Befriedigung ihrer anderweitigen (nicht durch die Einstandspflicht des PSVaG gedeckten) Versorgungsanwartschaften sichergestellt ist, selbst wenn diese erst in ferner Zukunft fällig werden.[148]

2. § 9 III, IIIa, IIIb BetrAVG. Das **Vermögen einer Unterstützungskasse** und deren 65
Verbindlichkeiten gehen mit dem Tag des Eintritts des Sicherungsfalles[149] auf den PSVaG über, wenn das Trägerunternehmen insolvent wird (§ 9 III BetrAVG). Das gilt auch, wenn Träger der deutschen Unterstützungskasse ein ausländisches Unternehmen ist.[150] Hat die

136 BAG 12.4.1983 AP Nr. 2 zu § 9 BetrAVG.
137 BAG 5.5.2015 AP Nr. 66 zu § 77 BetrVG 1972 Betriebsvereinbarung = NZA 2015, 1331.
138 BGH 8.3.1982 AP Nr. 1 zu § 9 BetrAVG = NJW 1983, 120; BAG 12.4.1983 AP Nr. 2 zu § 9 BetrAVG.
139 Höfer BetrAVG I/*Höfer* § 9 Rn. 52.
140 BAG 23.1.1990 AP Nr. 56 zu § 7 BetrAVG = NZA 1990, 685; 12.12.1989 AP Nr. 11 zu § 9 BetrAVG = NZA 1990, 475; BGH 13.5.1993 NJW 1993, 2935 = NZA 1994, 365.
141 BAG 12.12.1989 AP Nr. 11 zu § 9 BetrAVG = NZA 1990, 475.
142 BAG 23.1.1990 AP Nr. 56 zu § 7 BetrAVG = NZA 1990, 685.
143 BAG 22.9.2020 AP Nr. 123 zu § 7 BetrAVG = BetrAV 2021, 71; *Diller/Tresselt* ZIP 2017, 2084; *Schnitker/Sittard* NZA 2012, 936 (966); *Berenz* DB 2006, 2125 (2126 f.).
144 BAG 22.9.2020 AP Nr. 122 zu § 7 BetrAVG = BB 2021, 122.
145 VG Frankfurt 13.6.1989 ZIP 1989, 1473 = EWiR BetrAVG § 7 Nr. 6/89.
146 BAG 11.10.1988 AP Nr. 2 zu § 69 KO = NZA 1989, 303.
147 Ebenso nach der früheren Rechtslage: s. BAG 7.11.1989 AP Nr. 10 zu § 9 BetrAVG = NZA 1990, 524.
148 BAG 22.9.2020 AP Nr. 123 zu § 7 BetrAVG = BetrAV 2021, 71.
149 *Berenz* DB 2006, 1006; *Schulte* BetrAV 2007, 527 (528).
150 BAG 12.2.1991 AP Nr. 13 zu § 9 BetrAVG = NZA 1991, 723.

Unterstützungskasse mehrere Trägerunternehmen, so hat der PSVaG gem. § 9 III 3 BetrAVG einen Anspruch auf Zahlung eines Betrages, der dem Teil des Vermögens der Kasse entspricht, der auf das Trägerunternehmen entfällt, bei dem der Sicherungsfall eingetreten ist (segmentiertes Kassenvermögen).[151] Das gilt auch dann, wenn das segmentierte Kassenvermögen den Barwert der Ansprüche und Anwartschaften der Versorgungsberechtigten übersteigt (§ 9 III 2 BetrAVG).[152] Der Vermögensübergang tritt neben dem Forderungsübergang nach § 9 II BetrAVG ein[153] und erfasst auch das Grundvermögen (zB Werkwohnungen).[154] Er tritt auch dann ein, wenn die Unterstützungskasse noch über hinreichende finanzielle Mittel verfügt, um die bestehenden Versorgungsverbindlichkeiten zu erfüllen.[155] Überschießendes Vermögen hat des PSVaG gem. § 9 III 2 BetrAVG satzungsgemäß zu verwenden. Die Regelungen über den Übergang des Vermögens der Unterstützungskasse gelten grundsätzlich für alle Sicherungsfälle. Bei einem außergerichtlichen Vergleich gem. § 7 I 4 Nr. 2 BetrAVG finden sie keine Anwendung, es sei denn es handelt sich um einen Liquidationsvergleich, wenn also eine Beendigung der Tätigkeit des Trägerunternehmens erfolgt (§ 9 III 4 BetrAVG). In § 9a IIIa BetrAVG ist nunmehr das Verfahren geregelt, wie der PSVaG von der Leistungskürzung durch eine Pensionskasse und eine Insolvenz des sie tragenden oder ihr angeschlossenen AG Kenntnis erhält. Die Aufsichtsbehörde kann nach pflichtgemäßem Ermessen das Vermögen der Pensionskasse einschließlich ihrer Verbindlichkeiten auf den PSVaG übertragen (§ 9 IIIa 2 BetrAVG). Kommt es nicht zur Vermögensübertragung, kann der PSVaG der Pensionskasse Finanzmittel zur Verfügung stellen, damit diese ihre Leistungen weiter erbringen kann und dadurch einer künftigen Inanspruchnahme des PSV vorgebeugt wird (§ 9 IIIa 6 BetrAVG). Nach § 9 IIIb BetrAVG gelten diese Regelungen entsprechend für den Pensionsfonds. Abweichend von § 9 IIIa 2 BetrAVG muss die Aufsichtsbehörde bei nicht versicherungsförmigen Pensionsplänen stets das dem AG zuzuordnende Vermögen einschließlich der Verbindlichkeiten auf den PSVaG übertragen; bei versicherungsförmigen Pensionsplänen kann sie dies tun.

XVI. Abfindung von Anwartschaften

66 Eine Abfindung von Anwartschaften ist gem. § 8a S. 1 BetrAVG ohne Zustimmung des AN möglich, wenn die Voraussetzungen nach § 3 II, III BetrAVG erfüllt sind (→ § 274 Rn. 116). Diese Einschränkung gilt entsprechend für die Abfindung einer laufenden Leistung (§ 8a S. 2 BetrAVG). Eine Abfindung ist darüber hinaus möglich, wenn sie an ein Unternehmen der Lebensversicherungswirtschaft gezahlt wird, bei dem der Versorgungsberechtigte im Rahmen einer Direktversicherung versichert ist (§ 8a S. 3 BetrAVG).

XVII. Insolvenzplan

67 In einem Insolvenzplan, der die Fortführung des Unternehmens oder eines Betriebes vorsieht, ist für den Träger der Insolvenzsicherung eine **besondere Gruppe** zu bilden, sofern er hierauf nicht verzichtet (Einzelheiten § 9 IV BetrAVG).

XVIII. Rechtsstreitigkeiten zwischen Arbeitnehmer und PSVaG

68 Rechtsstreitigkeiten zwischen dem AN und dem Pensions-Sicherungs-Verein sind vor den Arbeitsgerichten auszutragen (§ 2 I Nr. 5 ArbGG), da die Ansprüche in einem Arbeitsverhältnis ihren Grund haben. Zuständig ist das Arbeitsgericht in Köln. Die Arbeitsgerichte sind gleichfalls zuständig für Ansprüche des PSVaG nach § 9 III BetrAVG.[156] Insoweit ist § 2 I Nr. 5 ArbGG an die Rspr. angepasst worden. Gegen den PSVaG braucht in aller Regel keine Leistungsklage erhoben zu werden. Ausreichend ist eine Feststellungsklage (§ 256 ZPO), auch wenn eine Leistungsklage möglich ist, da der PSVaG Feststellungsurteilen nachkommt.[157] Ist die Klage des Versorgungsberechtigten auf Gewährung von Insolvenzschutz abgewiesen, so kann auch der Hinterbliebene keinen Insolvenzschutz verlangen.[158]

---

[151] BAG 22.10.1991 AP Nr. 14 zu § 9 BetrAVG.
[152] BAG 16.10.2018 AP Nr. 50 zu § 1 BetrAVG Unterstützungskassen = BetrAV 2019, 91.
[153] BAG 6.10.1992 AP Nr. 16 zu § 9 BetrAVG = NZA 1993, 455.
[154] *Schulte* BetrAV 2007, 527 (528).
[155] BAG 12.2.1991 AP Nr. 13 zu § 9 BetrAVG = NZA 1991, 723; *Schulte* BetrAV 2007, 527 (528).
[156] BAG 11.11.1986 AP Nr. 6 zu § 2 ArbGG 1979.
[157] BAG 23.4.2002 AP Nr. 54 zu § 1 BetrAVG Gleichbehandlung = NZA 2003, 232 (LS); 22.9.1987 AP Nr. 5 zu § 1 BetrAVG Besitzstand = NZA 1988, 732.
[158] BAG 12.6.1990 AP Nr. 10 zu § 1 BetrAVG Hinterbliebenenversorgung = NZA 1991, 20.

§ 279. Steuer- und sozialversicherungsrechtliche Behandlung

Übersicht

I. Besteuerung der Alterseinkünfte

1. Gleichheit der Besteuerung. Das BVerfG hat mit Urteil vom 6.3.2002[1] entschieden, 1
dass die Besteuerung der Beamtenpensionen und der Renten aus der gesetzlichen Rentenversicherung nach gleichen Grundsätzen erfolgen müsse. Die volle Gleichbehandlung wird erst im Jahre 2040 erreicht. Bei der Gleichstellung der beiden Grundversorgungssysteme befolgt das Gesetz zur Neuordnung der einkommensteuerrechtlichen Behandlung von Altersvorsorgeaufwendungen und Altersbezügen (Alterseinkünftegesetz – AltEinkG) vom 5.7.2004 (BGBl. I 1427)[2] das Gebot der intertemporären Leistungsfähigkeit. Hiernach darf das Lebenseinkommen nur einmal besteuert werden. Nunmehr gilt nach §§ 19 I 1 Nr. 2, 22 Nr. 5 EStG für alle Arten der Betriebsrente gilt das **Prinzip der nachgelagerten Besteuerung.** Einkünfte aus Pensionszusagen und Leistungen von Unterstützungskassen sind gem. § 19 I 1 Nr. 2 EStG Einkünfte aus nichtselbständiger Arbeit iSv § 2 I 1 Nr. 4 EStG, während Leistungen aus Direktversicherungen, Pensionskassen und einem Pensionsfond gem. § 22 Nr. 5 EStG sonstige Einkünfte iSv § 2 I 1 Nr. 7 EStG darstellen. Für letztere ist eine Rentenabzugsmitteilung nach § 22a EStG zu erstellen, bei ersteren erfolgt ein Lohnsteuereinbehalt nach §§ 38 ff. EStG. Altersversorgungsbeiträge werden steuerlich sukzessiv stärker entlastet, während gleichzeitig die darauf beruhenden Renten nach und nach stärker besteuert werden. Dabei wird die weitgehende Steuerfreiheit in der Anspar- und Durchführungsphase in der späteren Auszahlungsphase nachgeholt. Das Prinzip der nachgelagerten Besteuerung der Altersbezüge führt in einigen Teilbereichen zur Änderung der betrieblichen Altersversorgung. Bislang bestand bei der **Direktversicherung** und der **Pensionskasse** die Möglichkeit der Pauschalbesteuerung des Arbeitgeberanteils (§ 40b EStG aF). Das gilt nur noch für vor dem 1.1.2005 erteilte Versorgungszusagen (vgl. § 52 XL EStG). Gleichzeitig hat der Gesetzgeber gem. § 3 Nr. 63 EStG nunmehr die Steuerfreiheit des Arbeitgeberanteils für eine Direktversicherung, eine Pensionskasse und einen Pensionsfonds bis 8% der Beitragsbemessungsgrenze geregelt. Das zusätzliche Freistellungsvolumen von 1 800 EUR ist mit der Erhöhung des Höchstbetrages von 4% auf 8% zum 1.1.2018 entfallen. Um die betriebliche Altersversorgung gerade für Geringverdiener attraktiver zu machen, wurde zum 1.1.2018 eine staatliche Förderung durch einen **Förderbetrag** eingeführt, der bei den Durchführungswegen Pensionsfonds, Pensionskasse oder Direktversicherung (kapitalgedeckte betriebliche Altersversorgung) gewährt werden kann. Die Einzelheiten sind in § 100 EStG geregelt.[3]

2. Besteuerung der Vorsorgeaufwendungen in der Ansparphase. a) Sonderausgaben. 2
Aktiv Erwerbstätige können ab dem Veranlagungszeitraum 2005 als Sonderausgaben abziehen (§ 10 I Nr. 2a EStG) **(1)** Beiträge zu der gesetzlichen Rentenversicherung, **(2)** Beiträge zu den landwirtschaftlichen Alterskassen, **(3)** Beiträge zu den berufsständischen Versorgungseinrichtungen, die vergleichbare Leistungen wie die gesetzliche Rentenversicherung erbringen. Neben der Abzugsmöglichkeit wegen der Grundversorgung besteht ein zweiter zusätzlicher Bereich, der als Anreiz für die private Altersversorgung des Steuerbürgers gedacht ist. Nach § 10 I 2b EStG besteht eine Abzugsmöglichkeit für Beiträge des Steuerpflichtigen zum Aufbau einer eigenen kapitalgedeckten Altersversorgung, wenn der Vertrag nur die Zahlung einer monatlichen auf

[1] BVerfGE 105, 73 = NJW 2002, 1103.

[2] Zur Verfassungsgemäßheit BVerfG 30.9.2015 NJW 2016, 469 = FamRZ 2016, 113 (LS); 30.9.2015 FamRZ 2016, 113 (LS); 29.9.2015 FamRZ 2016, 113 (LS).

[3] Näher hierzu *Friedrich* BetrAV 2017, 469; *Reinecke* AuR 2017, 432 (434 f.); *Briese* DStR 2019, 2510.

das Leben des Steuerpflichtigen bezogenen lebenslangen Leibrente nicht vor Vollendung des 62. Lebensjahres oder die ergänzende Absicherung des Eintritts der Berufsunfähigkeit (Berufsunfähigkeitsrente), der verminderten Erwerbsfähigkeit (Erwerbsminderungsrente) oder von Hinterbliebenen (Hinterbliebenenrente) vorsieht.

3 **b) Gemeinsame Voraussetzung des Abzugs.** Gemeinsame Voraussetzung des Abzugs nach § 10 I Nr. 2a und b EStG ist, dass die Vorsorgeaufwendungen nicht in unmittelbarem wirtschaftlichen Zusammenhang mit steuerfreien Einnahmen stehen und geleistet werden an **(1)** Versicherungsunternehmen, die ihren Sitz oder Geschäftsleitung in einem Mitgliedstaat der Europäischen Gemeinschaft oder einem Vertragsstaat des Abkommens über den Europäischen Wirtschaftsraum haben und das Versicherungsgeschäft im Inland betreiben dürfen, bzw. an Versicherungsunternehmen, denen die Erlaubnis zum Geschäftsbetrieb im Inland erteilt ist, an **(2)** berufsständische Versorgungseinrichtungen, an **(3)** einen Sozialversicherungsträger oder an **(4)** einen Anbieter iSd § 80 EStG (§ 10 II EStG). Denkbar ist, dass zB ein amerikanisches Unternehmen die Verträge über ein Tochterunternehmen durchführt, das seinen Sitz in der EU hat.

4 **c) Höhe der abziehbaren Altersversorgungsbeiträge.** In § 10 III EStG wird die absolute und die prozentuale Höhe der abziehbaren Altersversorgungsbeiträge geregelt. Bei zusammen veranlagten Ehegatten verdoppelt sich der Höchstbetrag. Im Kalenderjahr 2013 waren 76% der ermittelten Vorsorgeaufwendungen anzusetzen. Der sich danach ermittelte Betrag vermindert sich um den nach § 3 Nr. 62 EStG steuerfreien Arbeitgeberanteil zur gesetzlichen Rentenversicherung und einem diesem gleichgestellten Zuschuss des AG. Der Vomhundertsatz der abzugsfähigen Vorsorgeaufwendungen erhöht sich in den folgenden Kalenderjahren um je 2 Prozentpunkte, so dass die Aufwendungen ab dem Kalenderjahr 2025 – im Rahmen des Höchstbetrages – voll abzugsfähig sind.

5 **3. Günstigkeitsprüfung.** Der schrittweise Übergang zur vollständigen Freistellung der Altersvorsorgeaufwendungen kann für bestimmte Personengruppen zu Schlechterstellungen führen. Das gilt vor allem für Bezieher kleinerer Einkommen, weil diese die Sozialversicherungsbeiträge vollständig als Sonderausgaben absetzen können (vgl. dazu § 10 IVa EStG).

6 **4. Auszahlungsphase.** Der **nachgelagerten Besteuerung** unterfallen Leibrenten und andere Leistungen aus der gesetzlichen Rentenversicherung, den landwirtschaftlichen Alterskassen, den berufsständischen Versorgungseinrichtungen und allen privaten Leibrentenversicherungen. Spiegelbildlich zu den Vorsorgeaufwendungen werden diese Leistungen ab dem Veranlagungszeitraum 2005 nachgelagert besteuert. Wegen des Verbots der Zweifachbesteuerung wird in der Übergangsphase bis zum Veranlagungszeitraum 2040 berücksichtigt, dass ein Teil der Rentenbeiträge aus versteuertem Einkommen geleistet wurde. Die Besteuerung setzt daher im Veranlagungszeitraum 2005 mit 50% bei allen Besitzstandsrenten und Neurenten der erstmaligen Auszahlung 2005 ein. Der Besteuerungsanteil wird für jeden späteren Neurentnerjahrgang bis 2020 um 2% und danach um jeweils 1% angehoben, so dass ab 2040 eine volle Besteuerung erfolgt.

7 Von Versorgungsbezügen, insbesondere Beamtenpensionen bleiben ein nach einem Vomhundertsatz ermittelter, auf einen Höchstbetrag begrenzter (Versorgungsfreibetrag) und ein Zuschlag zum Versorgungsfreibetrag **steuerfrei** (§ 19 II EStG). Entscheidend ist der Renteneintrittsjahrgang. Das Jahr, in dem die erste Rentenzahlung erfolgt, führt zur Eingruppierung in eine Rentenkohorte. Der maßgebende Vomhundertsatz, der Höchstbetrag des Versorgungsfreibetrags und der Zuschlag zum Versorgungsfreibetrag sind aus einer Tabelle zu § 19 EStG zu entnehmen.

8 **5. Ertragsanteilbesteuerung.** In allen Fällen, in denen Ansparleistungen aus versteuertem Einkommen erbracht werden, wird nach § 22 Nr. 1 S. 3a aa EStG eine Ertragsanteilbesteuerung durchgeführt. Auch diese wird durch eine Tabelle in § 22 EStG erfasst.

II. Beitragspflicht der betrieblichen Altersversorgung in der Sozialversicherung

9 **1. Allgemeines.** Der Gesetzgeber hat die wirtschaftliche Attraktivität der betrieblichen Altersversorgung erhöht, indem er durch das Altersvermögensgesetz (AVmG) vom 26.6.2001 ab 2002 die Beitragsfreiheit für die Aufbauphase einer Altersversorgung im Wege einer Entgeltumwandlung eingeführt hat. Diese war ursprünglich bis zum 31.12.2008 befristet, wurde aber inzwischen dauerhaft festgeschrieben. Gleichzeitig hat man allerdings für alle Leistungen aus der betrieblichen Altersversorgung die Beitragspflicht der Rentner normiert. Insoweit besteht aufgrund der Regelungen in der Sozialversicherungsentgeltverordnung (SvEV) eine weitgehende Übereinstimmung von Steuerrecht und Sozialversicherungsrecht. Beitragspflichten bestehen für

Rentner in der gesetzlichen Krankenversicherung (§ 229 I 1 Nr. 5 SGB V) sowie der sozialen Pflegeversicherung (insoweit verweist § 57 SGB XI auf die Voraussetzungen der Beitragspflicht in der gesetzlichen Krankenversicherung). Die Beiträge sind gem. § 20 SGB IV durch die Versicherten und den AG aufzubringen (→ § 71 Rn. 25 ff.).

2. Vorsorgeaufwendungen. a) Übersicht. Die Beitragspflicht von Vorsorgeaufwendungen hängt zum einen vom Durchführungsweg und zum anderen davon ab, wer die Mittel für die betriebliche Altersversorgung aufbringt. 10

b) Finanzierung durch den Arbeitgeber. Bei einer **Direktzusage** ist der AG Träger der Versorgung. Mit Eintritt des Versorgungsfalles erbringt er die Leistungen. Hierfür muss er gem. § 6a EStG Rückstellungen bilden, die den steuerlichen Gewinn reduzieren. Entsprechendes gilt für Leistungen des AG an eine **Unterstützungskasse,** die nach Maßgabe des § 4d EStG als Betriebsausgaben abgezogen werden können. Der AN selbst erbringt keine Beiträge. Sozialversicherungsrechtlich entsteht kein geldwerter Vorteil, für den Sozialabgaben zu leisten wären. Bloße Anwartschaften sind kein beitragspflichtiges Arbeitsentgelt. Die Versicherungsprämien für eine etwaige Rückdeckungsversicherung (→ § 272 Rn. 36, → § 275 Rn. 23, → § 278 Rn. 2) sind ebenfalls kein Arbeitsentgelt, weil die Leistungen hieraus allein dem AG und nicht dem AN zustehen. 11

Gem. § 3 Nr. 63 EStG steuerfreie Beiträge für **Pensionsfonds, Pensionskasse** und **Direktversicherung** sind nach § 1 I Nr. 9 SvEV bis zur Höhe von insgesamt 4% der Beitragsbemessungsgrenze in der allgemeinen Rentenversicherung beitragsfrei. Wird ein höherer Betrag zugewendet, ist nur der 4% der Beitragsbemessungsgrenze übersteigende Beitrag sozialversicherungspflichtig. Werden mehrere in den maßgebenden Einzelvorschriften gemeinsam geregelte Durchführungswege (zB Pensionskasse, Pensionsfonds und Direktversicherung) nebeneinander genutzt, kann der Freibetrag je Einzelvorschrift nur einmal berücksichtigt werden.[4] Bei Leistungen an eine Pensionskasse kann innerhalb bestimmter Grenzen eine Pauschalierung nach § 40b EStG erfolgen. Das Gleiche gilt bei Beiträgen für eine vor dem 1.1.2005 bestehende Pensionskassenversorgung und für bis zum 31.12.2004 abgeschlossene Direktversicherungen (§ 1 I 1 Nr. 4 SvEV iVm § 40b EStG aF).[5] 12

c) Arbeitnehmerfinanzierte Altersvorsorge. Bei einer Entgeltumwandlung (→ § 272 Rn. 43, → § 273 Rn. 51 ff.) sind die Entgeltbestandteile, die für den Aufbau einer Altersversorgung in Form einer **Direktzusage** oder **Unterstützungskasse** verwendet werden, sozialversicherungspflichtiges Entgelt iSv § 14 I 2 SGB IV, soweit sie 4% der Beitragsbemessungsgrenze in der gesetzlichen Rentenversicherung übersteigen.[6] 13

Beiträge für **Pensionsfonds, Pensionskasse** und **Direktversicherung** nach § 1 I Nr. 9 SvEV bis zur Höhe von insgesamt 4% der Beitragsbemessungsgrenze sind in der allgemeinen Rentenversicherung beitragsfrei, sofern sie gem. § 3 Nr. 63 EStG steuerfrei sind. Es gelten insoweit aber die Vorgaben des § 3 Nr. 63 EStG, dh die Beiträge müssen im Rahmen eines ersten Dienstverhältnisses geleistet sein (AN mit Steuerklasse VI sind also nicht begünstigt) und es darf im Versicherungsfall nicht ausschließlich eine Kapitalleistung vereinbart sein. Beiträge an einen Pensionsfonds stellen, sofern sie gem. § 3 Nr. 66 EStG steuerfrei sind, gem. § 1 I Nr. 10 SvEV kein Arbeitsentgelt dar. Hierdurch wird gewährleistet, dass Leistungen des AG bei einem Wechsel des Durchführungsweges von einer unmittelbaren Versorgungszusage oder einer Unterstützungskasse auf einen Pensionsfonds sozialabgabenfrei sind. Teilweise wird vertreten, dass dies auch bei einer Übernahme von Pensionskassen- und Direktversicherungen durch einen Pensionsfonds gelten soll.[7] 14

Die Beitragsfreiheit nach § 1 I Nr. 9 SvEV und § 14 I 2 SGB IV für die dort genannten Durchführungswege kann nebeneinander bestehen. Beide Freibeträge können gleichzeitig in Anspruch genommen werden, allerdings jeder Freibetrag nur einmal. Bei einer Altersversorgung in Form einer Direktversicherung neben einer Pensionskassenversorgung greift der Freibetrag gem. § 1 I Nr. 9 SvEV also nicht zweifach. Möglich ist dagegen neben einer Inanspruchnahme des Freibetrages nach § 14 I 2 SGB IV für eine Unterstützungskassenversorgung die Geltung eines weiteren Freibetrags nach § 1 I Nr. 9 SvEV für Beiträge zu einer Direktversicherung.[8] 15

---

[4] *Uckermann/Heilck/Eversloh* DStR 2014, 1009 (1012).
[5] Näher hierzu *Fraedrich* NZA 2012, 129 (131); *Uckermann/Heilck/Eversloh* DStR 2014, 1009 (1010).
[6] Näher hierzu *Koch* DB 2019, 1327; krit. *Uckermann/Heilck/Eversloh* DStR 2014, 1009.
[7] *Uckermann/Heilck/Eversloh* DStR 2014, 1009 (1011).
[8] *Fraedrich* NZA 2012, 129 (132).

16 **3. Leistungen aus der betrieblichen Altersversorgung.** Die Leistungen, die nach Eintritt des Versicherungsfalles gewährt werden, sind als **Versorgungsbezüge** in der gesetzlichen Krankenversicherung (§ 229 I 1 Nr. 5 SGB V) sowie der Pflegeversicherung (§§ 20, 57 SGB XI) – neben dem Betrag der gesetzlichen Rente und etwaigem weiteren Arbeitseinkommen – bis zur Beitragsbemessungsgrenze **beitragspflichtig,** und zwar auch Leistungen aus einer Direktversicherung.[9] Entscheidend ist, ob der AN oder im Fall einer Hinterbliebenenversorgung seine Hinterbliebenen im Auszahlungszeitpunkt in der gesetzlichen Sozialversicherung pflichtversichert sind. Unerheblich ist dagegen, ob der AN während des Anspruchserwerbs gesetzlich versichert war.[10] Für das Sozialrecht gilt dabei nach der Rechtsprechung des BSG ein eigener Begriff der betrieblichen Altersversorgung.[11] Erforderlich ist das Vorliegen einer Leistung, die mit Renten der gesetzlichen Rentenversicherung vergleichbar ist und bei typisierender Betrachtung im Zusammenhang mit der früheren Berufstätigkeit steht,[12] und zwar unabhängig davon, ob während des Erwerbslebens eine Versicherungspflicht in der gesetzlichen Krankenversicherung bestand.[13] Unerheblich ist, in welcher organisatorischen Form der AG die Versorgung sicherstellt, insbesondere auch, ob er selbst die Leistungen erbringt oder sich einer selbständigen Einrichtung bedient.[14] Keine Leistungen der Altersversorgung sind Überbrückungsleistungen, die auch nach der Rspr. des BAG keine Altersversorgung darstellen (hierzu → § 272 Rn. 5). Werden nach dem Ausscheiden aus dem Arbeitsverhältnis solche Leistungen mit einer – zunächst bestehenden – Überbrückungsfunktion auch über den Renteneintritt hinaus gezahlt, sind diese ab diesem Zeitpunkt, spätestens aber mit Erreichen der Regelaltersgrenze als beitragspflichtige Versorgungbezüge anzusehen.[15] Betriebliche Riester-Renten sind seit dem 1.1.2018 gem. § 229 I 1 Nr. 5 Hs. 2 SGB V nicht mehr als Versorgungsbezug beitragspflichtig zur Krankenversicherung.

17 Beitragspflichtig sind auch Leistungen aus einer Direktversicherung, die auf **Beiträgen** beruhen, die erst **nach Beendigung des Arbeitsverhältnisses** geleistet worden sind. Das gilt allerdings nur, soweit der institutionelle Rahmen des Betriebsrentenrechts weiter genutzt wurde, also Zahlungen in einen auf den AG als Versicherungsnehmer laufenden Vertrag zur Durchführung einer Altersversorgung geleistet wurden (sog. institutionelle Abgrenzung).[16] Keine Beitragspflicht besteht, soweit die Leistungen auf Beiträgen beruhen, die ein AN nach Beendigung seiner Erwerbstätigkeit unter Einrücken in die Stellung als Versicherungsnehmer geleistet hat.[17] Insoweit handelt es sich um Leistungen aus einer privaten Eigenvorsorge. Der beitragspflichtige Teil solcher Kapitalleistungen ist in rückschauender Betrachtung ausgehend von der tatsächlichen Gesamtablaufleistung in typisierender Weise prämienratierlich zu berechnen. Es ist also zu ermitteln, in welchem Umfang während der Zeit der Versicherungsnehmereigenschaft des AG und der des AN Prämien gezahlt wurden.[18] Problematisch ist, ob sich die für Direktversicherungen entwickelten Grundsätze auch auf andere Durchführungswege der betrieblichen Altersversorgung übertragen lassen.[19] Für Leistungen von Pensionskassen hatte das BSG entschieden, dass diese auch insoweit der Beitragspflicht unterliegen, als die Zahlungen auf Beiträgen beruhen, die der AN als alleiniger Versicherungsnehmer während der freiwilligen Fortsetzung des Versicherungsvertrages nach Beendigung des Arbeitsverhältnisses selbst geleistet hat.[20] Eine solche Typisierung stellt allerdings eine gegen Art. 3 I GG verstoßende Gleichbehandlung von Ungleichem dar, wenn die Rentenzahlungen auf einem nach Ende des Arbeitsverhältnisses geänderten oder ab diesem Zeitpunkt neu abgeschlossenen Lebensversicherungsvertrag zwischen einem Trä-

---

[9] BSG 12.12.2007 BetrAV 2008, 715.
[10] BSG 25.4.2012 NZA-RR 2012, 591.
[11] BSG 20.7.2017 BSGE 124, 20 = NJW 2017, 3614; 23.7.2014 BSGE 116, 241 = BetrAV 2015, 184; 25.4.2012 BetrAV 2012, 538; 25.5.2011 NZA 2011, 1408 (LS).
[12] BSG 27.1.2000 NZS 2000, 608; abweichend für eine (im Rahmen einer Entgeltumwandlung) eigenfinanzierte Lebensversicherung *Hager* NZS 2011, 801.
[13] BSG 25.4.2012 BetrAV 2012, 460.
[14] BSG 25.5.2011 NZA 2011, 1408 (LS).
[15] BSG 20.7.2017 BSGE 124, 20 = NJW 2017, 3614.
[16] BSG 30.3.2011 BetrAV 2012, 456; 12.11.2008 SozR 4–2500 § 229 Nr. 7; zur Verfassungsgemäßheit der Regelung BVerfG 6.9.2010 NZS 2011, 463.
[17] Anders noch BSG 12.12.2007 – B 12 KR 2/07 R, diese Entscheidung hat das BVerfG aufgehoben, weil die vom BSG vorgenommene Typisierung mit Art. 3 I GG unvereinbar ist, BVerfG 28.9.2010 NZS 2011, 539.
[18] Näher hierzu BSG 30.11.2011 BSGE 108, 63 = VersR 2012, 780.
[19] S. hierzu *Fraedrich* NZA 2012, 129 (133 f.); *Uckermann/Heilck/Eversloh* DStR 2014, 1009 (1015).
[20] BSG 23.7.2014 BSGE 116, 241 = BetrAV 2015, 184.

ger der betrieblichen Altersversorgung und dem Versicherten beruhen, an dem der frühere AG nicht mehr beteiligt ist und in den nur der Versicherte Beiträge einbezahlt.[21]

Eine Beitragspflicht besteht auch für Leistungen, die **nicht als regelmäßig wiederkehrende Zahlungen** erbracht werden, sondern zB als einmalige Kapitalzahlung. Für diese gilt gem. § 229 I 3 SGB V ein Einhundertzwanzigstel der Leistung als monatlicher Zahlbetrag, längstens jedoch für einhundertzwanzig Monate. Die Beitragspflicht tritt auch ein, wenn das Rechtsverhältnis, auf dem die Kapitalleistung beruht, vor dem 1.1.2004 (dem Inkrafttreten der Neufassung des § 229 I 3 SGB V) begründet worden ist.[22] An dem Lauf der 10-Jahres-Frist ändert sich nichts dadurch, dass der Versicherte in diesem Zeitraum noch weiterhin berufstätig ist. Stirbt der Versorgungsempfänger vor Ablauf der 120 Monate, endet damit die Beitragspflicht, so dass die Erben keine Beiträge für den Zeitraum zwischen dem Tod und dem Ablauf der Frist zu entrichten haben. **18**

Wenn **Rentenanwartschaften vorzeitig aufgelöst** werden, wird hierdurch die Beitragsfreiheit geleisteter Aufwendungen trotz der Vereitelung des Versorgungszwecks nicht berührt.[23] Bei einer Abfindung der Versorgungsanwartschaft gem. § 3 BetrAVG (→ § 274 Rn. 114 ff.) ist der Abfindungsbetrag nach § 229 I 3 SGB V beitragspflichtig, und zwar unabhängig davon, ob die Auszahlung im Zusammenhang mit dem vereinbarten Versicherungsfall erfolgt. Auch bei einer vorzeitigen Abfindungszahlung liegt eine kapitalisierte Versorgungsleistung vor und damit eine Stärkung der wirtschaftlichen Leistungsfähigkeit, die ihren Ursprung in der früheren Erwerbstätigkeit hat.[24] **19**

Betriebsrenten waren bisher uneingeschränkt auf staatliche Hilfen zum Lebensunterhalt sowie die Grundsicherung im Alter und bei Erwerbsminderung anzurechnen. Um die Bereitschaft gerade von Geringverdienern zur Altersvorsorge zu erhöhen, sind gem. § 82 IV u. V SGB XII seit dem 1.1.2018 Betriebsrenten bis zu 100 EUR monatlich anrechnungsfrei. Darüber hinausgehende Betriebsrenten sind zu 30% anrechnungsfrei, höchstens bis 50% der Regelbedarfsstufe I nach der Anlage zu § 28 SGB VII. Dies gilt unabhängig von der Art des Altersversorgungssystems und auch unabhängig von einer etwaigen staatlichen Förderung. Voraussetzung für diese Privilegierung bei der Anrechnung ist allerdings, dass eine Rente als monatliche Leistung bis zum Lebensende gezahlt wird. **20**

---

[21] BVerfG 27.6.2018 NZA 2018, 1325.

[22] BSG 30.3.2011 BetrAV 2012, 456.

[23] *Fraedrich* NZA 2012, 129 (132).

[24] BSG 25.4.2012 BetrAV 2012, 538; ausf. zu den beitragsrechtlichen Folgen einer Kapitalisierung *Waltermann* NZA 2007, 781 ff.

Stichwortverzeichnis

Die fetten Ziffern bezeichnen die Paragrafen des Werkes, die mageren Ziffern die jeweiligen Randnummern.